长沙市志

长沙市地方志编纂委员会 编

(1988—2012)

第一册

方志出版社
Publishing House of Local Records

图书在版编目（CIP）数据

长沙市志.1988—2012/长沙市地方志编纂委员会编.——北京：方志出版社，2020.12
ISBN 978-7-5144-4629-6

Ⅰ.①长… Ⅱ.①长… Ⅲ.①长沙—地方志—1988—2012 Ⅳ.①K296.41

中国版本图书馆CIP数据核字（2020）第255906号

长沙市志（1988—2012）

编　　者：长沙市地方志编纂委员会
责任编辑：齐　笑

出 版 者：方志出版社
地址　北京市朝阳区潘家园东里9号（国家方志馆4层）
邮编　100021
网址　http://www.zgfzcb.org
发　　行：方志出版社图书经销中心
电话（010）67110500
经　　销：各地新华书店
排版设计：长沙市雅捷印务有限公司
印　　刷：长沙金鹰印务有限公司

开　　本：889×1194　　1/16
印　　张：298.8
字　　数：8006千字
版　　次：2020年12月第1版　　2020年12月第1次印刷
印　　数：0001～5000套

ISBN 978-7-5144-4629-6　　定价：2021.00元

《长沙市志（1988—2012）》编纂委员会

(2008 年 8 月—2020 年 12 月)

名誉主任：
陈润儿（2008 年 8 月—2013 年 4 月）
易炼红（2013 年 5 月—2017 年 7 月）
胡衡华（2017 年 7 月—2020 年 10 月）
主　任：
张剑飞（2008 年 8 月—2013 年 12 月）
胡衡华（2013 年 12 月—2016 年 12 月）
陈文浩（2016 年 12 月—2018 年 2 月）
胡忠雄（2018 年 2 月—2020 年 1 月）
郑建新（2020 年 2 月—　　　　）
常务副主任：
谢建辉　张迎春　舒行钢　夏建平
副主任：
胡伏安　程水泉　李　军　李春艳　李田贵　陈献春　王忠斌　黎春秋　高　山　廖建华
许景山　刘晓明　刘新程　赵建强　谭　勇　彭　楠　李克俭　钟新莲　唐志浩　袁志恒
钊作俊　李　果　周庆年　曹再兴　段　宁　凌勤杰　张能峰　黄雄姿　蒋集政　涂文清
卢兴映　曾秉炎　王习加

《长沙市志（1988—2012）》总纂领导小组

组　长：王习加
副组长：姚　兰　张列群　贺国成　肖清平　蔡立人　李跃兰
成　员：曾牧野　黄　磊　陈晓红　高　路　任道南　陈　燕　黄　斌　尚　畅

《长沙市志（1988—2012）》总纂室

总　　纂：王习加
执行总纂：张列群
副 总 纂：黄　磊　陈竞哲

第一编辑室（总述，大事记，第一至四、二十七篇）：贾志远（主编） 黄　磊　王丹丹　夏紫云

第二编辑室（第五至七、九、十、二十六篇）：贺孝武（主编） 刘　殷

第三编辑室（第十一至十六篇）：钟铁球（主编） 欧阳乐天

第四编辑室（第十七至二十篇）：曹建英（主编） 朱炫光　何玮奇　肖　晟

第五编辑室（第八、二十一至二十五篇，人物，附录）：吴汉林（主编） 陈竞哲　陈　静

长沙市地方志编纂委员会办公室

（2008 年 8 月—2020 年 12 月）

主　任：曾秉炎（2008 年 8 月—2010 年 8 月）
王习加（2011 年 6 月—　　　　）

副主任：周国平　胡新民　姚　兰　张列群　贺国成　赵祖翔　肖清平

成　员：蔡立人　李跃兰　李德兴　柳涌鸣　曾牧野　尚　畅　任道南　黄　磊　陈晓红
高　路　陈　燕　黄　斌　陈竞哲　江　雷　周建文　童　心　李仕堂　易　璐
杨岳兵　刘　殷　朱炫光　周海波　贾志远　贺孝武　钟铁球　曹建英　吴汉林
高长生　郭宇春　李　耀　陈　静　王丹丹　刘盼盼　吴丫丫　姚宇琳　欧阳乐天
胡　英　杨建军　莫正林　陈鹏初　何玮奇　肖　晟　张铁钢　戴晓东　沈文义
祝利春　周　涛　陈　广　周　云　孙　聪　肖清波　陈丹青　夏紫云

《长沙市志（1988—2012）》编辑部

主　任：张列群（2008 年 8 月—2009 年 7 月）
任道南（2009 年 7 月—2012 年 2 月）
赵祖翔（2012 年 2 月—2012 年 12 月）
蔡立人（2012 年 12 月—2014 年 1 月）
黄　磊（2014 年 1 月—　　　　）

副主任：冯兴邦　黄　斌　陈竞哲

《长沙市志（1988—2012）》终审验收人员

邓建平　隆清华　杨　帆　李章进　阳雍悦　谭文美　田　丰

山水洲城
湖湘首邑

SHAN SHUI ZHOU CHENG
HU XIANG SHOU YI

中国长沙

城市荣誉

- 全国灭鼠先进城市　　1989 年
- 全国城市教育综合改革试点城市　　1990 年
- 全国卫生城市　　1992 年，1996 年
- 1989—1991 年全国城市综合整治“十佳城市”　　1992 年
- 中国城市综合实力 50 强，排名第二十位　　1992 年，1993 年
- 全国基层工会工作先进城市　　1997 年
- 全国住房制度改革先进城市　　1997 年
- 全国双拥模范城　　1996 年，2000 年，2004 年，2008 年，2012 年
- 全国安居工程先进城市　　1998 年
- 全国灭蟑螂先进城市　　1998 年
- 全国创建文明城市工作先进城市　　1999 年，2005 年，2009 年
- 全国城乡绿化一体化试点城市　　2000 年
- 1999—2000 年度全国科技先进城市　　2002 年获评
- 全国推广厂务公开先进单位　　2003 年
- 国家森林城市　　2006 年
- 2006 年度中国优秀会展城市　　2007 年
- 中国人居环境建设范例奖（建设部）　　2007 年
- 全国政务公开先进单位　　2007 年
- 国家知识产权工作示范城市　　2008 年，2012 年
- 中国最具幸福感城市　　2008—2012 年连续五年
- 2008 年度中国最具影响力会展城市　　2009 年

- 2005—2008 年度全国社会治安综合治理优秀城市　2009 年
- 中国首届最具软实力城市　2009 年
- 中国十佳休闲宜居生态城市，排名第一　2009 年
- 2009 建国 60 周年中国全面小康杰出贡献城市　2010 年
- 全国首批农村环境综合治理试点城市　2010 年
- 全国首批创新型试点城市　2010 年
- 2009 中国十大魅力会议城市　2010 年
- 全国十大最受关注旅游城市　2010 年
- 全国绿化模范城市　2010 年
- 中国（大陆）国际形象最佳城市　2010 年
- 最具中国特色的国际性文化名城　2010 年
- 人口计生综合改革示范市　2011 年
- 中国“十大”创新城市和“十佳”宜居城市　2011 年
- 中国最佳服务城市十强　2011 年
- 中国十大特色休闲城市　2011 年
- 全国文明城市　2011 年
- 全国国土绿化突出贡献单位　2012 年
- 中国城市竞争力“前十强”城市（“中国城市竞争力蓝皮书”）　2012 年
- 国家首批“公交都市”建设试点城市　2012 年
- 全国创业先进城市　2012 年
- 全国数字城市示范市　2012 年

国金大厦（摄于 2019 年 6 月　乔育平供图）

梅溪湖（摄于 2017 年 10 月　乔育平供图）

橘子洲北（摄于 2016 年 7 月　乔育平供图）

天心阁（摄于 2009 年 7 月　乔育平供图）

湘江金融中心（摄于 2018 年 4 月　乔育平供图）

长沙湘江航电枢纟

“三馆一厅”（摄于 2016 年 7 月　乔育平供图）

摄于 2016 年 7 月　乔育平供图）

隆平水稻馆（摄于 2017 年 5 月　乔育平供图）

城区景观（摄于2009年7月　乔育平供图）

橘子洲焰火（摄于2009年1月　乔育平供图）

黄花国际机场（摄于2011年11月　乔育平供图）

山水洲城（摄于 2015 年 6 月　乔育平供图）

贺龙体育馆（摄于 2009 年 1 月　乔育平供图）

湘府路大桥（摄于 2016 年 7 月　乔育平供图）

高桥立交桥（摄于 2017 年 7 月　乔育平供图）

汽车西站交通枢纽（摄于 2017 年 1 月　乔育平供图）

洪山大桥（摄于 2016 年 9 月　乔育平供图）

福元路大桥（摄于 2017 年 8 月　乔育平供图）

新中路立交桥（摄于 2017 年 7 月　乔育平供图）

三汊矶大桥（摄于 2009 年 6 月　乔育平供图）

四方坪立交桥（摄于 2009 年 5 月　乔育平供图）

东二环（摄于 2009 年 5 月　乔育平供图）

绕城高速（摄于 2007 年 5 月　乔育平供图）

星沙两型路（摄于 2013 年 8 月　乔育平供图）

韶山路（摄于 2013 年 6 月　乔育平供图）

年嘉湖隧道（摄于 2009 年 9 月　乔育平供图）

湘府路（摄于 2007 年 11 月　乔育平供图）

五一广场（摄于 2019 年 6 月　乔育平供图）

太平街（摄于 2009 年 3 月　乔育平供图）

黄兴路步行商业

袁家岭商圈（摄于 2020 年 9 月　乔育平供图）

摄于 2009 年 6 月　乔育平供图）

渫湾镇商业区（摄于 2010 年 3 月　乔育平供图）

荷花园广场（摄于 2009 年 8 月　乔育平供图）

五一路中央商务区（摄于 2007 年 8 月　乔育平供图）

红星农博中心（摄于2010年11月 乔育平供图）

中山路商圈（摄于2009年7月 乔育平供图）

开福区万达广场（摄于 2013 年 10 月　乔育平供图）

天心区友阿奥特莱斯广场（摄于 2011 年 5 月　乔育平供图）

沙坪湘绣城（摄于 2011 年 10 月　乔育平供图）

雨花亭商圈（摄于 2009 年 5 月　乔育平供图）

汽车南站（摄于 2010 年 11 月　乔育平供图）

广汽菲亚特生产线（摄于 2013 年 8 月　乔育平供图）

比亚迪生产线（摄于 2013 年 8 月　乔育平供图）

众泰汽车生产线（摄于 2009 年 7 月　乔育平供图）

三一重工（摄于 2005 年 3 月　乔育平供图）

中联重科生产车间（摄于 2012 年 6 月　乔育平供图）

山河智能整装车间（摄于 2009 年 7 月　乔育平供图）

霞凝长沙港（摄于 2009 年 7 月　乔育平供图）

望城中航起落架生产（摄于 2018 年 5 月　乔育平供图）

华自科技（摄于 2013 年 8 月　乔育平供图）

杉杉科技生产车间（摄于 2006 年 7 月　乔育平供图）

麓谷华曙高科 3D 打印（摄于 2014 年 12 月　乔育平供图）

江背农民公园（摄于 2010 年 9 月　乔育平供图）

光明村（摄于 2010 年 7 月　乔育平供图

靖港·水乡（摄于 2009 年 9 月　乔育平供图）

关山新貌（摄于 2011 年 11 月　乔育平供图）

茶亭水库（摄于 2018 年 6 月　乔育平供图）

乔口渔都（摄于 2012 年 6 月　乔育平供图）

田汉故里（摄于 2005 年 3 月　乔育平供图）

浏阳现代农业科技示范基地（摄于 2014 年 10 月　乔育平供图）

长沙县高桥茶园（摄于 2015 年 3 月　乔育平供图）

机械化收割（摄于 2007 年 9 月　乔育平供图）

望城乌山镇水上种粮（摄于 2013 年 7 月　乔育平供图）

天心区大棚农业（摄于 2007 年 9 月　乔育平供图）

爱晚亭（摄于 2007 年 11 月　乔育平供图）

黑麋峰（摄于 2012 年 7 月　乔育平供图）

南大学老图书馆（摄于 2013 年 5 月　乔育平供图）

第一师范（摄于 2014 年 7 月　乔育平供图）

宁乡密印寺（摄于 2017 年 6 月　乔育平供图）

简牍博物馆（摄于 2010 年 12 月　乔育平供图）

欧阳询文化园（摄于 2014 年 10 月　乔育平供图）

炭河里国家考古遗址公园（摄于 2017 年 7 月　炭河里遗址公园供图）

杨开慧纪念地（摄于 2018 年 10 月　乔育平供图）

铜官古街（摄于 2012 年 6 月　乔育平供图）

世界之窗（摄于 2018 年 10 月　乔育平供图）

新雷锋纪念馆（摄于 2014 年 12 月　乔育平供图）

新康戏乡（摄于 2014 年 10 月　乔育平供图）

毛泽东青年艺术雕塑落成典礼（摄于 2009 年 12 月　乔育平供图）

环长沙湘江自行车赛（摄于 2011 年 5 月　乔育平供图）

长沙国际沙滩排球

街坊邻里闹元宵（摄于 2007 年 3 月　乔育平供图）

于 2011 年 9 月　乔育平供图）

火宫殿庙会（摄于 2007 年 10 月　乔育平供图）

李自健美术馆（摄于 2020 年 5 月　乔育平供图）

靖港古镇开街仪式（摄于 2009 年 9 月　乔育平供图）

周南中学剑凡图书馆（摄于 2010 年 9 月　周南中学供图）

届国际旅游论坛在长沙举办（摄于 2003 年 9 月　乔育平供图）

长沙首届自然生态博览会（摄于 2012 年 9 月　乔育平供图）

旺旺医院（摄于 2009 年 5 月　乔育平供图）

开福区污水处

一江两岸（摄于 2016 年 8 月　乔育平供图）

摄于 2005 年 10 月　乔育平供图）

咸嘉湖街道（摄于 2012 年 9 月　乔育平供图）

雨花区绿城小区（摄于 2007 年 4 月　乔育平供图）

市中心医院园林广场（摄于 2006 年 5 月　乔育平供图）

天心人民祝福祖国（摄于 2009 年 9 月　乔育平供图）

社区服务（摄于 2006 年 8 月　乔育平供图）

和谐之夜（摄于 2009 年 7 月　乔育平供图）

福疗养院（摄于 2009 年 3 月　乔育平供图）

向群锅饺店（摄于 2013 年 2 月　乔育平供图）

20 世纪 80 年代的烈士公园廊桥（摄于 1986 年 3 月　乔育平供图）

原福胜里（摄于 2008 年 7 月　乔育平供图）

原长沙港务局橘洲船厂（摄于 2006 年 2 月　乔育平供图）

原西湖渔场（摄于 2005 年 6 月　乔育平供图）

原水陆洲老桥（摄于 1986 年 7 月　乔育平供图）

1988 年果园农用车在汽车站展示展销（摄于 1988 年 7 月　乔育平供图）

万达广场之前的市貌（摄于 2006 年 5 月　乔育平供图）

原九如里老公馆（摄于 2008 年 7 月　乔育平供图）

原五一广场景观（摄于 2009 年 7 月　齐育平供图）

汛期被淹的下河街（摄于 2008 年 10 月　齐育平供图）

潮宗古街（摄于 2008 年 5 月　齐育平供图）

原渫湾镇的老建筑（摄于 2005 年 3 月　乔育平供图）

原橘子洲的民房（摄于 2006 年 5 月　乔育平供图）

序 言

治天下者以史为鉴，治郡国者以志为鉴。地方志，是了解一个地方自然风貌、经济发展、政治嬗变以及民情风俗的重要参考资料。长沙修志由来已久，目前已知最早的长沙志书为晋庾仲雍所著《湘州记》，现存于世的长沙古地方志书凡百余种，其中现存最早的长沙古志明嘉靖《长沙府志》载“长沙曰星沙，以轸星名”，这也是长沙别称“星城”的由来。

长沙新方志事业始于20世纪80年代。1984年，长沙启动首轮新方志编纂，至2004年，《长沙市志（1840—1987）》共17卷全部出版。《长沙市志（1988—2012）》是长沙新方志续修志，于2008年启动编纂，历时12年完成。该志书门类齐全、内容丰富、采编审慎、文字凝练，堪称“一方百科全书”，是各级领导干部了解市情、科学决策的历史借鉴，是社会各界人士走近长沙、解码长沙的乡土教材。

长沙是一片有着深厚历史积淀和丰富文化内涵的热土。据考古资料显示，在距今约15万~20万年前的旧石器时代，长沙就有原始人类活动。“长沙”一词最早见于《逸周书·王会篇》，该篇记载了西周成王七年（前1050），成王大会诸侯于雒，并接受各方诸侯贡献的方物，其中就有“长沙鳖”。秦设长沙郡，汉封长沙国。故长沙有“楚汉名城”之谓。长沙建城迄今近3000年，在穿越近3000年历史沧桑中，勤劳勇敢的长沙人民，“历经沧桑终不改，洗尽铅华呈素姿”，一路栉风沐雨，不断涅槃重生，造就了“心忧天下、敢为人先”的长沙精神。

新中国成立以来，特别是改革开放后，长沙始终坚持以历史为镜鉴，以创新为引领，凝聚转型发展、奋力赶超的磅礴力量，走过了一段不平凡的历程。本轮市志所记述的1988—2012年，就是长沙乘风破浪、开启“黑马长沙”逆袭之旅的25年。

25年来，长沙综合实力实现跨越发展。地区生产总值由120亿元增长到6399亿元，增长50多倍，占全省的28.9%，人均GDP达8.99万元。城市居民年人均可支配收入由1414元增加到3.1万元，增长21倍；农村居民年人均纯收入由627元增加到1.58万元，增长24倍。长沙成功实现从“一穷二白”到“繁荣兴盛”、从“温饱不足”到“逐步小康”的巨大跨越。

25年来，长沙城乡面貌发生深刻变化。城区面积由352平方千米扩大到1909平方千米，达5.42倍；建成区面积由85平方千米扩大到315.81平方千米，达3.72倍。城市格局、交通骨架、基础设施建设全面提升，中心城市—中等城市（县）—中心城镇—一般镇的城

（乡）市体系基本形成。武广高铁开通，黄花机场全年旅客吞吐量居中部第 1 位，逐步成为全国重要的交通枢纽城市。

25 年来，长沙城市文化特质更具魅力。太平街、都正街、潮宗街等独具湖湘文化特质与风貌的历史文化街区旧貌换新颜，湖湘文化标识日益鲜明。全市形成政府主导、社会参与、全面共享、较为完善的公共文化服务体系，文化娱乐消费向产业集团化发展，文化产业园区有 15 个，实现文化产业总收入 1298 亿元，文化产业已成为长沙经济发展不可或缺的有力支柱。长沙成功创建全国文明城市，成为国内知名的创业之都、宜居城市、幸福家园。

走进新时代的长沙更加奋发作为，2019 年长沙经济总量居全国省会城市第 7 位，增速居全国省会城市第 1 位，入选全国万家民企评价营商环境十佳城市，被评为中国国际化营商环境建设标杆城市，连续 12 年被评为中国最具幸福感城市，“世界媒体艺术之都”“东亚文化之都”等国际文化名片熠熠生辉。

习近平总书记曾经说过：只有回看走过的路、比较别人的路、远眺前行的路，弄清楚我们从哪儿来、往哪儿去，很多问题才能看得深、把得准。地方志是地方历史文化的根与魂。以修志的方式，总结长沙走过的路，必将照亮长沙前行的路，为长沙建设成为更有颜值、有气质、有内涵、有格调、有品位的美丽舒适宜居现代化大都市提供强大精神力量。我相信，在中共长沙市委的坚强领导下，经过全市人民的共同努力，长沙一定能在不久的将来建成国家智能制造中心、国家交通物流中心、国家创新创意中心，在现代化长沙建设征途上续写出更新、更美的篇章。

是为序。

长沙市人民政府市长 郑建新

2020 年 6 月

凡　例

一、本志以马克思列宁主义、毛泽东思想、邓小平理论、“三个代表”重要思想、科学发展观、习近平新时代中国特色社会主义思想为指导，坚持辩证唯物主义与历史唯物主义的立场、观点和方法，记述1988—2012年长沙自然、政治、经济、文化和社会的发展状况。

二、记述地域范围：以长沙市辖芙蓉、天心、岳麓、开福、雨花、望城6区及长沙、浏阳、宁乡3县（市）为记述范围；地处长沙的中央和省属企、事业单位，按专业归口记述。

三、记述时间范围：上限一般为1988年，个别记述可适当上溯；下限为2012年。

四、体裁以志为主，兼用述、记、传、图、表、录诸体。

五、“大事记”以编年体为主，辅以纪事本末体。国家和湖南省在长沙市的活动择要记述。

六、本志采用中篇结构，以科学分类、现代社会分工以及长沙市实际情况为依据设计篇目，分6册，各册由同类或相近的专业志组成。篇下设章、节等层次，除难以综合概览的合篇，以及本身即为综述的篇和设有“综述”章的篇外，篇下均设概述。

七、“人物”分设传记、名录和前志补遗三部分。人物传遵循“生不立传”原则，名录只录烈士。对有突出贡献或较大影响的在世人物，在本志其他篇章以事系人或附名录等形式予以记述；对被纪检监察机关查处，并受到司法追究的人员在本志中隐去姓名不予记述。

八、行文用字，使用现行规范简化字；数字使用，遵循《出版物上数字用法的规定》（GB/T 15835-2011）；标点符号，执行《标点符号用法》（GB/T 15834-2011）的规定；计量单位，使用国际通用单位，农林事类可酌情用“亩”。

九、各项数据以统计部门提供的为准，统计部门没有的，采用业务主管部门的数据。

十、不同时期的国家、团体、机构、职务、地名等名称，均使用当时名称。对频繁使用、文字较多的名称，首次用全称，括注规范简称，后文使用简称。

十一、时间表述：清代之前（含清代）使用帝王纪年，括注公元纪年；1912 年至 1949 年 9 月使用民国纪年，括注公元纪年；1949 年 10 月起使用公元纪年。为规范行文，对几个历史阶段使用如下简称：1840—1911 年称“清末”，1931—1945 年称“抗日战争时期”，1949 年 8 月 5 日后酌情称“湖南和平解放后”，1949 年 10 月 1 日后称“中华人民共和国成立后”。

十二、本志资料主要来源于各级档案、报刊、调查访问材料，均经核实后载入，一般不注明出处；对确需注明的引文、辅文、专用名词、特定事物等，一般采用页下注。

总目录

第一册

第二册

第七篇 群众团体

第八篇 民政 劳动 人事 编制

第九篇 政法

第十篇 军事

第三册

第十一篇 城乡建设与管理

第十二篇 环保 能源 气象 水文 地震

第十三篇 经济综述

第十四篇 综合经济管理

Contents

目　录
(第一册)

第一篇　建置 地理 人口

第二篇　中国共产党

第三篇 人民代表大会

第四篇　人民政府

第五篇 人民政协

总述

总 述

（一）

长沙，湖南省省会，全国文明城市，长江中游地区重要的中心城市，全国“两型（资源节约型、环境友好型）社会”综合配套改革试验区，全省政治、交通、经济、文化、科技、信息中心，全国首批24个历史文化名城之一。

长沙历史悠久，自春秋末期至明代，或为藩国重镇，或为郡、州、路、府设治之所。清初，成为省垣；清末，是维新运动和旧民主主义革命策源地之一；五四运动后，为新民主主义的发祥地之一。1933年建市。

长沙位于湖南东部偏北，湘江下游和长浏盆地西缘，地处北纬27°51′~28°40′、东经111°53′~114°15′之间。东邻江西省宜春、萍乡，南接株洲、湘潭，西连娄底、益阳，北抵岳阳、益阳。东西长约230千米，南北宽约88千米。2012年，长沙市辖芙蓉、天心、岳麓、开福、雨花、望城6区及长沙县、浏阳市、宁乡县。全市面积1.18万余平方千米，其中市区面积1909.86平方千米，建成区面积315.81平方千米。全市总人口660.62万余人，其中市区人口297.90万余人；少数民族人口7.35万余人，土家族、苗族人数均过万人。

长沙南连衡岳，北托洞庭，居华中腹地，扼南北要冲。地势起伏较大，地貌类型多样，地表水系发达。山地占29.52%，丘陵占17.74%，岗地占23.28%，平原占25.3%，水面占4.16%。城区为多级阶地组成的坡度较缓的平岗地带，地势南高北低，湘江由南向北贯穿市域，约74千米，支流有浏阳河、沩水、靳江、捞刀河等15条，江心的橘子洲长约5千米；岳麓山屏立于西，浏阳河曲绕于北，年嘉湖嵌缀于东。东侧浏阳市大围山主峰七星岭海拔1607.9米，为全市最高处；西侧望城区乔口镇湛湖海拔23.5米，为全市最低点。

长沙属亚热带季风性湿润气候。春温变化大，夏初雨水多，伏秋高温久，冬季严寒少。年平均气温17.4℃，年平均降水量1475.8毫米，年平均日照1583.3小时（1981—2010年），多雨期与高温期一致，生长期长，对农业生产有利。气候温和，四季分明；夏冬季长，春秋季短。春季阴雨潮湿，降水量占全年的40%以上，为期约70天；夏季温高暑热，为期约130天，高温常伴洪涝灾害；秋季比较凉爽，为期约60天，是全年最宜人的季节；冬季湿冷，降雪较少，有时有冰冻，为期约100天，是全年中降水最少的季节。

长沙自然资源丰富，矿藏种类繁多，已查明的有锰、磷、海泡石、煤、钒、铜等50余种，尤以非金属矿独具特色，其中海泡石较为珍贵，菊花石在全国独一无二。植被以亚热带常绿阔叶林为主，主要林木有松、杉、栎、樟等。1985年，长沙市人民政府公布香樟为市树，杜鹃花为市花。野生动物中昆虫、鼠类和两栖爬行动物丰富，鸟类品种不少。

长沙市交通、邮电设施齐全。市域高速公路、省道干线公路、县乡村支线公路各自成网，且网网交织，内连外接，四通八达。农村公路建设实现自然村通畅率100%，长沙市域内省城至县（市）、乡镇基本形成“一小时交通圈”。相继开建湘江长沙综合枢纽工程、湘江2000吨级航道工程、霞凝港区第三期工程，有集装箱运输内支线10余条，形成物流全球的水路网络体系。2009年12月，武广客运线开通，长沙高铁新城初具雏形 。2012年12月26日，长沙地铁2号线实现正线“轨通”，标志着长沙城市轨道交通从无到有。同年，民航黄花国际机场进入“国际三星机场”名录（国内第五个，中部第一个），跻身“全球机场百强”。长沙已形成联通全国及世界的现代通信网络，邮政服务网络联结城乡，方便安全。

长沙自然景观丰富。秋冬之交，红枫层林尽染，是中国四大赏枫胜地之一；属高山湿地的浏阳大围山，第四纪冰川地质遗迹保存完好，夏季避暑，冬季观景、滑雪，自驾旅游客人众多；湘江滔滔南来，汩汩北去，鹅洲、巴溪洲、橘子洲等15个洲（岛）镶嵌其中，风光旖旎，成为国内外游客必选；橘子洲湘江两岸白沙如雪，垂柳如丝，潇湘八景之一的“江天暮雪”即在此处；浏阳河九曲十八弯，一曲《浏阳河》风靡中外；洋湖湿地清波荡漾，芦苇风中摇曳，水草茂盛，水鸟130余种，为都市天然氧吧。

长沙人文底蕴深厚。楚辞汉赋，遗风远播；湖湘文化，自成体系。素有“屈贾之乡，楚汉名城；潇湘洙泗，革命圣地”之称，文物遗存十分丰富。四羊方尊、人面纹方鼎、马王堆汉墓、三国吴简、岳麓书院等蜚声中外；炭河里遗址、汉王陵遗址、铜官窑遗址列入国家大遗址和国家考古遗址公园建设项目。近现代涌现大批杰出人物，为后人留下足迹、墨迹，成为爱国主义教育的重要题材。长沙是中国历史上唯一历经3000余年城址不变的古城，是楚文化和湖湘文化的发祥地之一，拥有丰厚的非物质文化遗产资源，湘绣、浏阳花炮精美绚丽，菊花石雕、铜官陶瓷独特别致，湘剧、长沙弹词婉转动听，体现出湘楚文化的独特审美观。

2011年，长沙成功创建全国文明城市，成为国内知名的文明之都、创业之都、幸福之都。

（二）

长沙历史可追溯至远古。在大约距今15万~20万年前的旧石器时代，长浏盆地的湘江两岸就有人类活动。新石器时代，形成氏族和部落。距今约4500年前，长沙先民使用手工制作用具（石器）生产、生活及渔猎，进化到原始农业社会。殷商之世，长沙属扬越之地。此时，土著文化相当发达，中原文化开始传入；宁乡炭河里出土的四羊方尊、兽面提梁卣、人面纹方鼎、兽面纹铜铙是罕见的精品，足以与中原青铜器媲美。

战国时期，长沙为楚国黔中郡辖地。楚国在长沙经营250余年，长沙经济、文化有很大发展；城邑亦初具规模，南北长约850米，东西宽约700米。长沙是楚国重要粮食产地。始皇元年（前221），秦统一中国，置长沙郡，为全国36郡之一，郡治临湘（今属长沙市）。汉高祖五年（前202），封吴芮为长沙王，立长沙国，辖长沙、豫章、桂林、南海、象郡5郡；吴氏在临湘筑城守土，史称“临湘故城”，位置在城南（今属天心区）。

楚国晚期，屈原被流放于沅湘之野，留下千古名作《离骚》《天问》《九章》等，自沉于汨罗江的“长沙屈潭”。汉文帝四年（前176），贾谊被贬为长沙王吴著太傅，留下《吊屈原赋》《鹏鸟赋》悼念、抒怀；司马迁《史记》载《屈原贾生列传》，今长沙每年端午节都会举行龙舟赛以纪念屈原。长沙“屈贾之乡”由此而得名。因两汉初期实行“与民休养生息”政策，汉代长沙地区经济、文化繁荣发展，农产品繁多，手工业产品精美。马王堆汉墓出土薄如蝉翼的素纱单衣（重48克）堪称稀世珍品，大量帛书和简牍文献弥足珍贵，后世将长沙称之为“楚汉名城”实非虚名。东汉末，长沙属荆州地域。三国时期，长沙地区属吴国控制。根据走马楼孙吴简牍记载，长沙郡下辖18县，注重休养生息，人口有所增长。

西晋初期，佛教传入长沙，泰始四年（268），高僧竺法崇在岳麓山创建慧光寺（后改麓山寺），为湖南佛教的发源地，也是全国最古老寺庙之一。太康元年（280），司马炎统一中国，复长沙郡，辖10县。西晋末年，长沙郡公陶侃为官廉明、勤于稼穑，留下名言“大禹圣人，犹惜寸阴，至于我辈，当惜分阴”，后世惜阴书院、惜阴小学、惜阴街均由此得名。

南朝宋、齐、梁、陈时期，长沙或置国，或置州（郡），郡州治仍设在临湘城，郡治则在城南。彼时，长沙社会基本安定，经济、文化都有发展，有“海内雄郡”之称。

隋杨坚统一南北，改长沙郡为潭州，改临湘县为长沙县。

唐贞观后，长沙人文荟萃，冠盖如云。欧阳询父子行楷皆精，释怀素笔走龙蛇，李邕亲撰麓山寺碑被称为一绝；褚遂良、杜甫、李白、韩愈等一代名流都在长沙留下脍炙人口的题咏，诗圣杜甫在长沙停留近两年，作诗近百首，《发潭州》成为传世名作。唐代中叶，长沙经济繁荣，盛产粮食和茶叶；宗教活动亦盛，佛教建有石霜寺与密印寺，道教有洞阳山等洞天福地。宋元时期，潭州城发展成为南方农副产品的重要集散地和交换中心，特别是教育事业尤为昌盛。北宋开宝九年（976），潭州太守朱洞创办岳麓书院，为全国四大书院之一。南宋时，张浚以观文殿大学士知潭州，与其子张栻共创城南书院于妙高峰。后来，朱熹、张栻共同讲学于两所书院，宣讲胡光国、胡宏开创的湖湘学派。因求学者众多，岳麓书院出现“道林三百众，书院一千徒”盛况，享有“潇湘洙泗”之称，弦歌不绝。

南宋晚期，辛弃疾任湖南安抚使知潭州，在长沙建飞虎军，成为抗金劲旅；后文天祥授湖南提刑，居官清正，二人在长沙都留下激情题咏。元初，改潭州路为天临路，路治长沙。因战争破坏，城池被夷为平地，人口大为减少，至元代中期长沙逐渐复苏。

明洪武五年（1372），长沙府隶湖广布政使司，辖11县1州，府治长沙。明初，鼓励垦荒，减轻商税，经济有大发展。时长沙城设城门9座，各门有门楼，城内建钟楼、鼓楼各一，还修建不少道路、桥梁。明代275余年间，先后在长沙封藩王10人，王府规模宏大，富丽堂皇，花园台榭不少，后均毁于战乱。

清初沿明制。康熙三年（1664），湖广分治，置湖南布政使司，偏沅巡抚抚署由沅州迁至长沙，改称湖南省，省治、府治、县治同在长沙。清康乾时期，长沙城垣多次修缮加固，至清末，城门增至13座，城南天心阁坐落于城垣之上，为“楚天一览”之胜地。

进入近代，各类人才辈出，长沙政治、经济地位日益重要。清光绪年间，以长沙为中心的湖南维新运动兴起，“戊戌六君子”之一的谭嗣同慷慨赴死，警醒世人；长沙因此风气大开，一些开明官绅如陈宝箴、朱昌龄、王先谦等开始举办实业，长沙近代工业由此起步。

20世纪初，长沙开埠，长沙成为湖南区域经济中心、外贸中心和航运中心。随后，资产阶级革命运动兴起，黄兴、陈天华等在长沙创立的华兴会与孙中山领导的兴中会合并，改组为中国同盟会，黄兴在武昌起义中担任总司令，为推翻清王朝、创建民国立下不朽功勋。1912年，善化县并入长沙县。1913年，撤长沙府。1920年9月，长沙城行政由长沙县管辖，长沙成为省会。民国初期，长沙成为南北军阀混战的战场之一，人民深受其害。以毛泽东为代表的一批思想进步的知识分子探索救国救民之道，长沙成为马克思主义思潮传播最早的地区之一，在长沙成立的中共早期组织为全国最早的6个中共组织之一。毛泽东、何叔衡代表长沙出席中共第一次代表大会后，迅即在长沙建立中共湖南省支部，后改组为中共湘区执行委员会。此后，长沙共产党组织不断壮大，共产党领导的长沙工人运动、农民运动、妇女运动风起云涌，尤其农民运动如暴风骤雨，长沙、浏阳、宁乡三县和城郊参加农民协会会员超过70万人。与此同时，由于“五四运动”的影响，长沙社会开始出现新气象，社会风俗改观。长沙通商银行成立，长沙金融业逐渐发展。

1927年5月21日，长沙发生“马日事变”，国共两党合作破裂，白色恐怖笼罩全城，革命转入低潮。同年，毛泽东参加中共“八七”会议后，以特派员身份回到长沙，改组中共湖南省委，执行中共中央土地革命和武装斗争的总方针；9月，在浏阳、安源等地开展秋收起义，建立工农革命军，于文家市会师后，在井冈山建立农村根据地，开辟中国革命前进的道路。在艰苦卓绝的革命斗争中，长沙地区共牺牲2万余革命志士，如柳直荀、郭亮、杨开慧等；涌现一大批无产阶级革命家、军事家，如刘少奇、李维汉、李富春等。1933年10月，长沙升格为省辖市，为全国第七个设市的省会。

抗日战争全面爆发后，因国民党政府的“焦土政策”，一场“文夕大火”让长沙成为第二次世界大战中被毁坏最严重的城市之一；长沙四次遭受日军侵犯，最后一次国民党军兵败，长沙沦陷，至1945年8月始得光复。这一时期，长沙兵祸连接，天灾频发，人民群众生活在水深火热之中。抗日战争胜利后，长沙逐渐恢复重建。但因国民党发动内战，长沙依旧风雨飘摇。在中国人民解放军大军压境的情势下，经长沙共产党地下组织的策动，国民党将领程潜、陈明仁领衔发出起义通电。1949年8月5日，长沙获得和平解放。

1949—1956年，向社会主义过渡，长沙发生翻天覆地的变化。巩固新政权，建立新社会制度，树立新社会风尚，国民经济初步恢复发展，完成新民主主义社会变革，人民生活逐步得到改善和提高。1953—1957年，全市工业总产值年平均递增19%，农业总产值年平均递增5%；1958—1962年，全市工业总产值年平均递增14%，农业总产值年平均递增7%。至1965年，通过引导个体经济走合作化道路、私营经济走公私合营道路，完成对农业、手工业、私营工商业的社会主义改造。

1966—1976年，十年“文化大革命”给长沙带来严重挫折和损失。尽管如此，大批干部群众坚持工作，全市经济仍保持一定增长，城市供应基本正常，大多数家庭维持温饱。

“文化大革命”结束后，通过揭批“江青反革命集团”及其在长沙的帮派势力，长沙恢复政治秩序。1978年12月中共十一届三中全会后，长沙进入拨乱反正和改革开放的新时期，以农村为突破口，着手改革经济体制。1984年6月，长沙被列为全省经济体制改革综合改革试点城市，长沙市进入城乡改革全面开展新阶段，全市所有制结构开始由单一的公有制向以公有制为主体的多种所有制形式转变，国民经济获得快速发展。1981—1992年，这一时期全市工农业总产值连续翻番。1985年比1980年增长90%，1990年比1985年增长一倍。至1992年，全市国民生产总值120.5亿元，是1978年16亿元的近8倍。

1992年后，长沙市初步建立社会主义市场经济体制，政治、经济体制改革全面推进，全市市场体系建设不断完善，财政收入不断增加，城市建设日新月异，教育、科技、卫生等事业日益发达。1994年，在全国188个地级以上城市经济社会发展水平39项指标评价中，长沙居第九位。1995年，全国考核确定20个接近小康水平城市中，长沙市列为第十位。2000年，全市国内生产总值640亿元，在1995年基础上翻一番；城市居民人均可支配收入8578元，农民人均可支配收入3450元；长沙总体实现小康目标。

进入21世纪后，长沙市与全国各地一样，积极推进体制创新，改革开放取得重大进展，要素市场、投资体制、财政金融等领域的改革积极推进，经济自主增长能力全面增强，开放型经济快速发展，进入注重科学发展、和谐发展的新阶段，长沙综合实力居全国省会城市前列。2001—2005年累计利用外资25亿美元，进出口总额469亿美元；城市综合功能明显增强，2003年长沙成功举办全国第五届城市运动会；新型工业化进展加快，2005 年工业增加值 469 亿余元，比 2000 年翻一番；2006—2010 年累计投入 1800 亿元，加强城市基础设施建设，增强城市综合服务功能和集聚辐射能力，现代化区域型中心城市发展格局逐步形成。

2008 年后，长沙克服金融危机、冰冻灾害等不利因素影响，以“两型社会”建设为引领，按照“又好又快、率先发展”的总体目标，大力推进新型工业化、城市化和新农村建设，经济首位度明显提升。2010 年，全市地区生产总值 4450 亿元，是 2005 年的 2.5 倍，全省的占比由 2005 年的 23.3%提升到29%。

2012 年，新型工业化和现代服务业融合发展，各开发园区成为国家创新人才培养、再制造产业、新型工业化产业、知识产权等示范（试点）基地，长沙成为首批国家电子商务示范基地。城市承载能力和整体形象显著提升，文明程度指数和未成年人思想道德建设工作测评均获全国省会和副省级城市第一；“两型社会”建设和配套改革深入推进，“两型发展”成为长沙鲜明的标签和亮丽的名片。是年，全市地区生产总值 6399.91 亿元，城市居民人均可支配收入 3.1 万元，农村居民人均可支配收入 1.58 万元。长沙城市竞争力在全国列第十名，第五次获中国最具幸福感城市荣誉大奖。

（三）

改革开放初期，长沙城乡建设总体上滞后于经济社会发展。1988 年，城区面积 352 平方千米，建成区面积不到 85 平方千米，城市中心在五一路一带，水、电、路、房问题突出，城乡交通不畅，镇、村建设刚刚起步。历经 20 余年建设，至 2012 年，城区面积扩大至 1909 平方千米，建成区面积为 315.81 平方千米，城市格局、交通骨架、基础设施建设全面提升，中心城市—中等城市（县）—中心城镇——一般镇的城（乡）市体系基本形成。

以规划龙头引领城乡发展。20 世纪 80 年代中期，长沙城乡规划编制开始恢复。1988 年修订《长沙城市总体规划（1990—2010 年）》，1993 年 1 月获得国务院批复，城市空间布局“一主体、两翼、两组团”、国家历史文化名城保护和各项专业规划逐一落实。1996 年，全市区划调整，改变城市格局，建立以区带乡、城乡一体共同发展的行政区划体制，推进“一江两岸，西文东市”城市格局形成，城市向西、南拓展。2003 年，《长沙市总体规划（2003—2020 年）》确定“一主、二次、四组团”的城市空间结构，建设“大长沙”、发展“大生态”的规划理念逐步形成。2006—2009 年，完成全市 95 个镇（乡）、747 个村庄规划编制，实现建制镇规划全覆盖、村规划覆盖超 50%。2009 年，修改完善《长沙总体规划（2003—2020 年）》，明确长沙“一轴两带多中心、一组两次六组团”城市空间结构，从提升城市承载能力、功能和形象三个方面对规划进行全面修改，于 2012 年上报国务院。以规划为龙头，城市发展空间得到拓展，长沙在国家实施中部崛起战略中地位凸显。

以创新理念夯实国土资源管理。1987 年 2 月，长沙市结束全市土地多头管理的状况。1988—1995 年，长沙进行首次土地利用现状调查，编制出土地利用总体规划及专项规划，促进土地资源合理利用与开发。1999 年，长沙实施土地整理“百村万亩”工程，实现耕地占补平衡。2000 年，长沙市成为全国第一批卫星遥感图片执法试点城市，建立“天上看、地上查、网上核”的立体土地监管体系。2005 年 7 月，在新河三角洲地区试点旧城改造新模式——“立体开发、人车竖向分流”，得到国土资源部、国家发改委、建设部肯定并向全国推介。2007 年 7 月，雨花区黎托片区成为全国唯一的城市综合开发建设节约集约用地试点，采取立体组合，实施“长沙火车南站立体节约利用”等 7 种节约集约用地模式，严格控制城市外延式过度扩张，为实现土地利用提质提效提供可推广的创新模式。2010 年 5 月，颁布《长沙市农村土地综合整治试行办法》，将农村土地综合整治与城市建设用地增减挂钩结合，推行城乡统筹协调发展。至 2012 年，长沙连续 12 年实现耕地占补平衡；土地出让收益大幅提升，土地使用制度改革全面深化；征地补偿安置改革推进，被征地农民的合法权益得到维护。

以提质改造改善城市环境。20 世纪 80 年代，长沙市环境卫生虽居全省领先地位，但照明、环卫等基础设施、设备较为落后；城区路灯昏暗，小广告随处张贴，背街小巷和城乡接合部尤甚。90 年代后，城市管理逐步规范，奠定“以道路为载体、涵盖环境卫生、秩序管理、绿化美化和亮化”的城市维护运行机制，并延续至今，全市环境因此大为改观。1995 年，全市道路清扫、垃圾清理与填埋逐步走向市场化、机械化作业；垃圾站、公共厕所均进行提质改造与建设，分别改存贮密闭式、冲水式；长沙市进入全国先进卫生城市行列。21 世纪初，在主城区五一路、东风路等主要道路安装华灯、矮杆庭院灯、泛光灯、满天星灯，集中改造橘子洲、岳麓山、湘江两岸等重要区域的灯光装饰，初步形成点、线、面相结合的城市亮化景观体系，呈现长沙“山水洲城”夜景轮廓。2004 年，主城区实现生活垃圾密闭式运输，位于望城县桥驿镇的市固体废弃物处理场建成启用；全市创“园林式小区”超过 70%；提质改造古潭街等 11 条历史文化街巷、苏州会馆等 23 处历史旧宅、太平街历史文化街区及 513 条背街小巷，成为既有古朴风貌又具现代风格的居民步行休闲街；这一工程于2006 年获“中国人居环境范例奖”。2008年，长沙社区环境综合整治卓有成效，完成建设精品社区 18 个、达标类社区 30 个、一般类社区 52 个，获联合国“迪拜国际改善居住环境良好范例奖”。2012 年，长沙市拥有环卫专用车辆近 500 辆，城区实现机动车道机械作业率 100%；市区有垃圾站 673 座，基本实现封闭式收集和自动化管理，生活垃圾与餐厨垃圾分别实现无害化填埋、100%无害化处理；全市有公共厕所 567 座，均免费开放，大多设置隔臭设施和残疾人无障碍设施；全市清扫道路和街道面积（不含背街小巷）3608 万余平方米，是 1988 年的 21倍多。全市主要道路、商圈、楼宇、特色街道小巷均完成亮化建设，路灯数量 8 万余盏，亮灯率 99.41%；全市基本实现主干道和城区公共设施外墙整齐、美观，解放东路湘女服饰街、城南西路仿古街、枫林路景观街等各具特色，让人流连。市区建成区绿化覆盖率 42%，绿地率 40.68%，人均公共绿地面积 10.81 平方米。

以路网改造疏畅城市道路。1988 年初，长沙市区主干道仅有五一路、韶山路、劳动路 3 条，全长 12.67 千米；次干路 41 条，总长 98.31 千米，存在路幅窄、“断头路”多等情况，市区交通拥堵常见。20 世纪 90 年代后，城区主次干道或新建或延伸或改造拓宽，中心广场、立交桥、过江（河）通道（含桥隧）、快速路纷纷动工兴建；跨湘江第二座大桥——湘江北大桥（今银盆岭湘江大桥）建成，造型美观，气势雄伟，市区道路逐步通畅。至 1995 年，建成主次干道 24 条，总长度 904 千米；市区中心建成大型广场 7 处、立交桥 12 座，全省最大的立交桥——袁家岭立交桥位列其中。21 世纪初，芙蓉路、营盘路、潇湘大道、万家丽路、岳麓大道等先后分段竣工通车，初步形成五一路—湘江大桥（一桥）—潇湘北路—湘江北大桥—芙蓉路全长 13.2 千米的环线道路。2006 年 9 月，省内首条大型城市隧道——天际岭隧道通车。同年底，历时 12 年、全长 47.43 千米的二环线全线贯通，三汊矶湘江大桥竣工通车，长沙“六桥（五一路、银盆岭、月亮岛、猴子石、黑石铺、三汊矶）三环”蓝图实现，“十纵十横”路网成型。2009—2011 年，湘江大道下穿浏阳河隧道直达霞凝新港，南湖路湘江隧道接近竣工（2013 年 12 月底通车），营盘路湘江隧道通车，河东、河西出行更为便捷。2012 年，湘江大道全线贯通，全长 26.84 千米，纵贯长沙老城区及二环、三环，集防洪排渍、道路景观于一体。至此，长沙市有主干道 80 余条，总路长 434.47 千米，内五区次干道路长 314.87 千米。有桥梁 172 座，其中跨河桥 39 座、立交桥 83 座、通道 41 座、下穿箱涵桥 2 座；城市公路隧道 4 座、人行通道 26 座，其中人行天桥 18 座，地下通道 8 条。市内首条轨道交通 2 号线 19 个站点实现正线“轨通”，1 号线主体开工建设。新老城区、河东、河西及城市周边融为一体，城区道路外不成环、内不结网、点不立交的状况逐步成为历史，市内交通基本实现立交化、快捷化。

以大手笔建设衔接对外交通。20 世纪 80 年代，长沙市对外交通运输以公路、铁路为主，以水运、民航为补充，设施简陋，线路少，运输能力不高。1988 年，域内 209 条公路仅依靠 107、309 两条国道交会通行；仅京广铁路经停至广州；市域湘江、浏阳河干支流航道 435 千米；民航仍借用大托铺军用机场进行运输，国内航线仅 7 条，无国际航线航班。1989 年 8 月，长沙黄花国际机场建成通航，长沙由民航经停站转变为始发站，设计旅客吞吐量 70 万人次；次年，开通国内航线 27 条，每周 65 个航班。1990 年，横穿市区中心的京广铁路线迁建，长沙铁路枢纽新格局初步形成。1994 年，湘江千吨级航道工程竣工通航，西湖桥集装箱码头建成，集装箱运输逐渐成为长沙港口支柱产业。年底，省域首条高速公路——全长 33.17 千米的长永高速建成通车，长沙实现高速公路建设零的突破。1995 年，长沙第一条国际航线（长沙—曼谷）开通。1998 年 10 月，省域始发长沙首条铁路——全长 264 千米、石门至长沙全线通车，结束宁乡、望城不通铁路历史，是湖南省北煤南运重要通道。至 2000 年，市域高速公路建成 127.32 千米，市区汽车客运站站场布局、规模、设施、管理均居全国前列；铁路运营里程增至 436.1 千米，全年旅客发送量有所增长，货物发送量则比 1995 年下降 43.41%；水上运输营运货船与水上客运量锐减，集装箱吞吐量 11374 标箱、货运量 729 万吨；黄花机场第二航站楼投入运行后，航线航班增加，至 2007 年，国内民航开通航线 79 条，辐射 56 个城市，每周航班密度 1650 余架次。2003—2008 年，新建、改建农村公路 8289.65 千米，建成长湘等 10 条高速公路 381.30 千米，以长沙为中心辐射全省乃至全国，贯通省内 13 个市州中心城区，形成省内“4 小时经济圈”。2008 年，水上传统货运萎缩为零，远洋集装箱吞吐量 9 万余标箱、货运量 2336 万吨。2009 年，机场旅客吞吐量 1128 万人次。年底，武广客运线开通，长沙高铁南站成为中南地区区域交通枢纽，长沙逐步向全国交通枢纽城市过渡。2012 年底，市域建成公路 4766 条，通车里程 1.57 万余千米，其中高速公路 500.55 千米；黎托综合枢纽与长沙武广高铁南站一体规建竣工，大河西综合枢纽启建，汽车客运站、货运站场、公交站场大量兴建；拥有道路运输经营户 6.78 万户、营运客车 8.49 万辆，客运班车 1436 趟；有城市公交客车 3775 辆，线路 188 条，出租车 6420 辆，长沙进入全国首批“公交都市”试点城市行列。长沙车站日均接发客运列车 320 列，其中高铁 15 列，经长沙通车运营的铁路有京广铁路、武广高铁、石长铁路，在建铁路有沪昆客运专线、石长铁路复线、长株潭城际铁路。全市干支流航道 537 千米，长株潭湘江段 2000 吨级船舶可常年通航；全市有营运船舶 540 艘，集装箱运输内支线 10 余条，形成物流全球的水路网络体系。黄花国际机场航线网络辐射国内 68 个城市，航线近 100 条，每周航班密度 2800 余架次；开通国际航线 7 条、省内航线两条，港澳台均开通包机或定期航班；全年旅客吞吐量 1475 万人次，居中部城市第一位、全国第十二位，位列全球机场百强行列（第 98 位）。至此，长沙对外公路、铁路、水路、民航四通八达，与市内城市轨道站、长途客运站、公交枢纽站紧密连接，实现市际、市内交通无缝对接。

以综合整治强化环境保护。改革开放后，长沙经济高速发展，资源能源大量消耗，加之本身存在的资源短缺、环境容量有限、生态环境脆弱等不足，产生一系列环境问题。20 世纪 80 年代末开始，长沙市实行“预防为主、协调发展、综合治理”方针，以保护城市大气环境和饮用水源为重点，以防治污染和开展城市环境综合整治为中心，强化环境管理。1996 年后，因机动车辆激增，致使环境空气中氮氧化物污染上升。因此，于2000年出台《长沙市机动车辆尾气污染防治管理办法》，并在全省率先对各县（市）开展城镇烟控区、噪控区、饮用水源保护区建设；还出台《长沙跨世纪“蓝天碧水”工程计划》，有效指引全市环境保护。2004年起，禁止在城区新建燃煤锅炉；同时，扩建污水处理厂，建设望城桥驿大型生活垃圾无害处理填埋场，并实施湘江东岸截污干管工程建设，市区环境空气质量渐趋好转，污水处理率47.95%。2010年，城市环境空气中二氧化硫浓度为40毫克/立方米，可吸入颗粒物浓度为82毫克/立方米，比2005年大大下降。2012年，环境污染和生态破坏加剧的势头有所减缓，整体环境质量有所改善，长沙市空气质量优良率90.79%，位列中部省会城市第一位。

以市场需求引导建筑业、房地产业发展。20世纪80年代末，长沙建筑行业实力较为雄厚，全市有勘察设计单位112个、工程技术人员1.63万人，有建筑安装施工企业334个、从业人员13.48万余人（街道和亦工亦农人员占70%以上）；全市建安总产值12.88亿元，实现利润3450万元。有房地产专业公司11家，建成银盆岭、桐梓坡、望月湖等10余个住宅小区，城市居民住房紧缺得到缓解。90年代后，建筑业、房地产业发展迅速，33层、高126米的中山商业大厦建成，楼顶的旋转餐厅外形独特，为城市地标建筑；市内有30米以上高层建筑172栋（最高138米）。1996年，全市建筑业职工总数21.7万人，全年完成建安产值90.47亿元，实现利润2.3亿元。1999年，全市房地产开发完成投资22.58亿元，累计开发土地630公顷，兴建房屋建筑面积975.05万平方米，商品房销售13.8亿元。同时，施工企业向省内外40个地、市、县拓展业务，共承接工程170项，建筑面积55万平方米。21世纪起，稳步推进住房商品化、社会化，房地产业走出低迷，本土房地产企业兴起。随后，阳光100、万科、万达、保利、恒大等全国性房地产商蜂拥而至，粤系、浙派、京派等开发商齐头并进，为长沙带来一大批优质住宅区。2005年，有效规范建筑行业管理，全市有勘察设计单位207家、从业人员2万余人，涵盖规划、建筑、概算等12个专业；有建筑安装施工企业365家，总承包企业191家，其中特级企业3家；全市建筑业总产值295亿元，完成利税15.28亿元，从业人员28.4万余人。全年完成房地产开发投资256.35亿元，房屋施工面积1913.57万平方米，竣工面积515.16万平方米。2008年，克服严重冰灾、国际金融危机、房地产业滑坡多种影响，全年实现建筑业总产值501.6亿元，外拓产值70.88亿元，利税34.29亿元；劳务经济有序发展，有劳务企业150家、从业人员34.57万人（其中农民工28.35万余人）。全市（含郊县）完成房地产开发投资478亿元，商品房施工面积约4447万平方米，竣工面积687万平方米，销售面积950万平方米、金额338亿元。占地面积约100万平方米、总建筑面积约400万平方米、商品房数量约2万套的湘江世纪城建成，耸立于开福区湘江东岸滨江风光带，为市内最大规模的高尚综合社区，后为长沙市标志性建筑群。2012年，全市有勘察设计单位105个，建筑施工企业784家、从业人员36.1万余人，建筑业总产值931.59亿元，利润36.69亿元，竣工面积2684.71万平方米，工程质量优良率61%。高层建筑为过去40年的总和，12层以上建筑800余栋，建筑面积过万平方米的高层单体建筑超过100栋。全市完成房地产开发投资1032亿元，出售公有住房13.86万套，商品房竣工面积1亿余平方米，城市人均住房建筑面积33.1平方米，比1988年增长6倍多；企业开发投资趋稳，市场行为渐趋理性，房地产业逐渐由卖方市场向买方市场过渡。

以园林绿化改善城市生态。1988年，长沙有各类公园8个，全市公共绿地总面积312公顷，人均仅3.09平方米；全民义务植树已制度化，绿化覆盖率22.5%，城市和近郊生态环境逐渐改善，但总体距国家要求、与江浙发达城市相比，尚存在差距，城市广场、沿江（河）风光带、社区公园、城市游园很少。20世纪90年代后，加快园林绿化建设投入与建设。至1995年，除修缮、扩建原有公园外，新建望月、桂花、紫凤 3 个公园；普遍绿化卓有成效，城区绿地总面积 2798 公顷，绿化覆盖率提高至 32%，五一路玉兰花开数里，沿江大道如同滨江花园。21 世纪起，长沙以创建国家园林城市为目标，精心打造融山、水、洲、城于一体的城市特色，重点建设城市广场与游园。芙蓉广场、五一广场和步园成为五一大道三大景观，均为集休闲、娱乐于一体的中心绿地；以贺龙体育场为核心的新世纪体育文化广场于 2002 年建成，兼备体育竞技、全民健身、商贸休闲等多项功能，为长沙标志性建筑之一；县（市）中心广场陆续建成。2005 年，城市园林绿地面积 5907 公顷，人均公共绿地面积增至 7.7 平方米，城区绿地率 33.23%，绿化覆盖率 37.94%。历经 10 年建设的长沙湘江风光带竣工，黑石铺大桥至月亮岛北端、全长约 26 千米，以休闲长廊和雕塑为主景，两岸四季绿树成荫，各色花卉怒放，为市民休憩好处所。之后，各类公园或扩建或新建，数量剧增，尤以社区公园增长最快，人居环境大大改善。2008 年，长沙被评为全国园林城市。2009 年 6 月 1 日起，长沙城市公园免费入园，城市建成区绿地面积 8134 公顷。至 2010 年，完成湖南烈士公园、橘子洲景区、岳麓山景区的提质改造，长沙市生态动物园迁建开园，全市形成公共绿地分布合理、植物配置科学、绿化层次丰富、园林精品率高的新格局。2012 年，全市共建成各类公园 146 个，公园绿地服务半径覆盖率 65.55%，人均公共绿地面积 10.81 平方米；麓山、沩山分别晋级为国家风景名胜区，其中岳麓山风景名胜区（AAAAA 级）成为长沙的地标和名片，浏阳大围山通过国家地质公园评审；另有省、市两级风景名胜区多处。共有社区公园 83 个，四季均有绿色植物与各色花卉；全市主次道路、支路人行道树型优美，遮阴、滞尘效果佳，病虫害少，以香樟、玉兰等常绿乔木为主，少量采用广玉兰、桂花、银杏、杜英、悬铃木，辅以灌木花卉；32 个城市广场遍布全市各主要中心地域，55 处游园绿地进入城区背街小巷，市民实现“300 米见绿、500 米见园”，城市生态大为改善。

以城市雕塑添彩城市风景。20 世纪 90 年代前，长沙城市雕塑仅 7 座，以人物为主，有毛泽东、刘胡兰、李时珍等，分布在各教育场所。自 90 年代起，市区城市雕塑逐渐增多，表现形式和主题趋向丰富多样，分布区域扩至繁华路段、单位前坪、学校广场、公园等公共场所。天心公园“太平天魂”再现太平天国农民起义军攻打长沙情景，湘江风光带系列主题雕塑——“四羊方尊”“图腾柱”“印章系列”具浓厚湖湘文化气息，小品雕塑“怪神奇兽”富有生活情趣。1999 年，司马迁、老子、屈原、爱迪生、华罗庚等大量中外历史名人雕塑落成，既以之纪念，又对世人进行直接的情感教育和思想激励。21 世纪起，一系列反映美好社会、贴近百姓生活的雕塑建成。2002 年，全年建成各类雕塑 20 多座，较为突出的有：黄兴路步行街“老长沙”系列再现城市初建时的市民生活，“辛弃疾”“浏阳河”体现厚重历史意义。2004 年，长沙市在全国省会城市率先推出《2005—2020 年城市雕塑规划》，推动长沙城市雕塑建设有序发展。随后，大型浮雕“四大艺术”篇章、大型雕塑“蔡锷”“青年毛泽东”“月亮粑粑”陆续建成。坐落于橘子洲头的“青年毛泽东”为省内体积最大的雕塑（长 83 米、宽 41 米、高 32 米），将伟人青年时代英姿风韵与橘子洲自然环境完美结合，成为长沙市标志性雕塑之一。至 2012 年底，长沙城市雕塑共有 138 座，大致分布在“三路”（湘江路、芙蓉路、黄兴路）、“三片”（河西大学城、劳动路—城南路—梓园路老城区、中山路—湘春路旧长沙主城区），校园文化特色、厚重历史文化与现代城市特色交相辉映，构成长沙城市的靓丽风景。

以优质服务推进邮政、电信发展。20 世纪 80 年代中叶，长沙邮政、电信分设。全市有邮电局、所 274 个，其他邮政服务点 4296 处，邮路长度约 3.38 万千米，有航空线路 11 条，主要业务有涵件与包件投递、货币汇兑、报刊发行等。全市自办电信营业机构 12 处，长途电话电路 539 路，县以上三级电报电路 77 条，市内固定电话用户 2.46 万余户，主要业务有电报投递、电话、传真、传呼等。90 年代中期，长沙引进国外数字程控电话交换系统，成为全国第九个实现电话程控化的城市。1994 年 11 月，长沙市成为全国第二个建成 DDN 数据传输网的城市。其间，邮政、电信一度合并，至 1998 年再次分设。这一时期，邮电行业除继续发展传统业务外，新增移动电话、电子信箱、会议电视、信息服务等 10 余项业务，全市邮电局（所）90%实现电子化营业，形成技术先进、功能齐全、机械化和自动化相对较高、连接城乡、方便安全的邮政服务网络。2008 年，全市邮电局、所 963 个，其中农村 675 处，邮路长度 7.75 万千米；长途电话电路 7.39 万路，固定电话用户 216.65 万户；移动电话用户 632.75 万户，国际互联网用户 62.35 万户，移动电话逐渐取代固定电话，固定电话有减少趋势。2012 年，全市共有电信营业网点 8734 个，光缆线路长度 16.18 万千米，移动电话、固定电话用户分别为 984.45 万户、211.65 万户，长沙已建成集有线通信、移动通信、广播电视、多媒体综合通信等功能齐全、覆盖面广的现代化通信网络。全市有邮政局、所 263 处，邮路长度 6.23 万千米，长沙邮政“通政、通商、通民”不断拓展，开展物流配送、邮递传送、金融汇兑等全方位、多元化服务。

以需求导向保障用水、用电、用气。1988 年，长沙有水厂 5 个，均以湘江为水源，日供水能力 44 万吨，年供水 1.78 亿吨，供水面积 80 余平方千米；仅一个污水处理厂，日处理污水能力 4.53 万吨。全市基本实行统一供水，但也有部分企事业单位建有自备供水设施，以补充水厂供水不足。仅有输送电企业 1 家、小水电站 33 座，电力供应十分紧张，是全国唯一没有大型水电、火电支撑的省会城市；全年发电量 1.43 亿余千瓦时，其中火电 4908 万千瓦时、水电 9436.56 万千瓦时，拉闸限电频繁。长沙城市居民生活用能以煤为主，辅以液化石油气、煤制气，近 60%用户凭购气本计划使用，其余由单位自筹使用。城市居民液化石油气用户仅 10 万余户（计划户 5.7 万户），全市设供应站 7 个。1989 年，仅铺设煤气管道 18.47 千米，用户不多。至 1993 年，长沙市第五水厂建成投产，解决城北 20 余万人用水困难。随后，扩建第四、三、一水厂，解决河西用水供需矛盾与南区居民生产生活用水问题，确保供水水质。是年起，长沙燃气市场逐步放开。1998 年起，长沙市被确定为国家城乡电网改造重点城市之一，电网建设发展迅速，逐步形成以 500 千伏为主供电源、220 千伏为地区网架、110 千伏为市区主网的格局。1999 年，城区基本实现不拉闸限电。随后，省内第一条电力光纤开通，中南地区首座地下 110 千伏的建湘变电站、全国单条最长电缆芙蓉路隧道（12.6 千米）投入运行；完成农村电网建设和改造，实现城乡用电同网同价。9 月，民用液化气零售价格全面放开，液化石油气“购气本”成为历史，管道供气进入长沙。2001 年，全年改造、敷设管线 30 余千米，管道煤制气用户 11.5 万余户；混空气工程完成，年供气 2247 万立方米。2002 年底，全市有液化石油气储配站 20 余座、瓶装液化气供应站 600 余个，用户激增至近 40 万户。2004 年，长沙市第八水厂建成投产，满足省府南迁、长株潭融城发展的需要。2005 年 7 月，四川天然气进入长沙，液化石油气用户由城区向城郊转移，管道天然气逐步取代液化石油气；年底居民用户 12 万户、公建用户 334 户，年供气 2159.6 万立方米。此后，管道气用户与供气量逐年递增。全市有天然气用户 82.8 万户，年供气 6.3 亿立方米；2007 年 12 月，华中电网容量最大的 500 千伏星城变电站投入运行，实现 500 千伏、220 千伏网络多个电源点供电；同时，湖南省最大的燃煤火力发电厂——华电长沙电厂并网发电，装机容量 120 万千瓦，结束长沙无支撑电源历史。是年，市域总发电量 5.81 亿千瓦时。至 2010 年，全市新建、扩建水厂 6 家，日供水能力 180 万吨，全市供水面积 330 余平方千米。是年，浏阳株树桥水库至长沙第五水厂、全长 98 千米的长沙引水工程全线竣工通水，置换原用的湘江水源，结束长沙市依靠湘江单一水源历史，缓解湘江枯水季取水压力，提高城市供水安全度。至 2012 年底，长沙市有水厂 8 家，日供水设计能力 225 万吨，年供水量 5.28 亿吨，供水面积 420 平方千米，供水能力居全国省会城市第三位；有污水处理厂14家，年污水处理能力3.84亿吨，污水处理率97.29%；城区排渍泵站61座，装机291台，装机总容量7.8亿千瓦。长沙城市综合电压合格率、城（农）网供电可靠率均超99.9%，优质供电居全省第一；有35~500千伏变电站169座，主变322台，总容量2052.78万千伏安；有输电线路279条、长3576.84千米，10千伏配电线路1610条、长1.82万千米，发电企业117家，总发电量56.89亿千瓦时。全市有液化石油气网点784个，用户约40万户，年供气9.8万吨；1988—2012年，累计供气130万余吨（未计单位自备气源部分）。天然气服务网点遍布城市内5区，新奥燃气设6个营业厅，另设授权代收费网点184个，2005—2012年，累计供气24.7亿立方米。

（四）

1984年6月，长沙市被中共湖南省委、省人民政府列为经济体制改革综合改革试点城市。此后，长沙市以经济建设为中心，大力发展工业、农业、商贸诸业，国民经济持续稳定发展。1988—2012年，长沙市农村经济稳步增长，城乡差距逐渐缩小；工业经济规模由小变大，布局结构日趋合理；商贸经济繁荣，各类市场、网点密布，对外经济贸易、会展经济、旅游经济发展壮大。

全市经济快速增长。1988年，按1980年不变价格计算（下同），全市实现社会总产值120.02亿元，实现工农业总产值92.42亿元，全市国民生产总值54.9亿元，国民收入47.1亿元。进入20世纪90年代后，国民经济增长速度加快。1995年，全市全年国内生产总值320.41亿元，其中第一、二、三产业增加值分别为45.58亿元、137.44亿元、137.39亿元；三次产业结构进一步调整，一、二、三产业比重为14.2%、42.9%、42.9%；全市人均国内生产总值5710元，比1980年翻了两番。随后，长沙经济结构进行战略性调整，国民经济新的增长点初步形成。2000年，全市全年实现国内生产总值656.41亿元，其中第一、二、三产业增加值分别为74.11亿元、268.40亿元、313.90亿元，三次产业比重为11.3:40.9:47.8；人均国内生产总值为1.13万元。1978—2000年，全市地区生产总值（GDP）年均增长12.5%。进入21世纪后，国家中部崛起战略成为大助力，长沙国民经济增长速度更快。2005年，全市GDP为1519.90亿元，第一、二、三产业增加值分别为112.59亿元、655.27亿元、752.04亿元，三次产业比重为7.4:43.1:49.5；按常住人口计算，人均GDP为2.40万元。2000—2008年，全市GDP年均增长15%。2007—2011年，全市GDP连续5年增长超过14.5%，领跑全国。2012年，全年实现GDP为6399.52亿元，为全省的28.9%；第一、二、三产业增加值分别为272.31亿元、3592.52亿元、2535.08亿元，三次产业的比重为4.3:56.1:39.6；按常住人口计算，人均GDP为8.99万元，是全省的2.7倍。全部工业增加值占GDP比重为47.7%，全市非公有制经济增加值占GDP比重为61.2%（3914.05亿元）；工业增加值、固定资产投资、社会消费品零售总额占全省的比重分别为33.4%、27.5%、31.3%。

经济发展带来财税收入增长。20世纪80年代末，长沙市财政收入8.83亿元、各项税收收入14.51亿元，因省对市主要实行“划分收支、分级包干”财政体制，加之经济基础差、底子薄、欠债多，财政运行十分困难。90年代初，全市财政收入有所增长，但也只能保持基本运转。1994年9月底，财政包干制改为分税制，长沙市国税、地税分开征收，其税种分别以增值税、营业税为主；当年，全市各项税收收入为38.72亿元，其中地税收入11.06亿元。1996年，全年入库个人所得税超过1亿元，长沙成为全国个人所得税征管的3个试点城市之一。随后，全市税收不断增长，税目、税率也随着调整。2000年，全市各项税收收入超100亿余元，收入基本实现良性循环。21世纪起，长沙由“吃饭财政”过渡到“建设财政”，财力迅速增长。2004年，全市国税收入113.27亿元，超全省三分之一。2005年，全市财政收入139.38亿元，以雄厚财力为后盾，全市建立全面涵盖所有人群的最低生活保障、免费义务教育和基本医疗保障等一系列的社会保障机制和社会公平发展体系，以人为本的“公共财政”框架基本构建。2008年，全市各项税收共441亿余元，其中国税收入375.72亿元，占全省总量的53.6%；地税收入165.32亿元，连续3年在中部六省省会城市中居第二位；全市高收入者自行申报纳税人数3.19万人，在中西部省会城市排名第一位。2011年，全市财税收入首次突破千亿元，长沙发展进入财税与经济良性互动的新时期。2012年，全市综合财政预算体系逐步形成，年底，完成公共预算收入490.64亿元，是1988年的55倍多；全年各项税收收入1060.12亿余元，其中国税收入725.22亿元，是1988年全市税收总量的近80倍，其收入规模居全国省会城市第六位。

金融业繁荣发展。历经10年改革开放后，人民银行长沙分行专司中央银行职能，长沙金融业建立以人民银行为领导、各国有银行为主体、农村与城市信用社等机构为补充的多元化银行业体系。1988年，市域有各类金融业机构746家，其中各类各级银行机构744家，证券与保险机构各1家。年末，银行业各项存款余额50.55亿元、各项贷款余额71.31亿元，保险业保费收入8840万元、险种100余种，证券业业务量很小。20世纪90年代后，金融领域开展一系列重大改革，各项业务蓬勃发展。1992年8月，湖南证券公司开通深圳、上海证券交易所交易通道；次年12月，长沙本土企业发行的首只股票“湘中意”登陆深交所。1994年，长沙保险市场主体增至4家，险种、保费收入随之增长；四大国有银行的专业分工被逐步打破，并且完成向国有商业银行的转型。1995年，长沙金信期货有限公司首开期货业务。1998年，长沙金融业形成分业监管体制，人民银行长沙中心支行不再监管保险业和证券业。年末，全市银行机构各项存款余额、贷款余额分别为594.69亿元、468.9亿元，存贷比为1:0.79。1999年起,个人消费贷款逐步成为银行信贷业务的重要支柱,当年余额5.6亿元。同年底，长沙共有10只股票在A股上市发行，股票交易额由最初的10亿元增长至近50亿元。21世纪后，招商、兴业、光大等股份制银行、港资与外资银行、省外商业银行、省外保险公司、省外证券公司纷纷进入长沙，长沙地方商业银行同时“走出去”，多层次、广覆盖、差异化的金融机构体系在长沙形成。2006年，保险业产险、寿险主体分别有12家、8家，保费收入分别为1065.22亿元、2523.82亿元；有金信、大有、德盛等公司在长沙开展期货业务，年营业额2000万~3000万元。2009年，村镇、社区银行纷纷设立，长沙区域金融中心初具规模。2012年，市域有各类银行机构27家、网点2.13万余个，有其他银行业务机构163家；全市有各项存款余额8188.75亿元，是1988年的162倍；各项贷款余额8800.66亿元，是1988年的123倍。保险市场有省级分公司44家，其中产险公司21家、寿险公司23家（含两家中外合资公司）；有财产保险险种1800余种，全年保费收入53.12亿元，赔付金额25.65亿元，以机动车辆、企业财产、信用保险为主；有人身保险险种2000余种，全年保费收入68.58亿元，给付金额13.49亿元，以分红产品、普通寿险、健康险为主。全市有上市企业49家，共有证券法人机构3家，营业部78家，证券业总市值3676.22亿元，A股交易量1.58亿元，直接融资330.28亿元；有期货公司4家，营业部15家，累计成交2.75万亿元；全市证券累计开户132.03万户。全市金融业有从业人员3万余人。

农村经济发生深刻变化。20世纪80年代中后期，长沙农村家庭联产承包责任制基本完善，农民生产积极性得到提高。1988年，全市粮食播种面积43.37万公顷，粮食总产量253.5万吨；出栏肉猪370.10万头，水产品产量3.34万吨；农机总动力115.39万千瓦。农林牧渔业总产值（现行价，下同）27.45亿元，种植业、养殖业在其中的比重分别为63%、34.3%；农民人均纯收入627元，以粮食生产和生猪饲养收入为主，另有外出务工工资性收入；全市从事第一产业的农村劳动力占农村全部劳动力的近80%。90年代后，加快调整农业生产结构，全市农村以市场为导引，发展以名优产品为重点的商品生产。同时，农村劳动力由第一产业向第二、三产业转移的规模逐渐扩大，农村劳动力的科学种养水平逐步提高，加之农业机械化的大力推进，劳动效率普遍提高。1995年，全市有72.4万余农村劳动力从事非农产业，占全市农村劳动力的32%；农村社会总产值332.65亿元，其中非农产值245.89亿元，以粮食生产、生猪饲养为主体的农业比重明显下降，非农产业比重上升至73.9%。长沙农村逐步形成粮、猪、油、果、菜等十大主导产业，高效优质农业大力发展，农民收入大幅增长。进入21世纪后，全市农业结构调整和产业化经营步伐加快，土地流转速度随之加快，种粮大户陆续出现，经济作物种植比重逐年增加，重点建设浏阳市的花卉苗木、长沙县的有机茶叶、望城县的优质水产、宁乡县与望城县优质水稻四大农产品产业带，即四大“百里走廊”。同时，粮食生产重点调减常规稻，扩种优质稻，蔬菜种植和花卉苗木生产规模增加，土地生产率和劳动生产力逐年提高，农民收入继续增加。2004年，长沙市第一家农民专业合作社——浏阳友华养殖专业合作社成立。之后，合作组织如雨后春笋般蓬勃发展。至年底，全市农民专业合作社发展至305个，有8万余农户加入。2005年，长沙在全省率先免征农业税；全市农林牧渔业总产值、农机总动力、农民人均纯收入分别为187.31亿元、330.65万千瓦、4908元，全市粮食种植面积、产量均略减，养殖业增长较快，四大产业带总面积18.66万公顷，全年产值39.73亿元。农业总产值中的种植业、养殖业比重为49.5%、45.29%，从事非农产业劳动力占农村劳动力的46.11%，农村经济仍以种养业为主。2006年初，长沙开始实施社会主义新农村建设“百村示范、千村整治”工程，提高农业生产综合能力，推进农业产业化，重点帮扶优势产业；因此，农村生活环境发生较大改变，农民生活质量大大提高。随着城乡一体化的大力推进，全市农村经济结构发生变化，从事非农产业的农村劳动力越来越多，城乡差距不断缩小，城乡一体、互动发展的格局初步形成。2009年，金井茶、宁乡猪、望城鱼、大围山水果等农产品品牌效应逐渐显露，现代农业特征明显；水稻生产机械化程度不断提高，全市农民生产合作社有2302家，农业生产呈现产业化、专业化及规模化趋势。是年，新农村建设并入城乡一体化统筹，实施以城带乡、以镇带村、以点带面。2012年，全市粮食作物播种面积37.1万公顷，粮食总产量247.94万吨，出栏肉猪833.2万头，水产品产量11.4万吨；全市农林牧渔业总产值419.78亿元，种植业、养殖业的比重分别为54.8%、38.8%；当年农民家庭收入中，农林牧渔业收入只占26.59%，非农产业收入占比为73.41%，其中工资性收入为42.38%，56%农村劳动力从事非农产业。全市农产品加工实现销售收入848亿元，休闲农业企业发展到1712家，农业规模化经营大幅提高，有农民专业合作社4038家；水稻生产绝大部分实行机械化操作，农机总动力540万千瓦；农民人均可支配收入1.58万元，农村劳动力平均创造农林牧渔业产值3.89万元。

工业经济异军突起发展迅猛。经过十年改革开放，长沙工业经济结构发生显著变化。1988年，全市有工业企业2.66万个，其中规模以上企业2393个，从业人员42.69万人，固定资产净值27.46亿元；全年工业总产值76.34亿元（当年价格，下同），全民所有制与集体所有制企业产值占95%以上，机械、食品烟草、石油化工产值占比分别为27.55%、14.78%、9.24%；利税总额12.91亿元，其中利润6.32亿元。1987—1994年，全市国有、集体工业企业完成两轮承包经营责任制，有效改革企业内部分配制度，克服平均主义及打破“大锅饭”，工业企业走上健康发展轨道。1994年，国家级长沙高新技术产业开发区（以下简称“高新区”）初具规模，入园企业有120余家，产业集聚效应明显。1995年，全市工业企业发展到4.35万余个，全年工业总产值为407.95亿元。其中，全市规模以上工业企业3355个，从业人员

48.15 万人，固定资产净值 97.12 亿元。随后，全市工业布局进行调整，逐渐向城外发展。2000 年，全市工业企业减至 3.07 万个，但经济效益回升，工业总产值 620.49 亿元，国有、集体工业企业产值比重下降（占工业总产值的 56%）。进入 21 世纪后，长沙“兴工强市”战略全面实施，工业投资规模扩大，生产发展迅速，经济效益显著提高。紧接着，大力推进“园区兴工”，走有序发展和集约发展之路；非公有制经济发展迅速，国有、集体企业所占份额继续减少，其他经济类型企业所占份额逐步增加，股份制成为最普遍的企业组织形式。2004 年，全市工业园区有“两区六园”，入园工业企业 1219 户，从业人员 12 万余人，园区工业总产值 334.95 亿元，占全市工业总产值的近 40%，利税占全市工业的 36.7%，园区工业成为全市工业的主要支柱。2005 年后，长沙出台一系列加快推进新型工业化的政策措施，德国博世、美国百事、可口可乐、日本三菱汽车、韩国三星电子、中国五矿、中航工业等世界 500 强企业先后投资长沙，产生 20 余个投资总额 10 亿元以上的特大型工业项目，并由此带动周边地区、相关产业协同发展。全市规模以上工业企业利税总额 177.07 亿元，其中利润 64.03 亿元；工程机械、汽车及零部件、电子新材料等高新技术产业实现高盈利。2001—2007 年，全市工业企业先后有“白沙”“远大”“梦洁”等 10 种产品获中国名牌产品称号（以后无此项活动）。与此同时，通过定向募集设立的股份制企业逐步增多，不少企业加快上市步伐，三一重工、金杯电工、山河智能等民营高科技企业先后成功在沪、深证券交易所上市。2008 年 6 月，同心国际有限公司在美国纳斯达克挂牌上市，成为湖南首家在美国上市的中外合作汽车零部件企业。12 月，威盛仪表集团有限公司成功发行 H 股 1.8 亿股，成为首家在香港联交所上市的企业。年末，“两区九园”工业产值 1470 亿元，六大优势产业集群总产值占规模工业总产值的 42%，工程机械集群产值突破 500 亿元；机械工业产值 1034.12 亿元，在全市规模以上工业总产值中的占比为 36.73%，稳居全市各行业第一位。2009 年，全市工程机械产业产值占全省行业总值的 60%，长沙因此被誉为“中国工程机械之都”。2009—2011 年，众泰汽车、蓝思科技等 9 个特大型工业项目建成投产；全市工业企业共开发新产品 7003 种，产值 3570 亿元，以专用设备、交通运输设备、通用设备等制造业为主。2012 年末，长沙工业形成以 4 个国家级产业园区、10 个省级产业园区为主导，20 余个县、乡级工业组团为补充，东、西两大产业集聚区和以湘江走廊为轴线的“一体两翼”新格局。全市有工业企业 6.05 万个，国有及国有控股企业 196 个；全部工业总产值 8263.08 亿元，其中：规模以上工业企业 2282 个，从业人员 61.24 万人，固定资产净值 1688.60 亿元，总产值 7058.32 亿元；规模以上企业实现利税 1353.12 亿元，其中利润 608.45 亿元，湖南中烟工业有限责任公司、中联重科股份有限公司、三一集团有限公司的利税总额均超过 100 亿元。全市各园区分别形成工程机械、电子信息、新材料、食品烟草、生物医药等各具特色的主导产业，园区发挥辐射全市、带动全省经济发展的重要作用，成为提升长沙城市品位、增强城市综合功能的举足轻重力量。随着工业经济的迅猛发展，长沙工业经济综合实力在全省稳居首位，成为长沙经济增长主要拉动力量。

商贸经济日益繁荣活跃。改革开放后，长沙商业形成多种经济成分、多条流通渠道、多种经营方式的体制。1988 年，全市有零售商业饮食服务业网点 60405 个、从业 20 余万人，其中市区 21697 个、从业 12 万余人，实行柜台式经营，店铺比较集中，以国有企业为主。全年实现社会商品零售总额 48.09 亿元。全市有各类集贸市场 239 个，其中市区 97 个，全年成交总额 7.78 亿元。20 世纪 90 年代初，长沙商品流通所有制结构发生重大变化，由全民所有制和供销社商业（以下简称“国合商业”）独家经营状况被打破，形成以国合商业为主导、多种经济成分共存、多家竞争局面，个体私营商店迅速增加。1992 年，个体商业餐饮服务业发展迅速，全市有个体户 50546 户、从业 71392 人。国合商业全面推行经营、价格、用工、分配放开，激活大型零售商店活力，中山商业大厦、长沙友谊华侨公司、东塘百货大楼、韶山路百货大楼、晓园百货大楼5家大型零售商店销售额均过亿元，“五虎斗长沙”名噪一时。是年，社会商品零售总额70.99亿元，上缴国家税收1.17亿元，利润总额5458万元。1995年，分别在浏阳市、望城县、长沙县、宁乡县初步建立黑山羊、商品鱼、蔬菜、豆制品四大副食品生产基地，以保障市场供应。随后，国有经济在市场中所占比重陆续下降，非公有制经济成分增幅高于国有经济。90年代末，全市第一家外资商业企业——平和堂商厦开业，沃尔玛、麦德龙等外资商业企业以及王府井、步步高等国内大型商业企业亦先后进驻长沙。21世纪初，黄兴南路步行街商业街开街，新一佳、华银旺和、家乐福等一大批连锁超市相继开业，湖南钢材市场、马王堆陶瓷建材城、三湘南湖大市场等一大批消费品市场顺利建成，长沙商业更加繁荣兴盛。2003年，全市社会消费品零售总额401.1亿元（其中公有经济零售额占35.8%），全市商贸服务网点12.68余万个，从业人员46万余人，上缴国家税收3.12亿元。同年，全市217家国合商贸企业从国有资本中退出，长沙市从传统商业向现代商业转变，连锁经营、物流配送、电子商务、服务外包等现代流通方式迅速发展。2005年，开始实施“万村千乡市场工程”，各类市场迅速增加；黄兴路步行商业街获“中国最著名商业街”称号；全年全市社会消费品零售总额743.43亿元，跻身全国十强，名列中部城市第二位，初步实现建设区域性商贸中心的目标。2006年3月，电子商务企业——“快乐购物有限责任公司”运营，为国内新一代家庭电视购物领军者。2008年，超市与百货、餐饮、专卖店等业态相结合，形成一种综合型社区购物中心零售业态。同时，一些实体零售店与电子商务相结合，开始线上线下同时经营。2012年，长沙商业已由计划经济体制过渡到社会主义市场经济新体制，形成大市场、大流通、大商贸的流通新格局；商业已由传统的柜台式经营发展成为超市、连锁品牌专卖、流通配送、代理销售等多种经营形式并存的新的经营模式。全市社会消费品零售总额2454.71亿元，占全省的1/4；有各类商业网点16.72万余个，从业人员100万余人，商贸企业上缴国家税收4.86亿元。域内有各类综合性专业市场635个，占全省的近53%，总面积862.5万平方米，摊位（店铺、门面）11.7万个，从业人员62.29万余人，成交总额1150.1亿元。单店经营面积在3000平方米以上的大型综合超市53家，全市专业零售店星罗棋布，共有网点13.72万余个，从业人员近70万人，商品零售总额1248.5亿元。全市有22条特色商业街，如解放西路酒吧一条街、坡子街民俗美食街、太平街历史文化街等，特色鲜明、功能配套、主题突出、多业为辅的商业街吸引顾客频频回顾。电子商务产业成为初具规模的成长型产业，全年电子商务交易总额1200余亿元，长沙市成为“国家电子商务示范基地”。

对外经济贸易、招商引资、会展与旅游经济日益发展。20世纪80年代中叶，长沙对外经济贸易呈现商品、资金、技术、劳务等多渠道、多层次、多种形式的发展趋势，辐射至94个国家和地区，出口商品有粮油食品、土畜产品、烟花爆竹等十大类；1988年，全市出口商品收购额3.2亿元。长沙利用国家优惠政策，改善投资环境，鼓励外来投资，长沙采取外商直接投资、对外来料加工和补偿贸易、国际租赁4种方式引进外来资金。此时的旅游业仅为外事的一部分，主要接待境外人员、华侨及港澳台同胞。进入90年代后，长沙被列为内陆开放城市，招商引资步伐加快；同时推动企业自营出口，对外贸易从出口商品收购转向进出口商品经营，形成外贸企业、生产科研单位和商业自营出口企业共同参与的大外贸格局。旅游业开始从事业型向经济型转变。1995年，国内旅游人数（620万人次）已大大超过入境旅游人数（8.1万人次），国内旅游收入占全市旅游总收入的近95%。90年代末，会展业被列为长沙新兴产业之一，带动宾馆业、旅游业、餐饮业等10余个行业经济效益提升。2000年4月，随着中国加入世界贸易组织，长沙境外投资与对外贸易出口市场扩大。从该年起，外商直接投资成为引进外来资金的主要方式。随后不久，旅游业纳入全市国民经济和社会发展计划，外资、社会资本合资、合作或独资开发旅游项目；湖南国际会展中心、长沙红星国际会展中心先后建成开业，长沙接展能力大大提高。2004 年，长沙对外贸易拓展至 150 余个国家和地区；境外投资企业有 37 家，初步形式“海外长沙兵团”；全年完成进出口总额 24.54 亿美元。2005 年，长沙引进外来资金 433 亿元，其中实际利用外资 9.02 亿美元，其规模和增幅在中部省会城市均名列第一位。2006 年后，红色旅游成为一大亮点，毛泽东母校——湖南第一师范学校、宁乡花明楼——刘少奇故里景区、雷锋故居纪念馆等游人如织，成为全国爱国主义教育和红色旅游的重要景区。不久，国际品牌旅游酒店“喜来登”“温德姆”“皇冠假日”先后登陆长沙。2007 年，中国（长沙）科技成果转化交易会永久落户长沙，促进湖南特色产业基地建设和产学研究合作平台搭建；外商独资已成为长沙利用外商直接投资的主要方式，各开发园区成为招商引资的重要载体。2012 年，长沙完成进出口总额 87.08 亿美元，占湖南省的 40%；进出口市场已拓展至 192 个国家和地区，全市拥有进出口经营资格的企业 3841 家；境外投资呈现传统行业与新兴行业齐头并进格局，累计共有境外投资项目 266 个、境外投资总额 39.1 亿美元；对外工程承包行业品牌优势明显，经济效益和社会效益不断增强。长沙引进外来资金 1147.23 亿元，实际利用外资 29.77 亿美元，境外世界 500 强企业在长沙直接投资企业 7 家，招商引资对促进长沙社会经济发展起了不可替代作用。全市具有会展业务的公司 2848 家，会展直接收入 13.2 亿元，带动相关产业收入 118.8 亿元，长沙会展的美誉度不断提升，获得“全国十佳会展城市”“中国会展金海豚奖”“中国十大影响力发展城市”等称号。全市有国家 A 级旅游景区 39 家，其中 AAAAA 级景区 2 家（麓山、沩山）、AAAA 级景区 18 家；星级酒店 83 家，其中五星级 12 家、四星级 22 家；旅行社 218 家，具有出境旅游组团资格的 22 家；全市全年共接待游客 8088 万人次，全年旅游总收入 783.1 亿元；长沙旅游产业已经成为第三产业的支柱产业。

（五）

1988—2012 年，长沙教育、科技、文化、医疗卫生、体育各项事业取得长足进步。

教育事业向均衡、健康方向发展。20 世纪 80 年代末，长沙各层次、各类别教育机构以公办为主，社会力量所办为辅。城区、农村分别有幼儿园、学前班 427 所、1792 个，入园、入班幼儿共有 8.6 万余人，入园、入班率分别为 65%、52.8%；全市有小学 3212 所、在校学生 57.07 万余人，适龄儿童入学率 99.79%；有普通中学 429 所，在校学生 23.53 万人、教职工 1.96 万人，城区有中学 90 所，大部分为完全中学（含高中），农村乡镇则大多为九年一贯制学校；市域有高等院校 21 所，包括理工、农业、医药、师范等 7 类专业，有在校学生 4.6 万余人、教职工 2.23 万余人；另有中等专业学校、技工学校若干，市盲聋哑学校承担全省大部分地区器官、智力、多种缺陷的适龄残疾儿童、少年的特殊教育任务。1990 年，长沙成为全国 15 个城市教育综合改革试点之一后，在管理体制、办学体制等方面进行诸多改革探索。1993 年 10 月，市内第一所国有民办学校——长沙麓山国际实验学校创办。不久，各种社会力量兴办各类学校，相继出现国有民办、民办公助、完全民办等多种办学形式。1994 年，长沙城乡全面普及小学，共有小学 3048 所，在校学生 60.28 万人，全市适龄儿童入学率 100%，小学毕业升学率 94%，教职工 2.88 万人；长沙提前三年实现普及九年义务教育。1996 年起，市区企业自办中、小学逐步移交地方教育部门。90 年代末，长沙按照“高中教育以市为主、义务教育以区为主”原则，调整学校布局，整合教育资源，推进集团化办学，加速规模发展。2001 年，长沙市有幼儿园 768 所，其中城区 230 所，在园幼儿5.8万余人，有教职工5500余人，城区已满足3~5岁幼儿园入园要求，农村已普及一年学前教育。全市有小学1830所，其中市区246所，在校学生近40万人，其中市区11.47万人；教职工2.22万人，其中市区7987人。全市初中毕业生升入普通高中、职业学校和中专（中技）学校6.74万人，升学率76.5%，城区为99.1%。同时，湖南大学、中南大学、国防科技大学先后成为“985工程”大学，省属高校相继创办独立学院，市属高校先后升格，招生规模迅速增长。是年，共有各级各类中等职业学校67所，中等教育结构日趋合理；组建长沙市商贸旅游职院及雅礼中学、师大附中、长沙市一中教育集团。2005年，率先在全省启动针对义务教育阶段家庭贫困学生的“两免一补”（免杂费、书本费，逐步补助寄宿生生活费），全年全市累计减免经费3000万余元，有98964名贫困生实现“一费制”全免入学，有万余名贫困寄宿生享受生活补助。2008年，全市义务教育完成率109.4%；全市高中教育已普及，中等职业教育大力发展。2006—2010年，各乡镇建成一所初中、一所小学或一所九年制寄宿学校，义务教育落实到每一个适龄儿童。至2012年，全市有幼儿园1325所，在园幼儿20万余人，教职工近2万人；有小学938所，在校学生43.95万人，教职工2.14万人，市内完全小学在全省率先完成规模以上合格学校建设。有普通中学284所，其中初级中学175所，高级中学33所，九年一贯制学校38所，十二年一贯制学校3所；在校学生34.38万人，教职工2.8万人，专任教师2.37万人。有各级各类高等院校50所，其中本科以上层次的23所，一本院校7所，在校学生52.32万人，在职教职工5.18万人。有各类中等职业学校50所，在校学生12万余人。另有成人教育培训机构若干，主要进行职业技术培训，服务农民、工人，帮助他们实现就业或再就业。

科学技术实力不断增强。20世纪80年代，长沙科学技术已有相当水平。1988年，全市有科研单位89个、各类专业技术人员15.47万余人，其中自然科学类8.14万余人；有科技成果257项，其中有15项获国家科技进步奖等国家奖项，少数在国际上产生较大影响；全市专利申请量704件、专利授权量231件。90年代后，长沙科技事业逐步向发展高新技术产业、改造传统产业、加快科技成果转化和农业现代化进程倾斜，聘任周光召等18位院士、著名科学家为长沙市高级科技顾问，医学遗传国家重点实验室落户长沙，产生世界首例临床爆破人体胆结石、中国首台汽车计算机系统等一批国内外领先科技成果。1995年，各类专业技术人员增至21万余人，5年累计获科技成果1200余项，其中300余项达到国际或国内先进水平。1998年，长沙被评为“全国科教兴市先进城市”。2000年，中国工程院院士袁隆平主持的“超级杂交水稻选育研究”、国防科技大学研制的国内第一台类人型机器人入选“2000年中国十大科技新闻”，其中袁隆平荣获国家首届最高科学技术奖。跨入21世纪后，长沙科技事业突出“加强技术创新、发展高科技、实现产业化”主旋律，“一园三基地”（大学科技园与软件、新材料、生物医药产业基地）建设全面铺开。同时，加大知识产权投入，促进专利技术创新，推进专利技术转化实施。2002年，全市专利申请量1647件，占全省总量的1/3。2003年，长沙被评为“国家科技进步先进市”、全国首批“技术创新工程示范城市”。2005年，长沙市与驻长高等院校、科研院所实行科技资源共享，科技成果累累：中南大学等单位研究的“青藏铁路修建技术”获“国家科技进步特等奖”，中国工程院院士黄伯云等研制的“高性能碳航空制动材料制备技术”获国家技术发明一等奖；其他院校如湖南大学、湖南农业大学获奖项若干。2006年，专利申请量、专利授权量大增，分别为4714件、3130件，企业为主力军。2008年，全市科技人才总量25.1万余人，其中科学家、工程师23.6万人，长沙跻身中国城市综合创新力50强；知识产权工作迈入全国城市前列，全年申请专利6314件。2009年，国防科技大学研制出中国“天河一号”超级计算机，计算速度世界第一（每秒2570万次）；同年，长沙科技竞争力居中部地区第一位、全国排名第六位，被评为国家科技进步示范城市。2012 年，全市科技人才总量 40 余万人，全年科技研发投入 143.22 亿元，利用科技实力居全国前列，科技竞争日益强劲，为首批国家级文化与科技融合示范基地。长沙获“国家知识产权示范城市”称号，知识产权事业跨越式发展；PCT（专利合作条约）申请 400 件，居全国省会城市第一位；每万人拥有发明专利 11 件。1988—2012 年，全市累计专利申请 84416 件，专利授权 48786 件。1991—2012 年，先后产生中国科学院和中国工程院院士共 32 人次，其中中科院院士 6 人，中国工程院院士 25 人，中南大学王淀佐为两院院士；这些院士分布在驻长各高等院校与科研院所，为长沙科技事业发展立下汗马功劳。

文化事业彰显蓬勃活力。20 世纪 80 年代，长沙各项文化事业已有一定基础：市、区（县）、街道（乡、镇）各级公共文化体系完整，群众性文化活动开展频繁；文学、艺术、电影事业进入发展春天，文艺创作在省内乃至全国颇具影响力；广播电视初露头角，省、市、县均有广播电视台和电视台、广播电视站；全国有图书和电子音像出版社 11 家，有省、市、县报 24 种，公开发行期刊 155 种，部分图书已进入国际市场；有全国文物保护单位 5 处、省级文物保护单位 44 处、市级文物保护单位 20 处，市域有博物馆 3 个、纪念馆（地）9 个，馆藏文物 10 万余件（套）。90 年代后，长沙加快公共文化设施建设，省、市图书馆分别被评为国家一、二级图书馆；“文艺湘军”在全国影响力不断扩大，“童话湘军”开始崛起，涌现“湘派官场小说”和“湘味平民小说”，电影《那山那人那狗》享誉海内外，《国歌》连续斩获“华表”“金鸡”“百花”大奖；因民众娱乐方式日益增多，观赏电影逐渐退出休闲娱乐主要地位，电影放映场次和观众人数锐减。省、市有线电视率先在全国开通，长沙电视台拍摄的电视剧《湖南和平起义》《布衣毛润之》获国家奖项，众多频道满足各类观众需要。博物馆、纪念馆改造、建设步伐加快，抢救性考古发掘项目增加，两汉长沙王后“渔阳墓”（1993 年）、三国孙吴纪年简牍（1996 年）均列入年度“国家十大考古发现”，尤其三国孙吴纪年简牍列入 20 世纪中国百项考古发现名录。1997 年，湖南卫视上星面向全国开播，《快乐大本营》等栏目开全国娱乐节目先河；长沙进入广电网络时代。90 年代末，电视剧《雍正王朝》连获全国“五个一工程”奖、“金鹰奖”“飞天奖”；各级各类新闻报刊、图书、电子音像产品发行量逐年递增，《湖南日报》《长沙晚报》等报的辐射面超出长沙乃至湖南，《体坛周报》逐渐占据中国体育传媒市场，学报类期刊总体水平居全国领先地位。21 世纪后，筹划长株潭图书馆资源共享，驻长高等院校图书馆规模迅速扩大，“长沙之春”“长沙之夏”“长沙之秋”系列展场文化活动被“群众文艺百团会演”所取代，成为“全国群众文化品牌”。长沙文艺创作空前繁荣，长（短）篇小说、报告文学、散文或获全国大奖或丰产出版，长沙籍音乐家谭盾跻身世界一流音乐家行列（电影《卧虎藏龙》配乐获奥斯卡最佳原创音乐奖），湘剧、花鼓戏、长沙弹词先后列入非物质文化遗产名录，电影《湘江北去》《辛亥革命》获国家“五个一工程”奖。湖南出版集团、《长沙晚报》和《湖南日报》产业集团先后成立，长沙新闻出版业逐步构建多元经济成分的出版产业体系。发现长江以南规模最大、保存最完整的明代藩王陵区，长沙监督博物馆、沙坪湘绣博物馆、开元博物馆纷纷建成开放。2003 年，长沙广播电视集团成立，湖南卫视获中国金鹰电视艺术节永久主办权；同年，长沙动漫产量在全国排名第一位，动漫产业体系初步形成，“蓝猫”等动漫形象风靡全国。次年，湖南卫视成为全国第二个实现直辖市、省会城市 100%覆盖的地方卫视。2001—2005 年，长沙有 58 种书刊获国家级奖项，其中体育类期刊水平居全国领先地位，湘版古典文学和音乐图书馆市场占有率居全国第一位。2006—2011 年，市域报纸稳步发展，《潇湘晨报》获“全国十大创新都市报”称号，《湖南日报》跻身全国日报强势品牌方阵；中南出版传媒集团股份有限公司（中南传媒）完成 A 股上市，为全国第一只全产业链整体上市的出版传媒龙头股；湖南广播电视台暨湖南芒果国际传媒有限公司成立（2010年），为全国首个年收入超百亿元的省级广电媒体，在海内外县有广泛影响与传播价值。湘绣、浏阳花炮等7项传统技艺先后入选国家非物质文化遗产保护名录，刘爱云（湘绣）等5人称为国家级“非遗”代表性传承人。2012年，长沙市有各级群众艺术馆11个、文化广场352个，各级图书馆12个、藏书量1058.54万册，乡、镇、街道、村（社区）均有综合文化站（室、中心），全市登记在册的群众文艺团队1200余支，全市已形成政府主导、社会参与、全民共享、较为完善的公共文化服务体系。有艺术家协会16个、成员3000余人，文学、诗词楹联、书画篆刻、音乐舞蹈、曲艺杂技均有佳作面世；有全数字多厅电影院（城）29家。拥有各具特色的电台、电视台（频道）29个，广播电视信号覆盖长沙全域及邻近市域。市域有省、市报纸37家，出版社12家（7家属“中南”传媒），构建起畅销书、常销书、外向型图书产品群；有电子音像出版单位16家，公开发行期刊205种；长沙出版产业出版销售总额居全国第三位。有各级文物保护单位289处，有对外开放的博物馆、纪念馆（地）历史文化遗产景区50余处，有爱国主义教育基地47处。随着各项文化事业的不断发展，全市文化娱乐消费向产业集团化发展，有文化产业园区15个，文化产业总收入1298亿元，文化产业已成为长沙经济发展不可或缺的有力支柱。

医疗卫生服务日益完善。20世纪80年代初，长沙逐步恢复健全市、县两级卫生管理服务体系。1988年，全市有各级各类医疗卫生机构3365所，其中医院24所，乡镇及以下机构3273所；有医疗卫生工作人员近3.2万人，其中卫生专业技术人员2.39万余人；住院病床1.52万余张，人均期望寿命为男69岁、女71岁。进入90年代后，长沙的计划免疫、重大疾病预防控制、公共卫生检验检测、健康教育诸项措施到位，全市人民健康水平逐年提高；公民自发有偿献血，供应医院用血。90年代中叶，长、望、浏、宁四县（市）实现农村初级卫生保健最低限目标，省（部）属及市县（属）公立医院达到相应等级，国有企事业单位医疗机构逐步向社会开放，政府办公立医院探索开展医疗美容、医疗康复、健康保健等特殊医疗服务，城乡医疗服务市场逐步活跃。1997年，全市创建爱婴医院44所，另有172所置产科的医疗机构达到爱婴医院（卫生院）标准，长沙市成为省内第一个“爱婴市”。1998年，全市公民义务献血人数由1988年的7000人次、献血量190万毫升增至1.95万人次、570万毫升。2000年，全市消除脊髓灰质炎及白喉。21世纪后，长沙废除城镇职工公费医疗制度，实施城镇职工基本医疗保障制度，全市基本医疗服务、疾病预防控制、妇幼卫生保健、医学教育科研能力全面提升。2002年起，社会力量开始在长沙投资办医院，长沙爱尔眼科医院、湖南旺旺医院（全国首家台资独资）先后成立。由于防控措施严格，2003年，国内部分地区快速流行的传染性非典型性肺炎，长沙无一例传入。2005年，全市各级医疗卫生机构增至3933个，其中医院109所，乡镇（街道）卫生院减少至151所，增设社区卫生服务机构73所；有卫生工作人员3.46万人，其中卫生专业技术人员2.58万人。2006年起，长沙市内140余所医疗机构用血全部由无偿献血者供应，全市无偿献血率100%，全市固定无偿献血人数4370人，占无偿献血总人数的62%。2008年，全市消除本土疟疾，血吸虫疫区达到国家规定控制标准。至2009年，长沙市顺利实现由公民义务献血向无偿献血过渡，全市无偿献血人数及献血总量年均递增15%。2012年，全市各级各类医疗卫生机构4270所，其中医院144所，乡镇及以下机构4084所；有医疗卫生工作人员6.9万余人，其中医卫技术人员5.59万余人；住院病床5.13万余张，城乡居民每千人卫生技术人员、病床数分别为7.79人、7.18张，均高于全国平均水平；人均期望寿命78.9岁，高于全国平均水平，接近国内发达地区水平。消除碘缺乏病后，至2012年连续7年全市未发生霍乱病例，全市结核病控制管理率100%，流行性感冒、手足口病、艾滋病等均得到控制，全市城市社区及农村乡镇健康教育网点覆盖全面，全市形成市、区县（市）及乡镇（街道）三级健康教育网络。全市孕产妇保健系统管理率城市95.43%、农村86.36%，全市孕产妇死亡率由1988年的47.20/10万下降至15.64/10万，孕产妇住院分娩率由1988年的35.79%提高至99.98%；全市3岁以下儿童系统保健管理率为84.98%，7岁以下儿童为87.51%，5岁以下儿童及婴儿死亡率分别为5.58%、3.68%；全市免费婚前医学检查率为城市86.58%、农村81.5%。长沙先后三次（2007年、2009年、2012年）被评为全国无偿献血先进市。

体育事业持续、协调发展。1988年，全市有体育场地1971个，贺龙体育场、贺龙体育馆规模分居全国第五位、第三位。市内常年参加体育锻炼人员有25万余人，参与乡镇一级体育竞赛活动农民有20余万人；田径、体操、水上运动等各项竞技运动在长沙广泛开展，有体育传统项目学校104所，楚怡小学、修业小学是省、市体操人才摇篮。1992年，长沙市被评为为全国群众体育先进市，职工体育、农村体育、社区体育、老年人体育、残疾人体育与群众性健身活动蓬勃开展。1995—1998年，体育场馆逐步向社会开放，先后与多家企业合作开发网球场、游泳馆、卡丁车、赛车城等，体育经营单位有90余个、场所近500家，营业收入3000万元。随后，体育彩票逐渐成为体育产业"助推器"。2003年，长沙成功举办第五届全国城市运动会，长沙获金牌19枚、银牌17枚、铜牌12枚，奖牌数列全国第五位。2007年后，全民健身活动以社区、乡镇为重点广泛深入开展。2009年，全市体育场地增至6800余个，人均体育场地1.29平方米，拥有国家级、省级群众体育先进社区21个。2007—2009年，长沙体育产业初具规模，市场开发涵盖体育竞赛、健身、彩票发行等方面，体育及相关单位6900个、从业人员2.85万人，产业增加值17.67亿元，形成以体为主、多业并举，国家、社会及个人共同开发的经营格局。2012年，全市有健身辅导部（点）812个，体育场地9183个，常年参加体育锻炼人数约占全市总人口的48%。拥有国际级运动健将28人、运动健将131人，历年输送国家、省队运动员众多，陆莉、熊倪、刘璇、李小鹏先后在第二十五届至第二十七届奥林匹克运动会上获得金牌，为国争光。贺龙体育中心被中国足协确定为"中国之队主场"，从广东引进的全国篮坛老牌劲旅——柏宁男子篮球队入驻长沙，竞技表演市场日趋成熟。全年发行体育彩票7.2亿元，体育产业总产出59.05亿元，体育及相关产业单位8635家，从业人员3.75万余人。

（六）

1988—2012年，长沙市注重提高市民文明素质，完善社会保障体系，保持社会和谐稳定，提高人民生活质量和水平，民众幸福感愈来愈强烈。

全面开展精神文明建设。1986年，长沙市将"五讲四美三热爱"（讲文明、讲礼貌、讲卫生、讲秩序、讲道德，心灵美、语言美、行为美、环境美，热爱中国共产党、热爱祖国、热爱社会主义）作为市民文明素质教育的主要内容。1988—1990年，全市主要围绕改革开放、社会稳定和经济建设中心，在广大干部群众中开展理想、纪律和革命传统教育，同时广泛开展学习焦裕禄、王进喜、雷锋活动，并分别推荐干部、工人、青年中的先进典型。20世纪90年代后，在全市机关及企事业单位中开展精神文明建设评先评优活动，将其与军（警）民共建、文明城市创建、文明示范小区建设等活动相结合，扩展全市精神文明建设的广度，并全面覆盖到各系统、单位、居民小区以及各类市场、农村集镇。1996年3月，长沙市明确"培育有理想、有道德、有纪律、有文化的公民，创建全国文明城市"的工作目标，全市精神文明建设全面推进。随后，公布首批27处爱国主义教育基地，为社会民众提供优质的教育环境；在主流媒体开辟《社会公德与名城形象大家谈》专栏，从正面积极引导全社会。21世纪后，在全市各行业、各单位、各社区广泛开展“四创一争”（创文明行业、文明单位、文明娱乐室、“五好”家庭，争当人民满意公务员）和“共产党员示范岗”“青年文明号”“农村创评”及“十星”级农户等活动，市民文明素质得到全面提升。2006年9月，第三届中国公民道德论坛在长沙举行，会后编印《道德之旅——长沙公民道德建设创新案例集》，引导全市公民道德教育活动向深层次开展。2008年，长沙市获得“全国未成年人思想道德工作先进城市”“全国创建文明城市工作先进城市”称号。通过文明创建活动的不断创新和不懈努力，长沙初步形成“社会进步、经济发展、文化优秀、治安良好、环境优良、风气健康”的经济社会形态。2011年12月，在全国公共文明指数测评中，长沙以名列全国省会城市、副省级城市第一的成绩，被评为“全国文明城市”。2012年，长沙制订《长沙市民文明素质提升计划（2012—2014）》，全市精神文明建设朝着以社会主义核心价值观体系建设为根本，以提高市民文明素质和城乡文明程度为目标，实现长沙经济又好又快、率先发展的方向，进一步深入开展。

建立健全劳动保障体系。20世纪80年代初，长沙市企业劳动用工实行计划管理。1988年，全市废除企业劳动固定工制度，推动企业自主用工和个人自由择业。是年，全市有固定职工226.63万余人，劳动合同制工人2.34万人。90年代后，随着国有企业改革的持续推进，企业下岗职工人数随着增长。从1995年开始，长沙实施再就业工程，用两年时间分流安置4万余名职工；全员劳动合同制扩大到集体、外商投资企业。同年，出台《长沙市劳动监察条例》，开全国劳动监察地方立法之先河。随后，相继出台长沙市职工失业保险、工伤保险、养老保险实施办法，建立健全社会保险体系，保障职工劳动权益。1998年，将城镇新增劳动力与下岗职工并轨安置，市场调节逐步成为就业的主渠道。1999年，取消农民进城务工限制，5.5万余名农村劳动力实现转移就业，并将他们纳入统一的劳务市场体系。21世纪后，破除劳动力市场城乡分割堡垒，形成劳动者自主择业、市场调节就业、政府促进就业的良好格局。2001年，长沙市安置就业人数6.8万余人，登记失业率3.7%。2003年、2007年，长沙先后试行新型农村合作医疗（“新农合”）和《城镇居民基本医疗保险》。2008年，新增就业10.33万人，城镇登记失业率3.41%。2010年，“新农合”与“城镇居民医保”合并，建立统一的城乡居民基本医疗保险制度。同年7月，在全国率先将新型农村社会养老保险和城镇居民基本养老保险制度统一推出，实现养老保险制度全覆盖。至2012年，长沙采用各种办法安置就业，劳动就业水平稳居全省前列，先后被评为“国家大型创业示范基地”“全国创业先进城市”，城镇登记失业率2.88%；政府引导就业、市场吸纳就业、劳动者自主择业与创业齐头并进，长沙劳动关系和谐有序，劳动权益有效保障，劳动力质量不断提升。

落实住房刚性需求保障措施。20世纪80年代初，城镇住房制度改革逐步在全国开展。1988年起，长沙市作为全省第一批改革试点城市进行诸多有益尝试，逐步实现住房商品化。90年代初，长沙按收入高低为市民提供商品房、经济适用房、廉租房，建立起以经济适用房为主的多层次城镇住房供应体系。1995年4月，长沙全面推行住房公积金制度，为全市城镇在职职工购买、建造、翻建、大修装修自住房或缴纳房租提供保障，当年底有572个单位12万余人开户汇缴，归集金额1200万余元。同时，启动经济适用房建设。1998年至2000年3月，全市共建设各类经济适用住房408.62万平方米，解决近5.3万户居民的住房困难。21世纪初，启动廉租房建设。2005年1月，长沙市第一个廉租房项目——江南公寓竣工，解决3000户农民工的住房困难。2008年，全市安排资金11亿元，给城区低收入、无房家庭发放经济适用房货币补贴，让安居工程落到实处。同时，提高廉租房住房保障标准，增强城市低收入、住房困难家庭在市场上租赁房的能力；是年，共建设廉租房2534套、12.32万余平方米，发放租赁补贴

1440 户，累计保障 18096 户。至 2012 年底，长沙市各类保障性住房建设 20 万套（不含城区农民安置房），安置保障住房困难家庭 18 万余户。全市公积金累计开户汇缴 81.32 万人，归集公积金 235.47 亿元，历年累计提取 92.55 亿元，支持职工解决住房困难。同时，重点支持职工购买首套中小型户型住房贷款，累计发放个人贷款 95159 户、154.98 亿元。住房公积金制度的推行、廉租房和经济适用房的建设，为全市不同收入人群购房、租房刚性需求提供确实保障。

延伸法律服务到基层。20 世纪 80 年代起，长沙司法行政工作步入正常轨道，市、区、县、乡镇（场）街道先后恢复设立法律顾问处、公证处或设司法助理员，人民调解组织得到充实健全。1988 年，有市属律师事务所 4 家，有律师 127 人，其中 57 人获国家首批律师职称；另有省属律师事务所 3 个，专职律师 22 人；涉台公证办理起步。随着民事诉讼案件逐渐增多，基层法律服务机构随之增设。1992 年底，全市共设乡镇（街道）司法办 223 个、司法助理员 330 人。1994 年 5 月，市内首家合伙律师事务所——长沙市国际通商律师事务所（后更名为湖南太极律师事务所）成立；随后，律师事务所发展迅速，3 年后增至 17 家。1997—2000 年，全市人民调解工作重点转至预防矛盾纠纷上，共调处各类纠纷 10.47 万余件。21 世纪初，各区县（市）法律援助机构逐步向基层延伸，乡镇（街道）及社区均设立法律援助工作站（点），为民众提供各种法律服务。2006—2010 年，普法、依法治理深入推进，人民调解、司法调解、行政调解衔接配合的大调解机制逐步建立，社区矫正工作迅速铺开，律师、公证、司法鉴定、基层法律服务等全面开展。2012 年，全市有乡镇（街道）司法所 180 个、专职基层司法行政工作人员 363 人，有合伙律师事务所 166 个、执业律师 2427 人，有各类调解委员会 2209 个、调解员 13253 人。

不断提高人民收入和消费水平。1988 年，长沙城市居民人均可支配收入 1414 元，农村居民人均纯收入 627 元，城乡居民收入结构比较单一，工资性收入几乎是城市居民生活的唯一来源，家庭经营收入占农村居民总收入的 90%左右；城乡居民恩格尔系数分别为 48.8%、49.6%，以温饱型消费为主。进入 20 世纪 90 年代后，随着经济发展增速加快，城市居民收入不断增长，1993 年增速为 30.8%。1995 年，长沙城市居民人均可支配收入为 4860 元。同时，随着工业化、城镇化的开始，农村居民工资性收入飞速增长，由 1993 年的 35 元增加到 1997 年的 718 元，年均增幅 113%。2004 年，城市居民人均可支配收入过万元，其后保持两位数增长。2012 年，长沙城市居民人均可支配收入为 3.1 万元；农村居民年人均纯收入亦高速增长，由 2006 年的 5653 元增长到 2012 年的 1.58 万元；与 1988 年相比，城乡居民人均纯收入年平均增长分别为 13.7%、14.4%。长沙城市居民收入逐渐形成以工资性收入为主体，经营性收入、财产性收入、转移性收入为补充，收入逐步呈现多元化；农村居民收入中的工资性收入、家庭经营收入、财产性收入、转移性收入占比分别为 55.52%、34.11%、5.65%、4.72%；城乡居民收入差距逐渐缩小，城乡收入比从 1988 年的 2.25 缩小到 2012 年的 1.97。是年，长沙城市居民、农村居民人均消费支出分别为 1.96 万余元、1.02 万元，比 1988 年分别增长 11.7%、12.3%；城乡居民恩格尔系数分别为 36.3%、37.0%，比 1988 年相比下降 12%以上，居民饮食质量、生活水平得到提高。各项支出增长，衣着消费观念向成衣、高中档、美观大方型转变；交通、通信发生深刻变化，移动电话和小轿车进入城乡居民家庭；文教娱乐投入加大，城乡居民对精神层面的追求呈现多样化；城乡居民人均住房面积分别为 33.08 平方米、62.57 平方米，城乡居民逐渐重视住房装修，各种配套耐用消费品逐渐普及，家庭住宅内配备自来水、卫生间的比率大大提高，居住环境日趋舒适。

（撰稿：张列群）

大事记

本篇编纂人员

贯志远（主编）　黄　磊　王丹丹　夏紫云

本篇撰稿人员

胡　边　陈竞哲　尚　畅　鲁素爽　王富英　陈志云

杨　伟　刘科明　李富强　周进银　唐学雷　蔡水林

大事记

1988 年

1 月 4—10 日 政协长沙市第六届委员会第一次会议召开。会议听取讨论市政协第五届常务委员会工作报告和提案办理情况报告；选举产生政协长沙市第六届委员会常务委员会组成人员，王克俭任主席。

1 月 7—14 日 长沙市第九届人民代表大会第一次会议召开。会议听取、审议《政府工作报告》等 6 项报告，通过相应决议；选举产生长沙市第九届人民代表大会常务委员会组成人员，杨宏当选主任；选举市人民政府领导成员，王克英当选为市长。

1 月 8 日 始建于 1954 年并通过公私合营改造的长沙红旗织布厂被定为国家纺织品重点出口企业。

1 月 9 日 省长熊清泉视察南区长沙散热器厂，对工厂走科研、生产相结合的改革之路和成绩给予高度评价。

是日 浏阳河东屯渡河堤护坡工程发生重大塌方事故，7 人死亡，3 人受伤。事故责任人望城县茶亭乡麻石建筑队职工易某某被追究刑事责任。

1 月 13 日 刘少奇故居、长沙市黄兴故居和墓庐、岳麓书院以及长沙铜官窑古遗址被国务院公布为全国第三批重点文物保护单位。

1 月 20 日 宁乡县花明楼镇刘少奇同志纪念馆工程竣工。纪念馆有 8 个展室、1 个声像厅和 2 个怀念亭，主体建筑面积 3100 平方米。纪念馆西南面的山地上，有高 7.1 米（基座高 3.1 米，铜像高 4 米）的刘少奇铜像。故居在纪念馆北面约 250 米处，是一栋半茅半瓦的土木结构农舍。

1 月 26—27 日 中共中央政治局常委、中央书记处书记、国务院副总理、中央纪律检查委员会书记乔石视察岳麓书院、郊区岳麓制鞋厂、长沙市第二纺织总厂、长沙卷烟厂和长沙电冰箱厂。

2 月 5 日 全国人大常委会副委员长王任重视察长沙卷烟厂，并题词：“坚持改革，不断创新，精益求精，后来居上”。

2 月 13 日 长沙铁路分局在长沙车站广场召开“272 恶性事故”宣判大会，对造成 1 月 8 日凌晨 272 次旅客列车起火、烧死 34 人、中断京广线行车 46 分钟、国家直接经济损失 50 余万元案件的主犯郭某某、聂某某，分别判处无期徒刑（剥夺政治权利终身）和有期徒刑 3 年。

2 月 14 日 长沙工程兵学院研制的 ZNQ-1 型智能起爆器在长沙市通过鉴定，这是中国微机技术首次应用于爆破领域。

是月 全国第一台两足步行机器人 KD-1 号在中国人民解放军国防科学技术大学试制成功。

3 月 1 日 长沙市东区城市信用社成立，是全国第一个城市信用社，后发展到 14 家，为长沙银行前身。

3 月 3 日 长沙市保险公司全年承保各类财产总金额达 100 亿元，超额 86%完成省保险公司下达的任务，人身保险费收入、运输工具保险费收入等 5 项目名列全国之首。

3月4日 中共长沙市委、市人民政府、长沙军分区在市青少年宫剧场召开纪念毛泽东“向雷锋同志学习”题词25周年大会，市长王克英宣读长沙市和抚顺市联合发出的《继续发扬雷锋精神，争当改革中的新雷锋》倡议书。

3月6日 国防科技大学和湖南计算机厂共同研制的X-500型彩色高级显像处理系统，首次参加国家实用通信卫星的发射，获得成功。

3月9日 长沙自行车总厂被航天部南方动力机械公司兼并，成为长沙摩托车分厂。

3月11日 湖南人造板厂通过国家验收投入生产。

3月21日 湖南省长沙储运公司与长沙储运站合并成立湖南省长沙商业储运公司。

是日 长沙市婚姻学校成立，市计生协会会长任校长。市计生委、民政局、卫生局、总工会、妇联、团市委联合参加学校管理。

3月21—25日 全国中学人口教育经验交流会在长沙举行，总结交流对中学生进行人口教育和培训人口教育师资的经验。联合国教育科学文化组织亚太地区办事处人口教育首席顾问克鲁兹博士到会演讲。

3月24—25日 长沙市南区左家塘街道办事处召开首届居民代表会议。为长沙市第一个建立居民代表会议制的街道办事处。

3月28日—4月1日 长沙市第九届人民代表大会第二次会议召开。会议审议、通过市九届人大常委会暂行工作条例，听取、审议市人民政府工作报告，任命市人大常委会各部门工作部门负责人和市人民政府组成人员。

4月1日 长沙市人民代表大会常务委员会首次召开颁发干部任命书大会，向35名市人民政府组成人员和24名市人大常委会部门负责人颁发任命证书。

是日 长沙市民族乐器厂全面实施“泛股份制”，这是全国第一家实行“泛股份制”的企业。

4月14日 长沙轴承厂试制成功变速传动轴承。变速传动轴承（被誉为“传动机械的一次革命”）的专利发明，获第35届布鲁塞尔尤里卡世界发明博览会铜质奖及“一级骑士勋章”最高荣誉奖。

是日 新民学会旧址暨蔡和森故居重建后对外开放，李锐、毛致用、王众孚及蔡和森的亲属参与剪彩。全市各界群众集会纪念新民学会成立70周年。

4月20—24日 长沙市对外经济合作洽谈会在深圳召开。共展出200多个项目、1000多种商品，5天共签署成交协议31项，总金额1613万美元，另有53个项目签订意向书。长沙市人民政府在会上宣布鼓励外商投资的7条政策。

4月25日 湖南省民政厅批准长沙县撤销高塘、黄花、高岭3个乡，分别建立黄兴、黄花、捞刀河3个镇，以原来乡辖行政区域为镇的行政区域。

4月26日 中国汽车工业联合会蒋一子副总工程师到长沙考察农用运输车生产情况，确定把长沙建设成为国家农用车生产基地。

是日 非洲莱索托王国农业部技术官员一行10人到岳麓制鞋厂参观访问，并达成贸易往来的意向。

4月29日 比利时前首相勒布尔东一行6人参观长沙市郊区东岸乡西垅村，访问2户村民家庭。

5月1日 岳麓山广播电视发射塔一期工程竣工，开始发射长沙电视台的节目。该塔为钢筋水泥结构，塔高88米，海拔350米，覆盖半径50千米，覆盖面积比原来扩大7倍。

5月3日 湖南烈士公园与市城建局签订为期3年的承包合同，为湖南省首家实行事业单位企业化管理的单位。

5月4日 全国港口用于码头前沿装卸作业的最大单主梁C形龙门吊在长沙港务局西湖桥深水码头投入使用。

5月8—13日 市长王克英率领友好代表团访问美国明尼苏达州圣保罗市，代表长沙市在两市结成友好城市议定书上签字，并进行经济合作项目洽谈。

5月22日 湖南建湘瓷厂自营进出口贸易公司开业，成为全国陶瓷行业首家享有自营进出口贸易权的企业。

5月24—28日 长沙市第九届人大常委会举行第三次会议，通过《关于依法治市的决议》和长沙市与美国圣保罗市结为友好城市决定。

5月30日 湖南民航局"运五型"8167号飞机于11时20分在望城县谷山乡金甲村失事，机上9人遇难。

5月31日 中共长沙市委制定《关于加强党内监督的若干规定》，明确党内监督的重点是各级领导干部，要求各级党的纪检部门在党内监督中发挥主要作用。市纪委聘请100名党风党纪信息员。市政府制定"两公开一监督"（公开办事制度、公开办事结果、依靠群众监督）制度，设立18部政务公开电话，市直有关部门和各县、区共设立举报中心10个。

6月1日 长沙市电信局开办国外直拨长途电话新业务，用户可直拨世界109个国家和地区。

是日 浏阳县某花炮厂发生爆炸事故，死亡4人，炸毁厂房3间。

是日 长沙市税务四分局、北区工商行政管理局共同组成的长沙市第一个工商、税务驻街联合办公室在清水塘街道办事处成立。

6月4日 轻工业部和全国自行车协会对长沙轻便车厂全面检查考核后，核定该厂生产技术、设备、生产能力符合自行车生产要求，"锦鸡牌"轻便车质量达到部颁标准，列为国家定点生产厂，并颁发自行车企业生产许可证。

6月5日 湖南省首例、全国第三例试管婴儿（女）于23时在湖南医科大学附属第一医院降生。

6月7日 全国首例经体外受精供胚胎移植成功的试管婴儿（男）在湖南医科大学附属第二医院降生。

6月12日 湖南省第一条长途光纤通信线路在长沙与湘潭间开通，线路全长50千米。

6月17日 长沙市人民政府召开住房制度改革动员大会，宣布全市住房制度改革首先在长沙重型机器厂等企业事业单位试点，同时在东区进行全面摸底测算。市建设银行成立房地产信贷部，办理有关房改的金融业务。

6月20日 津巴布韦非洲民联盟（爱国阵线）中央政治局候补委员奇姆坦昆达率友好访华团14人到望城，参观望城县黄金乡畜牧兽医站和部分专业户的无公害稻田、猪场、制衣厂。

6月30日 长沙市旅游局成立。

是日 北区北站路街道湘北机械厂研制的RCD1–660V/315A矿用隔爆电缆连接器通过省级鉴定，获得国家专利。

是月 长沙县第一职业中学被评为全国德育先进学校。该校党支部书记出席在北京召开的全国中、小学德育工作会议。

是月 经轻工业部自行车验收组检查、考核，郊区东屯渡农场办企业长沙轻便车列为轻工业部定点生产厂家，成为全国农垦系统独家生产自行车厂家。

7月1日 长沙市城区第一座立交桥——人民路立交桥竣工。

7月4日 长沙市女企业家协会成立。副市长何家象、市委组织部部长殷水球担任荣誉会长。曾嵘任会长，首批会员35人。

7月11日 长沙地区首届残疾人文艺会演举办，17个单位共演出34个节目，评出创作奖学4个、演出奖9个、组织奖3个。

7月20日 长沙市人民政府决定，对在长沙市规划区域内进行新建、扩建、改建、迁建工程项目和技术改造项目的单位和个人，收取城市基础设施配套建设费。

是日 长沙市动物交换团护送2只中国小熊猫，前往日本国鹿儿岛市进行动物交换和友好考察。

7月25日 长沙新技术产业开发试验区经湖南省人民政府批准建立；长沙市人民政府制定的《长沙市科技开发试验区暂行条例》27日生效实施。

7月25—28日 长沙市第九届人民代表大会第四次会议召开。会议听取审议市人民政府工作情况汇报，通过《长沙市人大常委会关于贯彻省人大常委会〈关于开展执法检查的决定〉的意见》《长沙市人民代表大会代表暂行工作条例》和长沙市与抚顺市、湛江市缔结为友好城市的决定等事项。

7月26日 长沙市发布《关于授予有突出贡献的专家称号的决定》和《关于对有突出贡献的专家管理试行办法》，决定对费岳峰、范崇武等25名有突出贡献专家颁发荣誉证书，并晋升一级工资。

8月2日 19时25分，长沙造纸厂发生特大火灾，1250吨芦苇被烧毁，经济损失46万余元。

8月2—5日 中共长沙市委七届五次全体（扩大）会议召开。市委书记王众孚作《加决改革开放和经济建设步伐，夺取两个文明建设的新胜利》的工作报告。

8月6日 湖南省教育委员会召开表彰彭凯、彭昱、赵宁见义勇为、伸张正义的模范行为大会，授予他们"优秀学生"荣誉称号，给予每人奖金500元，保送他们升入大专院校（7月2日，在249次列车上，流氓分子石某某等调戏、猥亵女青年，长沙市第十四中高119班学生彭凯等3人挺身而出，与歹徒进行坚决斗争。在自卫中刺死首恶分子石某某，制服流氓团伙，保护女青年人身安全。）

8月6—9日 曙光电子管厂生产的"曙光牌"44厘米黑白显像管，获机械电子工业部全国黑白显像管评比一等奖。

8月23日 长沙市人民政府批准长沙文化用品批发公司、长沙化工原料采购供应站、长沙纺织品批发公司、长沙友谊华侨物资供应公司、长沙东塘百货大楼、长沙大厦为全市首批试办商业"特企"（特企，即享有特殊政策的企业，在国家政策允许的范围内，它们有更大程度的自主经营权）。

是日 长沙电业局被国务院企业管理指导委员会授予"国家二级企业"称号，系湖南电力和华中电网第一家、全国电力系统第一批17个企业之一。

8月24日 湖南省首家有法人资格的贷款补偿企业——中国工商银行长沙市信用担保公司成立。

9月1日 长沙、望城、宁乡3县的生猪人工授精与杂交利用获农业部1988年"丰收"一等奖。

9月3—7日 美国明尼苏达州圣保罗市友好代表团由市长乔治·赖特谋为团长一行8人到长沙进行友好访问，参观岳麓书院、岳麓公园及黄兴路、中山路、五一西路、橘洲公园、溁湾镇广场、湖大广场等处。

9月8日 日本鹿儿岛市动物交换团一行4人，护送2只猩猩、6只火烈鸟抵达长沙市，并移交给长沙市动物园。

9月14日 私人企业家颜孟秋荣获全国科技实业家创业银奖，成为长沙市首位获此荣誉的科技型企业家。

9月18日 湖南建湘瓷厂、铜官陶瓷公司分别获得中华人民共和国轻工业部颁发的全国轻工业出口创汇先进企业银牌奖；细瓷“海鸥”45头西餐具、长沙酒厂的“白沙液”酒获优秀产品金牌奖。

9月27日 长沙运动员熊倪在韩国汉城（首尔）举行的第24届奥运会上夺得男子高台跳水第二名，是湖南省第一个在奥运会上获得奖牌的运动员。

9月 观沙岭村建成全省第一个村级程控自动电话总机室，安装90门程控自动交换机，装机34部。

10月3—29日 在第二届国产轻微型汽车质量测试赛中，长沙汽车制造厂两台130客货车获可靠性金杯奖和综合质量银杯奖。

10月6日 东区劳动争议仲裁委员会仲裁庭在长沙市首次开展劳动争议仲裁，开庭审理长沙市医药公司解除某职工劳动合同案。

10月6—12日 长沙市首届高新技术及产品交易会举行。121个展出项目中，有71项列入科技开发区项目。签订合同25份，成交额837.63万元。

10月10日 长沙市总工会向全市职工发出号召，向勇斗歹徒的全国“五一劳动奖章”获得者——东区环卫所工人朱国民学习。

10月15日 长沙客车厂自行设计试制的高级豪华型旅游客车荣获全国乘用车展览会“中华杯”最高荣誉奖。

是日 浏阳县酒厂生产的“浏阳河小曲”获首届中国酒文化节金奖。翌月下旬，再获首届中国食品博览会金奖。

10月19—22日 中共长沙市委七届六次全体（扩大）会议召开。市委书记王众孚作《统一认识，统一行动，坚决贯彻落实党的十三届三中全会精神》的工作报告。

10月22日 长沙锦纶厂兼并长沙市医疗器械厂。

10月20—26日 在西安市举行的全国星火计划成果交易会上，长沙市送展的19项星火计划成果，获金牌3枚、银牌1枚、铜牌2枚。签订合同和协议26份，总成交额1950.62万元。

10月 319国道郊区沙湖桥至东屯渡改造工程竣工。该路段历时5个半月，为全省第一条高级混凝土公路。

10月下旬 长沙市体育代表团在第一届全国城市运动会上获得5枚金牌、4枚铜牌。

10月 长沙市规划管理局成立，与市国土管理局合署办公。

11月1日 爱国华侨彭立珊捐建的长沙市五一广场地下通道（含商场）和长沙火车站广场彩灯喷泉，以及捐赠的20辆公共汽车、10辆救护车交付长沙市使用。

11月7日 湖南医科大学承担的国家“七五”重点攻关课题“体外受精、胚胎及胚胎移植”在长沙通过部级鉴定。

是日 长沙电机厂承担的国家“七五”重点攻关项目（Y-W、Y-F、YWF系列户外防腐型三相异步电动机）通过技术鉴定，填补湖南省一项空白。

11月15日 长沙市对非农业人口的粮油供应实行“双凭双定”政策，即“凭粮证凭票定量定店”供应（此项政策执行至1992年7月底止）。

11月24日 刘少奇同志纪念馆开馆典礼和刘少奇铜像揭幕仪式在宁乡县花明楼炭子冲举行。国家主席杨尚昆为刘少奇铜像揭幕并为纪念馆开馆剪彩。

11月25—26日 全国政协副主席王光英一行7人到长沙电冰箱厂、曙光电子管厂、湖南仪器仪表总厂、长沙第二纺织印染总厂视察，就光大实业公司与长沙市经济合作事宜进行商谈。

11月27日 长沙市油脂化工厂从英国西蒙·罗斯唐斯有限公司引进日处理50吨米糠油精炼设备安装工程竣工。该设备投资117万英镑，可生产多种高、中档植物油。

11月 国家教委、国家计委、财政部、劳动部联合授予长沙县牌楼乡中心小学“全国勤工俭学先进集体”称号。

12月1日 经湖南省广播电视厅批准，宁乡县、望城县的广播站转为广播电台。至此，长沙地区的长沙县、郊区、浏阳县等5个县级广播电台全部改建完成，并使用调频广播发送信号。

12月7日 郊区雨花乡红旗大队撤销，其行政区域划归南区管辖。分设为廖家湾一委、廖家湾二委、马家冲、梓园冲一委、梓园冲二委、牛角塘、长塘里7个居委会42个居民小组，划归侯家塘街道办事处管辖。

是日 郊区畜牧水产局主持的城郊万亩鱼池高产试验，达到国内先进水平，666.87公顷水面鲜鱼总产量5166吨，总产值1280万元。获农牧渔业部“丰收奖”三等奖。

12月22—25日 全国生态经济科学讨论会和城市生态经济研讨会在长沙市召开。中国城市生态经济研究会同时成立，王克英任会长。著名经济学家、中国社会科学院副院长刘国光作报告。

12月27日 全市第一家股份制银行交通银行长沙市支行对外试营业。

是日 中国人民政治协商会议第六届全国委员会副主席、开国将军陶峙岳（1892—1988，湖南省宁乡县人）于凌晨1时45分在长沙逝世。

12月31日 长沙市信息中心成立，归属长沙市计划委员会领导，原长沙市经济情报研究所被撤销。

是月 长沙市举办《十年改革话长沙》展览，展出长沙市十年改革的主要成果。全市实现社会总产值120.02亿元，工农业总产值92.24亿元，国民生产总值54.9亿元。其中工农业总产值和国民生产总值分别增长1.8倍和1.3倍。

是年 长沙市区街道工业完成产值4.47亿元，实行利润4050万元，上缴税金2339万元，总产值、利润、销售、税金等主要经济指标居湖南省辖8市之首。

1989年

1月2日 黄兴研究学术讨论会在长沙闭幕。会议历时5天，有美国、日本等国外学者参加，会上共研讨论文53篇，对黄兴的思想、革命业绩作出肯定。并决定成立黄兴研究会。

1月6日 中共中央政治局委员胡耀邦参观岳麓书院，并题词:“尊重知识”。

1月19日 中国人民解放军总政治部副主任、中共中央军委纪委书记、上将郭林祥到长沙军分区考察指导。

1月11—24日 应日本鹿儿岛市南海贸易株式会社邀请，长沙市贸易文化艺术团访问鹿儿岛市，参加在鹿儿岛市举办的“中国商品展”表演活动。

1月27日 湖南省人民政府批准宁乡县为革命老根据地县。

1月30日 长沙市新闻学会和长沙市新闻工作者协会成立。

1月24日—2月3日 日本鹿儿岛市副市长鬼塚兼光率鹿儿岛市友好代表团一行10人访问长沙市，

签订长沙市与鹿儿岛市友好交流纪要。

2月1—3日 长沙市佛教界近百人在开福寺追悼全国人民代表大会常务委员会副委员长、中国佛教协会名誉会长、第十世班禅额尔德尼·洛桑赤列伦珠确吉坚赞大师。省、市党政负责人和各爱国宗教组织负责人参加悼念活动。

2月15日 湖南省内河航运最大的豪华旅游客船“长沙号”，由湖北宜昌驶抵长沙，“长沙号”船身长48米，宽10.5米。主甲板以上3层，有350个床位，航速每小时23千米。

2月24日 长沙市学雷锋理论研究会成立。

2月28日 湖南电视台专题报道南区征兵工作创造11年无退兵纪录。3月5日，中国中央电视台午间新闻就此专题报道。

2月28日—3月1日 湖南省人民政府在长沙散热器厂召开湖南省区、街工业现场经验交流表彰会。长沙市东区、南区、北区和浏阳县城关出口花炮厂等14个单位获湖南省区、街工业先进单位称号。

3月3日 湖南省贯彻实施《中华人民共和国计量法》总结表彰大会在长沙市召开。大会授予长沙市贯彻落实《中华人民共和国计量法》先进单位称号，表彰浏阳县和长沙市计量测试所及长沙市度量衡检定所，向长沙市汽车电器厂颁发国家一级计量合格证书。

3月8日 长沙市颁布《拓宽教育经费的渠道 增加基础教育投入的决定》。该决定规定，从1989年起市属学校人员经费列入市级财政预算。从1989年3月1日起，教育费附加征收比例自2%提高到3%。

3月10日 欧洲经济共同体奶类专家韦斯特汀一行4人到长沙市郊区考察奶牛生产，对郊区推行奶牛承包责任制、控制生产滑坡、为不久后实施的欧共体援助项目奠定良好基础感到满意。

3月14日 应日本明和商会邀请，长沙市民间工艺表演组一行5人，赴日本鹿儿岛市参加该市举办的长沙商品展销表演活动。

3月17日 浏阳县杨花乡端里村村民肖友庆为抢救一名即将被火车碾压的儿童而牺牲。8月3日，被省人民政府追认为革命烈士。

3月23日 中共中央政治局原委员、第六届全国人大常委会委员长彭真视察长沙电冰箱厂和长沙卷烟厂。

3月26日 日本鹿儿岛市第三次日本市民友好访华团访问长沙，参观东瓜山三村居委会。

3月20—27日 荷兰王国林堡省代表团一行5人，在第一副省长依·蒙·马斯特恩伯格团长率领下访问长沙市。

3月29日 全国人大常委会原副委员长、中国人民解放军海军原司令员肖劲光（1903—1989，湖南省长沙市人）在北京病逝。

3月 长沙新华汽车配件厂生产的“新华牌”（即万发牌）中型客车被湖南省经委评为优秀新产品。

4月12—15日 长沙市文学艺术联合会第四次代表大会召开。会议审议、通过长沙市文联第三届委员会的《会务工作报告》和《长沙市文学艺术界联合会章程》。大会选举产生长沙市文联第四届委员会。

4月15日 中共中央总书记胡耀邦（1915—1989，湖南省浏阳市人）在北京逝世。

4月28日 国家计生委主任彭珮云到长沙市考察，并召开座谈会议，听取长沙市计生工作情况汇报。

4月30日 全国著名女书法家、教育家、中国书法协会理事、湖南省书法协会主席周昭怡（1912—1989，湖南省长沙市人）追悼会在长沙举行。

5月1—11日 应日本国鹿儿岛长沙友好文化交流实行委员会邀请，长沙市文化艺术表演团一行25

人赴鹿儿岛访问演出。

5月4日 长沙—湖北洪湖定期直达水运航班恢复。

是日 湖南省人民政府追认陈立福为革命烈士。陈立福生前是长沙制革厂工人，1987年9月被派往北区浏阳河路地区担任治安联防人员；1988年10月12日，在北区新河执勤时，在与歹徒搏斗斗中被刺伤后牺牲。

5月15日 长沙电业局电工职业高中改为长沙市电力职业中专学校。

5月17日 长沙市第一所私立中学长沙市培粹实验中学成立。

是日 长沙市农民企业家协会成立，选举湖南长沙芙蓉汽车制造厂厂长陈云为首任会长。

是日 当代著名爱国高僧、中国佛教协会副会长、中国佛学院副院长、湖南省和长沙市佛教协会会长、北京市法源寺和长沙市开福寺方丈明真法师（1902—1989，湖北省荆门县人）在北京圆寂。6月3日，其灵骨运回长沙。

6月20日 长沙市浏阳县出口花炮厂组团赴加拿大多伦多参加国际音乐焰火赛。

6月27日 中国国际商会长沙商会、中国国际贸易促进会长沙市支会成立，其宗旨是促进对外贸易和中外经济技术合作，是由经济贸易界代表性人士、企业、协会和团体组成的民间对外经济贸易组织。

6月 中央军委批准国防科技大学列入军队院校系列，为全军培养高层次、高水平的工程技术人员。

7月4日 长沙市雨花区大托乡黑石铺村农妇谢秀兰为抢救两个落水小学生牺牲，7月24日被长沙市妇女联合会追认为市“三八红旗手”。

7月4—5日 中共长沙市委七届七次全体（扩大）会议召开。会议传达贯彻中共十三届四中全会和中共湖南省委五届八次全体（扩大）会议精神；市委书记王众孚回顾总结全市上半年工作，对下一时期工作提出要求，制定目标；市长王克英就全市经济工作作讲话。

7月18日 浏阳县北星乡高桥村共产党员刘尚义为抢救落水儿童牺牲，11月27日被省人民政府追认为革命烈士。

7月21—22日 湖南省农机化新机具表演与评优现场会在郊区洞井乡举行。全省50个农机生产厂家（长沙5个）、10个农机研究所选送全国领先的水田耕整机、养鱼机械、加工机械、畜牧机械、能源机械和农村生活机械6大类15种60多台（套）新技术、新产品参加表演。

8月5—7日 中共长沙市委召开常委扩大会议，讨论并通过《中共长沙市委、市人民政府关于进一步加强廉政建设的几项规定》。作出进一步清理整顿公司，从严控制领导干部出国出境考察、访问，严肃认真地查处贪污、受贿、投机倒把等犯罪案件，特别要抓紧查处大案要案等8条规定。

8月9日 中国历史文化名城丛书《长沙》出版发行座谈会召开。

8月11日 中共长沙市委召开长沙县、望城县、浏阳县、宁乡县和市直单位的党委书记、纪委书记会议，研究部署清理和纠正党政干部违章违纪营建私房工作。

8月12日 中共长沙市委召开全市1200多名县级以上干部参加的反腐败、促廉政动员大会，市纪委负责人在会上通报全市廉政建设情况：自1988年以来全市县级以上单位纪检部门在查处各种违纪案件中共计挽回经济损失104万元。

8月20日 湖南省省长陈邦柱察看宁乡县花明楼区农村旱情，和当地干部、群众共商抗旱保粮对策。

8月29日 长沙黄花国际机场举行通航典礼。该机场系国家一级机场，跑道长2600米、宽45米，停机坪长330米、宽100米，可同时停放4架大型客机。机场设备可供MD-80型或同类型飞机起降。

9月4—7日 长沙市举办1989年商品交易会，供需代表4000多人参加交易会，4天成交额3.2亿元。

是日 湖南省首家直属机关妇委会——长沙市直属机关妇女委员会成立。

9月5日 全国爱国卫生运动委员会授予长沙市“全国灭鼠先进”称号。

9月8日 长沙市交通局、公安局、财政局、物价局联合召开新闻发布会，宣布对全市城市出租车从1989年7月1日开始征缴客运附加费。

9月21日 中国人民政治协商会议长沙市委员会和各界爱国人士，隆重举行庆祝中华人民共和国成立40周年、中国人民政治协商会议成立40周年暨长沙市先进政协委员表彰会。市政协主席王克俭作报告。

9月23日—12月25日 湖南首届“映山红”民间戏剧节在南区文化馆剧场举行，旨在检阅民间剧团的成绩，促进文艺事业繁荣，属全国首创。

9月26日 长沙电业局高级工程师柏克寒被国务院授予全国劳动模范称号。

9月29日 第十一届亚运会基金奖券湖南省首发式在长沙湖南剧院举行。

是月下旬 湖南省最大水利工程——长沙县桐仁桥灌区全面建成通水。该工程于1979年动工兴建，历时10年，投资近千万元。灌区包括25千米长的混凝土大干渠和8条总长度31千米的混凝土支架，24座大渡槽，203处隧洞以及各类水工建筑物650座，使3万多亩农田免除旱涝之灾。

是月 长沙市路口区供销社主任兼党总支书记周再和、椥梨镇红光村养猪专业户、共产党员李树仙出席全国英模代表大会，被国务院授予全国劳动模范称号。

10月5日 长沙市首届“金婚佳侣”评比揭晓，15对“金婚佳侣”、35对“金婚伴侣”荣登红榜。

10月10日 长沙市纺织工业研究所和长沙市羊毛衫厂共同研制成功的麻棉混纺针织面世，试制出口产品20余万件，创外汇100多万美元。

是日 全国首家防治蔬菜病虫害及杂草的技术性机构——马王堆蔬菜医院成立并开业。

10月24日 全国商业系统旅游协调会第四届年会在长沙召开。来自全国27个省（自治区、直辖市）40个城市商业系统的80多个旅游企业共200名代表参加，交流旅游企业管理经验，研究恢复、发展旅游事业的对策，并就如何搞好治理整顿、增强队伍素质、提高服务质量等问题进行探讨。

10月25日 长沙县三元杂交瘦肉型猪生产获农业部“全国瘦肉型猪基地建设优秀县”荣誉证书。

10月28日 由农业部等19个单位联合成立的全国烟花竹爆竹标准化技术委员会在浏阳县成立。

10月30日 长沙市郊区东山镇建立全市农村第一个有线广播电视网，该镇居民由原来只能收看2~3个频道增至12套电视节目和1套录像节目、1套广播节目。

是月 经省广播电视厅批准，长沙纺织厂、长沙铁路分局、长沙卷烟厂3家单位分别建立有线广播电视台，各建有1500户以上的闭路电视网，有配套的摄录设备及编辑机房和自办节目。

11月1—5日 全国21城市组织工作信息交流会第三届年会在长沙召开，来自全国20多个城市的130名代表参加会议。会议就如何加强党的基层组织建设、正确处理企业党组织的政治核心地位和厂长中心地位的关系等问题进行讨论。

11月6—8日 湖南大学、长沙市土建学会等单位联合举办的全国性“建筑与文化”学术讨论会在湖南大学召开。大会收到研讨论文40多篇。

11月11—14日 全国长江水系航道发展战略研讨会在长沙召开。会议对湘江千吨级航道开发工程给予高度评价。这一治理工程包括长沙市所属河段，工程竣工后，千吨级驳船组成的大船队可从长江驶入长沙，实现货物江海直达。

11月13日 阿扎尼亚泛非主义者大会主席姆兰特率代表团一行7人访问长沙。

11月18日 中共长沙市委、市人民政府召开会议，部署在全市范围内开展反扒、反盗窃和扫除卖淫嫖娼、制作贩卖传播淫秽物品、拐卖妇女儿童、私种吸食贩运毒品、聚众赌博、利用封建迷信骗财害人"六害"的统一行动。

11月27日 湖南橡胶厂33栋宿舍基建工地发掘一座战国古墓葬，共出土铜器2件、陶罐3件、陶壶4件、陶盒5件、陶鼎13件。

12月4日 全国城市电视台第十一次协作会议在长沙开幕，全国27个省、自治区、直辖市城市电视台的200余名新闻工作者参加大会，共商繁荣和发展城市电视事业大计。

12月6日 国务委员兼中国人民银行行长李贵鲜到长沙考察长沙电冰箱厂、湖南南电位器总厂、正圆动力配件厂。

是日 《管理世界》中国企业评价中心、湖南省政府经济研究信息中心等单位联合召开新闻发布会，宣布长沙卷烟厂、长沙电业局等长沙市18家企业为1988年湖南最大工业企业（全省100家）。长沙电冰箱厂、长沙汽车电器厂等8家企业为经济效益最佳企业（全省50家）。

12月7—9日 中共长沙市委七届八次全体（扩大）会议召开。会议传达贯彻中共十三届五中全会和省委五届九次会议精神，学习江泽民、李鹏等中央领导在中央工作会议和五中全会上的重要讲话精神。

12月19日 107国道洗马塘至青山铺一期工程竣工。至此，长沙至岳阳公路全线开通。

12月21日 21时40分，醴浏铁路浏阳县大瑶火车站发生201次、202次列车正面相撞重大行车事故，2台机车颠覆，1台脱轨。事故责任人受到行政处罚。

12月22—26日 长沙市第九届人大常委会第十五次会议召开 。会议听取市审计局关于全市审计工作和市中级人民法院、市人民检察院关于惩治贪污受贿、投机倒把等经济犯罪情况的汇报；听取和审议市教委关于职业技术教育情况、市政府关于《岳麓山风景区名胜区管理条例（草案）》修正情况，以及市政府关于办市九届人大二次会议代表提出来的"制定蔬菜基地保护法规，确保城市蔬菜供应"等3个议案情况的汇报。

是月 位于长沙市五一中路的长沙粮油贸易大厦竣工，大厦主楼19层、高98米，建筑面积23527平方米，是长沙市当时为数不多的高层建筑之一。

是年 长沙县粮食总产量、乡镇企业总产值和肉类总产量均进入全国"百强"县行列。农民人均纯收入居全省各县（市）之首。

是年 长沙市湘南电气设备厂35千伏小型变电站微处理机和集成电路WJBX型四合一集控台产品获"国家科技进步奖"三等奖。

1990年

1月5日 长沙市计划委员会牵头编制的《长沙市1988—2020年国土规划》通过省级鉴定。规划包括《长沙市国土综合开发整治规划》及其简本、《长沙市国土规划（行业）报告集》、《长沙市国土开发整治项目集》、《长沙市国土规划数据集》、《长沙市国土规划模型集》及19幅挂图等6项内容。

1月12—22日 长沙市农业考察团一行6人赴日本鹿儿岛市考察访问。

1月15日 长沙中意电器集团公司、长沙市第二制鞋厂和中国香港贵泉发展有限公司合资经营的湘吉鞋业有限公司成立，为20世纪90年代全市第一家合资企业。

1月19—30日 长沙市友好贸易表演小组一行4人应邀赴日，参加鹿儿岛南海贸易株式会社为庆祝长沙市与鹿儿岛缔结友好城市7周年举办的“大中国商品展”表演活动。

1月31日 长乡（长沙—宁乡）公路宁乡县境曾家桥路段发生一起客车因冰冻路滑坠入河中事故，中国香港CTS4队旅行团2人死亡、12人受伤。

2月21日 国家教委批准长沙市为全国城市教育综合改革试点市。

2月21—24日 长沙市第九届人民代表大会第十六次会议召开，分别听取市选举领导小组办公室关于县（区）、乡（镇）换届选举情况和市人民政府关于整理整顿公司情况的汇报，通过《岳麓山风景名胜区管理办法》。

2月28日 长沙市当时最大的中外合资企业——南湘毛纺有限公司开业，企业资本230万美元，年设计生产能力3000吨。

3月1日 全市青少年举行纪念毛泽东“向雷锋同志学习”题词发表27周年大会。大会宣布成立长沙市青少年学雷锋为您服务总队。共青团长沙市委在大会上表彰望城县等10个学雷锋先进标兵集体、10名先进个人标兵。

3月1—5日 长沙市举办“相会在雷锋故乡联谊会”活动。活动期间，“草原英雄小姐妹”龙梅、玉荣和戴碧蓉等全国20个大、中城市学雷锋标兵100余人举行学雷锋经验交流会；参加长沙市青少年纪念“向雷锋同志学习”题词27周年大会。

3月3日 全国首例肝门管癌肿瘤摘除手术在省人民医院获得成功。

3月8日 全国首家中日计算机教育中心在中国保险管理干部学院成立。

3月9—12日 长沙市1990年春季商品交易会举办，全市1300余家企业的4万余种产品参展，其中新产品有1500余种。来自全国的28个省（自治区、直辖市）的供需双方代表5000余人参加交易会，总成交额突破5亿元，超过原计划的42.8%。

3月11日 中华人民共和国第一位女将军李贞（1907—1990，湖南省浏阳人）在北京逝世。

3月21日 长沙市蝴蝶大厦发生重大火灾，3~18楼的电缆全部烧毁，直接经济损失21万余元。

3月21—24日 全国大型百货商店经济联合会1990年工商业务恳谈会在长沙举行，全国26家大型百货商店和120家名优产品生产厂家代表参加恳谈会，成交额2亿余元。

3月23—24日 宁乡县黄材区暴雨成灾，月山、崔坪、铁冲3个乡、20个村遭受严重损失：冲垮小水库1座、山塘30口、河堤200处、水渠350处、水槽14处、桥梁13座、涵洞6个、公路47处，倒塌房屋107间，水冲沙压稻田374亩和经济作物1044亩。

3月24日 全省首家农村公用型客车站——宁乡县老粮仓客车站建成，交付使用。

3月26日 施家港栈桥工程竣工，码头可同时依靠两艘500吨级的驳船，结束河西工矿业水运无装卸码头的历史。

3月30日 长沙市首届私营企业代表会召开，长沙市私营企业协会成立。全市共有私营企业925家，从业人员9511人，注册资金9375万元，年产值过亿元。

4月11日 市长王克英在湘江宾馆会见以立花社长为团长的日本大幌机械工业株式会社访问团一行

10人，双方就进一步加强技术合作、促进长沙市机械行业发展等问题进行交谈。

4月12—14日 中共长沙市委七届九次全体（扩大）会议召开，传达中共十三届六中全会和中共湖南省五届十次全会精神，讨论《中共长沙市委关于密切市级党政机关同人民群众联系的若干规定》（征求意见稿）。

4月17日 国内当时最先进的铜冷凝管生产线在长沙铜铝材厂试车成功，年生产能力3000吨。

4月19日 长沙汽车发动机总厂高级工程师范崇武、长沙化工研究所高级工程师费岳峰获得人事部批准的“中青年有突出贡献专家证书”。

4月21日 长沙市人民政府生产委员会成立，负责全市工交生产的指导、高度和协调，与市经济委员会合署办公。

4月24日 贺龙体育运动学校成立，列入国家招生计划，学制3年。

4月下旬 在全国首届科技贷款成果展览会议上，长沙市湘星集团公司的“不锈钢纤维及其制品”项目获金箭金奖。

5月5日 107国道水渡河大桥（二桥）合龙。桥全长278米、宽12米，总投资526万元。

5月5—7日 中南6省（区）农业开发协作会在长沙召开。来自广东、河南等6省份农业部门代表就加速开发中南地区的农业问题进行研讨，达成20余个双边协作意向项目，袁隆平等科技人员研究成功的“亚种间两系杂交水稻”被列为重点协作项目。

5月10—13日 长沙市残疾人联合会成立并举行第一次代表大会，中国残疾人联合会主席邓朴方出席。会议讨论通过《长沙市残疾人联合会章程》，选举王邦美为市残疾人联合会主席。

5月13日 中共中央政治局常委宋平到黄金乡金桥村考察无公害稻田、乡编织厂、乡农技站、乡畜牧兽医站。

5月18日 全国总工会劳动模范报告团三分团一行8人到长沙举行报告会，大庆石油管理局工会副主席郭正印等5位劳模作报告。

5月19日 21时15分，浏阳县工人文化宫招待所起火，县消防中队全力以赴，于22时15分将火扑灭。消防中队中队长李科林不幸以身殉职，后被追认为革命烈士并追记一等功。

5月22日 中共长沙市委召开李富春90周年诞辰座谈会，同时举行李富春90周年诞辰纪念邮票首发式。

5月29日 中华人民共和国长沙边防检查站在长沙黄花机场成立。

6月1日 长沙市青少年宫科技馆竣工开放。该馆建筑面积5000平方米，设有30余个培训活动厅（室），集培训、活动、参观于一体。

6月4日 长沙市人民政府发布《关于依法严厉打击严重刑事犯罪的通告》。9日，长沙市中级人民法院召开宣判大会，对26名严重刑事犯罪分子依法判处死刑，押赴刑场执行枪决；对3名有悔改立功表现的罪犯，分别依法从宽处理。

6月12—16日 全国法院严厉打击严重刑事犯罪工作会议在长沙召开。会议期间，最高人民法院院长任建新考察长沙市政法工作。

6月13日 中华人民共和国长沙卫生检疫所建立，对出入境的交通工具、人员及行李、货物等实施检疫查验，同时进行传染病监测、卫生监督和处理。

6月20日 津巴布韦非洲民联盟（爱国阵线）中央政治局候补委员奇姆坦昆达率友好访华团14人参

观望城黄金乡畜牧兽医站和部分专业户的无公害稻田、猪场、制衣厂。

6月22日 树木岭220千伏送变电工程竣工送电。主变压器容量为2台12万千伏安，树木岭原是110千伏变电站，1960年2月投产，投资额3450万元。升压改建后可缓解长沙市220千伏主变压器容量不足造成的供电“卡脖子”问题。

6月25日 湖南省民政厅批准长沙县为革命老根据地。

是月 长沙市境内平均降雨量300毫米，四县一郊223个乡（镇）有209个乡计1803个村不同程度遭受水灾，受灾人口198.4万，成灾人口113万人，死亡29人，受伤211人。早稻受灾面积111.35亩，倒塌房屋1.38万间。全市投入救灾劳动力65万人、抢险资金1000余万元。

7月1日 长沙市第五水厂第一期工程建成供水，日计划供水15万吨。

7月3日 长沙面粉厂投资998万元兴建的年产3.5万吨精粉生产线竣工投产，结束40年来长沙人民吃富强粉需要全部从外地调进的历史。

7月12日 长沙市大气环境地面自动监测系统通过国家级鉴定，并开始运转使用，结束以往依靠人工对大气污染采样监测的历史。

7月16—22日 长沙市第三届对外经济贸易洽谈会在深圳举行。长沙市32个代表团的上千种产品分82个摊位展出，成交额达4157万美元。另外，还签订18个投资和外贸意向书。

7月18日 长沙至香港包机通航，长沙航空口岸同时对外开放。

7月19日 中共长沙市委、市人民政府召开签订创建国家卫生城市和迎接全国城市卫生检查责任状会议，21个单位负责人向市人民政府递交责任状。

8月8日 长沙市农工民主党成员340余人集会，庆祝中国农工民主党成立60周年，农工民主党长沙市委主委李培德在会上介绍该党创建发展历程，会上表彰52名先进党员。

8月14日 中共长沙市委、市人民政府召开授予长沙第二纺织印染总厂厂长潘豫安“焦裕禄式干部”、长沙电机厂造型工刘建元“王进喜式工人”、浏阳县大围山区千秋小学教师贺学禹“雷锋式青年”称号命名大会。大会还宣读在全市开展向他们学习活动的《通知》。

是日 长沙市人民政府批准撤销郊区马王堆乡火星村，设立长沙市郊区火星镇。

8月17日 长沙市第九届人民代表大会第二十一次会议召开。接受王克英辞去长沙市人民政府市长职务的辞呈。

8月21—24日 日本千叶县“知味斋”社长小笹六郎、日本料理著名教授奥村等一行4人，在长沙芙蓉宾馆进行首次日本料理表演，芙蓉宾馆的厨师们也向日本同行表演湘菜烹饪技艺。

8月27日 国家“七五”重点工程、京汉广中同轴通信干线湖南段第三次扩容工程竣工，长沙市通往这一干线的所有电路全部成功开通使用，新增720条长途通信电路。

8月 玉楼东酒家作为湖南省商业系统唯一代表送评的“发丝牛百叶”和“酱汁肘子”两个产品，获商业部1990年饮食名优产品评比“金鼎奖”。

9月4日 历时40余天的第七届湖南省运动会在长沙结束，长沙市代表团获3个第一：团体总分第一（1053分）、金牌总数第一（74枚）、体育道德风尚奖数量第一（10个）。

9月6日 长沙市人大常委会任命张明泰为长沙市人民政府副市长，决定其代理市长。

9月7日 “亚运之光”火炬湖南段交接仪式在长沙举行。中共湖南省委书记熊清泉从广西壮族自治区亚运火炬护送组手中接过火炬，交给中共长沙市委书记王众孚，王众孚转交给湖南省火炬接力传递组。

火炬接力传递组在长沙市12个单位共2000余人组成的接力陪跑队伍护送下，通过市区，传送到外地。

9月8日 中共长沙市委七届十一次全体会议召开。会议讨论通过长沙市第八次党代会召开的日期、会议议程（草案）、主席团成员和秘书长建议名单。

9月11—16日 中共长沙市第八次代表大会召开。大会通过市委书记王众孚关于中共长沙第七届委员会工作报告，市纪委书记陈学明关于中共长沙市第八次代表大会关于市纪委工作报告的决议。在中共长沙市八届一中全会上，选举产生中共长沙市第八届委员会和新的市纪律检查委员会，王众孚任市委书记，张明泰、朱秋林、郭俊秀任市委副书记。

9月13日 望城县长沙油毡厂生产的湘江牌350号油毡，首批1650卷启运销往新加坡，湖南省油毡产品首次进入国际市场。

是日 湖南电视台电视发射塔建成。塔高213米（全国第二），共有7万套构件，重达700吨。

9月25日 湖南医科大学附一医院副教授张阳德、有色金属总公司矿山研究院高级工程师聂森林和国防科技大学联合进行的“微爆破碎肝胆管结石实验与临床研究”科研项目通过国家级技术鉴定。该成果属国内首创，达到国际水平。

9月22日—10月7日 在第十一届亚洲运动会上，长沙运动员陈翠婷获女子体操个人全能和自由体操两项冠军，与队友合作获得女子团体冠军；陈阒与队友合作获得女子垒球冠军，龚大立与队友合作获男子水球冠军，熊倪与队友合作获男子跳水团体冠军。

10月10—13日 长沙市九届人民代表大会第二十三次会议召开。会议听取市中级人民法院、市人民检察院关于惩治贪污受贿等经济犯罪情况的汇报、市卫生局和市人大常委会关于执行《中华人民共和国食品卫生法》的情况汇报、市人民政府关于全市减轻农民负担工作情况汇报和市财政局关于1990年预算执行情况的汇报；审议《长沙市环境卫生管理办法（草案）》《长沙市城镇住房制度改革等实施方案（草案）》

10月13日 国防科技大学研究的YC-2000集成式超高速大型电子设备CAD系统在长沙通过国防科工委技术鉴定，主要性能达到国际先进水平。

10月16日 长沙鼓风厂从日本引进的200吨/月呋喃树脂砂铸造生产线投产，填补国内一项空白。

10月16—20日 全国10城市政协工作横向联系会议和政府横向经济技术协作联谊会在长沙召开。会议期间，长沙市与兄弟城市签订经济技术协作意向协议91项。

10月23—27日 湖南省城市绿化检查团检查长沙市绿化工作情况，湖南烈士公园、韶山路被分别评为“省级最佳公园”“全省最美一条街”。

10月25日 中共中央顾问委员会副主任宋任穷、常委王平、委员刘志坚参观中共湘区委员会旧址。宋任穷题词：“学习毛泽东同志的建党思想，努力加强新时期党的建设。”

10月31日—11月4日 中国生产力经济学研究会第五届年会暨成立10周年成果展示会在长沙召开。

是月 长沙市出现个体粮商沿街叫卖大米情况，打破40年来国有粮食行业一统天下的格局。

是月 望城县城关镇荣获“中国乡镇之星”称号。

是月 机电部第48研究所研制的全国第一台WW-4型大口径全自动液相外延系统在长沙通过部级鉴定，主要技术指标达到国际水平。

11月1—17日 “全国检察机关依法惩治贿赂展览”在长沙展出。

11月5日 长沙市全民国防教育委员会成立，郭俊秀任主任。

11月7—10日 全国首次青少年宫管理工作研讨会在长沙举行。

11月10日 长沙市郊区首届“五保”老人运动会举行，82名“五保”老人参加4个项目的比赛，年龄最小的61岁，最大的86岁。

11月7—12日 全国专利技术实施和专利宣传工作经验交流会在长沙召开。

11月14日 在全国计划生育工作先进集体和先进个人代表大会上，长沙市南区左家塘街道办事处、浏阳县荷花乡渡头村计策协会、郊区岳麓山乡计划生育干部叶正根分别获得全国计划生育先进集体、全国计划生育协会先进集体、全国优秀计划生育工作者称号。

是日 杨开慧牺牲60周年纪念大会暨杨开慧塑像揭幕典礼在长沙县开慧乡板仓村举行。党和国家领导人江泽民、李鹏、万里、李瑞环、王震、宋任穷等题词，中共中央顾问委员会常委宋时轮、耿飚参加纪念会，并为塑像揭幕。

11月21日 长沙市政府首次召开“农业丰收奖”颁奖大会，全市558人获奖，其中农民获奖者37人次。

11月28日 长沙轴承厂试制的变速传动轴承通过省级鉴定，填补国内一项空白。

11月28—30日 全省首届名优特新食品看样订货会在长沙举行，成交额突破7亿元，其中长沙市4000万元。

12月1日 宁乡热处理材料厂被定为航空航天工业部在湖南省首次定点生产热处理工艺材料厂，主要产品有工业用氯化钠、氯化钾、无水氯化钡。

12月10日 国家“七五”重点科技攻关项目、湖南师范大学教授刘筠主持的“鱼类种质资源超低温冷冻保存——鱼类配子和胚胎低温生物学研究”在长沙通过国家级鉴定。

12月15日 岳麓山广播电视发射塔二期工程——旋转观光厅建成对外开放。该观光厅设在塔身45米高处，海拔350米，一次可容纳300名游客参观，游客可在高处俯瞰长沙全城的美丽景色。

12月17—22日 长沙市第九届人大常委会举行第24次会议。会议通过《长沙市环境卫生管理办法》，听取审议市人民政府关于治理整顿中小学教育外部环境和加速芙蓉路工程建设、尽快解决市区京广铁路断道两个议案办理情况的汇报，关于实施《中华人民共和国标准化法》的情况和关于《长沙市城市总体规划》经国家和省评审鉴定后再次调整深化的汇报。

12月18日 浏阳县全年财政收入入库达1.04亿元，成为全省第一个财政收入过亿元县。

12月20日 中共长沙市委书记王众孚调深圳工作，省委决定中共湖南省委常委夏赞忠任长沙市委书记。

是日 长沙市公安局水上分局成立，负责管辖长沙市区内的水上治安。

是日 长沙市第一座水库水文自动测报系统通过省级鉴定，移交宁乡黄材水库管理局。

12月29—30日 全市统一进行“扫黄”战役。共清查28家书店和5个书库，封存待查图书20余万册，发现并收缴非法出版物4350余册。

12月30日 北起长沙北站、南至大椿桥道口的铁路拆除工作全部完成，结束长沙市区中心火车通行的历史。

是日 东屯渡供销社主任李利纯在全国农村妇女“学文化、学技术、比成绩、比贡献”竞赛活动中，被全国妇联、商业部等13家单位联合授予“全国双学双比先进妇女能手”称号，被全国妇联授予“三八红旗手”，并获得省供销系统劳动模范称号。

是日 煤炭坝煤矿五亩冲矿井扩建工程竣工投产，为湖南省提升能力最大的现代化矿井，年产原煤由45万吨增加到60万吨。

是月 望城县继电厂试制的搓合式直动交流接触器获第二届国际专利及新技术新产品展览会金奖。

是年 长沙市粮食系统成功研究出地上槽通风降温储粮新技术。该技术采用降温通道由三包盛谷麻袋砌成2条相距40厘米的墙，然后加盖一包盛谷麻袋构成，不破坏仓房地面结构，投资少，效果好，易推广。

是年 国防科技大学新研制的KDW–3型三维空间运动两足步行机器人通过鉴定。两足步行机器人研究达到国际先进水平，被列为湖南省1990年12件科技大事之一。

1991年

1月3日 长沙市人大常委会公布《长沙市环境卫生管理办法》。

是日 北区新源节能设备厂研制的VSPJ–15型液化气钢瓶节能装置通过省级鉴定，并获得国家专利。

1月8日 全国第五届浏阳河医药交流会在浏阳举行，历时3天，20多个省份的1000多名医药生产经营业单位代表赴会，成交额1亿多元。

1月12日 长（沙）—浏（阳）公路马王岭地段发生特大交通事故，岳阳（湘运39–40008）大型客车与一辆农用车相撞后滑入水塘，当场死亡21人，伤20人 。

1月30日 省“七五”重点建设工程——长沙湘江二桥（银盆岭大桥）举行通车典礼。省、市党政军负责人与万名群众参加典礼。湘江二桥1987年10月1日开工建设，全长3616米，宽25米，工程概算1.25亿元，是当时全国最大跨度的双塔单索两面斜拉桥。

1月31日 长沙市举行彭立珊捐赠仪式。香港实业家、爱国侨胞彭立珊于1990年再次向家乡湖南捐赠价值人民币200万元钱物。

2月1日 长沙市区湘江一桥、湘江二桥开始征收机动车过桥费。

2月1—3日 中共长沙市委八届二次全体（扩大）会议召开。学习党的十三届七中全会和省委六届二次全会精神，讨论《长沙市“八五”计划建议（草案）》，研究部署1991年及今后5年工作的基本思路和主要任务。

2月6日 中共长沙市委、市人民政府召开全市教育工作会议，讨论《关于加强和改进中小学德育工作的决定》和《关于教育综合改革的决定》。

2月8日 全省最大的长途电信交换枢纽——长沙电报大楼长途交换枢纽开通启用。

2月28日 湖南医科大学附属第三医院在湘江西岸茅坡动工兴建。

3月2—3日 中共长沙市委、市人民政府召开全市农村工作会议，贯彻落实中共中央、国务院《关于1991年农业和农村工作的通知》精神。副市长袁汉坤作题为《稳定政策、坚定信心，确保全市农业和农村经济再登新台阶》的报告。会上表彰32个农业先进集体和100名先进个人。

3月3日 长沙万名青少年开展“学雷锋奉献日”活动，同时召开学雷锋“双十佳”暨军民共学雷锋表彰大会。会上宣读市委、市政府、军分区关于表彰1990年度长沙市学雷锋“双十佳”的决定和表彰长沙市军民共学雷锋先进集体、先进个人的通报。驻长部队3000多名官兵上街开展“学雷锋活动日”

活动。

3月6—10日 首届浏阳花炮艺术节举行，国家副主席王震从深圳致电祝贺。

3月12日 中共中央总书记、中央军委主席江泽民到湖南视察。在为期8天的视察期间，先后瞻仰毛泽东故居、刘少奇故居、任弼时故居，视察湖南农学院和国防科技大学，参观岳麓书院、橘子洲头和雷锋纪念馆，并亲笔为“雷锋纪念馆”题名；到刘少奇故居和纪念馆参观时题词：“在社会主义现代化建设中，要加强共产党员的修养。”并为国防科大题词：“办好国防科大，培养德智军体合格人才，出高水平科研成果。”

3月14日 国家计委免疫审评组一行11人到长沙进行为期7天的抽样审评，认定长沙市计划免疫达到国家指标。

是日 长沙荣昌绣品厂与中国香港准确有限公司联合经营的美国国际财团服装设计有限公司在深圳投产开业，成为长沙市第一个在沿海经济特区开办业务的街办企业。

3月15日 为时5天的长沙市春季商品交易会闭幕。此届交易会推出新产品1500多种，是历届交易会最多的一次，总成交额5.5亿元，比上年同期增加一成。

3月19日 长沙市第九届人民代表大会第二十七次会议召开。会议通过《长沙市蔬菜基地保护办法》。

3月27日 国防科技大学研制的多次发动、双组元、双调节变推动液体火箭发动机通过国防科学工作委员会鉴定，其主要性能指标达到20世纪80年代国际先进水平。

3月28—31日 共青团长沙市第十四次代表大会召开。大会选举产生第十四届委员会，胡力克当选为书记。

4月3日 长沙铁路车辆段实现安全生产1500天，创广州铁路局车辆系统安全最高纪录。该段自1987年2月23日到1991年4月3日，实现无一般行车事故。

4月8—13日 长沙市九届人民代表大会第四次会议召开。会议审议长沙市国民经济和社会发展第八个五年计划纲要；补选陈香成、李海涛为市第九届人大常委会副主任，选举张明泰为市长，补选陈元松为副市长。

4月10日 中国工商银行宁乡县支行存款余额达1.02亿元，为全省工商银行系统第一家“亿元县支行”。

4月23日 长沙市北区创办全省第一家婚姻家庭学校。

4月25日 全国34个大中城市54家新华书店共同举办的“电子工业出版社图书首届大联展”在长沙展出。

4月26日 苏联斯维尔得洛夫基洛夫区苏维埃主席布鲁斯尼钦一行到长沙访问。

是日 长沙市总工会召开劳动模范座谈会，并向获得中华全国总工会授予的1991年全国“五一劳动奖状”的长沙电冰箱厂和市公共交通总公司9路公共汽车40车组以及获得“五一劳动奖章”的贺学禹、裴翠英、郭伟帆、肖亚凡颁奖。

5月1日 长沙市调整粮油统销价格。此次调价涉及属省管价格品种34个、粮食品种29个，平均提价幅度为88.39%。

5月9日 长沙市人民政府召开经济体制改革工作会议，市体改办提出“坚定不移地深化企业改革、搞活国营大中型企业”等8条意见。

5月14日 长沙市第九届人民代表大会第二十八次会议召开。会议审议通过《关于加强社会治安综合治理的决议》。

5月20日 长沙港务局、长沙轮船公司、长沙港务管理处合并成立湖南长沙港务局，理顺长沙港航经营管理体制。

5月27日 长沙市召开知识分子工作暨青年知识分子大会。省委常委、市委书记夏赞忠作题为《加强和改进知识分子工作，充分发挥知识分子的重要作用》的讲话，市长张明泰宣读《中共长沙市委、长沙市人民政府关于表彰张红日等“十佳”青年知识分子和龙革安等优秀青年知识分子的决定》。

5月28日 湖南省最大的蔬菜批发交易场所——长沙马王堆蔬菜批发交易市场建成开业。

是月 长沙市“巾帼建功”活动领导小组成立，市委副书记朱秋林任组长，市妇联主任李咏芳任副组长。

6月1日 中国人民解放军副总参谋长、国家人民防空委员会副主任徐惠滋，空军副司令员李永泰和广州军区副参谋长吴湘庆检查长沙市人防工作。

是日 长沙市第三医院更命名为湖南医科大学教学医院和市血液净化中心。

6月4日 中共长沙市委、市人民政府批准原授予“文明单位”称号的单位更名为“文明建设先进单位”，并换发新牌匾。

6月10日 长沙市公布《长沙市住房制度改革实施方案》（征求意见稿）。

6月17日 《长沙市暂住人口管理实施细则》经市人民政府常务会审定通过并发布实行。

是日 长沙市歌舞剧团排演的大型歌剧《马桑树》进京演出，中共长沙市委、市政府派员在北京四川饭店举行新闻发布会。21日，在北京民族文化宫演出。

6月20日 长沙市颁发《长沙市古树名木保护管理办法》。

是日 全省首届专利产品展销会在长沙精品商场开幕，是自1985年国家实施专利法后，国内第一次单一的商品化专利产品展销会。

6月26日 长沙市举行纪念中国共产党成立70周年暨表彰大会。省委常委、市委书记夏赞忠讲话，市委常委、副市长何家象宣读《中共长沙市委关于表彰先进基层党组织、优秀共产党员、优秀党务工作者的通报》。民革长沙市委主委潘基礩代表各民主党派、工商联和无党派民主人士向大会表示祝贺。

是日 长沙车站上水班获全国先进上水班称号。

6月30日 长沙市新华书店隆重举行《毛泽东选集》（1~4卷）第二版首发式。

7月8日 全国首部城市生态建设规划——《长沙市城市生态建设总体规划》通过国家级鉴定。

7月10日 长沙市出台《长沙市蔬菜基地保护办法》。

7月12日 市区第一条民办公助交通干道城南东路主体工程完工，全长1400米。

8月11日 长沙市第一座现代化密闭式集装箱垃圾中转站在沿江大道草潮门建成投入使用。

8月20日 长沙市消费者协会成立。协会将组织消费者对全市商品的服务质量和价格进行社会监督，及时反映消费者的要求，协调生产、流通和消费者之间的关系，促进商品和服务质量的提高。

8月20日 国家统计局公布：宁乡、浏阳、长沙3县名列1991年全国百名产粮大县，宁乡、浏阳、长沙、望城进入全国百名猪牛羊肉生产大县，其中宁乡粮食总产量在全国排名第18位，猪牛羊肉产量长沙县排名第6位、宁乡排名第12位。

8月23日 长沙市文物工作队在湖南医科大学附属一医院宿舍区发掘战国时期古墓一座，出土一批楚文物。

9月1日 长沙高新技术开发区麓山科技园举行奠基仪式。仪式由副省长、开发区领导小组常务副组长曹伯纯主持，省委常委、市委书记夏赞忠等参加。

9月6日 长沙市四县一郊全部消灭宜林荒山，森林率达45%，林地绿化率达97.2%。

9月8—14日 湖南省第三届对外经济贸易洽谈会及'91中国湖南国际烟花节开幕，有50个国家、地区的1500多位客商和国内500多位来宾参加，外贸成交金额达1.82亿美元，引进外资1.38亿美元。

9月9日 历时5天的"长沙服装城"杯设计表演大奖赛在市工人文化宫举行颁奖活动。这次大奖赛是新中国成立以来长沙市规模最大、层次最高、参赛区队最多、年龄跨度最大的一次服装盛会，有26支时装表演队的300多名男女模特参赛。

9月13日 市政府召开清理"三角债"紧急动员大会，传达贯彻全省清理"三角债"会议精神，部署清理"三角债"工作。

9月14日 中山路百货大楼、东塘百货大楼、晓园百货大楼、韶山路百货大楼列入全国100家大百货商店之列。

9月30日 中南地区最大的服装批零售散地——长沙服装城开业。

10月3日 长沙卷烟厂成为国产烟最大出口基地之一。"白沙"烟占全国卷烟出口总量的20%。

10月7日 省委书记熊清泉到长沙县农村调查，指出供销社要全心全意为发展农村经济服务。

是日 长沙市第九届人大常委会举行第31次会议，任命张伟抉为长沙市人民政府副市长。

10月13日 第三次全国少年儿童学雷锋研讨会在望城召开。来自全国17个省份、100多位代表参加，审议通过《全国少年儿童学雷锋联谊会章程》

10月14日 新西兰北岸市以市长安·哈特莉为团长的友好访问团到长沙访问。

10月15日 省委书记熊清泉在宁乡县考察部分工厂、农业专业户。

是日 国务院清欠检查组到长沙检查清欠工作，对长沙市工商银行严格执行结算纪律给予肯定，对连环清理运转慢提出质疑，并要求限期查实促转。

10月20日 望城县与辽宁省抚顺市望花区结为友好县区协议签字仪式在望城举行。

10月22日 以王郁昭、赵靖为正副团长的全国政协赴湘视察团考察市郊区岳麓山乡观沙岭村的乡镇企业。

10月25日 长沙市"八五"规划重点建设项目长捞路工程开工建设。道路全长7.05千米，途中新建浏阳河和捞刀河两座大型桥梁。

11月1日 国务委员、公安部部长王芳视察长沙市政法工作。

是日 长沙市西区太平街86号发生特大火灾，烧毁仓库460平方米，殃及居民8户，大小房间20间面积300平方米，共计损失151.53万元。

11月6日 杨开慧90周年诞辰书画展开幕。

11月7日 长沙市工商局经济检查大队与郊区工商分局联合行动，查获长沙郊区岳麓山乡岳麓食品厂特大制造假烟案。

11月11—13日 全国城市市容达标经验交流会在长沙召开。

11月14日 全国人大常委会副委员长廖汉生视察观长沙市西区沙岭村。

11月22日 能源部公布一批主要变压电容量在100万伏安以上无考核事故100天的供电单位。长沙电业局是省内唯一榜上有名的单位。

12 月 5 日 中共长沙市直属机关委员会更名为“中共长沙市委直属机关工作委员会”，作为市委的派出机构，领导市直属机关党务工作。

12 月 16—17 日 中共中央政治局委员、国家教委主任李铁映视察国防科技大学、湖南医科大学、雷锋中学，要求把雷锋学校办成拥有第一流设备、第一流教师，培养出第一流学生的学校。

12 月 19 日 全省第一所为申请离婚夫妇开办的婚姻家庭学校在北区成立。

是日 长沙市“八五”计划重点工程、市广播电视中心项目举行奠基仪式。该项目位于劳动西路，主楼高 13 层，总建筑面积 1.04 万平方米，工程造价 5300 万元。

12 月 25 日 长沙市档案馆成为全省地州（市）第一个省二级档案馆。

12 月 27 日 楚湘街 166 号南区防护用品厂发生重大火灾，烧毁房屋 557 平方米，烧死青年女工 5 名，殃及居民 1 户，直接经济损失 10.79 万元。

12 月 28 日 浏阳县永安镇芦塘村发现古代石器，经文物部门认定为旧石器时代文物。

是月 长沙轻便车厂自行研制的弧齿圆锥轮传动（无链条）自行车获国家专利。

是月 郊区观沙岭村工业总产值 1.03 亿元，实现利润 810 万元，上缴税金 365 万元，创外汇 1600 万美元，成为全省第一个工业产值过亿元的村，位列全国乡镇企业百强村第 70 名。观沙铸件厂位列全国乡镇企业 500 强第 251 名。

是月 长沙市农业银行郊区办事处年末储蓄余额 2.10 亿元，成为全省农业银行系统首家突破储蓄存款 2 亿元的县级支行。

是年 长沙汽车发动机总厂自行设计试制成功 CF4G27 汽油机，通过中汽公司技术鉴定。并于 1993 年先后获“湖南省科学进步一等奖”、“湖南省机械工业科技明星企业奖”、中国新技术新产品博览会“第七届全国发明金牌奖”。

是年 湖南民航开辟长沙至昆明、温州、厦门、南京、成都、广州、重庆、太原、湛江、哈尔滨等多条航线。

1992 年

1 月 1 日 《长沙市住房制度改革实施方案》《长沙市机关团体企事业单位治安保卫条例》开始实施。

1 月 3 日 1991 年度全国 43 个较大火车站和进京进沪列车评比结果揭晓，长沙火车站等 5 个车站并列第一，长沙—北京 1/2 次特别快车恢复“红旗列车”称号。

1 月 11 日 以中华全国总工会书记处书记于庆和为团长的全总慰问团一行 7 人，到长沙慰问特困企业和特困职工。

1 月 18 日 邓小平路过长沙去广州。省、市党政领导熊清泉、孙文盛、沈瑞庭、夏赞忠、张明泰等到长沙火车站看望。邓小平赞扬长沙 1991 年军民团结抗灾，在大灾之年取得农业大丰收。

是日 凌晨 2 时许，位于五一中路的中国人民银行长沙市分行（长沙金行、长沙证券公司）电气线路老化造成短路发生火灾，消防部门调集 20 多辆消防车 300 多名干警，经过 3 个小时将火扑灭。大楼全部被烧毁，直接经济损失 98.6 万元。全部存款、账务及记录单位与群众存款情况的电脑和软件等都得到转移，未受损失。

1月21日 全国政协副主席谷牧到长沙视察，视察岳麓山乡观沙岭村和长沙高新技术产业开发区，听取经济发展情况汇报。

1月27日 国内首家焰火燃放公司——浏阳县焰火燃放专业公司成立。

2月1日 长沙有线电视台开播。通过市有线电视网，每天播出16.5小时，辟有《有线在家庭》《大市场》专题和《广告三分钟》等自办节目。

2月7日 长沙电力报社成立。《长沙电力报》面向全市发行，市长张明泰为报纸题词："办好长沙电力报，为振兴长沙经济服务。"

2月17日 经省民政厅批准，福临、金井、路口、河田、南托5乡撤乡建镇，分别更名福临镇、金井镇、路口镇、江背镇、暮云镇。

2月25日 全省商业企业"效益杯"竞赛揭晓。长沙市韶山路百货大楼、长沙县路口区供销社、浏阳县大瑶供销社获"十佳企业"称号，9家企业获"效益杯"优胜奖，6家企业获单项奖，9人获先进个人奖。

是日 全市城市环境整治工作现场会召开。长沙市环境综合指标考核名列全国第五名，长沙第一污水处理厂等被评为省第一批环境整治优秀项目单位。

3月1日 长沙市放开卷烟零售价格，取消计划凭票烟供应。

3月2日 中共长沙市委第八届四次全体（扩大）会议召开。会议传达中央领导重要讲话，部署开展全市社会主义思想教育活动，推举夏赞忠、李映华为中共十四大代表。

3月5日 长沙港务局决定，从是月下旬起，增开长沙—上海定期快速货班轮船，主要承担集装箱、百杂零担货物快速运输任务。

3月7日 长沙市人民政府发布《长沙市流动人口计划生育管理实施办法》。

3月14日 交通部部长黄镇东到长沙视察319国道湘江二桥东接线工程。

3月16日 国家统计局局长张塞至长沙市郊区岳麓山乡观沙岭村视察。

3月12—27日 长沙地区普降大到暴雨，湘江水位陡涨，27日最高水位37米，造成洪涝灾害，全市52个乡镇、523个村、15万户、60万人受灾，被淹房屋17301间，倒塌房屋3471间，农作物受灾50万亩。

3月30日 长沙市首家价格事务所——北区价格事务所成立。

4月1日 长沙市市直机关单位和副县级以上事业单位首次抽调244名干部，下放到乡镇和街道、居委会挂职，充实基层，服务基层，锻炼干部。

是日 国家统计局公布关于1990年度187个地级以上城市包括社会结构、人口素质、经济效益、生活质量、社会效益5个方面的综合评价结果，长沙市总分61.9分，居第15位，属上等水平。

4月2日 长沙市西区公安分局破获一重大贩毒吸毒团伙，捕获犯罪团伙成员40多人。

4月3日 在全国质量协会第五届理事会暨第九次年会上，浦沅工程机械总厂被授予全国质量效益型先进企业称号，是全国同行业首家获得此称号的企业。

4月4—12日 在"92中国新产品新技术博览会上"，长沙县乡镇企业参展的"节能截止阀"和"带锥套旋风汽化室燃烧器"获金奖，"JJW精密交流稳压电源"产品获科技创新奖。

4月6日 长沙市人民政府驻黑龙江省绥芬河市办事处成立。

4月8日 长沙市乡镇企业协会成立。

4月19日 长郡中学李扬等4名学生组成的中国中学生女子体操代表队，在澳大利亚达尔文市举行的泛太平洋世界中学生运动会上。夺得女子体操总分第二名和4项比赛的3枚金牌、2枚铜牌。

4月20日 23时30分，浏阳县镇头、城郊两区10个乡遭冰雹袭击，部分民房被毁，181公顷农作物受损，直接经济损失250万元以上。

4月21日 长沙市人民政府驻上海市联络处成立。

4月23日 长沙市援外医疗队一行10人赴塞拉利昂执行为期两年援外医疗任务。

4月27日 长沙市人民政府颁布《长沙市城镇国有土地使用权出让转让暂行规定》。

4月28日 长沙市首次政府法制工作会议召开，研究部署政府法制工作任务，促进全市各级行政机关依法行政，严格执法，为改革开放服务。

4月29日 中共长沙市委第八届五次全体会议召开。会议对经过各区、县和有关战线民主推荐、酝酿提出的预备名单，用表决方式通过张明泰等23人作为长沙市出席中共湖南省代表会议的代表候选人预备人选。

是日 长沙市举行庆祝“五一”劳动节大会，颁发全国“五一劳动奖状”“五一劳动奖章”。长沙汽车电器厂和长沙公路总段夏铎铺道班2个集体获全国“五一劳动奖状”，刘普成等4人获“五一劳动奖章”。

5月1日 长沙警备司令部更名为“长沙警备区”。

5月10日 长沙岳麓山广播电视发射塔历经5年建设全部设施竣工。该塔集调频广播、电视发射、旅游观光等多功能于一体，总投资450万元，塔高88米，海拔350米，塔上建有面积为150平方米的旋转式观光厅，可居高临下俯瞰长沙市区风光。

5月12日 长沙市范崇武、颜孟秋在湖南省专利工作会议上被授予“湖南省有突出贡献的专利发明家”称号。

5月13日 长沙市文物考古队在国防科技大学院内先后发掘10余座战国和西汉古墓。

5月14日 长沙市教育委员会决定改革城区小学毕业考试和初中招生制度，改统一毕业会考为各小学举行毕业考试，实行推荐保送制度。

5月16日 湖南师范大学附中初一女生陈莎莎被评为第四届全国“希望之星”。

5月20日 湖南省人民政府在湖南农学院召开表彰会，对该院“两系法利用小麦杂种优势技术”研究课题组给予重奖，奖励金额共计262万元。该项研究成果取得世界性重大突破。

是日 长沙市第一家区级消费者协会——东区消费者协会成立。

5月22日 致公党长沙市委创办的长沙市湘侨中等职业学校成立。

5月25—29日 莫桑比克共和国议会议长桑托斯和该国驻华大使姆班泽等一行4人到长沙访问，并参观韶山毛泽东故居、宁乡花明楼刘少奇故居。

5月28日 中南地区最大的毛巾织物企业——长沙毛巾集团成立。

是日 为配合城市基本建设，长沙市文物考古研究所在马益顺巷发掘一座大型楚墓，该墓葬为带斜坡墓道的长方形土坑竖穴木椁墓，葬具保存基本完好，为一椁二棺。该墓陪葬器物放置于头箱和左、右边箱，共计80件套，分别为陶器、铜器、漆器、玉器、料器及竹、木器等。该墓年代应为战国中期中段，墓主应属楚国下大夫一级的贵族。

5月30日 中央军委副主席、中国人民解放军总参谋长迟浩田率英模报告团到南区新兴路小学作报告。

6月1日 国内最大的少儿图书馆——湖南省少年儿童图书馆新馆在长沙市中山路落成，并对外开放。中共中央总书记、中央军事委员会主席江泽民为该馆题写馆名。

6月3日 《长沙晚报》获全国报纸第三次编辑质量评比第三名。

6月4日 中国人民解放军副总参谋长徐惠滋视察长沙工程兵学院。

6月9日 长沙市获全国群众体育先进单位称号。

是日 长沙市郊区与湘西土家族苗族自治州吉首市缔结区市经济技术友好关系。

6月13日 全国政协副主席、中国科学院学部委员、上海工业大学校长钱伟长，应邀到湖南大学作大学生成才演讲。

6月15日 由机电部第八设计研究院和能源部华北电力设计院联合开发的具有国际先进水平的微机建筑设计软件包MA-CAD在长沙通过部级鉴定。

6月18日 由湖南人造板厂和四川、湖北、贵州、云南、甘肃等省的8家企业组成的华威人造板工业集团在湖南人造板厂成立。

是日 长沙电脑公司与台湾宏碁电脑公司合办的湖南电脑销售集团公司在长沙成立。

6月20日 长沙市颁发《长沙市奖励有突出贡献的专业技术人员暂行规定》。

6月22日 长沙酱品总厂成立。该厂由原市酱油厂和市酱品厂合并而成。

6月26日 全市第一家由离退休干部兴办的老年福利经济实体——长沙风华实业公司成立。

7月1日 由省全民国防教育委员会主办的大型综合性月刊——《国防教育》在长沙创刊，面向全国发行。

是日 中共长沙市委、市人民政府授予邓文全、刘普成、吴奇、刘庭怀、郭欲平“长沙市特殊贡献奖”，分别颁发奖金8万元。并颁布实施《长沙市奖励有特殊贡献专业技术人员暂行规定》。

7月3—10日 因连降暴雨，湘江及其支流河水陡涨，8日湘江最高洪峰37.85米，超危险水位1.85米，长沙县水塘垸大堤涵洞入口崩塌，大堤两边穿孔，垸内受灾严重。省委副书记、省长陈邦柱，省委常委、市委书记夏赞忠，省军区副司令员肖求如等赴现场慰问在抗洪抢险一线战斗的干部、群众和解放军官兵。

7月12日 浏阳县的礼花弹和组合盆花等产品在加拿大蒙得利尔市举行的第三届国际焰火大赛上获得音乐焰火第一名。

7月14日 1991年全国100家最大零售商店排序在北京揭晓，长沙市占3家：中山商业大厦排第29位，东塘百货大楼排第77位，韶山路百货大楼排第99位。

7月17日 国家科委授予长沙高新技术产业开发区“国家高新技术产业开发区”牌匾。

7月18日 首批移动电话机计30部在长沙开通。此工程在长沙设立一个交换局和一个基站，在株洲、湘潭、常德各设一个基站。长沙用户容量1024户。

7月19日 宁乡县人民法院开庭审理洞庭桥乡栗山组状告县政府“土地权属争议处理决定”一案，宁乡代县长周里冰作为被告法定代表人出庭应诉，为中华人民共和国成立后第一例县一级民告官案件。

7月29日 长沙市望城坡经济开发区奠基开工；12月28日，省体改委批准其为省级开发区。

是月 浏阳县上洪乡七星村发生地裂，裂带长1.2千米。6户村民40间房屋受损，毁坏稻田0.8

公顷。

8月8日 中共长沙县委、县人民政府在长沙蓉园宾馆举行新闻发布会，宣告长沙县星沙开发区成立。10月10日，星沙开发区建设开工，并举行奠基典礼。

是日 中国香港实业界在湖南省设立的第一家办事机构——香港正本实业（集团）有限公司长沙办事处开业。

8月13日 国务院特区办公室宣布长沙市为进一步对外开放的城市之一，实行沿海开放城市的政策。

8月18日 长沙高新技术产业开发区高迪计算机有限公司成立。

8月22日 中共长沙市委、市政府召开为奥运会体育健儿庆功大会。在第25届奥运会上，长沙运动员陆莉获高低杠金牌和平衡木银牌，熊倪获跳台跳水铜牌，王晓洁获双人花游第8名。实现湖南省奥运金牌“零”的突破。

8月25日 长沙市公共交通汽车票调价：18条线路实行3角一票制，专线车、夜班车一律调为5角，县、郊14路、20路实行5角进制梯形票价，职工月票由9元调到14元，学生月票价不变。

8月29日 宁乡县花明楼撤乡置花明楼镇。

8月30日 由长沙酒厂牵头，与湘西、湘南、湘北、湘中的11家酒厂、印刷厂和玻璃企业组成的湖南白沙酿酒集团公司在长沙成立。

8月31日 中国电视艺术委员通知，由中国电视剧制作中心和中共长沙市委联合摄制的电视剧《墨海新蕾》（上、下集）获全国电视剧“飞天奖”少儿短剧一等奖。

9月2日 由省远洋运输公司和长沙港务局联合开辟的长沙至日本、欧洲的集装箱运输支线通航，实现长沙通江达海的目标。

9月5日 长沙市总工会、市建委在市青少年宫举行集会，纪念长沙泥木工会成立暨泥木工人大罢工70周年。

9月8日 用于提示生命奥秘的人类基因分段技术——中国人染色体区带YAC文库在湖南医科大学建成。

9月13—19日 在全国卫生城市、环境综合整治检查中，长沙市被评为全国卫生城市和环境综合整治“十佳城市”之一。

9月15日 中共湖南省委、省人民政府在长沙召开表彰会，授予杂交水稻之父、省农业科学院名誉院长、湖南杂交水稻研究中心主任袁隆平“功勋科学家”荣誉称号。

9月18日 国家粮食储备局批准长沙市第一粮食仓库更名为“湖南长沙芙蓉北路国家粮食储备库”。

9月19日 省内第一个国家级高科技企业集团——中国南方航空动力机械集团在长沙成立。

9月21日 湖南省残疾人中等职业技术学校在长沙成立并举行开学典礼。

9月22日 “20世纪中国文学与区域文化研究会”在长沙举行，中国大陆和中国台湾教授、专家、著名作家及日本汉学专家等几十人参加。

9月23日 市公安局破获一起自中华人民共和国成立以来省内最大的入室盗窃案。20日，台商被盗外币、金器价值30多万元，市公安局接到报案后，3天内侦破，将案犯冯某缉拿归案。

9月26日 全国首台汽车计算机自动驾驶系统在国防科技大学通过鉴定。该项成果达到20世纪80年代后期国际同类车辆自动驾驶的综合技术水平。

9月29日 21时50分，解放路大华五交化商场因电气短路发生特大火灾，150多名消防指战员投入灭火，市消防支队战士许斌灭火时坠楼牺牲。

10月8日 国家外汇管理局长沙分局成立，并授牌营业。

是日 省内首家融资市场——中国银行湖南省分行融资市场在长沙开业。

10月10日 浏阳县出口花炮厂参加在中国澳门举行的第四届国际焰火比赛获银牌奖。

10月15日 湖南省教育委员公布长沙市一中、师大附中、雅礼中学为全省首批（8家）挂牌重点中学。

10月20日 长沙市与黑龙江省鸡西市友好合作协定在长沙签字。

10月27日 在长沙五金采购供应站基建工地，发掘出一块距今20万年的石制工具。

10月28日 国家环保总局发布全国32个重点城市环境综合整治定量考核结果，长沙市列入前10名。

是日 省内第一家融教学、科研、金融于一体的地方性银行——湖南省湘银实验银行在长沙开业。

11月1日 长沙市全面放开粮油统销价格（军供粮油除外），取消非农业人口及定量粮油平价供应。各种粮（油）票、购粮卷、指标划拨证以及居民结存的粮油指标不再流通。

11月3日 全国首届水文勘测工作技术大赛在长沙市郊区黎托乡川河村浏阳河举行，来自全国31个省（自治区、直辖市）和7大水域机构的40多名选手参加。

是日 湖南省第一所县办特殊教育学校——长沙县特殊教育学校举行落成典礼。

11月8日 长沙民族乐器厂更名为“长沙同乐实业有限公司”，并与中国香港维多胶贴产品有限公司合资成立湖南维乐胶贴有限公司。

11月9日 湖南医科大学附一医院恢复原名“湘雅医院”。

是日 长沙市人民政府颁布《长沙市公民献血管理办法》。

11月12日 全国政协考察组一行8人到长沙高新技术产业开发区考察。

11月14日 万家丽路浏阳河大桥动工开建，是319国道与湘江二桥（银盆岭大桥）东接线的重要配套工程。2007年10月6日通车。

11月19日 国防科技大学研制成功“银河-Ⅱ”10亿次巨型计算机在长沙通过国家鉴定。国务院、中央军委发来贺电，党和国家领导人江泽民、李鹏、朱镕基、刘华清等题词祝贺。

是日 长沙高压开关厂研制生产的新型跌落式熔断器，在福建福州举行的全国农村电气化设备精品评比会上获得金牌。

11月26日 国务院环境保护委员会公布：长沙被列入1989—1991年全国城市综合整治的“十佳城市”之一。

12月6日 零时起，长沙市有线电话实现数字程控化，全部拥有国际国内直拨功能，成为全国第九个实现电话程控化的城市。

12月8日 湖南医科大学附三医院对外开诊。该院位于河西桐梓坡，拥有建筑面积8800多平方米的门诊大楼和1.8万多平方米的病房大楼。

12月11日 经对外经济贸易部批复同意，浏阳县对外经济贸易公司拥有进出口权。

12月14日 长沙市第十一次妇女代表大会在麓山宾馆开幕，大会选举市妇联第十一届执委55人。在第十一届第一次执委会上，选举常委11人，姚五零当选为执委会主任。

12月18日 中国城市综合实力评估在北京揭晓，长沙市名列第20位。

是日 中国农业银行长沙市分行新大楼落成，农行五一路办事处同时成立。

12月21—23日 中共长沙市委第八届七次全体（扩大）会议召开。会议贯彻落实中共十四大和省委六届五次全会精神，部署工作的基本思路和主要任务。会议通过《中国共产党长沙市第八届七次全体会议关于递补市委候补委员宋久德、孙延农、李培毅、王红、黄克猷、唐世宝等6位同志为市委委员的决议》。

12月22日 湖南省人民警察授衔仪式在省委大礼堂举行，长沙市公安局460人分别被授予一级、二级、三级警督。

12月25日 319国道湘江二桥西接线通车。

12月26日 长沙市煤制气工程建设基本完成，首批用户一次送气点火成功。

12月27日 政协长沙市第七届委员会第一次会议召开，1993年1月2日闭幕。会议听取讨论市政协第六届常务委员会工作报告和提案办理情况报告；选举产生政协长沙市第七届委员会常务委员会组成人员，臧宝山任主席。

12月28日 长沙市第十届人民代表大会第一次会议召开，1993年1月3日闭幕。市长张明泰作《政府工作报告》。会议审议并通过政府、计划、财政和市人大、市法院、市检察院的工作报告决议，选举产生市人大第十届常务委员会和新的政府领导班子，郭俊秀任人大常委会主任，张明泰任市长，罗桂求、刘启欣、陈元松、张伟玦、罗特、胡越、肖常锡任副市长。

12月29日 经文化部、新闻出版署批准，湖南音像出版社在长沙挂牌营业。

是年 湖南民航开辟长沙—乌鲁木齐、长沙—大连航线。

1993年

1月1日 取消国家粮油合同定购任务，放开粮油统购价格。同时取消自1987年始对农民实行“三挂钩”（合同订购粮油与平价化肥、柴油供应和20%预定金挂钩）政策，结束国家粮食工作40年来的“统购统销”政策。

1月4日 肖劲光大将铜像在岳麓山公园落成，中共湖南省委书记熊清泉为其揭幕。同日，为纪念肖劲光90周年诞辰，市博物馆举办“一代元戎——肖劲光生平事迹图片展览”，省人大常委会主任刘夫生、广州军区副司令员王申为展览剪彩。

1月5日 市公交公司3路驾驶员张晋坚持正义，勇斗歹徒，光荣牺牲。8日，公安部门将凶手段某某擒获；2月5日，市中级人民法院判处凶手死刑；2月20日，中共湖南省委追认张晋为中共党员。

1月6日 长沙市儿童宫活动楼建成开放。该楼位于五一中路，是全市大型儿童活动场所。

1月12日 长沙市房地产市场开业，场内设信息咨询、房地产交易监证、租赁监证、房宅互换、房地产抵押和评估等窗口。采取供需双方直接见面的交易形式。开业当天，一次性办妥买卖商品房71套，成交额1200多万元。

1月16日 国务院批准撤销浏阳县，设立浏阳市（县级），原行政区域不变，不增加机构和编制。

1月29日 长沙火车站日客流量超过3万人次，是长沙站建站15年来的最高峰。

是月 长沙市工业总产值增长幅度和绝对值均居全省各地市之首。

2月2日 年产2500吨柠檬酸钠生产线在宁乡县石油化工总厂建成投产，当时为全国最大的柠檬酸钠生产基地，90%的产品供出口。

2月10日 中纪委副书记曹庆泽到长沙考察，与市党政领导和纪检、监察干部座谈。强调共产党员要带头过好权力关、金钱关，反对腐败现象要理直气壮。

2月11日 中共湖南省委书记熊清泉到长沙视察光男（湖南）体育用品有限公司、长福鞋业有限公司两家合资企业。

2月12日 经对外经济贸易部批准，浏阳市享有外贸进出口经营权。

2月19日 湖南电视机厂生产的韶峰牌彩电获首届"中国消费者喜爱的国产家电产品"荣誉证书。

2月24日 纪念毛泽东100周年诞辰《红太阳颂》大型歌舞文艺晚会在贺龙体育馆举行，北京军区政治部战友歌舞团应邀至长沙演出。

2月26日 长沙高新技术产业开发区保税仓储公司挂牌，为当时湖南省最大的综合性保税仓储公司。

是月 长沙市郊区望岳乡古坟垸发现"西汉长沙王室墓"。郊区文管所与市文物工作队联合发掘，历时5个月。该墓被国家文物局评选为"1993年全国十大考古新发现"之一。

3月1日 郊区福安乡胜利村成建制整村行政划拨给北区，实行以区带村的新型管理体制。

3月2日 广州铁路集团公司长沙铁路总公司成立，并在长沙市工商局登记注册，公司注册资本60.9亿元，有在职员工8万名，办公地址位于长沙五一东路187号。

是日 湖南首座反投影66平方米大屏幕电视墙在长沙火车站广场建成播映。

3月5日 望城县雷锋乡更名为"雷锋镇"。

3月5日 中华全国总工会授予长沙电机厂型铸车间造型女工张祝明先进女职工称号，她7年内完成14年工作量。

3月6日 首届台湾文具、礼品、玩具大展在市博物馆展出。

3月9日 长沙籍李乐华获首届"湖南小姐"冠军称号。

3月12日 国务院原副总理、中央军委常委、中共中央党校校长、中华人民共和国副主席王震（浏阳市人）在广州逝世。

是日 纪念田汉95周年诞辰暨田汉铜像揭幕式在湖南剧院举行。

3月13日 郊区工商局在有关部门的协作下，在东岸乡西垅村端掉一制造假酒黑窝点，当场查获"双沟""剑南春""贵州醇"等假酒200多箱。

3月25日 长沙化油器厂等4家企业获省机械行业先进企业称号。

3月26日 全省首家期货交易商场——湖南华通国际商品期货服务中心在长沙成立。

是日 驻外大使、参赞访湘团一行24人参观中意电冰箱厂和观沙岭村。

4月1日 长沙市新闻中心成立。副市长罗特就长沙高新技术产业开发区的发展情况、市政府秘书长李斌恺就一季度长沙经济形势发布新闻讲话。

4月3日 《长沙市财产拍卖管理暂行办法》经长沙市人民政府第八次常务会议审议通过，予以发布施行。

是日 市地名委员会命名"中意路""白沙液街"两处新地名。

是日 长沙—浏阳北盛的衡山公路地段，一中巴翻车起火，4人遇难，23人受伤。

4月4日 国家防汛总指挥部负责人至长沙检查长沙县、望城县、郊区和城区防汛工作。

4月8日 湖南省政协委员考察组一行25人，对长沙市个体私营经济情况进行为期4天的考察。

4月9日 中共湖南省委书记熊清泉、副省长周伯华到长沙考察经济工作。

是日 长沙市大中专毕业生就业指导中心成立。

4月11日 著名湘籍抗日将领宋希濂骨灰安葬在长沙县水塘乡唐人永久墓地。

4月14日 副省长周伯华到长沙县泉塘专题研究长（沙）永（安）公路建设问题。

4月15日 交通部副部长李居昌考察319国道长沙湘江二桥接线工程。

4月17日 中共中央政治局常委、国务院副总理朱镕基到长沙视察，参观橘子洲、中山商业大厦、高新技术产业开发区。

4月26日 市统计部门开始对全市所有国家机关、社会团体，在长沙中央、部、省属单位，独立核算企事业单位，个体、私营、“三资”企业单位进行统计管理登记。

4月28日 ’93长沙首届“五一”生活用品展销会在市展览馆开幕。

是日 长沙市秘书学会成立。

是日 长沙首家集体股份制企业——长沙华泰电缆工贸公司挂牌营业。

4月29日 长沙县高岭建筑公司成为全省乡镇企业首家国家一级建筑企业。

是日 经全国生态农业建设领导小组验收，长沙县被定为全国生态农业建设试点县。

是日 长沙市成立外商投资企业协会，其中外商投资企业182家、个人会员26名。

5月1日 省长陈邦柱、省人大常委会副主任刘玉娥深入长沙钢厂、湖南橡胶厂，看望、慰问节日期间坚守岗位的职工。

5月2日 印度共产党中央政治局委员阿图尔·库马尔·安坚率印共中央访华团到长沙访问。

5月14日 长沙高新技术产业开发总公司与中国香港科鸿科技（国际）有限公司在长沙举行合同签字仪式，合资经营长沙晶科微电子有限公司，生产液晶显示器件。

5月17日 市电信局在马坡岭开设的“大哥大”基站建成开通并投入使用；23日，全省第一台卫星移动通信机在长沙开通。

5月18日 省、市政府负责人会见以梅可望为团长的台湾区域发展研究院组织的经贸文教考察团全体成员。

是日 中南工业大学与长沙高新技术产业开发区举行签约仪式，合作成立长沙市第一家产业集团——中南新材料产业开发集团公司。

5月20日 长沙高新技术产业开发区重点建设项目“银洲城”奠基。

5月25日 中共长沙市委、市政府召开减轻农民负担文件清理工作会议，并成立由纪检监察部门牵头的清理工作领导小组。

5月28日 长沙市井湾子木材交易市场开始营业，为长沙地区第一家大型正规木材交易市场。

5月30日 由市经委主办的长沙市首届日用工业品廉价展销会在东风广场开幕。

6月8—10日 由乌兹别克斯坦妇联副主席卡布洛娃率乌妇女代表团一行5人到长沙访问，与卢平、逯复兴、张达、曾嵘等座谈，并参观她们所在的单位。

6月12日 长沙市第一家生产彩色釉面砖的企业长沙宏伟建筑陶瓷厂投产。

6月15日 中共中央政治局委员、国家体改委主任李铁映到长沙高新技术产业开发区考察，并参观湖南第一师范。

6月22日 国防科技大学研制成功的银河全数字仿真-Ⅱ型计算机，通过国家鉴定，标志中国仿真技术进入世界先进行列。

6月23日 中共中央军委授予国防科技大学“科技攻关先锋”荣誉称号。

是日 市政府首次给76个单位共1107栋房屋颁发产权所有证书。

6月24日 中央政法委领导至长沙调查基层政权建设情况，在东区政府等单位召开座谈会。

6月26日 中共湖南省委常委、长沙市委书记夏赞忠调任新华社党组副书记、常务副社长。

7月1—2日 中共中央政治局委员、中央书记处书记胡锦涛到湖南长沙视察，先后参观毛泽东纪念馆和刘少奇故居纪念馆，视察长沙中意电器股份有限公司和长沙卷烟厂，对企业的发展提出许多中肯的意见，并就廉政建设进行座谈，批评廉政影响经济发展的错误观点。

7月3日 连日来，长沙地区遭受特大暴雨袭击，湘江、浏阳河均出现洪峰险情，市区沿江大道低洼地段遭水淹，4日晚，浏阳市普降暴雨，山洪暴发，暴雨山洪夹带泥石流冲倒大瑶乡煤矿办公楼，压死9人，造成直接经济损失1.2亿元。5日，市政府发出切实做好防汛防洪工作的紧急通知。省长陈邦柱、副省长储波、市委副书记张明泰等分赴长沙县、望城县、浏阳市和郊区察看灾情，指挥部署抢险救灾。市党政领导郭俊秀等赴浏阳市看望受灾群众。6日，省委书记熊清泉到长沙县㮾梨镇，翌日到长沙城区和望城县察看灾情，与各级领导研究抗洪救灾的具体措施。7月初以来的洪涝是长沙市解放以来损失最严重的一次，全市受灾乡镇达150个，受灾人口120万，淹没农田130万亩，损坏房屋2.7万间，损失巨大。

7月12日 长沙市首届教师艺术节开幕。

7月15日 日本著名水稻专家原正市到浏阳市永安镇考察旱育秧大面积示范场。

7月17日 中国人民解放军南京政治学院长沙分院更名为“长沙政治学院”，举行挂牌和授旗仪式。

7月21日 湖南省首届艺术童星大赛在世青少年宫闭幕，共评选出艺术童星6名，长沙有5名。

是日 湖南省少年田径运动会在贺龙体育场闭幕，长沙代表队获金牌22枚，夺得金牌总数和团体总分第一名。

7月25日 长沙市代表团赴香港参加中国城市综合实力50强及投资环境40优新闻发布会。在发布的中国城市实力50强中，长沙市排第20位。

8月1日 湘雅医院与长沙炮兵学院首创军民共建医院在炮兵学院挂牌开业。

8月2日 曙光电子管厂职工粟周根在追捉抢劫犯时遭歹徒枪击牺牲。

8月5日 长沙人民广播电台“星沙之声”开播。星沙之声电台使用两套设备发射，一部调频功率为1千瓦、频率105兆赫，一部调幅功率为10千瓦、频率1323兆赫。

8月8日 全省规模最大的建材装饰市场南湖建材装饰市场第一期工程竣工开业。

8月11—12日 中共长沙市委第八届八次全体（扩大）会议召开。会议传达贯彻中共中央、国务院《关于当前经济情况和加强宏观调控的意见》和全省地（州、市）、县委书记会议精神，总结上半年工作，部署下半年工作。

8月20日 长沙籍运动员熊倪在第七届全国运动会成都赛区夺得男子1米板跳水金牌。

8月23日 法国《人道报》记者、著名作家亨利·萨莱姆访问西区望月村街道王家洲居委会。

8月28日 长沙白沙啤酒获“'93泰国国际名酒博览会”金奖。

8月 老粮仓区农民4人在师古寨山顶先后掘出商代铜铙11件。经专家鉴定，为国家一级珍贵文物。

9月2日 联合国副秘书长冀朝铸一行5人到长沙电冰箱厂、湖南日用化工总厂、长沙高新技术产业开发区考察。

是日 南方航空集团湖南公司波音 2546 号客机首航香港成功，并返回长沙航空港。

9 月 4 日 长沙市捞霞经济开发区进入实质性开发阶段。开发区总面积 33.5 平方千米。参加捞霞开发区洽谈投资办实业的达 100 多家。

是日 湖南潇湘少儿艺术学校、省神箭少儿艺术团在省群众艺术馆成立。

9 月 6 日 在全国群众体育工作会议上宁乡县被国家体委命名为全国体育先进县。

9 月 8 日 长沙籍运动员陆莉在第七次全国运动会上夺得高低杠金牌。

9 月 10 日 长沙市“四县（市）一郊”均被列入全国第一批水土保持执法试点地区。

是日 南区教育局教研室主任梅嘉陵被人事部、国家教委授予“全国优秀教师”称号，尹中奇被评为“湖南优秀教师”。

是日 湖南日用化工总厂更名为“湖南丽臣实业总公司”。

9 月 12 日 长沙市楹联家协会成立。

9 月 15 日 长沙市郊区被国务院授予“全国计划生育工作先进单位”称号，获得金牌和奖金 6 万元。

9 月 19 日 长沙县牌楼乡运动员黄赞获第七届全国运动会无线电测向项目和国防无线电流测向比赛 80 米波段金牌。

9 月 24 日 长沙至武陵源旅游直升机航班开通，举行首航式。

9 月 27 日 湖南造漆厂万吨醇酸树脂工程试车成功开始投产，缓解全国醇酸树脂供求矛盾。

9 月 28 日 望月湖居民区被评为全省第一个省级文明小区建设先进单位。

9 月 29 日 经国际民航组织第三届亚太地区航行会议批准，黄花机场确定为国际定期航班机场，是中南地区第二个国际航空港。

10 月 1 日 《长沙市商品房价格管理暂行办法》开始执行，全市商品房价格实行统一管理。

10 月 2 日 湖南省总商会会长、市政协副主席方毓棠会见哈萨克斯坦共和国驻华使馆商务参赞别克别尔根诺夫。

10 月 4—5 日 长沙市科技大会召开。大会总结 1989 年以来长沙市依靠科技进步等方面的成绩和经验教训。会上还宣读长沙市委、市政府关于聘任周光召等 18 位科学家为长沙市高级科技顾问的决定。

10 月 7 日 国防科技大学举行建校 40 周年庆典；同时举行国防科大前身哈尔滨军事工程学院第一任院长陈赓大将铜像揭幕式。

10 月 8 日 长沙铝型材厂建成投产，是湖南规模最大的生产铝型材的专业厂家。

10 月 13 日 郊区望岳乡咸嘉湖村划归西区管辖。

10 月 14 日 长沙友谊商店、长沙第二粮油实业公司获“全国闻名经营先进单位”称号，友谊商店营业员邹红获“全国青年服务能手”称号。

10 月 18 日 湖南省产权交易中心在长沙成立。

10 月 20 日 郊区岳麓山乡观沙岭村湖南华发集团公司经经贸部批准获自营进出口权，成为湖南省第一家拥有自营进出口权的乡镇企业。

是日 湖南省星沙特别招商区在长沙星沙开发区成立。

10 月 21 日 郊区雨花亭与石马村划归南区管辖。

是日 长沙市政府发出关于全市电话号码启用 7 位制的通知。

10月26日 长沙市总商会经贸考察团赴韩国和中国澳门、中国香港考察。

10月27日 长沙市饮食业参加全国第三届烹饪个人赛共获金牌5枚、银牌5枚、铜牌1枚。

10月28日 湖南省文化记者、文艺家联谊会在长沙成立。

10月29日 浏阳市某花炮厂发生重大爆炸火灾事故，重伤10人，43间房屋炸毁，周围近2000米范围内房屋均有不同程度损坏，直接经济损失100万元。

10月30日 长沙市明德中学举行建校90周年庆典和黄兴塑像揭幕典礼；省市政协在明德中学举行纪念华兴会成立90周年座谈会。

是月 经国家经贸委、国家计委、财政部认定，湖南造漆厂由中型企业升为大二型企业，被列为全国500家最佳经济效益工业企业。

是月 国内著名中医肿瘤及肝病专家、湖南省中医药研究院主任医师潘敏求获1992—1993年度“世界名人”称号，个人传记收入《世界名人词典》。

11月1日 南区井湾子集贸市场建成开业。

11月3日 中共湖南省委书记王茂林察看长沙市第二污水处理厂、星沙开发区、319国道湘江二桥东接线、长沙高新技术产业开发区和芙蓉路等重点建设工程。

11月4日 新华社湖南分社长沙记者站成立。

11月6日 湖南人民广播电台新闻台在长沙开播。

11月7日 《长沙市农村生态建设总体规划》经过国家科委专家论证鉴定和实地考察，获得通过。

11月9日 华夏证券有限公司在长沙设立湖南营业部并投入营运。

11月10日 长沙电子仪器厂宣告破产，为长沙市首家破产企业。

11月11日 省人大常委会副主席、省民革主委、著名城建专家潘基硕获1992—1993年度“世界名人”称号，个人传记收入《世界名人词典》。

11月13日 国际粮农组织与农业部在宁乡召开水稻有害生物综合防治现场评估会，总结推广宁乡经验。

11月14日 长沙市光明电源设备厂获首届全国优质产品推荐展销会的一项金奖。

11月23日 全国政协副主席、中国社会科学院院长胡绳到长沙视察长沙市历史博物馆和岳麓书院。

是日 国家体委主任伍绍祖到长沙视察贺龙体育中心。

12月1日 市级各行政事业单位公费医疗开始实行“总额控制，两包一挂，结余有奖，超支自负”的办法。

12月2日 长沙市进京演出代表团180多人分批赴京参加纪念毛泽东诞辰100周年演出活动。演出节目《风华正茂》和《布衣毛润之》受到好评。

12月3日 在全国青年科技博览会上，长沙市青年科技工作者获3金1银奖励，团市委获优秀组织奖。

12月6日 市人大常委会主任郭俊秀带领常委会部分组成人员视察城市基础设施建设进展情况。

12月8日 长沙县新县城奠基仪式在星沙开发区举行。新县城规划占地20平方千米。

是日 化工部部长顾秀莲考察湖南造漆厂。

12月16日 中国残联确定岳麓区为“全国残疾人社区康复工作示范区”。

是日 长沙市国土局首次以招标方式出让城区土地使用权。

是日 湘财证券公司开通深圳股票交易所双向自动联网方式。

12 月 18 日 南方航空公司湖南公司在长沙成立并投入营运。

12 月 20 日 长沙市（也是湖南省）发行的第一只股票——“湘中意”股票代码 000548 在深圳证券交易所挂牌上市。

是日 湖南大学人文学院成立暨岳麓书院揭匾大会在湖南大学校园举行。

12 月 22 日 仓容 4.5 万吨的长沙市粮一库机械化骨干粮库主题工程举行竣工典礼，国务委员陈俊生出席。翌日，陈俊生到长沙县考察粮食收购情况。

12 月 23 日 由乌兹别克外长赛义德·尤西莫夫率领的访华团一行 4 人，在长沙参观观沙岭村。

12 月 24 日 湖南商业集团总公司在长沙成立。

12 月 25 日 319 国道长沙湘江二桥东接线城区段和东风路高架桥工程全线竣工通车。

12 月 26 日 国家“八五”环保示范工程——市第二污水处理厂处理系统试通水成功。

12 月 28 日 湖南金太阳音像有限公司和湖南省华星音像出版发行总公司在长沙成立。

12 月 29 日 “青年毛泽东”铜像揭幕大会在湖南第一师范举行。铜像底座为白色大理石，镌刻有中共中央总书记、国家主席、中央军委主席江泽民题写的“青年毛泽东”。

12 月 浏阳市大瑶、东门、社港、沙市、金刚、镇头撤乡建镇。

是年 长沙县财政收入突破 2 亿元，成为全省第一个财政收入过 2 亿元的县。

1994 年

1 月 1 日 省长陈邦柱考察望城县乡镇企业和省、市重点工程。

1 月 9 日 湖南石（门）长（沙）铁路总公司在长沙成立。

1 月 11 日 长沙—北京 1/2 次新型空调客车首开北京。

1 月 15 日 1993 年全国双十佳体操运动员、教练员评选揭晓，长沙籍运动员陆莉榜上有名。

1 月 17 日 湖南最大的食品加工项目——旺旺系列大米食品在望城县投产，标志着湖南省大米食品加工进入世界行列。

1 月 22 日 全市第一个个体劳动者党支部——中共长沙交易市场党支部成立。

1 月 25 日 长沙电机厂研制成功 JR1510–8 极万伏高压电机，结束长沙市不能生产万伏高压电机的历史。

1 月 30 日 省长陈邦柱到长沙第二纺织印染总厂、湖南橡胶厂考察工作，看望慰问困难职工。

是日 市党政领导郭俊秀、肖雅瑜、王柏林就“菜篮子工程”和节日物资供应进行市场调查。

2 月 2 日 省人大常委会主任刘夫生、副主任刘玉娥视察长沙市第二制药总厂等两家企业。

2 月 3 日 中意电冰箱集团服务有限公司与湖南省机械出口公司联合向巴基斯坦 2LC 电器公司提供中意冰箱生产技术、设备、工艺协议在长沙签字，是中国冰箱行业首次向国外转让技术设备。

2 月 4 日 “白沙液”酒荣获香港国际名酒博览会特别金奖和慕尼黑国际酒类博览会金奖。1974 年，毛泽东主席到湖南视察，品尝后赞叹有加，起名为“白沙液”。20 世纪 70 年代末，白沙液的市场地位直追茅台与五粮液，号称“国内三大名酒”，并跻身国宴用酒之列。1984 年，获全国酒类质量大赛银奖。1988 年，在第五届全国酒评会上被评为国家优质酒银质奖。1991—1994 年，连续三年被评为“湖南省白酒大中型企业利税百强企业”。

2月9日 国内首例异体肝移植手术在湘雅医院获得成功。

2月13日 深夜，位于市郊区雨花亭乡石人村石竹塆组的何绍基（清代书法画家）墓被炸开，墓内10件珍贵文物被盗走。经郊区公安分局缜密侦察，7月21日该案告破，被盗文物被全部追回。

2月16日 著名高级工程师颜孟秋研制成功的“火—水直接换热炉”荣获“’93新加坡国际发明展览会”金狮奖。

2月18日 长沙友谊华侨公司荣获1993年度湖南商业“十佳企业”称号。

2月19日 长沙市蔬菜产销工作再次被评为全省第一，获得“五连冠”。

2月22日 省长陈邦柱到长沙市考察东区部分区街企业和高新技术产业开发区企业。

2月23日 中共长沙市委召开会议，讨论进一步加强党管武装和民兵预备役工作。

2月24日 长沙湘江二桥以独特的造型和磅礴的气势，获全国第六届优秀工程设计金奖。

3月1日 长沙卷烟厂的“白沙”牌香烟获’93全国调查香烟类产品的全国最高奖——“全国消费者共荐购物首选优质产品”称号。

3月5—9日 长沙市第十届人民代表大会第二次会议召开。出席会议代表440人，中共长沙市委、市人大、市政府系统123人和市政协全体委员列席会议。大会听取和审议市长张明泰所作《政府工作报告》；补选费新来、夏蔚林、符树根为市人大常务委员会委员。

3月8日 长潭高速公路破土动工，全长51.55千米，宽26米。公路采取全封闭、全立交结构，设计时速为120千米，1996年12月竣工通车。

3月14日 由国防科技大学研制的中国首台神经网络控制机器人手眼系统在长沙诞生。

3月17日 长沙市第一个私营企业党支部——中共长沙市南区光明集团公司支部委员会成立。

3月27日 长沙五一文化用品商场、长沙五一路百货商场被授予“全国优秀集体企业”称号；湖南五一文实业股份有限公司总经理唐山，市工矿综合商业公司总经理、五一路百货商场经理何贤平被评为优秀经理。

3月29日 经湖南省人民政府批准，星沙开发区更名为长沙经济技术开发区。

3月30日 浏阳市农业银行内发生抢劫杀人案，两名银行职员在金库内被杀，10万元现金被抢。经专案组侦查摸排确定为内部人员作案，已失踪的银行职工喻某某有重大嫌疑。公安干警和武警战士展开搜捕行动，4月2日，喻某某在山中拒捕时被击毙，浏阳市“3·30”特大抢劫银行杀人案告破。

4月1日 长沙市邮政部门开始推行使用标准信封。

4月3日 湖南农学院更名为湖南农业大学。

4月10日 长沙市与新加坡裕廊东市镇缔结为友好城市。

4月18日 中南地区当时最大的室内家具市场——南湖家具市场开业，市场占地2公顷，建筑面积1万平方米。

4月23日 省长陈邦柱到长沙考察湘江二桥东接线和星沙开发区。

5月1—2日 宁乡县31个乡（镇）遭暴雨、冰雹灾害，伤10人、死5人，经济损失超3000万元。

5月2日 全国人大常委会副委员长李沛瑶视察长沙市郊区岳麓山乡观沙岭村。

5月3日 省内首例心脏移植术在湘雅医院获得成功。患者严某被诊断为扩张性心肌病终末期，术后患者情况稳定，心肺功能良好。此项手术的成功，标志着心胸外科技术达国际水平和国内领先水平。

5月7日 长沙市医药系统首家职业中等专业学校——长沙市医药职业中专成立。

5月8日 长沙市首届“育才母亲奖”评选结果揭晓，共评选出10名获奖母亲。此次评选活动由团市委、市少工委和长沙大厦组织，旨在表彰为培养造就跨世纪新一代做出卓越贡献的母亲。

5月10日 越南同奈省委代表团到长沙参观访问。

5月11日 国内第一套电话障碍自动受理和维修系统在长沙市电信局投入使用。

5月13日 中共湖南省委常委、组织部部长罗海藩到长沙市郊区考察党建工作。

5月10—15日 长沙市举办首届家庭文化节，以“展示家庭风采，建立民主、和睦、温馨、向上家庭”，省、市领导潘贵玉、张明泰、郭俊秀等出席开幕式。

5月21日 长沙市人民政府授予市博物馆（中共湘区委员会旧址）、新民学会成立会旧址、雷锋纪念馆三处“长沙市青少年教育基地”牌匾。

是日 市政府成立长沙市妇女儿童工作委员会，副市长张伟玦任主任。

5月28日 省内首家公证机构体制改革试点单位——望城县公证处转体改革运行。

5月30日 由湖南省中银实业电脑公司引进的电话银行系统（TBS）开始在省、市中国银行试运行。

5月30日—6月3日 中共湖南省委书记王茂林到长沙视察郊区、望城县、宁乡县、浏阳市的农业和农村工作。

是日 国内第一条跨江自来水巨型管道在湘江橘子洲头大桥下游500米处一次性下水沉放成功。

6月4日 长沙市郊区岳麓山乡社会治安综合治理协会成立，为全省第一个社会治安综合治理群众团体。

6月5日 国家“八五”环保示范工程——长沙市第二污水处理厂提前一年竣工。

6月6日 长沙啤酒厂研制开发的高档啤酒——金冠啤酒投放市场。

6月9日 湖南丽臣实业总公司生产的“一匙丽牌”洗衣粉和“丽臣牌”高级香皂获“’94中国国际妇女儿童用品博览会”优质产品金奖。

6月15日 全国政协委员调查组到长沙市考察农村社会治安状况。

是日 全国首届建工理论研讨会在长沙召开。

6月18日 连日来，长沙地区和湘江上游普降大雨，市委召开紧急常委扩大会议，全面部署全市抗洪救灾工作。11时18分，岳麓山乡丰顺垸溃堤130米，受灾4860户3万人，损失3.5亿元，倒塌民房484栋2688间；翌日，岳北垸别洪渠和茶山垸大堤溃决。21日，中共中央政治局候补委员、中央书记处书记温家宝率中央工作组亲临长沙慰问抗灾军民。6月24日副省长王克英在岳麓山乡召开救灾工作会议，要求在20天内修复丰顺垸130米缺口。7月6日，全国政协主席李瑞环、副主席马万祺视察丰顺垸溃堤修复工地。7月12日，丰顺垸大堤修复合垅通车。

6月28日 长沙卷烟厂捐资兴建的东塘“白沙立交桥”动工兴建。立交桥占地面积1.3万平方米，高架部分南北长520米、宽15米，东西长400米、宽12米。立交桥中心建一大型标志塔，成为长沙市一新型现代化景观。

6月29日 长沙九芝堂药业公司成立。其前身为1650年创建的“劳九芝堂药铺”，是中国著名老字号公司。

7月1日 以柳直荀烈士名字命名的“直荀学校”在高桥乡中南村竣工。中共中央政治局委员、国务委员李铁映亲笔题写校名。

7月8日 全省首家爱婴医院——长沙市妇幼保健院被卫生部授牌并举行揭牌仪式。

7月18日 中共长沙市委、市人民政府慰问团赴湛江慰问南海舰队“长沙舰”官兵。

7月21日 浏阳烟花被指定参加国庆45周年天安门焰火燃放晚会。

7月22日 长沙市参加国际中学生奥林匹克竞赛的4名学生获得3枚金牌、1枚银牌。

7月25日 长沙县回龙乡举重运动员傅斌获全国青少年举重锦标赛54千克级挺举金牌、抓举银牌和总成绩银牌。

8月4日 中共湖南省委副书记杨正午，省委常委、组织部部长罗海藩考察长沙部分国有大中型企业。

8月9日 美国电话电报公司和中国香港、深圳爱比斯智能网络系统有限公司在长沙举办智慧型大楼系统技术交流会。

8月20日 浏阳市个体老板胡明月创办的长沙地区首家私人儿童福利院成立。

8月25日 省委书记王茂林考察建设中的湘江二桥东接线和长永、长潭高速公路等重大工程。

是月 宁乡被列为国家专项扶持的粮食大县。9月，宁乡再次被列为全国商品粮基地县。

9月2日 中共长沙市委召开常委扩大会议，专题研究全面整治长善垸、麓山垸、沿江大道三大防洪工程问题。

9月8日 省委书记王茂林等看望慰问长沙中小学教师。

是日 长沙市最大的粮油食杂市场——金华殿粮油食杂综合市场营业开放。

是日 全省第一所由企业兴办、面向全国招生的学校——湖南冠亚实验学校举行首期开学典礼。

9月10日 长沙市国家安全局挂牌成立。

9月15日 石（门）长（沙）铁路长沙湘江公路铁路特大桥动工兴建，标志着石长铁路工程开工。这座特大桥为公路、铁路两用，两桥平行并列，中心相距17米。铁路桥为单线，全长2475米；公路桥为4车道，全长2020米，宽22米，外加两侧各3.5米宽的人车混合道，1998年3月竣工通车。

9月16日 市政府表彰在北京举行的第六届残疾人远南运动会（远东及南太平洋地区运动会）上获400米自由泳和100米仰泳2个第一名的郊区肢残运动员朱伟明，获400米自由泳、50米自由泳、200米混合泳、100米仰泳、200米仰泳5个第一名的女盲人董启明，获200米蛙泳、200米仰泳、100米仰泳3个第二名的盲人郭洋。

9月18日 长沙市第三届运动会在贺龙体育场开幕，市党政军领导和5万名群众参加开幕式，观看大型文体节目表演。来自县（市、区）、企业、学校、机关的32支运动队参加28个项目比赛。

9月23日 长沙市国家税务局、长沙市地方税务局挂牌成立。

9月24日 长沙市最大的服装批发市场——金苹果服装批发市场投入使用。

是月 长沙县籍运动员柳金林在中、日、韩田径对抗赛上获得男子跳远银牌，全国田径锦标赛男子跳远金牌。

是月 国内贸易部授予长沙县供销社“全国百强县供销社”称号，授予路口供销社和福临供销社“全国百强基层供销社”称号。

10月1日 《长沙晚报》添置北大方正集团的彩色激光照排设备，成为湖南省首家可印彩报的报社。

是日 长沙市政府发布公告，在全市推行全民食用加碘盐。

10月5日 国防科技大学计算机研究所和国家气象中心联合研制的“银河高分辨率资料同化系统”在长沙通过技术鉴定。

10月6日 长沙市第十届人民代表大会第十三次会议召开。会议同意接受张明泰辞去市长职务的请求，决定由袁汉坤代理市长，任命徐宪平为副市长。

10月7日 长沙县谷塘乡开办全省首家农民出租车公司。

10月8日 长沙市最大的室内食品批发市场——金泰食品批发市场在下河街建成并投入使用。

10月11日 长沙青年经济学者研究会成立。

10月14日 中共中央政治局常委、中央书记处书记、中纪委书记、全国总工会主席尉健行视察岳麓山乡观沙岭村。

是日 全省最大的工农产品批零兼营市场——湖南省望城坡大市场建设启动。望城坡大市场位于长沙市西站一侧，占地3.73公顷，总建筑面积4.6万平方米，共有1.7万个铺面主营副食品、农副土特产品、日用化工品及服装、五金、交电、小商品等，是一个综合性批发市场。

10月17日 长沙市公开招聘部分市直单位县级青年领导干部动员大会召开。决定通过宣传发动、资格审查、开始、考察、签订聘用合同、上岗培训等程序，面向社会公开招聘市直单位正、副县级35岁以下青年领导干部20名。

10月22日 中共长沙市委召开工作会议，研究贯彻落实中共中央十四届四中全会《关于加强党的建设几个重大问题的决定》和中共湖南省委六届七次全会精神。要求全市各级党组织扎实地加强和改进党的建设。

10月25日 中共长沙市委、市政府召开全市扶贫工作会议，提出确保长沙市20个贫困乡镇在2000年前稳定脱贫的目标。

10月28日 中韩建交以来最大的合资项目——湖南金星曙光电子有限公司挂牌成立。

是日 全省最大的针棉纺织品专卖店——长沙针棉纺织商业大楼建成开业。

是日 市内最大的室内集贸市场——东区朝阳农贸市场投入使用。

是日 市内首座向社会提供液化气管道集中供气的市液化气公司南冲气化站建成投产。

是月 长沙县籍运动员刘英姿获第十二届亚运会射击锦标赛团体金牌和个人银牌。

11月1日 经省政府基本普及九年制义务教育和基本扫除青壮年文盲评估验收团检查评估，长沙县在全省率先实现“普九”“扫盲”达标。

是日 经省环保局检查验收，长沙市在全省率先建成“烟尘控制达标城市”。

11月5—7日 中共长沙市委、市政府与省社科院、社科联联合举办为期3天的长沙创建现代化国际性城市研讨会。百余位来自国内外的专家、学者、知名人士和省市领导共同谋划长沙美好的明天。

11月5—9日 第三届中国金鸡百花电影节在长沙贺龙体育馆举行，500多名海内外嘉宾与会。同时举行金鸡国际影展。

11月8日 中共长沙市委召开常委扩大会议，研究市委、市政府、市政协、市警备区机关搬迁至河西的规划，部署全市的水利建设工作。

11月10日 民政部部长多吉才让到长沙视察长沙民政学校。

11月11日 9时，浏阳市某花炮厂古家工区炸药仓库爆炸，当场炸死5人、伤9人，经济损失60万元。

11月12日 望城县南北干线公路雷锋大道砂石路面全线贯通。

11月22日 长沙市JS0–3电缆输送机等6个高科技产品荣获第六届中国新技术新博览会金奖。

12 月 1 日 全省第一家规范的信息技术市场——长沙科技信息市场运转营业。

12 月 5 日 有近百年历史的浏阳市沙市镇文光书院恢复原名，并投资 300 万元重建。

12 月 8 日 长沙市司法局长桥劳教所劳动教养学校——长沙市长锋学校晋升为省级学校。

是日 长沙市劳动教养学会成立。

12 月 13 日 《中华人民共和国劳动法》知识竞赛湖南赛区决赛在长沙结束，长沙地区代表队获冠军。

12 月 17 日 国务院总理李鹏冒雨视察长沙龙王港大堤修复工地，慰问修堤军民。

12 月 25 日 经民政部对全国城市福利院的资质等级评定，长沙市第一社会福利院获国家二级福利院称号。

12 月 26 日 芙蓉路竣工通车，芙蓉路全长 9.45 千米，历时 10 年竣工。

是日 首届神州 56 个民族绣品（服饰）博览会在长沙开幕。

12 月 28 日 长沙市区至黄花国际机场高速公路竣工通车。省委常委、常务副省长王克英主持通车典礼，省交通厅厅长李安介绍高速公路建设情况，省委书记王茂林、省长陈邦柱、湖南省军区司令员庞为强、省人大常委会副主任潘基硕为通车剪彩。

是年 长沙—三亚、长沙—北京航线开通。

1995 年

1 月 6 日 长沙汽车西站建成并投入使用。

1 月 8 日 经广播电影电视部批准，浏阳电视台成立并开播。

1 月 11 日 位于东塘广场的大型购物商场——友谊商城建成开业。

是日 全市首家农村社区型股份合作经济组织——湖南长沙新合实业总公司在市郊区马王堆乡成立。

1 月 17 日 长沙市技术监督局挂牌成立，为正县级事业单位；5 月，明确为市政府职能部门。

1 月 18 日 国防科技大学高新技术产业群体基地建设在长沙高新技术产业开发区揭幕。

是日 宁乡县人民医院以全省县级医院最高分的成绩荣获卫生部授予的“二级甲等医院” 牌匾。

1 月 22 日 长沙铁路客运段开行首趟学生专列，1800 多名大学生离开长沙北上回家。

1 月 25 日 长沙市第四水厂 40 万吨扩建工程（一期）竣工，投产送水，可为河西地区日供水量净增 35 万吨，彻底解决该地区 20 多平方千米范围内的“用水难”问题。四水厂原设计为 5 万吨供水量，长期超负荷运转，1992 年长沙市决定投资 1.5 亿元扩建。

1 月 27 日 铁道部部长韩杼滨到长沙车站检查春运工作。

2 月 1 日 友谊集团公司 1 月销售额超亿元，创湖南商业企业有史以来月销额最高纪录。

2 月 3 日 经省人民政府办公厅批准成立长沙市望城高科技农业示范区。2001 年 9 月，望城农业科技园被科技部批准为第一批国家级农业科技园，成为湖南省唯一被批准的首批国家级农业科技园。

2 月 13 日 省政协主席刘正到浏阳市和长沙县考察部分小型国有企业。

2 月 25 日 长沙工程兵学院教授曾首义带领课题组经过 8 年攻关，研制成功的“新型防护门及其优化设计”被评为全军科技进步一等奖。

2 月 26 日 华天实业集团公司向长沙市中小学幼儿教师奖励基金会捐赠 100 万元奖励基金。

2月27日 省内首家新药开发中心——湖南正清新药开发中心在长沙成立。

3月1日 农工民主党长沙市委纪念中国农工民主党创始人邓演达烈士100周年诞辰。

3月5日 长沙雷锋纪念馆兴建的大型学雷锋领袖题词碑廊揭幕。

3月9日 长沙石常乡荣福公路建成通车。长沙县成为全省第一个村村通公路的县。

3月11日 长沙市召开社会养老保险制度改革工作，并颁发《长沙市企业职工社会养老保险办法》。

3月23日 中共中央总书记、国家主席、中央军委主席江泽民到长沙龙王港大堤视察，慰问参加劳动的解放军战士，观看长沙市麓山垸防洪工程图、长沙市水利工程分布图，听取市委领导有关防洪工作汇报，要求做好防洪工作，修好防洪大堤，保护好人民生命财产安全。

3月26日 长沙市第十届人民代表大会第三次会议召开。会议听取和审议《政府工作报告》《关于长沙市1994年国民经济和社会发展计划执行情况与1995年国民经济和社会发展计划（草案）的报告》，审查和批准长沙市1994年国民经济和社会发展执行情况与1995年国民经济和社会发展计划等。会议选举袁汉坤为市长，陈香成为市人大常委会主任。

3月28日 湖南省内第一家中介鉴定机构——湖南公正鉴定公司在长沙成立。

4月6日 中共湖南省委书记王茂林考察长沙春季“严打”和创建社会治安模范城情况。

4月12日 市长袁汉坤到郊区马王堆乡高桥村现场办公，研究解决高桥综合大市场的建设问题。

4月13日 《长沙市深化城镇住房制度改革实施方案》发布实施。

4月18日 浏阳市被列为省级星火科技示范市。

4月19日 长沙市与比利时蒙斯市签订发展友好关系意向书。

4月20日 市内首次大规模建筑物控制性爆破成功，八一东路占地6400多平方米的混凝土建筑在两秒内全部塌落，这是省会第一环的第一个 “瓶颈口”被顺利打通。

4月27日 中共长沙市委第八届十次全会召开。会议讨论通过《关于召开中长沙市第九次党代表大会的决议》。

是日 望城县雷锋纪念馆和郭亮故居被定为省爱国主义教育基地。

4月28日 长沙远大空调有限公司研制生产的远大V型直燃机通过国家科委验收，其主要技术性能指标达到国际先进水平。

是月 长沙县犁汽车车身厂厂长曹国兴被国务院授予“全国劳动模范”称号。

5月1日 省委副书记、省长杨正午，省委常委、常务副省长王克英，副省长周时昌等到曙光电子集团公司现场办公，专题研究解决工程资金、电力等问题。

5月11日 国内首台磁悬浮列车在国防科技大学研制成功，标志中国磁悬浮技术进入国际先进水平。这台单转向架磁悬浮列车长3.36米、宽3米，轨距2米，静止时起浮重量为6吨，起浮间隙20毫米，运行间隙10毫米，可乘坐20余人。

5月12日 全国化工商品交易会在长沙举行，2000多名化工原料公司和化工商品生产厂家代表云集，展示近2000种化工原料、油漆、颜料等化工商品。

5月22日 李富春故居纪念馆开馆仪式在三兴街40号举行。杨尚昆、邹家华及党和国家机关领导、省市党政军领导出席开馆仪式。

5月24日 宁乡抗日战争阵亡将士纪念塔修复工程动工，由原址杜家山迁至八一路新山。8月4日竣工。

5月25日 长沙华湘计算机公司与美国国际商用机器公司（IBM）PC电脑中国总代理在长沙举行签约仪。

是日 长沙市社会审计中心成立。这是继上海市社会审计中心成立后的全国第二家社会审计集团组织，在全国省会城市中则为第一家。

5月26日 国防科技大学银河（湖南）计算机系统有限公司在长沙高新技术产业开发区奠基。

5月31日 国家有突出贡献的中青年专家、国防科技大学校长郭桂蓉当选为中国工程院院士。

是月 宁乡县开展撤区并乡建镇工作。至2002年，全县设18个镇、17个乡，下辖908个村、37个社区（居委会）。

是月 长沙县被列为“湖南省第一批农业机械化示范县”。

是月 长沙县籍运动员汤立双获全国田径锦标赛女子标枪冠军。

6月5日 郊区洞井乡党委副书记谢启光带领专项审计组对金井村砖厂进行审计时，遭涉嫌经济犯罪的原砖厂会计邹某枪杀，以身殉职。10日，省委常委、省纪委书记杨敏之等慰问谢启光的家属。15日，中共长沙市委发出开展向谢启光学习活动的通知。7月10日，省人民政府发文追认谢启光为革命烈士。

6月7日 长沙市中级人民法院涉外经济法庭成立。

6月12日 中共中央政治局委员、国务院副总理兼外交部部长钱其琛到望城视察湖南旺旺食品有限公司。

6月17—19日 中共中央政治局常委、全国人大常委会委员乔石到长沙视察湖南旺旺食品有限公司，并题词：“希望旺旺集团人旺财旺”。

6月20日 由国家教委、中央综治办、公安部组成的综合调查组到长沙检查高校治安秩序和周边环境的整治情况。

6月22—26日 浏阳遭受特大洪灾。22日晚，特大暴雨袭击东北部，降雨量达200~400毫米；次日上午东北部7万余群众被洪水围困，倒塌房屋1.8万间，死亡31人，2万余群众无家可归。26日湘江水位达35.67米，超过警戒水位0.67米。省长杨正午、副省长庞道沐、时任省委常委长沙市委书记连夜赶赴重灾区沿溪、官渡、达浒、大围山等地察看灾情，指挥抗洪救灾；省军区肖求如少将率驻湘舟桥部队赶赴灾区转移被困群众。长沙80万军民在抗洪一线奋力救灾。

7月1日 于1994年11月28日始建的中共长沙市委、市政机关办公大楼工程奠基。

7月2日 中共中央总书记、国家主席、中央军委主席江泽民，中共中央政治局常委、国务院总理李鹏先后打电话给湖南省委书记王茂林、省长杨正午，对灾区群众表示亲切慰问，勉励大家再接再厉，战胜洪涝灾害，恢复生产，重建家园。

7月3日 国务院副总理姜春云代表党中央、国务院到湖南察看长沙受洪灾情况。

7月18日 “湖商”“阿波罗”“友谊”“中山”4家商业企业获“全国商业信誉企业”光荣称号。

7月19日 长沙卷烟厂获国际ISO9002质量认证书。

7月20日 长沙—曼谷国际航班开通。

7月25日 长沙市企业用工全面实行劳动合同制。

7月29日 长沙市“八一”拥军慰问团到湛江慰问南海舰队及其所属“长沙舰”官兵。

8月6日 长沙市当时最大的首个安置小区——“广厦新村”开村。广厦新村位于天心区猴子石大桥以北，建有房屋16栋。

是日 长沙市岳麓区广播局副局长刘孟常，因救同车落水乘客不幸遇难，岳麓区政府举行追悼会。

8月8日 长沙市北区毛家桥水产批发市场开始营业。

8月11日 全市万名公安干警、联防队员实施打击夜间现行犯罪的“零点行动”。

8月14日 长沙市爱卫会发出通知，禁止在公共场所吸烟。

8月15日 雨花区稻田中学建成交付使用。10月18日复校。

8月19日 湘江风光带一期规划通过长沙市委、市政府审定并进入实施阶段。

8月21日 中共长沙市委第八届十一次全会召开，会上确定长沙市出席中共湖南省第七次代表大会代表候选人预备人选。

是日 全国妇联副主席、书记处第一书记黄启璪到长沙考察妇女工作，在市儿童活动中心听取市妇联工作汇报。省委常委、常务副省长储波参加。

9月1日 郊区东岸乡成立湖南省第一家乡级环卫所。

9月3日 长沙市举行百万青少年向抗日战争英烈及死难同胞默哀、宣誓大会。为庆祝抗战胜利50周年，城区中小学1万余人在长沙市一中向抗日战争英烈宣誓。

9月6日 长沙市副市长张伟玦、罗特会见澳大利亚IDP教育中心亚洲区总裁皮特·伯格斯一行。

9月7日 中共湖南省委、省政府召开庆祝第11个教师节表彰大会。长沙市20位教师荣获全国优秀教师称号。

9月9日 省电力公司与瑞典大瀑布公司合资建设经营望城火力发电厂，在长沙签订协议书。

9月8—12日 湖南省第五届经济贸易洽谈会（即湘交会）在长沙召开。长沙市签约项目68个，总投资16.9亿元，利用外资9.94亿元。

9月16—20日 中共长沙市第九次代表大会在麓山宾馆召开，出席会议的党代表450人。大会审议通过《关于中共长沙市第八届委员会工作报告的决议》及关于市纪委工作报告的决议；审议通过《中共长沙市委关于制定长沙市国营经济和社会发展第九个五年计划的建议》。大会选举产生长沙市第九届委员会和中共长沙市纪律检查委员会。

9月29日 中共长沙市委、市政府在浏阳市大围山现场办公，专题研究大围山国家森林公园旅游开发工作。

9月30日 长沙市当时最大容量的18万千伏安变压器在树木岭220千伏变电站投运。

10月4日 长沙市纪委向首批聘请的行风评议员颁发聘书，开展对市直重点部门的行风检查、监督和评议活动。

10月7日 日本佛教临济宗国泰寺代表团一行22人，在团长泽大道率领下到浏阳游览道吾山，朝拜祖庭石霜寺，瞻仰开山祖师庆诸和尚墓。

10月10日 长沙市关心下一代工作委员会被评为“全国先进集体”。

10月12日 长沙市电话交换机容量达到46万门，其通信整体实力首次进入全国省会城市先进行列。

10月16日 长沙县高桥镇成为全省第一个农业机械化示范镇。省、市、县农机管理部门在该镇举行授牌仪式。

10月17日 长沙高新技术产业开发区与芬兰奥陆科技园结为“姊妹园区”。

10月30日 “毛泽东文学院”捐资仪式暨动员会举行。12月23日，毛泽东文学院奠基。

11月3日 中共长沙市委副书记易希文会见湖南平和堂实业有限公司董事长夏原平次郎等日本客人。

是日 全国最大计算机终端企业湖南计算机厂“八五”图形终端开发生产基地技改项目通过电子部验收。

11 月 8 日 市政府推出一项深化国有企业改革重大举措——纺织国有资产授权经营，这在省内尚属首次。新成立的纺织国有资产经营公司为国有独资公司，实行董事会制，依据产权关系管理和经营市属 16 家纺织国有企业中的国有资产。

11 月 10 日 由香港“人造革大王”田家炳捐资兴建的田家炳实验中学在长沙郊区火星镇举行奠基开工典礼。1995 年 9 月，田家炳实验中学开学，首批招收高、初中班 10 个，学生 490 多名。

11 月 13 日 中共长沙市委宣传部召开纪念“文夕大火”57 周年暨《文夕大火》电视剧本创作座谈会。

11 月 22 日 望城县作为全国首批村民自治模范县，在全国基层组织建设工作会议上受到国务院的表彰和奖励。

11 月 29 日 长沙市与美国泽西市结为友好城市。

11 月 30 日 经国家科委检查验收，浏阳市成为长沙地区第一个“全国科技工作先进县（市）”。

12 月 1 日 位于浏阳市中和乡苍坊村的胡耀邦故居修复竣工。

12 月 8 日 长沙友谊集团有限公司获全国“优质服务企业”称号。

12 月 12 日 省内首家 GPS 卫星定位监控中心站在长沙建成，其 GPS 报警系统开通。

12 月 19 日 中意集团股份有限公司与瑞典伊莱克斯公司签订合资协议。1996 年 1 月 16 日，中瑞合资组建的伊莱克斯中意（长沙）电冰箱有限公司成立。省委副书记郑培民、副市长徐宪平和瑞典驻华大使林德思等出席庆典。

12 月 20 日 长沙马王堆乡敬老院被民政部授予“全国模范敬老院”称号。

是日 凌晨 2 时 34 分，长沙交通学院一栋砖木结构的 3 层教学楼发生火灾，大火烧毁建筑面积 4000 平方米，教学设备全部烧毁，损失价值达 300 万元，无人员伤亡。事故原因为电线老化。

12 月 23 日 中共长沙市委、市政府设立“长沙威胜科技奖”，湖南威胜电子公司捐资 100 万元支持设奖。

12 月 25 日 长沙河西新城区建设拉开序幕，桐梓坡路动工兴修。

12 月 26 日 长沙市与厦门市缔结友好城市。

12 月 27 日 长沙市政府与湖南农业大学签署科技合作协议，发展长沙地区“两高一优”农业。

是年 长沙市实施粮食流通体制改革，实行粮食“三包一放”政策，即定购粮食的收购、销售、调拨由省对市一定三年包干，粮食财务体制由省级财政预算下放到市级管理。从 1998 年 1 月起，又将粮食财务管理体制由市下放到各县（市），由同级财政管理。

是年 长沙汽车电器厂和日本日立电器公司合资组建长沙日立汽车电器有限公司。

1996 年

1 月 9 日 长沙—澳门航线首航。

1 月 10 日 长沙颁发《关于预防和制止家庭暴力的若干规定》。

1 月 11 日 长沙县星沙镇维汉中学建设工程奠基。省委副书记郑培民、市委副书记易希文等出席奠基典礼。

1月12日 省委常委、组织部部长罗海藩在长沙调查研究领导班子思想建设情况。

1月16日 长沙仲裁委员会成立。长沙仲裁委员会系依照《中华人民共和国仲裁法》以及国务院办公厅相关文件重新组建的商事仲裁机构。1996年对外办公，是长沙地区唯一的常设仲裁机构。

1月19日 中共长沙市委将当月计划召开的18个全市性大会合并为市委工作会议综合召开，将所节约的326万元现金转作扶贫帮困经费，为群众排忧解难。

1月20日 全国总工会书记处书记李水安等到湖南绸厂看望、慰问困难职工。

1月22日 省内首家农民出租车公司——长沙县护航出租车公司在全国交通出租汽车客运优质服务百日竞赛活动中荣获全国先进单位称号。

1月26日 湖南省人大常委会主任刘夫生、副主任俞海潮到长沙化工机械厂和湖南橡胶厂视察并指导工作。

1月29日 长沙重型机器厂研制出新型客车——YZ25B型客车，填补湖南省新型客车生产的空白。YZ25B型客车是YZ25型客车的派生车型。定员128人，自重45.3吨、载重10.7吨，车长26.6米、换长2.4米。

2月11日 中共长沙市委、市政府举行市优秀教师迎春座谈会并向教师赠送特殊礼物——教师新村208套住房钥匙。

2月15日 经国务院批准，长沙县人民政府驻地由长沙市区迁址星沙镇。

2月27日 郊区马王堆乡敬老院被命名为“全国模范敬老院”。

3月3日 中共长沙市委召开常委扩大会议，专题讨论《中共长沙市委、长沙市人民政府关于进一步加强社会主义精神文明建设的决定》（讨论稿）和《长沙市1996—2000年社会主义精神文明建设规划》（讨论稿）。

3月5日 雷锋纪念馆名人颂雷锋碑刻落成。

3月6日 长沙市下岗妇女再就业信息指导中心成立，第一期下岗女职工培训班开学，参训学员110多人。

3月12日 长沙市被评为全省“科技工作先进市”。

3月15日 长沙开通全国首条电信质量投诉热线。

3月19日 省委副书记、省长杨正午，副省长周时昌，副市长徐宪平等到“曙光”彩管工程现场办公，要求确保工程顺利投产。

3月20日 匈牙利中华工商联投资考察团到长沙考察，并与市工商业联合会结为友好商会。

3月25日 中共中央政治局委员、书记处书记、中宣部部长丁关根到长沙市考察。

3月25—29日 长沙市第十届人民代表大会第四次会议召开。大会听取并审议《关于长沙市国民经济和社会发展“九五”计划及2010年远景目标纲要的报告》《关于长沙市1995年国民经济和社会发展计划执行情况与1996年国民经济和社会发展计划（草案）的报告》等。

3月26日 中共中央政治局委员、国务委员李铁映到长沙考察企业，并视察一环线建设工程、教师新村住宅，参观《展望——2000年的长沙》展览。并在27日召开的全国部分省市小企业改革座谈会上强调，要进一步放开放活小企业。

4月1日 33位来自英、荷、澳等国家的国际志愿者到长沙协助市第一社会福利院修建残疾儿童康复福利培训中心。

4月6—10日 湖南省第一届农民运动会在长沙举行，运动会设舞龙、武术、象棋、自行车载重4个竞赛项目，全省14个地、州（市）的300余名农民体育健儿参加。

是日 市长袁汉坤会见以刚果共和国内政国务部部长菲利普·比金基塔为团长的刚果共和国内政部代表团全体成员。

4月8日 中共湖南省委副书记储波参观《展望——2000年的长沙》展览，并视察“曙光”彩管工程。

4月9日 中共中央政治局委员、国务院副总理邹家华到望城视察湖南旺旺食品有限公司。

4月13日 省委副书记、省长杨正午，省委常委、常务副省长王克英等视察长沙环线建设工地和高桥大市场，并参加环线建设现场办公会。

4月17日 宁乡县被定为国家农业综合开发规划区。

4月18日 “刘少奇在华中”研讨会在宁乡县花明楼镇刘少奇同志纪念馆召开。

4月20日 国家旅游局常务副局长陈文栋一行到长沙考察旅游资源。

4月20日 长沙市金融考察团圆满结束对加拿大、美国的访问返回长沙。

4月22日 中共长沙市委召开常委扩大会议，传达全国“严打”工作会议和第十四次全省公安会议精神，专题研究市“严打”工作。

是日 “长沙世界之窗”文化旅游景区工程奠基。

4月23日 国家计划生育委员会党组副书记、常务副主任张维庆到长沙考察计划生育工作。

4月24日 共青团中央第一书记李克强到长沙市环线工程、教师新村、高桥市场、长谭高速公路建设工地、远大空调有限公司、星沙开发区、国防科技大学和曙光电子集团公司考察。

4月26日 “芙蓉国里”开放潮电视文艺晚会及长沙市第一批荣誉市民颁证仪式在长沙举行，市党政领导袁汉坤、陈香成、臧宝山、罗特等会见长沙荣誉市民。

4月27日 长沙市第一所国有公办，以外语教学为特色的全日制完全中学——长沙外国语学校在左家塘原二十三中校址挂牌成立。

4月29日 长沙市市长袁汉坤、省总工会副主席龚先觉等与来自市各行各业各条战线的劳动模范、企业家代表进行座谈，共庆“五一”。座谈会上1996年荣获全国“五一劳动奖状”“五一劳动奖章”的单位和个人受到表彰。

4月30日 市长袁汉坤会见爱尔兰共和国都柏林市市长贝·罗卡尔洛夫托斯及其率领的访问团全体成员。

5月1日 长沙市南郊井湾子红星农民新村开村，省委书记王茂林参加开村庆典。

5月2日 中共湖南省委书记王茂林到宁乡县灰汤镇现场办公，就灰汤温泉旅游度假区开发建设进行研究、决策。

5月6日 长沙市郊区黎托乡黎明渔场建立国家“863”科技项目“工程鲫、鲤繁育中心试验基地”。

5月7—10日 全国纠风工作会议在长沙召开，国务委员李贵鲜出席并讲话。李贵鲜强调，各级政府、部门要从政权建设的高度认识纠风工作重要性，在标本兼治上取得成效。各省市、部门围绕纠风工作如何抓深入、抓落实、抓成效这一会议主题进行发言。

5月10日 中共中央政治局委员、国务院副总理李岚清视察长沙市五一粮油杂品店及五一中路粮店，并到望城视察湖南旺旺食品有限公司。

5月11日 新闻出版署署长、国家版权局局长于友先考察黄泥街书刊市场。

5月15日 省委常委、常务副省长王克英，省委常委、副省长周伯华到长沙现场办公，专门研究电力、自来水的建设问题。

5月17日 市妇联举行首次下岗妇女再就业供需见面会，有50多人达成就业意向。

5月20日 五一广场商业特区建设的最大项目——湖南平和堂商业大厦奠基。

5月24日 中共长沙市委、市政府、长沙警备区授予赵宁1996年度“学雷锋最佳个人”光荣称号。赵宁为宁乡县玉潭镇西正街小学四年级学生，1996年5月5日为抢救落水同学光荣牺牲。

5月28日 LG曙光电子有限公司彩管一期主体工程投产。国务院副总理邹家华发来贺信，省委书记王茂林，省长杨正午及韩国驻华大使等出席投产庆典。该项目由湖南曙光电子集团和韩国LG集团合资兴建，投产后可生产21英寸和25英寸彩管115万只，新增产值10亿元，并带动相关电子工业新增产值30亿元。

5月 长沙市郊区残疾人运动员朱伟明在全国第四届残疾人运动会上获得100米仰泳、200米仰泳，400米自由泳各1枚金牌，并打破400米自由泳世界纪录，被评为“十佳运动员”；郭洋获100米蛙泳、200米蛙泳、200米仰泳银牌，被授予“精神文明奖”。

6月2日 湖南省人民政府发出《关于调整长沙市辖区行政区划的通知》，决定撤销长沙市东区、南区、西区、北区、郊区；设立长沙市芙蓉区、天心区、岳麓区、开福区、雨花区。

是日 湘楚文化艺术品市场在长沙市清水塘开业。

6月5日 纪念李维汉100周年诞辰大会暨李维汉铜像揭幕典礼在长沙县维汉中学举行，中共中央政治局委员、国务委员李铁映，全国政协副主席、中共中央统战部部长王兆国出席揭幕仪式。

是日 全国政协副主席、中共中央统战部部长王兆国到长沙视察电子工业企业。

6月7日 长沙市首届“荣誉警察”和“爱民警察”颁奖仪式暨事迹报告会举行。10名“荣誉警察”出自新闻记者、领导干部、民主党派人士和农村基干等；10名“爱民警察”均为基层警察。

6月8日 中共中央政治局委员、国务委员兼国家体改委主任李铁映到长沙考察。

6月8—10日 长沙人民广播电台音乐台举办第一届“星城音乐会”。

6月10日 雨花区雨花亭乡档案馆建成，馆藏档案、资料4300卷册，成为全省第一批、长沙市第一个标准化乡镇档案馆。8月24日，省档案局在雨花亭乡档案馆召开全省乡镇档案建馆现场会。

6月13日 联合国儿童基金会、全国妇联国际项目处考察浏阳市洞阳乡NPA社会动员宣传情况。

是日 长沙水泵厂自行设计、研制的立式钭流海水循环泵获得成功。长沙水泵厂成为中国第一个生产此产品的企业。

6月20日 朝鲜《劳动新闻》代表团到长沙进行为期3天的访问。

6月25日 囊括中国历代重要典籍的大型图书《传世藏书》举行首发式。省领导王茂林、杨正午、胡彪、文选德、周伯华、袁汉坤等出席。

6月28日 财政部部长刘仲藜到长沙考察长沙卷烟厂和湖南橡胶厂。

是日 全省139全球通数字移动电话网在市电信局顺利联网开通。

7月1日 长沙县捞刀河镇（含原沙坪乡）划归长沙市开福区管辖。

是日 省委在长沙召开纪念中国共产党成立75周年暨表彰先进基层党组织、优秀共产党员、优秀党务工作者大会。长沙市有4个单位和10位个人获得荣誉称号。

7月2日 国家计委副主任陈同海与中国国际工程咨询公司董事长陈光健到长沙视察重点工程建设。

7月10日 长沙汽车（新）南站投入营运。

7月11日 宁乡县横市镇出土商代青铜器——兽面纹提梁卣，为国家二级文物。为研究宁乡商代政治、经济、文化提供实物资料。

7月15日 省人大常委会主任刘夫生等到浏阳大围山国家森林公园考察开发建设情况。

7月17日 国家防汛抗旱总指挥部副总指挥、水利部部长钮茂生率工作组到长沙指导湖南抗洪救灾。

是日 宁乡闸坝湖大堤危在旦夕，省军区副政委黄祖示、市长袁汉坤等坐镇现场指挥抢险，至23日，险情基本排除。

7月24日 中共湖南省委书记王茂林到宁乡、望城察看灾情，看望受灾群众、慰问抗洪抢险军民。

7月31日 芙蓉区东岸乡地区遭龙卷风袭击，毁坏房屋108间，直接经济损失58万元。

8月1日 浏阳市大围山国家森林公园开园。大围山位于湘赣界，是连云山脉的腹地，东边属江西省宜春市下辖的铜鼓县，西北方为湖南浏阳市的东北部，它既是浏阳河的发源地，又是湘东第一高峰，主峰七星峰海拔1607.9米。距省会长沙119千米，距浏阳市67千米。1992年，经原林业部批准开发建设为国家森林公园，1996年8月1日开园。2007年6月8日被评为AAAA级景区。2012年6月大围山通过国家地质公园评审。

8月14—15日 中共长沙市委第九届二次全体（扩大）会议召开。会议要求进一步巩固落实“九五”良好发展局势，贯彻执行《中国共产党地方委员会工作条例》。

8月21日 长永高等级公路全线贯通，这是省内第一条采用股份制形式、公开招标投标并用国际通用的菲迪克管理办法修筑的公路。汽车专用公路全长22千米，长沙开车至浏阳只需40分钟。

8月23日 长沙市运动员朱伟明在美国亚特兰大第十届残疾人奥运会夺得100米仰泳金牌，实现长沙市在残奥会上奖牌和金牌“零”的突破。

8月24日 长沙酒厂10~12号门面（湘湾路94号）因地下室储存白酒过多，容器敞开未盖，乙醇蒸气挥发自燃，引起液化气爆炸，炸死5人，炸伤3人，烧毁房屋9间、面积137平方米，直接经济损失31.5万元。

8月25日 儒家教育理念与现代文明国际研讨会暨岳麓书院创建1020周年纪念会在湖南大学举行。

8月27日 省委副书记郑培民，省政法委书记、省公安厅厅长李贻衡在长沙听取长沙市“严打”斗争和社会治安综合治理情况的汇报并实地考察。

8月28日 长沙九芝堂药业（集团）有限公司成立。

9月1日 长沙市志编纂委员会召开扩大会议并举行《长沙市志（1840—1987）》首发式。

9月2日 长沙市召开全市水利建设动员大会，要求吸取连续几年遭受特大洪灾的惨痛教训，开展大规模的水利建设。

9月3日 湖南高桥大市场开业，市场占地39.73公顷，建筑面积36万平方米，总投资4亿元，时为中南五省（区）规模最大设施最齐的综合性批发市场。

9月4日 长沙市粮食连锁公司成立，标志着长沙市粮油经营引入现代商业经营机制。

9月10日 浏阳市枨冲、永安皮影戏代表队参加省乡土艺术联展皮影戏会演分别获金奖和铜奖。

9月11日 中共长沙市委、市政府举行会议，表彰奖励第26届国际奥林匹克运动会男子跳板跳水冠军熊倪。

9月12—16日 在全国“三优工程”（优生、优育、优教）和家庭教育工作总结表彰会上，长沙县被授予全国“三优工程”试点工作先进县。

9月20日 长沙公安“110”报警服务中心投入使用。

9月24日 长沙市建设历史文化名城推动委员会成立。

是日 台湾知名人士王又曾向望城县捐资1030万元，其中1000万元用于支持家乡发展教育事业，30万支持遭受洪水灾害的故园重建。

9月25日 合并后的长沙大学（专科）举行挂牌庆典。长沙大学前身为长沙职业技术师专和长沙湘江师范学校，1994年8月经国家教委和省政府批准合并。合并后的长沙大学以高等职业教育为主，兼及师范和普通高专，是长沙市高等教育发展的里程碑。

9月26日 “金沙杯”第一届亚洲体操（艺术体操）锦标赛在贺龙体育馆开幕。这是亚洲体操联合会成立后首次举办的亚洲锦标赛。

是日 长沙市发布《关于在农村土地使用制度改革中切实保障妇女承包权的通知》。

9月27日 国防科技大学研制成世界第一个环面齿球齿轮机器人柔性手腕。该成果是中国机械研究的重大突破，填补了世界齿轮研究领域的空白。

9月28日 湘剧《布衣毛润之》及歌曲《甜甜的山歌》荣获全国“五个一工程”奖励。

10月1日 省长杨正午、副省长周伯华视察长潭高速公路，慰问工程建设者。

是日 《1997回归——香港的历史与发展》展览在市博物馆展出。

是日 宁乡县荣获“全国科技工作先进县”称号。

是日 319国道“浏阳—永安”高等级公路全线通车。

10月9日 长沙市国防动员委员会成立。

10月17日 市区走马楼基建工地发现数千枚三国孙吴纪年简牍。经过初步清理存放长沙文物仓库。12月27日在北京中国历史博物馆举行新闻发布会。

10月19日 洞井建筑工程公司承建的中国证券雨花综合大楼荣获中国建筑工程最高奖——鲁班奖，实现湖南省鲁班奖“零”的突破。

10月23日 全国蔬菜工作会议在长沙召开。国内贸易部副部长何济海考察长沙“菜篮子”工程。

11月5日 全国工商联副主委胡德平考察湘江南大桥工地。

11月8日 长沙市对口扶贫龙山县的重点工程之——龙山县城长沙路竣工通车。

11月16日 纪念杨开慧95周年诞辰暨板仓爱国主义教育基地落成典礼在板仓举行。

11月18日 国防科技大学与马王堆实业集团签订联合成立长沙银河电脑有限公司。

11月24日 中共宁乡县委、县政府在花明楼刘少奇同志纪念馆举行“全国中小学爱国主义教育基地”挂牌仪式。

12月4日 中国人民银行行长戴相龙到长沙考察金融工作。

12月6日 白俄罗斯共和国代总理谢尔盖·斯捷潘诺维奇·洛林及夫人一行到长沙市考察访问。

12月15日 长潭高速公路全线通车，全长51.55千米。

12月19日 湖南省首届摩托车暨配件展销会在长沙市摩托车交易市场展销。

12月18日 湖南三湘大市场开业，是湖湘开发小区的前期工程，由长沙市湖湘渔场和三湘物业公司联合开发，占地9.33公顷，总建筑面积16万平方米，拥有商铺2000个。

12月24日 谭嗣同故居大夫第被国务院批准公布为国家级文物保护单位。

是月 长潭高速公路李家塘收费站至韶山路洞井铺（简称李洞路）动工开建，该路长4.2千米、宽20米，1997年竣工通车。

是年 长沙市粮油机械厂研制的XJG26×1-100型码头吸粮机通过部级鉴定，填补国内该产品一项空白。

1997年

1月2日 长沙市人民政府与香港港澳国际集团在富丽华大酒店举行长沙市第八水厂合资项目签字仪式。

1月4日 长沙市实施城市居民最低生活保障制度，首批列入保障范围的居民开始领取保障金。

1月6日 民营企业远大空调有限公司生产的直燃溴化锂吸收式冷温水机产品获中国商检质量认证中心颁发的ISO9000质量体系注册证书。

1月7日 长沙市举行"96科技年"总结表彰大会，中科院院长周光召为"长沙市有突出贡献专家""长沙市巾帼科技十杰"及获奖项目先进个人颁奖。

是日 国务委员李贵鲜到长沙县黄花镇黄垅新村和岳麓区望月湖街道、开福区伍家岭街道考察、指导社区服务工作。

1月8日 中共长沙市委、市政府召开长沙市开展"绿色行动"动员大会，号召全体市民积极参与，把长沙建成现代化的山水园林城市。

是日 长沙公安"110"报警系统通过省级鉴定，其开发应用处于国内领先水平。

1月9—10日 中共长沙市委第九届四次全体（扩大）会议召开。会议深入贯彻落实中共十四届六中全会和中央、省委经济工作会议精神，总结上年度工作，部署1997年的工作任务。

1月10日 绿洲残疾儿童康复护理培训中心在市第一社会福利院成立，民政部、省民政厅及国际关心中国慈善协会派员参加揭牌典礼。

1月12日 雨花区洞井派出所干警黄国光、周共武、金帆、陶坤等在中南勘测设计研究院抓获流氓犯罪团伙时，与10名歹徒（其中7人持枪）发生枪战，击毙歹徒1名，击伤4名，其他潜逃，周共武、金帆、陶坤3名干警负伤。14日，省长杨正午等到医院看望"1·12"案受伤民警。3月10日，省公安厅给洞井派出所记集体二等功，黄国光等4名干警记个人二等功。4月28日，市中级人民法院公开审理"1·12"特大流氓团伙案。

1月16日 长沙市消费者委员会组织评选首次"消费者公认名牌产品"活动揭晓，中意牌房间空调器、雪峰牌运动鞋系列、猴王牌茉莉花茶、双凤牌酱油、54°白沙液酒等37种产品获名牌证书。

1月18日 雨花区红星农副产品市场开业。该市场占地33.33公顷，可从事蔬菜、水果、畜产、水产交易。1998—2002年，雨花区红星农副产品市场先后扩建花卉市场、水果市场、百货城、糖酒城、建材市场、电脑城、农博会展中心，总占地面积达86.67公顷。

1月22日 全国住房制度改革工作会议确认长沙为全国住房制度改革先进城市。

1月25日 长沙市区当时跨度最长的立交桥——侯家塘立交桥南北高架桥建成通车。

1月26日 长沙啤酒厂宿舍七楼一住户用热水器洗澡时因液化气泄漏导致3人中毒死亡。

1月28日 国务委员、国家计生委主任彭珮云在天心宾馆听取长沙市党政领导关于长沙市计生、卫生工作情况汇报，充分肯定长沙市计生工作不仅控制人口有效，更主要是工作路子对头。

1月29日 位于八一西路31号的燕山酒家因电线短路引发特大火灾，受灾房屋建筑面积997平方米，烧死住客和员工40人，重伤28人，直接经济损失80余万元。市公安局调集全市所有消防车、救护车及1000多名干警现场抢险，300多名医务人员现场救援。市政府在现场成立救援指挥部，中共长沙市委常委会召开紧急会议，部署救援、善后处理及全市防火工作。2月2日，燕山酒家“1·29”特大火灾事故调查组召开情况通报会，通报火灾原因、善后处理工作以及全市排查火险隐患情况。公安部、劳动部有关负责人对此次火灾的扑救及有关工作表示肯定。

1月31日 长沙市组织全市党政机关事业单位45岁以下在职县级干部开展“扶贫帮困——公仆情”活动。500名干部应召分赴长沙、望城、浏阳、宁乡4县（市）认“穷亲”，每人对口帮扶一户贫困户。

是月 中央社会治安综合治理委员会、人事部授予望城县“1993—1996年 全国社会治安综合治理先进集体”称号。

2月3日 长沙县1996年粮食产量实现成建制过吨粮，成为长沙市第一个实现成建制过吨粮的县。

2月6日 市区有线广播电视网络改用光缆传递信号，首批8万户居民受益。

2月14日 中共长沙市委、市政府召开全市外宣、外事、外经、外贸、外资工作会议，部署年内“五外”联动，开放强市工作。

2月18日 国防科技大学计算机研究所银河计算机公司与美国凌云逻辑公司联合开发出“YH银河新世纪系列电脑”新产品。

2月20日 市直各机关、各区县（市）广大干部群众深切悼念邓小平逝世。

2月27日 浏阳市被列为全国农业综合开发试点市。

3月2日 中共长沙市委第九届五次全体（扩大）会议召开，选举产生出席中共湖南省代表会议代表候选人预备人选20名。

3月7日 中共长沙市委、市政府、长沙警备区决定自即日起，集中对机动车辆安装和使用警车、警灯、报警器、标志牌进行清理整顿。

3月8日 市妇联主席姚五零被评为全国优秀妇联干部，并被授予全国“三八红旗手”称号。

3月9日 长沙出现日偏食。食甚时间为8时20分02秒，食分为0.63秒。

3月11日 长沙警备区举行首批预备役军官授衔仪式，中央军委和广州军区为长沙地区的212名预备役军官授衔。

3月20日 中共长沙市委、市政府从市直各部抽调300名干部组成的工业改制工作团，通过培训派驻各中小型企业。

3月22—26日 长沙市第十届人民代表大会第五次会议召开。会议听取并审议《政府工作报告》《关于长沙市1996年国民经济和社会发展计划执行情况与1997年国民经济和社会发展计划（草案）的报告》等；补选罗宗祥为市检察院检察长。

3月24日 长沙市区五一路商业街、望月湖小区被纳入中宣部公布的全国100个创建文明城市示范点。

是日 长沙籍运动员熊倪被评为“’96第十八届全国十佳运动员”。

3月25日 望城县黄金乡与湖南农科院、湖南农业大学签订长期科技合作协议。

3月29日 长沙第二公众通讯网——中国联通长沙130数字移动通讯网开通试营业。

3月31日 长沙市被全国电子信息系统推广办公室定为全国城市信息网络试点城市。

是月 湖南霞凝国家粮食储备库划归湖南省粮食局管理。

4月1日 长沙火车站执行新的列车时刻表，京广线列车第一次提速运行。

4月2日 省委书记王茂林视察长沙高新技术产业开发区，强调高新技术产业要在工业中起先导作用和支柱作用，对长沙市提出“一区四园”（长沙高新技术产业开发区、岳麓山高科技园、星沙高科技园、马坡岭农业科技园、远大高科技园）的设想给予高度评价。

4月6日 省长杨正午到民营高科技企业远大空调有限公司视察指导工作

4月7日 友谊集团公司总经理胡子敬代表公司向长沙市教育委员会捐赠100万元，设立“友谊教育科研奖励基金”。

4月8日 市内5区广播电视局撤销。有关人员、业务移交新成立的市有线广播电视网络中心。

是日 长沙市中医院更名为“长沙市张仲景医院”，国务委员彭珮云为该院题名。

4月10日 省人大常委会主任刘夫生等考察浦沅集团公司和长沙重型机器厂。

4月11日 长沙市发布《关于拆除城区违法建筑，取缔城区马路摊担的通告》，颁布《湘江长沙段饮用水源保护条例》。

4月15日 为根治沿江大道脏乱差问题，开福区桥东水果批发市场关闭。

4月17日 长沙军分区决定组建民兵抗洪抢险机动突出团。

4月19日 在市区16家城市信用社基础上组建的长沙城市合作银行成立。

是日 芙蓉区公安局朝阳街派出所破获一起特大盗窃机动车犯罪团伙案，追回被盗摩托车30台、奥拓牌轿车1台。

4月23日 中共长沙市委第九届六次全体（扩大）会议召开。会议主要议题是选举长沙市出席省党代会代表。市委常委、市委组织部部长张贤遵作《关于选举长沙市出席湖南省党代表会议代表的说明》。

4月26日 长沙市被评为全国基层工会工作先进市。

4月28日 长沙市邮政局、望城县国税局雷锋征收分局获全国“五一劳动奖状”，李保粮、张益吾、谭永源、章干泉获“五一劳动奖章”。

是日 位于五一广场的湖南平和堂开始施工。1998年11月8日，平和堂商贸大厦建成开业，并举行中国湖南省—日本滋贺县结好15周年庆祝活动。

是月 长沙县被国家教委定为全国10个实施素质教育实验县之一。

5月1日 长沙市颁布《关于公共场所禁止吸烟的通告》，并开始实施。

5月14日 长沙市政府与中南工业大学联合建立长沙工业经济管理学院。

是日 省委书记王茂林到长沙考察浦沅集团公司、湖南造漆厂和经阁集团3家企业。

5月19日 国家文物局在长沙召开吴简整理、保护专题会议，制定吴简保护方案。

5月22日 浏阳市率先对141名不称职公务员实行暂停工作，组织培训学习，得到省、市领导和组织人事部门的肯定。

5月25日 湖南省第一家具有法人资格的地方性股份制商业银行——长沙城市合作银行挂牌开业。长沙城市合作银行的成立是长沙市乃至湖南省金融体制改革的重大成果。

5月28日 中共长沙市委、市政府召开会议，部署全市专项治理乱建庙宇和露天佛像的工作。

是日 长沙县㮾梨镇农民王建红为救落水者光荣牺牲，镇政府在东塘村召开追悼大会。

6月1日 大型商贸中心——望城坡大市场开业。望城坡大市场是投资6000万元兴建的综合性批发市场，位于长沙市汽车西站一侧，占地3.73公顷，总建筑面积4.6万平方米，共拥有1700余个铺面。

6月6日 全市农村客运出租车辆换发“湘A·Y”牌照并实施相应的管理措施。

是日 由社会力量兴办的声讯服务台——永信声讯开通。

6月6日 晚，长沙地区普降暴雨，降雨量达219毫米，36小时内，浏阳河水位上涨9.53米，芙蓉区所辖7个街道和4个乡镇场遭受不同程度的渍涝；7日，长沙县春华镇司法员刘庆林、司机陈伟在抗洪斗争中英勇献身；8日凌晨，位于市区东部的杨家湾撤洪渠4次决口，省长杨正午、市长袁汉坤等到现场指挥堵口抢险，此次水灾共造成经济损失2.23亿元。

6月7日 长沙市区南郊桔园附近山体滑坡，京广铁路受阻，市长袁汉坤到现场指挥清障。

6月10日 湖南五一文实业有限公司发行的“五一文”A股（000787）在深圳证券交易所上市。

6月13日 长沙市中心绿化广场奠基并动工。该广场总投资1.56亿元，占地2.5万平方米，绿化面积达1.8万平方米，地下负一层为大型综合性购物中心，负二层为大型室内停车场。

6月14日 市辖5个区分别成立规划分局，为市规划局派出机构。

6月15日 中共中央政治局委员、全国人大常委会副委员长田纪云到望城视察湖南旺旺食品有限公司，题词“兴旺发达，长旺不衰”。

是日 《长沙市城市中小学幼儿园规划建设管理办法》实施。

6月16日 市文物部门在五一广场建设工地发掘东汉古井，获木简、陶罐等一批有价值文物。

6月28日 长沙市政府与湖南大学共同创办长沙城市管理学院。

7月1日 《长沙市机关事业单位工作人员社会养老保险办法》颁布实施。

7月2日 日本前首相海部俊树及夫人到长沙访问。

是日 长沙市最大的中日合资项目——长沙远大铃木住房有限公司在河西高新技术产业开发区成立。

是日 雨花区雨花亭乡政府更名为雨花亭街道办事处，辖5村17社区（居委会）。井湾子街道办事处与雨花亭街道办事处合署办公。高桥乡改设为街道，辖火焰、高桥、五一、友谊4个村和高桥市场居委会。

7月8日 中意集团股份有限公司兼并长沙铝厂。

7月24日 下午，中共中央政治局委员、国务院副总理吴邦国视察长沙卷烟厂和浦沅工程机械集团（有限）公司；25日上午，听取市委、省政府的工作汇报，对湖南和长沙这几年来的工作给予充分肯定，强调当前国有企业改革进入新阶段，关键是要把效益搞上去。

是日 由市委宣传部组织编纂的《长沙历史文化丛书》、市广播电视局编演的文学剧《江涛拍岸》获省1996年度精神文明建设“五个一工程”优秀作品奖。

是日 长沙市与岳阳市联合勘定行政区划界线工作会议在长沙举行。两市有边界线234.1千米，接壤的有浏阳市、长沙县、望城县、平江县、汨罗县、湘阴县6个县（市）几十个乡村。双方成立以长沙市副市长胡越和岳阳市副市长胡罗涛为组长的长岳联合勘界工作领导小组。

7月28日 长沙市地震局挂牌成立。国家地震局副局长葛治洲、省地震局局长全德辉等出席挂牌仪式，新成立的市地震局负责长沙市地震观测、预测、预报等专项工作，并向市民普及防震减灾知识。

是日 黄花机场获“中国民航优质服务”奖牌。

是月 长（沙）—常（德）高速公路开工。公路全长147.924千米。1999年12月11日，全线贯通。

8月7日 长沙金石书画家李立获团中央授予的“星星火炬”奖章。

8月8日 京广铁路跨浏阳河新铁路桥动工兴建。

是日 湖南绸厂与湖南雪纳实业有限公司合作湖南服饰广场。

8月12日 长沙市市长袁汉坤会见西班牙阿尔甘达市由市长希内斯·洛佩斯·罗德格斯率领的友好访问团全体成员。

8月13日 长沙市国家公务员培训中心挂牌成立。

8月15日 副市长颜克初主持召开五一路、东风路亮化美化工作会议，并进行现场勘查。

8月18日 长沙市首家由私人买断的国有企业——金龙电缆厂挂牌成立。

8月21日 市区民营企业老杨明远眼镜有限公司获国内贸易部颁发的“中华老字号”铜牌。

8月24—31日 第十一届亚洲滑水锦标赛和全国滑水锦标赛在岳麓区湘江橘子洲举行。

8月31日 长沙慈善会成立。

9月2日 日本著名水稻专家原正市铜像在市晓园公园落成。

9月4日 长沙远大空调有限公司、湖南旺旺食品有限公司、湖南海利化工股份有限公司、中联建设机械产业公司、湖南计算机厂、湖南创智集团、长海视听设备有限公司获“湖南十强高新技术企业”称号。

9月6日 长沙县星沙镇以老一辈无产阶级革命家李维汉命名的维汉中学建成开学。

9月17日 市长袁汉坤深入市区部分工业企业调查研究，共商工业改革和生产任务的促进工作。

9月23日 意大利阿雷佐市代表团由副市长保罗·尼基率领到长沙访问。

9月28日 第八届全国运动会“奔向新世纪”火炬传递活动湖南站起跑仪式在长沙举行。

10月1日 长沙市被国家土地管理部门确定为全国土地利用总体规划管理试点城市之一。

10月4日 首届中南经济协作区’97（湖南）秋季商品交易会在长沙举办。会议由中南六省及深圳、广州、武汉三市经济协作会与长沙市政府共同举办，旨在加强中南地区经济技术协助与交流，促进各省市之间的商品流通。

10月7日 韩国经济代表团到长沙参观LG曙光电子有限公司、远大集团和省博物馆。

10月12—14日 日本鹿儿岛市市长赤崎义则和泰山裕议长率友好代表团到长沙，参加两市结为友好城市15周年庆祝活动。双方签订1998—2020年友好交流协议书。

10月16日 以“总结改革的成绩和经验，明确思路和任务，进一步推动城市教育改革深入发展”为主题的全国城市教育综合改革会议在长沙召开，全国102个城市教育综合改革研讨会的代表在国家教委主任陈至立率领下参观砂子塘小学。

是日 长沙世界之窗开园营业。长沙世界之窗始建于1995年，位于浏阳河畔，占地40万平方米，是一个综合性大型主题公园。

10月17日 中央电视台“心连心”艺术团剧组到浏阳参观文家市秋收起义纪念馆并进行慰问演出。

10月20日 长沙远大空调有限公司购置一架喷气式飞机，成为国内首家拥有公务飞机的民营企业。

10月21日 广州军区政委史玉孝中将到长沙指导军事工作。

10月23日 市光彩事业推动委员会扶贫考察团赴龙山县考察并慰问扶贫20万元。

10月29日 莫桑比克中央委员桑托斯率政党访问团一行4人参观雨花亭街道红星村。

11月1日 长沙市政府友好代表团赴日本鹿儿岛市访问。

是日 市区湘江一、二桥的收费、经营、维护、管理权由市劳动局移交市交通局。

11月3日 建湘北路芙蓉绿化广场工地发生特大塌方事故，事故原因系基础施工中修建的挡土墙存在质量问题，导致高出广场近16米的建湘北路长约60米的路段发生塌方，4人受伤。

11月5日 市重点工程建设项目——光南摩托车有限公司建成投产，省委书记王茂林、省长杨正午等前往祝贺并剪彩。

11月6日 长沙市区新建的定王台书市落成，原黄泥街书市整体搬迁至此。

11月7日 省委书记王茂林、市长袁汉坤等考察长沙县印山村小康示范村建设。

是日 22时55分，三汊矶长沙锌厂职工邱某拉电线开关时，因用力过大，造成电线短路引起火灾，烧毁建筑面积220平方米，造成42户受灾，直接经济损失48万元。

11月9日 国务委员、国家计生委主任彭珮云在长沙视察工作，并为市卫生系统安居工程——长沙卫技新村的竣工剪彩。

11月14日 市纪委召开全市纪检监察工作会议，部署清理党政干部违规建私房，规范国有企业公费配置通信工具工作。

11月15日 全国政协副主席钱伟长到长沙视察，并参观出土文物——三国吴简。

是日 长沙市交通局与香港长江中国基建有限公司签订长沙市环线道路建设合作协议，省、市有关领导出席签约仪式。

11月17日 浏阳市发生恶性杀人案件，村民李某某持刀杀死前妻及其父母、哥哥、姐姐、侄儿等8人，浏阳市公安局接到报案后紧急出动，7小时内将畏罪潜逃的凶手捉拿归案。

11月19日 《长沙市劳动监察条例》颁布实施。

11月27日 东塘友谊商城发生特大持枪抢劫杀人案，死2人，伤2人，被抢黄金首饰价值160余万元。

12月3日 长沙市法律援助中心在尚德街18号市司法局内成立，法律援助电话“2220150”。市法律援助中心的成立标志着长沙市法律援助工作步入正轨。

12月8日 浏阳市推出重大改革举措，将11家国有企业整体出售给个人经营，成交额达1224万元。浏阳市成批企业权上市交易，是产权资本化和资本运营上的一个重大突破，在全省县级市中是第一次。

是日 长沙市向湖南省炎帝陵建设工程捐资500万元。

12月15日 宁乡县公安机关破获特大经济诈骗案，为宁乡石化总厂挽回经济损失210万元。

12月23日 中共长沙市委第九届七次全体（扩大）会议召开。会议主要任务是传达贯彻中共十五大精神及全国、全省经济工作和金融工作会议精神。

12月24日 湖南丽臣实业有限责任公司成立。丽臣公司是全省规模最大的综合性日用化工企业，有总资产2.95亿元，员工2200余人，生产规模处于全国同行业前10名。

12月25日 由长沙市调料食品公司及下属7家企业共同组建的长沙双凤实业有限公司成立。

12月26日 毛泽东文学院在长沙落成。

是日 市区劳动广场开辟为毛泽东诗词广场。

12月26日至1998年1月2日 政协长沙市第八届委员会第一次会议召开。会议听取讨论市政协第七届常务委员会工作报告和提案办理情况报告；选举产生政协长沙市第八届委员会常务委员会组成人员，张贤遵任主席。

12月28日 雨花区召开万人大会，表彰“12·15”案件中勇斗歹徒的肖乾伦夫妇。12月15日，雨花区洞井信用社洪塘村信用站会计彭星华和丈夫肖乾伦勇斗持刀歹徒，保护集体财产安全。

12月28日至1998年1月3日 长沙市第十一届人民代表大会第一次会议召开。大会听取并审议《政府工作报告》《关于长沙市1997年国民经济和社会发展计划执行情况与1998年国民经济和社会发展计划（草案）的报告》，审查和批准长沙市1997年国民经济和社会发展执行情况及1998年国民经济和社会发展计划等；选举杜远明为长沙市市长、易希文为市人大常委会主任、杨志德为市法院院长、罗宗祥为市检察院检察长。

是年 长沙市粮食收购政策进行调整，农民可以不完成国家订购粮任务，国家开始按保护价敞开收购农民的议价粮，改变农村粮食收购几十年来形成的运行机制。

1998年

1月1日 省委书记王茂林等到矿金业长沙内燃机件总厂和长沙印染厂看望慰问困难职工。

1月6日 长沙市公安局交警支队科技大楼竣工。大楼占地近5000平方米，总高133.8米，地下2层，地上25层，屋顶设36米高的微波发射塔和面积为314平方米的直升机停机坪各一座。

1月10日 长沙市卫生局获全国“三下乡”先进集体称号。

是日 长沙市建成大型旧机动车交易市场。该市场由市物资集团公司、长沙四星客车厂、三产办联合兴建，位于车站南路，面积2.37万余多平方米。

1月15日 长沙市羊毛衫厂发生火灾，造成经济损失40余万元。市委、市政府当日召开紧急会议，部署冬季防火工作。

1月16日 列支敦士登公国元首汉斯·亚当率代表团到长沙参观访问。

1月20日 长沙市液化气公司订造的全国第一艘内河液化气运输船“长茂1号”投入使用。

1月21日 湘江风光带一期工程坡子街口至湘江一桥段竣工并向市民开放。

1月22日 华天大酒店成为湖南省首家五星级饭店。“华天”以酒店业为核心，以旅游、文化娱乐、房地产、高新技术等产业为主导，发展为集科、工、贸于一体的多功能、外向型、全方位的大型企业集团。

1月23日 直属长沙县供销社的泰阳商城晋升为全国大二型商品零售企业，成为湖南省八大商业企业之一。

2月4日 浏阳市政府一次性辞退11名国家公务员，并宣布142名国家公务员为不合格。

2月6日 中共长沙市委召开常委扩大会议，专题研究工业改革、解困和发展问题。

2月10日 由长沙市地方志办公室编纂的《长沙百科全书》出版发行，内含24个门类，篇幅150万字，96个彩版，60多个插图。该书属全国大百科丛书系列之一，是一部用“百科”形式整体性介绍长沙市情的综合性大型工具书。

2月13日 长沙市教委决定减免特困生学杂费。政策规定，下岗职工中的特困户子女就读中小学，确因家庭困难交不起学生杂费的，经个人申请，职工所在单位签具意见，学生就读学校审批后，由学校对学杂费酌情减免。减免分全免、免60%和40%三个档次。

2月14日 长沙火车站广场发生非法携带危险品爆炸事件，死1人、轻伤6人，造成爆炸事故的是1千克左右做甩炮的固体原料，因在行李包内被重压、摩擦引发爆炸。

2月19日 湖南省第一个卫星通信地球站在长沙县星沙镇投入使用。1997年2月，湖南省邮电部门投资2000万元，在星沙镇建立“切割卫星通信地球站”，与“东方红三号”卫星接轨，用于接收和发射湖南省至内蒙古、新疆、天津、黑龙江等9省份的电话信号，并首次开通720路的传输容量。

2月21日 中共长沙市委召开全市党员负责干部会议。会议宣布省委决定：袁汉坤、徐宪平调省里工作，免去市委副书记职务；谭仲池任市委副书记，秦卓夫任市委常委。

2月25日 浏阳市检察院被最高人民检察院评为先进集体，并记集体一等功。

是日 由长沙市公共交通总公司、上海巴士实业股份有限公司等5家法人单位共同发起组建的长沙巴士股份有限公司成立。

2月27日 省、市领导在雨花区红星大市场召开现场办公会议，要求把“红星”建成全省农业产业化“龙头”。

是日 湖南塑料工业集团在长沙挂牌成立。

2月28日 长沙市五一路被中共中央宣传部、中央文明办公室等部门认定为全国“百城万店无假货文明示范街”。

3月1日 出席全国人大九届一次会议的长沙代表杜远明、余克建、周兆达、张剑、何卫红启程赴京。

是日 雨花区率先在全市实行农村最低生活保障制度。

3月10日 由长沙高新技术产业开发区建设的居民住宅小区——英才园被评为“国家安居工程优秀住宅小区”。

3月11日 长沙市、县纪念田汉100周年诞辰暨田汉塑像揭幕仪式在长沙县星沙剧院举行，中国文联主席周巍峙为田汉塑像揭幕。

是日 《长沙晚报》在湖南省报界率先开通新闻采编网络系统。

3月23日 长沙市“121”气象预报电话开通。

3月24日 长沙市第十一届人大常委会第二次会议召开。会议决定任命谭仲池为副市长，决定接受徐宪平辞去副市长职务的请求。

3月31日 长沙市商业学校被评为省部级重点中等专业学校。

是月 长沙毛巾集团综合实力跃居全国同行第一，全国毛巾行业协会评定长沙毛巾集团创造5个全国第一。

4月1日 《长沙市从业人员基本养老保险办法》颁布实施。

是日 长沙交警实施新勤务体制，改变过去单一守点指挥的静态勤务管理办法，实施以线带点、高峰守点、平峰巡线的动态管理为主的新模式。

4月3日 省委书记王茂林考察长沙市乡镇企业。

4月4日 区街企业湖南亿利达实业有限公司研制生产的“中央供热机组”通过省科委组织的科技成果鉴定。这一成果填补国内一项空白，产品主要技术性能指标达到国际先进水平。

4月10—12日 坦桑尼亚联合共和国总统本杰明·威廉·姆卡帕和夫人等一行37人在长沙进行友好访问。

4月14日 日本“鹿儿岛国际姊妹友好会”捐款30万日元支助宁乡巷子口镇发展教育事业。

4月15日 赤新路立交桥获中国市政工程金杯奖。

4月17日 日本鹿儿岛市市长武昭一率交流协议会访问团一行13人到长沙友好访问。

4 月 21 日 位于市区中山路的培罗蒙服装股份有限公司一栋 6 层大楼倒塌，8 人死亡，9 人受伤。

4 月 27 日 长沙市第十一届人大常委会第三次会议召开，决定任命胡进安为副市长。

4 月 28 日 开福区公安分局获“全国优秀公安局”称号。

是日 浏阳市浏永（浏阳城区—永安镇）、浏大（浏阳城区—大窑镇）、浏东（浏阳城区—大围山镇）3 条公路交长沙环路建设开发公司建设和管理。

是月 长沙汽车电器厂集团有限公司（下简称长电集团）成立，系由市政府有偿采取或无偿划拨的 18 家困难企业和原长沙汽车电器厂后勤服务单位组建而成。

5 月 1 日 省委书记王茂林、省长杨正午等到长沙市部分国有企业，看望慰问节日坚守岗位的职工。

5 月 6 日 长沙第一家外资银行机构荷兰万贝银行长沙代表处成立并营业。

5 月 7 日 中国第一套“超大规模的多级结构电脑汉字库”在长沙问世。

5 月 11 日 长沙望月湖社区被团中央授予“全国青年文明社区”称号。

5 月 15 日 长沙市教委决定，从 1998 年秋季开始，城区各小学一律停办学前班，接受本学区年满 6 周岁的儿童入学。

5 月 17 日 新型城市移动电话系统——PASS 移动市话在长沙开通，并投入商业营运。

5 月 18 日 中国首家电子商务中心在长沙投入运营。

是日 国有企业与民营企业联营的湖南低压电器厂挂牌。

5 月 21 日 省能源产业中心与美国 RGI 大中集团合作在长沙兴建垃圾发电厂项目签字。

5 月 25 日 长沙（国家）高新技术产业开发区马坡岭农业高科技园挂牌成立。

是日 长沙市城市合作银行更名为长沙市商业银行，并将准备庆祝活动的 10 万元资金全部捐给市青少年发展基金会。

是日 湖南省首套再就业信息网络系统在长沙劳动力市场建成启用。

5 月 26 日 位于开福区华厦路口与开福寺路交会处的长沙市劳动力市场建成投入使用。

是日 中国第一套具有自主版权的大型分布计算软件平台在国防科技大学研制成功。

6 月 3 日 浏阳市高坪乡向社会无偿提供 133.33 公顷土地使用权（时限为 30~50 年），实施“以地促发展”战略。

6 月 7 日 106 国道浏阳市 1674 千米牌段处发生特大交通事故。一辆东风牌大货车与一个体中巴相撞，2 人死亡，41 人受伤。

6 月 10 日 市财政局、市物价局、市粮食局联合公布粮食收购及顺价销售出库价格。市政府要求全市各基层粮食收储企业将价格张榜公布。

6 月 13 日 省长杨正午率省粮食、劳动、财产等部门负责人在长沙考察、指导粮食流通体制改革和下岗职工再就业工作。

6 月 15 日 《长沙市殡葬管理条例》开始全面实施。

6 月 17 日 长沙市被评为全国安居工程先进城市。

6 月 18 日 全省第一个采取留地集中安置模式而建立的咸嘉花园小区建成。

6 月 25 日 长沙湘江长沙段水位达 39.18 米，创历史最高纪录。浏阳河（长沙段）洪峰水位 40.23 米，超历史记载水位 1.08 米，超保垸设计标准（38.5 米）1.73 米。长善垸三角塘堤段被洪水决开一道 40 米长的口子，共淹没稻田 77 公顷、蔬菜 240 公顷、鱼塘 8 公顷，冲毁农田 0.8 公顷、沟渠 200 米，倒塌房屋7栋，6家企业被迫停工，共造成经济损失2000万元。望城县普降5次特大暴雨，降雨量达759毫米，为1954年同期降雨量的2.47倍；自6月27日起，各大堤垸河段洪峰超出有记录以来最高水位0.18~0.74米，1个万亩堤垸、15个500亩以上堤垸漫溢、漫溃，望城19个乡镇356个村50.4万人不同程度受灾，直接经济损失19.6亿元。28日市委、市政府召开全市救灾工作会议。市委决定成立长沙市救灾工作领导小组。29日，省人大常委会副主任王克英在长善垸和苏托垸紧急会商有关险情处置和善后安置工作。7月3日，开福区举行抗洪救灾新闻发布会，通报全区6月中旬以来所遭受的洪灾情况，全区受灾人口达19.8万，被洪水围困4.8万人，淹没和受渍农作物4万多亩，冲毁房屋2500余栋，损坏房屋12420间，直接经济损失15.5亿元。全区有10万多干群、3000多军警战斗在第一线。同日，开福区朝正垸垮口修复工程启动，5日溃口胜利合龙。7日，国务院总理朱镕基、副总理温家宝到长沙视察指导抗洪救灾工作，到朝正垸、长善垸、橘子洲考察灾情，看望灾民。

6月28日 梦洁产品一次性全国通过ISO9002国际质量认证，是国内同行业首家获此殊荣的企业。

7月1日 长沙—益阳高速公路建成通车。该公路于1995年12月动工兴建，全长71.51千米，双向6车道，总投资12亿元。

7月2日 朝正垸极少数不法之徒，利用堤垸漫溃煽动部分不明真相的灾民闹事。开福区就此专项报请省、市批准，果断实施交通和治安管制方案。市、区公安部门紧急出动干警，区检、法、司密切配合，迅速制止事态发展。

7月3日 长沙市教育委员会决定年内城区初中招生实行免试入学，相对就近，指标到校，微机派位。

是日 长沙卷烟厂向灾区捐款700万元，成为本地救灾捐款数额最多的企业。

7月8日 民政部副部长范宝俊到长沙考察城市最低生活保障制度实施情况。

是日 望城县雷锋镇发生重大交通事故，一辆大客车坠入水库，12人死亡。

7月17日 全国水稻生产机械化工作会议在长沙召开，并在长沙县暮云镇、宁乡县偕乐桥镇进行新型农机具现场演示。

7月21日 长沙动物园首次对园内10多种珍稀动物的认养权进行拍卖。

7月22日 湖南振升铝材有限公司在境内上市B股，成为湖南省第一家发行B股的乡镇企业。

7月24日 雨花区井湾子地段发生因加油站汽油外漏至下水道遇火爆炸事故。

7月30日 省委常委、省人大常委会副主任王克英等连夜到长沙督查指导防汛工作。

是日 长沙市被全国爱国卫生运动委员会卫会评为“灭蟑螂先进城市”。

8月3日 长沙市经济贸易委员会、市劳动局、市财政局等六部门联合发出《关于加强国有企业下岗职工管理和办好再就业服务中心有关问题的通知》。

8月5日 国家内贸局局长杨树德到长沙考察蔬菜受灾及市场供应情况，并检查’98全国秋季糖酒交易会的准备工作。

8月9日 由于长江和洞庭湖水位迅速回升，导致湘江下游水位再次上涨。市级领导每天24小时分班在指挥部值班，开福、天心、芙蓉、岳麓4区和望城县组织4000多人在湘江、浏阳河堤岸彻夜查险除险。此次防汛调集若干名解放军指战员和民兵，组织10万干部群众参加抗洪抢险。

是日 长沙县第一家股份制乡镇企业——湖南望新建筑股份有限公司成立。

8月15日 第六届全国大学生田径锦标赛在湖南师大举行，是历届大学生田径赛中规模最大的一次，全国许多高校组成代表队参赛，参赛运动员832名，香港特别行政区首次组团，派出5支代表队参加比赛。此次田径赛共设44个比赛项目，全部赛事于18日结束。

8月16日 21时多，湘江二桥上发生小型客车（载10人）坠桥事故，9人死亡。

8月18日 市长杜远明率团赴香港举办1998长沙（香港）经济合作项目推介会。

8月23日 望城县靖港镇中南村村民侯德云为抗洪抢险英勇献身。28日，中共长沙市委、市政府、警备区联合作出《关于向抗洪模范侯德云同志学习的决定》；9月9日，中华见义勇为基金会派员到望城县慰问抗洪模范侯德云的亲属。

8月27日 由高岭建筑股份有限公司承建的长沙市交警大楼，经建设部专家验收评审，荣获全国土木工程建设最高质量奖——鲁班奖。

8月28日 长沙市人民对外友好协会与日本鹿儿岛长沙交流协会签订《长沙—鹿儿岛民间交流协议》。

是日 高桥大市场中栋二楼一区因44号摊位存放的一次性打火机发生自爆引发火灾，过火面积1210平方米，烧毁摊位95个，损失总价值95.5万元。

9月1日 长沙市人民政府首次对新增的200台出租车经营权进行公开拍卖。

9月2日 中共长沙市委、市政府召开廉政和纠风工作会议。贯彻落实中央关于“政法机关和工商部门实行‘收支两条线’”，打击走私，军队、武警及政法机关不再从事经商活动的三项决策。

9月4日 共青团湖南省委授予在洪灾中为抢救他人生命而献身的宁乡县四坪乡青年农民赵杰龙“青年抗洪英模”称号。

9月7日 江苏省镇江市党政代表团到长沙考察访问，并向灾区人民捐赠人民币50万元。

9月10日 芙蓉区拆除八一桥下的违章建筑，关闭清水塘集贸市场。

9月17日 中共长沙市委、市政府举行整治湘江两岸防洪排渍体系方案评审会，就芙蓉区长善垸整治工程的建设问题进行研究。整治方案确定该工程按照二百年一遇洪水标准设防，投资8.32亿元，用3年时间整治到位。

9月21日 长沙电业局改革长沙城区服务模式，撤销原长沙电管所，分别成立城南、城北、城西3个供电局。

9月22日 长沙市卫生学校新校区在星沙镇落成。兴建高标准的教学楼、实验大楼和学生公寓，食堂、礼堂及与之配套的辅助用房共3万平方米。

9月26日 全省第一家社区卫生服务站在岳麓区新民社区揭牌开业。

9月28日 湖南省、长沙市、浏阳市党政领导人和中央、省、市新闻记者、社会各界代表1500多人集会纪念谭嗣同殉难100周年，并举行谭嗣同故居大夫第开馆暨谭嗣同铜像揭幕仪式和纪念谭嗣同殉难100周年“嗣同杯”中华诗词大奖赛颁奖大会。

是日 长沙市二环线北高架桥通车。该桥两跨浏阳河，设6车道，全长4千米。

9月30日 黎托乡整治三垸（合丰、侯照、潭阳）防洪大堤工程开工。该工程按百年一遇防洪标准建设，1999年3月竣工，完成水利建设投资2796万元。

10月1日 石长（石门县—长沙市）铁路试通车，全长264千米，是湖南省第一条股份制铁路，由中国铁道部和湖南省政府合资兴建，由石长铁路有限责任公司管理和经营。16日，石长铁路全线通车典礼在长沙火车站举行。

10月6日 老一辈无产阶级革命家、全国政协原副主席、中顾委常委王首道骨灰安放和铜像揭幕仪式在浏阳道吾山王首道陵园举行。

10月7日 市一医院新建的门诊大楼投入使用。该大楼建筑面积为1.05万平方米，高11层，于1996年11月破土动工，1998年7月24日竣工。

10月15日 按二百年一遇防洪标准建设的长善垸城市防洪工程雨花段开工，2001年10月25日全面竣工。

10月12—16日 “'98秋季全国糖酒会”在长沙市雨花区高桥大市场举行。来自全国3500余家厂商参会，成交额300亿元，创雨花区会展经济之最。

10月18日 中共中央政治局委员、中央统战部部长、全国政协副主席王兆国到长沙视察旺旺公司生产、销售情况。

10月19日 长沙市与韩国龟尾市结为友好城市。

10月22日 浏阳市与巴西贝尔德朗市结为友好城市。

10月25日 文化部决定，中国（湖南）映山红戏剧节作为全国唯一的民间戏剧节予以保留并归口文化部艺术司管理。

10月26日 宁乡县花明楼希望学校落成，校名为国务院副总理李岚清题写。

10月28日 长沙大道开工建设。该路由芙蓉南路至大托铺机场口，长8.39千米，路幅宽60米，为“九五”省、市重点工程。2000年9月18日第一期工程竣工。

11月5日 市、区两级法院联合召开敦促履行债务大会，责令217家不自觉履行法院生效裁判文书的单位（个人）限期归还债务。

11月12日 长沙市与江苏省镇江市结为友好城市。

11月15日 第三届“国际奥委会主席杯”全国百城市自行车赛“长沙县杯”总决赛在长沙县新县城举行。

11月18日 中共湖南省委在宁乡花明楼举行刘少奇100周年诞辰纪念大会，中共中央政治局原常委宋平、全国人大常委会副委员长彭珮云、全国政协副主席毛致用出席大会。刘少奇生平业绩陈列开展仪式及“少奇在人民心中”大型文艺演出举行。

11月20日 长沙县高桥镇举行纪念柳直荀100周年集会活动。

是日 长沙市区芙蓉路发生摩托车与公交车相撞事故，造成2死1伤。

11月23日 长沙第三座跨湘江大桥——月亮岛公路大桥贯通。该桥主跨跨度为国内同类型铁路桥梁的最大跨度，也是国内首次采用大型造桥机进行大跨度铁路预应力箱梁预制节段悬臂拼装法施工。大桥全长4418米，铁路部分2434米，公路部分1984米。

11月26日 东方红建筑公司晋升国家一级企业，不搞庆典，将计划用于庆典的7万元捐给抗洪烈士侯德云家建新房。

11月28日 雨花区高桥建筑公司独家出资1.5亿元整治长善垸工程要害地段圭塘河下游。

11月30日 京广铁路跨浏阳河新铁路桥投入运营。

12月2日 全市个体私营经济工作会议召开，市政府出台22条加快长沙市个体私营经济发展的新政策。

12月10日 长沙籍体操运动员李小鹏、刘璇在第十三届亚运会赛场上夺得男子双杠和女子平衡木两枚金牌。

12 月 16 日 中共长沙市委党校举办长沙市纪念中共十一届三中全会召开 20 周年大会暨理论讨论会。

是日 长沙市政府公布《关于严禁冲击国家机关和阻塞交通的通告》，1999 年 1 月 1 日起实行。

12 月 17 日 省、市宣传、文化部门共同承办的大型专题文艺晚会《改革颂》在湖南大剧院上演。

12 月 23 日 中共长沙市纪律检查委员会、市人民政府行风办发出紧急通知，要求全部立即停止印刷、发售、购买和使用各种代币购物券。

12 月 30 日 全市政府机关停止经商活动，与所属经营性企业脱钩。

12 月 31 日 通过金融体制改革，中国人民银行长沙市分行以及中国工商银行长沙分行撤销。

是月 经卫生部药典委员会筛选确定，长沙九芝堂医药集团公司生产的驴胶补血颗粒冲剂进入中国药典，这是 10 年来长沙市进入药典的第一个中成药。

1999 年

1 月 4 日 湘江长沙段水位降至 25.25 米，是有历史记载的最低点。长沙市自来水公司采取多种措施保证城市供水，同时呼吁市民节约用水。

1 月 11 日 长沙市公安局组织有关部门在浏阳市关口林场开始集中销毁 50 年前日军侵华时遗留在长沙的 10 多吨未爆炸的炸弹。

1 月 18—21 日 长沙市第十一届人民代表大会第二次会议召开。大会听取并审议市政府市长杜远明作的《政府工作报告》；听取和审查市计划委员会主任陈勇作的《关于长沙市 1998 年国民经济和社会发展计划执行情况与 1999 年国民经济和社会发展计划（草案）的报告》，审查和批准长沙市 1998 年国民经济和社会发展执行情况及 1999 年国民经济和社会发展计划等。

1 月 21 日 银太纺织有限公司挂牌运营。其前身是裕湘纺织总厂，1997 年裕湘纺织总厂宣布破产，1998 年在市委、市政府主导下进行破产重组，1999 年经股份制改造后成立长沙银太棉纺有限责任公司。

1 月 23 日 长沙市与益阳市行政区域线划定，举行定界签字仪式。长沙市宁乡县、望城县与益阳市赫山区、桃江县、安化县有 209.3 千米长的边界线，经过 20 个月，勘界工作顺利完成。

1 月 26 日 长沙县星沙镇一栋占地 200 平方米即将建成的 4 层住宅楼突然坍塌，共造成 3 人死亡、7 人受伤。市县领导到现场指挥救援，事故原因是该建筑设计和施工存在严重的质量问题。市政府要求全市各级建筑管理部门开展建筑安全质量检查。

2 月 9 日 长沙市二环线四方坪立交桥竣工通车。

2 月 12 日 长沙市区湘江东岸防洪墙主体工程竣工。

3 月 1 日 长沙市交通重点工程——宁横公路开始全面施工。2000 年 1 月 13 日，宁横公路全线提前拉通。

3 月 4 日 长沙市湘湖管理局移交芙蓉区管理。原湘湖管理局下辖东湖、南湖、西湖、湘湖、跃进湖、车站北路 6 个社区，管辖面积 2.32 平方千米，有中央、省、市、区驻街单位 30 多个，是长沙市主要的商贸中心之一。移交后，与湘湖街道、湖南省三湘南湖大市场实业总公司一起办公，“三块牌子、一套人马”，既是基层行政单位，也是实行“政企合一、国社合营”管理体制的副县级事业单位。

3 月 16 日 中共长沙市委组织部、市人事局印发《长沙市党政机关推行竞争上岗的暂行办法》。

3 月 21 日 美国奥克兰市赴湘经贸访问团抵达长沙。长沙市与奥克兰市建立友好经贸合作城市关系。

3月23日 中共中央政治局常委、国务院副总理李岚清到长沙市视察教育工作，要求调整体制全面推进素质教育。

3月28日 长沙市广播电视局开办的全国第一个女性频道——长沙女性频道开播。节目有《都市丽人》等10个栏目，每天播出15个小时。

3月29日 宁乡出土的两件西周时期青铜器（国家三级保护文物）被花明楼刘某某、湘乡市傅某某盗窃，县、市公安局机关迅速成立专案组追回文物，逮捕嫌疑人。

是月 浏阳市七宝山硫铁矿由于大量抽排地下水和采空区塌陷导致地表下沉，出现地陷地裂险情。七宝山乡宝山村、铁山村73户村民房屋和11公顷农田及桥梁、道路、水利设施受损，市政府拨付270万元用于救灾重建家园，七宝山硫铁矿井下开采系统停产关闭。

是月 长沙市妇联推荐的下岗再就业典型何青参加全国妇联“巾帼创新业”报告团巡回演讲，被授予全国“三八红旗手”。

4月3日 宁乡县双凫铺镇农户江某某在家中因加工鞭炮不慎，引发特大爆炸事故，造成9人死亡、2人重伤，死者中有4名在校学生。当事人被刑事拘留。

4月5日 全国人大常委会副委员长、全国妇联主席彭珮云到望月湖社区服务中心视察指导社区计划生育优质服务工作。15日，彭珮云在长沙就农村妇女工作进行调查研究。

4月8日 市政府开始实行政府采购制度，政府采购采用公开招商招标、议价或其他采购方式进行，价值10万元以上的项目须采用公开招标方式。5月7日，长沙市采购中心挂牌成立。

4月17日 长沙市望城县获“全国村民自治模范县”称号。

4月22日 中共长沙市委、市政府、长沙警备区授予翁培根1999年度“学雷锋最佳个人”称号；市委颁发关于向翁培根学习的决定。翁培根是长沙市武警支队副支队长，在1998年抗洪中身患肝癌，88天坚持战斗在抗洪抢险前线，转战2市4县12个垸，排除险情100余处，转移安置群众2000多人，虽被三次下达病危通知仍坚持工作。1999年被湖南武警总队评为“学雷锋最佳个人”。

4月27日 中共长沙市纪律检查委员会纠风办发出禁令，严查公务车辆迎亲歪风。5月31日，对经过一个月查出的72辆迎亲公车作出处理决定，并公开曝光。

5月15日 长沙县遭特大暴雨袭击，双江、白沙、金井、高桥4集镇受灾严重。全县17万人受灾，受淹稻田3300多公顷，冲毁渠道1450米，冲毁塘坝210处，毁损河床20千米，房屋倒塌40户，冲断公路24千米。

是日 中国民主促进会省、市委等联合主办“湖湘文化研究与发展”学术研讨会举行。来自全省的30余名专家对湖湘文化的源流、内涵、特色、历史分期与精神实质进行深入讨论。

5月17日 长沙电视台政法频道开播，定位在长沙电视台二套播出。

是月 “北汽福田汽车长沙汽车厂”成立。工厂共有5条产品线，分别是瑞沃、时代金刚、北京金刚、北京威龙、时代轻卡等中、轻型卡车。

6月11日 中纪委副书记、监察部部长何勇率7个部委领导到长沙考察粮食流通体制改革工作，并在长沙召开全国粮食改革执法监察工作会议。会议代表考察长沙市黄花粮站。

6月14日 长沙市人民政府颁发关于进行社会保险登记的通告。社会保险登记范围为本市行政区域内的所有企业、国家机关、事业单位、民办非企业单位、社会团体和个体工商户。通告要求尚未参加社会保险的各类单位和个体工商户必须在1999年6月底以前办理社会保险登记。

6月18日 中共中央总书记、国家主席、中央军委主席江泽民到长沙向新组建的国防科技大学宣读命令和授旗。长沙地区的长沙炮兵学院、长沙工程兵学院和长沙政治学院并入国防科技大学，组建成新的国防科技大学，由中央军委直接领导。

是日 长沙市解放西路动工建设。全长776米，是长沙市城区第一条实行无障碍设计的道路，是第一条实现迁移管线全同步的城区道路，是第一条高标准全面绿化的城区道路。11月15日，建成通车。

7月1日 望城县桥驿外镇的黑麋峰森林公园开园。黑麋峰位于望城县桥驿镇，距长沙市区30千米，森林公园占地近34平方千米，投资2500多万元建成。

7月7日 选址望城县桥驿镇的大型垃圾场设计方案正式启用，可解决全市50~60年垃圾倾倒问题。

7月8日 长沙证券监管特派员办事处成立，其主要职责是对辖区内的上市公司、证券公司、投资咨询机构、期货经纪公司以及开办与证券、期货相关业务的律师事务所、会计师事务所等中介机构进行监督和管理，依法查处辖区内有关的违法、违规案件，调解证券、期货业务纠纷和争议等。

7月10日 长郡中学学生彭晓聿、长沙市一中学生颜毅分获国际生物学奥林匹克竞赛金银牌。

7月17日 省委书记杨正午先后到达长善垸、大众垸等督查长沙市防汛工作，要求严防死守确保省会防汛万无一失。

7月23日 国务院总理朱镕基视察长沙市长善垸城市防洪工程。

7月26日 长沙市人民政府发布《关于在城区饮食服务行业推行清洁燃料的通告》。自9月1日起，城区二环线以内饮食服务行业的大、小灶及茶炉一律改用煤气、液化气、柴油、电等清洁燃料。

7月30日 1999年国际滑水公开赛暨全国滑水冠军赛在烈士公园年嘉湖举行。市领导在湖南宾馆会见科万·克劳斯、弗塔森等国际滑水联合会亚澳区官员和参赛运动员。

是日 长沙市望城坡经济开发区挂牌成立。

是月 长沙市水稻生产机械化现场演示会在宁乡县双江口镇举行，朝鲜、孟加拉、新加坡等9个国家的宾客观摩。

8月3日 长沙市人民政府出台《长沙市防治机动车辆噪声污染规定》，禁止车辆在市区鸣笛，8月20日开始实施。

8月5日 长沙和平解放50周年庆祝大会在湖南大剧院举行。

8月9日 省委书记杨正午到长沙市高新技术产业考察，指出要把高新技术产业作为经济发展的“火车头”。

8月10日 长沙市政府召开全市乡镇企业工业园区工作会议，宣布批准宁乡科技工业园（后改称宁乡经开区）、暮云工业园等6个工业园为首批市级乡镇工业园。

8月11日 农业部部长陈耀邦考察长沙市农业农村工作，要求发展优质高效农业，确保农民增产增收。

8月13日 长沙城市警备工作会议召开，决定由长沙警备区、武警湖南总队和交警支队组成联合执法队，对假冒部队车辆、无牌无证车辆进行专项治理。

8月17日 长沙电视台拍摄的《雍正王朝》在深圳第17届中国电视金鹰节上获优秀长篇优秀电视剧奖等7个单项奖。

8月20日 长沙市通泰门砂石场一次挖出日本侵略军队遗留下的9枚炸弹。

8月21日 省长储波考察湖南计算机厂和长沙汽车电器厂两家国有企业，指出企业的出路在于科技进步。

8月23日 中国联通湖南分公司实施长、株、潭一体化，从零时起三城市130手机互话，实行按长沙市市话标准收费。

8月24日 长沙市人民政府公布《长沙市1999年深化住房制度改革方案》《长沙市职工住房货币分配方案》。

是日 长沙与湘潭签订两市行政区域界线协议书。

8月26日 湖南陆军预备役步兵师医院在长沙成立。

9月1日 长沙市人民政府发布《关于经济适用住房建设收费问题的通知》，对有关收费问题进行规范。

9月2日 长沙软件产业基地挂牌成立，省市领导潘贵玉、杜远明等出席。长沙市政府对园区实施无费管理，即基地内的软件企业只纳税，不缴纳行政事业性费用。首批11家企业成为无费管理企业。

9月4日 湘江二桥西接线高架桥上发生重大交通事故，2人死亡，20多人受伤，车辆基本报废。

9月8日 湖南预备役师高炮团在长沙成立。

9月9日 长沙通程国际大酒店被国家旅游局星级评定委员会评为五星级涉外饭店并举行授牌仪式。

9月11日 由长沙冶金矿业总公司特种金属材料厂承担的湖南省火炬计划项目——四氧化三锰生产基地在长沙建成。

9月14日 长沙市有史以来最大一次路灯建设和改造工程基本完成，工程投资2300多万元。

是日 长沙市被省委、省政府授予“创建文明城市工作先进城市”称号。

9月16日 长沙体操队小将杨云在全国第四届城市运动会上获女子体操个人全能冠军。

9月18日 省重点工程长湘公路长沙段、金霞大道续建工程开工。

9月29日 位于长沙市天心区太平街太傅里的贾谊故居对外开放。

10月1日 中共长沙市委、市政府举行庆祝中华人民共和国成立50周年大型文艺晚会。

10月3日 田汉大剧院开业。该剧院是一座以专业演出为主的现代化剧院，地处长沙市劳动路与芙蓉路的交会处，占地1.03公顷，建筑面积28万平方米，总投资约1.3亿元。

10月7日 省长储波考察LG曙光电子有限公司增资扩建工程。

10月12日 长沙市人民政府颁发《长沙市市级财政统一发放工资管理暂行办法》。

10月13日 中共长沙市委召开全市负责干部会议，宣布省委决定：省委副书记张云川兼任长沙市委书记。

10月16日 长沙市第十一届人大常委会第十三次会议召开。会议决定接受杜远明辞去市人民政府市长职务，决定谭仲池为市人民政府代理市长。

10月21日 中国第一座集成建筑在长沙通过国家有关部门技术鉴定。这座名为远大集成建筑1号楼的住宅位于长沙市城郊，由远大铃木住房设备有限公司建造，能抗强风强震，主体寿命可达100年以上，其围护结构广泛采用新型墙体材料、保温材料和节能门窗，较之传统建筑能耗大大降低。该建筑还采用嵌入式墙体设计和组装式薄形耐磨木地板，住宅使用面积可增加6%~10%。在制造、管理、服务上，住宅部件全部工厂化生产，建筑采用全新的现场装配，干法作业施工，安装操作无噪声和无建筑垃圾，施工周期大为缩短。

10月26日 捞刀河220千伏变电站建成并投入运行。

10 月 29 日 第五届中国（湖南）映山红民间戏剧节开幕。从本届戏剧节起，文化部将映山红民间戏剧节列入“梅花奖”“文华奖”评奖范围，并决定第六届“映山红”民间戏剧节移师山西省太原市举行。

是日 全国少儿“双有”（心中有祖国，心中有他人）活动总结表彰大会在长沙召开。

10 月 30 日 国道绕城高速公路长沙段建成通车。该路起于长沙黄花塘互通（接 319 国道），终点在长沙县杨梓冲枢纽（接 G4 京港澳高速），全长 34.51 千米。

11 月 2 日 人事部授予袁隆平“杰出专业技术人才”称号，同时，由他主持工作的国家杂交水稻工程技术研究中心通过科技部验收并获准命名。

11 月 5 日 长沙东方红建筑公司和长沙西城建筑安装公司获全国建筑安全奖。

11 月 8 比利时蒙斯市文化代表团一行 12 人应邀到长沙演出访问。

11 月 18 日 全省首届农副产品博览会暨贸易洽谈会在长沙红星大市场开幕。至 25 日，大会共签贸易和招商引资合同项目 165 个，合同总额达 22 亿元，现货成交额 2000 多万元。省内外 1500 多家企业、9 大系列 2000 多种农副产品参展。此次农博会被誉为“湖南农产品的橱窗”。

11 月 24 日 由中国轻工局主办，中国轻工集团公司、中国造纸协会、长沙市人民政府、长沙县人民政府、长沙经济技术开发区和湖南星沙纸业大市场共同承办的“2000 年全国纸张订货交易会”在星沙纸业大市场举行。全国政协副主席毛致用等出席开幕式。交易会展馆设在星沙纸业大市场会展中心，共设 500 多个展位，参展企业 612 家，参会企业 2600 多个，参会人数 6 万多人，成交额 125 亿元。

11 月 25—28 日 赤道几内亚民主党代表团由副总书记里瓦斯率到长沙参观考察。

是月 长沙市妇联副主席黄玉梅被评为全国“双学双比”活动先进工作者。

12 月 5 日 第十九届全国电视剧“飞天奖”典礼暨文艺晚会在长沙举行，共有 114 部电视剧获奖，其中长沙电视台拍摄的《雍正王朝》获一等奖。自 1999 年 1 月 3 日开始，央视在黄金时段播放 44 集连续剧《雍正王朝》，收视率一路走高达到 16.71%。连续赢得 3 项国家级大奖：“五个一工程”奖优秀电视剧奖、大众评选“金鹰节”最佳电视剧等 8 个奖项和国家电视剧“飞天奖”。

12 月 17 日 长沙县被教育部评为“全国素质教育实验先进县”。

12 月 18 日 长沙市药品监督管理局成立。

12 月 31 日 长沙市人民政府召开建设“一园三基地”恳谈会暨新闻发布会，宣布岳麓山大学科技园、长沙软件产业基地、国家新材料成果转化及产业化基地、长沙生物医药产业基地启动。标志长沙高新技术产业在经过 10 年多时间的创业和积累后，在产业发展领域开始新一轮的起跑。

2000 年

1 月 6 日 省委副书记文选德考察望月湖社区，对望月湖“道德银行”储蓄卡给予肯定。

1 月 8 日 芙蓉区法院首次公开审理芙蓉区家庭暴力伤害案，依法判处残害妻子的翁某 5 年有期徒刑。

1 月 12 日 中共长沙市委召开全市副处级以上负责干部会议，省委副书记兼市委书记张云川就加快长沙发展进行全面部署，要求用 15 年左右时间把省会初步建设成现代化城市。

1 月 15—19 日 长沙市第十一届人民代表大会第三次会议召开。大会听取并审议《政府工作报告》

《关于长沙市 1999 年国民经济和社会发展计划执行情况与 2000 年国民经济和社会发展计划（草案）的报告》，审查和批准长沙市 1999 年国民经济和社会发展执行情况及 2000 年国民经济和社会发展计划等；补选谭仲池为长沙市人民政府市长。

1 月 31 日 国务院批准长沙市开展城管综合执法试点工作。

2 月 1 日 “第五届城市运动会”筹备工作全面启动。12 月 28 日，新世纪体育文化中心奠基，该中心为主办 2003 年第五届全国城市运动会而建设。2003 年 10 月 7 日，城运会场馆全面竣工。

2 月 15 日 国务院办公厅同意长沙经济技术开发区定为国家级经济技术开发区，实行现行国家级经济技术开发区的政策。12 月 28 日，国家级长沙经济技术开发区挂牌，全国政协副主席毛致用出席挂牌仪式。

2 月 22 日 望城县被定为 2000 年湖南省唯一的国家优质粮生产示范基地县。

是月 全国绿化委确认长沙市等 12 个城市为“全国城乡绿化一体化试点单位。”

3 月 1 日 位于韶山南路的东塘百货大楼仓库发生特大火灾，经 10 小时扑灭，造成经济损失 140 万元，无人员伤亡。

3 月 14 日 长沙市卫生局会同公安部门对全市非法行医行为进行为期 3 天的治理。26 家无证行医机构被取缔。

3 月 18 日 全国妇联副主席、书记处第一书记顾秀莲，全国妇联书记处书记莫文秀到长沙市调研社区服务工作。

3 月 21 日 长沙市流浪儿童保护教育中心获全国先进称号。

3 月 23 日 长沙市城镇职工基本医疗保险制度改革启动，首批 100 多家单位共 6 万人加入参保行列。

3 月 28 日 雨花区洞井镇成立全省首家劳动力市场。

是月 长沙市百岁以上老人开始每月领取 200 元最低生活保障金。

4 月 2 日 苏博泰克（湖南）数据系统工程有限公司研制开发的 10 项成果在长沙通过专家鉴定，其中半数达到国际先进水平。苏博泰克公司开发的“2000 年直通卡”“数字指纹识别技术”“网络图文信息系统”等与世界水平保持同步的高技术产品，广泛应用于金融、证券、公安、交通、电子商务等领域。

4 月 4 日 浏阳市被农业部中国特产之乡宣传暨推荐委员会命名为“红檵木之乡”。

4 月 16 日 中山商业大厦更名为“友谊名店”。

4 月 19 日 临长（临湘—长沙）高速公路主线工程全面开工，这是京珠国道主干线湖南境内最后动工兴建的一段，北接湖北武（汉）土（城）高速公路，南接湖南长沙，与长谭高速公路相通，总长 182.78 千米，采用四车道高速公路标准建设，设计车速 120 千米/每小时。

4 月 20 日 芙蓉区法院依法首次对长沙市黑社会性质组织案件做出一审判决，以参加黑社会性质组织罪、故意伤害罪判处程某等 8 名罪犯有期徒刑。该组织全称“毛弟运输有限公司”，主要在汽车东站从事违法活动，以收取保护费为名控制中巴运输，随意殴打司机与乘客。

4 月 21 日 长沙（国际）电脑文化节在省展览馆开幕，活动历时 3 天，共有 50 余家 IT 企业参加，来自国内的 IT 精英与湖南知名人士及电脑爱好者进行交流、学习，并就湖南 IT 业的发展进行讨论。

4 月 25 日 胡耀邦母校——浏阳中和乡苍坊小学新址落成。中央统战部副部长胡德平，省、市领导郑培民、石玉珍、杨顺初、张贤遵等参加落成典礼。

4 月 28 日 中共中央政治局委员李铁映到长沙考察指导工作，称赞“今日星城大变样”。

4月29日 由中南工业大学、湖南医科大学和长沙铁道学院合并组成的中南大学挂牌成立。

5月1日 石燕湖生态旅游公园开园。

是日 烈士公园开始免票对外开放。

5月2日 加蓬民主党代表团由总书记森普利斯·盖得·芒泽拉率领到长沙访问。

5月9日 浦沅集团与中国华融资产管理公司长沙办事处签署债转股协议，成为长沙市第一家“债转股”企业。

5月10日 省长储波率省直有关部门负责人到长沙县江背镇考察农村小城镇建设。

5月12日 解放西路农贸市场开业，成为长沙市首家无公害蔬菜试点市场。

5月14日 岳麓山国家大学科技园建设全面启动。岳麓山国家大学科技园于1999年12月列入全国15家国家大学科技园建设试点单位，2001年5月，列入科技部、教育部认定的首批22家国家大学科技园之一，2003年通过科技部、教育部验收。岳麓山国家大学科技园的主要依托单位是中南大学、湖南大学、湖南师范大学、国防科技大学和长沙矿冶研究院、长沙矿山研究院、湖南中医研究院、长沙建设机械研究院四校四院，属于多校一园的建设模式，总部位于国家级长沙高新技术产业开发区，由长沙高新区管委会统筹发展与协调管理。

是日 全军国防后备力量建设现场观摩会在岳麓区望岳乡召开。各大军区司令部动员部部长、各省军区军务动员处处长、各省（自治区、直辖市）人民武装学校校长、国家总部有关领导150余人参加会议。

5月15日 长沙市五一路提质改造工程开始施工。当日，五一路上面积最大的长沙港务局搬迁完毕。27日，长沙五一文化用品商场爆破；28日，长沙港务局3栋住宅楼爆破；31日，长沙远洋运输公司等5栋楼房爆破；8月7日，长沙五一绿化广场7栋楼房爆破。

5月19日 由国务院发展研究中心和中共长沙市委、市政府共同举办的长沙市中长期经济社会发展战略高层研讨会在长沙召开。省委副书记兼市委书记张云川提出，长沙未来发展需要进一步开阔视野，要放在全国乃至全球的大范围、大背景中谋划，以跟上时代发展步伐和世界发展潮流，有效地决胜未来。

5月22日 浏阳市成为全省首家专利工作试点县（市）。截至2000年5月中旬，该市花炮行业有140余个产品申请国家专利。省知识产权局将全省首块“省级 专利工作试点县（市）”牌匾授予该市。

5月29—30日 中共长沙市委召开九届十二次全体（扩大）会议，审议《长沙市中长期经济社会发展战略纲要》，审议并通过《关于召开中国共产党长沙市第十次代表大会的决议》《中共长沙市委关于深入学习贯彻“三个代表”重要思想的意见》。

5月29日 长沙商业学校被教育部确认为首批国家级重点中专学校。

6月2日 长沙县跳马乡被国家林业局、中国花卉协会评为首批“中国花木之乡”。

6月5日 长沙市举行全市法院法官等级证书首次颁发仪式暨加强法院基层建设大会。

6月24日 长沙考古工作者在距五一广场中心点约310米处东南方向的新世界商贸城工地（即东牌楼与犁头街交界处）地底2.4米处，首次发现一段残存29米的战国楚城土墙。这段夯土墙体，呈南北走向。经省内外考古专家确认，这段夯土墙为战国时期楚长沙城垣东城墙，属于长沙考古发现的最早城墙。

6月30日 经省民政厅批准，撤销东方红农场，建立东方红镇，下辖4个居委会（延农、长丰、长庆、东塘），镇人民政府驻檀木桥。12月10日，东方红镇举行撤场建镇揭牌仪式，副省长庞道沐等省、市、区百余名领导出席揭牌仪式。

7月13日 湖南省人民政府批复同意望城县建立湖南省高科技食品工业基地，属省级开发区系列，并纳入长沙高新技术产业开发区，享受长沙市高新技术开发区优惠政策。基地首期开发133.33公顷。湖南旺旺食品集团是基地内的“龙头”企业。

8月8日 被誉为“中国第一管”的LG曙光大屏幕全平面彩色显像管在长沙经济技术开发区投产。

8月27日—9月4日 为庆祝市妇联建会50周年，长沙市妇联、市体委共同举办长沙市首届妇女健身风采展示会，3000多人参加开幕式，共有134个队6000多名女运动员参加展示，51个代表队及个人获各项等级奖。

9月3日 市计划委员会、市公安局、市粮食局联合办公，开始按新政策为外地人口落户长沙办理入户手续。

9月15日 蔡锷南路竣工通车，这是长沙市区内道路中连接南北向的一条重要次干道，北始解放西路的柑子园，南至城南西路，全长890米，宽30~37米，总投资12572万元。

9月17日 长沙黑石铺湘江特大桥动工兴建。黑石铺大桥又称湘江五桥，是长沙市绕城线南段跨越湘江的特大桥，位于黑石铺。该桥全长3068米，主桥为三跨钢管拱和11连拱。2000年5月7日，顺利完成水下工程建设。2004年5月27日，黑石铺湘江大桥通车，标志着长沙国道绕城高速公路（即三环线）全面贯通。

9月20日 五一路拓宽改造工程竣工通车。东起火车站广场，西至湘江一桥东桥头，全长4. 8千米，路幅宽60米，双向8车道，该工程于3月20日动工。

是日 湘江三桥（又称南大桥或猴子石大桥）建成通车。该桥1998年年底开建，全长1389.62米，宽27米，东起南郊公园，西达岳麓区黄鹤村，贯通南二环路。

9月22—25日 中共长沙市第十届第十次代表大会在麓山宾馆举行。出席会议的党代表480人。省委副书记兼长沙市委书记张云川代表中共长沙市第九届委员会作《认真落实“三个代表”重要思想的要求，为把长沙建设成繁荣、开放、文明、秀美的现代化中心城市而努力奋斗》的工作报告。大会选举产生市委常委13人，张云川任市委书记，谭仲池、杨顺初、余合泉、欧代明任副书记。审议批准市纪委第一次全体会议选举产生的市纪委常委和书记、副书记。

9月24日 2000年长沙国际友城招商恳谈会在华天国际大酒店举行，来自15个国家的80余名代表参会。

9月25日 雨花大道（现长沙大道）全线通车。全长3.47千米，路幅宽50米，为双向6车道，是连接长株潭的要道，总投资1.6亿元。

9月29日 长沙黄花机场新航站楼建成启用，年旅客吞吐能力可达460万人次。

是日 长沙市第八水厂第一期工程建成送水。

10月4日 2000年中国长沙（欧洲）经济贸易洽谈会在丹麦首都哥本哈滨国际会展中心开幕。历时4天，引进资金8800万美元，出口成交5000万美元，另有70多家外商与长沙市参展企业签订出口供货及代理意向性协定。

10月12日 在2000年悉尼奥运会上，8名湘籍健儿摘回7枚金牌、1枚银牌和5枚铜牌，其中金牌数占中国代表团金牌总数的四分之一。市委、市政府作出关于向获得第27届奥运会金牌的长沙籍运动员熊倪、李小鹏、刘璇等学习的决定。15日，长沙市民在火车站欢迎湘籍奥运健儿载誉归来。18日，举行奥运健儿报告会暨长沙籍奥运健儿祝捷大会。

10月13日 全国政协副主席毛致用到长沙考察农村小城镇建设，先后到暮云镇、江背镇印山村集镇，星沙镇等一批小城镇建设的示范镇进行考察。

10月14—15日 赞比亚总统奇卢巴率赞比亚总统代表团一行53人到长沙访问，参观LG曙光电子有限公司、长沙县春华镇等地。

10月19日 首届中国金鹰电视艺术节在湖南广电中心广场开幕。由中国文联、湖南省人民政府和中国视协联合主办，湖南广播电视局、湖南电广传媒股份有限公司承办，为全国性节庆活动。全国政协副主席毛致用，全国人大常务委员会委员谷善庆，中央有关部门负责人李准、陈晓光，省党政军领导和老领导杨正午、储波等参加开幕式，副省长唐之享主持开幕式。

10月19—22日 土耳其工人党主席多乌·佩林切克率土耳其工人党代表团到长沙访问，代表团参观浏阳株树桥水库。

10月25日 湘江长沙段水位涨至34.23米，出现20年来最大秋汛。

10月27日 长沙友谊阿波罗股份公司挂牌成立。

11月2日 长沙（大连）商品展销暨经济合作洽谈会在省展览馆开幕。

11月3日 长沙市雨花区、芙蓉区、开福区分别与大连市旅顺口区、中山区、庄河市结为友好区市。

11月7日 长沙市政府出台《流动人口计划生育管理实施细则》。

11月8日 中共长沙市第十届二次全会召开。会议学习贯彻中共十五届五中全会和省委七届九次全会精神，讨论和审议《长沙市国民经济和社会发展“十五”计划纲要》。

11月10—19日 以奥地利邦议会议长约翰·帕耶尔为团长的奥地利社民党、人民党政治家代表团一行9人到长沙访问，代表团参观远大空调公司、长沙县黄龙新村。

11月24日 五一路更名为五一大道。

11月28日 中央电视台《为你服务》栏目组到金盆岭街道天剑二居委会采访全国优秀人民调解员张国庆，并录制《人民调解员的故事》光碟在全国播出。

11月29日 刘少奇纪念馆被评为全国首批AAAA级旅游景区。

是月 洛湛铁路宁乡段动工兴建。2003年10月竣工通车。

是月 长沙县被授予“全国体育先进县”称号。

12月13日 浏阳白沙乡金长城希望小学被中国青少年发展基金会授予“全国模范希望小学”称号。

是日 13时左右，长沙港务局西湖桥作业区宝庆码头一艘个体运输船发生船体爆炸事故，船上职工及装运工共4人死亡，4人受伤，1人失踪。爆炸船只为1200吨机帆货运船，系湖南省南县个体运输户所有。

12月30日 连接湘赣两省的浏大（浏阳—大通）公路竣工通车。

是年 长沙农电体制改革，全市171个乡镇电管站并站后建成74个供电所。

2001年

1月2—7日 政协长沙市第八届四次会议举行。大会审议通过政治决议、常委会工作报告决议、提案工作情况报告决议。简用超当选为长沙市政协主席。

1月3—6日 长沙市首届旅游博览会在省展览馆举行。500家旅游企业参会，签约金额达3亿元，合同交付游客达120万人次，长沙市与8个旅游城市签订合作协议。

1月3—8日 长沙市第十一届人民代表大会第四次会议召开。大会通过关于市人民政府“十五”计划纲要及报告的决议，关于计划报告、财政报告的决议，关于市人大常委会、中级人民法院、市人民检察院工作报告的决议。一致通过关于制定《长沙市人民代表大会及其常务委员会制定地方性法规条例》的决定。大会接受易希文辞去市人大常委会主任职务，补选吴梦南为市人大常委会主任。

1月12日 雨花区洞井镇被列为全国小城镇建设试点镇。

1月13日 中共长沙市发布实施《长沙市计划生育“一票否决”制实施办法》。

1月18日 长沙晚报社迁至新落成的长沙报业中心办公。

是日 省内首例心脏移植手术在湘雅二医院获得成功。

1月30日 长沙县江背镇印山村被评为“全国双文明建设先进村”。中共中央政治局常委、中央书记处书记、中央组织部部长曾庆红到印山村考察，并召开座谈会，听取该村党支部书记李焕然关于学习贯彻“三个代表”重要思想的情况汇报。曾庆红鼓励印山村瞄准更高目标，找出自己的差距，使文明建设更上新台阶。31日，曾庆红到望城县百果园视察。2月2日，曾庆红在长沙考察期间，强调用“三个代表”重要思想指导全面工作，抓住经济建设这个中心，进一步加快“两个文明”建设。

2月10日 湖南山河智能机械股份有限公司成立，该公司由中南大学教授何清华领办，并被列为国家“863”计划成果产业化基地。

2月18日 长沙市第一条标准天然气干管动工铺设。该管道从湘春路口至丽臣广场，管径300毫米，全长2.25千米。

2月19日 湖南杂交水稻研究中心研究员、中国工程院院士袁隆平在国家科学技术奖励大会上获得由中共中央总书记、国家主席、中央军委主席江泽民亲笔签发的获奖证书及奖金。

2月25日 长沙体育新城建设启动，体育新城北临雨花大道，西接长潭高速公路，东临火星大道，占地总面积326公顷。

3月2日 全省首条购物放心街落户长沙市的湖南三湘大市场内泰丰路。

3月3日 长沙市25项重大基础建设项目被列入“长沙市城市建设总体规划修编”。

3月15日 解放军副总参谋长钱树根上将到岳麓区人武部考察。

3月19日 长沙市首次采用道路清扫保洁公开招标方式，提高环卫质量改革环卫体制，9条道路清扫保洁招标权被8家单位获得。

3月22日 橘子洲移民工程启动，洲上3254位居民搬迁至石岭塘安置小区。7月2日，橘子洲移民安置小区第一期工程在观沙岭动工。

3月27日 湖南省人民政府批准在望城县设立湖南省台商投资区，纳入长沙（国家）高新技术产业开发区范围，享受国家级高新技术产业开发优惠政策。规划开发面积20平方千米。投入基础建设资金4.3亿元。

3月29日 《长沙市城镇职工基本医疗保险试行办法》出台，规定起付标准858元，支付最高限额4万元。

4月7日 由国防科大工程兵学院负责组织实施的省内有史以来技术难度最大的贺龙体育场看台一次定向爆破成功。

4月8日 湘籍奥运会冠军熊倪、刘璇、李小鹏入选“全国十佳运动员”。

4月10日 国务院总理朱镕基视察长沙经开区企业LG曙光电子有限公司，深入车间察看工艺流程，了解科研和产品销售情况，询问职工生活情况。随后，朱镕基一行乘车察看星沙市容，他对家乡人民在长沙近郊的丘岗山地上建起一座现代化新城深表欣慰。

4月11日 黄材镇寨子村王家坟山发现一件地质年代为中更新世的单刀砍砸石器。

4月12日 经长沙市政府批准，由长沙市商业学校、长沙市商业职业中专学校、长沙市商业技工学校共同组成长沙商贸旅游职业教育集团。

4月16日 中国保监会长沙特派员办事处挂牌成立。

4月22日 全国政协和全国"扫黄办"视察组到长沙定王台视察"扫黄打非"工作。此前，长沙市对定王台图书市场进行为期3个月的重点整治，所有经营户都在"文明经营、合法经营、守法经营"倡议书上签字，进行自查自纠。

4月25日 长沙市出台奖励政策，促进下岗职工再就业该政策规定，用人单位招用下岗职工工作满1年的每招1人奖励1000元。

4月27日 长沙城区3个绿化广场命名，即五一广场东北角的绿化广场被命名为五一广场，芙蓉路立交桥西北角的绿化广场命名为芙蓉广场，芙蓉路立交桥西南角绿化广场被命名为步园。

是月 湖南盛湘粮食购销集团有限公司成立。该公司由长沙书院路国家粮食储备库、长沙潮宗街湖南省粮食储备库、长沙盛湘粮食购销有限公司等5家企业组建而成。

5月1日 长沙市取消市镇居民粮食供应转移证，居民购粮本等粮食关系手续也相应取消。

是日 长沙市各类异动人口和农转非的居民在办理户口迁移时，不用再办理"市镇居民粮食供应转移证明"和"农村粮食转移证"。

5月2日 黄兴南路步行商业街建设动工，征地面积达10.18公顷，工程总投资额约6亿元。2002年10月1日开市。

5月10—12日 长沙警方开展近年来最大一次公开销毁非法枪支行动，销毁非法枪支共7000余条、管制刀具5000余把。

5月11日 岳麓山大学科技园被科技部、教育部认定为首批国家大学科技园，并授牌。6月8日举行挂牌仪式。

5月15日 湖南省最大的网上购物中心（友谊阿波罗）9448远征商务（www.9448.com.cn）开通。

5月20日—6月6日 长沙市组团赴美开展引资引智活动。市长谭仲池在美向外商、华商介绍长沙市改革开放和经济发展情况。这次赴美引资引智活动签约项目12个，总投资9257万美元。

5月21日 全国水库移民工作会在长沙召开。

5月23日 中央军委原副主席张震一行40多人到长沙经济开发区LG曙光等企业考察。

是日 长沙市首例被提起刑事诉讼的贩卖假烟案开庭。被告人陈某2000年起从浙江省购买假冒名烟，销售给长沙各烟店烟摊，共计销售假烟金额达1.24万元。

5月26日 "中国湘绣之乡"牌楼落成暨沙坪湘绣研究所成立庆典大会在捞刀河镇沙坪集镇举行。

5月30日 湖南网络新闻"旗舰"——红网开通运行。

6月4日 开福区西长街、如意街两个街道办事处撤并，更名为"西长街街道办事处"。

6月8日 火星大道雨花段动工兴建。该路段北起人民东路，南至洞井镇境内的李洞路，全长11.2千米，总投资7亿元人民币。

是日 长沙简牍保护研究中心奠基。中心基地位于天心阁东北侧，占地面积近2万平方米，总投资7000万元。

是日 黄兴北路拓改工程启动。该路段从五一广场至潘家坪，全长3千米。

6月10日 长沙市首届大众运动会暨长沙市实施《全民健身计划纲要》第二期工程启动仪式在烈士公园举行，市领导及1000多市民参加开幕式。

是日 全国人大常务委员会副委员长姜春云到长沙考察，并赴宁乡花明楼参观刘少奇故居和纪念馆。

6月16日 宁乡县黄材镇发现国宝级文物——兽面纹铜瓿。铜瓿系西周早期物品，距今有2800多年历史。铜瓿形状为短颈鼓腹圈足，通高62.5厘米，口径58厘米，腹径89厘米，重55千克，为国家一级文物，造型精美，纹饰独特，器型巨大，为国内罕见。

6月29日 机场高速公路开工，总投资6.4亿元。雨花区段西接雨花互通立交桥，与雨花大道、京珠高速路相衔接，东至榔梨浏阳河大桥，长6.58千米。

7月1日 长沙市第一个民办学校党支部——中共芙蓉区长沙楚才学校党支部成立。

7月6日 湖南省首家由中、美、英三国纳米研究领域专家共同组建的中外合作华星宇纳米技术研究开发中心在长沙成立。

7月10—13日 “2001年湖南（香港）投资贸易洽谈会”在中国香港举行。长沙代表团共签约项目44个，总投资10.08亿美元，利用外资7.33亿美元。

7月15日 省委书记、省人大常委会主任杨正午在长沙县调研，指出农村工业化是一条朝阳路。

7月19日 团中央书记周强、书记处书记崔波率部分省市团委书记到长沙县江背镇印山村考察。

7月24日 南非夸祖鲁—纳塔尔省议会代表团一行5人到浏阳考察企业开发项目、乡镇企业发展、农民家庭经济情况。

7月31日 110千伏桂花园全户内变电站投运。这是长沙电网第一个由芙蓉路电缆隧道供电的变电站，共有3台5万千伏安变压器。

8月16—20日 “长沙三国吴简暨百年来简帛发现与研究”研讨会举行，国内外共150名专家学者参会。

8月17日 长沙市召开打击破坏市场经济秩序犯罪宣判大会，全市两级法院分别对8案11名抗税，购买假币，生产、销售伪劣产品等经济犯罪案件一审判决。

8月20日 中共长沙市委召开全市负责干部会议。会上宣布省委决定，张云川不再兼任长沙市委书记，梅克保任长沙市委书记。

8月21日 霞凝港建设在开福区霞凝镇动工。该工程总投资4.77亿元，是交通部“十五”计划重点项目，省市重点工程。2003年7月30日建成。

8月27日 浏阳市获“全国社会治安综合治理先进集体”称号。

8月28日 长沙电视台经贸频道开播，定位为“完全市民角度，身边资讯专家”。

是月 110千伏建湘变电站投产，是全省也是中南地区第一座地下变电站。

是月 长沙新港开始动工兴建，一期工程建设4个千吨级泊位，码头总长320米、宽40.2米，位于湘江下游长沙市开福区新港镇（霞凝）湘江主航道的右岸。2002年7月21日，千年老港长沙港开始拆迁。这是自1953年长沙港务局成立以来最大的一次拆迁，拆迁面积达6.7万平方米，4000多人将离开老港。

9月3日 长沙市人民政府在政府大楼一楼大厅设立长沙市政务公开窗口投入运行，16个单位进入大厅政务公开窗口为国内外公民和各类法人提供政务咨询、接洽受理、反馈各类行政审批事项。

9月6日 长沙市举行教师节庆祝大会，全市303名优秀教师和优秀教育工作者受到表彰，100名教师和56项科研分获“华天”“九芝”“商银”“友谊”奖。

9月7—15日 首届中国人体摄影艺术大展在长沙举行，展出作品117件。

9月8日 中国共产党长沙市第八次代表会议召开，148名党员代表参加会议。会议选举张云川、石玉珍、梅克保、谭仲池、杨顺初、秦卓夫、董学生等54人为出席中共湖南省第八次代表会代表。

9月10日 中共中央政治局委员李铁映到长沙考察，视察五一广场、五一大道、芙蓉路、二环线等地，对长沙的城市建设发展表示赞赏。

是日 黄兴北路拆迁工程，在拆除原人民印刷厂旧房西栋六楼西向墙时，墙体意外向西倒下，造成2死1伤重大责任事故。

是日 中共中央政治局原常委、全国人大常委会原委员长乔石到长沙市考察城市建设和高科技企业。

9月17日 长沙市高新区被评为“全国先进国家高新区”。

9月19—21日 布隆迪国民议长代表团访问长沙，到陈家渡蔬菜基地参观。

9月22日 劳动西路（劳动广场—湘江大道）第二期工程竣工，举行通车典礼。

9月23日 劳动东路动工兴建。该路西起二环线，东至京珠高速，全长3.4千米，总投资2.7亿元。

9月24日 中共长沙市委、市政府举行机构改革动员大会，决定市委机构由12个精简为11个，市政府机构由62个精简为51个，市直行政编制由3273人精减为2431人。市人大、政协机关，市群众团体人员编制按20%比例精减，市中级人民法院、市检察院编制精减比例为10%。

9月25日 湘江大道一期工程首段竣工，湘江大道北起湘江二桥，南至湘江南大桥全长9963米，工程预算总投资22亿元。

9月26日 长沙晚报社报业集团成立。《长沙晚报》创刊于1956年，是湖南第一家挂牌的报业集团。

9月27日 国家计委、信息产业部联合向长沙高新区国家软件产业基地授牌，长沙成为中部地区唯一进入全国十大重点软件产业基地的地区。

9月30日 中国（长沙）首届国际汽车文化节开幕。

是月 长沙市机场高速开工建设，全长18千米，双向4车道，投资7.65亿元。2003年9月13日，竣工通车。

10月13日 联合国工业发展组织（UNIDO）与长沙市政府达成共建中国浏阳国际医药产业园协议，联合国工业发展组织副总干事长丸野阳与长沙市副市长胡进安分别代表双方在合作协议上签字。副省长贺同新、市长谭仲池等出席签约、授牌仪式。

10月18日 长沙最大的新型干法旋窑生产高标号水泥厂在印山村点火投产。

10月20—21日 2001长沙·台湾经贸合作洽谈会举行。这是长沙市首次举办的海峡两岸经贸合作洽谈，签订合同、协议，达成意向33个，利用台资2.7亿美元。

10月20—22日 首届国际烟花质量技术安全论坛暨第五届中国浏阳国际花炮节举行。全国政协副主席毛致用出席并视察株树桥水库大坝、发电厂和库区。

10月27日 长沙卷烟厂、远大空调有限公司、乐金曙光电子集团、三一重工、长沙中联重科、长沙威胜电子等企业荣列2000年湖南省工业总产值和销售收入百强企业。

10月27—31日 长沙县人民政府与中国香港明华国际投资公司签下扩建黄金大道的合约（黄金大道系省道S207线长沙县黄花镇至平江县茶子坪段），这是长沙市9县（市）区首个引进境外资金建设公路的项目。

10月29日 长沙市城区机动车环线及桥梁通行年票制实行。

10月30日 长沙技术产权交易所挂牌成立，网上交易所（www.cstpe.com）同时开通。

是日 中共江西省委书记、省人大常委会主任孟建柱率江西代表团一行50人到长沙考察，与湖南省签订经济合作协议，长沙市与南昌市结为友好城市。

10月30—31日 长沙市第十一届人大常委会第三十二次会议召开。会议通过《关于批准长沙市和南昌市结为友好城市的决定》和《长沙市人民代表大会常务委员会关于修改〈长沙市城市房屋拆迁管理条例〉》等有关事项。

11月2日 杨开慧烈士100周年诞辰纪念大会在开慧乡骄杨广场举行。全国人大常委会副委员长、全国妇联主席彭珮云，全国政协副主席毛致用出席纪念大会。

是日 雨花区洞井教育学区老师史可成在凌晨4时发生的杀人案件中，只身赤手制服歹徒，刀下救出一名小女孩，后被授予“长沙市见义勇为先进个人”。

11月27日 国防科技大学研制成功国内第一个蛇形机器人。

12月2日 中共长沙市委、市政府在望城举行纪念郭亮烈士100周年诞辰大会。

12月5日 黄兴北路人防工程基建工地发现大型古井群，30余口古井内发现珍贵文物百余件，出土文物自战国至明清各时期都有，唐宋时期文物居多，其中青瓷器出土数量最大。

12月6日 长郡教育集团成立。长沙市长郡中学系湖南省示范性普通高级中学，1904年创建，此后，学校先后更名。1984年恢复“长郡中学”的校名。1995年以后，教育教学各项评价指标连年领跑湖南。长郡教育集团成立后，学校快速发展，至2012年，长郡集团旗下有麓山国际实验学校、长郡雨花外国语学校、长郡双语实验中学、长郡芙蓉中学、长郡梅溪湖中学等学校。

12月18日 中共长沙市委召开十届四次全体会议。举手表决产生长沙市出席中共十六次全国代表大会候选人初步人选：梅克保、卢平、李焕然、胡子敬。

12月26日 长沙市人民政府制定并颁发《关于进一步理顺城区办学体制落实义务教育责任的通知》，规定“城区基础教育在市政府领导下，实行市区两级分级负责、分级管理。将14所市直中学移交区政府管理，旨在依法落实义务教育办学责任，优化教育资源配置，提高义务教育水平。

是年 中央储备粮宁乡直属库扩建。该储备库始建于1998年，占地22万平方米，总仓容12.5万吨。

2002年

1月5日 长沙市公安局从黄兴南路整体搬迁至解放西路原市政府大院。

1月8日 岳麓区望月湖社区在全国首创“道德银行”开业，首期注册1200户，这家特殊银行作为社区志愿者协会下属的一个载体，导入银行运作理念。以制度形式规范志愿服务者有权获得社会回报。

1月15日 投资3亿多元的麓山南路拓改整治工程全面展开，北起师大北门楼，南至二环线西南段。

1月19日 全国最大垃圾填埋场在望城县桥驿镇竣工，库容为4500万立方米，服务年限为34~

50年。

1月20—23日 长沙市第十一届人民代表大会第五次会议召开。大会听取并审议《政府工作报告》《关于长沙市2001年国民经济和社会发展计划执行情况与2002年国民经济和社会发展计划（草案）的报告》，审查和批准长沙市2001年国民经济和社会发展执行情况及2002年国民经济和社会发展计划等。

1月22—26日 全国水政工作会议在浏阳召开。水利部副部长敬正书，省委副书记、副省长周伯华及全国29个省（自治区、直辖市）水利厅（局）长出席会议。

1月24日 2001年全国工程机械行业企业经济效益名次排定，长沙市三一重工位居榜首。

1月29日 根据省、市政府的政策规定，外地人员可按新政策落户长沙。符合条件者可凭组织、人事、劳动等部门手续，携带相关证件资料，到市公安局办理申请入户手续。

2月1日 黄兴北路一期工程五一广场至中山亭路段通车。该路段全长400余米，路幅宽46米，双向6车道。

是日 湘江大道防洪工程开工。工程南起潮宗街口，北至湘雅路口，全长1160米。

2月9日 黄兴南路步行街开通。

2月16日 宁乡县被国土资源部评为“全国土地执法模范县”。

2月21日 全国城市低保暨救灾工作会议在长沙召开。民政部副部长杨衍银作报告，副省长庞道沐、市长谭仲池参加会议。

2月26日 市委书记梅克保与10万市民在雨花区欢度首届社区文化节，共度元宵节。

3月1日 位于长沙市东风路中段的湖南红太阳娱乐有限公司演艺中心因电线短路引发特大火灾，过火面积2655.5平方米，造成直接经济损失938万元。

3月6日 长沙市被评为1999—2000年度全国科技先进市。

3月7日 市委书记梅克保到宁乡西部边远贫困的崔坪、沙田、巷子口、龙田等乡镇调研，为农民排忧解难。

3月10日 长沙—武汉城际列车始发，旅客往返两市之间只需3个半小时。

3月13日 中共长沙市委、市政府召开动员大会，号召举全市之力创建全国文明城市，并公布《长沙市市民文明守则》。

3月18日 三一重工亿元奖学助学基金启动仪式在长沙交通学院举行。副省长唐之享出席签字仪式。三一重工股份有限公司设立亿元奖学助学基金，分多个奖学助学项目，分别在长沙交通学院等有关高校设立“三一工程机械奖学金”，在中南大学等高校设立“三一奖学金”，在湖南大学等10所高校设立“三一助学金”。

3月19日 长沙卷烟厂和湖南梦洁家纺有限公司的“白沙”“梦洁”牌被国家工商总局认定为“中国驰名商标”，结束长沙市无“中国驰名商标”的历史。

3月22日 长沙市召开全市妇女儿童工作会议部署新颁布的2001—2020年《长沙市妇女儿童发展规划》贯彻落实工作。

3月26—27日 中共长沙市委召开十届五次全体（扩大）会议，进一步研究部署实施兴工强市战略，强力推进长沙市工业化进程。省委常委、市委书记梅克保指出，根据省第八次党代会提出的强力推进“三化”（工业化、城市化、农业产业化）进程，建设经济强省的精神，市委决定把实施兴工强市、推进工业化进程作为长沙市经济工作的重中之重。

3月28日 中央电视台大型纪录片《开国将帅故乡行》在浏阳开拍。

3月29日 北汽福田长沙汽车厂月产汽车2000辆，创造省内单个汽车厂家月产量的最高纪录。

是日 市长谭仲池会见法国驻华大使毛磊一行，一同考察远大空调有限公司和中联重科有限公司。

是月 由湖南长丰汽车制造股份有限公司与长沙汽车制造总厂及长沙市技术进步投资担保公司合资组建的长沙长丰汽车制造有限公司建成投产。

4月2—7日 乌干达第三副总理兼外长詹姆斯·瓦帕卡布洛率乌干达政府代表团到长沙进行友好访问，参观浏阳宏源水电站、浏阳工业园、望城果菜基地。

4月5日 由国防科技大学等单位共同研究建造的中国第一条中低速磁悬浮列车试验线在长沙建成通车。该试验线全长204米，包括一段100米半径弯道和千分之四的坡度，轨距宽2米。磁悬浮列车车厢长度15米，可载客130多人，设计时速150千米。

4月8日 省委副书记文选德，省委常委、市委书记梅克保等到雷锋纪念馆，就投资4200万元改扩建工程及征地等事项进行现场办公。

4月10日 长沙市召开农村税费改革会议，确定全市农村税费改革全面推行，从6月份起长沙农民持卡纳税。

4月12日 由山西省委常委、太原市委书记云公民率领的太原市委经济考察团一行14人到长沙考察。

4月14日 由湖北省委副书记、武汉市委书记罗清泉率领的武汉市党政代表团到长沙考察。

4月22日 国务院副总理吴邦国到长沙视察，与部分下岗职工和有关人员亲切交谈，要求让下岗职工尽快再就业。并视察长沙经济技术开发区、力元新材料公司、LG曙光等入区企业。

4月24日 中南大学教授周春山从茶叶渣中提取高纯度单体抗癌活性物质获得成功，该成果通过科技部门鉴定，被列为湖南省高科技产业项目。

4月25日 中共长沙市委召开十届六次全体会议。会议采取举手表决方式，通过出席中共湖南省党员代表大会代表14名，其中党员领导干部9名、生产工作一线党员代表5名。

4月27日 马王堆汉墓出土30周年纪念日，省博物馆发布马王堆轪侯夫人复原头像。

4月28日—5月28日 第一届湖南（朝阳）电脑科技文化节在朝阳电子科技街举行。

4月29日 长沙市举行集会，纪念共青团成立80周年，省委常委、市委书记梅克保发表讲话，团省委副书记李晖，中共长沙市委副书记余合泉、吴志雄等出席。

5月1日 长沙中联重工科技发展股份有限公司获得全国"五一劳动奖状"。杨礼基、许菊云、周鸿翔、陈志红、张志坚5人获得2002年度全国"五一劳动奖章"。

5月8日 河南省委常委、洛阳市委书记孙善武率洛阳市党政代表团到长沙考察。

5月10日 长沙华红实业有限公司总经理尹彦征研究开发的高温烧制陶瓷大红色釉技术通过国内专家的技术鉴定，填补该项陶瓷工艺界的技术空白。

5月16日 由国务院台办组织的"知名台商三湘行"的16家台湾知名企业集团代表先后考察长沙市台商投资区及高新区、浏阳生物医药园。

5月24日 长沙市政府发布《关于禁毒的决定》。

是日 市公安局禁毒支队成立，确定年内全市创建50个"无毒社区"。

6月7—8日 国务院总理朱镕基到长沙视察防汛工作。

6月10—12日 “欧亚水资源管理研讨会”在长沙召开。来自欧盟15国、东盟7国和中、日、韩共25个国家的部长及代表团、各国驻华使馆代表和专家及欧盟委员会官员参加研讨会。会议拟定有关水资源管理、保护、利用及建议采取联合改进的《长沙宣言》，并由《长沙宣言》构建起欧亚水资源管理合作与交流的基本框架。

6月11—12日 2002年“猎豹杯”石燕湖国际龙舟赛在长沙举行，共有国内外13支龙舟队参赛。

6月18日 全省首家日资工业园“湖南日本科技工业园”在浏阳工业园奠基。

是日 长湘（长沙—湘阴）公路全线贯通，全长50余千米。

6月20日 长沙市第二大普教集团——雅礼教育集团成立。该集团下辖雅礼中学、长雅实验中学及雅礼（寄宿制）中学。

6月21日 国家环保总局副局长汪纪戎率检查组到长沙县检查黄兴镇化工企业污染治理情况，要求关停污染严重的长沙仙旺化工和长沙市蓝天化工厂。

6月28日 砂子塘教育集团挂牌成立，这是湖南省成立的第一个小学教育集团。

6月28日 长沙社会科学院挂牌成立，长沙市社科联与市社科院、市社科规划办实行“三块牌子，一套人马”合署办公。

7月2日 中国残联主席邓朴方到望月湖社区服务中心考察社区残疾人工作。

7月6日 麓山南路一号附近岳麓山信用社麓南分社拆迁工地北向残墙（约120平方米）倒塌，致13人死亡（当场死8人，经医院抢救无效死5人），15人受伤。

7月11—14日 全国十五座城市政协工作研讨会暨政治经济合作会议第十七届年会在长沙举行。会议期间，与会代表围绕政协在促进非公有制经济发展方面如何履行职能、人民政协工作在新形势下如何开拓创新进行广泛交流和研讨。长沙市在合作会上成功签约6个项目，合同资金13.56亿元。

7月15日 长沙火车站广场改造工程开始动工。工程总投资9100万元，包括广场地面及两座人行天桥及地下停车场。10月18日全面开放。

7月20日 新建宁乡县一中竣工落成，总投资1.2亿元。该校区占地26.67公顷，共建房屋25栋，建筑面积9万平方米，可容纳60个班3000多名高中生。

7月25日 宁乡县朱良桥乡63岁共产党员高凤祥在抗洪抢险中为保护阳伞坝防护闸口，不幸被洪水卷走牺牲。

7月27日 全国最大的专业铝材基地——湖南经阁铝业科技股份有限公司落户芙蓉区工业园。该基地总投资4.6亿元。

7月31日 湖南省人民政府批准在雨花区洞井镇设立湖南环保科技产业园，并列入省级开发区系列。该园占地15平方千米。

7月 长沙市军粮供应站与长沙市粮食连锁公司脱钩，与长沙市粮油总公司合并。

8月2日 建于1958年的长沙石油厂由于资不抵债，被海利集团兼并。

8月4日 三湘南湖大市场成立。原有的10个专业市场整合成4大专业区，年成交额突破50亿元，计划争创全国知名品牌市场。

8月6日 长沙市工商联召开成立50周年庆祝大会，省工商联会长何报翔以及市委副书记余合泉等到会祝贺。

8月8日 首届中国星沙皮革箱包展示交易会在星沙镇举行。中国轻工业联合会副理事长张淑华出席开幕式。

8月12日 长沙地区主网及城网无人值班变电站监控中心挂牌成立并投入运行。

8月16日 长沙市出台农村税费改革配套政策，对农村中小学适当撤并，将精减教师3000名。

8月18日 《长沙市、昆明市缔结友好城市协议市》在云南昆明举行签字仪式。

8月25日 投资6亿元，全长6.08千米，双向6车道的潇湘大道全线贯通。

9月2日 全省首个水培蔬菜基地在长沙县黄兴镇建成，共投资1.24亿元，占地5000亩，每亩可日产蔬菜260千克。

9月3日 全国传统百货升级换代模式高层研讨会在长沙召开，友谊阿波罗商业集团的“经营管理一体化”模式向全国推广。

9月5日 雨花区区治开工兴建。区治分1号、2号主楼、会议中心、后勤中心、文化中心，总面积11.75万平方米。

9月6日 首届中国（长沙）村官论坛在长沙开幕。会议为期3天，参会人员有：江苏华西村集团吴仁宝、河南南街村王宏斌、山西大寨村郭凤莲、安徽小岗村严宏昌、浙江上杨村杨保伟、湖南株洲戴家岭村叶建兵等。

9月12日 2002年中国湖南旅游节在长沙举行，全国政协副主席毛致用、省委副书记文选德，副省长周伯华，省委常委、市委书记梅克保等出席开幕式。

9月17日 新世纪体育文化中心东广场封顶。该广场占地7.8公顷，面积6.8万平方米，为省内最大城市中心广场。

9月26日 人事部、国家计生委召开表彰会，长沙市计生委荣获全国先进集体称号。

9月27日 长沙市人民政府发布《关于整治城市乱画行为的通告》，9月30日开始实施。

9月28日 湖南省首届花卉博览交易会在长沙“湖南省森林植物园”召开。花博会由湖南省政府主办，省绿化委员会、省林业厅、省花卉协会承办，其主体场馆按不同功能分为室内花卉盆景展区、露天展区、花卉交易零售区。展出面积约6万平方米。

9月30日 第一批《老长沙》系列铜雕塑共6组在黄兴南路步行商业街建成。

是日 国庆庆典暨火星南路一期通车，二期开工典礼在火星大道（现万家丽路）木莲冲广场举行。火星大道在雨花区境内北起人民东路，南至长沙县界，为东部市区1级主干道。区内全长13.87千米，宽66米，双向6车道。2001年6月8日动工，2004年年底全线通车，总投资13.37亿元。

10月5日 长沙籍运动员李小鹏在韩国釜山举行的亚运会上夺得男子跳马、双杠以及团体共3枚金牌。

10月5—7日 应中国佛教协会邀请，中国台湾“大陆佛教古迹巡礼团”一行500人抵达长沙，到岳麓山寺和浏阳石霜寺参访，岳麓山寺方丈圣辉率500余名四众弟子礼待；副省长唐之享等会见巡礼团全体成员。

10月8日 长沙市政务服务中心挂牌对外办公。全市有行政职能的首批31个部门集中公开办公，纳入审批的项目有150多项。

10月9日 全市秋修水利工程动工。全市计划秋冬完成各类水利工程6万处，完成土石方6000万立方米，完成工日6000万个。

10月13日 湖南省首个印刷包装工业园挂牌成立。工业园选址黄金乡金沙、青山坳村，占地面积

200公顷。

10月12—14日 莫桑比克总理莫昆比等一行16人到长沙访问，参观望城百果园。

10月19日 国际烟花合作与贸易大会在浏阳开幕，中、美、英、法等30多个国家和地区的官员及客商参加会议。会议期间，成立国际烟花协会，并通过《国际烟花协会章程》和《国际烟花协会工作计划》。

10月19—21日 首届中国星沙企业文化论坛在长沙经济技术开发区举行。论坛由中国企业联合会、中国企业家协会、长沙市人民政府主办，主题是“经济全球化时代的企业文化”。中央电视台在星沙广场举行“走进金秋星沙”大型文艺晚会。

10月25日 湘江长沙段河道清障完成，建于1968年的湘江便桥开始拆除。橘洲湘江便桥坐落在长沙湘江一桥北侧，连接着橘子洲和湘江西岸，长441米，宽5米。湘江一桥1972年9月建成后，便桥便不再通车，成为当地居民通行便道。

10月26日 由著名遗传学家、中南大学湘雅医学院教授卢光琇主持的干细胞技术研究取得重大突破，世界上第一个人类治疗性克隆胚宣告建立。

10月31日 投资1.29亿元的“20万吨盛湘大米生产线及其配套深加工项目”落户宁乡。

11月5日 桐梓坡西路竣工通车，全长1041米，宽36.43米，主车道20米，总投资1.2亿元。

11月16日 长沙市绕城高速公路河西段竣工，标志着长沙市“大三环”（全长64.1千米）格局基本形成。长沙绕城高速北接京珠高速公路临长段的杨梓冲互通（跨107国道），西穿长常高速，南跨107国道与京珠高速公路长潭段的李家塘互通，全线建有月亮岛大桥和黑石铺大桥跨越湘江。

11月20日 《湘江滨水区及橘子洲规划初步方案》出台。

11月23日 长沙市中心医院急诊医技大楼建成并投入使用。全院占地面积11.33公顷，医技大楼建筑面积3.5万平方米。

是日 长沙市知识产权局挂牌，标志着长沙市应对加入世贸组织后知识产权工作步入正轨。

11月27日 湖南涉外经济职业学院建成全省高校最大的电子图书馆，可同时容纳7000余名学生上网阅读。

11月28日 湘府路（原蔡家冲路）开工建设。该路东起火星大道，西至芙蓉路，全长8千米，规划路幅宽86米，双向10车道，为城市一级主干道。2004年建成通车，投资3.88亿元。

11月29日 《长沙市城市供水用水管理条例》出台，规定停水不得超过36小时。

12月3日 长沙市人民政府出台《门牌整顿、编码安装管理实施方案（试行）》，15日开始实施。

是日 长沙市人民政府出台《长沙市城市住宅区和高层建筑物等标准地名实施细则（试行）》。

12月8日 纪念徐特立125周年诞辰暨长沙师范建校90周年大会举行。

是日 日本国会议员、自民党副总干事长丸野阳一行考察浏阳生物医药园。

12月10日 长沙电厂完成整体拆除。该厂建于1898年，1997年关闭。

12月13日 全长约12.6千米的芙蓉路电缆隧道全线建成。隧道最大埋深36.34米，总投资2亿多元，从北至南共规划建设桂花园、中山、建湘、赤黄、南门、木莲冲6座110千伏变电站和芙蓉、芙蓉南2座220千伏变电站，沿线总主变容量95万千伏安，担负长沙城区40%的供电负荷。

12月26日 毛泽东109周年诞辰、秋收起义会师75周年纪念大会召开，常务副省长王克英、市委书记梅克保和近万名群众参加大会。

12月27日至2003年1月1日 政协长沙市九届一次会议召开。会议听取市政协第八届常务委员会工作报告和提案办理情况报告；选举产生政协长沙市第九届委员会常务委员会组成人员，简用超任主席。

12月28日至2003年1月2日 长沙市第十二届人民代表大会第一次会议召开。会议听取并审议《政府工作报告》；听取和审查《关于长沙市2002年国民经济和社会发展计划执行情况与2003年国民经济和社会发展计划（草案）的报告》，审查和批准《长沙市2002年国民经济和社会发展执行情况及2003年国民经济和社会发展计划》等。大会选举杨顺初为市人大常委会主任、谭仲池为市政府市长、何文炯为市法院院长、罗宗祥为市检察院检察长。

12月29日 纪念国家和军队优秀领导人、杰出的无产阶级革命家肖劲光100周年诞辰大会在长沙举行，省委副书记文选德，省委常委黄建国，省委常委、市委书记梅克保等出席大会并讲话。

是月 湖南盛湘粮食购销集团有限公司被批准成为长沙市粮食系统第一家国家级农业产业化龙头企业。

是月 长沙市立新织布厂全部搬迁完毕。开福寺与立新织布厂相互办好土地红线、房产权证和补偿资金的交接手续。一个由于特殊历史背景下产生的宗教遗留问题得到妥善解决。

是年 第三批由国债投资建设的长沙书院路粮库3万吨、长沙县丁家岭粮库3.5万吨、浏阳市永安粮库2万吨仓容，共计8.5万吨仓容建设工程竣工。

2003年

1月1日 长沙首条政府公益法律专线12348开通，专职律师免费为市民解答疑问。

1月4日 马王堆蔬菜批发市场蔬菜检测中心投入运作，每天对入场的400多万千克新鲜蔬菜抽检农药残留含量。

1月8日 湖南环保科技园破土动工，总面积15平方千米，由湖南环保局和长沙市雨花区政府联合开发建设。

1月10日 由长沙市烹饪协会、长沙晚报报业集团主办的长沙首届龙卡杯美食节开幕式在火宫殿举行，以“火红万家”为主题，30多家入选的餐馆酒楼负责人及省内媒体、行业协会相关人士参与。

1月12日 投资20亿元的国家、省市重点工程长沙卷烟厂“十五”技改联合工程动工兴建。

1月16日 湖南国际汽车城动工兴建，地处韶山路段，总规划面积338.67公顷，为全省最大的汽车城。

1月19日 湖南友谊阿波罗公司成为国内商业企业改制成功的典型，入选2002年中国商业10件大事之一。

1月25日 全国第三家省会城市广电集团——长沙广播电视集团成立，该集团是以广电产业为主，涉及广播电视、发射运输、互联网站、新闻出版、文化娱乐、影视艺术、科技开发、广告经营等领域的现代传媒集团。

1月26日 湖南省“再就业优惠证”首发仪式在长沙举行，省人大常委会副主任王四连、副省长郑茂清和市长谭仲池、市委副书记吴志雄等向长沙市22名下岗工人发放“再就业优惠证”。

1月28日 长沙海底世界被国家旅游局授予国家AAAA级旅游景区。

2月11日 霞凝港区4个千吨级码头主体工程完工。码头岸线长320米，设计年通过能力120万吨。

2 月 15 日 长沙市人民政府获得全省“建议提案办理工作先进单位”称号。

2 月 25 日 长沙市人民政府与中国华电集团签约兴建长沙电厂。电厂由华电集团控股，总投资 100 亿元。12 月 30 日，华电长沙电厂在望城县铜官镇花果村奠基。

3 月 2 日 开展学雷锋活动 40 周年纪念暨表彰大会在望城县新修建的雷锋纪念馆举行。

3 月 6 日 国家质量监督检验检疫总局 2003 年第 26 号文件公告，批准即日起对浏阳花炮实施原产地域产品保护。

3 月 9 日 金霞纸业批发大市场挂牌。该市场地处开福区，工程占地 6.67 公顷，为全省唯一一家大型纸业专业市场。

3 月 12 日 宁乡师范学校更名为“长沙市信息职业技术学校”。

3 月 18 日 醴浏（醴陵—浏阳）铁路全线停运。该铁路 1966 年 7 月 1 日投入营运，历时 37 年。7 月 7 日，经省人民政府批示同意，醴浏铁路全线拆轨。

是日 经全国高技术产业化协作组织批复，浏阳现代农业园被确定为“CHC 全国高技术产业化示范园区”。

3 月 20 日 319 国道城区段改扩续建工程开始施工。该工程西起浏阳河，东至星沙收费站，全长 4700 米，总投资 6800 万元。5 月 20 日，工程竣工通车。

3 月 21 日 长沙市颁布湖南省第一个对解除劳教人员安置工作的政策性文件《关于进一步做好刑满释放解除劳教人员安置帮教工作的意见》。

3 月 26 日 长沙市第十二届人民政府第一次全体（扩大）会议召开。市长谭仲池指出，新一届政府一定要从严治政，扎实工作，紧密结合长沙实际，认真将全国十届人大一次会议精神贯彻落实到各项工作中。

3 月 27 日 市长谭仲池会见美国加州桑尼维尔市市长朱莉娅女士一行。

3 月 30 日 为期 3 天的“2003 年中国长沙环保与节能论坛暨科技成果展示会”落幕，共签约 23 亿元。

是月 中共中央政治局常委、国务院副总理黄菊视察长沙经开区 LG 飞利浦曙光和三一集团两家企业的生产车间，听取有关情况汇报，并勉励企业不断创新，再创辉煌。

4 月 1 日 长沙导游从业人员开始佩戴 IC 卡导游证上岗服务。

4 月 11 日 长沙市行政效能投诉中心成立。该中心是为加强对全市行政机关及其工作人员行政效能的监督而设立的专门机构。

4 月 12 日 20 万吨盛湘大米生产线及其配套深加工项目在宁乡投入使用。

4 月 14 日 长沙与乌干达共和国恩德培市建立友好城市关系。

4 月 17 日 全国大中城市民营企业（长沙）合作交流会开幕。会议以全国部分大中城市知名民营企业家和工商联负责人为参会主体，其中沿海经济发达城市民营企业家占 83%。全国人大代表、全国政协委员 20 多人，全国知名民营企业家和港、澳、台工商界知名人士近 100 人，出席本次会议。

4 月 20—28 日 长沙市卫生系统宣布：进入防治“非典型性肺炎”（简称“非典”）紧急状态。22 日，市委召开常委扩大会议，要求全党动手，全民参与，打一场防治“非典”攻坚战，并取消一般文娱活动。23 日，国务院督查组一行 7 人到长沙督查“非典”防治工作。24 日，市委召开常委扩大会议，进一步研究部署“非典”防治工作。26 日，市疾病防控中心领导班子对防治“非典”工作抓得不力，措施不到位，市委决定调整其领导班子，数名干部被免职。28 日，市委、市政府召开会议专题部署“非典”防治工作，并决定派出 100 个工作组督查防治工作，从市直单位抽调 600 多名工作人员下到所指定的区县开展督查工作。30 日，召开防治工作联席会议，研究部署如何加强“五一”前后“非典”防治工作。

4 月 25 日 莫桑比克解放阵线党总书记格布扎一行 9 人到长沙考察。

4 月 28 日 位于黑麋峰附近的长沙市固体废弃物处理场启用。

是日 蔡家冲路动工修建。该路系一条东西向主干道，西起湘江大道，东至白沙湾路，全长 10.5 千米，路幅宽 86 米。

是月 长沙市粮食行业协会成立。

5 月 1—4 日 省委书记、省人大常委会主任杨正午到长沙慰问坚守“非典”防治岗位的人员，并要求一手抓“非典”防治、一手抓经济建设。市长谭仲池检查车站“非典”防治工作时要求盯“好”疫区来长人员。市委市政府派出 100 个督查组深入“非典”防治工作第一线，继续对防治“非典”工作措施落实情况进行督促检查。4 日，市长谭仲池等检查验收市“非典”定点治疗医院。

5 月 15 日 投资 6.6 亿元的 220 千伏芙蓉电站在长沙投入运营。

5 月 16 日 望城格塘乡凌冲村支部委员刘正斌，因连日参加防“非典”工作劳累过度，引发脑溢血去世，年仅 44 岁。先后于同年 6 月和 11 月被追授为全省、全国防“非典”工作优秀共产党员。

5 月 19 日 位于开福区湘江、捞刀河交汇处的五合垸在防汛抢险过程中溃决，无人员伤亡。6 月 1 日，省委常委、市委书记梅克保就五合垸溃决后的受灾群众安置和有关水利建设问题到开福区现场办公。

5 月 26 日 湖南省首次银企融资洽谈会在长沙举行。12 家国有和股份制银行、40 家中央驻湘和省重点项目企业参加。长沙团签约 128 个重点项目，签约金额 591.7 亿元。

5 月 30 日 投资 1.4 亿元的周南中学开工兴建。中学位于开福区金霞大道旁，占地 27.71 公顷。

6 月 2 日 长沙市燃气总公司与新奥燃气控股有限公司签订关于合资开发长沙市天然气市场的框架协议，双方共投资 8.3 亿元。8 月 29 日，长沙新奥燃气股份有限公司注册成立。根据协议，新奥燃气在其中占 55%的股份。

6 月 3 日 长沙市获“全国推行厂务公开先进单位”称号。

6 月 11 日 “全省按需申领护照”工作在长沙市开始试点，居民只需凭户口和身份证就可到出入境管理中心申领护照。

6 月 15 日 湖南省城市社区海选工作在开福区四方社区举行，省内首个直选居委会产生。

6 月 16 日 即日起，70 周岁以上老人可凭“老年优待证”免费乘坐市区所有线路公交车。

6 月 17 日 全市农村卫生工作会议召开，宣布年内试行农村合作医疗制度。

6 月 20 日 湖南橡胶厂人员和生活区移交社区管理签字仪式举行，拉开长沙市企业退休人员移交社区管理的序幕。

6 月 24 日 长沙市长沙城区最大规模的土地集中拍卖活动举行，共推出 12 宗土地，面积 92 公顷，共拍卖 8 宗土地总成交 5.3 亿元。

6 月 25 日 《长沙市城市市容和环境卫生管理办法》实施，随地吐痰最高可处罚 200 元。

6 月 29 日 雨花区黎托乡花（桥）侯（照）路亮化通车典礼举行，花侯路成为全省第一条全线设置路灯的乡村公路。

7 月 3 日 劳动东路东段建成通车。道路全长 2.1 千米，宽 90 米，总造价 2 亿多元。

7月5日 湘江大道展览馆路至北大桥段竣工通车。道路全长2.6千米，双向6车道，总投资5.36亿元。

7月27日 自本月11日开始，长沙进入日最高气温35℃以上的高温期，连续17天，最高达40℃，超过近30年来连续15天高温的历史最长纪录。8月2日，最高气温达到41.2℃，为1959年宁乡气象站建站以来最高气温纪录。市水文局宣布：全市旱情等级全面升级为特大旱，持续高温时间长，时段降雨量少，湘江水位同期相比低。持续高温23天。

是月 湖南省军粮长沙供应站成立。该站由湖南省物资公司军粮供应站和长沙市军粮供应站合并组成。

8月1日 长沙市救助管理站挂牌成立，同时《城市生活无着的流浪乞讨人员救助管理办法》及实施细则开始实施。

8月2日 国务院副总理回良玉到长沙视察城市防洪工程建设和指导抗旱救灾补损工作。

8月5—7日 雨花区运动员郭洋在加拿大第二届世界盲人运动会上获200米蛙泳、100米蛙泳比赛金牌各一枚，实现中国男子盲人蛙泳世界冠军“零”的突破。

8月11日 全市治理党政部门报刊散滥和利用职权发行工作会议召开，传达中央、全省有关工作和会议精神。停办《长沙县报》和《望城报》，兼并或改为《浏阳日报》和《宁乡日报》，停办19种内报内刊。

8月14日 《长沙市人民政府行政问责制暂行办法》公布实施。

8月16日 中华诗词学会授予浏阳“诗词之乡”称号。湖南省省委原书记熊清泉、中华诗词学会会长孙轶青为“诗词之乡”石碑揭碑。

8月24日 湘江20年来首次发现中华鲟，重达100千克，长2.34米，约10岁。

8月25日 全市防治“非典”工作会议召开，59个单位获长沙市抗击“非典”先进集体，394人获长沙市抗击“非典”先进个人，长沙以无一例“非典”确诊病人和疑似病例，取得防治“非典”工作胜利。

8月26日 经长沙市人民政府批准同意，长沙市新命名、更名的道路72条，沿用原名称的108条。新命名的芙蓉路长度超过50千米。

9月1日 中共中央总书记、国家主席、中央军委主席江泽民出席国防科学技术大学50周年校庆并发表讲话。他指出，在推进中国特色军事变革的历史进程中，军队院校肩负着神圣的使命；要求把军队院校教育摆在优先发展的战略位置，不断为推进中国特色军事变革提供强有力的人才和智力支持。中共中央政治局委员、湖北省委书记俞正声，中央书记处书记、国务委员陈至立，中央军委委员李继耐出席大会。

9月2日 刘少奇曾经坐过的飞机从四川彭州安全运抵宁乡刘少奇故乡。

9月13日 位于洞井镇和平村的湖南雨花五金机电大市场奠基开工，首批规划用地26.7公顷，投资5亿元。

9月17—23日 雨花区运动员郭洋在全国第六届残疾人运动会上获100米蛙泳、50米蛙泳金牌各1枚，并被组委会评为体育道德风尚奖。

9月19日 市长谭仲池与德国奥格斯堡市市长保罗温葛尔特签订建立友好合作伙伴关系意向书。

9月25日 中南地区最大的水培蔬菜厂——湖南绿世界水培蔬菜厂在长沙县黄兴镇建成投产。

9月28日 长沙市金霞污水处理厂扩建一期工程全面投入使用，全市日污水处理能力增至32万吨。

是日 长沙市公安局直属女子特警大队成立，60名女子特警首次公开亮相。

9月29日 湘江路南段（西湖路口至劳动路）全线竣工通车。该路段全长700米，宽54米，双向6车道，总投资3.4亿元。

是月 湖南一力物流园一期工程——钢材大市场竣工营业。该园区占地133.3公顷，建筑面积30万平方米，总投资6.8亿元。

10月1日 长沙广电的第九大媒体——数字移动传媒电视信号开通。长沙广电数字移动传媒有限公司自2003年1月开始筹备，至开播时，在全市50台公共汽车和100台出租车上安装首批移动电视屏，播出节目以新闻和文体内容为主。

10月1—4日 中共中央总书记、国家主席胡锦涛到湖南视察。4日，在长沙市职业介绍服务中心考察，同正在求职的下岗职工亲切交谈，鼓励下岗职工学习新技能，适应新要求，早日就业，并要求为下岗职工创造再就业机会和条件。

10月4日 湖南省第一家社区网站在开福区清水塘芙蓉路社区开通。

10月8日 省委常委、市委书记梅克保，市委副书记、市长谭仲池等与600名市直机关干部、400名环卫工人和城运会青年志愿者一道参加城市清洗、清扫活动，启动长沙市以“清爽洁净迎城运”为主题的“三洗两清”城市卫生周活动。

是日 中共芙蓉区委、芙蓉区人民政府举行芙蓉区新机关大院启用仪式。

10月13日 芙蓉北路国家粮食储备库一宗土地（17.12公顷）在长沙土地市场以挂牌竞价方式成功出让，起始价3.85亿元，成交价5.94亿元，成为当时长沙市大宗土地单价最高、总价最高的一次土地拍卖。

10月18—27日 由国家体育总局主办、湖南省人民政府承办、长沙市人民政府协办的全国第五届城市运动会在长沙召开，全国78个城市的代表团参赛。中国台北市、台南县代表团和香港、澳门特别行政区代表团组团参加，实现中华大家庭赛场大团圆。27日，运动会结束，广州、南京、沈阳分别以39枚、27枚、21枚金牌名列前三，长沙以19枚金牌位列第五名。

10月26日 国务院副总理曾培炎到长沙考察。

10月30日 国际烟花协会在浏阳成立。该协会由中国、美国、德国、英国、荷兰、乌克兰、法国、澳大利亚等国家或地区的烟花组织发起成立，由中国国务院特批、在中国民政部登记注册，由中国商务部主管的烟花爆竹行业的国际性民间社团组织，也是在中国民政部登记注册的唯一一家国际性行业组织。

11月8—10日 中共中央政治局委员、中央书记处书记、中宣部部长刘云山考察长沙文明创建和文化产业工作。

11月9日 中共长沙市委十届十次全体会议召开。会议贯彻中共十六届三中全会精神，审议通过中共长沙市委《关于贯彻落实〈中共中央关于完善社会主义市场经济体制若干问题的决定〉的意见》。

是日 新疆维吾尔自治区吐鲁番地委书记宋爱荣率领吐鲁番党政代表团到长沙考察。

11月14日 芙蓉北路拓改工程验收合格。该路原名金霞路，南起伍家岭，北至新港镇戴家河，全长5.27千米，宽60米，双向6车道。

11月22日 卫生部组织召开认证会，确定在中南大学湘雅医学院建立中国第一个卫生部肿瘤蛋白质组学重点实验室。该实验室以破译癌症“密码”作为研究的主攻方向。

11月23—25日 全国首次反腐倡廉高层论坛在长沙举行。大会由省委副书记、省纪委书记孙载夫主持，中央纪委副书记刘峰岩讲话，省委常委、长沙市委书记梅克保致欢迎词。

12月9日 全国企业兼并破产和债转股工作会议在长沙召开。这是国务院国有资产管理委员会成立之后的第一个现场会，有关部委负责人和全国各省份代表共160多人围绕打好国企业改革的攻坚战进行广泛讨论。国务院国资委副主任邵宁、企业改制局副局长邓实际，省委常委、长沙市委书记梅克保，副省长郑茂清，市委副书记、市长谭仲池等出席。

12月11—14日 中共中央政治局常委李长春到湖南视察宣传思想工作和文化产业发展情况。在长沙期间，李长春视察湖南出版科技园、湖南广电中心、湘江大道滨江公园、长沙新世纪体育中心、岳麓山爱晚亭、岳麓书院、省博物馆等处。

12月17日 全省计划生育工作会议召开，长沙市被评为唯一一个全省人口与计划生育工作模范市，五区四县（市）均被授予全省人口与计划生育工作模范单位。

是年 芙蓉北路国家粮食储备库在成功获得郑州商品交易所指定交割资格的基础上，期货承储量增至5万吨，成为全国第二大交割库。

是年 长沙市制定《长沙市市级储备粮管理办法》《长沙粮食市场供应保障应急方案》《粮食收购资格审核办法》。长沙市粮食宏观调控机制初步建成。

是年 世界500强企业、德国博世集团进入长沙，成立“博世汽车部件（长沙）有限公司”，从事汽车起动机、发电机等电器生产。

2004年

1月2—5日 政协长沙市九届二次会议在枫林宾馆举行。大会审议通过政治决议、常务委员会工作报告决议、提案工作情况报告决议。

1月3—6日 长沙市第十二届人民代表大会第二次会议在省委礼堂举行。大会听取并审议《政府工作报告》《关于长沙市2003年国民经济和社会发展计划执行情况与2004年国民经济和社会发展计划（草案）的报告》，审查和批准长沙市2003年国民经济和社会发展执行情况及2004年国民经济和社会发展计划等。大会决定将市人大农业委员会更名为市人大农业与农村委员会，通过《长沙市人民代表大会议事规则》。

1月9日 长沙市获全国“双拥模范城”称号，这是长沙市连续第三次获此殊荣；市长谭仲池获全国“爱国拥军模范”先进个人称号。

1月10日 长沙首届年货博览会暨迎春花市在新世纪体育中心开幕。活动为期9天，举行包括特价抢购、猜灯谜、免费赠春联等年货促销活动。

1月17日 长沙市嘉年华巴士有限公司开通801、802公交线，成为长沙第一家进入城市公交领域的湖南本地民营企业。

1月19日 长沙市最后一个光纤接收设备在长沙县调试成功，长沙、望城、浏阳、宁乡4县（市）光纤联网全部完成。整个工程共铺设光缆干线204千米，建成后可以将长沙电视台5套电视节目的信号源安全优质送到4县（市）网络前端机房，实现全覆盖。

1月20日 面积约3.6万平方米，总投资2000多万元的湘江风光带兴建四大主题广场向市民开放。

广场群由潮宗门广场、成功堤雕塑广场、健身广场和下沉式广场4大主题广场组成，整个广场通过雕塑、喷泉、夜景灯光、亭廊、石景、绿化、苗木种植等独特方式，形成风格各异的江边风光带。

2月2日 2004年长沙市重点工程项目——岳麓大道一期工程开始对外招标，拉开长沙城市建设新一轮三年大变样的序幕。7月1日，全长3.9千米双向6车道的岳麓大道通车，比计划工期提前3个月。

2月7日 长沙市人民政府出台《2004年度全民义务植树工作实施方案》，要求城镇适龄公民每人每年须完成3个劳动工日，农村适龄公民每年须完成2个劳动工日，全民义务植树尽责率要达到85%以上。

2月11—13日 广西壮族自治区南宁市党政代表团到长沙考察。长沙、南宁两市签订建立友好城市意向书。

2月17日 贺龙体育中心全面对外开放。该中心于2000年12月奠基，2003年9月竣工，工程投资总额12亿元。

是日 长沙高科技产业开发区——隆平高科技园被湖南省发展计划委员会确定为2004年长株潭经济一体化重大建设项目。

是日 宁乡县黄材镇寨子村炭河里商周遗址入选全国“十大考古新发现”。于2006年5月被国务院列为第六批全国重点文物保护单位。

2月27日 宁乡县开通全省第一条党员监督热线电话：7855151。

3月1日 雨花区对农民实行农业生产环节“零赋税”。

3月2—4日 布隆迪民主阵线以总书记让·德迪厄·穆塔巴齐为团长代表团到长沙访问，参观长沙县印山村。

3月6日 中共长沙市委宣传部、市人事局等单位与市妇联联合举办新世纪长沙市首届“十大女杰”颁奖典礼，纪念“三八”国际妇女节。

3月6—7日 波兰共和国驻上海总领事塞尔维斯特·沙法什到长沙访问。市委领导会见塞尔维斯特·沙法什一行，并就与华菱集团共同投资合作项目事宜进行洽谈。

3月26日 中南汽车世界对外营业，并举行“上牌一站式，服务一条龙”启动仪式。中南汽车世界位于长沙319国道与京珠高速交会处。

3月27日 西藏自治区人民政府副主席尼玛次仁及山南地区地委副书记、行署专员德吉带领山南代表团到长沙考察。

3月27—28日 中共中央政治局常委、国务院副总理黄菊到长沙考察部分社区和企业，深入考察就业再就业和社会保障等工作。

3月28日 “中国城市化论坛——中西部地区城市发展战略”在长沙举行。论坛以中国中西部地区城市发展战略为议题，就中国城市人口移动现状、城市开发区的规划和管理、土地的开发与利用、产业的分布与结构调整等涉及中国中西部地区城市化发展面临的若干重大课题进行探讨。

4月1日 长沙召开财政粮食直补和农业税改革工作会议，启动降低农业税、粮食直补和良种补贴3项种粮新政策。4月22日，长沙市召开落实“两补一降”（粮食直接补贴、良种补贴，降低农业税）政策工作会议，宣布芙蓉区、雨花区、天心区、岳麓区以及长沙县2004年免征农业税。开福区、浏阳市、望城县、宁乡县于2005年年底前相继取消农业税。

4月3日 长沙市青少年宫免费向未成年人全面开放。

4月7日 开始拆除建于20世纪60年代的长沙老桥——工农桥，改造成人民西路高架桥。

4月23—25日 中共江西省委书记、省人大常务会主任孟建柱率领江西党政代表团一行25人到长沙考察。

4月26日 天心区井湾子社区在全市成立首个“外来务工人员服务吧”，对外来务工人员实行“公寓式管理”“一站式服务”。

4月29—30日 长沙市第十二届人大常委会第十一次会议召开，审议通过《长沙市历史文化名城保护条例（草案）》。

5月1日 由国际足联、亚足联主办，中国足协和长沙市政府承办的2004年雅典奥运会男子足球赛预选赛亚洲区决赛中国队对韩国队的比赛在长沙贺龙体育场进行，中国队以0∶2告负。

5月9—18日 市长谭仲池率领长沙市党政代表团，对上海、福州、南昌、重庆4城市的工业经济、园区发展、城市建设、历史文化保护等情况进行考察。

5月12日 全国人大常委会副委员长成思危到长沙县调研“金融支农”工作，强调解决“三农”问题的关键是加快农业发展，发展农业关键是加大投入。

5月18日 湖南省委常委、长沙市委书记梅克保会见应邀到长沙参加2004长沙国际友好经贸合作洽谈会的印度NIIT（印度国家信息技术学院）董事长主席帕瓦一行，双方就IT教育培训等领域的合作进行友好交流。

是日 5时40分，浏阳市永和镇金桥磷矿一、二、三号矿井出现严重塌方透水事故，造成4人死亡。

5月19—21日 2004长沙国家友好经贸合作洽谈会举行，来自美国、英国、德国、瑞士、泰国、韩国、新加坡等27个国家和中国香港地区的140多位嘉宾应邀参加。此次合作签约总金额4350万美元，引入资金2600万美元。

5月20—22日 湖南·星沙（首届）茶文化节举行，来自北京、福建、安徽、浙江、广东、海南、山东和湖南省的100余家茶叶企业参展、表演茶艺。茶叶现场交易金额100余万元，签约交易额3.58亿元。

5月29—30日 全国政协副主席阿不来提·阿不都热西提率领全国政协农村进城务工人员权益保护调研组到长沙考察。调研组实地考察家乐福超市和LG飞利浦曙光电子有限公司进城务工人员的生活工作情况，并与两家企业及高岭建筑公司的部分进城务工人员举行座谈。

5月30日 惠民华美整形美容医院挂牌。这是长沙市首家通过市卫生局批准成立的市级整形医院。

6月4日 省委书记杨正午到长沙专题调研，要求长沙市工程机械产业成为全国的排头兵。

6月8日 第六届“中证·亚商中国最具发展力上市公司50强”评选揭晓，中联重科入选上市公司50强。

6月10日 长沙县、望城县、岳麓区通过国家生态示范区验收小组验收，成为国家生态示范区。

6月13日 省长周伯华到长沙督查防汛工作，并对望城县大众垸湘江一线防洪大堤完工的部分水利工程进行检查。

6月18日 长沙市举行首次“慈善一日捐”活动，市长谭仲池在启动仪式上倡议：机关和事业单位、企业、干部职工、普通市民等在自愿前提下，捐出一天的工资收入（或利润或节约的办公经费等）为他人献爱心，为社会做贡献。当日共收到近140万元善款。

6月23—26日 第四届全国小品大赛“金狮奖”在长沙举行，来自全国各地的37支队伍的42个作品参加此次大赛。

是月 长潭西线高速公路开工建设。公路全长27.95千米，2007年2月26日通车，长沙至湘潭车程距离缩短20千米。

7月10日 燕京啤酒2004年长沙环城自行车大赛举行，赛程全长约20千米。设男、女两个组别，车手从贺龙体育中心东广场出发，途径芙蓉路、猴子石大桥、潇湘大道、新民路、溁湾镇广场、湘江一桥、沿江风光带、劳动西路、侯家塘、芙蓉路，然后回到贺龙体育中心东广场。长沙人从此拥有自己的环城自行车赛。

7月12日 长沙出台进城务工农民子女接受义务教育办法，不再收取民工子女借读费。

7月14日 长沙共有1万亩竹林和1万亩水稻发生竹蝗危害。竹蝗危害竹林最严重的是浏阳市和宁乡县，分别是5000亩和4500亩；此外，望城县有300亩左右。

7月16日 湖南省第一个烃基燃料生产基地——长沙金瓯化工有限公司在望城县丁字镇观枫寺村奠基，标志着能再生的烃基汽油、柴油开始进入生产阶段。

7月18日 国内最大吨位的汽车起重机QY300在中联集团浦沅工程机械有限公司成功下线，标志着工程机械湘军起重机研制技术达到世界一流水平，同时宣告国内300吨位起重机完全依赖进口的历史结束。

7月21—22日 长沙市举办2004年全国知名涉农企业长沙行活动，全国68家涉农上市公司、农业产业化龙头企业的数百位涉农企业的企业家参加。此次活动长沙重点推介130个项目，其中38个项目成功签约，签约投资总额达44.8亿元。

7月29日 长沙市人民政府出台《长沙市城镇职工生育保险实施办法》，8月1日起实施。

8月7日 长沙市出台《关于加快农村教育发展的若干意见》，提出在提高“普九”质量基础上，科学构建现代国民教育体系，教师工资实行县（市）区长负责制和定期通报制度。

8月9日 长沙市出台《关于深化农村改革促进农民增收的若干意见》，鼓励土地承包经营权流转、完善征地程序和补充机制。

8月11日 《长沙市城市雕塑规划》出台。这是全国省会城市中率先出台的第一部专业的城雕规划。

8月16日 中共长沙市委、市人民政府召开专题工作会议，要求积极稳妥地推进政府机构改革。《长沙市人民政府机构改革方案》经省委、省政府批准，经此次调整，市政府设置工作部门39个，直属特设机构1个，部门管理机构2个；另设置派出机构2个，直属事业单位10个。

8月24日 全市义务教育“一费制”收费办法出台，“一费制”标准由杂费、课本费、作业本费和其他费4项组成。

8月24—26日 长沙市第十二届人民代表大会第十四次会议召开。会议决定批准长沙市与广州市结为友好城市。

8月28日 湖南长丰汽车制造股份有限公司兴建的年产5万辆轻型越野汽车生产基地在长沙经济技术开发区竣工投产。省长周伯华、市委书记梅克保等参加竣工典礼。

是月 长沙汽车发动机总厂全面改制，1109人办理解除劳动关系手续，按政策安置补偿。

9月10日—10月28日 “2004中国·长沙首届麓山红枫文化节”在岳麓山风景名胜区举办。

9月12日 浏阳河花木产业带公路全线通车。公路全长101.8千米，工程总投资1亿元，是全省规模最大的县道乡镇公路建设项目。

9月14日 全省第一个维护农民工合法权益中心在宁乡县劳动保障监察大队设立。这是长沙市探索农民工合法权益保障的一大创新之举。

9月15日 纪念长沙人民代表大会制度确立50周年暨市人大代表大会成立50周年活动举行。

9月15—17日 长沙代表团赴广州参加首届“泛珠三角”省会城市市长论坛暨2004年广州博览会。长沙市和广州市在广州中国大酒店签下缔结友好城市之约。17日，“泛珠三角”区域的福州、南昌、长沙、广州、南宁、海口、成都、贵阳、昆明等9市签署《“泛珠三角”区域省会城市合作协议》。

9月19日 投资2100万元的黄花机场国际厅改扩建工程竣工并投入运行。

9月22日 全省最大的医药物流中心在长沙县星沙镇落成并投入营运。

9月27日 长沙阳明山殡仪馆（即长沙新殡仪馆）举行竣工典礼。该馆占地49.53公顷，建筑面积3.5万平方米，投资1.58亿元。

9月29日 长沙市重点工程韶山南路从新建西路至湘府路段实现双向通车。该路段全长6.5千米，约占韶山南路总长的80%。

10月1日 位于长沙市贺龙体育场东北侧的“摩天轮”开始对外开放。轮高120米，直径99米，为亚洲第一高、世界第二高。

是日 位于火星大道南段的天际岭隧道竣工通车。隧道全长386米，跨度17.5米，三车道，位居全国城市隧道第二跨度。

10月13日 中共长沙市委、市人民政府召开食品安全工作会议，决定成立长沙市食品安全领导小组，负责统一指挥全市的食品安全监管工作。

10月15日 中共长沙市委、市政府召开第12届国际残奥会长沙籍运动员庆功会，女子100米仰泳冠军“盲蛙女”董启明获得10万元重奖。

10月16日 长沙市韶山南路下商业街工程主体完工。该工程北起东塘高架桥南，南至韶山南路雨花亭北，全长624米，宽38米。

10月19日 中国湖南·星沙（首届）招商节开幕，首日成功签约47个项目、合同引进资金89亿元。

是日 最高人民检察院检察长贾春旺到长沙经开区企业长丰汽车制造有限公司视察。

10月20日 长沙市人民政府举办“相聚星城”长沙投资环境推介会，56个项目当场签约，总投资78.7亿元，利用外来资金74.7亿元。

10月24日 省会各界人士在黄兴南路商业步行街北广场举行黄兴铜像揭幕和祭扫黄兴墓仪式，隆重纪念黄兴130周年诞辰。民革中央副主席、全国政协常委李赣骝，省委常委、市委书记梅克保，市长谭仲池等为铜像揭幕仪式剪彩。黄兴亲属以及其他辛亥革命先烈的亲属代表应邀出席。

10月24—26日 中共中央政治局常委、中央政法委书记罗干到长沙视察，强调要认真贯彻中共十六届四中全会精神，加强和改进党对政法工作的领导，提高建设社会主义和谐社会的能力。

10月27日 由全国政协港澳台侨委员会副主任、台盟中央副主席刘亦铭，全国台联副会长陈贵州率领的全国政协委员视察团到长沙考察，并就长沙台资企业发展和保护台商合法权益等有关情况与有关部门进行座谈。

11月2日 长沙首条复古特色街——古潭街复古修建完工，街长400米、宽5.1米，贯通下黎家坡、学宫门正街、原古潭街3条街道。

11月3日 长沙市与芬兰共和国罗瓦涅米市签署建立旅游经贸合作城市关系意向书。

是日 国家发改委中国中小企业对外合作协调中心授牌长沙县金井镇为该中心全国唯一铸造基地。同时，长沙市人民政府授牌金井镇为长沙工业铸造基地。

11月7日 《长沙历史文化名城保护规划》和《太平街历史文化街区保护规划》通过专家小组评审。

11月8日 长沙市公共客运交通管理处挂牌成立，归口长沙市公用事业局，接管出租汽车行业。

11月11日 韶山南路拓改工程竣工通车。该工程于4月1日开工，总投资6亿余元，北起东塘、南至李洞路，全长8.4千米，路幅宽60米，双向8车道。

11月18日 中国湖南第六届（国际）农博会在长沙现代农业博览会展中心举行。宁乡食品灰汤鸭、千壶客酒获金奖。

11月20日 长沙消防百年纪念大会召开，新建成的“119”指挥调度中心与长沙市消防教育馆投入使用。

11月25日 长沙市首届自然科学学术年会召开。年会共征集论文300多篇，录用156篇，近1000名科技工作者参与学术年会活动。

12月9日 长沙铁路医院更名为长沙市第七医院，隶属长沙市人民政府管理。

12月13日 长沙远大路主车道路面工程全面完工并通车。该路西起车站路，东至星沙大道，全长7.8千米，是长沙市一条重要的东西主干道，也是省会的东大门主要通道。

12月16日 长沙市中心医院建设竣工。医院占地面积11.6万平方米，建筑面积9.54万平方米，固定资产总值6.71亿元，开设临床医技科室55个、病床1500余张，有在职医护人员1900余名，成为集医疗救治、医疗康复、结核病防治、医学教育科研于一体，具有现代化水平的大型三级综合医院。

12月17日 宁乡县玉潭镇财政收入、工商税收过亿元，成为全省首个财政收入、工商税收双过亿元的乡镇。

12月18日 长沙广播电视集团与武汉市广播电视局签约，同意女性频道节目通过国家广电光纤干线进入武汉地区的省、市两网。这是长沙广电旗下电视媒体首次实现跨省市覆盖。

12月20日 长善垸污水处理厂动工建设。世界银行贷款项目——长善垸污水处理厂动工。项目总投资8.74亿元，一期工程纳污区域18.89平方千米，服务人口20.52万。

12月21日 长沙市维护农民工合法权益中心在长沙市劳动保障检查支队挂牌成立。中心的成立是长沙市探索农民工合法权益保障的创新之举。

12月28日 浏阳河洪山大桥主线通车。大桥位于二环线老洪山桥上游60米处，主跨206米，斜塔垂直高度136.8米，塔身倾斜角58度。在同类型桥梁中，该桥跨度和斜塔高度均居世界第一位。

12月29日 宁乡县人民医院新院建成投入使用。医院占地面积12公顷，建筑面积8万平方米，工程总投资1.6亿元。

2005年

1月1日 零时，长沙城区4座大桥收费站——湘江猴子石大桥、二环线浏阳河大桥及湘江一、二桥收费站开始拆除。

是日 长沙市启动农村低保制度。

1月4日 长沙县获“中国人居环境范例奖”奖牌，成为湖南省首个获此殊荣的县城。

1月14日 长沙市国资委挂牌成立。

1月17—20日 政协长沙市第九届三次会议召开。大会审议通过政治决议、常委会工作报告决议和提案工作情况报告决议。

1月18—21日 长沙市第十二届人民代表大会第三次会议召开。大会听取并审议市长谭仲池作的《政府工作报告》；听取和审查市发展和改革委员会主任周岳云作的《关于长沙市2004年国民经济和社会发展计划执行情况与2005年国民经济和社会发展计划（草案）的报告》，审查和批准长沙市2004年国民经济和社会发展执行情况及2005年国民经济和社会发展计划等。

1月23日 长沙县启动贫困生免费入学工程。全县共有3609名接受九年义务教育的贫困学生领到红色的《免费入学通知书》。

2月12日 全国人大常委会副委员长、全国妇联主席顾秀莲到浏阳考察，参观胡耀邦故居和纪念馆，走访慰问中和镇两户困难户。

2月18日 长沙市公用事业局与上海巴士实业（集团）股份有限公司签署协议，将长沙市公交总公司除出租车以外的资产分块转让，形成10家公交企业相互竞争新格局。

2月20日 农业部授予浏阳市“全国生态农业建设先进县”荣誉称号。

2月23日 芙蓉区火星北路建设工程启动。工程总投资5.3亿元，南起芙蓉区马王堆火炬村，北达长沙县开元路，全长5.18千米，设计路幅宽66米。

2月28日 长沙市统计局召开新闻发布会，2004年长沙GDP（地区生产总值）总量规模突破1000亿元大关，达1108.85亿元。

3月5日 美国农标国际投资公司（“世界500强”排名第12位）和嘉吉投资（中国）有限公司签约落户隆平高科技园。

3月16日 雨花区高桥街道高桥、友谊、五一、火焰4个村“社区筹备委员会”挂牌成立。4个“城中村”成为长沙市城区首批村改社区试点村。

3月17日 NIIT全球首席执行官韦杰一行到长沙访问、考察，并为设立在长沙软件园内的“NIIT长沙软件实训指导中心”揭牌。

3月31日 黄兴南路步行街荣膺首批“中国著名商业街”称号。

是月 长沙市开展对全市135户国有企业和12户政府投资公司清产核资，是新中国成立以来长沙市第一次摸清企业国有资产家底。

4月6—8日 中共中央政治局常委、国家副主席曾庆红到长沙县调研指导先进性教育活动。

4月8日 望城县含浦镇白鹤社区蚂蚁山发现明代王室墓。后经市、县文物部门历时5个月发掘，确认墓主为明谷王乳母张妙寿。该墓为湖南发现的规模最大的明代砖室墓葬，墓道内的圆柱形和十字形砖石建筑国内罕见。6月11日，国家文物局局长单霁翔到望城县含浦镇蚂蚁山古墓进行实地考察。

4月12日 长沙市人民政府与来自广东、广西的联合投资商就长沙最大污水处理项目——岳麓污水处理一期工程BOT项目成功签约。7月底开工建设。

4月15日 湖南省首家、国内第二家物业管理理论研究基地——长沙物业管理研究所在长沙南方职业学院挂牌成立。

4月18日 中国铁通集团有限公司长沙分公司在浏阳成功实现开局放号，成为继长沙电信、移动、联通之后，全面进军长沙市农村通信市场的运营商。

是日 高等级红色旅游专用公路——长（沙）花（明楼）灰（汤）韶（山）公路动工建设。

是日 建筑面积2万平方米、中南地区规模最大的汽车用品市场——三湘汽车生活广场开张营业。该广场是湖南省第一家综合性大型汽车用品超市，率先采用“一站式”经营、“一站式”购齐的经营模式。

4月28日 长沙首个垃圾中转处理场（长沙城市固体废弃物垃圾转运站）启用，日吞吐垃圾4000余吨。

5月8日 中国台湾亲民党主席宋楚瑜率亲民党大陆访问团抵达长沙，中共长沙市委举行宴会，欢迎访问团一行。

5月9日 欧洲信息中心长沙办事处成立。该办事处为欧洲信息中心设在中国的唯一分支机构，是中国与欧盟两地中小企业深入了解与合作的平台，对于加强中欧两地经贸合作意义重大。

5月15日 湖南省农村乡镇首家“全省企业退休人员社会化管理服务示范点”在宁乡县大成桥乡建成。

5月18日 “2005长沙（福州）农业投资推介会”在福州举行。这是长沙市首次面举办向以台商为主的招商活动。推介会吸引美国、加拿大等国家和中国台湾地区200多名客商，22个项目签约成功，签约资金46.7亿元，其中利用台资13.14亿元。

5月21日 首届中国岳麓传媒与文化产业国际论坛在湖南大学举行。

是日 中国第一个科技新闻与传播研究所在湖南大学挂牌成立。

5月22日 试投产的长沙霞凝新港首次迎来一艘近4000吨级的江海轮，装载国际集装箱140TEU(标箱)。这是长沙港有史以来接纳最大的江海货轮。

5月23日 长沙市第十二届人大常委会第二十次会议召开。会议批准长沙市与福州市结为友好城市。26日，两市代表签署友好城市协议书。

5月24日 国家发展改革委员会批复同意建设湖南长沙黑麋峰抽水蓄能电站，该电站为全省第一个抽水蓄能电站，一期工程计划建设2台300万千瓦机组。2007年8月1日，长沙黑麋峰抽水蓄能电站关闸蓄水；2009年9月1日，1号发电机组并网发电，投入运行。

5月28日 全国投资规模最大的中外合资医院——湖南旺旺医院一期工程竣工。

是日 湖南省规模最大的担保公司——长沙市中小企业信用担保有限公司开业。

5月31日 《长沙市城市公共客运管理条例（草案)》立法听证会举行。这是长沙市自有立法权以来的首次立法听证会。

6月13日 第十二届人民政府第五十次常务会议召开。会议听取并审议通过《长沙市旧货交易治安管理办法（修改稿)》《长沙市城市房屋行政强制拆迁程序规定（送审稿)》和《长沙市贷款建设的城市路桥车辆通行费征收管理办法（草案)》。

6月17—18日 首届泛珠三角省会城市（长沙）教育博览会在贺龙体育场举行。

6月19日 由中国足球协会、长沙市人民政府主办的中国国家男子足球队对哥斯达黎加队的国际足球A级对抗赛在贺龙体育中心举行，新组建的中国队第一次国内亮相以2:2顽强逼平哥斯达黎加队。

6月21—22日 2005年国际龙舟邀请赛在望城县格塘乡千龙湖举行，国际奥委会名誉主席何振梁等出席。来自国内外16支龙舟队参赛，菲律宾国家队获3项冠军。

7月1日 长沙市中级人民法院对杨之辉诉长沙电业局电磁辐射污染和宅基地侵权纠纷案，作出维持原判的终审判决。这起长达9年之久的诉讼案以长沙电业局的胜诉而结束，它为电力系统以后可能发生的类似事件提供一个可供遵循的范例。

7月3日 国家人口计生委主任张维庆等考察长沙市人口计生工作。

7月4日 长沙市政府举行建立新闻发言人制度以来首次综合新闻发布会。市长谭仲池表示，今后市政府重大决策、经济社会发展情况等重大事项、关系到老百姓切身利益的大事以及突发事件都将以新闻发布会形式第一时间发布。

7月6日 中共长沙市委、市人民政府宣布从2005年起对城市低保户对象发放节日生活补助费，每人每节40元，地方财政每年增加投入近2000万元。此举为全国首例。

7月8日 由主席雷纳托·拉贝洛率领的巴西共产党代表团访问长沙。代表团参观长沙县印山村。

7月15—16日 全国政协主席贾庆林到长沙视察。先后到三一重工、LG飞利浦了解企业市场开发、技术创新情况；视察长沙花卉大世界和岳麓山寺。

7月18日 中共长沙市委召开十届十四次全体（扩大）会议。省委常委、市委书记梅克保强调，市委提出的长沙市发展重点是实施好“兴工强市、创新先导、以城带乡、文化推动”四大战略。

7月19日 长沙市科学技术大会召开，颁发首届长沙市科学技术创新贡献奖，表彰长沙市十佳科技创新青年人才，为10家制造信息化工程示范企业授牌。市领导向首届长沙科技创新贡献奖获奖人黄伯云、詹纯新颁发证书和每人50万元奖金。

7月28日 长沙出版物交易中心试营运。该中心占地12公顷，总建筑面积15万平方米。

是日 长沙市庆“八一”军民联欢会在田汉大剧院举行，庆祝中国人民解放军建军78周年，纪念中国人民抗日战争战争暨反法西斯战争胜利60周年。

7月29日 全国首家绿色食品贸易试点市场落户红星绿色食品市场。农业部国家绿色食品发展中心主任马爱国为该市场授牌。

7月30日 长沙天然气利用工程开始投产送气。气源置换和气价转换同时铺开。

8月2日 湘雅二医院投资4亿元修建的外科大楼投入使用。大楼总面积96000平方米，是全国单体面积最大的医疗建筑，有32个病区，可开放床位1230张，是省内唯一按四星级宾馆标准设计的医院，有“中国医院第一楼”之称。

是日 雨花区在左家塘街道开展创建全市首个零家庭暴力示范街活动，将制止家庭暴力由民间调解变为政府行为。

8月6—11日 长沙市党政代表团抵达西藏自治区山南地区贡嘎县，慰问长沙市第四批援藏干部，并考察部分已建和在建的援藏项目。

8月8日 长沙县印山村年产120万吨新型干法旋窑生产线点火投产，从而使该村年生产水泥能力达200万吨，标志着该村成为省内水泥生产规模最大的村。

8月13日 国务院总理温家宝先后到长沙三一重工股份有限公司、远大空调有限公司、国家杂交稻研究中心和中南大学等单位视察。

9月4日 为纪念中国人民抗日战争战争暨世界反法西斯战争胜利60周年，长沙市政府举办“2005国际友人长沙行”活动，俄罗斯、乌克兰、泰国、苏丹等外国驻华使节，俄罗斯二战老战士，英国、德国、丹麦、罗马尼亚等国为中国抗日战争和解放事业以及经济建设做出过贡献的国际知名友人的遗属受邀参加。市长谭仲池会见泰国、苏丹、乌克兰等国家的驻华使节。

9月6日 中共中央政治局常委、国务院副总理黄菊在长沙主持召开部分省、市就业再就业工作座谈会，强调努力探索中国特色就业之路。8日，黄菊视察长沙市家润多超市朝阳店、湖南交通职业技术学院。

9月6—9日 首届长沙芙蓉商务节举行，来自40多个国家和地区的3000余名客商聚集洽谈商务。

9月13日 2005年中国湖南旅游节首届中国旅游精品博览会在长沙举行。来自国内20多个省、市以及亚洲、非洲、欧洲10多个国家和地区的500多家旅游采购商、旅游销售商和旅游服务商前来参展。该博览会以“展示旅游精品，感受旅游精彩”为主题。

9月20日 2005中国宁乡首届国际佛文化节在宁乡县大沩山密印寺召开，全国政协原副主席毛致用宣布本届佛文化节开幕。

9月22日—10月8日 2005年湖南长沙首届“农家乐”节举办。

9月23日 “牵手南宁——2005长沙周”活动在广西南宁举行并签订《南宁市长沙市缔结友好长沙协议书》。在同时举行的长沙品牌展览会上，成交总金额78亿元，签订项目21个。

9月26日 中国岳麓生态节在岳麓山爱晚亭举行，国家环保总局授予岳麓区“全国生态示范区”牌匾。

9月27日 长沙最大、工艺最新的污水处理项目——岳麓污水处理一期工程动工。

9月29日 在长沙打造的中国第一艘5000吨位超豪华游轮“挪亚一号”在湘江亲水平台举行首航仪式。

9月30日 长沙市人民政府主办的市第六届运动会在贺龙体育中心举行，市长谭仲池致开幕词。六运会比赛共设28个大项、427个小项，10月30日闭幕。本次市运会改变以往由市体育局集中统一主办的形式，改由长沙市属各区县承办。

10月1日 位于湘江风光带西湖路的“杜甫江阁”建成并对外开放。

10月1—7日 天心区首届中国·湖南·长沙坡子街民俗名食文化节暨坡子街开街仪式举行。

10月26日 中央文明委在人民大会堂召开表彰会，授予长沙市“全国创建文明城市工作先进城市称号”。

是日 总投资1.1亿元的长沙固体废弃物处理中心惠民沼气电厂并网发电。该中心位于望城县桥驿镇山区，距离长沙市区33千米，总投资2亿多元。2003年4月，中心投入运营，是全省首个垃圾沼气发电厂。

10月27日 2005年度长沙（北京）现代农业项目建设汇报会在北京举行。这是长沙市首次赴首都举办高规格、高质量的现代农业项目建设汇报会。

10月28—29日 全国人大常委会委员长吴邦国到长沙考察农村、企业、高校。称赞长沙变化大、发展快，充满活力和希望。

10月29日 2005年湘台经贸交流与合作高峰论坛在望城开幕，湘、台200余名企业界精英与会。国台办主任陈云林、省长周伯华会见台商代表。

是日 中央电视台“同一首歌——走进雷锋故乡”在长沙贺龙体育中心举行。

11月12日 湖南友谊阿波罗股份有限公司承债式兼并长沙机床厂。“长机”始创于1912年，是中华人民共和国成立后机床制造业最早的18家重点骨干企业之一。

是日 长沙市纪念抗日战争胜利60周年“文夕大火”警世钟雕塑在天心阁下落成。

11月13日 经农业部绿色食品办批准，红星绿色食品试点市场成为国内首家“全国绿色食品贸易试点市场”。

11月14日 万家丽路浏阳河大桥主桥动工修建。该桥是省内第一座双层结构钢箱拱桥，主桥长138米，南北引桥共500余米，2007年10月1日竣工通车。

11月19—20日 中共长沙市委十届十五次全体（扩大）会议召开。会议贯彻党的十六届五中全会精神，切实做好“十一五”发展规划，审议通过市委《关于认真贯彻党的十六届五中全会精神，切实做好“十一五”发展规划的意见》和《长沙市国民经济和社会发展第十一个五年规划纲要》。

11月22日 具有领先技术的福田雷沃中重卡在长沙汽车厂下线。计划年产20万辆，销售收入达100亿元，标志着该厂进入中重型商用车市场。

11月30日—12月2日 第四届中国优质稻米博览交易会在红星国际会展中心举行。来自28个省、市的358家企业的名优精品参展。

12月3日 首届中国剧场论坛在长沙开幕，来自全国各大剧院、演出机构的负责人300余人出席会议。

12月18日 首届湖南民间工艺美术文化产业发展高峰论坛在长沙开幕，并举行湖南民间艺术博览馆奠基典礼。该馆位于长沙县星沙湘绣城，总建筑面积1.8万平方米，2006年年底竣工。

12月25日 长沙市与韶山市签订投资1000万元捐建毛泽东文学艺术馆的协议。

12月26日 长沙简牍博物馆竣工落成并向市民开放。

12月28日 农业发展银行湖南省分行与长沙市人民政府签订协议，融资100亿元为老字号企业提供服务。

是月 国家旅游局批准湖南雷锋纪念馆为国家AAAA级旅游景区。

是年 长沙市落实中央1号文件精神，首次全面启动稻谷最低价收购政策，早籼稻、中晚籼稻市场收购价格分别由启动前每50千克60元、65元提高到每50千克70元、74元，农民种粮收益得到保护，达到农民增收、企业增效、政府满意的效果。

是年 隶属于湖南省交通厅的长沙客车厂（湖南三湘客车集团有限公司）被广东美的集团收购，成立“美的三湘客车厂”。

是年 长沙市符合再生育政策而放弃再生育的农村居民每人每年补助600元。

是年 长沙对全市农村义务教育阶段贫困家庭和城市低保户家庭学生实行“两免一补”，即免交课本费、免杂费、补助寄宿生活费。

2006年

1月1日 中共湖南省委书记张春贤到长沙市天心区修文街80号居民小院听民言、问民计。

1月8—11日 中国人民政治协商会议长沙第九届委员会第四次会议在枫林宾馆举行。大会通过长沙市政协九届委员会工作报告和会议提案。

1月9—12日 长沙市第十二届人民代表大会第四次会议在省委礼堂举行。大会听取并审议《政府工作报告》《长沙市人民代表大会常务委员会工作报告》；审查和批准长沙市2005年国民经济和社会发展执行情况及2006年国民经济和社会发展计划等；决定设立市人大民族华侨外事委员会，饶福明为主任委员。

2月3—6日 中共中央政治局常委、国家副主席曾庆红到长沙县、浏阳市调研农村先进性教育活动情况。

2月5日 长沙市人民政府发布《关于大力推进节约集约用地的通知》，禁止城镇居民到农村购买或租用农村集体土地建房。

2月22日 长沙市将市公安局交警支队长沙县大队、望城县大队、浏阳市大队、宁乡县大队成建制分别移交给4县（市）公安局管理。

2月23—25日 塞内加尔总书记兰丁·萨瓦内率领民主社会党代表团一行6人到长沙访问。

2月24日 由湖南人民出版社出版的《湖湘文化大辞典》在长沙举行首发式。全书分上、下两卷共580万字，收录1.7万多个条目，300多名专家学者历时16年编纂而成。

3月15日 浏阳市白沙、赤马、山田3个乡镇撤销，分别就近合并到大围山镇、沙市镇和淳口镇。

3月17日 市长谭仲池会见到长沙访问的澳大利亚新南威尔士州奥本市市长帕特里克·科丁，两市签署建立友好城市关系协议。

3月20—28日 全国人大常委会副委员长李铁映到长沙视察，先后到长沙县参观李维汉故居并植树，视察长丰汽车制造有限公司，并就《中华人民共和国节约能源法》实施情况进行调研。

3月27日 全国最大的毛泽东石雕像从望城县丁字镇运往西藏。毛泽东石雕像将矗立在贡嘎县长沙广场，作为长沙人民与贡嘎人民深厚友谊的永久见证。毛泽东石雕像包括基座在内高12.26米、重35吨，雕像净高7.1米。

3月30日 长沙县县城星沙被建设部授予“国家园林县城”称号，成为全国首批、全省唯一的“国家园林县城”。

3月31日 印度共产党总书记苏吉特率领代表团到长沙访问，考察长沙县印山村的党建工作。

是日 亚太地区生殖内分泌学会成立暨首届亚太地区生殖医学学术年会在长沙召开，来自世界各地的500多位顶级生殖医学专家以“亚洲不孕症治疗的最佳化”为主题开展学术交流。

是日 “金九先生独立运动长沙陈列馆”开馆，再现韩国国父在长沙的生活岁月。

4月3日 芙蓉区隆平高科技园与国家广电总局广播科学研究院签订合作协议，共同建设数字电视产业化基地。

4月8—12日 中共中央政治局常委、中央纪委书记吴官正到长沙考察，先后考察中联重工科技发展股份有限公司、中南大学粉末冶金研究院、秋收起义文家市会师纪念馆、胡耀邦故居等。

4月11日 22时许，浏阳市37个乡镇、街道遭受暴雨、冰雹、强风袭击，最大风速超过9级，日降雨量105.6毫米，造成倒房3500间，其中民房全倒219栋，半倒363栋，260人无家可归，烤烟等农作物受灾4900公顷。

4月19日 湖南盛湘粮食购销集团有限公司加盟中央储备粮湖南分公司，成为中央储备粮长沙直属库。

4月25日 中国工程院院士袁隆平当选美国科学院外籍院士，成为中国农业科学界首位入选该院的外籍院士。

5月1日 长沙居民个人港澳游开通。

5月12日 首届中华版权国际合作推进会在长沙举行，全国人大常委会副委员长何鲁丽、全国政协副主席周铁农出席开幕式。全国最大的版权交易网站——中华版权网（Http://zhipr.com）在开幕式上启动。

5月15日 全国首个汽车车身工程技术研究中心在长沙成立并投入运行，由湖南大学与湖南同心实业股份有限公司及湖南省科技部门三方“联姻”兴办。

5月16日 长沙市电子信息行业协会挂牌成立。

是日 楚怡学校举行百年校庆。国务院原总理朱镕基为母校百年华诞发来贺信，省委常委、长沙市委书记梅克保，市长谭仲池分别题词“弘扬楚怡精神，培育中华英才”“楚才名天下，怡然看今朝”。

5月17日 位于开福区新港镇的霞凝新港码头装满烟花爆竹的集装箱发生爆炸火灾。距爆炸中心2千米范围内民房的玻璃不同程度损坏。爆炸造成20人受伤，无人员死亡。

5月18日 博世汽车部件（长沙）有限公司在星沙举行开业典礼。该公司为全球最大的汽车零部件供应商博世集团全资子公司。博世能源和车身系统全球执行副总裁高斯参加典礼。

5月23日 三一重工入选国际工程机械50强。

5月29日 长沙市慈善会二届四次理事会议暨深入开展“天天慈善一元捐”再动员大会召开，将每年11月1日设为“长沙慈善日”。

是月 宁乡县巷子口镇直田医院原院长谢康民，被人事部、全国中医学会联合会授予“全国农村基层优秀中医”称号。谢康民从医50多年，注重临床实践，写出十几万字的眼科医学专著。

6月1日 加加酱业（长沙）有限公司“加加”、湖南东方时装有限公司“圣得西SUNDANCE”被国家工商总局认定为“中国驰名商标”。9月6日，“加加酱油”被国家质量监督检验检疫总局和中国名牌推荐委员会等权威机构评定为“中国名牌”产品，成为中国调味品行业第一家连获殊荣的“双料王”。2008年6月，“圣得西”被评为中国行业标志性品牌，获得代表中国企业的最高品牌荣誉。

6月8日 中共长沙市委十届十七次全体会议召开。大会表决通过《中国共产党长沙市第十届委员会第十七次全体会议关于召开中国共产党长沙市第十一次代表大会的决议》。

是日 湖南省第一家基层劳动争议调解组织在雨花区侯家塘街道挂牌成立。

6月9日 长沙首个新型农村客运站——宁乡黄材汽车站投入使用。

6月11日 由中国社会科学院和美国巴克内尔大学牵头，美、中、加、意等8国学者共同完成的首部《全球城市竞争力报告（2005—2006）》在成都公开发布，长沙列第103位。在全球具有代表性的110个城市中，长沙城市排名全球第17位，首次进入第一梯队。

6月27—28日 第一届长株潭三市党政领导联席会议在长沙举行，三市市长共同签署《长珠潭区域合作框架协议》协议。这标志着长株潭经济一体化协调机制进一步完善，三市互动、省市联动推进长株潭经济一体化格局开始形成。

6月28日 国际遗传药理学大会在长沙召开，来自世界各国的近200名顶级遗传药理专家围绕“基因导向性个体化药物治疗”主题开展学术交流，深入探讨新世纪遗传药理学的发展以及在临床实践中的应用前景。

6月28日—7月1日 中国湖南首家（国际）绿色食品博览会在长沙市红星绿色食品市场举行。全国28个省（自治区、直辖市）和湖南省14个市（州）的有关领导、业内人士、厂商代表300多人参加。有600多家企业参展，1000多种无公害农产品、绿色食品，有机食品和名特优新农产品展出。

7月10日 “宁乡猪”和省内其他4个禽兽品种列入首批国家级禽兽遗传资源保护名录。

7月12—14日 由湖南省人民政府与中国医药企业管理协会主办，省经委、省广电局、长沙市人民政府承办的2006中国（长沙）医药博览会在省国际会展中心举行。

7月24日 长沙市人民政府发出通知，对2006年7月1日至2007年6月30日期间最低月工资标准及小时最低工资标准作出规定：城区及长沙经开区最低月工资600元，最低小时工资6.5元，县（市）最低月工资500元，最低小时工资6元。

7月28日 长沙市地方海事局挂牌成立。该局由长沙港航监督处、长沙市港航管理处、长沙市航道管理处组建成立，是长沙市水上交通综合管理部门。

是日 中国中部地区第一个海关保税物流中心——金霞海关保税物流中心封关试运行。

7月 长沙市粮食监察执法大队挂牌成立，长沙县、望城县、宁乡县、浏阳市也相应成立监督检查科。

8月3日 香港地产大鳄——恒隆地产与芙蓉区签订合作协议，计划投资40多亿元在长沙中央商务区内进行旧城改造和发展区域大型综合商业项目。

是日 湖南三力实业有限公司研制的“惰性胶”自动静脉采血器填补国内空白，获长沙市科学技术发明奖一等奖。该公司发展成为全国最大的采血器生产基地。

8月21日 长沙市博物馆、市图书馆和市音乐厅“两馆一厅”建设开工。总建筑面积约16.57平方米，其中地面建筑面积6.8万平方米，工程总投资约12亿元。

8月31日 由长沙晚报报业集团主办的长沙本地首份城市时尚生活周报——《品周报》创刊。

是日 居住在宁乡县花明楼镇芙蓉村深山坳里的胡正商、胡正义和胡义3户农家实现通电。至此，长沙电业局供电区实现“户户通电”。市长谭仲池和副市长刘晓明专程看望最后通电的农家。

9月1日 湘江三汊矶大桥暨二环线全线通车庆典在三汊矶大桥东头举行。三汊矶大桥主桥长1577米，双向6车道，桥面宽29米。该桥通车标志着历时12年建设、长47.43千米的二环线全线贯通，长沙“六桥三环”成为现实。

是日 世界500强企业百事可乐旗下百事（中国）投资有限公司在中国投资的第20家灌瓶厂——长沙百事可乐饮料有限公司在长沙经开区投产。

9月6日 历时20个月，按2000吨级船舶靠泊设计的长沙新港二期工程竣工，标志着长沙内河运输和物流业进入全国先进行列。

9月8日 全省跨度最大的城市隧道——万家丽路天际岭隧道工程全面通车。

9月16—19日 中共长沙市第十一次代表大会在麓山宾馆召开。出席会议的党代表482人。省委常委、市委书记梅克保作题为《全面落实科学发展观，为建设繁荣、创新、文明、和谐的长沙而努力奋斗》的工作报告，全面回顾总结市第十次党代会以来的工作，分析今后五年面临的新形势，明确后五年的工作的指导思想、奋斗目标和主要任务。会议审议通过第十届市委和市纪律检查委员会的工作报告。大会选举产生市委常委13人，梅克保任市委书记，谭仲池、吴志雄任市委副书记。

9月23—24日 中共中央政治局委员、国务院副总理吴仪到长沙视察，先后到家润多超市浏阳永安店和步步高商业连锁股份有限公司长沙红星店视察，详细了解企业经营、物价、居民收入等多方面情况。

9月24日 宁乡县金洲大道全线贯通，投资2.4亿元，长9.63千米，包括长常高速互通及连接线，与长常高速、长石铁路、319国道等组成融城长沙市的主干道。

是日 香港特首曾荫权和海关总署领导到长沙金霞海关保税物流中心考察，并在金霞海关保税物流中心举行座谈会。

9月25—28日 第一届中国中部投资贸易博览会在湖南国际会展中心举行。长沙市签约项目147个，总投资达915亿元，利用外资55.4亿美元。

9月27—30日 长沙市第一届农民运动会在贺龙体育馆举行。来自辖区内的876名运动员、144名领队、教练员和220名裁判参加，角逐篮球、乒乓球、自行车载重、中国象棋、田径、武术等10个大项44个小项的名次。

10月10日 中联重科被世界生产力科学联盟（WCPS）授予“2006年世界市场中国十大年度品牌”，成为机械行业湖南唯一入选企业。

10月20—22日 利比里亚总统埃伦·约翰逊·瑟利夫一行22人到长沙访问，参观国家粮食储备库丁家岭分库、湘粮机械制造有限公司。

10月21—22日 首次由中部省会城市承办、以“绿色城市·文化”为主题的第三届中国城市森林论坛在长沙石燕湖举行。国内外知名专家和107个城市市长（副市长）共商城市森林发展大计。长沙市被授予“国家森林城市”称号。

10月25—26日 中共湖南省委副书记、代省长周强到长沙参观刘少奇故居、胡耀邦故居和谭嗣同故居，考察开发区工作，充分肯定长沙发展成绩。

10月28日 中南大学新校区奠基。新校区位于岳麓山风景区，规划建设面积约60万平方米，总投资约25亿元。

是月 国家发改委发文认定浏阳生物医药园为国家级生物产业基地。

11月5—6日 塞舌尔总统詹姆斯·米歇尔率总统访华团到长沙参观访问，代表团参观远大空调。

11月6—7日 塞拉利昂总统艾哈迈德·泰詹卡巴率代表团一行17人到长沙访问并参观韶山毛泽东故居。

11月23日 中共长沙市委召开全市负责干部会议，湖南省委常委、组织部部长黄建国通报省委决定：梅克保不再担任长沙市委书记职务；陈润儿任长沙市委书记。

11月30日 长沙市黄兴南路步行商业街入选第六批全国“百城万店无假货”活动示范街。

12月1日 雨花区农民游均可1999年从湖北引进100尾匙吻鲟鱼苗在同升湖水库放养，通过7年的精心饲养和探索，获得98%的养殖成功率，填补湖南匙吻鲟的养殖空白。

12月7—8日 在浙江宁波召开的全国婚育新风进万家经验交流会上，长沙市作典型发言。“长沙特色”在全国推广。长沙市被授予“全国婚育新风进万家活动示范市”。

12月8日 首届先进制造业产品配套洽谈会在湖南国际会展中心举行。来自工程机械、汽车、家电等先进制造业领域的300家企业通过对接，签订配套采购合同540个，合同金额49.5亿元；签订配套投资项目15个，总投资12.2亿元。

12月10日 湖南中大创远数控装备有限公司两台加工直径达1000毫米锥齿轮高档全数控机床YK20100在长沙下线，并交付使用。这是全球最大的全数控锥齿轮磨齿机，标志着中国重大装备的动力装置制造技术取得重大突破，宣告中国高档锥齿轮加工机床完全依赖进口的格局被打破。

12月17日 全球零售第一品牌沃尔玛集团的湖南总部和采购中心落户雨花区。

12月22日 “（湖南）国家动漫游戏产业振兴基地”授牌仪式在长沙高新区麓谷园区举行，长沙成为继上海、成都、大连之后第四个国家重点布局基地。

12月25日 中共长沙市委第十一届二次全体会议召开。大会对长沙市出席中国共产党十七次全国代表大会代表候选人推荐名单进行酝酿，确定初步人选名单为陈润儿、卢平、梁稳根、胡子敬、张国庆、李列娜。

12月26—28日 中国·望城首届“和”文化节举行，各界人士和来自全国名寺古刹的住持及港澳台地区大德高僧400余人出席，围绕“和”文化内涵、发展及其实践开展深入探讨。

12月28日 月湖公园免费开园。公园总面积66.9公顷，其中水面面积40公顷、陆面面积26.7公顷。

2007年

1月7日 首届中国中西部特色农产品展览会在红星国际会展中心举行。参展企业800多家，销售和成交金额187亿元；大型采购商与生产企业签订意向性合同金额达23亿元。

1月12日 长沙市人民政府第十二届第七次全体（扩大）会议召开，提出2007年起实现“四个全面”：全面免除城乡义务教育“两费”、全面实施城乡最低生活保障、全面实行城乡医疗保障、全面消除城镇“零就业”家庭。

1月13日 中共长沙市委十一届三次全体（扩大）会议召开。会议要求加速推进新型工业化，全面提升经济竞争力。

1月15–18日 政协长沙市第九届委员会第五次会议召开。大会审议通过政治决议、常委会工作报告决议和提案工作情况报告决议。

1月16–18日 长沙市第十二届人民代表大会第五次会议召开。大会听取并审议《政府工作报告》《长沙市人民代表大会常务委员会工作报告》，审查和批准长沙市2006年国民经济和社会发展执行情况及2007年国民经济和社会发展计划等。

1月24日 垂直泵送高度可达66米的全球最长臂架泵车在“三一重工”下线，宣告由国外技术垄断世界最长臂架泵车的历史从此结束。

1月26日 雨花环保110千伏变电站成功送电。这是省内第一座首次采用PASS系统的变电站。

2月5日 长沙市人民代表大会常务委员会机关搬迁到岳麓大道218号办公楼办公。

2月13日 中共湖南省委书记、省人大常委会主任张春贤在长沙调研餐饮业发展情况，要求做大做强湘菜品牌，把长沙打造成“美食之都”。

3月26—27日 首届全国未成年人思想道德建设创建工作座谈会在长沙召开，开福区政府在会上作经验介绍，开福区的“快乐大篷车”获得一等奖。

4月6日 由长沙广播电视艺术中心拍摄的电视连续剧《恰同学少年》在中央电视台一套黄金时段首播获得巨大反响。据央视索福瑞机构全国收视率调查显示，该剧平均收视率为5.78%，最高达9.86%，为三年以来央视一套播出的电视剧收视率冠军。

4月8日 长沙获建设部颁发的“中国人居环境范例奖”，长沙成为全国首个在背街小巷改造领域获此殊荣的城市。

是日 第一个“市民文明公约行动日 ”暨“门前市容环境卫生责任制万人劝导活动”启动，并将每个月第一周的星期六定为“市民文明公约行动日 ”。

4月11日 岳麓滨江新城开发建设项目开始拆迁安置。该项目规划南起湘江橘子洲大桥，北至二环线湘江三汊矶大桥，东临湘江，西至银杉路，面积约7平方千米。

是日 长沙市人民政府出台《鼓励银行业金融机构支持地方经济发展奖励暂行办法》。从5月1日起，凡是引进外资银行机构或全国股份制银行机构的给予奖励，最高奖金达500万元。

4月16日 人事部、湖南省人民政府共建“中国长沙留学人员创业园”在长沙高新区麓谷揭牌。

4月17日 长沙市明德中学新校区动工建设。校区占地10公顷，校舍建筑面积8.5万平方米，可容纳5000多名学生就读和4000名学生寄宿。

4月19日 湖南省省长周强在长沙调研新农村建设，强调发展现代农业是首要任务。

4月20日 首届中国演出娱乐博览会暨歌厅文化节在红星国际会展中心开幕，120多家经纪机构、剧场、艺术表演团体参加，为当时国内规模最大的演出行业博览会。

4月23日 长沙市与美国马里兰州安纳波利斯市签署建立友好城市关系意向书。

4月24日 湖南现代粮食物流园奠基暨隆平米业揭牌仪式在长沙金霞经济开发区举行。

4月27日 长沙境外招商活动——2007中国·长沙（澳大利亚）重大项目合作洽谈会在悉尼举行。28个项目成功签约，引进外资20.16亿元。

4月30日 中共中央政治局委员、国务院副总理曾培炎到长沙考察江南公寓、三辰卡通、新河三角洲、中联重科、中南大学粉末冶金研究院等地。

5月2日 长沙市人民政府市长谭仲池会见日本国众议院议员森山裕等一行4人，并将代表长沙市荣誉市民身份的“金钥匙”赠给森山裕。

5月12日 中共中央政治局常委李长春到长沙视察开福区未成年人“快乐教育”展览，指示“快乐教育”要在全国推广。

5月16日 长沙市雨花区香樟东路一期工程竣工通车。香樟路是长沙市城市Ⅰ级主干道，全长7.3千米。

5月21日 长沙市华商联合会成立大会暨首届“华商企业论坛”在通程大酒店召开。

6月7日 解放西路酒吧文化街夜景亮化工程竣工。这是长沙首条夜景特色街。

6月10日 团中央书记处第一书记胡春华到芙蓉区东屯渡街道德政园社区调研共青团工作，并到长沙县黄花镇黄龙新村考察。

6月11日 浏阳生物医药园挂牌为“长沙国家生物产业基地”，为中西部地区唯一的国家生物产业基地，长沙也首次列入中国生物产业发展战略重点城市。

6月22日 2007首届中国（长沙）烟花爆竹产业博览会在湖南国际会展中心开幕。来自全国的500多家企业参展。首届“烟博会”设标准展位800余个，特装展位60多个。博览会由开幕式、高峰论坛、颁奖典礼、焰火晚会四大主体活动构成。

6月29日 中共长沙市委十一届四次全体（扩大）会议召开。会议讨论、研究并通过《中共长沙市委推进和谐长沙建设2007—2010年工作纲要》。

7月1日 中宣部公布湖南第一师范旧址为全国爱国主义教育示范基地。

是日 火车南站停运关闭。至此，运营长达73年的火车南站退出湘江大道南段原址。按照规划，火车南站将与火车北站一起迁往开福捞霞地区。

是日 湖南第一个艺术教育扶贫基金——阳光艺术教育扶贫基金在长沙成立，首期基金为150万元。

7月3日 湖南省公安厅入口与出入境管理局在长沙黄花机场开办口岸签证。长沙成为内陆省份第四个具有口岸签证权城市。

7月5日 望城经开区与中航起落架（集团）股份有限公司举行项目签约仪式。中航起落架公司是全国唯一的飞机起落架生产企业，投资 35 亿元。

7 月 16 日 长沙市公安局驾考中心启用。驾驶人考试实行全过程电子监控，“电子教官”打分。长沙每年 10 多万人可免异地路考之苦。

7 月 19 日 长沙市首次基金监管工作会议召开，市人民政府出台并下发《长沙市基金监管实施意见》。

7 月 26 日 雨花区被中华诗词学会授予“中华诗词之乡”称号。

7 月 27—31 日 第六届中国音乐金钟奖首届合唱比赛颁奖暨纪念建军 80 周年全国合唱比赛在长沙举行。中国音乐金钟奖是由中共中央宣传部批准设立的全国唯一常设的音乐综合性大奖，由中国文联和中国音协会共同主办。来自全国的 57 支合唱队参加比赛。湖南知青艺术团合唱团等 3 支参赛队获得金奖。

8 月 2 日 在海口市举办的全国中学生田径运动锦标赛上，浏阳市淳口镇鸭头村学生王慧琴以跳远 6.45 米、三级跳 13.78 米成绩夺得 2 枚金牌，并打破三级跳中学生纪录。

8 月 16 日 香港恒隆集团就长沙芙蓉中央商务区重点招商项目——东牌楼旧城改造项目签署“框架协议”。香港恒隆集团对该地块进行整体开发，建设集现代商务、酒店公寓、国际会展中心、购物于一体的大型综合性商业项目。其中，两栋 70 层 280 米高的高档写字楼双子楼，成为长沙的标志性建筑。

8 月 17 日 中国工程院院士袁隆平在全国道德模范评选推荐活动中当选为“全国十佳道德模范”。

8 月 23 日 新长沙广电中心奠基仪式在雨花区圭塘街道月塘村举行。该中心主体及配套项目占地 50 公顷，规划设计、项目报批等项工作全面展开。

8 月 26 日 老挝总理波松·布帕万率领访华团一行 31 人到长沙县黄龙新村考察。

8 月 31 日 武广客运专线新长沙站启动建设，2009 年建成。

9 月 3 日 长沙市、浏阳市获全国政务公开先进单位称号，长沙县被命名为全国政务公开示范点。

9 月 9 日 长沙烈士纪念广场在湖南革命陵园奠基。该广场建设面积近 3000 平方米，绿地面积 1500 多平方米，总投资近 100 万元，1.88 万余名烈士在纪念广场英烈墙上留名。

9 月 19 日 中国（湖南）红色旅游文化节暨秋收起义浏阳文家市会师 80 周年大型纪念活动举行。活动有五大内容：中国十大红色经典评选与浏阳文家市圣火传递活动启动仪式；中国（湖南）红色旅游文化节开幕式暨秋收起义浏阳文家市会师 80 周年大型纪念活动；中国百强旅行社畅游浏阳河；中国十大红色经典评选活动；浏阳文家市圣火传递活动。

9 月 20 日 浏阳大围山地质公园授牌开园。

9 月 24 日 湖南首个创意产业园——雨花创意产业园挂牌成立。

是日 浏阳花炮被认定为中国驰名商标。

9 月 26 日 岳麓文化艺术产业园授牌。产业园东起潇湘大道南段，西至麓山南路，南临二环线西南段，北止阜埠河路段，面积达 3 平方千米，区域内涵盖后湖、大学城农民安置区等，以及包括麓山南路文化创意产业街、锦绣潇湘文化艺术中心、大学图书文化城、湖大金三角时尚数码、后湖文化艺术主题公园、天马艺术村、潇湘大道文化休闲走廊等产业项目。岳麓区投入财政预算 500 万元设立文化产业发展引导基金。

9 月 27 日 首届湘商大会在长沙举行。来自国内 25 个省（自治区、直辖市）67 家湖南异地商会领导和企业家、湖南 14 个市州的代表以及特邀嘉宾、中国港澳台及美国、奥地利、意大利、马来西亚、荷兰、泰国、新加坡等 11 个国家的湘商代表及嘉宾 2600 多人参加此次大会。本届大会促成 195 个合作项目，总投资 453.1 亿元，合同引资 442.2 亿元。

是月 年嘉湖隧道开工建设。隧道呈东西向，起于营盘路与东风路交会处以东路口，穿越烈士公园年嘉湖底，止于营盘路与车站北路交会处以西路口，全长 1877 米，其中地下部分总长 1400 米。隧道采用双孔双向 4 车道。单洞宽 10.35 米，车道宽 7.25 米，净高 4.5 米，总投资 9 亿元，于 2008 年 8 月 1 日竣工通车。

10 月 8 日 芙蓉区法院首次适用《中华人民共和国物权法》对原告李某某与被告刘某某房屋租赁纠纷案件进行判决。12 月 4 日，该案作为“中国物权法第一案”在“全国法制日”被中央电视台作为 2007 年度全国标志性法治事件进行报道。

10 月 9 日 国家动画产业基地——宏梦卡通城在长沙县星沙举行开工奠基。宏梦卡通城位于长沙县县城东北，总用地面积 11.86 公顷，总建筑面积 11 万平方米，包括宏梦卡通总部办公大楼、艺术家工作室、艺术家公寓、卡通商业街、卡通美术馆等。

10 月 16 日 长沙市住房保障工作会议召开，长沙市成立全国第一个住房保障工作局，出台《长沙市城市住房保障制度实施细则》，在制度上确保低收入家庭住房保障目标实现。

10 月 16 日 长沙福元路全线竣工通车。全长 7 千米，双向 6 车道，连接芙蓉北路和星沙镇。

10 月 17 日 国家统计局发布对全国城市综合实力最新评价，2006 年，长沙城市综合实力跻身全国前 14 位，居中部第一位。

10 月 23 日 长沙电厂开始投产发电，结束省会长沙无支撑电源历史。

10 月 28 日 省委书记、省人大常委会主任张春贤到浏阳市考察花炮产业。

10 月 30—31 日 长沙市第十二届人大常委会第三十八次会议召开。会议任命刘晓越为长沙市人民政府副市长。

11 月 3—5 日 中国湖南首届道文化节暨陶公庙 1500 周年庆典在长沙县榔梨镇举行，并举办以“慈爱、和谐、发展”为主题的道文化讲坛。

11 月 6 日 中共湖南省委书记、省人大常委会主任张春贤到长沙县江背镇印山村考察小康建设情况，传达贯彻十七大精神。

11 月 19 日 “长沙历史文化名城之最”评比揭晓，最有长沙特色的历史民居为百果园程潜公馆、坡子街伍厚德堂、梓园民居；最有历史底蕴的佛寺道观为麓山寺；最有建筑艺术特色的古亭为爱晚亭；最有艺术价值的近代公共建筑为湖南省立第一师范；长沙人最喜爱的老字号为火宫殿；最富魅力的民间艺术为浏阳花炮；老百姓最喜欢的古井为白沙井；最富古典韵味的历史街巷为太平街。

11 月 20 日 长沙市十二届人大常委会三十九次会议召开。会议决定接受谭仲池辞去长沙市人民政府市长的职务请求，决定任命张剑飞为长沙市人民政府副市长并代理市长。

11 月 28 日 国家旅游局命名宁乡县为“中国旅游强县”。

11 月 由浙江众泰集团投资建设、具有 20 万辆产能的“长沙众泰汽车工业有限公司”在长沙经开区成立，生产入门级家用轿车。次年首批产品“梦迪博朗”新车生产下线。

12 月 6—7 日 2007 中国（长沙）首届科技成果转化交易会在高新区会展中心麓谷广场举行，主题为“产学研金一体化，创新创业在长沙”。大会征集科级成果 1801 项，收集技术需求项目 358 项，覆盖先进制造、新材料、电子信息、生物医药、节能环保、现代农业等技术领域，签约项目约 120 项，签约资金近 300 亿元。

12 月 18 日 芙蓉北路北延全线贯通。该路段南起捞刀河大桥，北至沙河收费站，全长 9608 米，路幅宽 60 米，双向 6 车道，为城市 I 级主干道。

12 月 26 日 在毛泽东 114 周年诞辰之际，由长沙出资 3000 多万元援建的韶山毛泽东文学艺术馆落成开馆。

12 月 29 日至 2008 年 1 月 2 日 政协长沙市第十届委员会第一次会议召开。大会选举产生政协长沙市第十届委员会常务委员会组成人员，董学生任主席。

12 月 30 日至 2008 年 1 月 4 日 长沙市第十三届人民代表大会第一次会议在省委礼堂举行。大会听取并审议《政府工作报告》《长沙市人民代表大会常务委员会工作报告》《长沙市中级人民法院工作报告》《长沙市人民检察院工作报告》《关于长沙市 2007 年国民经济和社会发展计划执行情况与 2008 年国民经济和社会发展计划（草案）的报告》，审查和批准《长沙市 2007 年国民经济和社会发展执行情况及 2008 年国民经济和社会发展计划》，审查《关于 2007 年全市和本级预算执行情况及 2008 年全市和本级预算（草案）的报告》，审查和批准长沙市 2007 年市本级预算执行情况和 2008 年市本级财政预算。会议选举余合泉为市第十三届人大常委会主任、张剑飞为长沙市人民政府市长、罗衡宁为市法院院长、陈绍纯为市检察院检察长。

2008 年

1 月 13 日 “少年强则国强——长沙首届‘星城之星’颁奖会”在田汉大剧院举行。

1 月 13 日—2 月 2 日 长沙市遭遇五十年一遇的冰冻灾害，中共长沙市委、市政府应对极端恶劣天气，部署做好抗灾救灾工作，春节供应和交通运输。

1 月 15 日 全国人大常委会原副委员长邹家华到长沙经开区三一集团考察。

1 月 29 日 中共中央政治局常委、国务院总理温家宝在长沙火车站看望因冰冻滞留车站的旅客。2 月 1 日，温家宝再次到长沙听取省委、省政府关于抗冰救灾工作情况汇报，研究部署进一步做好抗灾救灾工作的措施，指出抗冰救灾的工作重点是通路、保电、安民。

1 月 30 日 抗冰英雄罗海文、罗长明、周景华三位烈士追悼会在长沙举行。

2 月 5 日 长株潭三地电视节目成功实现互传。电视频道启动运行。

2 月 11 日 山东省交通厅派技术人员到长沙指导抗冰救灾道路补损工作。26 日，山东省交通厅向长沙捐赠 200 万元赈灾善款。

2 月 22 日 泰国佛教副僧王、泰国第一世皇慈善基金会主席连俊荣率泰国佛教界 60 余人，恭送四面佛像前往望城县洗心禅寺安座。中国佛教协会会长一诚法师、副会长圣辉法师率众共同举行安座仪式。

2 月 28 日 中国香港汇丰银行长沙分行开业。该分行位于通程大酒店 18 楼，主要针对大型工业企业、进出口贸易结算及非中国居民的外汇业务提供金融服务，是其在中国内地设立的第 17 家分支机构。

2 月 29 日 长株潭获批国家高技术产业基地，成为中部地区唯一，重点发展信息、生物、民生航空航天、新材料、新能源五大产业。

4 月 7 日 陕西汽车集团长沙环通汽车制造有限公司奠基典礼在长沙县干杉乡机械工业小区举行。陕西汽车集团是中国五大卡车制造企业之一，填补湖南省不能生产重型汽车产品的空白。

4 月 8 日 长沙市第十三届人大常委会第二次会议召开。大会决定任命 36 名市政府组成人员，其中

25名连任、9名新任命、2名交流和岗位轮换。

是日 中国·长沙工程机械与汽车产业合作洽谈会在长沙县星沙镇举行。长沙县被省政府命名为“湖南汽车零部件产业基地”。

4月22—23日 中共湖南省委书记、省人大常委会主任张春贤到长沙考察大河西先导区规划。

4月29日 浏阳市大围山国家森林公园被授牌为国家AAAA级景区。

4月30日 12时47分，施工人员在高桥街道火焰社区上河国际商业广场B区裙楼东头浇注天井楼盖过程中，发生坍塌事故，造成施工人员8人死亡，3人受伤，直接经济损失339.4万元。

4月 湖南省明园蜂业有限公司“明园”产品被中国工商行政管理总局认定为“中国驰名商标”。

5月8日 中共中央政治局委员、全国人大常委会副委员长、中华全国总工会主席王兆国到长沙国家生物产业基地、湖南有色凯铂生物药业有限公司、三一重工股份有限公司、长沙市困难职工帮扶中心、湖南大学等地视察。

5月29日 第三次全国文物野外普查时，在浏阳市小河乡发现2000多年前的商周遗址。

6月4日 奥运火炬在长沙传递。长沙200万名市民观看圣火传递和观礼。星沙之声同步直播4个小时的大型节目《超越梦想 我心飞翔》。

6月6日 长沙大河西先导区建设动员大会召开。中共湖南省委常委、市委书记陈润儿号召全市上下积极投身改革试验，打造先导区、建设大河西，努力走出一条科学发展之路。10日，大河西先导区管理委员会在麓谷挂牌成立。省委常委、市委书记陈润儿和市委副书记、市长张剑飞共同为管委会揭牌。

6月7日 长沙市第十六中学更名为“长沙市旅游职业中等专业学校”，加挂长沙市第十六中学的牌子。

6月15日 大河西先导区区划调整交接仪式在市政府举行。从16日起，望城县含浦、坪塘、莲花3个镇划归岳麓区管辖，雷锋镇交由高新区托管。

7月1日 长沙公共资源交易中心挂牌成立。中心为隶属长沙市发展和改革委员会的副县级自收自支全民事业单位，位于长沙市五一大道800号中隆国际大厦，办公面积近5000平方米。市直各行业主管部门、各开发区和内五区不再设立交易中心，部门已有的交易（或采购）中心并入该中心，实行统一监管。

7月3—4日 “走出去——伦敦资本市场融资”洽谈会在长沙运达喜来登酒店举行。省、市金融业、企业界代表，与来自伦敦的金融专家就湖南企业如何到海外融资、上市等问题进行友好交流。

7月6日 宁乡县获“全国百强县”称号。

7月8日 团中央书记处第一书记陆昊在长沙调研指导共青团工作，要求大力推动团的基层组织建设。

7月11日 “国家知识产权工作示范城市”授牌仪式在长沙举行。长沙成为国家知识产权工作示范城市。

7月15日 省、市重点工程——长沙港口主枢纽霞凝港区一期工程通过验收投入生产。

7月18日 由湖南科力远公司与香港超霸公司共同打造的国内首家规模化生产汽车动力电池企业签约落户长沙。

7月21日 长沙市沙坪金球湘绣有限公司“金球”荣获“中国驰名商标”。同日，“中国湘绣技艺培训基地”举行挂牌仪式。

7月23日 《长沙市公安局对人民群众举报涉恐涉黑涉恶犯罪的奖励办法》开始实施。

7月29日 首届长沙十大城市名片揭晓。岳麓书院、湖南省博物馆、天心阁、岳麓山、橘子洲头、火宫殿、湖南第一师范、金鹰影视文化城、贺龙体育中心、运达国际广场10个城市地标被评为首届“长沙十大城市名片”。

是日 望城经开区铜官循环经济工业基地管委会挂牌成立。这是湖南首个循环经济工业基地。

8月3日 长沙开始全面推行劳动用工登记备案制度。

8月15日 金洲大道实现全线通车，双向6车道，全长20千米。

8月20日 国家油茶研发中心在浏阳挂牌成立。

8月26—27日 长沙市第十三届人大常委会第六次会议召开。会议决定市人大专门委员会和常委会工作机构人事任命事项；通过《长沙市城市供水用水管理条例》修正案和《长沙市人大常委会立法听证办法》；审议市政府关于长沙市国民经济和社会发展“十一五”规划纲要实施情况的中期评估报告和关于大河西先导区工作汇报等。

9月3日 第十届全国人大常委会原副委员长李铁映到长沙县视察高桥镇维汉村、维汉故居以及维汉中学，并与干部群众座谈。

9月4日 住房和城乡建设部命名长沙为“国家园林城市”。

9月11日 全国油茶产业发展现场会在长沙召开。中共中央政治局委员、国务院副总理回良玉出席会议，并到浏阳油茶产业基地视察。

9月19日 望城县雨敞坪镇成建制移交岳麓区管辖。

9月19—20日 第二届中国（长沙）辣椒产业博览会在红星国际会展中心举行。省内外500多种辣椒新品亮相。

9月22日 全国首家主要由非公有制企业入股的银行——中国民生银行长沙分行芙蓉CBD开业，位于芙蓉广场人力资源大厦1楼。

10月12日 越南胡志明共青团中央书记处书记阮黄协率越南青年代表团访问长沙。

10月16日 长沙铁路南北站迁建工程开工。将位于城市中心地带的长沙铁路南站、北站，迁于京广线捞刀河站及霞凝站。项目静态投资约12.6亿元，用地约100公顷。

10月17日 市政府召开全市环保工作大会，出台《长沙市环境保护三年行动计划》。

10月19日 《中国城市综合竞争力报告》发布：长沙城市综合竞争力指数居全国第十，成为中部地区唯一进入全国前十位的城市。

10月21日 长沙市东风药业有限公司全体党员采取公推直选办法，由全体党员以无记名投票方式，直接选举党委班子。

10月31日 湖南山河智能装备股份有限公司制造出湖南省第一架轻型飞机。

是日 长浏（长沙—浏阳）高速动工修建。该路主线长65.29千米，4车道，设计时速100千米，沿线经金刚、大瑶、荷花、集里、太平桥、蕉溪、洞阳及永安8个乡镇、街道。

11月13日 市长张剑飞会见到长沙访问的美国圣保罗市市长克里斯·科曼一行，并共同签署两市发展友好关系备忘录。

11月14日 长沙—深圳“五定”班列从长沙树木岭铁路口岸首发，海铁联运模式运营。

11月17日 长沙市商业银行更名为长沙银行，并启用新标识。

11月19日 长沙市人民政府行政效能投诉中心成立，“12342”行政效能投诉热线同时开通。

11月21日 长沙市数字化城市管理系统通过住房和城乡建设部验收，全面投入运行。

11月23日 长沙新河三角洲项目奠基。长沙新河三角洲地块以92亿元的价格，被北京北辰实业股份有限公司、北京城市开发集团有限责任公司联合竞得。项目总占地约110公顷，平台上建筑面积380万平方米，其中住宅面积约300万平方米，公共建筑面积约80万平方米。

是日 中共长沙市委、市人民政府在长沙县举行系列活动，纪念解放军装甲兵的主要创建者、共和国大将许光达100周年诞辰。

11月27日 第十一世班禅额尔德尼·确吉杰布一行到麓山寺，麓山寺方丈大和尚圣辉率几百名佛教徒迎接礼待，并前往麓山寺大雄宝殿诵经、礼佛，为100名僧众摩顶加持。

12月8日 印度中央政治局委员西塔拉姆·亚狄里率印度共产党代表团访到长沙访问，参观考察长沙市高新技术开发区望城县真人桥村。

12月9日 中共长沙市委十一届七次全体（扩大）会议召开。会议深入贯彻中共十七届三中全会精神，推进农村改革发展；审议并通过《中共长沙市委关于推进农村改革发展的实施意见》。

12月22日 长沙先导投资控股有限公司挂牌成立。

12月23日 望城县靖港镇被住房和城乡建设部、国家文物局授予第四批“中国历史文化名镇”称号。

12月25日 长沙市首次获得“中国最具幸福感城市”称号。

12月27日 长沙—日本大阪航线首次通航。

是日 7时30分，位于雨花区境内的上海城19号栋工地发生重大安全事故，18人死亡，1人受伤。

是日 长沙职业教育基地在雨花区湖南环保科技产业园内奠基，标志着长沙职业教育进入整合资源时代。

是月 湖南省规模最大、自动化程度最高的食用油储备库——金霞粮库19座食用油罐全面竣工。

是年 湖南金霞粮食产业有限公司与湖南省水稻研究所联合研发金霞“沁香”系列香型优质稻，重点推出以“沁香1号”为代表的新品种11个，填补湖南粮食企业优质稻产、学、研一体化的空白。

2009年

1月1日 橘子洲风景区开园试运行。2006年8月22日，橘子洲风景区动工建设，该景区总面积118公顷，其中橘子洲88公顷。景区建设的功能定位为：以自然风光为载体，以生态、文化、旅游、休闲为主题的风景区。

是日 长沙金霞保税物流中心获海关总署、财政部、国家税务总局、国家外汇局四部委批准，成为中部城市首家获批准、湖南唯一的一家保税物流中心，中心规划用地100公顷。4月通过国家四部委联合验收，8月封关运行。

1月3—6日 政协长沙市第十届委员会第二次会议召开。市政协副主席李克俭作关于十届一次会议后提案工作情况的报告。大会通过工作报告决议、提案工作报告决议、政治决议等大会文件。

1月4—7日 市十三届人民代表大会二次会议举行。大会听取并审议《政府工作报告》《长沙市人民代表大会常务委员会工作报告》《关于长沙市2008年国民经济和社会发展计划执行情况与2009年国民经济和社会发展计划（草案）的报告》，审查和批准长沙市 2008 年国民经济和社会发展执行情况及 2009 年国民经济和社会发展计划等。

1 月 14 日 在南京召开的第五届中国会展高峰论坛暨 2008 年度中国会展业大奖（评选）颁奖会上，长沙市获“2008 年度中国最具影响力会展城市”，长沙车展获“2008 中国汽车工业十大品牌展会”荣誉。

1 月 15 日 长沙—台北直达航路开始通航。

1 月 16 日 浏阳市与广西北部湾国际港务集团初步达成意向，在广西北海建立专业烟花码头——铁山港。

1 月 20 日 长沙市获全国创建文明城市工作先进城市称号。

2 月 4 日 长沙最大的旧城改造项目——芙蓉区朝阳二村旧城改造一期工程竣工并投入使用，1740 户居民开始回迁。

2 月 5 日 长沙市政府和长沙大河西先导区管委会与美国盖尔国际签订战略框架协议。

2 月 15 日 佛教寺院玉泉寺异地重建，由天心区登仁桥迁往天心区书院路。

2 月 18 日 长沙市人民检察院获“全国检察机关基层检察院建设”组织奖。

2 月 23 日 长沙市公交线路开始推行老年人公交 IC 卡片免费刷卡乘车。

3 月 1 日 全市所有宾馆、酒店、招待所及相关单位停止主动提供一次性日用品。

3 月 5 日 湖南金沙药业股份有限公司投资 1.2 亿元的“金沙药业科技园”落户长沙高新区。

3 月 19 日 师大附中博才实验中学举行奠基仪式。实验中学位于岳麓区桐梓坡路与雷锋大道交会处，是由岳麓区政府投资 1.5 亿元兴建，由岳麓区教育局主办，与湖南师大附中实行强强联合，着力打造的一所高配置、高起点、高质量的公办初级中学。是年秋季开始招生，实行寄宿制和走读生午托制管理。

3 月 20 日 由全国妇联和澳大利亚人权委员会共同主办，湖南省妇联承办的“中澳合作国家级反对家庭暴力培训研讨班”在长沙开班。全国各省市妇联、法院约 100 人到会参加研讨培训并参观岳麓区法院和芙蓉区德政园社区反家暴市民论坛。

3 月 21 日 13 时 31 分 03.1 秒，宁乡（北纬 28.25 度，东经 112.44 度）发生 ML3.0 级地震，震源深度 7 千米。宁乡当地部分居民有震感，部分房屋有轻微损坏，无人员伤亡。

3 月 22 日 绿色亚洲人居环境高峰论坛在长沙举行。论坛围绕亚洲人居环境重点示范项目金科·东方大院签约及授牌仪式展开。亚洲人居环境协会（AHS）和中国人居环境委员会决定，与湖南金科地产合作，将长沙金科·东方大院打造成为湖南首个“亚洲人居环境重点示范项目”。

3 月 25 日 “英国—长沙可持续发展基础设施建设研讨会”举行，此次活动由英国贸易投资署带领，是英国总领事馆区域性城市发展项目的活动之一。在英国贸易总署的调查报告中，长沙被定为华南地区重要发展的战略城市。

3 月 28 日 国家统计局局长马建堂一行到长沙进行经济形势调研，供国家下一步经济措施做参考。

3 月 29—31 日 中共中央政治局常委、国务院副总理李克强到长沙视察调研湖南山河智能机械股份有限公司等企业，出席在长沙召开的全国保障性安居工程工作会议并作重要讲话。

3 月 30 日 湖南省最大、功能最齐全的综合专业养老机构——长沙市寿星公寓投入使用。公寓主要接收不能自理的老人，特别是老年痴呆病患者、中风偏瘫者、帕金森患者，以及生病需住院的老人、重病末期老人、常年生病卧床不起的老人，为其提供医疗康复服务。养老床位达到 800 个。

4 月 1 日 首家全国性大型金融机构跨省区营运中心——中国太平洋寿险南方营运中心落户长沙。

4月2日 中共长沙市委十一届八次全体会议召开。会议审议通过《关于全面加强基层党的建设的意见》《关于加强乡镇（街道）干部队伍建设的若干规定》《关于加强村（社区）干部队伍建设的若干规定》等。

4月10日 湖南省人大常委会副主任谢勇率省人大常委会执行检查组到长沙检查《中华人民共和国残疾人保障法》《湖南省实施〈残疾人保障法〉办法》《湖南省残疾人扶助办法》贯彻实施情况。检查组一行视察天心区怡智家园、市残联、湖南精诚陶瓷有限公司。

4月13—14日 上海市市长韩正到长沙市太平街历史文化街区、长沙港口主枢纽霞凝中心港区考察。

4月15日 国内第一款由专业SUV向轿车领域延伸的跨界车——由长丰汽车打造的猎豹CS7在长丰星沙工厂下线，标志着湖南汽车工业再次获得重大突破。

4月17日 长沙市第十三届人大常委会第十一次会议召开。大会决定任命张迎龙、李军为长沙市人民政府副市长。

4月20日 全国首场世博论坛——“环境与城市发展”专题论坛在岳麓书院开讲。全国人大常委会原副委员长成思危，中央宣传思想工作领导小组原副组长、中共湖南省委原书记、中国生产力学会会长王茂林，民建中央副主席、上海市政协副主席、上海世博会执行委员会副主任周汉民等作为演讲嘉宾先后登台演讲。

4月21日 开福区湘春路西入口棚改项目启动拆迁工作。该项目东起外湘春街西至湘江大道，南临湘春路，北靠晴洼巷，占地5.09公顷，拆迁总面积8.57万平方米，涉及800拆迁户和18家单位。

4月22日 长沙黄花国际机场新航站楼工程开工建设。

4月26日 湖南革命陵园晋级全国重点保护单位。

4月29日 长沙市首次以市花为媒，在浏阳大围山举行首届杜鹃花旅游文化节。

4月30日 潇湘大道北段通车。潇湘大道通车里程至此达15千米，滨江景观带同时开放。

5月20日 威盛集团麓谷科技园开园，是国内最大的能源计量产品研制基地。

5月21日 广汽集团与长丰集团达成战略重组协议，长丰集团将其持有的湖南长丰汽车15.11亿股（占长丰汽车总股本的29%）转让给广汽集团，广汽集团成为第一大股东。

5月27日 塞拉利昂总统艾哈迈德·泰詹·卡巴率代表团一行30人访问长沙，参观橘子洲公园。

6月1日 岳麓山风景名胜区麓山景区、南郊公园、天心阁景区、晓园公园、王陵公园、紫凤公园、桂花公园开始实行免费入园制度。

6月2日 首届中国长沙——重点大学人才战略合作峰会在长沙举行。长沙市与63所重点大学、12所科研院所、12家企业结成人才战略合作联盟。

6月7日 汤杨被追授为全国纪检监察系统先进工作者。汤杨生前任长沙县金井镇纪委纪检专干，2009年2月11日，在扑救山火过程中，撤离到安全地带的他看到还有4名干部群众未脱离险境，当即冒着生命危险返回火场组织撤离，不幸被大火吞噬牺牲，年仅27岁。

6月8日 湖南省长周强、副省长郭开朗到开福区清水塘街道考察社区卫生服务工作。

6月9日 全省首个由学校与地方政府合作创办的“大学生SLYB创业培训与创业指导基地”在长沙理工大学挂牌。

6月12日 首届“中国最具投资潜力百强开发区”评选结果揭晓，长沙经济技术开发区进入前六强。

是日 湖南华良（中意）电器实业有限公司整体收购伊莱克斯中国公司资产交接仪式举行。

6月12—13日 中共中央政治局常委、国务院总理温家宝到浏阳永安镇视察早稻生产情况。视察长沙经开区企业博世汽车部件（长沙）有限公司，温家宝对园区企业在应对金融危机中保持良好的精神状态和有序的生产经营秩序给予高度评价。

6月18日 全国首支食品安全公安执法队伍——市公安局治安管理支队食品安全执法大队挂牌成立。

6月23日 中央电视台《激情广场》栏目组和长沙市委、市政府承办的“爱国歌曲大家唱·湖南长沙篇”歌咏活动在橘子洲头举行。

6月26日 长沙市获得中国首届“最具软实力城市”称号。

6月29日 中共中央原总书记、国家主席、中央军委主席江泽民到长沙市橘子洲景区视察。

6月 长沙市完成“651化学危险品仓库”搬迁建设，总投资118亿元，占地18.8公顷，总建筑面积44614平方米，是长沙市最大的化学危险品仓库。

7月4日 长沙园林生态园开园。长沙园林生态园位于长沙市开福区捞刀河镇罗汉庄，园区总规划200公顷，园区内植物资源丰富，森林覆盖率达90%，中小学生可凭有效证件免费入园。

7月9日 第一台由长城电脑与长城信息合作生产制造的电脑在长沙成功下线，标志着湖南没有本土计算机品牌的历史结束。

7月9日 全国政协主席贾庆林到长沙经开区视察远大空调有限公司和博世汽车部件（长沙）公司，详细了解节能减排和环境保护情况，看望生产一线员工。11日，参观橘子洲景区。

7月14日 由湖南省人民政府、中国电子信息产业集团共建的长沙国家软件产业基地长沙中电软件园开工建设，总投资30亿余元。

是日 纪念宋任穷100周年诞辰座谈会在浏阳举行，宋任穷故居开始对外开放。

7月15日 2009中美经济合作（湖南）洽谈会在长沙举行。美国对华商务发展联盟、美国GLOBALONE公司、美国GTA公司、美国国际资本集团等机构或企业参会。

7月17日 家润多商业股份有限公司（简称“家润多”）在深圳证券交易所挂牌上市，股票代码002277，后更名为“友阿股份”。

7月21日 长沙县松雅湖项目暨团结垸退田还湖工程开工，项目规划总面积16.98平方千米，全部水面400公顷。

7月26日 2009全国县域经济科学发展交流年会在长沙县召开，发布第九届全国县域经济基本竞争力与科学发展评估报告。长沙4县市（长沙县、望城县、浏阳市、宁乡县）首次同进全国百强。

7月29日 长沙市出台《关于推进城乡社区居家养老服务工作的实施意见》，标志着长沙市社会福利事业从补缺型向适度普惠型转变。

是日 “祖国在我心中”全国青少年宫系统文艺会演在长沙举行。共青年团中央书记处书记周长奎到长沙观看演出并在长沙进行考察。

7月31日 长沙市人民政府召开新闻发布会宣布，震惊全国的“12·29”古墓葬被盗掘系列案件告破。该系列案件发案11起，20座历代墓葬遭到不同程度的破坏。经过近7个月的侦破工作，捕获犯罪嫌疑人53名，收缴涉案文物304件，其中国家一级文物12件、二级文物48件、三级文物89件。

8月3日 湖南科技大学学生欧志国在宁乡县喻家坳乡发现国家一级重点保护植物“中华水韭”。

8月11日 因涉嫌走私制毒物品罪，5名墨西哥籍被告人在长沙市中级人民法院出庭受审。这是湖南省首例跨国走私制毒物品案件。

8月16—21日 中华人民共和国第十届中学生运动会在长沙举行。运动会举行田径、游泳、篮球、排球、足球、乒乓球、武术、健美操8个大项92个小项近500场比赛，参赛运动员2790人。总规模约8000人，是中运会历史上比赛项目和参赛人数最多的一届。

8月20日 全国首条“代建制”（指政府通过招标方式，选择专业化的项目管理单位即代建单位，负责项目投资管理和建设组织工作，项目建成后交付使用单位的制度）农村公路——黄兴大道北延线一期工程开工。道路全长44.3千米。

8月25日 水利部批准宁乡黄材水库为国家级水利风景区。

8月28日 潇湘大道北延线（望城段）工程开工建设。潇湘大道北延线（望城段）南起三汊矶大桥，北至望城县高塘岭镇沩水桥，全长约22千米，总投资14亿元。2011年2月20日，一期工程通车。

8月29日 陕西汽车集团长沙环通汽车制造有限公司第一辆德龙系列重型专用车下线，填补湖南省重型汽车制造空白。

是月 长沙市比亚迪汽车有限公司成立，主要产品有纯电动大巴K9、常规能源轿车两大类。

是月 张杰明被公安部选录为《共和国的公安英烈》。8月31日凌晨4时11分，芙蓉区育英小学发生盗窃案，闻讯赶至的长沙市巡警一大队民警张杰明在与歹徒进行搏斗中身中18刀，壮烈牺牲。11月7日，长沙市中级人民法院公审该抢劫案，主犯袁某一审被判处死刑。

9月1日 长沙市理顺电影管理体制、划转电影职能交接仪式在简牍博物馆举行。原长沙市文化局直属的电影经营和放映单位长沙市电影发行放映中心、长沙市电影公司、长沙电影城和银宫电影院等统一划转至长沙广播电视局进行归口管理。

9月9日 由中央宣传部、中央组织部、中央统战部等11个部门联合组织开展的评选“100位为中华人民共和国成立做出突出贡献的英雄模范人物和100位中华人民共和国成立以来感动中国人物”活动中，浏阳市革命英烈寻淮洲、李白入选。

9月11日 中国杂交水稻技术对外合作部长级论坛在长沙举行，包括袁隆平在内的30位国内外重量级嘉宾发表演讲，各国官员及杂交水稻专家围绕时间粮食安全、国际农业投资等专题展开交流。

9月18日 在北京举办的第二届中国和谐城市可持续发展高层论坛上，长沙市入选“中国十佳休闲宜居生态城市”，排名第一。

9月28日 长沙轨道交通2号线一期工程开工。线路全长22.262千米，设车站19座，全部为地下站。

是日 长沙市综合应急救援队伍成立，挂牌授旗仪式在长沙市公安消防支队举行。

9月29日 在国务院第五次全国民族团结进步表彰会上，中共长沙市委被授予“全国民族团结进步模范集体”称号。

9月30日 湘江长沙综合枢纽工程开工。坝址位于湘江下游望城区境内的蔡家洲，上距株洲航电枢纽132千米，下距城陵矶146千米，枢纽主要建筑物由双线2000吨级船闸、泄水闸、电站和坝顶公路桥组成。船闸设计年通过能力9400万吨，电站装机容量5.7万千瓦，年均发电量2.32亿千瓦时。枢纽主要包括船闸、泄水闸、电站、坝顶公路桥、鱼道、护岸及业主营地等。

10月1日 庆祝中华人民共和国成立60周年升旗仪式在市政府机关前坪举行。

10月16日 中共中央政治局委员、国务院副总理张德江到长沙经开区和芙蓉区西湖社区视察调研。

10月18日 2009中国（长沙）科技成果转化交易会在麓谷闭幕。本届会议现场和协议解决110多项技术难题，签约成立中药、数控装备、现代农业特色产业三大产业技术和创新联盟，签约各类科技合作项目 230 个，总金额 103.05 亿元。

10 月 20 日 2009 中国·长沙新农村建设投资洽谈会在宁乡举行。107 家企业代表参会，现场签约项目 30 个，合同金额 129.17 亿元。

是日 芙蓉区浏正街街道获“全国和谐社区建设示范街道”荣誉称号。

10 月 22 日 长沙药店药房开始执行国家基本药物零售指导价，130 多种药品平均降价 12%。

10 月 24 日 全省首个纯市场社区——高桥大市场社区成立。

10 月 29 日 国防科大研制成功中国第一台千万亿次超级计算机系统——“天河一号”，每秒运算达 1206 万亿次。

是月 三湘南湖大市场汽配城被中华全国工商业联合会汽车摩托车配件用品业商会、全国汽车配件市场联合会联合授予“2009 年度中华诚信汽配用品专业市场”荣誉称号，同时，汽配城 10 余家商户被评为“2009 年度全国汽摩配用品市场信誉经销商”。

11 月 16 日 长沙市市长张剑飞会见荷兰海牙市副市长弗里茨·哈佛南格一行，并代表长沙市与海牙市签署两市建成友好合作城市关系意向书。

11 月 17 日 中共长沙市委十一届十次全体会议召开。会议审议通过《中共长沙市委推进城乡一体化发展工作纲要》。

11 月 26 日 广汽菲亚特乘用车项目在星沙奠基。

11 月 28 日 长沙首个专业社区网——爱社区网（www.zshequ.com）开通。

11 月 28—29 日 中共中央政治局常委、中央文明委主任李长春，中共中央政治局委员、中央书记处书记、中央宣传部部长刘云山，中共中央政治局委员、国务委员刘延东到长沙视察青苹果数据中心、山河智能股份有限公司，参观橘子洲景区。李长春出席在长沙召开的全国未成人思想道德建设经验交流会并发表重要讲话。

12 月 2 日 长沙市人民政府召开新闻发布会，公布《长沙市旅游业发展总体规划（2009—2020)》，计划将长沙打造成中国的“娱乐之都”以及世界级旅游目的地和复合型国际化旅游城市。

12 月 3 日 “城市群发展模式”国际学术研讨会在长沙召开。来自美国、加拿大、英国、丹麦、德国、日本等 10 多个国家和地区的 300 多名中外顶级专家学者围绕城市群发展模式、新型工业化与新型城市化相互关系、“两型社会”建设、低碳经济等主题展开讨论。

是日 中南地区最大的公交枢纽站点——望城坡公交枢纽立体车库工程竣工并通过验收。

12 月 10 日 毛泽东青年艺术雕塑在橘子洲头完工，是中国雕塑史上具有里程碑意义的巨大工程。26 日，毛泽东青年艺术雕塑在橘子洲景区揭幕，毛泽东青年艺术雕塑高 32 米、长 83 米、宽 41 米，由广州美术学院创作，作者黎明，湖南建筑设计院设计。

12 月 12 日 长沙首家小额贷款公司长沙市开福区益商小额贷款有限公司挂牌。

12 月 17 日 中共中央政治局委员、国务院副总理王岐山到长沙县园区企业万容科技有限公司和通程电器星沙店实地考察家电下乡、以旧换新以及信用社支持“三农”发展等情况。

12 月 23 日 恩瑞国际物流城在开福区金霞物流园区内动工，总占地面积约 13.3 公顷，总建筑面积逾 200 万平方米，总投资 38 亿元。

12 月 24 日 全国政协副主席、致公党中央主席、科技部部长万钢到长沙县山河智能装备有限公司视察，对该公司在金融危机环境下以自主创新引领企业发展的做法给予肯定。

12月26日 武广铁路长沙南站开通。长沙、武汉、广州三地同时首发和谐号动车组，长沙至广州由8小时缩到2小时。

是日 长沙市再获中国最具幸福感城市称号，排名由过去的第十位跃升至第六位，长沙县首次获十大（县级）最具幸福感城市称号。

是日 长沙县星沙镇撤销，设立星沙、湘龙、泉塘3个街道办事处。

是月 “宁乡猪”获国家工商总局地理标志证明商标，成为全国唯一获地理标志证明商标保护的畜牧养殖产品。宁乡县流沙河镇成为国家级宁乡生猪保护区。

是月 配合长沙市“两型社会”建设，位于坪塘老工业基地长沙水泥厂、长沙市蜂巢颜料公司实行环保关闭，全线停产关门。

2010年

1月5日 湘江大道捞刀河大桥通车。捞刀河大桥是湘江大道上唯一跨河大桥。大桥南起金北路以北，北至三汊矶大桥东引桥南，全长858米，桥面宽29米，双向6车道，桥梁设计时速50千米。大桥一连三跨，河中设两组桥墩，主跨长128米，南北两边跨长均为80米。

1月7日 中共湖南省委书记、省人大常委会主任张春贤到山河智能、三一重工、中联重科调研。

是日 在天心阁发现明洪武七年（1374）的墙砖，这是长沙最古老城墙砖，距今636年。

1月11日 长沙入选科技部全国首批20个创新型试点城市。

1月15日 长沙市人民政府举办“中国·长沙汽车零部件合作洽谈会”，来自国内外的172家汽车企业参会，其中本省企业62家，参会客商300多名。长沙经开区、各整车企业与参会零部件企业进行现场交流与对接。

1月15—18日 政协长沙市第十届委员会第三次会议召开。大会审议通过政治决议、常委会工作报告决议和提案工作情况报告决议。

1月16—19日 长沙市十三届人民代表大会三次会议召开。大会听取并审议《政府工作报告》《长沙市人民代表大会常务委员会工作报告》《关于长沙市2009年国民经济和社会发展计划执行情况与2010年国民经济和社会发展计划（草案）的报告》，审查和批准长沙市2009年国民经济和社会发展执行情况及2010年国民经济和社会发展计划等。

1月23日 在北京举行的第四届中国全面小康论坛上，长沙被评为“2009中国小康十大民生决策城市”和“60周年中国全面小康杰出贡献城市”。

是月 长沙市粮食收购在线审批启动，取消粮食收购许可证年度审查，制定《长沙市粮食行政管理部门行政处罚裁量权基准（试行）》。

是月 长沙楚天科技有限公司的“楚天”商标被国家工商总局认定为中国驰名商标。

2月21日 长沙首次发布年度十大科技事件。“天河一号”超级计算机、“中气一号”中高档轿车等入选。

2月22日 三一重工与巴西圣保罗州签订投资意向备忘录，首期投资2亿美元在圣保罗州建设工程机械生产基地，主要生产挖掘机、履带吊、汽车起重机。

3月9日 由广州汽车集团股份有限公司（简称广汽集团）和菲亚特集团汽车股份公司（简称菲亚特集团）以50:50的股比共同投资建设的“广汽菲亚特汽车有限公司”在长沙成立。生产具有国际先进水平和意大利特色的中级轿车。

3月10日 长沙市“城中村”改造动员大会召开，要求通过三年努力，力争把现有城中“旧村”改造成新型城区。

3月12日 市统计局发表数据，长沙城乡居民收入居中西部地区省会城市第一。

3月16日 首个国际考古遗址公园——长沙铜官国家考古遗址公园开建。该公园位于长沙市望城区书堂山街道彩陶源村，总投资3.93亿元，以“发掘文物资源优势，打造旅游特色名村”为目标。2012年6月5日，以“瓷别千年 窑望铜官”为主题的长沙铜官窑国家考古遗址公园开园，举行《长沙铜官窑考古新成果展》，展出219件长沙窑最具代表性的瓷器、瓷片，首次公开展示世界上保存最为完整的龙窑——谭家坡一号龙窑。

3月17日 保利·麓谷体育公园在大河西先导区开工建设。公园总占地面积18.78万平方米，是湖南首座、长沙最大的全民健身体育公园。

3月25日 芙蓉大道长潭段、红易大道通车，长株潭核心区半小时经济圈基本形成。

3月26日 浏阳崔家冲隧洞全线贯通。制约长沙引水工程进度的“瓶颈”解决，标志着长沙引水工程取得重大进展。

3月29日 长沙市宣布启动流动人口居住证制度。

4月1日 长沙内五区医保机构统筹管理的10万名参保人员，可享受市级医保统筹待遇，结束同城参保待遇不一状况。

4月12日 长沙首家社会矛盾调处中心在开福区成立。

4月19日 福田汽车长沙20万辆新基地建设项目战略合作框架协议在长沙经济技术开发区举行签字仪式。

4月21日 长沙获“2009中国十大魅力会议城市”称号。

4月22日 浏阳市“熊猫烟花”出资6266万元收购“东信烟花”51%股份，成为国内花炮行业最大企业。

4月26日 长沙市市长张剑飞会见加拿大维多利亚市市长迪恩·福廷一行，并代表长沙市与维多利亚市签署两市建立友好合作城市意向书。

5月4日 长沙首个专为创业青年服务的长沙创业青年金融服务中心在长沙银行先导支行挂牌成立。

5月18日 长沙市首次以政府为组织主体召开《长沙市城市管理条例》立法听证会。

5月29—30日 长沙市市长张剑飞会见到长沙参加中国载人航天飞行实物展的“航天英雄”杨利伟、“英雄航天员”聂海胜一行。

是月 刘少奇纪念馆被中央纪委、监察部命名为主题鲜明、特色突出、社会知名度高、具有较大影响的全国“廉政教育基地”。2011年3月22日，在刘少奇纪念馆举行全国首批“廉政教育基地”授牌仪式。

6月8日 由中科恒源科技股份有限公司、西北工业大学共同打造的“离网型风力与风光互补发电技术研究中心”在长沙揭牌。这是中国第一个由校企共同建设的清洁能源研发中心。

6月9日 长沙建设人民满意的文明社区工作会议召开。会议宣布，长沙将在两年内提质改造50个社区农贸市场，建设50个社区公园，为50个社区配套文体阵地，整修100条社区道路，100个老旧社区实现物业化管理。

6月11日 全球首个水电控制设备制造基地落户长沙高新区。

6月13日 中共长沙市委第十一届第十一次全体（扩大）会议召开。会议审议通过《中共长沙市委关于加快推进城市国际化的若干意见（审议稿）》。

6月23日 湖南首个现代农业装备产学研基地在长沙挂牌成立。该基地由湖南农业大学工业学院与湖南至诚机械有限公司联合组建。

6月24日 长沙首场农村土地流转交易会举行，标志着长沙实现农村土地由农民自发交易向在市级土地流转交易平台集中交易转变。

6月30日 长株潭城际铁路动工建设。2016年12月26日，长沙站以南段竣工运营；2017年12月26日，长沙站以西段建成通车。该铁路全长105千米，设24座车站；设计速度200千米/小时，列车初期运营速度160千米/小时。

7月1日 长株潭入选国家首批三网融合试点地区（城市）。

7月1—2日 国务院总理温家宝到湖南视察防洪救灾、企业发展工作。先后察看遭洪水冲击严重损毁的大成桥镇峨山坝，考察宁乡楚天科技公司、三一汽车起重机械公司、圣得西服饰公司、山河智能机械公司、青苹果数据中心公司、橘子洲景区、拓维信息系统公司和长沙市人力资源市场。

7月9日 国产C919大型客机项目起落架系统和机轮、轮胎及刹车系统合作意向书在长沙签署。生产基地位于望城经济开发区的长沙航空工业园，占地80公顷，总投资35亿元。

7月14日 长沙电机厂有限公司与北京核二院比尼新技术有限公司在天心环保工业园签署核级电动机合作开发协议，标志着国内首家核级电动机研发生产基地落户长沙。

是日 长沙入选全国首批农村环境综合治理试点城市。

7月16日 长沙被评为“全国绿化模范城市”。

7月20日 长沙西收费站启用。该站由原岳麓收费站西移14千米后兴建，设26个缴费车道，原该区域的长常高速变为城市道路，拓宽大河西的城市空间。

是日 振升铝材全球第一款紫金色系铝合金门窗被评为“中国建筑铝型材行业十大科技创新产品”。这是长沙材料产业千亿集群组建后，获得的首个全国性大奖。

7月30日 长沙引水及水质环境工程通水仪式在星沙廖家祠堂水厂举行。长沙引水工程建成投运，结束了长沙依靠湘江单一水源的历史，有效缓解湘江枯水季节的取水压力，提高城市供水安全度。

是日 16时15分左右，芙蓉区国税局东屯渡税务分局办公大楼三楼发生爆炸事故。造成4人死亡19人受伤。犯罪嫌疑人刘某衡于8月8日5时45分在广西全州落网。

8月10日 长沙城区首个棚改保障性住房项目——湖橡（原湖南橡胶厂）开工奠基。作为住建部首批保障房建设试点城区，雨花区在全市率先启动工矿企业棚改保障房建设，3年内投资28.07亿元，实施11个重点项目，惠及2.4万名棚户居民。

是日 湖南最大建材基地——湾田·国际建材总部基地在望城县丁字镇举行奠基仪式。

8月14日 日本住友轮胎项目落户长沙经济开发区并举行签约仪式。2011年2月19日，住友橡胶（湖南）有限公司项目在长沙经开区奠基。

8月15日 全国县域经济科学发展理论研讨会公布第十届全国县域经济基本竞争力与科学发展评价报告，长沙“四小龙”——长、望、浏、宁在最新县域经济基本竞争力排行榜中名次大幅提升，其中长沙县名列第25位，首次跃进全国30强。

是日 中共湖南省委常委、市委书陈润儿到宁乡调研地质沉陷区治理工作，召开市委常委办公会议，讨论研究和专题部署煤炭坝地质沉陷区域治理工作。

8月18日 开福区万达广场奠基。该项目投资90亿元，占地约12公顷，总建筑面积超过100万平方米，是集购物中心、娱乐中心、高级酒店、时尚步行街等多功能于一体的大型城市综合体。

是日 长株潭烟草物流园项目在长沙县暮云镇动工建设。

8月28日 首场长沙市橘子洲周末烟花燃放活动举行。橘子洲周末烟花燃放盛事以“橘洲浪漫、璀璨星城”为主题，以“浏阳花炮”为品牌，以橘子洲为载体，把山、水、洲、城这一独特的城市景观展示给国内外游客。每周六晚上在橘子洲专用燃放场所燃放烟花，如遇重大节日或天气原因作适当调整。冬、春季燃放时间为20∶00—20∶20，夏、秋季燃放时间为20∶30—20∶50，每场燃放时间长20分钟。

8月31日 长株（长沙—株洲）高速公路通车。全长41.629千米，采取双向4车道设计，全线设计车速为120千米/小时。

9月1日 浏阳河休闲风光带项目开工建设。全长8千米，总投资约12亿元。

是日 《长沙市行政问责办法》开始实施，普通公务员首次纳入问责对象。

9月3日 对九龙仓项目地块中段的明王府遗址及周边古街实施全省首列切割迁移保护。

9月4日 国家测绘局、湖南省国土资源厅和市政府共同签署数字长沙地理空间框架建设项目合作协议，标志着数字长沙地理空间框架建设全面启动。

9月6日 首届中国杂交水稻大会在长沙举行，由科技部、湖南省人民政府主办、湖南省科技厅、国家杂交水稻工程技术研究中心、省农业厅等单位承办。

9月23日 2010年长沙有百岁老人172名，与10年前的21名相比，增加151名，增长7倍，最老寿星111岁。

9月24日 湖南女子职业大学由专科升格为本科院校，更名为湖南女子学院。

9月25日 长沙市政协第十届四次会议召开。会议选举谢树林为市政协主席。

9月27日 “两桥一隧”——福元路湘江大桥、湘府路湘江大桥、南湖路湘江隧道同时开工。中共湖南省委书记周强一行考察位于潇湘大道阜埠河路口堤段的南湖路过江隧道开工现场。

9月28日 长沙生态动物园开园。该园于2004年4月5日动工建设，位于天心区，园区面积100公顷。园内饲养动物360余种类，是全省最大的中小学生科普教育基地。

9月30日 长沙比亚迪生产的纯电动客车K9下线，国际知名人士“股神”沃伦·巴菲特、查理·芒格、比尔·盖茨，以及比亚迪公司总裁王传福等出席庆典。

10月3日 2010常青藤全国国际象棋公开赛在长沙开幕，来自俄罗斯等国和国内各地300多名选手参赛。

10月11日 九芝堂现代中药科技产业园项目一期工程在长沙高新区开工，规划在3年内全部建成。该项目投资5亿元，建成后产值逾30亿元。

是日 湖南最大的产权式工业地产项目——麓谷创业广场在长沙高新区麓谷工业园开工奠基。该项目总规划面积达24.4公顷，总投资逾8亿元。

是日 由中国电子科技集团公司第四十八研究所承建的国家“金太阳示范工程”——“麓谷科技园12.82兆瓦光伏并网发电示范工程”落户长沙。该项目获得国家1.6亿元扶助资金，是中国“金太阳示范工程”294个项目中最大单体项目。

10月12日 湖南望城有色金属精深加工高新技术产业化基地在望城经济开发区挂牌，这标志着湖南有色产业行业发展进入一个全新时期。该项目规划面积70平方千米，规划至“十二五”末有色金属产业总产值达500亿元。

是日 定位于国内首个专注女性消费者的媒体购物品牌——“嘉丽购”落户雨花区。嘉丽购物有限责任公司由长沙市广播电视台、株洲广播电视台、湘潭电视台联合出资成立，全面创新家庭购物运营模式，深度覆盖长、株、潭，辐射全省，为消费者提供美丽消费品和居家良品，并带来便捷、实惠、无忧、愉悦的消费体验。

10月14日 中共长沙市委十一届十二次全体（扩大）会议召开。会议讨论研究《中共长沙市委关于党员领导干部公开述廉的若干规定》。

10月18日 长沙市能源局挂牌成立，标志着长沙能源行业由部门分散管理开始步入集中归口管理新阶段。

10月19日 主题为“湘江北上，开启幸福”的首届中国湘绣文化艺术节暨第三届开福金秋经贸文化节在沙坪湘绣文化广场举行，沙坪老街开街，200多个门面同时开门迎客。来自全国各地的专家、客商、海外贸易合作伙伴5000多人参加艺术节和艺博会。

10月21日 《长沙广播电视报》（原《空中之友》）复刊。全新改版后的报纸恢复广播电视节目预告，版面上设置影视、新闻、消费、文摘四大板块，每周一期，全彩印刷。

是日 “走向世界——2010中国（大陆）国际形象最佳城市颁奖典礼”在南京举行。长沙和上海等其他9个城市成为“中国（大陆）国际形象最佳城市”。

10月22日 现代影像——首届中国国际网络摄影展暨2010中国·橘子洲国际摄影文化节开幕，文化节主题为“生命与理想”，来自美国、意大利、白俄罗斯、克罗地亚、土耳其等14个国家的23名驻华大使、参赞等高级外交官出席开幕式及相关活动。此次文化节是首次政府层面举办国际网络摄影大赛，启用低碳环保评比模式，开摄影文化先河。各国驻华大使馆联合授予长沙为“最具中国特色的国际性文化名城”。

10月25日 长沙市轨道交通1号线一期工程可行性研究报告获国家发改委批复。工程总投资129.32亿元，建设工期5年，线路长23.86千米，设站20座。

是日 芙蓉大道二期项目开工。芙蓉大道南延近19千米，道路拉通后，将成为连接长沙、株洲、湘潭的城际快车道。

10月27日 书院南路（南二环—南三环）改造项目竣工通车。道路宽38米、长6300米，双向6车道，是贯穿南北的城市1级主车道，沿线10万居民出行更便捷。

11月4日 一架波音747–400型宽体客机降落长沙黄花机场，结束长沙黄花国际机场不能起降大飞机的历史。

11月6日 中共长沙市委十一届十四次全体（扩大）会议召开。会上9个区县（市）委书记首次向市委全会公开述廉。

11月11日 中共长沙市委十一届十六次全体（扩大）会议召开。全会审议并通过《市委关于制定长沙市国民经济和社会发展第十二个五年规划的建议（讨论稿）》。

是日 国务院批复同意宁乡经济技术开发区升级为国家级经济技术开发区，实行现行国家级经济技术开发区的政策。

11月12日 长沙先导农村商业银行股份有限公司（简称“长沙先导农村商业银行”）挂牌成立。经中国银行业监督管理委员会批准，由15家法人企业和93个自然人股东共同入股发起设立的股份制金融机构，下设24个营业网点。长沙先导农村商业银行由最初的农村信用社、长沙岳麓农村合作银行逐步发展而来，是长沙城区第一家农村商业银行。

11月22日 历经3年多时间建设的新霞凝站开通。新霞凝站通车后，将带动周边金霞、鹅秀、高岭组团的发展，为物流产业打造更坚实的平台，标志着长沙城区向北拓展约30平方千米。

是日 长沙新广播电视中心破土动工。该中心位于雨花区圭塘街道日塘村，主体大楼建筑面积10.23万平方米。

11月23日 长沙首个综合交通枢纽——大河西综合交通枢纽工程在西二环与枫林二路交会处奠基。该工程总投资约16亿元。

12月4日 长沙中小学校面向市民免费开放体育场地，当日全市近2000名市民领到会员活动卡。

12月9日 长沙市开始实施《长沙市中长期人才发展规划纲要（2010—2020）》。

12月17日 一辆装满鞭炮引线的八轮大货车在宁乡县横市镇铁冲村发生爆炸，附近7栋房屋被炸毁，导致14人死亡、9人受伤。

12月18日 长沙市城乡居民基本养老保险待遇暨湖南省社会保障卡发放仪式举行，中共湖南省委常委、中共长沙市委书记陈润儿发出湖南省首张社会保障卡。从2010年7月1日起，全市80余万名城乡60岁以上无社会养老保障的老人，将陆续领到每月60元的基础养老金。

12月21日 “恒天九五重工有限公司”挂牌暨“恒天九五产业园奠基”庆典仪式在长沙经开区举行，实现央企与民营合作模式的创新。

12月22日 浏大（浏阳—大围山）公路杨家收费站不再收取车辆通行费。自此，长沙境内除高速公路收费站外，政府还贷二级公路收费站全部撤销。

12月26日 《创造幸福 相约长沙》“2010年中国最具幸福感城市”颁奖典礼在长沙举行，长沙成为唯一获得中国最具幸福感城市金奖和民生满意大奖两项荣誉的城市。

是日 湖南粮食集团有限责任公司挂牌成立。由长沙市人民政府与省粮食局联手整合湖南金霞粮食产业有限公司、湖南粮食中心批发市场、湖南霞凝粮库3家国有企业组建而成，长沙市人民政府控股53%。整合后的集团公司，净资产1.47亿元，园区占地90.4公顷，年大米加工能力24万吨，年物流吞吐量353万吨，年粮食收储能力53万吨，其规模进入全国粮食企业十强。

12月29日 长沙市城市建设投资开发集团有限公司（简称长沙城投集团）揭牌成立。

12月31日 雨花区撤销洞井镇、黎托乡建制，设立洞井街道和黎托街道。

是月 历时9年，友阿集团兼并中山商业股份公司改制工作完成。

2011年

1月9日 长沙市内公共场所开始禁止吸烟。

1月10日 国家人口计生委授予长沙市“人口计生综合改革示范市”称号。

1月11日 长沙市流浪儿童保护教育中心在雨花区黎托乡边山村奠基。

1月12—15日 政协长沙市十届五次会议召开。会议审议通过政治决议、常务委员会工作报告决议、提案工作情况报告决议。

1月13—16日 长沙市第十三届人民代表大会第四次会议召开。大会听取并审议《政府工作报告》《长沙市人民代表大会常务委员会工作报告》《关于长沙市2010年国民经济和社会发展计划执行情况与2011年国民经济和社会发展计划（草案）的报告》，审查和批准长沙市2010年国民经济和社会发展执行情况及2011年国民经济和社会发展计划，审查《长沙市国民经济和社会发展第十二个五年规划纲要（草案）》。

1月14日 湖南首所国际学校——长沙玮希国际学校落成，中共湖南省委书记周强出席授牌仪式。学校占地面积2.7公顷，总投资8000万元，实行全英文教学，采用国际文凭组织（IBO）教学体系。

1月18日 通过上海转机至巴黎、法兰克福、伦敦、洛杉矶、温哥华、悉尼、墨尔本的7条国际航线，在长沙黄花机场举行首航仪式。

2月15日 《长沙市城市管理条例》颁布暨贯彻实施动员大会召开。

2月27日 国药控股湖南物流中心落成典礼在长沙金霞经济开发区举行，为当时湖南最大现代医药物流中心。

2月28日 天心区文化产业园区获批成为第三批国家级文化产业示范（试验）园区。

3月8日 长沙市首个公共租赁房项目在长沙高新区奠基。第一期麓城印象占地2.53公顷，建筑面积约10万平方米，可提供多种户型约1500套住房。

3月11日 世界500强企业富士康集团有限公司项目落户长沙，其鸿富锦精密工业（深圳）有限公司长沙分公司完成工商注册。

3月19日 中国三一重工公司长沙总部免费为日本提供一台价值100万美元的62米泵车参加福岛核电站抢险。

3月22—23日 中共中央政治局常委、中央书记处书记、国家副主席习近平到湖南视察。其间参观宁乡花明楼刘少奇故居，并到中联重工科技发展股份有限公司询问生产经营情况，到长沙咸嘉新村社区考察。

3月24日 长沙雨花区洞井街道析置为洞井、同升两个街道，黎托街道析置为黎托、东山两个街道，将合署办公的雨花亭、井湾子街道办事处拆分为雨花亭、井湾子两个街道办事处。

是月 长沙市文物考古研究所考古人员在王府井百货大楼对面、蔡锷路和解放西路交叉处的东牌楼施工工地发现一片古井群，并在其泥土层和古井内发掘出大量青花瓷片、青砖等物品，清理出土明代藩王府建筑夯土台基遗迹及宋代一个街坊建筑遗址等遗存。

4月8—10日 中共中央政治局委员、中央书记处书记、中组部部长李源潮到湖南调研创先争优活动和市县乡换届工作，称赞长沙县黄龙新村党总支“三联三为”（三联：联系困难群众，联系身边群众，联系普通群众；三为：为群众代言，为群众排忧，为群众服务）创先争优做得好。

4月9日 湖南忘不了服饰有限公司成功收购超世洋服，成为湖南省拥有服装品牌和品种最多的行业旗舰。

4月21日 全省首批电动汽车充电桩亮相长沙城区。

4月24—25日 由加纳联合干部阵线全国主席、选举事务主任普鲁德·卡勒菲·阿伯尼率领的加纳全国民主大会干部考察团到长沙参观考察。

4月26日 以“社会公德、家庭美德、职业道德、个人品德”四德教育为特色的湖南首个教育型公民道德馆——宁乡县公民道德馆建成开放。

5月5日 长沙市首期一线劳模和优秀工人培训班在湖南大学开班。中共长沙市委书记陈润儿、省总工会主席刘莲玉、湖南大学党委书记刘克利等出席。

5月5—7日 2011全国公路自行车冠军赛（长沙站）暨中国长沙环湘江自行车邀请赛在长沙举行。

5月9日 中共中央政治局委员、国务院副总理回良玉率全国现代农作物种子会议参会代表320多人视察长沙县成建制粮食高产创建春华山示范片，并对长沙县毫不放松粮食生产，扎实抓好粮食高产创建工作给予充分肯定。

5月11日 中共中央政治局常委、中央纪委书记贺国强，中央纪委副书记黄树贤，中央纪委副书记、秘书长吴玉良等一行到长沙县参观杨开慧烈士故居，向烈士墓敬献花篮。

5月20日 经国务院批准，撤销望城县，设立长沙市望城区。望城撤县设区，使长沙城区面积由956.6平方千米扩大到1923.6平方千米。7月25日，望城区举行撤县设区仪式，省长徐守盛为望城区授牌。

5月23日 长沙铜官窑烧制技艺入选国务院第三批国家非物质文化遗产名录。

5月28日 三一重工自主研发的世界最大吨位履带起重机——“三一SCC86000TM（3600吨）履带起重机”成功下线，填补中国特大型履带起重机领域空白。

6月3日 长沙市被确定为全国首批国家公共文化服务体系示范区创建城市。

6月9日 市长张剑飞会见柬埔寨金边市市长盖竹德玛一行，双方签署两市友好城市关系意向书。

是日 长沙市预防腐败局揭牌成立，成为湖南省首个挂牌施政的市州级预防腐败机构。

6月11日 中共中央政治局委员、国务院副总理张德江到长沙视察安全生产工作。

6月15日 全国农作物病虫害专业化统防统治会议在宁乡县召开，现场观摩回龙铺现代粮食示范基地。

6月26日 杂交水稻国家重点实验室在长沙挂牌。中共湖南省委常委、副省长郭开朗，中国工程院院士袁隆平、朱英国，中国科学院院士谢华安共同为实验室揭牌。杂交水稻国家重点实验室依托湖南杂交水稻研究中心和武汉大学共同组建。

6月28日 长沙降21年来罕见暴雨，五一市民广场3小时降雨122毫米。

7月1日 英国《金融时报》全球500强（FT Global 500）出炉，在这个总市值达26.2万亿美元的榜单上，三一重工以215.84亿美元的市值首次入围，位列431位，成为唯一上榜的中国机械企业，也是2011年首次进入榜单的7家在中国大陆上市企业中唯一的民营企业。

是日 岳麓区雨敞坪镇福胜、红叶、麻田、瓦灰、潘家山5个村遭受蝗虫侵害，近2000亩竹林、约500亩水稻受灾。

7月3日 南方博云新材料公司暮云厂区一期工程竣工。该公司碳复合材料生产能力以此增长11倍，标志着长沙成为全国最重要碳复合材料生产基地。

7月7日 湖南山河智能机械股份有限公司子公司山河科技研制的“阿若拉SA60L”获得单机适航证。“长沙造”飞机获批入市。

7月10日 国家超级计算机长沙中心第一期百万亿次“天河一号”主机系统建成开通，开始面向社会提供超级计算服务。

7月14日 国防科技大学自主研制的HQ3无人驾驶汽车完成首次从长沙到武汉286千米的高速全程无人驾驶实验。

7月16日 由长沙市政府承办的第三届"法治政府·南岳论坛"在长沙开幕。会议主题为"行政规制与社会管理法治化",常务副市长谢建辉就《长沙市社会管理法治化实施刚要》作起草情况说明。

7月16—17日 中共中央政治局委员、国务委员刘延东到长沙考察"两型社会"建设。

7月19日 长沙黄花机场新航站楼开始启用,第二跑道建设同时启动。该航站楼是中部地区最大的航站楼。

7月27日 长沙市被评为"2011年中国十大创新城市"和"中国十佳宜居城市"。

7月30日 中共长沙市委十一届十九次全体(扩大)会议召开。会议审议通过《关于召开中国共产党长沙市第十二次党代会的决议》。

8月2日 长沙市雨花区被确定为全国首批、湖南省唯一的民政管理标准化建设试点地区。

8月3日 国家文物局批复同意《宁乡炭河里遗址保护规划》。该规划实施时间为2011—2030年。炭河里考古遗址公园建设启动。

8月10日 方正证券(601901)在上海证券交易所挂牌上市,成为湖南首家金融类上市企业。方正证券股份有限公司于2008年3月搬迁至长沙市芙蓉中路,并注册。

8月17日 长沙市见义勇为基金会成立。该基金会专门负责见义勇为人员奖励和保护工作,当日募集资金2000余万元。长沙于1992年设立见义勇为基金,对因见义勇为行为造成生活困难、身体伤残或牺牲者家属进行慰问和提供资助,对见义勇为伤残人员康复治疗提供补助。

8月20日 长沙市图书馆对市民全面免费开放。

8月21日 "长沙—高雄"直达航线开通,由台湾复兴航空公司承运。

8月23—25日 工程机械顶级展会——2011年中国(长沙)国际工程机械配套件博览会在长沙举行,来自国内外273家知名企业参会。

8月25日 湖南规模最大的、由中石油投资兴建的长沙油库工程在铜官镇启动建设。总投资8亿元。

8月28日 长沙列入节能减排国家示范城市。

9月2日 宁乡县金洲新区被认定为全国首家国家级节能环保新材料高新技术产业化基地。21日,举行授牌仪式。

9月9日 长丰集团制造的湖南纯电动轿车在全省战略性新兴产业项目建设推进大会上展出。该车最高时速160千米,能耗成本为汽油的1/6到1/7。

9月19日 农业部超级杂交水稻验收专家组在长沙宣布:中国工程院院士袁隆平主持的超级杂交水稻公共管百亩片平均亩产926.6千克。这标志中国超级杂交水稻第三期攻关目标——大面积亩产900千克取得重大突破,通过农业部验收。

是日 由三一重工自主研制的86米泵车成功下线,再次刷新其在2009年创造的72米世界最长臂泵车的世界纪录。

9月19—22日 全国第二十一次城市年鉴研讨会在长沙举行。会议主题为:年鉴规范化与创新的研究和探讨。

9月21日 长沙中电软件园开园。园区规划面积100公顷,建筑面积150万平方米,分3期进行,总投资逾30亿元。

9月23日 规划设计高452米的长沙国金中心项目举行奠基仪式。

9月25—27日 中共长沙市第十二次代表大会在长沙人民会堂召开，出席会议的党代表495人。省委常委、市委书记陈润儿作题为《始终坚持科学发展，团结依靠人民群众，朝着率先建成两型城市和实现全面小康目标迈进》的工作报告。大会选举产生市委常委13人，陈润儿当选为中共长沙市委书记，张剑飞、谢建辉（女）当选为市委副书记。

是月 长沙企业国资公司完成“韶峰”注册商标过户，抢救性保护沉淀的无形资产。2006年湖南电视机厂在政策性破产期间，其“韶峰”注册商标未被纳入破产资产处置。

10月1日 《长沙市青少年科技创新市长奖评选办法》颁布施行。“市长奖”是由市政府设立的全市青少年科技创新活动的最高荣誉奖。

10月10日 中共中央政治局常委、国务院副总理李克强到长沙国家杂交水稻工程技术研究中心考察，了解杂交水稻研究情况，看望“杂交水稻之父”袁隆平。

10月11日 在全国第八届残疾人运动会上，雨花区肢体残疾人李佰果获得男子T42–46级4×400米接力赛金牌和男子T42–46级男子4×100米银牌。

10月18日 湖南首家机器人竞技培训基地在长沙成立。

10月19日 南苏丹共和国苏丹人民解放运动总书记帕甘·阿蒙一行到长沙访问。

10月22日 中共中央政治局委员、中央书记处书记、中宣部部长刘云山一行考察雷锋纪念馆。

10月26日 湖南省军民结合卫星应用产业园落户长沙天心区，总占地面积约133.33公顷，当时规划建设为全国最大的以卫星应用、军工电子、物联网为主要产业领域的军民结合产业园。

是日 全省首家科技银行——长沙银行科技支行在麓谷成立。长沙高新区15家科技企业现场与该行签约，获得逾5亿元授信。

10月27日 长沙市第十三届人大常委会第三十四次会议召开，任命姚英杰为副市长。

10月28日 长沙市规模最大的石材专业市场——双扬石材大市场开业。大市场位于芙蓉区双扬路，市场门面经营面积4万多平方米，石材仓储物流配套设施面积5万多平方米。

10月29日 “湘江第一隧道”长沙营盘路湘江隧道通车。该隧道为互通式水下立交桥，于2009年9月开工，分南、北两线，南线长2.7千米，北线长3千米，设计行车速度50千米/小时，设计通行能力6253辆/小时。改变隧道单进单出的形式，属国内首创，填补世界同类江底隧道施工技术空白。

11月4日 黎巴嫩社会进步党副主席杜雷德·亚杰到长沙访问，省委副书记梅克保会见杜雷德·亚杰一行。

11月5日 大熊猫奇福和妮妮从四川成都大熊猫繁育研究基地运达长沙生态动物园。

11月6—7日 2011中国（长沙）科技成果转化交易会举行。签订各类科技合作项目251个，签约总金额193.57亿元。

11月12日 中国首台数控螺旋锥轮干切削机床–YKA2260在湖南中大创远数控装备有限公司下线。该设备原进口要花千万元，现国产节省一半费用。

11月16日 中共湖南省委书记、省人大常委会主任周强到广汽菲亚特汽车有限公司考察，祝贺首台认证车完成试制。

11月30日 著名雕塑家雷宜锌等17位在各行各业卓有成就的知名人士、社会贤达与能人精英被聘任为政协长沙市第十届委员会特约委员。

是日 长沙毛巾集团实行环保关闭，位于长沙市黑石渡、建厂 73 年历史的企业退出长沙市，搬迁到湘阴县工业园。

12 月 2 日 长沙市市长张剑飞率长沙市政府代表团访问加拿大维多利亚市，与该市签署建立友好合作城市关系协议书。

12 月 5 日 中共长沙市委印发《关于建立“一推行四公开”制度，进一步密切联系群众的意见》，决定全面推行干部联点驻村（社区）、公开联系方式、公开岗位职责、公开监督机制、公开考核办法。全市统一确定每月 9 日 、10 日和 27 日 、28 日为群众公开日。

12 月 13 日 《长沙市城乡低保对象医疗救助办法》开始实施。

12 月 15 日 《长沙市国有土地与房屋补偿实施办法》颁布实施。

12 月 17 日 湘江长沙站水位 24.76 米，创历史最低纪录。

12 月 18 日 中共长沙市委十二届二次全体（扩大）会议召开，专题研究部署建设国际文化名城工作，审议并通过《长沙市关于推进国际文化名城建设的意见》。

是日 全市乡镇机构改革暨机构编制工作会议召开，下发《长沙市全面推进乡镇机构改革的实施意见》，乡镇机关行政编制精简 10%。

12 月 19 日 在第六届中国蒸菜美食文化节闭幕式上，浏阳市被中国烹饪学会授予“中国蒸菜之乡”牌匾。

12 月 20 日 全国精神文明建设工作表彰大会在北京举行，长沙市以位列全国省会城市和副省级城市表彰名单第一的成绩，荣获“全国文明城市”称号。

12 月 21 日 福田汽车集团长沙汽车厂奠基仪式在长沙经开区举行。该厂占地面积 100 公顷，总建筑面积约 40 万平方米，规划投资 32 亿元， 投产后年产 20 万辆整车，主要生产中重卡、皮卡、SUV、高端轻卡等产品系列。

是年 长沙市财税收入首次突破千亿元，全市一般预算收入 1101.4 亿元，增长 29.84%，超过上年增幅 4.3 个百分点，总量居中部六省省会城市第 2 位，其中入库税收收入达到 1019 亿元（含海关代征），超过全省的一半。

是年 宁乡县横市粮食物流园铁路专用线与洛湛铁路接轨竣工通车，成为湖南省第一条县级粮食物流专用线。

是年 湖南粮食集团有限责任公司控股整合裕湘面业，承包经营长沙县黄花粮库，与益阳琼湖粮库建立合作收购关系，托管金山粮油，联手九鼎组建金霞九鼎饲料。该集团总资产从整合之初的 32 亿元增加到 40 亿元，仓容由 53 万吨扩张至 85 万吨，年加工能力从 24 万吨扩容至 43 万吨，拥有各类分（子）公司 23 个。

2012 年

1 月 4 日 庆祝长沙市人大常委会设立 30 周年暨先进表彰大会召开。中共长沙市委书记陈润儿出席会议并讲话，指出要坚持和完善人民代表大会制度，创新和提高地方人大工作水平。

1 月 5 日 长沙市应急联动指挥中心建成并投入使用。该指挥系统属国内领先水平，可极大地提高全市应对和处置突发公共事件的能力，公安机关维护社会治安稳定、打击违法犯罪的能力和水平可随之显著提升。

1月6日 全国旅游景区质量等级评定委员会发布公告，胡耀邦故里成为国家级AAAA级旅游景区。

1月6—9日 长沙市第十三届人民代表大会第五次会议召开。大会听取并审议《政府工作报告》《长沙市人民代表大会常务委员会工作报告》《关于长沙市2011年国民经济和社会发展计划执行情况与2012年国民经济和社会发展计划（草案）的报告》，审查和批准长沙市2011年国民经济和社会发展执行情况及2012年国民经济和社会发展计划。

1月8日 长沙铁路新北站开通运营。新北站位于捞霞地区，新货场远期按2000万吨规模规划，年吞吐能力可达原火车南、北货站的4倍。

1月9日 由岳麓山、橘子洲、岳麓书院和新民学会旧址组成的岳麓山—橘子洲景区，晋升为国内旅游景区最高等级“AAAAA级”。

1月10日 《长沙市公共安全视频图像信息系统管理办法》颁布实施。

1月27日 长沙亮相在达沃斯第42届世界经济论坛年会。市长张剑飞在主题论坛作题为《共同开创城市的美好未来》的演讲。28日，张剑飞在达沃斯论坛“可持续城市能源峰会”上作主题发言。

2月6日 中国工程院首批院士、中南大学创始人之一黄培云（1917—2012，福建人）在长沙去世。黄培云曾成功研制多种用于高科技领域的粉末冶金材料，被誉为“中国粉末冶金之父”。

2月8日 湖南省科学技术杰出贡献奖在长沙颁发。著名油菜专家官春云、中国人类生殖医学领域奠基人和开拓者卢光琇获此殊荣。

2月20日 中共长沙市委第十二届三次全体（扩大）会议召开。全会表决通过长沙市出席中共十八大代表候选人初步人选8名。

2月22日 省委常委、市委书记陈润儿会见中国载人航天工程总设计师周建平、中国航天员大队大队长费俊龙、中国载人航天工程副总设计师郑敏一行。

2月23日 长沙市第十三届人民代表大会第三十八次会议召开。大会任命李介德为长沙市副市长。

2月25日 湖南和光传媒有限责任公司成立。这是长沙市文化体制改革进程中首家转企改制后成立的文化影视制作企业。

2月27日 省、市文物局通报长沙万达广场项目工地发掘出土的古城墙概念性保护方案：南宋古城墙原址保护至少20米，异地迁移保护100米，原址上架设玻璃罩，建成后对公众免费开放。

2月28日 长沙市被授予“全国双拥模范城”称号，系第五次获得该项荣誉。

3月5日 长沙市获“全国国土绿化突出贡献单位”称号，成为获此殊荣的5个省会城市之一，也是中部地区唯一获此殊荣的省会城市。

是日 长沙雨花工业园更名为长沙雨花经济开发区。

3月9日 湖南巴士公共交通有限公司签订股份转让协议。市公交投资管理有限公司和市国资委以1.06亿元受让湖南巴士65%股权。

3月10日 一艘5000吨级集装箱货轮首次驶进长沙新港，成为该港有史以来接纳的最大吨位货轮（该港设计货载吨位为2000吨级）。

3月13日 湖南国科微电子有限公司与日本富士通半导体株式会社签约，在长沙合资成立湖南国富通半导体有限公司。

3月21日 国务院办公厅批复浏阳市成立国家级经济技术开发区——浏阳经济技术开发区。

3 月 浏阳工业园升格为国家级经济技术开发区。浏阳工业园于 1997 年 5 月 8 日奠基；1997 年开园，2001 年 9 月更名为“浏阳生物医药园”，2006 年 10 月为中西部地区第一个国家级生物产业基地，2010 年 10 月为中西部地区唯一的国家创新药物孵化基地。

4 月 1 日 长沙—深圳高铁直通首发，长沙至深圳的时间由原来 10 多个小时缩短为 3 个小时。

4 月 10 日 长沙县、望城县、浏阳市、宁乡县纳入长株潭都市区。

4 月 12 日 全国人大常委会副委员长司马义·铁力瓦尔地带领全国人大常委会《中华人民共和国残疾人保障法》执法检查组到雨花区怡智家园指导检查工作。

4 月 28 日 长沙市政府召开河道及砂场综合整治动员大会，湘江长沙综合枢纽以上的长沙河道全面禁采砂石。

5 月 10 日 由国防科技大学自主设计与研制的“天拓一号”技术实验卫星在太原卫星发射中心成功发射。

5 月 14—15 日 2012 年“雷锋精神论坛”在长沙举行。中共湖南省委书记周强致辞并宣布论坛开幕。中国社会科学院党组副书记、常务副院长王伟光，中宣部原常务副部长、中国伦理学会顾问徐惟诚等出席。

5 月 17 日 “2012 年世界华商领袖峰会”在长沙举行。全国政协副主席、全国工商联主席黄孟复出席并讲话。省长徐守盛，香港中华总商会会长蔡冠深，省委常委、市委书记陈润儿先后致辞，省委统战部部长李微微主持开幕式。

5 月 18 日 在第八届深圳文博会上，长沙入选首批国家级文化和科技示范基地。

5 月 18—20 日 第七届中国中部投资贸易博览会在长沙举行。国务院副总理王岐山宣布开幕。67 个国家和地区 320 个团组 2612 人参会。长沙签约 52 个项目，吸引资金 448.8 亿元。

5 月 21 日 中共湖南省委书记周强在长沙宣布比亚迪 6B 新车下线。这标志着比亚迪股份有限公司长沙生产基地投产乘用车，长沙轿车批量生产取得“零”的突破。

5 月 30 日 1911 年建成的长沙铁路老北站关闭，停止办理所有货运业务。

是日 长沙鼓风机厂有限责任公司（长鼓公司），与长沙市企业国有资产经营有限公司（市国资公司）、中航飞机起落架有限责任公司（中航起）、湖南坤宇重工集团有限公司（坤宇公司）签订四方合作意向协议，整体转让长鼓公司个人股权，推进产业重组和升级。长鼓公司股本总额为 5356.4 万元，其中国有股占总股本的 26.88%，非国有股（1254 名自然人股东持有），占企业总股本的 73.12%。

6 月 5 日 湖南省第二个国家级考古遗址公园——长沙铜官窑国家考古遗址公园在望城区丁字镇开园。故宫博物院院长单霁翔、国家文物局副局长顾玉才出席开园仪式并讲话。省委常委、市委书记陈润儿宣布公园开园，市长张剑飞致辞。

6 月 10 日 《长沙市全民健身办法》开始施行，成为长沙市开展便民健身工作的新里程碑。

6 月 12 日 浏阳市大围山国家森林公园被国土资源部授予“国家地质公园”称号。

6 月 15 日 粮食集团粮食铁路专用线开通。

是日 湖南金霞饲料大市场开业。

6 月 19 日 长沙市第十二中学更名为“长沙市湘一芙蓉中学”。

6 月 25 日 国内首套最具规模的液化天然气应急调峰站——长沙新奥燃气星沙储配站竣工投产。

6 月 28 日 广汽菲亚特首款国产重量级新车——“菲翔”在长沙下线，填补长沙市中级轿车生产空白。

7月2日 中共长沙县委被中共中央组织部授予“全国创先争优活动先进县党委”称号。

7月5日 长沙机床公司研制的国内首台数控剐齿机，通过由中国工程院院士组成的专家鉴定委员会鉴定。鉴定认为，数控剐齿加工原理属国际上最先进的齿轮加工技术，填补国内空白。

7月7日 在北京举行的国家高新技术产业开发区工作会上，长沙高新区获“国家高新技术产业开发区建设20年先进集体”称号。

7月9日 天心区召开行政区划调整动员部署大会暨授牌授印仪式。具体调整为：撤销坡子街街道、学院街街道、书院路街道，合并组建新的坡子街街道；将金盆岭街道析置为金盆岭街道、赤岭路街道；将新开铺街道析置为新开铺街道、文源街道；撤销大托街道析置为黑石铺街道、大托铺街道、先锋街道。调整后，天心区辖坡子街街道、城南路街道、裕南街街道、金盆岭街道、赤岭路街道、新开铺街道、文源街道、桂花坪街道、青园街道、黑石铺街道、大托铺街道、先锋街道。

7月17日 在北京召开的全国就业创业工作表彰大会上，长沙被评为首批“全国创业先进城市”。这是继“中国创业之城”“国家大学生创业示范基地”“2011中国十佳宜业城市”之后再添一项国家级创业荣誉。

7月19日 长沙3家农民专业合作社成为全国示范社，分别是湖南隆平高科种粮专业合作社、宁乡县流沙河生猪养殖专业合作社、望城隆平格塘种粮专业合作社。

是日 长沙市首家市场商会——高桥建材市场商会成立。

是日 长沙市房地产商会成立。由在长沙的房地产企业及产业链上下游相关企业共同发起成立的，具有统战性、经济性、民间性的大型行业商会。

7月21日 梅溪湖环湖景观工程竣工，9月起向社会免费开放。

7月24日 长沙市首个村级慈善机构——“汉回一家亲互助会”成立。

7月30日 由比亚迪等9家单位共同发起成立的长沙汽车行业促进协会在雨花区环保科技产业园挂牌成立。有常务理事单位9家，理事单位14家，会员单位30家。

8月3日 国内日处理能力最大、工艺技术领先的餐厨垃圾无害化处理厂在长沙投产。

8月8日 长沙市获“国家知识产权示范城市”。长沙发明专利授权量登全国十强榜首。

8月15日 中国首台拥有自主知识产权的选择性激光尼龙结设备启程返销美国，实现这一全球技术由“中国制造”向“中国创造”的转变。中国工程院院士黄伯云、市长张剑飞出席启运仪式。

8月16日 第27届全国青少年科技创新大赛在宁夏银川闭幕，长沙参赛作品全部获奖，摘得4金3银。

8月22日 渣打银行长沙分行开业。从此，长沙有汇丰、花旗、渣打、东亚、新韩5家外资银行。

8月29日 长沙市十三届人大常委会第四十二次会议召开。大会表决通过《长沙市轨道交通管理条例》。

是日 浏阳市举行纪念寻淮洲烈士100周年诞辰座谈会，寻淮洲烈士故居揭牌对外开放。

是日 国内第一个音乐评论委员会——湖南文艺评论家协会音乐评论委员会在长沙成立。

9月1日 《长沙市慈善事业促进条例》开始实施。该条例确定每年3月1日为长沙慈善日。

9月5日 长沙市城区城市最低生活保障标准由每人每月350元提高到400元，从2012年1月1日起执行。

9月6日 长沙—澳门直飞航线开通。

9月16日 法国、埃塞尔比亚等25各国家驻华使节及夫人齐聚望城区，向全球发布《促进中国休闲农业与乡村旅游走向世界·望城宣言》，并推举望城为“全球休闲农业与乡村旅游发展论坛”永久举办地。

9月19日 星沙海关综合楼在长沙经开区正式奠基，标志着长沙发展外向型经济又一新起点。

9月20日 全省首个住房公积金“12329”服务热线开通。

9月23日 中国电子商务（长沙）示范园授牌仪式在长沙经开区举行。这是中部首家国家级电子商务示范园。

9月24日 天心文化产业园被文化部授予“国家级文化示范园区”，成为中部湘鄂皖黔赣五省中唯一的国家级文化产业示范园。

9月25日 国内首家婚庆主题文化园——浏阳河婚庆文化园开园。

9月26日 湘江长沙综合枢纽工程船闸建成。该船闸是国内首个同时开建的双向双线2000吨级船闸。

9月26—29日 金茂梅溪湖2012全国公路自行车锦标赛暨喜德盛杯中国长沙环湘江国际自行车邀请赛举行。

9月27日 《长沙年鉴》2011年度人物、年度事件揭晓仪式在田汉大剧院举行，毛勇臻等10人当选年度人物，芙蓉区实施群众工作“直通车”工程等成为十大年度事件。

9月28日 2012中国·长沙橘子洲首届国际风筝节开幕。开幕仪式上风筝爱好者进行风筝放飞表演，其中最吸引眼球的是画有毛泽东主席头像的“日月同辉”大型风筝。

10月7日 湘江长沙综合枢纽三期工程围堰成功合龙。10日，湘江长沙综合枢纽蓄水通航。

10月12日 广汽三菱汽车有限公司在长沙经济技术开发区挂牌成立。首款新车ASX下线。

10月26日 梅溪湖国际文化艺术中心开工。省委书记、省人大常委会主任周强宣布开工。2015年建成后，年接待能力达250场次，约31万人次。

是日 湖南国际珠宝城在长沙市雨花区开业。该珠宝城斥资1.2亿元建设，营业面积近4000平方米，坐落于芙蓉路与城南路交会处，地理位置优越，是省内唯一有矿物宝石检测资格的珠宝市场。

10月30日 在深圳召开的全国城市公共交通工作会议上，长沙市被评为国家首批“公交都市”建设试点城市，长沙市公共交通事业进入快速发展的轨道。

11月3日 2012年中国历史文化名楼市长论坛暨第九届名楼年会在长沙举行。长沙、武汉等11个城市共同签署《中国历史文化名楼保护长沙宣言》。

11月9日 湖南长沙农产品物流中心奠基。位于长沙县黄兴镇打卦岭村，总投资超16亿元，占地66.7公顷，是马王堆蔬菜批发市场和马王堆海鲜批发市场的升级换代项目。

11月12日 长沙船舶厂制造的500吨级起重船下水，填补湖南省打捞行业大吨位起重机空白。

11月18日 梅溪湖新城获批“国家绿色生态示范城区”。

11月20日 福元路湘江大桥主线通车。该大桥2010年8月23日开工建设，全长3539米。大桥主桥面宽38.5米，双向6车道，是湘江上第一座提篮式钢拱结合梁拱桥，是长沙市第八条跨越湘江的通道。

是日 长沙河西交通枢纽工程开工。枢纽工程集地铁站、巴士站、客运站和出租汽车运营与换乘中心于一体，占地面积15.33公顷，建筑面积43万平方米，总投资32亿元，工程计划2015年投入使用。

11月26日 中部首家“国家广告产业园”在天心区黑石铺街道九峰村奠基。园区总面积30公顷，总投资约35亿元。

11月29日 长沙市邮政管理局成立。旗下在长沙市县市区的邮政企业随之更名为“××邮政分公司”。

12月5日 财政部、商务部与省政府在长沙签署《关于推进长沙现代服务业综合试点的合作协议》。长沙获批国家现代服务业试点城市。

12月11—12日 “2012福布斯·中国城市投资与发展论坛暨2012福布斯中国大陆最佳商业城市排行榜颁奖典礼”在长沙举行。

12月12日 国家杂交水稻综合实验基地选址长沙县春华镇金鼎村。

12月14日 长沙市荣获国家测绘局颁发的“全国数字城市示范市”荣誉称号。

12月20日 长沙到北京高铁开始售票。当日，可预售12月26—31日京广铁路各趟列车车票，最低票价651元。长沙每日始发4趟高铁至北京。

12月29日至2013年1月2日 政协长沙市十一届委员会第一次会议召开。大会选举产生第十一届委员会常务委员会组成人员，范小新当选为市政协主席。

12月30日 长沙市第十四届人民代表大会第一次会议召开。会议选举袁观清为市人大常委会主任，刘新程、张建国、王国海、赵建强、黄佳惠、谭杭生、芮英姿为副主任；张剑飞为市长，张迎春、何寄华、姚英杰、黎石秋、夏建平、李介德、曹立军为副市长。

是日 湘江长沙综合枢纽工程上游水位达29.86米，为枢纽首次试验蓄水以来最高水位，比试验性蓄水位高0.16米。

12月31日 长沙获2012中国最具幸福感城市最高荣誉大奖。

第一篇

建置 地理 人口

本篇编纂人员

贾志远（主编） 黄　磊 王丹丹

本篇撰稿人员

第一章　建　置：黄　磊

第二章　地理环境：黄　磊　王　向　王珍珍　王丹丹　李宏应

第三章　人　口：刘　殷

第一章 建 置

第一节 位置 面积

一、位置

长沙市位于湖南省东部偏北，湘江下游和长浏盆地西缘，为湘中丘陵盆地向洞庭湖平原过渡地带。其地域范围为北纬27°51′~28°40′、东经111°53′~114°15′。东邻江西省宜春市及所辖的万载县、铜鼓县和萍乡市的上栗县；南接株洲市及所辖的醴陵市、株洲县和湘潭市及所辖的韶山市、湘乡市、湘潭县；西连娄底市及所辖涟源市和益阳市的安化县；北抵益阳市及所辖桃江县和岳阳市所辖的汨罗市、湘阴县、平江县。东西最长距离233千米，南北最宽距离90千米，境界呈略微横置的不规则长条形。全市几何中心在长沙县星沙镇丁家村与黄花镇排头村一带，市区中心大致在五一广场附近。

长沙交通便利，京广线至北京1583千米，至广州706千米；水路至武汉420千米，公路至上海1093千米；高速铁路至武昌约1小时，至广州2个半小时，至深圳不到3小时；民航客运至北京2小时左右，至上海1小时左右。

长沙市人民政府驻地，2001年前在芙蓉区藩正街，2001年10月10日，迁至岳麓区岳麓大道218号。

二、面积

长沙市土地总面积1.18万平方千米，为全省面积的5.58%、全国面积的0.8%。其中市区面积2008年前为556平方千米，2008年，望城县坪塘、含浦、莲花、雨敞坪4镇划归岳麓区，雷锋镇由望城县委托长沙高新技术开发区管理，同年8月，长沙县㮾梨镇韶光社区划归芙蓉区东岸乡管辖，长沙市城区面积增为954.55平方千米。2011年7月，望城撤县改区，长沙市城区面积增为1909.86平方千米，占全市总面积16%；2012年，长沙市建成区面积为315.81平方千米，辖县（市）面积9906.1平方千米，占全市面积84%。

第二节 建置沿革

长沙市历史悠久，早在秦（前221）时，即为全国三十六郡之长沙郡治临湘县。西汉时一直为长沙国都城。新始建国元年（9），王莽篡汉后，废长沙国，改为填（镇）蛮郡，改临湘县为抚睦县。东汉建武元年（25），光武帝复置长沙郡，恢复郡治临湘县，上隶荆州刺史部。吴、晋时，太平二年（257）（会稽王孙亮），长沙郡析出湘江以西地域，临湘（湘江以东地域）仍为长沙郡治。南朝宋开始，长沙郡辖临湘、醴陵、浏阳、吴昌、罗县、攸县、建宁7县，上隶荆州或湘州，西晋怀帝永嘉元年（307）分置荆、湘二州，长沙为一州二郡治所。隋文帝开皇九年（589）统一中国，撤湘州，并郡县，行州县两级制，临湘县改称长沙县，为潭州州治，隋大业三年（607）改潭州为长沙郡。唐武德三年（620）长沙入唐版图，仍称潭州，潭州辖长沙、衡山、醴陵、湘乡、益阳、新康6县，长沙县为州治。贞观元年（627）并省州县，全国分设10道，潭州属江南道。开元二十一年（733）分设15道，潭州属江南西道。唐天宝元年（742）潭州改为长沙郡，至德元年（757）十二月，复改郡为潭州。五代十国时期，后唐天成二年（927），割据长沙的武安军节度使马殷被晋封为楚王，马殷“以潭州为长沙府”，长沙则成为楚国都城。周太祖广顺二年（952）正月，南唐边镐攻陷长沙，十月，朗州刘言、王逵领兵攻入长沙，湖南政治中心移至朗州（常德）。宋太祖乾德元年（963）二月，长沙入宋版图，至道三年（997）分全国为15路，潭州为荆湖南路路治。哲宗元符元年（1098）设善化县（由长沙县5乡和湘潭2乡析置）与长沙县同附廓，直至南宋末年，潭州辖长沙、善化、浏阳、宁乡、湘潭、湘乡、益阳、安化、湘阴、醴陵、衡山、攸县等12县，长沙城为路、州及长沙、善化2县治所。

元世祖至元十三年（1276）正月，元军占长沙，长沙入元朝版图，设安抚司。次年设潭州行省（鄂州行省并入），十八年（1281）二月迁潭州行省于鄂州，称湖广等处行中书省，徙湖南道宣慰司治潭州路。天历二年（1329）三月，文宗以“潜邸所幸”，改潭州路为天临路，辖长沙、善化、衡山、宁乡、安化5县和湘潭、湘乡、益阳、湘阴、浏阳、醴陵、攸县7州。元顺帝至正二十四年（吴王朱元璋甲辰年）（1364）九月徐达领兵至潭州，改天临路为潭州府。明洪武五年（1372）六月，潭州府更名长沙府，辖十二州县，上隶湖广布政使司。清顺治四年（1647）四月初八高士俊领兵入长沙，长沙纳入清版图，清承明制仍设长沙府，上隶湖广，辖12州县。康熙三年（1664）湖广省设右布政使司、湖南按察使司于长沙，偏沅巡抚移驻长沙，长沙城自此成为湖南省省会。清雍正元年（1723）改湖广右布政使司为湖南布政使司。雍正二年（1724）改偏沅巡抚为湖南巡抚（仍隶湖广）。乾隆时长沙府城不仅为巡抚治，亦为布政、提学、提刑三司，巡警、劝业、盐法、长宝四道治所。

民国元年（1912）4月，湖南省并县归府，长沙、善化二县合并为长沙府直辖地。民国2年（1913）9月，长沙府直辖地改为长沙县。民国3年（1914）年6月，北京政府划湖南为湘江、衡阳、武陵、辰源四道，长沙县属湘江道（即原长宝道，民国5年（1916）裁撤武陵道，其中11县划归湘江道）。民国3年（1914），废都甲设乡镇，长沙县辖7乡11镇。民国9年（1920），长沙设市政厅（年底改设市政公所），9月，入驻湖南的桂系督军发出通令，复行省、县两级制，道被取消，长沙城行政由长沙县管辖，长沙正式成为省会，是年，省会警察厅设东区、南区、西区、北区、外东区、外南区、外北区、商埠区8个警察署（区）。民国19年（1930）7月27日，中国工农红军第三军团攻入长沙，成立长沙市苏维埃政府，8月5日撤出，年底，长沙城分设东区、南区、西区、北区、外东区、商埠区6个区，下辖158街团，街团下辖甲、牌、联（结），5家为1联，2联为1牌，10牌为1甲。民国20年（1931）5月，裁商埠并西区。民国22年（1933）8月11日，中华民国国民政府行政院同意长沙设为省辖市，市县分治，长沙成为全国第14个设为行政区划的市，也是第7个设市的省会，面积48.5平方千米。11月3日，市政府废除街团制。民国23年（1934）4月29日，划全市为4个区，按东南西北顺序命名为一、二、三、四区，每区分4坊，每坊设2~4保，40~60户为一甲。民国27年（1938）上属湖南省第一行政督察区。8月11日，改区坊保甲4级制为镇（乡）保甲三级制，原4区分设为8镇，市郊分设为4乡。民国27年（1938）11月13日长沙“文夕大火”后，长沙城区缩编为城南、城北两镇及文艺、会春两乡。民国28年（1939），原市属8镇4乡改为4镇4乡。民国33年（1944）6月，长沙沦陷于日军。民国34年（1945）12月，长沙城区设城东、城南、城西、城北、文艺、金盆、岳麓、会春8区，辖76保1256甲。 1949年8月，长沙和平解放。中华人民共和国成立后，长沙市仍辖8区，共82保1838甲，39.9

万人，市区面积 112 平方千米，建成区面积约 6.7 平方千米。1950 年 3 月 30 日，设郊区办事处，辖文艺、金盆、岳麓、会春四区。1950 年 8 月，废除保甲制度，年底设居民委员会 36 个居民小组 2816 个。1951 年 5 月，划长沙县所辖的莲湖、自然、新农、东屯、藕塘、新化、涝湖、朝镇、岳华 9 乡归入郊区，市区面积扩大至 177.07 平方千米。1953 年 1 月设水上区。1955 年，内四区城东、城南、城西、城北区更名为东区、西区、南区、北区，辖 306 个居委会 2909 个居民组。1956 年 5 月撤销市郊的外四区（文艺、金盆、岳麓、会春），将其辖乡并为 7 乡（文艺、金盆、雨花、岳南、岳北、会春、洪山）1 镇（荣湾镇），另设长沙农场。同年撤水上区，并入水陆洲街道。1957 年内四区辖 26 个街道 275 个居委会 2766 个居民组；郊区辖 7 乡 1 镇 44 村。1958 年 9 月，农村实行政社合一的人民公社体制，郊区辖万年红、东风、岳麓 3 个公社 18 个大队，城区辖 4 区 25 个街道 233 个居委会 2731 个居民组。

1958 年 12 月 24 日，湖南省调整县市行政区划，原属湘潭专区的长沙、望城二县划归长沙市管辖。1959 年 2 月，长沙市郊区撤销，辖区大部并入长沙县，部分并入南区。3 月 22 日，撤销望城县，其行政区域并长沙县。长沙市辖 4 区 1 县，25 个街道 5 个镇 26 个公社，总面积 3842.13 平方千米，城区建成区 20.93 平方千米。1960 年 1 月 26 日原属郊区的东风、万年红公社划分为东风、五里牌、伍黑路公社，从长沙县划属东区、南区、北区，3 月 31 日以原岳麓公社设立岳麓区。4 月，实行城市人民公社体制。市辖五区改为 5 个公社，下设分社。1961 年 9 月，撤销城市人民公社恢复 5 区。1962 年 1 月 12 日，恢复郊区。1974 年 1 月 6 日，岳麓区并入西区（至 1977 年 12 月又分设）。1977 年 12 月 21 日，设立望城县，从长沙县划出，两县仍按 1959 年合并前的区域不变，望城县辖 7 区、35 公社、4 镇，县址设高塘岭。1978 年年底，长沙市辖 5 区 2 县 16 个县辖区 29 个街道 84 个公社，308 个居委会 1132 个大队，3604 个居民组 11321 个生产队，市区面积 352 平方千米，建成区面积 53 平方千米，建域比为 1:70.8。

1983 年 2 月 8 日，浏阳县、宁乡县、湘阴县划归长沙市管辖，1983 年 7 月 13 日湘阴回归恢复后的岳阳地区。是年，着手改变“政社合一”建制，长沙市四县一郊的人民公社恢复为同名的乡（镇）。1984 年，市辖 5 区 4 县 39 个县辖区 32 个街道 15 个镇 224 个乡，445 个居委会 3017 个村 4.58 万个居民组 3.92 万个村民组。1985 年全市建成区面积 57.18 平方千米，建域比为 1:206。

第三节　行政区划

一、市辖区

1988 年，长沙市辖东区、南区、西区、北区、郊区 5 区，31 个街道办事处、9 个乡。其中东区辖 7 个街道办事处、88 个居民委员会。南区辖 9 个街道办事处、126 个居民委员会。西区辖 9 个街道办事处、114 个居民委员会1 个村委会。北区辖 6 个街道办事处、92 个居民委员会。郊区辖 9 个乡 4 个国有农场。

1996 年 6 月 19 日，长沙市撤销东区、南区、西区、北区、郊区，设立芙蓉区、天心区、岳麓区、开福区、雨花区，并分别调整区辖范围。芙蓉区辖韭菜园、府后街、五里牌、浏正街、文艺路、解放路、都正街、朝阳街、人民路 9 个街道办事处和原郊区东岸乡、马王堆乡、火星镇、东屯渡农场。天心区辖裕南街、金盆岭、城南路、书院路、坡子街、学院街、新开铺、南大路 8 个街道办事处和原郊区大托乡、市国有畜牧农场、市园艺示范繁殖场。岳麓区辖麓山南路、银盆岭、橘子洲、望月村 4 个街道办事处和咸嘉村管委会以及岳麓山、望岳、天顶 3 乡和西湖渔场、岳麓山渔场、东方红农场、市养鹿试验场、望城坡经济技术开发区。开福区辖望麓园、伍家岭、新河、清水塘、北站路、黑石渡、民主东街、上大垅、西长街、通泰街、如意街11个街道办事处和霞凝乡、福安乡、捞刀河镇、综合农场。雨花区辖左家塘、侯家塘、东塘、砂子塘、井湾子、圭塘6个街道办事处和黎托、高桥、雨花亭3个乡，以及洞井镇、红色渔场。

1997年7月，长沙市调整市辖区部分街道、乡镇。撤销南大路、人民路街道办事处，撤销火星镇设火星街道办事处，撤销马王堆乡设马王堆街道办事处，撤销雨花亭乡设雨花亭街道办事处，洞井乡撤乡设镇，撤销岳麓山乡设岳麓街道办事处，撤销福安乡设四方坪街道办事处；增设东屯渡、东塘、砂子塘、高桥、新开铺、观沙岭、咸嘉湖、望城坡等8个办事处，望月村街道办事处更名为望月湖街道办事处。调整后，芙蓉区辖11街、1乡，天心区7街、1乡2场，岳麓区8街、2乡，开福区12街、1镇、1乡，雨花区8街、1镇、1乡，共46街2镇6乡。

1999年，芙蓉区增设湘湖街道办事处。2000年，岳麓区东方红农场撤场设立东方红镇，开福区霞凝乡撤乡设立新港镇。2001年，天心区撤销大托乡，设大托镇，撤销国有畜牧农场和市园艺示范繁殖场，设青园、桂花坪街道。岳麓区撤望岳乡设望岳街道。2003年，开福区从捞刀河镇析出太阳山、群力、新源、天井、霞凝5村，从新港镇析出植基、金盆丘2村，设立青竹湖镇。2005年，开福区以市国有综合农场改设洪山街道。2006年，撤销西长街、通泰街，设新的通泰街。撤民主东街及望麓园街道，设新的望麓园街道。撤销上大垅、黑石渡街道设立东风路街道。北站路街道更名为湘雅路街道，金霞路街道更名芙蓉北路街道。2007年，岳麓区从天顶乡析出联络、学湖、中塘、天顶、骑龙5村及阳明山庄社区，设立梅溪湖街道。

2008年6月，望城县成建制划出含浦、坪塘、莲花3镇，9月，划出雨敞坪镇，归岳麓区管辖，至此岳麓区辖10街5镇1乡。榔梨镇韶关社区划归芙蓉区东岸乡管辖。2009年12月，岳麓区从东方红镇析出东塘、长庆、长丰、延农4社区，设立麓谷街道。

2010年10月，雨花区撤销洞井镇与黎托乡，设立洞井与黎托街道。2011年芙蓉区东岸乡撤乡设街道；雨花区洞井街道析置为洞井、同升街道，黎托街道析置为黎托、东山街道。2011年6月，经国务院批复，望城县撤县设区，成为长沙市辖区，行政区域不变，总面积969平方千米。2012年，天心区大托镇撤镇设街道；岳麓区含浦镇、坪塘镇撤镇设街道，天顶乡撤乡设街道；望城区高塘岭镇、星城镇、丁字镇、黄金镇撤镇设街道。天心区原坡子街、学院街、书院路3街道合并为新的坡子街街道，金盆岭街道析置为金盆岭、赤岭路街道，新开铺街道析置为新开铺、文源街道，大托街道析置为黑石铺、大托铺、先锋街道。望城区高塘岭街道析置为高塘岭、喻家坡街道，星城街道析置为白沙洲、大泽湖、月亮岛街道，丁字街道析置为丁字湾、书堂山街道，黄金街道析置为金山桥、黄金园、廖家坪街道。

二、市辖县（市）

1988年，长沙市辖浏阳、长沙、望城、宁乡4县，39个县辖区，5个区级镇、202个乡、15个乡级镇。

长沙县辖9区，4镇、37乡，524村、13委。分别为：榔梨镇；榔梨区：黄兴镇、干杉、仙人市；黄花区：黄花镇、谷塘、茶业、回龙、春华、螺丝塘；路口区：路口、大鱼塘、高桥、果园、麻林、范林；金井区：金井、脱甲、双江、观佳；福临区：福临、白沙、广福、开慧、双起；北山区：捞刀河镇、北山、石常、牌楼、沙坪；安沙区：鼎功、唐田、望新、水塘；跳马区：跳马、团然、石门、南托；江背区：河田、五美、梅花。

望城县辖7区，6镇30乡，450村、25委。分别为：城关镇；高塘岭区：乌山、黄金、大湖、白马、谷山；靖港区：靖港镇、乔口镇、靖港、新康、格塘；铜官区：铜官镇、东城、西湖、茶亭；霞凝区：丁字镇、霞凝、丁字、书堂、桥驿、杨桥、黑麋峰；莲花区：桐木、五丰、莲花；坪塘区：坪塘镇、九江、白泉、学士、太平；白箬区：白箬、麻田、天顶、嵇山、雷锋、友仁。

浏阳县辖11区，5镇、62乡、1006村、13委。分别为：城关镇；永和镇；城郊区：荷花、牛石、青草、枨冲、葛家、集里、太平桥、关口；古港区：古港镇、三口、宝盖、溪江、高坪、石湾、船仓、杨潭；镇头区：镇头、柏加山、北星、官桥、普迹、跃龙、金江；官渡区：官渡、大光、达浒、沿溪、七宝山、升平；大围山区：大围山、东门、白沙、中岳；张坊区：张坊、上洪、人溪、凤溪、小河；文家市区：文家市镇、山枣潭、岩前、中和；大瑶区：大瑶、金刚、杨花、山下、大圣、澄潭江；北盛区：永安镇、北盛、乌龙、蕉溪、丰裕、洞阳、砰山；沙市区：沙市、赤马、秀山、淳口、山田、路口，社港区：社港、大洛、泮春、龙伏。

宁乡县辖12区，5镇、72乡，914村、16委。分别为：城关镇；道林区：道林、金华、石家湾、善山岭、三仙坳；花明楼区：花明楼、杨林桥、西冲山、东湖塘、麻山、朱石桥；夏铎铺区：夏铎铺、龙凤山、历经铺、全民、泉塘；回龙铺区：煤炭坝镇、回龙铺，万寿山、白马桥、洪仑山、贺石桥、煤炭坝、桃林桥；双江口区：双江口镇、檀树湾、城郊、莲花山、朱良桥；坝塘区：坝塘、停钟、南田坪、沩乌、油麻田、珊瑚；偕乐桥区：灰汤、东务山、偕乐桥、檀木桥、资福；黄材区：黄材镇、井冲、祖塔、月山、崔坪、沙坪、横市、铁冲；双凫铺区：双凫铺镇、喻家坳、涌泉山、大成桥、成功塘、麦田；老粮仓区：老粮仓、毛公桥、唐市、洞庭桥、枫木桥、云山；流沙河区：田坪、花园、青山桥、心田、大田方、瓦子坪、流沙河、草冲；沩山区：沩山、巷子口、七里山、龙田、沙田、五里堆、官山、直田。

1993年1月16日，浏阳撤县设县级市，行政区域不变，仍属长沙市管辖。1995年5月10日至6月20日，长、望、浏、宁4县（市）开展农村撤区并乡建镇工作，全市撤销39个区公所，将221个乡镇合并为44个乡、66个镇、4个街道办事处。

表 1-1-3-1　　1995年四县（市）行政区划调整后乡镇名称一览表

县(市)	镇		乡	
	名称	数量(个)	名称	数量(个)
长沙县	暮云、暞梨、果园、江背、黄兴、黄花、春华、路口、高桥 金井、福临、安沙、捞刀河、星沙	14	干杉、双江、白沙、开慧、广福、跳马、北山、	7
望城县	铜官、乔口、雷锋、乌山、丁字、桥驿、靖港、莲花、坪塘、高塘岭、茶亭、东城、星城、雨敞坪	14	格塘、天顶、新康、霞凝、黄金、白若塘、九江	7
浏阳市	官渡、大瑶、金刚、永和、枨冲、古港、沿溪、张坊、镇头、普济、北盛、永安、沙市、淳口、达浒、赤马、龙伏、社港、太平桥、大围山、文家市	21	白沙、杨花、柏加、官桥、蕉溪、山田、三口、高坪、小河、七宝山、中和 、洞阳、澄潭江、葛家、溪江	15
宁乡县	玉潭、道林、花明楼、夏铎铺、双江口、煤炭坝、偕乐桥、双凫铺、老粮仓、流沙河、黄材、巷子口、灰汤、坝塘、龙田、横市、东湖塘	17	沩山、祖塔、崔坪、菁华铺、全民、青山桥、大屯营、朱良桥、沙田、回龙铺、资福、南田坪、枫木桥、大成桥、喻家坳	15
合计	—	66	—	44

1995年后，各县（市）行政区又分别作小幅调整。1997年，长沙北山乡撤乡设镇，撤广福乡设青山铺镇；望城县撤九江乡设含浦镇。1998年，浏阳市澄潭江撤乡建镇，宁乡县撤玉潭镇，分设白马桥乡、城郊乡、历经铺乡和玉潭镇；2000年，浏阳市中和、柏加乡撤乡设镇；2001年，浏阳市洞阳乡撤乡设镇，望城县白箬乡撤乡设镇；2002年，宁乡县回龙铺乡、长沙县双江乡撤乡建镇；2005年，浏阳市白沙乡并入大围山镇，赤马镇并入沙市镇，山田乡并入淳口镇。2005年，宁乡县崔坪乡并入黄材镇，祖塔乡并入沩山乡；2007年，浏阳市高坪乡撤乡建镇，宁乡县全民乡更名为金洲乡，大成桥、青山桥乡撤乡建镇；2008年，望城县析出含浦、坪塘、莲花、雨敞坪4镇划入岳麓区，浏阳市官桥乡、三口乡撤乡建镇。2009年，长沙县撤销星沙镇，设星沙、湘龙、泉塘街道，望城县黄金乡撤乡建镇。宁乡县金洲乡撤乡建镇。2011年，长沙县跳马、开慧乡撤乡建镇，望城县格塘乡撤乡建镇，6月，望城县撤县设区，成为长沙市第六辖区。2012年，长沙县白沙乡、干杉乡撤乡设镇。

2012年年底，长沙辖6区（芙蓉区、天心区、岳麓区、开福区、雨花区、望城区）3县（市）（长沙县、宁乡县、浏阳市），75个街道、83个镇、20个乡。其中芙蓉区12个街道，天心区12个街道，岳麓区10街道4镇1乡、开福区10街道3镇、雨花区12个街道、望城区10街道10镇1乡，长沙县5街道18镇，宁乡县21镇12乡，浏阳市4街道27镇6乡。

第二章　地理环境

长沙市地理环境优越，气候宜人，是理想的宜居地。长沙的东北为幕阜—罗霄山系的北段，东部群山重叠，有连云山、大围山、九岭山等呈东北—西南走向作雁行状排列，海拔800米以上山峰有50多座，大围山主峰七星岭为最高，海拔1607.9米；西部为雪峰山余脉，沿宁乡县呈“E”形分布，海拔800米以上的山峰有13座，其中有瓦子寨海拔高1070.8米；中部是长衡丘陵盆地向洞庭湖平原过渡地带，北部平坦开阔，地势由南向北倾斜，形如一个向北开口的漏斗，望城区乔口镇的湛湖海拔仅23.5米，为全市最低点。东北、西北两端山地环绕，地势相对高峻，中部递降趋于平缓，略似马鞍形。长沙城区多为多级阶地组成的坡度较缓的平岗地带，地势南高北低，城南丘岗起伏，城北地势低平，西耸秀丽的岳麓山，湘江由南向北流经中部、贯穿市区，江中的橘子洲长约5千米，构成典型的山水洲城，在全国城市中绝无仅有。

长沙市域出露有各个时代的地层，以前震旦纪的元古界和新生界分布较广，古生代、中生代出露范围小。岩浆岩主要是花岗岩，分布在北部、西部。铜、锌、钨、金、铌、钽等矿的形成，均与之有关。非金属矿产资源丰富，独具特色，有全国独一无二的菊花石，储量居全国首位的海泡石，磷矿、硫铁矿、重晶石、石膏、陶瓷黏土均有一定储量，还发现陶粒岩、麦饭石等。

长沙市水系完整，河网密度较大，含沙量少，水量较多，水能资源丰富。支流河长5千米以上的有302条，其中湘江水系289条，资江水系13条，流入湘江的支流较大的有浏阳河、捞刀河、靳江、沩水。年平均地表径流量82.65亿方米，径流深550~850毫米。湘江过域径流量年均692.5亿立方米，全年可通航。全市水能蕴藏量24.53万千瓦，地下水总储量9.35亿立方米/年。

长沙市成土母质多样，有花岗岩、板页岩、沙砾岩、第四纪红土、河流冲积物、紫色岩类、石灰岩等。土壤有 9 个土类、21 个亚类、85 个土属、221 个土种，以红壤和水稻土分布最广。全市耕地面积 27.68 万公顷，其中水田 24.44 万公顷，旱地 3.24 万公顷。

长沙市年平均气温 16.8℃~17.3℃，1 月平均气温 4.5℃~5.4℃。7 月平均气温28℃~29.3℃。年降水量 1376~1567 毫米，但多集中在春夏之交，既有海洋性气候色彩，又显大陆性气候特色，是较典型的中亚热带季风湿润气候。

长沙市野生动物有大鲵、穿山甲、中华鲟等国家级保护动物，有世界驰名的观赏鸟——相思鸟，水生动物有 11 目 23 科 67 属 110 种。家禽家畜有 49 个品种，其中宁乡猪、浏阳黑山羊、长沙三黄鸡为优良地方品种。

长沙市有高等植物 226 科 881 属 1973 种，其中木本植物 343 属 1064 种。珍稀树有 75 种，其中属国家级保护的 15 种。果树有驰名省内外的浏阳金橘、长沙北山梅、春华李、槊梨柿。此外，还有油茶、油桐、南橘等经济树木及茶叶、苎麻等经济作物。

第一节 地质 地貌

一、地质

长沙市域总的地质特征是：地层出露齐全，花岗岩体广布，地质构造复杂，矿产资源丰富。

（一） 地层。各个地质历史时期的地层在长沙市均有出露，最古老的地层大约是 10 亿年以前形成的。约 6 亿年前，长沙是茫茫大海，但海水不深，因地壳下降缓慢，沉积厚度巨大的碎屑岩层（后经累微变质）后期才沉积碳酸盐岩。以后，海水逐步由东而西退出，浏阳、长沙与望城的大部分地区升出海面，成为江南古陆的西北缘。距今 5.5 亿~6 亿年间，气候比较温暖、湿润，低等植物比较繁茂，宁乡沉积长达 60 余千米的石煤层，伴生可供利用的钒矿，还有中等规模的铀矿及小规模的磷矿层、硫铁矿层等。距今约 2 亿~4 亿年间，地壳发生多次升降，海水时进时退，海水常沿着狭长地带漫浸，虽然有一个铁矿和两个煤矿形成，因成矿环境不稳定和山间盆地范围狭小，形成的小型煤、铁矿床，仅宁乡煤炭坝煤矿具有中等规模。距今约 1.4 亿年，长沙地区海浸结束，上升成为陆地，由于地壳运动与地质构造的影响，形成长条形的长（沙）平（江）山间盆地。当时气候干燥炎热，堆积厚度巨大的红色岩层，并含石膏矿 30~200 余层，构成中等规模的石膏矿床。距今约 350 万年前，地球上发生第三次冰期，绝大多数生物遭受灭顶之灾，浏阳保留冰川地貌遗迹。

长沙市地层分布的特征是：前震旦系厚度大、分布广。白垩系至新生界，分布在凹陷盆地内和河流两侧。震旦系至侏罗系分布零星、厚度较小。全市地层可分冷家溪群、板溪群、震旦系、寒武系、奥陶系、奥陶系、志留系、泥盆系、石炭系、二叠系、三叠系、侏罗系、白垩系、第三系、第四系 15 个群系。

（二）地质构造。在漫长的地质发展过程中，长沙地区经历过多次构造运动，地质构造按构造线方向可分三组。

第一组为东西向构造。位于北纬 28°~28°40′ 之间。宁乡一带以褶皱、断裂为主，长沙、浏阳一带以断裂及岩浆岩带为特征。这组构造发育时间隙较早，又被后期构造破坏而断续展布。主要构造有：

沩山断裂带。位于沩山岩体北侧，沩水沿断裂带延展，长 40 余千米。湘阴凹陷为其所切而不能南延，是煤炭坝复向斜与沩山穹隆的分界线，是宁乡的主要构造骨架。

七宝山断裂带。位于浏阳古港、七宝山附近，长 30 余千米，倾向南，倾角 60 度，南盘的冷家溪群冲于石炭—二叠系之上，七宝山多金属矿位于北盘。此外，还有一些小规模的构造，如宁乡七里山—唐市断裂带、梅岭仓复向斜、鸡仓山背斜，望城乌山背斜、麻山向斜，长沙袁家滩背斜、灰山港复向斜，浏阳背寿山背斜、石柱峰倒转向斜等。

第二组为北东—北北东向构造。这组构造分布广、规模大、数量多，主要构造有：

岳阳—湘阴断裂带，走向北东 18°，由湘阴向南南西延至铜官、宁乡县东北，据物探资料，是隐伏的高角度正断层。

新宁—公田断裂带，走向北东 35°，长 500 千米，在宁乡县东部与岳阳—湘阴大断裂交会，控制着乌江谷地的发育，在灰汤附近，挤压破碎带达 500 余米，灰汤的高温温泉可能与此断裂有关。该断裂性质较复杂，早期以逆冲为主，晚期具水平推移，倾角 41~43 度，近代仍有活动。

长平断裂带，位于长（沙）—平（江）盆地东缘，是零陵—株洲—长寿街断裂带的北段，控制长平盆地的发育，使连云山花岗岩形成宽数千米的混合花岗岩带。长平盆地可细分为长沙盆地、浏阳盆地、平江盆地。长沙盆地。南起昭山北麓，沿山脚东北经长沙石燕铺，止于捞刀河附近，西部边缘在湘江河岸，南段在大托一带及湘江西岸，面积约 600 平方千米，是中新生代凹型盆地。浏阳盆地。东南是连云山，西北是幕阜山脉伸入浏阳境的中低山。长约 48 千米，宽 5~15 千米，包括浏阳西部捞刀河谷地，盆地内沉积了厚度大于 4000 米的白垩纪红层。

菁华铺断裂带，位于宁乡煤炭坝—菁花铺，走向北东 45°倾向北西，倾角 65 度，长 20 余千米，垂直断距 260 米，菁花铺玄武岩与此断裂有关。

金井断裂带，南起长沙县路口，经金井、梅山直到湘鄂边境，域内长 30 余千米，金井岩体形成宽约 50 米的挤压破碎带。

浏阳向斜，位于古港一带，包括东经 113°以东的山地。向斜轴总体上为北东，由枫林铺至浏阳县郊，浏阳县城以北为构造线转折部，经草坪、大岭后，轴向转为北东 50°左右。永和磷矿和七宝山多金属矿位于向斜的北东端。

煤炭坝复向斜，宁乡县北部为其南东翼，煤炭坝煤矿赋存于二叠系中，泥盆—石炭系分布于向斜两翼。

道林复向斜，位于宁乡县东南部，为一个不规则的近似圆形的短轴向斜。

岳麓山向斜，原为走向北东的复式向斜，由于受后期构造影响，复向斜支离破碎，但以岳麓山为主体的西翼保存完好，北端轴向北东 20°，南端折而为北东 10°，从溁湾镇至中南工业大学，长约 4.5 千米，轴部由岳麓砂岩组成，以云麓宫组为翼。

黄花向斜，轴部在泉塘至黄花附近，轴向北东 65°，岩层倾度 5~10 度，两翼为 15~25 度。

此外，规模较小的断裂与褶皱还有许多，如长沙石燕铺—暮云逆掩断层、市区谢家桥—溁湾镇逆掩断层、靳江河逆掩断层、宁乡月山—崔坪断裂带、巷子口断裂带、岳麓山东麓逆掩断层、长沙石牛山—西堂冲斜冲断层、望城坪塘凤凰山逆掩断层，市区水陆洲背斜、桃花—莲花背斜、浏阳文家市向斜、高坪向斜、长沙金井向斜、高桥向斜、望城坪塘背斜、长丰背斜、宁乡坝塘复背斜等。

第三组为北西向构造。这组构造仅分布在宁乡县，是古老构造运动遗留下来的形迹。

沩山—檀木桥断裂带，是宁乡县规模最大的区域性断裂带，将宁乡县划成东北、西南两个截然不同的构造体系。

沩山穹隆，是湘中复式向斜中的次一级构造，呈近似椭圆形展布，核部出露沩山花岗岩基。

二、地貌

长沙地貌总特征是：地势起伏较大，地貌类型多样，地表水系完整。长沙东西如马鞍，南北似漏斗的独特的地形，形成多种地形地貌。

（一）地貌类型。按其外表特征可分为三类地貌。

1.堆积地貌——平原。全市平原面积约为2037.2平方千米，占全市土地面积的17.26%，地表组成物质以第四纪冲积物为主，土层深厚，地表平坦，坡度一般为3~5度，相对高度小于10米。其一为滨湖湖积平原。地势低平，海拔在50米以下，湖泊星罗棋布，河道水渠成网，河网切割密度大。致使外高内低，积水难泄，易于涝渍。望城区铜官以北，是江河三角洲向滨湖平原的过渡地带，河岸阶地仅高出当地江水面2~3米。其二为江河冲积平原，分布于湘江两岸及其支流——浏阳河、捞刀河、沩水等中下游沿岸。这些河流的河漫滩及一级阶地，构成大片江河平原。

2.侵蚀剥蚀地貌——岗地与丘陵。岗地面积3379.6平方千米，占全市总面积28.65%，分布于浏阳县中部、西北部，长沙县南部、中北部，望城区中部，宁乡县南部、北部，市区湘江河岸的二至六级阶地经长期侵蚀、剥蚀了岗地。按照岗地的高度分为低岗地、高岗地两种，低岗地海拔高度40~80米，相对高度10~30米，坡度5~15度，微向平地倾斜，占岗地面积54%；高岗地海拔80~120米，相对高度30~60米，坡度15~20度，切割深40~100米，地面起伏和缓，个体呈馒头状，或呈平顶状，垅岗状相间排列，占岗地面积46%。在高、低岗地相接处，常有较宽浅的凹地。丘陵面积约2283.4平方千米，占全市总面积19.34%。分布在浏阳县中部、西北部，长沙县东部、南部，望城区西南部，宁乡县西南、东南部。按丘陵高度分为低丘陵、高丘陵两种。低丘陵，海拔120~200米，坡度20~25度，相对高度60~150米，丘体多呈圆锥状，或是延伸不长的脊状丘，占丘陵面积57.08%。高丘陵，海拔200~300米，坡度25~35度，相对高度150~200米，丘体具一定脉络，有的紧接山地前缘，有的是山地延伸部分，占丘陵面积42.92%。丘岗地貌中的“丹霞地貌”是红岩在侵蚀、溶蚀和重力等综合作用影响下生成的，崖壁丹赤，坡陡谷深，分布在浏阳社港。

3.侵蚀剥蚀构造地貌——山地。山地面积约3620.33平方千米，占全市总面积的30.67%，分布于浏阳县东北、东南，长沙县北部，望城区东北部，宁乡县西部。山地峰峦起伏，脉络清楚，延伸较长，往往与邻县山地连绵相接。有的呈块状，孤峰耸立；有的山顶多尖顶，山脊呈刃形；有的沟谷狭窄，形成“V”形谷。按高度分为三种：一为低山，海拔300~500米，坡度25~30度，相对高度200~400米，河网切割密度4~6千米/平方千米，占山地面积52.18%；二为中低山，海拔500~800米，坡度大于30度，相对高度400~600米。山岭陡峻，山脊狭窄，宽50~100米，山坡下缓上陡，坡陡谷深，流水切割深达400~600米，常形成峡谷，占山地面积32.41%；三为中山，海拔大于800米，坡度大于30度，相对高度大于600米，山势陡峭，山脊狭窄，宽仅20~50米，地形切割深达600米以上。浏阳县的连云山、大围山、九岭山，走向均为东北—西南，断块隆起与断陷盆地组成雁行式岭谷相间地形，可明显见到1000~1300米的夷平面，中山占土地面积的15.41%。

（二）地貌分区。按照地貌形态类型组合特征，全市划分5个地貌区。

1.山地区。主要由低山、中低山、中山组成，兼有一定面积的丘陵，平岗地貌所占比例甚少，分为3个亚区：

东北山地区。位于浏阳县东北，面积1727.13平方千米。山地占90.5%，丘陵占6.5%，溪谷平原及水面仅占3%，海拔800米以上的山峰有47座，其中连云山主要山峰23座，大围山主要山峰24座，岭谷相间，呈雁行状排列，山高、谷深、坡陡，一般坡度在30度以上，切割深度600米左右，谷地狭窄呈“V”形。自然条件具有明显的垂直变化，植被繁茂。在大围山可明显见到五级夷平面，在1300米的夷平面上，有3万多亩的成片草丛和灌丛草场，水草资源比较丰富。

东南山地区。位于浏阳县东南，面积1189.68平方千米，山地地貌占72.7%，其中低山占57.79%，丘陵占16.8%，岗地、平原与水面仅占11.5%。本区属九岭山脉向南延伸部分，是浏阳河的小溪河与渌江的南川河分水岭，地势起伏，切割强烈，海拔800米以上山峰有龙王牌、吊钟山，以龙王牌最高，海拔879.2米，地势向小溪河与南川河两边倾斜递降，山地沿西南方向延伸，切割深度200~400米，坡度25~30度，多成“V”形峡谷，在南川河两岸，形成溪谷平原与山间盆地。

西北山地区。位于宁乡县西北部及西南边缘，面积644.52平方千米。其中山地占84.85%，丘陵占8.69%，其余为平原与水面。地势起伏大、坡陡、谷深，自然条件与植被情况都具有明显的垂直变化，山区溪河多、比降大，水力蕴藏量丰富。雪峰山余脉从涟源县大步岭东伸进入宁乡县西，长沙、益阳、娄底三市分界岭——瓦子寨，海拔1070.8米，是长沙西部的最高山峰，绵亘至桂岩山(海拔998米)，分为南、北两支。北支从桂岩山向北延伸4千米为尖峰顶（海拔823米），南支从桂岩山向东延伸至古狮仑(海拔987.4米)。

2.低山丘陵区。以丘陵地貌为主，占有一定面积的低山与少量中低山地貌，平岗与水面所占比例不大，可分为4个亚区。

北部低山丘陵区。包括长沙县金井、高桥、白沙、路口、果园，浏阳县社港、沙市等乡镇，面积共845.37平方千米，其中山地面积占26.25%，丘陵面积占31%。地势中部高，向西南金井河、东南捞刀河倾斜，山脉由东北向西南递降，脉络清楚，海拔400米以上的山峰有9座，其中长沙县龙华山之龙头尖海拔653.9米，是长沙、浏阳、平江三县界山，称之“鸡叫三县”。

浏阳城郊低山丘陵区。东起高坪，西接太平桥，南抵牛石，北临溪江，面积339.46平方千米，其中丘陵占57.4%，低山占26.5%，其余为岗平地，陡坡在30度以上，地形波状起伏，地表切割破碎，切割深度60~200米。

望城区西南部低山丘陵区。紧靠宁乡县，包括嵇加山、白鹤山、金盆岭、雷打石、黄毛大岭、甑皮岭等，面积193.69平方千米，其中低山占45.41%，丘陵占17.76%，其余为岗地、平原与水面。望城区与宁乡县交界地段都是低山，低山海拔最高474.2米，山顶浑圆，山脉走向受断层、褶皱构造控制，山脊走向与沟谷延伸方向基本一致，凹谷狭窄，多数成为深谷陡坡。

西南低山丘陵区。位于宁乡县西南，西以青山桥、沙田为界，包括偕乐桥、灰汤、流沙河、老粮仓等乡镇，面积609.7平方千米，其中丘陵占49.84%，低山14.5%，其余为岗地、溪谷平原与水面，丘陵多呈圆顶，丘体零乱，无一定脉络，最高芙蓉山海拔748.6米，向东北递降，渐趋平缓，至沙田、高桥一带，成为低于200米的缓坡丘陵，丘间河谷发育，开阔平坦。

3.丘陵岗地区。主要由岗地丘陵地貌组成，局部兼有山地地貌，可分为3个亚区。

南部丘岗区。包括浏阳县西南镇头镇域内浏阳河河谷两侧，长沙县东南、西南的江背、跳马镇，面积949.43平方千米，其中丘陵占46.73%，岗地占24.14%，除少量山地外，其余为平原与水面。区内地表破碎，冲谷交错，波状起伏，坡麓向岗地、平原逐渐过渡，但在长沙县江背镇域内，有连云山脉伸延的乌川大山高耸，地势高、坡度陡、山脊尖峭、脉络清楚、切割深，沟谷呈“V”形。在浏阳柏加山一带，地势低平，有较大的平原，在镇头镇有六级河漫阶地出露，河中有江心小洲25个。沿长潭、长株边镜，山脊相连，弯曲成“S”形。海拔在200米以上的高丘有金坑岭、乌石岭、雷钵地、李家大屋、跳马涧等共13座，金坑岭为最高，海拔274.6米，岗多为尖顶、尖脊，其间冲垅狭窄，水系以金坑岭和蟠龙山为中心，呈辐射状分布，发育较长的有黄连树溪谷、新塘坳溪谷、田心桥溪谷。

中部丘岗区。包括望城区南部的雷锋、白箬、高塘岭、黄金、乌山等镇和岳麓区，面积493平方千米。其中岗地占44.92%，丘陵占14.45%，除尖山、谷山、岳麓山一带的高丘、低山耸在岗地之间外，其余海拔高度均小于100米。丘间河溪交错，河谷宽度超过100米，山丘多呈岛状分布。

宁乡县东南丘岗区。包括宁乡县花明楼、道林、东湖塘、夏铎铺等镇，面积770.10平方千米，其中岗地占38.31%，丘陵占18.4%，低山占12%。因四周低山环绕，地势较高，而形成道林、花明楼盆地。区内地形较复杂，高低起伏较大，北部乌江自西南向东北斜贯注入沩水，东南有靳江穿插注入湘江。韶山灌区渠道向南往北贯穿大部分地区，花明楼盆地为漫坡起伏的红土丘陵，地表浅沟密布。在靳江与乌江分水岭地段，极其狭窄，有的近于贯穿。

4.平岗区。在湘江及其主要支流两岸形成平坦开阔集中连片的江河平原，地表起伏和缓。除少数高岗地呈北东向的长条状外，大多数低岗地均无一定脉络，岗顶多为圆形或猪背形，沟谷一般较宽浅。可分为3个亚区。

浏阳官渡平岗区。位于大溪河下游地段，面积342.59平方千米。在古港至达浒、三口一带，有大片平原、岗地广布，其中平原面积占42.6%，岗地约占27%，以石灰石岗地面积较大。

中北部平岗区。东起浏阳县泮春、山田、淳口，南至长沙县仙人市、大托，西以湘江为界，折向西以望城区谷山、乌山一线为界，包括高塘岭至铜官一带的以东地区，面积共2482.27平方千米，其中岗地占49.46%，平原占31.66%，局部有低山，丘陵呈岛状分布。如天霄山、黄鹤大山、龙王大山、古华山等。大龙山脉自汨罗市伸入，山坡陡，沟谷窄，山脊尖削，脉络清楚。望城区内的黑糜峰海拔590.5米，四周环绕低山丘陵，谷深坡陡，坡度在35度以上。在浏阳河、捞刀河、靳江两岸，形成平坦宽阔的江河平原。在铜官一带是河口三角洲向滨湖平原的过渡地带。在江河交汇外，地势低平，雨季易受渍涝。在中部有大片低岗地与溪谷平原相间。垅岗多呈马蹄状或长条状。溪谷平原平坦开阔，如麻林桥宽达1600米。

宁乡北部平岗区。西起黄材水库，南以沩水为界，东至宁乡县与望城区接壤处，面积879.2平方千米，其中岗地占52.78%，平原占34.73%。西与低山相连，北有少量低丘单独存在，由西南向东北倾斜，岗地海拔多在100米以内，坡度5~15度。平原多在海拔50米以内，地势低平，洪水期易受水渍灾害。水渠纵横穿插，塘坝星罗棋布。

5.滨湖平原区。位于望城县北部，包括新老沩水河、八曲河、团山湖及湘江以东苏廖垸一带，面积260.24平方千米，除少量岗地外，81.75%是平原。其中湖积平原28.56%，河积平原53.19%，为南洞庭湖与湘江造成的冲积湖积平原，地形开阔平坦，地表起伏很小，均小于10米。湘江河漫滩高出水位3~5米，宽100~500米，洪水时有的被淹没。有三级阶地，第一级3~13米，第二级30~61米，第三级70~81米，阶面平坦，宽度大于100米。在沩水入湘江处，宽度为100~200米。地形西南稍高，而东面为湘江大堤堵截，中部稍偏低，最低处海拔仅23.5米。湘江水位上升时，垸内排水不畅，外渗内渍，造成洪涝，区内土质肥沃，平原成片，宜于农耕，是水稻生产的高产区。湖泊、哑河宜于发展鱼、菱、湘莲等水产与水生植物。

第二节　气　候

一、气候特征

长沙属亚热带季风性湿润气候，四季分明，热量充足，雨水集中，春温多变，夏秋多旱，严寒期短，暑热期长。冬季多被欧亚大陆干冷气团控制，寒流频频南下，造成雨雪冰冻，气候比较湿冷；夏季多受低纬海洋暖湿气团影响，温高湿重；春夏之交，处冷暖气团交替的过渡带，锋面、切变线和气旋活动频繁，阴湿多雨，天气多变；盛夏期间，常受副热带高压脊控制，多高温酷暑天气。

（一）气候温暖，四季分明。据 1988—2012 年气象资料统计分析，长沙市年平均气温为 17.1℃（宁乡）~17.6℃（浏阳）。冬季平均气温在 6.2℃（宁乡）~6.8℃（浏阳）之间，最冷月（1 月）平均气温 4.7℃，日均 0℃以下的天数年均不足 4 天。夏季平均气温在 27.4℃~27.7℃之间，最热月（7 月）平均气温为28.7℃（浏阳）~29.2℃（宁乡）。春、秋两季平均气温为 17.0℃~18.6℃，秋季略高于春季。

3 月 21 日（浏阳）至 26 日（宁乡）自东向西先后入春，气温逐渐回升，常有连绵阴雨、低温寡照天气，维持 62~66 天。5 月 27 日（马坡岭）至 6 月 1 日（宁乡）入夏，持续 107~116 天，常连晴，高温暑热，蒸发强盛，降雨集中期易生洪涝灾害。9 月 15 日（宁乡）至 22 日（浏阳）相继入秋，持续 60~65 天。冬季多自 11 月 20 日（宁乡）至 22 日（浏阳）开始，通常持续 121~125 天，气温虽不很低，但较湿冷，时有冰冻发生。

（二）热量充足，雨水集中。域内日平均气温稳定通过 0℃的活动积温多为 6143℃~6322℃。10℃以上的活动积温为 5277℃~5419℃，持续 239~244 天。15℃以上的活动积温为 4563℃~4725℃，持续 189~195 天。无霜期 260~268 天。

年均雨量在 1428~1551 毫米之间，时空分布不均，多集中于 3 月底（或 4 月上旬）至 7 月初，称雨季，长达 3 个多月，占全年降雨量的 50%~60%。因夏季风转换不定，异常时，雨季可提前或推迟，延长或缩短，导致洪涝或干旱。

（三）春温多变，夏秋多旱。春季天气变化剧烈。入春后虽逐渐回暖，但当北方强冷空气南下时，气温骤降，常伴有大风、冰雹、暴雨等强对流天气。3—4 月，月均有 3~4 次冷空气入侵，日平均气温可下降 10℃以上，甚至超过 15℃；5 月，平均有 2~3 次冷空气入侵，日均气温可下降 7℃以上。

夏秋少雨，几乎年年有干旱，但影响范围、严重程度各年差异较大。一般在 6 月下旬至 7 月上旬雨季结束，雨日和降雨量显著减少。7—9 月，总雨量多为 319~353 毫米，不足雨季之一半。域内红岩、灰岩等基质土壤吸热多，受火南风影响，气温高，湿度小，蒸发量大，土壤渗漏严重，干旱频率较高。

（四）严寒期短，暑热期长。严寒期短。连续 5 天（或以上）日平均气温≤5℃的寒冷期年年有，多维持 37~41 天，地面结冰日数不到 20 天；少数年份有日平均气温≤0℃的严寒期 5~10 天，出现率为 21.3%，宁乡高达 26.4%，多在 1 月中下旬。年雪日 8~14 天（宁乡），一般 2 天左右即消失；但有的年份，冰雪雨凇天气可维持数日，甚至十几天。

暑热期长。平均气温≥28℃的暑热期长达 45~60 天，多自 7 月初开始，至 8 月中旬结束，个别年份延至 9 月初，浏阳持续时间最长。日平均气温≥30℃的酷热天气，年均 24 天（宁乡）~27 天（马坡岭）。一次酷热天气过程（高温热浪）平均持续 8 天（宁乡）~10 天（马坡岭），最长 31 天。日最高气温≥35℃的高温日，年均有 22 天（宁乡）~33 天（浏阳），东、西相差 10 多天。日最高气温≥37℃的酷热日数，年均 6 天（宁乡）~9 天（马坡岭）。

二、气象要素

（一）气温。月平均气温，7 月最高，在 28.7℃（浏阳）~29.4℃（马坡岭）之间，呈中间高、东西两头低趋势；1 月最低，在 4.7℃（宁乡）~5.4℃（浏阳）之间，自东向西逐渐降低。

年平均气温 17.4℃，自西向东渐升：低者出现于宁乡，为 17.1℃；高者出现于浏阳，达 17.6℃；年际差为 1.1℃（浏阳）~1.6℃（宁乡、长沙），序列标准差为 0.4℃（浏阳）~0.7℃（长沙），为气候诸因素年变化之最小。年平均气温最高值亦由西向东渐升：最高浏阳为 22.5℃，最低宁乡 21.3℃，中部 21.9℃。年均最低气温 14.1℃，高值在市区，为 14.4℃；最低 13.8℃，在浏阳；呈城区高，山区、郊区低趋势。

极端最高气温，宁乡 41.2℃、马坡岭 41.1℃、长沙 40.6℃、浏阳 40.5℃，均出现于 2003 年 8 月 2 日。极端最低气温，马坡岭-11.7℃、宁乡-10.8℃、浏阳-8.5℃，皆出现于 1991 年 12 月 29 日。

（二）日照。长沙地区光照充足，为 1510.9~1682.5 小时，年均 1583.3 小时，呈东西多、中间少特征。最少值在马坡岭，为 1510.9 小时；最多在宁乡，有 1682.5 小时，两者相差 171.6 小时。日照百分率（实际日照时间与可能日照时间之比）均值为 34~37%。7—8 月日照时数最多，月均 200 小时以上，其中 7 月达 234.8 小时，日照百分率在 55.5%以上；1—2 月日照最少，月均 69 小时以下，其中 2 月只有 61.9 小时，日照百分率可低至 19.5%以下。

日照时数年际变化很大，多寡差达 306 小时（浏阳）~468 小时（宁乡），年际变化幅度达年均值的 19%（浏阳）~28%（宁乡）。年日照时数序列的标准差为 170.8 小时，全市标准差在 163.1（浏阳）~179.8（长沙）小时之间，年际变化明显大于年均气温，但小于年降水量的变化。

（三）降水。长沙雨量时空分布不均，多寡悬殊，突发性强。平均年降水量由西向东逐渐增多，最大值在浏阳，为 1577 毫米，为全省 5 个多雨区之一；最少值在宁乡，为 1434 毫米。从时段看，4—9 月有 917.3~995.3 毫米，占年降水量的 63.1%~63.8%；分布东多西少，少雨中心在长沙；多雨中心在浏阳，其多年平均雨量近 1000 毫米；最大年际差为 735.8（马坡岭）~938.4 毫米（浏阳），变化幅度占年均值的 50%（马坡岭）~62.4%（宁乡）；年降水量序列的标准差达 225.5（长沙）~258.6 毫米（浏阳），为各气候因子年变化之首。

暴雨、大暴雨次数差异较大，宁乡、长沙、马坡岭、浏阳年暴雨日分别为 4.1 次、3.7 次、4.0 次、4.3 次。论大暴雨，浏阳又是多发区，其次是马坡岭，长沙、宁乡较少。2003 年以来众多的自动站资料显示：暴雨、大暴雨主要分布在长沙地区的山脉附近，特别是浏阳域内的连云山、大围山一带，为暴雨、大暴雨多发区。

（四）场站气压。长沙年平均气压为 1007 百帕（毫巴），分布特点与长沙地形图相似：由平原丘岗区延伸到山区，气压逐渐降低，平原、岗地对应气压高值区，丘陵、山区对应气压低值区。马坡岭平均气压最高，为 1009.8 百帕，最低气压出现在浏阳，为 1003.9 百帕。冬季气压最高为 1016.5 百帕，夏季最低为 996.5 百帕。

（五）风向风速。长沙年平均风速为 1.9 米/秒，多在 1.0~2.4 米/秒之间，由西向东逐渐减小：平均风速最大值在宁乡，为 2.4 米/秒，最小值在浏阳，为 1.0 米/秒，山区风速较平丘区明显减小。日最大风速大于 5 米/秒、10 米/秒、12 米/秒、15 米/秒及 17 米/秒的日数，亦呈现自西向东明显递减的趋势。

全市各地的主导风向差异较大。市区主导风向为西北（出现频率为 21%）和西北西风（频率 10%），此两项的频率之和超 30%；其次是北北西（频率 8%）、南东（频率 8%），静风频率达 21%。宁乡主导风向为北北西（出现频率达 24%）和北风（风向频率 15%），两者频次之和超 30%；其次是南南东（频率 8%）、南（7%），静风频率达 10%。浏阳无明显主导风向，最多风向是西和东北东，风向频率仅 6%；静风频率为全市之最，达 45%；西北和西北西风速 2.7 米/秒；其次是北风，风速为 2.6 米/秒；宁乡主导风向是北北西和北风，风速均为 3.3 米/秒，其次是北北东风，风速为 2.3 米/秒、南风 2.2 米/秒。

表 1-2-2-1　　1988—2012 年长沙站月平均气温统计一览表　　单位：℃

1 月	2 月	3 月	4 月	5 月	6 月	7 月	8 月	9 月	10 月	11 月	12 月
4.7	7.4	10.9	17.7	22.4	25.9	29.2	28.1	23.2	18.7	12.9	7.4

表 1-2-2-2　　1988—2012 年长沙等四站日照、相对湿度、年蒸发量年平均值统计一览表

项目	台站			
	长沙	浏阳	宁乡	马坡岭
日照（小时）	1525.2	1594.8	1682.5	1510.9
湿度（%）	79	81	79	81
蒸发（%）	812.5	1209.4	1414.6	1194.9

表 1-2-2-3　　1988—2012 年长沙等四站霜、雪、雾、雷暴年平均值统计一览表

项目	台站			
	长沙	浏阳	宁乡	马坡岭
霜（天）	20	20.1	20.7	23.6
雪（天）	12.5	7.8	13.5	10.4
雾（天）	26	32.6	19.3	22.8
雷暴（天）	43	50.1	43.2	36.4

三、灾害性气象

常威胁长沙的灾害性气象有暴雨洪涝、干旱、高温热害、冰冻、寒潮、雷雨大风、冰雹、雷电、倒春寒、五月低温、寒露风等。

（一）暴雨洪涝。长沙的降水不均衡，暴雨（日降水量≥50 毫米）、大暴雨（日降水量≥100 毫米）、特大暴雨（日降水量≥200 毫米）、连续性暴雨是长沙的主要灾害性天气，经常导致溪河陡涨、泛滥，冲毁、淹没田园。全市暴雨、大暴雨、特大暴雨的出现概率以浏阳为最，浏阳、马坡岭、望城坡、宁乡 4 站最大日降水量由西向东增大，最大浏阳为 287.2 毫米，宁乡最少，为 158.9 毫米，两者相差 128.3 毫米，故浏阳的洪涝灾害在全市最为严重。

暴雨多发生于 5—8 月，以 6 月为最。1990 年、1995 年、1997 年、1998 年、1999 年、2002 年、2004 年、2005 年的 5—8 月，长沙 4 站暴雨记录都在 5 次以上，1998 年、1999 年分别为 9 次和 7 次，皆属于大洪涝年。按照洪涝标准统计，1988 年、1990 年、1992 年、1998 年、1999 年、2010 年 6 年，长沙 4 站均有洪涝，为全市性洪涝年：1989 年、1993 年、1995 年、1996 年、1997 年、2004 年、2005 年、2008 年、2010 年 9 年，3 站有洪涝，也属全市性洪涝年。1990 年后，长沙的洪涝愈来愈频繁，重

度洪涝出现5次，进入21世纪，洪涝强度有所减弱。

暴雨多发时段，常对应洪涝多发期，并引发城市内涝。20世纪90年代，强降水频率增加，加之城市排水系统建设滞后，强降雨使城市内涝严重，不时冲毁道路、输电线路等，使交通中断。如2011年6月28日，诸多自动站资料显示，9—15时城区平均降水超70毫米，芙蓉区最大达127毫米，导致交通受阻，沿街商铺进水，有的立交桥下水深1米，黄花机场多趟航班延误或取消。

（二）干旱。长沙的干旱灾害一年四季均有发生，受灾面积、成灾程度每年各异，旱灾严重时，出现溪河断流，塘坝、水库干涸，对航运、水电产生严重影响，甚至出现人畜饮水困难。每年7月上旬以后，因受西太平洋副热带高压控制，长沙进入盛夏晴热少雨期，容易发生干旱灾害。长沙的旱灾通常有春旱、夏旱、秋旱、冬旱4种，又以夏旱和夏秋连旱居多，“插花旱”也经常发生，春旱对耕田整地、播种育秧很大影响，出现最频繁、危害最大的是夏秋干旱，再次是冬旱。近500年来，长沙有据可查的旱灾年多达341次，平均三年两遇。据1951—2012年62年气象资料，长沙四站夏旱和夏秋连旱出现的概率和干旱等级基本相似，48%的年份出现不同程度的干旱，特大旱有4年，出现概率5.2%，平均16年一次；大旱有12年，出现概率19%，平均5年一次；一般性干旱有30年，出现概率48%，平均2年一次；基本无旱（但几乎每年都有“插花旱”）有32年，平均2年一次。全市性冬旱概率为11.8%，部分县市出现冬旱概率为21.6%。2003年以来，连续9年都出现不同程度干旱，其中以2003年夏秋特大干旱和2011年夏秋连旱加冬春连旱为最严重。

干旱是长沙最为严重的农业气象灾害，导致农作物生长发育不良而减产，甚至作物枯死绝收。由于地形、地貌不同，水利设施、耕作制度有别，各地抗旱能力亦不尽相同，故旱灾具有明显的乡镇差异，大旱年中也有雨水正常的地区，而且即使是全市性的雨水正常年份，有的地方也有旱象出现，有时即使是水灾年，也可能出现前涝后旱。

（三）高温热害。长沙高温日主要分布在7月，其次是8月，再次是9月、6月，高温热害常给人们生产生活、身体健康带来危害。据1988—2012年气象资料统计，日最高气温≥35℃的日数，以浏阳最多，为33天；宁乡最少，为22天，相差11天；日最高气温≥37℃的酷热天气日数，平均每年有6天（宁乡）~9天（马坡岭）。依据长沙马坡岭站资料，每年出现高温热害的概率为91.9%（仅1993年和1997年未出现高温热害），出现轻度高温热害的概率为50.0%，出现中度高温热害的概率为29.0%，出现重度高温热害的概率为12.9%，最长一次高温热浪出现在2003年7月11日—8月10日（马坡岭），持续时间达31天；其次为1992年，约持续24天；再次为1995年、1998年、2009年、2011年。

（四）雾、霾。雾、霾是长沙市频次增长最快的灾害性天气，随着城市化进程的加快和经济规模的扩大而日趋严重，影响区域气候，使能见度恶化、太阳辐射减少、空气质量恶化、传染病增多，也影响植物的呼吸和光合作用。长沙大雾以辐射雾居多，平流蒸发雾次之，其他大雾所占比例很小。大雾主要发生在冬季，占全年的39.4%；春、秋季次之，分别占26.3%、26.7%；夏季最少，仅占7.6%。大雾出现时间主要在后半夜至清晨。从大雾日的30年均值看，东部地区多于西部：浏阳年均大雾日有32.6天，是全省的大雾多发区之一；长沙有26天；宁乡仅19.3天，东西相差13.3天。其原因是浏阳市三面环山，向西南开一小口，在晴朗无云的夜晚易形成“冷湖”效应，空气中水汽容易达到饱和而形成大雾。而长沙城区空气中的悬浮颗粒较多，湘江穿城而过，为大雾形成提供足够的凝结核和相对充足的水汽条件，故大雾相对较多。宁乡处丘陵区，平均风速较其他地区大，山谷风效应加速空气的上下层交换和水平流动，大雾较少。

长沙灰霾分布极不均匀，城区多、山区少，长沙、马坡岭最多，宁乡次之，浏阳最少。工矿企业污染物排放、市内机动车尾气排放和建筑施工扬尘等大气污染物排放量的显著增长，是城区灰霾多的主要原因。灰霾日数年增长呈阶段性变化：1988—1994 每年少于 30 天，呈缓慢增长；1995—2003 年较平稳增长；2004—2012 年，灰霾天气急剧上升，2004 年跨入年灰霾日高于 100 天的全国高霾区行列，2011 年高达 129 天。

（五）倒春寒。长沙地区每年 3 月中旬到 4 月下旬都可能出现“倒春寒”，概率为 47.5%，四站差别不大，在 45.0%（浏阳）~50%（长沙）之间，中部略多于东部、西部，尤以 3 月下旬、4 月下旬的出现概率最高。从“倒春寒”出现的年际变化看，四站“倒春寒”集中在 1990—2000 年，21 世纪以来明显减少。

全市各地出现“倒春寒”时间略有所不同：宁乡 4 月下旬出现最多， 占 17.5%，3 月下旬、4 月中旬各占 15%和 10%；长沙和马坡岭的前两位分别是 4 月下旬、3 月下旬和 3 月中旬、4 月中旬。浏阳 3 月下旬占 17.5%， 4 月下旬为 12.5%。一年出现两次“倒春寒”的年份有 1991、1996 年。1996 年，长沙、宁乡和马坡岭三站 3 月中旬均有“倒春寒”，到 3 月下旬又出现。1991 年，长沙、宁乡 3 月下旬出现“倒春寒”，4 月中旬再出现。同一地区一年出现两次“倒春寒”，对农作物影响较为严重。连续多年出现“倒春寒”的现象也有发生。1991—1993 年，宁乡连续 3 年出现“倒春寒”，1994—1996 年，长沙、马坡岭、浏阳出连续 3 年出现“倒春寒”。

（六）五月低温。每年 5 月中下旬，连续 5 天（或以上）日平均气温≤20℃的农业气象灾害，称“五月低温”，对分蘖期的早稻和晾晒收割期的油菜，危害尤大。长沙地区“五月低温”的发生率和严重程度，西部高于东部。5 月上、中、下旬均可能出现，以 5 月上旬出现概率最高，为 61.4%，中旬占 30%，下旬仅 8.6%。长沙站五月低温的出现概率为 47.6%，大体每 2 年发生 1 次；其中轻度、中度和严重的各占总次数的 60%、20%、20%。一年中出现两次“五月低温”的，有 1993 年、2002 年。宁乡出现概率为 54.8%，其中轻度、中度和严重的，分别占 52.2%、30.4%、17.4%。有时连续多年出现“五月低温”。如 1990—1993 年，宁乡、长沙连续 4 年出现“五月低温”；马坡岭、浏阳也连续 3 年、2 年出现。2000 年以后，全市“五月低温”发生概率减少，仅有 2002 年、2003 年、2004 年、2009 年、2010 年出现。

（七）寒露风。“寒露”前后，随强冷空气入侵而产生的低温冷害，使水稻减产的农业气象灾害，长沙习称为“寒露风”。1988—2012 年，全市 4 站寒露风出现率分别为：宁乡 57%、长沙 50%、马坡岭 31%、浏阳 24%，重度“寒露风”出现的概率由西向东依次递减，西部比东部多出 2~3 倍，而轻度“寒露风”出现比例由西向东递增。中度“寒露风”在西部占的比例较大，轻度“寒露风”在东半部占的比例较大。

全市 9 月上、中、下三旬均可出现“寒露风”， 多在下旬，其次是中旬，上旬仅宁乡出现 2 次。各旬出现率分别为上旬 3%、中旬 36%、下旬 61%。出现时段越靠前对作物影响越严重。一次“寒露风”的连续时间至少有 3 天，实际上往往多于 3 天。平均持续天数分别为：宁乡 5.1 天、长沙 4.3 天、马坡岭 4.8 天、浏阳 5.0 天，连续天数越多，对作物的影响越严重。统计历次“寒露风”的最长连续时间，均在 12 天以上：宁乡、长沙分别为 17 天、16 天，马坡岭、浏阳均为 12 天。一年内出现 2 次“寒露风”的概率为：宁乡 13%、长沙 4%、马坡岭 8%，浏阳无。

（八）冰冻（雨凇）。超冷却降水碰到温度等于或低于零摄氏度的物体表面，形成玻璃状的透明或无光泽的表面粗糙的冰覆盖层，叫雨凇，长沙习称冰冻，俗称 “牛皮凌”，即边雨边冻，大部分年份都会出现，山地比丘陵地区易形成，年平均雨凇日数为 2.6 天，呈自西向东依次递减趋势：宁乡为多发区，雨凇日数为 4.0 天，长沙 3.4 天、马坡岭 1.7 天、浏阳 1.1 天（皆据气象站观测资料，实际上东部山区雨淞相当多)。长沙雨淞多发时段集中在20世纪50—80年代，90年代后减少，仅2005年、2008年偏多。长沙雨淞发生期一般从11月中旬至次年3月初，前后近5个月，但11月、3月出现较少，11月仅长沙1次，3月宁乡2次、长沙1次。雨淞多发期以1月最多，2月次之，从各旬看，1月中旬至2月上旬出现概率最高，又以1月下旬为最高。

(九) 大风。长沙大风主要为偏北大风和雷雨大风。偏北大风是因寒潮或强冷空气入侵，导致气压梯度骤然加大而形成，影响范围较广，持续时间较长，可造成舟船翻沉，树倒屋损，禾苗倒伏等严重灾害，给工农业生产与交通运输以及人民生命财产带来严重损失。雷雨大风多由局地受热不均引起，常出现于强冷空气前部的雷暴高压中，其生命史极短，涉及的范围一般只有几千米至几十千米，有时伴有暴雨、冰雹，则风速极大。大风在一天中的任何时候皆可出现，白天（8—20时）多于夜间（20—8时），频率为3∶2；春、秋季上半夜和上午较多；夏季白天较多，午夜至清晨少；冬季则下午和后半夜较多。盛夏白天（8—20时）的雷雨大风，12时前少见；13—17时依次递增，17时最多；17—20时依次递减。可见热力确为形成雷雨大风诸因素之最。一次大风过程持续时间不等。一般而言，秋末至冬春，伴随寒潮、强冷空气而来的大风持续时间较长；夏季，多热力引发的雷雨大风，持续时间较短；由积雨云单体产生的雷雨大风，前后往往就几分钟。

长沙年大风日平均为2.6天，分布极不均匀。长沙3.8天、宁乡3.6天、马坡岭2.5天、浏阳不足1天；大风主要发生在春季，次为夏季，秋冬季较少，春、夏、秋、冬四季大风日数分别为1.3天、0.7天、0.4天、0.2天，长沙最多，宁乡、马坡岭次之，浏阳最少。各月又以4月为最，有0.6天，3月、5月、7月次之，均为0.4天，12月、1月最少。长沙各地年极大风速差别较大，大部分在20米/秒以上，最大宁乡达29米/秒，长沙22米/秒，马坡岭20米/秒，浏阳11米/秒，风向多偏北。

(十) 冰雹。长沙4站都出现过冰雹灾害，年均雹日为0.3天（浏阳）~1.1天（长沙），长沙最多年份可达5天，马坡岭、宁乡较少，为0.4天。其季节性极强，春雹占全年总数的63%，冬季占36%，夏、秋季仅占1%；1—4月出现的，又占总数的97%。其原因主要是雹的产生与副热带急流、极锋急流及锋系位置的季节变化密切相关：春季，急流位于长江流域附近，全域皆属春雹区，故长沙多雹。月际分布上，1月，云贵高原雹区刚向长沙地区移动，频率只占年总数的5%；2月，雹区靠近长沙地区，雹明显增多，占年总数的32%；3月最多，占年总数的55%；4月、5月雹日大幅减少，为6%；7月，只占年总数的2%；6月和8—12月未出现过冰雹。

冰雹的日变化非常明显，多在午后至傍晚出现。春季降雹，更集中于下午4时左右，进一步证明降雹与热力作用密切相关。

表1-2-2-4　　1988—2012年长沙四站极端气象要素值统计一览表

项目		台站			
		浏阳	宁乡	马坡岭	长沙
气温(℃)	极端最高	40.6	40.5	41.2	41.2
	时间	2003年8月2日	2003年8月2日	2003年8月2日	2003年8月2日
	极端最低	-8.5	-10.7	-10.8	-11.7
	时间	1990年2月1日	1991年12月29日	1991年12月29日	1991年12月29日

续表 1-2-2-4

项目		台站			
		浏阳	宁乡	马坡岭	长沙
降水量（毫米）	年极端值	1824.3	2096.1	2001.7	1854.7
	出现时间	1997 年	1998 年	1999 年	1998 年
	月极端值	518.8	736.5	566.4	573.1
	出现时间	1998 年 6 月	1998 年 6 月	1998 年 6 月	1998 年 6 月
	日极端值	249.5	287.2	158.9	281.3
	出现时间	1997 年 6 月 7 日	1997 年 6 月 7 日	1997 年 6 月 7 日	1997 年 6 月 7 日
大风（米/秒）	风速	28.6	25.1	23.4	24
	风向	西北	西	西北	西北
	出现时间	2006 年 4 月 4 日	2006 年 6 月 24 日	2007 年 4 月 17 日	2006 年 4 月 4 日
地温（℃）	极端最高	66.3	67.9	70	69.6
	时间	1991 年 7 月 29 日	1988 年 7 月 10 日	2 个年 7 月 2 天	1989 年 7 月 17 日
	极端最低	-18.7	-17.5	-15.3	-21.3
	时间	1991 年 12 月 29 日	1991 年 12 月 29 日	1991 年 12 月 29 日	1991 年 12 月 29 日

第三节 水文

一、水文环境与特征

湘江流域属中国南方湿润地区，降水量较多，流域多年平均年降水量为 1472.9 毫米。流域暴雨多为气旋雨，偶尔为台风雨。暴雨多发生于每年 4 月—7 月，尤以 5 月、6 月两月为甚，时空分布不匀。湘东南汝城为流域的暴雨中心之一。暴雨历时多为 1 天，连续 2 天或 2 天以上的较少。但在两次暴雨过程之间，间以大雨或中雨，因而形成历时长、雨区广、强度大的强降水过程，这种雨型极易构成湘江大洪水。

湘江流域洪水主要由气旋雨形成，洪水时空变化特性与暴雨特性一致，每年 4—9 月为汛期，年最大洪水多发生于每年 4—8 月，其中 5 月、6 月两月出现次数最多。干流中、下游洪水过程多为峰高量大肥胖型单峰洪水，每次洪水历时 10 天左右。据湘潭站 1950—2010 年资料统计，湘江年最大洪峰流量 2.08 万立方米/秒（1994 年 6 月 18 日），年最小洪峰流量 6090 立方米/秒，年最小流量仅 100 立方米/秒。洪峰过程以单峰居多，历时约 7~12 天，山洪也时有发生，且往往构成大洪水，历时 15~20 天，1968 年最大一次洪水过程总量达 310 亿立方米。由于洪水遭遇及槽蓄影响，使得洪峰持续时间长，有些洪峰为平顶，如 1968 年 6 月 28 日洪水，66 小时峰顶流量维持在 1.84 万~1.87 万立方米/秒之间，1994 年 6 月 18 日洪水连续 46 小时流量在 2 万立方米/秒以上。

本区域内径流主要由降水形成，径流量一般随集水面积的增加而增加，径流量的年内分配与降水情况基本相应。汛期 4—9 月径流量占全年径流总量的 71.6%。区内各河流径流量又以 5 月最为集中，5 月份的径流量占全年径流总量的 25.0%。

二、河流

长沙的河流主要属湘江水系，东北以幕阜、罗霄山脉与赣江水系分界，西以雪峰山脉与资江水系为界，少数外流河属南洞庭湖（资江）水系。支流河长 5 千米以上的有 302 条，其中湘江流域289 条，南洞庭湖水系 13 条。按支流分级，一级支流 24 条，二级支流 128 条。湘江由南而北斜贯全市，一级支流有靳江、浏阳河、捞刀河、沩水等，其他二、三级支流沿着一级支流两侧发展。水系概况详见附表。

表 1-2-3-1 1988—2012 年长沙市域主要河流概况一览表

河流				面积（平方千米）	河长（千米）	源头
序号	干流	一级支流	二级支流			
1	湘江			94721	948	永州市蓝山县
2		靳江		781	85	宁乡县白鹤山寨子村
3			龙王港	173	31	望城区南角岭
4			沙河	222	34	望城区黄泥山
5			马家河	98.2	23	望城区黄金镇
6		浏阳河		4665	222	浏阳市大围山横山坳
7			大溪河	901.4	83	浏阳市大围山横山坳
8			小溪河	782	108	浏阳市大围山双溪
9			涧江	435	76	醴陵县甲公坳
10			三叉河	155	28	长沙县江背镇肖排村
11			圭塘河	125	34	长沙县洞塘岭
12			榨山港	148	26	长沙县黄花镇谷塘
13		捞刀河		2543	141	浏阳市石柱峰
14			金井河	726	63	长沙县马公岭
15			麻林河	182	36	长沙县开慧镇米山桥
16			浔龙河	80.7	22	长沙县青山铺天华山
17			白沙河	320	46	汨罗市南部玉池山
18		沩水		2673	144	宁乡县沩山
19			楚江	416	49	宁乡县扇子排
20			乌江	587	66	湘乡县羚羊山
21			八曲河	331	53	岳麓区雨敞坪镇
22			南川河	661	69	江西省萍乡市千拉岭南麓
23			乔口撇洪河	817	41	

（一）湘江。湘江发源于广西灵川县海洋山西麓之龙母岩，岩口水分两股，向南的称漓江，向北的为湘江。经东安、冷水滩、祁阳、衡阳、衡山、株洲、湘潭、长沙至湘阴的濠河口分两支注入洞庭湖，全

长948千米，流域面积为9.47平方千米，河流平均坡降为0.13‰，是洞庭湖水系中最大的河流，也是长江七大支流之一。流域内水系发育，河网密布。湖南域内流域面积大于100平方千米的支流有252条；流域面积大于1000平方千米的支流有24条，其中一级支流16条。从右岸汇入的一级支流有潇水、白水、宜水、舂陵水、耒水、洣水、渌水、浏阳河、捞刀河9条，潇水最大。从左岸汇入的一级支流有紫溪河、芦洪江、祁水、蒸水、涓水、涟水、沩水7条，涟水最大。右岸流域面积约占71%，呈不对称羽状水系。

湘江经湘潭昭山后进入长沙，由南而北横贯市区经三汊矶转向西北至乔口出望城县，流经全境长74千米。长沙站集水面积8.3万余平方千米。河床宽1000~1500米，航道宽20~30米。枯水季节时，水深1.2~1.6米，常年可通航。湘潭至长沙全年可通航200吨船舶，长沙至湘阴全年可通航300吨船舶。域内相对高差仅3.1米（暮云镇海拔高26.1米，乔口海拔高23米），水势平缓，但有浅滩13处（由南而北为泥鳅滩、芭蕉滩、北门滩、三汊矶滩、母山滩、霞凝滩、香炉洲滩、丛树滩、新康滩、铜官滩、黄泥滩、金钩寺滩、乔口滩）。域内的湘江支流，来自东面或东北向的河流较长，水量较大，来自西面或西南向的河流较短，水量较小，由于主流与支流的相互干扰、顶托，引起水流的停滞回旋，便于泥沙堆积，形成江心沙洲，域内的江心沙洲由南而北有马颈、兴马洲、鹅洲、巴溪洲、橘子洲（水陆洲）、傅家洲（杨柳洲）、龙洲、许家洲（月亮岛）、香炉洲、冯家洲、蔡家洲、浮洲、洪家洲、甑家洲等，以水陆洲为最大，龙洲最小。

湘江最高洪水位多在5—7月，据1988—2012年的湘江长沙站观测资料，最高洪水位为1998年的39.18米。

（二）主要一级支流

1.浏阳河。本名浏水，“浏”为清亮之意，浏阳置县后渐称浏阳河，其源为大、小二溪，分别出于大围山南、北麓。大溪河经白沙、东门、永和、古港至双江口，小溪河经张家坊、田心，蒋埠港、平安洲、高坪至双江口，与大溪河汇合后向西南流10千米至浏阳县城。从河源至此为上游，以山地及丘陵为主。上游是暴雨区，河床坡降大，一遇暴雨，洪水峰高势猛，易发生洪灾。浏阳县城至金潭为中游，地形以丘陵为主，多峡谷，是水力资源集中的地段，金潭以下为下游，地势比较开阔，从镇头经韩家港、徐家洲至柏加山，再经渡头进入长沙县境，经㮾梨镇、东屯渡到开福区陈家屋注入湘江。全长222千米，平均坡降0.54%，流域面积4665平方千米。流域内雨量充沛，地表植被较好，河道弯曲，洲滩较多，水力资源丰富，水能理论蕴藏量为12.89万千瓦，占全市水能蕴藏量55.73%。浏阳河4—6月为涨水期，12—2月为枯水期，水位变化幅度为10.61米，流量变化在25倍以上。浏阳河的支流甚多，大于10千米以上的溪水，在大溪河段有20条，在小溪河段有11条。大、小二溪汇合后，浏阳县域内还有支流17条，至长沙县境后，有支流9条，且河床增宽，坡降小，沙洲增多，有山枣洲、江西洲、中洲、柴埠洲、磨盘洲等，较大的河湾有桃树湾、潭头湾、王家湾、老屋湾、潭湾等。

2.捞刀河。在浏阳县域内古名潦浒河、北川河，发源于浏阳县域内连云山的石柱峰相坑。先由东南向西北流，经周洛、社港后折向西南流，再经龙伏、许家河、北盛后，蜿蜒曲折作近东西向流，经芦诸湾、蒋家河至永安。从界碑桥进入长沙县境，再经春华山、竹筒港、水渡河、罗汉庄、捞刀河镇至甘嘴坨，在洋油池注入湘江。全长141千米，流域面积2543.2平方千米，平均坡降0.78%，总落差1221.26米。在北盛以上属上游，主要是山岳地区，从北盛至永安属中游，主要是丘陵地区。永安以下至河口属下游，主要是平岗地区。流域内雨量充沛，年降水量约为1500毫米，但年内降水分配不均，12—1月，降水量少，不到年降水量 10%，4—6 月降水量达年降水量 40%。流域面积 100 平方千米以上的支流有 6 条，河长在 5 千米以上的支流有 32 条，其中长度在 10 千米以上的支流，浏阳县域内有 12 条，长沙县域内有 8 条，金井河是主要支流。

3.沩水。沩水有南北两源，南源（主源）石板水出扶王山西麓大托里，北源出灯窝寨北麓大沙坪，两源汇于黄材水库后东流，接纳段溪、黄绢水、梅溪、铁冲河、流沙河、粟溪、玉堂水、乌江、曾家河、沙河、化龙溪等大小 20 余条溪河水，在双江口镇团湖村分左右两支出宁乡境，至赵家河石头口入望城县，至三叉河口汇入八曲河水入湘江，全长 144 千米，流域面积 2673 平方千米，平均坡降 1.16%。流域内气候温和，雨量充沛，上游靠近安化、梅城暴雨中心，雨量多，由于季风影响强烈，加上地形复杂，降雨时空分布不均匀，因而流域内经常发生水旱灾害。上游陡峻，建有小龙潭和黄材水库水电站。下游平缓。黄材水库内从祖塔至竹山坳 10 千米，常年可通行 30 吨船舶。黄材水库以下至宁乡县城，原可通航，但因水库拦截水源而断航，县城至双江口可季节性通航。

4.靳江。又名建江，古称瓦官水，因河道流经麻山楚大夫靳尚封地而名靳江。源出湘乡市金石乡，有两源，东源出靳源村罗仙寨西麓，西源出万群村万寿塘，两源会于赵公桥后进入宁乡县境，经麻山、朱石桥、花明楼、双江口、石家湾、道林等地在仙女岭南麓进入湘潭县境，在宁乡县境长 45 千米，靳江经湘潭县至龟头，经九江庙，官埠口至柏家洲入湘江。河流全长 85 千米，流域面积 781 平方千米，河床平均坡降 0.55%。靳江原可季节性通航 75 千米，修建大屯营等 5 处拦河坝后，仅南庙至河口 32 千米通航。后因河口段多次改造使航行困难，1979 年航道普查时，沿河口而上，仅有 24 千米长的航道可季节性通行。

三、湖泊

长沙市主要湖泊：

（一）团头湖。位于望城县西北，与宁乡县朱良桥接镶，是一个天然湖泊，湖岸曲折多弯，呈多棱形，最长达 8800 多米，最宽处约 600 米，东起靖港樟木桥，西至马转坳，南连宁乡左家山果园。该湖水系发达，与撇洪河相通直达湘江，有水面 533 公顷，平均水深 1.5~2.5 米，最深处约 7 米，可调蓄水量 4000 万立方米，团头湖相传为南洞庭湖汊口之一，是长沙地区最大的湖泊，现为乔口渔场养殖基地。

（二）千龙湖。位于湖南省长沙市望城区格塘乡，原名格塘水库。1999 年原格塘乡团头村全部退田还水，距市区约 30 千米，187 公顷湖面碧波荡漾，周边环境优美，生态和谐，自 2002 年开发以来，千龙湖形成休闲度假、蔬菜种植、水产孵化、生态山庄等配套体系，成为有综合接待能力的大型生态旅游度假区。2016 年被评为国家 AAAA 级景区。

（三）洋湖。位于岳麓区坪塘街道，零星水面 105 公顷。源于靳江河，因地势低，经常受洪水的淹没，出口又受湘江水位顶托，当水位上涨至 29.8 米，湖内的渍水便不能排出，因而有外渗内渍的特点。

（四）年嘉湖。位于长沙市区烈士公园，是疏浚原阎家湖和合并附近几个小湖而成。经两次人工扩大，水面约 47 公顷。1982 年 11 月，利用“阎家”的谐音，更名为“年嘉湖”，以示年年嘉庆之意。

（五）楚家湖。位于长沙县高岭乡高岭村，水面 40 公顷，最深处约 4.5 米，容水量为 7.3 万立方米，该湖濒临捞刀河，是捞刀河水的调节湖。

（六）东湖。位于芙蓉区东湖街道，原名姚家托，是地势低洼所形成的一个平湖，呈树丫形，大小岔湾 36 个，源长 1710 米，平均宽 150 米，水面面积约 28 公顷，平均水深 4 米，最深处 6 米。

（七）松雅湖。位于长沙星沙，北至捞刀河，南至滨湖路，东至东六线（北段）和东八线（南段），西至松雅河，2011年，松雅湖水面超400公顷，松雅湖建设按百年一遇的洪水标准建设防洪设施，通过建设具有丰富的生物多样性和高效生产力的湖泊湿地生态系统，为城市提供水资源、涵养水源、调节气候、调控空气湿度，改善空气质量，减轻城市“热岛效应”。

此外，全市还有大型水库2座、中型水库16座、中小型水库99座、小型水库650座。

四、 地下水

（一）地下水类型。长沙市域地层出露虽较齐全，但岩性组合比较简单，因而地下水类型也较单调，可分为6个含水岩组，即松散岩层孔隙水、碎屑岩风化裂隙水、碎屑岩层间裂隙水、变质岩风化裂隙水、花岗岩风化裂隙水、碳酸盐岩溶水。其中以松散岩层孔隙水、碳酸盐岩溶水两个含水岩组含水较丰富，其他4个岩组含水贫乏，但有的地段因受构造影响，可使含水性增强，成为富水段。但总的浅层地下水贫乏，绝大部分水质较好、无色、无味、低矿化、弱酸性，不含有毒矿物质水，化学类型比较简单，主要是重碳酸型及重碳酸—氯化物水型，可以小规模利用。长沙市的东北部与西北部，主要是地下水的补给径流区，中部为地下水的排泄区，地下水循环通畅，根据地质构造因素和地下水运动关系有4种方式。即：不同形式向斜构成自流水盆地，如浏阳向斜；沿断裂发育富水地段，如芙蓉寨有一个降泉涌水量达12.5升/秒；断裂作用造成不同含水层的连通；构造组成裂隙含水层。

（二）主要井泉。1949年前，人民生活用水主要是井泉水。长沙城区街道地名曾有“九井十八桥”之说，如青石井、水风井、螃蟹井、泉嘶井等均以井命街道之名。随着城市人口增加和城市现代化不断发展，许多井泉逐渐干涸废弃。

1.白沙井。位于城南白沙游路南侧，有“长沙第一井”的美誉，井泉是城市居民天然饮用水之一。泉水清冽，清香甘美，四时不溢不竭，人们称赞白沙井“为酒不酢，为浆不腐，霍乱吐泻，一饮良已”。长沙酒厂用白沙井水酿制的“白沙液”酒，无色透明，曲香浓郁，味醇柔和，后味回甜，为湖南名酒之一。有泉井4眼，2眼仍涌泉不止，井台用花岗石铺砌。四周护以石栏，竖有“白沙古井”石碑，白沙井附近基底为板岩，上部覆盖很厚的红土和砾石层，地下水具承压性，泉脉甚旺，天然涌水量2.18升/秒。

2.灰汤温泉。位于宁乡县南东鹜山麓，距县城36.5千米。主泉长8米，宽2米，水温85℃~90℃，属高温热水。泉水四时冒涌，水珠成串，晶莹洁净，凌空望之，十里之外白云缭绕，临近则热气蒸人。宁乡十景之一的“汤泉沸玉”就在这里。泉水稍带硫黄气味，含硫化氢、氮钥、铜、锌等多种元素，水化学类型为碳酸氢钠型，矿水名称为氧硅酸高热型淡泉水。矿化度0.22~0.32克/升，含氟8~9.3毫克/升，含可溶性二氧化硅90~144毫克/升。总硬度0.887~0.96，pH值9。涌水量1.96升/秒，可开采水量3580立方米/日。温泉水能治疗疥疮、关节炎、过敏性皮炎等疾病。

第四节　土　壤

一、土壤类型

长沙市域的土壤成土母质多样，以板页岩风化物为主，由于全市地层从第四系到冷家溪群均有出露，加上岩浆岩，使成土母质多种多样，又因土壤成土母质的化学组成不同，抗风化能力强弱不一，以及地形起伏的差异、水文条件、耕作程度的影响，构成多种成土条件，形成土壤种类的多样化，长沙市的土壤可区分为以下九种类型，以红壤、水稻土为主。

（一）水稻土。根据水分在土壤内部存在的状况和运动情况，全市的水稻土可分为4个亚类，约占全市土壤总面积的25%。

1.潴育性水稻土。分布在江河两岸广大垸区及山丘低排田、垅田、坪田，发育在多种母质上，约占水稻土总面积74.23%。其特征：土壤剖面层次发育明显，即为耕作层、犁底层、潴育层、潜育层（或母质层）。一般无不良土层，土壤耕作年代较久，熟化程度较高，通透性较好，是高产稳产稻田。

2.淹育性水稻土。多分布在地形部位较高、灌溉条件较差、水源缺的地段，多为“天水田”，易受干旱威胁。成土母质为板页岩花岗岩、石灰岩、紫红色砂页岩及第四纪黏土。种稻时间短，耕层浅，一般只有10厘米。耕作层、犁底层不明显，约占水稻土面积6.51%。

3.渗育性水稻土。多分布于坡度较缓的梯田、开阔的冲垅和江河平原地段。成土母质主要有泥质灰岩、砂页岩、页岩第四纪红土及河湖沉积物。由于水分长期下渗，侧渗的漂洗，使铁锰及其他盐基硅酸、磷酸淋溶损失而铝富集，形成白色或灰色层次（漂洗层），土层较厚，层次明显，约占水稻土面积6.69%。

4.潜育性水稻土。分布在冲田、垅田较低处，发育在多种母质上。因地势低平，排水不良，地下水位高，地表水与地下水连在一起，使土壤较长时间积水，水分饱和，潜育现象明显，土体有较厚的清泥层。一般水冷泥温低，有的出冷浸水，使禾苗生长缓慢，无效分蘖及空壳率高，约占水稻土面积12.48%。另有矿毒性水稻土。是矿区在选矿过程中，各种金属化合物毒水流人稻田，或利用矿毒水及含毒质的非金属污水灌溉稻田，破坏水稻土生理机能，所占面积极少。

（二）红壤。红壤是地带性土壤，根据红壤形成的特点，可分为3个亚类，约占全市土壤面积70%。

1.红壤。红壤类中最大的亚类，约占红壤类面积79.98%。发育在花岗岩、砂岩、石英砂岩等母质上的红壤，质地较粗，多为沙壤土、粉沙壤土或壤土；发育在石灰岩页岩、第四纪红土等母质上的红壤，质地较细，多为重壤土至黏土。大多数红壤土层比较深厚，层次不明显，表层为几厘米至十几厘米的暗棕色腐殖层，下为淋溶层，呈均一的红色，黏化现象明显，再下为淀积层，颜色不均一，较紧实;底层有黄或红白交错的“网纹”，较为坚硬，阻碍植物根系的伸展。红壤在结构不良时，遇水呈糊状，影响水分下渗，干时坚硬板结，加速水分蒸发使土壤不耐干旱，耕作较难。

2.黄红壤。主要分布在红壤向黄壤的过渡地带，或在海拔300~700米的低山。富铝化作用稍弱，土体中铁铝含量稍低，硅含量稍高，植被生长较好。发育在花岗岩、板页岩、石灰岩之上，土壤层次明显，土层较厚，表土为暗棕或灰棕色，有机质含量高，心土黄红色，底土为母岩碎块或半风化母质，约占红壤类面积2.87%。

3.红壤性土。分布在坡度较陡、植被生长稀疏的地段，发育在花岗岩、板页岩、砂岩、第四纪红土之上。一般土层层次发育不完全，厚仅30~40厘米，由表土直接过渡到母质层或母岩层，土壤保肥能力弱，约占红壤类面积17.15%。

（三）菜园土。菜园土具有生长周期短、复种指数高、生产量多、需肥量大的特点，成为一种高消耗高补充的土壤。主要分布在长沙市郊的平原和低丘岗地。根据土壤的熟化程度可分为菜园土和新菜园土2个亚类，约占土壤总面积0.16%。

（四）潮土。只有河潮土1个亚类，分布在滨湖平原、湘江及其支流沿岸的河漫滩及冲积平原上。成土母质为湖积和河流冲积物，主要是河流夹带泥沙沉积而成。其特征:土层深厚，可达1~2米，土质疏松，部分有夜潮现象，土壤组成呈明显的带状分布，近河的土粒较粗，离河远的土粒较细，因多年泛滥，而呈现沙黏相间的层次性，有的沙性重，保水保肥差；有的过于黏重，透水性能差。因地势较低，地下水位高，土壤易渍水，常出现青泥层，厚度不一。土壤自然肥力高，含氮、磷、钾，养分较丰富，多系他处表土移运而来，呈微酸性至微碱性，耕作较易，适宜种植多种经济作物，约占全市土壤总面积0.2%。

（五）山地黄壤。主要分布在浏阳、宁乡的山区。成土母质有花岗岩、板页岩、砂岩等，它在形成过程中，因矿物的风化，生物化学过程中的淋溶作用，有机质分解快，盐基不断流失，铁铝相对积累，使土壤呈黄色（酸性），可分为黄壤和黄壤性土 2 个亚类，约占全市土壤总面积 1.24%。

（六）黄棕壤。属北亚热带的地带性土壤，仅分布在浏阳市的山区。成土母质为花岗岩、板页岩。土壤层次明显，表土为暗灰至暗棕色，腐殖质含量较高，自然肥力也较高；心土黄棕色，呈碎块状，有少量铁锰淀积，底土常夹有半风化母岩。土层一般浅薄，只数厘米，淋淀作用较强，呈酸性反应，只有山地黄棕壤 1 个亚类，约占全市土壤总面积的 0.38%。

（七）山地草甸土。分布在浏阳域内海拔 1000 米以上的山顶部，成土母质为花岗岩、板页岩，以冻结、物理风化作用为主，形成石堆和碎岩。土壤经常湿润，生长季节短，有机质分解缓慢，腐殖质聚积多，土层浅薄，一般在 60 厘米以内。表土腐殖质含量丰富，颜色深黑，无显著心土层，底层为母岩半风化物，有花岗岩山地草甸和板页岩山地草甸 2 个土属，约占全市土壤总面积 0.16%。

（八）石灰土。分布在浏阳市永和、社港等地，成土母质有石灰岩、泥质灰岩、硅质灰岩、白云质灰岩、磷质灰岩与白云岩等。因碳酸盐矿物受到不同程度的化学溶蚀，经地表水渗入土中，延缓土中盐基成分的淋失和脱硅富铝化作用的进行，但其余矿物并未受到强烈的化学风化，当植物残体分解后与钙结合，凝聚累积在表层土壤中，可分为黑色石灰土和红色石灰土 2 个亚类，约占全市土壤总面积 0.11%。

（九）紫色土。多分布在红岩盆地中的丘陵地带。成土母质主要是白晋第三纪的紫色、紫红色岩层，全剖面多呈紫色、紫红棕色、暗紫棕色，层次不明显，表土多粒状，心土常夹岩石碎块，保水能力差，根据石灰质的淋溶程度可分为酸性紫色土、中性紫色土、石灰性紫色土 3 个亚类，约占全市土壤总面积 3.09%。

二、土壤性状

（一）土壤营养环境条件

1.土壤的容重。土壤的容重过大或过小，都不利于农作物生长。长沙的水稻土水中容重一般为0.6~0.7 克/立方厘米，潜育性水稻土容重偏低，为 0.54 克/立方厘米，矿毒性水稻土容重过大，为 1.07 克/立方厘米。在旱土中，河潮土耕作层容重为 1.25~1.37 克/立方厘米，熟菜园土容重为 1.03~1.29 克/立方厘米，均较适宜。

2.土壤酸碱度。水稻土以微酸性至中性较适宜。全市水稻土中，pH 值小于 5.4 的酸性土壤和 pH 值大于 7.6 的偏碱性土壤约占水稻土总面积 14.68%。在旱土中，pH 值小于 5.4 和大于 7.6 的约占旱土总面积 48.61%。一般以花岗岩形成的红壤偏酸，石灰土偏碱。在山地（林业用地）土壤中 pH 值小于 5.4 和大于 7.6 的约占山地总面积 80.78%。

3.土壤阳离子交换量。水稻土的阳离子交换量为 5~10 毫克当量/100 克土。旱土中的河潮土、莱园土、草甸土、黄棕壤土多集中在 5~10 毫克当量/100 克土，紫色土、石灰土、山地黄壤分别为 21.21 毫克当量/100 克土、20.45 毫克当量/100 克土、18.02 毫克当量/100 克土。

（二）土壤养分状况

1.有机质。全市水稻土有机质含量为1.88%~3.8%，以渗育性青隔白鳝泥含量最少，仅0.88%，以潴育性灰泥田、酸紫泥田含量较高，分别为4.97% 、4.57%。在旱土中，有机质含量小于1%的占旱土面积13.44%。山地中有机质含量小于1%的占山地面积23.36%。山地草甸土有机质含量达到11.37% ，第四纪红土红壤、花岗岩红壤性土、石灰性紫沙土的有机质含量低，分别为0.63% 、0.54% 、0.28%。

2.土壤氮素。全氮量一般为有机质的5%。长沙市水稻土的全氮量小于0.1%的占水稻土面积1.06%。旱土与山地中，含氮量小于0.1%的分别占旱土与山地面积的12.58% 、37.3%。其中以石灰土、紫沙土、第四纪红土红壤、砂岩红壤、花岗岩红壤性土含量最低，仅0.02%~0.03%。土壤中的碱解氮通过微生物分解，不断转化为有效氮，供给作物吸收利用。在水稻土中，一般碱解氮比较丰富，主要以铵态氮的形态存在，只有在氧化层中，才有微量的硝态氮。全市水稻土中缺碱解氮的约占水稻土面积6.5%，旱土缺碱解氮的约占旱土面积12. 58%，山地缺碱解氮的约占山地面积37.39%。

3.土壤磷素。长沙市约有三分之一的土壤缺磷素，土壤全磷含量在水稻土中一般为0.11%~0.18%，最高0.23% ，最低0.01%。旱土与山地土红壤含磷量较少，特别是花岗石红壤、砂岩红壤、灰岩红壤，其次是石灰土，其含磷量为0.032%~0.033%，山地草甸土、山地黄壤、黄棕壤含磷量较高，一般在0.25%~0.3%，最高达0.59%。

4.土壤钾素。土壤全钾量含量与成土母岩关系密切，如发育于花岗岩的土壤，含钾量在3%以上。在同一类成土母岩的土壤中，质地黏的比沙质的含量要高些，淋溶作用强的含量越发低。全市的水稻土中，大部分含钾量在1.06%~2.55%之间，最高3.85% ，最低0.75%，旱土与山地土壤中，近3/4的土壤含钾量在2%以上。

5.土壤微量元素。长沙市水稻土微量元素含量，有效铁一般在15~173.6PPM之间，最高达279.8PPM，有效锰一般在3~97.6PPM之间，最高达178.8PPM，有效铜一般在1.1~4.85PPM之间，最高达6.48PPM，三者含量均相当丰富。有效锌一般含0.41%~3.5PPM，最高5.3PPM，最低0.04PPM，有效钼一般在0.1~0.4PPM之间，最高2.45PPM，最低0.O1PPM。有效硼含量缺乏或极缺，含量在0.05~0.56PPM之间。

第五节 植　被

一、森林植被

长沙市地处亚热带常绿阔叶林区，在湖南植被分区系统中属于湘中植被区的幕埠山、连云山山地丘陵植被小区及长、株、潭丘陵植被小区。除部分栽培人工杉木林和引种国外松外，海拔800米以下的低山丘陵多为次生植被，指示性植物在20世纪80年代以马尾松—杜鹃花、乌饭—铁芒箕典型群落植被基础上，伴生树种如石栎、苦槠、青冈栎、栲树、大叶青冈、三尖杉、南方红豆杉等不断丰富。海拔800~1200米大都以马尾松、甜槠、锥栗、化香、银木荷为主，并散生有鹅掌楸、膜叶椴、圆锥石栎、包石栎、马鞍槐、钟萼木等。海拔1200米以上为山地灌草丛，主要为湖南白檀、云锦杜鹃、鹿角杜鹃、红叶木姜子、红果钓樟、水马桑、四川冬青、野山楂及芒组成。

长沙市现有的成片森林群落为人工林、人工促进天然（栽培或飞播）次生林、天然次生林。森林植被分为针叶林、阔叶林、针阔混交林、竹林。

（一）针叶林 针叶林主要由松林和杉木林组成。松林在全市各地均有分布，杉木林主要分布于长沙县、望城县、浏阳市、宁乡县及雨花、岳麓、开福区的低山丘陵部分区域。针叶林面积占全市林分面积的60%。

松林的树种组成主要有马尾松、国外松（湿地松）、火炬松3种，以马尾松居多。松林纯林较多，也有松林和樟树、石栎、青冈栎、槠栲（类）、白栎、木荷、酸枣、枫香的混交林。其林下植物种类较多，灌木主要有杜鹃、铃木、山矾、黄栀子、檵木、胡枝子、黄荆、山苍子等；藤本有葛藤、金银花、南蛇藤；草本植物有白茅、蕨类、蒿类、绞股蓝等。

杉木林多为纯林，也有少量与檫木、枫香、国外松的混交林。其林下植物种类相对较少，常见的灌木有铃木、山矾、黄栀子、檵木、黄荆、山苍子等。草本植物有白茅、蕨类等。

（二）阔叶林。长沙的阔叶林包括落叶阔叶林和常绿阔叶林。20世纪90年代初，长沙市实行全面绿化宜林荒山。20余年来，各地逐步实行封山育林、封造并举，人工营造的马尾松、国外松、杉木等针叶林发生顺向演替。部分林地的阔叶树种比例迅速增加，尤以樟树、石栎、槠栲（类）、木荷、酸枣、枫香等演替生长优势明显，改善树种结构，形成一定面积的落叶阔叶林或针阔混交林。丘陵沟谷或村庄古庙附近等立林条件较好的地域，形成以常绿阔叶林为主的阔叶林和针阔叶混交林。1994—2012年，长沙市阔叶林比例逐步提高，面积由9.46%增加到35.9%，蓄积由157万立方米增加到723万立方米。保存较好的代表性植被有：岳麓山的中亚热带典型植被，建群种有青冈栎、苦槠、栲树、枫香、翅荚香槐、紫弹朴；宁乡县沩山乡的香榧群落（保护小区），浏阳市社港镇的野生桂花群落（保护小区），张坊大城坑南方红豆杉群落（保护小区）等。

此外，还有经济林及灌木林。经济林主要有油茶、柑橘、茶叶、板栗、桃、李、梅、杏等组成。油茶、柑橘与茶叶多在丘陵岗地及低山山坡下部连片形成果网。灌木林主要由铃木、山矾、杜鹃、黄栀子、檵木、黄荆、山苍子、盐肤木、火棘、金樱子、小果蔷薇、灰叶野桐等混生形成。

（三）竹林。竹林少栽培，多为地下茎分生繁殖成林。主要有毛竹林和杂竹林。毛竹林主要分布在浏阳市大围山镇、张坊镇及宁乡市（黄材镇、东湖塘镇）、长沙县、望城区部分乡镇，其他在公园、庭院有零星块状栽植。杂竹林下一般无灌木，草本植物亦极稀少。全市森林资源二类调查统计显示，1984—2012年全市毛竹林面积由47.2万亩增加到89.3万亩，净增42.1万亩，增幅达89%，毛竹株数由0.48亿株增加到1.3亿株。大围山和部分丘陵地区阔叶林近年出现森林逆向演替之势，毛竹林恣意扩张，造成部分阔叶林逐步演变成为毛竹纯林。

二、灌草丛及草甸植被

灌草丛植被是一种森林经反复破坏后形成的次生植被，多分布在山区。该植被类型包括灌草丛及天然灌木林。

（一）灌草丛。构成该群落的灌木主要有铃木、山矾、杜鹃、黄栀子、檵木、黄荆、白栎、白檀、山苍子、盐肤木、火棘、金樱子、小果蔷薇、花椒类植物等。草本植物以芒箕、白茅、野古草、野艾蒿等。芒箕灌草丛主要分布于海拔800米以下的山地和丘陵，系森林采伐后形成的灌草丛类型，灌草丛高0.3~1米，盖度多在70%~100%；白茅灌草丛主要分布于海拔800米以下的山、丘、岗、洼处，以火烧或抛荒后为多，其群落多呈小块状生长，群落高0.5~1米，盖度60%以上；野古草灌草丛分布于丘陵地交干燥处，该灌草丛高0.5~1米，盖度60%~80%。

（二）天然灌木林。是森林破坏后，又经过封山育林形成的次生杂木植被及乔木生长线以上的灌木植被，全市各山丘地均有分布。主要组成树种有檵木、白栎、杜鹃、山胡椒、小果蔷薇、花竹、盐夫木等。

第六节 自然资源

一、水与水利资源

（一）水资源。地表实际径流量、还原水与地下水动态储量，构成长沙全部水资源。长沙市年平均降雨量为1346~1562.5毫米，年平均降水总量为82.65亿立方米。源于邻县市的25条河流水系，进入长沙市径流量共3.45亿立方米；流出本地区的13条大小河流，出境径流量3.97亿立方米；本地区地表实际径流总量为82.13亿立方米。湘江流经长沙市的年平均径流总量为692.5亿立方米，为沿江两岸农田灌溉和城镇工业、生活用水，提供较丰富的水资源。现利用量约为1.6亿~2.0亿立方米。此外，部分农田灌溉水还原为地表径流水，还原水总量约为13.1亿立方米。

长沙市人均地表水1663立方米，低于全国水平（2700立方米），也低于全省水平（4016立方米）。按总耕地面积亩均2158立方米算，高于全国水平（1755立方米），但只有全省（4017立方米）的一半。按水资源总量104.58立方米算，人均地表水2104立方米，仍低于全国和全省水平。因此长沙市地表水资源虽较为丰富，但其利用情况属中等水平，需要进一步保护和合理利用。

长沙市地下水动态储量总计9.35亿立方米，其中，市区1.59亿立方米，宁乡市2.27亿立方米，长沙县2.36亿立方米，浏阳市3.13亿立方米。

（二）水利资源。长沙市河流水系发育较好，雨量比较充沛，地势落差大，蕴藏着丰富的水能资源，主要集中在浏阳河、捞刀河、沩水三大水系，总水能理论蕴藏量为24.53万千瓦，可开发利用量为13.25万千瓦。

二、土地资源

1988年，长沙市开始第一次土地利用现况调查，1995年6月通过验收。调查结果显示：长沙市共有土地118.19万公顷，人平均占有土地0.22公顷。耕地面积28.41万公顷，占全市总面积的24.04%，全市人均耕地0.05公顷；林地面积59.77万公顷，占全市土地面积的50.57%；居民点及工矿用地9.95万公顷，占全市土地总面积的8.42%；交通用地面积0.8795万公顷，占全市土地面积的0.07%；水域面积9.1426万公顷，占全市土地面积的7.74%。

2007年，长沙开始第二次土地调查，2010年12月调查成果通过验收，全市共有土地资源118.19万公顷，耕地面积28.43万公顷，占全市总面积的24.06%，人均耕地0.04公顷，占湖南省人均耕地的71.33%，占全国人均耕地的42.38%；林地面积60.96万公顷，占全市土地面积的51.59%；城镇及工矿用地14.10万公顷，占全市土地面积的11.93%；水域及水利设施用地7.91万公顷，占全市土地面积的6.69%；交通运输用地2.64万公顷，占全市土地面积的2.23%.

三、矿物资源

长沙矿藏种类繁多，非金属矿尤盛。据1989年5月《长沙市资源开发利用规划（1986—2000年）》编制工作显示：长沙市探明矿产储量的矿产51种，储量居全国首位的有海泡石、菊花石，居全省前列的有硫、磷、铜、锌、陶瓷黏土、花岗石等。

（一）黑色金属。长沙市黑色金属矿产以铁、锰、钒为主。铁矿有矿点35处，矿化点2处，分布于宁乡、望城和浏阳，以外生沉积矿床为主，又以宁乡式浅海相沉积铁矿为主要类型，少数是冷水淋滤型褐铁矿，个别是热液交代型镜铁矿；锰矿有矿床共有3处，矿点1处，矿化点1处，分布于宁乡、浏阳两县，有沉积型和风化淋滤型两类；钒矿赋存于下寒武统低部，有矿点7处，集中分布于宁乡县，伴生于煤矿中。

（二）有色金属。长沙市有色金属种类丰富。其中，铜、铅、锌共有大型矿床1处、中型矿床1处、矿点与矿化点44处，集中分布在浏阳市，除洞庭滩铜矿属沉积型外，均为内生矿；钨、锡、铋、钼共有矿点、矿化点40多处，其中，有中小型钨矿床2处，锡、铋、钼矿无单独矿床，以伴生状态存在，分布在浏阳、宁乡、长沙3县；钴、镍、锑、汞矿共有小矿床、矿点、矿化点22处，分布在浏阳县和长沙县，钴矿有硫化钴与钴土两种，镍与钴伴生，锑汞为中低温热流裂隙充填型；金、银矿有石英脉型、风化淋滤型、伴生金、沙金等类型，共有小型矿床、矿点、矿化点20余处，集中分布于浏阳县。

（三）稀有、放射性金属。长沙市稀有、放射性金属有铌钽矿、铍矿、铀矿3种。铌钽矿主要分布于浏阳县，有中小型矿床各1处，矿点2处，与酸性岩浆岩有关，属花岗伟晶岩型；铍矿分布于浏阳县和长沙县，浏阳县有铍矿点、矿化点4处，长沙县福临有铍矿点10处，以花岗伟晶岩型和云英岩化石英脉型为主；铀矿分布于宁乡县西部，有中型矿1处、小型矿床3处。

（四）燃料矿产。长沙市燃料矿产有煤矿和石煤两种。煤矿含煤层位多，以上二迭统龙潭组为主，小矿床，矿点分布广，有中小型煤矿2处，小型煤矿4处，矿点20余处，煤层不够稳定，煤矿体厚度小、储量少，主要分布有宁乡和浏阳2地。石煤层赋存于下寒武统下部，主要分布在西起宁乡县月山乡城墙大山，东至麻山乡境，断续延长约60千米，整个岩系大体星北西西走向，层位稳定，厚度大，可综合利用钒。

（五）非金属矿藏。长沙市非金属矿产资源丰富，品种比较齐全，堪称“非金属矿之乡”，其中有大型矿床10处、小型矿床16处、矿点300多处。如分布于浏阳市永和镇的海泡石矿，探明储量520万吨，占全世界总储量的五分之一，居世界前列；分布于浏阳市永和镇大溪河谷地中的菊花石，极为名贵而罕见，有“全球第一”的美誉，探明储量16万吨；还有生产规模居全省之首的浏阳永和磷矿，以及黄铁矿、砷、重晶石、石膏、陶瓷黏土、高岭土、耐火黏土、石灰岩、陶粒岩、麦饭石、硅石、玄武岩、花岗石、白云岩、钾长石、泥炭等等。

四、动物资源

长沙市动物地理区划属东洋界华中区，生态地理区划属亚热带林灌、草地农田动物群。野生动物多为适应耕地和居民点的类群，家禽、家畜、家鱼饲养量大。

（一）野生动物。野生动物资源有兽类19科38属46种，鸟类36科93属127种，爬行类10科7属22种，两栖类5科6属11种，鱼类22科75属112种，总计92科229属318种，其中陆栖脊椎动物206种，约占全国总数的9.8%。

野生动物中，国家重点保护动物35种。国家一级5种，国家二级30种；省级保护动物53种。其中，国家一级兽类：云豹、豹、虎；国家一级鸟类：中华秋沙鸭；国家一级鱼类：中华鲟。国家二级兽类：猕猴、穿山甲、江豚、黑熊、水獭、大灵猫、小灵猫、河麂、水鹿；国家二级鸟类：鸢、苍鹰、赤腹鹰、松雀鹰、大鵟、普通鵟、白尾鹞、游隼、燕隼、灰背隼、白鹇、草鸮、长耳鸮、短耳鸮、红角鸮、领角鸮、雕鸮、领鸺鹠、斑头鸺鹠。国家二级两栖类：虎纹蛙。

（二）养殖动物。养殖动物主要为家畜、家禽、家鱼，家畜有猪（有宁乡猪、大围子猪、沙子岭猪、罗代猪4个优良品种）、水牛、黄牛、乳牛、山羊、马头羊、家兔、鹿等。家禽有鸡、鸭、鹅、鸽等。鸡最多，有桃源鸡、三黄鸡、来航鸡、湘黄鸡；鸭有临武鸭、淮鸭、麻鸭、北京鸭、洋鸭（又名番鸭）；鹅有溆浦鹅和狮头鹅。家鱼有草鱼、青鱼、鲢鱼、鲤鱼、鲇鱼、黄颡鱼、非洲鲫鱼等。

五、植物资源

长沙市在植物区系分区上属华东区系，中亚热带的温暖湿润气候，为植物的生长和繁衍创造了良好的条件，植物种类丰富。

（一）野生植物。野生植物资源有种子植物 163 科 577 属 1306 种，为中国 301 科的 48.50%、2980 属的 19.36%。国家重点保护植物 15 种，占中国 354 种的 4%，其中乔木 11 种、草本 4 种。二级重点保护植物有银杏、篦子三尖杉、鹅掌楸、伯乐树、伞花木、香果树。三级重点保护植物有穗花杉、黄连、八角莲、天竺桂、闽楠、野大豆、银鹊树、天麻。

（二）栽培树种。裸子植物中以松科、柏科、杉科为主，其中马尾松广泛分布于全市各地；杉木是人工次生林主要树种之一；柏科有 20 多个树种，绝大部分为引种树种。另有银杏科、粗榧科、红豆杉科、罗汉松科、苏铁科树种散生于各地。

被子植物中，主要有樟树（长沙市优势树种之一，长沙的“市树”）以及壳斗科、蔷薇科、芸香科、茶科、大戟科、木犀科、木兰科、茜草科、珙（王同）科、连香树科、杜仲科、钟萼木科、无患子科、省沽油科、桑科、杨柳科、葡萄科等 80 多科双子叶植物；另有禾本科（全系竹类）、棕榈科等单子叶植物。

（三）其他植物资源

1. 粮食：水稻、旱粮（略，详见第二十一篇“种植业”章 ）

2. 蔬菜：（略，详见第二十一篇 “蔬菜”章）

3. 经济作物：（略，详见第二十一篇“种植业”章）

4. 观赏花木：有杜鹃花（映山红，1985 年定为长沙市花）、含笑花、蜡梅花、麻叶绣球、海棠、玫瑰、月季、日本樱花、紫荆、合欢、七里香、木芙蓉、山茶花、紫薇、石榴、迎春花、夹竹桃、牡丹、牵牛花、栀子花、木绣球、千日红、鸡冠花、紫莉莉、芍药、虞美人、天竺葵、凤仙花、翠菊、百日菊、菊花、美人蕉、仙人掌、仙人鞭、蟹爪兰、昙花、万年青、吊竹梅、吊兰、文殊兰等。

5. 饲料植物：猪用饲料植物有水浮莲、空心莲子草、凤眼莲、鹅肠菜、一年蓬、羊蹄草菜、狗尾草等，牛羊饲料植物有牛筋草、鹅冠草、马唐、四季菜、小飞蓬、繁缕、白茅、箭茅、白节芒、蜈蚣草、田边菊、葛藤等，鱼类饲料植物常见的有苦草属、子菜属、茨藻属、金鱼藻属、藻类及黄丝草、鸭舌草、水菜、水浮莲等。另外绿肥有紫云英紫穗槐、田菁、刺槐、红萍等。

第七节 自然灾害

一、水灾

长沙地处湘江下游，洞庭湖尾闾，域内河流密布，水系发达，降雨丰沛，4—7 月为长沙的集中降雨期，降雨量占全年降雨的 60%以上。4 月 1 日—9 月 30 日为长沙的汛期，5—7 月为主汛期，长沙的洪涝灾害多发生在 5—7 月。特殊年份也会发生秋汛和冬汛、桃花汛。20 世纪 90 年代水灾连年发生，损失惨重。

1988 年，浏阳县 5—7 月发生 6 次暴雨引发山洪，沿溪、三口、达浒、永和、赤马、秀山等乡镇受灾，倒塌房屋4360间，死亡5人，重伤4人，受灾人口106万，农作物受灾8.8万公顷，1.6万公顷绝收，部分山塘、河坝、河堤等水利设施受损。是年8月21日至9月11日，长沙西北部降大到暴雨，望城县平均降雨324毫米，大众垸、苏蓼垸降雨达420毫米，湖区1.2万公顷农田受渍内涝，宁乡县新民垸、闸坝湖等433公顷农田受渍，10公顷失收。

1990年5月29日—6月12日，全市平均降雨100毫米，宁乡、沩山、道林、老粮仓等乡镇160毫米。全市195个乡镇不同程度受灾，受灾人口160万人，倒塌房屋4000间，死亡24人（浏阳15人，宁乡9人），7.3万公顷早稻受灾，1万公顷稻田水冲砂压，1.27万公顷早稻绝收，因灾减产粮食2.5亿千克。洪水冲毁桥梁108座，河坝山塘2万处，倒断电杆1500根，直接经济损失14亿元。

1993年7月5日，受湘江流域降雨影响，湘江长沙水位38.03米，超危险水位2.03米，望城县湘洲、东山垸，长沙县花园、黎江垸溃垸，敢胜垸11千米大堤发生5处重大险情。长沙郊区长善垸12.1千米大堤涌砂冒水、滑坡等险情不断。长沙城区42个居委会、7204户，74条街道被淹，受灾人口2.4万，直接经济损失4400万元，全市城乡直接经济损失11.7亿元。7月中、下旬，长沙普降暴雨，7月20日，望城县黑麋峰、杨桥、桥驿、丁字4个乡镇水冲砂压稻田1.05万公顷，毁损稻田和经济作物227.68公顷，乌山、友仁、高桥1127人被洪水围困。7月25日，浏阳市人溪乡6小时降雨400毫米，人溪、张坊、白沙、大瑶117公顷稻田被淹，256公顷水冲砂压、经济作物损毁17034公顷。宁乡县沩山、黄材、老粮仓等13个乡镇，3.26万公顷稻田被淹，经济作物损失1.44万公顷。望城、浏阳、宁乡3个县共倒塌房屋4468间，死亡44人（浏阳县大瑶东风煤矿因暴雨致山体崩塌压垮办公楼死亡8人），伤355人，洪水冲走大牲畜1.32万头，家禽5.4万羽，水利、交通、通信、电力、水产养殖均遭不同程度损毁，3县直接经济损失3.5亿元。

1994年4月2日，浏阳市宏源水轮泵站河坝上游局部暴雨，浏阳河宏源水轮站段流量由110立方米/秒猛增至910立方米/秒，河水陡涨，宏源水轮泵站加固工程指挥部立派2人去开河坝闸门，2名开闸人员因水势太猛，被洪水冲走遇难，施工围堰冲毁，200立方米施工用木材被洪水冲走。5月上旬至6月下旬，全市连续强降雨，长沙县5月平均降雨338.6毫米，金井镇达530毫米，捞刀河流域乡镇受灾，宁乡流沙河、老粮仓等乡镇重复受灾，长沙、浏阳、宁乡3县（市）因本地暴雨，共60个乡镇、647个村、6万人口受灾，农作物受灾4万公顷，0.73万公顷绝收，冲毁山塘4212口，桥梁511座，河坝461座，倒塌房屋40930间，死亡27人，伤440人，失踪16人，死亡大家畜3188头，水产损失3000吨，毁坏电力变压器19台，损坏通信电力电杆5310杆，损坏排灌泵站75座，冲毁公路1110处，319国道宁乡段龙卷风吹倒大树86棵，致交通中断7小时，滩山铺水电站冲毁闸门7张，599家企业停产半停产，全市因灾直接经济损失6.1亿元。6月17日，因湘江全流域强降雨，湘江长沙水位38.75米，超警戒水位3.75米，长沙郊区麓山垸龙王港大堤洪水离堤顶仅0.2~0.4米，3000米大堤全线出现纵向裂痕，多处内滑坡崩塌，堤身多处涌沙、冒水，给垸内5万居民、160公顷鱼池造成威胁。6月18日11时18分，长沙郊区岳麓丰顺垸大堤发生管涌，经全力抢险无效溃决，垸内1.5万人、453.34公顷菜田被淹。6月19日，湘江长沙水位38.93米，超危险水位2.93米，长沙郊区长善垸、苏托垸、解放垸，长沙县高沙塘，望城县大众垸、胜利垸、翻身垸共发生严重险情31处。全市8个区、县，97个乡镇（街道）704个村（居委会）受灾，受灾人口50.4万，紧急转移9.5万人，3.86万人被洪水围困，损坏房屋38564间，倒塌13628间，因灾死亡20人，21个万亩以下中、小堤垸溃堤，直接经济损失9.7亿元。长沙城区受灾人口20万，150条街道进水，21所幼儿园，中、小学停课，300家工厂、企业停产，600家门店停业，湘江河东四大市场全部水淹，直接经济损失 5 亿元。

1995 年 4—7 月，长沙全市平均降雨 995.9 毫米，长沙、望城、浏阳、宁乡 4 县（市）发生山洪，全市 138 万人受灾，12.75 万人被洪水围困，18 个乡镇集镇进水，农作物受灾 13 万公顷，绝收 3 万公顷，死亡大牲畜 1.16 万头，水产损失 1.53 万吨，损坏公路 665 千米，损坏农电线路 40 千米；倒塌房屋 63156 间，1.18 万人无家可归，死亡 66 人（长沙县 15 人，望城 4 人，浏阳市 45 人，南区 2 人），重伤 210 人；毁坏各类水利设施 5.36 万余处，其中堤防 1.25 万余处，472.1 千米，损坏渡槽 355 座，桥涵 1059 座，机电泵站 668 座，水电站 26 座，7 月 1 日 23 时 55 分，望城县谷山乡湘洲垸在 37.12 米水位时漫溃，153.34 公顷农田、110 栋房屋被淹，800 公顷农作物受渍，在建的长石铁路公路桥工地被淹，紧急转移 104 户 260 人。7 月 2 日，湘江长沙水位 37.32 米，超警戒水位 2.32 米，大众垸 4467 公顷农作物受渍，淹没晚稻秧田 380 公顷，淹死大牲畜 250 头，望城县湖区损坏县、乡公路 67 处，23 千米，损毁渠道 49 条，77 千米；损坏排渍机 13 台，720 千瓦；93 家工商企业停产，144 家半停产，倒房 940 间。长沙郊区长善垸 134 公顷蔬菜地受渍。宁乡县新民垸大堤 4 处崩塌，渍水 800 公顷，农作物受灾 494 公顷。全市水灾直接经济损失 15.6 亿元。

1996 年 7 月 9—10 日，长沙平均降雨 250 毫米，全市 8 个县、区 62 个乡镇（街道），827 个村（居委会）54.7 万人受灾，损坏房屋 7634 间，死亡 11 人；农作物受灾 7.34 万公顷，绝收 1.27 万公顷；冲毁公路桥涵 76 座，毁坏公路 291 千米，损坏供电通信线路 28 千米；冲毁水电站 32 座，冲毁塘坝 3227 座，渠道缺口 1706 处，直接经济损失 3.35 亿元。7 月 9 日至 19 日，受湘江全流域降雨影响，湘江长沙站最高水位 37.19 米，全市堤垸共出现 62 处险情，其中 24 处重大险情，全市 9 个区、县（市）、78 个乡镇，990 个村（居委会），89.4 万人受灾，1.2 万人被洪水围困，损坏房屋 107 万平方米，倒房 15 万平方米，因灾死亡 11 人，农作物受灾面积 12 万公顷，其中绝收 2 万公顷，因灾减产 14 万吨，冲毁桥涵 80 座，损坏堤防 2925 处，冲毁塘坝 3706 处，渠道缺口 223 处，118.9 千米，损坏护岸 205 处、水闸 155 座、渡槽 17 座、机电泵站 270 座，小水电站 32 座，直接经济损失 8.6 亿元。

1997 年 5—6 月，长沙市遭暴雨袭击，9 个县（市）区，196 个乡镇（街道），1687 个村（居委会），202 万人受灾，12 万人被洪水围困，倒塌房屋 217 万间，死亡 32 人（其中浏阳市 28 人，宁乡县 4 人），农作物受灾 7.2 万公顷，毁坏耕地 1.6 万公顷，损坏小型水库 24 座，损坏堤防 5438 处 154.54 米，损坏桥涵 324 座，损坏机电泵站 137 座 1786 千瓦，京广铁路因洪水中断 6 小时；公路中断 370 条，供电中断 180 次 1130 小时；损坏输电线路 657 杆 40.1 千米，通信线路 784 杆 40.8 千米，直接经济损失共 15.65 亿元。

1998 年 6 月 12—27 日，长沙全市平均降雨 700 毫米以上，降雨持续时间长范围广，均为历史罕见，长沙域内浏阳河、捞刀河、沩水河流域暴发山洪，河水陡涨；湘江上游大型水库开闸泄洪，6 月 27 日，湘江长沙水位 39.18 米，超警戒水位 4.18 米，为历史最高水位，城区水淹城下，城乡各堤垸险象环生。全市 9 个区县（市），109 个乡镇，240 万人受灾，被洪水围困 23.72 万人，紧急转移 29.26 万人，洪水冲毁房屋 21.57 万余间，328.3 万平方米，倒塌房屋 8.31 万余间，162 万平方米，因灾死亡 60 人，农作物受灾 10.37 万公顷，农作物绝收 5.49 万公顷，因灾减产粮食 38.1 万吨，损失粮食 8.86 万吨，死牲畜 11.12 万头，淡水养殖损失 1254 公顷，5.16 万吨，全市工矿企业 737 家停产，967 家半停产，航运中断 188 条次，公路中断 719 条次，冲毁输配电线路 7915 杆，566 千米，损坏通信线路 6687 杆，435.2 千米，损坏堤防 8668 处，溃万亩堤垸 1 个（翻身垸），千亩以上 17 个，千亩以下 14 个，损坏护岸 1526

处，损坏水闸216座，冲毁山塘4466处，渠道缺口1017处360千米，损坏水电站47座1100千米，全市各类直接经济损失78亿元，超全市两年财政收入。

1999年4月24日，宁乡县黄材、巷子口镇2小时降雨112毫米，全县4个乡镇、48个村、4.2万人受灾，倒塌房屋320间，6400平方米，死亡1人，农作物受灾2530公顷，水产损失150吨，部分公路、桥涵、输电线路受损，直接经济损失815万元。5月15日，长沙县脱甲乡降雨365毫米，金井河沿岸9个乡镇，181个村，9.4万人受灾，5200人被洪水围困，紧急转移4500人，损坏房屋6300间，9.45万平方米，失踪1人，农作物受灾7000公顷，死亡大牲畜1260头，公路中断32条，直接经济损失1.02亿元。7月18日，湘江长沙水位37.65米，超警戒水位2.65米，加上本地连续降雨，望城县各堤垸处洪内涝、大众垸团头村堤段涌沙冒水，望城县组织排涝抢险。

2001年6月9—10日，6月19—21日，宁乡发生两次强降雨，最大雨量340毫米，乌江流域及东湖塘、道林、花明楼等23个乡镇受灾，受灾人口75万，农作物受灾4.7万公顷，毁坏耕地1133公顷，倒塌房屋3099间，死亡3人，伤3人；水利、公路、电力、通信设施不同程度受损，直接经济损失9490.7万元。

2002年5—8月间，宁乡县局部遭多次暴雨袭击，朱良桥、双江口等乡镇部分农田被淹，民房倒塌，水利设施受损，直接经济损失4480万元。8月19日，由于湘江中上游强降雨，水库泄洪，湘江长沙水站由33.35米，一天内上涨至38.38米，超警戒水位2.38米，望城县大众垸史家坡堤段出现滑坡，8月23日上午6时，苏蓼垸鱼尾洲堤段涌沙冒水，8月24日，湘江之中洪家洲和乌山镇大农村部分群众被洪水包围，转移群众2946人，全市受灾人口22.2万，农作物绝收1.56万公顷，倒塌房屋5376间，直接经济损失5亿元。

2004年5月6—15日，暴雨使宁乡19.2万人受灾，倒塌房屋495间，田坪、洞庭桥、黄材灌区和韶山灌区宁乡片渠道受损，直接经济损失1200万元。2005年5月5日，5月31日，宁乡县2次强降雨致5134公顷受灾，直接经济损失1850万元。2006年7月15—17日，受台风“碧利斯”影响，宁乡黄材、横市、龙田等9个乡镇倒塌房屋491间，农田受灾1200公顷，直接经济损失2000万元。

2010年，全市经过8次强降雨过程，其中6月19日8—10时，20日20时1次日2时，长沙县金井镇降雨232.1毫米，浏阳市古港、宝盖洞1小时内降雨110毫米，长沙、望城、宁乡县和浏阳市重复受灾，农作物受灾6.8万公顷，绝收0.79万公顷，倒塌房屋2.13万余间，紧急转移3.64万人，全市因暴雨山洪直接经济损失4.5亿元。6月25日8时，湘江长沙水位38.46米，超警戒水位2.46米，9时30分，天心区解放垸双管子堤段出现管涌群，16时，开福区双湖垸出现低涵渗漏险情。长沙全市122个乡镇，89.13万人受灾，水利、交通等各类直接经济损失8.9亿元。

二、旱灾

长沙属亚热带季风气候，降雨时空分布不均，7月前后，大范围降雨基本结束，进入晴热高温，持续时间有的年达2~3个月，形成夏秋连旱，局部和轻度旱灾几乎年年发生，大旱3~5年发生一次。旱灾常常造成农作物减产或绝收，人畜饮水困难，严重的还影响工业生产、城乡居民生活和生态环境。

1988年，宁乡县5月下旬至7月底连续56天无有效降雨，全县5座小型水库进入死库容，2.16万余口山塘干枯，溪河断流，1.93万公顷稻田受旱，0.23万公顷晚稻无水栽插，1.53万公顷稻田开坼，0.8万公顷过白，0.2万公顷中稻枯萎绝收。

1990年7—9月，全市平均降雨比常年偏少40%，浏阳、宁乡两县旱情突出，浏阳市8座中型、169

座小型水库进入死库容，2.8万口山塘干基，溪河断流，6.35万公顷农作物受旱，1.77万公顷旱粮和经济作物绝收，经济损失400万元。宁乡县24座小型水库进入死库容，5495口山塘干枯，104条流河断流，3.69万公顷水稻受旱，2万人发生饮水困难。

1991年6—8月，长沙全市降雨偏少，望城县农作物受旱面积3.4万公顷，浏阳市受旱面积1.64万公顷，成灾0.93万公顷，绝收0.3万公顷，枨冲、高坪、官渡、镇头等乡镇较突出。宁乡县农作物受灾5.8万公顷，晚稻无水栽插866.7公顷。

1992年7—10月，全市无大范围有效降雨，望城县2.9万处塘坝干枯，182条溪河断流，6.5万公顷稻田受旱，2.9万公顷脱水；宁乡县3座大中型水库仅占常年蓄水36.4%，5万口山塘干枯，74条溪河断流，全县农作物受旱面积1.89万公顷，0.38万公顷失收，68万人发生饮水困难。

1995年7月中、下旬至9月下旬，长沙全市连续高温少雨。全市10.62万处山塘干枯，溪流全部断流，117个乡镇，13.92万公顷耕地受旱，其中脱水3.42万公顷，开拆3.44万公顷，枯萎0.51万公顷。

2000年6至8月，长沙连续高温少雨，望城县全县蓄水仅7750万立方米，为常年同期的45%，靳江、石渚、马桥河断流，全县1.67万公顷农田受旱，666.7公顷晚稻无水栽插。浏阳市镇头、永安、洞阳、古港、文家市等乡镇旱情突出，农作物受旱1.82万公顷，其中水稻1.17万公顷，旱作0.65万公顷。60万群众饮水困难，因旱减产粮食2.22万吨，造成直接经济损失4000万元。长沙县、宁乡县、岳麓、开福区都有旱情显现。

2001年6月下旬，长沙进入晴热高温天气，望城县水利工程蓄水比常年少40%，雷锋、雨敞坪、茶亭、丁字、桥驿旱情显现，雷锋、雨敞坪乡镇局地出现饮水困难。宁乡县48座水库进入死库容，1.5万口山塘干涸，溪河断流22条，全县35个乡镇，2.3万公顷农田受旱，成灾1万公顷，开拆587公顷，333.34公顷晚稻无水栽插，农作物失收面积1000公顷，3000个村民组发生饮水困难。

2003年6月底开始，全市降雨偏少，7月份仅5.3毫米，且持续晴热高温，6月29日至8月13日，46天，气温均在38℃~41℃，土壤含水量从50毫米下降至11.9毫米，日蒸发量从4毫米上升至15毫米，全市蓄水工程蓄水量仅84402万立方米。黄材水库5800万立方米，仅为正常库容的47%，至8月初，全市11.4万口山塘干涸，526条溪流断流，全市9个区县（市），132个乡镇不同程度受旱，其中30个乡镇旱灾突出，受灾人口180万，成灾130万人，农作物受旱14.3万公顷，其中水稻9.2万公顷，开拆1.5万公顷，过白1.19万公顷，枯萎4560公顷，绝收1.67万公顷。全市2707个村民组，14.67万人发生饮水困难。

2007年6月中旬，全市进入晴热高温少雨天气，旱情露头，8月上旬上升为大旱，全市农作物受旱11.97万公顷，其中水稻脱水5.34万公顷，开拆2.42万公顷，过白1.57万公顷，枯萎0.9万公顷。1.18万公顷旱粮作物，1.75万公顷经济作物受旱，受旱乡镇117个，1339个村民组，20.59万人发生饮水困难。

2009年1—10月，长沙降雨1124.8毫米，较常年均质偏少18.8%，全市局部出现中度旱情，农作物受旱面积4.72万公顷，宁乡县旱灾突出，受旱面积3.32万公顷，因旱少种农作物0.4万公顷，损失粮食162.9万吨，经济作物损失1.16亿元，4万人不同程度发生饮水困难。是年10—12月，湘江进入枯水期，10月湘江长沙水位站水位降至24.87米，11月降至24.80米，低于长沙城区水厂安全取水的最低水位25.10米，给长沙城区生产、生活取水，湘江航运造成影响。2010年11—12月，湘江长沙水位分别为24.81米，均低于长沙城区水厂25.10米安全取水水位。

2011 年，全市年均降水量仅为 993.8 毫米，遭遇严峻旱情，4 县（市）均为“有气象记录以来”之降水量最少年份。1—5 月，表现为严重的冬春连旱，全市平均降水 338 毫米，较历年同期少 53%，为有记录以来同期降水量之最少；6 月 2 日，据统计部门资料，全市农作物受旱面积为 2.69 万公顷，7 条河流断流，3 座水库干涸。7—9 月，又发生严重的夏秋连旱，全市平均降水量仅 158 毫米，较历年偏少 52%。长沙全市出现轻度旱情，受旱农作物 4.1 万公顷，其中轻旱 3.5 万公顷，重旱 0.58 万公顷，干枯 87 公顷，近 10 万人和 1 万头牲畜出现临时饮水困难。湘江长沙站水位连连刷新最低纪录，2011 年 12 月 15 日 14 时，湘江长沙段水位出现 24.77 米的历史新低，严峻的枯水形势为历史罕见，对供水、航运和工农业生产影响极为严重。2011 年年底，湘江长沙综合枢纽开始 29.7 米（黄海）试蓄水，湘江长沙综合枢纽库区从此告别枯水期，并常年保持 30 米以上水位。

三、极端气象灾害

（一）2003 年高温热浪。2003 年 7 月初，长沙出现连续 5 天日最高气温≥35℃的轻度高温热浪；7 月 11 日—8 月 10 日，高温持续 31 天，突破 1992 年持续 24 天的历史极值；其中 7 月 29 日—8 月 3 日，出现持续 6 天、日最高气温超 40℃的酷热天气，8 月 2 日最高气温达 41.1℃，创 1951 年以来的历史纪录。异常高温使市民纷纷中暑、感冒、发烧，胃肠病、皮肤病患者大增，长沙各医院的门诊量和 120 急救车的出诊次数暴增，仅市内 1 家三甲医院就诊病人就有 14 人；持续的高温酷暑，使城市供电供水系统长时间超负荷用电，电力供应不堪重负，停电事故剧增。7 月 23 日开始，电力部门不得不对城区部分地区实施拉闸限电；城市用水量猛增，供水更加困难。高温加剧蒸发量，地下水位迅速下降，水库蓄水显著减少，出现夏秋特大干旱。7 月，长沙降水仅 5.3 毫米，而蒸发量达 155 毫米，至 8 月 9 日 8 时，全市仅蓄水 6.03 亿立方米，灌溉用水 2.72 亿立方米，为同期的 30%；60%的水库接近底水，150 座小型水库、11.04 万口山塘干涸，526 条溪河断流，1649 个村民小组、13.74 万多人饮水困难。8 月雨量，市内不到 40 毫米，浏阳、宁乡虽有 90 毫米左右，仍为负距平；9 月降水量又比往年偏少 40%~50%；10 月比往常年偏少 80%；至 11 月 2 日，湘江出现历史最低水位 25.24 米，为罕见的夏秋连旱。全市 9 县（市）区有 132 个乡镇受灾，14.3 万公顷农作物受损，绝收 4.1 万公顷，直接经济损失 3.1 亿元，其中农业损失 2.5 亿元。

（二）2008 年低温雨雪冰冻灾害天气。2008 年 1 月 13 日—2 月 4 日，长沙市遭遇五十年一遇的低温雨雪冰冻灾害天气，前后持续 23 天，内含 5 次雨夹雪等固态、液态混合降水过程；宁乡冰冻最大直径 36 毫米，持续 22 天，连破 1954—1955 年马坡岭冰冻 16 天、1969 年宁乡连续冰冻 13 天的纪录，≤1℃“低温期”破 1954—1955 年马坡岭纪录（19 天）。长时间低温雨雪冰冻灾害天气，给长沙的电力、林业、农业、交通、通信、园林、市政、物价等方方面面带来巨大影响，全市受灾人口 308 万，农作物受灾 187833 公顷，倒房 1.6 万间，全倒 3613 户，因灾伤病 2.32 万人，死亡大牲畜 134 万头，直接经济损失 67.94 亿元。

四、病虫灾害

长沙水稻病虫害以“三虫三病”（稻螟虫、稻飞虱、稻纵卷叶螟，纹枯病、稻瘟病、稻曲病）为主，森林病虫害主要有松毛虫和竹蝗。1988 年，全市早、晚稻纹枯病、稻瘟病、稻纵卷叶螟大面积发生，减产粮食约 8.63 万吨。1992 年，全市早、晚稻发生稻瘟病共计 2380.15 万亩，减产粮食约 7.56 万吨。1997 年，全市早、晚稻稻纵卷叶螟二、三、四代连续大面积发生，成灾面积约 1692.87 万亩，减产粮食 4.95

万吨。2000 年，全市油菜生长前期甜菜夜蛾为害较重，菌核病损失约在 5%~10%。望城县莲花、丁字镇、星城镇、白箬铺乡等地早、晚稻发生局部稻瘟病，出现成片矮缩、死穗现象，造成严重减产和部分绝收。全市水稻病虫害发生面积共 1440.24 万亩，防治面积 2309.51 万亩，成灾面积约 1.5 万亩，减产粮食约 5.01 万吨。

2002 年，全市水稻病虫害发生面积共 1618.22 万亩，减产粮食约 5.67 万吨，主要是稻纵卷叶螟大面积发生，造成早稻歉收，夏秋时节，望城、宁乡部分村镇竹蝗滋生蔓延，竹林成灾面积达 1200 亩，危害周边稻田约 4500 亩。

2004 年，全市水稻病虫害发生面积共 2994.33 万亩，防治面积 3695.36 万亩，减产粮食约 11.12 万吨。首次发现并确认稻水象甲，发生面积约 1 万亩。7 月，全市共有 1 万亩竹林发生竹蝗危害，竹蝗危害最严重的是浏阳市和宁乡县。2005 年，水稻病虫害发生面积共 2081.25 万亩。稻飞虱发生程度为近 20 年之最，全年发生面积 648.16 万亩，比 2004 年增加 150.7 万亩，损失稻谷 5.74 万吨，占病虫害总损失的 36%。

2007 年，水稻病虫害发生面积共计 2002.39 万亩，损失稻谷 7.18 万吨。南方水稻黑条矮缩病发生，发生面积约 24.81 万亩，造成产量损失 7000 吨；早稻黏虫发生，望城县、浏阳市、宁乡县等地部分乡镇情况严重，累计发生约 4.8 万亩，亩平幼虫近 4000 头，严重田块亩幼虫量 12 万多头；纹枯病发生面积约 447.29 万亩，占比 84.08%，损失稻谷 4.33 万吨，占病虫害总损失 60%。

2008 年，水稻病虫害发生面积共计 2371.98 万亩，损失稻谷 8.26 万吨。纹枯病发生面积 2019.87 万亩，占比 88.95%，为历年之最，损失稻谷 3.57 万吨，占病虫害总损失的 43.22%；稻纵卷叶螟大发生，发生面积 694.67 万亩，损失稻谷 2.22 万吨，占病虫害总损失的 26.86%。2010 年，水稻病虫害发生面积共 2058.6 万亩，损失稻谷 10.43 万吨。南方水稻黑条矮缩病普遍发生，发生面积 122.42 万亩，造成 11.08 万亩失收，产量损失 3.41 万吨。

至 2012 年的 25 年间，全市水稻病虫害年均发生面积约为 1996.50 万亩。其中，纹枯病发生面积最大、最普遍、常年损失最多，年发生面积在 400 万~470 万亩之间。

第三章 人 口

20 世纪 80 年代，长沙市严格执行计划生育政策，人口得到一定控制，但由于前两个生育高峰期的惯性影响，至 1988 年年末，全市户籍人口 534.68 万人，较上年增加 13.45 万人，其中，男性 279.00 万人，占 52.18%，女性 255.68 万人，占 47.82%，性别比（以女性人口为 100 计算）为 109.12%。全市人口密度每平方千米 428 人，其中，市区每平方千米 3443 人。全年出生 8.77 万人，死亡 3.53 万人，自然增长率 9.91‰。迁入 14.92 万人，迁出 7.52 万人，机械增长率 14.03‰。登记暂住人口 14.57 万人。

1990 年，全市出生 8.83 万人，较上年减少 1.24 万人。到 1993 年，全年出生 3.44 万人，创下中华人民共和国成立以来最低出生人数，出生率从 1988 年的 16.61‰大幅递减为 6.02‰，出生人口少于死亡人口，自然增长率为-0.54‰。

1995年，伴随户籍制度松动，城市化进程加快，越来越多人跨区域务工、经商。全市户籍人口562.82万，出生4.13万人，自然增长率为0.82‰。迁入15.07万人，迁出12.52万人，机械增长率为4.56‰。有24.81万名外来人口办理暂住证。由于各地区规划功能不同，全市人口分布不平衡，人口集中在老城区、中心商区等拥有较好住房、医疗、教育资源的地区。是年，全市每平方千米476人，其中市区每平方千米3963人。为使市区人口机械增长与经济建设和社会发展相适应，长沙市颁布《长沙市控制市区人口机械增长暂行规定》，城区人口增长得到控制。

2000年，全市户籍人口583.18万人，其中男性301.53万人，占51.70%，女性281.65万人，占48.30%，性别比107.06%。全年出生6.20万人，死亡4.15万人，自然增长率3.52‰。迁入15.40万人，迁出11.89万人，机械增长率6.02‰。随着流动人口的增多，户籍人口人户分离现象显现。是年，全市常住人口有613.87万人，登记暂住人口24.31万人。全市60岁及以上老年人占11.65%，65岁以上老年人口占7.83%，老年抚养比10.45%。长沙市进入老龄化社会。到2010年，长沙市60岁及以上老年人占全市总人口13.65%，其中，65岁以上老年人占9.02%，老年抚养比11.66%，老龄化程度加深。随着教育普及率提高，长沙市6岁及以上人口中98.92%的人接受过各类教育，高等教育人口增多，并逐渐减少性别和地区差异，未上过学的人口比重从2.28%（2000年）降至1.08%。居民的婚恋观念多元化，涉外及涉港澳台的婚姻数量持续增加，从一方以本土女性为主，到更多的本土男性加入，跨国婚姻的国别数量也从单一国别到遍布世界多地。

经济的持续较快发展和房地产价格洼地效应，助推长沙人口稳步增长。至2012年，全市拥有户籍人口660.61万人，其中，男性334.04万人，占50.57%，女性326.57万人，占49.43%，性别比102.29%。全年出生8.27万人，死亡4.25万人，自然增长率6.10‰。迁入9.40万人，迁出7.18万人，机械增长率3.37‰。常住人口突破700万，流动人口182.53万。全市每平方千米有559人，其中，市区每平方千米1552人。

第一节 人口规模

一、户籍总人口

1988年，全市户籍人口534.68万，出生8.77万人，较上年减少2244人，出生率16.61‰，死亡人数3.53万人，死亡率为6.70‰，年内自然增长5.23万人。进入20世纪90年代，长沙市深入贯彻《湖南省计划生育条例》，全市人口进入平稳发展时期，人口自然增长率始终保持在10‰以内，人口增长转变为低出生率、低死亡率、低增长的“三低”模式。1990年，全市出生率16.10‰。从这年开始，全市出生人口逐年减少，到1993年，出生率下降到6.02‰，全年出生3.34万人，创下中华人民共和国成立以来年内长沙市最低出生人数的纪录。是年，全市555.41万人。至2003年，全市户籍人口首次突破600万。2012年，全市人口660.61万，比1988年多125.92万人，年均增加5.03万人。

表1-3-1-1　　1988—2012年长沙市年末户籍总人口统计一览表　　单位：人

年份	年末总人口		比上年增加	年末总人口性别		性别比(%)(以女性为100)	总人口中非农业人口
		市区		男	女		
1988	5346897	1263481	134551	2790048	2556849	109.12	1373221

续表 1–3–1–1

年份	年末总人口		比上年增加	年末总人口性别		性别比(%)(以女性为 100)	总人口中非农业人口
		市区		男	女		
1989	5444511	1301171	97614	2838683	2605828	108.94	1401767
1990	5500533	1326825	56022	2861410	2639123	108.42	1429440
1991	5535603	1349865	35070	2881298	2654305	108.55	1449901
1992	5553843	1372749	18240	2888636	2665207	108.38	1480589
1993	5554172	1387087	329	2887752	2666600	108.29	1511184
1994	5594385	1422651	40213	2912803	2681582	108.62	1556040
1995	5628222	1454461	33837	2919369	2708853	107.77	1601864
1996	5675339	1603804	47117	2950934	2724405	108.31	1673328
1997	5719062	1634412	43723	2960697	2758365	107.34	1709754
1998	5768787	1669081	49725	2987038	2781749	107.38	1736934
1999	5824692	1714606	55905	3011434	2813258	107.04	1809828
2000	5831894	1754142	7202	3015303	2816591	107.06	1864206
2001	5870933	1807670	39039	3030648	2840285	106.70	1918942
2002	5954592	1889773	83659	3065775	2888817	106.13	1991046
2003	6017624	1962561	63032	3093901	2923723	105.82	2058257
2004	6103844	2024646	86220	3137629	2966215	105.78	2125741
2005	6209248	2086476	105404	3186039	3023209	105.39	2180688
2006	6309958	2146096	100710	3231737	3078221	104.99	2256477
2007	6373561	2187488	63603	3258991	3114570	104.64	2305611
2008	6417367	2370643	43806	3274848	3142519	104.21	2332132
2009	6468350	2391675	50983	3292771	3175579	103.69	2347616
2010	6501248	2395348	32898	3300191	3201057	103.10	2377815
2011	6566185	2967851	64937	3326741	3239444	102.69	2418105
2012	6606166	2979005	39981	3340494	3265672	102.29	2455126

说明："城区"指东区、西区、南区、北区，不含郊区，1996 年后指岳麓、开福、芙蓉、天心、雨花区，2011 年 5 月 20 日后含望城区。"市区"在 1996 年前含郊区，1996 年后与"城区"范围一致

二、常住总人口

2000 年，长沙市开始常住人口的数据统计。是年，全市有常住人口 613.87 万，占湖南省常住人口的 9.53%。市内 5 区常住人口 212.28 万，其中，雨花区自建区以后，城市建设提速，以高桥大市场和红星农副产品大市场为中心的市场群体建成，进城务工经商的农民剧增，使其成为常住人口最多的城区，占全市总人口的 8.18%。2005 年，全市常住人口 639.30 万，较上年增加 10.30 万人，增

幅 1.64%。随着城市发展加速，县区人口往城区流动，2007 年，长沙 4 县（市）常住人口 403.08 万，较上年减少 0.51%，此后除个别年份有所增长外，4 县（市）常住人口逐年减少。2010 年，全市常住人口突破 700 万，占湖南省的 10.72%。至 2012 年，长沙市的常住人口逐年增长，全市常住人口 714.66 万，较 2000 年增加 100.78 万人，增幅为 16.42%。

表 1-3-1-2　　2000—2012 年长沙市年末常住总人口统计一览表　　单位：人

年份	全市	市区合计	县(市)合计	年份	全市	市区合计	县(市)合计
2000	6138719	2122873	4015846	2007	6529200	2498341	4030859
2001	6200800	2220025	3980775	2008	6585600	2682518	3903082
2002	6268778	2273184	3995594	2009	6642200	2725458	3916742
2003	6283499	2304859	3978640	2010	7040709	3092034	3948675
2004	6290000	2310860	3979140	2011	7090700	3650800	3439900
2005	6393000	2372600	4020400	2012	7146600	3676000	3470600
2006	6465000	2413421	4051579				

说明：望城区从 2011 年开始，数据纳入市区合计

三、人口分布

1988 年，长沙市辖 5 个区 4 个县，东区、南区、西区、北区、郊区 5 个区 126.34 万人，占全市总人口的 23.63%。浏阳、望城、宁乡、长沙 4 个县 408.34 万人，占全市总人口的 76.37%。浏阳县和宁乡县的人口分别都超过市内 5 个区人数的总和，浏阳县 128.73 万人，是全市人口最多的地区，占总人口的 24.08%。

进入 20 世纪 90 年代，市区人口自然增长减缓，流动人口增多，在全市的比重逐年上升。1995 年，市区 145.44 万人，占总人口的 25.84%，较上年增加 0.41 个百分点，南区 46 万人，是人口最多的城区。4 县（市）417.37 万人，占 74.16%，其中，浏阳市 132.09 万人，占 23.47%，较上年减少 0.09 个百分点。

1996 年区划调整，辖开福、天心、雨花、岳麓、芙蓉 5 个区 160.38 万人，占全市总人口的 28.26%，市内各区人口相差不远，开福区人口最多，占 6.53%。浏阳市、宁乡县、望城县、长沙县 4 县（市）407.15 万人，占 71.74%，浏阳市和宁乡县，人口总数占全市一半以上，浏阳市仍为全市人口最多的地区，岳麓区人口最少，占全市总人口的 4.84%。

2000 年，开福区比上年减少 7598 人，雨花区由此成为市区人口最多的城区，39.21 万人，占 6.72%，较上年增加 0.23 个百分点。4 县（区）除宁乡县增加 1156 人外，人口分别有所减少，县（区）人口总数占比持续下降。

2003 年，长沙市区有 196.25 万人，占 32.61%，较上年增加 0.87 个百分点，市区人口最多的雨花区 44.42 万人，占 7.38%，较上年增加 0.22 个百分点。4 县（市）405.50 万人，占 67.39%，较上年减少 0.87 个百分点。

2008 年，望城县含浦镇、莲花镇、坪塘镇、雨敞坪镇划归岳麓区，岳麓区的人口总数 61.78 万，较上年增加 18.68 万人，占全市人口的 9.63%，人口总量市区第一、全市第四。市区人口 236.58 万，占全市总人口的 36.87%，比上年增加 2.55 个百分点。

2011 年，望城撤县改区，使市区总人口增加到 296.78 万，市区人口占全市总人口 45.20%。随着城市化进程加快，城镇化率提高，市区人口比重加大。2012 年，长沙市辖 6 个区和 3 个县（市），市区户籍人口 297.9 万，占全市总人口的 45.09%，比 1988 年增加 21.46 个百分点。3 县（市）的户籍人口 362.71 万，占 54.91%。至 2012 年，全市人口最多的地区仍是浏阳市，143.62 万人，占 21.74%。市区中人口最多的岳麓区有 62.69 万人，占 9.49%。

表 1-3-1-3　1988—1995 年长沙市分区县（市）人口（户籍人口）分布一览表　单位：人

年份	地区								
	东区	南区	西区	北区	郊区	长沙县	望城县	浏阳市	宁乡县
1988	188271	374752	218212	207322	274924	790712	737625	1287358	1267721
1989	191461	388066	226072	208399	287173	796422	750211	1305485	1291222
1990	191566	403994	229004	208720	293541	800329	757377	1315989	1300013
1991	193608	415014	232116	211221	297906	798806	759116	1324022	1303794
1992	196030	424780	235948	213738	302253	793904	757866	1323544	1305780
1993	196678	433360	235955	215857	305237	790175	757952	1317793	1301165
1994	200786	447201	244345	222336	307983	789674	759263	1318206	1304591
1995	205820	460007	248282	227083	313269	783466	762938	1320920	1306437

说明：1993 年，浏阳县撤县改市

表 1-3-1-4　1996—2012 年长沙市分区县(市)人口（户籍人口）分布一览表　单位：人

年份	地区									
	全市	芙蓉区	天心区	岳麓区	开福区	雨花区	望城县(区)	长沙县	浏阳市	宁乡县
1996	5675339	292877	319533	274830	370860	346204	713296	737833	1325996	1294410
1997	5719062	298898	324613	283216	374538	353147	713881	740956	1330082	1299731
1998	5768787	305974	330761	290498	378543	363305	716299	743998	1335549	1303860
1999	5824692	311997	341380	299044	384369	377816	718606	745238	1339594	1306648
2000	5831894	313987	356518	314706	376771	392160	713953	735402	1320593	1307804
2001	5870933	323035	369082	326408	381347	407798	706877	735958	1318343	1302085
2002	5954592	334844	386443	353719	388545	426222	706546	734198	1318611	1305464
2003	6017624	345817	401010	376124	395399	444211	704964	734731	1325928	1289440
2004	6103844	359797	417866	386266	399750	460967	702481	737560	1332120	1307037
2005	6209248	370498	422118	395385	410326	488149	710330	745179	1345410	1321853
2006	6309958	381843	429104	416715	415841	502593	717055	755524	1355160	1336123
2007	6373561	397760	421136	431013	416085	521494	712314	764869	1363979	1344911
2008	6417367	408441	412568	617889	411404	515499	541622	775815	1380303	1353826
2009	6468350	406271	407537	625527	414841	537499	541037	781972	1393501	1360165

续表 1-3-1-4

年份	地区									
	全市	芙蓉区	天心区	岳麓区	开福区	雨花区	望城县(区)	长沙县	浏阳市	宁乡县
2010	6501248	406641	400566	627763	419868	540510	544314	788566	1407104	1365916
2011	6566185	409726	398395	630265	426620	550721	552124	803861	1423524	1370949
2012	6606166	408872	396222	626976	433334	556458	557143	813395	1436248	1377518

说明：1996 年，长沙市区划调整为芙蓉区、天心区、岳麓区、开福区、雨花区、长沙县、望城县、浏阳市、宁乡县；2011 年，望城县撤县改区

四、人口密度

1988 年，长沙市土地面积 1.25 万平方千米，全市人口密度每平方千米 428 人。市区总面积 367 平方千米，仅占全市土地面积的 2.94%，人口却占全市总人口的 23.63%，人口密度每平方千米 3443 人。在人口稠密的老城北区，每平方千米有 1.46 万人。全市人口密度最低的地区浏阳县，因山区地貌，人口较稀少，5007.75 平方千米的土地上有 128.73 万人，每平方千米仅 257 人。至 1995 年，因人口增多，人口密度稳步递增，全市每平方千米 476 人，市区每平方千米 3963 人。1996 年，区划调整后，原望城县的天顶、霞凝乡分别划归岳麓区、开福区管辖，原长沙县的捞刀河镇划入开福区，市区面积增加到 554.07 平方千米，人口密度减少为每平方千米 2895 人。位于中心城区的芙蓉区人多地少，是全市人口密度最大的地区，每平方千米 7178 人，浏阳市仍然是全市人口密度最小的区域，每平方千米 265 人，仅为芙蓉区的 3.69%。

进入 21 世纪，随着城市化进程的加快，长沙市人口密度逐年增加。2000 年，全市每平方千米 493 人，市区每平方千米 3153 人。2002 年，全市每平方千米突破 500 人。2008 年，望城县的含浦、坪塘、莲花和雨敞坪 4 个镇成建制划归岳麓区管辖，市区面积扩增为 964.58 平方千米，人口密度从上一年的每平方千米 3927 人减少为每平方千米 2500 人。但中心城区仍因住房、教育、医疗等资源相对集中，人口十分密集。2011 年，望城撤县改区，市区增加 969 平方千米的面积，市区人口从上年的 239.53 万增加为 296.79 万，密度降为每平方千米 1554 人。2012 年，长沙市每平方千米 559 人，市区每平方千米 1552 人。

表 1-3-1-5　　1988—2012 年长沙市和市区人口密度统计一览表　　单位：人/平方千米

年份	全市人口密度	市区人口密度	年份	全市人口密度	市区人口密度
1988	428	3443	2001	497	3249
1989	461	3546	2002	504	3397
1990	465	3615	2003	509	3527
1991	468	3678	2004	516	3639
1992	470	3740	2005	525	3750
1993	470	3780	2006	525	3750
1994	473	3876	2007	539	3927
1995	476	3963	2008	543	2500
1996	480	2895	2009	547	2505

续表 1-3-1-5

年份	全市人口密度	市区人口密度	年份	全市人口密度	市区人口密度
1997	484	2938	2010	550	2498
1998	488	3000	2011	551	1554
1999	493	3082	2012	559	1552
2000	493	3153			

说明：望城区从 2011 年开始撤县设区，数据纳入市区合计

五、流动人口

长沙市作为省会城市，就业机会多，不断吸引外来劳动者。1988 年，长沙市登记暂住人口 14.57 万，占市区总人口的 11.5%。1989 年，全市登记暂住人口 21.5 万，其中男性 11.83 万，女性 9.68 万人。暂住人口与户籍人口比例约为 1:27.22。1991 年，长沙市有暂住人口 18.88 万人，其中，外来务工人员 9.14 万人，经商的 3.04 万人，从事服务业的 2.41 万人，外地驻长沙临时机构人员 5432 人，投亲靠友及其他情况的 3.74 万人。1994 年，全市登记暂住人口 25.72 万。暂住人口与户籍人口的比例上升至 1:21.75。1996 年，登记暂住人口 25.62 万，比上年增加 8024 人。2000 年，全市登记暂住人口 24.31 万。随着改革开放不断深入，长沙市的工商业飞速发展，城市的影响力、辐射力逐渐增强，更多外地人才来长沙。2003 年，长沙市有流动人口 40.75 万，较上年增加 17.39 万人，增幅 74.47%。2005 年，长沙市有流动人口 53.80 万人，较上年增加 52.66%，是年，办理暂住证 35.09 万人。2012 年，全年登记流动人口 182.53 万，办理居住证 22.9 万余张。

第二节　人口变动

一、自然变动

20 世纪 80 年代，全市进入人口生育高峰期。人们的婚育观念特别是农村，没有发生根本转变。1988 年 3 月，长沙出台《关于认真抓好计划生育工作的意见》，大力提倡一对夫妇只生育一个孩子。是年，全市计划内生育率 72.41%，有已婚育龄妇女 96.33 万人，全年出生 8.77 万人，比上年减少 2244 人。其中，市区出生 1.70 万人，占出生人口总数的 19.34%，县（市）出生人口数为 7.07 万，占 80.66%。全市死亡 3.54 万人，死亡率 6.70‰，自然增长率 9.91‰。进入 90 年代，随着计生工作的法制化、经常化、制度化，全市计划内生育率大幅提升，出生人数逐年减少，出生率从 1990 年的 16.10‰下降到 1993 年的 6.02‰。这一时期，城区医疗卫生环境的改善，人民生活水平不断提升，市区的人口死亡率有所下降。1993 年，全市计划内生育率 99.27%，已婚育龄妇女 112.21 万人，全年出生 3.34 万人，死亡 3.64 万人，自然增长率-0.54‰。90 年代中后期，随着已婚育龄妇女人数的增多，出生率有所上涨，到 2000 年，计划内生育率为 98.00%，已婚育龄妇女 121.32 万人，较上年增加 1.66 万人，全年出生 6.20 万人，比上年增加 6153 人，增幅 11.01%，死亡率较上年有所提高，自然增长率 3.52‰。进入 21 世纪，随着第一批独生子女进入婚育年龄，生育计划内二胎的人数增多，除 2001—2003 年的出生人口有所减少外，其余年份都有增加。出生率从 2004 年的 9.25‰增长到 2012 年的 12.56‰，死亡率在 21 世纪初期略有降低，自然增长率逐渐升高。2012 年，全市计划内生育率 93.14%，有已婚育龄妇女 139.37 万人，出生 8.27 万人，比上年增加 9.12%，死亡 4.26 万人，自然增长率为 6.10‰。

表 1-3-2-1　　1988—2012 年长沙市人口自然变动情况统计一览表

年份	年内出生人数(人)	出生率(‰)	年内死亡人数(人)	死亡率(‰)	年内自然增长人数(人)	自然增长率(‰)
1988	87708	16.61	35382	6.70	52326	9.91
1989	100791	18.70	36904	6.80	63887	11.80
1990	88309	16.10	37683	6.80	50626	9.30
1991	59771	10.83	36717	6.65	23054	4.18
1992	42654	7.69	37281	6.72	5373	0.97
1993	33420	6.02	36436	6.56	−3016	−0.54
1994	35592	6.39	35621	6.39	−29	−0.01
1995	41370	7.37	36742	6.55	4628	0.82
1996	47944	8.48	35842	6.34	12102	2.14
1997	49607	8.71	34933	6.13	14674	2.58
1998	52969	9.22	37124	6.46	15845	2.76
1999	55873	9.64	38162	6.58	17711	3.06
2000	62026	10.64	41506	7.12	20520	3.52
2001	53994	9.23	31587	5.40	22407	3.83
2002	53746	9.09	36363	6.15	17383	2.94
2003	49683	8.30	40064	6.69	9619	1.61
2004	56062	9.25	37273	6.15	18789	3.10
2005	67537	10.97	42788	6.95	24749	4.02
2006	62960	10.06	31607	5.05	31353	5.01
2007	64312	10.14	37565	5.92	26747	4.22
2008	71118	11.12	38565	6.03	32553	5.09
2009	69777	10.83	34983	5.43	34794	5.40
2010	71677	11.05	36567	5.64	35110	5.41
2011	75825	11.61	30895	4.73	44930	6.88
2012	82741	12.56	42575	6.46	40166	6.10

二、机械变动

进入 20 世纪 80 年代后期，随着改革开放的深入，严格控制户口迁移制度开始松动，长沙市流动人口迅猛增长，迁入人口开始突破 10 万人，农村人口向市区及周边城镇涌入，部分城市人口向沿海城市、工矿地区发展。至 1988 年，长沙市迁入 14.93 万人，迁出 7.52 万人，迁出和迁入人口分别较上年有所增多，机械增长（即净迁入人口）7.41 万，是 1987 年的 2.44 倍，机械增长率14.03‰。其中市区迁入 5.37 万人，迁出 2.43 万人，机械增长率 23.58‰。90 年代，迁出人口最多的是 1990

年 15.31 万，迁入人口最多的是 1999 年 17.12 万，也是高出迁出人数最多的一年，机械增长率 8.46‰，工作调动、务工经商、学习培训、婚姻迁入等方面是人口机械增长的主要原因。

为使人口机械增长与城市经济社会发展相适应，2000 年，对市区人口的迁入与迁出进行控制。是年，全市迁入人口较上年减少 1.71 万，迁出人口较上年减少 3172，机械增长 3.51 万人，较上年减少 1.39 万人。2002 年，迁入长沙市的人口出现小高峰，迁入 19.57 万人，是 15 年来最多的一年，较 2001 年增加 33.48%。2003 年，湖南省公安厅、教育厅发布《关于调整普通大中专院校学生户口迁移政策的通知》，规定在湘普通大中专院校录取的新生和外省市普通院校录取的湘籍学生，入学时可根据本人的意愿，实行户口迁移自愿的原则。是年，迁入 11.34 万人，比 2002 年减少 8.23 万人，减幅 42.05%，迁出 6.31 万人，比上年减少 7.56 万人，减幅 54.50%。2009 年，迁入人口减少为 9.95 万，是 22 年来迁入人口最少的一年，迁出人口变动不大，机械增长率 1.47‰。至 2012 年，全市迁入 9.40 万人，较上年减少 2372 人，迁出 7.19 万人，较上年减少 4853 人。连续 25 年，长沙市始终处于人口净流入（即迁入人口大于迁出人口）状态。

表 1-3-2-2　　1988—2012 年长沙市人口机械变动情况统计一览表　　单位：人

年份	迁入人数	迁出人数	机械增长人数	机械增长(‰)
1988	149263	75205	74058	14.03
1989	165461	134696	30765	5.70
1990	166262	153056	13206	2.40
1991	136756	124340	12416	2.25
1992	147834	131576	16258	2.93
1993	123694	117178	6516	1.17
1994	146723	128687	18036	3.24
1995	150776	125213	25563	4.56
1996	139516	115376	24140	4.27
1997	137126	117002	20124	3.53
1998	142027	116702	25325	4.41
1999	171152	122139	49013	8.46
2000	154035	118967	35068	6.02
2001	146630	111818	34812	5.93
2002	195720	138685	57035	9.65
2003	113422	63099	50323	8.41
2004	126508	71232	55276	9.12
2005	118414	71258	47156	7.66
2006	130563	74955	55608	8.88
2007	127478	96207	31271	4.93
2008	124778	103492	21286	3.33

续表 1-3-2-2

年份	迁入人数	迁出人数	机械增长人数	机械增长(‰)
2009	99501	90016	9485	1.47
2010	106573	88728	17845	2.75
2011	96417	76728	19689	3.01
2012	94045	71875	22170	3.37

第三节　人口构成

一、性别构成

1990 年第四次全国人口普查时，在长沙市 549.07 万名常住人口中，男性 285.94 万人，占总人口的 52.08%，女性 263.13 万人，占 47.92%，性别比为 108.67%。在各个年龄段中，45~49 岁的性别比最大，其中男性 13.53 万人，女性 11.24 万人，男性比女性多 2.29 万人。这个年龄段作为分水岭，之后的性别比不断下降。并从 70~74 岁年龄段开始，女性人数超过男性。到 95~99 岁的年龄段，达到性别比最低点，男性 55 人，女性 201 人，相差 146 人，性别比 27.36%。从地区看，全市 9 个区（县）中，西区性别比值 116.71%，是全市最高，比平均值高出 8.04 个百分点，东区 102.19%的性别比值全市最低，比全市平均值低 6.48 个百分点。4 县（区）的性别比平均值 108.21%，其中长沙县107.75%，望城县 108.13%，浏阳县 108.83%，宁乡县 108.13%。

2000 年第五次全国人口普查时，长沙市男性 318.56 万人，占 51.89%，女性 295.32 万人，占 41.11%，性别比 107.87%，较 1990 年下降 0.8 个百分点。性别比最高的年龄段为 55~59 岁，男性 12.77 万人，女性 10.85 万人，男性比女性多 1.92 万人。从 70~74 岁这个年龄段开始，女性人口数超过男性。性别比最低的年龄段是 100 岁及以上，男性 8 人，女性 37 人，女性人口数是男性人口数近 5 倍。全市性别比比值最高与最低地区均在城区，分别是岳麓区与开福区，岳麓区性别比比全市平均值高 6.06 个百分点，开福区比平均值低 6.57 个百分比。除此之外，芙蓉区 110.26，比平均值高 2.39 个百分点；天心区 105.26，比平均值低 2.61 个百分点；雨花区 107.05，比平均值低 0.82 个百分点；长沙县 108.94，比平均值高 1.07 个百分点；望城县 108.71，比平均值高 0.84 个百分点；宁乡县 106.83，比平均值低 1.04 个百分点；浏阳市 108.56，比平均值高 0.69 个百分点。

2010 年第六次全国人口普查时，全市常住人口 704.10 万，比 2010 年高出 14.70%，男性 357.96 万人，占比 50.84%，女性 346.13 万人，占比 49.16%，性别比 103.42%，比 2000 年下降 4.45 个百分点，男女性别趋向平衡发展，表明在人口政策和社会经济发展的因素下，男女平等的观念深入人心。从 75~79 岁开始，高年龄段的女性人数较男性更多。性别比最低的年龄段与 2000 年保持一致，100 岁及以上年龄段男性 22 人，女性 71 人，女性比男性多 49 人。在 5 个城区中，天心区 和岳麓区女性总数超过男性，性别比分别是 99.79%、98.99%；芙蓉区性别比 101.28，低于全市平均值 6.59 个百分点；开福区性别比 103.4，低于平均值 4.47 个百分点；雨花区性别比为 102.53，低于平均值 5.34 个百分点；长沙县的性别比为 110.62，高于平均值 7.25 个百分点；望城县性别比103.37，低于平均值 4.5 个百分点；宁乡县性别比 101.64，低于平均值 6.23 个百分点；浏阳市性别比 105.37，低于平均值 2.5 个百分点。

二、年龄构成

1990年长沙市第四次全国人口普查时，全市0~14岁少年儿童人口135.74万，占总人口24.72%；15~64岁劳动年龄人口378.94万人，占总人口69.01%；随着全市社会经济条件及医疗卫生水平的提升，居民生活得以不断改善，人均寿命延长，老年人占总人口比重越来越高，65岁以上老年人口34.39万人，占6.26%；100岁及以上老年人11人，其中，男性3人，女性8人，性别比37.50%，有2位百岁老人来自南区，3位分别来自西区、北区、郊区，浏阳县与宁乡县各有3位百岁老人。

2000年长沙市第五次全国人口普查时，0~14岁少年儿童人口105.84万人，占总人口的17.24%，比1990年下降7.48个百分点；15~64岁劳动年龄人口459.95万，占总人口的74.93%，较1990年增加5.92个百分点；65岁以上老年人口48.08万，占总人口数7.83%，比1990年增加1.57个百分点；100岁及以上老年人45人，比1990年多34人，其中，男性8人，女性37人，性别比21.62%，百岁老人的性别比例差距有所增大，这45位百岁老人在全市各个区、县（市）均有分布，市内5区有12人。

2010年长沙市第六次全国人口普查时，少年儿童人口比重持续降低，老年人口比重增大。0~14岁少年儿童人口95.53万，占总人口的13.57%，比2000年下降3.67个百分点；15~64岁劳动年龄人口545.03万，占比77.41%，比2000年增加2.48个百分点；65岁以上老年人口63.53万，占总人口比重9.02%，较2000年增加1.19个百分点；100岁及以上老年人93人，较2000年增加48人，有22人百岁老人是男性，71人是女性，性别比为30.99%。虽然百岁老人中的男性占比较2000年有所增加，但人数差距仍然悬殊，女性寿命远远高于男性。从地区上看，仍是各区、县(市）至少有1位百岁老人，城区与县（市）的百岁老人比例约为1:3，农村长寿老人的总量超过城区，尤其是宁乡县和浏阳市，分别有24人和26人，拥有全市一半以上的百岁老人。

表1-3-3-1　1990年、2000年、2010年全国人口普查长沙市人口年龄构成统计一览表　单位：人

年龄组	年份	人口数			占总人口比重(%)			性别比(%)(女=100)
		总	男	女		男	女	
0~4岁	1990	520583	269123	251460	9.48	4.90	4.58	107.02
	2000	276115	144970	131145	4.50	2.36	2.14	110.54
	2010	342772	181775	160997	4.87	2.58	2.29	112.91
5~9岁	1990	438066	224993	213073	7.98	4.10	3.88	105.59
	2000	234040	122026	112014	3.81	1.99	1.82	108.94
	2010	317867	166745	151122	4.51	2.37	2.15	110.34
10~14岁	1990	398788	205130	193658	7.26	3.74	3.53	105.92
	2000	548293	282477	265816	8.93	4.60	4.33	106.27
	2010	294684	153330	141354	4.19	2.18	2.01	108.47
15~19岁	1990	524673	273707	250966	9.56	4.98	4.57	109.06
	2000	608904	311239	297665	9.92	5.07	4.85	104.56
	2010	441882	216798	225084	6.28	3.08	3.20	96.32

续表 1-3-3-1

年龄组	年份	人口数			占总人口比重(%)			性别比(%)(女=100)
		总	男	女		男	女	
20~24 岁	1990	654769	339944	314825	11.92	6.19	5.73	107.98
	2000	503639	268348	235291	8.20	4.37	3.83	114.05
	2010	898898	448155	450743	12.77	6.36	6.40	99.43
25~29 岁	1990	545330	279847	265483	9.93	5.10	4.84	105.41
	2000	560458	287947	272511	9.13	4.69	4.44	105.66
	2010	576143	280035	296108	8.18	3.98	4.21	94.57
30~34 岁	1990	387537	205920	181617	7.06	3.75	3.31	113.38
	2000	679595	344946	334649	11.07	5.62	5.45	103.08
	2010	505681	254929	250752	7.18	3.62	3.56	101.67
35~39 岁	1990	431362	226759	204603	7.86	4.13	3.73	110.83
	2000	599474	311895	287579	9.77	5.08	4.68	108.46
	2010	603006	312147	290859	8.56	4.43	4.13	107.32
40~44 岁	1990	338946	182216	156730	6.17	3.32	2.85	116.26
	2000	392515	209522	182993	6.39	3.41	2.98	114.50
	2010	695166	351856	343310	9.87	5.00	4.88	102.84
45~49 岁	1990	247717	135302	112415	4.51	2.46	2.05	120.36
	2000	434467	228642	205825	7.08	3.72	3.35	111.09
	2010	601877	310429	291448	8.55	4.41	4.14	106.51
50~54 岁	1990	252270	137421	114849	4.59	2.50	2.09	119.65
	2000	350010	187169	162841	5.70	3.05	2.65	114.94
	2010	383139	201149	181990	5.44	2.86	2.58	110.53
55~59 岁	1990	223630	119243	104387	4.07	2.17	1.90	114.23
	2000	236237	127744	108493	3.85	2.08	1.77	117.74
	2010	418944	215886	203058	5.95	3.07	2.88	106.32
60~64 岁	1990	183136	96351	86785	3.34	1.75	1.58	111.02
	2000	234163	125693	108470	3.81	2.05	1.77	115.88
	2010	325606	170104	155502	4.62	2.42	2.21	109.39
65~69 岁	1990	148386	74908	73478	2.70	1.36	1.34	101.95
	2000	188393	97185	91208	3.07	1.58	1.49	106.55
	2010	209885	110242	99643	2.98	1.57	1.42	110.64

续表 1-3-3-1

年龄组	年份	人口数			占总人口比重(%)			性别比(%)(女=100)
		总	男	女		男	女	
70~74 岁	1990	100276	48790	51486	1.83	0.89	0.94	94.76
	2000	138937	69094	69843	2.26	1.13	1.14	98.93
	2010	184732	95125	89607	2.62	1.35	1.27	106.16
75~79 岁	1990	58180	25940	32240	1.06	0.47	0.59	80.46
	2000	89436	41161	48275	1.46	0.67	0.79	85.26
	2010	128317	62532	65785	1.82	0.89	0.93	95.06
80~84 岁	1990	25772	10118	15654	0.47	0.18	0.29	64.64
	2000	43638	18327	25311	0.71	0.30	0.41	72.41
	2010	71660	32588	39072	1.02	0.46	0.55	83.40
85~89 岁	1990	9397	3179	6218	0.17	0.06	0.11	51.13
	2000	16022	5757	10265	0.26	0.09	0.17	56.08
	2010	30583	12253	18330	0.43	0.17	0.26	66.85
90~94 岁	1990	1644	440	1204	0.03	0.01	0.02	36.54
	2000	3556	1160	2396	0.06	0.02	0.04	48.41
	2010	8203	2891	5312	0.12	0.04	0.08	54.42
95~99 岁	1990	256	55	201	0.00	0.00	0.00	27.36
	2000	782	245	537	0.01	—	0.01	45.62
	2010	1814	633	1181	0.03	0.01	0.02	53.60
100 岁及以上	1990	11	3	8	0.00	0.00	0.00	37.50
	2000	45	8	37	—	—	—	21.62
	2010	96	22	71	—	—	—	30.99

三、民族构成

1990 年长沙市第四次全国人口普查时，长沙市近 550 万人口由 42 个民族构成，其中，汉族 547.27 万人，占总人口的 99.68%。除汉族外的其他 41 个民族有 1.80 万人，占 0.33%。少数民族中土家族人数最多，5922 人（男 3433，女 2489），占总人口数的 0.11%，较第三次人口普查的 1162 人增长 409.64%；人口数次之的苗族有 3142 人（男 1849，女 1293），较上次人口普查的 848 人增长 270.52%；超过千人的少数民族有 4 个，分别是回族 2760 人（男 1394，女 1366），壮族 1133 人（男 629，女 504），满族 1274 人（男 714，女 560），侗族 1421 人（男 830，女 591）。其他少数民族还有蒙古族 220 人（男 119，女 101），藏族 137（男 72，女 65），维吾尔族 86 人（男 45，女 41），彝族 96 人（男 49，女 47），布依族 116 人（男 61，女 55），朝鲜族 197 人（男 101，女 96），瑶族 640 人（男 403，女 237），白族 474 人（男 292，女 182），哈尼族 12 人（男 2，女 10），哈萨克族 3

人（男 0，女 3），傣族 26 人（男 14，女 12），黎族 108 人（男 77，女 31），傈僳族 6 人（男 4，女 2），佤族 5 人（男 5，女 0），畲族 39 人（男 22，女 17），高山族 13 人（男 6，女 7），拉祜族 3 人（男 3，女 0），水族 13 人（男 7，女 6），东乡族 1 人（男 1，女 0），纳西族 33 人（男 20，女 13），景颇族 2 人（男 2，女 0），柯尔克孜族 3 人（男 0，女 3），土族 19 人（男 14，女 5），达斡尔族 1 人（男 1，女 0），仫佬族 16 人（男 9，女 7），布朗族 2 人（男 1，女 1），撒拉族 4 人（男 2，女 2），毛南族 2 人（男 1，女 1），仡佬族 7 人（男 1，女 6），锡伯族 28 人（男 13，女 15），普米族 1 人（男 1，女 0），怒族 1 人（男 0，女 1），俄罗斯族 2 人（男 2，女 0），另外有其他未识别的民族 18 人（男 13，女 5），外国人加入中国籍 9 人（男 1，女 8）。

2000 年长沙市第五次全国人口普查时，汉族 609.02 万人，占总人口的 99.21%。其他族属 48 个 4.86 万人，占 0.79%，较 1990 年增长 0.46 个百分点。增加阿昌族、塔吉克族、鄂温克族、京族、塔塔尔族、独龙族、珞巴族、基诺族 8 个少数民族，减少柯尔克孜族。土家族依然是除汉族外人数最多的民族，总人数 1.85 万人（男 9595，女 8908），占少数民族总人口的 38.10%；苗族 1.11 万人（男 5369，女 5771），占少数民族总人口数的 22.94%；超过千人的民族有 6 个，分别是蒙古族 1192 人（男 455，女 737），回族 4085 人（男 2024，女 2061），壮族 2040 人（男 1167，女 873），满族 2078 人（男 1079，女 999），侗族 3357 人（男 1772，女 1585），瑶族 2853 人（男 1693，女 1160）。其他还有藏族 206 人（男 98，女 108），维吾尔族 244 人（男 122，女 122），彝族 301 人（男 162，女 139），布依族 273 人（男 142，女 131），朝鲜族 269 人（男 139，女 130），白族 1048 人（男 574，女 474），哈尼族 30 人（男 13，女 17），傣族 34 人（男 10，女 24），黎族 146 人（男 77，女 69），傈僳族 7 人（男 6，女 1），佤族 16 人（男 12，女 4），畲族 105 人（男 62，女 43），高山族 33 人（男 14，女 19），拉祜族 10 人（男 5，女 5），水族 18 人（男 9，女 9），东乡族 5 人（男 4，女 1），纳西族 48 人（男 28，女 20），景颇族 2 人（男 1，女 1），土族 250 人（男 139，女 111），达尔族 3 人（男 2，女 1），仫佬族 41 人（男 23，女 18），羌族 23 人（男 14，女 9），布朗族 3 人（男 2，女 1），撒拉族 15 人（男 8，女 7），毛南族 11 人（男 5，女 6），仡佬族 62 人（男 41，女 21），锡伯族 33 人（男 11，女 22），阿昌族 1 人（男 0，女 1），普米族 4 人（男 2，女 2），塔吉克族 2 人（男 2，女 0），怒族 1 人（男 1，女 0），俄罗斯族 12 人（男 3，女 9），鄂温克族 4 人（男 3，女 1），京族 15 人（男 11，女 4），塔塔尔族 1 人（男 1，女 0），独龙族 1 人（男 1，女 0），珞巴族 1 人（男 1，女 0），基诺族 1 人（男 0，女 1），其他未识别的民族 36 人（男 25，女 11），外国人加入中国籍 1 人（男 0，女 1）。

2010 年长沙市第六次全国人口普查时，全市有 54 个族属，汉族 696.38 万人，占总人口 98.90%，其他 53 个族属 7.72 万人，占 1.10%，较 2000 年增加 0.31 个百分点。新增柯尔克孜、门巴、裕固、乌孜别克、赫哲 5 个少数民族。土家族、苗族突破万人大关，总人口分别为 2.88 万（男 1.38 万，女 1.50 万）和 1.84 万（男 8815，女 9623），分别占少数民族总人数的 37.37% 和 23.90%，比例较 2000 年基本持平。突破千人的少数民族还有 7 个，分别是蒙古族 1279 人（男 632，女 647），回族 5172 人（男 2527，女 2645），壮族 2795 人（男 1377，女 1418），满族 2769 人（男 1446，女 1323），侗族 5650 人（男 2824，女 2826），瑶族 5425 人（男 2724，女 2701），白族 1621 人（男 797，女 824）。其他少数民族还有藏族 619 人（男 325，女 294），维吾尔族 863 人（男 547，女 316），彝族 527 人（男 271，女 256），布依族 594 人（男 326，女 268），朝鲜族 352 人（男 184，女 168），哈尼族 83 人（男 34，女 49），哈萨克族 160 人（男 86，女 74），傣族 77 人（男 32，女 45），黎族 324 人（男 146，女 178），傈僳族 13 人（男 7，女 6），佤族 57 人（男 48，女 9），畲族

183人（男100，女83），高山族8人（男4，女4），拉祜族33人（男11，女22），水族32人（男20，女12），东乡族37人（男26，女11），纳西族42人（男21，女21），景颇族3人（男0，女3），柯尔克孜族19人（男9，女10），土族662人（男315，女347），达斡尔族16人（男10，女6），仫佬族64人（男26，女38），羌族32人（男16，女16），布朗族29人（男2，女27），撒拉族21人（男12，女9），毛南族28人（男14，女14），仡佬族121人（男66，女55），锡伯族74人（男36，女38），阿昌族5人（男2，女3），普米族5人（男3，女2），乌孜别克族1人（男0，女1），俄罗斯族17人（男6，女11），鄂温克族1人（男1，女0），裕固族4人（男3，女1），京族12人（男4，女8），塔塔尔族3人（男2，女1），独龙族3人（男1，女2），鄂伦春族3人（男1，女2），赫哲族6人（男5，女1），门巴族9人（男4，女5），珞巴族1人（男0，女1），基诺族2人（男1，女1），其他未识别的民族17人（男11，女6），外国人加入中国籍17人（男10，女7）。

四、文化构成

1990年第四次全国人口普查时，长沙市6岁及以上人口488.31万，其中东区、南区、西区、北区、郊区5区126.96万人，占全市26%。大学本科9.59万人，占1.96%，其中，男性6.96万人，女性2.63万人，男性是女性总数的2.64倍。从地区看，市区9.22万人，占全市大学本科文化程度总人口的96.13%，其他4县（市）仅占3.87%；大学专科10.74万人，占2.2%，其中，男性6.84万人，女性3.9万人，男性比女性多42.86%，从地区看，市区9.25万人，占86.08%，4个县（市）1.49万人，占13.92%；中专12.23万人，占2.51%，其中男性6.38万人，女性5.85万人，从地区看，市区8.79万人，占71.85%；高中42.08万人，占8.62%，其中男性23.07万人，女性19.01万人，从地区看，市区21.88万人，占52%，县（市）占48%；初中139.65万人，占28.60%，其中男性76.71万人，女性62.94万人，从地区看，市区38.36万人，占27.47%，县（市）占72.53%；小学235万人，占48.12%，其中，男性124.8万人，女性110.2万人，从地区看，市区32.22万人，占13.71%，县（市）占86.29%；文盲、半文盲39.01万人，其中男性9.76万人，女性29.25万人，从地区看，市区占18.57%，县（市）占81.43%。较高文化程度的人口性别、地区差异较大，男性居多，市区占大部分。

2000年全国第五次人口普查时，长沙市人口的整体文化素质有明显提高，全市6岁及以上人口581.76万，受过各类教育的占97.72%，比1990年高5.71个百分点。大学本科及以上学历21.85万人，占3.76%，比1990年高1.8个百分点，其中，男性14.30万人，女性7.55万人，男性比女性多47.15%，较高文化程度的性别、地区差异与1990年相比有所缩小，但差距仍很明显，芙蓉、天心、岳麓、开福、雨花5区的本科以上人口20.56万，占全市94.1%，4县（市）仅占5.90%；大学专科29.13万人，占5.01%，较1990年增加2.81个百分点，其中男性16.10万人，女性13.03万人，男性比女性多19.02%，性别差距较1990年减少23.84个百分点，从地区看，市区占80.11%，县（市）占19.89%；中专29.78万人，占5.12%，较1990年增加2.61个百分点，其中，男性13.53万人，女性16.24万人，从地区看，市区占66.46%，县（市）占33.54%%，地区差异继续缩小；高中63.71万人，占10.95%，较1990年增加2.33个百分点，其中，男性35.31万人，女性28.40万人，从地区看，市区占56.9%，县（市）占43.10%；初中221.89万人，占38.14%，较1990年增加9.54个百分点，其中，男性117.98万人，女性103.91万人，从地区看，市区占28.47%，县（市）71.53%；小学198.07万人，占34.05%，较1990年减少14.07个百分点，其中，男性100.93万人，女性97.14万人，从地区看，市区占18.28%，县（市）占81.72%；扫盲班4.05万人，占0.70%，男性1.10万人，女性2.95万人，从地区看，市区占21.67%，县（市）占78.33%；未上过学13.29万人，占 2.28%，性别差异较大，其中，男性 2.46 万人，女性 10.83 万人，从地区看，市区占 23.74%，县（市）占 76.26%。

2010 年长沙市第六次人口普查时，全市 6 岁及以上人口 663.33 万，教育普及率提高，受过各类教育的占 98.92%，比 2000 年高 1.2 个百分点。受过高等教育人数不断增加，比重越来越大，大学本科及以上人口 59.84 万人，占 9.02%，比 2000 年多 5.26 个百分点，其中，男性 32.73 万人，女性 27.11 万人，相差 5.62 万人，男性仅比女性多 17.18%，比重较 2000 年减少 29.97 个百分点，从地区看，市区占 84%，县（市）占 16%；大学专科 74.92 万人，占 11.29%，较 2000 年增加 6.28 个百分点，其中男性 37.46 万人，女性 37.45 万人，男性比女性多 111 人，性别差异进一步消除，从地区看，市区占 67.26%，县（市）占 31.74%；高中 124.25 万人，占 18.73%，较 2000 年增加 7.78 个百分点，其中，男性 64.68 万人，女性 59.57 万人，从地区看，市区占 57.1%，县（市）占 42.9%；初中 241.14 万人，占 36.35%，较 2000 年较少 1.79 个百分点，其中男性 124.02 万人，女性 117.12 万人，从地区看，市区占 33.84%，县（市）占 66.16%；小学 156.04 万人，占 23.52%，较2000 年减少 10.53 个百分点，其中男性 75.55 万人，女性 80.49 万人，从地区看，市区占 24.85%，县（市）占 75.15%；未上过学 7.14 万人，占 1.08%，比 2000 年减少 1.2 个百分点，其中，男性 1.95 万人，女性 5.19 万人，从地区看，市区占 26.88%，县（市）占 73.12%。3 次人口普查结果表明，较高文化程度人口的性别、地区差距持续大幅缩小，大学专科、高中、初中等文化程度从 1990 年、2000 年的男性占绝大多数比重到 2010 年男女人数基本持平，未上过学或拥有小学文化程度人口的女性比例越来越小，县（市）与市区的差异也不断缩小。

五、职业、行业构成

1990 年长沙市第四次全国人口普查时，全市在业人口 298.72 万，其中，男性 174.80 万人，女性 123.92 万人。按行业门类分，农、林、牧、渔、水利业 186.69 万人，占 62.50%；工业 52.17 万人，占 17.46%；地址普查和勘探业 6442 人，占 0.22%；建筑业 7.82 万人，2.62%；交通运输、邮电通信业 6.68 万人，占 2.24%；商业、公共饮食业、物资供销和仓储业 15.02 万人，占 5.03%；房地产管理、公用事业、居民服务和咨询服务业 4.22 万人，占 1.41%；卫生、体育和社会福利事业 3.37 万人，占 1.13%；教育、文化艺术和广播电视事业 10.12 万人，占 3.39%；教学研究和综合技术服务业 2.27 万人，占 0.76%；金融、保险业 1.20 万人，占 0.40%；国家机关、党政机关和社会团体8.15 万人，占 2.73%；其他行业 3633 人，占 0.12%。按职业分，各类专业、技术人员 22.52 万人，占 7.54%；国家机关、党群机关、企事业单位负责人 6.49 万人，占 2.17%；办事人员和有关人员 7.05 万人，占 2.36%；商业工作人员 12.40 万人，占 4.15%；服务性工作人员 9.32 万人，占 3.12%；农、林、牧、渔劳动者 172.89 万人，占 57.88%；生产工人、运输工人和有关人员 67.94 万人，占 22.74%；不便分类的其他劳动者 1204 人，占 0.04%。

2000 年长沙市第五次全国人口普查（数据为《长沙市 2000 年人口普查资料（下册）》普查长表抽样调查内容，抽取比例为 10%）时，全市在业人口 30.08 万，其中男性 17.40 万人，女性 12.68 万人。按行业看，农、林、牧、渔业 16.06 万人，占 53.37%；采掘业 1734 人，占 0.58%；制造业4.23 万人，占 14.07%；电力、煤气及水的生产和供应业 1701 人，占 0.57%；建筑业 1.10 万人，占 3.65%；地质勘查业、水利管理业 557 人，占 0.19%；交通运输、仓储及邮电通信业 9418 人，占 3.13%；批发和零售贸易、餐饮业 3.15 万人，占 10.46%；金融、保险业 2823 人，占 0.94%；房地产业 799 人，占 0.27%；社会服务业 1.18 万人，占 3.93%；卫生、体育和社会福利业 4638 人，占 1.54%；教育、文化艺术及广播电影电视业 1.11 万人，占 3.69%；科学研究和综合技术服务业 2043

人，占 0.68%；国家机关、党政机关和社会团体 7818 人，占 2.60%；其他行业 1050 人，占 0.35%。按职业分，国家机关、党群组织、企业、事业单位负责人 7278 人，占 2.42%；专业技术人员 2.40 万人，占 7.99%；办事人员和有关人员 1.19 万人，占 3.97%；商业、服务业人员 4.30 万人，占 14.30%；农、林、牧、渔、水利业生产人员 16.06 万人，占 53.39%；生产、运输设备操作人员及有关人员 5.37 万人，占 17.84%；不便分类的其他劳动者 259 人，占 0.09%。

2010 年长沙市第六次全国人口普查（数据为《长沙市 2010 年人口普查资料（下册）》普查长表抽样调查内容，抽取比例为 10%）时，全市在业人口 33.86 万，男性 19.83 万人，女性 14.03 万人。按行业分，农、林、牧、渔业 11.59 万人，占 34.24%；采矿业 2064 人，占 0.61%；制造业 5.02 万人，占 14.84%；电力、燃气及水的生产和供应业 2529 人，占 0.75%；建筑业 2.20 万人，占 6.51%；交通运输、仓储和邮政业 1.44 万人，占 4.24%；信息传输、计算机服务和软件业 4502 人，占 1.33%；批发和零售业 4.98 万人，占 14.69%；住宿和餐饮业 1.71 万人，占 5.06%；金融业 5545 人，占 1.64%；房地产业 4654 人，占 1.37%；租赁和商务服务业 3492 人，占 1.03%；科学研究、技术服务和地质勘查业 2413 人，占 0.71%；水利、环境和公共设施管理业 1614 人，占 0.48%；居民服务和其他服务业 9433 人，2.79%；教育 1.19 万人，占 3.52%；卫生、社会保障和社会福利业 6437 人，占 1.90%；文化、体育和娱乐业 4595 人，占 1.36%；公共管理和社会组织 9962 人，占 2.94%；国际组织 13 人。按职业分，国家机关、党群组织、企业、事业单位负责人 8999 人，占 2.66%；专业技术人员 38842 人，占 11.47%；办事人员和有关人员 1.96 万人，占 5.79%；商业、服务业人员9.14 万人，占 27.00%；农、林、牧、渔、水利业生产人员 11.45 万人，占 33.80%；生产、运输设备操作人员及有关人员 6.48 万人，占 19.14%；不便分类的其他从业人员 476 人，占 0.14%。

表 1-3-3-2　　1990 年长沙市各行业人口职业构成统计一览表　　单位：人

行业	职业								
	合计	各类专业、技术人员	国家机关、党群组织、企事业单位负责人	办事人员和有关人员	商业工作人员	服务型工作人员	农林牧渔劳动者	生产工人、运输工人和有关人员	不便分类的其他劳动者
总计	2987206	225156	64886	70458	124018	93215	1728911	679358	1204
农林牧渔水利业	1866914	7853	2845	525	2040	3002	1726172	124468	9
工业	521661	40823	18760	18901	18511	19848	807	403394	617
地质普查和勘探业	6442	1982	497	418	80	358	25	3082	—
建筑业	78223	12934	2623	2733	860	2260	21	56722	70
交通运输、邮电通信业	66772	6006	2065	6341	1425	6724	211	43955	45
商业、公共饮食业物资供销和仓储业	150246	10811	8976	5258	94693	15290	123	15049	46
房地产、公用事业、居民服务和咨询服务业	42239	2902	1431	2590	942	27268	51	6937	118
卫生、体育和社会福利事业	33717	26302	1345	1161	230	2671	35	1964	9
教育、文化艺术和广播电视事业	101163	72802	5716	4905	689	9430	801	6708	112

续表 1-3-3-2

行业	职业								
	合计	各类专业、技术人员	国家机关、党群组织、企事业单位负责人	办事人员和有关人员	商业工作人员	服务型工作人员	农林牧渔劳动者	生产工人、运输工人和有关人员	不便分类的其他劳动者
科学研究和综合技术服务事业	22696	12811	1767	1467	525	983	448	4665	30
国家机关、政党机关和社会团体	81498	21023	17298	24672	3465	4780	211	9916	133
金融、保险业	12000	8583	1349	1198	151	309	1	400	9
其他行业	3635	324	214	289	407	292	5	2098	6

表 1-3-3-3　2000 年长沙市各行业人口职业构成统计一览表　单位：人

行业	职业							
	合计	国家机关、党群组织、企业、事业单位负责人	专业技术人员	办事人员和有关人员	商业、服务业人员	农、林、牧、渔、水利业生产人员	生产、运输设备操作人员及有关人员	不便分类的其他劳动者
总计	300829	7278	24043	11936	43026	160620	53667	259
农、林、牧、渔业	160567	33	259	49	178	159848	185	15
采掘业	1734	48	77	36	75	48	1446	4
制造业	42321	1567	2868	1958	4267	271	31321	69
电力、煤气及水的生产和供应业	1701	63	282	166	216	11	962	1
建筑业	10990	386	1037	381	389	19	8764	14
地质勘查业、水利管理业	557	36	177	87	44	96	117	—
交通运输、仓储及邮电通信业	9418	314	588	1295	1704	100	5414	3
批发和零售贸易、餐饮业	31453	1416	1194	761	26752	50	1256	24
金融、保险业	2823	255	1977	320	139	—	130	2
房地产业	799	126	146	213	195	2	117	—
社会服务业	11811	445	1010	769	7178	99	2281	29
卫生、体育和社会福利业	4638	130	3578	244	476	9	198	3
教育、文化艺术及广播电影电视业	11106	462	8431	975	705	24	499	10
科学研究和综合技术服务业	2043	113	1115	363	113	16	322	1
国家机关、政党机关和社会团体	7818	1715	1092	4050	421	19	497	24
其他行业	1050	169	212	269	174	8	158	60

说明：2000 第五次人口普查行业、职业数据为 10%抽选。第六次人口普查没有各行业人口的职业构成分析

第四节　婚姻 家庭

一、婚姻构成

长沙市居民的婚姻状况稳定，有配偶的在婚状态人口始终是婚姻关系的主体。1990 年全国第四次人口普查时，长沙市 15 岁及以上人口 413.33 万。其中，未婚人口 104.86 万，占 25.37%；有配偶人口 278.54 万，占 67.39%；丧偶人口 26.76 万，占 6.47%；离婚人口 3.16 万，占0.77%，离婚人口中男性 2.26 万人，占离婚人口总数的 71.58%，女性 8991 人，占 28.42%。从年龄段看，35~39 岁这一年龄段离婚人口有 4440 人，居各年龄段人数之首，占离婚人口总数 14.04%。从文化程度看，小学文化程度的离婚人口占比最重，1.49 万人，占离婚人口的 47.07%。

2000 年全国第五次人口普查（数据为《长沙市 2000 年人口普查资料（下册）》普查长表抽样调查内容，抽取比例为 10%）时，长沙市 15 岁及以上人口 47.32 万。其中，未婚人口 11.1 万，占 23.45%，比 1990 年下降 1.92 个百分点；有配偶人口 32.96 万，占 69.67%，比 1990 年上涨 2.28 个百分点；丧偶人口 2.72 万，占 5.74%，比 1990 年下降 0.73 个百分点；离婚人口 5412，占 1.14%，比 1990 年增加 0.37 个百分点，其中男性 3235 人，占总数的 59.77%，较 1990 年减少 11.81 个百分点，女性 2177 人，占 40.23%，离婚女性的比例大幅上涨。从年龄段看，离婚人口仍以35~39 岁居多，1163 人，占离婚人口总数的 21.49%，比 1990 年上升 7.45 个百分点。随着教育的普及，离婚人口的受教育程度有所提升，拥有初中文化程度的离婚人群占比 34.81%。

2010 年全国第六次人口普查时（数据为《长沙市 2010 年人口普查资料（下册）》普查长表抽样调查内容，抽取比例为 10%）时，长沙市 15 岁及以上人口 58.45 万。其中，未婚人口 13.92 万，占 23.82%，比 2000 年上涨 0.37 个百分点；有配偶人口 40.27 万，占 68.91%，比 2000 年下降 0.76 个百分点；丧偶人口 3.34 万，占 5.71%，比 2000 年下降 0.03 个百分点；伴随着婚恋观念的转变，在自由、平等的恋爱、婚姻环境中，离婚人口比重持续上涨，是年，离婚人口 9103，占1.56%，较 2000 年提高 0.42 个百分点，其中男性 4858 人，占 53.37%，女性 4245 人，占 46.63%，女性的离婚人口占比较 2000 年增加 6.4 个百分点，离婚人口从男性占较大比重到女性人口越来越多，表明女性对婚姻平等、生活自由的追求。从年龄段看，离婚人口占比最重的年龄段是 40~44 岁，1821 人，比 35~39 岁的年龄段多 467 人。从受教育程度看，拥有初中教育程度的人口以 3710 人的数量占最大比重，40.76%的占比较 2000 年高 5.95 个百分点，另外，拥有较高文化水平的离婚人口越来越多。从婚姻登记情况来看，登记离婚数逐年攀升。是年，全市平均结婚年龄为 25.75 岁，男性 27.17 岁，女性 24.41 岁。长沙市居民婚姻状况较稳定，3 次人口普查中已婚有配偶人口始终是婚姻关系的主体部分，占比最重；已婚人口中，女性追求稳定婚姻家庭的愿望较强。

表 1-3-4-1　　1988—2012 年长沙市婚姻登记情况统计一览表　　单位：对

年份	登记结婚		离婚总数			
		涉外婚		登记离婚	调解离婚	判决离婚
1988	48000	57	4053	1324	2347	382
1989	56329	65	4753	1377	2739	637
1990	51366	95	4968	1372	2903	693

续表 1-3-4-1

年份	登记结婚		离婚总数			
		涉外婚		登记离婚	调解离婚	判决离婚
1991	48159	144	4999	1465	2696	838
1992	43702	246	5395	1765	2772	858
1993	38103	307	5755	2029	2847	878
1994	34463	361	6996	2120	3534	1342
1995	40178	468	7448	2628	3327	1493
1996	39672	551	7970	2831	3520	1619
1997	39910	512	7424	3810	2436	1178
1998	39947	576	6553	3232	2115	1206
1999	37140	596	7420	3365	1835	928
2000	39977	710	6291	3782	1486	1023
2001	39365	749	5875	3376	1465	1034
2002	35950	907	5639	4337	591	711
2003	42297	500	7152	4997	1048	1107
2004	47581	98	10064	6887	1143	2034
2005	45622	88	10048	7983	1012	1053
2006	57061	89	11443	8304	1350	1789
2007	52358	306	11889	9104	1381	1404
2008	62759	316	13885	10537	1740	1608
2009	79816	298	15862	12720	1813	1329
2010	69251	316	16786	13770	1778	1238
2011	78954	258	18310	15507	1877	926
2012	76127	241	20079	16528	2443	1108

二、家庭构成

（一）总户数。1988 年，长沙市居民总户数为 149.09 万户，较上年增加 8.52 万户，增幅 6.06%，平均每户 3.59 人。进入 20 世纪 90 年代，随着居民住房环境改善，人口增多，除 1993 年、1994 年和 1996 年总户数有所回落外，其他年份逐年增加，增速有所减缓。1998 年，全市总户数 166.80 万户，比上年多 2.03 万户人口，户均人口 3.49 人。进入 21 世纪，随着房地产业快速发展，户规模逐渐缩小。2006 年，全市 187.70 万户，平均每户 3.36 人。2012 年，全市居民总户数为 211.47 万户，平均每户 3.12 人。至 2012 年，总户数平均每年增加近 2.5 万户。

（二）家庭户规模。1990 年，长沙市总户数为 146.72 万户，其中家庭户 145.83 万户，占 99.40%。、三人户、四人户、五人户是家庭户中的重要组成部分。全市的一人户有 12.43 万户，占家庭户总数的 8.53%。二人户 20.57 万户，占 14.11%。三人户 37.63 万户，占 25.81%。四人户 39.79

万户，占 27.28%。五人户 22.49 万户，占 15.42%。五人及以上户 35.41 万户，占 24.28%。

2000 年，长沙市有家庭户 170.59 万户，占全市总户数 94.41%。三人户及以下户的小家庭迅猛增长到 106.45 万户，较 1990 年增加 35.81 万户，增幅 50.70% 。其中，一人户 17.58 万户，占家庭户总数的 10.31%，较 1990 年增加 1.78 个百分点。二人户 34.40 万户，占 20.17%，较 1990 年增加 6.06 个百分点。三人户 54.47 万户，占 31.93% ，较 1990 年增加 6.13 个百分点。四人户 36.76 万户，占 21.55%，较 1990 年减少 5.73 个百分点。五人及以上户缩减为 27.38 万户，占 16.05%，较 1990 年减少 8.23 个百分点。

进入 2010 年，家庭户有 207.20 万户，占全市总户数 93.05%，比重持续降低。大型家庭户比例逐渐下降，家庭户规模趋于小型化。全市有一人户 31.91 万户，占家庭户总数 15.40%，较 2000 年增加 5.09 个百分点。二人户 50.54 万户，占 24.39%，较 2000 年增加 4.22 个百分点。一人户、二人户在家庭户中比重 3 次人口普查呈逐渐上涨态势。三人户 63.23 万户，占 30.51%，较 2000 年下降 1.42 个百分点。四人户 33.59 万户，占 16.21%。五人及以上户 27.93 万户，占 13.48%。大家庭户的占比 20 年来持续减少。

（三）家庭户类别。1990 年，长沙市的家庭结构主要以一代户、二代户和三代户为主。其中，由单身户、一对夫妇户、一代与其他亲属和非亲属及其他组成的一代户 25.44 万户，占全市家庭户总数的 17.45%。二代户 96.50 万户，占 66.17%。三代户 23.12 万户，占 15.86%。四代户 7645 户，占 0.52%。五代户及以上 12 户，这 12 户均位于长沙城区外。其中，11 户位于浏阳县，1 户位于宁乡县。

2000 年，全市一代户有 44.10 万户，占 25.85%，较 1990 年增长 8.4 个百分点，市内 5 区的一代户比重均超过全市的平均值，而其他 4 个县（市）的占比均低于全市平均值，这表明在社会、经济更为发达的城区，人们的观念也相对没有那么传统，更崇尚自由、独立的生活氛围，尤其是芙蓉区，拥有 4.21 万户一代户，占全区家庭户比重的 37.51%，比全市平均值高出 11.66 个百分点，是全市一代户占比最高的地区。是年，全市的二代户仍是主体，占全市家庭户的 54.51%，但较 1990 年下降 11.66 个百分点，9 个区、县（市）的二代户比重与全市平均值相差不远。市区中二代户最多的是雨花区，有 8.08 万户，占全区家庭户的 57.67%，比全市平均值高 3.16 个百分点。全市三代户有 32.4 万户，占家庭户总数的 19%，比 1990 年增加 3.14 个百分点。县（市）区的三代户比重均高过全市平均值。四代户 1.09 万户，占 0.64%。五代及以上户 11 户，除一户位于天心区外，其他 10 户均分布在长沙城区以外。

2010 年，由于二代家庭户分解，婚姻单位增多，从而转入一代户中，全市有一代户 71.22 万户，较 2000 年增加 27.12 万户，涨幅 61.50%，一代户占全市家庭户的 34.37%，一代户在 3 次普查的比重持续上升，表明越来越多的年轻人从大家庭中独立出来成立小家庭。二代户 95.61 万户，在 3 次普查中均占主体地位，46.14%的占比较 2000 年减少 9.37 个百分点，比重持续下降。三代户 38.66 万户，四代户 1.71 万户，占家庭户的比重分别为 18.66%、0.82%，比重较 2000 年都有轻微减少。从地区看，县（市）区的三代户、四代户比重均超过全市平均值，尤其是浏阳市，三代户占其全部家庭户的 30.31%，是全市唯一一个三代户比重超过一代户的地区，因此，在这里更容易看到三代同堂、四代同堂的场景。五代及以上户 23 户，较 2000 年增加 12 户，这 23 户家庭户中，除 1 户在岳麓区外，其他均在城区外。

表 1-3-4-2　1990 年、2000 年、2010 年长沙市不同规模的家庭户类别统计一览表　单位：户

类型	年份	家庭户数	一代户	二代户	三代户	四代户	五代户及以上
1 人户	1990	124337	124337	0	0	0	0
	2000	175805	441007	0	0	0	0
	2010	319129	319129	0	0	0	0
2 人户	1990	205702	124947	80755	0	0	0
	2000	344006	175805	92887	0	0	0
	2010	505416	371878	133538	0	0	0
3 人户	1990	376320	3374	364988	7958	0	0
	2000	544683	251119	521919	13858	0	0
	2010	632269	13875	596402	21992	0	0
4 人户	1990	397853	978	348008	48778	89	0
	2000	367614	8906	255831	108601	233	0
	2010	335912	4573	196679	134174	486	0
5 人户及以上	1990	354113	794	171263	174488	7556	12
	2000	273787	2218	59297	201579	10682	11
	2010	279276	2758	29445	230464	16581	23

第二篇

中国共产党

本篇编纂人员

贾志远（主编）　黄　磊　王丹丹

本篇撰稿人员

概　述：高长生　李　兵　詹文科

第一章　代表大会：高长生　李　兵　詹文科

第二章　组织机构：高长生　李　兵　詹文科

第三章　市委全会：高长生　李　兵　詹文科

第四章　决策纪要：高长生　李　兵　詹文科

第五章　精神文明建设：李卫政　戴佐才　余建华

第六章　政治思想专题教育：戴佐才　余建华　郑鸿章　李志杰

第七章　纪律检查：舒太平　王雁冰　尹正祥　陈　强　杨志仁　胡　进
刘　研　周志强

第八章　组织建设：郑鸿章　李志杰

第九章　宣传工作：高　山　赵柏林　李卫政　余建华　戴佐才

第十章　统一战线：刘映群　刘清广　周述华

第十一章　党校工作：范伯力　袁超群　周云华　姚庆武　张洋梵

第十一章　其他工作：葛　浪　侯文学　蒋经波　吴德峰　杨韶华　熊俭贵
曾向阳　欧阳浩　周　敏　郭跃群　丁泽权　郁阳阳　曾　光
宋万能　王国华

概　述

1988—2012年的25年间，中共长沙市委深入贯彻落实中共第十一至第十八次全国代表大会精神，坚持以改革开放为主导，以经济建设为中心，实施发展战略，引领创新驱动。相继召开中共长沙市第八至十二次代表大会，分别选举产生中共长沙市第八、九、十、十一、十二届委员会。

1989年后，制定“改革兴市”基本市策，实施“改革开放”战略，出台《关于长沙市1990年围绕治理整顿进一步深化改革的意见》。以稳定和完善家庭承包责任制为重点，进一步深化农村改革。提出“坚定不移地深化企业改革，搞活国营大中型企业”十条措施，改革商业流通体制，进行计划、财政、税收、金融、物资、价格、劳动工资和科技、教育、文化、卫生等体制改革。实施转变职能下放权力、改革政府工作机构、改革干部人事制度、完善社会主义民主政治制度等政治体制改革，以保障各项改革顺利进行。坚持决策民主化、科学化，先后作出“实施兴工强市战略”“加强‘三农’工作”“加强城市建设”“实施科技兴市战略”“建设法治长沙”“党风廉政建设”等一系列重大决策，推动创新发展。

1996年，工业在“抓大放小”“调整结构”“增资减债”“人员分流”“兼并破产”等方面获得突破，全年实现工业总产值501.57亿元，同比增长22.4%。1997年，高新技术产业成为全市经济发展的主要支撑点，电子信息、机电一体化、新材料和生物技术四大新兴产业群逐步形成，销售收入过亿元的高新技术产业31家，有13家单位承担国家星火计划项目。2001年，农业通过深化改革，占全市94.6%的98.52万农户完成土地延包合同。按照“公司+基地+农户”的模式，农村土地流转50万亩。城市建设完善市区“六桥三环”、河东“六纵十横”、河西“四纵六横”道路规划，形成“一江两岸、西文东市”格局，城区面积规划由352平方千米扩大到556平方千米，城市服务功能显著增强。是年开始，在广泛深入开展居民和未成年人思想道德、文明素质教育，创建文明行业、文明社区、文明村镇、全国文明城市等为主要内容的精神文明建设的同时，继“社会主义思想教育”活动后，先后开展以“三讲”（讲学习、讲政治、讲正气）、“‘三个代表’重要思想学习教育”“保持共产党员先进性教育”和“科学发展观学习实践活动”为主题的政治思想教育活动，加强党的组织建设、思想建设、作风建设和廉政建设。至2012年，全市基层党组织增加到1.74万个，中共党员增加到39.31万名，分别比1988年增长46.8%和1.7倍。

2003—2004年，出台《关于加强人才队伍建设的若干意见》《长沙市优秀专家、学术和技术带头人培养对象管理办法》，建立长沙专家信息库，加大人才培养、吸引和使用力度，引进38名非长沙籍高级人才，包括2名美籍华人、2名加拿大籍华人。通过人才建设机制的创新和落实，至2012年，全市人才总量达93万余人，占人口比重从1999年的6.5%增加到13.2%。

2005年，认真贯彻“党要管党，从严治党”的方针，出台《关于建立健全教育、制度、监督并重的惩治和预防腐败体系落实意见》《长沙市预防腐败工作方案》等，实行干部考核机制和领导干部个人重大事项报告和任期经济审计等监督机制。重点对领导干部违规违纪建购装修住房、超标准坐车、用公款吃喝玩乐、公款出国（境）旅游、收受礼金和有价证券、经商办企业等问题进行清理整治。制定185项制度，加强反腐倡廉宣传教育，规范权力运行，强化监督制约，构建不想腐、不能腐、不敢腐的防范机制。通过持续深入抓落实，领导干部违反廉洁自律规定的突出问题和群众反映强烈的不正之风得到遏制和基本解决。高度重视和加强理论学习教育、理论宣讲和理论研究，加大新闻宣传、社会宣传力度。不断扩展对外宣传和对外文化交流。加强文化事业和文化产业建设，深入推行文化体制改革。

2006—2008年，开展“以科学发展观为统领，全面建设小康社会，努力构建社会主义和谐社会”和“科学发展、创业富民”为主题宣教活动，开展“专家市民面对面，创新理论进社区”的“市民论坛”，编辑出版《聚焦——社会热点理论普及读本》，指导广大干部群众理论学习，推动马克思主义大众化。坚持和完善社会主义民主政治制度，通过机制建立、工作推进和加强服务，构建大统战格局。2009年，把统战工作纳入区、县（市）绩效考核内容，建立统一战线工作联席会议和统筹研究部署工作机制，将市台办、市民宗局、市工商联纳入统筹协调范围。是年，发布《关于进一步建立健全体制机制深化文明城市创建工作的意见》，出台建设人民满意城市“三年纲要”，强势推进文明城市创建。2011年12月，长沙市以名列省会城市、副省级城市第一名的测评成绩，荣获“全国文明城市”称号。2011—2012年，出台《关于加强党同党外人士合作交流共事的意见》《关于加强新形势下党外代表人士队伍建设的实施意见》，加强党外干部选拔任用和党外代表人士队伍建设。坚持总揽全局，统筹推进党校、党史、老干部管理和对台工作，均取得显著成就。

至2012年，先后出台《长沙市党政干部交流工作暂行办法》《长沙市党政干部竞争上岗实施办法》《干部选拔任用监督内部协调办法》，加强干部队伍建设和管理，推进干部人事制度改革，完善公开、平等、竞争、择优选用机制。举办干部进修班、培训班、专题研讨班等，加强对干部的学习教育，提高政治素质和工作效能，以适应改革开放和社会主义市场经济发展要求。

市委一系列改革、开放、发展战略，推动全市经济建设和各项事业快速发展，人民生活水平显著提高。2012年，全市实现工业总产值8263.08亿元，连续5年每年净增1000亿元，工业对GDP增长的贡献率达56.1%，工业综合效益指数385%；农林牧渔总产值达419.78亿元；各项税收1060.12亿元，其中国税收入725.22亿元，是1988年全市税收总量的近80倍；城市居民人均可支配收入3.1万元，农村居民人均纯收入1.58万元，与1988年比，年平均增长分别为11.7%和11.4%。

第一章　代表大会

第一节　中共长沙市第八次代表大会

1990 年 9 月 11—16 日，中共长沙市第八次代表大会在麓山宾馆举行，出席会议代表 449 人。市委书记王众孚代表中共长沙市第七届委员会作《同心同德，继往开来，为长沙的进一步稳定发展而奋斗》工作报告，对 1986—1990 年的工作进行总结，提出后五年全市经济社会发展的主要目标。市纪委书记陈学明作《严肃党的纪律，加强党风和廉政建设，保证党的基本路线的贯彻执行》工作报告。会议审议通过第七届市委的工作报告和市纪律检查委员会的工作报告。

大会选举产生中共长沙市第八届委员会和中共长沙市纪律检查委员会，选举出席湖南省第六次党代会的代表 48 名；选举市委委员 38 人、候补委员 6 人；选举市纪律检查委员会委员 23 人。八届一次全会选举产生 10 名市委常委，1 名市委书记，3 名市委副书记。会议审议批准市纪委第一次全体会议选举产生的市纪委常委、市纪委书记、副书记。

市委委员分别是：（以姓氏笔画为序）

王众孚	王利安	吕　滨	朱秋林	朱厚廓	任祖武
刘启欣	刘奇兵	宇庆华	杨　哲	李正雄	李咏芳（女）
李映华（女）	励明安	肖常锡	肖雅瑜	吴科政	何迎春
何家象	邹水生	张东彦	张明泰	张庭凯	陈元松
陈学明	陈香成	易希文	罗桂求	袁汉坤	徐金凯
殷水球（女）	郭俊秀	唐正湘	曹保和	韩铁凡	程咏斌
臧宝山	颜克初				

市委候补委员分别是：（以得票多少为序）

宋久德	孙延农	李培毅	王　红	黄克猷	唐士宝

第二节　中共长沙市第九次代表大会

1995 年 9 月 16—20 日，中共长沙市第九次代表大会在麓山宾馆举行，出席会议党代表 450 名。会上，省委常委、市委书记代表中共长沙市第八届委员会作题为《肩负起跨世纪的历史重任，为长沙的振兴和人民的富裕而努力奋斗》工作报告，对“八五”期间的工作进行深刻总结。分析时下经济形势和发展机遇，提出后五年要致力于改革开放、发展经济，致力于人民富裕、安居乐业，致力于社会稳定、政通人和，致力于党的建设、廉政勤政；实施“开放强市、科教兴市、流通活市、依法治市”战略，在全面完成现代化建设第二步战略部署的同时，实现国内生产总值翻三番的奋斗目标。吴梦南代表中共长沙市纪律检查委员会作《深入开展反腐败斗争，大力加强党风廉政建设，为实现本世纪末我市经济和社会发展目标而努力奋斗》工作报告。

大会审议通过《关于中共长沙市第八届委员会工作报告的决议》以及关于市纪委工作报告的决议；审议通过《中共长沙市委关于制定长沙市国民经济和社会发展第九个五年计划的建议》。大会选举产生中共长沙市第九届委员会和中共长沙市纪律检查委员会。选举产生中共长沙市第九届委员会委员 41 人、候补委员 7 人，纪律检查委员会委员 25 人；选举产生出席中共湖南省第七次代表大会的代表 53 人。

九届一次全会选举产生 13 名市委常委，1 名市委书记，3 名副书记。审议批准市纪委第一次全体会议选举产生的市纪委常委和书记、副书记。

市委委员分别是：（以姓氏笔画为序）

王柏林	孔光明	龙长工	龙双武	任祖武	杜远明
杨培平	李正雄	李克俭	李咏芳（女）	李映华（女）	李斌凯
肖常锡	吴梦南（女）	余合泉	张贤遵	陈　勇	陈香成
易字欣（女）	易希文	罗　特	周里冰	郑佳明	胡　越
姚五零（女）	袁汉坤	钱永奎	徐宪平	唐正湘	龚罗生
梁建强	葛光唯	董学生	蒋新祺	谢建辉（女）	谢树林
简用超	臧宝山	颜克初			

市委候补委员分别是：（以得票多少为序）

郭应斌	罗宗祥	陈励青	邹志祥	周兆达	王武亮

第三节　中共长沙市第十次代表大会

2000 年 9 月 22—25 日，中共长沙市第十次代表大会在麓山宾馆举行。出席会议党代表 480 人。市委副书记、市长谭仲池致开幕词，市委副书记杨顺初致闭幕词。省委副书记兼长沙市委书记张云川代表中共长沙市第九届委员会作题为《认真落实“三个代表”重要思想的要求，为把长沙建设成为繁荣、开放、文明、秀美的现代化中心城市而努力奋斗》工作报告。吴梦南代表市纪委向第十次代表大会作工作报告。张云川在报告中全面地实事求是地总结前五年的成绩和经验，分析当前存在的困难和问题，指出后五年全市工作总的指导思想以及全市两个文明建设和党的建设的奋斗目标及工作任务。大会选举产生中共长沙市第十届委员会和中共长沙市纪律检查委员会，选举产生中国共产党长沙市第十届委员会委员 45 名、候补委员 8 名，市纪律检查委员会委员 25 名。审议通过关于市委工作报告和关于市纪委工作报告的决议。十届一次全会选举产生 13 名市委常委，1 名市委书记，4 名副书记。审议批准市纪委第一次全体会议选举产生的市纪委常委和书记、副书记。

市委委员分别是：（以姓氏笔画为序）

王　丹	孔光明	龙建强	刘　耘	刘忠明	刘晓明
刘耀杰	杨志德	杨顺初	李咏芳（女）	李振尊	吴梦南（女）
余合泉	张云川	张驱美（女）	陈　勇	欧代明	易宇欣（女）
罗宗祥	周开初	周里冰	胡名健	胡进安	赵小明
秦卓夫	袁观清	夏友贵	钱永奎	徐湘平	黄中瑞
梁建强	彭　新	彭可平	董学生	蒋新祺	谢建辉（女）

谢树林　楚白兰（女）　简用超　谭仲池　缪佐明

市委候补委员分别是：（以得票多少为序）

肖雅珩（女）　周兆达　吴念公　刘国华　余克健　佘双智

李伟群　刘景旺

第四节　中共长沙市第十一次代表大会

2006 年 9 月 16—19 日，中共长沙市第十一次代表大会在麓山宾馆举行，出席会议的代表 482 人。省委常委、市委书记梅克保作题为《全面落实科学发展观，为建设繁荣、创新、文明、和谐的长沙而努力奋斗》的工作报告，全面回顾总结市第十次党代会以来的工作，分析今后五年面临的新形势，明确今后工作的指导思想、奋斗目标和主要任务。董学生代表市纪委向第十一次代表大会作工作报告。会议审议通过第十届市委和市纪律检查委员会的工作报告。大会选举产生中共长沙市第十一届委员会和中共长沙市纪律检查委员会；选举市委委员 57 人、候补委员 10 人，选举市纪律检查委员会委员 33 人；选举产生长沙市出席中共湖南省第九次代表大会代表 55 名。19 日下午，中共长沙市第十一届委员会举行第一次全体会议，选举产生 13 名市委常委，1 名市委书记，2 名市委副书记。审议批准中共长沙市纪律检查委员会全体会议选举产生的市纪委常务委员和书记、副书记。

市委委员分别是：（以姓氏笔画为序）

文树勋　龙建强　刘　回　刘晓明　刘新程　杨正武

杨光荣　杨顺初　杨懿文　李咏芳（女）　李科明　肖良定

肖雅珩（女）　吴志雄　吴念公　何文炯　余合泉　余建国

张可夫　张迎龙　张建国　范小新　易佳良　罗社辉

罗衡宇　周岳云　胡　静（女）　胡子敬　赵建强　姚永春

贺国谦　秦卓夫　袁正象　袁观清　徐湘平　唐志浩

梅克保　黄中瑞　常智余　彭　新　董学生　曾令亮

谢明德　谢建辉（女）　谢树林　楚白兰（女）　简用超　谭仲池

谭杭生　虢正贵

市委候补委员分别是：（以得票多少为序）

雍正海　刘国华　芮英姿（女）　邱俊杰　黄如瑾　邱继兴

张智勇　王昌连　黄吉邦　贾齐正

第五节　中共长沙市第十二次代表大会

2011 年 9 月 25—27 日，中共长沙市第十二次代表大会在长沙人民会堂举行，出席会议代表 495 人。省委常委、市委书记陈润儿作题为《始终坚持科学发展 团结依靠人民群众 朝着率先建成两型城市和实现全面小康目标迈进》工作报告，全面回顾总结过去五年市委的工作，明确今后五年的奋斗目标、发展战略及主要任务和工作重点。市纪委向大会作书面工作报告。大会选举产生中共长沙市第十二届委员会和市纪律检查委员会，选举产生市委委员 57 人、候补委员 10 人，选举产生市纪律检查委员会委员 33 人。审议通过关于第十一届市委工作报告的决议和关于市纪律检查委员会工作报告的决议。27 日下午，中共长沙市第十二届委员会召开第一次全体会议，选举产生 13 名市委常委，1 名市委书记，2 名市委副书记。审议批准中共长沙市纪律检查委员会全体会议选举产生的市纪委常务委员和书记、副书记。

市委委员分别是：（以姓氏笔画为序）

王小平（女） 文丽霞（女） 文树勋 芮英姿（女） 李 军 李 蔚
李介德 李田贵 李科明 杨懿文 肖良定 邱俊杰
邱继兴 余合泉 汪泽秋 张庆红 张迎龙 张迎春（女）
张剑飞 陈 中 陈绍纯 陈润儿 陈献春 范小新
罗社辉 罗衡宁 周 敏（女） 周杏武 周岳云 郑耀频
赵建强 赵跃驷 胡伏安 钟 钢 姚永春 姚英杰
袁观清 夏建平 唐志浩 凌勤杰 黄中瑞 黄佳惠
曹立军 梁 仲 程水泉 曾超群 谢建辉（女） 谢树林
谭小平 谭慧慧（女） 黎石秋 黎春秋 虢正贵

市委候补委员分别是：（以得票多少为序）

杨兴龙 侯 文 袁志恒 郭力夫 朱东铁 周志凯
黄吉邦 张智勇 曹再兴 彭惊雷

第二章 组织机构

第一节 中共长沙市委员会

一、中共长沙市第七届委员会（1985 年 10 月—1990 年 9 月）

1985 年 10 月 17—22 日召开中共长沙市第七次代表大会，选举产生中共长沙市第七届委员会：选举产生市委委员 38 人，市委候补委员 6 人。七届一次全体委员会议选举产生市委常委 11 人：王众孚、王克英、曾昭宣、俞又昌、杨宏、何家象、陈军、臧宝山、殷水球（女）、吕滨、张晖。市委书记：王众孚；副书记：王克英、曾昭宣、俞又昌。会议审议批准市纪律检查委员会全体会议选举产生的市纪委常委和书记、副书记。市纪委书记：杨宏；副书记：来杰、龚罗生。

表 2-2-1-1　　中共长沙市第七届常委会组成人员一览表

职务	姓名	性别	籍贯	任职时间
市委书记	王众孚	男	湖南安化县	1985 年 10 月—1990 年 9 月
市委副书记	王克英	男	湖南临湘市	1985 年 10 月—1990 年 9 月
	曾昭宣	男	福建莆田市	1985 年 10 月—1990 年 9 月
	俞又昌	男	浙江诸暨市	1985 年 10 月—1990 年 9 月

续表 2-2-1-1

职务	姓名	性别	籍贯	任职时间
市委常委	杨　宏	男	山西榆社县	1985 年 10 月—1986 年 6 月 1989 年 9 月—1990 年 9 月
	王克俭	男	湖南长沙县	1989 年 12 月—1990 年 9 月
	何家象	男	上海市	1985 年 10 月—1990 年 9 月
	陈　军	男	湖南湘潭县	1985 年 10 月—1988 年 3 月
	臧宝山	男	安徽泗县	1985 年 10 月—1990 年 9 月
	殷水球	女	湖南湘潭市	1985 年 10 月—1990 年 9 月
	吕　滨	男	湖南长沙市	1985 年 10 月—1990 年 9 月
	张　晖	男	辽宁庄河县	1985 年 10 月—1986 年 8 月
	涂振武	男	湖南长沙县	1986 年 8 月—1990 年 2 月
	来　杰	男	黑龙江省	1987 年 5 月—1989 年 1 月
	陈学明	男	湖南望城县	1989 年 10 月—1990 年 9 月

二、中共长沙市第八届委员会（1990 年 9 月—1995 年 9 月）

1990 年 9 月 11—16 日，中共长沙市第八次代表大会召开，大会选举产生中共长沙市第八届委员会，选举产生市委委员 38 人、候补委员 6 人。八届一次全体会议选举产生市委常委 10 人：王众孚、张明泰、朱秋林、郭俊秀、何家象、陈学明、臧宝山、殷水球（女）、宇庆华、肖雅瑜。市委书记：王众孚；副书记：张明泰、朱秋林、郭俊秀。会议审议批准市纪律检查委员会全体会议选举产生的市纪委常委和书记、副书记。市纪委书记：陈学明；副书记：张贤遵、陈国风。

1990 年 12 月王众孚调离，中共湖南省委任命省委常委夏赞忠为长沙市委书记；增补罗学平为市委常委。1991 年 11 月增补易希文为市委常委；殷水球调离，免除市委常委职务。1992 年增补袁汉坤为市委副书记，罗桂求、李映华（女）、梅克保为市委常委；免除何家象常委职务，陈学明病故。1993 年 6 月，夏赞忠调新华社工作；1993 年 1 月，免除臧宝山常委职务，增补刘启欣为市委常委；3 月增补王柏林为市委常委；朱秋林调离。同年 10 月，免除罗桂求、刘启欣市委常委职务；12 月，免除王柏林市委常委职务。1994 年，张明泰调离，增补易希文、马文普、杜远明为市委副书记；免除梅克保、肖雅瑜、罗学平市委常委职务，增补张贤遵、葛光唯、徐宪平、郑佳明、余合泉为市委常委。1995 年，马文普调离，增补李映华（女）为市委副书记；免除宇庆华常委职务，增补吴梦南（女）、简用超、蒋新祺为市委常委（吴梦南任市纪委书记）。

表 2-2-1-2　中共长沙市第八届常委会组成人员一览表

职务	姓名	性别	籍贯	任职时间
市委书记	王众孚	男	湖南安化县	1990 年 9 月—1990 年 12 月
省委常委 市委书记	夏赞忠	男	湖南安化县	1990 年 12 月—1993 年 6 月

续表 2-2-1-2

职务	姓名	性别	籍贯	任职时间
市委副书记	张明泰	男	湖北沙市市	1990 年 9 月—1994 年 9 月
	朱秋林	男	江西丰城市	1990 年 9 月—1993 年 3 月
	郭俊秀	男	山东莱芜县	1990 年 9 月—1995 年 2 月
	袁汉坤	男	湖南望城县	1992 年 12 月—1995 年 9 月
	易希文	男	湖南湘乡市	1991 年 11 月（常委） 1994 年 2 月—1995 年 9 月
	马文普	男	河北景县	1994 年 6 月—1995 年 6 月
	杜远明	男	河南杞县	1994 年 10 月—1995 年 9 月
	李映华	女	湖南长沙市	1992 年 6 月（常委） 1995 年 2—9 月
市委常委	何家象	男	上海市	1990 年 9 月—1992 年 6 月
	陈学明	男	湖南望城县	1990 年 9 月—1992 年 5 月
	臧宝山	男	安徽泗县	1990 年 9 月—1993 年 1 月
	殷水球	女	湖南湘潭市	1990 年 9 月—1991 年 11 月
	宇庆华	男	湖南宁乡县	1990 年 9 月—1995 年 2 月
	肖雅瑜	男	湖南长沙市	1990 年 9 月—1994 年 10 月
	罗学平	男	湖南衡阳县	1990 年 12 月—1994 年 7 月
	罗桂求	男	湖南邵阳县	1992 年 6 月—1993 年 10 月
	梅克保	男	湖南汉寿县	1992 年 8 月—1994 年 9 月
	刘启欣	男	湖南长沙市	1993 年 1—10 月
	王柏林	男	湖南长沙市	1993 年 3—12 月
	张贤遵	男	湖南浏阳市	1994 年 2 月—1995 年 9 月
	葛光唯	男	湖南双峰县	1994 年 7 月—1995 年 9 月
	徐宪平	男	湖南隆回县	1994 年 9 月—1995 年 9 月
	郑佳明	男	湖南长沙市	1994 年 10 月—1995 年 9 月
	余合泉	男	湖南宁乡县	1994 年 10 月—1995 年 9 月
	吴梦南	女	湖南汨罗县	1995 年 2—9 月
	简用超	男	广东佛山市	1995 年 2—9 月
	蒋新祺	男	湖南长沙县	1995 年 6—9 月

三、中共长沙市第九届委员会（1995 年 9 月—2000 年 9 月）

1995 年 9 月 16—20 日召开的中共长沙市第九次代表大会选举产生中共长沙市第九届委员会。选举市委委员 41 名、候补委员 7 名。9 月 21 日，召开市委九届一次全会。选举袁汉坤、易希文、杜远明、李映华（女）、葛光唯、张贤遵、徐宪平、郑佳明、余合泉、吴梦南（女）、简用超、蒋新祺 12 人为市委常委。袁汉坤、易希文、杜远明、李映华为副书记。会议审议批准市纪律检查委员会全体会议选举产生的市纪委常委和书记、副书记。吴梦南（女）任书记；周京仁、胡光启、常庚申任副书记。

表 2-2-1-3　　中共长沙市第九届常委会组成人员一览表

职务	姓名	性别	籍贯	任职时间
市委书记	***	男	湖南衡山县	1998 年 2 月—1999 年 10 月
省委副书记兼市委书记	张云川	男	浙江东阳市	1999 年 10 月—2000 年 9 月
市委副书记	袁汉坤	男	湖南望城县	1995 年 9 月—1998 年 2 月
	易希文	男	湖南湘乡市	1995 年 9 月—2000 年 2 月
市委副书记	杜远明	男	河南杞县	1995 年 9 月—1999 年 10 月
	李映华	女	湖南长沙市	1995 年 9 月—1997 年 6 月
	钟兴祥	男	湖南宁乡县	1997 年 6 月—2000 年 8 月
	徐宪平	男	湖南隆回县	1995 年 9 月（常委） 1997 年 12 月—1998 年 2 月
市委常委	谭仲池	男	湖南浏阳市	1998 年 2 月—2000 年 9 月
	杨顺初	男	湖南华容县	2000 年 2—9 月
	葛光唯	男	湖南双峰县	1995 年 9 月—1998 年 7 月
	张贤遵	男	湖南浏阳市	1995 年 9 月—1998 年 2 月
	郑佳明	男	湖南长沙市	1995 年 9 月—2000 年 8 月
	余合泉	男	湖南宁乡县	1995 年 9 月—2000 年 9 月
	吴梦南	女	湖南汨罗县	1995 年 9 月—2000 年 9 月
	简用超	男	广东佛山市	1995 年 9 月—2000 年 9 月
	蒋新祺	男	湖南长沙县	1995 年 9 月—2000 年 9 月
	欧代明	男	湖南浏阳市	1997 年 12 月—2000 年 9 月
	秦卓夫	男	湖北公安县	1998 年 2 月—2000 年 9 月
	夏友贵	男	湖南澧县	1998 年 7 月—2000 年 9 月

四、中共长沙市第十届委员会（2000 年 9 月—2006 年 9 月）

2000 年 9 月 22 日至 25 日，中共长沙市第十次代表大会召开，大会选举产生中共长沙市第十届委员会。选举产生中共长沙市委委员 45 名、候补委员 8 名。市委十届一次全会选举产生中共长沙市第十届委员会常务委员 13 人：张云川、谭仲池、杨顺初、余合泉、欧代明、夏友贵、蒋新祺、秦卓夫、梁建强、赵小明、董学生、谢树林、谢建辉（女）。张云川任市委书记；谭仲池、杨顺初、余合泉、欧代明任市委副书记。会议审议批准市纪律检查委员会全体会议选举产生的市纪委常委、副书记、书记。市纪委书记：董学生，副书记：胡光启、常庚申、陈芳辉。

2001年8月省委副书记兼长沙市委书记张云川因任代省长，不再兼任市委书记，由梅克保接任市委书记。11月，梅克保任省委常委兼长沙市委书记。2001年12月吴志雄任市委副书记。2002年4月董学生任市委副书记。2002年11月，梅克保在党的第十六次全国代表大会上当选为中央候补委员。2003年市委副书记欧代明调离，增补秦卓夫为市委副书记；新增袁观清、范小新、袁正象、李亿龙为市委常委；夏友贵、梁建强、蒋新祺不再担任市委常委职务。

表 2-2-1-4　　中共长沙市第十届常委会组成人员一览表

职务	姓名	性别	籍贯	任职时间
市委书记	张云川	男	浙江东阳市	2000年9月—2001年8月
省委常委 市委书记	梅克保	男	湖南汉寿县	2001年8月—2006年9月 2001年11月—2006年9月
市委副书记	谭仲池	男	湖南浏阳市	2000年9月—2006年9月
	杨顺初	男	湖南华容县	2000年9月—2006年9月
	余合泉	男	湖南宁乡县	2000年9月—2006年9月
	欧代明	男	湖南浏阳市	2000年9月—2003年2月
	吴志雄	男	湖南长沙县	2001年12月—2006年9月
	董学生	男	湖南祁阳县	2000年9月（常委） 2002年4月—2006年9月
	秦卓夫	男	湖北公安县	2000年9月（常委） 2003年4月—2006年9月
市委常委	夏友贵	男	湖南澧县	2000年9月—2003年2月
	蒋新祺	男	湖南长沙县	2000年9月—2003年4月
	梁建强	男	湖南宁乡县	2000年9月—2003年1月
	赵小明	男	河北抚宁县	2000年9月—2006年9月
	谢树林	男	湖南长沙市	2000年9月—2006年9月
	谢建辉	女	湖南望城县	2000年9月—2006年9月
	袁观清	男	湖南汉寿县	2003年4月—2006年9月
	范小新	男	湖南湘乡县	2003年4月—2006年9月
	袁正象	男	湖南临湘市	2003年6月—2006年9月

五、中共长沙市第十一届委员会（2006年9月—2011年9月）

2006年9月16—19日，召开中共长沙市第十一次代表大会。选举产生中共长沙市第十一届委员会，选举产生市委委员57人、候补委员10人，19日下午，中共长沙市第十一届委员会举行第一次全体会议，选举产生中共长沙市第十一届委员会常务委员 10 人：梅克保、谭仲池、吴志雄、谢树林、谢建辉(女)、袁正象、袁观清、范小新、张迎龙、杨光荣。梅克保任市委书记，谭仲池、吴志雄任市委副书记。会议审议批准市纪律检查委员会全体会议选举产生的中共长沙市纪律检查委员会常务委员和书记、副书记。市纪委书记：袁观清；市纪委副书记：李科明、汪国凡、周松波。

表 2-2-1-5 中共长沙市第十一届常委会组成人员一览表

职务	姓名	性别	籍贯	任职时间
省委常委 市委书记	梅克保	男	湖南汉寿县	2006 年 9—11 月
	陈润儿	男	湖南茶陵县	2006 年 11 月—2011 年 9 月
市委副书记	谭仲池	男	湖南浏阳市	2006 年 9 月—2007 年 11 月
	吴志雄	男	湖南长沙县	2006 年 9 月—2007 年 11 月
市委副书记	张剑飞	男	湖南邵东县	2007 年 11 月—2011 年 9 月
	谢树林	男	湖南长沙市	2006 年 9 月（常委） 2007 年 11 月—2010 年 8 月
	谢建辉	女	湖南望城县	2006 年 9 月（常委） 2010 年 8 月—2011 年 9 月
市委常委	袁正象	男	湖南临湘市	2006 年 9 月—2007 年 8 月
	袁观清	男	湖南汉寿县	2006 年 9 月—2011 年 9 月
	范小新	男	湖南湘乡县	2006 年 9 月—2011 年 9 月
	张迎龙	男	湖南长沙县	2006 年 9 月—2011 年 9 月
	杨光荣	男	湖南湘潭县	2006 年 9 月—2009 年 8 月
	胡伏安	男	湖南桃江县	2007 年 9 月—2011 年 9 月
	徐湘平	男	湖南浏阳市	2007 年 11 月—2008 年 11 月
	易佳良	男	湖南长沙市	2007 年 11 月—2011 年 9 月
	虢正贵	男	湖南长沙市	2009 年 3 月—2011 年 9 月
	程水泉	男	湖南益阳市	2009 年 7 月—2011 年 9 月
	元　明	男	湖南省	2010 年 8 月—2011 年 11 月

六、中共长沙市第十二届委员会（2011 年 9 月—2016 年 9 月）

2011 年 9 月 25 日，中共长沙市第十二次代表大会召开。选举产生中共长沙市第十二届委员会，选举产生市委委员 57 人、候补委员 10 人。27 日下午，中共长沙市第十二届委员会举行第一次全体会议，选举产生中共长沙市第十二届委员会常务委员 10 人：陈润儿、张剑飞、谢建辉（女)、张迎龙、胡伏安、姚永春、虢正贵、程水泉、文树勋、李军。陈润儿任市委书记，张剑飞、谢建辉任市委副书记。全会审议批准市纪律检查委员会全体会议选举产生的中共长沙市纪律检查委员会常务委员和书记、副书记。市纪委书记姚永春，副书记邱俊杰、周松波、尹小英。

表 2-2-1-6　　中共长沙市第十二届常委会组成人员一览表

职务	姓名	性别	籍贯	任职时间
省委常委 市委书记	陈润儿	男	湖南茶陵县	2011 年 9 月—2012 年 12 月
市委副书记	张剑飞	男	湖南邵东县	2011 年 9 月—2012 年 12 月
	谢建辉	女	湖南望城县	2011 年 9—12 月
	张值恒	男	湖南新化县	2012 年 2—12 月
	张迎龙	男	湖南长沙县	2011 年 9 月（常委） 2012 年 2—12 月
	雷东生	男	湖南祁东县	2012 年 2—12 月
市委常委	胡伏安	男	湖南桃江县	2011 年 9 月—2012 年 12 月
	姚永春	男	湖南益阳市	2011 年 9 月—2012 年 12 月
	虢正贵	男	湖南长沙市	2011 年 9 月—2012 年 12 月
	程水泉	男	湖南益阳市	2011 年 9 月—2012 年 12 月
	文树勋	男	湖南隆回县	2011 年 9 月—2012 年 12 月
	李　军	男	湖北蒲圻市	2011 年 9 月—2012 年 12 月
	李田贵	男	广西桂林市	2012 年 2—12 月
	张迎春	男	湖南长沙市	2012 年 2—12 月
	陈献春	男	四川泸县	2012 年 10—12 月
	钟　钢	男	湖南平江县	2012 年 10—12 月

表 2-2-1-7　　1988—2012 年中共长沙市委历任秘书长、副秘书长一览表

职务	姓名	性别	籍贯	任职时间
市委秘书长	肖雅瑜	男	湖南长沙市	1990 年 9 月—1994 年 10 月
	蒋新祺	男	湖南长沙县	1995 年 6 月—2003 年 5 月
	袁观清	男	湖南汉寿县	2003 年 5 月—2006 年 9 月
	程水泉	男	湖南益阳市	2009 年 3 月—2011 年 9 月
	李　军	男	湖北蒲圻市	2011 年 9 月—2012 年 12 月
市委副秘书长	黄养正	男	湖南长沙市	1988 年 1 月—1992 年 4 月
	唐得之	男	湖南武冈市	1991 年 3 月—1996 年 9 月
	胡名健	男	湖南桃源县	1991 年 3 月—1996 年 5 月
	毕　凯	男	北京市	1991 年 3 月—2001 年 9 月
	周庆宪	男	湖南长沙市	1994 年 11 月—2001 年 9 月
	张迎龙	男	湖南长沙县	1995 年 12 月—2000 年 10 月

续表 2-2-1-7

职务	姓名	性别	籍贯	任职时间
市委副秘书长	龙长工	男	北京市	1996 年 9 月—1998 年 2 月
	刘汉琼	男	广东兴宁县	1997 年 9 月—2006 年 6 月
	黄佳惠	男	湖南长沙县	1998 年 5 月—2001 年 9 月
	佘双智	男	湖南长沙市	2000 年 1 月—2005 年 12 月
	刘洪山	男	湖南宁乡县	2000 年 12 月—2001 年 9 月
	黄自奇	男	湖南望城县	2001 年 11 月—2008 年 1 月
	周杏武	男	湖南长沙市	2001 年 5 月—2004 年 6 月
	余建国	男	湖南醴陵县	2002 年 6 月—2003 年 2 月
	李　果	男	湖南长沙市	2003 年 7 月—2012 年 12 月
	李国莲	女	湖南长沙县	2004 年 4 月—2008 年 3 月
	易凤葵	男	湖南宁乡县	2004 年 6 月—2006 年 7 月
	周庆年	男	湖南长沙市	2004 年 4 月—2008 年 4 月
	钊作俊	男	河南商水县	2007 年 4 月—2011 年 7 月
	朱东铁	男	湖南洞口县	2007 年 5 月—2010 年 8 月
	孙卫东	男	湖南长沙市	2008 年 7 月—2011 年 10 月
	周　辉	男	湖南长沙市	2008 年 7 月—2012 年 8 月
	何季麟	男	湖南永兴县	2009 年 8 月—2012 年 12 月
	廖建华	女	湖南宁乡县	2009 年 8 月—2011 年 12 月
	邢之国	男	山东冠县	2010 年 8 月—2012 年 12 月
	杨　俊	男	湖南永顺县	2010 年 2 月—2012 年 12 月
	文　方	女	湖南沅江市	2010 年 2 月—2012 年 12 月
	夏文斌	男	江苏兴化县	2010 年 2 月—2012 年 12 月
	唐志远	男	湖南衡南县	2011 年 7 月—2012 年 12 月
	彭治华	男	湖南临湘市	2012 年 7—12 月

第二节　中共长沙市纪律检查委员会

一、中共长沙市第七届纪律检查委员会

1985 年 10 月 17—22 日，中共长沙市第七届代表大会召开，选举产生中共长沙市第七届纪律检查委员会。22 日，召开第一次纪委全会，会议选举杨宏为纪委书记，来杰、龚罗生为纪委副书记。

二、中共长沙市第八届纪律检查委员会

1990 年 9 月 11—16 日，中共长沙市第八届代表大会召开，选举产生中共长沙市第八届纪律检查委

员会。16 日，召开第一次纪委全会，会议选举陈学明、张贤遵、陈国风、王建苍、张春球（女）、邹镇辉、彭新为市纪委常委，陈学明为纪委书记，张贤遵、陈国风为纪委副书记。

三、中共长沙市第九届纪律检查委员会

1995 年 9 月 16—20 日，中共长沙市第九届代表大会召开，选举产生中共长沙市第九届纪律检查委员会。20 日，召开第一次纪委全会，会议选举为吴梦兰、周京仁、胡光启、常庚申、黄吉邦、陈芳辉、时继誉、舒太平、胡志强为市纪委常委，吴梦南为纪委书记，周京仁、胡光启、常庚申为纪委副书记。

四、中共长沙市第十届纪律检查委员会

2000 年 9 月 22—25 日，中共长沙市第十届代表大会召开，选举产生中共长沙市第十届纪律检查委员会。25 日，召开第一次纪委全会，会议选举董学生、胡光启、常庚申、陈芳辉、舒太平、胡志强、姚湘中、钟新莲（女）为市纪委常委，董学生为纪委书记，胡光启、常庚申、陈芳辉为纪委副书记。

五、中共长沙市第十一届纪律检查委员会

2006 年 9 月 17—19 日，中共长沙市第十一届代表大会召开，选举产生中共长沙市第十一届纪律检查委员会。19 日，召开第一次纪委全会，会议选举袁观清、李科明、汪国凡、周松波、谭慧慧（女）、周耀炳、唐志远、黄静安、陈育俊为市纪委常委，袁观清为纪委书记，李科明、汪国凡、周松波为纪委副书记。

六、中共长沙市第十二届纪律检查委员会

2011 年 9 月 25—27 日，中共长沙市第十二届代表大会召开，选举产生中共长沙市第十二届纪律检查委员会。27 日，召开第一次纪委全会，会议选举姚永春、邱俊杰、周松波、尹小英（女）、周耀炳、陈育俊、熊冬华、沈光、彭清华为市纪委常委，姚永春为市纪委书记，邱俊杰、周松波、尹小英为市纪委副书记。

第三节　市委工作机构

一、市委工作部门及直属单位

1988 年，中共长沙市委工作部门有市委办公室、市委组织部、市委宣传部、市委统一战线工作部、市委政法委员会（与市社会治安综合治理办公室，“一个机构两块牌子”）、市委政策研究室、市委老干部工作局、市编制委员会、市委保密委员会办公室、市档案局、市委党史资料征集办公室、市直属机关党委、市委市政府信访办公室、市委党校、市委讲师团、长沙晚报社、市委对台工作办公室。1990 年 5 月，设立长沙市保密局，与中共长沙市委保密委员会办公室为“一个机构两块牌子”，既是市委保密委员会的办事机构，又是市人民政府管理保密工作的职能部门。1991 年 2 月，成立长沙市机构编制委员会，下设办公室，为正县级行政机构；同时撤销原长沙市编制委员会。同年，市直属机关党委更名为市委直属机关工作委员会；市机关事务管理处更名为市机关事务管理局，归口市委办公室领导。1992 年 7 月，市委办公室更名为市委办公厅；市委对台工作办公室更名为市委台湾工作办公室。同年，成立市接待处，为正县级事业单位，隶属市委直属机关工委领导。

为适应社会主义市场经济的需要，改变机构臃肿、层次重叠、职能交叉、人浮于事、效率低下状况，1994 年 4 月至年底，对市直和各区县（市）党政机构进行改革。调整改革后的市委工作机构有 8 个：市委办公厅、市委组织部、市委宣传部、市委统一战线工作部、市委政策研究室、市委政法委员会（市社

会治安综合治理委员会办公室)、市委直属机关工作委员会、市机构编制委员会办公室。市委部办委管理的机构4个：市委老干部工作局由市委组织部管理，市委保密委员会办公室（市保密局）由市委办公厅管理，市委台湾工作办公室（市政府台湾事务办公室）由市委统一战线工作部管理；市信访办公室由市委办公厅、市政府办公厅管理，以市政府办公厅为主。改为市委直属事业单位2个：市档案局、市接待处。市机关事务管理局改为市政府的直属事业单位。归口市委部门管理的其他事业单位4个：市委党校、市委党史资料征集办公室、市委理论教育讲师团、长沙晚报社。2000年9月，刘少奇同志纪念馆由市委办公厅和宁乡县共管，以市委办公厅管理为主。

为加强党的领导和政府职能转变，理顺各级各部门之间的职能关系，调整机构，精兵简政，裁减冗员，优化结构，规范权责，提高效率，健全科学的管理机制，适应社会主义市场经济的健康发展，2001年，市委市政府决定再次进行机构改革。调整后，市委工作机构有：市委办公厅〔市委保密委员会办公室（市国家保密局）并入市委办公厅，保留牌子；市政府农村工作办公室更名为市农村工作领导小组办公室，列入市委机构序列，在市委办公厅挂牌〕、市委组织部、市委宣传部、市委统一战线工作部、市委政法委员会（市社会治安综合治理委员会办公室与市委政法委员会“一个机构两块牌子”，并加挂市维护社会稳定工作办公室的牌子）、市委政策研究室、市直属机关工作委员会、市机构编制委员会办公室。市委部门管理机构2个：市委老干部工作局更名为市委老干部局，由市委组织部管理；市委台湾工作领导小组办公室（市人民政府台湾事务工作办公室），由市委统一战线工作部管理。市委直属事业单位调整为4个：市接待办公室、市档案局、市委理论教育讲师团、市委党史资料征集办公室更名为市委党史研究室。市对外宣传办公室并入市委宣传部，保留牌子。市信访办公室更名为市信访局，由市委办公厅、市政府办公厅共同管理，列入市政府机构序列。市机关事务管理局仍属市政府直属事业单位，接受市委办公厅、市政府办公厅领导，以市政府办公厅管理为主。市委其他事业单位2个：市委党校（2001年加挂长沙行政学院牌子）、长沙晚报社。2001年9月，市委同意以《长沙晚报》为基础组建长沙晚报报业集团，为全民事业单位，实行企业化管理。2002年7月，市委市政府设置长沙市农村工作领导小组办公室(简称市农办)，主管全市农村工作。2004年6月，刘少奇同志纪念馆加挂刘少奇故里管理局的牌子。

2012年，中共长沙市委工作机构9个：市委办公厅、市委组织部、市委宣传部、市委统一战线工作部、市委政法委员会（市社会治安综合治理办公室)、市委政策研究室、市机构编制委员会办公室、市委直属机关工作委员会、市农村工作领导小组办公室（市委农村工作部)。市委部门管理及并入机构有市委老干部局、市委台湾工作领导小组办公室（市人民政府台湾事务工作办公室)、市委保密委员会办公室(市国家保密局）等4个。市委直属事业单位调整为7个：市委党校、市档案局、市接待办公室、市委党史研究室、市委理论教育讲师团、刘少奇同志纪念馆（刘少奇故里管理局)、长沙晚报社（长沙晚报报业集团)。

1988—2012年，先后担任长沙市委办公厅（室）主任的有邓古稀、唐得之、龙长工、佘双智、蒋新祺、袁观清、程水泉、李军；先后担任副主任的有胡名健、吴孝龙、文异、姚国良、王体泽、刘景旺、向伟、舒世平、刘洪山、黄自奇、李国莲（女)、刘林平、李建贵、陈再坤、李爱诚、杨俊、周辉、孙卫东、胡春山、李果、蒋红波、刘晖、舒全球、吕发祥；先后担任纪检组组长的有：郭建华、郭逵、刘业奉。

1988—2012年，先后担任中共长沙市委接待办公室主要领导的有：肖秀刚、高莉（女)、李果、文方（女)；其他领导班子成员有：何震初、晏良荣、喻中文、易达春、杨溢、黄弘、蒋莉冰。

二、市委直属党组、党委、党工委

1988 年，中共长沙市委直属党组、党委、党的工作委员会设有中共长沙市人大常委会党组、中共长沙市人民政府党组、中共长沙市政协党组；市直机关实行“委管局”的战线管理体制，设党的工作委员会，作为市委的派出机构，归口管理本系统内的党组、党委，分别为：中共长沙市委计划工作委员会归口管理市劳动局党组、市物质局党委、市统计局党组。中共长沙市委工业交通工作委员会归口管理市冶金机械工业局党委、市化学工业局党委、市交通局党委、市电业局党委、市邮政局党委、市电信局党委、市电子工业局党委、市建材工业公司党委、市建筑工程总公司党委、市一轻工业公司党委、市二轻工业公司党委、市医药公司党委、市纺织工业公司党委、市煤炭公司党委、市汽车工业公司党委、市造纸印刷工业公司党委。中共长沙市委财贸工作委员会归口管理市一商业局党委、市二商业局党委、市粮食局党委、市蔬菜局党委、市供销合作联社党委、市财政局党组、市税务局党组、市工商行政管理局党组以及工商银行等 5 家金融机构的长沙市分行党组。中共长沙市委农村工作委员会归口管理市农业局党委、市畜牧水产局党委、市农机管理局党委、市乡镇企业局党委、市林业局党组、市水利水电局党组、市气象管理处党组。中共长沙市委城乡建设工作委员会归口管理市城市建设局党委、市环境保护局党委、市建筑工程管理局党委、市房地产管理局党委、市园林管理局党委以及城市工程建设方面 19 家直属事业单位的党委。中共长沙市委对外经济贸易合作工作委员会归口管理市粮油食品、土畜产品、茶叶、轻工产品、纺织品、工艺品、化工产品和五矿、机械 8 个对外贸易公司的党组织。宣传战线由市委宣传部归口管理市文化局党委、市广播电视局党委、市卫生局党委、市体育运动委员会党委、市计划生育委员会党组、长沙晚报社党组、市文学艺术界联合会党组。政法战线由市委政法委归口管理市中级人民法院党组、市人民检察院党组、市公安局党委、市司法局党组。直属市委管理的市直机构党组织有 8 个：市政府办公室党组、市教育委员会党委、市国土局党组、市民政局党组、市人事局党组、市人民防空办公室党组、市审计局党组、市科委科协党组。市属群众团体中设党组 5 个：市总工会党组、共青团长沙市委党组、市妇女联合会党组、市文学艺术界联合会党组、市工商业联合会党组。7 月成立旅游局（与外事办“两块牌子、一套人马”），同时成立中共长沙市旅游局党组。

1991 年，为完善战线管理体制，先后撤销市教委党委、市科委科协党组，成立中共长沙市委教育工作委员会、中共长沙市委科学技术工作委员会，作为市委的派出机构，归口管理本系统的党组、党委。是年，市直属机关党委更名为中共长沙市委直属机关工作委员会，负责市直属机关的党建工作。1994 年 12 月，市城市综合管理办公室、市爱国卫生运动委员会办公室、市创建国家卫生城市领导小组办公室合并，成立市城市管理委员会，同时成立中共长沙市委城市管理工作委员会，为市委的派出机构。1995 年 6 月，市委决定对部分市直单位党组织隶属关系进行调整：原隶属于市委宣传部领导的市计划生育委员会党组、市体育运动委员会党委、市卫生局党委改由市委直属机关工委领导；原隶属于市委财贸工委领导的市粮食局党委、市供销合作联社党委、农业银行长沙市分行党组改由市委农村工作部（原市委农工委）领导。

1991 年 1—4 月，为加强对工业企业的管理，先后将建筑工程总公司、建筑材料工业公司、纺织工业公司、一轻工业公司、二轻工业公司、医药公司分别加挂局或管理局的牌子，其党组织均改称局党委。为适应市场经济发展需要，1994 年，将一轻工业局、二轻工业局、电子工业局、建筑材料工业局、纺织工业局、煤炭工业局、汽车工业公司、造纸印刷工业公司、物资局、一商业局分别成建制转为总公司或集团公司，其党组织相应地改为公司党委。市二商业局党委更名为市副食品局党委；市城市建设局党委更名为市公用事业局党委；市标准计量局党组更名为市技术监督局党组；市经济体制改革委员会办公室党组更名为市经济体制改革委员会党组；市政府外事办公室和侨务办公室党组合并成立市人民政府外事侨务办公室党组。

2001 年，为加强党的领导，理顺各级各部门之间的关系，不再保留工商业和物资企业主管部门，撤销原冶金机械工业局、化学工业局、医药管理局和一轻、二轻、纺织、煤炭、建材、汽车、电子、造纸印刷、商业、物资等各种行政性公司，组建机械、化医、轻纺、汽电、煤建、内贸、物资、联社等行业管理办公室，其相应建立的党组织不再直属市委管理。市委也不再保留“委管局”的战线管理模式，市委向各战线派出的工作委员会随之取消；各委、办、局同为市政府工作机构，其党委、党组直属市委管理；各机关的党务工作由市委直属机关工作委员会管理。同时，调整部分政府工作机构：市计划委员会更名为市发展计划委员会，撤销市经济体制改革委员会组建市政府研究室，市对外经济贸易合作委员会与市招商合作局合并组建市对外经济贸易合作局（加挂招商合作局牌子），市水利水电局更名为市水利局，在市政府财贸工作办公室基础上组建市商业贸易发展局，市房地产管理局更名为市房屋产权管理局，市城市管理委员会更名为市城市管理局，市教育委员会更名为市教育局、市科学技术委员会更名为市科学技术局，市体育运动委员会更名为市体育局，市地质矿产局并入市国土管理局后组建市国土资源局，在市劳动局基础上组建市劳动和社会保障局，市民族事务委员会更名为市民族宗教事务局，市信访办公室更名为市信访局，上述工作机构的党组织亦相应地改为局（办、委）党组、党委。并决定撤销市蔬菜局、市建筑工程管理局、市农机管理局、市副食品局和市容环境卫生管理局，各局的党组织随之取消。

2004 年 8 月，对市政府实行职能整合和机构调整：组建市政府国有资产监督管理委员会；将市发展计划委员会改组为市发展和改革委员会；撤销市对外经济贸易合作局和市商业贸易局，组建市商务局(加挂招商合作局牌子)；撤销市乡镇企业局，在市农业局加挂市乡镇企业局牌子；将市安全生产监督管理局调整为市政府工作部门；将计划生育委员会更名为市人口和计划生育委员会。对上述改革和调整的市政府工作机构与此相应建立的党组、党委均直属市委领导。

2010 年，按照精简、统一、效能的原则，为转变政府职能、理顺职责关系、优化组织结构、提高行政效能，再次进行机构改革。组建市工业和信息化委员会，不再保留市经济委员会和市信息化领导小组办公室；组建市住房和城乡建设委员会，不再保留市建设委员会、市房屋产权管理局和市公用事业管理局；组建市人力资源和社会保障局，不再保留市人事局、市劳动和社会保障局；组建市交通运输局，不再保留市交通局；组建市水务局、不再保留市水利局；组建市文化广电新闻出版局，不再保留市文化局、市广播电视局、市新闻出版局；组建市食品安全管理办公室；组建市畜牧兽医水产局，不再保留畜牧水产局；市城市管理局更名为市城市管理和行政执法局；市规划局更名为市城乡规划局；将市食品药品监督管理局、市政府法制办公室、市信访局调整为市政府工作机构。随着机构改革调整后建立起新的党组、党委，统归市委直接管理。市委设立派出机构有 3 个：中共长沙大河西先导区管委会工作委员会、中共长沙高新技术产业开发区管委会工作委员会、中共长沙经济技术开发区管委会工作委员会。

第四节　区县（市）委

1988 年，长沙市地域行政区划为五区四县：东区、南区、西区、北区、郊区和长沙县、望城县、浏阳县、宁乡县，分别建立有中共长沙市东区委员会、中共长沙市南区委员会、中共长沙市西区委员会、中共长沙市北区委员会、中共长沙市郊区委员会、中共湖南省长沙县委员会、中共湖南省望城县委员会、中共湖南省浏阳县委员会、中共湖南省宁乡县委员会。1993 年 1 月，民政部通知“经国务院批转，同意撤销浏阳县，设立浏阳市（县级）”；其党的组织相应的改为中共浏阳市委员会。1996 年 4 月，国务院下达《国务院关于同意湖南省调整长沙市市辖区行政区划的批复》：“同意撤销长沙市东区、南区、西区、北区、郊区，设立长沙市岳麓区、芙蓉区、天心区、开福区、雨花区。”作为中共组织机构分别改为中共长沙市芙蓉区委员会、中共长沙市天心区委员会、中共长沙市岳麓区委员会、中共长沙市开福区委员会、中共长沙市雨花区委员会。2011 年 5 月，国务院下达《国务院关于同意湖南省调整长沙市部分行政区划的批复》：“同意撤销望城县，设立长沙市望城区。”6 月，省政府和市委、市政府均下发《关于撤销望城县设立长沙市望城区的通知》，正式撤县设区，中共组织机构亦改为中共长沙市望城区委员会。至 2012 年 12 月，长沙市的行政区划为六区三县（市），党的地方县级组织机构为：中共长沙市芙蓉区委员会、中共长沙市天心区委员会、中共长沙市岳麓区委员会、中共长沙市开福区委员会、中共长沙市雨花区委员会、中共长沙市望城区委员会、中共湖南省长沙县委员会、中共湖南省浏阳市委员会、中共湖南省宁乡县委员会。

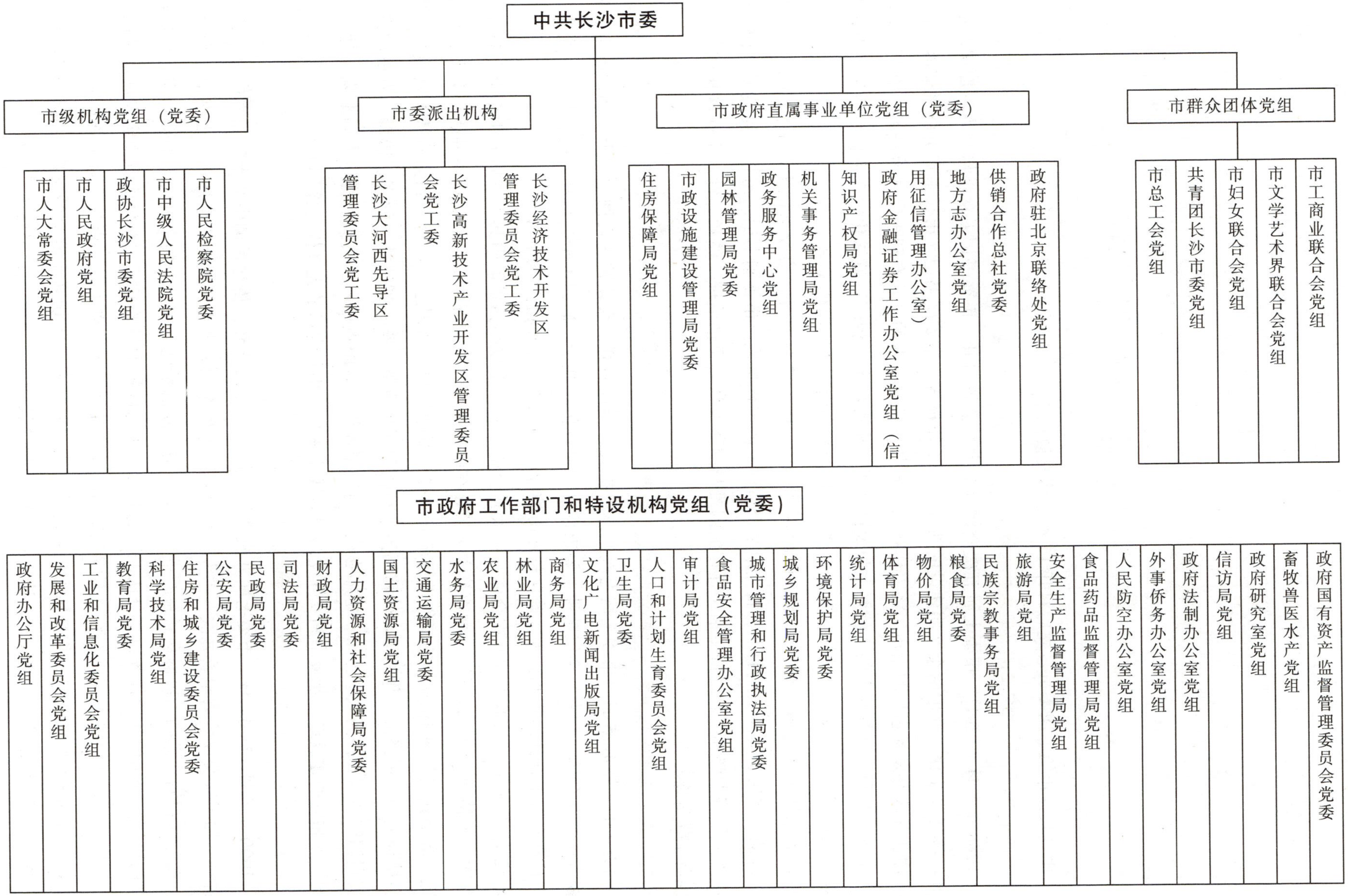

图 2-2-4-1　2012 年中共长沙市委直属党组、党委、党工委结构图

第三章 市委全会

第一节 第七届市委历次全体会议

中共长沙市第七届委员会先后召开 11 次全体会议。

一、第五次、第六次全体（扩大）会议

1988 年 8 月 2—5 日，市委七届五次全体（扩大）会议召开，市委书记王众孚作题为《加快改革开放和经济建设步伐，夺取两个文明建设的新胜利》工作报告。市委副书记、市长王克英就贯彻落实省委关于加速开放开发的意见和全市经济工作指出：凡外地行之有效的、凡有利于发展生产力、有利于发展商品经济、有利于改革开发的，就要大胆地试和干。市委副书记曾昭宣就深化生产力标准讨论，改进和加强思想政治工作，发展科技教育事业，进一步稳定社会治安等问题作发言。

市委七届六次全体（扩大）会议于 1988 年 10 月 19—22 日召开，市委书记王众孚作《统一认识，统一行动，坚决贯彻落实党的十三届三中全会精神》的工作报告。市委副书记、市长王克英就如何正确认识当前经济形势和正视经济生活中存在的困难与问题及认真贯彻治理、整顿方针，全面深化改革，抓好经济工作等作报告。

二、第七次、第八次全体（扩大）会议

1989 年 7 月 4—5 日，市委七届七次全体（扩大）会议召开。会议传达贯彻中共十三届四中全会和省委五届八次全体（扩大）会议精神，要求认真学习宣传中共十三届四中全会精神，进一步统一全市广大党员和人民群众的思想和行为，确保长沙市 1989 年国民经济计划的圆满完成。

12 月 7—9 日，市委七届八次全体（扩大）会议召开，会议传达贯彻中共十三届五中全会和省委五届九次会议精神，学习江泽民、李鹏等中央领导在中央工作会议和五中全会上的重要讲话。会上，市委书记王众孚就当年和 1990 年的工作进行部署，提出要把思想和认识进一步统一到党的基本路线和五中全会精神上来；把经济工作的重点转移到治理整顿和深化改革上来；把持续、稳定、协调、发展的方针落实到调整结构和提高效益上来；把加强民主与法制建设的着眼点进一步落实到稳定大局上来；把加强党的领导和党的建设进一步集中到发挥党组织的战斗堡垒作用和党员的先锋模范作用上来。

三、第九次、第十次、第十一次全体会议

1990 年 4 月 12—14 日，市委七届九次全体（扩大）会议召开，传达贯彻中共十三届六中全会精神和省委五届十次会议、省纪委九次（扩大）会议及第七届全国人大十三次会议精神。市委书记王众孚要求：充分认识密切党同人民群众联系的重要意义，用过硬的措施落实《中共中央关于加强党同人民群众联系的决定》提出的各项任务；充分认识当前形势，努力维护大局的稳定；充分认识稳定发展经济的重要性、紧迫性，千方百计完成和超额完成全年国民经济计划。市委副书记、市长王克英强调：充分认识稳定社会与发展经济的关系，集中精力把经济搞上去；坚持各项密切联系群众的制度，推动廉政建设，促进经济稳定发展；按照“务实、高效”的要求，切实抓好生产，确保全市经济工作目标。

6月26日，市委七届十次全体（扩大）会议召开，研究召开中共长沙市第八次代表大会的有关事宜，传达全省专员、州长、市长会议精神。市委书记王众孚指出：要加强把经济工作搞上去的紧迫感和责任感，贯彻落实各项促进经济发展的政策和措施，把功夫下到从根本上解决问题的办法和措施上来，继续积极稳妥地推进治理整顿和深化改革，搞好社会主义思想教育。

9月8日召开市委七届十一次全体会议，讨论通过长沙市第八次党代会召开的日期、会议议程（草案）、主席团成员和秘书长建议名单，代表资格审查委员会成员建议名单；讨论并通过第七届市委工作报告（草案）；确定出席省第六次党代会代表候选人预备人选，并对第八届市委的人事安排情况作说明。

第二节　第八届市委历次全体会议

中共长沙市第八届委员会先后召开12次全体会议。

一、第二次全体（扩大）会议

1991年2月1—3日，中共长沙市委召开八届二次全体（扩大）会议，学习中共十三届七中全会和省委六届二次全会精神，讨论《长沙市“八五”计划建议（草案）》，研究部署1991年及后五年工作的基本思路和主要任务。市委副书记、代市长张明泰就《长沙市国民经济和社会发展第八个五年计划的建议（草案）》作说明。省委常委、市委书记夏赞忠提出：坚定信念，增强信心，关键在于用七中全会精神统一认识；振奋精神，振兴经济，努力实现“八五”计划目标；立足当下，务实苦干，坚决做好年段各项工作；加强党的建设，发挥政治优势，实现全市政治和社会的进一步稳定。

二、第三、四、五、六、七次全体会议

1992年1月20—23日，中共长沙市委第八届三次全体（扩大）会议召开，传达省委六届三次全会和全省计划工作会议精神，总结1991年全市国民经济和社会发展情况，部署1992年的工作任务。市委副书记、市长张明泰作工作报告。会议审议并通过市委、市政府《关于贯彻落实〈中共中央关于进一步加强农业和农村工作的决定〉的实施意见》。省委常委、市委书记夏赞忠提出“拼命抓经济，大胆搞改革，社教促稳定，作风再改进”的工作思路，要求做到五个突破：改革开放要迈出突破性步伐；经济效益要有突破性提高；高新技术产业开发区建设要有突破性进展；城市管理工作要有突破性改观；党风和廉政建设要有突破性进步。

中共长沙市委第八届四次全体（扩大）会议于1992年3月2日召开。会议传达中央领导重要讲话精神，选举出席中共第十四次代表大会代表候选人。省委常委、市委书记夏赞忠传达中央领导的讲话，对开展面上的社会主义教育工作作动员和部署。会议选举推荐夏赞忠、李映华为长沙市出席中共第十四次代表大会的代表候选人。

中共长沙市委第八届五次全会于1992年4月29日召开，会议对经过各区、县和有关战线民主推荐、反复酝酿提出的预备名单，用表决方式通过张明泰等23人作为长沙市出席中共湖南省代表会议的代表候选人预备人选。

中共长沙市委第八届六次全体（扩大）会议于1992年5月19—20日召开，市委副书记、市长张明泰传达全省地、州、市委书记会议的主要精神。省委常委、市委书记夏赞忠作《把握机遇，加快发展》的报告，指出“八五”期间，要按照“科教兴市，四通并举，调整结构，外向开拓，提前翻番”的战略思路，同心协力实现“一、二、三、四、五、六加速发展工程”，即办好一个特区（高新技术产业开发

区），开发两岛（橘子洲和月亮岛），新辟三个卫星城镇（星沙、捞霞、望城坡），建设四个基地（粮猪、水果、特种农副产品、鞭炮烟花），发展五个系列产品（白沙烟酒、电子电器、轻纺、机动车、冶金机械），搞好长石铁路等六个重点工程建设。会议选举产生长沙市出席中共湖南省党代会的 21 名代表。

中共长沙市委第八届七次全体（扩大）会议于 1992 年 12 月 21—23 日召开，进一步贯彻落实中共十四大和省委六届五次全会精神。省委常委、市委书记夏赞忠在题为《深入学习贯彻党的十四大精神，为实现我市经济建设超常规发展而奋斗》的报告中提出：1993 年全市的工作以中共十四大精神为指针，以加快改革开放和经济建设为主题，以建立社会主义市场经济体制为契机，争取思想观念大转变，改革开放大突破，经济建设大发展，城市面貌大改观，党的建设大进步。会议通过《中国共产党长沙市第八届七次全体会议关于递补市委候补委员宋久德、孙延农、李培毅、王红、黄克猷、唐世宝等 6 位同志为市委委员的决议》。

三、第八次全体（扩大）会议

中共长沙市委第八届八次全体（扩大）会议于 1993 年 8 月 11—12 日召开，传达贯彻中共中央、国务院《关于当前经济情况和加强宏观调控的意见》和全省地（州、市）、县委书记会议精神，总结部署工作。市委副书记、市长张明泰就贯彻中央 6 号文件指出：要用唯物辩证法的观点分析全市经济和社会发展形势；积极、全面、正确地贯彻落实中央 6 号文件和省委一系列重要决策，加强宏观调控，整顿金融秩序，优化结构，提高效益，促进经济发展；深化改革，扩大开放，振奋精神，坚定信心，坚持“两手抓”，完成和超额完成全年各项工作任务。市委书记在题为《认真落实中央 6 号文件精神，坚定不移地推进改革开放和经济建设》的讲话中强调：要用中央 6 号文件统一干部和群众的思想与行动，处理好局部与全局、当前与长远、调控与发展的关系；要始终把加快发展作为改进和加强宏观调控的出发点、落脚点；要抓好廉政建设，旗帜鲜明地反对腐败，切实抓好思想教育、重点案件的查处和廉政制度建设等各项工作。

四、第九次全体（扩大）会议

中共长沙市委第八届九次全体（扩大）会议于 1994 年 8 月 11—12 日召开，传达贯彻全省地、州、市委书记会议精神，进一步动员全市广大干部群众，认真贯彻“两手抓，两手都要硬”的方针。继续解放思想，抓住机遇，真抓实干，加快改革开放步伐，促进长沙经济更快更好发展。市委副书记、市长张明泰作题为《振奋精神，狠抓落实，全面完成今年的各项任务》的报告。全会强调：市委肩负着跨世纪的历史重任，要振奋精神、励精图治，用长远的战略眼光、跨世纪的战略思路来认识和指导省会长沙的建设与发展，把省会的工作做好、做活、做主动。

五、第十次、第十一次、第十二次全会

中共长沙市委第八届十次全会于 1995 年 4 月 27 日召开。会议讨论通过《关于召开中共长沙市第九次党代表大会的决议》。

中共长沙市委第八届十一次全会于 1995 年 8 月 21 日召开，确定长沙市出席中共湖南省第七次代表大会代表候选人预备人选。

中共长沙市第八届十二次全会于 1995 年 9 月 4 日召开。会议讨论第八届委员会工作报告（草案）及“九五”计划建议（草案）。讨论通过长沙中共长沙市第九次代表大会的开会日期、会议议程及日程安排（草案）及中共长沙市第九届委员会、纪律检查委员会组成原则，讨论通过市第九次党代会主席团成员及秘书长建议名单、大会主席团常务委员会委员建议名单、代表资格审查委员会成员名单。会议决定：在中共长沙市第九届委员会任期内，每年部署工作的全体（扩大）会议将与会人员扩大到第九次党代会

全体代表。

第三节　第九届市委历次全体会议

中共长沙市第九届委员会先后召开13次全体会议。

一、第二次全体（扩大）会议

1996年8月14日至15日，中共长沙市委第九届二次全体（扩大）会议召开。省委常委、市委书记要求：进一步巩固和发展“九五”开局好势头，统一思想，振奋精神，完成和超额完成全年各项任务。强调：要下决心把铺开的工作抓到位，要加强工业意识，加大工作力度，加快工业发展；要紧握拳头保重点，千方百计解决城市建设的资金困难；要进一步改善投资环境，大力推进长沙的对外开放；要进一步加大依法治市力度，确保长沙社会大局稳定；要进一步坚持“两手抓”，把精神文明建设落到实处。报告就贯彻执行《中国共产党地方委员会工作条例》做全面论述，强调：贯彻执行好条例是落实中央关于讲政治的要求的一件大事，要领会其精神实质和基本特点，切实加强思想作风建设，造就一支高素质的干部队伍，努力做到带头坚持实事求是的思想路线，带头坚持团结干事，带头大兴调查研究之风，带头反腐倡廉。会议还听取市委副书记、市长袁汉坤所作的题为《以增产节约、增收节支为重点，全面完成今年经济工作任务》的报告。

二、第三次、第四次、第五次、第六次、第七次全体会议

1997年1月5日召开市委九届三次全会，会议在全市各级各部门层层酝酿推荐的基础上通过无记名投票的方式选举出席中国共产党第十五次全国代表大会代表候选人预备人选。

1月9—10日召开市委第九届四次全体（扩大）会议。会议深入贯彻落实中共十四届六中全会和中央、省委经济工作会议精神，总结上年度工作，部署1997年工作任务。省委常委、市委书记提出：要以邓小平建设有中国特色社会主义理论和党的基本路线为指导，按照“九五”发展战略和奋斗目标，以提高经济效益为中心，切实推进两个根本转变。加大结构调整力度，加速农业产业化进程，加快国有企业改革步伐，加强城市建设和城市管理，促进党的建设、精神文明建设、民主法制建设和社会全面进步。进一步统一思想，明确奋斗目标，动员全市广大干部群众牢牢把握大局，抓住新的机遇，开创社会主义物质文明和精神文明建设的新局面，以优异成绩迎接党的十五大胜利召开。

3月2日召开市委九届五次全会，会议在各区、县（市）和市直单位党组织逐级酝酿推选的基础上，经市委常委会集中大家意见提请市委全会选举产生出席中共湖南省代表会议代表候选人预备人选20名。

4月23日召开市委九届六次全会，会议选举长沙市出席省党代会代表。市委常委、市委组织部部长张贤遵作《关于选举长沙市出席湖南省党代表会议代表的说明》。会议根据市委九届五次全会确定的20名候选人预备人选，采取无记名投票的方式选举产生出席省党代表会议的代表18名。

12月23日，市委九届七次全体（扩大）会议召开。传达贯彻中共十五大精神及全国、全省经济工作和金融工作会议精神。省委常委、市委书记总结全年工作的特点，分析存在的问题，要求：全市各级各部门要以中共十五大精神为指针，大力推进经济结构和经济增长方式两个转变，加快实施所有制结构和经济结构两个调整，切实抓好党风和廉政两个建设，坚持突出经济生活中的资本运营和城市生活中的美化环境两个重点，把全市的改革和发展推上一个新台阶。报告强调，加快长沙发展的关键是解放思想，牢固树立市场经济观念，积极推进经济体制改革，确立资产重组、资本运营新观念，实现不同地区、部

门、单位和不同所有制的兼并联合，加快经济发展。

三、第八次、第九次全体（扩大）会议

1998年9月25日市委召开九届八次全体（扩大）会议，学习贯彻江泽民总书记、朱镕基总理关于抗洪救灾工作的重要指示，贯彻落实省委七届六中全会精神，总结抗洪救灾经验。正确分析形势，确保经济增长目标的实现。会议对长沙市抗洪抢险工作进行总结，并分析长沙市当时的经济形势，提出确保经济增长目标落到实处的9条措施。会上，市经委、长沙县、开福区的主要负责人就如何确保经济目标的落实作发言。

12月29—31日，市委召开九届九次全体（扩大）会议。会议贯彻落实中共十五届三中全会和中央、省委经济工作会议精神，总结年度工作，部署1999年工作任务。与会人员一致表示要统一思想，迎难而上，努力夺取长沙市改革和建设的新胜利。雨花区委、宁乡县委、市委政法委、市建委、市科委主要负责人就如何确保长沙市经济、社会和环境的协调发展作大会发言。

四、第十次、第十一次全体（扩大）会议

1999年7月27日，市委召开九届十次全体（扩大）会议。统一思想认识，动员和组织全市人民同心同德，奋力拼搏，全面完成1999年各项工作任务。会议由市委副书记、市人大常委会主任易希文和市委副书记、市长杜远明主持。市委书记作《统一思想，坚定信心，努力完成全年各项工作任务》的报告。报告强调要坚定加快发展的决心，树立开拓进取的信心，发挥顽强拼搏的精神，切实抓好下半年工作。要抓好“三讲”教育，全面加强党的思想、组织、作风建设。会上，芙蓉区、长沙县、市委政法委、市经委、市科委的负责人就如何贯彻落实会议精神作发言。

12月25日，市委召开九届十一次全体（扩大）会议，会议审议市委经济工作会议报告。省委副书记兼长沙市委书记张云川就市委经济工作会议上的报告起草和修改进行说明，对2000年全市的经济工作提出许多建设性意见。

五、第十二次、第十三次全体（扩大）会议

2000年5月29日下午至30日上午，市委召开九届十二次全体（扩大）会议。审议《长沙市中长期经济社会发展战略纲要》，同时对召开市第十次党代会的筹备工作作出安排。市委副书记、市长谭仲池就《长沙市中长期经济社会发展战略纲要》作说明。省委副书记兼长沙市委书记张云川指出：制定长沙面向21世纪的中长期发展战略，是市委、市政府审时度势、富民兴市的重大决策。他强调，《纲要》要顺应国际国内的发展趋势，要提出催人奋进的目标，要明确推动全局的发展重点，要确定符合实情的发展战略。30日，审议通过《中共长沙市第九届委员会第十二次全体会议关于召开中国共产党长沙市第十次代表大会的决议》。会议决定：中共长沙市第十次代表大会于2000年9月下旬召开。会议审议并通过《中共长沙市委关于深入学习贯彻“三个代表”重要思想的意见》。审议和原则通过《长沙市中长期经济社会发展战略纲要》的决定。

9月18日，市委召开九届十三次全体（扩大）会议。审议和决定关于召开长沙市第十次党代会的有关事项。市委副书记杨顺初介绍中共长沙市第十次代表大会筹备工作情况。市委常委、市委秘书长蒋新祺通报中共长沙市第十次代表大会的议程（草案）和日程安排建议方案。会议审议通过中共长沙市第九届委员会工作报告（草案），讨论通过中共长沙市第十届委员会委员、候补委员和纪律检查委员会委员候选人预备人选建议名单。讨论通过中共长沙市第十次代表大会主席团成员及秘书长建议名单、大会主席团常务委员会委员建议名单，讨论通中共长沙市第十次代表大会代表资格审查委员会成员建议名单。

第四节　第十届市委历次全体会议

中共长沙市第十届委员会先后召开 18 次全体会议。

一、第二次全体会议

2000 年 11 月 8 日，市委召开十届二次全体会议。市委副书记、市长谭仲池传达江泽民总书记在中共十五届五中全会闭幕式上的讲话和省委书记杨正午在省委七届九次全会上的讲话精神。省委副书记兼长沙市委书记张云川强调：要认真贯彻落实中共十五届五中全会精神，从长沙的实际出发，坚持以改革开放和科技进步为动力，把提高人民生活水平作为一切工作的根本出发点和发展的最终目的。要大力推进经济结构战略性调整，夯实农业这个基础，搞活国有企业，壮大高新技术产业、民营经济、第三产业和“三资”企业。要注重提高产业发展水平，面向市场，坚持创新，进一步增强长沙中心城市功能。要切实加强和改善党的领导。会议讨论通过《长沙市国民经济和社会发展“十五”计划纲要》。

二、第三次、第四次全体会议

2001 年 8 月 24 日，中共长沙市委十届三次全体会议召开。市委副书记杨顺初作《关于酝酿确定我市出席省第八次党代会代表候选人预备人选名单的说明》。经过酝酿选举代表候选人预备人选 64 名。9 月 8 日召开的中国共产党长沙市代表会议采取直接差额选举办法，选举产生长沙市出席中国共产党湖南省第八次代表大会的代表 54 名。

根据 11 月 28 日市委关于做好中共十六大代表候选人初步人选推荐提名工作的部署要求，2001 年 12 月 18 日，市委召开第十届四次全体会议，举手表决产生长沙市出席中共十六次全国代表大会代表候选人初步人选 4 人（梅克保、卢平、李焕然、胡子敬）。

三、第五次、第六次、第七次、第八次、第九次全体会议

2002 年 3 月 26—27 日，市委召开十届五次全体（扩大）会议，进一步研究部署实施兴工强市战略，强力推进长沙市工业化进程。省委常委、市委书记梅克保指出，根据省第八次党代会提出的强力推进“三化”（工业化、城市化和农业产业化）进程，市委决定把实施兴工强市战略、推进工业化进程作为长沙市当前和今后一个时期经济工作的重中之重。市委副书记、市长谭仲池要求：全市各级各部门要充分认识这次会议的历史性意义，切实抓好推进工业化的各项工作，用工业化带动城市化和农业产业化。

4 月 25 日，市委召开十届六次全体会议，采取举手表决的方式，通过 14 名出席省党代表会议代表，其中党员领导干部 9 名，生产工作一线党员代表 5 名。

6 月 7 日，市委召开十届七次全体会议（应到 45 人，实到 35 人，因事请假 10 人），对钟新莲、石长松、李继红分别任长沙市芙蓉区、岳麓区、开福区人民政府区长人选的推荐进行无记名投票表决，赞成票分别为 31 票、34 票和 33 票。

市委于 8 月 29 日召开市委常委会，同意市属 9 个区、县（市）党政领导班子正职人选配备意见。8 月 31 日，市委召开十届八次全体会议（应到 45 人，实到 43 人，因事请假 2 人），对李振尊、徐湘平、张迎龙、杨光荣、易佳良分别拟任中共长沙县委书记、中共望城县委书记、中共浏阳市委书记、中共宁乡县委书记、中共长沙市芙蓉区委书记、中共长沙市天心区委书记、中共长沙市岳麓区委书记、中共长沙市开福区委书记、中共长沙市雨花区委书记；对黎勇、王武亮、赵建强、虢正贵、钟新莲、刘新程、石长松、李继红、张建国分别提名拟任长沙县、望城县、浏阳市、宁乡县、芙蓉区、天心区、岳麓区、

开福区、雨花区的区县（市）长进行无记名投票表决，上述得票数均超过到会市委委员的1/2。

12月23日，市委召开十届九次全体（扩大）会议，认真贯彻中共十六大精神，研究部署长沙市如何实现全面建设小康社会。会议确定到2020年全市工作的整体思路。省委常委、市委书记梅克保作题为《高举十六大伟大旗帜，为率先全省全面建成小康社会而努力奋斗》报告，指出全面建设小康社会要总揽全局，深刻领会全面建设小康社会的重大意义。始终坚持以经济建设为中心，加大结构调整，加快推进工业化、城市化、农业产业化。实现全面建设小康社会的目标，重点在工业，难点在农村，关键在改革开放。必须加强党的领导，切实加强思想作风建设。

四、第十次全体会议

2003年11月9日，市委召开十届十次全体会议，贯彻中共十六届三中全会精神，审议通过中共长沙市委《关于贯彻落实〈中共中央关于完善社会主义市场经济体制若干问题的决定〉的意见》，报告中共十六大以来市委常委会的工作。省委常委、市委书记梅克保向大会报告他本人及常委会一班人廉洁从政，加强党风廉政建设的情况。市委副书记、市人大常委会主任杨顺初作关于增补市委委员说明。会议表决通过增补4位候补委员为市委委员，表决通过梅克保报告和《中共长沙市委关于贯彻落实〈中共中央关于完善社会主义市场经济体制若干问题的决定〉的意见》。

五、第十一次、第十二次、第十三次全体会议

2004年2月21日，中共长沙市委召开十届十一次全体会议（应到45人、实到39人，因事请假6人），对虢正贵任中共宁乡县委书记，对提名黎石秋为宁乡县人民政府县长；对刘新程任中共长沙市天心区委书记，对提名夏建平为长沙市天心区人民政府区长进行票决。4位拟任人选获得赞成票均超过应到委员数1/2。

6月25—26日，市委召开十届十二次全体（扩大）会议，贯彻全省市州主要负责人会议精神，分析年经济发展形势，研究部署宏观调控下如何加快发展的问题。省委常委、市委书记梅克保作题为《坚持科学发展观，努力推进长沙持续快速健康协调发展》报告。要求认真落实中央调控政策，确保完成全年各项目标任务。

9月28—29日，市委召开十届十三次全体（扩大）会议，会议报告市委常委会一年来工作和贯彻中共十六届四中全会精神，研究加强长沙市党的执政能力建设问题。省委常委、市委书记梅克保作题为《切实加强执政能力建设，全面推进党的建设新的伟大工程》报告。强调：中共十六届四中全会是改革开放发展关键时期召开的一次极其重要的会议，一定要全面、准确、深刻领会中共十六届四中全会精神，自觉地落实到各项工作实践中，切实提高各级党组织和党员干部的执政能力。大力推进全市“三个文明”（物质文明、精神文明、生态文明）建设。市委副书记、市长谭仲池指出：把思想和行动统一到中共十六届四中全会精神上来，以此为动力，坚决完成全年各项目标任务。会议审议通过梅克保书记报告和《中共长沙市委关于贯彻落实〈中共中央关于加强党的执政能力建设的决定〉的若干意见》。

六、第十四次、第十五次全体（扩大）会议

2005年7月18日，市委召开十届十四次全体（扩大）会议。会议由市委副书记、市人大常委会主任杨顺初主持。省委常委、市委书记梅克保强调市委提出的未来五年乃至更长一段时间的发展中的重点是实施好“兴工强市、创新先导、以城带乡、文化推动”四大战略。市委副书记、市长谭仲池指出要准确把握目前经济社会发展态势，突出重点，强化措施，深化改革，确保今年和“十五”计划目标任务全面或超额完成。

11月19—20日，市委召开十届十五次全体（扩大）会议，贯彻中共十六届五中全会精神，切实做好“十一五”发展规划。大会审议通过市委《关于认真贯彻党的十六届五中全会精神，切实做好“十一五”发展规划的意见》和《长沙市国民经济和社会发展第十一个五年规划纲要》。省委常委、市委书记梅克保向大会报告市委十届十三次全会以来市委常委会工作并述职述廉。

七、第十六次、第十七次、第十八次全体会议

2006年4月6日，市委召开十届十六次全体会议（应到委员41人、实到委员31人，因事请假10人），对岳麓区、雨花区党政正职，开福区、浏阳市政府正职共6名拟任人选和推荐人选：赵建强拟任中共岳麓区委书记、张建国拟任雨花区委书记，提名陈中、凌勤杰、张迎春分别为岳麓区、开福区、雨花区区长人选和梁仲为浏阳市市长人选进行无记名投票表决，6位拟任人选和推荐人选获得同意票均超过应到委员数1/2。

6月8日，市委召开十届十七次全体会议，研究决定长沙市召开第十一次党代会的问题。市委副书记、市人大常委会主任杨顺初作关于召开中国共产党长沙市第十一次代表大会有关问题的说明。大会举手表决通过《中国共产党长沙市第十届委员会第十七次全体会议关于召开中国共产党长沙市第十一次代表大会的决议》。全会决定中国共产党长沙市第十一次代表大会于2006年9月中旬召开。

9月14日，市委召开第十届十八次全体（扩大）会议，审议决定召开第十一次党代会各项事宜。确定出席省九次党代会代表候选人预备人选65人。会议决定中国共产党长沙市第十一次代表大会于9月16—19日召开，会议听取关于市委第十一次代表大会筹备工作情况汇报。审议通过中国共产党长沙市第十届委员会工作报告（草案）和中共长沙市纪律检查委员会工作报告（草案）。讨论通过中共长沙市第十一次代表大会日程及议程；讨论通过中共长沙市第十一届委员会委员、候补委员和市纪律检查委员会委员候选人预备人选名单；讨论决定长沙市出席中共湖南省第九次代表大会代表候选人预备人选名单。讨论通过中共长沙市第十一次代表大会主席团成员及秘书长建议名单、大会主席团常务委员会委员建议名单；讨论通过中共长沙市第十一次代表大会代表资格审查委员会成员建议名单。

第五节　第十一届市委历次全体会议

中共长沙市第十一届委员会先后召开21次全体会议。

一、第二次全体会议

2006年12月25日，市委召开十一届二次全体会议，对长沙市出席中国共产党十七次全国代表大会代表候选人初步人选推荐建议名单进行酝酿。会议一致通过长沙市出席党的十七大代表候选人初步人选的推荐名单6名，其中党的领导干部2名（陈润儿、卢平）、生产和工作一线的党员4名（梁稳根、胡子敬、张国庆、李列娜）。

二、第三至五次全体（扩大）会议

2007年1月13日，市委召开十一届三次全体（扩大）会议。省委常委、市委书记陈润儿在会上作题为《加速推进新型工业化，全面提升经济竞争力》报告。全会要求进一步统一思想，深化认识，坚定信心，乘势而上，切实增强加速推进新型工业化的紧迫感和责任感。全面提升长沙经济竞争力，努力把长沙建设成为领先中部地区走在全国前列的机械制造、电子信息、汽车制造产业基地，不断增强综合经济实力和市场竞争能力，走出一条有长沙特色的新型工业化道路。市委副书记、市长谭仲池强调要痛下

决心，解决推进新型工业化的障碍和瓶颈，切实优化经济社会发展环境。全会原则通过市委常委会经过两次专题研究形成的《关于加速推进新型工业化若干问题的意见》和《长沙市六大产业集群发展规划》。

6月29日，市委召开十一届四次全体（扩大）会议，学习胡锦涛总书记关于构建和谐社会的有关论述及《中共中央关于构建社会主义和谐社会若干重大问题的决定》。会议讨论、研究并通过《中共长沙市委推进和谐长沙建设2007—2010年工作纲要》，要求通过三年的努力，使长沙实现区域发展更加协调、人民生活更加富裕、社会保障更加完善、民主法治更加健全、公共管理更加高效、社会秩序更加安定、社会文明更加进步、生态环境更加优美。省委常委、市委书记陈润儿要求全市各级领导干部必须增强使命感和责任感，统一认识，不断提升领导推进和谐长沙建设的本领，加强和改善对构建和谐长沙各项工作的领导。

12月2日，市委召开十一届五次全体（扩大）会议，要求深入贯彻中共十七大精神，动员全市各级党组织和广大共产党员，把握科学发展观，顺应人民群众的期待，团结和带领全市人民率先实现全面小康目标，建设繁荣、创新、文明、和谐长沙。省委常委、市委书记陈润儿在报告中指出，市委提出率先实现全面小康是审时度势的重大战略选择，强调要立足长沙现有发展基础，五年内达到国家2020年全面小康标准。会议还对市委常委会成员配偶、子女从业情况进行公示。市委副书记、市长张剑飞主持会议。

三、第六、七次全体会议

2008年3月26日，市委召开十一届六次全体会议。省委常委、市委书记陈润儿主持会议，市委常委、组织部长范小新代表市委常委会作有关人事安排的说明。对提请全委会表决的望城县、宁乡县人民政府县长候选人推荐人选和拟提请市人大常委会决定任命的市人民政府秘书长、局长、委员会主任提名人选和有关正县级单位正职拟任人选进行分组审议，并以无记名投票方式进行票决。

12月9日，市委召开十一届七次全体（扩大）会议，贯彻中共十七届三中全会精神，推进农村改革发展。全会审议并原则通过《中共长沙市委关于推进农村改革发展的实施意见》。省委常委、市委书记陈润儿向全会报告2008年市委常委会工作，并就推进农村改革发展进行部署，提出具体要求。

四、第八至十次全体会议

2009年4月2日，市委召开十一届八次全体会议。审议通过中共长沙市委《关于全面加强基层党的建设的意见》《关于加强乡镇（街道）干部队伍建设的若干规定》《关于加强村（社区）干部队伍建设的若干规定》3个文件，市委常委、组织部部长范小新就《意见》的起草作说明。省委常委、市委书记陈润儿主持会议并作《切实履行管党职责，加强基层党的建设，筑牢推进科学发展、率先实现小康的坚强堡垒》主题报告，强调要深入贯彻落实中共十七大、十七届三中全会精神，牢固树立“抓发展必须抓党建、抓党建必须抓基层、抓基层必须抓班子”的意识，从战略全局的高度重视基层党的建设，扎实推进基层党的思想建设、组织建设、作风建设和制度建设、班子建设。

9月27日，市委召开十一届九次全体（扩大）会议，学习和贯彻落实中共十七届四中全会和省委九届八次全会精神，讨论部署加强和改进新形势下党的建设。省委常委、市委书记陈润儿受市委常委会委托在大会上作发言，市委副书记、市长张剑飞在大会上布置当前工作，强调要确保年度目标任务完成。

11月17日，市委召开十一届十次全体会议，审议通过《中共长沙市委推进城乡一体化发展工作纲要》。纲要按照又快又好率先发展的总体要求，坚持跳出农村建设农村、转移农民富裕农民、调整农业发展农业的基本思路，着力推进城乡规划、基础设施、公共服务、产业发展、生态环境和管理体制一体化，坚持尊重规律、惠民为本、协调发展、有序推进的原则，加快转变经济增长方式，构建新型城乡关系、工农关系和镇村关系。省委常委、市委书记陈润儿强调，推进城乡一体化发展，事关全局、事关根本、事关未来。

五、第十一至十八次全体会议

2010年6月13日，市委召开十一届十一次全体（扩大）会议，审议通过《中共长沙市委关于加快推进城市国际化的若干意见（审议稿）》（(以下简称《意见》))。《意见》提出用15年左右时间，在基本建成区域性中心城市的基础上，把长沙建设成为区域性国际城市。省委常委、市委书记陈润儿强调，大力实施国际化战略。市委常委、秘书长程水泉就《意见》起草作说明。

10月14日，市委召开十一届十二次全体（扩大）会议，讨论研究《中共长沙市委关于党员领导干部公开述廉的若干规定》。省委常委、市委书记陈润儿主持会议，并要求完善领导干部述廉制度，自觉接受人民群众的监督。

11月1日，市委召开十一届十三次全体（扩大）会议，安排部署党员领导干部公开述廉工作。市、区（县市）党政主要负责人和市直单位党政主要负责人分别向上级或同级党委全体（扩大）会议公开述廉。省委常委、市委书记陈润儿在会上述廉，重点报告“一岗双责”、集体决策、干部任用、工程招标、土地出让、资产处置、资金安排、个人事项8个方面的情况。

11月6日，市委召开十一届十四次全体（扩大）会议，九个区县（市）委书记首次向市委全会公开述廉。芙蓉区委书记钟钢，天心区委书记夏建平，岳麓区委书记赵建强，开福区委书记张迎春，雨花区委书记周杏武，长沙经开区党工委书记、长沙县委书记杨懿文，望城县委书记黄佳惠，长沙市委常委、浏阳市委书记易佳良，宁乡县委书记黎石秋逐一述廉。省委常委、市委书记陈润儿，省纪委副书记胡奇，省委巡视二组负责人以及市领导，全体市委委员、候补委员，市巡查指导组及部分党代表、人大代表、政协委员应邀出席会议。

11月10日下午，市委召开十一届十五次全体会议，由市委委员差额票决产生5名市管领导正职职位提名人选。会议由省委常委、市委书记陈润儿主持，市委常委、组织部部长范小新就进入全委会差额票决人选产生过程及入选情况进行说明。经过无记名投票，产生竞争性选拔5名市管领导正职提名人选。

11月11日，市委召开十一届十六次全体（扩大）会议，市联合巡查组反馈省委常委、市委书记陈润儿公开述廉后的巡查情况，省委常委、省纪委书记许云昭出席并讲话；二是审议通过中共长沙市委《关于制定长沙市国民经济和社会发展第十二个五年规划的建议》，市委副书记、市长张剑飞就建议向全会作说明。全会强调坚持以人为本、“两型”引领、创新驱动、城乡统筹、协调发展。实现今后五年经济和社会发展的主要目标。

12月18日，市委召开十一届十七次全体（扩大）会议，会议由市委常委会主持，市联合巡查组反馈九个区、县（市）委书记在市委十一届十四中全体（扩大）会议上公开述廉后巡查情况。省委常委、市委书记陈润儿强调全市领导干部特别是主要领导干部要发挥模范表率作用，自觉遵守《廉政准则》。

12月31日，市委召开十一届十八次全体会议，本次会议主要议程是投票决定“全市公开选拔的12名市管领导副职人选”。通过差额票决，12个市管领导副职职位决出9个职位人选（或提名）人选。其余3个职位经过两次投票表决均未获通过，3个职位空缺。

六、第十九至二十一次全体会议

2011年7月30日，市委召开十一届十九次全体（扩大）会议，审议通过《关于召开中国共产党长沙市第十二次党代会的决议》。省委常委、市委书记陈润儿就大会筹备、代表选举以及当前工作作讲话。全会决定，市第十二次党代会于2011年9月召开。全会还表决通过《关于雍正海等9名市委候补委员递补为市委委员的决定》。

8月26日，市委召开十一届二十次全体会议，差额票决产生11名市管领导干部。省委常委、市委书记陈润儿主持大会，市委常委、组织部部长范小新就此次竞争性选拔工作情况作说明并介绍18名提名人选产生过程和基本情况。参会52名市委委员从18名提名人选中差额选出市教育卫生系统市管领导干部2名拟任人选和9名资格人选。

9月21日下午，市委召开十一届二十一次全体（扩大）会议，会议由省委常委、市委书记陈润儿主持。会议听取长沙市第十二次党代会筹备情况的汇报，审议通过中国共产党长沙市第十一届委员会工作报告和市纪律检查委员会工作报告等召开长沙市第十二次党代会的有关事项。

第六节　第十二届市委历次全体会议

中共长沙市第十二届委员会先后召开14次全体会议。

一、第二次全体（扩大）会议

2011年12月18日，召开中共长沙市委十二届二次全体（扩大）会议。研究部署建设国际文化名城工作。省委常委、市委书记陈润儿在全会上要求深入贯彻落实中共十七届六中全会精神，大力推进国际文化名城建设。市委副书记、市长张剑飞主持会议。市委常委、宣传部长作题为《深入贯彻六中全会精神，着力建设国际文化名城》的报告。全会审议通过《中共长沙市委长沙市人民政府关于推进国际文化名城建设的意见》，并对《长沙文化创意产业振兴发展规划（2012—2015）》进行讨论。

二、第三至五次全体（扩大）会议

2012年2月20日，召开中共长沙市委十二届三次全体（扩大）会议。会议由市委常委会主持，市委常委、组织部部长程水泉作《关于长沙市出席中共十八大代表候选人初步人选推荐提名情况的说明》。全会表决通过长沙市出席党的十八大代表候选人初步人选7名，其中领导干部有：陈润儿；生产工作一线党员有：梁稳根、叶钦、宋海晏、黄海兰、张国庆、吴涛。各区、县（市）委书记就2011年度履行基层党建工作责任进行首次述职，全会对他们的述职进行测评。会上，市委常委会面向全会书面汇报近几年来全市基层党建工作。省委常委、市委书记陈润儿在讲话中要求恪尽管党之责、夯实兴党之基、抓住党建之要，将“抓发展必须抓党建、抓党建必须抓基层、抓基层必须抓班子”的理念贯穿于各项工作，落实到具体行动。

7月12日，召开中共长沙市十二届四次全体（扩大）会议。会议由市委副书记、常务副市长张迎龙主持，全会研判当前经济发展形势。市委副书记、市长张剑飞通报上半年全市经济社会发展情况，上半年全市经济运行态势总体良好，市场需求回暖，增长速度逐月回快，经济效益逐月回升。省委常委、市委书记陈润儿要求坚定信心，咬住目标不动摇；振奋精神，扭住重点不放松，努力完成和超额完成全年的各项工作任务。

12月17日，召开中共长沙市十二届五次全体（扩大）会议，贯彻落实中共十八大精神。省委常委、市委书记陈润儿强调，贯彻落实党的十八大精神，要立足长沙实际、着眼发展要求、发挥现有优势，以更高的标准、更大的发展和更严的要求加快推进小康建设进程。明确目标和任务，转变发展方式，调整经济结构，推动产业结构由“二三一”向“三二一”转变。陈润儿还强调领导要率先垂范，切实改进作风，把长沙的改革发展和全面小康事业不断推向前进。

第四章 决策纪要

第一节 深化经济领域改革开放

1978年，中共十一届三中全会明确中国开始实行对内改革、对外开放的政策。1984年，长沙被列为经济体制改革试点城市，改革进入城乡全面展开的新阶段。1988年，长沙市贯彻执行中共十三届三中全会精神，相继召开市委七届五、六次全体（扩大）会议，坚持以经济建设为中心，治理经济环境，整顿经济秩序，全面深化改革，推行承包责任制，改革企业经营机制。工交、建筑等各类企业实行多种形式的承包经营责任制；长沙民族乐器厂率先全省实行泛股份制，推行股份制试点。农村改革实行家庭联产承包责任制，形成以家庭经营为基础的双层经营的新体制。商业结构由单一化向多元化发展，购销体制由统购统销向多种购销形式发展。召开全市对外贸易工作会议，贯彻国务院关于“自负盈亏、放开经营、工贸结合、推行代理制”的外贸体制改革精神，实行外贸承包经营责任制。组成以市长为组长的五人小组参加湖南在香港举办的对外经济技术合作洽谈会。组建长沙市对外经济贸易公司，拓展外向型经济。改革开放促进经济发展，全年完成工业总产值由1978年的23.39亿元增加到76.34亿元（1980年不变价，下同），农业总产值由9.17亿元增加到15.9亿元。

1989年年初，长沙市制定“改革兴市”的基本市策，实行“改革开放”的发展战略。1月，召开市委工作会议，强调改革是推动一切工作的动力，要正确处理稳定和发展的关系，坚持治理整顿同深化改革相结合，积极稳妥地推进城乡各项改革。根据《中共中央关于进一步治理整顿和深化改革的决定》，以深化企业改革为重点，完善企业承包责任制和厂长（经理）责任制，对产业结构、产品结构和投资结构进行合理调整。与湘潭、株洲首次联合在深圳举办“外贸交易会”。成立中国国际商会长沙商会、中国国际贸易促进委员会长沙支会，出台《关于鼓励进出口创汇若干问题的规定》，推动外贸体制改革，加强与各省市及外国的经济贸易和技术交流。市委七届八次全体会议要求“把经济工作的重点进一步转移到治理整顿和深化改革上来”。农村继续坚持家庭联产承包责任制，企业改革以坚持和完善承包制为重点，积极推进企业兼并、企业集团和企业内部配套改革。1990年在市第八次党代会上，市委强调要坚定不移地全面贯彻执行党的基本路线，推进治理整顿和深化改革。各类企业都要树立起与改革开放相适应的商品观念、市场观念、竞争观念、效益观念，经受改革考验，加快开放步伐，促进经济振兴。发布《关于长沙市1990年围绕治理整顿进一步深化改革的意见》，要求逐步建立计划经济与市场调节相结合的经济运行机制，坚持把改革摆在突出位置，不断深化城乡改革。农业稳定和完善家庭联产承包责任制；工业完善厂长（经理）负责制、经营承包责任制和内部配套改革；商业改革流通体制，逐步形成以国有商业为主体的多成分、多渠道、多方式、少环节的流通格局。以搞活企业为中心，相应进行计划、财政、税收、金融、物资、价格、劳动工资等方面的改革。在经济体制改革的同时，对科技、教育、文化、卫生等体制进行改革。

1991年，审议通过《长沙国民经济和社会发展第八个五年计划的建议》，进一步实施治理整顿、深化改革、扩大开放的政策措施。在市场经济体制改革会议上，提出“坚定不移地深化企业改革、搞活国有大中型企业”的十条措施。是年，国有大中型工交、建筑、商业企业由第一轮承包向第二轮承包过渡，按照“包死、包长、不包杂”的原则，对承包指标进行完善。对37家国合商业企业实行经营、价格、用工、分配“四放开”试点。在继续完善农村家庭联产承包责任制，开始推进土地有偿承包制的同时，加强农村社会化服务体制建设。相继出台措施调整平价粮油销售价格，开放部分管价商品价格。实行外贸企业自主经营、自负盈亏的新体制。实施住房制度改革，稳步推进社会保障体系改革。遵照“深化改革、扩大开放、突出基础、调整结构、提高效益”工作思路的长沙高新技术产业开发区吸引越来越多的有识之士来长创业。1992年，长沙市认真贯彻落实中共十四大精神，全市上下把思想统一到发展社会主义市场经济上来，实现认识上的新飞跃、理论上的大突破，摒弃自然经济、产品经济、计划经济的传统观念，从姓“资”姓“社”的思想束缚中解放出来，树立社会主义市场经济的价值观、竞争观、时效观；从“唯书”“唯上”的思想束缚中解放出来，树立敢想敢试敢闯、敢为人先的胆识和气魄。研究商业改革和搞活流通、对外开放的措施，分别印发《关于加快商业改革，搞活流通的会议纪要》和《关于进一步加快对外开放工作的会议纪要》。国有商业企业、物资企业全面实行“四放开”，搞活经营，搞活流通。召开全市经济工作暨企业技术进步工作会议，推出三项改革措施：全市大中型国有企业在完善第二轮承包的基础上，进行投入产出承包试点；市属大集体企业引进街区、乡镇企业经营机制；县属国有企业引进乡镇企业经营机制。在企业内部稳步推行用工、工资、社会保险三项制度改革。是年8月，长沙市成为进一步对外开放的城市之一，实行沿海开放城市的政策。1993年，市委八届八次全体（扩大）会议认为时下经济社会生活中出现的矛盾和问题，主要是新旧体制的交叉与摩擦引起的，解决的根本出路在于深化改革、扩大开放。长沙改革的重点是：转换企业经营机制，实行现代企业制度，建立社会主义市场体系和社会保障等配套制度；推进机构改革，转变政府职能。在深化改革的同时，进一步加快全方位对外开放的步伐，增强市民的开放意识，扩大长沙的开放程度，改善外向经济环境，促进快速健康发展。在企业改革的同时，推进土地使用制度和住房制度改革以及计划、财政、物资、价格、外贸、科技、教育、文化、卫生等体制改革。率先全省成立招商局，实行统一招商管理；成立外商投资企业协会，继续扩大对外开放。

1994年，长沙市强调“改革是推动发展的主动力，无论是经济建设，还是社会事业的发展，都要从改革上找出路。改革要突破重点，加快国有企业改革的步伐，继续深化农村改革，努力培育出生产要素市场，社会保障体系的改革要有所突破。”相继出台《关于建立现代企业制度试点有关问题的提要》《长沙市职工失业保险实施办法》和《长沙市工伤保险办法》等一系列文件。有10家企业进行现代企业制度试点，70家大中型企业进行引资嫁接改造，组建9个企业集团；有25万多人参加社会养老保险，20余万人参加失业保险，社会保障制度的配套改革全面展开。同时，制定《长沙市党政机构改革方案》，推行党政机关机构改革，从组织上保证改革顺利进行。1995年，长沙市对国有企业实行“改制、改组、改造、改善”。相继出台《1995年经济体制改革工作要点》《长沙市中小型国有企业出售拍卖试行办法》《长沙市中小型国有企业租赁经营试行办法》《长沙市中小型国有企业托管经营试行办法》等操作性强的配套政策。紧紧抓住长沙入围全国50个“优化资本结构、增强企业实力”改革试点城市的机遇，采取“突出重点，扶优扶强；抓大放小，改革产权；资产重组，授权经营；招商引资，嫁接改造；组建集团，集约经营；配套改革，整体推进”6条措施，促进长沙建立社会主义市场经济机制的改革进程。在实行“改革兴市”战略的同时，坚持“开放强市”的方针，加快招商引资力度，实施外向带动策略，制定《关于进一步加强招商引资工作的意见》。全年新批外资项目 168 个，实际利用外资 1.54 亿美元；全市利用外资项目累计 1543 个，合同利用外资 14.14 亿美元，实际到位外资 7.8 亿美元。“三资”企业成为长沙市新的经济增长点。

1996 年，长沙市确定“大开放、大建设、大发展、大提高”的总要求，抓住列入全国“优化资本结构试点城市”和“全国综合配套改革试点城市”的机遇，以国企改革为重点，将工商企业改革、综合配套改革、市场培育和农村改革引向深入。相继制定《关于优化资本结构试点方案的通知》《关于放开搞活国有小型企业若干政策的通知》《关于国有小企业出售改制工作的通知》《关于企业破产若干规定的通知》《关于进一步深化企业社会养老保险制度改革的通知》《关于 1996 年住房制度改革有关规定的通知》。召开全市“优化资本结构”改革试点动员大会，着力在“抓大放小”“调整结构”“增资减债”“人员分流”“兼并破产”等方面抓突破。是年，21 对企业实行兼并，25 户企业完成破产终结程序，20 家企业完成股份制改造。商业企业坚持抓大放小，因企制宜转换经营，同时按照“开放强市”经济发展战略，实行外宣开路、外事搭桥、外经拓展、外贸导向、外资推进的“五外联动”，扩大开放，招商引资。全年实现全部工业总产值 501.57 亿元，增长 22.4%；完成进出口总额 22.06 亿美元；新增利用外资项目 150 个，投资的 820 家“三资”企业完成总产值 50 亿元。

1997 年年初，长沙被列为“全国综合配套改革试点十一个重点联系城市”，成立长沙市改制工作团，由市委、市人大、市政府、市政协的领导任政委和正副团长，下设企业改革办公室和冶金机械等 7 个分团，并向工业企业派驻改制工作组，指导企业改革。召开全市企业改制工作会议，制定《关于印发〈长沙市综合配套改革试点方案〉的通知》《关于长沙市中小型国有企业实行股份合作制的暂行规定》。以中小企业改制、资本市场培育、再就业工程为重点开展各项改革，以及用工、分配、社保、住房、再就业等各项配套改革稳步推进，到年底全市有 359 家企业完成以股份制或股份合作制为主要形式的改制。1998 年年初，召开市委常委扩大会议和市委经济工作会议，研究工业改革解困和发展问题，落实改革与脱困目标。并召开全市经济体制改革工作会议，制定《长沙市加快工业结构调整实施意见》，落实中共中央国务院“一个确保、三个到位、五项改革”战略决策，抓大放小、转机建制、兼并破产、减负 增效，推进企业改革，建立现代企业制度。深化配套改革，加大资本运营力度，培育资本市场；加强劳动力市场建设，实施再就业工程；深化养老保险和住房制度改革，逐步完善社会保障体系。同时做出《关于进一步加快乡镇企业改革和发展的决定》，继续深化农村制度改革和乡镇企业改革。1999 年，制定《关于加快国有企业改革和发展若干问题的意见》，强调国有企业改革和发展要按照“收缩战线、有进有退、有所为有所不为”的方针，在结构调整、产权重组、机制转换、技术创新、化解包袱五个方面有所突破。发布《关于加快流通产业改革与发展问题的通知》，使长沙商贸流通业更好地适应和促进工农业的改革发展。2000 年提出：国企改革仍是重头戏，要进一步完善一些操作性的政策规定，在困难企业改制方面取得突破。先后出台《关于国有企业产权制度改革中劳动保障若干问题的意见》《关于切实做好国有企业下岗职工再就业工作，加快建立市场就业机制的通知》《关于切实做好企业离退休人员基本养老金按时足额发放和国有企业下岗职工基本生活保障工作的通知》《关于加快企业离退休人员基本养老金社会化发放工作的通知》以及《关于推进我市城镇医疗卫生体制改革的意见》等配套性文件，解决职工身份置换的养老保险、医疗保障和下岗职工再就业问题，保障和促进企业改革的顺利进行。2001 年，长沙市制定《关于进一步规范完善国有企业改革的若干意见》，强调国有企业的重点是产权制度改革，要通过兼并破产、资金置换、股份制改造、上市融资等形式，争取在两年内对市属国有企业全部进行改制，积极引导国有企业向优势产业、优势企业集聚，做到进而有为、退而有序。发布《关于加强招商引资工作，鼓励外商投资的决定》，促进改革开放、招商引资工作顺利推进。

2002年，是加入世界贸易组织的第一年，全市经济建设面临一个新的外部环境。长沙市发布《关于市冶金机械工业局和市一轻工业总公司等十四个单位进一步深化改革的实施意见》，转变职能、下放权力，归还企业自我管理、自主经营的权力，让企业放开手脚，加速发展。要求以改革开放为动力，全面推进“工业化、城市化和农业产业化”进程，稳步推进国有企业改革；按照“改快、改稳、改活、改好”的要求，以建设现代企业制度为目标，改革产权制度，调整产权结构，盘活存量资产，理顺劳动关系，积极推进国合商业企业改革和商业结构调整，大力拓展消费市场。按照省委省政府确定的“开放带动”战略，加大开放力度，扩大开放领域，积极招商引资。全年实现到位外资和引进市外境内资金分别为3.28亿美元和129亿元，比上年分别增长24.5%和59.4%；有21家世界500企业在长沙投资办厂或设立办事机构。经济园区成为开放的重要平台，工业化进程加快，工业总产值、高新技术产业年值分别为422.5亿元和300亿元，分别增长21.1%和22.5%。2003年，强调面对加入世贸组织后的新挑战，要抢先发之机、激后发之势，强力采取积极有效的措施，推进对外开放和招商引资迈上新台阶，出台《关于进一步加大招商引资力度和大力发展民营经济的决定》及《关于在全市实行党政领导干部联系重点招商项目制度的通知》等文件。市委召开十届十次全会，发布《中共长沙市委关于贯彻落实〈中共中央关于完善社会主义市场经济体制若干问题的决定〉的意见》，抓好产权制度、农村经济体制、要素市场和政府职能改革，全面完成商贸企业改制，完善社会主义市场经济体制。

2004年，发布《关于深化市属国有企业改革的指导意见》和《关于深化农村改革促进农民增收的若干意见》。强调国企改革要以建立现代企业制度为目标，切实搞好企业产权制度改革，理顺职工劳动关系，落实就业保障和社会保障。农村改革要完善和稳定家庭承包经营责任制与土地流转制度，深化农村税费改革，建立劳动力转移体制，健全农村社会化服务体系，促进农民增收、农村繁荣。发布《关于投资体制改革的若干意见》，按照完善社会主义市场经济的要求，确立企业投资主体地位，规范政府投资行为，建立市场引导投资、企业自主决策、融资方式多样、中介服务规范、宏观调控有效的新型投资体制。2005年，长沙市坚持把推进改革扩大开放作为促进全市经济社会全面发展的重要举措，不断调整经济结构，转变增长方式，深化改革，扩大开放。突出推进新型工业化进程，以工促农，以城带乡。认真贯彻落实“中央一号文件”《中共中央、国务院关于进一步加强农村工作提高农业综合生产能力若干政策的意见》和全市农村工作会议精神，深化农村配套改革，率先全省全面免征农业税，加大支农扶农力度，推进现代农业建设，改善农村基础设施，发展农村公共事业，提高农民生活水平。在加快县域经济发展暨要素市场改革工作会议上，长沙市委要求进一步提高对要素市场改革和发展的认知，强化推进各项措施，促进县域经济的持续健康发展。发布《关于进一步加强招商引资工作的若干意见》，不断提高长沙经济的外向度，大力实施“开放带动”和“消费拉动”战略，努力拓展国际国内市场，推动经济社会发展。成立长沙市非公有制经济领导小组，促进“三资”企业和个体、私营企业的发展。非公有制经济在全市经济总量中的比重达50.2%。

2006年，长沙市积极推进经济体制改革，制定《长沙市经济体制改革“十一五”规划》《长沙市2006年推进经济体制改革的意见》，启动新一轮改革。国企改革以实现产权多元化为核心，以促进发展现代化为目的，建立现代企业制度。相继出台《关于市属国有企业改革若干问题的补充意见》、《长沙市市属国有企业改革专项资金管理暂行规定》。是年，“全国国有企业改革工作经验交流会”在长沙召开，长沙市国有企业实行企业产权置换和职工身份置换的改革经验受到国务院及发改委、国资委等有关部委和各省（市、区）与会领导的称赞，在全国推广。2007 年，在国有企业改革成功实行“两个置换”的基础上，长沙市在全省率先启动企业改革三大任务中“企业办社会职能分离”工作。制定《长沙市企业办社会职能分离的实施办法》，将国有和集体企业过去承办的子弟学校、幼儿园、医院以及企业生产和生活用水用电实施分离改造，抄表到户后的职工家属住宅区连同离退休职工的管理服务等社会职能全部移交给当地政府。改制后重组的企业甩掉包袱、轻装上阵，变成真正的有限责任公司，进而完善现代企业制度，与非公有制企业公平竞争。2008 年，全面启动长株潭“两型社会”（资源节约型、环境友好型）综合配套改革试验区建设，形成“长沙市两型社会建设综合配套改革总体方案”，以及大河西先导区建设方案，在建立健全科学发展的体制机制上进行改革探索。全面推进住房保障制度改革、经济社会领域改革，并发布《关于推进保险业改革发展的实施意见》，进行配套改革。深化农村改革，发布《关于推进农村改革发展的实施意见》《关于发展农村合作经济组织推进农村土地承包经营权流转的意见》，发展农村专业合作组织，改革土地管理制度，推行土地流转，实行集约经营，强力推进布局区域化、基地规模化、生产标准化、服务社会化，实现农民知识化、农业产业化。并借助国家经贸委将长沙确定为全国服务外包基地示范城市之机，提出《关于加快发展服务外包产业的若干意见》，大力进行承接产业转移和发展服务外包工作。

2009 年，长沙市对国有企业改革加快推进政策性破产，积极主动地做好企业产权置换、职工身份置换和企业办社会职能分离工作。发布《关于积极抢抓机遇扩大开放合作的政策意见》，把深化改革和扩大开放统一起来，把利用外资和激发内力结合起来，把稳定外需和扩大内需结合起来，扩大长沙经济外向度。大力推进农村林权制度改革，发布《关于全面推进集体林权改革的实施意见》。2010 年，长沙市通过深层次推进改革，全方位扩大开放，进一步增强经济发展内在动力。是年，制定《长沙市人民政府机构改革方案的实施意见》和《关于区县（市）人民政府机构改革的指导意见》，对市县（区、市）两级政府机构进行全面改革，在全市推行大部门管理体制，使原来分散在多个部门的管理事项调整归并到一个部门，避免职能交叉和重叠，提高办事效率，增强政府效能。2011 年，长沙市实行开放带动战略，在更大范围、更宽领域、更高层次上内外开放，以开放带动改革，以改革促进开放。不断推进国际合作，拓展开放空间，形成全方位的开放格局。抓住长株潭城市群“两型社会”建设综合配套改革实验机遇，“引进来”“走出去”，坚持引资与引智、引项目与引专利相结合，瞄准世界 500 强、跨国公司、大型央企，积极扩大国有资本对外合作。以金霞陆路口岸作业区建设为重点，加快长沙综合保税区申报和建设，打造外贸转型升级示范基地和出口创新基地。

2012 年，长沙市深入贯彻落实中共十八大精神，围绕率先全省建成全面小康目标，继续深化改革开放，优化投资环境，注重科技创新，促进经济发展。发布《关于执行文化改革发展若干政策的实施意见》《关于加快供销合作社改革发展的实施意见》。强调集中精力克难攻坚，推进经济逆势而上，抓住发达经济体和先进地区产业转移机遇，主动承接战略产业转移，支持建设临空经济区、现代物流区、国家综合保税区。农村改革重点推进土地承包经营权出资入股的土地流转形式，建立农村土地流转交易市场，发展多种形式的土地专业合作社，加速农业规模化经营和产业化发展进程。全年地区生产总值（GDP）6399.91 亿元，在全省的占比为 28.9%，人均 GDP 为全省平均的 2.7 倍，经济总量在长株潭三市中的占比达 67.8%。

第二节 实施“工业强市”战略

1988 年，长沙社会生产总值 120 亿元（按 1980 年不变价计算，下同），其中工业总产值 76.34 亿元，轻、重工业的比重分别为 54%和 46%。1990 年工业总产值（按 1980 年不变价）86.43 亿元，到 2000 年长沙市全部工业总产值 620.49 亿元。2001 年，长沙市决定加速长沙工业化进程，实施“兴工强市”战略。出台《关于实施高新技术带动战略的决定》和《关于进一步支持高新技术产业发展的决定》，大力发展高新技术产业，加强工业园区建设，扶优扶强优势产品、优势企业、优势产业，为工业化提供依托载体。对精品烟卷、电子信息、工程机械等“十大标志性工程”实行重点扶持，对进入标志性工程的重点企业实行市级领导挂点联系、部门对口服务、财政贴息补助等措施，实现长沙经济跨越式发展。2002 年，长沙市进一步研究和部署实施“兴工强市”战略，用高新技术改造传统工业，促进产业结构优化升级，加快新型工业化进程。明确提出“园区兴工”，制定“两区六园”（长沙高新技术产业开发区、长沙经济技术开发区，岳麓山大学科技园、浏阳生物医药园、长沙新港工业园、湖南（望城）食品工业园、宁乡科技工业园、长沙环保工业园）的中长期发展规划，正式确立 23 户工业“十大标志性工程”企业，打造支柱产业和龙头企业，实施标志性工程，打造现代产业集群。发布《关于加快推进工业化进程的若干意见》《长沙市工业发展纲要》《工业十大标志性工程的实施意见》和重点民营企业、“小巨人”企业扶持政策以及每年（从 2002 年开始）拿 1 亿元作为标志性工程龙头企业重点项目的引导资金等一系列重大决策，并成立长沙市推进工业化协调领导小组，加大对工业的领导力度。是年，全市规模工业总产值、高新技术产业产值分别达到 422.5 亿元和 300 亿元，比上年增长 20.1%和 22.5%。标志性工程企业完成工业总产值 219.96 亿元，同比增长 41.5%，占全市规模工业的 51.7%。全市工业产值过亿元的企业由上年的 61 户增加到 75 户，产值由 253 亿元增加到 302 亿元。

2003 年，长沙市实施“兴工强市”战略，以工业的快速高效发展带动城市化和农业产业化的快速发展，集中培育“十大标志性工程”企业，大力发展生物医药、新材料、软件三大高新技术产业和改造提升机械制造、电子信息、烟草食品加工三大优势产业。出台《关于进一步加快工业发展的决定》，依托“两区六园”，引导企业进区入园。突出发展产业集群，培植工业核心增长极，促进企业集群式发展。2004 年是长沙“大干新三年，再创新辉煌”的第一年，发布《关于加快高新技术产业开发区建设与发展的意见》，强调产业是经济的核心，工业是产业的重心，坚持“工业兴市、园区兴工、项目兴园”，深入实施“兴工强市”战略，推动产业结构优化升级，构筑以高新区、经开区两个国家级工业园区为龙头的工业园区产业带。确定高档烟卷、电子信息、汽车制造、绿色家电、工程机械、新材料、精细化工、生物制药、精品纺织、食品深加工 28 家“十大标志性工程”企业，将有限的政策资源和社会资源向工业集中，对“十大标志性工程”给予政策、资金、服务等一系列支持。同时以战略项目为核心，通过招商引资强强联合，产业配套，培育优势产业群。长沙逐步形成长沙卷烟厂、LG 飞利浦曙光、远大空调、HEG 玻壳、长丰猎豹、北汽福田、中联重科、三一重工、湘江涂料集团等一批重点骨干企业和知名品牌，企业的核心竞争力和产品的科技含量明显增强，园区工业完成总产值占全市工业的 39.3%，实现利税占全市工业的 36.7%。长沙市提前一年实现“十五”计划的主要目标。工业总产值 1006.06 亿元，突破 1000 亿元，增长 25.2%，地方财政收入突破 100 亿元，城市居民人均可支配收入突破 1 万元，跻身全国综合实力百强城市第十六位。

2005年，长沙市牢固树立“兴工强市”是第一方略的思想，确立以工业为主导的工作理念，改善政府服务，优化发展环境，强化组织领导，加大工作力度。成立由分管副书记为组长，相关职能部门负责人为成员的市工业经济工作协调领导小组和市非公有制经济领导小组，加大工业的协调力度。发布《关于加快优势产业集群和工业园区建设发展的若干意见》，先后出台《长沙市“十一五”新型工业化发展规划》《长沙市“十一五”循环经济发展规划》《长沙市“十一五”节能规划》。对涉及工业发展的重大事项、重大项目一月一调度。对经济运行和项目执行中的具体问题由主管副市长召集相关部门主要负责人一周一调度。在政府机构改革中，各区县（市）均设置工业经济局，强化对工业的组织领导。是年，长沙市组织开展首个“工业服务月”活动，32个市直部门、5区4县（市）、“两区六园”、4家新闻单位、12家金融机构、18家担保公司，以“支持工业、服务企业”为主题，着力解决工业发展中402家企业用地、信贷资金、电力供应、交通运输、技术质检等方面的719个问题，并以此建立起为工业服务的绿色通道和长效机制。全市工业总产值1300.6亿元，同比增长27.3%；工业增加值469亿元，增长17%；规模工业总产值955亿元，增长28%。2006年，长沙市定为“工业项目年”，开展“工业服务月”活动，推动三大转变（由资源主导型、投资主导型工业向创新主导型转变；由数量型向质量型转变；由长沙制造向长沙创造转变），实施“三个一百”工程（重点抓好100个上年竣工的工业项目投产和达产、100个投资额在2000万元以上的续建工业项目的建设、100个投资额在2000万元以上的新开工项目）的启动。5月，出台《关于鼓励支持和引导非公有制经济发展有关问题的通知》。6月，召开“抓住中部崛起机遇，加速推进长沙新型工业化”座谈会，学习贯彻中共中央、国务院《关于促进中部崛起的若干意见》和省政府“抓住中部崛起机遇，加速推进全省新型工业化座谈会”精神，结合长沙实际，研究具体落实措施。将“两区六园”升级为“两区九园”，在开福区建设一个物流工业园，在岳麓区建设一个配套工业园，浏阳市再建一个制造工业园。全年完成工业总产量1651亿元，规模工业总产值1259亿元，分别增长26.9%和30.1%。在全国47个中心城市（含直辖市、省会城市和计划单列市）中，长沙规模工业增加值排名第21位，比上年前移4位；增速排名第15位，前移11位。

2007年，长沙市加速推进长沙新型工业化，着力增强工业核心竞争力，制定《关于加速推进新型工业化问题的意见》《长沙市六大产业集群发展规划纲要》，标志长沙市新型工业化的推进力度达到空前强度。明确以“三区三带”（长沙高开区、长沙经开区、材料能源产业发展区和东、西、南三线产业经济带）为核心的园区工业发展和以“六大产业集群”为重点的产业集群推进战略。成立以市委副书记为组长，市人大常委会副主任、市政府副市长、市政协副主席任副组长，市直相关部门负责人为组员的“长沙市加速推进新型工业化领导小组”。全市各级各部门围绕市委、市政府的决策，加速启动产业集群领导联点和部门服务制度。年末，六大产业集群完成工业总产值749.7亿元，增长39.5%，占全市规模工业的43.4%。全市工业拥有国家级品牌达26个，在全国省会城市中居第二位。2008年，面对年初冰灾和三季度末开始显现的世界金融危机影响，长沙市调整经济结构，转变发展方式，提升传统产业优势，挖掘成长型战略产业，壮大新兴产业规模，推进新型工业化。制定《关于加快工业园区发展的若干意见》，加强高新区、经开区等两区九园的建设，将其作为长沙工业发展的重要基地。通过抗冰保电、灾后补损、挂职帮扶、项目推进、中小企业贷款专项贴息和“服务经济建设百日大行动”等一系列决策、举措，实现全市工业总产值3230.84亿元，增长31.9%。规模工业增加值超过厦门、福州、长春，由第21位上升至18位，分别高于全国和全省平均水平10.1和4.6个百分点。工业拉动全市GDP增长7.4个百分点，对全市经济增长的贡献率达49.3%；占全市GDP的43.7%，比2002年提高14.4个百分点；在27个省会城市中，由第12位升至第10位。2009年，长沙市提出“保增长、扩内需、调结构、重民生”，组织四大家领导，全市各部门抽调精干力量组成100个工作组，对口联系122个工业企业和项目，开展为期一年的“两帮两促”活动。组织1071家企业、14家商业银行、11家担保机构，举办“2009年长沙银企融资对接洽谈会”，达成融资意向资金104.6亿元，其中项目资金43.3亿元、流动资金61.3亿元，有效缓解中小企业的融资困难。制定《关于推进服务体系建设、加快中小企业发展的若干意见》，市财政设立“中小企业发展专项资金”，初始额度2亿元，以后逐年适当增加，用于中小企业贷款贴息和成长性中小企业扶持。大力实施工业项目带动战略，中联重科、三一重工、中烟三家企业产值均超300亿元，工程机械工业和食品加工工业产值双双突破700亿元。9月，中联重科以1.63亿欧元买下世界第三大混凝土机械制造商意大利CIFA。12月，三一重工单笔出口4.4亿元，创金融危机下机械行业出口新高。长沙由“大抓工业”开始向“抓大工业”转变。长沙市规模工业增加值1158.2亿元，增长19.8%，增速列27个省会城市前三位。

2010年，长沙市组建市工业和信息化委员会，实施大抓工业向抓大工业转变的发展战略，深入推进新型工业化。在市场开拓、要素保障、产业升级、园区招商、项目投入、技术创新6个方面下功夫，保持工业经济率先发展。全市工业产值5404亿元，实现工业总量登上5000亿元新台阶，规模工业总产值4488.5亿元，增速列27个省会城市第2位。2011年，长沙市提出“以经济建设为中心是兴国之要”，充分发挥市场机制作用，着力建设大项目、培育大企业、构建大平台。坚持先进制造业和现代服务业“双轮驱动”，形成战略性新兴产业引领、先进制造业支撑、现代服务业发达的“两型”产业体系。2012年，是“十二五”规划承上启下的关键一年，长沙市提出“稳中求进，率先发展”的目标，制定《长沙市新上规模工业企业奖励办法（试行）》，鼓励实业界开拓进取，迎难而上。成立“长沙市中小企业金融服务中心”，在北京举办“长沙与中央企业合作发展暨重大项目推介会”“长沙市与银行机构合作发展暨重大项目推介会”，把重点放在项目上，突出项目的落地建设、投产达效、整体推进。是年，长沙实施566个重大项目，深入推进“百亿企业、千亿集群”工程，重点培育壮大新型材料、电动汽车、节能环保、文化创意、信息网络、高端制造、生物制药等新兴产业，做大做强工程机械、汽车制造、光伏产业和电子信息等一批千亿产业，加快优势产业和战略性新型产业发展。工业园区成为工业发展的主战场，产业集聚效应日益凸显。全市国家级园区增加到4个，长沙高新区、长沙经开区晋级千亿级园区。全市工业总产值达8228亿元，增长16%；规模工业总产值7000.4亿元，增加值2309.6亿元，同比分别增长16.8%和22.1%，在全国27个省会城市中总量和增速排名分别为第8和第6位。

第三节　加强“三农”工作

1979年，长沙市农村开始实行家庭联产承包制，广大农民思想逐步解放、观念逐渐更新，农村经济社会日益发展。1988年，长沙市出台《关于增加农业投入，增强农业后劲的决议》《关于进一步搞活农村经济的若干问题的决定》，要求各级政府加强对农业的领导，深化农村改革，搞活农村经济，鼓励农民增收，保护地力、保护耕地、重视农田基本建设，提高科学种田水平。是年，农业总产值按1980年不变价计算为15.9亿元，比改革前的1978年增长73.4%，农业总产值占农村社会总产值的比重由1978年的74%下降到46.8%；林牧副渔产值的比重由1978年的29.5%上升到44%；乡镇企业1.1万户年总收入42.09亿元。大批农民“离土不离乡”办厂开店，家庭收入在1万元以上的专业户达3万余家，全市农村居民人均收入 1023 元，其中农户家庭经营收入 922 元，为改革前 1978 年的 18.44 倍。

1990 年，长沙市出台《关于夺取农业丰收若干问题的决定》和《关于加快村级经济发展的意见》，以稳定和完善家庭联产承包责任制为重点进一步深化农村改革，发展村级经济，夺取农业丰收。在国务院和省政府关于切实减轻农民负担的通知下发后，长沙市先后两次召开市长办公会专题研究，市人大、市政府联合召开全市减轻农民负担工作会议，部署贯彻实施《湖南省禁止向农民乱收费乱摊派的规定》，发布《关于减轻农民负担若干意见的通知》。市、县分别成立减轻农民负担领导小组和办公室，清理各级涉农文件 338 个，制止和修改一些不合理的摊派项目，发布《关于禁止在夏粮收购中乱扣款的通知》，全年共减少农民的各种摊派 2465.87 万元，占全年预算的 16%。全市共帮助 2887 个村民组完善土地承包，浏阳县葛家乡试行技术集团承包制，引起省委和国家科委的重视。完善 2.2 万处水面的承包合同，帮助 1795 个茶、果、林场解决责任制不完善的问题，同时还在部分乡村成立合同管理机构。制定《关于贯彻省委〔1989〕19 号文件精神，在长沙市农村深入开展社会主义思想教育的实施意见》，抽调 8000 多名干部赴长沙、望城、浏阳、宁乡四县和郊区的 44 个区（镇）、238 个乡（镇、场）、2360 个村、3432 个乡镇企业开展社会主义思想教育。全市农业总产值按 1980 年不变价计算达 16.71 亿元，比 1985 年增长 19.9%；乡镇企业总产值 43.68 亿元，为 1985 年的 3.2 倍；农民纯收入由 1985 年的 443 元增长到 721 元，增长 62.75%。1991 年，长沙市制定《关于确保农业生产稳定发展的若干规定》《关于进一步扶持引导乡镇企业发展的决定》，进一步深化农村改革，深入进行社会主义思想教育，加速农业综合开发，发展乡镇企业，确保农村经济持续稳步全面发展。发布《关于进一步加强农村卫生工作的通知》，各级党委政府大力改善农村的卫生条件，不断提高农民的健康水平。1992 年，长沙市发布《关于贯彻落实〈中共中央关于进一步加强农业和农村工作的决定〉的实施意见》，在稳定和完善以家庭联产承包为主的责任制和统分结合的双层经营体制的基础上，着力加强农村社会服务体系建设，促进农村经济全面发展。各县（郊）结合本地实际调整发展方向和产品结构，促进农村工作和农村经济尽快与政策环境、市场环境接轨，狠抓小康目标实施和经济开发区建设，发展高效农业。发布《关于编制我市农村生态建设规划的通知》《关于认真贯彻实施〈农民负担费用和劳务管理条例〉的通知》。认真清理各种有关摊派、罚款、统筹、提留的文件。继续抓好“对口扶贫”“工贸支农”“科技兴农”，千方百计帮助农业增产、农民增收。全市第一个农村合作基金会在浏阳太平桥乡成立。是年，全市农业总产值 41.95 亿元，乡镇企业总产值 94.67 亿元，比上年增长 55.5%。农民人均纯收入 954 元，比上年增加 81 元。全市有 24 个乡镇年产值过亿元，郊区岳麓山乡 4.64 亿元，居全市乡镇之首。

1993 年，发布《关于加快农科教结合促进农村经济发展的通知》，加强对农村职业技术和实用技术的培训，提高农民的科技素质，促进农村的经济发展。全市 229 个乡镇建有 156 个农科教中心，占 68.1%；指导建立科教示范村 416 个，培植科技示范户 12269 户。发布《关于进一步做好农民负担监督管理工作的通知》，对全市农民负担实行严格审批、总量控制；采用“农民负担卡”制度，做到一卡在手、政策到户。1994 年，继续深化农村改革，切实加强农业。全市农村改革重点集中在股份合作制企业的推行，农村合作基金会的建立，农村小城镇建设及农村社会化服务体系建设，加强市场农业、高效农业、创汇农业和生态农业建设步伐。1995 年，制定《关于加强农业和农村工作的决定》《关于对乡镇企业实行“扶优扶强”的决定》《关于大力发展乡镇企业股份合作制的意见》《关于加快丘岗山地开发的决定》《关于认真做好农村土地使用制度改革工作的意见》5 个政策性文件，稳定和完善家庭联产承包责任制，促进农村各项事业的发展。市、县（郊）都成立农村工作领导小组，明确一名副书记和政府副职分管农业和农村工作。成立“市土地使用制度改革试点领导小组”，组织146人的工作队在长沙县进行试点，重新签订土地承包合同，建立正常的土地使用权流转机制，并在全市土地延包工作中推开，进一步稳定和完善家庭联产承包责任制。市、县（郊）委都成立农村工作部，与政府农办合署办公。市本级和长沙将粮食局、供销社、农业银行由财委划归农委管理。撤区并乡后，全市各乡镇均成立“农村办”，把农技站、农机站、林管站、畜牧水产兽医站等“六站一办”归口乡镇农办管理。各级财政加大对农业的投入，市财政对农业的切块资金达3366万元，比上年增长36.77%。加大农业投入的比重，每年递增30%以上作为一条基本政策规定下来。是年，农林经济在结构调整中全面发展，农林牧渔总产值86.84亿元（不变价），比“七五”（1986—1990年）期末和上年同期分别增长27%和6.36%，乡镇企业发展到14.87万个（含个体），从业人员83.8万人，占全市农村劳动力的37%，总产值（不变价）329.64亿元，其中乡镇工业总产值170亿元（不变价），占全市工业总产值的41.6%。农村经济结构出现新的变化，全市农村劳动力226.2万人，其中非农业劳动力72.41万人，占32%，比1990年提高10.76个百分点。农村社会生产总值（现价）332.65亿元，其中非农产值245.81亿元，占73.9%，比1990年提高20.93个百分点。

1996年，全市基本完成始于上年的农村土地使用制度改革，对稳定土地承包权、强化土地所有权、明确土地发包权和搞活土地使用权打下坚实基础，制定《关于加强土地管理切实保护耕地的通知》，推进农业综合开发和土地向适度规模经营发展。长沙市要求继续深化农村土地改革、乡镇企业股份制改造和农村社会化服务体系建设。坚持以小康建设带动农村工作全局，切实加强农业基础地位，突出兴工促农和农业产业化，提高农村经济集约化水平，稳步发展乡镇企业。在1997年的全市农村工作会议上，长沙市要求稳定和完善党在农村的基本政策，健全社会化服务体系，切实减轻农民负担，做好扶贫帮困工作。先后发布《关于加速推进农业产业化的决定》《关于认真贯彻落实〈中共中央国务院关于切实做好减轻农民负担工作的决定〉的意见》《关于实行对口扶贫工作到村的通知》《关于印发“长沙市农村小康建设规划”的通知》。成立市农业产业化工作协调领导小组，总揽全市农业产业化的规划、协调、督促和服务，加快农村小康建设。1998年，长沙市继续实施农业产业化和兴工促农两大战略，重点抓好农业结构调整、搞活农产品流通、推进农业产业化。1999年，长沙市认真贯彻《中华人民共和国村民委员会组织法》，加强农村政权建设，建立健全以党支部、村委会、村民代表会议为主体的村级组织体系，各村分别制定民主议事、村务公开、村民代表会议制度和村民自治章程等村规民约，使农民的自我管理能力和经济发展水平得到更好发挥。2001年，长沙市坚持以发展为主题，以结构调整为主线，以改革开放和科技进步为动力，夯实农业基础，增加农民收入，加大农业和农村经济结构战略性调整，在调粮扩经、农村税费和土地流转制度改革及农业产业化、农村工业化、农村城镇化（“一调两改三化”）上下功夫。保持农村稳定，依靠科技发展特色农业、精品农业、都市农业、生态农业、旅游农业，把长沙建成全省农副产品加工和流通贸易中心。做大做强龙头企业，深化农村改革，启动科技兴农计划。在全市农村工作会议上提出，用10~15年时间基本实现农业现代化。是年，农村稳定和完善土地承包关系，全市98.52万农户完成土地延包合同，占全市农户数的94.66%；按照“公司+基地+农户”的模式，农村土地流转50万亩。全市农业总产值124亿元，增长5.9%；乡镇企业完成增加值217亿元，增长12.8%；农民人均可支配收入3153元，增长7.2%，高于全省2.7个百分点。

2002年，长沙市出台《关于推进农业产业化经营的决定》《长沙市加快发展农业产业化经营龙头企业实施方案》《长沙市农村税费改革实施方案》《长沙市推进农村税费改革，进一步优化教师队伍实施方案》。相继召开全市农村工作会议、农村税费改革会议和退耕还林会议，继续按照“一带、四区、五园、八业、两大中心”的总体部署推进结构调整。进一步调粮扩经，优化种养结构，开发“名、优、特、新”主导产品，优化农产品区域布局，发挥望城、浏阳等5个国家级和市级农业科技示范园的作用，推进农业产业化基地建设。继续推进农村建整扶贫工作，全市布点100个村，抽派234名干部组成工作组驻村工作。2003年，制定《关于贯彻落实〈中共中央关于完善社会主义市场经济体制若干问题的决定〉的意见》，落实改革重点，抓好产权制度、农村经济体制、要素市场和政府职能四个方面的改革，加快农业产业化进程。制定《关于加强农业和农村工作的意见》《长沙市农村扶贫开发实施意见（2001—2010年)》《关于进一步加强土地市场管理的通知》《关于认真做好农户承包土地使用权流转工作的意见》，农村经济体制改革以改变城乡二元结构、增加农民收入为取向，在稳定家庭承包经营体制的基础上，按照“依法、自愿、有偿”的原则，推动土地承包经营权的有偿流转，发展适度规模经营。中共十六大报告第一次提出“县域经济”概念，中共十六届三中全会进一步强调“要大力发展县域经济”。是年，长沙县GDP125亿元，财政收入10.86亿元；浏阳市GDP突破100亿元，财政收入8.6亿元；望城、宁乡财政收入分别为4.5亿元和4.4亿元，逼近全国百强县平均5.5亿元的水准。

2004年，中共中央国务院《关于促进农民增加收入若干政策的意见》（中央1号文件）颁发后，长沙市多次专题研究，并召开深入贯彻落实中央1号文件精神动员大会，决定组织万名干部下基层，“送政策下乡、送科技入户、送温暖上门”，深入农村帮助解决水利资金、公路建设、电网改造、沼气配置等实际问题，促进农民增收致富。制定《关于深入贯彻落实〈中共中央国务院关于促进农民增加收入若干政策的意见〉的通知》《关于深化农村改革促进农民增收的若干意见》《关于加快我市县域经济发展的若干意见》等文件。召开农业结构调整暨招商引资会议，鼓励土地承包权流转，完善征地程序和补偿机制，部署农业结构调整，以适应性转向战略性。成立以副市长为组长的“阳光工程”领导小组，制定《长沙市2004—2010年农村富余劳动力转移培训阳光工程实施方案》。全年农业招商引资到位资金30.42亿元，引进涉农项目243个。落实中央、省专项转移支付补助9998万元，5个区和长沙县率先免征农业税，望城、浏阳、宁乡降低农业税率3.97个百分点，减轻农民负担1.31亿元。全年共安排财政支农资金23177万元，比上年增加5534万元，增长31.3%。全市乡镇企业由改制转向乡镇企业园区建设，全市31个乡镇企业园区4205个企业实现营业收入148.49亿元。深化农村改革，调整村级行政区划，建制村由2962个减至1275个，减幅达57%，降低行政成本，减轻农民负担。是年，长沙县、浏阳市、宁乡县、望城县在全省88个县（市）县城经济综合实力位居前4位。2005年，为贯彻落实中央1号文件《关于进一步加强农村工作提高农业综合生产能力的若干意见》，制定《关于进一步加强农村工作提高农业综合生产能力的若干意见》《关于鼓励发展农产品加工业的意见》《关于加快小城镇建设的意见》等文件，结合党员先进性教育和万名干部下基层活动，进一步明确目标，深化改革，突出重点，坚持城乡统筹发展，提高农业综合生产能力。大力推进村消赤减债和村组区划调整。加大财政支农力度，率先在全省全面免征农业税，落实下拨粮食直补资金3809万元、良种补贴资金2174万元和农机具补贴资金280万元；建立对边远地区村干部补贴实行转移支付和内五区对口支持贫困乡村制度，全面实施低保，启动农村医疗救助。全年投入资金5732万元加强农村教育，率先全省启动“两免一补”；加强农村医疗和改水改厕等基础设施建设，投资2400万元完成25所乡镇卫生院建设和改造，以提高农村生活质量。2006年，长沙市强调要按照“生产发展、生活宽裕、乡风文明、村容整洁、管理民主”的要求，以农业产业化为中心，增加农民收入为根本，改善村容村貌为重点，深化农村改革，率先在全省建设社会主义新农村。相继制定《关于加快推进社会主义新农村建设的意见》《关于选派优秀年轻干部到农村任职的实施意见》《关于实施社会主义新农村建设“百村示范，千村整治”工作的通知》《关于加强全市“十一五”期间农村改水改厕工作的意见》《关于加快农村公路建设的意见》。加大资金投入，落实农业发展银行100亿元诚信贷款，重点扶持产业基地建设和农产品加工业。从是年起市财政连续三年安排1000万元专项资金用于村镇规划建设。投资2亿元实施新农村建设百村环境整治工程，配套完善基础设施，提高农民素质，培育良好风尚，深化农村综合改革，切实增强发展活力。是年，市政府实施新的“八件实事”项目中惠及农村农民的项目近70%。市财政安排支农资金3.59亿元，完成水利投资11.6亿元；建成乡镇到村水泥公路1379.2千米；完成安全饮水工程投资1180.9万元，解决2.69万人安全饮水问题；完成改厕12991户；新建沼气池1.9万多个，沼气入户率达31.8%。投入3214.5万元改扩建乡镇中心卫生院22个、敬老院28个。全市农村参加新型合作医疗达330.3万人，参合率达87.4%。全市农林牧渔总产值202亿元，增长5.8%；农产品加工销售收入220亿元，增长16%；农民人居可支配收入5438元，增长14.9%。

2007年，长沙市发布《关于大力发展现代农业扎实推进社会主义农村建设的意见》《关于金融支持社会主义新农村建设的指导意见》《关于大力推进乡村清洁工程建设的意见》《关于加强村卫生室建设的通知》，召开全市农村扶贫大会和农村工作会议。强调“三农”（农业、农村、农民）问题始终是党的工作的重中之重，坚持农业基础地位不动摇，坚持加强、支持、保护农业不动摇。切实加强以水利、道路、沼气、电网为重点的农村基础建设，投入2亿元建设改造干线公路和1053千米农村公路。全市共组织138家民营企业与129个村结对，投资6.8亿元，捐资2100万元，对接项目167个，开展“百企联百村、共建新农村”活动。扩改建乡镇卫生院25个，为每村建一个卫生室。改善农村生产生活条件，促进城乡统筹发展。2008年，制定《关于加快发展现代农业，率先推进城乡经济社会发展一体化的意见》《关于推进农村改革发展的实施意见》《关于发展农村合作经济组织推进农村土地承包经营权流转的意见》《关于加快推进农业标准化工作的意见》，按照“工业反哺农业、城市支持农村”和“多予、少取、放活”的方针，坚持农业基础地位，繁荣农村经济，增加农民收入，推动新农村建设，实现城乡统筹协调发展。开展“农业系统服务经济百日大行动”。积极搭建银企、产业、产销、科技对接平台，加快推进项目建设，围绕优质稻、良种猪、无害菜、有机茶等十大主导产业，扶持秀龙、盛湘等30家农业龙头企业，择优发展红星实业300万头生猪屠宰加工、南山食品10万吨乳制品加工等现代农业“十大标志性工程”。主办土地流转洽谈会，促成农民专业合作社组织与龙头企业以土地流转形式对接，全市农业专业合作社达491家，促成土地流转172万亩。投资1000万元编制乡镇规划，重点扶持城乡带动功能强的中心城镇建设。2009年，出台《长沙市推进城乡一体化发展工作纲要》，有序推进城乡规划、基础设施、公共服务、产业发展、生态环保和管理体系一体化。制定《关于促进农业稳定发展农民持续增收的若干意见》《关于进一步推进社会主义新农村建设的意见》《长沙市新农村建设“四大工程”2009—2011年行动计划》。开展“两帮两促在农村”活动，启动全市返乡农民创业培训“春风行动”。举办“2009长沙新农村建设投资洽谈会”，签约引进农业项目272个，实际到位资金52亿元。以“一片两区”示范、“镇村共建”示范和“百村示范，千村整治”为重点，投入25.54亿元，加快实施农电扩容、公路通达、居民用水、环境整治“四大工程”，涌现宁乡县关山村、望城县光明村、岳麓区莲花镇以及靖港古镇、板仓小镇、沙龙新村等一批示范亮点。全市农业总产值294.61亿元，农产品加工销售收入436亿元。农民人均可支配收入9005元，增长18%。四县（市）全部进入全国县域经济基本竞争力百强县（市），长沙县被评为“全国十佳两型中小城市”。

2010年，长沙城乡一体化发展启动年。长沙市定从2010年起至2012年，在全市各区县（市）、先导区、高新区、经开区选择10个乡镇21个村开展“以镇带村示范统筹城乡发展”活动。会议期间印发市委、市政府《关于进一步夯实农业农村发展基础加快推进城乡一体化建设的若干意见》，坚持以城带乡、以镇带村、以点带面，加强城乡统筹发展，继续推进以农村“四大工程”建设为重点，集中财力、物力、人力加快推进城乡一体化，加快城市基础设施向农村延伸，加强城乡产业融合，壮大县域经济。是年，全市投入水利工程资金15.9亿元，完成农村硬化公路建设1800千米，全市行政村实现“村村通”，解决45万人饮水安全问题，扩容改造低压电网线路3800多千米，完成98个乡镇农村垃圾集中处置体系建设。关山村、光明村、莲花镇成为城乡一体化发展示范村镇。全年发放创业富民专项资金8.6亿元。农民人均纯收入突破1万元。2011年，制定《关于加快水利建设和改革推进城乡水务一体化发展的意见》《长沙市2011年农村工作要点》《2011年长沙市农村经济发展报告》等文件，要求坚持以城带乡、以工哺农，转变农业发展方式，积极促进农业增效、农民增收。大力实施城乡一体化战略，促进城乡统筹共同繁荣。各区县（市）相继出台优惠政策，继续实施“五大工程”（原四大工程增加“校舍改造”），继续以“一区两片”“镇村共建”“百村示范、千村整治”示范工程为重点，投入资金35亿元启动四大片区10个示范乡镇30个村城乡一体化试点示范村项目，撬动企业、农民和社会投资175亿元。全年农村居民人均可支配收入12717元，增长19.5%；人均纯收入13400元，增长19.6%；平均每百户家庭拥有家用汽车21.9辆，家用电脑38.7台，移动电话212.9台，人均居住面积达62.04平方米。2012年，长沙市召开推进城乡一体化发展工作会议，积极发展现代高效农业、有机农业、设施农业、休闲农业和生态农业。相继制定《关于推进农业科技创新，加快农业现代化建设的意见》《关于加快中心镇（小城市）建设推进城乡一体化发展的若干意见》《关于长沙市农村扶贫开发（2011—2020）的实施意见》等文件。继续调整经济结构，引导工业反哺农业，实施科技兴农，完善现代城镇体系，推进城乡一体化，加强农业基础设施建设投入，继续抓好“五大工程”。加大对农村财政转移支付力度，拓宽农民增收渠道，增加农民工资性、经营性、财产性和转移性收入，提升专业合作社组织经营水平，引导龙头企业与基地、农户建立合理的利益联结机制，积极实施农民科技增收工程，完善农村基本卫生服务和医疗救助制度，稳步推进以土地承包经营权出资入股的土地流转，发展多种形式的土地合作社、农民专业合作社，稳步推进集体土地征收制度改革。全年农林牧渔业总产值419亿元；农产品加工规模企业455家（其中国家级7家、省级50家），销售收入848亿元，同比增长20%；休闲农业实现经营收入49.8亿元，带动8万农民受益，长、浏、宁三县（市）在全国县域经济“百强县”评比中均实现跨越进位。

第四节　加强城市建设

1988年，成立长沙市规划管理局，依照“统一规划、合理布局、综合开发、配套建设”的城建方针，编制《长沙市城镇建设发展近期和中、远期规划纲要（1986—2000年）》《长沙市2000年城市县镇建设分类规划》《长沙市城市总体规划》，对科技、教育、电力、电信、给水、排水、交通、人防、防洪、环保、园林等26项专业规划进行修编。先后出台《长沙市建筑市场管理暂行规定》《长沙市供水管理规定（试行）》。市人大对涉及城市建设的13项主要法律法规的执行情况进行检查，把城市建设和管理纳入法制轨道。是年，先后完成人民路立交桥、五一广场地下通道以及人民路、八一路、车站南路、劳动东路的新建扩建工程，其中五一广场地下通道被国家人防委誉为“城市建设与人防建设紧密结合的典范”。1989年，制定《长沙市城市建设综合开发管理实施细则》，按照统筹安排、科学设计、量力而行、突出重点的原则，进行新区开发和旧城改造，抓好重点工程建设和基础设施配套。是年，黄花机场建成通航、韶山路扩改建竣工通车等11项较大建筑工程投入使用；新增公共汽车，添置客货轮船，改善城市交通，方便市民出行。《长沙市城市总体规划》获市人大批准，城乡建设逐步走上规范化、法制化道路。1990年，长沙市开展环境治理，采取“治本与治标相结合，抓住治理污染源不放；城市与农村相结合，抓住净化美化不放；专业治理与群众治理相结合，抓住集中治理不放”的原则，对污染严重的长沙树脂厂等45家企业实行“关停并转迁”；对164套工业废水处理设施严格验收装置配套；对15平方千米城市中心区进行严格烟尘控制；对67个噪声污染点进行分贝控制。全市义务植树7000多万棵，新增绿地58万公顷。建成湘江二桥和香樟路、潇湘路、赤新路等城市道路，新增公交车、出租车等245台，新建公厕带垃圾站113座，增加市内电话15990门，大大缓解市民“出行难”“通话难”等矛盾。在中南片7个省辖市道路检查中获市政设施完好率总分第一名。1991年，《长沙市城市生态建设总体规划》获批，有力推进长沙生态环境的改善，在全国23个重点城市环境综合整治考核中长沙市获得第5名。10月，长沙市出台《关于进一步理顺城市管理体制的决定》，将城市规划、城市建设、城市管理纳入现代科学的轨道，建立合理高效的城市管理体制。坚持城市建设与人防建设相结合，建成中南地区最大的平战结合的8601人防工程。长沙被评为“全国人防工作先进城市”。1992年，发布《关于加强国土规划工作的会议纪要》，着眼长远发展战略，按照“城区向外扩张，四县的开发小区建设向市内靠拢”，加快现代化城市建设的基本思想，超前制订土地使用计划和城市建设规划。

1993年3月，“长沙市城市总体规划”获国务院批复，市委提出“一江两岸、西文东市、六桥三环”的城市建设指导思想。组织编制长沙市历史文化名城保护和18个分区规划以及电力、电信、给水、排水等20多个专项规划。颁布《长沙市城市规划管理办法》和《关于加强城市道路交通管理的通告》。1994年，集中资金解决城市基础设施建设中水、电、路、房等突出问题，加快城市道路交通等基础设施建设和全面实施省会“广厦工程”。芙蓉路、长捞路等道路，望月公园、紫凤公园等休闲地，黄兴路、东牌楼等商业步行街，第二污水处理厂等治理工程相继建成投入使用。年底，东塘立交桥和湖南第一条高等级公路“长永高速”竣工通车。先后组织召开长沙创建现代化国际性城市座谈会和研讨会，研讨成果纳入“九五”规划。1995年，发布《关于成立长沙市河西新城区规划建设领导小组的通知》，拉开长沙河西新城区建设序幕，完善市区“六桥三环”、河东“六纵十横”、河西“四纵六横”为构想的道路规划；按照“一江两岸、西文东市”的格局，规划河西新城区和以新世纪文化城为重点的河东新城区；增强文化旅游设施和公用事业设施建设，扩大城市绿化面积，改善城市生态环境；缓解水、电、路、房“四大矛盾”。出台《中华人民共和国城市违法建设工程处罚办法》，开展《城市规划法》执法大检查。1996年经国务院批准，对市辖行政区划进行规划调整，市区面积由原来的367平方千米扩大到554平方千米，设立国家级高新技术产业开发区及星沙、捞霞、望城坡等各级开发区，突破原“一主体、两翼、两组团”的空间格局。快速推进旧城区改造，省治南迁、市治西移和新世纪文化中心、二环线、绕城线等重大项目建设，交通设施建设日趋完善。出台《长沙市中长期经济社会发展纲要》，提出用15年左右的时间把长沙建成以现代科教中心、商贸中心、文化中心、信息中心为基础的现代化区域性中心城市的战略构想。发布《关于在全市开展建设文明城市形象工程活动的通知》《关于进一步加强环境保护工作的决定》《关于加强湘江风光带管理的通告》《关于进一步加快环线道路建设有关问题的通知》。并决定先投资

170亿元，用15年的时间实施《长沙市跨世纪“蓝天碧水”工程计划》，提高长沙建设水平，改善城市环境质量，树立城市文明形象，增加城市服务功能。

1997年，长沙市开展“绿色行动”，提出要把长沙建成现代化的山水园林城市。先后发布《关于加强城市规划工作的决定》《关于加强城区工作的若干意见》《长沙市城市绿化管理条例》，充分利用城市道路两旁和空坪隙地栽种花草，建设湘江风光带、岳麓广场等，亮化美化五一路、东风路等，优化城市生态环境。1998年2月，长沙市专题研究城市建设和城市管理，并相继召开全市建设工作会议和长沙市创建国家卫生城市、迎接全国城市卫生检查动员大会。在基础设施建设方面，提出28项重点工程的建设目标，突出“两沿一治”（沿江、沿城、治水），实现生态环保目标。1999年，出台《长沙市城市总体规划》《长沙市城市交通规划》和长株潭一体化建设意见的同时，又颁发《关于进一步加强造林绿化工作的意见》《关于加强城市道路交通管理的若干规定》《关于整治市容环境的若干规定》，加强城市绿化美化，维护道路交通秩序，保障市容环境整洁，全面提升城市品位，促进文明城市建设。2000年，长沙城市空间布局由“一主体两翼两组团”调整为一主（河东主城区）两次（河西、星马）四组团（捞霞、高星、暮云、含浦）的城市空间格局，城市建设以“一年一个样、三年大变样”为奋斗目标。审查通过《长沙市城市总体规划（2001—2020年）纲要》，确立“东引西拓、优势带动、环境先导、城市提升”的四大战略。是年，五一路改扩工程、雨花大道、猴子石大桥等“六路一桥”竣工通车，八水厂投产供水，“一年一个样，三年大变样”的目标逐步展现。2001年，召开省会长沙创建全国文明城市动员大会，出台《关于创建全国文明城市工作的决定》，以“创建文明城市、共建美好家园”为主题，以提高市民素质为重点，以规范市民言行为抓手，加快城市建设，强化城市管理，提升城市品位。发布《关于采取措施控制大气污染的通告》和《关于烟尘排放超标单位限期治理的通知》，下大力加快生态环境整顿治理。结合实际制定《长沙市棚户区改造实施方案》，决定用3年时间改造300多万平方米棚户区，以改善长沙的人居环境。

2002年，发布《关于加快城市化进程的若干意见》，着力建设区域性现代化中心城市。2003年，被确定为城市管理综合整治年，出台《长沙市2003年城市管理综合整治年实施方案》《长沙市城市市容和环境卫生管理办法》，公布首批重点城管综合整治项目。高标准建设好“城运会”所有场馆和配套工程。是年城市建设完成投资90亿元，为基本建设投资总额的44.7%。专门研究历史文化街区保护和建设问题，出台《长沙市历史文化名城保护条例》，维护古迹文物，延续城市文脉，培育城市文明，展现长沙神韵。是年，作出《长沙市生态市建设规划》和《关于加快棚户区改造工作的通知》，着力营造优质的生态环境，改善市民的居住条件，提高群众的生活质量。2004年，长沙市在总结全市开展绿化工作、创建“湖南省园林城市”经验的基础上，开展“绿化我的家园、创建优美环境、建设生态城市”的活动。把实施城市林业生态圈建设工程和创建国家园林城市工作纳入对区县（市）目标考核、实行行政问责的重要内容。是年，长沙市重点工程完成投资90亿元，新建城市道路72千米，提质改造背街小巷100条，新建城市林业生态圈25.9千米，城区新增绿地195.8公顷。岳麓区、长沙县、望城县通过国家生态示范区验收，长沙县获全国人居环境范例奖。2005年，出台《长沙市城市容貌规定》，城市建设按照“建设一个项目、改善一片环境”的指导思想，凸显长沙城市个性；提升建设品位，为城市居民提供和谐怡人的居住环境。实施枫林路等市政道路重点工程55项，完成投资72.4亿元。2006年，按照“东提南进、西拓北聚、长望融城、浏宁扩容”的构想，着力构筑以中心城区为核心，东西两翼为策应的城乡一体化格局，全年安排重点工程建设项目80个，总投资116.7亿元。重点抓好城市轻轨、湘江航电长沙枢纽、火车南北货站和武广铁路客运站配套等重大工程建设；改建提质一批城市道路，改造一批站厕和楼栋支巷，进一步完善城市基础设施。全年完成城建重点工程项目83个，霞凝港二期竣工通航，三汊矶大桥建成通车，二环线全线贯通，“六桥三环”蓝图实现，“十纵十横”路网成型。2007年，长沙市确立城市建设的发展思路，即实现四个转变：在发展方向上，从注重城市外延扩张向注重城市集约发展转变；在投资方式上，从注重政府主导向注重市场主导转变；在建设要求上，从注重城市形态构架向注重城市承载能力转变；在经营方式上，从注重经营城市向注重营运城市转变。是年，全市100个社区环境综合整治如期完工，市容市貌大为改观。长沙市被评为“全国城市管理先进集体十佳标兵”。制定《2007年度重点工程建设项目计划》，出台《中共长沙市委推进和谐长沙建设2007—2010年工作纲要》。长沙市获“国家森林城市”和“全国人居环境范例奖”。

2008年3月，发布《关于印发〈长沙大河西先导区建设总体方案〉的通知》《关于支持长沙大河西先导区建设若干政策意见》，提出：将大河西先导区建设成为“两型社会”（资源节约型、环境友好型社会）的示范区、高新产业的聚集区、城乡统筹的样板区、生态宜居的新城区和支撑发展的增长极。是年，长沙被评为“中国十大最具幸福感城市”。2009年，顺应大河西规划建设的要求，启动修改“长沙市总体规划（2003—2020）”，明确长沙“一轴两带多中心，一主两次六组团”的城市空间结构，城际铁路、过江隧道、轨道交通等代表城市发展的基础设施建设快速推进。出台《长沙市建设人民满意城市2009—2011年工作纲要》《关于进一步加快棚户区改造工作的通知》《关于安居工程建设的实施意见》，投资166亿元，启动33个棚户区改造，改造面积达200万平方米。是年，被评为“中国十佳休闲宜居生态城市”，并再获“中国最具幸福感城市”称号和联合国“人居环境良好范例奖”。2010年，发布《关于加快推进城市国际化的若干意见》，提出用15年左右的时间，在基本建成区域性中心城市的基础上，把长沙建设成为区域性国际城市。并制定《长沙市建设人民满意城市实施计划》，谋划“两型”社会建设，明确“五大建设”（“两型”产业、宜居城市、生态文明、大河西先导区、城市群建设），转变发展方式，致力于实现经济繁荣、社会和谐、生态优化三大目标，积极创建生态文明示范城市。是年，长沙市被评为“全国绿化模范城市”“国家园林城市”“国家森林城市”“全国畅通工程模范管理城市”“中国十佳休闲宜居生态城市”“中国十大活力省会城市”“中国十大最具幸福感城市”等，并被联合国授予“中国十大国际形象最佳城市”称号。

2011年，长沙市明确提出率先建成“两型”城市和实现全面小康，实施开放带动、“两型”引领、创新发展、城乡统筹、人才支撑“五大战略”，努力建设资源节约型和环境友好型城市。推进创建全国社会管理示范城市、生态文明城市、国家卫生城市和全国文明城市。12月，专题研究部署建设国际文化名城工作，制定《关于推进国际化名城建设的意见》，要求各级党委政府全面提升城市文化价值、文化品位和文化实力，积极推进国际化名城建设，推动文化大发展大繁荣。2012年，大力推进地铁工程、枢纽工程、黄花机场改扩建、“三桥一隧”“两馆一厅”、梅溪湖国际商务中心、洋湖垸湿地公园、新火车北站配套续建、滨江新城及先导区重点工程建设。为实现“全省率先、中部领先、全国争先”的发展目标，决心按照“城市国际化、产业高端化、城市一体化、发展“两型”化、管理法治化”的思路，率先建成两型社会和小康社会，将长沙建成创业之都、宜居城市、幸福家园。先后被评为首届全国最具软实力城市、最具幸福感城市、十佳休闲宜居城市、十大创业之城、十大国际形象最佳城市、国家园林城市、全国文明城市。

第五节　实施“科技兴市”战略

1988年，长沙市以科技为先导，实施“科技领先”“科技立市”的战略方针，《长沙市1986—2000年经济科技社会发展战略纲要》，经中国科学院鉴定委员会评审通过，为长沙的经济科技发展规划决策提供科学依据。根据国务院及省政府在长沙设立科技开发试验区的决定，率先在全省组建长沙科技开发试验区，先后制定《长沙科技开发试验区暂行规定》《长沙科技开发试验区暂行条例》，组织实施重点科技计划项目和“星火计划”项目。是年，全市取得科技成果257项，成果利用率达84.8%。在全国“星火计划”成果展览交易会上，长沙参展的19个项目获得金牌3枚、银牌1枚、铜牌2枚，成交额达1950万元，居全国城市之首。1989年，长沙市出台《关于加速我市科技进步若干问题的决定》《关于科技立市若干问题的决定》《长沙市科技立市实施方案》，明确提出加速科技进步的战略任务，先后配齐全市9个区（县）科技副区（县）长。长沙新技术创业服务中心经国家科委批准建立。成立全省第一个技术合同仲裁机构和长沙市民办科技联合会。1990年，出台《长沙市经济科技社会发展战略纲要》，设立长沙市科技发展基金100万元，出台《长沙市科技发展基金暂行办法》，支持科技研发和成果转化。

1991年，长沙市坚持科技面向经济建设的方针和“科技兴市”的战略决策，制定《关于大力宣传“科学技术是第一生产力”、促进科技兴市的意见》《长沙市民办科技机构专业技术人员管理暂行规定》；召开“科技是第一生产力”“科技兴市”战略研讨会。经国务院批准，原长沙科技开发试验区更名为国家高新技术产业开发区。开发区由“因陋就简、就地起步、集中管理、分散经营”向“集中建设、规模经营、统一管理、注重向外”的新阶段发展。1992年，出台《长沙市奖励有突出贡献的专业技术人员的暂行规定》，推出人才激励机制，对有突出贡献的科技人员和企业家在政治上给予地位、在物质上给予重奖。长沙市“八五”规划提出“科教兴市”，把科技教育放在优先发展的战略位置。是年，长沙市共有各类科研机构129所，科技人员18万多人。实施国家、省、市科技攻关项目及星火计划、成果推广计划186项，其中6项具有国家先进水平、85项具有省级先进水平。技术市场交易额超亿元，比1988年增长21倍。1993年，出台《关于加快科技发展的若干规定》，召开全市第三次科技大会，作出关于聘任周光召等18位著名科学家为长沙市高级科技顾问的决定。1995年，成立以市委书记为组长的市科技领导小组和分管副市长为组长的长沙市知识产权协调领导小组，相继发布《关于加强与在长大专院校科研院所科技合作的意见》《关于实施科教兴市战略加速科技进步的意见》《关于对各区县（市）科技工作进行督查的通知》《关于加强科普工作的决定》《长沙市保护知识产权行动计划》等文件。增聘袁隆平等4位中国工程院院士为高级科技顾问。是年，全市财政安排科技三项经费779.6万元，比上年增加136万元，增长21.1%；完成高新科技产业总值25.39亿元，比上年增长91%，对全市经济增长的贡献率达44.8%。长沙市被评为全省科技工作先进市，浏阳市、宁乡县被评为“全国科技工作先进县（市）”。

1996年是“九五”计划的开局之年，也是“长沙科技年”。长沙市把“科教兴市”作为“九五”（1996—2000年）时期的主体战略，建立健全“科教兴市”工作机制和督查制度，在省内率先建立科技风险基金，用于加速科技成果转化。出台《关于加速科技进步推动科教兴市战略实施的决议》，促进科技与经济的紧密结合。8月和12月，由市委书记、市长等领导带队，两次开展大型督查活动，使各级领导科技意识大增，科技管理加强，“科教兴市”战略顺利推进。是年，望城县、长沙县、天心区成为全国科技工作先进县(区)。1997年，各区（县）按照《关于开展科技兴乡（镇）活动的通知》和《关于开展创建长沙市科技进步先进企业活动的通知》精神，积极做好科技创新和成果转化工作。五区四县（市）全部进入全国科技工作先进行列。1998年，长沙市列为全国技术创新试点区域，制定《长沙市技术创新工程实施方案》，明确全市实施技术创新工程的指导思想、目标任务和方法步骤。出台《长沙市技术创新试点企业认定办法》，批准九芝堂制药等7家企业为长沙市第一批技术创新试点企业，安排125万元技术创新引导资金。建立长沙市科技信息市场，成为全省重点的科技成果集散和技术交易中心。是年，长沙市被评为“全国科教兴市先进城市”。1999年，加大对高新技术产业的扶持力度，相继制发《关于进一步加快高新技术产业发展的决定》《关于在长沙高新技术产业开发区实行统一有效管理的通知》《关于对长沙软件基地内的软件企业实行无费管理的通知》《关于批准创智软件园有限公司等11家软件企业为首批无费管理企业的通知》《长沙软件产业基地、国家新材料成果转化及产业化基地和岳麓山大学科技园若干政策规定》等多个鼓励和促进高新技术产业发展的政策性文件，构建以高新技术产业为主导的新经济格局。是年，电子信息、机电一体化、新材料和生物技术四大新兴产业群逐步形成，销售收入过亿元的高新技术企业达31家，有13家单位承担国家级火炬计划项目。全国科教兴市工作会议在长沙召开，制定《关于进一步加强农科教结合推进科教兴农的意见》，先后成立长沙市优质稻科技研究中心和长沙市水产科技研究开发中心，加强农业科技的研究攻关、开发利用、推广传播工作。国际编号为8117号小行星被命名为“袁隆平星”。长沙市再获全国科教兴市先进城市。

2000年，全市经济工作重点是发展高新技术产业，突出“两区一带”（长沙高新区、经开区与以大学科技园和麓谷为轴心的沿319国道东起浏阳西至宁乡的长沙火炬产业带），以“一园三基地”（岳麓山大学科技园、长沙市软件基地、国家新材料产业基地和浏阳生物医药基地）建设为突破口，加速科技成果向实际生产力转化，相继完成“长沙建设现代化科技中心城市战略研究”“长沙市高科技带动战略研究”“长沙市‘十五’科技发展战略研究”“长沙市技术创新战略研究”4个大型调研课题。出台《长沙市科学技术奖励办法》，设立长沙市科学技术创新贡献奖和长沙市科学技术进步奖，鼓励技术创新，发展壮大长沙。2001年，重点解决突出创新主体、实施高新技术带动战略、建设现代化科技中心城市、把人才和技术优势转变为经济和发展优势、实现跨越式发展等问题。出台《关于实施高新技术带动战略的决定》《关于进一步加快高新技术产业发展的决定》。制定《鼓励留学人员到长沙创业的若干规定》和《长沙市留学人员创业资助资金管理办法》，鼓励留学人员到长沙创业，加快实施高新技术带动战略，促进高新技术产业快速发展。制定《长沙市技术产权交易管理暂行办法》，成立长沙市技术产权交易所，为科技成果的转化和交易、为技术拥有方与需求方的对接和洽谈，提供信息平台、架构联系桥梁。2002年，科技进步考核纳入全市目标管理考核范围，使“一把手抓第一生产力”得到合理量化和刚性实施。组建长沙市知识产权局，推动长沙市技术创新、科技进步，加强知识产权的管理和保护，促进长沙的工业现代化、农业产业化、城乡一体化建设。2003年，出台《关于加强人才队伍建设的若干意见》《关于对长沙市专家和学术技术带头人培养对象的管理办法》等文件，对在实施“科教兴市”战略中做出突出贡献的专家、学者进行公开表彰并予以重奖。出台《长沙市专利专项资金管理暂行办法》，支持专利申请和扶持专利技术实施，加速专利技术产业化，促进全市技术创新和经济的快速发展。长沙市第四次荣获“全国科技进步先进城市”光荣称号。

2004年，作出实现长沙高速高效发展和建设区域性科技中心的重大决策，全面优化科技发展环境，发布《关于加快高新技术产业开发区建设与发展意见》，正式实施高新区“拓展规划空间、委托管理镇村、实施封闭管理”三大决策，加快高新区的发展。长沙的科技进步不仅在全国乃至国际都有重要地位，长沙被认定为“全国首批技术创新工程示范城市”，还被“世界科技城市联盟”接纳为第57名正式成员。2005年，发布《关于加速科学技术进步全面提升自主创新能力的意见》《长沙市科学技术成果中试风险资金项目管理办法》，从政策、资金、技术、服务上集中优势资源，全方位提升自主创新能力，推进高新技术产业化。成立长沙市市校（院、所）科技合作协调小组，充分发挥长沙各高校和科研院所的科教优势，整合、利用、提升长沙市科技资源，加强市校联谊和产学研合作，推进长沙技术创新和成果转化。2006年，科技三项经费新增4000万元，总量达7700万元。出台《长沙市科学技术发展第十一个五年规划纲要》《关于加快科技创新大力推进创新型城市建设的决定》。与省科技厅和中南大学签订“厅市共建创新型城市试点合作协议”和“市校全面合作协议”，探索科技创新型城市建设模式。2007年，围绕推进“创新型长沙”和“创业之都”建设，充分整合科技资源，加快科技成果转化，发挥科技对全市经济社会发展的引领和支撑作用，出台《关于积极促进产学研合作加快科技成果产业化的暂行规定》和《关于发展产业技术联盟的通知》等文件，承办由科技部、教育部、中科院和省政府联合主办的“2007中国（长沙）科技成果转化交易会”。是年，市级科技三项经费总量达到1亿元，全市认定高新技术企业910家，高新技术产品总产值916.63亿元，长沙经济技术开发区正式成为国家知识产权试点园区。

2008年，以“科技创业在长沙”为主题，启动第八届科技活动周；举办“2008年中国（长沙）科技成果转化交易会”，签约项目218个，实现签约资金159亿元；发布《长沙市知识产权保护现状（2006—2008）》白皮书，加强长沙知识产权保护。2009年，长沙市大力实施“科技强市、创业先导”战略，相继发布《中共长沙市委关于开展深入学习实践科学发展观活动的实施意见》《关于促进长沙高新技术产业开发区建设国家创新型科技园区的若干意见》《关于鼓励和扶持大学生自主创业的政策意见》《关于引进储备万名优秀青年人才的政策意见》以及《长沙市知识产权战略实施纲要》，举办“2009年中国（长沙）科技成果转化交易会”，开展“科技强市、创业长沙”科技活动周系列活动，开展“海外留学生长沙科技创业行”和长沙市第五届青年科技创新大赛等活动。是年，长沙在6次蝉联“全国科技进步先进城市”的基础上，首次跻身“全国科技进步示范市”和首批“中国创业之城”的行列。

2010年，长沙自主创新能力显著增强，科技支撑和引领“两型社会”发展的能力显著提升。制定《长沙市“十二五”科学技术发展规划》和《长沙市建设国家科技进步示范市建设发展规划》。积极推进科技成果转化，全市应用型科技成果转化率达80%，科技贡献率达58%。在全国科技工作会议上，长沙市被确定为“首批国家创新型试点城市”。2011年，为更好地发挥科技进步对各地和园区发展的支撑引领作用，市科技领导小组制定《2011年度区县（市）和园区科技进步考核指标》，对9个区县（市）和13个科技开发园区的科技进步目标完成情况进行督查。成立中国高校技术转移中心长沙联盟，充分发挥高校、科研院所的科技优势和科技潜能，与长沙开展技术合作，推动长沙的产业升级和新兴产业的培育。长沙市获得“2011年度促进城市发展科技奖”和“中国十大创新城市”称号。2012年，大力推进国家自主创新示范区建设，使长沙成为创新经济蓬勃发展、创新人才踊跃聚集、创新载体功能完善、创新活力充分释放的创新型城市。努力提升自主创新能力和科技管理服务水平，实施国家、省、市、区（县）四级联动，对科技的投入达143.22亿元，占GDP比重的2.24%。设立培育战略性新兴产业科技支撑资金，下达经费9456万元。新建省、市级工程技术研究中心各13家，省级重点实验室5家，安排支持各类科技人才创新经费2810万元。召开主题为“进一步加强产学研合作促进国家级创新型城市建设”的驻长沙高校校长（书记）、科研院（所）长座谈会，加强产学研结合，加快科技创新步伐。先后出台《长沙市科技发展专项资金及科技计划项目管理办法》《市外高等院校（科研院所）长沙技术转移机构工作绩效评价办法》《长沙市科技创新平台管理办法》《长沙市产业技术创新战略联盟管理办法（试行）》等一系列政策文件。召开长沙市产业技术联盟工作会议，加快完善以企业为主体、市场为主导、产学研相结合的技术创新体系。10 月，举行第 6 届“中国（长沙）科技成果转化交易会”，全国人大常委会副委员长华建敏和科技部、教育部、中科院的领导以及全国近百所重点高校和科研院所参会，签订各类科技合作项目 230 个，签约金额 147.99 亿元，长沙的科技集聚力和辐射力进一步增强。此次交易会被评为“2012 年度中国十佳品牌展览会”。是年，全市拥有科学研究开发机构 97 个，年内取得省部级以上科技成果 540 项，专利申请 14973 件，比上年增长 14.1%；授权专利 10382 件，增长 55.1%；签订技术合同 3085 项，成交金额 19.85 亿元；高新技术产业增加值 1217.6 亿元，增长 16.0%。全市 9 个区县（市）都被评为全国科技进步先进城区。长沙市成为首批国家级文化和科技融合示范基地、首批知识产权示范城市、全国创业先进城市、全国文明城市、中国国际竞争力十强城市和中部竞争力最强城市。

第六节　转变政府职能

1988 年，长沙市根据中共中央、国务院“简政放权”的指示精神，按照市场经济的要求，采取定编定岗定责、合理配置职能、科学划分职责、调整机构设置的方式，转变政府职能，推进政企分开、政资分开、政事分开、政社分开。依照“纵向放权、横向理顺”的基本方针，将社会管理服务职能，按属地原则就近分步下放到区县，实行分级分层管理服务；企业经营管理职能，按照国务院《全民所有制工业企业转换经营机制条例》规定属于企业的 14 项权利，全部归还给企业，不作截留；部门的行政管理职能则本着精简、统一、效能的原则，逐步理顺关系，实现行业管理。将政府与企业的关系，由过去的行政隶属关系转变为资产纽带关系，政府不再充当企业的“婆婆”，使企业摆脱对政府的依赖性，成为自主经营、自负盈亏、自我发展、自我约束的法人实体。1989 年，召开市委工作会议，要求各部门要把工作职能转到搞好经济发展规划、协调、监督、服务上来，加强宏观调控、淡出直接管理。印发《关于进一步调整市直机关和区县科级干部管理权限，加强科级干部管理的通知》，把由市委统一管理正科级干部的任用权限下放到县处级单位。

1990 年，中共长沙市第八次代表大会要求各级各部门进一步深化体制改革，逐渐理顺关系，按照人财物配套、责权利统一的原则，完善市、区、街管理体制，实行分级、分责、分权管理，强化社会服务功能。1991 年，市委要求全市上下积极支持经济体制改革向纵深推进，支持企业进行分配制度、用工制度、人事制度的改革，转换经营机制，实现自我管理。做到少指责、多帮助，少干预、多服务。市政府组织市直部门对十年来制发的规范性文件进行清理，经政府常务会议审议，决定废止 14 件。为建立起合理高效的城区管理工作，市委市政府作出《关于进一步理顺城区管理体制的决定》，将市房地局所属内四区房管处成建制下放给各区，改为区房地产管理局，并扩大其在旧城改造和房屋开发方面的权限；将各环卫所成建制下放给各区，改为区环卫管理局；将各工商分局划归各区政府直接领导；对财政、国土、规划、商业、公安等方面的管理体制和职责分工亦进行适当调整理顺，使城区整体服务功能得到增强。

1992 年，为贯彻落实人事部“转变职能、创新机制、讲求实效、下放权限”的指示精神，制发《关于下放部分人事审批权的通知》，在全省率先全省向区县下放 6 项人事审批权。翌年，继续下放干部调配权限，下发《长沙市聘任干部调动暂行办法》，加强和完善干部管理。出台《关于调整干部管理权限简化工作程序提高办事效率的几点意见》，充分发挥各战线、局（公司）和企事业单位管理干部的积极性，实行管人与管事相结合的机制，加快干部考察、任免、调配的速度，提高干部人事工作效率。制定《长沙市全民所有制企业实行专业技术职务评聘分开和内部评聘的规定》，下放评审权，企业可自行组建专业技术职称评审委员会，可根据需要由企业对专业技术职务任职资格实行内部评定，允许企业同时并存国家和单位两种方式评定的专业技术职称。1994 年，再次围绕转变职能、下放权力这个核心进行机构改革，重点撤并专业经济管理部门和职能交叉重复的机构，合并业务相近的机构，进一步推进政企分开。按照所有制和经营权分离的原则，把《中华人民共和国全民所有制工业企业法》和《全民所有制工业企业转换经营机制条例》规定属于企业的各项权力下放给企业，减少对企业内部事务的行政干预，使企业的经营机制真正得到转换。解决政府与市场的关系，充分发挥市场在资源配置中的基础性作用，大力培育和发展各类市场；制定宏观调控政策，健全市场规则，加强市场监管，加速构建社会主义市场经济体制的基本框架。是年，将一轻工业局、电子工业局等 12 个单位，成建制转为经济实体的总公司；撤并区街工作委员会等 12 个机构。促进政企职责分离和企业经营机制转换，将原由市里统一管理的企业自主经营权、投资决策权、进出口经营权、劳动人事权、干部任免权、拒绝乱摊派权等 14 项权利完全交还给企业。

1995 年，为进一步简政放权，解决政府与社会的关系，强化社会自我管理能力，在全市开展撤区并乡建镇工作，以解决导致互相推诿扯皮、人浮于事、效率低下的问题，按照乡镇机构设置科学、职能配置合理、编制定员规范的要求，把该放下去的机构和职权，下放给乡镇，使乡镇成为一级完全的政权机构，进一步理顺乡镇机构体制，体现“大社会” “小政府”的特色。全市 39 个区公所全部撤除，乡镇由 229 个调整为 114 个，减少财政供养人员，利于转变政府职能，强化社会管理和公共服务；利于充实集体经济实力，推动城乡一体化进程。为适应城乡生产力发展对经济规模、区域结构的新需求，1996 年，印发《关于进一步做好市区行政区划调整工作的通知》，对市辖行政区划进行调整，进一步简政放权、理顺城区管理体制，建立市、区分级负责管理的运行机制。合理划分市、区两级的事权，加大精简下放的力度，下放一批管理权限。将城市管理职能以及除楼堂馆所项目外的政府出资的投资项目立项、可行性研究报告、项目建议书、资金申请报告，除市政、交通、水利项目以外的其他政府投资项目的概算审批、其他社会事业项目备案和区投区建项目的建设工程初步设计审批、建设工程施工图审查备案、建筑节能施工现场巡查、建筑工程施工许可、建筑工程施工合同（含劳务合同）备案以及物业服务企业资质认定、“居住证”变更登记等 39 项原属市级经济社会管理的权限下放至区级政府。同时，为转变政府职能，增加政府诚信，作出《关于在全市实行政务公开制度的决定》和《关于对全年政务公开工作进行督查的通知》，对大中专招生、毕业分配、公务员录用、民办教师转正，对办理“农转非”、各种证照审批，对技术职称评定、优质产品鉴定、基建工程招标，对各种行政事业性、社会服务性收费，对有关人财物的调配使用、财务开支等推行办事公开制度，增加群众的知情权、事情的透明度、执行的公平性、政府的公信力。次年，印发《关于进一步加强行政执法责任制的通知》，从制度上对政府的行政执法行为加以规范。

1999 年，长沙市提出要按照市场经济的发展规律，进一步转变政府职能，坚持简政放权。精简机构，精减人员，简化办事程序，提高办事效率；把属于基层的职权放下去，把属于企业的职权还回去，把属于中介组织的职能交出去，让政府从市场主体的位置上退下来，让企业成为市场经济中的“主角”，政府甘当“配角”。2000 年，成立以市长为组长的长沙市行政审批制度改革领导小组，下设专职办公室。制定《长沙市行政审批制度改革实施方案》，决定在已经精简部分审批事项的基础上，对不属于政府职能部门的事项，取消审批；对不应当由市政府直接管理的事项，实行间接管理；对本市自行确定的审批事项，能取消的坚决取消，大胆放权。对保留审批的事项，规定内容、明确条件，减少环节、简化手续，限定时间、提高效率，规范程序、按章办事，公布收费标准，实行“一口收费”，加强审批监督，严防不正之风。2001年，在市政府机构改革中实行政企分开，不再保留工业企业的主管部门；政府综合经济部门原则上不再直接管理企业，解除政府各部门所属企业与其主管部门行政隶属关系。在职能、财务、人员、名称等方面彻底脱钩，把政府职能切实转变到经济调节、社会管理、公共服务等方面上来，把企业生产经营和投资决策权真正交给企业。通过改革机制和精减人员，逐步建立廉洁高效、运转协调、行为规范的行政管理体制，更有利于加强党的领导和转变政府职能，适应社会主义市场经济发展的需要。是年，经过对政府工作部门 及其所属机构100余个单位的行政审批事项逐一审核，分两批取消行政审批事（专）项475项。

2002年，出台《关于冶金机械局和市一轻工业总公司等十四个单位进一步深化改革的实施意见》，决定将其承担管理所属企业的行政监管职能分别移交给市经委和商贸局；其行业管理职能移交给新组建的行业管理办公室（联社）。由8个行业管理办公室分别负责制定行业规章和行业政策，实行行业管理，引导各行业调整产业结构、维护行业竞争秩序，而不直接干预企业的生产经营活动，让企业成为自主经营、自负盈亏的市场主体和法人实体。是年，政府部门通过机构改革调整职能175项、下放8项、取消14项。同时，成立长沙市政务服务中心，首批入驻的市直部门34个，按照“窗口受理、内部运行、统一收费、限时办理”的方式运作。为适应改革开放和完善社会主义市场经济体制以及适应加入世界贸易组织（WTO）的需要，成立长沙市地方性法规、政府规章和其他政策性措施清理工作领导小组，由常务副市长任组长。全市共清理地方性法规、政府规章及其他政策性措施15万余件（条），市本级清理文件近5万件。清出与世界贸易组织相关的872件，其中继续有效的118件、修改321件、废止325件、失效108件。是年，召开全市深化行政审批制度改革工作动员大会，制发《关于进一步深化我市行政审批制度改革工作实施意见》。对市直部门的行政审批事项再次进行严肃认真的清理，决定再取消191项、下放19项。翌年，又先后制定和印发《长沙市行政审批部门责任制度》《长沙市政务服务中心各类事项审批暂行办法》和《关于进一步建立健全行政审批程序性规定和责任追究办法的意见》，对行政审批应遵循的基本原则、设置要求、操作规范、监管机制、责任追究办法等加以明确规定，进一步转变政府职能、精简审批事项、完善审批行为、理顺政企关系、健全市场规则、强化市场监管。进一步改革职称评审办法，将部分中级技术职称的参评资格审查权和评审权下放到各县（市）。为提高行政效率和依法行政水平，制定《长沙市人民政府行政问责制暂行办法》《关于全面推进行政执法责任制工作的意见》《长沙市行政执法评议考核办法》。

2004年，转变政府职能侧重于降低行政成本，规范行政权力，调整和优化政府组织结构与职责分工。整合组建市发展和改革委员会、市商务局、市食品药品监督管理局等。按照上下对应、政企分开、责权一致和有利于稳定的原则，将市经委承担的指导国有企业管理和改革的职能，市委组织部承担的国有企业党组织建设、党员管理和领导班子、企业经营管理者队伍建设的职能，财政局承担的国有资产管理的职能，劳动和社会保障局承担的拟定市属国有企业经营者收入分配政策、审核市属企业工资总额及企业主要负责人的工资标准的职能进行整合，组建市政府特设机构国有资产监督管理委员会（简称国资委）。市政府授权国资委代表国家履行国有资产出资人职责，实行管资产与管人、管事相结合；遵照《企业国有资产监督管理条例》的规定，切实加强对国有企业和经营性国有资产的监管，而不干涉企业正常的生产经营活动，将行政职能转变到为国有企业服务、为经济建设服务上来。各级各部门把政府职能转到经济调节、市场监管、社会管理和公共服务上，做到该管的不失位、该放的不越位、职能明确不错位、承担责任不缺位。对市级行政许可项目则采取联合有关区县（市）和市直部门协商办理，确保职责到位、服务到位。

2005 年 6 月，作出《关于开展机关效能建设工作的决定》，要求各级党委、政府机关以及具有行政管理职能的单位，坚持以人为本、执政为民的理念，以依法高效行政为核心，以规章制度建设为重点，以提高干部素质为关键，全面开展机关效能建设，加快政府职能转变，加强依法行政能力，建设行为规范、运转协调、公正透明、廉洁高效的机关。通过对《中华人民共和国行政许可法》的学习贯彻，为方便企事业单位和基层群众创业创新，市政府印发《长沙市清理行政许可规定和清理行政许可实施主体的实施意见》，组织各有关机关，对市本级的行政许可实施项目进行认真清理，向社会公布取消行政许可实施项目 22 项、调整下放 20 项。全面推行行政许可集中办理、联合办理和收费公示制，率先实施行政问责制度。政府转变职能的关键是坚持依法行政，2006 年，市政府贯彻落实国务院《全面推进依法行政实施纲要》，作出《关于全面推进依法行政的若干意见》《关于推进政府职能转变和完善政府运行机制工作方案》，要求各级人民政府及其工作部门按照“合法行政、合理行政、程序正当、高效便民、诚实守信、权责统一”的基本要求，把社会管理和公共服务等政府职能纳入法治轨道，建立健全行政决策、执行、监督相协调的政府运作机制。转变经济调节和市场监管方式，把政府的经济管理职能转变到主要为市场主体服务和创造良好发展环境上来，做到责依法定、权依法设，建立法治政府。2007 年，转变政府职能，建设服务政府。强化政府公共服务职能，完善基本公共服务体系。对该管的事管好管到位，该放的权放足放到位，该提供的服务提供到位。创新政府管理和服务方式，为便利基层群众，坚持重心下移，把适宜区县（市）管理的行政审批和行政处罚等权力事项放下去、指导好、做到位。召开全市政务公开工作大会，出台发《关于进一步加强政务公开工作的意见》，转变政府职能、提高行政效能、坚持公开公正、优化服务环境。是年，长沙市被评为“全国政务公开工作先进单位”。2008 年，进一步优化行政审批程序，推行流程再造，实行阳光审批、联合审批、网络审批、电子监控，要求两年内将行政许可项目在线审批由目前的 30%提升到 70%，增加审批的透明度和群众的满意度。是年，废止规范性文件 180 件，宣布失效 114 件。翌年，取消行政事业性收费项目 208 项，暂停执行 103 项；对市本级行政许可项目取消 18 项，调整下放 31 项。

2010 年，按照“转变职能、优化结构、完善管理、严控编制”的总体要求，着力推行大农业、大工业、大交通、大建设、大社保、大文化、大水务、大绿化等职能有机统一的大部门体制，将部分政府部门整合优化，使分散在多个部门的管理事项调整合并到一个部门。市政府部门职能调整 200 项，区县（市）政府职能调整 357 项；市政府清理职责交叉事项 48 项，区县（市）政府清理职责交叉事项 36 项；进一步理顺部门间的关系，健全部门间协调配合机制，有效克服机构重叠、权责脱节、职能交叉、职责不清、多头管理、推诿扯皮、人浮于事、效率低下等弊端。本着精简、效能、便捷的原则，市级取消年检事项 30 项、调整下放 24 项；宣布废止规范性文件 14 件、失效 105 件。2011 年，新一轮机构改革后，进一步转变政府职能，率先全国开展地方立法听证，加强规范性文件审查清理，行政许可事项全部实现在线办理，推行全程无偿带领代办，让政府多服务、群众少跑路。

2012 年，市政府工作部门、政府特设机构、直属事业单位共计 52 个，政府组织结构和运行机制更趋合理。在撤并机构、减权放权的同时，对市本级的文件、规章及各部门所发的文件进行全面清理，市政府配合市人大全面清理全市的法规以及市级行政许可事项。该取消的坚决取消，能下放的一律下放，能交给社会中介组织的全部交给中介组织。至年底，全市共清理各类文件近万份，取消、废止市级规范性文件1497份，市级行政审批项目由原来的1433项精简到377项。在精简机构、“拆庙”简政、减权放权、规范政府行政权力运行的基础上，再次出台《关于深化政务公开加强政务服务的意见》，着力改革和创新行政管理方式方法，全面推进政务公开，推行电子政务，实行网上公开，确保行政权力运行公开透明，实行阳光监督。制发《长沙市行政效能投诉处理办法》，严格行政过错责任追究制。不断完善《长沙市人民政府工作规则》，建立《重大决策程序规则》，创新行政管理模式，全面理顺行政单位关系，使政府职能逐步从注重微观和直接管理的全能管理向以宏观和间接为主的有限管理转变，强化服务功能，突出“经济调节、市场监管、社会管理和公共服务”等政府主要职能。建设职能科学、结构优化、廉洁高效、人民满意的服务型政府。

第七节　改革党政机构

长沙市1987年设一级机构和局改公司85个，另设3个副县级机构，共有副县以上党政群机构88个，其中政府工作部门、直属机构及局改公司63个。1990年5月，按照中央、省统一部署，积极开展政府机构改革，印发国务院《关于进一步加强机构编制管理的通知》，要求严格控制机构编制增长，严格执行机构编制审批制度，在中央统一部署地方机构改革前，原则上不再增设新的机构或提高机构级别、增加人员编制和领导职数，个别确需调整的一定要做到有增有减，同时要严格按审批程序办理。市直属机关行政编制（按1984年人口的3.7%核定）1990年2866名，实有3276人，超编410人。

1994年，根据省委省政府印发的《湖南省党政机构改革方案的实施意见的通知》精神，成立长沙市机构改革领导小组，相继制发《关于长沙市市级党政机关机构设置的通知》《长沙市党政机构改革方案的实施意见》，召开市直机关机构改革动员大会，启动长沙市党政群机构改革。按照解放和发展生产力的要求，根据政企分开和精简、统一、效能的原则，从实际出发，切实做到转变职能、理顺关系、精兵简政、提高效率，逐步建立与社会主义市场经济体制相适应、功能齐全、结构合理、运转协调、灵活高效的行政管理体制。重点撤并专业经济管理部门和职能交叉重复的机构，合并业务相近的机构。根据改革方案，撤销合并12个机构；转为经济实体12个机构；改为事业单位15个机构。市直党政机构设置60个，其中市委工作机构8个，政府工作机构42个，部委办局管理机构10个，比改革前96个减少36个，精简幅度为37.5%。省核定长沙市市级党政群机关（含城区、郊区及街道办事处）人员编制5201名（不含地税），按照1993年机构编制统计年报实有人数6243人计算，需要精减人员编制1042名，精减率16.7%。年底，市委市政府作出《关于进一步加强城市管理工作的决定》，将市城市综合管理办公室、市爱国卫生运动委员会办公室、市创建国家卫生城市领导小组办公室合并，成立市城市管理委员会。将市环卫局、市园林局道路绿化管理处、市市政工程管理处（含油料场、质监站）成建制划归市城市管理委员会管理，实行“条块结合、以块为主”的城市管理体制。1996年，市委市政府批转市编委《关于进一步加强机构编制管理工作的意见》，制发《长沙市市辖区行政区划调整后区直党政机构和人员编制调整方案》，各区撤销区交通局、粮食局、农村局、国土局、地税局以及区直属事业单位畜牧水产局、农场管理局、技术监督局和农村经济管理局，区机构编制委员会办公室与区委组织部合署办公，各区党政机构由38个精简为28个。1997年12月，市直党政群机构设置85个，其中政府机构49个。市直党政机构共设置内设机构 551 个比改革前减少 56 个，减少 10%。1998 年，市委市政府转发市编委办《关于对全市机关事业单位实行编制使用计划管理的若干规定》，从源头上遏制住无序进人、超编进人的现象。

2001 年根据《中共中央、国务院关于地方政府机构改革的意见》和《中共湖南省委、湖南省人民政府关于市县机构改革的意见》，中共长沙市委、长沙市人民政府先后印发《关于市委、市政府机构设置的通知》《关于市委、市政府机构改革方案的实施意见》，并召开全市机构改革动员大会，启动新一轮机构改革，对市政府部门的机构进行改革和调整。将政府职能切实转变到经济调节、社会管理、公共服务等方面，调整组织结构、合理划分事权，把企业生产经营权和投资决策权真正交给企业，把一些技术性、服务性的事务交给事业单位，把社会可以自我调节与管理的职能交给社会中介组织。理顺条块及行政层级之间的关系，界定部门之间的职能分工，克服多头管理、政出多门。实行政企分开，重点精简专业经济管理部门，不再保留工业企业的主管部门；解除政府主管部门与国有企业的行政隶属关系，主管部门不再直接管理企业，对原已转体的公司进行深化改革；积极培育和规范中介组织，政府各部门与所办的各类社会中介服务机构一律脱钩。加强城市建设和城市管理，同时改革行政审批制度。通过机构改革，市政府设置工作部门 40 个，部门管理机构 2 个，精简 4.5%；市政府设派出机构 2 个。市政府工作部门、部门管理机构以及承担行政职能的事业单位由 62 个（不含已上收的 5 个垂直管理部门）减少为 51 个，精简比例为 17.7%。与此相适应，市直行政编制由 3273 名减为 2431 名，精减 25.7%。市直党政群机关和承担行政职能的事业单位的内设机构由 764 个减为 659 个，精简 13.7%。

2002 年，市委、市政府发布《关于冶金机械工业局和市一轻工业总公司等十四个单位进一步深化改革的实施意见》，再次强调不再保留市冶金机械工业局等 12 个单位，其承担的行政职能交给市经委，行业管理职能交给新组建的行业管理办公室（联社），其所属事业单位归市经委管理；不再保留市商业总公司、市物资集团公司，其承担的行政职能交给市商业贸易发展局，行业管理职能交新组建的行业管理办公室，其所属事业单位划归市商业贸易发展局管理；原市二轻总公司重新注册新公司，管理原市二轻总公司本部及直属单位的国有资产，与市城镇集体工业联社合署办公（原市二轻集体工业联社更名为市城镇集体工业联社）。

2004 年，市委市政府发布《关于印发〈长沙市人民政府机构改革方案的实施意见〉的通知》，重点是深化国有资产管理体制改革，完善宏观调控体系，继续推进流通管理体制改革，加强食品安全和安全生产监管体制建设。将市经委、市委组织部、市财政局、市劳动和社会保障局等部门的有关职能进行整合，组建市政府国有资产监督管理委员会，为市政府直属正县级特设机构。市政府授权其代表国家履行国有资产出资人职责。实行管资产与管人、管事相结合，加强对国有企业和国有资产的监督管理。为完善地区经济调节体系，将市发展计划委员会改组为市发展和改革委员会。继续推进流通管理体制改革，实现国内贸易和对外贸易的统一管理，撤销市对外贸易经济合作局和市商业贸易发展局，组建市商务局。加强安全生产监管体制建设，将市安全生产监督管理局由市政府直属事业单位调整为市政府工作部门；调整市食品药品监督管理局的职能，加强食品安全监管体制建设。这次机构改革总体上不进行人员编制精减，但不能突破核定的行政编制总数。这次改革机构变动不多，但意义重大。按照“小机构、大服务、高效率、少层次”和“精简、统一、效能”的原则，对高新区党工委管委会的内设机构按“大部制”要求进行调整、提升效能、强化服务。长沙经济技术开发区实行长沙市与长沙县两级共管，以长沙市管理为主的行政管理体制，调整长沙经开区党工委管委会的组织结构，赋予其在管辖区域范围内环境保护的市级管理权限及知识产权、专利保护方面的协调和服务职能，强化审计监督职能。明确宁乡经开区党工委管委会的机构设置，理顺农业园区管理体制，重新核定长沙国家生物产业基地管委会的编制事项。明确长沙岳麓科技产业园、长沙金霞保税物流中心、湖南（雨花）环保科技产业园、天心工业园的有关机构编制事宜，促进提高长沙各个开发区、工业园区经济快速发展。

2008年年底，国务院批准《长株潭城市群资源节约型和环境友好型社会建设综合配套总体方案》及《长株潭城市群区域规划（2008—2020年）》。2009年，长沙市加快推进资源节约型和环境友好型（以下简称“两型社会”）社会建设，在长沙大河西先导区先行先试，明确先导区管委会的组织架构，理顺大河西先导区管委会与高新区管委会的事权划分。明确区、县（市）“两型社会”建设综合配套改革办公室机构的设置，设立长沙市“两型社会”综合配套改革办公室，作为市“两型社会”建设综合配套改革领导小组的常设正县级办事机构，归口市发改委管理。

2010年，召开全市政府机构改革动员会议，进行新一轮政府机构改革。按照“转变职能、优化结构、完善管理、严控编制”的总体要求，以转变政府职能为核心，结合实际，发挥“两型”社会建设综合配套改革试验区先行先试的职能要求，加强政府投资项目建设管理、食品安全监督管理等职能职责，重点理顺涉及民生保障、社会稳定、投资环境、市政建设、生态保护、市场监管领域的体制机制，着力推行大农业、大工业、大交通、大建设、大社保、大文化、大水务、大绿化等职能有机统一的大部门体制，将部分政府部门整合优化，使原分散在多个部门的管理事项调整合并到一个部门。撤并经济委员会和信息化领导小组办公室，组建工业和信息化委员会；撤销建设委员会、房屋产权管理局和公用事业管理局，组建住房和城乡建设委员会；将人事局、劳动和社会保障局的职责、民政局承担的农村社会保障的职责整合后，组建市人力资源和社会保障局。将水利局的职责、原公用事业管理局城市供水、排水、节水、污水处理的职责整合后，组建水务局。撤销文化局、广播电视局、新闻出版局，组建文化广电新闻出版局。经整合，市政府设置39个部门：政府办公厅、发展和改革委员会、工业和信息化委员会、教育局、科技局、住房和城乡建设委员会、公安局、监察局（不占限额）、民政局、司法局、财政局、人力资源和社会保障局、国土资源局、交通运输局、水务局、农业局、林业局、商务局、文化广电新闻出版局、卫生局、人口和计划生育委员会、审计局、食品安全管理办公室、城市管理和行政执法局、环境保护局、城乡规划局、统计局、体育局、物价局、粮食局、民族宗教事务局、旅游局、安全生产监督管理局、人民防空办公室、外事侨务办公室、政府法制办公室、信访局、政府研究室、畜牧兽医水产局。市政府特设机构1个：市政府国有资产监督管理委员会。市政府部门管理机构2个，市委市政府派出机构3个。芙蓉区、天心区、开福区、雨花区政府设工作部门各17个，岳麓区政府设置工作部门19个，望城区及长沙县、宁乡县、浏阳市政府设置工作部门各25个。市政府重新核定行政编制占市本级行政编总额的71.4%，区县（市）政府重新核定行政编制占区县（市）行政编制总额的56%。2012年，长沙市直党政群机构99个，其中政府系统45个（与2010年相同），核定行政编制3916名，实有3601人。

第八节　改革干部人事制度

1988年，长沙市坚持以经济建设为中心，认真贯彻治理经济环境，整治经济秩序，全面深化改革。根据中共中央《关于改革干部管理体制若干问题的规定》，推进干部人事制度改革。按照干部“四化”和“相对稳定、适当调整、提高素质、完善机构”的要求进行人大、政府、政协及县（郊）区纪委的人事安排和换届选举。推进民主评议党员，试点进一步改进干部考察办法，制定《关于加强党内监督的若干规定》。出台《长沙市人才交流市场管理试行办法》，促进人才合理交流和优化配置。贯彻“公开、平等、竞争、择优”的原则，采取面向社会、公开报名、统一考试、择优录用的方法录用国家干部。加强干部队伍宏观控制，做好干部计划调整和干部结构调整。军队转业干部实行双向选择。成立“改革试点小组”，选择烈士公园为试点，探索公益性事业单位体制改革，实行承包经营和全员聘用制，其改革得到省建委肯定，并在省园林系统推介。依照省人事厅《关于吸收录用“五大”毕业生的通知》，中组部和劳动人事部《关于整顿“以工代干”问题的通知》，录用“五大”（电视大学、职工大学、夜间大学、业余大学、函授大学）毕业生 2844 人，全市机关清退借调人员 1425 人。1989 年，长沙市继续推行乡镇干部聘用制，重点进行全民企业单位的技术职称评聘工作，建立专家联系制度。根据省委组织部《关于推荐选配科技副县、市长试行意见》的精神，配齐 9 个县（区）的科技副县（区）长。先后出台《关于市直机关采取考试办法补充工作人员的暂行规定》《关于市直机关公开选调工作人员的意见》，坚持“公开、平等、竞争、择优”八字原则和“五公开一监督”制度（公开名额、条件、程序、成绩、录用结果，接受纪检监察机关监督），为机关事业单位录用干部 234 人，选调机关干部 354 人。印发《关于进一步调整市直机关和区县科级干部管理权限和加强科级干部管理的通知》，把由市统一管理的正科级干部任免调配权限下放到县级单位。同时制定对党政机关干部实行职位、职数审批与工资审批挂钩的宏观管理办法。市改革试点小组挑选市建委所属规划、建筑、勘探、工业 4 家设计院试点，探索事业单位“两个置换”(所有制置换、员工身份置换）改革，成功转型企业化管理。制定《关于全民所有制企业人事劳动制度和管理体制改革的意见》《关于民主选举企业行政领导干部的暂行办法》。根据国务院《关于改革职称评定、实行专业技术职务制度的通知》，至年底，历时两年半的首次专业技术职称评聘工作结束，获得各类各级专业技术任职资格 9.1 万余人，聘用 6.6 万余人。

1990 年，根据劳动人事部《关于建立国家行政机关工作人员岗位责任制的通知》，长沙市实行“双责任制”管理机制，制定《长沙市目标管理责任制与岗位责任制实施方案》，进一步加强机关目标管理岗位责任制，落实“目标管理层次化、考核内容程序化、岗位考核具体化、奖惩制度经常化”机制。清理整顿乡镇聘用干部队伍，加强对乡镇聘用干部建立专业技术人员的考核制，加强对技术专业人员的综合管理，全市解除、中止 59 名乡镇聘用制干部的聘用合同。出台《关于接收管理流动人员人事档案的暂行办法》，加强人才交流活动，并成立“长沙市流动人员管理服务中心”，采取“四保二管一服务”措施(保身份、保工龄、保级别、保职称，管档案、管党团关系，提供社会保障服务)，保护人才合理流动。首次向沿海地区输送人才，全市办理 198 名流动人员档案管理手续。1991 年，长沙市初步建立国家机关、事业单位人事计划管理体系，成立长沙市机构编制委员会，并在市人事局增设综合计划科，各县、区的人事局也指定专人负责人事计划管理工作。制发《关于进一步加强和改进知识分子工作的通知》《关于进一步做好研究生、大专毕业生的使用和管理工作的通知》，举办全市第一期人事干部岗位培训，相继出台《长沙市人事干部岗位培训实施意见》《长沙市流动人员人事档案管理试行办法》《长沙市民办科研机构专业技术人员管理暂行规定》，对流动人员的管理办法，管理对象及户籍、档案、工资调整、专业技术职务评审等方面做规定，完善流动人员综合管理体系。通过考查实绩、择优选拔，将 22 名优秀农民企业家破格录用为国家干部，对全市乡镇企业的发展和农民企业管理者的成长起到强烈的激励作用。1992 年，落实人事部“两个调整”和“转变职能、创新机制、讲求实效、下放权限”的指示，印发《关于下放部分人事审批权的通知》，成为全省率先向区、县（市）下放 6 项人事审批权的城市。推进人才激励机制，制发《长沙市奖励有突出贡献的专业技术人员的暂行规定》，设置“长沙市特殊贡献奖”。针对不同体制人事管理，先后制定《长沙市聘用制干部管理暂行办法》《长沙市外资（合资）企业中方人员管理暂行办法》《关于民办科研机构专业技术人员管理暂行办法》《长沙市市直党政群机关采取考试办法补充工作人员的暂行规定》。召开长沙市首届人才市场开业暨92人才交流洽谈会，中央电视台以《长沙市人才流动纳入市场机制》为标题作专题报道。全市9个区县（市）人才交流服务机构及60家民办人才交流中介机构组成交流网络，7万多人前往市场应聘，450个单位入市招聘，1.3万多人受聘用。1993年，印发《关于在事业单位部分岗位实行选聘合同制的实施意见》《关于全民所有制企业人事管理工作改革意见》，继续下放干部调配权限，制定《长沙市聘用干部调动暂行办法》和《长沙市股份制试点企业领导干部管理暂行办法》，加强和完善干部管理。

1994年，贯彻落实中共十四大关于建立国家公务员制度的工作要求，各机关人员的录用和考核严格按《国家公务员录用条例》进行，实现与公务员制度的有效衔接。颁布《长沙市非政府人事部门所属人才交流机构管理暂行办法》《关于贯彻落实〈湖南省外商投资企业中方专业技术人员和管理人员流动暂行办法〉的意见》，加强人才市场法规体系建设。根据《湖南省机关事业单位工资制度改革若干问题的处理意见》，长沙市开展工资制度改革。是年，长沙市采取组织推荐和个人报名相结合，考试与考核相结合的方式，首次面向社会公开招聘20名县级青年领导干部。翌年，又先后组织县级妇女领导干部，非中共党员领导干部和县科级文秘人员的招聘工作，新华社、《人民日报》、中央电视台和香港《大公报》等30多家新闻单位予以报道，受到中组部、人事部和省委的充分肯定。出台《长沙市国家公务员制度实施方案》及与之相配套的规定，在全市实行公务员制度。制定《长沙市机关事业单位社会养老保险制度改革（试行）办法》，推进机关事业单位社会保险，印发《长沙市企业职工养老保险办法》。选择市第37中学、浏阳市第一中学试点教育人事制度改革，实行“三制一包”（校长负责制、全员聘用制、结构工资制，经费总额包干）改革方案。在部分国有企业实行“人事代理制”，破解员工能进不能出难题。1996年，先后发布《长沙市国家行政机关工作人员向国家公务员过渡实施办法》《长沙市中国共产党机关参照〈国家公务员暂行条例〉管理的实施办法》《长沙市国家公务员制度实施方案》等文件，就国家公务员过渡范围、方法步骤、操作要求等进行规定，实行现有机关工作人员向国家公务员的过渡。发布市政府第30号政府令，颁布全省首部人才市场管理法规《长沙市人才市场管理规定》及《鼓励经营管理者向困难企业流动的暂行规定》，设立企业经营者市场，为搞活长沙市企业和高层次人才流动提供便利条件。长沙市于1997年全面实施国家公务员制度，完成市、县、乡三级公务员制度的过渡，有9162名机关工作人员过渡为国家公务员。根据《国家公务员暂行条例》和人事部、省人事厅的有关规定以及上年出台的《长沙市国家机关工作人员职位轮换制度（试行）》，在全市机关事业单位中实施职位（岗位）轮换和竞争上岗制度，并首次通过录用资格考试形式补充市直机关国家公务员（机关工作人员）164人，将符合录用条件的6300多名民办教师转为公办教师。根据中组部、人事部颁布的《关于流动人员人事档案管理办法》，成立长沙市人事档案委托管理中心。召开全市事业单位机构人事制度改革和事业单位登记管理工作会议，制定《关于在全市企事业单位试行人事代理制的暂行办法》，新聘员工与用人单位之间传统的人身依附关系转变为劳动契约关系，有51个单位1200余人加入人事代理制。

1998年，长沙市先后出台《关于加强人才队伍建设的若干意见》《关于鼓励海外留学人员来长创业的意见》《长沙市留学人员创业资金管理办法》，在国际互联网上建立长沙专家信息网《长沙人才导航》，为全市开展招商引智和用好用活人才资源提供依据。制定《关于帮助下岗专业技术人员再就业的暂行办法》《关于组织下岗专业技术人员为农村经济服务的意见》《关于下岗专业技术人员进入非公有制单位的意见》《长沙市民办科研机构专业技术人员管理暂行办法》，为下岗专业技术人员再就业提供政策导向。1999年，坚持以人为本，健全人才市场体系，出台《长沙市不包分配大中专毕业生择业管理暂行办法》《关于建立和发展农村人才市场的意见》，举办“首届长沙生源高校毕业生供需见面洽谈会”和“’99长沙市高校毕业生供需见面洽谈会”。印发《关于选拔高校毕业生到基层工作的通知》，首批选拔62人到村委会等基层工作。贯彻省《关于乡镇机关及事业单位人员分流工作的有关问题的意见》，全市122个乡镇全面开展乡镇机关事业单位人员分流和机构改革试点。出台《长沙市党政机关推行竞争上岗的暂行办法》。根据人事部《人事争议处理办案规则》，出台《长沙市人事争议处理暂行办法》，成立市人事仲裁委员会，解决人才流动中人事争议仲裁等问题。2000年，贯彻党的十五届五中全会精神和中央《深化事业单位人事制度改革纲要》，制发《关于事业单位人事制度改革实施意见》，坚持单位自主用人、人员自主择业、单位全员聘用等改革成果，在此基础上细化分配制度、绩效考核制度、保险制度改革。长沙高新技术人才市场建成开业，“长沙人才市场”网站开通。

2001年，贯彻落实中央《深化干部人事制度改革纲要》，推行以聘用制度为核心，改革事业单位用人机制和分配机制。出台《长沙市鼓励留学人员来长创业的若干规定》《长沙市留学人员创业资助资金管理办法》，并设立长沙留学人员创业园、博士创业园，鼓励海外留学生创业，明确海外留学人员来长沙创业原则、创业形式和优惠政策。制定《关于建立大学生“村官”制度的实施意见》，每年选派一批应届毕业生驻村担任“村官”，改革农村“村支两委”结构。印发《长沙市直机关机构改革人员分流实施意见》，明确人员定岗分流的原则、途径、办法，公务员机构改革全面启动。按照中央三部门《关于进一步加强管理严肃干部人事工作纪律有关问题的通知》，建立健全廉政建设责任制，增加人事干部拒腐防变的能力。2002年，召开市委常委扩大会议，贯彻学习中共中央《党政领导干部任用工作条例》，要求各级党委（组）在选拔任用干部时，坚持“民主推荐、民主测评、公开选拔、竞争上岗”等机制。在区、县（市）换届时对新一届领导班子成员人选进行全额民主推荐，对党政正职的任免，实行由市委常委会提名，市委全会票决，对拟提拔人选进行考察预告。对提拔担任副县级领导实职的122名对象进行任前公示，实行一年试用期。制定《长沙市事业单位人事制度改革实施意见》，重申事业单位增编、补编计划，一律实行“凡进必考”制度，禁止“特批”入编。改革人事行政审批制度，取消5项人事行政审批事项，推行政务公开，实行社会服务承诺制。2003年，召开全市人才队伍建设工作会议，出台《关于加强人才队伍建设的若干意见》《关于对长沙市专家和学术技术带头人培养对象的管理办法》，形成在人才引进、培训、评估、任用、分配、奖励等方面的一系列政策体系。将市知识分子工作领导小组更名为人才队伍建设领导小组，进而完善人才队伍建设工作联席会议制度和高层次经营管理人才制度，加强全市人才队伍建设。牵头开展长株潭人才一体化战略研究，制定《长株潭三市2004—2010年区域人才发展规划》。制定《长沙市事业单位新进人员公开考试聘用办法》《长沙市事业单位人事代理暂行办法》《长沙市事业单位聘用合同签证办法》，进一步搞活事业单位的用人机制。修改《长沙市人才争议处理暂行办法》，完善长沙市人事仲裁委员会，正式启动人事仲裁工作。2004年，召开全市人才工作大会，颁布实施《长沙市人才居住制度暂行规定》，吸引海外人才来长居住和创业，并向38名外籍专家颁发“长沙市人才居住证”，成为中部地区首个向外籍专家颁发“绿卡”的城市。成立“长沙市国际人才交流协作中心”，引进国际科技推广协作项目21个，聘请教育、科技专家25人，分3批组织60多名企业管理人员赴澳大利亚、新加坡培训，并通过挂职等方式盘活人才资源，《人民日报》《光明日报》对长沙引才引智和人才培训作出专题报道。2005年，相继制发《中共长沙市委全体会议对区县（市）党政正职拟任人选和推荐人选票决办法》《长沙市公开选拔领导干部实施办法》《关于全市统一开展公开选拔科（局）级领导干部工作的通知》，使领导干部的选拔任用更加公平、公正。

2007年，认真贯彻中共中央关于领导班子配备改革的要求，制定《长沙市党政领导干部交流工作实施办法》和《长沙市党政领导干部职务任期试行办法》，对县处级领导干部任期性交流、回避性交流、培养性交流和职务任期作出明文规定。出台《关于加强人才队伍建设的若干意见》，对来长沙创业的非长沙籍人才在落户、贷款、建设用地、子女上学等方面给予市民待遇。长沙市发起长株潭周边城市群人事人才一体化倡议，邀请岳阳、衡阳、常德、益阳、娄底5个城市加入，共同签署《泛长株潭“3+5”城市群人事人才合作框架协议》。继续推进事业单位新进人员公开招聘，坚持“三公开、三保密、三监督”，印发《长沙市事业单位公开招聘暂行办法》，对特殊人才、高层次急需人才采取直接考核办法，全年向社会招聘工作人员1306人。出台《长沙市事业单位实行聘用制合同暂行办法》《长沙市事业单位人事制度改革中未聘人员安置暂行办法》。制定《关于实行政府雇员制的实施意见》，规范政府雇员制度，就雇员单位、选聘程序、合同管理、待遇等进行统一规定，积极开展政府雇员制试点。2009年，作出“引进储备万名优秀人才，聚集提升长沙竞争优势”的决定，出台《长沙市引进国际高端人才三年行动计划（2009—2011年）实施细则》（简称“313计划”），举办“首届中国长沙——重点大学人才战略合作峰会”及“进重点大学、揽万名英才”等系列活动，选拔储备各类人才1.2万余人。2010年，贯彻落实中共中央《2010—2020年深化干部人事制度改革规划纲要》，制定《长沙市中长期人才发展规划纲要（2010—2020）》。2011年，制发《关于深化干部人事制度改革的意见》，就全市干部人事制度改革的指导思想、基本原则、目标要求、重点突破项目等制定实施方案。开始逐步取消地域、学历、性别等限制。加大对大学生“村官”、“三支一扶”（支农、支教、支医、扶贫）高校毕业生等有基层工作经历人员的考录力度。率先在全省开展从优秀工人，劳动模范中考录县级以下机关公务员的试点，面向全市统一引进的优秀青年人才考录公务员。强化对公开招聘新进人员的聘用合同管理，事业单位大力推行合同聘用制、人事代理制。出台《长沙市事业单位公开招聘人员办法》，对招聘程序、细则以及市属事业单位招聘工作进行规范。出台《关于加强社会工作人才队伍建设推动社会工作发展的意见》。

2012年，长沙市认真贯彻省委《关于进一步加强培养选拔年轻干部工作的意见》，大力开展竞争性选拔年轻干部工作，按照“放手大胆使用、敢于破格使用、坚持优先使用”的要求，年内选拔77名优秀年轻干部。制定《长沙市中长期人才发展规划纲要（2012—2020年）》，成立“长沙市高技能人才振兴计划协调指导小组”，出台《高技能人才开发工程实施方案》（含《高技能培训项目培训办法》《高技能人才基础能力建设项目实施办法》《技能大师工作室建设项目实施办法》），实施“人才强市”战略。是年，全市培训高技工、技师、高级技师等各类高技能人才1.44万人，高技能人才取得重大突破。新的公务员考录，严格实施“全市集中面试，面试考官必须持证上岗、异地交流、临时抽签分组”等制度，全市计划考录524人，1.97万人参考，招录计划与报考人数为历年之最。

第九节 建设“法治长沙”

1988年，按照中共十三大关于“一手抓建设和改革，一手抓法制”及全国七届人大一次会议关于加强法制建设的指示精神，长沙市决定实行“依法治市、文明管市”的基本市策，向全市发布《关于加强法制建设严格依法治市的通知》，强化党的领导，做到科学立法、保证执法、支持司法、带头守法。市人大常委会与市人民政府分别制定关于依法治市的《决议》和《实施方案》。长沙市党政代表团到本溪市考察学习依法治市经验。组织召开全市依法治市大会，对全市依法治市工作进行具体部署。设立依法治市领导小组、法制工作办公室，负责全市依法治市工作的领导、组织和协调。全市开展声势浩大的普法宣传教育活动。根据市委《关于贯彻省人大常委会〈关于开展执法检查的决定〉》精神，在全市开展执法大检查，重点检查《中华人民共和国刑法》《中华人民共和国刑事诉讼法》《治安管理处罚条例》《中华人民共和国食品卫生法》等15部法律法规的执法情况，长沙市把维护社会大局的稳定作为全市头等大事来抓，进一步落实市委、市人大常委会、市政府关于依法治市的《通知》《决议》《实施方案》，推进依法治市工作。按照“谁主管、谁负责”的原则，建立群专结合、社会各方齐抓共管的社会治安网络，实行社会治安综合治理。成立以市委书记为组长的长沙市反盗扒除“六害”领导小组，发布《关于在全市开展反盗扒、除“六害”统一行动部署的通知》。制定《长沙市禁止赌博条例》和《长沙市惩治扒窃的规定》。1990年，制定《关于认真贯彻落实〈中华人民共和国行政诉讼法〉进一步加强政府法制工作的通知》，要求各级各部门做到有法可依、有法必依，执法必严、违法必究。会制定《长沙市关于集会游行示威的规定》，保障公民依法行使集会、游行、示威的权利，维护社会安定和公共秩序。

1991年，成立长沙市社会治安综合治理领导小组，下设市社会治安综合治理办公室和市城市综合管理办公室。要求各级党委政府加强领导，各部门协调一致、齐抓共管，大力开展“二五”普法活动，运用政治的、经济的、行政的、法律的、文化的、教育的等多种手段，整治社会治安，保障社会稳定。是年，浏阳县人民法院公开审理一起“民告官”的行政诉讼案，浏阳县人民政府法定代表人县长出庭应诉，这是长沙市首例政府首脑出庭当被告的行政诉讼案件，《法制日报》《湖南日报》《最高人民法院简报》和湖南电视台、长沙电视台等相继作出报道。1993年，长沙市决定加强治安管理，用两年时间把长沙建成社会治安模范城市，研究制定开展创建治安模范城市活动的各项措施。1994年1月，湖南省和长沙市联合召开“省会长沙市建设治安模范城市动员大会”，提出创建治安模范城必须达到社会政治稳定、治安秩序良好、交通秩序好转、法制观念增强、基层防范落实、群众安全放心等六项奋斗目标。制定《关于全方位推进社会治安综合治理，努力创建社会治安模范城市的实施方案》和《长沙依法治村民主管理实施方案》。召开全市立法和法制工作会议。制定《长沙市劳动监察条例》。1995年，发布《关于在全市开展创建治安模范单位、治安模范小区和治安模范乡镇活动的报告》，各级党委政府一手抓维护稳定，一手抓队伍建设，动员和组织全社会的力量，开展创建“治安模范单位”“治安模范小区”“治安模范乡镇(街道)”活动，全面实现创建工作的各项目标。至1996年，全市创建治安模范单位907个、治安模范小区257个、治安模范乡镇（街道）64个；长沙市被评为“1993—1996年度全国社会治安综合治理优秀单位”。制定《关于实行行政执法责任制工作的通知》，市委书记、市长与9个区县（市）、10条战线的主要领导签订责任书，年终由市综治委组织全面检查评估，实行目标管理。全市层层召开“二五”普法总结暨“三五”普法依法治市、治区、治县（市）动员大会，对“三五”普法进行全面动员。制定《1996—2000年长沙市法制宣传教育规划》《长沙市“九五”期间依法治市实施方案》《关于进一步加强社会治安和稳定工作意见》。长沙市作出《关于进一步推进依法治市的决议》《关于进一步开展法制宣传教育的决议》《关于实行行政执法责任制的决议》，不断加强法制教育，全面推进依法治市。是年，在全省普法依法治理工作目标管理考核中，长沙市名列第一。1997年，先后审议通过《湘江长沙段饮用水水源保护条例》《长沙市殡葬管理条例》《长沙市城市中小学校幼儿园规划建设管理条例》《长沙市城市市容和环境卫生管理办法》等多部地方法规。制定依法治县（市、区）、治机关、治乡镇、治村、治厂、治店、治校7个依法治理指导标准，发布《关于进一步加强行政执法责任制的通知》，以利于建设法治政府、法治社会、法治长沙。1998年，召开全市维护稳定工作会议，要求各级领导者增强政策观念、法制观念、群众观念和纪律观念，健全维稳工作责任制，确保一方平安。1999年，出台《关于维护稳定工作责任制的若干规定》对全市各级各部门的维稳工作责任、不稳定因素排查、情报信息反馈、群体性事件的处置及维稳责任的追究等都作出明确规定，做到“强化领导、周密部署、忙而不乱、紧张有序、严格要求、狠抓落实”。根据中央综治委的指示精神，长沙市政府对社会治安综合治理实行“一票否决”和“黄牌警告”制度。为加强对青少年的法制教育，发布《关于加强青少年法制教育的意见》。开展“法进万家”活动，掀起群众性学法用法高潮。2000年，发布《关于进一步推进依法治市工作的意见》，要求各级党委政府坚持依法治市方针，加强政府法制建设，全面推行依法行政，从制度和法律上保证党的基本路线和市委各项决策的贯彻落实。为切实加强执法监督，确保司法公正，发布《关于加强行政执法证和行政执法监督管理的通告》《关于加强党内执法监督工作的若干规定》《关于加强维护司法公正的有关措施》等文件，要求各级各部门必须严格遵守“持证上岗、亮证执法”制度，做到严格执法、公正司法。经国务院法制办批准，长沙市实行城市综合执法试点，为此特出台《长沙市城市管理综合执法试行办法》的市政府令，组建“城市管理综合执法队”，建立一套全新的城市综合执法队伍管理机制。发布《关于进一步加强全市法律援助工作的通知》，为经济困难和特殊案件的当事人免费、减费提供法律帮助和法律服务。

2001年，全面启动“四五”普法，大力推进依法治市工作。先后发布《关于进一步加强政法干部队伍建设的实施意见》和《关于进一步加强社会治安综合治理基层基础工作的意见》，要求各级党委政府建立一支忠诚可靠、纪律严明、作风正派、清正廉洁、秉公执法、业务精湛的高素质政法队伍，坚持打防结合、以防为主、标本兼治、重在治本的原则，着眼长远、立足基层、教育为本、重在建设，在基层建立起维护社会治安的工作机制，层层拥有专门的领导机制、机构、队伍、经费，为建设法治长沙奠定坚实基础。2002年，为妥善处理好社会变革中因利益调整而出现的某些突发性、群体性上访问题，确保社会政治大局稳定，制定《关于切实做好维护社会稳定工作的意见》《长沙市社会治安综合治理一票否决权制和黄牌警告制实施办法》，对城建开发、征地拆迁、企业改制、社会办学等方面的问题，研究解决办法，逐步形成一整套“一月一排查”“一月一例会”“一月一交办”“一月一督查”“一旬一通报”的维稳工作机制。

2003年，为配合“非典”防治工作和迎接全国第五届城市运动会在长沙召开，对《长沙市城市市容和环境卫生管理办法》进行修改，加大对影响城市环境行为的处罚力度，为加强城市管理、防止疾病传播和建设文明长沙提供法律保障。出台《长沙市行政执法评议考核办法（试行）》，加大对行政执法的监督管理力度，要求公务员做到遇事懂法、办事依法、言必合法、行必守法。2004年，积极推行以“干部不知法者不为官、执法人员岗位学法不合格者不上岗、单位不抓法治者不合格”为重点的一系列普法依法治理工作新举措。出台《关于创建“平安长沙”的实施意见》和《长沙市机关团体企业事业单位社会治安综合治理责任制规定》，努力维护社会稳定。针对群体上访、企业改制、征地拆迁三大主要问题，分别成立市级领导挂帅的专门工作班子，建立全市集中处理信访突出问题及群体性事件联席会议制度，成立专门办公室和六个专项工作小组。在全市开展“万名干部下基层、排解矛盾促稳定”活动，以及现场协调和跟踪督办活动。各工作组共排查出各类矛盾纠纷8600多个，解决5700多个；涉法涉诉方面706起上诉案件息访息诉665起，占总数的94.2%，得到中央政法委的肯定，长沙市被评为“2001—2004年全国社会治安综合治理优秀地市”。2005 年，发布《关于对全市“四五”普法依法治理工作进行考核验收的通知》，成立由市委、市人大、市政府、市政协主管领导带队的验收小组，对全市 9 个区县(市）和 77 家市直单位进行为期一个月的检查验收。2006 年，召开全市“四五”普法总结表彰暨“五五”普法依法治市动员大会，制定《关于在全市公民中开展法制宣传教育的第五个五年规划》。市人大常委会也作出《关于加强法制宣传教育的决议》，“五五”普法规划全面实施。为贯彻落实国务院《全面推进依法行政实施纲要》《国务院办公厅关于推行行政执法责任制的若干意见》和《湖南省全面推进依法行政五年规划（2005—2009 年)》精神，长沙市出台《关于全面推进依法行政的若干意见》，进一步完善执法体制、创新执法方式、加大执法力度、规范执法行为、落实执法责任，全面推行依法行政，建设法治政府。发布《关于在全市开展社会联动调解工作的意见》，在全市大力开展“调解矛盾纠纷、创建平安和谐长沙”主题活动。2007 年，为解决村、社区专职人民调解员的配备等相关问题，制定《关于切实加强人民调解工作的意见》，实行人民调解、行政调解、司法调解对接联动。重点开展法制宣传教育“四个一百”活动，即组织普法讲师团的法律专家和律师深入 100 个机关单位、100 个村、100 个社区和 100 个企业开展法制讲座。2008 年，大力开展异地法律援助，与 34 个城市签订《城际农民工法律援助工作协作协议》，保证外出务工人员在签署协议的城市互相享受平等快捷的法律援助服务，竭力维护农民工的合法权益。全年受理法律援助事项 7503 件，援助案件 1750 件，受援群众达 7.96 万人，长沙市法律援助工作实现全年零投诉。市法律援助中心被评为“全国第三届法律援助先进单位”，三项工作经验（统计、案件补贴、以当事人为中心）在全国法律援助工作会议上得到推广。长沙市以“保民生、促和谐，保稳定、促发展”为主要内容的“两保两促”活动，发挥基层党组织在综治工作中的作用和维护社会稳定工作机制建设的经验，分别被中央政法委、中央综治委、中央维稳工作领导小组在全国推介。长沙被中央综治委和省委、省政府评为“2005—2008 年度全国治安综合治理优秀地市”、“2004—2008 年度全国铁路护路联防先进集体”、全省“2009 年度社会治安综合治理先进单位”和“2009 年度维稳工作先进单位”。2010 年，出台《关于进一步加快法治政府建设的决定》，大力开展“法治长沙”和法治区、县的创建工作，天心区和雨花区首批被评为“全国法治县（市、区）创建先进单位”。法律援助机构以“司法公正长沙行”“法律援助为民办实事”活动为载体，以“应援尽援”为目标，在全国率先建成市、区县（市)、乡镇（街道)、村（社区）四级援助网络，长沙市的法律服务功能日臻完善。

2011 年，长沙市成立社会管理创新综合试点工作领导小组和 5 个协调委员会，着力社会公共安全管理“治安”、流动人口服务管理“治差”、城市交通秩序管理“治堵”、社会民生保障管理“治难”，用“四项治理”破解社会管理难题。市社会治安综合治理办公室被评为全省先进单位，市中级人民法院被确定为全国司法公开示范法院，市检察院被评为“全国文明接待示范窗口单位”和“监所派出检察工作先进集体”，市司法局被评为“全国司法行政系统先进集体”，市依法治市领导小组办公室被评为“全国先进普法依法治理办公室”，特殊人群管理和司法考试工作经验分别被中央政法委和司法部推介全国交流，司法行政系统执法状况考评全省第一，人和律师事务所被评为“全国优秀律师事务所”。市公安局荣纪一等功，市国家安全局荣记二等功。2012 年，在总结“五五”普法经验的基础上，对“六五”普法工作进行全面安排部署。出台全国第一部规范政府法制工作的地方政府规章《长沙市政府法制工作规定》，成为事前法律风险防范、事中法律过程控制、事后法律监督救济的政府法制工作“长沙标杆”。积极探索社会管理法治化新途径，制定《2012 年长沙市依法治市工作要点》和《长沙市推进社会管理法治化实施纲要》，是全国首部社会管理法治化实施纲要。市法律援助中心开通法律援助直通车，建成规范化法律援助便民服务窗口 10 个，为困难群众办理法律援助案件 2800 余件，被评为第四届“全国法律援助先进单位”。国家司法考试标准化建设“长沙模式”日趋完善，被评为“全国司法考试工作先进集体”。长沙市被中央综治委评为“2009—2012 年度全国社会管理综合治理优秀地市”，并获得全国综治工作最高荣誉——“长安杯”。

第十节　党风廉政建设

1988 年，长沙市委制定《关于加强党内监督的若干规定》，进一步明确党内监督的目的任务、方式方法和纪检机关的职责。根据中共中央《关于党和国家机关必须保持廉洁的通知》精神，出台《关于认真贯彻中央通知精神搞好廉政工作的决定》，重申党政机关绝不能经商办企业，党政机关干部不得滥用管人、管财、管物和管项目的审批权力及行业特权向基层单位索要财物或低价购买紧俏商品，不得接受红包和礼金等 8 项规定；并在党员中普遍开展“立党为公、执政为民、为政清廉”的教育。1989 年，出台《关于加强廉政制度建设的决定》和《关于进一步加强廉政建设的几项规定》，包括清理整顿公司、清查违纪建私房、严格按规定配车用车、严格禁止请客送礼等 8 条加强廉政建设的规定。要求全市的党员干部认真学习贯彻最高人民法院、最高人民检察院《关于贪污、受贿、投机倒把等犯罪分子必须在限期内自首坦白的通告》和监察部《关于有贪污受贿行为的国家行政机关工作人员必须在期限内主动交代问题的通告》，并先后召开全市 1200 多名县级以上干部参加的反腐倡廉大会和全市进一步贯彻“两院一部”通告动员大会，敦促有问题的干部、党员主动投案，争取从宽处理。支持纪检监察和司法机关大胆行使职权，依法依纪办案，做到有贪必肃、有腐必惩、有案必查、有乱必治。全市立案查处党员、干部贪污受贿等各类违纪违法案件 1092 起，贪污受贿投案自首者 196 名；处分党员、干部 820 人，其中开除党籍 162 人、留党察看 180 人、撤销党内职务 18 人；受到司法机关查处的有 90 人。从 1988 年开始，在全市基层党组织中分期分批地开展民主评议党员，以增强党性观念、密切党群关系，维护党内生活正常化。1990 年 8 月和 11 月，两次召开县以上干部大会，发布《关于坚决制止和纠正节日用公款送礼吃喝等不正之风的紧急通知》和《关于清理纠正行业不正之风加强廉政建设的实施意见》，并成立纠正行业不正之风领导小组，全面铺开纠正行业不正之风的工作。对公安、工商、税务等 25 个重点部门和单位派出工作组进行指导和督查，全市立案查处 258 起，追回赃款赃物折合 313 万多元。同时对个别党政干部违章违纪营建私房的问题与全省同步进行认真的清理整治，狠刹歪风。

1991 年，全市开展“一刹三清”（狠刹用公款吃喝、送礼、钓鱼等不正之风，清理擅自统一着装，清理“小金库”，清理用公费送子女读书）整治行动。1992 年，全市开展“学理论、学业务、学先进，讲团结、讲廉洁、讲贡献”活动，努力推进反贪污、反受贿、反铺张浪费、反官僚主义为重点的廉政建设，切实改进党政机关作风。1993 年，市委常委带头勤政廉政，认真执行省委“六不准”规定，坚决做到不从事第二职业、不接受礼券礼金、不以权谋私、不搞权力经商、不公费出国（境）旅游、不铺张浪费，并经新闻媒体公之于众。市委召开全市反腐倡廉动员大会，批转市纪委《关于贯彻落实党中央近期反腐败斗争工作部署的实施意见的请示》，要求各级党委、政府和纪检监察机关认真抓好领导干部廉洁自律，坚持从严治党、惩治腐败、健全制度、筑牢防线，保证全市改革开放顺利进行和市场经济健康发展。为深入贯彻落实中共十四大精神，1994 年，长沙市出台《关于党政机关干部廉政建设的若干暂行规定》，明确设立办事公开制度、礼品登记制度、个人及家庭重大事项报告制度、廉政考评制度。发布《关于我市深入持久更有成效地开展反腐败斗争的建设的报告》，坚持从严治党、从严治政，狠刹歪风、严惩腐败；使党政机关清正廉洁、依法行政，转变作风、高效务实。1995 年，市委市政府发布《关于对“索拿卡要”问题开展专项治理的通知》，并召开全市廉政纠风工作大会，成立专项治理工作领导小组，要求各级各单位，通过开展认真扎实的思想教育、自查自纠和整章建制工作，建立健全各项规章制度，完善监督约束机制，严肃查处违法违纪问题，坚决遏制机关工作人员利用职权“索拿卡要”和公款吃喝玩乐的歪风，树立廉洁从政和依法行政的良好风气，为改革开放和经济建设创造健康有序的环境。11 月，发布《关于对全市反腐败斗争工作进行督促检查的通知》，召开全市反腐纠风工作督促检查动员大会，由市纪委和市委督查室牵头，从市直机关抽调 26 名干部并邀请 24 名市人大代表、政协委员和民主党派人士参加，组成 6 个督查组，分别由市领导带队对各区县（市）和 43 个重点部办委局进行一次深入细致的督查。中纪委、监察部对长沙市的专项治理工作进行调查研究之后，给予“领导重视、工作扎实、措施有力、效果明显”的评价。

1996 年，发布《关于在全市县（处）级以上领导干部中实施“从我做起，自觉律己”廉政活动》《关于在全市实施党建“先锋工程”的意见》，要求“领导班子创先进、领导干部作表率、共产党员当模范”，严格规范自己，自觉反腐倡廉。1997 年，中共中央先后制定《中国共产党纪律处分条例（试行）》《中国共产党党员领导干部廉洁从政若干准则（试行）》《关于领导干部报告个人重大事项规定》。为抓好“纪律条例”和“廉政准则”等党内法规的贯彻落实，成立“纪检监察法规教育领导小组”，下发文件提出学习贯彻要求，召开学习教育动员大会，在《长沙晚报》开辟“学法规、讲党性、比廉政”专栏。各单位通过举办歌咏比赛、知识测验和电视抢答赛等多种活动，使党纪法规让广大党员干部入脑入心，落到实处，见到实效。发布《关于建立反腐败工作市级领导联系制度的通知》，建立市级领导联系各区县（市）和市直战线的反腐败工作制度，促进党风廉政建设责任制更好落实。1998 年，以纪念刘少奇 100 周年诞辰为契机，市委组织广大党员干部开展“学《修养》、讲党性、争贡献”活动，在全市各级领导干部中开展“反腐治奢、艰苦奋斗”主题教育活动，对党风廉政建设和反腐败工作实行目标责任管理。年初，各区县（市）委和政府、市直各战线和有关部门的党政一把手向市委书记、市长递交党风廉政建设和反腐败工作目标管理责任书。年底，由市委市政府组织专项检查考核组进行认真的检查考核评比，对出现严重违纪问题的单位党政主要负责人追究领导责任。1999 年，建立领导干部任前廉政谈话、规范廉政档案、离任经济审计和任期责任审计等专项制度。各区县（市）和市直有关部门负责人向市委市政府领导递交党风廉政建设和反腐败工作目标责任书，以促进反腐倡廉责任得到落实。2000 年，制定《关于贯彻中共中央、国务院〈关于实行党风廉政建设责任制的规定〉的实施意见》《中共长沙市委常委会党风廉政建设责任制度》《关于实施党风廉政建设巡视制度的暂行办法》，并明确各级领导班子、党政一把手及其班子成员在党风廉政建设和反腐败工作中应承担的领导责任及监督责任，坚持“廉政工作抓领导、廉政责任领导抓”。2001 年，出台《党风廉政建设责任制责任追究办法》，明确责任追究的范围和对象、方式和程序、种类和情形。相继召开全市反腐败工作会议和全市领导干部廉洁自律工作会议，要求各级领导干部增强廉洁自律意识，严守党纪法规制度，自觉抵制不正之风，做到以身作则，带好各自队伍，安分守己工作，脚踏实地干事。是年，市委市政府表彰“十佳廉政勤政领导干部”和“十佳反腐败忠诚卫士”，对 160 名领导干部实行责任追究，其中涉及县处级干部 9 名，给予党纪政纪处分的 49 名。长沙市反腐倡廉责任制工作经验被中纪委在全国推介。

2003 年，长沙市率先开展党风廉政建设巡视工作，出台《中共长沙市委巡视工作规程》，就巡视工作的组织领导、工作机构、巡视员选聘、巡视组职能、巡视工作的主要任务和方法步骤进行明确规定，随后派出巡视员深入长沙县、望城县、浏阳市、宁乡县及市直工委进行党风廉政建设巡视。2004 年 7 月，市委书记梅克保代表市委常委会在全市落实党风廉政建设责任制工作会议上，作出坚决抵制跑官要官、坚决拒收财物礼金、带头严格要求亲属子女和身边工作人员、带头正确使用权力、带头遵守党纪国法 5 项廉政承诺，为各级党委政府和领导干部起到示范作用。2005 年，制定《关于建立健全教育、制度、监督并重的惩治和预防腐败体系的实施意见》，坚持党要管党、从严治党的方针，狠抓党风廉政建设责任制的落实，着眼源头、注重整体，预防为主、惩治为辅，标本兼治、综合治理，为进一步规范和加强全市反腐倡廉制度落实奠定基础。2006 年 2 月，制定《关于在全市党政机关认真开展“作风建设年”活动的意见》，在全市党政机关广泛开展以“建设进取型机关、务实型机关、服务型机关”为主题的“作风建设年”活动。翌年，召开“机关干部下基层，服务群众促发展”动员大会和全市作风建设动员大会，对全市作风督查调研中发现问题较多的 8 个单位，实行整改任务交办、整改情况督办及回访；召集 54 个单位负责人汇报作风建设落实情况，逐一进行工作点评。建立健全组织领导机构和联席会议制度，认真落实对基层干部的教育、制度、监督等措施，制定《关于加强农村基层党风廉政建设的实施意见》，着力构建农村基层党风廉政建设长效机制，在源头上设置警戒，从制度上预防腐败。

2008 年，出台《关于加强对县（处）级党政正职监督的暂行规定》，要求各区县（市）和市直各部门党政正职领导干部必须工作务实求真、言行有序合规，既要受人监督，又要监督他人，自觉地做好表率、带好班子、管好队伍。2009 年 2 月，分两批对 103 个市直行政事业单位开展为期半年的以加强党性修养和作风建设为主题的“八项制度大检查”活动。中纪委会同省纪委组成专题调查组，对长沙市市直机关党风廉政建设规章制度执行情况督查整改活动的经验，进行全面系统的调研总结，分别在《省纪委通报》和《中纪办通报》上予以推广。受到中央政治局常委、中纪委书记贺国强和省委书记张春贤的高度赞誉。贺国强批示：“制度建设对反腐倡廉至关重要，而制度建设贵在落实。长沙市的做法具有借鉴意义。”是年，长沙市成立预防腐败工作领导小组及专门工作机构，并出台《关于切实加强预防腐败工作的实施意见》和《长沙市预防腐败工作实施方案》，力争在 4 年内形成完整的惩治和预防腐败体系基本框架，健全拒腐防变教育长效机制和权力运行监控机制。重点加强对领导干部的监督，对关键岗位的监督，对人财物管理使用的监督，让权力在监督下实施、在阳光下运行。

2010 年，出台《关于党员领导干部公开述廉的若干规定（试行）》，要求市、区县（市）党政主要负责人，市直单位党政主要负责人分别向上级和同级党委全体（扩大）会议公开述廉。市委书记陈润儿在会上带头述廉，重点报告“一岗双责”、集体决策、干部任用、工程招标、土地出让、资产处置、资金安排、个人事项等 8 个方面情况。在市委召开十一届十四次全体（扩大）会议上，9 个区县（市）委书记首次向市委全会公开述廉。会后，市委组织联合巡查组，通过汇报会、座谈会和个别谈话、查阅资料等方式，对各区县（市）委书记的述廉报告是否全面、客观、真实进行巡查。在市委十一届十七次全体（扩大）会议上，由各联合巡查组分别反馈九个区县（市）委书记公开述廉后的巡查情况，组织与会人员进行民主测评，促进“述与查”“评与改”的有机结合。翌年，制定《2011 年区县（市）党委政府班子成员公开述廉工作实施方案》，结合各区县（市）委换届工作，组织全市 146 名区县（市）领导班子成员进行公开述廉，切实加强对党员领导干部的监督，促进述廉工作制度化、规范化、常态化。中央政治局常委、中纪委书记贺国强对长沙市的公开述廉工作给予充分肯定。

2012 年，中共长沙市委召开十二届三次全体（扩大）会议，各区县（市）委书记就 2011 年度履行基层党建工作责任进行首次述职，全会对他们的述职给予测评。随后又相继召开全市反腐败工作会议和全市农村党风廉政建设工作会议，贯彻落实省委、省政府《关于建立村务监督委员会的意见》，针对农村基层干部履职不廉洁问题开展专项检查，并开展村务监督委员会建设试点，完善农村基层权力结构，预防村干部腐败。将毛泽东主席率领党中央机关从西柏坡“进京赶考”的3月23日，定为长沙市党员干部“廉洁从政警示日”，连续三年召开廉洁从政警示教育大会。制定《关于实行党风廉政建设责任制的规定》，印发《中共长沙市委市人民政府领导班子成员2012年党风廉政建设任务责任分解表》，对市委市政府领导班子成员实行任务分解、责任上肩。制定《党风廉政建设规章制度执行情况跟踪督查实施方案》，召开跟踪督查动员部署大会，由市委督查室牵头，组成督查组深入到各区县（市）和市直各单位，重点围绕干部任免、工程招标、资金管理等八项党风廉政建设执行情况进行跟踪督查。

第十一节　社会主义民主政治制度建设

1988年，长沙市致力于完善中国共产党领导的以多党合作、政治协商和民主监督为主要内容的社会主义民主政治制度，进一步发挥各民主党派、无党派人士和群众团体在国家政治生活中的积极作用。制发《关于进一步健全政治协商和民主监督制度的若干规定》《关于加强基层单位我党组织同民主党派组织合作共事的意见》，以推进全市各级党政部门建立起民主协商对话制度，开展多层次、多渠道、多形式的政治协商和民主监督活动。制定《政协长沙市委员会常务委员会工作规则》，对协商监督的形式、内容、渠道、程序和参与人员等均加以明确规定，使政治协商和民主监督形成一定的规范和制度。各民主党派和工商联召开理论研讨会，探讨社会主义初级阶段民主党派的性质、任务、地位、作用，自觉履行自身在国家政治生活中的职责。1989年，召开全市人大工作会议，制定《长沙市人民代表大会代表暂行工作条例》。进一步提高对人大及其常委会性质、地位、作用的认识，支持人大代表依法行使职权。正确处理人大与“一府两院”之间的关系，发展社会主义民主，健全社会主义法制。制定《关于进一步发挥政协委员作用的意见》和《长沙市政协提案工作试行条例》，支持政协委员充分发挥各自优长，对政治经济重要事务和人民生活重大问题提出建议意见，积极参政议政。认真贯彻中央组织部和中央统战部《关于选配党外人士担任政府领导职务的通知》精神，坚持民主协商制度，先后两次召开市委全体常委和各民主党派负责人参加的协商会议，对区县人大、政府和政协换届选举工作进行研究部署，保障各民主党派、工商联和无党派人士在换届中顺利当选。恢复长沙市政治学校（长沙市社会主义学校），作为长沙市各民主党派和工商联的联合党校。各级政府自觉接受人大的监督和检查，主动加强同人民政协、民主党派、无党派人士和社会团体的联系，高度重视他们的各种意见和建议，逐步使协商办事和民主决策经常化、制度化。

1990年，中共长沙市委召开各民主党派市委负责人、各界代表人士座谈会，学习贯彻《中共中央关于坚持和完善中国共产党领导的多党合作的政治协商制度的意见》（以下简称《意见》），认真听取各方意见和建议，研究贯彻《意见》的措施。先后5次召开民主协商会议，通报交流情况，听取意见。制发《关于贯彻〈中共中央关于坚持和完善中国共产党领导的多党合作的政治协商制度的意见〉的实施意见》和《关于密切市级党政机关同人民群众联系的若干规定》，坚持和完善人民代表大会制度，支持人大及其常委会依法行使职权，加强立法和监督职能，充分发挥人大作为国家权力机关的作用；进一步加强同人民政协和各民主党派的协商与合作，切实保障其参政议政和民主监督的权利。根据中央组织部、统战部

《关于选配党外人士担任政府领导职务的通知》精神，提拔副县级以上党外干部26人充实到市、县两级政府和司法机关担任领导职务，以便直接参与决策和监督执法。制定《关于贯彻〈中共中央关于加强和改善党对工会、共青团、妇联工作领导的通知〉的实施意见》，大力支持他们对政府工作发挥民主参与和民主监督作用。支持市人大常委会加强执法监督，做好立法工作。是年5月，出台《长沙市关于集会游行示威的规定》，从法律上保障和规范全市各族人民集会游行示威的合法权利，让长沙市民在宪法和法律的框架下享有充分的民主和自由。

1991年，根据中央的指示精神，印发《关于加强工商联工作的通知》，鼓励支持他们当好党和政府管理非公有制经济的助手。是年，市委先后6次召开各民主党派、工商联负责人和无党派人士参加的协商会、座谈会、情况通报会；9个区县有56位党外人士担任人大常委会副主任、政府副区县长、政协副主席；市政府和5个职能部门配备党外副职领导，并聘请14名党外人士为特约审计员、监督员，充分发挥他们参政议政、政治协商和民主监督作用。促进社会主义民主政治制度在基层落实。长沙市城区472个社区居委会认真贯彻实施国家《中华人民共和国居民委员会组织法》，民主推荐居民代表，选举产生新的居委会班子，增强广大居民群众的民主、自治、法制和主人翁意识，保障广大居民充分行使民主权利，参与居委会的民主管理。加强社会主义民主政治建设的民族宗教工作，坚持党的民族政策，努力为少数民族做好事、做实事，积极维护和增强民族大团结。是年，长沙市荣获"全国民族团结进步先进集体"称号。1992年，制发《关于进一步做好民族工作的通知》和《关于进一步做好宗教工作的通知》，召开全市民族宗教工作会议，使之成为社会主义民主政治制度建设的一项重要工作。

1994年，召开全市政协工作会议，相继制发《关于进一步加强人民政协工作的决定》《关于进一步加强统战工作的通知》，进一步健全和完善政治协商制度、民主监督制度、情况通报制度，使长沙市政协工作走上规范化、制度化、经常化的轨道。是年，印发《长沙市依法治村民主管理实施方案》，在农村基层逐步实行民主政治制度。1995年年初，市委请各民主党派、工商联和无党派人士围绕长沙市的发展战略、城市管理、政府职能转变、党风廉政建设等12个方面的问题，组织调查研究，提出宝贵意见，开展作风评议，进行批评指导，提高参政议政、民主监督的针对性和实效性。之后，历届市委都沿袭这一做法，成为一种常态化制度。制发《关于公开推荐选拔部分市直单位非中共领导干部的通知》，在全市范围内面向社会公开招聘副县级非中共领导干部，以便更多更好地将民主党派、工商联和无党派人士中的优秀人才充实到市、县两级政府职能部门的领导岗位，利于多党合作、政治协商、参政议政和民主监督。翌年，市委多次邀请各民主党派、工商联和工、青、妇等群众团体负责人参加市委常委扩大会和市委全体（扩大）会议，直接参与全市重大问题的决策。

1997年，制发《关于进一步加强政府同民主党派对口联系的通知》，召开市教委、建委、文化局、人事局、卫生局与民盟、民革长沙市委等民主党派对口联系协调会。重视城乡基层民主政治建设。是年，制发《关于在全市农村推行村务公开制度，促进村民自治工作的意见》。全市普遍建立起村民代表会议制度，推行议事公开、政事公开、财务公开，实行村民自治、自主决策、自我管理。望城县被国务院授予"全国村民自治模范县"。1999年，全市贯彻落实《中华人民共和国村民委员会组织法》，建立健全以党支部、村委会、村民代表会议为主体的村级组织体系，2937个村全部采用直接选举办法进行换届，组建新的村委会。各村分别制定民主议事、村务公开、村民代表会议制度和村民自治章程等村规民约，加强农村基层的社会主义民主政治建设。召开全市政协工作会议，作出《关于进一步加强人民政协工作的若干决定》，继续坚持和完善在政协委员中聘请特约监督员、检察员、审计员、教育督导员及形象监督员、作风评议员等做法，使之形成制度。是年，市政府与市政协建立地方性法规政治协商制度，规范地方性法规的协商程序，并组织部分政协委员与市直对口单位对《长沙市征地拆迁安置条例》等多部地方法规的制定与执行情况进行协商座谈和法律监督。翌年，为深化民主监督，不断规范“对口联系”和“特约四员”工作，市级聘请“特约四员”23 名，各类执法形象监督员 140 名，开展对城管执法监督等大型监督活动 10 次。

2001 年，制发《关于进一步加强人大工作的意见》，坚持和完善人民代表大会制度，支持和保证人大及其常委会依法履行职权。制定《长沙市人民代表大会及其常务委员会制定地方性法规条例》和《长沙市行政执法监督条例》，做到民主立法、科学立法、规范立法，确保立法质量，加强执法监督，保障法律法规的贯彻实施。召开全市统战工作会议，强调对重大方针政策制定、重要人士安排、重大决策部署以及人民群众普遍关心的重要问题，都要通过民主协商会、专题座谈会、情况通报会等形式，广泛听取民主党派和无党派代表人士的意见和建议。制发《关于进一步加强统一战线工作的实施意见》，切实加强与民主党派的对口联系和协商制度。加大民主监督力度，将民主监督寓于政治协商和参政议政之中，做到经常性监督与重大问题监督相结合。拓宽党外人士在政府与司法机关中担任监督员、检察员、审计员、教育督导员等特约人员的领域，明确特约人员的职责和权力，切实发挥他们的民主监督作用。制发《关于进一步发挥工会、共青团、妇联在新世纪两个文明建设中的重要作用的意见》，充分发挥工青妇组织的桥梁纽带作用，调动各方面的积极性、创造性，聚万众之心，纳各方之策，支持他们对全市经济社会发展进行参政议政、民主管理和民主监督，以便更好地代表和维护广大群众的合法权益。制发《关于进一步加强新时期工会工作的意见》，坚持全心全意依靠工人阶级的指导方针，大力支持各种所有制企事业单位依法建立健全工会组织，使之成为国家政权的重要支柱和职工群众利益的代表者、维护者，坚持和完善以职工（代表）大会为基本形式的企事业民主管理制度，积极推进平等协商和集体合同等制度，及时反映职工群众的意愿和要求，维护职工群众的合法权益。召开全市社区建设工作会议，下发《关于推进社区建设的意见》，整合社区资源，改善社区环境，增强社区服务功能，健全民主政治制度，实现民主选举、自我管理、政务公开、财务公开。翌年，长沙市被国务院授予“全国社区建设示范市”光荣称号。

2004 年，召开全市人大政协工作会议，制发《关于进一步加强和改进人大、政协工作的意见》，加强和改进党对人大、政协工作的领导，关心和支持人大、政协工作，关注和重视人大、政协班子建设及队伍建设，充分发挥人大、政协的职能作用，不断推进民主政治建设。完善民主选举、民主决策、民主管理、民主监督制度，切实做好政务、厂务、村务公开，依法保障人民群众的知情权、参与权、选举权、监督权等民主权利。召开全市统战工作会议，充分发挥统一战线人才荟萃、智力密集、联系广泛的优势，团结和动员各党派、各团体、各民族、各阶层和各方面的力量参政议政，让其有职有权、有位有为。召开全市工青妇工作会议，制发《关于进一步加强工青妇工作的意见》，要求全市各级党委和工青妇组织认真分析社会生活和社会群体的新情况、新变化，深入研究群众工作的新问题、新特点，积极探索在发展社会主义市场经济条件下做好工青妇工作的新规律、新途径。按照抓方向、抓统筹、抓班子、抓阵地、抓环境的要求，切实加强和改善党对工青妇工作的领导，积极支持工青妇组织依照法律和各自章程独立自主地开展工作。2005 年，制定《长沙市村务公开和民主管理实施办法》，全市农村的村民自治工作实现时间、内容、形式、程序、监督“五规范”，基层民主政治建设稳步推进。制发《关于认真贯彻〈中共中央关于进一步加强中国共产党领导的多党合作和政治协商制度建设的意见〉的意见》，建立由市委书记、市长等党政领导与党外代表人士交朋友的制度。翌年制定《关于做好聘请民主党派成员无党派人士担任特约人员工作的意见》《关于进一步加强和完善与民主党派工商联对口联系工作的意见》，规范市政府相关部门与民主党派、工商联之间就重大事项协商、座谈、通报、调研、视察、检查等对口联系工作制度。2007年，召开全市统战工作会议，充分发挥统一战线的优势和作用，增强同各民主党派、工商联和无党派人士的联系，虚心听取他们的意见，咨诹善道、察纳雅言、集思广益，建立健全民主的科学的决策制度。2008年，学习《中国的政党制度》，开展各民主党派、工商联和无党派人士“自觉接受中国共产党领导，坚持走中国特色社会主义道路”主题教育活动。市委书记、市长等领导参加民主党派、工商联参政议政经验交流会，鼓励他们为经济建设和社会发展多进言、多献策、多帮助、多监督，齐心协力把长沙建设好、管理好。

2009年，相继召开全市人大工作会议和全市政协工作暨庆祝人民政协成立60周年大会，制发《关于进一步坚持和完善人民代表大会制度的决定》和《关于进一步加强人民政协工作的决定》，并转发市委统战部《关于加强无党派人士工作机制建设的意见》，要求各级党委政府支持人大用好“四权”（重大事项的决定权、干部人事任免权、省会城市立法权、对“一府两院”监督权）。为人民政协健全政治协商制度、畅通民主监督渠道、创造参政议政条件，充分发挥人民政协包容各界、联系广泛、聚集人才的优势和协调关系、汇聚力量、进言献策、服务大局的重要作用。重视无党派人士的工作，建立“四个机制”（协调联动机制、联系沟通机制、培养选拔机制、履职保障机制），充分发挥他们在社会主义民主政治建设中的作用。全市社区党组织换届选举在225个社区先行“公推直选”试点后普遍推行。2010年，出台《关于委派政协委员担任民主监督员的实施意见》，对民主监督员的组织领导、职责权力、委派程序、规范管理及派驻单位的工作要求等作出明确规定。翌年，出台《关于加强同党外人士合作共事的意见》，把加强党外代表人士队伍建设作为促进合作共事的重要支撑。由党委组织和统战部门采用共同制定规划、共同物色选拔、共同培养教育、共同考察人选、共同讨论研究、共同督促检查的“六个共同”的运行机制，建设一支政治坚定、素质优良、数量充足、结构合理的党外代表人士队伍，选拔、推荐、培养更多优秀的党外干部担任领导职务，让各民主党派和无党派人士更好地履行参政议政、民主监督职能，发展社会主义民主政治，建设社会主义政治文明。制发《关于贯彻〈中共湖南省委政治协商规程（试行）〉的意见》，就重大方针政策和重要事务在党委决策之前、人大通过之前、政府实施之前，同各民主党派、无党派人士和人民政协进行政治协商的基本原则、内容形式、组织保障、落实机制等完善制度设计、程序设定、规则设立和机构设置，提升长沙政治协商的制度化、规范化、程序化水平。

2012年，围绕长沙的经济建设、社会发展和人民群众关心的重大问题，开展各民主党派、工商联和无党派人士专题协商、提案协商、书面协商、恳谈协商，召开座谈会、谈心会、通报会等多项活动，推动决策民主化、科学化。是年，在450名政协委员中选派107名委员担任民主监督员，组成25个民主监督小组，分赴市中级人民法院、市人民检察院和市政府23个职能部门，加强对司法工作、经济运行、民本民生问题及社会热点难点问题的监督，促进“一府两院”依法行政、司法公正。制发《关于加强新形势下党外代表人士队伍建设的实施意见》，召开全市党外领导干部座谈会，倾听他们的意见和建议。召开市委组织部和统战部联席会议，结合人大、政府、政协三套班子换届工作，做好党外代表人士的职务安排、政治安排和社会安排。

第五章 精神文明建设

长沙市文明城市建设委员会办公室成立于1986年。1988年8月，转换为长沙市文明单位建设办公室，归口中共长沙市委宣传部（以下简称市委宣传部）管理。

1988年至1990年，长沙市的精神文明建设主要围绕改革开放、社会稳定和经济建设这个中心，在全市广大干部群众中开展理想、纪律和革命传统教育。按照以正面教育为主的方针，在全市广泛开展“三学三推”（学焦裕禄推荐焦裕禄式干部、学王进喜推荐王进喜式工人、学雷锋推荐雷锋式青年）活动。

1991年，出台《长沙市文明单位建设管理办法（试行）》。主要以全市企事业单位开展精神文明建设评先评优活动为抓手展开，并对第一批615个文明建设先进单位进行表彰。1992年，将文明单位建设和军（警）民共建、文明城市创建、文明示范小区建设等活动相结合，进一步扩展全市精神文明建设的广度。1993年，精神文明创建活动扩展到全市各系统、单位、居民小区以及各类市场和农村集镇，实施全面覆盖。

1994年11月，精神文明建设工作着重于加强公民思想道德建设、培育市民文明素质方面。在全市开展以爱国主义、集体主义、社会主义和职业道德、社会公德、家庭美德“三义三德”为主题的思想教育活动。组织编写《长沙市职业道德规范汇编》，把窗口单位精神文明建设放在突出位置。

1996年3月20日，在全市精神文明建设大会上颁布《中共长沙市委、市人民政府关于进一步加强社会主义精神文明建设的决定》（以下简称《决定》），对长沙市精神文明建设作出总体部署。成立长沙市社会主义精神文明建设指导委员会（以下简称市文明委），下设办公室（即市文明办），归属于市委宣传部管理。《决定》把“培育‘四有公民’，创建全国文明城市，服务经济建设和全党工作大局，创造一流工作、成就一流事业”确定为全市精神文明建设总体目标。这次会议标志着长沙精神文明建设进入全面推进阶段。

2000年，中共长沙市委第十次党代会作出创建全国文明城市的重大决策，长沙市精神文明建设进入全面提高阶段。2001年2月，长沙市发布《关于创建全国文明城市工作的决定》，并相继发布和出台《关于在全市开展争创全国文明城市活动的意见》《长沙市创建全国文明城市工作方案》《长沙市文明创建工作先进评选和管理办法》等文件。2006年，出台《长沙市2006—2008年创建全国文明城市规划》《长沙市创建全国文明城市工作实施方案》等一系列指导性文件。确定以“文明行业”“文明社区”“文明村镇”三大创建活动为主题，广泛开展“文明城市形象示范区”“文明和谐示范行业”“文明和谐示范社区”“文明和谐示范村镇”“文明和谐示范单位”“文明和谐示范岗位”以及“示范家庭”“示范市民”等一系精神文明创建活动。精神文明建设活动深入广大干部群众心中。据2007年年底测评统计，长沙市民对文明城市创建活动知晓率达100%，群众性创建覆盖率达90%以上，市民整体素质得到全面提高。2009年，在全国公共文明指数测评中，长沙市获列全国省会、副省级城市排名第四位。

通过文明创建活动的不断创新和不懈努力，长沙初步形成“社会进步、经济发展、文化优秀、治安良好、设施完善、环境优良、风气健康”的经济社会形态。2011年12月，在全国公共文明指数测评中，长沙市以名列省会城市、副省级城市第一名的成绩，荣获“全国文明城市”称号。

2012年，制订《长沙市市民文明素质提升计划（2012—2014）》。长沙市的精神文明建设朝着以社会主义核心价值观体系建设为根本，以提高市民文明素质和城乡文明程度为目标，实现长沙经济社会又好又快、率先发展的方向，进一步深入展开。

第一节　公民道德建设与文明教育

一、公民思想道德建设

1988—1992年，长沙市主要以“治理整顿、强化改革、稳定长沙、稳定大局”为目标，组织学习中共十三大、十四大会议精神，以中国特色社会主义理论为指导，向广大干部群众进行解放思想、坚定改革以及爱国主义和革命传统教育。1993—1995年，在全市广大干部、群众中先后开展以“三义”（爱国主义、集体主义、社会主义）、“三德”（职业道德、社会公德、家庭美德）、“三观”（人生观、世界观、价值观）为专题的思想道德教育活动。同时，配合教育实践活动，推出见危相济的共青团员陈朝彬、勇救旅客的退伍军人梁宽、勇斗歹徒的公交司机张晋等一批先进典型，以正面典型形象地诠释思想道德建设的意义，在全市产生强烈的反响，《人民日报》等20多家全国有影响的媒体都进行报道。1996年开始，长沙市在主流媒体开辟《社会公德与名城形象大家谈》市民思想道德教育专栏。同时，广泛开展以读百部爱国主义图书、答百个知识试题、讲百场精彩演讲为形式的百万市民读书演讲活动。在全市党员、干部中开展“学《修养》、讲党性”的思想教育活动。

1999年，在全市广泛进行人生观、世界观、价值观三个观念教育，开展“迎中华人民共和国成立五十年大庆”“迎澳门回归”“迎新千年”三项主题活动，围绕这三个主题集中组织开展三个系列宣传。同时，深入推进社会公德、职业道德、家庭美德教育。2000年，长沙市制定《关于加强和改进思想政治工作的意见》（以下简称《意见》），同时出台长沙市第一个思想政治工作法规性文件——《基层组织和机关思想政治工作暂行规定》。在《意见》指导下，全市开展增加“四信”（对中国特色社会主义的信念、对党和政府的信任、对企业发展的信心、对社会的信誉）以及淳化民风等教育活动。总结推介岳麓区望月湖小区、长沙县印山村、浏阳市龙洞村等基层思想政治工作典型，有效地推动长沙市公民思想道德教育。

2001年，中共中央《公民道德建设实施纲要》（以下简称《纲要》）颁布后，长沙市及时发布《关于学习贯彻〈公民道德建设实施纲要〉的意见》《关于进一步深化“怎样做文明长沙人”的大讨论意见》。在全市组织开展“怎样做文明长沙人”大讨论，近20万人参加讨论活动。配合讨论活动，摄制《人人都做文明市民》社会公德宣传片。2002年，开展全市学《纲要》统一考试。倡导“从我做起，从家庭做起，从身边做起，从点滴做起，从今天做起”，争做“好市民、好职工、好成员”。通过不断创新实践形式，涌现望月湖的“道德银行”，开福区的“相互提醒、相约文明”活动，天心区构建学校、家庭、社区“三位一体”教育模式，雨花区的“社区教育学院”等一批公民思想道德建设实践模式。2003年，编辑《公民道德基本规范》系列丛书，在党政机关普遍开展“正三观（世界观、人生观、价值观）、扬三气（树正气、有底气、接地气）、增三力（创造力、凝聚力、战斗力）”主题教育。2004年9月，编辑出版《公民基本道德规范教育丛书》。丛书按《公民道德建设实施纲要》总体要求，分《爱国》《守法》《明礼》《诚信》《团结》《友善》《勤俭》《自强》《敬业》《奉献》十册，是当时全国发行的第一套基本道德规范教育书目。12月，编辑出版《道德的力量》，该书通过大量的古今楷模、道德建设实例，阐释“道德力量”“道德源流”“道德基石”“道德灵魂”“道德环境”“道德典范”“道德情感”“道德升华”“道德要求”“道德风采”等道德规范内涵，成为全市广大干部群众热读的道德教育读本。

2006年，在全市开展“市民教育年”系列活动。先后发布《关于做好“2006年市民教育年”系列活动的通知》《关于在全市组织开展社会主义荣辱观宣传教育活动的通知》。以“八荣八耻”为主要内容的社会主义荣辱观教育道德建设新标杆，在全市广泛开展主题教育、实践教育和制度教育。2006年9月，第三届中国公民道德论坛在长沙举行。中央及省、市主要媒体围绕长沙“道德之旅：走向‘零距离’”的主题，进行系列采访报道。编写《道德之旅——长沙公民道德建设创新案例集》，引导全市公民道德教育活动向深层次展开。

2007年开始，以大力推进社会主义核心价值体系建设为核心，全市干部群众广泛参与全国道德模范评选活动，在第一届全国道德模范评选活动中长沙的袁隆平院士被评为；以创建全国文明城市为契机，开展“做一个有道德的人”“讲道德、做好人”“道德模范网上巡讲”等系列道德实践活动；以“我们的节日”为平台，开展“纪念革命先辈、弘扬民族文化”和“缅怀先烈先辈先贤、争创全国文明城市”系列主题纪念活动；以诚实守信为主题，开展“诚信为民、执政为民”“百城万店无假货”等活动，大力推进“诚信长沙”建设；以长沙荣获“中国国际形象最佳城市”称号和“中国最具幸福感城市”金奖为契机，大力倡导“讲文明、树新风”志愿活动和“扫黑网、建绿风、促连锁”行动，强势推进对“脏”“乱”“差”“污”的治理，提升公共设施文明指数，为公民思想道德建设创造良好的社会文化环境。

2011年，长沙承办由中宣部和中央文明办主办的“道德的传承——全国道德模范与‘身边好人’现场交流活动”。开展道德模范进企业、进机关、进社区、进村镇、进学校、进军营和“道德模范网上行”的“六进一行”巡回宣讲，在全市营造学模范、讲道德、做好人的良好氛围。在第二届全国道德模范评选活动中长沙的任菲莉被评为。2012年，在各社区建设“道德讲堂”。7月17日，长沙市“道德讲堂”建设现场观摩活动在开福区举行。至2012年年底，全市建成道德讲堂429家，为推进全市公民思想道德建设发挥重要作用。

二、市民文明素质教育

早在1986年，长沙市就把“五讲”（讲文明、讲礼貌、讲卫生、讲秩序、讲道德）、“四美”（心灵美、语言美、行为美、环境美）、“三热爱”（热爱党、热爱祖国、热爱社会主义）教育活动作为市民文明素质教育的主要内容。

作为雷锋的故乡，长沙市始终以雷锋精神为参照，以学习雷锋精神、弘扬雷锋精神作为文明素质教育重要项目。通过在“窗口”行业开展“我是雷锋家乡人，优质服务为人民”活动，在各工作岗位开展学雷锋“双十佳”评选；在中小学开展“寻找雷锋的足迹”活动以及“三学三推”（学焦裕禄，推荐焦裕禄式好干部；学王进喜，推荐王进喜式好工人；学雷锋，推荐雷锋式好青年）等学习、评选和宣传活动，使“学雷锋、做雷锋”成为全市新的时代风尚。1995年，长沙十万群众参加“选雷锋”活动。

1996—1997年，市委宣传部先后组织编写中小学《礼仪教育读本》《文明市民手册》，重新修订《长沙市市民文明公约》，在全市中小学中开展“百万青少年礼仪教育”活动。同时，在全市开办100多所“市民学校”。在开展正面教育的同时，加强对不文明行为的治理，在全市城乡广泛开展“讲文明、树新风”活动。号召告别“五乱”（乱倒垃圾、乱搭棚子、乱摆摊子、乱停车子、乱竖牌子），远离“五不”（不讲究公共卫生、不爱护公共设施、不遵守公共秩序、不使用文明语言、不实行优质服务）。1998年，以纪念毛泽东“向雷锋同志学习”题词35周年活动为载体，表彰“学雷锋双十佳”，千余名青少年志愿者举行宣誓仪式，使雷锋精神进一步在广大青少年中扎根。

1999年11月10日，长沙市同时颁布第55号、第56号、第57号政府令，出台《关于加强对外来人口管理的若干规定》《关于加强城市交通管理的若干规定》《关于整治市容环境的若干规定》。就强化城市管理，维护社会秩序，优化市容环境，促进文明城市建设出台一系列措施，对城市管理综合改革和市民文明素质提出具体要求。配合政府令的实施，组织编写《城市管理综合整治市民教育手册》。2000年，以社区文明创建和市民素质教育为重点，在全市各社区实施“七个一”（即每个社区建一个服务中心、一个图书阅览室、一个全民健身场、一支文化宣传队、一支志愿者服务队、一组高标准宣传橱窗、一个警务室）工程。拍摄《人人都做文明市民》社会公德系列电视教育片，举办“崇尚科学文明，反对迷信愚昧”大型科普展览，强化对市民最基本的行为规范。

2002年，出台《长沙市文明市民守则》，发布《关于在全市开展创建文明行业活动和实行社会服务承诺公示的通知》，修订《礼仪教育读本》，将市民文明素质教育提升到新的高度和广度。在全市各行业、各单位、各社区广泛开展“四创一争”（创建文明行业、文明单位、文明娱乐室、五好家庭，争当人民满意公务员）和“共产党员示范岗”“青年文明号”“文明单位”“五好文明家庭”等活动。在全市农村深入开展创评“十星”级农户活动。2004年，编写出版《公民基本道德规范教育丛书》（10册）和《道德的力量》等书，结合全国文明城市创建活动，把“建设诚信长沙”作为市民文明素质建设的一项重要内容，抓住政务诚信、行业诚信和社会诚信三个关键环节，在全社会形成重信誉、守信用、讲诚信的良好风尚。在基层群众中开展“诚实做人、诚信做事”，在行业中开展“诚信兴业、文明服务”，在窗口单位开展“两个普及”（普及文明用语、普及普通话），在社区开展“两个道德”（社会公德、家庭美德）等宣传教育活动。推进科教、文体、法律、卫生“四进社区”，创建绿色社区、温馨社区、文化社区、无毒社区、青少年教育示范社区。2005年，全市启动注册志愿者服务文明创建的招募行动，实现注册志愿者人数达到城市人口总数8%的全国文明城市创建指标。

为建立和规范文明素质教育长效机制。2006年，颁布《长沙市2006—2008年市民文明素质教育规划》，确定2006年为长沙“市民素质教育年”。从2006年10月开始，在全市开展“创建文明城市、构建和谐家园”大讨论活动，以及“我为创建文明城市、构建和谐家园献一言”征文活动和市民论坛。12月，召开全市未成年人思想道德建设经验交流会。2007年，在全市开展“千所学校、万名教师、百万市民素质提升大行动”。组织编写《长沙市文明市民读本》，全书分6篇共10万字，在内容上涵盖市民文明生活的方方面面，对广大市民进行新一轮文明行为知识的普训。至2008年，全市相继建成500所特色市民学校，市民公德素质和文明行为教育普及到全市所有大中小学校、职业中专和幼儿园。

2009年6月25日，为迎接全国城市公共文明指数测评，围绕建设人民满意城市这一主题，以“四讲”（讲礼仪、讲秩序、讲卫生、讲诚信）为重点，在全市开展“做文明有礼的长沙人”“评议十大不文明行为”“全民诵经典、书香满星城”等主题教育活动。2011年，编印《向十大不文明行为说“不”》《依法严管十大交通乱象》《公布十大不文明行为陋习》等宣传资料。2012年，公布《长沙市市民文明素质提升行动计划（2012—2014）》。该计划明确提升市民素质的工作任务、目标和主要内容，要求通过“学雷锋、讲文明、树新风”“做文明有礼的长沙人”，以及文明交通行动、文明餐桌行动等道德实践活动和加大综合整治“脏”“乱”“差”、进一步净化人文社会环境，拓展广大市民对文明创建的参与度，全方位构建法制、社会道德、文化、舆论、公共卫生等良好环境和实践机制。

第二节 未成年人思想道德建设

一、机制和阵地建设

1996年，中共长沙市委、市人民政府在《关于进一步加强社会主义精神文明建设的决定》中，强调“要把青少年思想道德教育作为重点，把教育学生如何做人作为道德教育的重要内容”。实施学校、社会、家庭“三位一体”教育格局。同时，在全市建立由专家、教师、家长、老干部和大学生组成的家庭教育志愿者队伍。在各社区建立由老干部、老战士、老专家、老教师、老模范参与的“五老”教育队伍。1997年，长沙市公布首批27处爱国主义教育基地，为青少年接受爱国主义教育提供优良的教育环境和场所。

2004年，开展对全市未成年人思想道德建设状况、社区青少年阵地建设、市文化阵地建设、市青少年活动阵地建设情况以及网吧整治情况专门调研。是年7月，召开加强和改进未成年人思想道德建设工作会议。会议审议并发布《关于进一步加强和改进未成年人思想道德建设的实施意见》。同时，决定建立由市委主要领导牵头的全市未成年人思想道德建设工作联席会议机制。出台《关于建立长沙市加强和改进未成年人思想道德建设联席会议制度的方案》《加强未成年人思想道德阵地建设的方案》。在市委宣传部内设未成年人思想道德建设办公室，负责未成年人思想道德建设工作联席会议的日常工作。并成立由市委宣传部、市文明办、市教育局、市教育科学研究所联合组成的长沙市未成年人心理发展咨询指导中心。根据《方案》要求，在全市突出抓好爱国主义教育基地、未成年人活动阵地、素质教育实践基地和科普教育实践基地建设和完善。随即在全市五区建立青少年素质教育实践基地，有50个社区成立未成年人活动室，在全市1000所学校建立心理咨询室（或心理教育沙龙），配备心理咨询教师。2005年6月，出台《长沙市未成年人实践活动基地和未成年人活动室（中心）建设管理办法》。该管理办法以“为未成年人了解社区、农村、企业和部队建设，走入社会，学习掌握科普知识，提供实践课堂和活动场所”为基本原则，制定未成年人实践活动基地和未成年人活动室（中心）建设标准、考核管理、动态管理和奖励政策。同时，结合时代特征，引入网络资源，打造“家长网校”，探索出一条加强和改进未成年人思想道德建设的新途径。至2005年年底，在全市38所中小学、幼儿园建立家长网校，注册教师1400余人，注册家长3万余人，覆盖率分别为85%、80%。

2007年3月26—27日，全国未成年人思想道德建设工作创新座谈会在长沙举行。长沙市未成年人教育品牌项目“快乐大篷车”“快乐小义工”“家庭网校”获创新案例一等奖，浏阳山田中学留守儿童教育模式成为全国留守儿童教育的一面旗帜。

2008年，长沙市获得全国未成年人思想道德建设工作先进城市荣誉称号。2010年11月，经中央文明办首次对全国117个城市未成年人思想道德建设工作进行测评，长沙在省会、副省级城市排名中位列第三。

至2012年，全市建成11个城市学校少年宫，乡村学校少年宫达79个；建成市级未成年人心理健康辅导中心一个，区级5个，社区（村）心理辅导室559个。中小学校普遍建立心理咨询室；全市各社区均建立未成年人活动室，创建青少年教育示范社区67个。全面达到《全国未成年人思想道德建设工作测评体系》的指标要求。

二、社会环境管理

（一）出版物市场管理。为给广大青少年创造一个良好的学习读书环境，从1989年开始，对全市文化市场进行清理整顿，展开大规模“扫黄”行动，清查非法出版、印刷、销售摊店，收缴封存各类淫秽色情、非法出版物，查处重大案件27起。为建立长效管理机制，1989年12月，长沙市成立文化市场管理委员会。1990年，在市文化局专门设立“新闻出版科”。1991年，组建长沙市文化市场稽查队，强化对非法出版物的查处。1992年，针对非法出版物泛滥特别是对部分青少年造成伤害、影响学习的情况，在全市集中开展“扫黄、打非”集中行动。1995年，对全市20所高校附近的文化场所进行集中整治，检查面达97%，净化高校附近文化市场。1998年，针对长沙电子音像市场既蓬勃发展但又混乱的状况，对全市音像市场进行整顿，取缔一批无证非法经营点，集中建立晓园、朝阳、定王台三大音像零售专业市场。

2003年，针对非法出版物严重危害校园的状况，发布《关于清理整顿中小学教材教辅读物的紧急通知》。对危害校园的非法教材和教辅读物进行集中清查，净化校园读书环境。2007年，出动执法人员1400余人次，开展对学校周边出版物批销、零售摊店非法出版物整治专项行动，检查单位（企业）900余家，查处90余家，立案处理一批大要案，收缴非法出版物70余万册（张），涉案金额（码洋）2600余万元。

（二）文娱场所管理。20世纪90年代初，长沙市文化娱乐业迅速发展，在给广大未成年人带来快乐生活的同时，也带来影响未成年人正常学习及不健康娱乐的不良现象。从1991年开始，长沙市对未成年人可能涉足的文化娱乐场所进行规范和整治。在全市娱乐场所中开展争创“优美环境、优良秩序、优质服务、优等效益”的四优文明单位活动，从正面引导未成年人开展健康向上的文化娱乐。同时，对全市文化娱乐市场进行经常性的清理整治，对市内“三厅一会”（歌厅、舞厅、卡拉OK厅、夜总会）进行严格的规范。明确规定电游室、桌球室不得对中小学生开放；对离小学校门不足200米的有奖电游室予以搬迁；对不符合规定的文娱场所予以坚决查封。为使管理常规化，长沙市聘请550名责任心强、素质高的教师和热爱、关心下一代成长的老干部担任相关娱乐场所监督员。1996年，对带有封建色彩等不良文化气息的文化娱乐场所名称进行清除，在全国引起强烈反响。2000年7月，对全市电游经营场所进行专项整治，压减比率达85%。同时，对各级各类学校内外环境和秩序展开三次集中检查、整治。2002年，长沙市结合文明创建工作，推进绿色社区、温馨社区、文化社区创建，创评两个省级青少年教育示范社区、15个市级青少年教育示范社区，有效引导广大青少年健康娱乐。

（三）互联网营业场所管理。2002年7月，开展全市“网吧”等互联网上网服务营业场所专项治理工作。就互联网营业场所过多过滥、安全隐患突出、无证经营、违法经营以及违规接纳未成年人，充斥色情、暴力、愚昧迷信等不健康内容，严重损害未成年人等问题开展专项整治。2003年，重点对全市城区互联网上网服务营业场所接纳未成年人问题进行专项整治，对全市网吧进行重新审核登记发证，对网吧经营业主进行法规知识培训。

2004年，出台《关于进一步加强和改进未成年人思想道德建设的实施意见》《长沙市互联网服务营业场所管理办法》《关于网吧长效管理机制的意见》，建立“审核登记”“监督管理”“上网登记”“安全培训”等制度，并纳入文化、工商、公安、消防部门联合监管范围，对全市网吧进行集中整治。同时，坚持正面引导，开展星级网吧创评，并在全省率先开展未成年人上网专区试点工作，建立社区电子阅览室，在各社区开放绿色上网场所70多家。

2010年，长沙市加大对互联网、手机信息低俗之风的整治力度。在对全市学校周边文化经营场所进行摸底调查基础上，召开全市绿色上网场所管理工作会议，制定《长沙市未成年人绿色上网场所违规处罚标准》，明晰管理职责，严格执行网吧分厅包干责任制，全力确保全市文化经营市场规范、平安、有序。2012年，制定《长沙市2012年净化社会文化环境工作实施方案》，社会文化环境治理进一步制度化、规范化，全市未成年人思想道德建设社会环境得到有效优化。

三、未成年人思想道德教育活动

1987年开始，针对未成年人活泼、好学的特点，长沙市开展有益于未成年人身心健康成长的各种形式的文化艺术活动。在每年举办的艺术节上专设少儿文艺会演、器乐表演等项目，并为少儿文艺表演专门设立“杜鹃花”奖，推荐选送优秀节目和优秀选手参加全省、全国文艺比赛，以激励未成年人积极参与丰富多彩的文化艺术活动。1988年开始，多次开展“长沙市少儿书法展”、“三湘蒲公英”少儿音乐舞蹈大赛，“小荷风采”舞蹈大赛，中小学艺术展演等丰富多彩的少年儿童文艺活动。先后参加全国少年儿童民族器乐比赛、全省独生子女文艺调演、全省“红太阳”少儿歌唱比赛、全省少儿美术大赛等多种文艺赛事。活动寓教于乐，成为未成年人思想道德教育的重要平台。

1996年，针对未成年人思想道德、生活习惯可塑性强的特点，创新未成年人思想道德教育方式。在全市开展百万青少年礼仪教育，引导中小学生从日常生活中的小事做起，从小养成讲文明、讲礼貌、讲道德的良好习惯。2000年，在长沙市博物馆专辟《为了明天，救救孩子》专题展览，生动、现实的案例，给广大家庭、学生以启发和教育。2002年，修订《礼仪教育读本》，在全市中小学深入开展学礼仪、讲道德、“三学”（学会感恩、学会尊重、学会理性）“养成道德好习惯，争做合格小公民”一系列主题教育活动，向全市52万名“红领巾”发出“挑战生活陋习、养成文明习惯”倡议，开展“讲文明、讲卫生、讲科学，向陋习宣战”系列活动。

2004年，针对未成年人好学上进的心理特点，坚持正面引导，在全市中小学开展以抓好“五心”（忠心、爱心、关心、孝心、信心）和“新概念三好学生”（在校做个好学生、在家做个好孩子、在社区做个好公民）为重点的德育工程和“读健康书籍、看爱国影片、上阳光网吧、进社区服务、练强壮体魄、树安全意识、做诚信市民、创平安长沙”八项活动，雨花区“新概念三好”被评为全国道德实践创新奖。2007年，在全市开展首届“星城之星”评选活动，参赛学生达10万人，评选出100名“星城之星”。同时，通过“16:00驿站”“社区诚信小管家”“阳光假期”等未成年人活动样式，鼓励和引导广大学生参加社会实践活动。2008年，在全市450所大中小学校、职业中专开展感动长沙十佳少年评选以及排队日、礼让日、“红手链”等系列道德实践活动。

2012年，在全市未成年人中广泛开展传颂雷锋故事、诵读雷锋日记、续写雷锋日记、传唱雷锋赞歌、传承雷锋精神、寻找雷锋足迹、发现身边雷锋和争创学雷锋美德少年等“学习雷锋、做美德少年”八大系列活动。

第三节　文明创建

一、文明行业（单位）创建

1988年起，长沙市结合全市企业经营环境治理、经济秩序整顿和深化改革，开展以“服务人民，奉献社会”为主题的宣传教育，帮助企业干部职工增强改革信心，澄清模糊认识。1990年，在各行业广泛开展以讲形势、保稳定、鼓干劲、促发展为主题的形势教育，总结推广一批企业思想政治工作先进典型和先进经验。1991 年，针对长沙市文化娱乐行业的蓬勃发展以及伴生其中的非文明行为，加强对这一行业整顿力度，相继出台审批发证、规范行业行为、加强监管等措施，以规范文化企业经营活动，提高从业人员素质。1992 年，以“理想在岗位闪光”活动为重点，在各行业开展“岗位学雷锋”、创评“双十佳”（十佳集体、十佳个人）活动。在厂矿企业开展“学雷锋、做主人，为企业争贡献”劳动竞赛；在教育系统开展“学雷锋，做‘四有’‘五爱’新人”活动。1993 年，为支持、鼓励和正确引导全市乡镇企业、区街企业健康发展，编写出版《日出江花红胜火——长沙市乡镇、区街企业群星谱》，重点介绍 101 家企业双文明建设情况。组织编写《长沙市职业道德规范汇编》一书，汇集行业职业道德基础知识和 130 个行业的职业道德规范，作为在全市开展行业职业道德教育基本教材。1994 年，长沙市 4 家企事业单位获省双文明建设模范单位；9 家企事业单位获省文明建设先进单位，评选出市级文明单位 738 个。

1996 年，在财贸系统各单位率先开展“百城万店无假货、优质服务在长沙”活动，通过窗口单位文明创建带动行业文明建设。1997 年，全市政法系统和各窗口行业相继开展“长沙交警学济南，窗口行业学交警”的活动。2002 年 3 月，发布《关于在全市开展创建文明行为活动和实行社会服务承诺公示的通知》，以窗口行业和执法部门为重点，开展“擦亮服务窗口，争创文明行业”系列活动；以经营单位为重点，开展以诚实守信为主要内容的职业道德教育。全市水、电、交通、卫生、工商、公安系统等 20 个窗口行业、单位相继制定并在媒体公示服务承诺。2004 年，发布《创建全国文明城市工作专项任务责任表》《关于建设信用长沙的实施意见》，打造“诚信长沙”活动全面展开。2007 年，发布《关于诚信长沙建设的决定》，制定《社会信用征信管理办法》，提升行业社会信用程度。开展社会各界人士和新闻媒体对窗口行业明察暗访，对创建活动监督检查，开展“社会 110”“青年文明号”正面典型宣传等有效形式，深化行业文明创建。评比表彰窗口行业先进单位，2 个单位被评为全国文明示范窗口单位，5 个单位被评为全省文明示范窗口单位，11 个单位被评为全国文明行业单位，190 个单位被评为全省文明单位。

二、文明社区创建

1988 年开始，长沙市以“创建文明社区，共建美好家园”为主题，以丰富城市社区文化文娱活动为平台，引导广大市民充实健康精神生活，提升文明素质。在朝阳新村建成第一个街道万册图书馆；连续举办“长沙之夏”大型文体活动，在社区开展丰富多彩的文艺、歌咏、征文活动；在南区(今天心区）发起组织湖南首届“映山红”民间戏剧节。1990 年，为促进街道精神文明建设，组织长沙市城区街道党建先进报告团，赴各街道、居委会作报告，从抓基层党建入手，推动街道社区两个文明建设。1992 年，根据湖南省文明办关于建立一批高标准文明建设示范小区的要求，长沙市重点抓望月湖文明小区建设，加强小区治安、市容、市场整顿，并将小区建设经验在全市宣传、推广。1993 年 9 月，中共湖南省委、省人民政府授予望月湖小区省文明建设先进小区称号。

1996 年，从改善社区外部环境入手，通过治理脏、乱、差、散、穷，初步实现居民社区环境优美、治安良好、文化活跃、生活方便、邻里和睦的创建目标。1997 年，全市开展“远学天津和平区，近学长沙望月湖”活动，创建 8 个市级文明小区和 10 个市级文明街道示范点。至 1998 年，涌现岳麓区咸嘉花园等 14 个文明小区。2001 年，发布《关于推进城市社区建设的意见》《关于深入开展创建文明社区工作的若干意见》，进一步明确创建文明社区的指导思想、基本原则和方法步骤，推进社区改革和文明社区示范点建设。通过创建精品工程实现典型带动，在全市社区全面实施“八个一”工程（一所市民学校、一个社区服务中心、一个图书阅览室、一个健身场所、一个文艺宣传队、一支志愿者服务队、一个高标准宣传橱窗、一个警务室)，推进科教、文化、法律、卫生“四进社区”活动。通过“五治”（治脏、治乱、治差、治穷、治本）转变为“五化”（绿化、硬化、美化、亮化、序化）。创建无违（违法、违纪）社区、无毒社区、零家庭暴力社区、安全文明社区、人际关系“零距离”社区。通过创建，涌现全国文明社区示范点3个，省级社区示范点48个。

1997年2月，发布《关于深入持久地开展创建“五好文明家庭”活动的意见》，对“五好文明家庭”创建的指导思想、组织机构、评选条件、评选办法、工作要求等提出具体实施意见。2000年5月，出台2000—2003年长沙市文明家庭创建工程规划及实施办法。通过开展“家庭奉献、敬老爱老”传统节日行动，“妇女·家园·环境”宣教活动以及家庭禁赌、禁毒协会，建立家庭暴力调解小组，运用市民学校、家长学校、新婚夫妇学校等平台，创新开展多种形式的文明创建群众性活动，为社区文明建设乃至城市文明创建奠定良好的社会基础。至2012年，全市共评选出全国文明家庭1个、省级文明家庭9个。

三、文明村镇建设

1988年开始，为加强乡镇精神文明建设，长沙大力推进农村文化中心（文化站）、农村科技图书馆建设。是年，仅浏阳县就有68个乡建立文化站。全市乡镇建成万册图书馆11个，农村科技图书示范户发展到90户。全市建成乡镇广播电视站238个，其中有179个自办广播电视节目，14个乡镇广播电视站达到市级规定标准。1990年，组织巡回报告团分赴各县郊深入开展农村社会主义思想教育，从加强基层党的建设入手，有效促进乡镇基层精神文明建设工作。1991年，在全市农村开展“农村思想政治工作调研征文活动”；改善农村电影放映条件；提质县（市）、乡镇图书馆建设；加大对农村乡镇有线电视网建设投入，使农村广播电视覆盖面达到80%，29个乡镇广播电视达到省级规定标准；至1992年年底，全市乡镇万册图书馆建成达31个，为农村精神文明建设创建有效平台。1993年，在各县（市）开展创建文明集镇活动，推进文明集镇示范点建设。至1995年，先后有浏阳市龙洞村、长沙县黄龙新村、望城县高塘岭镇、高塘岭镇高冲村、宁乡县仁寿村等获得省级文明建设先进单位称号。

为适应城镇化的提速和城市建成区的不断扩大和加快乡村文明建设，1996年，以建设社会主义新农村为目标，把提高农民素质、增加农民收入、加快推进农民奔小康作为重点，广泛开展创建文明村镇活动。1997年，就“安全文明乡镇（街道）创建活动”出台实施意见，对文明乡镇的“组织健全”“网络完善”“治安稳定”“防范落实”“依法治理”“风气良好”六项工作提出具体标准、措施和要求。1998年，就文明村镇建设出台相关管理、奖励办法，并先后推出望城县高塘村创建“十星户”典型经验、浏阳市开展的淳化民风活动经验。2002年3月，发布《关于在全市农村开展淳化民风教育、创评“十星级”文明户活动的意见》。针对农村文明程度相对较低、村民思想观念相对滞后、农村村民经济基础相对薄弱情况，以开展“淳化民风”和创评“星级”农户活动为切入点，把文明村镇建设引向深入。2003年，这一活动在全市农村全面展开，全市星级文明农户达到1万多户，并在宁乡县召开全市创评工作现场经验交流会。同时，在全市农村启动“1234”工程：即一村一校（村民学校）、二队（文艺宣传队、体育运动队）、三室（文化、图书、广播室）、四会（道德评论会、创建理事会、红白喜事理事会、关协）。2006年，按照“百村示范、千村整治”要求，以文明村镇建设为抓手，既抓农村经济发展，促进农民增收；又抓文明建设，促进社会进步，有效地巩固和提升广大农村文明建设阵地和广大村民文明程度。至2011年，全市13个村镇获得全国文明村镇称号，13个村镇获得全省文明村镇称号。

专记　长沙市创建全国文明城市

2000 年，中共长沙市委第十次党代会作出创建全国文明城市的重大决策。2001 年 2 月 20 日，中共长沙市委、市人民政府发布《关于创建全国文明城市工作的决定》（以下简称《决定》）。《决定》明确以“创建文明城市，共建美好家园”为主题，以全国文明城市创建的 8 条标准、6 个申报条件、67 项测评指标为参照，提出长沙文明城市创建工作六个方面的主要任务和重点工程。即：实施“市民教育工程”，全面贯彻落实《公民道德建设实施纲要》，按照“二十字”公民道德基本规范和长沙市《文明市民公约》，教育广大市民养成良好的道德习惯，大力提高市民素质；实施“精品示范工程”，全面推进“七个一”工程，创建全国文明社区示范点，大力加强社区文明创建；以“文明新风进农家”为主题，抓好理论、法律、文化、科技、卫生“五下乡”活动，创新“十星级文明农户”等各种形式的创建文明农户活动，广泛开展文明村镇创建；以“擦亮服务窗口，争创文明行业”为主题，以“百城万店无假货”为抓手，通过争创“青年文明号”“五好文明家庭”“文明市场”“文明车组（队）”“安全文明小区”“城市畅通工程”“婚育新风进万家”等多种活动形式，开展创建文明行业活动；以严要求的城市管理，加大对市容环境卫生整治力度，实施“蓝天、碧水”工程，不断优化城市环境；以高品质的城市基础建设，抓好拓城、通路、增绿、添景四大工程，大力提升城市品位。

2001 年 3 月 2 日，根据《决定》精神，市文明委发布《2001—2003 年长沙市市民教育工程实施意见》，对市民教育目标、基本原则、时间安排以及教育对象、教育内容、教育方法和工作要求作出具体部署。同时，成立以市委、市政府主要领导担任的，各相关部委、部门参加的“长沙市市民学校总校”，加强对市民教育的组织领导，并制订《长沙市市民学校 2001 年教育计划》。通过全面实施市民道德素质教育工程，不断提升市民文明素质。在教育内容上，着重抓科学文化素质、思想道德素质和文明言行习惯教育。在教育方式上，注重发挥革命圣地优势，加强爱国主义教育。为进一步规范文明城市创建工作，相继发布《关于深入开展创建文明社区工作的若干意见》《关于整治城区治丧秩序的通知》，出台《长沙市城市户外广告位置便用权拍卖暂行办法》。

2001 年 3 月 27 日，中共长沙市委、市人民政府召开大会，正式向全市人民发出创建全国文明城市动员令，长沙市创建全国文明城市工作全面推进。

2002 年，中共长沙市委、市人民政府围绕宣传落实《长沙市文明市民公约》《长沙市市民文明守则》，相继发布和出台《关于进一步深化“怎样做文明长沙人”大讨论的通知》《关于在全市农村开展淳化民风教育、创评“十星级”文明户活动的意见》《关于在全市开展创建文明行业活动和实行社会服务承诺公示的通知》《关于在全市开展城市管理综合整治专项行动的通知》《长沙市户外广告管理条例实施办法》《长沙市户外广告、户外招牌技术标准》《关于全面整顿户外广告的通告》等系列文件，引导文明创建工作，对道路绿化、交通秩序、社会治安、经济发展环境等加大整治力度。

2003 年，长沙市借助举办城运会，以“告别陋习，相约文明，迎接城运”为主题，按照“实、高、细、严、改”要求对市容市貌开展全面整治。

2004 年 3 月 11 日，中共长沙市委、市人民政府召开长沙市争创全国文明城市动员大会，发布《2004 年长沙市文明创建工作重点》《创建全国文明城市工作专项任务责任表》。4 月 26 日，中共长沙市委、市人民政府发布《关于在全市开展争创全国文明城市活动的意见》（以下简称《意见》），参照中央文明委发布的关于全国文明城市评选的八条标准，对长沙市创建全国文明城市的重点工作进行具体部署：以建设学习型城市为重点，建立覆盖全社会各类学习型组织，全面提高市民素质；以建设信用长沙为重点，深入开展文明行业创建活动；以创平安城市为重点，营造安居乐业的生活环境；以治理城市薄弱环节为重点，不断提升城市品位。在《意见》的指导下，全市各级投入资金159.5亿元，在医保、低保、教育、保障性住房以及城市绿化、烟尘治理、水体保护等230项涉及人民群众基本利益的民生指标上实现100%达标，形成可持续发展的生态环境。

2005年3月，中共长沙市委、市人民政府相继出台《长沙市创建全国文明城市工作方案》《长沙市文明创建工作先进评选和管理办法》，促进文明创建工作经常化、规范化、制度化。市委宣传部牵头编辑出版《文明创建100问》，对全国文明城市测评体系中的7个方面、119条测评指标进行生动的诠释和解读，提高广大市民参与文明创建的积极性。2005年年底，长沙市获得年度“全国创建文明城市工作先进城市”称号。

2006年3月，中共长沙市委、市人民政府在总结、借鉴首批创建全国文明城市工作经验后，出台《长沙市2006—2008年创建全国文明城市规划》（以下简称《规划》），把创建工作与长沙的改革、发展、稳定有机结合。《规划》内容涵盖精神文明建设和物质文明建设七大任务：坚持科学发展，夯实城市文明的物质基础，力争进入全国最具竞争力城市前列；加强城市建设与管理，完善《长沙市城市总体规划（2003—2020）》；深化学习型城市建设，全面提高市民整体素质；加强未成年人思想道德建设，净化未成年人成长环境；抓好政务、法治、市场、人文、生活、生态六大环境建设，全面提升城市文明程度；深化社区服务，改善社区条件，建设和谐社区；深化创建活动主题，推进群众性创建工作。

2007年，中共长沙市委、市人民政府出台《长沙市创建全国文明城市工作实施方案》，发布《2007年长沙市文明创建工作要点》。在全市开展“千所学校、万名教师、百万市民素质提升大行动”；以创建“双十”（文明城市形象十大示范区、十大文明和谐示范行业）、“双百”（100个文明和谐示范社区、100个文明和谐示范村镇）、“双千”（1000个文明和谐示范单位、1000个文明和谐示范岗位）、“双万”（1万个文明和谐示范家庭、评选1万个文明示范市民）活动为龙头，进一步拓展全市群众性创建新领域。长沙市民对文明城市创建的知晓率达到100%，支持率达到98%以上；全市省级文明城区、文明县城创建率达100%，各级群众性创建覆盖率达到90%以上。10月5日，《人民日报》头版头条以《和风吹拂星城——长沙市和谐文明城市创建纪实》长篇通讯推介长沙创建经验。

2008年4月，市文明委召开全会，正式明确争创全国文明城市目标。6月，召开省会长沙创建全国文明城市工作座谈会，中共湖南省委、省人民政府相关部委、部门出席，对长沙创建全国文明城市表示大力支持；7月，召开驻长沙部队官兵支持和参与长沙争创全国文明城市动员大会，宣读《军民携手共建文明星城》倡议书；9月，先后召开创建全国文明城市迎检工作会议和测评工作会议。是年，长沙市先后获得“全国未成年人思想道德建设工作先进城市”荣誉称号和“全国创建文明城市工作先进城市”荣誉称号。

2009年，中共长沙市委、市人民政府发布《关于进一步建立健全体制机制深化文明城市创建工作的意见》，4月，出台建设人民满意城市“三年纲要”。强势推进文明城市创建，实施“脏”“乱”“差”“污”四大治理行动，投资118亿元进行棚户改造。是年，长沙市先后获得“中国最具软实力城市”“中国最具幸福感城市”荣誉称号。在全国公共文明指数测评中，获列全国省会、副省级城市排名第四，并再次获得全国创建文明城市工作先进城市称号。

经过坚持不懈地文明城市创建，到2011年，长沙实现“科技、商贸、文化、信息”四个中心定位，形成电子信息、先进制造技术、新材料和生物医药工程四大支柱产业。城区面积发展到315平方千米，长沙市成为拥有常住人口700余万人的特大城市。实现地区生产总值5619.33亿元，人均GDP7.95万元。城镇居民人均可支配收入达2.65万元，人均住房建筑面积达33.1平方米。实现“社会进步、经济发展、文化优秀、治安良好、设施完善、环境优良、风气健康”的经济社会形态。先后被授予首批国家优秀旅游城市、全国科技进步先进城市、全国双拥模范城市、全国体育先进城市、全国卫生城市、全国房改先进城市、全国民族团结进步模范城市、全国爱婴市、“中国最具软实力城市”、“中国最具幸福感城市”。2011年年底，长沙以名列省会、副省级城市第一名的测评成绩，荣获“全国文明城市”称号。

第六章　政治思想专题教育

第一节　“生产力标准”讨论

1987年12月，长沙市学习贯彻中共十三大精神，深入开展“生产力标准”讨论，进一步解放思想。1988年4月，召开市区和县、郊宣传工作会议，就组织全市广大干部特别是县以上领导干部集中开展“生产力标准”的讨论作出具体安排，并在长沙市东区、望城县、湖南造漆厂进行讨论试点。为加强对“生产力标准”讨论的组织领导，确保活动顺利进行，先后组织全市县级以上领导干部参加中共湖南省委举办的学习班，召开各级各类动员会357场。全市各县以上单位党委（党组）理论学习中心组进行555场次集中学习和讨论，4000多人次参加。全市农村党员90%以上接受关于生产力标准理论教育培训。编印学习资料176种3.28万册，供广大党员干部学习；在《长沙晚报》专辟“怎样才能进一步解放生产力”讨论专栏，在长沙电台、电视台设立专题节目，引导广大干部群众积极参与讨论；结合长沙改革开放和经济发展，举办《十年改革话长沙》大型展览，通过图片、实物展示，直观反映长沙地区经济社会乃至单位、家庭、个人十年来的巨大变化，引导广大干部群众加深对“生产力标准”的科学认识和理解。在广泛开展宣传教育同时，召开各种形式的专题理论研讨会。市哲学社会科学联合会及其所属党的建设学会、计划学会、工运理论研究会、金融学会及保险分会，分别召开有社会科学界人士参加的生产力标准讨论会。为加强对理论研讨的指导和信息沟通，编发《生产力标准讨论》简报6期，举办专题报告会、辅导讲课1000余场。在《长沙晚报》编发专稿18期，文章70余篇。

长沙市“生产力标准”讨论活动与促进思想解放紧密结合。通过学习马克思主义关于生产力的基本原理，在思想上初步划清科学社会主义同各种空想的界限。明确社会主义的根本任务就是发展生产力，明确是否有利于生产力的发展，应成为考虑一切问题的出发点和检验一切工作的根本标准，明确一切有利于生产力发展的东西，都是社会主义所允许的，以此引导广大干部群众深入认识阻碍思想解放的各种原因。讨论活动与制定长沙经济发展战略，解放思想、改革机制、发展生产实践活动紧密结合。制定《献计献策调查提纲》，要求各县级以上党委（党组）理论学习中心组集体、个人在马克思主义关于生产力标准理论指导下，踊跃为振兴长沙经济献计献策。讨论活动与释疑干部群众对改革中存在的模糊认识和争议问题相结合。针对经营责任制、企业体制改革等方面的问题，引导大家以是否有利于生产力发展为客观尺度，正确认识改革开放中出现的新的经济发展模式和新的运行机制，排除姓“资”（资本主义）姓“社”（社会主义）等思想障碍。

通过讨论，提高全市广大干部群众对马克思主义关于生产力标准的基本原理的认识，用“生产力标准”判断是非的能力和自觉性，用“生产力标准”认识治理经济环境、整顿经济秩序的重要性和紧迫性意识。提出有关振兴发展长沙社会经济的建言献策1700余条。有1200多名各级领导干部和理论工作者撰写1500余篇论文，其中有110篇获得优秀论文奖。先后在《长沙晚报》《理论与信息》《求索》等省内外报刊上发表《马恩列斯是怎么论述生产力标准的》《社会主义的根本任务是发展生产力》《生产力标准与承包经营责任制》等代表性论文。

1988年11月3—4日，召开长沙市“生产力标准”讨论优秀论文宣讲会，长沙市党政军主要领导及各有关部门负责人出席会议。25篇获奖论文作者在会上宣读论文。至此，长沙市历时9个月的关于生产力标准集中讨论教育活动阶段性结束。

第二节　社会主义思想教育活动

1989年12月29日，中共长沙市委成立市农村社会主义思想教育（以下简称“社教”）领导小组及其办公室，发布《关于贯彻省委〔1989〕19号文件精神，在全市农村深入开展社会主义思想教育实施意见》，提出“社教”基本任务是开展爱国主义、集体主义和社会主义思想教育，全面贯彻党的基本路线和党对农村工作的方针政策，推动农村经济发展，切实加强以村党支部为核心的村级组织建设。活动以《关于社会主义若干问题学习提纲（试用本）》等教育为主要学习内容。教育活动坚持“思想教育、正面教育、自我教育为主和不整干部、不整群众”的“三为主”和“两不整”的原则。1990年，全市组织市、县（郊）区、乡镇共8000名干部到长沙、望城、浏阳、宁乡和郊区的2360个村、3432个乡镇企业开展“社教”。先后在中共长沙市委党校举办3期轮训班，培训县以上干部300余人；全市共组织各种报告会780场次，听众16万人次，编印学习资料18万册，举办学习班302期（次），播放专题录像564场次；社教工作队员对党员、干部及团员、民兵讲授“坚定社会主义的优越性，增强国家和集体观念”“牢固树立农村是基础的思想，大力发展农村生产力”“深化农村改革稳定和完善联产承包责任制”“增强民主法制观念，维护国家和社会的稳定”“正确认识国情，发扬自力更生、艰苦奋斗的精神”“加强党的建设，充分发挥党支部的战斗堡垒作用和党员的先锋模范作用”等课程，党员干部受教育面达97.58%，成年人受教育面85.8%。为结合“社教”，加强农村基层党组织建设，发布《关于整顿农村后进党支部的意见》。到8月底，通过农村“社教”，全市3128个村党支部整顿1627个，调整党支部成员1016人，新选支部书记248人，其中调整第一批297个后进党支部班子170个，党支部书记71人、支委181人，发展新党员677人；在全市11.57万名农村党员中，参加评议的10.97万名。评出优秀党员1.20万名，有1036名党员受到处分，其中开除党籍52人；选举村委会2590个。同时，整顿共青团组织2133个，发展共青团员1.33万名；整顿民兵组织2116人，妇女组织2008个。村党支部核心领导作用和党员先锋模范作用得到加强。全市2758个村完善耕地承包，调整耕地44.49万亩，调处田土纠纷8388起，有2545个村建立土地管理制度，有1716个村完善集体企业承包，4377个企业完成承包，比完善前增加承包收入2335万元，统分结合的双层经营体制得到完善。有66个乡647个村建立合作经济组织，清理集体财务共查处经济案件517起，违章金额1123万元，收回贪污挪用集体资金669万元，有 2158 个村建立财务制度，新办农村级企业 610 个，新安排劳力 1.89 万人，集体经济得以保护和发展。全市农田基本建设工程完成 2.70 万处、土石方 3456.1 万立方米，在农田大面积受灾严重情况下，农业仍获得较好收成。全市建立村治保组织 2553 个，建立禁赌协会 1138 个，干部群众法纪观念增强，扫"黄"除"六害"等综合治理措施进一步落实，有 2277 个村社会治安明显好转。

1991 年 9 月，贯彻中共中央关于向全国人民进行社会主义思想教育的指示精神和省委关于在城市开展"社教"的部署，发布《关于党政机关和行政性公司开展社会主义思想教育的意见》和决定继续开展农村"社教"活动。城市"社教"以《关于社会主义若干问题学习纲要》、江泽民"七一"重要讲话为基本教材，进行系统正面教育。教育活动根据不同阶层和实际，确定不同教育重点，有针对性地进行。党政机关着重对干部进行思想信念、党的基本路线和全心全意为人民服务的宗旨教育；企业重点抓社会主义优越性和基本国情及基本路线教育，增强主人翁责任感，努力做好本职工作；街道居民重点开展爱祖国、爱人民、爱劳力、爱科学、爱社会主义和时事政策教育，进一步提高文明素质；大中专学校则继续加强马克思主义理论教育，提高坚持四项基本原则、反对资产阶级自由化的自觉性。教育活动分宣传活动、专题教育、整改建制 3 个阶段进行。当月开始，第一批城市"社教"在全市各区县机关和市直 108 个单位及 78 个基层试点单位（包括企业、学校、街道居委会）铺开，全市党政机关 3.96 万人参加，占单位人数的 98%，学校师生为 98%，厂矿企事业单位职工为 97%，街道居民为 92%。1992 年 3 月开始，第二批城市"社教"在全市企事业、学校、街道居委会 5479 个基层单位铺开，参加人员有 59.72 万人，机关干部受教育面 98%。针对普遍存在的思想认识问题，从正面讲清道理，并请老干部讲革命史、成长史和去革命纪念地、工厂、农村参观学习等形式，让干部群众自我教育、自我总结、自我提高，全市共有 5399 个单位召开领导班子民主生活。98%的班子成员参加，8.18 万名党员参加民主评议会，参评面 97.65%，自清自查，制定整改方案，23 个问题较多的县级领导班子，解决得好和比较好的 21 个。全市共调整基层领导班子 1054 个、成员 2338 人，原不够团结的 349 个基层领导班子中有 330 个团结增强。经过"社教"，用公款吃喝、跳舞、钓鱼、送礼等不正之风得到有效遏制。机关工作人员"走出去"，服务基层、办实事。工交系统 60 家"社教"试点企业，围绕经济抓"社教"，抓好"社教"促经济，均取得较好成效。原有 392 家亏损企业，扭亏为盈的 151 个，减产的 162 个。全市 1—9 月完成工业总产值比上年同期增长 24.6%。

与城市"社教"同步，在农村连续开展"社教"活动，全市共派出驻农村"社教"工作队伍 2772 人（其中省派 71 人，市派 325 人，县派 920 人，区乡镇派 1456 人），分布在 574 个乡村和 149 家企业。1992 年，全市抽调乡以上干部 1960 名，深入 214 个乡 429 个村 172 个乡镇企业开展"社教"。教育活动采取统一领导、单位分干、领导负责的组织形式，全市农村"社教"呈现领导重视、组织形式合理、三项任务完成全面的特点；全市"社教"村共建学习室 903 个，评出"双文明户"2.55 万户，社会主义新风尚在农村进一步形成，农村经济不断发展，与上年比"社教"村粮食总产量平均增长 9%，农业总收入增长 7%，均高于全市增长水平，"社教"村新办企业 447 个，村办企业过万元的村超过"社教"村的 50%，有 157 个村告别贫困。基层组织建设进一步巩固加强，"社教"村发展党员 335 人、发展团员 1679 人，各地都建起一支干部后备队伍。计划生育成为村民的自觉行动，"社教"村全年人口净增率为 5.96‰，比上年下降 3.38 个千分点。在"社教"中，各派出单位共捐助钱 200 余万元，粮 2 万余千克，物品 25 万件，扶持乡办企业 109 个，扶持修公路 1500 余千米，修整学校、医院 329 个，"社教"工作队员为群众办实事好事 1.4 万余件。年终总结评比，市表彰"社教""十佳队员"和 77 名优秀队员，以及市财贸委员会、市教育委员会、市民政局等9个先进“社教”责任单位。

第三节 “三讲”教育

1999年10月18日，长沙市召开动员大会，贯彻《中共中央关于在县以上领导班子、领导干部中深入开展以“讲学习、讲政治、讲正气”为主要内容的党性党风教育的意见》和省委的统一部署。按照“自上而下、分期分批”原则，决定分二批在全市县以上党政领导班子和领导干部中开展“讲学习、讲政治、讲正气”（以下简称“三讲”）教育活动，提出通过“三讲”教育活动，解决领导班子和领导干部在理想信念、贯彻党的基本路线、宗旨意识、政策法规意识、廉洁自律等方面存在的问题，努力做到思想上有明显提高，作风上有明显转变。从理论和实践相结合上解决增强政治、组织观念，增强群众观念，增强政策法制观念，增强勤政廉政观念（即“四个增强”）。教育活动分思想发动、提高认识，自我剖析、听取意见，交流思想、开展批评与自我批评，认真整改、巩固成果四个阶段进行。10月15日，出台《长沙市委、市人大、市政府、市政协领导班子和领导干部“三讲”教育实施方案》。18日，市委召开动员大会部署，市委、市人大、市政府、市政协领导班子（以下简称市“四套班子”）和51名市级领导干部作为第一批参加“三讲”教育活动，全市县级以上负责干部和离退休干部代表共300多人参加，发放323份征求意见表。19—25日，市级领导干部按照“安心、精心、用心”的要求开展7天封闭式学习，并组织专题讨论。省委巡视组找200余人谈话听取意见，收集情况，并将意见归纳整理分别反馈。市委派出由市级离退休干部任组长的9个征求意见小组，用7天时间，深入全市9个区县（市）和151个市直部办委局、企事业单位，共找425人谈话，以及发放征求意见表、设立28个流动和固定征求意见箱等多渠道、多种方式共征求意见4451条。市级领导班子和党员领导干部对照意见，认真反思，深刻剖析1992年以来班子和个人在党性党风方面存在的突出问题。全市共分22个评议和测评组，参加评议和测评的人数分别为316人、302人，参评率分别为92.1%、88.1%。“四套班子”的剖析材料，群众满意和基本满意均在94%以上，其中市委常委达到98%。27名市级党员领导干部的党性党风剖析材料，群众满意和基本满意率达70%以上，其中19名达90%以上。12月2—15日，各班子成员开展交心谈话，并分别利用2天时间召开民主生活会，开展批评和自我批评。之后，召开全市负责干部会议，由“四套班子”的负责人分别通报本班子民主生活会情况。制定整改方案及个人整改措施报省委“三讲办”，并将整改方案印发各区县和市直单位，接受监督。

2000年2—6月，“三讲”教育活动第二批在市直单位和区县（市）领导班子和领导干部中开展。此次教育活动先后分两批进行，第一批169个单位，时间在2月末至4月末，第二批139个单位，时间在4月末至6月末，共308个单位参加，其中区县（市）和市直单位113个，所属单位195个，参加的县级领导干部1168人；区县（市）纪委、组织部、宣传部和法院、检察、公安机关262名科级领导干部也按要求参加“三讲”教育。市委常委分别联系一个区县（市）或市直单位，调查研究、进行“三讲”动员，具体指导，全市抽调党员干部135人，其中在职和离退休的市级干部23人，全省跨地区选派的18人，参加区县（市）和市直单位“三讲”教育巡视工作，省市共派出由市级领导任组长23个巡视组对各地、各单位的“三讲”教育进行指导督促和把关，市抽调33名干部进入巡视组和“三讲”办开展工作；各单位“一把手”履行第一责任人职责，坚持以整风精神开展“三讲”教育。教育活动把学习贯彻“三个代表”重要思想贯穿到“三讲”教育全过程，各区县（市）和市直单位共举行“三个代表”重要思想报告会140场（次）；安排《中国共产党纪律处分条例（试行）电视系列片》等10多部针对性强的录像片，配合“三讲”学习和宣传；《长沙晚报》《长沙党风党纪》及各区县市报刊开辟“讲纪律、树正风、倡廉风”等专栏；举行“三讲”板报展和讴歌正风演唱会；组织县处级以上领导干部开展“三讲”读书活动，把中央关于加强党的纪律、领导干部廉洁从政准则等列为主要内容，强化领导干部素质，促进“三讲”教育深入开展。领导干部驻村入户，开门搞“三讲”，全市直接参加动员大会、填写征求意见表、参与民主测评的人数达1.7万余人。各单位领导班子和领导干部找准抓住存在的突出问题，开展批评和自我批评，坚持“不怕丑、不护短、不怕痛”地无情面地解剖自己；倡导多讲问题，少讲成绩，多讲主观，少讲客观，多讲自己，少讲别人，按照中央的要求，自己动手认真写剖析材料，查找问题开门见山，毫不保留；分析问题一针见血、鞭辟入里。7月，对第一批市级班子“三讲”教育活动开展回头看活动，通过召开民主生活会的形式，开展摆问题、找原因，提出整改措施。8月24日，发布《关于贯彻中央“三讲”办〈关于善始善终抓好县（市）“三讲”教育的通知〉的通知》，要求高标准、高质量地抓好“三讲”教育。12月，开展第二批教育活动“回头看”，县级领导班子通过学习“三个代表”重要思想和中共十五届五中全会精神，召开专题会议，开展自看自查。深入基层群众，发现问题，接受群众监督，对照整改方案进行整改，进一步巩固和扩大“三讲”教育成果。市委针对群众提出的意见和建议，着力抓坚持民主集中制等7个全局性问题和治理经济发展环境等8个重要问题的整改。针对经济发展环境不优问题，突出抓“四乱”（乱收费、乱摊派、乱罚款、乱集资）治理，清理1993年来收费文件520个，落实国家和省取消的收费项目36项，取消市级收费33个，共减少各种收费2亿多元。针对城市管理混乱问题，发出三个政府令，对交通秩序、店外和占道经营进行清理。针对长沙国有企业普遍存在的问题，提出10个方面课题，分别由各市级领导牵头组织调研，召开全市国有企业工作会议，出台政策和措施，为企业脱困搞活、健康发展提供保障。各区县（市）和市区单位就存在政令不畅、利益驱动、班子不够团结等共性问题认真进行整改，收到预期效果。

第四节　“三个代表”重要思想学习教育活动

2000年12月29日，为贯彻中共中央决定，中共长沙市委召开书记碰头会，专题研究在全市农村开展关于“中国共产党始终代表中国先进社会生产力的发展要求，代表中国先进文化的前进方向，代表中国最广大人民的根本利益的重要思想”（即“三个代表”重要思想）学习教育工作。2001年1月4日，召开市委常委会议，学习传达省委关于“三个代表”重要思想教育活动会议精神，研究制定实施意见。7日，发布《关于在全市农村开展“三个代表”重要思想教育活动的实施意见》。成立“三个代表”重要思想学习教育活动领导小组。8日，召开全市农村“三个代表”重要思想学习教育工作会议，决定在全市农村开展“三个代表”重要思想教育活动（以下简称“学教活动”），分三批进行，每个单位安排2~3个月时间。学教活动坚持用“三个代表”重要思想武装农村基层干部，提高广大农村基层干部素质；坚持学习教育与推动农村工作相结合；坚持正面教育、自我教育为主；坚持从实际出发，分类指导；坚持上下结合，综合治理，标本兼治。着力解决农村经济结构不合理、农民收入缓慢、农民负担过重；基层干部落实省委关于转变作风要求不够得力，新形势下做农村和农民工作的本领不够强；一些地方农村精神文明建设和民主法制建设比较薄弱，社会治安形势严峻等突出问题。通过学教活动达到推进农村经济发展，增加农民收入要有新进展；减轻农民负担要切实见到成效；基层干部转变思想和工作作风要有明显改进；精神文化建设要进一步加强。

2001年2月8日，发布《关于在区、县（市）部门和部门驻乡镇单位开展“三个代表”重要思想学习教育活动的意见》。第一批学教活动于2—4月集中在全市188个乡镇（街道）开展，参加人数1.19万人，第二批学教活动于5—7月在全市2855个区、县（市）部门及其驻乡镇（街道）单位开展，参加人数4.48万人。学教活动分学习培训，对照检查，整顿提高三个阶段进行。各区、县（市）委分别举办不少于7天的乡镇（街道）、区、县（市）部门主要领导干部培训班，进行思想动员，以中组部选编的《农村干部学习“三个代表”重要思想文件汇编》作为必读教材，以《邓小平理论通俗读本》《农村政策简明读本》为辅导材料，结合中共十五届三中、五中全会精神开展学习辅导，讨论交流；采取集中学习与个人自学相结合，作学习笔记，写学习心得，加深对“三个代表”重要思想认识。在学习培训提高认识的基础上转入对照检查，乡镇（街道）和区、县（市）部门干部采取个别谈话，召开座谈会，进村入户调查研究等方式听取群众意见，了解群众想什么、盼什么，要求干部做什么。对照“三个代表”重要思想要求，检查中共十五届三中全会以后思想和工作方面存在的问题，总结反思，形成书面教材；领导班子成员相互谈心，召开民主生活会，开展批评和自我批评。通过对照检查后，在第三个阶段围绕发展农村经济，增加农民收入，减轻农民负担，转变干部作风等制定整改方案，明确责任，抓好落实。发布《关于开展“三个代表”重要思想理论研讨活动的通知》。要求各级党组织在学习“三个代表”重要思想，深刻理解其含义、内涵和要求的基础上，结合党的建设，干部队伍建设以及改革、发展、稳定的实际，围绕“能否代表”“如何代表”等开展讨论，每个党委（党组）至少撰写1篇有分量的论文，共收到论文近100篇。学教活动开展后，市委市政府领导深入基层作动员、辅导报告和检查指导。各区、县（市）委按照市委部署和要求扎实推进。3月24日，中共湖南省委副书记兼中共长沙市委书记张云川考察指导宁乡县“三个代表”重要思想学教活动，从进一步提高认识，认真找出存在的差距，必须使广大干部素质得到明显提高；认真落实减轻农民负担政策和增强做好稳定工作的责任感等方面提出具体要求。望城县在第一、二批学教活动中，展播全国各省先进典型专题片40部，4806名学教对象收看讲座录像片和电教片221场；召开座谈会1290场（次），组织干部下基层65710次，走访农户2.14万户，发放征求意见表、调查问卷2万份，设意见箱287个、举报电话178台，收集意见和建议1.99万条；排查、调处纠纷412个和2860起；联系科技示范户2329户；慰问特困户、“五保户”4329户，发慰问金40.8万元(其中干部捐款10万元)。

8月29日，发布《关于在市管国有大中型企业领导班子及成员中开展“三个代表”重要思想教育活动的通知》。10月17日，市委企业“三个代表”重要思想学习教育活动领导小组办公室出台《关于开展“三个代表”重要思想学习教育活动实施方案》，召开动员会议进行部署，强调认真抓好理论学习，增强搞好国有企业的信心，使企业领导班子的精神面貌有新的变化；切实转变作风，增强廉洁自律意识和法制观念，使企业的党群、干群关系有新的改善；加强企业党的建设，增强党性观念，使企业党组织的凝聚力和战斗力有新的提高；还对开创国有企业改革和发展新局面提出目标要求。学教活动共有国有大中型企业188家、953人参加，并在全市企业同步启动，全面铺开。学教活动分“专题学习，提高认识”“对照检查，找准问题”“制定方案，整改落实”三个阶段进行。发布《关于市级领导干部联系市管国有企业开展“三个代表”重要思想学习教育活动的通知》，根据企业关系明确22家学教活动责任单位，共抽调894人到学教办工作，县以上领导干部联系企业164家，其中市级领导干部联系28家。建立联系人督查制度，11月12—14日对全市22家责任单位和市管的40家国有企业学教活动开展情况进行督查，结合实际，推动企业改革改制，解困和企业发展，学教活动取得预期效果。

2001 年 11 月至 2002 年 2 月，第三批农村“三个代表”重要思想学教活动在全市 3471 个村（居委会）和 164 个村级企业开展，7.1 万人参加。仍按第一、二批步骤，分三个阶段进行。对村一级突出正面教育，注重效果，以利稳定。为确保学教活动顺利进行，从学教活动开始，全市抽调 1000 名干部，组成 226 个指导组，下到各地具体指导，组织全市 300 多家副县级以上单位党委（党组）召开民主生活会，对照“三个代表”重要思想要求，查找和解决干部思想、工作作风等方面问题，增强组织观念。全市举办“三个代表”重要思想报告会 140 场（次），组织成立优秀村干部实践“三个代表”重要思想巡回报告团，在 9 个区县（市）和市直单位机关作巡回报告 8 场，听众 6000 多人次；组织开展以“五好”村支部（领导班子好、党员干部队伍好、工作机制好、小康建设业绩好、农民群众反映好）和“六好”（好领导班子、好领导干部队伍、好工作作风、好发展路子、好制度、好工作格局）乡镇党委及农村党组织建设先进县为主要内容的“三级联创”活动，基本形成抓基层组织建设长效机制。结合学教活动，开展农村整建扶贫工作，共派出工作队员 234 名，对 117 个贫困村和后进党支部进行整顿和建设。浏阳市委被评为“全国农村‘三个代表’重要思想学教活动先进集体”，望城县黄金乡党委等 11 个单位被评为“全省农村‘三个代表’重要思想学教活动先进集体”。开展“实践三个代表，服务千家万户”“实践‘三个代表’，深化三为服务”“五举创五好”等主题活动，全市 4 次开展干部下基层为民服务和两次送温暖活动，农村走访面达 90%以上，征求群众建议意见 28 万条，慰问困难群众 13 万余户，发放慰问金 3686 万元。赠送科技书籍和致富技术信息资料 400 余册（份）；举办实用技术培训班、技术咨询、科技电影下乡活动 1400 余场次；市、县、乡三级干部共撰写调查报告 5800 余篇，以促进农村各项事业发展。

2002 年 2—3 月，在全市 188 个乡镇（街道）、2855 个区、县（市）部门及其驻乡镇（街道）和 3466 个村（居委会）开展“三个代表”重要思想学教活动回访复查工作，组织市、县（区、市）两级 1.2 万名机关干部深入基层帮扶济困，服务生产，释惑解难。6 月，为贯彻落实省委《关于建立干部经常受教育，农民长期得实惠机制的意见》，组织工作组，着重抓指导各区、县（市）制定实施办法，把巩固学教成果、建立长效机制作为党建年终考核的重要内容，确保工作落到实处。各区、县（市）、乡镇（街道）、村（居委会）四级建立台账，逐级上报。制定“三联创”规划和实施方案。全市落实整改突出问题 1.58 万个，整改到位率 93%。

第五节　保持共产党员先进性教育活动

2005 年 1 月 19 日，长沙市按照中共中央和中共湖南省委的统一部署，成立保持共产党员先进性教育活动领导小组和组建督导组。21 日，召开全市保持共产党员先进性教育动员大会，决定从 1 月开始，在全市 6809 个党政、企事业单位，1800 多个行政村（社区），1.15 万个基层党组织和 30 多万党员中开展保持共产党员先进性教育活动（以下简称教育活动）。教育活动以提高党员素质，加强基层组织，服务人民群众，促进各项工作为目标。坚持理论联系实际，务求实效；坚持正面教育为主，认真开展批评和自我批评；坚持发扬党内民主，走群众路线；坚持领导干部带头发挥表率作用和坚持区别情况、分类指导为教育活动指导原则。教育活动分三批进行，每批半年左右时间。

2005 年 1 月，第一批教育活动在 125 个县级及县以上党政机关和部分企事业单位进行，有 4.73 万名党员参加。教育活动分学习动员、分析评议、整改提高三个阶段进行。组织党员学习中共中央规定的书目篇章，同时，结合长沙实际，编写下发《农村基层干部教育简明读本》，制作下发《世界执政党兴衰史》等教育光盘。望城编写雷锋和全国优秀组工干部赵异湘等本土先进人物事迹，组织党员学习。为丰富学习内容，结合教育活动，开展“两个务必”（即务必使同志们继续保持谦虚谨慎、不骄不躁的作风，务必使同志们继续保持艰苦奋斗的作风）主题教育，组织观看西柏坡精神展和《郑培民》优秀影片；市委党校开展送党课到基层活动，为各级各单位讲课100余场（次）；为升华党员思想境界，以典型激励内在动力，汇编《宗旨、楷模》一书，推出80余名先进典型，结合学习长沙县吴子桂先进事迹，开展“无职无权的共产党员怎么当”“我为党旗添光彩”等大讨论活动。《人民日报》、新华社、中央电视台对此进行专题报道。3月，举办优秀共产党员先进事迹报告会，推介宣传8名新时期优秀基层党员代表立足平凡岗位实践党员先进性的感人事迹。为使学习引向深入，打造主题宣传平台，《长沙晚报》开设“身边的共产党人”“先进性教育在星城”等专版、专栏，刊发理论文章、评论员文章、新闻报道、专题消息等300多篇，保持共产党员先进性教育活动办公室编简报85期，四县（市）在电视台开辟“先进性教育巡礼”“导航”“先锋访谈”等栏目。为保证学习效果，建立学习签到、请假补课、活动记录、抽检、情况通报、督查测评等制度。全市各级领导小组办公室共派出77个督查组，建立领导干部联系点249个，加强督促和指导。95%以上的单位组织理论考试和效果抽查，100%的党员完成不少于40个学时集中学习，100%的党员撰写学习心得。学习阶段，倡导党员干部立足本职岗位创功立业，开展“读一本书、联系一户困难户、写一份情况反映”的“三个一”学习实践活动。开展共产党员先进性具体要求大讨论。通过学习，共产党员先进性观念加强，全市有5000多名入党积极分子向党组织递交入党申请书。4月，建立“实行整改措施公开承诺，整改过程和结果公开评议，整改问题经公示，群众认可后公开销号”（简称“三公开”）为主要内容的群众评判机制。全市评判参与率达100%。群众满意率在95%以上。市委实行“开门纳谏”，先后召开14个座谈会，设立“征求意见箱”5个，发放征求意见表1648份，共收集对市“四大家”领导班子意见建议1889条。浏阳市、芙蓉区开展“万卷问民心”“万人评行风”，雨花区开展“我为雨花献良策”活动。据统计，全市共收集对各级领导班子的意见建议5.3万条，对党员领导干部的意见建议7.79万条，对一般党员的意见建议5.57万条。按照“四必谈”的要求，全市党员之间谈心42万余人次，党员和群众之间谈心5万多人次，领导班子成员之间谈心2万余人次，领导班子成员与分管部门领导谈心4万余人次。4月12日开始，开展“万名干部下基层，排忧解难促稳定”活动，全市1万多名党员干部深入1112个村组、企业、社区，共投入资金5500多万元，为群众办实事4556件，慰问特困户、“五保户”1.2万户，捐赠慰问金240多万元。针对人民群众反映保障体制落后、群众“看病难”、小孩“上学难”的问题，市财政安排7151万元启动农村低保工作，1000万元实施城乡特困家庭和市属特困企业职工医疗救助，210万元继续支持做好以大病统筹为主的农村合作医疗制度试点工作。500万元用于城乡特困家庭子女高等教育补助，800万元用于农村义务教育阶段困难家庭学生“两免一补”（免除学杂费、免费提供教科书，享受寄宿生生活补助）；举办技能培训班2期，免费培训下岗企业党员再就业211人。

7月6日，市委召开第二批保持共产党员先进性教育活动动员大会，此次教育活动在全市城市基层和农村乡镇机关开展，有14.8万余名党员参加。活动坚持以提高党员素质为目标贯穿教育活动始终，开展新时期共产党员先进性标准大讨论，做到真学、真信、真用，以教育活动为契机开展基层党建“三级联创”（即：“五好”村党支部、“六好”乡镇党委、农村基层党组织建设先进县创建）和示范点创建工作。发布《进一步深化“共产党员示范岗”创建活动实施意见》，营造“评先进、学先进、赶先进”氛围。全市14个省级基层党建示范点，通过省委组织部复查考核验收。10月20日，发布《关于以先进性教育为契机进一步做好“两新”组织党组织建设工作的通知》，创新党组织的设置形式，扩大党的组织覆盖面和工作覆盖面，新建非公有制企业党组织126个，全市802个非公有制组织建立党组织，组建率达84%，累计接纳企业党员2万余名。教育活动结合实际，健全困难党员救助和下岗失业党员再就业培训体系，免费培训下岗失业党员近5000人，学员就业率达70%以上。

11月开始，市委第三批保持共产党员先进性教育活动在全市1716个农村基层组织和部分党政机关开展，11.6万名党员参加。2006年2月11日，召开全市农村工作会议，进一步部署第三批教育活动，开展教育活动“回头看”和抓问题整改落实。开展“万名干部下基层，建设和谐新农村”主题活动，投入资金8322万元，为群众办实事4539件，排忧解难3012起，共产党员先进性得以显现。芙蓉区解放路街道丰泉古井社区党总支书记王桂红在省委召开的保持共产党员先进性教育活动电视电话大会上作典型发言。6月29日，市委召开庆祝中国共产党成立85周年暨总结保持共产党员先进性教育活动大会，对受到中央表彰的2个先进基层党组织，受到省委表彰的8个先进基层党组织、3个优秀共产党员、4名优秀党务工作者和市9个“四好”领导班子、23个创建“四好”领导班子先进集体、100名先进基层党组织、100名优秀党务工作者予以表彰，对22个基层党建示范点、20个“共产党员示范岗”进行命名。

第六节　科学发展观学习实践活动

2004年1月，中共长沙在部署政治思想教育工作中，认真贯彻中共十六届三中全会提出的科学发展观重大战略思想，把“关于当前经济社会形势与科学发展观”学教专题列为全年宣讲重点，宣讲内容包括科学发展观的历史地位、时代背景、科学内涵、精神实质和根本要求等课题。2005年，全市学教活动围绕“落实科学发展观、构建和谐长沙”的主题展开。在宣传科学发展观的重大意义和理论基础、进一步领会科学发展观深刻内涵和精神实质的同时，联系实际，重点宣传长沙市在以科学发展观统领下，加强和改善宏观调控、深化体制改革、推进经济结构调整、提高对外开放水平、完善民主法制建设、弘扬民族精神和时代精神等方面取得的新进展、新成就，以加深广大干部群众对科学发展观的认识和理解。编写《农村基层干部教育读本》等学习资料，举办各种形势报告会500余场，组织理论工作者下村镇、社区作理论报告会200余场。使科学发展观理论学教活动进一步深入基层。

2006年，长沙市科学发展观学习宣传活动主要围绕“牢固树立科学发展观”“坚持以科学发展观为统领，全面建设小康社会”“落实科学发展观，努力构建社会主义和谐社会”等专题展开。与长沙市学习贯彻中共十六届六中全会精神、保持共产党员先进性教育、建设长沙和谐社会等中心工作相结合。组织4次市委理论学习中心组（扩大到各区县、市委和市直各单位中心组成员）集中学习。学习采取自学与集中学习、专家讲座与专题讲解、集中讨论与中心发言相结合的学教方式进行。为营造宣传教育活动氛围，在《长沙晚报》每周刊发一期《理论与探索》，在长沙电视台新闻频道开设“长沙讲坛”专栏，刊播市委理论学习中心组以及“领导课堂”“市民课堂”的学习宣讲情况；在全市开展“科学发展观重在落实”理论征文；组织宣教人员下基层讲课200余场，编辑出版《党的基本理论普及手册（农村版）》。

2007—2008年，中共十七大把科学发展观正式写入党章后，举办全市学习贯彻中共十七大精神理论骨干培训班，240余名宣传、理论工作者参加培训。按照学习、宣传、研究“三位一体”理论学教方式，制订市委中心组专题学习计划；围绕中心工作及干部群众关心的重大实际问题，邀请省内外有关专家学者到长沙进行专题讲座。通过《长沙晚报》、星辰在线网等媒体，加强市直机关、单位和区县（市）学习教育活动共享机制，增强“干部课堂”的吸引力和学教活动的实效性。为深入推进学教活动，组织由市委宣传部、市直工委、市委党校、市委讲师团、市社科联等相关部门理论骨干及部分人大代表90余人组成10个学习贯彻中共十七大精神、落实科学发展观宣讲团，分赴市直各单位和9个区县（市），集中开展进机关、进乡村、进学校、进企业、进社区的“五走进”宣讲活动。在全市举办宣传教育专题讲座520多场，直接受众达10万余人。市委编印《党的基本理论普及手册》10万余册，免费发放给城乡居民。

2009年3月19日，发布《关于深入学习实践科学发展观活动的实施意见》，成立领导小组。23日，举行深入学习实践科学发展观动员大会暨县处级主要领导干部专题研讨班开班式。是月开始，在全市3300多个单位、1.3万个基层党组织、33万名党员中分两批开展深入学习实践科学发展观活动（以下简称“学习实践活动”）。学习实践活动遵循“重在学习、贵在实践、旨在发展”的指导方针和坚持解放思想，突出特色实践特色，贯彻群众路线，正面教育的原则。通过学习实践活动达到提高认识，解决突出问题，创新体制机制，促进科学发展，实现“党员受教育，科学发展上水平、人民群众得实惠”的目标要求。3—8月，第一批学习实践活动在市和区、县（市）党政机关、人大、政协、人民法院、人民检察院和人民团体机关、党组织关系在长沙的部分中央、省驻长单位，市属企业，市和区、县（市）直属单位及二级机构，高等院校，选择一批乡（镇）、街道、社区、学校和新经济组织、新社会组织进行试点等138个单位，12.9万人参加。学习实践活动分学习调研、分析检查、整改落实三个阶段进行。为加强领导，市、区县（市）共建立领导小组成员联系点463个，下派巡回检查组、指导组230个，选派科学发展观指导员1750人。学习实践活动进行中，在全体党员中开展“听一次辅导课，参加一次专题组织生活会，提一条合理化建议”的“三个一”活动。3月25—27日，市委学习中心组就围绕如何提高实践科学发展观能力，应对世界金融危机进行集中学习。全市举办学习培训班865期（次），党员干部学习不少于40小时，组织专题讲座631期（次），专题研讨会924场（次），科学发展观宣讲团点课率达80%以上。为解决发展思路不清，信心不足，方式落后、盲目发展、质量不高、后劲不足和有禁不止、政令不通及党风不正、党纪不严、党性不强、执政为民意识淡薄等问题，开展以“科学发展，创业富民”为主题的解放思想大讨论，撰写专题报告、论文300余篇；开展调查研究，形成调研报告3000余篇，其中县处级领导干部牵头负责撰写800余篇。开展“科学发展双向计”活动，全市共征集各类建议、意见5.05万条；组织科学发展千人评议团，建立评议团短信互动平台，邀请评议成员代表参与调研成果交流会。对领导班子成员民主生活会分析检查报告进行评议，查找和解决影响和制约科学发展观突出问题，各级领导班子制定整改方案，市委学习实践办公室重点督办问题156个。

9月14日，市委召开动员大会。部署在全市各乡（镇）、街道及其所属管辖范围的各站、办、所、村、社区，中小学校和未参加第一批活动的企业单位及“两新”组织（即新经济组织、新社会组织）的党组织等3211个单位开展第二批深入学习实践科学发展观活动，14.68万名党员参加。活动仍按第一批的三个阶段进行。10月23日，市委召开汇报座谈会，听取学习实践科学发展观活动情况汇报，进一步部署和强调扎实有序开展高标准、高质量推进学习实践活动。省委组织部副部长、省委学习实践活动办公室主任听取汇报，并与参会代表座谈，对长沙市开展学习实践活动成绩给予肯定。

2010年3月24日，召开全市深入开展学习实践科学发展观活动总结大会。自开展学习实践活动后的一年里，突出第一要务，把保增长促发展作为科学发展上水平的最大的实践。全市组织开展“两帮两促”（帮助扶持企业发展、帮助推进项目建设，促进民生改善、促进经济增长）活动。34 名市领导联点，1000 名市直机关干部、100 个工作组派驻重点项目和企业，帮助推进“十大基础设施项目”“十大民生社会工程”“十大产业建设工程”，单项工程项目投资均在 50 亿元左右，帮助企业和项目解决多类难点问题 873 个。为改善民生，实现人民群众得实惠，全市共解决群众切身利益问题 4.6 万个，办实事好事 5.2 万件，全市取消行政事业性收费 208 项，为企业和群众减轻负担 8300 万元；实施畅通工程，缓解城市交通拥堵和市民“出行难”；加大城市绿化面积，美化环境，拟 3 年内投资 15 亿元建 15 个社区公园（2009 年建 6 个）；免费向市民开放岳麓山风景名胜区、橘子洲景区等城市所有公园，向中小学生免费开放 15 家游泳馆；3 年内完成城区二环线 730 万平方米棚户改造，解决 3.10 万户住房困难居民住房。学习实践活动还突出重点，加强基层干部队伍建设，创新与完善基层管理机制，建立科学发展观为导向的领导班子与领导干部绩效考核与管理制度，形成推动和保障科学发展的长效机制。制定和发布《关于全面加强基层党的建设的意见》等文件。全市新建基层党组织 300 多个，理顺党组织隶属关系 46 个，新建党员服务中心 35 个；全市启动干部队伍“五百工程”（即双向选拔交流 100 人，下派基层锻炼 100 人，定向考录乡镇（街道）公务员 100 人，选拔村（社区）党组织书记进乡镇（街道）领导班子 100 人，面向社会引进 100 人）。长沙市学习实践活动得到中央巡回检查组和省委学习实践办公室高度评价和充分肯定，中央学习实践办简报先后 2 次专题推介长沙，省委学习实践办和各系统学习实践办先后编发推介长沙做法的简报 26 期，中央和省委学习实践活动官方网站发表相关报道 153 篇，中央电视台、《人民日报》等媒体发表长沙专题 23 篇次，省、市媒体发表专题报道 115 篇次。

第七章　纪律检查

1988—1992 年，长沙市坚持纪律检查工作服从并服务于经济建设中心的指导思想和从严治党、从严治政方针，全面履行中共中央确定的“保护、教育、监督、惩处”四项职能。发布《关于纪检工作支持保持改革，促进经济发展的若干意见》《关于严肃党纪，保证中共十三届三中全会重大决策顺利实施的决议》《关于在执纪中支持保持改革、促进搞活经济的若干规定》，实事求是地妥善处理改革开放和经济建设中出现的新情况、新问题。保护改革者，支持探索者，教育失误者，惩处违纪者，为改革开放和经济建设保驾护航。1993 年，坚持“党委统一领导，党政齐抓共管，部门各负其责，纪委组织协调，群众广泛参与”的反腐败工作领导格局，坚持“一要坚决、二要持久”和“标本兼治、综合治理”的反腐败工作方针，以查办违纪违法案件为中心环节，全面落实“领导干部廉洁自律、查办违纪案件、纠正不正之风”三项反腐败工作。重点查处发生在领导机关、行政执法机关、司法机关、经济管理部门（以下简称“三机关一部门”）和领导干部特别是县处级以上领导干部（包括大中型企业领导干部，下同）中的违纪违法案件，突出查办大案要案，始终保持惩治腐败的高压态势，强化“不敢腐”的惩戒机制。逐步建立规范权力运行机制，加强对权力的监督和制约。1998 年，贯彻落实中共中央、国务院颁布的《关于实行党风廉政建设责任制的规定》，全市各级建立党风廉政建设责任制（以下简称责任制），把党风廉政建设和反腐败工作纳入责任制目标管理，实行“一岗双责”（党风廉政建设和反腐败工作职责、经济工作或业务工作职责)，严格考核，严格责任追究。在加大惩治腐败力度的同时，逐步由查案为主向查教并举、注重教育转变，由治标为主向标本兼治、注重治本转变，由惩处为主向惩防并举、注重预防转变。2005 年，发布《关于建立健全教育、制度、监督并重的惩治和预防腐败体系（以下简称惩防体系）实施意见》，确立全市惩防体系建设的总目标和总任务。2008 年，发布和出台《关于加强预防腐败工作的实施意见》和《长沙市预防腐败工作实施方案》，初步构建起具有长沙特色的预防腐败体制机制框架。围绕深入推进反腐败工作、加强反腐败倡廉宣传教育、规范权力运行、强化监督制约、加强源头治腐等工作，逐步建立完善各项制度 185 项。用制度管人、管权、管事、管钱，把权力关进制度的“笼子”，构建“不能腐”的防范机制。2012 年，贯彻中共中央关于改进机关工作作风，密切联系群众的八项规定，出台《关于改进工作作风，密切联系群众的规定》和《关于改进机关工作作风的决定》，纠正形式主义、官僚主义、享乐主义、奢靡之风，整顿机关作风。出台《长沙市违反改进作风有关规定的责任追究办法》，加强监督检查，严肃查处违规行为，防止党员干部“小错”酿成大错。部署从舆论引导、培训教育、平台建设三个方面着力加强反腐倡廉宣传教育工作，帮助党员干部构筑“不想腐”的思想道德防线。

第一节　机构队伍

一、市级机构

1987 年 11 月 27 日，长沙市监察局成立，为市人民政府工作部门，配行政编 50 名，设办公室、综合研究室、监察一科、监察二科、行政执法监察科、审理科（法规科）、信访科、人事教育科、举报中心(科级)。1988 年 1 月，中共长沙市纪委设机关党总支，工作机构设办公室、研究室、干部管理科、纪律检查一科、纪律检查二科、案件审理科、来信来访科，总编制 40 名。10 月，工作机构改“科”为“室”。11 月，办公室下设文秘科、行政科、综合档案室。1991 年 8 月，增设党风党纪教育室和纪律检查三室，编制增至 50 名。1993 年 3 月 26 日，市纪委、市监察局合署办公，实行“一套工作机构、两个机关名称”，履行党的纪律检查和政府行政监察两项职能。工作机构合并成 12 个室：办公室（下设文秘科、行政科、综合档案室)、调研室、宣传教育室、干部管理室、纪检监察一室、纪检监察二室、纪检监察三室、信访室（举报中心)、案件审理（政策法规）室、执法监察室、监察综合室、党风廉政建设室。总编制 100 名。合署后成立市纪委、市监察局机关党委，隶属市直属机关工委。5 月，成立长沙市纪检监察保护合法权益事务所，为全民事业单位，配全民事业编制 3 名。1996 年，政策法规室与案件审理室分设，增设财务监督室，其他机构不变。事业单位两个：长沙市纪检监察保护合法权益事务所、长沙市纪检监察财务审计事务所，不套行政级别，各配事业编制 4 名。是年办公室更名为办公厅。1998 年 4 月，增设领导干部廉洁自律办公室，党风廉政建设室对外加挂“长沙市人民政府纠正部门和行业不正之风办公室”牌子。1999 年 4 月，财务监督室更名为财务监察室。12 月，长沙市纪检监察干部培训基地筹建处更名为长沙市纪检监察干部培训中心，为全民事业单位。2000 年，增设监督检查室。2002 年 8 月，增设纠正部门和行业不正之风室（加挂市政府纠正部门和行业不正之风办公室牌子)，撤销领导干部廉洁自律办公室，党风廉政建设室加挂市委党风廉政建设责任制办公室、市领导干部廉洁自律办公室、市党风廉政建设巡视员和纪检监察特派员办公室、市企业领导干部廉洁自律办公室牌子，其他机构不变。总编制 101 名。长沙市纪检监察干部培训中心核定为事业单位，编制 8 名。长沙市纪检监察保护合法权益事务所更名为长沙市企业合法权益监督保护中心。2004年，增设行政效能室，与市优化经济发展环境办公室合署办公，配行政编4名。2008年7月，设立离退休人员管理服务办公室。2008年11月，设立行政效能投诉中心，与行政效能监察室合署办公。2010年3月，成立长沙市预防腐败局，在市监察局加挂市预防腐败局牌子，市纪委（市监察局）内设预防腐败室，与监察综合室合署办公；11月，纪检监察三室加挂“案件监督管理室”牌子。2012年10月，案件监督管理室单设；执法监察室加挂财务监察室的牌子，不再单设财务监察室。至年底，市纪委市监察局机关设立机关党委和18个室（厅）：办公厅、监察综合室、预防腐败室、党风廉政室、调研法规室、监督检查室、执法监察室（财务监察室）、纪检监察一室、纪检监察二室、纪检监察三室、案件监督管理室、案件审理室、信访室、宣传教育室、效能监察室、纠正不正之风办公室、干部管理室、离退休人员管理服务办公室，总编制117名。

二、区县（市）级机构

1988年1月，长沙、望城、宁乡、浏阳4县、郊区、东区、西区、南区、北区5区均设纪委，为县级领导机关，受市纪委和区县委双重领导，纪检工作以市纪委领导为主。10月，4县5区纪委升格为副县级机构。1—3月，4县5区监察局相继成立，为区县政府工作部门。1993年3月，区县纪委、监察局合署办公，实行“一套工作机构，两个机关名称”。1993年，浏阳县纪委、监察局更名为浏阳市纪委、监察局。1996年，郊区纪委、监察局更名为雨花区纪委、监察局。东区、西区、南其、北区纪委、监察局分别更名为芙蓉区、岳麓区、天心区、开福区纪委、监察局。1997年，区县（市）纪委监察局派出纪检监察机构4个。2007年，派驻纪检监察机构增至151个。2011年，望城县纪委监察局更名为望城区纪委监察局。区县（市）成立预防腐败局，在监察局加挂预防腐败局牌子。2012年年底，区县（市）纪委监察局9个，即芙蓉区、岳麓区、开福区、天心区、雨花区、望城区、长沙县、宁乡县、浏阳市纪委监察局（预防腐败局），总编制283名。派驻机构151个，编制328名。

三、派驻机构

1997年，市纪委、市监察局向市直战线和重点部委办局派驻纪检监察机构或纪检组、监察室33个，2007年增加到37个，编制106名。是年6月，市级纪检监察派驻机构由市纪委、市监察局统一管理。2012年，重新明确派驻机构驻在单位及人员编制，派驻机构增加到40个，人员编制增加到170名。40个市纪委、市监察局派驻机构驻在单位是：长沙大河西先导区、长沙高新技术产业开发区、长沙经济技术开发区、市政府办公厅、市发展和改革委员会、市工业和信息化委员会、市教育局、市科学技术局、市住房和城乡建设委员会、市公安局、市民政局、市司法局、市财政局、市人力资源和社会保障局、市交通运输局、市水务局、市农业局、市林业局、市商务局、市文化广电新闻出版局、市卫生局、市人口和计划生育委员会、市审计局、市城市管理和行政执法局、市城乡规划局、市环境保护局、市统计局、市物价局、市粮食局、市安全生产监督管理局、市食品药品监督管理局、市人民防空办公室、市政府国有资产监督管理委员会、市畜牧兽医水产局、市住房保障局、市政设施建设管理局、市园林管理局、市中级人民法院、市人民检察院、市直机关工委。2012年年底，派驻机构40个不变，编制增至171名。

四、人员队伍

1988年，全市有368个纪检监察机构（监察机构尚在组建之中），专职纪检监察人员1152人。1993年，纪检监察合署办公后，全市纪检监察机构增至845个，专职纪检监察干部增至1471人。此后，市和县（区）直单位纪检监察机构逐步建立健全，企事业单位和农村区、乡（镇）纪检监察机构逐步恢复建立。至2012年12月，按照中共中央关于“设党委的单位设纪委、监察局（室），设党组的单位设纪检组、监察室”的要求，全市188个行政区划单位建立健全纪检监察机构983个，乡（镇）、街道还在下辖村、社区和基层站所配设兼（专）职纪检监察员，部分村和社区成立纪委。全市有各级专职纪检监察工作人员2270人。2012年年底，全市专职纪检监察干部具有大专以上文化的人数由1989年的399人增加到2172人，其占总人数的比例由1989年的22.8%提高到95.7%，其中有大学生1423人，研究生184人，分别占总人数的62%和8%。

1988—2012年，先后担任中共长沙市纪委主要领导职务的有：来杰、陈学明、李映华（女）、吴梦南（女）、董学生、袁观清、姚永春；先后担任长沙市监察局主要领导职务的有：龚罗生、张春球（女）、胡光启、李科明、汪国凡、邱俊杰；其他领导班子成员有：张贤遵、陈国风、周京仁、陈芳辉、常庚申、周松波、尹小英（女）、赵国贤、史罗坤、黄吉邦、龚振湘、钟新莲（女）、周玉林、赵柏林、周耀炳、张庆和、黄锋、王建苍、邹镇辉、彭新、涂伯勋、时继誉、舒太平、胡志强、姚湘中、谭慧慧（女）、唐志远、黄静安、陈育俊、熊冬华、沈光、彭清华、文灿辉。

第二节　市纪委全会

一、第七届中共长沙市纪委历次全体会议

第七届中共长沙市纪委共召开全体会议7次。

1988年5月21—22日，第六次全体（扩大）会议召开。会议研究在改革开放的新形势下加强和改进纪检工作。市纪委书记来杰作《认真贯彻十三大精神，把全市党风党纪建设提高到一个新水平》的讲话。提出以改革总揽全局，进一步解放思想，促进党的基本路线的贯彻实施；坚持从严治党，认真查处违纪案件，集中力量管好党纪；增强纪律观念，加强纪律监督，协助党委管好党风；以改革精神加强纪检队伍建设。8月4日、10月22日，第七次和第八次全体（扩大）会议召开，会议分别通过《关于在全市开展反腐蚀教育的决定》《中共长沙市纪委关于纪检工作支持保护改革，促进经济发展的若干意见》《中共长沙市纪委关于严肃党纪，保证中共十三届三中全会重大决策顺利实施的决议》。1989年7月5日，第九次全会召开，传达学习中共十三届四中全会精神，通过《中共长沙市纪委第九次全体会议决议》。1990年4月13日，召开第十一次全体（扩大）会议，部署开展以普及党内法规为重点的党风党纪教育；严肃查处党内违纪案件；坚决纠正各种不正之风；协助党委抓好党风廉政建设。9月8日召开第十二次全体（扩大）会议，通过《中国共产党长沙市纪律检查委员会向市第八次党代表大会的工作报告（送审稿）》。

二、第八届中共长沙市纪委历次全体会议

第八届中共长沙市纪委召开全体会议7次。

1990年9月16日，第一次全会召开，会议选举陈学明、张贤遵、陈国风、王建苍、张春球（女）、邹镇辉、彭新为市纪委常委，陈学明为纪委书记，张贤遵、陈国风为副书记。1991年2月3日，第二次全会召开，传达学习中共十三届七中全会和中纪委七次全会精神，通过《1991年全市纪检工作要点》，提出进一步提高执行党的基本路线的自觉性，使纪检工作成为促进改革开放的重要力量。1992年1月20日，第三次全体（扩大）会议召开，确定年度主要任务是，坚定地为搞好大中型企业、加强农业和农村工作提供纪律保证，深入开展党风党纪教育，严肃查处党内违纪案件，纠正行业不正之风，加强廉政建设，加强权力制约和政务公开。1992年12月23日，第四次全体（扩大）会议召开，市纪委书记李映

华作《认真贯彻落实十四大精神，把我市纪检工作提高到一个新水平》工作报告。1993 年 8 月 13 日，第五次全会召开，会议就纪检监察工作确保中央宏观调控决策贯彻落实、加强党风廉政建设、坚决反对腐败作出部署。要求广大党员干部带头做到“六不”，即不从事第二职业，不接受礼券礼金，不以权谋私，不搞权力经商，不用公费出国（境）旅游，不铺张浪费。1994 年 3 月 22 日，第六次全体（扩大）会议召开。会议通过《关于认真贯彻中央决定，更有成效地开展反腐败斗争的实施意见》，提出 1994 年的目标任务：巩固反腐败斗争成果，继续抓好领导干部廉洁自律、查办违纪案件、纠正不正之风“三项”反腐败工作的落实，建立健全监督制约机制，从源头上解决一些深层次问题。1994 年 8 月 12 日，第七次全体（扩大）会议召开，市纪委书记李映华作《加大力度，狠抓落实，把反腐败斗争引向深入》工作报告。会议要求突出抓好大要案的查处；抓好领导干部廉洁自律两个“五条规定”的落实；扎实开展纠风专项治理；进一步落实执法监察工作任务。

三、第九届中共长沙市纪委历次全体会议

第九届中共长沙市纪委召开 5 次全体会议。

1995 年 9 月 20 日，第一次全会召开，选举吴梦南、周京仁、胡光启、常庚申、黄吉邦、陈芳辉、时继誉、舒太平、胡志强为市纪委常委，吴梦南为纪委书记，周京仁、胡光启、常庚申为副书记。1996 年 8 月 15 日，第二次全会召开。市纪委书记吴梦南作《突出重点，狠抓落实，确保反腐败工作“六更”目标任务的完成》工作报告，强调全面推动反腐败各项工作深入开展。1998 年 3 月 12 日，第三次全会召开。贯彻落实中纪委二次全会、国务院第六次反腐败工作会议和省纪委四次全会暨全省反腐败工作会议精神，各责任单位分别部署减轻企业和农民负担、治理公路水上“三乱”、中小学收费、预算外资金管理、企廉工作等专项工作；各区、县（市）、战线及责任单位向市委、市政府递交 1998 年目标管理责任书。1998 年 12 月 30 日，第四次全体（扩大）会议召开，会议充分肯定 1998 年全市反腐败各项工作成效（查处大要案和有影响的案件 453 件，占立案总数的 69%）。会议确定 1999 年工作以邓小平理论和中共十五大精神为指导，继续坚持中央提出的反腐败三项工作格局和领导体制，为促进全市改革、发展和稳定大局提供坚强有力的纪律保证。全会还就元旦、春节“两节”期间党风廉政建设作出部署。1999 年 8 月 13 日，第五次全体（扩大）会议召开，会议强调后 5 个月重点抓好清房、查办大要案、整治医药购销不正之风、水利建设工程和“粮改”执法监察、推行政务公开和“收支两条线”管理以及党风党纪宣传教育等六项重点工作。

四、第十届中共长沙市纪委历次全体会议

第十届中共长沙市纪委共召开全会 12 次。

2000 年 9 月 25 日，第一次全会召开，选举董学生、胡光启、常庚申、陈芳辉、舒太平、胡志强、姚湘中、钟新莲（女）为市纪委常委，董学生为纪委书记，胡光启、常庚申、陈芳辉为副书记。2001 年 1 月 13—14 日，第二次全会召开，总结部署反腐败工作。市纪委书记董学生作《加大治本力度，狠抓工作落实，推动反腐败斗争健康深入发展》工作报告。省委副书记、市委书记张云川和市长谭仲池作讲话。会议表彰 2000 年度落实党风廉政建设责任制暨反腐败工作目标管理先进单位；各区县（市）、市直单位向市委、市政府递交 2001 年党风廉政建设责任状。会议确定 2001 年要进一步规范党员领导干部从政行为，加大查办案件的力度，深化纠风治乱和执法监察工作，加强源头治腐工作，加强反腐倡廉教育。2001 年 7 月 18 日，第三次全体（扩大）会议召开。市纪委书记董学生作《突出重点，务实创新，整体推进全市党风廉政建设和反腐败工作》报告。会议认为，反腐倡廉工作成效明显，保持反腐败的强劲势

头，强调要加大工作力度抓好反腐败三项工作的落实，加强宣传教育和调研工作。2002 年 2 月 24—25 日，第四次全会召开，传达贯彻中纪委七次全会、省纪委二次全会暨全省反腐败工作会议精神。市纪委书记董学生作《勇于改革创新 狠抓工作落实 推动党风廉政建设和反腐败斗争向纵深发展》报告；表彰落实党风廉政建设责任制先进单位。会议肯定全市反腐倡廉工作取得新的阶段性成果，要求要在巩固规范、扩展延伸、深化提升上下功夫，突出重点，全面推进，在深入抓好三项反腐败工作的同时，加大从源头上防治腐败的力度。2002 年12 月 23 日，第六次全体（扩大）会议召开。学习贯彻中共十六大精神。市纪委书记董学生作《深入学习贯彻中共十六大精神，坚定不移地推进党风廉政建设和反腐败斗争》报告。会议要求各级纪检机关要精心组织，在全市纪检系统形成贯彻学习十六大精神的浓厚氛围。2003 年 3 月 3—4 日，第七次全会召开。传达贯彻中共中央总书记胡锦涛的重要讲话和中纪委二次全会、省纪委四次全会暨全省反腐败工作会议精神，总结部署反腐倡廉工作。市纪委书记董学生作《全力推进党风廉政建设和反腐败斗争，为长沙在全省率先全面建设小康社会提供坚强的纪律保证》报告。落实党风廉政建设责任制 11 个单位作专题发言。会议指出要继续坚持反腐败三项工作格局，进一步实现由惩戒性的事后查处为主向教查并举、注重防范转变；进一步实现由治标为主向标本兼治、综合治理、注重治本转变，进一步实现纪检监察工作由单纯机关业务型向全局服务型转变。2003 年 7 月 21 日，第八次全体（扩大）会议召开，会议要求继续推进反腐倡廉宣传教育、领导干部廉洁自律、查办违纪案件、纠风治乱工作和反腐败高层论坛系列活动五项重点工作。2004 年 2 月 16—17 日，第九次全会召开，市纪委书记董学生作《真抓实干、勤政为民，努力开创我市反腐倡廉新局面》工作报告。会议强调逐步建立与社会主义市场经济体制相适应的教育、制度、监督并重的惩治和预防腐败体系。2004 年 7 月 28 日，第十次全会召开。市纪委董学生作《强化党风廉政建设责任制的龙头作用，推进党风廉政建设和反腐败斗争向纵深发展》报告。浏阳市等 8 个单位口头或书面介绍典型经验。会议强调全市党风廉政建设责任制工作的重点是，深化思想认识，增强责任意识，健全运作机制，完善考核机制，强化监督检查。

2005 年 1 月 29 日和 31 日，第十一次全会召开。会议认为，要着力促进领导干部廉洁自律、狠抓纠风治乱、继续保持查办违纪违法案件的力度，抓好国有企业和高等院校的反腐倡廉工作。2005 年 7 月 20 日，第十二次全体（扩大）会议召开，会议贯彻中央、省委关于建立健全教育、制度、监督并重的惩治和预防腐败体系的指示精神，全面启动惩防体系建设。董学生作《认真贯彻落实〈实施纲要〉，深入推进长沙市党风廉政建设和反腐败工作》报告。会议要求全面落实《中共长沙市委关于建立健全教育、制度、监督并重的惩治和预防腐败体系实施意见》，各级党委健全领导机构和工作班子，抓好任务分解，强化部门责任，抓好制度的制定、完善和落实，搞好督促检查。

五、第十一届中共长沙市纪委历次全体会议

第十一届中共长沙市纪委共召开全会 12 次。

2006 年 9 月 19 日，第一次全会召开。选举袁观清、李科明、汪国凡、周松波、谭慧慧（女）、周耀炳、唐志远、黄静安、陈育俊为市纪委常委，袁观清为书记，李科明、汪国凡、周松波为副书记。2007 年 3 月 7 日，第二次全会召开，研究部署领导班子建设和全市党风廉政建设。市纪委书记袁观清作《深入推进党风廉政建设和反腐败斗争，为推动长沙又好又快率先发展提供有力保证》报告；市委常委、市委组织部部长范小新就领导班子建设作报告。会议确定 2007 年的主要任务是：加强反腐倡廉教育和对权力运行的监督，加大查办违纪违法案件的力度，纠治损害群众利益的不正之风，抓好反腐倡廉制度建设和治本抓源头工作。2007 年 7 月 12 日，第三次全体（扩大）会议召开，进一步落实市纪委二次全会

明确的任务。2007 年 11 月 30 日，第五次全会召开。会议听取和审议市规划局等 5 个单位党政正职报告落实党风廉政建设责任制和个人廉洁自律情况。5 个考核评议组组长和市纪委委员作现场评议。市纪委书记袁观清总结和部署落实责任制工作。2008 年 2 月 29 日第六次全会召开，市纪委书记袁观清作《认真落实党的十七大精神 深入推进反腐倡廉建设 为推动长沙又好又快率先发展提供有力保证》报告。

2008 年 7 月 1 日，第七次全体扩大会议召开。学习贯彻中共中央《建立健全惩治和预防腐败体系 2008—2012 年工作规划》。会议对全市学习、宣传、贯彻工作规划作出部署，决定在全市纪检监察系统开展“做党的忠诚卫士、当群众的贴心人”主题实践活动。2008 年 11 月 27 日，第八次全体(扩大）会议召开。听取并审议市国资委等 5 个单位的党政正职报告落实党风廉政建设责任制和个人廉洁自律情况，考评组组长、市纪委委员和特邀监察员作现场评议。市委副书记谢树林和市纪委书记袁观清分别讲话。会议指出，领导干部向纪委全会报告落实责任制和个人廉洁自律情况，今后要长期坚持下去。2009 年 2 月 27 日，第九次全会召开。市纪委书记袁观清作《坚持科学发展，完善惩防体系，扎实推进党风廉政建设和反腐败斗争》工作报告。会议部署 2009 年着力解决群众反映强烈的突出问题，着力促进领导干部廉洁从政，着力保持惩治腐败的高压态势，着力从源头上防治腐败，着力规范权力运行。2009 年 12 月 8 日，第十次全会召开。会议听取和审议市公用事业局等 13 个单位党政正职报告落实党风廉政建设责任制情况。会议强调各级领导干部一定要增强民主意识，主动接受监督，推动责任制的落实。2010 年 2 月 5 日，第十一次全会召开。会议传达贯彻中纪委五次全会和省纪委七次全会暨全省反腐败工作会议精神。市委副书记谢树林宣读 2009 年全市反腐倡廉先进单位表彰通报，市纪委书记袁观清作工作报告。2011 年 3 月 1 日第十二次全会召开。会议传达贯彻胡锦涛总书记重要讲话和中纪委六次全会、省纪委八次全会精神。市委副书记谢建辉宣读 2010 年全市反腐倡廉建设先进单位表彰通报。市纪委书记袁观清作报告。陈润儿作重要讲话。

六、第十二届中共长沙市纪委历次全会

第十二届中共长沙市纪委 2011—2012 年分别召开 2 次全会。2011 年 9 月 27 日第一次全会召开。会议选举姚永春、邱俊杰、周松波、尹小英（女）、周耀炳、陈育俊、熊冬华、沈光、彭清华为市纪委常委，姚永春为市纪委书记，邱俊杰、周松波、尹小英为市纪委副书记。2012 年 2 月 9 日，第二次全会召开，表彰 2011 年度先进单位。市纪委书记姚永春作《振奋精神、锐意进取、努力开创党风廉政建设和反腐败工作新局面》工作报告。会议部署 2012 年要加强对党员干部的教育监督，加大案件查处力度，加强队伍作风建设，认真解决群众反映强烈的突出问题，推进基层党风廉政建设

第三节 反腐倡廉宣传教育

一、反腐倡廉教育

1988 年，长沙市出台《党纪教育规划》，强调运用正反典型，加强以违纪廉洁从政和反腐蚀为主要内容的党纪教育。市委两次召开县级干部大会，公开处理案件 40 件，处分县级领导干部 18 名，通报违纪案件 74 件。全市解剖 134 个不廉洁的典型，树立先进典型 196 个，对党员干部进行防腐拒变教育。1990 年，市纪委发布《党纪教育工作安排意见》，普及党规党纪教育。组织党员学习党章、《关于党内政治生活的若干准则》及中共中央有关党纪处分的规定。举办学习班培训党员 44.07 万人次；举办讲座 400 场，22 万名党员参加党风党纪知识测试和竞赛，副县级以上领导干部参赛参试率 97%。1993 年，发

布《关于加强纪检监察宣传教育工作的意见》，召开全市宣教工作会议，要求各级党委、纪委加强对宣教工作的领导，建立健全宣教工作制度和手段，以各级领导干部特别是县处级领导干部为重点教育对象，每年一个教育主题，以一项主要活动为龙头，开展系列教育活动。1994年6月，中共长沙市委（以下简称市委）成立党风廉政宣传教育工作协调小组，建立党风廉政宣传教育联席会议制度。开展“讲党性、讲团结、讲纪律、讲奉献”演讲比赛活动，宣传廉政勤政的优秀领导干部和共产党员。优秀演讲稿汇编成《奉献之歌》发至基层组织党员学习。以县级领导干部为重点，廉政培训党员干部2500人。1995年，发布《关于开展向谢启光同志学习的活动的通知》，号召全市党员、干部学习郊区洞井乡主管纪检工作的党委副书记谢启光恪尽职守、廉洁奉公和坚持原则，敢于同腐败分子做斗争的高尚品质。《长沙晚报》以《党的好干部谢启光》长篇通讯报道谢启光的生平事迹。全市宣传推介谢启光等廉洁奉公的先进个人和领导班子64个，剖析某厂原厂长李某某等人犯罪的根源和轨迹，对广大党员干部进行示范教育和警示教育。1996年，发布《关于在县级以上领导干部中开展党性教育的通知》，成立党性教育领导小组。出台《长沙市党性教育实施方案》，以学习中纪委颁发的领导干部廉洁自律规定和纪律条规为重点内容，以党政机关各级领导干部、司法干部、行政执法干部、经济管理部门和金融部门干部及掌握人、财、物实权岗位的党员、干部为重点对象，明确提出不同教育对象应重点掌握的纪律条规，要求党员干部联系自身实际，对照检查在党性方面存在的问题。召开全市党政负责干部大会、国有大中型企业主要负责人会议，公开处理和剖析一批典型案件。

1999年，开展“讲学习、讲政治、讲正气”为主题教育活动，把读好《邓小平论党风廉政建设和反腐败》《领导干部“三讲”教育读本》《警惕腐败》三本书纳入政治学习、民主生活会和各级党（干）校培训内容。2000年，发布《关于在全市党员、干部中开展警示教育的通知》，开展以成克杰、胡长清等典型案件为反面教材的警示教育，座谈讨论，对照自查，防患于未然。长沙市连续第三年获中纪委颁发的“全国反腐倡廉宣传教育先进单位”奖牌，连续6年被评为全省反腐倡廉宣传教育工作先进单位。2001年，以贯彻落实中共中央颁布的党风廉政建设责任制为主题，开展廉政勤政、拒腐防变教育。全市副科级以上领导干部配发《党风廉政建设责任制文件汇编》，分期分批轮训、集中学习，全市1.1万名市、县、科级领导干部全部参加责任制知识考试。表彰“十佳廉政勤政领导干部”和“十佳反腐败忠诚卫士”，举办“双十佳”先进事迹报告会。2003年，发布《2003年宣教工作安排意见》，部署以“艰苦奋斗、廉洁从政”为主题开展正三观（世界观、人生观、价值观）、扬三气（共产党人的蓬勃朝气、昂扬锐气和浩然正气）、增三力（党组织的创造力、凝聚力和战斗力）”教育。2004年，开展树立正确权力观教育。编印《领导干部权力观教育读本》发至科以上领导干部，组织党员学习中央新颁布的党内监督条例和纪律处分条例，教育党员、干部执政为民、廉洁从政。2005年，将学习中共中央颁布的惩防体系实施纲要纳入中心组学习计划和各级党校等干部培训机构的教学计划，纳入纪检监察业务培训和领导干部廉政培训的主要内容，开展学习讨论和知识竞答，全市国家公职人员参与率99.7%，副科级以上领导干部参与率100%。办反腐倡廉五年成果展，曝光典型案件23件，全市6万人观展，闭展后在浏阳、宁乡等地巡回展览。2006年，把学习新党章列为教育重点内容，举办党章讲座、报告会和价值观、权力观、政绩观和凝聚力、公信力、执行力讨论会，各级领导讲党课400场。邀请中纪委宣教室副主任李本刚给市委中心组专题讲授《惩治和预防腐败制度建设与党的先进性建设》。开展向扑救山林大火英勇牺牲的长沙县纪检干部汤洋学习的活动。2009年，建立健全“三加一”廉政党课教育机制。即以市、县、镇三级党组织和市委党校为廉政党课教育平台，三级党政“一把手”每季度为党员干部上一堂以上廉政党课，做到月月有廉政党课。把反腐倡廉教育列入各类党员、干部培训班的教学内容。同年，长沙电视台创办寓教于乐的“开心讲廉”节目，每月2期，节目内容包含廉政知识竞答和参赛单位自编自导自演的廉政歌舞、小品等，先后播出浏阳等三个区县专场，毛泽东纪念馆、刘少奇纪念馆、胡耀邦故居专场和市高开区等4个开发区专场，与省纪委一道推出“开心讲廉”红色晚会。2010年开始，确定每年3月23日为全市领导干部“廉洁从政警示日”。连续3年以学习贯彻《廉政准则》为重点，开展系列警示教育活动。党员干部开展廉洁从政讨论，撰写心得体会；市级领导班子成员和全市5000名中层以上干部深入国有改制工矿企业、困难职工家庭和棚户区，体察民情、倾听民意；副县级以上领导干部应试《廉政准则》知识；中纪委原常委给全市副县级以上实职领导干部作反腐倡廉专题报告；组织党员干部观看《王怀忠的两面人生》等电教片及廉政电影《老百姓是天》、阅读警示教育读本和《廉政准则漫画释义》，督促领导干部自警自省、警惕腐败。2012年，召开反腐倡廉宣传教育工作联席会议，强调反腐倡廉宣传教育要在着力抓舆论引导、教育培训、平台建设三方面下功夫，明确19个单位牵头或配合抓好反腐倡廉宣教工作。全市党委统一领导党政齐抓共管、纪委组织协调、部署紧密配合的反腐倡廉教育格局进一步巩固和发展。

二、廉政文化“七进”活动

为将反腐倡廉教育引向深入，扩大教育覆盖面，从1988年开始，开展廉政文化进机关、进家庭、进农村、进社区、进学校、进企业、进重点工程建设指挥部活动。

1989年，郊区（雨花区）确定每年4月20日为“廉政日”，通报处理典型事件，开展述廉评廉、廉政讲座、廉政文艺演出活动。1995年，开展反腐倡廉小品、曲艺等创作、会演活动，小品《局长敬酒》参加全省反腐倡廉小品会演，获创作优秀奖，演出一等奖。1997年，将《廉政准则》31个不准编成歌词，发布《开展“唱廉政歌，做廉政人”活动的通知》，举办“廉政准则歌”歌咏比赛149场，1.6万人登台表演，其中县处级干部212人。2000年，发布《关于开展“反腐败热点词题辩论赛”的通知》，决赛实况在市电视台黄金时段播放。2001年，发布《关于在领导干部家属中开展“争当廉内助，树立好家风”活动的通知》。表彰首批“廉内助”14人，其中6位作先进事迹报告。是年开始，每季向领导干部及其配偶家人寄发“双提醒”反腐倡廉信函和文章，督促领导干部自警自律，筑好家庭拒腐防线。2003年，建立湖南女子监狱等首批警示教育基地，组织党员、干部到监狱开展警示教育。2004年，开展社区廉政文化活动，各区、县（市）开办“市民廉政论坛”“廉政对话”，社区干部向居民代表述职述廉，在市民中聘请述廉评议员。是年，发布《关于廉政文化进校园的通知》，在学生中开展“敬廉、崇廉”启蒙教育，开展以反腐倡廉、讽刺时弊为主题的征文比赛和廉政警句征集活动，并将廉政教育渗透到青少年日常教育中，94%的学生表示不羡慕坐公车上学的同学。2005年，芙蓉区蓉园小学发出“了解反腐倡廉知识，阅读反腐倡廉故事，做正直小居民和廉政接班人”倡议，产生强烈反响。是年，发布《关于开展企业廉政文化活动的通知》，开展创“反商业贿赂，创诚信企业”示范点企业活动。2006年，发布《关于开展廉政文化建设文艺演出的通知》，在机关开展“树荣辱观，唱正风”等活动。2007年和2008年全市先后举办“家庭助廉”和“树勤廉家风，创书香家庭”活动总结表彰会，表彰徐春光等11名“家庭助廉”先进个人和卢俊秀等10户“勤廉、书香家庭”。2008年，发布《关于重点工程指挥部开展廉政文化活动的意见》，并以市轨道公司和代建指挥部为示范点，建立“双签双验”制度，指挥部与监理、施工单位在签订监理、施工合同的同时签订廉政合同，工程交付验收时，既检查验收工程质量，也检查评验廉政合同落实情况；建立“双告知”制度（详见第六节之“建筑领域专项治理”），主动接受监督；建立健全用权、限权制度，规范权力运行。代建指挥部设置招投标、财务、预结算、内部支付、现场签证五道关口，以防止违纪违规行为发生。轨道公司开展廉政知识竞赛、旁听职务犯罪案件庭审活动，实行任前责任、警示提醒、诫勉纠错、岗前教育谈话制度，确保重点工程廉洁、规范、高质和有效监督。

2009年，播放经过三年创作拍摄的电视系列论证片《责任与共》和反腐倡廉成果展专题片《正气》，宣传“反腐倡廉、人人有责”，展示长沙反腐成果。2011年，雨花区将周一至周五分别定为社区发言日、开放日、体验日、评议日、公益日，居民通过“社区五日”活动，参与社区事务管理，评议社区工作，监督社区干部，开展廉政点评。2012年，全省廉政文化建设推进会在长沙市召开，天心区桂花坪街道、雨花区地税局、开福区法院、咸嘉新村社区被命名为全省廉政文化建设示范点，毛泽东纪念馆、刘少奇纪念馆被命名为全省全国廉政教育示范基地。长沙职院、雅礼中学、开福区新竹小学等18所学校被命名为“廉政文化进校园示范学校”，望城县一中、浏阳市十一中、天心区仰天湖小学、开福区国庆小学被命名为“廉政文化进校园示范点”，全市各类学校以“示范点”为标杆，学校领导落实四项廉政承诺和四项办事公开制度，倡导教师注重师德、廉洁从教，培养学生“敬廉、崇廉”品质。

三、反腐倡廉宣传

1988—1992年，围绕改革开放和党风廉政建设，加强机关廉政建设开展宣传，向中央、省、市三级新闻媒体投送稿件，被录用503篇，市电视台开辟《长沙市纪委与各界交谈》专题节目，宣传推广“两公开、一监督”制度建设的经验，一手抓改革、一手抓党风廉政建设经验和典型，全市造成抓党风廉政建设，促改革开放社会氛围。1993年，《长沙晚报》、电台、电视台、《长沙党风政纪》杂志开辟治奢倡俭、政务公开、行评在长沙、廉政报道、督办与回音等专题、专栏，宣传反腐败的方针、政策和三项工作进展情况，报道反腐倡廉的工作动态、先进典型，曝光典型案件。1998年11月，将领导班子、领导干部和各部门的责任及责任追究、责任考核情况公布于众，置于全社会的监督之下，促进责任制落到实处。2000年，长沙市连续五年被评为全省纪检监察系统新闻工作先进单位，被中纪委评为《中国纪检监察报》优秀通联站。2001年，发布《关于进一步加大党风廉政建设和反腐败宣传力度的通知》，在三级新闻媒体上稿600篇。2003年，在《长沙晚报》、电视台开辟“廉政聚焦”专栏，宣传中共中央关于反腐倡廉的重大理论和政策、反映正反典型的焦点人物、引起较大社会反响的焦点事件、社会和群众普遍关注的焦点问题，推介党风廉政建设的好经验、好做法，又警醒各级领导干部廉洁自律、担负起落实党风廉政建设的领导责任。2005年，全市集中宣传中共中央《建立健全教育、制度、监督并重的惩治和预防腐败体系实施纲要》和省、市相继印发的《建立健全惩防体系实施意见》的基本精神、主要内容和贯彻落实情况，三级新闻媒体上稿4600篇。2006年，全市党风廉政建设和反腐败工作由原来治标为主向标本兼治，注重治本转变。“廉政聚焦”和市广播电台的“廉政之声”围绕源头治腐、制度建设、村级财务监管、政府投资监管、基金监管、重点工程监管、一把手监督、公共资源交易监管等，推介经验，披露问题，曝光反面典型。2009年，部署党风廉政建设八项制度执行情况督查整改，三级新闻媒体跟踪报道，上稿1100篇。《整纲肃纪强制度》《“制度革命”席卷长沙市直机关》等30余篇报道，先后在《人民日报》等主要媒体刊发。2010—2012年，围绕学习贯彻中共中央新颁布的《党风廉政建设责任制规定》《廉政准则》和中央关于改进工作作风、密切联系群众的“八项规定”，在《长沙晚报》创办《廉政行动》《权威发布》栏目，突出宣传报道领导干部廉洁从政警示日教育活动、整顿机关作风、优化经济环境和行政效能建设等，发布查办案件信息，督促领导干部自警自省，廉洁从政。

第四节 廉洁自律与监督

一、不廉洁行为清理

（一）纠正住房违规违纪行为。1989年，长沙市成立清房领导小组，出台《关于清理纠正党政机关干部在城镇违规营建私房实施方案》。长沙县、望城县、浏阳县和郊区机关干部逐人填报自建住房自查登记表，检查组逐人逐户清理核查。至1991年12月底，清查出违规违纪建房的干部1675人，占建房干部总数的89.27%；清理出乱占、超占土地面积1.51万平方米，清退违规分配的公房441套。全市重点清理108户，立案74件，是年结案处理63人，其中开除党籍10人，留党察看7人，撤销党内职务5人，开除公职7人，移送司法机关处理27人。1992年，全市住房改革全面展开。出台《长沙市公房出售和房改纪律》，提出对超面积购房和用公款超标准装修住房的处理规定。1993—2005年，持续清理纠正领导干部在建房、购房和装修住房方面违反中共中央廉洁自律规定的问题。各单位自清、自查、自纠的基础上，市纪委组织检查组进行全面检查和重点核查。累计清理出9348人住房超面积和公款超标准装修（简称“双超”），“双超”补款6439万元，12名县级领导干部被查处；清退多处购（占、建）房3082套，违规集资建房562套，清退空余住房1037套；清出违规建私房577人，其中县处级干部6人。查处以房谋私、贪污受贿等严重违纪的党政干部6人，均给予党纪政纪处分，其中移送司法机关处理2人。2006年，对2002年9月以后党政机关事业单位新建、团购商品房开展专项检查，责令有关单位完善报建等手续90项，补交税费1646.17万元；通报批评有关单位用行政划拨地违规建商品房问题，并给予行政处罚。至此，纠正住房违规违纪工作全面结束。

（二）公款吃喝玩乐风整治。1991年，发布《关于开展“一刹三清”工作的通知》，全市狠刹用公款吃喝、送礼、请舞、钓鱼等不正之风，党政机关接待费下降30%~50%。1995年5月，制定《关于不准接受可能影响公正执行公务的宴请和不准参加用公款支付的娱乐活动的规定》，先后四次检查该规定落实情况，主要娱乐场所公款消费额下降43.7%。1997年，规定“13严”“45个不准”，各单位建立接待用餐标准，完善财务审核等制度，公务接待费比1996年下降37.1%。1998年，实行接待费财务单列制度、建立接待费审批核算和监督检查制度。2003年，重申公务接待标准、范围和审批程序，实行公务接待由政府采购定点接待，接待费用由市财政局采用“单一账户、集中管理、分户核算、国库支付”的办法设立专账管理。2007年，出台《长沙市市直行政事业单位财务支出公开实施办法》，公开各单位接待费、会议费、差旅费、交通费（其中，出国考察费单列）。对“四费”综合指标前20名的单位，每半年提醒一次；全年“四费”排名前5名的单位主要负责人向政府常务会议作出说明。2009年，所有公务消费实行公务消费卡电子转账支付结算，全市各项公用经费同比下降18.54%。2010—2012年，公务消费实现“零增长”，有力刹住公款吃喝玩乐风。

（三）公务用车清理规范。1993年，针对领导干部违规购配使用小汽车的“马路上的腐败”问题，出台《长沙市清理规范公务用车实施方案》，组建专门工作班子，对全市领导干部使用的小汽车进行全面清理。7名在职市级领导干部，将乘坐的排气量超过2.5升的小汽车全部按中央规定标准换乘。清查出党政机关违规购买和更换的小汽车67辆，全部处理到位。1995年，出台《关于党政机关、事业单位汽车配备和使用管理的规定》，明确严格按中共中央规定的标准配备公务用车，提出对违规购车、更换小汽车的处理意见。至2000年年底，查处无牌或无证的军警机动车和违规悬挂军警牌照的车167辆，清退、收缴军警牌照96块，查处违规超标小汽车176辆，清退党政机关干部借用和受赠送的小汽车59辆。2004年，出台《长沙市党政机关事业单位购置装修小汽车暂行规定》，对增加和更新、装修公务用车的条件和标准作出明确规定，查处擅自购买超标车、借用车、挂靠车、公车上私牌等问题，清理归还领导干部因公调动带走的小汽车。2009年1月，出台《长沙市市直机关和事业单位公务用车暂行管理办法》，严格按领导职数、人员编制、工作职能核定单位车辆编制，新购车辆报市委常委会议审批，对超编超标购车和提前更新车辆财政不予支付经费。2010—2011年，重新核定全市145家单位公务用车编制3875台，查处42家单位超编车327台，超标车170台，违规借车36台，收缴超标超编车辆126台，清退147台，拍卖20台。2012年全市未发现违规购配、使用小汽车现象。

（四）公费出国（境）旅游治理。20世纪80年代末，社会各方对领导干部公费旅游，特别是公费出国出境旅游反映强烈。1990年，发布《关于开展制止党政机关干部公款出国（境）旅游专项工作的通知》，在全市开展清理工作。1993年，出台《关于加强对组团出访管理，严禁公费出国（境）旅游的意见》。1994年，清理出1992年7月以后党政机关干部用公款变相出国（境）旅游59批354人次，其中县（处）级以上干部171人次；138人清退所得返还款10万元。1996—2000年，取消压缩出访任务不具体、作用不明显的组团计划124批537人次，查处6人公费出国（境）旅游问题，出国组团出现“有实质性的经贸培训团组增多，一般性考察团组减少；厂长、经理、工程技术人员增多，机关行政人员减少；企事业单位团组增多，党政机关团组减少”的好现象。2001年，出台《因公出国（境）呈报审批和管理办法》等文件，对县处级以上领导干部持有因私护照和港澳通行证、外国居留证进行摸底登记和清理，加强监督管理。2004年，出台《因公出国（境）审批和管理办法》，发布《关于进一步加强党政干部因公出国（境）管理，坚决制止公费出国（境）旅游的通知》和《关于加强我市国家工作人员出国（境）管理的通知》，对出国（境）的申报理由、审批原则和依据及监督管理作出规定。2006年控制压缩和核减公费出国（境）团组371批1943人，制止因公走因私渠道出国（境）5批220人次，阻止违规赴台湾旅游60人次，拒批不合理出国（境）101人次。2008年5月，发布《关于严格控制出国（境）的紧急通知》，除涉及商务谈判、签署重要协议或合同、出席国际会议等确需出国（境）的情况外，原则上不安排市级及以下人员出国（境）访问、考察和培训，批准未成行的从严控制。6月，发布《长沙市公务出国（境）实行政府采购定点旅行社的通知》，规定公务出省和出国（境）只能由政府采购的定点旅行社提供中介服务。2009年，对公款出国出境实行外事部门严格规范因公出国（境）计划和任务审批、财政部门实行经费先行审批制的“两控”制度，全市因公出国（境）人数比2006—2008年平均数下降65%。2010年，发布《关于进一步加强党政干部出国（境）管理的通知》，重申加强党政干部出国（境）的归口管理、护照、通行证管理、经费管理，严格因私出国（境）审批工作和登记备案工作，严格规范国家工作人员赴澳门的审批工作。全市因公出国（境）经费支出只占可控指标的50%，公费出国（境）旅游不正之风得以刹住。

（五）公费通信工具清理。1997年10月，针对长沙市出现党政机关干部公费配置“两机”（移动电话机和住宅电话机）过滥、话费开支过大问题，出台《关于清理规范移动电话和住宅电话使用管理的实施方案》，对党政机关和国有、集体企业公费配置的“两机”逐机清理登记，一次性折价处理，严格控制话费补贴范围和标准。全市清理党政机关公费配置“两机”2.2万台，国有、集体企业公费配置“两机”6626台，收回资金1505万元。清理后，话费补贴4716人，节约话费334万元。1998年1月，出台《长沙市党政机关移动电话和住宅电话使用管理的规定》，对话费补贴范围、标准和报销管理作出明确规定，不再用公费购买移动电话和住宅电话。8 月，出台《关于长沙市移动电话和住宅电话使用管理的补充规定》，明确不分级别、不搞待遇、以实际工作需要补贴话费 3 条原则，限额补贴、年终结算、超额自负、结余归公。2003 年，实行通信话费货币化改革，“两机”问题彻底解决。

（六）礼金、有价证券清理与其他。1993 年，针对党政机关、行政事业单位干部在公务活动中存在收受礼金的不正之风现象，出台《关于党政机关干部廉洁从政的规定》，明确规定党政机关干部在公务活动和经济交往中，不得以任何名义和变相形式接受礼金、礼券、贵重物品和“红包”；在外事、商务公务活动中，因拒绝不了而收受礼金和有价证券的，必须在 1 个月内全部交出并上缴国库，凡不按期交出的，以贪污论处。1995 年，全市党政机关副县级以上单位召开领导班子廉洁自律民主生活会，对照中央廉洁自律两个“五条规定”自查自纠，清退上交礼金、有价证券和礼品折款计 127.5 万元，清退单位和个人收受的首饰、“大哥大”（移动电话机）等贵重物品 84 件、信用卡 3 个。1995—2005 年，先后开展 25 次监督检查和专项督查，立案查处违纪案 89 件，给予党纪政纪处分 35 人。2006—2012 年，贯彻落实中纪委“八条新规”，制定“十个严禁”“六项规定”，全市查处违纪行为 142 起 576 人次，收礼之风得到遏制。

2012 年，全市还清理出党政机关领导干部及工作人员无偿占用企业资金 598 万元、各种物资设备 324 件（台）、交通工具 24 辆、通信工具 62 台，均按规定全部清退；清理出用公款购买商业保险 91 人，追缴资金 97.56 万元；清理出 100 名党政机关领导干部、工作人员以本人或家属名义，在矿山、开发项目等投资入股，按政策全部撤资退股，并收缴红利；清理规范公务员津补贴、纠正少数领导干部利用个人及家庭成员婚丧喜庆借机敛财，借用、拖欠公款，用公车公款送子女读书等工作，以及乡镇干部“走读”和领导干部酒驾等专项治理工作也取得成效。

（七）楼堂馆所建设清理控制。1997 年，制定《清理、控制楼堂馆所建设实施方案》，在全市开展清理工作，规定三年内原则上不再审批各级党政机关新建办公楼的计划。全市取消、停建、缓建、停购办公楼计划 36 项，压缩投资规模 15 项，取消装修计划 81 项，节约经费 3 亿元。2004 年，清查全市党政机关办公楼和培训中心建设项目，发现违规项目 26 个。冻结新申报的建设项目，纠正有关超标问题。2007 年，出台《关于厉行节约、反对浪费的规定》，要求严格控制新建办公用房、严格审批办公用房建设项目，严格控制办公用房建设标准，三年内原则上不再审批楼堂馆所建设项目。2008 年，成立长沙市楼堂馆所建设领导小组。各类党政机关楼堂馆所建设项目实行市发改委、市楼堂馆所建设领导小组审查、市政府常务会议研究决定的三级审批制度。2011 年，市政府出台长沙市党政机关办公楼等楼堂馆所项目建设公示暂行办法》，规定楼堂馆所建设的项目名称、建设理由、建筑面积、投资规模、资金来源等必须通过《长沙晚报》和长沙政务信息网公示。对群众反映或举报的问题，经调查核实，不符合建设条件的项目不予批准建设。2012 年，全市楼堂馆所建设得到控制。

二、廉政监督

（一）党政正职监督。中共长沙市委、市政府将党政正职作为廉政监督的重点对象。2007 年，发布《关于加强对党政正职廉政监督的意见》，在天心区、市教育局、市工商局开展为期一年的党政正职监督试点，摸索经验。2008 年，市委总结提升试点经验，出台《长沙市关于加强县（处）级党政正职监督的暂行规定》，把党政正职遵守政治纪律、贯彻民主集中制、执行干部人事制度、遵守财经法规和制度、参与经济活动、廉洁自律以及落实党风廉政建设责任制七个方面作为重点监督内容。在市直机关及区县（市）等县级单位推行党政正职不直接分管本单位干部人事、财务审批和工程建设的制度，“三重一大”

（重大工作部署、重要人事任免、重大基建项目，大额财务开支审批）事项集体决策制度和“一把手”末位表态制，并把“一把手”的“社交圈”“生活圈”以及“八小时以外”的表现作为评价和正确任用的重要依据之一。2009年，对党政正职的监督延伸到市直单位的二级机构、区县（市）直单位和乡镇（街道）。2010—2012年，区县（市）和市直单位党政正职每年向市纪委全会口头或书面报告落实党风廉政建设责任制情况、个人廉洁自律情况，接受纪委委员的咨询和监督。这项创新工作被中纪委和省纪委分别向全国和全省推介。

（二）廉政考评与公开述廉。1994年3月，出台《关于党政机关干部廉政建设的若干规定》，要求各级纪检监察机关和组织部门建立党政干部廉政档案，每年进行廉政考评。1995年开始，每年发布《廉政考评实施方案》，按干部管理权限对全市各级领导班子和领导干部实行廉政考评。考评落实“一岗双责”和廉洁自律规定情况，考评结果记入廉政档案，作为评价和任用领导干部的重要依据之一。1995—2002年廉政考评结果显示：群众有反映的领导班子不到3%，群众反映不廉洁的领导干部在24.6%以下。对考评中发现的问题，除少数问题需进一步查证外，主要是找本人谈话，批评教育，打招呼敲警钟。2003年，发布《关于领导干部公开述职述廉的通知》。市直单位和区县（市）党政正职1261人述职述廉，其中县处级233人。2005年12月，中共中央纪委、中共中央组织部联合下发《关于党员领导干部述职述廉的暂行规定》后，进一步完善领导干部述职述廉制度。2007年起，实行市直单位党政正职向纪委全会述廉，并接受纪委委员评议咨询。2009年，领导干部述职述廉内容延伸到社交圈。2010年，出台《长沙市党员领导干部公开述廉的若干规定》，实行市、区县（市）及市直单位党政主要负责人向上级和同级党委全体（扩大）会议公开述廉，并接受党代表、人大代表、政协委员、民主党派和新闻媒体的监督；述廉内容重点突出“一岗双责”、集体决策、干部任用、工程招标、土地出让、资产处置、资金安排、个人重大事项八个方面。2011—2012年，146名区县（市）党委、政府班子成员公开述廉，2000人参加述廉大会、意见反馈大会和满意度测评。中共中央政治局常委、中纪委书记贺国强，省委书记周强，省纪委书记许云昭均作出批示，对公开述廉给予肯定，中纪委向全国推广长沙作法。

（三）个人重大事项报告。1994年3月，出台《关于党政机关干部廉政建设的若干规定》，建立领导干部个人及家庭重大事项报告制度。报告内容包括买卖住房、建房、住房调整、装修，更换车辆，家属子女调动工作，家庭及个人工资外重要经济收入等，纪委、组织部门负责监督检查。1999年，贯彻落实中纪委颁布的《关于党员领导干部报告个人廉洁自律有关事项的规定》，建立廉洁自律登记簿制度，要求领导干部按要求及时如实报告和登记个人重大事项，重点是车子、筷子、票子、机子、孩子（妻子）（“五子”）问题等，纪检监察机关定期或随机抽查核实。2001—2007年，领导干部7200人次报告换乘小汽车、购房、拒收礼金礼品等事项，2105人次报告配偶、子女从业情况，纠正21人。2008年，中共中央颁布新的《廉政准则》和《领导干部报告个人重大事项的规定》，发布《关于党员领导干部报告个人廉洁自律有关事项的通知》，领导干部履行“一岗双责”、家庭住房、投资、子女与外国人、无国籍人士、港、澳、台居民通婚及移居国外情况，配偶、子女从业及被追究刑事责任情况，本人婚变、持有因私出国（境）证件及出国（境）情况等重大事项，必须在事后一个月内如实地以书面形式向上级党组织和纪检机关报告。2012年，有920人次分别报告公务出国(境)、子女就业、升学及到国外留学情况。

（四）经济责任审计。1999年，发布《中共长沙市纪委关于在反腐败斗争中加强审计监督的若干意见》，要求审计部门在审计工作中将发现的党员、干部特别是领导干部的违纪违法问题，及时反馈给纪检监察机关，并根据反腐败斗争的需要，对领导干部的经济责任施行随机审计、任期审计或离任审计。至

2005年，审计1063名领导干部的经济责任，其中县处级188名，查处违纪违规资金2.88亿元，66人调整工作岗位，67人受到党纪政纪处分，其中撤职、降职、免职57人；追究法纪责任43人。2007年，出台《关于进一步完善领导干部经济责任审计制度的规定》，明确规定领导干部离任必审，任满一届必审，对同一岗位连续任职三年以上的党政正职实行任期经济责任审计。2008—2012年，审计217名领导干部，其中副厅级以上9名，离任审计38名，有5人诫勉谈话。

（五）廉洁自律民主生活会。1988年，发布《关于建立领导干部廉洁自律民主生活会制度的通知》《关于建立纪委参加同级和下级党委民主生活会制度的通知》，要求县（处）级以上党政机关、企事业单位党委（党组）每半年召开一次廉洁自律民主生活会，纪委派员参加同级和下级党委（党组）民主生活会，实施监督。1995年，全市党政机关和企业党委召开2次民主生活会，对照中央廉洁自律两个“五条规定”和“四条补充规定”，重点检查和解决收受礼金、公款“吃喝玩乐”和住房违纪等问题。党政机关县处级以上领导干部上交礼金71万元。184个国有企业领导班子召开专题民主生活会，会前广泛征求意见，解决问题361个，建立制度332个。1996年全市县处级单位召开民主生活会，有5人纠正存在的问题。2001—2012年，各单位先后以加强思想作风建设、检查廉洁自律方面“五子”问题和廉洁自律十六条新规定、廉政制度、廉政准则落实情况等为主题召开民主生活会，开展批评与自我批评，自查自纠存在的问题，端正党风政风。

（六）廉政“三谈”。1999年，发布《关于对领导干部实行谈话、函询制度的通知》，对新提拔的领导干部和信访反映有轻微违纪行为或违纪苗头的领导干部进行“三谈”（廉政谈话、信访谈话、诫勉谈话）和以信访通知书为主要形式的事前监督。2005年12月，中共中央纪委、中共中央组织部下发《关于对党员领导干部进行诫勉谈话和函询的暂行办法》（以下简称《办法》）后，长沙市严格按中央《办法》规定的要求规范对领导干部的诫勉谈话和函询。至2006年年底，纪委负责人同党政领导干部廉政谈话和诫勉谈话4372人，信访谈话和发出信访通知书247人，责任追究57人；对新提拔的领导干部任前廉政谈话4042人；三谈人员中县处级干部1780人。2007—2012年，“廉政三谈”和函询促使2786人把问题解决在萌芽状态，为89人澄清问题97个。

（七）党风廉政检查。1988年，发布《关于对党政机关廉政工作和党风情况开展监督检查的通知》，检查区县和市直各级廉政情况和全市党风状况，纠正违反廉政规定的问题26个。1989年，开展全市性党风检查，解决党风党纪方面的问题826个，对36名领导干部个别谈话、提醒教育。1990—1999年，对县处级干部廉政情况、“五子”问题等开展检查督查，发出“督办通知”和“限期整改通知书”20份，收缴住房“两超”价款160万元，有16人说清问题。2000年，建立党风廉政建设巡视制度，巡视工作每半年一次。2000—2004年，通过检查考核、巡视督办，386名领导干部受到责任追究，其中县处级干部29名；党纪政纪处分135人，移送司法机关处理2人，组织处理69人，警诫82人。2009年2月，发布《关于在市直机关开展党风廉政建设规章制度执行情况督查活动的意见》，对101个市直单位2007年以后执行干部任免、公务用车、政府采购、工程招标、集中支付、津补贴发放、出国（境）考察、资金管理8项制度的情况开展为期半年的督查整改，7月延伸到5区4县。市委成立领导小组，下设办公室。在各单位自查自纠的基础上，由市委常委或市委督办专员带队，对各单位全面督查；对变相逃避、弄虚作假、隐瞒不报的进行重点追查和严肃处理。经过会议交办、自觉整改，检查督办、集中整改，严厉查办、责令整改，7月集中讲评。在纠偏改错的基础上，从规范领导行为、责任主体、操作细节和监督方式四个方面修改、完善制度126项。对整改不彻底的10个单位，对单位主要领导个别谈话。

通过督查整改，96家市直单位上缴违规发放的奖金福利205.9万元，处置违规车辆272台。2010—2012年，围绕“廉政准则”落实情况、“两节”期间党风廉政建设、“八项制度”执行情况、督查整改“回头看”工作和三级党委换届纪律执行情况开展自查督查和巡视，解决热点、难点问题2100个，查处违纪违法案件10起。

（八）党务公开。2010年，出台《长沙市党的基层组织党务公开的暂行办法》，规范基层党务公开的原则、内容、程序、形式，明确在不涉及党和国家秘密的前提下，最大限度地向党员和群众公开党员发展情况、党内职务任免、民主生活会情况、群众投诉的热点问题的解决情况等。至年底，全市1140个村实行党务公开，并推进社区党务公开试点工作，砂子塘街道金地社区确定为全省党务公开工作联系点。2011年，天心区突破选人用人、重大决策和敏感问题的“禁区”，对区委10个方面的权力公开，被中纪委确定为县级党组织党务公开工作试点单位。2012年，市直机关、国有企业、学校、非公经济组织、社会组织等基层单位党组织开展党务公开示范点创建活动，完善公开制度和运行机制，促进公开常态化。

第五节　案件检查

一、信访、举报受理

1988年，出台《1988年纪检信访工作安排和达标方案》，落实中纪委下达的信访工作“三项指标”。市纪委和县以上单位纪委受理信访1059件，其中控告举报件占52%，举报案件线索1745件。主要举报少数领导干部贪污受贿、以权谋私、生活作风和工作作风问题、违反人事财务法规政策及官僚主义失职渎职等。信访案件办结率97%、初信初访办结率98.1%、重复信访和越级信访率分别为6%和7%。1990年，发布《关于加强基层信访和信访基础工作的意见》，多措并举加强城市街道、农村区乡镇信访工作5项指标达标率。各级党委、纪委建立领导信访接待日制度，阅批重要信访件，处理重要信访问题。建立信访联系点32个，层层开展信访达标活动，实行目标管理。同年，出台《关于保护党员、群众检举控告和申诉民主权利的规定》，明确保障党员、群众信访监督权力和维护自身合法权益的措施。1991年，出台《1991—1995年纪检信访达标规划》，要求在三项指标达标的基础上，达到中纪委提出的信访案件按期结案率70%、优质结案率80%。4月，在长沙县召开全市纪检信访工作会议，部署加强信访业务建设。1992年，建立健全城市街道、农村乡镇信访网络，配齐信访专干和信访信息员，组织信访业务培训，召开信访工作经验交流会，全市各级信访五项指标全部达到或超过中纪委提出的目标。完善“以市纪委为‘龙头’，以市直各战线为‘主导’，以基层纪委为主力军”的信访工作运行机制，一级抓一级，着重处理好信访反映的党政机关领导干部以权谋私、贪污受贿、权钱交易等问题，95%的信访问题解决在基层。信访积案办结90%，信访老户问题和集体上访有效化解。查办信访案件275件，为219名受到诬告错告的领导干部澄清是非。信访信息被党政领导采纳313条。长沙市在全省和全国纪检信访工作会议上介绍经验。1993年，制定《纪检监察信访工作目标管理方案及考核细则》，按照“属地管理、分级负责、归口办理”原则，加大直查快办信访案件力度。此后，年信访量由9000件次至1万多件次降至3000~6500件次。信访举报厅级干部35人，举报县处级干部的信访件由每年100~200件上升为500~600件；举报党务、人大、政府、政协和检察、审判机关的信访件比重增大，1998年达28.2%。信访举报的内容，主要是“三机关一部门”领导干部贪污受贿、以权谋私、违反政治纪律和组织人事纪律问题、不正之风、企业改制和征地拆迁中的问题等。2001年6月，召开全市信访工作会议，贯彻全国纪检监察信访工作座谈会精神，部署进一步加强纪检监察信访工作。拓宽举报渠道，开辟网上投诉，举报中心设立全天候自动录音举报电话。坚持领导分工责任制和审核反馈结果制度，建立交办信访案件回执单制度。对群众反映强烈的“三机关一部门”的问题、重点领域重点环节的问题、村级财务不公开的问题、征地拆迁中损害群众利益的问题、企业改制中国有资产流失问题以及经济发展环境问题等，加大直查快办力度。2002年，把信访举报工作纳入纪检监察工作目标管理，制定实施细则，严格考核。建立“书记总揽、副书记分管、常委主管、信访室主抓、全委抓信访”的“大信访”格局。进一步落实领导接待日制度，建立特邀监察员信访接待日制度，实行首访负责制。全年信访总量比2001年减少35%。

2003年，建立定期联系基层制度，变上访为下访，深入基层现场办公接待上访群众；承诺对实名举报优先办理，件件回复，奖励举报有功人员。实行信访工作责任制和责任追究制，对基层信访工作实行分类指导，帮助解决疑难问题。全年信访案件办结率和实名信访回复率分别为96%和100%。2004年，发布《关于妥善处理信访突发性问题和群体性事件，切实维护社会稳定的通知》，把处理突发性问题和群体性事件，纳入信访目标管理考核，实行“一票否决”。明确责任单位和责任人，实行领导包干、集中办理、联调联处。对处理工作不力或失职渎职者追究责任，哪一级出现非正常上京访，其党委、政府、纪委一把手说明情况、书面检讨，并通报批评，取消年终奖和评先资格。2006—2012年，受理群众信访1.48万件次，举报控告件占89%~95%。举报的问题主要是领导干部贪污受贿、官僚主义失职渎职、违反社会管理秩序问题和领导干部违反廉洁自律规定问题，拆迁、征地、安置和企业改制中的违纪违规问题及村级财务管理问题等，提供案件线索占立案数80%。全市化解信访突发问题和集体访事件100起、集体上访69批389人、重信重访和矛盾纠纷309件、进京上访40起；直查快办信访案件2442件，为1441名领导干部澄清问题。

表2-7-5-1　　1988—2012年长沙市纪检监察机关受理群众来信来访统计一览表　　单位：件

年份	来信件数	来访次数	举报电话数	其他方式	合计	检举控告	申诉	其他	业务范围外
1988	8571		205	—	8776	3205	877	2474	2220
1989	7963	1779	125	—	9867	5934	1008	189	2736
1990	8133	4049	74	—	12256	6817	813	1940	2686
1991	6404	3175	36	—	9615	4883	786	1559	2315
1992	5229	3504	53	—	8786	5314	697	1116	1659
1993	2882	1191	—	—	4073	2956	52	—	1065
1994	3532	1375	281	—	5188	3883	159	—	1146
1995	3657	853	387	—	4897	4210	71	—	616
1996	4224	1078	319	—	5621	4792	44	—	785
1997	3955	605	390	—	4950	4346	67	—	537
1998	4933	878	621	—	6432	5817	65	46	504
1999	2874	411	392	—	3677	3132	59	13	473
2000	3439	500	272	—	4211	3565	40	32	574

续表 2-7-5-1

年份	来信件数	来访次数	举办电话数	其他方式	合计	检举控告	申诉	其他	业务范围外
2001	3336	882	617	—	4835	4366	127	122	220
2002	2930	396	312	—	3638	3156	85	70	327
2003	资料缺失			—	3486	资料缺失			
2004	2181	580	418	—	3179	2836	55	65	223
2005	2060	826	322	—	3326	3073	46	29	60
2006	2747	597	79	53	3476	2473	105	97	801
2007	2676	610	95	—	3381	2421	145	65	750
2008	2103	431	82	252	2868	1708	69	55	1036
2009	1447	508	77	235	2267	1195	85	64	923
2010	1349	368	96	292	2105	953	74	40	1038
2011	1590	339	83	73	2085	1455	48	102	480
2012	1011	1065	55	13	2144	927	0	822	395

二、案件查处

1988 年，发布《1988 年案件查办工作意见》，明确以查处扰乱经济秩序和贪污受贿案为重点，查处各类违纪违法案件。全市办案 597 件，其中经济违纪违法案 210 件。1989 年，落实监察部《关于有贪污贿赂行为的国家机关工作人员必须在限期内主动交代问题的通告》，群众举报踊跃，案源剧增。全市查处违纪违法案件比 1988 年增加 1.25 倍。其中经济类违纪违法案占 40%，贪污贿赂案 350 件，有 10 名县级干部违纪受到查处。1990 年，落实案件查处工作“三定一包”（定领导、定人员、定措施，包干负责）责任制，每季一次办案汇报会，检查办案进度、会诊疑难问题、交流办案经验；深入基层指导办案，帮助处理积案和查办疑难案件。全市突破大要案 187 件，查处 2 名厅级干部违纪案等 32 名县级干部违纪违法案。1991 年，出台《关于在执纪中支持保护改革，促进搞活经济的若干规定》，划清是与非、违纪与违法的八条政策界限，做到既惩治腐败，又保护党员、干部改革创新的积极性和自身合法权益。在浏阳县召开全省案件检查工作现场经验交流会上，省纪委向全省印发《浏阳县案件查处工作做得好》考察报告。至是年年底，两年办案 2627 件，大案要案占 30%。重点查处贪污、受贿等各类经济违纪案 1138 件，腐化堕落案 270 件，违反计划生育案 359 件。处分党员干部 1685 人，留党察看 403 人，开除党籍 447 人，刑事处理 53 人，移送司法机关118 人。1993 年，严厉查处发生在“三机关一部门”和领导干部中的腐败问题。着重查处违反政治纪律和组织人事纪律案，贪污、贿赂等经济违纪违法案，败坏党风政风和执纪违纪、执法犯法案，严重官僚主义失职渎职案，奢侈浪费、腐化堕落、道德败坏以及顶风违纪案等。1996 年，长沙市在全省案件检查工作会议上交流突破大要案的做法；1997 年，在全国案件检查工作会议上介绍“分散初查，立一案成一案；集中突破，上一案破一案；查结并重，查一案结一案”的经验。1998 年 6 月，发布《关于进一步加强办案管理的通知》，要求做好案源线索汇总统计、综合分析、排查筛选工作。严格案件管理和“两规”“两指”措施审批运用，依纪依法安全文明办案。每办完一起大案要案，在发案单位和系统开展“撰写一份案件分析报告、下达一份整改通知书、形成一份整改情况

表 2-7-5-2

1988—2012年长沙市纪检监察机关查办案件情况统计一览表

单位：件

项目	数目 \ 年份	1988	1989	1990	1991	1992	1993	1994	1995	1996	1997	1998	1999	2000	2001	2002	2003	2004	2005	2006	2007	2008	2009	2010	2011	2012
违反政治纪律		2	资料缺失	30	1	2	6	1	5	4	4	6	8	9	11	5	-	12	6	2	3	1	1	3	1	3
违反组织人事纪律		-		15	3	4	7	3	8	-	2	11	7	6	8	-	8	5	4	14	7	4	6	14	9	21
违反外事纪律		5		1	1	—	—	—	—	—	—	—	—	—	—	—	—	—	—	—	—	—	—	—	—	—
违反廉洁自律规定		—																	24	14	14	14	18	31	16	24
严重以权谋私		39	—	23	3	—																				
经济类违纪	贪污受贿	137	223	462	320	154	133	138	132	177	214	217	195	138	118	85	114	119	115	83	122	106	141	146	103	128
	违反财经金融纪律	55	33	116	71	42	49	44	57	84	50	26	24	43	52	93	85	48	52	32	46	34	49	40	26	42
	其他经济类违纪	25	217	95	74	41	58	37	70	149	120	185	239	188	154	140	98	85	38	38	23	23	60	31	28	17
严重官僚主义失职渎职		23	资料缺失	28	129	23	26	33	37	19	24	71	85	99	117	130	180	109	118	91	100	84	127	80	92	72
侵犯党员公民权益		21		31	17	13	8	7	20	2	15	22	16	16	16	6	7	7	24	14	25	17	22	31	17	27
腐化堕落、违反社会道德		67		135	135	130	58	57	58	58	57	35	18	25	16	25	16	12	3	12	4	8	6	8	4	5
违反社会管理秩序类	小计	99		308	282	143	52	60	37	63	42	75	64	115	152	187	161	194	243	258	262	296	344	357	262	414
	嫖娼	—										21	6	14	22	11	5	4	—							
	赌博	62	资料缺失	128	103	78	42	50	29	57	32	28	18	14	39	48	42	82	—							
	违反计划生育政策	37		180	179	56	10	10	8	6	10	7	15	29	11	19	24	29	—							
	其他违反社会管理秩序类	11		—	—	9	—	—	—	—	—	19	25	58	80	109	90	79	—							
其他违纪行为		113		220	126	66	67	65	54	123	70	23	53	25	28	27	32	51	18	44	19	19	29	45	28	50

报告书、召开一次警示教育大会”的“四个一”活动，达到查处一个案件、完善一项制度、堵塞一类漏洞、教育一批党员干部的目的。2000年，重点查办违反政治纪律和买官卖官、贿赂选举等违反组织人事纪律，贪污贿赂、腐化堕落、失职渎职和违反廉洁自律规定，官商勾结、权钱交易、权色交易，领导干部和执法人员为黑恶势力充当“保护伞”，国有资产严重流失，基层干部以权谋私、侵害群众利益，以及严重损害群众生命财产安全的案件。是年，查处案件6489件，其中大要案和“三机关一部门”的案件占35%。查处贪污、贿赂等经济违纪违法案占55%，挽回经济损失4亿元。处分党员干部4853人，其中县处级干部139人、乡科级干部1175人；受党内撤职以上处分的党员1690人，其中开除党籍1002人；受行政撤职以上处分的干部776人，其中开除公职402人；刑事处分394人，移送司法机关312人。2001—2008年，查处各类案件5191件，大要案占38%。查处的案件呈现“领导干部涉案突出、权力部门发案集中、经济大案多、窝案串案多”的特点。查处“一把手”252人、县处级干部143人、乡科级干部757人，领导干部失职渎职案1183件，司法机关、国土等权力部门的案件295件，农村基层及城市社区干部损害群众利益案322件，经济违纪大案1116件，重点领域、重点部门的窝案串案215件。党纪政纪处分4760人，刑事处分263人，移送司法机关395人。2009年，发布《关于推行区县（市）之间、区县（市）与市直单位之间联合办案、交叉办案的通知》。市和区县（市）两级选拔具有专业优势的办案人员组建办案人才库。对于重大疑难复杂案件，发案单位自身办案力量难予突破以及发案单位需要回避的案件，由市纪委统一归口、集中管理案件线索，统一调配办案人员，组成交叉调查组实施初核和调查，全市查办案件的数量、质量和效率同步提升。2009—2012年，立案2978件，年均查办745件，是1992年以来的最高纪录；处分党员干部2589人，其中领导干部年均331人；年均开除党籍157人、开除公职46人；移送司法机关处理年均50人，查处党政“一把手”53人、县处级干部73人，其中正县级干部5人。2012年，长沙市交叉办案经验在中纪委召开的中南地区查办案件工作研讨会上推介，湖南省纪委《党风廉政》全文刊发。连续12年未发生查办案件安全事故。查办案件工作年度考核，长沙市连续7年居全省第一。

三、案件审理复查和纪律处分执行

（一）案件审理。1988年，召开全市案件审理工作会议，强调坚持“严肃慎重，区别对待”原则，按照“事实清楚、证据确凿、定性准确、处分恰当、手续完备”的“二十字”方针严格审理案件，使所办案件经得起历史考验。处分报批前，指定专人与受处分者谈话、征求意见，处分决定和依据的事实材料与受处分者本人见面。是年，市纪委案件审结率和优质率均100%，在中纪委郑州会议上介绍经验。1991年，对1988年以来县区和市直战线所办案件开展检查和自查，优质卷21%~61%，总体水平不高。1992年采取重点培训、联系实际审理案件与学习审理业务知识相结合等方法，培训案件审理工作人员1413人。1993年，发布《关于加强案件审理工作的意见》，加强审理机构和队伍建设，提高审理质量。县、区纪委建立审理室，配备专职审理人员；市直战线和基层建立审理小组。1994年，推行审理工作目标管理，开展案件质量检查评审和典型疑难案件讨论分析活动，组织业务培训；开展审理经验现场交流活动，推介长沙县纪委1983年来办案900件无申诉的经验。1995年，全市审理案件446件，审结率99.1%；补证366份，改变原拟定错误性质10起。1995—1997年，按省纪委确定的合格卷100%、优质卷80%以上的要求，对1993—1997年的案卷开展自查、互查、抽查，针对问题整改，提升审理质量。1998年，经省纪委检查，长沙市案件审理取得平均99.3分的好成绩，全市案件审结率上升到100%。2001年，开展以准确定性为重点的案卷质量检查和上门业务指导，帮助基层把好定性处理关。2003年，连续6年审结率和案卷合格率100%、优质率85%以上。2004年，发布《关于基层案件审理工作改革意见的通知》，实行“查（案）审（案）分工，互相制约，归口审理”原则。市直各单位查办的科以下党员、干部的案件在自审的基础上交由市直机关工委协审，区县（市）直机关和乡镇、街道办事处查办的案件归口区县（市）纪委审理。是年“乡案县审”率100%。2005年，案件优质率上升到89%。

2008年，望城县试行“调查方和被调查方相互抗辩—审理委员会居中仲裁、形成合议意见—纪委常委会（监察局局长办公会）审议决定”的党纪（政纪）案件审理模式，经过“陈述、申辩、问答、合议”等公开审理环节，保障案件审理的公正性、准确度和犯错误党员、干部的合法权益。省纪委书记许云昭批示“是落实十七大精神，推行党内民主、党务公开，维护党员合法权益的有效探索”。2010年，在浏阳市开展“特约审理”试点。任命或聘请特约审理员，与审理人员共同组成合议庭审理重大复杂违纪案件。合议庭成员享有同等发言权和表决权，对有争议的问题，合议庭按照少数服从多数的原则，投票表决。在试点的基础上出台《违纪案件特约审理活动办法（试行）》，对特约审理的基本原则、适用范围、参与人员、回避制度、程序和方法等作出明确规定。2008—2012年，全市审理各类案件3320件，补证880份，完善手续1477个，改变案件定性181个；定性意见被纪委常委会采纳率100%，量纪意见采纳率97%以上；案件审结率、归口审理率、案卷合格率均为100%，优质率85%以上。

（二）纪律处分执行。1988年至1991年9月3日处分违纪党员的批准权限，按长纪发〔1984〕18号文件执行。从1991年9月4日开始按长纪发〔1991〕10号文件《关于处分违犯党纪的党员批准权限的具体规定》执行（见《处分违纪党员审批权限简表》）。处分违反行政纪律的干部，按干部管理权限执行。2001年，按照“谁作决定、谁检查”的原则，对纪律处分执行情况进行检查。在各单位自查的基础上对1998—2000年受到党纪政纪处分的1932人的处分决定执行情况逐人逐项督促检查。发现有82人处分决定未入个人档案，59人影响期内没有按规定确定考核等次，17人受降级处分后未降级，20人违纪财物未追缴，37人影响期内晋升工资，年底纠正落实到位。针对检查中发现的影响处分决定执行不到位的政策界限不清、工作职责不明的问题，发布《关于严肃执行党纪政纪处分决定有关问题的通知》，规范执行处分决定的操作行为。2004年，转发湖南省纪委、省委组织部、省监察厅、省人事厅《关于执行党纪政纪处分决定的实施办法》，制定关于执行党纪政纪处分决定工作的联系制度》，明确各自在执行处分决定工作中的职责，对基层单位提出具体要求，加大处分决定执行的力度。2005—2010年，每年对党纪政纪处分决定执行情况开展检查督促，对处分未执行到位的问题限期整改。2011—2012年，对处分决定执行情况实行日常监管与督促抽查相结合，全市案件处分决定件件落实到位。

（三）申诉处理及案件复查。1988—2000年，全市清理复查党员受党纪处分的历史老案1774人，重新给予结论的1719人。复查复议申诉案件148件，全纠3件，部分纠错40件，维持原议105件。2001—2006年，复查复议申诉案件74件，部分纠错11件，撤销原处分决定3件，维持原议60件。2007—2011年，实施案件审理和案件复查分设的案件复查复议新机制。复查复议审诉案件21件，其中党纪案件16件，维持原议13件，变更处分2件，撤销处分1件；政纪案件5件，维持原议5件。全市未发生因案件审理方面原因引发的越级申诉情况。2011年申诉复查案件质量合格率、首诉必办率、申诉回复率、来信来访台账率、审复分离率均百分之百。2012年全市所办案件“零”申诉。

表 2-7-5-3 1988—2012 年长沙市纪检监察机关处分人员统计一览表 单位：人

年份			1988	1989	1990	1991	1992	1993	1994	1995	1996	1997	1998	1999	2000	2001	2002	2003	2004	2005	2006	2007	2008	2009	2010	2011	2012
合计		1	331	857	932	753	474	416	416	425	551	515	576	482	482	514	681	691	774	564	459	455	622	702	648	580	659
其中	党员	2	347	820	859	726	459	340	241	268	309	338	394	308	323	290	506	411	560	392	329	310	491	542	449	421	519
	监察对象	3	49	150	153	102	79	122	204	213	301	240	256	218	204	286	237	284	273	208	168	163	183	223	233	197	217
党纪处分	小计	4	347	820	859	726	459	340	241	268	309	338	394	308	323	290	506	471	560	392	329	310	491	542	449	421	519
	警告	5	99	285	236	149	108	144	54	47	74	90	125	94	98	87	180	201	224	168	135	121	174	192	175	144	158
	严重警告	6	82	175	171	165	93	—	46	62	75	69	78	77	85	66	115	113	114	72	65	69	146	114	81	73	88
	撤销党内职务	7	16	18	12	12	10	—	5	7	17	5	18	10	6	8	15	9	16	7	5	4	6	5	3	5	6
	留党察看	8	84	180	223	170	114	79	47	53	39	60	61	59	40	50	75	72	82	49	37	41	69	50	33	36	41
	开除党籍	9	66	162	217	230	134	109	89	99	104	114	112	68	94	79	121	76	124	96	87	75	96	181	157	163	226
政纪处分	小计	10	49	150	153	102	79	122	204	213	301	240	256	218	204	286	237	284	273	208	168	163	183	223	233	197	217
	警告	11	9	7	24	资料缺失	10	9	35	39	39	34	45	44	55	77	67	74	100	82	66	77	37	62	147	71	76
	记过	12	4	30	63		14	23	41	37	72	57	63	36	42	43	31	74	50	44	26	24	37	50	42	41	39
	记大过	13	9	41	49		12	26	38	44	73	38	34	29	30	47	39	53	32	13	19	15	26	23	33	22	16
	降级	14	2	1	2		8	8	6	13	22	32	10	18	13	18	16	15	18	21	8	14	19	15	11	8	16
	降职	15	1	—	2		3	—	—	—	—	—	—	—	—	3	1	—	2	1	0	—	—	—	—	—	—
	撤职	16	2	18	10		8	17	16	20	28	24	40	24	23	21	28	23	26	15	17	10	23	12	13	11	18
	开除留用察看	17	14	27	2		9	25	24	16	12	12	16	15	5	19	13	9	5	3	5	—	—	—	—	1	—
	开除	18	8	26	1		8	14	44	44	55	43	48	52	36	58	42	36	40	29	27	23	41	61	27	43	52
其中受双重处分人数		19	65	113	80	75	64	46	29	56	59	63	74	44	45	62	62	64	59	36	38	18	52	63	34	38	77

续表 2-7-5-3

年份			1988	1989	1990	1991	1992	1993	1994	1995	1996	1997	1998	1999	2000	2001	2002	2003	2004	2005	2006	2007	2008	2009	2010	2011	2012
免予处分	党纪	20	—	—	—		—	—	16	12	33	14	12	37	63	45	92	50	42	8	11	5	6	13	15	16	9
	政纪	21	—	—	—		—	—	16	5	21	4								4		4					
移送司法机关		22	2	16	118	3	—	—	—	—	15	—	45	19	18	18	30	35	87	34	68	50	54	49	50	58	45
刑事处理		23	38	42		53	25		66	62	74	56	—	—	38	44	45	37	81	56	—	42	—	—	—	—	—
组织处理		24	—	—	—	—	—	—	—	—	—	—	—	—	48	78	91	32	14	22	—	12	—	—	—	—	—
责任追究		25	—	—	—	—	—	—	—	—	—	—	—	—	—	—	—	—	—	17	—	42	—	—	—	—	—
地厅级干部		26	—	—	2	—	—	—	—	—	—	—	—	—	—	—	—	—	—	—	—	—	—	—	—	—	—
县处级干部		27	8	10	14	18	7	10	12	7	16	12	24	20	10	13	14	17	21	20	10	6	7	11	11	14	10
乡科级干部		28	56	129	184	101	74	101	118	153	164	129	131	95	78	99	131	95	125	70	73	74	64	58	73	67	91
一般党员、干部		29	267	718	732	634	393	305	286	265	371	374	421	367	394	402	536	579	628	474	376	375	551	633	564	499	558

第六节　纠正不正之风

一、纠正部门和行业不正之风

（一）纠正经商办企业不正之风。1988年，出台《中共长沙市纪委关于严禁党政机关经商办企业的治理方案》，成立清理整顿公司办公室，开展清理整顿工作。重新审查1986年以后成立的315家公司，注销、吊销执照89家；党政机关、群众团体兴办的122家公司，停办、降格、移交52家，并按规定全部脱钩，在公司、企业任职的223名党政干部全部退出。处罚有违规违法经营行为的公司135家。1993年再次进行清理整顿，152名在经济实体中兼职的县级领导干部全部“辞去一头职务”。1998年，落实中共中央关于政法机关不再从事经商活动的重大决策，全市政法机关所办的176家企业分别采取撤销、移交、解除挂靠关系等措施处理到位，年底实现政法机关不再经商的目标。2000年6月，发布《关于严明纪律，确保党政机关与所办经济实体脱钩工作顺利进行的通知》，规定党政机关所办的所有经济实体必须在限期内做到名称、职能、人员、场地、经费五脱钩，对限期内未脱钩的追究单位主要负责人的责任。全市应纳入脱钩范围的355户经济实体，撤销253户，与主管单位解除挂靠关系41户，转让股份3户，移交58户。2004年，纠正在企业兼职的厅级干部14人、县处级干部62人。至此，纠正经商办企业不正之风阶段性工作结束。

（二）纠正“三乱”不正之风。1990年，发布《中共长沙市纪委关于坚决制止“三乱”不正之风的实施意见》，明确治理“三乱”（乱收费、乱罚款和乱摊派）的工作目标、步骤、方法和要求。全市各级成立领导小组和工作班子，专项治理行政事业单位“三乱”不正之风，12.6万人参加自查自清和重点清查。1991年，清查1912个收费单位的626个收费项目和1810个收费标准，查处乱收费金额1375万元，降低收费标准160个，取消收费项目169个。清查罚款191项，处理乱罚款金额282.3万元。清查各种集资摊派项目80个，金额3898.9万元。全市立案548起，党纪处理159人，政纪处理182人，法纪处理55人。1993年1月，发布《关于开展收费情况大检查的通知》。市直和区县（市）行政事业单位全面自查自纠和开展全面清理检查，废止收费文件455份，取消收费项目877项，查处乱收费金额2亿元，重点查处长沙市城市信用联社等一批乱收费的典型。2000年和2008年，共取消行政事业性收费321项。2008年，出台《推进阳光收费的若干意见》，行政事业性收费实行收费依据、标准、范围、程序、减免“五公开”制度，未经公示不得收费。2010年，取消行政事业性收费208项，削减收费项目41%。2012年，纠正电信领域违规收费问题8件，责任追究8人。“三乱”不正之风得到遏制。

（三）整治私设“小金库”不正之风。针对长沙市党政机关企事业单位私设“小金库”问题，1991年，出台《长沙市治理“小金库”实施方案》，采取自查自纠和组织重点清查相结合的方法治理“小金库”。查出43个单位设“小金库”93个，问题严重的市冶金机械局等4个部门被重点清查。1999年和2003年，分别查处市新闻出版局等6个单位和市计委私设“小金库”典型案件，追究有关人员责任。2009年，制定《“小金库”专项治理方案》，按自查自纠、重点检查、整改落实3个阶段进一步清理“小金库”。市、县两级成立领导小组，下设办公室。各单位自查自清，查出“小金库”66个。组织检查组重点检查执收执罚权相对集中、与群众利益密切相关、群众举报存在“小金库”的单位562家，查出违规金额3.8亿元，撤销账户15个，查处违规案件6件。至2010年年底，自查和重点检查查出“小金库”118个，收缴资金737万元。2011年，建立完善公共资产管理等制度，严格收支两条线管理，切断“小金库”的资金来源，刹住私设“小金库”不正之风，长沙市被评为全省“小金库”治理先进单位。

（四）纠正教育乱收费不正之风。1993年，针对长沙市中小学收费存在“搭车”收费、巧立名目收费和超标准收费等乱收费行为，发布《关于开展收费情况大检查的通知》，市教育局成立中小学收费检查办公室。通过监督检查，纠正乱收费136起，清退违规收费728万元，违纪严重的责任人受到纪律处分。1995年，发布《中小学收费标准》，通过新闻媒体和学校公开栏公布于众，纪检监察会同教育等部门加强监督检查。至2002年，共检查中小学校3651所（次），2名校长记大过，5名校长被撤换，9名校长、3名总务主任和10名责任人分别受到诫勉、警告、免职处理，11名教师被取消评优资格，两所学校被取消“市级文明单位”称号。制定《中小学收费行为规范》等制度。教育局、学校领导和班主任等层层签订责任书，把学校收费纳入目标管理，逐级负责。2003年，市、县两级成立“治理教育乱收费领导小组”。出台《长沙市治理教育乱收费工作实施方案》，确定治理工作十大任务，将有关责任明确到区、县（市）党委、政府和市直相关单位及责任人。实行收费审批制、联席会议制。建立乱收费行为“记点追究制”，记点一次限期整改，记点两次校长就地免职。查处违纪案件23起，责任追究14人，6名校长等8人受到党纪政纪处分，1名校长被免职。2004年，重点查处违反公办高中择校生“三限”（限钱数、限人数、限分数）规定问题，3名校长被免职。下半年开始，全市中小学全部实行义务教育阶段收费“一费制”，取消进城务工农民子女“借读费”，收费项目和标准公开，并给每位学生发放“学生交费明白卡”，没有公示的收费项目，学生可一律拒交。2006年举报教育乱收费的电话同比下降50%，长沙市被评为全省治理教育乱收费先进单位。2007年，实施义务教育“一费制”全免政策；取消农村义务教育阶段代收费和服务性收费。市属学校全面实行银行代收学费。2009年，全面清理“校中校”，各中学所办“校中校”全部停止招生。2010年，对教辅资料严格实行“准入制”，宁乡县城郊中心小学强制学生购买“天闻点读笔”，校长被撤职。2012年，查处乱收费631.79万元，处分12人。

（五）治理公路水上“三乱”不正之风。1995年1月，出台《关于治理公路水上“三乱”的实施方案》，明确“三乱”（乱设站卡、乱罚款、乱收费）治理工作的目标和任务。市、县两级成立领导小组和工作班子。组织各责任部门对市辖范围内的公路水路全程明察暗访和上路检查，全面清理整顿收费站、检查站，强化执法人员岗位培训和职业道德教育。1996年，层层签订责任状，一级对一级负责。经过两年治理，撤除非法站卡63个、临时设卡7处，查处“三乱”问题40个，处分2人。1997—1999年，全市开展《中华人民共和国公路法》和文明路建设宣传教育活动，继续查处“三乱”，全市道路运输状况彻底改观，国道省道畅通。经湖南省治理公路水上“三乱”办公室检查验收，长沙市实现公路水上“基本无三乱”目标。2000—2007年，继续查处“三乱”案件52个，处分15人。2008年，建立公路水上“三乱”快速反应机制，继续坚持明察暗访和每月一次公路水上例行检查，至2012年，全市公路水上“三乱”不正之风得到遏制。

（六）整治医药购销不正之风。20世纪90年代，因医药购销不正之风等导致医药价格高、医疗费用高、“看病贵”“看病难”等问题，人民群众反映强烈。1999年6月，制定《长沙市整治医药购销不正之风实施方案》，召开全市大会，部署分宣传发动、自查自纠和重点督查、整改建制三个阶段开展整治工作。经过两年自查自纠、明察暗访和检查，取缔芙蓉区东大门药材市场等非法药品集贸市场4个，无证经营医疗、医药机构210户；取缔无证经营药店、诊所263家，整改147家；取缔非法药品生产经营户482户，淘汰不合格药品经营企业311个；取缔非法药材500余种，销毁过期伪劣药品案值920万元；立案查处药品回扣贿赂案和假劣药品案等206起，处分党员干部27人，移送司法机关处理19人。

2001年，通过资质验收，重新核发证照，淘汰药品企业327户，取缔618户；查处制售假劣药品、医疗器械案6起，抓获犯罪嫌疑人4人，给予党纪政纪处分5人，移送司法机关处理2人；查处商业贿赂案件691起。取缔非法行医窝点、诊所、坐堂行医点388个，清理非法行医人员258人，查处药品价格违法案件8起，调整和降低政府定价的药品价格，重新核定集中采购的药品最高零售价，制定药品中标最高零售价（政府管价品种）和临时零售价（市场调节品种）；招标采购的药品整体价格降幅22%~28%。药品招标价格与国家规定零售价之间的价差，在扣除医疗机构应得的差价后，60%以上让利于患者。2002年6月，出台《长沙市医疗机械药品集中采购管理办法（试行）》，规定从8月1日起列入国家规定采购范围的药品100%集中招标采购，网上采购额不低于90%。2003年，推行收费标准公示、药品明码标价、住院费"一日一清单"制度和诊疗方案专家评价、"大处方"患者签字认可等措施，主动接受病人监督；建立医德医风考核制度、群众投诉举报和激励惩戒制度等，制定开单提成和收受"红包"处罚规定，查处收受"红包"、开单提成问题100个。

2011年，发布《关于开展整顿规范药品、医疗器械市场流通秩序专项治理工作的通知》和《实施方案》，实行同城同治。长沙市辖区内的各级各类医院、诊所实行医药费用查询制和住院费用清单制；推行医师不当处方院内公示和点评、药品用量动态监测及超常预警等制度，定期检查药品、医疗器械、医用耗材使用情况，促进合理检查、合理用药、合理治疗；实行医务人员收受"回扣"惩戒制度和卫生系统工作人员"十五条禁令"。严格执行企业依法依规经营承诺制；实行销售人员身份核查制和准入制；企业与医院的财务往来只允许一个银行账号和1~2名业务员联系业务；有违规行为的企业一律进入"黑名单"，情节严重的依法吊销经营执照。发布《关于规范药品、医疗器械、医用耗材集中招标采购实施意见》，规定以省级招标平台集中采购药品，以市级招标平台集中采购医疗器械、试剂耗材，由不少于11人的药事管理委员会对采购实行无记名票决制和全程监控。同时，推进"基药阳光工程"，建立"基本药物零差率销售监管平台"，推行医、药分开。经过治理，医务人员廉洁行医意识增强，医疗服务改善，药品等虚高价格降下来，全市公立医疗机构门诊人均费用和住院病人平均床日费用下降，药品收入占业务总收入的比例从45%下降到40%，"看病贵"问题有所缓解。药品网上采购率100%，医疗器械、耗材试剂和50万元以上的设备纳入市公共资源交易中心招标采购。医药和医疗器械购销中的不正之风得到遏制。

（七）纠正报刊发行不正之风。1998年12月，针对报刊发行中反映强烈的问题，发布《关于转发湘纪办传〔1998〕6号〈关于清理整顿报刊的通知〉的紧急通知》，部署清理整顿报刊发行工作。组成专门工作班子，对明令停止、转化的报刊进行清理督查。1999—2003年，报刊发行单位自查自清，市纪委加强督办和专项检查。2004年，贯彻落实中办《关于进一步治理党政部门报刊散滥和利用职权发行，减轻基层和农民负担的通知》精神，对全市所有报刊一一清理登记，核查发行情况。2008年，湘办发〔1997〕34号文件明令停止、转化的23种刊物、20种报纸均按要求停办或转化成内部资料，转化的报刊执行"不得收费"等"八个不准"规定。全市原有报刊型内部资料单位由32家压缩为30家；党政机关的内部报刊，除保留《长沙论坛》《长沙市人民政府报》外，其他18种全部停办，对农村乡镇和中小学实行订阅报刊限额制。报刊发行问题彻底解决。

二、专项治理

（一）减轻农民和企业负担专项治理。1990年7月，召开减轻农民负担工作会议，贯彻省政府《禁止向农民乱收费、乱摊派的规定》。成立减负领导小组，下设办公室，组成工作班子专抓减负专项治理工作。至1993年，共废止和撤销涉农收费文件386份，修改文件56份，取消收费项目541项，取消农村达标活动22个，减轻农民负担6500万元。1993年，成立“企业合法权益监督保护中心”，先后给200家企业挂牌位“重点保护单位”，至1995年12月，挂牌保护三年内为60家企业挽回经济损失100万元，抵制“三乱”费用300万元，不合理摊派下降70%。1996年，推行农民负担监督卡制度、农民负担费用和劳务专项审计等制度，全市农民人均负担51.30元，占人均纯收入的3.2%（国务院规定为5%）。1998年，召开农民负担监督管理工作会议，实行领导负责制和部门责任制，市和区县（市）、乡镇党政正职为第一责任人，分管农业的党委副职和政府副职为分管责任人。区县（市）党政正职与市委、市政府签订减负工作目标管理责任书，一级抓一级，层层抓落实。1999—2003年，开展农村统筹提留和减负政策落实情况检查，取消涉企收费项目337个，为企业减负2亿元；查处乱收费案件908件。推行农村费改税政策，全市农民政策性负担降低35.56%，农民人均负担占纯收入的比例下降到2.08%。2004年，落实减负四项政策（取消农业特产税、降低农业税税率、降低涉农收费和粮食直补政策）和收费公示制，把减负工作纳入目标管理，实行“一票否决”。长沙县、内五区免征农业税，浏阳、望城、宁乡农业税下调3%，减轻农民负担1.12亿元，农民人均负担降至22.19元。2005—2011年，查处涉农负担案件9起。全市取消农业税，实行粮食直补、良种补贴、农机具购置补贴，取消行政事业性收费529项，每年减负2.1亿元。2012年，加重农民和企业负担的源头被一一清除，农民和企业负担过重的问题得到解决。

（二）建筑市场专项治理。1996年，针对建筑领域腐败问题，制定《建筑市场专项治理实施方案》，成立市招投标和专项治理领导小组，下设办公室。各区县（市）自查出违章项目341个。重点查处桐梓坡规范道路中造价288万元的综合楼刚竣工又要拆除的重大失职事故，追究市规划局等4个单位和有关人员的责任。10月，成立市建设工程交易中心和市招投标监督委员会，工程设计方案招投标、工程监理招投标、设备及材料政府采购制全面推行。交通、水利、电力、电信、邮政等专业工程全部进入交易中心交易。出台《关于对全市基本建设项目实行全过程监控的规定（试行）》。2000年，召开全市建筑领域典型案件通报会，开展《中华人民共和国建筑法》《中华人民共和国招标投标法》《建设工程质量管理条例》等法律法规宣传学习周活动。全市建立有形建筑市场5个（其中县级4个），办理招标项目199个，招投标率99%，其中公开招标率51.24%。对建设工程项目开展稽查，核减工程造价2800万元，审减率为17.6%。2001年，把建筑领域专项治理纳入责任制目标管理，建立工作报告制度和责任追究制度。完善工程项目法人制、招投标制等制度，推行监理合同备案制和竣工验收备案制，工程项目公开招标率100%。2002—2003年，出台《长沙市招标拍卖挂牌出让国有土地使用权暂行办法》，完善建设用地审批例会制和集体会审制等四项制度，杜绝协议供地方式；成立重大项目建设领导小组，建立专家库，推行重点工程论证制、工程建设和廉政建设“双合同”制。查处建筑领域违法违规案件310件，党纪政纪处分247人，移送司法机关65人。2004年，建立企业诚信监督机制和工程质量、安全警示机制。2005年，在长沙县召开经验交流会，推介长沙县实行“合理低价中标法”等招投标制度，解决招投标中“围标、串标”“业主和评委自由裁量权太大”“低中高结”等问题的经验。发布《关于进一步加强和规范招投标管理的意见》，加强对招投标的监管。8月，市建设工程交易中心完成功能齐全的“六区、一厅”建设，建立工程建设信息监管网、无纸办公电脑评标局域网，整个开标、评标过程都在大厅电视屏上显示，接受监委和社会监督。2006年，发布《关于对长沙市国有投资建设工程项目实行双告知的通知》，规定100万元以上国有投资项目启动时，项目单位必须以书面形式将项目基本情况告知监察局，监察局及时回函告知应遵守的相关法律法规等事项，对项目负责人廉政谈话，严防工程项目“超规模、超标准、超概算”。是年，长沙市获“全国建设市场管理先进单位”“湖南省先进交易中心”“湖南省建设系统文明服务示范窗口”。2008 年，出台《长沙市重点工程建设项目实施纪检监察人员派驻制度试行办法》和《长沙市重点工程建设项目实施巡查制度试行办法》，实行全程跟踪监督，重点监督工程招投标、工程设计重大变更、资金使用、工程预决算等环节。

2009—2011 年重点治理规避招标、围标串标、违法转包分包、低中高结和违规变更规划、改变用地性质、调整容积率等突出问题，排查 2008 年以来政府投资项目 1221 个，发现问题 2273 个，整改到位 1660 个，追缴报建费 3.7 亿元；查处违法违纪案件 125 件 173 人，其中厅级干部 1 人、县处级干部 16 人，移送司法机关处理 15 人。2012 年，建立招标前期准备工作审查制、投标单位法人承诺制等 10 项制度，在全国率先实行城乡规划控制前置审查制，建立健全“业主负责、施工保证、监理控制、政府监督”的质量管理体系，建设项目全程监控机制进一步完善。

（三）评比达标表彰等专项治理。1997 年，发布《关于在全市开展评比达标表彰庆典等专项治理工作的意见》，明令禁止形式主义的检查评比达标活动。规定除省、市统一安排的“迎回归”庆典外，一律不安排全市性庆典活动；必要的检查评比达标活动，须按规定程序和要求报市批准。至 2000 年，全市取消压缩各类检查评比达标活动 408 项次、一般性庆典 20 个、各类会议 800 个，控制检查 189 批次、庆典 21 个，节约 2200 万元。2003 年，各单位报批的 83 项检查评比，9 项与年终目标管理考核统一进行，合并 15 项，25 项列为正常工作，17 项改为调研活动，停止 17 项。2007 年，为落实国务院《关于清理评比达标表彰活动的意见》。全市采取条块结合、自查自纠与重点抽查相结合的方式开展清理工作。清理出国家级项目 53 项、省级项目 89 项，分别报国务院部际联席会议和省厅际联席会议审核；各区县（市）举办的 237 项一律撤销；市本级举办的 169 项，保留 2 项，合并 10 项为 4 项，撤销 157 项。2009 年，清理党群系统评比达标表彰活动，区县（市）的 220 项全部撤销，市本级的 182 项，合并保留 26 项。2010—2012 年，全市各级所有评比达标表彰项目全部撤销，统一在省保留的 125 个项目下开展工作，其他项目一律禁办。

（四）商业贿赂专项治理。2006 年，出台《关于开展治理商业贿赂专项工作的实施方案》，市县两级成立领导小组，下设办公室。重点围绕医疗卫生、工程建设、财政金融、教育出版等六大重点领域和行政审批、医药购销、产权交易、招标投标、政府采购、银行信贷等九个方面，自查自纠、督查督办，整治商业贿赂行为。全市组织治理商业贿赂政策法规培训 30 次，编发《工作简报》15 期，开展多种形式的宣传教育活动。发布《关于查办商业贿赂案件 加强协作的有关意见》，建立执纪执法部门联席会议制度，查办商业贿赂案件。全市查处商业贿赂案 805 件，党纪政纪处分 27 人，移送司法机关 7 人；涉及县处级干部 53 人，涉及公务员案件 30 件。2008 年，发布《关于推进社会信用体系建设的实施意见》，健全依法诚信经营制度，制订从业行为准则和职业道德规范。至 2012 年年底，建立市场诚信记录机制、市场信用信息公开共享机制、失信惩戒机制和逃废债企业名单通报制度、信用等级制度、金融机构和政府职能部门联合制裁制度等，营造公平竞争的市场环境，有效遏制商业贿赂行为。

（五）食品安全专项治理。2008 年 10 月，省委常委、市委书记陈润儿考察调研全市食品安全状况后，提出用三到五年时间把长沙建设成全国食品安全城市。12 月，召开建设食品安全城市动员大会，启动食品安全专项治理工作。市县两级成立由党政正职挂帅，纪检、监察等 36 个单位为成员的食品安全委员会，下设办公室。重点围绕食用油、酒类、肉类、米粉及豆制品、熟食加工、蔬菜水果、饮用水、粮食、熏腊制品、禽蛋类及学校、建筑工地食堂和周边餐馆、农村聚餐等易引发食物中毒的品种和场所，开展12项专项整治行动。2009年，制发《建设食品安全城市工作责任分解表》及考核办法，通过明察暗访，下发督办函18次，任务交办通知30次。对5个发生食品安全事故的地区通报全市，对反映突出的14项个性问题自察自纠、督促整改；对宁乡县、长沙县“瘦肉精”案、雨花区假军供酒案、浏阳市添加非食用添加剂案及开福区假洋酒案等一系列司法追责案件跟踪督办。检查食品生产、批发、零售企业4433家，查扣潲水油70吨，捣毁潲水油精加工黑工厂一家，初级加工点59个；检查酒类生产、批发、零售企业4355家，打击售假门店150家，收缴问题酒30吨，捣毁大型酒类制假窝点5个；取缔地下屠宰场38个。重点整顿学校和建筑工地食堂2000家，对3635家流动厨师班子开展全面清理、培训、体检，逐步规范农村聚餐。组建食品安全执法大队，查处食品安全治安案件3起，治安拘留3人；侦破食品安全刑事案件30起，刑事拘留55人，移送司法机关处理25人；销毁假冒伪劣食品2500吨。经过整顿治理，全市熟食、米粉、豆制品抽检合格率提高20个百分点，蔬菜、水果、水产品合格率99.5%，基本安全自控措施建立率、市场安全检测率、农业“三品”抽检合格率均为100%。省委督查办、省纠风办、卫生部、国家质检总局分别向全省、全国推介长沙市的创新举措和经验。2010年，成立市食品安全管理办公室，建立市食品安全委员会联席会议制度、责任人约谈制度。全市逐级签订责任状，实行食品安全行政问责制、责任追究制和重大安全事故“一票否决制”。建立健全质量标准、产品检测、监管责任、社会诚信和法规约束等五大体系，提升食品安全监管水平。2011年，对食品种养源头、生产环节、流通环节、饮食服务环节开展专项检查和监管，对农产品市场和面包店、蛋糕店、瘦肉精开展拉网式排查，查处违法案件274起，刑事拘留18人，逮捕起诉14人。2012年，发布《关于加强区县（市）食品安全基层基础规范化体系建设的实施意见》《长沙市学校食品安全管理办法》《长沙市食品安全违法案件举报奖励办法》，建立食品安全监管长效工作机制。联合开展执法行动，查处食品安全违法案件800起，关停私屠滥宰黑窝点33个、非法制售地沟油窝点23个、无证制售食品及其相关产品、农业投入品窝点274个，查扣地沟油11吨、不合格食品及原料等9.6吨、食品添加剂1.5吨。立案侦破食品安全刑事案件15起，拘留28人，起诉21人。

（六）规范社会办学行为专项治理。2011年5月，《南方周末》报道关于长沙市部分学校教师向学生推销补习班领“回扣”现象后，长沙市以查处此报道披露的问题为契机，开展规范社会办学行为专项治理。《南方周末》报道涉及的两所民办培训学校被黄牌警告，学校主要负责人诫勉谈话，两校开办的非法办学点被撤销，兼职兼课的公办教师及其亲属限期退出。全市举一反三，清理、撤销违规办学点20个。发布《关于重申规范办学行为有关规定的紧急通知》和《关于清理民办培训学校办学行为若干问题的通知》，规范社会办学行为。2012年，出台《长沙市整顿规范社会办学专项治理实施方案》，以规范办学行为为核心，重点查处无证非法办学、“一证多点”违规办学，整顿超范围经营违规办学，尤其是以教育咨询公司登记却进行“一对一”等文化教育培训的严重违规办学行为。排查各类问题600个，122个民办教育机构被依法取缔、自动关停或调整转向，293个机构被责令整改，118家教育咨询企业被吊销；检查各类办学场所2308家，督查整改安全隐患1526处，查处从事家教家养和到民办学校兼职兼课教师35人，查处无证非法办学的教育咨询有限公司2家。市教育局制定下发中小学教师从业行为“十不准”守则，实行民办培训学校教师实名备案和身份公示制度，建立民办教育和民办学校年度考评机制等规章制度。市政府出台《长沙市民办培训学校管理办法》《长沙市人民政府支持和扶植民办教育发展的若干规定》等5个文件，进一步规范办学行为，理顺管理体制，明确责任主体，为全市民办教育深化改革和规范发展提供政策指导，社会办学不正之风得到有效遏制，民办教育健康发展。

第七节　惩治和预防腐败制度建设

一、从源头上预防和惩治腐败制度

(一) 重大事项决策制度。1988 年，为预防重大事项决策不科学不民主而导致的决策失误，出台工作规则（试行），决定重大问题实行决策民主化、科学化和行政首长负责制、决策负责制。建立决策顾问团，就全市一些重大决策进行咨询、论证。2004 年，各级各部门建立议事规则和民主决策制度。2007 年，推行重大工作部署、重要人事任免、重大基建项目、大额财务开支审批等“三重一大”事项，领导班子集体决策、党政“一把手”末位表态制，并实行重大决策专家咨询、论证、社会公示及听证制度。将“三重一大”决策制度的执行情况，列入责任制考核检查的重点内容，加强监督，适时进行专项检查。2008 年，建立重大决策旁听制。党代表、人大代表、政协委员和市民代表参加决策旁听和评议，防止重大决策失误及其引发的腐败问题。

(二) 干部人事制度。1994 年，针对选人用人方面的腐败问题，长沙市在全省率先改革干部人事制度，公开选拔县级领导干部 156 名，市纪委派员参与，全程监督。此后，选拔县级领导干部，公开选拔计划、职位、人数和资格条件，实行民主推荐、民主测评、差额考察、任前公示。录用、选聘公务员，公开录用计划、资格条件、职位、考核考试成绩，实行公平原则，“凡进必考”，择优录用；安置部队转业干部和复员军人，公开安置计划、安置办法、安置去向和考核考试成绩。纪委监察局全程监督，并对执行相关制度情况实施监督检查。2000 年开始，把干部人事制度改革列入责任制目标管理，市纪委负责监督考核。2002 年，市县两级重要人事任免普遍推行党委全委会票决制和任职试用期制度。2005 年，出台《中共长沙市委全体会议对区县（市）党政正职拟任人选和推荐人选票决办法》，并开展常委会票决制试点。2008 年 6 月，市委出台《拟提拔任用市委管理的主要领导干部以及评先评优等征求市纪委意见的规定》《干部监督管理有关事项征求市纪委意见和反馈工作的具体操作办法》，强化纪委监督。同时，出台用人失察失误责任追究制度，避免选人用人腐败。

(三) 收支两条线管理制度。1996 年，提出收支两条线管理制度初步方案，在望城县试点并获得成功。1997 年，出台《关于行政事业单位预算外资金实行收支两条线管理的规定》，全市行政事业性收费和行政执法罚款，取消过去部门征管、收支挂钩做法，实行“执收执罚与缴款分离和征、管、用三权分离”，由执收执罚单位开票、收费局集中收费，财政局统一票据、统一分配收费和罚款资金。出台《关于确保收支两条线改革顺利进行的纪律规定》，加强检查监督。1998 年，检查改革落实情况，撤销预算外收入银行账户 28 个。年底全部撤销市直 77 个执收执罚单位预算外收入银行账户。全年实行财政专户管理的事业性收费和其他非税收入比 1997 年增长 9.8%，征收罚没收入增长 22%。2003 年 4 月，发布《关于行政事业单位非税收入不再自行设立银行账户的通知》，2003 年 5 月 1 日起取消全市各行政事业单位非税收入银行过渡账户，所有行政事业性收费和行政执法罚款全部进入市财政“笼子”，从根本上堵住为部门或个人利益乱收费、乱罚款的漏洞。这项改革措施被中纪委向全国推广。

(四) 国库集中支付和会计委派制度。2000 年 11 月，市政府出台《关于实行国库集中支付和会计委派制度的规定》，2001 年 1 月 1 日起全面实行会计集中统一核算和会计委派。发布《关于严肃纪律，确保会计委派制度顺利实施的通知》，对拖着顶着不办的，追究单位领导及责任人员纪律责任。市和区县（市）成立会计委派核算中心，直接向市直和区县（市）直单位委派财务科（股）长和主办会计，撤销各单位银行账户，并向国有资本运营单位委派财务总监。2002年，会计委派工作向乡镇和二级机构延伸。2003年，全市1010家单位纳入集中核算，撤销各单位银行所有账户，三年节资1.02亿元，拒付不合理支出3500万元。2004年10月，开展财政管理专项检查，督促各部门认真抓落实。2006年，全市各级所有全额、差额预算单位全面推行国库集中支付改革，依托集中会计核算中心、建立国库单一账户体系，从根本上杜绝部门单位“账外账”和“小金库”。

（五）政府采购制度。1999年，出台《长沙市政府采购管理办法》，市和区县（市）成立政府采购中心，变部门分散采购货物为公开招标定点、政府采购，市监察局派员参与招标全过程实施监督。2000年全市采购货物1.8亿元，节支17%。2001年，发布《关于进一步加强政府采购工作的通知》等6个文件，规范政府采购招投标工作、监督管理工作。建立政府采购流程和采购监督办法等15项制度，聘请政府采购监督员。2002年，采购范围增加工程服务和公共服务采购，公共服务采购通过公开招标，实行公务接待、会议、公务车维修、加油、保险“五定点”。2003年，政府采购中心更名为政府采购监督管理办公室，成立政府采购监督委员会。2008年，实行采管分离，公开招标中介机构负责采购业务，节资12.8%。年底，政府采购纳入市公共资源交易中心统一监管，堵死暗箱操作、索拿回扣的路子。

（六）政府投资评审制度。2000年，市政府出台《政府投资体制改革的若干意见》，成立政府投资评审中心，对所有政府投资项目开展投资评审认定。2004年，实施政府投资决策咨询、专家评议、投资评价和投资项目公示等制度。2006年，开展政府投资专项检查，查处政府投资评审中心受贿案。2008年，成立政府投资管理局和审计专业局，前者对政府投资项目的立项等环节进行监督，后者具体承担政府投资项目的财政审计，形成两者既彼此协调配合又相互监督制约的政府投资评审体制。对项目投资概算初编及调整的审查，实行“委托中介机构初审、市发改委核审、市财政局和审计局抽审”制度，严防“低中高结”。2009年，政府性投资项目资金由项目建设单位和市财政局在银行开设“双控”账户实行管理。至2012年，四年核减工程造价133亿元，拒付10.8亿元，有效堵住政府投资项目资金监管漏洞。

（七）公共基金监管机制。进入21世纪，长沙市有政府性基金、通过社会统筹建立的基金、彩票公益金和民间基金四大类29种基金，年收入逾百亿元。保证基金安全成为基金征管部门的重要课题。2001年，制定《社保资金管理办法》，建立劳动保障行政部门监督、财政监督、审计监督、纪检监察牵头组织再监督“四重”监督措施。把企业和机关养老保险、失业保险、医疗保险、工伤保障基金等全部纳入财政专户储存。2007年，出台《长沙市关于加强基金管理暂行规定》《长沙市基金监管实施意见》《长沙市基金管理操作办法》等文件，使基金监管的各个环节有章可循。全市成立基金管理领导小组，健全征管机构内部控制制度、联席会议制度和内外联合的“双控”对基金收支、预算、决算等各个环节全面加强监管。同时，开通网上实时对账系统和查询系统，接受群众监督；对基金年度财务收支预算执行情况及决算实行定期必审制度和基金征管部门向财政部门、向领导小组按季报告制度。2010年，建立企业社保金、失业保险金、医疗保险金等六类基金及住房公积金、物业维修基金网络监管系统，设置资金网上审批权限和资金异动自动报警功能。至2012年，全市29种200亿元各类基金安全运营，未发生大的违规事件，未产生资金损失和风险资金。

（八）国有资产集中管理制度。2008年4月，发布《关于进一步加强财政管理的若干意见》，严格控制单位公共资产购置和处置管理。2009年，全面清理市直单位经营性国有资产，摸清家底。作出国有资产产权集中统一管理的规定，将原来由各行政事业单位占有使用的国有资产所有权收归政府，由政府授权委托财政、国资部门履行所有权管理，实行所有权、经营权、使用权和管理权完全剥离，建立新型的产权集中管理体制，构筑政府投资融资平台，杜绝行政事业单位将占有的国有资产转化为经营性资产进行盈利，避免单位私设“小金库”。

（九）行政审批制度。2000年，针对行政审批过多过滥成为阻碍经济发展的体制性障碍、并滋生腐败行为的问题，将行政审批制度改革纳入责任制目标管理专项工作目标实施监督考核。2001年，市政府出台《行政审批制度改革若干规定》和关于清理行政审批项目的通知，明确规定凡不属于政府直接管理的事项、由市场运作可以解决的事项、与国家法律法规相抵触的审批事项，各部门自立的审批事项一律撤销；需多部门审批的事项，精简程序，联合审批。组成专门工作班子全面清理行政审批项目。全市1433项各类审批事项取消475项，合并划转99项，保留867项。2002年再次取消行政审批项目571项。2003年，市政府发布《关于建立健全行政审批程序性规定和责任追究办法的意见》，明确行政审批每个环节，办事依据清楚、标准清楚、办理时限。2005年，市政府下发《长沙市行政审批部门责任制》和出台《长沙市市级行政许可项目“联合办理”暂行办法》，对需多家审批的行政许可项目实行“一家受理、抄送相关、并联审批、限时办结”模式，联合审批。老百姓“进一张门、办一切事”。2006年行政审批项目精简为357项，并完善行政审批配套制度。行政审批时限缩短30%；2009年和2011年进行第四轮和第五轮精简。至2012年，全市保留行政审批项目194项，100%实现网上审批和电子监察，审批时限压缩60%，102项年检项目精简42.2%；492项非行政许可事项削减256项。

二、落实党风廉政建设责任制

1998年11月，对全市党风廉政建设和反腐败工作实行责任制目标管理。2000年1月，全市各级成立由党委书记任组长的“落实责任制领导小组”，下设办公室，明确专人抓。发布《关于贯彻中共中央、国务院〈关于实行党风廉政建设责任制的规定〉的实施意见》，对各级党政领导班子、党政一把手及其班子成员在党风廉政建设和反腐败工作中应承担的领导责任及各责任部门的责任、责任考核和责任追究作出规定。明确党政正职“负总责、亲自抓”，党政领导班子其他成员“负专责、主动抓”，专项工作牵头单位（责任部门）“负全责、大胆抓”，专项工作协办单位“负实责，协调抓”。全市160个县处级单位和街道、乡镇、科队站所等近万个基层单位全部建立责任制。全市形成一级抓一级，层层抓落实的责任网络。2001年1月，制定《2001年党风廉政建设和反腐败工作总体目标管理责任书及其考核实施细则》，责任内容与分管业务相结合，实行“一岗双责”；责任要求具体化，责任内容动态化。市委、市政府与各区县（市）党委、政府、市直单位和责任部门，市纪委与各区县（市）纪委、市直各战线纪委分别签订责任目标书。2月，发布《关于实行落实党风廉政建设责任制情况报告制度的通知》，出台《长沙市党风廉政建设责任制考核办法》《长沙市党风廉政建设责任制责任追究办法（试行）》。12月，全市组织10个检查考核组开展责任制工作检查考核，责任追究160人，其中县处级干部9人，给予党纪政纪处分49人。2004年，出台《市直单位党政主要负责人向市纪委全会报告落实党风廉政建设责任制工作的制度》，规定在一届任期内必须向纪委全会报告一次，接受市纪委委员的评议和咨询。各级党委、政府、各单位将落实责任制情况专题报告上级党委、纪委。2005年，出台《责任制考核办法》。在考核内容上，实行平时考核与年终考核、基础性工作重点工作考核、常规工作考核与特色工作考核三结合，突出平时考核、重点工作考核和特色工作考核。实行自查自评与组织考评、定性考查与定量考核、组织评议与群众评议三结合。对年终考核“不合格”单位的负责人谈话、提醒，连续两年考核“不合格”的单位，责令其党委（党组）书记辞职或给予免职，取消其市一级所有综合性工作评先资格。是年责任追究48人。2006年，突出对党政正职和平时工作的考核。实行廉政考核与绩效考核、年底考核与平时考核、班子考核与个人考核“三结合”，考核结果与干部的管理使用、工作业绩评定和奖惩“三挂钩”。对责任制落实不力甚至出现违规违纪行为的单位实行“一票否决”，视情节轻重对领导干部函询、通报批评、诫勉谈话、调离岗位直至免职。2008—2010 年，经过检查和考核，调整领导班子 4 个，责任追究 63 人，其中县处级干部 13 人，10 人被撤职或免职；32 人诫勉谈话。2012 年，制定《区县（市）和市直单位领导班子和领导成员 2012 年党风廉政建设责任目标》《市直有关部门 2012 年党风廉政建设责任目标》。责任目标 10 项，一同纳入市委、市政府绩效考核并制定实施细则。市信工委、市教育局、市住建委等市直 10 个责任部门分别牵头组织协调协办部门负责落实企业扩大 再生产办事流程优化工作、规范社会办学行为专项治理和深化治理教育乱收费工作、开展工程建设领域突出问题专项治理工作等 10 项专项责任目标，专项责任目标完成情况纳入责任单位党风廉政建设责任制目标考核。通过责任制检查考核和责任追究，有效维护责任制的严肃性，促进责任落实。全市上下党风廉政建设和反腐败工作形成“党委统一领导、党政齐抓共管、纪委组织协调、部门各负其责、群众广泛参与”的良好局面。

三、建立惩防腐败体制机制

（一）建立健全惩防体系。2005 年，制定《关于建立健全教育制度监督并重的惩治和预防腐败体系的实施意见》，提出全市建立健全惩防体系的总体目标，把惩防体系建设的主要任务和内容分解为 33 大项，明确牵头单位、配合单位、目标要求和落实时间。2006 年，发布《惩防体系制度建设目录》。该制度目录列制度 185 项，其中实行的 82 项，需要新建和修订的 103 项；明确制度名称、完成时间和 28 个责任单位、30 个协办单位。2008 年，发布《落实建立惩防体系 2008—2012 年工作规划任务分解目录》，明确 93 项任务、责任单位和时限要求。2009 年，省纪委确定长沙市为预防腐败工作试点单位。成立预防腐败工作领导小组，出台《关于切实加强预防腐败工作的实施意见》和《长沙市预防腐败工作实施方案》。实施意见从教育、制度、监督、改革、领导、组织等方面作出系统安排部署。实施方案从现实和治本角度提出 24 项具体预防腐败的办法和措施，把预防腐败工作体制机制制度建设任务量化分解到牵头单位、责任单位、试点单位，明确每项任务的时间进度、工作要求和具体责任。初步构建起具有长沙特色的以重点对象、重点领域、关键部门和环节为支点的预防腐败体制机制框架。2011 年，市和区县（市）相继成立预防腐败局和预防腐败室，专司预防腐败工作。2012 年，发布《关于探索社会领域预防腐败工作的通知》。确定天心区一家非公企业作为市场诚信体系建设联系点，在非公有制企业开展防治腐败工作；确定宁乡县金洲镇关山村为基层廉洁社会建设联系单位，探索村和社区防治腐败的有效办法；在长沙县、天心区开展非公经济组织、社会组织、市场中介组织等领域防治腐败试点工作，并取得初步成效。

（二）廉政风险防控机制。2007 年，发布《关于开展廉政风险防控工作的意见》，领先全国探索建立数字化廉政评价预警机制。市纪委与芙蓉区联合开发一套由廉政评价、廉政预警、廉政档案和权限管理等模块组成的电子系统（该系统将领导干部党风廉政方方面面的信息全部记入电子档案，进行廉情评价。当廉情评价分值达到预警分值或者发生廉情风险点违纪时，系统自动报警）。对廉情报警的单位或个人，采取约谈、下达书面警告单、公开警告等进行预警。预警范围涵盖县处级干部、科级后备干部，基本信息囊括每个党员和垂直管理单位。2011 年，对起草和发布实施的地方性法规、规章和规范性文件，实施廉洁性评估，从制度层面铲除腐败滋生蔓延的土壤和条件。2012 年，各单位按照廉政风险防控要求，开展风险排查，划分风险等级、公布权力运行流程、分层防控，建立廉政风险预警处置机制和防控工作评估办法。在县（市）区和住建委等 16 个单位开展廉政风险防控管理试点，并延伸到长沙职业学院和新奥燃气公司等非行政领域，重点防范工程项目建设、土地出让、产权交易、政府采购等方面的廉政风险，建立市级层面相关制度30项。

(三) 公共资源交易立体监管机制。2008年，发布《关于加强公共资源交易监督管理的意见》，按照同城合一和统一管理的原则，成立市公共资源交易中心（以下简称市交易中心），全市城区全部国有投资工程（含勘察、设计、施工、监理、材料设备）、产权交易、政府采购、医药用品和其他资源性资产交易等招标投标活动，一律进入市交易中心交易，统一政策法规、统一公共资源交易平台、统一评标专家库和监委库、统一分行业监管。2010年，建立公共资源交易监委库和监委库管理委员会，出台防止围标串标的10项制度。2012年，建立区县（市）交易中心，雨花区开展公共资源交易监管试点，建立“一委一办一中心”（即公共资源交易监督管理委员会、公共资源交易监督管理委员会办公室、公共资源交易中心），推出“1+6”系列监管制度。即：以公共资源交易管理暂行办法为核心，以建设领域监管工作的意见、建设项目管理办法、建设工程造价管理办法、建设项目审计监督办法、工程招投标暂行办法、政府采购监督暂行办法为支撑，以项目法人制和项目代建制、低价风险担保制、项目后评价制等八项配套制度为辅佐，构成全方位立体监管新格局。市县两级交易中心联网配合，实现公共资源交易监管全覆盖，建立起公共资源交易领域“防腐墙”。

四、健全农村基层防腐机制

1992—1994年，在全面清理乡级财务的基础上，建立财务预决算制度、村账委托乡镇代管等财务管理制度，推行财务公开、民主管理。2006年，出台《长沙市村务公开和民主管理实施办法》，建立健全村民会议和村民代表会议议事决策制度及村规民约和村民自治章程等民主管理制度。明确规定村级计划、财务财产、收益分配、农户承担的“一事一议”、筹资筹劳和集体资产处置等重大事项，由村民大会或村民代表大会讨论决定。各村建立村务公开监督小组和民主理财小组。涉及群众利益的重大事项，在村务公开监督小组的监督下按规定程序和时间实施公开。2007年，发布《关于加强农村基层党风廉政建设的实施意见》，进一步完善农村民主决策、民主管理、民主监督制度、“三资”（资金、资产、资源）监管制度。推行乡镇正职不直接分管人财物制度和村级公务零接待费制度。2008年，改革城郊村集体资产管理制度，依法实现所有权、决策权、监督权、经营权“四权”分离。建立五权不变（即村级资产所有权、资金使用权、村级财务审批权、民主理财小组监督权、村集体资产处置权不变）、六个统一（即统一制度、统一票据、统一审核、统一记账、统一建档、统一公开）的乡镇财务集中核算中心，负责村集体财务和资金的监督管理，推行“管理权在乡、所有权在村，村报账、乡核算”的大财务会计核算模式。2009年，推行领导班子成员公开述职述廉制度、民主评议村干部制度、任前廉政谈话制度、村干部任期和离任经济审计制度。2010年，建立“三资”管理台账和代管服务中心，集中管理农村“三资”。6月，召开农村党风廉政建设会议，出台《市财政农业专项资金报账管理暂行办法》和《村级重大事项民主决策工作暂行办法》等文件，进一步规范农业专用资金管理和村级重大事项民主决策的11项内容及六大步骤。2012年，各村建立村务监督委员会，形成以村级党组织为领导核心、村民会议或村民代表会议为决策机构、村民委员会为执行机构、村务监督委员会为监督机构的村民自治组织体系和防腐体制。

第八章 组织建设

1988年，坚持扩宽领域、强化功能，加强基层党组织建设。1989年，对农村1450个党支部改选，全面整顿后进党支部，集中轮训全市党支部书记；在全市178个大中型企业设专职党委书记、副书记，设立组织宣传机构。1992年，在市直机关党组织开展“先锋杯、公仆杯”竞赛活动，为改革开放和经济建设献计献策3200多条，为基层办实事、好事15万件。为加快新型经济组织党的建设，1994年，召开全市企业党建工作会议，明确提出发挥党在各类新型经济组织中的核心作用。为发展壮大党员队伍和改变党员年龄老化、文化偏低等问题，1996年，在全市开展“把年轻人集合在党的旗帜下”主题活动，发展新党员8716人；为加强党员教育管理，是年，全市以学特色理论、党章为重点，组织20万党员参加党章知识竞赛，“七一”前夕，全市设立近200个会场，召开青年党员宣誓大会，3000名新党员、4000多名青年党员和15000名入党积极分子参加，《人民日报》、中央电视台、《中国青年报》和省、市多家媒体进行报道。次年，全市开展共产党员“心系人民群众、关心困难家庭”活动，2.1万名党员和城乡1.8万户困难家庭结成对象帮扶。为加强领导班子及干部队伍建设和管理，1999年，分两批在全市县以上党政干部中开展“讲学习、讲政治、讲正气”教育活动，在全市乡镇、街道干部中开展增强“政治组织观念、群众观念、政策法制观念、勤政廉政观念”教育活动，以实现“武装思想、提高素质、振奋精神、促进工作”的目标。2000—2001年，制定《长沙市党政领导干部交流工作暂行规定》和实施试用期制、交流轮岗制，调整不胜任领导干部等制度；制定《2001—2005年长沙市干部教育培训规划》，加强干部教育宏观管理，着力提高干部队伍素质。2008年，出台《长沙市党政干部竞争上岗实施办法》《干部选拔任用工作有关事项操作规程（试用）》和《干部选拔任用监督内部协调办法》。在全市党政机关和事业单位全面推广公开选拔和建立整治用人不正之风工作体制。为切实坚持人才优先发展战略，2009年，加大“人才工作”分值权重在政绩考核的比例，深入实施引进国际高端人才“313”行动计划和引进储备万名优秀青年计划，2010年，发布《长沙市中长期人才发展纲要（2010—2020）》，组织八方英才聚长沙见面洽谈活动。2012年，全市人才总量从1999年的32.7万人增至93万人，占人口总量的比重由5.6%上升至13.2%。

第一节 机 构

一、市级机构

1988年，市委组织部内设办公室、研究室、编委办、干部一科、干部二科、知识分子工作科、青干科、干审一科、干审二科、干训科、组织科、组织员办、党员电化教育中心、工资基金审批科14个科室、办（中心）。1989年，组织科更名为党员管理科，党员电化教育中心归口党员管理科管理。干一科下设干部档案室。组织员办更名为组织指导科。增设企业管理科和经济干部科。1991年，增设人武科、干部档案统计科、党群科。撤销工资基金审批科。党员电化教育中心不再作为党员管理科下设机构，为组织部下属全额拨款事业单位。企业管理科更名为企业党建科。干审一科和干审二科合并为干审科。编委办下设综合科、行政编制科、事业编制科。1993 年，成立专家服务中心（副县级事业单位），归口市委组织部管理。成立部机关党委，隶属中共长沙市委直属机关工作委员会。1994 年，成立长沙市县级领导干部选拔领导小组及其办公室（简称公选办），与专家服务中心合署办公。按照全市党政机关改革的统一要求，对内设科室、办（中心）进行调整优化，调整后设 12 个科室、办（中心），分别是办公室、研究室、组织指导科、党员管理科、干部一科、干部二科、经济干部科、知识分子工作科、干部培训科、干审科；两个事业单位，分别是党员电化教育中心（正科级）和专家服务中心（副县级）;人武科、青干科、干部档案统计科、党群科、企业党建科撤销；机关党委并入办公室；编委办与组织部脱钩。2000 年，成立“公开选拔领导干部考试中心”（简称考试中心），与专家服务中心（公选办）合署办公。2002 年，干审科更名为干部监督科。2004 年，内设“科室”改为“处室”，增设干部信息处、干部四处、人事处，经济干部科更名为干部三处，知识分子工作科更名为人才处，干部培训科更名为干部教育处。2006 年，市委成立党的基层组织建设领导小组办公室（简称基层办），办公室设市委组织部。2007 年，成立长沙市绩效考核管理领导小组，领导小组下设长沙市绩效考核管理领导小组办公室（简称市绩效办），归口市委组织部管理。2008 年，成立“12380”举报中心，与干部监督处合署办公；成立政策法规处，与研究室合署办公；成立公务员管理办公室，与干部一处合署办公。2009 年，设立党代表联络工作办公室（简称党代表联络办），为正科级内设机构。2009 年，市委成立市绩效评估委员会，下设市绩效评估工作办公室，与市绩效考核管理办公室合署办公。2012 年，市委组织部机关设 18 处室、办（中心），分别为办公室、研究室（政策法规处）、组织指导处、党员管理处、干部一处（公务员管理办、援藏援疆办）、干部二处、干部三处、干部四处、人才处、干部教育处、干部监督处（“12380”举报中心）、干部信息处、人事处、党代表联络办、绩效办（下设综合处、区县处、市直处、绩效评估处）、基层办、考试中心（专家服务中心、公选办，副县级事业单位）、党员教育中心（副县级事业单位）。

1988—2012 年，先后担任中共长沙市委组织部主要领导职务的有：殷水球（女）、易希文、张贤遵、秦卓夫、范小新、程水泉；其他领导班子成员有：魏源诚、李宪政、肖良定、袁黎明、陈学明、李利麟、傅启商、文玄、易宇欣（女）、吕祚亚、刘回、伍蔚滇、杨意平（女）、陈芳辉、文丽霞（女）、易敏华、李伟群、陈昌佳、张白云（女）、晏建明。

二、区县（市）机构

1988 年，长沙市有区县委组织部 9 个，分别是东区区委组织部、南区区委组织部、西区区委组织部、北区区委组织部、郊区区委组织部、长沙县委组织部、望城县委组织部、浏阳县委组织部、宁乡县委组织部。1993 年 2 月，浏阳县改市，浏阳县委组织部改为浏阳市委组织部。1996 年 6 月，长沙市实行行政区划调整，东区区委组织部更名为芙蓉区委组织部，南区区委组织部更名为天心区委组织部，西区区委组织部更名为岳麓区委组织部，北区区委组织部更名为开福区委组织部，郊区区委组织部更名为雨花区委组织部。2011 年 7 月，望城县撤县改区，望城县委组织部改为望城区委组织部。2012 年，长沙市有区县（市）委组织部 9 个，分别为芙蓉区委组织部、天心区委组织部、岳麓区委组织部、开福区委组织部、雨花区委组织部、望城区委组织部、长沙县委组织部、浏阳市委组织部、宁乡县委组织部。

第二节　党员发展与教育

一、党员发展与结构

1988 年，全市有基层党委 545 个，党总支 378 个，党支部 1.1 万余个，党员 23.11 万余名。1993 年，根据全省发展党员与“推优”工作会议精神，对青年学生开展党的基本知识教育。5 月，召开长沙市中学生党的基本知识教育座谈会，推介浏阳师范党委、明德中学党支部和郊区一中党支部等单位办好青年党校、培养发展学生党员的经验。会后，全市 332 所中学、中等师范和 4 所大学分别建立青年党校。全年有 3858 名学生参加党校学习，1089 名学生递交入党申请书，56 名学生加入党组织。次年，通过多种方法组织学习、培训，改变农村党员队伍年龄老化、文化偏低、年轻党员少的局面。全年共发展农村党员 2064 名，同年，举办青年学生党校优秀学员夏令营活动。主题是“让青年学生知党、爱党、追求党，坚定目标跟党走”。发展学生党员 70 多名。1996 年，以青年、妇女和生产第一线为重点，开展“把年轻人集合在党的旗帜下”的主题活动，举办入党积极分子培训班 200 多期，培训入党积极分子 2.2 万多人，发展新党员 8716 人；大、中学校发展青年学生党员 181 名。各区、县（市）举办入党积极分子培训班 178 期，9429 人参加培训。1997 年，长沙市公交总公司和浏阳市委的有关经验在全省发展党员工作会议上推介。

2001 年，召开“长沙市发展党员工作会议”，开展对全市社会阶层调查，做好在新的社会阶层优秀分子中发展党员的工作。2002 年，全市执行发展党员“坚持标准、保证质量、改善结构、慎重发展”十六字方针，抓好党员发展公示制、审查制和责任追究制的落实，重点解决国有企业生产一线党员少、农村党员年龄偏大、“两新”组织中的党的力量薄弱的问题，改善党员队伍结构。全年新发展党员 7100 余名，生产、教学、科研一线占总数的 75%以上，35 岁以下的占 69%，高中以上文化的占 83%。2003 年，开展在新的社会阶层（指新经济组织、新社会组织等新兴业态以及新的社会群体）中发展党员试点工作，成立以省委常委、市委书记梅克保为组长的试点工作领导小组，组建试点工作办公室，制定《试点工作方案》，全面启动长沙高新区、长沙经开区、浏阳市、雨花区 4 个试点单位的工作。探索建立培养教育联系人制度，从 60 多名进入试点范围的入党申请人确定 21 名入党积极分子，开展有针对性的教育活动。形成《长沙市在新的社会阶层中发展党员调研情况综合分析》等 9 个调研报告，试点工作经验得到中组部、省委组织部的充分肯定。至 2012 年，全市党员总数年均增长率为 2.21%，达到 39.31 万名，为 1988 年的 1.7 倍。女性所占比例由 1988 年的 16.19%提高到 27.48%，增长 11.29 个百分点；35 岁及以下的由 20.22%提高到 24.83%，增长 4.61 个百分点；大专及以上学历的由 6.62%提高到 41.22%，增长 34.60 个百分点。

表 2-8-2-1　　长沙市 1988—2012 年新发展党员及构成统计一览表　　单位：人

年份	总数	女	少数民族	35 岁及以下	大专以上学历	职业分布					发展党员中在生产、工作一线的
						党政机关工作人员	企事业单位管理人员、专业技术人员	工人	农牧渔民	学生	
1988	3174	1047	10	1725	550	468	780	1238	344	88	1238
1989	2347	762	9	1175	436	493	422	962	248	18	968
1990	2841	866	7	1381	473	421	548	1192	417	9	1192
1991	4721	1385	15	2348	891	603	799	1900	983	25	1900
1992	4611	1386	8	2481	1032	604	899	1686	899	31	1686
1993	5309	1610	12	4272	1249	854	1097	1696	973	57	1696
1994	6011	1667	24	3493	1351	940	1116	1565	1537	72	3780
1995	6472	1786	23	4088	1546	980	1172	1599	1892	94	4320
1996	8347	2403	46	5343	2213	1369	1467	1841	2671	181	5511
1997	9112	2611	33	5835	2639	1459	1521	1908	3198	220	6132
1998	7828	2589	32	5038	2643	1246	2093	1498	2275	195	5105
1999	6678	2187	39	4271	2430	1009	1837	1077	2003	181	3320
2000	6627	2175	31	4092	2361	702	1824	1202	2158	194	3237
2001	7151	2245	38	4893	2834	1174	2230	1052	2175	223	3834
2002	6473	2218	49	4422	2819	1087	2304	816	1771	216	3371
2003	7110	2484	44	4771	3106	1125	2377	944	2258	200	5090
2004	7758	2947	49	5326	3403	1129	2364	882	2249	849	5307
2005	8141	3102	81	5906	3448	1117	2179	885	2342	1337	5274
2006	8939	3561	70	6445	3801	947	2474	1003	2309	1867	5884
2007	8809	3604	106	5410	3884	925	2467	897	2438	1706	5610
2008	8239	3490	117	5997	3751	678	2453	920	2152	1692	5245
2009	8957	3667	101	6460	3898	712	2501	830	2338	2097	5693
2010	9119	3874	144	6739	4264	731	2618	921	2092	2136	5297
2011	9289	3902	116	6784	4631	623	2764	1122	2254	1786	5495
2012	9597	4116	164	7078	4843	645	1740	836	2537	1727	5972

表 2-8-2-2　　1988—2012 年长沙市党员结构一览表（一）　　单位：人；%

年份	党员总数	农村党员		女性党员		少数民族党员		35 岁及以下党员	
		总数	所占比例	总数	所占比例	总数	所占比例	总数	所占比例
1988	231117	128126	55.44	37418	16.19	514	0.22	46725	20.22
1989	233445	128437	55.02	38161	16.35	574	0.25	40661	17.42
1990	236080	128537	54.45	39067	16.55	603	0.26	38254	16.20
1991	240309	128674	53.55	40403	16.81	630	0.26	37537	15.62
1992	243668	129118	52.99	41670	17.10	672	0.28	36473	14.97
1993	247457	129910	52.50	42942	17.35	686	0.28	36054	14.57
1994	252100	105900	42.01	44278	17.56	799	0.32	37839	15.01
1995	255873	139339	54.46	45560	17.81	792	0.31	36824	14.39
1996	262521	142586	54.31	48162	18.35	859	0.33	40686	15.50
1997	271044	111926	41.29	50656	18.69	941	0.35	45865	16.92
1998	275854	114610	41.55	52651	19.09	971	0.35	48011	17.40
1999	279489	103583	37.06	54693	19.57	1160	0.42	46349	16.58
2000	284546	105331	37.02	56913	20.00	1245	0.44	46668	16.40
2001	289929	140686	48.52	57595	19.87	1258	0.43	49674	17.13
2002	296210	153538	51.83	59841	20.20	1365	0.46	51761	17.47
2003	300030	144416	48.13	60355	20.12	1472	0.49	52201	17.40
2004	305344	142753	46.75	63667	20.85	1471	0.48	56995	18.67
2005	311800	146967	47.14	68822	22.07	1428	0.46	57951	18.59
2006	321374	147123	45.78	72011	22.41	1566	0.49	61647	19.18
2007	326484	121787	37.30	72857	22.32	1568	0.48	63600	19.48
2008	337353	151658	44.96	80635	23.90	1898	0.56	68407	20.28
2009	351545	153343	43.62	86344	24.56	2124	0.60	73232	20.83
2010	363332	154431	42.50	92267	25.39	2488	0.68	81121	22.33
2011	373915	152572	40.80	97262	26.01	2591	0.69	86088	23.02
2012	393130	153708	39.10	106804	27.48	3026	0.77	97607	24.83

表 2-8-2-3　　1988—2012 年长沙市党员结构一览表（二）　　单位：人，%

年份	大专以上学历		职业分布					
	总数	所占比例	党政机关工作人员	企事业单位管理人员、专业技术人员	工人	农牧渔民	学生	离退休人员
1988	15309	6.62	29094	31897	25905	101120	238	26391
1989	16881	7.23	15848	46744	30905	99580	229	28439
1990	18307	7.75	16166	47705	26142	99088	109	30773
1991	20372	8.48	16362	48382	27638	98920	61	32627
1992	22133	9.08	16302	47918	27506	98656	60	36707
1993	24018	9.71	16694	48229	26577	98328	51	40707
1994	26270	10.42	17425	47641	26659	98621	37	44820
1995	28873	11.28	19729	48072	26360	99005	61	46117
1996	32645	12.44	19538	48786	27085	100360	90	47595
1997	37799	13.95	21560	49060	28174	102562	73	50255
1998	40859	14.81	23582	47520	31883	105944	184	51707
1999	45810	16.39	24380	46373	29861	107006	249	52637
2000	48726	17.12	24752	46610	30369	108718	228	53599
2001	54164	18.68	26586	47238	28732	109084	222	55440
2002	60495	20.42	26899	50119	24007	112216	163	57020
2003	66073	22.02	25669	47143	28343	117482	192	62592
2004	74085	24.26	27542	47684	28419	119302	1073	63113
2005	80768	25.90	21624	55995	27371	119961	1602	66102
2006	89648	27.90	27638	52918	28159	119510	2585	70329
2007	93305	28.58	28476	54309	28413	121787	3227	73213
2008	106764	31.65	28630	59874	28307	113681	2646	72631
2009	121297	34.50	34164	62162	24896	119781	3377	73528
2010	132998	36.61	36499	65498	25622	120531	3996	73515
2011	143925	38.49	35344	71208	28055	119099	4171	74660
2012	162038	41.22	36858	55819	14249	118026	3843	74903

二、党员教育培训

1988年3月，发布《关于深化“创先争优”活动的意见》，在全市各级党组织开展“创先争优”活动。全市各级党组织普遍建立“三会一课”制度，1682名县以上党委（领导班子）成员中，有1678名编入支部过“双重”组织生活。从各级党组织抽调4271名干部下基层开展民主评议党员工作，评出不合格党员151人，处置149人。全市轮训党员210747人。拍摄7部党课电教片，参加收看的党员达56万多人次。1989年4月，发布《关于表彰先进基层党组织、优秀共产党员和优秀党务工作者的通知》。“七一”前后，各级党委共召开表彰大会554个，表彰先进基层党组织1878个，优秀党员19417人，优秀党务工作者1682名。各级加强与党（干）校联系，恢复和建立企业党校和市直局（公司）党校，有企业党校36个，局（公司）党校2个。次年，在党政机关、群众团体、行使行政职权的局级公司单位以及部门企业事业单位的共产党员中进行重新登记工作。全市有1万余个党支部、20万余名党员进行评议，1840名党员受到党纪处分和组织处置，其中开除出党的416名，限期整改的989名，给予其他党纪处分的436名。

1991—1994年，全市开展以“为党旗增光辉，为长沙争贡献，做合格党员”“创先争优”活动和庆祝建党70周年的系列活动。表彰98个先进基层党组织，152名优秀党员，51名优秀党务工作者。全市各级党组织结合实际开展“学党史、忆传统、争贡献、作表率”活动，召开全市优秀党务工作者、优秀共产党员座谈会，在长沙电视台开设《共产党员争贡献、作表率》栏目。在全市24万共产党员中开展立足岗位，在改革开放和经济建设中争贡献、作表率教育，使党员队伍建设与经济建设紧密地结合起来。各县县级领导联区定村、县直机关单位联乡定村、区委委员联乡定村、乡（镇）党委委员联片定村，指导和帮助村党支部抓好党员的教育管理。开展共产党员在改革开放和经济建设中“争贡献、做表率”活动，宣传推介100名先进典型。全年摄制党课辅导片10部，其中《毛泽东在长沙（1911—1927)》党员电教专题片获得省一等奖。开展创建先进基层党组织争当优秀共产党员的活动，徐梓千、蔺万桃被评为省模范共产党员。结合“争贡献、作表率”巡回报告会和党员干部冬春训等工作，全市培训党员19.6万人次。1995年9月，制定《党员学习建设有中国特色社会主义理论和学习党章三年规划》，决定用3年时间，在全市20多万共产党员中开展学习建设有中国特色社会主义理论和学习党章的活动（简称“双学”活动)。把“双学”活动列入党建工作目标考核，层层制定学习规划、培训学习骨干、组织学习活动。全市有18万多名党员参加党章知识竞赛，答卷优秀率为98.5%。次年，以学特色理论、学党章为重点，开展活动，20余万党员参加党章知识竞赛。召开庆祝中国共产党成立75周年暨青年党员宣誓大会，大会主会场1000人，分会场近200个，3000多名35岁以下的新党员、4000多名青年党员、15000名建党积极分子参加，《人民日报》、中央电视台、《中国青年报》和省、市报刊、电台、电视台进行报道。

1997—1998年，对100个先进基层党组织、104名优秀共产党员和50名优秀党务工作者进行表彰、奖励。对党员“双学”活动进行总结表彰，全国党员“双学”活动检查组对长沙市的经验、做法和效果给予充分肯定。在全市150家窗口服务行业和国有大中型企业开展“共产党员示范岗”创建活动，并首批授予15个“优秀共产党员示范岗”。开展共产党员“心系人民群众，关心困难家庭”活动，“七一”前夕，全市有2.1万名党员和城乡1.8万户困难家庭结成帮扶对子，党员个人捐资240万元，捐赠实物折合人民币12万多元。分层分类组织全市党员干部学习中共中央三代领导人关于党性修养的重要文章和讲话。结合纪念刘少奇100周年诞辰，开展“学《修养》、讲党性、争贡献”活动。全市涌现副县级以上单位党委命名的“共产党员示范岗”326个。1998年，为帮助洪涝受灾家庭渡过难关。全市共有376个单位的51326名共产党员捐赠钱物1143万元，帮扶困难家庭19064户。

2000—2002年，发布《关于进一步深化“共产党员示范岗”创建活动的实施意见》，创建活动进一步制度化、规范化。加强农村党员、基层干部的政治理论和实用技术培训工作。举办549期8189人次参加的政治理论培训，392期9133人次参加的实用技术培训，绝大多数青壮年党员掌握1~2门致富实用技术。为隆重纪念中国共产党成立80周年，开展先进基层党组织、优秀共产党员、优秀党务工作者和优秀“共产党员示范岗”评选推优活动，全市涌现各级各类“共产党员示范岗”488个，有10个“五好”村党支部、5个“六好”乡镇党委、95个先进基层党组织、109名优秀共产党员、10名优秀党务工作者受到中组部、省市委表彰。制定《长沙市2001—2005年农村党员、基层干部实用技术培训规划要点》。开展“‘三个代表’重要思想耀星城”活动，全市各新闻媒体采访报道20个模范实践“三个代表”重要思想的先进集体和优秀个人。发挥电化教育作用，开展保持党的先进性主题实践活动和学习中共十六大知识竞赛活动。开展“送组织情、暖党员心”活动，慰问特困党员1120户。

2003年，开展农村党员干部现代远程教育，进行站点基础设施建设和教学平台建设，并举办首期远程教育领导示范点技术骨干培训班，召开全市农村党员干部现代远程教育领导示范点现场会，建成验收省、市、县领导远教示范点106个，受到中央、省委远教办充分肯定。次年，扩大农村党员干部现代远程教育试点，全市建成终端接收站点229个，提前完成省委下达的任务。打造《先锋潮》党建电视专栏，市委组织部被评为“全国电教工作先进单位”。2005年，强化党员队伍管理，查找流动党员1500多人。组织培训农村党员干部8600多人次。开展“无职无权的共产党员怎么当”大讨论活动和“万名干部下基层、排忧解难促稳定”活动，1万多名党员干部深入1112个村组、企业、社区。开展下岗失业党员再就业培训，建立第一个下岗失业党员培训实习基地——湖南美林景园物业管理有限公司实习基地，直接培训下岗失业党员635人。全市举办物业管理、超市经营、现代零售企业经营等内容的下岗、失业党员培训班51期，免费培训党员5194人。

2006—2008年，发布《关于进一步深化“共产党员示范岗”创建活动的实施意见》，创建活动进一步走制度化、规范化，在全市营造“评先进、学先进、赶先进”的良好氛围。全年建成党员服务中心383个，接待登记流动党员7000余人次，发放“流动党员活动证”1.4万余本，举办“党员政治生日”等各类主题教育活动1420余场次，党员就业招聘会30余场次，为680名党员找到新的工作岗位。建立以流动党员为管理主体的网络版党员信息管理数据库，完成长沙市党员服务网及网上办公系统建设。组建一支90人的党员教育师资队伍，为基层党员上党课提供“菜单式”点课服务。为党员授课260余堂次，听课党员2万余人次。确定刘少奇纪念馆、湖南第一师范青年毛泽东纪念馆等18个革命纪念馆为首批长沙市党员教育基地。组织全市3万名党员开展党员志愿者“红色服务月”主题志愿活动。在抗冰救灾战斗中，参与义务扫雪、救灾工作的党员累计达15万余人，1.2万余名党员主动与1万余户受灾困难群众结成帮扶对子。在抗震救灾中，全市14万余名党员主动缴纳2500余万元“特殊党费”。

2009年，构建由长沙党建网站和党员信息管理系统、党员远程教育管理系统、党员在线互动交流系统、党员服务办公系统、基层干部短信群发系统组成的“1+5”党建信息管理系统，实现对党员的“点对点”管理、“心贴心”服务、个性化教育。实施“基层党员创业（就业）示范培训工程”，采取党性教育、典型报告、实地考察一体化创业培训模式，培训返乡农民工党员8480人。建立刘少奇同志纪念馆、秋收起义文家市会师纪念馆和龙山县3个市党性教育基地。次年，整合升级“1+5”党建信息管理系统，强化党内即时统计和党员日常管理、在线服务、远程选学等功能，增加“党员网上自助查询”“党组织管理”“两代表一委员管理”等模块，形成集党员教育管理服务监督于一体，覆盖全市1.3万个党组织、辐射35万党员的综合性党建信息平台。“1+5”党建信息管理系统多次在全国、全省相关会议上作经验介绍，中组部《组工信息》《人民日报》等刊物和媒体先后进行专题推介，被评为全省“组织工作重大创新奖”。全年组织党员集中学习7800多场次，参加学习的达20余万人次。“12371”党员咨询服务电话答复办结咨询服务1278个。2011年，开展“三联三为”（联系困难群众、联系身边群众、联系普通群众；为群众代言、为群众排忧、为群众服务）、“一访二问三承诺”（访民情民意、问群众所需、问发展良策、进行党性承诺、岗位承诺、实事承诺）等活动，激发党员干部创先争优活力。全市参与活动的共产党员达28.4万名，结成帮扶对子9.8万个，为群众解决难题10.5万个，在全市创先争优活动群众测评中，满意率达到98.2%。2012年7月，召开庆祝中国共产党成立91周年暨“创先争优”活动表彰大会，对100个单位党组织、100名党员、3个县（市）区委进行表彰，其中17名党员受到中组部和省委表彰。推进远程教育优化升级，远教资源库上传视频资源达240多个小时，全国远教卫星专用频道播出优质教学资源片40多部，远教基础设施项目通过中组部考察验收。

三、党代表工作

2006年，探索党代会闭会期间发挥代表作用的途径和办法，浏阳市全面实施乡镇党代会常任制（指每次党代表大会完成换届选举任务后，在党的委员会任期内每年举行一次代表会议，行使党代表大会的职权。在此期间，党代表大会代表的资格继续有效，不再重新选举）和街道党员代表会议制度，基层党内民主呈现新气象。2008年，长沙市在全市开展区党代会、乡镇党代会常任制试点。2009年，出台《中国共产党长沙市代表大会代表任期制实施办法（试行）》，在市、县两级组织部成立党代表联络工作办公室，将党代表活动经费纳入财政预算。2010年，出台《党代表提案、提议制度》《代表组活动制度》《党代表列席党委重要会议制度》。在长沙县开展县、乡两级党代会常任制试点，指导天心区在全省率先成立“党代表工作室”。组织市级党代表参加或列席各类会议590人次，开展“党代表为‘十二五’规划建言献策”活动。2011年，在开福区和浏阳市进行党代表直选（采取差额方式，由选民直接投票选举产生）工作试点。通过充分调研准备、精心设计方案；合理确定名额、科学划分选区；民主推荐提名、实行差额直选的方法选举产生党代会代表，创新党内民主选举。2012年，严格按照程序推选中共十七届中央候补委员，推选湖南省委常委、长沙市委书记陈润儿，长沙市天心区金盆岭街道天剑社区党委书记、居委会主任张国庆（女），信永中和会计师事务所合伙人兼长沙分所党总支书记周明觉等4人为中共十八大代表。天心区推进“五位一体”（区域型、专业型、园区型、个人型、网络型）党代表工作室建设，实现区域全覆盖，发挥代表全参与的良好效果，为基层党建工作探索路子、积累经验。

第三节 基层组织建设

一、农村党组织建设

1988年，组织全市村党支部书记参加集中轮训，召开“生产力标准的讨论”专题座谈会和经验交流会。1989—1992年，结合农村支部换届，在对1450个村支部进行改选的同时，组织全市2991个村的党支部书记进行集中轮训，培训6962人次。发布《关于整顿农村后进党支部的意见》，结合农村社会主义教育加强村党支部建设特别是后进党支部整顿。调整村后进村班子170个；调整后进村支部书记71人，后进村支部委员181人。选拔和培训1120名村级后备干部。调整充实村党支部领导班子1307个，其中新任村党支部书记 521 人，调整支委 1183 人。

1993 年，发布《关于围绕致富奔小康目标 抓好农村党组织建设的意见》。10 月份召开全市农村党组织带领群众致富奔小康经验交流会，总结推介长沙县黄龙新村党支部等单位典型经验。次年，全市农村开展“100 个奔小康先进村党支部”“十佳村党支部书记”“50 家明星乡镇企业上擂台”竞赛活动。10 月，出台《关于整顿后进村党支部 全面加强农村党支部建设的工作方案》，按照全面建设、重点整顿、分类指导的原则，对全市 2989 个行政村党支部分批进行建设和整顿（建整扶贫，简称“建整”），每批为期一年。县（市、郊）、乡镇党委层层成立建整工作领导机构和工作机构，建整扶贫工作质量与党委主要负责人政绩挂钩。第一批农村党支部建整工作布点 626 个村，其中后进村 307 个。71 名县（市、郊）党委常委共确定后进村联系点 142 个。各村建立党员活动阵地，开展支部活动 3782 次，举办党员学习班 1841 期，培养建党积极分子 1506 名，发展新党员 672 名。全市首批“建整”工作至 1995 年 10 月结束，93%的布点村达到合格标准，其中优秀的有 159 个，占 52%。布点的 307 个后进村，调整支部班子 237 个，调整支书 156 名，通过“建整”，促进农村事业发展，82%的村级集体经济纯收入达到 2 万元以上；整修公路 1210 千米，修建水利工程 3007 处，修复校舍 4 万多平方米，解决村民群众普遍关心的热点、难点问题，在全省会议上介绍经验。长沙县黄龙新村党支部建设经验在全国农村基层组织建设工作会议交流推广。

1996 年，开展第二批农村“建整”，布点 366 个后进村，调整村支两委班子 348 个（占 95.1%），调整村支部书记 139 名、支部委员 536 名，调整的村支两委班子中有高中文化的 549 个，平均年龄 39.1 岁，比调整前降低 7.4 岁。培养村级后备干部 1440 名（平均年龄 22.3 岁，其中高中及其以上文化的 1238 名），选送 180 名村级后备干部参加有关院校的大中专班学习。村村制定党员“创先争优”规划，建立党员活动阵地，定期组织党员开展形式多样的活动。39 名市级党员干部分别联系一个后进村，县（市、区）党员干部联系后进村 151 个。各整建村投资 2892 万元，新上经济项目 547 个，扭转亏损企业 107 个，山水综合开发 6.68 万亩。10 月，对全市第二批布点村整建工作进行检查验收，合格率为 100%，其中优秀的 234 个，占 68%。次年 1 月，发布《关于在全市县级年轻干部中开展“扶贫帮困——公仆情”活动的通知》，全市 4000 多名机关、事业单位的共产党员下农村帮扶，定期组织党员和村组干部开展学理论、学党章、学实用致富技术的“三学”活动，举办党员、干部培训班 312 期，培训党员、干部 2.1 万人次，88%以上的党员和村组干部掌握一门以上实用致富技术。是年开展的第三批农村“建整”所布的 312 个村合格率为 100%，其中 216 个村跃居县、乡先进行列，18 个村成为小康示范村。

1998—1999 年，继续分别开展全市第四、第五批农村“建整”工作。全市布点 10 个乡镇、290 和 263 个村，抽派工作队员 618 名和 687 名深入开展乡镇党委集中建设整顿和后进村建整扶贫工作。结合调整支村两委班子成员，建立健全村级管理制度，做到用制度管人管事。推行村务公开，进行财务清理，收回公款 134.16 万元，查处违纪村干部 26 名。2000 年，在全市农村开展争创“人民满意的好支部”、争做“勤政为民的好干部”、争当“带领群众致富的好党员”活动，在全省率先出台加强社区党建工作的意见在全省介绍经验。党员与贫困户结成帮扶对子 1950 多个。开展民主评议党员活动，处置不合格党员 44 人。开展全市第六批农村“建整”工作，抓村级班子调整优化。布点村检查验收全部合格，28 个市布点村进入县乡先进行列。12 月开始，全市农村“三个代表”重要思想学习教育活动分乡镇（街道）、县（市、区）部门及其驻乡镇（街道）单位、村（社区）三个批次进行（历时 1 年零 4 个月，有 6509 个单位 6.85 万人参加集中学习教育活动）。次年 1 月，市委直接布点 19 个村，分别由 19 名市级党员领导干部联点；市、区县两级279个后盾单位派出239名机关干部驻100个布点村开展第七批农村“建整”工作。调整充实村两委班子95个，调整支村两委班子成员157人，培养村级后备干部412名，培养入党积极分子603名，发展新党员186名，评选优秀党员322名，处置不合格党员11名，农村党支部核心作用得到加强；119个村共投入项目资金986万元，新上开发项目256个，调整农业种植面积2.76万亩，扶持种养户482个，有94个村实现集体经济纯收入过2万元，90个村年人均纯收入增加200元以上。2002年，全市3302个村（居委会）开展全市第八批农村党支部建设整顿和扶贫工作，布点100个村，调整充实村两委班子65个，成员226人，培养村级后备干部308名，培养党员干部2.3万人次，培养建党积极分子412名，发展新党员252名。次年，开展以“五个好”（领导班子好、党员干部队伍好、工作机制好、小康建设业绩好、农民群众反映好）为主要内容的村党组织、乡镇党委和农村基层开展建设先进县“三级联创”活动。长沙县江背镇印山村党委等6个单位被确定为省级基层党建工作示范点创建单位。开展全市第九批农村“建整”工作，布点89个村，其中市委直接布点17个村，落实建设扶贫资金3500多万元，发展各类经济项目313个，兴修水利工程684处，新修公路204千米，完成农网改造648千米，85%以上的布点村工作进入县（市）、乡（镇）先进行列。至此，全市农村“建整”工作告一段落。

2004年4月至2006年，在开福区、宁乡县开展全省农村村党组织和第六次村民委员会换届选举试点，实行党组织书记、村委会主任“一肩挑”和支村两委成员交叉任职，两委换届以直选方式同步进行。选举后，51个试点村中有41个实现村党组织书记和村委会主任“一肩挑”，比例为80.3%，支村两委交叉任职93人，比例为39.7%，支村两委总人数由上届的271人精减为234人。2005年，针对税费改革、合村并组和支村两委选举后农村基层组织建设的新情况、新问题，出台“三级联创”（指在县、乡镇和村三级党组织中，开展的以“五个好”村党组织、乡镇党委和农村基层组织建设先进县为主要内容的创建活动）指导性意见。组织培训农村党员干部8600多人次，14个省级基层党建示范点全部通过省委组织部的复查和检查验收。11月，在农村中开展第三批先进性教育活动，1716个农村基层党组织、11.6万名党员参加，广大农村党员的先进性意识和“双带”能力增强。为加强村党组织建设，严格党群干群关系，深入开展“万名干部下基层、建设和谐新农村”等活动，办理实事4539件，排解矛盾3012起。2006年，启动“一村一名大学生”计划，选派328名优秀年轻干部到村任职。提高村干部待遇，稳定村干部队伍，市财政增加村级工作经费1000万元，市县两级财政配套，确保每村运行经费不低于3万元。

2007年，加大对市县布点的74个建设扶贫村扶持力度，选派19名年轻后备干部到建设扶贫村担任第一支书。建成和完善285个村级组织活动场所。将农村党组织运转经费、党员教育经费、远程教育经费等列入同级财政预算，从根本上解决基层党组织“无钱办事”的问题。启动“百村百名大学生”培养和科技特派员工作，从全市100个村挑选100名青年农民进行免费脱产学历教育，牵头从省直单位和科研院所选派31名科技特派员到村工作，为新农村建设培养和储备人才，从应届毕业生中选拔20名大学生到基层从事“三支一扶”工作。次年，以支村“两委”班子换届为契机，在64个村开展“公推直选”试点，在改进候选人提名方式、竞职方式和选举方式等方面进行有益探索，中组部《党建研究》专题推介长沙经验。完成全市1239个村和115个农村社区党组织换届选举，产生支村两委成员6801人。完善城乡基层党组织互帮互助机制，先后形成基层党组织共建对子2000余个，组建党员帮扶对子4800多户。全市选聘108名高校毕业生到村任村党组织书记、主任助理等职务，大学生村干部彭万贵受到中央领导接见。长沙县、宁乡县和14个“五好”乡镇、村党组织受到省委表彰。

2009 年，制定关于加强基层基础工作“1+3”的配套文件，“1”即《关于全面加强基层党的建设的意见》，对今后一段时期基层党的建设提出总要求，“3”即《关于加强乡镇（街道）干部队伍建设的若干规定》《关于加强村（社区）干部队伍建设的若干规定》《长沙市村支书、村主任养老保险办法》3 个细则性规定，使基层组织建设进一步规范化、制度化、科学化。把“四议两公开”工作法作为农村基层组织整章建制的重要内容，完善农村基层党组织领导机制、村两委工作协调机制、村级党内民主机制和村民自治机制。是年，面向全国选聘大学生村干部 134 名。投入资金 300 余万元，在 100 个新农村建设示范村挑选 100 余名具有高中文化程度的优秀青年，培养成为直接服务“三农”的大学专科生，使之成为农村科技骨干、致富带头人、村级干部后备人才，为新农村建设提供人才支撑。

2010 年，开展“机关联百村、社区联百村、企业联百村、干部驻百村”的城乡基层组织结对共建“四百”活动，115 个市直机关、101 个企业、100 个城市社区党组织与 302 个农村党组织结对，新布点城乡一体化发展和建设扶贫示范村 16 个。出台《长沙市基层党组织党务公开实施办法（试行）》，在全市 1438 个行政村全面推广“四议两公开法”。落实村级党组织负责人“一定三有”（给村党组织书记定权责、立规范；让村党组织书记工作有合理待遇、干好有发展前途、退岗有一定保障）要求。启动 187 个计划内和 179 个自筹建设的村部项目，实现村级组织活动场所全覆盖。探索和完善村干部绩效考核、述职评议等制度。全年选聘大学生村干部 165 名，在选调生和公务员考试中安排 44 个职位定向考录。对全市 7355 名符合条件的离任村干部申请困难生活补贴，在长沙县开展村党组织书记养老保险试点。2011 年，完成全市乡镇党委和支村“两委”换届，选优配强 1291 个村级班子。换届后，乡镇党委班子平均年龄 39.8 岁，村“两委”班子中“双带”型致富能人 3185 人，占 47. 6%。全面轮训新一届村（社区）党组织书记，择优选拔 266 名高校毕业生到村任职，继续在 4 个乡镇和 182 个村开展“公推直选”党组织班子成员试点。

2012 年，发布《关于进一步完善村级组织运转经费保障机制夯实基层基础工作的通知》，建立“联投联管，三保两统”投入保障体系，将市、县、乡财政投入和村级集体经济收入补充作为村级组织运转经费的主要来源渠道，对资金实行统一拨付、统一监管，确保村级组织运转的基本标准、基本待遇、基本开支，市级财政专项补贴村级组织运转经费 3786 万元，其中新增 2286 万元，县级财政按新增部分 1:1 的比例配套。市县两级投资金 1.45 亿元，覆盖全市 1171 个村级组织，实现村平均运转经费由上年的 8.54 万元提高到 12.44 万元。4 月，在全国组织部长培训班上就长沙市完善村级组织运转保障的创新实践做典型发言。

二、街道、社区党组织建设

1988 年 3 月，要求全市包括街道、社区在内的各基层党委建立民主评议党员制度，在评议的基础上，做好处置不合格党员的工作。次年 4 月，发布《表彰先进基层党组织、优秀共产党员和优秀党务工作者的通知》，通过民主评选和各级组织推荐，表彰先进基层党委 14 个，先进党总支 11 个，先进党支部 79 个，优秀共产党员 110 名，优秀党务工作者 105 名。至 1991 年，城区街道设党委 54 个、党总支 20 个、党支部 1124 个。1992 年，将街道党委全部改为街道党的工作委员会，作为区委派出机构。明确街道党组织职能，在街道设立的机构实行双重领导，业务工作由上级主管部门负责，党的工作由街道工委领导。赋予街道、居委会相应的权利，城镇待业青年招工、招生、录干、参军等都由居委会党支部或居委会鉴定其表现，签署意见后方可办理有关手续。

1993—1997 年，在城区全面推广韭菜园街道工委加强街道、居委会党组织建设的经验，注重发挥基层党组织在发展街道、社区经济中的核心作用。在芙蓉区、开福区大部分居委会建立独立党支部。召开全市街道党工委书记座谈会，就全面加强基层党组织建设工作进行安排部署，并交流推介部分街道党工委抓基层党建工作的经验做法。

1999 年，社区开展集中换届，通过党组织成员初步候选人分别在党员和居民群众中推选，确定为正式候选人后再经党员大会选举的办法（简称“两推一选”），以及“四公开”（公开条件、公开报名、公开竞职、公开结果）的方式，选优配强社区党组织领导班子。全市 300 个社区中有 529 名社区党员新选进社区党组织领导班子。2000 年，出台加强社区党建工作的意见，在五区开展社区党建试点。次年，在全市全面铺开，受到中组部到长沙调研组肯定。至 2002 年，社区干部队伍结构得到进一步改善，平均年龄 38.4 岁，大专以上文化占 41.3%。全市各街道相继建起社区党建工作“两会一站”的三级网络体系，《求是》杂志“内部文稿”刊发长沙市社区党建的专题文章。

2003—2005 年，社区组织党组织班子通过“两推一选”，集中统一换届。班子成员和党组织书记平均年龄分别下降 6.4 岁和 5.4 岁，班子成员大专文化以上的占 50%，其中研究生文化 3 人，党组织书记大专文化以上的达 65%，社区党组织书记与居委会主任“一肩挑”的比例达到 49.2%，社区干部整体素质明显提高。中组部《组工信息》以“领导参阅”推介。确定 75 个社区开展为期两年的社区党组织集中建设，推进属地管理，全市 1.1 万多名企业退休、失业、解除劳动关系党员转入社区管理。出台《城市社区党组织工作暂行规定》，对社区党组织的任务、职责和地位等进行明确。

2006 年，全市社区党组织集中统一换届，社区党组织负责人实行“两推一选”，社区党组织书记平均年龄下降到 41.8 岁，大专以上学历的占 57.7%，社区党组织书记和居委会主任“一肩挑”比例为 50%。开福区率先在全省成功组织社区党组织直接选举试点。继续开展“三级联创”活动，先后涌现全国文明社区岳麓区咸嘉新村社区、全国先进基层党组织芙蓉区丰泉古井社区党总支部等先进典型。

2007—2008 年，高标准建设 75 个党建示范社区。383 个党员服务中心，实现全市城区和近郊农村全覆盖，其中 20 个“示范点”在全市社区党建工作会上命名表彰。城乡一体党员动态管理机制不断完善，党员在市内流动，可直接到其工作、生活的最基层党组织办理接转手续。

2009—2011 年，在城市街道社区探索建立人才支撑机制、科学运行机制、“六步法”议事协调机制（收集意见确立议题、初步拟订方案、征求意见完善方案、再次论证确定方案、“两委”讨论决定和督促落实监督实施六个程序）和社区投入增长机制、工作运行保障机制，确保基层组织“有人管事”“有章理事”“有钱办事”“有地方议事”。在社区党组织和居委会换届选举中推行“居站分设”新模式。225 个社区党组织换届选举“公推直选”试点取得圆满成功。开展“机关联百村、社区联百村、企业联百村、干部驻百村”的城乡基层组织结对共建“四百”活动，100 个城市社区党组织与农村党组织结对。推进社区“四有一化”工作运行保障机制。2012 年，在全省率先发布《关于进一步完善村级组织运转经费保障机制夯实基层基础工作的通知》。加大社区阵地建设和运转保障力度，社区年均工作经费增至 60 万元。岳麓区推行“街道大工委制”试点，街道领导班子成员担任兼职委员，共同做好基层治理等工作。

三、机关事业单位党组织建设

1989 年，在望城县区、镇、乡机关和市司法局进行试点后，全市铺开机关评议党员工作。次年，市直属机关 104 个单位 427 个支部、8155 名党员参加党员重新登记。将重登工作与检查和解决党风廉政建设问题相结合，清出违反财经纪律金额 112.56 万元，为群众办实事 1254 件。对 73 名犯错误的党员，分别进行党纪处分和组织处置。1992 年，对近两年发展的 300 多名新党员进行考察培训。在机关开展“增强服务意识，改进工作作风”的党员“创先争优”活动。市委直属机关工委组织党员学习邓小平南方谈话精神和中共十四大文件，两批轮训党员 8213 人次。在机关党员中开展“先锋杯”“公仆杯”竞赛活动。419 个党支部为改革开放和经济建设献计献策 3200 多条，为基层、为群众办实事、做好事 1.5 万件。

1993—1995 年，举办党务干部业务理论培训班，培训基层骨干 198 人，各单位分层次、分专题先后轮训党员 6143 人，101 个机关单位党组织 9121 名党员参加评议党员和创先争优总结评比活动，评出先进基层党组织 50 个，优秀党务工作者 100 名，优秀党员 150 名，处置不合格党员 6 名，解决党员重新登记和社会主义教育遗留问题 4 起。开展机关党建工作督查，85%的党支部“三会一课”（定期召开支部党员大会、党支部委员会和党小组会，按时上好党课）制度健全。完善市直机关《基层党组织目标管理实施办法》，把机关党建工作分解成思想理论建设、思想政治工作、组织建设民主集中制、党风廉政建设、调研信息五个方面逐项进行计分考核，基层党组织建设得到加强。出台《市直机关开展“三为”教育和思想作风整顿的实施方案》，在市直机关开展“三为”（为经济、为基层、为群众服务）教育，整顿机关思想作风。组织学习孔繁森，开展“献爱心、争贡献”活动，募集 196 万元，扶助 1300 余名失学儿童重返校园。

1996 年，调整市直机关党组织设置 71 个，配备专职党务干部 92 名，培训入党积极分子 676 人，发展新党员 434 名。组织 263 名机关党组织负责人参加学习贯彻中共十四届六中全会精神培训班，各基层党组织对 1 万多名机关党员干部进行轮训，收集整理心得体会 8600 多份。开展以“建制度，办实事，做公仆，树形象”为主题的深化“三为”教育，推介国土局机关党委等一批先进经验，促进机关作风的转变。组织党员干部突击队 50 支，上堤抗洪抢险达 1000 多人次，为灾区捐款 1194 万元，捐衣物 20 多万件。次年，举办邓小平理论和中共十五大精神培训班，轮训 200 名理论学习骨干，开展“邓小平理论与长沙成功实践”的理论研讨，征集论文 200 多篇。开展“塑造公仆形象，建设文明机关”“心系人民群众、关心困难家庭”教育活动。全市机关、事业单位 2.4 万多名党员与城乡 1.8 万户困难家庭结成帮扶对子，《人民日报》对活动情况进行报道。加大党风廉政建设力度，组织党员干部学唱《廉政准则歌》，参加《党纪政纪条规知识竞赛》，参赛率达 97.6%，优秀率达 93%。1998 年，制定《长沙市直属机关党建工作目标管理实施办法》，开展“三为”教育和创一流工作。市直机关建立健全公开办事制度 657 个，召开“三为”教育工作总结表彰会，市卫生局等 24 个单位被评为“三为”教育先进集体，谭国英等 31 人被评为“三为”教育先进个人。市工商局企业注册管理科等 16 个窗口行业单位被授牌市直机关“共产党员示范岗”。次年，修订完善《机关党建工作目标考核办法》，市直工委与直属 34 个单位签订党风廉政目标责任书，强化干部廉政意识。

2000—2003 年，开展市直机关思想作风整顿，通过“思想发动，学习提高”“查摆问题，自查自纠”“个人总结，民主评议”“落实措施，总结验收”四个阶段和试行“末位淘汰制”，确定末位人员 197 人（包括县级干部 7 人），机关党员干部思想和工作作风发生明显变化。发布《关于理顺市直机构改革后有关党组织隶属关系和日常党务工作管理的意见》，加强机关党的建设。以纪念建党 80 周年活动为契机，市直 106 个单位机关党组织开展评比先进基层党组织、优秀共产党员、优秀党务工作者及“共产党员示范岗”的双评活动。开展以“爱党、爱国、爱民、爱岗”和“党在我心中”为主题的演讲比赛以及“党在我心中”党建知识 100 题读书答题活动。出台《关于明确有关基层党组织隶属关系的暂行规定》，对 200 多家机关事业单位党组织隶属关系进行明确。首次推行党员发展公示制，培训入党积极分子 768 名，发展新党员 560 名。发布《市直机关评选先进基层党组织、优秀共产党员、优秀党务工作者和推荐共产党员示范岗意见》，对50个先进基层党组织、200名优秀共产党员进行表彰，并授予5个窗口单位为“共产党员示范岗”。

2004年，以贯彻中共十六大精神为主题，开展“立党为公、执政为民”的专题教育，发布《关于在市直机关开展评选创建“学习型机关”先进单位和“学习型干部”活动的通知》和出台《关于创建学习型机关先进单位和学习型干部的考评办法》，指导和督促市直机关认真开展创建学习型机关的活动。以创先争优为重点，召开创建“共产党员示范岗”工作7年来第一次专题经验交流会，对示范岗创建工作提出“滚动管理，优胜劣汰”的新要求，党组织的凝聚力和战斗力进一步增强。次年，全面铺开保持共产党员先进性教育活动，各单位以学习实践“三个代表”重要思想为主线，组织集中学习和专题讨论，党员参学率基本达100%。健全党员学习教育、组织生活、民主评议等规章制度，推进基层党组织制度化建设。调整设置基层党组织，新批准成立3个机关党委、2个总支，223个基层党组织换届选举，新发展党员621名，预备党员转正637名。

2006—2007年，开展制订一个学习计划、精读一本书、开展一次调研、撰写一篇高质量的论文、领导干部讲一堂党课的“五个一”活动。落实党员发展公示制、审查制、责任追究制，探索改进党员管理教育方式方法。开展以“建设进取型机关、务实型机关、服务型机关”为主题的“作风建设年”活动。发布《关于加强市直机关党组织建设的意见》《市直机关发展党员工作的程序及内容》等文件，基本实现机关党建工作的科学化、规范化、制度化。建立市直机关流动党员台账，对1900多名流动党员发放“流动党员活动证”，市人才交流中心建立流动党员信息库。

2008年，在市委组织部、共青团市委、市民政局、市气象局4个机关党组织试行“公推直选”（在党组织领导下，通过党员个人的自我推荐、党员群众的联名推荐、党组织的推荐这三个环节产生候选人，然后由全体党员直接参与选举产生党组织领导班子）方式选举党组织领导班子。开展“机关联系基层，党员联系群众”的“双联”活动，以“红色服务月”活动为契机，建立、完善党员联系和服务群众的长效机制，出台《长沙市直机关党支部工作细则》和发布《关于加强长沙市直机关离退休党支部建设的意见》，完善《党建工作目标管理考核实施办法》，编印《市直机关党的组织工作手册》，为基层工作的开展提供指导和帮助。次年，出台《长沙市直机关公推直选机关党组织领导班子实施办法》，以公推直选方式选举产生基层党组织领导班子成员。完善《长沙市直机关党建工作管理目标实施办法》，对党员的教育管理进行规范。2010年，市直机关107个单位党委（组）主要负责人和1560多个基层党组织负责人带头创先争优公开承诺、进行点评，经各级基层党组织和群众推荐身边的优秀共产党员290多人；制定《市直机关关于加强流动党员管理的暂行办法》，加强对流动党员的管理。制定《市直机关创建学习型机关评选管理办法》，首次命名25个学习型党组织。全面开展“四百”活动，114个市直机关党组织与121个行政村签订党组织共建协议，注入发展建设资金1600多万元，推进农村劳动力转移就业3000余人，改善基础设施和开展各类公益活动5900多处（次）。深入推进机关“三联三为”活动（联系困难群众、联系身边群众、联系普通群众，为群众代言、为群众排忧、为群众服务），以“支部+社区”为主要形式，973个支部与社区（农村）的近1.5万名群众结对，帮助其扶贫帮困、法律维权、就业推荐。次年，对市直机关党的基层组织实行党务公开工作进行督查。结合“好支部、好书记、好党员”推荐活动，开展“我心中的优秀共产党员”演讲赛、“中华经典进机关”朗诵比赛和“唱红歌、颂党恩、跟党走”歌咏比赛等活动。2012年，出台《长沙市直机关党的基层建设年活动实施方案》《长沙市直基层党组分类定级工作实施方案》，对1702个基层支部（其中隶属于市直机关工委的1241个）进行分类定级，对168个

“一般”和“较差”类的党组织实施定人蹲点指导，促进市直机关的党建工作均衡发展，普遍实现晋位升级。在全省率先对新发展的预备党员在转正前进行党员先进性轮训。集中培训专职副书记、分片组或系统轮训基层支部书记。推行履行基本职能、强化基础工作、坚持基本制度的“三基”工程，进一步规范市直机关党组织工作，首次推行机关党组织负责人向工委报告工作的制度，强化党组织负责人的责任意识。继续开展创先争优活动，31个市直机关基层党组织受到市级以上表彰（其中省级表彰3个、中央表彰1个）。至2012年机关事业单位党组织批准新成立党组织47个，届满调整换届1233个（次）党组织，充实和增补党组织委员660人发展新党员8712名。

四、企业党组织建设

1988年，在长沙汽车电器厂等企业开展进一步转变职能、实行党政分开的试点，后在全市各企业逐步展开，通过党委把握政治方向和协调各方关系，全面推行厂长负责制，明确划分党委和行政的不同职能。3月，指导各企业党支部建立民主评议党员制度，曙光电子管厂、浏阳县普迹糖厂作为全市首批试点开展不合格党员处置工作。次年，全市大中型企业恢复建立政工机构。在全市178个大中型企业中，设专职党委书记的90个，设专职副书记的46个；恢复组织、宣传分设机构的企业85个；专职党委干部占职工总数1%以上的企业84个。

1990—1993年，召开全市企业党的建设工作会议，全面加强企业党组织建设。发布《关于全市第二轮承包领导班子配备工作意见》，对72个班子调整充实，其中，调整党政正职64人，重新任命第二轮承包的123家企业领导班子。大中型企业党组织承担起领导思想政治工作和精神文明的职责，恢复和健全政工例会制度，落实企业重大问题经党委讨论程序，建立任免中层行政干部的正常程序。全市企业专职党务政工干部调整充实到2794人，比上年增加32%，占职工总数的1.07%。下放企业党员处分权限，一般党员的处分由基层党委审批，企业党员中的副科级至副县级干部由所在企业的主管局（公司）党委审批，正县级干部由市工交工委审批。经过两年的组织准备、复习考试、申请考核等阶段，长沙市企业思想政治工作人员专业职务评聘工作全面铺开，评审并通过中级政工专业职务1686名，向省评委推荐申报高级政工专业职务263名。为进一步加强和改进企业党的建设，开展三资企业党组织设置和活动情况的调查，依据企业实际情况落实企业党政领导专、兼职要求。全市179家大中型企业党政一人兼的56家，厂长（经理）、书记分设的123家。重奖8位商业企业党委书记，并召开长沙市部分获奖企业党委书记座谈会和部分大中型企业厂长（经理）座谈会、党委书记座谈会等，交流总结在市场经济条件下加强企业党的建设的新经验。

1994年5月，发布《关于加强乡镇企业党的建设的意见》，要求在市场经济条件下进一步发挥企业党组织的政治核心作用。6月，召开全市企业党建工作会议，总结交流市工交、财贸、纪委、建委等9个系统加强企业党的建设经验。开展以“争贡献、做表率”为主要内容，创建先进基层党组织、争当优秀共产党员的活动，其中，长沙友谊华侨公司党委被评为全省红旗党组织。长沙市在全省乡镇企业党建工作座谈会介绍。次年4月，发布《关于在国有企业党组织实施凝聚力工程的通知》，决定利用3年时间，在全市国有大中型企业党组织中实施“凝聚力工程”，发挥企业党组织和党员作用。6月，召开全市“凝聚力工程”动员大会，制定下发“实施凝聚力工程的第一年工作方案”。按照“抓两头、促中间”的思路，成立“凝聚力工程”领导小组，组织16个调查小组68人，对全市43家国有大中型亏损企业进行调查，对亏损企业的领导班子进行调整充实和思想整顿，就地免去34名企业领导干部职务；从效益好的企业向效益差的企业、从党政机关向大中型企业输送交流干部16名；提拔或破格提拔企业优秀中青年后备领导干部135名。调整后，有24家亏损企业趋于稳定，20%实现扭亏为盈。长沙在全省国有企业党的工作座谈会上介绍全市乡镇企业“上擂台竞赛”工作经验。

1996—1998年，两次对105家困难企业领导班子运行状况、党的建设、亏损情况等进行调查，对亏损企业的领导班子进行调整充实，并推动建立健全企业党组织参与重大决策有关规章制度，强化企业党组织的政治核心地位，推动企业生产经营的顺利进行。对全市实施“凝聚力工程”活动的情况进行全面总结，评选出“十佳优胜单位”“十佳优秀领导干部”“十佳优秀组织科（部）长”，工作经验在全省推介。按照社会主义市场经济条件下建立企业领导班子优胜劣汰运行机制的要求，重点抓企业领导班子的全面考核和调整配备，对全市472家国有企业的领导班子进行考核，调整领导班子204个、班子成员645人。对实施凝聚力工程的107家单位开展督查和验收，总结推介8个企业党组织加强企业党建的经验。对87家企业实施凝聚力工程的情况进行督查，并对4年以来国有企业领导班子建设工作进行检查验收，所有企业全部通过验收。长沙市加强国有企业领导班子考核建设的做法、经验，受到中组部和全国国企办、省国企办检查组的肯定。

1999—2000年，根据“抓大放小，管好、管活”的要求，按照改领导班子管理范围、改领导班子隶属关系，不改企业规模、类别，不改企业领导人员相应待遇的原则，调整市属大中型企业领导人员的管理范围。通过调整，市委直接管理的大中型国有企业领导班子和领导人员由原来的210家1100余人减少至41家约320人。2001年，在全市国有大中型企业领导班子及成员中开展“三个代表”重要思想学习教育活动，分专题学习、对照检查、整改提高三个阶段进行。成立活动领导小组及其办公室，并根据企业隶属情况明确22家学教活动责任单位，全市国有大中型企业188家983人参加，其中市管国有大中型企业40家253人，其他市管国有企业148家730人，学教活动成效明显。2002年3月，出台《关于明确有关基层党组织隶属关系的暂行规定》，按照“统一管理、归口管理、委托管理、属地管理”的原则，组织召开全市理顺党组织隶属关系工作会议，对机构改革后470多家国有企业、转体公司的党组织隶属关系进行明确，进一步落实各级党委的管党治党责任。次年4月，出台《长沙市企业党员退休、失业、解除劳动关系后实行属地管理的暂行规定》，对国有、集体企业的党员退休、失业、解除劳动关系后向城市街道、社区转移的条件、程序等作出明确规定，体现统筹有序、责任共担的要求，相关问题调研报告在中组部《党建研究》（内参）刊登。2004年10月，发布《关于成立中共长沙市人民政府国有资产监督管理委员会等有关问题的通知》，市国资委成立党委，履行市委规定的职责，市属企业党的领导体制进一步理顺。建立健全再就业服务网络，为全市下岗失业党员提供职业培训、就业指导、政策咨询等跟踪服务，组织下岗失业职工党员再就业技能培训，全年市、区两级有392名下岗失业党员培训后实现重新就业。

2005—2010年，对市管10家大中型企业领导班子及成员进行集中考评，完成39名党政领导干部任期经济责任审计，公示新提拔任用的领导干部51名。在国有（集体）企业开展党务公开工作试点，提升党组织的凝聚力和战斗力。出台《关于在全市开展“机关联百村、社区联百村、企业联百村、干部驻百村”城乡基层党组织结对共建“四百”活动的实施办法》。全市“四百”活动中101个企业与100余个行政村签订党组织共建协议。

2012年，全市有公有制经济控制企业党支部1477个，党总支137个，党委104个。在全市企业党组织中同步开展分类定级和后进晋位工作，创建企业党组织示范点23个。理顺市属企业党的领导体制，市委直管企业班子和由市委审批董事长、党委书记、总经理、监事会召集人等领导职务的企业11家，协助审批中直有关部委、集团公司和省直有关部门、集团公司管理在长企业领导人员的企业 47 家。指导长沙银行董事会、党委顺利完成换届工作。

五、“两新组织”党组织建设

1988 年以后，随着改革开放和社会主义市场经济的发展，涌现一批包括外商投资企业，个体、私营企业，非国家、集体控股的股份制企业，股份合作制企业，劳动者的劳动联合和劳动者的资本联合为主的新经济组织和中介、社会团体、基金会、非公企业单位、各类群众团队等新社会组织（简称“两新”组织）。1994 年 9 月，为扩大党组织的覆盖面，适时加大新经济组织党组织建设。召开全市企业党建工作会议，总结交流市工交、财贸、计委、建委系统 9 个党组织加强企业党的建设的经验，明确提出各系统要加强新经济组织企业党的建设工作，通过加强领导、分类指导等方式发挥党在各类新经济组织中的领导核心作用。1998 年 7 月，发布《加强对非公有制经济组织中党员管理的试行意见》和《关于加强个体、私营、外商投资经济组织中党员管理工作的意见》，对各类非公有制经济组织的党建工作作出明确规定。11 月，在长沙高新技术产业开发区召开全市新经济组织党建工作现场经验交流会，总结推介高开区和浏阳市委等 5 家单位抓新经济组织党建工作的典型经验。2000 年，通过在新经济组织中建立党组织和派党建指导员，推行落实新经济组织中党组织组建工作责任制，60%以上符合条件的非公有制经济组织建立党的组织。长沙市加强非公有制经济组织党建工作的做法得到中组部和省委组织部的肯定，并在全省非公有制经济组织党建工作座谈会上介绍经验。2001 年，在全市推行非公有制经济组织党建工作季报制度，进一步落实非公有制经济组织中党组织组建工作责任制。2002 年 4 月，出台《关于明确有关基层党组织隶属关系的暂行规定》，坚持“以属地管理为主，分类管理为辅”的原则，按照“条块结合、归口管理、整体划转”的工作思路，明确“两新”组织的党组织隶属关系，健全党组织管理体系。指导和帮助远大空调、三一重工等 49 家非公有制经济组织建立党组织，使全市符合组建条件的非公有制经济组织的党组织组建率达63.4%，居全省前列。次年，拓展新经济组织中党建工作的覆盖面，全市非公经济组织党组织组建率上升至 70%，三一重工、远大空调、LG 曙光、老百姓大药房等一批知名非公有制企业先后成立党委。2004 年，74 家符合单独组建条件的非公有制企业建立党组织。全市符合单独组建条件的非公有制企业建立党组织的 501 家，组建率达 71%。2005 年 10 月，发布《关于以先进性教育活动为契机进一步做好“两新”组织党组织组建工作的通知》，规范“两新”组织党组织组建工作，全市新建非公有制企业党组织 126 个，802 个非公有制经济组织建立党组织，组建率 84%。至 2006 年达 86%。2007 年，强化领导力量、健全责任体系、坚持部门联动，因企制宜、加强沟通，促使企业主认同和支持，推进非公有制企业党建工作，全市规模以上非公有制企业组建党组织的 1044 家，符合组建条件的规模以上非公有制企业 100%建立党组织。2008 年，全面扩大“两新”组织党组织覆盖面，有 214 家新社会组织新组建党组织。首次举办新社会组织党务干部培训班，围绕“管什么、怎样管”等问题进行辅导、探讨和交流，帮助党组织及党务干部树立“管理就是服务”的理念，用改革创新精神推进新社会组织党的建设。2009 年，全市建立新经济组织和新社会组织 14 个，建立联合支部 5 个，规模以上企业应建已建率动态保持到 100%。2010 年，新成立非公经济组织和新社会组织党组织 53 个。2012 年，新建非公有制企业党组织 1765 家，对 2500 余名新任非公有制企业党组织书记集中轮训。雨花区创新“百企联建”非公有制党建模式。

表 2-8-3-1　　1988—1999 年长沙市基层党组织分布情况一览表　　单位：人

年份	建制	合计	县乡	城区	工交	财委	建委	农委	计委	教委	宣传	民政	直属	其他
1988 年	支部	10952	6385	1006	2325	486	282	25	4	76	108	24	186	21
	总支	378	181	12	110	21	22	1	4	—	6	1	19	1
	党委	545	255	54	149	34	24	—	1	10	7	1	9	1
1991 年	支部	11839	6601	1124	2575	478	317	18	33	120	102	26	423	22
	总支	474	238	20	122	19	26	1	4	—	5	—	38	1
	党委	592	258	54	154	34	1	1	4	22	8	2	21	—
1995 年	支部	11762	6233	1270	2505	362	377	124	—	127	24	35	649	11
	总支	502	214	26	129	15	37	5	—	—	3	4	68	—
	党委	588	192	57	187	31	23	13	—	22	2	2	50	—
1997 年	支部	11787	6127	1428	2340	326	383	128	40	155	21	54	745	10
	总支	515	218	29	126	18	36	5	1	7	3	4	63	3
	党委	652	214	68	184	30	36	14	9	22	2	3	67	3
1999 年	支部	11077	4390	618	3979	324	382	128	36	161	27	55	743	234
	总支	482	132	7	180	15	37	11	1	8	2	4	66	19
	党委	660	118	52	292	29	38	15	8	22	2	3	71	10

说明：1.1988—1999 年，全市基层党组织主要分布在农业、公交、财贸、科教文系统和党政群团机关。2.上表党组织数是按照系统统计，党组织合计数等于后面表中所载各系统党组织数量之和

表 2-8-3-2　　2000—2012 年长沙市基层党组织分布情况一览表　　单位：个

年份	建制	合计	农村乡镇	城市街道	公有制经济控制企业	事业单位	机关单位	非公企业	新社会组织	其他
2000 年	支部	10939	4273	515	1183	1255	1830	243	—	963
	总支	496	88	10	151	97	113	16	—	42
	党委	659	119	50	218	81	239	31	—	32
2006 年	支部	9831	2811	719	2200	2233	2134	603	—	2661
	总支	775	166	99	136	183	135	73	—	248
	党委	685	118	52	170	111	261	84	—	59
2011 年	支部	12929	3481	1534	1531	2528	2308	2337	294	4195
	总支	1261	529	166	146	198	125	83	11	709
	党委	751	112	81	161	160	149	104	11	177
2012 年	支部	15320	886	276	1477	2647	2369	4790	—	4037
	总支	1313	489	180	137	216	137	86	—	737
	党委	790	103	144	156	172	154	112	—	196

说明：1.2000 年以后，按照中组部要求，基层党组织统计口径发生变化，其分布情况按照农村乡镇、

城市街道、公有制经济控制企业等领域统计。2.表中党组织数是分地域分类型交叉统计，党组织合计数不等于后面表中各类党组织数量之和

第四节　干部队伍建设与教育管理

一、领导班子和干部队伍建设

1988年，对300多名县级领导干部进行全面考察，为换届及领导班子调整提供可靠的依据。进行市人大、市政府、市政协及县、郊、区党委、纪委的人事安排和换届选举，领导班子的群体素质和整体结构更趋合理，市直部、委、办、局和县、郊、区104个党政领导班子结构比较合理的占72%。以提高“领导素质和艺术”为主题，组织全市中青年领导干部开展座谈、征文、交流研讨等系列活动。先后选派两批200名中青年干部到乡镇和区街单位进行锻炼，选派两批20名中青年领导到杭州和无锡等地实习。3月，市委选派59名中青年干部分赴35个乡、镇，进行为期一年的实际工作锻炼。38人担任乡党委副书记或乡长助理。有3人立功受奖，23人被评为先进工作者。次年，组织109个考察组全面考察县级以上领导班子293个、领导干部1171人。对问题比较突出及其他原因需加强的63个县级班子进行调整充实，调整任免县级干部163人次。全市有196个正县级党委（党组）联系春夏之交政治风波和廉政情况召开民主生活会，其中上级党组织派人参加的有98个单位。从全市选派500多名干部下乡支农和挂职锻炼。

1990—1991年，为顺利完成五区四县人大、政府、政协换届领导班子的调整配备，调整充实区县领导班子成员100人，调整面为原班子成员总数的35.8%。共提拔县级干部315人，其中45岁以下中青年干部占36%。转发省委组织部《关于加强和改进国有大中型企业后备干部工作的意见》，对57家中一型以上企业后备干部队伍建设情况进行全面调查，重新建立企业后备干部名单，并举办两期共198人参加的中青年干部培训班。制定《长沙市女干部培养三年规划》，全年提拔副县级以上女干部30人、党外干部26人。132个正县级行政事业单位的党委（党组）建立和健全中心组学习制度、调查研究制度、交心通气制度和民主生活会制度，坚持以制管人，促进班子凝聚力和战斗力。重点组织副县级以上领导干部学习江泽民“七一”讲话，开展“三重温”（重温毛泽东在党的七届二中全会上关于两个“务必”的论述、郭沫若的《甲申三百年祭》和毛岸英给舅舅的信）活动，召开民主生活会，全市132个正县级行政事业单位有512名党员领导干部参加民主生活会，较好地解决部分领导班子成员思想作风问题。

1992年2月，发布《关于选派干部到乡镇和街道居委会工作锻炼的通知》，全市下派锻炼干部607名，其中市直机关、副县级以上事业单位选派243人。选派干部中任区、县助理2人，任街道党政副职2人，任乡、镇（场）党政副职53人，任居委会党支部正副书记、居委会正副主任32人，任居委会工作指导员63人。3月，发布《关于做好区县、乡镇两级换届选举工作的通知》，指导各区县召开党代会、人代会和政协会，成功选举四县五区四大家班子成员和法院院长、检察院检察长289名区、县领导干部。新进领导班子成员98人，其中省下派任职1人，市级后备干部2人，县级后备干部61人，占新进人员的65.3%。结合换届对市直机关、群团组织以及其他副县级以上事业单位的领导班子也进行相应调整，全年考察任免干部506人，其中提拔250人，办理调配手续261人。次年，发布《关于调整干部管理权限 简化工作程序 提高办事效率的几点意见》，按照“管少管好管活”和“管人管事相结合”的原则，调整管理权限，市委和市委组织部只管理党政机关副县级以上干部、中二型以上企业正职和县级事业单位的正职。5月，召开全市选派干部挂职锻炼工作总结暨经验交流会、青年干部锻炼成长座谈会。对全市

《女干部培养三年规划》实施检查和督促，规划目标全面实现，女干部队伍稳步发展。

1994—1996年，对141名区、县（市）党政领导干部进行民主测评，159名县（市）党政班子成员和人大、政协正职进行书面述职。开展“比团结、赛实绩”活动，推介市工交工委、人事局、二商局、公安局等单位领导班子坚持团结干事的经验，对长期闹不团结、给工作带来严重影响的市林业局班子进行改组。开展“团结干事”笔谈、恳谈与“努力提高执政水平和领导能力”的讨论活动，组织全市领导班子思想作风建设理论讨论会。制定《女干部培养第二个三年规划》。发布《关于加强领导班子民主集中制建设的意见》，要求充分认识贯彻执行民主集中制的极端重要性，加强学习，增强贯彻执行民主集中制的自觉性；坚持原则，提高决策的民主化、科学化水平；完善制度，保证贯彻执行民主集中制的规范化、制度化。实施《长沙市跨世纪领导干部培养选拔工程》，要求到2003年在全市培养选拔1400名不同层次的优秀年轻领导干部。提拔45岁以下的县级干部138名，在9个区、县（市）党政领导班子和部分市直县级单位领导班子配备1~2名年轻干部，遴选县级党政后备干部845人，建立326人的企业家和100人的科技带头人后备干部队伍。认真学习贯彻江泽民《领导干部一定要讲政治》和《努力建设高素质的干部队伍》讲话精神，坚持把思想政治建设渗透到领导班子建设的各个环节中去。采取组织推荐、个人自荐和考试考核相结合的方式，面向社会开选拔近1000名优秀年轻干部纳入后备人才库，并制定进一步加强培养和管理措施，初步形成全市统一调配使用的大后备体制。选派200多名市直机关年轻干部到县（市、区）、乡（镇）、村挂职锻炼，选派12名优秀年轻干部赴西藏贡嘎县和湖南省龙山县帮扶工作，安排省委选派的优秀大学毕业生到基层锻炼。长沙市被确定为全省参照公务员管理工作试点市，制定出台参照管理工作实施办法，基本完成党的机关向公务员过渡工作，省委在全省干部管理工作会议上推介长沙市经验。

1997—1998年，对全市472家国有企业的领导班子进行全面考核，调整领导班子204个，班子成员645人。有关经验做法在全国、全省企业党建和领导班子考核建设会议上作推介，《人民日报》《经济日报》对长沙加强国企班子建设工作进行宣传报道。开展“十佳人民公仆”和“十佳领导班子”评选活动，授予长沙市公安局交警支队党委等10个单位“十佳领导班子”称号，授予李慈秀等10人“十佳人民公仆”称号。推动实施各区县（市）公、检、法“三长”交流工作。在全市县级年轻干部中开展“扶贫帮困——公仆情”活动，组织全市党政机关事业单位45岁以下的在职县级年轻干部采取“一对一”的方式，一包五年，帮扶农村贫困户。在全市208个副县级以上机关事业单位领导班子开展“比团结、赛实绩”活动。全市继续抓紧对年轻干部的培养，调整充实后备干部队伍，培训中青年后备干部160人次。

1999年，全市开展“评先进、学先进、争贡献”公开评先活动，10个优秀领导班子和10名优秀领导干部受到表彰。分两批在全市县以上党政领导班子和领导干部中开展“讲学习、讲政治、讲正气”教育活动（简称“三讲”教育活动）。8—10月，在全市乡镇、街道干部中开展增强“四个观念”（政治组织观念、群众观念、政策法制观念、勤政廉政观念）教育活动。全市派出9个督查组，对活动进行督促指导，确保实现“武装思想、提高素质、振奋精神、促进工作”目标。10—12月，第一批“三讲”教育活动在市级领导班子和领导干部中开展，参加人员为市委常委、市人大常委会党组领导班子和51名市级党员领导干部。次年，制定《长沙市党政领导干部交流工作暂行规定》，对党政领导干部交流工作事项进行明确，注重交流一些具有较高马克思主义理论素养、善于掌管意识形态的干部，熟悉和善于领导现代经济管理、金融和外贸工作的干部。全市交流副县级以上领导干部103人，其中党政一把手21人。2—6月，在308个县级领导班子和1430名领导成员中分两批进行第二批“三讲”教育活动，并把认真学习贯彻“三个代表”重要思想贯穿到“三讲”教育的全过程。同年，市委组织部连续2年被评为“全省军转干部安置工作先进单位”，被中组部评为“干部人事档案工作目标管理一级单位”。

2001—2004年，组织全市300多家副县级以上单位党委（党组）召开专题民主生活会，对照“三个代表”重要思想的要求，解决领导干部存在的突出问题，进一步增强组织观念。对市直63个领导班子及404名领导成员进行全面考察，对机构改革新的班子成员进行全额推荐摸底，使长沙市机构改革平稳过渡。在市管班子中开展创建“四好”（即“好的思想、好的能力、好的作风、好的形象”）领导班子活动。对创建活动进行督查，对创建效果突出的5个单位在省市媒体进行宣传报道。评比表彰第一批30个“四好”市管领导班子。80个地方和市直单位的102个班子经过自评后申报创建先进集体。并将创建活动延伸到乡镇、街道等科级领导班子，长沙市的创建活动得到省委肯定。

2005年，围绕实施“兴工强市”战略，调优配强各区、县（市）分管工业经济的领导干部和国家级高新技术开发区、隆平高科技园等5个工业园区领导班子。6月，出台《长沙市外派挂职锻炼干部管理暂行办法》，选派100名优秀中青年干部赴沿海经济发达地区11个城市的政府部门、园区和企业进行为期三个月至半年的挂职锻炼，其间，签订意向项目54个，达成合同和意向引资4.2亿元。2006年，发布《关于进一步加强党外干部培养选拔工作的意见》，规划发展目标，提出任务措施，提供政策支撑，建立党外干部后备人才库，为深化党同党外人士合作共事、促进长沙科学发展提供有力保障。在4个县（市）开展乡镇党委领导班子成员直接选举试点，宁乡县参加中组部主办的“公推直选”乡镇党委领导班子成员试点工作调研座谈会。制定《党政领导干部交流工作的实施意见》《党政领导干部任期制度的实施意见》等6项制度。次年4月，市委出台《长沙市党政领导班子和领导干部绩效考核管理办法（试行）》和《长沙市市直单位领导班子及成员绩效考核管理实施细则（试行）》《长沙市区县（市）领导班子及成员绩效考核管理实施细则（试行）》（简称“一办法两细则”），对所属区县（市）、市直单位领导班子和班子成员全面实施绩效考核管理。年底对106个考核单位的领导班子566名领导班子成员进行年度绩效考核，评选出一等班子16个，一等领导班子成员105名。制定《长沙市2007—2011年培养选拔少数民族干部工作规划》和《长沙2007—2010年培养选拔女干部、发展女党员工作规划》。在教育、卫生系统公开选拔县处级后备干部70名。

2008—2009年，完善考评体系，更加突出在经济发展、民生民本、领导责任等方面的权重分值，拓展社会评估方式，推动考核范畴逐级渗透，构建纵横发展、全面深入的立体化考核框架体系“长沙模式”。《人民日报》《经济日报》以及《瞭望》等中央媒体多次对此项工作进行报道。中组部《组工通讯》作专题推介。出台《2009—2020年长沙市党政后备干部队伍建设规划》《关于市管党政后备干部队伍建设工作的暂行办法》，推进后备干部队伍建设。围绕“深入推进科学发展、率先实现全面小康”主题，召开高质量的领导班子民主生活会，认真撰写领导班子分析检查报告，制定整改落实方案，解决影响科学发展、群众反映强烈的突出问题2100多个。

2010—2011年，政府部门机构改革，调整配备市管班子11个，调整交流市管干部117名，并集中对75名市直单位主要负责人进行工作状态测评。择优选派20名乡镇（街道）领导班子成员到市直部门挂任中层职务，择优选派市直部门20名年轻后备干部到乡镇（街道）挂任党政副职，从市直机关选派16名年轻后备干部任村党组织第一书记兼乡镇党委副书记。修订出台《长沙市党政领导班子和领导干部绩效考核管理办法》和考核管理实施细则，即“一办法两细则”，对考核适用范围、领导班子绩效、班子成员绩效、工作步骤、结果运用、纪律与监督等方面作出详细规定，并编写《长沙模式：绩效考核实务探索》等理论专著，新华社等中央媒体进行深度报道。绩效考核“长沙模式”被评为全省“组织工作重大创新奖”，在全国引起较大反响和关注，中共中央政治局委员、中共中央组织部部长李源潮先后三次作出批示，指出“湖南长沙加强对干部的日常管理、整顿吏制、提高效率的尝试很好，就是要让干好干坏不一样”。面向村（社区）党组织书记、大学生村干部、劳模等群体考录公务员70名，选派295人参加“两帮两促”（帮助扶持企业发展、推进项目建设，促进民生改善、促进经济增长）、270人参加“一推行四公开”（全面推行干部联点驻村制度，实行市级领导驻乡联点，县级领导驻村联点。公开联系方式、公开岗位责任、公开监督机制、公开考核方法）活动，构建面向基层一线的干部培养选拔链。

2012年，以换届工作为契机，面向基层竞争性选拔77名优秀年轻领导干部。在选拔中，首次实行大比例进入部务（扩大）会议或常委会差额票决，创造性地引入由任职经历、年度考核和考察评等项目组成的履职评价，引入考察组集体谈话评分机制，全面考察人选的综合素质。同时，选拔全程向媒体公开，笔试、面试等阶段结果向全社会公示，并首次采用按成绩段由本人选岗的办法分配58名乡镇（街道）党（工）委副书记岗位，竞争性选拔年轻干部的职位数、分布的广度和职务层次的跨度，均为历年之最。健全多元评价机制，通过改进考察组评价办法，实行德、能、勤、绩、廉百分制考核评分，完善甄别考察办法，对排名靠后的领导班子实施“二次考察”，防止“唯分”“唯票”，分别撰写甄别考察材料，并把近三年绩效考核、“一报告两评议”等情况作为评价班子状况与干部德才的重要依据，有效增强考核工作的准确性和可操作性，提升考核考察水平。

二、干部人事制度改革

1989年，发布《关于进一步调整市直机关、县、郊、区委科级干部管理权限加强管理通知》，对干部管理范围和权限进行适当调整，下放县级单位正科级干部管理权限，同时制定对党政机关干部任免实行职位职效审批并与工资审批挂钩的宏观管理办法。1992年，制定并试行机关补充工作人员实行考试、事业单位主要负责人实行聘任的办法。发布《关于抓紧培养青年干部的意见》，创造条件，形成让优秀干部脱颖而出的机制。改革企业内部干部人事制度，在湖南日用化工总厂等20余家市级重点国有企业进行干部人事制度改革试点，聘用年富力强、能经营、善管理、懂技术的优秀工人担负干部岗位工作，打破企业中干部与职工的界线，实行企业员工制度，对干部实行聘任制，工资随职务浮动，职务随政绩上下。1994年，按照“公开、平等、竞争、择优”的原则，首次公开招聘县级青年领导干部。10月，成立长沙市县级领导干部选拔领导小组及其办事机构，采取组织推荐和个人报名、考试和考核相结合的办法，面向社会公开招聘20名县级青年领导干部，通过报名、资格审查、笔试、面试、考察、确定聘任对象等程序，27名优秀青年干部被聘任，拓宽知人、识人、选人渠道，为干部选拔、使用的民主化、科学化、制度化积累经验，《人民日报》《湖南日报》等30多家报刊媒体进行报道。次年，下放部分企业领导干部的任免权，明确规定10家“扶优扶强”企业行政副职可由企业自行任免。纺织工业公司、商贸总公司、浦沅集团公司实行国有资产授权经营，帮助“中意”集团公司面向全省招聘4名高级管理人员，市二轻工业总公司引进3名干部到特困企业任厂长。3月，根据《长沙市第二个女干部培养三年规划》要求，按照“公开、平等、竞争、择优”的原则，在全市范围内公开招聘县级妇女领导干部。招聘按照组织推荐和个人报名、考试和考核相结合的办法进行，有600多名女干部报名参加，通过笔试、面试等环节，确定聘任12名。1996年，加大企业用人制度改革的力度，按照党管干部与市场配置人才相结合，考试、考核与双向选择相结合，聘用与试用相结合的思路，推荐首批企业经营管理者进入市场，逐步取消国有企业及其领导人员行政级别，企业领导人员成为一个独立类别。长沙县、望城县、浏阳市分别面向社会公开选拔一批副科级领导干部和文秘人员。

1999—2000年，浏阳市、望城县、岳麓区开展干部任前公示制、试用制的试点。在全国率先成立“公开选拔领导干部考试中心”，考试命题服务范围由19个省（直辖市、自治区）扩展到26个，“考试中心”被中央组织部指定为“中央题库”的主要协作单位。成立长沙市县级领导干部选拔领导小组及其办事机构，采取组织推荐和个人报名、考试和考核相结合的办法，面向全省选拔21名市直单位县处级领导干部，通过报名、资格审查、笔试、面试、考察等程序，21名优秀青年干部被任用。长沙市在公开选拔工作方面的经验做法，分别在全国、全省干部人事制度改革经验交流会上推介。

2001年，实行试用期制、交流轮岗制、调整不胜任现职领导干部等制度，初步建立起一套能上能下的用人制度。在市直部门机构改革中，市委对市直单位新提拔的30名县级领导干部（其中7名由人大按有关法律任命的除外）均确定一年的试用期，对131名市直党政机关领导干部进行交流轮岗，对22名测评称职以上票没有达到三分之二的领导干部作出“改非”（由领导岗位调整为非领导岗位）等调整安排。在全省干部人事制度改革经验会上，长沙市介绍经验，《湖南日报》、《长沙晚报》、湖南卫视、经视等省、市新闻媒体进行宣传报道。是年，长沙市“公开选拔领导干部考试中心”的服务范围和服务质量进一步拓展和提高，全年为19个省份、113个地市和中央、省在长单位提供公开选拔命题1912套次，在中组部召开的领导干部考试与测评研讨会上受到中组部充分肯定，并在全省干部人事制度改革经验交流会上做改革经验介绍。

2002—2004年，进一步坚持和完善民主推荐、民主测评、公开选拔、竞争上岗、任职试用期制等改革措施。在区、县（市）换届中对新一届领导班子成员人选进行全额民主推荐，对党政正职的任免，实行由市委常委提名，市委全会票决，对拟提拔人选进行考察预告。对提拔担任副县级领导实职的122名对象进行任前公示和实行一年试用期。进一步加强公开选拔领导干部考试题库建设和命题研究，一个拥有20万道题的计算机自动生成系统开始投入使用，与华中师范大学考试研究中心开展考试与测评科学理论研究、技术开发、考官培养的合作正式签约。省委组织部正式确定该中心加挂“湖南省领导干部考试与测评中心题库”牌子。举办全省首期命题专家和面试考官培训班，邀请中组部有关领导和国内公选考试领域的权威人士和优秀专家到长沙授课，培训命题专家和面试考官120名。加强题库管理系统化建设，面向全市征集试题6万道，为全国155个单位184次公选考试提供命题和考务服务。面向全省公开选拔县（处）级领导干部11名，其中首次公开选拔2名企业经营管理者。

2005年，出台《长沙市公开选拔党政领导干部实施办法》，并首次面向全市实行科（局）级党政领导干部统一公选规模化考试，统一公选按照“五个统一，五个分别”（统一宣传发动、统一操作程序、统一组织命题、统一组织考试、统一公布结果；分别决定公选的领导职位、职数，分别确定公选面向范围、参试资格和条件，分别组织报名和资格审查，分别组织体检和考察，分别决定任用人选，也简称“五统五别”）的原则，通过报名、资格审查、笔试、面试、考察等程序，确定28个职位的任用人选，在全市统一公开选拔11名县级领导干部、21名科级领导干部。制定《中共长沙市委全体会议对区县（市）党政正职拟任人选和推荐人选票决办法》和发布《长沙市党政领导干部任期制度的实施意见》，并在各区县进行试点。创新考核评价机制，对市管10家大中型企业领导班子及成员进行集中考评。2007年，推进科级干部公选统一规模化考试，9个区（县、市）公开选拔科级干部40名。与省委组织部联合研制开发干部任免电子表决系统，全市有8个区县（市）实行电子票决制任免干部。从干部任期、交流、回避、辞职等制度入手，建立健全配套的政策法规。出台《长沙市党政领导干部交流工作实施办法》，对县处级领导干部任期性交流、回避性交流、培养性交流等情况进行规定。出台《长沙市党政领导干部职务任期试行办法》，对县处级领导干部职务任期等进行规定。2008 年，出台《长沙市党政机关竞争上岗实施办法》，全市竞争性选拔领导干部走向规范化、制度化、程序化。8 月，面向全国公开选拔县处级领导干部 5 名，科局级干部 10 名，按照报名、资格审查、笔试、面试、体检、考察、决定任用等程序，选拔 15 名干部，充实大河西先导区管委会。加大重要干部任免票决制的推广力度，将票决的范围扩大到市直部门领导班子，全年票决区县（市）党政领导班子正职拟任人选和推荐人选 6 名，市委、市政府工作部门领导班子正职拟任人选和提名人选 46 名。在岳麓区开展完善民主测评、民主推荐操作办法的试点，在望城县尝试差额选拔工作与规范县委书记用人行为试点工作，在开福区开展规范干部任用提名和党代会常任制试点，在市民政局、市卫生局、市城管局开展党委任免干部票决制试点，干部人事制度改革初显成效。

2009 年，探索领导干部选拔任用初始提名办法，扩大市委全委会表决干部范围，全年票决党政正职 19 人次。5 月 22 日，召开全市干部队伍“五百工程”建设工作会议，按照“让优秀年轻干部到基层锻炼成长，从实践中把德才兼备干部选拔上来”的思路，实施干部队伍建设“五百工程”〔以双向选拔交流、下派农村基层锻炼、定向考录和选拔村（社区）干部进乡镇（街道）任职、面向社会择优引进等方式，引进、交流干部 500 人〕，构建来自基层一线党政干部培养选拔链。2010 年，召开全市深化干部人事制度改革工作会议，发布《中共长沙市委关于 2010—2020 年深化干部人事制度改革的意见》，制定《中共长沙市委全体会议对市管领导班子正职拟任人选和推荐人选票决办法》《中共长沙市委常委会任免干部票决办法（试行）》《长沙市市直单位党组（党委）任用干部票决办法（试行）》3 个票决制度。10 月，在全省率先通过发布公告、报名推荐、差额提名、专家选择、差额票决等方式，竞争选拔市卫生局局长等 5 名市管领导正职，15 个市管领导副职，《人民日报》等 120 多家新闻媒体进行报道。2011 年，发布《中共长沙市委关于深化干部人事制度改革的意见》，建立干部人事制度改革工作联席会议制度，面向市属教育、卫生系统竞争性选拔 11 名市管领导干部，公开选拔科级领导干部 72 人。在雨花区、芙蓉区、天心区、市交通运输局开展干部选拔任用信息公开试点，在市教育局、市民政局、环保局开展干部选拔任用全程纪实工作试点。首次引入“面试观察员”制度，综合运用提名制、差额制、竞争制、票决制等方法，竞争性地选拔领导干部。在专家面试环节邀请市纪委人员、用人单位、党代表、人大代表、政协委员、新闻媒体中心等人员作为“面试观察员”全程监督，在竞争演讲和集中推荐环节实行全程电视直播，把选拔任用干部的重要过程晒在阳光下，增强领导干部选拔任用的透明度和公信力。2012 年，面向基层竞争性选拔 77 名优秀年轻领导干部，其中，35 岁以下的副区县（市）长 9 名，35 岁左右的乡镇（街道）党（工）委书记 10 名，30 岁以下的乡镇（街道）党（工）委副书记 58 名。按照“五统五别”模式公开选拔 54 个区县（市）科级干部。

三、干部教育培训

1988 年，出台《关于领导干部调训的暂行规定》《关于加强县级领导干部培训工作的决定》，学历教育、短期培训和专业知识教育同步进行。全年轮训各种岗位在职干部 1.3 万余人次。参加各类学校学历培训的在职干部 3746 人，对全市 1983 年以来在职干部的文化培训情况进行全面检查，对 38 个完成培训任务的县级单位给予表彰并颁发合格证书，干部队伍的整体素质有所改善。1989 年，为提高各级各类干部的素质和能力，干部教育逐步转移到以适应岗位职务要求，扩大知识面上来。市直各战线分期分批对县级以上领导干部进行集中培训，全年全市参加各类学校培训的在职干部 3708 人。利用各级党、干、职校，对各类干部 1.6 万余人次进行各类干部培训班及业务进修班，其中调训县级以上领导干部 169

人，采取进修班、讲座等形式对1047人次科级干部进行继续教育。试办基层领导干部岗位职务培训班，实施干部正规化理论教育。到年底，从1983年开始对“两下”（45岁以下，初中文化以下）干部的学历培训任务基本完成。

1990—1992年，发布《关于建立健全县级在职领导干部学习制度的通知》《关于建立市管领导干部学习培训档案有关事项的通知》《关于在干部任职呈报表中填写培训情况的通知》，加强干部教育工作的制度建设。完成市管领导干部和市直部、委、办正科级及农村区、镇、乡、场和城市街道办事处党政正职等2000名领导干部的学习建档工作。发布《关于全市干部教育宏观管理工作的几项规定》，明确全市的干部培训工作在干部教育工作领导小组的领导下进行，并分别归口市委组织部和市人事局进行管理。制定《关于落实“八五”期间市训干部参训计划的通知》，对市训干部的范围、市委党校所开设的主体班次、调训归口管理原则、调训对象参训安排原则做出明确规定，进一步明确谁管干部培训的关系。参加学历教育的干部有1517人，其中本科以上236人，大专692人，中专和高中589人。对全市从事干部教育工作的16个先进单位、44名优秀教师、31名先进工作者予以表彰。

1993—1996年，重点抓好县级领导培训，强化对中青年干部教育培训及中青年后备干部和组工干部培训。4年里培训各类干部10.69万人次，其中县级干部3119人次，中青年后备干部3373人次；对3516名45岁以下的中青年机关干部进行计算机应用能力培训，组织960名年轻乡镇领导干部和企业厂长赴无锡市进行乡镇企业管理专业知识培训。举办财税、金融、投资、外贸体制改革培训班11期，培训专业干部700多人。制定全市干教工作评比量化测评办法，年终对各县（市）、各战线干教工作进行检查评比。建立干部培训情况数据库，对干部培训实行微机管理，录入2100名县级以上干部，1650名科级干部的基本情况和培训信息计13950条。1997年，为深入学习贯彻中共十五大精神，全市举办县级领导干部学习十五大精神轮训班12期，轮训副县级以上的干部1661人，轮训面达94.3%。开展“干部教育质量年”活动，全年培训各级各类干部3.76万人次。次年，为进一步增强学习邓小平理论的自觉性和紧迫感重点抓县级干部、中青年干部和企业领导干部的培训。1999年，为帮助广大干部适应快速发展变化的新形势要求，全年在市委党校、湖南大学、长沙电大围绕党的建设、国有企业改革、精神文明建设等专题，举办各类干部培训班20个，调训干部1163人。

2000—2004年，发布《关于进一步加强干部培训管理工作的通知》，建立健全党政干部定期培训制度、严格干部培训资格认定工作制度。制定《2001—2005年长沙市干部教育培训规划》，加强干部教育宏观管理。举办各部门、单位“一把手”培训班，贯彻学习中共十六大精神。确定“五个一批”干部培训思想，确保每年抽调五分之一左右在职干部参加各类培训，实现5年内全体在职干部普遍轮训一遍的目标。5年里，分别在市委党校、湖南大学、市电大直接安排各类主题班次17期，调训干部645人，开展新知识、新技能学习培训，分类分层次在长沙大学、市委党校举办外语学习班、计算机培训班和世界贸易组织（WTO）专题知识研讨班；与外国语学校联合举办县级干部英语培训班，培训570人。2001年开始，连续三年分别选派28批610人次各类干部和专业人员赴美国、澳大利亚、新加坡、法国、德国和中国香港等地学习，1名干部去中央党校，43名干部去省委党校（省行政学院）学习。组织1220名干部到国内发达地区学习考察或挂职锻炼。首次与国防科大联合举办公共管理硕士（MPA）班，录取65名学员参加在职学习及举办首期“企业高级经营管理人员创新思维研讨班”。2005年，制定《长沙市干部出国（境）培训班管理规定》，加强对出国（境）培训干部的管理和服务，在全市首次公开选拔一批优秀中青年领导干部赴美国进行中长期培训，41名干部通过中国国际化人才外语考试（BFT）考试，12月赴美国加州圣荷塞州立大学进行为期3个月的高级公共管理专题培训。次年，落实中共中央“大规模培训干部”要求，向中组部送训干部22人次，向省组部送训干部65人次，在市委党校举办主体班15期，培训干部725人次，举办第二批赴美培训班、园区干部赴苏州培训班和长沙市中小企业经理（厂长）培训班。10月，与清华大学公共管理学院联合举办首届长沙市县处级领导干部公共管理高级研修班，集中培训一个月，选派48名县处级领导干部参加，其中区、县（市）党委、政府班子成员18人，高新区、经开区及市直有关部门县级领导干部30人。2007年，发布《2006—2010年长沙市干部教育培训规范》。全年完成中央和省委调训干部52人次，举办主体班9期，培训党政干部450多人次，举办企业培训、专题论坛6期，培训企业经营者1000多人次，选送30名优秀中青年干部参加第三批赴美公共管理和经济管理培训班。是年开始，每年选派经济、组织、政法等多个系统单位的干部分别赴中央党校、清华大学、北京大学、复旦大学、浙江大学、湖南大学进行专题培训。3年里，先后选派三批101名优秀中青年干部赴美国加州圣荷塞州立大学进行为期3个月的高级公共管理专题培训。

2008—2011年，推行“菜单式选学”教育培训，开展分行业专题培训，首次选送41名经济领导干部和企业家赴中央党校学习；在清华大学、复旦大学等高校举办8期专题班次，组织60名政法系统干部赴北京大学参加专题培训；举办县处级干部“两型社会”建设新加坡班，学习新加坡“两型社会”建设经验，提升社会治理能力；选派29名中青年干部到省直单位跟班学习，组织30名干部到民营企业挂职帮扶，在龙山县建立党性教育基地，组织青年干部到贫困农民家庭开展同吃、同住、同劳动（“三同”）教育，选派重点岗位县处级领导干部赴井冈山干部学院进行革命传统、党性、党史和基本国情教育，坚定党性修养，提高政治思想素质；开设“和谐与发展”长沙大讲堂，建立干部教育培训师资库，与省委组织部共同开发“湖南干部教育培训网络学院”，建立“干部在线学习中心”，推进在线学习试点。4年里，全市培训各类干部9.66万人次，其中送中央党校学习培训41名，中央组织部10人次，省委组织部69人次。2012年，发布《关于进一步加强干部教育培训工作统筹规范管理的通知》，将过去从“部门需求”出发的“部门办班”方式，转变到从“发展需求”出发的“专题办班”方式。构建大教育大培训格局，创新党校主阵地培训模式，加大异地送训力度，全年组织培训班次47个，直接调训干部2800人次。拓展网络在线学习渠道，在线学习人数达到5800余人。干部培训资源向基层倾斜，举办5期清华大学远程教育干部培训班，将国内知名高校资源引入长沙基层干部培训。4年里，市委选派领导干部136人次赴新加坡南洋理工大学分别进行“两型社会”建设、职业技术教育、“文化软实力提升”专题培训。

四、干部监督管理

1988—1992年，坚持实事求是、有错必纠的原则，清理历史遗留问题。先后审查解放初期整党出党的地下党员22名，其中恢复党籍10名；恢复中华人民共和国成立前脱党人员党籍2名；更正和修改1832人参加革命工作时间，恢复党籍7人，复查纠正处理案件60件；完成南下入长干部名册679人；承认恢复“二战”（第二次国内革命战争时期）时期苏区肃反错杀人员党籍82人；处理部分地下党遗留问题；组织全市10万多名干部重新填写《干部履历表》。对全市1.1万多名副科级以上干部的任职情况进行全面审查。1993年，加强对干部现实表现的审查，初步建立干部选拔、任用的监督机制。1994年，按照中共中央《关于党政机关与所办经济实体脱钩的规定》规定，对党政机关县（处）级以上干部在经济实体中兼职的问题及时进行清理，对153人所兼的184个职务分别提出处理意见。

1995—1997年，出台《长沙市管领导干部个人重大事项向组织请示报告制度》，包括本人、配偶、共同生活的子女营建、买卖、出租私房和参加集资建房，参与操办的本人及近亲属婚丧喜庆事宜的办理，本人、子女与外国人通婚以及配偶、子女出国（境）定居，本人因私出国（境）和在国（境）外活动，配偶、子女受到执法执纪机关查处或涉嫌犯罪等情况。制度实施后，全市共收到市管领导干部的请示报告58件，有效加强对领导干部的管理和监督。审批干部中华人民共和国成立前参加革命工作时间问题的有40人，处理干审方面来信126件，接待上访者400余人次。长沙在全省干审工作会议上作《做好对犯错误干部的管理、教育和使用工作，为改革开放和经济建设服务》专题发言。制定《关于干部监督工作的暂行规定》《关于领导干部的诫勉制度》《关于贯彻实施〈党政领导干部选拔任用工作暂行条例〉的意见》，使干部选拔工作的监督体系更具系统性、配套性和可操作性。落实中共中央《党政领导干部选拔任用工作暂行条例》，抽查64个部委局及部分企事业单位的干部选拔任用和干部监督工作，通过自查自纠、提出建议、书面报告、实施整改等步骤，规范干部选拔任用和监督管理。长沙干部监督工作经验在全省进行交流。1998年，贯彻执行中央、省委关于加强因公出国（境）人员审批工作的有关规定，通过核实出访人员的任务安排，审查出访团组的申报材料，审核出访人员的职务、身份信息及党风廉政情况等程序，办理因公出国（境）人员审批手续282批945人次。10月，组织两个检查组对各单位的《党政领导干部选拔任用工作暂行条例》执行情况进行检查，共与273人进行个别谈话，召开座谈会14次，与116人进行座谈，并对检查中发现的5起典型事例进行剖析，有针对性地提出整改意见。

2000—2002年，发布《关于认真开展领导干部任期经济责任审计工作的意见》，明确领导干部经济责任审计的对象、审计重点和审计时间、程序等，为开展领导干部经济责任审计提供基本遵循。市委成立长沙市经济责任审计工作领导小组，实行联席会议制度，成立经济责任审计处，加强对干部经济责任审计工作的组织领导。建立健全群众对干部管理监督参与机制，调整充实干部监督联络员队伍。在全省干部监督工作会议上市委组织部作题为《充分发挥专职监督机构作用，切实做好组织部门干部监督工作》的经验介绍。结合机构改革，对19个市直单位党政一把手和对2个区长、6个区县检察长及4个国有大型企业负责人进行任期经济责任审计。2003年，发布《关于加强因私出国（境）审批和管理的通知》，明确严控“私出公费”、登记备案对象、谁主管谁审批、要接受行前教育、证照统一集中管理等程序，规范因私出国（境）审批和管理，全年完成284批次1093人次因公出国（境）审批工作。次年，开通“12380”专用举报电话，全年受理“12380”投诉事项50件，直接回复办理15件，督促各区县（市）办理35项，回复办理率达100%。全面清理党政领导干部兼职，免去76名党政领导干部兼任的101个职务。是年，开展全市干部“三龄一历”清理，检查审核清理干部档案91241份，鉴别、归档材料1900份。

2005—2007年，对全市《干部任用条例》和“5+1”法规性文件学习贯彻情况进行集中检查。全面落实领导干部经济责任审计制和任前公示制，干部监督渠道不断拓宽。建立年度检查、情况通报、诫勉谈话、函询等制度，切实加强对党委换届工作的监督。根据中共中央《党政领导干部任职回避暂行规定》，调整需要回避的市管干部7人次。将经济责任审计结果纳入干部选拔任用和领导班子实绩考核。配合省委组织部做好在望城县开展的“科学规范和有效监督县（市）委书记用人行为”试点和在天心区开展党政正职监督试点。

2008年，出台《干部选拔任用工作有关事项报告操作规程（试行）》和《干部选拔任用工作监督内部协调办法》，对报告事项、报告内容、审批程序、工作纪律进行明确，组织市管干部填报个人事项报告表，建立深入整治用人不正之风工作协调会议机制。成立“12380”举报中心，全年受理“12380”投诉事项91件，涉及县级领导班子和领导干部以及组织人事部门违反党的干部路线、方针、政策和组织人事纪律问题，直接回复办理34件，督促各区县（市）办理57项，回复办理率达100%。建立全市经济责任审计联席会议制度，成立市领导干部经济责任审计局（副县级）。全年对28名县级领导干部进行经济责任审计，对2名县级领导干部进行函询和诫勉谈话。次年4月，干部监督网络频道正式开通，成为全国首家利用互联网进行干部监督的专业频道。该频道全面、专业宣传党的干部政策和长沙市干部选拔任用工作、整治用人上不正之风的成果，并通过互联网接受广大人民群众对选人用人方面的举报和建议。一年里，访问者达15万多人次，收到举报信息和工作建议166条，做到件件有处理结果、有意见回复，产生较好的社会反响。2010年，为前移干部监督关口，推出对新任党政主要负责人"进行一次选人用人的提醒谈话，赠送一本选人用人的政策必读，签订一份选人用人的责任承诺书，组织一次选人用人的政策考试，做好一次选人用人的专项汇报，召开一次选人用人工作座谈会"的"六个一"提醒办法，中组部干部监督通讯进行重点推介，《中国日报》《湖南日报》等多家中央和地方媒体对此进行报道推介。出台《市管干部任职前市委组织部听取市纪委意见和市纪委回复市委组织部意见试行办法》，规定所有提拔重用的市管领导干部都要在任职前听取纪检部门意见，防止干部"带病提拔"。制定《党政主要领导干部和国有企业领导人员经济责任审计规定》，审计对象范围涵盖从乡镇级到省部级的党政主要领导干部以及国有企业的法定代表人。全年对25个单位的39名党政主要负责人进行任期经济责任审计，对8批次241人次干部进行任前公示。2012年，为抓好换届工作，严肃换届纪律，建立严肃换届纪律协调制度，明确市委常委分片负责制，加强换届纪律督查，向2365名市管领导干部发放严肃换届纪律《关于进一步加强干部教育培训工作统筹规范管理的通知》和《警示教育选编》，全市严肃换届纪律知晓率、满意度均在95%以上，着力营造风清气正的换届风气。

第五节 人才队伍建设

1988年7月，出台《关于对有突出贡献的专家管理的试行办法》，开始选拔有突出贡献的专家并进行重点管理。对全市知识分子工作状况进行集中调查，将市委、市政府命名的25名有突出贡献的专家列归组织部管理。1989—1990年，识分子工作纳入议事日程，建立全市知识分子工作网络。9个县（区）分别选配1名科技副县（区）长，开展跟踪管理工作。对市管有突出贡献的专家进行年度考核。在县郊评选专业技术拔尖人才，21名市管专家获得县级以上单位或部门授予的34项荣誉称号。开展为专家办实事的活动，为专家办实事60件，解决专家科研经费、科研场地、配备助手、购置设备仪器及子女就学就业、住房等困难。开展以"爱国、奋进、成才"为主题的青年知识分子思想教育系列活动、评选表彰青年知识分子"十佳"活动、"为振兴长沙献一计"系列活动，组织"理想在岗位上闪光"报告团巡回演讲，拍摄11部优秀知识分子事迹录像片，加强知识分子工作。全年市管专家完成34个科研项目，有11人13个科研项目获市以上奖励，有3人4项成果获国家专利。长沙水泵厂科研所所长兼设计科科长杨凡行荣获国家科技进步一等奖。

1991年，加强专家后备队伍建设，建立一支216人的专家后备队伍，建立档案，分级管理。对后备队伍建立定点联系和年度考察制度，分期分批将专家后备人才选派到科研、生产第一线进行锻炼，采取以老带新办法扶持后备人才的成长。2月，发布《关于对我市有突出贡献的专家公费医疗经费使用的通知》，给予有突出贡献的专家医疗保障。5月，市委、市政府看展有关部门在全市开展评选青年知识分子"十佳""十优"活动，对优秀青年知识分子进行表彰。1992年，成立知识分子工作领导小组，加强知识分子工作。制定《长沙市奖励有突出贡献的专业技术人员暂行规定》及实施细则，建立长沙人才市场，健全社会保障体系，加强专业人才管理，促进人才合理流动。组织第二届有突出贡献专家的评选，修改完善《长沙市有突出贡献专家管理办法》，全市享受政府特殊津贴的科技人员超过 50 人。长沙、望城、浏阳、宁乡 4 县先后重金聘请 500 多名科技工作者到乡镇企业担任专职或兼职技术顾问，使一批最新科技成果迅速转化为现实生产力。制定《长沙市科技副区、县长管理办法》，面向社会、平等竞争、公开选任，采用笔试、面试和考核相结合的办法，从 110 名候选人中选拔 8 名科技人员担任科技副区、县长，使选任科技副区、县长工作逐步走向规范化、制度化。次年，实施《长沙市科技副县（市）、区长管理试行办法》，加强科技副县（市）区长日常管理。开展年度奖励有显著经济效益科技项目的评审工作和第二届有突出贡献的专家和第二届青年知识分子“十佳”评选活动。9 月，组织中科院院长周光召等 17 位学部委员参加“毛泽东故乡行”活动，聘请他们为长沙市高级科技顾问，并邀请他们出席长沙科技座谈会和长沙市科技大会。

1994—1996 年，制定《关于对“长沙市有突出贡献的专家”的管理办法》，明确经济、政治等方面常规性奖励举措。出台《关于对“长沙市青年学术、技术带头人”的管理办法（试行）》，对青年学术、技术带头人实行滚动管理，原则上每三年选拔一次。开展评选“长沙市青年学术、技术带头人”活动，吴京生等 10 人荣誉当选。组织“有显著经济效益科技项目奖”评审，奖励科技项目 17 项，奖励金额 365 万元，激发人才工作的积极性。为加强和改进专业技术人才队伍管理。通过建立高级人才库，举办新春联欢会，上门走访、调查，帮助解决具体困难，开展技术咨询、服务和外出考察、疗养等措施，充分调动长沙市有突出贡献专家工作的积极性。1997—2000 年，发布《关于表彰长沙市“青年科技创业奖”的决定》，授予唐畋甸等 10 人“长沙市青年科技创业奖”；在全国率先成立“专家接待中心”“青年科技人才库”，为在长沙的两院院士、有突出贡献的专家和其他有突出贡献的科技人员提供学术交流、考察、休假等系列服务；安排 300 万元财政资金专款建设住宅 20 套，奖励给全市有突出贡献的科研技术人员；对 48 名长期坚守在农村科研生产第一线的农民科技人员“农转非”专项奖励。授予 29 名人员为“长沙市优秀中青年专家”。评选长沙市第四批有突出贡献的中青年专家和第二批青年学术技术带头人，顺利实现市管专家队伍的新老交替。全市专家和学术技术带头人获各类科技成果 25 项，其中，市级以上奖励 7 项；出版专著 6 本，科技论文 112 篇。2000 年，上线“长沙人才导航网”，网站以“为市场导航，为人才服务”为宗旨，融政策性和实用性于一体，下设 15 个栏目，为及时汇总人才信息、提供政策咨询、服务人才工作提供技术支撑。为 311 家企业引进人才，5447 人进入网站信息管理范围。2001 年 5 月，出台《长沙市鼓励留学人员来长创业的若干规定》和《长沙市留学人员创业资助资金管理办法》，鼓励和扶持留学人员到长沙创业，加强对留学人员创业资助的管理。6 月，开展“海外学子中国长沙行”活动，来自各国的海外学子、在长创业的留学人员代表 800 余人参加，有效推介长沙。次年，率先在全省推出人才储备服务，对大学本科以上学历的毕业生采取先落户后择业的办法，对硕士以上学位或副高以上专业技术职称的人员，允许其配偶、子女、父母到长沙落户。长沙市加强人才队伍建设的做法在全省作经验发言。2003—2004 年，出台《关于加强人才队伍建设的若干意见》《长沙市优秀专家、学术和技术带头人培养对象管理办法》，建立和完善人才队伍建设工作联席会议制度、市县两级领导干部联系专家和高层次经营管理人才制度，加强对人才队伍建设的宏观指导，形成在人才引进、培养、使用、评估、分配和奖励方面的系列政策体系。制定长沙市高新技术产业开发区、长沙经济技术开发区中层负责干部聘任管理办法，从省会高校引进 5 名博士到市科技局挂职。加强《长沙人才导航》网站建设，建立包含 300 余名专家信息的长沙专家信息库。召开全市人才工作大会，加大人才培养、吸引和使用工作力度。

坚持“体制内”与“体制外”人才培养并重，发布《长沙市人才发展“十五”计划终期评估报告》，出台《长沙市人才居住证制度暂行规定》，通过挂职、引进项目等方式，发挥高科技园区人才聚集作用，盘活区域人才智力资源，引入38名非长沙籍高级人才，包括3名美籍华人、2名加拿大籍华人。开展苏纪兰、朱建士、欧阳平凯三位中科院和工程院院士长沙行活动，组织15名专家及学术技术带头人赴东北和朝鲜疗养考察，组织包括12名非公有制企业经营管理人才在内的3批60多名企业管理人员赴澳大利亚、新加坡培训。8月，《人民日报》刊发《打造创业平台鼓励柔性流动强化激励机制——长沙营造人才洼地效应》的报道。

2005—2006年，实施人才强市战略，进一步健全“党管人才”工作机制，成立人才工作处，加强人才工作规划和研讨，完成“十一五”期间人才规划编制工作，开通长沙高级人才网，发挥省会人才智力优势，长沙市人才工作经验在“中国中部崛起人才论坛”上作专题发言交流。修订完善《长沙市科学技术奖励办法》《长沙市科学技术创新贡献奖实施细则》《长沙市人民政府科技顾问管理办法》《关于进一步加强留学人员管理和服务工作的若干意见》《长沙市关于加强海外留学人员回长创业若干意见》等人才建设配套政策，举办“2005长沙归国留学人员创业论坛暨洽谈会”，加强人才管理服务，激发人才创业热情。评选、重奖黄伯云、詹纯新2名全市首届科学技术创新贡献奖人选，开展“十佳青年科技创新人才”评选工作。制定、出台《长沙市“十一五”人才发展规划》，提出长沙市人才发展的战略目标、指导方针、总体部署和工作举措。出台《长沙市关于鼓励和引导高校毕业生面向基层就业的实施意见》《关于进一步加强留学人员管理和服务工作的若干意见》《关于做好特殊人才专业技术职务任职资格特别评审工作的试行意见》，加强人才工作机制的完善和落实。组织省农科院、湖南农大等单位的专家学者深入10个新农村建设示范村进行产业发展指导，选派90名优秀医生到农村支医，举办两期农村实用人才培训班，培训种养殖实用人才105人，选派5人到德国和荷兰进行花卉种植培训，促进人才的合理流动和培养。

2007—2009年，将人才工作纳入对各县市区党政及领导班子绩效考核内容。发布《长沙市关于加强人才队伍建设的若干意见》，对到长沙市创业的非长沙籍高层次人才在政策、资金、户口等方面给予与长沙市民同等待遇，为500多名高层次人才申办“长沙绿卡”。发布《关于开展长沙市建设社会主义新农村百村百名大学生培养工作的通知》，联合湖南农业大学从全市100个市级社会主义新农村建设示范村和市级领导社会主义新农村建设联系点中挑选100名青年农民进行免费脱产学历教育；启动科技特派员工作试点，并逐步推开，从省直单位和科研院所选派31名科技特派员到村工作，为新农村建设培养和储备人才。建立网上专家联系服务系统，开通专家服务专线，建立涵盖所有在长沙单位的高级人才信息库，进一步健全人才服务体系。组织《长沙市“十五”人才发展规划》中期评估，结合“服务经济建设百日大行动”，人才队伍干事创业活力得到激发。发布《长沙市关于大力推进农村实用人才队伍建设的实施意见》，明确到2015年全市农村实用人才总量达到10万名左右，重点抓好农村经营（营销）管理、农业技术推广、种养能手、能工巧匠4支实用人才队伍建设。举办“科技创新与两型社会建设——港·湘院士论坛”，产生积极社会影响。与京港学术交流中心（香港）签订为期5年的合作协议，为以后开展多领域、多层次、全方位合作奠定基础。2009年，加大“人才工作”分值权重在绩效考核中的比例，突出考核人才工作抓大事、解难题、强保障。坚持人才优先发展战略，实施引进国际高端人才“313”行动计划（长沙市引进国际高端人才三年行动计划）和引进储备万名优秀青年人才计划，举办“进重点大学、揽万名英才”“引进国际高端人才暨留学人员长沙科技创业行”系列活动，面向国内“211工程”（国家

“九五”期间提出的高等教育发展工程，也是高等教育事业的系统改革工程），尤其“985 工程”（为建设若干所世界一流大学和一批国际知名的高水平研究型大学而实施的建设工程）重点大学引进到岗优秀青年人才 1691 人；在引进的海外高层次人才中，有 25 人次进入国家、省、市计划，为长沙未来发展积蓄后劲。开展“助推‘两型社会’建设、破解‘三农’问题”院士专家长沙行活动，谢联辉等 6 名专家到长沙开展咨询服务，有效发挥专家智库作用。召开全市社会工作人才队伍建设会议，总结推广长沙试点工作经验，发布《关于加强社会工作人才队伍建设推进社会工作发展的意见》，为经济社会统筹发展提供各类人才支撑。

2010 年，出台《长沙市中长期人才发展规划纲要（2010—2020）》，实施人才优先投入等 8 项重大政策和科技领军人才培养计划等 9 个重大项目，提出到 2020 年长沙进入全国人才强市前列，提高人才宏观指导水平。开展“八方英才聚长沙——2010 年长沙市引进储备万名优秀青年人才见面洽谈”系列活动，引进到岗优秀青年人才 2180 名，其中博士 91 名、硕士 1347 名，人才洼地集聚效应初步彰显。举办“海外高层次人才创新创业论坛”，向新入选“313”计划的 22 人、8 个团队发放专项资助 4000 万元；评选表彰 10 名优秀专家、10 名学术技术带头人培养对象，发放奖金、津贴 60 万元，推荐 2 名人选被评为“全省第二届扎根基层建功立业优秀毕业生”，长沙市的做法和经验由省委常委、市委书记陈润儿在中组部中部地区人才工作座谈会上作介绍，得到中共中央政治局委委员、中央书记处书记、中组部部长李源潮的肯定。2011 年，出台《〈长沙市中长期人才发展规划纲要（2010—2020 年）〉任务分工方案》，完善全市人才发展规划体系。继续实施引进储备万名优秀青年人才计划，组织机关事业单位引进优秀青年人才 235 名。指导高新区创建“国家海外高层次人才创新创业基地”，打造全省首个人才工作“国字号”平台。8 月，发布《关于加强社会工作人才队伍建设推动社会工作发展的意见》和出台《长沙市社会工作专业岗位设置方案（试行）》《长沙市政府购买社会工作服务考核评估实施办法（试用）》《长沙市“社工、义工”联动工作实施方案（试行）》（社工是指非营利的、服务于他人和社会的专业化、职业化的活动；义工是指在不计物质报酬的情况下，为改进社会而提供服务，贡献个人的时间及精力和个人技术特长的人和人群），为加强社会工作人才队伍建设明确具体方向、制定具体措施，提供体制机制保障。9 月，长沙市第十二次党代会将“人才支撑”战略确立为推动全市发展的五大战略之一，明确提出“建设现代化人才集聚中心和创业基地”的人才工作目标。2012 年，全市人才总量从 1999 年的 32.73 万人增长到 93 万人，占全市总人口的比重从 1999 年的 5.6%增长到 13.12%。完善人才工作运行机制，将实施重大人才工程等重点任务纳入 16 家市直单位、9 个区县（市）年度绩效考核目标。“国家海外高层次人才创新创业基地”设立 2 亿元人才发展专项资金，人才配套基地一期进驻海外人才企业 50 余家。实施引进青年人才“四个一”培养工程，计划在 3 年内通过“定向考录一批、基层任职一批、定向公选一批、解决一批事业编制”等办法，重点培养 300 名左右德才兼备、潜质突出、表现优秀的青年人才，124 名优秀青年人进入长沙党政干部队伍。设立长沙市青年科技奖，表彰 10 位首批获奖的科技工作者；拍摄电视专题片《人才引领未来——长沙市贯彻落实科学人才观工作纪实》，组织“长沙科技人才创业沙龙启动式暨海归创业精英交流会”，全市人才工作呈现蓬勃发展局面。至 2012 年年底，全市通过“进重点大学、揽万名英才”等活动引进各类优秀青年人才近万名，其中从“985”“211”高校引进直接享受引才政策 6000 多人；通过实施国际高端人才三年行动计划，引进国际先进适用技术 60 多项，引进人才 102 名、团队 17 个；先后选派农业、医卫、公共服务三类 606 名科技特派员，连续四次被评为全省科技特派员工作先进单位，湘丰茶业有限公司、长沙市沙龙畜牧有限公司被确定为全市第一批“科技特派员工作示范点”。

第九章 宣传工作

1988—1991 年，长沙市宣传工作以深入学习贯彻中共十三大精神为主轴，对广大党员、干部、群众进行党的基本路线教育；围绕改革开放和经济建设这个中心，组织开展生产力标准讨论；通过对广大干部的正规化理论宣传和教育活动，帮助干部队伍系统学习和掌握马克思主义基本理论，解放思想，以适应改革开放新形势的要求。1992 年开始，以宣传、学习贯彻邓小平南方谈话精神和中共十四大精神为重点。先后发布《关于全市县以上领导机关广泛深入学习中央 2 号文件精神的计划安排》《关于认真学习党的十四大文件安排意见》等 6 个学习活动安排文件；编写中共党史学习参考专辑和学习辅导材料；实施理论学习“四项工程”（领导干部学习的“龙头工程”，宣传干部学习的“骨干工程”，普通党员干部学习的“基础工程”和青少年学习的“希望工程”）；举办各层次骨干学习班和各类辅导报告会；组成宣讲队伍下基层讲课，开展对全市副县级以上单位中心学习组学习情况调研。通过宣传教育，普遍提高广大干部群众特别是党员领导干部对邓小平建设有中国特色社会主义理论和建立社会主义市场经济体制的认识。1997 年开始，根据中共中央印发《邓小平同志建设有中国特色社会主义理论学习纲要》精神，开展中共十五大精神和邓小平理论的宣传学习活动。组织报告团，分别到各机关、企事业单位进行宣讲；举办各类学习班、报告会，组织全市开展学习中共十五大精神的知识竞赛；先后就“关于邓小平理论的历史地位和指导意义”“关于社会主义初级阶段理论”“关于建设有中国特色社会主义经济、政治、文化”“关于党的建设”等 31 个专题进行宣讲。1999 年，结合长沙市国企改革，发布《关于加快国有企业改革和发展若干问题的意见》和《关于新闻宣传切实为社会稳定服务的有关问题的通知》，编印相关学习资料，组织举办“长沙市国有企业改革和发展”培训班，组织媒体集中开展典型报道，推动全市国企改革进程。2002—2003 年，围绕学习宣传中共十六大精神和“三个代表”重要思想，组织各机关、企事业单位、部队、学校，就“三个代表”重要思想的科学体系和历史地位等专题开展宣讲。2004—2006 年，开展“以科学发展观为统领，全面建设小康社会，努力构建社会主义和谐社会”宣传教育，就科学发展观的历史地位、时代背景、科学内涵、精神实质、根本要求开展专题宣讲。宣教活动从党政机关拓展到乡镇、街道、社区、企业和中小学校。为使广大群众进一步掌握党的创新理论，2007 年，深入街道社区，连续展开 100 场学习创新理论、“专家市民面对面、创新理论进社区”的“市民论坛”。2008 年，全市开展以“科学发展、创业富民”为主题的解放思想教育活动。2010 年，编辑出版《聚焦——社会热点理论普及读本》，用以指导广大干部群众普及理论学习，推动马克思主义大众化。2011 年，在全市开展“怎么看到怎么办——理论热点面对面 2011”“科学发展观在湖南的认识与实践”主题宣传教育。2012 年，长沙宣传工作围绕学习贯彻落实中共十八大精神开展主题宣讲和新闻宣传。

第一节 机 构

一、市级机构

1988年，长沙市委宣传部内设宣传科、办公室、党员教育科、理论教育科、文教科、组织科、干部科、纪检组、新闻报道科、对外宣传科，编制42人。同时，辖有市文化局、长沙晚报社、市广播电视局、市卫生局、市体委、市计生委、市文联、市委讲师团、市社科联9个局级单位，代管市新华书店的党建工作。1990年2月对外宣传科改名对外宣传办公室。1990年4月，增设企业宣传科，原新闻报道科改名新闻科。1991年8月成立市宣传系统直属机关党委。1993年3月，新闻科更名为长沙市新闻出版办公室，同时成立长沙市新闻中心，归口市委宣传部主管。1994年11月，长沙市文明单位建设办公室（简称市文明办）并入市委宣传部。1995年4月，市委宣传部对市文化局、长沙晚报社、市广播电视局、市文联、市委讲师团、市社科联、市新闻出版局7个单位归口管理，实行人、财、事统一管理。市卫生局、市体委、市计生委不再归口市委宣传部。1995年11月，增设事业发展科；撤销长沙市新闻出版办公室，恢复新闻科；撤销干部科，其工作并入组织科；文教科改名文化艺术科。有编制47名，其中行政编制43名，事业编制4名。并代管长沙市思想政治工作研究会、长沙市新闻中心、长沙市对外文化交流协会等组织。1996年4月，成立长沙市对外宣传办公室，归口市委宣传部管理。

2002年6月，市委宣传部内设机构为11个职能处（室）：办公室（加挂政策法规研究室牌子）、理论教育处、新闻处、文化发展处、宣传处、思想政治工作办公室、党员教育处、对外宣传管理处、网络新闻管理处、干部处、机关党总支，归口管理市精神文明建设指导委员会办公室（文明办）。机关行政编制32名（不包含文明办行政编制8名），机关后勤人员事业编制3名。2004年9月，增设未成年人思想道德建设办公室。增加行政编制3名。2006年4月，在宣传部办公室（政策法规研究室）加挂舆情信息处的牌子，实行“三块牌子、一套人马”；撤销党员教育处；设立长沙市文化产业发展办公室；文化发展处更名为文化艺术处。2006年6月，增加机关行政编制2名，即由35名调整至37名。2007年2月，中共长沙市委宣传部机关总支部委员会改为中共长沙市委宣传部机关委员会。2007年7月，增加2名行政编制。10月，思想政治工作办公室更名为经济宣传处。2008年12月，增加1名行政编制。2009年9月，设立长沙市网络文化及管理办公室（网管办，撤销网络新闻管理处。内设机构由12个调整为11个，行政编制由48名（含市文明办8名）调整为46名。市委宣传部办公室分设为办公室和舆情信息处（加挂政策法规研究室牌子）。2010年3月，增加2名行政编制。2010年12月，增加1名行政编制。2011年6月，市委宣传部内设的“未成年人思想道德建设办公室”划转至市精神文明建设指导委员会办公室，更名为“未成年人思想道德建设工作指导处”；市精神文明建设指导委员会办公室另设立创建综合处、志愿服务工作处。经调整后，市委宣传部机关行政编制为39名，核定市精神文明建设指导委员会办公室机关行政编制13名。2011年9月，长沙市网络文化及管理办公室更名为中共长沙市委互联网宣传管理办公室，加挂“长沙市互联网信息办公室”牌子，内设综合科。2012年2月，市精神文明建设指导委员会办公室增设学雷锋活动指导处，增加3名行政编制，行政编制由13名增加至16名。

1988—2012年，先后担任中共长沙市委宣传部主要领导职务的有：臧宝山、袁汉坤、王柏林、郑佳明、谢建辉（女）；其他领导班子成员有：毛先栋、佘腾辉、饶定国、向治铨、彭宗佑、徐金凯、左润明、刘耀杰、彭勃、李晖（女）、李发美、欧阳晓东、黄宇（女）、易肇沅、李电晖、谭勇、汪湘陵、江权度、赵柏林、刘绪甲、杨长江、刘莉霞（女）、朱锦辉、李卫政。

二、区县（市）机构

1988年，长沙市所辖行政区域的五区四县均设有中共区、县委宣传部。即：中共东区委宣传部、中共南区委宣传部、中共西区委宣传部、中共北区委宣传部、中共郊区委宣传部和中共长沙县委宣传部、中共望城县委宣传部、中共浏阳县委宣传部、中共宁乡县委宣传部。1993年1月，浏阳撤县改市，中共浏阳县委宣传部改为中共浏阳市委宣传部。1996年，长沙市进行区划调整，原中共东区、南区、西区、北区、郊区5区委宣传部分别改为中共芙蓉区委宣传部、中共天心区委宣传部、中共岳麓区委宣传部、中共开福区委宣传部、中共雨花区委宣传部。2011年，望城撤县设区，中共望城县委宣传部改为中共望城区委宣传部。至2012年，各区、县（市）机构无变化。

第二节　理论学习、宣讲与研究

一、理论学习教育

1986—1989年，长沙市历经四年时间集中开展干部正规化理论学习教育。主要学习马克思主义政治经济学、马克思主义哲学和科学社会主义。为全市干部队伍起到提高素质、变革观念、指导实践的作用。1990年下半年开始，以中共中央宣传部编写的《关于社会主义若干问题学习纲要（试用本）》为教材，对广大党员干部开展社会主义理论教育。发布《关于建立健全县级领导干部学习制度的通知》，编印相关学习资料18万册，举办各种学习班302期。1991年，先后发布《关于认真学习十三届七中全会公报的通知》《关于深入学习十三届七中全会精神的意见》《关于全市县以上干部进一步开展学习社会主义理论的通知》《全市学习江泽民同志“七一”讲话的通知》《关于组织全市党员学习中共党史的通知》，对学习内容、时间、要求等作出安排。编写10多万字的中共党史学习参考专辑，采取举办骨干学习班、举行辅导报告会、编印学习辅导材料和参考资料以及到基层讲理论辅导课等形式，组织、指导、帮助全市各单位进行学习。1992年，发布《关于全市县以上领导机关广泛深入学习中央2号文件精神的计划安排》《关于组织全市党员干部学习江泽民同志在中央党校重要讲话的通知》《关于认真学习党的十四大文件安排意见》，组织全市党员、干部和群众学习。1993年，着重抓中共十四大文件和《全民所有制工业企业转换经营机制条例》、《邓小平文选》第三卷、《中共中央关于建立社会主义市场经济体制的决定》等文件学习。先后发布《关于在基层党员中深入进行有中国特色社会主义理论学习的通知》《关于〈邓小平文选〉第三卷学习安排意见》。全市举办学习班538期，组织宣讲人员下基层讲课300多堂，编印学习辅导材料19万余册。同时，组织对全市300多个副县级以上单位中心组学习情况进行调研。

1994—1996年，全面实施理论学习“四项工程”。即：领导干部学习的“龙头工程”、宣传干部学习的“骨干工程”、普通党员干部学习的“基础工程”和青少年学习的“希望工程”。举办理论学习班400多期，全市4万多名党员参加全省基层党员学习《邓小平文选》和社会主义市场经济知识竞赛，近7万党员干部群众参加《邓小平建设有中国特色社会主义的论述摘编（基层读本）》知识竞赛。1999年，发布《关于全市国有企业进一步深入学习十五届四中全会精神的通知》《关于加快国有企业改革和发展若干问题的意见》，编印《长沙市国有企业改革和发展若干问题的意见学习资料》专辑，举办“长沙市国有企业改革和发展”培训班，推动全市国企改革进程。2000年开始，组织广大党员干部对“三个代表”重要思想的学习。组织全市理论骨干参加全省学习“三个代表”重要思想研讨班。12月，创办领导干部学习讲坛，以提高领导干部理论学习的质量、增强领导干部理论学习的有效性和针对性，不断提升全市党员干部的党性修养、知识水平、战略思维、理论素养，促进理论武装工作向广度和深度发展。2004年，召开专题学习教育活动动员大会，发布《关于在全市科级以上干部中深入开展“立党为公、执政为民”专题学习教育活动的通知》，组织四次市委理论学习中心组（扩大）集体理论学习。2005年开始，在全市党员中广泛开展保持共产党员先进性教育学习活动。2008年，组织开展以“科学发展、创业富民”为主题的解放思想教育学习活动，围绕科学发展观组织集体学习近1000次，召开各类研讨会400多个。市委、市政府主要领导进行7场专题辅导，开展15个主题调研，撰写论文和专题报告300余篇，集结出版优秀论文集《创业富民知与行》。2010年，发布《关于推进全市学习型党组织制度建设的实施意见》。出台《长沙市关于建立健全学习型党组织建设长效机制的实施办法》。2012年，为深入学习宣传贯彻中共十八大精神，扎实推进学习型党组织建设，邀请多位知名学者为市委理论学习中心组（扩大）集体学习作专题辅导授课，组织广大党员干部进行中共十八大精神专题学习。

二、理论宣讲

1992年，为深入学习、宣传、贯彻党在改革开放新时期新的理论体系——中国特色社会主义理论体系，全市开展关于马克思主义精髓论、社会主义本质论、“三个有利于”论（即是否有利于发展社会主义社会生产力、是否有利于增强社会主义国家综合国力、是否有利于提高人民生活水平）和改革开放论等专题宣讲。1994年，在全市开展《什么是社会主义市场经济》《中共中央关于建立社会主义市场经济体制若干问题的决定》的宣讲。1995年，根据中共中央《邓小平同志建设有中国特色社会主义理论学习纲要》精神，组织15个重大专题进行宣讲。1997年宣讲中共十五大精神，举办各类学习班200多期，报告会1800多场次，直接听众达40万人次。在全市组织中共十五大精神知识竞赛，5.7万余人参加。1998年，根据《学习纲要》精神，安排31个专题进行宣讲。2001年，开展“闪耀着马克思主义思想光辉的纲领性文件”“光辉的历程，伟大的成就”等5个专题宣讲。2002年，围绕中共十六大精神、“三个代表”重要思想、“5·31”重要讲话、加入世贸组织，以及实施在工业化、城镇化发展中同步推进农业现代化（简称“三化”）战略等主要课题，市委理论学习中心组四次集体学习，并就有关“三个代表”重要思想的6个专题进行重点宣讲。2003年，拟定“‘三个代表’重要思想的科学体系和历史地位”等8个专题，组织宣讲团深入各机关、企事业单位、学校、部队进行宣讲。2004年，以“关于当前经济社会形势与科学发展观”为重点，专题宣讲科学发展观的历史地位、时代背景、科学内涵、精神实质、根本要求等内容。举办“树立正确权力观”座谈会，并组织先进典型报告团，宣讲从党政机关拓展到乡镇、街道、社区、企业和中小学校，讲课158场，听众1.2万余人次。

2006年，开展“以科学发展观为统领，全面建设小康社会、努力构建社会主义和谐社会”等专题的理论宣传教育。组织报告团深入街镇（村居）进行理论宣传，在主流媒体刊发《理论与探索》、“长沙讲坛”等专栏。同时，在媒体开辟平民性的理论宣传栏目——“你说话吧”。进一步创新理论宣讲形式，取得良好效果。2007年，组织10个宣讲团，分别到市直机关、各区县（市）开展中共十七大精神宣讲。为使党的创新理论进一步为广大群众所掌握，10月17日，在芙蓉区解放路街道化龙池社区举行第一场“专家市民面对面、创新理论进社区”的市民论坛，开启长沙100场“学习创新理论、落实十七大精神”市民论坛序幕。2008—2009年，结合长沙经济社会发展中的热点难点问题，就如何进一步深刻领会科学发展观的精神实质，开展学习践行科学发展观7个专题宣讲。2010年，组建100多人的理论和形势政策调研宣讲队伍，深入企业、街道（乡镇）、社区（村），开展“建设马克思主义学习型政党”“推动马克思主义大众化”等宣讲活动。编辑出版《聚集——社会热点理论普及读本》，指导广大干部群众普及理论学习，该书获得湖南省优秀理论普及读物奖。2011年，围绕纪念建党90周年和学习贯彻中共十七届六中全会精神，组织开展“怎么看到怎么办——理论热点面对面2011”“论党的群众工作——重要论述摘编”“科学发展观在湖南的认识与实践”等主题宣讲。2012年，以“喜迎十八大，理论宣传进基层”为主题，开展中共十八大精神学习征文活动，举办“长沙大讲堂”，学习宣传中共十八大精神和党的创新理论。

三、理论研究

1988年，全市开展生产力标准讨论。就“怎样解放生产力”的专题，结合长沙经济社会发展实践，组织全市广大干部开展讨论，撰写、发表论文1500余篇。12月，举办长沙市精神文明建设理论研讨会，印发《关于社会主义精神文明建设指导方针的决议》学习问答及理论参考题。140多位从事理论工作者参加本次理论研讨会。1991年，就坚持党的基本路线、坚定对马克思主义的信念、努力建设有中国特色的社会主义等课题，在各机关广大党员干部中开展理论探讨。1993年，召开社会主义市场经济理论研讨会，就建立社会主义市场经济体制问题开展研讨。通过理论研讨，使广大干部群众对建立社会主义市场经济体制有更深入的认识。1994年，围绕长沙市“创建现代化国际性城市”的课题，组织专家学者及相关领导干部对长沙创建现代化国际性城市的目标模式、指标体系、总体战略、具体措施等进行系统探讨研究，为制订长沙“九五”计划和跨世纪发展蓝图提供科学理论和应用依据。1995年，与《人民日报》理论部、《求是》杂志社经济部等在长沙联合召开“深化改革热点、难点问题及对策研讨会”，来自北京、山西、江西、广西、海南等地60多名专家、学者参加研讨会。1997年，结合长沙企业改革实践，开展“长沙市资本运营与企业改革”专题研讨。

1999年开始，围绕深入贯彻落实中共十五大和“三个代表”重要思想，开展理论研讨活动。2002年，开展“实践‘三个代表’重要思想，推进‘三化’（工业化、城镇化、农业现代化）进程”理论研讨活动和长沙“三化纵横”经济论坛。2003年，以“身体力行‘三个代表’重要思想、全面建设小康社会”为主题，在全市广大党员干部中开展理论调研。2004年，开展“树立正确权力观”的研讨，市委宣传部《对乡镇党委提高执政能力的一些思考》一文在《求是》杂志发表。2006年，湖南省邓小平理论与“三个代表”重要思想研究中心长沙基地成立，先后就“科学发展观重在落实”“和谐社会与社会建设”等主题，展开理论研究。2007年，承办中国社会科学学会学术年会，与《求是》杂志社共同举办“学习宣传贯彻党的十七大精神”专题研讨会。同时，组织撰写《让党的创新理论与公众同行》调研报告，并上报中宣部。2008年，以“长沙市青少年思想状况”为课题，对长沙市6所中学学生进行问卷调查，撰写《长沙市青少年思想状况调查与思考》调研报告。组织成立“长沙新型城市化调研课题组”，对长沙市的基本情况、长沙城市发展经验、长沙城市化战略思路与未来走向等问题展开调研，并形成调研报告，获得长沙市第10届社科优秀成果奖。2009年，市委宣传部就应对金融危机的重大政策、重大项目、重大举措以及长沙经济社会发展模式等问题组织开展调研，召开专题研讨会，形成《从渐进发展到科学跨越——长沙经济社会发展模式的研究与思考》课题报告和《信心和实干是应对国际金融危机之捷径》调研论文。2010年，就推进长沙城市国际化发展战略问题，组织撰写《关于开展长沙建设国际文化名城课题研究》《加快长沙国际化进程，建立主题文化坐标》等调研论文。2011年，《对新时期长沙又好又快率先发展的认知与思考》等一批研究成果进入市决策视野。2012年，“长沙文化产业国际化”成功申报湖南省中国特色社会主义理论体系研究中心重点研究课题。“雷锋精神研究”成功申报2012年度国家社科基金重大项目，填补长沙市开展国家社科重大项目研究空白。

第三节 新闻宣传

一、重点宣传报道

（一）党和国家重大政治活动宣传报道。1988年，围绕“进一步解放思想，进一步解放生产力”的主题，开展“生产力标准”大讨论报道，在主流媒体开辟《学习与探索》专栏，编发18期，刊登报道文章70多篇。1989年，为庆祝中华人民共和国成立40周年，媒体开辟《光辉的历程》专栏，录制专题片《赞我长沙40年》，集中报道中华人民共和国成立40年长沙各条战线所取得的成就。1991年，围绕中国共产党成立70周年主题，在主流媒体开辟《为党旗增光辉》《党的光辉照我心》《先锋颂》等专题栏目，录制《身边的共产党员》《共产党员颂》《手挽手、跟党走》等专题片，集中报道长沙市各级党政机关、各单位党开展庆祝活动和一批优秀共产党员的先进事迹。1992年，结合邓小平南方谈话精神和中共十四大文件学习宣传，重点报道长沙党政机关举办各类报告会、研讨会、培训班及广大党员干部群众学习情况。1995年，以纪念中国人民抗日战争胜利50周年为主题，组织《大屠杀——法西斯暴行实录》大型展览。集中宣传报道各机关单位及全市大中小学校在纪念活动中开展爱国主义教育情况。2002年，重点报道全市广大干部群众集中学习贯彻“三个代表”重要思想和中共十六大精神情况。2005年，集中宣传中国人民抗日战争暨世界反法西斯战争胜利60周年和中国工农红军长征胜利70周年光辉历史，激发广大干部群众爱党、爱国、爱长沙的热情。2007年开始，围绕学习贯彻落实中共十七大精神和科学发展观，集中对“保持共产党员先进性教育活动”“树立社会主义荣辱观”“科学发展、创业富民”等一系列活动开展情况进行宣传报道。2009年，以国庆60周年为主题，各新闻单位集中联动，开展以歌颂中国共产党、歌颂社会主义、歌颂祖国为主题的一系列宣传活动。

（二）长沙经济社会重要实践活动宣传报道。1988年，组织“十年改革话长沙”大型展览等系列宣传，反映改革开放十年长沙所取得的主要成就和发展变化。1990年，以长沙市各条战线的先进典型为题材，集中开展推荐焦裕禄式的干部、雷锋式的青年、王进喜式的工人的“三推”活动和先进人物事迹的宣传报道，促进两个文明建设。1992—1994年，配合长沙国企集中进行的劳动、人事、工资“三项制度”改革。集中报道长沙市加快经济建设速度，推进国有大中型企业转换经营机制决策执行情况，以及贯彻这些决策的成就与经验。1995年，重点报道中共长沙市委第九次党代会、卫生“国检”等一系列重大活动情况。其中“建设中的省会长沙”系列报道在省内外产生很大影响。1996年，以长沙市精神文明建设大会的召开为舆论热点，集中宣传报道《关于进一步加强社会主义精神文明建设的决定》（以下简称《决定》）的精神和基本内容，解析《决定》包含的指导思想、目标任务和重要措施，为全面推动长沙市精神文明建设发挥舆论先锋作用。1998年，长沙遭受特大洪灾。集中力量投入抗洪抢险新闻宣传。在长达两个多月的报道中，采写刊出大量真实感人的新闻及大量照片。极大地鼓舞广大干部群众团结奋战、顽强拼搏，夺取抗洪抢险胜利的决心和信心。

2001—2003年，围绕长沙市经济建设“三化”（工业化、城镇化、农业现代化）战略和创建文明城市两大主题开展新闻宣传。开展“世纪星城”大型采访报道活动。以“三个代表耀星城”为主题，对长沙市在经济建设、精神文明建设、思想作风建设、领导班子建设、基层组织建设、党员队伍建设、党风廉政建设等方面取得的丰硕成果进行全方位、大规模、立体化的系列采访报道。重点宣传报道“科技活动周”、“科技环保在湖南”洽谈会、“十大标志性工程巡礼”等系列活动。对宣传长沙高新技术和环保建设，展示长沙市科技成果、吸引客商投资起到积极的舆论引导作用。2004年，结合市委、市政府开展的“立党为公、执政为民——长沙市创建‘四好’领导班子巡礼”中心工作，对长沙市机关企事业单位创建“四好”（政治素质好、工作业绩好、团结协作好、作风形象好）领导班子先进集体的先进事迹进行集中报道。2006年，以服务“十一五”开局，构建和谐社会为焦点，组织策划“保持共产党员先进性教育活动”“加速推进新型工业化”“长株潭一体化”“树立社会主义荣辱观”等重点报道。在中央主流媒体和省内媒体刊发大量新闻稿件，为宣传长沙，促进长沙文明建设和经济发展营造舆论环境。2007年，结合“又好又快，率先发展”战略方针，在新闻媒体集中推出“农业篇”“文化篇”“工业篇”“党建篇”系列报道以及“贯彻十七大、开启新征程”等专题，全方位宣传报道长沙经济社会发展变化，受到中央媒体乃至国外媒体的关注。2008年，针对年初的抗冰救灾、5月的抗震救灾和9月的迎奥运三个重大节点，开展“爱动星城、心手相牵”“心系奥运、情动三湘”等系列报道和电视直播。2010年，组织“创先争优”“两帮两促”“创业富民”“建设人民满意城市”以及大型时政访谈节目《对话长沙》等系列专题，集中宣传报道“率先发展看长沙”这一主题。2011年，将新闻聚焦在“创新发展看长沙”“‘十二五’规划”“城乡一体化”等宣传报道。2012年，组织“科学发展，成就辉煌”“争当雷锋精神传人，弘扬社会文明新风”等新闻专题，在舆论上为全市政治、经济、文化建设和社会发展提供有力支持。

二、对国内、港澳台及国外宣传

1988年，编写《对外开放城市系列丛书》中的《长沙》专辑和《中国建设》杂志《长沙专辑》，编辑出版《长沙风光》明信片、《浏阳河》画册，拍摄对外宣传电视片《历史文化名城——长沙》，开展对外宣传工作。1989年，召开全市归侨、侨眷和侨务、宣传干部形势报告会。拍摄电视专题片《星沙览胜》，编辑出版《长沙旅游手册》《中国城市百科丛书·长沙市》，拍摄《文化名城——长沙》电视录像片。1990年，举办《今日长沙》大型摄影展，展出120多幅图片，反映长沙城市风光、投资环境、涉外工作、农副牧渔、科技财贸、文教体卫以及对外友好交往情况，全方位宣传长沙改革开放以来的新面貌。1991年，编辑大型画册《长沙》，刊登图片124幅，用中、日、英三种文字说明，分别从城市建设、历史文物、风景名胜、工业农业、科学技术、旅游服务以及文教等方面，综合反映长沙经济社会发展成就变化。画册在日本、美国、东南亚等国家和中国香港、台湾等地区产生很大影响。1992年，发布《关于加强对外（台）宣传报道工作的通知》。摄制对外宣传电视专题片《走向世界——长沙出口工业产品巡礼》、专题电视片《火炬城——新世纪的曙光城》；编辑制作《长沙投资指南》《长沙导游图》；制作对外宣传电视片11部，出版对外宣传图书2种。1993年，与中央部分新闻单位组成“南方万里行”采访团。《人民日报（海外版）》《经济日报》《中国日报》《工人日报》《新华社电讯》等报刊先后发表《春风绿了湘江岸》《岳麓山下科技城》《长沙建成人才智力中心》《不鸣则已，一鸣惊人——长沙市对外的态势》等长沙经济社会发展情况及有关典型报道。中央电视台经济半小时栏目为此专题播放“南方万里行”长沙采访专稿。1994年，为进一步加强对外宣传特别是海外宣传力度，发布《关于改善外部舆论环境的意见》，组建对外宣传重点报道组。1995年，在《人民日报》、中央电视台以及境外传媒刊发大量外宣稿件；拍摄外宣电视片《唯楚有材 于斯为盛》赴美国展播。1996年，在美国《侨报》开辟“今日长沙”专版；在21家对外传媒发表长沙新闻。同时，先后拍摄专题片《岳麓山下鱼水情》《历史的重托》《长沙远景规划——2000年的长沙》以及外宣纪实片《中国湘绣》。《中国湘绣》入围泰国国际奖。1997年，继美国《侨报》之后，又在法国《欧洲时报》、中国香港《大公报》开辟“今日长沙”“长沙新闻”专版，为促进长沙的改革开放、服务招商引资发挥积极作用。

2000年，围绕长沙城市文明创建、重点工程建设等内容，在中央电视台连续播出《长沙举行大型群众文化活动》《长沙民心工程迎国庆》《长沙六路一桥建成通车》《长沙规范花园、广场命名》等新闻。2001年，在香港《大公报》《文汇报》《商报》以及《欧洲时报》《中国日报》等开辟专栏，刊发专稿400余篇；《人民日报》刊登《加快城市建设，提高市民素质，长沙向现代化城市迈进》长篇通讯。通过这些报道，有效扩展长沙的知名度和影响力。2002年，组织中央驻湘单位及省、市新闻部门组成“世纪星城”采访团，对长沙进行全方位、大规模、立体化采访报道。与中央电视台及省外宣办联袂摄制《正大综艺·长沙专辑》《开拓潇湘》等专题片。2003年，在香港《大公报》《文汇报》和《中国日报》(英文版）定期刊发“长沙新闻”；在中央电视台播出“今日长沙”专题片3部；在美国斯科拉电视网播出长沙外宣片4部；编辑出版《中国长沙》大型画册。2004年，在香港主要媒体开设“外商投资在长沙”专栏，在香港《紫荆》杂志组织系列报道，在央视和境外媒体开辟的“今日中国”宣传专栏中，播出长沙外宣专题片3部；组织全国47家新闻网站开展“网络媒体长沙行”大型采访活动，接待日本、韩国、荷兰等国及中国港澳地区记者50多批次。2005年，与中央电视台海外中心合作制作3部“今日长沙”外宣片；修订改版《中国·长沙》画册；在中国香港《大公报》《文汇报》、美国《侨报》、法国《欧洲时报》刊发“长沙新闻”42期；利用“港洽会”“珠洽会”“‘9+2’泛珠论坛”“高交会”“日本爱知世界博览会”等十多个重要涉外经贸活动开展对外宣传。同时，与广西壮族自治区共同开展“牵手南宁——2005长沙周”“广西媒体走进长沙”活动。2006年，开展“2006中国·长沙（伦敦）”重点项目投资贸易洽谈会、第五届“中日地方交流研讨会”、首届“中博会”和“第三届泛珠市长论坛”“第八届高交会”“第100届广交会”等全国性活动。其间，与央视海外中心合作摄制《沩山密印寺》《长沙弹词的“活化石”——彭延昆》《胡天霏与“中国红”》3部外宣片。对长沙市经济社会发展情况进行全方位的宣传报道，有效提高长沙对外影响力和美誉度。2007年，与中央电视台海外中心合作拍摄制作《田园画家欧阳笃材》《秦石蛟和他的剪纸博物馆》《人文长沙》3部电视外宣片，并在中央电视台、美国斯科拉（SCOCA）卫星电视网和埃科斯（ECHOSTAR）有线网播出，进一步扩展长沙在境外、海外的影响。全年举行新闻发布会25场。中央外宣办、国务院新闻办为此刊发《长沙利用新闻发布平台营造良好舆论环境》一文，介绍长沙新闻发布的经验。2008年，为服务国外境外记者到长沙采访，专门编印《长株潭采访线工程》折页，接待美国《彩虹电视》、丹麦《消息报》、日本《赤旗报》、《中巴交流》杂志、韩国《中央日报》、俄罗斯《国际文传》等国外记者和中国台湾东森电视台记者到长沙采访报道，受到中央外宣办、国务院新闻办高度关注，并专题刊发《长沙市积极应对开放，主动面对媒体，全面加强“采访线工程”建设》信息，推介长沙的经验和做法。

2009年，拍摄制作《黄兴路的变迁》《生活在长沙的外国人》《城市中的福音——开福寺》3部电视外宣片，在央视《中国各地》栏目播出，反响良好。2010年，“转型中的城市品牌定位”城市品牌峰会、第17届城市外宣工作协调会和“世博会湖南周”“第四届侨领侨商湖南投资合作周”等活动，与海（境）外媒体合作，组织系列宣传报道。拍摄《山水洲城·幸福长沙》《长沙——一座放飞梦想的城市》《山水洲城·快乐长沙》《每个周六请去长沙看焰火》等系列宣传片，首次在香港《经济日报》、《广州日报》等主流媒体投放；制作《快乐长沙欢迎您》《爱生活，爱在长沙》《长沙邀您来创新奇迹》等长沙城市形象系列广播宣传片，构成全方位、多角度、立体化外宣网络。2011年，继续与中国香港《大公报》《文汇报》《商报》及《欧洲时报》、美国《侨报》等媒体合作，刊发专版52期；在中央主要媒体刊（播）发长沙报道2000多篇；在各大新闻网站和商业门户网站刊发转载相关长沙新闻、评论1200多条；召开多场党委、政府新闻发布会，形成强大的正面宣传声势。2012 年，“2012 中国网络媒体长沙行”等主题网络宣传。向重点新闻网站和门户网站推荐发表、转载各类新闻、图片等近 2000 条。在中央和省级主要媒体共刊（播）发有关长沙的正面报道 1 万多篇。

三、舆情信息管理

1988 年，抓住群众极为关心的党风问题、物价问题、社会治安等舆情，组织思辨性的报道，有效维护社会稳定。1991 年，围绕“社会要稳定、经济争主动、工作上水平、全市讲文明”工作目标，发布《关于认真学习十三届七中全会公报的通知》《关于深入学习十三届七中全会精神的意见》《关于全市县以上干部进一步开展学习社会主义理论的通知》《全市学习江泽民同志“七一”讲话的通知》《关于大力宣传“科学技术是第一生产力”，促进科技兴市的意见》，要求各新闻媒体发挥正确的舆论导向作用，努力创造一个良好的思想政治和社会舆论环境。1992 年，进一步明确党报、党刊要以鲜明的党性为原则，发挥党和人民群众的“耳目”“喉舌”“桥梁”“纽带”作用。1994 年，发布《关于改善外部舆论环境的意见》，加强对新闻舆论的宏观管理。1995 年，对新闻媒体的调控工作重点放在“四个坚持”：坚持正面宣传，坚持为经济建设服务，坚持为维护大局服务，坚持为党委、政府中心工作服务。1998 年开始，坚持每月一次新闻例会制度，出台《长沙市社会宣传规范化管理办法》《长沙市城市户外广告、宣传栏、阅报栏管理办法》。进一步改进和规范城乡社会舆论宣传。1999 年，发布《关于进一步加强对经济工作和政府工作宣传报道的意见》，在三场政治斗争中进行有效的舆论调控。2001 年，对主流媒体宣传行为作进一步规范。

为坚持正面引导方针和加强对不正确舆论的集中监管，2004 年 7 月 1 日，《长沙舆情快报》创刊。10 月 19 日，“长沙宣传网”（www.csxcw.com）正式开通，成立“长沙宣传网”建设管理工作领导小组。同时，建立“长沙宣传网信息员”队伍，在宣传部门组建网络评论员，完善新闻阅评制度，及时、准确批驳不实报道，把握突发事件舆情主动权。切实掌握网上舆情动态和网民思想动态，增强网评工作的针对性、主动性和网评工作水平。2007 年，长沙《舆情专报》与《舆情快报》合并改版为《长沙舆情动态》，形成新闻舆论、社会舆论、网上舆论引导三管齐下的良好局面，有效提升对舆情调控和宣传引导水平。2010 年，制定《关于切实加强网络舆情管理的工作细则（试行）》，舆论引导按照提前研判、提前介入的原则，对重大敏感热点问题进行积极引导，加强对突发公共事件舆情等处置工作。2012 年，长沙宣传系统初步形成健全的舆情管理工作体系，舆情管理得到进一步加强。

四、新闻管理

1988 年，围绕“八个字”（开放、监督、接近、丰富）“三句话”（更加快速、更具特色、更有实效）新闻方针，努力探索新闻单位体制改革。1989 年，对市属公开和内部发行的 67 家报刊进行思想、组织、经济方面的整顿，重新换发报刊登记证。对内部发行的报刊按实际效能进行压缩。1990 年，为提高新闻专业人员理论水平和业务素质，特别是增强新闻工作的党性原则，开办新闻理论学习班和新闻业务研讨班。1993 年，对禁止“有偿新闻”作出严格规定。长沙市广播电视局所辖传播媒体实行局（市广播电视局）、三台（星沙之声广播电台、长沙电视台、长沙市有线电视台）、一报（《空中之友》报）五位一体的管理体制，即“领导班子统一，职能部门分开，综合管理合并，人财物集中”的运行模式。1995 年 1 月，为进一步加强对新闻出版的管理，促进新闻事业发展，决定成立长沙市新闻出版局，10 月，加挂长沙市版权局的牌子。1996 年开始，长沙新闻事业管理以“服务大局、务实工作、打好基础、开拓事业”为宗旨，完善各新闻单位管理制度，加大内部工作机制改革。长沙广播电视系统建立新闻例会、周编前会议等制度。坚持稿片三审和重播重审制度，严防政治事故和责任事故的发生。1997 年，明确以“新闻立台”综合改革指导方针，将市广播电视局、台所属四个总编室合并为一，整合协调各台的资源，优化运行机制，提高节目质量和两个效益；将原长沙人民广播电台、长沙电视台、长沙有线电视台三个新闻部合并，设置长沙广播电视新闻中心。从而形成大新闻、高信息、快节奏的新态势。1998 年，发布《关于认真做好长沙市内部报刊治理工作通知》，按照“完善体制，加强管理，打造精品”目标，严格内报内刊、内部资料及记者证管理。进一步强调新闻宣传的科学性、新闻性、时尚性、服务性、可读性。1999 年，发布《关于新闻宣传切实为社会稳定服务的有关问题的通知》，进一步完善月度新闻例会、大事通报和重要稿件审稿制度。2000 年，按照“巩固、调整、完善、开发、提高”十字方针，进一步深化长沙广播电视系统内部管理机制改革。2001 年，按照牢固树立“五种意识”（政治意识、大局意识、创新意识、责任意识、协作意识），实施管理体制、运行机制、分配机制“三个突破”新闻工作目标，相继发布《关于严格审稿审片制度的通知和出台》《关于建立宣传周报制度的通知》《播出节目单审核制度》《关于加强广播电视节目资源资料管理的规定》《关于规范电视节目引进工作的规定》。

2002 年，为适应网络新业态的发展，增设网络新闻管理处，以加强对网络媒体的监管。2003 年，重点加强对有线电视网络安全播出的管理和互联网有害信息清理整治工作，先后出台《关于进一步加强新闻宣传管理规定》《关于改进新闻媒体和新闻工作者作风接受社会监督的规定》以及发布《长沙市治理党政部门报刊实施意见》，对全市党政部门报刊进行专项治理。2004 年，发布《关于建立新闻发布制度 设立新闻发言人的意见》，从指导思想、工作制度、管理审批、工作要求等方面对全市新闻发布工作进行规范管理，形成制度化。在市发改委等 29 个部门及 9 个区、县（市）分别建立新闻发言人及其组成班子，对各部门各单位的新闻发言人进行严格的审查并造册登记。组织全市 38 位新闻发言人参加由湖南省委外宣办和北京市委外宣办联合举办的新闻发言人培训班。2005 年，按照《新闻记者证管理办法》有关规定，对新闻媒体记者证持有情况进行重新核查。2006 年，制定《关于加强和改革舆论监督工作的规定》《加强新闻管理的补充规定》，进一步规范舆论监督报道，强调宣传把关前移，确保正确导向。2007 年，成立“深化三项学习教育、治理五大新闻公害（虚假、有偿、低俗、负面过多、不良广告）”活动领导小组，举办新闻从业人员培训班，加强队伍建设；健全新闻阅评反馈制度，实行综合阅评与专题阅评相结合，加强对媒体的监管和指导；协调处理重大事件和突发事件；针对热点、敏感问题，及时编发《舆情动态（快报）》，搞好舆论监督。2009 年，在长沙广电正式成立监听监看中心，强化监管。2010 年，先后制定《关于进一步加强新闻管理工作的若干规定》《长沙市新闻阅评工作管理办法》和发布《关于进一步加强和规范信息发布 做好舆论引导工作的通知》，进一步健全新闻阅评制度和阅评反馈以及责任追究制度。2012 年，发布《关于进一步加强和改进突发事件新闻发布和舆论引导工作的实施意见》和出台《长沙市互联网信息管理实施办法》等文件和制度。集中开展打击“新闻敲诈”、治理有偿新闻专项行动，有效提高新闻宣传的公益性、公信力和权威性。

第四节　社会宣传

一、主题宣传

（一）革命传统和爱国主义教育宣传。1988 年，举办《十年改革话长沙》展览，开展《十年新事看长沙》主题宣传。以大量人物、事件、文字资料、图表、照片以及实物和模型，反映长沙市各条战线改革十年所取得的主要成就。对广大干部群众进行系统的、直观的形势教育。1989 年，针对春夏之交发生的政治风波，结合中华人民共和国成立 40 周年的庆祝活动，以“没有共产党就没有中华人民共和国”为主题，集中宣传中华人民共和国成立 40 年来的成就。在主流媒体开辟《祖国在社会主义道路上前进》《光辉的 40 年》《40 年来家与国》等专栏，举办《没有共产党就没有中华人民共和国——中国近百年历史回顾展》，充分展示在中国共产党的正确领导下，中华人民共和国的光辉史迹，揭示“没有共产党就没有中华人民共和国”这一真理。1990 年，发布《关于在全市广泛开展形势教育活动的安排意见》，在全市开展以讲形势、保稳定、鼓干劲、促发展为主题的形势教育活动。组织 100 多场形势报告会，编印数万册形势教育资料，开办各类学习班 300 多期。对统一全市广大干部群众的认识、增强信心、稳定大局发挥有效的宣传引导作用。1993 年，以毛泽东 100 周年诞辰和“向雷锋同志学习”题词 30 周年为主题，组织编辑 8 集系列专题片《心中的丰碑》，出版《雷锋家乡雷锋多》《雷锋精神与社会主义市场经济》等书，在全市广泛开展革命传统教育和爱国主义教育。1997 年，围绕香港回归祖国这一重大事件，举办“迎回归、颂中华”百万市民读书演讲、“迎香港回归祖国”大型展览等一系列主题宣传，激发广大干部群众的爱国主义情感。1999 年，围绕树立马克思主义“宇宙观”“实践观”“宗教观”教育和开展“强心益智”“移风易俗”“净化社会环境”三项主题活动，开展“崇尚科学、破除迷信”“科教兴市”“依法治市”系列宣传。先后举办“祖国颂”大型合唱晚会、《辉煌 50 年——湖南两个文明建设成就展》、“迎回归、颂祖国”等一系列群众性活动。2000 年，以迎接新的世纪为主题，开展“万民同乐走进新世纪大型群众文化活动”“新世纪文明行宣誓仪式”“潇湘诗会”“走进新世纪迎春文艺晚会”等系列文化活动。2001 年，以“唱响共产党好、改革开放好、社会主义好”为主题，与中央电视台联合举办“革命人永远年轻”大型电视文艺晚会；与《人民日报》联合举办“长沙杯七一征文”；与中国文联联合举办“优美的旋律献给党”征歌活动；开展“党在我心中”读书征文演讲知识竞赛等活动，编辑出版《中国共产党长沙 80 年》画册，拍摄电视片《长沙大变迁》。

（二）两个文明建设教育宣传。1991 年，以“科教兴市”为主题，集中开展“科学技术是第一生产力”宣传教育。发布《关于大力宣传“科学技术是第一生产力”，促进科教兴市的意见》，引导全社会把关注点集中到经济建设上来。1992 年，结合国企改革，在全市加大经济建设和改革开放宣传力度。发布《关于认真学习、大力宣传〈全民所有制工业企业转换经营机制条例〉的通知》。开展大型专题报道会 30 多场，从舆论上为加速国企改革创造良好的社会条件。1994 年，围绕“创建现代化国际性城市”战略目标，召开“长沙创建现代化国际性城市研讨会”。在主要媒体开辟专版，集中介绍专家、学者、各界代表的学术文章和建言献策，引导全市广大干部群众增强开放意识，促进思想解放，提升文明素质。1995 年，以“长沙精神”为主题的社会宣传活动，以概括表述“长沙精神”投票活动形式，吸引全市数十万干部群众参与。最后选定“心忧天下，敢为人先”为长沙精神的概括表述，得到社会各界和广大市民的广泛认同。鼓舞和激励全市人民热爱长沙、建设长沙的热情，使之成为促进长沙经济社会发展的重要精神力量。1996 年，主要媒体设立《精神文明建设实事录》《社会公德与名城形象大家谈》等专栏，推出“星城精神文明建设”专集，集中宣传报道长沙市各条战线在创建精神文明活动中的典型事例和典型人物。1998 年，长沙遭遇特大洪灾。全市宣传战线以弘扬抗洪精神为主题，举办《共建美好家园》抗震救灾大型文艺晚会，突出宣传抗洪模范侯德云烈士等先进典型，在全市广泛开展以国家和人民的利益为重，公而忘私、勇往直前的拼搏精神宣传教育。

2001 年 3 月，召开创建全国文明城市动员大会，市委宣传部、市文明办以“创建文明城市，共建美好家园”为主题，开展“怎样做文明长沙人”“百万市民看长沙、话长沙”等宣传造势活动，举办全市文明社区现场经验交流会，为全面实施“市民教育工程”营造舆论环境。2002年，结合学习贯彻中共十六大精神和长沙在经济建设、精神文明建设、思想作风建设、领导班子建设方面取得的丰硕成果，开展以“三个代表耀三湘”主题宣传，组织“世纪星城”大型采访报道。2003年，围绕办好城运会这一中心工作，以“当好东道主，争做文明人”为主题，在全市开展“告别不文明行为，争做文明市民”宣传教育。在广大青少年中开展“养成道德好习惯，争做合格小公民”活动，编辑印发《城运会宣传手册》。通过宣传教育，提升长沙城市品位。2004年，以“关注未成年人”为主题，全市中小学开展“读健康书籍、看爱国影片、上阳光网吧、进社区服务、练强壮体魄、树安全意识、创平安长沙”八项宣教活动。在主要媒体开辟“关注未成年人道德建设”“文明的动力”“新榜样”“文明城市文明事”等专栏，形成广泛、立体的舆论氛围。系列活动得到中央文明委的充分肯定，《光明日报》为此发表长篇调研报道。2006年，以“八荣八耻”社会主义荣辱观教育为主题，在全市开展公民道德宣传教育活动。发布《关于做好“2006年市民教育年”系列活动的通知》和《关于在全市组织开展社会主义荣辱观宣传教育活动的通知》，在全市广泛开展“主题教育”“实践教育”和“制度教育”三项教育活动。

2009年，按照打造长沙“创业之都”工作部署，开展“创业大本营”大型宣传活动，定位于大众、互动、励志，以互动的方式，鼓励全民创业；用专业的眼光，指导全民创业；用先进的典型，带动全民创业。其“点燃创业激情，改变创业观念，成就创业梦想”宣传主旨受到社会各界的广泛赞誉。中央电视台经济频道为此录制“寻找城市创业榜样”特别节目。2010年，以“率先发展看长沙”为主题，精心组织“创先争优”“两帮两促”“创业富民”“建设食品安全城市”“建设国际文化名城”“领导干部公开述职”等一系列宣传报道。企划《长沙建设国际文化名城战略纲要》，拍摄《山水洲城、幸福长沙》《长沙——一座放飞梦想的城市》《山水洲城、快乐长沙》等宣传片，全方位、多角度反映长沙两个文明建设情况。2011年，围绕“文化强市”战略部署和工作思路，以“文化铸就城市，读书点亮人生”为主题，开展“读书达人”大型知识竞赛活动，至6月，历时半年。活动以文化为导向，以选秀为形式，以互动为桥梁，以媒体为平台。内容涵盖中共党史、中外文学、中外历史、湖湘文化以及哲学、经济学、自然科学七大类。受到省内外乃至海内外的高度关注和赞赏。2012年，为推动长沙精神文明建设深入开展，组织“长沙学雷锋活动网络主题宣传”，举办“2012中国网络媒体长沙行”“聚焦中博会”“长沙被评为文明城市”“长沙自然生态博览会”“文明城市书记市长访谈”等网上宣传。

二、典型推介

1988年，重点报道见义勇为与歹徒搏斗的青年彭凯的先进事迹。1990年，在开展学习、推荐焦裕禄式的干部、雷锋式的青年、王进喜式的工人的“三学三推”活动中，重点推介焦裕禄式干部潘豫安、雷锋式青年贺学禹、王进喜式工人刘建元先进典型事迹。1991年，集中宣传推介长沙卷烟厂、长沙电冰箱厂、长沙汽车电器厂等一批国企改革的经验和效果，通过典型带动全市国企改革。1993年，对24岁的共青团员陈朝彬勇救长沙市文昌阁小学生刘灿、勇斗歹徒英勇牺牲的公交驾驶员张晋、舍己救人英勇献身的私营业主曾庆国等典型事迹，进行深度宣传报道，在社会上产生强烈的反响。《人民日报》以《长沙的“陈朝彬现象”》为题介绍陈朝彬典型事迹相关系列报道情况，在广大干部群众中起到很好的思想道德教育导向和鼓舞作用。1995年，结合全市文明创建活动，重点宣传推介舍己救人而致伤的杜国雄夫妇、在平凡工作中做出突出贡献的浏阳市荷花乡渡头村计生协会会长曾桂英等一批群众性先进典型。从一人一事反映时代风貌，为广大市民树立起看得见、摸得着的身边的学习榜样。1996年，重点推出

《把青春和生命献给燃烧的事业——记全国劳动模范、煤炭坝煤矿采煤大王朱伯权》《雷锋式少年赵宁》等先进人物，以及《营造一艘多元化的工贸巨舰——谈“九芝堂”模式的由来与发展》《“海利”之光》《两个文明建设比翼飞——长沙望城经济开发区工作纪实》等先进企业典型事迹。1997 年，通过对长沙市望月湖文明小区建设和优秀村党支部书记黄自力事迹宣传，引导全市开展“远学天津和平区，近学长沙望月湖”活动。1998 年，在全市开展向抗洪英雄侯德云和优秀教师谭迪敖先进事迹学习活动。作出《关于向抗洪模范侯德云学习的决定》，并组织侯德云事迹巡回报告团，在全市进行广泛宣传，推动全市精神文明创建活动的全面开展。

1999 年，宁乡县电影公司获得“全国农村电影工作先进集体”称号。市委宣传部组织对该公司“发展农村、稳定城市”，以农村为基点，以贯彻落实国家对农村电影事业建设目标为重点，以农村学生爱国教育电影放映为依托等先进经验进行集中宣传报道，并在全国得到推广。2000 年，重点推介和宣传浏阳市、长沙县印山村、岳麓区望月湖街道开展思想政治工作先进典型，并分别在浏阳市和岳麓区召开的全省农村思想政治工作会议和全省思想政治工作现场经验交流会上推介。中央电视台和《人民日报》分别播、刊这些典型经验，在全国反响很大。2002—2003 年，集中推介望月湖的“道德银行”、芙蓉区的“零距离社区”、天心区的“法律社区”、岳麓区的“爱心超市”、开福区的“爱心门铃”、雨花区的“诗意社区”“义工俱乐部”等文明创建典型事例。创建活动受到中央和省文明委高度重视，并授予道德实践活动创新奖。2005 年，在全市“保持共产党员先进性”主题教育活动中，推出长沙县江背镇特立村村民吴子桂、解放军第 209 医院退休干部罗维周等重大典型。吴子桂成为 2005 年湖南省十大新闻人物。2007 年，先后宣传推介感动中国的黄舸父子、“为党再作一丘试验田”的老干部王佳仁、新闻战线奉献一生的普通一兵李贤良、见义勇为的大学生陈炳哲、特级教师向其中、“公路养护技术能手”黄友良，以及全国先进基层检察院天心区检察院等一批先进典型，产生很好的社会影响。2009 年，为推进农家书屋工程建设，长沙市重点推出长沙县黄兴镇“李中笑图书户”、望城县星城镇师友图书馆及其创办人李芳喜等典型，并分别受到总书记胡锦涛、总理温家宝寄信、赠书勉励。2011 年，宣传推介长沙龙骧巴士公交公司驾驶员郭卫、浣兵热心救助乘客的感人事迹以及“慈善天使”12 岁女生王达信优秀事迹。2012 年，结合践行社会主义核心价值观宣传学习，宣传推介宁乡县青山桥镇楼霞小学校长蒋小贵、“雷锋式好支书”朱学武、“敬业奉献好人”刘冬华、“见义勇为好人”陈建明以及“雷锋式竭诚奉献集体”望城县消防大队等一批先进典型。

第五节 文化交流

一、国际及港澳台地区文化交流

1988 年 5 月，湖南青年作家何立伟应美国驻华大使温斯顿·诺德邀请，参加由美国新闻总署举办的“国际访问者计划”，对美国文化方面进行考察。7 月，长沙市组织友好文化交流考察团应邀赴日本鹿儿岛进行文化交流考察和友好访问。同期，美国青年学生科技访华团考古团一行 44 人，到长沙进行考察访问。9 月，日本鹿儿岛市议员竹之下隆治到长沙友好访问，签署长沙市文化艺术团参加鹿儿岛市建市 100 周年纪念活动演出协议。同年，湖南省杂技团一行受中国对外演出公司派遣，赴墨西哥与该国联合马戏团同台演出，遍历 44 个城市，演出 400 余场，受到墨西哥人民的好评。1989 年，由市花鼓剧院、湘剧院组成的长沙市文化艺术代表团应邀赴日本鹿儿岛市访问演出。1990 年，日本鹿儿岛市图书馆及日本

“九州青年之船之会”向长沙市图书馆赠送书刊6607册，市图书馆回赠文史、少儿读物、工具书等7大类2050册图书，以庆贺鹿儿岛市图书馆开馆。1994年4月，应日本鹿儿岛市邀请，以市文联主席、著名国画家徐芝麟为团长一行4人，赴日举办书、画交流展，促进中日文化交流。1997年5月，长沙市民族歌舞艺术团应邀赴法国和爱尔兰共和国进行友好访问演出。艺术团精湛的表演技艺给当地人民留下深刻印象。10月，俄罗斯圣·彼得堡国家交响乐团应邀到长沙演出，与著名钢琴大师殷承宗在贺龙体育馆举行钢琴交响乐晚会。1998年，爱尔兰国家民族歌舞团应邀到长沙演出。同年6月，与星光国际贸易公司合作举办四场“世纪之声”HI–FI音乐会，引起长沙音乐界轰动。1999年7月，长沙市组成民族歌舞团，应邀赴欧洲进行为期一个月的友好访问演出，先后在瑞士、意大利等城市演出20场，观众达4万人。11月，比利时蒙斯市皇家室内乐团到长沙访问，与市歌舞剧院联袂演出，获得成功。2001年8月，“长沙三国吴简暨百年来简帛发现与研究国际学术研讨会”在长沙召开，日本、韩国、英国、比利时、瑞士、美国、加拿大、意大利等国及中国香港、台湾地区的170多位专家学者与会研讨交流。2004年，接待日本、韩国、荷兰等国家的记者50多批次。同时，先后组团赴爱尔兰、荷兰、新加坡进行文化交流。2007年，英国BBC广播电视公司记者到长沙，历时40多天，拍摄反映湖湘饮食文化的专题片。2008年3月，英国伦敦、剑桥两大城市承办“2008中国奥林匹克艺术节长沙文化周”活动。此次活动是田汉国际艺术交流中心继组织维也纳金色大厅演出暨访欧活动后又一次向外传播湖湘文化的大型活动，获得中外媒体的高度赞誉。2009年，市文化系统组团参加“2009菲律宾第一届国际舞蹈节”。2010年10月22日，联合中国摄影家协会主办的“现代影像——首届中国国际网络摄影展暨2010中国·橘子洲摄影文化节”在长沙开幕。来自20多个国家和地区的100多名摄影师的2500余幅作品在橘子洲精彩亮相。文化节设18个国际邀请展、16个国内展和一个国际网络大赛作品展，成为长沙对外宣传和国际交流的重要平台。同年，“田汉·长郡艺术团”赴美国多个城市进行“亲情中华”慰问演出和文化交流活动。2011年7月，第十届“汉语桥”世界大学生中文比赛在长沙举行，海外700多所孔子学校的118名选手参加复赛和决赛。2012年9月，“现代传播与城市文明”金鹰国际论坛在长沙举行，来自英国、韩国、新加坡、哥伦比亚等国城市管理者、传媒人就城市文明与现代传播话题展开精彩对话与文化交流。

二、国内文化交流

1989年，长沙承办中国考古学会第七次年会，全国29个省、直辖市、自治区和12所高等学校的考古、文博学者出席。12月，全国城市电视台第十一次协作会在长沙召开，来自160多家城市电视台的负责人云集长沙。长沙电视台以全国城市电视台协会理事长台身份，具体组织并主持这次会议。1990年6月，湘、鄂、豫、皖4省楚文化研究会第五次年会在长沙召开，来自4省从事楚文化研究的专家、学者50多人参会。1991年9月，“中国·湖南第二届‘映山红’民间戏剧节”在长沙举行，湖南、湖北、河南三省12个民间戏剧团和特邀剧团演出剧目58台，参赛民间演职人员达700余人。1993年4月，“93星沙春潮书市”在市博物馆举行，这是中华人民共和国成立以后全国首次以民营出版物发行单位为主体的书市，参会中，90%为集体、个体书商，引起海内外媒体高度关注。1995年8月，香港爱国同胞石景宜向市图书馆邮赠各类图书3780册，价值5万余元，涵盖社会科学、自然科学、文学艺术、计算机等门类。1999年9月，应台湾联合报系文化基金会邀请，长沙一批汉代文物参加在台北故宫博物院举办的汉代文物大展。其中有6件为国家一级文物。2000年5月，应海南省庆祝海南解放50周年组委会的邀请，长沙市组织15位画家的作品赴海南展出，并派出5位代表参加庆祝活动暨海南环岛采风活动。2005年12月，长沙举办首届中国剧场论坛。文化部有关领导及来自全国各地剧场演出业界的260多名代表参加论坛活动。论坛围绕剧场与市场、机遇与发展这个主题，结合“长沙演艺现象”，进行深入探讨，对中国剧场演出业的发展起到积极的促进作用。2006 年 10 月，长沙市组团参加首届中部文化产业博览会。在会上发布 150 多亿元的招商项目，成功签约 8 个文化产业项目，在全国文博界产生广泛影响。此外，还成功组织长沙—太原两市书法交流展、全国少儿国际舞比赛。2009 年，长沙市先后组织民间文艺家协会在郴州桂东县举办长沙市剪纸艺术作品展；与张家界市联合举办“第二届湖南灯谜艺术节”；组织参加在北京举办的“全国工艺品礼品博览会”、深圳“全国工艺品博览会”、西安“工艺品及文化艺术交流会”、成都“工艺品及礼品博览会”；与成都市联合举办书法联展；与南昌市、海南三亚市文联进行文艺交流。先后接待重庆、杭州、贵阳等市文联友好交流团。2010 年，长沙市先后组团参加第三届海峡两岸合唱节，组织长沙市民间文艺家协会赴台湾进行民间工艺交流。

第六节　文化建设

一、文化事业建设

1988 年，从启动万册图书馆建设工程入手，全面推进公共图书馆、群众艺术馆、文化馆等示范性公共文化设施建设。在乡镇（街道）、社区（村）建立文化站、文化活动中心、休闲文化广场、农家书屋等。为规范和促进各类公共文化设施健康发展。1993 年，对全市 109 个文化馆进行评级鉴定，对全市乡镇文化站、文化（艺术）馆展开全面评估验收。至 1994 年，全市城乡普遍建立广播、影院、文化艺术、图书、社会文化娱乐等各类文化设施，初步形成市、县（市）区、乡镇（街道）、村（社区）四级公共文化服务设施网络体系。

1995 年，成立长沙市历史文化名城保护规划编修领导小组，加强对文化设施的规划、建设、保护和管理。先后新建李富春故居纪念馆、胡耀邦故居纪念馆等一批爱国主义教育基地。2000 年 10 月，成立文化名城建设推动委员会，加强对长沙历史文化遗产的发掘、整理、保护和利用，修复太平老街、西汉长沙王后“渔阳”墓博物馆、贾谊故居等一批历史文化遗存。2001 年，集保护、研究、收藏、展示、教育功能为一体的长沙简牍保护研究中心奠基。2002 年，公布近现代保护建筑 35 处。2006 年，启动“全国文化信息资源共享工程”试点。

2009 年，先后出台《长沙市示范性乡镇综合文化站建设实施方案》《长沙市未成年人绿色上网场所管理暂行办法》《滨江文化园整体经营管理方案》《博物馆陈列布展方案》《图书馆布展方案》《博物馆管理运作方案》《图书馆管理运作方案》《音乐厅管理运作方案》等一系列政策措施，加强对长沙市各类文化设施的保护、建设和利用，促进文化事业健康发展。2010 年，按照均等、公益、基础、便利性要求，将市、县、乡、村四级公共文化服务经费纳入财政预算，与民生工程、新农村建设规划结合起来，从经费、人才、技术等方面健全公共文化服务保障体系。全市文化、体育、娱乐业建设投入达 38.71 亿元（不含管理费用），占全市社会固定资产投资的 1.7%。先后建成田汉大剧院、简牍博物馆、贺龙新世纪体育文化中心、橘子洲生态文化公园、“一馆三中心”等一批大型文化设施。2011 年，长沙成功获得国家公共文化服务体系示范区创建城市荣誉称号。2012 年，全市公共文化设施投入达到 42.89 亿元，同比增长 67.6%。至 2012 年年底，全市建成 365 个社区文化活动中心、114 个乡镇综合文化站、322 家未成年人绿色上网场所、684 家农家书屋、10 个文化信息资源共享工程支中心。全市广播综合覆盖率为 99.3%，电视节目综合覆盖率达 98.6%。《中国文化报》以《以文化人，以文惠民——湖南省长沙市创建国家公共文化服务体系示范区的做法与思考》，专题介绍长沙公共文化服务体系建设的先进经验。

二、文化产业建设

1988年，为促进全市文化产业发展，投入850万余元改扩建电影院、图书馆、群艺新馆。1989年，全市各类营业性文化场所达1000多个。形成图书出版、印刷、娱乐三大文化产业优势项目。1990年，为加强对全市书报刊印刷企业规范化管理，促进健康发展，对全市100多家定点印刷企业开展法规教育，清理整顿一批不合格企业。1991年，首次引进外资进入文化娱乐业，组建“长沙国际文化娱乐城有限公司”。1994年，开展“建设现代化国际性城市”大讨论，将长沙定位于“历史文化名城和现代文化新城”；确立“硬实力”和“软实力”协调发展的战略思想；形成“中部崛起率先推动文化崛起、‘两型’产业重点发展文化产业”的发展观念，为长沙文化产业发展提速确立思想遵循和理论指导方针。1996年，出台《关于进一步加强社会主义精神文明建设的决定》，明确要充分发挥长沙文化根基深厚的优势，大力加强文化建设，规范文化市场行为，完善运行机制，并对长沙文化基础设施建设和保障机制做出政策性指导意见。至2000年年底，全市文化产业总产值超过150亿元。文化产业产值过千万元的企业达58家，其中过亿元的12家，两家年产值超过10亿元。全市注册文化产业从业人员达到11万余人。

2001年9月，召开全市文化产业发展工作会议，发布《中共长沙市委、长沙市人民政府关于加快发展文化产业的意见》。长沙第一部全面规划文化产业发展的《长沙市文化产业发展规划纲要》（以下简称《纲要》）颁布实施，出台《长沙市“十五”期间文化产业发展规划纲要实施方案》。《纲要》明确长沙文化产业发展的总体目标、布局结构，确立媒体传播、文化旅游、文博会展、出版发行、休闲娱乐和文教体育为长沙文化产业发展六大主导产业。同时，发布《关于加快文化事业和文化产业发展若干政策的意见》，强调要充分利用长沙丰富的文化资源，开发新的经济增长点。按照“以大、精、新为特色，高起点建设一批具有示范效应和产业拉动作用的骨干文化企业”的指导思想，2001年，长沙晚报报业集团率先在湖南挂牌。2003年1月，经国家广电总局批准，长沙广播电视集团挂牌，成为全国第三家省会城市广电集团。2003年8月，湖南山猫卡通有限公司成立。公司打破传统动漫产业发展路径，立足本土，面向世界，其系列动画节目及动漫衍生产品出口到美国等60多个国家和地区，并与俄罗斯、德国等7个国家签订独家代理协议。2004年，湖南宏梦卡通集团成立，这是一家典型的文化创意型文化企业。2008年，拓维信息系统股份有限公司在深圳成功上市。

2010年，相继出台和发布《关于加快推进城市国际化的若干意见》《长沙建设国际文化名城战略纲要》《关于推进国际文化名城建设的意见》《长沙“十二五”文化发展规划》《长沙市战略性新兴产业——文化创意产业发展规划》，在指导思想、发展目标、组织领导、建设环境、财政扶持、工作项目等方面，为长沙文化产业发展做出战略部署和制度保障。同年，长沙北纬三十度文化传播有限公司、长沙中物商贸广告有限公司、长沙北辰文化传播有限公司三企联合，新组合成湖南北纬国际传媒咨询有限公司，实现传统广告经营到文化产业的全链接和跨域式发展，跻身“湖南文化企业三十强”。2010年12月，有着“长沙十佳文化企业”“中国民营书业十大实力机构”“中国出版政府奖（先进出版单位）”等荣誉称号的天舟科教文化股份有限公司在深圳创业板上市，成为“中国民营书业第一股”。2011年年初，长沙天心文化产业园获批国家级文化产业试验园区，成为中南地区唯一的国家级文化产业园区。11月，全国第四个国家级数字出版基地——中国国家数字出版基地落户天心文化产业园。至2011年年底，长沙先后建成长沙黄花印刷科技产业基地、长沙高新区国家动漫游戏产业振兴基地、青竹湖文化创意产业基地、金霞湘绣产业园、湖南湘绣城、沙坪湘绣产业园、浏阳花炮文化产业园等十多个文化产业园区，全市形成集文化产品创意、研究、生产、销售于一体的完整产业链。全市近5000家民营文化企业中，有3000多家集聚于相关产业园中，园区文化产业总产出占全市文化产业总产出50%以上。2012年，长沙市拥有各类文化产业单位61670余家，从业人员54.28万人。全市文化产业总产出达1298.2亿元，占全市GDP的8.7%。实现增加值556.5亿元，税收76.6亿元，文化产业成为长沙支柱产业。

三、文化体制改革

1988年开始，长沙文化体制改革首先从改革市属文化企事业单位内部运行机制入手。在市专业文艺单位引进竞争机制，实施定人员、定场次、定收入指标、包基本工资总额和政策性补贴的“三定一包”；实行优化组合、人员分流、择优上岗；试行投入产出包干制，以调动从业人员工作积极性。1994年，对长沙市宣传文化系统实行文化、广播电视、报社“三位一体”管理体制，对市文化局、市广播电视局、长沙晚报社等重点单位实行“人、财、事”统一管理。1995年1月，长沙市成立新闻出版局（版权局），强化对全市出版单位、印刷、报纸、期刊以及电子出版物市场的管理和版权保护。开始实施对电子出版物经营单位颁发经营许可证制度，对电子出版物市场实行统一归口管理。

1999年，对长沙市广电局实施“局台一体、中心整合、频道运作”体制架构，推行广播电视频道专业化改革，逐步实行频道责任制。2001年，长沙广电在体制上实行政事分开、媒体运作、产业化经营，由事业型开始走向产业经营型。2001年9月，长沙晚报报业集团正式挂牌，使这一地方级党报在坚守党的宣传阵地的同时，按产业发展方向拓展。2003年，长沙广播电视集团成立并实行企业化管理，归口市委宣传部领导，由市广电局实行行业管理。以长沙晚报集团、长沙广播电视集团改制为先导，长沙市各文化事业单位开始全面改制。

2006年8月，召开文化体制改革工作会议，发布《中共长沙市委、市人民政府关于深化文化体制改革加快文化发展若干意见》，对全市文化体制改革和文化产业发展做出全面部署，确定“区别对待，分类指导，循序渐进，逐步推开”的指导方针，确定长沙晚报报业集团、长沙电视台政法频道、田汉大剧院以及芙蓉区、浏阳市等15个改革试点单位。2007年，出台《长沙市文化系统体制改革实施方案》《长沙市直属艺术专业团体（剧团）体制改革实施方案》和长沙市文化行政管理体制及文化市场综合执法体制改革方案。在文化企事业单位形成新的用人机制、分配机制和生产机制，进一步激发人才活力，解放文化艺术生产力。2010年，根据《长沙建设国际文化名城战略纲要》《长沙“十二五”文化发展规划》《长沙市战略性新兴产业——文化创意产业发展规划》，对市文化局、市广播电视局、市新闻出版（版权）局的职能、机构进行重组和优化，组建新的长沙市文化广电新闻出版局、长沙市文化市场综合执法局和广播电视台。2012年，发布《关于执行文化改革发展若干政策的实施意见》，设立市文化体制改革和文化产业发展办公室。是年，长沙市、区县（市）两级基本完成文化体制改革任务。国有经营性文化单位转企改制基本到位，国有文艺院团、电影发行放映单位、非时政类报刊出版单位、有线电视网络整合等重点文化体制改革任务全面完成。2012年年底，长沙市被评为“全国文化体制改革工作先进地区”；长沙市文化市场综合执法局被评为“全国文化体制改革先进单位”。

第十章　统一战线

1988年起，长沙市建立起多层次的民主协商对话制度。各区县统战理论研究分会相继成立，统战理论研究网络形成。1990年，统战工作全面进入政府系统。市政府及其职能部门与市各民主党派建立对口联系制度和统战工作进入街道（乡镇）。1992年，做好对非公有制经济代表人士的团结、帮助、引导、教育工作。1993年，对知识分子工作进行调研，扩大聘请海外人士担任市海外联谊会顾问比例。召开“市场经济与统一战线”理论研讨会和纪念毛泽东100周年诞辰统战理论研讨会。开展宣传党的对台方针和党的民族宗教政策等活动。

1994年开始，市委领导重视开展统战工作，“新春第一访”形成制度。党派参政议政形成“党委出题、党派调研”工作模式。长沙市个体私营经济领导小组成立，规划、协调、指导、服务全市个体私营经济。1995年开始，聘请各民主党派成员担任执法形象监督员，把民主监督落到实处。面向社会公开选配非中共领导干部，组织市各民主党派交流基层工作经验。推进“光彩事业”。1996年，启动长沙市统战信息工作。召开协商会、政情通报会，组织中共基层党组织与市各民主党派基层支部交流合作共事经验，引导党外知识分子献计献策。实施党外干部选拔、培养“四个一”工程。1999年11月，颁布《长沙市个体工商户和私营企业权益保护条例》，保护和推动长沙市非公有制经济发展。2000年，在具备条件的非公有制企业逐步建立共产党组织。进一步加大招商引资力度和大力发展民营经济，成立台商投资企业协会。

2001年开始，建立全市党外干部人才库；民族工作进社区、进学校、进企业，推进创业富民进街道、进乡镇、进社区、进楼宇、进企业。2003年开始，把统一战线工作纳入重要议事日程、纳入党政领导班子工作考核内容，把统一战线理论和方针政策纳入各级党校的教学内容、纳入宣传和新闻工作计划宣传机制。2004年，长沙统战信息宣传工作首次进入全国先进行列。

2005年，由市委常委带头完善市党政领导与党外代表人士交朋友制度。2006年，全市由党委常委担任市、区县（市）统战部长全面落实；首次组织非中共领导干部进行履职情况述职。2007—2008年，推进市新的社会阶层人士统战工作。建立对市各民主党派意见建议回复工作机制。2009年，健全完善联席会议制度，研究培养选拔党外干部工作每年组织一次形成规范。建立健全党委统一领导、统战部门牵头、部门参与的协调联动机制，建立无党派人士联系沟通、培养选拔、履行职能的保障机制。党外中青年干部培训班、无党派人士培训班、基层统战干部培训班等7期主体培训班全部纳入全市干部教育培训计划。

2012年，市统一战线门户网站“和网”开始上线运行。民主党派、工商联以及党外知识分子、无党派代表人士开展多形式、多层次、多方面及内容的学习、交流活动。继续发展与50余个海外社团的友好关系，与200余名海外知名人士新建立友好关系。是年，长沙市统战工作致力于构建和完善“开放型、社会化、立体式”的大统战工作格局，凝聚各方人心，发挥多方力量，为长沙社会和经济发展贡献力量。

第一节　机　构

一、市级机构

1988年，市委统一战线工作部内设办公室、党派科、工商科、联络科、干部科、理论研究室。1989年，工商科更名为经济科，增设党外知识分子工作科。内设办公室、党派科、经济科、知工科、联络科、干部科、理论研究室、机关党总支。是年10月，长沙市政治学校更名为长沙市社会主义学院。下设办公室，为科级事业单位。12月，设立长沙市各民主党派机关事务办公室，为正科级机构。2002年，内设科室更名为处室，撤销党外知识分子工作处，日常工作合并到党派处。内设机构变更为办公室、政策理论研究室（加挂宣传办公室牌子）、党派处（加挂党外知识分子工作处牌子）、联络处、经济处、干部处和机关党总支。2006年7月，增设民族宗教处。2008年10月，市社会主义学院在市委党校挂牌、办学，与市委党校“一个场地、两块牌子、资源共享”。2012年，增设知识分子工作处。内设办公室、理论研究室、党派处、经济处、干部处、联络处、民宗处、知工处。另设有机关党委和机关党支部、离退休老干部支部，以及工会、妇女委员会、青年工作委员会。归口管理长沙市台湾同胞联谊会（以下简称“市台联”）、长沙市社会主义学院（1989年10月前名称为长沙市政治学校）、长沙市各民主党派机关事务办公室。

1988—2012年，先后担任中共长沙市委统战部主要领导职务的有：邓元生、唐正湘、李咏芳（女）、张迎龙、虢正贵、文树勋；其他领导班子成员有：吴德仁、唐士宝、朱建人、胡晓亚（女）、喻力、毕凯、吴忠祥、刘映群（女）、李伟群、王国平、饶福明、常祥华（女）、粟建国、罗伟。

二、区县（市）机构

1987年，长沙、望城、浏阳、宁乡4县均设有县委统战部。东区、西区、南区、北区、郊区5区设区委统战部。1993年2月，浏阳撤县设市，县委统战部更名为市委统战部。1995—1996年长沙市区划调整，撤销原5区，成立芙蓉区、雨花区、天心区、开福区、岳麓区5区，各区均设立区委统战部。2011年7月，望城撤县设区，县委统战部更名为区委统战部。2012年，芙蓉区、雨花区、天心区、开福区、岳麓区、望城区，长沙、浏阳、宁乡县（市）均设立区县（市）委统战部。

第二节　民主党派、工商联和无党派人士事务

一、组织学习交流

1989年10月，市社会主义学院（以下简称“市社院”）举办第1期民主党派基层支部骨干学习班。1990年，市委组织各民主党派、工商联就中共中央14号文件3次进行学习座谈交流。1992年8月，举办市各民主党派、工商联负责人读书班，集中学习探讨“统一战线为经济建设、改革开放的思路和措施服务问题”。1993年，市社院举办参政议政研讨班，各民主党派的人大代表、政协委员参加学习。1995年10月，召开非中共人大常委会委员、政协常委及非中共领导干部参加参政议政经验交流会。1998年年初，举办市各民主党派新当选的市委委员、市人大代表、政协委员学习班。1999年7月，举办统一战线与多党合作理论与实践研讨班。2000年，市社院举办民主党派新成员培训班，97名民主党派新成员

参加培训。2001年，选送党派骨干到省委党校和省社院学习，参加市委党校举办的民主党派新市委委员培训班培训。2004年7月，市社院举办市各民主党派基层骨干参加的培训班。10月，召开全市民主党派工作研讨会，学习全国全省民主党派工作研讨会精神。11月，召开民主党派成员座谈会，对党派成员中具有研究生以上学历或副高级以上职称的170名在职民主党派成员思想状况进行问卷。2005年9月，举办长沙市多党合作专题研讨班，140余人参加学习。2006年8月，举办参政党建设理论与实践研讨班，邀请省委统战部领导作全国统战工作会议精神的专题辅导报告。2007年11月，发布组织开展无党派人士"自愿接受中国共产党的领导，坚持走中国特色社会主义道路"主题教育活动的通知，组织无党派人士开展主题教育活动。2008年，市各民主党派开展政治交接主题学习教育活动，在中山亭建立长沙市各民主党派学习教育基地。2009年6月，市委统战部组织无党派人士参与首届中国长沙重点大学人才战略合作峰会活动。11月，举办首期无党派人士培训班。12月，中央统战部刊物《统战工作》推介长沙市开展无党派人士工作经验。2010年5月，市委统战部召开首次全市各民主党派和工商联社会服务工作经验交流会，通过实地参观民主党派社会服务工作基地及集中座谈交流。7月，组织部分无党派人士赴重庆"特园"参观"中国无党派人士历史陈列馆"。9月，市社院举办部分无党派代表人士集中培训班。2011年，举办民主党派人士、无党派人士、非公有制经济人士等人员参加的参政议政工作研修班。

二、开展政治协商

1988年6月，制定《关于进一步健全政治协商和民主监督制度的若干规定》《关于加强基层单位我党组织同民主党派组织合作共事的意见》，规定每半年至少召开一次民主协商会，每季度召开民主党派负责人协商会。7月，召开首次全市基层民主党派工作经验交流会议，规定每两年召开同样的会议。1990年5月，制定《贯彻〈中共中央关于坚持和完善中国共产党领导的多党合作和政治协商制度的意见〉的实施意见》。年内，召开5次协商会，听取各民主党派、无党派人士对市委市政府的大政方针、工作计划的意见建议。1993年，召开市党政领导与市各民主党派、工商联负责人民主协商会。1994年，组织市各民主党派、工商联召开协商会3次。1996年，在制定市"精神文明建设规划"、"九五"计划和"2012年远景目标"、"开放强市、科兴市、流通活市、依法治市"的治市方针过程中，吸纳民主党派的意见。2000年9月，两次召开市各民主党派、工商联负责人协商座谈会，征求对中共长沙市委第十次代表大会工作报告的意见和建议，协商第十届市委人事安排情况。全年召开各类协商会、政情通报会20次。2001年5月，向市各民主党派、工商联负责人通报全市机构改革方案。2002年3月，召开协商座谈会，就中共长沙市委、市人民政府关于加快推进工业化进程的若干意见，与市各民主主党派、工商联负责人协商座谈，听取意见建议。2003年5月，召开市各民主党派负责人座谈会，听取对中共地方党委民主科学决策、完善专家咨询制度等问题的意见建议。2004年4月，召开市各民主党派市委主委"纪念中共中央14号文件颁布15周年"座谈会，探讨加强共产党领导的多党合作和政治协商工作。2005年12月，发布《关于认真贯彻〈中共中央关于进一步加强中国共产党领导的多党合作和政治协商制度建设的意见〉的意见》。是年，召开2次各民主党派市委主委、专职副主委座谈会，协商民主党派领导班子后备干部推荐工作。2006年10月，开展关于中共与民主党派政治协商内容与形式的调研，形成报告。2009年，召开民主协商会、政情通报会、各类座谈会等约10次。2012年，召开民主协商会、情况通报会、座谈会5次。

三、支持参政议政

1988年，各民主党派、市工商联负责人与纪检、检察、监察、审计等部门负责人对话，了解全市治理、整顿相关政策，推进治理、整顿工作。1991 年 9 月，召开市各民主党派、工商联主委、秘书长以及民主党派和工商联中市人大常委会委员、政协常委委员等参加的参政议政经验交流暨研讨会。是年，推进市各民主党派开展“议政日”活动。1993 年 9 月，向市各民主党派提出 12 个调研课题，约请市各民主党派、工商联进行调研，并形成调研成果。1994 年 4 月，拟出 6 个方面的调研课题，约请市各民主党派和工商联开展调研。7 月，召开专题汇报会，听取市各民主党派、工商联调研成果汇报。形成党派参政议政“党委出题、党派调研”工作模式。1997 年，市各民主党派、工商联提出的加强城市管理、转变政府职能等意见建议被吸收到有关部门的决策之中。此后，作为党派履行参政议政职能的工作形式之一的调研，成为“党委出题、党派调研、政府采纳、部门落实”工作模式。2000 年，《建立与现代科技中心相适应的科技管理体制的调研和对策建议》的调研报告交由有关部门进行落实。2005 年 6 月，采取市各民主党派市委与政府部门联合调研的新模式，对市社区建设进行专题调研。2006 年 7 月，召开社会主义新农村建设调研成果汇报会。2007 年 5 月，各民主党派市委、市工商联负责人视察非公有制经济发展情况，视察长沙申大科技有限公司等非公有制企业，并与企业家代表人士进行座谈，了解非公有制企业发展情况和在生产经营中遇到的困难和问题。2008 年 10 月，发布《关于建立健全各民主党派意见建议回复工作机制的意见》，建立对民主党派、市工商联调研意见建议的回复机制、落实情况的专项督查机制。此后党派调研细化为“党委出题、统战协调、党派牵头、部门参与、成果转化、结果反馈”工作模式。年内，在无党派人士中开展“富民强市、献计献策”活动。2009 年 10 月，市委转发市委统战部《关于加强无党派人士工作机制建设的意见》，建立健全党委统一领导、统战部门牵头、部门参与的协调联动机制，建立无党派人士联系沟通、无党派代表人士培养选拔、履行职能的保障机制。2011 年 6 月，发布《关于做好 2010 年各民主党派、工商联、无党派人士调研成果转化工作的通知》，明确政府有关部门采纳落实各调研报告中所提出的建议责任，并责成各责任部门将调研成果的转化情况以书面形式向各民主党派、工商联、无党派代表人士调研组和市委统战部进行反馈。2012 年 6 月，召开各民主党派、工商联、无党派人士及市直各相关部门参加的专题调研协调会和专题调研成果汇报会；听取上一年政府各有关责任部门抓好调研成果转化落实情况。

四、加强民主监督

1988 年，市各民主党派参加全市治理、整顿工作。各民主党派分别成立“举报站”，开展举报活动。1989 年，启动推进“特约四员”工作。市监察局在市各民主党派中聘请 7 名特约监察员。1990 年 11 月，发布《关于我市政府工作中进一步加强同民主党派、工商联联系的建议意见》，开展市各民主党派与市政府、市委各有关部门的对口联系工作。是年，市区县部分单位聘请“特约四员”40 人。1991 年 2 月，首次召开市政府部分委、办、局负责人与市各民主党派、市工商联负责人的对口联系会议；印发《关于加强同民主党派联系的复函》，明确市政府及其 22 个职能部门分别与市各民主党派建立相应的对口联系关系，并对民主党派参加对口联系单位的有关会议，参与研究重大方针、政策，阅读文件等都做出具体规定；市物价局等单位分别召开与市各民主党派的对口联系座谈会，建立对口联系，并制定联系的措施。1994 年 3 月，提出可组织“特约四员”参加执法检查、参与有影响案件的调查与处理的新举措。1995 年开始，扩大“特约四员”聘请和工作范围，有计划、分步骤地聘请各民主党派成员担任主要执法部门的执法形象监督员，并通过建立特约监督员值班日、公布特约监督员电话等制度，把监督落到实处。是年，市各民主党派、工商联、无党派人士和特约监察员等参加全市廉政建设、行风评议、综合治理工作督查检查。1997 年 6 月，发布《关于加强政府同民主党派对口联系的通知》。1998 年，召开对口联系通报会16次，对口座谈交流会8次，各民主党派、工商联负责人参观考察重点工程、学校2次，开展执法检查、行风评议9次，民主党派、工商联向对口联系单位提出意见和建议12条，多数被采纳。1999年，市纪律检查委员会（以下简称“市纪委”）、市监察局建立每月18日邀请特约监察员轮流值班制度。2000年6月，召开政府有关部门与民主党派、市工商联对口联系总结表彰会，总结对口联系工作，表彰市监察局等6个先进单位。2001年10月，拓宽政府和司法机关在党外人士中聘任监察员、检察员、审计员、教育督导员等特约人员领域，明确有关部门聘任特约人员要与市委统战部共同协商、沟通，由市委统战部推荐特约人员人选，并共同考察确定。2002年，根据机构改革后的设置情况，调整市政府职能部门与民主党派、市工商联对口联系制度，15个市政府职能部门与民主党派、市工商联建立对口联系。2006年2月，发布《关于做好聘请民主党派成员无党派人士担任特约人员工作的意见》，规范特约人员工作。是年，市人事局、市审计局、市国税局新调整聘任一批特约人员。2007年，完善和健全市政府及政府有关部门与各民主党派对口联系制度。召开市各民主党派、工商联与政府有关部门对口联系工作座谈会，探讨开展对口联系工作。2012年，20个市直部门分别与7个民主党派、工商联开展对口联系工作、市特约人员撰写理论调研文章约30篇，参与执法检查，行风评议约60次，参与信访接待约120批次，接待来访群众约300人，提出建议1000余条。

第三节 党外知识分子事务

一、健全机制

1988年5月，对市实行党政分开机构改革试点10家企业中统战工作开展调查和指导，试点企业统战工作做到有领导主管、有机构分管、有专（兼）职干部具体抓。9月，对全市非党知识分子情况进行摸底调查，建立非党知识分子档案卡片。1989年8月，从部分生产、教学、科研单位聘请党外知识分子担任联络员，并制定联络员工作制度，召开联络员会议。10—12月，对大中型企事业单位有代表性的党外知识分子进行登记、建立档案卡片；确定市汽车电器厂、市规划设计院、市教师进修学院作为党外知识分子工作联系点。1990年，在部分大中型企业成立工厂党外知识分子联络小组，建立联络员网络。1991年，对党外知识分子工作任务进行明确规定。调整市知识分子工作领导小组成员。1993年12月，成立长沙知识分子联谊会。年内，对大中型企业、学校、医院、科研等知识分子比较集中的单位进行知识分子工作调查，摸清底数。1994年12月，知识分子联谊会增补理事6名。1998年8月，市知识分子联谊会换届。

1999年5月，浏阳市率先成立县级知识分子联谊会。2001年，结合国有企业改革、改组、改制等新情况，调整和充实市企业统战工作研究会领导班子。2002年，启动社会中介组织党外知识分子代表人物的政治安排工作。2003年10—12月，走访省土地评估师协会、市律师协会、市会计师协会，了解社会中介机构中党外知识分子代表人物的情况，形成的《长沙市社会中介组织中自由择业党外知识分子基本情况调查及思考》被省委统战部评为优秀论文。2004年9月，召开市企业统战工作研究会第五届理事会第一次会议，选举产生第五届理事会领导班子。是年，对海外留学人员到长沙创业情况进行调研，加强与归国留学人员的联系，并提出政策建议。年内，对市教育局等单位的统战工作基本运行机制、党外知识分子工作等情况进行调研，探讨如何开展新形势下市直单位和企业统战工作、党外知识分子工作。2007年3月，开展党外知识分子调查摸底工作，并建立党外知识分子信息库。5月，成立市新的社会阶层人士统战工作试点领导小组，明确市新的社会阶层人士统战工作联席会议制度，建立新的社会阶层人士工作制度、代表人士信息库，组建新的社会阶层人士社团组织，采取市重点抓一个试点区（芙蓉区）、区重点抓一个街道社区、县重点抓一个园区，推进新的社会阶层人士统战工作。10 月，首次召开市新的社会阶层人士统战工作联席会议，40 余个政府部门及团体单位负责人参加。年内，在长沙高新技术产业开发区开展新的社会阶层人士统战工作试点。

2008 年，明确市新的社会阶层人士统战工作联席会成员单位具体工作职责，召开长沙市新社会阶层人士统战工作现场经验交流会，启动在中介组织从业人员中、在民办非企业单位出资人中、外资企业中方管理人员中新的社会阶层人士统战工作试点，扩大统战工作覆盖面。2010 年，重点推进两区（园区、社区）、两线（教育、卫生）、一所（律师事务所）新的社会阶层人士统战工作，指导区县以新的社会阶层人士联谊会为平台；建立开展新的社会阶层人士统战工作的长效机制；以望城县统战工作进村试点为契机，推动新的社会阶层人士统战工作在村级开展。2012 年，对市级党外知识分子、无党派人士进行调查摸底、建档，建立市级党外知识分子信息库。对“两新组织”情况组织进行统计登记。年内，筹备长沙市知识分子联谊会变更为长沙市党外知识分子联谊会。

二、开展活动

1988 年 5 月，开展党政分开机构改革试点重点企业新任统战工作干部培训。1990 年，在全市工交系统部分大中型企业开展统战工作“争先创优”活动。4 月，在长沙电机厂召开企业统战工作经验交流会；在 32 家大中型企业开展党外知识分子“献计献策、振兴企业”活动。11 月，23 个大中型企业的联络员参加党外知识分子联络员学习班，学习中共中央《关于加强和改进知识分子工作的通知》精神。12 月，召开民主党派负责人、党外知识分子代表协商座谈会。年底，开展“青年知识分子十佳”评选活动。1991 年 11—12 月，举办全市中青年知识分子学习班。年内，“献计献策”活动扩大到市财贸系统 17 家企事业单位。1994 年 1 月，知识分子联络会（以下简称“市知联会”）常务理事和理事代表对市工交企业进行考察。1995 年 2 月，党外知识分子围绕全市“物质文明建设和精神文明建设”开展调研活动。1996 年 3 月，响应“科教兴市”战略，全市党外知识分子发挥人才优势、智力优势，开展“振兴企业献良策、立足岗位争贡献”主题活动，提建议、搞攻关、引项目。1998 年，落实对党外知识分子“一奖、二优、三倾斜”政策。2000 年 5 月，组织市知联会会员围绕中国加入 WTO 和国企改革开展专题讨论，参观考察湖南亚大高分子化工厂有限公司等企业，发动会员为国企改革献策。2005 年 4 月，对市教科文卫等党外知识分子集中的系统统战工作进行督查和调研。2007 年 3 月，在全市范围内开展“富民强省、实现长沙又好又快率先发展”建言献策活动。2008 年，在党外知识分子中组织开展“科技创新、贡献长沙”主题教育活动。11 月，全省统一战线“科技创新，贡献湖南”现场会推介长沙《创新工作平台，做好结合文章，确保“科技创新，贡献湖南”活动取得实效》经验。2009 年 5 月，市社院举办新的社会阶层人士培训班。年内，推进在党外知识分子中开展的“科技创新、贡献湖南”主题活动，与在全市统一战线开展的“我为长沙科学发展、创业富民献一策”活动相结合进来，建立党外知识分子应用技术成果库和企业科技项目需求库，推动校企人才项目合作，以长沙留学人员创业园为基地支持帮助留学归国人员进行科研和创业。2010 年，党外知识分子、无党派代表人士以《长沙市统筹城乡社会保障资源整合问题》为题开展专项调研。2012 年 10 月，召开全市新的社会阶层人士统战工作经验交流会。

第四节　民族宗教事务

一、民族事务

1988 年，发表《关于进一步加强长沙市民族工作意见的报告》。对全市少数民族情况进行调查、摸底。1989 年 10 月，首次召开长沙市民族团结进步先进表彰会。1990 年，继北区、西区人民政府成立民族宗教事务办公室后，浏阳、宁乡县和东区人民政府先后成立民族宗教事务办公室。1992 年 9 月，召开全市民族、宗教工作会议，发布《关于做好民族、宗教工作的通知》。1993 年，采取多种形式支持汉回村发展经济。1994 年 9 月，市民委实行委员会制；10 月，选拔 15 名少数民族运动员组团参加省少数民族传统体育运动会。年内，开展纪念《中华人民共和国民族区域自治法》颁布十周年和《城市民族工作条例》颁布一周年活动。

1995 年 7 月，制定《长沙市培养选拔少数民族干部三年规划》，妥善处理 10 起涉及新疆等外地少数民族突发事件。1997，发布《关于进一步落实散居少数民族优惠政策的通知》，组织清理全市散居少数民族优惠政策落实情况。1998 年 9 月，民族团结先进单位表彰大会在长沙召开，长沙市人民政府被评为全国“民族团结进步模范单位”；10 月，16 名少数民族运动员组团参加省第六届少数民族传统体育运动会，夺得 1 金 1 银 1 铜，长沙市参加省民运会金牌实现“零”的突破。1999 年，进行少数民族流动人口专题调查，掌握少数民族流动人口的概况、经营项目等情况，处理涉及少数民族流动人口问题；9 月，市人民政府被国务院评为全国“民族团结进步模范单位”。2000 年 7 月，市政府常务会议专题听取民族宗教工作汇报；9 月，发布《关于加强少数民族工作若干优惠政策的通知》。

2002 年 9 月，市委成立市民族宗教工作领导小组。2003 年，把民族方面的政策法规和理论知识纳入市委中心学习组以及各级领导干部的学习内容，市各级党校、行政学院和社会主义学院把民族政策理论纳入学习（教学）内容，有关部门把民族政策理论纳入各级干部培训、考核的范围。2005 年 5 月，在中央民族工作会议暨全国第四次民族团结进步表彰会上，中共长沙市委获“全国民族团结进步模范单位”称号。2006 年，市委常委会专题听取民族工作汇报，研究加强民族工作的有关措施。2007 年，市委常委听取关于民族干部工作有关会议精神和工作情况汇报。是年，召开全市组织工作会议，将“加强少数民族干部的培养选拔工作”写入市委组织工作文件；6 月，印发《长沙市 2007—2011 年培养选拔少数民族干部工作规划》。建立走访考察少数民族干部制度。召开少数民族流动人口代表人士座谈会，帮助他们协调解决生产、生活中的困难。2008 年，举办民族界别的省、市、区、县（市）三级人大代表、政协委员专题培训联谊活动，邀请省民委、市人大、市政协领导专题授课。2009 年 8—9 月，完善市《清真食品生产经营管理办法》，对挂牌清真企业进行走访和督查。在国务院第五届全国民族团结进步表彰会上，中共长沙市委被评为“全国民族团结进步模范集体”。2010 年 5 月，对《长沙市 2007—2011 年培养选拔少数民族干部工作规划》落实情况进行督查。是年，组团参加省第七届少数民族传统体育运动会，参加全部 8 个项目竞赛，获 9 金 6 银 5 铜。2011 年 4 月，召开全市民族工作“三进”试点工作座谈会，制定下发试点工作意见。并召开 70 余人参加的全市培养选拔少数民族干部工作座谈会，总结交流全市培养选拔少数民族干部工作经验，研究部署培养选拔少数民族干部的工作。印发《关于进一步开展民族团结进步创建活动的意见》，开展民族团结进步创建活动。

2012 年，制定《长沙市民族宗教工作系统法制宣传教育第六个五年规划》，部署“十二五”时期全市民族宗教系统普法依法治理工作。印发《关于进一步探索做好少数民族流动人口服务管理工作办法的意见》。支援对口县级市吐鲁番市民宗部门工作，为吐鲁番市送去援助资金物资，接待吐鲁番市领导到长沙考察交流。年内，汉回村被纳入“全省少数民族特色村寨”保护与发展试点单位。长沙市首个村级慈善机构“汉回一家亲互助会”落户汉回村，民族团结进一步加强。

二、宗教事务

1988年2月，发布《关于进一步加强县、郊宗教工作的报告》。县、郊宗教爱国组织成立。是年，长沙市发生严重的洪涝灾害，市宗教团体和信徒捐款1万余元、粮票2797斤、衣服数百件。1990年，按政策解决全市涉及宗教房（地）产问题104处；修复修缮并开放主要寺观教堂18所，其中麓山寺、开福寺列为“全国重点开放寺院”和“省级重点文物保护单位”，云麓宫为“市级重点开放道宫”和“市级重点文物保护单位”。1991年，市政府对市级社团登记工作进行统一部署，市佛教协会、道教协会、伊斯兰教协会、天主教爱国会、天主教教务委员会、基督教自治自养自传（以下简称“三自”）爱国运动委员会和基督教协会完成社团登记工作。1992年，发布《关于进一步做好宗教工作的通知》。召开全市宗教工作会议，对做好宗教工作提出新的任务和要求。10月开始，开展宗教活动场所登记工作，成立市宗教活动场所登记工作领导小组，发布长沙市宗教活动场所登记工作实施意见，召开工作部署会。

1993年5月，成立长沙市宗教自养事业指导办公室。是年，对宗教自养企事业减免税的认定办法进行规定。1994年，落实1月31日国务院颁布的《中华人民共和国境内外国人宗教活动管理规定》《宗教活动场所管理条例》，并印发2000份进行宣传。8月，在麓山寺举行圣辉法师荣膺麓山寺方丈入院升座庆典。这是中华人民共和国成立后，麓山寺首次举行此类庆典。1995年8月，宗教界分别举行纪念抗日战争胜利50周年活动、祈祷世界和平法会仪式。年底，全市42处宗教活动场所领到登记证书或临时登记证书。1995—1998年，宗教界人士举办各类学习会、座谈会7次，学习有关文件精神，听取全市大政方针，提出意见和建议。

1996年，对全市宗教工作进行专题调研，依法加强宗教事务管理，保护合法宗教团体和广大信教群众的信仰自由。对乱建庙宇和露天佛像问题开展专项治理。1997年，全市宗教活动场所登记工作全部完成，批准开放的91个宗教活动场所中，正式登记78处，暂缓登记13处。1998年，全市各宗教活动场所开展争创爱国爱教好、民主管理好、遵纪守法好、服务社会好、环境美化好（以下简称“五好宗教活动场所”）活动。是年，市各宗教团体为特大洪涝受灾地区募捐资金60万余元、大米30吨及大量衣物。1999年，成立12个部办委局领导参加的长沙市宗教工作协调小组；召开各县（市）区和市直部办委局负责宗教工作的领导参加的专门会议，推动全市宗教工作。2000年8月，麓山寺方丈圣辉法师代表中国佛教界参加“联合国世界宗教领袖千年和平大会”。2002年5月，市委常委会专题听取全市宗教工作汇报，并就调整市民族宗教工作领导小组、召开全市宗教工作会议，以及区、县（市）民族宗教工作机构等问题作出决定。是年，对部分重点宗教活动场所加强文物保护，签订文物保护协议。

2003年，把宗教政策法规和理论知识纳入市委中心学习组及各级领导干部的学习内容，市各级党校、行政学院和社会主义学院把宗教政策理论纳入学习（教学）内容，有关部门把宗教政策理论纳入各级干部培训、考核的范围。2005年，对宗教自养问题进行调研，形成调查报告，有关部门进行专题商议，并研究制定解决方案。开展“献爱心回报社会、送温暖关爱弱势”慈善日活动，为480余名孤残弱幼送去慰问金、棉被等物品。

2006年，长沙市民族宗教工作领导小组调整。长沙县、望城县、浏阳市、宁乡县、开福区民族宗教工作机构升格为正科级，芙蓉区、天心区、岳麓区、雨花区设立副科级民族宗教机构。全年，全市宗教界捐款捐物累计200万元。2007年，对落实国务院《宗教事务条例》和《湖南省宗教事务条例》的情况进行执法检查。2007年11月，举行中国湖南首届道文化节暨陶公庙1500周年庆典。是年，市宗教界和宗教工作部门开展“建设和谐宗教，促进社会和谐”征文活动，收到参选论文60余篇。2008年5—12月，组织对全市493处民间信仰活动场所进行摸底、考察、审批，将民间信仰事务纳入宗教部门依法管理范围。9—12月，成立市基督教专项调研办公室，对全市基督教领域非法渗透情况进行全面摸底。举办“全市宗教界迎中秋·话改革·致和谐”座谈会、城南堂百年庆典、天主教百年回顾暨纪念改革开放30周年座谈会等活动。2009年6—7月，省、市对《宗教事务条例》和《湖南省宗教事务条例》贯彻执行情况进行执法检查。落实省宗教局《关于公布取消、调整的宗教工作行政审批项目和现行的行政许可项目目录的通知》精神，对市民族宗教局行政许可事项进行清理。2010年，编印发布《长沙市民族宗教事务局规范权力运行制度汇编》，编制调整后的行政许可事项办事流程和办事指南，做好市县两级联动审批系统建设有关事项的衔接，对扩权强县经济社会管理事务行政审批事项和行政处罚事项进行清理。12月，参加北京首届全国创建和谐寺观教堂表彰大会，开福寺等先进集体和个人获表彰。年内，组织宗教界人士召开“创建和谐寺观教堂”座谈会，细化创建标准，进行检查督促。2011年6月，举办“畅谈党的宗教工作基本方针”为主题的庆祝中国共产党成立90周年宗教界人士座谈会。是年，全市评选出首批26处民间信仰活动规范管理示范场所。2012年，举办网络文化与网站管理（宗教）研讨会，引导宗教界宣传宗教政策法规，弘扬宗教文化。是年，全市9处宗教活动场所列为全省宗教界爱国主义教育基地。健全宗教事务管理“三级（县、乡镇、村）管理、四级（市、区县、街乡镇、社区村）网络”工作体系。制定发布《关于在全市宗教界开展宗教政策法规学习月活动的实施意见》，指导督促各地开展宗教政策法规的集中学习宣传。全市和谐寺观教堂创建活动基本实现工作目标。186处宗教活动场所有140处达到国标、省标和市级标准。

第五节　非公有制经济领域事务

一、组织建设

1988年，根据中央统战部关于做好外商投资企业统战工作的指示，调查了解1984年至1987年12月底兴办的中外合资经营企业、中外合作经营企业、外商独资经营企业（以下简称“三资”企业）的基本情况。10月，召开全市经济统战工作会议，传达中央、省经济统战工作会议精神，研究布置经济统战工作任务。是年，发挥市工商联民间商会作用，支持工商联发展个体工商户、新兴的私营企业主等经济统战工作对象成为新会员。1989年，召开省会私营企业主座谈会和工商联自办企业经验交流会。成立以私营企业为主的长沙市民间企业商会。是年，7家“三资”企业成立共产党支部。1990年，建立市工商联会员联络员制度。1991年，对非公有制经济代表人士情况进行摸底调查。1992年，市工商联会员对象转为主要发展非公有制经济组织成员，市个体协会、市私营企业协会、市乡镇企业协会作为团体会员自愿加入工商联。1993，长沙在全省率先成立长沙市总商会，并成立县（市）区商会。1994年，中共长沙市委提出具备条件的个体私营企业可建立共产党组织。成立长沙市个体私营经济领导小组，负责规划、协调、指导、服务全市个体私营经济。1995年，开展对非公有制经济界专业技术人员职称评定工作。1996年，成立“职业介绍所”“法律服务室”等服务场所。1997年，市工商联和部分县、区工商联相继成立法律服务机构。2000年，在具备条件的非公有制企业逐步建立共产党组织。9月，成立民营经济理论研究会。2003年，组织进行非公有制企业党建工作试点。2004年，采取联合组建、依托组建、区域统建等办法推进市非公有制企业党建工作，全市非公有制企业87%组建党组织。2005年，全市成立街道、乡镇工商联分会151个。2006年，成立长沙市非公有制经济工作领导小组。2007年，成立全省首家市民营经济投诉处理中心，设立首批民营企业发展环境监测点，建立与纪委、工商、税务等部门协调处理典型案件的联动机制，优化非公有制经济发展环境。2008年，成立全省第一家社区商会——天心区金盆岭街道芙蓉南路社区商会。2009年10月，成立长沙市"两新"组织学习实践活动领导小组。2010年1月，成立长沙市工商企业金融服务中心，搭建服务非公有制企业融资、信息、法律、咨询4大平台，打造"融资直通车"。3月，制定《关于加强全省各级工商联组织建设的若干意见》。10月和12月，发布《关于加强工商联组织工作的意见》《关于在全市非公经济组织党组织中开展创先争优活动的通知》。是年，市工商联会员企业共产党组织中建立党委的有35个，建立党支部的有39个。年内，建立235名非公有制经济代表人士动态资料库，建立57名非公有制经济代表人士综合评价信息资料库。2011年12月，成立中共长沙市非公有制经济组织工作委员会。2012年8月，在香港成立长沙商会。

二、引导扶持

1988年4月，出台《关于鼓励外商投资的规定》。1990年，民间企业商会会员参加深圳"长沙市第三届对外贸易洽谈会"。1991年4—5月，分别召开长沙市街道、县郊经济领域统战工作经验交流会，推介北区望麓园街道和宁乡县、郊区的经验。7—12月，召开市工商联正副主委和副科长以上干部会、县郊工商联正副主委和市工商联干部会议，以及非公有制经济代表人士会议，传达《中共中央批转中央统战部〈关于工商联若干问题的请示〉的通知》（以下简称15号文件），组织学习讨论。1992年1月，印发《关于加强工商联工作的通知》，明确市工商联工作对象、任务、职能，主要是做好对非公有制经济代表人士的团结、帮助、引导、教育工作。7—8月，对东区、西区、郊区3个区和长沙、浏阳、宁乡3个县个体、私营经济的现状及影响其发展的因素进行调查，提出促进长沙市个体、私营经济发展的建议。1993年3月，召开市委统战部、市工商联、市工商局等有关部门负责人与非公有制经济代表人士参加的座谈会，就全市发展非公有制经济中存在的问题、困难以及如何改善投资环境等交换意见。11月，市委组织市、各区县（市）委书记赴浙江、温州、义乌等地参观考察，学习考察外地发展非公有制经济的经验。是年，把培养非公有制经济代表人士的工作寓于排忧解难和政策服务之中，对发展健康、贡献大的非公有制经济代表人士在政治上作出安排、政策上提供优惠。1994年3月，出台《关于加快发展个体私营经济的决定》。1996年9月，39名非公有制经济界的市政协委员考察大围山，与浏阳市政府签订一批综合服务项目意向书。1997年，制定《长沙市民营科技企业管理办法》。1998年9月，召开长沙市发展非公有制经济研讨会，邀请省市专家教授、部分非公有制企业主，对进一步加强党对非公有制经济的领导，以及非公有制经济企业提高自身素质、提高企业管理水平等方面进行探讨。1999年10月，市第十一届人大常委会十四次会议通过《长沙市个体工商户、私营企业权益保护条例》。11月，省第九届人民代表大会常务委员会第十二次会议批准，自2000年1月1日起施行。2000年1月，开展《长沙市个体工商户和私营企业合法权益保护条例》宣传。7月，发布《关于切实加强工商联工作，促进非公有制经济发展的通知》。10月，39家民营企业参加全国首届民营企业产品（昆明）展销会。是年，100余家非公有制企业走上"海联网站"开展宣传活动。2002年8月，召开庆祝市工商联成立50周年大会，对"非公有制企业纳税先进单位""非公有制企业重质量守信誉先进单位"和先进个人进行表彰。2003年4

月，首次承办全国大中城市民营企业合作交流会。6月，发布《关于进一步加大招商引资力度和大力发展民营经济的决定》；召开全市民营经济暨服务业发展现场经验交流会。2004年6月，举办大中专毕业生见面会。7月，参加“首届友好商会会长（上海卢湾）会议”，签订《友好商会合作公约》。是年，参加泛珠三角“9+2”省会城市工商联和港澳商会合作交流联席会议，签署《泛珠三角省会工商联合作交流机制协议书》。2005年3月，发布《关于在全市非公有制经济人士中开展表彰长沙市优秀中国特色社会主义事业建设者活动的通知》，开展首届表彰“长沙市优秀中国特色社会主义事业建设者”活动。年内，民营企业参加港交会、西安民交会、武汉民营经济项目推介会。2006年8月，召开全市非公有制经济暨中小企业工作会议，表彰奖励非公有制经济服务先进单位和非公有制经济优秀企业。是年，发布《关于鼓励支持和引导非公有制经济发展有关问题的通知》。2007年2月，与中国农业银行湖南省分行营业部签订“金融服务全面合作框架协议”，向市非公有制中小企业贷款。3月，启动“百企联百村，共建新农村”活动。8月，对“百企联百村，共建新农村”活动开展情况进行督导。9月，发布《中共长沙市委统战部开展非公有制经济代表人士综合评价工作的意见的通知》《关于对全国人大代表、湖南省人大代表、政协委员及省工商联常委、执委进行综合评价的通知》，对190名拟推荐省、市人大、政协人选进行综合评价。2008年，全国工商联十届一次常委会议和“全国知名企业家长沙行”活动在长沙举行。是年，市工商业会员、民营企业为湖南冰冻、汶川大地震捐款捐物1.4亿余元。年内，举办第五届湖湘企业高管论坛和经济形势与政策专题等报告会，搭建非公有制经济人士学习平台。2009年，举办“抓创业，促发展，省会银企对接洽谈会”，获得总计150亿元的银行授信信贷。年内，布局市、区县（市）、社区三级创业基地。2010年8月，中央统战部《情况交流》将长沙市创业富民作为“统一战线实践创新成果”进行专题推介。12月，对“创业新星”“创业服务之星”进行通报表彰。年内，市级审批创业富民专项资金8526.04万元。2011年5月，发布《关于进一步加强和改进新形势下工商联工作的实施意见》，明确加强和改进新形势下工商联工作有关单位责任分工。9月，出台《长沙市推进创业富民工作五年发展规划(2011—2015年)》，明确长沙打造“创业之都”的路径，推动全民创业。年内，组织市工商联系统百名政协委员参与实施“双百创业”（100家企业重点扶持100家企业或者个人创业）帮扶活动。2012年4月，发布《关于调整长沙市推进创业富民工作领导小组机构成员的通知》。5月，召开全市创建国家级创业型城市工作推进会。7月，长沙市被国务院授予“全国创业先进城市”称号。10月，“创业之星”“创业服务之星”进行通报表彰。年内，开展创业富民活动，安排创业富民专项资金1.02亿元。

三、光彩事业

1994年，把开展非公有制经济人士“爱国、敬业、守法”教育活动同推进市光彩事业起步运行相结合，发现和培养非公有制经济人士积极分子。1995年，筹集光彩事业基金，发动市民营企业参与光彩事业项目投资。1996年，批准《关于设立长沙市光彩事业推动委员会的请示》。接待匈牙利工商联光彩事业投资考察团，并签订投资意向合同。是年，成立长沙市光彩事业推动委员会，随后各县（市）、区成立光彩事业推动委员会。1998年6月，举办“省会非公有制企业招聘下岗职工洽谈会”，上万人参加。1999年3月，调整市光彩事业推动委员会领导小组成员。是年，举办“长沙非公有制企业招聘下岗职工洽谈会”，三一重工等120家非公有制企业参加招聘。2000年，非公有制经济人士参与16家国企改制，投资总额7000万余元，安排2000余名下岗职工再就业。2006年2月，市非公有制经济代表人士共同倡议全市非公有制经济人士筹集长沙市光彩事业基金。2009年9月，会员企业考察开福区汉回村，为汉回村捐款60万余元。是年，举办“民营企业招聘周”活动，组织3次专场大型招聘。2010年3月，举办

“2010年省会民营企业‘创业促就业’人才招聘大会”，300余家民企提供1万余个就业岗位。4月，300余家会员企业为青海玉树地震灾区人民募集捐款。年内，开展“情系‘三区’，感恩社会光彩大行动”，100家民营企业在长沙县、望城县、浏阳市、宁乡县，结对帮扶“三区”农村中的老革命、老党员、老英模贫困户。2011年12月，成立长沙市光彩事业促进会。2012年3月，建立“湖南长沙工商界学雷锋诚信建设基地”。年内，开展“雷锋家乡学雷锋、民营企业当先锋”等系列活动。

第六节　港澳台侨与海外事务

一、港澳台侨事务

1988年，长沙市在港澳台，以及国外的华侨、华人（包括第二代、第三代）约10万人。春节前后，向华侨及港、澳、台人士发出1000余份邀请书，邀请428人参加长沙在深圳召开的对外经济贸易洽谈会。是年，“三胞”亲属兴办经济实体130余个，实现利润222万元。1989年10月，召开“三资”企业统战工作会议，交流合作共事的经验。1991年，全市兴办“三资”企业69个。1993年4月，批准赴港澳考察市特约政协委员人选。是年，全市有“三胞”和“三胞”亲属17万余人。1994年3月，长沙籍台湾工商人士王又曾回长沙探亲，捐赠1000万元在望城办学，设立50万元的湖南大学奖学金，向长沙灾区捐款救灾100万元。是年，全省台胞定居工作会议推介长沙做好台胞定居安置工作的做法。1995年10月，成立长沙市黄埔后裔联谊会，隶属长沙市黄埔军校同学会领导开展工作。是年，将国家主席江泽民在春节发表的对台重要讲话印成单行本，赠送给台胞台属学习。年内，接待港澳知名人士赴湘考察团。1996年7月，召开长沙市第二次台湾同胞代表大会，大会选出市台湾同胞联谊会新一届理事会和领导班子。9月，王又曾再次为望城教育事业捐赠1000万元，向长沙灾区捐款30万元。是年，协助台北市湖南长沙同乡会向长沙地区166名生活困难、品学兼优的学生发放10万元奖学金。年内，引进台资、港资企业20余家，合同金额3740万余美元。1998年7月，组织部分归侨侨眷赴新加坡、马来西亚、泰国以及中国香港、澳门地区考察访问。是年，成立长沙市黄埔军校同学会黄埔后裔联谊工作委员会。2000年9月，长沙同升湖国际实验学校开学，被授予全国首家“中国侨联海外侨胞科教兴国示范基地”。8月，成立台商投资企业协会。是年，组成长沙市引进港澳台人才智力调研组，调研时间2个月余，与80余位归来学者、海外人才家属、企业代表座谈，形成《长沙市引进人才智力调查报告》，把引进港澳台人才工作纳入“全市人才智力工程”。2001年，市法律援助中心开通全国第一条为归侨、侨眷无偿提供法律援助的“绿色通道”。2003年11月，召开全市对台宣传工作协调会，明确各新闻单位、涉外部门对台宣传的主要职责和任务。年内，对执行《中华人民共和国台湾同胞投资保护法》及其实施细则落实情况进行检查，推动涉台积案处理。2004年，召开对台工作会议，建立对台经济、对台交流和对台宣传议事协调机制。5月，华夏经纬网开辟对台宣传网页《璀璨星城》，并与《星辰在线》链接。8月，接待“海峡两岸新闻媒体采访团”到长沙采访，扩大长沙在台湾的影响。11月，围绕《中华人民共和国反分裂国家法》开展对台宣传工作，全市约4700人观看《中国台湾问题图片展览》。年内，华夏经纬网《璀璨星城》发稿约300篇。2005年10月，举办“2005年全国省会城市暨部分大中城市侨联工作经验交流会”。年内，接待宋楚瑜率领的亲民党参访团在长活动。2006年，对已定居长沙市的127名台湾籍同胞的基本情况进行调查摸底。2010年，召开港资、侨资企业投资环境座谈会，听取意见和建议。年内，建立市港澳台代表人士信息库。2011年7月，承办香港地区250名大学和高中师生到长沙与长沙学生“青年汇聚2011–湘·聚有你”活动；举办“龙脉相传·青春中华”台湾青年千人夏令营湖南分营活动。年内，成立台资企业10家，投资总额7.2亿余美元。2012年3月，“海峡两岸同心光明行慈善活动”湖南站启动仪式在长沙举行，为100名贫困低视力患者实施免费复明手术。6月，分别接待香港知名人士访湘团、中国和平统一促进会到长沙参观访问和考察。8月，组队赴香港出席“香港长沙商会成立暨长沙市重大项目推介会”，促成8个投资项目147亿元的招商项目成功签约，并向部分市政协港澳委员通报市委、市政府决策部署，听取意见。7月，召开长沙市第四次台湾同胞代表大会，大会选出市台湾同胞联谊会新一届理事会和领导班子。10月，对全市健在的黄埔同学、抗日战争老兵的情况进行调查，建立档案并实施优抚行动。

二、海外事务

1988年春节前后，召开“三胞”亲友座谈会，通报信息，鼓励他们加强与海外亲人联络。1989年5月，成立市海外联谊会，召开市海外联谊会第一届一次理事会。年内，发动全市9000余位“三胞”亲友给海外亲人去信1.42万余封，电话、电报1000次；全年从海外回长沙探亲等有5018人。1990年，接待海外文化艺术交流团（组）10余批。1991年，编写《海外联谊赞》，介绍“三胞”亲友和各界人士引进外资、创办企业等方面的先进事迹。1992年，海外联谊的内容由以经济交往为主发展到文化、社会科学等多方面，联谊的方式由请进来的单向交流发展到“走出去”“请进来”的双向交流。年内，市海外联谊会在“'92长沙服装艺术节”自筹资金举办“芙蓉风姿”时装表演展示、展卖会。1993年5月，市海外联谊会换届，选举产生第二届理事会及领导班子。1997年，编写《长沙游子传略》。1998年12月，市海外联谊会召开第三届一次理事大会，选举产生第三届理事会及领导班子。是年，与多名海外知名人士和海外社团建立联系，建立海外知名人士档案，与北京、上海、广州、深圳等城市海外联谊会建立横向联系，9个区县（市）中7个成立海外联谊会、2个建立筹建工作领导小组。1999年11月，市海外联谊会组团出访泰国、新加坡，与当地华侨、社团进行接触。是年，全市接受境外各种捐赠1000万余元。2001年6月，首次举办“海外学子中国长沙行”联谊活动，签订各类项目54个。2002年12月，各区县（市）海联会会长组团赴欧洲访问。2003年，市委统战部及市海外联谊会参加国外招商活动，联系邀请欧洲侨商侨领参加长沙市在德国柏林主办的“2003中国长沙（欧洲）投资贸易洽谈会”。2005年，出访美国、加拿大、澳大利亚和新西兰，宣传推介长沙。2007年，建立市、县（市、区）海外重点人物、社团资料库。2008年10月，市海外联谊会召开第四届一次理事大会，选举产生第四届理事会及领导班子。至10月底，与50余个海外华侨华人社团及千余名海外知名人士建立经常性联系，并建立重点对象信息库。年内，做好“安商”“稳商”工作，协调处理投资纠纷等事项；市海外联谊会理事为冰雪和地震灾害捐款。2009年，创办《长沙海联》刊物，开通联谊会网站。年内，新交海外20余个国家和地区的一批有实力、有影响、有意向在长沙投资兴业的人士。2010年12月，承办第四届湖南省海联三湘行活动。是年，首次选派5名海外人士到市委党校参加培训。2012年，继续发展与50余个海外社团的友好关系，与200余名海外知名人士新建立友好关系。

第七节 党外代表人士事务

一、政策举措

1988年9月，15位市党政领导与31位党外人士开展联系交友活动，并于中秋节、国庆前后走访。

是年，召开区县委副书记、组织部长和统战部长会议，部署党外干部选配和后备干部队伍建设工作。1989 年 3 月，发布《关于认真做好党外干部的选拔、培养和使用工作的意见》。1990 年 4 月，召开全市党外干部培养选配工作会议，总结交流经验，规划部署全市党外干部培养选拔工作。6 月，制定《长沙市党外干部培养选配工作三年规划》。1991 年 2 月，进一步做好举荐党外人士担任政府和审判、司法机关领导职务工作，推动选拔安排党外人士担任政府和审判、司法机关领导职务。1994 年 5 月，16 名市党政领导与 47 名党外人士交朋友。1995 年 7 月，发布《关于公开推荐选配部分市直单位非中共领导干部的通知》，公开选配市审计局副局长、市物价局副局长等 9 个职位的人选。1996 年，实施党外干部选拔、培养“四个一”工程（即结合各民主党派换届建立 100 名党派后备干部队伍；结合选配非中共领导工作建立 100 名党外实职后备干部队伍；结合光彩事业推动工作建立 100 名非公有制经济代表人士队伍；结合宗教团体换届和民族工作建立 100 名民族、宗教人士后备干部和代表人士队伍）。2001 年 5 月，重申各级政府领导班子中必须配备党外领导干部，并要求在机构改革中，党外领导干部的数量不得减少，进一步探索选配党外领导干部的新途径、新方法。7 月，为主持市民主党派和市工商联机关日常工作，任职满两届、符合条件的专职副主委、副会长解决正县级待遇，对任期满两届、符合条件的各民主党派兼职副主委，参照公务员副县级标准，解决其工资和生活待遇。2003 年 11 月，市委常委会专门听取和研究党同党外人士合作共事等有关工作。2004 年 3 月，根据中共中央关于“担任各级人大、政协领导职务的党外干部与担任同级职务的党内干部享受同等待遇”的规定，提出《关于落实市人大、市政协领导班子中党外干部待遇具体办法的建议》，并督促进行落实；印发《2004—2007 年长沙市培养选拔党外干部工作规划》。

2005 年，完善市党政领导与党外代表人士交朋友制度。6 月，发布《关于完善市党政领导同志与党外代表人士交朋友制度的意见》，15 名市领导与 27 名党外代表人士成为朋友。各区县（市）委、市直各单位、大专院校、科研院所党委（党组）建立和完善与民主党派负责人、无党派人士交朋友制度。此后，各级统战部门在每年年底向同级党委专题汇报交朋友制度落实情况并形成制度。2008 年 9 月，发布《关于调整市党政领导与党外代表人士交朋友安排的通知》，21 名市领导与 41 名党外代表人士成为朋友；印发《长沙市 2008—2012 年培养选拔党外领导干部工作规划》。2009 年 7 月，选择区县（市）5 个部门进行规范政府工作部门党外正职与中共党组（党委）关系的试点工作，初步形成工作机制。8 月，健全完善联席会议制度，专题研究培养选拔党外干部工作每年组织一次形成规范。2010 年 5 月，专题研究培养选拔党外干部工作，并就党外领导干部的年度考核工作等事项进行安排。

2011 年 3 月起，将全市党外干部选拔任用工作纳入对区、县（市）绩效考核内容进行考核。7 月，制定《关于加强党同党外人士合作共事的意见》，加强党外代表人士队伍建设。2012 年 5 月，专题研究培养选拔党外干部工作，确定雨花区作为全市党外代表人士实践锻炼基地，选派 5 名优秀党外干部和有关领域中青年党外代表人士到基地挂职锻炼。9 月，制定《关于加强新形势下党外代表人士队伍建设的实施意见》，明确党外代表人士队伍建设的总体要求、发现储备、教育培养、选拔任用、管理等工作。

二、培养管理

1988 年 5 月，对党外人士安排与合作共事情况进行调查，并形成调查报告。1989 年，召开党外副区（县）长座谈会，听取意见建议。是年，推介望城县委安排党外人士的做法。1990 年 11 月，在市委党校举办党外干部培训班，30 名党外干部参加学习。1992—1993 年，对全市党外副县级以上后备干部及担任实职的党外干部，重新摸底调查，建立档案资料，由市委统战部归口管理。1996 年 6 月，发布《关于对全市党外干部实职安排工作进行督查的通知》。9 月，在省党同党外人士合作共事经验交流会上，介绍长沙认真贯彻党的统战方针政策，搞好与党外人士的合作共事经验。11 月，对全市 20 个单位党外干部培养选拔使用工作进行督查。1998 年，采取邀请党外干部列席党委会、市委常委扩大会，阅读党的有关文件，听取和征求党外干部对工作中重大问题决策的意见等形式，保证党外干部的政治待遇。是年，对区县（市）乡镇党外副职安排工作进行督察，促进乡镇党外副职安排工作的落实。

2001 年 8 月，对全市党外干部配备情况进行全面调查，初步建立全市党外干部人才库。2002 年 1 月，发布《关于举办党外中青年干部培训班的通知》。7 月，在市社院举办党外中青年干部培训班。8 月，对学习情况进行通报。2003 年，选送 2 名副市级领导干部参加中央社会主义院培训、16 名党外干部参加市社院培训班。2005 年，对市文化、教育、卫生领域党外干部培养选拔工作进行调研，召集党外干部代表座谈会 38 人次，对 4914 名党外干部情况进行统计分析。市委组织部、市委统战部选拔任用党外人士形成共同研究制定规划、共同物色选拔、共同培养教育、共同考察人选、共同讨论研究、共同督促检查（以下简称“六个共同”）工作机制。

2006 年 11 月，首次召开非中共领导干部履职情况汇报会，24 名非中共领导干部分别进行述职。是年，规范党外人士安排情况的统计上报工作，按省委统战部要求，建立党外人士安排情况年报制度。年内，选送 8 名党外干部赴美国知名大学进行培训，选送一批党外干部到沿海地区挂职锻炼。2007 年 7 月，对《2004—2007 年长沙市培养选拔党外干部工作规划》工作目标落实情况进行督查。是年，选派 5 名市各民主党派市委机关干部分别到市内街道办事处挂职锻炼，继续选派党外干部到国内知名大学参加学习培训。2008 年 10 月，对全市副科级以上党外领导干部和县级以上实职党外领导干部的基本情况进行调查摸底，从中物色拟充实到党外后备干部队伍的人选，并收集录入全市县级干部（实职）有关信息，建立工作台账。2010 年 3—5 月，开展党外代表人士队伍建设大调研，召开各类座谈会 40 余次，走访党内外人士 200 余人，发放问卷 400 余份，分类整理出 6 类代表人士信息，建立代表人士数据库，形成 6 个专题调研报告和《长沙市关于开展党外代表人士综合评价工作的意见（试行）（送审稿）》。5 月，发布《市委统战部部长“谈心日”制度（试行）的通知》，开展部长“谈心日”活动，与党外代表人士谈心 60 余人次。2011 年 8 月开始，开展“部长‘谈心日’”进市社院活动，6 名部领导与 63 名党外干部学员分别进行谈心交流。2012 年 11 月，中共各区县（市）委、各民主党派市委、市直各相关单位党组织主要负责人、党外干部代表等方面 150 余人参加全国学习贯彻中共中央《关于加强新形势下党外代表人士队伍建设的意见》电视电话会议。

三、人事安排

1988 年，考察和推荐市教育、卫生、科技等部门和县、区政府党外干部预备名单 18 人。1989 年 3 月，从 417 名推荐对象中考察并确定 96 名县级党外后备干部队伍人选。是年，全市 9 个区（县）政府 7 个配备党外副区（县）长。至 1990 年年底，市级人大、政府、政协党外领导职务安排按规定基本配齐。1991 年，对全市县级党外后备干部的选拔培养情况进行检查，对原定后备干部队伍作适当调整，确定52 名县级党外后备干部队伍人选。1992 年，省、市、县三级人大、政府、政协换届，市委统战部考察 600 余名党外人士，从中举荐全国人大代表 3 名、政协委员 2 名，及省市人大代表、政协委员 312 名。1993 年，全市有党外全国人大代表 1 人、全国政协委员 3 人、省人大代表 19 人、省政协委员 38 人、市人大代表 126 人、市政协委员 113 人。安排党外干部副市长 1 人、市政府部门副局长 4 人、副区县（市）长 7 人。1994 年，采取由市各民主党派向中共长沙市委统战部推荐，再由市委统战部向有关部门推荐的办法选拔安排党外人士，并在市卫生系统首次安排一名党外副局长。年内，安排和聘请 6 名香港人士担任特约政协委员。1995 年，公开选配 10 名党外人士任副县级领导。1996 年，长沙市公开选配党外领导干部，市级领导班子安排 9 名，各区县领导班子安排 48 名，市政府 8 个职能部门和工会、妇联等群团组织以及行政性公司配备 12 名，市直各战线和县区配备科级党外干部 1123 名。

1997 年，全市 9 个区县（市）人大、政府、政协班子中党外领导干部职数、人员全部安排到位；在市政协 72 名常委中，推荐安排党外人士 44 人，占常委总数的 61.1 %；在政协委员中扩大非公有制经济代表人士安排比例，安排非公有制经济代表人士 36 人，占委员总数的 8.7 %，比上届提高 3.1 个百分点。1998 年，乡镇政府换届，各区、县（市）加大乡镇换届中党外干部安排力度，乡、镇政府党外干部安排率 70%以上。1999 年 1 月，结合长沙县被定为全省乡镇一级机构改革试点县的实际，推进乡镇党外干部实职安排工作，长沙县乡镇机构改革中做到乡镇干部总数减少、而党外干部总数不减。

2000 年 4 月，推荐党外人士参加省领导干部公开招聘，并提供政策咨询和服务，1 名党外人士被选聘为省药品监督管理局副局长。7 月，通过公开招聘，1 名党外人士安排到县级领导干部岗位。年内，全市安排党外全国人大代表 1 人、全国政协委员 3 人、省人大代表 10 人、省政协委员 31 人（其中常委 5 人）、市人大代表 139 人、市政协委员 225 人，市政府安排非中共副市长 1 人、10 个部门选配党外领导干部，区县（市）配备党外副区县（市）长 10 人。2002 年 12 月，市政协换届中，非公有制经济代表人士安排比例占委员总数的 17.9 %。2003 年 12 月，全市公开招聘选拔县处级领导干部，1 名无党派人士选配为市法院副院长，成为市中级人民法院第一位党外副院长。2004 年，1 名党外干部担任市科技局局长；1 名党外干部被任命为浏阳市张坊镇镇长。2007 年，全市安排县处级党外领导干部 106 名，新提拔 23 名；9 个区县（市）安排科级党外领导干部 329 名，其中法院、检察院均配齐，乡镇街道的科级党外领导干部配备比例达到 83%，比上年提高 38 个百分点。2009 年 6 月，2 名党外干部分别任乡镇长、街道办事处主任，并享受副县级待遇。是年，市政府法制办配备党外正职、区县（市）乡镇街道和政府部门增配 9 名党外正职。2011 年，市、区县（市）政府部门领导班子中配备党外干部 125 名，其中在市、区县（市）政府部门和乡镇政府担任正职的党外领导干部 23 名。2012 年，市、区县（市）完成部分党外市人大代表的提名、市政协委员的人事安排，以及部分党外省人大代表和省政协委员的推荐工作。

表 2-10-7-1 1988—2012 年长沙市人民代表大会代表及常务委员会委员中党外人士情况一览表

单位：人；%

届别	换届年月	代表人数	各阶层党外人士人数								常务委员会中的党外人士				
			民主党派及无党派爱国人士	非党知识分子	工商界	归国华侨	少数民族	宗教界	小计	党外人士占总数百分比	常务委员		党外人士占总数百分比	正副主任	
											常委总数	党外人士		总人数	党外人士
九届	1988 年 1 月—1993 年 1 月	433	46	41	4	2	6	3	102	23.6	31	7	32	8	2
十届	1993 年 1 月—1998 年 1 月	442	—	—	—	3	7	—	126	28.5	31	9	29	9	2
十一届	1998 年 1 月—2003 年 1 月	458	—	93	5	2	1	3	139	30.4	30	10	25.6	9	1
十二届	2003 年 1 月—2008 年 1 月	457	—	—	—	5	5	—	134	29.23	35	7	20	9	1
十三届	2008 年 1 月—	480	—	—	—	3	7	—	160	33.3	41	10	24.4	8	1

表 2-10-7-2　　1988—2012 年长沙市政协委员中党外人士情况一览表　　单位：人；%

届别	换届时间	委员总数	各阶层党外人士人数									常委			正副主席	
			民主党派及无党派爱国人士	非党知识分子	工商界	归国华侨	台胞台属	少数民族	宗教界	小计	党外人士所占百分比	常委总数	党外人士数	党外所占百分比	总数	党外副主席数
六届	1988	315	77	68	20	6	5	6	5	187	59.4	60	39	65	10	6
七届	1993	395	—	—	—	—	—	—	—	223	60.68	71	44	64	11	6
八届	1998	379	96	73	32	7	5	5	5	223	54	72	43	59.7	10	5
九届	2003	383	106	64	22	8	6	6	5	217	56.7	62	—	—	11	5
十届	2008	434	113	92	26	8	6	8	6	259	58.5	83	53	63.9	10	5
十一届	2012	490	112	132	23	5	5	8	7	292	60	85	55	65	11	5

表 2-10-7-3　1988—2012 长沙市人民政府及所属办、委、局副局长以上干部中党外人士情况一览表

届别	党外副市长		各局、委、办党外副局长以上干部	
	产生时间	安排数（人）	产生时间	安排数（人）
九　届	1988 年 1 月	1	1990 年	9
十　届	1994 年 1 月	1	1995 年	10
十一届	1998 年 1 月	1	2002 年	11
十二届	2003 年 1 月	1	2005 年	17
十三届	2008 年 1 月	1	2011 年	21

第八节　统战理论研究与学习宣传

一、统战理论研究

1985 年，长沙市统战理论研究会成立。1988 年，市各区县成立统战理论研究分会，长沙汽车电器厂、湖南师范大学等单位成立统战理论研究小组，初步形成统战理论研究网络。当年，市统战理论研究会编印《统战理论政策研究与宣传》6 期 9200 册，编印《统战理论文集》第三辑 1000 册。1989 年 9 月，参加在济南召开的全国九城市统战理论横向联系研讨会；与 60 余个省市统战部及统战理论研究会建立资料交换关系。10 月，《统战理论政策研究与宣传》更名为《长沙统战》。至年底，17 个统战理论研究分会（组）、300 余名会员举办理论研讨会 11 次，撰文 125 篇。1991 年 9 月，在人造板厂召开长沙地区企业统战理论研究分会研讨和经验交流会。12 月，参加南宁十省会城市第六次统战理论研讨会经济领域统战工作研讨会，研究探讨新形势下开展经济领域统战工作问题。1992 年 3—10 月，组织“马克思主义辩证法在统一战线的运用”和“做好非公有制经济代表人士思想政治工作”理论研讨会，收到论文 56 篇。12 月，市统战理论研究会换届选举，选举产生新一届常务理事会。1993 年 4—11 月，召开“市场经济与统一战线”理论研讨会和纪念毛泽东 100 周年诞辰统战理论研讨会，收到论文 60 余篇。年内，深入

51个基层单位开展统战工作大调研，召开座谈会10余次，完成调研报告50多篇。1994年12月，参加在南昌召开的11城市统战理论研讨会，加强与兄弟各城市的横向联系和交流合作。是年，编印《湖南统一战线》第9期“长沙专辑”。年内，市统战理论研究会、市宗教学研究会分别举办理论研讨会3次，收到论文110余篇。1997年5月，举办“香港回归和一国两制”理论研讨会。1998年，以“统一战线两支干部队伍建设”“非公有制经济代表人士工作”“党外知识分子工作”等为主要课题，开展调查研究，撰写调研报告；就“国有企业下岗职工再就业工程”“亚洲金融危机对长沙的影响及其对策”“非公有制科技企业的风险投资机制”等课题进行调研，形成的调研报告中，部分建议被吸纳到市委决策中。是年，编印发布统战信息1200余条。1999年，市统战理论研讨会鼓励会员开展学术探讨，撰写理论文章，8篇文章在市社科联组织的社会科学优秀成果评奖中获奖。

2000年年初，先后组织开展海外人才智力引进、非公有制经济发展情况、区县统战工作以及贯彻落实多党合作、政治协商制度情况的调研，提出解决问题的建议，供市委市政府参考。11月，召开“新世纪统一战线与政协工作”理论研讨会，收到论文45篇。2001年10月，承办第十六次全国十五省会城市统战理论研讨会暨民营企业项目洽谈会，结合研讨会议组织民营企业项目洽谈活动，签约金额1.1亿元。2002年11月，向省委统战部报送研讨论文30余篇，《长沙市社会中介组织中自由择业党外知识分子基本情况调查及思考》等3篇被评为优秀论文。2003年3月，发布《关于做好2003年度理论调研工作的通知》，全市撰写50余篇调研论文。2004年，撰写上报统战理论调研文章48篇，其中《对统战部门权利观的思考》相继发表在中央统战部《统战工作》和《中国统一战线》。2005年9—10月，举办“纪念抗日战争胜利60周年征文”，收到征文70余篇。2007年，撰写理论文章65篇，选送省委统战部13篇。2008年4—11月，在全市开展“书记谈统战”征文活动和“我这三十年”征文活动，收到作品172篇，《书记谈统战》编印成册。年内，撰写理论调研文章105篇。2009年明确为全市统一战线“理论调研年”，发布全市统战理论研究课题计划，制定活动方案，全市统战系统单位及干部撰写调研文章180余篇。3月起，市统战重点研讨课题首次实行社会化招投标，以及参加省委统战部课题投标，取得2个立项经费资助、1个立项的成绩。12月，市统战理论研究会进行换届，选举产生新一届常务理事会，选举会长、副会长17人、理事61人。2010年2月，开展“书记谈统战”征文，《高扬解放思想旗帜 推动统战事业发展》获全省“书记谈统战”活动特等奖。4月，制订印发《2010年全市统战理论研究课题计划》。9月，承办中央统战部“中国特色社会主义统一战线理论”课题研讨会。年内，积极参与省统课题招标活动，《以社会主义核心价值体系引领新社会阶层统战工作的思考》被省委统战部立项，撰写理论调研文章120余篇，择优报送20篇。2012年5月，发布《关于对2012年度全市统战理论研究部分重点课题开展招标的通知》，研究确定10个课题为全市统战理论研究重点课题，继续开展重点课题社会化招投标活动，收到《课题申报书》60份，15个课题组获得立项。向省委统战部报送投标课题25个，报送优秀理论研究成果28篇。11月，成立长沙市统战理论研究会（长沙学院）研究基地。

二、统战学习培训

1988年，全市举办学习班15期，2871名基层干部参加学习。1989年，学习邓小平关于新时期统一战线思想、江泽民在中央党外人士座谈会和国庆40周年的讲话精神，宣传党的统战方针、政策。1990年，学习贯彻中共中央14号文件、《中共中央关于加强统一战线工作的通知》。1992年，市社会主义学院（以下简称市社院）举办7期培训班，380人参加培训。1996年，市社院举办8期培训班，对690名非中共后备干部以及非公有制经济代表人士进行培训。1999年，市社院采取“走出去”“请进来”以及联合办学等各种形式，举办培训班6期，培训人员862人次。2001年，把学习宣传和贯彻落实全国第19次统战工作会议，省委统战部主要领导为市委学习组成员作辅导报告，先后召开市委统战部、区县（市）统战部长、市各民主党派、工商联负责人以及系统各单位全体干部会集中学习会议精神。2002年，市社院全年举办4期乡、镇统战委员培训班，培训学员270人。2005年，学习贯彻《中共中央关于进一步加强中国共产党领导的多党合作和政治协商制度建设的意见》（以下简称5号文件）。举行全市统一战线学习中共中央5号文件精神报告会。市委中心组进行中共中央5号文件专题学习；31名非中共人大代表、政协委员参加市社院培训。年内，全市发放中共中央5号文件《学习问答》和《多党合作知识读本》数千册。2006年，全市各民主党派、工商联和统战系统各单位集中学习中共十六届六中全会和全国第20次统战工作会议精神。2007年，举办6次第二十次全国统战工作会议精神报告会等专题学习讲座。印发《2007—2010年长沙市统一战线教育培训规划》，明确举办30期各类培训班、培训2400人左右的目标任务。《市委通报》将第二十次全国统战工作会议精神编成专辑印发到全市各级各部门。年内，市一级举办党外中青年干部培训班、统战干部培训班、各民主党派新成员培训班、各民主党派基层支部主委（任）培训班、基层统战委员培训班等统一战线主体班各一期。2009年为全市统一战线“教育培训年”。党外中青年干部培训班、无党派人士培训班、基层统战干部培训班等7期主体培训班全部纳入全市干部教育培训计划。2012年，学习贯彻全国统战部长会议、全省统战工作会议精神。邀请省社院领导为全市统战系统解读《中共中央关于加强新形势下党外代表人士队伍建设的意见》文件精神。

三、统战宣传交流

1987年，组建“统战理论报告团”，聘请13位报告员担任主讲。1988年，市统战理论报告团举办报告会50余场，近8000人参加；编印《统战理论信息》15期2025份。1990年，长沙电视台在《对话与交流》栏目，以专题形式报道市委邀请市各民主党派、工商联主委就学习、贯彻中共中央14号文件精神进行对话的情况。1991年，召开全市统一战线宣传教育经验交流会，推介东区统战部、长沙县委统战部、长沙汽车电器厂、长沙电机厂等单位的经验。发布《关于统一战线宣传教育经常化、制度化、规范化的若干意见》（以下简称《意见》），将统一战线宣传教育纳入各级党委的教育计划，统战理论政策的学习列入各级党委中心学习组学习、党校教育、干部理论政治学习以及党支部党课学习的内容。1993年，开展宣传《中华人民共和国归侨侨眷权益保护法》，以及宣传党的对台方针和党的民族宗教政策等活动。1994年，在中央、省、市各类报纸杂志发表论文、通讯、报道140余篇。1995年，组织纪念抗日战争胜利50周年歌咏比赛。编印《长沙统战》期刊4期。1997年，开展“迎回归，颂中华”庆祝活动，先后举办形势报告会、讲座5场（次），听众近万名；举办座谈会61场（次），参加人员1600余人；举办演讲活动和知识抢答赛41场（次），参加人员6200余人；开展群众体育活动及文艺会演、卡拉OK赛、歌咏比赛等55场（次），参加人数9000余人；征文600余篇，110万字，编印诗歌专辑2本。1998年，发布《关于广泛开展统一战线宣传教育活动的通知》，对全市统一战线宣传教育活动的开展进行具体部署。7—8月，开展统战宣传月活动，举办演讲、知识抢答赛主办电视专题节目等活动120场次，印发各种宣传资料2万余份。2000年，通过报刊、电视台、电台等媒体宣传统战工作、报道统战系统重大活动。《人民政协报》以《统战法宝在长沙大显身手》为题作报道。2003年，建立统战部、宣传部、新闻单位“三位一体”的统战宣传工作机制。发布《关于进一步加强民主党派新闻宣传工作的意见》。2004年4月起，在《长沙晚报》上开辟“湘江同舟”专栏，宣传报道全市统一战线的优秀人物和事迹。2005年，举办“长沙市纪念抗日战争胜利60周年座谈会”“抗日战争时期湖南地区的统战工作”专题讲座。

“湘江同舟”专栏刊发6期，宣传报道统一战线6位典型人物；市各媒体发稿100多条宣传统战工作。2007年5月，首次举办“光辉的历程——全市统战工作成就展”。开展“全市统战知识百题竞赛”。2009年，举办长沙市统一战线庆祝中华人民共和国成立60周年、多党合作制度确立60周年电视知识竞赛和庆祝人民政协成立60周年、多党合作制度确立60周年读报知识竞赛活动。2010年，开展“统战宣传年”活动，开辟《长沙晚报》“湘江同舟”专栏、举办《长沙统一战线》笔会。2011年，举办长沙市统一战线同心同行——喜迎中共十八大文艺会演，参加全省统一战线“同心颂党旗”合唱比赛获特等奖。《营造氛围、搭建平台、提供服务——长沙推动创业富民工作纪实》等3篇新闻宣传稿件分获全省统战好新闻一、二、三等奖。

2012年，市统一战线门户网站“和网”上线运行，《长沙统一战线》办刊6期。

四、信息工作

1996年，启动长沙市统战信息工作。并建立信息员队伍。全年编发《统战信息》26期，《情况反映》7期。其中中央统战部采用6篇、省委统战部采用24篇，省委统战部《零讯》采用3篇。至2000年，长沙市统战信息工作连续3年领先全省。2002年，市委统战部作为中央统战部的信息直报点，配备信息专干，添置工作设备，加大反映社情民意力度，向中央统战部报送信息100余条，向省委统战部报送信息165条。长沙市获全国统战信息工作进步奖和全省统战信息工作二等奖。2003年，将统战信息工作纳入目标管理考核的范围，长沙统战信息工作首次进入全国61个地市级信息直报点先进行列，获全国统战信息工作二等奖和全省统战信息工作一等奖。2004年，全年上报统战信息1600余条，创信息报送量历史最高纪录，多条信息获中央领导批示。长沙市获全国统战信息工作一等奖。2007年，上报统战信息700余条，中央统战部采用80条，信息工作继续保持在全国先进城市行列。2009年4月，召开全市统战理论调研宣传信息工作会议暨举办统战宣传信息员培训班。年内，报送中央统战部的《建议党和国家领导人每年国庆公祭革命先烈》的信息获中央领导批示。2010年，中央统战部《统战工作》推介长沙市开展“部长谈心日”活动、“民族宗教规范行政执法”工作的做法。中央统战部《情况交流》将长沙市开展创业富民工作的做法作为“统一战线实践创新成果”进行推介。是年，“三湘统战”网采用长沙稿件100余篇；长沙市统战信息工作获中央统战部二等奖。2011年，长沙市统战信息工作获全国统战信息工作一等奖，其中“《集体土地征收征用条例》要多听农民的意见”“民主党派人士对当下农村五成以上农户粮仓空置的担忧与建议”两条零讯被中央领导批示。2012年4月，印发《全市统战信息工作考核评比表彰奖励办法》，实行周研讨、月反馈、季通报、年检查信息工作机制。全市统战信息工作居全国先进行列，年内，上报中央统战部信息1148条、采用51条，上报省委统战部1282条、采用1100条。

专记　构建大统战工作格局

1988年9月，长沙市发布《关于在改革中加强基层统战工作的意见》。长沙市统战部工作采取组织上交叉任职等方式，与长沙市侨务办公室、民族宗教事务处在工作上密切配合，与市政府、市政协等部门保持密切联系。1989年，规定市、区、县政府都要有一名领导、一名秘书长或办公室主任分管统战工作。统战工作列入政府有关部门和基层单位的目标管理范围。是年，长沙市在民主党派、知识分子和统战对象较多的市教育委员会、市经济委员会和市卫生局设置统战科，并增加一名统战专干。1990年，明确市委一名副书记分管统战工作。市财政局等行政单位及长沙汽车电器厂、曙光电子管厂等14家大中型企业建立统战机构、配备工作人员，处室、车间党支部增设统战委员。是年，市委常委会将统战工作列入议事日程，并列入市委工作计划和市委常委会工作要点。明确街道（乡镇）统战工作的对象、范围、任务和职责，将统战理论、政策的学习纳入基层党的教育制度。

1991 年 5 月，中共长沙市委对台办公室、市侨办、民委宗教事务处、市工商联、市归国华侨联合会，市台湾同胞联谊会归口市委统战部管理。1995 年 7 月，各县（市）人民政府设立民族宗教事务办公室、区（郊）设专（兼）职干部。11 月，成立中共长沙市委台湾工作办公室。1998 年 3—4 月，组织新任区、县（市）统战部部长分别参加湖南省社会主义学院、中共湖南省委党校、中共长沙市委党校（以下简称“市委党校”）1~3 个月学习。

1999 年起，每一季度召开一次党派、工商联秘书长联席会议，及区、县（市）统战部长工作联席例会。此外，不定期召开联席会议，协调统战政策的贯彻落实和重大问题处理，形成市委统战部牵头的统战系统各单位联席会议制度。2002 年，市委明确市台办、市民宗局为正县级机构，市工商联党组、市台办、市侨联主要负责人均由市委统战部副部长担任。各区、县（市）统战部门加强台办、民宗局（办）等部门力量，采取归口管理的模式强化统战部牵头协调职能。

2003 年 3 月，明确：县（市）统战部与台办合署办公；凡属统战领域的重要工作安排、措施制定、重大问题的处理，均由统战部牵头协调，组织实施，并对党委负责；由统战部牵头组织的凡涉及统战领域的调研、督查、督办等重要工作安排，有关成员单位及责任人参与，共同研究部署，共同推动工作。并将统战工作纳入全市目标管理考核范围，由市委统战部负责对统战工作目标管理考核。至此，党委领导下的统战部负责协调机制基本形成。是年，成立统战和民族宗教工作协调领导小组，对统战、民族宗教、对台等工作进行部署；市委专题研究常委担任统战部长工作。当年，全市 9 个区县（市）中有 6 个区县（市）委统战部部长由党委常委担任，其他 3 个区县（市）统战部部长担任同级政协副主席，列席同级党委常委有关会议。

2004 年，全市目标管理考核统战工作记分值由 1 分增加到 2 分。组织推进 9 个区县（市）社区统战工作，按照“一社区一特色”的思路开展社区统战活动。至 2006 年 9 月，全市 9 个区县（市）的统战部部长全部由党委常委担任。市委统战部建立领导班子成员分工联系、指导区县（市）统战工作的制度，对区县（市）统战工作指导形成规范。

2008 年，将统战工作纳入对部分市直部门工作绩效考核的内容。是年，中共中央统战部推介《长沙市努力构建“开放型、社会化、立体式”的大统战格局》的做法。2009 年，建立长沙市统一战线工作联席会议和统筹研究部署工作制度，明确将市台办、市民宗局、侨联、市工商联等纳入统筹协调范围，实行归口管理，强化统筹协调。统筹调配省会城市资源，服务、支持和参与省在长沙有关单位开展统战工作形成联动机制。

2010 年，强化统一战线献计长沙科学发展平台、非公有制经济人士投身长沙科学发展平台等五大平台建设。2011 年，在部分新经济组织和新社会组织（以下简称“两新组织”）党组织班子成员中增设统战委员，在未成立党组织的“两新组织”中设统战联络员。将统战工作面覆盖到社会的各个层面。是年 8 月，建立统战成员民情排查和纠纷调处机制，开展统一战线“排忧解难服务月”活动。联系和帮助扶持企业发展，推进项目建设。2012 年 6 月开始，市委统战部机关干部用不少于三分之一工作时间，到对口联系的党派、团体、单位开展调查研究、指导工作和服务统战对象，并将之纳入对机关干部绩效考核的内容。是年，坚持“新春第一访”制度，市委、市人大、市政府、市政协领导成员春节后上班第一天走访民主党派机关，听取各民主党派工商联工作汇报，提出年参政议政参考课题，并现场解决民主党派、工商联所面临的工作难题。

第十一章　党校工作

1988年，中共长沙市委党校着力提升教学质量和科研咨询水平，为长沙改革开放和现代化建设培养高素质领导干部队伍、提供决策参考。1990年，校长吴锦火在全国党校校长会议期间，代表全国省会城市党校受到中共中央总书记江泽民等中央领导接见并汇报工作。1992年，教学内容调整为以邓小平建设有中国特色社会主义理论为中心，开设系列教学专题，共开办主体班33期，培训学员3532人，办班班次和培训学员人数创历史之最。1995—1997年，以贯彻中共中央《党校工作暂行条例》、迎接湖南省合格地州（市）党校检查验收为契机，加大教学方法改革、科研工作创新、硬件和人才队伍建设等方面的力度。推行改单向灌输为双向交流、单纯教师授课为课堂辅导和集体研讨相结合的教学方式；首次获得2项湖南省社科基金课题立项；投资1200万元，建成面积5200平方米的三号学员楼；持续采取面向全省公开招聘（选调）教师、骨干教师职称低职高聘等办法，逐步组建起一支人数较多、年龄较轻、素质较高的教师队伍。1997年，经湖南省委干部教育工作领导小组检查验收，成为全省首批合格地州（市）党校。2001年，以竞聘上岗为主要内容，推进人事制度改革。发布《中共长沙市委党校关于人事制度改革的意见》，明确全校处长（含处长）以下职（岗）位，全部实行竞聘上岗，推行全员聘用制和任期制。2005年，中共长沙市委党校成为湖南省首批升格大专体制的市（州）党校。2007年，明确提出“科研强校”理念，进一步做实做细科研激励、联合攻关、课题申报指导等工作，成功立项2项国家社科基金课题，率先实现湖南省市（州）党校国家社科基金课题立项“零”的突破；成功立项7项省社科基金课题，使立项省级以上社科基金课题数创历史新高。2008年，首次面向全国公开招聘（选调）教师，采取“无领导小组讨论+试讲”的考试方法，从全国各地301名应聘硕士和博士研究生中录用6人，教师队伍的年龄结构和学历结构进一步优化。2009年开始，率先在湖南省市（州）党校推行以现代培训方式为重点的教学改革，在全国同行中产生较大影响。至2012年，计划内班共培训轮训领导干部和理论骨干3.34万人次，计划外班培训3万人次以上，各类学历教育毕业学员3.68万人次。1人获全国党校后勤战线先进工作者称号。1人获全国优秀团校教师称号。17人次被评为湖南省干部教育工作优秀教师或湖南省党校（行政学院）系统优秀教师。7人次被评为湖南省干部教育先进工作者或湖南省党校（行政学院）系统优秀教育工作者。15人次在湖南省党校（行政学院）系统教学比赛中获奖。

第一节　机　构

一、市委党校

1988年，中共长沙市委党校内设办公室、政工科、机关党委、保卫科、教务办公室、学员工作科、图书馆、理论研究室、文化基础教研室、历史教研室、科社党建教研室、政治经济学教研室、哲学教研室、经济管理教研室、行政科、膳食科，核定的人员编制数为150名。1989年6月，设立纪律检查组。1990年登记注册医务室。1991年7月增设财务科。1995年7月增设计算机室、青年教研室，至此内设机构为 20 个。2001 年 3 月兼办长沙行政学院，行政学院内设机构与市委党校基本一致并合署办公，实行“两块牌子、一套人员”，另增设公务员培训管理科（与市委党校教务办合署办公）和行政管理学教研室。2003 年 10 月文化基础教研室更名为政治学与领导科学教研室。2005 年 3 月，中共长沙市委党校（长沙行政学院）升格为大专体制，机构规格为副厅级。内设行政管理机构 6 个，即：办公室（加挂党校工作处牌子）、组织人事处（加挂机关党委牌子）、教务处（加挂公务员培训处牌子）、学历教育处、科研处、行政财务处。核定副处级领导职数 7 名（含机关党委、纪检（监察）等）。内设教学教辅机构 8 个，即：马列主义理论教研部（加挂长沙市共产主义青年团团校牌子）、法律教研部、经济学教研部（加挂长沙经济发展研究中心牌子）、工商管理教研部、公共管理教研部、政治学与领导科学教研部、科技教研部（加挂网络信息电化教育中心牌子）、图书馆（加挂图书情报中心牌子）。2006 年，按照中央组织部和人事部文件规定，行政管理和党务工作部门中除工勤人员以外的工作人员列入参照公务员法管理范围。2007 年 3 月，行政管理和党务工作部门人员编制 55 名、教学教辅工作部门人员编制 65 名、后勤服务人员编制 30 名。2009 年 2 月，科技教研部（网络信息电化教育中心）更名为网络信息管理处，并由教辅机构调整为党政管理机构。2010 年 7 月，人员编制调整为 151 名，其中行政管理和党务工作部门人员编制 56 名、教研教辅工作部门人员编制 65 名、后勤服务人员编制 30 名。2012 年 12 月，内设行政管理机构 7 个，教研部 6 个，教辅机构（图书馆）1 个。教职工总数为 108 人。其中，干部 80 人，政府雇员 2 人，工人 26 人。专业技术人员 43 人，其中具有正高职称的 8 人、副高职称的 20 人、中级职称的 15 人，具有研究生学历的 23 人。

1988—2012 年，先后兼任中共长沙市委党校第一校长的有:郭俊秀、李映华（女）、易希文、杨顺初、范小新、程水泉；担任主要领导职务的有：吴锦火、向治铨、刘国华、李宪政、刘回、肖良定；其他领导班子成员有：刘俊明、刘耀杰、唐际林、潘亿诚、高长生、龙绍双、刘国华、柳晓玲、范伯力、张业军、张巧云（女）、罗文章、彭民安、刘国杰、柳幸国、郑军武。

二、区县（市）党校

1988 年，长沙市区县（市）设有：中共长沙市东区、西区、北区、南区、郊区区委党校和中共长沙县、宁乡县、望城县、浏阳县委党校。1993 年，浏阳县改市，中共浏阳县委党校更名为中共浏阳市委党校。1996 年，长沙市行政区划调整，中共东区、西区、郊区、北区、南区区委党校，分别更名为中共芙蓉区、岳麓区、雨花区、开福区、天心区委党校，五区四县（市）党校均在 2000 年前后兼办行政学院，浏阳市委党校兼办社会主义学院。2004—2008 年，9 所区县（市）委党校（行政学院）全部通过区县（市）委党校中专体制办学评估，先后升格为副县级事业单位，至 2012 年机构无变化。

第二节　干部培训

一、主体班培训

（一）干部进修班。1988 年，为提高干部政治水平和业务水平，举办常规和非常规两类班次的干部进修班。1990 年 9 月，贯彻《中共中央关于加强党校工作的通知》关于“各级党政领导干部，一般都要经过相应党校的培训和轮训，现任职而尚未进行培训的必须安排补课”的规定，加大以县（处）级干部为主体的各类干部进修培训力度。至 2012 年，举办常规班次 186 期，培训学员 9354 人。其中县（处）级干部进修班 87 期，培训学员 4972 人；组工干部进修班 32 期，培训学员 1435 人；科级干部进修班 31

期，培训学员1398人；女干部进修班18期，培训人员835人；宣传干部进修班18期，培训学员714人。举办非常规班次26期，培训学员1827人。其中，财会干部进修班2期，培训学员94人；党干校教师岗位进修班1期，培训学员16人；人民武装部干部进修班1期，培训学员45人；纪检监察干部进修班14期，培训学员661人；统战干部进修班5期，培训学员270人；政法系统领导干部政治轮训班3期，培训学员741人。

（二）干部培训班。1988年开始，对不同对象按一定目的举办常规和非常规两类班次的干部培训班。根据“培养和选拔一大批优秀中青年干部”的战略，中青年干部培训班由原来每年一期增至每年两期，学制规范为一个学期，以后又调整为4个月左右。至2012年，举办常规班次91期，培训学员4905人。其中，中青年干部培训班53期（含中青年知识分子培训班10期、非中共中青年干部培训班9期），培训学员2437人；区、乡（镇）长培训班14期，培训学员905人；共青团干部培训班12期，培训学员790人；公务员培训班12期，培训学员773人。举办非常规班次41期，培训学员2763人。其中，少数民族干部培训班8期，培训学员310人；经济管理干部培训班4期，培训学员134人；企业短训班3期，培训学员99人；民主党派新成员培训班5期，培训学员456人；团职军转干部岗前培训班10期，培训学员811人；档案信息管理人员培训班2期，培训学员79人；重点岗位人员廉政培训班3期，培训学员302人；城管干部培训班3期，培训学员318人；民政干部、对台干部、龙山县中青年干部培训班各1期，分别培训学员46人、138人、70人。

（三）专题研讨班。1988年，为提高长沙市直机关领导干部在发展社会主义商品经济中的领导素质，举办领导素质与领导艺术研讨班2期，培训学员116人。1989年，为深入开展“发展社会主义商品经济和建立社会主义商品经济新秩序”的讨论，举办县级以上党员负责干部“建立社会主义商品经济新秩序研讨班”5期，培训学员907人。1990年，根据中共中央、湖南省委关于开展国情和形势教育的指示精神，举办厂矿企业事业单位“国情形势教育辅导员学习班”3期，培训学员370人。1992年，为认真学习贯彻《全民所有制工业企业转换经营机制条例》，对工交企业干部分批集中进行条例轮训学习，举办《全民所有制工业企业转换经营机制条例》学习班7期，培训学员1051人；同年为宣传中共十四大精神，举办中共十四大文件学习班7期，培训学员1683人。1993年，为认真落实中共十四大提出的用邓小平建设有中国特色社会主义理论武装全党的任务，举办《邓小平文选》（第三卷）理论研讨班8期，培训学员696人；举办首期“党干校校长研讨班”，来自19个单位的20人就“党干校的总体改革和发展问题”等进行专题研讨。1997年10月开始，举办县级领导干部学习中共十五大精神轮训班12期，培训学员1580人。至2001年，根据“用2~3年时间将中型企业党政正职集中轮训一遍”的要求，举办厂长、经理研讨班8期，培训学员232人。2002年，为适应加入WTO的要求，举办县级干部“WTO与依法行政”专题研讨班6期，培训学员258人。2002—2003年，为宣传中共十六大精神，举办学习中共十六大精神研讨班8期，培训学员1423人。2005年，举办长沙市工业经济综合管理专题研讨班2期，培训学员277人。2008年，举办学习中共十七大精神轮训班1期，培训学员215人。2009年，举办学习贯彻科学发展观专题研讨班、企业党务工作者研讨班各1期，分别培训学员100人、37人。2011年，为提升教师的教学水平，促进交流与学习，举办长沙市党校系统师资研讨班1期，培训学员30人。至2012年，落实党在各个时期干部教育培训的部署要求，规范班次设置、拓展办班类型，共举办计划内班次510期，培训学员33445人次。

二、主体班学员管理

1988 年 3 月，为规范短期班学员管理工作，制定《短期班学员管理条例》（试行稿），对短期进修、培训班学员的入学、学习、考勤、作息、卫生等方面均作出明确规定，各班配班主任一名，负责学习期间教学具体组织领导和思想政治工作。次年，为加强中青年干部培训班管理，中青年干部班由市委党校和市委组织部青干科各派一名干部任班主任，成立临时党支部和班委会，划分学习小组，指定小组长，共同负责全班的学习管理和思想政治工作。2001 年，为使学员管理进一步走上规范化、制度化轨道，制定《主体班学员入学教育提纲》，强调学员在校期间的纪律要求，并对学员进行严格的考试、考勤和考核。次年 5 月，为全面加强各个班次的学员管理工作，制定《主体班学员管理办法》，对学员入学、考核、考勤与纪律、班级活动、总结鉴定、奖励等方面作出规定，对学员实行党性锻炼、学习成绩、组织纪律等方面的“百分制考核”。2003 年 12 月，为使主体班班主任工作规范化、制度化，制定《主体班班主任工作细则》，对班主任的基本职能、任职条件、聘任、学员入学准备、日常工作等方面均作出具体规定。2004 年，针对新情况新要求，对《主体班学员管理办法》进行修订，管理措施更加完善到位。2007 年 4 月，发布《关于贯彻落实〈干部教育培训工作条例（试行）〉的实施意见》，要求严肃纪律，加强对干部参加教育培训的管理。同时出台《2006—2010 年长沙市干部教育培训规划》，创新培训模式，拓宽培训渠道，优化培训队伍等。是年 9 月开始，在每个班配备一名班主任的基础上，再配备一名联班校领导，具体指导班级工作，包括参加班级入学教育活动、重要学习活动和党性锻炼活动、协调解决班级管理中的主要问题等。学制 4 周以上班级还配备一名教学辅导员和一名副班主任，参与班级管理与服务，学员学习及文体活动更加规范与丰富多彩。同年，为进一步加强学员管理工作的严格性和严密性，制定《主体班异地培训纪律要求》等制度。至 2012 年，除对《主体班学员入学教育提纲》等进行局部修订完善外，没有制定新的管理制度。

第三节　教学与科研

一、教学内容

1988 年，以中共十三大精神为指导，围绕建设有中国特色的社会主义的主题，突出社会主义初级阶段理论、商品经济理论、经济政治体制改革、开放条件下执政党建设等教学内容，开设“认真学习党在社会主义初级阶段的基本路线”“社会主义初级阶段理论是党的基本路线的理论基础”“我国社会主义初级阶段经济的特征及经济生活的基本准则”“社会主义商品经济新秩序及其建立的紧迫性”“坚持‘治理、整顿、改革’的指导方针，建立社会主义商品经济新秩序”等教学专题。1992 年，教学内容由转向以邓小平建设有中国特色社会主义理论为中心，开设“解放思想 实事求是是建设有中国特色社会主义理论的精髓”“不断增强加快改革开放步伐的紧迫感和责任感”“建设有中国特色的社会主义理论体系及其形成”“坚持党的基本路线必须一百年不动摇”“《邓小平文选》（第三卷）的主题与线索”等教学专题。还增设“建立健全宏观经济调控体系”“转换企业经营机制 建立现代企业制度”“科学技术是第一生产力”“股份经济与股票市场”“关于恢复中国关贸总协定协约国地位的几个问题”等经济管理、现代科技、股份制理论、关贸协定方面新课，经济、科技方面专题约占整个主体班教学内容的 40%。

1993—1994 年，以中共十四大文件为主要教材，在继续学习社会主义市场经济基础性理论的同时，增强操作性理论教学内容，主要有：宏观调控理论、涉外经济理论、市场运作理论、企业经营理论、市场经济条件下党的建设和道德建设理论等。1995年，根据湘组通〔1995〕12号《关于各级党校、干部院校在干部培训中开设有关专项法律知识课的通知》要求，在主体班教学中设置法律知识教学单元，增设“我国法律建设的现状与展望”“市场经济竞争规范及法律制度”“税收法律制度”“国家赔偿法”“破产及其法律制度”等教学专题；成立计算机室，在中青年干部培训班首次开设计算机应用能力（初级）培训、考核课程。

1996年，为适应政府经济部门和企业干部对外交往工作和长沙涉外经济发展的需要，增设“关贸总协定与世界经贸组织”“涉外人员应具备的基本条件”“跨国公司与跨国经营”“涉外企业的注册、登记与管理”等教学专题。1997年，为认真学习贯彻中共十五大精神，将社会主义初级阶段理论和党的基本路线与改革开放和现代化建设新的实践相结合，增设“伟大的理论、伟大的旗帜”“经济体制改革要有新的突破”“努力加强社会主义初级阶段执政党建设”“建设繁荣的有中国特色社会主义的文化”“香港的回归与展望”“调整和完善所有制结构、探索公有制多样化实现形式”“完善分配结构和分配方式”等教学专题。1998年，根据中共中央总书记江泽民在中共十五大报告中提出的“全党要重视学习、善于学习，兴起学习马列主义、毛泽东思想特别是邓小平理论的新高潮”的要求和《中共中央关于在全党深入学习邓小平理论的通知》精神，增设“邓小平理论的哲学基础”“邓小平的经济思想”“邓小平社会主义市场经济理论是马克思主义经济理论的重大发展”等教学专题。1999年，把学习邓小平理论与深入开展“三讲”教育活动结合起来，增加关于“讲学习、讲政治、讲正气”和“增强政治组织观念、群众观点、政策法制观念、勤政廉政观念”的学习内容，开设“深入开展‘三讲’教育是党的建设的新的创造性探索”“讲学习，努力提高领导干部的理论素质”“讲政治，努力提高马克思主义政治素质”“讲正气，努力塑造共产党人的高尚情操”等教学专题。同年，对计算机应用培训的内容进行调整和升级，将“windows98、办公现代化和网络技术”等内容引入计算机学习。

2000—2001年，围绕“把长沙建设成为繁荣、开放、文明、秀美的现代化中心城市”的主题，进行教学内容的进一步调整和教学方法改革，增设“西方经济学知识”板块，有重点地介绍生产者和消费者行为理论、产权理论、制度经济学、经济增长理论、发展极理论等，开设“建设繁荣的经济强市”“建设开放的窗口城市”“建设文明的现代都市”“建设秀美的山水名市”等教学专题。2002—2003年，教学内容在坚持“理论武装、世界眼光、战略思维、业务能力、党性锻炼”布局的基础上，确定“紧扣上头、贴近下头、精学管用、服务长沙”的教学新思路，将WTO知识、中共十六大精神、“5·31”重要讲话等内容纳入主体班教学，设置“世界贸易组织与中国知识产权的保护与管理”“世界贸易组织《补贴与反补贴协议》及对中国的影响与对策”“‘三个代表’重要思想：新世纪中国共产党的科学思想武器”“紧紧抓住战略机遇、全面建设小康社会”“‘5·31’讲话精神辅导”等教学专题，并开设“长沙高新技术产业发展研究”“大力推进长沙工业化进程”“优化长沙经济发展环境的思考”等20多个紧贴长沙实际的教学专题。2004年开始，坚持每周星期四下午“形势、市情、政策”报告会，聘请领导干部和专家教授作专题报告，宣传党的大政方针和市委、市政府的重大决策等。2005年12月，在县级干部进修班开设的电子政务课为最后一期计算机考试考核课。至此，计算机考试考核培训班次165个，6800人次。至2006年，主体班教学内容加大邓小平理论和“三个代表”重要思想的教学力度，设置“解放思想、实事求是”“深刻把握‘三个代表’重要思想的精髓、本质、主题、核心”等10个教学专题，并把学习贯彻中共十六届三中、四中、五中全会精神列入主体班教学内容。2007年，突出马克思主义中国化最新成果的研究和宣讲，强化执政意识和执政能力的教育和培训。增加“6·25”讲话和中共十七大精神等学习内容。为提高领导干部的决策能力和沟通水平，设置“领导科学”单元，开设“树立新领导观，提高领导效能”“领导干部形象定位与软实力提升”“领导干部沟通协调艺术”“如何面对新闻媒体”等系列课程。同时开设学习《江泽民文选》、党的执政理念和执政方略、科学发展观、建设创新型国家、建设社会主义新农村等近20个教学专题。2008—2009年，在开设中共十七大精神系列教学专题基础上，围绕工作大局和中心工作设置教学专题。为着力提高领导干部贯彻市委市政府相关政策、决议以及解决实际问题的能力，开设“长沙经济发展模式的探讨”“长沙新型工业化的推进途径研究”“深入实践科学发展观，建设长株潭‘两型社会’建设综合配套改革试验区”等教学专题。2009年开始，组织中青年干部培训班等班次学员赴井冈山开展异地现场党性锻炼。2010年，发布《关于在主体班深化教学改革提高培训质量的意见》，强调要认真抓好学员在校学习期间的党性教育工作，加强党性锻炼。在主体班教学计划中设置“党性教育与党性锻炼”教学单元，开设“提高领导干部的政治忠诚”“党性修养与健全心态修炼”“关于党风廉政建设问题”“加强作风建设，进一步密切党群、干群关系”等系列教学专题，通过定期在中青年干部班和其他学制较长的班召开民主生活会、开展党性党风现场教育、撰写党性分析材料、实行严格考勤考核等，将党性教育贯穿干部教育培训全过程。2011年开始，为加强党性教育的基础课学习，增设《共产党宣言》《资本论》《社会主义从空想到科学的发展》等马克思主义经典著作导读课程，同时增大党性教育和党性锻炼课程和活动的教学比重。

二、教学方法

1988年开始，在教学中不断探索和创新教学方法。1992年，针对过去“注入式、满堂灌，老师讲得多，学员研讨少”的教学状况，按照“读书—思考—研讨—交流”的思路进行改进，请市委、市政府领导讲课答疑，提倡和鼓励有独到见解的学员上讲台，增加自学、讨论时间，开展研讨活动，适当组织外出参观考察。1993年，教师将“先讲后辅导”转为“先问后答”，即事先亮出教学专题主要内容由学员讨论提出问题，并先由学员上讲台讲，后由老师讲解答疑，变被动听课为主动研究，启发学员思维。1996年，开始推行改单向灌输为双向交流，改单纯教师授课为课堂辅导与集体研讨相结合的教学方式。1998—2001年，推出“两为主（自学为主、阅读原著为主）、一加强（加强研讨）”的教学方法，探索“案例式教学”和“情景教学”。2002年，坚持和完善双向交流、集中答疑、个别辅导等教学方法，推行“两小时授课+课堂讨论”模式，进一步探索“案例教学”“情景教学”等新的教学方法，设立“学员讲台”“学员论坛”。2003—2004年，倡导和推进研究式教学，通过教师研究式的教，引导学员研究式的学，并将研究式教学贯穿于课堂讲授、学员自学、小组讨论、学员论坛、社会调查等各个教学环节。在中青年干部培训班等班次开展辩论式教学。2005—2007年，推行探索案例式教学和学员课题组教学活动，并尝试开展异地培训。2008年，探索体验式教学新方法，组织中青年干部培训班学员赴湘西龙山县贫困村与村民进行“三同”（同吃、同住、同劳动）体验式教学。在教学安排上探索性地实施“菜单式”教学，把教学内容划为必修课和选修课，既体现组织需求又提供可选择的“专题菜单”满足学员个体需求。2009年，发布《关于在主体班开展教学改革创新的意见》，以适应现代教育培训的发展趋势和提升学员分析解决问题的能力为基本出发点，优化和完善讲授式、研讨式、案例式、体验式以及课题组教学等教学方法，鼓励探索项目组教学和案例团队培训方式、情景（境）模拟教学、结构化研讨式教学等，初步形成“项目组教学”、案例团队教学等具有自身特点的方式方法。至2012年，案例团队教学团队由2009年的2个增加到6个，各教学团队根据不同的教学内容和教学环节，对现代培训方法和技巧进行综合运用和集成，引导学员深度参与教学过程。进行项目制管理和模块式教学相结合的教学方法实践，突出知识能力一体，展开相关理论、相关经验分享、相关能力训练的同步式一体化的教与学。是年，建立宁乡花明楼刘少奇纪念馆、浏阳文家市秋收起义纪念馆、湘西土家族苗族自治州龙山县贫困山区 3 个党性教育基地，并组织主体班学员开展党性教育现场教学。

三、教学手段

1988—1999 年，逐渐增加课堂电视、录音、投影等电化教学设备。2000 年，把远程教学装备作为建设重点，建成英语语音室、普通话语音室、多功能学术报告厅、远程教学教室。2001 年，建成中央党校、湖南省委党校远程教学 A 级站。2002 年，对教学设备进行全面升级改造，配备 3 套多媒体教学设备，购置 30 台教学用笔记本电脑，110 台办公、计算机教学、英语和普通话语音教学用台式电脑及 1 套教学课件制作系统，开通与中央党校联网的远程教学网，教学手段现代化初具规模。2003 年，实现所有主体班教室全部采用多媒体教学。2008—2012 年，随着新校区的投入使用，所有教学场地都安装高标准多媒体教学设备，建立校园网，电子图书、期刊等联网到每一个办公室并开通到每一个教师家庭。

四、科研

1988 年开始，先后制定科研成果奖励、课题资助等制度，并将取得相应科研成果作为教研室（部）正、副主任竞聘上岗和评选两年一度“明星教师”的必要条件。1991 年召开长沙地区党校科研成果汇报会。1998 年承办长沙市纪念中共十一届三中全会召开 20 周年大会暨理论研讨会，龚国基的专著《毛泽东与诗》由中国文联出版社出版，并于 1999 年获湖南省第五届社科优秀成果三等奖、长沙市第五届社科优秀成果一等奖。2006 年，先后出台《校级课题管理办法》《关于教师教学科研超基本工作量的奖励办法》《评选“握瑜科研奖”的暂行办法》（“握瑜奖”是市委党校离休教师陈握瑜生前捐献毕生积蓄设立的奖励基金，分为“握瑜教学奖”“握瑜科研奖”“握瑜服务奖”）等制度，增强科研激励力度。2007 年，提出科研强校理念，大力推进科研工作，并率先在湖南省市（州）党校实现国家社科基金课题立项“零”的突破，傅元海主持的课题“信息不对称对我国利用 FDI 质量的影响及对策研究”（FDI：国际直接投资）、毛政相主持的课题“党代会闭会期间党代表履职机制研究”成功获得立项。次年，提出“突出‘一个重点’，实行‘三个转变’”的科研推进战略。即科研要以“出精品、上档次、进入决策层”为重点，在科研产出上由注重数量向质量和数量并重转变，在科研管理方式上由粗放型、数字型向集约型、指导型转变，在科研组织上由单兵作战向多学科联合攻关转变。2010 年，成立“长沙市情研究中心”，围绕长沙市中心工作开展研究，提供决策咨询参考，推进党校中心工作从“教研一体化”迈向“教研咨一体化”。2012 年，罗文章发表于《马克思主义研究》的论文《雷锋精神的时代意义与永恒价值》得到中央、省委有关领导肯定。至 2012 年，出版著作、教材 27 部；共主持承担国家社科基金课题 4 项，结项 2 项；主持承担省社科基金规划课题 41 项，结项 39 项；参与国家社科基金子课题 4 项；在省级及其以上公开刊物发表论文 1934 篇，其中国家级或核心期刊、CSSCI 来源期刊 79 篇。有 39 项科研成果获得全国党校系统、省市社科系统、湖南省党校系统（1995 年首次设奖）三等奖及以上奖励。所获级别较高的荣誉有：全国党校系统优秀科研成果二等奖 1 项、三等奖 1 项，湖南省社科成果三等奖 2 项、湖南省社科基金研究课题优秀成果三等奖 1 项，湖南省党校系统优秀科研成果一等奖 12 项，长沙市社会科学优秀成果一等奖 5 项。4 次获得湖南省党校（行政学院）系统“科研工作组织奖”（2003 年开始设立）。《改进长沙工业综合管理方式的调查报告》（2005）、《加强和改进对党政“一把手”监督问题的调查与思考》（2006）、《建设文明长沙的调研报告》（2007）和《进一步加强长沙市大河西先导区人才队伍建设的调查与思考》（2010）等调研成果为市委市政府决策提供参考。

表 2-11-3-1　1988—2012 年中共长沙市委党校科研成果获得省级以上奖项情况一览表

序号	年份	获奖人	奖项名称	成果名称
1	1997	向治铨 邹日新	全省党校系统第二届优秀科研成果一等奖	长沙市农业农村农民问题研究（著作）
2	1997	彭民安	全省党校系统第二届优秀科研成果一等奖	国有企业“抓大放小”必须清除四个误区（论文）
3	1999	龚国基	湖南省第五届社科成果三等奖	毛泽东与诗（著作）
4	2000	周云华	全国党校系统第三届优秀科研成果三等奖	科教兴国需要大兴社会科学（论文）
5	2000	龚国基	全省党校系统第三届优秀科研成果一等奖	毛泽东与诗（著作）
6	2000	陈甲标	全省党校系统第三届优秀科研成果一等奖	资治通鉴领导学研究（著作）
7	2000	李　跃	全省党校系统第三届优秀科研成果一等奖	中国经济是否已完全告别“短缺”(论文)
8	2002	陈甲标	湖南省首届社科基金研究课题优秀成果三等奖	资治通鉴领导学研究（著作）
9	2002	周云华	全省党校系统第四届优秀科研成果一等奖	科教兴国推进对策论（著作）
10	2004	徐少兵	全省党校系统第五届优秀科研成果一等奖	党的代表大会常任制：争论及其评析（论文）
11	2006	龚国基	湖南省第八届社科成果三等奖	毛泽东与中国古代诗人（著作）
12	2006	刘国华 徐少兵 毛政相	全国党校系统第六届优秀科研成果二等奖	执政能力与执政体制（著作）（湖南省委党校徐晨光主持编著《中国共产党执政能力建设研究》丛书之一）
13	2006	毛政相	全省党校系统第六届优秀科研成果一等奖	充分发挥纪检机关保障党员权利的根本职能（论文）
14	2008	毛政相	全省党校系统第七届优秀科研成果一等奖	实现党代会监督职能是提高党内监督质量的关键（论文）
15	2010	罗文章	全省党校系统第八届优秀科研成果一等奖	新农村道德建设研究（著作）
16	2010	毛政相	全省党校系统第八届优秀科研成果一等奖	增强党员自豪感：加强党的先进性建设的重大课题（论文）

第四节　学历教育

一、成人教育

1988 年，在党政机关干部中继续招收中专学员（这项工作始于 1986 年），开设党政管理、政工两个专业。同年，开办两年制全脱产高等教育证书班（经济管理专业），2 个班，毕业学员 93 人。全年，举办党政干部中专专修班 4 个班级，毕业学员 185 人。1989 年下半年，中专班停办。是年，开办成人高等教育全脱产一年制大专证书班。1990 年开办业余大专班，在长沙地区内招收在职党政干部及部分非党积极分子，参加由省教委组织的全国成人高考、择优录取，先后开设经济管理、财会、法律、行政管理、人口与经济等专业。1992 年开始，学制由之前的二年半制调整为三年制，考试成绩合格者颁发全省统一印制的“湖南省成人高等学校大专毕业证”，至 1996 年，开办成人高等教育全脱产一年制大专证书班 5

个年级（期）、16 个班级、毕业学员 813 人。至 2003 年，开办三年制大专班 11 个年级（期）、137 个班级，毕业学员 8043 人。2004 年，根据上级通知精神，成人教育大专班停办。

二、函授教育

1987 年开始，经中央党校函授学院和湖南省委干部教育工作领导小组批准，市委党校招收中央党校、湖南省委党校、湖南省行政学院函授学员，毕业学员统一颁发由中央党校函授学院和湖南省委党校（行政学院）印制的专科或本科文凭。是年，开办中央党校三年制普通大专班和二年制函授大专班，三年制普通大专班设党政管理、汉语言文学两个专业，二年制函授大专班设党政管理、经济管理两个专业。开办湖南省委党校二年制函授大专班，设党政管理、经济管理两个专业。1989 年开始，开办中央党校二年半制大专起点函授本科班，开设经济管理、党政管理、政法、涉外经济、行政管理等专业。至 1991 年，中央党校普通大专班举办 2 个年级（期），13 个班级，毕业学员 758 人。至 1992 年，开办湖南省委党校二年制函授大专班 4 个年级（期），16 个班级，毕业学员 846 人。2001 年，开办湖南省委党校、湖南行政学院三年制函授大专班，开设经济管理、行政管理、政法、公共管理等专业；开办湖南省委党校（行政学院）三年制函授本科班，开设经济管理、财会、党政管理、法律、涉外经济等专业。至 2002 年，开办中央党校二年制函授大专班 5 个年级（期），21 个班级，毕业学员 1263 人。至 2010 年，开办湖南省委党校（行政学院）三年制函授大专班 7 个年级（期），139 个班级，毕业学员 8194 人；开办中央党校二年半制函授本科班 19 个年级（期），66 个班级，毕业学员 3314 人；开办湖南省委党校（行政学院）三年级制函授本科班 10 个年级（期），178 个班级，毕业学员 12613 人。2011 年开始，根据上级通知精神，市委党校停办各类函授大专、本科班。

三、在职研究生教育

1997 年，与湘潭大学签订合作办学协议，招收党政机关事业单位在职正科级（或中级职称）干部，开办一期二年半制、行政管理专业在职研究生课程班，毕业学员 26 人。2003 年经湖南省委干部教育工作领导小组和湖南省委党校批准，开办湖南省委党校三年制在职研究生班，招收在职党政机关、企事业单位科级（或中级职称）党员或入党积极分子学员（2009 年后放宽招生条件），开设经济学、公共管理、法学、政治与行政等专业。至 2012 年，开办 10 个年级（期），18 个班级，毕业学员 714 人。

第五节　教师队伍建设

一、教师引进

1988—1991 年，教师的引进主要采取调入的方式。1992 年开始，主要采取经过面试（考试）、试讲、考察的方式，面向全省或全国公开招聘（选调）。当年，首次面向全省公开选调 5 名教师；1995 年通过公开招考选调，引进 7 名教研人员。1996 年引进 3 名优秀本科生和 1 名副教授。1997—1999 年，连续三年每年选调 2 名教师。至 1999 年 6 月，47 名教师中，40 岁以下的中青年教师 29 人，教师队伍的平均年龄不到 35 岁，基本实现教学科研骨干力量的新老交替。2000 年开始，教师引进着眼于提高教师队伍的学历水平和调整教师队伍的学科专业结构。至 2002 年，连续三年每年引进 1 名急需学科专业的硕士研究生。2003—2005 年，通过公开招聘（选调）引进 10 名硕士研究生（2003 年 1 名，2004 年 7 名，2005 年 2 名）。为进一步优化教师队伍的学历结构和学科结构，2008 年首次面向全国公开招聘（选调）教师。考试采用“无领导小组讨论+试讲”的方式进行，全国各地 301 名应聘者均为硕士研究生和博士研究生，经筛选确定 101 人参加面试，其中博士 6 人，硕士 93 人，副教授 2 人。有 75 人参加面试，确定 46 人参加试讲，最终 6 人被录用。至此，市委党校形成一支人数适度、年龄结构和学科结构合理、学历水平较高的教师队伍。2009—2012 年没有引进教师。至 2012 年，聘请领导干部、专家学者 2000 余人次到校讲课。

二、教师培养

教师培养主要采取在职进修、挂职锻炼、结对帮带、参加学术交流和经验交流活动、资助攻读研究生学历和硕士、博士学位等多种方式进行。为提高年轻教师的教学水平，出台《关于在教师中开展传、帮、带活动的试行办法》，发挥骨干教师在教学中的学科带头人作用，明确帮带人责任并结对帮带。为提高中青年教师的学历层次，2001 年出台《关于资助中青年教师提高学历层次的暂行办法》，提倡和鼓励具有本科学历且具有教师系列职称的 40 岁以下的人员在 45 岁以前获得国家承认的硕士学位或研究生学历，并鼓励获得硕士学位的优秀中青年教师攻读博士学位。至 2012 年，为提高教师的理论层次并不断获取新知识新理念，选派到中央党校、湖南省委党校、北京大学、清华大学、复旦大学、浙江大学等校培训进修的教师 173 人次；为开阔视野，学习先进的管理等知识，选派到美国、欧洲、澳大利亚、新加坡、马来西亚、泰国、越南和中国香港、中国澳门学习培训和考察的教师 37 人次，其中派往美国进行为期 3 个月以上培训的教师 3 人；为培养教师具备一定的行政管理工作经历和经验，选派 18 人次到市直单位、区县、园区和乡村基层挂职锻炼；为支持教师拓宽学术视野、分享教研经验，派出参加各类学术交流和经验交流活动的专业技术人员 660 余人次；为提高中青年教师的学历层次，资助 2 名教师脱产读中央党校研究生，资助 3 名教师分别攻读中南大学、湘潭大学、国防科技大学硕士研究生，资助 2 名教师攻读华中科技大学博士学位，资助 2 名教师分别攻读湖南大学、中南大学博士学位。

三、技术职务评定

1991 年，发布《关于加强党校工作的意见》，按照国家有关规定，从实际出发推进技术职务评定工作。为激发年轻教师的潜能，1993 年，出台《低职高聘实施办法》（该办法于 2001 年停止实施），先后有 12 名教师被低职高聘。其中讲师聘为副教授的 11 名，助教聘为讲师的 1 名。1995 年，有副教授 6 名，占教师总数的 12.2%。1998 年，龚国基获得市委党校首个教授任职资格。到 1999 年，正、副教授达 18 名，占教师总人数的 38.3%。至 2012 年，有教授 8 名，占专职教师人数的 18.6%，副教授 20 名，占专职教师人数的 46.5%，副研究馆员 2 名，副高及以上专业技术职务者占专职教师人数的 69.7%。

四、竞聘上岗和激励措施

（一）竞聘上岗。2001 年，发布《关于人事制度改革的意见》，明确全校处长（含处长）以下职（岗）位，全部实行竞聘上岗，推行全员聘（任）用制和任期制。对竞聘教研部主任人选要求具有二年以上的副科级以上的教师，原则上具有大专以上学历，竞聘科研信息处处长人选必须是近三年科研成果突出人员。2006 年的竞聘上岗明确，教研部主任人选必须具有本科（含本科）以上学历和副教授（含副教授）以上职称，并在竞聘演说程序中加设 5 分钟答问环节。2010 年，教研部主任的竞聘条件是，原任教研部主任人员、任副主任 3 年以上或任正科级 4 年以上且具有副高职称 3 年以上人员。经大会动员、个人申报、资格审定、竞聘演说、民主推荐、确定考察对象、组织考察、确定拟任人选、任前公示、报组织部审批备案、领导谈话、发文聘任等 12 道程序，6 名教授（副教授）聘任为教研部主任，12 名教师聘任为副主任。

（二）激励机制。1990 年，长沙市发布《教师工作量制度》，实行教学测评，奖励多劳优劳，激励教师积极主动潜心教学科研，竞争激励措施首次被引入教学科研工作中。1992 年，为增强教师工作量制度的操作性和合理性，制定《教师按劳分配的试行办法》《教学测评试行办法》。1997 年，制定《教学测评、教学质量考核试行办法》《教师津贴分配暂行条例》《科研成果奖励暂行条例》等配套制度办法，教学科研奖励机制初步形成。1999 年，为提高教师队伍素质，进一步优化教学科研激励机制，出台《关于进一步加强教师队伍建设，进一步提高教学科研质量的决定》，就教师岗位考核、科研成果奖励、科研课题资助、学科建设、教师津贴分配提高等作出更加符合实际的修订和调整，教学科研激励机制臻于完善。2003 年，根据“高起点、全方位、规范化的加强党校建设，开拓创新，努力把党校办好、办活、办出特色，把市委党校办成全国省会城市一流党校”的要求，出台《关于进一步深化教学科研体制改革的决定（修订稿）》，同时配套出台《关于评选“明星教师”的暂行办法》《关于资助中青年教师提高学历层次的暂行办法》等激励制度，加大对教学、科研精品的奖励、资助力度。2006 年，根据新情况新要求，出台《关于专职教师年度基本工作量的规定（试行）》。2008 年，制定《“握瑜教学奖”评选办法》《“握瑜科研奖”评选办法》，进一步加大教学科研激励力度。至 2012 年，除对个别制度办法进行局部修改完善外，没有制定新的制度。

附记　校园建设

中共长沙市委党校于 1981 年 7 月迁入现址天心区正塘坡 56 号。至 1995 年，校园面积为 7.29 公顷，其中公共建筑面积 1.86 万平方米（一号学员楼 4075 平方米，二号学员楼 4075 平方米，办公楼 2880 平方米，食堂 3500 平方米，综合楼 1890 平方米，锅炉房及澡堂 1200 平方米，梯形教室 420 平方米，其他配电间、水泵房、油库、液化气库等附属建筑 520 平方米）；校园绿化面积 2.35 万平方米。1996 年 8 月，投资 1200 万元建成三号学员楼，面积 5200 平方米，校园总建筑面积 2.38 万平方米。1998 年 3 月，投资 900 万元维修改造二号学员楼、食堂两个项目。2004 年，根据市委常委办公会议纪要，分别征收省动物药厂土地、天心区青园街道三块零星土地、雨花区红星村的红星水库水坑，2005 年完成征地拆迁，校园面积增至 12.03 万平方米，约 12.04 公顷。2005 年 9 月，根据长沙市发展和改革委员会《关于中共长沙市委党校长沙行政学院教学综合大楼、学员宿舍、餐厅建设项目可行性研究报告的批复》，启动校园建设整体规划，2007 年 10 月完成一期扩建工程项目，投资 6630 万元；校园道路、地下管线配套工程和绿化景观工程投资 1370 万元，总投资 8000 万元，总建筑面积 2.18 万平方米。其中办公楼 4735 平方米，教学楼 6325 平方米，一号学员楼 6100 平方米，学员餐厅 4285 平方米。至此，校园公共建筑面积 3.38 万平方米，绿化面积 6.35 万平方米，床位 467 个，教室 23 间，研讨室 17 个，340 人大报告厅 1 个，190 人报告厅 1 个，120 人学术报告厅 1 个。2009 年 8 月，根据长沙市发展和改革委员会《关于中共长沙市委党校（长沙行政学院）学员文体活动中心建设项目立项批复》和《关于中共长沙市委党校学员文体活动中心建设项目可行性研究报告的批复》，启动二期工程项目中的文体活动中心单体建设工程，建筑面积 4550 平方米，投资 2125 万元。校园公共建筑面积达 3.83 万平方米。至 2012 年无新的校园建设项目立项。

第十二章　其他工作

第一节　党史研究

一、机构

（一）市级机构。1988年，中共长沙市委党史资料征集办公室无内设科室，归口市委办公室。1989年7月，设秘书科和征集研究科。1992年2月，增设党史联络指导科，人员编制由6名增至11名。2001年9月18日，更名为中共长沙市委党史研究室，为市委直属事业单位。2002年3月，内设机构更名为秘书处、征集研究处、联络指导处，重新核定事业编制为9名，机关后勤服务人员事业编制1名。2006年10月，人员编制由10名调整为11名。2007年，批准为参照《中华人民共和国公务员法》管理事业单位。2008年12月，人员编制由11名调整为12名（含机关后勤服务人员编制1名）。2009年9月，增设宣教处（加挂《长沙党委工作纪事》编辑部牌子）。2012年，内设机构有秘书处、征集研究处、联络指导处、宣教处（《长沙党委工作纪事》编辑部），人员编制为16名（含机关后勤服务人员编制1名）。

1988—2012年，先后担任中共长沙市委党史研究室主要领导职务的有：袁少智、程梅村、谢巨文、毛求（女）；其他领导班子成员有：王海洲、朱孟芳、曾慧明、胡建中、高莉（女）、高长生、宋俊湘、何六生、李敏（女）。

（二）区县（市）机构。1988年，市辖长沙县、望城县、浏阳县、宁乡县和东区、南区、西区、北区及郊区均成立有县委（区委）党史资料征集办公室。1993年浏阳撤县设市，浏阳县委党史资料征集办公室更名为中共浏阳市委党史办公室。1994年12月，长沙县档案局、县党史办、县志办合并，组建成立长沙县史志档案局。1995年，宁乡县党史办与县档案局合并，组建成立宁乡县文史档案局；同年，浏阳市委党史办与市志办、档案局合并，组建成立浏阳市史志档案局。1995年1月，望城县委党史资料征集办公室与望城县志办、县档案局合并，组建成立望城县史志档案局；4月，郊区党史资料征集办、区志办、区档案局合并，成立郊区史志档案局；7月，党政机构改革，撤销北区区委党史办；8月，浏阳市委党史办又从浏阳市史志档案局划出单独设立为正科级单位，归口浏阳市委办公室。1996年市区划调整，原郊区史志档案局于7月更名为雨花区史志档案局。1997年12月，开福区委党史资料征集办公室与区志编纂委员会办公室合并，成立开福区史志办公室。1999年，宁乡县文史档案局更名为宁乡县史志档案局。2002年，芙蓉区史志档案局、开福区史志档案局、天心区史志档案局、岳麓区史志档案局相继组建成立。2011年，望城撤县设区，望城县史志档案局更名为望城区史志档案局。2012年，9个区县（市）史志档案局（党史办）的名称分别为：芙蓉区史志档案局、天心区史志档案局、岳麓区史志档案局、开福区史志档案局、雨花区史志档案局、望城区史志档案局、长沙县史志档案局、浏阳市委党史办、宁乡县史志档案局。

二、党史资料征集

（一）解放战争时期党史资料征集。1988年，征集解放战争时期长沙中共地下新闻支部相关党史资料文稿20篇，12万余字。1993年，征集解放战争时期湖南工人运动、市民斗争及第二条战线和长沙地下党斗争专题资料。其中，征集解放战争时期湖南工人运动和市民斗争四个专题资料，近1万字；征集第二条战线湖南学生和平民主运动的兴起，反饥饿、反内战、反迫害——长沙学生“五·二二”“六·二”大游行，湖南学生空前大联合争取和平三个专题，近2.6万字；征集长沙地下党迎接解放斗争文稿65篇，近40万字。2000年，为进一步完善长沙地下党迎接解放斗争相关史料，启动解放战争时期中国共产党长沙市工作委员会（以下简称市工委）组织系列名单史料的征集，征集史料近15万字。2002年，启动解放战争时期市工委历史文献资料的征集工作。2003年，在全市开展南下入长沙干部资料征集工作，并发布《关于征集南下入长干部有关资料的通知》，至2004年，征集到相关史料近20万字，图片200余幅。2006年，累计征集解放战争时期市工委历史文献资料的回忆文章、文件资料近30万字。年底，解放战争时期党史资料征集工作基本结束。

（二）社会主义时期党史资料征集。1987年开始，征集社会主义时期长沙党史资料。1988年，启动对资本主义工商业改造（以下简称对资改造）史料的征集整理工作和全面开展社会主义时期党史大事记的征编工作；10月，召开市对资改造史料征集会议，市直12个部门及有关行业、企业负责人和专干参加会议；至年底，先后完成对资改造34个典型材料（近30万字）、市人大大事年表（1949年10月—1988年1月）、人民代表大会制度在长沙市发展的四十年、长沙市落实知识分子政策大事记、市卫生局头七年大事记、市卫生局第二个时期大事记、市计委大事记（1949—1985）、市畜牧水产局大事记（1949年10月—1988年12月）8个专题资料的征集。1990年，对资改造史料、文献报刊资料基本征集齐全，42个典型材料报送省委党史研究室。1991年，发布《关于征编社会主义时期党史专题资料的若干意见》，安排56个大专题史料征集，征集到中央领导人到长沙视察，反动党团登记和镇压反革命运动，支援抗美援朝运动，长沙市郊农村减租减息和土地改革，工商企业民主改革，学习、宣传、贯彻过渡时期总路线，《中华人民共和国婚姻法》宣传贯彻，国民经济恢复与发展，国民经济第一个五年计划（1953—1957年）贯彻执行，第一部宪法宣传、贯彻等26个专题史料。1992年，各战线（县、郊、区）“大跃进”，农村人民公社化及贯彻人民公社“六十条”，城区人民公社化，“反右倾”斗争，国民经济困难及贯彻“调整、巩固、充实、提高”方针等28个专题史料。1993年，征集到市（县、郊、区）革命委员会的建立、主要工作和结束，批陈（陈伯达）、批林（林彪）整风，农业学大寨，揭批江青反革命集团与清查“三种人”（追随林彪、江青反革命集团造反起家的人，帮派思想严重的人，打砸抢的人），教育体制改革等7个专题史料。1994年，根据中央有关部门和省委党史委办公室《关于征集王首道同志中华人民共和国成立以后发表的文章、讲话、书信等文物的通知》要求，征集中华人民共和国成立后，王首道在长沙的讲话、文稿、书信、题词、照片等系列珍贵文物资料。是年年底，社会主义时期党史资料征集工作基本结束。

（三）改革开放新时期党史资料征集。1988年开始，着手征集改革开放新时期党史资料。1998年征集省委党史研究室等部门交办的《湖南改革开放二十年》所需史料，提供文稿史料10余篇。2004年，开始征集《中共湖南党委工作纪事·长沙篇》相关史料。2008年，恰逢改革开放30周年，为《湖南改革开放30年》《改革开放30年湖南经济人物》等书征集相关文稿和资料。2012年，根据关于学习雷锋精神工作安排及结合征研实情，共征集弘扬雷锋精神相关的史料和文稿26篇，近11万字；并继续开展征集《中共湖南党委工作纪事·长沙篇》史料工作。

三、地方党史研究

（一）地方党史人物与思想研究。1988年，继续开展《永葆红军本色的慕容楚强》一书的征编工作，并于1990年编印出版，该书主要记述慕容楚强为中国革命事业英勇奋斗的光辉事迹。1990年5月，根据省委党史委下达征集党和国家领导人到湖南（各地）的专题任务，开展党和国家领导人到长沙专题研究。1993年，为纪念毛泽东100周年诞辰，向社会各界征集毛泽东生平思想研究论文，编印成《毛泽东生平思想研究会优秀论文集》，收录论文26篇。1994年，历经4年的史料征集和研究的《党和国家领导人视察长沙（1949—1993）》一书编印出版。1997年，为发挥党史育人作用，适应反腐倡廉需要，开始编撰反映刘少奇与人民群众血肉相连、唇齿相依的《刘少奇与百姓》一书，并得到刘少奇夫人王光美的支持和肯定，此书于1998年正式编印出版。1998年，开始着手征编解放后长沙市第一任市委书记曹瑛传记，作为1999年中华人民共和国成立50周年献礼。1999年，《铁骨丹心——记老党员曹瑛》一书编印出版。2000年，编印出版《长沙百年风云人物》一书，此书收录近600位在各行各业做出突出贡献的长沙籍人士的优秀事迹。2001年，开始编撰《英魂——潘心元传》一书，较为全面客观公正反映英年早逝的中共党史重要人物的一生，于2004年由中共党史出版社出版。2005年，根据长沙市保持共产党员先进性教育活动需要，编印出版体现湖湘大地共产党先进性的嘉言懿行、崇高风范的《湖湘女杰》一书。2012年，在《党和国家领导人视察长沙（1949—1993）》的基础上，启动对该书的增补工作。

（二）地方组织史研究。1990年，做好1991年中国共产党成立70周年纪念宣传工作，征集编写反映长沙市70年革命和建设史迹的《岳麓枫红——长沙市70年党史党情简编》一书。1991年，该书由湖南人民出版社出版发行，集中记述长沙地区党组织70年来前赴后继、艰苦奋斗的历史。同年，为全面反映中共在长沙的历史活动，尤其是社会主义时期活动的历史概貌，为改革开放服务，启动《中共长沙党史大事表》征研工作。1993年，《中共长沙党史大事年表（1919—1992）》编印出版。此书着重记述长沙市级党组织贯彻党的路线、方针、政策等重要决策与执行情况，适当收录政权机关与工青妇等群众组织在党领导下的主要工作。1994年，《长岛黎明——解放战争时期长沙地下党斗争纪实》一书编印出版，此书分为文献资料、回忆资料、烈士传略三部分，主要记载长沙市地下党为湖南解放所做的贡献。1999年，是中华人民共和国成立50周年，也是长沙和平解放50周年，编印出版反映历届市委加强党的建设和决策长沙发展的《中国共产党长沙市历次代表大会实录》。2000年，《长岛黎明——解放战争时期长沙地下党斗争纪实》的续集《解放战争时期中国共产党长沙市工作委员会组织系列暨党员名单》一书编印出版。2001年，中国共产党成立80周年，编印出版《长沙人民革命史》一书作为献礼。2005年，启动《中共长沙党史》第一卷的编写工作。2007年，全面反映中共长沙地方组织从1920年至1949年8月由小到大、由弱到强发展历程的《中国共产党长沙历史（1920—1949）》第一卷正式编印出版。2008年，启动《中国共产党长沙历史（1949—1978）》第二卷的编撰工作，该书全面反映长沙党组织领导长沙人民进行社会主义革命和社会主义建设所取得的成就，并于2011年正式编印出版。2012年，着手启动《中国共产党长沙历史》第三卷的征编工作。

（三）地方党史专题研究。1990年，为迎接中国共产党成立70周年，开展征研1930年红军两次攻打长沙专题史。1991年，《红军攻打长沙》一书编印出版。1993年，为落实省委领导指示和省委党史委的部署，由王首道题词的《黎明的长沙》一书由市委党史办公室、市档案局联合征编出版。此书全面、真实、准确记载长沙接管建政的历史面貌，科学总结长沙接管建政的历史经验。2000年，根据《中共湖南省委关于中国共产党成立80周年纪念活动的通知》和《中共湖南省委办公厅关于编辑出版〈中国共产

图 2-12-1-1 长沙市部分党史研究成果展示
（拍摄于 2012 年，长沙市党史研究室供图）

党八十年湖南图志〉的通知》，启动《中国共产党长沙八十年》画册征编工作，并于 2001 年编印出版。2002 年发布出台《关于加强党史工作的意见》和《长沙市 2001—2005 年党史工作规划》，编印出版反映 1949 年 8 月长沙和平解放至 1956 年 9 月社会主义三大改造基本完成的长沙党史专题系列丛书之一《新长沙之初》。2003 年，根据《关于征集南下入湘干部有关资料的意见》要求，市委党史研究室、市委党史联络组开展长沙市南下干部课题的征研。2004 年，分为“文物篇”“风采篇“心迹篇”三部分的《南下征程——长沙市南下干部资料选编》编印出版。同年，开始征编长沙党史专题系列丛书之二《艰辛的探索》一书。2005 年，反映 1956 年 9 月至 1966 年 5 月发生在长沙市有重大影响和重要意义的党史事件的《艰辛的探索》一书编印出版。2006 年，历经 3 年征研，反映长沙和平解放 50 多年来社会主义建设所取得历史成就《发展的逻辑——长沙市重点工程建设巡礼》一书编印出版。2011 年，开福区史志档案局完成《中国共产党长沙市开福区历史（1921—2010）》的编辑与出版工作。2012 年，开展《长沙市芙蓉区教育发展史》《中共望城县委工作纪事（2006—2011）》《长沙县史话》等书籍的编印出版工作。

四、党史教育宣传

（一）重大党史宣教。1988 年，举办新民学会成立 70 周年学术研讨会、刘少奇研究学术讨论会和开展纪念刘少奇 90 周年诞辰活动。1990 年，举办李富春 90 周年诞辰座谈会和筹办杨开慧英勇就义 60 周年活动。1991 年，举办中国共产党成立 70 周年学术研讨会。1993 年，举办纪念毛泽东 100 周年诞辰学术研讨会，高度评价毛泽东丰功伟绩和以毛泽东为主要代表的中国共产党人对中国革命和建设所做出的卓越贡献。1996 年，开展刘少奇纪念馆陈列内容的修改充实工作和征编刘少奇与百姓的专题资料等，筹办刘少奇 100 周年诞辰活动工作，举办李维汉 100 周年诞辰纪念活动。1997 年，举办秋收起义 70 周年学术研讨会，宣传秋收起义第一次打出中共旗帜、表明中共独立领导革命战争的决心、确定党对军队的绝对领导和首创农村包围城市武装夺取政权的道路等重大历史意义。2003 年，举办毛泽东建党学说与“三个代表”重要思想研讨会，《湖湘文化与青年毛泽东》一文获优秀奖。2006 年，参与湖南省纪念红军长征胜利 70 周年学术研讨会，组织撰写的论文《弘扬长征精神，推进党的先进性建设》被大会评为优秀论文；同年，举办王首道 100 周年诞辰和郭亮 105 周年诞辰座谈会。2007 年，举办“中国革命的新起点——纪念秋收起义八十周年”座谈会。2008 年，先后召开纪念改革开放 30 周年座谈会和纪念刘少奇 110 周年诞辰生平思想研讨会。2009 年，举办纪念长沙和平解放和中华人民共和国成立 60 周年理论研讨会。2010 年，举办“1997—2010 年刘少奇研究述评”学术研讨会暨刘少奇思想生平研究会 2010 年会。2011 年，先后举办纪念中国共产党成立 90 周年座谈会和筹办首届湘鄂赣苏区论坛。2012 年，在全国党史文化论坛研讨会上，李敏的《长沙抗战文化及其历史贡献》一文入选。

（二）党史宣教作品。1988 年，《长沙党史通讯》第十八期编印出版。1990 年，为发挥党史资政育人作用，汇编老一辈无产阶级革命家光辉事迹《继承光荣传统，发扬优良作风》一书，印发到党的基层组织，作为开展革命传统教育宣传读本。协助潇湘电影制片厂拍摄反映湖南省民主革命时期重大历史事件和重要党史人物活动的电视系列片《湘魂》。1996 年，长沙市广播电视台与延安电视台联合主办《延安精神与长沙党史》节目。1997 年，为北京电视台到长沙拍摄“八一”建军节史料片提供帮助；同年，协助中央文献室和中央电视台在长沙拍摄大型文献纪录片《刘少奇》。2001 年，长沙电视台拍摄《长沙大变迁》；同年，中央电视台、长沙电视台拍摄纪念中国共产党成立 80 周年系列专题片。2002 年，编写的反映中国共产党在长沙光辉历史的《光辉的足迹（邮册）》由长沙市集邮公司出版。2003 年，拍摄党史宣传教育影视作品《毛泽东与中共湘区委员会》。2005 年，开始编撰每年一卷的大型党史综合性年刊《长沙党委工作纪实》第一卷，由中共党史出版社出版。此书由领导视察（关怀）、要论选编、决策回眸、执政纪要、文献辑览、基层组织、大事记述等部分构成，记录中共长沙市委和各级党组织领导广大干部群众团结干事的历史实践。2008 年，出品影视作品《风华正茂——纪念新民学会成立 90 周年》。2009 年，根据中办发〔2006〕23 号文件和《中共湖南省委办公厅转发〈省委党史研究室关于做好全省革命普查工作的报告〉通知》《中共长沙市委办公厅关于转发〈长沙市革命遗址普查工作实施方案〉的通知》启动长沙市革命遗址普查工作。2012 年，历时 3 年的记录长沙市革命遗址 291 处的大型读物《湖南革命遗址通览·长沙市》由中共党史出版社、湖南人民出版社出版；同年，创办《资政参考》，共出版四期，《长沙党委工作纪事》出版至第 8 卷。

（三）党史宣传活动。1988 年，为提高认识，加强社会主义时期党史资料征集工作，举办全市 90 人参加的党史干部学习班。1990 年，向湖南省、长沙市影视部门提供编写革命历史题材电视剧所需的长沙泥木工人大罢工、宁乡四髯等史料；开展刘少奇纪念馆陈列方案的评审、修改工作。1991 年，庆祝中国共产党成立 70 周年宣传活动的要求，和长沙市博物馆共同举办星沙风云——中共长沙地方党史展览，宣传长沙地方党组织的光辉历程，对广大党员和群众进行地方史和革命史的教育。1996 年，围绕建党 75 周年和红军胜利 60 周年，开展党史知识竞赛活动。1997 年，举办庆“七一”迎香港回归知识竞赛活动。2001 年，向社会发行和赠送党史书刊 3 万册，组织干部职工深入厂矿企业、机关单位宣传党的历史。2002 年，开展长沙市“共产党好”“海尔杯”党史知识竞赛和电视大奖赛和“共产党好”“顺天杯”老干部书画展暨书画家笔会。2003 年，举办纪念毛泽东 110 周年诞辰邮票首发式暨纪念毛泽东 110 周年诞辰专题邮品展；举办《毛泽东与中共湘区委员会》电视访谈活动；举办毛泽东与杨开慧——《人间知己》专题陈列展，展览 200 多件珍贵的图片、实物资料。2005 年，创建“长沙党史党建在线网站”，开设长沙党史人物、史海钩沉、前沿动态等专栏，并列入市政府信息网络系统。2006 年，在《长沙晚报》开设《红色年轮》《长征中的长沙人》《一个人的长征》等专栏；《长沙通讯》开设《史海钩沉》专栏，重点推介在长沙涌现的党史人物和发生的党史事

图 2-12-1-2 长沙市委党史研究室、市委党史联络组举办纪念毛泽东同志 110 周年诞辰《毛泽东与中共湘区委员会》电视访谈活动 （拍摄于 2003 年 12 月 11 日，长沙市党史研究室供图）

件；在《长沙晚报》开辟《长沙历次党代会回眸》专栏，系统载述长沙市历次党代会的历史进程；协助省委党史研究室拍摄《王首道》四集电视文献纪录片。2009年举办"党史进街道、进学校、进企业、进机关"（党史"四进"）培训班，旨在提高党史"四进"宣传水平。2010年，市委党史研究室到江西筹备萍乡安源中共湖南省委旧址的修复、保护、利用工作。2011年，拍摄电视剧《黎明前的暗战》，开展中国共产党历史宣讲活动，和浙江广播电视集团联合举办追寻历史的足迹·红船精神永相传——"从南湖出发"跨媒体联动大型新闻行动。2012年，召开"弘扬雷锋精神"经验座谈会，就雷锋精神是什么、如何学习和弘扬雷锋精神等展开深入探讨。

五、党史联络交流

1988年，全省党史联络组联合办公（扩大）会议在长沙召开，此后形成惯例。长沙每年派代表参加。同年，为落实"晋冀鲁豫"湖南党史联络组的部署，继续号召老干部撰写回忆录和献交党史文献、文物。1996年，老干部整理回忆录文章3篇，撰写党史专题资料11篇。1997年，省党史联络组齐寿良、齐身旺、王中杰等老干部与市委党史联络组王蔚琛、张惠民、王克俭、胡瑞采、杨亮邦、张绍春等老干部就社会主义时期党史资料的征集、整理等举行经验交流和座谈会；同年，与南京大学、国防大学、省委党校、省社科院等党史界专家学者，与齐齐哈尔、天津、湘潭、岳阳、平江等地党史部门开展学术交流。2000年，老干部回忆录《回忆与思考》，编印出版。2001年，中国共产党成立80周年，举办老干部参加的"回顾党的光辉历程"座谈会。2005年，帮助老干部刘景良编印《我的回忆录》一书。2008年，开始摄制《浏阳上世纪六十年代初率先推行"包产到户"启示录》《浏阳上世纪八十年代林业复兴启示录》等5个专题老干部口述史。2009年，开始组织协调望城县摄制《密电风云》《雷锋在望城》《望城水利》《联产承包责任制》4个专题老干部口述史。2012年，湖湘文库丛书《长沙通史（当代卷）》市级老干部座谈会和何叔衡烈士纪念广场建设方案座谈会相继召开，市委党史联络组领导、老干部出席，提出诚恳意见。至2012年，全市党史暨党史联络工作会议召开11次；《回忆与思考》系列丛书编印出版七辑，150万字。

第二节　政策研究

一、机构

（一）市级机构。1988年，中共长沙市委政策研究室为正县级机构。1994年行政序列单列，为市委工作机构。1995年6月，设有政研一科、政研二科、政研三科和秘书科，行政编制人数为16名，事业编制2名。1996年9月调整行政编制为26名，事业编制2名。2002年3月行政编制21名，事业编制2名，设秘书处、综合处、调研一处、调研二处、信息处，9月行政编制由21名调整为19名。2006年6月行政编制由19名调整至20名。2007年3月调研一处、调研二处合并为调研处，7月行政编制由20名调整至21名。2010年3月内设机构调整，保留党刊编辑处、秘书处（加挂决策咨询处）的牌子，综合处更名为综合研究处，撤销调研处、信息处，设立经济研究处、党建研究处、社会研究处。2010年12月行政编制由21名调整为22名。至2012年内设机构及编制无变化。

1988—2012年，先后担任中共长沙市委政策研究室主要领导职务的有：罗凌、周坤如、李继红、谭小平、何季麟、周辉、蒋红波；其他班子成员有：钟学高、刘迴、谢巨文、喻寿奇、王昌连、陈光明、向伟、胡政旗、杨韶华、彭友元、徐世昌、彭鉴西、吕华祥、熊俭贵。

（二）区县（市）机构。1994 年开始，长沙市委所辖长沙县、望城县、浏阳市、宁乡县委设置县（市）委政策研究室。1995 年开始，东区、南区、西区、北区、郊区区委设立区委政策研究室，与区委办公室合署办公，一套人马两块牌子。1996 年，区划调整，东区、南区、西区、北区、郊区区委政策研究室分别更名为芙蓉、天心、岳麓、开福、雨花区委政策研究室。2011 年，望城县委政策研究室更名为望城区委政策研究室。2012 年机构无变化。

二、调查研究

1988—1995 年，长沙市委政策研究室围绕长沙市政治、经济社会建设等方面开展战略性和专题性调查研究，为市委、市政府的决策提供建设性建议。1996 年 3—5 月，市直有关部门和各区、县（市）组成“长沙实施开放带动战略”课题研究组，初步规划长沙实施“开放强市”战略，并提出相应的对策措施，编辑《开放强市——长沙实施开放带动战略研究文集》，收集调研文章 24 篇，共 30 余万字，发至各级党政领导和各部门。1997 年 5 月，围绕“开放强市、科教兴市、流通活市、依法治市”战略，撰写《长沙改革与发展回眸》，并在《长沙晚报》全文刊发；研究课题“长沙实施开放带动战略研究”被评为全省一等奖。开展长沙市中等职业教育改革、长沙市产业结构现状、长沙市企业扭亏增盈情况、长沙卷烟厂的经营和发展情况等课题的专题调研，其中关于加快中等职业教育改革的调研成果转化成市委、市政府文件。1998 年 6 月，先后开展长沙市纺织行业扭亏增盈、长株潭发展、望城县黄金乡科技兴农、农副产品流通、农业结构调整、乡镇人员分流、农村“两会一金”问题、东南亚金融危机对长沙的影响、长沙高新技术产业发展情况、政法部门不得经商和实施收支两条线、水利建设有关政策、落实中共十五届三中全会精神、搞好长沙市农村工作、农村费改税问题、全市村务公开、浏阳市企业改制情况的专题调查。其中“政法部门不得经商和实施收支两条线”的调查在全国推广；“全市区街委实施再就业工程”的调研，被评为全省领导干部调查报告一等奖。

1999 年 11 月，在调研成果基础上发布《关于加快国有企业改革和发展若干问题的意见》，提出“谁投资谁所有、谁积累谁所有”的企业资产处置原则，要求实行“两个置换”——通过产权转让，“置换”企业的国有性质；通过一次性补偿，“置换”职工的全民身份，让职工走向市场，拉开长沙国企改革的序幕。是年，先后开展加快灰汤旅游开发、浏阳市有机化工厂科技兴厂、全市农民增收、宁乡道林事件、乡镇人员分流、农村“两会一金”问题、亟待转变干部作风、落实四中全会精神、加快国企改革和发展的调研等。其中《全市农民增收调查报告》被推广交流，《立足大发展、着力“优高小”的调查报告》被评为全省优秀调查报告。

2000 年 3 月，开展中长期经济社会发展战略研究，历时 12 个月，召开大型研讨会 5 个，高级专家论证会 1 个，邀请国家级专家学者 8 人，省内知名专家学者 43 人，对 48 个子课题进行研究。提出的打造现代化科教、商贸、文化、信息四大中心，实施“东引西拓、优势带动、环境先导和城市提升”等战略，建设“繁荣的经济强市、开放的窗口城市、文明的现代都市、秀美的山水名市”四大目标的发展战略，成为长沙市第十届党代会主题和长沙经济社会发展纲领性文件，编辑《长沙市中长期经济社会发展研究》一书三册，共 100 多万字。

2001 年上半年，开展长沙市 21 世纪经济增长点课题研究。分析长沙市显现和潜在的经济优势，提出从宏观上把文化产业和高新技术产业作为 21 世纪长沙的经济增长点和主导产业培育，以此带动全市经济结构调整，促进长沙市工业化、城市化、现代化进程。理论成果《长沙文化产业形势分析与预测》被《中国文化产业蓝皮书》收录。下半年，对城市建设、城市管理进行专题研究，分析长沙市城市建设和管理的新情况、新形势、新问题以及做好新一轮城市建设和城市管理的支撑条件和保障措施。调研成果被全省城市工作会议上采用。是年，针对长沙市出现的企业效益下滑、下岗职工增多，农民收入增幅减缓、全市国企改革、城市大规模建设、拆迁中的突出矛盾开展调研，围绕“加快国企配套改革”“加快拆迁安置立法、规范工作程序、完善小区配套设施”“加快社区建设、完善和加强城市基层党组织建设”进行对策研究。2002 年，先后开展推进工业化进程、推进城市化进程、推进农业产业化进程、优化长沙经济发展环境、农业产业组织创新、加快发展“两区一带”、增强高新技术带动作用、岳麓区文明城区创建、创建全国文明城市、“兴工强市”战略情况、畜牧大产业、市直机关干部作风、交警支队创一流工作业绩等调研。2003 年，就培育新的经济增长点、发展民营经济、国企改革改制、旅游业发展、河西新城建设、市本级财政走势、劳务经济、村级债务、村干部待遇、都市农业、农业园区建设、城市拆迁等问题进行专项调研。配合省委政研室开展文化产业发展、成家新村农民拆迁安置等课题的调研，配合新华社湖南分社开展长沙县域经济“四小龙”（长沙县、望城县、浏阳县、宁乡县）专题调研。2004 年，先后开展“四小龙”县域经济和“中部崛起”“做大做强工程机械产业”“做大做强乡镇经济”“加快县域经济发展”的调查与思考，推进工业化、城市化、农业产业化调研。2005 年，组织撰写《“十一五”规划发展思路》《长沙工业经济形势及应对措施》《高度重视我市四大新兴特色产业的发展》《发达地区发展循环经济的探索与实践及对长沙市的启示》等调研文稿，为长沙经济持续快速健康发展提供指导。着眼于实现科学发展观、农业税取消后中央解决“三农”问题的新形势，撰写《建设社会主义新农村的成功实践》《建设社会主义新农村的又一成功范例》2 篇调研报告。调查撰写《长沙高新区发展问题调查报告》。全市“工业服务月”，提出《关于企业反映的十个方面问题及为企业搞好服务的九条建议》。撰写《长沙“大东城经济区”初具雏形》《各地拆迁安置、城中村改造的有效作法》等调研报告。2006 年，组织撰写《各区县（市）未来五年经济社会发展的基本思路》等调研文稿。《枫林路违章乱搭乱建严重亟待整治》《中国县域经济发展研究》《长沙市县（市区）域经济竞争力比较研究》等提出对策建议。着眼于城市经济发展，扩容提质等问题，撰写《关于城区乡镇改街道问题的调查报告》，并向市委常委会作专题汇报。着眼于城市森林建设与城市经济发展，撰写《打造森林城市，提升城市竞争力的报告》，在《中国林业》刊发。着眼于民间组织的健康发展，提出《关于长沙市促进行业协会改革与发展的实施方案》。

2007 年，开展长沙新农村建设的调研，形成调查报告《长沙新农村建设的调查与思考》。就湖南新材料产业发展进行调研，形成调研报告《湖南新材料产业发展的调查与思考 》。开展开发建设大河西的调研，撰写《借鉴五区合一，打造长沙新区》，形成《长沙“大河西”发展战略构想》等研究报告。针对长沙市经济快速增长下的企业融资难的现状，撰写《关于破解当前融资难题的几点思考》。针对拆迁安置中的维稳难问题，开展如何在拆迁安置中切实维护稳定调研。是年，还进行农产品加工业发展、华商企业、太平街历史文化街区保护、加快创意产业发展和加快发展服务外包和望城坡街道专题调研等。2008 年年初，就创业富民、构建“两型社会”建设新机制、发展现代农业、启动公用事业“二次改革”、纪念长沙改革开放 30 年、建设食品安全城市、推进新型城市化和加强小镇建设等 8 大专题，开展调查研究。开展“关于大河西发展的战略构想”的课题研究，提交课题研究成果，为先导区的筹划建设提供科学的理论支持。2009 年，围绕建设文化强市和国际性开放城市开展重点调研。开展扩大开放合作、鼓励和扶持大学生自主创业、优化长沙投资环境、引进储备青年人才、推进社会建设、改进政务接待工作以及推进文化强市建设等 10 多个重大专题调研，撰写调研报告 19 篇。2010 年，围绕建设生态文明城市，推进国有工矿棚改、完善综合交通体系、加快小城镇建设、社会管理创新、民生事业发展新兴战略产业、湖湘历史文化等开展专题调研。2011 年，形成《关于加快推进城市国际化的调查与思考》《长沙核心竞争力研究》《关于加强和创新社会管理的实践与思考》等重点调研成果。2012 年，完成《关于创建国家自主创新示范区》《迎接地铁时代到来》调研报告，配合省委政研室完成《科学发展成就新的辉煌——长沙县奋力打造中西部第一县的实践与启示》的调研报告。全年集中力量组织各类大型调研 20 余次，重点开展以国家宏观调控等政策性走向进行前瞻性调研；以长沙转型发展等核心问题进行思路性调研；以社会管理创新等热点、难点问题进行对策性调研；以基层群众工作的典型经验进行导向性调研。配合中共中央办公厅完成《关于长沙市加强和创新社会管理的调研》的报告，该调研报告在全国加强和创新社会管理工作会议上作为经验材料印发推介。完成《生态文明城市建设》《两型城市建设管理》《推动长沙商贸物流业发展的战略项目》等调研报告。

三、文稿服务

1988 以来，市政研究室负责起草每年的市委全会、市委常委扩大会议、市委工作会议报告及其他重要文稿。1995 年，起草的中共长沙市第九次代表大会工作报告，提出在全市实施“开放强市、科教兴市、流通活市、依法治市”战略，完成现代化建设第二步战略部署的同时，实现国内生产总值翻三番。1996—1997 年，起草市委重要文件、重要会议报告等 40 多篇，40 多万字。撰写署名文章中有 20 多篇在中央、省级重要报刊上发表。1998 年，撰写《领导干部要特别加强党性修养》《丰碑永立天地间——纪念刘少奇同志诞辰百周年》《长沙市科教兴农的几点做法》《当前我市农村工作的几个问题》《纪念改革开放 20 周年》等 18 篇文章，先后在《人民日报》《学习与研究》《当代党建》《湖南日报》《湖南经济报》《湖南通讯》《省委内参》等中央、省报刊上发表。2001 年，起草全市科技大会、农村工作会议、市委全会、乡镇企业和小城镇建设会议、全市基础教育工作会议上等领导讲话稿。撰写署名文章《用高科技带动促生产力发展》在《求是》杂志上发表后，先后被多家报纸杂志转载。2002 年，起草全市再就业工作会议、全市抗洪救灾总结表彰大会等主要领导讲稿。撰写署名文章《始终抓住执政兴国的第一要务》《优化环境、提高品位、推动建设》《用“三个代表”重要思想指导文明城市创建工作》《努力培育优势骨干企业，加快推进工业化进程》《大力推进农村经济结构战略性调整》《参与国际竞争必须培育优势产业》等，先后被《人民日报》《经济日报》《学习研究参考》《湖南日报》《湖南通讯》《省委内参》等中央、省级刊物采用。

2003 年，起草《关于进一步加快发展非公有制经济和扩大对内对外开放的决定》《关于加快我市商贸流通业发展的决定》《关于加快旅游业发展的决定》《关于贯彻十六届三中全会决定的若干意见》《关于进一步加快我市工业发展的决定》《长沙市文化体制改革实施意见》《关于落实村干部待遇的实施意见》。撰写 18 篇领导媒体约稿和署名文章。

2004 年，起草全市科技工作会议、全市第五次环保大会、财税工作暨乡镇消赤减债大会、全市经济工作务虚会等主要领导讲话稿。撰写的《加强执政能力建设、提高领导执政水平》《深入基层、深入群众、深入实践》《创建学习型城市》等署名文稿，先后被《人民日报》《求是》《学习与研究》《湖南日报》《省委内参》等中央、省级报纸杂志采用。2005 年，起草市委领导在保持共产党员先进性教育活动动员会、小城镇建设工作现场经验交流会等领导讲话稿。起草《关于继续深入创建全国文明城市，建立长效机制的若干意见》《中共长沙市委市政府关于进一步加强农村工作 提高农业综合生产能力的若干意见》《关于加快产业集群与园区建设发展的若干意见》《关于进一步加强社区建设的意见》《关于加

速科技进步 全面提升自主创新能力的意见》《关于建立健全教育、制度、监督并重的惩治和预防腐败体系的实施意见》等。撰写的《增强自主创新能力，建设创新型城市——长沙建设创新型城市的思考》《创建文明城市，构建和谐长沙》《加快科技创新，促进发展进步》《结合本地实际，大力推进自主创新》《关于创建学习型城市的思考》等署名文章，分别在《人民日报》《求是》《光明日报》《学习与研究》《学习时报》《湖南日报》《湖南工作》等中央、省级报纸杂志发表。2006年，起草全市工业经济工作暨工业项目年动员会、全市节能工作会、建设创新型城市大会、长沙“市民素质教育年”动员大会、第三届中国公民道德论坛等领导讲话稿200多篇。起草20多个重大政策性文件，主要包括《长沙建设创新型城市发展规划》《关于进一步推进文化体制改革的若干意见》《关于贯彻落实（中共中央国务院关于促进中部地区崛起的若干意见）的实施意见》《关于贯彻落实十六届五中全会精神的意见》《关于推进社会主义新农村建设的意见》《关于加快科技创新大力推进创新型城市建设的决定》《关于长沙市行业协会改革与发展的意见》等。撰写的《率先湖南建设好长沙新农村》《提高促进城乡协调发展的领导能力》《建设节约型城市 促进可持续发展》《建设森林城市 促进和谐发展》《在中部崛起中推进长沙建设》等30多篇文稿，分别在《人民日报》《求是》《湖南日报》《湖南工作》等中央和省级报纸杂志发表。

2007年，起草市委主要领导在市委十一届三次、四次、五次全会上的讲话，以及市委经济工作会议、全市农村工作会议、全市城市建设与管理工作会议、全市服务业大会、泛珠三角省会城市市长论坛、国家历史文化名城2007年年会暨市13次学术研讨会、2007年中国科技成果转化交易会等领导讲话稿60多篇。起草市委领导在全市农村工作会、“三农”务虚会、民政工作会、抗旱生产工作会、森林防火工作会、生猪生产现场工作会、“第四届中国（长沙）村官论坛”新闻发布会等会议上的讲话20多篇。起草《关于加速推进新型工业化若干问题的意见》《中共长沙市委推进和谐长沙建设2007—2010年工作纲要》及责任落实方案、《市委、市政府关于加快园区发展的若干意见》《长沙市六大产业集群发展规划》《关于全面推进我市服务业发展的若干意见》《关于加强全市企业家队伍建设的若干意见》《关于深化殡葬改革的若干意见》《“三新”农村环保三年行动计划》等。撰写的署名文章《关于长沙新农村建设的实践与思考》《坚持以人为本，夯实和谐之基》《加速推进新型工业化，全面提升经济竞争力》《践行为民宗旨，构建和谐长沙》《长沙推进新型工业化纪实——加速推进新型工业化，全面提升经济竞争力》《再掀城市建设新高潮，凸显山水洲城新风貌》《让“和”风吹拂长沙城》《基于宏观决策的几点思考——关于长沙经济社会发展的辩证法》《关于长沙新区建设的战略构想》等分别刊载于中央、省级报纸杂志；起草的《坚持开放合作，共创发展未来》《用好解放思想这一法宝》《掀起长沙城市建设新高潮》《建设奋发有为的领导班子》等多篇文章在《长沙晚报》发表。

2009年，起草《中共长沙市委关于全面加强基层党的建设的意见》《中共长沙市委长沙市人民政府关于鼓励和扶持大学生自主创业的政策意见》《中共长沙市委长沙市人民政府关于引进储备万名优秀青年人才的政策意见》《中共长沙市委关于推进城乡一体化发展工作纲要》等10余个文件，拟写《关于建设文化强市的若干意见》《中共长沙市委学习实践科学发展观活动总体实施方案》等政策文件。2010年，起草各类文稿110余篇，其中主要有《市委市政府关于加快城市国际化的若干意见》《市委关于在全市党的基层组织和党员中深入开展创先争优活动的实施意见》《市委关于制定长沙市国民经济和社会发展第十二个五年规划的建议》《市委市政府关于进一步加强和改善进城务工人员管理和服务工作的意见》《长沙市中长期人才发展规划纲要（2010—2020年）》《关于加快国际文化名城建设若干政策意见》

等文件。2011 年，起草各类文稿 120 余篇近 80 万字。撰写特约评论员文章 20 多篇。2012 年，起草各类文稿 60 余篇 50 余万字。起草主要领导在市委全会、经济形势分析会、市委经济工作会、人口计生工作会、创先争优表彰会、中博会等会议上的报告、讲话等。在省级以上刊物发表领导署名文章 10 篇，其中中央媒体 4 篇，《长沙开展“一推行四公开”活动的实践与思考》受到各界充分肯定。起草政策文件 10 多个，包括《关于加快中心镇（小城市）建设推进城乡一体化发展的若干意见》《关于构建创先争优长效机制的指导意见》《关于深化医药卫生体制改革的意见》等。

四、资政服务

1988 年开始，以创办编辑刊物及文稿资料汇编和撰写书籍为平台，提供资政服务。1993 年开始，编辑市委机关刊物《长沙论坛》，为追踪事态、推介基层经验、反映热点问题、把握决策动向提供信息。1994 年 12 月，为宣传党的路线、方针、政策和市委市政府工作思路，总结推广长沙市改革开放和经济建设经验，创办内部刊物《长沙经济导报》，设有《新视野》《重点工程巡礼》《金融与市场》《经济与法》等栏目，每期发行 2 万份（1996 年 10 月停刊，共出版 80 期）。1995 年 1 月，为提升《长沙论坛》资政服务功能，改不定期为双月刊，1996 年改为月刊，并公开发行。至 1997 年，5 年里编辑出版《市第九次党代会特刊》《开放强市》《长沙乡镇街道概览》等书籍。1998 年，编印《阔步跨向新世纪》一书。开展纪念刘少奇 100 周年诞辰“学《修养》讲党性”征文活动，收集文稿 280 余篇，评出特等奖 5 篇、一等奖 5 篇、二等奖 11 篇、三等奖 20 篇，获奖的 41 篇文章编印成册，供政府各部门参考。是年开始，为客观、真实、及时地将调查研究中发现的热点、难点和重点问题，传递事关工作大局以及上级有关政策信息和外地动态，编印内部信息刊物《决策参考》。2001 年，提高《长沙论坛》的权威性和指导性，调整内容设置，改进版式设计，年文字量增加到 200 万字。2002 年，与全国 132 个地级以上城市进行刊物交流。是年开始，为各级领导干部提供工作创新思路参考，每年将市委领导干部的调查研究成果编印成《创新之源》出版发行。2004 年，《长沙论坛》改名为《长沙通讯》。2005 年，为及时刊载调研成果，“精、准、快”地提供决策参考资料，改版《决策参考》，刊发 24 期 40 多篇 40 余万字稿件。是年，编辑出版发行书籍《长沙经济地理》《县城经济研究》等。2006 年，突出经济发展资政服务，编辑出版发行《兴工强市纵论》《中部崛起长沙发展战略研究》，完成《中国县域经济发展战略研究》等书的撰写。2007 年，《长沙通讯》与全国 210 个地区级市刊物开展交流。是年，编辑出版《决策参考》12 期，发表《关于长沙高新区面临政策调整问题的调查》《关于宏观调控对长沙的影响与对策分析》《武汉服务外包发展的经验与启示》等。是年，编辑月刊《政务信息资料》。2010 年，为发挥和提升资政服务平台作用，将《决策参考》《政务信息资料》合并改版为《政策研究与信息》，编辑 24 期。是年，以《长沙通讯》为平台召开 9 个区县（市），2 个园区全市党刊办刊经验交流会，市、区县（市）联动，提高资政服务水平。2011 年开始，编辑不定期内刊《调查实践与思考》《学习交流与服务》，2012 年分别出版 15 期和 12 期，并编辑出版《长沙地域经济竞争力研究》一书，至 2012 年年底，编辑出版《长沙通讯》252 期，发行 2 万余册，是年，获“全国城市党刊十佳”。

第三节　理论宣讲

一、机构

中共长沙市委讲师团（以下简称市委讲师团）成立于 1985 年，与长沙市哲学社会科学联合会（以下简称社科联）合署办公，实行“两块牌子、一套人马”，为正县级机构，事业编 10 名。1992 年 4 月 21 日，市委讲师团与市社科联分设，市委讲师团定编制 7 名。1995 年 4 月，内设办公室和教育室。2002 年机构改革，配全额拨款事业编 7 名，设综合秘书处和教育研究处。2008 年，定编增至 9 名，2010 年调整至 10 名，2011 年增至 11 名，2012 年无变化。

1988—2012 年，先后担任中共长沙市委讲师团主要领导职务的有：李海涛、晏梅鹰、喻寿奇；其他班子成员有：胡笃诚、袁金辉、刘宏、余锡庚、吴泽彪、颜辉。

二、理论教育与宣讲

（一）干部正规化理论教育。1986 年，为贯彻实施中宣部《关于干部马列主义理论教育正规化的规定》和中共湖南省委《关于进一步落实在职干部马列主义理论教育正规化实施意见》，制订《关于进一步实施在职干部马列主义理论教育正规化的实施意见》。对参加正规化理论学习的干部，实行学籍管理，全市有 1.8 万余人参加学习。其中城区学员 1.05 万人，县郊学员 7500 多人。是年学习马克思主义《政治经济学》；1987 年，重点学习《辩证唯物主义与历史唯物主义原理》；1988 年，重点学习《科学社会主义概论》。学习采用电视教学与面授辅导相结合，组织教学人员深入基层，对所学内容进行串讲，串讲《辩证唯物主义和历史唯物主义原理》复习提纲 36 场，编写学习通报 3 期，发至县级以上单位党委。指导学员全面复习、巩固所学知识。至是年，连续三次对每年所学学科分别进行考试，获得 3 科合格结业证书的学员 5712 人，获得单科合格证书的：政治经济学 8879 人、哲学 8219 人、科学社会主义 7848 人。3 科成绩合格的学员，由省委干部教育工作领导小组发给“湖南省干部正规化马列主义教育结业证书”，存入学员档案，在评审初、中级专业技术职称及其他考试，可免试相应的科目，学习成绩作为考核使用干部依据。企业干部同评奖、评先、晋级挂钩。1990 年 3 月，召开全市干部正规化马列主义理论教育总结表彰大会，表彰 20 个教育工作先进单位，22 名先进工作者、726 名优秀学员。至此，长沙市基本完成和结束对各类干部正规化马克思主义理该教育。

（二）经常性理论宣讲。1989 年开始，为适应改革开放、经济社会发展和干部群众对理论产生的新需求，提出“把理论武装作为一项系统工程来抓”“让党的创新理论与公众同行”，摸索“送单点菜”(发放授课专题)、集中宣讲、联合办班、骨干培训、编写学习资料、印发宣传资料等传播理论。1991 年，将“新时期党建理论讲座”3 个专题制成录像片在全市县团级单位播放。1992 年 3 月开始，开展对邓小平南方谈话的宣讲。专题包括马克思主义精髓论、社会主义本质论、“三个有利于”论、改革开放论等。是年 10—11 月，宣讲中共十四大精神 82 场（次)。1997 年 8 月，组织百人报告团，宣讲中共十五大精神，举办各类学习班 200 多期，报告会 1800 多场（次)，听众近 40 万人次。1998 年 9 月，宣讲人员讲授《哲学》《政治经济学》《社会主义市场经济导论》《建设有中国特色社会主义理论教程》《领导科学》等，共 6 学期。2000 年开始，宣传思想工作坚持“贴近群众、贴近生活、贴近实际”的原则，把理论宣讲的重点由市直党政机关、企事业单位逐步转向街道社区和乡镇村组。至是年 10 年里，编写《企业党员党课参考资料》等 13 个、20 余万字，为基层学习提供资料。2001 年，开展“三个代表”重要思想宣讲，10 年里先后在长沙卷烟厂、长沙铜铝材厂、长沙毛巾集团、九芝堂制药厂、公交公司、火宫殿和雅礼中学、电子中专、宁乡师范、公安干校等单位宣讲“确立社会主义市场经济体制是一次思想大解放”、“建设社会主义市场经济体制是我国通往富裕和繁荣的必经之路”、“社会主义市场经济姓社不姓资”、现代企业制度、现代企业管理、关于资本经营和邓小平教育思想、培育“四有”新人等专题，讲授 240 场、听课人数 3 万多人。2002 年 10 月，开展“三个代表”重要思想 6 个专题宣讲，11

月，分5个专题开展中共十六大精神宣讲。2003年6月，落实中共中央《关于印发“三个代表”重要思想学习纲要的通知》，拟定“三个代表”重要思想的科学体系和历史地位等8个专题，到机关、企事业单位、学校、部队开展宣讲。编印中共十六大资料专辑5000册免费发放农村乡村、街道社区。2004年年初开展“关于当前经济形势与科学发展观”专题，包括科学发展观的历史地位、时代背景、科学内涵、根本要求等宣讲。2006年，首批确定长沙赤岗冲军干所、雨花区侯家塘街道办事处、开福区清水塘办事处、天心区坡子街办事处、开福区水风井社区、岳麓区咸嘉湖社区、望城高塘岭社区等为全市挂牌的党的基本理论基层普及示范点。是年及次年分别编印《党的基本理论手册》（农村版、城市版）各5万册，分发农村组和城市社区。

2007年12月，运用PPT课件进行《为夺取全面建设小康社会新胜利而奋斗——中共党的十七大精神解读》讲课。2008年7月，在全省讲师团系统多媒体教学中，参赛课件“构建和谐社会的关键是统筹社会的协调发展”荣获一等奖。当月，创建全国省会城市首个《星城讲坛》理论宣传网站，与《先锋潮》网站合作，成为该网站的理论板块，并与北京、江西、岳阳、乐山等10多家理论网站链接。10月，讲稿《长沙农民专业合作组织研究》入选新华出版社出版的《企业创新》，讲稿《与党员干部谈“解放思想、创业富民”》在《长沙通讯》发表。至是年的8年里，编写基层理论学习参考书《新概念》4辑，30万字。2010年，星城网站设立专家库，组建长沙宣讲团专家、教授师资库，特聘专家、教授37名。至2012年，特聘专家教授为县级党委中心组和基层单位授课260场。宣讲人员深入宁乡县85%、望城县85.7%、长沙县85%、浏阳市76%的乡镇村组宣讲中共中央一号文件，农村改革开放30年、基层党组织建设、科学发展观、和谐社会建设、社会主义核心价值体系、农民专业合作组织研究等课题，参加听课的乡镇、村组干部和农村党员代表1.35万余人。

（三）理论骨干学习培训。1988年开始，举办各种学习培训班，建立健全基层理论宣讲队伍，推动党的创新理论广泛普及。1994年6月，在商业储运公司连续举办3期培训班，讲授中共十四届四中全会《中共中央关于加强党的建设几个重大问题的决定》等专题。1999年，在市广播大学、市教委、市委组织部、市统计局、市交通局、市商业局、市粮食局、市饮食公司、市面粉公司、浏阳市永安镇、省煤炭公司、交通运输中专学校、市汽车工业公司等单位举办培训班20余期，培训基层理论骨干2.5万人次。2001年的6月，开展全市基层单位理论教员理论课观摩比赛，参加决赛的选手有党委书记、党委中心组秘书、基层党校、干校、市民学校、农村学校教员及基层宣讲干部35人，评比一、二、三等奖6名，优秀奖14名，活动组织奖6名。通过比赛，增强理论骨干能力，促进全市理论学习开展。至2011年的6年里，在全省讲师团系统教学比赛中，长沙获得第一名2人，第二名3人，二、三等奖4人。至2012年，举办新时期党的理论、经济理论、全市农村和区街宣传干部、学习邓小平理论、新时期精神文明建设理论、“十五”计划及中共十六、十七、十八大精神培训班27期，培训理论骨干和理论辅导员4300人次。

三、理论研讨与课题研究

自1986年召开“增强企业活动”理论研讨会后，1988年开始，陆续召开长沙市精神文明建设、坚持四项基本原则、反对资产阶级自由化、社会主义市场经济、纪念中共十一届三中全会召开20周年等理论研讨会。2001年3月，向社区居委会干部群众发放调查问卷1万份，收回9830份，并通过多次召开座谈会，形成《长沙市社区居委会思想状况调查分析报告》，该报告获省委讲师团系统优秀论文一等奖、长沙市第七届社会科学优秀成果一等奖。2007年7月，课题组历时一个半月，深入基层了解情况、收集资料、撰写《让党的创新理论与公众同行》调研报告，在《湖南宣传动态》第18期刊发，并上报中央宣传部。2008年6月，研究长沙新型城市化调研课题，通过座谈专访形成2万余字的《科学谋发展 高起点推进新型城市化》课题报告，呈报中共湖南省委、省政府决策参考。该调研报告被评为长沙第十届社会科学成果二等奖，并作为全国城市党委讲师团第二十一届工作研讨会论文，由广西人民出版社出版。2009年8月，成立课题组，就长沙经济社会发展模式进行研究，形成《从渐进发展到科学跨越——长沙经济社会发展模式的研究与思考》，在"城市群众发展模式"国际学术研讨会（中国湖南）上交流，并由湖南教育出版社出版。至2012年，编发（含获奖）理论文章269篇，其中，省、市级报刊分别刊发82篇、135篇，国家级刊物发表1篇，人民网、亚洲学者国际会议网分别发表3篇；分别获省、市级优秀论文奖20篇、29篇；全国"21世纪的中国与世界"研讨会一等奖1篇，中国公民道德论坛征文二等奖2篇。

四、中心组学习

（一）学习制度。1992年，制定《市委中心组学习制度》，1993年修订。明确：市委中心组成员带头树立尊重理论，认真学习理论、正确运用理论的新风；坚持每季度的学习日制度，全年集中学习时间不少于15天；坚持理论联系实际和搞好自学，制订年度、季度学习计划，包括学习专题。1996年，发布《关于进一步加强全市县以上单位党委学习中心组学习的意见》，明确所有副县级以上单位设立学习小组，其成员由党政领导成员、副县级以上干部、宣传部（科）、党委办公室或政工部门主要负责人组成；集中学习时间全年不得少于15天，每季度至少1次，参学率不低于95%。2002年，发布《关于进一步规范县级党委（党组）中心组学习的意见》，建立健全党委中心组领导联点制度、考勤制度、督学制度、建档制度。全年集中学习不得少于12天，每季度1次、每次3天。2005年，发布《关于进一步改进市委和县（处）党委（党组）中心组理论学习的意见》，规范市委学习中心组成员构成、学习内容、学习方法和学习讲评考评制度。由市委书记担任组长。发布《关于开展创建党委（党组）学习中心组示范活动的实施意见》。

2009年7月，发布《贯彻〈关于进一步加强和改进党委（党组）中心组学习的意见〉的实施意见》，建立电子档案。2012年，重新建立全市县级单位党委（党组）中心组学习台账，结合换届更新完善全市108个县级以上单位、1132名中心组成员学习档案，实现跟踪服务管理。

（二）学习辅导。1989年，市委中心组集中学习邓小平《关于坚持四项基本原则反对资产阶级自由化的论述》，给市委中心组作《贯彻党的十三届四中全会精神，把反对资产阶级自由化的斗争进行到底》的学习辅导，并印发给全市县级以上领导干部。1993—1997年，编印学习辅导资料《理论信息》24期、《理论学习参阅资料》11期，15万字。1998年5月23—27日，举办全市"加快改革和发展"理论研讨会，500多人听取中央党校、中国市场研究会、科技部5位专家授课，时间5天，作报告10场。1999年10月，编印"推进国有企业改革和发展的纲领性文件"学习提示。1990—1999年，先后邀请吴敬琏、厉以宁、石仲泉、樊纲、李广一、张萍、黄洪基、刘茂松等20多名专家给中心组授课。2000年开始，以"领导干部学习讲坛"为平台采取市委中心组（扩大）集中学习讲座方法，开展理论学习和研讨活动，邀请专家作辅导，授课涵盖政治、经济、科技、文化、法律、社会、环境、国际关系等人文社会科学领域和选择社会关注的热点问题。2002—2005年，分别邀请著名经济学家张五常作《现代与制度》专题演讲、中央党校经济部副主任、博导王东京作《政府职能转变与管理创新》报告、中国科学院副院长甄小英作《深入认识加强党的执政能力建设和重大意义、全面推进党的执政能力建设》学习辅导报告、中国社会科学院社会学研究所研究员李培林作《在科学发展观指导下构建和谐社会》报告、国务院国资委研究中心主任王忠明作《和平崛起背景下的中部经济发展》报告。2006 年，编辑出版《思考无限——中共长沙市委中心组学习专家演讲录（第一辑）》，收录 2004—2005 年温铁军、谢伏瞻等 14 位国内知名专家学者到长沙市委中心组（扩大）演讲报告，发给全市县以上党委中心组成员。2007 年 3 月，编印《全面加强领导干部作风建设——学习胡锦涛在中纪委第七次全会上讲话精神》学习提示。是年，整理 2000—2007 年专家报告录音 42 个、70 余万字。2008 年 7 月，市委中心组成员听取省委宣传部巡视员、省社科联主席郑佳明作《继续解放思想，大力推进长株潭试验区改革建设》讲座。2001—2008 年，编印《长株潭两型社会建设》《学习实践科学发展观》等书 4000 本，《学习专辑》《学习园地》等资料 1 万多册。2010 年，创办学习参考资料《新视野》。2011 年 3 月，听取中央党校社会学教研室主任、博士生导师吴忠民关于《社会矛盾和社会管理问题研究》辅导报告。至 2012 年，邀请国家、省级专家 74 人，授课 79 场，编印发行《新视野》12 期，24000 册。13 年间，给县级党委中心组授课 1600 场（次），占总授课总数的53%。

第四节　机关党建

一、机构

1988 年中共长沙市委直属机关委员会（简称市直属机关党委）内设办公室、组织科、宣传科。1991 年 6 月，市直属机关党委更名为中共长沙市委直属机关工作委员会（简称市直机关工委），作为市委派出机构，负责市直机关党建工作，组织科、宣传科更名为组织部、宣传部。1995 年 6 月，更名为中共长沙市直属机关工作委员会（以下简称市直工委），增设纪工委（市纪委派出机构、副县级）、市直机关工会（市总工会派出机构、副县级）、市直团工委、市直妇委会。2012 年，机构无变化，管理一级单位党组织 108 个，党委 57 个、总支 33 个、支部 18 个，包括委托管理的长沙学院、长沙银行、中粮长沙直属库、中粮宁乡直属库、长房集团、环路总公司、城市建设投资公司、湘江枢纽 8 个单位。

市所辖芙蓉区、天心区、岳麓区、开福区、雨花区、长沙县、望城县、浏阳市、宁乡县均设立有中共直属机关工作委员会。

1988—2012 年，先后担任中共长沙市委直属机关委员会书记的有：常淑瑜（女）、张贤遵、蒋新祺、袁观清、程水泉；先后担任常务副书记的有：刘春贵、彭新、钱永奎、黄如瑾、易冒；其他班子成员有：彭超云、李学文、彭伯华、尹社来、郭建华、邢志忠。

二、机关理论教育

1989 年，开展生产力标准讨论，举行“正确认识十年改革成果”报告会，43 个市直机关单位分别集中轮训党员、干部 7523 人次。45 个单位组织 3700 多名党员干部参观“十年改革话长沙”展览。开展中共十三届四中、五中全会精神的学习，用全会精神统一思想，统一认识，统一行动，与党中央高度保持一致。1996 年 10 月学习贯彻中共十四届六中全会精神，103 个单位，265 名机关党组织负责人，参加为期 5 天的学习班，1 万多名机关干部参加轮训。开展“建制度，办实事，做公仆，树形象”为主题的“三为”（为经济、为基层、为群众）教育。全市机关干部参加“公仆”形象演讲，为群众办实事 1060 件，走访慰问特困企业 106 家，为 5604 户特困职工捐款捐物。1987—1990 年，开展“邓小平理论与长沙的成功实践”理论探讨，200 多名机关干部参加“邓小平理论 100 题知识竞赛”活动；培训 200 名理论学习骨干，发放中共十五大文件汇编 12000 多册。结合实际继续进行“三为”教育，市直机关干部向特困企业及龙山县希望工程捐款300多万元，近万名机关党员干部与9000户特困家庭结成为期3年的帮扶关系，并捐款捐物300多万元。2000年开始，学习“三个代表”重要思想。与此同时，开展“讲学习、讲政治、讲正气”为主题的“三讲”教育。在“三讲”教育中，严格机关作风，实行末位淘汰制，确定末位人员1197人，其中县级干部7人；20人换岗，132人被诫勉，重点帮助113人，辞退4人；解决重点问题300个。2001年，市直单位各中心学习小组平均组织8次以上“三个代表”重要思想的学习，并有1000多人参加市委中心组学习。结合学习江泽民“七一”讲话和《中共中央关强和改进党的作风建设的决定》以及《公民道德建设实施纲要》，2003年，3000多名机关干部参加《“三个代表”重要思想学习纲要》知识竞赛，联系实际开展“我为奔小康做什么？”的主题讨论，撰写调研报告400多篇，在各级报刊发表200多篇。2005年，抓住实践“三个代表”重要思想主线，以“关键是要取得实效”和“成为群众满意工程”为要求，坚持边学边改，解决工作中的实际问题。2006年，开展“制订一个学习计划，精读一本好书，开展一次调研，撰写一篇高质量论文，领导干部讲好一堂党课”的“五个一”活动。全市有81个单位参加，99名党员领导干部撰写讲稿，其中市委常委9人，市级领导14人。2007年开始，以科学发展观为学习主要内容，建立学习型机关，要求全市机关干部“学以立德、学以增才、学以致用、学以创新”。2008年，开展“学习党章，践行党章”“解放思想与长沙发展”“两型社会与和谐长沙建设”三个主题教育。全市机关干部每月读一本好书，写一篇心得渐成风气。全市评选出学习型机关38个，40多个单位建立“职工书屋”，150名干部家庭被评为“书香之家”。2009—2011年，重点对科学发展观、“两型社会”进行宣讲，开展“以人为本、执政为民”主题教育活动。切实解决基层、群众“办事难”问题，推进服务型机关建设。2012年，以中心组学习为龙头，学习中共十八大会议精神，发放新党章、专题报告等各类学习资料5100本（套）。中共十八大代表为机关党组织负责人、专职副书记和青年干部进行十八大精神专题集中辅导，提高党员干部理论素养。

三、基层党建

1988年3月，全市各基层党组织进行民主评议党员和创优争先评比工作。市直机关8041名党员参加，评出1000多名优秀党员，307名优秀党务工作者，122个先进党组织，处置6名不合格党员。1990年年初，市直机关成立党员重新登记办公室，在市总工会进行试点后，分三批进行党员重新登记，实际参加的正式党员3104名，通过重新登记，有23人未登记，其中开除党籍2人，不承认党员资格1人，不予登记3人，其余缓登和尚待处理。1997年，配备机关党务工作书记或专职副书记，调整机关党组织176个，充实增补机关党组织成员240名。是年，开展“争先创优”和激励先进作为加强基层党建工作重要措施，表彰先进党组织81个、优秀党员207名、优先党务工作者50名。1999年，市委授予市地税局雨花税务所“共产党员示范岗”，市直工委授予市公安局防暴支队一大队一中队等17个窗口单位“共产党员示范岗”。2002年9月，发布《中共长沙市委关于印发〈关于明确有关基层党组织隶属关系的暂行规定〉的通知》，明确98个市直单位党组织隶属于市直工委统一领导，采用统一管理、归口管理、委托管理三种形式，制定出台《中国共产党长沙市直属机关基层党组织暂行规定》，编印《机关党务资料》，90%以上单位配备机关专职副书记，新成立机关党委8个，党总支9个，增补委员296名，做到有党员就有组织，有组织就有上级。2005年新批准设立3个机关党委、2个党总支。2007年，出台和发布《长沙市直机关党支部工作细则》和《关于实行工委领导班子成员联系基层党组织的意见》。2008年，出台《市直机关党支部工作细则》，发布《关于加强长沙市直机关离退休支部建设的意见》，完善《党建工作目标考核办法》，编印《市直机关党的组织工作手册》。在市委组织部、共青团长沙市委、市民政局、市气象局4个机关党组织实行“公推直选”方式选举党组织领导班子。2009年，制定《长沙市直机关公推直选机关党组织领导班子实施办法》，实现机关党建工作科学化、规范化、制度化。

2004年在市直机关党组织中开展“创优争先”活动，召开“共产党员示范岗”专题经验交流会，16个单位被新授予“共产党员示范岗”。2001年首次推行党员发展公示制。2003年发展新党员486人，公示率100%。2007年，发布《市直机关在发展党员工作中实行培训制、公示制、票决制、考察制、责任制的意见》《市直机关发展党员工作的程序及内容》，是年培训入党积极分子1049名，发展新党员761名，培训率、公示率、考察率、票决率均达100%。至2012年，新党员发展工作严格按照“五制”要求，每年举办培训班6次，发展新党员1000余名（其中包括长沙学院学生党员）。

四、机关党风廉政建设

1988—1990年，开展“立党为公”“执政为民”“为政清廉”教育，举办“当人民公仆”汇报会、演讲会及文艺演出、征文活动和“先锋杯”“公仆杯”竞赛等多种形式抓党风廉政思想教育，1991年，制定《加强机关纪检工作意见》《加强党内监督意见》《机关党的生活会制度》，强化党风廉政自律措施。1996—1998年，万名党员干部参加全国党纪党风政纪条规知识竞赛，400多名副县级以上干部参加廉洁自律知识考试，结合实际开展“为经济、为基层、为人民”和创一流工作活动，市直单位建立公开办公制度657个，干部下基层蹲点1131人次，为基层解难1635个，近万名党员与9000农村困难户家庭结对帮扶，帮助困难职工1000多个，有2000名党员干部投入抗洪救灾，捐款1000余万元、衣被24万件。2000年，市直工委与36个市直单位签订党风廉政建设责任状，年中协查，年末全面考核。各单位再行层层分解任务，层层签订责任书，实行“廉政承诺”和述职述廉及“末位淘汰”制度。据统计，全年有342人拒收红包礼金10万余元，拒钓（钓鱼）87次，机关不正之风有所收敛；确定末位淘汰人员197人（包括7名县处级干部），其中132人被诫勉谈话、20人换岗、4人被辞退。2001—2002年，386名县级领导干部参加党风廉政责任目标内容考试。将目标责任分解到领导班子成员，并建立干部廉政手册和档案。2003—2005年，2565名党员学习《中国共产党党内监督条例（试行）》和《中国共产党纪律处分条例》，观看《扭曲的权力》《枕边钟》《反腐大案纪实》《蒋艳萍警示录》和到女子监狱听取服刑人员现身说法，接受警示教育，三年拒收礼金红包462.87万元，上交礼金红包134.55万元。2006年，开展以“建设进取型机关、务实型机关、服务型机关”为主题的“作风建设年”活动，全市各级机关单位万名干部下基层排忧解难促发展。2007—2011年，为营造反腐倡廉氛围，开展以领导干部为重点，以廉政文化进办公场所、进电脑网页、进干职工家庭，做到“入眼、入耳、入心”的“三进三入”为主要形式的廉政文化建设活动和“学党章、学党纪党规、学社会主义荣辱观，争当廉政公务员”的“三学一争”活动。2012年，开展以整治机关服务态度恶劣、工作作风散漫、推诿塞责、索拿卡要、不诚信守约等“群众办事难”专项治理，对市人社局、市住建委等20个重点部门和市政务服务中心、市公共资源交易中心等11个重点窗口进行专项督查。至是年年底，全市22年里，立案425起，给予党纪处分的143人，政纪处分的285人。

五、机关文明创建

为适应全市改革开放、经济建设、人民群众的需要，1993年开始，在市直单位开展“塑造公仆形象，建设文明机关”创建工作。1996年，全面推行“双文明”（即精神文明、物质文明）管理责任制。次年，制定《长沙市机关文明单位考核验收办法（试行）》，破除文明单位终身制。1998—1999年，在市直机关开展“创文明行业、文明单位、文明科室、文明家庭、争取人民满意公仆”“四创一争”和“讲文明、树新风、优质服务为人民”创建活动，有45个单位获市级文明单位，2个获文明机关、1个获省级文明单位、1个获省级文明窗口。2003年，为配合长沙市举办全国城运会，开展“当好东道主，办好城运会”主题活动，组织2000多干部进入80多个社区，宣传《长沙市容和市貌管理办法》，开展城管和市容督改，500多名干部参加清洗新世纪体育文化中心。2004年，针对有的部门存在的“门难进、脸难看、话难讲、事难办”等问题，发布《关于在市直机关开展评选创建“学习型机关先进单位”和“学习型干部”活动的通知》，制定《关于创建学习型机关先进单位和学习型干部的考核办法》。2006年，制定《市直机关创建全国文明城市工作（2006—2008）三年规划》，进一步完善《市直机关文明单位评选和管理办法》，对市直机关文明单位的评选实行百分制文明创建目标考核。2007年，开展“干群共建日”“志愿者行动日”和公民道德模范投票活动，市直单位有6000人次参与，投票2.1万张。2008年，举办市直机关文明创建工作培训班，专题学习《党政机关文明创建工作目标》《机关内部文明创建》《窗口单位文明创建》工作要求，发出《创建全国文明城市倡议书》，在市直单位建立市民学校158个，进行宣传教育，以提高市民创建意识和参建积极性。次年，5000多名干部走上街头参加环境卫生保洁。2010年，5000多名干部上街头，上公交车，开展文明劝导。2011年，有1个市直单位被评为全国文明单位，2个被评为全国文明创建先进单位，3个为省级文明标兵单位、5个省级文明单位。2012年，举办“教育我、感动他——雷锋精神在长沙”演讲比赛，开展礼仪进机关专题讲座和知识竞赛，开展关爱空巢老人、爱护湘江、红色服务月、志愿献血等志愿者活动，推荐省级以上文明单位16家。

六、机关群团活动开展

（一）机关工会活动。1994—1995年，市直机关举办7场次1.62万人次参加的文艺会演、体育竞赛和102个团队3000多人参加的拔河比赛。1997年香港回归祖国和1999年中华人民共和国成立50周年之际，分别举办喜迎香港回归“大众体育运动会”和“国庆杯”职工篮球赛，表彰29个先进工会组织、80名优秀工会干部79名工会积极分子。2003年，为迎接全国城市体育运动会在长沙举行，举办“迎城运”丽臣杯职工篮球赛，52个单位、34支篮球队、47支投篮队参加，历时15天，比赛102场次。2006年，开展创建“职工之家”“模范小家”活动，加强基层工会组织建设，推进工会工作，开展篮球、乒乓球、广播体操等多种比赛，参加人数突破1万人。2008年，举办“创建和谐文明机关，展示人民公仆风采”大型职工文艺会演和“红牛杯”职工篮球赛、“公仆杯”乒乓球赛，庆祝奥运会在北京举行。2009年，为庆祝中华人民共和国成立60周年，举办“颂祖国、展风采”歌咏会，40个单位4000多人参加表演。举行“长沙市第七届运动会”。市直机关工会组织102个行政事业单位、3000多名运动员参赛，获团体奖项61个、个人奖项56个、体育道德风尚奖36个、优秀组织奖30个。2010年，举办广播体操培训班，发放挂图碟片150套。2011年，为庆祝中国共产党成立60周年，举办女职工健身健体操比赛。70%的市直单位工会为职工补办补充医疗保险。2012年，开展职工趣味运动会、职工篮球赛、副县级以上领导干部乒乓球赛。开展模范职工之家及优秀职工书屋验收评审活动，申报全国模范职工之家1个，省级3个、市级5个。市直工会被省体育局评为群众体育工作先进单位。

（二）机关共青团活动。1994年，开展“希望工程1+1助学”活动，捐款3.87万元。1996年开始，创建“青年文明号”和“青年志愿者”活动成为常态化。次年，实施跨世纪青年文明工程，创建国家和省级文明号各2个，市级11个。2001—2004年，开展纪念“五四”青年节和“3·5”学雷锋活动，110多个单位向希望工程捐款130多万元，46个机关团组织与市第一、第二福利院和社区福利院结对献爱心。2005年，开展“学团史、知团情，争当合格团员”教育和举办“洪战辉、文花枝先进事迹报告会”，增强共青团员先进意识，争当优秀团员。2006年开展“城乡青年手拉手，共建美好新农村”活动，20多个团组织分别为革命老前辈所在家乡签订结对帮扶协议，建立“青少年爱心屋”2个，捐赠书刊4万余册，募集资金6万元；参与社区联合创建活动27场次，人数达2300多人。2007年，开展“千心助学”活动，50多个单位的团员青年捐款6万元，资助长沙学院、中南大学和宁乡县120名贫困学生上学。是年开始，连续四年举办“学先辈，爱长沙——市直青年长沙（县）、浏阳、宁乡、望城行”和“学习革命先辈，继承革命传统；瞻仰革命圣地——青年红色之旅”活动。2011—2012年，启动“促进民族团结，情系贡嘎儿童”爱心助学活动，先后资助110多名藏族儿童入学读书。结对资助近200名藏族贫困学生。

（三）机关妇工活动。1994年，评比表彰40个“巾帼建功”先进集体和个人，举办迎“第四次世界妇女大会知识竞赛”和“家庭风采”文艺会演。次年，开展“现代文明集体”活动，表彰369现代文明家庭。1998年，开展“女性形象”报告会，增强女干部“四有”（心中有党、心中有民、心中有责、心中有戒）意识；与炮校官兵举行联谊活动，开阔视野，架起民兵联系桥梁。2001年举办有58个单位1800名女干部参加的庆“三八”妇女运动会；开展向贫困山区妇女送衣、送物、送现金活动；表彰“五好文明家庭”100户，其中58户获省、市“五好家庭”标兵，市公安局刑侦支队警察谢智勇家庭被评为全国“五好家庭”十佳标兵。2002年，举办市直机关女领导干部联谊会和“21世纪发展与女人”论文研讨会，深化“巾帼文明示范岗”创建和“五好家庭”评选活动。开展女干部“献爱心”活动，市直45个单位妇委会向市二福利院捐赠现金1.43万元和一批物资，25个市直单位妇委会向开福区汉回林捐书2700册，帮助建立图书阅览室。2004年，300多名妇女干部参加爱心授课和150个家庭参加“家庭手牵手，美丽星城走”活动。为使创建活动更加深化和更具效果，2007年开展“巾帼文明岗”与示范乡村结对活动，2009年机关“巾帼志愿者”上街参加文明劝导，和机关妇女参加全国“亿万妇女学法律、家庭平安促和谐”法律知识竞赛。2010年，评选表彰千户“文明和谐示范家庭”。

（四）机关关心下一代活动。1998年和2004年，分别在刘少奇100周年诞辰和邓小平100周年诞辰之际，组织市直机关青少年开展演讲和知识竞赛，教育帮助他们继承革命传统和老一辈无产阶级革命家遗志，争当革命接班人。2004年，举办暑假家庭运动会，寓教于乐，有27个单位53个家庭和26个单位45个家庭参加，活跃青少年暑假生活，打造家庭与社会和谐氛围。2005年，以抗日战争胜利60周年为契机，在青少年中开展“毋忘国耻，振兴中华”爱国主义教育，2100名青少年参观革命传统教育基地和青少年素质教育基地，观看抗日战争胜利60周年图片展览，激发爱国热情，增强振兴中华历史责任感。为深化青少年道德观教育，2007—2011年，分别开展“知荣辱、树新风”专题教育，举办“知荣辱、树新风、促和谐”读书演讲会，“共迎奥运，振兴中华”书画比赛，开展“爱党爱国、励志兴邦”为主题的“五个一”活动（即看一本好书、唱一首红歌、看一部好电影、献一份爱心、学一位模范人物）；举办“五老”（老干部、老模范、老教师、老战士、老专家）报告会43场，开展礼仪大讨论28场。通过教育活动，增强广大青少年道德观念，立志振兴中华，从现在做起，从自己做起，有518名青少年争当“义工”，帮助贫困青少年家庭。

第五节　老干部管理

一、机构

（一）市级机构。中共长沙市委老干部工作局成立于1983年，归口市委组织部管理。1991年设办公室、组织宣教科、安置服务科、接待科、活动指导科、关心下一代工作委员会办公室。1995年，内设机构变更为办公室、保健安置服务科、行政财务科、活动指导科（关心下一代工作委员会办公室）、组织人事科（纪检组、机关党委合署办公），设行政编制21名，事业编制4名。2002年，中共长沙市委老干部工作局更名为中共长沙市委老干部局，设办公室、生活待遇处、组织宣教处、关心下一代工作委员会办公室、人事处（机关党总支合署办公），设行政编制23名，事业编制3名。2005年、2007年分别新增行政编制2名。2008年再次增加行政编制1名，局机关行政编制总数为28名。2012年机构无变化。并有二级机构2个，即市老干部休养所、市老干部活动中心。

1988—2012年，先后担任中共长沙市委老干部工作局主要领导职务的有：陈学明、杨建安、张庚寅、伍蔚滇、文丽霞（女）、李伟群；其他班子成员有：李锡宜、梁国兰（女）、李扬波、李力平、郭永福、伍君山、王荣华（女）、徐水清、黄志人、全晶莹（女）、周春晖、周翠英（女）、邓国强、黄虹（女）。

（二）区县（市）机构。1988年，长沙、望城、浏阳、宁乡4县的老干部工作局归口县委组织部管理；东区、南区、西区、北区4区及郊区的区委组织部设老干部工作办公室。1990—1991年，东区、南区、西区、北区4区及郊区均设立老干部工作局，归口区委组织部管理。1993年，浏阳撤县建市（县级），县老干部工作局更名为浏阳市老干部工作局。1995—1996年长沙市区划调整，原五区老干部工作局更名为芙蓉、雨花、天心、开福、岳麓区老干部工作局。2001—2002年，各区县（市）老干部工作局均更名为区县（市）老干部局。2011年，望城撤县设区，县老干部局更名为望城区老干部局。2012年机构无变化。

二、老干部安置

（一）老干所安置。1981年，长沙市老干部休养所一次性安置离休干部108人（直管离休干部58人，代管离休干部50人），其中老红军33人、抗日战争时期参加革命工作的干部46人、解放战争时期参加革命工作的干部29人，分别安置在长沙市砂子塘路137号、麻园湾、樊西巷、上麻园岭、朝阳新村、席草田、烽火台等安置点。市老干所内安置的离休干部随年龄增长逐年减少，到1998年，所内安置的离休干部61人，其中老红军11人、抗日战争时期老干部40人、解放战争时期老干部10人。1999年，长沙市实行住房制度改革，在砂子塘路137号院内新建3栋住宅楼，将分布于各安置点的离休干部全部搬迁至砂子塘路137号院内集中安置。至2012年，有离休干部14人（均为代管离休干部），平均年龄逾90岁，其中享受副省级医疗待遇离休干部2人（红军时期1人，抗日战争时期1人），享受副市级以上待遇离休干部7人（抗日战争时期5人，解放战争时期2人），享受县处级待遇离休干部5人。

（二）异地安置。1986年，发布《关于外地离休干部来长安置的几点意见》，离休干部的福利待遇由原工作单位负责落实，安置到长沙市的按照老红军和副市级以上离休干部400元/年、进老干所的县级干部300元/年、科级以下干部250元/年，分散安置的县以下（含县级）离休干部每年200元的标准，并组织开展学习、参观、文娱活动等，对异地安置在其他省市的离休干部每两年进行一次走访。1987—1995年，长沙市接收外省（市）异地安置老干部276人，出省安置61人，本省安置34人。此后，长沙市再未接收外省（市）异地安置离休干部，也无新增出省（市）安置离休干部。至2012年年底，长沙市有外省（市）异地安置离休干部63人，出省（市）安置离休干部19人。

（三）改制企业离休干部安置。2007年，湖南省开始把省属破产或改制国企离休干部移交地方管理。2008年8月26日，发布《关于做好接管省属国有关闭破产企业和改制为非国有控股企业离休干部工作的意见》，同年接管省属国有关闭破产企业和改制为非国有控股企业离休干部316人，遗孀42人，按属地管理的原则，分别安置在安置在芙蓉区、开福区、天心区、雨花区、岳麓区。2011 年，接管企业离休干部 72 人，遗孀 13 人，安置在芙蓉区、开福区、天心区、雨花区、宁乡县和浏阳市。2012 年 8 月 2 日，发布《关于接管省属国有关闭破产企业和改制为非国有控股企业离休干部工作有关补充意见的通知》，规定接管以后离休干部的生活待遇按照长沙市本级同级别离休干部项目及标准执行。

三、老干部政治待遇

（一）落实政治待遇制度。1988 年，发布《关于进一步落实离、退休干部待遇的通知》，明确离休正副市长级干部（含享受待遇的）订一报一刊，县级以下离休干部订一报或一刊；各级召开党代会、人大会、先代会、职代会，分配离退休干部一定名额，重大庆祝纪念活动请离休干部代表参加。每年印发春节期间走访慰问老干部的通知，党政主要领导干部参加走访慰问、召开老干部座谈会，组成慰问组，到老干部居住地走访看望，对老干部提出的建议采取措施加以改进，对老干部反映的困难尽力解决。80 岁以上的离休干部过生日，由组织派人前往祝贺。2008 年，发布《关于进一步加强新形势下离退休干部工作的实施意见》，规定离退休干部按同级在职干部阅读文件；每年办上、下半年各一场老干部形势报告会，在重阳节前后组织老干部参观工农业生产和召开情况通报会，组织老干部参加党代会、人大政协会议、征求意见会议、人事安排通报会议以及重大庆祝会、纪念会、重要活动等。是年开始，组织老干部到省内外参观学习考察，为全市经济社会发展建言献策。

（二）政治思想建设与老干党支部建设。2006 年开始，离退休干部党支部建设工作纳入党建工作总体规划，与在职人员党支部建设工作一同规划、部署、考核和表彰，对离退休干部党支部建设进行宏观指导，确保离退休干部党支部规范管理、按期换届、组织政治理论学习等，每年定期组织离退休干部党支部书记培训，将离退休干部党建工作纳入各单位党建工作考核内容，强化考核结果运用，每年“七一”将离退休干部党建工作与在职干部党员党建工作同表彰。2010 年，在离退休干部党支部开展创先争优活动，雨花区华银园社区、岳麓区咸嘉湖社区、芙蓉区朝阳社区、宁乡县回龙铺镇等一批离退休干部党支部被评为“全国先进基层党组织”。2011 年，在长沙召开的全国离退休干部党组织和党员创先争优活动推进会上，长沙工作获高度评价。2011 年开始，在全市开展创建“五好离退休干部党支部”（即支部班子好、党员队伍好、组织设置好、活动开展好、群众反映好）活动。至 2012 年，全市有离退休党支部 989 个，评选出市级“五好离退休干部党支部”30 个。

四、老干部生活待遇

（一）提高享受待遇级别与离休金保障。1988 年对 1982 年年底以前工资级别为行政 14 级、18 级以上的国家机关行政事业单位离休干部提高享受副司局级或副县处级待遇。1983 年年底以前标准工资额高于当地国家机关行政 14 级、18 级干部工资额的国有企业的非国家机关行政级干部，提高享受副司局级或副县处级待遇。1937 年 7 月 6 日以前参加革命工作的离休老红军享受厅局级待遇。1996 年，发布《关于进一步做好老干部工作的通知》，明确中华人民共和国成立前参加革命工作未担任过正科级职务的离休干部一律享受正科级待遇。1997 年，市属企业离休干部离休金纳入企业社会养老保险统筹，企业离休人员基本离休金比照国家行政机关同职务同条件离休人员的基本离休金标准执行，企业离休干部与行政机关离休干部基本离休金持平。2003 年，出台《关于建立离休干部离休费保障机制的暂行办法》，离休费保障机制中所列按国家和省里有关规定发给离休干部个人的各项经费，行政和全额拨款事业单位离休干部的离休费由同级财政负担；差额拨款事业单位离休干部的离休费在单位综合财政预算中优先安排；企业和自收自支事业单位离休干部的离休费由社会保险经办机构由养老保险统筹基金优先支付，实行社会化发放。

（二）享受非生产性福利待遇。1988 年开始，长沙市给红军时期和年满 80 周岁的离休干部发放护理费，并不断扩大护理费发放范围。至 1993 年，每年组织老干部进行健康休养，不能参加健康休养的，发放健康休养费列支标准的 40%给个人作为营养补助。1994 年开始，长沙市不再统一组织老干部外出健康休养，健康休养费按厅级 400 元/年、县级 350 元/年、科级 300 元/年的标准全额发给个人。1996 年，长沙市明确离休干部每年进行一次健康体检。1997 年开始，每年安排资金，用于发放企业离休干部工龄、职务、生活补贴等。2003 年，出台《关于建立离休干部离休费医药费财政支持机制的暂行办法》，明确建立财政支持机制，并对特困企业离休干部生活补贴进行清欠，由财政支持解决特困企业离休干部拖欠生活补贴 1130 万元，将破产、改制和困难企业离休干部的生活补贴等统筹外经费纳入财政支持范围，根据单位经济状况按 60%、90%、100%的比例支持解决。2007 年，津贴补贴进行全面规范，离休干部按同级政府同职级在职人员津贴补贴水平 85%的标准享受生活补贴。2009 年，离休干部的生活补贴提高到同级政府同职级在职人员津贴补贴水平的 90%。2010 年，对困难差额拨款和自收自支事业单位 2007 年 5 月规范津补贴以来拖欠的离休干部生活补贴进行清欠，并将困难差额拨款和自收自支事业单位纳入财政支持范围。2010 年开始，市本级离休干部体检均由市医保局安排，费用由市医保局负责与医疗机构结算。2012 年，老红军、抗日战争时期离休干部、解放战争时期离休干部护理费标准分别为 800 元/月、400 元/月、200 元/月，生活长期完全不能自理离休干部护理费为 600 元/月。

（三）调整丧葬抚恤费标准。1988 年国家机关离休干部丧葬费（死亡殓葬费）标准为 300 元/人，抚恤费标准为本人生前 10 个月基本离休费，企业离休干部丧葬费标准为 3 个月本企业平均工资，并发给供养直系亲属救济费（供养直系亲属 1 人者，为本人 14 个月标准工资）。1990 年机关离休干部丧葬费标准为 600 元/人。1997 年企业离休干部与机关离休干部基本离休金平衡后，离休干部去世参照机关单位离休干部丧葬费、遗属一次性抚恤费标准执行，丧葬费标准调整为 900 元/人。2001 年丧葬费标准调整为 1500 元/人。2004 年起抚恤费标准调整为本人生前 20 个月基本离休费。2005 年丧葬费标准调整为 4000 元/人。2008 年将提留不足的破产改制企业和特困企业离休干部死亡后一次性抚恤金纳入财政支持机制，由财政支持解决。2009 年起丧葬费标准调整为 5000 元/人。2011 年起抚恤费标准调整为上一年度全国城镇居民人均可支配收入的 2 倍加本人生前 40 个月基本离休费。

（四）医疗保障。自 1982 年 2 月离休干部制度建立开始，离休干部就实行公费医疗，医药费由单位按政策实报实销。1995 年开始，每年在预算中安排专项经费，作为特困企业离休干部医药费补助。2000—2002 年，清欠医药费 1356.85 万元。2002 年，出台《长沙市离休干部医疗保障试行办法》，2003 年，全市全部企业离休干部 1360 人参加离休干部医疗费用专项统筹，医药费由医保中心负责和医院结算。2004 年，发布《关于离休干部无固定收入的遗孀、配偶参加基本医疗保险的意见》，将无固定收入的离休干部的配偶、遗孀的医药费也纳入城镇职工医疗保险，行政事业单位离休干部无固定收入遗孀配偶参加医疗统筹资金由单位在预算中安排，困难企业离休干部无固定收入遗孀配偶参加医疗统筹资金纳入财政支持渠道。2010 年，长沙市行政事业单位 604 名离休干部参加离休干部医疗费用专项统筹，至此，长沙市离休干部全部纳入专项统筹范围。同年，出台《长沙市离休干部医疗保障办法》，7 月 15 日，出台《长沙市离休干部医疗管理实施细则》，明确离休干部门诊可到任一家定点医疗机构就医。2011 年，转发湖南省《关于调整离休干部医疗保障待遇标准的通知》，离休干部医疗保障的诊疗项目范围、用药范围和医疗服务设施标准，按照 2004 年版《湖南省离休干部药品目录》《湖南省离休干部诊疗项目目录》

《基本医疗保险的诊疗项目目录》和 2011 年版《湖南省基本医疗保险、工伤保险和生育保险药品目录》一并使用。至 2012 年，长沙市离休干部定点医疗机构 79 家。

（五）住房保障。1999 年长沙市住房制度改革前，离休干部住房由所在单位按照同级在职干部的住房标准优先安排，回农村安置的发放 1000~4000 元/人的建房补助费。1999 年后，离休干部住房未达到标准面积的，根据《长沙市 1999 年深化住房制度改革方案》和《长沙市职工住房货币分配实施方案》，给予差面积货币化补贴。行政机关、事业单位中未购买公有住房、安居房、未参加集资建房和未购买经济适用住房的无房职工，以及已购住房但面积未达到规定标准（含有私房未达到标准）的职工给予住房货币分配。已购住房面积达到规定标准（厅级 100 平方米/人，处级 85 平方米/人，科级 75 平方米/人，普通职工 65 平方米/人）的职工不享受住房补贴和工龄补贴。企业单位的住房货币分配方式由企业自主决策，接受政府指导，可参照行政机关和事业单位办法实施。2005—2006 年，解决无法足额提取和已改制无法补提的企业离休干部 1040 人住房差面积补贴 1131 万余元。

（六）老干部用车保障。1989 年，行政 10 级的离休干部和 1937 年 7 月 6 日以前参加革命工作、“文化大革命”以前担任过正、副厅局长或相当于这一职务的离休干部，每人每月发给乘车票 250 千米，其他厅局级离休干部（含享受副厅局级医疗、住房、用车待遇的）每人每月发给乘车票 150 千米，按每千米 0.2 元计算。县处级发给 12 元/月交通费；科级以下发 8 元/月交通费，包干使用。1992 年，县处级离休干部交通费调整为 16 元/月，科级以下调整为 12 元/月。2008 年，发布《关于进一步加强新形势下离退休干部工作的实施意见》，规定凡离退休干部在 30 人以上，其中离休干部和县处级以上退休干部 10 人以上的单位，专门配备为离退休干部服务的车辆。市级离退休干部看病、住院和处级离退休干部急诊、重病住院，单位保证用车。离退休干部在本市范围内参加学习、开会、听报告、参加重大活动、健康体检等用车，所在单位应主动优先安排。

五、老干部活动场地建设与文体活动

（一）市老干部活动中心建设。1986 年，原市老干部活动室改设为市老干部活动中心；1995 年，在蔡锷中路藩后街 52 号建市老干部活动中心，1999 年投入使用，建筑面积约为 4700 平方米，有阅文阅览室、棋牌室、乒乓球室、健身房等活动室（场）12 个，平均每天接待老干部 500 多人。2006 年，在岳麓区观沙路 229 号修建新的市老干部活动中心，2012 年建成投入使用，占地 40 亩，总建筑面积 19289 平方米，活动区分为 A、B、C、D 四个区，有羽毛球馆、乒乓球馆、保龄球馆、电子阅览室等活动场馆 14 个，每年接待活动老干部 10 万余人次，承接会务 100 多场次。

（二）老干部大学建设。1991 年，长沙市老干部大学在市老干部活动中心挂牌成立。1995 年，因市老干部活动中心改扩建工程动工，市老干部大学暂无场地而停办。1999 年，市老干部大学恢复办学，设书法、绘画、交谊舞和老年保健 4 个专业，12 个班，学员 479 人。2000 年，长沙市将老年教育纳入社会发展规划，经费纳入财政预算，人员纳入国家正式编制，市老干部大学新增 9 个专业 18 个班，招收学员 2188 名，自此，入学人数逐年稳步增长。2001 年，市老干部大学成为中国老年大学协会会员。2005 年，被评为“湖南省先进老年大学”。2007 年，被评为“湖南省老年大学示范校”。同年，市老年教育工作领导小组成立并召开会议，发布《关于加强老年教育工作的意见》。2009 年，市老干部局和老干部活动中心搬迁，原使用房屋全部无偿让给市老干部大学，学校规模进一步扩大。至 2012 年，学校开设班级 102 个，课程 41 门，年学员达 4911 人次。

（三）区县（市）老干部活动中心、老干部大学建设。1986 年，望城县率先成立老干部活动中心，

面积486平方米，可容纳130人活动。1992年，浏阳县率先成立老干部大学，面积1773平方米，可容纳100人学习。至1996年，天心区、岳麓区、望城县、长沙县、浏阳市、宁乡县6个区县（市）成立老干部活动中心。2000—2002年，岳麓区、宁乡县、芙蓉区、开福区、天心区相继成立老干部大学。2007年，9个区县（市）均成立老干部大学，全市形成二级办学网络。至2012年，除芙蓉区外，其余8个区县（市）均成立老干部活动中心，区县（市）活动中心总面积达1.2万平方米，每年接待老干部15万余人次，区县（市）老干部大学入学老干部达1.8万人次。其中，芙蓉区、天心区、开福区、雨花区、望城区、长沙县、浏阳市、宁乡县老干部大学被评为“湖南省老年大学示范校”。

（四）老干部文体活动。1986年开始，每年春节前夕组织举办老干部春节游艺活动。1989年，举办全市首届老干部书画作品展。1991年，举办全市老干部歌舞比赛。1996年，举办全国20城市乒乓球“麒麟——聚星杯”友好邀请赛，并举办“纪念长征胜利60周年”全市老干部主题文艺会演。1999年起，每年举办离退休干部象棋赛、乒乓球赛、门球赛。2001年，举办“光辉颂”全市老干部歌舞比赛。2003—2005年，分别举办“纪念毛泽东同志110周年诞辰”“庆祝中华人民共和国成立55周年”“纪念抗日战争胜利60周年”主题书画作品展。2005年，举办“不忘国耻、爱我中华”大型红色经典歌唱比赛，1000余老干部参加。2008年，举办“欢庆改革开放30年，喜迎北京奥运盛会”主题书画作品展。2011年，举办“庆祝中国共产党成立90周年和辛亥革命100周年”主题书画作品展。2012年起，每年举办一届长沙市离退休干部运动会，设广场舞、乒乓球、门球、象棋4个比赛项目。

六、关心教育下一代

长沙市关心下一代协会于1986年成立，会员900人。1990年，更名为长沙市关心下一代工作委员会（以下简称关工委）。至1996年，长沙市有关工委组织4000个，会员近10万人。1998年，发布《关于进一步加强关心下一代工作的意见》，把关心下一代工作纳入“三个轨道”（以经济建设为中心的轨道；精神文明建设的轨道；目标管理责任制的轨道），与精神文明建设同部署同检查同表彰，每年要研究1~2次关工委工作，召开一次关心下一代工作会议，并确定一名分管老干工作的副书记主管。2004年，联合湖南省东方红建设集团开展“资助百名贫困生读完小学”活动，每年资助110名贫困学子直至小学毕业。2006年，发布《关于进一步加强关心下一代工作的意见》，推动关工委组织向街道、社区、楼栋，乡镇、村组、屋场延伸，向学校、企事业及机关单位延伸。全市关工委组织发展到6356个，会员12.8万人。2007年市关协基金资助贫困学生25名，金额2.8万元。2008年，在全市青少年中广泛进行“关注抗震救灾，开展‘四爱’教育”（爱党、爱国、爱人民、爱社会主义）的活动。2009年，市关工委被评为“全国关心下一代工作先进集体”。出台《开展“十万五老用核心价值体系引领青少年大行动”的实施方案》，各级关工委动员广大“五老”积极参与青少年学雷锋实践教育活动，宣传雷锋精神，讲解雷锋故事。发布《长沙市关心下一代工作条例》，成立长沙市关心下一代基金会。2010年，将关协基金210万元转作长沙关心下一代基金会创始基金。2012年，开展“弘扬优秀文化传统、传承中华传统美德、争当雷锋精神传人”主题教育活动，经验文章《把学雷锋活动贯穿于关工委工作全过程》被中共中央政治局委员刘延东和中国关工委主任顾秀莲分别批示。至2012年年底，全市有关工委组织7563个，会员14.6万人。

七、发挥“五老”作用

长沙市注重发挥老干部的政治优势、威望优势和经验优势，不断拓展工作领域，为党和国家的事业增添正能量。1991年离休干部徐庆华出席全国老干部“双先”表彰会。1992年，全市近万名离退休老干部协助计划生育工作，6451名老干部参加发展庭院经济，1845名老干部参加普法教育。同时，老干部还积极参与经济建设、创办经济实体。1994年，全市有老干部兴办的各类实体经济74个，注册资金1236万元。1997年，老干部兴办的实体经济增长到132个，全年盈利近400万元。2007年，全市有12.8万余名老干部为“三个文明”（物质文明、精神文明、政治文明）建设贡献余热。2011年3月22日，中共中央政治局常委、中央书记处书记、国家副主席习近平视察长沙市咸嘉新村社区时指出：“即使在基层社区，思想政治工作的资源也是很丰富的。充分发挥这些有觉悟、有经验的老党员的作用，对社区群众特别是青少年开展有针对性的思想教育，是很有意义的。”为落实这一指示精神，发布《关于在全市广泛开展“发挥五老优势进行四项教育”主题活动的通知》，组织引导一批老干部、老模范、老教师、老战士、老专家进机关、进学校、进社区、进企业，开展形势政策、党的历史、思想道德和公民意识教育（简称“五老四教”）。先后召开工作动员会、领导小组办公会、联席会、督查讲评会16场。制定《长沙市“五老”金牌讲师团章程》和发布《关于做好长沙市“五老”志愿者服务队组建工作的通知》《关于加强“发挥五老作用”示范阵地建设工作的通知》等文件。组建千名“五老”宣讲员队伍，并择优成立长沙市“五老”金牌讲师团，制定《千名“五老”工作联系表》，编印《五万“五老”争当“五员”名册》，编写工作简报248期，编发工作通报22期，发放学习资料2.84万册，建立1216支“五老”志愿服务队，吸纳“五老”志愿者5.1万名。“五老”们进机关、进社区、进学校、进企业，依托各老年活动中心、离退休干部党支部、工作室等阵地就近发挥作用，利用集中学习、居民集会、婚丧嫁娶、茶余闲聊等多种场合，通过作报告、谈感受、讲故事、传箴言等多种形式，开展普法宣传、社会主义核心价值观教育、形势政策解读、传统文化讲解等教育活动，调解居民邻里纠纷、化解社会矛盾，开展“红袖章”治安巡逻、排查社区安全隐患、协助处理安全事故等多种形式维护社区安全，促进社区和谐，为群众排忧解难，为党委政府发声，密切干群关系。习近平又分别于5月4日和9月3日做出批示：“长沙市在全市发挥‘五老’优势，加强思想政治教育的做法，是新形势下做好群众工作，加强和创新社会管理的有益探索，也是发挥老党员、老同志余热的重要途径，值得关注。”“发挥‘五老’优势是创新群众工作，深入开展创先争优活动的好经验，可加以总结借鉴。”10月，中组部和中央创先争优活动领导小组专门召开推广长沙市“发挥五老优势、进行四项教育”主题活动经验现场会，长沙市“五老四教”作法入选2011年全国各地方组织部门“45项特色工作”、全省“五创四评”活动“优秀学习载体”。至2012年，全市“五老”宣讲员开展宣讲活动5.02万场次，参加的党员群众和青少年达283.1万人次，创立主题活动市级示范性阵地24个。

表2-12-5-1　　1984—2012年长沙市涉老组织一览表

组织名称	成立时间	主要活动
长沙市老科技工作者协会	1984年	服务“三农”科技扶贫，举办各类农业培训班，协助建立农业科技示范园，协助建立农民专业合作社、家庭农场，吸纳贫困人口就业
长沙市老年人体育协会	1984年	组织开展门球、气排球、广场舞、太极拳、健身操、地掷球、健走、风筝、棋类、桥牌、秧歌、网球、柔力球、腰鼓、威风锣鼓、舞龙、舞狮及民间体育等体育活动
中共长沙市委党史联络组	1986年	协助山西、河北、山东、河南和东北三省到长沙调查了解其南下干部情况，协助长沙市委党史研究室做好“存史资政育人”工作

续表 2-12-5-1

组织名称	成立时间	主要活动
长沙离退休医务工作者协会	1987 年	与乡镇卫生院联合办院，与市一福利院共同创建长沙老年康复医院，与湖南医科大学、省中医学院、省电大卫生分校、市卫生学校多渠道联合办学，深入社区农村开展义诊扶贫和科普宣传活动，为会员组织专业技术职称评，创建长沙离退休医协第一门诊部（后升格为医院）
长沙市老干部书画协会	1993 年	组织会员书画展览、比赛、交流、培训和研讨活动，开展创建“书画之乡”活动
长沙市老干部诗词楹联协会	1999 年	定期出版诗词期刊，每逢建档整数周年和每届党的代表大会的召开庆典，编辑出版纪念专集
长沙市老年保健协会	2011 年	在老年群体中开展健康教育：编印并免费发放保健科普读物，在老年群体中讲授保健知识科普课，组织专家义诊咨询及各种形式多样的保健活动

第六节　对台事务

一、机构

（一）市级机构。1987 年 10 月，成立长沙市委台湾台胞接待处和市委对台办接待科，1989 年，成立长沙市人民政府台湾事务办公室，均实行“两块牌子、一套人马”。1990 年，增设秘书科，成立长沙市旅台乡亲联谊会。1991 年，增设经济贸易科。1992 年，“中共长沙市委对台办公室”更名为“中共长沙市委台湾工作办公室”，仍与长沙市人民政府台湾事务办公室实行“两块牌子、一套人马”。1993 年，成立长沙海峡旅行社。1995 年，设秘书科、经济贸易科、宣传科和联络接待科。1996 年，成立长沙海峡经济文化合作交流中心，为正科级全民事业单位。2001 年，中共长沙市委对台工作领导小组办公室（长沙市人民政府台湾事务办公室）由副县级机构升格为正县级机构。2002 年，设置中共长沙市委台湾工作办公室（长沙市人民政府台湾事务办公室）（简称市台办），正县级，由中共长沙市委统战部管理，是市委、市人民政府主管对台工作的办事机构。内设秘书处、联络交往处、宣传交流处、经济处。2008 年，增设投诉协调处。2011 年，增设交流交往处。2012 年，设 6 个处室，行政编制 25 个，离退休人员管理服务编制 1 名，机关后勤服务人员编制 2 名，实有 27 人。

1988—2012 年，先后担任中共长沙市委台湾工作办公室主要领导职务的有：张化龙、杜少甫、胡晓亚（女）、陈树中、王国平；其他班子成员有：邓再明、谢金庭、王星雄、李扬波、陈树中、张克清、王劲锋、杨成宪。

（二）区县（市）机构。1990 年，各区县（市）委相继成立台湾工作办公室，与统战部合署办公。2005 年机构改革，县（市）委台办调整为党委工作部门，由统战部管理，编制 2~3 人；区台办为正科级机构，与统战部合署办公。区、县（市）台办主任为正科级，兼统战部副部长。2012 年，机构无变化。

二、对台经贸合作

1988 年，随着台湾当局探亲政策的进一步开放，到大陆投资设厂洽谈贸易的台胞日益增多。鼓励台胞到长沙开展经贸合作，成为对台工作的重要任务。1989 年，长沙市引进台资 213.5 万元，对台贸易额 570 多万元，劳务输出 7 人，创外汇收入 10 万马克。1991 年 4 月，召开长沙市第二届台胞台属代表大会，号召全市台胞台属，为推动两岸和平统一和振兴长沙经济做贡献。是年，引进台商投资办厂 12 家，总投资额 1867.57 万美元，其中台商投资 1246.59 万美元。签订意向书项目 5 个，协议投资金额 8950 万美元。1992 年，把开展好对台经贸工作作为全市对台工作的重点，召开长沙部分台湾工商界人士座谈会。市直各战线分管对台工作的部门负责人到福州、泉州、厦门、广州、珠海、深圳等沿海城市和经济特区进行为期 18 天考察学习。省委常委、市委书记夏赞忠，市长张明泰等领导多次接待到长沙进行经贸考察和投资台胞。是年引进并办好工商登记的台资企业 44 家，签订正式合同 4 个，投资总额达 2.01 亿美元。签订意向书项目 5 个，投资总额达 17.40 亿美元。1993 年，随着改革开放的不断深入，台商投资由沿海转向内地，长沙逐渐成为台商投资新热点，到长沙进行经济考察的台商增加，投资规模和领域不断扩大，独资企业比重上升，投资年限从三五年延伸至数十年。引进台资企业 81 家，投资总额 15173.04 万美元，其中台商投资额为 6959.77 万美元。为加强到长沙探亲旅游和从事经贸交流活动台胞日益增多接待服务，成立长沙海峡旅行社，是年邀请台商团组 40 多个近 500 人次，接待到长沙进行经贸考察的台商近 2000 人次。1994 年，针对由于受千岛湖事件的影响，全市引进台资项目较上年有所下降情况，研究解决对台工作中存在的实际问题。次年，应湖南省省长杨正午邀请，台湾海峡两岸商务协调会会长张平诏率对台经贸洽谈团一行 36 人于 6 月 30 日—7 月 3 日在长沙参观访问，签订一批外销协议。1996 年，引导台商由过去主要创办娱乐、餐饮加工扩展到农业开发和基础设施建设，市六水厂合作开发项目采用建设—经营—转让（BOT）合作开发方式，由台湾大颖集团联庆实业有限公司全额投资建设，成为是年港交会上与台商签约较大的项目之一。1997—2001 年，针对台湾当局紧缩大陆经贸政策，限制台商赴大陆投资监控案新情况，市委市政府按照中共中央提出的“顾全大局，不急不躁，有所作为，稳中有进”的工作方针，加强与台资企业联系，维护台资企业合法权益，成立长沙市台商投资企业协会。加大宣传贯彻《台湾同胞投资保护法》及其《实施细则》力度，举办“2001 长沙—台湾经贸合作洽谈会”，邀请台湾岛内 220 名工商界人士到长沙进行贸易洽谈，签约 33 个项目，投资总额 2.8 亿美元。在望城县成立省内第一个以台商投资为主体的省级投资区。2002—2004 年，坚持以经济促政治策略，组织台商参加长沙投资和湖南省台商投资项目推介会，派专人驻市台协指导工作，协会会员由成立时 48 家发展到 140 家，并成立协会建筑行业联谊组。2005 年，望城县政府与湖南省台商投资区承办 2005 湘台经贸交流与合作高峰论坛，邀请台商 230 多名，长沙市签约 11 个项目，签约资金 2.82 亿美元。邀请 90 多名台商参加 2005 长沙（福州）农业投资推介会，签约台资 12.49 亿元，实现对台农业招商的突破。2008 年 7 月，市委、市政府到中央台办就长台交流及直航等事项向中央台办领导汇报，促成长沙周末客运包机直航点建成。沿海考察台资企业，调研台资企业转移问题。10 月，赴台就信息产业进行交流，开展招商活动。是年新批台资企业 13 家，总投资额 8212.9 万美元，合同台资 7372.9 万美元，台资企业增资扩股 500 万美元。2009 年 6 月 8—10 日，举行“2009 海外台商湖南行”长沙市投资推介会，推介 17 个重点项目。第五届两岸经贸文化论坛期间，与台北市富邦商业银行董事长蔡明忠一行和威京集团主席沈庆京洽谈；在市政府举行的茶叙会上，向 60 多名代表介绍长沙经济发展情况，欢迎台湾朋友到长沙投资兴业。11 月 7—9 日，举办“第五届湘台经贸交流合作会”长沙分会活动，代表团成员开展各项活动，通过各种交流洽谈促成长台经贸合作快速发展。2010 年 4 月 12 日，在台南县举行长台农业合作交流会，长沙重点推介“生态有机茶开发”等 6 个项目。至 2011 年接待到长少考察参访的台湾工商团队 36 批 329 人次，批准成立新台资企业 29 家，项目投资达 15.85 亿万美元。2012 年，举办第九届两岸信息产业和技术标准论坛，两岸专家、企业家近 500 人参会。台湾“经济部常务次长”杜紫军、金仁宝集团董事长许胜雄、华邦电子董事长焦佑钧等 146 名台湾嘉宾参加论坛，发布两岸共通标准及签署 TD-LTE 领域合作备忘录，举办长台高新技术企业对接会。是年，新批台资企业 17 家，总投资 2.61 美元。至 2012 年，全市累计批准成立台资企业 620 家，总投资 39.74 亿美元，其中，旺旺集团、介面光电、创芯集成电路等企业均投资 3 亿美元以上。23 家台湾上市公司落户长沙，统一集团、富士康等一批知名企业在长沙投资建厂，涉及食品加工、电子信息、装备制造、新材料、服务业和现代农业等领域。创芯集成电路、联强国际、崇友电梯、旺旺乳饮厂等台资企业，项目引进填补相关产业空白。台资企业在促进长沙经济发展、增加财政税收、缓解就业压力、带动产业转型升级、支持社会公益事业等方面做出积极贡献。

三、对台宣传

长沙市是全国对台工作重点省会城市之一，有去台湾人员 2.3 万余人，其中在台湾政界、军界担任要职的有 50 多人，全市有台属 8 万多人。1987 前，两岸基本隔绝，长沙主要通过广播、《人民日报》(海外版)、海外媒体、传递家信等途径了解台湾信息。自台湾开放民众赴大陆探亲后，涉台宣传渠道得以拓宽。长沙台湾工作机构加强与台湾相关机构人士交流交往，广泛宣传中共中央对台工作的方针政策，增进沟通理解，努力促进祖国和平统一。1989 年，全国人大常委会《告台湾同胞书》发表十周年之际，举行台海形势报告会，作《当前的台湾形势和我市的对台工作》报告。全市举办形势报告会、座谈会等 161 场，听众达 8650 人次，印发各种宣传资料 6500 份，办墙、板报 680 余期，利用电台、有线广播播发对台宣传稿件 130 多篇，采用的对台宣传稿件 175 篇。1992 年，发布《长沙市 1992 年对台工作会议汇报提纲》。长沙服装艺术节组织各区县市编辑《投资与贸易》专辑，全书约 90 万字，向海内外客商赠送 1500 多册，深受台胞欢迎。1993—1994 年，着重抓党对台工作政策的宣传、台湾形势教育、台属的思想政治工作。向中央电视台，《人民日报》（海外版）等供稿，宣传长沙投资环境、经济建设成就及两岸交流交往等。用稿 74 篇，其中经贸宣传稿 42 篇。在《人民日报》（海外版）上稿 23 篇，海峡台上稿 6 篇。1995 年，宣传贯彻中共中央总书记江泽民《为促进祖国统一大业的完成而继续奋斗》重要讲话，全市举办八场台湾形势报告会，2000 人参加。给 300 多名县团级以上单位的领导作题为《认真学习江总书记重要讲话，正确认识台湾形势，努力开创对台工作新局面》的报告。各界人士举行 84 次座谈，参加人数 1600 多人次，长沙电视台、《长沙晚报》等跟踪采访，发稿 12 篇。印行江泽民讲话单行本 3000 册，分发给各级台办、台胞台属和台资企业。1996—1997 年，多渠道、多形式宣传长沙市投资环境、优惠政策。推荐符合长沙产业政策的合作项目，完成对台对外宣传稿 88 篇。1998 年，改进对台宣传方式和渠道，在台湾《天下日报》举办《今日长沙》专版，从政治、经济、地理、人文全方位向台湾各阶层人士较全面地介绍长沙历史、文化、旅游、高科技、农业等在国内具有优势的项目，举办专版 7 期刊发 86 篇宣传稿件。是年，全市发行《推进祖国和平统一》挂图 1177 册，名列全省第一。2000 年，以“坚持一个中国，反对‘台独’，反对分裂”为原则，按照中央“两个坚信，一个引导”的要求，举办台湾形势报告会 16 场，学习《一个中国原则和台湾问题》白皮书，召开各界人士参加的反独促统座谈会 5 次。次年，在《天下日报》《投资中国》《旅游》等台湾媒体上专题介绍长沙，利用“中国台商网”“红网”推介长沙，发布洽谈会信息 56 条。向海峡之声、金陵之声等供稿 20 多篇。举办台湾形势报告会 6 场，涉台教育课 5 次。2002 年，在市旅游局导游培训班开设涉台知识课，300 多名导游接受涉台教育。2003—2004 年，召开全市对台宣传协调会，形成全市对台宣传协调机制。开辟对台宣传渠道，在《华夏经纬网》上开辟“璀璨星城”长沙在线。在《投资中国》组织 5 期专版，邀请台湾媒体到长沙采访，接待台湾中天电视、TVBS、东森电视台、《中国时报》等 7 名台湾记者和中央电视台、中国新闻社、华夏经纬网等 5 名大陆记者组成海峡两岸新闻媒体采访团。利用对台招商活动面对面开展对台宣传，发放招商资料和宣传品6000多件。邀请国台办主任助理为市委中心组（扩大）作台湾形势报告会。2005年，与台湾东森传播集团总裁王令麟一行就媒体发展及长台媒体合作深入交换意见；制作“湘台经贸交流与合作高峰论坛”专题。湘台经贸会期间，省市媒体集中报道在长台资企业。《反分裂国家法》颁布后，《长沙晚报》刊出7期专栏，2005年4月和5月，国民党主席连战和亲民党主席宋楚瑜分别访问大陆，市属媒体推出专题、专版32个，宣传这对海峡两岸关系和长台合作交流具有重大影响事件。长沙市第一个新闻交流团赴台宣传推介长沙和长沙传播事业。2006年，台湾三立、中天电视台和“第四届海峡两岸媒体来湘采访”10多家媒体30多名记者在长沙采访报道，宣传推介长沙对台工作。2007年针对陈水扁当局谋求“法理台独”，发布《关于进一步加强我市对台工作的通知》。全市各级各部门站在民族和国家利益的高度，认真贯彻落实中共中央对台方针政策。《长沙晚报》、长沙电视台等市属媒体开展涉台宣传教育，播发新华社涉台新闻50多件，采编本市涉台新闻24条，长沙市政府门户网站开设的台办政务网窗口，采编涉台新闻210条，成为涉台宣传教育平台。各区县（市）确定“一个社区、一所中学、一所小学”作为示范点，对中小学生进行涉台教育。2010年，《中国时报》《旺报》分别刊发领导专访图文报道专版。2009—2012年，接待到长沙采访台湾媒体22批次。利用“璀璨星城”网络平台发布稿件3327篇；网页新闻上稿数名列全国地级市第一，台湾网民点击率多次位居全国地市级网页前列；80多篇文章和稿件被《台湾工作通讯》、中国台湾网、《湖南文献》杂志等采用或转载；编写《抓住机遇、奋发作为，推动长台经贸合作迈上新台阶》《新形势下基层对台工作问题研究》多篇经验总结和考察调研文章。在北京召开的全国对台表彰大会上，长沙市台办获得全国对台工作先进集体荣誉。

四、长台交流

自台湾当局1987年10月开放一般民众赴大陆探亲后，至1988年年底，长沙市接待台胞4127人。1990年3月，台湾知名人士徐静渊（国民党中央委员）率返乡探亲团一行46人回湘探亲，系1987年台湾当局开放民众赴大陆探亲以来第一个回湘探亲的台湾政要。12月，应台北市“中国画学研究会”邀请，长沙市海外联谊会理事、著名金石书画家李立赴台举办个人金石书画展，成为长沙市赴台进行文化交流的第一位使者。1991—1992年，开展境外会亲297人次，其中赴台262人。1993年，坚持“寄希望于台湾当局，更寄希望于台湾人民”的原则，开展交流联络工作。台湾区域发展研究院创办人兼院长梅可望率经贸文教访问团一行24人到长沙考察访问，与中南工业大学签订文化学术交流合作协议书。市佛教协会释博明法师两次赴台交流两岸佛教文化。1996年，接待到长沙考察团组和工商界人士50多批600多人次。台湾到长沙的台胞达6000多人次，长沙地区赴台探亲人员达594人次，对198名赴台人员进行行前教育。1998年，对台交流交往工作不断深入，接待台胞1.63万人次，接待重点对象30多人次。台湾力霸集团友联产物保险公司总经理王事展率台北市湖南同乡会一行45人考察湖南大学和望城一中，捐款35万元作为奖学金。1999年，由于台湾当局阻挠，对台交流工作受到限制。长沙以乡情、亲情为突破口，多渠道、多层次地开展交流工作，定期走访，为台胞台属排忧解难。促成湖南大学多媒体远程教育参访团应台湾空中教育协会邀请入岛进行考察访问。2000年，通过“诗、文、画”等形式先后举行3次大型联谊活动，增进两岸感情。2001—2002年，为加强交流，密切长台联系，除接待到长沙台胞1.85万人次外，还分别组织赴台交流项目7个70人次、赴台考察团5个77人次和因私赴台人员2266人次。2003年，为加强长台交流，长沙经贸考察团入岛进行交流考察，引起岛内各界高度关注和反响。2004年，规范赴台交流，严格审批手续。是年组织优秀高中生赴台，与台湾中学生举行“两岸中学生青春赢家冬令营”活动。2005年5月8日，亲民党主席宋楚瑜率亲民党大陆参访团一行到长沙参访。是年，接待台商经贸考察团9个，接待台湾到长交流团队16个，17个团组159人次赴台考察。2006年，长沙市慈善会交流团赴台并举办研讨会。2007年，长沙市台协加入全国“台企联”，成为台企联常务理事单位。同时，召开市台协换届选举暨投资推介会，全国台企联会长张汉文以及东莞、上海、深圳、广州、佛山、郑州等地台协会长在内的52个台协121名重点台商到会，国民党副主席关中，国台办经济局副局长、联络局副局长等出席会议。2009年1月15日，长沙至台北的客运直达航班首航启动。直航开通后，长台两地多领域、深层次交流得以发展，完成赴台组团13批176人。3月，光伏产业考察团赴台。10月，长沙经贸代表团对台湾进行考察访问。旺旺集团董事长蔡衍明表示将把旺旺集团华中区总部设在长沙。11月，长沙市经贸考察团赴台。2010年4月，以深化合作交流、推动共同发展为目的，市经贸考察团赴台访问。拜会台湾国民党主席吴伯雄和亲民党主席宋楚瑜。，拜会台湾海基会董事长江丙坤。8—15日在台北、台南等地举办旅游、农业、经贸三场合作交流会。8月，参加2010走进台湾·湖南周暨第六届湘台经贸交流合作会。9月，与台湾中视集团达成两地电视合作意向。2011年，市明德中学、麓山国际实验学校篮球队赴台参加第四届南山杯海峡两岸高中篮球邀请赛，自此，此赛事成为多年推动两岸中学生交流的重要活动之一，长台青年学生篮球比赛活动成为长台交流品牌。2012年4月，海协会会长陈云林陪同台湾海峡交流基金会董事长江丙坤一行到长沙参访；5月，华聚基金会董事长陈瑞隆一行9人到长沙参访，专题对接两岸电子信息产业和技术标准论坛事宜。6月，湖南省省长徐守盛领队赴台访问，其间长沙分团考察台湾工业研究院，参访华聚基金会和光宝电子、亿光电子、威盛电子、介面光电、东阳事业、力晶科技等岛内知名高科技龙头企业，在台南举办长台食品加工业和现代农业合作交流会。

五、涉台服务

1988年，长沙市组织在《中国建设》杂志编写《寻亲访友》专辑，汇集30篇文章，70幅图片和283条寻人启事，帮助台胞与大陆亲人取得联系。针对不少台胞因初次回乡省亲，对大陆既有亲切感，又有恐惧感，环境陌生、交通客运方面存在诸多不便，1989年3月20日，在长沙火车站广场设立“长沙市台胞接待站”。是年，接待到长沙台胞台属1544人次，处理来访信访件1335封，走访台胞台属833人次，组织境外会亲160人次；对52名台属入台探亲或奔丧，进行行前教育，确保每一位台属顺利入台和返长。1991年11月，中共中央台湾工作办公室、国务院台湾事务办公室主任王兆国到长沙调研考察对台工作，对长沙市涉台服务给予充分肯定。1991—1998年，接待到长沙的台胞7900余人次，代购车、机票4429人次，为台胞寻亲访友寄入台信件1.72万封、照片5055张、录音带19盒，办理台胞汇入钱中款190.6万美元，接受台胞捐赠380万元人民币、汽车6辆。为维护台胞台属合法权益，接受台胞台属投诉和提供遗产继承等各种咨询服务500件（起），妥善处理和协调解决台胞台属房屋、婚姻、经济等纠纷89起，协调处理台胞在长伤亡事故、寻医治病、寻找失散亲友，出具升学证明等；为台属核发证件1.02万件（个），组织赴台探亲人员1398人次。2000年，贯彻落实《中华人民共和国台胞投资保护法》及其《实施细则》，对全市台资企业现状进行调查，走访台胞台属220人次，解决台资企业实际困难问题100多起，受理台资企业投诉60多起，有效维护台资企业合法权益。2002年，设立长沙市台商投诉协调中心，负责受理和处理台商投诉，涉台纠纷。次年，深入全市6个开发区进行调研，形成《关于我市工业园区发展现状的报告》，并与省台办一起开展台资农业项目调研，和台协组织慰问全市重点工程建设者，联合举办劳动法规政策讲座。受理台商投诉和经济纠纷36起，妥善处理台胞投诉6起，涉台事件5起，涉台信访200余起。2005年，优化投资环境，处理台胞台属来信来访46件，受理台商投诉34

件，赢得台胞台属的赞誉。2006 年，市人大组织执法检查，向市中级人民法院、市仲裁委员会、市优化办及相关区县（市）交办 13 件重点涉台案件。次年，8 月，召开全市重点涉台投诉案件交办会，向市交通局、市建委、市中院、开福区政府、芙蓉区政府、浏阳市政府交办 8 个重点涉台投诉案件要求依法依规处理。2008 年，长沙遭遇严重冰雪灾害，全市走访 18 家重点台资企业。3 月 17 日，市委常委、统战部部长张迎龙将 16 万元专项捐款发放给迪克硬质合金和富丽真金这两家受损严重的台资企业。2009 年，为应对金融危机进行针对性考察调研，帮扶台资企业走出困境，根据全省台资企业“保增长、扩内需、做贡献”座谈会会议精神，8 月 18 日，设立在长台资企业以奖代补专项资金，由财政拨款 100 万元和协会自筹的形式购买协会办公场所。是年举行长沙各界“情系宝岛，牵手同胞”向台湾灾区募捐的启动仪式，募集救灾资金 180 万元。办理台胞捐赠 15 起，捐赠现金和物资 1138.7 万元。2010 年 7 月，省委常委、市委书记陈润儿率市直有关部门和区县主要领导走访部分在长台资企业，召开台商代表座谈会，为台资企业排忧解难。针对台资企业在长发展的问题和遇到的困难，进行调研梳理，形成《市“两帮两促”活动台资项目需协调解决问题汇总表》，并协调解决有关问题。2011 年，开展“法官进台企”和案件回访活动，及时为台资企业提供法律服务。台商罗莎蛋糕董事长郑聪俊、旺旺医院执行院长郑文宪被聘为长沙市政协特约委员，实现长沙引导台商参政议政、融入当地社会的重大突破。2012 年 1 月和 6 月，省委常委、市委书记陈润儿两次会见介面光电湖南有限公司董事长叶裕洲，了解企业的生产经营情况。是年，建立“台资企业法律服务平台工作站”，帮助台资企业建立健全各项规章制度，不断完善法律风险预防体系。台湾电电公会公布的《中国大陆地区投资环境与风险调查报告》中，长沙晋升为台商投资“值得推荐城市”。

第三篇

人民代表大会

本篇编纂人员

贾志远（主编） 黄 磊 王丹丹

本篇撰稿人员

程水泉 赵建强 柳美景 赵凡存 戴志敏 罗小确

范水成 周书林 胡显林 谈利兵 唐剑宇

概　述

1992年12月—2012年12月，历经第十、十一、十二、十三届。这期间，举行代表大会会议20次。听取和审议市人民政府、市中级人民法院、市人民检察院（以下合称“一府两院”）、市人大常委会工作报告，长沙市国民经济和社会发展计划执行情况及计划安排（草案）和“九五”“十五”“十一五”“十二五”计划纲要、长沙市财政预算执行情况和预算草案工作报告等125项，作出决议和决定128项，制定《长沙市人民代表大会议事规则》《长沙市人民代表大会及其常务委员会制定地方性法规条例》；选举市人大常委会和“一府两院”组成人员及领导人214人次；选举湖南省人民代表大会代表322名；根据工作发展需要并依据《中华人民共和国全国人民代表大会组织法》规定，1998年1月，市第十一届人大第一次会议决定设立5个市人大专门委员会，作为市人大工作机构，原市人大常委会与其相对应的工作委员会自行终止，发展完善为7个专门委员会；通过专门委员会主任委员、副主任委员、委员110人次。

长沙市人民代表大会常务委员会（以下简称市人大常委会）第十届至第十三届，举行常委会会议169次，依法履行地方立法、监督、讨论和决定重大事项、人事任免等各项职权和职能职责。为推进依法治市、改革开放，为经济建设和社会发展保驾护航，市人大常委会以《中华人民共和国宪法》为准绳，坚持科学立法、开门立法，服务“中心”，突出重点，加快立法步伐，制定地方性法规46部、修改43部、废止19部，除1部被搁置外，均经省人大常委会批准施行。第十届人大常委会将过去慎重立法理念转变为以经济立法为重点、加快立法步伐的理念，届内立法14部，其中经济立法8部，为历届之最。创新机制，强化对“一府两院”权力监督，抓住工作监督和法律监督两条主线，寓支持于监督之中，促进依法行政、公正司法，听取和审议、审查“一府两院”专项工作报告223项，听取和审议市人大专门委员会和常委会工作机构为常委会审议提供相应的调研报告84项；组织常委会组成人员和部分市人大代表对“一府两院”进行工作评议和领导述职评议；对126部法律、法规的贯彻实施进行执法检查，听取和审议“一府两院”关于所检查的法律、法规贯彻实施情况汇报和市人大专门委员会、常委会工作机构相应的检查报告195项；受理人大代表和群众的申诉、意见和来信来访46555件次。第十一届人大常委会对法律监督有新突破，除对单项法律法规进行执法检查外，还组织“一府两院”和区、县（市）在全市范围内上下联动开展综合执法检查，查处影响经济环境问题900件。第十二届人大常委会对“一府两院”领导人进行述职评议，组织常委会委员、专门委员会主任委员和部分人大代表对评议对象开展评议调查和评议述职报告发言。受理人大代表和群众的申诉、意见和来信来访46555件次。围绕民主法制建设、经济社会发展和人民群众切身利益等重大事项，认真履行讨论、决定重大事项决定权，对全市政治、经济、城建、教育、科学、文化、卫生、环境和资源保护、民政、民族和民生等重大事项作出决议和决定81项。第十三届人大常委会首次制定《长沙市人民代表大会常务委员会讨论、决定重大事项规定》，市人大常委会讨论、决定重大事项工作步入规范化、制度化。坚持党管干部和人大依法任免干部有机统一，严格德才兼备选人用人标准，对任命人员实行任前法律知识考试，通过后，被任命人员作任职发言，以加强监督。决定任命、任命和批准任命国家机关工作人员1210人次，决定免去、免去和批准免去584人次的职务。以人民为主体，充分发挥市人大代表作用，代表“民心”，对市人大代表在各次代表大会会议上提出并经大会确立的65件议案和大会会议及闭会期间提出的5545件建议采取听取和审议汇报、选择重点、开展跟踪、组织代表视察督办等措施，办复率、问题解决率、与代表见面沟通率和代表满意率显著提高；为发挥市人大代表作用，市人大常委会组织市人大代表对“一府两院”工作进行视察、调研，提出建议意见；组织市人大代表参加议案和建议的督办，参加工作评议和述职评议，邀请市人大代表列席常委会会议，不断健全代表工作制度，适时开展代表小组和联组活动；为搞好地方国家机关换届选举，市人大常委会指导区、县（市）、乡（镇）人大换届选举工作七次，选民直接选出区、县（市）人大代表9136名，区、县（市）人民代表大会和驻长部队军人代表大会选出市第十一、十二、十三、十四届人大代表1837名。

第一章 人大代表

长沙市人民代表大会代表，依照《中华人民共和国全国人民代表大会和地方各级人民代表大会选举法》（以下简称《选举法》）选举产生，任期与市人民代表大会相同。市人大代表选举，根据省人大常委会关于确定长沙市人民代表大会换届的代表名额和选举问题的决定，作出相应决定，除留10名左右的机动名额外，其余代表名额分配到以行政区域划分的芙蓉区（原东区）、天心区（原南区）、岳麓区（原西区）、开福区（原北区）、雨花区（原郊区）、长沙县、望城县、浏阳市、宁乡县和驻长部队等选举单位（以下简称10选区），并提出代表应具备条件、结构要求和选举时限。各选区在所属区、县（市）人大常委会和部队主管单位领导下，按多于应选代表名额的五分之一至二分之一规定，依法依程序提名产生代表候选人，报市人大常委会批准后，在各选区举行的人民代表大会会议和军人代表大会上，以无记名投票方式选举，获得全体代表过半数选票时，始得当选。选出的代表由市人大常委会代表资格审查委员会审查后，报市人大常委会审议确认代表资格有效，并予公布。市人大代表因调离本行政区、工作单位变动、辞职、被罢免、身故等原因，其代表资格终止。因工作需要和出缺情况进行代表补选，由市人大常委会作出决定并交相关选区选举。

第一节 第十届人民代表大会代表

根据湖南省第七届人大常委会第三十一次会议确定长沙市第十届人大代表名额为453名和选举问题的决定，1992年9月25日，市第九届人大常委会第三十九次会议作出《关于长沙市第十届人民代表大会代表名额分配和选举问题的决定》，除留11名机动名额外，其余442名代表名额分配到10选区，规定1992年12月10日前完成选举；规定代表构成比例，增加适当数量的妇女代表，非中共党员代表不低于35%，代表既要有广泛性又要有代表性；要求推荐具备一定社会活动能力和议政能力，模范遵守宪法、法律，努力为人民服务，密切联系群众，政绩突出，事迹优秀，能反映人民的意见和要求，积极履行代表职责的人选，特别注意推荐熟悉经济、科技工作和法律知识的人选。11 月 5 日前，全市完成正式代表候选人提名工作，提名产生 541 名市第十届人大代表候选人，差额率 22.39%。11 月 10 日—12 月 10 日，10 选区相继召开人大会议和军人代表大会，依法选举产生市第十届人大代表 442 名。12 月 16 日，市第九届人大常委会第四十二次会议听取和审议市人大常委会代表资格审查委员会《关于长沙市第十届人民代表大会代表的代表资格审查报告》，确认 10 选区选举产生的 442 名市人大代表符合法律规定，代表资格有效。

442 名市人大代表中，工人 61 名，占代表总数的 13.8%；农民 51 人，占 11.5%；知识分子 178 名，占 40.3%；党政干部 129 名，占 29.2%；军人 14 名，占 3.2%；归侨 3 名，占 0.6%；其他方面人员 6 名，占 1.4%。平均年龄 45.65 岁。具有中学学历的 142 名，占 32.1%；中专学历的 64 名，占 14.5%；大专及以上学历的 223 名，占 50.5%。具有专业技术职称的 142 名，占 32.1%。少数民族 7 名，占 1.6%。男性 329 名，占 74.4%；女性 113 名，占 25.6 百分点，比上届少 8 名，占比降 4.5 百分点。中共党员 316 名，占 71.5%；民主党派、无党派人士和非党群众 126 名，占 28.5%。市第九届人大代表当选的 103 名，占 23.3%。

市第十届人大期间，7 名代表调离本行政区、3 名代表病故、1 名代表因违法被罢免代表、1 名代表因个人原因辞去代表资格，12 名终止代表资格。市人大常委会根据出缺情况及工作需要先后补选代表 22 名，届末实有代表 452 名。

第二节　第十一届人民代表大会代表

根据湖南省第八届人大常委会第二十八次会议确定长沙市第十一届人大代表名额为 468 名和选举问题的决定，1997 年 9 月 17 日，市第十届人大常委会第三十九次会议作出《关于长沙市第十一届人民代表大会代表名额和选举问题的决定》，除留 10 名机动名额外，其余 458 名代表名额分配到 10 选区，规定 1997 年 11 月 30 日前选出；要求推荐的代表候选人要拥护党的基本路线，热爱祖国，模范遵守宪法和法律；要有努力为人民服务热情，能联系群众，听取和反映群众意见和要求；要有议政和社会活动能力；对于不能按法律要求履行代表职责的不得作代表人选；不能把代表当作单纯的荣誉和照顾性职务安排；中共党员在代表中比例不超过 65%；妇女代表名额的比例应高于上届比例。12 月 8 —14 日，10 选区相继召开人大会议和军人代表大会，依法选举产生市第十一届人大代表 458 名。1997 年 12 月 16 日，市第十届人大常委会第四十一次会议听取和审议市人大常委会代表资格审查委员会《关于长沙市第十一届人民代表大会代表资格的审查报告》，确认 10 选区选举产生的 458 名市人大代表符合法律规定，代表资格有效。

458 名市人大代表中，工人 68 名，占代表总数的 14.9%；农民 57 名，占 12.4%；知识分子 129 名，占 28.2%；党政干部 181 名，占 39.5%；军人 15 名，占 3.3%；归侨 2 名，占 0.4%；其他方面人员 6 名，占 1.3%。平均年龄 44.6 岁。具有高中学历的 81 名，占 17.7%；大专学历的 178 名，占 38.9%；大学及以上学历的 165 名，占 36%，较上届增加 120 名，占比提高 24.4 百分点。具有专业技术职称的 142 名，占 31%。少数民族 5 名，占 1.1%。男性 356 名，占 77.7%；女性 102 名，占 22.3%，比上届少 11 名，占比较上届降 3.3 个百分点。中共党员 319 名，占 69.2%；非中共党员 139 名，占 30.8% (其中民主党派、无党派人士 44 名，占 9.6%)。上届省、市人大代表当选的 90 名，占 19.7%。

市第十一届人大期间，11 名代表调离本行政区、2 名代表因违法被终止代表资格，13 名终止代表资格。市人大常委会根据出缺情况及工作需要先后补选代表 22 名，届末实有代表 467 名。

第三节 第十二届人民代表大会代表

根据湖南省第九届人大常委会第三十次会议确定长沙市第十二届人大代表名额为 468 名和选举问题的决定，2002 年 9 月 17 日，市第十一届人大常委会第四十次会议作出《关于长沙市第十二届人民代表大会代表名额分配和选举问题的决定》，除留 11 名机动名额外，其余 457 名代表名额分配到 10 选区，规定 2002 年 11 月 30 日前完成选举；要求市第十二届人大代表中，妇女代表名额的比例和少数民族代表名额的比例均应高于上届比例；应有适当名额的归侨、侨眷代表。11 月 19 日前全市完成代表候选人提名工作，提名产生 565 名市第十二届人大代表候选人，差额率 23.6%。11 月 25 日至 12 月 6 日，10 选区相继召开人大会议和军人代表大会，依法选举产生市第十二届人大代表 457 名。12 月 13 日，市第十一届人大常委会第四十三次会议听取和审议市人大常委会代表资格审查委员会《关于长沙市第十二届人民代表大会的代表资格审查报告》，确认选举产生的 457 名市人大代表符合法律规定，代表资格有效。

457 名市人大代表中，工人 85 名，占代表总数的 18.6%；农民 54 名，占 11.8%；知识分子 101 名，占 22.1%；党政干部 192 名，占 42%；军人 12 名，占 2.6%；归侨、侨眷、台属 5 名，占 1.1%；其他方面人员 8 名，占 1.8%。35 岁以下的 41 名，占 9%；36 岁至 55 岁的 390 名，占 85.3%；56 岁以上的 26 名，占 5.7%。具有大专学历的 141 名，占 30.9%；本科及以上学历的 247 名，占 54%。少数民族 5 名，占 1.1%。男性 390 名，占 85.3%；女性 67 名，占 14.7%，比上届少 35 名，占比较上届降 7.6 个百分点。中共党员 323 名，占 70.7%；非中共党员 134 名，占 29.3%（其中民主党派、无党派人士 48 名，占 10.5%)。上届全国、省、市人大代表当选的 116 名，占 25.4%。

市第十二届人大期间，3 名代表调离本行政区、4 名代表工作单位变动、3 名代表因个人原因辞去代表资格、2 名代表因涉嫌违纪违法而不便继续履行代表资格、1 名代表病故、1 名代表因公殉职，14 名终止代表资格。市人大常委会根据出缺情况及工作需要先后补选代表 25 名，届末实有代表 468 名。

第四节 第十三届人民代表大会代表

根据湖南省第十届人大常委会第二十八次会议确定长沙市第十三届人大代表名额为 492 名和选举问题的决定，2007 年 8 月 30 日，市第十二届人大常委会第三十七次会议作出《关于长沙市第十三届人民代表大会代表名额分配和选举问题的决定》，除留机动名额 12 名外，其余 480 名代表名额分配到 10 选区，规定 2007 年 11 月 30 日前完成选举；要求市第十三届人大代表中，妇女代表名额的比例不低于 22%；少数民族代表名额的比例不低于第十二届人大代表的比例；应有适当名额的归侨、侨眷代表；来自一线的工人和农民代表名额比例应高于上届比例。9 月 30 日前全市完成代表候选人提名工作，提名产生 590 名市第十三届人大代表候选人，差额率 18.9%。12 月 2 日前，10 选区相继召开人大会议和军人代表大会，依法选举产生市第十三届人大代表 480 名。12 月 18 日，市第十二届人大常委会第四十次会议听取和审议市人大常委会代表资格审查委员会《关于长沙市第十三届人民代表大会代表的代表资格审查报告》，确认选举产生的480名市人大代表符合法律规定，代表资格有效。

480名市人大代表中，工人53名（其中一线工人33名，比上届增加26名），占代表总数的11%；农民77名，占16%；知识分子91名，占19%；党政干部162名，占33.8%；企业管理人员80名，占16.7%；军人12名，占2.5%；归侨、侨眷、台属3名，占0.6%；其他方面人员2名，占0.4%。35岁以下的47名，占9.8%，占比较上届提高0.8个百分点；36岁至55岁的400名，占83.3%；56岁以上的33名，占6.9%。具有大学本科及以上学历的308名，占64.2%，比上届增加61名，占比较上届提高10.2个百分点；大专学历的120名，占25.2%；高中学历（含中专、职高）45名，占9.4%；初中及以下学历的7名，占1.4%。少数民族7名，占1.5%（土家族、苗族、瑶族、回族、白族、满族、畲族各1名）。男性375名，占78.1%；女性105名，占21.9%，比上届增加38名，占比较上届提高7.2个百分点。中共党员320名，占66.7%；非中共党员160名，占33.3%（其中民主党派、无党派人士55名，占11.5%）。上届全国、省、市人大代表当选的163名，占33.9%。

市第十三届人大期间，7名代表调离本行政区、24名代表工作单位变动、1名代表因个人原因辞去代表资格、3名代表因涉嫌违法违纪而不便继续履行代表资格、1名代表病故，37名终止代表资格。市人大常委会根据出缺情况及工作需要先后补选代表46名，届末实有代表489名。

表3-1-4-1　　长沙市第十至十三届人大代表构成（届首构成）一览表　　单位：人；%

届次	代表总数	其中	代表构成及占比																	
			男性	女性	中共党员	非中共党员	工人	农民	知识分子	党政干部	军人	归侨台属	其他	少数民族	高中文化	大学文化	35岁以下	36至55岁	56岁以上	往届当选
十	442	人数	329	113	316	126	61	51	178	129	14	3	6	7	206	223	24	377	41	103
		占比	74.4	25.6	71.5	28.5	13.8	11.5	40.3	29.2	3.2	0.6	1.4	1.6	46.6	50.5	5.4	85.3	9.3	23.3
十一	458	人数	356	102	319	139	68	57	129	181	15	2	6	5	81	343	28	387	43	90
		占比	77.7	22.3	69.2	30.8	14.9	12.4	28.2	39.5	3.3	0.4	1.3	1.1	17.7	74.9	6.1	84.5	9.4	19.7
十二	457	人数	390	67	323	134	85	54	101	192	12	5	8	5	60	388	41	390	26	116
		占比	85.3	14.7	70.7	29.3	18.6	11.8	22.1	42	2.6	1.1	1.8	1.1	15.1	84.9	9	85.3	5.7	25.4
十三	480	人数	375	105	320	160	53	77	91	162	12	3	82	7	45	308	47	400	33	163
		占比	78.1	21.9	66.7	33.3	11	16	19	33.8	2.5	0.6	17.1	1.5	9.4	64.2	9.8	83.3	6.9	33.9

第二章　人民代表大会会议

长沙市第十届至第十三届人民代表大会每届各举行五次会议，共举行二十次会议。

第一节　第十届人民代表大会会议

一、第一次会议

1992年12月28日—1993年1月3日在麓山剧院举行。出席会议代表442人，中共长沙市委、市人大、市政府系统128人和市政协全体委员列席会议。大会主席团由44人组成，陈香成为大会秘书长（兼）。

图3-2-1-1 长沙市第十届人大第一次会议在麓山剧院举行（拍摄于1992年12月，长沙市人大常委会办公厅供图）

图3-2-1-2 长沙市人大代表在代表大会上投票选举（拍摄于1993年1月，长沙市人大常委会办公厅供图）

大会听取和审议市政府市长张明泰作的《政府工作报告》；听取和审查市计划委员会主任颜克初作的《关于我市1992年国民经济和社会发展计划执行情况及1993年计划安排（草案）的报告》，审查和批准长沙市1993年国民经济和社会发展计划；听取和审查市财政局局长周国璜作的《关于我市1992年财政收支预算执行情况和1993年财政工作初步安排的报告》，审查和原则通过长沙市1992年财政预算执行情况和1993年财政工作初步安排；听取和审议市人大常委会主任杨宏作的《长沙市人民代表大会常务委员会工作报告》；听取和审议市法院院长任祖武作的《长沙市中级人民法院工作报告》；听取和审议市检察院检察长高忠礼作的《长沙市人民检察院工作报告》；通过相应决议。选举郭俊秀为市第十届人大常委会主任，陈香成、何迎春、邹水生、朱厚廓、李正雄、旷桐生（兼）、朱积年（兼）、李利麟（女）为副主任，龙长工为秘书长，王年生等21人为委员；

选举张明泰为市政府市长，罗桂求、刘启欣、陈元松、张伟玦（女）、罗特、肖常锡、胡越为副市长；选举任祖武为市法院院长；选举杨哲为市检察院检察长；选举湖南省第八届人大代表 92 名。

收到代表、代表团提出的议案 49 件，经大会主席团审议确立议案 7 件：关于规划落实中、小学校用地案；关于建好杨家山地区小学校缓解东区小学生“入学难”矛盾案；请求分别在南区赤岗冲和东塘地区迅速兴建两所小学，以缓解严重“入学难”状况案；请求市政府出面解决井湾子地区居民子女“读书难”问题案；关于促进农村落后地区经济发展平衡案；关于落实规划，搬迁毛家桥煤栈案；关于迅速搬迁南站煤坪，彻底改善城区环境质量案，交市政府办理。其余 42 件转为代表建议、批评和意见，连同大会期间代表提出的建议、批评和意见 285 件，交“一府两院”（市人民政府、市中级人民法院、市人民检察院）及相关单位办理。

二、第二次会议

1994 年 3 月 5—9 日在麓山剧院举行。出席会议代表 440 人，市委、市人大、市政府系统 123 人和市政协全体委员列席会议。大会主席团由 52 人组成，陈香成为大会秘书长（兼）。

大会听取和审议市政府市长张明泰作的《政府工作报告》；听取和审查市计划委员会主任颜克初作的《长沙市 1993 年国民经济和社会发展计划执行情况及 1994 年国民经济和社会发展计划（草案）的报告》，审查和批准长沙市 1993 年国民经济和社会发展执行情况与 1994 年国民经济和社会发展计划；听取和审查市财政局局长周国璜作的《长沙市 1993 年财政收支预算执行情况和 1994 年财政收支预算（草案）的报告》，审查和批准长沙市 1993 年财政预算执行情况和 1994 年财政预算；听取和审议市人大常委会主任郭俊秀作的《长沙市人民代表大会常务委员会工作报告》；听取和审议市法院院长任祖武作的《长沙市中级人民法院工作报告》；听取和审议市检察院检察长杨哲作的《长沙市人民检察院工作报告》；通过相应决议。补选费新来（女）、夏蔚林、符树根为市人大常委会委员。

收到代表、代表团提出的议案 31 件，经大会主席团审议确立议案 4 件：长沙市推行旧城改造工作急需立法案；关于建设芙蓉路绿化广场案；关于加快农业发展案；请市政府严格控制贺龙体育中心的规划用地案，交市政府办理。其余 27 件转为代表建议、批评和意见，连同大会期间代表提出的建议、批评和意见 209 件，交“一府两院”及相关单位办理。

三、第三次会议

1995 年 3 月 26—31 日在麓山剧院举行。出席会议代表 449 人，市委、市人大、市政府系统 139 人和市政协全体委员列席会议。大会主席团由 54 人组成，何迎春为大会秘书长（兼）。

大会听取和审议市政府代市长袁汉坤作的《政府工作报告》；听取和审查市计划委员会主任陈勇作的《关于长沙市 1994 年国民经济和社会发展计划执行情况与 1995 年国民经济和社会发展计划（草案）的报告》，审查和批准长沙市 1994 年国民经济和社会发展执行情况与 1995 年国民经济和社会发展计划；听取和审查市财政局副局长杨淑辉作的《关于长沙市 1994 年财政收支预算执行情况和 1995 年财政收支预算（草案）的报告》，审查和批准长沙市 1994 年财政预算执行情况和 1995 年财政预算；听取和审议市人大常委会代主任陈香成作的《长沙市人民代表大会常务委员会工作报告》；听取和审议市法院院长任祖武作的《长沙市中级人民法院工作报告》；听取和审议市检察院检察长杨哲作的《长沙市人民检察院工作报告》；通过相应决议。补选陈香成为市第十届人大常委会主任，李振高为副主任，张菊萍（女）为秘书长，吕祚亚、黄刚直为委员；补选袁汉坤为市政府市长；补选 3 名湖南省人大代表。

收到代表、代表团提出的议案 60 件，经大会主席团审议确立议案 6 件：举全市之力，加快长沙市城市基础设施建设案；关于加强城市基础设施配套建设，促进城市管理工作上水平案；建议市政府在望城坡、星沙、长沙经济开发区规划划拨体育用地案；关于取缔中山路、先锋厅一带自发劳务市场案；长沙市劳务市场的整顿、建设应纳入强化城市管理轨道，是建设文明城市的一个重要环节案；关于加强城市建设综合开发管理案，交市政府办理。其余 54 件转为代表建议、批评和意见，连同大会期间代表提出的建议、批评和意见 295 件，交“一府两院”及相关单位办理。

四、第四次会议

1996 年 3 月 25—29 日在麓山剧院举行。出席会议代表 449 人，市委、市人大、市政府系统 147 人和市政协全体委员列席会议。大会主席团由 55 人组成，何迎春为大会秘书长（兼）。

大会听取和审议市政府市长袁汉坤作的《关于长沙市国民经济和社会发展“九五”计划及 2010 年远景目标纲要的报告》；听取和审查市计划委员会主任陈勇作的《关于长沙市 1995 年国民经济和社会发展计划执行情况与 1996 年国民经济和社会发展计划（草案）的报告》，审查和批准长沙市 1995 年国民经济和社会发展执行情况与 1996 年国民经济和社会发展计划；听取和审查市财政局局长周国璜作的《关于长沙市 1995 年财政收支预算执行情况和 1996 年财政收支预算（草案）的报告》，审查和批准长沙市 1995 年财政预算执行情况和 1996 年财政预算；听取和审议市人大常委会主任陈香成作的《长沙市人民代表大会常务委员会工作报告》；听取和审议市法院院长任祖武作的《长沙市中级人民法院工作报告》；听取和审议市检察院检察长杨哲作的《长沙市人民检察院工作报告》；通过相应决议。决定接受吴安安（女）辞去市人大常委会委员职务的请求。增选刘奇兵为市人大常委会副主任，肖雅珩（女）为委员。

收到代表、代表团提出的议案 45 件，经大会主席团审议确立议案 3 件：关于将长沙殡仪馆迁至远郊案；关于限期搬迁八一桥下摩托车“马路市场”案；关于依法保护贾谊故宅，加快故宅建设案，交市政府办理。其余 42 件转为代表建议、批评和意见，连同大会期间代表提出的建议、批评和意见 335 件，交“一府两院”及相关单位办理。

五、第五次会议

1997 年 3 月 22—26 日在麓山剧院举行。出席会议代表 449 人，市委、市人大、市政府系统 149 人和市政协全体委员列席会议。大会主席团由 53 人组成，邹水生为大会秘书长（兼）。

大会听取和审议市政府市长袁汉坤作的《政府工作报告》；听取和审查市计划委员会主任陈勇作的《关于长沙市 1996 年国民经济和社会发展计划执行情况与 1997 年国民经济和社会发展计划（草案）的报告》，审查和批准长沙市 1996 年国民经济和社会发展执行情况与 1997 年国民经济和社会发展计划；听取和审查市财政局局长周国璜作的《关于长沙市 1996 年财政收支预算执行情况和 1997 年本级财政收支预算（草案）的报告》，审查和批准长沙市 1996 年预算执行情况和 1997 年预算；听取和审议市人大常委会主任陈香成作的《长沙市人民代表大会常务委员会工作报告》；听取和审议市法院院长任祖武作的《长沙市中级人民法院工作报告》；听取和审议市检察院副检察长罗宗祥作的《长沙市人民检察院工作报告》；通过相应决议。补选罗宗祥为市检察院检察长。

收到代表、代表团提出的议案 85 件，经大会主席团审议确立议案 4 件：关于立即规划建设长沙市科技馆案；关于尽快对房地产开发、旧城改造中拆迁问题立法案；加强城市房屋拆迁管理，制定长沙市城市房屋拆迁安置工作地方性法规案；对旧城改造拆迁工作的立法案，交市政府办理。其余 81 件转为代表建议、批评和意见，连同大会期间代表提出的建议、批评和意见 375 件，交“一府两院”及相关单位办理。

第二节 第十一届人民代表大会会议

一、第一次会议

1997年12月28日—1998年1月3日在麓山剧院举行。出席会议代表458人，市委、市人大、市政府系统120人和市政协全体委员列席会议。大会主席团由58人组成，李正雄为大会秘书长（兼）。

大会听取和审议市政府市长袁汉坤作的《政府工作报告》；听取和审查市计划委员会主任陈勇作的《关于长沙市1997年国民经济和社会发展计划执行情况与1998年国民经济和社会发展计划（草案）的报告》，审查和批准长沙市1997年国民经济和社会发展执行情况及1998年国民经济和社会发展计划；听取和审查市财政局局长周国璜作的《长沙市1997年财政预算执行情况和1998年财政工作初步安排的报告》，审查和批准长沙市1997年预算执行情况和1998年原则通过财政工作初步安排；听取和审议市人大常委会主任陈香成作的《长沙市人民代表大会常务委员会工作报告》；听取和审议市法院院长任祖武作的《长沙市中级人民法院工作报告》；听取和审议市检察院检察长罗宗祥作的《长沙市人民检察院工作报告》；通过相应决议。选举易希文为市第十一届人大常委会主任，李正雄、胡越、颜克初、李振高、刘奇兵、旷桐生、张菊萍（女）、罗谟明为副主任，黄更生为秘书长，丁炳乾等25人为委员；选举杜远明为市政府市长，徐宪平、张伟玦（女）、李斌恺、赵小明、梁建强、冷向阳、孔光明为副市长；选举杨志德为市法院院长；选举罗宗祥为市检察院检察长；选举湖南省第九届人大代表77名。决定设立市第十一届人大内务司法、财政经济、教育科学文化卫生、农业、城乡环境保护委员会，并通过组成人员。

收到代表、代表团提出的议案84件，经大会主席团审议确立议案8件：关于请求迅速解决环线遗留所造成沿线村民房屋土地被淹案；关于完善、解决环线建设配套工程遗留问题案；关于综合治理长善垸水系，解决渠流不畅、下雨受渍案；关于加强防洪防汛搞好浏阳河流域治理案；关于浏阳河开福区段清淤扫障及大堤治理的议案；关于理顺城市园林绿化管理体制的议案；关于加强长沙市物业管理的议案；关于芙蓉路、城南路和解放中路建设扫尾工作的议案，交市政府办理。其余76件转为代表建议、批评和意见，连同大会期间代表提出的建议、批评和意见280件，交“一府两院”及相关单位办理。

二、第二次会议

1999年1月18—21日在中共湖南省委礼堂举行。出席会议代表464人，市委、市人大、市政府系统145人和市政协全体委员列席会议。大会主席团由58人组成，李正雄为大会秘书长（兼）。

大会听取和审议市政府市长杜远明作的《政府工作报告》；听取和审查市计划委员会主任陈勇作的《关于长沙市1998年国民经济和社会发展计划执行情况与1999年国民经济和社会发展计划（草案）的报告》，审查和批准长沙市1998年国民经济和社会发展执行情况及1999年国民经济和社会发展计划；听取和审查市财政局局长杨光荣作的《关于长沙市1998市年预算执行情况和1999年财政工作初步安排的报告》，审查和批准长沙市1998年财政执行情况和原则通过1999年财政工作初步安排；听取和审议市人大常委会主任易希文作的《长沙市人民代表大会常务委员会工作报告》；听取和审议市法院院长杨志德作的《长沙市中级人民法院工作报告》；听取和审议市检察院检察长罗宗祥作的《长沙市人民检察院工作报告》；通过相应决议。

收到代表、代表团提出的议案75件，经大会主席团审议确立议案3件：关于大力加强以沼气为重点的农村能源建设，促进农业和社会可持续发展的议案；关于尽快制定《长沙市私营企业合法权益保护条例》的议案；关于加快长沙市旅游业发展的议案，交市政府办理。其余 72 件转为代表建议、批评和意见，连同大会期间代表提出的建议、批评和意见 278 件，交“一府两院”及相关单位办理。

三、第三次会议

2000 年 1 月 15—19 日在中共湖南省委礼堂举行。出席会议代表 447 人，市委、市人大、市政府系统 146 人和市政协全体委员列席会议。大会主席团由 64 人组成，李正雄为大会秘书长（兼）。

大会听取和审议市政府代市长谭仲池作的《政府工作报告》；听取和审查市计划委员会主任陈勇作的《关于长沙市 1999 年国民经济和社会发展计划执行情况与 2000 年国民经济和社会发展计划（草案）的报告》，审查和批准长沙市 1999 年国民经济和社会发展执行情况及 2000 年国民经济和社会发展计划；听取和审查市财政局局长杨光荣作的《关于 1999 年长沙市预算执行情况和 2000 年市本级预算（草案）的报告》，审查和批准长沙市预算执行情况的报告和 2000 年市本级预算；听取和审议市人大常委会主任易希文作的《长沙市人民代表大会常务委员会工作报告》；听取和审议市法院院长杨志德作的《长沙市中级人民法院工作报告》；听取和审议市检察院检察长罗宗祥作的《长沙市人民检察院工作报告》；通过相应决议。补选谭仲池为市政府市长。

收到代表、代表团提出的议案 101 件，经大会主席团审议确立议案 1 件：关于进一步保护白沙古井、建设白沙井岭绿化广场的议案，交市政府办理。其余 100 件转为代表建议、批评和意见，连同大会期间代表提出的建议、批评和意见 280 件，交“一府两院”及相关单位办理。

四、第四次会议

2001 年 1 月 3—8 日在中共湖南省委礼堂举行。出席会议代表 447 人，市委、市人大、市政府系统 151 人和市政协全体委员列席会议。大会主席团由 68 人组成，李正雄为大会秘书长（兼）。

大会听取和审议市政府市长谭仲池作的《关于长沙市国民经济和社会发展“十五”计划纲要报告》；听取和审查市计划委员会主任陈勇作的《关于长沙市 2000 年国民经济和社会发展计划执行情况与 2001 年国民经济和社会发展计划安排（草案）的报告》，审查和批准长沙市 2000 年国民经济和社会发展执行情况与 2001 年国民经济和社会发展计划；听取和审查市财政局局长杨光荣作的《关于 2000 年长沙市预算执行情况和 2001 年长沙市预算（草案）的报告》，审查和批准 2000 年长沙市预算执行情况和 2001 年长沙市市本级预算；听取和审议市人大常委会主任易希文作的《长沙市人民代表大会常务委员会工作报告》；听取和审议市法院院长杨志德作的《长沙市中级人民法院工作报告》；听取和审议市检察院检察长罗宗祥作的《长沙市人民检察院工作报告》；通过相应决议。决定接受易希文辞去市人大常委会主任职务、李正雄辞去副主任职务、黄更生辞去秘书长职务、符树根辞去委员及市人大城乡环境建设保护委员会主任委员职务的请求。补选吴梦南（女）为市第十一届人大常委会主任，龚罗生为副主任，唐组武为秘书长，王献民、陈松为委员；补选 1 名湖南省人大代表。决定设立第十一届人大法制委员会。通过易学农为市人大法制委主任委员；陈松为市人大城乡建设环境保护委员会主任委员。听取和审议市人大常委会副主任李振高关于《长沙市人民代表大会及其常务委员会制定地方性法规条例（草案）》的说明，大会通过该条例。

收到代表、代表团提出的议案 72 件，经大会主席团审议确立议案 2 件：关于制定长沙市发展小城镇建设的具体意见和实施办法的议案；关于加强农业产业化进程，尽快摆脱“三农”困境的议案，交市政府办理。其余 70 件转为代表建议、批评和意见，连同大会期间代表提出的建议、批评和意见 223 件，交“一府两院”及相关单位办理。

五、第五次会议

2002 年 1 月 20—23 日在中共湖南省委礼堂举行。出席会议代表 467 人，市委、市人大、市政府系统 148 人和市政协全体委员列席会议。大会主席团由 69 人组成，李振高为大会秘书长（兼）。

大会听取和审议市政府市长谭仲池作的《政府工作报告》；听取和审查市发展计划委员会主任罗社辉作的《关于长沙市 2001 年国民经济和社会发展计划执行情况与 2002 年国民经济和社会发展计划（草案）的报告》，审查和批准长沙市 2001 年国民经济和社会发展执行情况与 2002 年国民经济和社会发展计划；听取和审查市财政局局长杨光荣作的《关于 2001 年长沙市预算执行情况和 2002 年长沙市预算（草案）的报告》，审查和批准 2001 年长沙市预算执行情况和 2002 年长沙市预算；听取和审议市人大常委会主任吴梦南作的《长沙市人民代表大会常务委员会工作报告》；听取和审议市法院院长杨志德作的《长沙市中级人民法院工作报告》；听取和审议市检察院检察长罗宗祥作的《长沙市人民检察院工作报告》；通过相应决议。补选周里冰为市人大常委会副主任，周伟为委员。

收到代表、代表团和市人大专门委员会提出的议案 79 件，经大会主席团审议确立议案 1 件：关于尽快办好长沙市工读学校的议案，交市政府办理。其余 78 件转为代表建议、批评和意见，连同大会期间代表提出的建议、批评和意见 239 件，交“一府两院”及相关单位办理。

第三节 第十二届人民代表大会会议

一、第一次会议

2002 年 12 月 28 日—2003 年 1 月 2 日在中共湖南省委礼堂举行。出席会议代表 457 人，市委、市人大、市政府系统 122 人和市政协全体委员列席会议。大会主席团由 69 人组成，李振高为大会秘书长（兼）。

大会听取和审议市政府市长谭仲池作的《政府工作报告》；听取和审查市发展计划委员会主任李科明作的《关于长沙市 2002 年国民经济和社会发展计划执行情况与 2003 年国民经济和社会发展计划（草案）的报告》，审查和批准长沙市 2002 年国民经济和社会发展执行情况及 2003 年国民经济和社会发展计划；听取和审查市财政局局长姚永春作的《关于 2002 年全市及市本级预算执行情况和 2003 年全市及市本级预算（草案）的报告》，审查和批准长沙市 2002 年市本级预算执行情况的报告及 2003 年市本级预算；听取和审议市人大常委会主任吴梦南作的《长沙市人民代表大会常务委员会工作报告》；听取和审议市法院院长杨志德作的《长沙市中级人民法院工作报告》；听取和审议市检察院检察长罗宗祥作的《长沙市人民检察院工作报告》；通过相应决议。

选举杨顺初为市第十二届人大常委会主任，孔光明、刘奇兵、张菊萍（女）、龚罗生、周里冰、罗购三、胡旭晟、唐纽武为副主任，刘耀杰为秘书长，王献民等 25 人为委员；选举谭仲池为市政府市长，赵小明、刘晓明、黄中瑞、曹亚（女）为副市长；选举何文炯为市法院院长；选举罗宗祥为市检察院检察长；选举湖南省第十届人大代表 77 名。通过市第十二届人大内务司法、财政经济、教育科学文化卫生、农业、城乡建设环境与资源保护、法制委员会组成人员人选。

收到代表、代表团提出的议案 94 件，经大会主席团审议确立议案 1 件：关于加快建立中小企业投融资担保机制的议案，交市政府办理。其余 93 件转为代表建议、批评和意见，连同大会期间代表提出的建议、批评和意见263件，交“一府两院”及相关单位办理。

二、第二次会议

2004年1月3—6日在中共湖南省委礼堂举行。出席会议代表457人，市委、市人大、市政府系统114人和市政协全体委员列席会议。大会主席团由60人组成，孔光明为大会秘书长（兼）。

大会听取和审议市政府市长谭仲池作的《政府工作报告》；听取和审查市发展计划委员会主任李科明作的《关于长沙市2003年国民经济和社会发展计划执行情况与2004年国民经济和社会发展计划（草案）的报告》，审查和批准长沙市2003年国民经济和社会发展执行情况及2004年国民经济和社会发展计划；听取和审查市财政局局长姚永春作的《关于全市及市本级2003年财政预算执行情况和2004年预算（草案）的报告》，审查和批准长沙市2003年市本级预算执行情况的报告及2004年市本级预算；听取和审议市人大常委会主任杨顺初作的《长沙市人民代表大会常务委员会工作报告》；听取和审议市法院院长何文炯作的《长沙市中级人民法院工作报告》；听取和审议市检察院检察长作的《长沙市人民检察院工作报告》；通过相应决议。决定将市人大农业委员会更名为市人大农业与农村委员会。听取和审议市人大常委会副主任孔光明代表常委会关于提请审议《长沙市人民代表大会议事规则（草案）》议案的说明，大会通过《规则》。

收到代表、代表团提出的议案46件，经大会主席团审议确立议案2件：关于请求制定《长沙市地下管线工程档案管理条例》的议案；关于提高低保标准，加强低保管理的议案，交市政府办理。其余44件转为代表建议、批评和意见，连同大会期间代表提出的建议、批评和意见218件，交“一府两院”及相关单位办理。

三、第三次会议

2005年1月18—21日在中共湖南省委礼堂举行。出席会议代表462人，市委、市人大、市政府系统104人和市政协全体委员列席会议。大会主席团由66人组成，孔光明为大会秘书长（兼）。

大会听取和审议市政府市长谭仲池作的《政府工作报告》；听取和审查市发展和改革委员会主任周岳云作的《关于长沙市2004年国民经济和社会发展计划执行情况与2005年国民经济和社会发展计划（草案）的报告》，审查和批准长沙市2004年国民经济和社会发展执行情况及2005年国民经济和社会发展计划；听取和审查市财政局局长姚永春作的《关于全市及市本级2004年财政预算执行情况和2005年财政预算（草案）的报告》，审查和批准长沙市2004年市本级预算执行情况的报告及2005年本级预算；听取和审议市人大常委会主任杨顺初作的《长沙市人民代表大会常务委员会工作报告》；听取和审议市法院院长何文炯作的《长沙市中级人民法院工作报告》；听取和审议市检察院检察长作的《长沙市人民检察院工作报告》；通过相应决议。补选肖良定、邱继兴、段祥军为市人大常委会委员。

收到代表、代表团提出的议案51件，经大会主席团审议确立议案1件：关于对浏阳株树桥水库水资源保护立法的议案。按立法规定起草出台。其余50件转为代表建议、批评和意见，连同大会期间代表提出的建议、批评和意见208件，交“一府两院”及相关单位办理。

四、第四次会议

2006年1月9—12日在中共湖南省委礼堂举行。出席会议代表465人，市委、市人大、市政府系统127人和市政协全体委员列席会议。大会主席团由67人组成，孔光明为大会秘书长（兼）。

大会听取和审议市政府市长谭仲池作的《政府工作报告》；听取和审议市人大常委会主任杨顺初作的《长沙市人民代表大会常务委员会工作报告》；听取和审议市法院院长何文炯作的《长沙市中级人民法

院工作报告》；听取和审议市检察院检察长作的《长沙市人民检察院工作报告》，审查市发展和改革委员会的《关于长沙市 2005 年国民经济和社会发展计划执行情况与 2006 年国民经济和社会发展计划（草案）的报告》，审查和批准长沙市 2005 年国民经济和社会发展执行情况的报告与 2006 年国民经济和社会发展计划；审查市财政局的《关于 2005 年全市和市本级预算执行情况及 2006 年全市和市本级预算（草案）的报告》，审查和批准长沙市 2005 年市本级预算执行情况的报告及 2006 年市本级预算；通过相应决议。决定设立市人大民族华侨外事委员会，并通过饶福明为主任委员。决定接受刘奇兵辞去市人大常委会副主任职务、刘耀杰辞去秘书长职务的请求。补选刘耀杰为市人大常委会副主任，佘双智为秘书长。

收到代表、代表团提出的议案 6 件，经大会主席团审议确立议案 2 件：关于请求市人大常委会制定《长沙市桥梁安全管理办法》的议案；关于对捞刀河水环境立法保护的议案。交市人大法制委调研办理。其余 4 件转为代表建议、批评和意见，连同大会期间代表提出的建议、批评和意见 240 件，交“一府两院”及相关单位办理。

五、第五次会议

2007 年 1 月 16—18 日在中共湖南省委礼堂举行。出席会议代表 465 人，市委、市人大、市政府系统 136 人和市政协全体委员列席会议。大会主席团由 69 人组成，孔光明为大会秘书长（兼）。

大会听取和审议市政府市长谭仲池作的《政府工作报告》；听取和审议市人大常委会主任杨顺初作的《长沙市人民代表大会常务委员会工作报告》；听取和审议市法院院长何文炯作的《长沙市中级人民法院工作报告》；听取和审议市检察院检察长作的《长沙市人民检察院工作报告》；审查市发展和改革委员会的《关于长沙市 2006 年国民经济和社会发展计划执行情况与 2007 年国民经济和社会发展计划（草案）的报告》，审查和批准长沙市 2006 年国民经济和社会发展执行情况的报告与 2007 年国民经济和社会发展计划；审查市财政局的《关于 2006 年全市和市本级预算执行情况及 2007 年全市和市本级预算（草案）的报告》，审查和批准长沙市关于 2006 年全市和市本级预算执行情况及 2007 年全市和市本级预算草案；通过相应决议。

收到代表、代表团提出的议案 12 件，经大会主席团审议确立议案 1 件：请求废止《长沙市城市建设档案管理暂行规定》并制定《长沙市城市建设档案管理条例》，交市人大法制委调研办理。其余 11 件转为代表建议、批评和意见，连同大会期间代表提出的建议、批评和意见 214 件，交“一府两院”办理。

第四节 第十三届人民代表大会会议

一、第一次会议

2007 年 12 月 30 日—2008 年 1 月 4 日在中共湖南省委礼堂举行。出席会议代表 480 人，市委、市人大、市政府系统 146 人和市政协全体委员列席会议。大会主席团由 78 人组成，孔光明为大会秘书长（兼）。

大会听取和审议市政府市长张剑飞作的《政府工作报告》；听取和审议市人大常委会主任杨顺初作的《长沙市人民代表大会常务委员会工作报告》；听取和审议市法院院长何文炯作的《长沙市中级人民法院工作报告》；听取和审议市检察院检察长常智余作的《长沙市人民检察院工作报告》；审查市发展和改革委员会的《关于 2007 年国民经济和社会发展计划执行情况与 2008 年国民经济和社会发展计划安排草

案的报告》，审查和批准长沙市2007年国民经济和社会发展执行情况与2008年国民经济和社会发展计划；审查市财政局的《关于2007年全市和市本级预算执行情况及2008年全市和市本级预算（草案）的报告》，审查和批准长沙市2007年市本级预算执行情况和2008年市本级财政预算；通过相应决议。选举余合泉为市第十三届人大常委会主任，刘晓明、张菊萍（女）、罗购三、胡旭晟、彭可平、刘新程为副主任，余双智为秘书长，冯兆麟等32人为委员；选举张剑飞为市政府市长，谢建辉（女）、徐湘平、文树勋、虢正贵、姚永春、何寄华为副市长；选举罗衡宁为市法院院长；选举陈绍纯为市检察院检察长；选举湖南省第十一届人大代表76名。决定设立市第十三届人大内务司法、财政经济、教育科学文化卫生、农业与农村、城乡建设环境与资源保护、法制、民族华侨外事委员会并通过组成人员。

收到代表、代表团提出的议案28件，经大会议案审查委员会初审提出，将关于建议将《长沙灰汤地区地热水资源保护条例（草案）列入2008年立法计划的议案》；关于制定《长沙市农村小城镇市容、环境卫生管理条例》的议案；关于制定《长沙市奖励和保护见义勇为人员条例》的议案，交市人大法制委审议办理。其余25件转为代表建议、批评和意见，连同大会期间代表提出的建议、批评和意见309件，交“一府两院”及相关单位办理。

听取市文明办关于长沙市创建全国文明城市的工作汇报。

二、第二次会议

2009年1月4—7日在长沙人民会堂举行。出席会议代表479人，市委、市人大、市政府系统156人和市政协全体委员列席会议。大会主席团由71人组成，刘晓明为大会秘书长（兼）。

大会听取和审议市政府市长张剑飞作的《政府工作报告》；听取和审议市人大常委会主任余合泉作的《长沙市人民代表大会常务委员会工作报告》；听取和审议市法院院长罗衡宁作的《长沙市中级人民法院工作报告》；听取和审议市检察院检察长陈绍纯作的《长沙市人民检察院工作报告》，审查市发展和改革委员会的《关于长沙市2008年国民经济和社会发展计划执行情况与2009年国民经济和社会发展计划（草案）的报告》，审查和批准长沙市2008年国民经济和社会发展执行情况的报告与2009年国民经济和社会发展计划；审查市财政局的《关于2008年全市和市本级预算执行情况及2009年全市和市本级预算（草案）的报告》，审查和批准长沙市2008年市本级预算执行情况的报告和2009年市本级预算草案；通过相应决议。

收到代表、代表团提出的议案4件，经大会主席团审议确立议案3件：关于制定《长沙市餐厨垃圾处理管理办法》的议案；关于落实十三届一次会议对第143号建议的答复、尽快制定《长沙市城市建设档案管理条例》的议案；关于迅速启动修改《湘江长沙段饮用水水资源保护条例》工作并将捞刀河等湘江五大支流水环境保护纳入条例立法保护的议案，交市人大法制委办理。另1件转为代表建议、批评和意见，连同大会期间代表提出的建议、批评和意见297件，交“一府两院”及相关单位办理。

三、第三次会议

2010年1月16—19日在长沙人民会堂举行。出席会议代表487人，市委、市人大、市政府系统183人和市政协全体委员列席会议。大会主席团由75人组成，刘晓明为大会秘书长（兼）。

大会听取和审议市政府市长张剑飞作的《政府工作报告》；听取和审议市人大常委会主任余合泉作的《长沙市人民代表大会常务委员会工作报告》；听取和审议市法院院长罗衡宁作的《长沙市中级人民法院工作报告》；听取和审议市检察院检察长陈绍纯作的《长沙市人民检察院工作报告》，审查市发展和改革委员会的《关于长沙市2009年国民经济和社会发展计划执行情况与2010年国民经济和社会发展计划

(草案)的报告》,审查和批准长沙市 2009 年国民经济和社会发展执行情况的报告与 2010 年国民经济和社会发展计划;审查市财政局的《关于 2009 年全市和市本级预算执行情况及 2010 年全市和市本级预算(草案)的报告》,审查和批准长沙市 2009 年市本级预算执行情况和 2010 年市本级财政预算草案的报告;通过相应决议。补选张建国、王国海为市人大常委会副主任,柳美景为秘书长,周松波、赵钺、彭友元为委员。

收到代表、代表团提出的议案 7 件,经大会主席团审议确立议案 5 件:关于制定《长沙铜官窑遗址保护管理条例》的议案;关于制定《长沙市内部审计条例》的议案;关于制定《长沙市餐饮业环境污染防治条例》的议案;关于制定《长沙市节约能源条例》的议案;关于制定《长沙市城市供水、排水、节约用水管理条例》的议案,交市人大法制委办理。其余 2 件转为代表建议、批评和意见,连同大会期间代表提出的建议、批评和意见 342 件,交"一府两院"及相关单位办理。

四、第四次会议

2011 年 1 月 13—16 日在长沙人民会堂举行。出席会议代表 489 人,市委、市人大、市政府系统 180 人和市政协全体委员列席会议。大会主席团由 73 人组成,刘晓明为大会秘书长(兼)。

图 3-2-4-1 长沙市第十三届人大第四次会议在长沙人民会堂举行 (拍摄于 2011 年 1 月,长沙市人大常委会办公厅供图)

大会听取和审议市政府市长张剑飞作的《政府工作报告》;听取和审议市人大常委会主任余合泉作的《长沙市人民代表大会常务委员会工作报告》;听取和审议市法院院长罗衡宁作的《长沙市中级人民法院工作报告》;听取和审议市检察院检察长陈绍纯作的《长沙市人民检察院工作报告》;审查《长沙市国民经济和社会化发展第十二个五年规划纲要(草案)》;审查市发展和改革委员会的《关于长沙市 2010 年国民经济和社会发展计划执行情况与 2011 年国民经济和社会发展计划安排草案的报告》,批准长沙市 2011 年国民经济和社会发展计划;审查市财政局的《关于 2010 年全市和市本级财政预算执行情况及 2011 年全市和市本级财政预算(草案)的报告》,批准长沙市 2011 年市本级财政预算;通过相应决议。

收到代表、代表团提出的议案 5 件,经大会主席团审议确立议案 3 件:关于加大投入加快完善中小型农田水利工程设施实现统筹城乡发展的议案;关于加强捞刀河、浏阳河全流域综合整治的议案;关于重新修订《长沙市蔬菜基地保护办法》的议案,交市人大专门委员会办理。其余 2 件转为代表建议、批评和意见,连同大会期间代表提出的建议、批评和意见 305 件,交"一府两院"及相关单位办理。

五、第五次会议

2012 年 1 月 6—9 日在长沙人民会堂举行。出席会议代表 492 人,市委、市人大、市政府系统 186 人和市政协全体委员列席会议。会主席团由 77 人组成,刘晓明为大会秘书长(兼)。

大会听取和审议市政府市长张剑飞作的《政府工作报告》;听取和审议市人大常委会主任余合泉作的《长沙市人民代表大会常务委员会工作报告》;听取和审议市法院院长罗衡宁作的《长沙市中级人民法院工作报告》;听取和审议市检察长陈绍纯作的《长沙市人民检察院工作报告》;审查市发展和改革委员

会的《关于长沙市 2011 年国民经济和社会发展计划执行情况与 2012 年国民经济和社会发展计划安排草案的报告》，批准长沙市 2012 年国民经济和社会发展计划；审查市财政局的《关于 2011 年全市和市本级预算执行情况及 2012 年全市和市本级预算（草案）的报告》，批准长沙市 2012 年本级财政预算；通过相应决议。补选赵建强、黄佳惠为市人大常委会副主任；选举钟钢、黎石秋为市政府副市长；选举侯文、戴志敏（女）为市人大常委会委员。

收到代表、代表团提出的议案 5 件，经大会主席团审议确立议案 5 件：关于进一步加大农村环境保护力度的议案；关于制定《长沙市生态保护条例》的议案；关于制定《长沙市小城镇建设管理条例》的议案；关于推进城乡环境同治，让创建全国文明城市成果惠及城乡居民的议案；关于制定《长沙市企业与企业经营者权益保护条例》的议案，交市人大城环委、法制委审议办理。大会期间代表提出的建议、批评和意见 251 件，交“一府两院”及相关单位办理。

第三章 组织机构

第一节 常务委员会

一、第十届人大常委会

1992 年 12 月 28 日—1993 年 1 月 3 日，举行长沙市第十届人民代表大会第一次会议，选举产生市第十届人大常委会，组成人员 31 人。

表 3-3-1-1 长沙市十届人大常委会组成人员一览表

职　务	姓 名	性别	籍 贯	任 期	附　注
主 任	郭俊秀	男	山东莱芜市	1993 年 1 月—1995 年 3 月	常委会 19 次会议辞职
	陈香成	男	湖南邵阳县	1995 年 3 月—1998 年 1 月	人大 3 次会议补选
副主任	陈香成	男	湖南邵阳县	1993 年 1 月—1995 年 3 月	常委会 19 次会议为代理主任
	何迎春	男	湖南邵东县	1993 年 1 月—1996 年 5 月	常委会 29 次会议辞职
	邹水生	男	湖南浏阳市	1993 年 1 月—1998 年 1 月	—
	朱厚廓	男	湖南临湘市	1993 年 1 月—1998 年 1 月	—
	李正雄	男	湖南临湘市	1993 年 1 月—1998 年 1 月	—
	旷桐生	男	湖南衡山县	1993 年 1 月—1998 年 1 月	—
	朱积年	男	浙江宁波市	1993 年 1 月—1998 年 1 月	—
	李利麟	女	湖南望城县	1993 年 1 月—1998 年 1 月	—
	李振高	男	湖南湘潭县	1995 年 3 月—1998 年 1 月	—
	刘奇兵	男	湖南隆回县	1996 年 3 月—1998 年 1 月	人大 4 次会议增选

续表 3–3–1–1

职务	姓名	性别	籍贯	任期	附注
秘书长	龙长工	男	湖南望城县	1993 年 1 月—1994 年 8 月	常委会 12 次会议辞职
	张菊萍	女	湖南宁乡县	1995 年 3 月—1998 年 1 月	人大 3 次会议补选
委员	王年生	男	江苏扬州市	1993 年 1 月—1998 年 1 月	—
	王彬文	男	福建永定县	1993 年 1 月—1998 年 1 月	—
	王棋南	男	福建晋江市	1993 年 1 月—1998 年 1 月	—
	王德相	男	湖南长沙市	1993 年 1 月—1998 年 1 月	—
	向荣旦	男	湖南衡东县	1993 年 1 月—1998 年 1 月	—
委员	刘奇兵	男	湖南隆回县	1993 年 1 月—1996 年 3 月	人大 4 次会议任副主任
	杨国福	男	湖北汉川市	1993 年 1 月—1998 年 1 月	—
	吴安安	女	湖北红安县	1993 年 1 月—1996 年 3 月	人大 4 次会议辞职
	吴孝龙	男	湖南长沙县	1993 年 1 月—1998 年 1 月	—
	吴铁臣	男	湖南汨罗市	1993 年 1 月—1998 年 1 月	—
	张菊萍	女	湖南宁乡县	1993 年 1 月—1995 年 3 月	人大 3 次会议任秘书长
	范水成	男	湖南隆回县	1993 年 1 月—1998 年 1 月	—
	周坤如	男	湖北孝感市	1993 年 1 月—1998 年 1 月	—
	周京仁	男	湖南安化县	1993 年 1 月—1998 年 1 月	—
	骆际舜	男	湖南临武县	1993 年 1 月—1998 年 1 月	—
	徐金凯	男	湖南长沙县	1993 年 1 月—1998 年 1 月	—
	唐士宝	男	湖南新邵县	1993 年 1 月—1998 年 1 月	—
	黄更生	男	湖北黄陂县	1993 年 1 月—1998 年 1 月	—
	彭太祥	男	湖南衡山县	1993 年 1 月—1998 年 1 月	—
	谢建辉	女	湖南望城县	1993 年 1 月—1998 年 1 月	—
	蔡金华	男	广东东莞市	1993 年 1 月—1998 年 1 月	—
	费新来	女	湖南望城县	1994 年 3 月—1998 年 1 月	人大 2 次会议补选
	夏蔚林	男	湖南益阳县	1994 年月—1998 年 1 月	人大 2 次会议补选
	符树根	男	湖南湘阴县	1994 年 3 月—1998 年 1 月	人大 2 次会议补选
	吕祚亚	男	湖南冷水滩	1995 年 3 月—1998 年 1 月	人大 3 次会议补选
	黄刚直	男	湖南长沙市	1995 年 3 月—1998 年 1 月	人大 3 次会议补选
	肖雅珩	女	湖南长沙县	1996 年 3 月—1998 年 1 月	人大 4 次会议增选

二、第十一届人大常委会

1997年12月28日—1998年1月3日，举行长沙市第十一届人民代表大会第一次会议，选举产生长沙市第十一届人大常委会，组成人员35人。

表3-3-1-2　　长沙市十一届人大常委会组成人员一览表

职务	姓名	性别	籍贯	任期	附注
主任	易希文	男	湖南湘乡市	1998年1月—2001年1月	人大4次会议辞职
	吴梦南	女	湖南汨罗市	2001年1月—2003年1月	人大4次会议补选
副主任	李正雄	男	湖南临湘市	1998年1月—2001年1月	人大4次会议辞职
	胡　越	男	湖南宁乡县	1998年1月—2002年1月	常委会35次会议辞职
	颜克初	男	湖南澧县	1998年1月—2003年1月	—
	李振高	男	湖南湘潭县	1998年1月—2003年1月	—
	刘奇兵	男	湖南隆回县	1998年1月—2003年1月	—
	旷桐生	男	湖南衡山县	1998年1月—2003年1月	—
	张菊萍	女	湖南宁乡县	1998年1月—2003年1月	—
	罗谟明	男	湖南浏阳市	1998年1月—2003年1月	—
	龚罗生	男	湖南长沙市	2001年1月—2003年1月	人大4次会议补选
	周里冰	男	湖南宁乡县	2002年1月—2003年1月	人大5次会议补选
秘书长	黄更生	男	湖北黄陂县	1998年1月—2001年1月	人大4次会议辞职
	唐纽武	男	湖南长沙市	2001年1月—2003年1月	人大4次会议补选
委员	丁炳乾	男	湖南浏阳市	1998年1月—2003年1月	—
	吕祚亚	男	湖南冷水滩	1998年1月—1999年12月	常委会15次会议辞职
	朱立民	男	湖南长沙县	1998年1月—2003年1月	—
	刘耀杰	男	湖南长沙县	1998年1月—2003年1月	—
	杨树林	男	湖南长沙市	1998年1月—2003年1月	—
	李　晖	女	湖南桃江县	1998年1月—2000年12月	常委会24次会议辞职
	李四保	男	湖南岳阳市	1998年1月—1999年6月	常委会11次会议辞职
	肖炎熙	男	湖南涟源市	1998年1月—2003年1月	—
	吴孝龙	男	湖南长沙县	1998年1月—2003年1月	—
	张春球	女	江西丰城市	1998年1月—2003年1月	—
	范水成	男	湖南隆回县	1998年1月—2002年1月	常委会35次会议辞职
	易学农	男	湖南长沙县	1998年1月—2003年1月	—
	易建国	男	湖南浏阳市	1998年1月—2003年1月	—
	周坤如	男	湖北孝感市	1998年1月—2003年1月	—

续表 3-3-1-2

职 务	姓 名	性别	籍 贯	任 期	附 注
委员	贺绍佩	女	四川阆中市	1998 年 1 月—2003 年 1 月	—
	秦家杰	男	湖南永州市	1998 年 1 月—2003 年 1 月	—
	夏 谋	男	湖南桃江县	1998 年 1 月—2003 年 1 月	—
	郭东球	男	湖南平江县	1998 年 1 月—2003 年 1 月	—
	唐士宝	男	湖南新邵县	1998 年 1 月—2003 年 1 月	—
	黄其实	男	湖南长沙市	1998 年 1 月—2003 年 1 月	—
	常庚申	男	湖南长沙县	1998 年 1 月—2003 年 1 月	—
	符树根	男	湖南湘阴县	1998 年 1 月—2001 年 1 月	人大 4 次会议辞职
	喻 力	男	湖南保靖县	1998 年 1 月—2003 年 1 月	—
	楚白兰	女	湖南湘潭市	1998 年 1 月—2003 年 1 月	—
	谭世延	男	湖南湘乡市	1998 年 1 月—2003 年 1 月	—
	王献民	男	湖南益阳市	2001 年 1 月—2003 年 1 月	人大 4 次会议补选
	陈 松	男	广东吴川市	2001 年 1 月—2003 年 1 月	人大 4 次会议补选
	周 伟	男	湖南长沙市	2002 年 1 月—2003 年 1 月	人大 5 次会议补选

三、第十二届人大常委会

2002 年 12 月 28 日—2003 年 1 月 2 日，举行长沙市第十二届人民代表大会第一次会议，选举产生组成人员 35 人。

表 3-3-1-3 长沙市十二届人大常委会组成人员一览表

职 务	姓 名	性别	籍 贯	任 期	附 注
主 任	杨顺初	男	湖南华容县	2003 年 1 月—2008 年 1 月	—
副主任	孔光明	男	湖南长沙市	2003 年 1 月—2008 年 1 月	—
	刘奇兵	男	湖南隆回县	2003 年 1 月—2006 年 1 月	人大 4 次会议辞职
	张菊萍	女	湖南宁乡县	2003 年 1 月—2008 年 1 月	—
	龚罗生	男	湖南长沙市	2003 年 1 月—2008 年 1 月	—
	周里冰	男	湖南宁乡县	2003 年 1 月—2007 年 1 月	常委会 33 次会议辞职
	罗购三	男	湖南长沙县	2003 年 1 月—2008 年 1 月	—
	胡旭晟	男	湖南安化县	2003 年 1 月—2008 年 1 月	—
	唐纽武	男	湖南长沙市	2003 年 1 月—2008 年 1 月	—
	刘耀杰	男	湖南长沙县	2006 年 1 月—2008 年 1 月	人大 4 次会议补选
秘书长	刘耀杰	男	湖南长沙县	2003 年 1 月—2006 年 1 月	人大 4 次会议辞职
	佘双智	男	湖南望城县	2006 年 1 月—2008 年 1 月	人大 4 次会议补选

续表 3-3-1-3

职 务	姓 名	性别	籍 贯	任 期	附 注
委 员	王献民	男	湖南益阳市	2003 年 1 月—2005 年 1 月	常委会 17 次会议辞职
	冯兆麟	男	湖北武汉市	2003 年 1 月—2008 年 1 月	—
	刘曼曼	女	湖南衡阳市	2003 年 1 月—2008 年 1 月	—
	李仲良	女	湖南望城县	2003 年 1 月—2008 年 1 月	—
	李伟群	男	湖南宁乡县	2003 年 1 月—2004 年 12 月	常委会 16 次会议辞职
	杨树林	男	湖南长沙市	2003 年 1 月—2008 年 1 月	—
	吴海山	男	湖南浏阳市	2003 年 1 月—2008 年 1 月	—
	何 斌	女	湖南长沙市	2003 年 1 月—2008 年 1 月	—
	汪国凡	男	湖南湘潭县	2003 年 1 月—2008 年 1 月	—
	张春球	女	江西丰城市	2003 年 1 月—2008 年 1 月	—
	陈启同	女	安徽望江县	2003 年 1 月—2008 年 1 月	—
	易学农	男	湖南长沙县	2003 年 1 月—2008 年 1 月	—
	罗 伟	男	湖南浏阳市	2003 年 1 月—2008 年 1 月	—
	周 伟	男	湖南长沙市	2003 年 1 月—2008 年 1 月	—
	赵伯平	男	湖南长沙市	2003 年 1 月—2008 年 1 月	—
	姚淑华	女	安徽桐城市	2003 年 1 月—2008 年 1 月	—
	贺绍佩	女	四川阆中市	2003 年 1 月—2008 年 1 月	—
	夏 谋	男	湖南桃江县	2003 年 1 月—2008 年 1 月	—
	章献诚	男	湖南长沙市	2003 年 1 月—2008 年 1 月	—
	梁仡娜	女	湖南长沙市	2003 年 1 月—2008 年 1 月	—
	彭治华	男	湖南临湘市	2003 年 1 月—2008 年 1 月	—
	喻 力	男	湖南保靖县	2003 年 1 月—2008 年 1 月	—
	谢湘生	男	湖南新化县	2003 年 1 月—2008 年 1 月	—
	楚白兰	女	湖南湘潭市	2003 年 1 月—2008 年 1 月	—
	肖良定	男	湖南涟源市	2005 年 1 月—2008 年 1 月	人大 3 次会议补选
	邱继兴	男	湖南浏阳市	2005 年 1 月—2008 年 1 月	人大 3 次会议补选
	段祥军	男	湖南武冈市	2005 年 1 月—2008 年 1 月	人大 3 次会议补选

四、第十三届人大常委会

2007 年 12 月 30 日—2008 年 1 月 4 日，举行长沙市第十三届人民代表大会第一次会议，选举产生市第十三届人大常委会组成人员 41 人。

表 3-3-1-4 长沙市十三届人大常委会组成人员一览表

职务	姓名	性别	籍贯	任期	附注
主任	余合泉	男	湖南宁乡县	2008 年 1 月—2013 年 1 月	—
副主任	刘晓明	男	湖南衡东县	2008 年 1 月—2013 年 1 月	—
	张菊萍	女	湖南宁乡县	2008 年 1 月—2011 年 1 月	常委会 29 次会议辞职
	罗购三	男	湖南长沙县	2008 年 1 月—2013 年 1 月	—
	胡旭晟	男	湖南安化县	2008 年 1 月—2010 年 1 月	常委会 19 次会议辞职
	彭可平	男	湖南宁乡县	2008 年 1 月—2010 年 1 月	常委会 19 次会议辞职
	刘新程	男	江苏兴化市	2008 年 1 月—2013 年 1 月	—
	张建国	男	湖南浏阳市	2010 年 1 月—2013 年 1 月	人大 3 次会议补选
	王国海	男	湖南临澧县	2010 年 1 月—2013 年 1 月	人大 3 次会议补选
	赵建强	男	湖南宁乡县	2012 年 1 月—2013 年 1 月	人大 5 次会议补选
	黄佳惠	男	湖南长沙县	2012 年 1 月—2013 年 1 月	人大 5 次会议补选
秘书长	佘双智	男	湖南望城县	2008 年 1 月—2009 年 9 月	常委会 15 次会议辞职
	柳美景	男	湖南汨罗市	2010 年 1 月—2013 年 1 月	人大 3 次会议补选
委员	冯兆麟	男	湖北武汉市	2008 年 1 月—2013 年 1 月	—
	刘晓平	男	湖南长沙市	2008 年 1 月—2013 年 1 月	—
	刘曼曼	女	湖南衡阳市	2008 年 1 月—2013 年 1 月	—
	刘绪甲	男	湖南华容县	2008 年 1 月—2013 年 1 月	—
	李伟	男	湖南长沙市	2008 年 1 月—2013 年 1 月	—
	李仲良	女	湖南望城县	2008 年 1 月—2013 年 1 月	—
	杨树林	男	湖南长沙市	2008 年 1 月—2013 年 1 月	—
	肖良定	男	湖南涟源市	2008 年 1 月—2013 年 1 月	—
	吴伯成	男	湖南长沙市	2008 年 1 月—2013 年 1 月	—
	邱继兴	男	湖南浏阳市	2008 年 1 月—2009 年 9 月	常委会 15 次会议辞职
	余建国	男	湖南醴陵县	2008 年 1 月—2013 年 1 月	—
	汪国凡	男	湖南湘潭县	2008 年 1 月—2009 年 9 月	常委会 15 次会议辞职
	沈守云	男	湖北监利县	2008 年 1 月—2013 年 1 月	—
	洪霞	女	福建厦门市	2008 年 1 月—2013 年 1 月	—
	常庚申	男	湖南长沙县	1998 年 1 月—2003 年 1 月	—
	符树根	男	湖南湘阴县	1998 年 1 月—2001 年 1 月	人大 4 次会议辞职
	喻力	男	湖南保靖县	1998 年 1 月—2003 年 1 月	—
	楚白兰	女	湖南湘潭市	1998 年 1 月—2003 年 1 月	—
	谭世延	男	湖南湘乡市	1998 年 1 月—2003 年 1 月	—
	王献民	男	湖南益阳市	2001 年 1 月—2003 年 1 月	人大 4 次会议补选
	陈松	男	广东吴川市	2001 年 1 月—2003 年 1 月	人大 4 次会议补选
	周伟	男	湖南长沙市	2002 年 1 月—2003 年 1 月	人大 5 次会议补选

1993—2012年，先后担任长沙市人民代表大会常务委员会副秘书长的有：张菊萍（女）、周坤如、唐士宝、范水成、汤三明、姚淑华（女）、姚智醇、周建军（女）、冯兆麟、赵伯平、赵凡存、张春球（女）、彭治华、曹伟。

第二节 专门委员会

1998年，根据《中华人民共和国地方各级人民代表大会和地方各级人民委员会组织法》规定和工作需要，市第十一届人大设立市人大内务司法委员会、财政经济委员会、教育科学文化卫生委员会、农业委员会、城乡建设环境保护委员会。2001年，市第十一届人大设立法制委员会。2004年，市第十二届人大将农业委员会更名为农业与农村委员会。2006年，市第十二届人大设立市人大民族华侨外事委员会。至2012年12月，市人大设置专门委员会7个：内务司法委员会、财政经济委员会、教育科学文化卫生委员会、农业与农村委员会、城乡建设环境与资源保护委员会、法制委员会、民族华侨外事委员会。

1998—2012年，历任内务司法委员会主任委员：杨树林、易学农、唐跃军；副主任委员：何斌（女）、唐跃军、陈湘华。历任财政经济委员会主任委员：周坤如、章献诚、余建国；副主任委员：李利君（女）、陈红军、刘晓平、李罗生、喻敏。历任教育科学文化卫生委员会主任委员：唐士宝、李仲良；副主任委员：石胜生、饶福明、涂克平、高清福。历任农业与农村委员会主任委员：秦家杰、吴海山、黄自奇；副主任委员：谢晓春、蒋华玲（女）、全裕高。历任城乡建设环境保护委员会主任委员：符树根、陈松、杨树林、副主任委员：李瑞宏、陈学瑜、张书振。

2001—2012年，历任法制委员会主任委员：易学农、周伟、副主任委员：刘晓平、王锡财、孟谏君。2006—2012年，历任民族华侨外事委员会主任委员：饶福明、周建军；副主任委员：丑毅奇。

第三节 常委会工作机构

1993年，市第十届人大常委会设置有工作机构9个：办公厅、研究室、法制工作委员会、农村工作委员会、财政经济工作委员会、城乡建设工作委员会、教育科学文化卫生工作委员会、选举任免联络工作委员会和代表资格审查委员会。其中代表资格审查委员会系依法设立的非编制机构，其成员由常委会主任会议在常委会组成人员中提名，常委会会议通过。工作机构编制85名（未含编制单列的常委会正副主任，下同），实有99人。1998年1月，市第十一届人大第一次会议决定设立市人大内务司法委员会、财政经济委员会、教育科学文化卫生委员会、农业委员会、城乡建设环境保护委员会等五个专门委员会，其工作相对应的常委会原法制工作委员会、财政经济工作委员会、教育科学文化卫生工作委员会、农村工作委员会、城乡建设工作委员会自行终止。

1998年2月，市第十一届人大常委会第一次会议决定增设常委会法规工作委员会。2002年1月，市第十一届人大常委会第三十五次会议决定增设常委会信访办公室。2002年5月，长沙市机构改革，将常委会法规工作委员会并入市人大法制委员会（法规工作委员会机构保留）。2008年1月，市第十三届人大常委会第一次会议决定增设常委会预算工作委员会。至2012年12月，常委会设置工作机构7个：办公厅、研究室、选举任免联络工作委员会、法规工作委员会、信访办公室、预算工作委员会、代表资格审查委员会。编制 89 名（含专门委员会，其中行政编 73 名、事业编 16 名），实有 99 人。

1993—2012 年，历任市人大常委会办公厅主任：范水成、徐兴华、唐纽武、刘耀杰、佘双智、柳美景；副主任：易学农、何斌（女）、彭桂秋、汤三明、许辉（女）、张敏、姚淑华（女）、周伟、饶福明、邓明东、张春球（女）、高清福、戴志敏（女）、浣俊懿、王文华。历任研究室主任：吴孝龙、饶福明、彭友元；副主任：杨祥隆、彭治华、张熙坤、文明、蒋华玲（女）、陈兴平、丁四明。1993—1998 年，法制工作委员会主任：黄更生，副主任：杨树林；农村工作委员会主任：刘奇兵、徐兴华，副主任：徐兴华、廖永东；财政经济工作委员会主任：彭太祥，副主任：李利君；城乡建设工作委员会主任：符树根，副主任：李瑞宏、陈红军；教育科学文化卫生工作委员会主任：夏蔚林，副主任：石胜生。1993—2012 年，历任选举任免联络工作委员会主任：吴铁臣、张春球（女）、胡晓亚（女），副主任：李永琏、蔡战武、周建军（女）、周伟、许辉（女）、张敏、涂克平、陈兴平、邓明东、张建华。历任代表资格审查委员会主任：陈香成、何迎春、邹永生、李振雄、李振高、孔光明、刘晓明，副主任：旷桐生、李利麟（女）、胡越、胡旭晟、唐纽武、王国海、黄佳惠。1998—2012 年，历任法规工作委员会主任：易学农、周伟，副主任：刘晓平、王锡财、孟谏君。2002—2012 年，历任信访办公室主任：何斌（女）、谢晓春，副主任：唐跃军、燕乾元、张书振、范金枝、吴定芝。2008—2012 年，历任预算工作委员会主任：刘晓平，副主任：李浩虎。

第四章　常委会会议

为保证常委会会议依法行权，1993 年 10 月 28 日，市第十届人大常委会第五次会议制定《长沙市人民代表大会常务委员会议事规则》；为提高会议计票效率和准确性，1997 年 1 月起，常委会会议表决方式由举手表决改为使用电子表决系统表决。为提高常委会会议质量，2008 年 10 月 24 日，市第十三届人大常委会第七次会议作出《关于提高长沙市人民代表大会常务委员会会议质量的决议》，决议共 30 条，从会议意义、会前准备、决议质量、规范会务、会议开放、权力效能六个方面支持和保障常委会会议质量。此外，常委会还制定会议工作程序、列席人员规定、审议报告若干规定、审议意见办理办法等。为规范常委会依法行使讨论、决定重大事项的职权，2011 年 11 月 30 日，市第十三届人大常委会第三十五次会议制定《长沙市人民代表大会常务委员会讨论、决定重大事项规定》。市第十、十一、十二、十三届人大常委会各举行常委会会议 41 次、43 次、40 次、45 次，共 169 次。

第一节　第十届人大常委会会议

一、第一次会议

1993 年 2 月 26—27 日举行。会议听取常委会关于坚持和完善人民代表大会制度的辅导报告；通过常委会 1993 年工作要点和市第十届人大常委会代表资格审查委员会组成人员名单；决定市人大、市政府、市法院、市检察院人事任免事项；审议市政府关于长沙市农村备耕生产等情况汇报。

二、第二次会议

1993 年 4 月 26—30 日举行。会议传达全国人大和全国政协会议精神；通过《长沙市人民警察巡逻执法暂行规定》；批准 1992 年市本级决算和 1993 年市本级预算；同意长沙市总体规划用地的局部调整；作出关于贯彻执行国务院《农民承担费用和劳务管理条例》的决议；通过市法院人事任免事项；审议市政府关于加强专利工作的汇报。

三、第三次会议

1993 年 6 月 22—24 日举行。会议作出《关于制止“三乱”，促进企业转换经营机制的决议》《关于进一步实施两个〈条例〉，坚决制止破坏城市绿化行为的决议》；通过市检察院人事任免事项；审议市政府关于长沙市农业“四大”基地建设情况汇报和市法院关于经济审判工作为经济建设服务情况的汇报。

四、第四次会议

1993 年 8 月 18—20 日举行。会议审议市政府关于市场网点建设情况汇报、《关于搬迁南煤栈、毛家桥煤栈，改善城区环境质量案》等 4 个议案办理的情况汇报和关于 1993—1997 年立法项目的安排；决定常委会工作机构人事任免事项；通过市法院、市检察院人事任免事项。

五、第五次会议

1993 年 10 月 28—30 日举行。会议审议市政府《关于促进农村落后地区经济发展平衡案》办理的情况汇报、关于长沙市开发区建设及清理情况汇报和关于长沙市 1993 年 9 月止财政收支预算执行情况及后段工作安排意见的报告；听取常委会研究室关于长沙市举办全国十六城市人大工作研讨会工作情况汇报；通过《长沙市人大常委会议事规则》；决定任命袁汉坤为市政府副市长；接受罗桂求、刘启欣辞去市政府副市长职务的请求。

六、第六次会议

1993 年 12 月 16—18 日举行。会议审议市检察院关于长沙市检察机关开展法律监督和反贪污贿赂等经济犯罪情况汇报、市监察局关于开展反腐败斗争，加强廉政建设的情况汇报；审议市政府关于实施《中华人民共和国矿产资源法》的情况汇报、关于长沙市中等职业技术教育情况汇报和关于市房改售房、提租等 6 个办法的汇报；审议《长沙市劳动监察条例（草案）》；通过《长沙市人大常委会人事任免办法》《长沙市农村生态建设总体规划》；决定任命王柏林为市政府副市长；通过市法院、市检察院人事任免事项。

七、第七次会议

1994 年 1 月 28—29 日举行。会议审议市政府关于实施《长沙市城市道路交通管理规定》的情况汇报和关于市第十届人大第一次会议代表议案和建议、批评、意见办理的情况汇报；决定市第十届人大第二次会议 1994 年 3 月 5 日召开。

八、第八次会议

1994 年 2 月 21 日举行。会议通过常委会 1993 年工作报告；审议市第十届人大第二次会议筹备工作情况汇报。

九、第九次会议

1994 年 3 月 9 日举行。会议传达省第八届人大第二次会议精神；通过常委会 1994 年工作要点。

十、第十次会议

1994 年 4 月 25—27 日举行。会议审议市政府对《关于请求市政府严格控制贺龙体育中心的规划用地案》办理情况汇报、关于实施《中华人民共和国城镇国有土地使用权出让和转让暂行条例》的情况汇报和关于长沙市国有资产管理工作情况汇报；审议《长沙市城市商业网点建设管理条例（草案）》和市人大代表评议市公安机关工作的情况汇报； 通过市法院和市检察院人事任免事项。

十一、第十一次会议

1994 年 6 月 24—26 日举行。会议学习《中华人民共和国全国人民代表大会和地方各级人民代表大会代表法》《湖南省实施（中华人民共和国全国人民代表大会和地方各级人民代表大会代表法）办法》；审议市编委办关于长沙市机构改革方案的情况汇报；审议市政府实施《中华人民共和国农业法》《中华人民共和国农业技术推广法》《中华人民共和国教师法》的情况汇报、关于长沙市发展非公有制经济的情况汇报和关于长沙市开展“二五”普法工作的情况汇报；作出《关于保护环境，加强环境综合整治的决议》；审议《长沙市城镇暂住人口登记管理办法（草案）》；通过《长沙市城市商业网点建设管理条例》；决定市政府人事任免事项；通过市检察院人事任免事项。

十二、第十二次会议

1994 年 8 月 18—22 日举行。会议审议《浏阳河管理条例（草案）》；通过《长沙市城镇暂住人口登记管理办法》；审议市电信局关于长沙市电信事业发展的情况汇报；听取市政府关于长沙市党政机构改革方案的说明；审议市政府对《关于加快农业发展案》办理情况汇报、《关于建设芙蓉路绿化广场案》办理情况汇报和关于实施《中华人民共和国消费者权益保护法》的情况汇报；审议市法院关于民事、行政审判工作情况汇报；决定接受龙长工辞去常委会秘书长职务的请求；决定常委会副秘书长张菊萍为常委会代理秘书长；决定任命颜克初为市政府副市长、罗宗祥为市国家安全局局长；通过市法院、市检察院人事任免事项。

十三、第十三次会议

1994 年 10 月 6 日举行。会议决定任命徐宪平为市政府副市长、接受张明泰辞去市政府市长职务的请求；决定袁汉坤为市政府代理市长。

十四、第十四次会议

1994 年 10 月 18—21 日举行。会议审议《长沙市劳动监察条例》；审议市政府对《关于长沙市推行旧城改造工作急需立法案》办理情况汇报、关于实施《中华人民共和国科技进步法》的情况汇报、关于长沙市建筑市场管理情况汇报和关于长沙市税制改革情况汇报；审查市政府关于长沙市 1994 年 8 月止财政收支预算执行情况及后段工作安排意见报告；审议市检察院关于长沙市开展反贪污贿赂斗争和市监察局关于深入开展反腐败斗争、加强廉政建设工作情况汇报；听取市政府、市检察院主要负责人述职报告和常委会委员及市人大代表的评议发言；通过市检察院人事任免事项。

十五、第十五次会议

1994 年 11 月 9 日举行。会议决定市政府人事任免事项。

十六、第十六次会议

1994 年 12 月 19—21 日举行。会议通过《长沙市劳动监察条例》《浏阳河管理条例》；决定市第十二届人大第三次会议 1995 年 3 月 2 日召开；审议市人大代表评议市工商局工作情况汇报；审议市政府关于长沙市城市管理工作的情况汇报；批准长沙市与黄山市结为友好城市；决定市政府人事任免事项。

十七、第十七次会议

1995 年 1 月 24 日举行。会议决定市第十届人大第三次会议变更为 1995 年 2 月 28 日召开；增补常委会代表资格审查委员会成员。

十八、第十八次会议

1995年2月14日举行。会议审议市政府关于办理市第十届人大第二次会议代表议案和建议、批评、意见的情况汇报；通过常委会1994年工作报告；决定市第十届人大第三次会议延期至1995年3月26日召开。

十九、第十九次会议

1995年3月9日举行。会议决定市政府人事任免事项；决定接受郭俊秀辞去常委会主任职务的请求；决定陈香成为常委会代理主任；审议市第十届人大第三次会议筹备工作情况汇报。

二十、第二十次会议

1995年3月21日举行。会议决定接受陈元松辞去市政府副市长职务的请求；确认补选的代表的代表资格有效；审查市政府关于长沙市1994年财政收支预算执行情况的报告；通过市第十届人大第三次会议选举办法。

二十一、第二十一次会议

1995年3月31日举行。会议决定市政府人事任免事项；通过常委会1995年工作要点。

二十二、第二十二次会议

1995年5月16—18日举行。会议决定常委会工作机构人事任免事项；决定任命李斌恺为市政府副市长、龚罗生为市政府秘书长；决定市政府其他人事任免事项；审议市政府关于实施《长沙市蔬菜基地保护办法》的情况汇报和对《关于加强城市基础设施配套建设，促进城市管理工作上水平案》办理情况汇报；批准《岳麓山风景名胜区总体规划》；审议《长沙市公民献血管理条例（草案）》；通过市法院、市检察院人事任免事项。

二十三、第二十三次会议

1995年7月18—21日举行。会议审议《长沙市公民献血管理条例（草案）》等3部法规；作出《关于加强长沙市公共体育用地规划建设的决议》；批准1994年市本级财政决算；审议市政府关于实施《中华人民共和国农业法》的情况汇报、关于长沙市1995年上半年国民经济发展情况汇报和关于长沙市搞好国有工业企业情况汇报；决定市政府人事任免事项；通过市法院人事任免事项。

二十四、第二十四次会议

1995年9月25—28日举行。会议审议市政府关于长沙市市容环境卫生管理情况汇报、关于实施《中华人民共和国药品管理法》《中华人民共和国森林法》《关于加强药品管理工作的紧急通知》的情况汇报和《关于举全市之力，加快我市城市基础设施建设案》《关于取缔中山路、先锋厅一带自发劳务市场案》等4个议案办理情况汇报；审查市政府关于长沙市1995年1—8月财政预算执行情况报告；通过《长沙市公路管理规定》《长沙市城市违法建设工程处理办法》；认定许思理构成招摇撞骗罪；决定常委会工作机构人事任免事项和政府人事任免事项；通过市检察院人事任免事项。

二十五、第二十五次会议

1995年11月28日—12月1日举行。会议审议《长沙高新技术产业开发区条例（草案）》；通过《长沙市公民献血管理条例》；审议市政府关于实施《基本农田保护条例》《湖南省预算外资金管理条例》《浏阳河管理条例》的情况汇报、“关于加强城市建设综合开发管理案”办理情况汇报、关于长沙市国民经济和社会发展“八五”计划执行情况及“九五”计划（草案）和到2010年远景规划思路的情况汇报、关于长沙市人民防空工作情况汇报；批准1995年市本级财政预算的调整方案；补选释圣辉、马翔林为省第八届人大代表；听取市教育委员会主任杨道正、市农业局局长刘元良和市劳动局局长赵林初的述职报告及市人大代表的评议发言；通过市检察院人事任免事项。

二十六、第二十六次会议

1996年1月23—24日举行。会议通过《长沙高新技术产业开发区条例》；审议市检察院关于全市检察机关法律监督工作情况汇报；审议市政府关于市第十届人大第三次会议代表议案和建议、批评、意见办理情况汇报；决定市第十届人大第四次会议1996年3月25日召开。

二十七、第二十七次会议

1996年3月14—15日举行。会议通过常委会1995年工作报告；审议关于制订1996年长沙市地方立法计划（草案）情况汇报；同意陈香成辞去常委会代表资格审查委员会主任委员职务，通过何迎春为主任委员；批准长沙市与厦门市结为友好城市；任命罗宗祥为市检察院副检察长；决定市政府人事任免事项；通过市检察院人事任免事项。

二十八、第二十八次会议

1996年3月29日举行。会议通过常委会1996年工作要点和市检察院人事任免事项。

二十九、第二十九次会议

1996年5月28—30日举行。会议审议市政府关于长沙市1995年财政预算执行情况和其他财政收支的审计工作报告和关于实施《中华人民共和国种子管理条例》《湖南省种子管理条例》的情况汇报；决定常委会工作机构人事任免事项；决定接受何迎春辞去常委会副主任职务的请求；决定市政府人事任免事项；审议市人大代表评议市法院工作情况汇报；作出《长沙市人大常委会关于实行行政执法责任制的决议》；通过《长沙市电信条例》《岳麓山风景名胜区管理办法》。

三十、第三十次会议

1996年7月30—31日举行。会议审议《长沙市殡葬管理条例（草案）》；作出《关于继续开展法制宣传教育的决议》《关于加速科学技术进步，推动科教兴市战略实施的决议》；审议市政府关于实施《中华人民共和国劳动法》《长沙市劳动监察条例》的情况汇报；批准1995年市本级财政决算。

三十一、第三十一次会议

1996年9月23—25日举行。会议审议《湘江长沙段饮用水水源保护条例（草案）》；审议市政府关于实施《中华人民共和国土地管理法》《中华人民共和国农业法》的情况汇报；作出《关于继续推进依法治市的决议》；听取市地税局局长鲁应时、市林业局局长周开初、市卫生局局长何德祥的述职报告和常委会委员、市人大代表的评议发言；通过市法院人事任免事项。

三十二、第三十二次会议

1996年11月26—27日举行。会议作出《关于保护修复贾谊故宅的决议》；通过《湘江长沙段饮用水水源保护条例》；审查市政府关于长沙市1996年1—10月国民经济和社会发展计划执行情况、全年预计及后段工作安排汇报；审议市政府关于实施《中华人民共和国义务教育法》的情况汇报；批准1996年市本级财政预算的调整方案。

三十三、第三十三次会议

1997年1月15—16日举行。会议审议《长沙市城市市容和环境卫生管理办法（草案）》；审议市政府关于办理市第十届人大第四次会议代表议案和建议、批评、意见情况汇报和《关于将殡仪馆迁至远郊案》等 2 个议案办理情况汇报；决定市第十届人大第五次会议 1997 年 3 月 22 日召开；通过市法院人事任免事项。

三十四、第三十四次会议

1997 年 3 月 17—18 日举行。会议审议《长沙市城市中小学校幼儿园规划建设管理条例（草案）》；通过常委会 1996 年工作报告和增补常委会代表资格审查委员会成员；决定接受杨哲辞去市检察院检察长职务的请求。

三十五、第三十五次会议

1997 年 3 月 26 日举行。会议通过常委会 1997 年工作要点。

三十六、第三十六次会议

1997 年 4 月 28—30 日举行。会议通过《长沙市禁止赌博条例》等 4 部法规的修改和《长沙市城市中小学校幼儿园规划建设管理条例》《长沙市城市市容和环境卫生管理办法》；审议市政府关于长沙市 1996 市财政预算执行情况和其他财政收支的审计报告和关于长沙市开展创建中国优秀旅游城市活动情况汇报；审议市人大代表评议市规划局工作情况汇报。

三十七、第三十七次会议

1997 年 6 月 23—24 日举行。会议通过《长沙市城市道路交通管理条例规定》等 2 部法规的修改；审议《长沙市人民警察巡逻执法暂行规定修正案（草案）》；审议市政府关于实施《长沙市城市违法建设工程处理办法》一周年工作情况汇报和关于长沙市农业产业化进程情况情况汇报；批准 1996 年市本级财政预算；通过市检察院人事任免事项。

三十八、第三十八次会议

1997 年 8 月 27—28 日举行。会议通过《关于长沙市违法建设工程处理办法修正案》等 5 部法规的修正；审议市政府关于实施《中华人民共和国乡镇企业法》的情况汇报和关于长沙市上半年工业经济运行和企业转制情况汇报；通过市检察院人事任免事项。

三十九、第三十九次会议

1997 年 9 月 17 日举行。会议审议关于全市换届选举工作主要精神和安排情况汇报；作出《关于市第十一届人大代表名额和选举问题的决定》。

图 3-4-1-1 市人大常委会向被任命人员颁发任命书
（拍摄于 1992 年 12 月，长沙市人大常委会办公厅供图）

四十、第四十次会议

1997 年 10 月 27 日举行。会议审议市政府对“关于立即规划建设长沙市科技馆案”办理情况汇报和关于长沙市执行行政执法责任制工作情况汇报；通过《长沙市人大常委会关于市人民政府、市中级人民法院、市人民检察院的组成人员述职办法》《长沙市公路管理规定》《长沙市殡葬管理条例》；审议“一府两院”部分组成人员书面述职报告；决定任命赵小明、冷向洋为市政府副市长；接受罗特、肖常锡辞去市政府副市长职务请求；批准1997年市本级财政预算的调整方案。

四十一、第四十一次会议

1997年12月15—17日举行。会议决定市第十一届人大第一次会议1997年12月28日召开；审议市政府对《关于加强城市房屋拆迁工作立法案》等3个议案办理的情况汇报和关于《长沙市城市房屋拆迁管理条例（草案）》的情况汇报；审议关于全市换届选举工作情况汇报；确认选出的市第十一届人大代表的代表资格有效；审议市第十一届人大第一次会议筹备工作情况汇报；决定常委会工作机构人事任免事项和市政府人事任免事项；通过市检察院人事任免事项。

第二节　第十一届人大常委会会议

一、第一次会议

1998年2月18—19日举行。会议通过常委会1998年工作要点；决定常委会工作机构和市政府人事任免事项；通过市检察院人事任免事项。

二、第二次会议

1998年3月24日举行。会议通过《长沙市人民代表大会常务委员会议事规则》的修正和市第十一届人大常委会代表资格审查委员会组成人员名单；决定任命谭仲池为市政府副市长；决定接受徐宪平辞去市政府副市长职务的请求。

三、第三次会议

1998年4月27—29日举行。会议批准关于长沙市1997年财政收支预算执行情况及1998年财政收支预算草案报告；审议市政府关于长沙市国有资产管理工作情况汇报、关于实施《中华人民共和国农业技术推广法》情况汇报、关于长沙市教育综合改革工作情况汇报和对《关于芙蓉路、城南路和解放中路建设扫尾工作案》办理情况汇报；决定任命胡进安为市政府副市长；决定市政府其他人事任免事项。

四、第四次会议

1998年6月24—26日举行。会议通过《长沙市房屋拆迁管理条例（草案）》的修改；审议《长沙市燃气管理办法（草案）》；批准1997年长沙市财政决算；审议市政府关于长沙市工业发展情况汇报、关于1997年财政预算执行情况和其他财政收支的审计报告和关于长沙市乡镇企业改制情况汇报；审议市法院关于全市法院执行积案情况汇报；任命市人大专委会和常委会工作机构委员；通过市法院人事任免事项。

五、第五次会议

1998年8月31日—9月2日举行。会议审议《长沙市户外广告管理条例（草案）》；审议市政府关于实施《中华人民共和国税收征收管理法》《长沙市城市市容和环境卫生管理办法》《长沙市城镇暂住人口登记管理办法》情况汇报、关于税收征管执法的情况汇报和关于长沙市国有工业企业经济体制改革情况汇报；通过谭永源省人大代表职务罢免案；补选朱新民为省第九届人大代表；通过市检察院人事任免事项。

六、第六次会议

1998年10月26—29日举行。会议通过《长沙市燃气管理条例（草案）》《长沙市户外广告管理条例》的修改、《长沙市人民代表大会常务委员会人事任免办法》的修正和《长沙市第十一届人大常委会五年（1998年—2002年）立法规划》；批准关于长沙市1998年1—9月财政预算执行情况和市本级支出预算部分变更情况的报告；审议市政府关于实施《中华人民共和国促进科技成果转化法》的情况汇报、《关于加强防洪防汛搞好浏阳河流域治理案》等2个议案办理情况汇报和关于1998年以来长沙市党风廉政建设和反腐败斗争的情况汇报；批准长沙市与镇江市结为友好城市。

七、第七次会议

1998年12月21—23日举行。会议审议市政府关于实施《中华人民共和国防洪法》的情况汇报、《关于请求迅速解决环线遗留所造成沿线村民房屋土地被淹案》《关于理顺城市园林绿化管理体制案》等议案办理情况汇报、关于"九五"计划执行情况汇报和关于长沙市"三五"普法和依法治市工作情况汇报；决定市第十一届人大第二次会议1999年1月18日召开；通过《长沙市人民代表大会常务委员会关于规章备案工作暂行规定（草案）》《长沙市人民代表大会常务委员会制定地方性法规程序的规定（草案）》；审议市人大代表评议市检察院工作的情况汇报；补选谭仲池为省第九届人大代表。

八、第八次会议

1999年1月14日举行。会议审议市政府关于市第十一届人大第一次会议代表建议、批评和意见办理情况汇报；通过常委会1998年工作报告。

九、第九次会议

1999年3月5日举行。会议通过常委会1999年工作要点；审议长沙市1998年乡镇人大换届选举工作的情况汇报；决定许可对一名市人大代表实行治安拘留处罚；通过市法院人事任免事项。

十、第十次会议

1999年4月26—28日举行。会议审议《长沙市征地补偿安置条例（草案）》；批准长沙市1999年财政预算；审议市政府关于1998年财政预算执行情况和其他财政收支的审计工作报告、关于全市第四次村委会换届选举工作情况汇报、关于长沙市粮食改革工作情况汇报和关于全市计划生育工作情况汇报；通过市法院和市检察院人事任免事项。

十一、第十一次会议

1999年6月23—25日举行。会议通过《长沙市征地补偿安置条例》的修改；批准1998年市本级决算；审议市政府关于确保国有企业下岗职工基本生活、离退休人员养老金按时足额发放工作情况汇报和关于实施《长沙高新技术产业开发区条例》情况汇报；确认一名代表的代表资格终止。

十二、第十二次会议

1999年8月25—27日举行。会议审议《长沙市个体工商户私营企业权益保护条例（草案）》《长沙市城市房屋装饰装修管理条例（草案）》；审议市政府关于实施《中华人民共和国审计法》《中华人民共和国动物防疫法》《长沙市机关团体企业事业单位治安保卫工作条例》《中华人民共和国大气污染防治法》《湖南省大气污染防治实施办法》的情况汇报；决定常委会工作机构人事任免事项；通过市法院人事任免事项。

十三、第十三次会议

1999年10月16日举行。会议决定接受杜远明辞去市政府市长职务的请求；决定谭仲池为代理市长。

十四、第十四次会议

1999年10月26—28日举行。会议通过《长沙市个体工商户和私营企业权益保护条例》修改；审议《长沙市城市房屋装饰装修管理条例（草案）》修改情况汇报；审议市政府关于实施《中华人民共和国森林法》的情况汇报和《关于加快长沙市旅游业发展案》办理的情况汇报；通过《长沙市人大代表小组活动办法》；审查市政府关于长沙市“九五”计划执行情况及预测和完成 1999 年计划目标情况的汇报、关于 1999 年 1—9 月长沙市预算执行情况的汇报。

十五、第十五次会议

1999 年 12 月 15 日举行。会议决定市第十一届人大第三次会议 2000 年 1 月 15 日召开；审议关于检查《长沙市实行行政执法责任制的决议》执行情况的报告；审议市政府关于市第十一届人大第二次会议代表建议、批评、意见办理的情况汇报、关于长沙市城市总体规划调整情况汇报、关于长沙市近两年行政执法责任制实行情况情况汇报和《关于大力加强以沼气为重点的农村能源建设，促进农业和社会可持续发展案》办理情况汇报；决定接受吕祚亚辞去常委会委员和喻海文辞去市人大城环委委员职务的请求；补选张云川为省第九届人大代表；决定常委会工作机构人事任免事项。

十六、第十六次会议

2000 年 1 月 5 日举行。会议确认补选的代表的代表资格有效；通过常委会 1999 年工作报告。

十七、第十七次会议

2000 年 1 月 19 日举行。会议决定接受冷向洋辞去市政府副市长职务的请求；通过常委会 2000 年工作要点。

十八、第十八次会议

2000 年 4 月 24—25 日举行。会议审议《长沙市劳动力市场管理条例（草案）》；审议市政府关于实施《长沙市殡葬管理条例》的情况汇报；审议市人大代表评议市卫生局工作情况汇报；通过市法院人事任免事项。

十九、第十九次会议

2000 年 6 月 27 日举行。会议通过《长沙市劳动力市场管理条例》的修改；审议市政府关于开展拆除违法建筑，创建无违法建筑单位工作情况汇报、关于 1999 年财政预算执行情况和其他收支的审计报告和关于长沙市教育工作情况汇报；批准长沙市 1999 年市本级财政决算；作出《长沙市人民代表大会关于严格查处违法建筑遏制违法建设行为的决定》；决定市政府人事任免事项；通过市检察院人事任免事项。

二十、第二十次会议

2000 年 8 月 30 —31 日举行。会议审议市政府关于实施《湖南省行政事业性收费管理条例》情况汇报、关于长沙市经济发展环境治理工作情况汇报、《关于进一步保护白沙古井，建设白沙井岭绿化广场的议案》办理情况汇报和关于人事工作情况汇报。

二十一、第二十一次会议

2000 年 9 月 27 日举行。会议决定接受李斌恺辞去市政府副市长职务的请求；任命刘晓明为市政府副市长。

二十二、第二十二次会议

2000 年 10 月 30 日举行。会议通过《长沙市人民代表大会及其常务委员会制定地方性法规条例（草案）》《长沙市城市房屋装饰装修管理条例（草案）》的修改；批准调整长沙市本级 2000 年财政预算；审查市政府关于长沙市 2000 年 1—9 月计划执行情况和国民经济与社会发展“十五”计划纲要编制情况的汇报；审议市政府关于实施《中华人民共和国乡镇企业法》《中华人民共和国体育法》《中华人民共和国城市规划法》的情况汇报；决定市政府人事任免事项。

二十三、第二十三次会议

2000年11月23日举行。会议决定市第十一届人大第四次会议2001年1月3日召开。

二十四、第二十四次会议

2000年12月20日举行。会议通过常委会2000年工作报告；审议《长沙市人民代表大会及其常务委员会制实地方性法规条例（草案）》修改情况汇报；作出关于同意长沙市人民政府驻地迁移的决定；审议市政府关于市第十一届人大第三次会议建议、批评、意见办理的情况汇报；确认补选的代表的代表资格有效；决定接受李晖辞去常委会委员职务的请求；决定常委会工作机构人事任免事项。

二十五、第二十五次会议

2001年1月8日举行。会议通过常委会2001年工作要点。

二十六、第二十六次会议

2001年3月1日举行。会议审议市政府关于实施《中华人民共和国气象法》的情况汇报；决定市政府人事任免事项；通过市法院人事任免事项。

二十七、第二十七次会议

2001年4月25日举行。会议审议市政府关于实施《湖南省乡镇财政管理条例》《中华人民共和国渔业法》《湖南省渔业条例》《中华人民共和国归侨侨眷权益保护法》的情况汇报、关于实施两个《决定》的情况汇报和关于执行《关于严格查处违法建筑遏制违法建设行为的决定》的情况汇报；通过《长沙市人民政府关于岳麓山风景名胜区长塘山规划调整及其建议问题的议案》和增补常委会代表资格审查委员会成员；决定常委会工作机构人事任免事项。

二十八、第二十八次会议

2001年6月20日举行。会议通过关于同意湘江大道建设工程向国家开发银行申请贷款由市财政承诺有关事项的函。

二十九、第二十九次会议

2001年6月26日举行。会议审议市政府关于实施《中华人民共和国工会法》的情况汇报；批准2000年市本级决算；审议《长沙市行政执法监督条例（草案）》；作出《长沙市人民代表大会常务委员会关于进一步开展法制宣传教育的决议》；作出同意《长沙市城市总体规划（2000—2020）》决定；通过《关于进一步改进会风提高市人大常委会会议质量的若干规定》。

三十、第三十次会议

2001年8月28日举行。会议确认补选代表的代表资格有效；决定市人大专委会人事任免事项；审议市政府关于长沙市城市供水建设、管理规划的情况汇报；审议《长沙市行政执法监督条例（草案修改稿）》审议结果报告；通过市检察院人事任免事项。

三十一、第三十一次会议

2001年9月21日举行。会议审议市政府关于长沙市人民政府机构设置方案的情况汇报；决定常委会工作机构和市政府人事任免事项；通过市检察院人事任免事项。

三十二、第三十二次会议

2001年10月30—31日举行。会议审查市政府关于2001年1—9月长沙市国民经济和社会发展计划执行情况的报告和关于2001年1—9月长沙市预算执行和财政工作情况的报告；审议市政府《关于制定长沙市发展小城镇建设的具体意见和实施办法的议案》《关于加强农业产业化进程，尽快摆脱三农困境案》办理情况汇报和关于实施《中华人民共和国促进科技成果转化法》《湖南省科学技术进步条例》的情况汇报；通过《长沙市城市房屋拆迁管理条例》的修改；批准长沙市与南昌市结为友好城市。

三十三、第三十三次会议

2001 年 12 月 18—19 日举行。会议决定市第十一届人大第五次会议 2002 年 1 月 20 日举行；审议市政府关于办理市第十一届人大四次会议代表建议情况汇报；确认补选的代表的代表资格有效；审议关于长沙市 2001 年乡镇人大换届选举工作情况汇报；通过市法院人事任免事项。

三十四、第三十四次会议

2001 年 12 月 31 日举行。会议批准 2001 年长沙市本级预算调整方案。

三十五、第三十五次会议

2002 年 1 月 8 日举行。会议通过常委会 2001 年工作报告；确认补选的代表的代表资格有效；决定常委会工作机构人事任免事项；通过罢免王支农省人大代表职务的议案；补选杨顺初为省第九届人大代表；通过市法院和市检察院人事任免事项。

三十六、第三十六次会议

2002 年 1 月 23 日举行。会议通过常委会 2002 年工作要点和市检察院人事任免事项。

三十七、第三十七次会议

2002 年 4 月 29 日举行。会议审议市政府关于实施《中华人民共和国台湾同胞投资保护法》《中华人民共和国台湾同胞投资保护法实施细则》的情况汇报；决定接受胡进安辞去市政府副市长职务的请求；决定任命黄中瑞为市政府副市长；通过修改《长沙市城镇暂住人口登记管理办法》等 3 部法规的修改和废止；通过市检察院人事任免事项。

三十八、第三十八次会议

2002 年 6 月 28 日举行。会议审议市政府关于长沙市农业产业化经营、关于制定《长沙市城区生猪屠宰管理条例（草案）》的情况汇报和关于 2001 年财政预算执行和其他财政收支的审计工作报告；批准 2001 年市本级决算；通过《2002 年长沙市人民代表大会常务委员会述职评议工作的方案》；决定市政府人事任免事项；通过市法院和市检察院人事任免事项。

三十九、第三十九次会议

2002 年 9 月 3 日举行。会议审议常委会关于开展优化经济环境综合执法检查情况汇报；通过《长沙市城区生猪屠宰管理条例》和常委会工作机构人事任命事项；审议市政府关于《长沙市城市供水用水管理条例（草案）》的说明。

四十、第四十次会议

2002 年 9 月 17 日举行。会议审议关于开展优化经济环境综合执法检查情况汇报；审议《长沙市城市供水用水管理条例（草案）》；通过《长沙市城区生猪屠宰管理条例》；决定常委会工作机构人事任免事项；学习江泽民“5·31”重要讲话；作出《长沙市第十一届人民代表大会常务委员会关于长沙市第十二届人民代表大会代表名额分配和选举问题的决定》。

四十一、第四十一次会议

2002 年 10 月 29—30 日举行。会议通过《长沙市城市供水用水管理条例》《长沙市城市供水用水管理条例》；审议市政府《关于尽快办好我市工读学校案》办理情况汇报；审查市政府关于 2002 年 1—9 月全市国民经济和社会发展计划执行情况报告和关于 2002 年 1—9 月长沙市本级预算执行和财政工作情况报告；审议2002年长沙市人大常委会述职评议工作情况汇报；决定常委会工作机构和市政府人事任免事项；通过市法院人事任免事项。

四十二、第四十二次会议

2002年11月28日举行。会议学习贯彻落实党的十六大精神的讲话；审议市第十一届人大常委会工作报告（草案）；审议市政府关于办理市第十一届人大第五次会议代表建议的情况汇报；决定市第十二届人大第一次会议2002年12月28日召开；决定常委会工作机构人事任免事项。

四十三、第四十三次会议

2002年12月13日举行。会议审议关于区、县（市）人大换届选举工作情况汇报和市第十二届人大第一次会议筹备工作情况汇报；确认选出的市第十二届人大代表的代表资格有效；通过市第十一届人大常委会工作报告。

第三节 第十二届人大常委会会议

一、第一次会议

2003年2月27—28日举行。会议通过常委会2003年工作要点和市第十二届人大常委会代表资格审查委员会组成人员名单；决定常委会工作机构和市政府人事任免事项；通过市检察院人事任免事项。

二、第二次会议

2003年4月29日举行。会议审议市政府关于长沙市防治“非典”工作情况汇报、关于长沙市工业发展情况汇报、关于长沙市再就业工作情况汇报、关于长沙市动物产品质量安全工作情况汇报和关于长沙市城市总体规划修编工作情况汇报；通过常委会关于进一步开展“人民选我当代表，我当代表为人民”创先争优活动方案；确认补选的代表的代表资格有效。

三、第三次会议

2003年5月16日举行。会议审议《长沙市城市市容和环境卫生管理办法（修改草案）》。

四、第四次会议

2003年6月6日举行。会议通过《长沙市城市市容和环境卫生管理办法》的修改。

五、第五次会议

2003年6月25—26日举行。会议审议市第十二届人大常委会述职评议工作规划（草案）及年度会议述职评议和书面述职评议的人员建议名单；审议市政府关于实施《长沙市市容和环境卫生管理办法》的情况汇报、关于检查《中华人民共和国传染病防治法》实施情况的报告、关于全市知识产权工作情况汇报和关于2002年市本级财政预算执行和其他财政收支的审计工作报告；批准2002年市本级决算；审议《长沙市标准化管理条例（草案）》。

六、第六次会议

2003年8月28—29日举行。会议任命市人大专门委员会委员；通过《长沙市标准化管理条例》的修改；审议市政府关于实施《中华人民共和国消防法》《中华人民共和国公路法》情况汇报；通过市法院和市检察院人事任免事项。

七、第七次会议

2003年10月29—31日举行。会议听取市交通局局长谭杭生、市规划局局长罗利克、市法院副院长唐吉凯的述职报告，听取各评议小组代表的评议发言，审阅市政府、市法院、市检察院等单位8位负责人书面述职报告；审议市政府关于实施《中华人民共和国水法》《中华人民共和国水土保持法》的情况汇报和关于长沙市国民经济和社会发展“十五”计划执行的情况汇报；批准2003年市本级财政预算的调整；作出《建设生态市的决定》；审议《长沙市人民代表大会议事规则（草案）》；通过市法院人事任免事项。

八、第八次会议

2003年12月10—11日举行。会议决定市第十二届人大第二次会议2004年1月3日举行；通过常委会2003年工作报告；审议《长沙市历史文化名城保护条例（草案）》；审议市政府《关于加快建立中小企业投融资担保机制案》办理情况汇报；审议市政府和市法院关于办理市第十二届人大第一次会议代表建议、批评和意见的情况汇报；补选汤宇、屈全福为省第十届人大代表；确认补选的代表的代表资格有效；通过《长沙市人民代表大会代表建议、批评和意见的提出与办理工作规定》；通过市法院和市检察院人事任免事项。

九、第九次会议

2004年2月12日举行。会议通过常委会2004年工作要点；审议市政府关于高致病性禽流感防治工作的情况汇报；审议市政府、市法院、市检察院等单位负责人关于述职评议后整改情况的报告；听取关于2004年向市人大常委会述职人员的建议，确定评议人员；决定任命徐湘平为市政府副市长；通过市检察院人事任免事项。

十、第十次会议

2004年4月1日举行。会议决定市政府人事任免事项。

十一、第十一次会议

2004年4月29—30日举行。会议审议市政府关于实施《中华人民共和国城市居民委员会组织法》《中华人民共和国人民防空法》《湖南省实施〈中华人民共和国人民防空法〉办法》情况汇报和关于长沙市国有工业企业改革工作情况汇报；通过《长沙市历史文化名城保护条例》的修改；确认补选的代表的代表资格有效；决定常委会工作机构人事任命事项；通过市法院人事任免事项。

十二、第十二次会议

2004年6月22—23日举行。会议审议市政府关于2003年市本级财政预算执行和其他财政收支的审计工作报告；批准2003年市本级决算；通过《长沙市公路管理规定》等4部法规的修改和废止；批准长沙市与南宁市结为友好城市；许可由湖南省人民检察院对1名市人大代表采取刑事强制措施。

十三、第十三次会议

2004年8月5日举行。会议审议市机构编制委办关于市政府机构改革方案；决定市政府人事任免事项。

十四、第十四次会议

2004年8月24—26日举行。会议听取市劳动和社会保障局局长周庆宪、市水利局局长邹志祥、市环保局局长李德威、市检察院副检察长刘建的述职报告，听取评议发言，并进行测评；审议市政府《关于请求制定长沙市地下管线工程档案管理条例案》《关于提高低保标准，加强低保管理案》办理情况汇报和关于实施《中华人民共和国统计法》情况汇报；批准长沙市与广州市结为友好城市；许可市检察院拘留1名市人大代表；通过《长沙市城市房屋拆迁管理条例》等4部法规的修改和废止。

十五、第十五次会议

2004年10月25—27日举行。会议审议市政府关于实施《长沙市标准化管理条例》《中华人民共和国科学技术普及法》情况汇报；作出长沙市人大常委会关于进一步贯彻实施《中华人民共和国科学技术普及法》促进科普事业发展的决议；审议市政府关于实施《湖南省农业环境保护条例》情况汇报、关于2004年1—9月全市国民经济和社会发展计划执行情况的报告、关于落实常委会《关于建设生态市的决定》情况汇报和关于长沙市价格工作情况汇报；审议市政府、市法院关于市第十二届人大第二次会议代表建议、批评、意见办理情况汇报；批准调整2004年市本级财政预算；通过《长沙市城市地下管线工程档案管理条例》；通过市法院和市检察院人事任免事项。

十六、第十六次会议

2004年12月15日举行。会议决定市第十二届人大第三次会议2005年1月18日召开；审议市政府、市法院、市检察院等单位负责人的述职评议后整改情况的报告；决定常委会工作机构人事任命事项；决定接受李伟群辞去常委会委员职务的请求；通过市法院人事任免事项。

十七、第十七次会议

2005年1月6—7日举行。会议确认补选的代表的代表资格有效和3名代表的代表资格终止；审议《长沙市人民代表大会常务委员会人事任免办法（修正草案）》。

十八、第十八次会议

2005年2月28日举行。会议通过常委会2005年工作要点；确认2名代表的代表资格终止；决定市人大专委会人事任命事项；确定2005年会议述职人员；通过市检察院人事任免事项。

十九、第十九次会议

2005年4月27日举行。会议审议《长沙市城市公共客运管理条例（草案）》；审议市政府《关于向国家开发银行和市商业银行申请城市基础设施建设贷款》议案；审议市政府关于实施《中华人民共和国土地管理法》《湖南省基本农田保护条例》情况汇报和关于长沙市招商引资工作情况汇报；增补常委会代表资格审查委员会成员；确认补选的代表的代表资格有效。

二十、第二十次会议

2005年5月23日举行。会议批准长沙市与福州市结为友好城市；许可市公安局对1名市人大代表予以刑事拘留。

二十一、第二十一次会议

2005年6月27—29日举行。会议审议市政府关于实施《中华人民共和国水污染防治法》《中华人民共和国交通安全法》《中华人民共和国交通安全法实施条例》情况汇报和关于2004年市本级财政预算执行和其他财政收支的审计工作报告；审阅关于《长沙市城市公共客运管理条例（草案）》立法听证的书面报告；批准2004年市本级决算；通过《长沙市人民代表大会常务委员会会议公民旁听办法》等3个《办法》；确认1名代表的代表资格终止；通过市法院人事任免事项。

二十二、第二十二次会议

2005年8月30日—9月2日举行。会议审议《长沙市株树桥水库饮用水水源保护条例（草案）》；通过《长沙市市容和环境卫生管理办法》《长沙市城市公共客运管理条例》的修改；审议市政府关于实施《中华人民共和国水法》等3部法律、法规的情况汇报；审查市政府关于长沙市经济社会发展“十一五”规划编制工作报告；确认补选的代表的代表资格有效；听取市政府5位负责人述职报告。

二十三、第二十三次会议

2005 年 10 月 25—26 日举行。会议通过《长沙市株树桥水库饮用水水源保护条例》的修改和《长沙市人民代表大会常务委员会执法检查实施办法》《长沙市人民代表大会常务委员会视察办法》；审议市政府、市法院分别关于市第十二届人大第三次会议代表建议、批评和意见办理工作情况汇报；审议市政府关于实施《中华人民共和国科学技术进步法》《湖南省科学技术进步条例》情况汇报和关于长沙市工商行政管理工作情况的报告；审查市政府关于 2005 年 1—9 月全市国民经济和社会发展计划执行情况的报告；批准 2005 年市本级财政预算的调整；批准长沙市与澳大利亚奥本市正式签署建立友好城市关系协议书；通过市检察院人事任免事项。

二十四、第二十四次会议

2005 年 12 月 7 日举行。会议审议市政府 12 位负责人的述职评议后整改情况的汇报；通过《长沙市人大常委会关于提请设立长沙市人民代表大会民族华侨外事委员会的议案》；接受屈全福辞去省第十届人大代表职务的议案；通过市检察院人事任免事项。

二十五、第二十五次会议

2005 年 12 月 28 日举行。会议通过常委会 2005 年工作报告、市第十二届人大第四次会议议程和市第十二届人大第四次会议预备会议表决办法；审议市第十二届人大第四次会议主席团成员和秘书长名单；补选吴建平为省第十届人大代表；决定市政府人事任命事项；决定接受罗宗祥辞去市检察院检察长职务的请求。

二十六、第二十六次会议

2006 年 1 月 23 日举行。会议决定常委会工作机构人事任免事项；许可市检察院对 1 名市人大代表采取逮捕强制措施。

二十七、第二十七次会议

2006 年 2 月 28 日举行。会议审议市政府关于实施《中华人民共和国档案法》情况汇报；通过常委会 2006 年工作要点；确认 1 名代表的代表资格终止。

二十八、第二十八次会议

2006 年 4 月 29—30 日举行。会议审议市政府关于实施《中华人民共和国环境保护法》《中华人民共和国城市规划法》和长沙市城市总体规划实施的情况汇报；审议关于检查《湖南省乡镇财政管理条例》实施情况的报告；确认补选的代表的代表资格有效；任命市人大专委会委员；决定市政府人事任免事项；通过市法院人事任免事项。

二十九、第二十九次会议

2006 年 6 月 28—29 日举行。会议决定常委会工作机构和市政府人事任免事项；作出《关于加强法制宣传教育的决议》；批准 2005 年市本级决算；审议市政府关于实施《全国人民代表大会常务委员会关于加强社会治安综合治理的决定》情况汇报和关于加强长沙市就业再就业工作情况汇报；通过市法院人事任免事项；通过《长沙市城市户外广告管理条例》等 2 部法规的废止；确认 1 名代表的代表资格终止；补选罗碧波为省第十届人大代表。

三十、第三十次会议

2006 年 8 月 28—30 日举行。会议听取市政府、市法院、市检察院 19 位负责人的述职报告；通过《岳麓山风景名胜区保护条例（修正草案）》；审议《捞刀河水环境立法保护的议案》《制定长沙市桥梁安全管理办法的议案》审议结果报告；审议市政府关于实施《中华人民共和国传染病防治法》和国务院《疫苗流通和预防接种管理条例》《中华人民共和国森林法》的情况汇报；审议市政府关于长沙市农村公路建设情况汇报、关于长沙市粮食工作情况汇报、关于长沙市国税局税收征管工作情况汇报和关于长沙市地方税务局税收征收管理工作情况汇报；增补常委会代表资格审查委员会成员；许可市检察院对2名市人大代表采取刑事拘留；通过市法院和市检察院人事任免事项。

三十一、第三十一次会议

2006年10月26—27举行。会议批准调整2006年市本级财政预算；审查市政府关于2006年1—9月全市国民经济和社会发展计划执行情况的报告；审议市政府关于长沙市社会主义新农村建设情况汇报、关于长沙市开展工业项目年活动情况汇报和关于实施《中华人民共和国台湾同胞投资保护法》情况汇报；通过《岳麓山风景名胜区保护条例》；决定任命谢建辉为市政府副市长，免去赵小明的市政府副市长职务；审议市法院关于落实“五项承诺”的情况汇报和市政府、市法院关于市第十二届人大第四次会议代表建议、批评、意见办理情况汇报；确认补选的代表的代表资格有效和1名代表的代表资格终止。

三十二、第三十二次会议

2006年12月14—15日举行。会议批准市检察院设立长沙市星城地区人民检察院；审议《长沙市城市桥梁安全管理条例（草案）》；审议市政府、市法院、市检察院15位负责人的述职评议后整改情况汇报；通过《长沙市人民代表大会常务委员会监督本级人民政府、人民法院、人民检察院工作的规定》的废止和《长沙市人民代表大会常务委员会议事规则》等6部规定的修改；听取关于“人民选我当代表，我当代表为人民”创先争优活动评选情况的说明；确认补选的代表的代表资格有效；决定市第十二届人大第五次会议2007年1月16日召开。

三十三、第三十三次会议

2007年1月12日举行。会议通过常委会2006年工作报告；补选余合泉、周农翻为省第十届人大代表；决定接受周里冰辞去常委会副主任职务的请求；决定常委会工作机构人事任命事项；确认补选的代表的代表资格有效；审议市政府关于2005年市级预算执行和其他财政收支的审计工作报告中指出问题的纠正情况和处理结果的报告。

三十四、第三十四次会议

2007年2月5日举行。会议通过常委会2007年工作要点。

三十五、第三十五次会议

2007年4月26—27日举行。会议审议市政府关于全市服务业发展情况的报告和关于实施《中华人民共和国环境保护法》及其相关法律法规执法检查整改的情况汇报；通过《长沙市城市桥梁安全管理条例》的修改；批准长沙市与上海市徐汇区缔结为友好城市；决定市人大专委会和常委会工作机构人事任免事项；通过市法院人事任免事项。

三十六、第三十六次会议

2007年6月28—29日举行。会议决定任命谢志迪为市政府副市长；审议市政府关于实施《中华人民共和国妇女权益保护法》《湖南省实施〈中华人民共和国妇女权益保护法〉办法》情况汇报、关于橘子洲景区规划情况汇报和关于2006年市本级财政预算执行和其他财政收支的审计工作报告；批准2006年市本级决算；审查市政府关于2003—2007年全市及市本级农业投入及使用情况报告；审议《长沙市征地补偿安置条例（修订草案）》；通过市法院人事任免事项。

三十七、第三十七次会议

2007年8月29—30日举行。会议审议市法院关于全市法院案件质量评查工作情况汇报；审议市第十二届人大第五次会议议案审查情况和第四次会议议案相关工作的汇报；审议市政府关于长沙市实施国务院《宗教事务条例》《湖南省宗教事务条例》情况汇报；听取关于《长沙市历史文化名城保护条例》立法后评估报告、《长沙市征地补偿安置条例（修订草案）》修改情况汇报告和关于《长沙市第十二届人民代表大会常务委员会关于长沙市第十三届人民代表大会代表名额分配和选举问题的决定（草案）》说明；通过市检察院人事任免事项。

三十八、第三十八次会议

2007年10月30—31日举行。会议决定常委会工作机构和市政府人事任免事项；审查市政府关于2007年1—9月全市国民经济和社会发展计划执行情况的报告；批准2007年市本级财政预算调整方案；审查市政府关于2007年城乡医疗卫生体系建设专项资金预算安排和使用情况的报告；审议市政府关于长沙市农村初级卫生保健工作情况汇报；审议市人大专委会关于长沙市实施《湖南省农村初级卫生保健条例》情况的调研报告；通过《长沙市征地补偿安置条例》的修订；审议市政府、市法院关于市第十二届人大第五次会议代表建议、批评、意见办理情况汇报；通过市法院和市检察院人事任免事项。

三十九、第三十九次会议

2007年11月20日举行。会议决定任命张剑飞为市政府副市长，免去时任市政府副市长职务；决定接受市长谭仲池辞去市长职务的请求；决定张剑飞为市政府代理市长；决定市第十三届人大第一次会议2007年12月30日召开。

四十、第四十次会议

2007年12月28日举行。会议确认选出的市第十三届人大代表的代表资格有效；通过常委会2007年工作报告；审议长沙市县乡两级人大换届选举工作情况汇报；审议市政府关于2006年预算执行和其他财政收支审计报告中指出问题的纠正情况和处理结果报告；通过市检察院人事任免事项。

第四节　第十三届人大常委会会议

一、第一次会议

2008年1月29日举行。会议通过常委会工作机构负责人、新一届市政府组成人员单位负责人人事任免工作方案；决定常委会工作机构人事任免事项；决定任命谢志迪、刘晓越为市政府副市长。

二、第二次会议

2008年4月8日举行。会议通过常委会2008年工作要点和市第十三届人大常委会代表资格审查委员会组成人员名单；决定常委会工作机构和市政府人事任命事项；通过市法院人事任免事项。

三、第三次会议

2008年4月29日举行。会议决定任命王扣柱为市政府副市长；审议市政府关于长沙市重大灾害应急管理工作情况报告、关于长沙市价格管理工作情况汇报和关于实施《中华人民共和国气象法》情况汇报；通过《长沙市人大常委会规范性文件备案审查工作规则》；作出《关于开展市人大常委会联系代表、代表联系人民群众“双联”活动的决定》。

四、第四次会议

2008年6月17—18日举行。会议审议市政府关于实施《中华人民共和国村民委员会组织法》《湖南省实施〈中华人民共和国村民委员会组织法〉办法》《长沙市城市市容和环境卫生管理办法》情况汇报；作出《关于进一步加强我市体育工作的决议》；审议关于市第十三届人大第一次会议代表议案审议结果的报告；审议市关于政府2007年度市本级财政预算执行和其他财政收支的审计工作报告；批准2007年市本级决算；决定市人大专委会和市政府人事任命事项；通过市法院人事任免事项；确认补选的代表的代表资格有效和1名代表的代表资格终止。

五、第五次会议

2008年7月21日举行。会议接受滕晓萍、肖正元辞去省第十一届人大代表职务的请求；确认1名代表的代表资格终止。

六、第六次会议

2008年8月26—27日举行。会议决定市人大专委会和常委会工作机构人事任命事项；通过《长沙市城市供水用水管理条例》修正案和《长沙市人大常委会立法听证办法》；审议《关于进一步提高长沙市人大常委会会议质量的若干意见》；审议市政府关于长沙市国民经济和社会发展“十一五”规划纲要实施情况的中期评估报告和关于长沙大河西先导区工作汇报。

七、第七次会议

2008年10月24—25日举行。会议审查市政府关于2008年1—9月全市国民经济和社会发展计划执行情况的报告；批准调整2008年市本级财政预算；审议市政府关于实施《中华人民共和国城乡规划法》和长沙市城市总体规划情况汇报；审议《长沙市载货汽车摩托车电动自行车交通安全管理规定（草案）》；审议市政府和市法院关于市第十三届人大第一次会议代表建议、批评和意见办理情况的汇报；作出《关于提高长沙市人民代表大会常务委员会会议质量的决议》。

八、第八次会议

2008年11月25日举行。会议作出《长沙市人民代表大会常务委员会关于依法加强全市规划工作的决议》；决定市第十三届人大第二次会议2009年1月4日召开。

九、第九次会议

2008年12月25—26日举行。会议审查市政府关于2008年全市和市本级财政预算执行情况及2009年全市和市本级预算草案的报告；审议市政府关于2007年市本级财政预算执行和其他财政收支的审计工作报告中指出问题的纠正情况和处理结果的报告；通过《长沙市城市道路车辆通行若干规定》和常委会2008年工作报告；确认补选的代表的代表资格有效和3名代表的代表资格终止；决定市政府人事任免事项；通过市法院和市检察院人事任免事项。

十、第十次会议

2009年2月26—27日举行。会议通过常委会2009年工作要点；决定市政府人事任免事项；审议《长沙市住房公积金管理条例（草案）》；确认补选的代表的代表资格有效；补选张迎春、谢文辉为省第十一届人大代表。

十一、第十一次会议

2009年4月17日举行。会议决定任命张迎龙、李军为市政府副市长，免去虢正贵的市政府副市长职务。

十二、第十二次会议

2009 年 4 月 28—29 日举行。会议通过《长沙市住房公积金管理条例》；审议市政府关于长沙市社会保险基金征收管理使用情况报告；确认补选的代表的代表资格有效和 2 名代表的代表资格有效；决定市人大专委会和常委会工作机构和市政府人事任免事项；通过市法院和市检察院人事任免事项。

十三、第十三次会议

2009 年 6 月 23—25 日举行。会议审议市政府 2008 年度市本级财政预算执行和其他收支的审计工作报告；批准 2008 年市本级决算；审议《长沙市发行企业债券信托产品以及实施资产证券化融资计划的议案》；作出《长沙市人民代表大会常务委员会关于加强市本级政府性债务管理的决议》；审议《长沙市机动车排气污染防治条例（草案）》；审议市政府关于实施《中华人民共和国城乡规划法》《长沙市城市总体规划》执法检查整改情况汇报；审议关于督查城乡规划法执法检查交办意见整改情况的报告；决定市政府人事任免事项。

十四、第十四次会议

2009 年 8 月 26—28 日举行。会议审议市政府关于实施《中华人民共和国残疾人保障法》《宗教事务条例》《湖南省宗教事务条例》情况汇报和关于农村公路建设情况汇报；通过《长沙市机动车排气污染防治条例》的修改；确认 1 名代表的代表资格终止。

十五、第十五次会议

2009 年 9 月 24 日举行。会议确认补选的代表的代表资格有效；决定接受佘双智辞去常委会秘书长职务和汪国凡、邱继兴、饶福明辞去常委会委员职务的请求；决定常委会工作机构和市政府人事任免事项；通过法院人事任免事项。

十六、第十六次会议

2009 年 10 月 27—29 日举行。会议审查市政府关于 2009 年 1—9 月全市国民经济和社会发展计划执行情况的报告；批准市本级 2009 年预算调整方案；审议市政府关于实施《中华人民共和国食品安全法》情况汇报；审议关于检查长沙市实施《中华人民共和国食品安全法》等 7 部法律法规情况报告；作出《长沙市人民代表大会常务委员会关于加强农村公路建设的决议》；审议市政府、市法院、市检察院关于市第十三届人大第二次会议以来代表建议、批评和意见办理情况汇报；审议市法院关于清理执行积案工作情况汇报；确认补选的代表的代表资格有效和 2 名代表的代表资格终止。

十七、第十七次会议

2009 年 11 月 20 日举行。会议作出《长沙市人民代表大会常务委员会关于进一步加强我市食品安全工作的决议》；决定市第十三届人大第三次会议 2010 年 1 月 16 日举行；确认 1 名代表的代表资格终止。

十八、第十八次会议

2009 年 12 月 28—29 日举行。会议审查市政府关于 2009 年全市和市本级预算执行情况及 2010 年全市和市本级预算草案的报告；审议市政府关于 2008 年市本级财政预算执行和其他财政收支的审计工作报告中指出问题的纠正情况和处理结果的报告；通过《长沙市灰汤地热资源保护条例》的修改和常委会 2009 年工作报告；确认补选的代表的代表资格有效。

十九、第十九次会议

2010 年 1 月 12 日举行。会议决定接受胡旭晟、彭可平辞去常委会副主任和段祥军辞去常委会委员职务的请求；确认补选的代表的代表资格有效 3 名代表的代表资格终止。

二十、第二十次会议

2010年2月25—26日举行。会议通过常委会2010年工作要点；确认补选的代表的代表资格有效；增补常委会代表资格审查委员会成员；通过市法院和检察院人事任免事项。

二十一、第二十一次会议

2010年4月22—23日举行。会议决定免去刘晓越的市政府副市长职务；审议《长沙市城市建设档案管理条例（草案）》；审议市政府关于落实市第十三届人大常委会第十三次会议有关城建融资议案以及债务管理决议情况报告、关于2009年度市本级政府性债务专项审计调查情况的报告、关于《中华人民共和国残疾人保障法》执法检查审议意见办理情况的汇报和关于《宗教事务条例》《湖南省宗教事务条例》执法检查审议意见办理情况的汇报；审议《长沙市国家科技进步示范市建设发展规划（2010—2012）草案》；确认2名代表的代表资格终止；补选徐文军为省第十一届人大代表；决定市人大专委会人事任命事项。

二十二、第二十二次会议

2010年6月23—24日和30日举行。会议审议市政府关于2009年度市本级财政预算执行和其他财政收支的审计工作报告；批准2009年市本级决算；审议《长沙市城市建设档案管理条例（草案）》修改情况报告和《长沙市城市管理条例（草案）》；作出《长沙市人民代表大会常务委员会关于废止部分地方性法规的决定》；审议关于市第十三届人大第三次会议代表议案审议结果的报告；确认补选代表的代表资格有效和4名代表的代表资格终止；审议市政府关于长沙市加快推进新型工业化工作的报告、关于实施《中华人民共和国科学技术进步法》《湖南省科学技术进步条例》情况汇报和关于市城乡环保一体化工作情况汇报；决定市人大专委会人事任命事项；许可市检察院对1名市人大代表采取刑事拘留逮捕强制措施；通过市法院人事任免事项。

二十三、第二十三次会议

2010年8月5日举行。会议通过《长沙市部分行政区划调整方案》；确认1名代表的代表资格终止。

二十四、第二十四次会议

2010年8月25—27日举行。会议审议《长沙铜官窑遗址保护条例（草案）》《长沙市城市管理条例（草案）》修改情况；审议市政府关于实施《中华人民共和国农村土地承包经营纠纷调解仲裁法》《湖南省散居少数民族工作条例》《长沙市城市道路车辆通行若干规定》的情况汇报和关于全市城建重点工程和安居棚改工程实施情况汇报；审议《长沙市人民代表大会常务委员会关于加快转变经济发展方式、加速推进新型工业化的决议（草案）》；通过《长沙市人民代表大会常务委员会关于加强城乡环境保护一体化工作的决议》；确认补选的代表的代表资格有效和4名代表的代表资格终止；通过市检察院人事任免事项。

二十五、第二十五次会议

2010年9月30日举行。会议决定市政府人事任免事项。

二十六、第二十六次会议

2010年10月26—27日举行。会议审查市政府关于2010年1—9月全市国民经济和社会发展计划执行情况报告和关于2010年1—9月全市及市本级财政预算执行情况报告；通过《长沙铜官窑遗址保护条例》；审议市法院、市检察院、市公安局、市司法局、市人大内司委关于开展“司法公正长沙行”活动情况汇报；审议市政府关于长沙市国民经济和社会发展“十二五”规划编制工作报告；审议《长沙市殡葬管理条例》等 10 部法规的修改和废止；作出《关于加快推进新型工业化进程的决议》。

二十七、第二十七次会议

2010 年 11 月 29—30 日举行。会议决定市政府人事任免事项；批准调整 2010 年市本级财政预算；审议《长沙市城市管理条例（草案）》修改情况；决定市人大专委会人事免职事项；决定市第十三届人大第四次会议 2011 年 1 月 13 日举行；通过市法院人事任免事项。

二十八、第二十八次会议

2010 年 12 月 27—29 日举行。会议审议市政府关于长沙市国民经济和社会发展第十二个五年规划纲要（草案）编制工作报告、关于全市和市本级预算执行情况及 2011 年全市和市本级预算草案报告和关于 2009 年市本级财政预算执行和其他财政收支的审计工作报告中指出问题的纠正情况和处理结果报告；作出《关于深入开展“司法公正长沙行”活动的决议》；通过常委会 2010 年工作报告；确认补选的代表的代表资格有效。

二十九、第二十九次会议

2011 年 1 月 11 日举行。会议决定接受张菊萍辞去常委会副主任职务的请求；决定免去谢志迪的市政府副市长职务；审议《长沙市第十三届人民代表大会第四次会议代表议案提出与处理办法（草案）》。

三十、第三十次会议

2011 年 2 月 25 日举行。会议通过常委会 2011 年工作要点；决定常委会工作机构人事任命事项。

三十一、第三十一次会议

2011 年 4 月 26—27 日举行。会议通过《长沙市城市道路车辆通行若干规定》的修改；审议市政府关于长沙市卫生改革发展工作情况报告；审查市政府关于长沙市 2010 年市本级政府性债务收支管理及 2011 年融资偿债计划报告；批准 2011 年长沙市旧城区改造项目计划报告；审议关于市第十三届人大第四次会议代表议案审议结果的报告和《关于长沙市人大常委会讨论、决定重大事项规定（草案）》；决定常委会工作机构人事任命事项；决定免去王扣柱的市政府副市长职务；确认 2 名代表的代表资格终止；通过市法院和检察院人事任免事项。

三十二、第三十二次会议

2011 年 6 月 23—24 日举行。会议审议市政府关于 2010 年度市本级财政预算执行和其他财政收支的审计工作报告；批准 2010 年市本级决算；审议《长沙市水资源管理条例（草案）》；同意《长沙市城市总体规划（2003—2020）》修订成果；审议市政府关于实施《中华人民共和国职业教育法》《湖南省职业教育条例》《中华人民共和国归侨侨眷权益保护法》情况汇报；决定市政府人事任免事项；通过市检察院人事任免事项；确认补选的代表的代表资格有效。

三十三、第三十三次会议

2011 年 8 月 22—24 日举行。会议审议《长沙市蔬菜基地管理条例（草案）》《长沙市水资源管理条例（草案）》修改情况；审议市政府关于 2010 年度市本级政府性债务管理使用情况专项审计调查报告、关于落实《长沙市人大常委会关于加强城乡环境保护一体化工作的决议》情况汇报、关于长沙市食品安全管理工作情况汇报、关于长沙市旅游业发展情况汇报和关于贯彻落实《长沙市人大常委会关于加快推进新型工业化进程的决议》情况汇报；审议《长沙市人民代表大会常务委员会讨论、决定重大事项（修改稿）》；通过《长沙市人民代表大会常务委员会议事规则》等 4 部规则、办法的制订和修改；确认 4 名代表的代表资格终止；通过《长沙市水资源管理条例》；通过市法院和市检察院人事任免事项。

三十四、第三十四次会议

2011 年 10 月 25—27 日举行。会议审查市政府关于 2011 年 1—9 月全市国民经济和社会发展计划执行情况报告；批准 2011 年市本级财政预算调整方案；审议市政府关于长沙市城市重点工程和安居棚改工程建设情况报告；审议市中级人民法院、市人民检察院、市公安局、市司法局关于实施《长沙市人大常委会关于深入开展“司法公正长沙行”活动的决议》情况汇报；决定市政府人事任免事项；通过《长沙市蔬菜基地管理条例》；作出《长沙市人民代表大会常务委员会关于加强法制宣传教育的决议》《长沙市人民代表大会常务委员会关于加快推进旅游业发展的决议》；审议市政府、市法院、市检察院关于市第十三届人大第四次会议代表建议、批评和意见办理情况报告；接受谢建辉、姚永春因工作变动辞去副市长职务的请求，任命姚英杰为副市长；确认 1 名代表的代表资格终止；补选周杏武为省第十一届人大代表；决定市人大专委会人事任命事项。

三十五、第三十五次会议

2011 年 11 月 30 日举行。会议通过《长沙市人大常委会讨论、决定重大事项规定》；确认补选的代表的代表资格有效和 1 名代表的代表资格终止；决定市第十三届人大第五次会议 2012 年 1 月 6 日召开；通过市检察院人事任免事项。

三十六、第三十六次会议

2011 年 12 月 22—23 日举行。会议审查市政府关于 2011 年全市和市本级预算执行情况及 2012 年全市和市本级预算草案报告；审议市政府关于 2010 年市本级财政预算执行和其他财政收支的审计工作报告中指出问题的纠正情况和处理结果报告、关于长沙市统计工作情况报告和关于办理市第十三届人大第四次会议议案情况报告；通过 2011 年常委会工作报告；确认 1 名代表的代表资格终止；决定接受文树勋、李军辞去市政府副市长职务的请求；通过市法院人事任免事项。

三十七、第三十七次会议

2011 年 12 月 31 日举行。会议确认补选的代表的代表资格有效；决定市人大专委会和常委会工作机构人事任免事项。

三十八、第三十八次会议

2012 年 2 月 23 日举行。会议决定市政府人事任免事项；通过 2012 年工作要点；审议市政府关于推进新型工业化专项工作评议整改情况报告；审议《长沙市慈善事业促进条例（草案）》；审议关于市第十三届人大第五次会议《关于进一步加大农村环境保护力度的议案》《关于推进城乡环境同治，让创建全国文明城市成果惠及城乡居民的议案》审议结果报告；审议市第十三届人大第五次会议《关于制定〈长沙市生态保护条例〉等 3 个议案》审议结果的报告；增补常委会代表资格审查委员会成员；通过市检察院人事任免事项。

三十九、第三十九次会议

2012 年 3 月 13 日举行。会议许可市检察院对 1 名市人大代表采取刑事拘留等强制措施；决定市第十三届人大 1 名代表暂时停止执行代表职务。

四十、第四十次会议

2012 年 4 月 25—26 日举行。会议审议市政府关于贯彻落实《长沙市人大常委会关于加快推进旅游业发展的决议》情况汇报和关于 2011 年度市本级政府性债务管理使用情况专项审计调查报告；审查市政府关于落实《长沙市人民代表大会常务委员会关于加强市本级政府性债务管理的决议》情况以及 2011 年市本级政府性债务收支管理及2012年融资偿债计划报告；通过《长沙市慈善事业促进条例》《长沙市城市房屋拆迁管理条例》等8部法规的废止和修改；确认1名代表的代表资格终止；通过市法院人事任免事项。

四十一、第四十一次会议

2012年6月26—27日举行。会议审议《长沙市轨道交通条例（草案）》；审议市政府关于2011年度市本级预算执行和其他财政收支情况的审计工作报告；批准市本级决算；审议市政府关于实施《长沙市城市管理条例》情况报告和关于长沙市公共文化事业发展情况的报告；确认1名代表的代表资格终止；通过市法院和市检察院人事任免事项。

四十二、第四十二次会议

2012年8月28—29日举行。会议作出《关于加快发展我市现代金融产业的决议》；通过《长沙市轨道交通管理条例（草案）》；审议市政府关于《中华人民共和国归侨侨眷权益保护法》及实施办法执法检查审议意见办理情况报告、关于落实《长沙市蔬菜基地管理条例》情况汇报、关于实施《中华人民共和国消防法》《湖南省实施（中华人民共和国消防法）办法》情况报告和关于落实《长沙市人大常委会关于进一步加强我市体育工作的决议》情况汇报；通过《长沙市人民代表大会常务委员会关于长沙市第十四届人民代表大会代表名额分配和选举问题的决定（草案）》；确认1名代表的代表资格终止；决定市人大专委会和常委会工作机构人事任免事项；决定市政府人事任免事项；通过市检察院人事任免事项。

四十三、第四十三次会议

2012年10月30—31日举行。会议审查市政府关于2012年1—9月全市国民经济和社会发展计划执行情况报告；批准市本级2012年预算调整方案；审议市政府关于实施《长沙市住房公积金管理条例》情况报告、关于城市重点工程和安居工程建设情况报告、对《关于进一步加大农村环境保护力度的议案》等2个议案办理情况报告和关于落实常委会《关于我市医疗卫生工作情况的审议意见》情况报告；审议市政府、市法院关于办理市第十三届人大第五次会议代表建议、批评和意见情况报告；作出《长沙市人民代表大会常务委员会关于长沙市第十四届人民代表大会代表名额分配的决定》；决定市第十四届人大第一次会议2012年12月30日召开。

四十四、第四十四次会议

2012年11月17日举行。会议决定常委会工作机构人事任免事项；通过市法院和市检察院人事任免事项；审议2012年《长沙市人大常委会工作报告》。

四十五、第四十五次会议

2012年12月18日举行。会议审查市政府关于2012年全市和市本级预算执行情况及2013年全市和市本级预算草案报告；审议市政府关于2011年度市本级预算执行和其他财政收支的审计工作报告中指出问题的纠正情况和处理结果报告；审议全市县乡人大换届选举工作情况汇报；确认选出的市第十四届人大代表的代表资格有效；通过市检察院人事任免事项。

第五章　履行职责

第一节　地方立法

长沙市人大常委会享有地方性法规立法权始于1986年。1992年12月—1997年12月，市第十届人大常委会秉持以经济立法为重点、加快地方立法步伐的理念。1993年，根据浏阳县人民群众反映，浏阳河被10余条非法挖沙淘金船侵害，造成河道淤塞、河岸崩塌，严重威胁两岸人民生命财产安全。1994年上半年，市人大常委会法制工作委员会、农业工作委员会，市水利局，浏阳县、长沙县人大常委会领导沿河视察调研后，决定制定浏阳河管理条例进行保护。市政府负责起草《浏阳河管理条例（草案）》工作，市人大常委会法制工作委员会提前介入并审议后提交市人大常委会审议。是年8月，市第十届人大常委会第十二次会议初审，12月，市第十届人大常委会第十六次会议审议通过，报省第八届人大常委会第十四次会议批准施行。1995年，针对长沙高新技术产业开发区自1988年省政府批准、1991年国务院批准成立后的五年实际运作，其机构和管理体制已不适应“高新区”健康、持续发展等情况，根据市政府建议，市人大常委会教科文卫工作委员会和法制工作委员会组织“高新区”法规起草工作。1996年1月，市第十届人大常委会第二十六次会议审议通过《长沙高新技术产业开发区条例》，包括机构与职责，企业与项目管理，规划、土地和基本建设管理，劳动人事管理，优惠待遇，奖励与处罚等内容。市第十届人大常委会立法13部，其中属于经济方面的8部，占61%。

1997年12月—2002年12月，市第十一届人大常委会为提高立法质量，坚持深入调研，多渠道、多方式吸纳“一府两院”和市人大代表、市政协委员、社会各界群众对“法规草案”的建议意见。1998年1月，市第十一届人大第一次会议决定设立市人大内务司法委员会（市人大常委会法制工作委员会自行终止），是年2月，市第十一届人大常委会第一次会议决定增设市人大常委会法规工作委员会，负责立法工作。是年12月23日，市第十一届人大常委会第七次会议通过《长沙市人民代表大会常务委员会制定地方性法规程序的规定》，对地方性法规规划和年度计划的编制及法规案的起草、提出、审议、通过、报批、公布、解释、修改、废止等作出规定。2001年1月8日，市第十一届人大第四次会议依《中华人民共和国立法法》，通过《长沙市人民代表大会及其常务委员会制定地方性法规条例》，对地方性法规制定程序、立法权限、法规效力及报批、公布和解释等作出详细、系统规定。同时增设市人大法制委员会，委员会依法享有对法规案的提案权和审议权，为立法工作提供法律和组织保障。2001年起草《长沙市行政执法监督条例（草案）》前，组织市人大内务司法委员会和常委会法规工作委员会等工作机构，多次到区、县（市）、乡（镇）、街道调查了解行政执法情况，摸清立法要解决的主要问题。是年6月，市第十一届人大常委会第二十九次会议初审《条例（草案）》后，分别将《条例（草案）》送市政府44个部门和单位、市法院、市检察院、各区县（市）人大常委会及省人大法制委和内司委征求意见。是年8月，市第十一届人大常委会第三十次会议审议通过《长沙市行政执法监督条例》，对行政执法监督的界定、监督主体、监督对象以及适用范围和政府法制工作机构、监督人员应当具备的条件和职责、监督的主要内容、规范性文件备案审查、行政处罚报送备案、举报投诉、行政执法检查和考核评议、纠正违法行政行为、对违法执法人员的处理作出具体规定。市第十一届人大常委会立法11部，在施行中具有很强操作性和权威性。

2002年12月—2007年12月，市第十二届人大常委会为解决经济建设和城市管理热点、难点问题，开展针对性立法。2005年，根据市城市桥梁管理机构调查统计，仅市二环线内，就有59座桥梁下陆域空间被20多家单位占用作停车场、办公室、洗车场、篮球场、驾校、餐馆、仓库、煤场、商店等经营性场所，严重妨碍桥梁检测和维护的正常开展；2006年1月，市第十二届人大第四次会议上，13名市人大代表联名提出《关于请求市人大常委会制定长沙市桥梁安全管理办法的议案》，呼吁“城市桥梁的安全事关全市社会的安定，事关全市人民的安全，立法保护桥梁，势在必行”。引发代表们广泛共鸣，被确立为大会第3号议案；2006年7月18日，湘江岸边一艘重达200吨的泵船锚链被洪水冲断后顺江急驶，长沙橘子洲湘江大桥桥墩险遭撞击。据此，市人大常委会决定制定《长沙市城市桥梁安全管理条例》。《条例》制定中，坚持开门立法，提前介入，参加市政府组织的城市桥梁安全管理工作情况调研、听取市政协委员和相关职能部门及专家意见、实地察看市内主要桥梁状况并听取桥梁检测维护人员意见、考察外地桥梁管理经验，先后五次召开立法听证会，历时4个月，形成条例草案。是年12月，市第十二届人大常委会第三十二次会议将初审意见告知相关单位和人员，并将条例草案在《长沙晚报》、湖南红网、星辰在线上刊登，向社会广泛征求意见。2007年3月，先后组织召开7个征求意见座谈会，听取部分市政协委员、城市桥梁养护人、市人大代表、常委会委员和市直相关部门、法学专家及区县（市）人大常委会的意见，并邀请省人大法制委、环资委领导来长指导修改工作。征求意见过程中，收到建议、意见190条。2007年4月，市第十二届人大常委会第三十五次会议审议通过《长沙市桥梁安全管理条例》，6月，省第十届人大常委会第二十七次会议批准，10月1日起施行。2007年4月，在全省首开先河，对2004年4月举行的第十二届人大常委会第十一次会议制定的《长沙市历史文化名城保护条例》（以下简称《条例》）开展立法后评估工作，全面评估《条例》的质量和施行效果，以促进立法实效性提高。评估采取市执法部门、部分区县（市）人大常委会、市政协相关专委会、市民、立法机关评估相结合方式进行。为了解广大市民对《条例》的评价，发放调查问卷2000份，并通过《长沙晚报》、湖南红网、星辰在线等媒体对公众进行问卷调查。实地考察长沙市白果园、化龙池、太平街、同仁里民居、浏阳沈家大院、橘子洲、新民学会旧址、许光达故居、徐特立故居等历史文化风景区和历史文化街区保护情况。是年8月，市第十二届人大常委会第三十七次会议听取和审议评估报告。

图3-5-1-1　市人大常委会举行地方性法规立法听证会
（拍摄于2005年6月，长沙市人大常委会办公厅供图）

2007年12月—2012年12月，市第十三届人大常委会坚持质量为上、急需为先、特色为重，加快地方立法步伐。2009年，根据宁乡县灰汤地热资源40多年里，重开发、轻保护，严重影响可持续利用，面临枯竭危险情况，决定立法保护。会同市政府相关部门和宁乡县调研起草修改法规条例。是年12月，市第十三届人大常委会第十八次会议审议通过《长沙市灰汤地热资源保护条例》（以下简称《条例》），

《条例》对地热资源的规划勘查、开采和利用作出明确规定，对违反《条例》规定的行为规定严格的法律责任。针对长沙轨道交通工程建设的加速，迫切需要出台长沙市轨道交通管理条例，及时组织立法调研、起草工作。2012 年 6 月，市第十三届人大常委会第四十一次会议初审《长沙市轨道交通管理条例（草案）》，经修改，是年 8 月，市第十三届人大常委会第四十二次会议审议通过。《条例》共九章、六十九条，对轨道交通规划与用地管理、应急管理、法律责任等作出明确规定。

1993—2012 年，市第十至第十三届人大常委会共制定地方性法规 46 部、修改 43 部、废止 19 部，报省人大常委会审查后，除《长沙市公民献血条例（草案）》被省人大常委会搁置外，均批准施行。在施行的 45 部法规中，属于经济方面的 27 部，占 60%；城市规划、建设、管理方面的 11 部，占 24%；政治方面的 7 部，占 16%。

表 3-5-1-1　　长沙市第十至十三届人大常委会制定地方性法规一览表

届次	类别	法规名称	通过时间及常委会会次	批准时间及省人大常委会会次	施行时间
第十届	制定	长沙市人民警察巡逻执法暂行规定	1993 年 4 月二次会议	1993 年 7 月八届常委会三次会议	1993 年 10 月 1 日
		长沙市城市商业网点建设管理条例	1994 年 6 月十一次会议	1994 年 7 月八届常委会九次会议	1994 年 9 月 1 日
		长沙市城镇暂住人口登记管理办法	1994 年 8 月十二次会议	1994 年 11 月八届常委会十一次会议	1995 年 1 月 1 日
		长沙市劳动监察条例	1994 年 12 月十六次会议	1994 年 12 月八届常委会十二次会议	1995 年 3 月 1 日
		浏阳河管理条例	1994 年 12 月十六次会议	1995 年 2 月八届常委会十四次会议	1995 年 7 月 1 日
		长沙市公路管理规定	1995 年 9 月二十四次会议	1995 年 10 月八届常委会十八次会议	1996 年 1 月 1 日
		长沙市城市违法建设工程处理办法	1995 年 9 月二十四次会议	1995 年 12 月八届常委会十九次会议	1996 年 3 月 1 日
		长沙高新技术产业开发区条例	1996 年 1 月二十六次会议	1996 年 4 月八届常委会二十一次会议	1996 年 5 月 1 日
		长沙市电信条例	1996 年 5 月二十九次会议	1996 年 8 月八届常委会二十三次会议	1996 年 10 月 1 日
		湘江长沙段饮用水水源保护条例	1996 年 11 月三十二次会议	1997 年 4 月八届常委会二十七次会议	1997 年 6 月 5 日
		长沙市城市市容和环境卫生管理办法	1997 年 4 月三十六次会议	1997 年 6 月八届常委会二十八次会议	1997 年 9 月 1 日
		长沙市城市中小学校幼儿园规划建设管理条例	1997 年 4 月三十六次会议	1997 年 6 月八届常委会二十八次会议	1997 年 6 月 15 日
		长沙市殡葬管理条例	1997 年 10 月四十次会议	1997 年 1 月八届常委会三十一次会议	1998 年 6 月 15 日
	修正	岳麓山风景名胜区管理办法	1996 年 5 月二十九次会议	1996 年 8 月八届常委会二十三次会议	1996 年 8 月 15 日

续表 3-5-1-1

届次	类别	法规名称	通过时间及常委会会次	批准时间及省人大常委会会次	施行时间
第十届	修正	长沙市禁止赌博条例	1997年4月三十六次会议	1997年6月八届常委会二十八次会议	1997年6月9日
		长沙市惩治扒窃的规定	1997年4月三十六次会议	1997年6月八届常委会二十八次会议	1997年6月9日
		长沙市机关团体企业事业单位治安保卫工作条例	1997年4月三十六次会议	1997年6月八届常委会二十八次会议	1997年6月9日
		长沙市城镇暂住人口登记管理办法	1997年4月三十六次会议	1997年6月八届常委会二十八次会议	1997年6月9日
		长沙市城市道路交通管理规定	1997年6月三十七次会议	1997年8月八届常委会二十九次会议	1997年8月6日
		长沙市城市绿化管理条例	1997年8月三十八次会议	1997年9月八届常委会三十次会议	1997年10月23日
		长沙市城市商业网点建设管理条例	1997年8月三十八次会议	1997年9月八届常委会三十次会议	1997年10月23日
		长沙市劳动监察条例	1997年8月三十八次会议	1997年9月八届常委会三十次会议	1997年10月23日
		长沙市城市违法建设工程处理办法	1997年8月三十八次会议	1997年9月八届常委会三十次会议	1997年10月23日
		长沙市蔬菜基地保护办法	1997年8月三十八次会议	1997年9月八届常委会三十次会议	1997年10月23日
		长沙市公路管理规定	1997年10月四十次会议	1997年11月八届常委会三十一次会议	1997年12月1日
	废止	长沙市环境卫生管理办法	1997年4月三十六次会议	1997年6月八届常委会二十八次会议	1997年9月1日
第十一届	制定	长沙市城市房屋拆迁管理条例	1998年6月四次会议	1998年8月九届常委会三次会议	1999年1月1日
		长沙市燃气管理条例	1998年10月六次会议	1998年11月九届常委会六次会议	1999年1月1日
		长沙市城市户外广告管理条例	1998年10月六次会议	1998年11月九届常委会六次会议	1999年1月1日
		长沙市征地补偿安置条例	1999年6月十一次会议	1999年8月九届常委会十次会议	2000年1月1日
		长沙市个体工商户和私营企业权益保护条例	1999年10月十四次会议	1999年11月九届常委会十二次会议	2000年1月1日
		长沙市劳动力市场管理条例	2000年6月十九次会议	2000年7月九届常委会十七次会议	2000年7月29日
		长沙市城市房屋装饰装修管理条例	2001年1月二十二次会议	2000年11月九届常委会十九次会议	2001年3月1日

续表 3-5-1-1

届次	类别	法规名称	通过时间及常委会会次	批准时间及省人大常委会会次	施行时间
第十一届	制定	长沙市人民代表大会及其常务委员会制定地方性法规条例	2001年1月人大四次会议	2001年3月九届常委会二十一次会议	2001年3月30日
		长沙市行政执法监督条例	2001年8月三十次会议	2001年11月九届常委会二十六次会议	2001年11月30日
		长沙市城区生猪屠宰管理条例	2002年9月三十九次会议	2002年9月九届常委会三十一次会议	2003年1月1日
		长沙市城市供水用水管理条例	2002年10月四十一次会议	2002年11月九届常委会三十二次会议	2003年3月1日
	修正	长沙市城市房屋拆迁管理条例	2001年10月三十二次会议	2001年11月九届常委会二十六次会议	2001年11月30日
		长沙市城镇暂住人口登记管理办法（二次）	2002年4月三十七次会议	2002年6月九届常委会二十九次会议	2000年6月21日
		长沙市殡葬管理条例	2002年4月三十七次会议	2002年6月九届常委会二十九次会议	2000年6月21日
	废止	长沙市电信条例	2002年4月三十七次会议	2002年6月九届常委会二十九次会议	2002年6月3日
第十二届	制定	长沙市标准化管理条例	2003年8月六次会议	2003年9月十届常委会五次会议	2004年1月1日
		长沙市历史文化名城保护条例	2004年4月十一次会议	2004年7月十届常委会十次会议	2004年11月1日
		长沙市城市地下管线工程档案管理条例	2004年10月十五次会议	2004年11月十届常委会十二次会议	2005年5月1日
		长沙市城市公共客运条例	2005年9月二十二次会议	2005年9月十届常委会十七次会议	2005年12月1日
		长沙市株树桥水库饮用水水源保护条例	2005年10月二十三次会议	2005年11月十届常委会十八次会议	2006年5月1日
		岳麓山风景名胜区保护条例（修订）	2006年10月三十一次会议	2006年11月十届常委会二十四次会议	2007年1月1日
		长沙市城市桥梁安全管理条例	2007年4月三十五次会议	2007年6月十届常委会二十七次会议	2007年10月1日
		长沙市征地补偿安置条例（修订）	2007年10月三十八次会议	2007年11月十届常委会 三十次会议	2008年4月1日
	修正	长沙市城市市容和环境卫生管理办法	2003年6月四次会议	2003年6月十届常委会三次会议	2003年6月24日
		浏阳河管理条例	2004年6月十二次会议	2004年7月十届常委会十次会议	2004年8月10日
		长沙市劳动力市场管理条例	2004年6月十二次会议	2004年7月十届常委会十次会议	2004年8月10日

续表 3-5-1-1

届次	类别	法规名称	通过时间及常委会会次	批准时间及省人大常委会会次	施行时间
第十二届	修正	长沙市公路管理规定(二次)	2004 年 6 月十二次会议	2004 年 7 月十届常委会十次会议	2004 年 8 月 10 日
		长沙市城市中小学校幼儿园规划建设管理条例	2004 年 8 月十四次会议	2004 年 9 月十届常委会十一次会议	2004 年 10 月 14 日
		长沙市城市房屋装饰装修管理条例	2004 年 8 月十四次会议	2004 年 9 月十届常委会十一次会议	2004 年 10 月 14 日
		长沙市城市房屋拆迁管理条例(二次)	2004 年 8 月十四次会议	2004 年 9 月十届常委会十一次会议	2004 年 10 月 14 日
		长沙市城市供水用水管理条例	2004 年 8 月十四次会议	2004 年 9 月十届常委会十一次会议	2004 年 10 月 14 日
		长沙市城市市容和环境卫生管理办法(二次)	2005 年 9 月二十二次会议	2005 年 9 月十届常委会十七次会议	2005 年 10 月 25 日
	废止	长沙市人民警察巡逻执法暂行规定	2004 年 6 月十二次会议	2004 年 7 月十届常委会十次会议	2004 年 8 月 10 日
		长沙市城市商业网点建设管理条例	2004 年 8 月十四次会议	2004 年 9 月十届常委会十一次会议	2004 年 9 月 28 日
		长沙市城市道路交通管理规定	2006 年 6 月二十九次会议	2006 年 7 月十届常委会二十二次会议	2006 年 8 月 11 日
		长沙市城市户外广告管理条例	2006 年 6 月二十九次会议	2006 年 7 月 十届常委会二十二次会议	2006 年 8 月 11 日
		岳麓山风景名胜区管理办法	2006 年 10 月三十一次会议	2006 年 11 月十届常委会二十四次会议	2007 年 1 月 1 日
		长沙市人民代表大会常委会监督本级人民政府、人民法院、人民检察院工作的规定	2006 年 12 月三十二次会议	2007 年 1 月十届常委会二十五次会议	2007 年 1 月 25 日
		长沙市征地补偿安置条例	2007 年 10 月三十八次会议	2007 年 11 月十届常委会三十次会议	2008 年 4 月 1 日
第十三届	制定	长沙市城市供水用水管理条例(修订)	2008 年 8 月六次会议	2008 年 9 月十一届常委会四次会议	2009 年 4 月 1 日
		长沙市人民代表大会常务委员会立法听证办法	2008 年 8 月六次会议	2008 年 9 月十一届常委会四次会议	2009 年 1 月 1 日
		长沙市城市道路车辆通行若干规定	2008 年 12 月九次会议	2009 年 3 月十一届常委会七次会议	2009 年 5 月 1 日
		长沙市住房公积金管理条例	2009 年 4 月十二次会议	2009 年 5 月十一届常委会八次会议	2009 年 7 月 1 日
		长沙市机动车排气污染防治条例	2009 年 8 月十四次会议	2009 年 9 月十一届常委会十次会议	2010 年 7 月 1 日
		长沙市灰汤地热资源保护条例	2009 年 12 月十八次会议	2010 年 5 月十一届常委会十五次会议	2010 年 10 月 1 日

续表 3-5-1-1

届次	类别	法规名称	通过时间及常委会会次	批准时间及省人大常委会会次	施行时间
第十三届	制定	长沙市城乡建设档案管理条例	2010年6月二十二次会议	2010年7月十一届常委会十七次会议	2011年1月1日
		长沙铜官窑遗址保护条例	2010.10月二十六次会议	2010年11月十一届常委会十九次会议	2011年1月1日
		长沙市城市管理条例	2010年11月二十七次会议	2011年1月十一届常委会二十次会议	2011年6月1日
		长沙市水资源管理条例	2011年8月三十三次会议	2011年9月十一届常委会二十四次会议	2012年1月1日
		长沙市蔬菜基地管理条例	2011年10月三十四次会议	2011年11月十一届常委会二十五次会议	2012年1月1日
		长沙市慈善事业促进条例	2012年4月四十次会议	2012年5月十一届常委会二十九次会议	2012年9月1日
		长沙市轨道交通管理条例	2012年8月四十二次会议	2012年9月十一届常委会三十一次会议	2013年5月1日
	修正	长沙市城市绿化管理条例（二次）	2010年10月二十六次会议	2010年11月十一届常委会十九次会议	2010年12月1日
		长沙市城市中小学校幼儿园规划建设管理条例（二次）	2010年10月二十六次会议	2010年11月十一届常委会十九次会议	2010年12月1日
		长沙市公路管理规定（三次）	2010年10月二十六次会议	2010年11月十一届常委会十九次会议	2010年12月1日
		长沙高新技术产业开发区条例	2010年10月二十六次会议	2010年11月十一届常委会十九次会议	2010年12月1日
		长沙市殡葬管理条例（二次）	2010年10月二十六次会议	2010年11月十一届常委会十九次会议	2010年12月1日
		长沙市燃气管理条例	2010年10月二十六次会议	2010年11月十一届常委会十九次会议	2010年12月1日
		长沙市个体工商户和私营企业权益保护条例	2010年10月二十六次会议	2010年11月十一届常委会十九次会议	2010年12月1日
		长沙市城市房屋装饰装修管理条例(二次)	2010年10月二十六次会议	2010年11月十一届常委会十九次会议	2010年12月1日
		长沙市人民代表大会及其常务委员会制定地方性法规条例	2010年10月二十六次会议	2010年11月十一届常委会十九次会议	2010年12月1日
		长沙市人民代表大会常务委员会立法听证办法	2010年10月二十六次会议	2010年11月 十一届常委会十九次会议	2010年12月1日
		岳麓山风景名胜区保护条例	2010年10月二十六次会议	2010年11月十一届常委会十九次会议	2010年12月1日
		长沙市城区生猪屠宰管理条例	2010年10月二十六次会议	2010年11月十一届常委会十九次会议	2010年12月1日

续表 3-5-1-1

届次	类别	法规名称	通过时间及常委会会次	批准时间及省人大常委会会次	施行时间
第十三届	修正	长沙市城市违法建设工程处理办法(二次)	2010 年 10 月二十六次会议	2010 年 11 月十一届常委会十九次会议	2010 年 12 月 1 日
		长沙市城市道路车辆通行若干规定	2011 年 4 月三十一次会议	2011 年 5 月十一届常委会二十二次会议	2011 年 6 月 1 日
		长沙市城市道路车辆通行若干规定（二次）	2012 年 4 月四十次会议	2012 年 5 月十一届常委会二十九次会议	2012 年 6 月 26 日
		长沙市关于集会游行示威的规定	2012 年 4 月四十次会议	2012 年 5 月十一届常委会二十九次会议	2012 年 6 月 26 日
		长沙市城市市容和环境卫生管理办法(三次)	2012 年 4 月四十次会议	2012 年 5 月十一届常委会二十九次会议	2012 年 6 月 26 日
		长沙市城市管理条例	2012 年 4 月四十次会议	2012 年 5 月十一届常委会二十九次会议	2012 年 6 月 26 日
		长沙市殡葬管理条例	2012 年 4 月四十次会议	2012 年 5 月十一届常委会二十九次会议	2012 年 6 月 26 日
	废止	长沙市城市供水用水管理条例	2008 年 8 月六次会议	2008 年 9 月十一届常委会四次会议	2008 年 9 月 28 日
		长沙市禁止赌博条例	2010 年 6 月二十二次会议	2010 年 7 月十一届常委会十七次会议	2010 年 8 月 10 日
		长沙市惩治扒窃的规定	2010 年 6 月二十二次会议	2010 年 7 月十一届常委会十七次会议	2010 年 8 月 10 日
		长沙市机关团体企业事业单位治安保卫工作条例	2010 年 6 月二十二次会议	2010 年 7 月十一届常委会十七次会议	2010 年 8 月 10 日
		长沙市劳动力市场管理条例	2010 年 6 月二十二次会议	2010 年 7 月十一届常委会十七次会议	2010 年 8 月 10 日
		长沙市城镇暂住人口登记管理办法	2010.10 月二十六次会议	2010 年 11 月十一届常委会十九次会议	2010 年 12 月 1 日
		长沙市蔬菜基地保护办法	2011.10 月三十四次会议	2011 年 11 月十一届常委会二十五次会议	2012 年 1 月 1 日
		长沙市城市房屋拆迁管理条例	2012 年 4 月四十次会议	2012 年 5 月十一届常委会二十九次会议	2012 年 6 月 26 日
		长沙市城区生猪屠宰管理条例	2012 年 4 月四十次会议	2012 年 5 月十一届常委会二十九次会议	2012 年 6 月 26 日
		长沙市城市违法建设工程处理办法	2012 年 4 月四十次会议	2012 年 5 月十一届常委会二十九次会议	2012 年 6 月 26 日

第二节 监 督

一、听取和审议“一府两院”工作报告

1992 年 12 月—1997 年 12 月，市第十届人大常委会把经济工作重点、政府工作难点、人民群众关心的热点列为常委会会议监督议题。1994 年 6 月，市第十届人大常委会第十一次会议听取和审议市政府关于发展非公有制经济专项工作情况汇报和常委会财经工委相应的调查报告。至 1993 年年底，全市有个体私营企业 8.41 万户，从业人员 15.32 人，总产值达 27.58 亿元，纳税 1.75 亿元，占全市工商税收 13.57%，个体私营经济成长沙市场经济中一支生力军。同时，针对存在思想认识有偏见、竞争不平等、收费不规范、管理体制不顺畅、政策法规不配套等严重影响其发展的问题，向市政府提出各级政府必须进一步更新思想观念，提高认识，加强引导，落实各项政策措施，创造公平竞争条件；加快市场建设，妥善安排经营场地；进一步加强管理和服务，理顺管理体制，促进非公有制经济健康发展的审议意见。1995 年 5 月，因市检察院检察委员会意见分歧，检察长杨哲根据《中华人民共和国人民检察院组织法》的规定向市人大常委会提交关于认定许某某是否构成招摇撞骗罪的请示，通过审查，在是年 9 月市第十届人大常委会第二十四次会议上，对犯罪构成的客体、客观方面和主体、主观方面进行综合分析，审查认定许某某为招摇撞骗罪，从而统一市检察院检察委员会的认识、维护法律尊严。市第十届人大常委会听取和审议“一府两院”关于财政计划，工业企业改革，农业和乡镇企业发展，个体经济发展，城市规划、建设和管理，审判、检察、司法工作等 39 项工作报告；听取常委会工作机构为审议提供的调研报告 21项。

1997 年 12 月—2002 年 12 月，市第十一届人大常委会围绕经济建设和城建管理等方面听取和审议“一府两院”专项工作报告进行监督。2001 年 4 月，市第十一届人大常委会第二十七次会议听取和审议市政府关于岳麓山风景名胜区长塘山规划调整及其建议问题的议案。市政府议案中提到，长塘山位于岳麓山风景名胜区外围保护范围，是一座自然小山丘，地势相对高度 26 米，1994 年由湖南师范大学征购。山丘周边高楼林立，山体已遭破坏，昔日自然景观不复存在，山上居住人员复杂，乱搭乱建将山丘蚕食，环境恶化，卫生极差，成当地综合治理难点，已无保护价值；湖南师范大学提出拆除岳麓山风景名胜区内赫石坡原大学教职工住宅，易地在长塘山新建教职工住宅小区方案，政府相关部门现场查勘论证认为方案可行。市人大城环委作相应的审议结果报告，认为在长塘山控制建设规模，适量开发，通过科学规划、精心设计，既有利于加快赫石坡的生态建设，改善“国民革命军 73 军抗日将士墓”周边环境，加强景区建设和管理，又利于拆除长塘山范围内违法建筑，清除综合治理死角，实现“易地绿化、以绿还绿”办法。市人大常委会会议审议后同意市政府的调整

图 3-5-2-1 市人大常委会召开人大代表评议市工商局工作总结会（拍摄于 1994 年 10 月，长沙市人大常委会办公厅供图）

意见，并致函市政府要求严格查处破坏风景名胜区资源的违法行为；抓紧编制岳麓山风景名胜区控制性详规；抓紧修复忠烈祠。市政府认真落实审议意见，及时查处岳麓山风景名胜区的违法建房、违法葬坟等占林毁绿违法行为，并制定控制性规定。市第十一届人大常委会听取和审议“一府两院”报告50项，其中经济方面28项，城市建设管理方面8项，法制建设方面3项，教科文卫方面3项，改革方面3项，市法院1项，市监察局1项，其他方面3项。听取市人大专门委员会和常委会工作机构为审议提供相应的调研报告20项。

2002年12月—2007年12月，市第十二届人大常委会听取和审议“一府两院”专项工作报告52项，其中经济方面31项，城市规划建设管理方面5项，法制建设方面3项，教科文卫方面3项，改革方面1项，市法院2项，市检察院5项，就业方面2项。听取市人大专门委员会为审议提供的相应调研报告15项。2003年年初，全球发生“非典”疫情，国内有26个省份发生“非典”疫情，严重威胁人民生命安全。为加强对长沙市“非典”防治工作监督，4月，市第十二届人大常委会第二次会议听取和审议市政府关于“非典”防治工作汇报。会议肯定市政府防治工作的同时，指出存在领导不力、措施不到位问题。会议审议意见指出，市政府必须进一步加强对“非典”防治工作人力、物力、财力保障，对领导不力、措施不到位、玩忽职守造成严重后果的政府组成人员，市政府应及时提请市人大常委会依法罢免其职务。同时号召全市人民积极行动，紧密依靠各级党委、政府的坚强领导，坚定信心、团结一致、齐心协力做好“非典”防治工作。会后，多次对“非典”防治工作进行检查督促，由于防治工作到位，长沙市未出现“非典”疫情。2006年10月，市第十二届人大常委会第三十一次会议听取和审议市法院关于“坚决预防和惩处司法腐败、切实改进法院工作作风、严格依法实施司法救助、继续提高审判质量和效率、穷尽一切法律手段破解执行难”的“五项承诺”落实情况汇报，提出必须强化教育监督，促进司法廉洁；规范法官行为，改进工作作风；关注困难群体，畅通救助途径；规范审判管理，确保公正高效的审议意见。

2007年12月—2012年12月，市第十三届人大常委会听取和审议“一府两院”专项工作报告76项，含工业、农业、商业、计划财政、城市规划建设管理、教科文卫、法制建设、安全交通、改革等方面工作。市人大专门委员会和常委会工作机构为审议提供相应的调研报告28项。2010年6月，市第十三届人大常委会第二十二次会议听取和审议市政府关于加强推进新型工业化工作的专题报告，认为市政府推进新型工业化成绩显著，长沙市工业总量已跃上4000亿元新台阶，实现工业增加值1555亿元，规模工业总体运行质量稳定向好，主要效益指标在全国中小城市中排名靠前，发展后劲增强。审议意见指出，为推进新型工业化发展，市政府在指导思想上，应实现从“大抓工业”向“抓大工业”转变；在发展战略上，应从“抓企业”向“抓大产业”转变；在招商引资上，应从“大招商”向“招大商”转变；在政策引导上，应从“长沙制造”向“长沙创造”转变，推进新型工业化快速发展。是年12月29日，市第十三届人大常委会第二十八次会议通过《长沙市人大常委会关于深入开展“司法公正长沙行”活动的决议》，将活动深入推进。市检察院按活动主题要求认真加强民事审判和行政诉讼活动监督，依法督促处理一批案件，获良好效果。其中对杜某某等21人与用人单位劳动争议纠纷案进行执行监督，建议法院更换该案执行人并监督执行到位，取得良好效果，被省检察院评为优秀案件；为健全反渎职侵权办案协作机制，制定《关于在惩治和预防渎职侵权犯罪中加强协调配合的规定》，案件立案侦查、审查逮捕、审查起诉的进度和效率、质量明显提高。2010年，市法院审理湖南科力远公司诉世界500强企业巴西淡水河谷旗下子公司侵权发明专利权纠纷案，新华社以《一湘企胜诉淡水河谷的启示》为题报道，赞国内企业通过案审对知识产权诉讼的信心增强；2011年，市法院为保障“司法公正示范法院（人民法庭）”创建活动深入、扎实开展，制定《关于着力推进司法公正的工作意见》及配套细则，形成整套方案、标准和制度。市公安局针对容易发生执法问题的重点领域和环节，适度“回收权限”，实施重点控制，出台《关于进一步规范经济犯罪案件办理的若干规定》，将经济犯罪案件归口经侦部门、治安部门管辖，非因案情需要并经指定管辖，其他单位不得办理经济犯罪案件。2011年10月25日，市第十三届人大常委会第三十四次会议听取和审议市法院、市检察院、市公安局、市司法局关于贯彻实施《长沙市人大常委会关于深入开展“司法公正长沙行”活动的决议》情况汇报，会议指出各成员单位开展的系列活动成效显著。为更多争取人民群众对活动的了解、支持和监督，市人大常委会将每年5月份定为活动宣传月，通过媒体大力宣传，让民众了解、关注和参与活动。

至2012年，市第十届至第十三届人大常委会听取和审议“一府两院”工作报告217项、市人大专门委员会和常委会工作机构为审议提供的相应调查报告84项。

二、工作评议

1993年11月—1994年4月，市第十届人大常委会组织由25名市人大代表参加的5个评议小组对市公安局进行工作评议，围绕公安局落实“严打”“加强社会治安综合治理”方针；实施《中华人民共和国刑法》《中华人民共和国刑事诉讼法》《中华人民共和国治安管理处罚条例》；内部从严治警、制止“乱收费、乱摊派、乱罚款”和反特权、查处违法犯纪干警方面的内容，走访71个单位和188位选民，召开座谈会58次，589位选民参加，收集462条意见，参与调查146起案件。参评代表就市公安机关治安、刑侦、交通管理、法制等方面的工作情况写出近5万字的评议发言材料，提出56条建议、批评、意见。

1998年5—10月，市第十一届人大常委会对市检察机关进行工作评议。组织17名市人大代表分成三个小组，到市和区、县（市）检察部门及其他相关单位，采取听汇报、集中座谈和个别走访等形式进行调查研究。走访30多个单位，召开座谈会37次，参加座谈会的有40个单位255人次。在调查研究基础上，7月16日，召开评议大会。会后，市检察院对评议中提出的3个方面的整改意见、交办的12件案件、提出的33条建议、批评和意见，在10月前都整改落实；对交办的12件案件，经过复查，改变原处理决定6起；严肃查处两名检察干部的违法违纪行为，分别给予辞退和党内警告、行政记过处分；进一步建立健全市检察院财务制度、赃款赃物管理制度、重大事项报告制度、办事公开制度、一事一奖办法等152项制度，全市检察机关制定和完善193项规章制度；市检察院制定《长沙市人民检察院接受人大监督的规定》。市人大代表在评议中提出的建议意见，得到市政府支持和重视，市财政向市检察院增拨300万元办案经费，解决“吃皇粮、断杂粮”的问题。

2010年11月，市第十三届人大常委会第二十六次会议作出《关于加快推进新型工业化进程的决议》（以下简称《决议》）。2011年，组成三个专项工作评议小组，对市政府及市工信委、市财政局、市科技局、市教育局、市城乡规划管理局、市国土资源局六个职能部门贯彻落实《决议》专项工作进行评议调查。8月，市第十三届人大常委会第三十三次会议听取市政府和上述六个职能部门关于贯彻落实《决议》情况的汇报，听取三个专项工作评议小组的评议意见。常委会在肯定成绩的同时，指出存在的18个困难问题，提出解决困难和问题的建议意见21条。

三、述职评议

1994年10月，首次召开有市政府各委办局、市法院、市检察院、市人大常委会工作机构的300多位负责人参加的述职评议大会，由市检察院检察长杨哲、市人事局局长简用超、市交通局局长刘忠明述职。评议小组分别对他们的述职进行评议，根据调查了解的情况，既充分肯定成绩，又实事求是指出存在的问题，提出整改意见。市第十届人大常委会还对市教委主任杨道正、市劳动局局长赵林初、市农业局局长刘元良、市地税局局长鲁应时、市林业局局长周开初、市卫生局局长何德祥进行述职前调查评议。

市第十一届人大常委会对市司法局局长邢之国、市城管局局长吴念公进行书面述职评议。

2004 年 8 月，市第十二届人大常委会第十四次会议对市劳动和社会保障局局长周庆宪、市水利局局长邹志祥、市环保局局长李德威、市检察院副检察长刘建进行会议述职评议。被评议人员述职后，四个评议小组根据会前各自深入相关单位调查、座谈、走访了解的情况，进行评议发言。既肯定成绩，也指出存在的问题，提出整改意见。会上，与会的 31 名市人大常委会委员对述职人员进行无记名投票测评，依次得称职票 28 票、28 票、29 票、26 票。12 月 15 日，市第十二届人大常委会第十六次会议听取和审议周庆宪、邹志祥、李德威、刘建关于述职评议后整改情况报告，对评议意见跟踪落实。市第十二届人大常委会还对市规划局局长罗利克、市交通局局长谭杭生、市政府秘书长唐志浩、市公用事业管理局局长胡继槐、市财政局局长姚永春、市人事局局长刘回、市人口和计生委主任胡静、市发改委主任周岳云、市教育局局长彭新、市民政局局长贺国谦、市法院副院长唐吉凯进行会议述职评议。

其间，常委会对“一府两院”中的 41 名领导（其中副市长 7 名）进行书面述职评议。

四、执法检查

1996 年，市第十届人大常委会根据长沙市现人均耕地只有 0.66 亩，低于联合国确定的 0.75 亩/人警戒线，同时耕地每年以 1.4 万亩速度锐减，人口每年以 5 万多人净增的严峻情况，于 8 月至 9 月，对全市城乡实施《中华人民共和国土地管理法》的情况进行检查，并提交市第十届人大常委会第三十一次会议审议。经审议，向市政府提出，进一步做好土地基本国策的宣传工作，增强人民群众的土地基本国策意识和土地忧患意识；进一步加大土地执法力度，坚持巡回检查制度，国土管理部门要敢于顶住“人情风”、冲破“关系网”，做到执法必严、违法必究；继续做好基本农田的划定和保护工作，在 1993 年确定的全市规划保护区面积 282.33 万公顷并占当时耕地 99.75%的基础上，做好调整落实工作。

2001 年 10 月，市人大常委会会同市政府领导对全市实施《中华人民共和国促进科技成果转化法》《湖南省科学技术进步条例》进行为期一个月的执法检查。先后深入考察全市相关部门，区县（市）科技园，企业等 34 个单位。执法检查后，10 月 30 日，市第十一届人大常委会第三十二次会议听取和审议市政府情况汇报，对市政府实施“一法一条例”取得科技对全市经济增长率达 40%的成果表示满意，对执法中存在的问题，向市政府提出，理顺科技管理体制，协调园区发展，进一步加速科技成果转化，带动长沙经济腾飞；加大科技投入力度，完善投融资体系，充分发挥资金效益；切实落实政策措施，优化促进科技成果转化的环境和条件。

2002 年，市人大常委会组成综合执法检查领导小组，从 4 月份开始，对“一府两院”开展优化经济发展环境执法检查。检查分自查自纠、抽查督办、整改落实三个阶段进行。市政府相应成立由市长兼任组长的优化经济环境、整顿和规范经济秩序领导小组，市法院、市检察院和各区县（市）成立相应的优化经济发展环境领导小组。各小组下设办公室抓具体工作。9 月 3 日，市第十一届人大常委会第三十九次会议听取和审议市综合执法检查领导小组办公室的工作汇报。全市重点开展 9 个方面专项治理工作：整顿和规范经济秩序，查处行政违法案 340 起，涉案货值金额 1380 余万元；改革行政审批制度，在第一轮改革保留的 867 项行政审批项目的基础上，市政府再取消 550 项，保留 317 项、清理收费项目 523 项，其中取消 12 项，降低收费标准 31 项、清理地方性法规和市政府的规定及其他规范性文件 15 万多件，其中与WTO有关联的1.1万多件，修改965件，废止8638件，失效2109件；禁止“四乱”，规范收费行为，市物价局查处价格收费违法案1812起，查处违法金额1627.19万元；克服形式主义，控制检查评比活动，规定行政性检查评比须批准进行，不得多头检查、交叉检查和重复检查，评比活动比上年减少20%；全市9个区县（市）设政务公开办事大厅238个，“一条龙”服务窗口199个，市县两级220个单位政务信息入网；维护社会信用、营造诚信环境，加强银企合作、加强信贷管理、优化服务环境；拆违建筑20多万平方米，拆除违章广告牌2.2万平方米；确保重点工程施工环境，各级政府加大领导力度，确保责任到位，统一政策标准，做好拆迁安置工作。市人大常委会要求对查出的各类影响经济环境的900余件（起）问题，相关单位及时进行纠正。

2004年10月，市第十二届人大常委会第十五次会议听取和审议市政府关于实施《湖南省农业环境保护条例》工作情况和市人大农业与农村委相应的执法调查报告，将审议意见致函市政府，市政府进行专题研究，进一步统一思想认识，解决执法机构、队伍建设和相关部门联合执法问题，增加环境保护资金投入，次年即安排农业环保专项经费100万元，并决定以后逐年加大对环保资金的投入。

2005年10月，市第十二届人大常委会第二十三次会议听取和审议市政府关于实施《中华人民共和国科学技术进步法》《湖南省科学技术进步条例》工作情况汇报和市人大教科文卫委相应的检查情况报告，将审议意见致函市政府，市政府对致函提出的问题，用科学发展观统领科技工作，依法落实科技三项经费，确保科技增长幅度高于财政经常性收入增长幅度的法定要求，设立创新成果产业化专项资金（1000万元/年）和科技企业孵化器种子基金（1000万元/年）；提升科技创新和转化能力的增长辐射力；理顺科技管理体制和运行机制；加强“一法一条例”执行力度，积极配合支持加强科技立法工作。

2008年4月，市第十三届人大常委会制定检查贯彻实施《中华人民共和国城乡规划法》情况方案，5月份开始进行检查动员，6—8月相继进行调查研究，由市人大常委会主任会议成员带领6个执法检查组，分头听取全市规划、国土、建设、城管等17个市直部门、大河西先导区和各区县（市）人大常委会及政府的汇报，召开各类座谈会15次，视察重点建设项目18个。根据检查情况和各单位自查反映的问题，建议市政府尽快全面启动、适时推进《长沙市城市总体规划》的修编工作，改变总体规划不适应长沙市“两型社会”建设和城乡规划一体化的现实情况。是年11月，市第十三届人大常委会第八次会议作出《关于依法加强全市规划工作的决议》。

2012年5月，为进一步提高城市管理水平，推动“法治长沙”建设，巩固文明城市创建成果，成立执法检查组，对《长沙市城市管理条例》（以下简称《条例》）的实施情况进行全面检查。检查组听取市城市管理和行政执法局、市住建委、市公安局、市国土局、市规划局、市环保局、市园林局、市工商局、市高新区和各区县（市）政府的情况汇报，实地查看15个社区、公园、停车场建设、道路提质改造、建设工地、集贸市场、城管网格化管理及城乡接合部综合治理的情况，召开8个座谈会，听取对实施《条例》的意见和建议。6月26日，市第十三届人大常委会第四十一次会议听取和审议市政府关于实施情况的汇报，听取检查组的检查报告，针对存在文明素质整体不够平衡、城管相关部门不够协调、公共设施配套不够完善、城郊部位管理不到位、集中行政执法不够严格等问题提出审议意见。

至2012年，市第十届至十三届人大常委会对126部法律、法规的实施进行执法检查，听取和审议“一府两院”关于所检查法律、法规贯彻实施情况汇报114项，听取市人大专门委员会和常委会工作机构为审议提供相应的检查报告81项。

五、受理申诉和意见

为规范申诉控告案件交办工作，1998 年 10 月，制定《长沙市人民代表大会内务司法委员会关于申诉控告案件交办办法》。该办法规定受理公民、法人或其他组织对全市内务司法机关及其工作人员的申诉控告案件，交办、承办申诉控告案件单位应当明确专人责任、做好专门登记、专题报告办理结果；承办单位收到交办案件之日起，三个月内或按市人大内务司法委员会指定的期限办理终结；特殊情况逾期未办理终结的，应在期满后七日内说明原因。对到期不说明原因，向承办单位负责人提出询问，对拒不办理而情节严重的，向市人大常委会提出议案，追求相关人员责任。

2001 年年初，长沙市天心区城建开发公司向市人大常委会提出“请求市人大内司委督促市中级人民法院执行生效判决”案。天心区城建开发公司诉湖南金帆经济发展公司合作建房纠纷一案，经市法院审理判决生效后，由于来自各方面干扰，案件一直难以执行到位。鉴于天心区城建开发公司承担着长沙市旧城改造以及全国城市运动会重点工程建设，急需资金运转，况且湖南金帆经济发展公司有能力履行，为维护原告合法权益，向市法院交办此案，要求排除干扰、严格依法执行。市法院采取有力措施，促使湖南金帆经济发展公司于是年 6 月将所欠 588 万元划到天心区城建开发公司账上，案件如期办结。

2002 年，市民袁某、陈某夫妻因家庭矛盾激化诉诸长沙市开福区人民法院离婚，法院判决不予离婚。之后，袁某将夫妻共有财产小车一部转卖，陈某为既要达到与袁某离婚又要以欠其父购车款为名独占夫妻共有财产目的，遂以丈夫涉嫌敲诈罪向公安机关指控，市人民检察院同意将袁某批捕。案件在全市引起强烈反响和省市领导关注。市人大内务司法委员会受理袁某申诉控告后，审理案卷，认为属典型错案，立即向市检察院和市法院交办。督办案件中，多次听取市法院、开福区法院、市检察院办理情况汇报并提出具体办理意见，要求司法机关排除阻力和干扰，迅速将此案依法纠正。最终，市检察院作出不起诉决定书，市法院撤销开福区法院对陈某与其父的债务纠纷的错误民事裁定，并对此案相关承办人员予以追究和处理，案件如期办结。

至 2012 年，市第十届至第十三届人大常委会接待、受处理人民群众来访来信 4.66 万件，其中重点督办 1492 件，提供重要信访信息 542 件，为人民群众解决实际问题和困难 710 件。

第三节　讨论、决定重大事项

1993 年，湖南造漆厂和 770 厂向市第十届人大常委会反映：1992 年分别被摊派 40 万元和 50 万元；企业存在开不完的会、发不完的证、买不完的书、订不完的报、办不完的班、看不完的戏，摊派已不分时间、不论企业效益好坏和普遍存在“头税轻、二费重、三摊四派无底洞”等乱收费、乱罚款、乱集资摊派，严重阻碍企业转换经营机制步伐和发展问题。1993 年 6 月，市第十届人大常委会第三次会议听取和审议市政府关于贯彻《中华人民共和国企业法》《全民所有制工业企业转换经营机制条例》情况汇报和常委会相应的调查汇报。会议审议既肯定市政府在贯彻“一法一条例”中落实企业自主权、还权于企业、转变职能方面取得的成绩，也对严峻的“三乱”问题提出批评意见。为保证审议意见落实，会议作出《关于制止“三乱”促进企业转换经营机制的决议》（以下简称《决议》）。《决议》要求市政府切实加强监督检查，依法清理“三乱”项目，减轻企业社会负担，培训执法队伍，提高执法人员素质。为督促检查《决议》的落实，1995 年 6—7 月，深入湖南造漆厂、湖南动力机厂等 10 多家国有工业企业进行调查，听取市经委和市体改委工作情况汇报。7 月 17 日，部分市人大常委会委员视察市属 8 个工业企业。7月20日，市第十届人大常委会第二十二次会议听取和审议市政府《关于搞好全市国有工业企业的情况汇报》和市人大常委会财经工委相应的调查汇报。会议指出，“三乱”现象得到遏制，长沙市国有工业企业在改革中取得初步成效，并对存在问题和困难提出解决意见。

2001年6月26日，第十一届人大常委会第二十九次会议听取和审议市政府《长沙市城市总体规划修编汇报》和市人大城环委相应的审查报告。会议认为修编的规划指导思想、城市性质、城市发展战略和规模符合长沙实际；修编程序和内容符合《中华人民共和国城市规划法》规定；凸现长沙市的个性，体现“大长沙”“大生态”“大网络”思路，突出长沙山水洲城和历史文化名城特色，也突出环境保护和生态建设、突出高新技术和优秀文化产业带动战略，是做大、做强、做优长沙的龙头和蓝图。会议作出关于同意《长沙市城市总体规划（2000—2020年）》的决定。2003年10月30日，第十二届人大常委会第七次会议听取和审议市政府关于《长沙市生态市建设规划（草案）》（以下简称《规划》）情况报告，经审议作出《关于建设生态市的决定》（以下简称《决定》），原则同意《规划》，要求市政府修改后颁布实施。为保障《规划》的实施，《决定》提出要求深化认识，加强领导，把生态市建设列入全面建设小康社会的重要议程；统一监管，各司其职，全面完成生态市建设的主要目标和任务；广泛动员，全民参与，营造建设生态市的良好氛围；政府主导，市场运作，确保生态市重点工程建设的顺利进行；严格执法，强化监督，为生态市建设创造良好的法制环境等五点意见。

为密切关注影响群众切身利益的食品安全工作，2009年6月9日，市第十三届人大常委会召开动员大会，启动大规模食品安全法综合执法检查。8月4—18日，检查组深入市工商局、市质监局、市商务局、市食药监局和芙蓉区、开福区、雨花区、浏阳市进行检查。10月27日，市第十三届人大常委会第十六次会议听取和审议市政府实施食品安全法及相关法律法规情况汇报。会议对市政府工作成效予以肯定，同时指出存在食品安全法律、知识宣传不到位；食品生产经营企业自律不到位；职能部门依法监管不到位；食品安全隐患依然严峻等问题。为推动食品安全工作有序、深入开展，按期实现创建食品安全城市目标，11月20日，市第十三届人大常委会第十七次会议作出《关于进一步加强我市食品安全工作的决议》，从进一步深化思想认识、进一步明确监管责任、进一步加强基础建设、进一步加大保障力度四个方面对加强食品安全工作作出规定。

2010年9月开始，市第十三届人大常委会总结经验、学习外地经验基础上，结合实际，起草制定市人大常委会讨论、决定重大事项规定。2011年11月30日，市第十三届人大常委会第三十五次会议审议通过《长沙市人民代表大会常务委员会讨论、决定重大事项规定》，报省人大常委会批准，2012年1月1日起施行，市人大常委会讨论、决定重大事项工作进入制度化、规范化轨道。

至2012年，市第十届至第十三届人大常委会对关系全市经济社会发展、民主法制建设、城乡规划建设管理、群众切身利益等重大事项作出决议、决定81项，其中服务经济建设中心方面54项、推动民主法制建设方面2项、加强城乡建设管理方面10项、城市友好交流方面9项、保障群众切身利益方面6项。

表3–5–3–1　　长沙市第十至十三届人大常委会重大事项决议、决定一览表

届别	决议、决定名称	作出时间及会次
第十届	关于我市1992年财政决算和1993年财政预算的决议	1993年4月二次会议
	关于贯彻执行《农民承担费用和劳务管理条例》的决议	1993年4月二次会议
	关于制止“三乱”促进企业转换经营机制的决议	1993年6月三次会议

续表 3-5-3-1

届别	决议、决定名称	作出时间及会次
第十届	关于进一步实施两个《条例》，坚决制止破坏城市绿化行为的决议	1993 年 6 月三次会议
	关于《长沙市农村生态建设总体规划》的决议	1993 年 12 月六次会议
	关于保护环境，加强环境综合整治的决议	1994 年 6 月十一次会议
	关于批准长沙市与黄山市缔结友好城市的决定	1994 年 12 月十六次会议
	关于审查批准《长沙市 1994 年财政收支决算》的决议	1995 年 7 月二十三次会议
	关于加强我市公共体育用地规划建设的决议	1995 年 7 月二十三次会议
	关于批准调整长沙市市本级 1995 年财政支出预算的决议	1995 年 11 月二十五次会议
	关于批准长沙市与厦门市缔结友好城市的决定	1996 年 3 月二十七次会议
	关于实行行政执法责任制的决议	1996 年 5 月二十九次会议
	关于批准 1995 年长沙市决算的决议	1996 年 7 月三十次会议
	关于加速科学技术进步 推动科教兴市战略实施的决议	1996 年 7 月三十次会议
	关于继续开展法制宣传教育的决议	1996 年 7 月三十次会议
	关于继续推进依法治市的决议	1996 年 9 月三十一次会议
	关于批准调整长沙市市本级 1996 年财政预算的决议	1996 年 11 月三十二次会议
	关于保护修复贾谊故宅的决议	1996 年 11 月三十二次会议
	关于批准 1996 年市本级财政决算的决议	1997 年 6 月三十七次会议
	关于批准调整长沙市市本级 1997 年市财政预算的决议	1997 年 10 月 四十次会议
第十一届	关于长沙市 1997 年预算执行情况和 1998 年预算的决议	1998 年 4 月三次会议
	关于批准 1997 年市本级决算的决议	1998 年 6 月四次会议
	关于批准调整长沙市市本级 1998 年财政预算的决议	1998 年 10 月六次会议
	关于批准长沙市与江苏省镇江市缔结友好城市的决定	1998 年 10 月六次会议
	关于 1999 年长沙市预算的决议	1999 年 4 月 十次会议
	关于批准 1998 年市本级决算的决议	1999 年 6 月 十一次会议
	关于批准 1999 年市本级决算的决议	2000 年 6 月 十九次会议
	关于严格查处违法建筑 遏制违法建设行为的决定	2000 年 6 月 十九次会议
	关于批准调整长沙市本级 2000 年财政预算的决议	2000 年 10 月二十二次会议
	关于同意长沙市人民政府驻地迁移的决定	2000 年 12 月二十四次会议
	关于批准 2000 年市本级决算的决议	2001 年 6 月二十九次会议
	关于同意《长沙市城市总体规划(2000—2020)》的决定	2001 年 6 月二十九次会议
	关于进一步开展法制宣传教育的决议	2001 年 6 月 二十九次会议
	关于批准长沙市与南昌市结为友好城市的决定	2001 年 10 月三十二次会议
	关于批准调整 2001 年市本级预算的决议	2001 年 12 月三十四次会议
	关于批准 2001 年市本级决算的决议	2002 年 6 月三十八次会议

续表 3-5-3-1

届别	决议、决定名称	作出时间及会次
第十二届	关于进一步开展“人民选我当代表，我当代表为人民”创先争优活动的决定	2003年4月二次会议
	关于批准2002年市本级决算的决议	2003年6月五次会议
	关于建设生态市的决定	2003年10月七次会议
	关于批准调整2003年市本级财政预算的决定	2003年10月七次会议
	关于批准2003年市本级决算的决议	2004年6月十二次会议
	关于批准长沙市与南宁市结为友好城市的决定	2004年6月十二次会议
	关于批准长沙市与广州市结为友好城市的决定	2004年8月十四次会议
	关于进一步贯彻实施《中华人民共和国科学技术普及法》促进科普事业发展的决议	2004年10月十五次会议
	关于批准调整2004年市本级财政预算的决定	2004年10月十五次会议
	关于批准长沙市与福州市结为友好城市的决定	2005年5月二十次会议
	关于批准2004年市本级决算的决议	2005年6月二十一次会议
	关于批准调整2005年市本级财政预算的决定	2005年10月 二十三次会议
	关于批准长沙市与澳大利亚奥本市缔结友好城市的决定	2005年10月二十三次会议
	关于加强法制宣传教育的决议	2006年6月二十九次会议
	关于批准2005年市本级决算的决议	2006年6月二十九次会议
	关于批准调整2006年市本级财政预算的决定	2006年10月三十一次会议
	关于批准长沙市与上海市徐汇区结为友好市区的决定	2007年4月三十五次会议
	关于批准2006年市本级决算的决议	2007年6月三十六次会议
	关于批准调整2007年市本级财政预算的决定	2007年10月三十八次会议
第十三届	关于开展市人大常委会联系代表、代表联系人民群众“双联”活动的决定	2008年4月三次会议
	关于进一步加强我市体育工作的决议	2008年6月四次会议
	关于批准2007年市本级决算的决议	2008年6月四次会议
	关于批准调整2008年市本级财政预算调整方案的决议	2008年10月七次会议
	关于提高长沙市人民代表大会常务委员会会议质量的决议	2008年10月七次会议
	关于依法加强全市规划工作的决议	2008年11月八次会议
	关于加强市本级政府性债务管理的决议	2009年6月十三次会议
	关于批准2008年市本级决算的决议	2009年6月十三次会议
	关于加强农村公路建设的决议	2009年10月十六次会议
	关于批准市本级2009年预算调整方案的决议	2009年10月十六次会议
	关于进一步加强我市食品安全工作的决议	2009年11月十七次会议

续表 3-5-3-1

届别	决议、决定名称	作出时间及会次
第十三届	关于批准 2009 年市本级决算的决议	2010 年 6 月二十二次会议
	关于批准《长沙市部分行政区划调整方案》的决议	2010 年 8 月二十三次会议
	关于加强城乡环境保护一体化工作的决议	2010 年 8 月二十四次会议
	关于加快推进新型工业化进程的决议	2010 年 10 月二十六次会议
	关于批准调整 2010 年市本级财政预算的决议	2010 年 11 月二十七次会议
	关于深入开展“司法公正长沙行”活动的决议	2010 年 12 月二十八次会议
	关于批准长沙市人民政府 2011 年旧城区改造项目计划的报告的决议	2011 年 4 月三十一次会议
	关于同意《长沙市城市总体规划(2003—2020)》修改成果的决定	2011 年 6 月三十二次会议
	关于批准 2010 年市本级决算的决议	2011 年 6 月三十二次会议
	关于加快推进旅游业发展的决定	2011 年 10 月三十四次会议
	关于加强法制宣传教育的决议	2011 年 10 月三十四次会议
	关于批准市本级 2011 年预算调整方案的决议	2011 年 10 月三十四次会议
	关于批准 2011 年市本级决算的决议	2012 年 6 月四十一次会议
	关于加快发展我市现代金融产业的决定	2012 年 8 月四十二次会议
	关于批准市本级 2012 年预算调整方案的决议	2012 年 10 月四十三次会议

第四节　人事任免

1993 年 12 月，市第十届人大常委会第六次会议通过《长沙市人民代表大会常务委员会人事任免办法》（以下简称《办法》）。《办法》共五章三十六条，对常委会人事任免工作原则、范围、任免程序、任后监督等作出明确规定。提请市人大常委会会议的人事任免，需提前十五天报送书面报告及相关材料，报请单位负责人在市人大常委会会议上介绍任免人员情况、说明任免理由、听取意见、回答询问；审议任命的市政府组成人员、常委会工作机构负责人、市法院副院长、市检察院副检察长均到会陈词；采取无记名投票表决，通过后由常委会主任颁发任命书；对其他人员以举手方式表决；在任期内，市人大常委会对其依法实行监督。

为适应新情况，1998 年 10 月，市第十一届人大常委会第六次会议对《办法》进行第一次修正。规定常委会在市人大闭会期间可补充任命专门委员会个别副主任委员和部分委员；对市人大常委会组成人员五人以上联名提出撤职案，由市人大常委会主任会议决定是否提请常委会会议审议，或先交市人大相关专门委员会审议，提出报告，再决定是否提请常委会会议审议；任职机关撤销或合并，所任职务自行终止，原提请任命机关报常委会备案；单位更名但职能未变或单位名称未变而职能略有调整的，不需重新任命；拟任命人员在市人大常委会会议审议前参加法律知识考试，成绩不合格者不予审议；采用无记名投票、举手或电子表决器表决。

2005 年 1 月，市第十二届人大常委会第十七次会议对《办法》进行第二次修正，增设被提出撤职、罢免的当事人有权在市人大常委会主任会议和常委会会议上提出申辩意见条款；对无任期规定的国家机关工作人员，职务未变动的，换届后，不需重新办理任命手续；对被任免人员到职、离职作出严肃规定，即以市人大常委会通过的时间为准，其中须报请省人大常委会批准的，以其批准时间为准，并在批准后公布，此前，不得对外公布，不得擅自到职、离职；被提请任命的市法院法官和市检察院及其派出机构的检察官，由市人大常委会相关工作机构配合党委相关部门进行任前考察并公示；增设市人大常委会组成人员与市政府组成人员、市法院工作人员、市检察院工作人员不得交叉任职。

2006 年 12 月，市第十二届人大常委会第三十二次会议对《办法》进行第三次修正，市人大常委会任命的市政府秘书长、局长、委员会主任和市法院法官、市检察院派出检察院检察官职务由“撤销”修改为“决定撤销”；对市检察院派出检察院检察长由“任免”修改为“决定任免”；增加市人大常委会主任会议、市人民政府、市中级人民法院和市人民检察院，可以向市人大常委会提出对国家机关工作人员的撤职案，由主任会议决定是否提请市人大常委会会议审议，或由主任会议提议，经市人大常委会全体会议决定，组织调查委员会，根据调查报告，由市人大常委会会议审议决定，表决前，被提出撤职的人员有权在市人大常委会会议上提出口头或书面申辩意见。

至 2012 年，市第十届至十三届人大常委会依法任免国家机关工作人员职务 1794 人次，其中免去 584 人次。在任免人员中，接受辞去市人大常委会主任职务 1 人、辞去市人大常委会秘书长职务 1 人，决定市人大常委会代理主任 1 人、代理秘书长 1 人；接受辞去市长职务 2 人，决定代理市长 2 人；接受辞去市检察院检察长 1 人。根据市人大常委会领导代表常委会主任会议提请任免市人大专门委员会个别副主任委员、委员和市人大常委会工作机构负责人、委员 263 共人次；根据市长提请任免政府组成人员 368 人次；根据市法院院长提请任免副院长、审判委员会委员、正副庭长和审判员共 671 人次；根据市检察院检察长提请任免副检察长、检察委员会委员、检察员和星城地区检察院人员及批准任免区、县（市）检察长共463 人次。

第五节　督办议案和建议、批评、意见

一、督办议案

（一）听取和审议汇报督办。1996 年 11 月 26 日，市第十届人大常委会第三十二次会议听取和审议《关于依法保护贾谊故宅，加快故宅建设案》办理情况汇报，根据调研情况，针对修复贾谊故宅经历时间较长、遗留问题较多、协调难度较大、修复资金不到位等问题，作出《关于保护修复贾谊故宅的决议》。根据决议，贾谊故宅的保护建设从 1997 年开始先后投入资金 512 万元，到 1999 年 9 月，占地 1.77 亩的贾谊故宅工程顺利完工，并正式开馆参观。

至 2012 年，市第十届至第十三届人大常委会为督促办理议案，听取和审议汇报 30 项，向市政府致函 16 项，作出督办决议 16 项，解决率或基本解决率占总议案的 100 %。

（二）选择重点督办。1994 年 4 月，白沙井岭地段开发建设高层住宅，“长沙第一泉”白沙井水出现浑浊，并面临地下水脉截断变枯危险，引起广大市民强烈反响，万余名群众签名，请求市政府阻止建设，市民们自动组成护井委员会保护白沙古井。6 月，市人大常委会委员朱立民提出《关于在合作开发中保护白沙古井的意见》，列入市第十届人大常委会主任会议（扩大）议事日程，召集市政府分管城建的

副市长、市政府相关部门和施工方参加会议，共商白沙古井保护事宜。会后，市人大常委会致函市政府，要求“进一步搞好对白沙古井的科学论证，慎重决策”。施工方在致函17天后停止工程施工。2000年1月，市第十一届人大第三次会议把朱立民等13名代表提出的《关于进一步保护白沙古井，建设白沙井岭绿化广场的议案》确立为大会唯一议案。再次致函市政府，要求采取措施，圆满完成议案办理任务。市第十一届人大常委会在15件议案里，将保护白沙井议案作为重点督办。2000年8月，市第十一届人大常委会第二十次会议听取和审议市政府关于议案办理情况汇报及市人大城环委相应的审查报告，提出审议意见。11月，占地1.12公顷的白沙古井游园正式开工建设，2001年国庆节前落成。

至2012年，市第十届至第十三届人大常委会重点督办议案32件。

（三）跟踪督办。市人大常委会对2002年12月28日市第十二届人大第一次会议上代表提出的《关于加快建立中小企业投融资担保机制的议案》4次督办，并根据市政府的办理进程，于2003年6月11日，组织提议案的部分市人大代表听取市政府相关部门对办理工作情况的通报，并提出建议意见。12月，市第十二届人大常委会第八次会议听取和审议市政府关于办理情况的汇报，建议按照“政府引导、以市场为主”的原则构成长沙市中小企业担保体系，筹资1000万元组建长沙市中小企业信用担保公司，成立长沙市中小企业信用担保监督委员会，发布《关于扶持中小企业信用担保的若干意见》，明确连续5年内每年在财政预算中安排1000万元资金建立中小企业担保基金，用于保障引导担保机构对中小企业提供信用担保。会议肯定市政府对议案办理卓有成效，对长沙市中小企业发展所起的促进作用，使贷款担保机制更加完善。至2003年10月底，长沙市有5家办理工商注册并开展中小企业信用担费业务的担保机构，13家民间资本出资的担保机构在办理审批手续。

至2012年，市人大常委会跟踪督办议案18件。

（四）视察督办。1998年1月，市第十一届人大常委会对代表提出的《芙蓉路、城南路和解放中路建设扫尾工作的议案》进行视察督办，面对面提出办理建议意见，促进市政府的资金到位，使办理迅速落实，代表表示满意。

2011年，市第十三届人大常委会组织部分市人大代表，从年初开始对《关于加大投入加快完善中小型农田水利工程设施实现统筹城乡发展的议案》《关于加强捞刀河、浏阳河全流域综合整治的议案》进行视察督办。多次深入市水务局等市直部门，区县（市）相关水务部门，基层水管站和两河流域等地进行视察、召开座谈会、了解情况、听取意见，向市政府提交视察意见，促使市政府对农田水利设施投资1.4亿元，各区县（市）投资2.2亿元，加上中央和省分配的计划投资2.8亿元，共6.4亿元，完成1.5万口山塘清淤扩容、启动5个中型灌区的续建配套和90座小型机埠改造、1000千米沟渠疏浚、1666.67公顷田园水利工程设施配套改造、137座病险水库除险加固工作，推进长沙县、浏阳市、宁乡县国家中小型农田水利重点县建设。同时，市政府成立以市政府办公厅牵头，市水务局、市环保局、市发改委、市国土局、市规划局等12个市直部门和区、县（市）为成员的“两河”流域治理议案办理工作小组。2011年，投入治理资金2.6亿元，出台《长沙市水利安全综合整治总体方案》，组织编制《长沙市水功能区划》《长沙市水利和水资源保护专项规划》，将“两河”风光带及沿线旅游景区（点）建设纳入“三带八区”旅游总体规划。

二、督办建议、批评和意见

1993年，市人大常委会对市第十届人大第一次会议代表提出的285件代表建议，与市政府联合举办承办人员培训班，并采取联合交办、上门交办、检查催办、现场督办、寄发办理工作情况通报等形式办理，表彰市交通局、市人事局、市自来水公司等一批先进办理单位，推动全市建议办理工作的进程，285件建议全部办理落实，代表对办理工作满意度达84.5%。

1999年，黄树松等12位市人大代表提出《关于要求彻底解决井湾子地区严重缺水问题》建议。为加强督办，市人大常委会多次深入该地区调查了解情况，向市政府提出办理意见。3月11日，在雨花区召开建议办理现场会议，市长谭仲池要求在7月初彻底解决井湾子地区居民用水难问题。会后，市建委、市公用事业局、市自来水公司齐心协力、克服困难，多方筹资700万元，提前于5月31日将水送到井湾子地区最高楼层。

2000年，代表提出《关于加速启动长沙经济开发区》《尽快解决长沙经济开发区的开发建设问题的建议》，为落实办理效果，市人大常委会着力督促，市长谭仲池和多名市政府副市长率领市直相关部门负责人深入经济开发区进行调研。是年3月16日，市长谭仲池在开福区主持召开会议，就解决经济开发区发展中遇到的问题，形成《长沙市人民政府办公会议纪要》（〔2000〕3号），使经济开发区陷于停顿局面重新走上有序发展轨道。

2003年12月，市第十二届人大常委会第八次会议审议通过《长沙市人民代表大会代表建议、批评和意见的提出与办理工作规定》，规定每年从代表提出的建议中确定8~10件事关全局、人民反映强烈、直接影响经济发展和社会稳定的建议作为督办重点，明确由市人大常委会副主任分工负责率市人大专门委员会和市人大常委会工作机构进行督办。是年，为督办陈启同等12位代表提出《切实解决肉品质量安全问题，使人民吃上放心肉》建议，市人大常委会副主任刘奇兵率市人大农业委进行专题调查和视察，与市政府相关领导深入市肉食品加工场，发现问题，提出整改意见。肉食品加工场对存在的问题进行整改后，对定点生产、加工场点进行肉品抽样检查，合格率达100%。

2004年代表提出《关于加快背街小巷改造和站厕建设的建议》，为尽快解决这一与人民群众生活息息相关的诉求，在5月同市政府组织代表进行专题督办。市政府拨专项资金1500万元用于长沙市100条背街小巷改造和60个站厕建设，这项工程成为长沙市城市建设管理方面的一大亮点。是年，代表提出搬迁“天妃宫”的建议，由于历史和现实情况比较复杂，办理曾陷于困境。市人大常委会会同市政府领导分别到现场视察调查了解情况，并经市长办公会议研究后报告市委。最终，在市政府办公厅、市规划局、市宗教局、黄兴街商业步行街管委会、市佛教协会、天心区政府联合办理下，“天妃宫”顺利搬迁。

2009年，市人大常委会确定7件重点督办建议，市人大常委会深入承办单位督办，7件建议全部落实。对市人大代表戴武明提出的《关于争取油茶发展项目资金的建议》进行督办。完成《长沙市2009—2013年油茶产业基地发展规划》，规划浏阳市新造油茶7000公顷，低改（培育）油茶3460公顷。其中沙市镇五年内新造油茶518.8公顷，是年，该镇新造油茶林全部纳入国家长江防护林计划。

2011年，市第十三届人大常委会对代表提出的《治理长沙市高架桥和立交桥下脏、乱、差的建议》进行督办，促使市政府组织市城建投、市住建委共拆除23座高架桥和立交桥下各类违法建（构）筑物239处，清理面积10多万平方米，新增8150个停车位。是年，代表对长沙市城市总体规划修改、推进城乡一体化、新型工业化方面事关全局性的工作提出建议30多件。市人大常委会综合督办，市政府综合办理，完成《长沙市城市总体规划（2003—2020年）》修改，出台《长沙市城乡规划一体化实施办法》，编制《“十二五”长沙工业发展规划》《“十二五”长沙八大产业发展规划》《长沙市政府关于加快培育发展战略性新兴产业的意见》。

至2012年，市第十届至十三届人民代表十人以上和代表团提出议案937件，经大会确立议案65

件，其余 872 件转为建议、批评、意见办理。连同大会期间和闭会期间收到的代表建议、批评和意见 5545 件。确立的议案分别涉及长沙市的政治、经济、社会各项事业、城市规划建设管理、教科文卫、生态环保等领域。通过市人大常委会督办，办复率、问题解决率、与代表见面率和代表满意率分别达 100%、81.2%、100%和 90%。

表 3-5-5-1　　长沙市第十至十三届市人大会议及闭会期间代表议案和建议、批评、意见办理情况一览表

单位：项

届次		十届	十一届	十二届	十三届	合计
议案	提出	270	411	209	47	937
	立案	24	15	7	19	65
	转建议	246	396	202	28	872
收到建议	开会期收到(含议案转建议)	1078	1115	861	1504	4558
	闭会期间收到	421	185	279	102	987
	小计	1499	1300	1140	1606	5545
收到建议	建议已解决(或基本解决)	450	475	466	669	2060
	占建议总数(%)	30	37	41	42	—
	建议正在解决(或逐步解决)	533	628	547	838	2546
	占建议总数(%)	35	48	48	52	—
	建议暂无法解决	368	197	127	98	790
	占建议总数(%)	25	15	11	6	—
	其他	148	—	—	1	149
	占建议总数(%)	10	—	—	—	—
	代表满意率	84.5	85.5	96	95	—

第六节　代表工作

一、组织制度建设

1999 年 10 月，市第十一届人大常委会第十四次会议通过《长沙市人大代表小组活动办法》，规范市人大闭会期间代表小组活动的行为和方式，规定每月 10 日为市人大常委会正、副主任接待代表日，常委会驻会组成人员定期走访代表；为使代表更多参与议政事项，2005 年 9 月，市第十二届人大常委会第五十五次主任会议制定《长沙市人民代表大会常务委员会列席人员规定》，根据市人大常委会会议议题需要可邀请市人大代表列席常委会会议；为加强市人大常委会组成人员与代表的沟通、密切市人大专委会和常委会工作机构与代表的联系，2010 年 4 月，市第十三届人大常委会第四十三次主任会议制定《长沙市人大常委会组成人员联系市人大代表的意见》；2011 年，市第十三届人大常委会出台《关于推进代表活动阵地建设的实施意见》，召开市人大代表活动阵地建设现场经验交流会，为代表依法履职搭建平台。

二、代表培训

为提高代表素质和代表工作者的能力，2009年7月，对全市52个街道、新调整的乡（镇）人大主席和9个区、县（市）人大常委会选举任免联络工委主任进行业务培训；2010年5月和7月，对市第十三届480名人大代表分两期举办培训班，组织学习新颁布的《中华人民共和国代表法》和代表工作方法，以增强依法履职能力；2011年，组织全市乡、镇、街道人大工作者和各区县（市）人大常委会选举任免联络工委工作人员200人到全国人大北戴河培训基地进行培训，请全国人大和省人大常委会领导、专家授课，提高代表工作者服务水平和能力。

三、代表视察评议

1995年，市第十届人大常委会组织代表对长沙市8个国有大中型企业和石长铁路湘江公铁两用桥、一环线、望城电厂厂址等重点工程进行视察、调研，提出切实可行的建议和意见，有效促进政府重点工程进展。1999年，市第十一届人大常委会组织省、市、区县（市）三级人大代表进行视察、调研，督促市政府投入400万元解决麓山南路的修整和黄鹤路地段市场整顿工作。2005年，市第十二届人大常委会对市人大代表提出的《关于迅速解决周南中学新校区周边配套设施建设的建议》的办理，组织代表视察调研，形成调研意见交市政府。促使市政府召开专题会议和现场办公会，促成提出的问题圆满解决，是年，周南中学新校区秋季顺利开学，成功举办百年校庆活动。2010年，市第十三届人大常委会组织全国和省人大代表长沙小组对“新时期战略性新兴产业发展”“转变经济发展方式，加快发展新型工业”等专题进行视察调研，向市政府提供极有价值的调研意见。市人大常委会在每次代表大会会议举行前，委托各代表团组织代表对“一府两院”工作进行广泛深入视察、调研，为代表参加代表大会会议作议政准备。

其间，根据人民群众反映的“热点”“重点”“难点”问题，组织代表进行视察、调研、评议，四届里组织代表视察评议活动42次。

四、“双联”活动与代表接待

2008年4月，市第十三届人大常委会第三次会议作出《关于开展市人大常委会联系人大代表、代表联系人民群众“双联”活动的决定》，规定市人大常委会组成人员定期接待代表，定期召开政情报告会，邀请代表参加视察、调研、执法检查和工作评议，列席市人大常委会会议，向代表报告常委会会议情况。市人大代表参加区县（市）人民代表大会会议，认真组织代表小组活动，组织代表深入基层听取并反映群众意见和呼声，向选民述职，接受监督。通过“双联”活动的开展，在全市形成一种民意表达的畅通机制。2009年，召开“双联”活动经验交流会，五个区县（市）人大常委会和四名市人大代表介绍经验和具体做法。2011年，在天心区组织代表向选民小组述职、选民监督代表活动试点，并逐步推广到全市。“双联”活动进一步引向深入，成为常委会工作的一个亮点、一项品牌，得到全国人大和省人大常委会肯定。

五、“创先争优”活动

在代表中开展“人民选我当代表，我当代表为人民”的“创先争优”活动。活动以代表小组为主体，组织代表了解选区人民的心声，反映、解决选民对“一府两院”工作的意见和要求，做好服务选民工作。各区县（市）代表联组对各小组工作进行总结评比，评出优秀市人大代表和先进代表小组。1994年9月，市第十届人大常委会在中共长沙市委第三次人大工作会议上进行创先争优表彰活动，授予45名代表为“优秀代表”称号、7个代表小组为“市先进代表小组”称号，并总结50名代表的先进事迹编辑成《人民代表之歌》一书，由人民出版社出版发行；2007年1月，市第十二届人大常委会授予67名代表为

“长沙市优秀人大代表”称号、9个代表小组为“长沙市先进人大代表小组”称号、23人为“长沙市人大工作先进个人”称号；2008年11月24日，市第十三届人大常委会为引领代表开展创业富民活动，举办有500多名在长沙的各级人大代表和人大机关工作者参加的创业富民活动先进典型报告会。会上由全国、省、市和区县（市）四级人大代表的典型作经验介绍。2012年1月，市第十三届人大常委会授予87名代表为“长沙市优秀人大代表”称号、8个代表小组为“长沙市先进代表小组”称号、112人为“长沙市人大工作先进个人”称号。

第七节 指导区县（市）、乡（镇）人大换届选举

1995年9—12月，市第十届人大常委会对全市乡（镇）的人大换届选举工作进行指导。全市划分3583个选区，依法登记选民2944653名，占18周岁以上人口的99.3%；参加投票人248.64万余名，参选率84.4%。选出乡镇人大代表7416名，其中非中共党员代表2503名，占代表总数的33.7%；妇女代表1745名，占23.5%。在乡（镇）人民代表大会会议上，选出乡（镇）长119名、副乡（镇）长449名，乡（镇）人大主席119名、副主席86名。

1997年9—12月，对区县（市）人大换届选举工作进行指导。全市划分1250个选区，1996年年底，全市总人口567.53万，年满18周岁的公民中，因病无法行使选举权和未决犯暂停选举权、已决犯被剥夺选举权的6363人。依法登记选民422.64万名、参加投票人380.38万名、参选率90%。确定区县（市）人大代表名额2219名，实选出区县（市）人大代表2188名，为应选总数的98.6%，其中非中共党员代表505名，占代表总数的23.1%、妇女代表505名，占23.1%，比例均有提高；大专以上学历的占43.7%、高中和中专学历的占34.9%，文化结构提高；年龄35岁以下的占20%、36岁至45岁的占37.7%、46岁至55岁的占36.8%、56岁以上的占5.6%，年龄结构偏轻。各区县（市）选出本级新一届人大常委会和“一府两院”组成人员，选出市第十一届人大代表458名。

1998年9月—1999年1月，市第十一届人大常委会对全市乡（镇）人大换届选举工作进行指导。全市划分3597个选区，依法登记选民303.78万余人，参加选举投票选民281.63万余人，参选率92.7%，其中直接参加选举的选民238.42万余人，直投率84.7%。确定乡（镇）代表名额7481名，实选出7395名，为应选名额的98.8%，其中非中共党员代表2821名，占代表总数的38.2%；妇女代表1861名，占25.2%；高中文化的3454名，占46.7%、大专以上文化的835名，占11.3%；年龄35岁以下的2162名，占29.2%；选出乡（镇）长118名、副乡（镇）长349名，乡（镇）人大主席117名、副主席76名。

2001年7—11月，市第十一届人大常委会对全市乡（镇）人大换届选举工作进行指导。全市划分3472个选区，全市乡镇18周岁以上总人口308.01万，依法登记选民307.37万余人，占总人口的99.8%，实际参加选举的选民291.97万余人，参选率95%，其中直接参加选举的选民274.33万余人，直投率89.2%。确定乡镇人大代表名额7416名，实选出7368名，为应选总数的99.4%，其中非中共党员代表2182名，占代表总数的29.7%；妇女代表1844名，占25%；高中文化的3048名，占41.4%、大专以上文化的915名，占12.4%；年龄35岁以下的1470名，占20%。选出乡（镇）长117名、副乡（镇）长312名，乡（镇）人大主席117名、副主席114名。

2002年9—12月，市第十一届人大常委会对区县（市）人大换届选举工作进行指导。全市划分1202个选区，全市总人口583万，依法登记选民481.14万人，年满18岁因病无法行使选举权、未决犯

暂停选举权和已决犯剥夺选举权的 8563 人，440.92 万选民参加投票，参选率 91.6%。确定区县（市）人大代表名额 2247 名，实选出 2220 名，为应选总数的 98.8%，其中非中共党员代表 525 人，占代表总数的23.7%；妇女代表 456 人，占 20.5%；大专以上学历的 1404 人，占 63.2%；年龄 35 岁以下的 421 人，占 19%、36~55 岁的 1730 人，占 77.9%。是年 11 月 25 日至 12 月 6 日，各区县（市）召开新一届人民代表大会，依法选举产生本级新一届人大常委会和“一府两院”组成人员。同时，按分配到 9 个区县（市）和驻长部队的市第十二届人大代表名额，由区县（市）新一届人民代表大会第一次会议和军人代表大会，选出市第十二届人大代表 457 名，为应选总数的 92.6%（留机动名额 11 名）。在选举中，市人大常委会纠正一些不符合民主程序和法律规定的做法。浏阳市补登选民 592 人、纠正错登选民 438 人，对一次选举不成功的选区，指导、督促其依法另行选举。宁乡县纠正错登选民 121 人、漏登 920 人、重登 109 人，发现一个选民小组 100 多张选票系一个人代投，立即纠正，将所投选票全部作废，重新依法投票，从而保护每个选民的权利。

2007 年 6—12 月，区县（市）、乡（镇）人大法定同步换届选举，市第十二届人大常委会加强选举指导工作。全市区县（市）选举划分 1195 个选区、乡（镇）选举划分 2473 个选区。登记选民 5232253 人，4987156 名选民参加投票选举，参选率 95.3%。在设足差额选举前提下，选出区县（市）级人大代表 2296 名，其中工人、农民、知识分子代表 1345 人，占代表总数的 58.6%；非中共党员代表 570 名，占24.8%；妇女代表 522 名，占 22.7%；35 岁以下代表 317 名，占 13.8%；连任代表 702 名，占 30.6%。选出乡（镇）人大代表 7113 名，其中工人、农民、知识分子代表 6252 名，占代表总数的 87.9%；妇女代表 1858 名，占 26.1%；非中共党员代表 1813 名，占 25.5%；35 岁以下代表 1028 名，占 15.2%；连任代表 1923 名，占 27%。至 12 月 2 日，全市 9 个区县（市）、114 个乡（镇）召开的新一届人民代表大会第一次会议，选举产生新一届区县（市）人大常委会组成人员 211 名，“一府两院”组成人员 81 名，乡（镇）国家机关领导人 694 名。选出长沙市第十三届人民代表大会代表 480 名（留机动名额 12 名）。

2012 年，区县（市）、乡（镇）人大的换届选举，是《中华人民共和国全国人民代表大会和地方各级人民代表大会选举法》《中华人民共和国全国人民代表大会和地方各级人民代表大会代表法》修改后的首次换届选举，也是首次实行城乡按相同人口比例选举人大代表。市第十三届人大常委会把指导选举工作摆在工作首位，依法设立市人大换届选举工作办公室，各区县（市）、乡（镇）、街道、社区和相关单位相应成立选举委员会或领导小组，形成责任分明的工作网络和运行机制。从 7 月开始，到 11 月底结束。全市区县（市）选举划分 1187 个选区、乡（镇）选举划分 2338 个选区。登记选民 5581122 人，参加投票选举的 5210737 人，参选率为 93.4%。在设足差额选举的前提下，选出区县（市）人大代表 2432 名，其中非中共党员代表 641 名，占代表总数的 26.4%，比上届升 1.6 个百分点；妇女代表 540 名，占 22.2%，比上届降 0.54 个百分点。选出乡（镇）人大代表 6517 名，其中非中共党员代表 1691 名，占代表总数的 26%，比上届升 0.5 个百分点；妇女代表 1743 名，占 26.7%，比上届升 0.5%。至 11 月底，长沙市 9 个区县（市）、101 个乡（镇）召开的新一届人大第一次会议，选出新一届区县（市）人大常委会和“一府两院”组成人员 335 名，乡（镇）国家机关领导人 667 名；选出长沙市第十四届人民代表大会代表 505 名。

表 3-5-7-1　长沙市 1993—2012 年区县（市）、乡（镇）人大代表选举情况一览表

时间(年)	1995	1997	1998	2001	2002	2007	2012
选区划分数(个)	—	1250	—	—	1202	1195	1187
	3583	—	3597	3472	—	2473	2338
选民登记数(名)	2944653	4226400	3037834	3073653	4811400	5232253	5581122
占总人口(%)	99.3	99.5	99.6	99.8	99.7	99.8	99.8
参加投票数(名)	2486380	3803760	2816262	2743258	4409200	4987156	5210737
占比(%)	84.4	90	92.7	89.2	91.6	95.3	93.4
选出区县人大代表(名)	—	2188	—	—	2220	2296	2432
其中中共党员代表(名)	—	1683	—	—	1695	1726	1791
占总数比(%)	—	76.9	—	—	76.3	75.2	73.6
其中妇女代表(名)	—	505	—	—	456	522	540
占总数比(%)	—	23.1	—	—	20.5	22.7	22.2
选出乡镇人大代表(名)	7416	—	7395	7368	—	7113	6517
其中中共党员(名)	4913	—	4574	5186	—	5300	4826
占总数比(%)	66.2	—	61.9	70.3	—	74.5	74
其中妇女(名)	1745	—	1861	1844	—	1858	1743
占总数比(%)	23.5	—	25.2	25	—	26.1	26.7

附录：长沙市出席全国人大、省人大代表名单（1993—2012 年）

一、全国人大代表名单

（一）第八届全国人大代表名单：

邓文全　吴　奇　张明泰　张　剑　李　敬　杨仕伟（女）

补选：袁汉坤

（二）第九届全国人大代表名单：

何卫红（女）周兆达　杜远明　余克建　张　剑

补选：徐宪平

（三）第十届全国人大代表名单：

余克建　谭仲池　周兆达　李焕然　文会国　徐宪平

梁稳根

（四）第十一届全国人大代表名单：

向文波　许菊云　吴建平（女）张剑飞　李焕然　周兆达

罗美元（女）黄志明　释圣辉

二、湖南省人大代表名单

（一）湖南省第八届人大代表名单：

蒋新祺　舒明华（女）王吉标　虞湫权　周晓午　王棋南

范崇武	夏纯玉	朱振元	杨治元	张　玲（女）	曹国兴
范季明	柳冠群	唐立海	袁正杰	王再德	方毓棠
周国璜	郭俊秀	熊清泉	罗正春	刘鸿本	杨湘媛（女）
陈丽明（女）	黄顺英（女）	邹楚池	宋永兰（女）	黄承吉	周少衡
易德兴	邓国华	徐特安	刘玉英（女）	李亦明	刘寿安
李支应	吴凤英（女）	何晓银	黄春奇（女）	李国华	易炎煌
周自强	黄铁强	甘建基	罗桂求	郑佳明	周特新
梁杰球	黄华盛	杨茂生	肖小月（女）	张胜利（女）	张　涛
吴贱安	谢作孚	刘定华	许菊云	赖梅媛（女）	杨意红
唐杏仁（女）	蔺万桃	张美兰（女）	吕兴胜	罗昌明	黄彦如（女）
黄光裕	颜克初	姚五零（女）	潘基礩	陈祖训	吴梦南（女）
释戒圆	屈天锡	钱祖芬（女）	郭伟帆	许荣怀	缪素芳（女）
殷金玉（女）	杨仕林	肖光泉	周令军（女）	谢　繁	周里冰
刘之良	童爱珍（女）	朱积年	范至刚	王　健	谢祥京

补选：释圣辉　马翔林

（二）湖南省第九届人大代表名单：

王茂林	许菊云	马翔林	张作界	刘海斌	胡进安
李克俭	黄顺玲（女）	郭俊秀	肖冬英（女）	李子玲（女）	黄中瑞
周湘安	罗　备	曹治琬	丁小琥	吴建平（女）	尹定国
彭秋纯（女）	易凤葵	周学农	周湘麟	罗保罗	王曼玲（女）
唐向阳（女）	周雄辉	肖正元	朱志雄	余建国	徐宪平
何满宗	江新源	周建勇	李　聪	张明泰	李小玲（女）
彭美尧	唐纽武	鲁应时	谭永源	王德相	严凤枝
盛润泉	王再德	李焕然	肖志鸿	王树华	王支农
陈香成	许荣怀	唐畋甸	陈励青	肖芝泉（女）	于　雄
张湘平	李利明（女）	周自强	陈　勇	杜远明	唐杏仁（女）
邓启发	杨仕伟（女）	钟铁均	黎福根	蔺万桃	李定国
徐湘平	易希文	刘忠明	李映华（女）	罗美元（女）	刘之良
周岳云	王力力				

补选：朱新明　谭仲池　张云川　杨顺初

调离：王茂林

罢免：谭永源　王支农

（三）湖南省第十届人大代表名单：

许菊云	师　宇	吴梦南（女）	张迎龙	张作界	张国华
罗桂求	胡子敬	李子玲（女）	马翔林	伍福元	刘正军
吴福求	翁少兰（女）	郭俊秀	谭岳鑫	戴志坚	彭秋纯（女）
王　云	张剑波	陆继蛟	罗社辉	梅克保	龚振湘

谢明德	周雄辉	于　雄	龙建强	邬恩波	肖正元
罗利克	唐向阳（女）	黄新国	刘建良	卢　平（女）	吕延龙
何卫红（女）	张建国	罗保罗	唐　玲（女）	操楠生	唐　浩
王再德	肖志鸿	胡　静（女）	唐畋甸	黄自力	谭仲池
黎　勇	谭平安	王武亮	伍跃时	邹志祥	张伟玦（女）
张春球（女）	周湘麟	姚永春	谭宏亮（女）	郭汉华	邓启发
毕丽颖（女）	杨顺初	李科明	张　浩	张贺文	黎福根
杨　振	李映华（女）	罗美元（女）	周庆宪	徐湘平	黄仕军
漆光恒	谭杭生				

补选：汤　宇　屈全福　吴建平（女）　罗碧波　余合泉　周农翻

辞职：屈全福

病故：黄自力

（四）湖南省第十一届人大代表名单：

于　雄	马翔林	王再德	王桂红（女）	邓启发	龙建强
刘正军	匡利娥（女）	朱明玉	毕丽颖（女）	汤　宇	余合泉
吴建平（女）	吴建松	张国华	张建国	张剑飞	张　浩
张智勇	张新亮（女）	李　茜（女）	李玉华（女）	李和平	李映华（女）
李晓宏	李　晖（女）	戴志坚	李意云	杨顺初	杨　振
肖志鸿	邱则有	邱俊杰	陈纪明	陈杏华	陈润儿
陈鲁青	周开明	周庆宪	周纯良	周岳云	周晓春
周雄辉	罗自力	罗社辉	罗映红	罗检仔	罗碧波
郑　蓬（女）	胡子敬	胡正扬	胡晓亚（女）	赵建强	唐　岳
唐　玲（女）	唐晓云（女）	徐敏芝（女）	翁少兰（女）	陶文良	高云安
梁　仲	黄志明	黄佳惠	彭庆光	程德明	舒　石
蒋宗平	蒋述清	谭岳鑫	谭　智	虢德贵	黎石秋
黎　建	操楠生	薛开伍			

代表变动：

辞职：滕晓萍　肖正元　罗检仔

补选：张迎春　谢文辉　徐文军　周杏武

（全国人大代表系工作单位隶属长沙市的人员，省人大代表系长沙市代表小组成员）

第四篇

人民政府

本篇编纂人员

贾志远（主编） 黄 磊 王丹丹

本篇撰稿人员

第一章 政府组成：陈玲瑯 李应德

第二章 会　　议：陈玲瑯 李应德

第三章 施政纪要：高长生 李 兵 温庆福

第四章 行政监察：舒太平 周志强

第五章 政府法制：王金火 胡 边

第六章 外事侨务：杨 斌 高伟栋 吉环宇

第七章 来信来访：刘玄虎 贺海军 刘向荣 袁 晶 陈梦星

第八章 地方志工作：曾牧野 黄 斌 陈竞哲 尚 畅 周建文 江 雷

第九章 档案工作：吴汉林

第十章 机关事务：胡 力 贾志远

第一章　政府组成

第一节　组成人员

1988 年 1 月至 2012 年 1 月，长沙市先后召开第九届至第十三届人民代表大会，分别选举产生第九届至第十三届市人民政府领导成员。

一、第九届长沙市人民政府

1988 年 1 月，长沙市第九届人民代表大会第一次会议选举产生长沙市第九届人民政府组成人员。王克英为市长，何家象、王邦美、罗桂求、潘贵玉（女）、刘启欣、袁汉坤为副市长。1988 年 4 月，市九届人大常委会第二次会议任命陈元松为长沙市人民政府秘书长 。1988 年 9 月，长沙市第九届人民代表大会常务委员会第五次会议任命张东彦为副市长。1990 年 9 月长沙市第九届人大常委会第二十一次会议，接受王克英因工作调动辞去市长职务的请求。任命张明泰为副市长，决定其代市长。1991 年 4 月长沙市人民代表大会第四次会议选举张明泰为市长，陈元松为副市长。1991 年 9 月市人大常委会第三十次会议接受陈元松因工作变动辞去长沙市人民政府秘书长职务的请求，任命罗特为长沙市人民政府秘书长。1991 年 10 月市九届人大常委会第三十一次会议，接受潘贵玉因工作调动辞去副市长职务的请求，任命张伟玦为副市长。1992 年 1 月，市九届人大常委会第三十三次会议，接受张东彦因工作变动辞去长沙市人民政府副市长职务的请求。何家象于 1992 年 6 月改任正市级巡视员。

此届政府历时五年。职数为一正六副。

表 4-1-1-1　　1988—1992 年第九届长沙市人民政府领导人员一览表

职　务	姓　名	性别	任职时间
市　长	王克英	男	1988 年 1 月—1990 年 9 月
	张明泰	男	1990 年 9 月—1991 年 4 月代市长
			1991 年 4 月—1992 年 12 月
副市长	何家象	男	1988 年 1 月—1992 年 6 月
	王邦美	男	1988 年 1 月—1992 年 12 月
	罗桂求	男	1988 年 1 月—1992 年 12 月
	潘贵玉	女	1988 年 1 月—1991 年 10 月
	刘启欣	男	1988 年 1 月—1992 年 12 月
	袁汉坤	男	1988 年 1 月—1992 年 12 月
	张东彦	男	1988 年 9 月—1991 年 12 月
	陈元松	男	1991 年 4 月—1992 年 12 月
	张伟玦	女	1991 年 10 月—1992 年 12 月
秘书长	陈元松	男	1988 年 4 月—1991 年 7 月
	罗　特	男	1991 年 7 月—1992 年 12 月

二、第十届长沙市人民政府

1993 年 1 月，长沙市第十届人民代表大会第一次会议选举产生市第十届人民政府组成人员，张明泰为市长，罗桂求、刘启欣、袁汉坤、陈元松、张伟玦（女）、罗特、肖常锡、胡 越为副市长。1993 年 2 月市十届人大常委会一次会议，接受罗特因工作变动辞去长沙市人民政府秘书长职务的请求，任命李斌恺为长沙市人民政府秘书长。1993 年 10 月市十届人大常委会第五次会议，接受罗桂求、刘启欣因工作调动辞去副市长职务的请求，任命袁汉坤为副市长。1993 年 12 月市十届人大常委会第六次会议，任命王柏林为市人民政府副市长。1994 年 8 月市人大常委会第十二次会议任命，颜克初为人民政府副市长。1994 年 10 月市十届人大常委会第十三次会议，接受张明泰因工作调动辞去长沙市人民政府市长职务的请求，由袁汉坤代理市人民政府市长，任命徐宪平为副市长。1995 年 3 月市十届人大三次全会选举袁汉坤为长沙市人民政府市长。1995 年 3 月第十届人大常委会第二十次会议接受陈元松因工作变动，辞去副市长职务的请求；1995 年 6 月市十届人大常委会第二十二次会议，接受李斌恺因工作变动辞去秘书长职务的请求，任命其为副市长；并任命龚罗生为市人民政府秘书长。1997 年 10 月市十届人大常委会，第四十次会议接受罗特、肖长锡因工作变动辞去副市长的请求，任命赵小明、冷向阳为副市长。

表 4-1-1-2　　1993—1997 年第十届长沙市人民政府领导人员一览表

职 务	姓 名	性别	任职时间
市 长	张明泰	男	1993 年 1 月—1994 年 10 月
	袁汉坤	男	1994 年 10 月—1995 年 3 月 代市长
			1995 年 3 月—1997 年 12 月
副市长	罗桂求	男	1993 年 1 月—1993 年 10 月
	刘启欣	男	1993 年 1 月—1993 年 10 月
	袁汉坤	男	1993 年 10 月—1994 年 10 月
	陈元松	男	1993 年 1 月—1995 年 3 月
	张伟玦	女	1993 年 1 月—1997 年 12 月
	罗 特	男	1993 年 1 月—1997 年 10 月
	肖长锡	男	1993 年 1 月—1997 年 10 月
	胡 越	男	1993 年 1 月—1997 年 12 月
	王柏林	男	1993 年 12 月—1997 年 12 月
	颜克初	男	1994 年 8 月—1997 年 12 月
	徐宪平	男	1994 年 10 月—1997 年 12 月
	李斌恺	男	1995 年 3 月—1997 年 12 月
	赵小明	男	1997 年 10 月—1997 年 12 月
	冷向阳	男	1997 年 10 月—1997 年 12 月
秘书长	李斌恺	男	1993 年 1 月—1995 年 3 月
	龚罗生	男	1995 年 3 月—1997 年 12 月

三、第十一届长沙市人民政府

1998年1月长沙市第十一届人民代表大会第一次会议选举产生长沙市第十一届人民政府组成人员，杜远明为市长，徐宪平、张伟玦（女）、李斌恺、赵小明、梁建强、冷向阳、孔光明副市长。1998年3月市十一届人大常委会第二次会议，接受徐宪平因工作调动辞去副市长的请求，任命谭仲池为副市长。1998年4月市十一届人大常委会第三次会议，任命胡进安为副市长，接受龚罗生因工作变动辞去市人民政府秘书长职务的请求，任命李振萼为人民政府秘书长。1999年10月市十一届人大第十三次会议，接受杜远明因工作调动辞去市长职务的请求，决定谭仲池为市人民政府代市长。2000年1月市十一届人大第三次全体会议，选举谭仲池为长沙市人民政府市长。2000年1月市十一届人大常委会第十七次会议，接受冷向阳因工作调动辞去副市长职务的请求。2000年9月市人大常委会第二十一次会议，接受李斌恺因工作变动辞去副市长职务的请求，任命刘晓明为副市长。2002年1月市十一届人大第三十五次会议，接受李振萼因工作调动辞去市政府秘书长职务的请求，任命唐志浩为市人民政府秘书长。2002年4月市十一届人大常委会第三十七次会议，接受胡进安因工作调动辞去副市长的请求，任命黄中瑞为副市长。

表4-1-1-3　1998—2002年第十一届长沙市人民政府领导人员一览表

职　务	姓　名	性别	任职时间
市　长	杜远明	男	1998年1月—1999年10月
	谭仲池	男	1999年10月—2000年1月代市长
			2000年1月—2002年12月
副市长	徐宪平	男	1998年1月—1998年3月
	张伟玦	女	1998年1月—2002年12月
	李斌恺	男	1998年1月—2000年9月
	赵小明	男	1998年1月—2002年12月
	梁建强	男	1998年1月—2002年12月
	冷向阳	男	1998年1月—2000年1月
	孔光明	男	1998年1月—2002年12月
	谭仲池	男	1998年3月—1999年10月
	胡进安	男	1998年4月—2002年4月
	刘晓明	男	2000年9月—2002年12月
	黄中瑞	男	2002年4月—2002年12月
秘书长	龚罗生	男	1998年1月—1998年4月
	李振萼	男	1998年4月—2002年1月

四、第十二届长沙市人民政府

2003年1月，长沙市第十二届人民代表大会第一次会议，选举产生第十二届人民政府组成人员，谭仲池为市长，赵小明、刘晓明、黄中瑞、曹亚（女）为副市长。2004年2月市第十二届人大常委会第九次会议任命徐湘平为副市长。2006 年 10 月市第十二届人大常委会第三十一次会议，接受赵小明因工作变动辞去副市长职务的请求，任命谢建辉为副市长。2007 年 6 月市第十二届人大常委会第三十六次会议任命谢志迪为副市长。2007 年 10 月第十二届人大常委会第三十八次会议任命刘晓越（女）为副市长。2007 年 11 月市第十二届人大常委会第三十九次会议，接受谭仲池因工作调动辞去长沙市人民政府副市长的请求，任命张剑飞为副市长、并决定其为代市长。

表 4–1–1–4　　2003—2007 年第十二届长沙市人民政府领导人员一览表

职　务	姓　名	性别	任职时间
	谭仲池	男	2003 年 1 月—2007 年 11 月
	张剑飞	男	2007 年 11 月—2008 年 1 月代市长
副市长	赵小明	男	2003 年 1 月—2006 年 10 月
	刘晓明	男	2003 年 1 月—2007 年 12 月
	黄中瑞	男	2003 年 1 月—2007 年 12 月
	曹　亚	女	2003 年 1 月—2007 年 12 月
	徐湘平	男	2004 年 2 月—2007 年 12 月
	谢建辉	女	2006 年 10 月—2007 年 12 月
	谢志迪	男	2007 年 6 月—2007 年 12 月
秘书长	刘晓越	女	2007 年 10—12 月
	唐志浩	男	2002 年 1 月—2007 年 12 月

五、第十三届长沙市人民政府

2008 年 1 月长沙市第十三届人民代表大会第一次会议，选举产生第十三届人民政府组成人员，张剑飞为市长，谢建辉（女）、徐湘平、文树勋、虢正贵、姚永春、何寄华为副市长。2008 年 1 月市第十三届人大常委会第一次会议任命谢志迪、刘晓越（女）为副市长。2008 年 4 月，市十三届人大常委会第二次会议任命王扣柱为副市长。2009 年 4 月市十三届人大常委会第十一次会议，接受徐湘平、虢正贵因工作调动辞去副市长职务的请求，任命张迎龙、李 军为副市长。2010 年 4 月市十三届人大常委会第二十一次会议，接受刘晓越因工作调动辞去副市长职务的请求。2010 年 11 月市十三届人大常委会第二十七次会议任命陈献春为副市长。2011 年 1 月市第十三届人大常委会第二十九次会议接受谢志迪因工作调动辞去副市长职务的请求。2011 年 4 月市十三届人大常委会第三十一次接受王扣柱因工作调动辞去副市长职务。2011 年 10 月市第十三届人大常委会第三十四次会议，接受谢建辉、姚永春因工作变动辞去副市长职务的请求，任命姚英杰为副市长。2011 年 12 月市十三届人大常委会第三十六次会议接受文树勋、李军因工作变动辞去副市长职务的请求。2012 年 1 月市十三届人民代表大会第五次会议，补选钟 纲、黎石秋、夏建平为副市长。2012 年 2 月市第十三届人大常委会第三十八次任命李介德为副市长。

表 4-1-1-5　　2008—2012 年第十三届长沙市人民政府领导人员一览表

职　务	姓　名	性别	任职时间
市　长	张剑飞	男	2008 年 1 月—2012 年 12 月
副市长	谢建辉	女	2008 年 1 月—2011 年 10 月
	徐湘平	男	2008 年 1 月—2009 年 4 月
	文树勋	男	2008 年 1 月—2011 年 12 月
	虢正贵	男	2008 年 1 月—2009 年 4 月
	姚永春	男	2008 年 1 月—2011 年 10 月
	何寄华	男	2008 年 1 月—2012 年 12 月
	谢志迪	男	2008 年 1 月—2011 年 1 月
	刘晓越	女	2008 年 1 月—2010 年 4 月
	王扣柱	男	2008 年 4 月—2011 年 4 月
	赵文彬	男	2008 年 8 月—2011 年 12 月
	张迎龙	男	2009 年 4 月—2012 年 12 月
	李　军	男	2009 年 4 月—2011 年 12 月
	姚英杰	男	2011 年 10 月—2012 年 12 月
	陈献春	男	2010 年 11 月—2012 年 12 月
	钟　钢	男	2012 年 1—12 月
	黎石秋	男	2012 年 1—12 月
	夏建平	男	2012 年 1—12 月
	李介德	男	2012 年 2—12 月
秘书长	唐志浩	男	2008 年 1 月—2012 年 12 月

1988—2012 年，先后担任长沙市人民政府副秘书长的有：黄凯生、陈勇、王长熙、胡越、罗购三、方锦江、孙振武、陈湘鹏、章献成、胡炳炀、郑利亚（女 兼）、陈玲瑯（女）、黄自强、王振、肖学胜、史罗坤、文树勋、江权度、刘景旺、龚德昌、李克俭、严风枝、唐志浩、彭新、余冬阳（兼）、黄雄姿、曾慧明、彭景坤、秦光国（兼）、黄玉池、曹立军（兼）、胡蓓（挂职）、周新民（兼）、肖志伟（挂职）、刘秋成、罗利克、沈敦厚（兼）、肖雄飞（兼）、刘赞春、蒋集政（兼）、黄吉邦、石东海（兼）、王伟胜、卢兴映、高伟、涂文清、彭再魁、康小平。

第二节　工作机构

1988 年 1 月，长沙市政府机构设置为 11 委、7 室、35 局、1 中心、2 处、1 社。

11 委：市计划委员会、经济委员会、城乡建设环境保护委员会、农业委员会、财贸委员会、教育委员会、科学技术委员会、对外经济贸易委员会、城市管理委员会、计划生育委员会、体育运动委员会。

7 室：市政府办公室、经济体制改革办公室、人民防空办公室、外事办公室、侨务办公室、城市管理办公室、市志编纂委员会办公室。

35 局：公安局、司法局、民政局、监察局、审计局、国土管理局、人事局、劳动局、物资局、统计局、物价局、冶金机械工业局、化学工业局、交通局、农业局、林业局、水利水电局、乡镇企业局、一商局、二商局、工商行政管理局、财政局、税务局、粮食局、城市建设局、房地产管理局、环境保护局、文化局、卫生局、广播电视局、蔬菜局、电业局、烟草专卖局、标准局、计量管理局。

1 中心：经济研究中心。

2 处：机关事务处、民族宗教事务处。

1 社：供销合作联社。

1988 年 7 月，成立市旅游局，与外事办“两块牌子、一套人马”。8 月，组建市经济协作办公室，为正县级的市政府直属机构。10 月，成立长沙科技开发试验区，同月组建市规划局，与国土局“两块牌子、一套人马”。

1989 年 1 月，成立国有资产管理处。4 月，设立科教办公室，为副县级行政机构，归口市政府办公室管理。1991 年 1 月，建筑工程总公司加挂建筑工程管理局的牌子，同时撤销原建筑工程管理处。3 月和 4 月，将建筑材料工业公司、纺织工业公司、医药公司、一轻工业公司、二轻工业公司分别加挂建筑材料工业局、纺织工业局、医药管理局、一轻工业局、二轻工业局的牌子。6 月，成立城市综合管理办公室，为市政府常设正县级机构。8 月，市政府重点工程建设办公室升格为正县级的行政机构。10 月，长沙市食品工业办公室明确为行政机构。1991 年 3 月，长沙科技开发试验区经国务院批准为首批国家高新技术产业开发区。9 月，更名为“长沙高新技术产业开发区 ”，为市政府政府派出机构。1991 年 10 月，规划局与国土局分开设置，12 月，规划局独立办公。

1992 年 4 月和 5 月，设立长沙市驻上海办事处、驻北京联络处和驻绥芬河办事处，3 个办事（联络）处均为副县级机构，归口经济技术协作办公室管理。7 月，长沙市政府办公室更名为长沙市政府办公厅。1993 年 3 月，长沙市区街工作委员会成立，为市政府直属正县级行政机构。4 月，成立长沙市招商局。6 月，市计量管理局、市标准管理局合并为长沙市标准计量局，为副县级事业单位。1994 年 6 月成立长沙市国家安全局，为市政府工作机构。8 月，长沙市城市建设局更名为市公用事业管理局，9 月，市经济体制改革办公室更名为长沙市经济体制改革委员会，列入市政府工作机构；市城乡建设环境保护委员会更名为长沙市建设委员会；市委、市政府信访办公室更名为长沙市信访办公室，定为正县级机构。11 月，明确绥芬河办事处、上海办事处、北京联络处为市政府直属事业单位。12 月，长沙市城市综合管理办公室、市爱国卫生运动委员会办公室、市创建国家卫生城市领导小组办公室合并，成立长沙市城市管理委员会。

1994 年 11 月，市党政机关实行机构改革。撤销长沙市重点工程办公室、科教办公室，职能划归市政府办公厅；撤销区街工业办公室，职能划归计划委员会；撤销食品工业办公室，职能划归经济委员会；撤销经济技术协作办公室，职能划归政府办公厅和招商局。外事办公室和侨务办公室合并，组建长沙市外事办公室；市国有资产管理处更名为长沙市国有资产管理局，归口市财政局。市矿产资源管理局并入市政府办公厅，对外保留原机构牌子。市爱国卫生管理办公室并入卫生局，长沙市军退办并入市民政局。市一轻工业局、二轻工业局、电子工业局、建筑材料工业局、纺织工业局、煤炭工业局、汽车工业公司、造纸印刷工业公司、物资局、一商业局、医药管理局（保留医药管理局牌子）成建制转为经济实体的总公司。至 1994 年年底，市政府设工作机构 42 个，即：市政府办公厅、计划委员会、经济委员会、经济体制改革委员会、建设委员会、教育委员会、科学技术委员会、对外经济贸易合作委员会、公安局、国家安全局、司法局、民政局、财政局、人事局、劳动局、文化局、审计局、卫生局、计划生育委员会、农业局、林业局、水利水电局、交通局、监察局、农村工作办公室、财贸工作办公室、外事侨务办公室、国土管理局、环境保护局、统计局、工商行政管理局、乡镇企业局、物价局、地方税务局、粮食局、化学工业局、冶金机构工业局、人民防空办公室、蔬菜局、体育运动委员会、公用事业管理局、招商局。由部门管理的机构 7 个：城市管理委员会、民族事务局、法制办公室 3 个单位由市政府办公厅管理；信访办公室由市委办公厅、政府办公厅共同管理，以政府办公厅为主；规划管理局由建设委员会管理；技术监督局由经济委员会管理；国有资产管理局由财政局管理。市政府的直属事业单位 13 个：农机局、园林局、畜牧水产局、广播电视局、房地产管理局、机关事务管理局、副食品局、建筑工程管理局；市政府驻北京、上海、深圳、海口、绥芬河 5 个办事（联络）处，由政府办公厅管理。供销合作社为集体经济合作组织。市政府派出机构 2 个：长沙高新技术产业开发区办公室和长沙市经济开发区管理委员会。实行双重管理，以省直厅局为主管理的机构有 6 个：电信局、邮政局、电业局、国家税务局、烟草专卖局、气象局。

1995 年 1 月 1 日，市新闻出版局成立，为副县级全民事业单位。按照国家实施税制改革的要求，1 月，长沙市税务局分设为市国家税务局和市地方税务局两个税务机构；2 月，市农业机械管理局、市园林管理局升为正县级事业单位。3 月，绥芬河办事处并入北京联络处。4 月，长沙市城市管理委员会为市政府的工作机构和负责城市管理的职能部门，归口管理环境卫生局、道路绿化管理处、市政工程管理处、市政维护油料场。7 月，明确市畜牧水产局为市政府直属事业单位。10 月，长沙市招商局更名为长沙市招商合作局；同月市新闻出版局加挂市版权局的牌子，11 月，成立长沙市重点工程指挥部，为正县级全民事业单位。12 月，市新闻出版局（市版权局）明确为正县级全民事业单位。12 月，市机关事务管理局由副县级单位升格为正县级机构。至 1997 年年底，市政府工作机构仍为 42 个，市政府派出机构仍为 2 个。委办局管理机构由 7 个减少为 6 个，长沙市城市管理局从委办管理机构中调整为市政府工作机构。市政府直属事业单位由 13 个调整为 15 个：绥芬河办事处并入北京办事处；新增 3 个直属事业单位是旅游局、市志编纂委员会办公室、供销合作联合社。实行双重管理，以省直厅局为主管理的机构由 6 个增至 7 个，新增的机构为地震局。1999 年，市工商行政管理局、技术监督管理局、地方税务局改为双重管理、以省直厅局为主管理的机构。10 月，组建长沙市药品监督管理局，为市政府工作机构。至年底，政府工作机构为 41 个，在 1997 年年末工作机构 42 个的基础上，增加药品监督管理局；减少工商局、地方税务局（改为垂直管理机构）。委办局管理的机构由 6 个减少为 5 个，技术监督局由委办局管理的机构改为垂直管理机构。市政府直属事业单位由 1997 年年末的 15 个增至 19 个：新增档案局、新闻出版局、市容环境卫生管理局、地质矿产局。归口委局管理的事业局（公司）由 17 个减至 15 个。减少的 2

个是市容环境卫生管理局、地质矿产局。双重管理、以省直厅局为主管理的机构由1997年年末的7个增至10个。新增的3个是工商行政管理局、地方税务局、技术监督局。

2001年，又一轮机构改革。市政府设立工作部门40个，部门管理机构2个。派出机构2个，直属事业单位9个。市政府工作部门、部门管理机构以及承担行政职能的事业单位由62个（不含已上收的5个垂直管理部门）减少为51个，精简比例为17.7%。市计划委员会更名为长沙市发展计划委员会，市水利水电局更名为长沙市水利局，市农村工作办公室更名为长沙市农村工作领导小组办公室，列入市委机构序列；市城市管理委员会更名为长沙市城市管理局，加挂市城市管理综合执法支队牌子；市教育委员会、科学技术委员会、体育运动委员会分别更名为长沙市教育局、长沙市科学技术局（加挂高新技术开发局牌子）、长沙市体育局。市民族事务委员会（宗教局）更名为长沙市民族宗教事务局；市信访办公室更名为长沙市信访局，列入市政府机构序列。市爱国卫生运动委员会办公室并入市卫生局。市地质矿产局（直属事业单位）并入市国土管理局后组建长沙市国土资源局。由市劳动局管理的城镇职工社会保险以及医疗保险、市人事局管理的机关事业单位社会保险、市民政局管理的农村社会保险、各行业部门统筹的社会保险，统一由市劳动和社会保障局管理。综合经济部门保留市经济委员会、市财政局。专业经济管理部门保留市建设委员会、交通局、公用事业管理局、农业局、林业局、乡镇企业局、粮食局。执法监管部门保留市环境保护局、物价局。社会管理部门和政务部门保留市政府办公厅、公安局、监察局、民政局、司法局、人事局、文化局、卫生局、计划生育委员会、审计局、统计局、外事侨务办公室。市对外经济贸易合作委员会与市招商合作局合并组建长沙市对外贸易经济合作局，加挂长沙市招商合作局牌子。在市财贸办公室的基础上组建长沙市商业贸易发展局。市旅游局、畜牧水产局由政府直属事业单位改为政府工作机构；市房地产管理局更名为长沙市房屋产权管理局，由政府直属事业单位改为政府直属工作机构。组建长沙市政府研究室，为政府工作机构；市规划管理局及更名后的市民族宗教事务局由部门管理机构改为政府工作机构。市广播电视局由政府直属事业单位改为政府工作机构。市老龄工作委员会并入市民政局。保留法制办公室，升格为正县级单位，由政府办公厅管理。保留人民防空办公室，为市国防委员会的常设机构和市政府防空工作的主管部门。保留市新闻出版局（版权局）、园林管理局、机关事务管理局、地方志编纂委员会办公室、供销合作社5个市政府直属事业单位和驻北京联络处（副县级）、驻深圳（海口）办事处、驻上海办事处（副县级）。市专利局更名为长沙市知识产权局，为政府直属事业单位。不再保留市经济体制改革委员会、市建筑工程管理局、市农机管理局、市副食品局、市容环境卫生管理局、市冶金机械工业局、化学工业局、市蔬菜局。2002年8月成立地方金融证券领导小组办公室，为副县级全民事业单位。10月，在政府大楼一楼大厅设立政务公开窗口，成立政务公开中心（政务服务中心），为市政府正县级直属事业单位。11月，撤销商业总公司、物资集团公司及原12个转体公司内设立的行业管理办公室，组建8个行业管理机构：机械行业管理办公室、汽车电子行业管理办公室、轻工纺织行业管理办公室、煤炭建材行业管理办公室、化工医药行业管理办公室、内贸行业管理办公室、物资行业管理办公室、机械行业管理办。是年底，市政府工作机构40个（根据市委长发〔2001〕36号文件精神，监察局与市纪律检查委员会机关合署办公，列入政府工作部门系列，不计政府机构个数），即：政府办公厅、发展计划委员会、经济委员会、教育局、科学技术局（高新技术开发局）、建设委员会、公安局、民政局、司法局、财政局、人事局、劳动和社会保障局、国土资源局、交通局、水利局、农业局、林业局、对外经济贸易合作局、文化局、卫生局、计划生育委员会、审计局、城市管理局、商业贸易发展局、规划管理局、环境保护局、统计局、体育局、物价局、粮食局、乡镇企业局、民族宗教事务局、公用事业管理局、旅游局、房屋产权管理局、广播电视局、畜牧水产局、人民防空办公室、外事侨务办公室、研究室。部门管理机构2个：法制办公室、信访局。政府派出机构2个：高新技术开发区管理委员会、经济技术开发区管理委员会。政府直属事业单位9个：新闻出版局（版权局）、园林管理局、机关事务管理局、地方志编纂委员会办公室、供销合作总社、知识产权局、驻北京联络处、驻深圳（海口）办事处、驻上海办事处。归口委局管理的事业局3个：安全生产监督管理局、地方金融证券办、公路管理局。双重领导，以省直厅局为主的管理机构11个；工商行政管理局、国家税务局、地方税务局、质量技术监督局、国家安全局、药品监督管理局、电业局、邮政局、烟草专卖局、地震局、气象局。至2003年年底，市政府工作机构为40个，部门管理机构为2个，派出机构为2个，直属事业单位由9个增至13个（新增的4个直属事业单位是：政务服务中心、安全生产监督管理局、公路管理局、金融证券领导小组办公室），垂直管理机构11个。2004年8月，组建市人民政府国有资产监督管理委员会（简称国资委），为政府直属的正县级特设机构。将发展计划委员会改组为发展和改革委员会（简称发改委），组建商务局，加挂招商合作局的牌子，撤销对外贸易经济合作局、商业贸易发展局。农业局加挂乡镇企业局的牌子。计划生育委员会更名为人口和计划生育委员会。城管局加挂城市管理行政执法局的牌子。地方金融证券领导小组办公室明确为正县级机构。经过调整，市政府设置工作部门39个，直属特设机构1个，部门管理机构2个，派出机构2个，直属事业单位13个。39个政府工作部门中，发展计划委员会更名为发展和改革委员会、科学技术局（加挂市高新技术开发局牌子）、监察局（与市纪律检查委员会机关合署办公，列入政府工作部门系列，不计政府机构个数）、农业局（加挂市乡镇企业局的牌子）、商务局（加挂招商合作局的牌子）、城市管理局（加挂城市管理行政执法局牌子）、安全生产监督管理局从归口委局管理的事业局调整为政府工作部门。政府直属事业单位由9个调整为13个，新增的4个是：政务服务中心、住房公积金管理中心、公路局、地方金融证券领导小组办公室。2007年1月，成立口岸办公室，为全额拨款事业单位，归口市政府办公厅管理。4月，设立湘江综合枢纽工程办公室，为归口改革和发展委员会管理的正县级事业机构。至2007年年底止，市政府工作机构为39个，直属特设机构为1个，部门管理机构为2个，市政府派出机构为2个，直属事业单位由13个增至15个，新增加的单位是：口岸办公室、湘江综合枢纽工程办公室。2008年，成立长沙大河西先导区工作委员会。

2009年至2010年7月，将能源管理办公室（能源执法队）更名为能源局（能源执法支队），调整为发展和改革委员会所属的事业单位。组建工业和信息化委员会，不再保留经济委员会和信息化领导小组办公室。组建住房和城乡建设委员会，不再保留建设委员会、房屋产权管理局和公用事业管理局。组建市燃气热力管理局，为住房和城乡建设委员会下属二级机构，副县级事业单位。组建人力资源和社会保障局，不再保留人事局、劳动和社会保障局。组建交通运输局，不再保留交通局。在公共客运交通管理处的基础上组建公共客运管理局，为交通运输局下属二级机构，副县级事业单位。组建水务局，不再保留水利局。组建文化广电新闻出版局，不再保留文化局、广播电视局、新闻出版局（版权局）。在文化市场稽查支队的基础上组建文化市场综合执法局，为文化广电新闻出版局的下属二级机构，正县级事业单位。在市广播电视集团现有的广播电台、电视台等单位的基础上组建市广播电视台，为市直属正县级事业单位。组建食品安全管理办公室。农业局、商务局、卫生局、食品药品监督管理局等部门接受市食品安全管理办公室在食品安全工作方面的监督。组建畜牧兽医水产局，不再保留畜牧水产局。农业局不再加挂乡镇企业局牌子。城市管理局（城市管理行政执法局）更名为城市管理和行政执法局，不再加挂城市管理综合执法支队的牌子。将城市管理综合执法支队调整为城市管理行政执法局下属二级机构，副县级事业单位。规划局更名为城乡规划局。将原由省食品药品监督管理局垂直管理的食品药品监督管理局调整为市政府工作部门。法制办公室由市政府办公厅管理的行政机构调整为市政府工作部门。外事侨务办公室加挂政府港澳事务办公室牌子。信访局由市委办公厅和政府办公厅共同管理，以政府办公厅管理工作为主的行政机构调整为市政府工作部门。对部门管理机构的调整为：口岸办公室由市政府办公厅归口管理的事业单位调整为市政府办公厅管理的行政机构。组建公务员局，副县级，为人力资源和社会保障局管理的行政机构。对市政府直属事业单位的调整为：在住房保障工作局的基础上组建住房保障局、组建市政设施建设管理局，不再保留重点工程建设办公室。园林局仍为市政府直属事业单位，业务归口林业局管理。市政务服务中心由市政府办公厅归口管理的事业单位调整为市政府直属事业单位。市政府驻深圳（海口）办事处、驻上海办事处由市政府直属事业单位调整为市政府办公厅归口管理的事业单位。

至2012年年底，市政府设置工作部门39个（市监察局不占名额）：市政府办公厅、发展和改革委员会、工业和信息化委员会、教育局、科学技术局（长沙高新技术开发局）、住房和城乡建设委员会、公安局、民政局、司法局、财政局、人力资源和社会保障局、国土资源局、交通运输局、水务局、农业局、林业局、商务局（招商合作局）、文化广电新闻出版局、卫生局、人口和计划生育委员会、审计局、食品安全管理办公室、城市管理和行政执法局、城乡规划局、环境保护局、统计局、体育局、物价局、粮食局、民族宗教事务局、旅游局、安全生产监督管理局、食品药品监督管理局、防空办公室、外事侨务办公室（港澳事务办公室）、法制办公室、信访局、研究室、畜牧兽医水产局。政府特设机构1个：国有资产监督管理委员会。派出机构3个：长沙大河西先导区管理委员会、长沙高新技术产业开发区管理委员会、长沙经济技术开发区管理委员会。直属事业单位10个：住房保障局、市政设施建设管理局、园林管理局、政务服务管理中心、机关事务管理局、知识产权局、金融工作工作办公室（信用征信管理办公室）、地方志编纂委员会办公室、供销合作总社、驻北京联络处。其他事业单位10个：住房公积金管理中心、驻深圳办事处、驻上海联络处、会展工作管理办公室、公路管理局、地方海事局、文化市场综合执法局、移民开发管理局、能源局、枢纽办。双重领导、以省属厅局为主管理的机构11个：工商行政管理局、国家税务局、地方税务局、质量技术监督局、国家安全局、电业局、邮政局、烟草专卖局（烟草公司）、地震局、气象局、水文局。

1988—2012年，先后任长沙市人民政府办公厅（室）主任的有：陈勇、章献诚、罗购三、刘景旺、李振萼、唐志浩；任副主任的有：章献诚、邹日新、陈湘鹏、陈玲瑯（女）、陈大川、王振、史罗坤、江权度、舒顾航、秦光国、余冬阳、文柏芳、黄雄姿、黄玉池、蒋集政、曹立军、齐益、卢兴映、汪娟（女）、高伟、戴建文、罗予武、陶琼（女）。先后担任长沙市人民政府研究室主要领导职务的有：郑若敖、谈文胜、蒋集政；其他领导班子成员有：宁枫、杨建国、屈丽华（女）、贺华、吴德峰、唐曙光、周海毅、王德志、李守红。

第二章 会 议

第一节 全体会议

第九届人民政府共召开12次全体（扩大）会议。1988年2月25日，召开市人民政府九届一次全体（扩大）会议，讨论并通过《长沙市人民政府的工作规则》。为进一步搭建市长和市民之间的桥梁，密切政府同人民群众的联系，改进政府工作，决定建立市长联络员制度，并在全市设立18部政务公开电话。1988年6月23日，召开九届二次全体（扩大）会议，主要是分析上半年全市改革和发展的形势，提出下半年全市改革、经济建设以及其他各项工作的具体任务和要求。1988年12月5日，召开九届三次全体（扩大）会议，贯彻落实中央治理经济环境，整顿经济秩序的方针政策，提出长沙市贯彻落实的具体意见和措施。1989年3月9日，召开九届四次全体（扩大）会议，讨论市人民政府提请市第九届人民代表大会第二次会议审议的《政府工作报告》，讨论并通过市人民政府《廉政制度建设的规定》。1989年6月19日，召开九届五次全体（扩大）会议，主要内容是强化政府自身建设和服务功能，努力完成全年国民经济和社会发展各项任务。1990年2月7日，召开九届六次全体（扩大）会议，研究进一步加强科学决策，改进政府工作，在治理整顿中保持国民经济持续稳定协调地发展。1990年2月23日，召开九届七次全体（扩大）会议，讨论并原则通过提交市第九届人民代表大会第三次全体会议审议的《政府工作报告》。1990年12月5日，召开九届八次全体（扩大）会议，总结全年的政府工作，讨论并提出下年工作的指导思想和工作安排。1991年2月28日，召开九届九次全体（扩大）会议，专题讨论提请市人民代表大会第九届四次全体会议审议的《政府工作报告》。1991年7月11日，召开九届十次全体（扩大）会议，分析上半年经济形势，安排部署下半年政府工作。1992年2月19日，召开九届十一次全体（扩大）会议，讨论提请市人民代表大会第九届五次全体会议审议的《政府工作报告》。1992年8月4日，召开九届十二次全体（扩大）会议，主要是贯彻省人民政府长沙现场办公会议精神，落实省政府赋予长沙市的经济管理权限，研究进一步提高办事效率改进工作作风问题。

第十届人民政府共召开12次全体（扩大）会议。1993年3月3日，召开市政府十届一次会议，宣读并通过新一届政府的工作规则，要求新一届政府组成人员更进一步密切联系人民群众，深入基层调查研究，清廉从政，勤政为民。1993年7月2日，召开十届二次会议，分析经济形势，总结上半年工作，安排部署下半年工作。1994年1月18日，召开十届三次会议，针对经济和社会发展中出现的新情况、新问题，安排部署政府工作。1994年7月4日，召开十届四次会议，根据中央和省里的统一安排，部署财税、金融、外贸、物价改革的各项措施，落实下半年的全市各项工作。1994年12月8日，召开十届五次会议，总结全年工作，讨论和研究下一年工作目标、思路和重点。1995年1月16日，召开十届六次会议，听取政府各组成部门工作思路和工作重点，安排部署全年经济和社会发展各项工作。1995年7月22日，召开十届七次会议，分析上半年经济形势，提出下半年工作重点和措施。1996年1月6日，召开十届八次会议，原则通过《政府工作报告》，提交市第十届人民代表大会第四次全体会议审议。1996

年7月11日，召开十届九次会议，集中分析上半年经济形势，安排部署下半年工作。1997年1月2日，召开十届十次会议，讨论并原则通过提交市人民代表大会十届五次全体会议审议的《政府工作报告》。1997年7月14日，召开十届十一次会议，主要是总结上半年工作，安排部署下半年工作。1997年11月30日，召开十届十二会议，讨论《政府工作报告》，一致同意提交市十届人民代表大会第六次会议审议。

第十一届人民政府共召开全体（扩大）会议10次。1998年4月30日，召开市政府第一次全体（扩大）会议，分析经济形势，安排部署新一届政府加强自身建设，努力完成各项工作的措施和要求。1998年8月13日召开的十一届二次会议，主题是分析上半年经济形势，提出下半年的工作重点，落实完成工作目标的具体措施。1999年1月8日召开的十一届三次会议，原则通过《政府工作报告》讨论稿，同意提交市十一届人民代表大会第二次全体会议审议。1999年7月29日，召开十一届四次会议，主要是分析上半年经济形势，研究部署下半年工作，确保完成全年各项工作目标。1999年12月30日召开的十一届五次会议，讨论《政府工作报告》，并一致同意提交市十一届人民代表大会第三次全体会议审议。2000年5月27日，召开十一届六次会议，议题是分析经济形势，针对影响经济发展的突出问题，研究部署下半年经济和社会发展工作的重点和落实工作目标的措施。2000年12月19日，召开十一届七次全会，讨论并原则通过提请市第十一届人民代表大会第四次全体会议审议的《政府工作报告》。2001年10月18日，召开十一届八次会议，总结前段政府工作，安排部署下段政府工作，全面完成和超额完成全年工作目标。2002年1月8日，召开十一届九次会议，主要是讨论提请市十一届人民代表大会第五次全体会议审议的《政府工作报告》。2002年12月10日，召开十届十次会议，就《政府工作报告》进行讨论，一致同意提交市十一届人民代表大会第六次全体成员会议审议。

第十二届人民政府共召开全体（扩大）会议9次。2003年3月26日，召开,市政府十二届一次会议，主要是讨论并通过关于树立良好政风，塑造政府新形象的规定。2003年8月14日，召开十二届二次会议，讨论并通过《长沙市人民政府行政问责制暂行办法》。2003年12月25日，召开十二届三次会议，讨论并原则通过提交市人民代表大会第十二届二次全体会议审议的《政府工作报告》及2003年市政府为人民群众重点办好的八件实事。2004年7月19日，召开十二届四次会议，原则通过《长沙市人民政府工作规则》；安排部署下半年工作，确保全年各项目标任务完成。2005年1月6日，召开十二届五次会议，宣读《政府工作报告》，一致同意提请市十二届人民代表大会第三次全体会议审议。2005年12月28日，召开十二届六次会议，讨论并原则通过提交市十二届人民代表大会第四次全体会议审议的《政府工作报告》。2007年1月12日召开的市十二届七次会议，讨论并原则通过提请市十二届人民代表大会第五全体次会议审议的《政府工作报告》。同时讨论并通过2007年起在全市实现“四个全面”的决定。即：全面免除城乡义务教育“两费”、全面实施城乡最低生活保障、全面实施城乡医疗保障、全面消除城乡零就业家庭。2007年7月15日，召开十二届八次会议，主要是学习胡锦涛总书记6月25日在中央党校省部级干部进修班上发表的重要讲话。通报上半年经济和社会发展情况，安排部署下半年工作。2007年12月19日，召开十二届九次会议，讨论并通过提请市十三届人民代表大会第一次全体会议审议的《政府工作报告》。

第十三届人民政府共召开全体（扩大）会议10次。2008年7月18日，召开市政府十三届一次会议，主要是落实市委十一届六次全会精神，全面贯彻落实科学发展观，进一步解放思想，扎实工作，推动长沙经济社会又好又快率先发展。2008年12月29日，召开十三届二次会议，原则通过提请市十三届人民代表大会第二次全体会议审议的《政府工作报告》。2009 年 7 月 31 日，召开十三届三次会议，总结上半年经济社会发展情况，研究部署下半年工作，确保全面完成全年各项目标任务。2010 年 1 月 11 日，召开十三届四次会议，讨论并通过提请市十三届人民代表大会第三次全体会议审议的《政府工作报告》。2010 年 8 月 11 日，召开十三届五次会议，通报上半年经济社会发展情况，研究部署下半年工作。2011 年 1 月 8 日，召开十三届六次会议，原则通过提请市十三届人民代表大会第四次全体会议审议的《政府工作报告》《国民经济和社会发展第十二个五年计划纲要（草案）》。2011 年 2 月 18 日，召开十三届七次会议，通报 2010 年审计发现的共性问题及突出问题，研究进一步提高资金使用效益，维护财政资金安全。同时部署对《政府工作报告》目标任务实施责任分解。2011 年 12 月 30 日，召开十三届八次会议，讨论《政府工作报告》，一致同意提请市三届人民代表大会第五次全体会议审议。2012 年 6 月 8 日，召开十三届九次会议，听取上半年经济工作汇报，安排部署下半年工作。2012 年 12 月 24 日，召开十三届十次会议，讨论并原则通过提请市十四届人民代表大会第一次全体会议审议的《政府工作报告》。

第二节　常务会议

第九届长沙市人民政府共召开常务会议 261 次，议题总数 565 个。1988 年召开常务会议 42 次，议题总数 129 个。主要研究事项：讨论、研究、审查有关政策、政府规章。如关于加速乡镇企业发展，组织支援乡镇企业发展服务团，加快扶贫脱贫等有关农村政策及市属工交企业厂长（经理）经营成果奖励实施办法、重点企业债券安排意见以及湖南造漆厂等 15 家企业为首批试办“特厂”等问题。1988 年度粮食合同订购和“议转平”、人防地下商场、市区集贸市场、五里牌蔬菜交易市场、中山西路菜食市场建设和试办商业“特店”等有关问题。审议《长沙市劳务市场管理暂行办法》《长沙市人才智力市场管理暂行办法》《关于城镇兴建住宅收取教育设施配套建设费》《关于收取城市基础设施配套建设费》；讨论审定长沙市出租客车管理暂行办法、私有出租房屋社会主义改造遗留问题以及城市供水管理暂行规定和调整自来水价等。研究省外贸体制改革、住房制度改革、商业企业改革、省政府对各地、州、市的财政体制由“总额分成”改为“定额上交，递增包干，超收全留”的改革以及筹建长沙市科技开发试验区等问题；研究决定在市内四区增设 3 个税务分局、袁家岭、东塘两个立交桥建设以及收取城市基础设施开发建设费用于城市建设问题；争取核工业部 715 矿迁到长沙吸引其投资扩建天伦造纸厂、洛阳炼油厂中期借款和优惠供气、申请引进长沙市第二期万门程控电话扩容工程、市石油公司新建一个 5000 立方米油罐的问题。研究长沙市与抚顺市、湛江市结为友好城市、参加昆明 10 城市横向经济联系和 26 城市横向经济技术协作联谊会第三届年会、接待美国圣保罗市市长一行 9 月上旬到长沙访问有关安排及加强市政府驻海口办事处工作、解决交通银行长沙支行的办公地址等问题。建立市长联络员制度，审核第一批市长联络员推荐名单。

1989 年召开常务会议 54 次，议题总数 125 个。主要研究事项：市区新建、改建一批农贸市场、菜食市场；审查长捞路工程两座桥梁建设设计方案；合资扩建长沙第二纺织印染厂热电站第二期工程、组建长沙华电第一热电厂。维护社会大局稳定。加强社会层面管理，缓解各类社会矛盾。成立城区房产土地人民法庭、控制物价上涨、出台取缔“湖南高校自治联合会”通告、做好 1989 年大中专毕业生分配工作；增补市农业劳动模范、对有贡献的乡镇企业厂长（经理）授予农民企业家称号；市公共汽车公司在市内 10 条主要线路增开夜间车；建设圭塘液化气储备站；清理和处理违法占地、违章建筑；解决中级专业技术职务以上专业技术干部农村家属户口问题；加强政府自身建设，审议市政府法制办、监察局、审计局、财政局联合起草的关于全市国家工作人员在公务活动中接待和就餐的规定、审查《长沙市人民政府规章制定程序的规定》等。

1990年召开常务会议38次，议题总数103个，主要研究事项：研究落实肉食市场、蔬菜产销工作及与“菜篮子”工程配套的网点建设，制止“三乱”，切实减轻农民负担，开展农村救灾保险试点工作，调整公共汽车零票、月票价格；审议《岳麓山风景名胜区管理办法》《环境卫生管理办法》《长沙市暂住人口管理细则》《长沙市治安联防队管理规定》；研究做好以实施行政诉讼法为重点的政府法制工作，建立长沙市行政复议机构；建设有线电视系统，新建第二液化气储配站，筹建长沙市第二污水处理厂，综合治理火车站广场；取缔非法组织“时新盟会”。

1991年召开常务会议43次，议题总数111个，研究事项有：深圳赛格集团公司租赁湖南电视机厂，邵阳第二纺织机械厂兼并长沙市新型建筑材料厂，长沙市汉城工程项目可行性研究，清理“三角债”和整顿社团登记；审议《长沙市治安联防队管理规定》《生态建设总体规划修改意见》《长沙市生态农业建设规划》《城市绿化管理条例》《长沙市湘江饮用水水源保护区污染防治管理规定》，修改《长沙市国家建设征用土地补偿安置办法》；研究湘江二桥通车后城市交通管理，芙蓉路建设资金筹措及煤制气工程集资、建设和生产筹备工作；审定五一路与芙蓉路交叉处立交桥方案及长石铁路长沙段湘江桥建公铁桥，望城火电厂初步可行性研究及有关准备工作；研究台湾光男公司拟投资开发水陆洲，人民织布厂1985年引进西德二手设备及1991年就此项目发生贷款法律纠纷问题。

1992年召开常务会议39次，议题总数97个，主要研究事项：审定长沙高新技术产业街建设规划和望城坡经济开发区规划；按照省计委要求，将市肉联厂、冷冻加工厂、市牛奶公司纳入华昌食品开发贸易企业集团及在本市成立白沙液酿酒集团；兴建畜禽水产批发市场、客运市场；成立和组建金海集团股份有限公司、长沙机床工具工业（集团）公司、长沙市投资开发公司和市招商局；解决生活用煤价格放开后的有关问题和液化气、煤炭、管道煤气销售价，开办自理口粮城市户口，征收进入市区人口城市基础设施增容费，调整市直管非住宅租金标准；制定副食品价格调节基金管理办法。研究市政府设驻北京办事处、绥芬河办事处，统战部在香港设联络窗口，与马来西亚巴松市缔结友好关系，接待香港记者团，参加省在香港、深圳经贸洽谈会，组织服装艺术节等问题。审议《土地利用总体规划》《农业区域开发总体规划》《行政执法和行政执法监督的规定》《长沙市道路交通管理规定》《长沙市市政工程设施管理办法》《长沙市殡葬管理办法》。

第十届长沙市人民政府共召开常务会议177次，议题总数491个。1993年召开常务会46次，议题总数112个，主要研究事项有：浏阳撤县设市庆典筹备工作；长沙县城建设和筹备市招商局；局部调整长沙市总体规划用地，修订岳麓山风景名胜区总体规划大纲，审批“长沙市城市抗震防灾规划编制纲要”，编制农村生态规划；开发建设石马铺小区、湘湖渔场；理顺临时占道管理工作体制；规范社会用字；高果糖厂生产经营现状及租赁经营问题；申报湖南广播设备厂等19家工交企业和五里牌肉联厂等5家商贸企业为特困企业，研究纺织、化工系统困难企业问题；中国南方航空动力机械公司长沙摩托车厂，省体工队选招的优秀运动员，长沙市军队三线职工“农转非”家属成建制入城人员免（减）征城市增容费，全民所有制企业职工退休费用实行省级统筹；有偿出让长沙中意电器股份有限公司国有资产股权，发行“中意”和“中山”股票，“中意”股票所得税率征收及“中意”新老股东同股同利问题；落实将城市教育费附加征收率恢复到3%，浏阳河改造工程和湘江南大桥建设及城市防洪，西汉王室墓考古发掘及开发工作；调整液化气价格和对公共汽车实行油料补贴；审议《长沙市人民警察巡逻综合执法暂行规定》《长沙市水土保持监督管理规定》《长沙市城市地下水资源管理办法》《长沙市邮政通信管理规定》《长沙市烟花爆竹燃放管理规定》《长沙市旧货业治安管理办法》《长沙市市场网点规划》《长沙市文明建设先进单位管理办法》《长沙市职工失业保险实施办法》《长沙市城市规划管理办法》《长沙市劳动监察条例》《整顿交通秩序实施方案》《长沙市财产拍卖管理办法》等。研究长沙高新技术开发区组团赴新加坡、马来西亚举办招商会，引进外资合作开发体育设施，组织参加省第四届“湘交会”；办理市人大第9号、16号、5号、11号、21号、41号议案；核定公布橘子洲、李富春故居、天心阁、陶公庙、望城坡西汉长沙王室等13处市级文物保护单位。研究和落实加大对火车站周边环境的综合管理工作。

1994年召开常务会议32次，议题总数74个，主要研究的事项有：城市环线设计方案；贺龙体育中心规划用地；石长铁路湘江公路桥建设资金；长潭高速公路建设；筹建长沙第二通信网；对口支援三峡库区兴山县古夫镇建设；适当解决部分企业工资和调整企业离退休人员离退休金及花岗石公司依法实行破产等问题；审定长沙市“金霞路”等几处地段的命名和“长沙捞霞经济开发区”更名为“长沙金霞经济开发区”，与上海开展经济协作和调整自来水和液化石油气价格等。审议《长沙市城市燃气管理办法》《长沙市实施〈军人抚恤优待条例〉细则》《加快发展第三产业的决定》《公共场所用字管理暂行规定》《反暴利规定》《城市建设用地五统一规定》《集体经济组织审计暂行规定》《土地权属规定》《长沙市暂住人口登记管理办法》《长沙市城区燃放烟花爆竹管理规定》《长沙市职工工伤保险办法》《长沙市非政府人事部门所属人才交流机构管理暂行办法》《城镇居民粮食供应管理办法》《岳麓山风景名胜区总体规划》《推广使用散装水泥规定》《浏阳河管理条例》及旧城改造立法问题。

1995年召开常委会议30次，议题总数为76个，主要研究事项有：有偿转让高果糖厂产权；车站中路至一环线命名；审定环线八一路立交桥、韶山路立交桥、赤新路立交桥和人民路立交桥、劳动路树木岭立交桥、侯家塘立交桥设计方案及湘江南大桥开工问题；承办“’95秋季全国糖酒商品交易会”；调整工商行政管理体制，工商市场监管与服务分离问题；研究实施《中华人民共和国国家赔偿法》；审议《长沙市从业人员社会养老保险办法》《长沙市“广厦”（安居）工程实施方案》《长沙市公民献血管理条例》《行政事业单位行政性收费及预算外资金管理工作规定》《计算机信息系统安全监察管理办法》《长沙市道路交通安全责任制办法》《长沙市公路管理规定》《长沙市违法建设管理办法》《长沙市财源建设实施方案》《长沙市主要食品价格管理办法》《劳动力市场管理办法》《长沙市基本建设和技术改造工程联合审查（批）办公章程》《长沙国家高新技术产业开发区管理条例》《交通违章记点实施方案》及调整市政府第4号、5号令补偿安置标准，修改长政发〔1992〕13号文件；调整、补充城市停车场规划，研究城市公共交通、调整公共汽车票价及机动车辆城市道路增容费征收问题。研究加快城镇区街经济发展，“五一文”转为上市公司和东塘百货大楼改组为上市公司，在城区开展生猪定点屠宰，马王堆蔬菜批发市场第二期扩建工作，望城火电厂建设前期工作，“门前三包”“五不准”保洁，城管执法队伍建设及开展城市百项公益设施捐建活动等。研究和讨论征集市徽，长沙与厦门建立友好城市及重新组建长沙市仲裁机构和伍家岭消防队站建设问题。

1996年召开常务会议35次，议题总数110个，主要研究的事项有：讨论、审定芙蓉路立交桥、中环东线地段路桥工程、环线书院路立交桥、侯家塘立交桥、解放路高架桥和南大桥东、西桥头立交设计方案；调整月亮岛大桥建设分工；审定环线一期工程两厢控制性详规、湘江风光带一期工程控制性详规及优惠政策，桐梓坡路、湘江南大桥、橘子洲开发区建设等问题及五一路路灯改造、五一路样板街建设方案；研究强化建设用地“五统一”以及长沙高新技术产业开发区第二期建设用地等问题。清理规范企业税外费，研究企业离退休职工基本养老金的调整、发放办法和资金筹集等问题；审议全市“优化资本结构”试点方案、星沙中密度纤维板厂筹建、长沙市钢厂搬迁开发规划、长沙船厂整体转让、曙光彩管一期扩产、长沙重型机器厂发展、长沙裕湘纺织总厂破产、长沙电厂前期工作进展及有关税费减免等问题和湖南农用运输车集团组建的政策。调整公园门票价格、建设咸嘉湖水上公园，在街道（乡、镇、场）设立环卫所，市八水厂建设，筹措希望工程“光彩基金”和审定市徽、市称；原则通过授予陈成良（新加坡）、蒂姆·伯纳特（加拿大）、彭立珊等10位外籍人士“长沙市荣誉市民”称号。研究设立长沙市驻香港联络处，扩大长沙驻北京联络处规模，调整城区行政区划；审定《长沙市城市机动车辆清洗管理办法》《长沙市“九五”期间消防发展纲要》《长沙市基本农田保护实施办法》《长沙市电信条例（草案）》《岳麓山风景名胜区管理办法》《规范行政执法工作实施方案》《长沙市殡葬管理办法》《长沙市城市市容环境卫生管理办法》《长沙市体育市场管理办法》《长沙市环境保护“九五”计划》《湘江长沙段饮用水源保护条例》《长沙市村庄规划与建设用地管理暂行规定》《长沙市人才管理暂行办法》《长沙市城市市容和环境卫生管理办法》。研究调整机动车城市道路交通安全设施费及增容费征收标准和办法；发行体育彩券，发放管道煤气补贴，优化资本结构改革的配套政策及市外经贸系统优化资本结构、改组改造直属外贸公司；调整全市最低工资标准和城市最低生活保障线；讨论研究五一文和九芝堂改组为股票上市公司、五一广场商业特区规划建设方案，分散按比例安置残疾人就业和市直属福利企业发展及畜牧水产养殖产业化的等问题。

1997年召开常务会议34次，议题总数119个，主要研究事项有：审定第三届有突出贡献专家名单和农民科技人员“农转非”名单，科技人员奖励办法，市巾帼科技十杰名单及授予黄莫辉“荣誉市民”称号，聘请尉文渊为长沙市高级经济顾问。研究清退北大门市场建设用地租赁款，收回东风广场产权，市殡仪馆搬迁等问题。审议《长沙市城市市容和环境卫生管理办法》《市政府常务会议议事规则》《长沙市城镇企业职工生育保险办法》《长沙市城市中小学校幼儿园规划建设保护条例》《长沙市收费实行集中收缴管理暂行办法》《长沙市综合财政收支计划管理暂行办法》《长沙市税费减免管理办法》《长沙市人民政府关于禁止在公共场所吸烟的通告》《长沙市禁止赌博条例》《长沙市城市道路交通管理的规定》《长沙市人民警察巡逻执法暂行规定》《长沙市劳动监察条例》《长沙市城市商业网点建设管理条例》《长沙市蔬菜基地保护办法》《长沙市城市违法建设工程处理办法》《长沙市建设工程施工招标投标管理办法》《长沙市城市绿化管理条例》《长沙市城市供水管理办法》《长沙市城市节水管理办法》《长沙市城市房屋拆迁条例》《长沙市公路管理规定》《长沙市城市房屋拆迁管理条例》《长沙市城市出租客车管理办法》等政府规章或地方性法规草案。部署全国教育综合制度改革会议，第11届亚洲滑水锦标赛暨全国滑水锦标赛筹备工作；研究城市规划区基准地价和市政府大院正门至解放路用地规划方案，长沙大道道路工程设计方案；审定长沙市经济开发区修编方案，雨花大道道路及立交桥工程设计方案，金三（金星路—319国道）立交桥设计方案，东环线北段（八一路至四方坪立交）上下桥匝道设计方案，银北立交桥、319国道长沙段北辅道、金星路设计方案，湖南大学学生公寓规划方案。研究部署拆除违章建筑及取缔马路摊担、出租车按车牌尾数停运有关事宜。讨论长沙市基本建设收费项目取消或降标的方案。讨论长沙市政府与中南工业大学联合创办长沙工业经济管理学院，上海汽车工业集团公司在长沙市建设5万辆桑塔纳轿车基地，长株潭三市电话号码升8位初步设计方案；部署治理乱建庙宇及露天佛像工作。讨论长沙大道征地建设、金霞小区规划实施、市中心绿化广场建设、长沙市卫生防疫站科技实验楼建设、长沙市民营科技经济园、上海桑塔纳汽车“销地产”项目优惠政策；研究市中心医院建设方案、环卫基础设施建设、停车场管理、长浏准轨道建设问题；研究“蓝印户口”问题、环路开发建设招商引资问题、长沙市争取第四批日元贷款环保项目、长沙电厂投产后二氧化碳污染物治理问题；听取五一广场商业特区西北角片部分房屋开裂原因专家组分析报告；审定第一社会福利院老人公寓基建税费减免优惠政策；讨论浏城桥楚兵博物馆等3项建设收费减免问题。

第十一届长沙市人民政府共召开常务会议142次，议题总数449个。其中1998年召开常务会议28次，议题总数92个。主要研究事项：审议市本级财政支出预算管理制度、市行政性收费减免管理制度、市城市规划审批制度、市固定资产投资计划管理暂行办法。审议《长沙市农村社会养老保险办法》《长沙市从业人员基本养老保险办法》《长沙市城市客运出租车管理规定》《长沙市燃气管理条例》《长沙市城市住宅小区物业管理暂行办法》《长沙市综合财政预算管理暂行规定》《长沙市户外广告管理条例》《长沙市旅游涉外饭店管理办法》《长沙市城市抗震防灾规划》《长沙市城市抗震设防区划》《长沙市除四害管理办法》《长沙市人民政府关于严禁冲击国家机关和阻塞交通的通告》《长沙市城区犬类动物管理规定》《长沙市城区生猪屠宰管理办法》《关于扩大消费启动市场的若干意见》《长沙市政府采购暂行办法》《长沙市城区征收城市防洪工程建设资金办法》《〈长沙市城市房屋拆迁管理条例〉若干规定》《设立长沙市湘江橘子洲桥有限公司合同书》等政府规章，送人大审议通过的法规草案及政府有关法律文书。听取’98秋季全国糖酒商品交易会筹备情况汇报；审定市中心绿化广场设计方案及绿化广场西侧基坑护壁坍塌原因分析报告。讨论110社会联动方案；审定提高最低生活保障线标准方案；研究到长沙落户增容费减免优惠政策；通报“4·23”培罗蒙塌楼事故原因调查报告；研究市肉联厂技改项目、环路建设、“平垸行洪、退田还湖”的初步规划。讨论研究长沙市与镇江市结为友好城市、桥驿大型固体废弃物处理场建设、长沙特勤消防大队建设、市国土修编、长沙吴简保护工作及设立湖南友谊·阿波罗实业股份有限公司。

1999年召开常务会议32次，议题总数94个，主要研究事项：长株潭经济一体化建设问题；开征长沙市水利建设基金问题；白沙井保护问题；加快长沙市流通产业改革与发展并通过《长沙市人民政府关于加快流通产业改革与发展的若干意见》；国有企业下岗职工基本生活保障和再就业问题，公共汽车逐步实现无人售票，从1999年7月20日起对长沙市自来水价格进行调整，从1999年9月1日起一次性放开液化石油气销售价格等问题。审议《长沙市人事争议处理暂行办法》《长沙市1999年深化住房制度改革方案》《长沙市科技风险投资资金管理暂行办法》《长沙市征地补偿安置条例》《长沙市闲置土地管理暂行规定》《长沙市关于加强土地管理有关问题的通告》《长沙市城市总体规划》《长沙市城市交通规划》《长沙经济技术开发区（县城）规划修编方案》《长沙市通航桥梁水域安全管理办法》《关于进一步推进政务公开工作实施意见》《长沙市闲置土地处置办法》《长沙市排水规划（河东主体部分）》《关于在城区饮食服务行业推行清洁燃料的通告》《长沙市个体工商户私营经济权益保障条例》《长沙市城市房屋装饰装修管理条例》《关于加强城市道路交通管理的若干规定》《关于加强外来人口管理的若干规定》《关于综合整治市容环境的若干规定》《长沙市城市管理近期集中综合整治行动实施方案》《长沙市城市户外广告位置使用权拍卖暂行办法》《长沙市公共消火栓管理办法》《长沙市城镇职工医疗保险暂行办法》《长沙市城镇职工大病医疗救助暂行规定》《长沙市控制人口机械增长管理办法》等制度、规章和送人大审议的地方性法规。研究承办1999年秋季全国文化用品交易会、全国文化用品订货会、纸业订货会、全省农博会及“’99中国国际滑水赛暨全国滑水冠军赛”；研究五一商业特区绿化广场规划范围及拆迁调查预算，邮、电分管后邮政情况及“323”邮政工程领导小组，市区报刊零售亭建设，申请发行“三国吴简”纪念邮票等问题，研究落实市人大《关于加快长沙市旅游产业发展的议案》《关于加强以沼气为重点的农村能源建设，促进农业和社会可持续发展》议案；修编长沙经济技术开发区总体规划；研究长沙市客轮公司整体转向方案、市殡仪馆搬迁选址、湘江两岸防洪排渍工程建设及管理和资金来源、清理整顿农村“两会一金”专项贷款、城市管理综合执法及综合执法队伍建设等问题。审定软件产业、新材料产业基地建设方案和配套政策及长沙市第二批“荣誉市民”推荐名单，同意授予清水进（男，日本）、欧文（男，丹麦）等5人为长沙市“荣誉市民”。

2000年召开常务会议31次，议题总数89个，主要研究事项有：审定《长沙市国有资产营运管理暂行办法》、《长沙市城市管理综合执法试行办法》《长沙市城镇职工基本医疗保险试行办法》《关于进一步支持外贸出口的若干意见》《建设领域专项治理工作方案》《长沙市城市管理综合执法队伍的管理及考试录用部分执法人员的意见》《长沙市征地补偿安置条例实施办法》《长沙市城镇国有土地有偿使用规定》《关于土地统征开发的实施方案》《长沙市五一路改扩工程拆迁腾地实施方案》《长沙市机动车尾气污染防治管理办法》《长沙市城区企业子弟学校分离退休老师问题的处理意见》《长沙市劳动力市场管理条例》《长沙市人民政府工作规划》《长沙市人民政府落实（长沙市人民代表大会常务委员会关于严格查处违法建筑遏制违法建设行为的决定）的实施方案》《长沙市政府机关实施层次管理的试行方案》《关于长沙市建设投资开发有限责任公司运作有关问题的意见》《关于进一步加强长沙市规划建设管理工作的若干意见》《长沙市行政事业单位委派会计管理暂行办法》《关于进一步加强小城镇发展的实施意见》、《关于切实做好国有企业下岗职工再就业工作，加快建立市场就业机制的若干意见》《长沙市行政审批制度改革实施方案》《长沙市流动人口计划生育工作管理实施办法》《城市道路规划路幅调整方案》《关于进一步加强城市规划建设经营工作的若干意见》《长沙市区级政府进行城市道路建设有关政策的意见》《关于湖南高桥大市场现场办公会议纪要》等政府文件、规章及有关法律文书。研究白沙公园建设、长沙市道路桥梁改变收费方式、长沙市房改资金管理、调整自来水价格和排污费收取标准与范围、外地人口落户长沙、在全市行政机关推行会计委派制度、清理农民建房收费项目等问题。研究2003年在长沙召开“五城会”场馆建设和长沙市体育中心选址。部署“2000年中国长沙出口商品展览会”、2000年长沙（欧洲）经贸洽谈会。审定长沙市海关老院转让，新院建设税费减免与缴纳的金额，“五一路”“湘江大道”更名方案，建立长沙市报废汽车拆解中心，授予LG电子（中国）有限公司卢庸岳为长沙市“荣誉市民”的问题等。

2001年召开常务会议30次，议题总数83个。主要研究事项有：审定《关于政府50号令〈长沙市城市房屋拆迁管理实施细则〉修改意见》《关于加快置换困难企业国有性质和全民职工身份的补充规定》《长沙市人民政府关于实施政府工作目标管理的通知》《关于国有土地有偿使用收入联合初审规定》《长沙市人民政府偿债准备金管理暂行规定》《长沙市无公害蔬菜管理暂行办法》《长沙市人民政府关于加快全市奶业发展的决定》《长沙市人民政府关于采取措施控制大气污染的通告》《长沙市行政执法监督条例》《长沙市人民政府办公厅关于规范国有企业机制工作的指导意见》《长沙市人民政府机构设置方案》《关于加快农村集体土地经营权流转的意见》《关于调整长沙市经济开发区管理体制的意见》《长沙市收容遣送管理办法》《湖南省长沙市江西省南昌市缔结友好城市协议书》《审定长沙市失业保险办法》《长沙市实施国家公务员医疗补助试行办法》。研究浏阳市政府开展城市管理综合执法试点工作、市政协办公楼过渡和市公安局搬家、岳麓山大学科技园用地优惠政策、长沙高新区岳麓山科技园（麓谷）

规划、长沙国家软件产业基地建设等问题。讨论通程集团兼并麓山宾馆、整体转让九芝堂集团公司、将大围山玉泉山庄宾馆移交浏阳市管理、建立中小企业信用担保公司、黄兴南路步行商业街项目建设投资合同、五一大道沿线3个绿化广场分别命名为“五一广场”“芙蓉广场”“步园”、湘江大道东厢可供开发用地及可能收益等问题。落实办理人大《关于制定长沙市发展小城镇建设的具体意见和实施办法》的议案；讨论《市委、市政府关于贯彻国务院〈关于基础教育改革与发展的决定〉的实施意见》。

2002年召开常务会议21次，议题总数91个。主要研究事项有：审定《关于规范和统一我市规划报建收费按建筑面积计费的实施方案》《长沙市工业发展纲要》《市委、市政府加快工业化进程的意见》《长沙市市区中小学校建设用地规划》《长沙市建设工程抗震设防要求管理办法》《长沙市城区生猪定点屠宰管理条例》《长沙市住房公积金管理机构调整工作实施方案》《长沙市道路货物运输管理办法》《长沙市城市供水用水管理条例》《长沙市城市房屋拆迁管理若干规定》《长沙市城市户外广告管理实施办法》《长沙市城市房屋权属登记管理办法》《长沙市产权交易管理办法》《长沙市住宅区物业维修基金管理办法》《长沙市存量公有住房以经济适用房价格向职工出售办法》《长沙市治安巡逻队组建与管理办法》《长沙市离退休干部医疗保障试行办法》；讨论废止《长沙市殡葬管理条例》《长沙市城镇暂住人口登记管理办法》两部地方性法规的议案。研究清理收回行政事业单位空余住房情况，原东升福利厂遗留问题处理方案，申报2002年秋季全国糖酒会及将319国道浏永、浏大公路和省道浏东公路移交省交通厅高管局，环线综合开发费减免，市新殡仪馆建设用地土地出让金减免及新殡仪馆主礼楼设计方案。研究长沙市直饮水工程项目“饮水及水质环境工程”。通报罗荣桓元帅100周年诞辰纪念活动资助情况。研究信息化建设、“电子政府”建设和基础通信管线建设与管理；讨论长沙市工业园区布局规划、市工读学校重新选址及土地补偿、劳动力市场迁址重建、加快长沙市天然气发展扶持政策、政务服务中心建设及行政审批制度改革等问题。研究制定长沙市2002年至2003年度企业最低工资标准、调整管道煤气价格问题。讨论决定“7·6”事故及安全整改、“红太阳”娱乐演艺有限公司3月1日特大火灾事故处理意见、处置长沙市大围山玉泉山庄宾馆建设遗留问题、“火星路”冠名权拍卖问题。

第十二届长沙市人民政府共召开常务会议87次，议题总数379个。2003年召开政府常务会议25次，议题总数96个。主要研究事项有：审定政府规章、制度或报送人大审议的法规草案，如《长沙市人民政府公告活动管理规定》《〈长沙市人民政府公报〉工作意见》《长沙市人民政府关于开展“质量兴市”活动的决定》《长沙市人民政府关于进一步做好刑满释放解除劳教人员安置帮教工作的意见》《长沙市城市市容和环境卫生管理办法》《长沙市国有投资公司总监事会管理办法》《长沙市夜景灯光环境管理办法》《长沙市标准化管理条例》《长沙市人民政府发展和规范中小企业融资担保体系的意见》《长沙市偿债风险准备金管理办法》《长沙市人事争议处理暂行办法》《长沙市烟花爆竹安全管理办法》《长沙市人民政府问责制暂行办法》《关于进一步发展服务业的若干意见》《长沙市城区社区服务业发展规范》《长沙市人民防空警报设施建设管理规定》《长沙市退役士兵安置暂行办法》《长沙市建筑工程使用预拌混凝土管理规定》《长沙市农村特困户救助工作实施办法》《长沙市城区动物和动物产品市场质量安全准入管理体制暂行办法》《长沙市生态市建设规划》《岳麓山风景名胜区总体规划》《烈士公园总体规划》《长沙市历史文化名城保护条例》《长沙市房地产交易管理办法》及废止《长沙市城市收容遣送管理暂行办法》。审定长沙高新区岳麓山高科技园麓谷路等8条道路、城区部分道路及“长沙大道”的命名；研究调整管道煤气价格、推行IC卡替代板式月票改革工作、调整市营运出租车（的士）营运价格及瑞典伊莱克斯公司收购中意股权问题。研究县到乡镇公路改造、市环路建设公司转让四路资产

“融资租赁”重组债务、国防科大所属3个军建干休所移交长沙市管理、中巴的审批及有关遗留问题。研究实施《长沙市城市林业生态圈专项规划》、含浦高教园规划及对全市37个各类开发区（园区）整改问题。

2004年，长沙市召开常务会议20次，议题总数为93个。主要研究事项有：《长沙市人民政府关于发展资本市场的若干意见》《长沙市城乡特困家庭子女高等教育助学金暂行办法》《长沙市人才居住证制度暂行规定》《长沙市中小学校职工定岗分流工作实施意见》《长沙市落实计划生育奖励优惠政策实施意见》《长沙市人民政府关于实施第二阶段控制大气污染措施的通告》《长沙市特困企业职工医疗救助暂行办法》《长沙市灵活就业人员基本医疗保险试行办法》《长沙市城镇职工生育保险实施办法》《关于促进农民进城就业的意见》《长沙市建设工程预拌混凝土管理规定》《长沙市地下管线工程档案管理条例》《长沙市城区最低收入家庭住房保障管理办法》《长沙市通航桥梁水域交通安全管理办法》及废止《长沙市村庄规划建设用地管理暂行规定》《长沙市公共场所预防性卫生监督暂行规定》《长沙市城市垃圾管理办法》《长沙市人民政府关于修改〈长沙市体育市场管理暂行规定〉的决定》《长沙市人民政府关于修改〈长沙市邮政通信管理规定〉的决定》等市政府规章。研究长沙市与广西壮族自治区南宁市、广东省广州市结为友好城市，申办2004年世界旅游小姐年度皇后大赛问题。研究长沙铁路总公司所属在长学校、医院移交长沙市管理，市公交总公司资产重组及转让，公用局系统改制和资产转让，市属建安企业改制及扩大县域经济审批管理权限，理顺城市管理体制问题。落实2004年全市自建经济适用房新项目开工计划、武广客运专线长沙新站选址、城区湘江一桥等4座大桥收费站外迁、取缔长沙市湘江风光带周边水域非客船载客及治理整顿长沙市砂石生产经营秩序；授予鹿儿岛市市长赤崎义则长沙市“荣誉市民”。核定增补47处长沙市市级文物保护单位和荷晏路等4条道路命名问题。

2005年，市政府召开常务会议15次，议题总数64个。主要研究事项：落实2005年经济适用房建设和本年度国有土地供应计划；审议岳麓山片等7个分区规划和桐子坡等33个控制性详细规划。落实申办第三届中国城市森林论坛和城市林业生态圈建设大会，对城区部分道路桥梁进行命名及建立重大事项公示制度。审议《长沙市突发公共事件总体应急预案》《长沙市公众信息网管理办法》《关于进一步加强招商引资工作的若干意见》《关于加快优势产业集群发展的若干意见》《长沙市人民政府关于公布长沙市市级行政许可实施项目目录的决定》《长沙市旧货交易治安管理办法》《长沙市城市住房行政强制拆迁程序规定》《长沙市贷款建设的城市路桥车辆通行费征收管理办法》《长沙市安全生产监督管理办法》《长沙市人民政府市长公开电话工作管理规定》《长沙市人民政府新闻发布制度》《长沙市城市市容和环境卫生管理办法》《长沙市株树桥水库饮用水水源保护条例》《长沙市城市生活垃圾处理收费管理办法》《关于市属国有企业改革有关政策的补充意见》《长沙市认真做好企业办社会职能分离工作的通知》《关于进一步做好全市就业困难对象就业扶持工作的通知》《长沙市人民政府关于鼓励支持和引导非公有制经济发展的实施意见》《长沙市人民政府关于公布取消、新增和调整的部分市级行政许可实施项目目录的决定》《长沙市城市工业容貌规定》《长沙市人民政府关于全面推行依法行政的若干意见》等政府规章、制度及报送市人大审议的地方性法规。

2006年召开常务会议13次，议题总数62个。主要研究事项：落实本市2006年度经济适用房计划及项目；研究湘江长沙综合枢纽工程长沙市应承担的任务和措施，武广铁路配套和长沙市轨道工程建设及融资方案，市城市快速轨道交通线网规划；审议《长沙市妥善解决国有企业办中小学退休老师待遇问题实施办法》《关于扶持和引导我市休闲产业的若干意见》《关于进一步加强留学人员管理和服务工作的若干意见》《长沙市城区犬类动物管理规定》《长沙市人民政府关于优先发展城市公共交通的意见》《长沙市关于加强基金管理的暂行规定》《长沙市建筑企业劳动保险基金管理办法》《岳麓山风景名胜区保护条例》《长沙市城市规划管理办法》《长沙市城市桥梁安全管理条例》。研究三角洲开发建设，市城建投发行10亿元企业债券以及承办“第五届中日地方交流研讨会”，2007年全国历史文化名城年会和第一批科技成果中试风险资金项目，新城热电厂整体移交项目。

2007年，市政府召开常务会议14次，议题总数64个。主要研究事项：审议《重大行政决策专家咨询论证评估暂行办法》《长沙市征地补偿安置条例》《长沙市黎托新区征地补偿试点办法》《长沙市黎托新区被征地农民就业培训和社会保障试点办法》《长沙市人民政府会议制度实施细则》《长沙市电网规划建设实施细则》《长沙市人民政府关于进一步加强城区土地管理的通知》《长沙市人民政府关于规范城市基础设施配套征收管理的通知》《长沙市进一步采取措施控制城市大气污染的规定》《长沙市征地补偿安置条例》《长沙市基金监督实施意见》《长沙市城镇居民基本医疗保险试行办法》《长沙市城市住房保障制度实施方案》《长沙市客运出租汽车确定新一轮经营者的实施方案》《长沙市闲置土地清理处理工作方案》《长沙市砂石场所规划》，废止《长沙市城市燃气管理办法》（市政府令第15号）《长沙市城镇职工工伤保险办法》（市政府令第24号）、《长沙市国家建设征地土地补偿安置办法》（市政府令第43号）、《长沙市防治机动车噪声污染规定》（市政府令第52号）、《长沙市人民政府关于加强城市道路交通管理的若干规定》（市政府令第56号）、《长沙市流动人口计划生育工作管理实施办法》（市政府令第63号）、《长沙市人民政府关于取缔二轮摩托车、正三轮摩托车非法营运的若干规定》（市政府令第65号）、《长沙市烟花爆竹安全管理规定》（市政府令第87号）8个市政府规章。审定香港同胞柳明心、张青夫妇和日本国会议员森山裕等5人为长沙市“荣誉市民”；研究湘江长沙综合枢纽工程、国家生物产业基地建设、上海市徐汇区与长沙市缔结友好区市合作协议和申办世界园艺博览会及2007年中国商标节筹备工作。审议加强全市流动人口和出租房屋管理服务及职业教育基地项目划拨用地等工作。

第十三届长沙市人民政府共召开常务会议54次，议题总数为218个。2008年召开常务会议16次，议题总数88个。主要研究事项：审议《关于进一步规范市政府专题协调会议的规定》《关于调整长沙市城市房屋拆迁补偿标准等事项的规定》《关于着力解决农民工问题的意见》《长沙市征地补偿实施办法》《长沙市被征地农民就业培训和社会保障办法》《长沙市城市居民最低生活保障办法》《长沙市困难企业参加城镇职工基本医疗保险暂行办法》《长沙市城区2008年度土地储备计划及项目实施方案》《长沙市突发事件总体应急预案》《关于进一步加强和规范招标投标监管工作的若干意见》《长沙市政府投资项目概算审查办法》《长沙市重大项目库管理暂行办法》《长沙市人民政府关于政府投资项目工程变更管理暂行办法》《关于进一步规范长沙市房屋建筑和市政基础设施工程施工招标投标活动的若干规定》《长沙市城市供水用水管理条例》《长沙市民办非企业单位登记管理暂行办法》《长沙市人民政府关于征地补偿安置若干问题的规定》《长沙市安全生产行政问责办法》《长沙市住房公积金管理条例》《关于改革乡、镇（街道）财政管理方式全面推行“乡财县管乡用”的实施意见》《长沙市城市道路交通秩序管理条例》《关于加强城市义务教育设施配套建设工作的实施办法》《长沙市地震应急预案》《长沙市网上出让国有建设用地使用权规则》《长沙市干线公路建设管理办法》《关于推进城乡社区居家养老服务工作的实施意见》《关于宾馆酒店招待所等场所不主动提供一次性日用品的通知》《关于市区三环线内禁止使用燃煤的通知》。研究在老旧居民社区推行开放式物业服务工作，调整全市客运出租车运价水平和计价结构，核定橘子洲景区门票价格，设立廉租房建设产业基金，开征生活垃圾处理费，坪塘监狱整体迁建，市公共卫生中心建设、南湖片区项目建设、武广片区建设湘江一桥南北1千米范围内棚户区改造滨江新城和南湖新城片区土地出让净收益分成，2008年度第一批次经济适用住房项目建设，农村集体建设用地、大河西先导区路灯维护站项目建设，长沙简牍博物馆建设以及文明交通劝导员、城市协管员、流动人口协管员3支队伍建设等工作。

2009年共召开常务会议12次，议题总数47个。主要研究事项：审议《长沙市户外广告设置管理办法》《长沙市人民政府关于加强审计工作的决定》《长沙市新建住宅项目供电设施建设管理办法》《长沙市农村公路管理养护体制改革实施办法》《关于全面推进集体林权制度改革的实施意见》《长沙市经济适用房上市交易管理办法》《长沙市民用建筑节能管理办法》《长沙市国有土地上房屋征收与补偿安置工作规定》《长沙市征地补偿监督管理暂行办法》《长沙市土地储备管理办法》《长沙市机动车排气污染防治条例》《长沙市政府投资项目管理办法》《长沙市推行公务消费制度综合改革工作意见》《长沙市政府投资建设项目审计监督办法》《长沙市财政公共项目支出绩效评价实施细则》《长沙市灰汤地热资源保护条例》《长沙市农村土地流转交易暂行规则》《长沙市农村土地承包经营权流转管理办法》《长沙市林权流转管理办法》《长沙市集体建设用地使用权流转管理暂行办法》《长沙市人民政府行政问责办法》《长沙市城市绿线管理办法》《长沙市低收入家庭认定办法》《长沙市城乡困难居民临时救助办法》《长沙市农村集体聚餐食品安全管理办法》《长沙市人民政府重大行政决策程序规则》《长沙市人民政府重大行政决策后评估制度》。讨论研究第十届全国中学生运动会筹备工作，举办长沙市第七届运动会，公园免票入园以及全市社区建设和换届选举工作。审议新一轮市本级行政许可实施项目清理结果。

2010年，市政府召开常务会议9次，议题总数34个。主要研究事项：集中学习《湖南省规范行政裁量权办法》；审议《长沙市城市建设档案管理条例》《长沙市户外广告设置管理办法》《长沙市医药卫生体制改革近期重点实施方案（2009—2011年）》《关于进一步规范改制企业资产处置后续监管工作的若干意见》《长沙市征地补偿标准》《长沙市人民政府关于进一步加快法治政府建设的决定》《长沙市城市管理条例》《长沙铜官窑遗址保护条例》《长沙市开展城市管理相对集中行政处罚权工作方案》《长沙市人民政府关于修改和废止部分市政府规章的决定》《长沙市房屋登记办法》《长沙市加快培育和发展战略性新兴产业实施意见》《长沙市安全生产责任制及行政责任追究暂行规定》《长沙市闲置土地处理办法》《长沙市机动车停车场管理办法》《长沙市餐厨垃圾管理办法》。研究营盘路湘江隧道建设项目和长沙市轨道交通2号线一期工程建设，长沙市智能交通行车诱导系统建设，长沙市东二环线（四方坪立交桥—韶山路立交桥）改选工程，长沙市部分行政区划调整工作以及组织筹备全市第八次村委会换届选举工作。

2011年，市政府召开常务会议11次，议题总数33个。主要研究事项：集中学习《湖南省政府服务规定》；研究梅溪湖国际服务和科技创新城招募竞投问题；审议《长沙市节约能源办法》《长沙市人民政府关于推进兽医管理体制改革的实施意见》、《长沙市人民政府关于修改〈长沙市城市道路车辆通告若干规定〉的议案》《长沙市人民政府关于废止〈长沙市城市管理综合执法试行办法〉的决定》《长沙市水资源管理条例》《长沙市蔬菜基地管理条例》《关于改革完善乡镇农技推广服务机构的实施意见》《长沙市公共卫生与基层医疗卫生事业绩效工资实施意见》《长沙市城乡低保对象医疗救助办法》《长沙市闲置土地清查处置工作方案》《长沙市国有土地上房屋征收与补偿实施办法》《长沙市建设用地节约集约利用评价标准》《长沙市公共安全视频图像信息系统管理办法》《长沙市病媒生物预防控制管理办法》等政府规章制度和有关文件；研究完善长沙市城乡居民基本养老保险制度、清理和审议非行政许可审批事项及2011年（第五届）长沙市科学技术创新贡献奖评选工作。

2012年，市政府召开常务会议6次，议题总数16个。主要研究事项：集中学习《法制湖南建设纲要》；审议《长沙市慈善事业促进条例》《长沙市全民健身办法》《长沙市妇女儿童发展规划（2011—2012)》《长沙市人民政府关于提请废止〈长沙市城市房屋拆迁管理条例〉等3部地方性法规的议案》《长沙市轨道交通条例》《长沙市政府法制工作规定》《长沙市地名管理办法》《长沙市城市养犬管理规定》。

第三节　市长办公会议

1988年，随着经济体制改革的不断深入，各类社会矛盾日益显现，为进一步密切政府同人民群众的联系，进一步改进政府工作，6月25日，召开市长办公会议，研究并决定在全市设立18部政府公开电话，专人专线听取群众呼声。即：在市政府机关设政务综合电话，在城建局设市政公用设施电话，在民政局设民政管理电话，在公安局设治安管理电话，在交警支队设交通管理电话，在信访办设群众信访电话，在工商局设工商管理电话，在物价局设物价监督电话，在电业局设供电管理电话，在城管办设市容管理电话，在环保监测所设环境管理电话，在粮食局设粮油供应监督电话，在煤炭公司设煤炭供应监督电话，在东区、南区、西区、北区、郊区政府分别设区政管理电话。通过层层落实责任，缓解各类社会矛盾，密切政府的人民群众的联系。中央、省级新闻单位报作全面报道。1992年，为解决城郊分割严重影响城区和郊区积极性发挥问题，市政府调查研究，多次召开市长办公会议，决定从财政、计划、财贸金融、工商行政、公安管理、城建城管、教育、城建开发等八个方面理顺城郊管理体制。为后来全市的区划调整打下坚实基础。进入21世纪，长沙经济、社会各项事业快速发展，对政府工作提出新的更高的要求。2000年，市政府召开专题市长办公会议17次，议题总数为35个。2012年市政府召开市长办公会议63次，议题总数达127个。主要集中为城市规划、管理和交通设施建设方面。1月13日、16日、17日，2月19日、21日召开的市长办公会议，集中研究光明村新农村建设规划、汉代长沙王考古遗址公园及周边区域总体规划设计、长沙“三馆一厅“(博物馆、图书馆、规划馆、音乐厅）建设项目、城乡接合部环境综合整治伍家岭地区城市及交通综合设计方案、新河三角洲（A）片、黎托新城片区控制性详细规划以及修改《长沙市总体规划（2003—2020年》、长沙市城乡规划展示馆布展设计方案等。3月20日、4月5日、4月17日、5月16日、5月22日、5月23日、8月28日召开的市长办公会议，集中研究湘江沙河大桥可行性研究报告，银盆岭湘江大桥加固换索工程，五一大道恢复和提质工程，福元路湘江大桥、湘府路湘江大桥景观设计，黎托汽车站二期工程（主站房）建设，湘府东路跨京港澳高速公路桥梁和劳动东路浏阳河桥栏杆设计，桐梓坡路—鸭子铺通道工程设计，银杉路地下空间开发规划、南湖路湘江隧道洞口景观设计，轨道交通2号线一期工程车站公共区装修概念设计及出入口风亭设计，3号线一期工程线位站位方案、2号线车辆外观和内装和公共区装修设计方案，西湖主变电站立面方案及光达站配套综合体设计方案。

第四节　专题会议

市人民政府专题会议不定期召开，由市长、副市长或受市长委托的秘书长、副秘书长召集并主持，有关单位参加。会议的主要任务是：研究、协调和处理市人民政府工作中的一些专题问题；市人民政府阶段性的重要工作；市长办公会议需要预先协调的问题。1988 年，市场经济方兴未艾，各种经济成分、各种经济类型纷纷要求挤入市场。3 月，当时南区的 3 位待业青年向政府有关部门提出要求组建人力车营运社，并且得到区有关部门的批准，于 5 月正式投入营运。为解决这一问题，市政府召集工商、公安、交通等部门及南区政府多次召开专题会议，分析人力车参与市场营运的利弊。一致认为：人力车虽然是中华人民共和国成立前长沙市内的主要交通工具，但解放后已逐步消失。现代化的交通运输提出快节奏、高速度的要求，在繁华的中心城区拖人力车显然已不适应现代化建设的要求。经多次专题会议协商，达成共识。政府常务会议对人力车复出经营予以否定，收回执照，转向经营，并对经营者作妥善安置，收到很好的效果。2000 年 8 月 7 日的专题会议，通报五一路改扩工程资金使用情况。2012 年 7 月 5 日由市长张剑飞主持专题会议，主要研究中联重科麓谷环境产业园项目建设用地契税、挂牌交易服务费用征缴问题。会议决定：按“收支两条线”的管理办法，先予以征收。再按照《中共长沙市委长沙市人民政府关于加快工业园区发展的若干意见》有关规定，按该项目征缴资金额度的 50%，在大河西先导区产业发展引导资金中安排资金支持该企业发展。根据企业发展实际情况，如确有需要，再考虑对该企业进行其他奖励，以支持环境产业的发展。

第三章　施政纪要

第一节　推进新型工业化

1988 年，贯彻实施市委《关于实施高新技术带动战略决定》和《关于进一步支持高新技术产业发展的决定》，对国有工业企业放权让利松绑，推行“承包经营责任制”，全年工业总产值比 1978 年增长 2.26 倍，平均每年递增 12.6%。1992 年，贯彻执行国务院《全民所有制工业企业转换经营机制条例》，全面落实企业 14 项经营自主权，把工业企业推向市场。1995 年，继续深化工业企业改革，实施“双扶”（扶优、扶强）工程，以搞活大中型企业为重点，通过抓大放小、分块搞活、一厂一策，促使工业企业改革迈出实质性步伐。1999 年，继续抓工业经济结构调整，进一步营造发展非公有制经济的市场环境，加快发展以高新技术为重点的工业经济，带动传统产业的升级和换代。2001 年，明确提出“兴工强市”发展战略，大力推进工业化进程。确立以工业为主导的施政方针，重点扶持工程机械、电子信息等十大工程。

2002 年，实施市委“兴工强市”战略，用高新技改造传统工业，促进产业结构优化升级，大力推进新型工业化。加强“园区兴工”，走有序发展和集约发展之路，打造工业经济的集聚地和经济发展的核心增长极。制定“东制西高，南轻北重”和“保护生态，功能明确，突出重点，优化组合”的整体战略。全市“企业外迁、退城进县”战略开始起步。成立长沙市推进工业化协调领导小组。发布《关于加快推进工业化进程的若干意见》《长沙市工业发展纲要》《工业十大标志性工程实施意见》等一系列文件。优先发展电子信息、先进制造技术、生物医药等高新技术产业，努力构造技术创新体系，以技术创新推动工业发展。不断优化工业经济的发展环境。确立 23 户工业企业、28 家十大标志性工程企业为重点，着力打造支柱产业和龙头企业。全年完成工业总产值 718.3 亿元。规模工业总产值 395 亿元，规模工业经济效益综合指数 154.5%。翌年，落实市委《关于进一步加快工业发展的决定》，把推进新型工业化放在经济工作的首位，把国企改革作为加快新型工业化进程的重要举措。每周召开一次国企改革调度会，统筹解决企业改革与工业发展中的问题。通过兼并重组，促进生产要素向三大支柱产业和优势企业集中。大力发展高新技术产业，狠抓项目投入和技术改造投资。全年完成工业基建和技术改造投资 91.55 亿元，占全市固定资产投资的 21.1%，在全国 35 个省会和副省级以上重点城市中居第 10 位，增速居第 6 位。全面招商，借助外力发展新兴工业。引进美国沃尔玛、日本三菱和美的等世界 500 强及国内大公司相继落户。克服“非典”疫情等困难，继续保持 28%的增长速度。全年工业完成增加值 268.5 亿元，规模工业实现利润 38 亿元，均创历史新高。在全国 43 个中心城市（含直辖市）中，长沙市规模工业资金利税率居第一位。

2004 年，继续把推进新型工业化放在突出位置，抓住促进中部地区崛起、泛珠江三角经济区域和长株潭经济一体化等战略决策的历史机遇，主动承接全球和东部地区的产业转移。对一批重大工业项目，实行项目责任制，跟踪调度，全程服务。实行市领导挂点联系制度，深入到骨干企业和重点项目单位抓协调、抓进度、抓落实。着力培育中联重科、三一重工、长丰集团、北汽福田等重点企业。连续三年财政投入工业发展引导资金 1.58 亿元，扶持标志性企业、龙头企业及重大民营企业。加强提供智力的岳麓山国家大学科技园建设。以改革促进工业产业发展。2005 年，实施市委发布的《关于长沙市“十一五”新型工业化发展规划》，以科学发展观统领全局，突出加快新型工业化进程，突出高新技术产业，突出资源节约与综合利用。政府各部门增强工业主导意识，加大对工业发展的服务力度，改善发展环境，组织开展“工业服务月”活动。举办“中国工业（长沙）论坛”“港洽周”“珠洽会”，全方位宣传长沙，引进战略投资者。围绕提高核心竞争力，狠抓技术创新投入，努力由长沙制造迈向长沙创造。是年，全市完成工业总产值 1300.6 亿元，同比增长 27.3%，工业增加值占 GDP 比重达 31.6%，增速和增量创历年新高。规模工业经济效益综合指数 188.38%，提高 12.36 个百分点。实现“十五”（2001—2005 年）期间全市工业经济翻番的目标。

2006 年，把推进新型工业化作为经济发展的重中之重。市工业协调领导小组每月召集运行调度会，加大对重大项目及煤、电、油、运、气和资金等生产要素的组织协调力度。市政府主要领导多次调研、协调解决项目建设中的重大问题。相继召开全市工业经济工作暨“工业项目年”动员会、“抓住中部崛起机遇，加速推进长沙新型工业化”座谈会。把握重点，务求突破，努力提升全市工业的规模、质量和效益，走出一条快速高效的新型工业化道路。将“两区六园”升级为“两区九园”，加强工业园区建设，促进高新技术产业的发展。创建节能型城市，开展百家企业节能工程，出台《推动能源节约若干意见》。是年，工程机械、汽车制造等优势产业配套产值比上年增长 50%。工业经济效益综合指数为 208.25%，领跑全省新型工业化。2007 年，落实市委《关于加速推进新型工业化问题的意见》《长沙市六大产业聚群发展规划纲要》，成立“长沙市推进新型工业化领导小组”。确立以“三区三带”为核心的园区发展战略，推进“六大产业”为重点的聚群战略。推动工业自主创新，提高工业核心竞争力；节能降耗，积极发展循环经济，不断增强综合经济实力和市场竞争能力，走出一条有长沙特色的新型工业化道路。面对大力实施新型工业化带动战略的新形势、新任务、新要求，市政府强调要痛下决心，解决影响推进新型工业化的障碍和瓶颈问题，扩大工业规模，提高经济效益。是年，工业总产值突破 2000 亿元，增长 30.5%。全市工业技术创新成效显著，65 个项目获“湖南省优秀技术创新项目”，占全省的 71%。在全省新型工业化考核中，长沙市位居全省第一名，获“全省加速推进新型工业化红旗单位”称号。

2008年，大力发展先进制造业，着力推进新兴产业规模化、高新技术产业化、构建现代工业产业体系。依托园区实施集聚发展，依托项目实施集群发展，依托创新实施集约发展。制定《关于加快工业园区发展的若干意见》《长沙市节能减排综合性工作方案》，促进长沙制造向长沙创造升级。承办2008中国（长沙）科技成果转化交易会。出台《关于积极促进产学研合作，加快科技成果产业化暂行规定实施细则》等配套奖励政策。全年引进一批新产品、新技术、新材料项目。其中亿元以上项目136个，航空工业园、汽车起重机基地、隧道盾构机等42个项目开工建设。是年，工业总产值达3230.84亿元，增长31.9%。规模以上高新技术工业总产值1045.27亿元，增长38.2%。过亿元高新技术企业达134家。规模工业实现增加值932.78亿元，增长23.0%，增加值、增速分别高于全国和全省平均水平10.1个和4.6个百分点。工业对全市经济增长的贡献率达50%。2009年，贯彻“全省加速推进新型工业化工作会议”精神，召开全市工业经济工作会议，鼓励培育高新技术产业。实施人才战略，成立“长沙市引进优秀青年人才工作领导小组”，制订《引进国际高端人才三年行动计划》。加大工业招商力度，引进陕西重卡、广汽菲亚特，填补全省重卡整车生产的空白。生产新能源汽车的比亚迪落地长沙。召开全市“两帮两促”讲评会，发布《关于在“两帮两促”活动中给予中小企业贷款贴息和金融机构信贷奖励的通知》。召开全市项目建设观摩会。大力挖掘成长型战略产业，培育工程机械、电子信息、生物医药等一批产业集群的“种子选手”。形成以三一重工、中联重科、山河智能、中铁轨道为龙头，其他企业为骨干的产业集群，工程机械制造业成为全市规模最大的主导产业。是年，全市工程机械产业产值占全省的五分之三。长沙被誉为“中国工程机械之都”，成为中国汽车工业的第六板块。长沙经开区入选“国家新型工业化产业示范基地（装备制造工程机械）”。高新技术产业总产值达1483亿元，同比增长30%。规模工业总产值增长22.1%，效益同比增幅达306.4%，增速列27个省会城市前3名。利税增长24.3%.在全省新型工业化考核中继续排名全省第一。

2010年，贯彻实施长沙市第十三届人大常委会第二十六次会议作出《关于加快推进新型工业化进程的决议》，继续奋力推进新型工业化。继续实施重大项目带动战略，北汽福田新基地、蓝思科技、比亚迪汽车等项目进展良好。继续开展“两帮两促”活动，成立企业服务组，专职负责60个产业项目和120户重点企业。针对资金、国土、电力、环保等9方面的问题，召开专题会议协调解决。全年共解决项目问题229个、企业问题442个。进一步完善企业创新体系，创建国家级企业技术中心3家、省级4家、市级54家。全市技术创新项目263个，完成新产品产值1273.6亿元。全市实现工业总产值5404亿元，规模工业增速列27个省会城市第二名。

2011年，按照全省“四化两型”（新型工业化、新型城镇化、农业产业化、信息化，资源节约型、环境友好型）的战略部署，努力发展战略型新兴产业。大力发展先进制造业，加快推进“百亿企业、千亿集群”工程。培育新型材料、电子信息、电动汽车、精密制造、节能环保等战略性新兴产业。召开全市工业经济工作会议，全面总结“十一五”工业经济工作，部署“十二五”工作，坚持把新型工业化作为第一推动力，加快发展优势产业，积极培育新兴产业，加大技改投资，推进技术创新。全市实现技改投资1109亿元。实现技术创新项目280项。实现高新技术产业增加值1020.45亿元，增长35%。战略型新兴产业实现增加值689.45亿元，占全部工业增加值的25.9%。2012年，贯彻市委制定的《长沙市新上规模工业企业奖励办法（试行）》，召开全市工业经济工作会议，明确新形势下长沙推进新型工业化的意义、重点和方向，强调工业经济在率先发展中的重要作用。围绕“稳中求进”的总基调和“率先发展”的总要求作出决策部署，继续实施工业经济目标管理。市长办公会议多次专题研究新型工业发展有关问题，重点支持战略性新型产业，实施市级以上技术创新项目 334 项。拥有电子信息企业 1800 多家，其中年产值过 50 亿元和过 100 亿元的各 1 家，过亿元的有 87 家。是年，全市实现工业总产值 8263.08 亿元，连续 5 年每年净增 1000 亿元，与 2000 年相比，年均增长 23.4%。工业经济对 GDP 增长的贡献率达 56.1%，工业综合效益指数 385%。经省有关部门年度新型工业化考核评估，长沙市位列全省第一名。全年实现规模工业增加值 2309.84 亿元，增长 16.8%。在全国 27 个省会城市中排名第 8 位，增速排名第 6位。

第二节　发展园区经济

1988 年，在邓小平“科学技术是第一生产力”和“发展高科技、实现产业化”思想的指引下，省委、省政府提出“科技兴湘”发展战略，酝酿筹建长沙科技试验区。5 月，国务院批复同意设立长沙科技开发试验区。长沙市成立长沙科技开发试验区管委会，市长任主任。市政府与省科委共同研制《专家组工作细则》《高科技产品审批程序》。出台《长沙科技开发试验区暂行条例》，就试验区的性质、任务、经营管理原则及各项优惠政策作出规定，并先后 6 次召开政府常务会议，研究解决试验区相关问题，确立“因陋就简、就地起步、集中管理、分散经营”的十六字方针，充分利用长沙的科技、智力优势，把有限的人力、物力和财力，集中于试验区的发展。年末，有 200 多个单位和个人向试验区办公室申报项目 700 多项，经审定批准 40 家企业 83 个项目首批进入试验区。1989 年，长沙科技试验区高新技术企业发展到 80 家、高新技术项目 167 项，约有 300 项科技成果实现转化，实现产值 1.12 亿元。1990 年开发试验区完成总产值 9075.9 万元，实现总收入 8212 万元，分别比上年增长 12.7%和 30%。

1991 年，国务院批准长沙科技开发试验区更名长沙高新技术产业开发区（长沙高新区），系全国首批 27 个国家级高新区之一。省委、省政府成立由常务副省长任组长的省高新区领导小组，负责管理、协调长沙高新区的重大事项。长沙市副市长兼任领导小组办公室主任，整体协调政府各职能部门为高新区建设服务。形成“省市共管、以市为主”的管理格局。成立长沙高新技术产业开发总公司，与高新区管委会合署办公。长沙高新区管委会作为长沙市人民政府派出机构对企业行使“产业引导、政策扶持、依法管理、协调服务”等职能。出台《关于加快长沙高新技术产业开发区建设的意见》《长沙高新技术产业开发区总体建设规划》，编制《岳麓山科技园分区规划》，成立长沙高新区岳麓山科技园开发总公司，岳麓山科技园建设顺利推进。长沙高新区的发展方针亦调整为“小区规划、集中建设、规模经营、注重外向”，进入全方位开放的发展阶段。1992 年，报省政府批准：长沙捞霞开发区、长沙星沙开发区、长沙望城坡开发区和宁乡城关镇经济开发区起步建设。长沙星沙开发区实行“以县为主、市县共建”，成立以副市长任组长的长沙星沙开发区领导小组，重点负责督查和协调。编制《长沙高新技术开发区总体发展十年规划和“八五”计划》。年末，高新区园区企业发展到 199 家，高新技术项目发展到 361 项，开发项目涉及电子信息、新材料、光机电一体化、微电子、新药品、生物医学工程、生物遗传工程、计算机软件等 10 多个领域。捞霞、星沙等各园区制定近期和远期建设规划，并进行资金筹措和招商引资。捞霞、星沙、望城坡 3 个开发区到位资金 1.52 亿元，宁乡城关镇开发区签订协议 2.3 亿元。筹建浏阳县浏河、永安、大瑶等开发区。1993 年，省政府决定将长沙星沙开发区列为省级重点开发区并发出《关于设立湖南省星沙特别招商区的通知》，实行“两块牌子、一套人马”，要求各级政府各有关部门“多支持、少干预”。1994 年，长沙捞霞开发区更名为长沙市经济开发区，市政府将其列为全市经济建设十大重点之一，作为长沙市经济发展重要战略基地和对外窗口。省政府批准长沙星沙开发区更名为长沙经济技术开发区（长沙经开区），明确为全省重中之重，要求集中力量，重点支持办好长沙经开区。至年底，各开发区基础设施建设总投资近13亿元，累计引进项目1089个，资金近50亿元，年产值和其他收入超20亿元。

1995年，将长沙高新技术产业开发办公室改为长沙高新区管理委员会，明确为长沙市人民政府派出机构。制定《关于进一步加快岳麓山科技园发展的决定》，把岳麓山科技园的发展作为“科技兴市”的大事来抓，集中人力、物力和财力加快基础建设，加快招商引资，引“凤”入“巢”。建立科技园区各建设组团负责人招商联席会议制度。中共长沙市委、市政府认真学习贯彻中共中央、国务院《关于加速科技进步的决定》精神，决定把长沙高新区作为长沙市向高技术产业进军的基地，并把搞活岳麓山科技园列入1996年科技年10件实事之一。成立长沙市高科技产业开发领导小组，由市委、市政府主要领导任正副组长，明确长沙市高新技术产业归口长沙高新区管委会管理。根据国务院批准的长沙市总体规划，明确长沙市经济开发区为长沙经济发展的战略重点，由常务副市长担任开发区领导小组组长。确定在长沙市经济开发区霞凝地区规划建设长沙主枢纽港（长沙是国家批准设置的43个主枢纽港口城市之一）。1996年，实施长沙市第十届常委会第二十六次会议通过的《长沙高新技术产业开发区条例》，进一步明确长沙高新区管理体制和各项政策权限，为长沙高新区的创新创业与建设发展提供法律支撑和保障。按照“开放兴园、产业强区”的要求，园区建设向产业开发转变，园区累计有高新技术企业425家，开发高新技术项目645项，全年完成高新技术总产值37.44亿元。遵照国家对外开放、鼓励外商投资和推进高新技术产业化的方针，成立长沙高新区外商投资企业协会，高新区有外商投资企业115家，开发新技术项目200多项，总投资3.5亿美元。兑现岳麓山科技园优惠政策，进一步完善园区配套设施，切实为进园企业搞好服务等措施，吸引企业进园区。科技园累计落户企业121家，其中高新技术企业98家，生产能力过亿元的企业有8家。长沙市经济开发区积极推进园区建设上规模、产业开发上效益、内部管理上水平、招商引资上力度，对总体规划进行修编。1997年年初，两次召开市政府常务会议分别研究长沙经开区改革发展有关问题和审定长沙经开区编修方案。经国家科委批准，长沙高新区实行“一区四园”管理〔市内政策区，岳麓山高科技园（后更名麓谷科技新城）、星沙工业高科技园、马坡岭农业高科技园（后更名隆平农业高科技园）、远大高科技园〕，标志着长沙高新区发展进入“产业归口、多园统筹、集中服务、规模发展”的新阶段。全区工业总产值和利税分别占全省5个高新区总量的60%以上；开发高新技术项目700多项，其中列入国家级火炬计划项目26项，省级火炬计划项目93项；在全国53个国家级高新区中，长沙高新区总产值居第12位，总收入居第14位，利税总额居第8位。是年，天心区民营科技经济园比照高新区的优惠政策执行；浏阳工业园创立（2012年经国务院批准为国家级经济开发区）。年末，长沙市经济开发区调整为隶属开福区领导。

1998年，为解决长沙高新区岳麓山高科技园无产业发展后续用地问题，将望城坡区域长益高速公路以南、外环线以东、雷锋大道以西、319国道以北范围内约5平方千米土地作为高新技术产业的发展用地，按照《长沙市技术创新工程实施方案》加快科研成果转化，培养一批科技含量高、经济效益好的骨干企业和产品，制定有利于吸引外资的优惠政策和制度。长沙县对长沙经开区和新县城总体规划进行修编，规划控制用地为38.6平方千米。年内，宁乡民营经济工业园（2004年更名宁乡经开区）成立。1999年，作出加快岳麓山科技园、望城坡产业基地规划建设的决定。进一步加大对高新技术产业扶持力度，先后出台《关于进一步加快高新技术产业发展的决定》《关于长沙高新技术产业开发区实行统一有效管理的通知》《关于印发〈长沙市科技风险投资资金管理暂行办法〉的通知》。科技部批准建立国家新材料成果转化及产业基地，省政府批准建立长沙软件基地。召开长沙高新区软件产业基地、新材料基地规划和建设专题会议，印发《关于长沙软件产业基地、国家新材料成果转化及产业基地和岳麓山大学科技园若干政策的规定》《关于对长沙软件产业基地内的软件企业实行无费管理的通知》《关于批准创智软件园有限公司等11家软件企业为首批无费管理企业的通知》。启动长沙经开区总体规划修编。年末，长沙高新区累计开发高新技术项目933项，其中近200项列入国家、省（部）重点计划，区内主要产品处于国际领先和国际先进水平的116个，处于国内领先和国内先进水平的344个。技工贸总收入占全省5个高新区总量的68.5%。高新技术产值占全市工业总产值的25.5%，对区域经济增长的贡献率近40%。

2000年，长沙经开区升格为国家级经济技术开发区，下辖星沙、㮾梨、黄花3个工业园。望城经济开发区成立，马坡岭农业高科技园更名隆平农业高科技园。2001年，国家计委、信息产业部授予长沙软件园为国家软件产业基地，成为中部地区唯一进入全国十大重点软件产业基地。先后多次召开市政府常务会议，研究岳麓山大学科技园有关用地和建设优惠政策、麓谷规划和国家软件产业基地有关问题。组建长沙软件产业股份有限公司，充实长沙国家软件产业基地专家委员会。浏阳工业园更名为浏阳生物医药园。暮云工业园成立。2002年，实施市委“兴工强市”“园区兴工”战略，制定“两区六园”的中长期发展规划。先后制定《长沙市工业发展纲要》《关于加快工业化进程的意见》《长沙市工业园区布局规划》，分门别类搞好工业园区整合，对已建的不符合规划的工业园区限制其发展，取消准备建设但不符合规划的工业园区；对符合规划且需要发展的工业园区，制定配套的招商引资政策和合理的利益分配政策，创造良好条件，促其健康发展。成立湖南天心环保工业园，年末，省政府批准其列入湖南环保科技产业园，晋升省级工业园区。2003年，根据国务院《关于暂停审批各类开发区的紧急通知》和《关于清理整顿各类开发区加强建设用地管理的通知》，对全市37个各类开发区（园区）进行认真清理，决定扩大长沙高新技术产业开发区、长沙经济技术开发区；保留湖南环保科技产业园、湖南天心环保工业园、湖南省高科技食品工业基地、湖南省台商投资区、长沙含浦科教产业园、浏阳花炮精品园、宁乡经济技术开发区、岳麓山大学科技园、湖南望城国家农业科技园、长沙经开区暮云工业园、长沙市芙蓉科技工业园、长沙望城坡经济开发区、浏阳生物医药园、长沙经开区江背工业园、浏阳农业科技园、湖南西城科技工业园、长沙经济开发区；湖南省星沙特别招商引资区并入湖南长沙经济技术开发区，湖南宁乡中小企业科技工业园并入湖南宁乡经济技术开发区，长沙黄兴国家生态示范园并入长沙经济技术开发区；撤销中国长沙市华夏中小型企业园、长沙市宁乡服饰工业园、长沙市花明楼旅游综合工业园等25个科技开发区（园区）。长沙经开区管理体制由“市县共管、以市为主”调整为“由长沙市委托长沙县管理为主”，长沙经开区党工委、管委会为长沙市委市政府的派出机构，长沙市负责经开区的整体规划、重大发展项目决策、机构编制、重大人事安排和财税监管，开发区实行独立运作、封闭管理，享有省辖市相应的经济审批管理权限等。年末，扩大高新区麓谷控制规划范围为80平方千米，麓谷科技新城作为高新区管委会直管园区，由火炬城和麓谷新区组成；理顺体制对村镇实行“委托管理”，进一步下放市级管理权限，对园区实行“封闭式管理”“园区内的事情园区办结”。在科技部对全国高新技术创新能力评估排序中，长沙高新区综合排名第6位。是年，“浏阳市制造产业基地”创建（2016年更名浏阳高新区）。2004年，召开全市工业经济工作会议和全市园区工业工作会议，在园区建设、产业集群、标志性工程、高新技术产业和国企改革等方面下功夫。坚持工业兴市、园区兴工、项目兴园，强力振兴园区经济。制发《关于加快长沙高新技术产业开发区建设与发展的意见》《关于调整岳麓山大学科技园管理体制的通知》。是年，全市入园工业企业1219户，从业人员12万人。“两区六园”实现工业总产值334.95亿元，占全市工业的39.3%，实现利税占全市工业的36.7%，工业到位外资占全市工业的75.1%，固定投资资产占全市工业的58.3%，园区工业成为全市工业的主要支柱和招商引资的主要载体。根据商业部《关于国家级经济开发区2004年投资环境综合评估情况的通报》，长沙经开区在中西部10个国家级开发区中继续稳居第二位，在全国54个国家级开发区中名列第21位。

2005年，继续深入实施“兴工强市”战略，落实市委《关于加快优势产业集群和工业园区建设发展的若干意见》，加快工业和园区发展，加快机械制造、电子信息、烟草食品、生物医药四大支柱产业和工程机械、汽车制造和家电生产三大优势集群发展。制定《关于进一步加强招商引资工作的若干意见》《关于加快优势产业集群发展的若干意见》《长沙市园区工业考核暂行办法》。年底，启动金洲新区（金洲新区工业集中区，后更名为宁乡高新区）建设。翌年，国家发改委按照“布局集中、用地集约、产业集聚”的要求，将湖南省高科技食品工业基地、湖南省台商投资区、湖南望城国家农业科技园“三园合一”更名为“湖南望城经济开发区”。长沙市着力推进新型工业化，以实施“工业项目建设年”为载体，突出抓好产业园区，坚持园区工业化、工业园区化，明确园区功能定位，注重错位竞争、互利发展，以特色吸引项目，以产业吸引配套，引导产业集群发展，切实提高园区企业核心竞争力。出台《关于印发〈进一步理顺长沙经济开发区管理体制的方案〉的通知》《关于进一步明确长沙金霞经济开发区优惠政策的通知》。以行政区划微调的方式，将望城县黄金乡和雷锋镇的3个村共16.35平方千米成建制地调整到东方红镇，由高新区统一管理并实施开发建设。2007年，相继召开全市工业经济工作会议和全市工业园区建设工作会议，整合园区资源，优化产业布局，发展产业集群，推进新型工业化。2008年，全市经济社会发展立足稳中求进，把园区工作重心转移到招商引资和协调服务上来，引导中小企业和民营企业向园区集中，招商引资产业项目向园区集聚，启动经济新区的规划建设，加速园区的扩容提质和升级，加快工程机械、汽车、家电、生物医药和新材料等六大优势产业集群发展，抓好中联重科、三一重工、山河智能等重点项目及科技成果转化基地、光伏产业基地、化工产业基地等重点项目载体建设，实施中小企业成长工程，鼓励发展“专、精、新”项目，延长产业链，增强竞争力，重点打造中试、对接、服务和融资四大平台。全年共引进入园企业390家。实施市委《关于加快工业园区发展的若干意见》，并明确长沙望城坡经济开发区移交长沙高新区管理，望城县雷锋镇委托高新区管理，麓谷区域面积扩至100平方千米。是年，全市开工建设亿元以上重点项目136个。六大优势产业集群总产值占规模工业总产值的42%，工程机械集群产值突破500亿元；高新技术产业产值1120亿元，增长22%。全年实现工业增加值1311.27亿元。“两区九园”工业总产值1470亿元，增长40%。

2009年，科技部批准长沙高新区为国家级首批“创新型科技园区”。落实市委《关于促进长沙高新技术产业开发区建设国家创新型科技园的若干意见》。长沙高新区紧紧抓住“两型社会”综合配套改革试验区和创新型科技园区建设的机遇，积极实施项目立园、产业兴区战略，完成技工贸总收入1500亿元，实现总产值1340亿元。为实现长沙经开区与长沙市主城区对接，有机融合长株潭综合城市圈，明确将星沙、㮾梨、黄花3个产业基地委托长沙经开区管理。长沙经开区坚持抓项目、保增长，促转型、保发展，重点提升汽车零部件、装备制造、生物医药、高铁设备工业等产业。全年完成规模工业总产值631亿元，同比增长21.4%。在由《经济观察报》和中国区域经济学会主办的“中国最具投资潜力开发区”评选中获“中国最具投资潜力十强开发区”第六名，名列中部省份开发区第一位。是年，中央政治局常委、国务院总理温家宝和中央政治局常委、国务院副总理李克强均到长沙经开区视察，对园区企业生产经营情况给予高度评价。发出《关于进一步明确长沙岳麓科技产业园优惠政策的通知》，大力推进科技的孵化和辐射作用。2010年，按照长沙市《推进城乡一体化发展纲要》的统一部署，以园区为载体，以工程机械、汽车制造等大型企业为龙头，培育配套中小企业群体，力争千亿元产业集群“零”的突破。抓好园区项目储备和土地储备，主动承接产业转移，促进产业集聚发展，支持高新区建设创新型科技园，推进经开区新型工业化产业示范基地建设。出台《关于建设国家创新型科技园区的若干政策意见》及其相关实施细则，设立5000万元创新专项资金、5000万元创新投资引导资金、2000万元服务外包产业专项资金。省环保厅、省发改委、省科技厅批准长沙高新区为湖南省首家也是唯一一家环保产业示范园。经开区被授予“国家新型工业化（装备制造工程机械）产业示范基地”“湖南省新型工业化先进单位”。实施“国家生态工业示范园建设”创建。中央电视台《新闻联播》报道推介长沙“创新工商服务举措，竭诚服务园区企业”的经验。2011年，落实市委提出的“以经济建设为中心是兴国之要”战略思想，加快重大项目建设，投资1848亿元，实施重点项目463个。印发《长沙市关于工业园区建设和使用标准厂房管理办法》，加快园区提质改造，优化园区功能定位和产业布局，进一步理顺园区管理体制，发展工业地产，加快园区标准化厂房建设，推进高新区创新型科技园区建设，支持经开区扩规发展建设国家级新型工业化产业示范基地。高新区获批全国首批16个促进科技和金融结合试验地区，湖南省首个“国家海外高层次人才创新创业基地”。经开区园区规划面积由38.6平方千米扩展至100.59平方千米，环保部、商务部和科技部批准进入“建设国家生态工业示范园区”行列。高新区、经开区晋级千亿园区。年底，全市园区规模工业实现增加值1122.5亿元，增长28.3%。高新技术产业增加值1020.45亿元，增长39.2%。园区高新技术产值1731.1亿元，比2006年净增1545亿元，高新技术产业实现的规模工业产值占全市的83.8%。高新技术产业实现的规模工业增加值占全市的81.9%。深入贯彻党的十八大精神，按照省委“四化两型”战略部署，2012年，把握稳中求进总基调，坚持率先发展总要求，加速推进产业高端化，加快发展先进制造业，深入推进“百亿企业、千亿集群”工程。各园区稳增长、调结构、转方式，把增长摆在第一位，把重点放在项目上，突出项目的落地、建设、投产、达效，把企业帮扶、要素保障、生产服务等工作分门别类，责任到人，搞好协调服务。举办中博会和央企对接会、重大项目推介会、第三届长沙国际服务外包对接会，加强与跨国公司、大型央企和战略性投资者的合作。是年，浏阳经开区晋升国家级园区。年末，全市工业园区形成“四区十园”的发展格局（长沙高新区、长沙经开区、宁乡经开区和浏阳经开区4个国家级园区；十园：望城经开区、雨花经开区、天心经开区、长沙金霞经开区、长沙暮云经开区、宁乡高新区、浏阳高新区、岳麓工业集中区8个省级园区和参照省级园区管理的长沙高新区隆平高科技园以及纳入市级考核的星沙产业基地）。各园区分别形成一批各具特色的主导产业，长沙高新区形成工程机械、电子信息和新材料三大主导产业，成为全省人才、资本和技术集聚的洼地。长沙经开区培育工程机械、汽车及零部件、电子信息产业三大主导产业，赢得“湖南工业看长沙、长沙工业看星沙”的美誉。宁乡经开区随着食品烟草、工程机械和新材料等主导产业的崛起，成功跻身国家队。浏阳生物医药园以专注生物医药、电子信息产业为目标，成为联合国工业发展组织在中国唯一的生物医药合作基地。望城经开区、雨花环保园、金霞开发区等产业园区逐渐形成食品、机械、新材料、环保、汽车、物流等主导产业集群。长沙高新区被授予“国家高新技术产业开发区建设20年先进集体”荣誉称号，中央政治局常委李长春出席长沙经开区建区系列活动，充分肯定长沙科技开发和经济建设园区所取得的巨大成就。长沙的各大园区正在发挥辐射全市、带动全省经济发展的重要作用，成为提升长沙城市品位、增强城市综合功能的重要力量。

第三节　加快农业产业化

1988年，长沙市认真贯彻中共十三大精神，深入贯彻实施市委《关于进一步搞活农村经济若干问题的决定》《关于增加农业投入增强农业后劲的决议》，扩大农业投资，稳定粮食总产，发展多种经营，增加农民收入。继续深化农村改革，进行土地适当集中和规模经营试点，逐步建立健全农村服务体系，促进农业向商品化、社会化、专业化方向发展。全市已组建农商联合体7个，以商品生产为主体的农村专业户达3.2万户。1991年，落实市委《关于确保农业生产稳定发展的决定》，市县两级组建以“开发产品、加速流通、服务城市、致富农民”为宗旨的优质农产品开发服务中心，探索以优质米为龙头的优质农产品科研、生产、加工、销售一体化路子，引导各乡村以市场经济为导向，以名优产品为重点，引进优良品种，优化产品结构，组织精细加工，开辟销售渠道。

1992年，遵照国务院《关于进一步搞活农产品流通的通知》精神，以加强社会化服务体系为重点，大力发展贸工农一体化的经营组织。农业科研、教育和技术推广转到以发展优质高效农业为主的轨道上来，加快农业高新技术开发及其产业化，走适合长沙产品资源的“种养促进加工、销售激发种养”的农业良性循环发展道路。1994年，深化农村改革，加快建立土地流转机制，实现规模经营。大力推行股份合作制，鼓励创办农业股份合作企业；尽快建立农产品市场、劳动力市场、资金市场、生产资料市场等要素市场；积极培养农村社会化服务组织，发挥中介作用，强化农户与市场的关系，把一家一户的分散经营组织起来，围绕主导产业和主导产品，建立市场牵龙头，龙头带基地，基地连农户的种养加、产供销、内外贸、农工商、农科教一体化的生产经营体制，形成农业产业化的发展态势。1995年，《人民日报》发表《论农业产业化》的社论后，落实市委作出的《关于加强农业和农村工作的决定》《关于认真做好农村土地使用制度改革工作的意见》，进一步深化农村土地制度改革，在稳定家庭联产承包责任制及统分结合的双层经营体制的基础上，按照强化所有权、明确发包权、稳定承包权、放开使用权的原则完善土地延包工作，建立土地使用权流转机制，推进土地有偿转让和规模经营。把乡镇企业与农业综合开发结合起来，促进农产品加工增值和农业产业化形成。市、县均成立农村工作领导小组，各乡镇成立农村工作办公室管理农技、农机、农经等“六站”。按照“全面发展、重点突破、搞出特色、大户带动”的方针，在种植业和养殖业方面形成产业化规模，使农村经济向多元化、社会化、市场化、效益化发展。大力加快农业产业化步伐，发展完善公司带农户、基地连农户、市场牵农户等实体形式。重点抓好优质稻、良种猪、蔬菜、茶叶、水果、经济林、黑山羊、奶牛、花卉、名优特种水产。做到区域化布局、专业化生产、一体化经营、企业化管理、社会化服务。1996年，进一步提高对农业产业化的认识，以市场为导向、以效益为中心，依靠龙头带动和科技进步，建立起农工商一体化、产加销“一条龙”的新农村经济格局。出台《关于加速建设乡镇工业小区的决定》。各区县（市）根据各自的资源优势和产业优势，重点扶持一批起点较高、规模较大的农产品加工企业。印发《关于加快全市养殖业产业化进程的通知》。长沙县建成三个养牛示范区，望城县建成种猪场和法国番鸭种鸭场，雨花区建成工程鲫（鲤）中试基地，浏阳黑山羊和宁乡良种猪的养殖专业户迅速增加。在湖南农大、省中医学院的大力帮助下，畜禽水产品的养殖、加工、销售均呈兴旺发达态势。大力开发特色农业、基地农业、山地农业，全市建成一批万亩以上茶、菜、竹、优质稻种植基地和粮、猪、茶、菜区域性商品基地。

1997年，贯彻实施市委发布的《关于加速推进农业产业化的决定》，出台《关于乡镇工业产业及产品结构调整的意见》。各区县（市）按照整体推进、市县联动、重点突破的原则，集中人力、物力、财力，大力发展粮食、生猪、蔬菜等支柱产业，加强农产品的加工、销售工作，使80%以上的农产品进入产业化经营。市、县两级成立农业产业化工作协调小组，对农业产业化进行规划、协调、督促和服务，确保建设项目、投入资金、建设要求、责任单位、分管领导“五落实”。是年，专门召开全市优质稻产业化工作会议。翌年，发出《关于推进优质稻产业化经营的通知》，确定40个乡镇为优质稻生产基地。成立市科技兴农领导小组和农业产业化办公室，加强基地建设，调整产业结构，强化科技服务，加大品改力度，扶持加工企业，培育龙头市场，实行综合服务，实现规模效益。国家开发办在宁乡建立“国家农业综合开发历经铺现代农业示范区”，实行基地建设、科学种养、设厂加工、指导销售。长沙市获准进入国家农业综合开发项目区，4县（市）13个乡镇建立8个项目区，培育种养加、产供销、农工贸一体化的农业生产经营模式，发展龙头（企业、市场）带基地、基地连农户的产业链，加快农业综合开发。1999年，印发《关于加强土地管理有关问题的通知》《关于加快流通产业改革与发展问题的通知》《关于进一步加强农科教结合推进科教兴农的意见》。建立农村土地流转机制，推进耕地向种植能手和规模经营户集中，积极探索农民以土地、产品、技术、资金等要素入股，与种植大户和龙头企业结成风险共担、利益共享的共同体。认真抓好农业科技应用和农业机械推广，实施种苗工程，加快品种改良，依靠科技延伸农业生产、加工、销售的发展链条，推进农业产业化经营规模向纵深发展。

2000年，全市贯彻中共中央国务院《关于2000年农业和农村工作的意见》，加大农村经济结构战略性调整，坚持调粮扩经，发展特色农业。各区县（市）按照长沙市人民政府《关于加快全市养殖业产业结构调整的意见》，培育各类养殖专业户达3.25万户。2002年，实施市委《关于推进农业产业化经营的决定》，制定《长沙市加快发展农业产业化经营龙头企业的实施方案》，大力引进资金、技术、设备，重点建设现代农业博览交易中心、盛湘和秀龙米业集团、宾佳乐乳业公司等40个龙头企业；建好望城国家农业科技园和历经铺、古港、黄兴、陈家渡等5个农业科技示范园；发展优质稻、良种猪、瓜果蔬菜、花卉苗木、茶叶、奶业、楠竹、油茶“八大主导产业”；建立信息服务、科技服务、良种繁育、流通销售“四大服务体系”。全市农业产业化经营企业及大户2226家，其中农副产品加工企业940家，授牌的国家级农业产业化龙头企业2家、省级9家、市级32家。现有农副产品市场320多家，中介组织380多个，流通企业986个，基本形成以红星、马王堆两大农产品市场为龙头、各专业市场为骨干、大批农贸市场为主体的农产品市场体系，年交易额已过100亿元。通过企业联基地、基地联农户的运作方式，开发农产品基地10万公顷，带动农户50多万户。2003年，制发《关于加强农业和农村工作的意见》，进一步调粮扩经，优化种养结构，积极开发“名特优新”主导产品。加大对百里花卉苗木走廊、百里有机茶叶走廊、百里优质水产走廊、百里优质水稻走廊和万头奶牛基地等优质农业产业带的建设力度与品质提升。2004年，先后召开全市农村工作会议、农业结构调整暨招商引资工作会议、全市乡镇企业暨小城镇建设工作会议，对全市农业产业化经营优秀龙头企业、优秀生产基地和先进工作者进行表彰，并部署农业结构调整从适应性向战略性转移，通过农业招商引资提高商品率，促进产业化。出台《关于深化农村改革促进农民增收的若干意见》，按照自愿、依法、有偿的原则，加速土地流转，实行规模经营。全市农民承包地使用权流转面积达3.88万公顷，涉及农户24.6万户；农民专业合作组织发展到305个。农业招商引资项目243个，是年竣工投产158个。推进农业产业化、农村经济工业化、农村社会城镇化，走“以城带乡、以工促农”的城乡一体化路子。

2005年，相继召开全市农村工作会议、全市林业工作会议、全市农业产业化工作汇报会、农业产业化龙头企业调度会，贯彻落实市委《关于进一步加强农村工作提高农业综合生产能力的若干意见》，发布《关于鼓励发展农产品加工业的意见》，成立长沙市农产品加工企业服务协调领导小组，把农产品加工作为农业产业化经营的突破口，实行“三个带动、三个转变、八大产业”的发展战略，将农产品加工与4个“百里走廊”发展结合起来，一手抓基地、一手抓加工，以加工业带动基地建设、带动农产品流通、带动产业化经营；逐步实现农产品初级加工向精深加工转变，由传统加工工艺向先进应用技术转变，由小批量加工向适度规模生产转变；重点发展粮油深加工、畜禽水产品加工、茶叶加工、果蔬加工、乳品加工、林产品加工、中药材加工、营养保健品加工八大产业。长沙市人民政府与中国农业发展银行达成三年信用贷款100亿元协议，由市财政设立农产品加工扶持专项资金，支持农产品加工业发展。是年即对18个上规模的农产品加工发展项目贷款贴息400多万元，为全市农业加工企业减免行政事业收费2100多万元，并对20家重点加工企业实行挂牌保护。全市农产品加工企业已达1850家，加工销售收入190亿元。2007年，农业产业化发展集中打造四条“百里走廊”优势产业带，抓好红星实业300万头生猪屠宰加工、南山食品10万吨乳品加工等现代农业“十大标志性”工程。2008年，认真贯彻《中共中央关于推进农村改革发展若干重大问题的决定》，实施市委《关于加快发展现代农业率先推进城乡经济社会发展一体化的意见》《关于加快推进农业标准化工作的意见》《关于发展农村合作经济组织推进农村土地承包经营权流转的意见》，举办全市土地流转洽谈会，支持农民以转包、出租、互换、转让、股份合作等形式的流转土地承包经营权，发展各类规模经营主体，促进农民专业合作社与农业龙头企业以土地流转形式成功对接、有机结合，38个农民专业合作社与16家农业龙头企业共同建立农产品生产基地。坚持以五个农业科技园和十大农业主导产业为重点，强力推进布局区域化、基地规模化、生产标准化、装备设施化、服务社会化、农民知识化，加快转变农业发展方式，夯实农业产业化基础。全市土地流转11.47万公顷；农民专业合作组织491家，参与农户37.04万户；农产品加工企业5349家，其中国家级和省级龙头企业29家；休闲农业企业1320家。2009年，召开全市农村工作会议，出台《关于加快推进农业标准化生产基地建设的意见》《长沙市农村土地流转交易暂行规则》《长沙市农村土地承包经营权流转管理办法》，加强土地流转，发展现代农业，对农产品实行集约化、规模化、标准化生产经营。中共中央政治局常委、国务院总理温家宝到浏阳永安万亩超级杂交稻高产示范区视察，鼓励种粮合作社和种粮大户推进农业产业化建设。是年，全市种粮合作社51个、种粮大户825户、粮食加工企业45家。

2010年，市委、市政府出台《关于进一步夯实农业农村发展基础加快推进城乡一体化建设的若干意见》，加强对农产品生产销售全过程的监督管理，做到生产有规程、质量有标准、产品有标志、市场有监管。由农民专业合作社实行田间耕作机械化、病虫防治专业化、产品加工规范化、市场开拓物流化。2012年，贯彻落实市委关于大力实施科技兴农战略，制发《关于推进农业科技创新加快农业现代化建设的意见》，各区县（市）成立农业科技推广服务体系改革领导小组，各乡镇建制成立农业综合服务中心（站），人员为事业编制、经费为全额拨款。长沙市人民政府与湖南省农科院签订市院合作协议，依靠农科院的人才、技术优势推动农业科技培训和创新，依托乡镇农科教中心与村级教学点向乡村农技员和专业户传授农业实用技术。全市涌现各类农业科技示范带头人5600多户、农民专业合作社4038家、农产品加工企业7487家，以及金霞物流等8个大型农产品批发市场、150家农产品交易市场、1470多个“农家店”，创建粮、菜、果、茶农产品标准化生产基地136个，示范面积2.54万公顷。农林牧渔总产值达419.78亿元、增加值271.31亿元，在全国省会及副省级以上35个城市中排名第12位；农民人均纯收入15763元，为全省平均值的2.1倍。长沙已基本形成种养、加工、销售“一条龙”服务体系和高产、高效、优质的农业产业化格局。

第四节 发展非公有制经济

1988年，长沙召开全市发展私营企业工作会议，贯彻国务院颁发的《私营企业暂行条例》，市政府决定在经济建设中坚持国有、集体、个体一起上的方针，实行区、乡（镇）、村、联户、个体“五个轮子”一齐转，工、商、运、建、服务“五个行业”一起上。引导农民利用房前屋后的零星土地，发展小果园、小竹园、小菜园、小麻园、小药园、小林园、小鱼池、小禽场、小猪场、小加工场为主的“十小”庭院经济，积极加以扶持，逐步发展壮大。在多种经济成分中，全市个体私营经济占15%。是年，长沙市在深圳召开首届“对外经济合作洽谈会”，鼓励外商到长沙采取直接投资、国际租赁、来料加工和补偿贸易的“三来一补”方式投资兴业。公开宣布优惠政策：外商投资兴业，5年内免征营业税和所得税，亲属可在长沙落户、就业、购房，对外资引进者奖励项目出资额的1%加1000元~5000元不等。当年引进外资项目25个，实际利用外资208.8万美元。翌年，改善投资环境，更多地吸引国外企业来长投资办厂，引进国外资金、技术和人才；提倡以老厂改造为对象，以厂地、设备作投资，发展多种形式的合资合作企业。按照国家计委的要求，建立“长沙市利用外资项目库”，首次入库项目31个，计划总投资6亿元。1990年，按照省政府《关于促进本省个体私营经济健康发展的通知》，大力帮助个体工商户和私营企业解决经营场地、生产原料、动力能源、贷款融资、供销渠道等实际困难，积极引导企业主学习领会党和国家的政策法律，感受政府诚意，加深理解信任，对从事个体私营经济坚定信心、消除疑虑、放心投资、安心经营。采取实际行动，为个体私营经济的发展纷纷兴建场所、搭建平台。全市商业网点6.05万个，集贸市场229个，为个体私营经济发展提供良好支撑。个体私营商业零售额比上年增长16.6%；个体私营工业产值达4.05亿元，占全市工业总产值的5%。1991年，制定贯彻落实《湖南省鼓励外商投资条例》实施细则，树立开放意识，发展外向型经济，确定利用外资立项及可行性报批项目71个，新增“三资”（中外合资、中外合作、外商独资）企业36家，实际利用外资820万美元；当年投产32家，产值1.35亿元，上缴税金500多万元。市政府极力创造条件促进个体私营经济的发展，遵照国务院和国家科委的有关规定，将14家拥有高新技术专利产品的私营企业进入高新技术产业开发区，与园区内的国有集体企业一样，享受同等的税费减免等优惠政策。国家工商总局个体私营经济司在长沙调查走访17家私营企业后认为：长沙的私营企业在发展生产、活跃市场、解决劳动力就业、增加国家财税收入等方面起到十分可观的作用。

1992年，成立由市长任组长的涉外工作顾问小组，聘请熟悉外经、外贸、外事的专家行家和民主人士及离退休老同志参加，加强对招商引资和“三资”企业的领导；编印《长沙投资指南》，加强对外宣传；建立由多个部门组成的“三资”项目联合会审制度，简化办事程序，加快审批速度，缩短审批时限。当年新批利用外资项目260个，新增“三资”企业290家，实际利用外资5800万美元，比上年增长6.1倍。1993年，长沙市在全省率先成立由副市长兼任局长的长沙市招商局，实行“一个窗口对外、一站制审批、一条龙服务”。新批“三资”企业561家，实际利用外资1.80亿美元，比上年增长211%。全市发展“三资”企业已逾千家，实际利用外资达7亿多美元。是年，制发《关于放宽个体私营企业登记标准的暂行规定》二十条，对个体私营企业的经营范围、规模、方式、内容、场所和投资额度等实行“六个放开”，降低门槛，消除障碍，提供方便，促进发展。非公有制工业企业迅速成长，产值达29.21亿元，比上年增长一倍有余。翌年3月，在全市发展个体私营经济工作会议上颁布《关于加快发展个体私营经济的决定》，进一步解放思想、拓展思路、放宽政策、放手发展，以“三个有利于”为标准，坚决实行“六个放开”。根据“谁投资、谁所有、谁受益”的原则，引导个体私营企业兴办那些投资少、见效快、劳动密集、直接为生产和生活服务的行业。在大力发展家庭工商业的基础上，实现“一村一品”或“一乡一业”，提高经济效益，持续健康发展。全市拥有个体工商户11.46万户，私营企业2413家，从业人数25.97万人，注册资金17.87亿元。实现个体私营工业产值43.29亿元，比上年增长1.2倍；个体私营经济商品零售额占全市总额的29.3%。1995年，贯彻全省利用外资工作会议精神，实施市委出台的《1995年经济体制改革工作要点》《长沙市中小型国有企业出售拍卖试行办法》，制发《关于进一步加强招商引资工作的意见》。对招商引资实行统一管理、简化程序、改进服务、提高效率和建立“一站制收费制度”等改善投资环境的十大措施。全市“三资”企业1406家，累计完成产值80多亿元，成为长沙新的经济增长点。长沙市非公有制经济得到迅猛发展，全市个体工商户14.55万户，从业人员32.12万人，分别比上年增长26.9%和42.1%；注册资金13.67亿元，产值16.21亿元，营业额120.87亿元，分别比上年增长35%、4.5%、90.7%。私营企业3487家，从业人员5.38万人，注册资金13.25亿元；产值过百万元以上的私营企业291家，过千万元以上的67家。远大空调、丰田化工电源等企业进入全国500户大型私营企业之列，旺旺食品远销全国，受到前来视察的中共中央政治局常委、全国人大常委会委员长乔石和中共中央政治局委员、国务院副总理、外交部部长钱其琛等领导的高度赞扬与充分肯定。

1996年4月，全面实施“开放强市”战略方针，形成“外宣开路、外事搭桥、外经拓展、外贸导向、外资推进”的五外联动工作格局，作出《关于对外商投资企业合法权益实行挂牌重点保护的决定》，对旺旺食品、LG曙光等5家“三资”企业率先实行挂牌保护，得到前来考察非公有制经济的中共中央政治局委员、国务院副总理李岚清的赞誉。1997年，全市个体私营经济工作会议要求各级政府和相关部门进一步解放思想，放开手脚，采取扶持政策，优化投资环境，大力发展各类个体私营经济。全市个体工商户和私营企业拥有17万多户，从业人员达54万多人。成立外商投诉协调中心，出台制止“三乱”行为等七条措施保护外商合法权益。为支持鼓励民营经济的发展，天心区民营科技园比照长沙高新技术产业开发区的优惠政策执行。翌年，又组建起宁乡民营经济工业园。召开全市个体私营经济工作会议，印发《关于认真贯彻〈湖南省加快个体私营经济发展的若干规定〉的通知》，按照“引导、规范、调整、提高”的基本要求，扩大规模，提升档次，保持量的增长，注重质的提高。长沙市个体私营企业完成投资27.93亿元，产业已由商业、饮食、服务、运输、修理等扩展到机械、电子、轻工、化工、采掘、建筑、种植、养殖等领域，规模和档次逐年提高。全市拥有私营企业3935家，完成总产值41.81亿元，上缴税金5.21亿元；年产值过亿元的私营企业有5家，过千万元的有20多家。1999年，长沙市人民政府两次召开常务会议，分别研究招商引资和治理经济发展环境工作方案，实施长沙市第十一届人大常委会第十四次会议通过的《长沙市个体工商户私营企业权益保障条例》，为个体私营经济发展提供法律法规保障。各区县（市）和开发园区对私营企业、“三资”企业和国有企业一视同仁、平等相待，让它们公平竞争、有序发展。一批非公有制的知名企业和品牌从长沙脱颖而出，远大空调、三一重工、创智软件、丰田化工电源、LG曙光、旺旺食品、关西涂料等企业及其产品在国内国际都具有很高的知名度和竞争力。

2000年，抓住中国加入世贸组织良机，在法规接轨、机制接轨、市场接轨等方面做好准备，用好、用活、用足国务院和省政府一系列改革开放政策，加大对跨国公司、大型集团的招商力度。贯彻执行《中华人民共和国台湾同胞投资保护法》，对各区县（市）和有关单位开展督查，促进落实，维护台商合法权益。建立长沙市台商投资企业协会，增强台资企业的主人翁意识，形成“以台引台”的良性机制。长沙个体私营经济迅速发展，注册资金 100 万元以上的私营企业 216 家，其中 500 万元以上的 20 家；一批科技含量高、技术密集型私营企业异军突起，是年有 30 多家进入高新技术产业开发区；立达人、蓝剑等企业用“公司+基地+农户”的模式不断发展壮大。非公有制经济完成总产值 219 亿元，在全市经济总量的比重中已达 33.4%，三分天下有其一。翌年，建立中小企业信用担保体系，清除民间投资的体制障碍，解除私营企业在公司设立登记和生产经营中的不公歧视与不当干预。由各级政府组织建立为个体私营中小企业发展的信用担保体系，规范民间融资渠道，解决其无人担保、难以借贷的问题。作出《关于加强招商引资工作，鼓励外商投资的决定》，规定外商在长投资兴业，除享受国家和省政府的一切优惠政策外，还在土地使用、永久居住、市民待遇、子女上学、优先就医、驾照办理等方面享有优惠政策。召开全市外事侨务工作会议，鼓励外事侨务部门充分发挥自身优势，大力开展对外交往和联系，为引资引智牵线搭桥，当好长沙经济发展的“助推器”。是年，中共中央政治局常委、国务院总理朱镕基视察中外合资的 LG 曙光电子有限公司，给予赞许和鼓励。2002 年，召开全市优化经济环境工作会议，调整充实以市长为组长的全市优化经济环境领导小组，将市纠风办、市整顿经济秩序办、市治理经济环境办“三办”合署办公。制发《关于优化经济发展环境，整顿和规范经济秩序工作的实施意见》，完善市场经济体制，优化经济发展环境，理直气壮地发展非公有制经济。全市非公有制经济占 GDP 的比重为 40%。

2003 年，全国大中型城市民营企业（长沙）合作交流会（简称“民交会”）在长沙召开。长沙市又先后召开全市对外开放工作现场经验交流会和全市民营经济暨服务业发展现场经验交流会，落实市委《关于进一步加大招商引资力度和大力发展民营经济的决定》，在放宽投资领域、鼓励兴办实业、参与国企改制、实行用地优惠、保护知识产权、拓宽融资渠道、加强人才培育、解决实际问题等诸多方面出台鼓励外来资金和民间资本投资兴业的各种优惠政策。充分认识发展民营经济和招商引资是实现长沙经济快速发展的必由之路，牢固树立“你发财、我发展，你投资、我服务，你经营、我保护”的意识，以热心和诚心换取民间资本与外来投资的信心和决心。在已有 48 家世界 500 强企业落户长沙的基础上，继续通过“民交会”“深洽会”等重大经贸活动，围绕招商重点，扩大带动效应，实现招商引资工作经常化、专业化、市场化。贯彻市委印发的《关于在全市实行党政领导干部联系重点招商项目制度的通知》，在全市建立党政领导联系重点招商项目制度，公布市、县两级领导联系的具体招商项目，实行任务到位、责任上肩。号召全市上下极力创造民营经济在社会上有地位、政治上有荣誉、经济上有实惠的良好氛围。进一步优化政策、法治、服务、市场和人文环境，着力扶持科技型、外向型、劳动密集型和农产品加工企业，加快体制创新、加速技术创新、加强管理创新。全市规模以上工业中非公有制企业完成工业总产值 287.53 亿元，所占比重达 53.85%。2004 年，将市商业贸易发展局、对外贸易经济合作局和市经济委员会承担的商贸职能加以整合，拧成一股绳，攥成一个拳，组建长沙市商务局，加挂招商合作局的牌子。召开“全市对外开放工作会议”，提高项目招商、网上招商、园区招商的工作水平，建立以实际到位资金为目标的考核体系，提高招商合同的履约率。重新修订和颁布《长沙市招商引资中介人奖励实施办法》，鼓励涉外人员的招商积极性。举办“国际友好经贸合作洽谈会”等各类节会 150 个。当年实际到位外资 5 亿多美元，有 58 家世界 500 强企业在长沙投资兴业或设立办事机构。2005 年，贯彻国务院《关于鼓励支持和引导个体私营等非公有制经济发展的若干意见》，制发《关于进一步加强招商引资工作的若干意见》《关于加快引进战略投资者的若干意见》《关于进一步支持湖南省台商投资区的意见》，规范招商引资工作秩序和外商投资审批程序。成立由市长任组长的长沙市非公有制经济领导小组，加大协调力度，帮助解决难题，推进快速发展。当年引进外来资金433亿元，其中实际利用外资9.02亿美元；“三资”企业实现销售收入2943亿元，上缴税金19亿多元。全市个体工商户15.23万户，从业人员36.47万人；私营企业2.91万家，从业人员48.27万人，实现总产值467.06亿元。全市个体私营工业企业完成工业总产值571.49亿元。非公有制经济在全市经济总量中的比重50.2%，占半壁江山。

2006年，实施市委印发的《关于鼓励支持和引导非公有制经济发展有关问题的通知》，召开全市招商引资暨商务工作会议，成立由市长任组长的长沙市招商引资工作领导小组和重点项目协调服务中心，加强对外开放和对外交流。是年，举办首届“中国中部投资贸易博览会”（简称“中博会”），中共中央政治局委员、国务院副总理吴仪出席，中央有关部委和22个省份领导及德国、美国、加拿大等20多个国家客商到会。长沙签约项目147个，其中外资项目48个、利用外资55.4亿美元，内资项目99个、引进外来投资300多亿元。翌年，新增外资直接投资企业227个，实际到位外资15.04亿美元。有89家世界500强企业和62家境内工业上市企业、中央企业相继落户长沙。2009年，适时进行产业政策调整、产业梯度转移和产业升级。优化非公有制经济发展环境，在引进国际大企业、大项目和国际先进技术、高端人才的同时，鼓励民间资本投入基础设施、国企改革、公用事业等。搭建“三资”企业和私营企业与政府、银行及担保机构的合作平台，积极支持私营企业进入国际市场，扩大发展空间，累计境外投资项目160个，分布在全球50多个国家和地区。非国有经济在国内完成固定资产投资1749.40亿元，占全市社会固定资产投资的71.6%；全市非公有制经济实现增加值2180.10亿元，占全市GDP的58.2%。

2011年，加强基础产业、助推产业升级，促进非公有制经济持续快速健康发展。长沙私营企业三一重工跻身世界上市公司500强。长沙非公有制经济实现增加值3425.21亿元，占全市经济总量的60.1%。2012年，进一步发展开放型经济，加大招商引资力度，扩大融资额度，优化产业结构，转变增长方式，促进经济发展。举办第七届“中博会”，引进外来资金1147.4亿元，实际利用外资直接投资29.77亿美元，新增外资企业94家。鼓励和支持个体私营企业放心经营、大胆发展，不断帮助他们解决经营场地、借贷融资、技术转让、人才培育等方面的实际问题，个体私营经济得到长足的发展。全市个体工商户已达34.37万户，从业人员69.44万人，注册资金218.85亿元；私营企业总数为9.65万家，就业人数88.11万人，注册资金3418.6亿元。在长沙规模以上工业中，私营企业1321家，实现工业总产值1932.85亿元；港澳台和外商投资企业130家，实现工业总产值630.7亿元。全市非公有制经济实现增加值3914.05亿元，占GDP的比重61.2%。长沙的经济总量居全国省会城市第7位，成为全国创业先进城市、十大品牌城市、国家现代服务业综合试点城市和中国最具软实力城市。

第五节　提升城市综合功能

长沙作为湖南省会，是全省政治、经济、文化、科教、交通中心，对全省及周边地区承担着多种功能集聚和辐射的使命，肩负着满足市民日益增长的物质文化生活需要的责任。1988年长沙的发展战略是：“改革开放，科技领先；服务全省，面向全国；城乡一体，全面振兴”。确立“统一规划、合理布局、综合开发、配套建设”的城建基本方针，组织编制《长沙市城镇建设发展近期和中远期规划纲要（1988—2000年）》和《长沙市城市总体规划》，实行“科技领先、四通并举（交通、流通、融通、通信）、兴工促农、富长振湘”的战略方针，提升城市综合功能。按照“规划上合理、技术上可靠、资金上可能、操作上可行”的原则，科学制订各个时期的基础设施建设项目计划。被国家人防委称赞为“城市建设与人防建设紧密结合典范”的五一路地下通道和长沙第一座立交桥——人民路立交桥的建成使用，以及五一路、八一路、人民路等市内主要道路的大规模扩改建竣工，使交通拥堵的问题得以缓解，市容面貌改观，市民出行方便。1989 年，通过深入实施长沙市第九届人大市委会第十二次会议作出的《关于〈长沙市城市总体规划〉的决定》和市委制定的《长沙市城市建设综合开发管理实施细则》，黄花机场建成通航，成为长沙联系全国、走向世界的重要通道，长沙基本形成铁路、公路、水运、空运等多种运输方式的立体交通网络，为扩大对外交往、加强改革开放、发展长沙经济、提升服务功能，起到积极作用。长沙市注重承接历史传统，把握地理优势，加强电信建设，成为全省的通信枢纽和信息中心；加强市场建设、创设交易平台，成为全省的工业品贸易中心和农副土特产品集散场地。是年，国家科委对《长沙市经济科技社会发展战略纲要》进行评审、鉴定，并批准长沙市建立高新技术创业服务中心，支持、扶植、孵化各种类型的高新技术企业发展，促进科技成果转化、推广、运用，提升服务和辐射功能。翌年，大力加强基础设施建设，为经济社会构建发展载体，为广大市民提供生活便利。先后建成湘江银盆岭大桥和香樟路、潇湘路、赤新路等，改建韶山路、劳动路、人民路等 8 条城区主干道；新装市内电话 1.60 万门，新建公厕垃圾站 113 座，新增公交车、出租车、环卫车 245 辆，“行路难”“行车难”“通话难”等矛盾得以缓解，城市综合服务功能得到提升。

1991 年，出台《长沙市城市生态建设总体规划》。采取治本与治标相结合的办法治理水环境、气环境、声环境，义务植树 7000 多万株，新增绿地 58 公顷；对污染严重的长沙树脂厂等 45 家企业采用“关停并转迁”等根本性措施，减少城市污染，提高环境质量，改善人居条件。实施市委《关于进一步理顺城区管理体制的决定》，增强城区的整体服务功能。1992 年，凭借自身区域性地位优势和经济优势，调整产业结构和工业布局，将城区的传统工业向城郊扩散、粗放工业向市外转移，让出中心城区发展商贸、金融、科技、信息、旅游等，使长沙逐步兼备工业中心、商业中心、金融中心、科技中心、信息中心和旅游胜地等多种经济功能，成为带动全市、促进全省、影响中南的发展核心。通过举办全国名优特新工业品交易会和糖酒交易会等，建设开放式的商流、物流中心和中南、西南地区的商贸窗口；举办科技成果交易会，促进大批企业共同发展，形成优势产业规模效应，成为现代经济活动的中心和经济要素的集聚地。长沙经济社会发展水平名列全国 188 个地级以上城市第 9 位，在全国城市综合实力 50 强中居第 20 名。

1993 年，国务院批复《长沙市城市总体规划》指出，长沙今后的建设和发展要根据城市性质，强化城市政治、经济、文化、科技中心的综合功能，把长沙逐步建设成为中南地区科技发达、经济繁荣、生活方便、环境优美的现代化文明城市。贯彻落实市委《关于加快科技发展的若干规定》，制发《关于加大长沙市中心商业区建设的通知》《关于加强城市道路交通管理的通告》，为“科技兴湘”“富长振湘”贡献力量。在黄兴路、东牌楼、晏家塘等地设立步行商业街，将城区干道上的摊担引入步行街。建成第二污水处理厂，完成湖南日化总厂废水治理等 10 项重点污染治理工程；建成开放望月公园、紫凤公园、湖南民俗村等，为市民增设休闲场地、改善环境质量、提升综合功能。翌年，贯彻落实《中华人民共和国环境保护法》，作出《关于进一步加强环境保护工作的决定》《关于进一步加强城市管理工作的决定》，大力加强城市管理和环境整治。长沙市被国家环保总局授予“城市环境综合整治十佳城市”。组织召开“长沙创建现代化国际性城市研讨会”，探讨规划长沙大工业、大流通、大融通、大交通、大科技五位一体的综合发展蓝图。1995 年，长沙经济发展再上新台阶，继上年提前 6 年实现国内生产总值翻两番之后，又实现人均国内生产总值翻两番，省会城市的经济辐射功能进一步增强。黄花机场第一条国际航线

“长沙—曼谷”顺利开通，标志着长沙向国际市场敞开一扇新的大门，为湖南同东南亚乃至全世界的贸易往来、经济合作、文化旅游提供便利条件。

1996年，国务院批准长沙市辖行政区划调整，撤销郊区，市区面积由原来的367平方千米增加到554平方千米。城市格局的变化，发展空间的拓宽，有利于城市综合服务功能的提升。为落实市委《关于在全市开展建设文明城市形象工程活动的通知》，印发《关于进一步加强环境保护工作的决定》《关于加强湘江风光带管理的通告》《关于加快环线道路建设有关问题的通知》《关于加强高等级公路管理的通告》等文件，加速推进城市建设，扩大城市规模，壮大城市经济，提升城市实力，增强长沙的综合服务功能，加强公路和地铁等基础设施建设；建立市县两级环境污染治理专项基金，坚决关停取缔小化工厂、小造纸厂等18种严重污染环境的企业；决定投资170亿元，用15年时间实施《长沙市跨世纪“蓝天碧水”工程计划》；加强对湘江风光带和高等级公路的管理，提高长沙的文明城市形象。加强软环境建设，在市政务服务中心增设30个市直部门办事窗口，全面推行办事公开制度，提高办事效率，提升服务功能。

1997年，出台《关于开展科技成果转化活动的实施意见》。翌年，召开“全市实施科技创新工程动员大会”，印发《长沙市技术创新工程方案》，安排125万元技术创新引导资金，选择九芝堂制药、海利化工等7家公司为第一批试点企业。建立全省首家以网上信息咨询服务和技术交流交易活动为主的长沙科技信息市场，成为全省重要科技成果集散和技术交易中心。长沙市被评为全国科教兴市先进城市，并被列为全国技术创新试点城市。1999年，先后成立长沙市优质稻科技研究中心和长沙市水产科技研究中心，对优质稻和水产品进行研究攻关、辐射传播。出台软件园、新材料基地、大学科技园的建设方案和配套政策，以增强科技实力、提高服务功能。制定《长沙市城市交通规划》《关于加强城市道路交通管理的若干规定》，继续深入实施长沙市第十届人大常委会第三十八次会议修正的《长沙市城市绿化管理条例》，出台《关于进一步加强造林绿化工作的意见》《关于整治市容环境的若干规定》，根据长沙的区位优势和特定功能，确立长沙的城市定位、城市布局，加强道路交通和生态环境工作，统筹长株潭一体化建设，提高综合服务功能。2000年，召开长沙市中长期发展战略研究动员大会，出台《长沙市城市总体规划（2001—2020年）纲要》，以把长沙建成现代化区域性科教中心、商贸中心、文化中心和信息中心，增强城市综合功能，提高城市运转效率，发挥城市整体效益。制定《关于加快培育旅游支柱产业的决定》，加强旅游开发。印发《关于进一步加强造林绿化工作建设林业生态市的通知》，高标准建设湘江和浏阳河风光带，形成以风景林、防护林为主的城市生态网，使之成为长沙城市景观形象的鲜明亮点。结合城市合理布局，建设一批绿化广场、小游园、小绿地，与五一广场、芙蓉广场相映，逐步形成城区园林化、郊区森林化、道路林荫化、庭院花园化的城乡生态格局，改善城市形象，提升城市品位。“九五”期间，长沙综合交通建设进入快车道，按照“一江两岸、西文东市”的格局，建设好市区“六桥三环”、河东“六纵十横”、河西“四纵六横”及东西南北“出城四条线”，继长永高速建成通车实现湖南高速公路“零”的突破之后，长沙—湘潭、长沙—常德、长沙—湘阴、长沙—岳阳等高速公路陆续竣工。石长铁路全线通车，宁乡、望城不通火车的历史终结。市内新修和拓宽改建道路12条，新建立交桥、高架桥8座，黄兴路南通北不通、蔡锷路北通南不通、解放路东西不通中间通等堵头卡口被打通。并采取当年立项、当年设计、当年筹资、当年拆迁、当年施工、当年受益的措施修建绕城线、二环线。长沙道路“外不成环、内不结网”的状况在改善，客流物流的通道在拓展，城市发展的功能在增强。

2001年，根据市委出台的《关于创建全国文明城市工作的决定》，召开“长沙市科技大会”，作出

《关于实施高新技术带动战略的决定》《长沙市技术产权交易管理暂行办法》，成立长沙市技术产权交易所，搭建起科技成果转让与交易平台，实施高新技术带动战略，建设现代科技中心。召开全市文化产业发展工作会议，颁布《长沙市文化产业发展规划纲要》《关于加快文化事业和文化产业发展若干政策的意见》，建设区域性现代文化中心，提高城市的文化品位和引领作用。2003 年，制定《长沙市历史文化名城保护条例》，努力延续城市文脉，丰富城市文化，培育城市文明，展现长沙神韵。召开全市旅游工作会议，出台《关于进一步加快旅游业发展的意见》，充分运用历史文化名城和红色旅游资源，饱览自然景物，瞻仰人文景观，感受领袖情怀，陶冶思想情操。是年，长沙被国家经贸委确定为全国物流试点城市，为物流打造平台。召开全市加快发展现代商贸物流工作会议，作出《关于加快发展现代商贸流通业的决定》，提高物流配送、仓储管理、货物代理等多种服务功能。努力将长沙建成商业辐射南到广州、北抵武汉、东达南昌、西至重庆的现代商贸中心城市。制定《长沙市生态市建设规划》，营造优质的生态环境，提升长沙的城市品位。2004 年，召开长沙第五次环境保护暨创建全国生态市动员大会和长沙市创建国家园林城市动员大会，制发《关于建设城市林业生态园的决定》《关于进一步加强城市园林绿化工作的意见》，落实工作责任，建设生态城市，营造优美环境，构建幸福家园。2005 年，召开全市小城镇建设工作现场经验交流会，作出《关于加快小城镇建设的意见》。对小城镇建设合理布局，形成特色村镇、中心集镇与卫星城、都市区连接相融合优势互补的城镇网络。是年，贯彻落实市委《长沙市城市容貌规定》，召开长沙市科学技术大会，出台《关于加速科技进步全面提升自主创新能力的意见》，提高科技对经济社会发展的贡献率。长沙连续四届被评为“全国科技进步先进城市”“全国技术市场工作先进集体”，被“世界科技城市联盟”接纳为第 57 位正式成员。翌年，乘势召开长沙市加快科技创新建设创新城市工作会议，发出《关于加快科技创新型城市建设的意见》。长沙市人民政府分别与省科技厅和中南大学签署构筑区域性人才资源聚集中心、推进科技创新平台建设及科技园区建设的协议，加强长沙对全市、全省的科技辐射带动功能，把长沙建设成为具有国际影响的工程机械、新型材料、电子信息研发制造基地。科技促进经济，经济支撑城建。为解决长沙城市建设中的湘江枢纽、道路桥梁、地铁高铁和公共交通问题，制定《关于优先发展城市公共交通的意见》。全年投资路桥基础建设 114.8 亿元，霞凝港二期竣工通航、三汊矶大桥建成通车、二环线全线贯通、“六桥三环”蓝图实现、“十纵十横”路网成形，长沙集散货物和运送旅客能力提升，城市道路交通和防洪标准提高，城市承载能力和服务功能增强。2007 年，深入实施《中共长沙市委推进和谐长沙建设 2007—2010 年工作纲要》。借“国家历史文化名城 2007 年会”在长沙召开契机，解决历史文化街区和名城建设保护问题，发布《关于加强文化遗产保护工作的通知》，全市上下致力于保护历史文化遗迹，提质改造 413 条背街小巷，修缮保护 12 条历史文化街巷，精心建设简牍博物馆，使历史文化与现实文化相辉映，展示长沙的综合实力和文化魅力。2009 年，为解决城市建设、交通疏导和棚户区改造等问题，制定《关于安居工程建设的实施意见》《长沙市建设人民满意城市 2009—2011 年工作纲要》，加强基础建设、实行规范管理，改善人居环境，提高生活品质。是年，武广高铁建成通车、黄花机场扩建和城际铁路、地铁 2 号线、过江隧道等建设顺利，客货运载功能增强。长沙被评为“中国创业之城”“中国最具软实力城市”“中国十佳休闲宜居生态城市”，获得“联合国人居环境良好范例奖”。翌年，制订《2010 年长沙建设人民满意城市实施计划》《关于加快推进城市国际化的若干意见》，加强城市功能的配套性、整体性、系统性，增强集聚承载、综合服务、辐射带动功能。长沙被评为“中国十大活力省会城市”和联合国“中国十大国际形象最佳城市”。

2011 年，实施市委制定的《关于推进国际化名城建设的意见》，出台《关于加快推进旅游业发展的决议》。国家旅游局下发《关于支持长沙市旅游业发展的决定事项》，支持长沙市精品旅游区建设成为国家生态旅游示范区。发出《关于推进国际文化名城建设的意见》，将长沙建设成为城市配套功能完善、交通出行方便快捷、景观建设富有魅力、历史文化内涵丰富、山水洲城风貌凸显、人居环境优美舒适的国际文化名城。是年，中共中央政治局常委、国家副主席习近平视察橘子洲生态文化园和长株潭“两型”（资源节约型、环境友好型）社会展览馆，希望长沙市加快长株潭“两型社会”综合配套建设，充分发挥辐射带动功能。2012 年，《长沙市城市总体规划（2013—2020 年）》经国务院审批同意。按照国务院的要求，长沙市严谨有序地实行畅通工程、安居工程、民生工程、生态工程、文明工程，提升城市品质和综合功能。长沙市人民政府连续 6 年举办“中国（长沙）科技成果转化交易会”，展现长沙科技强势的集聚力和辐射力。召开长沙市推进城乡一体化发展工作会议，出台《关于加快中心镇（小城市）建设推进城乡一体化发展的若干意见》，全市按照“城市国际化、产业高端化、城乡一体化、发展两型化、管理法治化”的要求，加快推进城乡规划、基础设施、公共服务、产业发展、生态环境和管理体制六个“一体化”，增强长沙中心城区的经济实力、文化魅力、创新活力、竞争潜力、辐射能力，以城带乡、以镇带村，激活农村经济，带动农村发展，建成“两型社会”，实现全面小康。长沙的综合承载功能、公共服务功能、产业支撑功能、科技辐射功能、生活居住功能得到普遍提升。是年，长沙的经济总量居全国省会城市第 7 位，人均生产总值居省会城市第 3 位，科技竞争力居省会城市第 6 位；城市综合竞争力居全国第 10 位。被评为全国科技进步示范城市、国家知识产权示范城市、全国创业先进城市、中国国际竞争力十强城市和中部竞争力最强城市、全国文明城市、全国十大幸福省会城市、中国最具幸福感城市。市民普遍感到长沙城市综合功能齐全，生活家居舒适幸福。

第六节　兴办实事改善民生

兴办实事，改善民生是共产党和人民政府之宗旨所系、职责所在。1988 年，着力解决适龄儿童入学、生活用煤差价补贴以及物价上涨等民生问题。全市开展财政、税务、物价大检查，加强对粮油、猪肉、蔬菜等主要食品和工业消费品的价格管理与监督检查，市场物价上涨过猛的势头得到遏制。召开全市扶贫工作会议，贯彻落实市委作出的《关于进一步搞活农村经济若干问题的决定》，实施扶贫帮困战略，全市定点包干扶持浏阳、宁乡等 13 个贫困乡村发展经济，解决温饱问题，实现尽快脱贫致富，至年底脱贫 3.35 万户。是年，城乡人民生活有所改善，全市新增就业职工 1.86 万人，职工人均工资增加 18.5%。全市兴办城乡敬老院 60 所，社区服务站 74 个。80 个乡镇实行“五保”供养以乡统筹，对 8354 户农村贫困户和 7305 户城镇困难户实行生活救济。对遭受秋汛、山洪等严重自然灾害的 68.53 万人员及时发放救灾款 118 万元帮助恢复生产、重建家园。

1990 年，开展“菜篮子”工程配套建设，制定《“八五”期间“菜篮子”工程计划》，解决蔬菜产销等问题；全面调整晋升职工工资，提高居民生活水平；出台一批直接关系民生的调价项目，平抑物价，稳定社会。是年，“为民办十件实事”工程共 130 个民生项目得以完成。城市居民人均年生活费收入 1576.34 元，比“六五”期末增长 23.3%；农民人均年纯收入 721 元，比“六五”期末增加 278 元；城乡居民储蓄存款余额 42.42 亿元，比“六五”期末增长 4 倍。1992 年，“为民办十件实事”共完成 44 个水、电、路、房、生态环境等民生项目。制发《长沙市副食品价格调节基金管理办法》，放开猪肉和城市居民生活用煤市场。是年，城乡人民收入增加，人民生活改善，城市居民的人均年生活费收入为 2211.82

元。贯彻落实市委发布的《关于减轻农民负担若干意见的通知》，农民人均纯收入954元，分别增长25.4%和9.3%。脱贫步伐加快，全市共扶助贫困户5.3万户，帮助兴建脱贫致富项目110个。就业面扩大，通过各种渠道安置待业人员11万余人，待业率控制在2%以内。全市城乡共建社会福利企业305家，安置5810名有劳动能力的残疾人工作。在农村97%的乡镇已实行“五保户”供养统筹，兴办乡村敬老院155所。为全市的村干部、计划生育专干、民办教师购买养老保险，解除他们的后顾之忧。

1994年，认真抓好直接造福城乡人民的实事工程，制发《关于落实政府工作报告中十件实事的通知》，各级政府和有关部门高度重视，专人负责，落实到位，取信于民。贯彻全国和全省“菜篮子”工作会议精神，部署实施“一把手”负责制；着力解决部分企业工资以及调整企业离退休人员养老金等民生问题。实施市委出台的《长沙市职工失业保险办法》《长沙市工伤保险办法》，制定《关于长沙市国营企业职工劳保医疗试行办法》《控制十八种居民生活必需品价格的规定》。年末，关乎民生的道路交通得到改善，城南中路一期、东风路拓宽改造完成，新建汽车西站投入使用；完成扶贫公路和接通乡村公路64.63千米；实施广厦工程已办理优惠政策的住宅102栋，建筑面积56万平方米；实现解困、解危1100户，计7.6万平方米。市场建设、城市环境、环卫设施、科教兴农、农村沼气、集镇规划建设都取得显著成绩。翌年，长沙市人民政府颁发《关于落实1995年市政府十件实事工程工作的通知》，落实省交办的八件实事。为城乡人民办实事共计62个民生项目。长沙市人民政府多次召开常务会议，制发《长沙市广厦（安居）工程实施方案（试行）》《长沙市主要食品价格管理办法》《关于深入开展市场秩序和物价综合治理活动的通知》《城区居民粮食供应办法》。全年新建居民住宅100万平方米，提供重点解困解危住宅2000套。实现“全年物价涨幅要低于全省、全国平均水平”的工作目标。制发《长沙市企业职工社会养老保险办法》《关于进一步做好农村社会养老保险工作的通知》，并召开专题会议部署社会养老保险制度改革工作。年末，全年实事工程完成率为98.2%。城市居民人均生活费收入4229.66元，农民人均纯收入1737元，分别为1990年的2.7倍和2.4倍。城乡居民储蓄余额达183.27亿元。为市民改善生活条件，提高生活质量，实行“握紧拳头保重点、集中力量办大事”的方针，在民生项目安排和资金平衡上，注重向水、电、气、路、房、话等基础设施和公共事业方面倾斜。“八五”期间，社会固定资产投资219亿元，其中用于城乡道路和通信的投资达34.94亿元，新修芙蓉路、车站路、长捞路、东风北路、解放东路，拓宽改造劳动东路、城南东路、曙光路、人民路、八一路、韶山路，长潭高速公路、浏永高等级公路，修建扶贫公路320多千米，全市95.4%的行政村已通公路，为市民的快捷出行和脱贫致富提供方便；新增移动电话2.1万部、程控电话14.4万户。用于城市供水、供气等公用事业投资24亿元，新建五水厂，扩建三水厂和四水厂，城区供水普及率达100%；相继建成市煤制气厂和第二石油液化气储配站。城市和农村的人均居住面积分别达到7.12平方米和30.7平方米。

1997年，实施长沙市第十一届人大常委会第三十八次会议修正的《长沙市蔬菜基地保护办法》。实施最低生活保障制度以及再就业工程，开展住房制度改革。召开全市实施再就业工程动员大会，制发《关于进一步实施再就业工程的意见》《再就业服务中心管理办法》等文件，把解决企业改制下岗减员职工再就业问题当作改善民生的一项重点工作来抓，每年安排1500万元作为再就业专项基金。各减员增效企业建立再就业服务中心，126个街道、乡镇建立劳动管理服务站，通过各种渠道安置下岗职工2.5万人、失业人员2.23万人，全市失业率控制在3.1%。“十件实事工程”包括水利、道路、电力、通信、供水设施、住宅、“菜篮子”工程、环保、商业网点、学校办学条件、文化与卫生设施等共76个项目，至年底完成67个项目（对9个项目作调整），解决一批与市民生活质量密切相关及群众强烈要求解决的难点、热点问题。翌年，继续把“为民办十件实事”作为重点工作，采取落实项目责任、狠抓进展督查、加强现场协调等措施，促进实事工程的实施。着力解决农村社会养老保险、从业人员基本养老保险、再就业工程、提高最低生活保障线标准等民生问题。制发《关于大力发展经济适用房的通知》《长沙市住房公积金个人贷款办法》，建设经济适用房285.85万平方米，实施一系列经济适用房政策，减免30项税费，集中建设一批安居小区。积极探索农村住宅建设新模式，采用连体住宅、商居合一模式，实现被拆迁农民安居乐业。1998年，长沙市被国务院4部委评为“国家安居工程实施先进城市”。

2000年，贯彻落实全省“两个确保”（确保企业下岗职工基本生活费和确保离退休人员养老金按时足额发放）工作精神，开展“三条保障线”最低生活保障工作，把“两个确保”作为“一把手”工程，层层落实。制发《长沙市城市居民最低生活保障制度实施办法（试行）》，初步建立包括下岗职工基本生活保障、失业保险和最低生活保障在内的以养老保险、医疗保险为主要内容的社会保障制度。是年，城市居民人均可支配收入7986元，农民人均纯收入3005元，城市人均居住面积18.6平方米，城乡居民储蓄余额373.2亿元。

2002年，召开全市再就业工作会议，认真贯彻落实全国全省再就业工作会议精神，坚持以民生为本，把就业工作作为最重要的民生工程来抓，制发《关于切实做好下岗失业人员再就业的通知》《关于强化再就业工作目标责任制的通知》，开展“再就业援助行动”，零距离就业服务。通过政府出资购买岗位、鼓励企业拿出岗位、社区开辟就业岗位等多种举措，全市有7.3万人通过各种渠道实现就业再就业。劳动保障部在全国推广长沙市建立劳动保障平台建设经验，长沙市人民政府被国务院授予“全国再就业工作先进集体”。2004年，实施市委制定的《关于深入贯彻落实〈中共中央国务院关于促进农民增加收入若干政策的意见〉的通知》，着重抓好民生工程。成立以市长为组长的“为民办实事领导小组”，出台《2004年度省市八件实事考核奖惩办法》。为完成八件实事，投入38.9亿元。召开八件实事交办会，把八件实事的具体指标（省交办的40项，市承诺的42项）量化到31个责任单位。各级政府及相关部门主要领导任务上肩，责任到位，狠抓落实，接受社会监督，兑现政府承诺。翌年，把市本级新增财力的71%投入到民本民生工程，抓好县乡公路建设、背街小巷改造、历史区街整修、农村低保制度、就业再就业、改善农村办学和医疗卫生条件、加强社会治安和安全生产以及改善城市生态环境等八件实事，为人民群众带来更加实在的利益。印发《长沙市2005年八件实事安排意见》，明确八件实事的具体项目和责任单位以及考核奖惩办法。是年，社会保险覆盖面扩大，灵活就业人员参加医疗保险和特困企业职工医疗救助稳步推进，完善单病种包干结算方式，降低个人负担。率先全省免征农业税，切实减轻农民负担。启动《长沙市农村居民最低生活保障实施办法》，在中西部地区率先实施农村低保制度，1.4万农村无子女等“三无”孤寡老人实现应保尽保。进行新农村合作医疗制度试点，实行农村大病医疗救助制度。实施农村贫困学生义务教育阶段“两免一补”和特困家庭子女高等教育助学金制度。在市区相继建设德政园、四方坪、芙蓉苑等30多个经济适用房小区，解决9.98万户低收入家庭住房问题；改造棚户区260多万平方米，让近2万户居民告别低矮破旧的棚屋。全市城市居民人均可支配收入12434元，农村人均纯收入4908元，城市居民人均住房面积27.2平方米，城乡居民储蓄存款余额954.4亿元。

2007年，贯彻省委、省政府指示，继续为民办好八件实事。省市八件实事涉及农村公路网络建设、农村通信和流通网络建设、义务教育经费保障、农村卫生服务体系建设、完善城乡污染治理体系、健全城乡社会救助体系、就业和社会保障、计划生育奖励扶助政策落实等方面。印发《长沙市2007年八件实事安排意见》，制定实施八件实事考核奖惩办法，投入资金33.97亿元，层层落实责任，明确各项指标具体责任人和完成的时间，形成市、区县（市）、街道、社区（村）4级联动的工作机制，加强督查，严格奖惩。年末，圆满完成省市八件实事，就业规模和社会保障不断扩大，新增城镇就业9.4万人，新增转移农村劳动力就业6万人，实现城镇无零就业家庭，城镇登记失业率为3.5%；企业基本养老保险参保新增11.5万人；新建和改建乡镇卫生院25个，新建社区卫生中心12个、村卫生室1366个，新型农村合作医疗参合率90.7%，城镇居民基本医疗保障制度基本建立；城乡义务教育从秋季起实现“一贯制”全免；城乡社会救助体系不断完善，新建和改建乡镇敬老院18所，改造农村“五保户”危房5000户，城乡低保金全额拨付到位；新建经适房70.9万平方米、城镇廉租房2.5万平方米。翌年，实施长沙市第十三届人大常委会第六次会议通过的《长沙市城市供水用水管理条例（修订）》，继续将“为民办八件实事”办成民心工程，深入实施安居、就业、畅通和生态四大民生工程。制发《关于安居工程和棚户区改造工作的实施意见》《长沙市居民最低生活保障办法》，切实解决人民群众最关心、最直接、最现实的利益问题。在全国率先推出经济适用房货币化补贴措施，得到中央及有关部门肯定，并作为经验推广。贯彻实施《中华人民共和国就业促进法》，出台《关于大力推动创业富民，加快建设创业之都的若干意见》，实行校企结合，组织职业培训，开展技能竞赛和小额贷款、税费减免、项目开发等创业扶持办法，并在全市筹集2.73亿元用于社会保险补贴、公益性岗位补贴等，通过政策拉动效应和创业带动就业举措，城镇新增就业10.39万人，下岗职工再就业3.05万人；农村新增转移就业8.15万人，其中有5503户农村贫困家庭实现转移就业。发展“普惠型”社会事业，基本构成城区“15分钟医疗服务圈”，乡镇卫生院建设改造任务全面完成，市属文博单位免费对市民开放。建立“共享型”社会保障，健全“五大社会保障”“五大社会救助”“五大社会福利”。突出解决人民群众最关心的食品安全问题，出台《关于建设“食品安全城市”的决定》并进行全面部署。开展“打造阳光政府，服务百姓民生”大型户外接访活动，现场解决问题308个。市级民生保障支出占一般预算支出的79%。得到国务院有关部门的充分肯定。长沙被评为“中国最具幸福感城市”。

2009年，实施长沙市第十三届人大常委会第十七次会议作出的《关于进一步加强全市食品安全工作的决议》，为民办20项实事，加上省政府交办的为民办实事涉及长沙的32项，共52项，包括新农村建设、住房保障、创业富民、食品安全、社区建设、社会公益事业等，市级投入30亿元作为铺底资金。着力解决经济适用房、医疗保险、城乡困难居民临时救助、低收入家庭认定等有关民生问题。印发《长沙建设人民满意城市2009—2011年工作纲要》《关于建设平安和谐模范城市的意见》《关于推进城乡社区居民养老服务工作的实施意见》。实施农村公路通达、电力扩容、饮水安全和环境整治四大工程。出台《关于鼓励和扶持大学生自主创业的政策意见》《促进全市普通高校毕业生就业的实施意见》。开展为民办实事实施情况督查。年末，长沙市被评为“全省为民办实事工作先进集体”“全国十佳休闲宜居生态城市”，荣获联合国“人居环境良好范例奖”，并再次被评为全国十大最具幸福感城市。翌年，全市认真实施“一化三基”（加速推进新型工业化，加强基础设施、基础产业、基础工作）战略，改善民生，实现又好又快率先发展。突出抓好省市为民办实事工程，最大限度满足不同层次群众的合理需求，着力解决一批群众最关心、最直接、最迫切的民生问题。制发《2010年建设人民满意城市实施计划》。全年省市为民办实事项目50个，落实到36个责任单位。召开全市安居工程和棚户区改造（国有工矿棚户区改造）工作会议，出台《关于下达2010年安居工程和棚户区改造工作任务的通知》《长沙市国有工矿棚户区改造工作方案》。公积金支持保障住房建设工作在全国首批启动，完成城市棚户区和工矿棚户区改造115万平方米，新建公租房1800套，改造农村危房2000户。是年，完成广播电视“村村通”工程，率先全国实现城乡医疗保险制度并轨。实现城市居民人均可支配收入 2.33 万元，农民人均可支配收入 1.12 万元，城市人均住房面积 30.9 平方米，城乡居民储蓄余额 2172 亿元。长沙市成为唯一获得中国最具幸福感城市金奖和民生满意大奖两项荣誉的城市。

2011 年，坚持以改善民生为根本，推进创业富民、扩大社会就业、调整分配结构、健全保障体系、发展社会事业。制定《长沙市低保对象医疗救助办法》《长沙市城乡居民基本养老保险制度》《关于加强民生保障工作的实施办法（2011—2013 年）》。实施为民办实事共 61 项（省 37 项、市 24 项）。健全市、区县（市）、街道（乡镇）、社区（村）四级工作制，加大督查督办力度。县以上领导干部走访群众 8600 余人。大力实施“一健三改”（健全住房保障体系，推进制度改革、危房改造和环境改善）安居工程；实施农村电网扩容、公路通达、饮水安全、环境整治、校舍改造“五大工程”；出台《长沙市职工基本医疗保险办法》《长沙市城乡居民基本医疗保险办法》，实施《“城中村”改造转户居民的就业和社会保障办法》，在全国率先建立城乡居民基本养老金正常调整机制。是年，财政优先保障民生，全年民生支出 359.6 亿元，增长 24.5%。长沙市获“全国畅通工程模范管理城市”、全国人居环境范例奖，连续 4 年被评为中国最具幸福感城市，并获得中国最具幸福感城市五周年特别荣誉大奖。2012 年，贯彻落实市委制定的《关于长沙市农村扶贫开发（2011—2020）的实施意见》，市级投资 44.2 亿元，对市民关注的省、市 37 项为民办实事工程建设全面或超额完成目标任务，在促进就业、扶贫解困、教育助学、社会保障、医疗卫生、百姓安居、道路畅通、环境治理等方面效果显著。特别是通过推进创业富民的就业政策，保持城镇零就业家庭动态清零。长沙市就业服务局被评为“全国就业工作先进单位”。为保障市民的身体健康，召开深化医药卫生体制改革工作会议，完善全民医保体系，率先全国实施基本医疗保险监督办法，全面实施城乡居民医保门诊统筹制度，基本形成城区“15 分钟医疗服务圈”，有效缓解民众“看病难”“看病贵”问题。实施“惠老工程”，创新养老服务模式，改扩建乡镇敬老院 20 所，创建省级农村综合性老年福利中心示范工程 6 个，出台《关于扶持养老福利机构发展的实施意见》，建成 402 个养老服务中心，初步形成覆盖城区的居家养老服务体系。新建农村集中饮水安全工程 50 处，解决 30 万人安全饮水问题。长沙的综合承载功能和公共服务功能显著提升，市民感到生活舒适、幸福安康。是年，新华社在《新华每日电讯》推介长沙新政民生实事经验。长沙市先后被评为“中国创业之城”“中国十佳休闲宜居生态城市”“全国十大幸福省会城市”“全国文明城市”。

第四章 行政监察

1988 年，发布《执法监察工作意见》。是年开始，围绕涉外经济会同、建筑市场、抗洪救灾物资使用发放、行政事业单位和个人小煤窑入违反房改政策、国土管理违法和行政事业性收费违规等开展执法监察，提出监察意见，查处违法行为。为加强机关文化建设，开展效能监察和推行办事公开制度，2000—2003 年，先后发布和出台《行政问责制》《行政效能监察投诉受理制》等 10 项制度，重点解决人民群众反映强烈的机关服务态度、办事程序、工作效率等方面的问题，为机关效能建设提供制度保障。实行“六公开、六办理、六规范”，打造“勤政、普法、高效”型政府。至 2000 年，先后发布和制定《关于进一步推行政务公开的实施意见》和《全市实行政务公开决定》，简历政务公开中心或公开办事大厅、实行“一条龙”服务窗口，同意规范公开的项目、范围、程序、时间标准等，设政务公开热线电话和市民投诉电话，接受咨询和监督。2005—2008年，围绕城乡规划、重大招商引资项目、服务效率政府等八件事实开展效能监察，其中督办总付工程款11亿余元、农民工工资1.22亿元；办理行政问责案件103件，50个单位、197人受到责任追究处理。为发展经济保驾护航，从整治“索拿卡要”、开展行风评议、优化经济环境和清理规范中介机构及社会团体入手，加强经济环境监察，先后出台和发布有《关于对“索拿卡要”问题开展史项治理的通知》《民主评议政风工作辖行办法》《关于对严重影响经济发展环境行为处理的辖行办法》《关于清理规范社会团体和中介机构的通知》等10余个文件。2011年，取缔黑中介1120家，279家行业协会脱钩，查处非法社会组织23家。2012年，全市2452个服务窗口和基层站（所、队）全面完成行风评议，全年通报典型案件8起，治理办事拖拉、推诿扯皮、索拿卡要等突出问题100余个。

第一节 机 构

（详见本志第二篇第七章第一节 机构队伍。）

第二节 执法监察

1988年，制发《1988年执法监察工作意见》，开展执法监察30项。清查涉外经济合同206份，清理立项、谈判、签约等文件7000份，对盲目引进设备提出改进意见，立案查处违纪案件1件。对建筑市场开展执法监察，发现违规项目225个，查处违纪违法案件31件、41人。1989—1990年，长沙地区发生严重洪涝灾害，对抗洪救灾款物发放使用情况跟踪检查，纠正发放不及时、不到位和平均分摊等问题，提出监察建议22条，纠正违纪行为8起，查处以油谋私案件7件、违纪油量242.86吨。1991年，根据省监察厅《关于禁止党政机关、企事业单位及有关个人到小煤窑入股分红和对违纪违法人员进行查处的通知》精神，清理整顿小煤窑，关闭宁乡和浏阳两县无证小煤窑117家，没收非法开采的原煤4000吨。查出党政干部在小煤窑参股47人，有14个单位在区、乡、村集资入股联营的小煤窑入股，均按政策清退股金，收缴红利。1992年，围绕加强农业、搞活经济等开展执法监察项目132个，挽回经济损失159万元，制定为经济建设服务的措施945条。1994年，发布《关于对住房制度改革开展执法监察的通知》，开展房改专项检查。查处违反房改政策的问题49起，涉及县处级干部19起，责令6人退出多占房和违规购买的公房。1995年，发布《关于开展土地管理执法监督检查的实施意见》和《关于开展土地隐形市场清理整顿的通知》，共对200个重点单位开展国土管理执法检查，查处土地违法行为和案件400件，收回土地6.83公顷，废止调查红线面积133.33公顷，依法解除有关单位土地使用权出让合同7份，涉及土地面积11.30公顷，收缴国土有偿收入8000万元。

1998年3月，发布《关于对行政事业性收费执法监察的通知》，全面清理检查预算外资金。查处违规收费3613万元，应缴未缴财政预算金额4623万元，未进入财政专户储存金额2.58亿元，按政策全部收缴财政或缴存财政专户储存。1999年，发布《关于对全市粮食流通体制改革情况开展执法监察和效能监察的实施意见》，开展粮食流通体制改革监督检查。查处粮食违法案件230件，没收非法购销粮食

633.3 吨，移送案件 34 起。2000 年，发布《关于对长沙市基本建设项目实行全过程监控的规定（试行）》，对 625 个重点工程项目开展执法监察和对 1998—2000 年市本级 1255 个工程项目财务核查，核减工程款 3.3 亿元，移送案件 145 件。

2001 年，发布《长沙市国债资金监督检查部门和成员单位目标管理责任制》，对国债资金的安全、合理、有效使用加强监督检查。先后四次对国债资金及其涉及的重点工程项目进行清理，督促长沙经开区将挪用的两笔国债资金共 287.82 万元归还、调账到位，纠正违纪金额 3091 万元，核减市一污水厂多列概算 136.7 万元，处罚在招投标中严重违规建设单位 13 家，移送案件 12 起。2002—2004 年，围绕经营性土地使用权招拍挂执法监察，查处土地违法案 375 宗，收缴罚没款 966.4 万元，移送案件 14 起。核减 15 个开发区规划面积 7331.6 公顷，查处土地违法案件 12 起。

2009 年，发布《关于对中央扩大内需项目落实情况开展执法监察的通知》，督查 124 个中央扩大内需新增投资项目的建设进度、资金、招投标、管理等情况。查处违纪案件 16 起，处分 19 人；终止 3 家企业的合同关系，勒令 3 家企业三年内不得在长沙承接政府投资项目建设；查处欠缴政府报建费 4.19 亿元；督查中央投资长沙市的 10 个廉租房建设项目，对没有按时启动建设项目的区县发出通报批评，限期完成任务。为贯彻《中华人民共和国环境保护法》和国务院关于《落实科学发展观、加强环境保护的决定》，对环境保护和节能减排工作执法监察，开展饮用水源环境整治和长株潭环境同治工作专项检查，关闭影响浏阳河、沩水河水质小企业 187 家；查处企业非法排污行为 230 起；查处环境投诉案件 10 起。围绕中共长沙市委、长沙市人民政府强农惠农政策落实情况执法监察。责令有关单位归还挪用的资金 549.89 万元，党纪政纪处分 3 人；督查农机补贴、退耕还林等专项资金管理使用情况，发现问题农机 3703 台，9 家经销商退回问题农机资金 161.87 万元。出台《长沙市征地补偿监督暂行办法》，监督有关部门落实个人补偿费用“两级审核三次公示”，实行阳光拆迁，全市因拆迁引发的信访量减少 60%。10 月，发布《长沙市行政事业单位经营性资产清查工作实施方案》，会同有关单位全面清理市直机关经营性资产，摸清市直 525 家行政事业单位国资总量账面值 300 亿元，是年收缴资产账面值 5765 万元，收缴资产收入 3.2 亿元；实地检查 544 个单位兴办经营的培训中心和门面等资产，清查出账面值 9157 万元认缴资产，移交轨道集团、信托投资公司经营；收缴经营性门面 165 个，房地产 14 处，从根本上解决利用资产收入私设“小金库”问题。2012 年，开展吃“空饷”专项检查，查处 33 个单位 88 人次，收缴违规资金 333.75 万元。参与查处重特大安全、责任事故 22 起，党纪政纪处分 63 人，法纪处分 16 人。

第三节　行政效能监察

一、机关效能建设

针对长期以来人民群众对机关效能反映强烈的服务质量和程序问题，2003 年，出台《行政问责制》《行政效能监察投诉受理制》等 10 项制度，为机关效能建设提供制度保障。2004 年，成立效能监察室，专司效能建设和效能监察工作，部署打造“勤政、廉洁、高效”型政府。办理行政许可项目实行“六公开、六办理、六规范”（即公开工作职责、办事依据、前置条件、办事程序、办事时限、收费标准；简单项目当即办理，复杂项目承诺办理，特殊项目特殊办理，多家审批联合办理，规模项目全程代办，重大项目跟踪服务；规范服务窗口和工作人员的语言、态度、仪表、服务质量、纪律和布局），审批项目精简 85%，并实行行政审批责任制、审批事务代办制、并联审批联审项目，行政审批时限缩短 30%。

2006年，发布《关于开展以建设进取型机关、务实型机关、服务型机关为主题的作风建设年活动的通知》，以解决行政审批多、服务态度差、办事效率低、行政成本高等问题为重点，加强机关作风建设。作出控制行政基建、压缩精简会议、规范公务用车配备等“六项规定”，实行“四费”公开，招待费、会议费、差旅费、交通费大幅下降。全市推行首查先行责令改正、全程代理服务、热线服务等多项人性化执法和服务措施，提升服务水平；对工业园区项目审批实施“急事急办、特事特办”程序，对世界500强企业投资项目等省市重大项目审批开辟“绿色通道”“随到随办、专人负责、全程代办”。实行行政审批“流程再造”和行政审批一次性告知、超时和联合审批缺席默认制度，行政审批时限压缩60%。

2009年，根据省委、省政府部署，开展“行政效能年”活动，作出“帮助扶植企业发展，帮助推进项目建设，促进民生改善，促进经济增长”的“两帮两促”决策。市直机关1000名干部组成100个工作组深入到30个重大工程、100个重点项目、100家重点企业，区县（市）、工业园区5000名干部组成工作组到979个重点项目、285家中小型企业，开展为期一年的“两帮两促”活动。共收集各类问题763个，协调解决463个。市领导带队组成10个慰问组深入基层和困难户解难。共筹集帮扶资金和慰问物资2858万元，慰问6万户城乡困难家庭。

2010年，根据省委、省纪委的部署，发布《关于开展“机关效能建设年”活动的通知》，进一步减少行政审批项目，减少行政收费、涉企检查，缩短审批办事时限，规范权力运行流程、行政决策程序、自由裁量权限、政务服务行为，严格法规制度执行。2011年，发布《关于开展基层群众“办事难”专项治理工作的方案》，着重解决机关服务、工作作风和效能方面的突出问题。各单位自查自纠存在的问题，落实首问责任制、岗位AB制（即主要负责某项工作的A出差或其他原因不能承担完成该项工作时，由B马上接替负责完成）等制度；全市实行常规检查年度计划报批、涉企检查登记备案制，推行园区“宁静日”制度，进一步严格执行同城一家检查制度，全面提升行政效能。2012年，按照省委、省纪委部署，开展“机关效能提升年”活动。市直机关270名干部组成90个联点驻村（社区）工作组，每月4天驻村开展工作。收集问题9.6万个，调处矛盾5.9万起，办实事5.7万件。同时，开展作风建设主题月活动，派出工作组3613个，2.2万名干部下基层搞调研、察实情、听民意、解难题，筹集帮扶资金5.13亿元、物资价值6624万元，办实事2.1万件，帮扶困难群众5.7万人。

二、效能监察

1992年，省政府下放给长沙市部分经济管理权限，长沙市下放部分权限给区县（市）。围绕下放权限的落实，组织专门检查组督查督办。2001年，发布《2001年效能监察工作意见》，重点开展企业效能监察和农网改造效能监察。298个企业效能监察立项468项，监察意见被采纳220条，完善制度256项，避免和挽回经济损失1600万元。对“改造农村电网，改革农电管理体制，实现城乡同网同价”工作跟踪督查督办。重点检查农网改造资金拨付情况、农电收费情况，督促有关部门认真履职，年底实现“两改一同价”目标。2003年，先后发布《关于在防治非典型性肺炎工作中严明纪律的紧急通知》《关于严明防汛工作纪律的通知》《关于确保城运会工作和新世纪体育中心等重点工程建设顺利进行的纪律规定》，严肃查处失职渎职、不依法办事、利用职权索拿卡要等行为。发现问题1571个，提出监察建议1135条，作出监察决定853个，整改问题1490个；责任追究257人，党纪政纪处分28人，其中，市疾控中心党政一把手被免职，消杀灭科科长被撤职。办结效能投诉392件，处分13人。

2005—2008年，围绕城乡规划、重大招商引资项目服务效率、市政府八件实事等开展效能监察。督办兑付工程款11.27万元，兑付农民工工资1.22亿元；对12个中博会签约项目跟踪监督、跟踪服务，协调解决农东福、百江明珠、澳洲商业广场等项目的一系列具体问题。对浏阳市“3·24”非法生产瞒报等4起事件的相关责任人行政问责，4名处长（主任）被责令辞职。办理行政问责案件103件，50个单位、197人受到责任追究，党纪政纪处分14人，移送司法机关1人。

2009年，为落实省纪委、省法制办的部署，印发《关于对〈行政许可法〉贯彻执行情况开展专项检查的实施方案》，对存在问题的单位下发监察建议，限期整改。市公安局及其经文保处发文程序违反《湖南省行政程序》规定，被通报批评，有关责任人书面检查。2009—2010年，围绕长沙市人民政府“两帮两促”决策落实情况开展效能监察，先后对“三十”重大工程建设进展情况、部分行政审批单位和要素供给单位工作落实情况、各区县（市）活动情况、融资平台建设情况等开展全面检查和专项督查，解决企业提出的各类问题641个、“三十”工程有关问题147个、市政府集中交办的问题196个。2011年，发布《关于开展专项效能监察和重要岗位效能监督的通知》，市财政局、环保局等64个市直单位围绕规范权力运行、环境治理、解决基层群众办事难等立项35项，通过监察，解决市财政局绩效评估整改、市审计局审计结果整改及烈士公园环境综合整治等突出问题。2012年，《长沙市效能投诉处理办法》正式实施，受理效能投诉984件，办理行政问责案件50件，责任追究67人。

三、推行办事公开制度

1994年3月，发布《关于党政机关干部廉政建设的若干暂行规定》，建立办事公开制度，凡涉及基层单位和人民群众切身利益及群众关心的“热点”问题，必须公开办事须知、办事程序、办事纪律、办事结果，自觉接受权力机关、纪检监察机关、人民群众和新闻舆论的监督。1995年，在浏阳市进行办事公开试点。1996年1月，出台《关于进一步推行政务公开的实施意见》，明确凡不涉及党和国家秘密的事项都要公开，并在市国土局等10个单位试点。6月，出台《全市实行政务公开的决定》，全面推行政务公开工作。9月，在市国土局召开全市政务公开工作现场会，推广国土局的经验。全市各级成立政务公开领导小组，公开办事制度、办事内容、办事依据、办事条件、办事流程、承办部门及工作人员姓名、监督电话等。1997年，发布《关于进一步推行办事公开制度的通知》，进一步明确公开的范围和重点项目。1999年，芙蓉区政府率先建立工商企业办证大厅，集公安、卫生、房地、审计、工商、国税、地税、司法等12个部门证照办理于一体，有效缓解“办证难，收费多，管理乱”等问题。长沙市在全国、全省经验交流会上介绍全市厂务公开工作经验。2000年，全市建立政务公开中心或公开办事大厅233个、“一条龙”服务窗口499个，开设政务信息发布屏115个、微机触摸器368个、政务公开热线电话和市民投诉电话1131部。发布《关于进一步推行政务公开工作的实施意见》，统一规范公开的项目、范围、程序、时间、标准，政务信息上墙上屏上报上网，下到一楼办理有关事项。2001年，长沙市人民政府及职能部门和具有行政管理职能的公共服务行业、区县（市）、乡镇街道、社区居委会和村四级政务公开覆盖面100%，基层群众性自治组织办事公开覆盖面99.8%。各区县（市）和市直机关共190个单位的政务公开已上互联网。中纪委在浏阳召开全国政务公开工作座谈会。2002年，长沙市人民政府政务服务中心（简称市政务中心）成立，长沙市人民政府31个具有行政审批和办证职能的部门汇集政务中心，以“一站式”“一条龙”服务方式为市民和企业办理150项行政审批。2004年，出台《政务公开工作考核办法》，把政务公开工作列入政府工作目标管理考核内容，年年考核。全市校务、厂务、医院及公用事业单位办事公开面已100%。全国政务公开座谈会第三次在长沙召开。2006年，全市100%的国有、集体控股企业和70%的非公有制企业实行厂务公开，长沙市再次被评为全国厂务公开先进城市。2007年，全市乡镇街道全部建立政务中心，其中36个被授予示范单位，实现政务服务“三级平台三级联动”。长沙市和浏阳市再次被评为“全国政务公开工作先进单位”，长沙县政务中心列入全国政务公开示范点。

第四节　经济环境监察

一、整治“索拿卡要”

20世纪90年代初，针对部分党政机关、事业单位中出现的“索拿卡要”现象，1995年5月，发布《关于对“索拿卡要”问题开展专项治理的通知》，部署整治“索拿卡要”歪风。市、县两级成立领导小组，下设办公室。全市采取自查自纠和重点检查督办相结合的方式，开展治理工作。经过治理，上交和清退礼金礼品148万元，拒收礼金265万元；查处违纪案件37起，处分27人，移送司法机关9人。1996—2004年，查处“索拿卡要”、有令不行、有禁不止、有错不纠等危害经济发展的案件649起，处分127人，挽回经济损失2.8亿元，有效畅通办事渠道。此后，将此列为治理经济发展环境的重要内容纳入日常监管，发现问题随时纠正。

二、行风政风评议

1995年，成立以市长为组长的“市行风评议领导小组”，在市国土局和宁乡县5个职业道德建设试点单位开展政风行风评议（简称行评）试点。1996年，印发《1996年度长沙评议政风行风工作实施方案》，分动员部署、自查自纠、集中评议、整改提高四个阶段开展行风评议，确定市电业局等5个单位为行风评议重点。行风评议员对其廉政勤政、社会公德、职业道德、行风政风等情况，采取问卷调查、民意测验、座谈走访、市民投诉等多种方式，广泛听取社会各界意见和建议，并原汁原味地进行反馈、督促自查和整改。在全市行评大会上5个单位作自查报告，评议员代表面对面地作客观公正、尖锐的评议。1997—2005年，推出“分级负责、逐级评议、集中验收、整体推进”的行评思路，从人大、政协、工青妇、新闻界等社会各界聘请行风评议员177名，还聘请4位有丰富行评经验的老干部为行评监督员，在市直48个单位、80个窗口单位、区县（市）和医药卫生系统等200个单位开展行评，在市直29个重点执法执收执罚单位中开展最佳和最差单位评议活动。整改问题2500个，制定措施1680条，解决问题769个，查处违纪案件45件、处分75人。2006年，各区县（市）开展形式多样的评议活动。芙蓉区“万人评政府”、天心区“百企评政府”、岳麓区“双百”（百家企业、百名评议员）评政府等。2007年，出台《长沙市民主评议政风行风工作暂行办法》《长沙市民主评议政风行风工作实施方案》，明确行风评议围绕“五个一”展开。即：开展一次明察暗访、召开一次座谈会、组织一次问卷调查；召开一次评议大会，拟定一份整改报告。“五个一”工作结束后，开展综合讲评，通报评议结果，总结提升评议工作。同时，确定具有行政执法、经济管理、公共服务职能、与群众生产生活关系密切的55个单位每年开展评议,其中与老百姓利益密切相关的23个单位由市纪委抓评议。2008年，15家政府职能部门一把手集中到新世纪体育城现场接受群众咨询和投诉。市电视台开辟政风行风热线节目，135个单位“一把手”或其他负责人走进直播间，解决各类问题4786个。2009—2012年，服务窗口和基层站所开展行评。在农村和社区设立100个政风行风监测点，聘请100名政风行风监督员，对政府部门、服务行业实施监督。电视台、电台同步直播区县（市）长访谈等节目334期，230名区县（市）负责人参加节目，主持人、职能部门和听（观）众“三方”通话。2012年年底，全市2452个直接面向企业或群众的服务窗口和基层站（所、队）的行评工作全面完成。全省纠风工作会议在长沙召开，推介长沙经验。

三、优化经济环境

2002年，成立优化经济环境和规范经济秩序领导小组，出台《关于优化经济环境，整顿和规范市场经济秩序工作的实施意见》和《关于对严重影响经济发展环境行为处理的暂行办法》，召开全市大会，部署集中整治经济发展环境。全市查处影响经济环境的案件247件，召开通报、讲评大会，点评剖析典型案件。2003年，领导小组建立企业联系点24家，直接听取企业意见，帮助解决具体问题，并试行涉企事项登记制和行政处罚备案制。组织企业、群众评选“优化经济环境工作最不满意”单位。长沙电视台推出《优化经济环境，改进党风政风》特别节目，市直10个重点单位主要负责人走进新闻媒体，33个主要部门公开承诺，主动接受社会监督。2003—2004年，查处损害经济环境的案件500件，党纪政纪处分55人，移送司法机关8人。推出优化经济发展环境监督制度、损害经济发展环境黄牌警告制度、投资环境行政问责等六项制度，曝光5起典型案件。2005年，出台《关于进一步优化经济发展环境的若干意见》，对优化经济环境的每一项任务都明确牵头单位和成员单位，规定完成时限。针对机关服务“缺位、错位、失范”等问题，连续五年暗访拍摄《反差》《反思》等5部专题片。对片中涉及的个人作出相应的组织处理或纪律处分；对涉及的单位下达限期整改通知书；针对企业反映负担过重、行政审批时间过长等问题，播放暗访专题片《对比》。对专题片视角触及的经济社会生活中的“潜规则”问题，先后办结福景公司橘子洲拆迁款案、德景公司案、青少年宫台商投资案等一系列有影响的案件，维护客商的合法权益，并对有关人员行政问责，党纪政纪处分20人，移送司法机关1人。2011年，先后制定《全市加强监督检查进一步落实优化重点工程建设环境责任制工作方案》《长沙市优化重点工程建设环境联席会议制度》，出台涉企检查备案制度，加强监督检查，规范行政执法行为，减轻园区和企业负担。2012年，通报典型案件8起，治理办事拖拉、推诿扯皮、“不给好处不办事，给了好处乱办事”等突出问题100个。

四、清理规范中介机构和社会团体

2004年，召开清理整顿社会团体和中介机构工作会议，发布《关于清理规范社会团体和中介机构的通知》《长沙市清理规范社会团体和中介机构的实施方案》，重点整治违规收费、违规经营、弄虚作假行为，严厉打击非法经营、违法经营行为。经过4年清理整顿，全市纳入清理范围的288家行业协会有264家实现人员、经费、职能、名称和办公场所与政府部门“五脱钩”，298名公职人员全部辞去在协会的兼职。2009年，整顿85家官办中介机构，除暂时保留3家外，其余82家全部脱钩。查处中介违法案件2起，取缔“黑中介”587家。2010年，整顿104家职工技协及技协企业，停止经营和注销49家，保留55家，并规定行政事业单位不得再设职工技协和技协企业；整顿规范市本级学会66家、商会24家；取缔“黑中介”533家。2011年，推进46家纯中介性质的自收自支事业单位改革，其中10家退出事业单位、注销登记或转企改制。取缔“黑中介”1120家；288家行业协会脱钩279家，暂缓脱钩9家；整顿规范市本级社会团体324家。查处非法社会组织23家。年底，全市所有中介机构、社会团体和律师事务所清理整顿完毕。出台《关于进一步规范中介服务活动，促进中介组织发展的若干规定》《长沙市行业协会管理办法》《长沙市律师管理办法》等，从组织机构、经营活动、财务收支、考核监管等方面予以规范和约束，促进中介机构依法经营、健康发展。

第五章 政府法制

1988年3月，长沙市开始把行政立法及政府规章制定与政府一般性文件制定加以区分，规范立法程序。8月，制定《长沙市依法治市实施方案》，把市政府各项工作纳入法制化轨道。

1989年7月28日，制定《长沙市政府规章制定程序的规定》，对立法计划制订、立法调研、立法听证、立法评估等作出明确规定。为确保长沙市经济社会健康发展，1993年、1997年分别配合市人大常委会制定《1993—1997年立法规划》和《1998—2000年立法规划》。2000年，通过对《长沙市政府规章制定程序的规定》进行修订，立法程序进一步完善。

2005年5月，长沙市举行立法听证会，各界人士参与《长沙市公共客运条例》听证。7月将《长沙市城市容貌规定》通过媒体广泛征求市民意见，保证立法质量。

2009年8月，建立“长沙市政府法制专家库”，并就城市绿线、城市道路交通疏导、城市色彩规划与管理三个议题的法律、法规进行研讨，电视、网络、电台同步直播研讨实况，开全国先河。

2010年3—5月间，组织政府立法听证会，发布政府法制建设“白皮书”，建立行政司法互动机制，将依法行政单独纳入绩效考核，全面参与政府重大行政决策。7月30日，出台《关于进一步加快法治政府建设的决定》成为法治政府建设的行动纲领。9月21日，国务院法制办携中央电视台、《人民日报》《法制日报》、新华社四大中央媒体，以及《湖南日报》《长沙晚报》等省市媒体对长沙市的依法行政工作进行深度采访报道。

2012年6月12日，出台《长沙市推进社会管理法治化实施纲要》，总结已经形成的社会公众参与决策、社区居民参与管理、纠纷化解主体协调互动等具有长沙特色的社会管理法治化模式，积极探索社会管理法治化的新途径。同年9月19日，出台《长沙市法制工作规定》，为规范政府法制工作的地方政府规章，建立起事前法律风险防范、事中法律过程控制、事后法律监督救济的政府法制工作体系。

至2012年年底，长沙市共制定地方法规56件，政府规章150件，废止、失效规章49件。

第一节 机 构

一、市级机构

1988年8月26日，设立长沙市人民政府法制工作办公室，归口长沙市人民政府办公室管理。同年，撤销市人民政府办公室下设的法规科，设长沙市人民政府法制办公室，机构规格为副处级。1991年，设立“长沙市人民政府行政复议办公室”，与长沙市人民政府法制办公室合署办公，增加行政编制3名。是年，长沙市人民政府法制办公室更名为“长沙市人民政府法制局”，仍为副县级单位，归口长沙市人民政府办公室领导。1992年4月，设立法规综合科、执法监督检查科和行政复议应诉科（加挂“长沙市行政复议办公室”），7月13日，成立长沙市人民政府法制局法律服务部。1994年9月，长沙市人民政府法制局更名为长沙市人民政府法制办公室，为副县级行政机构，归口长沙市人民政府办公厅管理。1996年4

月，内设综合法规科、行政执法监督科和行政复议应诉科。行政编制 13 名，事业编制 1 名。

2001 年 9 月，成立长沙市人民政府法制办党组。2002 年 1 月，设置综合处、法规处、协调处和行政复议应诉处（加挂长沙市人民政府行政复议办公室牌子）4 个职能处室，机构升格为正处级，由长沙市人民政府办公厅管理。行政编制增加至 15 名，事业编制 1 名。2010 年，市法制办由部门管理机构升格为政府工作部门，增加行政编制 5 名。

2011 年，内设处室增至 6 个，包括综合处、法规处、规范性文件管理处、依法行政指导监督处、行政复议应诉处、政府合同审查管理处。行政编制增加至 28 名，事业编制 1 名。2012 年机构设置和编制无变化。

1988—2012 年，先后担任长沙市人民政府法制办公室主要领导职务的有：陈玲瑯（女）、陈剑文；其他领导班子成员有：彭国元、金建平、杨建辉。

二、区县（市）机构

1988 年，长沙市所辖东区、南区、西区、北区、郊区政府及长沙县、宁乡县、浏阳县、望城县政府的法制办与政府办合署办公，均在政府办加挂法制办的牌子。1993 年，浏阳撤县设市，县法制办更名为市法制办。1997 年东区、南区、西区、北区、郊区法制办分别改为芙蓉区、天心区、岳麓区、开福区、雨花区法制办。2000 年开始，各区县（市）相继设置独立机构，确定编制，至 2011 年，芙蓉区、天心区、雨花区、开福区、岳麓区法制办公室归口区人民政府办公室管理，正科级，区政府法制办不设内设机构。区政府法制办行政编制 3~4 名。2011 年，望城撤县改区，县政府法制办改为区法制办，归区政府办公室管理，正科级，不设内设机构。至 2012 年无变化。

第二节　行政立法

一、政府行政立法程序

1988 年 3 月，长沙市对年度内起草的地方性法规和政府规章名称、起草单位、送审时间、立法程序等作出明确规定。

1989 年 7 月，制定《长沙市政府规章制定程序的规定》，确定政府规章的范围、程序、主要内容等，将政府规章的制定程序与其他文件的制定程序区分开来，明确政府规章必须经市政府常务会议审议通过。是年开始，改变政府规章下发形式，采用市政府令，由市长签署公布。1993 年、1997 年，分别制定《1993—1997 年五年立法规划》《1998—2000 年立法规划》。从此，长沙市人民政府立法工作成为一项独立的专业性工作。

2001 年 1 月，为实施《中华人民共和国立法法》《规章制定程序条例》，出台《长沙市人民代表大会及其常务委员会制定地方性法规条例》，对制定地方性法规的范围、程序以及地方性法规的报批、公布和解释等进行规范。2002 年，对《长沙市政府规章制定程序的规定》进行修改。行政立法工作质量进一步提高，立法技术逐步成熟。

2003 年 5 月开始，为保证立法的民主性和科学性，在长沙市人民政府门户网等网站、《长沙晚报》等媒体上全文刊登文本，征求社会公众的修改意见和建议；针对立法项目起草过程中的社会关注度高的问题，到乡镇、街道、村组、社区、学校、企业、社会团体等组织和居民代表、村民代表听取意见和建议，开展基层调研；听取人大代表、政协委员、法学专家、行业专家的意见。

2005 年 5 月，就《长沙市城市公共客运条例》举行长沙立法史上第一次地方性法规立法听证会，社会各界广泛参与此次听证会；在制定《长沙市城市容貌规定》过程中，通过《长沙晚报》、长沙公众信息网等媒体广泛征求社会各界和广大市民的意见；在修改《长沙市城市养犬管理规定》的过程中，召开立法论证会，保证立法质量。

2006 年 7 月，长沙市首次开展立法后评估工作，通过组织座谈、发放调查问卷、网站公开征求评估意见的方式对《长沙市安全生产监督管理办法》的立法质量、效益等情况进行评估。

2008 年 4 月，组建法制专家库，聘请法学、国土资源、环境保护、城建规划、公共卫生、社会保障、知识产权等领域的专家入库。2009 年，建立“长沙市人民政府法制专家库”，成立市行政程序建设领导小组，负责统一组织、领导、协调长沙市行政程序建设工作。制定《长沙市人民政府关于贯彻落实〈湖南省行政程序规定〉的实施意见》，明确行政程序建设各项工作的具体牵头单位、工作要求和工作期限。并确立长沙县政府、浏阳市政府、市公安局、市卫生局为全市行政程序建设的示范单位。公布实施《长沙市重大行政决策程序规则》，规则明确重大行政决策事项的范围和量化标准及听证范围，规范重大行政决策程序。出台《长沙市市民旁听市政府常务会议制度》，规定在市人民政府常务会议中，凡涉及全市经济建设、社会发展、城市建设、公益事业、公共服务等重大事项及事关群众切身利益的民生问题等方面的议题，除涉及国家秘密和商业秘密以外，可邀请市民（农民）旁听。市民（农民）旁听自愿申请，委托长沙晚报社进行遴选，每次会议一般安排 10 人左右。10 月，召开长沙市人民政府第二十五次常务会议，就城市绿线、城市道路交通疏导、城市色彩规划与管理 3 个议题的法律、法规进行研究，邀请 20 名市民代表列席会议。电视、网络、电台同步直播，1.5 万人在线收看，网民点击量达 297 万人次。为修订《长沙市征地补偿安置条例》，召开座谈会 20 多次，在广泛听取村民、乡镇和村委会工作人员意见的基础上，调整征地补偿安置模式，解决被征地农民最关注、最急需解决的住房和社会保障问题。针对《长沙市历史文化名城保护条例》是否应当进行修改、扩大调整范围问题，在组织人大代表、政协委员进行调研、召开研讨会后，将修改该条例列入立法计划。是年，针对著名旅游景点“橘子洲”门票收费问题上由于没有召开听证会，长沙的法律界人士根据《长沙市重大行政决策程序规则》提出质疑被采纳，橘子洲免费向公众开放。

2010 年 5 月 18 日，就《长沙市城市管理条例》草案组织立法听证会，市民代表、商业经营代表、企业管理代表、专家学者和律师代表、行政机关代表等 18 名相关利益主体作为陈述人参加。该听证会光碟在全国城管执法工作会议上播放，得到国务院法制办领导的充分肯定。同年，《长沙市全民健身办法（征求意见稿）》和《长沙市物业专项维修资金管理办法（征求意见稿）》立法听证会进行全程网络直播，得到国务院法制办肯定，并作为典型经验在全国推介。

2011 年 8 月，《长沙市水资源管理条例》立法，委托湖南师大法学院起草专家建议稿，并将专家建议稿和部门起草稿有效结合，取得很好的效果，得到中共中央办公厅法规局肯定。是年就各类立法性、审查性、理论研究性委托专家论证 4 次，组织专家参与立法调研 8 次，论证会 1 次。12 月 8 日，出台《长沙市立法基层调研办法（试行）》，规定地方性法规和政府规章必须进行基层调研，形成调研报告。

2012 年 11 月 25 日，出台《长沙市人民政府法制工作规定》，系规范政府法制工作的地方政府规章。国务院法制办对该规定的出台给予充分肯定，并将相关经验在国务院《政府法制工作简报》上通报，在全国予以推介。

二、行政立法内容

1989—1993年，为改善政府管理体制，加强城市和社会治安管理，制定《长沙市行政监察工作规定》《长沙市日用工业品批发管理暂行办法》《长沙市户外广告管理实施办法》《长沙市印铸刻字业管理实施细则》《长沙市禁止赌博条例》《长沙市城市建设综合开发管理实施细则》《长沙市出租客户管理办法》《长沙市地名管理实施细则》《长沙市人民政府规章制定程序的规定》9项地方性法规。

1994—1999年，为推进和保障改革开放和经济建设顺利进行，逐步建立与市场经济体制相适应的地方性法规、政府规章体系。相继出台《长沙市劳动力市场管理暂行办法》《长沙市体育市场管理暂行办法》《长沙市高新技术产业开发区条例》《长沙市个体工商户和私营企业权益保护条例》《长沙市职工失业保险实施办法》《长沙市城镇职工工伤保险办法》《长沙市从业人员社会养老保险办法》《长沙市暂住人口管理实施细则》《长沙市劳动监察条例》《长沙市公共场所预防性卫生监督暂行规定》10项地方性法规。

2000—2001年，为整合行政资源，规范行政执法行为，完善行政执法监督体系，促进行政机关依法行政。分别制定《长沙市城市管理综合执法试行办法》《长沙市城市管理综合执法试行办法》。至2003年，制定地方性法规9件，修改地方性法规4件，废止1件。为维护群众权益和规范行政机关依法行政，出台《长沙市行政执法监督条例》《长沙市城区生猪屠宰管理条例》《长沙市城市供水用水管理条例》等；制定《长沙市城市房地产交易管理办法》《长沙市烟花爆竹安全管理办法》《长沙市道路货物运输管理办法》《长沙市人民政府公告活动管理规定》等地方性规章4件，废止21件，修改6件。

2004年9月，起草《长沙市突发事件应急预案》《长沙市历史文化名城保护条例》和《长沙市地下管线工程档案管理条例》等地方法规。

2005年，为保护公民合法权益，出台《长沙市公共客运条例》《株树桥水库水资源保护条例》《长沙市城市市容和环境卫生管理办法》《长沙市安全生产监督管理办法》《长沙市贷款建设的城市道路车辆通行费征收管理办法》《长沙市关于公布市级行政许可实施项目目录的决定》《长沙市城市容貌规定》《长沙市人民政府关于公布取消、新增和调整的部分市级行政许可实施项目目录的决定》《〈长沙市殡葬管理条例〉实施办法》《长沙市旧货交易治安管理办法》等,制定其他规范性文件92件。

2006年，废止《长沙市城市户外广告管理条例》和《长沙市城市道路交通管理规定》。12月，起草《长沙市城市桥梁安全管理条例》。12月12日，颁布《岳麓山风景名胜区保护条例》。

2008年8月27日，修订《长沙市城市供水用水管理条例》，由省人大常委会批准。出台《长沙市住房公积金管理条例》《长沙市城市道路交通秩序管理若干规定》。全年共拟规章2部，列入适时组织起草项目《长沙市城市房屋安全管理条例》《长沙市机动车排气污染防治条例》。完成列入规章制订计划的《长沙市户外广告设置管理办法》《长沙市国有土地储备管理办法》草案起草工作，并组织完成相关立法意见征求工作。

2010年，审议《长沙市城市建设档案管理条例》《长沙市城市管理条例》《长沙铜官窑遗址保护条例》《长沙市户外广告设置管理办法》《长沙市餐厨垃圾管理办法》《长沙市房屋登记办法》《长沙市机动车停车场管理办法》《长沙市闲置土地处置办法》《长沙市节约能源办法》《长沙大河西先导区行政处罚委托规定》10个立法项目。开展《长沙市水资源管理条例》《长沙市产权交易管理办法》等地方性法规立法调研和前期起草工作。

2012年，审议通过《长沙市城市道路车辆通行若干规定（修订）》《长沙市水资源管理条例》《长沙市蔬菜基地管理条例》《长沙市征地补偿实施办法》《长沙市城市公共客运条例》《长沙市餐厨垃圾管理办法》《长沙市轨道交通管理条例》等地方法规，并由省人大常委会批准。完成《长沙市慈善事业促进条例》《长沙市轨道交通管理条例》《长沙市政府法制工作规定》等6件法规、规章的组织起草、意见征求、专家咨询论证、审查修改工作。废止《长沙市城市房屋拆迁管理条例》《长沙市城区生猪屠宰管理条例》《长沙市城市违法建设工作处理办法》3件地方性法规。

第三节　行政执法监督管理

一、行政执法主体确认

1988—1992年，全市行政执法体制分散，存在执行主体多头、职责不清、互相推诿、权益相争的状况，影响城市管理的统一性、一致性。

1993年，制定《长沙市人民警察巡逻执法暂行规定》，建立“长沙市人民警察巡逻执法总指挥部”，对治安、交通、经济秩序、市容环境等领域进行综合执法，解决城市管理的执法难题。

1999年6—12月，通过湖南省人民政府向国务院报送《关于在长沙市开展城市管理综合执法试点工作的请示》。2000年1月31日，长沙市成为首批实行城市管理综合执法试点工作的城市之一。

2000年6月，出台《长沙市城市管理综合执法试行办法》，成立长沙市城市管理综合执法支队(2004年更名为长沙市城市管理和行政执法局)。市公安局成立城管警察支队，配合综合执法支队执法。

2004年10月，对市直机关32个单位行政许可主体和项目进行清理、登记。

2006年，各区政府和市直各部门对本地区、本系统具有行政执法主体资格的部门或机构进行清理，对执行的执法依据按照法律、行政法规、地方性法规、部门规章、政府规章的层次分类排序，列明目录，通过政府网站，《长沙市人民政府公报》向社会公布，方便群众查阅，接受群众监督。按照行政许可、行政征收、行政强制、行政处罚、行政给付、行政确认、行政裁决、其他职权八大类别确定执法职权项目，分类排列。确定各行政执法机构、岗位执法人员的具体执法责任，签订责任书。

2010年11月，出台《长沙市城市管理条例》。12月27日，新增国土和户外广告两项执法职能。

2011年，发布《关于长沙市开展行政执法主体和行政执法依据清理工作的通知》，对长沙市执法主体进行清理和确认。

2012年，分两批公布市级行政执法主体名单。其中，第一批行政机关32个，法律法规授权组织8个；第二批行政机关7个，法律法规授权组织22个；两批共公布市级行政执法主体69个。行政执法主体均在长沙市人民政府门户网站和长沙法制网上予以公布，接受社会监督。

二、执法人员管理

1988年，长沙市共有各类专业执法队伍13个，执法人员8682人。随着长沙的发展，执行难度、广度逐步扩大，部分执法机构不健全，人员缺少，开展全面执法存在困难。如市公安局交警支队负责全市市区道路交通安全管理，但只有交警362人，警力明显不足。

1996年4月12日，《湖南省行政执法证和行政执法监督政管理办法》颁布实施后，长沙市所有行政执法人员必须经过严格资格审查和培训考试才能持证上岗，杜绝聘用临时工、合同工以执法主体的名义对外执法。

1998年8月，开始建立行政执法人员执法证件年审制度。年底，组织市区内60个执法单位近2000

名执法人员参加年审考试，通过年审，全市有5057名执法人员符合持证条件，665名不符合持证条件的被予以注销。

2002年，全市有7039名执法队员取得省政府统一印制的执法证，其中，市直、五区2929人，县（市）4110人。2004年举办5期行政执法培训班，培训290人，年检、培训考试注册的的有2888名，均在《长沙晚报》上予以公开，接受社会监督。

2005年，组织年检注册考试，全市申报年检注册的3339名持证人员中，有326人不符合持证条件，全部予以注销。全年举办5期培训班，培训合格人数449人。

2009—2011年，培训行政执法人员4031人次，发放执法证件3818本。其中2011年共组织举行7期行政执法培训班，培训市、区各单位执法人员561人，核发行政执法证451本，补办遗失证件15本。

2012年，启动第四轮行政执法证、执法监督证换证培训，对全市申领行政执法证件的全部行政执法人员进行培训和考试，共培训执法人员9873人。其中，长沙市人民政府法制办组织29期培训班，培训4237人；长沙县、望城区、浏阳市、宁乡县法制办组织30期培训班，培训5636人。

三、行政审批事项清理

2000年12月，启动第一轮行政省批制度改革工作，共清理各类审批事项1433项，其中审批493项，核准329项，审核495项，备案116项，经审核，保留各类审批事项867项，减幅达40%。2002年，对市直部门和单位实施的500多项行政审批项目进行第二轮清理，决定继续保留行政审批项目296项，取消行政审批项目191项，下放到区县（市）实施的行政审批项目19项。2003年年底，开展第三轮行政审批项目清理，全市确认可以实施的行政许可项目377项。

2009年11月25日，出台《长沙市人民政府关于公布取消、调整和保留的市级行政许可项目目录的决定》，取消行政许可项目18项，调整31项，保留168项。垂直管理单位的许可项目未纳入此次公布范围。

2010年1月，为进一步缩短行政审批流程，提升行政审批效率，加强对行政许可权的监督制约，规范许可行为、创新许可方式、完善配套制度、建立长效机制，长沙市开展第四轮本级行政许可项目清理，共取消许可项目18项，调整许可项目31项，保留许可项目168项。

2012年5月，编制完成《长沙市市本级行政许可项目实施程序》。对许可事项、许可工具、许可依据、许可期限和许可程序等进行明确，市民查阅一目了然。是年，长沙取消和调整一半以上的审批项目，确认市本级实施的行政许可项目357项，解决行政审批过滥、审批程序烦琐等问题。

四、行政执法检查与监督

1988年，市建委、计生委、公安、工商、税务、物价、国土、环保、统计等部门先后建立健全法制工作机构，开展行政执法活动。1989年，重点对《中华人民共和国统计法》《中华人民共和国计量法》、《中华人民共和国标准化法》《中华人民共和国矿产资源法》《中华人民共和国治安管理处罚条例》等法律的执行情况进行检查。通过执法检查，纠正违法处罚2起，调处行政纠纷5起，对执法违法人员由公安部门逮捕1人，建议有关部门给行政处分1人。到1990年年底，全市查处治安违法案件4万起，经济违法案件2.71万起，合同违法案件1.57万起，商标、广告违法案件395起，食品卫生违法案件35075起，拆除违章建筑1.20万处，面积14.80万平方米；完成环境综合治理项目310项。

1995年，开始推行行政执法责任制，并率先在浏阳开展。1996年建立以行政首长负责制为核心、以行政执法部门为基础的执法责任体系，层层签订执法责任书。同年9月，根据《中共长沙市委关于成立市行政执法责任制工作领导小组的通知》的要求，组成以市委、市人大、市政府为领导，市公安、市工商、市监察等单位为成员的领导小组，下设办公室。

1998年，发布《关于调整长沙市行政执法责任制工作领导小组的通知》，各区县（市）政府相继成立执法责任制领导小组。11月，与全市73个行政执法主体资格正式签订《长沙市行政执法责任书》。区县（市）人民政府与区县（市）有执法单位近300个签订行政执法责任书。年底，全市已基本形成以政府为主体，党委、人大参与监督的领导体系。

1999年，为加大对行政执法行为的监督检查力度，成立治理经济环境领导小组办公室，对“四乱”（乱收费、乱罚款、乱集资、乱摊派）和执法不公现象进行集中整治，6—10月，共接受各方投诉、举报电话、来信来访2780人次，直接受理投诉、举报重大案件103件，立案查处81件，结案74件，查处各类违法金额400多万元。

2001年，出台《长沙市行政执法监督条例》，公开投诉举报电话，受理投诉案件。指导、督促区县（市）政府法制办和市直单位法制机构建立案件投诉处理制度，在全市范围内初步形成行政执法投诉处理网络。

2002年7月，发布《关于聘请特邀行政执法监督员的通知》，从社会各界聘请13人担任长沙市人民政府特邀行政执法监督员，聘期一年。

2003年，制定《长沙市行政执法评议考核办法（试行）》，确立上一级行政机关对其直接管理的下一级行政执法机关、组织进行评议考核的工作管理体制，明确行政执法考核、评议的内容、形式、程序、要求，规定行政执法考核分为日常考核和年终考核。

2004年，共受理电话投诉30多人次，并监督办理6起行政案件。

2005年，起草《长沙市市级行政许可监督检查办法》，制定《行政执法投诉案件办理制度》，全年立案受理的投诉案件有6件，通过其他方式处理的有数十件。是年，建立行政执法案卷评查制度，制定《行政处罚案卷评查细则》，并开始随机选取部分市直行政执法单位的行政处罚案卷进行评查，专项考核各行政执法单位和行政执法人员在行政处罚过程中行使职权和履行义务情况。

2006年，推行行政执法责任制和行政执法过错责任追究制，起草《长沙市行政执法过错责任追究办法》（征求意见稿）。

2008年，各区县（市）人民政府、市直行政执法部门与市人民政府签订新一轮行政执法责任书，明确各单位行政执法责任、规范行政执法程序。7月上旬，对试点单位罚款自由裁量阶次制度的开展情况进行专项督查，并下发督查情况通报。

2009年，初步完成“行政执法信息管理系统”的立项申请工作，将行政执法主体、行政执法依据、行政执法职权分解、行政执法人员信息等向社会予以公开。完善投诉办理制度，制定《长沙市行政执法投诉处理办法》。设立长沙法制网，设置“政务公开”“法律法规”“法制监督”等10个专栏，开设“行政执法投诉信箱”，公布行政执法投诉电话。

2010年，将市行政执法监督单独纳入绩效考核评价体系，单独对区县（市）依法行政工作进行考核评定和综合排名。是年，评阅41个市直行政执法单位248宗案卷（其中行政处罚案卷101宗、行政许可案卷147宗）。

2011年，修改完善《长沙市行政许可案卷评查细则》和《长沙市行政处罚案卷评查细则》，首次将市工商局、市质监督局、市地税局、市烟草专卖局和市气象局5个垂直管理单位纳入案卷评查的范围，共评阅42个单位290宗案卷，其中行政许可案卷169宗，行政处罚案卷121宗。是年，以分单位自查、集中交叉评查、政府法制机构抽查方式，对市直45个行政执法单位2008年10月1日—2009年10月1日按一般程序办结的行政许可案卷和行政处罚案卷开展评查，共抽查行政许可案卷136宗、行政处罚案卷102宗，评查过程中对发现的问题进行归纳汇总，并逐单位列出清单。

2012年，评阅49个单位，共评阅295宗案卷（其中行政处罚案卷119宗，行政许可案卷176宗）。是年，长沙市重新修订发布《长沙市行政处罚案卷评查规则》和《长沙市行政许可案卷评查规则》。

第四节　规范性文件管理

一、规范性文件审查

20世纪80年代，政府规范性文件与政府规章一齐立项、一同制定、同形式发布。至90年代后期，规范性文件管理逐步发展为独立门类的一项工作。

1999—2003年，审查规范性文件160余件，每件均有登记，件件都认真进行合法性审查。对于需在《长沙市人民政府公报》上刊登的市直机关规范性文件，按《长沙市人民政府公告活动管理规定》的规定，进行严格的审查和登记，并按规定程序提出审查意见。

2003年，制定《长沙市政府公告管理规定》。发布《关于做好规范性文件送审和审查工作的通知》，确立规范性文件的事前法制审核把关制度。各级政府及政府各部门制发的规范性文件在报送领导签发前必须经过本级政府法制机构或本部门法制机构审核把关，未经法制审核的，《长沙市政府公报》不予刊登发布。

2006年，向上级机关报送规章2件、规范性文件40件，报备率、及时率、规范率均达到100%；收到报备的规范性文件36件，通过审查，发现存在问题的规范性文件5件，其中4件得到纠正处理，1件报省法制办处理。

2008年，为实施《湖南省规范性文件管理办法》，对规范性文件管理做作系统、明确的规范。是年7—9月，对2001年3月—2008年9月30日印发的政府规范性文件进行全面清理，废止规范性文件180件，宣布失效444件，确认继续有效182件，重新公布97件，待修改30件。指导区县（市）和市直部门做好规范性文件审查，全年共接受审查文件104件，已审查97件。年底，对市公用事业局为使用“老年人公交IC卡”所制发的两个相关规范性文件，因未经起草单位法制机构合法性审查，没有履行法定的“统一登记、统一编号、统一公布”程序，出现引用已经废止的地方性法规和主要内容与法规规定相冲突的问题，经公民申请长沙市人民政府法制办合法性审查并处理后，由该局自行撤销。

2009年，全年审查规范性文件112件，确保合法性审查落实到位。

2010年11月9日，在审查《长沙市居住用地容积率分区管理规定》中发现，该文件的条理顺序欠清晰，适用范围、具体的实施程序不明确，调整居住用地容积率的程序规定与《中华人民共和国城乡规划法》关于城乡规划未经法定程序不得修改的规定不相一致。责成起草单位，予以全面修改。

2011年，521件次政府各类文件经严格履行合法性审查程序，无一件因合法性问题被上级撤销或纠正。

2012年，全市共清理1650件规范性文件，确认失效367件，宣布废止91件，重新公布131件，继续有效1061件。

二、规范性文件备案

20世纪90年代初，出台《长沙市政府规章制定程序的规定》和《法规、规章备案规定》。1997年，发布《关于建立规范性文件备案制度的通知》明确。政府发布规章或者规范性文件后，自规定时间内报上级机关备案；政府各部门发布规范性文件后，自规定时间内报送本级政府备案。

2001年，出台《长沙市规范性文件备案制度实施办法》。2005年发布《长沙市关于进一步加强规范性文件备案工作的通知》，制定《长沙市政府规章和规范性文件备案工作制度》。对市政府本级规范性文件备案工作的内部程序作出规定。建立起市、区县、乡（镇）“三级政府、二级备案”的备案审查工作框架。

2005年，制定《长沙市本级人民政府规章规范性文件备案工作制度》和相关报备格式，规范规章规范性文件的报备程序，受到国务院法制办的肯定。2006年，长沙市确立为全国规章规范性文件备案审查工作示范单位，并在2007年10月召开的全国规范性文件备案审查示范单位工作座谈会上作经验介绍。至2007年，向上级机关报送规章26件，规范性文件267件，基本做到报备率、及时率、规范率100%。三年中各区县（市）政府和市直部门共报送226件规范性文件审查对18件规范性文件作出责令限时修改或补正的意见。

2008年，为理顺报备程序、明晰报备材料、强化报备监督，发布《关于进一步加强规范性文件备案工作的通知》。要求规范性文件，需在公布后的15日内报送上一级人民政府备案；垂直管理部门制定的规范性文件，要在本级政府统一登记、统一编号、统一公布后的15日内报送上一级主管部门备案。

2010年，落实规范性文件的“四级政府，三级备案”制度，规章、规范性文件报备率、及时率、规范率均达到100%，规章报备率、及时率、规范率连续5年达到100%，受到国务院法制办的认可。2009—2011年，长沙市人民政府向市人大、湖南省人民政府报备规范性文件158件；接受区县（市）人民政府规范性文件报备257件，并按程序每月在长沙市人民政府门户网站公布备案文件目录。

2012年，向省政府报备规范性文件50件，审查区县（市）政府报备的规范性文件79件，做到“有件必备、有备必审、有错必究”。

三、规范性文件清理

1990年，为保证政府规范性文件不与法律、法规相抵触，长沙市对1949年以后特别是1981年以来的市政府规范性文件全面清理，是年共清理规范性文件135件，废止14件。

1992年，为全面贯彻落实《中华人民共和国全民所有制工业企业法》和《全民所有制工业企业转换经营机制条例》，对1981—1992年发出的2446个文件进行全面清理，废止40件，修改7件。

2004年，废止地方性法规2件、修改8件，废止政府规章4件。对全市45部（件）法律、行政法规、地方性法规的征求意见稿进行认真研究，提出修改建议和意见。

2005—2008年，分别审查规范性文件92件、93件、4614件。2009年，为实施《湖南省规范性文件管理办法》，发布《关于认真开展规范性文件效力管理工作的通知》，建立定期清理、定期提醒、专人负责的“两定一专”工作程序。印发《规范性文件管理资料汇编》，各区县（市）、市直规范性文件制发主体单位法制骨干200多人次参加《湖南省规范性文件管理办法》全省统一培训。规范文件数据库平台增设“规范性文件清理”栏。2010年清理规范性文件2266件。

2011年，建立规范性文件动态管理机制，创立规范性文件管理实证研究机制。与湖南师大法学院进行合作，规范性文件进行整体实证研究分析，重点分析规范性文件管理中存在的问题，提出建议和对策，该研究分析成果成为法治政府建设“白皮书”的主题内容。

2012年，全市清理1650件规范性文件，确认失效367件，宣布废止91件，重新公布131件，继续有效 1061 件。

四、“三统一”管理

2008 年，发布《关于实行规范性文件三统一制度的通知》，要求全市规范性文件实行“三统一”（统一登记、统一编号、统一公布）管理制度。确认 89 个单位的规范性文件制定主体资格和登记序号，并将相关情况向社会公示，接受社会监督。

2009 年，为落实《湖南省规范性文件管理办法》第 16 条关于“未经统一登记、统一编号、统一公布的规范性文件一律无效，不得作为行政管理的规定”，确定全市 87 家规范性文件制发主体，编发固定代号，制定相关表格和文书，细化操作流程。

2010 年，依托政府门户网站建设规范性文件数据库和检索系统，建成市级规范性文件统一公布平台。规范性文件内容、效力状态、三统一等信息可全面查询。至 2011 年年底，共统一登记、编号规范性文件 221 件，受理市直部门和法律法规授权组织规范性文件登记申请 453 件，其中因主体不合格不予登记 1 件，因明显违法或非规范性文件，不予登记 4 件，其余 448 件全部予以登记、编号，并在长沙市人民政府门户网站统一进行公布。

2012 年，115 件规范性文件纳入“三统一”管理。同时，加强规范性文件统一发布平台建设，市、县两级政府创办《政府公报》，建立政府门户网站，并在公共场所设立信息公开查询场所，对规范性文件进行及时公布。

第五节 行政复议应诉

1988—1989 年，建立各种形式的复议机构 6 个，兼职复议员 15 人，420 多个行政机关和企事业单位聘请法律顾问。1990 年，受理申请人赵某某不服市公安局不予批准游行示威的决定而提起的第一起行政复议案件，9 月 22 日，行政复议委员会（筹）经审理后做出维持决定。是年，共受理行政复议案件 2 起，办理行政应诉 1 起。

1991 年，对《中华人民共和国行政复议条例》进行宣传，编写《行政复议条例百题问答》，发布《行政复议文书式样》，并举办两期培训班。是年，全市共受理行政复议案件 71 起，其中市政府受理 2 起，市政府工作部门和区县（市）受理行政复议案件 69 起；办理行政应诉案件 59 起，其中胜诉 14 起，对方当事人自动撤诉 22 起。

1992 年，建立专门的行政复议机构，隶属于市政府法制局，对外加挂“长沙市行政复议办公室”牌子。全年各级法制部门办理行政复议案件 50 多起，行政应诉案件 158 起。

1999 年 4 月 29 日，《中华人民共和国行政复议法》公布。下半年，在全市组织开展为期半年的学习宣传活动。

2000 年，共收到行政复议申请 375 件，其中市政府 40 件，包括土地确权案件 12 件，城管城建案件 2 件，其他案件 28 件，其中受理 25 件，不予受理 8 件，以其他方式处理 7 件，受理的案件中维持原具体行政行为的 14 件，变更或撤销原具体行政行为的 7 件，因申请人撤回申请终止审理的 4 件。办理行政应诉案件 4 件，均以维持或驳回原告起诉结案。至 2002 年，共收到行政复议申请 704 件。其中，市政府 110 件（拆迁案件 25 件，土地确权案件 22 件，劳动教养案件 10 件，房产案件 9 件，其他案件 44件）。

2003 年，共受理行政复议案件 132 件，比 2002 年的受理数减少 105 件。办理市直管公房拆迁裁决案件2件。

2004年，收到行政复议申请48件。经审查受理22件，决定不予受理6件，其他方式处理20件。受理的22件案件中维持16件，撤销1件，撤回申请1件，未审结4件。全年承办行政应诉案件5件，其中民事诉讼案件1件，行政诉讼案件4件（撤销1件，其他3件均未审结）。出庭应诉率为100%。

2005年，收到行政复议申请102件，旧存3件，共105件。立案受理46件，决定不予受理4件，其他方式处理55件。受理的46件中，维持42件，撤回申请4件，未审结6件。全年代理出庭的行政应诉案件1件，民事诉讼案件1件，代理行政案件庭外协调的案件3件。先后处理宁乡闲置土地、房产、土地权属纠纷案件，长沙县林木林地权属纠纷案件，市民政局有关迁坟纠纷事件等。办理长沙县石马村与民政学院发生土地权属纠纷案。是年，处理“私改遗”（私房社会主义改造等国家政策已有明确规定的历史遗留问题）来访342人次、信访160人次；办理“私改遗”复查案件18宗、下达复查案件结论14宗；审查各类合同9份。

2006年，共收到行政复议申请47件，其中受理23件，不予受理4件，不属复议管辖的20件，维持22件，撤销1件。涉及行政不作为、行政处罚、行政许可、房产、林权、土地、拆迁、劳教、劳动社保等9类。行政复议申请依法受理率100%，投诉电话和上访信件办结率98%以上。

2007年，共收到行政复议申请314件，受理294件。2008年，共收到复议申请64件，受理55件、审结50件、所有案件均在法定期限内办结。全年市法制办共办理行政应诉案件10件。8件均胜诉，胜诉率达100%。2009年，共收到复议申请253件，受理215件。

2010年，制定《司法互动有效化解行政纷争的指导意见》，建立信息通报、法律学习研讨、咨询论证、案件协调、司法建议、行政机关负责人参与行政庭审程序、行政司法联席会议、联络人员和行政法制宣传8项制度。办理7起政府应诉案件，出庭率、应诉率均为100%；共书面处理行政复议申请111件，其中，受理110件，不予受理1件；受理的案件中，办结101件，9件继续办理；完成合同审查18件，均出具书面法律意见。处理西湖文化园案件，经8个月的谈判、协调，使这一遗留问题得到妥善解决。成功处理长沙市征地补偿安置系列案件，为国务院拆迁条例的修改提供实例范本和模式。

2011年，共办理行政应诉案件271件，其中县级政府应诉106件，县级政府部门应诉41件，市政府应诉42件，市级政府部门应诉82件。

2012年，共收到行政复议申请446件，受理390件，其中，长沙市人民政府共收到行政复议申请279件，占总量的81.61%。主要涉及房屋拆迁、土地管理、林业、劳动社会保障、公安、城市规划、城市管理等领域，行政复议案件涉及领域相对集中，尤以房屋拆迁为重。

第六节　政府合同审查

2006年1月20日，制定《长沙市关于全面推进依法行政的若干意见》，明确规定：长沙市人民政府及其工作部门在处理重大法律事务如签订政府合同之前，本机关的法制机构对所涉法律问题应当进行合法性审查。是年，长沙市人民政府法制办直接参与审核的合同有《长沙黑麋峰垃圾堆埋场特许经营权转让合同》《二环线资产证券合同》《火车南、北站迁建合同》《通程集团兼并麓山宾馆合同》《电子警察系统建设合同》等。

2008年，办理西湖文化园建设项目合同纠纷问题处理、市路桥公司债务纠纷涉讼案件、机场高速、长永高速等高速公路两厢户外广告的清理和处置工作等重大法律事务 37 件。

2011 年，审查政府合同及合同性文件共计 138 件。

2012 年 2 月，出台《政府合同审查工作程序》。对项目负责人，合同审查实施项目负责制、送审部门提交合同项目草案文本资料，组织审查与意见征求，出具初步法律审查意见，复查、签发、出具法律审查意见要求，整理归档，跟踪反馈等方面做出明确规定。设立 300 万元合同审查专项经费，以保证市政府合同审查顺利开展。同年 5 月，开展全市政府合同审查管理工作调研，形成《长沙市人民政府法治建设报告（政府合同审查管理篇）》。

第六章　外事　侨务

1988 年，长沙市外事办接待 7 个国家 62 批、400 人次外国来宾，办理因公出国 13 批、42 人次。来访出访规模和范围较小。1992 年，省政府授权长沙市对国外客人到长沙参观、访问、投资等可发出邀请函电和通知签证函电。长沙市外事侨务工作发挥长沙历史名城、伟人故里、杂交水稻之乡等特色优势，加强对外宣传，到访国际友人快速增长。

进入 21 世纪，长沙市部门组团出访更为广泛，涉及文化、城建、交通、经贸、农业等领域。2003 年，长沙市突出为企业服务宗旨，加快对外交流，支持、鼓励园区企业“走出去”，开展国际贸易和经济技术合作，对因公出访实行“一表制”“直通车”审批。是年，全市出访达 344 批次、1288 人次，接待 47 个国家、56 批次、650 人次到长沙访问考察，出访来访创历史新高。2005 年，长沙市再次组织对侨情进行普查。加强与华侨华人、侨眷联络联谊、帮扶服务和招商引资引智、建立侨情资料库。2008 年，分别在常德、长沙举办第二、三届“海外华商潇湘行”活动，其间签订多项协议。长沙高新区与江苏常熟远东光伏能源发展有限公司，签订投资 10 亿元 20 兆瓦太阳能双结非晶硅电池生产线项目协议。2009 年开始，湖南省外事侨务办、长沙市外事侨务办先后对湖南拓展集团有限公司、湖南高岭国际工业园、湖南湘绣城、长沙新奥燃气公司等 10 家商会会员企业列入省市外侨办挂牌重点联系服务侨资企业。2010 年，成立长沙市首个涉外涉侨律师服务团，维护侨务权益。

2012 年，长沙市接待 60 个国家、149 批次、2860 人次国外来宾，分别为 1988 年的 8.5倍、2.4倍和 7.2 倍。人员中由国家政要为主拓展到国际知名人士、500 强企业高管及社会团体成员和普通市民，来访由专业团体发展到友好城市，来访目的由旅游观光为主扩大到工业、农业、经贸、教育、文化、科技、金融、交通、环保等领域合作交流。由市外事侨务办办理因公出国（境）进行友好访问、文化经贸考察和民间交往 371 批、1050 人次，分别为 1988 年的 29倍和 25 倍。与 23 个国家的 36 个城市结为友好城市或友好合作关系城市。

截至 2012 年，全市有侨务对象 12 万余人，其中旅居国（境）外的华侨华人 6 万人，国内侨眷 6 万余人，归侨 300 余人。有华商企业 1000 余家，涉及电子信息、生物医药、机械制造、能源环保等高新技术产业以及投融资管理、烟花生产、现代服务业等多个领域。

第一节 机 构

一、市级机构

(一) 长沙市外事侨务办公室。1994 年 9 月，长沙市人民政府外事办公室与长沙市人民政府侨务办公室合并为长沙市人民政府外事侨务办公室（简称为市外事侨务办），原与市外事办公室合署办公的长沙市旅游局分列单设。1996 年 2 月，市外事侨务办设秘书科、涉外科、友好城市科、侨务科、经济科，人员编制 24 名。2002 年 4 月，长沙市人民政府明确市外事侨务办对外可分别使用长沙市外事办公室和长沙市侨务办公室名称，原处室更名为人事秘书处、涉外管理处、友好城市处、侨务工作处，人员编制 22 名。2010 年 7 月，加挂长沙市人民政府港澳事务办公室牌子。2011 年 3 月，设人事秘书处、涉外管理处、国际交流处、侨务工作处、港澳事务处，人员编制 27 名。2012 年内设机构未变。

1988—2012 年，先后担任长沙外侨务办公室主要领导职务的有：宋镜铨、黎迪祥、高青、刘元元（女）、汤涛、田汉明（女）、袁义和；其他领导班子成员有：李咏芳（女）、佘双智、李伟、欧阳衡、王俏（女）、钟发丽（女）、汤智斌、龚畅、缪画（女）、孔亦平、刘新明。

(二) 长沙市人民对外友好协会。1983 年 5 月，成立中国人民对外友好协会长沙分会，1990 年 4 月改称为长沙市人民对外友好协会，并召开第一届理事会议，名誉会长：夏赞忠、张明泰，顾问：朱秋林、郭俊秀、何家象，会长：宋镜铨。2003 年 7 月，设立长沙市人民对外友好协会办公室，为正科级事业单位。核定事业编制 4 名，管理人员参照实行国家公务员制度。8 月，召开第二届理事会议，名誉会长：梅克保、谭仲池，会长：吴志雄；2008 年 12 月，人员编制调整为 5 名。2009 年 2 月召开第三届理事会议，顾问：陈润儿、张剑飞，会长：谢树林。根据第三届理事会章程，2009 年后每 5 年召开一次全市会议选举会长、副会长、秘书长，并组成常务会议负责友协日常工作。2011 年 10 月，编制调整为 6 名。2012 年人员编制未变。

二、区县（市）机构

1994 年，长沙市所辖东西南北四区、郊区和长沙、望城、浏阳、宁乡 4 县均设外事办公室和侨务办公室，9 月机构改革，各区、县外事、侨务办公室撤销。外事工作划归区县政府办公室（宁乡县划归对外合作局），侨务工作则划归区县委统战部，在统战部设侨台组。1996 年，各区县先后恢复并单独设立外事侨务办公室，为区县政府工作机构。是年，区划调整，原四区一郊外事侨务办分别更名为芙蓉区、天心区、岳麓区、开福区、雨花区外事侨务办公室，浏阳市外事办公室设在长沙市人民政府办公室，侨务办公室仍旧属市委统战部。2011 年党政机关机构改革，各区均组建民族宗教外事侨务工作局，为区政府工作部门。人员编制 3~5 名不等。2012 年均无变化。

第二节 外 事

一、国外来访

(一) 外国政要。1990 年开始，为实施国家整体外交战略，中共中央对外联络部、外交部每年安排外国政要到长沙参观考察，重点了解中国内陆城市改革开放及农业、工业、新农村建设等方面的情况。是年 7 月 14—16 日，刚果（布）社会事务书记巴特里斯·利戈斯·米孔波访问长沙。1992—1997 年，莫桑比克议长桑托斯、印度共产党中央政治局委员阿图尔·库马尔·安坚、白俄罗斯代总理格林、日本前首相海部俊树、莫桑比克中央委员桑托斯到长沙访问考察。

1998—1999 年，列支敦士敦公国元首汉斯·亚当、坦桑尼亚联合共和国总统本杰明·威廉·姆长帕、帕劳共和国副总统小汤米·雷门格绍、赤道几内亚民主党副总书记里瓦斯先后访问长沙。

2000 年，加蓬民主党总书记森普利斯·盖得·芒泽拉、赞比亚总统奇卢巴、土耳其工人党主席多乌·佩林切克、奥地利联邦议会议长约翰·帕耶尔先后至长沙考察访问。

2001—2005 年，加蓬民主党副总书记恩德梅佐·奥比昂·勒内，布隆迪国民议长莱翁斯·恩冈达库马纳，科特迪瓦人民阵线副总书记洛朗·阿昆，乌干达第三副总理兼外长詹姆斯·瓦帕卡布洛，莫桑比克总理莫昆比，莫桑比克解放阵线总书记格布扎，泰国公主诗琳通，布隆迪民主阵线总书记让·德迪厄·穆塔巴齐，贝宁民主党总书记埃马纽埃尔·戈卢，巴西共产党主席雷纳托·拉贝洛相继访问长沙。

2006 年，到长沙访问的外国政要有 5 位，他们分别是塞内加尔民主社会党总书记兰丁·萨瓦内，印度共产党总书记苏吉特，利比里亚总统埃伦·约翰逊·瑟利夫，塞舌尔总统詹姆斯·米歇尔，塞拉利昂总统艾哈迈德·泰詹卡巴。

2007—2010 年，老挝总理波松·布帕万，坦桑尼亚前总统本杰明·威廉·姆卡帕，伊拉克库爱盟领导委员会成员欧米德·阿里·哈马，马拉维民主进步党第一副主席弗郎西斯·姆佩波，印度中央政治局委员西塔拉姆·亚狄里，塞拉利昂总统艾哈迈德·泰詹·卡巴，南非共产党中央委员克罗斯比·姆普索·莫民，越南共产党中央委员阮文利，赞比亚前总统卡翁达，瓦努阿图总理纳塔佩，尼泊尔共产党书记尤巴拉杰·贾瓦里等 11 国政要到长沙访问考察。

2011—2012 年，加纳联合干部阵线全国主席、选举事务主任普鲁德·卡勒菲·阿伯尼，意大利前总理普罗迪，南苏丹共和国苏丹人民解放运动总书记帕甘·阿蒙，黎巴嫩社会进步党副主席杜雷德·亚杰，新加坡贸工部政务部部长张思乐，美国前财政部部长亨利·保尔森等先后访问长沙。

至 2012 年年底，共有 46 位外国政要访问长沙，其中国家元首和政府首脑有 12 人，议长、副议长有 3 人，政党领袖 21 人，前政要和政府重要官员 10 人。

（二）外国使领馆官员。1997 年前，到长沙参观考察的基本上是外国驻北京大使馆和驻广州总领馆普通官员。随着长沙开放强市发展战略步伐加快，来长沙参观考察、洽谈合作的外国使领馆官员，特别是高级外交官人次增长迅速。

1997—2002 年，来长沙访问的外国使领馆重要官员有：希腊驻华大使多基亚诺斯，黎巴嫩驻华大使齐丹·萨基尔，奥地利驻华大使博天豪，澳大利亚驻广州总领事寇俊升，法国驻武汉总领事尚多礼。

2002 年，丹麦驻华大使龙博深、法国驻华大使毛磊、越南驻华大使裴鸿福、法国驻武汉总领事尚多礼、韩国驻华大使金夏中、爱尔兰驻华大使良德伦先后到长沙考察访问。

2003—2004 年，菲律宾驻广州总领事伊萨伊斯·比戈尼亚，马来西亚驻广州总领事奥特曼，法国驻武汉总领事德盖义，波兰驻上海总领事塞尔维斯特·沙法什，法国驻武汉总领事德盖义，法国驻武汉总领事德盖义相继到长沙访问。

2005—2009 年，到长沙访问考察的外国使领馆重要官员达 30 人次，他们是：法国驻武汉总领事德盖义；澳大利亚驻广州总领事马克文；美国驻广州总领馆官员石凌凯；欧盟驻华大使赛日·安博；马来西亚驻广州总领事阿卜杜勒·萨马德·本·奥斯曼；法国驻武汉总领事费勇；澳大利亚驻广州总领事马克文；英国驻广州总领事胡克定；法国驻武汉总领事费勇；英国驻广州总领事戴伟绅；澳大利亚驻广州总领事马克文；新加坡驻广州总领事洪齐全；厄瓜多尔驻华大使罗德里格斯·耶佩斯·恩里克；澳大利亚驻广州总领事柯胜利；美国驻武汉总领事白小琳；法国驻广州总领事章泰年；日本驻华大使宫本雄二；新西兰驻广州总领事英派特；马来西亚驻广州总领事东施仁阿都·拉曼；日本驻华大使宫本雄二；意大利驻华大使谢飒。

2010—2012年，到长沙访问考察的外国使领馆重要官员有25人，这些官员中有法国驻武汉总领事蓝博；新加坡驻广州总领事洪齐全；印度驻广州总领事潘迪；墨西哥驻广州代总领事李翰；澳大利亚驻广州总领事杜恪然；越南驻华公使阮荣光；新加坡驻华大使陈燮荣；韩国驻华大使柳佑益；美国驻武汉总领事苏黛娜；广州总领事摩根；韩国驻武汉总领事严基成；澳大利亚驻华大使芮捷锐；法国驻武汉总领事蓝博；加拿大驻广州总领事李贤辉；澳大利亚驻广州总领事杜恪然；瑞士驻广州总领事洪立焜；美国驻武汉总领事苏黛娜；韩国驻武汉总领事严基成；比利时驻华大使帕特里克·奈斯；苏里南驻华大使洛依德·皮纳斯；拿大驻广州总领事艾伟敦；芬兰驻华大使岚涛；澳大利亚驻华大使孙芳安；法国驻武汉总领事蓝博；汤加驻华大使西亚梅利耶·拉图。

（三）友好城市和友好合作关系城市主要官员。自1982年长沙市与刚果（布）的布拉柴维尔市建立第一对国际友好城市后，至2012年，长沙与23个国家的36个城市结为友好城市或友好经贸合作城市。这些友好城市政府、议会的负责人先后访问长沙的有：美国圣保罗市市长乔治·赖特谋，瑞士弗里堡市市长克洛德·斯科德雷，新加坡国会议员、裕廊东市镇理事会副主席王家园，日本鹿儿岛市副市长佐竹芳郎，日本鹿儿岛市议会议长森山·裕，爱尔兰都柏林市市长贝·罗卡尔洛夫托斯，比利时蒙斯市市长莫里斯·拉福斯，美国泽西市议会副议长史密斯，意大利阿雷佐市副市长保罗·尼基，日本鹿儿岛市市长赤崎义则、议会议长森山·裕，美国泽西市市长布莱特·向特勒，韩国龟尾市市长金宽容，美国奥克兰市副市长亨利·张，比利时蒙斯市市长莫里斯·拉福斯，德国奥格斯堡市市长保罗·文格，芬兰罗瓦涅米市市长毛瑞·高登，俄罗斯乌里扬诺夫斯克州州长叶尔马科夫，澳大利亚奥本市市长帕特里克·科丁，美国安纳波利斯市行政长官罗伯特·阿，日本鹿儿岛市副市长大平和久，韩国龟尾市议会议长全仁吉，日本鹿儿岛市市长森博幸，韩国龟尾市市长南郁镇，日本鹿儿岛市副市长山本克也，美国安纳波利斯市行政长官罗伯特·阿吉，荷兰海牙市行政长官哈佛南格，加拿大维多利亚市市长迪恩·福廷，柬埔寨金边市市长盖竹德玛，加拿大维多利亚市市长迪恩·福廷。到访期间，他们与长沙市签订深化交流合作协议、建立友好城市协议（意向书），推动城市间的交流与合作。

（四）社会团体负责人和知名人士。1990年9月25日，比利时比中友好协会主席傅满德访问长沙。1991年长沙市人民对外友好协会召开第一届理事会议以后，加大民间对外交往力度，先后与爱尔兰爱中友好协会、美国美中友好协会、澳大利亚澳中友好协会、比利时比中友好协会、巴西中国贸易促进委员会等一批对华友好组织和国际知名人士建立良好合作关系。至2012年，陆续来长沙访问的有：爱尔兰爱中友好协会主席陈敏琪，美国美中友好协会主席芭芭拉，刚果友好协会主席巴拉，日本水稻专家原正市，美国耶鲁大学校长查德·莱温，联合国工业发展组织副总干事长丸野阳，世界银行首席项目官叶日康，欧元之父、诺贝尔经济学奖获得者蒙代尔，英国伦敦金融城市长罗永成。

（五）外国公司、财团高管。1996年以后，为加快经济发展，长沙市加大与国际财团、世界500强企业联系交流，至2012年，接待来长沙访问，开展交流合作的外国公司、财团高管有：德国西门子副董事长马蒂森，韩国LG集团董事长成在甲，世界银行中国局局长黄育川，伊莱克斯集团总裁麦克·帅斯柯，韩国LG集团副董事长卢庸岳，伊莱克斯中国区总裁唐佳敦，伊莱克斯全球总裁汉斯·斯特伯格，日本国际协力银行高管粕谷典，摩托罗拉中国区总裁高端彬，威立雅水务集团中国区副总裁黄晓军，加拿大贝祥投资集团总裁贝祥，百胜餐饮集团全球副总裁裴华庆，美国佩罗系统公司董事局主席佩罗，高盛集团中国区总裁胡祖六，家乐福华中区总经理卡罗斯，美国盖尔集团董事会主席斯坦·盖尔，美国肯特投资控股集团董事长保罗·柯特，美国盖尔集团董事会主席斯坦·盖尔，意大利菲亚特汽车董事长孟斐璇，世界著名商界人士巴菲特、比尔·盖茨，日本住友橡胶株式会社社长三野哲治，日本东芝（中国）有限公司总裁桐山辉夫，英国英中贸易协会总裁傅仲森。

二、出访

（一）市级领导出访。1988—2012年，长沙市市级领导共出访50批次，其中友好交往21批次，经贸考察10批次，文化考察19批次。通过市级领导出访，推动友城交往、对外经贸合作和文化交流。

1988年5月8—13日，市委副书记、市长王克英访问美国圣保罗市。

1989年3月30日至4月7日，市委副书记、市长王克英出访日本鹿儿岛市。

1990年12月3—20日，市人大常委会主任杨宏出访美国。

1991年7月5—15日，市人大常委会主任郭俊秀出访日本；11月25日至12月9日，市委副书记、市长张明泰出访法国。

1992年10月27日至11月6日，市委副书记、市长张明泰访问日本鹿儿岛市。

1992年11月25日至12月10日，省委常委、市委书记夏赞忠出访美国。

1994年6月5—13日，市委副书记、市长张明泰访问瑞士弗里堡市；11月8—20日，时任省委常委、市委书记出访新加坡裕廊东市镇。

1995年10月27日至11月4日，市委副书记、市长袁汉坤出访日本；11月25日至12月9日，时任省委常委、市委书记出访美国、加拿大。

1996年6月17日至7月8日，时任省委常委、市委书记出访爱尔兰都柏林市。

1996年8月30日至9月13日，市人大常委会主任陈香成出访美国纽约、华盛顿、洛杉矶；11月3—18日，市委副书记、市长袁汉坤访问美国奥克拉荷马州。

1997年8月5—15日，市政协主席藏宝山访问德国、瑞士。

1997年11月1—11日，时任省委常委、市委书记出访日本鹿儿岛市。

1998年5月8日至6月1日，市委副书记、市长杜远明出访比利时、法国；8月6—21日，市人大常委会主任易希文出访南非、新加坡、澳大利亚。

1999年8月22日至9月6日，市政协主席张贤遵出访瑞士、比利时。

2000年3月6—15日，市委副书记、市长谭仲池出访日本。

2002年5月11—31日，市委副书记、市长谭仲池出访澳大利亚、新西兰；9月，市委副书记、市长谭仲池出访日本；9月15—27日，省委常委、市委书记梅克保出访英国、乌干达、南非。

2003年9月4—18日，省委常委、市委书记梅克保出访瑞典、俄罗斯。

2003年9月15—20日，市委副书记、市长谭仲池出访德国。

2004年6月1—16日，市人常委会主任杨顺初出访南非、埃及；9月，市委副书记、市长谭仲池出访瑞典；10月，省委常委、市委书记梅克保出访印度、埃及。

2005年5月，市委副书记、市长谭仲池出访日本；8月，省委常委、市委书记梅克保出访瑞士、捷克。9月7—22日，市人大常委会主任杨顺初访问加拿大、古巴、巴西。

2006年4月24—25日，省委常委、市委书记梅克保出访英国。5月17—30日，市委副书记、市长谭仲池出访瑞士、埃及、土耳其、南非。

2007年4月，省委常委、市委书记陈润儿出访澳大利亚。

2008年9月，省委常委、市委书记陈润儿访问韩国、日本。10月，市人大常委会主任余合泉出访日本鹿儿岛市和韩国龟尾市。10月22日，市委副书记、市长张剑飞出访美国圣荷塞市。

2009年5月2日，市委副书记、市长张剑飞访问俄罗斯、丹麦、德国；8月，市政协主席董学生出访俄罗斯。11月22日至12月4日，市人大常委会主任余合泉访问新加坡、澳大利亚、新西兰。

2010年7月，市委副书记、市长张剑飞出访新加坡、澳大利亚、新西兰；9月，省委常委、市委书记陈润儿出访瑞士、丹麦、瑞典；9月，市人大常委会主任余合泉出访柬埔寨、缅甸、印度尼西亚。

2011年8月，市人大常委会主任余合泉访问美国、加拿大；2011年10月，市政协主席谢树林出访捷克、波兰；11月，市委副书记、市长张剑飞出访美国、加拿大。

2012年1月，市委副书记、市长张剑飞出访瑞士；5月，市政协主席谢树林出访美国、加拿大；6月，市委副书记、市长张剑飞出访巴西；7月，市人大常委会主任余合泉出访以色列、塞浦路斯、俄罗斯。

（二）部门组团出访。1988—1993年，长沙市文化交流考察团、长沙市政管理考察组、长沙市贸易文化表演团、长沙市蔬菜考察团、长沙市友好贸易表演团、长沙市工会代表团分别出访日本鹿儿岛市及大阪、东京、京都等城市。

1994—1999年，长沙市每年都有市直部门组团出访东南亚、非洲、美洲、欧洲，先后有：长沙市城市考察团出访新加坡、马来西亚、泰国，长沙市经贸考察团赴刚果布拉柴维尔市考察，长沙市金融考察团赴加拿大、美国考察访问，长沙市人大友好代表团出访日本鹿儿岛市，长沙市民族歌舞团赴爱尔兰、法国进行文化交流，长沙市道路交通管理考察团出访德国，长沙市社会福利机构考察团出访美国，长沙市赴欧文艺演出团赴瑞士、意大利进行友好访问演出，长沙市交通考察团赴美国考察。

2000年5月，长沙市经贸考察团出访黎巴嫩；7月，长沙市经贸考察团出访巴西、阿根廷；2001年11月，由市外事侨务办、市对外经贸局、市文化局、市外宣办等有关部门组成的长沙市国际友城工作团赴德国、法国、比利时、荷兰、瑞士进行考察访问。2002年9月16—28日，长沙市经贸考察团赴俄罗斯、乌克兰进行考察；12月8—22日，长沙市政务监察考察团对法国、英国公务员管理与建设进行考察。2003年6月25日至7月7日，长沙市欧洲工业考察招商团出访瑞典、德国、荷兰、法国、比利时、卢森堡；10月28日至11月19日，长沙市首期干部出国短期培训班赴澳大利亚墨尔本大学工商管理学院学习。2004年8月17日至9月4日，长沙市人口资源环境工作考察团出访法国、芬兰、瑞典、挪威、丹麦、南非；10月，长沙市发展环境考察团赴加拿大、古巴、巴西进行考察；12月，长沙市妇女代表团对德国家庭教育进行考察。2005年8月27日至9月11日，长沙市旅游考察团赴澳大利亚、新西兰、南非进行旅游市场考察；11月，长沙市软件及经贸考察团赴印度考察访问；12月7日至2006年3月7日，长沙市首批赴美高级公共管理培训班41名学员在美国加利福尼亚州圣荷塞州立大学进修培训。

2006—2008年，先后有长沙市友好交流代表团赴日本鹿儿岛市、长沙市人民政府代表团赴瑞士弗里堡市进行友好访问，长沙市雅礼交响乐团赴奥地利举办“雅礼之声”专场音乐会，长沙市文化代表团出访英国，长沙市商务考察团赴韩国仁川松岛国际商务区考察。2009年8月，由23名县处级干部组成的长沙市干部进修班，赴新加坡进行为期3周的“两型社会”建设专题培训；10月，长沙市文化产业考察团赴美国考察访问，长沙市经贸招商团出访意大利。

2010年2月17日至3月3日，长沙市文化演出团赴美国纽约、华盛顿、洛杉矶进行文化交流活动；11月10—15日，长沙市经贸考察团赴美国纽约参加第八届“全球服务外包博览会”。2011年11月，长沙市友好代表团赴日本进行访问。

1988—2012年，长沙市办理因公出国（境）团组5437批、18487人次。出访批次人次由1988年的13批、42人次增加到2012年的371批、1050人次；出访任务由友好考察扩展到经贸合作；出访人员结构由政府行政人员为主转变为以企事业单位人员为主。

三、友好城市和友好合作关系城市

长沙市与国外建立友好城市关系始于1982年，与刚果（布）的布拉柴维尔市和日本的鹿儿岛市缔结友好城市。1994年后，亚洲、欧洲、美洲等地区知名城市相继表达与长沙市结好意愿，希望双方开展实质性的交流与合作。2003年2月25日，《人民日报》（海外版）头版刊发题为《杜鹃花开万山红》长篇通讯，推介长沙市友好城市工作成果。在加快友城结好布局工作中，长沙市注重深化日韩、加强欧美、拓展周边，开展友城间文化、教育、科技、经贸等领域交流合作，其中日本鹿儿岛、韩国龟尾、美国安纳波利斯、美国圣保罗、加拿大维多利亚、瑞士弗里堡等城市与长沙交往比较密切。2008年11月，长沙市被中国国际友好城市联合会授予“国际友好城市交流合作奖”。2012年7月，长沙加入亚太城市首脑会议。至2012年，长沙市先后与五大洲23个国家的36个城市结为友好城市或友好合作城市。

表4-6-2-1　　长沙市与国外城市缔结友好关系一览表

城市名称	国家	所在洲	缔结时间	友好关系
布拉柴维尔市	刚果(布)	非洲	1982年8月9日	友好城市
鹿儿岛市	日本	亚洲	1982年10月30日	友好城市
圣保罗市	美国	美洲	1988年5月9日	友好城市
蔡厝港	新加坡	亚洲	1994年4月10日	友好城市
弗里堡市	瑞士	欧洲	1994年6月10日	友好城市
泽西市	美国	美洲	1995年11月29日	友好城市
阿雷佐市	意大利	欧洲	1997年9月26日	友好城市关系意向书
蒙斯市	比利时	欧洲	1998年5月14日	友好城市
龟尾市	韩国	亚洲	1998年10月19日	友好城市
奥克兰市	美国	美洲	1999年3月22日	友好经贸合作城市关系
弗朗西斯科·贝尔德郎市	巴西	美洲	1999年12月9日	友好城市(与浏阳市)
波里鲁阿市	新西兰	大洋洲	2000年2月24日	友好城市关系意向书
拉特纳普拉市	斯里兰卡	亚洲	2002年6月1日	友好合作城市关系
金伯利市	南非	非洲	2002年9月25日	友好经贸合作城市关系
约克半岛市	澳大利亚	大洋洲	2002年11月29日	友好经贸合作城市关系
恩德培市	乌干达	非洲	2003年4月14日	友好城市
奥格斯堡市	德国	欧洲	2003年10月24日	友好合作伙伴城市关系

续表 4-6-2-1

城市名称	国家	所在洲	缔结时间	友好关系
新鲁滨市	德国	欧洲	2004 年 5 月 19 日	友好经贸合作城市关系(与浏阳市)
罗瓦涅米市	芬兰	欧洲	2004 年 11 月 3 日	旅游经贸合作城市关系意向书
马六甲市	马来西亚	亚洲	2004 年 12 月 28 日	友好城市关系备忘录
凡里奥市	美国	美洲	2005 年 1 月 10 日	经济合作城市(与长沙县)
卡卢特勒市	斯里兰卡	亚洲	2005 年 5 月 16 日	友好合作城市关系意向书
翠维翠斯市	美国	美洲	2005 年 6 月 26 日	经济合作城市关系(与浏阳市)
乌里扬诺夫斯克市	俄罗斯	欧洲	2006 年 1 月 19 日	友好城市关系意向书
奥本市	澳大利亚	大洋洲	2006 年 3 月 17 日	友好城市
雾岛市	日本	亚洲	2007 年 10 月 20 日	友好交流城市(与浏阳市)
安纳波利斯市	美国	美洲	2008 年 10 月 25 日	友好城市
马里兰州	美国	美洲	2009 年 9 月 12 日	城市交流备忘录
维也纳市 22 区	奥地利	欧洲	2009 年 9 月 12 日	城市交流备忘录
华盛顿哥伦比亚特区	美国	美洲	2009 年 9 月 12 日	友好城市关系备忘录
里约热内卢市	巴西	美洲	2009 年 9 月 12 日	友好城市关系备忘录
罗马市	意大利	欧洲	2009 年 9 月 12 日	旅游合作城市关系备忘录
海牙市	荷兰	欧洲	2009 年 11 月 16 日	友好合作城市关系意向书
维甘市	菲律宾	亚洲	2010 年 6 月 23 日	友好城市关系意向书
金边市	柬埔寨	亚洲	2011 年 6 月 9 日	友好城市关系意向书
维多利亚市	加拿大	美洲	2011 年 12 月 2 日	友好合作城市

说明：新加坡蔡厝港即原武吉知马市（裕廊东市镇）

四、友好城市选介

（一）长沙—日本鹿儿岛市。长沙与日本鹿儿岛市于 1982 年 10 月 30 日结为友好城市关系。鹿儿岛市位于日本九州南端，是鹿儿岛县（相当于省）的县治所在地，也是鹿儿岛县的政治、经济、文化中心。全市面积 546.8 平方千米，人口约 60 万。

长沙与鹿儿岛市结好 30 年来，交流频繁，鹿儿岛市共有近 180 批、3200 余人次访问长沙，长沙市共派出访问团组 120 余批、1100 余人次赴日，双方在人才培养、经贸、文化、教育、体育等方面开展交流与合作。自 1984 年起，长沙市每年向鹿儿岛市派遣 2 名研修生和 2 名农业实习生，派遣逾 100 人，涉及农业医学、城建、行政、旅游、污水处理等领域。2008 年以来双方每年互派 10 人的友好代表团进行交流访问。根据交流协议，两市每隔 5 年在对方城市举办一次结好庆祝活动，并表彰友好使者、互赠礼品。2004 年和 2007 年，长沙市分别授予鹿儿岛市市长赤崎义则、日本国会议员森山·裕为“长沙市荣誉市民”。

（二）长沙—韩国龟尾市。长沙与韩国龟尾市于 1998 年 10 月 19 日结为友好城市关系。龟尾市位于韩国东南部，隶属庆尚北道，是韩国内陆最大的电子工业城市、出口产业区和新村运动发祥地。总面积

615 平方千米，人口 40.5 万。

长沙市与龟尾市友好交往始于 1993 年，两市结好带动双方在文化、教育、经贸、青少年等方面的交流与合作。生产基地设在龟尾的韩国 LG 集团与长沙市曙光电子管厂合资组建 LG 曙光电子集团公司，长沙学院与龟尾大学签订学术交流协议，龟尾善州高等学校与长沙县实验中学结好，长沙市青年联合会与龟尾青年会议所签署友好交流协议，长沙市艺术团与龟尾文化院实现隔年互访交流演出。2000 年，长沙市授予 LG 曙光电子集团公司韩籍总裁郑一万为“长沙市荣誉市民”。

（三）长沙—美国安纳波利斯市。长沙与美国安纳波利斯市于 2008 年 10 月 25 日结为友好城市关系。安纳波利斯市是美国马里兰州州府，人口约 3.5 万，曾是美国首都，西距华盛顿 53 千米。该市经济活跃，科技、教育、旅游业发达，文化多元化。

长沙与安纳波利斯市结好以来，双方在高层互访、旅游和城市规划、建设及环境保护等方面开展交往。经安纳波利斯市友城委员会牵线，长沙市与美国国际城市管理协会（ICMA）签署技术合作理解备忘录，并确定教育、环保、城市管理等领域 17 个合作项目。2009 年 9 月，安纳波利斯市与长沙市签署旅游（友好）合作备忘录。2010 年 6 月，在湖南省友城大会上，安纳波利斯市和长沙市友好委员会主席泰德·萨马拉斯被聘为湖南省国际友好交流特别代表。

（四）长沙—美国圣保罗市。长沙与美国圣保罗市于 1988 年 5 月 9 日结为友好城市关系。圣保罗市是美国明尼苏达州州府，人口约 30 万，面积 145.5 平方千米，是美国的主要工业中心。

两市结好以来，双方在文化、艺术、教育等领域内开展一系列交流活动。1998 年两市结好 10 周年之际，长沙市派出小杜鹃艺术团赴圣保罗市访问演出。2005 年，长沙市长郡中学与圣保罗市亨利西布利中学结为姊妹学校。2006 年，应圣保罗市邀请，湖南省雕塑院院长雷宜锌前往参加首届国际石雕研讨会，其作品《遐想》深受好评，美国著名人权领袖马丁·路德·金纪念基金会邀请其在美国华盛顿国家广场创作马丁·路德·金雕像。

（五）长沙—加拿大维多利亚市。长沙与加拿大维多利亚市于 2011 年 12 月 2 日结为友好合作城市关系。维多利亚市位于加拿大西南温哥华岛南端，人口 32 万，是加拿大不列颠哥伦比省的首府，素有“花园城市”之称，多次被全球专业旅游杂志评为“全球最佳旅游城市”。

两市签署结好意向书后，在教育培训领域交往密切。2010 年 4 月，长沙学院与维多利亚大学签署促进高层管理项目合作意向书；7 月，长沙学院联合维多利亚大学成立中加企业管理发展中心。2011 年 12 月，两市正式建立友好合作城市关系。2012 年，长沙市明德中学签署与加拿大维多利亚市苏克学区、卡莫森学院、维多利亚大学合作备忘录。

（六）长沙—瑞士弗里堡市。长沙与瑞士弗里堡市于 1994 年 6 月 10 日结为友好城市关系。弗里堡市位于阿尔卑斯山山麓，为弗里堡州州府，人口约 4 万。弗里堡市交通发达，瑞士主要铁路干线经过于此，高速公路可直接与日内瓦、苏黎世国际大机场相通。

长沙市与瑞士弗里堡进行友好交往始于 1992 年。1994 年 6 月，两市签署建立友好城市关系协议书。结好 18 年来，长弗两市在旅游、文化、经贸等领域开展友好交流与合作。1994 年，长沙市乳制品厂赴瑞考察乳制品业，洽谈合作。1997 年，长沙与弗里堡工商会签署《长沙—弗里堡经济合作关系备忘录》。1999 年，长沙市民族歌舞团应邀参加在弗里堡举办的“第 25 届国际民间艺术节”。

五、国际合作交流

（一）经贸合作交流。长沙市以国际友好城市为着力点，以出访为契机，开展互惠互利的对外经贸交流。1988 年 1 月，长沙市友好贸易小组应邀赴日参加在鹿儿岛举办的“第 5 届大中国商品展”。1989 年 1 月 13—23 日，长沙市贸易代表团赴日参加在鹿儿岛市举办的“第 6 届大中国商品展”。1990 年 1 月 19—30 日，长沙市友好贸易团赴日本鹿儿岛市参加“第 7 届大中国商品展”；11 月 12—22 日，长沙市中小企业考察团赴日本鹿儿岛市进行考察交流。1991 年 1 月 18—22 日，长沙市友好贸易团赴日本鹿儿岛市参加“第 8 届大中国商品展”。1992 年 10 月 27 日至 11 月 6 日，长沙市经贸考察团出访日本鹿儿岛市，两市达成长沙市向鹿儿岛市大洋渔业株式会社出口 300 吨橘子罐头协议，与日本东理株式会社达成向日本年出口 36 万美元胰霉产品贸易协议。1995 年 9 月 1—5 日，日本鹿儿岛市经济友好访问团访问长沙，并召开长鹿两市经济发展状况交流会。1996 年 7 月，长沙市与爱尔兰食品局初步达成在长沙进行猪肉加工，长沙友谊集团与法国巴黎香水厂联合生产香水，欧陆三湘有限公司在长沙发展奶制品加工，长沙九芝堂药业集团两个品种口服液在美国销售等合作事宜；12 月，长沙市与德国卡尔杜伊斯堡基金会达成在环保领域开展技术交流的协议。1998 年，日本鹿儿岛鹿长交流协议会代表团 4 次访问长沙，双方就农产品加工合作等事宜签署协议。2000 年 9 月，长沙市组团参加在北京举办的“经贸洽谈会暨友城交流展”；9 月 23 日，15 个国家 80 余名代表参加在长举办的以“友谊、交流、合作”为主题的“国际友城招商恳谈会”。2001 年 12 月 24—29 日，日本经贸代表团访问长沙，签署长鹿两市交流协议。

2003 年 9 月 11 日，伊莱克斯集团高级管理层来长商务考察，与长沙市签订再投资合作意向书，明确将在长沙组建伊莱克斯工业园。2004 年 5 月 19—21 日，长沙市举办以“友谊、诚信、合作、发展”为主题的“2004 长沙国际友好经贸合作洽谈会”，27 个国家和地区 142 位嘉宾到会，签署各类友好交流、经贸合作协议 13 份，引进外资 2600 万美元。2006 年 4 月 13 日，西班牙青年企业家协会中国湖南峰会在长沙举行，来自西班牙纺织、电子、医药、食品、物流、化工等领域的 48 名青年企业家出席会议并考察长沙高新技术开发区；11 月 23 日，英国驻广州总领事馆与长沙市人民政府在长共同举办“迈向国际金融市场研讨会”。2008 年 7 月 4 日，长沙市与伦敦金融城、英国贸易投资署、英国驻广州总领事馆联合在长举办“走出去——伦敦资本市场融资”洽谈会，长沙市金融业、企业界代表与来自伦敦的金融专家就长沙企业如何到海外融资、上市等问题进行交流；9 月 2 日，长沙与韩国龟尾经济合作交流会在长举行，长沙、龟尾两市近 50 家企业代表参加会议。2011 年 6 月 9 日，长沙市与法国驻华使馆商务处、中国法国工商会在长联合举办法国“长沙——未来之城”经贸交流会；8 月 25 日，“长沙·龟尾经贸洽谈会”在长沙举办。2012 年 8 月 23 日，中韩（长沙）经贸合作交流会在长沙举办，韩国产业团地大邱支社 15 家汽车零部件企业与长沙经开区 20 余家企业就加强汽车产业交流合作进行探讨。

（二）教育文化交流。1995 年，长沙市与美国鹤庐中国文化交流协会合作，在长免费举办中小学英语教师口语强化培训，受训学员 160 人。1996 年 8 月 30 日至 9 月 13 日，长沙市教育考察团赴美考察中等教育和职业教育。次年 11 月，德国卡尔·杜伊斯堡基金会在长举办“中德环保技术培训班”。1998 年 7 月 15 日至 8 月 7 日，美国鹤庐教师代表团来长举办教师口语培训班。2001 年 11 月，长沙市雅礼中学生赴日本鹿儿岛市参加小原良节。

2002 年 5 月 19—23 日，长沙市举办以“理解、友好、交流”为主题的“外国驻华使节看长沙”活动。来自 23 个国家的 37 名驻华使节和外国驻京记者在长参观、考察，与长沙市各界人士进行交流；9 月，日本鹿儿岛市青少年之翼交流团访问长沙。2003 年 2 月，长沙大学与韩国龟尾一大学签订友好交流学校意向书。

2004 年 5 月，长沙市首次与美国创想集团和中国国际旅行总社合作，组织两批 153 名美国大学生来长沙交流培训；7月，日本鹿儿岛市青少年之翼交流团访问长沙市雅礼中学；11月，韩国科技大学代表团访问长沙，与长沙学院进行校际交流。2005年1月，爱尔兰医护交流团来长考察，与长沙市签订护士外派委托书和合作协议书。2006年1月18—22日，长沙市承办“第五届中日地方交流研讨会”，期间举办“中日旅游交流展”。2008年6月25—26日，长沙市举办“外国使节看长沙——欧盟国家驻华总领事代表团长沙行”活动，法国、芬兰、德国、波兰、英国、奥地利6个欧盟国家的总领事等高级外交官应邀到长沙。

2010年4月26日，加拿大维多利亚大学与长沙学院签订促进高层管理项目合作意向书；9月1—2日，韩国龟尾文化艺术交流团访问长沙。2012年3月14日，加拿大维多利亚市苏克学区代表团访问长沙，与长沙市明德中学共同签署明德中学与加拿大维多利亚市苏克学区、卡莫森学院、维多利亚大学三方合作备忘录，建立“学习发展通道”。

（三）项目、资金、技术引进。1988年，湖南电位器总厂、韶光电工厂、长沙鼓风机厂等7家企业聘请7名外国专家帮助技术攻关，获国家资助经费人民币6万元，外汇额度1.5万美元，日元220万元。1992年，欧共体奶类项目中期评估团对长沙市奶类受援项目执行情况进行评估检查，长沙市牛奶公司从意大利引进高档冰淇淋生产线，从法国引进软包装消毒鲜奶生产线，从日本引进全脂奶粉加工线。1993年，长沙市通过智力引进渠道，为长沙水泵厂、湖南机床厂引进贷款各500万元人民币。

1999年，长沙市有7个引进项目经国家外国专家局立项并下拨经费。同年，长沙市在望城推广联合国粮农组织推荐的“农户安全储粮仓”引进技术，建成粮仓105个。

2000年，长沙市申报年度引智项目13个，其中长沙正大加热器厂空气干燥器设计制造、陈家渡综合农场水培装置及技术等6个项目通过国家外专局批准立项，共计转拨引智专项经费5.3万元人民币；4月，市委副书记、市长谭仲池赴望城县黄金乡调研推广“农户安全储粮仓”引智项目。年内，望城县对安全储粮技术引进项目加以改造和完善，基本解决防虫、防潮、保鲜等难题，新建安全储粮仓400多个。2001年，长沙市申报引智项目21个，其中11个项目通过国家外专局批准立项。

2002年4月，引进国外智力工作职能划入市人事局，外事侨务部门引进工作重点转为资金引进和项目合作。2004年10月18日，长沙市向日本国际协力银行申请用于改善饮水质量，提高污水处理率、保护湘江生态环境的引水及水质环境工程200亿日元（约合人民币15亿元）专项贷款项目通过评估。

2009年3月2日，长沙市与美国国际城市协会签署合作框架协议，双方在低碳减排和教育培训等达成合作项目17个；9月7日，市长张剑飞与英国副首相兼商业创新与技能大臣彼得·曼德尔森勋爵在北京签署《中国商务部与英国商业创新与技能部关于可持续城市合作倡议谅解备忘录·附录》，长沙市成为继武汉和重庆之后第三个加入中英可持续城市合作计划的试点城市；10月15日，长沙市与澳大利亚签署《可持续城市发展与合作备忘录》，成为第一个与澳方签署该备忘录的中国城市。

2010年3月26日，由长沙市和澳大利亚昆士兰州共同主办的“长沙·昆士兰绿色建筑研讨会”在长举办，有力推动长沙与澳大利亚在绿色建筑领域交流与合作；4月，长沙市与荷兰海牙市共同完成《优化交通控制对保护环境改善交通的影响研究》项目；4月19日，“2010中美（长沙）甲烷气体回收利用技术研讨会”在长沙举办；9月6日，“长沙市与英国城市规划和绿色建筑研讨会”在长召开。2011年3月15日，长沙市举办“澳大利亚·长沙绿色建筑研讨会”。8月5日，澳大利亚贸易部长克莱格·艾默森率120人组成的经贸代表团访问长沙，并举办“可持续未来：中澳清洁技术和环境领域的发展合作”研讨会；11月23日，长沙市召开“长沙与瑞典政府环境技术合作座谈会”，长沙先导投湘江新城公司与瑞典腾茂公司、腾博公司就湘江新城建设项目签署三方合作备忘录。

2012年3月，长沙市邀请世界著名规划大师彼得·卡尔索普到长沙举办专题讲座，介绍城市低碳生态发展核心理念；6月，长沙与荷兰海牙市就在长建设智能交通决策系统成功签约并部分投入使用；11月，阿根廷阿中经贸文化促进会组团到长沙参加2012中国中部国际农业博览会，并在长沙注册成立中阿（湖南）进出口贸易公司；12月7日，长沙市与美国保尔森中心等机构共同举办“未来城市：现代中国的城市可持续性”长沙实践研讨会。

（四）社会福利事业援建与创办。1994年9月22—23日，澳大利亚扶轮社代表团来长参观访问以后，长沙市社会福利机构与一些国外福利机构保持友好合作关系，来自澳大利亚、爱尔兰、美国、泰国的慈善组织多次到长沙开展捐助帮扶活动。

1997年3月，长沙市第一社会福利院与国际关系中国慈善协会合作创办“残疾儿童康复护理培训中心”。1998年5月1—14日，长沙市社会福利机构考察团赴美考察社会福利机构。2002年12月11日，由爱尔兰国际孤儿基金会与长沙市第一社会福利院共同投资53万元人民币改建的“爱儿教育康复中心”正式揭幕挂牌。

2003年4月23日，美国欣欣教育基金会代表团到长沙考察长沙县白沙乡灵佑庙小学、同盟小学；7月1日，爱尔兰国际孤儿基金会代表团到长沙考察访问，与长沙市第一社会福利院达成捐赠意向；9月1日，美国世华基金会代表团来长沙考察访问，向宁乡县方家桥小学捐款25万元改建学校，并举行竣工仪式。

2007年3月17日，国际关心中国慈善协会团到长沙出席该协会与长沙市第一社会福利院合作项目“残疾儿童康复护理培训中心”成立10周年庆典。2008年2月22—25日，泰国泰皇第一慈善基金会代表团访问长沙。

（五）民间交往。1988年8月，湖南省人民对外友好协会与长沙市人民对外友好协会在长沙联合举办非洲邮票展。1989年3月16日至5月14日，长沙市民间工艺表演团参加在日本鹿儿岛市举办的民间工艺博览会。1990年6月，长沙市民乐表演团赴日本名古屋市演出。

1991年6月，“中日友好和服表演”在长沙举行；9月7—11日，苏联哈萨克友协代表团访问长沙；9月19—21日，中美文化交流中心主席海伦·梁到访长沙；12月，长沙市雅礼中学足球队赴日本参加“国际青少年足球友好邀请赛”。1992年6月1日，新加坡锡山文艺中心访湘团访问长沙；10月，长沙市少儿艺术团等赴日参加庆祝活动。

1993年10月5日，朝鲜“4·25”篮球队访问长沙；12月23日，日本全日空访问团访问长沙。1994年4月4—14日，长沙市书画家代表团赴日本鹿儿岛市文化交流；12月，日本滋贺县青年之翼访华团访问长沙。1997年4月30日—5月1日，日本绿色遣唐使团访问长沙；7月1—4日，法国法中友协里昂分会考察团访问长沙。

1998年9月22日至10月5日，长沙市小杜鹃艺术团赴美友好演出。1999年5月11—13日，印度印中友协代表团访问长沙；5月26—28日，莫桑比克对外友协代表团来长参观访问；10月4—5日，朝中友协代表团到长沙参观考察。

2000年7月22—24日，日本鹿儿岛文化艺术交流团来长演出；9月27日—10月9日，长沙市小杜鹃艺术团赴爱尔兰、比利时访问演出；10月18日，日本滋贺县妈妈排球队访问长沙，11月4—11日，法国法中友协里昂大区分会代表团访问长沙。

2001年6月，长沙市交流协议团出访日本、新加坡；6月10—11日，加拿大加中贸促会代表团访问长沙；7月，长沙市与日本鹿儿岛市开展大型市民包机团和文化艺术团互访活动；7月28—30日，日本文化交流团访问长沙；8月9—11日，韩国龟尾市小学生足球交流团来长与长沙市少年足球队举办足球友谊赛；9月，韩国龟尾市文化艺术交流团来长与远大集团员工艺术团进行联合演出。

2002年5月28日至6月2日，斯里兰卡斯中社会文化合作协会代表团到长沙进行友好交流；8月，长沙市青少年乒乓球运动员与日本鹿儿岛市乒乓球运动员联合组队参加在北京举行的中日友好交流城市乒乓球大会，纪念中日邦交正常化30周年；10月，日本鹿儿岛市文化交流团到长沙访问；11月29日，爱尔兰中国文化协会代表团访问长沙。

2004年1月，长沙市文化艺术交流团出访爱尔兰、荷兰；2月，长沙市青少年宫小杜鹃艺术团赴新加坡访问演出；7月，日本鹿儿岛市文化艺术交流团访问长沙。

2005年2月28日至3月2日，美国乡村音乐乐团到长沙访问演出；4月，长沙市文化艺术交流团赴瑞士参加在弗里堡市举办的“2005今日中国”活动；9月4—5日，由英国、德国、丹麦、罗马尼亚等国知名人士遗属组成的国际友好人士代表团到长沙参加“国际友人长沙行”活动。9月17日，市外事侨务办举办“外国友人看长沙”活动；12月10日，市外事侨务办和市广播电视集团共同主办“情系长沙”首届外国友人才艺表演赛。

2006年6月19—20日，法国K小姐乐团到长沙演出；6月23—26日，日韩乒乓球代表队访问长沙，进行交流比赛；11月4日，波兰影视代表团访问长沙，举办“虎年之恋”首映式。

2007年10月25—29日，日本鹿儿岛日中友好协会代表团、劳连会代表团到长沙出席长鹿结好25周年庆祝活动。11月至12月，市外事侨务办与市广播电视集团共同主办“情系长沙”第二届外国友人才艺表演赛。

2008年3月29日，日本千叶县流山市SFS弦乐合奏团与雅礼中学交响乐团在雅礼中学联合举办“中日青少年文化交流演奏会”；11月8日，参加中国人民对外友好协会在京举办“国际友好论坛”的各国友协代表团到长沙参观访问。

2009年11月，长沙市文化艺术团与日本鹿儿岛市文艺交流团在长联合举办第一届“小原良节在长沙”文艺交流演出。

2010年4月20日至5月22日，“风之彩墨西哥残障青少年绘画展”在长沙市博物馆展出；10月，市外事侨务办、长沙晚报报业集团联合举办长沙外国友人“情系长沙”摄影和征文赛。

2011年4月，中国人民对外友好协会向长沙远大空调有限公司颁发“人民友谊贡献奖”；9月，远大集团艺术团赴韩国龟尾参加“亿万朵菊花庆典”活动；10月，长沙市田汉·明德艺术团在澳大利亚悉尼歌剧院举办“2011中澳文化年专场音乐会”；10月17日，长沙星之韵青少年代表团赴日参加第6届鹿儿岛亚洲青少年艺术节；11月11日，市外事侨务办在长沙举办“情系长沙”系列活动。

2012年8月，长沙市中学生与日本鹿儿岛市中学生在北京参加“中日友好交流城市初中生乒乓球友谊赛”；9月，中国人民对外友好协会授予长沙市“友好交流合作奖”。10月，韩国龟尾文化院与长沙歌舞剧院在长沙湘江剧场联合举办文艺演出。

六、外事管理

（一）因公出国（境）管理。1992年，湖南省政府授权长沙市人民政府直接办理有关因公出国任务的审批手续。长沙市发布《关于办理因公临时出国任务审批手续的通知》，明确因公临时出国任务的经贸类由市外经贸委办理，友好出访及文化、体育、教育和青少年民间交流由市外事办办理。1993年，外交部授权长沙市人民政府可对国外客人到长沙参观、访问、投资等可发出邀请函电和通知签证函电；5月10日，印发《关于邀请外国人来长沙的规定的通知》。1994年，湖南省外事办将科以下公务人员因公出国（境）护照管理权下放，交由长沙市外事办具体负责。1996年，印发《关于严格控制因公出国（境）团组的通知》，对因公出国做出明确规范。11月，制定《因公出国（境）审批程序》《办理通知签证函（电）程序》《代办护照签证程序》等工作流程和办事公开制度。

2001年12月，举办首期因公出国（境）工作专办员培训班；发布《长沙市因公出国（境）呈报、审批和管理办法的通知》，明确全市因公出国（境）任务审核、审批。2002年4月，印发通知明确全市公职人员（不含科级以上）因公出国（境）审批。2003年，突出为企业服务宗旨，因公出国（境）管理在加强计划的同时，对因公出访实行“一表制”审批，对出访任务和人员实行联批，对重要企业出访采取“直通车”审批；5月，发布《关于进一步加强党政干部因公出国（境）管理，坚决制止用公款出国旅游的通知》。2006年8月，发布《关于进一步完善市级领导因公出访管理与服务工作的补充通知》，对市级领导的出访原则、出访条件、组团条件、出访要求、出访费用以及归口管理与服务做出进一步明确。2008年，为鼓励园区企业“走出去”开展国际贸易和经济技术合作，将长沙高新区、长沙经开区等园区企业135人纳入湖南省因公出国（境）“直通车”审批范围；2009年4月，出台《关于进一步加强因公出国（境）管理的若干规定》，发布《关于贯彻中共中央办公厅、国务院办公厅和湖南省关于党政机关厉行节约有关精神的实施意见》；6月，印发《关于开展制止党政干部公款出国（境）旅游专项工作的通知》，规范因公出国（境）计划和任务审批，推行经费先行审批制度，实行责任追究制度。2010年，从严控制党政领导干部出访，制定《2010年长沙市制止公款出国旅游专项工作要点》，并对长沙市党政干部出国（境）情况进行全面检查。经申报，长沙市将远大集团、中联重科、山河智能等27家企业纳入湖南省“直通车”审批范围。2011年，新增金霞经开区、雨花环保工业园、宁乡经开区等5家园区“直通车”审批企业，实行人员审批与任务审批程序合并，简化企业人员因公出国（境）审批手续。2012年5月开始，长沙市民营企业人员原则上不再持因公护照出国执行公务。

表4-6-2-2　　1988—2012年长沙市接待外宾来访、办理因公出访一览表

时间	来访			出访	
	国家(个)	批次	人次	批次	人次
1988年	7	62	400	—	—
1989年	4	34	287	—	—
1990年	11	120	2850	—	—
1991年	10	110	1720	—	—
1992年	20	38	250	29	126
1993年	17	36	210	63	152
1994年	15	26	171	43	121
1995年	12	25	146	11	57
1996年	11	23	186	41	187

续表 4-6-2-2

时间	来访			出访	
	国家（个）	批次	人次	批次	人次
1997 年	10	25	271	61	234
1998 年	19	46	562	69	271
1999 年	23	57	687	312	885
2000 年	25	61	902	288	840
2001 年	32	58	587	290	951
2002 年	38	76	523	329	1157
2003 年	47	56	650	334	1288
2004 年	50	85	812	430	1862
2005 年	59	87	953	379	1545
2006 年	46	96	1159	364	2011
2007 年	19	59	1167	437	1770
2008 年	20	67	1013	246	927
2009 年	39	96	1498	349	948
2010 年	24	161	3371	282	941
2011 年	42	136	2260	469	1291
2012 年	60	149	2860	371	1050

说明：1992 年省政府授权长沙市人民政府直接办理有关因公出国任务的审批手续，长沙市因公出访统计数据自 1992 年起

（二）其他涉外管理。1988 年，应聘在长沙工作的外籍工程技术人员和教师 392 人。1997 年 9 月 2 日，在晓园公园为日本著名水稻专家原正市铜像揭幕，以纪念他为中国水稻增产做出的突出贡献。1998 年 9 月 27—28 日，接待欧洲华人传媒协会记者团来长沙，采访报道长沙经济发展和对外招商引资、文化交流合作。2001 年，对常住长沙外国专家建立情况反馈制度，向 100 多名外国专家进行问卷调查，对 7 位专家开展跟踪采访，在新闻媒体进行“外国专家在长沙”专题报道活动；是年对湖南大学、湖南大众传媒技术学院、雅礼中学等 41 家有外国文教专家工作单位的专门机构、合同执行、后期保障等进行年检。

2003 年，长沙市成立在长沙外籍人士预防“非典”工作领导小组，发布《关于做好预防非典型肺炎工作紧急通知》，对 30 个涉外单位开展调研和督查；是年 12 月 25—30 日，对 30 家外国文教专家单位进行资格年检。次年 2 月，发布《关于 2003 年市外国文教专家单位资格年检情况通报》，长沙大学、浏阳外国语学校、长沙同升湖国际实验学校、湖南涉外学院被评为市外教管理先进单位；6 月，湘雅附三医院、长沙麓山国际实验学校为外籍人士定点服务医院和就读定点学校，授予美林银谷为“长沙国际友人居住示范小区”。2004 年 11 月 9 日，妥善处理空军 18 师俄罗斯技术员尼古拉意外溺水死亡事件。2006 年 6 月，协办省外事侨务办、省新闻办“外国媒体走进湖南”大型采访活动，30 家外国驻京新闻媒体的

50 名外国记者采访湖南省国家杂交水稻研究中心、长沙社会主义新农村建设、烟花产业和长沙广电集团，市长谭仲池在媒体招待会上回答记者提问。2007 年 10 月，制定《长沙市涉外涉侨突发公共事件应急预案》，并召开评审会进行补充完善；10 月 27 日，在茉莉花国际酒店国际街区举行授牌仪式，成立“长沙市国际友人俱乐部”。2008 年，建立境外非政府组织在长活动管理工作联席会制度和外国记者采访管理机制，明确外事侨务、公安、国安、教育、商务旅游、民政、新闻等部门职责。是年，妥善处理新加坡籍商人制假、澳大利亚公司在长沙的物业遭受破坏等涉外事件。

2010 年 5 月，在全市以《中国公民海外安全常识》《中国领事保护协助指南》《中国公民出国提醒》为重点，集中开展涉外应急宣传。是年，协调处置缅甸人非法入境、马来西亚人涉嫌走私毒品等 7 起涉外事件。2011 年 5 月，长沙市建立涉外涉侨突发事件应急组织体系网、应急救援专家数据库、突发事件典型案例库“一网两库”；5 月 18 日，邀请荷兰 VSTEP 公司首席执行官萨瓦斯、荷兰代尔夫特理式大学教授汉克、荷兰应用科学高级研究员陈玉森在长举办应急管理知识讲座。是年，处置韩国籍人员在长沙意外死亡、泰国公民在长沙遗失护照、优美科富虹公司搬迁等 15 起涉外事件。2012 年，长沙市远大集团有限公司、中联重科股份有限公司等 9 家企业列入湖南省领事保护重点企业。全年妥善处理浏阳市涉外经济纠纷、博世外籍专家与原房东矛盾纠纷等 10 余起涉外事件，协调促成德国柏林交响乐团 61 人到长沙公益演出的入境签证。

至 2012 年，在长沙境外非政府组织机构 178 家，常居长沙外国人士 3000 余人。其中，美国 446 人、加拿大 258 人、日本 249 人、韩国 192 人、巴基斯坦 187 人、德国 136 人。

第三节 侨 务

一、华侨与归侨、侨眷

1988 年，长沙市旅居国外的华侨华人有 1.9 万余人，分布在世界五大洲的 50 个国家和地区，欧美和亚洲居多。其中，美国 1.2 万余人，印尼 1272 人，加拿大 1068 人，马来西亚 1066 人。在长沙工作、定居归侨、侨眷有 400 余人。长沙市旅外华侨华人中有社会影响的人士 84 人。教授、研究员以上的专家、学者 900 多人，其中在美国的有 300 余人。实业界人士在海外、港澳地区任公司董事长、独立公司总经理的 300 余人。之后，长沙市重视侨务资源的培育发展和开发利用，用心、用情开展侨务工作，凝聚侨心、发挥侨力。1999 年 7 月和 2004 年 12 月，市外事侨务办获“全国侨务工作先进集体”称号。2005 年，长沙市再次对全市侨情进行普查并建立侨情资料库，以后每年进行更新登记。截至 2012 年，长沙市有侨务对象 12 万余人，其中，归侨 300 余人。

二、扶助与服务

（一）侨务联谊与帮扶。长沙市重视涵养侨务资源、发挥侨务资源，1988 年，认真落实“适当照顾”政策，帮助困难侨户、表彰先进人物、扶持侨属企业发展，调动归侨侨眷参政议政、建设家乡、服务社会的热情。

1989 年 6 月 17 日至 7 月 30 日，在全市归侨侨眷中开展“写信报平安”活动，共举办座谈会、报告会 17 场次，归侨侨眷活动覆盖面达 90%以上；12 月 15 日，召开全市侨界优秀知识分子代表座谈会，有突出贡献专家归侨刘庭怀、侨眷贺仁体在会上介绍立足岗位做贡献的经验体会。1990 年，出台《关于加强侨属企业管理的若干规定》，对侨属企业的管理认证工作作具体规定。1992 年长沙、浏阳、望城 3 县对全县侨情进行普查和登记整理。

1993年6月15日，召开全市侨务工作会议，动员组织开展兴办“侨字号”经济实体，至年底，市华侨旅游侨汇公司有4家，区县经济实体企业有21家；10月下旬，慰问浏阳、长沙、宁乡、望城县（市）的7个乡（镇）遭受水灾的侨户。1995年，全市开展侨情补查发证工作，对全市侨务对象、新移民重点对象、国际友好城市重点侨务对象、海外专家学者逐类建立档案。1996年2月12日，印发《关于对归国华侨退休后给予生活补助费的通知》，规定从1996年1月起，凡1949年10月1日后参加工作的归侨退休职工，每月可从单位领取50元生活补助费。全年，对全市309名归侨的归侨住房、收入、工作等情况进行摸底调查，有90%的退休归侨获得生活补助费。

1998年9月，开展长沙市归侨生活状况调查；12月，拨出“护侨帮困”专款20万元注入“长沙市爱侨基金”。1999年7月，翁少兰、郭晓鸣、郭汉华被评为“全国归侨侨眷先进个人”。2000年6月，企业退休归侨职工养老金先期通过社保发放。从2001年1月起，对特困企业的归侨未按规定领取生活补助费的，由市财政按年度年底一次性发放；10月，组织市区离退休归侨侨眷代表参加以“创建文明城市，共建美好家园”为主题的长沙市市政建设和重点工程参观活动。

2002年3月26日，湖南省下发《关于同意长沙市建立侨务扶贫基金的批复》。侨务扶贫基金首期资金，由省外事侨务办拨款5万元，市财政拨款10万元，用于资助贫困侨户和归侨侨眷个人创业。2004年9月23日，对7名未参加过正式工作、又达到退休年龄的归侨纳入财政统一发放生活补助费范围。2005年3月25日，发布《关于实施长沙市侨务扶贫基金管理试行办法的通知》，对侨务扶贫基金的来源、用途、审批程序和管理做出规定；10月，执行中华人民共和国成立后参加工作的归侨退休职工生活补助费由每月50元提高到每月100元。

2009年3月，长沙市“爱侨基金”金额达33万元，累计向438人次困难归侨侨眷发放救助金10.2万元。从7月1日起，长沙市退休（含按规定提前退休）的老年归国华侨、户口在农村和户口在城镇无业的老年归国华侨，凡男满60岁、女满55岁的，每人每月生活补助费由100元提高到200元。2012年，市外事侨务办申请市财政落实侨务扶困专项经费20万元。

（二）为侨服务。1999年，全市开展“为侨资企业服务行动年”活动，并配合省外事侨务办在长沙经济开发区建立“湖南华侨投资城”。2002年6月，长沙市岳麓区望月湖街道荣获“全国社区侨务工作先进单位”称号。2006年8月22日，国务院侨务办印发《关于表彰全国侨法宣传和社区侨务工作先进个人、先进集体的决定》，长沙市开福区外事侨务办主任杨冬云被授予“全国社区侨务工作先进个人”荣誉称号。2008年8月，印尼华侨、金光集团主席黄志源捐赠30万元人民币建设的湖南第一个“侨爱新村”项目在长沙签约，善款用于长沙县黄兴镇打卦岭村双桥小学、侨爱老年活动中心和侨爱农民公园3个子项目的建设。

2009—2010年，开展“长沙市侨资企业重点联系服务”工作，对湖南拓展集团有限公司、哈药慈航制药股份有限公司、湖南怡海三湘房地产开发有限公司、和记黄埔地产有限公司、湖南湘绣城、湖南成功新世纪投资有限公司、长沙新奥燃气有限公司、长沙正大有限公司等10家企业在信息支持、融资帮助、搭建引资引智平台、维护权益等方面实施挂牌服务。2010年3月23日，长沙市首家涉外涉侨律师服务团在湖南泓锐律师事务所挂牌成立，为长沙市外事侨务部门决策提供法律咨询，参加市外事侨务部门开展的维护权益等公益活动，为长沙市涉外涉侨企业、华侨华人、归侨侨眷提供优惠的有偿法律服务。

2012年2月，联合省外事侨务办为湖南华盛烟花有限公司实施挂牌服务；6月，长沙市岳麓区望月湖街道岳龙社区、天心区金盆岭街道芙蓉南路社区被国务院侨务办授予首批“全国社区侨务工作示范单位”。

三、招商引资引智

1989 年 1 月 12 日，召开全市侨务经济工作经验交流会，就发展侨务经济进行探讨。1991 年 4 月，组织有关人员赴广西壮族自治区东兴中越边境贸易进行实地调查，提交《建议迅速开辟中越边境贸易》的调查报告。1993 年 10 月 20—26 日，组团赴越参加“越南 '93 工业品国际交易会”，与越方签订经贸合资合作协议和意向书 10 个，协议总投资和成交意向额 4100 万元人民币。

2000 年开始，围绕城市发展大势，以大型涉侨经贸活动为平台，以引进项目为主，加强引进项目对接双方的合作。

2001 年 6 月 10—14 日，举办“海外学子中国长沙行”活动，来自 18 个国家和地区的 100 余名海外留学人员应邀参观市政建设，参加人才智力引进座谈会和创业环境政策说明会，与长沙市有关企事业单位进行对口洽谈，出席资本市场与企业融资和世界生物医药产业发展趋势学术论坛，并进行签约仪式。2002 年 9 月，“海外博士回国创业考察团”到长沙考察，与长沙高新技术企业签订 23 个合作意向。

2004 年 10 月，由省外事侨务办主办、长沙市开福区政府和长沙经济开发区承办的“海外华商潇湘行”在长举行，180 多位海外华商应邀到长沙参观考察，11 个项目签约，金额 29.7 亿元。2008 年 9 月，长沙举办第三届“海外华商潇湘行”活动，活动期间，长沙高新区管委会与江苏常熟远东光伏能源科技发展有限公司签订总投资额 10 亿元的 20 兆瓦太阳能双结非晶硅电池生产线项目协议，宁乡县政府与湖南正大畜禽有限公司签订总投资额 6000 万元的畜禽养殖核心示范场项目协议，爱尔兰华协会与浏阳市教育局签订捐赠 30 万元在浏阳援建一所小学项目协议。

四、海外华侨华人交流与合作

1988 年 12 月 29 日，召开首次捐赠工作表彰会，向为长沙捐赠款、物的华侨华人和为捐赠牵线搭桥的归侨侨眷分别颁发荣誉证书和奖状。1989 年 4 月 21 日，发布《关于进一步做好华侨港澳同胞捐赠工作的意见通知》。强调全市各级侨务办要认真履行职责，有关部门要通力协作，坚决执行国家的政策，做好捐赠款、物的审批和捐建项目的建设落实工作。

1991 年 12 月 19 日，召开长沙市华侨奖学金工作会议，出台《关于长沙市华侨奖学金工作情况和意见》。据统计，长沙旅居国（境）外华侨华人等设立各类奖学基金会（基金）37 个（笔），基金 416.27 万元（其中存在境外 5 笔 248.4 万元）。已用基金利息 12 万元奖励学生 4506 人次，用基金利息 70.49 万元定向、定点委托培养大中专学生 13 人、出国进修医师 4 人。浏阳县黄彰任奖学基金会、长沙市长郡中学校友会等 8 个单位介绍做好奖学金工作的经验。

1992 年 4 月 6—15 日，应香港“庆贺华侨教育家张国基百龄大寿筹委会”邀请，长沙市祝贺团一行 6 人赴香港参加庆贺活动；“92 长沙服装艺术节”期间，邀请 42 名侨商赴会。1995 年 11 月，长沙市与美国中文报纸纽约《侨报》达成协议，每周在该报刊登一期《今日长沙》专版，方便旅美侨胞更加全面、快捷了解长沙。

1996 年 4 月 26 日，美籍华人黄彰任被长沙市人民政府授予首批“长沙市荣誉市民”称号；9 月 5 日，长沙市召开全市“新移民”（改革开放后，从中国出境定居的这部分人员）工作暨新移民调查登记会议，关心新移民在长眷属，保护他们的合法权益，吸引更多的新移民回家乡投资办实业。1997 年 6 月底，长沙市旅居国外的新移民近 1800 人，其中大学以上文化程度 700 人，硕士、博士 200 人，从事科研、文化、教育的150余人，从事商贸、企业管理的500多人。这些人中，教授、工程师有100多人，经理、董事长有90多人；1999年10月，陈泰行、邱学成等4位长沙籍华侨华人入编《湖南省名人志》。

2002年12月，爱尔兰国际孤儿基金会与市第一社会福利院合资53万元人民币改建的“爱尔教育康复中心”挂牌。2003年9月22日，与中国新闻社、省外事侨务办共同举办以“沟通、交流、发展”为主题的“第二届世界华文传媒论坛”，30多个国家和地区的近200家华文传媒高层管理人士在长就如何提升海外华文媒体整体素质和水平等课题进行交流探讨。2004年2月，开展以“传承中华文化”为主题的“华裔青少年中文硬笔书法比赛”，收到海外作品200余件。2005年，接待“欧洲中青年侨领团”“西班牙对华经贸考察团”；9月，吴金水、段燕文出席“第四届华侨华人专业人士回国创业成果报告暨首届杰出创业奖表彰大会”，荣获国务院侨务办授予的首届华侨华人专业人士“杰出创业奖”。2007年1月24日，长沙市授予侨资企业、湖南高岭国际工业园有限公司总经理柳明心，长江（中国）发展有限公司董事长、湖南高岭国际工业园有限公司董事长张青为“长沙市荣誉市民”称号。2010年，在全市开展侨务资源调查摸底，建立重点侨务对象数据库；2012年4月，承办“第六届世界华侨华人社团联谊大会侨领湖南行”活动，来自美国、英国、澳大利亚、泰国、柬埔寨等35个国家和地区的116位代表访问长沙。

五、侨务权益维护

（一）侨法宣传。1990年9月，《中华人民共和国归侨侨眷权益保护法》（以下简称《权益保护法》）颁布。为贯彻落实侨法，持续开展系列宣传活动，编印《权益保护法》宣传资料4900册，组织报告会（座谈会）43场、办宣传栏93期、张贴标语1263张。1991年，将《权益保护法》纳入“二五”普法规划；2月25日至3月10日，对全市宣传贯彻《权益保护法》情况进行调查；3月14日，召开学习贯彻《权益保护法》情况通报和经验交流会；7月26日，召开贯彻《权益保护法》专题理论研讨会。

1993年9月7日，开展联合宣传咨询活动，分别就侨务、私改侨房、出入境管理、归侨子女升学就业等有关政策法规进行宣传和咨询服务，发送《权益保护法》《湖南省归侨侨眷权益保护实施办法》（以下简称《实施办法》）等有关资料1000多份。全年，市及各区县（市）侨务办召开海外侨胞亲属联谊会63次，宣讲《权益保护法》和《实施办法》。1999年3月，修正后的《实施办法》发布实施；7月24日，全市设立9个宣传点，宣传省《实施办法》。2001年7月，将《权益保护法》纳入长沙市“四五”普法规划，列入普法教育和考试内容。2004年3月，决定将7月至9月定为全市侨法宣传月。

2007年4月，将《权益保护法》纳入全市“五五”普法规划，印发侨法汇编和宣传资料、组织知识竞赛等。2008年，长沙市岳麓区望月湖街道被国务院侨务办评定为“全国侨法宣传角”；12月，开展《权益保护法》宣传周活动。2010年9月27日，开展《权益保护法》宣传活动，共发放侨法宣传资料1万余册，接受市民咨询1000余人次。

（二）执法检查。1995年以后，全国人大和省市人大多次组成执法检查组，对长沙市贯彻《权益保护法》情况进行执法检查。是年，省人大民侨外委、市人大教科文卫工委在长开展《权益保护法》执法检查。1998年9月，组织市直13个职能部门座谈交流，征求对湖南省《实施办法》意见。

2000年7月，省人大民族华侨外事委到长沙进行侨务执法检查。2001年3月，市人大对《权益保护法》贯彻情况进行执法检查；4月，市人大常委会听取市外事侨务办《关于长沙市贯彻侨法情况的汇报》。2002年9月，全国人大华侨委员会副主任委员杜宜瑾率执法检查组来长执法检查，考察侨资企业振升铝材和慈航制药，长沙市向检查组汇报《权益保护法》和《中华人民共和国捐赠法》的贯彻执行情况。2005年9月，部分政协委员对长沙归侨侨眷保护情况进行视察，考察长沙仁和环保公司，参观留学生创业园。2006年5月8—9日，省人大侨务执法检查组对长沙市贯彻实施《权益保护法》工作进行检查。

2011年3月至6月，全市开展侨法执法检查。2012年6月，市外事侨务办被国务院侨办评为“全国侨办系统信访工作示范单位”。

附记　长沙市华商联合会

长沙市华商联合会（以下简称“市华商会”）于2007年5月21日召开第一届会员大会，成立由华侨华人、港澳同胞和归侨侨眷投资企业自愿组成的联合性、非营利性、地方性社会组织。接受长沙市外事侨务办公室业务指导和监督管理，会员大会选举产生的理事会每届任期三年，湖南拓展集团有限公司董事长丁小琥连续两届当选市华商会理事会会长。

市华商会成立以来，本着“团结、合作、发展、共赢”精神，发挥优势，引荐海外华侨华人企业家、各类专业人士到长沙考察投资、洽谈合作交流。2008年9月、2009年8月、2010年7月哈药慈航制药股份有限公司联合国务院侨务办公室海外专家咨询委员会、长沙市人民政府连续三年在长主办“化学生物学与创新药物中美圆桌会议”，加强与国内外生物医药技术领域知名科学家团队交流与合作，吸引海外高层次人才回国创业，推进长沙产业结构调整升级，提升湖南生物技术研究和创新药物产业化。在“第三届海外华商潇湘行”和“第四届侨领侨商湖南投资合作周”活动中，积极配合邀请各省、市侨商会组织的侨领侨商代表到长沙参加活动。华商会会员单位哈药慈航股份有限公司段燕文博士领衔的生物医药创新团队获批全国重点华侨华人创业团队支持项目，长沙新奥燃气有限公司获全国百家明星侨企称号。市华商会还主动配合当地政府维护华商企业合法权益，先后推荐湖南拓展集团有限公司、湖南高岭国际工业园有限公司、哈药慈航制药股份有限公司、金龙国际铜业有限公司、湖南湘绣城、湖南成功新世纪、长沙新奥燃气公司等10家商会会员企业列入省、市外事侨务办挂牌重点联系服务的侨资企业。协调有关部门重点帮助解决湖南怡海三湘房地产开发有限公司8台车辆过户上牌、湖南福华房地产开发有限公司建设工程施工合同纠纷、福华公司腾地补偿等有关问题，协调处理有关会员企业的房屋租赁、重点项目拆围、人事纠纷、经济合同纠纷等案件。同时，市华商会注重加强同各省、市华商会联系和交流，与上海、杭州、扬州等城市的华商会建立友好商会关系。接待或参与接待海内外侨团侨领考察团30余批近600人次，组织重点侨资企业参加国务院侨办、湖南省外事侨务办与各地侨商组织举办的“侨资企业西部行”“华侨华人创业发展洽谈会”“海外华人华侨看世博”“湖南省重点侨资企业推介会”“第三届华商领袖圆桌会议”等节会活动，为商会企业搭建扩展视野、沟通信息、发现商机、交流合作的平台，促进商会企业发展。至2012年，长沙市有华商企业1000余家，涉及电子信息、生物医药、机械制造、能源环保等高新技术产业，以及投融资管理、烟花生产、现代服务业等多个领域，为长沙经济发展发挥重要作用。

第七章　来信来访

1988年，长沙市信访工作主要是继续落实中共十一届三中全会提出的“实事求是，有错必纠”的指导方针和“积极主动，因地制宜，量力而行，认真妥善地解决历史遗留问题”的精神，落实党的政策，甄别处理中华人民共和国成立前及成立后“反右派斗争”“反右倾斗争”“四清运动”“文化大革命”期间被错误处理的信访诉求案件。历经10年，全市历史遗留问题基本得以妥善解决。1989年开始，信访工作重点转向解决人民群众的现实诉求。为加强领导、健全领导干部接访包案处访制度，坚持“三亲自”（亲自阅信、亲自接访、亲自处理重大信访问题），落实“三保证”（保证信访力量、保证信访经费、保证必要的工作条件），将信访工作列入目标管理和考核评比内容。实行“分级负责，归口办理”及表彰奖励和责任追究，形成党政一把手负总责，分管领导具体抓，一级对一级负责的责任体系。是年，全市协调处理各类社会矛盾纠纷1.5万起，处理集体上访109批2052人次。1996—2000年，发布《关于进一步加强信访工作的通知》，明确提出信访工作重点，下决心解决一批因征地拆迁、企业改制等出现的信访热点、难点问题，维护人民群众利益；稳步推进、逐步完善信访工作法制化、规范化进程；加大对集体上访的处置和化解力度，主动出击，快速反应，变上访为下访，做好超前防范工作。信访总量以及去省来市集访数量有所下降。2004—2006年，出台《关于建立集中处理信访突出问题及群体性事件联席会议制度的通知》，联席会议下设“农村土地征收问题”“城市房屋拆迁问题”等6个专门工作小组，建立“法制咨询接待室”，处理和解决来信、来访、集访、越级访等问题；为从源头上预防和减少群集性信访事件发生，组织万名干部下基层化解矛盾，建立和完善突出问题滚动排查调处机制，先后4次组织点面结合、自上而下的滚动排查；围绕企业发展环境、城市开发建设、农村土地征收拆迁、进城务工人员工资拖欠等问题，开展社情调研，利用《长沙信访》《信访信息快报》等平台及时发布信访预警，有针对性地制定处理措施，防止、减少集体上访和越级上访。是年，《长沙市农村征地拆迁安置补偿情况调查报告》被收录国家信访局重点调研报告文库。2008—2011年，制定《长沙信访交办结案及材料报送规范》《长沙信访事项复查复核暂行办法》，实行案件审理公开化、民主化、科学化；推行“阳光办信”，开通网上视频信访，启动信访定期评讲，建立信访事项办理反馈制度，打造“四心”（接待热心、谈话诚心、疏导耐心、处理公心）、“四个一”（一张笑脸、一句问候、一杯热茶、一把椅子）接访品牌，以加强日常来信来访办理。在长沙电视台推出《对话长沙》《市长接访在长沙》专题栏目，直播市领导为百姓现场解决诉求。2012年，发布《关于建立“一推行四公开”制度，进一步密切联系群众意见》，在《长沙晚报》开辟群众工作专栏，公开区县（市）和市直单位副县级以上领导干部及民情联络员近1000人联系电话和办公地址，确定每月9日、27日为群众工作日。两年里，全市党员干部走访群众238万人次，化解矛盾纠纷11万余个，办理实事6.7万件，落实帮扶资金1.6亿元。《人民日报》《湖南日报》分别以《又见当年鱼水情》《与群众同坐一条板凳》为题在头版报道。

第一节 机 构

一、市级机构

1986 年 1 月，长沙市信访办公室更名为市委、市政府信访办公室，内设秘书科、信访一科、信访二科，人员编制 18 名，由中共长沙市委、市政府办公室双重管辖，归口市政府办公室。1989 年 2 月，增设社会协调科。5 月，市经委、市财委、市农委、市政法委分别设立信访接待室，配备专职或兼职信访员。1996 年 3 月，内设机构调整为秘书科、处信科、接访科、综合信息科、协调科。2002 年 2 月，更名为长沙市信访局，归口管理未变。内设办公室、接待来访处、协调处、办理来信处、机关党支部、纪检监察室，人员编制增至 20 名，2005 年增至 23 名。2006 年 2 月，增设接待来访二处，原接待来访处更为接待来访一处，10 月，增设信访网络处。2007 年 9 月，增设复查复核处，对外挂“复查复核领导小组办公室”牌子，内设机构调整为 7 个，编制调至 31 人。2011 年 4 月，设立异地接访处和复查复核办公室。至此，共有办公室、来信来访接待处、来信办理处、网络信访处、督查督办处、协调处、异地接待处、复查复核办公室、机关党总支、监察室 10 个内设机构，人员编制 37 名。2012 年无变化。

1988—2012 年，先后担任长沙市信访局主要领导职务的有：杨松文、凌忠富、余冬阳、曹立军、肖雄飞；其他领导班子成员有：潘定衢、祁书明、敖子贵、刘玄虎、李锦文、戴志敏（女）、刘军、王强壮、孙平波、刘加利、梁琼生、王占一、陈艳（女）、张春雄、葛燕华（女）。

二、区县（市）机构

1988 年，长沙市所辖长沙、望城、浏阳、宁乡 4 县和东区、南区、西区、北区、郊区均设有信访办公室，归口各区、县委政府双重管理。1989 年 5 月，县辖乡（镇）、区辖街道办事处 458 个单位都设立信访接待室，配备专职或兼职工作人员。1993 年，浏阳县改市，更名为浏阳市信访办公室。1996 年，区划调整，原东区、南区、西区、北区、郊区信访办公室更为名芙蓉区、天心区、岳麓区、开福区、雨花区信访办公室。2002 年 2 月，各区、县（市）信访办公室更名为信访局。2010 年，望城县改区，更名为望城区信访局。2012 年各区、县（市）信访机构无变化。

第二节 信访制度建设

一、领导干部接待处访

1988 年，继续实行领导干部接待处访制度。1989 年规定，每月一次，由一名市委常委到信访办直接听取来访群众诉求，释疑解难。各区、县（市）也建立领导干部接待来访制度，处理信访事项。是年 3 月 15 日，市委副书记俞又昌在接待日为 3 名上访群众分别处理拆迁安置、纠纷伤人和生活救济问题；分管副市长何家象接待处理 12 名群众诉求的生产、生活、住房问题，促成长沙岳麓化工厂兼并长沙胜华化工厂，并给予贷款和财税支持。1990 年规定，针对来信来访的热点、难点问题，市长、副市长依照分管职责在接待日听取信访诉求，并召集涉访主管部门负责人现场办理。1993 年 2 月 15 日，市委常委、市委组织部部长易希文接访并听取古霸田居民反映的省二轻厅一水冲式公厕因多日无水冲厕，影响周边居民环境的问题，随即召集市城建局、环卫局、自来水公司等部门负责人会议，责成 3 天接通水源，会后2天，问题得以解决。是年，通过领导干部接访，上访老户稳定率达85%。1994年2月15日，省委常委、市委书记夏赞忠接待上访户肖某，当了解到肖某因20世纪60年代被学校错误处理而退学，一直无固定工作，1993年4月学校为其纠正错误处理补发学历证书，建议有关部门安排工作，但一直未能解决后，立即交待有关部门办理，当天下午3点，肖某接到安排工作通知，诉求得到解决。1996—1997年，市及区、县（市）领导干部接待日增加为每周半天或每月两天。两年里，市领导有23人次接待解决52个久拖不决重大信访事项。如：位于望城县雨敞坪镇大塘村的麻田磷矿挡土墙因水冲垮，致使当地农田冲毁，供电中断，部分房屋受损，村民到市化工局、望城县政府集访无果，矛盾激化。10月，代市长谭仲池等召集会议，决定由市财政拨款40万元补偿农民损失和重建挡土墙，矛盾得以解决。

2005年，实行市领导干部接访包案处理制度，包案14个，均得到解决。2007年，全市处级以上领导干部通过接访包案，化解信访矛盾纠纷2100个，处理疑难信访案件211个。2008—2009年，按照“一下降三减少”（信访总量明显下降，集体上访明显减少、非正常上访明显减少、群体性事件明显减少）工作目标，抓住公示、信访、包案、落实四个环节，组织开展市领导及区、县（市）委书记和市直单位党政领导大接访活动，全市接待来访群众1.02万批2.41万人次，解决各类信访疑难问题3732件，办结省委书记交办案件48个。全市所有乡镇（街道）纳入大接访活动，同步进行，接访5582批1.46万人次，解决各类信访问题1632件。省委常委、市委书记陈润儿下访宁乡县，就朱良桥乡村民要求望城格塘乡返还水田1.8公顷和跃进煤矿职工要求破产后办理退休等问题，与上访群众沟通，促使问题妥善解决。2010年，长沙制药厂2002年改制转让后，职工养老、医疗、失业保险一直未落实，职工面临生活严重困难。10月，市长张剑飞接待集访代表后，当即责成市国资委作出解释，并承诺15日内按政策办理诉求事项。是年，长沙电视台推出《对话长沙》《市长接访在长沙》专题栏目，现场直播群众代表与市领导零距离面诉困难和求决。省委常委、市委书记陈润儿参加三期《对话长沙》，分别听取进城农民工、国企改制职工、残疾人的诉求，现场督办解决问题。其中，9月16日，农民工女保洁员杨某在清洁马路栏杆时被汽车撞伤，肇事司机逃逸，3万多元医疗费令其难以承受，在杨某丈夫对话陈润儿后，杨某所在公司很快送上医疗费，劳动部门为其办理享受工伤保险待遇。《人民信访》杂志先后以《积极回应群众诉求有效解决社会矛盾》《市长接待在长沙》为题，予以报道推介。2011年6月，发布《关于进一步加强和改进新形势下群众工作意见》《关于进一步落实县级领导干部定期召开接待群众来访工作的实施意见》。是年，18名市级领导接待处理信访突出问题27件次，区县（市）和市直单位党政负责人接待群众3593批8258人次。

2012年，制定《关于建立“一推行四公开”制度，进一步密切联系群众意见》，建立“全面推行干部联点驻村（社区）、公开联系方式、公开岗位职责、公开监督机制、公开考核办法”制度。在《长沙晚报》开辟群众工作专栏，公开区、县（市）直单位副县级以上干部及民情联络员近1000人联系电话和办公地点；确定每月9日和27日（节假日顺延）为群众工作日。是年6月，省委常委、市委书记陈润儿接访宁乡县枫木桥上访户张某，当了解张某曾于20世纪70年代建三线铁路因公致残回乡，其妻遭遇车祸，夫妻年老孤苦多病后，责成民政部门安排救助金4000元，并由当地政府落实长期救助。7月，陈润儿接访市标准件厂职工代表，针对企业因困难欠缴社保费而导致职工无法办理退休，退休无着落问题，明确从国企改革稳定基金中列支垫付，保障退休金按政策发放到位。全年，22名市领导接访处理疑难信访问题59件次，全市各级领导干部接访3081批4576人次，包案处理1271件次，解决854件次。至2012年的两年内，全市党员干部共走访群众238万人次，化解矛盾纠纷11万余个，办好实事6.7万件，落实帮扶资金 1.6 亿元。《湖南日报》《人民日报》分别以《与群众同坐一条板凳》和《又见当年鱼水情》为题在头版报道。

二、目标管理与归口办理

1988 年 9 月 13 日，出台《关于处理信访问题的若干规定》（以下简称《规定》），将信访工作纳入目标管理和考核评比内容，要求各级加强领导，坚持“三亲自”（亲自阅信、亲自接访、亲自处理重大信访问题），落实“三保证”（保证信访力量、保证信访经费、保证必要的工作条件），并强调严格执行“分级负责、归口办理”原则，并发布《1988 年度信访工作评比条件》。是年，共评选信访工作先进单位和先进集体 11 个，先进个人 113 名。1989 年，依照《规定》，将越级上访的批次作为评比条件，各级各部门完善工作制度和机制，明确一名领导专管对小厂产品销售呆滞、生产不景气、发不出工资等问题制定解决措施。市监察局 24 小时值班，接待人民来信来访，设立举报电话和邮政专用信箱。全年受理群众举报 2008 件，挽回经济损失 162 万元。市总工会一年为职工办实事 121 件。是年，围绕《规定》落实情况进行检查，458 个单位中，369 个单位把信访工作纳入目标管理，340 个单位制定信访工作制度。1990 年，市纪律检查委员会制定《加强群众来信来访工作规定》和“四定包案制度”“复信回访制度”等 7 项规定和制度，开展以考核当年信访问题办结率为主要内容的企业纪检信访“三项达标活动”，这一全国首创活动得到中纪委肯定。

1991 年 3 月 10 日，出台《长沙市信访工作考评指标》，设立办信、接访、立案、查办案件、收集信息、基层工作等分项考评内容。是年，表彰先进集体 20 个，先进个人 100 人。1993—1996 年，坚持“三个月结案制度”，形成分线、归口把关；落实《湖南省乡镇、街道信访工作暂行规定》，加强基层信访工作，使信访问题从源头从基层妥善解决；市每年至少两次、区县（市）每季一次、市直单位每月一次研究信访工作；将单纯对信访部门的业务考核改为对区县（市）信访工作的全面考核，同时，发布文件，对 35 个市直单位归口办理人民来信来访事项、责任、程序提出具体要求。1996 年，各级各部门立案查处信访问题 909 个，稳定老上访户 68 户，协调解决各类矛盾纠纷 807 件，挽回经济损失 1300 万元。1997 年，制定《长沙市信访工作目标控制管理办法》，将信访工作各项指标按百分比分解，强化领导责任制和控源治本工作。全年受理群众来信 1.20 万件次，来访 1.19 万人次，接待处理集体上访 379 批 7137 人次，立案处理信访难点问题 949 个，稳定老上访户 57 户。1998 年，召开市委信访领导小组扩大会议并下发文件，强调“谁主管、谁负责”，对因不负责任、工作失职、处理不当而造成严重后果的追究有关领导责任。形成党政一把手负总责，分管领导具体抓，一级抓一级，一级对一级负责的责任体系。

1999 年，把信访工作纳入党委、政府工作全局，统一研究部署，统一检查落实，以发挥信访工作保稳定促发展的职能作用。2000 年，出台《长沙市处理信访突出问题及群体性事件责任追究暂行规定》，明确在处理农村征用土地、国有企业改制、涉法涉诉、企业军转干部、退伍战士等方面存在的信访突出问题及群体性事件中，由于故意或过失，不履行或不认真履行工作职责以至贻误工作，对去省、来市信访人数超 50 人的，有关区县（市）接到通知在 2 小时内，内 5 区及市直单位在 1 小时内，主要负责人逾期或不按时到现场做工作的给予通报批评，因此造成上访升级，造成不良影响和后果的进行责任追究。2001 年，在全市基层单位推行信访承诺制，上访者与受理单位签订责任书，双方承诺履行自己的责任，解决信访久拖不决的问题。

2002 年，制定《长沙市乡镇、街道信访工作规定》，建立登记、接待、处信、办案、信息反馈、文书归档等工作制度，提高基层处理信访问题和化解矛盾的能力。2005 年 8 月，出台《长沙市信访工作目标管理考核办法》，对目标事项和目标值确定、目标任务分解下达、考核与奖惩等作出规定，形成“统一领导，部门协调，统筹兼顾，标本兼治，各负其责，齐抓共管”大信访格局。是年，授予市人大常委会信访办等8个“优秀信访机构”、浏阳市信访局等4个“信访工作先进机构”、市委办文电处等20个“信访工作先进集体”称号；授予80人“信访先进个人”称号。因处理群体上访问题不力，取消7个单位评先评优资格，多名干部给予免职处分。通过考核促进信访工作，全年同比赴京上访下降18%，去省来市集访分别下降46.5%和9%。

2006年，把信访工作作为“平安长沙”建设纳入重要议事日程，常抓不懈；纳入社会治安综合治理，同步管理；纳入各级工作目标管理责任制，量化考核；纳入党政领导干部政绩评定，奖惩挂钩。出台《长沙市信访工作考核实施办法》，对处访政绩突出的74名先进工作者授予嘉奖，96名优秀工作者分别记二、三等功。2007年11月30日，发布《关于进一步加强基层信访工作的通知》，就认真落实信访工作领导责任制作出规定，对因工作失职、渎职引发信访问题或在信访工作中失职渎职、造成重大影响和严重后果的责任人严肃追究责任。12月，出台《关于对进京到省来市非正常上访实行责任追究的暂行办法》，明确对非正常上访负有预防、稳控、劝返、疏通、化解责任的单位党政一把手，分管负责人和具体责任人的责任。同一信访事项有多个责任单位的，按照信访事项属地管理和谁主管谁负责相结合的原则明确责任人员，共同追究责任。年内2次以上受到信访工作责任追究的领导班子及其成员，年度考核不得评为优秀；影响较大的根据社会治安综合治理有关规定实行一票否决。由于领导责任加强，当年来访共计2767批7959人次，批次、人次分别下降11%和15.6%，进京非正常上访登记人数下降38.2%。

2009年3月，发布《关于维护市委市政府机关上访秩序的意见》，提出在处置中共长沙市委、长沙市人民政府机关非正常上访事件，凡不按通知要求及时派人到现场做工作，或因工作不力、处置不当导致事态扩大，造成严重后果的，严肃追究领导干部和直接责任人的责任。出台《长沙市信访工作责任追究规定》，根据各级党政机关领导干部和信访工作人员的不同责任行为分别采取责成说明情况，以责令书面检查、诫勉谈话、通报批评、党纪政纪处分、移送司法机关处理等形式追究责任。6月，市物价局一名副局长因经济适用房定价造成信访问题；10月，开福区捞刀河镇一名副镇长因信访工作不力被免职。2010年，将信访工作单列目标绩效考核范畴，考核结果纳入领导班子、公务员绩效考核体系，并明确具体考核内容。是年，全市县以上领导干部处理疑难信访问题862件，化解矛盾765件。2011年，召开市联席会议6次，强化联席会议专门工作小组管理制度，调度责任单位接待信访群众1200人次。2012年，出台《长沙市信访问题突出街道（乡镇）评估办法》，每月对街道（乡镇）信访工作进行点评通报。出台《关于对市直单位及驻村（社区）群众工作组进行考核的方案》和《2012年度工作目标绩效考核办法》。31名市级领导干部联系9个区县（市），348名区、县（市）领导联系乡镇（街道），102个市直单位派员组成90个工作组驻村，全市180个乡镇（街道）和1850个村（社区）全覆盖。收集群众反映信访问题和诉求12.22万个，化解1.18万个。至2012年的3年里，全市共有120名领导干部因信访工作不力受到追责。

三、联席会议与联动机制

1993年开始，通过来信来访事项筛选，对难以归口办理的突出信访问题，实行联合办理。10月，针对144家预算内企业中有71家亏损，部分职工工资福利低，不能按时发放，医疗费用不能报销而上访，影响企业生产和社会安定等情况，分别召开近100家企业领导、信访干部和城内4区领导参加的情况交流联席会议，研究发展企业生产和合理解决职工诉求措施，稳定职工思想情绪。1995年8月，北区北站路街办企业长沙前进服装工业公司因管理混乱，亏损严重，导致信访问题加剧。对此，市区先后两次召开联席会议，派工作组进厂，更换厂领导班子，加强重点人员思想工作，并通过人才引进和招商引资将公司租赁承包给湘安被服二厂，按政策对职工调资调级，办理劳保保险，使持续4年的信访老案得以解决。1996—1997年，完善横向联系制度，市、县信访部门与人大、政协、纪委等信访机构保持经常联系，定期召开联席会议；中共长沙市委、长沙市人民政府坚持每周半天的信访工作例会制度，分析排查、研究处理信访热点问题。1998—2002年，共召开例会近200次，分析、排查信访问题1800多个，处理重大信访问题326个。并出台扶助残疾人政策，解决200多名残疾人就业问题。

2004年9月7日，发布《关于建立市集中处理信访突出问题及群体性事件联席会议制度的通知》，就联席会议的工作原则、组成人员、工作机构作出规定。中共长沙市委市委、长沙市人民政府相关领导为联席会议召集人，下设办公室，成立农村土地征用问题、城市房屋拆迁问题、涉法涉诉问题和国有企业改制问题等6个专门工作小组。按照“谁主管、谁负责”“属地管理”“分级负责归口管理”的原则，重点处理信访突出问题和集访事件。2005年，设立市、区县（市）法律咨询接待室。市法律咨询室为734名上访群众提供法律咨询，9个区县（市）法律咨询室接待上访群众1600余人，252名上访人员涉法问题在律师指导下得到妥善解决。是年，完成信息局域网建设，部分区县在政府门户网站建立二级网站，形成网络信息联动。

2006年，建立新的联席会议运转机制。处理信访事件由“单兵独进”向“整体联动”转变，全年通过联席会议，组织协调处理6类突出信访问题的信访量同比减少16%。是年，成立驻京维稳办公室，建立“驻京劝返、路途送返、基层接返”三体联动机制，成功劝返遣返非正常上访人员98人次，133个非正常上访事项得到妥善解决。

2007年，打造“长沙网上信访”平台，9个区县（市）依托市平台设立网页，建立窗口。信访量大的市城管、劳动、房产、公用事业等市直单位纳入“长沙网上信访”后台，形成全市信访信息资源共享处访联动。全年发布信访信息316条，信访互动平台受理处理信访事项1365件，其中省长信箱121件。网上交办166件，处置率、回复率达100%。是年，发布《关于进一步加强基层信访工作的通知》，构建“横向到边、纵向到底”的信访工作联动队伍，全市169个乡镇（街道）、76个区县（市）直单位建立专门接待室，接待场所面积达1.2万平方米。安排乡镇（街道）、村（社区）兼职信访员收集反馈不稳定因素信息动态，以及时调度处理。2009年11月24日，发布《关于建立信访工作“一健三联”机制的意见》，即在全市健全信访责任体系，联网受理群众信访，联调解决群众诉求，联合办结信访积案。整合多个部门工作力量，融合人民调解、司法调解、行政调解等手段，多方联动化解矛盾，维护群众合法权益。次年，市联席会议定期听取各专门工作小组情况汇报，并召开联席会议6次，市县两级联席会议召开协调会500余次，推动解决东塘交易大楼（三楼经营户）与东塘实业有限公司经济纠纷，原望城水泥改制及职工身份置换，浏阳生物医药科技园和碧水春城项目拖欠农民工工资等重大疑难信访问题600余件。至2011年的7年里，浏阳市经联席会议协调，领导包案136个，复查终结重复上访积案19个，完成中央、省交办案19件，筹措专项救助金110多万元，帮扶500多位因下岗、工伤、疾病致贫的上访老户解困。2012年，联席会议组织或参与各种协调会议720次，协调化解融圣国际项目2000余户产权证办理和国中星城购房纠纷，原长沙墙体材料厂改制遗留及拆迁安置等重大疑难信访问题。

第三节 来信来访办理

一、历史遗留问题办理

长沙市处理历史遗留问题始于1979年，至1989年的10年里，接收13万件来信来访中，纠正和妥善处理中华人民共和国成立前和成立后的1957年“反右斗争”、1959年“反右倾斗争”、1964—1965年“四清运动”和“文化大革命”期间被错误处理的历史遗留问题。根据中共十一届三中全会提出的“实事求是，有错必纠”的指导方针和“积极主动，因地制宜，量力而行，认真妥善解决历史遗留问题”的精神，经甄别确认，恢复824人第二次国内革命战争期间因“苏区肃反遗留的历史旧案”的政治名誉；恢复2029名中华人民共和国成立前参加中共地下党人员的党籍；认定起义投诚人员7347人、地下武装人员5019人。纠正刑事处分1.11万人，改判历史旧案8163人。因党纪案件在党内被错误处理的3059人的问题得到纠正。纠正2250人在“四清运动中被错误处理”的问题。在落实统战政策工作中，对3.98万人曾受不公正对待的民主党派、宗教人士、归侨侨眷、台胞台属、起义人员、地方武装人员的政治待遇、生活待遇，给予相应的补偿，安排其中198人担任市、区（县）政协委员，针对3852人的生活困难问题，共给予86.36万元资助。在落实知识分子政策工作中，妥善解决7718人因蒙受错误处理导致有的工作安排不当、专业特长不能发挥、夫妻长期分居、居无定所和落户困难等问题；吸收7217人加入中国共产党组织，选拔4523人担任科级及科级以上领导职务。1990—1995年，受理的9.85万余件（次）来信来访中，有近半数诉求落实处理“文化大革命”冤假错案政策。经立案、调查、甄别，1.34万人的错误处理得以纠正。清理补发5533人被冻结、扣发的841.62万元工资；清退归还1.17万户被查抄折合价值46.84万元的财产；清退归还被没收、挤点总面积34.12万平方米的私有房产。至此，全市历史遗留问题得以处理。

二、热点、难点问题办理

1988年，市信访部门受理的1.95万件次来信来访中有38%来自于困难企业职工频繁上访，这一热点、难点问题主要是由于近百家市属及区、县（市）企业改制不规范，经营不善导致严重亏损、濒临倒闭致使职工基本生活、退休金、看病就医等缺乏足够保障。对此，根据企业不同情况，整顿企业领导班子，加快改制，通过拍卖置换、兼并转产，放宽经营自主权，试行企业民营化。同时，帮助筹措资金，减免税收，为企业谋求解困发展出路；确定最低工资、生活标准，帮助下岗职工寻求再就业，以纾解诉求矛盾，减少上访，维护社会安定。是年12月，针对来访群众反映所在的望城县东开福利厂缺乏资金原料停产数月，可能引发集访情况，立即召开调协会，市计委调拨棉纱、柴油，望城县解决工人工资发放问题，使该厂很快恢复生产。1995年，重点抓征地拆迁、困难企业职工和残疾人生活福利三大信访热点问题。次年，发布《关于进一步加强信访工作的通知》，明确提出信访工作重点，解决一批信访热点、难点问题。1997年，针对集访群众反映的市汽车附件一厂产品市场潜力大，但因场地狭小，缺乏资金而处于困境和红旗纸箱厂产品销售不景气，生产场地空置却发挥不了效益。通过协调，促使这两个企业联营，汽车附件一厂生产场地改善，并争取到财政资金扶持资金，红旗纸箱厂转产对口生产汽车配件包装箱，产品有了销路。两家企业联营互补，逐步走出困境。

2001年，为妥善处理20世纪90年代后期城市开发建设兴起所引发的土地征收拆迁，旧城改造，安置补偿等信访事项，组织人员调查走访，召开座谈会，听取街道、村组干部和群众代表意见，制定完善拆迁补偿，建立与物价指数变动相适应的补偿标准调剂机制；规范征地用地管理，拆迁与安置协调，推进实行“以土地换保障”的总体规划机制；为腾地农民建设安置房开辟“绿色通道”等措施，缓解矛盾纠纷、减少上访、平稳推进城市建设进程。是年11月，市重点工程黄兴北路拆改工程，有763户私房、67家单位完成拆迁；展览馆路棚改工程全长2.2千米、拆迁面积69万平方米，仅70多天完成，涉及1271户拆迁，占拆迁总数的72%，未发生集访。2002年前后，针对不少企业和民间团体以高息回报违规违法集资揽储，造成集资债权人经济受损而引发集访情况，采取行政、司法协同处理措施，防止事态激化。2003年，经过立案调查核实和司法确证，广州服装城非法集资应清偿清退的3.47亿元，以拍卖的方式将收回的资金退还给债权人，矛盾得以化解，民心得到安抚。是年6月，位于长沙市火车站旁的朝阳二村部分居民联名信访，反映部分一楼住户擅自改造门面经营夜宵，严重影响居民日常生活，诉求政府整治。7月4日，召集整治会议后，采取补办应办证照，取缔非法经营、违章经营，恢复原房屋结构，收回集体、公用设施等措施。这一群众反映强烈的问题得到有效治理。是年，位于望城县桥驿镇黑麋峰下的长沙固体废弃物处理场投入使用后，散发异味。收到周边群众来信后，长沙市人民政府通过协调，明确运营商喷洒除臭药、全面盖膜等防治异味扩散；加快污染处理，建设垃圾焚烧厂；周边800米范围内住宅搬迁至桥驿镇等地居住，并打造成新农村精品安置小区。

2005年，为争取群众对总投资13亿元，涉及3757户、1.21万人的芙蓉区东站路朝阳二村整体拆迁改造工程的支持。项目启动前，通过建立居民议事制度，将信访工作窗口前移，确定“政府引导、居民参与、市场运作、政策扶持”整体拆迁改造指导思想和安置补偿方案。项目实施中，对604起1814人次群众来访中涉及财产纠纷、家庭困难、提高补偿标准等热点、难点问题，通过政策解释、签订协议、帮困救助等措施，形成政府与群众、开发商与居民良性互动，实现整体拆迁目标、利益、步调融合一致，收到“零集访、零对抗”和谐共赢效果。

2009年，继上年发布《关于维护市委市政府机关正常信访秩序的通知》后，发布《关于维护市委市政府机关上访秩序的意见》，进行双向规范，畅通信访渠道，规范人民群众来访接待；加强协调配合，落实部门工作职责；坚持分类处置，维护上访秩序及有关工作要求提出意见，正常秩序得到有效维护。是年，市重点工程棚户区改造项目，第一期涉及1007户，拆迁11万平方米。9月，有的被迁群众上访省市，反映补偿价格偏低，买不起同地段房屋，要求就近安置，产权调换，不希望货币补偿。为解决这一难点，长沙市人民政府成立专门信访接待班子，承诺“一套政策、一个标准、一视同仁”，进行阳光征收，为诉求群众解惑释疑；并订购一批廉租房和经济适用房，满足中低收入家庭找到适合住房。从而得到大多被拆迁人员理解和支持，使施工顺利进行。2010年9月开始，原北斗星商厦部分内退协保职工频繁集访。反映创智集团一年前停发内退协保人员工资，未继续缴纳其社会保险费导致原退休的100余名职工不能享受医疗待遇，已达年龄不能办理退休情况，组织信访、高新区、市中级人民法院、市法制办、市人社局等单位，进行研究处理。于次年9月3日，市劳动仲裁委员会裁定创智集团为24名内退协保人员缴纳社会保险费73.09万元，使问题得以解决。成立于20世纪50年代的长沙船舶厂，有职工2811人，90年代末被外资企业兼并后，因投资不到位，企业土地被抵押，引发职工不满，强烈要求解除兼并，谋求生产自救。对此，长沙市人民政府派驻工作组，支持企业依法解除兼并，清理清退还各种亏欠和依法结清偿还职工债务。至2012年6月，发放调而未发的工资2000多万元，独生子女费200多万元，医疗费400万元，报批补发职工住房补贴费2000万元。审批同意整体搬迁，在望城区靖港镇征地40公顷，投资5亿元建设新厂，新厂建成后，拥有5个船舶制造厂房，成为中部地区规模较大的现代化船厂。

三、日常来信来访办理

1988 年，把办理群众来信来访作为密切党和政府与人民群众关系，为人民办实事来抓。全年，全市信访机构立信访案件 1898 件，查办结案 1857 件，结案率 97.9%，挽回单位和个人经济损失 186.97 万元；为 13 人安排离退休，收回安排工作 2 人，43 人解决职称升级；为 726 名上访群众按政策补发工资、增加退休金、民政救济等 14.56 万元；解决城市户口 46 户，解决住房 1200 平方米，安排就业 29 人；为港澳台胞及海外华侨寻找亲人 102 人次，其中找到 39 人。次年，配备和培训县级以下基层单位专兼职信访干部，加强队伍建设，以适应来信来访办理。1990 年，把做好重点对象信访纳入重要议事日程，对全市老上访户进行一次全面清理摸底排队，对确定的 202 户采取“三定三包”（定人员、定任务、定对象，包调查处理、包思想疏导、包稳定落实）措施，全市无一人赴京上访。1992—1995 年，开展《中华人民共和国信访条例》宣传咨询活动，抓基层单位信访业务指导，帮助建立健全信访工作网络和工作制度，召开全市信访工作经验交流会，推广长沙友谊华侨公司等 9 家企业信访工作经验；围绕城市建设开发、拆迁安置、困难企业职工生产生活、离退休人员工资福利、农村土地权属等问题加强信访接待和协调处理，4 年里，市信访局接待来信来访 2.76 万件次，处理集访 275 批 5612 人次，查办信访案件 1064件。

1997 年，强化控源治本，完善处理集体上访、信访必报和专报、领导包案处理重大信访问题制度。1998 年，提出“从点到面，稳步推进，积极探索，逐步完善”的原则，以加快信访工作法制化、规范化建设；突出重点，加大对集体上访的处置和化解力度；主动出击，快速反应，变上访为下访，做好超前防范工作。全年，全市来信总量 9327 件，比上年减少 22.2%；1999 年，全市共接待集体上访 465 批 8970 人次，同比分别下降 3.7%和 19.95%；2000 年，全市去省集访仅 37 批 567 人，同比分别下降 12.3%和 16.1%。2001 年信访部门加大对信访信息整理、收集、呈报工作力度，为党委政府提供社情民意和决策依据，以加强信访案件督查督办。2002 年，加强控制和处理集访力度。

2003—2005 年，加强信访事项立案、交办、督办和初信初访接待处理力度，健全交办问题建账销账机制，开展群众重复信、联名信信访事项集中办理；制定《长沙市信访局接待群众来信工作规则》《长沙市信访局办理来信来访工作规则》《长沙市信访监察督办工作规则》，对信访事项的登记、书面告知、受理、转送、交办、督办、查办等进行统一规范，信访工作逐步走上制度化、规范化。3 年里平均受理群众来信来访 1.25 万件（人次），共处理去省集体上访 182 批 4382 人次，赴京集访 7 批 53 人。2006 年，创建“文明接访室”活动延伸到街道和市直、区县（市）直部门，设立“人民来信绿色通道”，群众向市、县区（市）提出诉求，在信封右角上标“人民来信”字样，可免费邮寄。群众来信月增 11%，有效减少上访和越级访。5 月，建立信访网站，设立政务公开、办事指南、政策法规、网上信访、工作反映和机关建设等栏目，开通“长沙网上信访”，提供信访业务介绍、信访法律咨询、信访事项反映，信访人员随时查询事项处理情况。至年底，网上信访共受理和妥善处理信访事项 400 多件，群众满意率达 99%。是年，制定和发布《关于加强网上信访事项处理工作的通知》《关于做好网上直接受理群众信访事项准备工作的通知》《长沙网上信息采集录入工作规定》《网上信访流程示意网》等受理制度，被省、市人民政府定为 2006 年度管理创新项目，新华社等多家媒体报道推广。

2007 年，市委常委会、市政府常务会议 3 次研究信访工作，每季召开区、县（市）、市直单位信访工作机构负责人例会，定期分析信访形势，提出工作要求，推动平衡发展。开展“畅通信访渠道，规范信访秩序行为，维护社会秩序，构建和谐长沙”为主题的《信访条例》颁布2周年宣传咨询活动。接受群众咨询1000余人，群众依法信访意识增强，信访秩序进一步好转。是年，市信访局先后被授予“全国信访工作先进集体”“全省信访工作先进单位”“全市综合治理工作红旗单位”。2008—2011年，制定《长沙市信访交办结案及材料报送规范》《信访事项答复意见书和办理情况报告格式》，加强对基层信访工作机构指导力度；制定《长沙市信访事项复查复核暂行办法》和《长沙市来信来访事项复查复核流程图》等制度，实行案件审查公开化、民主化、科学化；推行“阳光办信”，开通网上视频信访；启动信访定期讲评，建立信访事项办理反馈制度，每月定期通报评比全市信访工作情况和信访事项办理情况；按照省信访局“四有四无”（有信心、有热心、有诚信、有决心；无推脱、无拖延、无哄骗、无拦堵）要求，打造“四个一”“四心”接访品牌；组织开展集中处理突出信访问题竞赛活动；启动恳谈对话活动，建立“入户联系卡、民情记录本、意见反馈表，实现办结单；举办信访信息系统区县（市）级管理员培训班，提高区县（市）应用能力，全市信访系统实现数据共享，协同办理。

1988年，共办理中央和省交办的信访“老户”13户，信访积案47件，全部按期结案。1993年，通过“呈阅件”、《长沙信访》书面报告等形式交办信访事项。全年对中央和省委、省政府交办的135件信访案件，办理结案121件。是年，市领导交办的257件，办结240件，结案率为93%。1994年3月26日，接省交办的30户老上访户书面通知后，3天内提出处理意见，交有关单位办理，对问题进行妥善处理。1996年，制定《领导批示信访问题办理情况呈报函工作程序》，出台立案结案有关规定，至1999年的4年里，共接受省信访局交办信访案件200余件，结案率均在98%以上。是年11月，浏阳市一家花炮厂的承办嘉禾县节日庆典燃放花炮时，因操作不当造成人员伤亡。事后，有的群众联名上访，不满浏阳理赔和善后不到位，声称到省赴京集访。省里交办后，由浏阳市市长包案办理，与嘉禾相关人员达成赔偿协议，并将善后事宜一次处理到位，使这起可能引发的规模集访得到稳妥解决。2002年，由113名各级干部组成26个工作小组，对重点交办信访事项重新立案、重新调查、重新处理，省里交办的16起重复信访案件，年底结案14起，承办市领导交办信访事项145件，在规定的时间内，办结率100%。2004年，加强立案、交办、督办力度，集中4个月时间办理省委、省政府交办的107件“两信”信访事项，全年全市信访部门承办领导交办信访事项123件，办结122件。2007年，接湘信访函〔2007〕24号函，根据副省长郭开朗关于查处长沙民政学院石马铺公墓动迁墓地引发逝者家属多次去省集访的批示，5月，长沙市人民政府组织民政、国土、建委等部门及雨花区政府负责人实地调研，召开听证会和上访墓主代表座谈会，通过沟通协商，作出重申划给长沙民政学院的27.27公顷土地，其中4公顷用于教学设施建设，23.27公顷为永久性保护生态绿地，对保护墓地标识登记备案，杜绝擅自动迁损毁侵权行为，对损毁墓地修复或赔偿；对信访人员进行教育、疏导。至次年7月，这起纠纷得以解决。

2008年6月11日，长沙市原正园动力机配件有限公司刘某等453人，联名致信省信访局，反映公司改制出现违法降价处置资产，资产托管人非法占有挪用职工社会保险费，强制职工限期解除劳动关系等问题。长沙市人民政府收到省信访局6月17日的致函后，交由市国资委进行调查办理。12月4日复函省信访局，信访人员反映的与事实不符；按照前后政策一致的原则，推进理顺劳动关系工作；组织清算“托管人”维丰公司所欠社保费；清理原正园公司的土地、房屋、设备资产不存在流失，通过办理沟通协调，上访得以平息。原未置换的身份的583名职工中，有305人与企业签订顺理劳动关系协议。是年，办结省委书记张春贤批示交办的信访事项48件。2009年9月25日，浏阳市沙市镇建筑公司李某因工程欠款到省上访，省交办后，交由浏阳市人民政府办理。根据1997年2月浏阳沙市镇秧田村学校校舍工程竣工验收后，应付给李某 80.44 万元，只付 65.44 万元，剩余 15 万元一直未付情况，通过调查核实与沟通，于 10 月 28 日沙市镇政府出具《关于中洲村李某信访件签复意见》，拖欠 12 年之久的工程款得以解决。是年，市委督查室、市政府督查室和市维稳办联合对交办信访事项办理情况开展督查，全市办理国家和省交办的信访事项 126 件，全部到期办结。

2010 年，10 月 25 日发生 6 批群众集访省政府后，为落实省信访局《接访工作情况》第 52 期通报和省长徐守盛的“接访严处，结果报省”批示，11 月 25 日开始，明确相关责任单位专人负责，领导包案，调查核实，妥善处理，避免再次集访，确保社会大局稳定。针对长沙县春华镇武塘村村民黄某等 40 人到省上访所反映开元路东线修建的问题，26 日，长沙县组织召开交通、国土、公安、信访、相关镇村负责人和 8 名武塘村村民代表协调对话会，各项补偿落实到位。这次信访事项得以圆满解决。是年，实行从上自下定包案领导，定承办单位、定办案人员、定结案时间、定办结要求，制发《落实领导包案责任制重要信访案件交办回执单》，要求责任单位在收到交办案件后 10 天内必须反馈回执单。全年，中央和省交办的案件 232 件和市领导批示交办案 112 件，到期结案率 100%。次年 4 月 26 日，对湖南省联席办转交的中央联席清理办结及长沙市进京非正常上访的积案 8 件，进行办理，对责任单位办理实行全程跟踪督办，依法终结 6 件。对芙蓉区东岸乡王某所反映的土地补偿等问题，开福区综合农场彭某要求增加征地补偿及安置房指标，宁乡县老粮仓谭某要求给予 270 万元补偿和宁乡县胡某要求恢复公职并赔偿损失等积案进行核实，所反映的问题均与事实不符，诉求无政策依据和超出法律政策范围，其诉求不予支持，中央联席办均予以依法终结。2012 年 1 月 10 日，将省信访局交办的宁乡县大成桥镇永盛村谢某等人自上年开始多次去省集体上访案件，交宁乡县政府办理。针对反映该镇煤矿开采导致地下水位下沉、农田不能耕种、房屋开裂安全隐患等问题，采取引铁冲水库水入村上组；争取国土平整项目对重点地段田土统一科学平整；列入冬修水利重点乡镇，对水利设施进行清淤扫障，河塘护砌；对因开采造成房屋斑裂住房给予理赔，排除住房隐患等措施，使群众诉求得以处理。是年，中央交办的 136 件，省交办的 38 件，到期全部办结。

第四节 化解纠纷矛盾

一、清理排查

1998 年开始，坚持每年根据来信来访动态进行梳理分类和清理排查，及时妥善处理，维护群众合法权益。当年，受理山林、田土、矿产资源、经济合同、征地拆迁案件纠纷矛盾 2.92 万起，调处 2.66 万起。1993 年 4 月，为解决多年上访的 200 多户住房困难，南区政府对其逐一调查摸底和按急需排队。通过查找房源，动员多占公房户腾房、退房等措施，先为 17 户特困户解决住房。1994—1998 年，针对城区因土地征用补偿、拆迁安置、拆除违章建筑、劳动关系等重大信访问题，市区组织排查协调，妥善处理郊区黎托乡大桥村 50 多名农民因土地补偿集访省、市；巧克力厂45 名拆迁安置人员无理要求退还安置费，影响正常工作秩序；长沙船舶厂被收购兼并后，职工住宅区经常断水断电严重影响生活等重大纠纷。这期间，通过排查调处，全市城区 1700 多处、6.21 万平方米拆违未发生大的信访事件。1999 年，旧城改造、房地产开发、拆迁矛盾纠纷频发，上访群众求决比例大。根据来信来访线索，组织人员调查走访区街和开发商，当了解到这类问题涉及近 2000 户拆迁后安置不到位等情况后，成立专门班子，出台处理措施，使之得到较好解决。10 月，市重点工程白沙路施工影响省工艺美术公司宿舍楼住户生活发生纠纷而上访。接访后，通过派员实地调查，召开协调会，就住户提出的进出口通道、排水排污等八方面问题进行处理，持续一个多月的纠纷得到化解。

2003 年 8 月，发布《关于开展群众重复上访问题治理工作的通知》，专题治理前两年开始赴京到省重复信访事项和到市仍未息诉息访的集体和个人访。治理工作分排查交办、调查处理和检查验收三阶段进行，实行“一个问题、一名领导、一套班子、一个方案、一抓到底”（即“五个一”，下同）。

2006 年，信访工作由事后处理向事前防控转变。建立和完善信访突出问题滚动排查调处机制，先后 4 次组织点面结合、自下而上滚动排查。次年，出台《长沙市信访事项复查复核暂行办法》和《长沙市信访事项复查复核流程图》等工作制度，实现复查复核案件审理公开化、民主化、科学化，依法依规，采取实地调查、召开分析会议等形式，提高处访正确性和说服力。

2009 年，出台《建立健全矛盾纠纷排查化解长效机制的意见》，制定《复查复核工作规范和注意事项》和《信访办理制度》。2011 年 6 月 21 日，发布《关于组织党员干部深入开展“与群众恳谈对话，为群众排忧解难”活动的通知》。2012 年，出台《长沙市 2012 年度领导干部下访和积案化解攻坚年活动工作方案》《长沙市 2012 年信访积案处理规则》。

二、社情调研与信息预警

1988 年，全市信访部门向省、市、县区领导机关和领导提供信访信息，编发《长沙信访》38 期，反映物价上涨、企业改制、民政优抚、社会治安、教育收费等信访情况，均引起重视，采取相应解决措施。1994—1995 年，组织人员对群众反映的拆迁安置热点问题，深入到 5 个城建开发公司和郊区土地权属矛盾突出的乡、村及困难企业调研，并制定措施。

1996 年，组织力量围绕中心工作，对群众关切的热点、难点、重点问题，深入基层，贴近实际，开展调查研究活动，形成《工交企业潜在不稳定因素的调查报告》《城建开发拆迁安置矛盾纠纷调查报告》《社保巨额资金缺口隐患的调查报告》，通过掌握一手资料，弄清事发原因，提出解决措施。

1998 年，对问题突出、处理难度大的集访信息，通过《信访信息快报》，采取一事一报，使问题得到妥善解决。2002 年，对企业经营环境开展调查研究，撰写《关于旭华仪表厂、创智软件、湘雅制药厂等企业经营环境调查报告》，分析国有、民营、合资不同类型企业经营环境面临的突出问题。根据调研报告所提建议，制定优化经营环境措施，促进企业发展。2003 年湘雅制药有限公司所生产的片剂、胶囊剂、颗粒剂，通过 GMP 认证，产品畅销全国。

2006 年，市信访部门组织调研组，走访 11 个街道、乡镇，召开座谈会 101 次，提出完善政策、规范用地管理、安置补偿公开透明、开辟失地农民建房和再就业绿色通道、加强农村社会保障体系等建议，所形成的《长沙市农村征地拆迁安置补偿情况的调查报告》《失地农民安置的建设及产权证办理情况的调研》《进城务工人员工资拖欠问题分析》《关于特殊困难群众信访诉求思考》等，为了解掌握出现的热点、难点信访问题源头和制定相应措施提供科学依据。《长沙市农村征地拆迁安置补偿情况的调查报告》收录国家信访局重点调研报告文库。

2007 年 5—7 月，对区县（市）814 家集体企业的改制情况组织专题调研，针对改制后遗留问题（职工基本生活费、医疗与社会保障待遇得不到保障等情况），形成《区、县（市）集体企业改制情况的调查报告》，提出解决措施建议。通过两年落实，这些企业不同程度走出困境，职工情绪得到安抚。

2008 年 12 月，针对赴市委、市政府机关的非正常上访事件时有发生，严重影响党政机关工作秩序造成不良影响开展调研，分析其主要内容、特点及产生的原因，提出“坚持以人为本，积极稳妥地处理人民内部矛盾”；坚持双向规范，依法打击涉访违法犯罪行为；坚持分类处理，有效化解集体上访和异常上访事件；坚持从严要求，确保部门工作落实到位等措施。2009 年 3 月，发布《关于维护市委、市政府机关上访秩序的意见》。从畅通信访渠道，规范人民群众来信来访接待，加强协调配合，落实部门责任，坚持分类处理，维护市委、市政府机关上访秩序以及加强情报信息工作和制定落实工作预警等提出要求。

2010 年，建立信访信息报送制度，各区、县（市）和市直单位每天下午 5 时前，逐级报送信访信息，实行每天一报告，每周一汇总，每月一总结。三年里，通过信访“日报制”，排查各类信访突出问题 12 大类 2600 多件，采取先易后难、抓住重点、主攻难点等办法化解。至 2012 年的 7 年里，为决策提供参考建议，市信访局先后撰写提交《长沙市房地产开发信访突出问题调查报告》《关于企业半边户住房问题的调查报告》《医患纠纷突出问题调查报告》《认清矛盾、把握规律、全力促进社会和谐》《关于健全维护群众权益机制的调查与思考》《对城市公交突出问题的思考》《长沙信访工作调研与对策建议》《长沙市征地拆迁信访情况调研》《长沙市信访制度改革研究》《整合资源，规范运行，着力提升网上信访水平》等 40 余篇，呈报《信访形势分析》26 期，编发《信访信息快报》92 期、《长沙信访》28 期、联席会议《工作简报》51 期、《重要信访专报》46 件、《重要信访问题请示报告件》37 件。

第八章　地方志工作

20 世纪 80 年代，长沙市修志编鉴全面广泛展开，首部《长沙年鉴（1987）》出版。1988 年，9 区县第一轮修志进入总纂合成，评审、修改、审稿和准备印刷阶段。始于 1985 年的第一轮《长沙市志》编修深入进行，全市 132 个承编单位配备修志人员 300 余人，任聘专志专章主编，收集资料约 1.5 亿字，为志书编纂奠定良好基础。在开展市、区县编修的过程中，一些部门单位将收集到的资料编纂成独立的部门、行业志或市志、区县志的专志单行本。至 1989 年，全市有 47 部完成编印。为开发地方志资源，在修志编鉴的同时，市、区县还开展地情资料编写，提供资政服务。是年，发布《关于全市修志进度的通知》，督促各修志单位“保质量，提速度”。1995 年，除北区外，8 区县均完成首轮修志。次年 8 月 31 日，召开首发式，《长沙市志》第二、十二、十三卷出版。

2000 年，《长沙年鉴》版面由 16 开改为大 16 开，固定在 9—10 月份出书。2002 年开始，《长沙年鉴》被知网、清华网同方等国内知名期刊网站和美国、日本图书馆收录，并与各省、市、县年鉴进行交流。2004 年，长沙市建置后的首部《长沙市志》全部出版，全市 17 卷，主要记述 1840—1987 年历史，总计 800 万余字。

2005 年，《长沙年鉴》将文稿形成电子版本，次年开始向社会各界免费赠送，《长沙年鉴（2006）》《长沙年鉴（2007）》分别获湖南省第二届市州级综合年鉴一等奖和第四届全国年鉴编校质量一等奖。2008 年，历经 9 年编修，第二轮区、县（市）志完成出版。是年 9 月，启动长沙市第二轮，即《长沙市志（1988—2012）》修志工作。2010 年，经过 4 年运行，“长沙方志网”改版升级，突出发布长沙地方志数字化资料和《长沙年鉴》数字版功能，当年上传资料 180 万字。

2012 年，《长沙市志（1988—2012）》篇目形成第七稿，为突出记述改革开放主旋律和经济建设为中心的时代特征，设置“经济综述”“园区建设”篇。是年，《长沙史志》创刊，《长沙年鉴》开全国先河，举办年度人物、年度事件评选活动，“将大事存史册、为小人物立传”，评选出对市域经济和社会发展有推动作用的人物和事件各10人、10件，引起社会良好反响。9月，在全省第二轮地方志书优秀成果评比中，《望城县志（1988—2002）》《宁乡县志（1988—2002）》《雨花区志（1988—2002）》分别获得一、二、三等奖。至当年，全市共编修部门志、专业志，乡镇（街道）志，村志等280余部；编写地情资料40余部（册）。为长沙经济社会发展做出积极努力。

第一节　机　构

一、市级机构

1984年11月，成立长沙市志编纂委员会办公室，为市政府直属正县级事业单位，编制20名，内设指导科、秘书科、编纂科。1986年11月，增设《长沙年鉴》编辑部。1991年5月，增设总编室（正科级）。1993年2月，撤销总编室、编纂科、指导科、秘书科，改设一、二、三、四编辑室和年鉴编辑部。1998年12月，长沙市志编纂委员会办公室更名为长沙市人民政府地方志办公室，仍为市政府直属事业单位，事业编制20名（含后勤、老干服务人员编制3名），内设人秘科、方志科、年鉴科（加挂《长沙年鉴》编辑部的牌子）、综合科。2002年1月，长沙市人民政府地方志办公室更名为长沙市地方志办公室（简称市志办），为市政府直属事业单位，全额拨款事业编制14名、离退休人员管理服务编制1名，实行单列，管理人员实行国家公务员制度；另有机关后勤服务人员编制2名，共计17名。内设科室更名为处室，撤销人秘科，设综合处（加挂人秘处的牌子）、方志处、年鉴处（加挂《长沙年鉴》编辑部的牌子）。2008年12月，编制增加至21人；2010年7月，增加至22人；2011年10月，编制增至23人。至2012年，内设机构无变化。

1988—2012年，先后担任长沙市地方志办公室主要领导职务的有：何根生、熊定军、曾秉炎、王习加；其他班子成员有：彭元芳、何绪、李锡威、高长生、金豫北、李炳兴、任丕荣、喻寿奇、周国平、姚兰（女）、胡新民、张列群（女）、贺国成、赵祖翔。

二、区县（市）级机构

1987年，东区、南区、北区、郊区4城区和长沙县、望城县、浏阳县、宁乡县4县均设有区（县）志办公室，各有编制5~6人，为区（县）政府直属事业单位。西区地方志工作归口西区政府主管，修志工作由专人负责。第一轮区县志书编纂完成后，东区、南区、北区3城区和宁乡县修志机构先后被撤销。1994年11月至1995年4月，郊区、长沙县、望城县、浏阳市党史办、县志办、档案局重新组建史志档案局。1993年1月，浏阳撤县建市；1995年8月，浏阳市史志档案局将党史职能剥离，更名为浏阳市市志档案局。1995—1996年长沙市区划调整后，内五区更名。1997年12月，开福区恢复史志办公室，并于2002年1月与档案馆合并成立开福区史志档案局。至2002年7月，芙蓉区、天心区、岳麓区3区与宁乡县先后成立史志档案局，9个区县（市）地方志工作机构完成改革，除浏阳为市志档案局外，其他各区县均为党史、地方志、档案工作机构合并成立史志档案局，为区县（市）党委直属事业单位。至2012年无变化。

第二节　志书编纂

一、《长沙市志》编纂

（一）第一轮修志。1984年，按照中国地方志指导小组和湖南省地方志编纂委员会的统一部署，长沙市决定编纂《长沙市志》，11月14日，成立长沙市志编纂委员会，由市人民政府市长任主任，长沙市委、市人大常委会、市政府、市政协一名副职任副主任，各部、委、局、办和区县（市）主要领导为成员，下设办公室（以下简称“市志办”），组织和推动全市修志工作。1985年3月25日，召开长沙市第一次修志工作会议，市长齐振瑛作“编修长沙市志是刻不容缓的任务”主题讲话，号召全市各部门组建班子，积极开展修志。会后，在《长沙晚报》刊登《关于征集〈长沙市志〉资料的通告》。4月1日，制定《编纂〈长沙市志〉工作规划（修正稿）》，对《长沙市志》的指导思想、总体设计、编纂任务和分工提出具体要求和办法，全志归为总类、自然类、政治类、经济类、文化类、社会类、人物传类、杂类共8大类，共设34个分志，字数500万~600万字。10月，根据实际需要，对长沙市志重新设计：在大篇（卷）下设篇，市志共分12大篇、73个分志，采取章节体，分4~5个层次，记、志、传、图、表、录诸体并用。根据编纂规划，分系统召开会议，进行专业班子组建工作，研究各专志分工协作问题，指导各专业志制订计划、设计篇目。

1986年3月4日，召开第二次修志工作会议，市委书记王众孚作“修志是一项光荣的重要的任务”的讲话，要求全市各单位进一步加强领导，建立健全修志班子，进一步开展修志工作。市长王克英作“同心协力，全面开展长沙市修志工作”的报告。至年底，全市承担市志编写任务的132个单位，90%建立修志班子，配备人员300余人，一些基层单位和厂矿企业也成立专业志和厂矿志编写组，自上而下的修志机构普遍建立，为全市修志工作奠定组织基础。举办地方志业务培训班，全市900余人次参加学习，并辑印《修志资料选编》8000册。1987年2月25—26日，召开长沙市第三次修志暨第一次年鉴工作会议，市长王克英作题为《加强领导，保证质量，修好长沙市志》的工作报告，大会表彰38个修志先进单位和100名修志先进个人。8月31日，召开有全市各修志单位代表参加的修志工作会议，任聘全市第一批部分专志、专章的主编和主笔，市志办主任何根生作《关于提高志书质量的几个问题》的报告。10月任聘第二批主编和主笔。各市直单位和区（县）志办搜集约1.5亿字资料，为志书编纂奠定基础。

1988年3月1日，制定《关于编审志稿的若干规定》，对志稿质量及审稿制度提出具体要求，作为各专志的评稿依据和标准。当月召开第四次全市修志工作会议，继续推进修志工作。5月9—12日，举行全市第一次志稿评议会，市志各专志主笔80余人对《电力志》《邮政志》进行评议，之后，所有专志均要通过评议，修改合格后经市志办验收。

1989年8月30日，向全市各修志单位发出《关于志稿验收工作有关事项的通知》，对专业志、区县志稿验收进行规范。9月4日，发布《关于加快全市修志进度的通知》，督促各修志单位“保质量，抢速度”；是月，形成《长沙市志篇目（四稿）》，全志增为91个分志。1990年，全市各专业志大部分接近完成初稿，9月形成《长沙市志总纂方案（讨论稿）》，决定在各专业志验收稿的基础上进行总纂，全志分16册成书，篇幅800万字左右。1991年2月《长沙市志篇目（五稿）》形成，分志减为86个；5月，卷、篇、章、节、目基本定型，开始组织班子分册总纂；至10月，全市分四批集中验收专篇、专章志稿，大部分专志完成评稿、验收工作。1993年11月1日，制定《〈长沙市志〉总纂行文通则》，保证志书质量和行文规范统一。

1994年5月，《长沙市志》第十二卷（教育、科技、卫生、体育）评审会召开，市长张明泰出席，市人民政府秘书长李斌恺主持，省地方志编纂委员会及湘潭、岳阳、衡阳、邵阳等市地方志办公室负责人参加评审。修改后，1995年7月，该卷通过长沙市志审稿小组和省地方志编纂委员会终审。随后，市志第二卷（大事记）、十三卷（文化）也分别通过验收、评议和终审。1996年2月，市长袁汉坤为《长沙市志》作序。8月31日，召开长沙市志编纂委员会扩大会议暨《长沙市志》首发式，《长沙市志》第一批志书即第二、十二、十三卷公开出版。

1997年3月29日，召开长沙市地方志第五次工作会议，时任市委书记、市长、分管副市长等出席会议，进一步总结和推动全市修志工作。是年，市志第五卷（城乡建设）、第十一卷（农业）出版发行；第十一卷、十二卷在第二次全省地方志优秀成果评奖中获一等奖。1998年，从归类与篇幅考虑，全志增为17卷。1999年5月，市志篇目最终定稿。

至2000年，全市共收集地情资料约10亿字，复制本地区旧志64套，并将修志过程中收集到的1万多册（份）图书资料按照《中国图书馆图书分类法》分类整理，成立图书资料室，派专人管理，对外开放，编制《关于制定篇目的参考索引》和《图书资料简介》，方便各专业志修志人员参考。2002年，对所有图书资料和修志编鉴业务档案进行立卷归档，经考评，资料室达到省二级档案工作目标管理标准。至2002年底，市志共出版13卷。2004年，全志17卷（册）全部出版，为大32开本。

《长沙市志》最远上溯到有文献记载的历史，大部分内容的记述始于1840年，下限1987年，个别篇章下延至1995年，除总述、大事记、人物、卷末之外，共设91个专业志（篇），第一卷（册）设总述、建置、地理环境、人口、区县概况；第二卷为“大事记”，记载长沙地区从公元前6000年左右到1994年发生的重大事件；第三至十五卷为政治、经济、文化、社会类专业志；第十六卷为“人物传”“人物录”，共收录逝世人物1003人；第十七卷为“文献辑存”“著述”“杂记”等杂类。《长沙市志》总计约800万字，为长沙市建置以来的首部市志。

（二）第二轮修志。1999年10月，湖南省发出《关于续修省市县三级志书的通知》，对全省续修首届三级志书作出要求和部署。2004年4月，长沙市完成本级首轮修志工作后，开始筹备第二轮修志工作。在继承首轮市志、学习部分外地市志篇目的基础上，于2005年4月编制《〈长沙市志（1988—2004）〉篇目》，并广泛征求意见，到第二轮修志全面开展的武汉、湘潭、常德等城市学习二轮志书编纂经验。2006年5月18日，国务院《地方志工作条例》颁布，修志工作纳入法制化轨道。2007年5月16日，省政府督查长沙市修志工作，要求尽快启动市本级第二轮修志工作。同年10月，完成《〈长沙市志（1988—2008）〉篇目（第二稿）》，并在此基础上形成《〈长沙市志（1988—2008）〉编纂工作规划（草案）》，经市政府修改审定，下限延至2012年，成为第二轮市志编纂工作方案。方案对第二部市志的指导思想、编纂任务及分工、组织领导与实施、工作步骤、体例规范、工作措施提出具体要求和办法，全志规划字数500万字。

2008年9月11日，长沙市第二轮修志工作会议召开，动员和部署全市第二轮修志工作，常务副市长谢建辉作《认清形势 抓住机遇 全面开展我市第二轮修志工作》主题讲话，要求修志工作“一纳入，五到位”（纳入社会发展规划和政府工作目标管理，领导到位、机构到位、人员到位、经费到位、条件到位）；省地方志编纂委员会（以下简称“省志委”）党组书记、副主任王晓天到会讲话；会议发布《关于开展长沙市志编纂工作的通知》，成立《长沙市志（1988—2012）》编纂委员会，正式启动市本级第二轮修志工作。10 月开始，市直各单位及部分中央、省属驻长单位签订第二轮修志工作责任书，各单位组建修志班子，落实修志任务。同时，对市志篇目第二稿进行研讨修订，于 11 月形成篇目第三稿，报送省志委审查。2009 年，根据省志委反馈意见，形成市志篇目第四稿，共设 25 篇，141 章，层次到节。同年 9 月 21—23 日，举办全市第二轮修志第一期培训班，并将篇目下发至各市志承编单位，要求各单位完善篇目并细化到“目”。编印《长沙市第二轮修志编纂指南》作为全市第二轮修志人员开展修志工作的工具书。至 2009 年年底，154 个单位签订修志工作责任书。

2010 年 4 月 7 日，召开近 20 家在长沙银行、证券和保险单位召开修志协调会，推动金融系统开展修志工作。4 月 27—29 日，举办第二轮修志第二期培训班，未参加首期培训班的 70 余家承编单位参加培训。2011 年，154 家承编单位全部报送篇目反馈稿后，召开各承编单位座谈会，研究篇目优化方案，收集修改意见 1500 多条目，形成篇目第五稿，层次为篇、章、节、目；大部分单位均明确 1~2 名修志人员，全市组建起一支 200 余人的专、兼职修志队伍。

2012 年 4 月 26 日，召开 13 个承编单位组长单位会议，发挥组长单位牵头、协调作用。之后，8 个组长单位牵头召开分组会议，共 78 个单位参会。对重点单位进行一对一督查、培训。9 月 25—26 日，举办全市第二轮修志第三期业务培训班，210 余人参加培训。开班典礼上，市志办党组书记、主任王习加作修志工作报告，市政府副秘书长黄雄姿讲话，并代表市地方志编委会为各单位修志主笔颁发聘书。市民政局、市人大常委会办公厅、市人社局 3 家单位作修志工作经验介绍。是年，举办篇目评议会，形成市志篇目第六稿，报省志委审核修改后，形成篇目第七稿。全志设 25 篇，篇下共设 162 章、两个专记；为突出记述改革开放主旋律和以经济建设为中心的时代特征，设置“政治综述”“经济综述”“园区建设”篇，并将各省级及以上经济开发区（园）在市志篇目中由“节”升格为“章”。

二、区县（市）综合志编纂

（一）第一轮修志。20 世纪 80 年代，根据全市统一安排，长沙市辖 9 区县均成立修志机构。浏阳县（1983 年）、东区（1984 年 8 月）、望城县（1985 年）、北区（1986 年 2 月）、南区（1986 年 4 月）、西区（1986 年 5 月）、长沙县（1986 年 5 月）、宁乡县（1986 年下半年）、郊区（1986 年 7 月）相继开始地方志编修工作。各区县将修志工作列入重要议事日程，解决修志工作遇到的机构、人员、办公用房、经费等具体问题。各区县志编修均经过宣传发动、收集整理资料、制定和完善篇目、试写初稿、总纂合成、评审、修改、审稿、付印等阶段。1989 年，《西区志》付印。1990 年《东区简志》付印。1993 年《郊区志》付印。1994 年《南区志》付印，《浏阳县志》出版。1995 年，《宁乡县志》《望城县志》《长沙县志》相继出版。至此，除北区外，8 区县（市）均完成首轮修志任务。

1996 年，《长沙县志》《望城县志》获湖南省地方志优秀成果志书类一等奖，1998 年，获全国优秀志书二等奖。2001 年，《浏阳县志》获第三届全省地方志优秀成果志书类二等奖。由于多种原因，北区修志工作一度停顿，2005 年 3 月，《北区志》编印出书。

（二）第二轮修志。2000 年 4 月 24 日，长沙市第六次地方志工作会议召开，部署各区县（市）启动续修志工作。同年 10 月，开展各区县（市）修志工作督查。至 2002 年，各区县（市）均召开修志工作动员会，成立区县（市）志编纂委员会，对各部门、单位下达志稿编纂任务，全面启动第二轮修志工作。

至 2005 年，各区县（市）志稿先后进入总纂、内部评议、评审阶段，8 月，出台《关于各区县（市）志稿评审的几项规定》，对区县（市）志稿的时间断限、字数、图片、人物入志、志稿评议 5 方面进行规范。是年，《长沙县志》《浏阳市志》《宁乡县志》完成评议稿或内部征求意见稿；雨花区、芙蓉区、岳麓区完成内部征求意见稿；天心区尚在总纂；12 月 28—29 日，望城县召开《望城县志》评审会。

2006 年，《雨花区志》内部出版，《望城县志》公开出版。2007 年，《长沙县志》《浏阳市志》公开出版。2008 年，《宁乡县志》《芙蓉区志》公开出版。2009 年，《天心区志》公开出版。2010 年，《岳麓区志》公开出版。2012 年，《雨花区志》修改后公开出版。是年 7 月，到开福区调研，督促开福区启动第二轮修志，2011 年，开福区正式启动第二轮修志工作。2012 年 9 月，在“全省第二轮地方志书优秀成果”评比中，《望城县志（1988—2002）》《宁乡县志（1986—2002）》《长沙市雨花区志（1988—2002）》分别获一、二、三等奖，《长沙市天心区志（1988—2003）》获优秀奖。

三、其他志书编纂

20 世纪 80 年代，编史修志传统复苏，长沙市各类志书编纂逐渐增多。《长沙钢厂志（第一卷）》、《宁乡县文物志》（1983 年）、《长沙方言简志》（1984 年）、《浏阳邮电志》（1984 年）、《长沙市服装行业志》（1985 年）等行业、专业志陆续编印。1986 年 3 月 30 日，发布《关于各行业、各基层单位开展修志工作的通知》，号召各行业、各基层单位编修志书，为各行业、各单位的规划和改革提供资料依据和历史借鉴，要求工交、财贸、城建、物资等系统的各公司、工厂，较大的商店，各大、中院校，医院等基层单位均开展修志。是年，长沙市蔬菜研究所编纂的《长沙蔬菜品种志》由湖南科学技术出版社出版，《长沙市第二粮食仓库志（1950—1986）》《长沙市电信局史志》《浏阳县农业志》等完成编印。

在参与市志、县志编纂过程中，一些部门、单位将收集到的资料编纂成独立的部门、行业志，或市志、县志的专业志单行本，以铅印或油印的方式内部出版交流。1987 年，《长沙市纺织工业志》《长沙市造纸印刷工业志》《长沙市物资局志》《望城县老干志》《浏阳县物价志》《浏阳县供销合作社志》《湖南省长沙市第一中学校志（1912—1987）》《长沙市物资局轻化公司志》《长沙市水运公司企业志》《长沙市墙体材料厂厂志》等完成编印。

1988 年，《长沙市工业品贸易志》《长沙电力志（1897—1987）》《长沙钢厂志（第二卷）》《长沙市油脂化工厂志（1957—1986）》《长沙矿石粉厂·长沙铸钢件厂厂志》《长沙市志·农业志·畜牧水产篇》《长沙市志·环境卫生志（1864—1987）》《长沙县文化志》《望城县纪检志》《望城县体育志》《望城县信访志》《望城县档案志》《望城县党校志》等完成编印。

1989 年，《长沙市天心公园志》《中国民主促进会·长沙市委会志》《长沙重型机器厂三十年》《长沙市志·司法行政专志》《长沙市志·财政志》《长沙市志·司法行政专志》《长沙市志·公用事业志》《长沙市志·农机志》《长沙市志·公安志稿》，《浏阳县志·农村经济分志》，《长沙县劳动志》《长沙县粮食志》《望城县畜牧水产志》《望城县粮食贸易志》《望城县水利志》《望城县工商行政管理志》《望城县物资志》《望城县统计志》《望城县科技志》《望城县国营工业志》《望城县烟草志》《望城县民政志》《望城县文化志》《望城县林业志》《望城县供销合作志》等完成编印。

1990 年，《长沙五金商业志》《湖南省长沙市二轻工业志》《长沙机床工具志》《长沙市蔬菜志》《长沙市志·文化志》《长沙市志·文艺志》《长沙市审计志》《长沙市志·纺织工业专志》《长沙市劳动志》《长沙市志·卫生志》《长沙市志·文物名胜志》《长沙市志·体育志》《长沙市志·科技志》《长沙市人事志》《长沙市志·工业综述》（第一稿）《长沙市志·市容管理志（1898—1986）》《长沙汽车货运公司志》《望城县农业经营管理志》《望城县组织志》《望城县商业志》《望城县卫生志》《望城县邮电志》《望城县农业机械志》《宁乡县物价志》等完成编印。

1991年，《长沙青年团体志（1919—1988）》由湖南出版社出版；《长沙市统计志》《长沙市工商行政管理志》《长沙市园林绿化志》《长沙市物资供销志》《长沙市计量志》《长沙市老干志》《长沙市外事志》《长沙市人事志（1949—1989）》《长沙市环境保护志（1972—1987）》《长沙市志·林业志》《长沙市志·城市规划志》《长沙市志·防空篇》《长沙市志·粮食志》《望城县轻工业志》《望城县广播电视志》《望城县检察志》《望城县财政志》《望城县编制志》《望城县劳动志》《望城县交通志》《望城县农业志》《宁乡县卫生志》等完成编印。

1992年，《长沙市教育志（1840—1991）》《长沙检察志（1949—1987）》《长沙市妇女团体志》《长沙市副食品贸易志》《长沙冶金机械工业志》《长沙市劳动志》《长沙市水电安装公司志》《湖南省长沙市第一中学校志（1987—1992）》《长沙市志·中共长沙市地方组织》《长沙市志·化工志》《长沙市志·审判志》《望城县人大志》《望城县税务志》等完成编印。

1993年，《长沙市交通志》《浏阳市交通志》《宁乡县交通志》由湖南出版社出版，《长沙名老字号》由国际展望出版社出版，《长沙市食品工业志》《长沙烟草志》《长沙市志·计划生育志（1956—1990）》《望城县教育志》完成编印；至是年底，望城县共编印部门志36部，近400万字，形成《望城县地方志丛书》，为县志总纂打下基础。

1994年，《长沙民政志》《长沙审判志（1840—1990）》《长沙市饮食服务志》《宁乡县金融志（1840—1990）》完成编印。

1995年，《长沙市财政志》《长沙市铁路志》《宁乡县教育志》完成编印。

1996年，《长沙人大志》《长沙市标准化志》完成编印。

1997年，《长沙市金融志》《长沙市煤炭志》《长沙市志·工业篇》《长沙县邮电志》《审计春华（1983—1996）》《长沙新客站二十周年纪念（1977—1997）》等完成编印。

1999年，《长沙邮政志（1899—1999）》内部出版，《长沙市一轻工业志》《长沙县体育志》《光辉的历程：长沙广播电视大学成立20周年（1977—1999）》等完成编印。

2000年，《长沙妇女工作50年（1950—2000）》《长沙文联50年（1949—1999）》完成编印。

浏阳市在第二轮修志前后，广泛组织发动基层编修部门志和乡镇、街道志。2002年，《浏阳市株树桥水库志（1984—2000）》完成编印，《长沙市工会志（1840—2000）》由海南出版社出版。

2003年，《长沙海关志》由五洲传播出版社出版，《浏阳市大围山镇志（1922—2002）》等完成编印。

2004年，《长沙消防志》《长沙市农村信用社志（1978—2002）》《浏阳市建设志（1978—2003年）》《浏阳市宣传志（1986—2002）》《浏阳市文家市镇志（1949—2002）》《走向辉煌—长沙市体育局成立50周年纪念册（1954—2004）》等编印出版；宁乡县梅湖村完成《梅湖岁月》编印，为宁乡县第一部村志。

2005年，《长沙城市建设综合开发发展史》由方志出版社出版，《长沙市质量技术监督志（1949—2004）》《长沙县审计志（1984—2004）》《宁乡县粮食志（1986—2003）》《辉煌50年：长沙市岳麓区人民法院（1955—2005）》完成编印。

2006年，《长沙市交通志（1991—2001）》由湖南人民出版社出版，《长沙经济技术开发区志（1992—2004）》、《长沙侨联五十年（1956—2006）》（纪念画册）和《浏阳市纪检监察志（1949—2002）》、《浏阳市官渡镇志（1949—2002）》编印出版。

2007 年，《浏阳市气象志（1956—2003）》《浏阳市工商业联合会志（1952—2006）》《长沙车站 30 年（1977—2007）》等编印完成。

2008 年，《长沙市军事志（1840—2005）》《浏阳市市志档案志（1986—2004）》《长沙县军事志（1840—2005 年）》《长沙民盟 60 年（1948—2008 年）》《长沙探矿机械厂 50 年（1958—2008）》《亲爱精诚：长沙市盲聋哑学校建校 100 周年校志（1908—2008）》等完成编印。

2009 年，《铭记——长沙人民法院 60 年（1949—2009）》《宁乡县军事志》《宁乡房产志》《浏阳市政协志（1980—2007）》《浏阳市城市管理志（1994—2006）》等完成编印。

2011 年，《浏阳市株树桥水库管理局志（2001—2010）》《湖南浏阳市森林公安志（1962—2010）》《浏阳市普迹镇书院村志（1949—2010）》完成编印。

2012 年，《长沙经济技术开发区志（1992—2011）》内部编印，《疾控春秋：长沙市疾病预防控制中心（1952—2012 年）》《长沙市芙蓉区劳动和社会保障工作发展史（1949—2010）》内部出版；由宁乡县大成桥镇老年科技工作者协会编纂的《大成桥镇志》编印成书；为全面、及时记录长沙各经济开发区发展历程，计划组织全市 5 家国家级开发区和 8 家省级开发区（园）编纂开发区志系列丛书，10 月，由市地方志办公室到全市省级及以上开发区（园）调研征求意见，得到各开发区（园）响应。至 2012 年，全市共计编修部门行业志、乡镇（街道）志、村志 280 余部；其中，浏阳市在第二轮修志中共编纂 40 部乡镇（街道）志、60 部部门行业志。

第三节　年鉴编纂

一、《长沙年鉴》编纂

从 1987 年开始，逐年编纂出版《长沙年鉴》。2 月 15 日，全市召开第一次年鉴工作会议，向各县（区）、各战线、各部门、各局（公司）、各企事业单位印发《关于编纂出版〈长沙年鉴〉的通知》。明确《长沙年鉴》由市志编纂委员会主持编纂出版工作，由市政府秘书长、市志编纂委员会副主任陈元松任主编，市志编纂委员会副主任、市志办主任何根生和市志办副主任何绪任副主编。在市志办设年鉴编辑部（对外称年鉴科）具体负责编辑工作。编纂出版《长沙年鉴》所需经费由市财政安排，部分以有偿服务的形式，由年鉴编辑部征集广告、编辑企事业名录等自筹。

首部《长沙年鉴（1987）》从 3 月发动，6 月编稿，8 月底发稿完毕，历时 9 个月，于 12 月 12 日出版，发行量近 6000 册。全书 130 万余字，版面采用 16 开，采取分类编辑法，以部类为单元。分特载、专文、1986 年长沙大事记、长沙综述、政治、法制、军事、经济综合管理、城市建设、工业、交通·邮电、农业、商业、对外经济贸易、财政·税务·审计、金融·保险、劳动·人事、精神文明建设活动、科学技术、教育、文化、新闻、卫生、体育、名胜古迹·纪念地·旅游、社会、区县、新闻人物、文件法规选辑、统计资料等 30 个大单元。书前刊载有《长沙风采》彩色图片专辑；后面刊载有介绍部分企业、事业单位情况的《企业、事业名录》；书中插有部分介绍著名产品的彩色图片。首部《长沙年鉴》的成功出版发行受到市级领导和省内外社会各界的好评，长沙市特为此召开庆祝会，市长王克英到会祝词，市各级领导和各界知名人士参加座谈。

《长沙年鉴（1988）》《长沙年鉴（1989）》两卷的编纂工作沿袭 1987 年卷的做法，部类设置基本相同。根据长沙市经济社会发展的具体情况只对部分部类和分目进行微调。1990 年是执行“七五”计划的最后一年，《长沙年鉴（1991）》组织专文，全面反映长沙市“七五”计划执行情况和成就。1991 年 3 月 11—18 日，江泽民到湖南考察工作，《长沙年鉴（1991）》在《特载》中收录《湖南日报》发表的专题报道，在《长沙风采》发表一系列珍贵照片。1992 年 1 月 18 日，邓小平去深圳途中，在长沙车站接见中共湖南省委和中共长沙市委主要负责人。在《长沙年鉴（1991）》卷首特别增加“邓小平同志在长沙”彩页，为后人留下珍贵的历史资料。1995 年 1 月，制定《〈长沙年鉴〉行文规范（讨论稿）》，对全书的层次、页码、标题、文体、文风、语言、文字、标点符号、称谓、名称、计量单位、时间、数字、注释、名录、图表、署名作详细规定。1998 年，开始电脑排版，2000 年，《长沙年鉴》版面改为大 16 开，固定在 9—10 月出书，且出版周期逐渐缩短。2002 年，国内知名期刊网站知网、清华同方等，美国、日本的图书馆开始收录《长沙年鉴》，并在全国范围内与各省、市、县年鉴进行广泛交流。《长沙年鉴（2003）》在湖南省首届年鉴评奖中，获得市州级综合年鉴一等奖。2005 年，将文稿形成电子版本，便于利用保存和上传至网络，可以直接免费下载，企业、银行、房地产业开始利用年鉴数据。2006 年开始，向社会各界免费赠送。是年，《长沙年鉴（2006）》在湖南省第二届年鉴评奖中获得市州级综合年鉴一等奖。《长沙年鉴（2007）》在第四届全国年鉴编校质量检查评比中首次荣获一等奖。2008 年开始，制作成光盘，随书免费赠送，为更多读者阅读、开发、利用地方志资源提供更加便利快捷的渠道。《长沙年鉴（2009）》荣获全国地方志系统第二届年鉴评比二等奖。2011 年 9 月 19—22 日，由中国版协年鉴工作委员会主办，城市年鉴工作部和长沙市人民政府联合承办，长沙市地方志办公室协办的第二十一次全国城市年鉴研讨会在长沙召开，会议代表共 200 人。会议主题为年鉴信息规范化创新与实践。中国年鉴网、新浪网、湖南政府网、湖南卫视、长沙新闻频道、《长沙晚报》、长沙方志网等媒体对会议进行报道。《长沙年鉴（2011）》获第六届全国年鉴编校质量检查评比一等奖。

2012 年，对年鉴的框架结构进行调整完善。根据社会经济发展、机构职能调整和开发（园）区经济崛起，新设“党和国家领导人到长沙”“人力资源与社会保障”“社会科学”“文件选编”4 个部目；在“长沙概况”部目下增设“‘两型社会’建设”分目；“开发（园）区建设”部目下增设“省、市、县级开发园区建设”分目等。《长沙年鉴（2012）》全书共设有 38 个部目、177 个分目、71 个子目、1045 个条目。在装帧设计上首次采用铜版纸全彩页印刷。是年，《长沙年鉴》举办年度人物、年度事件评选活动。各区县（市）和各行业共推荐 63 名候选人物和 64 个候选事件。由各区县（市）地方志系统、市地方志学会和媒体等推荐的专家代表组成的评委会经三轮初选，选择出候选人物和候选事件各 20 个，在《长沙晚报》进行公示，并在红网、星辰在线、长沙市政府门户网、长沙广场网开通网络投票。9 月 27 日，在田汉大剧院隆重举行揭晓仪式。活动以“将大事件存史，为小人物立传”为主题，在社会上引起良好的反响，进一步扩大《长沙年鉴》的社会影响力。《长沙年鉴（2012）》获得第七届全国年鉴编校质量检查评比一等奖。

二、县（市）年鉴编纂

1987 年开始，长沙市所辖长沙县、望城县（2011 年改区）、浏阳县（1993 年改市）、宁乡县相继开展年鉴编纂，一般设有自然、政治、经济、文化、社会事业、人民生活、大事记、特载、文件选辑以及亮点、热点等类目，配有图片资料。是年，浏阳县创刊《浏阳年鉴》，此后采用一年一鉴，1992 年开始改用全国统一标年出版。1999 年，长沙县创刊《长沙县年鉴》，采用五年一鉴，首部年鉴《长沙县年鉴（1993—1997）》于 12 月出版，2001 年 2 月获湖南省地方志优秀成果评奖一等奖。2004 年，望城县、宁乡县分别创刊《望城年鉴》《宁乡年鉴》，均采用一年一鉴。2005 年，《浏阳年鉴（2004）》在全国首届地方志年鉴类评选活动中获一等奖。《宁乡年鉴（2010）》《宁乡年鉴（2011）》分别获湖南省第三届年鉴评奖二等奖和第六届全国年鉴编校质量检查评比二等奖。《望城年鉴》自首部创刊以来的9年中，2卷获全国一等奖、4卷获全国三等奖、2卷获全省一等奖。至2012年，编辑出版《浏阳年鉴》26卷、《长沙县年鉴》4卷、《望城年鉴》9卷、《宁乡年鉴》9卷。

三、其他年鉴编纂

长沙市部门单位编纂年鉴虽始于20世纪80年代初，但单位甚少。1985年，市统计局创刊《长沙统计年鉴（1985）》，全面反映长沙市1949—1985年国民经济和社会发展情况，从是年开始一年一鉴，收录上一年长沙市及各区、县（市）相关情况。2002年开始，长沙市公安局创刊《长沙公安年鉴》，属于一年一鉴内部资料。2009年，长沙市军事年鉴编纂委员会创刊《长沙军事年鉴》，首部《长沙军事年鉴(2008—2009)》为合鉴本，此后每年一鉴，2010—2012年连续三年评为广州军区“优秀军事年鉴”，2012年12月评为“全军军事年鉴二等奖”。至2012年，《长沙统计年鉴》出版28卷、《长沙公安年鉴》11卷、《长沙军事年鉴》4卷。

第四节　地方志资源开发与利用

一、长沙市地情资料编纂

长沙市在修志编鉴的同时，编纂地情资料。1985年8月，开始编纂发行《长沙史志通讯》，进行理论研讨，报道地方志工作动态等; 1986年，编纂《修志资料选编》，统一规范地方志编写要求和行文规范。1992年，启动《长沙百科全书》编修，该书上自公元16世纪，下至1996年，共150万字，涉及长沙5区3县1市。采用分类编辑法，依次分设长沙、历史、地理·区划、党政军群团、文件法规、城市建设、交通·邮电、工业、农业、商业、对外经济贸易、财税·金融、教育、科学研究、医疗·卫生、体育、文化艺术、新闻·出版、旅游、民族·宗教、社会、友好往来、人物、长沙大事年表24个大类，若干小类，以词条形式记述各类在长沙的相关情况。作为一本全面反映长沙市情的工具书，较全面记述长沙的历史与现状，突出长沙历史文化名城、革命摇篮、山水名城、鱼米之乡的特点。1993年10月，组织编写《长沙市情》，共14章，27.3万字，介绍长沙社会、经济、文化、宣传、旅游、企事业、物产等内容。出版《长沙文史》专辑2册，分别为《长沙名老字号》《明德春秋》，前书收录长沙市名老商店有关史料60篇23万字；后书收录明德中学90年来各时期各方面的文章55篇25万字。1997年4月，出版《长沙历史文化丛书》，记载各类正史、地方志、乡土志、古人别集、日记杂著、外人记述、古典历史地理名著等各种文书资料200多篇。丛书分为《长沙历史风云》《长沙经贸史记》《湖湘文化之都》《湘城教育纪胜》《湘城沧桑之变》《长沙风物大观》6册，共120万字。成为向长沙市民和青少年学生进行爱国爱乡教育的普及读物，和向海内外宣传长沙历史文化的系列资料。1999年《长沙老街》、2001年《湘城文史丛谈》、2002年《长沙地名古迹览胜》、2005年《湘城访古》等书相继出版；2005年6月编制《长沙经济开发区志》篇目。2009年，整理编辑出版发行《帝王纪年考录》（外二种），考录有确凿史料依据政权，全面记录其帝王姓名、生卒、即位、禅位、年号等，为考证地方志相关年号作辅证参考。是年，出版《山水洲城——长沙》图册，收集长沙唯美的山、水、洲图片，介绍长沙风情地物。

二、区县（市）地情资料编纂

1990年，天心区编纂《长沙市南区组织史资料（1949.10—1987.12）》《长沙市南区组织党史大事年表（1949.8—1989.12）》；2007年，宁乡县编修《宁乡地名掌故》，望城县开始编纂《靖港史话》《乔江神奇》《新康戏乡》《铜官古韵》等书；雨花区相继编写《雨花简志》《雨花文化发展简史》《雨花城建发展史略》《改革步履》《闪光岁月》《中共雨花区历次党代会文献汇编》《长沙市雨花区组织机构沿革（1994—2007）》等。2008年，浏阳市组织编辑大型文史画刊《浏阳改革开放三十年》，2009年，天心区始编《天心纪胜》《中国共产党天心区历史（1988—2010）》《天心区历史风貌》《天心纪胜——名景名街名巷名店》《山茶花》等；6月，《雨花发展实录（2003—2007）》内部发行，并开启下五年实录编纂。2010年始，岳麓区开始每年编纂《岳麓纪事》；旨在立足区情，服务社会。2011年，长沙县启动《追寻历史的足迹——长沙县历史图册》《长沙县史话》《长沙县通史》《长沙县风物拾遗》编纂，《魅力青山》《天华村史》《长沙百年风云人物》等出版；开福区编纂《新家园》；《长沙市雨花区简志》出版发行。2012年开始，天心区始编《天心纪实》；宁乡县编修《宁乡百年·人物风云录》；雨花区编《长沙市雨花区机构编制历史沿革（1987—2012）》；开福区编纂出版《文化资源概况》《和谐望麓园》《沙坪词绘》；2012年9月芙蓉区历经3年编修《芙蓉区街巷志》，通过定稿，全书共50万字，采用地图17幅、照片347张。收录辖区内街巷名592个，撰写街巷条目369条，记录城区发生的显著变化。

三、地方志资源利用

1987年始，长沙市利用《长沙年鉴》插图、彩页平台，介绍单位和产品，扩大企业（产品）知名度，增强企业产品的销量。1990年始，开福区以区志为引索，通过实地考研，编印的《赐闲湖巷》《廛闬沧桑》《潮宗街历史风貌区》《古韵新风望麓园》，为旧城改造提供思路和借鉴；收集整理湘绣代表之地沙坪的湘绣传承文化，汇集成《沙坪词绘》，向外宣传，为沙坪争创文化旅游景点提供支撑。1993年始，岳麓区探访革命先辈故里，收集整理历史资料，为萧劲光铜像落座岳麓山公园提出建议。1997始，岳麓区利用收集整理各种旧志书和其他资料做参考，帮望月湖小区争创全国示范性文明小区，拍摄《望月湖的故事》，规划岳麓区风景名胜区、橘子洲AAAAA级景区、西湖公园、洋湖湿地公园、王陵公园等，促进景区建设和经济发展。2000年始，宁乡县融会县情，以志传情，举办《古今档案珍品展》《“宁乡四髯”陈列展》等展览；为刘少奇同志纪念馆、何叔衡故居、谢觉哉故居、炭河里青铜文化博物馆、炭河考古遗址公园的建设和《情满炭子冲》《宁乡抗日纪实》《中共宁乡党史大事记》《中国共产党宁乡历史》《中国共产党宁乡简史》及宁乡历史文化丛书的编写以及中国国际首届宁乡佛文化节、创建中国旅游宁乡百强县、宁乡进京汇报会提供地情资料，以促进宁乡旅游经济的发展。

2005年，天心区史志档案局，搜录历史档案，整理相关资料，为电视连续剧《恰同学少年》和文献纪录片《毛泽东遗物的故事》，充实剧本，提供素材。望城县编纂《陶魂》（2005年）服务铜官陶城、乔口渔都、新康戏乡等湘江古镇群的建设，极大地促进古镇群的旅游经济。2006年，宁乡县以清嘉庆和民国时期《宁乡县志》记载“宁乡猪”“较他地产猪更肥美”，具有3000余年古老优良品种为史料，在1981年国家标准局颁发《宁乡猪标准》基础上，申报为《国家地理标志》，使“宁乡猪”驰名中外，成为县域经济支柱产业。2007年始，天心区利用地情资料，为南湖片征地拆迁，黄兴路步行街、太平街、旧城改造，北部商圈、生态新城、省府新区、南部新城和文化产业园建设提供支撑。使这些新城区开发保持自然、科学规划，保持自然和谐统一。2008年，望城县历经8年，查阅《长沙府志》《长沙县志》

《洞庭湖志》等旧志书，挖掘历史地情资料，编写《靖港史话》，服务靖港古镇建设，推动古镇成为国家批准的历史文化名镇。是年，芙蓉区针对不少古街巷道在城市建设中不断消失状况，收集信息资料万余条，参考书籍81本，拍摄照片千余幅，挖掘整理散见于街头巷尾的古迹沿革、风物民俗、人文掌故、民间传说。为保护保护老街、建设新城提供资源，使新城传承历史余韵。开福区发行《郊外的阳光》一书，全面介绍古月山庄、广殿渔村等18个休闲农业观光区，促进当地乡村旅游经济。2011年始，望城区收集整理旧书、旧志等资料，举办《望城之光》《光辉的历程》展览；为郭亮烈士纪念园建设，刘畴西、刘宜民等英烈纪念（陈列）馆和陶承故居、李淑一珍藏展布展充实内容；联合电视台拍摄《密电风云》《雷锋在望城》《望城水利》三部口述史，在《新望城》刊物开辟地情专栏等，宣扬望城精神，促进经济、社会发展。是年，浏阳市广查浏阳旧志，对比旧志旧图中的山水走势和地情地貌，为浏阳市城市总体规划修编、浏阳烈士陵园建设、中央苏区县申报、平汝高速浏阳段走向、浏阳河生态旅游风光带规划制定等提供借鉴和科学的决策参考。2012年，长沙市首次推出《长沙年鉴》年度人物、年度事件的“双评活动”，将大事件存史，为小人物立传。是年，雨花区利用搜录整理历史档案资料，为城区东进南拓、园林城区、同升湖山庄、圭塘河生态经济带、浏阳河生态景观带、体育新城、高铁新城、“城中村”改造、农博会、三大商圈（东塘商圈、红星商圈、高桥商圈）建设提供历史支撑。

四、方志网站建设

2007年5月，根据中国地方志指导小组和湖南省地方志编委会的文件精神，为尽快实现地方志资源共享，开展“长沙方志网”建设工作。2007年10月，“长沙方志网”（http://szb.changsha.gov.cn/）建成。

长沙方志网是依托长沙市人民政府信息中心专业信息平台的长沙市情网站。网站集中介绍长沙的历史状况、地情方物、史志成果，突出展示长沙的自然魅力和人文魅力，充分发挥长沙市志部门的资源优势和原创优势。网站的宗旨是“存史、资治、教化”，以展现长沙的历史文化底蕴为基础，通过网络媒体展示长沙的古今史料，让全国乃至全世界网民通过点击网站就能全面了解长沙。

长沙方志网共建设一级栏目18个，二级栏目35个，史书栏目50个。（一）首页。全站主要内容的汇总简介，也是进入二级栏目和其他内容的主要入口。（二）单位概况。1.机构职能。2.机构简介。3.法律法规。4.领导班子。（三）长沙概览。1.资源与环境。2.人口与民族。3.综合实力。4.工业、农业、商贸与建筑。5.交通与邮电。6.行政区划。7.金融与保险。8.教育、科学、文化与卫生。9.社会劳动保障。10.环境与安全。11.固定资产投资。12.对外经济贸易。（四）信息资讯。1.聚焦长沙。2.图片新闻。3.修志动态。4.网站公告。（五）长沙市志。（六）长沙年鉴。收录《长沙年鉴》内容。（七）大事回顾。收录长沙每年出现的有存史意义的大事要事。（八）产业介绍。按产业分类介绍长沙当前产业发展状况和成就。（九）修志法规。收录国家、省、市关于修志方面的各项法律、法规和政府文件。（十）史志书廊。1.旧志博览。2.地方史料。（十一）志鉴研究。共享志鉴理论研究和实践经验成果的平台。（十二）名人传录。搜录和介绍长沙历史上有影响的人物。（十三）民俗风情。介绍长沙地方风土人情、民间生产生活、民族语言、风俗习惯、地方特色。（十四）星城掠影。以滚动的风景图片展示和介绍长沙的自然风光、名胜古迹、生态环保。（十五）服务指南。介绍长沙市公共汽车线路情况、品牌旅行社、星级饭店、酒店、主要公园、公共服务热线等。（十六）网友反馈。网友的公共交流平台。（十七）信息服务。公共综合信息服务平台。（十八）友情链接。

2010年，“长沙方志网”改版升级。建立《长沙市方志网管理办法》《信息发布审查制度》《信息监视保存清除和备份》等制度。各版块、栏目及时更新，地方志数字化资料及时发布，各项政策性文件及时上传。改版升级后突出发布长沙市地方志数字化资料，发布《长沙年鉴》数字版功能，上传地方志数字化资料近180万字。设有动态交互内容，解答网友有关地方志方面的问题。网站后台系统管理包括用户授权、日志管理、系统配置、栏目管理、内容管理、信息发布、文件管理等，能实现网站内容的更新和维护，提供在后台输入、查询、修改、删除信息等功能。2012年6月，“长沙方志网”开通《长沙年鉴》2011年度人物、年度事件评选活动专页，利用网站开展“年度人物、年度事件”网络票选，扩大“长沙方志网”社会影响。

附记　长沙市地方志学会

1988年，长沙市地方志学会成立。该会是探讨地方志理论、开展地方志学术研究活动、促进新方志编纂工作的群众性学术团体，由从事方志编修、研究、教学、出版和年鉴编辑、旧志整理等方面的工作人员和有志于新方志事业的人员组成。第一届理事会会长：何根生，副会长：何绪、李锡威、史新谧，秘书长：高长生。是年，长沙市地方志学会组织编辑出版《长沙史志通讯》，开展《长沙市志·邮政》《长沙市志·电力》《长沙市志·电信》专志评审等活动。

2005年，长沙市地方志学会经长沙市民政局正式登记，接受长沙市民政局监督管理和长沙市社会科学联合会业务指导，挂靠长沙市地方志办公室。是年1月，长沙市地方志学会按照社会团体登记管理规定，进行换届选举，产生第二届理事会，会长：任丕荣，副会长：曾秉炎、李炳兴、喻寿奇、周国平，秘书长：蔡立人。

2012年，长沙市地方志学会组织举办首届《长沙年鉴》年度人物、年度事件评选活动，开展明嘉靖《长沙府志》旧志整理与点校，指导《长沙市芙蓉区街巷志》编纂出版，筹划长沙方志馆建设等活动。11月，长沙市地方志学会组织编辑出版会刊《长沙史志》（原名《长沙史志通讯》）。12月，《长沙史志》第1期出版，16开本，设置特载、史志研究、志鉴编纂、事件备忘、长沙风物、历史回眸、旧志选刊、动态等栏目，刊登《方志基本知识与编纂的基本方法》《充分发挥地方志资源在繁荣社会主义文化中的重要作用》等地方志理论研究文章和长沙城建大事记、长沙市第二轮修志工作进展等内容。《长沙史志》是长沙市地方志系统开展地方志理论研究和学术交流的重要平台，刊登长沙市地方志工作珍贵史料。

2012年12月，长沙市地方志学会进行换届选举，产生第三届理事会，会长：郑佳明；常务副会长：周秋光；副会长：王习加、贺国成；秘书长：杜志勇。换届会上审议通过《长沙市地方志学会章程》，进一步明确该会是由从事地方志研究和编纂的史志单位、市直部门、开发园区、科研单位、行业协（学）会、企事业单位及个人自愿组成的非营利性质的地方志学术团体。

第九章　档案工作

1988年，市及9个区县（市）档案馆和2个专业档案馆，共有档案资料32.8万卷（册）。1991年，市档案馆晋升为省二级档案馆。为加强档案工作，长沙市坚持依法治档，实行目标考核和规范管理，加强队伍和业务建设，充分开发利用馆藏资源，努力为社会经济服务。是年，发布《开展档案虫霉检查和执法检查的通知和自查登记表》，通过自查抽查，对严重违法案件进行查处。1993年，市、县与郊区建立档案法制监督机构和配备专干。2000年，组建10名档案行政执法监督员、48名档案执法员、100名档案行政执法联络员队伍。对全市611个单位开展执法检查，对存在的问题发出244份整改通知书。2002年，发布《关于切实加强档案管理的若干意见》，将档案事业发展纳入市直机关与区县（市）年度考核目标体系。2004年10月，市第十二届人大常委会十五次会议通过《长沙市城市地下管线档案管理条例》。2005年，发布《关于加强档案教育培训制度化工作的通知》《长沙市档案管理岗位资格证书规定》等，以继续加强人员队伍素质建设。是年，发布《长沙市档案信息化建设实施意见》，加强档案信息化研发和网站建设。翌年开始，实行电子文件与纸质文件“四同步”（归档、整理、著录、利用），馆藏档案全部实现计算机检索查询。拓展编研领域，充分利用馆藏档案资料，开展档案查阅，举办展览，实行信息公开，服务社会经济建设需求。2008年6月，长沙市档案馆晋升为国家一级档案馆。2010年6月，长沙市第十三届人大常委会第二十二次会议通过《长沙市城乡建设档案管理条例》，次年，制定《党政主要领导干部个人公务文件材料收集和管理工作方案》，完善《长沙市档案馆的档案接收范围细则》，进一步加强档案接收与征集、整理与保护和编研与检索等业务建设，全市档案工作实现法制化、制度化、规范化管理。2012年，全市13个档案馆馆藏档案总量为：档案1405个卷宗，448.89万卷（盒），116.97万件，排架长度为4.15万米，资料8.53万册。按档案形成时期分：中华人民共和国成立后档案439.43万卷、116.61万件，明清时期档案5.02万卷，民国时期档案3.80万卷，革命历史时期档案8496卷。馆藏档案中有共产党中央委员会机关出版的早期刊物《新青年》《共产党》《前锋》《向导》，分别由陈独秀、毛泽东担任主篇，李大钊、鲁迅、瞿秋白等发表的诸多文章，以及《四库全书》、清代数学家丁启忠刊刻的《白芙堂数学丛书》等许多珍贵档案。1988—2012年的25年间，全市共接待档案查阅利用者34.03万人次，利用档案87.53万卷次，复制档案材料149.40万页，解决问题26.82万个。

第一节　机　构

一、管理机构

（一）市级机构。长沙市档案局是主管长沙全市档案事业的行政管理机构。1988年，市档案局为中共长沙市委、长沙市人民政府的工作机构，下设办公室和业务指导科，与市档案馆合署办公，“两块牌子、一套人马”；定编9人，年末在职15人。1992年，市档案局增设教育科。1998年，明确为市委直属事业单位，内设办公室、业务指导科、法规宣传教育科。2001 年，市档案局设一室两处，即办公室、业务指导处、法规宣传教育处。至 2012 年，市档案局（馆）内设一室二处三科，编制 38 人，其中档案局 24 人，档案馆 14 人；年底，在职 35 人，其中档案局 25 人，档案馆 10 人。

1988—2012 年，先后担任长沙市档案局（馆）主要领导职务的有：樊浩然、史新谧、刘洪山、谢巨文、廖建华（女）、谭利平；其他班子成员有：缪锦良、刘定晏、何小兰（女）、黄健龙、李仲良（女）、梅新喜（女）、陈艳芳（女）樊平（女）、何立根。

（二）区县（市）机构。1988 年，长沙市辖的长沙、望城、浏阳、宁乡县和长沙市郊区均设有档案局，为县（郊）党委、县（郊）人民政府的工作机构，和县（郊）档案馆合署办公。其时，所辖东区、南区、西区、北区 4 区均设有档案馆，代理行使档案行政管理职能。

1993 年 2 月，浏阳撤县设市，县档案局更名为市档案局。1994 年底至 1995 年初，长沙市机构改革，长沙县、望城县、浏阳市和郊区档案局与党史办、方志办合并，相继成立长沙县、望城县、浏阳市史志档案局与郊区史志档案局，宁乡县党史办与档案局合并称文史档案局。1995 年 8 月，浏阳市委党史办从史志档案局析出，史志档案局更名为市志档案局。1996 年 6 月，长沙市区划调整，原东区、南区、西区、北区与郊区分别更名为芙蓉区、天心区、岳麓区、开福区与雨花区，其档案局（馆）随之更名。1999 年 6 月，宁乡县县志办并入县文史档案局，更名为宁乡县史志档案局。2002 年，芙蓉区、天心区、岳麓区、开福区机构改革，档案馆与党史办、方志办合并成立区史志档案局，与区档案馆合署办公，“一套人马、两块牌子”。2011 年 6 月，望城撤县设区，县史志档案局更名为区史志档案局。

2012 年，长沙市所辖的芙蓉区、天心区、岳麓区、开福区、雨花区、望城区与长沙、宁乡县和浏阳市 9 个区县（市）均设有史志档案局。

二、档案队伍

1988 年，长沙市及其所辖县、郊区均设有档案局与档案馆，东区、西区、南区、北区 4 区和长沙市城建局、公安局都建有档案馆，配有专职档案工作人员。年末，全市 12 个档案局（馆）共有档案人员 98 人，其中市档案局（馆）在职 27 人，市城建档案馆在职 11 人。市、区县（郊）直属机关事业单位和区、乡镇均设立档案室，配备专职或兼职档案人员。驻市的国有、省属、市属、县属、区属企业单位多建有档案室，配备有专职或兼职档案人员。是年，全市档案系统共有档案工作人员 2691 人，其中专职 700 人，兼职 1991 人。在 12 个档案局（馆）专职档案工作人员中，年龄 34 岁以下的 1098 人，35~49 岁的 961 人，50 岁以上的 632 人；文化程度大专以上的 1290 人，其中大学本科 9 人，高中和中专 1123 人，初中 158 人。同年，全市企事业单位中的档案工作者被授予高、中、初级职称的 791 人，其中副研究馆员 3 人，馆员 181 人，助理馆员 358 人，管理员 249 人。

随着《中华人民共和国档案法》（以下简称《档案法》）的深入贯彻实施，档案工作向企业、学校、村、街道、社区全面推进，机构增加，队伍不断扩大。1994 年，长沙汽车电器总厂成立档案中心，配备档案专职人员 14 人，兼职档案员 45 人。1995 年，长沙市房地产局成立档案馆，配备专职档案工作者 7 人（2012 年增至 39 人）。1998 年，全市 40 个年产值 1000 万元以上的乡镇企业建立综合档案室，均配有专职档案人员。是年，253 个村建立综合档案室（占全市 2900 个村的 9%），均配备兼职档案员。2011 年，长沙、浏阳两县（市）村级均建有档案室，建档率 100%，各档案室均安排有兼职档案人员。

2012 年，全市 13 个档案馆定编 199 人，在职 226 人，其中长沙市档案局（馆）在职 35 人，市房产档案馆在职 39 人，市城建档案馆在职 29 人，9 个区县（市）史（市）志档案局（馆）在职 123 人。市、区县（市）直属机关单位790个，建有档案室751个，配备专职与兼职档案员850人；驻境中央、省、市与区县企业单位以及规模民营企业2856个，建有档案室2798个，配备专职与兼职档案员2798人；全市180个乡镇、街道建有档案室，配备专职与兼职档案员180人；全市共有村、社区2636个，建有档案室2500个，配备专职与兼职档案员2535人；全市各单位档案局（馆、室）配有专职或兼职档案员共计6598人，比1988年增加3893人，增加144.85%。年末，在13个档案局（馆）的226个专职档案工作人员中，年龄结构为：34岁以下43人，35~49岁143人，50岁以上的40人；文化结构为：大专以上的205人，高中和中专的21人。其中研究生15人、大学本科129人。是年，市城建档案馆在职的29人中，23人被授予职称。其中研究馆员2人，副研究馆员6人，馆员12人，助理馆员3人。

三、档案馆

（一）长沙市档案馆。1988年，长沙市档案馆位于藩后街，建筑面积1962平方米，其中库房面积1083平方米，其时，库房馆藏档案已接近饱和。2004年，长沙市加大对档案工作的投入，立项建设长沙市国家综合档案馆新馆。2005年，档案馆加挂“长沙市现行文件服务中心”牌子。2007年10月，长沙市国家综合档案馆投入使用，新馆占地总面积2.67万平方米，主体工程为10层现代魔方形建筑，地上8层，地下2层；建筑总面积1.80万平方米。其中标准库房面积3600平方米，地下战备库房2000多平方米，备用库房2000平方米，防磁库房270平方米，技术库房2000余平方米，展厅420平方米，查阅大厅200平方米，拥有投影、同声翻译、电话视频系统的会议大厅一个，为一个现代化、人性化、智能化的档案馆，其规模和功能居全国同行业先进水平。2008年11月6日，在档案馆设立“长沙市政府信息公开查阅中心”，成为长沙市指定的政务信息公开场所。2012年，档案馆定编14人、在职10人。

（二）区县（市）档案馆。芙蓉区档案馆的前身是东区档案馆。1988年仅有一间库房兼办公室，1990年新增库房2间、办公室1间。1996年更名为芙蓉区档案馆，库房面积增至246平方米。2003年9月迁至区政府机关大院新址，总面积400平方米，其中库房面积180平方米。2004年，开设芙蓉区史志档案局网站。2005年，建立区现行文件服务中心。

天心区档案馆的前身是南区档案馆。1988年位于南区政府机关大院内，总面积45平方米。1994年库房增至3间，库房面积56平方米。1996年7月更名为天心区档案馆。2004年8月搬迁至天心区政府大院内，有库房2间，面积200平方米。

岳麓区档案馆的前身是西区档案馆。1988年位于西区政府机关院内，库房面积50平方米。1996年更名为岳麓区档案馆。2004年，档案馆搬迁至岳麓区机关大院内，总面积475平方米，其中库房面积455平方米，档案技术用房面积20平方米。

开福区档案馆的前身是北区档案馆。1988年位于北区政府机关院内，总面积80平方米。1996年更名为开福区档案馆。2002年搬迁至开福区政府大院内，总面积400平方米，其中库房面积160平方米，档案技术用房面积40平方米。

雨花区档案馆的前身是长沙市郊区档案馆。1988年位于郊区政府机关大院内，总面积380平方米。1995年4月搬迁至郊区文化局8楼，总面积200平方米，其中库房面积120平方米。1996年8月更名为雨花区档案馆。1998年11月搬迁至韶山北路，总面积260平方米。2004年6月，位于长沙市雨花区政府机关大院内的新馆投入使用，总面积1500平方米，其中库房面积500平方米，档案技术用房面积80平方米。

望城区档案馆的前身为望城县档案馆。1988年8月望城县档案馆建成投入使用，设县政府机关院内，总面积1820平方米。2011年6月更名为望城区档案馆。2012年10月建成望城区国家综合档案馆，总面积1.3万平方米。

长沙县档案馆 1988年设长沙县政府院内，总面积1812平方米。1996年2月县政府搬迁至星沙，县档案馆仍在原址。

浏阳市档案馆的前身为浏阳县档案馆。1988年设浏阳县政府机关院内，总面积2806平方米。1993年2月浏阳撤县设市，县档案馆更名为市档案馆。1996年3月建成新档案馆，总面积2880平方米。2011年9月修建浏阳市国家综合档案馆，2012年年底投入使用，总面积7081平方米。

宁乡县档案馆 1988年设宁乡县政府机关大院内，总面积1100平方米。2006年12月搬迁至宁乡县行政中心，总面积1237.8平方米。

（三）专业档案馆。长沙市城建档案馆全称为长沙市城市基本建设档案馆。1988年，设长沙市城建局内，隶属市建委，总面积420平方米。是年，建成新档案馆，总面积4148平方米，其中库房面积1891平方米。1993年，市城建档案馆加挂长沙市城建档案管理处牌子，升级为副县级，“两块牌子、一套人马”。2009年，档案馆加挂长沙市建设信息中心牌子，实行“三块牌子、一套人马”的管理体制，内设6个科室。

1988年，长沙市公安档案馆设市公安局内，总面积1350平方米。2002年随长沙市公安局搬迁至芙蓉区解放路，总面积513平方米，其中库房面积342平方米，档案技术用房面积171平方米；是年3月，档案馆更名为档案工作管理处。

长沙市房产档案馆原名长沙市房地产档案馆，于1995年1月成立，总面积2000平方米，与长沙市房屋产权监理处产籍科系“两块牌子、一套人马”，合署办公。2005年，搬迁至长沙市房产交易大楼内，总面积2647.50平方米，其中库房面积2009.32平方米。

（四）馆库设施。1988年，档案馆库的设施以木柜、木箱为主体，除湿防火设施简陋，温度、湿度记载全靠目测手记。长沙市12个档案馆共有大小设备4142件，其中：档案柜1138张，档案箱2360个，复印机8台，普通打字机7台，四通打字机1台，去湿机20台，灭火器93台，温湿度计54支等。

1989年、1991年，市城建档案馆与市档案馆先后购进微机各一台。1991年，12个档案馆共有大型现代设备70台，其中电脑2台、空调机19台、去湿机36台、防火防盗报警设施4台。1994年，市房地产局为建设中的档案馆购进6台微机和50万元的自动灭火设备，市城建档案馆购进一套50多万元的摄像设备、30多万元的空调去湿装置，投资30余万元建成一间多功能会议室。1995年，市城建档案馆投入80余万元资金，建立两套GLS（地理信息）系统；是年，市、区县（市）10个检察院档案室投资20万元添置设备、改造库房。1996年，市档案馆购进手动密集架200节，替代部分档案柜。是年，全市13个档案馆共配置微机27台、去湿机55台、空调71台。1998年，市档案局与长沙市华鹏传感技术研究所开发的“档案库房温湿度、防火防盗自控系统”软件在市档案馆、望城档案馆安装；市档案局与北京金盘电子有限公司、曙光公司开发的“档案多媒体光盘管理系统”“机关档案室文档一体化管理系统”软件在部分档案馆、室安装使用。1999年，市公安档案馆投入30万元，购置33组密集架、3台微机等设施，选用省公安厅和银河计算机公司研发的公安档案管理软件。2000年，在13个档案馆与部分企事业单位档案室和乡镇档案馆中，推广档案管理软件和防火、防盗、温湿度自控系统，购置先进档案设备。9个区县（市）档案馆购入防磁柜等档案设施。2005年前后，望城、宁乡、天心、岳麓、开福等区县（市）均购置密集架，更换档案装具。长沙县档案馆使用数字档案管理系统软件，率先在全省实现数字档案馆室一体化管理。

2007年10月，长沙市国家综合档案馆竣工交付使用。2008年6月，实施“长沙市数字档案馆整体建设项目一期工程”，市档案馆设备进行更新，大楼安装4台电梯，进行智能综合布线，引入100M光纤专线，建立200多个信息点，配置高档服务器12台，高速扫描仪10台，计算机终端45台，磁盘阵列、虚拟带库和磁库容量达20T，配备投影、同声翻译、电话视频会议系统与门警、报警系统，监视监控系统，“奥特”安全监控系统，“富通”消防自动报警系统，七氟丙烷气体灭火装置，“亚司艾”（ASI）中央空调2台及“艾默生”精密空调4台，ZD-5型真空充氮消毒机1台，智能型密集架2287节等先进仪器设备。2009年，市城建档案馆投资50万元，建立档案库房气体灭火及灭火报警系统消防工程。2011年，天心区档案馆对库房进行消防改造，安装七氟烦烷气体制动灭火装置。与此同时，全市档案馆及机关企事业单位档案室和乡镇（街道）档案馆的设施设备都进行更新。

2012年，全市13个档案馆库房主要设施有：档案密集架1.40万立方米、防火监测系统10套、温湿度自控系统31套、档案管理软件11套、中央空调10套、空调机134台、去湿机114台、网络交换机41台、磁盘列阵13台、电脑311台、服务器40台、扫描仪33台、触摸屏4台、投影仪7台、电梯10台、消毒柜19台、防磁柜37台、碎纸机14台、摄影机10台、照相机19台等设施设备。其中市档案馆有密集架4263立方米、电脑74台、扫描仪8台、服务器10台、投影仪1台，防火监测系统、温湿度自控系统、档案管理软件各1套，中央空调2台、电梯4部等现代设施设备。

第二节　业务建设

一、接收与征集

（一）档案接收。1988年，市档案馆接收档案2789卷、声像档案34盒，市城建档案馆接收档案2220卷，市公安档案馆接收档案2789卷；是年，全市12个档案馆共接收档案1.34万余卷。1989年，市档案馆晋升省三级馆，接收纸质档案3.26万余卷、音像档案28盒、毛泽东主席像章5盒189枚进馆。1991年，12个档案馆共接收档案3.91万余卷、音像档案室20盒、照片档案771张；是年，市档案馆、城建档案馆、公安档案馆、宁乡档案馆、望城档案馆、东区档案馆、北区档案馆接收档案均在千卷以上。1992年，市公安档案馆接收档案7890卷档案进馆。1994年，接收54个大中型企业档案1.34万余卷。1995年撤区并乡后，各区县国家综合档案馆接收一批撤并机构的档案进馆，其中浏阳市接收1.29万余卷，宁乡县接收6840卷，长沙县接收6541卷，望城县接收6122卷。20世纪末21世纪初进行企业改制，各综合档案馆陆续接收改制企业档案进馆，其中浏阳市档案馆2001年接收15家改制企业1.06万余卷（册）档案进馆，到2004年共接收或代存改制企业档案4.61万余卷（册）；长沙县档案馆2001—2004年共接收改制企业档案室2.89万余卷（册）。

2001年，市档案馆接收317枚市直机关单位废止印章、120张光盘进馆。是年，13个档案馆共接收10.29万余卷（册）档案入馆；翌年，接收档案12万余卷（册），其中，市档案馆、市房产档案馆、市城建档案馆、市公安档案馆接收档案愈万卷（册），市房产档案馆接收3.67万余卷（册），浏阳市档案馆接收2.89万余卷（册）档案进馆。2003年，浏阳市档案馆接收植物标本629件、航片70盒、军用地图416张进馆。2005—2006年，雨花区档案馆接收43个单位1.63万余卷（件）档案进馆。其中文书档案1.2万卷（件），重点工程档案474卷，婚姻档案2049卷（件），建房档案1984卷（件）。尔后，接收档案种类、数量大幅增加。2010 年，13 个档案馆共接收档案 35.45 万余卷（件）进馆。其中天心区档案馆、浏阳市档案馆分别为 1.7 万余卷（件）与 1.62 万余卷（件），市城建档案馆为 6.5 万余卷（件），市房产档案馆与公安档案馆均超过 10 万卷（件）。

2011 年，制定《党政主要领导干部个人公务文件材料收集和管理工作方案》与《党政主要领导个人公务活动各种载体档案文件材料归档范围及保管期限》文件，收集中共湖南省委常委、长沙市委书记陈润儿和市长张剑飞任职期间重要活动照片千余张，新闻集锦 DVD 41 张与报道文稿集、重要讲话、自传、简历等个人公务活动档案归档。2012 年，贯彻国家档案局 9 号令，完成全市档案馆的档案接收范围细则的审批，审定 9 个区县（市）国家综合档案馆的档案接收范围细则，完善"长沙市档案馆的档案接收范围细则"，被省档案局作为样本向各市州推荐。是年，全市 13 个档案馆共接收档案 32.04 万余卷（件），其中，市档案馆接收档案 8837 卷、4.34 万余件，光盘 43 张，照片 53 张；天心区和芙蓉区档案馆接收档案分别为 2.1 万卷（件）与 37.65 万余卷（件），浏阳市档案馆接收 4 万余卷、3.76 万余件；市城建档案馆、市房产档案馆分别是接收 8 万余卷（件）与 12.26 万余卷（件）档案进馆。至 2012 年年底，全市 13 个档案馆累计接收档案 340.51 万卷（件），其中市档案馆接收 20.81 万卷（件）。

（二）档案征集。20 世纪 80 年代后期，加强散落在社会和个人保存的档案资料的征集。1988 年，浏阳县档案馆征购到元朝欧阳玄编写反映浏阳历史变迁的《圭斋文集》4 本 16 卷。1989 年，市档案馆征收到毛泽东像章进馆。1991 年，市档案馆征集民国纸币 10 张；望城县档案馆征集江泽民、宋平、李铁映等领导视察望城照片 28 张和雷锋照片 99 张。1996 年，13 个档案馆征集本地名人、民俗、名优特新产品和一些珍贵文物资料进馆。其中，长沙县档案馆征集江背镇洞井村村民黄龙捐献的清光绪皇帝颁发的"圣旨"和国务院总理朱镕基为杨开慧 100 周年诞辰书写的"骄杨丽质，英烈忠魂"题词。1999 年，市档案馆征收市委、市政府、市政协各类荣誉证书、奖杯、锦旗、纪念品 73 件，照片 235 张，征集民国 35 年（1946）《湖南分县详图》和《1998 湖南抗洪灾大纪实》。2001 年，浏阳市档案馆收集赠送的胡耀邦照片 3 张、1947 年浏阳运动会选文中学运动员照片 6 张与《浏阳奇人》书刊 8 册；2002 年，收集革命烈士照片 46 张、浏阳籍将军照片 27 张及《萧氏族谱》等。望城县档案馆征集全国劳动模范吴吟钦、冯健的奖章、荣誉证书、代表证等 26 件，毛泽东接见冯健、吴吟钦等照片 36 张、会议纪念册等资料 3 卷。2004 年，开福区档案馆征集沙坪湘绣厂发展状况、厂史与各个时期的湘绣极品、精品的图片和文字材料。是年，市档案馆征集第五届全国城市运动会筹备材料及吉祥物等文字、图片资料 108 册，光盘 112 盒入馆。

2007 年，开展"把最珍贵的东西放在最安全的地方"主题征集活动，征集有著名书法家、劳模、院士、作家的档案材料 300 余件。其中有《李立金石书画集》、《中华名厨许菊云烹饪艺术》、侯三《专利证书》等诸多名人档案、知识青年档案、市第十一中学校庆档案和长沙侨联五十年、市委统战部《抗战六十年》等档案材料。其间，征集本地作家出版物、古版与新版的族谱与名人的奖状奖章、资格证书、请柬、会议出席证、字画及其他的珍贵档案资料入馆。2007—2012 年，浏阳市档案馆征集《邱氏大宗谱》《汤氏族谱》《宋氏族谱》《毛氏族谱》《叶氏族谱》《柳氏族谱》《袁氏宗谱》等族谱和其他书籍。2012 年，市档案馆将省人大常委会原副主任刘玉娥生活工作像集征集入馆。

（三）资料订购。1988 年后，市属国家综合档案馆与专业档案馆每年对国家、地方的党报、党刊与相关专业杂志和书籍订购、收藏、保存。20 世纪 90 年代始，浏阳市档案馆每年订购各种报纸杂志 200 份、册，丰富馆藏。1997 年，市档案馆耗资 6.8 万元购买一套《传世藏书》124 册入馆，该书精选历史名著1000册，分经库、史库、子库、集库计2.76亿字。2012年，将湖南文化系列丛书《湖湘文库》470册征订入库。

二、整理与保护

（一）整理鉴定。1988年，全市12个档案馆对馆藏档案进行调整，增设全宗，理顺档号（全宗号、案卷号、目录号、卷内文件页号）。市档案馆对中华人民共和国成立后的59个全宗计1.36万余卷档案裱糊背脊，对市委整风领导小组、市委五人小组、市委1949—1960年的563卷档案进行鉴定；复制、裱糊6395页蜕变、破损档案。各区县档案馆对应接收进馆的档案在进行鉴定、调整、检查符合要求后方同意接收进馆。市档案馆对首批开放的6个全宗776卷历史档案进行鉴定、整理、编目、复制后予以开。各区县档案馆亦同时对历史档案进行鉴定、整理后开放。

1991年，12个档案馆均对馆藏档案进行整理、编写案卷目录、全引目录 、分类目录。市档案馆对民国时期的长沙市工务局、直接税长沙分局等4个单位档案进行鉴定，对重复的和无保存价值的材料予以销毁。

2000年，修改《档案馆指南》，对馆内档案资料进行科学分类、整理排放。2001年，全市档案系统实施国家档案局颁布的《归档文件整理规则》，改案卷级整理为文件级整理，取消“卷”级归档，归档文件改为以“件”为单位进行分类、装订、排列、编号、编目、装盒。各区县（市）档案馆在晋升级别或搬迁新馆或将档案柜更换为密集架时，均对馆藏档案资料进行全面的规范整理。2006年，市档案馆对25个进馆的改制企业的3.47万卷档案进行清理，设立全宗，理顺档号，同时，在搬迁新馆之前，对全馆15.07万卷档案、9846卷册资料进行清理和重新有序排列。

2010年，将机关文书档案的保管期限定为“永久” “定期”两种，定期分为30年、10年两类；发布《关于进一步落实国家档案局〈机关文件材料归档范围和文书档案保管期限规定〉的补充通知》，要求区县（市）档案局和市直机关单位认真执行。是年，有20家市直单位报送《机关文件材料归档和文书档案保管期限表》进行审批，至2012年年底，市直单位全部完成档案审批工作。

（二）档案保护。20世纪80年代末期，长沙市12个档案馆均安排专人管理档案库房，落实库房管理措施，防止档案资料霉变、虫伤、鼠咬。对破损档案进行裱糊修复，对字迹扩散、蜕变档案进行手工复制。1988年，12个档案馆共复制档案11.3万余页、5242万字。其中市档案馆复制3.12万余页、1563万字。1991年，12个档案馆抢救重点档案1.58万余卷。2000年，13个档案馆抢救复制蜕变、破损档案2.80万页。

进入20世纪90年代，档案馆、室的设施不断更新，档案保护手段日趋现代化。1991年，长沙市档案馆、市城建档案馆、望城县档案馆安装烟火防盗报警系统。1994—1995年，市房地产档案馆、市城建档案馆、市公安档案馆均购进温度、湿度自控装置与防火防盗报警设备，配备档案管理软件管理档案。各区县（市）档案馆均先后购置空调机、去湿机等设施设备，提高档案“九防” （防盗、防火、防潮、防尘、防虫、防霉、防鼠、防高温、防光）工作水平。1998年，市档案馆、望城县档案馆安装使用“档案库房温湿度、防火防盗自控系统”。至2000年，各区县（市）档案馆与部分机关单位和乡镇档案室都安装使用温湿度、防火防盗自控系统。

2007年，长沙市国家综合档案馆建成后，档案的安全保护水平再次提升，馆内设有门警、报警系统、监视监控系统，消防自动报警系统、七氟丙烷气体灭火系统。2008年，档案的“九防”增加“防有害气体”的内容变成“十防”。2011年，市档案局与贵阳市档案局签订协议，建立档案数据异地备份基地，各区县（市）档案馆和市档案馆的馆藏档案数字化成果进行异地备份；2012 年，市城建档案馆与沈阳市城建档案馆档案数字化成果也进行异地备份。

三、编研与检索

（一）档案资料编研。1988 年，长沙市 12 个档案馆共编纂各种编研资料 175 种、289.40 万字。其中市档案局编纂的《长沙市档案志》定稿，1991 年印刷成书；市城建档案馆从是年开始编写《城建档案大事记》，每年一册，至 2012 年共 25 册、50 余万字；市公安档案馆编纂《各类案件发、侦破资料》等 5 种 10 余万字。其间，市档案局编写《长沙地区档案工作大事记》《长沙市档案局馆大事记》《长沙晚报剪报》等编研资料。

1995 年区县（郊区）史、志、档案三单位合为一体，档案资料的编研工作得到加强。是年始，市城建档案馆编写《长沙市城建档案》；1996 年，编写《长沙市主要建设工程概况》《长沙市城建档案工作汇编》《长沙市城建档案工作指南》等。1998 年，市公安档案馆编写《长沙市大案要案汇编》《长沙市公安局功臣名人录》《长沙市公安局基础数字汇编》等。至 2000 年，市档案局共编印《长沙档案利用效果 100 例》《长沙市工业企业名优产品录》等 20 种专题材料，计 136.68 万字。同年，浏阳市档案局编印专题材料累计达 35 种。

到 21 世纪，长沙档案系统充分利用馆藏档案的优势，拓展编研领域，直接为社会经济服务。市档案局先后编印《档案法律法规政策文件资料汇编》《档案法律法规标准政策文件资料汇编》《南下入长干部名册（1949—1950）》等资料；2002 年始，市公安档案馆每年编印 1 本《长沙公安年鉴》，每本约 60 万字、300 余帧照片；浏阳市市志档案局编印第六届、第七届《花炮艺术资料汇编》《中国旅游节开幕式文件材料汇编》；岳麓区史志档案局编印《岳麓纪事》《岳麓革命遗址图典》；雨花区史志档案局编印《红军攻打长沙》《改革步履》；开福区史志档案局编印《红色发祥地·开福》；望城史志档案局编印《党委工作纪事》，并派人参加古镇开发，协助编写《靖港史话》《乔江神奇》《陶魂》；长沙县史志档案局编写《长沙县百年风云人物》《沧桑巨变五十年》，和省社科院合作，达成编撰《长沙县通史》协议，其编写提纲于 2012 年审定，进入写作阶段。2012 年，全市 12 个档案馆共有编研资料 546 种 9037.60 万字。其中，市档案馆有编研资料 78 种，计 338 万余字；浏阳市档案馆为最，为 130 种 2039 万字；宁乡、望城、长沙档案馆分别为 1520 万字、1370 万字与 928.6 万字；其他档案馆的编研资料均在 260 万~604 万字之间。

（二）检索工具编制。1988 年，全市 12 个档案馆编制档案检索工具 118 种、1410 卷，其中主要是全宗名册、案卷目录、卷内文件目录、馆藏资料、图书目录、卡片式检索工具档案馆概况、简介、指南等。是年，市公安档案馆制作检索卡片 5787 张、编写文书案卷目录 4 本、业务案卷目录 4 本、重要文件目录 7 本、2876 条。1989 年，完成《长沙市档案馆指南》初稿编写，计 4.50 万字；1991 年，重新研究编目和修改方案，形成 11 万字的《长沙市档案馆指南》（1991 年版）。各县区（郊区）档案馆与专业档案馆均开始进行档案馆指南的编写工作。是年，全市 12 个档案馆累计编制案卷目录 1126、全引目录 612 本，分类目录 1.80 万余条、专题文件目录 403 本、卡片 11.46 万张，重要文件目录 42 本、卡片 3940 张。

1998 年，望城县史志档案局修订编写 20 万字的《望城县档案馆指南》，于 2001 年定稿，计 40 万字，2003 年印刷出版。1999 年，《天心区档案馆指南》成书。其间，长沙、浏阳、雨花、芙蓉等区县（市）档案馆与专业档案馆均对《档案馆指南》进行修订和重新编写。2000 年，市档案馆共有手工检索工具8种1411本（册），卡片2263张；机读目录案卷级1.84万余条、文件级24.85万余条；在手工检索工具中，有叙述式检索工具4种51.90万字，书本式检索工具3种1407本（册），人名检索8种102本，报纸索引5种27本，资料索引6种9本，专题索引6种54本，卡片式索引卡片2263张。同期，区县档案馆和专业档案馆都增加力量加强档案检索工具的编制。

21世纪初，计算机在档案系统的普及推广，计算机检索档案目录量逐年增加，档案检索工具亦由传统的手工检索向计算机检索转化，市档案馆、市城建档案馆、市房产档案馆、市公安档案馆实现计算机档案目录检索，而城建档案馆等三个专业馆利用电脑查阅档案。2012年，全市13个档案馆共有手工目录8376本，其中案卷目录4337本、索引目录2394本、归档目录1645本；机读目录791.72万余条，其中案卷目录312.71万余条、文件目录479.01万余条。市档案馆共有手工目录791.93万余本，其中案卷目录1469本、索引目录203本、归档文件目录391本；机读目录262.25万余条，其中案卷目录13.19万余条、文件目录249.06万余条。

四、信息化建设

（一）档案信息化研发。1989年，长沙市城建档案馆投资18万元购置1台电脑，开启长沙地区档案工作信息化先河。1991年，市档案局引进科技人才，购置电脑，开始进行档案信息化建设。1995年5月，市城建档案馆与湖南省计算机技术研究所共同开发“长沙市地下管线信息管理系统”，1996年通过省级鉴定；11月，开发“触摸自动查询档案系统”并投入使用；1997年，引进“地理信息系统”软件，开发“长沙市地下管线查询管理系统”“长沙市地下管线网管理信息系统”，馆藏档案全部实现计算机检索查询。1995年，市房地产档案馆应用建设部计算机软件，建立全市房屋产权人和房屋信息数据库；1996年市档案局与北京金盘电子有限公司联合开发的“档案馆多媒体光盘管理系统”和“机关档案室文档一体化管理系统”，于1997年分别在市档案馆、长沙县、望城县、天心区档案馆和市人民银行、工商银行、省轻工业总公司档案室推行。1997年投资20万元开发“产权产籍及市场计算机管理单位”软件并通过省级鉴定投入运行。是年，市公安档案馆落实湖南省公安厅和省档案局《关于认真贯彻执行〈湖南省公安机关档案工作规范办法（试行）有关问题的通知〉》，档案信息化迈出重大步伐，1999年购置电脑、服务器，采用公安档案管理软件，对1995年以来的文书档案输入计算机进行目录检索。至2000年，市档案馆累计录入目录27.5万条，扫描档案3万多页；全市有10个档案馆采用计算机管理档案，共录入目录35万余条。

2002年4月，市房地产档案馆开发“房屋产权产籍电子档案管理信息系统”，扫描库存档案40多万卷、文件图片892万张，建立1个电子档案馆，实现无纸化办公。2004年在市房地产档案馆召开“长沙市档案信息建设研讨会”，推进全市档案信息化工作。是年，芙蓉区档案信息化建设被定为全省档案信息化试点单位。2005年5月，市城建档案馆启动“长沙市城市地下管线信息化工程”；2008年12月，完成地下管线地理信息的采集与系统集成；2009年项目投入试运行；2012年11月，累计完成投资3370万元，录入地下管线信息量1.6万千米，完成“地下管线地理信息系统”的建设；对馆藏的50多万卷档案全部进行扫描，完成“城建档案业务管理系统”“声像档案媒质管理系统”“城建档案数字化系统”的建设；实现档案查阅利用全数字化和城市地下管线信息的实时更新和动态管理，成为领跑全国的数字化档案馆。

（二）档案网站建设。2005年，开通长沙公共档案网站，在天心区、岳麓区及浏阳市、长沙县档案部门推广安装5套世纪科怡档案管理软件。同年，长沙市发布《长沙市档案信息化建设实施意见》，以长沙市数字档案馆为龙头，全面推进档案信息化建设。2006 年始，实行电子文件与纸质文件“四同步”(归档、整理、著录、利用)，全面开展机关电子文件的收集、归档、移交、管理和利用工作。依托电子政务网，建立归档电子文件接收、管理、利用网络数字文件中心。2007 年 5 月，国家档案局立项“长沙市数字档案馆室整体建设项目一期工程”，2008 年 6 月，购置一批软件、硬件设备，在市人大、岳麓区、长沙县等单位进行试点；长沙县档案馆率先在全省实施数字档案一体化管理，县直机关 96 个单位及乡镇实现网上在线归档和档案信息资源共享。是年，进一步做好市电子文件中心数据归档系统的升级完善，开发“长沙市电子文件中心数据查询系统”，在市档案馆查阅大厅和市政务大厅档案查阅投入使用。至 2009 年 7 月，一期工程全面验收并进行二期工程申报。同期，市、区县、（市）各综合档案馆加快馆藏档案数字化工作进程；形成《长沙市数字档案备份方案设计》与《长沙市档案局（馆）数据异地备份制度》，并与贵阳市档案局合作，市、区县（市）档案馆均实施档案异地备份；市城建档案馆与沈阳市档案馆也进行档案异地备份。2011 年，启动二期工程。2012 年完成市档案馆与开福区档案馆档案目录数据整合，实现档案数据的跨区、县查询；完成“长沙电子文件中心档案数据查询系统深度开发项目”验收。年底，市档案馆目录数据 330 多万条，扫描原文 600 多万页。各区县（市）档案信息化工作在同步展开，雨花区档案馆馆藏档案目录数字化率 100%。

第三节　开发利用

一、档案查阅

1988 年，市、区县（郊区）档案馆与各专业档案馆均设有档案接待查阅室，接待查阅者，为领导决策、编史修志、落实政策、调解纠纷、科学研究、经济发展、涉外事务等各项工作服务。是年，市档案馆接待档案查阅者 3258 人次，提供利用档案 1.23 万余卷次、资料 271 册，复印档案资料 1.69 万余页，摘抄 1749 页，为 104 名人员的历史问题澄清事实，为 51 位来访学龄、工龄、工资问题出具证明。是年，美籍华人刘庭芳要求为其在长沙市房屋落实政策，档案馆向他提供原始凭据，有关部门按政策退还人民币 6 万元，刘庭芳很感激，回国后特邀请长沙市花鼓戏剧团访美，表达他的感激之情。1989 年，市城建档案馆为修建湘江二桥提供长沙段的湘江横断面图、湘江浅滩图、20 世纪 50 年代长沙地质图、地质钻探图、1910—1955 年长沙水位情况等大量图纸和文件资料，为国家节约经费 84 万余元。各综合档案馆热情为编修地方志服务，长沙县档案馆最多时一天接待修志人员近百人，望城县在馆内走廊安排桌椅供修志人员查抄资料。

1991 年，全市 12 个档案馆共接待查阅档案者 9019 人次，提供档案 3.37 万余卷次，摘抄复印资料 4.43 万页。1997 年，市公安档案馆为打击经济犯罪提供 1600 多份档案材料；雨花区档案馆为长沙市联运公司编写企业志提供 280 多条重要史料。1998 年 9 月，宁乡县档案馆接待了清提督、待命总领汤寿吾的曾孙汤仲圣，他从古籍中查到汤寿吾的《讣闻 》后，专程将汤寿吾做官时的照片和官帽上的冠顶交给档案馆保存。1999 年 3 月，市畜牧农场到天心区档案馆查找土地红线图，不但妥善处理与市工读学校的边界纠纷，而且收回部分土地，并获得 60 万元的补偿。2000 年，全市 13 个档案馆共接待查档人员 1.64 万人次，利用档案 2.4 万卷次。其中市房地产档案馆平均每天接待 30 多人次，为五一路扩建等重点工程和房改清房工作提供产权数据。

进入 21 世纪，档案信息化建设加强。市城建档案馆、房产档案馆、公安档案馆的档案均进行数字化处理，采用电脑查阅档案，档案的查阅利用更加迅捷。2003 年 8 月 31 日，通过“331”比对系统与指纹档案进行检索比对，很快将一起入室抢劫杀人的恶性袭警案件告破。2007 年 10 月，市档案馆新馆建成投入使用，在档案馆二楼设置查阅大厅，面积 200 平方米，配有电子触摸屏、电脑终端，能同时容纳 100 多人查阅档案。与此同时，各区县（市）档案馆均改善档案查阅条件，加快档案数字化进程，档案查阅更加便捷。

2012 年，望城区档案馆查阅大量的档案资料，确保辖区内 49 名“雷锋之星”于 2012 年 2 月 29 日如期进行表彰。同年 11 月，芙蓉区档案馆为原下放常德东山峰农场老知识青年编写知青名录，广泛查阅 20 多本档案，帮助提供信息线索。1988—2012 年，全区 12 个档案馆 25 年以来，共接待档案查阅利用者 34.03 万人次，利用档案 87.53 万卷次，复制档案材料 149.40 万页，解决问题 26.82 万个。其中市档案馆接待 2.87 万人次，利用档案 9.38 万卷次。

二、信息公开

1988 年，市档案局、馆和县区、郊区档案局、馆根据《档案法》《档案法实施办法》的有关规定，组织专人，开展开放历史档案的筹备工作，对馆藏的明清时期档案、民国时期档案、革命历史档案及中华人民共和国时期形成满 30 年的档案制定分期开放的规划，对首批开放的历史档案进行鉴定、整理、编目、复制。是年，市档案馆有 6 个全宗 776 卷档案对外开放，其中复制件 39 卷。1990 年，在原开放档案的基础上，对应开放的历史档案进行鉴定、整理、编目并全部对外开放，共计 9423 卷。中华人民共和国成立后档案已向社会开放 1343 卷。各综合档案馆均按照相关规定派员进行鉴定、整理，开放档案。

2004 年，召开“长沙市档案信息建设研讨会”，是年芙蓉区档案信息化建设被定为全省档案信息化试点单位，望城县史志档案局、浏阳市市志档案局在政务网上设立档案信息网页，市城建档案馆在互联网上设立网页并与建设部网站联网，定期向相关部门提供信息。是年，长沙地区成立“现行文件资料利用中心”，浏阳市、长沙县分别在档案馆、政务中心设立“现行文件资料中心”。

2007 年 4 月 5 日，国务院颁布《中华人民共和国政府信息公开条例》。2008 年 10 月 1 日，出台《长沙市政府信息公开制度》，11 月 16 日，发布《关于设立“长沙市政府信息公开查阅中心”的通知》，并在市档案馆挂牌对外进行政府信息公开。2009 年元月，“市信息公开查阅中心”在市政务中心设立窗口进行接待。2010 年 11 月 24 日，发布《关于进一步做好提供主动公开政府信息工作的通知》，信息查阅中心由一个小窗口升级为拥有使用面积 150 平方米，分设纸质文件查阅、电子文件查阅、风采展示、文件资料阅览 4 个功能区的市政府信息查阅中心。

2011 年，市政府信息查阅中心接收 72 个单位报送的公开政府信息供公众查阅，实行“一站式”服务。内容涉及政治、经济、土地征拆、劳动保障、就业等诸多方面，受到社会公众的广泛欢迎，满意率 100%。是年接待服务 1.69 万余人次，并推出电话查阅、信函查阅 、预约查阅等人性化服务方式，同时，在长沙市档案信息网站上设置市政府信息查阅栏目，进一步方便群众。是年 4 月 2 日，省委书记周强在省委常委、省委秘书长杨泰波和省委常委、市委书记陈润儿等领导的陪同下视察市政府信息中心，查看信息服务的文件资料，查阅登记表，询问查阅情况，充分肯定档案部门开展政府信息公开工作的成绩。

2012 年年底，信息查阅中心共接收主动公开政府信息纸质文件 176 份，电子文件 735 份，编研资料 203 册。信息查阅系统可向公众提供 6000 余条政府信息和编研资料电子目录，1.25 万余页原文扫描的计算机自助查阅，共接待档案查阅 2.73 万余人次，受理 125 人次政府信息，查阅政府信息 214 人次，接待领导视察和外省市参观学习交流 19 批次。

三、举办展览

20世纪90年代后，长沙地区档案部门发挥馆藏档案的优势，举办展览，进行资政、育人。1993年1月，长沙市郊区档案馆利用馆藏档案资料，举办《一代元戎——萧劲光生平事迹图片展》，展出历史图片202幅，组织区直机关干部和中小学生参观，进行爱国主义教育。同年，宁乡县档案局与刘少奇纪念馆联合举办《古今档案珍品展》，展出珍品209件。1997年11月，中国城科会历史文化名城委员会主办、长沙市档案局承办、长沙市政府协办的《中国历史文化名城风采展》在市档案馆展出，全国50个历史文化名城参展，展出照片近千张，一个月接待观众千余人次。是年，宁乡县文史档案局开发馆藏的名人档案，与刘少奇纪念馆联合举办《宁乡四髯陈列》专馆，展出200多件珍贵档案，向人们展现“宁乡四髯”光辉而伟大的一生。是年，建设部为纪念《中华人民共和国档案法》颁布实施10周年，在北京军事博物馆举办“’98城市档案建设事业成果展暨档案管理新设备新技术展示交流会”，湖南展厅由长沙市城建档案馆承办，多媒体展示、旋转式芙蓉灯箱使湖南展厅成为人气最旺的展厅，获得建设部“最佳组织奖”和“优秀设计奖”。

2001年，望城县史志档案局与党史联络小组联合主办《光辉的历程展览室》在县档案馆展出。2005年10月，全国政协委员、国家档案局原副局长刘国能参观时称赞：“展览办得好，既利用了历史档案，又为现实服务，起到了资政、育人的作用。”

2009年，市档案局举办《腾飞的长沙——中华人民共和国成立60周年经济社会成就展览》，用档案述说长沙发展变化的历程。2011年，望城区史志档案局与区委党史联络组创办《光辉的历程》党史展览馆，至2012年年底，已接待观众3.8万余人次，多家新闻媒体多次进行专题采访报道。

四、摄制影片

20世纪80年代后期，利用档案资料摄制电视影片，将档案资料通过影视让人们接受启迪和教育。1988年，郊区党委、政府投资，郊区档案局提供档案资料由潇湘电影制片厂拍摄4集电视连续剧《复仇大队》，反映大革命时期长沙农民运动，由中央电视台二台首映。1991年，制作《星沙史迹》，对长沙市档案馆进行全面介绍。市郊区档案局与文化局联合摄制电视片《兰台女》。1996年，郊区史志档案局与郊区广播电视台联合摄制《珍惜郊史，再造辉煌》电视片。1998年，望城史志档案局与县广播电台合作，摄制《历史的辉煌——望城档案事业综述》。

2000年，市城建档案馆依托城建声像档案工作，建立声像工作室，先后拍摄制作《为了城市的美丽》《长沙，活力与希望》《长沙城市建设三年大变样》等60部电视片。芙蓉区史志档案局拍摄《吴邦国副总理视察五里牌社区》《美丽长沙芙蓉商务节》《长沙晓园数码城灭火纪实》等纪实片，珍藏历史资料。2007年，雨花区史志档案局制作《兰台新篇》的电视片，展现雨花区档案事业成就。

2010年，望城县史志档案局与县广播电视体育局联合摄制《密电风云》《雷锋在望城》《望城水利》3部党史口述史电视片。

五、媒体宣传

1988年《档案法》实施后，档案部门与宣传部门合作，利用广播电台、电视、报纸等新闻媒体，在宣传《档案法》的同时，挖掘档案资料，让档案向人们展示鲜为人知的史实，肩负起资政、育人的作用。

2009年8月25日，长沙市档案局与长沙晚报社合作，在《长沙晚报》上推出《向祖国汇报·档案长沙》大型专题报道，重温长沙60年来的成长故事。分别以《长沙从一千元银元起家》《解密长沙首个城市规划》《解放之初长沙职工工资发大米》《长沙公交从烧木炭开始起步》《当年，吃穿用样样凭票》

《一座老屋与三份房产凭证》《长沙（过河）的那些故事》《老家什隐退之后……》等9个题目，从8月25日至9月27日，分9天每天一个专版，用“一卷卷档案，一页页故纸，铭记着岁月沧桑，展现着历风云，述说着长沙巨变”。

第四节 档案管理

一、依法治档

（一）档案立法。1988年1月1日后，长沙地区档案工作依据国家《中华人民共和国档案法》（以下简称《档案法》）、《湖南省档案管理条例》管理档案工作，根据长沙地区的实际情况，制定颁布相关的档案工作法规条例。

2004年1月，长沙市11位人大代表在长沙市第十二届人大二次会议上联名提交《关于制定〈长沙市城市地下管线工程档案管理条例〉》的议案后，召开30多次调研和征求意见会议，专程赴兄弟省市进行考察，对条例文本进行30多次修改。10月27日，出台《长沙市城市地下管线工程档案管理条例》。

2010年6月30日，出台《长沙市城市建设档案管理条例》。

2012年，《长沙市档案管理条例（初稿）》完成。

（二）档案法规宣传。1988年，《档案法》颁布一周年之际，长沙市召开《档案法》报告会；在《长沙晚报》上刊载文章，深入学习贯彻《档案法》；三次召开区县（郊区）档案局、馆长会议，部署学习宣传、贯彻实施《档案法》事宜；深入望城、西区等9个单位宣讲《档案法》。尔后，每年都以各种形式宣传学习《档案法》。1991年，全市举办学习班、宣传栏，开展《兰台之歌》歌词征文活动；郊区、长沙县、望城县举办《兰台之歌》演讲赛。1995年，开展《档案法》知识上街宣传活动，在五一路设立宣传站，散发《档案法》宣传资料。1997年，组织1万人参加全省《档案法》知识竞赛活动，长沙市荣获二等奖。区县（市）召开《档案法》知识讲座，举办展览，悬挂横幅，组织电视专题采访活动。

2002年，开展《档案法》宣传月活动，形式多样，活动面广，氛围浓郁。其中，长沙县在机关、乡镇组织专题学习《档案法》93场次，2100多人参加学习，县电视台播放123次；雨花区组织实施宣传月活动，增强全民的档案意识。是年，天心区将《档案法》列入“四五”普法教育的内容，制定《天心区档案系统“四五”法制宣传教育规划》。

2007年9月5日，召开专题会议纪念《档案法》颁布20周年，开展广场文艺活动，以照片展览、知识抢答、电视广播等多种形式宣传普及《档案法》。全市1341人参加知识抢答赛，在市区悬挂气球25个，摆设展板30块。

2012年，举办首次“长沙市档案法律法规及业务知识竞赛”，市直机关、企事业单位与各区县（市）档案部门认真组织、积极参赛。通过初赛和决赛，20多支队伍角逐产生名次，宁乡县档案局代表队获得第一名。

（三）档案执法检查。1988年1月1日《档案法》实施以后，国家、省、市、区（县）开展档案工作执法检查，进一步贯彻落实《档案法》。12月13日，国家档案局局长冯子直、全国人大法工委办主任张世城等中央执法检查组一行5人到长沙市检查《档案法》贯彻执行情况。其后，逐年以不同形式在市、区县及基层开展档案工作执法检查。

1991年，制定《开展档案虫霉检查和执法检查的通知与自查登记表》，开展自查和抽查，并对严重违法案件进行查处。是年，宁乡县政府对宁乡第三中学违法销毁会计档案的行为发出通报；长沙大学对档案室丢失文件的行为进行查处；市档案局对人民银行长沙分行档案被毁一事查处后向省档案局进行汇报。1993年，市、县与郊区档案局建立档案法制监督机构或设立专干，组建105人的档案法制监督队伍，依法检查300多个单位，查处68起严重违法行为。1994年，全市11个档案局（馆）组织人员13次对758个单位进行执法检查，纠正违法行为。

2000年，加强档案行政执法队伍建设，组建10名档案行政执法监督员、48名档案行政执法员、100名档案行政执法联络员队伍，并进行培训，颁发证书，执证上岗。对全市611个单位开展执法检查，针对存在的问题发出244份督促整改通知书。2003年8月6日，国家档案局副局长冯鹤旺率全国档案行政执法组一行四人到长沙市城建档案馆执法检查。2004年，对46个市直机关企业事业单位进行历时两个月的调查研究，并写出调查报告，同时，要求各区县（市）档案局进一步做好此项工作。2007年，全市组织档案行政执法工作组，分46次对315个单位进行检查，采取“一听、二看、三评”（听负责人汇报，查看档案室，按要求进行评议）的办法，对存在问题的单位填写档案行政执法通知书，由单位领导签出整改措施，14家单位整改到位。

2011年，在继续开展执法检查的同时，建立健全市、区、县（市）两级执法人员队伍联合、交叉执法的机制。执法人员通过法制部门资格考试后“持证上岗”，提高执法力度和效率。2012年，对56个市直机关单位档案工作进行联合专项检查，依据细则进行综合测评，其结果由市督查室以通报形式予以通报。区县（市）均在年底对档案工作开展常态化的执法检查。

二、档案规范管理

（一）档案目标管理。1988年，长沙地区档案行政管理部门依据职能，加强对全市档案工作的管理。全市继续开展对区县（郊区）综合档案馆与专业档案馆和档案室“上等级”活动。是年，市档案馆、宁乡县档案馆被定为省三级档案馆，长沙县档案馆定为四级档案馆；16个单位档案室被定为省二级档案室，12个单位档案室被定为省三级档案室。1989年，市公安档案馆定为省三级档案馆。1991年长沙市档案馆、长沙县档案馆分别晋升为省二级和三级档案馆。其间，市、区县直属机关单位的档案室与区、乡镇机关档案室和企业单位、科技单位的档案室“达标升级”活动稳步推进。

1991年3月，举办全市区、县直机关档案干部学习班，贯彻落实国家档案局《机关档案业务规范》。1993年，全市档案馆、室达标升级累计879个，市、区县直机关档案室60%达标，区、乡镇机关档案室上等级的占70%。

1994年开展“双百佳”（“百佳”单位、“百佳”个人）竞赛评比活动，10月下旬召开总结表彰大会，对112个单位授予“长沙市档案工作先进单位”称号，对106名先进个人授予“长沙市先进档案工作者”称号。1995年，在市直机关100个单位开展档案评比赛卷活动，37个单位评为优胜单位，56个单位合格；对于不合格单位督促整改、复查，并就赛卷活动专门发出通报。是年，国家档案局副局长刘国能及省档案局目标管理考核检查组到长沙市档案局、馆进行指导、考核，对长沙市档案工作与档案目标管理工作给予充分肯定。是年，长沙市档案局被评为“八五”时期“湖南省档案工作先进单位”。是年，长沙市房地产档案馆成立，翌年被定为省三级档案馆。1996年，贯彻国家档案局、省档案局关于开展企业档案工作目标管理试点和乡镇建立档案馆试点工作的精神，省档案局分别在长沙汽车电器总厂、雨花区雨花亭乡召开全省企业档案工作目标管理现场会和乡镇建档案馆现场会，将两地经验向全省推介。是年，长沙县档案馆晋升为省二级档案馆，浏阳市、雨花区、岳麓区档案馆均晋升为省三级档案馆，天心区、芙蓉区档案馆被定为省四级档案馆。全市137个单位档案室定级升级。其中：省一级7个，省二级59个，省三级71个；市直机关和区县直机关干部单位档案室累计定级升级459个，定级升级率80%；130个乡、镇、场机关档案室累计定级升级105个，定级升级率80%。至1996年，全市公安机关87个单位档案室均定级达标，其中省一级11个、省二级62个、省三级14个。

1997年，对区县（市）档案局、馆和专业档案馆实行档案工作目标管理，继续开展档案馆、室定级升级活动，在企业开展档案工作目标认证工作。年内4次召开专门会议，部署督促落实档案目标管理，12月集中组织考核。省建委在长沙市城建档案馆召开全省城建档案工作现场经验交流会，市城建档案馆被国家建设部评为“1997年档案工作先进单位”。是年，市城建档案馆、市房地产档案馆均晋升为省一级档案馆。市、区县（市）直机关一级机构档案室定级的523个（应定级单位554个）；132个乡镇机关均建立联合档案室，已定级的123个，其中长沙、望城两县乡镇档案室定级面达到100%。

1998年10月20日，望城县档案馆晋升为省一级档案馆；12月8日，长沙市档案馆晋升为全省第一个省一级的地市级国家综合档案馆。1999年2月，市公安档案馆被评定为全省公安规范化管理一级单位；是年，岳麓区档案馆晋升为省一级综合档案馆。1999年，长沙市档案局被评为“九五”期间“全国档案系统先进集体”，被省档案局授予“1999年全省档案工作目标管理先进集体”。2001年，浏阳市档案馆晋升为省二级档案馆。其间，机关单位与乡镇档案室的定级升级工作继续进行，企业档案室的定级达标工作根据上级指示精神而停止。

2002年，发布《关于切实加强档案管理的若干意见》，将档案事业的发展纳入市直机关与区县（市）年度考核目标体系，各区县（市）和专业档案馆亦遵照执行，并进行认真考核。是年，市房产档案馆晋升为国家二级档案馆，芙蓉区档案馆晋升为省二级档案馆。2003年12月，开福区档案馆定为省一级档案馆。2004年，制定《2004年长沙市档案工作目标管理考核方案》，将千分制改为百分制，突出基础工作、重点工作与特色工作，加强对全市档案工作的宏观管理。是年，长沙市城建档案馆晋升为国家一级档案馆；浏阳市档案馆晋升为省一级档案馆；20个机关单位达到档案工目标管理省一级。翌年，长沙县档案馆、芙蓉区档案馆分别晋升为省一级档案馆。长沙市地税三分局、中国银联公司长沙分公司、宁乡县人民医院、宁乡县国土资源局档案室（馆）晋升为省一级档案室（馆）。

2005年，长沙市启动档案管理模式改革，按照文件与档案管理一体化的趋势，依托电子政务网络，在全市机关事业单位建立数字档案室，集中统一管理全市党政机关事业单位形成的传统载体档案和电子文件。翌年在市商务局、市旅游局、市委宣传部、市广播电视局等单位进行试点。随后，在市人大、市交通局、市公用事业局、市人事局等市直机关单位进行推行。

2006年，制定《长沙市2006年区县（市）史志档案局及各专业档案馆档案工作综合考评办法》，并将长沙市档案事业发展“十一五”规划第一次列入长沙市“十一五”发展专项规划编制。2007年，市档案局制定《2007年度区县（市）、专业档案馆（室）工作考核目标及细则》。是年，全市投入近千万元，建设市直机关、企业单位示范工程档案馆（室），档案部门派员指导建设高标准档案馆（室）95个，其中省特级档案馆一个，省特级档案工作规范化管理工作单位16个，省一级档案工规范化管理单位68个，省二级档案工作规范化管理单位10个。是年，雨花区档案馆的档案管理达到档案目标管理省特级，成为全省第一个城区省特级档案馆。同年，长沙市档案局被省人事厅、省档案局评为“2004—2007年度全省档案工作先进集体”。

2008年6月，长沙市档案馆晋升为国家一级档案馆。是年，雨花区、芙蓉区档案馆均晋升为国家二级档案馆。尔后，继续开展创建档案规范管理，提升全市档案馆、室管理工作水平。2011年，长沙县国土资源局等8家单位创建档案规范化管理省特级并通过验收，对芙蓉区地税局等15家省特级单位进行复查；至年底，全市共有105家机关企事业单位通过档案管理评估，其中：28家单位档案室达到省特级，59家单位档案室达到省一级，18家单位档案室达到省二级。2012年，全市公安机关213个档案室上省公安档案规范管理等级的155个，居全省14个市（州）榜首。是年，全市13个综合档案馆与专业档案馆中，国家一级的2个，国家二级的3个，省特级与省一级的6个，省二级的1个，省三级的1个。

（二）企业档案管理。1988年，依据《科技档案工作条例》，企业建立科技文件、图纸、材料立卷、归档的制度，将档案的保管、保密、查阅工作列入主管领导、工程技术人员、有关科室岗位职责与企业发展和管理计划。同时，继续开展企业档案管理“上等级”工作。是年，湖南日用化工总厂、湖南橡胶厂、市邮政局、南区建筑工程公司、长沙县湘绣厂、浏阳县药材公司、宁乡县水泥厂等27个企业步入档案管理省级先进行列。

1989年11月，召开全市企业档案工作会议，部对企业档案“上等级”工作。是年，长沙玻璃纤维总厂等25个企业档案管理达到省级先进，宁乡县饲料厂等4个单位达到市级先进。1990年，全市共有35个单位达标。1991年，召开全市企业档案上等级现场会，东区、西区、北区的部分区、街道企业档案室相继达到省级先进标准；长沙县果园汽车改装厂、果园交通机械厂档案管理工作由省级先进工作晋升为国家二级，在全省名列乡镇企业档案管理榜首；长沙卷烟厂、长沙电泵厂、长沙电冰箱厂档案管理工作晋升为国家一级，填补长沙市的空白。是年，望城坪塘氧化铁颜料厂档案室达到省级先进，成为长沙市第三个省级先进的乡镇企业。

1992年，贯彻国家档案局《关于企业档案分类试行规则》和省档案局《关于企业档案分类试行规则的实施办法》，举办3期企业档案员培训班。1995年，167家国有和县级以上科技事业单位90%实现档案综合管理，市公交总公司新建档案馆，3个企业档案室定级升级。其中国家二级的档案室1个。1996年，贯彻国家档案局和省档案局关于开展企业档案工作目标管理试点会议精神，全面推进企业档案工作目标管理。8月23日，省档案局在长沙汽车电器总厂召开全省企业档案工作目标管理现场会，向全省推介长沙的经验。是年，市公交总公司的企业档案工作目标管理也开展试点。市档案局对富丽华、中意等合资企业的档案工作开展指导，帮助建立档案工作规章制度。是年，企业累计定级升级151个，其中国家一级的2个，国家二级的10个。

1998年，贯彻执行《国有企业资产产权变动档案处置暂行办法》，对全市233家市属工业企业进行摸底调查，指导和督促长沙印染厂、长沙纺织厂等20多家破产、兼并、改制、停产企业做好企业资产产权变动档案的处置和管理工作；指导长沙联营公司等2家企业定为企业档案目标管理省级先进单位。是年，加强乡镇企业的建档工作；年内40家年产值逾千万元以上的乡镇企业建立综合档案室。2000年，改进对企业单位档案工作的指导，对实施投资主体多元化改造的20多家国有企业档案管理工作进行调查，指导10家列入市政府重点扶持企业的档案工作，帮助24个资产和产权变动单位做好档案处置工作。全年有长沙市燃气公司等5家企业的档案目标管理考核达到省先进标准。

2001年，对拟实行破产、兼并的锦纶厂、二纺厂等4家企业进行重点指导。2003年，发布《关于进一步加强我市资产与产权变动国有企业档案处置工作的意见》，妥善解决改制企业档案处置的部分经费，确保档案安全。2004年，制定《国有企业文件材料归档办法》，完善企业资产与产权变动档案处置办法。

2004年，国家档案局在远大空调、威胜电子、深湘机械三家民营企业调查，为加强民营企业档案管理提供依据。2007年，转发湖南省《关于促进民营企业档案工作发展的意见》，加强民营企业档案的规范管理，动员有条件的民营企业开展档案数字化工作。是年，长沙安邦制药有限公司、海通证券公司、泰康人寿保险公司湖南分公司、浏阳市正辉纺织有限公司的档案室进行规范、统一、科学管理。2008年，青鸟啤酒（宁乡）公司档案室晋升为省一级。

2010年，开展《企业档案工作规范》宣传，7家企业完成建档和处置工作，监督指导已破产和改制企业进行档案的规范化管理，接收破产企业档案进馆。其中市档案馆接收7家企业4619卷档案。2011年，加大企业特别是新经济组织的档案管理规范工作，处置长沙橡胶厂等13家国有破产企业与改制企业档案，接收档案1.03万余卷（册）。区县（市）国家综合档案馆均对改制企业与破产企业承包的档案进行接收与代管。确保全市破产企业承包与改制企业承包档案的处置和流向合理规范。

2012年，全市有企业2856家，建有档案室2798个，配置专职或兼职档案工作人员2798人。

（三）农业农村档案管理。20世纪80年代后期，长沙地区农业农村档案工作的重点是开展乡镇机关与乡镇企业建档与档案室“上等级”工作。1991年8月，召开乡镇“上等级”经验交流会。是年，四县和郊区有33个乡镇和1个乡企业的档案室定级升级，其中长沙县有23个区、乡镇档案室达标升级，占区、乡镇总数的46%；望城县有13个区、乡镇机关档案室和1个乡企业档案室上等达标，占区、乡镇总数的30%；全市18个村建立档案室；3个乡镇企业档案室晋升为国家二级与省级先进。

1996年8月24日，省档案局在长沙市雨花区雨花亭乡召开全省乡镇建档案馆现场会，其经验在全省推广。是年，长沙县安沙镇、浏阳市淳口乡、望城县莲花镇开展乡镇建立档案馆试点成功。翌年，望城高塘岭镇又建立高标准档案馆，宁乡县、浏阳市乡镇建立健全档案馆试点工作全面推开。全市132个乡镇均建立联合档案室，定级达标的123个，长沙、望城两县乡镇档案室全部定级。

1998年，继续开展乡镇档案室的定级升级与档案馆的建立健全、村综合档案室与年总产值1000万元以上乡镇企业档案室的建立。全市122个乡镇定级达标的118个，其中省二级以上乡镇档案室67个；长沙县、望城县、浏阳市、芙蓉区、雨花区、岳麓区、天心区乡镇档案室定级100%。年内，乡镇档案馆累计达到5个；村综合档案室达到151个；40个年总产值1000万元以上的乡镇企业建立综合档案室。1999年11月，长江流域10省、市农业农村档案工作经验交流会将望城高塘岭镇档案馆作为现场，国家档案局刘国能副局长等10省、市档案局领导前往参观、指导。2000年，全市农村档案室的档案数量增加；各乡镇农技站都建立档案室。2001年，全市有696个村建立档案室。同期，加强社区档案工作，做好土地承包、农业农村经济结构调整、农业产业化经营、农村税费改革等档案工作。2002年，与涉农部门配合，新建乡镇档案馆、完善400个村档案室、开展农业科技信息网络建设试点工作和专业户、科技示范户档案的收集整理工作，加强对农村土地延包档案的管理。2004年，长沙县制定《长沙县民营企业档案工作管理办法（草案）》和《长沙县社区档案工作管理办法（草案）》。是年，天心区的城区档案工作试点取得长足进展，坡子街街道办事处下辖6个社区全部建立档案室。

2007年，开展建档和档案的收集、整理、开发，全市3000多个村和社区基本完成建档工作。同时，将涉及民生的婚姻档案、土地承包档案、山林权属档案、知青档案、公证档案接收进馆，直接为人民群众服务。2010年，开福区、长沙县史志档案局开展的家庭档案试点工作成效显著。是年10月7日的《中国档案报》对长沙县的家庭建档工作配置图片给予报道和肯定。

2012年，在浏阳市社港镇和开福区四方坪街道进行民生档案服务社会管理创新试点，重点指导做好民生档案的收集、整理、保管和利用，确保民生档案的完整与安全。年底，两单位被确定为“长沙市民生档案服务社会管理创新示范单位”。同期，制定《家庭建档的收集范围和保管整理办法》，在长沙县湘龙社区、开福区四方坪街道黑石渡社区、天心区馨园社区进行家庭档案工作试点，推动农业农村与社区服务档案工作发展。2012 年，全市 180 个乡镇、街道均建立档案室；2636 个村、社区，建立档案室的有 2500 个。乡镇、街道和村、社区配备档案人员 2705 人。

（四）重点工程档案管理。1988 年，加强全市重点工程档案的管理、指导与监督，参与湘江北大桥、芙蓉路、炼制气站、黄花机场、五水厂五大工程的档案检查。

20 世纪 90 年代初期，随着改革开放的深入推进，重点工程项目增多。1993 年，长沙市城建档案馆对市五水厂、芙蓉路工程等 15 项重点工程跟踪摄像、参与验收。1995 年，市档案局加强湘江二桥、环线、长石铁路、319 国道、白沙立交桥等重点工程档案的指导，使其规范管理。1996 年，发布《长沙市建设工程竣工档案管理》《关于统一全市建设工程竣工档案归档整理标准的通知》等文件，强化城建档案特别是重点工程档案的宏观管理，适时检查督促，使重点工程建设与档案工作同步进行。是年 8 月，召开“长沙市重点工程、高层建筑工程档案工作大会”，加大全市重点工程档案管理力度，使全市 46 项重点工程档案、资料管理更加规范。与此同时，高开、星沙、长沙、望城坡、浏永等经济开发区的档案工作的整章建制完成；富丽华、中意等合资企业的档案规章制度建立；各区县（市）重点工程开展建档工作。

进入 21 世纪，对重大活动、重大会议的档案管理工作。2001 年，国道 319、107 线开展长沙市绕城公路西北段工程竣工档案专项验收。2003 年，制定《长沙市重要会议、重大活动和重点建设项目档案管理办法》，确定重要会议、重大活动、重点工程建设项目档案的管理范围，有关部门和单位承担的权利、义务以及市档案局的监督管理职能，确保重要会议、重大活动、重点工程档案的安全与完整。开展行政执法，对韶山路扩改工程七个标段的工程档案整理情况进行监督；加强与第五届全国城市运动会筹备办公室联系，协助做好重要会议档案的收集整理；对市统计人口普查档案和市禽流感防治档案的收集、管理进行监督。是年，浏阳市发布《关于印发〈浏阳市重点建设项目档案管理验收办法〉的通知》，登记 41 个重点建设项目，对浏永高速等 4 条道路、欧阳予倩大剧院、污水处理厂等 15 个重点工程提前介入、跟踪指导。尔后，重点工程档案管理工作不断加强和完善。2009 年，以“五城会”工程建设指挥部和湘江长沙综合水利枢纽工程档案管理为示范，探索重点建设项目档案全程档案管理服务模式。

2012 年，完成重点建设项目档案登记，依据《长沙市城乡建设档案管理条例》，开展重点建设项目档案的检查，使全市重点工程建设的档案管理日趋完善和规范。是年，国家档案局对湖南省区域内重点建设项目档案工作检查，长沙市对轨道交通集团公司和轨道交通二号线一期工程各参建单位进行检查，签发整改通知书 18 份；5 月 21 日，国家档案局李和平副局长一行 10 人在省档案局胡振荣局长陪同下检查 2 号线工程，对轨道交通公司重视项目档案工作、采取多种措施加强档案管理的做法予以充分的肯定和高度评价。

三、档案业务培训

1988 年，市档案局、浏阳县档案局受省、市电大委托开办的长沙市首届半脱产电大档案专业班共 91 名学员毕业。长沙市韭菜园业余学校举办的 4 个档案专业班，计 170 名学员毕业。是年，电大新办两期三个月的档案教育中训班与一期 5 天的短训班。同时，全市举办各种档案培训班，培训上千人。翌年，全市 12 个档案局、馆培训学员 1856 人。

1991年6月，举办首次高等教育档案专业自学考试培训班，招收学员86名，开设《中国档案事业史》《文书档案管理学》《档案馆学》课程；市、区县档案部门举办31期短期培训班，培训学员1036人次。1993年，全市150名档案干部参加全国继续教育统考，全部合格；是年，举办2期岗位培训班、51期档案业务短期培训班，共培训学员1845人。1994年与省档案局一道进行岗位培训和自考社会办学考核，被评为合格单位。是年，市档案局被评为全省“档案人员岗位培训先进单位”与市“社会助学先进单位”。

20世纪90年代中期，随着计算机的普及推广，相继举办微机培训班。1995年，培训学员61人。翌年，各区、县（市）档案局、馆人员先后参加电脑培训学习。1998年，首次开设档案专业独立本科自考班，市档案局与浏阳市市志档案局各办一个班，共104人报考入学。是年，全市举办档案短期业务培训班39期，1497人参加培训，其中7人参加省档案局的培训。

2000年，档案教育在继续加强业务素质提高的同时，突出新技术、新知识的学习培训。全年举办岗位培训班4期，计算机应用管理学习班2期，《中华人民共和国档案法》《湖南省档案管理条例》等法规知识学习班1期，档案业务短训班15期。是年，国家档案局颁发《归档文件整理规范》，进行文书档案改革，翌年开展相关培训。

2005年，发布《关于加强档案教育培训制度化工作的通知》《长沙市档案管理岗位资格证书规定》等7个文件。2007年，推行“档案管理模式改革”，市、区县（市）140名档案工作者分4期进行培训，促进档案管理的改革与信息化建设。

同时，开展重点工程档案、农业农村档案、企业档案、家庭档案、民生档案等方面的业务培训。雨花区史志档案局2009—2012年，每年举办村、社区与区直部门档案培训班2期，年均逾200人次。2012年，全市13个档案局、馆共培训档案人员1530人次。其中，市档案局培训180人，市城建档案馆培训380人，雨花区培训培训280人，天心区培训266人。

四、馆藏档案

1988年，长沙市档案馆及9个区县（市）档案馆和2个专业档案馆共有档案资料32.30万卷（册）。其中，档案646个全宗，26.97万卷（盒、张），资料5.33万册；市档案馆馆藏档案129个全宗，3.37万卷（盒、张），资料3690册。在12个馆中，长沙市、长沙县、浏阳县、宁乡县、市城建、市公安档案馆6个档案馆馆藏档案总量均在2万卷以上，宁乡县档案馆馆藏档案多达6.35万卷（盒）。馆藏档案中，中华人民共和国成立后形成的档案20.89万卷（盒），明清时期、民国时期和革命历史档案分别为4.47万、1.56万、418卷（盒）。其中长沙市、长沙县、望城县、浏阳县、宁乡县、市城建6个档案馆均有明清、民国、与革命历史档案，宁乡县档案馆有明清时期档案4.41万卷、民国时期档案4170卷、革命历史档案96卷；市档案馆有明清时期档案139卷、民国时期档案9132卷、革命历史档案250卷。

档案法颁布实施后，档案馆（室）的管理进一步规范，档案的接收、征集量不断增加，馆藏档案资料逐年增长。1991年，12个档案馆馆藏档案总量增至34.34万卷（盒、张），比1988年增长27.33%。其中市档案馆增至6.82万卷。20世纪90年代中期始，随着改革开放的深入进行，重点工程档案、房屋产权档案、企业档案、农业农村档案、名人档案、家庭档案、民生档案等档案门类增多，省、市、区县编印的党报、年鉴、地方志、党史、资料汇编与境域作家、名人的小说、诗词、散文和回忆录等作品的出版发行，馆藏档案、资料的种类、数量剧增。1995年市房产档案馆成立后，1997年馆藏档案资料33.14万卷，至2012年馆藏档案资料169万卷（件、册），增长409.91%。进入21世纪，档案馆（室）

的定级升级水平提高，国家档案局实施《归档文件整理规则》8 号令，纸质文件归档进行改革，档案接收进馆量增加。2001 年，浏阳市档案馆接收档案 1.51 万卷（件）进馆，市公安档案馆和房产档案馆接收档案分别为 2.54 万、2.32 万卷（件），全市 13 个档案馆接收档案 10.30 万卷（件）。2006 年，市房产档案馆、市公安档案馆进馆档案均逾 7 万卷（件），13 个档案馆接收进馆档案 23.39 万卷（件）。2010 年，13 个档案馆档案接收量 34.34 万卷（件）。其中市房产档案馆、城建档案馆年接收量均超过 10 万卷（件），市城建档案馆接收 6.50 万卷（件）。2011 年，市城建档案馆接收进馆档案 9.90 万卷（件）。

2012 年，全市 13 个档案馆馆馆藏档案总量为：档案 1405 个全宗，448.89 万卷（盒），116.97 万件，排架长度为 4.15 万米，资料 8.53 万 册。其中，长沙市档案馆馆藏档案 185 个全宗，23.74 万卷、8.60 万件，排架长度 4066 米，馆藏资料 11203 册。在 13 个档案馆馆藏档案中，按档案形成时期分：中华人民共和和成立后档案 439.43 万卷、116.61 万件，明清时期档案 5.02 万卷，民国时期档案 3.80 万卷，革命历史档案 8496 卷；按内容分：文书档案 63.06 万卷、75.92 万件，科技档案 1.20 万卷、75.92 万件，专业档案 356.84 万卷、29.21 万件，人物档案 6.30 万卷、3741 件，另有其他档案 2.03 万卷、281 件。10 个国家综合档案馆馆藏档案以文书档案为主，其中市档案馆馆藏文书档案 11.87 万卷、8.34 万件，占馆藏总量的 62.50%；而 3 个专业档案馆馆藏档案均为专业档案；按载体分：纸质档案 448.84 万卷（册），109.26 万件，占 98.63 %，其次为磁性档案、照片档案，亦有部分实物档案。

在馆藏档案中，亦有珍贵档案。其中：市档案馆珍藏的地契档案形成于清康熙年间，跨越清朝（9 个皇帝）、民国与中华人民共和国三个历史时期，起止时间 252 年，原始的契约、佃约、租约、权证，官方的契纸、草契、卖契均系难得的原始凭据；毛泽东、刘少奇、华国锋、胡耀邦、江泽民等党和国家领导人在长沙的活动照片、书信、诗词、文稿；1922 年制发的“庞黄精神不死”圆形纪念章与“英属怡和泰丰公司英文档案”，《文化大革命档案资料汇集》亦为稀少之物。长沙县档案馆馆藏的清光绪二十六年（1900）的圣旨，杨开慧烈士手稿（照片）；宁乡县档案馆馆藏的“1911 年辛亥革时期的委任状”，何叔衡签名的《湖南省立第四师范学校管理规则》；浏阳市档案馆珍藏的湘鄂赣省工农银行发行的银元、大洋、铜元、股票；雨花区档案馆收藏的中共地下党支部联络旗，中共中央主席华国锋在长沙市郊区参加劳动的照片；望城区档案馆珍藏的江泽民总书记在雷锋馆题词的手稿与用过的文房四宝，档案馆收集整理的《雷锋档案》；岳麓区档案馆馆藏的江泽民总书记、李鹏总理 1998 年在龙王港大堤抗洪用过的铁铲、题词等均可称为馆藏珍品。

在馆藏的资料中，既有不同时期的国家、省、市、县级报纸杂志，亦有各个时期的出版书刊。其中：长沙市档案馆、宁乡县档案馆收藏的《新青年》《共产党》《前锋》《向导》均为共产党中央委员会机关出版的早期刊物，分别由陈独秀、毛泽东等人担任主编，李大钊、鲁迅、瞿秋白等人发表诸多文章；宁乡县档案馆收藏的《四库全书》计 4.63 万册、古旧图书 2.7 万多册、碑帖字帖 2000 多幅；望城区档案馆收藏的清代数学大家丁启忠刊刻的《白芙堂数学丛书》一套 34 本，均为珍稀书刊。长沙市城建档案馆收藏的长沙（楚、汉、唐、宋、明、清）城域变迁图与民国长沙市区地形图、行政区划图等资料弥足珍贵。市档案馆收藏的《传世藏书》与湖南编印的《湖湘文库》分别为中国与湖南的“古籍书库”。各个档案馆收藏的诸多族谱更是见证历史变迁的重要佐证。

表 4-9-4-1

2012 年长沙市 13 个档案馆馆藏档案资料分类一览表

单位	馆藏档案				按时期分类					按载体分类					
	全宗（个）	档案总量		排架长度（米）	明清时期（卷）	民国时期（卷）	革命历史时期（卷）	中华人民共和国成立后		纸质档案		磁性档案（录音录像/光盘）（盘/张）	照片档案（张）	实物档案（件）	馆藏资料（卷/册）
		（卷）	（件）					（卷）	（件）	（卷）	（件）				
长沙市档案馆	185	237350	85979	4066	149	10185	394	226622	85979	237350	85979	322+1339	3913	1528	11203
芙蓉区档案馆	97	20151	137388	1776	0	0	0	20151	137388	20151	137388	94+553	27840	1015	1387
天心区档案馆	72	17868	75060	1600	0	0	0	17868	75060	17868	75060	64	1200	89	2420
岳麓区档案馆	85	42901	9751	2595	0	0	0	42901	9751	42901	9751	60+26	1500	1597	456
开福区档案馆	80	24778	130528	740	0	0	0	24778	130528	24778	130528	245	1748	26	1284
雨花区档案馆	120	43034	590458	180	0	0	1	43033	590458	43034	590458	155+222	5852	145	3812
望城区档案馆	173	44848	10608	840	0	0	7956	36984	10608	44940	10608	92+33	1999	252	3844
长沙县档案馆	220	196341	9272	3960	16	1258	5	197620	9272	196341	9272	119	9895	1583	7281
浏阳市档案馆	157	261580	77087	3923	418	1293	83	259786	77087	261580	0	786+106	7926	0	14992
宁乡县档案馆	213	155215	26529	3386	49570	25266	57	80325	22919	155218	26529	37	1296	0	13835
市房产档案馆	1	1690000	0	8450	0	0	0	1690000	0	1690000	0	0	0	底图 6000 张	0
市城建档案馆	1	481003	0	8658	7	9	0	480987	0	481003	0	2236	158520	0	22703
市公安档案馆	1	1273787	17068	1358	0	0	0	1273287	17068	1273207	17068	80	14	0	2054
合　计	1405	4488856	1169728	41532	50160	38011	8496	4394342	1166118	4488371	1092641	—	221703	—	85271

第十章　机关事务

1988—2000 年，中共长沙市委、市人大常委会、市政府、市政协、长沙警备区（以下简称“市五大家”）及市直机关单位分布在河东 20 多处场所办公，机关事务以各单位自办自管为主。从 1994 年开始，历经 8 年多兴建，占地面积 49.87 公顷、建筑面积 30 万多平方米、绿地面积 20 万平方米的市治大院于 2002 年投入使用，市“五大家”、市直机关单位以及老机关大院宿舍区的机关事务管理和后勤保障服务工作由市机关事务管理局集中统一管理，改革后勤管理体制，提升服务水平。2001 年 10 月，通过面向全国招标，市治大院物业委托深圳深业集团有限公司管理，实行“合同管理，监督考评”后勤管理运行机制，物业管理精细化和服务水平显著提升。大院 50 台电梯、11 台中央空调、3 台应急发电机、二次供水等设备运转正常；近 50 万平方米道路、园林养护、保洁工作到位，环境优美洁净；停车管理严密有序；实行公安、武警、物业保安、驻院警备部队和机关保卫处“五位一体”安全大联防机制，大院秩序井然；机关会议服务、干部职工用餐、幼儿入托以及商务、金融、洗车、医务、邮政等工作、生活服务体系逐步形成，确保机关行政效能高效运转。

2005 年，发布《长沙市公共资产管理暂行规定》，明确由市机关事务管理局对市直机关及全额拨款事业单位非经营性公共资产实行集中统一管理，建立以提高资产使用效益为目标、以集中统一管理为核心、以产权管理为重点的非经营性公共资产管理体制，确保资产安全，实现资产保值增值。资产管理的职能主要有资产日常监管、划拨、调配、转让、置换、核销等；核定全市机关非经营性公共资产（除军事、教育资产）近百亿元，集中统一管理市治大院公共资产约 240亿~280 亿元。2008 年，国务院颁布《公共机构节能条例》后，长沙于 2009 年成立市公共机构节能工作领导小组，对全市公共机构节能工作实行“三纳入三确保”机制，公共机构节能以自主创新和技术改造为切入点，以建立完善机制为保障，形成“树立节约观念是关键、养成节约习惯是根本、从细小事情做起是途径”的理念。2010 年，出台《长沙市节能资金管理办法》，决定每年投入 500 万元资金支持公共机构节能项目改造。2008—2012 年，全市投入公共机构节能改造资金 3300 余万元，提前一年完成“十五”期间公共机构节能降耗 25% 的总目标。2012 年，制定《长沙市 2012 年公共机构节能工作考核目标》，公共机构节能示范单位创建工作取得新的发展。市机关事务管理局、宁乡县机关事务管理局荣获湖南省公共机构节能示范单位称号。

第一节 机　构

一、市级机构

长沙市机关事务管理处成立于 1973 年，直属市革委会。于 1980 年 12 月改名为长沙市机关事务管理局，由市政府办公室主管，为正县级单位，内设办公室、财务财产科、房屋基建科、生活服务科。1983 年 6 月，政府精简机构，将市机关事务局改为长沙市机关事务管理处，为副县级单位，继续使用局印鉴，挂长沙市机关事务局牌子，设四个科室，下辖长沙麓山饭店、市政府第二招待所、市政府机关汽车修理厂、市政府机关一幼儿园、二幼儿园。1986 年 8 月，市机关事务管理处增设政工科、保卫科。1991 年 12 月，市机关事务管理处更名为市机关事务管理局（以下简称市事务局），由市委办公厅主管，局长由一名市委副秘书长兼任。1994 年 10 月，将市机关事务局变更为财政全额拨款事业单位，隶属市政府办公厅主管，内设办公室、组织人事科、财务科、房屋基建管理科、设备动力科、保卫科、综合管理科、监察室和机关医务室，定编 110 人，下辖市政府机关一幼儿园、二幼儿园、三幼儿园，市机关汽车修理厂、市直机关劳动服务公司（副县级）。1995 年市机关事务局组建长沙市直机关后勤服务中心，与原市直机关劳动服务公司实行“一个机构，两块牌子”，主要担负机关后勤服务保障工作。1999 年，机关实行新一轮机构改革，市机关事务局仍为正县级事业单位，实行参照公务员法管理。是年 7 月，原划归市委接待处管理的长沙宾馆（原市二招待所）和麓山宾馆划回市机关事务局管理。2001 年，机关大院建设工程指挥部和长沙新城实业有限公司划归市机关事务局管理。2003 年，内设机构名称由科更名为处。内设有办公室（加挂机关大院计划生育办公室牌）、业务指导处、保卫处、房屋基建管理处、物业管理处、人事教育处。下辖机关大院建设工程指挥部、长沙宾馆、市直属机关后勤服务中心，市政府机关第一（荷花）、第二、第三幼儿园，长沙市政府机关汽修厂。2007 年，增设资产管理处；2010 年 4 月，业务指导处更名为财务管理处，增设公共机构节能管理处。至此，内设机构有办公室、财务管理处、人事教育处、资产经营管理处、公共机构节能管理处（市公共机构节能工作领导小组办公室也常设在该处）、物业管理处、保卫处、房屋维修管理处、市直机关大院计划生育办公室，机关党委、纪检（监察）室、离退休人员管理服务处。2012 年，机构无变化。

1988—2012 年，先后担任长沙市机关事务管理局主要领导职务的有：张近溪、黄喜珍（女）、毕凯、石长松、黄玉池、赵理峰、刘赞春、谭志；其他领导班子成员有：黄厚礼、田应友、李纪峰、陈国义、黄灿、张献军、蔡剑锋、何见明。

二、区县（市）机构

1988 年，长沙市所辖五区四县设有东区机关行政事务管理处、南区机关事务管理处、西区机关行政事务处、北区政府行政科、郊区政府行政科和长沙县机关行政事务办公室、望城县政府办公室机关事务管理科、宁乡县政府行政科，浏阳县分别设有县委办公室行政科和县政府办公室行政科。1993 年，北区政府行政科更名为北区机关事务管理局。1995 年，东区、南区、西区、郊区 4 区和长沙县、望城县、宁乡县 3 县均将原机构名称更名为机关事务管理局；浏阳县分别更名为浏阳市委办公室行政科、市政府办公室行政科。1996 年区划调整，5 区机关事务管理局分别更名为芙蓉区机关事务管理局、天心区机关事务管理局、岳麓区机关事务管理局、开福区机关事务管理局、雨花区机关事务管理局。2001 年，长沙县、望城县、雨花区的机关事务管理局更名为后勤服务中心。2002 年，芙蓉区、天心区、岳麓区、开福区、宁乡县的机关事务局更名为机关后勤服务中心。2004 年，浏阳市委办公室行政科、市政府办公室行政科合并成立浏阳市机关后勤服务中心，2008 年正式更名为浏阳市机关事务管理局。2007 年，宁乡县机关后勤服务中心更名为宁乡县机关事务管理局。2008 年，望城县后勤服务中心更名为望城县机关事务管理局。至 2012 年，机构无变化。

第二节　机关事务管理

一、物业管理

1988—2000年，“市五大家”和市直机关单位分散在湘江东20多处场所办公，机关物业管理工作以单位自办自管为主，市机关事务管理局负责市直机关大院办公用房、职工宿舍建设、管理和维修，先后投资450万元对市机关大院和杨家山宿舍大院以及一些外围宿舍进行电力增容改造，供电能力提高一倍；投资120万元进行锅炉改造，投资50万元进行除尘、烟道和供水系统更新改造，改善办公条件，解决老干部活动中心、老干部宿舍、浏正街宿舍供电和老干部宿舍供暖。

从2001年2月开始，“市五大家”和大部分市直单位相继入驻市治大院，机关事务管理和机关后勤保障服务工作由市机关事务管理局集中统一管理。为加强物业管理，提升服务水平，市机关事务局在2001年10月，面向全国招标，委托市治大院物业管理，2002年2月，深圳深业集团有限公司中标。此次物业招标开创全国省会城市党政机关物业管理社会化先河，《人民日报》、中央电视台等媒体对此都作专门报道。深业物业从2002年4月开始先后承担“市五大家”办公大楼、市档案馆、市人防通信指挥中心办公楼、市信访接待楼、金星派出所办公楼、长沙人民会堂、机关综合服务楼的物业设施设备维修、养护和管理，场地道路卫生保洁、垃圾清运，排水排污管道清理与疏通，楼内花卉布置摆放，园林绿化养护管理，安全保卫、车辆行驶停放管理，公共秩序维护等11项物业管理项目，实行“合同管理、监督考评”运行机制。相继制定《配电室、低压取电设备检查保养规定》《发电机检查保养规定》《空调系统设备检查保养规定》《给排水设备检查保养规定》《水池水箱清洗规定》等一系列物业管理和服务制度，市机关事务局实施定期或不定期检查考核。是年，大院物业管理服务通过ISO9001质量管理认证，申报省级和国家级优秀物管大厦获得通过。2003年，投资120万元建设道路两侧园林灯和办公大楼多彩投光灯亮化工程。2006年，与深圳深业集团有限公司续签物业委托管理合同，转入第二轮承包期。2009年，制定《市直机关及全额拨款事业单位办公用房及附属设施维修实施细则》，规范维修和申报程序。2011年，市治大院物业服务再次面向全国公开招标，深业物业再次中标。

2012年，市机关事务局集中管理物业项目13个，总建筑面积27.92万平方米，绿地面积24.1万平方米，办公单位90余家；配套机电、锅炉、供水等设备105台（组）（其中主办公区电梯52台，空调机组15台（组），自备发电机3台，供热锅炉8台，供水箱11个，储水池18个）；新老大院配电装机容量1.8万千瓦。物业管理达标，房屋外观完好、整洁，设备运行正常，无安全隐患、零事故；公共环境清扫及时，全区保洁无死角；树木花草修剪整齐美观、无枯死现象；交通秩序良好，车辆运行有序。大院后勤管理实行市委市政府直接领导、市机关事务局统一监管、社会物业管理机构提供有偿服务相结合，管理职能与服务职能分离运行模式。大院智能化管理系统配置齐全，管理效能得以发挥。

二、安保管理

1988—1990年，市委、市政府机关大院安保工作分院各负其责，设有门卫值勤室，管理来往人员与车辆。1991年，成立市委、市政府机关保卫科，配备工作人员10人，分两批人员分别管理两个大院。同时配备一个武警中队，建制90余人，担任警卫工作。1995年，成立12人组成的专职保安队伍，维护市委、市政府机关大院安保秩序。1998年，调整机关保卫人员25名，投资20余万元改造相应设施，整章建制27项。

2001 年，机关搬迁市治大院，保卫科更名为保卫处，安保采取公安、武警、消防、物业保安、驻院长沙警备区纠察连及机关保卫处相结合的“五位一体”大联防机制，常年配备武警中队一支，建制 98 人；物业保安 240 人；派出所一个，公安民警 25 人（其中巡警 3 人，交通警察 7 人，公安 15 人）等基本力量。是年，投入资金 80 万元，配置安保用车以及消防救生器材、门禁系统和交通安全标志，制发工作人员出入证。2002 年，制定《机关大院安全保卫管理制度》和《大院消防安全管理制度》。2003 年，楼宇消防设施设备配置有消防电视监控中心，设烟感、温感触点 4375 个，红外线摄像头 51 个，其中跟踪遥控摄像头 13 个，楼内主要设备基本实现自动控制。2004 年，投入 20 万元，新配置车辆出入智能门禁系统，门卫身份证自动验证系统及大院各出入口电视监控、外围电子围墙和楼宇通道电子防范系统。2005 年，制定《机关大院突发事件应急处理预案》和《大院物业保安工作考核制度》。2008 年，建立“人防、物防、技防”三防并举、相互协防防控体系，实行大院保卫任务按地域和责任划分保卫力量，每季度协调一次的管理制度。2011 年，制定《市治大院车辆交通安全管理规定》，规范大院车辆运行速度、停放、行驶方向。为机关三所幼儿园安装电视监控镜头和发放一批警务器材，确保园所安全。2012 年，对大院安保制度进行第二次修改，安全设施和安保工作得以加强和完善。

三、公共资产管理

1988—1995 年，由市机关事务局管理的市本级非经营性公共资产（当时称政府资产）主要有市委、市政府大院，五一路部分机关宿舍，市机关事务局自管公房及局属三所幼儿园。房产面积共计 26.8 万平方米，土地面积 3.1 万平方米，其他资产由各办公单位和经营单位自管。1995 年，长沙市启动住房制度改革，市机关事务局向干部职工出售住宅房 2094 户，房屋面积 15.09 万平方米；货币补贴 127 人，金额 59.30 万元。2001 年，市委、市政府及大部分市直单位搬迁至市治大院办公后，针对所腾出的原有公共资产亟待管理等问题，于 2005 年制定《长沙市公共资产管理暂行规定》，明确市机关事务局对市直机关单位和全额拨款的事业单位非经营性公共资产实行集中统一管理。在市机关事务局增设资产经营管理处，负责对市直行政事业单位由财政拨入资金形成的不动产（不含军事、教育专用资产）在资产使用期行使物权管理。建立公共资产实物台账，对原在河东的办公用房、地产进行重新清理登记造册，负责资产划拨、调配、出售、转让、置换；办理所辖资产的拆迁、安置、变更或核销手续，办理办公用房及其附属设施房产、土地使用证。为加强管理，制定《长沙市行政事业单位办公用房建设标准》和《长沙市直机关及全额拨款事业单位办公用房及附属用房设施维修实施细则》。2006 年，第一批 9 个单位、169 个项目、近 10 亿元资产完成移交。2007 年，对五一西路 7 号、21 号，东牌楼 13 号，尚德街 23 号房屋进行棚户区改造，完成东风广场体育场资产核销和权证置换等。至 2007 年 10 月，授权市机关事务局管理的共有 37 个系统、81 个单位的非经营性资产，房产 75.68 万平方米，地产 197.34 万平方米，资产金额 13.79 亿元。共有 15 个单位的房产 163 万平方米，地产 1687 万平方米，资产总额 0.63 亿元，办理资产移交。

2008 年，实行“财政综合管理、部门监督管理、使用单位具体管理”的原则，非经营公共资产由市机关事务局进行统筹调配，并实行建设成本和维修费用集中预算制度。至 2009 年年底，市财政局先后划拨公共资产 3 批 44 个系统 130 余家单位的土地 282.15 万平方米，账面价值约 10.94 亿元和房产 91.38 万平方米，账面价值约 9.56 亿元，市机关事务局归集接受房产证 145 本，面积 13.49 万平方米，土地证 78 本，面积 65.94 万平方米，其中，过户市机关事务局名下房产 3.16 万平方米，土地 6.8 万平方米。融资产：房屋 5.99 万平方米，地产 29.07 万平方米；拆资产：房屋 3.07 万平方米，地产 1.22 万平方米；新旧置换资产：房产 0.97 万平方米，地产 1.22 万平方米。2010 年，制定《长沙市直机关及全额拨款单位办公用房及附属用房管理规定》，全年新接收房产 6.8 万平方米，地产 4.7 万平方米，调配安排 30 个单位办公用房 1.6 万平方米。2011 年，制定《长沙市行政事业单位资产实施办法》。至 2012 年，已核定除军事、教育资产外的全市机关非经营性公共资产约 240 亿~280 亿元，其中土地 340.74 万平方米，房产 117.24 万平方米。

四、公共机构节能管理

2001 年，“市五大家”和市直机关单位入驻市治大院后，能源集约化管理逐步建立，原来机关分散办公，“一家一摊”办后勤、能源分割、资源浪费严重等管理难问题得以解决，全年人均耗能费用由上年 8068 元减少至 4376 元，下降 46%；精减后勤人员 87 人，节约行政开支 360 万元。2005 年，发布《关于切实加强市直机关资源节约工作和建设节约型机关的意见》。2007 年，投入资金 642.5 万元，对机关大院所有会议室照明设备进行更新，新增节能灯具 1 万余套，一年可节约电费 5 万元。2008 年，全市共投入节能专项资金 3124.8 万元，其中投入 364 万元用于公共机构节能改造项目 30 个，投入 110 万元补贴（奖励）资金项目 6 个。是年，投入 1754 万元，对市治大院中央空调系统锅炉由热电厂燃煤蒸汽改为天然气，空调运行智能化，每年可减少二氧化碳和灰尘排放 30 吨，节约运行费用 100 多万元。

2009 年，成立以市委常委、常务副市长为组长的市公共机构节能工作领导小组，市监察局、教育局、卫生局、住建委、财政局、质监局、机关事务局等为成员单位。对全市公共机构节能实行“三纳入三确保”，即纳入经济社会发展规划，确保整体部署到位；纳入党政领导班子绩效考核和行政问责，实行节能工作“一票否决”，确保领导责任到位；纳入全市督查工作大局，确保工作落实到位。领导小组办公室设市机关事务局，负责组织实施和监督全市公共机构节能工作，管理全市 9 个区县（市）、98 个市直单位，共 2297 个公共机构，建筑面积 1600.72 万平方米，用能人员 98.83 万人，公车 1.09 万辆。是年，对 101 个市直单位重点清查，收缴超编超标车辆 125 台，报废和清退车辆 147 台。为严格节能管理，出台《长沙市公共机构节能实施方案》，制定节能定额标准，建立日常能耗报告、统计、分析与公示制度，重点抓油、电、水、气基础节能工作，制定具体操作标准规定，实行细化管理。投入 30 多万元资金，为市委、市政府办公楼安装光量子增光节能版，节电率 50%。2010 年，出台《长沙市节能专项资金管理办法》，引导公共机构节能项目改造，先行先试，拨专款支持。是年，成立公共机构节能管理处，在全市机关大院张贴节能小标识 4 万余套，向干部职工发放宣传手册、节能笔等 2 万余份；在媒体进行节能专题报道；组织开展“绿色办公、低碳生活”“绿色出行日”“能源紧缺体验”“节约惜福、光盘行动”等节能科普、教育互动活动；举办节能管理、节能技术、能耗统计人员培训，全市共培训人员 700 多人。

图 4-10-2-1 长沙市机关事务管理局荣获湖南省公共机构节能工作示范单位 （拍摄于 2014 年 3 月，长沙市机关事务管理局供图）

2011 年，制定《长沙市公共机构节能管理办法》，明确机关事务管理机构负责推进、指导、协调、监督全市公共机构节能工作，并从节能规划、节能管理、节能措施、监督和保障等作出具体规定。出台《长沙市公共机构节能“十二五”规划》，提出在 2010 年基础上，人均能耗下降16%以上，单位建筑面积能耗下降12%以上，实现创建50家以上市级节能型公共机构示范单位，择优推荐10家左右争创省级公共机构节能示范单位的节能降耗目标；出台《长沙市公共机构节能工作目标管理办法》，对全市使用财政资金的行政机关、事业单位和团体组织进行目标管理，从考核内容及依据、考核方式及奖惩办法作出规定，年度目标考核结果作为党政领导班子和领导干部绩效考核的一项重要内容。出台《长沙市公共机构能源消耗统计制度》《长沙市公共机构办公建筑和大型公共建筑能效公示管理办法》《长沙市国家机关办公建筑和大型建筑能源审计工作方案》《长沙市公共机构节能宣传制度》。每年投入资金500万元支持公共机构节能改造。是年支持全市公共机构节能改造项目22个。全市“十一五”（2006—2010年）规划期间共投入3876万元，用于公共机构节能改造，提前一年完成公共机构降低能耗25%的总目标。2012年1月，发布《长沙市公共机构能源资源消耗统计方案》，对公共机构基本信息和使用的水、电、气、油、煤等各种能源资源消耗进行统计，并定期进行通报、公示。6月，制定《长沙市2012年公共机构节能工作考核目标》，明确严格调控节能降耗目标，以上年为基数，人均能耗下降4%，单位建筑面积能耗下降3.2%；组织示范单位创建和推进节能项目改造。年末，对各区县（市）和有关市直单位考核，浏阳市等9个单位为优秀单位，长沙县等20个单位为达标单位，市药监局等5个单位为基本达标单位；长沙市机关事务管理局、宁乡县机关事务管理局被评为“湖南省公共机构节能工作示范单位”。

第三节　机关保障服务

一、机关生活服务

1988年，成立长沙市直属机关劳动服务公司，为正科级自收自支事业单位，负责市委、市政府机关后勤生活保障服务工作。以青春商场为场地，为市委、市政府机关提供食品、家电、布匹等计划物资供应和解决部分干部家属、子女就业。1996年，劳动服务公司更名为长沙市直属机关服务中心（以下简称服务中心），明确为副县级单位，归口市机关事务管理局管理，为机关提供餐饮、会议、商务、票务、洗车、美容美发、健身等多项综合性服务。是年，在市委、市政府招待所1~2楼设立机关食堂，为机关干部职工提供面条、包点、盒饭等早、中、晚工作用餐。2001年，服务中心入驻市治大院，为机关干部职工定做盒饭、配送盒饭并提供商务、洗车服务。2002年，在机关综合服务楼设立机关第一食堂，餐厅两层面积3500平方米，设快餐厅1处500个座位，宴会厅（点菜厅）1处300余座位，包厢23个300余座位，一次可供1000余人就餐，同时可以满足公务接待和承办宴席等需求。是年，在大院设立文印中心、医疗保健室、邮政代办所、银行代办所和美容美发中心。2003年，分别在大楼设置139、130、133以及小灵通基站，在市政府大楼设置电信区域模块机房，开通4711部电话148部保密电话。2006年，针对医务人员不适应机关工作人员医疗保健需求等问题，实行改制，引进社会医疗机构，合作办医提供服务。2009年下半年，与长沙市四医院签订为期三年合作合同，市四医院投资50万元，改善医务室工作环境，添置相关设施设备。向市医保中心申请并开展单病种治疗项目，门诊人数每年1万余人次，并参与突发性事件医疗处置。是年，市政府二办公大楼投入使用后，在一楼设立长沙银行、工商银行营业部，提供金融服务。至2012年，市治大院生活服务设施配套完善，形成文印、餐饮、商务、票务、洗车、美容美发、健身、邮政电信、金融、医疗保健等生活服务体系。

二、会议服务

从2001年实施集中办公开始，市机关事务管理局负责机关会议接待和服务。2002年，在综合服务楼三楼设有500个座位会议中心。2006年，接管会议中心第二会议室（即市政协机关7楼会议室），可接待参会人员180余个。2009年，在市政府二办大楼设多功能会议厅1个，座位150个。是年，总建筑面积1.4万平方米，总投资1.04亿元的长沙人民会堂投入使用，设有1500座位大会议厅1个，50~200座位会议室6个。为做好服务会议，市直属机关后勤服务中心组成专门班子，组建服务队伍，承担市党代会、市人代会、市政府全会（扩大）会、市政协全会和“市五大家”、市直机关单位会议以及省、市有关部门举办的讲座、培训、经贸洽谈会议等重要会议和活动服务保障工作，提供摆花、录音、刻碟和礼仪培训、气球、广告等多项服务。至2012年，每年接待会议450多场次，参会人员达100万人次，会场使用率在70%以上。

三、机关幼教服务

1988年，市机关事务局辖有市政府机关第一幼儿园、第二幼儿园，解决市直机关干部职工子女入托问题。1991年，新建市政府机关第三幼儿园，占地面积7300平方米，户外活动场地4800平方米，绿地3500平方米，开设教学班9个。是年，第二幼儿园投资300万元进行改建，占地面积增加1735平方米，达到4150.25平方米，1992年开设教学班6个，可收托幼儿230多名。1994年定为省教育厅《幼儿园工作规程》试点园。1996年，更名为荷花幼儿园的第一幼儿园新园开园，占地扩大到4092平方米，各种设备齐全，用现代化手段教学，成为中央教科所幼儿素质教育实验基地。1997年，第二幼儿园新增教学班1个，全园7个教学室可容纳幼儿280余名，教学内容分为健康、语言、社会、科学、艺术等五个领域，促进幼儿情感、态度、能力、知识、技能等方面发展。园本课程采用由长沙师范、湖南学前教育学会编写的《幼儿发展课程资源包》。2002年，荷花幼儿园成立一分园、艺术二分园和三分园，开办以美术舞蹈为特色艺术教育课程。2007年，第二幼儿园在岳麓区开设金色山庄分园，9月正式接纳幼儿入园。2009年10月，为支持棚户区改造开发，地处蔡锷中路一条巷20号的第二幼儿园被征收拆除，确定在八方小区二期公务员住宅区重建。2012年，第三幼儿园经过环境改造和教学理念革新，设有多功能室、科学探究室、电脑室、图书室、亲子书吧、室内游戏场、体育器材室等专用活动室，户外设有种植园、生趣园、大型原木玩具区、沙水区、足球场、多功能塑胶操场。开设教学班12个，收托幼儿400余名。全园有教职员工80余人，其中中学高级教师10人，小学高级教师23人，所撰论文百余篇获国家、省、市级一等奖。幼儿园成为全国“十五”课题“学前双语教育培训研究”“湖南省0~3岁早期教育研究”实验园。

四、机关计生管理服务

1988—1989年，市直机关计划生育工作由解放路街道办事处管理。1990年，成立市直机关计生办公室，隶属市机关事务局管理，负责市委、市政府和老干大院28个单位及藩后街机关宿舍计生工作。2003年，撤销计生办，归并市机关事务局办公室。2009年6月，恢复计生办，为市机关事务局内设机构。2012年，计生办管理单位增加到79个单位，负责组织实施和监督管理市治大院6000多人（含临聘人员）计生工作，建立全员信息库和育龄妇女档案册，宣传计生政策、法规、法律，开展业务培训、提供服务。连年被管理属地岳麓区评为先进单位。

附记　市治大院建设

图 4-10-3-1 长沙市委市政府办公楼群
（拍摄于 2009 年 7 月，长沙市机关事务管理局供图）

2001 年之前的 40 多年里，中共长沙市委、市人大常委会、市政府、市政协、长沙警备区机关分别处在五一路、芙蓉北路、解放路、惜字公庄、湘雅路，市直单位分布在司门口、白沙路、中山路、水风井、尚德街、劳动路、蔡锷路、曙光路、人民路、车站路等 20 多处地点。机关用房多数沿用解放时期接管的政府公房，房屋老化简陋，地处城区街道，难以扩建、新建，加之部分单位分散，群众办事很不方便，政府行政效能难以发挥。为适应改革开放、经济建设、社会事业发展和人民群众对政务服务的需求，1993 年，市委、市政府藉旧城改造契机，决定将“市五大家”及市直单位机关西迁至岳麓区咸嘉村野鸡坡（现岳麓大道 218 号），新建市治大院集中办公。从 1994 年开始，经过近 8 年建设，市委、市政府大楼于 2001 年建成投入使用。综合服务楼（会议中心、食堂等）、机关文印中心楼于 2002 年，市政协大楼和市警备区大楼、武警营房分别于 2004 年、2005 年，市人大、市政府二办公大楼及长沙人民会堂分别于 2007 年、2009 年投入使用。2012 年，随着机关第二食堂和地下车库的建设，以市委、市政府办公大楼为中心轴线，东侧为市人大大楼、综合服务大楼、武警营院、文印中心，西侧为市政协大楼，长沙警备区大楼、长沙人民会堂、市政府二办公大楼、二食堂构成的主办公区和以市人防指挥中心、市档案局、市公共资源交易中心办公楼等构成的次办公区的市治大院全部落成，大院占地面积约 49.87 公顷，办公及配套设施房屋建筑面积 27.97 万平方米，绿化面积 24.09 万平方米，有“市五大家”和 115 余个市直单位及其二级机构入驻，常驻办公、服务保障人员 5200 余人。

市治大院办公楼群设计庄重、简洁、明快、大方，市委、市政府、市警备区办公大楼均为“一”字形，市政府二办公大楼、综合服务大楼为“E”字形，市人大办公大楼、长沙人民会堂为“口”字形布局，错落有致，富有中国风格和充满现代气息。

市治大院毗邻湘江，与岳麓山相望。东有观沙路、岳华路，西有金星路，南有岳麓大道、长常高速，北有府后路、杜鹃路，道路纵横交错，交通方便。大院建有假山、人工瀑布、人工湖、南北绿化广场，突出绿化、美化、亮化；大院没有围墙，实行开放式管理，体现开放、生态、亲民理念。大院办公集中、功能齐全、办事方便、庭院管理规范，具有园林、山水与现代建筑融为一体，都市气息与雅致环境有机结合特色。

图 4-10-3-2 老市政府
（摄于 20 世纪 90 年代初，长沙市机关事务管理局供图）

第五篇

人民政协

本篇编纂人员

贺孝武（主编） 刘 殷

本篇撰稿人员

贺孝武 钟新莲 朱建人 彭志一 陈伟建 陈 忞 马友山

贺明兰 彭运兰 杨小林 梁小进 谢 蓉

概　述①

政协长沙市委员会（以下简称“市政协”）在中共长沙市委领导下，围绕中共长沙市委、长沙市人民政府中心工作，履行政治协商、民主监督、参政议政职能，发挥协调关系、汇聚力量、建言献策、服务大局、促进发展的作用，为长沙市改革、开放、发展和稳定大局做出贡献。

1993年第七届市政协成立，有政协委员379人，委员中大专以上文化程度者占委员总数的83.9%，高级技术职称者占67.02%。与第六届相比，委员的知识、专业、年龄结构更加合理，进一步巩固和发展长沙市爱国统一战线。为拓宽参政议政渠道，从七届一次会议收到的287件提案中筛选1件提案，经修改、充实及对所提建议的可行性多方论证后，形成“建议案”，以市政协名义向中共市委、市政府提出，促进所提问题得到解决。此做法是市政协的一个创举，在全国各省市级政协得到推广，使“建议案”成为人民政协履行参政议政职责的独特形式。编辑出版《长沙老字号》《明德春秋》两辑文史资料专辑，市政协文史工作开始由综合性史料征集向专辑化发展转变。1994年，市政协文史工作得到省政协及全国政协肯定，所编文史资料专辑《忆黄兴》获省政协、全国政协的合作署名，被纳入“二十世纪湖南文史资料文库”丛书，由岳麓书社出版。

1996年9月，长沙市历史文化名城推动委员会成立，市政协全面负责其工作事宜。在市政协的呼吁和推动下，太平街历史街区、白沙古井等遗存得以保护和开发利用。是年，开展社情民意工作，倡导委员多渠道收集和反映社情民意，促进中共市委、市政府科学决策，献计150篇，进诤言60篇。此举措随后获省政协、全国政协肯定（1997年）。至1997年12月，市政协就长沙制定和实施“九五”（1996—2000年）计划和2010远景规划中的重大课题开展大的调研活动60余次，写出专题调研、考察视察报告45篇，向中共长沙市委、市政府提出建议案4件，组织政协委员和政协参加单位提出提案1563件。

1998年7月开始，第八届市政协不定期编印《社情民意》内刊，直接报送市委、市政府主要领导参阅。

第九届市政协创新提案督办方式，采取主席会议督办、主席领衔督办、联合督办、集中督办、上门督办、现场督办、跟踪督办等方式，提高提案办理实效。2005年9月，再次对《政协长沙市委员会提案工作（试行）条例》进行修订，促进提案工作步入规范化、制度化轨道。探索协商议政新途径，在主席会议和政协常委会调研视察基础上，选择有关课题组织召开高层次专题资政会议，政协委员与中共长沙市委、市政府领导和政府有关部门主要负责人面对面资政建言，促进协商实效。创新民主监督形式，按照“准确定位、把握适度”原则，先后对国家税务总局长沙市税务局等10家单位就社会公开承诺等方面开展民主评议，促成一些人民群众最直接、最关心、最现实的利益问题得到解决。

①1988—1993年政协长沙市第六届委员会已在《长沙市志（第三卷）·政治协商机构》（湖南人民出版社，2003年）记载，故本篇从政协长沙市第七届委员会开始记述。

2008成立第十届市政协，有政协委员434人，其中大学以上学历351人，占委员总数的81%，委员整体素质有较大提升。委员中，有高级职称者占委员总数的比例下降为35%，委员的代表性更加广泛。第十届市政协发挥委员主体作用，组织委员开展“一人一建议”活动，各民主党派、工商联完成调研成果86项，提出集体提案208件，反映社情民意152条，委员提出提案2231件，许多参政议政的意见和建议得到中共长沙市委、市政府的重视和采纳，产生良好的政治影响和社会效果。引导委员投身“创业之都”建设，在全市政协系统开展“双百创业”活动，发动100名委员联名引导100户企业或家庭，为推进长沙市全民创业活动做实事。

第七至第十届市政协履行参政议政职能，组织各类调研视察活动363次，完成调研视察报告236篇，提出建议案23件，组织政协委员和政协参加单位提出提案7368件；发挥文史工作“存史、资政、育人”作用，先后征集2000万余字的文史资料文稿，编辑出版《长沙文史资料》（《长沙文史》）35辑，726万字，真实记录长沙近百年来政治、经济、军事、文化等方面历史，受到各界的重视和欢迎。

第一章　政协委员

1993—2012年，长沙市第七至第十届委员会委员人选由长沙市各界别依规定程序提名、考查、审定后，经由上一届常务委员会议协商审议后确定。长沙市政协第七至第十届委员会委员由31个界别组成。各届委员会履职期间，委员们分别代表所属界别参加政协组织的以及党委、政府各职能部门邀请参加的各项活动，或自主开展社情民意探访、专题调查研究、社会服务、提交提案、对口协商座谈等活动，履行政治协商、民主监督和参政议政职责。

第一节　委员产生

第七届委员会委员的资格标准和名额数量，由中共长沙市委遵照《中国人民政治协商会议章程》第二章第十八条、第四章第四十条规定，结合长沙实际拟定，然后，经中共市委组织部、市委统一战线工作部（以下简称“统战部”）和市政协党组联合组成中共长沙市委政协换届工作领导小组，与政协各参加单位的界别组织及委员人选所在的工作单位考察、协商后确定，具体委员名单和委员名额分派由政协各参加单位的界别组织推荐提出。中共长沙市委政协换届工作领导小组与各届别反复协商后，确定委员名额为395名，并形成《长沙市政协第七届委员会委员推荐名单》。1992年12月7—9日，举行六届市政协第二十六次常务委员会议，对各界别提出的名单进行协商审议和调整，确定七届政协第一次会议委员为376名。所空缺的19个名额中，中共界保留5名，民盟、民建、妇联、工商联、科技、台联界各保留1名，特邀界保留8名。

1997年9月，中共长沙市委政协换届选举工作会议以后，市政协第七届委员会党组按照市委的安排，派出专人配合市委统战部、市委组织部开展八届市政协委员的推荐、考察工作。

市政协通过征求意见，与各界别协商后形成《长沙市政协第八届委员会委员推荐名单》，委员名额为

图 5-1-1-1 政协长沙市委员会特约委员聘任会议
（摄于 2011 年 11 月 30 日，市政协供图）

413 名。名单提交市政协第七届委员会第二十八次常委会议协商审议后，确定市政协八届一次会议委员 379 名，暂空缺名额 34 名。其中民建、九三学社、特邀 3 个界别各保留 3 个名额，民革、民盟、农工党、总工会、青联、工商联、教育、体育 8 个界别各保留 2 个名额，中共、民进、致公党、无党派、科协、医疗卫生、少数民族、侨联、台联 9 个界别各保留 1 个名额。

2003 年，市政协第九届委员会设 31 个界别，与上一届一致，委员名额 421 名。

新提名的政协委员年龄，中共界别年龄不超过 57 岁，人数不超过 40%即 168 人，委员连任的，在 58 岁以下；非中共党员的委员放宽 3 岁（年龄计算到 2002 年 12 月底止），少数学有专长和有特殊影响的则不受年龄限制。如著名金石书画家李立，年龄已逾 80 岁，仍作政协委员的安排。

市政协九届一次会议政协委员的安排减少政协委员与人大代表及省与市、市与区两级政协委员的重复交叉安排，在减少重复安排的同时，尽量避免同一单位安排多名委员而有影响的单位没有委员的情况，力争做到安排的社会层面更广。委员推荐必须征得所在单位中共党组织的同意或推荐界别党组织的同意；中共党员提名为委员，县级以上领导干部提名为委员的，由市委组织部把关。

市政协第八届第二十九次常委会议协商确定九届一次会议委员 383 名，其中，中共委员 166 人，非中共委员 217 人。九届一次会议预留委员名额 38 个，留待届中因委员辞免、撤销、去世等情况产生异动时，适时酌情在各界别所分配名额范围内予以增补。

2008—2012 年，第十届委员会设 31 个界别，与上届相同，委员名额 443 人。协商确定十届一次会议委员 434 名。

十届一次会议预留委员名额 9 个，留待届中因委员辞免、撤销、去世等情况产生异动时，适时酌情在各界别分配的名额范围内予以增补。

2011 年 11 月 30 日，经十届第四十七次主席会议审议通过，从 31 个界别推荐的 151 名候选人中遴选出 17 位在本行业卓有成就的社会贤达、知名人士和行业精英 17 人聘任为十届市政协特约委员。

第二节 委员构成

1993 年政协长沙市第七届委员会委员界别为 31 个，分别是中共界、民革界、民盟界、民建界、农工党界、民进界、九三学社界、致公党界、无党派界、共青团界、总工会界、妇联界、青联界、工商联界、科协界、台联界、侨联界、文艺界、科技界、社会科学界、经济界、农业界（农林界）、教育界、体育界、新闻出版界、医疗卫生界、对外友好人士界（对外友好团体界）、社会福利界（社会救济福利团体界）、少数民族界、宗教界、特邀界。与第六届委员会相比，增加科协界和经济界；在委员构成上，特邀界中增加安排港澳人士，以利扩大长沙对外开放程度。

各界别委员的名额安排为：中共界15名，民革界15名，民盟界15名，民建界15名，农工党界11名，民进界11名，九三学社界9名，致公党界9名，工商联界6名，无党派界6名，共青团界5名，总工会界12，妇联界15名，青联界3名，科技界35名，科协界12名，社会科学界12名，文艺界14名，教育界32名，体育界6名，新闻出版界3名，医疗卫生界15名，对外友好团体界3名，社会救济福利团体界8名，少数民族界6名，侨联界3名，台联界6名，宗教界5名，经济界12名，农林界4名，特邀界53名。在376名已协商确定的委员中，上届留任的委员173名，占已安排委员总数的46.01%，新任委员203名，占53.99%。

委员中，具有高级技术职称的252人，占67.02%；大专以上文化程度的268人，占71.28%；女委员82名，占21.81%；中共党员147名，占39.1%。七届一次全会后，届中各次全体委员会议和部分常务委员会议期间，因委员辞免、撤销、去世等情况产生异动，均适时酌情在各届别所分配的名额范围内予以增补。七届政协委员中，经济界、科技界委员有较多增加，委员的文化层次上升，平均年龄下降0.3岁，且异动面大、新委员多。

1997年，市政协第八届委员会界别为31个，“对外友好团体界”“社会救济福利团体界”“农林界”分别改名为“对外友好人士界”“社会福利界”“农业界”。市政协八届委员会委员名额为413名。各界别委员名额安排分别为：中共界15名、民革界15名、民盟界15名、民建界15名、民进界11名、农工党界11名、九三学社界9名、致公党界9名、无党派界6名、共青团界5名、总工会界12名、妇联界12名、青联界5名、工商联界22名、农业界10名、文艺界15名、科技界35名、科协界12名、社会科学界12名、教育界32名、体育界6名、新闻出版界3名、医疗卫生界16名、对外友好人士界3名、社会福利界3名、少数民族界6名、侨联界8名、台联界6名、宗教界5名、经济界15名、特邀界64名。在协商确定的379名委员中，上届留任的委员152人，占本届委员名额总数的36.8%，新进的委员227人，占委员名额总数的55%。

委员中，中共党员156人，占委员名额总数的37.8%；非中共人士223人，占委员名额总数的54%；女委员85人，占委员名额总数的20.6%；少数民族委员13名，占委员名额总数的3.15%。1998年1月八届一次会议后至2002年年底八届五次全体委员会议期间，届中各次全体委员会议和部分常务委员会议期间，因委员辞免、撤销、去世等情况产生异动，均适时酌情在各界别所分配的名额范围内予以增补。八届市政协委员中，大专以上文化程度的有318人，占委员名额总数的83.9%，比七届提高7.7个百分点；非公有制经济代表人士36人，占委员名额总数的8.7%，比七届提高3.1个百分点。

第九届委员会委员各界别委员名额安排为：中共界15人，民革界13人，民盟界13人，民建界13人，民进界10人，农工党界11人，致公党界9人，九三学社界9人，无党派4人，共青团界4人，工会界9人，妇联界11人，青联界5人，工商联界20人，科协界9人，台联界6人，侨联界8人，文艺界13人，科技界31人，社科界11人，经济界15人，农业界8人，教育界29人，体育界5人，新闻出版界3人，医卫界15人，对外友好界3人，社会福利界3人，少数民族界6人，宗教界5人，特邀界65人。

第九届委员会委员中，大学以上文化程度的237人，占已安排委员总数的61.9%；大专文化131人，占34.2%。具高级职称的141人，占36.8%；具中级职称的92人，占24.0%。非公有制经济代表人士69人，占17.9%。上届留任委员143人，占37.3%；新进委员240人，占62.7%。妇女委员94人，占24.5%，比上届提高4.5个百分点。少数民族委员15人，比上届增加2人。

第十届委员会委员界别分布为：中共界 15 人，民革界 15 人，民盟界 16 人，民建界 13 人，民进界 12 人，农工党界 12 人，致公党界 9 人，九三学社界 9 人，无党派界 8 人，共青团界 4 人，工会界 12 人，妇联界 13 人，青联界 5 人，工商联界 26 人，科协界 12 人，台联界 6 人，侨联界 8 人，文艺界 14 人，科技界 35 人，社科界 14 人，经济界 17 人，农业界 10 人，教育界 31 人，体育界 5 人，新闻出版界 3 人，医卫界 15 人，对外友好界 3 人，社会福利界 3 人，少数民族界 8 人，宗教界 6 人，特邀界 75人。

434 名委员中，中共委员 175 名，占委员名额总数的 39.5%；非中共委员 259 名，占 58.5%。女委员 107 名，占 24.7%。委员的综合素质、代表性、学历层次以及知识、专业、年龄结构的合理性均有提升。具有大学以上学历的 351 人，占已安排委员总数的 81%，比上届提高 19 个百分点，其中具有研究生以上学历的92 名（博士研究生 28 名），占 21.3%。具有高级职称的 153 人，占 35.3%；具有中级职称的为 84 人，占 19.4%。55 岁以上的 25 名，占 5.8%；45~55 岁的 168 名，占 38.7%；35~45 岁的 213 名，占 49.2%，35 岁以下的 28 名，占 6.4%。留任委员 147 名，占委员的 33.9%；新进委员 287 名，占 66.1%。在中联重科、省工商银行、中南大学、中国电子集团等 30 余家驻长企业、金融证券机构、大专院校、科研院所等单位中，提名安排 49 名，安排人数比上届政协有增加。

政协长沙市第七届委员会委员名单

王富生、何维琪、张庭凯、林亚彬（女）、贺近性、唐正湘、黄国祥、韩铁凡、舒自立、臧宝山、方平、尹君群、邓迎潮（女）、朱尔瞻、朱忠佳、刘自耕、江炎（女）、杨毓灵、李正宇、禹琼华（女）、夏谋、唐庚明（女）、唐树诚、梁国益、曾畅（女）、邓林伟、龙小青（女）、成丽年（女）、李显模、萧希天、萧建成、吴承志、张国鹄、周正规、赵强华、俞业龙、唐新孝、黄耀华（女）、谭世延、丁炳乾、王一柱、李祖仕、吴明德、何祥、邹楚池、张利弟（女）、陈力、易俊明、罗吉如、钟德新、凌归归（女）、曹建宇、常文光（女）、王诺克、杨海涛、萧时俊、陈丽明（女）、张运胜、周翰陶、赵光孚、黄祖琳、符建国、梁讫娜（女）、梁健纯（女）、李白菊（女）、李泽龙、李培德、李履礼、张权、张远洲、周安鸿（女）、侯孝沛、莫德玉（女）、盛力行、常联辉、毛庭彬、邬南才、吴为廉、何宗佑、张睦槐、易善人、黄丽安（女）、常修颖、梁秉标、朱少春、朱择权、杨光伦、李铁汉、李敏娜（女）、萧炎熙、陈仲强、胡世楠、常启泉、冯银喜、杨国政、陈毓融、周寄宁、赵更生、柳展辉、文永清、刘丁香（女）、刘普成、孙肖云、杨小冰（女）、金石言、袁炳清、蒋定银（女）、曾仕让、曾建军、戴仁修、龙水清、巩固、刘东生、凌勤杰、蒋志文（女）、马文华（女）、刘欣（女）、吴明（女）、张达（女）、张婕（女）、易建芳（女）、郝建华（女）、徐敏芝（女）、梁红建（女）、曾嵘（女）、李建新、罗幸明、翁少兰（女）、刘岐、杨赋安、李卫军、周树修、项稼观、钟健凯、唐慧芳（女）、曹雅林（女）、彭启予、喻力、曾志雄、潘令贤、潘笑凤、任慧仕（女）、杨建中、林卓藏、黄林、田希祖、匡冰颖（女）、史穆、朱赫、朱惟精、杜鼎华、萧中蓓（女）、萧楚琪、何立伟、陈玉莲（女）、欧阳好龄（女）、贺艾芸（女）、倪继周、徐照海、丁波（女）、左诗永、丛善本、朱惠芳（女）、伍利威、刘叔华、杨承林、吴京生、邱炳荣、张永红（女）、张彩霞（女）、陈正京、陈权义、陈炳恒、陈翠华（女）、林伟、尚剑兴、周海滨、徐友文、徐肇

说明：委员姓名括号内标注委员届中任免变异情况：“任”指任命；“辞”指辞去委员职务；“免”指被免去委员职务；“撤”指被撤销委员职务；“亡”指去世

坤、殷俭、郭欲平、凌云龙、黄茂田、黄明章、黄彦华、黄淑兰（女）、傅仲谋、雍起林、谭德高、黎恩光、廖白川、戴勇、田敬业、朱伯夫、刘汉生、刘海文、李佩韵（女）、邹渝民、张昌云、张贻明、张维金、陈建国、孟霞龙、马友山、田仕健、向治铨、刘奇武、李兆林、何文炯、余锡庚、聂钟敏、高长生、黄国保、曾哲夫、王业敬、卢正坤、龙泽舟、匡有恒、刘琼（女）、刘裕民、杨圣芝、罗宽、周开初、谭早贵、王大光、王维安（女）、韦钦、龙云彰、朱子山、江弘慈（女）、许民生、寿松（女）、杨高明、杨焕乾（女）、杨道正、李峻、李喜莲（女）、萧之林、吴宗志、吴焘武、何麦秋（女）、张德才、陈晓梅、欧阳安、周柱梁、周恢前、高麟书、曹少华、黄政海、盛程万、蒋先达、喻晓黎、傅跃珍（女）、谭劲行、廖渝美（女）、魏敏（女）、丁长有、刘治华、刘庭怀、吴同蒲、陈杏元（女）、游立新、陈志强、易允武、唐伯勋、马卫国、王晃初、尹友章、刘汝实、杨先义、萧延曼（女）、吴传毅、罗敏（女）、金琳异（女）、周国山、周定飞（女）、周栋麒、胡明成、符干灵、曾祥德、谢娴江（女）、向学极、佘双智、陈长庚、苏克钧、李建玲（女）、张一山、王连强、王焕绪、刘华、刘捷民、李延智、李禹贤、李绪源、吴耀亮、陈世梓、林双信、钟少煌、侯南华、彭国丽（女）、彭晓平（女）、马翔林、周勇慎、屈天赐、王爱珍、石某斯、刘忠建、李咏芳（女）、李桂华（女）、吴晓村、何贤平、陈润钦、易金全、罗树琪、段忠良、黄仲川、梁柏丽（女）、谭孔达、王斌、方志坤、毛永昌、邓树林、刘元元（女）、刘云甫、刘汉琼、刘慈雨、苏伟（女）、杜少甫、杨淑辉（女）、李立、李玉均、李仲文、李金鑫、李海根、李敬忱、李锦桃、萧敏、余运昌、邹镇辉、宋燧文、沈志刚、陈致祥、林华生（女）、罗克崇、顾凤华（女）、徐忠珺、唐友邦、唐植华、唐豫明、曹伟、黄祖同、章铁军、鲁应时、童明坚、曾坤先、温长云、廖海峰、熊道善、钱永奎（1993年9月任）、缪曼聪（女，1993年9月任）、何志宇（1993年9月任）、朱建人(1993年9月任)、伍蔚滇（1995年12月辞）、王艳娟（女 1995年2月辞）、张芳瑞（1995年2月辞）、赖峥嵘（1995年12月辞）、沈克光（1995年2月撤）、郭庭喜（1996年亡）、李雍吾（1996年亡）、方毓棠(1996年3月任)、王树华（1996年3月辞）、胡晓亚（女，1996年3月辞）、徐凤资（1996年3月辞）、洪霞（女，1995年1月任）、彭代源（女，1995年1月任）、吕艳（女，1995年1月任）、彭崇立（1995年1月任）、曹铁安（1995年1月任）、胡建勇（1995年1月任）、郭斌斌（1995年1月任）、唐山（1995年1月任）、张声灿（1995年1月任）、熊沛坤（1995年1月任）、孙文超（1995年1月任）、易宇欣(1995年2月任)、刘坤鑫（1995年2月任）、杨源明（1995年2月任）、柳再高（1995年2月任）、丁小珑（1995年2月任）、龚罗生（1995年3月任）、邵作贵（1995年3月任）、王光明（1995年3月任）、周学农（1995年3月任）、吴安安（女，1995年3月任）、楚白兰（女，1995年3月任）、毛求（女，1995年3月任）、杨麟（1995年3月任）、张和光（1995年3月任）、粟建国（1995年3月任）、罗映红（女，1995年3月任）、雷高（1995年3月任）、彭纯其（1995年3月任）、周丹珏（1995年3月任）、苏可知(1995年3月任)、彭庆光（1995年3月任）、刘炳炎（1995年3月任）、黎福根（1995年3月任）、沈铁刚（1995年3月任）、释圣辉（1995年3月任）、邹日新（1996年3月任）、周剑球（1996年3月任）、胡利群（1996年3月任）、周亮斌（1996年3月任）、田汉明（女 1996年3月任）、刘清（1993年9月任；1995年2月辞）、胡刚（1997年2月免）、李斌恺（1995年12月辞）、萧光兰（1997年2月任）、李一民(1994年1月任)、朱胜超（1994年1月任）、李丹（女，1994年1月任）

政协长沙市第八届委员会委员名单

龙长工、朱建人、伍蔚滇、刘回、李咏芳（女）、宋声亮、刘汉琼、张贤遵、唐正湘、黄自求（女）、韩轶凡、彭宗佑、方平、朱尔瞻、朱忠佳、刘建清、江炎（女）、杨友吉、李正宇、李伏湘、李晓明（女）、张亚铭、唐树诚、梁国益、曾畅（女）、刘国芳、关建之、李显模、萧希天、吴小平、吴承志、易觉平、赵强华、俞业龙、黄振宇、黄耀华（女）、彭代源（女）、谢兆岗、王一柱、吕艳（女）、李祖仕、张晋一、罗吉如、段安娜（女）、黄启球、曹建宇、斯洪标、彭继球、蒋志强、漆光恒、刘益群（女）、杨海涛、李志伟、张早平、罗绍亮、周秋光、黄昌新、黄祖琳、符建国、梁建纯（女）、杨高、杨百放（女）、肖楚志、张智博、陈忞、骆际舜、徐国强、龚振湘、黎惠君（女）、许毅、李光华、何宗佑、陈意翼（女）、周策、高炳嘉（女）、黄丽安（女）、梁秉标、刘曼曼（女）、陈伯高、罗孟维、周志一、胡世楠、涂立奇、王业雄、王联芳、计荣海、何淑娟（女）、赵更生、任瀚无（女）、刘建武、汪爱文（女）、沈新谷（女）、赵鸿昌、姚仁智、章月明、彭定根、曾士让、熊建国、伍艳飞（女）、张浩、周刚、周敏（女）、黄继东、王永汉（女）、毛求（女）、冯娟（女）、伏金兰（女）、张利民（女）、洪霞（女）、祖沛南（女）、常红艳（女）、彭利芝（女）、曾嵘（女）、曾跃平（女）、谢利华（女）、翁少兰（女）、熊建辉、韦再奇、龙云彰、李伟、李卫军、李延智、李哲平、吴远鹏、何志宇、陈冬如、易行、罗映红、罗爱华（女）、项稼观、柳云国、胡志辉、唐慧芳（女）、彭年春、彭志远、彭启予、彭纯其、潘笑风、王林、刘务本、刘作桂（女）、刘海文、李益民、张天晓、张维金、易平均、胡勇、谭葵、魏薇（女）、刘宗云、杨建中、林卓藏、罗建文、黄林、吴康敏、陈全、陈曼林（女）、郭晓鸣、郭斌斌、黄秀娥（女）、彭晓平（女）、史穆、朱赫、朱惟精、刘国辉、杨源明、李大剑、何文格（女）、宋少华、张小林、陈玉莲（女）、贺艾芸（女）、殷景阳、黄纲正、葛平、谭秉炎、王书亮、文礼章、左诗永、宁洪（女）、刘习明、孙建雄、杨力工、苏醒、吴京生、何晴之、邱炳荣、张昌云、张胜先、张彩霞（女）、成正京、陈寿如、陈国军、陈炳恒、陈湘华、林世平、尚剑兴、罗彩霞（女）、赵跃宇、徐肇坤、殷俭、黄明章、黄彦华、黄德湘、曹伯进、彭俊邦、雷高、解成、戴勇、戴德华、王爱珍（女）、尹佑云、宁顺发、刘伏梅（女）、刘忠建、杨淑辉（女）、何超、邹镇辉、宋经建、陈臻、龚检生、缪左明、马友山、宁枫、刘智诚、李炳兴、李桢儒、吴安安（女）、何文炯、余锡庚、聂钟敏、龚德昌、潘定衢、万言恒、龙泽洲、刘琼（女）、李庚志、陈文久、罗正明、曹治安、康正林、王维安（女）、韦钦、方锦（女）、邓力耕、刘维朝、刘慈雨、孙俊三、孙德胜、杨高明、李兆林、李建洋、萧之林、张秀岚（女）、张美兴、陈云莎（女）、陈兴桂、陈晓梅、罗树根（女）、周文迪、高麟书、曹少华、盛程万、章幼君（女）、韩海玲（女）、蒋先达、喻晓黎、鲁志勇、曾晓楠、黎奇、丁长友、申建国、傅煊（女）、萧金科、郑秋元（女）、唐伯勋、蒋克工（女）、王才英（女）、邓维长、尹梅影（女）、刘汝实、刘放林（女）、许合慧（女）、吴传毅、张魁、罗敏（女）、周定飞、侯孝沛、彭竹漪（女）、傅建群、谢娴江（女）、赖青、田汉民（女）、陈长庚、欧阳衡、张一山、周洪意、唐江萍（女）、马翔林、王连强、王焕绪、刘捷民、蓝光明、罗保罗、释圣辉、释能净（女）、王斌、王富生、丰修仁、方志坤、邓树林、朱胜超、刘云甫、刘天固、刘建芳、孙文超、杨天明、杨迪祥、苏伟（女）、李立、李一民、李长明、李运礼、李金鑫、李锦桃、萧光兰、吴振斌、沈铁钢、沈康长、张治凡、张和光、陈丹（女）、陈昌本、陈朝晖、邵作贵、林华生（女）、林亚彬（女）、范国进、欧永生、周鹏（女）、周京仁、周剑球、周亮斌、郑蓬（女）、郑兆欣、柳再高、胡利群（女）、胡建明、胡晓亚（女）、周翔远、俞小玲（女）、聂原、徐忠珺、高潮、唐豫明、黄河、黄志明、黄祖同、曹铁安、章铁军、喻雪生、雷希文、廖海峰、熊沛坤、熊道善、潘岳元、何贤平（1998年亡）、涂日明（1998年12月辞）、黄以林（2000年1月辞）、罗幸明（2000年1月免）、龙岳辉（2000年1月辞）、刘荣宗（2000年1月辞）、陈立强（2000年9月撤）、周勇慎（2000年1月辞）、屈天锡

(2000年亡)、杜少甫（2000年1月免）、贺自强（1999年12月任）、徐哲劲（1999年12月任）、吴力仁（1999年12月任）、石长松（1999年12月任）、陈志云（1999年12月任）、刘大联（1999年12月任）、余运昌（1999年12月任）、江权度（2000年1月任）、周令杰（1999年12月任）、程端（1999年12月任）、周晓源（1999年12月任）、谢湘生（1999年12月任）、顾立（1999年12月任）、夏放群(1999年12月任)、陈彤新（1999年12月任）、孙丽萍（女，1999年12月任）、李正武（1999年12月任）、刘朝阳（1999年12月任）、谢正泉（1999年12月任）、钟发平（1999年12月任）、钟继红（1999年12月任）、吴金水（1999年12月任）、戴健如（1999年12月任）、魏华生（1999年12月任）、张健民（1999年12月任）、罗琪（1999年12月任）、马勇奇（1999年12月任）、邱祥平（1999年12月任）、张晓天（2000年9月任）、王云（2000年12月任）、陈劲（女，2000年12月任）、盛革华（女，2000年12月任）、吴光益（2000.年12月任）、匡利娥（女，2000年12月任）、朱先德（2000年12月任）、刘恕彬(2000年12月任)、许岗（2000年12月任）、李沐（2000年12月任）、李丽雄（女，2000年12月任）、李国胜（2000年12月任）、萧顺良（2000年12月任）、余舞蛟（2000年12月任）、罗宏宇(2000年12月任)、周厚吾（2000年12月任）、简用超(2000年12月任)、陈荣俊（2001年2月任）、姚五零（女，2002年1月任）

政协长沙市第九届委员会委员名单

简用超、龙云彰、周秋光、姚五零（女）、陈荣俊、李克俭、谭世延、毕凯、朱志刚、朱建人、伍蔚滇、刘汉琼、刘建湘、刘景旺、李宪政、欧阳晓东、释圣辉、阮建昆、何志宇、张青（女）、张学达、林嘉骐、周伯辉、彭电全、王　宇、朱尔瞻、刘建清、刘恕彬、杨友吉、李豪、李伏湘、李晓明（女）、陈劲(女)、罗劲松、贺孝武、赵敏、黄少朋、卜良桃、王海军、米穗华（女）、李夕庆（女）、吴承志、何寄华、欧阳灿明、易觉平、黄振宇、程端、程音德、谢兆岗、王丽萍（女）、吕艳（女）、孙光贵、李丽雄(女)、张德明、范艳云（女）、罗奇、周敏（女）、柳庆新、段安娜（女）、谢梦洲、彭继球、朱立民、刘益群（女）、李伟军、李建伟、余舞蛟、陈丹慧（女）、高智麟、黄昌新、喻献军、王林、杨高、杨百放(女)、萧奇友、陈忞、陈臻、洪霞、袁芝煌、徐国强、徐宪明、贝先明、申文高、许毅、李序蒙、李晓行（女）、朱宾、陈昉青、钟伦荣、黄光裕、邓志先、汤建尧、李红（女）、陈有卿、唐明雄、涂立奇、盛革华（女）、董晓明、李国希、陈寿如、曾汉、解成、李剑刚、萧波、周敏（女）、凌海军、方锦(女)、任瀚无（女）、刘海燕（女）、许乐云（女）、萧秀刚、何玲玲（女）、罗瑞锋、胡志刚、章月明、王永汉（女）、王奇辉（女）、王玲玲（女）、王索求（女）、龙建辉（女）、刘云霞（女）、陈建萍（女）、周淑军（女）、郑小平（女）、夏曼（女）、蒋少英（女）、刘朝阳、孙丽萍（女）、李沐、聂新章、熊建辉、韦再奇、刘国平、李伟、李超、李正武、李延智、李强兴、李群桥、萧贤辉、邹立坚、张利民(女)、陈迎春、林文东、易行、易敬平、顾立、曹雅林（女）、曹新明、彭年春、刘谷收、李健、李韬、李益民、罗斯旦、周利和、陶红（女）、崔玉芳（女）、魏薇（女）、刘宗云、张杰群、陈和国、罗建文、姚克强、黄林、吴康敏、陈慧（女）、周小兰、洪也凡、翁少兰（女）、黄秀娥（女）、彭晓平（女）、温典伟、史穆、朱赫、任军、李大剑、萧雨滋（女）、何文格（女）、宋少华、陈玉莲（女）、易肇沅、殷景阳、黄纲正、葛平、谭秉炎、王国秋、王继前、宁洪（女）、成新、朱先德、刘习明、许岗、孙建雄、杜维吾、杨力工、杨红波（女）、吴瑛（女）、张煌、张建明、张胜先、张彩霞（女）、陈湘华、罗彩霞(女)、周光华、周志一、周建林、胡迅（女）、赵跃宇、姚健、唐畋甸、唐复健、黄德湘、彭俊邦、谭迪强、戴勇、戴德华、马友山、毛求（女）、邢之国、刘国华、吴俊明、余锡庚、罗文章、曾秉炎、熊晓强、潘文富、潘定衢、王一兵、申实、朱西宁、刘忠建、李中华、张鼎庆、陈建平、陈爱民、易世平、周湘安、胡岳勋、贺自强、郭建中、曾鸣、万立恒、文礼章、陈志雄、陈佩良、徐兴华、温尚泰、温建明、谭智海、王彩玉（女）、韦正强、方希（女）、冉毅（女）、朱玉喜、刘琼（女）、刘纶伟、刘虎明、刘国芳、刘维朝、苏仕波、吴光益、何广文、张亚斌、张伯序、张驱美（女）、张建国、陈兴桂、侯健国、饶育蕾（女）、殷奇珍（女）、陶伏平（女）、梁云吾（女）、喻晓黎、谭石光、黎奇、燕玲春、吴小兵、余庄、张声琳、周策、蹇敦礼、郑秋元（女）、唐伯勋、蒋克工、何维长、尹梅影（女）、成宇锋、许合慧（女）、何德祥、张智博、陈晓阳（女）、易宏宇、胡静（女）、赵斯卿（女）、黄树明（女）、彭竹漪（女）、傅建群、赖青、樊四元（女）、刘继雄、杨懿文、李伟、杨庄林、周沙金、贵志平、马翔林、石梅（女）、田芳（女）、罗琪、金立槟、赵昆、马涌（勇）奇、罗保罗、释坚愿（女）、王国平、方志坤、向伟、刘红（女）、刘正林、刘庆凯、刘晓杏（女）、杜正国、杨万平、李立、李长明、李中琪、李世安、李扬波、李范坤、李宗范、李斯奇、萧顺良、谷中林、张和光、张爱武（女）、陈大川、陈松乔、陈朝晖、陈鲁青、邵建刚、林亚彬（女）、欧永生、易定明、易意平（女）、罗妹华（女）、罗明毫、郑明、郑蓬（女）、郑兆欣、郑若敖、孟建辉、胡前进、胡晓亚（女）、姚仁智、贺应辉、袁双利、高潮、唐娓（女）、黄玉池、黄如瑾、龚德昌、章利云（女）、彭平良、彭运兰（女）、彭建国、彭俊明、程再华、谢国斌、熊席成、萧英峰（2004年9月免）、罗绍凯（2004年9月辞）、余运昌（2005年1月辞）、李运礼（2006年1月辞）、李咏芳（女，2005年1月辞）、张迎龙（2005年1月任；2006年12月辞）、柳冠群（2005年1月辞）、黄顺玲(女，2005年1月辞)、胡光启（2005年1月辞）、黄志明（2003年7月辞）、罗绍亮（2003年7月任）、张早平（2003年7月任）、张江波（2003年7月任）、谢治国（2003年7月任）、王力华（2003年12月任）、李和平（女，2003年12月任）、冷雪飞（女，2003年12月任）、吴忠祥（2004年9月任）、周新民（2004年9月任）、黄本东（2004年9月任）、陈斌（2004年9月任）、梅文慧（女，2004年9月任）、龚振湘（2005年1月任）、万宏黎（2005年1月任）、陈来满（2005年1月任）、杨建宏（2005年1月任）、常立新（2005年1月任）、张炬（2005年1月任）、姜雁沙（女，2005年1月任）、李清山（2005年1月任）、杨兴龙（2006年1月1任）、吴子桂（2006年1月任）、张庆和（2006年1月任）、郑宏旺（2006年1月任）、袁睿（2006年1月任）、祝珍明（2006年1月任）、唐鉴明（2006年1月任）、杨立志（2006年1月任）、石建军（2006年1月任）、刘震宇（2006年1月任）、贺青彦（2006年1月任）、谈毅（2006年1月任）、释净雄（2006年12月任）、刘祥富（2005年1月任；2006年12月撤）

政协长沙市第十届委员会委员名单

周秋光、李克俭、王力力、龚振湘、谢明德、钟新莲（女）、段安娜（女）、彭继球、姚五零（女）、朱建人、马友山、马翔林、王清华（女）、李韬、吴运新、吴晓佳、张炬、宋宾、张青（女）、陈剑文、易肇沅、罗保罗、周小春（女）、袁兴中、杨意平（女）、李科明、吴忠祥、彭志一、谢朝武、黄雄姿、李国莲（女）、欧阳晓东、朱志刚、曹亚（女）、蒋林、尹学健、冷雪飞（女）、周利和、龚章霞、易金龙、李军、邹悦龙、康镇麟、李伏湘、贺孝武、邓建伟、李和平（女）、张庆和、郑宏旺、邱忠献、周群艺、杨万维、石建平、刘晓军、杨建宏、彭奕、张伯序、魏建新（女）、谢忠球、朱先德、罗建国（女）、卜良桃、刘诗题、王国瑞、谢梦洲（女）、袁睿、江跃龙、周敏（女）、李正武、张德明、陈为军、杨开祥、张治梧、李丽雄（女）、张早平、高智麟、段曼珍（女）、李建伟、蒋玲丽（女）、夏莹（女）、徐美辉（女）、周海渔、李伟军、邹国兴、李辉、王清华（女）、杨百放（女）、杨高、王星娜（女）、万向荣、王林、王翔、李曦（女）、陈立、向鹏、袁芝煌、宋宾、黄光裕、李序蒙、许毅、申文高、彭虎、陈昉青、贝先明、唐复健、董晓明、陈国军、刘有良（女）、马庆、梁军、汤建尧、吴运新、陈剑文、祝珍明、唐鉴明、周辉斌、谭晓风、谢资清（女）、陈克求、罗霖、刘芳妍（女）、唐再明、许乐云（女）、张剑、冯朝、谭建云、孙丽萍（女）、胡志刚、王丹丹（女）、邹春花（女）、龙建辉（女）、陈新明、刘聪俐（女）、周小春（女）、胡遂（女）、李舜（女）、彭湘（女）、谈映（女）、阳翠萍（女）、苏敏芳（女）、唐娓、傅玲（女）、曹朝辉（女）、夏曼（女）、周璟（女）、魏薇（女）、张军良、萧波、李旭（女）、邹碧霞（女）、梁红光、盛波、张小穗（女）、刘祥华、石展（女）、刘洪斌、何立伟、李伟、高玉堂、卢松林、李建龙、林文龙、李超、李群桥、曹雅林（女）、杨立志、周戈、李天赐、谭建钢、林志台、蔡跃武、朱双文、柯宝清、彭忠文、李韬、陶红（女）、刘谷收、易敬平、李清山、黄群（女）、谭斌、肖熳（女）、王伏羲、沈文建、黄界沙、李志刚、黄林、李斯奇、张杰群、张志学（女）、陈德益、罗建文、吴晓佳、谢远知、洪也凡、陈全、刘晓泓（女）、陈慧（女）、李清红（女）、洪波（女）、俞小玲（女）、陈亝、敖耀寰、李大剑、王立华、陈晓玲（女）、葛平、薛媛媛（女）、罗志勇、任智兰（女）、李立、杨国林、萧雨滋（女）、曲海涛、吴瑛（女）、周俊敏、唐畋甸、黄德湘、范江、孙建雄、许岗、吴京生、陈建平、何国强、尹彦征、孙雪平（女）、周光华、解成、伍红（女）、姜策、彭孟武、周云山、邹耀增（立坚）、陈伯如、胡愈轮、陈金定、潘杰、杨红波（女）、黄本东、潘文斐、柳中辉、唐文广、杨湘伟、蔡怀宁、张立忠、杨运斌、胡前进、欧阳慧、马友山、吴家庆、喻寿奇、毛求（女）、刘国华、罗文章、何季麟、蒋集政、曾秉炎、段启俊、谌晓宇、吴俊明、刘震宇、李华超、易肇沅、黄杏芝（女）、黄卫国、易世平、陈二尧、陈跃文、李丙戊、李荣军、马放军、向碧波、邱饶生、赵泉清、唐朝晖、陈斌、钟长贵、温建民、何晴之、尹莉亚（女）、赵汉先、郭雄辉、严佑红、彭知财、李枫、何文广、袁兴中、涂立奇、李云龙、高晓苏（女）、刘维朝、韦正强、陈翠兰（女）、伍英（女）、杨素群（女）、侯巍、周策、黄敏兰（女）、刘清平、熊晓泗、斯潘文（女）、蒋言斌、喻爱英（女）、叶婷（女）、黄中祥、方建超、刘建清、宁洪（女）、陆家宾、王仁才、章定发、罗文军、杨文盛（女）、汤长发、赵柏林、罗浩、黄树明（女）、熊开颜、刘竟芳（女）、胡迅（女）、黄竹林、胡筱薇（女）、李健、王军英（女）、王宁、陈曼（女）、成宇锋（女）、萧红梅（女）、罗其美、刘习明、刘继雄、李冬山、袁义和、马翔林、萧小敏、金立槟、蒯新华、唐樱（女）、阮江（女）、王国梅（女）、郑从军、马涌奇、罗保罗、释圣辉、释坚愿（女）、释悟圣、释能净（女）、曹再兴、王民主、王国平、杨小林、许辉（女）、李伟群、萧雅珩（女）、张青（女）、陈伟建、贺明兰（女）、姚仁智、彭运兰（女）、斯洪标、李世安、尹小英（女）、鲁建文、杨万平、喻亚军、袁精华、王功长、谷中林、曹健、刘佳勇、刘正林、李电晖、孙国林、文丽霞（女）、邹觉西、黄如瑾、陈树中、郑耀频、冯辉、李卓民、姚仲权、丑金科、任正斌、袁志恒、黎建、李继红、石长松、巩固、陈大川、谭志、陈大祥、杨兴龙、陈维旭、胡华亮、王河、萧顺良、刘红（女）、佘曼云（女）、易石平、郭慧、吴灿、彭志坚、谢巨文、原伟强、张显基、张红毅（女）、李启安、王树林、周伯辉、温佩琪（女）、林燕胜、梅文慧（女）、谢树林（2010 年 9 月任）、董学生（2010 年 9 月免）、龙建强（2008 年 12 月任）、陈立湘（2010 年 9 月任）、黄中瑞（2010 年 9 月免）、谭世延（2009 年 1 月辞）、刘朝阳（2009 年 1 月免）、释净雄（2009 年 1 月免）周均甫（2010 年 12 月撤）、赵敏（2009 年 1 月免）、钟伦荣（2011 年 9 月辞）、何玲梅（女，2011 年 9 月辞）、彭勇（2011 年 9 月辞）、周志军（2011年9月辞）、黄建（2010年12月撤）、周新明（2009年亡）、张玉会（2010年12月辞）、车雄伟（2011年9月撤）、方泽华（2010年12月撤）、胡静（女，2011年9月辞）、易意平（女，2011年9月辞）、孔玉成（2011年9月辞）、郑明（2011年9月辞）、胡德强（2011年9月辞）、尹英龙（2011年9月辞）、贺赤兴（2011年9月辞）、曹立军（2011年9月辞）、王亮明（2010年9月免）、刘卓华（2008年12月任）、王静（2008年12月任）、刘仙娥（女，2008年12月任）、萧梓华（2008年12月任）、周勇（2008年12月任）、骆志平（2008年12月任；2011年9月免）、盛革华（女，2008年12月任）、贺滟（女，2010年11月任）、邹宁（2010年11月任）、唐跃齐（2010年11月任）、周树雄（2010年11月任）、姚建伟（2010年11月任）、庄永锐（2010年11月任）、曾左（2010年11月任）、慕新洪（2010年11月任）、王新厦（2010年9月任）、文芳（女，2010年9月任）、石东海（2010年9月任）、冯聪龙（2010年9月任）、李建国（2010年9月任）、刘映群（2010年9月任）、萧雄飞（2010年9月任）、张界怡（2010年9月任）、张音悦（2010年9月任）、易冒（2010年9月任）、周虔（2010年9月任）、周敏（2010年9月任）、周春晖（2010年9月任）、周志远（2010年9月任）、饶福明(2010年9月任)、贺代贵（2010年9月任）、黄峰（2010年9月任）、彭利芝（女，2010年12月免）、喻志军（2010年12月免）、谭果（2010年12月免）、谭勇（2010年12月免）、谭学军（2010年12月免）、史穆（2009年12月亡）

特约委员：雷宜锌、傅伯瑜、曹汝龙、杨建武、何金松、徐双喜、徐文忠、何彬生、李晓明（女）、郑聪俊、郑文宪、钟飞、李鄂权、陈忠、邬江弯、杨柳（女）

附录：1993—2012年驻长沙全国政协委员及湖南省政协委员名单

（一）全国政协委员

第八届（1993—1997年）

李　静　刘庭怀　费岳峰

第九届（1998—2002年）

费岳峰　李　静

第十届（2003—2008年）

曹　亚（女）胡旭晟　王沛清　释圣辉（常委）

第十一届（2008—2012）

曹　亚（女，常委）　朱建军

（二）湖南省政协委员

第七届（1993—1998年）

王克俭	朱尔瞻	李裕敏	汪国瑾	肖芝泉	王彬文
高祖璋	朱骏年	向荣旦	胡洁非	雷义才	左新华
李佩瑢	李俭源	刘金凤	李培德	梁秉标	张伟玦
高祖清	魏明德	李娟玲	彭桂秋	胡力克	袁　霞
吴炳辉	逮复兴	李　静	秦希舞	林华生	谭长庚

聂江缨	彭大斌	朱哲俊	陈琼华	李雍吾	释博明
李克俭	唐正湘	涂日明	臧宝山		

第八届（1998—2003年）

李裕敏	唐　林	李　豪	李显模	朱骏年	雷义才
左新华	张　婕	周秋光	梁讫娜	胡康谷	梁秉标
李小瀛	张伟玦	杜狄松	殷金玉	蔡辉莲	杨懿文
谢晓红	吴炳辉	姚五零	逮复兴	于建初	龙云彰
全朝怀	张贻明	罗云鹏	林华生	彭大斌	马涌奇
李禹贤	释圣辉	李咏芳	邹灿荣	张贤遵	侯孝沛
唐　林					

第九届（2003—2008年）

胡明月	姚五零	逯复兴	左新华	李　豪	李小瀛
张伟玦	于建初	朱俊年	邹灿荣	张贤遵	苏可知
谢晓红	徐罗生	林华生	龙云彰	梁讫娜	胡康谷
吴炳辉	释圣辉	殷金玉	唐　山	侯孝沛	张贻明
梁秉标	杜狄松	马涌奇	周秋光	雷义才	朱尔瞻
周小南	秦希舞	周　敏	李显模	余德泉	李咏芳
马亮生	邱六安	徐美辉	李　军		

第十届（2008—2012年）

萧雅珩	王力力	谭世延	谭春华	何立伟	张迎龙
郝志刚	杨文涛	斯洪标	李光华	周秋光	邓立新
马涌奇	释净雄	释法通	李世安	李　能	赵　敏
周　健	何寄华	余舞蛟	彭继球	易敬平	石建军
凌宪初	方　敏	葛新力	段安娜	龚振湘	董学生
匡涛涛	黄朝晖	朱玉国	欧阳亦文	易小刚	全　臻
张　力	唐未德				

第二章　常务委员会

第七至第十届市政协设常务委员会主持会务，履行政治协商、民主监督和参政议政职能。常务委员会由主席一人，副主席若干人，秘书长一人，副秘书长若干人和常务委员数十人组成，其人选由每届第一次全体委员会议选举产生，任期5年。常务委员会成员中，主席专职驻会，副主席分专职驻会和兼职两种，驻会副主席一般由中共党员担任，兼职副主席由党外人士担任。从第八届市政协起，兼职副主席均享受同等行政级别待遇。第九、十两届，在副主席级别上，另设“顾问”职位。此外，第七至第十届市政协每届另聘常务委员中的党外人士3~4名任兼职副秘书长。常务委员会成员因工作需要或其他原因，于届中适时调整。

第一节　常委会组成

一、第七届常务委员会

1993年1月，政协长沙市七届一次会议选举产生政协长沙市第七届委员会常务委员会委员及主席、副主席、秘书长。

主　　席：臧宝山

副 主 席：唐正湘　何维琪
方毓棠（兼，1993年1月—1995年3月任）韩铁凡　张庭凯　何祥（兼）　李培德（兼）
陈丽明（女，兼）　梁秉标（兼）　龙云彰（1996年3月任）

秘 书 长：韩铁凡（兼）

副秘书长：李修能（1993年3月—1994年1月任）王富生　符建国　杨毓灵（兼）李履礼（兼）
张运胜（兼）　喻力（1993年5月任，兼）

常　　委（按姓氏笔画排列）：
丁波（女）　丁炳乾　尹梅影（女，1995年3月任）　史穆　卢正坤　丛善本　冯银喜
龙云彰　巩固　朱尔瞻　朱择权　朱建人(1995年3月任)　伍利威　伍蔚滇(1996年3月辞)
毛求（女，1996年3月任）　向治铨　刘汉琼　刘庭怀　刘海文　刘福生（1996年3月撤）
寿松（女）　苏克钧　杨道正　杨赋安　易宇欣（1995年3月任，女）李立　李禹贤
李斌恺(1996年3月辞)　李雍吾(1996年8月亡)　吴为廉　吴传毅　吴宗志　吴耀亮
吴承志(1996年3月任)　邱大鸣(1995年3月撤)　何立伟　佘双智　沈克光(1996年3月撤)张和光（1996年3月任）　陈建国　林华生（女）　林卓藏　罗宽　周正规　周勇慎
罗寄宁　屈天赐　胡明成　胡晓亚（女，1996年3月辞）　柳展辉　夏谋　徐友文　唐伯勋
钱永奎（1995年3月任）　萧炎熙　龚罗生（1996年3月任）　黄仲川　释圣辉（1995年3月任）　释戒圆（1995年亡）　楚白兰（女，1996年3月任）曾坤先　熊道善

二、第八届常务委员会

1998年1月，政协长沙市八届一次会议选举产生政协长沙市第八届委员会常务委员会委员及主席、副主席、秘书长。

主　　席：张贤遵（2001年1月免）　简用超（2001年1月任）

副 主 席：唐正湘（2001年1月免）　韩铁凡　李显模　梁秉标（兼）　龙云彰（兼）龙长工
李咏芳（女）　骆际舜（兼）周秋光（兼）姚五零（女）　陈荣俊（兼）（2002年1月任）

秘 书 长：宋声亮

副秘书长：方志坤　王富生（2002年7月免）　谢国斌　王国平（2002年1月任）朱尔瞻（兼）
罗绍亮（兼）　李延智（兼）

常　　委（按姓氏笔画排列）：
丁长有　马翔林　马勇奇（2000年1月任）　王一柱　王联芳　韦再奇　毛求（女）
计荣海　文礼章　方锦（女）邓力耕　尹佑云　史穆　朱建人　刘回　刘海文

刘曼曼（女） 孙俊三 匡利娥（女，2000年1月任） 李立 李大剑 李晓明（女）
吴安安（女）吴传毅 吴承志 吴金水（2000年1月任） 黄以林（2000年1月免）
刘荣宗（2000年1月免）张和光 张晋一 陈长庚 陈寿如 陈湘华 邱炳荣
林华生（女） 林亚彬（女）林卓藏 罗保罗 罗树根（女）周敏（女） 周洪意
周令杰（2000年1月任） 周勇慎（2000年1月任） 郑兆欣 屈天赐（2000年亡） 胡勇
胡世楠 胡晓亚（女） 侯孝沛 姚仁智 翁少兰（女）唐伯勋 曹伯进 龚振湘
康正林 符建国 彭代源（女）释圣辉 解成 熊道善 熊建辉（2000年1月任）

三、第九届常务委员会

2003年1月，政协长沙市九届一次会议选举产生政协长沙市第九届委员会常务委员会委员及主席、副主席、秘书长。

主　　席：简用超

副秘书长：李咏芳（女，2005年3月免）龙云彰 周秋光（兼）
柳冠群(2007年1月免) 张迎龙(2005年3月—2007年1月任) 姚五零(女) 陈荣俊(兼)
李克俭 谭世延（兼） 黄顺玲（兼，女， 2005年3月免） 王力力（兼）
龚振湘（兼，2005年3月任）

顾　　问：韩铁凡 龙长工（2004年12月免）

秘 书 长：朱建人

副秘书长：方志坤 谢国斌 王国平 毕凯（兼）朱尔瞻（兼） 朱立民（兼） 黄光裕（兼）
罗绍亮（兼） (2004年9月任；2004年1月任常委)

常　　委（按姓氏笔画排列）：

马友山 马涌(勇)奇 马翔林 王国秋 文礼章 尹梅影（女） 申实 史穆 刘云霞(女)
刘建湘 杨懿文 李立 李沐 李韬 李豪 李延智 李宪政 李晓明（女）吴瑛（女）
吴小兵 吴忠祥（2006年1月任） 吴承志 何广文 余运昌（2006年1月免） 宋宾
张青（女） 张亚斌 张驱美（女） 张和光 张爱武(女) 张智博 张 炬(2006年1月任)
陈忞 陈寿如 陈芳辉(2006年1月任) 陈湘华 林亚彬（女）易敬平 易肇沅 罗保罗
罗绍凯(2004年9月免) 周敏(女) 周沙金 郑兆欣 胡光启(2006年1月免) 胡晓亚(女)
姚仁智 赵敏(2006年1月任) 翁少兰(女) 唐伯勋 唐畋甸 唐复健 陶红(女)
萧秀刚 黄林 彭运兰(女) 彭俊明 彭继球 董晓明 释圣辉 解成

四、第十届常务委员会

2008年1月，政协长沙市十届一次会议选举产生政协长沙市第十届委员会常务委员会委员及主席、副主席、秘书长。

主　　席：董学生（2010年9月免） 谢树林（2010年9月任）

副 主 席：黄中瑞（2010年8月免） 周秋光（兼） 李克俭 王力力（兼）
龚振湘(2009年1月改兼职为专职) 龙建强(2009年1月任) 陈立湘（2010年9月任）
谢明德 钟新莲（女） 段安娜（女,兼） 彭继球（兼）

顾　　问：姚五零（女） 谭世延（2009年1月辞）

秘 书 长：朱建人

副秘书长：彭志一（2011年2月任） 萧雅珩（女） 斯洪标 许辉（女） 郑宏旺(兼) 黄光裕(兼)

常　　委（按姓氏笔画排列）：

马友山　马涌奇　马翔林　王国平　王清华（女） 刘仙娥（女，2009年1月任） 刘诗题　刘继雄　刘朝阳（2009年亡） 曲海涛　何广文（2011年9月免） 吴瑛　吴运新　吴忠祥　吴家庆（2009年1月任） 吴晓佳　宋宾　张炬　张青（女） 张小穗（女） 张庆和　张早平　李枫　李韬　李伟群　李华超　李科明　杨小林　杨意平(女) 陈忞　陈斌　陈伟建　陈剑文（女） 周小春（女） 周均甫（2010年9月撤） 周俊敏　易肇沅　罗保罗　俞小玲（女） 姚仁智　赵敏（2009年1月免） 贺明兰（女） 钟伦荣(2011年9月免)　唐再明　唐复健　唐畋甸　敖耀寰　涂立奇　袁兴中　高智麟　陶红（女） 曹亚（女） 曹再兴　梁红光　盛波　黄林　黄树明（女） 彭勇（2011年9月免） 彭运兰（女） 董晓明　蒋林　谢朝武　释圣辉　释净雄（2009年1月辞） 释坚愿（女） 熊开颜

第二节　工作机构

1993年1月，第七届市政协机关内设办公厅和提案委员会等8个专门委员会以及经济建设促进会办公室（事业编制）等工作机构，在常务委员会和主席会议的领导下，各司其职，开展日常工作。1998年1月，经市政协八届一次会议第一次常委会议审议通过，市政协机关机构设置改为办公厅、提案委员会、经济科技委员会、文教卫体委员会、法制群团委员会、文史和学习委员会、港澳台侨联络委员会和经济建设促进会办公室。

2002年7月机构调整，文教卫体委员会与文史和学习委员会合并为文教卫体和文史委员会，原文史和学习委员会的“学习”职能划归办公厅；法制群团委员会更名为法制群团和民族宗教委员会；新成立人口资源与环境委员会；办公厅内增设研究室（正科级），2006年5月升格为正县级，分离。此后至2012年12月，市政协机关机构设置不变。

一、第七届委员会工作机构

办公厅

主　　任：李修能（兼，1994年1月免）方志坤（1994年1月任）

副 主 任：龚平理（1997年7月免） 傅梓堂　谢国斌　江德兴（1994年1月免）

学习宣传委员会

主　　任：方志坤（1993年3月—1994年1月任）

副 主 任：郑兆欣　江德兴（1994年1月任） 李首平（1995年3月任）

向治铨（兼） 杨毓灵（兼） 唐伯勋（兼）

提案委员会

主　　任：舒自立（1996年10月免）

副 主 任：成竹林　谭培（女，1997年9月任） 邹镇辉（兼）

王爱珍（女，兼） 郭庭喜（1996年亡，兼）

文史资料研究委员会

主　　任：曹铁安（1995年3月任）

副 主 任：曹铁安（1995 年 3 月免） 何立伟（兼） 夏谋（兼） 高长生（兼） 黄祖琳（兼）

联络委员会

主　　任：林华生（女）

副 主 任：彭俊明　林卓藏（兼） 吴耀亮（兼） 佘双智（兼，1996 年 3 月免） 杜少甫（兼）
刘元元（兼）

经济建设委员会

主　　任：胡世楠

副 主 任：熊道善（兼） 沈克光（兼，1996 年 3 月撤） 李咏芳（女，兼） 唐豫明（兼）
毛永昌（兼，1996 年 3 月免） 周开初（兼） 杨军（女，兼） 喻力（兼）
钱永奎（兼，1996 年 3 月任）

教育科技委员会

主　　任：林亚彬（女）

副 主 任：杨道正（兼） 陈建国（兼） 沈克光（兼，1996 年 3 月撤）
易宇欣（兼，女 1995 年 2 月任）

文艺医卫体育委员会

主　　任：曹　伟

副 主 任：刘学仁　张芳瑞（兼，1995 年 3 月免） 符干灵（兼） 刘治华（兼） 王晃初（兼）
侯孝沛（兼，1996 年 3 月免） 杨源明（兼，1996 年 3 月任）

法制群团委员会

主　　任：佘俊高（1995 年 8 月免） 吴安安（女，1995 年 8 月任）

副 主 任：吴安安（女，1995 年 8 月免） 张爱武（女） 苏克钧（兼） 伍蔚滇（兼）
巩固（兼） 胡晓亚（兼，女，1995 年 12 月免） 刘奇武（兼）
李延智（1995 年 8 月免，兼）毛求（兼，女，1997 年 9 月任）
楚白兰（兼，女，1997 年 9 月任） 周剑球（兼，1996 年 12 月任）

经济建设促进会办公室

主　　任：贺近性

二、第八届委员会工作机构

办公厅

主　　任：方志坤（2002 年 1 月免） 宋声亮（兼，2002 年 1 月任）

副 主 任：方志坤（2002 年 1 月任） 陈忞（2002 年 6 月任） 王习加（2002 年 1 月任）
胡德强（2002 年 1—10 月） 赵理峰（2000 年 6—12 月）

提案委员会

主　　任：林亚彬（女）

副 主 任：谭培（女 2002 年 7 月免）伍伏秋（女，2002 年 7 月任）
江权度(兼,2002 年 2 月任) 刘回(兼) 唐伯勋(兼) 陈忞(兼) 胡志辉(兼)

经济科技委员会

主　　任：胡世楠（2002 年 1 月免） 彭俊明（2002 年 1 月任）

副 主 任：李首平　向荣旦（2002 年 7 月任）　缪佐明（兼）　邵作贵（兼）　曹治安（兼）
李延智（兼）陈湘华（兼）　胡勇（兼）　宁枫（兼）贺自强（兼，1999 年 6 月任）

文教卫体委员会（2002 年 7 月止）

主　　任：符建国　刘学仁（2001 年 1 月免）

副 主 任：江德兴　彭宗佑（兼）杨源明（兼）邓力耕（兼）　侯孝沛（兼）
王才英（女，兼）魏华松（兼，2000 年 2 月任）

文史和学习委员会（2002 年 7 月止）

主　　任：郑兆欣

副 主 任：梁小进　释圣辉（兼）　李立（兼）　李正宇（兼）郑秋元（女，兼）
黄纲正（兼）

文教卫体和文史委员会（2002 年 7 月起）

主　　任：郑兆欣

副 主 任：江德兴　梁小进　彭宗佑（兼）　杨源明（兼）　邓力耕（兼）侯孝沛（兼）
魏华松（兼）　释圣辉（兼）　李正宇（兼）　李立（兼）郑秋元（女）（兼）
黄纲正（兼）

法制群团委员会（2002 年 7 月止）

主　　任：吴安安（女）

副 主 任：张爱武（女）　刘智诚（兼）　姚仁智（兼）毛求（女，兼）周敏（女，兼）
周剑球（兼）

法制群团和民族宗教委员会（2002 年 7 月起）

主　　任：曾慧明（2002 年 7—12 月）

副 主 任：陈伟建　刘智诚（兼）　姚仁智（兼）毛求（女，兼）周敏（女，兼）
周剑球（兼）

港澳台侨联络委员会（1998 年 9 月更名为港澳台侨和外事委员会）

主　　任：林华生（女）

副 主 任：彭俊明（2002 年 1 月免）　杨小林（2002 年 1 月任）欧阳衡（兼）
田汉明（女，兼）杜少甫（兼）林卓藏（兼）　李晓明（女，兼）

人口资源环境委员会（2002 年 7 月成立）

主　　任：

副 主 任：张爱武（女）　谭培（女）　王才英（女）（兼）
萧顺良（兼）　聂原（兼）

经济建设促进会办公室

主　　任：赵理峰（1998 年 11 月—2000 年 6 月）　刘学仁（2001 年 1 月任）

三、第九届委员会工作机构

办公厅

主　　任：朱建人（兼）

副 主 任：方志坤　陈忞（2006 年 12 月免）王习加（2007 年 10 月免）　杨小林（2007 年 7 月任）

提案委员会

主　　任：林亚彬（女）

副 主 任：伍伏秋（女） 王继前（兼） 刘汉琼（兼） 刘景旺（兼） 吴承志（兼）
唐伯勋（兼） 彭继球（兼） 江权度

经济科技委员会

主　　任：彭俊明

副 主 任：向荣旦　李首平（2004 年 7 月免）　杨小林（2004 年 7 月—2006 年 7 月任）
薛劲松（2006 年 12 月任）　刘谷收（兼） 李延智（兼） 陈湘华（兼）
贺自强（兼） 徐兴华（兼） 唐复健（兼） 曾鸣（兼）

文教卫体和文史委员会

主　　任：郑兆欣

副 主 任：江德兴（2006 年 12 月免）　梁小进　张彩霞（女，2006 年 12 月任）
毛求（女，兼）　余庄（兼） 张驱美（女，兼） 张智博（兼）
何德祥（兼）　郑秋元（女，兼） 易肇沅（兼） 欧阳晓东（兼）

法制群团和民族宗教委员会（2002 年 7 月起）

主　　任：马友山

副 主 任：陈伟建　刘云霞（女，兼）　李沐（兼）　邢之国（兼） 萧秀刚（兼）
吴俊明（兼）　周敏（女，兼）　姚仁智（兼） 贵志平（兼） 熊晓强（兼）

港澳台侨和外事委员会

主　　任：彭运兰（女）

副 主 任：杨小林（2004 年 7 月免）　李首平（2004 年 7 月任）　刘继雄（兼）　李伟（兼）
杨懿文（兼）　胡晓亚（女，兼） 翁少兰（女，兼）　黄光裕（兼）

人口资源环境委员会

主　　任：张爱武（女）

副 主 任：谭培（女） 刘庆凯（兼） 伍蔚滇（兼） 萧顺良（兼） 萧奇友（兼）
陈寿如（兼） 陈松乔（兼） 陈鲁青（兼）　胡静（女）（兼） 程再华（兼）

研究室（2002 年 7 月成立，2006 年 5 月机构升格为正县级）

主　　任：王习加（2006 年 10 月免）　陈　忞（2006 年 12 月任）

四、第十届委员会工作机构

办公厅

主　　任：朱建人（兼，2011 年 3 月免） 彭志一（2011 年 3 月任）

副 主 任：萧雅珩（女） 杨建国　薛劲松

提案委员会

主　　任：陈伟建

副 主 任：彭理华　钟志明（2010 年 4 月任）王亮明（兼，2010 年 9 月免） 刘诗题（兼）
李卓民（兼）　李国莲（女，兼） 李继红（兼）　张庆和（兼）　邹觉西（兼）
陈大祥（兼）　姚仲权（兼）　郭慧（兼） 黄雄姿（兼）

经济科技委员会

主　任：易肇沅

副主任：王丽西（女） 刘谷收（兼） 曲海涛（兼） 吴京生（兼） 李伟（兼） 李电晖（兼） 陈为军（兼） 钟长贵（兼） 袁睿（兼） 黄杏芝（女，兼） 黄德湘（兼） 郑耀频（兼，2009年9月任）

文教卫体和文史委员会

主　任：陈忞

副主任：张彩霞（女） 俞小玲（女，兼） 易石平（兼） 陈晓玲（女，兼） 李枫（兼） 周辉斌（兼） 黄树明（女，兼） 汤建尧（兼） 何广文（兼） 熊开颜（兼） 章定发（兼）

法制群团和民族宗教委员会

主　任：马友山

副主任：杨翌（女） 贝先明（兼） 吴俊明（兼） 陈剑文（女，兼） 周小春（女，兼） 祝珍明（兼） 姚仁智（兼） 唐再明（兼） 曹再兴（兼） 彭志一（兼，2011年3月辞） 彭勇（2009年7月任，兼）

港澳台侨和外事委员会

主　任：彭运兰（女）

副主任：李燕（女） 王国平（兼） 刘红（女，兼） 刘继雄（兼） 朱双文（兼） 李冬山（兼） 袁义和（兼） 黄光裕（兼） 谢远知（兼） 王林（兼）

人口资源环境委员会

主　任：贺明兰

副主任：邓禹斌 文丽霞（女，兼） 冯辉（兼） 石长松（兼） 任正斌（兼） 萧顺良（兼） 陈大川（兼） 郑耀频（兼，2009年9月辞） 胡静（兼） 胡前进（兼） 袁志恒（兼） 黎建（兼）

研究室

主　任：杨小林

副主任：杨名兴

第三章　重要会议

第一节　全体委员会议

市政协全体委员会议每年召开一次。会议期间，全体委员、各政协参加单位就《长沙市人民政府工作报告》（以下简称《政府工作报告》），《长沙市当年国民经济和社会发展计划执行情况和次年国民经济和社会发展（草案）计划报告》（以下简称《计划报告》）。《长沙市当年市本级财政预算执行情况和次年市本级财政预算（草案）报告》（以下简称《财政报告》）、《长沙市中级人民法院工作报告》（以下简称《法院报告》）、《长沙市人民检察院工作报告》（以下简称《检察院报告》）以及《政协长沙市委员会常务委员会工作报告》（以下简称《常委会报告》）和《政协长沙市委员会常务委员会关于上次全体委员会议以来提案工作情况的报告》（以下简称《提案报告》）等事关全市经济、政治、文化、社会、生态等重大决策及实施情况以及市政协本身重大工作事项进行协商讨论，提出建议和意见，就社会难点、热点和盲点问题提交提案，进行专题协商，反映社情民意；通过大会发言、小组讨论，阐述见解，畅所欲言，针砭时弊。委员们列席市人民代表大会开幕会。中共长沙市委、市人大常委会、市人民政府领导以及市委、市政府各职能部门主要负责人应邀出席、列席会议，听取大会发言、参与全体委员会议专题协商会和小组讨论会，与委员们面对面协商沟通，听取建议和意见，了解社情民意，接受委员和政协参加单位的民主监督。全体委员会议期间，还举行重大人事任免协商和各类专题学习活动。

一、第七届市政协全体委员会议

（一）七届一次会议。1992 年 12 月 27 日—1993 年 1 月 2 日召开。中共省委常委、市委书记夏赞忠出席并讲话。副主席方毓棠作政协长沙市第六届委员会常务委员会工作报告，提案委员会主任舒自立作政协长沙市第六届委员会提案委员会关于提案工作情况报告。秘书长黄克猷作《关于人民政协性质、地位、作用》辅导报告。会议期间，委员们列席长沙市人民代表大会常务委员会（以下简称“市人大”）十届一次会议开幕会，听取市长张明泰所作《政府工作报告》，以及《长沙市 1992 年国民经济和社会发展计划执行情况和 1993 年国民经济和社会发展计划（草案）报告》《长沙市 1992 年市本级财政预算执行情况及 1993 年市本级财政预算（草案）报告》《长沙市中级人民法院工作报告》《长沙市人民检察院工作报告》。会议选举政协长沙市第七届委员会主席、副主席、秘书长和常务委员会委员；会议审议通过政协长沙市第七届委员会第一次会议政治决议和关于政协长沙市第六届委员会常务委员会工作报告决议、提案工作情况报告决议。会议期间，委员分组讨论协商《政府工作报告》《法院报告》《检察院报告》《计划报告》《财政报告》和《常委会报告》《提案报告》。省、市党政领导和市七届政协正、副主席分别下组参加讨论。提案委员会主任舒自立报告政协长沙市第七届委员会第一次会议提案审查情况。中共长沙市委、市政府、市直有关单位、市属主要企业负责人及市政协、市委统战部副县级以上干部列席会议。出席会议人员 600 余人。

（二）七届第二次会议。1994 年 3 月 4—8 日召开。省政协副主席邓有志，中共省委常委、市委书记出席并讲话。主席臧宝山作政协长沙市第七届委员会常务委员会工作报告，副主席李显模作政协长沙市第七届委员会提案委员会关于七届一次会议后的提案工作情况报告。会议期间，委员们列席市人大十届二次会议开幕会，听取市长张明泰所作《政府工作报告》，以及《长沙市 1993 年国民经济和社会发展计划执行情况和 1994 年国民经济和社会发展计划（草案）报告》《长沙市 1993 年市本级财政预算执行情况及 1994 年市本级财政预算（草案）报告》《长沙市中级人民法院工作报告》《长沙市人民检察院工作报告》。会议审议通过政协长沙市第七届委员会第二次会议政治决议和关于政协长沙市第七届委员会常务委员会工作报告决议、提案工作情况报告决议。会议期间，委员分组讨论协商《政府工作报告》《法院报告》《检察院报告》《计划报告》《财政报告》和《常委会报告》《提案报告》。省、市党政领导和市政协正、副主席分别下组参加讨论。17 位委员在大会发言，就长沙市两个文明建设发表意见和建议，提案委员会主任舒自力报告七届二次会议提案审查情况。会议增补尹梅影、朱建人、吴承志、钱永奎、喻力 5 人为市七届政协常务委员会委员，免去邱大鸣常务委员职务。中共长沙市委、市政府、市直有关单位、市属主要企业负责人及市政协、市委统战部副县级以上干部列席会议。

（三）七届三次会议。1995 年 3 月 25—29 日召开。省政协主席刘正，中共省委常委、市委书记到会并讲话。副主席唐正湘作政协长沙市第七届委员会常务委员会工作报告，副主席李显模作政协长沙市第七届委员会提案委员会关于七届二次会议后的提案工作情况报告。会议期间，委员们列席市人大十届三次会议开幕会，听取市长袁汉坤所作《政府工作报告》，以及《长沙市 1994 年国民经济和社会发展计划执行情况和 1995 年国民经济和社会发展计划（草案）报告》《长沙市 1994 年市本级财政预算执行情况及 1995 年市本级财政预算（草案）报告》《长沙市中级人民法院工作报告》《长沙市人民检察院工作报告》。会议审议通过政协长沙市第七届委员会第三次会议政治决议和关于政协长沙市第七届委员会常务委员会工作报告决议、提案工作情况报告决议。会议期间，委员分组讨论协商《政府工作报告》《法院报告》《检察院报告》《计划报告》《财政报告》和《常委会报告》《提案报告》。省、市党政领导和市政协正、副主席分别下组参加讨论。13 位委员在大会上发言，就长沙的经济发展和社会稳定提出意见和建议。提案委员会主任舒自立报告七届三次会议提案审查情况。会议增补易宇欣、龙云彰为市七届政协常务委员会委员；同意方毓棠辞去市政协副主席职务的决定；撤销沈克光市政协七届委员会常务委员会委员资格。中共长沙市委、市政府、市直有关单位、市属主要企业负责人及市政协、市委统战部副县级以上干部列席会议。

（四）七届四次会议。1996 年 3 月 23—28 日召开。中共省委常委、市委书记到会并讲话。副主席何维琪作政协长沙市第七届委员会常务委员会工作报告，副主席李显模作政协长沙市第七届委员会提案委员会关于七届三次会议后的提案工作情况报告。会议期间，委员们列席市人大十届四次会议开幕会，听取市长袁汉坤所作《关于长沙市国民经济和社会发展“九五”计划及 2010 年远景目标纲要》，以及《长沙市 1995 年国民经济和社会发展计划执行情况和 1996 年国民经济和社会发展计划（草案）报告》《长沙市 1995 年市本级财政预算执行情况及 1996 年市本级财政预算（草案）报告》《长沙市中级人民法院工作报告》《长沙市人民检察院工作报告》。会议期间，委员们听取国家体制改革与管理研究院副院长曹远征、国家体改委调研室主任陆涌华关于农村改革的方向和政策问题、关于企业改革与股份合作制经济问题、关于国家宏观经济形势和对策问题、关于“九五”（1996—2000 年）改革的方向与任务以及中国改革对世界的影响等问题的专场报告。12 位委员在大会上发言，就长沙市经济、教育、农业和文化方面提出意见和建议。会议增补龙云彰为市政协七届委员会副主席；增补龚罗生、张和光、楚白兰、毛求、释圣辉为市政协七届常务委员会委员；同意李斌恺、伍蔚滇、胡晓亚 3 人辞去市政协七届常务委员会常委职务的请求；撤销刘福生政协委员资格。会议审议通过政协长沙市第七届委员会第四次会议政治决议和关于政协长沙市第七届委员会常务委员会工作报告决议、提案工作情况报告决议。会议期间，委员分组讨论协商《政府工作报告》《法院报告》《检察院报告》《计划报告》《财政报告》和《常委会报告》《提案报告》。提案委员会主任舒自立报告七届四次会议提案审查情况。省、市党政领导和市政协正、副主席分别下组参加讨论。中共长沙市委、市政府、市直有关单位、市属主要企业负责人及市政协、市委统战部副县级以上干部列席会议。

（五）七届五次会议。1997 年 3 月 20—25 日召开。中共省委常委、市委书记到会并讲话。副主席韩铁凡作政协长沙市第七届委员会常务委员会工作报告，副主席李显模作政协长沙市第七届委员会提案委员会关于七届四次会议后的提案工作情况报告。会议期间，委员们列席市人大十届五次会议开幕会，听取市长袁汉坤所作《政府工作报告》，以及《长沙市 1996 年国民经济和社会发展计划执行情况和 1997

年国民经济和社会发展计划（草案）报告》《长沙市1996年市本级财政预算执行情况及1997年市本级财政预算（草案）报告》《长沙市中级人民法院工作报告》《长沙市人民检察院工作报告》。14位委员在大会上作专题发言，就长沙市的经济、科技、教育、文化、国有企业改革等方面提出意见和建议，市党政领导对26份大会发言材料作19条批示。会议期间，对七届一次会议后的37件优秀提案进行表彰；召开港澳、台、侨同胞（以下简称“三胞”）委员喜迎香港回归座谈会。会议审议通过政协长沙市第七届委员会第五次会议政治决议和关于政协长沙市第七届委员会常务委员会工作报告决议、提案工作情况报告决议。会议期间，委员分组讨论协商《政府工作报告》《法院报告》《检察院报告》《计划报告》《财政报告》《常委会报告》《提案报告》。省、市党政领导和市政协正、副主席分别下组参加讨论。提案委员会主任报告七届五次会议提案审查情况。中共长沙市委、市政府、市直有关单位、市属主要企业负责人及市政协、市委统战部副县级以上干部列席会议。

二、第八届市政协全体委员会议

（一）八届一次会议。1997年12月26日—1998年1月2日召开。中共省委常委、市委书记到会并讲话。副主席唐正湘作政协长沙市第七届委员会常务委员会工作报告，副主席李显模作政协长沙市第七届委员会提案委员会提案工作情况报告，副秘书长王富生作《人民政协性质、地位、作用》的辅导报告。会议期间，委员们列席市人大十一届一次会议开幕会，听取市长袁汉坤所作《政府工作报告》，以及《长沙市1997年国民经济和社会发展计划执行情况和1998年国民经济和社会发展计划（草案）报告》《长沙市1997年市本级财政预算执行情况及1998年市本级财政预算（草案）报告》《长沙市中级人民法院工作报告》《长沙市人民检察院工作报告》。会议选举政协长沙市第八届委员会主席、副主席、秘书长；协商长沙市人大常委会主任、副主任、秘书长，长沙市人民政府市长、副市长和长沙市中级人民法院院长、长沙市人民检察院检察长候选人人选；选举产生政协委员379人，常务委员72人。会议审议通过政协长沙市第八届委员会第一次会议政治决议和关于政协长沙市第八届委员会常务委员会工作报告决议、提案工作情况报告决议。会议期间，委员分组讨论协商《政府工作报告》《法院报告》《检察院报告》《计划报告》《财政报告》和《常委会报告》《提案报告》，提出建议和意见，由大会秘书处整理汇总，送市委、市政府及相关职能部门参考。省、市党政领导和市八届政协正、副主席分别下组参加讨论。大会提案委员会主任林亚彬报告政协长沙市第八届委员会第一次会议提案审查情况。中共长沙市委、市政府各部、委、办、局（公司）等单位的党委（党组）书记、市属主要企业负责人以及市委、市政府、市直有关单位、市属主要企业负责人及市政协、市委统战部副县级以上干部列席会议。

（二）八届二次会议。1999年1月7—20日召开。省政协副主席陈彰嘉，中共长沙市委书记到会并讲话。主席张贤遵作政协长沙市第八届委员会常务委员会工作报告，副主席唐正湘作政协长沙市第八届委员会提案委员会关于八届一次会议后的提案工作情况报告。会议期间，委员们列席市人大十一届二次会议开幕会，听取市长杜远明所作《政府工作报告》，以及《长沙市1998年国民经济和社会发展计划执行情况和1999年国民经济和社会发展计划（草案）报告》《长沙市1998年市本级财政预算执行情况及1999年市本级财政预算（草案）报告》《长沙市中级人民法院工作报告》《长沙市人民检察院工作报告》。会议期间，全体委员听取湘潭大学教授李广一作澳门回归和国际形势报告；11名委员分别在大会开、闭幕会上作发言。会议审议通过政协长沙市第八届委员会第二次会议政治决议和关于政协长沙市第八届委员会常务委员会工作报告决议、提案工作情况报告决议。会议期间，委员分组讨论协商《政府工作报告》《法院报告》《检察院报告》《计划报告》《财政报告》和《常委会报告》《提案报告》。省、市党政领导和市政协正、副主席分别下组参加讨论。提案委员会主任林亚彬报告政协长沙市第八届委员会第二次会议提案审查情况。中共长沙市委、市政府、市直有关单位、市属主要企业负责人及市政协、市委统战部副县级以上干部列席会议。

（三）八届三次会议。2000 年 1 月 13—18 日召开。中共湖南省委副书记兼长沙市委书记张云川，省政协副主席陈彰嘉出席并讲话。副主席唐正湘作政协长沙市第八届委员会常务委员会工作报告，提案委员会主任林亚彬作政协长沙市第八届委员会提案委员会关于八届二次会议后的提案工作情况报告。会议期间，委员们列席市人大十一届三次会议开幕会，听取市长谭仲池所作《政府工作报告》，以及《长沙市 1999 年国民经济和社会发展计划执行情况和 2000 年国民经济和社会发展计划（草案）报告》《长沙市 1999 年市本级财政预算执行情况及 2000 年市本级财政预算（草案）报告》《长沙市中级人民法院工作报告》《长沙市人民检察院工作报告》。会议审议通过政协长沙市第八届委员会第三次会议政治决议和关于政协长沙市第八届委员会常务委员会工作报告决议、提案工作情况报告决议。会议期间，委员分组讨论协商《政府工作报告》《法院报告》《检察院报告》《计划报告》《财政报告》和《常委会报告》《提案报告》。省、市党政领导和市九届政协正、副主席分别下组参加讨论。提案委员会主任林亚彬报告政协长沙市第十届委员会第一次会议提案审查情况。会议通过政协长沙市委员会关于开展“提案质量年”活动的决定。7 名委员作大会发言，针对党和政府的中心工作及人民群众关心的热点、难点问题献计献策。会议期间，举行优秀提案表彰会，对八届一次、二次会议评选出的 35 件优秀提案进行表彰。会议期间，分别召开国有企业、农业可持续发展和城市管理 3 个方面的专题协商会，会议分别由副主席梁秉标、龙云彰、周秋光主持，谭仲池、钟兴祥、余合泉等 15 位市党政领导和有关委、办、局的主要负责人到会与委员们面对面协商。会议协商长沙市人民政府市长人选；协商通过有关人事辞免事项。增补马勇奇、吴金水、周令杰为市政协八届常务委员会委员，同意黄以林、刘荣宗、周勇慎辞去市政协八届常务委员会委员职务。中共长沙市委、市政府、市直有关单位、市属主要企业负责人及市政协、市委统战部副县级以上干部列席会议。

（四）八届四次会议。2001 年 1 月 1—7 日召开。中共湖南省委副书记兼中共长沙市委书记张云川，省政协副主席陈彰嘉到会并讲话。主席张贤遵作政协长沙市第八届委员会常务委员会工作报告，副主席李显模作政协长沙市第八届委员会常务委员会关于八届三次会议后的提案工作情况报告。会议期间，听取市长谭仲池所作《政府工作报告》，以及《长沙市 2000 年国民经济和社会发展计划执行情况和 2001 年国民经济和社会发展计划（草案）报告》《长沙市 2000 年市本级财政预算执行情况及 2001 年市本级财政预算（草案）报告》《长沙市中级人民法院工作报告》《长沙市人民检察院工作报告》。会议审议通过政协长沙市第八届委员会第四次会议政治决议和关于政协长沙市第八届委员会常务委员会工作报告决议、提案工作情况报告决议。会议期间，委员分组讨论协商《政府工作报告》《法院报告》《检察院报告》《计划报告》《财政报告》和《常委会报告》《提案报告》。省、市党政领导和市九届政协正、副主席分别下组参加讨论。提案委员会主任林亚彬报告政协长沙市第八届委员会第四次会议提案审查情况。会议期间，8 位委员和党派团体代表作大会发言，得到市委、市政府领导的当场批示。听取湘潭大学教授李广一作国际形势报告。全会期间，全体委员分别参加“加快农业产业化进程”“扩大对外开放”“发挥科教优势”“发挥文化优势”“壮大民营经济”5 个专题的协商会。谭仲池、余合泉、欧代明、梁建强等 12 位市委、市政府主要领导及有关部门负责人分别参加会议，听取委员意见。会议协商通过有关人事辞免事项：同意张贤遵辞去主席职务；简用超当选市政协八届委员会主席；增补匡利娥、熊建辉为八届市政协常委。中共长沙市委、市政府、市直有关单位、市属主要企业负责人及市政协、市委统战部副县级以上干部列席会议。

(五) 八届五次会议。2002 年 1 月 18—23 日召开。中共湖南省委常委、市委书记梅克保到会并讲话。主席简用超作政协长沙市第八届委员会常务委员会工作报告，副主席龙长工作政协长沙市第八届委员会常务委员会关于八届四次会议后的提案工作情况报告，副主席李咏芳在闭幕会上讲话。会议期间，委员们列席市人大十一届五次会议开幕会，听取市长谭仲池所作《政府工作报告》，以及《长沙市 2001 年国民经济和社会发展计划执行情况和 2002 年国民经济和社会发展计划（草案）报告》《长沙市 2001 年市本级财政预算执行情况及 2002 年市本级财政预算（草案）报告》《长沙市中级人民法院工作报告》《长沙市人民检察院工作报告》。会议选举姚五零、陈荣俊任副主席，同意唐正湘辞去副主席职务。会议审议通过政协长沙市第八届委员会第五次会议政治决议和关于政协长沙市第八届委员会常务委员会工作报告决议、提案工作情况报告决议。会议期间，委员分组讨论协商《政府工作报告》《法院报告》《检察院报告》《计划报告》《财政报告》和《常委会报告》《提案报告》。省、市党政领导和市政协正、副主席分别下组参加讨论。提案委员会主任林亚彬报告政协长沙市第八届委员会第五次会议提案审查情况。8 位委员分别就推进长沙的工业化进程、加快农业产业化发展、环境保护、招商引资工作、发展基础教育、强化社区卫生服务体系等方面作专题发言。大会期间，分别召开“发展高新技术，推动我市工业化进程”“抓住入世契机，加快长沙发展”“加强公民道德建设，提高市民素质”3 个方面问题的专题协商会。

出席会议总人数 700 余人。其中市政协委员 383 人。中共长沙市委副秘书长、市政府正、副秘书长、市委办、市政府办副主任及市有关部、委、办、局等单位的党委（党组）书记、市属主要企业负责人及市政协、市委统战部副县级以上干部列席会议。

三、第九届市政协全体委员会议

(一) 九届第一次会议。2002 年 12 月 27 日—2003 年 1 月 1 日召开。中共省政协副主席李贻衡，湖南省委常委、长沙市委书记梅克保到会并讲话。主席简用超作政协长沙市第八届委员会常务委员会工作报告，副主席龙云彰作政协长沙市第八届委员会常务委员会提案工作情况报告。会议期间，委员们列席市人大十二届一次会议开幕会，听取市长谭仲池所作《政府工作报告》，以及《长沙市 2002 年国民经济和社会发展计划执行情况和 2003 年国民经济和社会发展计划（草案）报告》《长沙市 2002 年市本级财政预算执行情况及 2003 年市本级财政预算（草案）报告》《长沙市中级人民法院工作报告》《长沙市人民检察院工作报告》。会议选举政协长沙市第九届委员会主席、副主席、秘书长和常务委员会委员；协商市人大常委会主任、副主任、秘书长，市政府市长、副市长和市中级人民法院院长、市人民检察院检察长候选人人选；会议审议通过政协长沙市第九届委员会第一次会议政治决议和关于政协长沙市第九届委员会常务委员会工作报告决议、提案工作情况报告决议。会议期间，委员分组讨论协商《政府工作报告》《法院报告》《检察院报告》《计划报告》《财政报告》和《常委会报告》《提案报告》。省、市党政领导和市政协正、副主席分别下组参加讨论。提案委员会主任林亚彬报告政协长沙市第九届委员会第一次会议提案审查情况。中共长沙市委、市政府、市直有关单位、市属主要企业负责人及市政协、市委统战部副县级以上干部列席会议。会议出席列席人员约 700 人。会议期间，与会人员听取学习中共十六大精神的辅导报告和政协知识讲座。

(二) 九届二次会议。2004 年 1 月 1—5 日召开。中共省委常委、市委书记梅克保，省政协副主席王汀明到会并讲话。主席简用超作政协长沙市第九届委员会常务委员会工作报告，副主席李克俭作政协长沙市第九届委员会常务委员会关于九届一次会议后的提案工作情况报告。会议期间，委员们列席市人大十二届二次会议开幕会，听取市长谭仲池所作《政府工作报告》，以及《长沙市 2003 年国民经济和社会发展计划执行情况和 2004 年国民经济和社会发展计划（草案）报告》《长沙市 2003 年市本级财政预算执行情况及 2004 年市本级财政预算（草案）报告》《长沙市中级人民法院工作报告》《长沙市人民检察院工作报告》。会议审议通过政协长沙市第九届委员会第二次会议政治决议和关于政协长沙市第九届委员会常务委员会工作报告决议、提案工作情况报告决议。会议期间，委员分组讨论协商《政府工作报告》《法院报告》《检察院报告》《计划报告》《财政报告》和《常委会报告》《提案报告》。省、市党政领导和市政协正、副主席分别下组参加讨论。提案委员会主任林亚彬报告政协长沙市第十届委员会第一次会议提案审查情况，

会议表彰九届一次会议优秀提案；6 名委员就人民群众关注的热点、难点问题作大会发言。会议期间，全体委员分组参加“关于加快县域经济发展步伐、推进长沙市农村小康社会建设”的专题协商会和“关于加强岳麓山风景名胜区保护和管理”的提案现场办理会；中共长沙市委、市政府领导余合泉、赵小明、谢建辉和市九届政协正、副主席分别参加会议。会议同意增补罗绍亮为九届市政协常委。

中共长沙市委、市政府、市直有关单位、市属主要企业负责人及市政协、市委统战部副县级以上干部列席会议。

（三）九届三次会议。2005 年 1 月 16—20 日召开。中共省委常委、市委书记梅克保到会并讲话。主席简用超作政协长沙市第九届委员会常务委员会工作报告，副主席李克俭作政协长沙市第九届委员会常务委员会关于九届二次会议后的提案工作情况报告。会议期间，委员们列席市人大十二届三次会议开幕会，听取市长谭仲池所作《政府工作报告》，以及《长沙市 2004 年国民经济和社会发展计划执行情况和 2005 年国民经济和社会发展计划（草案）报告》《长沙市 2004 年市本级财政预算执行情况及 2005 年市本级财政预算（草案）报告》《长沙市中级人民法院工作报告》《长沙市人民检察院工作报告》。会议审议通过政协长沙市第九届委员会第三次会议政治决议和关于政协长沙市第九届委员会常务委员会工作报告决议、提案工作情况报告决议。会议期间，委员分组讨论协商《政府工作报告》《法院报告》《检察院报告》《计划报告》《财政报告》和《常委会报告》《提案报告》。省、市党政领导和市政协正、副主席分别下组参加讨论。提案委员会主任林亚彬报告政协长沙市第九届委员会第三次会议提案审查情况。秘书长朱建人宣读《政协长沙市委员会关于表彰九届二次会议以来优秀提案的决定》，徐兴华等 4 名委员分别代表市政协有关专门委员会、市各民主党派、工商联就人民群众关注的热点、难点问题作大会发言。会议期间，召开“十一五”（2006—2010 年）规划专题协商会。会议增补张迎龙、龚振湘为市政协副主席；吴忠祥、张炬、陈芳辉、赵敏 4 人为市政协九届常务委员会委员；同意免去李咏芳、黄顺玲市九届常务委员、委员职务。市政协主席简用超主持闭幕会。中共长沙市委、市政府、市直有关单位、市属主要企业负责人及市政协、市委统战部副县级以上干部列席会议。

（四）九届四次会议。2006 年 1 月 8—11 日召开。中共湖南省委常委、市委书记梅克保到会并讲话。主席简用超作政协长沙市第九届委员会常务委员会工作报告，副主席李克俭作政协长沙市第九届委员会常务委员会关于九届三次会议后的提案工作情况报告。会议期间，委员们列席市人大十二届四次会议开幕会，听取市长谭仲池所作《政府工作报告》，以及《长沙市 2005 年国民经济和社会发展计划执行情况和 2006 年国民经济和社会发展计划（草案）报告》《长沙市 2005 年市本级财政预算执行情况及 2006

年市本级财政预算（草案）报告》《长沙市中级人民法院工作报告》《长沙市人民检察院工作报告》。会议审议通过政协长沙市第九届委员会第四次会议政治决议和关于政协长沙市第九届委员会常务委员会工作报告决议、提案工作情况报告决议。会议期间，委员分组讨论协商《政府工作报告》《法院报告》《检察院报告》《计划报告》《财政报告》和《常委会报告》《提案报告》。省、市党政领导和市政协正、副主席分别下组参加讨论。提案委员会主任林亚彬报告政协长沙市第九届委员会第四次会议提案审查情况。会议表彰九届三次会议后的优秀提案；通报2005年社情民意工作先进单位和优秀稿件。6位委员分别代表有关专委会、民主党派和工商联就人民群众关注的热点、难点问题作大会发言。会议期间，召集部分委员协商座谈关于长沙市“十一五”（2006—2010年）规划纲要的报告。中共长沙市委、市政府、市直有关单位、市属主要企业负责人及市政协、市委统战部副县级以上干部列席会议。

（五）九届五次会议。2007年1月14—18日召开。中共省委常委、市委书记陈润儿到会并讲话。主席简用超作政协长沙市第九届委员会常务委员会工作报告，副主席李克俭作政协长沙市第九届委员会常务委员会关于九届四次会议后的提案工作情况报告。会议期间，委员们列席市人大十二届五次会议开幕会，听取市长谭仲池所作《政府工作报告》，以及《长沙市2006年国民经济和社会发展计划执行情况和2007年国民经济和社会发展计划（草案）报告》《长沙市2006年市本级财政预算执行情况及2007年市本级财政预算（草案）报告》《长沙市中级人民法院工作报告》《长沙市人民检察院工作报告》。会议审议通过政协长沙市第九届委员会第五次会议政治决议和关于政协长沙市第九届委员会常务委员会工作报告决议、提案工作情况报告决议。会议期间，委员分组讨论协商《政府工作报告》《法院报告》《检察院报告》《计划报告》《财政报告》和《常委会报告》《提案报告》。省、市党政领导和市政协正、副主席分别下组参加讨论。王林等6位委员分别代表有关专委会、民主党派和工商联作大会发言。会议同意张迎龙、柳冠群辞去市政协副主席职务。提案委员会主任林亚彬报告政协长沙市第九届委员会第五次会议提案审查情况。中共长沙市委、市政府、市直有关单位、市属主要企业负责人及市政协、市委统战部副县级以上干部列席会议。

四、第十届市政协全体委员会议

（一）十届一次会议。2007年12月29日—2008年1月2日召开。中共湖南省委常委、市委书记陈润儿到会并讲话。大会执行主席董学生主持开幕会。九届市政协主席简用超作政协长沙市第九届委员会常务委员会工作报告，副主席李克俭作政协长沙市第九届委员会常务委员会提案工作情况报告。会议期间，委员们列席市人大十三届一次会议开幕会，听取代市长张剑飞所作《政府工作报告》，以及《长沙市2007年国民经济和社会发展计划执行情况和2008年国民经济和社会发展计划（草案）报告》《长沙市2007年市本级财政预算执行情况及2008年市本级财政预算（草案）报告》《长沙市中级人民法院工作报告》《长沙市人民检察院工作报告》。会议选举政协

图5-3-1-1 政协长沙市第十届委员会第一次会议召开
（摄于2008年1月2日，市政协供图）

长沙市第十届委员会主席、副主席、秘书长和常务委员会委员；协商市人大常委会主任、副主任、秘书长，长沙市人民政府市长、副市长和长沙市中级人民法院院长、长沙市人民检察院检察长候选人人选；学习中共十七大精神辅导报告和政协知识讲座；会议审议通过政协长沙市第十届委员会第一次会议政治决议和关于政协长沙市第十届委员会常务委员会工作报告决议、提案工作情况报告决议。会议期间，委员分组讨论协商《政府工作报告》《法院报告》《检察院报告》《计划报告》《财政报告》和《常委会报告》《提案报告》。省、市党政领导和市九届政协正、副主席分别下组参加讨论。提案委员会主任陈伟建报告政协长沙市第十届委员会第一次会议提案审查情况。副主席黄中瑞主持闭幕会，十届市政协主席董学生致闭幕词。中共长沙市委、市政府、市直有关单位、中共市属主要企业负责人及市政协、市委统战部副县级以上干部列席会议。

（二）十届二次会议。2009 年 1 月 3—6 日召开。中共湖南省委常委、市委书记陈润儿，市长张剑飞，市委副书记谢树林到会并看望委员。副主席黄中瑞主持开幕会。主席董学生作政协长沙市第十届委员会常务委员会工作报告，副主席李克俭作政协长沙市第十届委员会常务委员会关于十届一次会议后的提案工作情况报告。会议期间，委员们列席市人大十三届一次会议开幕会，听取市长张剑飞所作《政府工作报告》，以及《长沙市 2008 年国民经济和社会发展计划执行情况和 2009 年国民经济和社会发展计划（草案）报告》《长沙市 2008 年市本级财政预算执行情况及 2009 年市本级财政预算（草案）报告》《长沙市中级人民法院工作报告》《长沙市人民检察院工作报告》。会议审议通过政协长沙市第十届委员会第二次会议政治决议和关于政协长沙市第十届委员会常务委员会工作报告决议、提案工作情况报告决议。会议期间，委员分组讨论协商《政府工作报告》《法院报告》《检察院报告》《计划报告》《财政报告》和《常委会报告》《提案报告》。省、市党政领导和市政协正、副主席、顾问分别下组参加讨论。提案委员会主任陈伟建报告政协长沙市第十届委员会第二次会议提案审查情况，市委常委、市政协党组副书记张迎龙主持闭幕会。会议表彰十届一次会议后的优秀提案 30 件。8 位委员作大会发言。会议协商并表决通过有关人事增补和辞免事项；听取台海形势报告。市委副书记谢树林代表中共长沙市委，对大会表示祝贺。主席董学生致闭幕词。中共长沙市委、市政府、市直有关单位、市属主要企业负责人及市政协、市委统战部副县级以上干部列席会议。

（三）十届三次会议。2010 年 1 月 15—18 日召开。中共湖南省委常委、市委书记陈润儿，市长张剑飞，市委副书记谢树林到会。副主席黄中瑞主持开幕会。主席董学生作市政协十届委员会常务委员会工作报告，副主席龚振湘作市政协十届委员会常务委员会关于十届二次会议后的提案工作情况报告。会议期间，委员们列席市人大十三届三次会议开幕会，听取代市长张剑飞所作《政府工作报告》以及《长沙市 2009 年国民经济和社会发展计划执行情况和 2010 年国民经济和社会发展计划（草案）报告》《长沙市 2009 年市本级财政预算执行情况及 2010 年市本级财政预算（草案）报告》《长沙市中级人民法院工作报告》《长沙市人民检察院工作报告》。会议审议通过政协长沙市第十届委员会第三次会议政治决议和关于政协长沙市第十届委员会常务委员会工作报告决议、提案工作情况报告决议。会议期间，委员分组讨论协商《政府工作报告》《法院报告》《检察院报告》《计划报告》《财政报告》和《常委会报告》《提案报告》。省、市党政领导和市政协正、副主席、顾问分别下组参加讨论。提案委员会主任陈伟建报告政协长沙市第十届委员会第三次会议提案审查情况。主席董学生主持闭幕会。会议表彰十届二次会议后的优秀提案 27 件。8 位委员作大会发言，就长沙的经济、政治、文化、社会建设方面发表意见和建议。会议进行考勤统计，应到委员 440 人，因病因事请假 19 人，实到委员 421 人，另加列席人员，出席开、闭幕会人员、与会人员约700余人。中共长沙市委、市政府、市直有关单位、市属主要企业负责人及市政协、市委统战部副县级以上干部列席会议。

(四)十届四次会议。2010年9月26日召开。中共湖南省委常委、市委书记陈润儿出席会议并讲话。会议听取市委组织部部长范小新作有关人事事项的说明。会议接受董学生因年龄原因辞去市政协主席职务，黄中瑞因调长沙学院辞去副主席职务。会议进行投票选举，谢树林、陈立湘以高票分别当选为主席、副主席。会上，谢树林主席讲话，对政协当前工作作出部署。

(五)十届五次会议。2011年1月12—15日召开。中共湖南省委常委、市委书记陈润儿，市长张剑飞，常务副市长谢建飞到会祝贺并看望与会委员。副主席周秋光主持开幕会。主席谢树林作政协长沙市第十届委员会常务委员会工作报告，副主席龚振湘作政协长沙市第十届委员会常务委员会关于十届三次会议后的提案工作情况报告。会议期间，委员们列席市人大十三届四次会议开幕会，听取代市长张剑飞所作《政府工作报告》，以及《长沙市2010年国民经济和社会发展计划执行情况和2011年国民经济和社会发展计划（草案）报告》《长沙市2010年市本级财政预算执行情况及2011年市本级财政预算（草案）报告》《长沙市中级人民法院工作报告》《长沙市人民检察院工作报告》。会议审议通过政协长沙市第十届委员会第五次会议政治决议和关于政协长沙市第十届委员会常务委员会工作报告决议、提案工作情况报告决议。会议期间，委员分组讨论协商《政府工作报告》《法院报告》《检察院报告》《计划报告》《财政报告》《常委会报告》《提案报告》。省、市党政领导和市政协正、副主席、顾问分别下组参加讨论。提案委员会主任陈伟建报告政协长沙市第十届委员会第五次会议提案审查情况。会议表彰十届三次会议后的优秀提案29件。7位委员代表有关党派、团体和政协专门委员会作大会发言。会议就长沙市“十二五”（2011—2015年）规划，分为“率先基本建成‘两型’城市和实现全面小康”“加快转变经济发展方式，实现又好又快发展”“切实保障和改善民生”3个主题召开专题协商会。中共长沙市委、市政府、市直有关单位、市属主要企业负责人及市政协、市委统战部副县级以上干部列席会议。

(六)十届六次会议。2012年1月5—8日召开。中共湖南省委常委、市委书记陈润儿，市长张剑飞等到会。副主席龙建强主持开幕会。主席谢树林作政协长沙市第十届委员会常务委员会工作报告，副主席龚振湘作政协长沙市第十届委员会常务委员会关于十届五次会议后的提案工作情况报告。会议期间，委员们列席市人大十三届五次会议开幕会，听取代市长张剑飞所作《政府工作报告》，以及《长沙市2011年国民经济和社会发展计划执行情况和2012年国民经济和社会发展计划（草案）报告》《长沙市2011年市本级财政预算执行情况及2012年市本级财政预算（草案）报告》《长沙市中级人民法院工作报告》《长沙市人民检察院工作报告》。会议审议通过政协长沙市第十届委员会第六次会议政治决议和关于政协长沙市第十届委员会常务委员会工作报告决议、提案工作情况报告决议。会议期间，委员分组讨论协商《政府工作报告》《法院报告》《检察院报告》《计划报告》《财政报告》和《常委会报告》《提案报告》。省、市党政领导和市政协正、副主席、顾问分别下组参加讨论。提案委员会主任陈伟建报告政协长沙市第十届委员会第六次会议提案审查情况。会议期间，对128位优秀政协委员、50件优秀提案、48件优秀社情民意、6篇优秀调研报告、10册优秀文史资料、27个“为建设‘两型社会’献策、为实现全面小康出力”主题活动先进政协组织与5个先进民主监督小组进行表彰。会议听取副主席周秋光作《国际名城建设与长沙率先发展》专题讲座。8位委员代表各民主党派、人民团体和有关专委会作大会发言。与会委员就重要人事事项进行协商，一致赞同中共湖南省委和长沙市委的人事安排事项。中共省委常委、市委书记陈润儿作题为《坚持讲真话，反对将假话》的讲话。中共长沙市委、市政府、市直有关单位、市属主要企业负责人及市政协、市委统战部副县级以上干部列席会议。

第二节 常委会会议

第七至第十届市政协在常务委员会领导下开展工作。常务委员会议一般每季度召开一次，另根据需要适时增加召开次数，每届市政协召开常务委员会议 30 次左右。会议时间 1~2 天，2004 年九届二次会议起，简缩会议日程，改为半天或一天。凡政协工作重大事项、重要调研报告、重大人事任免，均通过常务委员会议审议通过。会议内容还包括传达上级精神，听取政情通报，进行专题学习以及其他需经常务委员会议审议决定的重大事项等。会议出席人员为全体常务委员，列席人员为各区县（市）政协主席、市政协机关副县级以上干部及有关工作人员。会议根据不同需要，还邀请中共长沙市委、市政府主要领导和相关职能部门负责人出席、列席会议。

一、第七届市政协常委会议

第七届市政协召开常委会议 28 次。第一次会议于 1993 年 3 月 9—11 日召开。会议传达湖南省政协七届一次会议精神；通报并协商讨论市政协 1993 年工作安排意见；通过政协机关人事任免事项；听取中共市委副书记袁汉坤讲话和副市长刘启欣关于 1993 年市政府工作安排意见的通报。与会常委对政府 1993 年工作安排进行协商讨论。

第二次会议于 3 月 23—24 日召开。会议听取市长张明泰关于 1—5 月全市工作情况的通报；审议通过市政协《抓好资金通融，加快经济发展》和《充分发挥“三胞”亲友作用，促进长沙经济发展》两个调研报告；向中共长沙市委、市政府提交《抓好资金通融，加快经济发展》建议案；审议通过有关人事任免事项。

第三次会议于 9 月 29 日召开，时任中共长沙市委书记和市委副书记袁汉坤出席并讲话。会议听取副市长刘启欣关于长沙市贯彻中共中央 6 号文件后的情况通报。会议增补朱建人、钱永奎、缪曼聪(女)、刘清、何志宇 5 人为七届市政协委员。

第四次会议于 12 月 16—18 日召开。会议传达湖南省政协七届四次常务委员会议精神和湖南省全省地、州、市委统战部部长会议精神；听取市长张明泰关于全市 1993 年经济工作情况的通报和市政府关于 1994 年工作安排及全市反腐倡廉情况的通报；审议通过市政协《抓好小城镇建设，加快农村经济发展》的调研报告。会议同意撤销邱大鸣委员资格和免去常委职务，提交七届二次会议审议通过。

第五次会议于 1994 年 1 月 29 日召开。会议审议市政协七届常务委员会工作报告（审议稿）和提案委员会关于七届一次会议后的提案工作情况的报告（审议稿）；审议提交下一次常委会审议通过的市政协七届二次会议议程和有关人事安排及市政协七届二次会议其他有关筹备工作事项。会议增补李一民、朱胜超、陈丹 3 位香港人士为七届市政协委员。

第六次会议于 3 月 3 日市政协七届二次会议期间召开。会议听取市政协七届二次会议秘书处关于七届二次会议筹备工作情况汇报并审议通过七届二次会议各项事宜。

第七次会议于 5 月 18—19 日召开。会议听取中共市委副书记、常务副市长袁汉坤关于市政府工作思路和实施举措的情况通报；审议通过《关于发展我市乡镇企业股份合作经济的调查和建议》的调研报告；听取主席臧宝山传达省政协主席刘正关于全国政协八届二次会议精神的传达讲话。

第八次会议于 8 月 30—31 日召开。会议听取中共市委副书记易希文关于长沙市精神文明建设方面的情况通报，听取主席臧宝山关于参与市委筹备政协工作会议的情况通报；听取市纪律检查委员会书记李映华关于全市反腐倡廉情况的通报及副市长王柏林关于全市经济工作的情况通报。

第九次会议于10月21—22日召开。会议学习中共中央十四届四中全会公报和《中共中央关于加强党的建设几个重大问题的决定》；听取市委副书记郭俊秀关于长沙市党建工作情况的通报；听取市委宣传部负责人作辅导报告。

第十次会议于1995年1月10—11日召开。会议听取市政协七届第三次会议筹备工作情况的汇报；听取增补委员的说明；审议市政协七届委员会常务委员会工作报告（审议稿）；审议提交下一次常委会审议通过的市政协七届三次会议议程和日程（草案）。会议增补吕艳等11人为七届市政协委员。

第十一次会议于2月25日召开。会议审议通过市政协七届三次会议的议程、日程及会议其他事项；听取主席臧宝山传达全国政协地方政协工作经验座谈会精神和省政协七届三次会议精神。会议增补易宇欣等5人为七届市政协委员；免去沈克光、王艳娟等4人委员资格。

第十二次会议于3月27日七届三次会议期间召开。市委副书记易希文出席。会议听取市委常委、市委组织部部长张贤遵有关人事安排的通报；审议通过市政协七届三次会议有关日程变更；协商增补常委会委员候选人名单说明；同意接受方毓棠等17人辞去政协委员职务；协商市政协及市政府有关人事安排；协商三次全会选举办法和选举大会工作人员建议名单；审议提出市政协七届三次会议政治决议（草案）、常委会工作报告决议（草案）、提案工作报告决议（草案）。

第十三次会议于3月28日七届三次会议期间召开。会议听取全会各讨论小组委员对市政协七届三次会议政治决议、市政协七届常务委员会工作报告决议、提案工作报告决议的修改意见；听取对增补市政协七届常委会委员候选人名单、选举办法和人事任免的意见；听取市政协七届三次会议提案审查情况的汇报。

第十四次会议于6月15—16日召开。会议听取市委常委、常务副市长徐宪平作长沙市上半年经济建设和精神文明建设情况的通报。审议通过《适应企业改革需要，搞好国有资产管理的调查》的调研报告；听取省专利管理局局长杨松桥作的关于保护知识产权的专题辅导报告。

第十五次会议于8月10日召开。会议听取市委副书记李映华关于全市党建工作和精神文明建设方面情况的通报；听取副市长王柏林关于全市上半年经济工作情况和下半年工作安排的通报；审议通过《关于我市农业科技推广服务体系建设的情况调查与对策》的调研报告和建议案；审议市政协有关人事安排事项。

第十六次会议于12月26—27日召开。主席臧宝山总结市政协1995年全年工作，提出1996年工作思路，副主席唐正湘传达全省政协工作会议精神，省民族宗教事务局副局长叶风作关于民族、宗教问题辅导报告。会议审议通过《关于发展行业协会（同业商会）和加强行业管理问题的情况调查》的调研报告。会议接受李斌恺、伍蔚滇、赖峥嵘辞去七届市政协委员的请求；增补龚罗生等20人为七届市政协委员。

第十七次会议于1996年3月7—8日召开。会议听取关于市政协第七届委员会第五次会议筹备工作有关情况的汇报；审议市七届五次会议议程、日程；审议通过提请市政协七届五次会议审议的常委会工作报告起草情况和提案委员会工作报告起草情况的汇报；协商讨论市政协有关人事安排；增补邹日新、周剑球、胡利群、周亮斌、田汉明5人为市七届政协委员，接受王树华、徐凤资辞去市七届政协委员的请求。

第十八次会议于3月16日召开。会议审议提出市政协七届五次会议政治决议（草案）、常委会工作报告的决议（草案）和提案工作报告决议（草案），协商有关人事安排和大会选举事项。会议协商增补龙云彰为市政协七届副主席，同意增补龚罗生等5人为政协常委；同意李斌恺、伍蔚滇、胡晓亚辞去政协常委的请求；同意撤销刘福生市政协七届常委职务的决定；以上各项决定一并提交市政协七届五次会议审议通过。

第十九次会议于3月25日七届五次会议期间召开。会议听取全会各讨论小组对市政协七届五次会议政治决议、常委会工作报告决议和提案工作报告决议的修改意见；听取市政协人事安排和选举事宜的意见；听取提案委员会关于市政协七届五次会议提案审查情况的汇报。

第二十次会议于6月17—19日召开。会议听取市长袁汉坤关于长沙市上半年财政、经济建设工作情况的通报；听取主席臧宝山关于省委、省政府政协统战工作督察团对长沙市进行督察情况的通报；听取市委常委、市政法委书记简用超关于长沙市“严打”斗争工作情况的通报以及市政府副秘书长章献诚、市教育委员会主任杨道正分别就长沙市区划调整工作和学习汨罗市推动素质教育的情况通报。审议通过《关于深化住房制度改革，加快住房解困步伐》的调研报告和建议案。

第二十一次会议于9月4—5日召开。会议听取副市长罗特作《1996年关于长沙对外开放、招商引资工作情况》的通报；审议通过《切实改善投资软环境，加大招商引资力度》的调研报告。

第二十二次会议于12月11—12日召开。会议审议《关于驻长大专院校科研院所科技成果在长转化情况的调查与对策建议》的调研报告和建议案。会议期间，举办政情通报会，市委副书记易希文作关于全市精神文明建设的情况通报；副市长李斌恺作关于全市经济工作和企业改革的情况通报。市政协常委、各区县（市）政协主席、居住市区内的市政协委员、市各民主党派、市工商联负责和市政协、市委统战部机关干部400余人出席政情通报会。

第二十三次会议于1997年2月27—28日召开。省委常委、市委书记到会并讲话。会议听取主席臧宝山传达省政协主席刘正在省政协七届五次会议上和全省地州市政协主席座谈会上的讲话精神；听取关于七届五次会议筹备工作情况的汇报和七届委员会委员任免情况的说明；审议七届政协第五次全会的常委会工作报告（草案）和提案工作报告（草案）；通过市政协七届五次会议议程及大会其他事项；通过表彰优秀提案的决定。会议增补萧光兰为七届市政协委员，免去胡刚的委员资格，撤销杨军的委员资格。

第二十四次会议于3月23日七届五次会议期间召开。会议审议提出市政协七届五次会议政治决议（草案）、常委会工作报告决议（草案）和提案工作报告决议（草案），同意3个决议（草案）将根据意见修改后交政协七届委员会全体委员会议讨论通过。

第二十五次会议于3月25日七届五次全体会议期间召开。会议听取全会各讨论小组委员对市政协七届五次会议政治决议（草案）、常委会工作报告决议和提案工作报告决议的修改意见；听取市政协提案委员会关于市政协七届五次会议提案审查情况的汇报。

第二十六次会议于5月28—29日召开。会议听取副市长王柏林关于长沙市1997年财政税收工作情况的通报，并就长沙市开源节流、做好财税工作分小组进行讨论，提出意见和建议；审议通过市政协机关机构改革方案（草案）的情况汇报。会上，副主席何祥作《关于〈香港特别行政区基本法〉解读》的专题辅导报告。

第二十七次会议于9月17—18日召开。市委副书记易希文、钟兴祥出席并讲话。会议听取市政协副秘书长王富生传达中共长沙市委召开的政协换届工作会议精神和市委统战部副部长朱建人关于市政协换届人事安排的说明；审议通过关于政协长沙市第八届委员会界别设置及委员名额安排的决定；听取市政协副主席何维琪关于市政协前段工作情况和后段工作安排的通报。会上市政协常委、市委党校校长向治铨就学习中共十五大报告作辅导报告。

第二十八次会议于12月11—12日召开。市委副书记易希文出席并讲话。会议听取市政协七届常委会工作报告起草情况和提案委员会五年来提案工作情况报告起草情况的汇报；听取市政协八届委员会委员人事安排说明；听取关于政协八届一次会议筹备工作情况说明。会议原则通过市政协七届委员会常务委员会工作报告（审议稿）和市政协七届委员会提案委员会提案工作情况报告（审议稿）；审议通过市政协第八届委员会委员建议名单及市政协八届一次会议的议程和日程。

二、第八届市政协常委会议

八届市政协召开常委会议29次。第一次会议于1998年1月2日召开。会议听取市政协副秘书长王富生关于长沙市政协机关机构设置和人事安排情况的通报；审议通过八届市政协机关副秘书长和各委办主任的人事任免事项。

第二次会议于3月25—26日召开。长沙市委书记与副书记杜远明等领导出席。会议听取市委书记到长沙任职后的调研情况及中共长沙市委近期工作思路的通报；听取杜远明关于全国人大会议、全国政协会议精神的传达；听取市政协各专门委员会1998年工作情况汇报；审议通过八届市政协机关兼职副秘书长及各专委会兼职副主任的人事任免事项。

第三次会议于9月22—23日召开。市委副书记易希文到会并讲话，就如何做好市政协后段工作提出建议。副市长孔光明作关于长沙市抗洪救灾和加强防洪水利工程建设的情况通报。会议审议通过《理顺城管体制、提高城管水平》的调研报告；审议通过港澳台侨联络委员会更名为港澳台侨和外事委员会的决定。会上，湘潭大学李广一教授作当前国际形势的报告，主席张贤遵就做好市政协后段工作做部署。

第四次会议于12月29日召开。会议审议通过《改造薄弱学校刻不容缓》调研报告；听取市政府对市政协两个建议案的办理答复情况通报；听取市政协八届二次会议筹备工作情况汇报；审议通过八届二次会议议程、日程及大会其他事项；审议通过政协长沙市第八届委员会常务委员会工作报告和政协长沙市第八届委员会提案委员会关于八届一次会议后的提案工作情况的报告。会议增补贺自强等7人为市政协八届委员会委员。

第五次会议于1999年1月18日八届二次会议期间召开。会议审议提出关于长沙市第八届委员会常务委员会工作报告的决议（草案）、长沙市政协第八届委员会第二次会议政治决议（草案）和关于提案工作报告的决议（草案）。

第六次会议于1999年1月19日市政协八届二次会议期间召开。会议听取全会各讨论小组委员对市政协八届二次会议的政治决议、常务委员会工作报告决议和提案工作报告的决议的修改意见；听取市政协八届二次会议提案审查情况的汇报。

第七次会议于1999年3月8日至9日召开。会议听取秘书长宋声亮关于《长沙市政协1999年工作要点》的说明；听取浏阳市副市长郑耀频关于浏阳市农业产业化工作情况的介绍；听取委员张浩关于浩博实业有限公司发展养殖业的情况介绍；视察浏阳市有关蔬菜基地。会议决定将农业可持续发展和保护城市环境问题作为1999年重点调研课题。会议讨论通过《长沙市政协1999年工作要点》。

第八次会议于1999年6月29—30日召开。市长杜远明出席并讲话。会议听取长沙市上半年经济工作运行情况的通报；审议并原则通过《关于我市城区环境保护的建议》调研报告和《政协长沙市委员会委员持证视察条例》。会议同意贺自强任市政协八届委员会经济科技委员会兼职副主任。

第九次会议于1999年9月27—28日召开。会议审议通过《长沙市农业可持续发展的问题与对策》《重视农村教育，提高农民素质》两个调研报告。

第十次会议于1999年12月23—24日召开。会议审议并原则通过《政协长沙市第八届委员会常务委员会工作报告（送审稿）》、《市政协提案委员会八届二次会议以来提案工作情况的报告（送审稿）》；审议通过市政协八届三次会议议程、日程及会议其他事项。会议增补江权度等27人为政协委员；免去黄以林等7人委员职务；提名增补马勇奇、吴金水、周令杰为市政协八届常务委员会委员，提交政协长沙市第八届委员会第三次会议审议通过。

第十一次会议于2000年1月17日八届三次会议期间召开。会议听取市委常委、市纪委书记吴梦南关于市人民政府市长人选安排的通报，并进行协商讨论；审议提出市政协八届三次会议关于常务委员会工作报告的决议（草案）、市政协八届三次会议政治决议（草案）、提案工作报告决议（草案）和增补市政协八届委员会常务委员的选举办法。

第十二次会议于1月17日八届三次会议期间召开。会议听取委员对市长人选、市政协增补常委人选安排的意见；听取全会各讨论小组委员对八届三次会议关于常委会工作报告的决议、提案工作报告决议和政治决议的修改意见；听取提案委员会关于市政协八届三次会议提案审查情况的汇报。

第十三次会议于2月21日召开。会议学习江泽民在全国政协春节茶话会上的讲话；审议并通过《政协长沙市委员会2000年工作要点》及政协长沙市第八届委员会各专门委会兼职副主任任免名单。会议免去时任提案委员会兼职副主任职务，任命江权度为提案委员会兼职副主任，魏华松为文教卫体委员会兼职副主任。

第十四次会议于7月6日召开。会议听取市长谭仲池关于上半年市政府工作情况的通报；审议并通过《加入WTO对长沙经济的影响与对策》的调研报告；审议通过市政协港澳台侨和外事委员会兼职副主任的人事任免事项。

第十五次会议于2000年9月6—7日召开。会议听取副市长赵小明关于城市重点工程建设情况的通报，组织委员对五一路改扩、南环线和湘江猴子石大桥、蔡锷南路、长沙大道、雨花大道、麓山高科技园进行视察。会议审议通过《抓好资本营运、深化国企改革》《长沙文化产业的现状及发展对策》两个调研报告；审议通过有关人事任免事项，任命赵理峰为市政协办公厅副主任，免去张天晓委员职务，撤销陈立强委员职务。

第十六次会议于2000年12月19—20日召开。会议听取市政协八届四次会议筹备情况汇报；审议通过常委会工作报告、提案工作情况报告，市政协八届四次会议议程及其他会议事项。会议增补王云等14人为八届市政协委员；提名增补匡利娥、熊建辉2人为常委，提交八届四次会议审议通过；免去赵理峰市政协办公厅副主任职务。

第十七次会议于2001年1月5日八届四次会议期间召开。会议听取市委副书记杨顺初有关人事安排事项的通报；协商讨论关于同意张贤遵辞去市政协八届委员会主席职务的意见；审议并提出八届四次会议的政治决议（草案），常委会工作报告决议（草案）和提案工作报告决议（草案）。

第十八次会议于1月6日八届四次会议期间召开。会议听取各讨论小组召集人关于各组委员协商人事安排和大会各项决议的情况汇报；听取八届四次会议提案审查情况的报告；会议同意关于张贤遵辞去市政协八届委员会主席职务的意见（草案），并提请八届四次会议审议通过。会议审议通过八届四次会议的选举办法（草案）和大会选举总计票人、总监票人的提名名单。

第十九次会议于2月13日召开。市委常委、常务副市长梁建强到会并讲话。会议传达学习中共湖南省委《关于进一步加强人民政协工作的意见》；审议通过《政协长沙市委员会2001年工作要点》；听取市政协各专门委员会2001年的工作设想的汇报。

第二十次会议于6月14—15日召开。会议听取市委常委、副市长赵小明关于长沙市城市建设情况的通报，并调研全国第五次城市运动会场馆工程、芙蓉路拓改工程及潇湘大道、长沙大道等工程。会议听取市教育委员会负责人关于长沙市招生工作情况的通报；审议并通过《推动城市资本营运，广辟城建资金来源》的调研报告和建议案。会上，主席简用超对下半年工作做出具体部署。

第二十一次会议于9月17日召开。会议听取市人事局和市招商局负责人关于全市引智和引资工作情况的通报；审议并通过《关于进一步加大长沙市招商引资力度》的调研报告。

第二十二次会议于12月26—27日召开。会议听取市委常委、常务副市长梁建强关于2001年全市经济、社会发展情况的通报和市政府办公厅负责人关于市政协八届四次会议后的提案、建议案办理情况的通报；听取市政协各专门委员会关于2001年工作情况的汇报和市政协八届五次会议筹备情况的汇报。会议审议并原则通过《政协长沙市第八届委员会常务委员会工作报告》《政协长沙市第八届委员会常务委员会关于市政协八届四次会议以来提案工作情况的报告》；审议通过《关于召开市政协八届五次会议的决定》及八届五次会议大会的有关事项。会议增补陈荣俊为市政协委员。

第二十三次会议于1月10日召开。会议听取市委常委、组织部部长秦卓夫关于人事安排情况的说明；听取关于市政协机构改革情况的说明以及市政协八届五次会议有关情况的说明。会议同意增补姚五零为市八届政协委员；同意市政协机关机构改革方案及政协机关机构调整和各专委会负责人的人事任免事项。

第二十四次会议于1月21日八届五次会议期间召开。会议听取市委副书记杨顺初有关人事安排意见的说明；审议八届五次会议选举办法（草案），审议提出市政协八届五次会议政治决议（草案），市政协八届委员会常务委员会工作报告决议（草案）和八届四次会议后的提案工作报告决议（草案）。

第二十五次会议于1月22日八届五次会议期间召开。会议听取政协委员对八届五次会议重要人事安排情况，有关选举事项，市政协八届五次会议政治决议、常务委员会工作报告决议、提案工作情况报告决议的意见；听取大会提案审查情况的报告。

第二十六次会议于3月11日召开。会议审议并通过《政协长沙市委员会2002年工作要点》；听取市政协有关人事任免事项的说明；确定2002年重点调研和重点视察的内容，并就发挥爱国统一战线组织的作用、加强提案和反映社情民意、加强政协自身建设等方面工作作出部署。会议收看朱镕基总理在全国环保工作会上的讲话和李瑞环主席在全国地方政协座谈会上的讲话。

第二十七次会议于7月30—31日召开。会议听取市委常委、常务副市长梁建强关于上半年政府主要工作和全市经济社会发展情况的通报；听取市政协常委、全国佛教协会副会长释圣辉关于护送佛指舍利到台湾供奉的情况通报；审议通过《关于优化长沙非公有制经济发展环境的调研报告》和市政协机关有关人事任免事项。

第二十八次会议于9月28日召开。会议听取并审议通过市政协《关于提升我市城市建设文化品位的调研报告》；听取有关新一届市政协人事安排的说明；审议通过九届市政协界别组成、委员名额和市政协机关有关人事任免事项。

第二十九次会议于 12 月 11—12 日召开。市委常委、组织部部长秦卓夫出席并讲话。会议协商通过市政协八届委员会《关于学习和贯彻中国共产党第十六次全国代表大会精神的决定》；审议并原则通过市政协常委会的《工作报告》《提案工作情况报告》；听取九届政协委员候选人名单产生情况的说明；审议通过《关于召开政协长沙市委员会九届一次会议的决定》；协商决定市政协九届委员会委员建议名单，协商确定长沙市政协九届一次会议的日程、议程。听取市政协有关人事安排事项的说明。

三、第九届市政协常委会议

第九届政协召开常委会议 30 次。第一次会议于 2003 年 1 月 1 日召开。会议听取市政协机构设置和办公厅、各专委会人事安排情况的说明；协商通过市政协九届委员会机构设置和人事任命事项。主席简用超就新一届政协工作作出部署。

第二次会议于 3 月 20 日召开。会议审议并原则通过《政协长沙市委员会 2003 年工作要点》；协商通过市政协九届委员会兼职副秘书长、各专委会兼职副主任人选。会上，副市长曹亚传达全国人大、政协会议精神。

第三次会议于 7 月 24—25 日召开。会议听取市委常委、常务副市长赵小明关于 2003 年上半年全市经济发展情况的通报；听取市政协对市国家税务局、市工商行政管理局、市规划局开展民主评议工作的进展情况通报；审议通过《关于推进我市社会福利事业的建议》的建议案；协商通过委员任免事项；增补罗绍亮等 4 人为九届市政协委员，同意黄志明辞去委员职务。会议期间，调研新世纪体育文化中心、芙蓉变电站等重点工程。

第四次会议于 9 月 29—30 日召开。市委副书记、市纪委书记董学生，市委常务、常务副市长赵小明等参加会议。会议对长沙市在 2002 年优化经济发展环境中向社会做出公开承诺的政府职能部门中的工商局、规划局、国税局履行公开承诺的情况进行民主评议。会议听取《关于市政协民主评议工作总体情况的报告》和对工商局、规划局、国税局 3 个单位的评议报告；会议对 3 个单位履行承诺情况进行现场评议，就进一步提高履行承诺的质量提出建议。被评议单位负责人针对评议意见拟定整改措施。市政协副县级以上干部、各区县（市）政协主席、民主评议组全体成员、市政府办公厅负责人、市优化办负责人、市规划局、市工商局、市国税局领导班子成员列席会议。

第五次会议于 12 月 16 日召开。会议听取市政协九届二次会议筹备工作情况及召开市政协九届二次会议的决定；听取市政府办公厅负责人关于市政协九届二次会议后的建议案和提案办理情况的通报。会议审议并原则通过《市政协九届委员会常务委员会工作报告》和《市政协九届一次会议以来提案工作情况的报告》；审议通过《关于召开政协长沙市委员会九届二次会议的决定》和市政协九届二次会议有关事宜；审议并原则通过《关于进一步发挥市政协委员作用和完善例会制度的决定》。会议建议增补罗绍亮为九届市政协常委，提交九届二次会议审议通过；会议增补王力华等 3 人为九届市政协委员。

第六次会议于 2004 年 1 月 3 日九届二次会议期间召开。会议审议提出政协长沙市第九届委员会第二次会议政治决议（草案）、关于市政协九届常务委员会工作报告决议（草案）和关于市政协九届一次会议后的提案工作情况报告的决议（草案）；协商讨论有关人事安排及有关选举事项。

第七次会议于 1 月 4 日九届二次会议期间召开。会议听取全会各讨论小组委员对市政协九届二次会议政治决议、常委会工作报告决议和提案工作情况报告决议的修改意见；听取委员协商人事安排及有关选举事项的意见；审议市政协九届二次会议提案审查情况报告。

第八次会议于 3 月 9 日召开。审议通过《政协长沙市委员会 2004 年工作要点》。

第九次会议于7月21日召开。会议听取市委常委、常务副市长赵小明关于长沙市2004年上半年经济和社会发展情况以及下半年主要工作安排情况的通报；审议通过《关于发展我市先进制造业的调研报告》及市政协有关人事任免事项。

第十次会议于9月24日召开。市委副书记、纪委书记董学生，副市长徐湘平出席并讲话。会议对贯彻学习中共十六届四中全会精神进行动员部署；听取市委统战部负责人关于委员人事任免事项的说明。会议对市城市管理局和市公用事业管理局履行公开承诺情况进行民主评议，审议通过《关于市城市管理局履行社会公开承诺情况的评议报告》《关于市公用事业管理局履行社会公开承诺情况的评议报告》。会议增补吴忠祥等5人为市政协委员，同意罗绍亮为兼职副秘书长。各区县（市）政协主席以及市政协机关副县级以上干部，市政府办公厅负责人、市经济环境优化办公室负责人、市城市管理局、市公用事业管理局领导班子成员列席会议。

第十一次会议于12月27日召开。会议听取市政协九届三次会议筹备工作说明及有关委员人事任免事项的说明；会议审议并原则通过《市政协九届委员会常务委员会工作报告》《市政协九届二次会议以来提案工作情况的报告》；审议通过《关于召开政协长沙市委员会九届三次会议的决定》。同意增补张迎龙等10人为市政协委员。

第十二次会议于2005年1月18日九届三次会议期间召开。会议审议提出政协长沙市第九届委员会第三次会议政治决议（草案）；关于市政协九届常务委员会工作报告的决议（草案）、关于市政协九届二次会议后的提案工作情况的报告决议（草案）和有关人事安排及有关选举事项。

第十三次会议于1月19日九届三次会议期间召开。会议听取全会各讨论小组委员对市政协九届三次会议政治决议、常务委员会工作报告的决议、提案工作情况报告决议的修改意见；听取各组委员协商人事安排及有关选举事项的意见；审议市政协九届三次会议提案审查报告。

第十四次会议于3月11日召开。会议学习中共中央《关于进一步加强中国共产党领导的多党合作和政治协商制度建设的意见》文件精神，审议并原则通过《政协长沙市委员会2005年工作要点》。

第十五次会议于6月27日召开。会议审议并原则通过市政协《为创建全国文明城市争作贡献——致全市政协委员的一封信》《关于我市城区道路交通、建设和管理的调研报告》。会上主席简用超对市政协下半年工作做出部署。

第十六次会议于9月29日召开。市委副书记董学生、副市长刘晓明出席并讲话。会议审议并原则通过《政协长沙市委员会提案工作条例》（修订稿）。会议对市劳动和社会保障局的基本养老保险工作、市食品药品监督管理局的依法行政等相关工作进行民主评议。市属各区县（市）政协主席、市政协机关副县级以上干部、市政府办公厅、市纪委办公厅负责人、市劳动和社会保障局、市食品药品监督管理局领导班子成员列席会议。

第十七次会议于12月22日召开。会议听取市政府负责人关于2005年度办理政协提案的情况通报；审议通过《关于召开政协长沙市第九届委员会第四次会议的决定》及大会有关事项；审议并原则通过《政协长沙市第九届委员会常务委员会工作报告》《政协长沙市第九届委员会常务委员会关于市政协九届三次会议以来提案工作情况的报告》；协商通过委员增补辞免事项，增补杨兴龙等11人为市政协委员，同意李运礼辞去委员职务。

第十八次会议于2006年1月9日九届四次会议期间召开。会议审议提出政协长沙市第九届委员会第四次会议政治决议（草案）；关于市政协九届常务委员会工作报告决议（草案）；关于市政协九届三次会议后的提案工作情况报告的决议（草案）。

第十九次会议于1月10日九届四次会议期间召开。会议听取全会各讨论小组委员对市政协九届四次会议政治决议、常委会工作报告决议、提案工作情况报告决议的修改意见；审议市政协九届四次会议提案审查情况报告；协商有关人事事项。

第二十次会议于1月10日九届四次会议期间召开。会议听取各组委员对有关人事任免事项的意见。

第二十一次会议于3月9日召开。会议学习《中共中央关于加强人民政协工作的意见》文件精神，审议并原则通过《政协长沙市委员会2006年工作要点》。

第二十二次会议于7月14日召开。副市长到会并讲话。会议学习省委书记张春贤在省政协九届十六次常委会上的讲话精神；审议通过《关于推进我市社会主义新农村建设的建议案》；审议通过有关人事任免事项。

第二十三次会议于9月29日召开。市委常委、市纪委书记袁观清，副市长曹亚到会并讲话。会议对长沙市普通教育资源的配置进行民主评议，审议并原则通过《关于民主评议我市普通教育资源配置情况的报告》。各区县（市）政协主席以及市政协机关副县级以上干部、市政府办公厅负责人、市纪委办公厅负责人、市教育局领导班子成员、市直有关部门负责人，市属各区县（市）主管教育的领导及教育部门负责人列席会议。

第二十四次会议于12月20日召开。会议听取市政府办公厅负责人关于2006年办理政协提案的情况通报。审议通过《关于召开政协长沙市第九届委员会第五次会议的决定》及会议议程等有关事项。审议并原则通过《政协长沙市第九届委员会常务委员会工作报告》《政协长沙市第九届委员会常务委员会关于市政协九届四次会议以来提案工作情况的报告》和《政协长沙市委员会关于市政协委员履行职责的暂行规定》；协商增补、撤免委员事项和市政协机关人事任免事项，增补释净雄为市政协委员，免去谢治国委员职务，撤销刘祥富委员资格。

第二十五会议于2007年1月16日九届五次会议期间召开。会议审议提出政协长沙市第九届委员会第五次会议政治决议（草案）、关于市政协九届常务委员会工作报告决议（草案）、关于市政协九届四次会议后的提案工作情况报告的决议（草案）；协商有关人事事项。

第二十六会议于1月17日在九届五次会议期间召开。会议听取全会各讨论小组委员对市政协九届五次会议政治决议、常委会工作报告决议、提案工作情况报告决议的修改意见；审议市政协九届五次会议提案审查情况的报告；协商有关人事事项。

第二十七次会议于3月21日召开。会议听取市政府关于湘江长沙综合枢纽工程坝址选址的情况说明；审议并原则通过《政协长沙市委员会2007年工作要点》。各区县（市）政协主席，市政协机关副县级以上干部，省、市有关职能部门负责人列席会议。

第二十八次会议于6月26日召开。会议审议并原则通过《关于市公安局2006年提案办理工作情况的评议报告》《关于市文化局2006年提案办理工作情况的评议报告》《关于我市农民工问题的调研报告》。各区县（市）政协主席，市政协机关副县级以上干部，市公安局、市文化局领导班子成员，市直有关部门负责人，市政协民主评议组全体成员，长沙市农民工问题调研组全体成员列席会议。

第二十九次会议于10月19日召开。会议学习中共十七大报告精神，通报市政协换届委员人事安排的有关政策，协商决定下一届政协规模、界别设置、委员构成等事项；审议通过人事任免事项。

第三十次会议于12月4日召开。会议审议并原则通过市政协九届委员会常委会工作报告和提案工作情况报告，协商通过召开市政协十届一次会议的决定；协商决定市政协十届委员会委员名单、市政协十届一次会议议程等有关事项；听取市政府办公厅负责人关于市政府系统办理市政协九届五次会议提案的情况通报；听取关于市政协十届一次会议筹备工作情况的说明。

四、第十届市政协常委会议

第十届政协召开常委会议34次。第一次会议于2008年1月2日十届一次会议期间召开。会议协商通过市政协十届委员会机构设置和专职秘书长、副秘书长，各委办室主任、副主任人事任免事项。

第二次会议于4月8日召开。会议审议并原则通过市政协2008年工作要点，审议通过政协长沙市第十届委员会兼职副秘书长、各专门委员会兼职副主任名单。会上，主席董学生传达省委常委、市委书记陈润儿在政协调研座谈会上的讲话精神，并就2008年工作做出部署。

第三次会议于6月25日召开。会议审议并原则通过《关于大力发展长沙服务外包产业的调研报告》《关于我市工业园区建设用地情况的视察报告》。会上，主席董学生传达全国政协副主席王刚在湘考察时看望省政协机关工作人员的讲话精神以及省委书记张春贤和省政协主席胡彪在全省市州、区县（市）政协主席培训班上的讲话精神，并就2008年工作提出具体要求。

第四次会议于8月13日召开。会议审议并原则通过《关于健全我市农村土地承包经营权流转市场的调研报告》。

第五次会议于12月4日召开。会议审议并原则通过市政协十届委员会常务委员会工作报告，市政协十届一次会议后的提案工作情况的报告；审议通过关于召开政协长沙市委员会十届二次会议的决定以及会议议程等有关事项；听取市政协十届二次会议筹备工作情况的汇报；听取市政府办公厅负责人关于市政协十届一次会议后的提案办理情况的通报；听取政协委员2008年履职及参加政协活动情况的通报。会议增补王静等6人为市政协委员，同意释能净辞去委员职务的请求。

第六次会议于12月29日召开。会议听取有关增补政协委员情况的说明。与会人员就增补委员进行分组讨论，发表意见和建议，由各组召集人将讨论情况向大会作出报告。会议增补龙建强为政协委员。

第七次会议于2009年1月4日十届二次会议期间召开。市委常委、组织部部长范小新出席会议。会议审议并提出政协长沙市第十届委员会第二次会议政治决议（草案）、常委会工作报告决议（草案）、提案工作情况报告决议（草案）。会议对有关人事问题进行协商讨论，同意提名龙建强为副主席候选人，刘仙娥为常务委员候选人；同意谭世延、赵敏辞去市政协常委、委员职务，提交十届二次会议大会通过；审议并原则通过人事表决和选举办法（草案）等相关事宜。市委组织部和市委统战部有关工作人员、各讨论小组召集人列席会议。

第八次会议于1月6日十届二次会议期间召开。会议听取全会各讨论小组委员对政协长沙市第十届委员会第二次会议政治决议、常委会工作报告决议、提案工作情况报告决议的修改意见；听取七次常委会议人事任免事宜的意见；听取、审议并原则通过政协长沙市第十届委员会第二次会议提案审查情况的报告。

第九次会议于2月23日召开。会议听取省政协经济科技委员会主任、省九三学社副主委吴金明作题为《化危为机，创新发展》的报告。审议并原则通过《政协长沙市委员会2009年工作要点》。

第十次会议于7月16日召开。会议审议并原则通过《关于我市农村水资源保护利用和水利基础设施建设的民主评议报告》。

第十一次会议于9月28日召开。会议学习中共十七届四中全会精神，审议通过《浏阳河流域生态环境保护调研报告》，会议审议有关人事任免事项，郑耀频任经济科技委员会兼职副主任，免去人口资源环境委员会兼职副主任职务，任命法制群团和民族宗教委员会兼职副主任。主席董学生要求调研报写作班子根据讨论意见，对调研报告进行修改完善，为近期举行的专题资政会做好准备。

第十二次会议 11 月 27 日召开。会议听取市委常委、副市长张迎龙作 2009 年市政府系统提案办理情况的通报；审议通过关于召开市政协十届三次会议议程和会议其他事项；会议原则通过十届政协常委会工作报告和提案工作情况的报告；会议增补贺滟等 4 人为市政协委员。

第十三次会议于 2010 年 1 月 16 日十届三次会议期间召开，会议由副主席龙建强主持。会议听取各组讨论协商各报告的意见；审议提出《政协长沙市第十届委员会第三次会议政治决议（草案）》、《政协长沙市第十届委员会第三次会议关于市政协十届常务委员会工作报告的决议（草案）》、《政协长沙市第十届委员会第三次会议关于市政协十届二次会议以来提案工作情况报告的决议（草案）》。

第十四次会议于 2010 年 1 月 17 日十届三次会议期间召开，会议由副主席谢明德主持。会议听取各组委员对《政协长沙市第十届委员会第三次会议政治决议（草案）》、《政协长沙市第十届委员会第三次会议关于市政协十届常务委员会工作报告的决议（草案）》、《政协长沙市第十届委员会第三次会议关于市政协十届二次会议以来提案工作情况报告的决议（草案）》的修改意见；听取、审议市政协十届三次会议提案审查情况报告。市委常委、组织部部长范小新通报有关人事事项。

第十五次会议于 2010 年 3 月 15—16 日召开。会议听取副市长李军关于长沙市交通管理工作及为缓解交通拥堵现状的措施与对策的情况通报；审议并通过《市政协 2010 年工作要点》《市政协 2010 年常委会会议议题》《关于进一步提高常委会会议质量的决定》《长沙市政协“开展政协委员进企业、进项目、进农村、进社区”活动方案》及有关人事任免事项。

第十六会议于 6 月 10—11 日召开。会议审议并原则通过《提高长沙城市国际化水平的调研报告》。会上，邀请省委党校易可君教授作《推进长沙新型工业化发展》的报告。主席董学生对市政协上半年工作进行总结，对下半年工作做出部署。

第十七次会议于 7 月 23 日召开。协商审议董学生辞去主席职务事宜，同意接受其辞呈，提交十届四次会议通过。市委常委、组织部部长范小新出席会议并讲话。

第十八次会议于 9 月 8 日召开。会议由主席董学生主持，市政协党组书记谢树林讲话，市委常委、组织部部长范小新作有关人事安排的说明。会议审议并通过《关于召开政协长沙市第十届委员会第四次会议的决定》，协商讨论第四次会议“选举产生主席、副主席人选的‘选举办法’”，协商有关人事安排。审议表决委员增补、辞免事项，增补谢树林、陈立湘为十届市政协委员，免去王亮明委员资格。

第十九次会议于 9 月 26 日十届四次会议期间召开。市委常委、组织部部长范小新出席并讲话，会议听取委员们审议十届四次会议“选举产生主席、副主席人选的‘选举办法’”和选举市政协主席、副主席候选人的意见，审议总监票人、总计票人、监票人建议名单。

第二十次会议于 9 月 26 日在十届四次会议期间召开。省委常委、市委书记陈润儿，市长张剑飞等领导出席。会议听取十届四次会议选举情况的汇报。谢树林、陈立湘分别以高票当选为主席、副主席。会议同意在十届四次会议第三次大会上宣布选举结果。

第二十一次会议于 10 月 22 日召开。会议审议并原则通过《民主评议全市投资环境报告》。

第二十二次会议于 12 月 13 日召开。会议听取市委常委、副市长张迎龙关于市政协十届三次会议后的提案的办理情况通报；审议并原则通过《政协长沙市常务委员会工作报告》《关于十届三次会议以来提案工作情况的报告》；审议并通过市政协十届五次会议日程及会议其他事项以及委员增补辞免事项，谢树林主席对十届五次会议筹备工作进行部署。

第二十三次会议于2011年1月13日十届五次会议期间召开。会议听取委员协商讨论《政协长沙市十届常务委员会工作报告》《关于十届三次会议以来提案工作情况的报告》的意见；审议提出《关于十届政协常委会工作报告的决议（草案）》《关于提案工作情况报告的决议（草案）》《市政协十届五次会议政治决议（草案）》。

第二十四次会议于1月14日十届五次会议期间召开。会议听取委员对十届市政协常务委员会工作报告、十届五次会议后的提案工作情况的报告的修改意见；听取全会各讨论小组委员对十届五次会议政治决议、常委会报告决议和提案工作情况报告决议的修改意见；审议《关于市政协十届五次会议提案审查情况的汇报》。

第二十五次常委会议于3月18日召开。会议传达全国政协十一届四次会议精神，学习省委常委、市委书记陈润儿在全市绩效考核总结讲评大会上的讲话；审议并原则通过《政协长沙市委员会关于在全市开展“两为”（为建设“两型社会”献策，为实现全面小康出力）主题活动的实施意见》《“全市重大项目建设资金使用管理情况”民主评议实施方案》《“全市公共交通管理工作”民主评议实施方案》和《关于推进我市国际文化名城建设的调研方案》；通报市政协集中委派民主监督员工作实施情况；通过人事任免事项。

第二十六次常委会议于6月10日召开。会议听取副市长李军关于“两桥两隧”工程和轨道交通建设及规划修编情况的报告，并进行协商讨论，提出意见和建议；协商讨论为中共长沙市委代拟的《关于贯彻〈中共湖南省委政治协商规程（试行）〉的意见》；审议并原则通过《委员履职条例》《委员约谈制度》。

第二十七次常委会议于7月29日召开。会议审议并通过《全市重大项目建设资金使用管理和政府采购监管民主评议报告》《全市公共交通管理工作民主评议报告》；审议通过《关于选聘特约委员的工作意见》。

第二十八次常委会议暨提案办理复后（办理答复之后）评议大会于9月20日召开。会议审议并原则通过《加快推进长沙市国际文化名城建设调研报告》；审议通过委员增补、辞免事项：同意辞去彭勇、钟伦荣、何广文常委职务，提交十届六次会议审议通过；免去何玲梅等12人委员职务；增补王新厦等22人为市政协委员；撤销两名委员职务。会议听取市政府秘书长唐志浩关于市政府系统提案办理情况的通报，并通过投票方式，对市发展和改革委员会、市工业和信息化委员会、市教育局、市住房保障和城乡建设委员会、市公安局、市民政局、市人力资源和社会保障局、市国土资源局、市农业局、市卫生局、市金融证券工作办公室、芙蓉区政府12家提案承办单位的办理工作进行满意度测评。副市长文树勋代表市政府讲话，就采纳提案办理的复后评议意见和进一步抓好办理工作提出要求。

第二十九次常委会于12月2日召开。会议审议并原则通过《政协长沙市第十届委员会常务委员会工作报告（草案）》《关于十届五次会议以来提案工作情况的报告（草案）》《市政协提案工作条例修订草案》；听取市政协十届六次会议筹备工作情况汇报；审议通过召开市政协十届六次会议的决定，大会议程、日程及会议其他事项。会议还首次听取市政协各办、委、室负责人向常委会的述职。

第三十次常委（扩大）会议于2012年1月6日十届六次全会期间召开。会议听取市委常委、组织部部长程水泉关于人事事项的通报；听取各讨论组委员协商讨论市政协常委会工作报告、提案工作情况报告和政府工作报告、法院报告、检察院报告、计划报告及财政报告的意见；审议并提出市政协十届六次会议政治决议（草案）、常委会工作报告的决议（草案）、提案工作情况报告的决议（草案）；听取提案审查情况汇报。

第三十一次常委会于1月7日十届六次会议期间召开。会议听取大会各讨论小组委员对十届六次会议政治决议、常委会工作报告决议、提案工作情况报告的决议的修改意见；听取各讨论组协商人事事项的意见。

第三十二次常委会议于3月7日召开。会议决定2012年在全市各级政协组织和政协委员中继续开展“两为”活动，推进“五化”（城市国际化、产业高端化、城乡一体化、发展“两型”化、城市管理法治化）建设，以“五推进”（即推进“五化”）为载体，促进长沙经济社会持续协调发展。会议审议并原则通过《政协长沙市委员会深入开展“两为”活动的实施意见》《政协长沙市委员会“城乡环境综合整治”重点调研方案》《政协长沙市委员会“社会管理创新”民主评议方案》。主席谢树林出席并讲话，他指出2012年的政协工作要围绕“两为”“五推进”“一评议”“两调研”展开，以“两为”为平台、“五推进”为载体，发挥政协优势，进一步深化主题，促进长沙经济社会持续协调发展。同时，要扎实开展民主评议社会管理创新工作和精心组织建设食品安全城市和城乡综合整治的重点调研工作。

第三十三次常委会议于7月18日召开。会议审议并原则通过《“社会管理创新”民主评议报告》和向市委、市政府提交的建议案；审议并原则通过“建设食品安全城市”重点调研报告和“城乡环境综合整治”重点调研报告。

第三十四次常委会议11月29—30日召开。主席谢树林，中共长沙市委常委、统战部部长文树勋，副市长姚英杰，副主席周秋光、李克俭、陈立湘、谢明德、钟新莲、段安娜、彭继球、顾问谭世延，秘书长朱建人出席会议。副主席龙建强主持会议。会议听取市政协十届一次会议筹备工作的情况说明，听取市政府关于市政协十届六次会议后的提案办理情况的通报，审议并原则通过《政协长沙市第十届委员会常务委员会工作报告（草案）》《政协长沙市第十届委员会常务委员会关于十届六次会议以来提案工作情况的报告（草案）》，协商决定政协长沙市第十一届委员会委员名单。会议还审议通过市政协十一届一次会议议程、日程（草案），决定十一届一次会议于2012年12月29日至2013年1月2日举行。谢树林主席指出，十届政协即将完成历史使命，希望大家振奋精神，切实做好十一届一次会议的各项筹备工作。

第三节　主席会议

第七届市政协召开全体主席会议41次，另召开主席办公（碰头）会议若干次。会议的主要内容有：讨论、审定市政协全年工作要点；研究常务委员会议、全体委员会议等重要会议召开时间、议程、议题、材料撰写等事宜，安排部署重大活动及调研视察活动事宜；审议通过各调研、视察报告等；研究审定机关人事安排及委员辞免、增补事宜；传达学习上级和市委、市政府重要会议及有关文件精神等；研究协商市委、市政府即将出台的重要政策、重要人事变更、重要决定措施等重大问题；听取市委、市政府工作情况的通报；研究确定市政协主席、副主席工作分工，讨论通过《长沙市政协关于办理民主党派、人民团体提案的实施办法》；研究“建设历史文化名城推动委员会”工作事宜；研究政协机关机构改革方案；研究机关搬迁和机关宿舍基建问题；民主生活会等。

第八届市政协召开全体主席会议34次，另召开主席办公（碰头）会议若干次。会议主要内容有：研究常委会议、全体委员会议等重要会议召开时间、议程、议题、材料撰写等事宜；讨论、审定市政协全年工作要点；安排部署重大活动及调研视察活动事项；审议通过各调研、视察报告；研究、审定机关

图 5-3-3-1 市政协主席会议成员会后进行交流

（摄于 2009 年 5 月 31 日，市政协供图）

人事安排及委员辞免、增补事宜；传达、学习上级和市委、市政府重要会议及有关文件精神等；研究协商市委、市政府即将出台的重要政策、决定措施等重大问题；听取市委、市政府有关工作情况的通报；听取市政协前段工作情况汇报和研究政协下阶段工作安排；听取提案工作情况和社情民意工作情况汇报；研究机关机构改革问题、机关劳动服务公司经费问题、机关搬迁拆迁补偿问题、机关办公楼建设问题和机关廉政建设问题；研究宣传新闻报道工作；研究市委政协工作会议筹备方案；研究三胞联谊会换届方案；研究“建设历史文化名城推动委员会”工作；研究确定主席副主席工作分工；研究干部廉政考核、评优评先工作；研究参加全国地方政协工作会议有关事宜；审议人民政协成立 50 周年活动方案；审议《政协长沙市第八届委员会委员持证视察条例》《关于反映社情民意工作的意见》《提案工作条例（修订稿）》《关于学习贯彻江泽民同志“七一”重要讲话的意见》《庆祝澳门回归活动方案》；审议港澳台侨联络委员会更名的请示；审议调研视察方案；协商长沙市规划修编方案；传达长沙市的维稳工作情况；总结防汛工作；视察第五届城市运动会场馆建设情况；视察长沙市经济开发区和长沙县有关企业及长沙市防洪建设工作和学校周边环境等。

第九届市政协召开主席会议 31 次，另召开主席办公（碰头）会议若干次。会议主要内容有：研究常委会议、全体委员会议等重要会议召开时间、议程、议题、材料撰写等事宜；讨论、审定市政协全年工作要点；安排部署重大活动及调研视察活动事项；审议通过各调研、视察报告；研究、审定机关人事安排及委员辞免、增补事宜；传达、学习上级和市委、市政府重要会议及有关文件精神；研究协商市委、市政府即将出台的重要政策、决定措施；听取市委、市政府工作情况的通报；听取市政府办公厅关于办理提案情况的通报，关于创建全国文明城市工作情况的通报；听取市委、市政府有关职能部门贯彻落实中共长沙市委“人大、政协工作会议精神”的情况汇报；听取有关调研情况的汇报和湘江长沙综合枢纽工程建设情况的通报；听取 15 个城市政协工作交流会情况汇报；听取机关开发办工作情况汇报；研究政协机关办公楼整体装修有关事项；研究社情民意评优工作；研究开展民主评议工作事宜；审议《政协长沙市委员会关于进一步发挥政协委员作用和完善例会制度的决定》《政协长沙市委员会办公厅关于办理政协提案的意见》《提案工作条例（修订稿）》；审定重点提案和优秀提案；协商市委、人大、政协工作会议筹备事宜；视察橘子洲头建设开发情况和长沙学院；机关工作务虚会、民主生活会等。

第十届市政协召开主席会议 34 次。另召开主席办公（碰头）会议若干次。会议主要内容有：研究常委会议、全体委员会议等重要会议召开时间、议程、议题、材料撰写等事宜；讨论、审定市政协全年工作要点；安排部署重大活动及调研视察活动事项；审议通过各调研、视察报告等；研究、审定机关人事安排及委员辞免、增补事宜；传达、学习上级和市委、市政府重要会议及相关文件精神；研究协商市委、市政府有关工作情况的通报；听取市政协前段工作情况汇报和研究确定下阶段工作安排；听取《关于市政协委员履行职责的暂行规定》的情况通报；听取选派政协委员担任民主监督员工作情况汇报；听

图 5-3-3-2 第四次长株潭政协主席履职协作会议召开
（摄于 2011 年 5 月 27 日，市政协供图）

取提案及社情民意评优工作汇报；听取开展“为建设两型社会献策，为长沙率先全面实现小康出力”主题活动开展情况汇报；听取并讨论《长沙市国民经济和社会发展“十二五”规划纲要（征求意见稿）》及《〈规划纲要〉建设（送审稿）》；研究确定主席、副主席工作分工；研究确定重点提案督办相关事宜；研究民主评议工作；研究成立“长沙市政协委员立法协商专家组（后定名为“法制建设专家组”）”事宜；研究乡镇、街道政协工作联络处主任培训等事宜；审议《政协长沙市委员会评选表彰优秀提案办法》《政协长沙市委员会重点提案的确定和督办办法》《政协长沙市委员会提案审查实施细则》《政协长沙市委员会提案工作条例（修订草案）》《中共长沙市委办公厅、市人民政府办公厅、长沙市政协提案办理工作规程（试行）（代拟稿）》《中共长沙市委关于进一步加强人民政协工作的意见（讨论稿）》《关于进一步提高政协长沙市委员会常务委员会会议质量的决议》《关于协商委派政协委员担任民主监督员的实施意见》《长沙市政协委员重要建议信件直通车实行办法（草案）》；审议《关于人民政协成立 60 周年庆祝活动方案》《市政协“创业带动就业”系列活动实施方案》《市政协机关学习方案》《委员联组建言献策方案》；审议举办长株潭三市政协主席联席（后更名为“履职协作”）会议及纪念中国共产党成立 90 周年活动方案；审议委员界别组活动方案；审议通过主席联系界别、常委联系委员、委员联系群众工作制度和各专门委员会向常委会述职工作制度；总结市政协前段工作和部署后段工作等。

第七至第十届市政协在主席会议主持下开展工作，所有重要事项都经主席会议研究决定或讨论、审议通过和安排部署实施。主席会议有时结合视察，偶尔采取到外地考察方式。会议地点主要在市政协机关，有时在市内其他单位，偶尔在长沙市外。主席会议组成人员为主席、副主席、秘书长。内容重要的会议，邀请市委、市政府有关领导出席。视会议内容情况，市政协副秘书长、各委、办、室负责人和市政协相关工作人员列席会议。第七至第十届市政协举行主席会议 140 次。另召开由主席、专职驻会副主席参加的主席办公（碰头）会议百余次。

第四章 职能履行

第七至第十届市政协突出“团结和民主”两大主题，围绕市委、市政府中心工作，通过开展专题调查研究、视察考察、协商立法执法、协商重大人事任免、反映社情民意信息、提案征集与办理、征集整理出版文史资料、推动长沙历史文化名城保护、组织委员学习和开展外事侨务联谊等各项工作，建言献策，凝聚力量，汇集智慧，发挥智囊团人才库作用，履行政治协商、民主监督和参政议政职能。

第一节 政治协商

市政协通过全体会议、常委会议、主席会议、专题会议等形式履行政治协商职能，形成的协商意见经整理后报市委、市政府和送交有关部门供科学决策和工作参考。此外，组织政协各参加单位和有关委员参与一些重大项目的立项协商及各项地方性法规、规章制定前的立法协商以及重大人事任免前协商，针对性地提出建议和意见，履行政治协商职能。

市政协运用各种会议和对口专题协商等多种形式，对长沙市重大事务进行决策前和决策执行中的协商以及对长沙市地方性法规、规章的制定进行立法前协商，为长沙社会经济发展服务。

1993—1997 年，第七届市政协召开全体委员会议 5 次，分别就长沙市“九五”（1996—2000 年）计划和 2010 年远景目标纲要草案，每年的《政府工作报告》《法院报告》《检察院报告》《计划报告》《财政报告》及重大人事安排进行协商讨论，对长沙经济社会发展大政方针的制定实施提出意见和建议；召开专题座谈会 31 次，就发展长沙市旅游业，抑制物价过快上涨、评估重点科技项目、拓宽五一路等问题进行协商，提出建议。七届政协的 28 次常委会中，多次就长沙改革和发展中的重大问题进行专题协商。此外，组织委员参与立法协商，对《长沙市燃放烟花爆竹管理规定》《长沙市暂住人口登记管理办法》《长沙市劳动监察条例》《关于城区中小学幼儿园规划建设和用地的暂行规定》《长沙市殡葬管理条例》等 10 部法规草案进行立法前协商，提出修改补充意见，大部分得到采纳，被写入各地方性法规、规章文本的条款中。

1998—2002 年，第八届市政协召开全体委员会议 5 次，分别就长沙市中长期发展规划，“十五”（2001—2005 年）计划纲要，每年的《政府工作报告》《法院报告》《检察院报告》《计划报告》《财政报告》及重大人事安排，与市委、市政府及有关部门协商，提出意见和建议。从 2000 年八届三次全会起，在全会期间召开“国企改革”“城市管理”等议题的专题协商会，组织政协委员就全市重大工作与市委、市政府领导面对面协商。此外，就《长沙市城市总体规划（1990—2010）》的修编，组织专家座谈会进行研讨；对全国第五次城市运动会场馆选址问题进行考察论证；与市人大、市政府共同协商，明确地方法规在提交人大审议前的协商程序，并先后就《长沙市个体工商户私营企业权益保护条例》《行政执法监督条例》等 12 部法规、规章草案进行立法前协商，提出的修改意见多数被采纳到各法规、规章的条文之中。

2003—2007 年，第九届市政协召开全体委员会议 5 次，对《政府工作报告》《法院报告》《检察院报告》《计划报告》《财政报告》进行协商讨论，组织安排全会发言 26 次，印发大会发言材料 92 篇；召开常委会议 30 次，主席会议 31 次。就修改完善“十一五”（2006—2010 年）规划纲要、推进新型工业化、建设社会主义新农村、发展县域经济、构建和谐社会、长沙市城区道路规划和管理等课题协商讨论，为市委、市政府科学决策提供参考。其中，2005 年重点协商“十一五”规划纲要，召开专题协商会与市委、市政府领导及有关部门负责人面对面协商 4 次，委员们的建议得到采纳。运用例会和专题协商会等形式，对长沙市重大事务进行协商，逐步形成全会集中协商、常委会议专题协商、主席会议重点协商、专门委员会对口协商的协商格局，提出上千条意见和建议。组织委员和专家学者就《岳麓山风景名胜区保护条例》《长沙市征地拆迁补偿安置条例》《长沙市城市市容环境卫生管理条例》《长沙市城市桥梁安全管理条例》《行政执法过错追究办法》《长沙市标准化管理条例》《长沙市房地产交易管理办法》《长沙市城市地下管线工程档案管理条例》《省会长沙突发公共事件总体应急预案》《长沙市历史文化名城保护条例（草案）》《长沙市城市公共客运管理条例》《长沙市株树桥水库饮用水水源保护条例》《长沙市养犬管理规定》《长沙市城市容貌规定》《长沙市贷款建设的城市路桥车辆通行费征收管理办法》《长沙市安全生产监督管理办法》16 部地方性法规（草案）进行协商，提出的修改意见和建议大多被采纳到有关文本的条款之中。

2008—2012 年，第十届市政协召开全体委员会议 6 次，围绕《政府工作报告》《法院报告》《检察院报告》《计划报告》《财政报告》“两型社会”建设和人民群众关心的热点难点问题开展协商，提出意见和建议。遵照重要问题在决策之前和决策执行中进行协商的原则，运用各种例会、专题协商会、政情通报会、座谈会等形式，围绕长沙市经济社会发展重大事项开展协商。邀请和组织驻湘全国政协委员和居住长沙市区的部分省、市政协委员围绕“两型社会”建设和大河西先导区建设等问题进行协商视察，提出意见和建议。组织委员和专家学者就《长沙市饮用水管理条例》《长沙市住房公积金管理条例》《灰汤地热资源保护条例》《长沙市住房登记办法》《长沙市机动车排气污染防治条例》等地方性法规进行立法前的协商讨论，所提意见和建议多数采纳到各法规、规章文本的条款之中。2010 年 8 月，成立长沙市政协地方性立法协商专家组（后经与市人大沟通磋商，定名为“法制建设专家组”），并制定《政协长沙市委员会地方性立法先行协商管理办法》，促使立法协商工作制度化、规范化、程序化，推进长沙市民主法制建设，促进提高立法质量。

第二节 民主监督

市政协履行民主监督职能，将全体委员会议、常务委员会议提出的意见整理后报送中共长沙市委、市政府及有关部门；发挥政协委员中特约监督员作用，支持他们履行职责；实施政协集中委派民主监督员制度，建立政协委派民主监督员队伍，强化民主监督的组织性和自主性；开展民主评议工作，督促和帮助市政府有关职能部门改进工作作风，完善规章制度，提高工作效率；与新闻媒体合作，开辟报刊专栏和电视专栏，探索民主监督和舆论监督相结合途径。

市政协完善民主监督机制，通过组织开展调研视察工作、提案工作和特约人员工作及民主评议工作，履行民主监督职能。

一、政协委员担任特约人员

1989 年 12 月 30 日，中共中央颁发指导新时期统一战线、人民政协和民主党派工作的纲领性文件《关于坚持和完善中国共产党领导的多党合作和政治协商制度的意见》（以下简称“十四号文件”）。1990 年初，市政府、市政协、市委统战部对全市有关部门贯彻落实十四号文件精神情况进行较大范围督查。是年，市纪律检查委员会、市中级人民法院、市人民检察院、市公安局、市教育委员会、市工商行政管理局、市审计局等部门，紧随北京市、上海市之后实施向社会聘请特约监督员、特约教育督导员、特约检察员、特约审计员（以下简称“特约四员”）和特约行风评议员举措。各单位聘请特约人员几名至 10 余名不等，成员基本为人大代表、政协委员和民主党派人士。1993 年七届政协以后，聘请“特约四员”的部门范围扩展到税务、劳动、人事、国土、规划、文化、卫生、邮电等部门，“特约四员”人选的确定和工作开展由市委统战部归口进行管理。

1993—1997 年第七届市政协期间，“特约四员”中的政协委员参加各自所在单位的活动，开展工作，履行民主监督职责。七届政协 5 年中，市政协与民主党派、工商联参与行风评议等项活动，并对银行、交警、国土、规划、邮电等部门的行政工作进行监督检查。市政协 8 次组织委员中的特约人员参与法院、检察院、公安交警支队、防暴支队等单位意见听取会，对其工作和队伍建设实行民主监督。此外，参与执法过程中的民主监督，先后就《中华人民共和国劳动法》《中华人民共和国妇女权益保障法》《中华人民共和国教师法》《中华人民共和国体育法》的贯彻实施情况进行监督检查。

1998 年第八届市政协起，50 名政协委员被聘为“特约四员”。市政协支持、帮助和组织委员中的“特约四员”发挥自身优势履行职责，进行民主监督，对各职能部门的党风廉政建设、端正政风行风、提高行政效能等工作发挥作用。1999 年 6 月，八届八次常委会议制定《委员持证视察条例》，明确委员 3 人以上，经报市政协办公厅备案，即可自主对市委、市政府有关部门进行调研视察、咨询和协商对话。此举措扩大民主监督的参与范围，为委员履行民主监督职责提供操作层面的制度保障。

2003 年九届一次会议期间，推荐 54 名政协委员担任政府及检察、法院等部门的特约人员，组织和支持他们参与执法检查、案件审查、行风评议和价格听证等活动。2005 年九届三次会议期间，制定《关于加强市政协委员中特约人员工作的意见》，加强对委员中“特约四员”的工作管理和支持力度，使特约人员的民主监督工作制度化、规范化和程序化。政协委员中的特约人员通过参与案件审查、执法质量检查、依法行政监督和行风评议工作，促进优化经济环境，推进司法公正和促进党风廉政建设。

2008 年十届一次会议期间，制定《关于进一步加强市政协委员中特约监督人员工作的意见》，对市政协委员中的 65 名特约监督员进行针对性学习培训；对 11 家执法单位的特约监督员进行调整，组织参与对相应单位的案件审查、执法质量检查、依法行政、行风评议、价格听证等民主监督活动，以及对相应单位的工作全方位地、针对性地发表建议和意见。2009 年 10 月，召开特约监督人员座谈会，交流工作经验，提升特约人员民主监督水平，规范参与民主监督活动行为。2011 年 9 月，制定《关于委派政协委员担任市中级人民法院、市人民检察院、市政府职能部门民主监督员的实施意见》，遴选 107 名政协委员组成 25 个民主监督小组，分别委派到市中级人民法院、市检察院及 23 个市政府相关职能部门担任政协民主监督员。实现民主监督由被动向主动、分散向集中、个体向组织的转变，把委员的个人监督行为上升为政协的组织监督行为，把分散的监督活动整合为集中的监督活动，把零星的批评意见上升为系统的监督建议。2012 年，市政协各民主监督小组围绕国家机关及其工作人员对国家宪法、法律和法规的实施，重大方针政策的贯彻执行，通过建议和批评进行监督。各民主监督小组制定民主监督小组接访办法，建立接访登记表，与派驻单位建立协商制度，通过参加专项执法活动、立法听证、座谈、现场考察、工作交流协商和明察暗访等方式，采取常规监督与重点监督相结合的方法，主动收集群众反映的意见、建议，将群众反映的热点、

图 5-4-2-1 长沙市政协召开委派民主监督员工作动员大会
（摄于 2011 年 12 月，市政协供图）

难点问题作为监督的重点，并邀请专家与监督小组一起对在监督中发现的问题进行研究分析，将有关情况收集整理后向派驻单位进行反馈，就如何解决存在的问题提出对策、建议，推动问题的解决，促进派驻单位改进工作作风。通过上述活动，使民主监督工作取得成效。通过不断完善制度，搭建监督平台，建立民主监督小组例会制度、信息收集和反馈制度和考核奖励制度；开展每季度召开一次组长例会，每年上报一篇有价值的社情民意信息，每年提交一份民主监督建议书，每年评选一次先进民主监督小组的活动，推动委派民主监督员工作规范、有序和长效开展。市政协这一创新工作引起政协内外的关注。《人民政协报》、人民政协网、新华网、新浪网、星辰在线等媒体刊发文章，全国各地政协来电来函取经。将“特约四员”改称为政协民主监督员，将被邀请监督改为主动监督，增强监督力度，提高监督的组织程度。

二、民主评议

2003—2007 年，第九届市政协在市委、市政府支持下，按照“准确定位，把握适度”原则，对政府职能部门开展民主评议。先后对市国家税务局、市工商行政管理局、市城乡规划局、市城市管理和行政执法局、市公用事业局、市劳动和社会保障局、市食品药品监督管理局、市教育局、市文化局和市公安局等 11 家单位开展民主评议，内容分别涉及在优化经济环境中的公开承诺和履行情况、基本养老保险、依法行政、普通教育资源配置、提案办理等方面。民主评议中，提出有针对性和可操作性的意见和建议；评议后，对意见和建议的落实情况跟踪回访，促使所涉及的问题得到解决。

2008—2009 年，第十届市政协继续对市环境保护局、市水利局的部门性专项工作开展民主评议。从 2010 年起，深化和拓展民主评议内容，分别就全市投资环境、重大项目建设资金使用管理和政府采购监管、公共交通管理和社会管理创新等全市性重大专项工作开展民主评议。

（一）民主评议政府职能部门。2003 年，针对在 2002 年全市优化经济环境工作中向社会做出公开承诺的单位中的市城乡规划局、市工商行政管理局、市国家税务局的承诺履行情况进行民主评议，成立由主席简用超任组长的民主评议工作领导小组，分 3 个小组分别对 3 个单位开展评议。评议中采取听取情况汇报、召开座谈会、问卷调查、走访群众、现场暗访等形式进行调研，在此基础上形成民主评议报告，在九届四次常委会议上集中评议。被评议单位负责人对评议报告中指出的工作中存在的问题表示接受并汇报具体整改方案。评议报告报市委、市政府后，市政府对 3 家单位的整改落实情况进行专项督查。

2004 年，对长沙市城市管理局和长沙市公用事业管理局向社会公开承诺情况进行民主评议。两个民主评议组通过明察暗访、问卷调查、召开座谈会等形式调研后，形成两个民主评议报告在九届十次常委会议上集中评议。被评议单位采纳评议报告中的建议，针对评议过程中发现的问题进行整改。同时，对市国家税务局、市工商行政管理局、市城乡规划局落实 2003 年民主评议意见的整改情况进行跟踪督查。

2005 年，对市劳动和社会保障局的基本养老保险工作情况，市食品药品监督管理局的依法行政工作情况进行民主评议。两个民主评议组通过明察暗访、深入调研和广泛征求市民及各界人士意见，形成《关于民主评议市劳动和社会保障局基本养老保险工作情况的报告》和《关于民主评议市食品药品监督管理局依法行政工作情况的报告》，在九届十六次常委会议上集中评议。被评议单位采纳报告中提出的建议，针对报告中指出的问题进行整改。同时，对市公用事业管理局、市城市管理局落实市政协 2004 年民主评议意见和履行公开服务承诺的情况进行跟踪视察。

2006 年，对市教育局的普通教育资源配置工作情况进行民主评议。评议组通过听取汇报、召开各个层次座谈会、发放调查问卷、明察暗访等形式开展调研，形成《关于民主评议长沙市普通教育资源配置情况的报告》，在九届二十三次常委会议上集中评议，并将评议报告报市委、市政府。市教育局采纳评议报告中的建议，针对评议中发现的问题进行整改。同时，对市劳动和社会保障局、市食品药品监督管理局落实2005年民主评议整改意见的情况进行督查回访。11月，召开全市政协系统民主评议工作座谈会，总结交流民主评议工作经验，汇编《长沙市政协民主评议文集》。

2007年，对市公安局、市文化局2006年提案办理工作情况进行民主评议。评议组通过深入调研和广泛征求意见，形成《关于市公安局提案办理工作情况的评议报告》《关于市文化局提案办理工作情况的评议报告》，在九届二十八次常委会议上集中评议。被评议单位采纳报告中的建议，针对评议中发现的问题进行整改。同时，对市教育局落实2006年民主评议整改意见的情况进行督查回访。

2008年，以污染物减排与防治为切入点，对市环境保护局进行民主评议，形成民主评议报告，报告中提出进一步加强水质与大气环境的治理保护、切实推动环保工作机制创新、加大环保工作监管力度等建议。市环境保护局落实评议建议，进行整改。

2009年以农村水资源保护利用和水利基础设施建设为切入点，对市水利局进行民主评议。评议组首次尝试网络调研形式，在“星辰在线”上发布调查问卷，获点击量10万余次，5418人提交调查问卷。在调研基础上，形成民主评议报告。报告中提出全面推进节水型社会建设、切实加强民生水利工作、构建水务一体化管理格局、加大水利建设投入等建议。随后，召开有省市领导、相关职能部门负责人、部分政协委员参加的评议大会集中评议。会议上，省、市领导分别就评议报告做出批示。市水利局落实评议建议和领导批示，在解决农村饮水安全、水利基础设施建设、水资源保护利用等方面加大工作力度，增加资金投入，完善农村水资源保护与利用的举措。

（二）民主评议全市重大专项工作。2010年，深化和拓展民主评议内容，就全市性重大项目工作开展民主评议。根据湖南省委常委、长沙市委书记陈润儿的要求，对长沙市社会经济发展中的政策法制、政务服务、市场经营、公共服务4个方面的投资环境开展民主评议。市政协评议组到有关单位、园区和企业调研，先后听取45家被评议单位的情况汇报，召开投资者代表座谈会29次，走访企业和行业协会305家，发放调查问卷2000余份，利用“星辰在线”进行网络调查，广泛征求投资者、社会各界人士和政府相关部门对优化投资环境的意见和建议，收集各类意见建议882条。按照实事求是、客观公正原则，组织全市投资环境意见反馈会，将评议情况分送各被评议单位并提出整改落实意见。随后，召开评议大会集中评议。市长张剑飞出席会议。市政协将民主评议全市投资环境的情况向市委、市政府报告后，市委书记陈润儿、市长张剑飞、常务副市长谢建辉、市纪委书记袁观清、市委秘书长程水泉等作出批示。市政府专门发出落实工作的通知，被评议单位按照市委、市政府的要求，吸纳民主评议意见，进行工作整改。

2011年，对全市重大项目资金使用管理及政府采购监管和公共交通管理工作开展民主评议。市政协成立专门工作小组，成员有8位主席会议成员、13位政协常委、25位政协委员和4位专家。主席谢树林任组长，负责联系或分管相关工作的副主席及专委会负责人任副组长。评议组听取58个部门和项目单位的情况介绍，抽样调查126家部门和项目单位，召开60场调研座谈会，发放调查问卷及表格1500份，收集建议意见300余条，在此基础上形成两篇评议报告。随后，召开民主评议大会，采取市政协常委票决形式对被评议单位集中评议，并将投票结果通报。常务副市长谢建辉等领导参加评议动员会和总结会，市长张剑飞在评议报告上作批示。被评议单位吸纳评议意见，并落实市长批示，进行工作整改。

2012年，市政协抓住长沙2011年入选“全国社会管理综合试点城市”契机，围绕使长沙为“全国社会管理创新积累经验、为全省社会管理创新提供示范”献计献策，开展社会管理创新民主评议工作。主席会议确定以主席谢树林为组长，全体副主席为成员，组成由政协委员、相关民主党派人士、政协相关委办80余人的民主评议调研组，就《长沙市社会管理创新综合试点工作项目书》中52个项目中的42个项目开展民主评议，重点就公共安全管理的“治安”，流动人口服务的“治差”，城市交通秩序的“治堵”，社会民生保障的“治难”，社会公共环境的“治脏”等方面工作情况，分5个课题项目组进行调研视察，分别由副主席龚振湘、龙建强、陈立湘、钟新莲、段安娜及秘书长朱建人担任5个评议组和1个综合组组长。各评议小组分别到项目涉及的9个区县（市）、32个市直部门及22个街道、社区、学校和企业调研视察，共召开各类情况汇报会、座谈会、专家论证会38次，开展明察暗访和实地视察走访40余次，发放调查问卷1000余份。在此基础上，写出5个专题报告，由综合组修改定稿为5个子报告，并由综合组综合整理，形成综合报告。各报告经十届二十七次主席会议审议原则通过后，提交十届三十三次常委会议审议通过。随后，形成《关于进一步加强社会管理创新》建议案，提交市委、市政府供科学决策参考。

第三节　参政议政

一、调研、视察

政协长沙市委员会围绕长沙改革和经济社会发展中的难点、热点和盲点问题，开展调研、视察活动，提出调研、视察报告或建议案，供市委、市政府及相关职能部门决策和工作参考，履行参政议政和民主监督职能。

第七至第十届市政协围绕市委、市政府确定的中心工作和社会经济发展中的重大问题和人民群众普遍关心的热点、难点问题及市委、市政府工作中某些盲点问题，分主席会议和专门委员会两个层次，分不同专题开展调研、视察、考察活动。在了解情况、征询意见、协商座谈、外出考察学习、分析论证，并经多层次审议的基础上，形成调研、视察、考察报告或建议案，报市委、市政府办公厅和送相关职能部门，供决策或工作参考，为长沙经济、政治、文化、社会和生态文明建设献计献策。

第七届市政协注重围绕市委、市政府中心工作确定调研课题选题，通过调研成果的展示，使参政议政工作“参在点子上、议在关键处”，为长沙的社会经济发展大局服务。任期内组织专题调研活动60次，专题视察104次，其他调研、视察141次，形成调研、视察报告45篇，建议案4件，分别报市委、市政府领导及部门，供决策或工作参考。

1993年，开展3次重点调研，28次考察、视察，37次协商座谈。市政协与市财经贸易委员会联合，就如何缓解资金紧缺、财政困难问题开展调研，形成《抓好资金通融、加快经济发展》调研报告。经七届三次常委会议审议通过，修改提炼成建议案向市委、市政府提出。联络委员会与民革长沙市委员会、致公党长沙市委员会就发挥“三胞”亲友作用、促进长沙经济发展情况进行联合调研，形成调研报告交市委、市政府批转有关部门研究办理。下半年，在市属各区县（市）政协的配合下，联合市建设委员会就小城镇建设和农村商品经济发展情况进行调研，形成《抓好小城镇建设，加快农村经济发展》调研报告；文艺医卫体育委员会与市人大科教文卫工作委员会联合对长沙市文化市场的管理工作进行专题考察，写出《对加强长沙市文化市场管理的意见和建议》交市委、市政府供决策参考。此外，文艺医卫体育委员会写出《对长沙市街头早夜市饮食摊点情况的调查报告》；法制群团委员会写出《关于长沙市劳改劳教工作情况的考察报告》《关于发展长沙市儿童福利事业的考察报告》；教育科技委员会写出《关于长沙市企事业单位办学的现状和建议》。上述调研报告中提出的建议均得到市委、市政府相关职能部门采纳。

1994年，开展调研、考察、视察活动65次，提出调研、考察报告9篇；参加对口协商座谈会、学习座谈会82次，委员参与率98.7%。会同市农村工作委员会、市乡镇企业管理局到省内外率先推行股份合作制的地区考察，到长沙市、县、郊进行调研，写出调研报告。针对长沙市物价过快上涨问题，与民建长沙市委员会、市工商业联合会联合调研，向市委、市政府提出调价方案暂缓出台、把“菜篮子”“米袋子”工程作为头等大事来抓等建议，调研报告提交市委、市政府办公厅后，市领导作出批示，表示原则采纳。组织委员中的科技专家，对市政府年内初步拟定的24个重点项目进行综合评估、论证，为长沙市重点科技项目的确认提供科学数据，供决策参考。组织少数民族界委员考察，撰写出《关于推动长沙市民族事业发展的建议》考察报告。会同市林业局对浏阳大围山国家森林公园考察，提出《加快大围山国家森林公园的开发和建设的考察报告》；组织具法制学科专长的委员和民主党派人士考察宁乡县和贺龙体育中心，写出《关于宁乡县社会治安治理工作情况的考察报告》《对贺龙体育中心规划用地实施情况的考察报告》交有关部门，敦促其改进工作，提高行政执行能力。

1995年，开展调研、考察、视察活动42次，写出专题调研、考察、视察报告8篇，开展协商座谈会活动27次。会同市科学技术委员会、市委农村工作部办公室、市科学技术协会对长沙市农业科技推广服务体系情况进行调研，写出《关于长沙市农业科技推广服务体系建设的情况调查与对策》，并进一步提炼成建议案交市委、市政府。会同市体制改革委员会、市国有资产监督管理委员会，对长沙24个委、办、局、公司和12家工业企业、9家商业企业进行调研，写出《适应企业改革需要，搞好国有资产管理》的调研报告，袁汉坤等省、市领导在报告上作出批示，长沙市出台《长沙市中小型国有工业企业托管经营试行办法》等6部地方性规章。组织少数民族、社会福利、民革、民建、民进界及政法系统的部分委员对市收容所遣送站、市精神病院和市第二社会福利院等进行考察，写出《关于长沙市盲流人员收容遣送工作的考察报告》，报市委、市政府，报告中的建议获采纳。针对长沙市幼儿教育出现的困难和问题，教育科技委员会会同市教育委员会组织教育界部分委员进行考察，考察中提出制止“撤园风”，促进幼教事业稳步、健康发展等5条意见和建议，并将报告修改成集体提案在市政协七届四次全会上提出。此外，各专门委员会通过专题调研，分别写出《关于发展行业协会（同业商会）和加强行业管理的调查报告》《关于长沙市国有纺织企业困难情况的调查和建议》《切实做好规划设计，加速湘江风光带的开发建设》《加强人口管理、促进社会稳定》等调研报告。

1996年，确定重点调研课题两个，各专门委员会另安排各自的调研活动。年内，组织委员调研、考察、视察活动42次，写出专题调研、考察报告24篇，召开各类协商座谈会66次。经济建设委员会会同市建设委员会、市房地产管理局、市住房改造办公室、市广厦工程办公室，就“住房制度改革和住房解困”问题进行调研，形成《深化住房制度改革，加快住房解困步伐》调研报告，报送市委、市政府。市政府采纳报告中的建议，制定长沙市公有住房租金标准和公有住房出售价格标准。联络委员会与市委对台工作办公室、市招商工作管理局、市对外经济贸易委员会等单位合作，就长沙市投资软环境问题进行调研，撰写出《切实改善长沙市投资软环境，加大招商引资力度的报告》报市政府办公厅供决策参考。

1997年，完成常委会重点调研课题4个；各专门委员会根据各自工作特色，会同有关单位和部门，进行调研视察活动。就“高桥大市场经营过程中存在的困难和问题”“推动农村养老保险事业的发展”“促进回民清真“三清”（副食、肉食、饮食）的生产供应工作”“加强企业职工民主管理工作”等问题开展调研。调研组会同市直有关单位和部门征求意见，实地考察，形成5篇调研报告，报送市委、市政府及相关部门，供科学决策和工作参考，报告中的意见和建议大多获采纳。

第八届市政协注重抓好重点课题调研工作，确保调研成果质量，并以将调研报告转化为建议案形式来促使调研成果实效。任期内组织调研、视察156次，形成调研、视察报告72篇，其中重点调研课题报告13篇，建议案8件，分别报送市委、市政府有关领导及相关部门。

1998年，完成调研课题22项，其中常委会重点课题3项，市委书记交办的主要课题3项。各专门委员会组织调查、考察、视察活动41次，召开各类座谈会、专题协商会46次，撰写调研报告20篇。经济科技委员会同市体制改革委员会、市计划委员会、市经济委员会、市财经贸易委员会办公室、市劳动局、市总工会、市妇女联合会、市工商业联合会等单位合作调研，形成《关于切实做好长沙市企业下岗职工再就业工作的建议案》，报市委、市政府。长沙市在出台的《关于切实做好国有企业下岗职工基本生活保障和再就业工作的实施意见》中吸收和采纳其中的大部分建议。提案委员会针对委员提案反映比较集中的非公有制经济发展问题，与市工商业联合会联合调研，形成调研报告。该调研报告经进一步提炼、浓缩，形成《关于进一步加快长沙市非公有制经济发展的建议案》向市委、市政府提交。市政府采纳建议案中的意见，召开全市个体私营经济工作会议，并出台相关政策。由港澳台侨联络委员会（9月更名为“港澳台侨和外事委员会”）牵头，就市委书记在市政协八届二次常委会上提出的东南亚金融危机对长沙经济的影响及其对策的课题进行调研，形成调研报告。7月15日《新华社专供信息》刊载该调研报告的“影响”部分。法制群团委员会和提案委员会联合，对长沙市城市管理工作进行调研，形成《理顺城管体制，提高城管水平》的调研报告报送市委、市政府。文教卫体委员会与市教育委员会联合调研，撰写出《改造薄弱学校刻不容缓》的调研报告，报市委、市政府供决策参考。文史和学习委员会会同市文化局进行关于浏阳红军标语保护问题的考察活动，将考察情况及所提建议在政协机关刊物《社情民意》《长沙晚报》上刊载，扩大社会影响，敦促有关部门对该问题予以重视。经济科技委员会与长沙高新技术开发区管理委员会、市科学技术委员会、市工商业联合会、九三学社长沙市委员会、市人民银行、市商业银行等单位联合调研，形成《关于建立长沙市非公有制企业科技资金风险投资机制的调查和建议》的调研报告，供市委、市政府决策参考。法制群团委员会对长沙市执法环境进行考察，写出《关于长沙市执法环境状况的调查报告》报市委、市政府供决策参考。

1999年，完成重点调研课题3个，考察、视察活动46次，专题协商座谈24次，写出调研报告8篇，召开党政对口职能部门向委员通报工作的会议12次，委员参与活动面为98%。经济科技委员会会同市计划委员会、市委农村工作部办公室、市科学技术委员会、市体制改革委员会、市农业局、市林业局、市畜牧水产局7家单位合作调研，撰写出《长沙市农业可持续发展的问题与对策》调研报告报市委、市政府。《中国经济时报》《人民政协报》《湘声报》全文刊载该报告。文教卫体委员会与市委宣传部、市司法局合作，就农村教育和农民素质问题调研，写出《重视农民教育，提高农民素质》的调研报告，报市政府及送有关部门。法制群团委员会和九三学社长沙市委员会针对环境保护和治理问题联合考察，撰写出《关于长沙市城区环境保护的建议案》报市委、市政府，提出措施建议，所提建议大多被采纳，年内市委、市政府相继出台加强城区环境保护的通告和规定。法制群团委员会与民进长沙市委员会合作，针对长沙慈善会自1997年成立后工作中存在的困难和问题进行视察，撰写《关于长沙市慈善事业的考察报告》报送市委、市政府，为长沙市慈善事业的健康发展建言献策。市政协还组织部分委员对1998年的重点提案落实情况进行跟踪考察；对1998年提出的被市委、市政府评为长沙市第五届社会科学成果优秀奖的《关于长沙市实施再就业工程情况的调研报告》和1998年重点调研课题报告《改造城区义务教育阶段的薄弱学校刻不容缓》中所提建议的落实情况进行跟踪考察。

2000年，年初确定3个重点调研课题。由港澳台侨和外事委员会牵头，会同有关部门组成联合课题组，到长沙海关等100余家单位调研，召开30余场论证会或座谈会并外出学习考察，形成《加入WTO对长沙经济的影响与对策的调研报告》。中共湖南省委副书记兼长沙市委书记张云川在调研报告上作出批示。5月9日，《人民政协报》以《中国"入世"，长沙如何应对，市政协向市政府呈交万言书》为题详细报道。调研报告录入《长沙市中长期经济社会发展战略研究》一书，被市委、市政府评为长沙市中长期经济社会发展战略研究成果一等奖。经济科技委员会会同市国有资产监督管理委员会、市体制改革委员会、市委组织部、市科学技术委员会、长沙高新技术开发区管理委员会、市财政局、市统计局、市工商业联合会等单位联合调研，写出《抓好资本营运，深化国企改革》的调研报告，《中国经济时报》予以摘要刊载。与市委宣传部联合，围绕市委提出经济发展的重要内容之一的长沙文化产业发展开展重点调研，将调研成果编印成10万余字的《长沙文化产业调研报告集》刊发。在完成重点调研课题的同时，各专门委员会组织委员就有关方面进行调研，全年完成调研课题16项。此外，还对长沙市法院执法工作进行视察，撰写出《关于法院执法工作的视察报告》。针对职业技能教育存在的问题，文教卫体委员会组织对长沙市城区职业教育情况进行视察，提出一系列对策性建议，并以文件形式致函市政府。中共市委、市政府在《关于贯彻〈中共中央、国务院关于深化教育改革，全面推进素质教育的决定〉的实施意见》中采纳这些建议。年内，还对全国第五次城市运动会（以下简称"五城会"）场馆建设情况进行视察，召开"五城会选址座谈会"，促使市政府体育中心选址的确定，保证体育中心前期准备工作如期进行。

2001年，确定3个重点调研课题和3次重点视察活动。关于推进城市资本营运，广辟城建资金来源的调研，是中共湖南省委副书记兼长沙市委书记张云川给市政协出的题目，市政协以经济科技委员会牵头，与市经济委员会、市体制改革委员会、市国有资产监督管理委员会、市建设委员会等10家单位组成联合调研组，围绕推进城市资本营运，广辟城建资金来源进行调研。调研组召开100余家单位的专家学者、干部职工及负责人参加的调研会、座谈会，举行市委、市政府政策研究部门负责人专题协商会和研讨会，在汇集各方意见基础上，形成调研报告，经反复提炼后，形成建议案报市委、市政府。市委、市政府领导对建议案作出批示，责成有关部门研究落实。《长沙晚报》全文予以刊载。港澳台侨和外事委员会与长沙高新技术开发区管理委员会、市纪律检查委员会、市经济贸易委员会、市外事侨务工作办公室、市招商局、市旅游局、市工商业联合会等单位联合，就进一步加大招商引资力度问题进行调研，形成《关于进一步加大长沙市招商引资力度》调研报告，供有关部门参考。法制群团委员会就社区建设问题进行调研，撰写出《关于推进长沙市社区建设的建议》送市委、市政府供决策参考。文史和学习委员会与市教育委员会合作，对长沙市民办教育机构进行调研，撰写出《关于长沙市社会力量办学情况的调研报告》报市政府，引起重视，促使市政府出台《长沙市民办教育管理条例》。市政协重点视察长沙市检察工作，写出《关于长沙市检察工作的视察报告》。经济科技委员会视察长沙市高新技术产业，撰写出《关于长沙市高新技术产业的视察报告》，报市委、市政府供决策参考。市政协还分别对长沙的旅游资源、城市规划、现代农业、城建重点工程、清真"三食"供应工作、书刊市场等问题进行考察、视察，写出视察报告。

2002年，完成重点调研课题2个，重点视察活动4次，组织委员视察考察12次。经济科技委员会会同市计划委员会、市工商业联合会等18家单位就优化非公有制经济环境问题联合调研，历时5个月，调研120家单位的相关情况，形成《优化经济环境，促进非公有制经济发展》的调研报告报市委、市政府。该调研情况与调研报告均在《人民政协报》上予以报道和刊载。人口资源与环境委员会就湘江河道采砂管理问题进行视察，写出《关于加强湘江河道采砂管理的视察报告》，引起有关部门重视。新华社湖南分社根据该视察报告采写内参上报，温家宝总理就内参专题作批示。文教卫体和文史委员会就提升城市建设文化品位问题，会同市委宣传部、市建设委员会、市文化局、市规划局和市历史文化名城建设推动委员会联合调研，写出《关于提升长沙市城市建设文化品位的调研报告》。市长谭仲池主持召开市长办公会议，专门研究报告内容，根据调研报告的建议，提出2003年搞好6个具体项目的设想。另外，法制群团和民族宗教委员会、港澳台侨和外事委员会、文教卫体和文史委员会、人口资源环境委员会对长沙市的司法行政工作、台商投资区的建设发展、“五城会”工程建设和“放心菜”工程的实施情况进行重点视察，形成《关于长沙市司法行政工作的视察报告》《关于推动长沙市“放心菜”工程建设的建议案》提交市委、市政府供决策参考。此外，各专门委员会还根据人民群众反映强烈的问题开展调研、视察，就中小学生意外伤害问题，撰写出《关于长沙市中小学校学生意外伤害情况的调研报告》，并提炼成建议案报市政府供决策参考；对外来人口计生管理问题、长沙旧城区改造问题进行调研视察，并在调研视察过程中提出建议和意见。

第九届市政协注重提升重点调研课题质量，从2005年起，借助外单位智力资源，尝试扩大课题组成员人数，将重点调研课题分解成若干子课题进行系列综合调研，分别形成报告，以提高质量。任期内组织调研视察62次，形成调研报告视察报告50篇，建议案7件，分别报送市委、市政府及相关部门供决策或工作参考。

2003年，完成重点调研2个，重点视察3次。文教卫体和文史委员会撰写出《当好东道主，办好城运会》的提案，并提炼成建议案报送市委、市政府。市政府召开有关部门负责人会议，专题听取政协意见，督促相关部门对建议案提出的措施一一落实。经济科技委员会牵头，会同市委组织部、市委农村工作办公室、市委政策研究室、市计划生育委员会、市政府研究室、市农业局、市对外经济贸易局等21家单位联合调研，撰写出《加快县域经济发展步伐，推进长沙市农村小康社会建设》的调研报告，提交市委、市政府。法制群团和民族宗教委员会会同市民政局对老年社会福利社会化问题进行视察，写出《关于推进长沙市老年社会福利事业的建议案》报市委、市政府。市长谭仲池等领导就办理答复该建议案做出批示；11月中旬，市政府召开10余个相关部门负责人会议，专题研究出台社会福利社会化的优惠政策，制定《关于加快推进社会福利社会化进程的通知》；市政府法制办也将社会福利机构管理办法纳入2004年地方立法计划。人口资源环境委员会视察长沙市大气污染防治工作，写出《关于长沙市大气污染防治情况的视察报告》提交市政府及有关部门。经济科技委员会对长沙市产权制度改革中存在的难点问题进行视察，写出《关于规范

图5-4-3-1 长沙市政协召开“加快县域经济发展步伐 推进长沙市农村小康社会建设”调研工作动员大会

（摄于2003年，市政协供图）

长沙市国有产权交易工作的视察报告》提交市政府及有关部门。人口资源环境委员会与民革长沙市委员会联合，视察长沙市二次供水情况，写出《关于长沙市二次供水管理的视察报告》报送市政府及有关部门，并在九届二次会议上作大会发言，促进长沙市完善二次供水管理的有关规定，改善有关设施，减少水质污染，提高市民生活质量。法制群团和民族宗教委员会会同市政法委员会就公安执法工作进行调研，写出《长沙市公安执法质量调查报告》，在省政协有关会议上作发言。此外，各专门委员会还分别对长沙市的禁毒工作、法律援助工作、市级以上劳模生活及医疗困难问题、关于发展科技产业和提高全市工业核心竞争力、岳麓山风景名胜区保护管理、社区食品卫生、长沙市兴建图书馆选址等问题进行调研视察，分别写出调研视察报告。

2004年，完成重点调研课题2个，专题协商4次，开展调研活动15次。经济科技委员会会同市直有关部门就如何加快发展长沙市先进制造业问题进行调研，撰写出《关于发展长沙市先进制造业》的调研报告，全国政协《主席参考》、省政协《主席参阅》及《人民政协报》全文予以刊载；市委常委会议专题研究，决定2004年起以发展先进制造业为重点，设立中试风险基金，纳入市财政预算。文教卫体和文史委员会对农村中小学教育发展情况进行调研，提出《关于加快长沙市农村中小学教育事业发展》的提案，并充实完善为建议案报市委、市政府。长沙市在7月发布的《关于加强农村教育发展的若干意见》文件中全部采纳。法制群团和民族宗教委员会对全市残疾人就业问题进行视察，写出《关于长沙市残疾人就业工作的视察报告》报市委、市政府，促使残疾人就业难状况得到一定改善。人口资源环境委员会与市国有资产监督管理委员会联合，对长沙市矿产资源管理情况进行调研，形成《长沙市矿产资源管理的调研报告》。法制群团和民族宗教委员会视察长沙市基层司法行政工作，写出《关于推进长沙市基层司法所建设的视察报告》。各专门委员会还分别对太平街历史文化街区保护、基层计划生育工作队伍建设等问题进行专题视察及对浏阳河百里花木走廊、市红十字会生殖医学专科医院、湘华科技发展有限公司和湖南特种养殖总场、长沙市高新技术开发区等进行视察，了解企业的经济运行过程中存在的问题，为企业排忧解难。

2005年，完成重点调研1个，其他调研视察11项。将“城市道路交通规划、建设和管理”列为常委会重点课题，分为道路规划与建设、站场静态交通、交通管理、交通工具与运行方式4个子课题进行调研，形成《关于长沙市城区道路交通规划、建设和管理的建议案》报市政府，就长沙城市道路高水平规划、高品质建设和科学管理提出可操作的建议。此外，各专门委员会结合自身工作，组织委员进行调研视察，法制群团和民族宗教委员会视察长沙市社会治安综合治理基层基础工作，写出《关于推进长沙市基层综治办规范化建设的视察报告》。文教卫体和文史委员会对周南中学新校区配置设施建设进行调研，形成集体提案报市政府，使该校面临的困境得到解决。人口资源环境委员会视察全市林业生态圈情况，写出视察报告送相关部门。经济科技委员会会同民建长沙市委员会视察长沙市百里水产走廊建设情况，形成视察报告报市委、市政府，报告中大部分建议获采纳。法制群团和民族宗教委员会对全市仲裁工作进行视察，写出《关于推进长沙市仲裁工作的视察报告》，市政府召开专题会议全部予以采纳。人口资源环境委员会会同市环境保护局对湘江长沙段水域水质问题进行调研，写出《关于湘江长沙段水域水质情况的调研报告》报市政府及送相关部门，促进有关部门对湘江水域污染问题予以进一步重视，部分污染源问题得到解决。经济科技委员会联合市工商业联合会，对贯彻落实国务院《关于鼓励支持和引导个体私营等非公有制经济发展的若干意见》和市委、市政府《关于进一步加大招商引资力度和大力发展民营经济的决定》情况进行视察，提出相应对策建议，使一部分新政策得到落实。人口资源环境委员会联合市民政局、市老干部工作局对全市人口老龄化问题进行调研，写出《关于长沙市人口老龄化问题的调研报告》报市政府及送相关部门。港澳台侨和外事委员会联合市外事侨务工作办公室对长沙市归侨侨眷权益保护情况进行视察，写出《关于进一步推动长沙市归侨侨眷权益保护工作的视察报告》。法制群团和民族宗教委员会视察人民调解工作，写出《关于建立职业化、专业化人民调解员队伍的建议》报中共长沙市委；对市内宗教活动场所进行视察，写出《建议把长沙市各县（市）区宗教工作部门纳入政府职能部门序列》的社情民意，经市委、市政府领导批示，问题得到解决。人口资源环境委员会对长沙市小城镇建设工作进行视察，视察中提出多条意见和建议。

2006 年，完成重点调研 1 个，重点视察 2 次，其他调研视察 12 次，形成调研视察报告 15 篇。将“推进长沙市社会主义新农村建设”定为常委会重点调研课题，由市政协办公厅、3 个专门委员会以及市委组织部、统战部和市各民主党派、工商联共同参与，组成关于促进农民增收等 12 个子课题调研组进行调研，分别形成调研报告。在此基础上，形成《关于推进长沙市社会主义新农村建设的建议案》报中共市委市政府。长沙市召开专题会议，听取新农村建设调研成果汇报。将“长沙市医疗经费补偿问题”和“长沙市慈善事业开展情况”列为常委会重点视察内容，写出《关于长沙市医疗卫生经费投入问题的视察报告》和《关于长沙市慈善事业的视察报告》。此外，各专门委员会结合自身特点，组织委员进行一系列调研视察。经济科技委员会会同市工商业联合会视察长沙市会展业，撰写出《打造中部会展名城，增强城市综合竞争力的视察报告》；视察长沙市含浦科教产业园，写出《关于长沙含浦科教产业园的视察报告》；会同民建长沙市委员会开展提高全市工业企业自主创新能力的视察，写出《关于提高长沙市工业企业自主创新能力的视察报告》。文教卫体和文史委员会视察长沙学院，写出《关于长沙学院建设发展情况的视察报告》。法制群团和民族宗教委员会视察市检察院技术侦查综合大楼建设工地，写出《关于长沙市检察工作的视察报告》；视察长沙市司法鉴定工作，写出《关于加强长沙市司法鉴定管理工作的视察报告》。港澳台侨和外事委员会会同市委统战部等单位就长沙市归侨和港澳台胞的生活状况进行调研，写出《关于长沙市归侨和港澳台胞的生活状况的调研报告》；视察长沙市旅游工作，写出《关于长沙市旅游产业发展情况的视察报告》。人口资源环境委员会视察望城县的房地产市场，写出《关于望城县房地产市场情况及建议》；视察长沙市职业培训工作，写出《关于长沙市职业培训工作的视察报告》；视察原生态植被保护；写出《大力推进森林城市建设的意见和建议》视察报告；视察饮食业油烟污染治理情况，写出《关于长沙市饮食业油烟污染治理情况的视察报告》；对长沙市人口出生缺陷情况进行调研，写出《关于长沙市人口出生缺陷情况的调研报告》。

2007 年，将“长沙市农民工问题”定为常委会的重点调研课题，通过实地考察调研，反复论证，广泛征求意见，形成《关于解决长沙市农民工问题的建议案》报中共长沙市委、市政府。市政府采纳建议案中提出的建议，出台《长沙市人民政府关于着力解决农民工问题的意见》。将“长沙市农村土地开发整理情况”列为常委会的重点视察课题，将视察成果整理形成《关于长沙市农村土地开发整理情况的视察报告》，供市委、市政府决策参考。此外，提案委员会写出《关于推进长沙市印刷业发展的视察报告》；经济科技委员会写出《关于加快长沙市现代物流业发展的调研报告》《加快推进长沙区域性金融中心建设的调研报告》《关于全市安全生产工作的视察报告》；法制群团和民族宗教委员会写出《关于长沙市消防工作的视察报告》《关于长沙市法院落实“五项承诺”情况的视察报告》；人口资源环境委员会写出《关于长沙市建筑节能情况的调研报告》《关于长沙市扬尘污染和治理情况的视察报告》；研究室写出《关于长沙市城区工业园区的视察报告》。上述报告均提交市委、市政府及相关部门供决策和工作参考；

或通过与相关部门的协商沟通，促成一些问题得到解决。

第十届市政协注重重点调研课题工作，继续采取将总课题分解为若干分课题进行综合全面调研的做法，将调研成果制成精品。同时，强化调研视察工作，加强与市委、市政府的沟通协作，尝试建立调研报告的办理反馈机制，推动调研视察成果的转化落实。此外，主席、副主席还以个人名义撰写调研报告。上述报告，均报送市委、市政府及相关部门供决策或工作参考。任期内共组织调研视察 145 次，形成调研报告 69 篇，其中建议案 2 件。

2008 年，开展调研视察 28 次，提交调研视察报告、民主评议报告和建议案 15 篇。就长沙市服务外包产业发展、健全长沙市农村土地承包经营权流转市场开展重点调研，形成《关于大力发展长沙服务外包产业的建议案》报送中共长沙市委、市政府。长沙市专题召开全市承接产业转移，发展加工贸易和服务外包产业工作会议，制定《关于加快发展服务外包产业的若干意见》。以主席会议形式视察工业园区节约集约用地情况，形成《关于长沙市工业园区建设用地情况的视察报告》，该报告中的有关建议落实到市政府有关部门的工作措施之中。各专门委员会还就长沙口岸经济发展、港澳台资企业在长沙投资环境、鲜切花产业发展、中小企业上市融资等问题进行调研视察，写出相应调研视察报告报市委、市政府和送有关部门供决策和工作参考。主席会议围绕长沙市文明城市创建中心工作，就全市户外广告管理和城区和谐社区建设与管理开展重点视察，写出《关于规范长沙市户外广告管理情况的视察报告》《关于城区和谐社区建设和管理的视察报告》报送市委、市政府，报告中的建议被有关部门采纳和落实。为迎接奥运会召开，就体育场馆建设及体育人才培养问题开展视察活动，敦促有关问题得到解决。按照市委要求，牵头组织“率先建设食品安全城市”的调研，并在市委中心组学习时作专题汇报。各专委会还就检察院和法院工作、基础教育和民办教育发展、出生人口性别比、公共交通状况、流动人口管理与服务、城乡困难群众救助、卫生事业发展、《中华人民共和国律师法》颁布实施情况等课题开展调研视察，并写出相应调研视察报告。

2009 年，将“浏阳河流域生态环境保护”作为常委会重点调研课题，8 位正副主席分别带队，市各民主党派和市工商联参与，分水源地生态报告、流域环境保护、工业污染防治、小城镇建设、河道管理、旅游开发 6 个方面，先后到浏阳河流域的 5 个区县（市）和 16 个市直部门调研，召开各类座谈会 32 次，组织现场视察 18 次，撰写出《保护浏阳河流域生态环境刻不容缓》调研母报告和 6 个子报告。随后，召开浏阳河流域生态环境保护专题资政会。资政会上，各调研组成员、政协委员、基层代表、民间环保人士与市政府领导面对面资政建言，市政府领导当场作答，通过面对面协商沟通达成共识，部分问题得到解决。主席会议、常委会议就建设食品安全城市措施落实情况、食品安全检测平台建设、职业教育发展、社区矫正工作等进行重点视察，并向市委、市政府提交相应视察报告，提出意见和建议，为完善决策、改进工作提供参考。其中，《关于长沙市基督教城南堂搬迁建设的调研报告》提交后，市委副书记、市长张剑飞批示纳入政府常务会议专题研究，使问题得到解决。各专委会还就新能源汽车产业发展、区域性消费中心建设、农村文化发展、宗教场所合理布局、金霞经济开发区建设、污染物减排与防治、城市建筑垃圾运输管理、小城镇建设等方面进行调研和视察。

2010 年，完成重点调研课题 3 个，其他调研课题 9 个。全体主席、副主席、顾问牵头，按市委统一安排的调研题目，牵头写出调研报告 13 篇。市政协与各民主党派、市工商联及党政有关部门联合，分为 6 个子课题进行调研。向市委、市政府提交《关于提高长沙城市国际化水平》的调研报告，为市委出台《关于加快推进城市国际化的若干意见》提供参考；《人民政协报》对此作专题报道。对“城乡一体化规

图 5-4-3-2 市政协主席会议成员就保障性住房工作召开调研会 （摄于 2010 年 12 月 21 日，市政协供图）

划”问题开展调研，写出《以城乡规划一体化引领城乡发展一体化》调研报告提交市委、市政府，获市委书记批示，市政府召开专题工作会议部署落实该调研报告的建议。与民建长沙市委员会、农工党长沙市委员会、市工商业联合会联合调研，写出《加快推动长沙市新型工业化》的调研报告，为《长沙“十二五”和中长期新型工业化发展规划（草案）》的制定提供参考。此外，还先后就浏阳河流域生态环境保护、旅游业发展、绿色建筑发展、创建和谐寺观教堂、全民健身、发展职业教育和学前教育、农村留守儿童生存状况、企业职工的劳动保护环境、人防事业发展等问题开展多次调研和视察活动。

2011 年，完成重点调研课题 1 个，其他调研课题 12 个。由主席谢树林任组长，围绕“加快推进长沙国际化文化名城建设”课题开展重点调研，形成调研报告提交市委、市政府。就整合长沙产权市场功能、推进区域资本市场规范发展问题开展调研，形成建议案报市委、市政府。各专委会还就提高长沙经济外向度、长沙市历史文化遗存保护与利用、完善社会组织管理机制、推进社会管理创新、被征地农民就业问题、长沙市近三年重大工业项目财政资金管理情况、长沙市旅游业发展、机动车排气污染、长沙市出生人口缺陷干预工作、长沙市物业管理、长沙市基层医疗机构实施基本药物制度情况等课题开展调研视察，形成相应调研视察报告报市委、市政府及送相关部门供决策参考。

2012 年，完成重点调研课题 2 个，其他调研视察课题 8 个。市政协着力改进调研视察工作，加强与市委、市政府的沟通协作，推动调研视察成果的转化落实。由主席谢树林任组长，全体主席会议成员任课题调研组领导成员，分“建设食品安全城市”“城乡环境综合整治”两个课题开展重点调研。其中“建设食品安全城市”课题由副主席谢明德牵头，经济科技委员会具体负责实施；“城乡环境综合整治”课题由副主席李克俭牵头，人口资源环境委员会负责具体实施。两课题组分别组织有关界别政协委员，到有关单位和基层进行调研，经多次讨论修改，多层次审定，分别形成《长沙市建设食品安全城市调研报告》《长沙市城乡环境综合整治调研报告》报市委、市政府及有关部门供决策和工作参考。各专门委员会还就公共文化服务基础设施建设、财政“三费”公开、中小企业直接融资、加强高端专业市场建设、保护长沙名胜古迹、农村幼儿园安全、创新开放式社区管理、残疾人康复和残疾儿童特别护理等问题，开展调研视察工作，形成相应调研视察报告，报送市委、市政府和相关职能部门，促成相关问题的解决。

二、提案办理

政协长沙市委员会开展提案工作履行参政议政、民主监督职能。按照全国政协、湖南省政协关于提案工作的规定及要求开展提案工作，适时依据形势提升提案工作水平，在提案办理工作方面，逐年制定新规定推进办理工作的程序化、规范化、制度化；在提升提案质量和服务质量以及推动提案产生社会和经济效益方面，多次制定和实施新举措，将提案工作推上新台阶。

第七至第十届市政协提案工作经历由提案委员会部门的工作到常委会工作，到政协全局性工作的逐步发展和逐步规范化、程序化、科学化过程。

1992年10月28—29日，市政协六届二十五次常委会议审议通过《政协长沙市委员会提案工作条例》，对1989年制定的《政协长沙市委员会提案工作试行条例》（以下简称《条例》）进行修订，七届市政协以后的提案工作依据此《条例》的有关规定开展（该《条例》分别于1995年1月11日政协长沙市第七届第十次常委会议、2000年9月7日第八届第十五次常委会议、2005年9月29日第九届第十六次常委会议和2011年12月2日第十届二十九次常委会议进行修订）。1993年起，率先从全会优秀提案中遴选一件提案，经论证完善后，上升为建议案以市政协名义向党委、政府提出以促进所提问题的必然解决。以市政协或主席会议名义提出建议案是全国首创，拓宽政协参政议政的新渠道，尔后在全国及各省、市政协得到推广。1995年起，市政协建议案主要从重大调研报告中浓缩、提炼而成。建议案的归口管理工作，1993年七届一次会议以前，全年的提案工作由提案委员会主任代表提案委员会作《提案工作情况报告》；1994年七届二次会议以后改由市政协副主席或提案委员会主任代表提案委员会作《提案工作情况报告》；2001年八届四次会议以后由副主席代表市政协常务委员会作《提案工作情况报告》。2004年1月，九届二次会议制定《政协长沙市委员会办公厅关于办理政协提案的意见》，对提案办理工作进行进一步规范。2005年九届三次会议前由提案委员会负责，此前，提出建议案15件。九届三次会议后改由办公厅负责归口管理。2007年九届五次会议以后，贯彻《中共中央关于加强人民政协工作的意见》和《全国政协关于加强提案工作的意见》精神，强调提案工作的全局性地位。2010年十届四次会议以后，提案工作致力于提升科学化水平。2012年，为落实中共中央办公厅、国务院办公厅《关于进一步加强人民政协提案办理工作的意见》，推动长沙市的政协提案办理工作的制度化、规范化和程序化，市政协代市委办公厅、市政府办公厅拟定《长沙市政协提案办理工作规程（试行）》。该文件9月实行。

第七至第十届市政协20年内，提出提案7368件，提出建议案23件，其中，七届政协4件，八届8件，九届7件，十届4件。

第七届市政协以“提高提案质量和提高办理质量”为方针开展提案工作，届内提出建议案4件，收到提案1576件，立案1563件，立案率99%。其中经济建设方面的506件，占32%；教育、科技文化、卫生、体育方面的343件，占22%，党群、政法、劳动人事、人民生活方面的587件，占38%，政协统战方面的127件，占8%。其中以民主党派、人民团体、政协专门委员会名义提出的集体提案（以下简称“集体提案”）102件。与六届政协比较，提案总数量增加139件，集体提案增加98件。参与提案的委员4045人次。提案交有关部门办理，届内全部办复，提案中的意见和建议已采纳的452件，占29%，部分采纳的973件，占62%，因政策和条件限制暂未采纳的138件，占9%。

1993年七届一次会议提出建议案1件，会议上及闭会期间收到提案287件，其中集体提案9件。参加提出提案的委员746人次。提案内容中有关经济建设方面的91件，占31.7%；教育、科技、文化、医卫、体育方面的66件，占23%；有关党群、政治、劳动人事、人民生活方面的108件，占37.6%；有关政协、统战、民族宗教方面的22件，占7.7%。七届一次会议的提案的数量比1992年六届五次会议多44件，增加15.3%；以党派团体名义提出的提案比六届五次会议增加一倍多。全部提案分别交68家单位研究办理，1993年11月前全部办复。提案中的意见和建议被采纳得到解决或基本解决的84件。占29.2%；得到部分解决或列入计划逐步解决的179件，占62.4%；所提意见、建议，受客观条件限制或其他原因暂时难以解决的24件，占8.4%。

1994年七届二次会议上及闭会期间，收到提案247件，其中集体提案24件。提出提案的委员754人次。经提案委员会审查立案244件，作为委员来信送有关部门参考的3件。提案中，有关经济建设方面的61件，占25%；有关教育、科技、文化、卫生体育方面的72件，占29.5%；有关党群、政法、劳动人事、人民生活方面的93件，占38.1%；有关政协、统战、民族宗教方面的18件，占7.4%。提案办理过程中，提案委采取开门办案、联合办案，现场办案和跟踪办案等形式，促进提案落实，有88.5%的提案被采纳。提案所反映的问题及时解决的83件，占提案总数的34%；列入计划逐步解决的133件，占54.3%；因客观原因暂不能解决并向提案者说明情况的27件，占11.5%。

1995年七届三次会议提出建议案1件，会议上和闭会期间收到提案336件，其中集体提案22件。经提案委员会审查立案333件，不立案的2件作为来信转送有关单位处理。参与提出提案的委员776人次。提案中有关经济建设方面的126件，占提案总数的38%；有关教育、科技、文化、医卫、体育方面的62件，占19%；有关党群、政法、劳动人事、人民生活方面的124件，占37%；有关政协、统战、民族宗教方面的20件，占6%。市政协与市人大、市政府联合召开由市政府所属各委、办、局负责人参加的人大代表建议和政协提案交办会，市政府、市人大、市政协主要领导参加会议，交代任务，提出要求。随后，市政协提案委员会与市人大常委会选举任免联络工作委员会、市政府办公厅联合举办各单位承办人员培训班，提高承办人员办理工作业务水平，提出本年内办理工作的具体要求事项。提案办理过程中，提案委员会通过对重点提案、面上办理工作和提案办复后的反馈跟踪的考察协商等工作，推动提案的办理。经办理，提案中意见和建议被全部采纳，问题得到解决的95件，占办复提案的28%；已被采纳，问题得到部分解决和逐步解决的212件，占64%；受政策和条件限制，暂时难以实施，不能解决的26件，占8%。

1996年七届四次会议提出建议案2件，会议上及闭会期间收到提案342件，其中集体提案26件。经提案委员会审查立案338件，参与提出提案的委员802人次。提案中，经济建设方面的102件，占30%；教育、科技、文化、卫生、体育方面的55件，占17%；党群、政法、劳动人事、人民生活方面的151件，占44%；政协、统战方面的30件，占9%；提案经交73家单位办理，年内办理完毕。提案中的意见和建议全部采纳，问题已得到解决的92件，占办复提案的27%；建议已被采纳，问题得到部分解决和逐步解决的219件，占65%；受政策和条件限制，暂时难以解决的27件，占8%。两件建议案经市委、市政府多次专题研究，提出的意见获采纳。是年，制定《长沙市政协提案委员会评比表彰优秀提案暂行办法》，并评选出37件优秀提案于七届五次会议上表彰。

1997年市七届五次会议上及闭会期间，收到提案372件，经提案委员会审查立案360件，按分工负责和归口办理原则，分送市委办公厅、市政府办公厅以召开交办会的形式交有关部门办理完毕。12件未立案的提案，按内容归口办理原则作委员来信分送有关部门参考研处。

第八届市政协以提高提案工作的“提案质量、办理质量和服务质量”为方针开展工作。提出建议案8件，收到提案1920件，其中，集体提案176件。立案1836件，经审查84件提案在征求提案者意见后转作委员来信处理，立案率95.63%。提案中经济建设方面的811件，占提案总数的44.14%；科技、教育、文化、卫生、体育方面的419件，占22.83件；党群、政法、劳动人事、人民生活方面的484件，占26.38%；政协、统战方面的122件，占6.65%。提案经市委办公厅、市政府办公厅等60余家承办单位办理，届内全部办复。8件建议案经市委、市政府多次专题研究，提出的意见获采纳。

1998年八届一次会议收到提案325件，其中，集体提案21件。经会议提案审查委员会审查立案318件，其中有关经济建设方面的110件，占提案总数的34.6%；有关科技、教育、文化、卫生、体育方面的88件，占27.7%；有关党群工作、政治法律、劳动人事、人民生活方面的92件，占28.9%；有关政协、统战工作、民族宗教方面的提案 28 件，占 8.8%。参与提出提案的委员 846 人次。提案交 67 家单位办理，问题已经解决或基本解决的 168 件，占 52.8%，因条件限制留待以后解决或留作参考的 52 件，占 16.4%。年内，市政协制定《政协长沙市委员会评选表彰优秀提案办法》，并表彰 15 件优秀提案。

1998 年八届二次会议提出建议案 1 件，会议上及闭会期间收到提案 346 件。经提案委员会审查立案 331 件。其中经济建设方面的 154 件，占提案总数的 46.5%；教育、科技、文化、医卫、体育方面的 88 件，占 26.6%；党群、政法、劳动人事、人民生活方面的 69 件，20.8%；政协、统战、民族案教方面的 20 件，占 6.1%。其中集体提案 31 件。提出提案的委员 734 人次。331 件提案中，提案所提问题已经解决或基本解决的 119 件，占 35.9%；正在解决或计划解决的 172 件，占 52%；条件限制待以后解决或留作参考的 40 件，占 12.1%。根据委员反馈的提案办理情况统计，满意或基本满意率 96.4%。

2000 年八届三次会议作出《关于开展提案质量年活动的决定》，将 2000 年定位为“提案质量年”，提案工作围绕提升工作质量开展；召开提案工作理论研讨会、征集论文 88 篇，收文 58 篇编入《探索·立论——政协提案工作研讨文集》一书；对八届一次会议后的 1031 件提案进行综合分析，归类数量比例，爬梳选题重点，剖析优劣得失；与提案者相互交流，指导撰写提案；修订《提案工作条例》；加大提案督办力度，扩大督办面及创新督办方式；加强提案工作宣传，在《长沙晚报》上开辟专栏和专版扩大影响力和促进提案的办理落实。年内，提出建议案 2 件，收到提案 382 件，其中集体提案 48 件。提出提案的委员 806 人次。按提案的内容统计：有关经济建设、城市规划、城市管理方面的 199 件，占 52.1%；科技、教育、文化、卫生、体育方面的 71 件，占 18.6%；社会、法制建设、人民生活方面的 91 件，占 23.8%；统战、政协工作、民族宗教方面的 21 件，占 5.5%。提案分送 70 家承办单位办理，年内全部办复。提案所提问题已经解决或基本解决的 127 件，占 33.2%；正在解决或列入计划准备解决的 208 件，占 54.5%；因条件限制近期难以解决和留作参考的 47 件，占 12.3%。收到委员《提案办理情况反馈单》203 份，反馈满意和基本满意的 195 份，满意和基本满意率 96.1%。

2001 年八届四次会议提出建议案 1 件，会议上及闭会期间收到提案 444 件，其中集体提案 35 件。经审查立案 400 件，交市委办公厅、市政府办公厅及有关委、局等 69 家单位办理，年内全部办复。提案所提意见和建议得到解决或基本解决的 149 件，占全部提案的 37%；正在解决或列入计划解决的 222 件，占 56%；因条件限制一时难以解决或留作参考的 29 件，占 7%。根据反馈意见表统计，97.6%的提案者对提案办理情况表示满意或基本满意。9 月 8 日全省政协提案工作电视电话会议上，长沙市政协代表地州市一级政协作题为《出新招、创新意，开创提案工作新局面》的发言，得到上级政协肯定。在分别于合肥和青岛召开的全国部分城市政协工作经验交流会上，长沙市政协也将提案工作在会上做经验交流。

2002 年八届五次会议及年内立案交办提案 404 件。经 67 家承办单位办理，10 月底前办复完毕。提案的许多建议被市委、市政府及有关职能部门采纳。提案办理中，政协注重加大重点提案的督办力度和抓提案的办理落实。开展评选表彰优秀提案活动促进提高提案质量，共评选表彰优秀提案 20 件。其中，由市政协文教卫体和文史委员会提出《关于提升长沙市城市建设文化品位的建议》的提案，获市政府万元重奖。

第九届市政协以“围绕中心、服务大局、提高质量、讲求实效”为方针开展提案工作。届内提出建议案 7 件（其中，九届三次会议以前 3 件，九届三次会议起，建议案工作改由办公厅负责）。收到提案 1641 件，其中集体提案 270 件。立案 1529 件，未立案的 112 件转作委员来信或作其他方式处理，立案率93.2%。其中，经济建设方面的397件，占提案总数的26%；科技、教育、文化、卫生、体育方面的329件，占21.5%；城市建设、环境卫生方面的431件，占28.2%；社会法制各方面的372件，占24.3%。提案经市委办公厅、市政府办公厅、市人大办公厅、市政协办公厅等70余家承办单位办理，届内全部办复。

2003年九届一次会议提出建议案2件，年内收到提案352件，其中集体提案50件。经审查立案336件，转作委员来信16件，立案率95.5%。其中，有关经济建设、城市建设和城市管理方面的154件，占提案总数的45.8%；文化、教育、科技、体育、卫生方面的101件，占总数的30.1%；党群、政法、劳动人事、人民生活方面的69件，占总数的20.5%；政协、统战、民族宗教方面的12件，占总数的3.6%。提案分别送交市委办公厅、市政府办公厅等55家承办单位办理，年内办复完毕。提案所提意见和建议得到解决和基本解决的120件，占全部提案的35.7%。正在解决或列入计划解决的183件，占54.5%。因条件限制等原因一时难以解决或留作参考的33件，占9.8%。根据提案委员会收到的247份《提案办理情况征询意见表》统计，74.1%的提案者对办理情况表示满意或基本满意，24.7%的提案者表示理解。对办理结果表示不满意的提案，函商有关单位进行二次办理答复。

2004年九届二次会议提出建议案1件。年内收到提案337件，其中集体提案53件。经审查立案320件，转为委员来信处理17件。提案中，有关经济科技方面的73件，占总数的22.8%；文化、教育、卫生、体育方面的63件，占总数的19.7%；城市建设和环境保护方面的87件，占总数27.2%；社会法制方面的97件，占总数的30.3%。提案分别送交市委办公厅、市政府办公厅等55家承办单位办理，年底全部办复。其中，提案所提意见和建议得到解决或基本解决的188件，占办理总数的58.8%；因受政策和条件限制难以解决或留作参考的28件，占总数的8.7%。

3月，市委办公厅、市政府办公厅转发《政协长沙市委员会办公厅关于办理政协提案的意见》，要求全市各承办单位依照该文件的有关规定，完善办理工作。市政协与市政府办公厅、市人大联工委共同拟定办理工作的目标考核标准，对全市政府系统的办理工作进行量化考核。市政协开通提案信息网络系统，提案委员会根据办理工作需要，修改完善提案管理软件的有关细目，录入九届一次、二次会议的全部提案、答复件以及委员办理答复的反馈情况，实现委员网上提交提案和承办单位网上查阅提案功能。根据新修订的《政协全国委员会提案工作条例》，修订《政协长沙市委员会提案工作条例》，于九届十六次常委会审议通过。联合市委办公厅、市政府办公厅对部分承办单位贯彻落实《政协长沙市委员会办公厅关于办理政协提案的意见》的情况进行督查。

2005年九届三次会议期间及年内收到提案333件，立案319件，其中集体提案56件。分别送交67家单位研究办理。未予立案的作为来信转送有关单位阅处。11月初全部办复。提案所提建议已经解决或基本解决的97件，占30.4%；列入计划准备解决的193件，占60.5%；因条件所限等原因未予解决或留作参考的29件，占9.1%。从提案委员会所收集的反馈意见看，对办理表示满意或基本满意的259件，占81.2%；表示理解的43件，占13.8%；反馈不满意的12件提案，函商承办单位再次办理后，提案者均表示满意或基本满意。

2006年九届四次会议年内收到提案313件，立案288件，未予立案的作来信处理。按提案内容统计，有关经济科技方面的68件，占23.6%；文教卫体方面的71件，占24.7%，城建环保方面的81件，占28.1%。社会法制方面的68件，占23.6%。分别送交57家单位研究办理，于10月底前全部办复。提案所提建议已经解决或基本解决的75件，占26%；列入计划准备解决的190件，占66%；留作参考的

23 件，占 8%。提案者对办理情况及结果表示满意或基本满意的 278 件，占 96.5%；表示理解的 10 件，占 3.5%；对提案者表示不满意的 10 件提案，函商承办单位再次办理后，提案者表示满意或基本满意。同时，对 2005 年九届三次会议期间的办理结果为问题部分解决的提案进行跟踪督办。

2007 年九届五次会议收到提案 290 件，经审查立案 266 件，其余 24 件作其他方式处理，立案率 91.7%。其中集体提案 59 件。提出提案的委员共 536 人次。按提案内容统计，有关经济科技方面的 77 件，占 28.9%；文教卫体方面的 56 件，占 21.1%；城建环保方面的 82 件，占 30.8%；社会法制方面的 51 件，占 19.2%。提案分别送交 63 个单位研究办理，10 月全部办复。提案经过办理，所提建议已经解决或基本解决的 104 件，占 39.1%；已列入计划准备解决的 137 件，占 51.5%；留作参考的 25 件，占 9.4%。

2007 年提案工作贯彻《中共中央关于加强人民政协工作的意见》《全国政协关于加强提案工作的意见》精神，确定提案工作的全局性地位。完善提案情况分析会议制度、重要提案办理通报评议制度和市政府有关领导向主席会议、常委会议通报重点提案和主席批示提案的办理情况制度。同时，建立市人大、市政府、市政协三家联席会议制度，定期互通办理信息，商量办理工作。对市公安局、市文化局的提案办理工作进行民主评议。召开全市政协提案工作研讨会，总结全市政协本届 5 年的提案工作经验。

第十届市政协提案工作继续以“围绕中心，服务大局，提高质量，讲求实效”方针开展工作，同时，在继承中创新、在创新中发展，着力推进提案工作规范化、程序化、制度化水平。届内收到提案 2231 件，立案 2081 件，其中集体提案 359 件。未立案的提案 150 件，转作委员来信或作其他方式处理。已立案的提案经市委办公厅、市政府办公厅等 90 余家承办单位办理，届内全部办复。从办理结果来看，其中已解决或采纳的 864 件，占 41.5%；列入计划拟解决的提案 1153 件，占 55.4%；暂时不能解决的提案 64 件，占 3.1%。对 174 件优秀提案进行表彰。

2008 年十届一次会议及年内收到提案 415 件，立案 380 件，立案率 91.6%，其中集体提案 62 件。未立案的提案，作来信处理。按内容分类，其中经济科技方面的 103 件，占 27.1%；文教卫体方面的 86 件，占 22.6%；城建环保方面的 96 件，占 25.3%；社会法制方面的 95 件，占 25%。已立案的提案分别送交长沙市 70 余家承办单位办理，11 月全部办复。通过办理，提案所提建议已解决的 165 件，占 43.4%；列入计划拟解决的 202 件，占 53.2%；因条件所限等因素未予解决或留作参考的 13 件，占 3.4%。92.7%的提案者对办理结果表示满意或基本满意。9 月 16—17 日，中南六省（区）政协提案工作座谈会在长沙召开，市政协代表湖南片区做大会经验交流发言。

2009 年十届二次会议上及闭会期间，收到提案 375 件，立案 332 件，其中集体提案 72 件。按内容分类，经济科技方面的 111 件，占 33.43%；文教卫体方面的 83 件，占 25%；城建环保方面的 62 件，占 18.68%；社会法制方面的 76 件，占 22.89%，分别送交 80 余家承办单位办理，11 月全部办复。通过办理，提案所提问题已经解决的 148 件，占 44.58%；列入计划拟解决的 172 件，占 51.81%；留作参考的 12 件，占 3.61%。年内制定《重点提案的确定和督办方法》及《提案审查工作实施细则》，对 1998 年市政协八届六次主席会议审议通过的《政协长沙市委员会评选表彰优秀提案办法》进行修订，并对上年 30 件优秀提案进行表彰。

2010 年召开十届三、四次两次全体委员会议，收到提案 363 件，立案 330 件，其中集体提案 60 件。分别送交 80 余家单位办理，11 月底办复完毕。提案所提问题已经解决或采纳的 152 件，占 46%；列入计划拟解决的 166 件，占 50.3%；暂不解决的 12 件，占 3.64%。对上年 27 件优秀提案进行表彰。

2011年十届五次会议期间加大提案征集力度，主席谢树林和全体副主席分别参与各界别召开的提案征集会议，部署工作、提出要求，提案数量大幅度增加。全年收到提案592件，95%的提案为网上提交，立案571件，其中集体提案89件，与2010年十届三次、四次会议相比，增加208件，所有提案分别送交90余家单位办理，11月办复完毕。提案经过办理，所提问题和建议已经解决或采纳的244件，占42.73%；列入计划拟解决的314件，占54.99%；留作参考的13件，占2.28%。对上年29件优秀提案进行表彰。

年内，对上年63件列入计划拟解决的提案进行跟踪督办；首次对提案办理数量较多的12家单位进行提案办理工作的复后评议；修订《政协长沙市委员会提案工作条例》。

2012年十届六次会议收到提案486件，立案468件，其中集体提案76件。分别送交90余家单位办理，11月底办复完毕。年内，为贯彻落实《关于进一步加强人民政协提案办理工作的意见》，市政协起草中共长沙市委办公厅、市人民政府办公厅《长沙市政协提案办理工作规程》（代拟稿），并促成该文件以长办发〔2012〕52号文件形式发布。全会期间，对上年50件优秀提案进行表彰。年底召开专门会议，对本年40件优秀提案和十届一次会议5年后的15家提案办理工作先进单位，38名提案办理工作先进个人进行表彰。在督办实效性方面，强化跟踪督办，筛选部分上一年提案所提问题拟解决的提案进行跟踪督办，督促承办单位兑现承诺，并将落实情况告知提案者。对反馈“不满意”的提案进行二次办理，通过召开办理协调会、提案者与承办单位的双方面商会、现场勘查等形式，了解办理中存在的困难，共商解决问题的途径和办法。此外，在2011年评议12家承办大户的基础上，扩大提案办理答复的评议覆盖面，以问卷测评形式，组织提案者对所涉及的承办单位进行全面评议，评议结果向各承办单位进行通报，并纳入承办单位年度绩效考核。

三、反映社情民意信息

从1996年七届四次会议起，市政协开展反映社情民意工作（反映社情民意工作1997年从八届全国政协正式开始，到2004年写入政协章程，成为政协履行职能的重要形式）。市政协倡导每位委员全年提一条建议，反映一条信息，通过多种渠道收集社情民意，是年，献计150篇，进诤言60篇，其中23篇在政协会刊《诤言》《长沙晚报》“人大代表政协委员建议”专栏上刊载；编印《政协简讯》96期，情况反映22期，《委员之声》6期，促成问题的解决。从1998年八届一次会议起，反映社情民意工作建立制度，明确专人，形成信息网络。1998年7月10日起，不定期编印《社情民意》内部资料，将市政协委员、各民主党派和各界人士收集了解的重要信息、社情民意直接报送市委、市政府领导供参阅。社情民意信息刊物编印之后，向全国政协、省政协和市委、市政府领导报送社情民意信息，促使解决热点难点问题，得到省市领导批示。

1998年，编印《社情民意》10期；1999年，8期；2000年，10期；2001年，55期；2002年，55期；2003年57期。从2004年起，市政协加大社情民意的收集、整理、编发力度，加强各民主党派、工商联和各区县（市）政协机关信息员队伍建设。2005年，制定《关于进一步加强社情民意工作的意见》，完善信息网络，加强信息员队伍建设，提高信息质量。2006年起，社情民意来稿数量大增，为使更多社情民意被采用，除继续编印《社情民意》外，另增加编印“社情民意转办函”，把涉及具体职能部门的信息直接转达给相关职能部门办理。其中，2006年编印转办函19期；2007年编印24期；2008年编印53期；2009年编印60期；2010年编印83期；2011年编印86期；2012年编印56期。

从2008年起，湖南省政协对全省市州、民主党派省委向全国政协、省政协反映社情民意信息情况进行考评打分，并以此作为评先评优依据。针对这一新情况的要求，市政协出台《社情民意信息采用情况计分办法》，并制定采用情况通报制度和表彰奖励制度，以加大向全国政协、省政协报送社情民意信息的力度。其中：2008 年被全国采用信息 2 篇，省政协采用 8 篇。2009 年被全国政协采用信息 4 篇，省政协采用 30 篇；12 位省、市领导先后在 40 期社情民意上作出批示。2010 年被全国政协采用信息 2 篇，省政协采用 32 篇。2011 年被全国政协采用信息 2 篇，省政协采用 35 篇。截至 2012 年 12 月，向全国、省政协和市委、市政府报送信息 3000 余条，被全国和省政协采用 135 条，省、市领导批示 122 条。长沙市政协的社情民意信息工作连续 4 年被省政协评为先进单位。

至 2012 年年底，市政协编印的《社情民意》历经 3 届 15 年编印《社情民意》754 期，社情民意转办函 381 期。

表 5-4-3-1　长沙市政协《社情民意》编印期数统计一览表　单位：期

年份	编印数	年份	编印期数	编印转办函数
1993—1997	无	2005	42	无
1998	10	2006	35	19
1999	8	2007	36	24
2000	10	2008	72	53
2001	55	2009	103	60
2002	57	2010	98	83
2003	46	2011	77	86
2004	39	2012	66	56
总　计			754	381

第四节　文史资料征集

第七至第十届市政协以“高举爱国主义和社会主义旗帜，坚持实事求是原则”为宗旨开展文史工作，主要是征集长沙地区的有关史料及编辑出版《长沙文史》刊物，发挥文史资料的“存史、资政、团结、育人”功能，在史学上起到对党史、地方志的“拾遗补阙”作用。1993 年，拓宽文史工作范畴；在史料征集范围方面从征集整理长沙地区自“戊戌变法”至 1949 年中华人民共和国成立前在政治、经济、军事、文化、教育、科技、民族、社会等方面的第一手史料，到重点征集整理中华人民共和国成立后史料为主的转移；编辑出版的《长沙文史》实现由综合史料到向专题化、系列化方向的转变。以及出版物性质由内部刊物交流赠送到部分由出版社正式出版发行的转变。

1993 年，文史资料研究委员会编辑出版《长沙文史》专辑两册。其中《长沙名老字号》收长沙市第二商业局所属名老商店的有关史料 60 篇、23 万字，介绍长沙市名老店铺及其经营方法、名老技师、名优特产等；为配合长沙市明德中学校庆 90 周年，编辑出版《明德春秋》，收入明德中学建校后各时期各方面史料的文稿 55 篇，25 万字。

1994 年，市政协文史资料研究委员会与省政协文史委员会办公室、全国政协文史委员会办公室合作，编辑中国第一本黄兴史料专辑《回忆黄兴》，拟由中国文史出版社出版。该书收辑近 80 年来，孙中山、胡汉民、刘揆一、程潜、黄一欧等黄兴生前的战友、朋僚和亲属撰写的有关回忆录，25 万字。另编辑出版综合史料专辑《长沙文史》第十四辑，辟有“纪念戏剧大师田汉先生”“古城轶闻”“经济史料”“人物春秋”等栏目，23 万字。辑中所录多为亲见、亲闻、亲历稿件。

1995 年，为纪念抗日战争胜利 50 周年，文史资料研究委员会与长沙市郊区政协合作编辑出版《长沙抗战》专辑。该辑收录有关长沙地区抗战史料 36 篇，计 23 万字，其中大多为亲见、亲闻、亲历稿件，均属首次刊发。与长沙市建筑工程管理局合作，编辑出版《广厦春华——长沙建筑业史迹撷英》。该书收录全市 21 家具一定规模和代表性的建筑企业的发展业绩史料 57 篇，计 20 万字，反映中华人民共和国成立后特别是改革开放后，长沙市建筑业的发展过程。

1996 年，文史资料研究委员会编辑的《回忆黄兴》定名为《忆黄兴》，被省政协文史委员会纳入“二十世纪湖南文史资料文库”丛书，由岳麓书社出版。该书由田伏隆任主编，曹铁安任副主编，梁小进、贺孝武任编辑并负责编纂，收集黄兴的战友、亲属、同僚、部属等回忆黄兴的文稿及史学工作者的研究文章 66 篇，计 35 万字，并附有图片 34 帧。另与市文化局合作，开始《建国后文化史料》（专辑）的征集工作。

1997 年，文史资料研究委员会编辑《长沙大火》一书，被纳入“二十世纪湖南文史资料文库”丛书，由岳麓书社出版。该书由曹铁安任主编，文树勋任副主编，梁小进、贺孝武负责具体编纂，收集“长沙大火”这一重大历史事件的当事人、责任人、亲历者撰写的文稿和有关文献档案资料 70 篇，32 万字，并附有历史照片 40 帧。另外，与市文化局合作编辑出版中华人民共和国成立后文化史料专辑《湘城文华录》。此书分为上下两册、42 万字，辟有：“辉煌历程”“戏剧沿革”“艺坛硕果”“名人风采”“文苑花絮”5 个栏目，收集中华人民共和国成立后戏剧、曲艺、电影、音乐、图书、博物馆、文物考古、群众文化、文化市场等长沙文化事业产生和发展的史料 82 篇，并附照片 12 帧。

1998 年，为纪念中国著名戏剧家田汉 100 周年诞辰，文史和学习委员会编辑《神州一代戏剧魂——忆田汉》一书，被纳入“二十世纪湖南文史资料文库”丛书，由岳麓书社出版。该书由郑兆欣任主编，贺孝武任副主编并负责具体编纂。该书收集田汉的战友、亲属夏衍、曹禺、田洪等撰写的回忆录 85 篇、46 万字。分为“至情至善，神州一代戏剧魂”“男儿奇志，上下求索路漫漫”“呕心沥血，如椽巨笔写华章”“勇赴国难，八千里路云和月”“披肝沥胆，再为时代作先锋”“蒙冤受屈，衣带虽宽终不悔”6 个篇章。同时，编辑出版《长沙文史》第十五辑。该书分为“建国后史料”“文夕大火”“星沙人物”“名城访古”“国外档案”等栏目，收入近百年长沙有关史实的回忆录和档案资料 36 篇，19 万字。

1999 年，为纪念人民政协成立 50 周年，市政协编辑出版“长沙文史”特刊《长沙政协五十年》。该书设有“光辉历程”“风雨同舟”“政协人物”“区县之光”“委员生涯”等栏目，收集长沙市政协及市属各区县（市）政协、各民主党派的老领导、老干部以及各界人士和委员的回忆录，37 篇，计 22 万字；并收集（自 1949 年 10 月）长沙市各界人民代表会议召开后，长沙市历届政协的历史照片 39 帧。

2000 年，文史和学习委员会联合市委党史办编辑出版《黎明点滴——沈立人诗文选》。沈立人历任中共长沙市工作委员会书记（1949 年以前）、长沙市人民政府副市长，第二、三、四届市政协副主席、第五届市政协主席，为长沙和平解放和社会主义建设事业做出重要贡献。该书收集、整理沈立人文稿 15

篇，诗词、联语 84 首，照片 12 幅以及书法作品 2 幅，计 10 万余字。同时编辑出版《长沙文史》第十六期，该书收集整理有关长沙近百年重要事件和人物史料 43 篇，计 21 万余字，其中包括刘英、秦雨屏、潘基碩等老领导撰写的亲身经历和关于记述蒋经国、杜聿明等人史实以及民国初期和 20 世纪 20—30 年代外国人眼中有关当时的长沙和湖南社会、政治、经济及民俗民风的记叙等史料。

2001 年，文史和学习委员会与市民族宗教事务局联合，编辑出版《长沙文史——宗教史料专辑》。该辑收入长沙市宗教界人士关于长沙地区佛教、道教、伊斯兰教、天主教、基督教自近代后的发展历史的回忆录和全市宗教工作者的有关文稿 65 篇，33 万字，较为全面地记载长沙地区宗教发展历史，并附历史图片 47 幅，是长沙市第一部有关长沙宗教历史的资料专辑。

2002 年，市政协结合“提升长沙城市建设文化品位”的重点调研，编辑出版《营造长沙的城市美——提升长沙城市建设文化品位调研文集》一书。该书设有“调研成果”“城市论坛”“参考文献”“报刊集萃”等栏目，收辑文稿 34 篇，计 21 万字。书收辑长沙市主要领导人关于在城市建设中提升文化品位的论文，该次调研的调研报告、“问卷调查表”和各次座谈会的发言摘要，并收入八届市政协历次大会发言材料，集中反映市政协委员、各界人士关于长沙市城市建设中提升城市文化品位的意见和建议。此外，还收辑国内著名建筑学、城市规划和城市建设方面的专家学者的论文。

2003 年 12 月，文教卫体和文史委员会编辑出版《长沙文史——知识青年上山下乡史料专辑》。该专辑收录长沙市 20 世纪 50 年代至 80 年代初的部分上山下乡知识青年、知识青年家长和知识青年工作干部撰写的回忆录 58 篇，25 万字，记述长沙知识青年上山下乡，在黑龙江、新疆、海南岛等地及全省各地农村劳动、学习、生活的细节过程，并附历史图片 26 幅，是长沙市第一部知识青年上山下乡历史的资料收集。该辑刊载闻斯所撰《综述》及郭晓鸣、梁小进所编《长沙市知识青年上山下乡大事记（1955—1982)》二文，对长沙市知识青年上山下乡这一历史事件作简要阐述。

2004 年 12 月，文教卫体和文史委员会编辑出版《长沙文史》第十七辑。该辑收辑有关近百年到长沙市经济、政治文化、教育、民俗、地理、人物等方面的史料 33 篇，18 万字。其中包括回忆录《忆胡锦涛同志视察黄兴镇》和档案文献史料《英国档案中的长沙抢米风潮史料》等。

2005 年，文教卫体和文史委员会编辑出版《长沙文史》第十八辑。该辑收集有关近百年长沙市经济、文化、教育、民俗、地理、人物等史料 32 篇，22 万字。其中包括回忆录《我所知道的长沙名人故居》《风水宝地——水陆洲》和文献史料《癸卯日记》《日本驻长沙领事馆辖区内情况的报告》等。

2006 年，文教卫体和文史委员会编辑出版《长沙文史》第十九辑。该辑收录长沙市有关人士和韩国友好人士关于近代长沙政治、经济、文化方面重要史实的回忆录，以及有关历史文献 28 篇，计 23 万字。收录金九《我在长沙的经历》、李强勋《我所知道的 1938 年长沙楠木厅事件》等文稿，记载抗日战争时期韩国抗日志士和韩国临时政府在长沙活动的情况。经济史料为该辑重点，其中包括《长沙钱业简史》《九如斋店史》《长沙夏德昌袜厂》等文，记述长沙近代的钱银业、南货业、织造业兴起和发展历程。

2007 年，文教卫体和文史委员会编辑出版《长沙文史集萃》。该书系《长沙文史》（1992 年以前名为《长沙文史资料》）精选本，作为 20 余年市政协文史工作的一种展示，撷拾长沙近百年的历史进程侧影，收录自 1984 年后的已刊的 35 辑《长沙文史》中重要文史史料文稿 60 余篇，计 40 万字。另外，编辑出版《长沙地区文史资料总目（1983—2006)》。该书 22 万字，收录长沙市及各区县（市）政协 1983—2006 年编辑出版的 130 辑、1730 万字的“文史资料”全部目录，为从事和爱好研究长沙近代史和历史文史遗产保护工作者查阅检索政协文史资料提供帮助和便利。

2008 年，文教卫体和文史委员会编辑出版《长沙文史》第二十辑。该辑收录湖南省政协原副主席袁学之、姜亚勋生前撰写和口述的回忆录，市政协原副主席胡瑞采等人文稿 35 篇 16 万字，涉及长沙近百年政治、经济、军事、文化与社会生活等方面内容。本辑《长沙文史》改传统大 32 开版本为新型通行版本。

图 5-4-4-1　召开纪念人民政协成立六十周年座谈会
（摄于 2009 年 9 月 15 日，市政协供图）

2009 年为纪念人民政协暨长沙市政协成立 60 周年，长沙市政协编辑画册《长沙政协辉煌六十年》。该画册由主席董学生任主编，梁小进负责编纂，湖南人民出版社出版。该书收辑长沙市政协自 1949 年成立后各历史时期以及市政协各届任期的历史照片 361 幅，反映长沙市政协及其前身长沙市各界人民代表会议在中共长沙市委领导下，为建立和巩固人民政权、开展社会主义革命和建设、进行改革开放和社会主义现代化建设、建设和谐社会、团结各民主党派和其他各界爱国人士，履行职能、努力奋斗所做出的重要贡献。此外，文教卫体和文史委员会编辑出版《长沙文史》第二十一辑。收辑曹国果《抗战胜利后湖南各医院复院经过》、仇硕夫《长沙解放前夕的片段回忆》、王克俭《在长沙市政协工作的回忆》、左焕琛《怀念父亲左景鉴》等文稿 38 篇，16 万字。反映长沙自 1926 年大革命时期至 1949 年长沙解放以及 1949 年以后在政治、经济、文化、教育、医疗卫生等各方面的情况以及长沙历史名人黄少春、朱昌琳、徐特立、朱剑凡等人的生平事迹。

2010 年，市政协编辑出版《长沙会战》专辑一书。该书由主席董学生任主编、副主席钟新莲任副主编，梁小进负责具体编纂，分上、下两册，由岳麓书社出版。此书为抗日战争时期长沙会战（1939—1944 年）的历史资料汇编，收入长沙四次会战的回忆录和部分文献资料 127 篇，计 80 万字。

2011 年，文教卫体和文史委员会编辑出版《长沙古韵》一书，全书分为物质文化、非物质文化两部分。物质文化部分包括远古文明再现、老街古巷遗韵、王都藩府留痕、金融商业踪迹、泉井园林留香、湖湘薪火传承、学府杏林风采、宗教会道掠影 8 章。非物质文化部分包括传统手艺撷英、百年老店剪影、湘曲古韵流长、人文传说摘编 4 章。另收录 47 位长沙名人简介。全书约 40 万字，照片 365 帧。

2012 年，文教卫体和文史委员会征集有关长沙知识青年上山下乡运动亲历者来稿 287 篇，近 100 万字，图片 100 余张，实物 20 余件，从中遴选出 84 篇，约 40 万字，编辑出版《永远的回忆——长沙知识青年文史》，由主席谢树林任主编，副主席钟新莲任副主编，郑志华负责具体编纂，岳麓书社出版。全书分序言、主体、附录 3 部分。主体部分由离别城市、知识青年生活、返乡回城 3 个篇章构成，收录知识青年和相关人士回忆知识青年生活的文章、党和政府的相关文件以及有关知识青年的新闻报道、知识青年生活的照片等，展示长沙 20 余年的知识青年上山下乡的历史过程，再现长沙知识青年的心路历程。该书获省政协评选优秀图书特等奖。

至 2012 年，编辑出版《长沙文史》27 辑，其中专辑 19 辑，763 万字。专辑中，有 6 辑由出版社出版。

第五节　其他职能工作

第七至第十届市政协高举爱国主义和社会主义旗帜，发挥联系广泛优势，开展港澳台侨和外事联络工作、学习工作、宣传工作、反映社情民意信息工作和推动长沙历史文化名城建设与保护工作，起凝聚人心、畅通民意表达渠道，推动社会主义民主发展进程和服务党委、政府中心工作，维护长沙发展大局作用。

一、港澳台侨和外事工作

第七至第十届市政协贯彻落实党和国家的港澳台侨和外事工作方针，多形式开展对外联谊工作，加强长台和国际交流，提升长沙国际化水平。组织委员学习中共中央对台方针政策、《中华人民共和国香港特别行政区基本法》等，举办国际形势和台湾形势报告会，使委员掌握政策、了解情况，提高认识。办好大型纪念活动，加强对外联络。接待到长沙探亲观光、旅游、洽谈投资的台港澳同胞和海外侨胞，宣传党和国家的有关政策，宣传长沙经济建设成就和投资环境。将对外联谊同经济工作结合，鼓励、支持台港澳人士到长沙兴办实业；以亲情乡情联络感情，在长沙的引资、引智、引项目工作中牵线搭桥，促进长沙与海外的经济文化交流；参与境外招商引资活动，为长沙对外开放办实事。加强与在长沙投资的港澳台商和海外人士的联系，了解并反映他们的困难和要求，为他们排忧解难。

1993—1998 年，接待到长沙的港澳台侨同胞及海外到长沙的外国友人 58 批 404 人次。举办各类报告会 6 场；举办情况报告会、联谊座谈会、节日茶话会 27 场。1994 年 10 月，成立“长沙市港澳台侨亲友联谊会”；参与市政府组团到香港招商引资；陆续增补 7 名香港人士为政协委员；通过有港澳台侨关系的委员及其亲友穿针引线、铺路搭桥，引进海外经济界人士到长沙创办企业 79 家，引进外资上亿美元。同时，维护他们的合法权益，与职能部门协商、沟通，帮助解决他们的困难，并就有关方面开展调研视察，了解真实情况，找出存在的问题，写出相应的调研视察报告，提出解决问题的方法，报市委、市政府供决策、行政参考。

1998—2002 年，接待港澳台及海外人士 69 批。开展港澳台侨胞亲友联谊活动，编印《长沙联谊》刊物；举办庆祝中华人民共和国成立 50 周年和迎接澳门回归活动，开展澳门书画展；开展长沙—澳门互访活动，邀请澳门经贸界人士到长沙考察；召开长沙市政协港澳台侨联谊工作研讨会，交流总结工作经验；组团出国、出境考察，开展经贸活动。

2003—2008 年，每年与市委统战部联合组织全市各界人士中秋国庆茶话会或电影招待会；牵头举办纪念黄兴 130 周年诞辰，参与纪念抗日战争胜利 60 周年；做好港澳台同胞、海外侨胞以及国际友人长沙投资、旅游、访问考察的接待服务工作，宣传“和平统一，一国两制”方针和《反分裂国家法》；加强与在长沙办实业的“三胞”人士的联系，维护其合法权益；组团到日本鹿儿岛市访问考察；参与举办“长沙市港洽会”工作，协助市委、市政府做好招商、引资、引智工作。

邀请市委、市政府领导与港澳台侨人士、国际友人座谈，相互交流沟通信息，增进共识；加强台海形势教育，开展对台工作的宣传。2009 年 1 月，邀请海峡两岸关系协会副会长张铭清作台海形势报告。2009 年 5 月，长沙市港澳台侨亲友联谊会完成换届，更名为长沙市港澳台侨经济文化交流促进会，选举产生 19 名正副会长、92 名常务理事和 133 名理事，并聘任 5 名顾问和 18 名名誉会长。发挥联谊交友、交流平台，桥梁纽带作用，促进长沙与海外的经济文化交流。以理事小组为单位，开展学习考察，招商引资推介活动，促成一批项目入驻长沙的签约。同时，组织市内有关单位和厂商企业负责人出境考察和进行商洽活动；促成长沙与加拿大维多利亚市建立友好合作城市，开展经贸文化合作。加强联络联谊工作，召开大型专题座谈会2次，开展联谊视察、招商推介活动82次。加强交流宣传工作，编辑出版《长沙联谊》4期。落实中央关于加强干部因公出国（境）管理工作有关规定，完成9批领导干部出国（境）的考察，组织和服务工作。开展人民政协公共外交工作，加强与美国、法国、捷克、波兰、匈牙利、加拿大等国友好城市议会、政府的联系，促成双边政府的商贸、教育、文化代表团的互访交流，宣传人民政协制度和长沙的社会经济情况，为长沙率先建设全面小康服务。

政协做好港澳台侨及海外人士的接待服务工作，接待到长沙投资、考察交流、观光的境外同胞、侨胞和国际友人200余批3000余人次。

二、学习工作

市政协加强自身建设，把学习作为一项重要任务，采取多种形式，组织委员学习党和国家的方针政策及时势和政治理论，统一和提高委员及各界人士的思想认识。

第七至第十届市政协开展组织和推动政协委员和各界人士及机关干部的学习工作，并以建设学习型机关队伍为努力目标，打造一支高素质的政协委员团队和一支具有高工作效率的机关干部队伍。七届政协设学习和宣传委员会、八届市政协设文史和学习委员会，负责组织委员的学习工作，配有专职干部三四名，另外，任命和分配二三十余名政协委员为该委员会兼职副主任和委员，参与委员会组织的各项活动，并为委员会的年初工作计划，年底工作总结以及各项活动的组织策划献计出力。2002年7月以后，学习工作职能划归办公厅负责。

至2012年，利用中心组学习、专题报告会、辅导讲座、理论研讨班、业务培训班、学习座谈会、政情通报会、寄发学习参考资料、订阅报纸杂志、组织外出考察、参加横向交流工作会议、开展专题征文和理论研讨征文等形式，组织委员学习人民政协、统一战线理论知识及科技、法律知识、时事政治和国家大政方针，使委员政治上与中共中央保持高度一致，及时了解长沙市的政情民情和社会经济发展规划，更好地建言献策、履行职责。

市政协与时俱进，根据具体情况和形势需要完善和健全机关经常性的学习制度和政治思想教育制度，按照中共长沙市委统一部署，开展“反分裂国家”“反腐倡廉”和“讲学习、讲政治、讲正气”“保持共产党员先进性”“科学发展观”“解放思想”“创先争优”等主题的学习活动，提高机关干部的政治素质和业务素质，增强机关干部做好人民政协工作的荣誉感和责任感，增强政协机关的行政执行能力。市政协机关连续15年被评为市文明单位，连续两年被评为创建全国文明城市先进集体。

三、宣传工作

第七至第十届市政协开展宣传工作，通过与媒体合作，报道市政协各种活动、委员事迹、委员及政协各参加单位的部分建议，编辑主题刊物，宣传人民政协知识，宣传市政协作用和贡献，提升政协的社会知名度和影响力。

1993—1997年，七届市政协设学习和宣传委员会负责宣传工作，及时为新闻单位提供新闻线索，接待8家中央新闻单位采访，向省政协推荐新闻稿件11篇，中央、省、市报刊、电视台、电台报道市政协活动及委员事迹及见解的稿件700余篇，另有30篇理论文章在中央及省、市报刊和外地政协会刊上发表。

1998年市政协八届一次会议起，宣传工作改由办公厅归口管理，市政协适时制定宣传报道计划，对市政协重要会议和活动，则召开宣传报道专门会议进行部署。届中5年内，市级以上媒体刊发有关政协

图 5-4-5-1 长沙市建设历史文化名城推动委员会成立现场
（摄于 1996 年 9 月 24 日，市政协供图）

工作的稿件 2000 余篇。1998 年，配合《长沙晚报》开办“政协委员、人大代表建议”专栏；1999 年，创办市政协会刊《诤言》，《诤言》系内部发行季刊，常设栏目有领导讲话、调研报告、热点聚焦、建言谋策、长沙论坛、社情民意、理论研究、工作交流、文史长廊、委员风采、他山之石、文化生活、橘洲独语、岳麓风铃、健康养生等。另根据时政、中心工作以及来稿内容临时设置栏目。2002 年起，《诤言》版式由创刊时小 16 开改为国际通行大 16 开，每期印刷 1000 本，3 个印张，48 页；内芯采用 80 克双胶纸，封面采用 157 克铜版纸，复亮膜，所有照片均出胶片，用四色套印。2000—2003 年，与市委宣传部联合举办 3 次（一年一次）长沙市政协好新闻奖评奖活动。

2003 年，出版《构建和谐社会文集》《探索与实践——政协提案工作理论研讨文集》。2004 年，九届市政协开展“构建和谐社会”和纪念人民政协成立 55 周年理论征文活动及纪念人民政协 55 周年、60 周年“政协知识大奖赛”；试办两期《委员之声》，刊载委员意见和建议；在《长沙晚报》上开辟“政协委员建议”专栏；主办《人民政协报》长沙市政协专版。2005 年，《诤言》改扩版为双月刊。2007 年，编辑《团结民主和谐》一书 39 万字，收辑九届政协工作成果，总结宣传政协工作。

2008 年起，市政协强化新闻宣传报道和与各新闻媒体的沟通合作，做好政协重要会议与活动的宣传报道工作，宣传市政协贯彻落实中央和省、市有关文件精神的情况，宣传政协围绕党和政府工作中心履行职能情况，突出报道政协委员先进事迹，实现从领导活动报道多向领导活动与委员履职报道并重，从程序性报道向程序性报道与实质性报道并重，从报道形式单一向报道的多形式的转化。

2008 年，编辑《长沙市政协工作辑要》。2009 年，为纪念人民政协和长沙市政协成立 60 周年，拍摄《同舟共进铸辉煌》电视专题片，宣传和记录 60 年里市政协工作业绩。

探索民主监督与新闻舆论监督相结合的新途径，与长沙广播电视台合作创办《政协之声》电视专栏。在新闻频道首播，每两周播出一期，播出时间为星期天晚上 10 点 30 分。根据央视索福瑞电视收视调查公司对电视台节目的收视调查，长沙地区省、市两级电视台有新闻专题节目 32 个，《政协之声》的收视率排名稳定在前 8 名之内。2011 年起，更名为《长沙政协》，全彩版，篇幅增加到近 4 个印张，60 页。是年，《政协之声》在参加湖南省“政协好新闻奖”评选获一等奖，该奖项颁发给市州这一级政协尚系首次。至 2012 年 12 月，《政协之声》播出 52 期。《长沙政协》《诤言》出版 73 期。刊物主要送寄全国政协办公厅、100 余个省市政协、全市（包括区县）各党政机关在职市级领导及全体市政协委员。

专记　长沙历史文化名城保护

1993—1996年，市政协把长沙历史文化名城保护作为履行职能的重要工作，助力推动长沙在经济、社会发展过程中凸显长沙历史文化特色。历次全会上，通过大会发言，呼吁市委、市政府在城市开发与经济建设过程中保留各种类型的沉淀着长沙历史文化丰富底蕴的建筑遗存免遭拆毁，以发扬光大这些体现长沙特色历史文脉的无价资产。全会后，通过各种视察、调研，专题协商，提出建议案和提案办理等形式的活动，关注全市域内的各级文物保护单位及重要历史遗存，促成历史遗存得以保存和开发利用。

1996年9月24日成立长沙历史文化名城建设推动委员会（以下简称“推委会”，初名长沙市建设历史文化名城推动委员会）。推委会由市委、市人大常委会、市政府、市政协的有关领导，市直建设、规划、国土、文化、旅游、园林等部门负责人，省会高等院校和科研院所的有关历史、地理、考古、艺术、博物馆、规划设计、建筑等学科的专家学者组成，具体活动的开展由市政协负责文史工作的专门委员会组织实施。推委会成立之初有委员33人，主席臧宝山任主任，省委常委、市委书记等市委、市人大、市政府领导为顾问。因市领导班子换届，推委会领导班子曾3次进行调整（2000年10月、2003年9月和2009年4月），先后由八届、九届、十届主席张贤遵、简用超、董学生任主任，中共湖南省委常委、长沙市委书记张云川、梅克保、陈润儿等为顾问，委员亦有变更，截至2012年12月，委员43人。

推委会成立以后，开展高位协调、建言献策、论证咨询，督促协商等工作和活动。通过不定期、多形式的视察考察、调研论证等方式，为市委、市政府的科学决策提出意见和建议，发挥咨询和参谋作用。先后组织委员视察长沙全市园林绿化、唐代长沙窑遗址、水陆洲提质改造等工程，并提出可操作性建议。

1997年，开展“长沙历史文化名城知识竞赛”活动。该活动5月展开，历时4个多月，是长沙自1982年被国务院公布为国家历史文化名城后，首次举行的大规模宣传长沙历史文化名城的群众性活动。

2000年，向全市各界发出“捐建白沙古井公园的倡议”，并会同市园林局开展募捐活动，举行书画义卖，募集资金700万余元。随后参加该公园规划设计的论证及有关历史资料的挖掘整理。

2001—2005年，推委会组织委员参加市委宣传部建设长沙文化产业园，市人大常委会制定《长沙市历史文化名城保护条例》，市规划局的太平街历史文化街区的整治与保护，市建委长沙历史文化村镇和不可移动文物的调查，市文化局的市图书馆、历史博物馆、规划博物馆、音乐厅的规划设计等重大项目的调研论证，在一系列重大文化建设和名城保护的问题上，发表建议和意见，并开展多方协商和高位协调工作。

2005年4月，首刊《名城保护》刊物（不定期内部发行），报道推委会组织的各项活动及主张，及时反映有关信息及相关动态，宣传历史文化名城保护理念，反映委员对于历史文化名城保护方面的见解。刊物寄送市委、市政府领导和市直有关部门供决策参考。截至2012年12月，发行25期。

至2012年，市政协助推历史文化名城保护，促成开福寺、贾谊故居、白沙古井公园、七十三军抗日阵亡将士纪念碑、太平街历史街区、坡子街民俗历史街区、胡耀邦故居、曾国藩墓园、宁乡沩山密印寺、铜官长沙窑、靖港古镇、王陵公园等建设与开发项目的实施；使中山亭、程潜公馆、岳麓山云麓宫、清末民初特色民居建筑等历史遗存得以保存和开发利用。

长沙市志

长沙市地方志编纂委员会 编

(1988—2012)

第二册

方志出版社
Publishing House of Local Records

目 录
（第二册）

第六篇 民主党派

第七篇 群众团体

第八篇　民政 劳动 人事 编制

第九篇 政法

第十篇 军事

第六篇 民主党派

本篇编纂人员

贺孝武（主编） 刘 殷

本篇撰稿人员

概 述：贺孝武

第一章 中国国民革命委员会长沙市委员会：张蔚秋 刘宇轩 黄碧泉

第二章 中国民主同盟长沙市委员会：李兰宏 周 军 彭海燕 赵 睿 杨 鲲

第三章 中国民主建国会长沙市委员会：郭建辉 孙光贵 李丽雄 石莉波 蓝盛君

第四章 中国民主促进会长沙市委员会：兰德泉 陈 明 谢 琳 陈 康 黄 梅 刘晨思

第五章 中国农工民主党长沙市委员会：郑力奇 周 倩 龚振湘 周锦民 易介兵

第六章 中国致公党长沙市委员会：彭 磊 王国海 臬 燕

第七章 九三学社长沙市委员会：王剑平 巫 杨 刘有良 戚艳玲 吕 坚 周新建 陈 曦

概　述

1988 年，长沙市有中国国民党革命委员会、中国民主同盟、中国民主建国会、中国民主促进会、中国农工民主党、中国致公党、九三学社 7 个民主党派，有成员 2635 名（不含省属成员），自恢复活动后，全面完善组织机构建设，各项工作均有序开展。

1989 年，中共中央《关于坚持和完善中国共产党领导的多党合作和政治协商制度》颁发后，市各民主党派将工作重心由发展和完善组织建设及落实政策转变到全面履行党派职能，尤其是履行参政议政职能上。市各民主党派负责人通过人大、政协两个平台，履行政治协商职能：受中共长沙市委、市政府邀请，参加各项专题的民主协商会，对长沙市“八五”（1991—1995 年）社会发展计划、各项重大工程项目建设、地方性法规的制订以及重大人事任免提出建设性意见。1990 年，市各民主党派中一部分政协委员和人大代表率先全国受邀聘为“特约监察员”“特约督导员”“特约审计员”“特约检察员”“行风评议员”，对长沙市司法行政系统及党委政府有关部门的工作进行民主监督。各民主党派和市政府 20 家职能部门建立对口联系关系，工作中相互监督、相互支持，共同解决工作难题，提升相互的履职实效。各党派成员中的各级政协委员、人大代表围绕长沙人民群众普遍关心的社会热点、难点问题以及有关行政部门可能忽视的盲点问题，选择专题开展调查研究，形成调研报告或提案建议，通过人大、政协提交给有关部门，供决策参考。市各民主党派成员立足本职，爱岗敬业，踏实工作，为长沙各项事业的发展做出贡献。

1997 年，长沙市各民主党派开始“反映社情民意”工作，发动民主党派成员关注政情民意，认真调研思考，撰写“社情民意信息”上报给党委政府及有关部门，以促成部分社会问题获得解决。此举措次年获得全国政协的肯定并作为全国政协系统及民主党派履行参政议政职能的新渠道而推广。

2000 年起，市各民主党派按照“党委出题、党派调研、部门落实”的模式，年初选定 3~5 个课题进行调研，于 10 月前形成调研报告提交有关单位参考，进一步增强了调研成果质量和靶向性。

2000 年以后，市各民主党派致力于加强自身建设，完善工作机制，提升自身的政治政策的把握能力、组织建设能力、与中共的合作共事能力和参政议政能力，在长沙的社会发展大局中，做到“尽职不越位，帮忙不添乱”，各项工作节奏始终与中共长沙市委、市政府的工作主旋律和谐、共鸣、同步，履行各项职能更有成效，以“有所为而致有所位”来提升和扩大民主党派的社会地位和影响力。2005 年以后，各民主党派继续在办学育人、扶贫帮困、科技咨询、公益助残、招商引资、禁毒防艾、兴办实体、助力新农村建设、关爱抗战老兵、支边支教、送医义诊等方面开展社会服务活动，为中共长沙市委、市政府拾遗补阙，促进社会和谐，形成各自不同的如“同心社区”“禁毒防艾”“办学兴教”“创建社会服务基地”“烛光行动”等社会服务品牌。

至 2012 年，中国国民党革命委员会长沙市委员会、中国民主同盟长沙市委员会、中国民主建国会长沙市委员会、中国民主促进会长沙市委员会、中国农工民主党长沙市委员会、中国致公党长沙市委员会、九三学社长沙市委员会有成员 6124 名。市各民主党派完成调研成果近 500 篇，提交提案、建议 7000 余件，其中建议案 6 件，上报“社情民意信息”3000 余条，其中一部分被全国、省、市、区（县、市）政协和统战部门采纳。长沙市各民主党派围绕长沙改革开放大局履行职能，与中共同舟共济、建言献策，为长沙社会经济发展做出了自己特有的贡献。

第一章 中国国民党革命委员会长沙市委员会

1988年4月，中国国民党革命委员会长沙市委员会（以下简称“民革长沙市委”）召开民革长沙市第六次代表大会。是年，党员以从事文教、科技、财经、医卫等工作的知识分子为主，且部分党员与原国民党有渊源关系；开始兴办各类经济实体，直接参与经济建设，并开展扶贫义诊、捐资助学等各类社会服务活动；开展促进祖国和平统一的活动。1989年，开始将参政议政工作摆到重要位置。1990年，逐步扩展党员发展范围，党员从业领域逐步涵盖文教、医卫、科技、财经、公有制经济、政府机关、法律等行业，并有部分非公有经济体制中的中、高层代表人士和新阶层代表人士。在基层组织和党员中开展“议政日”活动，要求一人提一个建议，一支部交一份提案，为民革市委的参政议政工作提供素材；是年，开始加强与市政府有关办、委、局的对口联系工作，担任特约人员的市民革党员参加各类执法监督活动。1994年起，参政议政工作均围绕中共长沙市委为民主党派所出的参考课题和长沙市的社会热点、难点问题开展，至1997年完成14个调研课题。1997年，开始将统战信息、社情民意报送工作纳入参政议政工作范畴。1999年，举办“迎澳门回归‘中山杯’全国书画作品大赛”。2000年，内部报纸《长沙民革》停刊，改办形式灵活的《工作简报》（月刊）。2002年，创办《参政议政专刊》。2003年，开展抗击非典型性肺炎活动；率先在全省党派中创建“长沙民革”网站。2004年，承办中南6省（区）民革建设新时期参政党经验交流会。2005年，民革长沙市委成立50周年，举行“开一个纪念大会，出一本纪念画册，出一本《参政议政成果汇编》，办一个画展，举行一个讲座”（以下简称“五个一”）纪念活动。2006年，加大参政议政工作力度，完成4个调研课；开展台海研究，创办《台情研讨》专刊。2008年，汶川地震发生后，开展献血捐款、书画义卖等抗震救灾活动；接待台湾政治大学民族学系到湘考察团。2009年，向台湾南部受灾民众捐款。2011年，举行湖南公祭辛亥革命先烈先贤活动。2012年，开展到南岳衡山忠烈祠举行“勿忘国耻，祭拜抗战英烈”活动；全市有党员1054名，基层支部52个，有4个区工作委员会、8个专门工作委员会、1个书画院。

第一节 组织机构

一、市级组织

（一）市委会组成。1988年，民革市委第八届委员会23人，其中，常务委员会由10人组成。1992年，民革市委第九届委员会23人，其中，常务委员会由9人组成。1996年，第十届委员会25人，其中，常务委员会由11人组成。2001年，第十一届委员会25人，其中，常务委员会由11人组成。2006年，第十二届委员会27人，其中，常务委员会由11人组成。2010年，第十三届委员会29人，其中，常务委员会由11人组成，实有10人，空缺1人；实有委员28人，空缺1人。

（二）专门工作委员会。1988年，民革长沙市委有祖国统一委员会、四化工作委员会、妇女工作委员会、社联工作委员会、中山诗词书画社、教育工作组、医卫工作组、文史工作组。2006年，委员会、工作组统一改为专门委员会，成立参政议政委员会、教科文卫委员会、祖国和平统一促进委员会、经济委员会、老年工作委员会、妇女工作委员会。2008 年，成立青年工作委员会，2001 年成立社会和法制委员会。至 2012 年，民革市委有 8 个专门委员会。

（三）区（市）工作委员会。2006 年，成立民革市委浏阳市工作委员会（以下简称“工委”），由主委、副主委、委员 7 人组成。工委为市委的派出机构。2008 年，成立雨花区工委，由主委、副主委、委员 7 人组成。2011 年，成立开福区工委，由主委、副主委、委员 5 人组成；2012 年成立天心区工委，由主委、副主委、委员 5 人组成。

（四）市委会直属组织

1.民革长沙市委经济建设促进会。1991 年 7 月，民革长沙市委经济建设促进会成立，为正科级全民事业单位，核定全民事业编制 6 名，均为干部编制，人员经费自筹解决。1992 年 6 月，民革长沙市委经济建设促进会人员编制进行调整，原 6 名干部编制调整为 4 名干部编制，2 名工人编制。1992 年后，编制情况无变化。2004 年后，因政策原因，民革长沙市委经济建设促进会工作停顿，名存实亡。

2.民革长沙中山书画艺术院。1988 年 6 月，中山诗词书画社成立，社长范丁凡，副社长曹汝成。2002 年 12 月，民革长沙中山书画艺术院成立，杨友吉任院长，曹汝成、曹公复任副院长；2003 年 1 月，民革长沙中山书画艺术院取得文化经营许可证，被市民政局和市文化局批准为民办非企业单位，民革专职副主委朱尔瞻为法定代表；2006 年 10 月，民革长沙中山书画艺术院成为民革中央画院的理事单位，民革专职副主委贺绍佩任法人代表，曹汝成任院长，曹公复、聂韵华任副院长；2010 年，由于未及时年检，民办非企业单位资格被注销，民革中山书画艺术院又重新恢复为单纯的书画组织。

（五）工作机构。1988 年，机关有 4 个处室，编制 13 人，是年，有 2 名专职副主委。2001 年后，只有一位专职副主委。2003 年，进行机关人员、编制的“三定”（定人员、定岗位、定职责）工作，设立办公室、组织处、宣传处（参政议政处）、联络处（社会服务处）4 个职能处室。机关行政编制为 12 名。2011 年 7 月—2012 年，机关有工作人员 13 人，内设机构无变化。

1988—2012 年，先后担任中国国民革命委员会长沙市委员会主要领导职务的有：潘基礩、旷桐生、曹亚（女）、朱建军；其他领导班子成员有：莫棋、郑怡庭、杨毓灵、杨湘媛（女）、肖芝泉（女）、朱尔瞻、李豪、李晓明（女）、薛开伍、贺绍佩（女）、赵敏、刘仙娥（女）、蒋林、陈慧（女）、李武陵（女）、汪国瑾、贺健刚、曾畅（女）、夏谋、李正宇、李裕敏、谭义林、李和平（女）、冷雪飞（女）、黄少朋、邓建伟、贺孝武、康镇麟、李能、喻国强。

二、基层组织

1988 年，民革长沙市委有基层组织 29 个。2004 年，全市民革基层组织 48 个。2008 年，全市民革基层组织 55 个。至 2012 年年底，基层组织减少到 52 个，其中包括 48 个支部、3 个总支和 1 个小组。

表 6-1-1-1　　1994—2012 年民革长沙市委及基层组织所获荣誉一览表

获荣誉单位	荣誉名称	获奖时间	授予部门
浏阳市支部、教委支部、西区总支、北区支部、郊区总支、银行系统支部	民革湖南省先进基层支部	1994 年	民革省委
民革长沙市浏阳支部委员会	民革全国先进支部	1995 年	民革中央
民革长沙市委员会	民革全国社会服务工作先进集体	2005 年	民革中央

续表 6-1-1-1

获荣誉单位	荣誉名称	获奖时间	授予部门
民革长沙市浏阳支部委员会	民革全国先进支部	2005 年	民革中央
长郡中学支部、二十二中学支部、市一医院总支部、天心区支部、岳麓区总支、浏阳市支部	民革湖南省先进基层支部	2005 年	民革省委
民革长沙市委员会	民革全国参政议政工作先进集体	2006 年	民革中央
民革长沙市委员会	民革全省抗震救灾先进集体	2008 年	民革省委
民革长沙市一医院支部委员会	民革全国先进基层组织	2010 年	民革中央
浏阳市工委、雨花区工委、金融系统支部、市电子工业学校支部	民革湖南省先进基层组织	2010 年	民革省委
民革长沙市委员会	民革全国参政议政工作先进集体	2011 年	民革中央
民革长沙市委员会	民革全国机关建设先进集体	2011 年	民革中央
民革长沙市委员会	学习践行社会主义核心价值体系先进组织	2011 年	民革中央
民革长沙市委员会	民革全国社会服务工作先进集体	2012 年	民革中央
民革长沙市委员会	民革全国祖统工作先进集体	2012 年	民革中央

三、民革党员

1988 年，长沙市有民革党员 505 人。主要来自于教育、科技、医卫、财经等行业，大部分与中国国民党具有渊源关系。2009 年，民革界别特色调整为从事社会福利事业、从事社会保障事业、从事司法研究和教学人员及部分政治素质好的律师从业人员。以年净增率以不超过 5%的上限标准，发展新党员。1996 年，全市有党员 692 人。2001 年，规模进一步扩大到 819 人。2002—2006 年，党员扩增 72 人。

至 2012 年，全市有民革党员 1054 名，平均年龄 55 岁。其中，40 岁以下 172 人，约占党员总数的 16%；41~50 岁的 309 人，约占党员总数的 29%；51~60 岁的 223 人，约占党员总数的 21%；61~70 岁的 157 人，约占党员总数的 15%；71 岁以上的 193 人，约占党员总数的 18%。男女比例方面，男党员 630 人，女党员 424 人，分别占党员总数的 60%与 40%；文化程度方面，大学文化程度以上的 512 人，约占党员总数的 49%；职称方面，具有高级职称的 108 人，约占党员总数的 10.2%，具有中级职称的 449 人，约占党员总数的 42.6%。在党员层次分布上，社会中上层人士 585 人，约占党员总数的 55.5%。党员职业界别分布如下：高等教育界别 42 人，约占党员总数的 4%；普通教育界别 289 人，约占党员总数的 27.4%；科学技术界别 6 人，约占党员总数的 0.6%；医药卫生界别 122 人，约占党员总数的 11.6%；文化艺术界别 14 人，约占党员总数的 1.3%；新闻出版界别 5 人，约占党员总数的 0.5%；公有制经济界别 240 人，约占党员总数的 22.8%；新的社会阶层人士 131 人，约占党员总数的 12.5%；司法机关 5 人，约占党员总数的 0.5%；政府机关 164 人，约占党员总数的 15.6%；党派机关 14 人，约占党员总数的 1.3%；社会团体 5 人，约占党员总数的 0.5%；其他界别 17 人，约占党员总数的 1.6%。全体党员中具有民革特色（与民革组织老成员有渊源）的有 611 人，约占党员人数的 58%。

表 6-1-1-2　　1994—2012 年民革长沙市委党员荣誉称号一览表

荣誉个人	荣誉名称	获奖时间	授予部门
张蔚秋	民革全国优秀宣传干部	2005 年	民革中央
李　曙	民革全国社会服务工作先进个人	2005 年	民革中央
曹　亚	“为全面建设小康社会做贡献”先进个人	2006 年	中共统战部、各党派中央
李晓明	民革全国参政议政工作先进个人	2006 年	民革中央
蒋　林	民革全国抗震救灾先进个人	2008 年	民革中央
易　进	民革湖南省委抗震救灾先进个人	2008 年	民革省委
石浪滔	民革湖南省委抗震救灾先进个人	2008 年	民革省委
刘仙娥	民革湖南省委十佳和谐标兵	2009 年	民革省委
杨小冰	民革湖南省十佳妇女先进工作者	2009 年	民革省委
陈　慧	民革全国优秀女党员	2010 年	民革中央
李跃华	民革全国基层工作先进个人	2010 年	民革中央
李　能	民革全国基层工作先进个人	2010 年	民革中央
贺绍佩	民革全国机关建设先进个人	2011 年	民革中央
曹　亚	“树立和践行社会主义核心价值体系”先进人物	2011 年	中共湖南省委统战部、各党派省委
焦长贵	民革湖南省机关建设先进个人	2011 年	民革省委
张蔚秋	民革湖南省机关建设先进个人	2011 年	民革省委
张蔚秋	民革全国优秀宣传干部	2012 年	民革中央

第二节　代表大会

一、第六次代表大会

1988 年 4 月 11 日，民革长沙市第六次代表大会在长沙市召开，出席代表 88 人（党员 431 人）。副主任委员（以下简称“副主委）莫棋作工作报告。大会选举产生 23 人组成的民革长沙市第八届委员会。选举朱尔瞻等 10 人任常务委员（以下简称“常委”），其中，潘基礩任主任委员（以下简称“主委”），莫棋等 5 人任副主委（含八届二次全会补增一人）。选举李惇谊任名誉主委，郭权瑞任名誉副主委。

二、第七次代表大会

1992 年 3 月 4—6 日，民革长沙市第七次代表大会在长沙市召开，出席代表 81 名。会议听取并审议副主委杨毓灵代表第八届委员会作工作报告，学习中共十三届八中全会精神，选举产生 23 人组成的民革长沙市第九届委员会。在代表大会召开期间，召开第一次委员会议，选举产生新一届领导班子。旷桐生等 9 人任常务委员，其中，旷桐生任主任委员，杨毓灵等 4 人任副主委。

三、第八次代表大会

1996 年 10 月 31 日—11 月 2 日，民革长沙市第八次代表大会在长沙市召开，出席代表 94 名。会议听取并审议副主委杨毓灵代表第九届委员会作工作报告，学习中共十四届六中全会精神和江泽民《领导干部一定要讲政治》的重要讲话，选举产生 25 人组成的民革长沙市第十届委员会。在代表大会召开期间，召开第一次委员会议，选举产生新一届领导班子。旷桐生等 11 人任常委，其中，旷桐生任主委，肖芝泉等 4 人任副主委。

四、第九次代表大会

2001 年 9 月 28—30 日，民革长沙市第九次代表大会在长沙市召开，出席代表 107 名。会议听取并审议副主委朱尔瞻代表第十届委员会作工作报告，学习江泽民“七一”重要讲话及全国、省、市统战工作会议精神。会议选举产生 25 人组成的民革长沙市第十一届委员会。在代表大会召开期间，召开第一次委员会议，选举产生新一届领导班子。曹亚等 11 人任常委，其中，曹亚任主委，朱尔瞻等 3 人任副主委。

五、第十次代表大会

2006 年 4 月 11—13 日，民革长沙市第十次代表大会在长沙市召开，出席代表 117 名。会议听取并审议主委曹亚代表第十一届委员会作工作报告，选举产生民革长沙市第十二届委员会。在代表大会召开期间，召开第一次委员会议，选举产生 27 人组成的新一届领导班子。贺孝武等 11 人任常委，其中，曹亚任主委，贺绍佩等 4 人任副主委。

图 6-1-2-1 民革长沙市第十一次代表大会召开
（摄于 2011 年，民革长沙市委供图）

六、第十一次代表大会

2011 年 7 月 6—8 日，民革长沙市第十一次代表大会在长沙市召开，出席代表 129 名。大会听取并审议主委曹亚代表第十二届委员会作工作报告，学习中共十七届五中全会精神，选举产生 29 人组成的民革长沙市第十三届委员会。在代表大会召开期间，召开第一次委员会议，选举产生新一届领导班子。贺孝武等 11 人任常委，其中，朱建军任主委，陈慧等 4 人任副主委。

第三节 主要活动

一、参政议政

（一）专题调研。1988 年后，民革长沙市委将参政议政工作摆到重要位置。1990—1993 年，在基层组织和民革党员中开展“议政日”活动，要求“一人一建议，一支部一提案”，先后就社会治安、环境卫生、扫黄禁毒等专题征求、收集党员意见，定一个主题，开展调研，形成调研报告，通过市人大常委会、市政协等渠道向相关部门反映。1994—1997 年，围绕参考课题和长沙市的社会热点、难点问题及人民群众关心的问题开展调查研究，形成专题调研报告，向中共长沙市委、市政府建言献策，提供决策参考。

1997年，就长沙市公安局、市检察院、市中级人民法院、市司法局（以下简称“公检法司”）执法情况开展调研，撰写《关于长沙市公检法司执法情况的调查报告》，提出公检法司办公经费应全额财政拨款，各种执法规费须上交，不搞“留存”“返回”，以杜绝执法受经济利益驱动而带来的种种弊端的建议，建议得到采纳，是年，长沙公检法司系统即实现财政全额拨款、罚没收支分离，乱罚款现象得到遏制，罚没收入下降30%。

1999年，在市政协八届二次会议上作题为《完善中国共产党领导的多党合作和政治协商制度，进一步促进我市民主政治建设》的大会发言。2000年，在政协长沙市第八届委员会第三次会议上作题为《着眼“公交优先”的发展战略，进一步改善我市公共交通状况》的大会发言。

2003年，就长沙市二次供水问题开展调研，形成调研报告，并在市政协九届二次会议上作题为《加强二次供水管理，消除危害人民身体健康隐患》的大会发言，市委书记梅克保、市长谭仲池分别予以批示，并责成公用事业局和有关部门调查处理。

2008年，在长沙市政协十届二次会议上，作题为《以民为本，优先发展公共交通事业》的大会发言，中共长沙市委副书记、市长张剑飞给予“请公用事业局认真研究抓紧提出我市的公交改革方案，优化公交线路布局，同时财政要加大投入，以加大公交车辆更新的速度，为全市人民提供更好的公交服务”的批示，中共长沙市委副书记谢树林要求中共长沙市委秘书长对建议提出的问题牵头组织研究，由政府提出实施意见。

2009年，针对物业管理这一涉及广大城市居民切身利益的民生问题开展调查研究，撰写调研报告《促进物管事业健康发展，努力构建长沙宜居环境》，在各民主党派、工商联调研成果汇报会上向中共长沙市委、市人民政府领导汇报；承担“浏阳河生态环境保护”课题中的子课题“浏阳河水源地生态环境保护”专题的调研工作，撰写调研报告《关于浏阳河水源地生态环境保护的调研与建议》。

2010年，承担“提高长沙国际化水平”课题中的子课题“提高长沙城市公共服务国际化水平的对策建议”的调研工作，撰写调研报告《提升城市公共服务国际化水平的调查与建议》；开展养老专题调研，撰写调研报告《完善养老保障体系建设，促进湖南社会和谐发展》，向中共湖南省委、省人民政府作参政议政成果汇报；完成中共长沙市委统战部命题的课题，撰写调研报告《发展旅游产业，提升城市形象》。

2011年年初，在长沙市党派调研成果汇报会上作题为《发展旅游产业，建设旅游强市，提升长沙国际化水平》的专题汇报；围绕“农村金融服务”“食品安全监管”“出生缺陷干预”3个专题开展调查研究，形成《我市农村城镇化进程中金融服务现状分析和建议》《减少出生缺陷，提高我市人口素质》《加强食品安全监管，构建食品安全防火墙》3篇调研报告。

2012年，在各民主党派、工商联调研成果汇报会上作题为《我市农村城镇化进程中金融服务现状的分析和建议》的专题汇报；选择调研专题，开展调查研究，撰写《夯实乡镇财政管理基础，切实维护农村社会稳定》《完善我市垃圾科学化处理体系，建设绿色宜居美好家园》《关于加快推进长沙会展经济发展的调研报告》3份调研报告。

至2012年，完成专题调研报告近60篇。调研选题针对长沙市的公检法司执法、城市管网排水、医疗垃圾处理、浏阳河治理、二次供水管理、劳务经济发展、农村专业合作经济组织、食品安全、社区民间组织、农村环境保护等问题提出意见建议，并被中共长沙市委、市政府采纳。

（二）建议、提案。1991年，提交的提案《迅速取缔先锋厅非法劳务市场》获市长张明泰办理，张明泰到先锋厅劳务市场视察，现场作出取缔该市场的决定。1992年，提交的提案《开发傅家洲、橘子洲头，建设湘江旅游区》被列为市政协重点督办提案，所提建议得到市政府采纳，并被列入长沙市“八五”（1991—1995 年）计划。

1994 年，提交的集体提案《禁止在市区主要马路燃放烟花鞭炮》被市政协定为重点提案，所提建议被市政府采纳；在省人大会上提出设立“湖南省环卫工人节”的建议被采纳，省人大常委会决议自 1995 年开始设立“湖南省环卫工人节”。

1995 年，提交的《尽快采取得力措施，解决井湾子地区堵车现象严重的问题》《关于扩建第三自来水厂，缓解南郊及部分城区用水问题》《建议市政府在望城坡星沙经济开发区规划划拨体育用地》等提案均被市人大常委会责成相关部门办理。

1999 年，对长沙市经济开发区展开实地调研，针对市经济开发区管理体制中存在的系列问题提出建议，撰写《解决长沙市经济开发区的遗留问题，促进长沙经济发展》提案。

2001 年，提交《关于请求解决影响长沙市实验小学的发展和建设问题》建议，长沙市作出将实验小学与邻近的楚怡小学合并建成一所新型小学的规划；提案《建议将文化产业作为长沙市新的经济增长点》得到中共湖南省委副书记、中共长沙市委书记张云川批示，长沙市发布 3 个文件予以落实。

2002 年，全国人大代表、民革省委副主委、民革市委主委曹亚向全国人大九届五次会议提交《关于皂市水库早日开工的议案》《关于石门电厂二期工程尽快开工的建议案》，这两个建议得到中华人民共和国水利部、中华人民共和国电力工业部及湖南省委、省政府的重视，皂市水库于 2002 年 12 月 18 日开工，石门电厂二期工程开工问题也列入省委领导的议事日程；在省政协会议上，曹亚就社会热点问题提交《湘江血吸虫污染问题》《执行食品卫生法》等提案。

2003 年，提交集体提案《关于理顺长沙市福利工业公司编制问题》，市长谭仲池在市民政局召开专题现场办公会议，妥善解决问题，为稳定全市残疾人企业起到作用；集体提案《切实解决我市二次供水污染问题，消除严重危害市民身体健康隐患》分别被市政协和市政府评为市政协九届一次会议优秀提案和长沙市 5 件优秀提案之一；提交的《关于聘请妇联干部担任人民法院审理婚姻、家庭、继承案件人民陪审员的建议》被评为长沙市 5 件优秀建议之一。

2004 年，集体提案《关于加强岳麓山历史文化资源的保护、开发、利用的建议》被市政协定为重点督办提案，召开现场办案会议、跟踪督办会议督办落实，所提建议得到采纳，同时被市政府、市政协评为优秀集体提案；提交的《关于搞好投资环境从擦亮政府服务窗口开始的建议》被市政府评为优秀建议。

2006 年，集体提案《关于大力发展农村专业合作经济组织的建议》被市政协定为重点督办提案，召开现场督办会议，所提建议得到采纳，同时被市政府、市政协评为优秀集体提案；提交的《重视并加强对失业失地妇女的精神文明建设，营造良好的社会环境》被中共长沙市委办公厅评为优秀建议。

2007 年，曹亚等在全国政协会议提交《关于扶植民营文艺表演团体、活跃基层演出市场的提案》《关于开展创建健康城市活动的提案》《重构少年司法，挽救问题少年》《关于加强我国流浪儿童教育与保护问题的建议》《关于加快建设全国中小学生学籍管理信息平台的提案》等提案。

2008 年，集体提案《关于建立我市农村环境保护机制的建议》被市政协定为重点督办提案，所提建议得到采纳，同时被市政府、市政协评为优秀集体提案。

2010 年，集体提案《关于促进我市物管事业健康发展的建议》被市政协定为主席重点督办提案，市政府、市政协共同召开“《关于促进我市物管事业健康发展的建议》政协提案重点督办会”，市政府办公厅及市房地产管理局、市城管局等职能部门现场办理，市政协主席董学生、副市长李军分别在督办会上就如何落实提案作出部署。提案被媒体报道，并被评为市政协十届三次会议优秀提案。

2011 年，《关于完善长沙市养老保障体系建设的建议》被定为重点督办提案，建议得到采纳；全国政协常委、民革省委副主委、民革市委主委曹亚向全国政协第十一届四次会议提交《关于基层医疗机构在实施国家基本药物制度中存在的问题和建议》《关于加强我国肿瘤防控工作的建议》等提案。是年，《关于大力营造和谐物业管理环境的建议》被市政府评为优秀建议。

至 2012 年年底，提交集体提案 88 件，党员中的各级人大代表和政协委员提交建议、提案约 800 件。其中，16 件集体提案被市政协评为优秀提案，8 件集体提案被市政府评为优秀提案，9 件集体提案被定为重点督办提案。

（三）反映社情民意、统战信息。民革长沙市委的社情民意、统战信息工作始于 1997 年。作为民主党派参政议政的一种新形式和新渠道，市民革成员中的市政协委员撰写出社情民意和统战信息稿件，分别报送长沙市政协和中共长沙市委统战部（全国政协统战信息、社情民意工作始于 1998 年，并发文向全国推广，2004 年写入《中国人民政治协商会议章程》）。

2001 年，社情民意《锦泰广场“四无”影响城市文明形象》和《公共厕所与垃圾站建设不能忽视》分别被中共湖南省委常委、长沙市委书记梅克保和副市长赵小明批示办理。

2002 年，社情民意《三汉矶船厂 48 户住户联名要求解决居住地安全隐患问题》报送后，中共长沙市委、市政府责成落实解决。2003 年，《台商回流台湾现象值得关注》等两条统战信息被中共中央统战部采用。

2004 年，统战信息《对台湾问题的反映》获中共中央统战部部长刘延东批示。2005 年，社情民意《关于在全市扩大使用 IC 卡智能水表的建议》获中共湖南省委常委、长沙市委书记梅克保批示，建议得到采纳。

2006 年，统战信息《注意防止民主党派基层组织生活联谊化的倾向》获全国政协副主席、中共中央统战部部长刘延东批示。2009 年，社情民意《关于对免费接种疫苗对象及其优先顺序进行规范的建议》获中共湖南省委常委、长沙市委书记陈润儿批示，所提的建议得到采纳。

2010 年，社情民意《关于迅速开展酒店月饼制售市场联合检查的建议》获副市长姚永春的批示、督办，并举行新闻通报。2011 年，社情民意《行政事业单位名称标牌英语翻译应规范》获中共长沙市委副书记谢建辉的批示、督办。

至 2012 年，上报的统战信息被各级统战部采用的约 240 条；社情民意被各级政协采用的约 100 篇，转办约 40 篇。

二、民主监督和参加政治协商

（一）民主监督。1988 年，成立举报站，指定专人负责接待工作，每个基层支部选出一位联络员。1990 年，加强与市政府有关办、委、局的对口联系工作，履行民主监督职责，领导班子成员参加中共长沙市委、市政府、市人大常委会、市政协组织的各类民主监督活动。是年，担任特约人员的市民革党员参加各类执法监督活动，先后参加过对中小学收费和农村夏粮收购等问题的检查、对区县的廉政督查、抗洪救灾款发放检查、重点水利工程和重点建筑工程的督查、对社保资金使用情况的检查、对市法院、市检察院执法工作的视察、对“党务公开、政务公开、财务公开”（以下简称“三公开”）的督查等。

1991 年，特约监督员张厚时以“人民代表和一名环工老兵”的名义，上书中共中央总书记江泽民，反映 4 名现役军人无理殴打致残洒水车司机事件，使行凶者受到军法惩处。市政风监督员陈荣杰利用西区人大代表的身份向省、市主要领导反映情况，给中央写信就党风廉政建设提出建议，建议得到领导人或者部门的回信及答复，反映的问题得到落实解决，被媒体誉为“反腐斗士”，于 1998 年获全国“老有所为奉献奖”金质奖章和湖南省“老有所为精英奖”。

2000 年，接待市运贸公司上访群众，于 2001 年将市运贸公司个别领导的重大经济问题反映到中共长沙市纪律检查委员会（以下简称“市纪委”），使违法人员受到查处。是年，履行民主监督职能，参加长沙市以“整顿规范市场经济秩序”为主题的对 14 个部门的工作评议活动，对市公安局等单位作出民主评议意见，并提出整改建议。民革浏阳市委成立异体监督协调委员会，民革市委机关及浏阳支部有 4 名党员被聘为异体监督特派员，对市中级人民法院等 8 家单位实施民主监督并参加浏阳市政务公开中心每月的接待日活动，异体监督特派员督促解决山田乡村民举报的派出所所长侵吞受灾户赔偿款 2000 余元 3 年之久的问题和浏阳市城管执法不文明问题。

2003 年，向对口联系单位市监察局反映国企改制中出现的问题，并解决广东锐丰不锈钢型材厂长沙销售部被乱罚款问题。

2012 年，参加市卫生局、市食品药品监督管理局、市质量技术监督局、市工商局的政风行风民主评议工作，并针对市卫生局工作撰写专题评议报告。

（二）参加政治协商。1988 年，民革市委主要负责人潘基礩、杨毓灵应中共长沙市委及其统战部邀请，参加民主协商会，在长沙的体制改革、规划制定、落实统战政策等方面提出建设性意见。

2003 年，参加《长沙房地产交易管理办法》《长沙市历史文化名城保护条例》《长沙标准化管理条例》3 部地方性法规的协商，提出意见和建议。2005 年，在关于《长沙市经济社会“十一五”发展规划》讨论协商会上，提出“要把长沙建设成为健康型城市”建议被写入《长沙市“十一五”发展规划》，2007 年，长沙市发布《关于长沙市建设健康城市行动计划》的通知，2008 年长沙市修改通过《长沙市人民群众健身条例》。

2006 年，在《长沙市第十一次党代会报告》征求意见座谈会上，从建设创新型长沙、资源节约型和环境友好型社会等 4 个方面提出意见和建议。

2010 年，在《长沙市国民经济和社会发展第十二个五年规划纲要（草案）》《政府工作报告（征求意见稿）》的征求意见座谈会上，就突出深化“两型社会综合配套改革”、建设健康城市、提升国际化水平及长沙国际知名度与影响力、建设国家创新型城市、应对人口老龄化等方面提出建议。

2011 年，在《长沙市第十二次党代会报告》征求意见座谈会上提出建议。2012 年，在《关于中央四号文件的实施意见》征求意见座谈会、《政府工作报告》征求意见座谈会上均提出意见和建议，意见和建议被吸收到《关于中央四号文件的实施意见》《政府工作报告》中。党员中的各级人大代表、政协委员参加人大、政协组织的各项地方性法规出台之前的协商、讨论工作，提出建议，为助推长沙市的民主法制进程建言献策。

三、社会服务

（一）兴办企业。1988 年，开始兴办各类经济实体，直接参与经济建设，民革市委创办的中山企业股份公司和兰天旅游工贸公司下属的经济实体有 13 个。

1989 年，成立经济建设促进会，对所属企业全面加强协调和指导。至 1997 年，经济实体发展到 29 个，所有经济实体实行独立核算，自负盈亏；所办企业完成销售收入 1.4 亿元，上缴税金约 900 万元。2004 年，民革党员创办的同力公司投资 5 亿元人民币，建造建筑面积 15 万平方米亚洲最大的长沙出版物版权交易中心，推动长沙文化产业的发展。

2004年后，因政策原因，所属企业或停办或不再由民革市委管理。

（二）服务长沙医卫事业。1988年后，民革市委多次到湖南各贫困乡镇开展扶贫义诊、送医送药的活动。2003年开始，号召各基层支部进行服务长沙医卫事业的社会工作。是年，广东和北京两地突发非典型肺炎疫情，民革市委向基层组织发布《关于加强非典型肺炎防治工作的通知》，号召全市民革党员配合政府抗击非典型肺炎。市一医院总支党员集体请战到抗击非典型肺炎第一线工作，其他支部的医卫工作者也投入抗击非典型肺炎斗争，党员捐资4万余元慰问战斗在抗击非典型肺炎一线的医务人员。

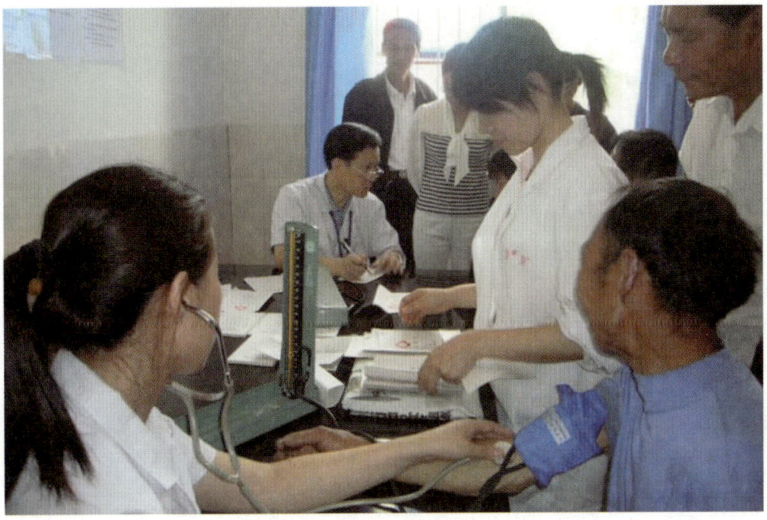

图 6-1-3-1 在浏阳市淳口镇开展扶贫义诊活动
（摄于2007年，民革长沙市委供图）

2004年，长沙市一医院总支与民革湖南省委民政学院支部联合扶贫医疗队到湘西自治州古丈县进行为期两天的扶贫义诊和免费送医送药活动，为浏阳山田乡捐赠价值约5万元的药品及医疗器械。2007年，将浏阳市淳口镇作为扶贫帮困定点乡镇，至2012年捐赠医疗器械约30万元、药品价值约12万元、义诊约2500人次。

（三）助学、救灾。1989年，创办中等职业学校中山职业学校，学校创办之初有幼师班、艺师班各一个，招收学生69名。1991年，与省刺绣研究所联合办学开办刺绣专业。中山职业学校逐年扩大办学规模。

至1994年，该校有7个班，在校学生225人，被评为湖南省“社会办学先进单位”。2006年，整合党内资源，促成养天和股份有限公司与浏阳工艺美术学校联合开展“养天和希望之星班”，资助100名成绩优秀的贫困学子3年的全部学习费用。

2008年汶川地震发生后，开展献血捐款、书画义卖等形式的抗震救灾活动，募集善款12万元援建四川德阳抗震希望小学；党员参与湖南援川医疗队在灾区当地开展救援，其中，民革市委副主委、一医院总支主委蒋林被评为“民革全国抗震救灾先进个人”，党员易进、石浪涛被评为“民革全省先进个人”。是年，湖南发生特大冰灾，民革市委到浏阳扶贫点了解灾情，免费为灾区送救灾物资，援助灾区农民开展生产自救。

图 6-1-3-2 在凤凰县山江镇山江完小慰问贫困学生并支教
（摄于2012年，民革长沙市委供图）

图 6-1-3-3 民革长沙市委在雨花区砂子塘社区开展“文化进社区”服务活动 （摄于 2009 年，民革长沙市委供图）

2009 年，开展“《爱在北川学子吟》全国义卖湖南首发式”活动，发动党员认购书款 4 万元用于北川中学重建。

1991—2012 年，为贫困山区的学生捐赠助学资金及学习用品价值近 30 万元。其中，民革城建局支部、雨花区工委等定向援助湘西地区的凤凰和桑植等贫困小学捐资约 10 万元。2012 年，党员向“郑洞国教育基金”捐赠 12 万元扶助石门贫困学子。

（四）共建“同心社区”。2005 年后，响应长沙市“文化、医疗、法律、科技进社区”（以下简称“四进社区”）的号召，在望城坡、井湾子、砂子塘等社区开展“四进社区”活动。2008 年 10 月，开展“文化进社区”活动，购买价值 5000 余元的书籍送到井湾子社区；11 月，民革界别医务人员到浏阳市山田乡开展“医疗进社区”扶贫义诊活动并捐赠价值 6000 余元的药品。2009 年 5 月，在雨花区砂子塘社区开展“文化进社区”服务活动，为社区群众送去一台精彩的文艺节目。2009—2012 年，与社区密切协作，开展共建“同心社区”活动。

四、祖国和平统一与联谊接待

（一）促进祖国和平统一。1988 年中秋节前夕，举行港澳、台、海外侨胞（以下简称“三胞”）中秋茶话联欢会。是年 12 月，发起、举办“黄兴研究国际学术研讨会”，来自美国、日本、韩国、丹麦及国内史学界 99 名专家学者、黄兴亲属参加大会，民革中央副主席贾亦斌致电祝贺，中共湖南省委副书记、省政协主席刘正到会并讲话。会议重新评价黄兴的历史功绩，在国内外史学界产生较大反响。会议收到论文 58 篇，并编辑出版《黄兴研究》一书。

1997 年，为迎接香港回归祖国，举行报告会、香港知识竞赛、专题座谈会、书画活动等迎香港回归系列活动。1999 年，举办“迎澳门回归‘中山杯’全国书画作品大赛活动”，聘请民革中央副主席朱培康为大赛名誉主席，在全国范围内征集近 4000 副作品，其中有来自驻港部队战士、美籍华人书画组织和东南亚华人组织的作品，中共长沙市委宣传部部长郑佳明称大赛“扩大了长沙的影响，烘托了澳门回归的气氛”。

2004 年，在全市民革党员中开展港澳台知识问卷竞答活动，纪念澳门回归 5 周年。2005 年，召开全体委员会议，学习《反国家分裂法》，通过《民革长沙市第十一届委员会第七次会议关于坚决拥护〈反分裂国家法〉的决议》；在岳麓山七十三军墓举办“公祭长沙会战抗日阵亡将士”活动，省、市领导和 100 余名党员参加公祭。此后，每年均举行规模不同的公祭抗日将士活动。

2006 年，举办为期一周的“纪念孙中山 140 周年诞辰书画展”，得到全国各地民革党员、书画组织及海内外书画家的支持响应，展出以纪念孙中山为主题的书法、篆刻、国画、油画、水彩画、工笔画等作品近百幅，其中包括台湾亲民党主席宋楚瑜和亲民党政治部副主任张骏逸寄来的诗词墨宝；开展台海形势研究，创办《台情研讨》专刊，编印专刊，其中，2009 年报送的台情研究文章被民革中央《台湾研究》刊物采用。2009 年，台湾南部因遭台风侵袭造成 50 年来罕见严重灾情，全市党员募集救灾款项约

3 万元捐给台湾受灾民众。

2011 年，举行湖南公祭辛亥革命先烈先贤活动；举办纪念辛亥革命 100 周年红色图片展；参与《湖南与辛亥革命》一书中长沙部分的编撰工作，开展青年党员参观武汉辛亥革命博物馆和首义广场活动，举办纪念辛亥革命 100 周年书画笔会及征文活动，利用纪念辛亥革命的契机，团结海内外中华儿女推进祖国和平统一。2012 年，召开纪念“九二共识”20 周年座谈会；到南岳衡山忠烈祠举行“勿忘国耻，祭拜抗日英烈”活动。

（二）联谊接待。1988 年，民革党员中有“三胞”关系的 212 人，是年，接待回长沙探亲访友、投资兴业的“三胞”和团体 289 人次，与港澳台侨及海外亲友通信 500 余封，宣传祖国形势。

1989 年，民革党员陈钟厚到台湾探望父母（至 2001 年，往返台湾 12 次）。陈钟厚在与台湾高层人士和普通民众接触的过程中，介绍大陆改革开放的成果，消除台湾民众对大陆的误解，回来后在祖统工作座谈会上谈观感，介绍台湾情况，并将了解到的台湾政治、社会情况撰写成书。1991 年，接待由齐奇云率领的台湾书画界人士 18 人，并举行两岸书画家联谊笔会，长沙市书画界与台湾书画界人士集聚一堂，挥毫泼墨，共同抒发海峡两岸炎黄子孙的爱国之情。1993 年，党员周利民在台湾探亲期间联络各界人士，为台胞及其亲属牵线搭桥，使浏阳人张湘生等与海峡两岸离散多年的亲人得以团聚。

2002 年，接待到湖南观光访问的台湾艺术家代表团，组织海峡两岸艺术家的书画联谊交流笔会。2008 年，接待由“台湾亲民党组织部”副部长、“台湾政治大学民族博物馆”馆长张骏逸带队的台湾政治大学民族学系到湘考察团，并与台湾师生进行文化交流。

至 2012 年，相继接待中国国民党原中将刘璠、中国国民党原“中央文工会”干事龚声涛、“台湾亲民党组织部”副部长张俊逸、“台湾华夏文经交流协会”秘书长任歌、“台湾防务部门”原技术官员吴维申、“中国国民党中央组织发展委员会”副主任刘灿树、“国际青年商会”台湾总会会长陈建骐、“全国台湾同胞投资企业联谊会”副会长骆明裕等在台湾政界、商界有影响的人士。

（三）招商引资。1988 年，副主委郑怡庭通过台湾亲友的关系引进台资 6500 万美元，用于解决湖南省辖市程控电话的投资。1991 年，浏阳县支部党员利用亲情乡情，与台北市浏阳同乡会取得联系，该会捐资 30 万元人民币给浏阳县作为职工教育基金。1993 年，通过美籍华人黄彰任与美国霍普（NOPE）基金会取得联系，该基金会同意为浏阳人民医院长期免费培训中高级医务人员，并在上海分 3 批为浏阳市人民医院培训医务人员 6 名，还向浏阳人民医院捐赠价值 2.7 万美元的外文医学书籍，黄彰任本人向浏阳市人民医院捐资 15 万元兴建传染病房。1999 年，黄彰任捐献 37.9 万美元建浏阳市人民医院宿舍楼和门诊大楼，设立奖学金与霍普基金会共同资助 45 名贫困学生上大学、培训浏阳市医务人员，还为浏阳人民医院引进 30 万余元的医疗设备。1999 年后，较少开展招商引资工作。

五、其他

1989 年 12 月，民革中央副主席贾亦斌到长沙视察工作，并在湘江宾馆举行《当前台湾的大陆政策走向和我们的任务》报告会。省、市有“三胞”关系的民革党员约 400 人参加会议。是年，将统战理论研究组调整扩大为政策理论研究会，召开以共产党领导的多党合作和祖国统一为主题的理论研究会 3 次、演讲会 2 次，撰写理论研究文章 24 篇，其中 4 篇选入市统战理论研讨会宣读，2 篇选入湖南省民革祖国统一工作研讨会宣读。

1990 年，召开市委常委会、基层支部主委联席会，举办新党员、骨干党员读书班，学习《中共中央关于坚持和完善中国共产党领导的多党合作和政治协商制度的意见》和全国、省、市统战工作会议精神，参加省、市理论研讨会5次，撰写论文16篇。是年起，开展政策理论学习和民革党史、党章学习活动；党员开展统战理论研究，多篇论文获统战理论优秀成果奖和各级各类征文优秀等次奖。

1992年，在民革中央召开的民革经济工作会议上，介绍兴办经济实体的经验；在中南6省（区）民革参政议政经验交流会上，就健全参政党机制、发挥参政党作用作经验介绍。

2001年，民革中央宣传部派调研组到湖南调研基层思想政治工作情况，民革长沙市委及两个先进基层支部介绍思想政治工作的经验和体会。

2004年4月5—7日，中南6省（区）民革建设新时期参政党经验交流会在长沙市枫林宾馆召开，来自河南省、湖北省、湖南省、广东省、海南省、广西壮族自治区的97名代表参加会议。代表们围绕加强自身建设、履行参政议政、民主监督职责，为促进当地经济发展和社会进步做出更大贡献这一主题进行交流和讨论。

是年，民革党员撰写的《浅谈民革思想政治工作的特点和规律》获民革全省思想政治工作研讨会一等奖。

2005年1月8—12日，举办“纪念民革长沙市委成立50周年书画艺术展”，展出作品百余幅。1月9日，民革长沙市委成立50周年纪念大会在长沙市田汉大剧院召开，民革湖南省委主委刘晓、中共长沙市委副书记余合泉出席会议并讲话，500余人出席会议。是年，编印《民革长沙市委员会参政议政成果汇编》、画册《长沙民革五十年活动剪影》，召开民革老党员回顾历史座谈会。

2006年，《孙中山的国土规划思想》《孙中山先生的治学品质》《民主革命先驱孙中山及其精神遗产》分获民革湖南省委“纪念孙中山先生140周年诞辰征文比赛”一、二、三等奖。

2012年，“基于‘同心’思想视角的党外代表人士队伍建设研究”成为中共长沙市委统战部统战理论调研文章的中标课题。

第二章　中国民主同盟长沙市委员会

1988年，中国民主同盟长沙市委员会（以下简称“民盟市委”）有盟员753人，以教育界人士为主。设39个支部，成立文教、科技、妇女、老同志等工作委员会和港澳、台、海外侨胞亲友联谊会（以下简称“三胞亲友联谊会”）。以思想宣传工作为抓手推进自身建设，会刊《长沙民盟》（创办于1987年，季刊）是民盟市委思想宣传的主阵地，出刊8期。是年，制定《五年工作规划纲要》，被民盟中央《组织工作通讯》转载。

1999年，首次举行统战理论研讨活动。

2000—2005年，4件议案分别在省、市人民代表大会（以下简称“人大”）常务委员会立案。2000年，提交的《保护白沙古井，建设白沙井岭绿化广场》在长沙市十一届人大三次会议上被立为议案；2002年提交的《关于尽快办好我市工读学校的议案》在市十一届人大五次会议上被立案；2005年提交的《关于对浏阳河株树桥水库水资源保护立法的建议》在市十二届人大三次会议上被立案；《关于制订〈湖南省建筑工程造价管理条例〉的议案》在湖南省十届人大四次会议上立案。

2005年，启动社会服务项目“烛光行动”。

2006—2007 年，率先市各党派创建运行民盟长沙市委会网站，思想建设搭建起新平台。

2009 年，举行统战理论研讨会、出版论文集。

2010 年，将制定的各项制度汇编成册，为推进长沙民盟事业步入制度化、规范化、程序化轨道奠定基础。

至 2012 年，形成“烛光行动”、社区大学、孟妈妈青少年帮教、帮扶浏阳市龙伏镇石江村等社会服务品牌，与科教下乡、扶贫帮困、社区教育、法律援助等社会服务活动互为补充，取得良好社会效应。至 12 月，《长沙盟讯》出刊 109 期。盟员发展到 1475 人，由以教育界别为主向文化、医卫、法律和新社会阶层拓展。民盟市委有 5 个区工作委员会、46 个基层支部，市委会委员 27 名，其中设主任委员 1 名、副主任委员 4 名、常委 11 名，设有参政议政、法律、教育、妇女、文化艺术、青年、老同志、经济科技、海外联谊、社会服务 10 个专门工作委员会，市委机关工作人员 15 名，设专职副主任委员（以下简称“副主委”）1 名，设 4 个职能处室，处理民盟长沙市委日常工作。民盟市委 8 次被民盟中央评为“先进集体”、39 次被民盟省委评为“先进集体”。

第一节　组织机构

一、市级组织

（一）市委会组成。1987 年 12 月，民盟长沙市第十一次盟员代表大会选举产生第十届委员会委员 30 人，其中，主任委员 1 人、副主任委员 5 人、常务委员 11 人。1989 年 2 月，增补副主任委员 1 人。1992 年 8 月，第十一届委员会委员 30 人，其中，主任委员 1 人、副主任委员 2 人、常委 8 人(1 人兼秘书长)。1994 年 1 月和 1996 年 2 月先后增补副主任委员 2 人。第十二届委员会委员原规模 29 人，后经上级批准扩大至 32 人；1996 年 8 月实际选举 28 人，其中，主任委员 1 人、副主任委员 4 人（1 人兼任秘书长至 1997 年 9 月被免）、常务委员 6 人。1997 年 9 月，增补委员、常委 1 人，2000 年增补委员 3 人；2001 年 7 月，第十三届委员会委员 25 人，其中，主任委员 1 人、副主任委员 3 人、常委 5 人（1 人兼任秘书长），2004 年 7 月，常委兼秘书长 1 人被免。2006 年 4 月，第十四届委员会委员 27 人，其中，主任委员 1 人、副主任委员 4 人、常委 6 人。2008 年 12 月主任委员、副主任委员各 1 人退休，同时进行相应增补，2010 年 1 月增补副主任委员、常务委员各 1 人。2011 年 4 月，第十五届委员会委员 27 人，其中，主任委员 1 人、副主任委员 4 人、常委 6 人。2008 年 12 月和 2010 年 1 月，各增补委员 2人。

（二）专门工作委员会。1989 年 3 月，成立联络工作委员会。1993 年 2 月，设立文教、科技、联络、老同志、妇女和文史 6 个工作委员会。1997 年，补充、调整为参政议政、联络、老龄、妇女、文教科技和文史 6 个工作委员会。2001 年 10 月，扩充为参政议政、文教、妇女、青年、经济科技、联络、老同志 7 个工作委员会。2004 年 6 月，再次扩展为参政议政、教育、文艺、妇女、青年、经科、联络、老同志 8 个工作委员会。2011 年 6 月—2012 年 12 月，拓展为参政议政、法律、教育、文艺、妇女、青年、经科、海外联谊、老同志和社会服务 10 个工作委员会。

（三）区工作委员会。1997 年 12 月 16 日，设立芙蓉区、天心区、岳麓区、开福区和雨花区等 5 个区工作委员会，其中，芙蓉区有工作人员 10 人，开福区 15 人，岳麓区 4 人，天心区 12 人，雨花区 9人。

（四）工作机构。1988年，机关内设组织部、宣传部、社会服务部和办公室4个职能部门，人员编制为15人，实际工作人员12人。2003年，在机关内实行“三定”（定人员、定岗位、定职责），明确为机关组织处、参政议政处（加挂宣传处牌子）、社会服务处和办公室等4个职能部门。核定行政编制15人、事业编制1人，实际工作人员12人。至2012年，内设机关无变化，实际工作人员14人，民盟市委经济促进会（1993年成立）运转正常。

1988—2012年，先后担任中国民主同盟长沙市委员会主要领导职务的有：陈志恪、李显模、谭世延、何寄华；其他领导班子成员有：黄棣威、龚墨池、张鹤皋、周绍绳、张作功、吴承志、王彬文、周晓午、赵凡存、彭代源（女）、陈启同（女）、郑宏旺、刘志红（女）、张庆和、陈迪夫、邓树林、刘鼎初、余文焕、罗湘湘（女）、徐继、曾令衡、蒋慎言（女）、谢叔明、曾楚樵、王祖裕、杜家锐（女）、周正规、赵强华、乐根成、唐新孝、谢兆岗、关建之、周健勇、彭剑飞、卜良桃、陆佳宾、杨建宏、杨万维、邱忠献、杜有志、陆军（女）。

二、基层组织

1988年，民盟市委基层组织包括支部和小组43个。1992年，民盟市委基层组织增至46个。1996年9月，成立开福区总支委员会。2001年12月，成立长沙民政职业技术学院支部。2004年9月，长沙市商业学校支部与长沙市商业职业中专支部合并，组成长沙商贸旅游职业技术学院支部。是年，全市有民盟基层组织47个。2005年5月，以长沙市湘剧院支部为基础，吸收各文化艺术行业的盟员，经整合后，组建为长沙市文化支部。2006年5月，长沙汽车电器厂支部、曙光学校小组被撤销。2007年9月，长沙市周南中学支部与长沙市八中支部合并成长沙市周南中学支部。2009年4月，成立长沙麓山国际实验学校支部。6月，成立长沙市芙蓉区马王堆中学支部。8月，长沙市芙蓉区教育支部被撤销。2010年12月，中南林业科技学院支部从民盟市委转入民盟省委。是年，全市民盟基层组织有45个。2011年6月长沙曙光电子集团支部被撤销。7月，原长沙财经职业中专荷花池校区与张公岭校区两个独立支部合并成长沙财经学校支部。10月，成立长沙市雷锋学校支部。11月，新建湖南涉外经济学院支部；原雨花区综合支部拆分成雨花区综合支部一、二两个支部。2012年5月，新建望城区综合支部。至2012年，有基层支部47个。2个支部获“民盟全国先进基层组织”称号。

三、盟员

1988年，盟员753人，发展率3.3%，平均年龄56.1岁，男女性别比1.85∶1，大专以上文化程度占88.1%，中高级职称比例82.5%，职业主要分布在教育、科技和机关；1999年，盟员1006人，发展率4.3%，净增长率2.5%，平均年龄53.3岁，男女比为1.33∶1，大专以上文化程度占88.7%，中高级职称比例89.5%，职业主要分布在教育、科技、医卫、机关和企业；2012年，盟员1475人，发展率5.1%，净增长率4.1%，男女比0.97∶1，大专以上文化程度占91.3%，中高级职称比例84.1%，职业主要分布在教育、文化、科技和政府、司法等行政机关以及新社会阶层。至2012年，长沙盟员中有1人担任民盟中央委员，27人担任民盟省委委员，3人担任省文史馆馆员。盟员平均每年净增约30人。盟员何寄华被评为“全国生产力促进中心先进个人”；孟繁英被评为“全国十大民间禁毒人士和中华慈善人物”；张庆和等3人被民盟中央授予“优秀盟员个人”称号。

表 6-2-1-1　　1988—2012 年民盟长沙市委盟员基本情况统计一览表　　单位：人

年份	盟员数	女性	中上层数	中上层比例(%)	发展数	发展率(%)	净增数	净增率(%)	中共数	离退休数	离退休率(%)	平均年龄(岁)
1988	753	264	621	82.5	25	3.3	24	3.2	—	331	44	56.1
1989	792	283	647	81.7	11	1.4	11	1.4	51	322	41.7	54.9
1990	815	291	509	62.5	5	0.6	7	1	54	341	41.8	56.1
1991	825	297	632	76.6	9	1.1	9	0.01	54	343	41.6	56.3
1992	824	301	681	82.6	4	0.5	−1	−0.001	54	377	45.8	57.2
1993	840	311	739	88	30	3.6	14	0.02	58	401	47.7	57.2
1994	871	334	773	88.7	16	1.8	−15	−0.02	59	420	48.2	57.6
1995	907	356	802	88.4	16	1.8	−20	−0.02	59	414	45.6	56.8
1996	936	375	827	88.4	33	3.5	4	0.004	62	430	45.9	56.1
1997	962	386	861	89.5	16	1.7	11	1.1	68	460	47.8	55.6
1998	981	412	871	88.8	56	5.8	49	5.1	74	490	49.9	55.4
1999	1006	431	901	89.5	42	4.3	25	2.5	72	510	50.7	53.3
2000	1050	460	961	91.5	59	5.9	44	4.2	77	534	50.9	52
2001	1083	484	987	91.1	38	3.6	33	3.1	56	528	48.8	52.1
2002	1127	511	1033	91.5	55	5	44	4	56	542	48.1	56.2
2003	1141	529	1057	92.6	43	3.8	23	2	59	531	46.5	55.8
2004	1173	549	1079	91.9	34	2.9	32	2.8	78	549	46.8	56
2005	1184	565	1139	96.2	38	3.2	12	1	79	588	49.7	56
2006	1225	584	1083	88.4	46	3.9	41	3.5	80	534	43.6	56
2007	1264	608	1124	88.9	50	4.1	39	3.2	83	523	41.4	56
2008	1304	626	1152	88.3	50	4	40	3.2	82	550	42.2	55.9
2009	1320	646	1169	88.6	32	2.5	16	1.2	84	562	42.6	56.1
2010	1349	670	1197	88.7	66	5	29	2.2	82	554	41.1	56.1
2011	1417	714	1260	88.9	75	5.6	69	5.1	82	547	38.6	55.5
2012	1475	749	1308	88.7	72	5.1	58	4.1	86	570	38.6	55.2

表 6-2-1-2　1988—2012 年盟员任市级人大、政协常委或全国、省级人大代表、政协委员名录

姓名	性别	人大、政协政治安排	任职时间
曾楚樵	男	长沙市第九届人大常委	1987 年 12 月—1993 年 12 月
邓树林	男	长沙市第六届政协常委	1987 年 12 月—1993 年 12 月
李　立	男	长沙市第六届政协常委	1987 年 12 月—1993 年 12 月

续表 6-2-1-2

姓名	性别	人大、政协政治安排	任职时间
肖咏琴	女	长沙市第六届政协常委	1987 年 12 月—1993 年 12 月
罗湘湘	女	长沙市第六届政协常委	1987 年 12 月—1993 年 12 月
曾令衡	男	湖南省政协第五、六届常委	1983 年 4 月—1993 年 12 月
王彬文	男	湖南省第六、七届政协委员、长沙市第十届人大常委	1988 年 1 月—1997 年 12 月
张鹤皋	男	湖南省第六届政协委员	1988 年 1 月—1993 年 4 月
黄修本	男	湖南省第六届政协委员	1988 年 1 月—1993 年 4 月
曾宪侯	男	湖南省第六届政协委员	1988 年 1 月—1993 年 4 月
蓝肇祺	男	湖南省第六届政协委员	1988 年 1 月—1993 年 4 月
张作功	男	湖南省第七届人大代表	1988 年 1 月—1993 年 12 月
陈志恪	男	湖南省第七届人大代表	1988 年 1 月—1993 年 12 月
吴承志	男	长沙市第七、八、九届政协常委	1993 年 12 月—2007 年 12 月
周正规	男	长沙市第七届政协常委	1993 年 12 月—1997 年 12 月
高祖璋	男	湖南省第七届政协委员	1993 年 12 月—1997 年 12 月
彭伯孝	男	湖南省第七、八届政协委员	1993 年 12 月—2003 年 1 月
周晓午	男	湖南省第八届人大代表	1994 年 1 月—1997 年 12 月
谭世延	男	长沙市第十一届人大常委，湖南省第九、十届政协常委	1997 年 12 月—2012 年 12 月
彭代源	女	长沙市第十一届政协常委	1997 年 12 月—2002 年 12 月
罗树根	女	长沙市第十一届政协常委、湖南省第九届政协委员	1997 年 12 月—2008 年 1 月
周健勇	男	湖南省第九届人大代表	1998 年 1 月—2002 年 12 月
唐向阳	女	湖南省第九、十届人大代表	1998 年 1 月—2006 年 12 月
李显模	男	湖南省第八届政协委员	1998 年 1 月—2003 年 1 月
余德泉	男	湖南省第八届政协委员	1998 年 1 月—2003 年 1 月
陈启同	女	长沙市第十二届人大常委	2002 年 12 月—2007 年 12 月
吴小兵	男	长沙市第九届政协常委	2002 年 12 月—2007 年 12 月
乐根成	男	湖南省第九、十届政协常委	2003 年 1 月—2012 年 12 月
史铁尔	男	湖南省第九届政协委员	2003 年 1 月—2008 年 1 月
赵存凡	男	长沙市第十三、十四届人大常委	2007 年 12 月—2012 年 12 月
郑宏旺	男	长沙市第十届政协常委	2007 年 12 月—2012 年 12 月
李　枫	男	长沙市第十、十一届政协常委	2007 年 12 月—2012 年 12 月
张庆和	男	长沙市第十、十一届政协常委	2007 年 12 月—2012 年 12 月
何寄华	男	湖南省第十届政协委员、第十一届政协常委	2008 年 1 月—2012 年 12 月
刘志红	女	长沙市第十一届政协常委	2012 年 12 月—
陈迪夫	男	长沙市第十一届政协常委	2012 年 12 月—

第二节 代表大会

一、第十一次代表大会

1987年12月17—20日，民盟长沙市第十一次代表大会在湖南宾馆举行，参加大会代表115人。会议审议通过曾楚樵代表第九届委员会所作工作报告，选举产生民盟长沙市第十届委员会和出席民盟湖南省第八次代表大会代表，通过《关于认真学习中共十三大报告的决议》，大会选举产生民盟长沙市第十届委员会，选出委员30人和出席民盟湖南省第八次代表大会的长沙代表21人。会议期间召开第十届一次全体委员会议，选举陈志恪等17人为常务委员（以下简称“常委”），其中陈志恪任主任委员（以下简称“主委”），黄棣威等5人任副主委，任命吴承志任秘书长。

二、第十二次代表大会

1992年8月12—14日，民盟长沙市第十二次代表大会在湖南宾馆召开，出席大会代表108人，实际出席87人，代表全市825名盟员。会议审议通过吴承志代表第十届委员会所作工作报告和《政治决议》等文件，选举产生民盟长沙市第十一届委员会委员26人（空缺3人）和出席民盟湖南省第九次代表大会的长沙代表16人，并由第十一届一次全体委员会议选举李显模等10人为常委，其中李显模任主委，王彬文等2人任副主委，任命谭世延任秘书长。会议推选陈志恪为名誉主委，聘请邓树林、刘鼎初、张鹤皋、龚墨池、曾令衡、曾楚樵、谭福元为顾问。

三、第十三次代表大会

1996年8月7—10日，民盟长沙市第十三次代表大会在湖南宾馆召开，出席大会代表111人。会议学习邓小平建设中国特色社会主义理论和中共中央总书记江泽民《关于讲政治》的重要讲话以及民盟中央主席费孝通在七届中常会第十三次会议上的重要讲话精神，审议通过吴承志代表第十一届委员会所作工作报告，选举产生民盟长沙市第十二届委员会委员28人和出席民盟湖南省第十次代表大会的长沙代表，通过《政治决议》等文件，并由第十二届一次全体委员会议选举李显模等11人为常委，其中李显模任主委，谭世延等4人任副主委，谭世延兼任秘书长。会议推选陈志恪为名誉主委，聘请邓树林、刘鼎初、张鹤皋、龚墨池、曾令衡、曾楚樵、谭福元为顾问。

四、第十四次代表大会

2001年7月28—30日，民盟长沙市第十四次代表大会在长沙湖南宾馆举行，出席大会代表122人。会议审议谭世延代表第十二届委员会所作工作报告，选举产生民盟长沙市第十三届委员会25人和出席民盟湖南省第十一次代表大会的长沙代表26人，通过《政治决议》等文件，并由第十三届委员会第一次全体委员会议选举谭世延等9人为常委，其中谭世延任主委，吴承志等3人任副主委，谢兆岗任秘书长。会议推选陈志恪、李显模为名誉主委，聘请邓树林、刘鼎初、张鹤皋、龚墨池、曾令衡、曾楚樵、谭福元为顾问。

五、第十五次代表大会

2006年4月7—9日，民盟长沙市第十五次代表大会在湖南宾馆举行，出席大会代表134人。会议审议谭世延代表第十三届委员会所作工作报告，选举产生民盟长沙市第十四届委员会委员27人（空缺2名）和出席民盟湖南省第十二次代表大会的长沙代表26人，通过《政治决议》等文件，并由第十四届委员会第一次全体委员会议选举谭世延等11人为常委，其中谭世延任主委，郑宏旺等4人任副主委。

六、第十六次代表大会

2011 年 4 月 20—22 日，民盟长沙市第十六次代表大会在长沙枫林宾馆举行，出席大会代表 147 人，会议审议何寄华代表第十四届委员会所作《继承传统，奋发作为，不断开创长沙民盟工作新局面》的工作报告，选举产生民盟长沙市第十五届委员会 27 人和出席民盟湖南省第十三次代表大会代表 31 人，通过《政治决议》等文件，并由第十五届委员会第一次全体委员会议选举何寄华等 9 人为常委，其中何寄华任主委，刘志红等 4 人任副主委。

第三节 主要活动

一、参政议政

1988 年，围绕中共长沙市委、市政府的工作中心，服务长沙市发展的大局，关注民生，开展专题调研，向中共长沙市委、市政协提交调研报告。

1992 年，撰写的人大建议《一项紧迫的建议》提出后，市人大常委会、市政府召开专门会议研究解决南区新建居民区学生入学难的问题。是年，发动单位和学生家长给朝阳二村小学集资 1.05 万元，解决学校教室采光条件差的问题。

1993 年，在市政协全会提交的《急需解决小学到初中升学衔接中的梗阻问题》中的建议被长沙市教育委员会（以下简称“市教委”）采纳并实施。中共长沙市委组织的协商会上，提交的《对我市房改工作的几点意见》中的具体建议被采纳。

1995 年，提交的建议《协调关系，尽快建设铁路道口设施》被列为市人大常委会重点督办建议。

1997 年，在市政协大会上的发言《对青少年传统美德教育现状的调查与思考》得到时任市委书记的批示。是年，调查报告《办法总比困难多》被市长批示；提交《关于进一步加强各党派与政府部门对口联系的意见》，市长袁汉坤召开协调会研究解决有关问题。是年，各区的区工作委员会设立后，向区委、区政府、区政协提交调研报告、集体提案，盟员区人大代表和政协委员向区级人大、政协（以下简称“两会”）提交调研报告、建议、提案，《加快长沙市天心区旅游业发展的调查与建议》《关于打造芙蓉区中等职业教育品牌的建议》《关于雨花区失地农民安置模式的探索与实践》《优化整合教育资源，促进开福区教育公平再上台阶》《关于办岳麓区人民满意的学前教育的建议》等调研报告和建议、提案分别获区委、区政府、区政协的奖励。

1999 年，提交《加强市政府与各民主党派对口联系工作》，市政府采纳其中建议，印发《关于开展政府有关部门与各民主党派对口联系工作总结评比活动的通知》，在全市开展对口联系评比活动。

2000 年，与其他 6 个民主党派联合调研，提交《建立现代科教中心相适应的科技管理体制的调研和对策建议》，市领导作批示，市委办公厅以《市委通报》形式将其发至全市各区县级政府及市直各党群机关。是年，某单位准备在白沙古井岭上盖建高楼宿舍，古井面临地下水脉截断而变为枯井危险，民盟市委组织力量深入调研。2000 年 1 月，提交《关于进一步保护白沙古井，建设白沙井岭绿化广场的议案》，被市十一届人大三次会议确立为唯一的议案，省、市、区三级代表就该议案的办理工作组织专题视察，要求市政府有关部门加大办理力度和进度；市政府经专题会议研究，规划建设白沙古井公园。11 月，占地 1.12 公顷的白沙小游园开工建设。2001 年 10 月 1 日落成。

2002 年，提交的议案《关于尽快办好我市工读学校的议案》被市十一届人大五次会议主席团予以立案。2004年，一所崭新的工读学校在长沙县星沙镇开始招收学生。

2003年，牵头与其他6个党派联合提交的提案《加强动物源性食品安全和动物防疫工作的提案》得到采纳，市政府拨专款400万元建立动物防疫体系网络和购置瘦肉精检测仪器，该提案同时被市政府和市政协评为优秀提案。《要进一步重视宣传民主党派发挥重要作用》《支持产生出版物交易中心建设，推动我市民营文化发展》等集体提案被中共长沙市委评为优秀提案。

2004年，提交的论文《统筹解决好农民工子女城区入学问题的对策与建议》在民盟全国基础教育理论研讨会上获二等奖。

2005年初，密切关注市民饮用水安全问题，议案《关于对浏阳河株树桥水库水资源保护立法的建议》被市十二届人大三次会议主席团立案。年内，株树桥水库水资源保护立法工作启动，2005年10月26日，《长沙市株树桥水库饮用水水源保护条例》由长沙市第十二届人民代表大会常务委员会第二十三次会议通过，2005年11月28日，湖南省第十届人民代表大会常务委员会第十八次会议批准（2006年5月1日起施行）。

是年，提交《关于社区居民自治机制的健全与完善的调研和建议》，建议被市政府出台的政策文件采纳。

2006年，提交的《关于制定〈湖南省建筑工程造价管理条例〉的议案》被省十届人大四次会议主席团立案。市政协全会发言材料《理顺管理体系，规范运作模式，进一步完善我市政府采购工作》得到市委副书记、市长谭仲池批示。

2007年，在市政协全会的发言材料《强力推进社区环境治理，全力打造环境友好型长沙》被中共湖南省委常委、市委书记陈润儿，中共长沙市委副书记、市长谭仲池批示。

2008年，《关于加强我市社区环境污染治理的建议》《关于进一步完善我市义务教育“一费制”全免政策的建议》等8件提案被评为市政协优秀提案，《关于解决数字电视推广过程中存在的相关问题的建议》成为市政协主席重点督办提案。提案《关于建立健全对我市普通高中贫困生资助制度的建议》助推市本级财政投入500万余元用于资助贫困高中生；提案《关于进一步完善我市义务教育“一费制”全免政策的建议》被办理后，促进市本级财政投入数千万元用于长沙市义务教育“一费制”全免政策的落实。

2009年，在省政协十届二次会议上作《建设我省再生资源回收利用示范体系的建议》的发言；就长株潭城市群“两型社会”建设问题的发言，得到省长周强的肯定。市政协十届二次会议上，《关于加强城市管理，构建大城管格局的建议》被评为优秀提案，《关于进一步加强新农合工作的建议》被列为政协主席重点督办提案，《关于规范无证办园的建议》被评为优秀提案。《关于促进大学生就业》专题调研报告中的建议被市委、市政府5月26日出台的《关于促进全市普通高等学校毕业生就业的实施意见》采纳。完成市政协《浏阳河流域生态环境保护》的调研子课题《关于浏阳河水源地生态环境的保护与调研》，报告在总课题报告中被采纳。

2010年，提案《关于建立和完善我市政府购买公共服务机制的建议》获中共长沙市委副书记、常务副市长谢建辉，副市长姚永春批示。《关于设立专项经费扶植市直剧团建立常年演出机制的建议》引起政府重视，确立演出基地，并加强基地建设。全年完成6个调研课题，其中“城乡一体化发展背景下推进我市义务教育均衡发展的调研与建议”与“完善长沙市城乡一体化社会救助体系的建议”被长沙市社会科学院立项为重大研究课题。《推进长沙城市国际化进程中提质人居环境的对策与建议》调研报告中的观点和建议被市政协《提高长沙城市国际化水平调研报告》采纳。

2011 年，分别就政府购买公共服务、非公募基金发展和推进湖南省文化产业均衡发展等问题，接受《人民日报》等媒体的采访。提案《关于建立和完善我市政府购买公共服务机制的建议》《关于我市主动预防和化解行政争议的建议》《关于进城务工人员子女教育的几点建议》分别被市政协评为优秀提案。提案《关于进一步完善长沙市城乡一体化社会救助体系的建议》获中共长沙市委常委、副市长张迎龙批示。

2012 年，《关于尽快出台〈湖南省“两型社会”建设促进条例〉的建议》《关于进一步规范管理民办培训教育市场的建议》两份提案被媒体关注。提案《推进我市保障性住房建设及社会管理的建议》成为重点督办提案。市政协大会发言材料《推进保障房建设，实现困难群众的安居梦想》得到中共长沙市委常委、市委秘书长李军的批示。市政协十一届一次全会期间，两份大会发言材料分别得到中共湖南省委常委、长沙市委书记陈润儿和市委副书记、市长张剑飞的批示。《关于推进长沙保障性住房建设的提案》等 5 件提案被评为优秀提案。盟员刘志红被中共湖南省委统战部授予“2008—2011 年度参政议政先进个人”称号，盟员黄快生获湖南省“十二五”（2011—2015 年）规划建言献策一等奖、湖南黄炎培职业教育理论研究奖。制定《关于加强信息工作的暂行规定》，将信息工作制度化。

至 2012 年，向中共长沙市委、市政协提交调研报告约 40 份；在省、市、区三级人大、政协有盟员人大代表、政协委员 315 人次；在省、市人大常委会提交的议案中，有 4 件被立案；在各级人大和政协提交建议、提案 1800 余件，其中在市政协大会发言及联组建言献策会上发言 40 余次，提交集体提案近 100 份。被市政协评为重点督办提案、优秀提案 30 余件，在市政协大会的发言材料和提案中，得到市领导批示的 10 余件。报送的统战信息中，42 条被中央统战部采用，其中 3 条信息被国家领导人批示，10 余人获“统战信息工作先进个人”奖。《建议将医院用血成本纳入政府购买公共服务范畴》《建议对我国地震多发区域公用和民用建筑进行大规模抗震能力普查》《消除我市空调外挂机安全隐患的建议》等社情民意稿件被全国政协、省政协、市政协采用。《建议长沙市行政事业机关推行工间操制度》《建议规范学生托管中心》《对我市新农合工作的几点建议》等社情民意稿件获中共长沙市委、市政府、市政协领导批示。

二、民主监督

1990 年，长沙市贯彻落实《中共中央关于坚持和完善中国共产党领导的多党合作和政治协商制度的意见》（以下简称“中共中央 14 号文件”）精神，率先开展特约监督员工作，在中共长沙市委纪律检查委员会（以下简称“市纪委”）、长沙市公安局等部门开展特约员工作；1990 年，参加市人事局召开的座谈会，开始与政府部门共商大事。

1991 年，政府各职能部门陆续完成聘用特约（邀）员工作。民盟市委开展民主监督实践。建立与政府部门对口联系工作机制，参加部门民主评议、民主协商、行政执法监督等工作；注重特约员人才的发现、培养、使用和管理，建立特约（邀）人员履职档案，发挥特约人员的作用，使特约（邀）员的工作向规范化发展，履行民主监督职能。是年，与市经济委员会等 14 个部、委、办进行接触，对口联系工作启动。是年，两名盟员受聘分别担任市监察局特约监察员和市审计局特约审计员。

2002 年，与长沙市对口联系单位沟通，被授予“对口联系工作先进单位”称号。

2008 年，29 名盟员特约员对聘用单位的业务开展调研，对职能部门履职开展民主评议，提出评议意见，进行民主监督。

2009 年，修订完善《民盟长沙市委关于加强对口联系工作的意见》，并向各对口联系单位征求修改意见，与各对口联系单位形成良好互动。

2011年，市政协遴选部分委员为民主监督员，分小组委派至相关职能局，对政府职能部门进行民主监督。盟员中的市政协委员郑宏旺等被委派为民主监督员，他们参加相关部门的民主监督工作，就相关工作提出意见和建议。张庆和担任市住房保障局民主监督小组组长，该组的民主监督工作在评比中获优秀。

2012年，参加市教育局、市文化广播电视新闻出版局（以下简称“市文广新局”）等相关单位对口联系工作座谈会50余次，就廉政建设、教育、文化等方面工作发表意见。特约人员参加省、市、区有关重点工作的民主评议，就法治湖南建设、食品安全等问题提出评议意见。

三、参加政治协商

1990年，参加中共长沙市委组织的检查组，对贯彻落实《中共中央关于坚持和完善中国共产党领导的多党合作和政治协商制度的意见》的情况进行检查，肯定市教育委员会、市卫生局、市文化局的工作成绩，提出进一步落实的意见。2000年，对中共长沙市第十次党代会工作报告提出的意见《采取切实措施，使民主党派参政议政工作规范化、制度化》被中共长沙市委采纳并写进第十次党代会工作报告。

至2012年，参加中共长沙市、区两级党委、人大、政府、政协及相关政府部门举行的各类协商会议、视察、调研等活动2800余人次，分别就长沙市经济社会发展、体制制度改革、文化教育、城市建设、城乡统筹、交通、卫生、食品安全等重大问题进行协商，参与讨论长沙市“十一五”（2006—2010年）、“十二五”（2011—2015年）、“十三五”（2016—2020年）规划纲要征求意见稿及各级政府工作报告。民盟市委负责人参加《长沙市住房公积金管理条例》《长沙市城市道路交通秩序管理条例》等中共长沙市委、市人民政府准备出台的重要政策性文件的征求意见会以及重要人事任免的征求意见会，提出意见和建议。

四、社会服务

（一）办学育人。1987年起，民盟市委和部分基层组织兴办各类学校。是年10月18日，由长沙工艺美术专科学校负责主办的中国书画函授大学长沙分校在长沙市开学，学校由盟员李立任校长，采取函授、自学、辅之以面授、录像、书画观摩、笔会和经验交流等教学方法，聘请省、市书画名流担任教师，以培养品德高尚，具有大专水平的书画美术人才为目的。第一期学员182人。此外，长沙市部分中学的支部应社会的需要，利用业余时间和假期，办起各种学科的补习班、复习班和培训班。西区支部创办面向小学生的“腾飞业余学校”。民盟市委文教工作委员会委员朱子山主持长沙春秋进修大学工作。

1989年2月16日，接管原由一中支部和八中支部联合开办的旅游职业中专，专职副主委谭世延任校长，机关专职干部郑宏旺任常务副校长。并设旅游管理、旅游服务两个专业5个班，学生221人，开设22门课程。6月24日，学校改名为湖南旅游职业中等专业学校。1990年，学校由民盟市委与湖南省旅游局合办。

1991年，民盟市委办的湖南旅游职业中专第二届两个班71名学生毕业，获省教育委员会颁发的职业中专毕业证书，被省内外各涉外宾馆、旅行社录用。

1992年，湖南旅游职业中专获“湖南省社会力量办学先进单位”称号。

1993年，湖南旅游职业中专自筹资金新建学基地，并与省内及广东企业建立长期合作关系。

2001年11月，参加民盟中央召开的民盟办学工作会议，向大会提供交流材料《瞄准市场、发挥优势、办出学校特色》，介绍湖南旅游职业中专学校的办学经历和成绩。在长沙市第十次党代会期间，旅校29名学生担任参观长沙市政建设讲解工作。

图 6-2-3-1 盟员志愿者为社区大学授课
（摄于 2009 年，民盟长沙市委供图）

2002 年，湖南旅游职业中专 20 余名学生在长沙市科技大会上担任讲解员工作。是年，为适应教育改革新形势需要，按照省、市教育行政管理部门的要求，民盟市委加强湖南旅游职业中专学校规范化建设和管理，探索与其他社会力量联合办学的路子。

2010 年，与长沙市广播电视大学（以下简称“市电大”）共同组建长沙社区大学。3 月 19 日，“长沙社区大学民盟长沙市委社会服务点”在市电大顺星桥校区挂牌。4 月和 9 月，参加市电大主办的社区教育教学志愿者座谈会，听取长沙电大关于中共长沙市委加强社区教育工作的有关情况通报和前段社区教育成果的总结，听取盟员教学志愿者意见，并就进一步做好社区教育工作，服务市民教学需要，提出意见建议。盟员志愿者承担社区大学 80%以上的师资力量和教学任务，副主委刘志红等近 20 名盟员参加教学工作。至 2012 年，一直为社区大学提供师资力量。

（二）扶贫帮困

1.定点帮扶。从 2004 年开始，定点帮扶点浏阳市龙伏镇石江村。年底，到龙伏镇开展教育、文化、法律“三下乡”活动。2005 年 3 月，前往龙伏镇石江村就烟草种植、加强农村基础设施建设等进行调研，扶贫项目逐步落实。2006 年，向市政府提出《关于请求解决浏阳龙伏镇石江村道路硬化缺口资金的专项报告》，为石江村解决 5 万元的扶贫资金。2007 年，考察石江村，确定帮扶项目，向该村赠送价值数千元的腰鼓队全部物资装备，引导村民开展积极向上的健康文化娱乐活动，促进该村新农村建设。2008 年 6 月，与民盟省委联合争取专项经费 18 万元用于石江村的村部建设。民盟市委常委、湖南大学土木系教授卜良桃到石江村负责设计工作。2009 年，民盟省委和民盟市委共同筹资 50 万元支援石江村的农业产业技术研究项目；从市政府争取资金 10 万元，用于石江村的基础设施建设；10 月，主委何寄华到石江村实地调研，为石江村新农村建设解决困难。至 2012 年，定点帮扶工作仍在持续进展。

2.“烛光行动”。2005 年，援建农村贫困学校，开展“烛光行动”系列活动。7 月，向长沙县教育基金会青山铺镇办事处捐赠 4000 元奖励农村贫困学子。2007 年，向龙伏镇中心小学捐赠课桌椅和幻灯机，盟员教师为学校师生上美术公开课。2008 年，到浏阳希望中学开展扶贫支教活动，向学校赠送教学辅导资料及文具，走访 3 名困难学生并送 1700 元慰问金，盟员教师杨文盛为毕业班上地理公开课。盟员到宁乡捐赠 600 册图书给黄村中学。2008 年 5 月，向龙伏镇中心小学捐赠价值近万元的新课桌椅，盟员教师彭爱莲、田湘华等为师生上公开课。10 月，资助龙伏镇中心小学教师刘娟到湖南第一师范学校参加英语培训学习。11 月初，在市委的安排部署下，龙伏镇中心小学教师到天心区仰天湖小学听课学习并交流教学经验。2009 年，成立“烛光行动”专家顾问组，由长沙市教育局副局长李枫任组长，彭剑飞、孔春生、谭斌任副组长，领导、推动民盟市委的“烛光行动”工作。到浏阳市龙伏镇中心完小开展支教活动，赠送由十二中支部组织的课桌椅及新收录机等电教设备。盟员教师罗思、柳君分别为学生教授数学和语文课。2010 年，资助龙伏镇中心完小老师参加美术培训；盟员教师萧宗文、宋曦为龙伏镇中心完小师生上示范公开课；联络市教育局幼儿园为龙伏镇幼儿园捐赠幼儿读物，并为其提供园长、教师培训。2010—2012年，盟员谭斌、石建平、彭惜惜、周顺家为石江村考上大学的7个贫困生捐赠助学款4.7万元。2011年，盟内企业家以实地走访形式开展助学活动。2012年6月，盟内企业家将150套课桌椅送往龙伏中心完小，解决该校缺课桌椅的难题。

3.救灾助困。1990年8月，向果园乡中学捐赠图书4000册。1991年，全市盟员捐钱2200元，粮票1250千克，以及防寒衣物，支援湖南津市人民的抗洪斗争。1999年，在抗洪救灾活动中、机关、各基层单位及盟市委所属的湖南旅游职业中专、长沙光明建筑设计公司、华盟实业公司等捐款、捐物向灾区人民献爱心，年底，将4200余册图书和价值2000余元的电脑打印机及体育器材和现金捐赠给受灾的望城县丁字镇中学。2000年，盟员教师到丁字镇中学上示范课，开设讲座。2001年，向丁字镇中学捐赠黑板、收录机等教学器材。2003年6月，张家界市永定区遭受洪水灾害，全市盟员募捐衣物4869件，现金3270元，送到张家界市永定区尹家溪镇受灾群众手中，湖南经视等媒体播放捐赠实况。2003年，向农村贫困户和城市困难群众“送温暖、送爱心”活动，通过盟员捐献，向长沙市低保户、困难下岗职工捐资近2万元。2004年，开展“献爱心、送温暖”活动，发动民盟工商经济界人士和机关干部捐款2万余元，分别捐赠给芙蓉区部分特困户和部分特困盟员。在“抗击非典”期间，发动全市盟员募集捐款2.5万余元。2005年印度洋爆发海啸，全市盟员募捐救灾款1.02万元送交市红十字会。2005，参加全市爱心捐赠活动，到长沙县青山铺镇青洪村慰问困难村民。重阳节前夕，举行“九九同乐逛星城”活动，组织芙蓉区敬老院20余位老人参观长沙新貌，并赠送慰问品。2006年，7月，发出“我为湘南灾区献爱心”的募捐倡议书。9月，将2.7万余元捐款送到遭灾最严重的郴州市荷叶坪乡荷叶村灾民的手中。2008年1月，在南方的抗冰救灾活动中捐赠2.5万元；盟员义务清扫长沙火车站；发起为灾区捐赠活动，募得善款600元及衣物500余件（套）。在5月四川抗震救灾活动中，捐款4万余元（其中1.5万元通过民盟中央向灾区捐赠）。民盟市委常委卜良桃作为省内建筑结构加固改迁领域专家亲到地震灾区对灾情作现场评估，编写《汶川地震后重建中学建筑设计图例》《汶川地震后重建农村住宅设计图例》《地震灾后建筑鉴定加固技术指南国家标准》等书籍，支持抗震救灾工作；市政委员、盟员企业家彭奕为地震灾区捐款57万元。市政协委员、盟员企业家朱先德向地震灾区捐款20万元；长沙教育学院退休教师、盟员王祖裕向灾区捐款3000元“特殊盟费”。长沙民政学院民政系主任、盟员刘志红两次到地震灾区为特殊人群进行心理辅导，对死难者的家属进行抚慰。两次抵抗自然灾害活动中，长沙盟员向灾区捐赠近200万元。2010年4月14日青海玉树地震发生后，盟员捐款2.2万元。2011年，开展向长沙县第二福利院“送温暖”和向宁乡檀树小学“送温暖、献爱心”活动；参与区政协文教卫组对第七中学贫困优秀学生的资助；盟员企业家许朝辉、谌湘葵为溆浦贫困学生、长沙县青水敬老院及残疾人进行资助。

（三）帮教工作。2009年开始，开展帮教工作。盟员孟繁英系长沙市人大代表、全国十大民间禁毒人士、中华慈善人物、义工明星，长期关注失足青年，热衷公益、慈善事业。她所创办的孟妈妈青少年保护家园（以下简称“青护园”）是以青少年为服务对象、义务服务为手段，通过爱心奉献确保青少年健康成长为目的的公益性社会服务机构。2009年年底，民盟市委社会服务点在青护园挂牌。民盟市委依托该服务点，联合举办青少年帮教活动。2011年，参加并与青护园联合举办帮教活动5次。3月，参加妈妈禁毒联盟的启动及授牌仪式。6月，参加禁毒联盟“蓝结”行动之万人手语表演活动。8月，与青护园联合举办在长沙市第二看守所举行的“法制育人、真情帮教”活动。9月，与青护园联合举办在湖南省未成年人犯管教所举行的“鸿雁传情、真情帮教”活动。11月，民盟中央副主席李重庵还亲临孟妈妈青护园考察社区服务及帮教工作。2012 年，与青护园共同合作举办的帮教活动约 10 次。

（四）科技咨询。1984 年 10 月，成立以离退休盟员建筑工程师为主体的光明建筑设计事务所。事务所拥有 30 名工程技术人员，到 1987 年 9 月止，承担 400 余项工程的设计任务，95%以上是小型工程。1987 年 1 月，成立以民盟工业科技支部为主体的光明科技咨询服务部，发挥智力优势从事科技咨询服务。

1987 年，光明建筑事务所完成设计任务 85 项；光明科技咨询服务部开展机械、化工、电器、汽车、纺织、园林等方面的科技咨询设计服务。承担隆回县造纸厂 1880 纸机更新改造可行性研究任务，解决该厂生产卷烟纸的技术问题。

1992 年，所属企业湘海技术工程公司推出具有国内先进技术水平的电子直流焊机，被列入国家科学技术委员会星火计划项目，在香港订货会上，与港商签订购买 400 台的订货合同。11 月，与加拿大阿尔伯富林公司签订成立加湘合资有限公司的意向书。

1993 年，新办 3 家企业。是年，盟属企业有 6 家。5 月，以长沙县梅花乡为联系点，与市政协组织市内医卫、教育专家学者 7 人，在梅花乡义诊 120 余名病员，向全乡中小学教师进行教育理论讲座。1994 年后，不再开展“科技咨询”社会服务活动。

五、学习宣传

1988 年起，非公有制经济盟员、文化演艺界盟员开展专题学习。基层干部把学习笔记和学习情况详细向支部盟员作汇报和传达，培训学习的效果和影响延伸到基层盟员。民盟市委除加强指导性外，出台量化考核细则，年初向基层发布《民盟长沙市委学习宣传工作实施意见》。

2003 年，牵头建成党派机关局域网，2006 年创建长沙民盟网站。

2009 年，盟员参加中共长沙市委组织的新中国成立 60 周年和多党合作制度确立 60 周年统战理论征文活动、市政协举办的“关于开展纪念人民政协成立 60 周年政协理论研讨征文”活动等。

2010 年，在民盟城市文化（南宁）论坛会上作《历史文化名城与传统文化精神传承思考》的发言。中标课题《新生代农民工融入城市与统战工作研究》的研究成果被省委统战部作为全国统战理论研究创新成果上报中央统战部。

2012 年，分别创建长沙民盟和民盟市委机关的即时通信网络群（QQ），扩版《长沙盟讯》，增设《快讯》，同时加强与各新闻媒体的联系，及时报道盟内报道盟内重大活动和重要会议。年内编发 4 期《长沙盟讯》，每月编印《工作简报》，根据时势需要，适时印发各种学习资料。

至 2012 年，制定《领导班子学习制度》等文件制度督促各级领导班子学习；发布《反分裂国家法》《多党合作知识读本》《〈中共中央关于进一步加强中国共产党领导的多党合作和政治协商制度建设的意见〉学习问答》等读本，为常委订阅《文史博览》《中国统一战线》，以领导班子的学习带动基层学习。为骨干盟员筹办学习班、培训班，提供到社院、党校和进修班学习的机会。

六、其他

1988 年 7 月，第一次统战理论研讨会召开，26 人参加会议，收到盟员论文 20 余篇。1990 年开始，骨干盟员、后备干部，选择有特色的教学地点，开展“赣州骨干班”“井冈山骨干班”“芷江培训班”等骨干盟员和后备干部培训。1993 年，建立健全中层以上干部、高级技术职称人员及后备干部队伍等全市盟员档案。1994 年，向中共长沙市委推荐 5 名县处级后备干部。2000 年，推荐 7 名中青年骨干盟员参加考试选拔厅局级和县处级干部的公开考试。2005 年，推荐 5 位年轻盟员作为县级后备干部人选。

2007 年开始，分 4 个阶段开展以坚持中国共产党的领导为核心，以坚定走中国特色社会主义道路为关键，以继承和发扬民盟老一辈与中共亲密合作、肝胆相照等优良传统为重点的学习教育活动。

2008 年，编写约 7 万字、300 余张珍贵照片，全方位展现长沙民盟工作及代表人物纪念册《长沙民盟 60 年》；征集并举办“长沙民盟 60 年”盟员书画作品展览；以庆祝长沙民盟组织建立 60 周年大会为中心，长沙电视台新闻频道连续推出 4 期反映“长沙民盟 60 年”专题报道节目。

2009 年 9 月，编辑出版《纪念多党合作制度确立 60 周年统战理论研讨会论文集》。是年，向中共市、区委统战部报送后备干部 61 名。2010 年，鼓励约 20 位盟员参加全市副县级领导干部公开选拔考试，4 人入围面试。

2011 年，将“同心同行”教育融入全年的重要工作之中。举办“同心同行——纪念中国共产党成立 90 周年和中国民主同盟成立 70 周年”报告会；选派盟员参加市统战系统“同心同行”演讲比赛。8—9 月，与南宁、郑州、昆明等省会城市联合举办庆祝中国共产党成立 90 周年和中国民主同盟成立 70 周年书画巡展。

2012 年，鼓励盟员参加全省科级干部公开竞争性选拔考试，其中 2 人通过笔试面试并进入考察。至 2012 年，推荐 6 人次任市（厅）级领导实职，20 人次任副县（处）级以上领导实职，其中，何寄华担任长沙市科技局局长（2004 年），为长沙市各民主党派及党外人士在市政府职能部门任正职的首例。此外，推荐黄荣华等 100 余人担任副科级以上领导实职。

第三章　中国民主建国会长沙市委员会

1988 年 7 月，中国民主建国会长沙市委员会（以下简称“民建长沙市委”）第八次代表大会召开，选举产生民建长沙市第八届委员会。创办会刊《长沙民建》（季刊）作为思想宣传的主阵地；组织会员理论学习以及对新会员和会员骨干进行培训，提高会员的参政议政能力。新会员均须参与为期一周的培训，学习相关的统战理论知识。是年，有基层支部 29 个，会员 510 人，成员以国有大中型企业中的中高层代表人士为主。1990 年起，逐年发展其他方面人士入会，逐渐完成以多种体制，特别是非公有经济体制中的中高层代表人士、新阶层代表人士为主的转变。

2000 年前，参政议政选题和调研主要靠各会员依据自身特点和兴趣，自主就所关注的社会问题进行选题和开展调查研究，形成调研报告或建议、提案；从 2000 年开始，围绕“市委出题、党派调研、部门落实”的调研模式，开展参政议政工作。同时，围绕“农业、农村、农民”（以下简称“三农”）专题开展调查研究，出系列产品，完成 15 个专题课题。践行民建中央“致富思源、回报社会”理念，引导、发动、组织会员参与社会服务工作。进社区，助学，助残，送图书、送法律、送岗位（以下简称“一进二助三送”）活动和 2005 年开始的“同心社区”建设，是社会服务品牌。其中由民建天心区工委打造的“白沙井同心社区”，得到民建中央主席陈昌智，中共湖南省委、长沙市委统战部的肯定。

2006 年开始，连续 6 年的统战信息被中共中央统战部、全国政协、民建中央采用。从 2007 年起，分别获民建湖南省委反映社情民意工作特等奖、一等奖等；统战信息报送的数量和质量一直居各党派前列，354 条社情民意被市级以上政协、统战部采用。

至 2012 年年底，向市政协提交调研报告 50 余份，集体提案 100 余份各级人大代表和政协委员向市、区县（市）人大和政协提交建议、提案1000余件。其中，被市政府或市政协评为重点督办提案5件；被评为优秀提案的20余件。基层支部发展到32个，会员增加到833人，新组建5个区工作委员会、6个专门工作委员会、2个联谊会。先后对58名骨干会员重点考察，其中6人进入长沙市委组织部县处级后备干部人才储备库，先后有100余人次担任各级司法、人大、政协、政府等部门主要负责人，有近500人次担任各级人大代表、政协委员及各位特约人员。在市政协全会上发言及集体提案中得到市领导批示的26件，列为市政协一号提案的3件、区政协一号提案2件。

第一节　组织机构

一、市级组织

（一）市委会组成。民建长沙市委组织机构为民建长沙市委员会、常务委员会。1988年由25人组成第八届委员会，此后各届人数不变。第八届委员会设名誉主任一名。1992年第九届、1996年第十届委员会各设名誉副主任委员一名。此后各届不再设立名誉职务。

第八届委员会常务委员会由10人组成，其中主任委员1名，副主任委员4名，秘书长1名。此后各届主任委员、秘书长人数均循例不变。1992年九届常委会由9人组成，副主任委员3名（含1名专职副主任委员）。除十一届未设专职副主任委员外，其余各届均循例设专职副主任委员1名。1996年十届常委会由8人组成，设副主任委员4名，此后各届副主任委员人数循例不变。2001年十一届常委会由8人组成。2006年十二届常委会由10人组成。2011年十三届常委会由11人组成。

（二）专门工作委员会。1993年4月，妇女工作委员会率先成立。2002年10月，老龄工作委员会成立。2004年2月，参政议政委员会成立。2007年7月，企业工作委员会成立。2012年2月，法律工作委员会成立。6月，青年工作委员会成立。至年底，有6个专门工作委员会。

（三）区工作委员会。2002年5—12月，先后在天心区、芙蓉区、雨花区、开福区、岳麓区成立民建区工作委员会。至2012年无变化。

（四）市委会直属组织

1.企业家联谊会。1996年11月，民建企业家联谊会成立。会长彭庆光，副会长曹雅林。是年，建立民建企业家沙龙，不定期开展活动。2002年12月，联谊会换届，彭庆光任会长，陈益南等5人任副会长。2007年5月联谊会换届，彭庆光任会长，柳庆新等5人任副会长。2011年，通过组织搭建交流平台，加强理事联谊合作。2011年12月、联谊会换届，彭庆光任会长，柳庆新等3人任常务副会长，李正武等15人任副会长。

2.“三胞”亲友联谊会。1997年5月，民建“三胞”亲友联谊会成立。首届理事会常务理事由谢绍泉等9人组成，会长谢绍泉，副会长吕艳、苏可知。2003年4月，换届选举出7人为二届理事会常务理事，会长吕艳，副会长范令璋。2007年，联谊会换届选举，吕艳任会长，李斯奇等5人任副会长。2012年1月，联谊会换届选举，吕艳任会长，李斯奇等10人任副会长。

（五）工作机构。自1978年恢复组织活动后，与市工商联合署办公，“两块牌子、一套人马”。随着经济发展和改革开放不断深化，民建和工商联工作性质与工作对象发生变化，1989年年底，两家正式分开办公。民建市委机关设组织处、宣传处、秘书处，撤销原组织科、宣调科。机关编制为11人，实际工作人员10人。

1994 年，成立民建长沙市经济建设促进会。1997 年，被批准为事业单位，核定事业编制 4 人。

1998 年，机关内设办公室、组织部、宣传部加挂参政议政研究室 3 个职能科室。核定行政编制 10 人、事业编制 1 人，实际工作人员 11 人。

2003 年，在机关内实行“三定”（定人员、定岗位、定职责），定为机关办公室（加挂社会服务处）、组织处、宣传处（加挂参政议政处）3 个职能部门。核定行政编制 10 人、事业编制 1 人，实际工作人员 9人。

到 2012 年，机关编制有 11 人，实际工作人员 10 人。

1988—2012 年，先后担任中国民主建国会长沙市委员会主要领导职务的有：何祥、陈荣俊、段安娜（女）；其他领导班子成员有：戴焕章、方克猷、向荣旦、雷义才、王一柱、丁炳乾、彭继球、斯洪标、谢湘生、刘诗题、李丽雄（女）、张海岸、张晋一、石莉波（女）、张义杰、文端、柳迪敏、凌归归、胡洁非（女）、李久、彭庆光、李万安、王国瑞、柳庆新、陈为军、彭首志。

二、基层机构

1988 年，长沙市有 29 个民建基层支部。20 世纪 80 年代末，基层组织发展重点在国有大中型企业。于长沙纺织厂、正圆动力配件厂、长沙帆布厂、湖南橡胶厂等企业创建支部。

1989 年，组织建设工作侧重于金融界。成立民建工商银行支部、民建保险小组、民建东区城市信用社支部、民建西区城市信用社支部。为便于工作，是年 7 月，成立民建金融总支。

1995 年，随着非公有制经济会员不断增加，民建市委决定建立以非公有制经济会员为主体的基层支部，是年，民建女企业家支部和民建书刊企业家支部成立。1996 年 12 月，在会员相对集中的湖南省机械工业总公司成立民建湖南省机械工业总支。

1997 年，民建市委对原有 38 个支部进行调整，将 4 个行业相近的支部合并成 2 个支部，撤销民建副食品、百货等 9 个支部，重新组建 3 个综合性支部，部分老会员转为市会直接联系，有关两个总支随之撤销。调整后有支部 30 个。2002 年，为优化支部结构，民建市委再次对全市 30 个支部进行调整，撤销 7 个企业、行业支部，按会员所在区域建立 7 个综合支部，其中根据会员年龄特点组建 3 个老年支部，调整后全市仍为 30 个支部。

2000 年，民建湖南省中医学院支部 17 名会员依前转出。

2004 年 4 月，民建长沙市经济开发区支部成立。

2005 年 5 月，以民建湖南橡胶厂支部成员为主体在左家塘街道组建民建左家塘地区支部。这是民建市委成立的首个地域性综合支部，是民主党派基层组织与中共街道工委合作共事新形式的尝试。

2011 年 12 月，民建湖南友谊咨询集团公司支部成立，是省内第一个在民营企业成立民主党派的基层支部。

2012 年 4 月，民建高新技术开发区支部成立。至是年年底，民建市委有支部 32 个。

三、会员

1988 年，把组织发展重点放在湖南橡胶厂、长沙帆布厂、长沙市工商银行等国有大中型企业的中上层管理者、工程技术人员。如长沙纺织厂一次吸收 8 名会员，其中厂级干部 2 名、高工 3 名、中级职称 3 名；长沙正圆动力配件厂一次发展 10 名会员，其中高工 6 名、中级职称人员 3 名。

1988 年 11 月开始，尝试在非公有制企业发展会员，吸收长沙大光明灯饰厂厂长曹雅林等高学历的非公企业法人代表和高管人士入会。1992 年，开始逐步在非公经济和新社会阶层中吸收优秀人士入会。

1995 年，吸收 7 名非公有制书刊企业家入会。1996 年 6 月，加大力度在非公有制经济人士中发展会员。到 2012 年 12 月底，非公有制经济会员 319 名，占会员总数 36.8%。

2012 年，民建市委有会员 868 人，平均年龄 53.72 岁，其中年龄最高的 102 岁，最小的 24 岁；祖孙三代都参加民建的家庭有 3 个。

至 2012 年，民建会员先后有 2 人担任省参事室参事，4 人担任市政协副主席，担任区正局级、副局级职务和副区长职务各 2 人，担任副县长和担任街道正职各 1 人。1 人曾经担任全国人大代表，35 人次担任省人大代表和政协委员，157 人次担任市级人大代表及政协委员，201 人次担任区级人大代表和政协委员，69 人次担任市区各类特约人员，2 人担任市政协民主监督员，1 人担任市政府 8 件实事特约督察员。

表 6-3-1-1　　1988—2012 年民建长沙市委部分年份会员界别情况一览表　　单位：人

年份	公有经济	非公经济	高等教育普通教育	科学技术	医疗卫生	文艺新闻出版	政府机关	司法机关	党派机关	社会团体	其他	会员总数
1988	466	1	17	—	0	—	—	—	10	8	8	510
1992	449	3	16	—	44	—	—	—	—	—	30	542
1997	470	16	26	13	13	—	29	—	12	12	10	601
2001	446	33	26	6	16	—	28	4	11	13	3	586
2006	378	177	37	11	21	2	42	—	13	12	9	702
2012	365	319	46	11	15	5	68	4	13	15	7	868

第二节　代表大会

一、第八次代表大会

1988 年 7 月，民建市委第八次代表大会在省军区招待所召开。111 名代表代表全市 510 名会员出席会议。专职副主任委员（以下简称“副主委”）戴焕章代表第七届委员会作题为《团结起来、进一步解放思想，为深化改革发展生产力开拓前进》的工作报告。大会以差额选举的方式，选举产生民建长沙市第八届委员会，选出委员 25 人。大会推举彭绪坤为名誉主任委员，聘请黄曾甫、黄英士、徐汉安为顾问。会议决定成立民建长沙市会务推进委员会，黄英士任主任。会议期间召开八届一次全体委员会议，选举何祥等 10 人为常委，其中何祥任主任委员（以下简称“主委”），戴焕章等 4 人任副主任委员，丁炳乾任秘书长。

二、第九次代表大会

1992 年 2 月，民建市委第九次代表大会在麓山宾馆召开，86 名代表代表全市 539 名会员出席这次会议。专职副主委向荣旦代表第八届委员会向大会作题为《团结、务实、奋进、不断开创我会工作的新局面》的工作报告。大会采取等额选举的方式，选举产生民建长沙市委第九届委员会，选出委员 24 名。大会推举戴焕章为名誉副主任委员，聘请黄曾甫、黄英士、徐汉安、柳迪敏为顾问。会议期间召开九届一次全体委员会议，选举何祥等 9 人为常委，其中何祥任主委，向荣旦等 3 人任副主任委员，丁炳乾任秘书长（1994 年 11 月增补为副主任委员）。

三、第十次代表大会

1996年9月，民建市委第十次代表大会在湖南宾馆召开，95名代表代表全市588名会员出席会议。专职副主委丁炳乾代表第九届委员会作题为《弘扬“四爱”精神、发挥政党职能、为实现祖国跨世纪宏图而奋斗》的工作报告。大会采取举手方式选举产生民建长沙市委第十届委员会，选出委员23名。大会推举戴焕章为名誉副主任委员，聘请黄曾甫、黄英士、柳迪敏为顾问。会议期间召开十届一次全体委员会，选举何祥等8人为常委，其中何祥任主委，丁炳乾等3人任副主委，张晋一任秘书长。

四、第十一次代表大会

2001年9月，民建市委第十一次代表大会在枫林宾馆召开，96名会员代表代表全市586名会员出席大会。专职副主委丁炳乾代表第十届委员会向大会作《工作报告》。新会章规定，“担任中央委员会主席、副主席和地方委员会主任委员、副主任委员的人员，连续任期一般为两届，特殊情况下不超过三届”。在领导体制上，规定各级委员会的秘书长由同级常务委员会任命。大会采取等额选举方式选举产生民建长沙市第十一届委员会，选出委员23名。聘请黄英士、柳迪敏、黄刚直为顾问。会议期间召开十一届一次全体委员会议，选举陈荣俊等8人为常委，其中陈荣俊任主委、彭继球等3人任副主委，李丽雄任秘书长。

五、第十二次代表大会

图6-3-2-1 民建长沙市第十二次代表大会在枫林宾馆召开（摄于2006年，民建长沙市委供图）

2006年7月，民建市委第十二次代表大会在枫林宾馆召开，106名代表代表全市702名会员出席大会。主任委员（以下简称“主委”）陈荣俊代表第十一届委员会作题为《团结进取、务实创新、努力建设适应新时期要求的参政党》的工作报告。大会采取等额选举方式选举产生民建长沙市第十二届委员会，选出委员23名。会议期间召开十二届一次全体委员会议，选举李万安等10人为常委，其中段安娜任主委，彭继球（2007年4月辞去副主任委员职务）等4人任副主委，李丽雄任秘书长。

六、第十三次代表大会

2011年5月，民建市委第十三次代表大会在枫林宾馆召开，117名代表代表全市833名会员出席大会。大会通过主委段安娜代表第十二届委员会所作题为《切实加强自身建设，全力服务发展大局》的工作报告。大会采取等额选举方式选举产生民建长沙市第十三届市委员会，选出委员25名。会议期间召开十三届一次全体委员会议，选举李丽雄等11人为常委，其中段安娜任主委，李丽雄等4人任副主委，石莉波任秘书长。

第三节 主要活动

一、参政议政

1988年开始，全国人大代表、民建市委主委何祥连续3次在全国人大代表大会上提出《关于在宪法中明确规定“中国共产党领导的多党合作和政治协商制度”的建议》，终经全国人大八届一次会议通过，纳入宪法修正案，并在宪法序言中增加“中国共产党领导的多党合作和政治协商制度将长期存在和发展”这一政治内涵。在全国人大八届二次、三次全会上，何祥就《中华人民共和国教育法》《国家公务员制度》提出修改意见；另外关于“建立芷江受降城”的建议被采纳，芷江受降城成为爱国主义教育基地和旅游景点。

1989年，开展治理金融环境调查，撰写《治理金融环境、整顿金融秩序》调研报告，并在政协长沙市第六届二次会议上发言，就地下高利贷扰乱金融市场提出对策。9月，对11个大中型企业进行调研，撰写《关于长沙市十一个大中型企业经济情况的调查报告》，反映国企存在的问题。

1990年3—4月，参加中共长沙市委“落实中共中央《关于坚持和完善中国共产党领导的多党合作和政治协商制度的意见》精神”的督查团，检查促进长沙市基层统战工作。

1992年，《关于在长沙市进行股份制试点的设想》等3个提案被列为市政协六届五次全会上重点提案。是年5月，调查长沙市汽车工业，形成《抓住机遇，把轻型汽车工业生产搞上去》等两个调查报告，促使汽车集团公司组成。

1993年，在市政协七届二次会议上以《坚持中央金融改革政策，保障城市信用社的发展》为题作大会发言。

1995年，到街道、社区调研并撰写调研报告《关于我市居民生活必需品价格情况的调查和抑制物价过快上涨的建议》，报告通过对四口之家柴米油盐等基本开支列表反映，说明其月支出最低785.1元，月收入750元，入不敷出；提出抑制物价过快上涨，事关民生及社会稳定，政府应重视。调研报告编入中共长沙市委、市政府主编的《振兴长沙献计献策论文集》，被评为最佳论文。同年，市政协全会期间，参加“深化国有企业改革”专题座谈会，以《市国有企业将如何走出困境》为题作发言。

1996年8月，对长沙纺织厂等4个纺织工业企业的困难情况调研，并撰写调研报告《关于我市国有纺织企业困难情况的调查与建议》，建议政府采取有力措施，帮助企业化解历史包袱。

1997年，到长沙黄泥街书市调研，完成《规范发展书刊市场，促进两个文明建设》调研报告。报告建议政府规范市场管理，建立严谨管理机制；控制印刷行业，严厉打击经销黑户等。报告在市政协七届五次大会上作书面发言。会上时任中共湖南省委常委、长沙市委书记作批示。该调研报告对黄泥街书市搬迁、健全书刊市场管理体制、净化文化市场起推动作用。是年，对农贸市场深入调查，发现农贸市场多头介入，管理各自为政，以路为市、以街为市、以街为集的现象严重。据此，撰写《规范农贸市场，创建文明城市》调研报告，对规范农贸市场建设提出改进措施，被中共长沙市委、市政府采纳。

1998年，在管理民营企业方面深入调研后发现收费管理体制不顺，受部门利益和地区保护主义影响，导致收费项目多，体系乱、标准高，严重制约个体、私营经济发展，遂以《依法规范收费，促进私营经济发展》为题，就促进长沙的经济发展写出调研报告，提交市政协八届一次会议，报告针对治乱、清费、减负等方面阐明对策，获常务副市长谭仲池批示转市物价局研究办理。随后，副市长张玮玦主持召开市卫生系统专题座谈会，要求各区（县）严格按照《中华人民共和国价格法》的标准收费。中共长沙市委、市政府职能部门加大力度查处，取消如城市人口增容费等33个收费项目，减轻民企负担2亿余元。市政协八届二次全会上，《依法规范收费，促进私营经济发展》被评为优秀提案。是年起，连续2年就风险投资和高新技术产权交易等问题提交提案，促成《长沙市技术交易管理暂行办法》的出台和长沙市技术产权交易所的成立。

1999 年，就建设黄兴路商业步行街的课题，开展调研并形成专题调研报告，市人大及市政协全会期间，民建市委为主，26 名代表联名以该调研报告为基础，在市人大全会上提交建议《装点黄兴南路，焕发名街英姿》和在市政协全会上提交相应提案。中共长沙市委、市政府在长沙市国民经济和社会发展“十五”（2001—2005 年）纲要有关内容中予以采纳。年终，该建议和提案分别被评为市政协优秀提案、市人大优秀建议。

2000 年，考察后写出《提升楚汉名城品位，发展旅游支柱产业》调研报告。提出长沙市名胜古迹多，特别是红色景点多，政府应加大投入，提升品位，打造楚汉名城旅游名片，以带动第三产业。市委书记梅克保对报告作批示，促成贾谊故居、太平街以及其他文物古迹抢救性保护修缮。同年，在市政协八届三次全会上，提出《强制推广使用“商品混凝土”，解决城市环境综合治理及杜绝豆腐渣工程》提案被评为优秀提案。提案所提建议促成出台《长沙市商品混凝土和管理规定》。

2002 年，围绕加强长沙市社会保障体系建设课题，对 5 个社区走访调查，写出调研报告《长沙市社会保障体系建设现状与对策》。建议广开门路，不断拓宽社保资金的筹集渠道；因地制宜，将社会保险基金互联资本市场；加大政府财政投入，解决欠费数额庞大等问题。报告经进一步修改完善后，作为集体提案提交市政协，被市政协九届一次全会评为优秀提案。

2003 年，围绕扶贫工作，对全市城镇居民困难人口调研。是年 5 月底，全市处最低生活保障线上人口 11.82 万，主要为下岗、失业、无业及退休人员，针对这些人的生活存在入不敷出、住房条件差、就医状况堪忧、教育费用难以保障等现象，提交《关于长沙市城镇贫困人口现状和建议》，被市政府评为优秀调研报告，被市政协评为优秀提案；对长沙市原工商业者中多位民建老会员及其遗孀生活困难情况走访摸底，向市政府提出《关于落实中央四部精神解决原工商业者生活困难的建议》，市政府即于是年纳入财政预算；黄兴路步行街旁白果园程潜故宅及《湘江评论》印刷厂旧址面临旧城改造拆迁，民建市委上呈《关于保护好白果园老城区的建议》被采纳，并作为政府提质改造太平街、三兴街等参考；《关于加快发展我市知识密集型服务业的建议》《关于优化火车站南站公共交通的建议》被市人大十三届三次全会列为重点督办建议；提交的《“执行难”法院自身原因剖析及执行工作建议》《关于加大整治力度，改善城市管理的建议》被市政协列为“重点督办提案”。同年，提交的《关于大力推进就业和再就业工程》《建议迅速将省级文物保护单位——北津城纳入城市建设整体规划》提案均被区政协评为优秀提案。

2004 年，围绕中共长沙市委、市政府关于提高农业综合生产能力，促进农民收入持续增长的工作中心，提交《关于发展我市农产品加工业的建议》，指出长沙市在农产品加工业存在资源与产出结构失衡、农产品加工业发展落后于城乡居民消费增长、农产品出口创汇尚未走出困境 3 个突出问题。提出“推进产业集聚，建设农产品加工三大集群”“实施品牌创新、壮大龙头企业”“加大农产品加工业科技创新与农产品加工业发展投融资力度”等 8 项建议。报告作为市政协九届三次全会发言材料，于会后转化集体提案提交，并被列为 1 号提案，在《长沙晚报》全文刊登。中共长沙市委领导批示后，市政府随即召开专题会议研究，制定《关于加快我市农产品加工业发展的意见》。是年，湖南民政学院拓址，石马铺公墓拆迁，可能导致群体事件，民建市委向市政府反映，制止事件发生；《兴工强区确保区域经济持续发展》提案在区政协全会发言。

2005 年，围绕城市迅速扩容征地，农民安置矛盾日趋突出问题。民建市委作专题调研后，撰写调研报告《关于妥善解决我市城郊征地拆迁中有关失地农民安置问题的建议》。报告提出设立“城郊征地拆迁安置监察协调中心”，规范拆迁行为、做好失地农民的安置和补偿工作、重视失地农民的就业和发展 3 条建议，促成长沙市征地拆迁中有关补偿等政策进一步调整和完善；对城区5个社区进行调研后撰写集体提案《关于加强我市城市社区建设的建议》，就强化社区公共职能方面提出准确定位社区职能、理顺社区管理体制、扶持社区建设、提高社区队伍素质4点建议。提案中所提建议获采纳，被写进全市社区工作会议文件并被市政协九届三次全会评为优秀提案；撰写《加速发展高科技农业，优化实现长沙农业产业化》《长沙市农民收入增长走势与对策》《提高农民进入市场的组织化程度，促进我市农业产业化发展》等参政议政文章，皆围绕“三农”问题；《认真贯彻行政许可法，加强依法行政和依法治区确保天心区社会经济稳定持续健康发展》提案被天心区政协评为优秀提案；《湖南一力物流园招商引资成功经验浅探》的调研报告获天心区民主党派参政议政调研成果奖；《关于对我区建筑业的调研报告》分别获雨花区委、区政府颁发的民主党派调研成果三等奖。

2000—2006年，围绕农业产业化发展、农产品加工、农民进入市场组织化程度、农民增收等问题进行专题调研，完成15个“三农”专题调研课题，形成系列调研报告供决策部门参考。

2006年，针对城市建设中失地农民生活现状问题开展调查研究，撰写《关于我市失地农民生活保障制度建设的建议》调研报告，并转成提案，在市政协第五次全会上作发言；提交《关于采取综合措施逐步解决群众“看病难”“看病贵”的建议》，被列为市政协“重点督办提案”；提案《加强区少年宫建设，创建青少年校外活动基地》被区政协列为一号提案；《关于强化岳麓区二项地税税源征管的建议》在岳麓区政协全会发言。

2007年，撰写集体提案《关于缩小我市居民收入差距的几点建议》《完善再生资源回收体系，促进再生资源产业化发展》《我市现代农业发展的现状及对策和建议》《关于鼓励国有企业支持新农村建设的建议》，提交市政协全会。此前连续3年关注解决长沙师范学院等3所高校到中南大学湘雅一医院乘公交车难的问题，市政协副主席李克俭督办，促成503公交线路开通。是年，《支持长沙金霞经济开发区发展，加快城北建设步伐》的建议获长沙市各民主党派调研成果一等奖；《关于岳麓山风景名胜区发展战略的调研》报告省政协评为三等奖。同年，提出《认真贯彻行政许可法，规范政府职能部门收费行为的建议》，促成相关部门清理整顿不合理收费；经多次走访政府职能部门及交警、司机，查阅文献、实地观察提出的《关于在万家丽路修建城市快车道的建议》，得到市规划局采纳，列入长沙市重点建设规划，为缓解市区交通拥堵发挥作用。

2008年，围绕大力发展现代农业问题，所提《关于加快发展我市现代农业的建议》被市政协列为一号提案。根据市委、市政府、市政协年初提出的重点调研课题和市委统战部关于“新型城市化建议”的联合调研课题，结合自身优势，研究确定《改革二元体制结构，推进城乡一体化建设的建议》以及《关于加快我市农产品现代物流业建设的建议》重点调研课题，分别向中共长沙市委、市政府汇报，同时将转化为提案提交市政协十届二次全会。是年，《关于加强陈家湖地区综合治理工作的建议》被开福区政协评为优秀提案。

2009年，为配合小额贷款公司试点工作，形成《长沙市小额贷款公司发展现状与建议》《进一步加强长沙市中小企业发展法制环境建设的建议》2个提案。前者得到中共长沙市委书记陈润儿批示“民建市委的建议对推进长沙金融创新有借鉴和探索价值”。后者获副市长何寄华批示，并被市政协评为优秀提案（2012年，25家小额贷款公司挂牌开业，注册资本合计20.62亿元，覆盖高新区、经开区及所有区县（市），小额贷款公司贷款余额为17.13亿元）。是年，围绕农产品物流不畅的问题，采取典型调查和分群随机抽样调查2种方式进行调研。长沙、望城、浏阳、宁乡4县发放调查问卷200份，调查结果显示长沙市农产品物流诸多环节确实存在问题，提交的《关于加快发展我市农产品现代物流的建议》被列为市政协一号提案。历时3年在省人大及省政协全会期间提出“下调收视费，机顶盒进入市场，不由部门垄断经营”的建议，得到省长周强“‘不足处’由市政府财政补贴”的批示。其间还提出取消岳麓山风景区门票，停止建造“赫曦台”的建议，得到采纳落实。

2010年，针对长沙城乡一体化情况进行专题调研，提交《推进长沙城乡产业一体化的几点建议》《关于提高长沙城市经济国际化水平》的2份调研报告。《关于对区、县贪官侦查审判实行异地管辖》的建议，得到中共长沙市委常委、市委政法委书记虢正贵批示。

2011年，确定“长沙市中小企业发展法治环境建设”和“长沙市社会信用体系建设”2个重点调研课题，通过调研，形成报告，分别向中共长沙市委进行汇报并在市政协十届六次全会作大会发言。《关于推进城乡产业一体化的几点建议》被市政协评为优秀集体提案，市政协委员张治梧《关于明确有关部门职责，加强学生托管机构监管的建议》被市政协评为优秀个人提案。市政协委员江跃龙所撰写的《关于加快发展农产品现代物流的建议》获省委“三问”活动一等奖，《加强我市工业遗产保护的力度》获“长沙市城市总体规划公示金点子”奖，《“十二五”时期调整我省工业产业结构的建议》获湖南省发改委“优秀建言献策”奖。

2012年，围绕“两型社会”建设中心工作，提交《“两型社会”建设和推进城乡一体化发展应高度重视发展现代都市农业》调研报告，所提6条建议均被中共长沙市委采纳，录入《长沙市推进改革城乡一体化发展工作纲要》文件。为响应《国务院关于鼓励和引导民间投资健康发展的若干意见》，对长沙市小额贷款公司的发展现状进行调研，提交《长沙市小额贷款公司发展现状与建议》，通过对长沙市涉农企业在科技创新方面作比较全面了解，总结好的典型和经验加以推广，提交《关于“提高以涉农企业为主体的我市农业科技创新水平”的建议》。是年，《关于利用公益性岗位安排就业困难人员的建议》的提案被芙蓉区政协列为一号提案。

二、民主监督和参加政治协商

（一）民主监督。1988年，基层单位和部门党组织邀请民建基层支部成员参加对话会、座谈会，讨论建立健全协商监督制度。这一做法成为常例，仅参与人数和部门调整稍有差异。为适应“治理、整顿”工作需要，12月成立举报中心，为廉政建设出力。1989年，副主委、省人大代表王一柱作为湖南省人大常委会清理整顿公司领导小组成员，参与治理整顿工作。

1990年起，会员陆续担任特约“监察员”“检察员”“教育督导员”“审计员”（以下简称“四员”）。1995年，会员中有15人担任特约“四员”，系人数较多的一年。此后，都有成为人大代表和政协委员的民建会员人数不等地担任特约“四员”。

1996年，全国人大代表、民建市委主任委员何祥，在审议“两院”工作报告时，就《中华人民共和国刑事诉讼法》修正案和反腐败监督力度问题作大会发言，提出建议和对策。

1998年，在参加由市人大常委会组织的对市检察院工作评议活动中，就长沙市反贪工作的评议发言载于《长沙人大》。

2001年，在打黑扫黄的民主监督中，民建市委何祥参与个案监督。

2002年，按例参加中共长沙市委、市政府召开的各种协商会、座谈会，对治市方略提出意见和建议，在全市召开的听证会上，对相关问题激烈谏言。是年8月，《新形势下民主监督若干问题的探讨》获“省委统战部优秀论文奖”，是全省各民主党派唯一上台宣读的论文。

2003 年，21 名会员担任特约监督员。

2005 年，会员发挥特约员作用，参与民主监督。各级特约员、监督员参加各种评议活动 40 余人次。

2008 年，民建长沙市委常委、湖南省人大代表彭庆光任长沙市检察院特约检察员，就有关部门受到利益驱动，毁林修建收费的人造景观，岳麓山原生态林木毁坏严重，连续 3 年在省人大会议上提出《关于取消岳麓山风景区门票收费的建议》，先后 3 次陪同市人大联工委和市政府有关部门领导与市园林局协调，并写信给市长张剑飞。经中共长沙市委书记陈润儿直接过问，有关部门立即停止毁林建造“赫曦台”景观，取消岳麓山风景区门票收费。

2010—2011 年，4 次到宁乡双凫铺镇考察，与国土厅、环保厅、公安厅、省工商局等主管单位前往所涉企业会商、监督，将 3 个扰民采石场彻底关闭。

2011—2012，会员孙光贵担任长沙县城管局特约行风评议员。

（二）参加政治协商。1988 年，应中共湖南省委、长沙市委和省、市统战部邀请，参加各种民主协商会，对长沙的体制改革，制定规划，落实统战政策等方面提出建设性意见。此后成为每年常例。

1991 年，循例参加中共长沙市委、市人大常委会、市政府召开的各种协商会、座谈会，就人事安排、十年规划、“八五”计划、科技兴湘、社会治安等工作发表意见。为把民主监督落到实处，民建市委与市财贸委员会、市对外经济贸易委员会、市经济委员会、市人事局、市商业局、市物价局、市审计局、市监察局等部门建立对口联系关系。

1996 年，参加中共长沙市第九次党代会工作报告讨论稿座谈会，就长沙市“九五”（1996—2000 年）计划战略问题，提出建议补充“依法治市”的重要内容。

2000 年初，在参加“长沙市中长期发展战略”专家座谈会上，从经济、法律的角度，提出意见，获中共长沙市委领导的肯定；参加“关于长沙市国民经济和社会发展‘十五’发展规划纲要”报告会上，提出“发挥历史名城优势，培育长沙旅游业成为支柱产业”。

2002—2007 年，推荐 6 名会员进入中共长沙市委组织部县处级后备干部人才储备库。

2007 年，4 次参加中共长沙市委、市政府组织的关于人士安排协商和关于政府工作报告协商。

2010 年，参与市“十五”（2001—2005 年）计划制订的协商工作，参与各种民主评议工作。

至 2012 年年底，参加市委、市政府各类协商会、座谈会和情况通报会 1000 余人次。

三、社会服务

（一）经济建设。1991 年，开展“质量品种效益年”活动。年初出台活动方案，要求各企业支部根据自身特点为本企业发展、为长沙市经济腾飞献计出力。成立以常务副主委为组长的“活动领导小组”，21 名在职会员根据自身岗位特点写出“个人活动计划”，2 月底活动全面铺开。工程师曾宪忠的建议被采纳后，车间废品率由 16%下降到 12%，产品合格率超过 96%，减少损失 50 万余元。曾宪忠在活动中提建议 57 条，37 条被采纳，为企业创收 200 万元。会员杨睿研制的镀络废液回收新工艺为全国首创，获发明专利。民建长沙电机厂支部注意发挥组织的整体作用，全体会员围绕企业经营目标提出 20 余条建议全部被采纳实施，减少损失增加收入百万余元；支部副主任邹楚池跟踪发现 6 台电机嵌错线，要求有关科室禁止出厂，挽回损失 4 万余元。其余每个支部因具体情况差异都尽量使“质量品种效益年”活动成果最大化。民建湖南建湘瓷厂支部 9 人提出 13 条建议，10 条被采纳；民建东区、西区两信用社会员使年利润增长 20%；长沙市食杂果品公司物价科长周炳凡针对火车站租赁商场管理混乱采取多项措施，一年为公司增收 56.6 万元，增加税收 15.7 万元，会员曾传智研制的 1.66 瓦防爆净化柴油机。是年，会员提建议304条，116条被采纳；技术改造、新产品开发74项；培训各类人才5145人。“质量品种效益年”活动增加可计算经济效益800.72万元，中共长沙市委统战部专门编印《长沙民建开展为“质量品种效益年”献计出力活动》简报。

1992年4月，牵头联合省机械进出口公司等10家单位，在全国首创组建长沙市第一家规范化股份制企业“湖南长沙湘发房地产股份有限公司”，注册资金1000万元。

2005年，在“非公经济代表人士工作会议”上作经验介绍；张海岸等8位会员被民建湖南省委授予“我为富民强省作贡献先进个人”。

2007年起，社会服务重心向会员倾斜。引导会员服务农村建设，会员投资3.6亿元在长沙县、望城县、邵阳、华容等地农村投资办厂。会员张俊杰所在湖南宇田农业股份公司为长沙县春华镇流转土地66.67余公顷，投资1000万余元，兴建农田水利和基础设施，建成长沙市一流的现代农业示范基地。会员柳庆新在岳阳华容县投资3000万余元，新建无纺布生产基地，带动当地棉花种植业发展，促进农民增收，艾格森科技有限公司从2008年起连续3年被评为“利税过千万企业”。

2007—2012年，走访会员所在企业85家，召开座谈会12次；邀请市经济委员会领导授课，帮助企业分析目前状况、共寻应对良策；利用民建企业家联谊会，为会员牵线搭桥、互通信息、共享资源，抱团取暖，共渡难关；会员参加民建中央举办的“非公经济论坛”，提升管理水平；为会员企业搭建融资平台，15家会员企业获融资5000万元。会员企业无一家因金融危机而停止生产和倒闭，无一家因金融危机而裁员和减发员工工资。

2012年，市政协布置各界别开展“委员活动周”，民建市委开展“创业富民”系列活动：举办就业政策宣讲报告会，邀请市就业局领导为企业家会员宣讲用工政策；举行“民建市委帮扶大学生创业工程启动仪式”，以会员企业牵头，通过设立经营门店、提供岗位与前期启动资金的方式，帮扶大学生创业；民建会员中的市政协委员到定王台书刊市场实地调研，为定王台书市提质改造出谋划策。这些活动均在长沙电视台“政协之声”栏目予以报道。

（二）公益事业。1988年，创办长建工商技术服务公司，开展社会咨询服务。

1992年，利用会员中“三胞”关系较多的优势，引荐台湾中医界人士到湖南中医学院进修80余人次，获赠传真机5台，创汇4万美金；促成首次“中国海峡两岸邮票展”及马王堆西汉出土文物到台湾展出。是年，邀请中医孙光荣举行老年保健知识讲座。

图6-3-3-1 举行“情系灾区赈灾募捐”暨“思源工程”启动仪式（摄于2006年，民建长沙市委供图）

1994年，长沙遭遇水灾，会员罗奇所在的长沙四维公司捐资8万元开展大型义演，慰问驻湘抗洪官兵。

1996年，企业家联谊会出资8万元抗洪救灾。同年，会员黄曾甫等发起“十万春联迎新春”大赛活动，中央、省、市报刊、电台进行报道。会员范令璋编印抗日歌集《中华魂》

5 万册，分赠附近学校。

2002 年，将宁乡枫木桥乡定为“三农服务点”，开展智力扶助，邀请农业专家、会内企业家到枫木桥乡实地考察，为其制定《宁乡县枫木桥乡全面建设小康社会规划草案（2004—2015 年）》，并协助实施。经 10 年努力，争取 8 万元资金解决卫生院医疗设施和中学饮用水问题；为 34 名困难家庭学生向宋庆龄福利基金湖南工作站申请，促成全免费参加“穷孩子义学班”就业技能培训，并推介就业；捐赠图书 3000 册帮助乡中学建立图书室，累计为枫木桥乡和宁乡流沙河乡筹集扶贫资金 22 万元，为两乡敬老院捐赠价值 10 万元物资。是年，由民建长沙企业家联谊会会长彭庆光牵头，在企业会员中募集资金，建立“民建长沙市扶贫帮困互助资金”，用于帮助会内特困会员，以及每年春节慰问民建会员中部分生活比较困难的原工商业者或其家属。自是年开始的 5 年时间里，民建会员为捐资助学、抗击“非典”、抗洪救灾等公益事业捐款捐物折合人民币 110 万元。

2003 年，长沙县副县长斯洪标等会员在抗击非典型 SARS 肺炎（以下简称“非典”）一线工作，其中，斯洪标被湖南省政府记“二等功”；会员彭庆光为抗击“非典”，向市政府捐赠 5 万元物资，并被民建中央评为“抗击非典优秀会员”。

2005 年，开展长沙市郊红色旅游活动；发出“学习‘八荣八耻’，树立社会主义荣辱观”倡议书；召开“纪念孙中山先生诞生 140 周年座谈会”等系列活动，其中雨花区一支部被民建中央评为全国先进支部，其长沙市雨花区社会福利中心被评为“全国百家杰出养老服务机构”。

2006 年，湘南发生洪涝灾害，民建市委以企业家联谊会为主体发起赈灾募捐，募集资金 10.9 万元，采购大米 25 吨、矿泉水 200 箱，满载 6 辆军车紧急送往资兴县灾区；天心区工委发动会员募集 6 万元物资送往耒阳灾民。是年，经开区支部选择长沙县江背镇江阴小学作为帮扶对象，捐助并引导资金 10 万余元改造水塔、厕所等基础设施。

是年起，各区工委在开展“党派进社区 服务促和谐”活动，为社区办实事。其中天心区工委与白沙井社区结对帮扶，每年春节对社区内 50 名生活困难户走访慰问；建立法律咨询站、请专家为社区市民学校上课；向社区“雷锋超市”捐赠价值 12 万元的物品。芙蓉区工委以湘湖社区作为长期联系点，建立法律援助站，每周派一名律师到社区开展法律咨询、法律援助，增强社区居民法制观念；帮助社区建立图书室。

2006 年 8 月，民建市委的 14 名会员到西藏那曲地区扶贫助学。

2008 年湖南发生特大冰灾后，率先发动会员捐款捐物 50 万元直接送往灾区。春节前夕民建企业家联谊会筹集 2 万元物资，冰天雪地中赶往宁乡流沙河敬老院慰问。2 月，在中共长沙市委、市政府“万名干部下基层，补损生产促发展”统一部署下，民建市委机关干部苏顺祥随市委统战部工作组到浏阳市官渡镇竹联村和永和镇石佳村连续工作 40 天。工作组围绕“灾后重建、恢复生产”中心任务，筹集资金 10 万元，组织村民补种、补栽苗木 1000 余株，送蔬菜、果树、肥料

图 6-3-3-2 民建长沙市企业家联谊会 14 名会员到西藏那曲地区扶贫助学。副会长周亦文捐建一所希望小学

（摄于 2006 年，民建长沙市委供图）

10吨，疏通渠道7千米，整修道路4千米，还多方筹集资金为4家倒房户住宅重建提供帮助。民建芙蓉区工委购置4000元树苗移植岳麓山，补救岳麓山因冰灾树木严重损毁。

“5·12”汶川大地震发生，民建市委募得9.6万元资金汇往灾区，并动员会员及会员企业为汶川大地震捐款捐物697万元。原工商业者、百岁老人梁文聪，独自步行2千米，将平时省俭攒下的1000元捐到民建市委，被民建中央评为“抗震救灾先进个人”。民建经开支部主任袁睿捐款2万元，并发动支部全体会员赈灾捐款，捐款20万余元居市会各支部之冠。在此次全国救助汶川灾区大行动中，6名会员被民建中央评为“抗震救灾先进个人”。

2010年，搭建银行与企业服务平台，为企业融资4000万元。其中民建长沙银行支部被民建中央评为“全国先进支部”。

至2011年，“民建长沙市扶贫帮困互助基金”募得13万余元资金，民建困难会员约120人次得到帮扶。是年，向民建中央中华思源工程扶贫基金会（扬帆工程）捐款13.8万元。会员彭庆光被民建中央评为“全国社会服务工作先进个人”。

2012年，组织白沙井社区20名残疾人士到韶山参观；联点共建的白沙井社区被评为省、市、区统战工作先进单位。

四、其他

（一）纪念及接待交流活动。1990年12月14日，中国民主建国会成立45周年、民建长沙市委成立40周年纪念大会在市建筑工人俱乐部召开，400余人参会。会议表彰民建湖南省先进单位和个人。其中民建长沙市有湖南建湘瓷厂、长沙电机厂、东区信用社3个支部被民建省委评为先进支部，魏绪翰等8人被评为优秀会员。

1995年，长沙民建成立45周年，民建市委开展23项庆祝活动。12月2日举行庆祝大会。会上8个先进支部、63名优秀会员受到表彰。还有其他22项庆祝活动，其中天心阁举办诗词吟唱会，岳麓诗社在《岳麓诗词》辟专栏刊载吟唱会作品，并向国内外发行；民建市委编印《光辉历程》一书，收录民建长沙市成立45周年内108名会员的先进事迹。

1997年，举办“民建地方组织五省七市（扩大）协作年会”，副市长罗特到会并介绍长沙市市政建设、经济发展、投资环境等情况；民建中央常委、全国知名学者黄关从作《搞活企业的思路与探索》专题讲座，民建会员及企业家百余人到会聆听。

2000年，民建长沙地方组织成立50周年庆祝大会上，表彰11个先进支部、60名优秀会员；编印《建言献策》专辑。

2005年，中国民主建国会成立60周年，民建长沙地方组织成立55周年，民建中央副主席王少阶，中共湖南省委常委、省统战部长石玉珍，省政协副主席王汀明等到会祝贺。大会对陈荣俊等5人记一等功，彭继球、斯洪标等21人记二等功，李丽雄、石莉波等29人记三等功；柳庆新被民建中央评为先进个人；民建长沙市雨花区一支部评为民建全国先进支部；民建长沙市芙蓉区二支部、长沙商业银行支部、长沙市岳麓区二支部评为民建湖南省先进支部，万宏黎等37人评为民建湖南省优秀会员。为庆祝长沙民建组织成立55周年，《长沙民建》以特刊形式记录下庆祝活动盛况。汇编《建言献策》一书，反映市民建5年来参政议政成果。

2010年5月1日—10月8日，民建市委举行成立60周年庆祝活动。中共长沙市委常委、统战部部长虢正贵致贺词，民建湖南省委主委龙国健讲话。会上表彰芙蓉区三支部等12个先进支部、天心区工委等3个先进集体、赵海东等42名优秀会务工作者、刘晓红等60名优秀会员、魏绪翰等10人获组织发展工作贡献奖。彭庆光、王德军被民建中央评为优秀会员、民建长沙银行支部被评为全国先进支部。除庆祝大会之外，还有主题征文、编辑《六十周年纪念册》、文艺会演、座谈会、体育比赛、出版特刊等8个纪念活动。其中，民建市委编印的《再创辉煌》画册，再现市民建60年来重大活动。

（二）会员培训。自1988年始，每年举办一期新会员学习班，请专家讲会史、统战理论知识；召集支委以上干部，每年举办一次大型学习报告会，邀请市委党校、国防科技大学教授等作专题报告；每两年召开一次支部负责人经验交流会。

自2002年始，每年市人大、市政协全会召开前都举办各级人大代表、政协委员培训班，请省、市人大常委会、政协相关部门负责人授课，同时研究确定调研课题及集体提案，并布置相应工作。

2005年，选送会员到省、市社会主义学院、党校和各种进修班学习；举办为期5天的青年骨干会员培训班；6月，支部主任35人参加湖北赤壁举行的基层支部工作培训班；7月，举办参政议政委员会成员、人大代表、政协委员、各类特约人员学习班，交流履职心得等。是年，建立骨干会员档案，对58名骨干会员重点考察，6名会员进入长沙市委组织部县处级后备干部人才储备库。

2007年9月，在留芳宾馆召开以做好民主党派政治交接、规范支部工作为主题的大型组织工作会议，支部委员以上会员参加，民建省、市委领导授课，6个基层组织代表在会上经验交流。

2009年，制定《民建长沙市委关于人大代表、政协委员履职情况考核办法》。

（三）办学兴教。1988年，由民建会员捐资筹办的长沙达益职业中等专业学校由民建市委归口管理。其后学校先后开设工业会计、幼师、工民建、护士、外贸等15个专业。

1991年，长沙达益职业中等专业学校投资2万元，开办侯家塘幼儿园，作为学校幼师专业实习基地。1996—1999年，学校连续4年为城步苗族自治县扶助贫困学生25人、重灾区学生6人。1999年，被民建中央评为全国社会办学“先进学校”。2000年6月，收并湖南中山幼师中专学校。2001年9月，收并湖南省红烛女子中专学校。2003年，岳麓区团委将达益学校团委纳入工作范围。办学22年培养毕业、结业学生近3万人。随着教育制度的改革，对民办学校的要求越来越高，学校不能适应新的改革发展要求，经2010年11月十二届十九次常委会会议研究决定，达益学校整体转让。

（四）理论学习。1988年5月，创办《长沙民建》季刊，每年编发4期。是年，民建市委召集部分人大代表、政协委员就怎样发挥民主党派在中国共产党领导的多党合作政治制度中的作用进行专题讨论，会后综合整理成文，全文刊载于《长沙统战》。

1989年初夏，开展思想教育工作，发动会员维护社会稳定，劝阻游行学生。7月1日，召开会员大会，传达中共中央十三届四中全会公报和中共中央领导重要讲话精神。是年11月，民建长潭两市企业支部思想政治工作经验交流会召开，会员达成坚持中国共产党领导，与企业党委风雨同舟、荣辱与共的共识。

1990年成立统战理论研究小组，此后每年开展相关理论研究。

1995年，举办新形势下民建的历史使命大型报告会，开展“关于新时期民建会员思想政治状况”调查，了解会员思想动态，撰写《近几年民建市委宣传工作回顾和改进思想宣传工作的设想》，在民建中央召开的全国思想政治工作会议上分发。

2002年，协助企业家联谊会建立民建企业家沙龙，创办《民建企业家》杂志。

2003年，要求各支部开展一次主题活动、写一篇学习心得、做一件关爱他人的好事、反映一条社情民意、提一条合理化建议（以下简称“五个一”）活动作为全年工作重点。“五个一”活动获民建湖南省委肯定并在全省推广。

2004 年，成立民建参政议政委员会。2005 年，会员集中学习《中共中央关于进一步加强和完善中国共产党领导的多党合作和政治协商制度建设》。组织会员重温《民建基本知识》，在各支部开展会章、会史知识学习和竞赛。

2007 年，围绕“关于在会开展政治交接学习教育活动的实施意见”这一课题，通过举办学习班和大型学习报告会、参加政治交接学习教育活动学习班等方式开展活动。

2009 年 12 月 8 日，举行各级人大代表、政协委员 50 名学员的培训会，邀请市政协提案委主任陈伟建讲座；副主委通报提案、议案工作情况。

2012 年，发布《关于开展学习十八大精神的通知》，就中共十八大精神每月安排专人讲课。常委中心学习小组带头学习，同时组织骨干会员参加由中共十八大代表张国庆主讲的“十八大精神宣讲报告会”。是年，创建长沙民建网站。

第四章　中国民主促进会长沙委员会

1988 年，长沙市中国民主促进会委员会（以下简称“民进”）会员 321 名，成员以从事教育文化工作的中高级知识分子为主，基层支部 31 个。

1989 年，民进市委将参政议政工作摆到重要位置，参政履职具有鲜明的行业特色，主要聚焦在文化、教育方面。1990 年起，逐年发展科技、经济、医卫等非教育界别有代表性人士入会；开始开展特约监察员、特约检察员、特约审计员、特约教育督导员（以下简称“特约四员”）工作，围绕社会热点、焦点问题实行监督检查工作及与政府部门开展对口联系工作。1992 年，组织会员进行统战理论学习和激发骨干会员参与统战理论研究热情成为民进市委建制性工作，多篇统战理论工作成果获中央统战部全国统战理论优秀奖和湖南省统战理论研究论文一等奖。

1997 年，民进市委自主就所关注的社会热点和难点问题进行选题和调查研究，形成调研报告或建议、提案；2000 年起，按照“党委出题、党派调研、政府采纳、部门落实”的调研模式，开展参政议政工作。围绕“农业、农村、农民”专题开展调查研究，完成 14 个调研成果。根据民进中央、省委会和中共长沙市委统战部的部署，民进市委发挥自身优势，内引外联拓宽渠道，积极投身社会服务工作，着力打造社会服务品牌。2006 年开始在宁乡县山园村开展省、市、县同心乡村三级共建，筹集资金数十万元用于帮助联点山园村继续改善村级面貌和基础设施建设；2008 年引进的“阅读·梦飞翔”项目，成为民进市委社会服务的新品牌。该项目在湖南相继投入 500 万余元，为湖南地区 12 个县（区）的农村学校建立 104 个图书室（图书角），400 余名品学兼优学生的奖励 37 万元，6000 余名农村学子直接受益。

2008—2012 年，民进市委多条统战信息被中共中央统战部、中国人民政治协商会议全国委员会（以下简称“全国政协”）、民进中央采用，其中一条受到国务院副总理回良玉批示，连续 4 年被市政协评为“社情民意工作先进单位”，连续 4 年在全市统战系统和六区三县 24 个报送单位中名列第一。

2012 年，长沙市有民进会员 856 名，基层支部 54 个，新组建 6 个区（县）工作委员会和 1

个直属工作委员会、7个专门工作委员会、1个联谊会。

至2012年，民进市委班子成员、基层组织负责人、会员中的各级人大代表、政协委员和各类特约人员参加中共长沙市委、市政府、市政协召开的民主协商会、政情通报会、市政协常委会、主席会以及民主评议和视察活动120次，参与讨论长沙市“十一五”（2006—2010年）、“十二五”（2011—2015年）规划纲要及各级政府工作报告，全市重大决策和重要人事安排协商，提出意见和建议近200条；提交大会发言材料13件，调研报告80份；集体提案96件，省、市人大代表提交建议、批评、意见180件，被列为人大议案的3件；省、市政协委员个人提案678件，多数获得采纳，并予以落实，为长沙社会经济发展做出贡献。

第一节 组织机构

一、市级组织

（一）市委会组成。1988年，民进长沙市第六届委员会26人，候补委员3人，其中，常务委员会由12人组成。1991年5月，增补一名秘书长。1992年，第七届委员会25人，其中，常委会由11人组成。1992年，增补一名市委委员。1996年，第八届委员会25人，其中，常委会由11人组成。2001年4月16日，免去秘书长职务，增补一名市委委员、常委、秘书长。2001年，第九届委员会25人，其中，常委会由11人组成，2002年3月25日，免去一名副主委职务。2006年，第十届委员会25人，其中，常务委员会由9人组成。2011年，第十一届委员会23人，其中，常务委员由11人组成。第七届、第八届委员会设名誉主任委员1名、名誉副主任委员1名。第九届、第十届委员会均设名誉主委1名。2011年11月，免去秘书长职务，增补一名市委委员、秘书长。

（二）专门工作委员会。1988年6月，民进市委有组织、文教、妇女、通讯、离退休、“三胞”、统战理论研究、参政议政研讨会和会史、会志、年鉴编审组9个工作组。1997年，民进市委将各工作组统一改为专门委员会，成立统战理论研究工作委员会、参政议政研讨会、社会服务工作委员会、组织工作委员会、妇女工作委员会、“三胞”工作委员会和老龄工作委员会。2012年11月25日，成立经济界人士联谊会。

（三）区工作委员会。2012年6—7月，在开福区、雨花区、天心区、岳麓区、芙蓉区成立民进区工作委员会和直属工作委员会。至年底，芙蓉区、天心区、雨花区工委有班子成员5人，岳麓区工委有班子成员4人，开福区工委有班子成员7人，直属工委有班子成员6人。区工委和直属工委班子成员由民进长沙市委会任命，工委委员主要由所在区各支部主任委员组成。

（四）工作机构。1988年，机关内设办公室、组织部、宣传部，人员编制10名，机关工作人员实有8名。

1998年，机关内设办公室、组织部、宣传部（参政议政研究室）3个职能科室。核定行政编制9人，事业编制1人，实际工作人员6人。

2003年，长沙市实施机构设置、人员编制调整，核定机关内设办公室（社会服务处）、组织处、宣传处（参政议政处）3个职能处室，人员编制10名，其中行政编制9名、事业编制1名，实际工作人员9人。至2012年年底，机关内设处室、编制、实际工作人员没有变化。

1988—2012年，先后担任中国民主促进会长沙市委员会主要领导职务的有：周仁济、陈丽明

（女）、周秋光、李平（女）；其他领导班子成员有：钟昌前、潘贵玉（女）、易润芝、张运胜、王德相、肖时俊、罗绍亮、朱立民、卢涛（女）、梁亿娜（女）、高智麟、张早平、邹国兴、李正元（女）、彭吟轩、肖舸（女）、李素娥（女）、彭凯琪、刘汉图、李仲涟、郭崇望、李盛朝、周千里、李俭源、罗政融（女）、李健（女）、杨海涛、李志伟、毕丽颖（女）、黄智、罗觉人、周海鱼、徐美辉（女）、程万谋、柳玉、孙中民、王彩玉（女）、夏莹（女）。

二、基层组织

1988 年，新成立长沙师范支部、市十四中支部、市十六中支部、市十八中支部、长铁一中支部、汽电子校支部、南区总支、西区总支一支部和离退休总支。是年，民进长沙市委有 31 个基层支部。1989 年 4 月成立民进宁乡县总支，下辖宁乡师范学校支部和宁乡教育第一支部。1992 年成立郊区总支。1993 年成立北区总支。1997 年市区划调整后，民进市委对 5 个区总支进行相应的更名和调整。 2001 年，民进长沙市委有雨花区总支、长郡中学支部等 12 个总支、支部完成换届工作，另有周南中学等 3 个支部进行增补和调整支委。是年，跨区域非公经济领域的会员成立综合总支部。2012 年 4 月在望城区成立支部。至 2012 年年底，民进长沙市委有 54 个基层支部。

三、会员

1988 年，长沙市有民进会员 321 人，会员平均年龄 50 岁，会员主体为教育、文化艺术、科技、经济、医卫等界别中有一定代表性的优秀知识分子。

1997 年，会员 508 人，女性会员 266 人，中高级职称以上会员 90.0%。46 名会员参加中央、省、市社院有关学习班学习。

2007 年，会员 720 人，平均年龄 53.6 岁，女性会员 406 人，中高级职称会员比例 89.4%。两名会员被推荐到副县级实职岗位。

2008 年，3 名会员担任相关部门实职领导，2 名会员担任市青联委员。

2010 年，一名会员被提拔为校长。

2012 年，民进长沙市委会员 856 人，平均年龄 53.7 岁，其中教育界会员 628 人，占会员总数的 73.4%，其他界别会员 228 人，占会员总数的 26.6%，具有高、中级职称的会员 721 人，占会员人数的 84.2%。一名会员被提拔到副处级领导岗位任职。

至 2012 年年底，会员中有 1000 余人次参加民进中央、中共省委统战部、省社会主义学院、民进省委、中共长沙市委统战部、市社会主义学院举办的会员骨干培训班。获全国、省、市各类奖励 300 人次，其中 52 人次获得全国奖励，85 人次获省级奖励，138 人次获市级奖励。其中，陈丽明获全国教育系统劳动模范称号和人民教师奖章；陶中石、黄祖琳等被民进中央评为全国民进先进会员；喻应龙被评为“民进全国社会服务工作先进个人”；卢涛获全国“教书育人”奖章；王诺克被评为全国优秀体育教师；谢文军获“中国百名杰出青年中医”提名奖；熊伟红获团中央“全国优秀少先队辅导员”称号；陈杏华获“和谐中国·2007 年度十大影响力人物”。

第二节　代表大会

一、第二次代表大会

1988 年 12 月 22—25 日，民进长沙市委第二次会员代表大会在湖南省军区招待所举行，出席代

图 6-4-2-1 民进市委第二次代表大会全体代表合影
（摄于 1988 年，民进长沙市委供图）

表 88 人。张运胜作题为《加强自身建设，振奋改革精神，努力适应新形势发展的要求》的工作报告；讨论新形势下民进市委的方针、任务和加强自身建设的问题；学习传达民进全国第六次代表大会精神；选举产生民进长沙市第六届委员会，委员 26 人，候补委员 3 人。会中召开第六届第一次全体会议，选举产生周仁济等 18 人组成的常务委员会，其中，周仁济任主任委员（以下简称“主委”），钟昌前等 5 人任副主委，另推举郭崇望、李仲涟任顾问。

二、第三次代表大会

1992 年 4 月 10—13 日，民进长沙市委第三次会员代表大会在长沙市留芳宾馆举行，出席代表 83 人。张运胜作题为《加强自身建设，发挥参政党的职能，努力开创我会工作的新局面》的工作报告；选举出席中国民主促进会湖南省第三次代表大会代表；选举产生民进长沙市第七届委员会，委员 24 人。会中召开第七届第一次全体会议，选举产生陈丽明（女）等 16 人组成的常务委员会。其中，陈丽明任主委，张运胜等 3 人任副主委，肖舸任秘书长，另推举周仁济任名誉主任委员，钟昌前任名誉副主任委员，李仲涟任顾问。

三、第四次代表大会

1996 年 12 月 28—30 日，民进长沙市委第四次会员代表大会在湖南宾馆举行，出席代表 95 人。会议学习中共中央十四届六中全会精神；张运胜代表第七届委员会作工作报告；选举出席民进湖南省第四次代表大会代表；选举产生民进长沙市第八届委员会，委员 24 人。会中召开第八届第一次全体会议，选举产生周秋光等 17 人组成的常务委员会。周秋光任主委，罗绍亮等 4 人任副主委；罗绍亮兼任秘书长，另推举陈丽明任名誉主任委员，钟昌前任名誉副主委，李仲涟、张运胜、肖时俊任顾问。

四、第五次代表大会

2001 年 4 月 28—30 日，民进长沙市委第五次会员代表大会在湖南宾馆举行，出席代表 94 人。罗绍亮代表第八届委员会作工作报告；选举出席民进湖南省第五次代表大会代表；选举产生民进长沙市第九届委员会，委员 24 人。会中召开第九届第一次全体会议，选举产生罗觉人等 16 人组成的常务委员会。其中，周秋光任主委，罗绍亮等 4 人任副主委，高智麟任秘书长，另推举陈丽明任名誉主委，李仲涟、张运胜、肖时俊、王德相任顾问。

五、第六次代表大会

2006 年 4 月 27—29 日，民进长沙市委第六次会员代表大会在湖南宾馆举行，出席代表 107 人。会议学习中共十六届五中全会精神和全国人大、政协会议（以下简称“两会”）精神；周秋光代表第九届委员会作题为《求真务实，开拓进取，为构建和谐长沙做出新贡献》的工作报告；选举出席民进湖南省第六次代表大会代表；选举产生民进长沙市第十届委员会，委员 23 人。会中召开第十届第一次全体会议，选举产生周海如等 14 人组成的常务委员会。其中，周秋光任主委，高智麟等 4 人任副主委，高智麟兼任秘书长，陈丽明任名誉主委，张运胜、肖时俊、王德相任顾问。

六、第七次代表大会

2011 年 6 月 15—16 日，民进长沙市委第七次会员代表大会在枫林宾馆举行，出席代表 116 人。会议学习中共中央、民进中央有关文件精神；周秋光代表第十届委员会作题为《立会为公，参政为民，为实现“十二五”发展目标做出新贡献》的工作报告；选举出席民进湖南省第七次代表大会代表；选举产生民进长沙市第十一届委员会，委员 23 人。会中召开第十一届第一次全体会议，选举产生孙中民等 16 人组成的常务委员会。其中，李平任主委，高智麟等 4 人任副主委，高智麟兼任秘书长。

第三节　主要活动

一、参政议政

（一）专题调研。1988 年，紧扣全市中心工作，为地方经济社会发展建言献策。由于会员大部分是教师，议政的范围具有鲜明的行业特色，主要聚焦在文化、教育方面。是年，成立以会内人大代表、政协委员为主体的参政议政研讨会，就教育经费开支、教师队伍建设、教育质量 3 方面写成调研报告交国家教育委员会。

1990 年，《论多党合作必须坚持共产党的领导》等 5 篇统战理论文章在民进湖南省委会务工作理论研讨会上宣读，被评为优秀论文，并在民进中南 6 省（区）会务工作研讨会上交流。是年 11 月，撰写的工作经验文章在民进湖南省基层单位民进与中共合作共事经验交流会上作交流。

1992—1995 年，调研后将成果转化为市政协大会发言和集体提案，成为建制性工作。1993 年，提交的《增强文化意识，改善交通秩序，加快长沙市城市建设》调研报告获中共长沙市委书记批示，并在 1994 年《长沙论坛》上全文刊登。提交的《整顿市场流通秩序，强化市场价格的调控管理》《振兴我市教育必须加强中小学队伍建设》《正确分析，妥善解决我市中小学“择校生”问题》等调研成果得到中共长沙市委、市政府、市政协的肯定，并分别载于《诤言》《文件汇编》。

1997 年，《关于在我市全面实施素质教育的建议》的发言，得到中共长沙市委副书记易希文批示：“民进长沙市委关于全面实施素质教育的建议很好，实现由应试教育向素质教育的转化，关键是改革招生制度，取消小学升初中的统一考试，实施‘分片包干，就近入学’是一项重大改革，是当前全市人民关心和议论的热点。请广泛开展讨论，以便统一思想，顺利、稳妥地实施”。

1999 年，全年完成调研报告 5 份。在市政协大会作《唤醒公众意识，推进我市慈善事业》的发言。长沙电视台就慈善事业进行专题采访，《长沙晚报》连续 4 期作专刊登载。《人民政协报》以《民进长沙市委呼吁“公众慈善意识亟待唤醒”》为题进行报道。

2000 年，参与对浏阳市、长沙县、岳麓区、开福区、雨花区、长沙高新技术产业开发区管委会、岳麓山大学科技园、长沙市科学技术委员会等 26 个单位进行调研，提交调研文章《建立与现代科教中心相适应的科技管理体制的调研和对策建议》，受到中共省委副书记、长沙市委书记张云川、市长谭仲池和副书记杨顺初等领导的重视，他们分别作出批示，指示有关部门研处，报告全文在《市委通讯》上刊载。

2001—2005 年，形成《关于加快长沙工业现代化进程的思考》《关于推进农业产业化经营的几点建议》等 14 个调研成果。特别是持续对“三农”（农业、农村、农民）问题持续跟踪关注，形成

《我是农业产业化龙头企业发展的调查与思考》《关于巩固农村税费改革成果，加强农村基层政权建设的建议》等调研报告，并分别转化为市政协大会发言。

2006年，参与到长沙县、浏阳、宁乡等偏远农村地区调研，完成《推进农村义务教育体制改革，建设社会主义新农村》调研报告，得到中共长沙市委、市政府、市政协的肯定，被《中国教育报》以《在老问题中寻找新方法——湖南省长沙市义务教育教育调查》为题全文刊登，《瞭望》杂志、新华网等相继转载，新华社湖南分社对此作专访。

2008年，全年完成课题调研2个，提交调研报告2篇，协助民进湖南省委完成课题调研3个。在中共长沙市委解放思想大讨论中心学习小组会上《坚持“以人为本”谋求长沙新的发展》的发言被《长沙晚报》全文刊登。

2009年，全年完成课题调研4个，调研课题《将长沙建设成我国中西部区域性消费中心的调查报告》被市政府工作报告采纳，列入2010年市政府的八大重点工作之一。

2010年，《关于加快农村公共文化服务体系建设，推进长沙城乡文化一体化进程的调查研究》提出的相关建议被中共长沙市委采纳，并写入长沙市“十二五”（2011—2015年）规划纲要。“关于建立农村社会保障体系的研究”课题在中共长沙市委中心学习组上得到中共长沙市委书记陈润儿、市长张剑飞的肯定，课题成果结集出版。是年，在政协全会上《关于制定我市“十二五”规划若干重大问题的建议》的发言，提出把长沙市打造成为充满活力和极具竞争力的中部中心城市，中共长沙市委副书记、市长张剑飞给予“建议很有价值，请发改委高度重视，并在制定‘十二五’规划时充分考虑”的肯定。

2012年，提交《理顺体制机制，加快长沙会展经济健康发展的建议》调研课题报告后，时任中共长沙市委常委、常务副市长过问该课题的具体进程，并对报告成果作出“该调研课题具有很强的针对性和指导性，意义重大，影响深远”的批示。

至2012年，先后聚焦于长沙市教育、文化、城市管理及规划、国企改革、农业生产及农业产业化、非公有制经济、慈善事业、产权交易等领域的问题，完成专题调研报告80余份，提交大会发言材料13件。

（二）建议提案。1990年，民进市委在《中共中央关于坚持和完善中国共产党领导的多党合作和政治协商制度的意见》发布后，将参政议政工作摆到重要位置。1991年，18名会员被评为省、市、区、县优秀政协委员。

1993年，提交的提案《关于建立专利市场，积极鼓励科技人员发明创造》被省政府科学技术委员会采纳，写进《政协湖南省第七届委员会第一次会议关于提案审查情况的报告》中，并作为重点提案办理。提交的《关于缓解东塘地区入学难问题的建议》提案作为首席重点提案办理，市政府、市建委对提案作出答复，并决定在南区（现天心区）新建3所小学，学校于1994年建成并交付使用。

1995年，会内各级人大代表，政协委员提出建议案和提案60件，其中6件被列为省、市重点建议案和提案。写给长沙市市长袁汉坤的信，就有关城市管理提出12条意见，袁汉坤当即批转到《长沙晚报》。6月3日，《长沙晚报》以《城市管理要落实到实处》为题刊登。是年，提出《劳务市场设置要考虑其实用性》的建议，市政府召开会议进行专题研究，副市长徐宪平率领市劳动局等部门领导现场办公，拿出40万余元资金在黑石渡羽绒制品厂建立过渡性的外来劳动力市场，提供免费服务。1996 年 4 月，劳务市场迁往长沙第四纺织厂，每日供求职人员约 700 人。

1999 年，会员中的省、市人大代表、政协委员提出人大建议 12 条，政协提案 63 件。提交的《修复和保护岳麓山抗日阵亡将士纪念墓地的建议》提案得到长沙市代市长谭仲池“由市财政先解决 40 万元进行抢救性修复，将来争取列入市级文物保护进行专项维护管理”的批示（后列入市级文物保护）。

2000 年，关注白沙古井保护问题，调研后撰写《关于进一步保护白沙古井，建设白沙井岭绿化广场》提交市十一届人大三次会议，提出保护白沙古井，建设好白沙古井小游园等建议，被大会主席团确定为唯一议案。市政府依此抓好建设白沙古井公园、落实古井保护措施。

2001 年，提交《关于制定长沙市发展小城镇建设的具体意见和实施办法》的议案。市政府召开常务会议进行专题研究，决定从全市建设资金中单列 300 万元的专项资金用于小城镇建设，并牵头组织建设、规划、国土、乡镇企业局等部门深入长沙市 9 个区（县）、7 个镇和 1 个乡开展实地调研，副市长孔光明带队到江苏省、浙江省考察学习小城镇建设发展的先进经验，起草并出台《关于进一步加快小城镇发展的若干意见》的文件。

2002 年，全会提交人大议案、建议和批评意见 20 条，政协提案 81 件。集体提案《关于促进我市农业产业化龙头企业发展的建议》，得到中共长沙市委、市政府、市政协领导的批示，并出台《长沙市加快发展农业产业化经营龙头企业实施方案》；提交的《关于利用民间资金，加快实施我市经营城市理念的建议》提案，获中共长沙市委书记梅克保等市级领导批示。

2003 年，提交的《城市绿化既要建，更要管》受到市委、市政府的重视，被评为年度“十件优秀建议”之一。

2006 年，撰写的《建议政府加大投入，落实与市民息息相关的蔬菜食品农药残留检测资金》被列为年度市人大常委会重点督办建议；《关于在市内各区设立质量技术监督分局以加强质量监督检测的建议》得到市长谭仲池批示采纳，并同意设立分局。是年，中共湖南省“党代会”召开前，《构建三大经济圈，打造新的经济增长极》的建议获中共湖南省委“迎接党代会共谋新发展”建言献策活动三等奖。

2007 年，向市政协提交集体提案 6 份、个人提案 16 份，《关于加强长沙卡通企业发展的建议》被评为省政协优秀提案。是年 6 月，提出的《构建和谐长沙的思考和建议》得到中共湖南省委常委、长沙市委书记陈润儿的肯定和采纳。

2008 年，在中共长沙市委解放思想大讨论中心学习小组会上，《坚持“以人为本”谋求长沙新的发展》的发言引起市领导的重视，并被《长沙晚报》全文刊登。提交的《将天心阁扩建列入政府重点工程，打造长沙文化旅游产业精品工程的建议》，由市政府、市政协，市住房和城乡建设委员会、市规划局、市园林管理局进行现场重点督办，使该提案的建议得到落实，《人民政协报》及省内媒体进行专题报道。

2009 年，中国奶制品污染事件发生后，食品安全问题引发社会热议。民进会员、市人大代表等 16 人通过上网查阅资料、参加会议、视察活动以及日常走访，逐步锁定“餐厨垃圾处理”课题，于市人大十三届二次会议上提出《关于制定〈长沙市餐具垃圾处理管理办法〉的议案》，被确定为市人大一号议案。市政府采纳改议案建议，于 2010 年 12 月 8 日出台《长沙市餐厨垃圾管理办法》，《长沙市餐厨垃圾管理办法》于 2011 年 6 月 1 日起予以施行。

2010 年，集体提案《关于制定我市“十二五”规划纲要若干重大问题的建议》，得到市长张剑飞的批示，并将部分建议纳入“十二五”规划。

2012 年，提交的《理顺体制机制，加快长沙会展经济健康发展的建议》作为市政协重点督办提案，与其他 3 个会展业提案并案督办。中共湖南省委常委、市委书记陈润儿作出“会展业发展究竟是专业发展还是综合发展，可以对我们的会展发展定位进行审视比较研究，促进长沙会展业健康发展”的批示。

至 2012 年，民进市委班子成员、基层组织负责人、会员中的各级人大代表、政协委员参与讨论长沙市“十一五”（2006—2010 年）、“十二五”（2011—2015 年）规划纲要及每年的各级政府工作报告，全市重大决策和重要人事安排协商，提出意见和建议近 200 条；集体提案 96 件，省、市人大代表提交建议、批评、意见 180 件；省、市政协委员个人提案 678 件；各区（县）人大代表、政协委员共提交提案、建议、意见 1000 余份。

（三）反映社情民意、统战信息。1998 年，民进长沙市委开始开展反映社情民意和统战信息工作。是年，建立由宣传部牵头的信息员网络和通讯员网络，负责撰写出社情民意和统战信息稿件，分别报送长沙市政协和市委统战部。

2001 年，提出的统战信息《校中校要取缔》《当前我省博士研究生招生中在的几个问题及建议》被湖南省统战部内刊采用；社情民意《建议加强对交警的关爱》《对机关车辆定点维修单位收费要进行监管》《对展览馆路中段走向的一条建议》得到长沙市委书记梅克保的批示，特别是对《建议加强对交警的关爱》作出“此建议很好，请转顺初、树林阅处”的批示；市委副书记杨顺初作“请市公安局对袭警案件进行一次清理，未破获或处理不到位的一律督办到位。对交警、巡警等受环境、职业影响较大的岗位的同志提出保健综合措施，涉及政策性问题按程序报批。尽最大的努力保护好干警的健康、安全”的批示。

2003 年，全会向上级组织和部门报送统战信息 30 条。《消除“非典型肺炎”对中国经济负面影响的建议》《民主党派地方组织学习“三个代表”重要思想应坚持“四个结合”，建设高素质参政党》等 6 条信息被省统战系统内部刊物采用，《长株潭一体化的定位应更加明确》等 3 条信息被市委统战部采用；社情民意《在九年制义务教育阶段，贫困地区学生的课本费应由政府负担》受到政府部门和区、县落实办理。

2008 年，《建议在中学成立女生工作室》获市政协“2008 年《社情民意》稿件二等奖”；《建议加强对宁乡县“经学之乡”的挖掘与宣传》获市政协“2008 年《社情民意》优秀稿件”。

2009 年，统战信息《建议党和国家领导人每年国庆公祭革命先烈》得到国务院副总理回良玉批示，突破长沙市当时统战信息获国家领导人“零”批示的纪录；《制定校车标准套用美国模式值得商榷》等统战信息得到中央统战部采用；《清理小产权房要维护农民的权益》《根治网络谣言要标本兼治》等统战信息得到中共湖南省委书记周强批示。社情民意《建议中共十七届三中全会研究农村土地流转问题》被评为“2009 年度湖南省政协社情民意信息优秀稿件”。

2010 年，全年报送社情民意 37 条。《化解地方政府债务的建议》《加强农村小学教师队伍建设的建议》被中央统战部采用，《周秋光建议按照车船价格征税》等 33 篇被省委统战部采用；《经济学者对车船税草案的若干意见》等 5 条信息被全国政协采用。社情民意工作名列全市第一，被市政协评为“反映社情民意信息工作先进单位”并在全市社情民意工作会议上做经验介绍。

2011 年，报送的社情民意被省政协采用 10 条，市政协《社情民意》内刊采用 7 条，得分居全市 24 家报送单位第一；报送的统战信息被中央统战部采用 4 条，省委统战部采用 48 条，完成全年统战信息考核任务的 266%。统战信息《农村病死畜禽成食品安全一大隐患》得到中央统战部领导批示。

2012 年，全年编写反映社情民意信息 51 篇，市政协采用 8 条，省政协采用 13 条，全国政协采用 1 条。社情民意《促进小、微企业健康发展的几点建议》被全国政协采纳。13 条社情民意被省政协采纳，占全市社情民意稿件在省政协采纳总数的 70%。

至 2012 年，报送统战信息 470 条，被采用 284 条；反映社情民意 200 余条，被采用 96 条。2008—2012 年，连续被授予长沙市“社情民意工作先进单位”。

表 6-4-3-1　　1988—2012 年民进长沙市委参政议政情况统计一览表

年份	人大		政协				市委
	省批评、建议(件)	市批评、建议(件)	省政协	市政协			调研报告(篇)
			个人提案(件)	大会发言(件)	集体提案(件)	个人提案(件)	
1988—1997	18	44	37	3	28	198	5
1998—2002	5	30	27	3	20	111	12
2003—2007	18	23	19	4	23	110	11
2008—2012	11	31	21	3	25	155	12

二、民主监督

1988 年，开始参加长沙市政风行风民主评议活动。加强与市政府有关办、委、局的对口联系工作，主动履行民主监督职责，领导班子成员参加市委、市政府、市人大常委会、市政协组织的各类民主监督活动。

1990 年始，开展特约监察员、特约检察员、特约审计员、特约教育督导员（以下简称“特约四员”）工作，民进会员围绕社会热点、焦点问题实行监督检查工作及与政府职能部门开展对口联系工作。是年，担任特邀监察员、教育督导员、审计员的 7 名会员，参加中共长沙市委对芙蓉区朝阳街、天心区裕南街、岳麓区通泰街、开福区营盘街街道工作的大检查等活动，为长沙的廉政建设，治理整顿和深化改革做出了贡献。1993 年 3 月，派出特邀监察员参加调查组，对长沙市 44 所中小学收费情况进行重点调研，就中小学乱收费现象等进行监督。

1996—2000 年，组织会内被聘任为市、区（县）两级特邀监察员、特约审计员、教育督导员、法官形象监督员、警官形象监督员、卫生局形象监督员和交通局执法监督员等人员建立起民主监督工作网，加强组织学习交流，通过广大会员反映情况，在民主监督方面取得成效。市监察局特邀监察员罗绍亮对长沙市汽车报废过程中违纪行为进行调研后，向中共市纪委反映。市纪委副书记常庚申带队办案，挖出犯罪金额 200 万余元的两个犯罪团伙。市公安局警官形象监督员唐穗萍针对某些公安干警脱离群众形象的情况，向市公安局提出“干警应下基层联系群众”的意见，市公安局立即安排公安干警下基层。还就北大桥引桥的移位修复问题向市监察局反映情况，市监察局组织专人进行调查，写出专题调查报告。朱立民在省、市人大常委会治理经济环境执法大检查中，重点监督长沙维康高科技发展有限公司申诉案，最终使该申诉案被市人大常委会纳入执法大检查的审议报告，市检察院对有关人员执法不依法的行为进行查处。还对民族乐器厂被诈骗问题联络其他7位市人大常委会委员约见市中级人民法院正、副院长，使问题得到了解决，基本保住工厂。他还就岳麓区法院错判某民事案件一事上书市中级人民法院主管院长，促成市中院将错判案发还重审，最终得以纠正。

2001年起，注重利用与市教育局、文化局、规划局、商务局、城管局等政府职能部门对口联系的平台，发挥民主监督作用，对口部门改进工作提出建议，并适时转达群众的意见和要求。是年，参加全市执法大检查，并就依法行政方面提出的意见，被市法制办纳入《行政执法监督条例（草案）》。2002年，民进长沙市委被授予“与政府有关部门对口联系先进单位”称号。

2005年，有14人担任有关部门的“特约监督员”“特约监察员”“执法形象监督员”，转交群众来信2件。3人次参加长沙市出租车价格调整、燃气价格调整听证会，3人次参加地方立法的听证会、论证会；代表所联系的群众向市纪委、市监察局、市公安局、市建委等部门和单位反映和申诉问题，提出解决问题的意见和建议。

2006年起，民主监督聚焦市重点工程建设、公共资源交易活动、反腐败防渎职、秋季中小学收费、文化产业发展、基层站所等重点工程和民生领域。会内领导担任市公务员和政法干警公开招录面试评委，发挥民主党派在干部选拔任用过程中的监督作用。

2011年，会员内的部分政协委员被遴选为“政协民主监督员”，参与对市国土资源局、工商局等部门的民主监督工作。

至2012年，会员围绕社会热点、焦点问题实行监督检查近100次。会员中的特约人员参加政风行风民主评议活动150余次；参加重点工程建设、秋季中小学收费和公共资源交易活动的督查30余次。与市监察局、市文化局、市教育局、市城管局、市民政局等对口联系的政府职能部门开展活动70次。

三、社会服务

（一）办学和创办经济实体。1985年9月，民进市委的黄险峰、罗政融、周伟辉等人在无经费、无场地、无师资的情况下，自筹资金创办长沙市育苗艺术学校。1990年，学校发展为拥有总校和4个区分校的民办教育机构，主要从事音乐、美术、书法、舞蹈等艺术类专业培训，培训的学生超过1.2万人次，获“民进中南5省（区）为四化贡献交流会的先进集体”“湖南省社会办学先进单位”等称号。

1986年，由长沙塑料厂等9家（后合并为8家）中、小企业于1972年联合创办的浏阳河路工厂联合子弟学校由在办学困难的条件下求援于民进长沙市委，民进市委派出以退休教师王杏垣、袁本熊、黄渭清为代表的办学小组进驻该校，开创政党地方组织与企业合作办学的先河。合作办学后，为该校争取1.7万元的办学经费和1万余元教学仪器设备的经费。1996年，由于办学经费困难、教师年事已高等原因，该校停止办学，办学期间培养学生（按毕业人数累计）3000余人。

1991年，创办湖南中山外国语进修学校，每期招收4个班，在校学生200余人。1992年，创办长沙民进工贸公司，公司设在机关内，由会员黄昌新任总经理。公司主营印刷、教学设备仪器及文教用品销售，3年上缴利税20万余元，安排200余人就业。1993年，创办长沙市民进工程勘察设计公司。1995年后，因资金不足、专业不熟、商情起伏，最后这些经济实体发展后劲不足，相继结束经营。

（二）支边支教和助学帮困。1990 年，开展向社会福利院儿童捐献衣物、玩具、图书等活动，捐赠 422 件物品。

1996 年，会员、雨花区政协副主席陆海帆倡议雨花区政协委员支援沅江市贫困学生，得到会员响应，募得捐款 3.5 万元。

2004 年，策划“慈善助飞”活动，资助 51 个考上大学的城乡贫困家庭女孩的学费。

2006 年，向贵州贫困地区学校和学生捐款 2 万余元。

图 6-4-3-1 会员参与抗洪救灾

（摄于 1998 年，民进长沙市委供图）

2008 年，引进中国香港“阅读·梦飞翔”文化关怀慈善基金项目，并适时对项目进行跟踪服务，协调配合。会员汪晓兵个人捐款 2 万元、所在公司捐款 10 万元，在怀化通道县新建“华自金坑希望小学”。

2009 年，承办民进中央的“西部教师培训”项目，无偿为来自贵州普定、金沙两县的 8 名农村教师提供为期一周的业务培训，组织她们到湖南各地学习考察，向其所在学校捐赠价值 1 万元的教学器材。

2012 年，号召会员和机关干部向贵州石场乡捐款 9.35 万元；募集价值 4 万元的助听器帮助宁乡特殊教育学校 8 名失聪儿童重回有声世界。

至 2012 年，参与智力支边的民进会员近 1000 人次，受惠群众 10 余万人次；开展支教活动 50 余次，举办专题业务讲座 30 余场，上示范课、公开课近 400 堂，义务培训教师 1000 余人次。“阅读·梦飞翔”文化关怀慈善基金项目投入 500 万余元，在湖南 12 个县的农村学校建立 104 个图书室/图书角，在 5 个学校捐建高标准的公共卫生间，并为 400 余名品学兼优的学生进行总额 37 万元的奖励，6000 余名农村学子直接受益。

（三）抗震救灾。1998 年，长沙发生特大洪灾，全市民进会员捐赈灾义款 13 万余元，全体机关工作人员参加市统战系统抗洪抢险队，医卫界会员下乡义诊。9 月 29 日，望城县民政局接受市民主党派大楼民进、民革成员捐赠的寒衣冬被 1802 件，其中棉被、毛毯 55 床，呢、棉、皮衣裤 186 件，毛衣裤 274 件，秋衣裤 283 件，单衣裤 804 件。

2003 年，为支持长沙抗击非典型肺炎工作，发动机关干部和部分基层会员捐款 1.5 万元，对抗击非典型肺炎前线人员进行慰问。

2008 年，湖南发生大面积冰雪灾害，民进市委参与市委统战部的救灾补损促发展活动，向浏阳市因冰灾受损严重的两个村送去慰问金 5000 元。“5·12”汶川地震发生后，会员直接捐款 1.1 万余元，全年通过其他各种渠道向汶川捐赠款物合计 35 万元，会员夏艺红、夏莹、龙杰、易晓晴到灾区一线参与救灾工作。

2010 年，青海玉树发生地震、西南地区发生旱灾，全市会员捐款 8 万余元。

（四）助力新农村建设。2006 年，开始助力新农村建设，将宁乡县山园村作为重点帮扶对象，为山桥学校送去 500 册全新的课外读物，帮助学校建立阅览室，并为学校添置两台电子钢琴和体育器材，还选派 5 名会员骨干教师为该校及片区的教师上 5 堂精彩的示范课。

2011年，签订《民进湖南省委、民进长沙市委、宁乡县人民政府共建新农村试验基地的框架协议》，承诺在5年内通过省、市、县共建新农村建设试验基地，形成省、市、县共同重点扶持基地建设的良性运行格局，使基地建设迈上发挥优势，共谋发展的新台阶。至2012年，筹措400万余元改善村级道路、水利、环卫等基础设施建设，并完成山园村村级公路硬化21.5千米，水泥道路基本实现“组组通”，改建“五保”户房屋16间、低保户危房14栋，完成改水改厕720户，建成封闭式垃圾池90个、垃圾箱200个。

（五）海外联谊。1988年4月，90岁高龄的民进会员应开识获得耶鲁勋章并到美国领奖。

1989年10月，接待来自日本鹿儿岛市的日中农业技术交流协会第四访问团的客人，并到长沙市育苗艺术学校参观和交流。

1994年3月1日，秘书长肖舸等在机关会议室接待台胞肖立戎，为促进海峡两岸交流和理解进行座谈。

1998年6月，主委周秋光邀请联合国非官方组织执行干事南希及其丈夫卢其敦到湘访问，参观长沙市第一社会福利院、郴州市第一社会福利院，长沙市老年大学，长沙市少年宫、长沙市博物馆并分别在湖南师范大学和长沙老年大学讲学。

2007年12月，周秋光到德国柏林自由大学开展学术交流。

2008年5月，周秋光受美国乔治·华盛顿大学东亚研究中心邀请，到美国进行为期3个月的访问，就中美慈善事业与社会保障进行对比研究与学术交流。

1988—2012年，会员中有港澳同胞、台湾同胞、海外侨胞（以下简称“三胞”）关系的近百人，通过接待联谊，宣传“一国两制”和改革开放政策，推介长沙投资环境，为发展对外交流合作办实事。

四、基层组织建设

1988年起，各基层支部根据自身特点主动争取所在单位党组织的重视与支持，推动会员搞好本单位的中心工作，开展学习、座谈等各种形式的组织活动。发展新成员，参加社会服务及慈善。开展特色活动，履行党派职责，完成上级组织交办的任务。

1990年，民进南区总支、长郡支部、东区总支撰写的工作经验的文章，在民进省委举办的“基层单位民进与中共合作共事经验交流会”发言。

1992年，由东区总支罗政融等会员创办的民进育苗学校，被省政协评为“办学先进集体”。

1994年，民进宁乡县总支、民进西区总支、民进北区总支在全市民主党派基层支部工作经验交流会上作经验交流。

1995年，南区总支被会中央评为“全国为四化建设服务经验交流会先进集体”，还被评为“长沙市各界人士为四化建设服务经验交流会先进集体”等荣誉称号。东区总支被评为省先进集体。

1997年，周南中学支部3位会员陈嘉、周昭怡、王玉仙倡议恢复周南校友会，并协助各地建立校友分会，建立国内外校友网络；海内外校友捐资设立“朱剑凡奖学金”“香港周南校友分会奖学金”等14项奖学金，金额40万余元。

1998年，民进周南中学支部在全市民主党派基层支部工作经验交流会上作《加强支部建设 发挥自身优势 真诚合作共事》的典型发言。

2005年，综合总支60余名会员为湖南省红十字协会、湖南省儿童医院等联合发起，针对贫困少儿特殊病症患者进行医疗费用捐助的社会公益工程“曙光行动”，捐献爱心款3000余元。综合总支、宁乡总支、医卫支部发起联合湖南省儿童医院、宁乡县政协，在宁乡县喻家坳乡中心小学开展以“关注少年儿童健康成长”为主题的送医送药爱心活动，免费为该校632名学生进行全面的健康体检，发放少儿保健知识手册，为部分学生进行疾病诊断；同时为5名品学兼优的特困学生捐款2000元。

2007年，综合总支会员夏艺红带领的湖南拓展建设工程有限公司在新宁县投资2亿元，打造湖南的“呼伦贝尔”，受到中共湖南省委领导的高度评价。综合总支会员陈杏华在其自办企业——长沙千龙湖生态旅游度假村为附近农民提供就业岗位。

2008年，综合总支三支部主委邝跃喜策划“创业往前冲”系列活动，得到中共湖南省委领导的支持，10名优胜者每人获得3万~5万元的创业资助。

2009年，雨花区总支协助民进市委承办民进湖南省委第四期西部教师培训班；芙蓉区总支组织楚怡学校学生及家长参加香港、宁乡、长沙三地孩子手拉手活动；天心区总支与天心区友谊社区、黄土岭社区开展“统战进社区心连心活动”，走访慰问25户贫困户；岳麓区总支龙万红拿出近5万元为失学孩子捐资助学，并向街道捐赠价值5万元的治安联防机动车；综合总支汪晓兵为希望小学捐款2万元，并无偿资助浏阳市一中贫困学生汤晶晶3年，是年，汤晶晶考入中山大学；医卫支部会员参加医疗扶贫和义诊工作，盲聋哑支部会员组织盲生义诊。

2010年，在民进中央开展的“创先争优”活动中，芙蓉区总支获“民进全国先进基层组织”称号；岳麓区等7个总支（支部）获“民进湖南省先进基层组织”称号，王军英等15名会员获“民进湖南省优秀会员”称号。

五、其他

1990年12月，在留芳宾馆举办中国民主促进会成立45周年纪念大会，300余名会员参加，省市领导及《长沙晚报》、长沙市电视台等单位的来宾出席。

1993年，将《快讯》《情况简报》改为《长沙民进》（会内信息版）；并逐步增至30个版面，开辟参政议政、理论研究、会员风采、基层动态栏目等。会员黄祖林在全国纪念刘少奇95周年诞辰学术讨论会上发表的论文《刘少奇六十年代初期对农村商品经济的探索》，收入中央文献出版社论文集《刘少奇哲学思想研究》。

1997年12月，400余名会员参加民进长沙市委成立40周年庆祝大会，民进省委副主席严尧卿等50余人参会。

1999年为纪念《中共中央关于坚持和完善中国共产党领导的多党合作和政治协商制度的意见》发表10周年，学习《各民主党派中央关于加强自身建设若干问题座谈会纪要》，并在查阅资料、核实情况的基础上，撰写《民进长沙市委会情况简介》，编印成册发放给会员，供会员了解、学习会史。5月，联合承办的“湖湘文化研究与发展”学术研讨会在长沙举行，省内外60余位研究湖湘文化的专家学者应邀与会，湖南卫视、长沙电视台、《长沙晚报》、《湘声报》等媒体对会议进行报道。

2000年，《中国共产党领导的多党合作和政治协商制度是符合中国国情的新型政党制度》《试论新世纪民主党派新一代领导干部如何扬长避短开展工作》分获中央统战部全国统战理论优秀奖、湖南省统战理论研究论文一等奖。

2002年，《论当前我国社会阶层构成的新变化对统一战线的影响及对策》获全国统战理论研究优秀调研报告和论文一等奖。10月24—26日，民进建设高素质参政党全国研讨会在长沙召开，民进市委负责承办会议，来自民进中央和全国29个省、直辖市、自治区民进组织90余人参加为期3天的会议，民进中央副主席楚庄等参加会议。

2005年12月25日，举办中国民主促进会成立60周年暨抗战胜利60周年庆祝表彰大会，11个基层组织、80名会员受到表彰。

2008年6月20日，民进长沙市委成立50周年庆典在湖南大剧院举行。庆典分为庆祝·表彰大会、文艺会演及招待宴会3个阶段进行，107人出席庆典，465位会员代表参加庆祝·表彰大会并观看“会庆50周年文艺会演”，15个基层支部和85名会员受到表彰。并编印《长沙民进参政议政成果集》《长沙民进成立五十周年纪念图册》和《会员通讯录》（新修订）。

2009年4月27日，全国政协副主席、民进中央副主席罗富等人到民进长沙市委视察调研，在民进市委机关召开宣传思想工作座谈会，长沙及省内各地州市民进组织负责人及部分基层代表和全体机关干部与会。是年8月，举行庆祝“新中国成立60周年、多党合作制度确立60周年”知识竞赛，来自7个总支的7支代表队、21名选手参加比赛，三湘统战网予以报道。

2010年12月，在民进中央开展的“创先争优”活动中获“民进湖南省先进市级组织”称号。

2012年12月，全体市委委员和基层组织负责人进行集中培训；通过《关于相关工作调整及经费下拨的征求意见稿》，对民进市委重要活动、会议和经费进行调整改革。

第五章　中国农工民主党长沙市委员会

1984年4月，中国农工民主党长沙市委员会（以下简称“农工党市委”）结束代行中国农工党湖南省委员会（以下简称“农工党省委”）领导职能。1988年后，有计划分步骤地在长沙市发展中青年知识分子。是年，有286名党员，21个基层支部，3个直属小组。1996年后，注重吸收从事非公有制经济的代表人士入党。新党员均需经过为时一周的以统战理论、党史知识和提案撰写为主要内容的学习培训。2004年制定的《加强基层组织建设的意见》《区工委工作条例》等管理制度，被农工党中央作为“基层组织建设优秀管理制度”向全国农工党各省委市委组织推介。在2008年农工党中央组织部开展的基层组织建设年活动中，被农工党中央评为“组织工作先进集体”。农工党长沙市委把社会服务工作当作参政议政职能的延伸和拓展，把关注社会民生、促进社会和谐作为开展社会服务工作的主要内容，开展救灾义诊、兴业兴教、扶贫帮困等社会服务，将“立党为公，参政为民”的传统贯穿于社会服务的整个过程中。2009年，中国人民政治协商会议全国委员会（以下简称“全国政协”）副主席、农工党中央常务副主席陈宗兴到宁乡县横市镇泉柳村，对农工党市委以“三级定点、四级联动”（坚持农工党省、市、县三级定点、中央、省、市、县四级联动社会服务模式）。模式开展社会服务活动取得的效果，给予高度评价。农工党市委常年组织订阅农工党中央机关刊物《前进论坛》，发放农工党湖南省委机关刊物《农工湘讯》，创办自有刊物《长沙农工》。

农工党市委领导和党员中的各级人民代表大会常务委员会（以下简称“人大”）代表、政协委员参加各级党委、人大、政府、政协举行的有关会议、视察和督查活动，履行民主监督参政议政职能，开展社会调研。在每年举行的各级人大、政协全体委员会议（以下简称“全会”）上，农工党代表委员学习讨论人大、政协和政府工作报告，提交建议和提案，内容涵盖经济建设、社会管理、城市建设、医疗卫生、科技教育、“三农”（农业、农村、农民）问题、人口资源、环境保护等方面。

至2012年，提交集体和个人建议、提案数百件，其中60余件被评为优秀提案，撰写调研报告百余份，上报社情民意和统战信息500余条，大多被各级政府或部门所采纳，其中10余件获省市领导的批示，多次被评为中共长沙市委统战部（以下简称“市委统战部”）、获市政协统战信息先进单位或社情民意工作先进单位，为长沙市社会经济可持续的科学发展献言献策，做出贡献。发展新党员536人，具有中高级技术职称人数从89%增加到96%，上升7个百分点，编印《长沙农工》91期。向各级政府部门推荐后备干部67人次，最终获任实职的干部都能胜任新岗位的工作发挥作用。召开6次全市党员代表大会，基层组织发展为6个总支28个支部。

第一节　组织机构

一、市级组织

（一）市委会组成。农工党长沙市委组织机构为农工党长沙市委员会、常务委员会。1988年，第七届委员会由18人组成，其中，常务委员会由11人组成。1992年，第八届委员会由18人组成，其中，常务委员会由11人组成。1997年，第九届委员会由19人组成，其中，常务委员会由11人组成。2001年，第十届委员会由24人组成，其中，常务委员会由11人组成。2002年3月27日，增选一名委员、常委、专职副主委。2002年12月22日，增选一名副主委。2004年12月25日，一人辞去主委、常委、委员职务，另选举一名主委。2006年，第十一届委员会由25人组成，其中，常务委员会由11人组成。2011年，第十二届委员会由25人组成，其中，常委会由11人组成。2011年12月17日，一人辞去秘书长、常委、委员职务，选举一名委员、常委、秘书长。各届均选举秘书长1人，第七至第九届由一位副主委兼任。各届主委任职时年龄由59岁渐次降为56岁、45岁、40岁。

（二）专门工作委员会。农工党长沙市各工作委员会由各届委员会设立。

自1988年召开第七届委员会始，农工党长沙市委设参政议政、海外联谊、老龄、经济、医卫、妇女、科技、文史8个专门工作委员会。2005年，增设社会服务工作委员会。2009年，农工党市委被农工党中央评为“组织工作先进集体”。2011年，调整为参政议政、老龄与海外联谊、经济与社会服务、科教与文史、医卫、妇女、法制、青年8个工作委员会。

（三）区工作委员会。2002年，在长沙市的芙蓉、天心、岳麓、开福和雨花区设立5个区工作委员会。

（四）工作机构。1988年，机关设办公室、组织部和宣传部3个职能处室，编制10人。2003年调整为办公室（含社会服务处）、组织处、宣传处（含参政议政处）。2012年，农工党市委有机关职工编制10名，实有在职干部职工9名。

1988—2012年，先后担任中国农工民主党长沙市委员会主要领导职务的有：李培德、骆际舜、黄顺玲（女）、龚振湘；其他领导班子成员有：李白菊、周安鸿、李履礼、侯孝沛、郭东球、张智博、罗绍亮、陈忞、洪霞（女）、王清华、黄树明、袁芝煌、周锦民、曾静波（女）、蔡传凯、金国纯（女）、刘金凤（女）、沈荷珍（女）、谭春华、俞小玲（女）、杨百放（女）、谢文军、邱影新、余辉。

二、基层组织

1988 年，有 21 个基层支部，3 个直属小组。1989 年，成立市口腔医院。

1990 年成立市教育二支部、市灯泡厂支部和市妇幼保健院直属小组，原市一医院支部改组为总支。1991 年，成立湖南仪器仪表总厂直属小组。1993 年，成立律师支部。1996 年，成立市四医院总支和市飞天公司支部。

2001 年，原市曙光支部改组为总支，年底，市一医院总支和市卫校支部被农工党中央授予“先进基层组织”称号。

2005 年，有 5 个直属小组调整改选为支部。2007 年，原市中医院和市七医院支部合并成立市中医院总支。2008 年，市一医院总支和市传染病医院支部合并成立新的市一医院总支。

2011 年对部分支部进行调整，成立岳麓区综合支部。2012 年 6 月，望城县撤县设区。是年，农工党长沙市委成立望城支部，并对部分区工委进行调整，新成立芙蓉区综合支部。

至 2012 年，农工党市委基层组织有总支 6 个、支部 31 个。

表 6-5-1-1　1988—2012 年中国农工民主党长沙市委基层组织建设情况统计一览表　单位：个

年份	总支	支部	小组	年份	总支	支部	小组
1988	—	21	3	2001	4	27	5
1989	—	26	3	2002	4	27	5
1990	1	27	3	2003	4	27	5
1991	1	27	4	2004	4	27	5
1992	1	28	3	2005	5	32	—
1993	1	29	4	2006	5	32	—
1994	1	27	6	2007	6	31	—
1995	1	28	6	2008	6	31	—
1996	2	27	6	2009	6	31	—
1997	2	29	5	2010	6	31	—
1998	2	30	4	2011	6	31	—
1999	2	32	2	2012	6	31	—
2000	3	31	2				

三、农工党党员

1988 年农工党长沙市第七次代表大会时有党员 286 人，比第六届增加 161 人，平均年龄由 60.6 岁降为 49.1 岁，具有中高级专业技术职称的 255 人，占总人数的 89%。1989 年，发展新党员 55 人，具有中高级专业技术职称的 267 人，占总数的 87.3%。

1994 年 6 月，发展 30 位新党员中，40 岁以下的 22 人，占新党员的 73%，80%的新党员是具有中高级职称的知识分子。

1997 年是换届之年，全年发展新党员 38 人。在 1998 年发展的 28 名新党员中，45 岁以下的有 25

人，占 89%，均为具有中高级职称的知识分子。

2000 年，新发展的 32 名党员，均为 45 岁以下的中高级知识分子。2001 年发展的 23 名新党员，平均年龄只有 34.9 岁。

2002 年，周锦民被农工党中央评为“社会服务工作先进个人”。2004 年，王力力被农工党中央评为“社会服务先进个人”。

2005 年，易介兵被农工党中央评为“优秀宣传干部”，罗绍亮和杨百放被评为“优秀党务工作者”。

2007 年，黄顺玲和龚振湘分别当选为农工党湖南省委副主委和省委常委，洪霞、张智博、陈忞、杨百放、谢文军当选为省委委员。龚振湘、王爱民当选为农工党中央十四大代表。洪霞被农工党中央评为“社情民意信息工作先进个人”。

2008 年，丁荣培被农工党中央评为“优秀组织工作者”。2009 年，丁荣培被农工党中央评为“优秀组织工作者”2010 年，陈忞《关于提前实施机动车尾气排放“国 IV 标准”的建议》获“2009—2010 年度全国经济建设与科学发展理论实践成果一等奖”。

2011 年，党员程卫权获 6 项国家实用新型专利和国家发明专利；常委王林被聘为湖南省培育战略性新兴产业专家委员会委员；谭春华主持设计的营盘路道路及隧道工程获湖南省“2010 年度优秀工程设计一等奖”。2012 年，刘振获国家实用新型专利及国家发明专利近 180 项；肖钢获“全国艾滋病防治先进工作者”称号；黄利被农工党中央评为“社会服务工作先进个人”；陈炼红被评为“湖南省优秀教师”并记二等功。

至 2012 年底，有党员 822 人，具有中、高级专业技术职称的 793 人，占总人数的 96%，平均年龄 49.5 岁。

表 6-5-1-2　　1988—2012 年中国农工民主党长沙市委员会党员结构统计一览表

年份	党员人数（人）	其中：具有中高级技术职称人数（百分比）	平均年龄（岁）	年份	党员人数（人）	其中：具有中高级技术职称人数（百分比）	平均年龄（岁）
1988	286	255(89.0%)	49.1	2001	597	556(93.0%)	49.4
1989	341	267(78.3%)	—	2002	612	579(94.6%)	49.9
1990	357	275(77.0%)	—	2003	639	595(93.1%)	49.7
1991	370	299(81.0%)	—	2004	663	613(92.5%)	47.6
1992	389	317(81.5%)	—	2005	695	655(94.2%)	48.8
1993	407	334(82.0%)	50.1	2006	702	660(94.0%)	49.5
1994	433	367(84.7%)	49.7	2007	717	678(94.5%)	48.7
1995	471	403(85.6%)	48.5	2008	733	681(92.9%)	48.4
1996	478	410(85.7%)	48.7	2009	751	699(93.0%)	48.8
1997	513	499(87.5%)	48.8	2010	772	719(93.1%)	49.0
1998	533	473(88.7%)	49.2	2011	788	753(95.5%)	49.5
1999	541	492(90.3%)	49.5	2012	822	793(96.0%)	49.5
2000	568	526(92.6%)	47.2				

第二节　代表大会

一、第七次代表大会

1988 年 6 月 7—12 日，农工党市委第七次代表大会在长沙枫林宾馆举行。李培德代表农工党长沙市六届委员会作《以改革总揽全局，团结奋斗谱新篇》的报告，选举产生农工党长沙市第七届委员会委员 18 名。在召开的七届一次全会上，选举蔡传凯等 11 人为常委，其中，李培德任主任委员（以下简称“主委”），骆际舜等 4 人任副主委，李履礼兼任秘书长。推举熊婉乐为名誉主委，吴昌续、文炳坤、沈厚强、萧光 4 人为顾问。

二、第八次代表大会

1992 年 1 月 14—19 日，农工党市委第八次代表大会在长沙湖南宾馆举行。李培德代表农工党长沙市七届委员会作《坚定信念，团结奋斗，为建设有中国特色的社会主义作贡献》的工作报告。大会选举产生农工党长沙市第八届委员会委员 18 名。在八届一次全会上，选举沈荷珍等 11 人为常委，其中，李培德任主委，骆际舜等 4 人任副主委，李履礼兼任秘书长。推举熊婉乐为名誉主委，文炳坤、沈厚强、萧光 3 人为顾问。

三、第九次代表大会

1997 年 1 月 28—30 日，农工党市委第九次代表大会在长沙麓山宾馆召开。李履礼代表农工党长沙市八届委员会作题为《继往开来，团结实干，为实现跨世纪宏伟蓝图再立新功》的工作报告。大会选举产生由 19 人组成的农工党长沙市第九届委员会，及出席农工党湖南省委第四次代表大会的 18 名代表。在九届一次全会上，选举黄顺玲等 11 人为常委，其中，骆际舜任主委，侯孝沛等 3 人任副主委，郭东球兼任秘书长。推举李培德为名誉主委，李履礼为名誉副主委，文炳坤、沈厚强、萧光、李白菊、周安鸿 5 人为顾问。

四、第十次代表大会

2001 年 7 月 21—23 日，农工党市委第十次代表大会在长沙湖南宾馆召开。郭东球代表农工党长沙市第九届委员会作题为《实践“三个代表”重要思想，为建设新世纪高素质的参政党而团结奋斗》的工作报告，大会选举产生由 24 人组成的农工党长沙市第十届委员会和出席农工党湖南省第五次代表大会的代表 19 人。在十届一次全会上，选举邱影新等 11 人为常委，其中，黄顺玲任主委，龚振湘等 3 人任副主委，袁芝煌任秘书长。推举李培德、骆际舜为名誉主委，李履礼为名誉副主委，文炳坤、沈厚强、萧光、周安鸿、李白菊、侯孝沛 6 人为顾问。

五、第十一次代表大会

2006 年 5 月 18—20 日，农工党市委第十一次代表大会在长沙枫林宾馆举行。龚振湘代表农工党长沙市第十届委员会作题为《与时俱进，扎实工作，努力开创参政党工作新局面》的工作报告。大会选举产生 25 人组成的农工党长沙市第十一届委员会。在十一届一次全会上，选举佘辉等 11 人为常委，其中龚振湘任主委，洪霞等 4 人任副主委，袁芝煌任秘书长。推举李培德、骆际舜为名誉主委，李履礼为名誉副主委，文炳坤、沈厚强、萧光、周安鸿、李白菊、侯孝沛 6 人为顾问。

六、第十二次代表大会

2011 年 5 月 17—19 日，农工党市委第十二次代表大会在长沙枫林宾馆举行。龚振湘代表农工党长沙市第十一届委员会作题为《锐意进取，履职参政，为推动长沙率先建成全面小康、加快实现基本现代化目标贡献力量》的工作报告。大会选举产生由 25 人组成的农工党长沙市第十二届委员会。在十二届一次全会上，选举周锦民等 11 人为常委，其中龚振湘任主委，洪霞等 4 人任副主委，袁芝煌任秘书长。推举李培德、骆际舜为名誉主委，李履礼为名誉副主委，文炳坤、萧光、周安鸿、李白菊、侯孝沛 5 人为顾问。

第三节　主要活动

一、参政议政

（一）“两会”建言。1988—1992 年，在市人大、政协召开的各次全体代表（委员）会议（以下简称“两会”）期间，提交的《深化我市医疗卫生改革》《加强卫生监督，为创建国家级文明卫生城市作贡献》《恢复健全医疗制度是加强农村医疗卫生保健的根本措施》等集体提案被评为优秀提案。

1993—1997 年，提交建议、提案 12 件。其中，1994 年在市政协七届二次全会上提交的集体提案《创建企业托管公司，探索困境企业的新路》被评为优秀提案。1995 年的集体提案《发展行业协会进一步转变政府职能，搞活市场经济的必要条件》，评为“市政协七届三次全会优秀提案”；1996 年的集体提案《以强烈的文化意识保护古城长沙》《遏制医疗费用过速增长是建设卫生文明的当务之急》被评为“市政协七届四次全会优秀提案”，中共长沙市委书记在集体提案《遏制医疗费用过速增长是建设卫生文明的当务之急》上作出批示“此问题提得切中时弊，要认真研究长沙市医疗费改革问题”。1997 年，在市政协七届五次全会上，集体提案《以开放强市战略为指针，进一步改善我市招商引资环境》《加强精神文明建设，实行无偿献血》《发展行业协会，促进政府职能转变，完善市场体系，加快发展我市经济建设》被评为优秀提案。1998 年，提交建议和提案 60 件。其中，《调整长沙市学校布局，优化教育资源配置》《严禁乱贴广告，美化亮化长沙》等提案被评为市政协八届一次全会优秀提案；在湖南省人大九届二次全会上，提交《贯彻落实传染病防治法，颁布加强传染病防治管理细则》的建议。在 1999 年市政协八届二次全会上，《健全和发展城市社区卫生服务》《政府对“垄断行业”进行指导和监督，促进长沙市经济快速发展》《关于我市实施经济社会可持续发展战略的建议》《提高公众的环保意识》等被评为优秀提案。

2000 年，51 位市农工党人大代表和政协委员提交建议和提案 70 件。《健全和发展城市社区卫生服务》《调整长沙市学校布局，优化教育资源配置》《提高公众的环保意识》等提案被评为优秀提案；以《中国加入 WTO 对长沙经济的影响与对策建议》和《以名城文化带动经济发展，以文化产业提升区域地位》为题在全会发言；在人大全会上提交《尽快制定长沙市烟花爆竹安全管理条例》《关于扩建贺龙体育中心》《关于保护白沙古井》等建议。

2001 年，提交建议和提案 80 余件。在省政协八届四次全会上，《切实加强我省艾滋病的防治工作》的提案被评为优秀提案。在 2002 年举行的市人大、政协全会期间，担任各级人大、政协代表和委员的 51 位农工党员提交建议和提案 100 余件（其中市委集体提案 5 件）。在省人大九届五次全会上，提交《关于尽快制定〈预防未成年人犯罪法〉的实施细则》的建议；在市政协第八届五次全会上，《关于社区卫生服务纳入医疗保险范畴的建议》《信息化带动工业化的对策》《制定“十一五”规划应将心理卫生工作纳入精神文明建设的体系》《按文化名城的标准统一管理和规范我市户外广告》《关于长沙市医疗保险实行市级统筹的建议》《加强建筑材料放射性管理，保护人民身体健康》《关于加强火车站广场管理的建议》被评为优秀提案；《弘扬民族文化，提高道德素质》《湖南钢材大市场的困难亟待解决》的提案被列为市政协重点督办提案。

2003年，63位担任各级人大代表和政协委员的农工党员提交建议和提案102件。其中，在省人大十届一次全会和省政协联组讨论会上提出的《关于改善农村医疗条件，使农民得到良好医疗服务的建议》《关于加强艾滋病防治的建议》《关于制订〈传染病防治法〉实施细则》等建议，得到中共湖南省委、省政府领导的肯定和重视；在市人大十二届一次全会《关于尽快制定长沙市标准化管理条例的建议》提出后，市人大审议通过并颁布《长沙市标准化管理条例》，成为全国唯一实行标准化地方立法的省会城市；在市政协九届一次全会上，集体提案《关于加强传染病市场整顿的建议》，及与其他6个民主党派共同提出的集体提案《关于加强我市动物源性食品检测和动物防疫工作的几点建议》，被市政协作为重点提案督办；《关于建立社会医疗救助制度，扶助弱势群体的建议》《更专业更系统更全面地开展长沙市形象系统工程(DIS)的研究与塑造》被评为优秀提案。

2004年，提交人大建议和政协提案100余件，其中市委会集体提案5件：《关于加强我市公共卫生体系建设的建议》《加强餐饮业卫生管理的建议》《关于大力扶持蓝猫卡通产业，努力打造国际卡通品牌的建议》《关于加强我市艾滋病监测工作的建议》《关于加强我市法律援助工作的建议》。在市政协九届二次全会上，《关于加强我市公共卫生体系建设的建议》《关于农民增收的八点建议》《遏制交通事故的增加，应加强对驾驶员培训学校的管理》《关于加强公厕建设的建议》4件提案被评为的优秀提案；在宁乡县人大十四届二次全会上提交《关于中草药开发的建议》。

2005年，提交建议和提案93件，其中集体提案6件。《完善试点工作，积极推行新型农村合作医疗制度的建议》《拯救湘剧刻不容缓》《关于进一步明确城市定位，打造长沙城市品牌的建议》《长沙市城市轨道交通项目投融资方案的建议》被评为市政协优秀提案；《关于加快长沙市中医院建设的建议》受到市政府的重视，为市中医院争取贴息贷款发挥作用。

2006年，提交建议、提案80余件，其中在市人大十一届四次全会和市政协九届四次全会上提交的建议、提案26件（含集体提案6件）。《关于推进“城中村”村改社区工作的调查与建议》《关于把长沙建成区域性金融中心的建议》《关于大力培育农村经纪人，促进农村经济发展的建议》获市政协优秀提案奖，《关于把长沙建成区域性金融中心的建议》提案经市政府论证通过，写入中共长沙市委党代会报告。

2007年，提交建议、提案90余件。在市政协九届五次会议上，《关于解决我市土地供应中存在的问题的建议》《把引进战略投资者作为推动我市新型工业化进程的重要支点的建议》的提案被评为优秀提案，列为重点督办提案。

2008年，在市政协十届三次主席会议上，《关于我市建设“两型社会”的几点建议》《关于“两型社会”综合配套改革试验区的五点建议》提案中的部分建议被中共长沙市委、市政府和各承办单位吸收采纳。提交《关于进一步优化我市城市交通的建议》《关于高起点建立我市“三调联动”的建议》《关于促进我市特色文化旅游产业发展的建议》，各承办单位针对提案建议召开专题会议进行研究。集体提案《关于确保我市粮食生产的建议》确定为主席会议督办的重点提案，市政府办公厅召开专题办理协调会，并与《树立居安思危意识，增强防震减灾能力》《进一步降低创业门槛，推动我市建设全民创业型社会》《发展“两型社会”，发展河西新城》等4个提案，被评为“市政协第十届一次全会优秀提案”。

2009年，提交《优化我市医疗环境，构建和谐医患关系的建议》等7个集体提案，其中《完善和优化城乡规划，加快推进我市新型城市化建设》提案被确定为重点提案。集体提案《先行先试激活民间资本，推动长沙经济率先发展》在政协十届二次全会上发言，得到市委书记陈润儿的批示，并在市政府政策研究室主办的《决策咨询》发表。《关于扶持中小企业发展的建议》《关于完善新型城乡公共卫生服务体系，着力解决“看病难，看病贵”问题的建议》《关于建立长沙市芙蓉区“城市街区24小时自助图书馆”的建议》等提案，都得到各区委区政府的重视。《关于完善和优化城乡规划，加快推进我市新型城市化的建议》《关于进一步规范停车场所，解决停车难通行难问题的建议》被评为优秀提案。

在2010年长沙市政协十届四次全会上，集体提案《关于发展我市低碳经济的若干建议》被确定为市政协的重点督办提案，市政协主席董学生在提案上作批示：这是时下最热议和最具发展趋势的话题和现实问题。建议政府职能部门认真研究、制定规划，逐步抓好落实。《关于大力发展物联网产业的建议》获优秀提案奖，刊入全会的《重要提案摘报》，并获常务副市长谢建辉批示“物联网是继互联网、3G移动网后，通信类的又一新兴产业，带动性强，技术含量高，市场潜力大，发展此产业既是建设‘两型社会’的要求，也是产业升级转型的需要，更是长沙抢占后经济危机时代发展制高点的一次机会。请科技局牵头，发改、经委、商务等部门协助，做好调查研究，提出规划与建议，使此建议能最快予以实施”。《把先导区打造成为低碳经济第一区 》的提案受到中共长沙市委领导的高度评价，并在电视媒体中播出。同时，提交《关于扶持中小企业发展建议》《关于加强食品从业人员健康管理的建议》《关于进一步加强民族宗教干部队伍建设和培养的建议》《关于加强长沙市芙蓉区住宅小区中商务活动管理》等。

2011年，就城市经济发展、加强政府管理及农村环境污染治理等问题提出合理化建议，提交集体提案4篇，个人建议、提案68篇。其中，《关于发展我市低碳经济的若干建议》《关于加快发展我市环保产业的建议》《关于大力发展我市文化产业的建议》《关于建立医疗保险救助制度的建议》《关于全面推行开放式居民社区物业服务工作，提高城市管理水平的建议》等被评为市政协十届五次全会优秀提案。陈忞在该次全会上提交提案15份，是市政协历史上一年提交个人提案最多的委员，其中，《关于大力发展我市文化产业的建议之二——财税政策方面》获“市政协优秀提案”，《综合利用建筑垃圾，大力发展循环经济》入选中共湖南省委宣传部编写的专为党代会正式出版的图书，并得到省委书记周强的批示。提交的《关于尽快出台长沙市医药卫生体制改革方案的建议》对《长沙市医改配套方案》的出台起到作用。《关于成立老字号协会和设立长沙老字号扶植基金的建议》被市政府采纳。在市十三届人大四次会议上提交《关于市医保制定各级医院接受诊疗疾病的分类标准的建议》《关于整治复兴街道路交通不畅的建议》《建设“两型社会”，提高全民环保意识，发展循环经济，倡导绿色消费》等提案。

2012年，全年提交建议、提案80余件。在湖南省政协十届五次全会上所作的《以城市社区建设为着力点，加强和创新社会管理》专题发言，获中共湖南省委书记、省人大常委会主任周强批示。集体提案《关于加快发展我市环保产业的建议》和《关于加强城市社区建设，创新社会管理的建议》分别获市政协十届六次全会优秀提案和市政协2012年优秀提案。《关于大力发展我市文化产业的建议之二——财政税收政策方面》《关于全面推行开放式居民社区物业服务工作，提高城市管理水平的建议》《关于建立医疗保险救助制度的建议》等提案获市政协十届六次全会优秀个人提案。《关于进一步加强食品安全监管的建议》《关于湘江流域水环境现状及污染防治对策》《我市城镇职工医疗保险可持续发展的几点建议》等提案，获市政协2012年个人优秀提案。

（二）调研献策。1988年，围绕中共长沙市委、市政府的大政方针，围绕人民群众普遍关心的热点难点问题以及政府工作的盲点问题，开展调查研究，形成调研报告，提交市委、市政府，提供决策参考。

1995年，就行业管理和行业协会的发展展开调研，撰写《关于长沙市行业管理和发展行业协会若干问题的思考》的调研报告，中共长沙市委书记召开会议听取汇报，对调研报告给予好评。

1997年，参加中共长沙市委统战部到东北学习考察团，撰写《东三省市政建设和国有企业改革》的调研报告，年底，党员中的人大代表和政协委员到宁乡、浏阳的偏远贫困乡村考察调研初级卫生保健状况，撰写《办好合作医疗，是实现2000年人人享有初级卫生保健的前提》的调研报告。

1998年，撰写《搞好我市卫生资源的合理配置，为完善城市社区医疗服务提供保障》的调研报告。1999年，调研人员参与“国际老人年”活动，深入多所公立和私立养老院，以及居委会、社区和市民家中进行调研，撰写《加快长沙市老年公寓建设》的调研报告。

为深入探讨科技管理体制改革，促进科学技术发展，2000年4月，与其他6个民主党派联合开展调研，撰写《建立与现代科教中心相适应的科技管理体制的调研和对策建议》，并到望城铜官瓷厂、LG曙光集团公司等厂矿企业调研，撰写《加强职业卫生管理，保护劳动生产力》的调研报告。

2001年，撰写《改善医患关系，促进长沙市卫生事业健康发展》的调研报告。2002年，完成调研报告2篇，其中《关于将社区卫生服务纳入医疗保险范畴的建议》被市政协八届五次全会列为大会发言。

2003年，撰写调研报告5篇，其中《建立有效监管机制，加强餐饮业卫生管理》《关于加强我市艾滋病监测工作的建议》《大力扶持蓝猫卡通产业、努力打造国际卡通品牌》3个调研报告得到长沙市委书记梅克保的批示，并与调研报告《关于加强我市公共卫生体系建设的建议》一起作为市政协九届二次全会的发言材料。调研报告《关于我市法律援助工作的建议》获好评。

2004年，完成调研报告6篇，其中《理顺体制，加强管理，努力把农业综合开发的盘子做大做强》《完善试点工作，积极推行新型农村合作医疗制度》《发展宁乡旅游业，丰富长沙西部行》等3篇被定为市政协全会的大会发言材料，市长谭仲池作出批示；调研报告《关于发展长沙县汽车配件集群的建议》《关于发展浏阳市花炮集群的建议》《关于发展宁乡县服饰产业集群的建议》获好评。

2005年，撰写调研报告6篇，其中《关于推进“城中村”村改社区工作的调查与建议》获中共长沙市委和市政府主要领导的批示，并与《关于我市应对中部崛起的五点建议》一起，被定为市政协大会发言材料；《关于积极推进新型农村合作医疗制度的再建议》被农工党中央和省委采纳、采用；《关于政府采购中存在的问题及建议》的建议大多被采纳；《关于长沙建筑行业农民工生存状况调研及相关建议》被长沙电视台新闻频道、《长沙晚报》报道，《关于进一步发挥离退休专业技术人员作用的建议》成为长沙市人事局出台相关文件的依据。

2006年7月，参加由中共长沙市委出题、市政协组织的“建设社会主义新农村”大型调研活动，完成《关于推进我市农村医疗卫生事业的建议》子课题的调研报告。并就长沙市新型工业化、国有土地的开发与管理、艾滋病防治3个社会关注的热点问题开展调研，完成《关于加快推进我市新型工业化的几点建议》《关于对我市国有土地开发的调研与对策》《关于加大对我市艾滋病防治的建议》等调研报告。完成《大力推进以社区卫生服务为基础的城市医疗新体系建设》《发展社区文化，构建和谐天心》《构建小康岳麓》的调研课题，全年完成调研报告7篇。

2007年，全年撰写《关于加快我市社区医疗卫生服务事业发展，构建和谐长沙》《社区医疗卫生服务的调研报告》《建立司法调解、行政调解、人民调解联动机制，促进长沙市社会和谐稳定》《加强政府统筹，增强粮食发展后劲，确保粮食生产安全》《关于洞井镇义务教育情况调查》5篇调研报告。

2008年，在中共长沙市委“关于加快推进新型城市化”为题的大型联合调研中，农工党市委完成其子课题“加强城市发展规划”的调研，撰写《完善和优化城乡规划，加快推进我市新型城市化建设》的调研报告；参与农工党中央、省委“关于夯实农村三级卫生服务网络体系建设的基础，全面实现人人享有基本医疗服务的目标”的调研，撰写《我市农村三级卫生服务网络体系建设情况》的调研报告；撰写《优化医疗环境，构建和谐医患关系》《芙蓉区归国留学人员创业情况调研》《天心区文化信息资源共享工程街道（乡镇）及社区（村）基层点情况调研》调研报告。全年撰写调研报告5篇。

2009年，参与农工党中央、省委关于《发展绿色经济，推动结构调整》的联合调研；到长沙市公立和私立的老年公寓了解老年公寓建设的基本情况及存在的问题，开展“关于加快我市老年公寓建设与发展”的调研，并提出建议。在中共长沙市委召开的各民主党派、工商联调研成果汇报会上，撰写的《关于确保我市食品安全的调查与建议》调研报告，被中共长沙市委、市政府领导评价为“选题准，质量高”，并被农工党省委评为优秀调研报告。参加市政协“关于浏阳河流域生态环境保护”的联合调研，承担“浏阳河流域河道管理与生态修复”子课题，完成《加强河道管理与生态修复，进一步推进浏阳河流域生态环境保护》的调研报告，在市政协资政会议上，中共长沙市委、市政府主要领导认为此报告调研深入，见解独到，操作性强。提交《关于建设社会主义新农村》《提质远大西路，构造新的经济模式》《关于加强我区文化资源的开发与利用》《关于新经济组织新社会组织统战工作机制探讨》等调研报告。全年完成调研报告9篇。

2010年，参与长沙市“关于发展低碳经济，助推全市‘两型社会’建设”的重点课题调研，撰写《发展低碳经济助推两型社会建设》调研报告；参与市政协“关于加强城市管理，进一步提高长沙城市国际化”中的子课题“加强政府管理”的调研工作，完成《加强政府管理、提高长沙城市国际化水平》的调研报告。撰写《关于非公有制经济组织行业协会的发展研究》《关于构建我区中小学生托管服务的思考》《关于加强我区文化资源的开发与利用》《新一代党外代表人士的构成及发展趋势》《参加民主评议全市投资环境的报告》调研报告。全年完成调研报告7篇。

2011年，撰写《加强城市社区建设，提高社会管理水平》《关于公共文化服务体系建设情况对策建议》《加强土地管理与创新，促进城乡一体化建设》《网络民主对我国政党制度的影响和对策研究》《新医改之基本药物实施对老百姓生活的影响》《完善社会组织管理机制，推进社会组织健康有序的发展》《发挥比较优势，做强服务经济》《创新人才机制，推进人才兴院》8篇调研报告。其中，《加强城市社区建设，提高社会管理水平》为农工党省委的中标课题，被农工党省委评为优秀调研报告，并作为省政协十届五次大会发言材料。

2012年，到岳麓区咸嘉新村社区、开福区科大佳园、王家垅社区等地听取基层组织和群众的意见。提交《关于加强我市城市社区建设的调研》《关于推进特色文化产业发展的调研》《关于医疗保险付费方式改革的调研》等调研报告。提交的《关于改革我市医疗保险结算方式，解决市直属医院医保应付款问题的建议》集中反映医保资金与医院结算的突出问题，提出对策建议，得到长沙市医疗保险管理服务局的重视。还提交《文化统战与芙蓉区公共文化事业发展研究》《提高社区医疗卫生水平的调研报告》《充分发挥新社会阶层的作用，推动岳麓区经济又好又快发展——新时期中国社会阶层的特质及诉求分析》《从项目税收反观区域战略招商思路》等调研报告。举办农工党界别委员活动周，以“关注社区医疗、关心百姓健康”为主题，组织政协委员到天心区三真社区卫生服务中心和雨花区雨花亭社区卫生服务中心开展的调研。

（三）反映社情民意、统战信息。1998年起，开展反映社情民意和统战信息工作，作为履行参政议政职能的新形式。

2001 年，向农工党省委、市政协、市委统战部报送社情民意信息 40 余条。

2002 年，被评为全市“统战信息工作先进单位”，在全市统战信息工作表彰会介绍经验。《有关民主党派领导人阅文和参会的建议》上报后，中共长沙市委副书记杨顺初作出批示，相关部门立即办理，使问题圆满解决；经济信息《湖南钢材大市场亟须解决物流进出问题》上报后，市长谭仲池、副市长赵小明到钢材大市场建筑工地现场办公，解决资金、交通等问题；《展览馆路上省石油公司一栋八层高楼应予拆除》的意见反映后，促使大楼终被拆除，道路变得通畅；《建议在县（市）、区法院、检察院机构改革中落实好领导班子中党外干部的安排的意见》得到采纳，中共长沙市委组织部作出“在今年县（市）区换届后，法院、检察院各配备 1 名党外副职”的答复并付实施；报送《关于改革职称评定工作的建议》后，市人事局局长约见市委领导，交流情况并听取意见。

2003 年，50 余条统战信息和社情民意被中央统战部，及省、市委统战部、市政协采用，并获“市委统战部统战信息工作一等奖”。

2004 年，报送的《质疑在湘江长沙段筑坝》被市政协评为“优秀社情民意”，获“全市统战信息工作先进单位一等奖”，副主委罗绍亮获“全市优秀统战信息员一等奖”和“特殊贡献奖”。2005 年报送统战信息和社情民意的 5 篇，2006 年报送 20 篇。

2007 年，报送的信息《重视城市声环境污染的治理》被市政协《社情民意》评为“本年优秀稿件”，全年报送各类信息 60 余条。

2008 年，报送统战信息、社情民意 70 余条，农工党市委被评为“全市统战信息工作先进单位三等奖”。《简化药品包装，减轻病人用药负担》被评为“市政协优秀稿件”，《建议加强农村医疗机构的药品管理》和《建议加大对盗版及非法出版物的治理》，分别得到市食品药品监督管理局和市扫黄打非办公室的重视，并作详尽的答复。

2009 年，报送统战信息 20 余篇，反映社情民意 20 余条，其中关于《建议在我市推广屋顶绿化工程》的民意信息，获市长张剑飞的批示，并在《长沙晚报》上登载，相关部门在对简牍博物馆进行实地考察后建议在全市推广。洪霞被评为“反映社情民意工作先进个人”，其《建议建立居民健康信息系统，实现医疗信息共享》的社情民意获副市长何寄华批示“此建议非常可行，在全市加强医院管理，推进医疗体制改革中应认真采纳”。《在社区设立过期药品回收点》等社情民意在《长沙晚报》和农工党中央杂志《前进论坛》上登载。农工党市委被评为“市政协社情民意工作先进单位”。

2010 年，向农工党省委、市政协报送反映社情民意 25 条，其中《建议对刚出生的新生儿群体建立医疗保险制度》获副市长何寄华批示；《整治非法占道经营行为要长抓不懈》的建议得到市城市管理局的重视，并就建议中反映的问题作专题部署。

2011 年，社情民意《建议修改〈长沙市城市公共客运条例〉，促进“公交优先”落到实处》（以下简称“《条例》”）获长沙市副市长李军批示，市人大法制委员会做前期调研，为《条例》修改作准备。《要重视地铁振动和噪音等环境污染问题》的建议上报后，李军责成市轨道交通集团有限公司认真办理。

2012 年，全年报送统战信息 60 余条，提交社情民意 40 余条，《关于保障医疗事故鉴定公平公正的建议》等信息被评为“市政协优秀社情民意三等奖”。

二、社会服务

（一）救灾义诊。1988 年，组成“抗灾防疫慰问团”到灾区进行防疫宣传，治病送药。1999 年 1

月，开展为期1个月的“迎春义诊·健康人生”主题医疗咨询社会服务活动，50余位医学专家为2000余人次进行义诊。

2003年初，非典型性肺炎（学名“重症急性呼吸综合征”，以下简称“非典”）肆虐，疫情严重，农工党市委号召各医卫条线的基层组织和党员投入到非典防治工作中，开展医疗义诊3次，免费送药3万余元，受惠群众1500余人次；参加农工党省委开展的义诊活动5次，免费送药2万余元，受惠群众3000余人次。9月10日，农工党中央授予农工党长沙市委、市传染病医院支部和市铁路医院支部“抗击非典先进集体”称号，黄顺玲等人获“抗击非典优秀党员”称号，授予夏放群等人“抗击非典先进个人”称号；在省、市政府的表彰中，韦怡被授予“抗击非典省级先进个人”并获省二等功。

2004年，医疗系统的党员在长沙开展义诊4次，受惠群众2000余人，在张家界、岳阳、常德等地开展义诊、扶贫、献爱心等活动11次，捐资50万余元，上万人受惠。

2007年，45名党员、医学专家在市内9个社区医疗服务中心进行医疗义诊、健康咨询，服务群众1000余人次，免费发放募集到的价值50万元的药品及医疗器械。市口腔医院支部正畸科4名党员为10名贫困学生免费施行正畸治疗，减免医疗费近6万元；外科2名党员救助10余名患有先天性唇腭裂的患儿，减免医药费近2万元。党员杜天明、杨百放等人捐款、捐物2万余元慰问特困市民。

2008年5月12日，四川省汶川县发生特大地震灾害，党员杨昕等人随长沙市医疗卫生救援队到四川彭州市灾区进行医疗援助；党员谢丽娟多次前往灾区，为地震幸存者做心理辅导；党员刘婧及其长沙岳建劳务公司，筹款40万元，支援灾区希望小学的建设；党员李曦向灾区捐款1.6万元，并购买17万余元灾区急缺的药品送至德阳灾区；党员李强捐款8万元，并向灾区运送食品、药品、被子等4万余元的物资。农工党市委被农工党中央和农工党省委授予“抗震救灾先进集体”称号。是年，参与中共统战系统“抗灾补损促发展”活动，捐款5000元，帮助浏阳市永和镇石佳村和官渡镇竹联村恢复生产和重建工作。

2011年，党内知名医卫专家、教授及相关业界人士开展义诊暨健康服务活动10余次。在烈士公园开展以“关注健康，关爱家人”为主题的大型社区义诊暨健康服务活动，为市民提供义诊和健康咨询服务，举办健康讲座，发放健康宣传单5000余份，发放药品80余个品种近5万元，受惠群众2000余人。

2012年，响应农工党中央“中国环境与健康宣传周”活动，开展社区义诊及法律咨询活动；市四医院、利慈医院的党员医师到岳麓区咸嘉街道老年公寓开展慈善义诊活动，并参加区委统战部组织的莲花镇义诊扶贫活动；党员到社区义诊，为居民提供健康知识讲座服务。

（二）兴业兴教。自1984年始，与农工党湖南省委共同创办或单独创办一系列以“前进”字号冠名的学校和企业，这些学校和经营实体面向社会面向农村，促进就业和社会经济的发展，取得良好的社会效益和经济效益，树立农工党社会服务的品牌。

1984年，创办前进医药职工中等专业学校。1985年创办的前进实验药号，药材质优，药品齐全，炮制精研，服务周到，被评为湖南省“示范药号”，是年创办的前进建筑设计研究所被评为全省“建筑设计优秀单位”。1988年，创办前进高技术股份有限公司、前进生物医学研究所，是年创办育英职业技术学校，设医士、药剂两个专业，主要招收农村初中毕业生，实施职业教育，被评为长沙市社会办学“教学双优”先进单位。

1989年，创办楚天书画艺术研究院、前进中等职业技术学校和前进计算机研究所，有208名书画爱好者参加书画研究院的学习，10月1日举办国庆40周年书画展；前进中等职业技术学校设制冷、空调两个专业，两个班招收100余名学员。1990年，前进计算机研究所在长沙承办“国际中文与东方语言计算机处理学术大会”，并在会上推出新版多字体、全字号、高精度汉字压缩系统，得到与会代表的一致称赞。前进中等职业技术学校和育英职业技术学校分获长沙市社会办学全面质量检查评比中分获一等奖和二等奖。

1992年，创办前进养殖服务公司、前进生物试剂仪器研究所、飞天装饰公司和机动车配件公司，组织工程技术人员为岳麓山乡金属压延厂提供现场技术咨询服务，指导带材设备安装、整改工艺流程、轧机改造、疏通理顺供销关系等，使该厂产量比1991年翻一番，年产值超过1000万元。

1993年，创办前进物业开发公司、前进器材经营部、久华建筑设计公司、北海汇华房地产开发公司（合资）、长城建筑防水公司、深圳前进电脑联合公司长沙分公司、晶都新型艺术雕刻玻璃开发部等经济实体，其中北海汇华房地产开发公司被广西区政府评为“省级百强企业”；前进生物试剂研究所研制的“联合稀释加样器”，在首届中国科技博览会上获金奖。年底，前进中等职业技术学校、育英职业技术学校和前进科技学校有在校生868人，毕业生就业率96%。

1994年，创办前进电子自控研究所和中西武术研究中心，前进电子自控研究所研制的高压静电除尘控制器和霓虹灯电子变压器，质量稳定、环保价廉。前进中等职业技术学校、育英职业技术学校和前进科技学校全年毕业学生200余人。

1995年，所属的前进集团执行总裁邱影新向农工党中央初级卫生保健基金会捐款150万元，农工党中央主席卢嘉锡为其颁发荣誉证书。是年，前进集团出资500万元与湖南大学联合办学，成立湖南大学前进学院，面向全省老、少、边、穷地区，培养脱贫致富的经济带头人。

1996年，前进集团捐资50万元，在湘西土家族苗族自治州创办黑山羊圈养试验场。1997年，农工党市委党员向龙山县教育扶贫基金捐款7080元；前进科技学校与北京针灸骨科学院联合办学，第一期骨伤科函授大专班开班授课。

2001年，农工党市委和前进实验药号分别被农工党中央授予“‘国际科学与和平周’先进集体”和“社会服务先进单位”，前进中等职业技术学校被评为全省“社会办学先进集体”。

2001年以后，基于政策原因，各企业或停办或不再由农工党市委管理。

（三）扶贫帮困。1988年后，依据党员特点，发挥党员优势，关注民生，开展各项扶贫帮困及其他的慈善活动。

1998年，向雷锋家乡捐赠图书500余册；连续5年捐资2000元，资助桑植县沙塔坪乡特困学生李金玉；党员李强捐资承担岳阳灾区3名考取重点大学的特困生学习期间的全部费用；党员王娆捐资救助一名罹患骨髓炎的女学生。

2002年，为市儿童慈善基金会、市残疾人基金会和希望工程捐款3000元。在扶贫对象桑植县沙塔坪乡李金玉完成九年制义务教育后，农工党市委将其送去醴陵市德才英语学校学习，并与党员杜天明共同承担其生活和学习费用。

2003年，向长沙市盲聋哑学校11名品学兼优且家庭贫困的学生及1名毕业后已升大学的学生捐赠学费1.5万元，向遭受水灾垮垸的长沙市开福区五合垸183户灾民捐赠总价值3.6万元的物资。

2004年，在开展社会服务活动中，了解到宁乡县巷子口镇医院基础设施薄弱，医疗器械陈旧，基础药品缺乏，不能满足当地经济发展和城镇人口增加的需要，遂组织党员专家调研论证，设计提升改造方案，并将该医院定为农工党中央定点帮扶的乡镇卫生院，捐赠价值40万余元的药品和医疗器械。

2005 年，将望城县乌山镇卫生院定为农工党中央定点帮扶乡镇卫生院，捐赠价值 50 万余元药品。是年，联系美国视博恩公司为市盲聋哑学校 13 名学生捐一年学费，为宁乡县坝塘 14 名孤儿捐一学期学费。长期资助的贫困学生李金玉从醴陵市德才英语学校毕业后成为乡村教师。

图 6-5-3-1 农工党市委到慈利县开展爱心助学活动
（摄于 2009 年 3 月，农工党长沙市委供图）

2007 年，在青山铺镇青洪村开展扶贫帮困活动，为青山铺镇青洪村小学捐资助学。2008 年，在市第一社会福利院建立湖南省首个“构建和谐社会联系点”，捐赠康复器材，开展义工活动。

自 2008 年始，开展三级定点社会服务活动，捐建村卫生室，捐赠医疗器械和常用药品，资助贫困学生就学，以宁乡县横市镇泉柳村为示范点，推广沼气和太阳能等清洁能源，连续 3 年筹措资金 175 万元，为 1166 户村民安装太阳能热水器，建沼气池 132 座，三级化粪池 960 个，卫生厕所普及率和粪便无害处理率分别为 91.4%和 78.8%。同时，整治农村生态环境，硬化乡村道路，安装太阳能路灯，推进绿色村镇建设，成为民主党派社会服务工作的“精品工程”。在 2010 年中共长沙市委统战部召开的市各民主党派、工商联社会服务工作经验交流会上，农工党长沙市委的社会服务活动模式被重点推介。全国政协副主席、农工党中央常务副主席陈宗兴专程到该村进行调研。开福区工委响应联合国“国际环境卫生年”活动，以安全用水为主题，在市捞刀河镇开展“水与健康”的宣传，并为当地居民义诊咨询 200 余人次。

2012 年，参加天心区委统战部扶贫帮困活动，捐献 4000 元，送油送粮到 10 户困难家庭。

（四）法律援助。2006 年，发挥律师支部的优势，在湖南商周律师事务所建立法律援助工作站，为弱势群体和农工党员提供相关的法律咨询与服务。2007 年免费办理法律维权案件 8 件，并在解放路办事处化龙池社区拆迁安置现场，开展法律进社区活动，为市民解答法律问题。2009 年免费办理法律维权案件 16 件，2010 年 15 件，2011 年 12 件，2012 年 17 件，维护弱势群体的合法权益。

三、其他

1988 年 9 月，邀请省内外 20 余名学者，举办全国首次由民主党派召开的民主政治建设理论研讨会。

1990 年 8 月，在湖南宾馆召开庆祝中国农工民主党建党 60 周年大会，请农工党老党员座谈建党历史，回忆革命历程，并开展医疗义诊、健康咨询和家电维修等社会服务活动。

1995 年 8 月 1 日，召开纪念中国农工民主党创始人邓演达 100 周年诞辰座谈会，编印《邓演达传略》，发给全体党员学习。

2000 年 8 月 8 日，举行庆祝中国农工民主党成立 70 周年座谈会，编印 30 万余字的《长沙农工》特刊。在农工党中央、省委召开的纪念大会上，农工党市委获农工党中央颁发的“组织建设成绩奖”和农工党省委颁发的“先进地方组织奖”。

2003 年 11 月 11 日，举办虚拟经济与实体经济关系研讨会，全国人大常委会副委员长、农工党中央主席蒋正华出席会议并作题为《正确处理虚拟经济与实体经济关系》的主题发言，并对湖南省和长沙市的经济工作作调研指导。

2004年2月6日，农工党长沙市委成立50周年纪念大会在长沙田汉大剧院召开，全市500余名农工党员参加大会。全国人大常委会副委员长、农工党中央主席蒋正华给大会题“祝贺农工党长沙市委成立五十周年，学习‘三个代表’重要思想，把发展作为参政议政第一要务，不断提高参政能力和水平”的贺词。市政协副主席、农工党市委主委黄顺玲作题为《风雨同舟、继往开来》的讲话。大会表彰在参政议政、民主监督、社会服务及在本职工作中做出突出贡献的优秀党员、优秀党务工作者和先进基层组织。

2005年10月13日，承办中国农工民主党第三届中部地区省会城市市委会社会服务工作研讨会，全国政协委员、农工党中央社会服务部部长焦平生等领导，以及南昌、武汉、郑州、合肥、太原、长沙6个省会城市的农工党市委20余名代表出席会议，会议总结近年来中部地区省会城市农工党各市委会在社会服务工作中所取得的成绩，编辑出版会议交流材料。

2010年8月29日，召开庆祝中国农工民主党建党80周年纪念会，农工党省委副主委陈松岭等出席大会，编印《风雨同舟80年》和《参政议政——纪念中国农工民主党成立八十周年》纪念画册，并在《长沙晚报》登载“同心同德谋发展，携手奋进谱新篇”的主题纪念专版。

第六章　中国致公党长沙市委员会

20世纪80年代初，中国致公党开始在长沙发展党员，组建支部。1988年，作为中国致公党中央派出机构的“中国致公党长沙市工作委员会”有党员104名，辖9个支部。是年，致公党长沙市工作委员会（以下简称“工委”）组建咨询服务部参与经济建设、社会办学、支农支边等工作，主办编印机关刊物《长沙致公》（季刊），作为致公党长沙组织的思想宣传载体。

1989年4月，中国致公党长沙市委员会（以下简称“致公党长沙市委”）成立。1990年，党员中的各级人大代表和政协委员提交建议、提案38件。是年，开办长沙致公礼仪学校，3年开班11期，培训2000余人次。1991年，成立参政议政核心领导小组，开始以集体提案形式反映调研成果，并在市政协全会上作大会发言。1992年，成立长沙银海计算机工程公司、湘侨中等职业学校、湘侨贸易公司。

1996—2001年，围绕长沙经济社会大局问题开展调查研究，撰写调研报告提交中共党委、政府有关部门，提供决策参考，取得调研成果17篇。

2001年，全市有致公党员256人，致公党市委辖支部15个。是年，提交建议、提案32件，其中《关于加快农业产业化进程，尽快摆脱“三农”困境》被长沙市十一届人大四次会议立为议案。2002年，加大参政议政职能力度，履行组建参政议政工作委员会，以专门委员会的形式推动工作。2003年，密切与市各区县中共党委及政府的联系与沟通，方便致公党市委基层组织接受区、县中共统战部的领导，更有成效地履行参政议政职能，在芙蓉区、天心区、岳麓区、开福区建立工作委员会。

2006年，将服务社会的思路调整到综合服务和筹建基地，追求服务长效。至2011年，建立9个社会服务基地。是年11月，致公党长沙市委在全国各民主党派、工商联、无党派人士为全面建设小康社会做贡献评选表彰活动中获“先进集体”称号。

至2012年，长沙市有致公党员509名，致公党市委辖6个区（市）工作委员会，21个支部和9个专委会；形成调研报告58篇；在各级人民代表大会、政治协商会议（以下简称“两会”）上提交建议和提案844份，其中16件提案被评为优秀集体提案；向政协、统战部门和致公党上级组织反映社情民意和信息654条；开展各类服务活动百余次，捐助款物1000万余元，医疗义诊8000余人次，为7000余人次提供法律、科技咨询，发放技术资料2万余份、书刊万余册，培训各类人员万余人次；接待侨胞和台、港、澳同胞200余人次，党员出国（境）参加学术交流、探亲访友、考察300余人次，协助政府和有关部门引进资金数亿元。

第一节 组织机构

一、市级组织

（一）委员会（工作委员会）组成。1985年1月15日，中国致公党长沙市工作委员会成立，直属致公党中央领导。1988年，中国致公党长沙市工作委员会由7人组成，其中主任委员1人，副主任委员2人，秘书长1人，委员3人。

1989年4月15—17日，选举产生中国致公党长沙市第一届委员会，致公党长沙市委建立。第一届委员会由9人组成，包括主任委员1人、副主任委员2人。1996年，第二届委员会由10人组成，其中主任委员1人、副主任委员2人。2001年，第三届委员会由16组成，其中主任委员1人，副主任委员4人。2006年，第四届委员会由24人组成（4人为届中增补），并设常务委员会，由11人组成（1人为届中增补），其中主任委员1人、副主任委员4人。2011年，第五届委员会由22人组成（其中1人为届中增补），包括常务委员11人，其中主任委员1人、副主任委员4人。除第二届外，各届均设秘书长1人。第一届委员会设名誉主委1人，第二、三、四届聘有顾问，其中第二届委员会顾问1人，第三、四届委员会顾问3人。

（二）专门工作委员会。1988年，中国致公党长沙市工作委员会设组织组、宣传组、社会服务组、对外联络组、妇女工作组。1991年5月，致公党长沙市委成立对外经济工作组。是年，建立参政议政核心领导小组。2001年11月2日，成立参政议政、组织、宣传、社会服务、侨务及妇女5个工作部。2002年11月15日，以原参政议政工作部为基础，调整充实人员，成立参政议政工作委员会。2003年12月26日，成立教育专业委员会、医卫专业委员会、证券专业委员会、法律专业委员会、老龄党员工作委员会和妇女党员工作委员会，替代参政议政、组织、宣传、社会服务、侨务及妇女工作部。2005年12月18日，成立长沙致公书画院。2006年12月23日，社会服务工作委员会成立。2009年，成立监督委员会。2011年，将已有的参政议政工作委员会、社会服务工作委员会、教育专业委员会、医卫专业委员会、证券专业委员会、法律专业委员会、老龄党员工作委员会、妇女党员工作委员会、长沙致公书画院和监督委员会10个专委会调整为参政议政工作委员会、社会服务工作委员会、海外联谊工作委员会、老龄党员工作委员会、妇女党员工作委员会、长沙致公书画院和监督委员会7个专委会，至2012年无变化。

（三）区工作委员会。2003年8月，致公党长沙市委召开第一次全市基层组织工作会议作出“以区（市）为单位成立工作委员会（以下简称“工委”）”的决定，率先在全省各民主党派市级组织中探索“工委”这一组织架构形式。2003年年底，芙蓉、天心、岳麓和开福4区先后成立工委。2004年和2007年，浏阳市工委和雨花区工委相继成立。至2012年，在芙蓉区、天心区、岳麓区、开福区、雨花区和浏阳市设6个工作委员会。

（四）工作机构。1988—1989年，致公党长沙工委机关的内设机构和工作机构混编。1988年建立妇女工作组后，设办公室、组织组、宣传组、社会服务组、对外联络组、妇女工作组，人员编制3名。1990年，内设机构为办公室和组织宣传部，有行政编制4人，机关后勤服务人员事业编制1人。1993年，成立对外经济工作部，挂靠在组宣部，负责经济工作。2003年，内设办公室（加挂参政议政处）、组织处、宣联处（加挂社会服务处）3个职能处室，核定行政编制6人，机关后勤服务人员事业编制1人。至2012年，内设处室和人员编制未变。

1988—2012年，先后担任中国致公党长沙市委员会主要领导职务的有：杨文苑、梁秉标、胡旭晟、王国海；其他领导班子成员有：王棋南、黄煖堂、黄其实、符明川、李光华、黄光裕、宋宾、钟伦荣、吴晓佳、邓雪琴（女）、麦庆发、吴为廉、陈昉青、枭燕（女）、贝先明、许毅、翁少兰（女）、戴志坚、李序蒙、黄锋。

二、基层组织

1988年，致公党长沙工委有东区支部等9个支部。1991年，南区支部和汽电支部成立。1994年，成立医卫总支和教育总支两个总支，成立四医院支部、实验中学支部和二十中支部3个支部，形成2个总支、14个支部的基层组织格局。1997年，成立雨花区支部。

2002年7月11日，成立机关支部，并于11月29日成立长沙留学人员创业园支部。全市的基层支部由14个增加到16个。2003年，撤销医卫总支和教育总支。2004年，浏阳支部拆分为浏阳一支部、浏阳二支部和浏阳三支部。2005年8月，成立枫林支部。至2006年，有芙蓉支部等19个支部。2007年10月26日，雨花区支部拆分为3个支部，分别为雨花一支部、雨花二支部和雨花三支部。

至2012年，致公党长沙市委有芙蓉支部等21个支部。

三、致公党员

1988年，全市有致公党员101人，平均年龄49岁。其中男65人，女36人，具有大专以上文化程度的占83%，离退休人员占18%，党员以归侨、侨眷中的中上层人士为主。党员中的各级人大代表和政协委员32人，其中省级5人，市级15人，区县级12人。

1989年，全年发展致公党员9人，至年底有党员109人，平均年龄49岁。其中男71人，女38人；归侨28人，侨眷41人，“三胞”及其眷属25人；具有大专以上文化程度的90人，占83%。

至1996年，发展成员66人，年底，党员总数为172人。是年起，以年净增率不超过5%的标准发展新党员。2001年，党员规模扩大到249人。

2001—2006年，发展新党员122人。至2011年，党员发展到468人。

2012年，全市有致公党员509人，平均年龄46岁。485人具有大学以上文化程度。获高级职称的119人，占23.4%，具有中级职称的239人，占47%。有侨海关系的党员298名，其中归侨16人，侨眷64人，港澳属8人，台属70人，留学归国及访问学者22人，其他有海外关系人士118人。党员从事的职业涵盖政务管理、金融投资、企业经营、法律援助、医疗卫生、学校教育、信息技术、人才培训等广泛领域，其中高等教育职业26人，普通教育职业133人，科学技术行业84人，医药卫生行业68人，文化艺术行业18，新闻出版行业5人，司法机关11人，政府机关49人，党派机关和群团组织 3 人，从事公有制经济的 24 人，新的社会阶层人士 23 人。

2012 年人大、政协和政府换届，有 111 人（次）党员在各级人大、政协作政治安排，其中，省人大代表 2 人，省政协委员 1 人；市人大代表 7 人，市政协委员 21 人。任副科实职以上职务的党员 45 人。至 2012 年，先后有 100 余人次担任各级人大、政府、政协、司法等部门负责人，近 300 人次担任各级人大代表、政协委员。

第二节　代表（全体党员）大会

一、第一次全体党员大会

1989 年 4 月 15—17 日，中国致公党长沙市第一次全体党员大会在长沙青园宾馆召开。全市 104 名党员中的 83 人出席会议。中国致公党长沙市工作委员会副主委黄煖堂代表工委作工作报告。会议选举产生中国致公党长沙市第一届委员会，梁秉标等 9 人为委员，推举杨文苑为名誉主任委员。会议期间，召开第一届委员会第一次全体委员会议，选举产生主任委员、副主任委员人选，秘书长空缺。

二、第二次代表大会

1996 年 8 月 24—26 日，致公党长沙市第二次党员代表大会在麓山宾馆召开。出席会议的党员代表 71 名，代表长沙市东区支部等 13 个支部的 175 名党员。梁秉标代表第一届委员会作工作报告。会议选举产生致公党长沙市第二届委员会，梁秉标等 10 人任委员，聘请符明川担任顾问。会议期间，召开致公党长沙市第二届委员会第一次全体委员会议，选举产生主任委员和副主任委员人选。

三、第三次代表大会

2001 年 9 月 25—27 日，致公党长沙市第三次代表大会在枫林宾馆召开，出席会议的党员代表 69 人。梁秉标作题为《致力大团结，公心谋国是，为长沙经济繁荣和社会发展做出积极贡献》的工作报告。会议选举产生致公党长沙市第三届委员会，胡旭晟等 16 人任委员。聘请梁秉标、黄其实、符明川为顾问。会议期间，召开致公党长沙市第三届委员会第一次全体委员会议，选举产生主任委员和副主任委员人选，任命陈昉青为秘书长。

图 6-6-2-1　致公党长沙市第三次代表大会会议现场
（摄于 2001 年 9 月 25 日，致公党长沙市委供图）

四、第四次代表大会

2006 年 3 月 20—23 日，致公党长沙市第四次代表大会在枫林宾馆召开，86 名党员代表出席会议，其中包括选举代表 65 名，提名代表 21 名。胡旭晟作题为《致力和谐发展，积极献计出力，为长沙实现全面建设小康社会的宏伟目标再立新功》的工作报告。会议选举产生致公党长沙市第四届委员会，由胡旭晟等 20 人组成。自这届委员会开始设立常务委员会。会议期间，召开致公党长沙市第四届委员会第一次全体委员会议，选举产生致公党长沙市第四届委员会常务委员会，组成人员为胡旭晟等 10 人。选举产生主任委员和副主任委员，任命陈昉青为秘书长。

五、第五次代表大会

2011 年 4 月 27 日，致公党长沙市第五次代表大会在枫林宾馆召开，91 名党员代表出席会议，其中包括选举代表 73 名，提名代表 18 名。会议听取和审议通过王国海代表致公党长沙市第四届委员会所作的题为《致力为公，参政兴市，为圆满完成“十二五”规划目标贡献力量》的工作报告。会议选举产生致公党长沙市第五届委员会，委员规模 23 人，选举产生 21 人，留 2 名空额待届中增补。会议期间，召开致公党长沙市五届一次全体委员会议，选举产生致公党长沙市第五届委员会常务委员会，组成人员 11 人。选举产生主任委员和副主任委员人选，任命陈昉青为秘书长。

第三节　主要活动

一、参政议政

（一）建议提案。1988—1989 年，作为派出机构的致公党长沙工委，主要依靠党员中的人大代表、政协委员个人开展参政议政工作。参政议政的选题和调研主要靠党员个人依据自身特点和兴趣，自主就所关注的社会问题进行选题和开展调查研究，并以个人身份提交建议、提案，建言献策。致公党长沙市委党员在长沙政协市全会上提出的《建立强有力的民主监督机构，重新合理地调整社会分配，努力做好开源节流工作》的有关提案受到市政府重视，被《长沙晚报》刊登。提交的《关于加强犬只管理》的提案得到落实，长沙市政府批准公布《关于加强犬只管理防止狂犬危害的通告》。长沙市人大九届二次会议上，提出“增加教育资金投入”和“教师政策开口费用和医疗费的筹集应由市政府统筹”等建议得到市政府采纳，当即修改《政府工作报告》中关于教育资金投入的百分比，比原定数额增加 300 万元。关于解决市区治安状况、建议增加警力编制、分段包干的建议也由市政府专门开会研究后付诸实施，增加警力编制 403 个。

1990 年，党员中的各级人大代表、政协委员提出提案、建议 38 件。提出的《请市政府进一步加强中巴的整顿》引起长沙市政府重视。

1991 年，成立参政议政核心领导小组，开展集体选题和调研，并以调研成果为依据，在政协会议上以党派名义提交集体提案。《青少年的社会公德教育亟待加强》在市政协全会上作大会发言。是年，对全市宣传贯彻《中华人民共和国归侨侨眷权益保护法》情况进行专题调查，形成《认真贯彻实施〈归侨侨眷权益保护法〉切实保护归侨侨眷的合法权益》的调研成果提交政协会议。

1992 年 3 月 14 日，举办“参政议政日”活动，召集部分党员中的人大代表、政协委员就如何振兴长沙经济问题开展讨论，收集整理的建议意见提交给统战部门进行转达。

1993 年，撰写的《关于“市政府应把大力发展外向型经济作为今后经济工作的重点来抓”的建议》被列为市政协 9 个重点提案之一。

1996 年，围绕如何加强长沙市精神文明建设，调研后形成的《关于改善长沙市容的几点建议》提交长沙市政协七届五次全会（1997 年初），得到中共长沙市委主要领导批示。

至 1996 年，在历次市政协全会上提交集体提案 5 件，均在会上作大会发言，内容涉及青少年公德教育、家庭联产承包制、外向型经济、交通建设、城市管理等，有关建议得到市政府相关部门采纳。

1996 年 8 月—2001 年 9 月，重点就精神文明建设、下岗职工再就业、旅游产业、教育事业等问题开展调查研究，形成 17 份调研成果，均通过改写成集体提案提交市政协全会，或在与中共长沙市委、市政府协商座谈会时建言献策。

2000 年，为配合“长沙市中长期发展战略”研讨活动，各民主党派市委组成联合调研组，致公党市委主委梁秉标任组长，对长沙市科技管理体制进行调研，形成《建立与现代科教中心相适应的科技管理体制的调研和对策建议》的调研报告，得到中共湖南省委副书记、长沙市委书记张云川，市长谭仲池批示。

是年，党员紧扣农业产业发展问题，对全市农业产业化进程进行为期近一年的调研，取得第一手素材。撰写《关于加快农业产业化进程，尽快摆脱“二农”困境》议案，于 2001 年 1 月在长沙市人大全会上领衔提出。该议案交由中共长沙市委、市政府办理，市人大常委会监督，所提建议被全部采纳，纳入党政决策，出台相应政策。

2001 年后，参政议政工作加大力度。是年，调研形成《实施兴工强市战略，加速推进工业化进程》《开辟城市建设融资渠道，解决建设资金短缺问题》《如何应付养老保险金收不抵支问题》《消除教育产业化误区，促进教育事业发展》《债转股运作中的现实问题》等集体提案。

2002 年 11 月，原参政议政工作部改组成参政议政工作委员会，以专门委员会（以下简称“专委会”）的形式推动参政议政工作。是年，在省、市人大、政协全会上提交提案、建议 56 件，其中集体提案 6 件，个人提案 29 件，建议 17 件。

2001—2005 年，在市政协会议上提交集体提案 33 件，其中《实施兴工强市战略，加速推进工业化进程》《进一步优化环境，促进留学人员创业》《对整治我市“烂尾楼”的建议》《发挥场馆优势，提升区域经济和社会效益》《对我市新材料产业创新发展的建议》5 件集体提案被评为市政协优秀集体提案。

2005 年，提交的集体提案《归国留学人员创业融资难的现状与对策建议》获“巨星杯”湖南省首届非公经济组织人才论坛暨第十次人才理论研讨活动二等奖。是年，开展的“长沙市静态交通设施问题”“科技园区管理模式创新”“社区共建，资源共享”调研，均形成调研成果提交党委政府有关部门参考。

致公党长沙市第三届委员会 52 位担任人大代表、政协委员的致公党员利用“两会”平台建言资政，在各级“两会”提交建议和提案 297 份，《遵循市场原则，利用民间资金，启动我市下岗职工创业工程》《通过用地方式和土地补偿制度解决失地农民问题的建议》等 10 余件提案被评为优秀个人提案。2003—2006 年，全国政协委员、致公党长沙市委主委胡旭晟在全国政协会议上提交个人提案 18 件，《全面认识归国留学人员的价值，切实为其创业搭建五种舞台》和《加大扶持力度，促进我国注册会计师行业作用发挥》作大会书面发言。

2007 年，胡旭晟在全国政协十届五次会议上提交建议 4 件。是年，在长沙市政协九届五次会议上提交集体提案 5 件。《关于完善长沙市出租车行业管理体制的建议》被市政协评为九届五次会议优秀提案。4 名党员被评为“政协长沙市第九届委员会优秀委员”。党员中的人大代表提交建议 9 件。年内，就长沙市住房保障体系建设、环境保护和区级财源建设 3 个课题进行调研，形成《完善住房保障体系，解决城市低收入家庭住房难问题》《关于我市环境保护工作的调研报告》和《关于加强我市各区财源建设的建议》3 篇调研报告，调教中共长沙市委、市政府供决策参考。

2008 年，胡旭晟在全国政协十一届一次会议上提交建议 7 件，《中国应进一步加强与印度的战略合作》作大会书面发言。是年，提交集体提案5件，其中《完善住房保障体系，解决城市低收入家庭住房难问题》对促成《长沙市城市廉租住房保障实施方案》等3项相关政策的出台和市政府启动对低收入无房家庭、低收入住房困难家庭和棚户区改造拆迁户给予直接经济补贴起到促进作用。该提案被评为市政协十届一次会议优秀集体提案。是年，党员中的2名省人大代表和3名市人大代表在省、市人大会议上提交建议8件。党员中的区县级人大代表、政协委员提交建议、提案47件。全年围绕“健全城市建设政策支持体系”和“长沙市口岸经济发展”2个课题开展调研，并协助市政协开展“健全我市农村土地承包经营权流转市场”的调研，均形成调研成果上报。

2009年，胡旭晟在全国政协十一届二次会议上提交建议10件，《完善制度，进一步发挥法检两院专职委员的作用》和《加大工作力度，切实推动大学毕业生自主创业》作大会书面发言。致公党市委在市政协十届二次会议上提交集体提案4件。《大力发展口岸经济，扩大长沙经济外向度》被《决策咨询》刊登；《按照“两型社会”要求，健全城建政策支持体系》被评为市政协2009年度优秀集体提案。党员中的省市两级人大代表在人大会议上提交建议5件。区县一级人大代表、政协委员提交建议意见31件。是年，围绕长沙市房地产业发展和浏阳河流域生态环境保护以及长沙市拆迁安置工作等问题开展调研，形成调研成果，开展“浏阳河流域小城镇建设”的调研。2009年，致公党长沙市委被致公党中央评为“参政议政工作先进集体”，党员李序蒙和吴晓佳被评为“致公党参政议政工作先进个人”。

2010年，致公党员中的全国、省、市人大代表在三级人大会议上提交建议14件。致公党市委在市政协十届三次会议上提交集体提案4件，大会发言2篇。《发挥长台直航优势，提升长沙竞争力》的大会发言，获中共湖南省委常委、长沙市委书记陈润儿，中共长沙市委副书记、市长张剑飞批示。《采取有效措施，确保我市房地产业平稳健康发展》被评为2010年度优秀集体提案。区县一级人大代表和政协委员提交建议、提案29件。是年，选择战略性新兴产业发展、国际化城市建设和保障性住房建设3个问题开展调查研究。《长沙晚报》对保障性住房的相关对策建议进行报道。

2011年，致公党员中3名省人大代表提交建议4件。致公党市委提交集体提案6件，《关于加强我市社会管理创新》被列为重点督办提案。区县级人大代表和政协委员提交建议、提案33件。是年，围绕金融环境优化、中小企业“融资难”的问题展开调研，形成大量成果。2011年汇编完成《参政议政谱新篇——致公党长沙市第四届委员会参政议政成果集》。

2012年，提交集体提案4件。在市政协十一届一次会议上的发言《优化长沙金融环境，支持中小企业发展》获中共湖南省委常委、市委书记陈润儿批示，并被评为优秀集体提案；《大力采用绿色节能技术，推动绿色建筑发展》被副市长李军批示。全年围绕转方式、调结构和文化建设事业等热点问题开展调查研究，形成《提升我市自主创新能力，推动经济结构转型》和《完善产业服务平台，发展壮大长沙文化创意产业》2项成果。关于自主创新能力的课题成果获中共长沙市委副书记、市长张剑飞批示。

2007—2012年，在市政协全会上提交集体提案28件，致公党员中的人大代表、政协委员在全国政协会议上提交个人提案25件，在省级“两会”上提交建议、意见、提案41件，在市级“两会”上提交建议、意见、提案152件，在区一级“两会”上提交建议、意见、提案212件，大量建议被党委、政府采纳。

（二）反映社情民意信息。2001年开始，注重通过“反映社情民意信息”来履行参政议政职能。2003年，社情民意信息《民主党派参政议政要实现资源共享》《民主党派调研遭“冷遇”现象值得关注》被全国政协副主席、中央统战部部长刘延东批示。《建议整治农村中的迷信活动》等社情民意引起有关领导重视。在2003—2004年的全市统战系统信息工作评比中，致公党市委两次获二等奖。至2006年3月，反映社情民意信息283条，2条信息被全国政协采用。

2007年，报送的社情民意信息《浏阳市就整治农村边界地域的邪教活动进行专题部署》《全能神在长沙死灰复燃》被中央统战部采用。被市政协评为“2007年社情民意工作先进单位”。

2010年，反映社情民意信息124条，其中“建立祖籍卡方便海外华人紧急情况下回国的建议”被中央统战部采用，8条被省、市政协采用，被市政协评为“反映社情民意工作先进单位”。

2011年，反映社情民意信息20余条，《致公党长沙市委出台常委会旁听制度》的信息被中央统战部采用，8条信息被省委统战部采用。

2012年，向各级政协、统战部门和本党上级组织反映各类社情民意和信息79件，1条社情民意被省政协采用，3条被市政协采用，《要关注银行业利润过高对实体经济带来的消极影响》被评为2012年度反映社情民意信息优秀稿件。另完成并上报统战理论调研论文4篇。

二、民主协商

1988年，中共长沙市委、市政府邀请各民主党派负责人考察湘江北大桥等市属4项重点工程，并召开座谈会听取各民主党派市委对市属重点工程的意见。致公党长沙工委在座谈会上提出要“加强重点工程财务检查，杜绝贪污浪费，确保工程质量”，受到中共长沙市委、市政府的重视。

1991年，在“八五”（1991—1995年）计划和“十年”规划草案协商会上，提出的将“科技兴市”改成“科教兴市”建议被采纳。

1993—1996年，分别以《关于长沙市区交通建设的几点建议》《以发展旅游业为突破口，把长沙逐步建设成为现代化国际性城市》《提高人的素质、完善法律法规、大力挖掘财源是城市管理的三要素》《关于改善长沙市容的几点建议》4篇调研成果为素材，在长沙市各民主党派民主协商座谈会上作协商发言。其中1995年重点围绕城市管理问题深入调研，提出的城市管理“三要素”在是年11月召开的座谈会上建言。市长袁汉坤代表市政府表达感谢，并在其后的市人大常委会上介绍此调研成果的有关建议。该成果的摘要，重新行文后参加1996年中共长沙市委组织的“诤言奖”评选活动，提交参评的《关于改革发票制度的建议》一文获三等奖。

2000年，中共长沙市党代会工作报告征求意见，致公党市委提出“要把贯彻多党合作这个基本政治制度的情况体现在报告中”，得到采纳。

2004年，中共长沙市委、市政府与各民主党派市委、工商联协商调研成果，致公党市委关于新世纪体育文化中心的调研成果《发挥场馆优势，提升区域经济和社会效益》得到中共长沙市委书记梅克保肯定。是年，致公党市委被评为“政府部门与民主党派工商联对口联系工作先进单位”。

2005年，党员中的人大代表、政协委员和特约人员就长沙市“十一五”（2006—2010年）规划、长沙市城市交通规划、留学人员创业环境优化等问题提出意见建议，并对中共长沙市委常委会、市人大常委会、市政府和市政协党组的工作提出合理化建议，履行监督职能。年内参加对长沙电信行业行风评议活动。

2006年，党员撰写的《关于在行政事业单位干部中推行轮岗失业制度的建议》被编发《简报》并附原稿送中共湖南省委有关领导参阅，转交中共湖南省委组织部、省人事厅进行专题调研，被编入《献策湖南》。参与省、市人大常委会组织的《中华人民共和国归侨侨眷权益保护法》贯彻实施情况检查，市政协港澳台侨和外事委组织的“关于我市归侨和回归港澳同胞生活状况的调查”等活动，开展对口联系，履行监督职责，在长沙市人民政府组织的关于对口联系工作先进单位和先进个人评比中，致公党长沙市委被评为“对口联系工作先进单位”，党员陈意翼被评为“特约人员先进个人”。

2007 年，党员中的人大代表、政协委员和特约人员继续做好协商、监督工作。主委胡旭晟出席全国政协十届十九次常委会，代表致公党中央作题为《认真学习贯彻中共十七大精神，不断完善多党合作和政治协商制度》的发言。

2011 年，提出《优化工业发展资金使用方式，促进中小企业健康发展》《建设法治长沙，提高城市国际化水平》和对中共长沙市第十一届委员会工作报告的修改建议等。6 名致公界别的市政协委员被选拔担任评议组成员，全程参加对“全市重大项目建设资金管理使用情况”和“公共交通管理工作”的民主评议活动，2 位致公党员作评议发言。

2012 年，中共湖南省委常委、统战部部长李微微两次召集省市各民主党派的部分负责人座谈，问计全省统战工作。主委王国海就助力非公有制经济、深化金融改革和整合统战资源、巩固统一战线等问题提出的建议意见获肯定并部分采纳。在人大、政府、政协的换届工作中，主委等主要领导参与重要人事的协商。是年，《关于加强新形势下党外代表人士队伍建设的意见》制定出台后，参加省市统战部门组织召开的座谈会，就如何贯彻落实好文件精神提出意见建议。

三、社会服务

20 世纪 80 年代末 90 年代初，开展的社会服务活动主要依托党员中医务工作者，通过医疗义诊和提供健康咨询的方式进行。1988 年“六一”儿童节前夕，开展医疗服务活动，义务为 3 所幼儿园的 300 余名儿童进行体检。

1990 年 3 月 8 日，在长沙市儿童用品商店开展“庆‘三八’，学雷锋，为省会妇女医疗咨询服务活动”，接待咨询者 540 人，发放有关防治艾滋病资料 1000 份。11 月 9—10 日，6 名党员医师到浏阳县医疗设备机械厂提供免费医疗咨询服务，接待职工 171 人次。

是年，投身全市经济建设，签约开办的中南科技书社营业；拓宽社会服务领域，开办长沙致公礼仪学校，招收培训学员 360 名。1991 年，长沙致公礼仪学校开办 9 期，办班 28 个，培训人员 1460 人。《长沙致公礼仪学校越办越好》的交流材料在致公党川湘滇三省工作交流会上作交流。

1992 年 4 月 24 日，成立长沙银海计算机工程公司。5 月，成立湘侨中等职业学校。10 月，成立湘侨贸易公司。1993 年，总结助力经济建设的经验，撰写《敢想、敢干、敢闯、敢试，积极投身经济建设》论文，在致公党湘川滇桂四省经济工作暨智力支边研讨会上进行交流。

1994 年 6 月，湘江流域发生特大洪水，发出《告全体致公党员书》，号召全市党员通过各种方式支援灾区，捐款 4580 元，衣服 700 余件。

1998 年，全市致公党员抗洪救灾。全市致公党员捐款 6 万元，棉被 190 床，衣物 400 件，联合广东康宝电器公司向长沙市慈善协会捐赠 20 台电子消毒柜。

2002 年，对长沙市第二福利院的残疾人和弃婴进行慰问，捐赠价值 3000 元的奶粉、食品和 1178 件衣物。到浏阳生物医药园开展义务植树活动，种植 1.3 公顷“致公林”。长沙市第三医院和长沙市第四医院的 9 名党员医生在黄兴路步行街开展义诊和咨询活动。

2003 年在抗击“非典”的斗争中，致公党员捐资 2 万余元。致公党长沙市四医院支部被致公党中央授予“抗击‘非典’先进集体”。是年，参加中共长沙市委、市政府的送温暖行动，捐赠 6000 元现金和价值 2000 元的粮、油、棉被给岳麓区和天心区 30 户下岗困难职工、特困家庭。在浏阳生物医药园开办企业高级市场营销人员培训班，5 名党员义务授课 60 余节，培训人员逾 300 人。

2004年开始探索下乡服务。3月21日，致公党员中的13名医学专家、4名农技专家和6名法律专家到浏阳市古港镇石门村开展送医药、农技、法律下乡的活动（以下简称“三下乡”），为350名村民进行义诊，接待科技和法律咨询的村民150余人次，捐赠药品（折值）4000余元，捐款1080元，价值3358元的书籍348本，价值500元的文具34套，衣物843件，发放技术资料1800份。12月19日，在岳麓区西湖街道办事处开展医疗义诊，接待看病和咨询人数400余名，免费发放价值1.2万元的药品。

2005年5—6月，先后在岳麓区、芙蓉区、雨花区、株洲市、湘潭市和常德市开展7期企业管理人员培训班，培训人员1200人。9月30日，捐赠价值5000元的医疗仪器和4000元药品，并在创远社区开展医疗义诊活动。是年，全市党员为2004年年底的海啸受难国捐赠人民币1万元；为张家界崇山小学捐款6800元；向浏阳市小河乡火场村的贫困户捐赠衣物300件，床垫20个。

2006年6月10日，到浏阳市七宝山乡开展主题为“建设新型农村，服务农民兄弟”的送医药、文艺、科技和法律下乡（以下简称“四下乡”）活动，为500余名村民义诊，接受法律咨询46人次，为超过100名村民开展种植、养殖方面的技术咨询，免费发放价值1万元的药品，发放农技和法律资料3000份，期刊200册。8月，在保靖县开展的“四下乡”活动中捐赠价值8000元药品。

2007年，在开福区丝茅冲社区举办“构和谐、献爱心”捐赠活动，向困难归侨、侨眷等捐赠物资100份。市三医院和市四医院的致公党员医务工作者在开福区东风路街道蚌塘社区举行义诊活动，免费发放药品。是年开始，加大对市属致公党员的组织关怀，响应致公党省委“致助金”号召，在党内募集资金帮助困难致公党员。

2008年初冰灾以后，累计捐赠款物价值16万余元。汶川地震发生后，长沙致公书画院20余位书画家举行“情系震区”捐赠笔会，全市党员缴纳“特殊党费”捐赠给灾区。党员、医务工作者吴平和陈立随省市医疗队到地震一线救治灾区伤员。是年，党员王静、汤林放获致公党中央抗震救灾“突出贡献”奖，霍全林、郑大新、饶暇浩获“先进个人”奖。

是年起，开始探索建立社会服务基地，在浏阳市马家湾村推广致公党员刘朝阳的“生物垫料零排放技术”，减少养殖污染，16户养殖户采用新型生态养殖技术，建生态养殖场5000余平方米，养猪3000余头。组织农业技术、医药专家和艺术家在马家湾村举行“三下乡”暨生态养殖技术推广启动仪式活动，为300余名村民体检，免费发放药品6000余元、医学资料3000余份。为300余名村民咨询养殖技术，发放资料5000份，免费发送肥料400包。

2009—2010年，加强推广浏阳市葛家乡马家湾村的“生猪养殖零排放技术”，协调争取资金支持30万元，新增生物垫料养殖户14户，新增生物垫料面积5000余平方米，使马家湾村生物垫料养殖户达到30户，生物垫料面积1万平方米，生态养殖生猪超过1万头。帮助引进垃圾、污水处理环保项目，使该村被评为“全国环保示范村”。在开福区湘雅路街道文昌阁社区和天心区一力社区开展医疗义诊和法律咨询活动，为15户特困居民送去慰问物资，为500余名残疾人、特困居民和孤寡老人进行体检和义诊，免费发放药品价值1.5万元元，发放法律宣传资料200份。玉树震灾、舟曲泥石流、贵州旱灾和江西水灾发生后，全市致公党员向灾区捐助款项23万元。

2011年11月26日，在新建成的浏阳淳口镇佳源油茶丰产林基地开展送医药、文艺、法律下乡的“三下乡”和捐资助学活动。为400余名村民医疗义诊，发放价值8000元药品，为26名村民提供法律咨询，并为40名贫困学生发放助学金5万元。

2012年，致公界别的市政协委员实地调研，开展咨询、论证会，推动浏阳佳源生态油茶丰产林基地良好发展，中共湖南省委常委、统战部部长李微微视察指导。帮助“南冲侨心小学”建起图书阅览室，走访国际关心中国慈善协会与长沙市第一社会福利院合作成立的长沙市晨光中心，到长沙市第二社会福利院基地看望慰问孤残儿童。所辖各工委的社会服务活动进一步活跃，开展捐资助困、知识讲座、送课下乡、联点帮扶、法律援助等服务活动。是年，致公党长沙市委被致公党中央评为“社会服务工作先进集体”。

四、侨海、港澳台工作

20 世纪 80 年代末起，侨海、港澳台工作主要依靠党员个人，利用接待亲友、出境探亲、公干等方式，开展联谊活动。1988 年，长沙市在深圳举办对外经济洽谈会，北区支部委员、长沙市外事侨务办公室副科长李却非协助长沙市政府向致公党员中的海外亲友发送 21 封邀请信，邀请到会的海外经贸界人士 18 人。

1990 年，接待在长沙举办画展的香港美术研究会一行 20 名书画家，并陪同到张家界写生。1991 年，党员唐声尧联系、接待教授唐声瓒、博士唐名宪和王明阳到长沙讲学，先后陪同到省政府有关部门和大中型企业参观指导，举办专题学术讲座，受到副省长陈彬藩接见。是年，党员陈碧元为 3 位台胞找到失散 40 余年的亲人。党员张荣荣为港属张瑞贤找回被人贩拐卖到浙江余姚县的两岁男孩张声勇，《中国妇女报》《羊城晚报》进行报道。

20 世纪 90 年代初开始，牵线搭桥为招商引资作出贡献。1992 年，加强与中国香港、台湾地区的实业界、商业界联系，主委梁秉标争取外商投资常德市电力事业取得成果。机关干部陈月英从美国引进项目资金 10 万美元，独资开办“故园居饰制品有限公司”。1993 年，接待中国香港美年设计工程有限公司，中国香港华湘国际贸易公司，中国香港国务实业有限公司等 7 批客人 29 人次，利用国际长途通话洽谈超过 30 次。1996 年，与海外客商联系，接洽投资项目，引进台资筹备成立出租汽车公司。西区支部主委陈仕学协助引进资金 7.5 亿元人民币，投入建设省道 1814 线工程。

1989—1996 年，40 余名致公党员到国外、境外探亲访友或交流公干，接待回国探亲的海外侨胞和港澳台胞 800 余人次，向海外亲友及当地华人宣传推介祖国和长沙的发展成就。

1998 年，印度尼西亚发生针对华人的暴乱，收集海外华人到国内避难遇到的问题向有关方面反映，并购买新闻媒体报道的资料和光盘发放给党员，供他们了解事实真相。

21 世纪后，加大“走出去”的步伐，更加关注留学归国人员群体的生活工作状况，为其提供服务。2000 年，主委梁秉标到东南亚开展考察。是年，接待并帮助台商李成德解决长期未能解决的投资回报问题，为香港商人梁秉仁与湖南外运进口汽车销售有限公司建筑装修问题牵线搭桥。为解决湘侨学校校址的购买问题多次接待美籍华人钟武雄、黄德容，陪同他们考察学校、开展协商。

2002 年，主委胡旭晟参加对法国等 6 国的考察访问活动。是年，专门对长沙市留学人员创业情况开展课题调研，并于 10 月 25 日在长沙留学人员创业园举办以“创业与发展”为主题的归国留学人员创业工作恳谈会。

2003 年，通过党员向海（境）外亲友宣传中国在防治“非典”问题上的立场和措施。全年继续就留学人员创业问题进行专题调研，并与市政协港澳台侨和外事委员会一起对高新技术产业开发区的留学人员进行走访调查，提出“尽快明确归国留学人员归侨身份的建议”。年内开展给生活困难的归侨侨眷台胞送温暖活动，捐助 1000 户，捐资 20 万元。

2004 年，召开有侨海、中国港澳台关系的党员代表座谈会，专题研究海外联谊工作，号召全市致公党员协助政府做好对外开放和招商引资引智工作，做好祖国统一工作。为进一步加强与海外的联系，在党员中开展侨情调查。通过海外亲友牵线搭桥，从英国引进1600万余元人民币投资。党员黄谷成动员台湾省立台东师范学院主任秘书绍承矩在浏阳开办短期英语辅导班，辅导学员100余人。

从2006年开始，借助长沙致公书画院的作用，开展艺术交流和书画交流。是年，与美国、日本当地艺术家进行书法交流2次；接待多米尼加洪门致公总堂访华团；专职副主委黄光裕对法国等国家进行考察访问。

2007年，选送致公党员、书画家的7幅作品参加"迎香港回归十周年书画展"。常务委员翁少兰参加湖南省侨联侨务经贸考察团，到美国、加拿大进行访问。

2009年5月，在长沙市港澳台侨海外经济文化交流促进会第一次会议上，致公党长沙市委15名党员当选为理事或常务理事。

2010年，专职副主委黄光裕随长沙市经济文化交流促进会代表团到中国台湾进行考察，与台湾湖湘文化发展协会等组织开展交流。

2012年，组团出访美国和加拿大，专程与美国洪门致公总堂进行交流并走访看望当地部分华人华侨，对海外侨情和社会管理情况进行调研，宣传推介长沙。年内分别接待美国洪门致公总堂秘书长的陈建平和加拿大洪门达权总社社长陈德光到访。

第七章　九三学社长沙市委员会

1988年，九三学社长沙市委（以下简称"社市委"）有社员159名，基层支社9个。社员以科学技术、教育文化、医药卫生系统中的高中级知识分子为主体，具有高中级职称社员占90%以上。是年，筹建"长沙市九三学社新技术研究所"开展科技服务，完成技术咨询、技术服务项目16项，总营业额3万元，上缴税利0.35万元。创办华夏水电建筑工程设计所，完成总建筑面积3.26万平方米的设计任务。

1996年，围绕全市中心工作，发挥成员科技特色和界别优势，建立健全参政议政工作制度和机制，设立参政议政委员会，选取社内科技界代表人士及参政议政骨干组成，并以此为平台，重点就科学技术领域开展调查研究，形成调研报告或建议提案。年内，开展3次重点课题调研，并在长沙市政协四届七次全会上以《开发茶多酚衍生产品 振兴长沙和湖南茶业》为题作书面发言。开展政治协商，参加政治协商座谈会8次。发展新成员19人，社员289人。

2005年，社长沙市委采取上下联动、横向合作、整合资源等方式对社会服务工作进行创新，争取社湖南省委支持，利用社内医疗卫生人才优势，首次举办"让红丝带飘起来"活动，邀请中央电视台2004年度感动中国人物桂希恩作专题讲座，宣讲防治艾滋病知识，近千名大学生参加活动，省、市4家新闻媒体报道。是年，参加中共长沙市委、市人大常委会、市政府、市政协有关会议、视察、评议等协商活动50余次。提交4篇集体提案，其中《关于加强背街小巷改造的几点建议》被市政协列为重点督办提案。报送社情民意宣传信息44篇。

2006年，社市委定为学习培训年，采取扩大培训主体，丰富培训内容，创新培训载体等方式，推动学习培训工作常态化制度化。举办常委培训班、市委委员培训班、新成员培训班等班次，113

人参加学习培训。是年，社长沙市委提交建议、提案38篇，集体提案5篇，其中《加强我市公共卫生体系基层网络建设 落实社区卫生服务中心（站）防病职能的建议》被评为优秀提案。

2012年，九三学社长沙市委有社员540名，基层支社20个，5个区工作委员会、8个专门工作委员会。社长沙市委参加中共长沙市委、市政府、市政协召开的民主协商会、政情通报会、市政协常委会、主席会以及民主评议和相关视察活动150余次，参与讨论长沙市"十一五"（2006—2010年）、"十二五"（2011—2015年）规划纲要及各级政府工作报告，全市重大决策和重要人事安排协商，提出意见和建议200余条；提交大会发言材料13件，调研报告50余份；集体提案84件；省、市、区（县市）政协委员个人提案906件，其中，被湖南省政协评为优秀提案3件，被长沙市政协评为优秀提案45件，158条社情民意被采用。

第一节 组织机构

一、市级组织

（一）市委会组成。1988年，第二届委员会由15人组成，候补委员2人，其中，常务委员会6人，含主任委员1名，副主任委员2名（含1名专职副主任委员），秘书长1名。此后各届主任委员、秘书长人数均循例不变，各届均循例设专职副主任委员1名。1992年，第三届委员会由17人组成，候补委员2人，其中，常务委员会8人，含副主任委员3名。1996年，第四届委员会由19人组成，其中，常务委员会9人，含副主任委员3名。2001年，第五届委员会由21人组成，其中常务委员会9人，含副主任委员3名。2006年，第六届委员会由23人组成，其中常务委员会11人，含副主任委员4名。2011年，第七届委员会由23人组成，其中常务委员会11人人，含副主任委员4名。

（二）专门工作委员会。1988年，社长沙市委设对外联络、妇女工作2个专门工作委员会。1992年，增加老龄工作、经济促进、对口协商3个专门工作委员会。1996年，增设参政议政、经济、青年3个专门工作委员会。2001年，调整为参政议政、妇女工作、对外联络、老龄工作、青年工作5个专门工作委员会。2012年，有参政议政、城建环保、文教卫、社会法制、青年、海外联络、妇女、老龄8个专门工作委员会。

（三）区工作委员会。2007年，社长沙市委分别在芙蓉区、天心区、岳麓区、开福区、雨花区成立区工作委员会，作为社长沙市委的派出机构。其中，芙蓉区有工作人员8人，天心区8人，岳麓区7人，开福区7人，雨花区8人。至2012年无变化。

（四）工作机构。1988年，机关内设办公室、组织部、宣传部，人员编制5名，机关实有工作人员4名。2003年，遵照长沙市市直机关干部改革方案，在机关内实行"三定"（定人员、定岗位、定职责），定为办公室、组织处、参政议政处（宣传处）3个职能部门。核定行政编制7人、事业编制1人。到2012年年底，机关编制8人，实际工作人员7人。

1988—2012年，先后担任九三学社长沙市委员会主要领导职务的有：费岳峰、王力力；其他领导班子成员有：蔡金华、朱泽权、张伟玦（女）、萧炎熙、刘曼曼（女）、匡利娥（女）、唐复健、刘有良（女）、汤建尧、邓立新、董晓明、李森堡、蒋振声、李光忠、李敏娜（女）、陈有卿、胡世楠、胡维善、彭竹漪（女）、陈国军、何贤锋、何玲梅（女）、庞佑霞（女）、黄竹林、盛革华（女）、梁军。

二、基层组织

1988 年，辖东区、南区、北区、长沙曙光电子管厂、长沙汽车电器厂、文艺、城建、长沙重型机器厂、长沙正园动力配件厂 9 个支社。1991 年，环保小组成立。1993 年成立长沙机床厂支社。

1994 年成立长沙市第一中学支社。1996 年，长沙市长郡中学支社成立。

1997 年，撤销东区、南区、北区 3 个支社，芙蓉区支社等 7 个支社成立。2002 年，岳麓区支社、医卫支社成立。2005 年，按行业、单位、专业、行政区域等不同方式组建基层组织，撤销长沙曙光电子管厂等 6 个支社；环保小组升格为环境支社；新成立芙蓉区二支社等 5 个支社。2010 年，雨花区三支社成立。2011 年，成立长沙经济技术开发区支社。2012 年，望城区支社筹备小组成立。到 2012 年年底，辖芙蓉区一支社等 20 个支社及望城区支社筹备小组。

三、社员

1988 年，九三学社长沙市委有社员 159 人，其中女性 27 人，占社员总数的 17%，平均年龄 52 岁，社员以科学技术、文化、教育、医药、卫生系统中的高中级知识分子为主体。

1996 年，社员 289 人，其中女性 78 人，占社员总数的 26.9%，平均年龄 53.5 岁。2006 年，社员 439 人。

2012 年，长沙市有九三学社社员 540 人，社员平均年龄 53.7 岁，其中科学技术、医卫、教育界的社员 401 人，占社员总数的 74.3%，具有高中级职称的社员 510 人，占社员总人数的 94.4%。至 2012 年年底，社员中先后有 36 人次当选为省、市、区（县）人大代表（其中 7 人当选为湖南省人大代表，17 人当选为长沙市人大代表，12 人当选为区级人大代表）；191 人次当选为全国、省、市、区（县）政协委员（其中有 2 人当选为全国政协委员，7 人当选为湖南省政协委员，81 人当选为长沙市政协委员，101 人当选为区级政协委员）。

第二节　代表大会

一、第一次代表大会

图 6-7-2-1　九三学社长沙市第一次代表大会在长沙市省人大招待所召开　　（摄于 1988 年 7 月 30 日，九三学社长沙市委供图）

1988 年 7 月 28—31 日，九三学社长沙市第一次代表大会在长沙市省人大招待所召开，到会代表 62 人。专职副主委沈绍禹代表第一届委员会作工作报告。大会以等额选举方式选举产生九三学社长沙市第二届委员会，选出委员 15 人，候补委员 2 人。会议期间召开二届一次全体委员会议，选举费岳峰等 6 人为常务委员（以下简称“常委”），其中费岳峰任主任委员（以下简称“主委”）、蔡金华等 2 人任副主委、蔡金华兼任秘书长。另推举沈绍禹为名誉主委。

二、第二次代表大会

1992 年 2 月 26—29 日，九三学社长沙市第二次代表大会在长沙市留芳宾馆召开，到会代表 67 人。专职副主委蔡金华代表第二届委员会作《同心同德，为开创我社工作新局面而努力奋斗》的工作报告。大会以等额选举方式选举产生九三学社长沙市第三届委员会，选出委员 17 人，候补委员 2 人。会议期间召开三届一次全体委员会议，选举朱泽权等 8 人为常委，其中费岳峰任主委，蔡金华等 3 人任副主委，萧炎熙任秘书长。另推举沈绍禹为名誉主委，王长春为顾问委员。

三、第三次代表大会

1996 年 11 月 29 日—12 月 1 日，九三学社长沙市第三次代表大会在长沙市湖南宾馆召开，到会代表 79 人。专职副主委蔡金华代表第三届委员会作《继往开来 齐心协力 阔步迈向 21 世纪》的工作报告。大会以等额选举方式选举产生九三学社长沙市第四届委员会，选出委员 19 人。会议期间召开四届一次全体委员会议，选举王力力等 9 人为常委，其中费岳峰任主委，张伟玦等 3 人任副主委，刘曼曼（女）任秘书长。另推举沈绍禹为名誉主委，蔡金华、朱择权、王长春为顾问委员。

四、第四次代表大会

2001 年 5 月 25—27 日，九三学社长沙市第四次代表大会在长沙市湖南宾馆召开，到会代表 95 人。专职副主委萧炎熙代表第四届委员会作《弘扬民主与科学精神 建设高素质参政党 为完成新世纪九三学社的历史使命而努力奋斗》的工作报告。大会以等额选举方式选举产生九三学社长沙市第五届委员会，选出委员 21 人。会议期间召开五届一次全体委员会议，选举王力力等 9 人为常委，其中王力力任主委，刘曼曼（女）等 3 人任副主委，董晓明任秘书长。另推举沈绍禹、费岳峰为名誉主委，萧炎熙为顾问委员。

五、第五次代表大会

2006 年 3 月 31 日—4 月 2 日，九三学社长沙市第五次代表大会在长沙市湖南宾馆召开，到会代表 99 人。主委王力力代表第五届委员会作《求真务实 锐意创新 不断开创我社各项工作新局面》的工作报告。大会以等额选举方式选举产生九三学社长沙市第六届委员会，选出委员 23 人。会议期间召开六届一次全体委员会议、六届一次常委会议，选举王力力等 11 人为常委，其中王力力任主委，匡利娥等 4 人任副主委，董晓明任秘书长。另推举沈绍禹、费岳峰为名誉主任委员。

六、第六次代表大会

2011 年 6 月 27—28 日，九三学社长沙市第六次代表大会在长沙市枫林宾馆召开，到会代表 103 人。主委王力力代表第六届委员会作《弘扬民主科学精神 为实现长沙科学发展贡献力量》的工作报告。大会以等额选举方式选举产生九三学社长沙市第六届委员会，选出委员 23 人。会议期间召开七届一次全体委员会议、七届一次常委会议，选举汤建尧等 11 人为常委，其中王力力任主委，邓立新等 4 人任副主委，刘友良任秘书长。另推举费岳峰为名誉主任委员。

第三节 主要活动

一、参政议政

1988 年，在长沙市政协六届一次全会上联名提出《关于拓展劳动东路的方案及资金筹集的建议》，被长沙市政府采纳并实施。

1990 年，开展“关于调动工业企业科技人员积极性”的调查研究，由市政协、长沙市科学技术协会（以下简称“市科协”）和社长沙市委等单位组成联合调查组，在全市工业企业中开展调研，科技人员找到社长沙市委反映意见与建议。中共长沙市委将《关于调动工业企业科技人员积极性的调查》调研报告作为长沙市召开知识分子工作会议的主要资料之一。

1993—1994 年，关注搞活长沙市国有大中型企业组织专题，组织社内经济专家开展调研，走访市经济委员会、市冶金机械局、市化学工业局、市纺织局和市电子工业公司等单位，并召开专题调查会，形成《关于搞活长沙市国有大中型企业的调查情况及建议》的调研报告，该篇报告被全文刊登在《长沙论坛》1994 年第一期。1994 年，在市政协召开的七届三次全会上作《促进企业的科技进步是搞活国有大中型企业的重要措施》的大会发言，并以《依靠企业的科技进步 搞好国有大中型企业》为题向中共长沙市委、市政府提出国有企业的改革思路、促进科技进步和改扶贫为扶强等建议，被中共长沙市委、市政府采纳。

1998 年，全国政协委员、社长沙市委主委费岳峰在全国政协七届一次会议上提出《关于粮食购销存在的问题和建议提案》的建议获采纳，被吸纳进 5 月 10 日由国务院发布的《关于进一步深化粮食流通体制改革的决定》中。是年，针对长沙市湘江饮用水水源污染严重，酸雨污染等环境问题，社长沙市委利用社员中环保技术人才多的优势，走访调查市自来水厂，第一污水处理厂、第二污水处理厂、部分区县环境保护局以及有治污设施的工厂企业等近 30 个单位，撰写《对长沙市环境污染治理问题的调查与建议》调研报告，并在市政协八届一次大会上作发言，得到中共长沙市委、市政府的采纳；完成《关于建立长沙市非公有制科技企业风险投资机制的调查与建议》课题，获中共长沙市委、市政府颁发的社会科学成果优秀奖；集体提案《长沙市城市绿化存在的问题和建议》得到提案办理单位的重视，认为提案对长沙市绿化落后的原因分析切中要害，建议针对性强、有可操作性，该提案被市政协评为优秀提案。

1999 年，对长沙市环境状况进行调查研究，形成《关于长沙市城区环境保护的建议案》调研报告，提出加强城市管理、整治城区环境污染、改善城市环境质量、争创全国文明城市的四大类 12 项整治建议，中共长沙市委、市政府责成市环境保护局（以下简称“市环保局”）整改并拿出加强长沙市城区环境保护的工作方案供市委市政府决策参考。是年，集体提案《对长沙市湘江饮用水水源污染治理问题的调查与建议》《严格控制二氧化硫排放总量 改善长沙市大气质量》被市政协列为重点提案。

2000 年，在长沙市政协八届三次会议优秀提案表彰大会上，社长沙市委作为优秀集体提案单位代表作《抓好集体提案工作 发挥党派在政协的整体功能作用》专题发言。

2001 年，对长沙市生态城市建设开展为期 2 个月的走访调研，形成《长沙市建设生态城市的对策与建议》调研报告，并在长沙市政协八届五次会议上作为书面发言材料。是年，集体提案《加强城市建设中历史风貌的保护和延续》被列为市政协主席重点督办提案。

2003 年，重点关注岳麓山国家重点名胜风景区的保护管理工作，组成重点课题调研组，经过 3 个多月的实地考察、专家座谈、多方征求政府职能部门意见等，形成《加强岳麓山国家重点名胜风景区保护管理刻不容缓》调研报告，被列为市政协现场督办的重点提案，中共长沙市委有关负责人到岳麓山落实督办措施。是年，参加中共长沙市委、市人大常委会、市政府、市政协有关会议、视察、评议等协商活动 56 次。提交 3 篇集体提案，其中《关于加强背街小巷改造的几点建议》被市政协列为重点督办提案。报送社情民意宣传信息 51 篇。

2005 年，由中共长沙市委统战部牵头，对加强社区建设课题作调研，各民主党派分别承担一个调研子课题，社长沙市委负责“如何进一步推进社区基础设施建设”课题。在市城乡建设委员会、市规划管理局、市房屋产权管理局等有关部门参与下，历时一个多月，完成《推进社区基础设施建

设 夯实和谐社区建设基础》调研报告，为长沙市和谐社区建设建言献策。是年，社长沙市委集体提案《关于加强背街小巷改造的几点建议》被列为市政协重点督办提案。《引入竞争机制，加大运量公共交通投入 提高公共交通服务水平》《关于加强整治接纳未成年人进入的网吧的建议》《加大政府投资力度 恢复并新建农村基础水利设施 提升农业抵御自然灾害能力的建议》3 份提案被市政协评为优秀提案。市人大代表提交的《关于加强长沙市疾病预防控制体系中长期规划和软件建设的建议案》被市政府评为优秀建议。

2007 年，集体提案《关于社会主义新农村建设中，农村公路建设有关问题的建议》《关于加快北长沙发展的建议》被市政协评为优秀提案，其中《关于加快北长沙发展的建议》被长沙市人民政府评为优秀政协提案；《关于社会主义新农村建设中 农村公路建设有关问题的建议》《关于加快北长沙发展的建议》被省政协评为优秀提案。市政协委员提交的《关于改进教育分配资源分配机制，建立长沙市均衡公平的中小学教育体系的建议》《增加科技费用投入 加大对中小企业的科技扶持力度 培养具有自主创新的新型企业》被市政协评为优秀提案。是年，《关于天心区黄兴路步行商业街及两厢特色街区建设的建议》获天心区参政议政调研优秀成果二等奖。《加强我区学校食品安全和饮水安全 保障学生身体健康》被评为芙蓉区优秀调研报告，《关于高桥市场及周边交通改善的建议》获雨花区争贡献活动优秀提案奖。

2008 年，集体提案《关于对“湖南革命烈士纪念塔”进行全面修缮的建议》由市政协副主席姚五零督办，湖南省民政厅、中共长沙市委、市政府先后拨款 100 万余元对湖南革命烈士纪念塔进行修缮。集体提案《关于长沙市数字电视推广中的问题和建议》被媒体公布后，被市政协列为重点督办的提案，并组织专人到相关部门进行座谈督办。《关于优化我市高层次科技人才环境的建议》被评为“全市党委系统优秀提案”。是年，《巩固文明创建成果，建立火车站地区长效管理体制》调研报告获芙蓉区各民主党派、工商联调研成果一等奖，《关于推动创业富民工程的建议》调研报告获天心区党派调研成果二等奖。

2009 年，集体提案《关于加强长沙市湿地保护和修复的建议》得到市政府的采纳，市林业局制定《加强长沙市湿地保护与修复的综合规划》，出台政策法规。市财政曾拨修缮和保护水利基础设施的资金，加大对湿地的保护力度。是年，《关于在主城区交叉路口建设智能交通信号控制系统的建议》《关于增加五一广场商圈公交线路车次及延长营运时间的建议》在《潇湘晨报》《长沙晚报》、红网等媒体上登载；《关于长沙历史园林保护与建设的建议》在市政协《社情民意》及《湘声报》上发表。

2010 年，针对长沙市餐饮业产生的煤烟、噪声、废气、废水等污染严重等问题，提交《关于制定长沙市餐饮业环境污染防治条例的建议》，市人大法制委员会回复“2011—2012 年适时制定该法案”。是年，集体提案《关于加强长沙市城市绿地防灾避险功能建设的建议》被市政协评为优秀提案；《健全食品安全监管体制 创建食品安全示范城区》获芙蓉区政协优秀提案；《加强乡镇卫生院的管理》《关于解决农村基层干部工作经费和人头经费 稳定农村政权基础的建议 》获开福区政协优秀提案。《关于加大对民办养老机构扶持力度的建议》获天心区政协优秀提案。

2011 年，《关于结合历史街区的保护和城市旅游发展的需要 建设长沙非物质文化遗产陈列馆的建议》被市政协列为重点督办提案；《建设食品安全，确保群众食品消费安全的建议》被岳麓区政协评为优秀提案；《健全食品安全监管体制，创建食品安全示范城区》被芙蓉区政协评为优秀提案。

是年，社长沙市委提交建议、提案40余篇，集体提案4件，报送社情民意信息65条，采用49条。

2012年，开展为期5个月的关于扶持长沙市科技社团发展的专题调研，召集园区企业及高校科研院所的科技工作者、部分科技社团组织负责人以及有关专家先后召开6次专题座谈会，向126个工业企业发放调查问卷，了解企业科技工作者的工作状况及对科技社团的要求。并到广州、深圳等地，了解其科技社团的生存及发展状况，最终形成《创新社会组织管理 扶持长沙市科技社团发展》的调研报告，得到中共长沙市委书记陈润儿的批示。是年，集体提案《加强城市绿地建设与管理的建议》在市政协十届六次会议上作为大会发言，获中共长沙市委书记陈润儿，中共长沙市委副书记、市长张剑飞等领导批示，并被市政协评为优秀集体提案；《关于新建党派大楼的建议》《关于加强长沙市城市生活垃圾管理的建议》《关于推进城市污水处理厂污泥规范处理资源化利用的建议》3份提案被评为优秀个人提案；就全市基层医疗卫生体制改革工作情况进行调研，并到芙蓉区、天心区、宁乡县、浏阳市进行调查，形成《加强长沙市基层医疗卫生机构建设 提高履行基本公共卫生服务能力》的调研报告，获市长张剑飞的批示。

图6-7-3-1 就加强生态环境保护、加快推进新型城市化建设开展调研 （摄于2008年，九三学社长沙市委供图）

二、民主监督和参加政治协商

（一）民主监督。1988年，基层单位和部门党组织邀请社长沙市委社员参加对话会、座谈会，讨论建立健全协商监督制度。1990年，社员李光忠、萧炎熙分别被聘为市监察局和市审计局的特邀监察员和特约审计员。1993年，主委费岳峰作为特约监督员，对市公安部门参与娱乐场所经营提出批评意见。

1998年，参加市人大常委会组织的对全市检察工作的评议活动，出具对全市检察机关队伍建设的评议材料。市检察院反映这次评议“调查深、影响大，促进长沙市的检察工作和检察队伍建设”。1999年，社员发挥特约监督员作用，参与市纪委、市公安局、市卫生局等单位的民主监督。

2002年，社员陈伯高作为市监察局特约监督员被评为“优秀特约监督员”；社员萧炎熙、汤建尧被评为“对口联系工作先进个人”。2003年，参加市人事局、市监察局、市审计局、市卫生局、市商贸局、市教育局8个对口联系单位工作会议，并对其工作开展提出意见建议。2004年，参加市政协评议组对市规划局、市城市管理局、市劳动和社会保障局及市食品药品监督管理局履行公开承诺情况的民主评议会议。

2006年，《加强政协的民主监督职能，规范政协的民主评议工作》被市政协组织的民主评议理论研讨暨经验交流会议评为优秀论文，并作为市各民主党派的代表进行交流发言。

2007年，参加市人事局、市科技局、市卫生局、市教育局等部门的对口联系座谈会，并请对口联系部门负责人到机关开展座谈联谊，实现双向互动。是年，社长沙市委专职副主委和秘书长被长沙市人事局聘请为专家评委，参加长沙市公务员和长沙市公安局特警的招考面试评审工作。在市政府与民主党派、工商联对口联系、特约人员工作座谈暨表彰会议上，社长沙市委副主委唐复健被授予“特约人员先进个人”称号。至 2007 年 12 月，有 19 位社员被 21 家单位聘请为特约人员。

2009 年，社内环保专家参与制定浏阳市镇头镇发生镉污染事件的处置方案，提出合理化意见与建议，得到长沙市环保局和浏阳市政府的采纳，促进事件的妥善处置。

2010 年，参加市检察院、市教育局、市人事局、市财政局、市科技局对口联系及特约监督员的情况通报与征求意见座谈会，对其工作提出意见和建议，建议被采纳。

2011 年，制定《关于进一步加强对口联系和特约人员工作的意见》，规范对口联系及特约人员工作。是年，社长沙市委有“特约人员”21 人，分别担任 29 个单位的特约监督员。

2012 年，专职副主委刘有良作为营盘路湘江隧道工程民主监督小组的成员，针对王陵公园反映的处理排忧解难、落实规划、助力协同等三大类问题的 5 条建议，均得到采纳。至 2012 年年底，社长沙市委班子成员、基层组织负责人、社员中的人大代表、政协委员以及各类特约人员参加中共长沙市委、市政府召开的民主协商会、政情通报会、市政协常委会、主席会、民主评议会以及视察活动 500 余次。

（二）参加政治协商。1988 年，社长沙市委负责人参加中共长沙市委、市人大常委会、市政协和市委统战部召开的协商会、座谈会、专题讨论会和市政府有关部门召开的专题协商会，就坚持和完善中国共产党领导的多党合作制度、长沙市经济建设、科技发展、落实统战政策等方面提出建设性意见和建议，供中共长沙市委、市政府决策参考。

1989 年，在市人大常委会审核长沙市财政预算时提出科技三项经费太少的意见，被中共长沙市委、市政府采纳。

1991 年，参加中共长沙市委、市人大常委会、市政府召开的各种协商会、座谈会、专题讨论会和对口协商会，就坚持和完善中国共产党领导的多党合作制度、“十年规划”、“八五”计划、人事安排、科技兴湘等工作发表意见。

1995 年，在中共长沙市委召开的专题协商会上建议提高科技在“九五”（1996—2000 年）计划中的含量，将“依靠科技进步”列入“九五”计划等，得到中共长沙市委、市政府的采纳。

2003 年，在市人大常委会对长沙市生态城市建设规划专题协商会上提出“加大对岳麓山风景名胜区的保护”的建议，得到采纳。

2005 年，参加中共长沙市委、市政府征求各民主党派、工商联对《长沙市国民经济和社会发展第十一个五年规划纲要》意见座谈会，就长沙城市建设、规划、环保等方面提出 13 条意见建议，得到中共长沙市委、政府的采纳。

2010—2012 年，以小型议政沙龙的形式，对长沙市国民经济和社会发展“十二五”（2011—2015 年）规划、《政府工作报告》及《长沙市城市管理条例》《长沙市餐厨垃圾管理办法》《长沙市铜官窑遗址保护条例》等地方法规，征求社内各界别专家的意见和建议，并在中共长沙市委、市政府有关征求意见座谈会上阐述本党派的立场和观点，多数建议获采纳。

三、社会服务

（一）办经济实体。1988 年，社长沙市委直属的南区支社、长沙重型机器厂支社和长沙正园动力配件厂支社联合筹建长沙市九三学社新技术研究所，完成科技服务项目 16 项，总营业额 3 万元。1989 年，主管的九三电子技术学校（1987 年创办）招生 22 期，培养家电维修人员 1000 余人。1990

年，主办汇海新技术研究所、机电一体化研究所、华湘建筑设计所以及九三电子技术学校4个经济实体。

1991年，九三电子技术学校更名为麓山家电专科学校，校长雷卫获省“先进工作者”称号。华湘建筑设计所设计的衡阳医学院住院部改造工程、湖南财经学院学生宿舍获得“全国优秀设计项目奖”。

1993年，社员彭竹漪和王长春创办竹苗儿童英语口语学校，以学前儿童为对象，采用“情景教学法”使儿童在短时间内学会英语口语。汇海新技术研究所开发的“讯息字幕屏”打入证券交易所、银行、电力系统，获得经济效益。1994年，创办的长沙礼仪进修学院开始招收全日制学生，《湖南广播电视报》、《长沙晚报》、长沙电视台等进行采访报道。

1999年，因政策原因，社长沙市委主管的经济实体全部停办。

（二）扶贫帮困。1998年，长江流域遭受特大洪水，长沙市九三学社社员及机关职工捐款捐物3.4万元。是年，在长沙市率先开展“送文化下乡”活动，收集社员捐赠的各种图书1000余册送到雷锋图书馆；长沙市一中支社中青年教师开展对平江县二中对口支教活动，接受平江县二中教师随堂听课，并利用周末、节假日组织社员进行对口教学交流等支教活动。他们根据自身优势，支持贫困地区教育的发展，对江华瑶族自治县第一民族中学和国家级贫困县邵阳县石齐学校开展帮扶活动，帮助他们优化办学思想，完善学校管理，提高办学质量。

2003年，“非典型性肺炎”疫情发生，社长沙市委募集捐款1.7万元。2004年，联合湖南仁和环保科技有限公司为长沙市机电职业中专、长沙电子工业学校、澧陵二中、田家炳中学等10所学校100余名贫困学生捐赠助学资金，捐赠近150万元（至2012年），受益贫困学生500人次。

2006年，社员盛革华捐赠40万元设立“革华特殊教育专项基金”，专门用于支持长沙市特殊教育事业的发展。2007年，响应“中国义工助学万人行”活动的号召，向10位贫困学生捐款，被评为“湖南最佳爱心组织奖”。

2008年，“5·12”汶川特大地震发生后，社长沙市委发出捐款倡议，捐款、捐物17万元。社员黄竹林到四川灾区参与救护和卫生防疫工作22天，被九三学社中央评为“九三学社抗震救灾先进个人”，社长沙市委被社中央评为“九三学社抗震救灾先进集体”。是年，湖南遭遇特大冰灾，社长沙市委响应中共长沙市委的号召，捐款5000元。机关干部参加破冰扫雪活动，并派出机关干部在受灾严重的浏阳乡村，参加为期一个月的抗灾补损促生产活动。

2010年，向青海玉树地震灾区捐款1.4万元。2011—2012年，向机电中专贫困学生捐款1万元。

（三）建设同心社区。2006年起开展建设同心社区活动。是年，岳麓支社与阳明山庄社区党总支达成合作，共建和谐社区，联合望开物业公司开展扶贫帮困志愿者活动，解决140名留守家庭子女就学及就业难问题。

2007年，举办以“依法诚信纳税、共建和谐社会”为主题的税法知识讲座，宣讲个人所得税和企业所得税等相关法律法规，并现场解答群众的涉税疑难问题；是年，开展“和谐大连线，阳光统战进社区——做知性母亲，创和谐家庭”的社会服务活动，组织10家民营企业在登仁桥社区举办内容丰富的“九三倾情关爱行”阳光统战公益活动，向社区捐赠办公电脑，现场招聘下岗和待业人员。

2009年，慰问芙蓉区敬老院的70余位孤寡老人，向敬老院捐赠价值近3万元的防暑降温药品、电风扇等物品。2010年，开展“社区统战心连心，共建和谐新天心”关爱老年人活动启动仪式暨文艺表演，增强社区居民的敬老爱老意识，发动青年志愿者开展关爱孤寡老人、空巢老人的活动。

2011 年，在天剑社区开展中老年慢性病防治健康知识讲座，为社区居民送去健康保健知识；在天剑社区开展“同心聚合力、同行促发展”——《快乐老年报》、当代商报《文摘》社区赠阅活动，以赠阅一年《快乐老年报》、当代商报《文摘》的形式，丰富社区老人和残疾人的文化生活；是年，雨花一支社走进雨花区井塘社区，开展“送温暖，献爱心，关爱民生”为主题的帮扶活动。

2012 年，开展雨花区“我们的节日——猜灯谜到图书馆”新春活动，举办 10 场大型的猜灯谜活动，参加人员 3000 余人次。

（四）禁毒防艾宣传活动。2005 年开始开展禁毒防艾（艾滋病）宣传活动。是年，举办“让校园飘起红丝带—关爱社会、关爱他人、关爱自己，抗击艾滋献爱心”大型系列活动，邀请中央电视台 2004 年感动中国年度人物桂希恩作防治艾滋病专题报告，进行“让校园飘起红丝带”主题文艺表演、发放宣传资料、专家咨询、千人签名等系列活动，宣传防治艾滋病的知识，九三学社社员及近千名大学生参加活动，省、市 4 家新闻媒体报道活动。

2006 年，在中南大学铁道学院校区联合举行“关爱社会、关爱他人、关爱自己——让红丝带在我省高校校园飘起来”的大型宣传活动，邀请中央电视台感动中国人物、九三学社社员高耀洁教授及知名防治艾滋病青年志愿者李丹向省内 10 所高校的约 2000 名大学生宣传艾滋病防治知识。

2007 年，将预防艾滋病与禁毒工作联系起来开展活动，部分社员考察天心区天剑社区“魔戒大院”，并发动全市社员向社区戒毒及禁毒工作捐款 2.2 万元。是年，在天剑社区开展“珍爱美好生命，共建和谐家园——红丝带在社区飘起来”大型社会服务活动，向居民发放“禁毒防艾宣传品”和“禁毒防艾公约”，协助社区成立“天剑社区红丝带宣传队”，向社区捐赠图书室（捐赠新、旧书及建设款 8 万元）。2010 年，在天剑社区再次开展“红丝带在社区飘起来”宣传活动，向社区戒毒中心捐赠善款 2.5 万元。

2011 年，在长沙大学开展“艾滋病防治知识及防治策略”专题报告会。

2012 年，扩大宣传范围，在雨花区洞井街道举办“行动起来，向‘零’艾滋迈进——让红丝带在工地飘起来”防艾公益宣传活动，向建筑工人发放防治艾滋病宣传资料及物品，并发出防治艾滋病倡议。《长沙晚报》等媒体对活动进行报道。中共长沙市委常委、统战部部长文树勋出席活动。

四、其他

1989 年，选派 10 名社员参加长沙市第一期民主党派基层骨干学习班。1994 年，选送社员参加省、市社会主义学院组织的基层骨干培训班，通过组织女社员学习班、新社员学习班、机关干部学习班等，使全市 40%的社员约 80 余人次参加培训学习。是年，社内刊物《长沙社讯》改为报刊形式，一年 4 期，作为社内理论学习宣传主阵地。

1995 年，选派 8 名社员参加在湖南省社会主义学院举办的民主党派骨干培训班。是年，开展表彰活动纪念建社 50 周年，表彰 5 个先进集体、96 名优秀岗位工作者和先进社务工作者。在社省委召开的表彰大会上，社长沙市委、南区支社、北区支社以及气电支社被评为“先进集体”；费岳峰等 33 名社员被评为“优秀岗位工作者”和“先进社务工作者”。

2003 年，举办各级人大代表、政协委员培训班，请省、市人大常委会、政协相关部门负责人授课，提高其参政议政和政治协商能力。此后，每年举办一期。2004 年，在田汉大剧院举行成立 20 周年纪念大会，会议总结社长沙市委 20 年的工作，表彰在参政议政、社务工作中做出突出贡献和在本职工作岗位取得突出成绩的 65 位社员和 5 个先进集体，长沙电视台等新闻媒体进行报道。编印

《在民主与科学的旗帜下——纪念九三学社长沙市委成立20周年》画册和《建言立论成果汇编》。是年，慰问100余名名困难及年迈、重病的社员。

2006年，开办常委培训班、市委委员培训班、骨干培训班及新成员培训班等，113人次参加学习培训。是年，社长沙市委选送14位青年社员参加市社院的青年骨干学习培训班，9名新成员参加民主党派新成员培训班。

2009年，社长沙市委常委及骨干10人参加长沙市各民主党派、工商联负责人学习贯彻科学发展观专题研讨班；举办学习贯彻科学发展观市委委员专题培训班，社长沙市委委员及基层骨干60余人参加学习培训。

2011年，开展纪念中国共产党成立90周年、辛亥革命100周年系列活动。社员参加省政协学习中共中央总书记胡锦涛“七一”讲话精神征文活动，专职副主委刘有良撰写的《努力通达民情 传递民意 成就民愿》被《湘声报》刊载。社员参加“‘富得宝’杯纪念中国共产党成立90周年辛亥革命100周年暨社章社史知识竞赛”“庆祝中国共产党成立90周年和辛亥革命100周年征文比赛”。

2012年，开展“向杨佳同志先进事迹学习”系列活动。社员听取“走进光明、走向世界”杨佳先进事迹报告会，发放学习杨佳先进事迹的资料。在社刊上开设“向杨佳同志学习”专栏，在机关创办“学杨佳事迹、传雷锋精神”宣传栏；3月，开展“学杨佳事迹、传雷锋精神、做爱心女人”的妇女节活动，现场展示杨佳先进事迹宣传板；社员在社中央、社省委开展的“向杨佳同志学习”的征文活动中，上报文稿20篇，报送数量居全省第一。其中2篇入选九三学社中央编纂的《心灵之光——向杨佳同志学习活动征文选集》。是年，社长沙市委被九三学社中央评为“学习践行社会主义核心价值体系全国先进集体”。

第七篇

群众团体

本篇编纂人员

贺孝武（主编） 刘 殷

本篇撰稿人员

第一章 总工会：陈楚奇 黄力平 谢 帆 吴静怡 丑 帅 沈心怡

第二章 共 青 团：陈 翼 李 平 邓芳蕾 康 然 刘新月

第三章 妇女联合会：李艳清 杨凯龙 程红梅

第四章 科学技术协会：熊 鸣

第五章 归国华侨联合会：杨宗铮 刘衍军

第六章 台湾同胞联谊会：陈君华

第七章 工商业联合会：阳伯纯

第八章 社会科学界联合会：吴调和 吴 帮

第九章 文学艺术工作者团体：陈滋鑫 佘明辉 卢 平 刘保山 张 谦 胡仲衍

第十章 残疾人联合会：胡 边 朱发芳 刘增三 曾 军 任铁强 左锡涛 刘志勇 樊莉红 李 梅 李奕霞 陈 兵 朱阳辉 杨 庆 雷传江 姜 涛

第十一章 红 十 字 会：胡 边 秦丽蓉 朱发芳 董 浩

第十二章 中国国际贸易促进委员会长沙支会：袁德高

第一章　总工会

20世纪80年代，长沙市各级工会组织履行“维护、建设、参与、教育”4项职能，维护职工合法权益，促进经济建设和社会发展。1988年，全市有基层工会1903个，工会会员47万人。是年，全市职工开展劳动竞赛和增产、增收，节约、节支（以下简称“双增双节”）活动。开展劳动竞赛2672场次，参赛职工35.5万人。提合理化建议7万余条，实施技术革新6782项，节约和创造价值1.13亿元。全市举办足球、乒乓球、钓鱼、棋类、桥牌等14项职工体育竞技活动，参加的职工运动员万余人，观众20万人；培养各种体育活动项目骨干5000余人。长沙市被授予“全国职工足球先进城市”称号。

1990年，全市建立劳动争议调解委员会491个，受理职工申请调解案件576件，调解达成协议390件；建立50余人的职工法律工作咨询队伍。1992年，全市140个基层工会、1200余名职工开展《中华人民共和国工会法》宣传日活动，写宣传横幅、标语3万余条，召开座谈会1500余次，举办4万余职工参加的学习班1000余期，发行宣传资料40万余册。1994年，长沙市发布《关于女职工孕期、产期、哺育期不得下岗的通知》，规定在女职工孕期、产期、哺育期（以下简称“三期”）的一年零九个月内，用人单位必须保护女工的合法权益。

1997年，长沙市有基层工会1813个，工会会员49万余人。长沙市被评为“全国基层工会工作先进市”。是年，“双增双节”创收1.08亿元，合理化建议、技术革新创经济价值0.87亿元。从这年起，长沙市设立劳动模范（以下简称“劳模”）基金。

2000年，就最低生活保障（以下简称“低保”）扩面等问题，撰写10余篇调查报告；为全市低于“低保”标准的1.08万名贫困职工建立档案。2002年，长沙市拨款100万元，专项用于“爱心助学”活动。给390家困难企事业单位的856名考取大专院校困难职工子女提供救助金77万元。是年，全市1085个劳动争议调解组织受理劳动争议案件647件，调解成功544件。全年参加各项竞赛职工17万余人。2006年，走访慰问2万余名一线职工、贫困职工、孤老职工，向劳模发放慰问金、特困帮扶金、低收入补助金900万余元。

2008年，逐步规范全市工会困难职工帮扶系统。实现困难职工电子档案动态管理，进入全国帮扶网络。2012年，建设基层“职工书屋”，到困难职工、低收入职工家庭、进城务工人员聚居区，打造职工文化低保工程建设平台，为职工送电影500余场，送演出100余场，送图书9万余册（份），送杂志2万册，送培训200余场。落实劳模帮扶长效机制，发放帮扶金160万元。至年底，全市基层工会数3.75万个，工会会员268.02万人；分别是1988年全市基层工会数的19.6倍和工会会员数的5.7倍。

第一节　组织机构

一、市级机构

1988年，市总工会内设办公室、组织部、宣传教育部、生产保护部、劳保生活部、财务部、女工部、民主管理办公室、工运研究室、机关党委、工交工会工作委员会、财贸工会工作委员会、建筑工会工作委员会、文教卫工会工作委员会 14 个部（委、室），编制 87 人。2 月，增设行政科。1989 年 8 月，成立纪律检查组。1989 年 12 月，增设法律顾问室。1990 年 8 月，增设经费审查、审计办公室。1990 年 12 月，劳保生活部、法律顾问室分别更名为劳动工资社会保障部、法律工作部。1991 年 4 月，增设保卫科，与行政科合署办公，实行“两块牌子、一套人员”。5 月，成立职工对外交流中心，与办公室合署办公，实行“两块牌子、一套人员”。1992 年 7 月，增设老干科。1993 年 5 月，试行合署办公，办公室、研究室合署办公，合署名为办公室。组织部、民主管理办公室合署办公，合署名为组织民管部。劳动工资社会保障部、法律工作部合署办公，合署名为劳保法工部。机关党委、纪律检查组、行政科、老干科、保卫科合署办公，合署名为机关党委（加挂机关事务处的牌子）。财务部、经费审查办公室、实业部合署办公，合署名为财务经审实业部。工交、财贸、建筑、文教卫 4 个工会工作委员会合署办公，合署名为产业工会工作委员会。1996 年 3 月，增设外商投资企业工作部，合署到组织民管部办公，合署名为组织民管部。宣传教育部更名为宣教文体部。生产保护部更名为经济技术部。设立经济工会工作委员会，撤销工交工会工作委员会。机关编制缩减为 65 人。1997 年 3 月，外商投资企业工作部和组织民管部不再合署办公，分设组织民管部和外商投资企业工作部。1998 年 5 月，增设事业发展部。1999 年 2 月，财务实业部、经费审查办公室不再合署办公，分设财务实业部和经费审查办公室。2002 年 4 月，内设办公室（加挂长沙市工会职工对外交流中心牌子）、组织部、宣教文体部、经济技术部、民主管理工作部、法律保障工作部、财务部、事业发展部、女职工部（加挂长沙市总工会女职工委员会办公室牌子），经费审查委员会办公室、纪律检查组（监察室）与机关党委合署办公（同时使用人事处名称）。4 个产业工会单列：全称分别是长沙市经济工会工作委员会、长沙市财贸工会工作委员会、长沙市建设工会工作委员会、长沙市直属基层工会工作委员会。核定市总工会编制 55 人。（长沙市产业工会设置分两个层次，市总驻会的 4 个产业工会，作为全市产业工会的领导机关，33 个驻局委的工会派出机构，作为系统（行业）工会的领导机关。）2003 年 11 月，机关行政编制由 55 人调整为 48 人。2006 年 8 月，机关增加行政编制 1 名。2007 年 7 月，增加行政编制 2 人。2008 年 9 月，市总工会的 4 个驻会产业工会主任分别高配副县级。2010 年 3 月，增加行政编制 2 人。2011 年 2 月，市总工会设立资产监督管理部，撤销事业发展部。同年 12 月，增加行政编制 1 人。2012 年，有办公室、组织部、宣教文体部、经济技术部、民主管理工作部、法律保障部、财务部、资产监督管理部、女职工部、经费审查委员会办公室、纪律检查组（监察室）、机关党委、长沙市经济工会工作委员会，长沙市财贸工会工作委员会、长沙市建设工会工作委员会、长沙市直属基层工会工作委员会 16 个部（委、室）。机关行政编制数为 54 人。

1988 年，市总工会有长沙市工人文化宫、长沙市第二工人文化宫、长沙市北郊工人文化宫、长沙市建筑工人文化宫、长沙市职工大学、长沙市工会干部学校、长沙市职工技术协会办公室、长沙市职工技术交流站、长沙市总工会招待所 9 个直属事业单位。1992 年 12 月，长沙市工人文化宫升格为副县级单位。1995 年，北郊工人文化宫更名为长沙市第三工人文化宫。1996 年 4 月，长沙市职工大学升格为正县级单位。1997 年，长沙市总工会成立长沙市职工消费合作总社，人员、编制在机关调剂解决。1998 年，建筑工人文化宫划归长沙市工人文化宫管理，命名为建筑分部（对外仍称长沙市建筑工人文化宫）。2001 年，长沙市职工大学更名为长沙职工大学，归属湖南省建工集团管理，不再隶属于市总工会。2002 年，长沙市工会干部学校撤销，人员编制并入市职工技术协会办公室。2006 年，长沙市职工技术交流站更名为长沙市职工技术培训中心，市总工会招待所撤销，其人员并入长沙市职工技术培训中心。2007

年，市职工消费合作总社撤销。2012 年，市总工会有长沙市工人文化宫、长沙市第二工人文化宫、长沙市第三工人文化宫、长沙市建筑工人文化宫、长沙市职工技术协会办公室、长沙市职工技术培训中心 6 家直属事业单位。

1988—2012 年，先后担任长沙市总工会主要领导职务的有：韩铁凡、李正雄、楚白兰（女）、张建国、彭惊雷；其他领导班子成员有：伍蔚滇、王月明（女）、彭桂秋、杜狄松、姚仁智、肖秀刚、陈烝、赵定山、唐再明、肖新田、朱余华、谢丽华（女）、赵展成、鲁承钢、王文清、孙兴红。

二、区县（市）级机构

1988 年，长沙县、望城县、浏阳县、宁乡县和东区、西区、南区、北区、郊区均设有工会组织。1993 年 1 月，浏阳县总工会改名为浏阳市总工会。1996 年 7 月，长沙市区划调整，设立长沙市芙蓉区、天心区、岳麓区、开福区、雨花区，区工会也随之更名。2001 年，雨花区工会改名为雨花区总工会。2005 年，芙蓉、天心、岳麓、开福区工会分别改为总工会。2010 年 2 月，长沙高新技术开发区工会、长沙经济技术开发区工会也分别改名为长沙高新技术开发区总工会、长沙经济技术开发区总工会。2011 年 6 月，望城县撤县改区，望城县总工会改名为望城区总工会。

三、基层机构

1988 年年底，全市有基层工会 1903 个，工会会员 47 万人。

2002 年，全市新发展工会会员 14.28 万人，全市有工会会员 79.39 万人。2005 年，全市有基层工会 8374 个，会员 86.04 万人。

2006 年 1 月，农民工开始入会，乡镇、街道、社区、村一级逐步建立工会。市总工会制定乡镇、街道、村、社区工会组织规范化建设标准和组建目标，至 2009 年，长沙建成 102 个乡镇和 35 个街道工会，26 个社区和 76 个行政村也成立工会组织。

至 2012 年，长沙有 109 个乡镇和 66 个街道建立工会，有 350 个社区和 118 个行政村成立工会组织。有基层工会 3.75 万个，工会会员 268.02 万人。

第二节　代表大会

一、第十四次代表大会

1988 年 2 月 1—4 日，长沙市总工会第十四次代表大会在长沙举行。出席大会正式代表 397 人，特邀代表 4 人。市总工会主席韩铁凡作题为《团结奋斗，改革创新，把工人运动和工会工作推向前进》的工作报告。确定会后 5 年工作任务是团结和带领全市职工积极推进改革，在物质文明、精神文明（以下简称“两个文明”）建设中发挥主力军作用。大会会议期间，召开第十四届第一次全体会议，选举产生 39 人组成的市总工会第十四届工会委员会和 5 人组成的经费审查委员会。十四届一次委员会选举出常务委员（以下简称“常委”）10 人。韩铁凡任主席，伍蔚滇等 4 人任副主席，经费审查委员会主任戴仁修（兼职），王桂昆等 5 人任常委。

二、第十五次代表大会

1993 年 2 月 1—4 日，长沙市总工会第十五次代表大会在长沙举行。出席大会正式代表 350 人，特邀代表 4 人，列席代表 10 人。市总工会主席韩铁凡作题为《认真学习贯彻党的十四大精神，团结广大职工，为我市改革开放和现代化建设做出新贡献》的工作报告。确定今后 5 年的工作任务是学习贯彻中共十四大精神，全面履行工会4项职能，动员和团结广大职工为长沙市改革开放和现代化建设作出新贡献。会议期间，召开第十五届第一次全体会议，选举39人（后增补委员、常委2人）组成的市总工会第十五届工会委员会和9人组成的经费审查委员会。十五届一次委员会选举出常委11人。李正雄任主席，楚白兰（女）等6人任副主席，经费审查委员会主任楚白兰（女），王文清等6人任常委。

三、第十六次代表大会

1998年2月17—20日，长沙市总工会第十六次代表大会在长沙举行。出席大会正式代表312人，特邀代表5人。市总工会主席楚白兰作题为《高举邓小平理论伟大旗帜，团结和带领广大职工为实现我市跨世纪目标而奋斗》的工作报告。确定今后5年的工作任务是围绕工会工作的总体思路，引导、团结、组织和动员全市职工，为加快省会的改革与发展，实现跨世纪宏伟目标建功立业。大会会议期间，召开第十六届第一次全体会议，选举产生41人组成的市总工会第十六届工会委员会和9人组成的经费审查委员会。十六届一次委员会选举出常委9人。楚白兰（女）任主席，杜狄松等4人任副主席，经费审查委员会主任王文清，赵展成等4人任常委。

四、第十七次代表大会

2003年5月27—28日，长沙市总工会第十七次代表大会在长沙举行。出席大会正式代表345人，特邀代表4人。市总工会主席楚白兰作题为《与时俱进，开拓创新，团结动员全市职工为全面建设小康社会而努力奋斗》的工作报告。确定今后5年的工作任务是狠抓调整劳动关系机制建设，积极为职工办好事、实事，实现工会工作新的突破和自身建设的加强，团结和动员全市职工，为推进长沙市工业化、城镇化、农业现代化（以下简称“三化”）进程和全面建设小康社会建功立业。大会会议期间，召开第十七届第一次全体会议，选举产生43人组成的市总工会第十七届委员会和9人组成的经费审查委员会。十七届一次委员会选举出常委11人，楚白兰（女）任主席，杜狄松等6人任副主席，王文清任经费审查委员会主任，赵展成等5人任常委。

五、第十八次代表大会

2008年5月11—13日，长沙市总工会第十八次代表大会在长沙举行。出席大会正式代表399人，特邀代表7人，市总工会主席楚白兰作题为《认真学习贯彻中共十七大精神，团结动员全市职工为推进兴工强市、建设和谐长沙而努力奋斗》的工作报告。确定今后5年的工作任务是走中国特色社会主义工会发展道路，发展和谐劳动关系、维护职工合法权益，加强工会能力建设，为加速推进“兴工强市”发展战略，推动实现长沙科学发展、率先发展，做出更大的贡献。会议期间，召开第十八届第一次全体会议，选举49人组成的市总工会第十八届工会委员会和9人人组成的经费审查委员会。十八届一次委员会选举出常委11人，楚白兰（女）任主席，彭惊雷等5人任副主席，孙兴红任经费审查委员会主任，鲁承钢等5人任常委。

第三节 主要活动

一、维护职工合法权益

（一）普法宣传。1988年，长沙市通过开展各类学习座谈等方式对全市职工进行普法宣传教育。1989年11月，发布《关于组织职工参加企业法律法规知识竞赛的通知》，全市12个代表队参加决赛。1993年，编印4000余册《劳动争议调解法律工作手册》《劳动争议法律法规选编》发到基层。1995年

1月1日《中华人民共和国劳动法》（以下简称“劳动法”）实施后，开展劳动法学习、宣传活动。举办4期工会干部劳动法培训班，参加学员430名；举办20余期劳动法规知识培训班；印发《中华人民共和国劳动法》单行本8万余册；通报部分基层工会学习、宣传劳动法情况；向基层下发40万余份法律文本和5万余本法规汇编；发放劳动法宣传板500块，配套法规5000册。是年，组织近30万职工参加劳动法知识竞赛活动，撰写《长沙市纺织系统在贯彻〈劳动法〉中反映的几个问题》《长沙市推行全员劳动合同制的情况》等调查报告。1998年，对全市10家中外合资经营、中外合作经营、外商独资经营（以下简称“三资”）企业遵守执行劳动法的情况进行调查，撰写《“三资”企业遵守执行〈劳动法〉的情况及建议》调查报告。2004年，要求全市各级工会组织支持企业改革，依法维护职工合法权益，将职工的合法权益保障写进改革方案。2010年，举办长沙市“12·4”全国法制宣传日暨律师服务农民工法律援助志愿行动启动仪式。2012年，邀约职工、企业家、劳模、律师、工会干部等参与《长沙晚报》“你说话吧”栏目讨论，就“如何构建和谐劳动关系”进行探讨。

（二）劳动争议调解。1988年，长沙市、县、区各级工会组织与劳动等部门建立劳动争议仲裁委员会，基层工会建立劳动争议调解委员会。截至1990年年底，全市建立劳动争议调解委员会491个，占企业总数45.5%，调解委员会受理职工申请调解案件576件，调解达成协议390件，占67.7%。建立50余人的职工法律工作咨询队伍。1993年年底，全市建立劳动争议仲裁委员会10个，劳动争议调解委员会631个，成员3887人，培训调解成员1566人次。1996年，全市9个区县（市）和417家企业成立劳动法律监督委员会，其中大中型企业组建率96%；有工会劳动法律监督员1574人，兼职劳动监察员1509人。工会劳动法律监督员组织受理职工举报70件，工会提请劳动部门处理33件，用人单位接受监督纠正34件。工会劳动法津监督委员会组织对涉及劳动合同、劳动时间、劳动报酬、安全生产等方面的监督活动约960次。对全市885家企业贯彻实施劳动法情况监督检查；全市1135家工会组织成立劳动争议调解委员会，劳动争议调解员6000余名。

1997年，建立健全工会劳动法律监督检查工作制度，开展监督检查活动。年内对200名工会法律监督员进行业务培训，对参加培训学习的260人次（1996—1997年）颁发“工会劳动法律监督员”证书。

1999年，全市有1113个企业建立劳动争议调解委员会，调解争议纠纷2000余起，成功率96%。基层工会法律监督组织817个，监督检查员2456人。

2002—2005年，配合机械、煤炭、化医、汽电等行业管理办公室（以下简称“行管办”），调处因企业改制，引发的劳资争议，对280余家改制企业出现的突出矛盾、集体劳动争议问题协调解决。

2009年，协调处理韶光微电子公司、长沙电表厂、伊莱克斯长沙工厂因劳资关系引发的劳动争议问题。2010年，调处长沙银太有限公司、长沙京程糖酒副食品有限公司等单位因改制、破产引起的集体劳动争议问题。

2012年，对长沙毛巾集团、长沙润和塑胶有限公司、长沙青少年用品商店的劳动争议问题进行调处。

（三）来信来访和法律援助。1988年，长沙市开展对工人群众的法律援助工作，市总工会接待来信来访2000余人次。

1991年，全年接待群众来访652人次（其中集体上访7次），处理来信156件。1997年，全年处理职工来信42件，职工来访315人次。1999年，全市有职工法律服务援助组织42个，成员106人，是年，收到来信1855件，接待来访4599人次。

2001年1月1日，聘请专业律师为全市职工提供法律援助。对职工进行法律法规知识教育，为职工群众和基层工会组织提供法律服务，免费为严重侵犯职工和基层工会组织合法权益的侵权违法行为进行劳动争议仲裁和法律诉讼，提供法律援助。是年，接受来信100余封，来访100余批次。2004年，对因改制引起的职工问题进行调处，接待改制企业上访、政策咨询人员100余批次、1000余人次。2006年，为514名职工提供法律服务。

2008—2009年，接待处理职工来访400余批次，将近2000人次；收到来信100余封；配合推动国企改制，咨询、协调矛盾200次，涉及单位30余家；协调沃尔玛等外资企业的劳资关系，解决劳资矛盾。2010年，免费为职工提供法律援助10余起、法律咨询500余人次；对20余家单位因改制破产引起的问题进行处理，接待办理职工来访、来电200余批次、600余人次、来信50余封。

2011年，与北京等35个城市签署《城市间农民工法律援助工作协作协议》。启动长沙市企业社会责任建设工作。与湖南大学工商管理学院在全国率先探索“会校联合、优势互补、资源共享”的合作模式，联合成立企业社会和劳动关系研究中心。全年接受网上咨询100余件次，接听法律咨询电话600余个，受理困难职工法律援助案件40余件、农民工法律援助案件1300余件，接待职工免费心理咨询60余人次。进行咨询、协调180余次，涉及单位50余家。全年接待职工来访80余批次、500余人次，收到、处理来信50余封。

2012年，参与企业改制工作，咨询、协调矛盾190余次，涉及单位40余家；接待职工来访90余批次、600余人次；聘请律师和工会法律工作者免费为职工提供法律咨询600余人次，提供法律援助30起。长沙市发布《关于加强企业社会责任建设的意见》《长沙市企业社会责任评估体系》操作规程。召开全市企业社会责任建设工作推进会。

（四）女职工特殊权益维护。1988年10月，长沙市印发《女职工劳动保护规定》《长沙市女职工劳动保护细则》4000余份，问题解答1500份。1992年，接待女职工来信来访200余人次，下基层调查12次，协助解决市电视机厂等单位女职工和残疾女工住房问题。开展宣传《中华人民共和国妇女权益保障法》活动，发放学习资料3000余份，提供咨询3000余人次。1998年，长沙市发布《关于重申女职工在孕期、产期、哺乳期不得安排下岗分流的通知》。1999年，为69名孕期、产期、哺乳期（以下简称“三期”）女职工合法维权。

2000年11月，发布《关于提高女职工卫生费的通知》，再次将卫生费标准提高到每人每月10~15元。12月，发布《关于加大女职工委员会参政议政力度的意见》。2005年，举办“安康杯”职工安全健康暨女职工劳动保护规定知识竞赛，提升女职工维权意识和自我保护能力。

2011年，把签订、检查女职工专项集体合同与开展“共同约定行动”和工资集体协商、集体合同结合起来。是年，全市签订女职工专项集体合同5046份，覆盖女职工16.2万人。

2012年，省、市两级工会举办大型现场宣传咨询日活动，省、市工会干部、职工维权律师团、妇幼保健专家等现场为企业、职工提供咨询服务。

二、扶贫帮困

1988年起，开展扶贫帮困送温暖活动。是年，慰问市、县所属水运公司、长沙县教育委员会等6所敬老院192名退休职工。1990—1991年，组织“送温暖、鼓干劲”慰问团，对宁乡县等4县、湖南绸厂等30余家特困企业职工和受灾职工进行慰问与救济。1992年，慰问全市100家特困企业、近1000户职工。派出支帮促服务队帮助长沙纺织厂扭亏，减少亏损375万元。1990—1992年，用30万元帮扶资金扶助长沙市部分困难职工。1993 年，慰问 200 余户困难职工及 6 所敬老院的孤寡职工。7 月，发布《关于动员全市职工全力以赴抗洪救灾的紧急通知》。全市百余家工会组织 20 万职工参加救灾募捐活动，捐款 30 万余元、衣服 3 万余件及价值 10 万余元的救灾物资。

1994 年 11 月，“长沙市职工困难互助会”成立，41 个单位近 4 万名职工加入。拨出 12 万元慰问全市 60 个特困企业的 600 户特困职工、劳动模范。拨出 10 万元慰问遭受水灾的 50 个单位受灾家庭。1995 年初，拨 10 万余元经费，慰问 100 个特困企业的 1000 户特困职工与 6 所敬老院的 180 名孤寡老人。发动 14 个单位加入市职工困难互助会，互助会总资金 108 万元。1997 年，全市总工会慰问特困职工 2600 余户，慰问金额 58.8 万元。各局、总公司、企业工会慰问特困职工 1.3 万余户，慰问金额 260 万余元。1998 年 1 月，到湖南磷化总厂等 6 家特困企业和 5 所敬老院慰问，向 113 家单位的 650 户特困职工发放困难救济金 12 万元。市县（区）两级工会职工困难互助会救济款 280 万元。是年，慰问市内 20 家受灾单位的职工，慰问金额 11 万元。机关干部捐款扶贫、救灾，捐款 8.99 万元，捐衣被 1880 件。建立下岗职工基本生活保障与再就业情况季报制度。接待下岗职工近 8000 人次，介绍 194 名下岗职工重新就业。新建立的长沙市总工会下岗职工再就业培训中心（以下简称“培训中心”）开设电算会计班、电脑培训班等。中心全年培训 2183 人次，其中定期培训 12 期 845 人次，不定期培训 1338 人次。1999 年元旦、春节（以下简称“两节”），慰问湖南电视机厂等 7 家困难企业和 5 所职工敬老院 187 名孤寡老人。全市筹集救济款 1150.07 万元，慰问困难企业 757 个，慰问困难职工 2.51 万户。全市基层工会成立职工困难互助会 147 个，资金 1383.55 万元。全市工会帮扶困难职工 5928 户，解困 4233 户。是年，介绍、安置下岗职工 565 人，职工大学实行转岗培训 1240 人次。

2000 年，为全市低于“低保”标准的 1.08 万名贫困职工建立档案。市职业介绍所（1997 年成立）联系安置 560 余名职工就业，市职工消费合作社（1997 年成立）、市职工技术协会（1980 年成立）安置困难职工 600 人就业，定点定对象帮扶困难企业湖南电视机厂。2000 年 10 月，长沙市新的城市居民最低生活保障制度实施办法（试行）出台，在新办法实施前，只有少数贫困职工进入“低保”。新办法实施后，进入“低保”的贫困职工人数由 8000 人增至 7 万人，贫困职工进入“低保”问题予以彻底解决。

2001 年“两节”期间，筹集送温暖资金 110 万元，扶贫帮困 8.1 万名困难职工。是年，市总工会被全国总工会评为“‘送温暖工程’先进集体”。

1998—2002 年，连续 5 年开展“芙蓉爱心助学”活动，2002 年，长沙市拨款 100 万元，专项用于市总工会的“爱心助学”活动，成立长沙市“爱心助学”领导小组。2002 年，由政府和社会各界支持的“爱心助学”活动启动，给予 390 家困难企事业单位的 856 名考取大专院校困难职工子女救助。

2002 年，安置 934 名下岗职工再就业，举办下岗职工再就业培训班 100 余期。2003 年，成立长沙市困难职工帮扶中心。临时性救助 250 名因患重大疾病等特别困难职工，救助金额 10 万元。“两节”期间慰问 1.55 万户贫困职工和 997 位市以上劳模，为困难职工送去 600 万余元慰问金及价值 180 万余元的物资。市总工会获得“‘送温暖工程’先进单位”称号。

2003 年，近 500 名下岗职工通过市帮扶中心实现再就业。2004 年“两节”期间，筹措资金 122 万元及价值 50 万元的粮油送与 1.28 万户困难职工和困难劳模。建立市县两级困难职工帮扶中心，开通“12351”职工维权热线，为困难职工提供再就业、法律援助、临时救助等。

2005 年 1 月 20 日，中华全国总工会副主席、书记处书记苏立清一行到长沙市慰问困难职工和劳模，向全市 1.6 万户贫困职工和 1030 位市以上劳动模范发放低收入补助金、慰问金和慰问品，发放困难职工慰问金及慰问品约 270 万元。是年，筹集困难职工慰问资金 110 万元和价值 50 万元的慰问粮油，筹集省部级以上低收入劳模补助金 99 万元与市级以上劳模慰问金 7 万元，送予 1.6 万户困难职工和 1030 名劳模。

2005 年 10 月，长沙房产（集团）有限公司困难职工帮扶中心启动，成为全市首家成立帮扶中心的企业。2006 年，走访慰问 2 万余名一线职工、贫困职工、孤老职工，向全国、省部级、市级劳模发放慰问金、特困帮扶金、低收入补助金，发放帮困补助资金和物资 900 万余元。

2007 年，在女职工当中开展特殊疾病保险，5 万余名女职工参加该项保险。向 1 万名女农民工、女困难职工免费赠送女职工特殊疾病保险，总保额 1000 万元，为近万名女职工开展免费妇科检查。

2008 年，市总工会本级、区县（市）总工会、行业（系统）工会、大中型企业四级困难职工帮扶中心逐步规范。各级帮扶中心实现困难职工电子档案动态管理，进入全国帮扶网络。中共中央政治局委员、全国人大常委会副委员长、全国总工会主席王兆国和中央委员、全总副主席、书记处第一书记孙春兰先后视察长沙市困难职工帮扶中心。市困难职工帮扶中心被授予“全国帮扶工作先进单位”称号。市、区、县两级工会筹集 1300 万余元，用于开展困难职工帮扶工作。各级工会开展促进就业再就业工作，培训下岗失业人员 3000 人次，帮助 2500 余名下岗失业人员实现再就业。

2010 年，创新推进“双联”和困难职工帮扶工作，市直各参联机关联系 200 家企业，帮扶困难职工 2400 余名，50 家职工爱心超市已投入运营，对 6500 余名困难职工、农民工进行就业再就业培训。各开发区、区县（市）直机关派出参联干部 1.49 万人，联系企业 1100 余家，开展帮扶活动 2200 余次，解决企业主要问题 1600 余个，帮扶困难职工 1.31 万人，动用帮扶资金 3042 万元。

2011 年，提高职工服务（帮扶）机构工作水平，加强对县级职工服务（帮扶）中心、乡街职工服务（帮扶）站的指导和建设，按要求配备社会化职业工会工作者，基本实现与政府相关资源共享。“两节”期间，市总工会、市国有资产监督管理委员会、市民政局等单位筹集资金近 1800 万元，慰问困难职工 2.8 万人；市困难职工帮扶中心发放慰问金和物资 500 万余元。是年，全市女职工“关爱行动”，对家庭生活困难的女职工、特别是单亲女职工和已参保平安女性防癌保险的在档困难女职工宫颈癌、乳腺癌（以下简称“两癌”）患者进行帮扶救助。是年，全市筹措资金 230.3 万元，帮扶单亲困难女职工、女农民工等 1693 人；与丽人妇产医院联合开展长沙市“关爱女职工健康行”活动，组织 2333 名女职工、女农民工开展免费体检并对患病单亲、特困女职工、女农民工实施无偿援助。

2012 年，制定“双联”和困难职工帮扶工作方案，编制《长沙市“双联”和困难职工帮扶工作领导小组成员单位共同约定目标责任书》，召集各参联单位签订责任状，组织 100 家机关单位帮扶 100 家困难企业，对口帮扶困难职工 2310 人，慰问困难职工 180 万元。建立和完善市、县（市）区、街道（乡镇）、社区（企业）四级职工服务（帮扶）网络，成立市级职工服务（帮扶）中心 1 个，开发区、区县（市）职工服务（帮扶）中心 11 个。乡镇（街道）职工服务（帮扶）站 166 个，县级困难职工帮扶中心规范化达标率 100%。通过开展两节“送温暖”“农民工平安返乡爱心接力”等活动，实施生活救助 2.06 万人，市本级帮扶中心发放帮扶资金 612 万元。与 5 所职工培训学校合作，举办 10 余期包括电子装接工、营业员等的免费职业技能培训班，培训 1200 余人。是年，各级工会筹资 350 万元，为全市困难女职工赠送“两癌”保险及开展金秋助学、生活救助、大病救助等帮扶项目，先后开展“单亲特困女职工送温暖”行动等活动，并联合爱心专科医院，为全市 1 万名女职工提供免费“女性健康检查”，为 100 名单亲特困家庭的患病女职工送上全免费治疗。至 2012 年，全市有 40 万人次女职工参加特殊疾病保险，市总工会为3万余名困难女职工赠送该项保险。筹集资金81万元，帮助困难女职工600余人。全市募集爱心助学款23.65亿元，资助困难职工子弟240名。

三、参政议政

（一）制度建设。1988年，长沙市建立每年4次、每季1次，由市总工会向中共长沙市委常委汇报工会工作制度。1990年，在基层工会和机关选派3名干部作为市长联络员参与，解决红旗区违章建筑等20余起职工关注的热点问题。1991年，参与全市劳动工资、住房制度、医疗保险制度改革。1993年12月，召开中共长沙市委常委办公会议，听取市总工会负责人有关工会工作汇报，并就工会工作问题研究给予答复。1997年4月，召开中共长沙市委常委会议听取工会工作汇报，研究并同意召开全市党政工领导会议和全市第十六次劳模大会等事项。是年6月，发布《中共长沙市委办公厅、长沙市人民政府办公厅关于依靠职工群众搞好企业若干问题意见》。1998年10月，建立市政府与市总工会工作联系的制度。11月，召开中共长沙市委常委会议听取工会工作汇报，并研究和同意召开全市学习贯彻全国总工会十三大精神的会议、市第十七次劳模大会，各机关事业单位严格执行《中华人民共和国工会法》规定足额拨交工会经费等事项。

2000年1月，中共长沙市委常委会议听取工会工作汇报，成立“双联”领导小组和长沙市新建企业工会建设协调领导小组等事项。是年4月，长沙市城镇职工基本医疗保险办法在全市试行。2001年，配合中共长沙市委组织部对全市部分大中型企业工会领导班子进行考察。2002年，发布《关于进一步加强新时期工会工作的意见》，对中共湖南省委、长沙市委文件和市委人大工作会议精神（以下简称“两文一会”）的专项督查，推进全市工会工作。

2010年，召开5次中共长沙市委常委会议研究工会工作。发布《关于进一步加强劳模管理和服务工作的意见》《关于加强职工服务（帮扶）体系建设的意见》，并将工会困难职工帮扶中心和技术交流中心建设项目作为政府工程，补助5800万元纳入“绿色通道”，相关市领导亲自督办。是年，发布《长沙市人民政府办公厅关于印发长沙市人民政府长沙市总工会联席会议制度的通知》。全市9个区县（市）均建立工会与区县（市）政府联席会议制度。由市总工会服务群团界别一线职工中的人大代表和政协委员，建立“十个一”工作制度，即在市总建立一个工作联络处，安排专人担任联络员；每年组织召开一次会议，开展履职交流、业务培训、提案征集等活动；每年征求一次对工会工作的意见和建议；每年组织进行一次体检；每年赠送一本好书；每两年进行一次代表、委员走访；届内组织一次学习考察；在人大、政协召开会议期间组织一次慰问活动；每年在相关媒体组织一次集中宣传，报道工会界别一线职工人大代表和政协委员履职和事迹等情况；在代表、委员生日时，为其送上一个祝福。

2012年4月，与湖南大学联合成立企业社会责任及劳动关系研究中心，探索“会校联合、优势互补、资源共享、成果共享”的工作新路。制定《关于加强企业社会责任建设的意见》，发布《长沙市企业社会责任评估体系》。

（二）所获成果。1988年，工人运动研究会在全市开展“发展生产力与工会工作”理论研讨，就“发展生产力与工会职能”“发展生产力与工人运动和工会工作的关系”“职工主人翁地位与积极性”“工会群众化、民主化”4个专题进行研讨，发表论文57篇。1989年，召开“全心全意依靠工人阶级专题研讨会”，并就落实全心全意依靠工人阶级的指导思想提出100余条建议。

1990年，长沙市完善市级劳模退休待遇，规定市级劳模增发5%的退休金（1983年5月1日起）。1994年，长沙市发布《关于女职工孕期、产期、哺育期不得下岗的通知》，规定在女职工孕期、产期、哺育期的一年零九个月内，用人单位必须保护女工的合法权益。1998 年，在市政协八届一次会议上，工会界委员提交《建议建立政府、工会联席会议制度案》，获得采纳。1999 年，以工运信息和其他渠道反映有关社保的意见与要求，提出社保改革建议与修改意见 100 条，被采纳 40 余条。全面掌握全市特困职工、下岗职工数量及其境遇，为 1.0821 万户特困职工建立档案。12 月 31 日，长沙市政府与市总工会第一次联席会议召开。2000 年 4 月，长沙市城镇职工基本医疗保险办法在全市试行。11 月，长沙市工人运动研究会召开《工会与改革》专题理论研讨会，就下岗职工基本生活保障、失业保险制度保障、城镇居民最低生活保障（以下简称“3 条保障线”）的落实与衔接等 10 余个课题，开展调查研究和理论探索，各级工会撰论文 250 篇。《长沙工运》发表 90 余篇，省内外交流 40 余篇，省总工会刊物采用部分文章，有 20 余项成果获省总工会和市社科联的奖励。关于困难企业职工状况的调查为市“3 条保障线”的建立与运作起到作用。2001 年，向中共市委、市政府领导呈送调研报告，参与政府召开的职工“低保”工作会议，反映职工诉求，提出工会建议和主张。

2002 年，对中共湖南省委、长沙市委“两文一会”进行专项督查，推进全市工会工作。综合督察、调研成果，长沙市发布《关于进一步加强新时期工会工作的意见》。是年，为推动劳动关系三方协商机制的建立，市总工会与市劳动和社会保障局召开联席会议，达成共识。

2004 年，分别就进城务工人员子女就学难、生活困难、劳模看病就医难等问题开展调查研究，撰写《关于我市困难企业、困难职工情况的调查与建议》等 10 余篇调查报告，反映职工群众诉求。在调查研究的基础上，对长沙市出台的改革文件提出建议和修改意见 20 余条，被采纳 10 余条。

2005 年，通过座谈会、上门、问卷等形式对全市困难企业和困难职工情况、贫困职工进“低保”情况和企业职工队伍稳定情况进行专题调查，写出《关于长沙市困难企业和贫困职工情况的调查与建议》《关于长沙市“双联”工作开展情况的调查与建议》两篇调查报告，为全面掌握全市贫困职工的实际情况提供依据。是年，在长沙市天心区天剑社区调研时发现进城务工人员子女读小学，每学期需向校方交纳借读费 500~1000 元。后在省政协九届二次会议上提交《解决进城务工人员子女上学难问题刻不容缓》的提案，从而使长沙市进城务工人员子女上小学需交纳借读费问题得以解决。

2006 年，根据长沙市企业改制、职工制定安置方案过程中所出现的困难，提交《关于尽快制定〈湖南省职工代表大会条例〉的建议》，为 2008 年《湖南省职工代表大会条例》的出台提供依据。是年，提交《关于增加基层一线职工担任人大代表的建议》，被市人大常委会采纳，并得到全国总工会领导肯定。

2011 年 11 月，省人大常委会在制定《湖南省企业工资集体协商条例》时，征求市总工会及其企业的意见。是年，提交《加快农民工融入，促进社会和谐发展》提案。就如何加快农民工融入市区，加快农民工入工会，加快廉租房建设，开展其职业培训、法制教育、文化娱乐活动等问题提出建议。

2012 年，提交《关于人大、政协换届中地方总工会主席提名同级人大常委会或政协副职候选人的请示》，发布《关于在人大、政协换届中做好人大一线职工代表和政协工会界委员候选人推荐工作的通知》，提高工会干部、一线职工在人大代表、政协委员中的比例。

四、民主管理

（一）职工代表大会。1988 年 11 月，长沙市第一次民主管理先进表彰会召开。大会对 36 个长沙市职工民主管理先进单位、67 个先进集体代表团（组）与专门工作委员会（小组）、36 位优秀厂长（经理）进行表彰。1989 年，全市 75%以上的企业一年召开两次以上职工代表大会（以下简称“职代会”），审议生产经营、工资奖金分配、劳保福利等方案 2.87 万项。民主评议企业领导干部 9054 人。1990 年，发布

图 7-1-3-1 企业职工代表大会现场

（长沙市总工会供图）

《关于开展民主管理达标创先活动的通知》，通过 3 年的时间，全市有 650 家企业民主管理工作达标合格。

1991 年，举办民主管理电化教育师资培训班，培训 487 人，印发讲课大纲 15 万余册，培训职工代表 15 万余人。1994 年，全市 1500 家企事业单位建立职工代表大会制度，比 1988 年的 750 家增长一倍。1995 年，全市 15 家企业被评为全省“企业民主管理先进单位”。1997 年，发布《关于进一步做好职工代表大会民主评议企业领导干部的通知》。1998 年，针对企业改制工作中，职工民主管理出现的新情况，撰写关于企业民主管理工作状况调查及建议。是年，举办全市改制企业工会主席培训班。

2001 年，以《国营工业企业职工代表大会暂行条例》颁布实施 20 周年为契机，全市各级工会开展座谈会、培训班、宣传日等纪念活动，10 万余职工参加。2002 年，参与市政府联合指导组进驻改制企业，协助企业在制定企业改制、职工安置方案过程中，把好职代会履行审查同意与否决权的民主管理关。2003 年 10 月，指导企业对原有职代会的职权、职工代表、组织制度、职代会与工会、法律保障等条款作出相应的调整与修改。特别强调企业改制与职工安置方案必须通过职代会审查。2004 年，举办改制企业培训班，全市经济、财贸、建筑、农业等产业的 400 余名工会干部参加。

2005 年，继续贯彻《湖南省职工代表大会暂行规范》，配合机械、煤炭、化医、汽电各行管办，帮助、指导基层工会全过程参与企业的改制工作。并对 50 余家改制企业出现的突出矛盾、集体上访等问题进行协调解决。

2006 年，全市建立职工代表大会制度的国有（集体）控股企业 379 家，非公企业 2740 家。

2007 年 9 月，长沙市宁乡县栗山村成立湖南省第一家区域性职工代表大会，会上通过区域性集体合同、工资集体协议等 5 项议案。11 月，在宁乡县栗山村召开“长沙市推行区域（行业）性职工代表大会制度现场推进会”。

2008 年，开展宣传学习《湖南省职工代表大会条例》月活动。

2009 年，继续推进全市的区域（行业）性职代会的组建工作。全市区域（行业）性职代会累计 74 家，覆盖企业 1457 家，职工 4.73 万人。

2010 年，推广天心区总工会“一站式”服务（成立工会组织、职工代表大会，签订集体合同、工资集体协议等一同办理）的经验。

2011 年，长沙市建立全市首家建筑行业工会联合会、职工代表大会。以行业性职工代表大会为平台，推行行业性工资集体协商。

2012 年，全市行业（区域）性职代会累计建立 256 家，涵盖企业 3112 个，覆盖职工 10.58 万人。

（二）推进集体协商与集体合同制度。1995 年，长沙市贯彻实施《中华人民共和国劳动法》，开展推行集体合同制度协调工作。市总工会指导长沙市油墨厂等 102 家企业由共保合同过渡到集体合同，帮助和指导参加全省首次现代企业制度试点的湖南动力机厂等14家企业，制定工会和职工民主管理方案，签订集体合同。

1996—1997年，发布《关于在企业推行平等协商和集体合同制度的意见》，制定第二阶段签订集体合同目标，印发《外商投资企业集体合同参考文本》。全市签订集体合同1012份。1998年，针对私营企业集体合同签订工作难度大的情况，在浏阳市试点，签订全省首家区域性集体合同，覆盖小型私营企业53个。2000年，长沙市签订集体合同1154份。2001—2002年，全市新签集体合同2190份。2003年5月，发布《关于实施〈长沙市工资集体协商试行办法〉的通知》。

2004年，长沙市协调劳动关系三方联合发布《关于推行和规范集体合同建立工资集体协商制度的安排意见》，召开全市工资集体协商经验交流暨动员大会，至年底，全市50家企业完成工资集体协商。2006年，中央电视台《劳动就业》栏目专题报道长沙工资集体协商工作的经验。是年，全市签订集体合同的国有（集体）控股企业324家，非公企业3876家。2007年，长沙市协调劳动关系三方发布《关于建立工资集体协商要约制度的通知》。年底，全市工资集体协议完成2747份。2008年8月，世界500强企业沃尔玛公司在长沙市的3个门店，分别签订集体合同和工资集体协商协议。同年，长沙协调劳动关系三方下发《关于进一步建立企业工资集体协商谈判机制有关意见的通知》《长沙市推进工资集体协商工作方案》。

2009年，开展工会与企业、职工“共同约定行动”，动员企业不裁员、不减薪、不欠薪，要求职工识大局，与企业共克时艰。举行全市签订“共同约定书”集体签约仪式，并在《长沙晚报》刊载全市首批百家签订“共同约定书”企业名单。2010年，长沙市协调劳动关系三方发布《长沙市深入推进工资集体协商工作三年行动计划实施方案》。2010—2012年，开展全市工资集体协商要约行动，派出工资集体协商指导团帮助企业工作。全市签订单个工资集体协议9163份，签订行业（区域性）工资集体协议688份。

（三）厂务公开。1999年，长沙市始开展厂务公开工作，发布《关于建立和推行厂务公开制度的通知》。年底，市属395家工业企业全部建立厂务公开制度。

2000年，长沙市召开全市厂务公开工作研讨会。在全市私营企业中开展评选“员工信得过企业”“员工之友”“爱企业的好员工”创先争优活动。2001年，全市1630家企业建立厂务公开制度。长沙市获得厂务公开的全国先进表彰。2002年，长沙市1099家企业事业单位建立厂务公开制度。

2004年，长沙市出台《关于进一步推行和规范我市非公有制企业厂务公开工作的试行办法》，对全市非公有制企业厂务公开的形式和内容提出明确规定与要求。2006年，全市推行厂务公开的国有（集体）控股企业392家，事业单位983家，各类规模以上非公有制企业2058家。2008年，市教育局推出“长沙市校务公开星级评定”考核办法。2009年，在企业改制中指导企业加大厂务公开工作的力度，实行“阳光改制”，10家国企平稳启动破产改制，近万名职工完成身份置换。

2012年，举办工资集体协商“春季要约行动”暨厂务公开民主管理工作布置会议，加强在长世界500强企业工资集体协商工作，推动行业（区域）性职代会和工资集体协商。高新区工资集体协商培训班、芙蓉区工资集体协商现场观摩会、岳麓区建筑行业职代会和工资集体协商，都取得成效。全市市国有集体及其控股企业和事业单位1003家，厂务公开、职代会建制率100%；工资集体协商建制单位8378家，覆盖职工41万余人，签订行业（区域）性工资集体协议272份，涵盖企业6965家，覆盖职工22万余人。启动全市企业社会责任建设工作，在长沙县、高新区开展试点；10月，长沙市召开企业社会责

图 7-1-3-2 在企业职工中宣传《中华人民共和国工会法》
（摄于 1992 年 10 月，长沙市总工会供图）

任建设工作推进会，下发企业社会责任建设工作意见和评价体系。

五、宣传教育

（一）宣传。1988 年 3 月，为纪念湖南著名工人领袖郭亮牺牲 60 周年，长沙市在望城县铜官镇举行 1300 余人参加的纪念大会，缅怀先烈、回顾工人运动历史。在 1989 年春夏之交的政治风波中，发出《发挥工人阶级作用，维护安定团结》紧急通知，开展宣传工作，稳定职工情绪；采取多种形式开展党的基本路线和形势政策宣传教育。全市 200 余个基层工会举办 10 年改革成果展览，500 余个基层工会组织形势报告会。

1991 年 3 月，发出号召书，号召全市人民开展讲文明、讲道德、讲秩序、讲礼貌、讲卫生（以下简称“五讲”）和语言美、心灵美、行为美、环境美（以下简称“四美”）活动。确定 4 月 19 日为全市文明礼貌活动日，全市 10 万军民走向大街小巷做好事、办实事、做宣传。1992 年，发布《关于认真学习宣传〈工会法〉的通知》，分别召开党政领导、劳动模范和法律界人士参加的 3 个座谈会。全市 140 个基层工会、1200 余名职工开展《中华人民共和国工会法》一条街宣传日活动。全市写宣传横幅、标语 3 万余条，召开座谈会 1500 余次，举办 1000 余期、有 4 万余职工参加的学习班。全市发行工会法和各种宣传资料 40 万余册。9 月，纪念长沙泥木工会成立暨泥木工人大罢工 70 周年在工人文化宫举行集会。长沙市党政军领导、省总工会领导和全市建设系统 100 余名劳模、先进人物、职工代表参加集会。1993 年 7 月，长沙部分地区发生特大洪灾，市总工会发出《关于动员全市职工全力以赴抗洪救灾的紧急通知》，全市百余家工会组织、20 万职工参与救灾募捐活动，捐献现金 30 万余元，衣服 3 万余件和价值 10 万余元的救灾物资。1996 年，发出向全国劳模朱伯权学习的通知，号召职工、干部以朱伯权为榜样，为振兴长沙创佳绩，立新功。

1997 年，长沙市被评为“全国基层工会工作先进市”，市总工会获“全国新经济组织工会先进单位”称号。是年，煤炭坝煤矿、银太纺织总公司工会帮助下岗职工，自谋生路，自食其力。煤炭坝煤矿工会采取无息贷款形式扶助贫困职工搞养殖业、种植业等，此讯中央电视台于是年 12 月 28 日《新闻联播》以首条播出。

1999 年 2 月，市总工会陈楚良作词的戏曲联唱《大拜年》，在中央电视台春节“正月正晚会”（曲苑杂坛特别节目）播出，这台晚会连续 6 次播出，在湖南省尚属首次。2001 年 5 月 7 日，中央电视台《新闻联播》以《体育健儿成为“五一”新宠》为题播出“长沙市总工会举办职工大众体育展示活动，呼应北京申办奥运会，欢度“五一”劳动节”。

2002 年 5 月 1 日前，举行劳模表彰会，对获“全国五一劳动奖章”的 5 名职工进行表彰，市党政领导与 80 余名劳动模范共庆“五一”。此讯 2002 年 5 月 2 日《人民日报》以《五月鲜花遍神州，歌声笑声映春晖——各地劳动群众喜庆“五一”》为题刊出。

2004 年，长沙市召开第十八次劳动模范、模范集体表彰大会。发布《长沙市第十八次劳动模范、模范集体采访报道方案》。《先锋潮》《长沙晚报》等媒体进行报道。2005 年，选送的职工创作歌曲《党心民心格外亲》，获“湖南省 2005 年度‘五一’文化（艺术）奖”。

2006 年 4 月，长沙市发布《关于进一步加强新时期工人阶级新闻宣传的意见》。开展“新时期工人阶级宣传月活动”，对宣传月活动进行具体安排，将活动的各项任务指标分解、量化到各基层工会，《长沙晚报》、长沙电视台新闻频道、公共频道对先进模范人物进行集中专访。宣传月期间，全市各级工会张贴宣传标语 5215 条，宣讲课 171 堂，板报 540 期，宣传栏 500 期、内部广电播放 161 期，参与职工人数 22 万余人。2007 年，继续开展“工人阶级宣传月”活动，举行 200 余场次“党委书记讲工人阶级”报告会；“五一”期间向机关企事业单位党政工领导发送宣传工人阶级先进性和贯彻党的依靠方针短信等。

2008—2012 年，利用长沙市庆“五一”系列活动——长沙工会的特色品牌宣传工人阶级和工会工作，征集微博作品 3000 余幅。向全市工会基层组织、困难职工、低收入职工家庭、进城务工人员及子女免费赠送刊物《读者》。在中央、省、市各级媒体刊发、播出反映工会工作、劳模、一线劳动者的新闻 800 余条。

（二）教育。1988 年，全市参加各类学习班的职工有 9 万人次。市职工大学培训各类专业大学生 484 名，全市举办职工专业培训班 312 个，培训基层骨干近万人。职工参加读书自学活动，全市读书小组有 7000 余个，参加读书的人数超过 15 万人。

1989 年，全市 500 余个基层工会召开形势报告会，200 余个基层工会举办 10 年改革成果展览。

1991 年，长沙市各级工会开展基本国情和党的基本路线（以下简称“双基”）与热爱党、热爱社会主义、热爱祖国（以下简称“三热爱”）教育。推广曙光电子管厂、长沙铜铝材厂、湖南制药厂等单位工会把“传统教育和现实教育相结合，正面灌输和自我教育相结合”的经验，并以所属 4 个工人文化宫为阵地，发挥其学校与乐园的作用，全年开展各类活动 80 余项，参加活动的职工 80 万余人次。

1992 年，全市开展党的基本路线、爱国主义、遵纪守法教育。188 个基层工会举办各种培训班，培训 4.45 万人。有 4.77 万名职工参加读书自学活动。1993 年，在长沙市职工中继续开展“双基”“三热爱”教育及学雷锋、纪念毛泽东 100 周年诞辰等活动。办各类培训班 10 余期，培训 1000 余人次。

1994 年，举办“学习《邓小平文选》第三卷”和“什么是社会主义市场经济”两期培训班，820 人参加学习培训。1995 年，在全市职工中开展爱祖国、爱人民、爱劳动、爱科学、爱社会主义（以下简称“五热爱”）和学理论、学文化、学科学、学技术、学法律、学管理（以下简称“六学”）为内容的读书自学活动。

1996 年，举办 5 期工会干部和 2 期专业培训班，培训职工 500 人。市职工大学图书馆、市工人文化宫陈米德分别获全国总工会、中国图书馆学会工会图书馆委员会授予的“全国工会系统文明图书馆”和“全国工会系统优秀图书馆工作者”称号。

1998 年，为帮助下岗职工转变就业观念，树立正确择业观，促进再就业工作，组织市内 7 位再就业明星组成代表团，巡回报告 7 场，听众万余人次。各基层工会相继举办“转变就业观念，树立正确择业观”的报告会、演讲会 400 余场，参加职工人数 10 万余人次。

1999 年，全市职工对以美国为首的北约轰炸中国驻南联盟大使馆进行声讨；对邪教组织进行批判。

2001—2002 年，长沙市把学习贯彻《公民道德建设实施纲要》作为建设“四有”职工队伍的重要措施。指导各级工会围绕“爱岗敬业，奉献社会，争做文明职工”这个主题，开展各种类型的教育活动。全市召开各种报告会、演讲会、座谈会 5000 余场次。各类有奖征文和演讲比赛 1000 余场次，职工接受教育面80%以上。

2003年，开展读书自学活动，发挥其提高职工整体素质的功能。2004年，向全市部分企业发放“职工思想状况”调查问卷2400份，收回问卷2000份，撰写《长沙市职工思想政治工作调查报告》。

2005年，参加第二届湖南省“创建学习型组织、争做知识型职工”活动和第五届湖南省职工职业道德建设“双十佳”的评比活动。

2007年，继续开展“创建学习型组织，争做知识型职工”活动。举办“创争”活动学习班，170余人参加培训。

2009年，开展“共铸理想信念，共促科学发展”主题教育活动，举办电影《铁人》首映式，各区县（市）总工会、开发区工会、直属基层工会的10万余名职工参加观看。

2012年，从基层工会“职工书屋”建设入手，改善一线职工学习条件，保障职工的基本文化权益。以送演出、送电影、送杂志、送图书、送培训、送活动等形式，进基层、进企业、进社区，到困难职工、低收入职工家庭、进城务工人员聚居区，打造职工文化低保工程建设平台，丰富弱势职工文化生活。为职工送电影500余场，送演出100余场，送图书9万余册（份），送杂志2万册，送培训200余场。

（三）文化体育活动。1988年，长沙市举办足球、乒乓球、钓鱼、棋类、桥牌等14项职工体育竞技活动，参加的职工运动员万余人，观众20万人。培养各种体育活动项目骨干5000余人。长沙市被授予“全国职工足球先进城市”称号，市公共汽车公司足球队、市服务公司足球队被评为全国职工先进足球队。其时，全市职工足球队由12个队（1980年）发展到140个队。

1991年，为庆祝中国共产党成立70周年，全市工会开展文艺演出活动。曙光电子管厂工会模仿音乐舞蹈史诗《东方红》的形式，编排一台以党史为素材、分5个历史阶段、25个节目组成的歌颂党辉煌历程的大型文艺演出。是年，开展第六届“友谊杯”职工乒乓球邀请赛，被邀单位30个。开展长沙职工健美邀请赛，参加比赛的有18个代表队。举办“电信杯”职工篮球（等级）赛，庆祝篮球运动诞生100周年。

1993年，举办纪念毛泽东100周年诞辰《红太阳颂》文艺晚会，演出有合唱、舞蹈、小组唱、独唱、相声、时装展示、歌舞等13个节目。是年，举办“国龙杯”市春季马路赛跑、“友谊杯”市篮球赛、市第九届钓鱼通信比赛、市“振兴杯”足球赛、第三届“电信杯”市职工篮球赛等。

1994年，为庆祝“国际家庭日”，长沙市举办“展示您的家庭风采”综艺会演。演出以家庭为单位，表演形式为音乐、舞蹈、曲艺、武术、书画、服饰、剪纸等。开展以“国际家庭日”为特定时间背景，以家庭为主题的摄影活动。湖南省丽臣实业总公司工会、市工人文化宫被评为省“职工大众体育运动先进单位”，市总工会获省“首届职工大众体育运动优秀组织奖”。

1995年，举办第二届“电业杯”职工交谊舞比赛。湖南动力机厂获一等奖，长沙电业局工会、长沙长途货运总公司分别获二等奖。市总工会组队参加第三届省工人运动会。长沙冷冻加工厂代表队获象棋团体赛第二名，任献、刘小燕、黄成获三人操第二名，钟山获男子袋鼠跳第四名，杨华、叶长青、卢民乐被评为“优秀运动员”。

1996年，举办“全市外商投资企业文艺调演”。20个单位参加决赛，演出为舞蹈、小品、小组唱等16个节目。1997年，举办“屈臣氏杯”职工乒乓球赛、市劳模钓鱼比赛、工会工作者保龄球比赛、全市7人制足球比赛、市桥牌等级赛、市第七届职工“电信杯”篮球赛跳投分球比赛等活动。

1999年，全市以庆祝“五一”国际劳动节为契机，开展球类、拔河、登山、游园、健美操、棋牌、

图 7-1-3-3 企业职工开展体育比赛现场
（摄于21世纪初，长沙市总工会供图）

大众趣味体育运动会系列活动，参加人数5万余人。是年，参与举办“省会迎澳门回归、迎接新世纪、‘小天鹅’杯群众声乐比赛（决赛）暨广场音乐会”。音乐会分5部分，演出节目20个，观众万余人次。

2000年，举办“海尔之夏”大型广场文化艺术节、“迎新世纪‘杨国民’杯全市职工乒乓球邀请赛”和“友谊阿波罗杯——爱我长沙、爱我企业主人翁歌咏大赛”3项文艺活动。2001年，开展庆五一暨支持北京申奥职工大众体育活动通讯赛，获“申奥运全国亿万职工体育活动”优秀组织奖。开展庆祝中国共产党成立80周年大型广场文艺晚会，有千余名职工参加演出，观众3万余人。

2002年，举办“工业杯”职工篮球赛。45个队、800余名运动员参赛。举办全市“职工之歌”歌咏大赛。有17个队进入决赛，演员3000人。活动有287个单位的10万余职工参赛。参加全国总工会的第十届全国职工歌手大赛。友谊阿波罗股份有限公司职工歌手陈刚获得美声唱法组金奖，黄冰获民族唱法组铜奖，孔宇获通俗唱法组铜奖。组织职工保龄球队参加中南6省（区）省会城市保龄球比赛，获得第三名。

2003年，举办全市职工“十六大精神在我心中”读书演讲比赛。从中评选出5名优秀选手，参加湖南省和全国总工会举办的“十六大精神在我心中”演讲比赛。市总工会分别获得省总工会团体知识竞赛第一名、组织奖、演讲比赛个人第一、四、六名。在全国总工会举行的比赛中，分别获知识竞赛团体银奖、演讲比赛个人第四名、第八名。在全市职工中组织“当好东道主，办好城运会”的全民健身活动。举办庆“五一”职工文体活动周。5000余名职工文体爱好者参加篮球、围棋、乒乓球、交谊舞、双百分、保龄球精英对抗赛。举办“庆国庆，迎城运”长沙市职工乒乓球赛；组织长沙市女子中年组乒乓球队参加国家体育委员会、全国总工会举办的全国职工乒乓球赛，获得女子中年组团体冠军、女子单打第二名及女子老年组单打第三名。开展长沙市摄影作品比赛活动，推荐前十名作品参加中南6省（区）职工摄影比赛，分别获得特等奖1名、一等奖1名、二等奖1名、三等奖5名。

2004年，举办职工团体健美操赛、工会工作者保龄球赛、“大旺角”杯职工乒乓球赛和区县（市）职工团体羽毛球赛4项大型赛事。

2005年，组队参加第四届湖南省工人运动会。全市90余名职工参加大众体育、趣味游泳、桥牌、保龄球、象棋、篮球6个大项、41个小项的决赛，获得7金、2银、5铜的成绩，获17块奖牌。

2006年，开展产业工会职工乒乓球赛，全市各条战线21个单位的42名选手参加比赛。市化学医药行管办的李昌虎、市公用事业局的董明华、市住房与建筑委员会的蒋坤获得本次比赛的前三名。

2007年，举办长沙市首届“歌声伴我走四方农民工歌手大奖赛”。大赛举办9场，场地均为各建筑工地、市场等农民工集中的地方，近万名农民工参与此次活动。是年，举办“职工群众心向党”大型文艺演出。举办“迎奥运，庆国庆” 职工羽毛球赛，有来自各行业的57支代表队和500余名职工参加比赛。组织近万名职工参加迎奥运健步走活动。

2008年，举办“全民健身迎奥运”全市第三届职工羽毛球赛，54支代表队700余运动员参加这次角逐。举办“祝福祖国”职工广场文艺调演，300余名职工演员参加演出。举办“迎国庆”全市职工文艺“百品”“百星”比赛，32名选手参加角逐。

2009年，举办长沙市第三届“职工之歌”歌咏比赛。吸引近10万职工群众参与。举办“猎豹杯”长沙市企业职工篮球赛、首届“鸿宇”杯全市职工三人制篮球赛、第二届职工乒乓球赛。136支代表队、1300余人参加比赛。2010—2012年，3次举办“伟大的品格，我们的节日”长沙市庆“五一”系列活动，为期1个月左右，并推出庆典晚会。

(四）女职工活动。1989年5月，长沙市发布《关于各级工会建立女职工委员会的通知》，要求凡有25名以上女会员基层工会在年底前成立女职工委员会。是年，全市42%的基层工会相继成立女职工委员会。

1991年3月8日，全市165个基层单位的3500余名女职工上街义务为群众服务，服务项目有修理、咨询等200余项，受益群众5万余人。是年，举办蔡畅生平事迹展览，发布《关于组织参观妇女运动的卓越领导者——蔡畅同志生平事迹展览的通知》。在全市女职工中掀起“学习蔡畅，做‘自重、自警、自省、自立’（以下简称“四自”）新女性”的热潮。

1994年，全国总工会女职工委员会举办“迪康杯”迎95世界妇女大会知识大奖赛，长沙市75%的单位参赛，女职工参赛率86%。1990—1995年，女职工“芙蓉杯”竞赛连续开展。长沙市对全市女职工中有突出表现、成绩斐然的100家女职工工作集体、98名女职工“芙蓉花”、100名先进女职工工作者、20名女职工工作积极支持者予以表彰。

1995年3月8日，市总工会女职工委员会被中华全国总工会评为“全国先进女职工集体”。1997年，开展女职工法律知识竞赛，市公交总公司工会女职工委员会等6个单位被授予“长沙市女职工知识竞赛优秀组织奖”，长沙市交通局工会女职工委员会等6个单位和郑希鄞等150人分别获省总工会女职工知识竞赛优秀组织奖和个人优胜奖。是年，开展“省会跨世纪爱心工程——为单身职工找一个幸福的家”活动，200余个单位参加，吸收会员近4000人。

2000年3月6日，在长沙铁路工人文化宫举行长沙女职工新世纪庆“三八”先进表彰暨风貌展示会，16个基层单位编排反映各行各业女职工精神风貌的歌舞、说唱节目，34个单位制作反映本单位女职工工作和女性风采的板报参加展示。同年，全市第三轮“芙蓉标兵岗”竞赛活动，7个基层班组获省级“芙蓉标兵岗”，7人获省级“芙蓉百岗明星”称号。

2002年，全市各级女职工委员会开展“芙蓉杯”竞赛活动，发动全市女职工开展“为兴工强市献一计”活动，评选出484个芙蓉标兵岗、891名百岗明星。

2003年，在全市女职工中开展以“调整心态，推进女职工知识化、技能化步伐”素质教育流动课堂活动，200余家单位组织流动课堂400余堂，公开示范课10堂，接受培训女职工2万余人。2004年，市总工会获“全国女职工素质教育流动课堂活动优秀组织奖”。

2005—2012年，在全市女职工中开展素质教育流动课堂活动，免费为基层发放女职工孕期、产期、哺乳期、更年期保健资料50万余册。市总工会女职工部获全国“‘心系女性——女职工素质系列教育活动’先进单位”称号。

六、劳动模范工作

1988年4月，全市开展省级以上劳动模范情况调查，撰写《关于长沙市省级以上劳动模范的现状调查》报告，对历年来 539 名市级以上劳模情况进行全面调查，并组织体检，督促解决实际困难。

1989 年 3 月，推荐长沙市第十五届劳动模范 104 名。在此基础上推荐省级劳模 54 名，全国劳模 8 名。4 月，长沙市召开第十五次劳动模范、先进集体表彰大会，表彰职工劳模 104 名，先进集体 100 个。而后，举办劳模事迹展览、分片召开 10 场全国劳模大会盛况暨劳模事迹报告会，参会职工 4 万人次。

1990 年，全市召开劳模事迹报告会 40 余场次。9 月，市级以上的在职劳模 81 人分两批到云南休养。1994 年 4 月，长沙市决定凡湖南省人民政府各厅（局）1980 年（及以后）授予的厅局级劳动模范（不含先进、标兵等）纳入市级劳动模范管理。5 月，长沙市召开第十六次劳动模范、先进集体表彰大会，表彰劳模 101 名，先进集体 88 个。举办为期一个月的“′94 市劳模风采图片展览”。

1995 年 5 月，全市推荐评选 45 位省劳模和 12 位全国劳模。举办全国劳模报告团报告会，在全市掀起学劳模赶先进的高潮。7 月，发布《关于开展市级以上劳模现状调查的通知》，对评选的 800 余名市级以上劳模现状进行调查，撰写《关于我市市级以上职工劳动模范现状的调查报告》。是年年底，全市市级以上劳模有 235 人分房得到优先照顾，其中 74 人得到住房奖励，55 人解决家属“农转非”（农业户口转为非农业户口）问题。

1997 年 4 月，为解决部分劳动模范收入偏低问题，设立长沙市劳动模范基金。1998 年 3 月，发布《关于办理省级以上离退休劳动模范荣誉津贴发放申报工作的通知》。“五一”期间，召开长沙市劳动模范代表庆“五一”座谈会，结合宣扬劳模精神举办系列活动。对全市 318 名省部级以上离退休劳模（其中全国劳模 35 人）办理荣誉津贴审批手续并检查督促落实到位；完成特困劳模建档，慰问全市 880 余名市级以上劳模和 80 名特困劳模。

1999 年 4 月，长沙市召开第十七次劳动模范、先进集体表彰大会，表彰职工劳模 101 名，先进集体 80 个。开展劳动模范慰问活动，全市有 300 余名省、部级以上离退休劳模领到劳动模范荣誉津贴。

2000 年，全市推荐评选全国劳模 9 名，全国先进工作者 3 名，省劳模 41 名，省先进工作者 7 名。

2004 年，召开长沙市第十八次劳动模范、模范集体表彰大会，表彰职工劳模 100 名，模范集体 50 个。表彰 4 名“全国五一劳动奖章”、1 个“全国五一劳动奖状”获得单位。2005 年，向长沙市 150 名低收入劳模发放 80.75 万元补助金。至此，全市国家级、省级、市级劳动模范的月收入全部达到或超过 1160 元。2009 年，长沙市将低收入市级劳模补助金标准提高到 1650 元/月。为 413 位低收入市级以上劳模发放补助金 339.1 万元，为 252 位特困市级以上劳模发放劳模帮扶金 100 万元。4 月，召开长沙市第十九次劳动模范、模范集体表彰大会，表彰职工劳模 115 名，模范集体 45 个。

图 7-1-3-4 全国五一劳动奖章（奖状）获奖集体代表和个人（摄于 21 世纪初，市总工会供图）

2010 年，推荐 12 位国家级、49 位省级劳动模范和先进工作者参加培训。2011 年，在中共市委党校举办第二期劳模轮训班，在湖南大学举办首期一线劳模和优秀工人技能培训班，配合中共市委组织、人事部门做好从一线劳模和优秀工人中，定向考录公务员工作。7名一线劳模与优秀工人考录上基层领导岗位。市财政局设立劳模疗休养专项经费，组织劳模免费体检和疗休养，做好劳模春节慰问工作。筹集发放劳模低收入生活补助金335万元、特殊困难帮扶金102万元。

2012年，中共浏阳市委出台《进一步加强劳模管理服务的意见》。市总工会建立劳模信息平台，完善劳模档案和数据库，建立劳模后备管理库，落实劳模帮扶长效机制，全年累计发放劳模补助金335万元，筹集市级以上劳模帮扶金160万元。在湖南大学举办长沙市第二期一线劳模和优秀工人电子技术培训班，在市委党校对在职劳模进行短期培训。市总工会组织全国劳模进行免费体检和免费疗休养活动，配合组织与人事部门从一线劳模和优秀工人中考录5名公务员。

至2012年，长沙市评选市级劳动模范534人。全市获全国“五一劳动奖章”的48人，获“五一劳动奖状”单位15个。全市获省劳动模范的393人，获全国劳动模范称号的52人。

表7-1-3-1　　1988—2012年长沙市获全国“五一劳动奖章”名录一览表

姓　名	性别	出生年月	工作单位	获奖时间
刘桂兰	女	1951年4月	长沙市德茂隆食品工贸有限公司	1988年
易辅屏	男	1939年9月	长沙市第四医院	1990年
马本凰	男	1956年12月	湖南橡胶厂(破产)	1990年
裴翠英	女	1942年11月	长沙中山商业股份有限公司	1991年
杨培平	男	1938年1月	长沙市教育局	1992年
刘普成	男	1939年12月	沃茨阀门(长沙)有限公司	1992年
梁红健	女	1954年9月	长沙恒泰五金有限公司	1992年
李时红	女	1935年4月	长沙卷烟厂	1993年
戴仁修	男	1938年11月	长沙县总工会	1993年
邵晓燕	女	1949年3月	长沙市蔬菜食品集团有限公司	1996年
杨全福	男	1947年9月	长沙市公安局交警支队办公室	1996年
张益吾	男	1950年9月	长沙长途汽车货运总公司浏阳分公司	1997年
李保粮	男	1960年11月	长沙市粮食局	1997年
刘　红	男	1967年7月	长沙金岭机床有限责任公司	1998年
陈毛珍	女	1953年11月	长沙市公共交通投资管理有限公司	1998年
段忠良	男	1951年1月	长沙科文集团公司	1998年
刘　平	男	1970年1月	长沙卷烟厂	1999年
任　平	男	1964年5月	长沙水泵厂有限公司	1999年
陶泽海	男	1952年8月	宁乡县人民政府	2001年
夏显忠	男	1969年2月	广发隆平创业服务中心	2001年

续表 7-1-3-1

姓 名	性别	出生年月	工作单位	获奖时间
吴建平	女	1959年12月	长沙市岳麓山建筑工程公司	2001年
尹诗亿	男	1962年4月	长沙锌厂	2001年
杨礼基	男	1949年1月	常德鸿基公司	2002年
陈志红	女	1963年8月	岳麓区银盆岭街道	2002年
胡衡华	男	1963年7月	湖南省发展与改革委员会	2003年
李大伟	男	1955年1月	天心区市政局	2003年
潘 伟	男	1965年9月	长沙水业投资管理有限公司	2003年
黄自强	男	1949年2月	长沙市人民政府	2004年
吴伯成	男	1957年8月	长沙水泵厂有限公司	2006年
范先成	女	1949年12月	长沙市第一人民医院	2006年
吴 涛	女	1966年1月	长沙饮食集团长沙玉楼东有限公司远大路分店	2006年
谭杭生	男	1957年9月	长沙市人大常委会	2007年
王振全	男	1967年12月	长沙市公安局交通警察支队	2007年
周红慧	女	1970年3月	长沙市中心医院	2008年
谢 晖	女	1964年8月	国家城市供水水质监测网长沙监测站	2008年
曾立志	男	1969年11月	长城信息产业股份有限公司	2008年
汤定一	男	1952年7月	长沙经济技术开发区工作委员会	2009年
刘 卫	男	1955年12月	宁乡县劳动和社会保障局	2009年
易灿华	女	1955年8月	长沙县六艺天骄幼儿园	2009年
伍宁桥	男	1968年12月	湖南省中烟工业有限责任公司长沙卷烟厂	2009年
李传泉	男	1978年6月	中联重科工程起重机公司	2010年
焦正恒	男	1966年9月	长沙富湘粮食连锁有限责任公司	2011年
金维宇	男	1969年6月	长沙威胜能源产业技术有限公司	2011年
郝 鹏	男	1979年4月	山河智能装备股份有限公司挖掘机研究院中挖所	2012年
汤兰玲	女	1966年1月	长沙市公安局湘雅路派出所	2012年
刘 娟	女	1974年7月	长城信息湖南医疗设备科技有限公司研发中心	2012年
汪 辉	男	1963年8月	长沙市湘剧院	2012年
彭正军	男	1973年9月	西城实业有限责任公司	2012年
何亚军	男	1977年9月	长沙金时房地产开发有限责任公司	2012年
龚乐群	男	1955年2月	长沙龙骧交通发展集团有限责任公司	2012年

表 7-1-3-2　　1988—2012 年长沙市获全国“劳动模范”名录一览表

姓 名	性别	出生年月	工作单位	获奖时间
吴　奇	男	1951年12月	长沙市农业局	1989年
周家喜	女	1939 年6月	浏阳市财政局	1989年
舒晓雨	男	1953 年8月	无(原长沙市儿童用品公司已解散)	1989年
李娟玲	女	1944 年7月	长沙市公共交通投资管理有限公司	1989年
肖寿松	男	1939 年9月	长沙卷烟厂	1989年
李树仙	男	1932 年2月	长沙县榔梨镇红光村	1989年
刘建元	男	1938 年9月	长沙电机厂有限责任公司	1989年
王泽云	男	1937 年2月	宁乡县人民政府	1995年
谢智勇	男	1952年12月	长沙市公安局刑侦支队	1995年
胡子敬	男	1950 年6月	湖南友谊阿波罗股份有限公司	1995年
何卫红	女	1952 年9月	长沙市公共交通投资管理有限公司	1995年
吴贱安	男	1950 年1月	长沙市公安局交警支队芙蓉大队	1995年
杨茂生	男	1944年11月	湖南仪器仪表总厂	1995年
杨松荣	男	1936 年4月	望城县黄金乡农技站	1995年
邹迪吾	男	1941 年1月	湖南丽臣实业有限责任公司	1995年
邓文全	男	1939 年7月	长沙中意电器集团公司	1995年
潘新姣	女	1945 年7月	长沙市新华楼餐饮有限公司	1995年
黄明章	男	1948年11月	浏阳市东杉湾吉秀烟花公司	1995年
曹国兴	男	1947 年6月	长沙汽车车身厂	1995年
贺学禹	男	1959 年1月	浏阳市黄泥湾小学	2000年
宋少华	男	1953年12月	长沙简牍博物馆	2000年
辜显旺	男	1957 年3月	湖南西城实业集团	2000年
邓启发	男	1952 年6月	浏阳市龙洞水泥厂	2000年
余克建	男	1954 年9月	九芝堂股份有限公司	2000年
王小奇	男	1950 年1月	长沙锅炉厂	2000年
杨德泉	男	1938 年5月	长城信息产业股份有限公司	2000年
陈彤新	男	1967 年8月	湖南中烟工业有限公司长沙卷烟厂	2000年
周兆达	男	1950年12月	长沙通程实业集团有限公司	2000年
邹文奎	男	1947 年1月	曙光电子集团有限公司	2000年
袁雪松	男	1949年11月	宁乡县司法局巷子口镇司法所	2005年
周雄辉	男	1954 年9月	湖南高岭建设集团股份有限公司	2005年

续表 7-1-3-2

姓 名	性别	出生年月	工作单位	获奖时间
李列娜	女	1963 年2月	国家电网湖南省电力公司	2005年
邬恩波	男	1950 年6月	《长沙晚报》报业集团	2005年
何孟秋	男	1968 年7月	长沙矿业集团有限责任公司	2005年
彭知财	男	1966 年9月	湖南省宁乡广东温氏禽畜有限公司	2005年
许菊云	男	1948 年9月	长沙饮食集团长沙玉楼东有限公司	2005年
张国庆	女	1954 年9月	长沙市天心区金盆岭街道天剑社区居委会	2005年
肖彩光	男	1969 年1月	长沙重型机器厂	2005年
何文德	男	1964年11月	长沙大学	2005年
杨 佳	女	1982年11月	湖南家润多超市有限公司	2010年
黄海兰	男	1970 年4月	长沙新奥燃气有限公司客户服务中心蓝焰维修服务队	2010年
周建国	男	1966 年1月	长沙锅炉厂	2010年
彭国泉	男	1957 年2月	长沙市供电公司	2010年
许 璨	男	1974 年6月	君逸康年大酒店	2010年
张卫民	男	1950 年8月	湖南同超控股有限公司	2010年
陈 颢	男	1962 年9月	湖南湘江新区农村商业银行	2010年
程德明	男	1952 年5月	望城县公路管理局	2010年
廖友军	男	1966年11月	长沙市殡葬事业管理处	2010年
董志平	男	1972年10月	湖南省沙坪建筑有限公司	2010年
杨远柱	男	1962 年8月	隆平高科杂交水稻科研专业委员会、湖南亚华种业科学研究院	2010年
汤 宇	男	1964 年8月	湖南湘丰茶叶有限公司	2010年
曾海波	男	1979 年4月	长沙市公安局巡特警支队	2011年
易光辉	男	1963 年1月	宁乡县农业技术推广中心	2011年
袁 虎	男	1985 年9月	望城区隆平高科新康种粮专业合作社	2011年

七、劳动竞赛

1988 年，长沙市开展劳动竞赛 2672 场次，参赛职工 35.5 万人，并开展“双增双节”活动。1989 年，全市 86 户重点工业企业开展劳动竞赛。

1990 年，向全市经济战线职工发出“振奋精神，齐心协力，开展‘双增双节’活动”的号召，动员全市职工开展“为国分忧做贡献，人平增创双百元”为主要内容的“六个一”（提一条合理化建议，搞一项技术革新，钻一门业务技术，做一件好事，人均增收 100 元，人均节约 100 元）竞赛活动。各区县及各局、公司，相继成立劳动竞赛领导小组，召开全市劳动竞赛经验交流大会。全市 100 余家重点企业，职工参赛面90%以上。长沙市成为全省3个劳动竞赛工作先进市之一。

1991年，在全市工业、交通、基建等生产企业开展“质量、品种、效益杯”竞赛，在商业、服务业和城市公用事业单位开展“管理、服务、效益杯”竞赛。在全面完成各项经济指标的前提下，实现每个职工为企业增产节约、增收节支200元。全市1200余家企业45万名余职工参加竞赛。

1992年，长沙市开展“八五”（1991—1995年）立功效益杯竞赛活动。其目标是实现工业企业资金利税率比上年提高1%，劳动竞赛创经济效益1亿元。

1993年，开展以“岗位创一流，班组创先进，企业创效益”的“八五”立功效益杯竞赛，号召全市职工开展岗位练兵、技术比武，鼓励岗位成才。

1995年，动员组织职工开展岗位练兵比武活动，签订师徒合同，动员老工人献绝招、新工人学技术、职工岗位成才。全市21.4万人参赛，创效益8792万元。专门在长沙卷烟厂、内燃机配件总厂、芙蓉宾馆举行现场技术表演赛。

1996年，开展“转机制、抓管理、练内功、增效益”劳动竞赛，发布《关于长沙市劳动竞赛工作安排的意见》《长沙市劳动竞赛考核评奖办法》，组织全市直属企业10个片组开展“转机制、抓管理、练内功、增效益”劳动竞赛。先后到近百家企业单位调查研究、检查指导。

1997年，全市工交、财贸、建设战线开展“五个一”（为企业改革发展献一条合理化建议；每人每月增收节支100元；立足本职练就一门过硬技术；每一个基层技协组织完成一项技术攻关；县（市）、区、局（总公司）工会帮扶一个困难企业。）竞赛活动。

1998年，在工交、财贸、建设等战线继续组织开展“比贡献、攻难关、创一流、增效益”劳动竞赛。9月，发布《关于组织开展“保目标、增效益、做贡献”劳动竞赛的通知》，号召全市职工发扬伟大抗洪精神，确保大灾之年全市经济增长的目标实现。全市“双增双节”劳动竞赛创经济效益1.3亿元。

1999年，在工交、财贸、建设等战线组织开展“效益杯”劳动竞赛，并在全市挑选62家单位纳入全市重点大中型企业目标考核竞赛范围。为全面提高全市劳动者的职业技能素质，市劳动竞赛委员会筹划1999年起，在全市组织10万职工大学习、大练兵、大比武、大奉献的活动。连续3年举办车工、钳工、电焊工等9个工种全市性决赛，决赛的优胜选手可授予“长沙市技术能手”称号，并给予表彰和奖励。

2000年，长沙市开展新千年“创新杯”劳动竞赛活动，全市开展钳工、电焊工、汽车驾驶等工种职业技能竞赛活动，在工业、交通、建设、财贸战线72家大中型企业中开展“以科技创新、体制创新、结构创新、管理创新”为主要内容的“创新杯”劳动竞赛活动，在竞赛中重点突出职业技能竞赛。

2001年，举办电工、中式烹调等8个工种（项目）竞赛，5万余名职工参加技能培训和竞赛活动，组织“职工与创新——行行出状元”专题电视节目，扩大“创新杯”劳动竞赛和职业技能竞赛的影响。

2002年，全市500余家企事业单位组织开展以“经济技术创新”为主要内容的劳动竞赛活动，参加职工17万余人，70%的参赛企业经济效益比上年度有较大幅度提高。10万人次职工投入车工，卫生护理、商贸营业员、计算机应用、旅游导游员5项职业技能竞赛活动。

2003年，开展岗位练兵、技能比赛、业务培训和“创新杯”劳动竞赛。开展全市车工、钳工、家政服务员等职业技能竞赛，5万余名职工参加。组队参加全省车工、钳工、焊工、铣工4个工种技能竞赛，长沙代表队获团体冠军。

2004年，全市各级工会开展多层次、多工种、多形式的职工职业技能培训，引导职工做知识型、技能型新蓝领，长沙代表队参加全省数控机床技能大赛，获优胜单位奖和优秀组织奖。是年，全国商业、服务业收银员银行卡知识、技能总决赛，长沙代表队代表湖南省参赛，3名选手包揽大赛一、二、三名，长沙代表队获团体第一名。

2006年，全市30万余名职工参与"当好主力军、建功'十一五'、和谐奔小康"竞赛活动和"星城杯""安康杯""芙蓉杯"等项劳动竞赛，10万余名职工参加10余项市级职业技能竞赛。长沙市组队参加全国、全省职业技能竞赛，先后获得全国建筑业钢筋工职业技能大赛团体总分第一名、全国"银联杯"银行卡收银员知识技能总决赛团体总分第二名。

2007年，全市开展"重点建设工程和双百工程""百万职工创新兴湘""创建工人先锋号"等劳动竞赛活动和冷作工、医务人员、摄影师等工种的职业技能竞赛，参赛职工45万余人次，并在全国劳动竞赛经验交流会上作经验介绍。

2008年，全市42万职工开展"星城杯"各类劳动竞赛，10万余职工参加各项技术练兵、技术比武，开展10余个工种的市级职业技能竞赛，组队参加第六届全国烹饪职业技能大赛，获团体4金、2银、3铜、个人8金的成绩。

2010年，全市举办粮库保管员、美容美发化妆师、教师等行业的职业技能竞赛，开辟职工素质提升通道。长沙市选送的选手获得全国商业服务业"十佳店长"称号，全省收银员竞赛的团体与个人项目前三名，全被长沙市选手获得。全市有44位竞赛优胜职工晋升技术等级。

7-1-3-5 女职工采茶大赛

（摄于2004年5月，长沙市总工会供图）

2011年，举办旅游业、建筑业、秘书、钳工、电工等工种10余项赛事。长沙市的选手参与是年湖南省职工技能大赛，包揽秘书竞赛前三名，还获得工具钳工、中式烹调竞赛全省第一，长沙市代表队获全省职工技能大赛团体第一名。

2012年，组织程序员、医卫护理、教师教学和公共客运等行业的市级职业技能竞赛；举办职工科技创新、名师带高徒等活动。长沙市组队参加全省职工职业技能竞赛获团体第一名。

八、劳动保护

1988年，长沙市开展工会群众生产和劳动保护双达标竞赛。以市化工局系统企业为试点，指导该局系统工会做好劳动保护的"建制建档"工作。该局系统18个企业的基层工会，全部建立劳动保护5项工作制度及8类工作档案。市化工系统工会的经验在1989年的全市"腾飞杯"，劳动竞赛经验交流会进行推介。是年，建立健全1.5万余人的工会小组劳动保护检查员队伍。

1990年，发布《关于贯彻落实湖南省工交企业安全合格班组考核办法的意见》文件，在全市组织开展企业、市、省三级安全合格班组评审活动，并配发考核办法。是年，长沙汽车电器厂等57个班组被授予二级（市级）安全合格班组，湖南制药厂七车间动力组等19个班组被授予一级（省级）安全合格班组。

1991年8月，在湖南造漆厂召开工会劳动保护工作经验交流会。会上，湖南造漆厂、长沙纺织厂等工会及湖南制药厂红霉素车间动力工会小组、长沙铜铝材厂工会劳动保护监督检查员邓国华等分别介绍各自关于安全生产督查的工作经验。是年，全市基层工会举办劳动保护培训班 50 期，培训安全监督员 1.46 万人次。组织创建安全合格班组活动，查出各类隐患 1.55 万起，整改 80%。

1992 年 9 月，湖南制药厂、长沙汽车电器厂、湖南造漆厂等基层工会出席湖南省工会重大事故隐患跟踪监督整改经验交流会，并介绍本单位工作经验。

1993 年 8 月，发布《关于加强群众监督，搞好安全生产的通知》，要求基层工会认真落实全国总工会指示精神，进一步开展事故隐患和职业危害作业点建档跟踪监督整改工作。

1994 年 5 月，撰写《企业因工伤亡事故瞒报现象严重，有关部门应引起重视》调查报告，工人日报、法制日报等媒体转载，此文获全国总工会信息作品三等奖。

1996 年 8 月，发布《关于认真做好工会劳动保护工作情况调查的通知》，要求基层工会整顿健全工会劳动保护干部队伍建设，做好安全生产、劳动保护工作。全市三级安全班组合格达标率 80%。

1997 年，督促基层重视抓好劳动保护工作，发布《关于加强全市工会劳动保护监督检查工作的通知》，对县（市）、区、局（公司）和大中型企业监督队伍进行整顿，开展创安全合格班组活动，并召开总结表彰大会。

1999 年 6 月，发布《关于推广应用有毒有害化学物质信息卡的通知》。同年，发布《关于转发全国总工会、国家经贸委〈关于在国有企业中开展"安康杯"竞赛的通知〉的通知》。全市报名参赛的国有重点企业 86 家。长沙美术印刷厂被授予 1999 年度全国"安康杯"竞赛先进单位。

2000 年，做好劳动保护和安全生产检查，参与"远大"公司空难事故处理，开展工会主席和工会安全生产人员培训。

2001 年，继续做好劳动保护和安全生产工作，全市有 50 余家企业参加"安康杯"竞赛。全市各级基层工会继续协助行政，抓好安全生产制度建设、不断改善生产环境，杜绝全市群伤群死重大恶性事故发生等诸项工作。

2002 年，开展劳动保护监督检查活动 562 次，查出各类隐患 1878 起，整改 1516 起，举办安全培训 140 次，参加职工 7.88 万人次。

2004 年，全市组织开展"安康杯"安全生产竞赛。对 20 余家单位进行职业危害情况整改督查，参与 30 余起安全事故的处理。

2008 年，在全市 400 余家企业建立工会劳动保护监督检查组织，发展专、兼职工会劳动保护监督检查员 7000 余人。各级工会以"安康杯"竞赛为载体，提高职工安全意识与安全素质。

2009 年，加强企业劳动保护监察工作，从重点安全生产企业和重点工程建设单位选聘、培训 116 名工会劳动保护监察员，在全市 450 余家企业建立工会劳动保护监察组织，配备 7300 余人专（兼）职安全监督员，开展劳动保护和隐患排查工作。

2012 年，开展全市应急预案演练、安全生产大检查、安全生产月专项督查等活动。全市 500 余家企业工会的、劳动保护监督组织的 8000 余名安全监督员参加活动。

九、技术革新和技术协作

1988 年，长沙市围绕"双增双节"活动，开展各种项目竞赛。团体会员发展到 383 家。256 家单位办理"企业法人营业执照"，推动技协有偿服务和群众技协活动。全市职工提合理化建议 7 万余条，完成技术革新 3052 项，创造价值 1.54 亿元。

1989 年，全市提合理化建议 7 万余条，实施技术革新 6782 项，节约和创造价值 1.13 亿元。

1990 年，全市各企业职工开展“国家有困难，企业有困难，我们怎么办?”大讨论。5 月，长沙市通过提出“一条小建议，一片爱国心，大家动脑筋，企业出黄金”的口号。6 月，发布《开展“合理化建议、技术革新、技术协作成果评奖活动”的通知》。其间，全市各级工会推荐优秀成果 180 余项，评出优秀项目 109 项。其中一等奖 15 项，二等奖 27 项，三等奖 67 项。全市 13 万余职工参与提合理化建议活动，提出合理化建议 11.28 万条，采纳 6.15 万条，实施 2.94 万条，创年经济价值 1.07 亿元。

1991 年，开展“红五月——合理化建议月”活动，全市群众性职工合理化建议、技术革新蓬勃发展。市职工技术协作办公室组织“技协奉献杯”竞赛活动。全市 58 个单位参赛，完成项目 103 个，创经济效益 3586 万元，其中市职工技协独家完成的增收节支净值为 532 万元。全市 13 万余人参与提合理化建议，提合理化建议 14.5 万条，采纳 7.1 万条，实施 3.5 万条，实现技术革新 2675 项，创年经济价值 1.2 亿元。取得省级以上科技成果 19 项，开发新产品 20 个。11 月，市职工技协办公室获“全国职工技协先进集体”称号。

1992 年，全市有基层技协组织 279 个，有会员 3.46 万人。全市完成技术攻关项目 567 项，创效益 7458.7 万元，培训职工 465 人。

1992—1995 年，20 万余人次提合理化建议 18 万条，采纳 5 万余条，技术攻关 4000 余项；合理化建议、技术攻关创效益将近 3 亿元。

1996 年，为进一步推动全市群众性技术活动的开展，长沙市发布《关于举办全市合理化建议、技术革新、技术协作成果评奖活动的通知》，举办合理化建议、技术革新、技术协作优秀成果评奖活动，实现技术革新 1089 项，创直接经济效益 4860 万元。

1997—1998 年，全市近 4 万人提合理化建议 3.8 万条，采纳合理化建议 1.7 万条，实施合理化建议 1 万余条，创经济价值 1.3 亿元，技术培训 10 万人，技术攻关 3500 项，创经济效益 9700 万元。

1999 年，开展“我为企业振兴献一计，我为长沙发展献一策”的职工合理化建议活动，全市 46 个单位申报 94 项成果，评出优秀成果 52 项。职工提合理化建议 1.4 万条，采纳实施 8795 条，开展技术革新、技术攻关 47 项，创直接经济效益 6230 万元。全年参与技能培训和技术比武活动 8.2 万人是年，采用问卷和召开座谈会等办法，对企业进行调查，撰写《关于当前职工合理化建议活动的思考》的调查报告。

图 7-1-3-6 长沙湘计海盾有限公司开展首届技术比武大赛（摄于 21 世纪初，市总工会供图）

2001 年，开展职工技术创新、科技服务活动，全市推选出 56 项优秀成果，为社会创直接经济效益 7150 万元。全市 152 个技贸服务机构，积极投入技术市场竞争，完成技术服务项目 385 项。

2004 年，全市约 23.6 万名职工参加技能培训和技术创新，提合理化建议 2.15 万条，技术创新成果 422 项，“双增双节”、合理化建议、技术创新创经济效益约 1.7 亿元。

2005年，全市职工全年提合理化建议3.2万条，采纳实施3.1万条，开展小改小革技术攻关1856项，开展“双增双节”活动为企业增效9685万元。

2007年，全市提合理化建议9.6万余条，采纳实施5万余条，开展革新小组、技术攻关8000余项，组织开展“双增双节”活动，创经济效益3.2亿元，并在全国劳动竞赛经验交流会作经验介绍。

2008年，“双增双节”、提合理化建议、小改小革、技术攻关等活动创经济效益3.5亿元。

2009年，参与技术革新活动职工46万人，提出合理化建议9.9万条，采纳实施5.8万条；开展小改小革、技术攻关、“双增双节”等活动，创造直接经济效益3.5亿元。

2011年，举办旅游业、建筑业等行业，秘书、钳工、电工等10余项工种的职业技能赛事。参与技术革新活动职工50万余人，提出合理化建议10万余条，采纳实施6.8万条，创造直接经济效益4.5亿元。

2012年，长沙市开展“十大行业学雷锋式业务技术标兵”选拔、“百家企业万人技能大比武”、劳动竞赛等活动。

第二章　共产主义青年团

1988年，长沙市有青年132.30万人，其中，中国共产主义青年团（以下简称“共青团”）团员24.87万人。是年，长沙市落实共青团的基层组织建设，在青年职工中开展“岗位成才”活动，培养农村科技示范户。全市5所市属大学和30所市属中学的团员和青年参加以社会实践教育为核心的活动，60支实践小分队到机关、工厂等地进行国情调查、劳动实习、义务帮工等。1989年，举办以团员为主的全市性大型活动16项，开展各类活动4700余次。是年起，长沙市在农村开始培养“青年星火带头人”，对评选的“青年星火带头人”开展科技、市场、管理等方面较为先进适用的知识技能培训。至1991年，全市培养“青年星火带头人”100余人，其中，3人获“全国星火带头人”称号。是年，小发明、小创造、小革新、小设计、小建议（以下简称“五小”）活动创成果1866项，提出合理化建议11万条，创建价值2463万元。

1994年，长沙青年志愿者协会成立，会员5万余人。1995年起，长沙开展“青年文明号”创建工作，在全市19个行业中评选出生产、经营、管理和服务体现高度职业文明并创造一流工作成绩的“青年文明号”261家。1996年，成立长沙市青少年发展基金会，推出雷锋式好少年赵宁，号召全省青年做“有理想、有道德、有文化、有纪律”（以下简称“四有”）新人。1999年，全市10万名青年职工投入岗位能手活动；农村“青年星火带头人”计划免费培训农村青年400余人；开展“基层团委工作竞赛和团支部千百竞赛”活动与青年岗位能手活动；启动全市团干部培训计划，全市新经济组织建立团的基层组织；“青年文明号”推出淘汰制，对已命名的各级“青年文明号”进行检查、复核。

2000年，长沙市有青年250.72万人，其中共青团员27.75万人。2004年，青年志愿者协会注册人数6万余人，全年开展各类青年职工技能竞赛12次，涉及工种26个。是年，“青年星火带头人”举办青年致富带头人培训班20余期。2005年，“青年星火带头人”活动停止开展。2007—2008年，以志愿服务阵地建设为重点，组织建立社区志愿者工作站，依托专业社会教育机构，建立“12355”青少年成长服务台，发起青少年维权系列公益活动。成立长沙市城市志愿者联合会，发展二级志愿者组织

158 个，专业志愿者服务队 1620 支，基层志愿服务站 801 个，招募城市志愿者 21 万名。2010 年，长沙市在全国首推“雷锋号志愿者工作站”创建活动，志愿者工作站成为志愿者的固定工作营地，首批授牌 7 家。

至 2012 年，长沙市有青年 260 万余人，其中共青团员 30 万余人。全年新注册青年志愿者 23 万人。长沙廖家湾社区志愿者工作站等 6 家成为首批授牌的省级“雷锋号”志愿者工作站。全市开展“青年文明号管理创新”竞赛，“青年文明号”与“雷锋号志愿者工作站”结对，进一步推动青年职工学雷锋活动。

第一节　组织机构

一、市级机构

共青团长沙市委员会委员每届任期 5 年。每届委员会设书记 1 人，副书记 4 人。

1988 年，团市委工作机构有办公室、研究室、组织部、宣传部、统战部、城工部、农村部、学校部、少年部和行政科。1995 年 8 月，团市委机关设置改为办公室、组织部、宣传部、研究室、统战部、青工部、青农部、学少部、机关党总支，同时成立团市委纪检组。1996 年 3 月，成立长沙市青少年发展基金会，归口团市委领导。

2002 年 5 月，团市委内设办公室、组织部、宣传部、联络部、城工部、青农部、学校部、权益部（加挂长沙市未成年人保护委员会办公室牌子）8 个职能部（室）。核定行政编制 34 名、事业编制 3 名。2006 年 6 月，增加行政编制 1 名，共有行政编制 35 名、事业编制 3 名。2007 年 7 月，增加行政编制 1 名，共有行政编制 36 名、事业编制 3 名。至 2012 年，内设机构及编制数维持不变。

1988—2012 年，先后担任中国共产主义青年团长沙市委员会主要领导职务的有：吕滨、胡力克、谢建辉（女）、王武亮、李晖（女）、李伟群、周敏（女）、邱继兴、侯文；其他领导班子成员有：曹伟、文异、徐洪潮、厉农帆、易佳良、巩固、刘义山、杨懿文、李卓民、刘素月（女）、匡涛涛（女）、彭勇、喻志军、叶妙（女）、詹萍萍（女）、徐振宇、曾卫军、袁健康、黄威重、王海军、李剑刚、苏启丰。

二、区县（市）级机构

1988 年，长沙、望城、浏阳、宁乡 4 县、郊区及东区、西区、南区、北区均设有共青团委员会。1996 年，长沙市进行区划调整，成立芙蓉、雨花、天心、开福、岳麓区，各区均设立共青团委员会。

1993 年，共青团浏阳县委员会更名为共青团浏阳市委员会。2011 年，撤销湖南省望城县，设立长沙市望城区，共青团望城县委员会更名为共青团望城区委员会，均为群团组织。至 2012 年无变化。

三、基层机构

1988 年，长沙市有基层团委 680 个，团总支 629 个，团支部 9723 个。1990 年全市直属团市委的基层共青团组织调整、增配专职团干 156 名。1994 年，全市有基层团委 714 个，团总支 480 个，团支部 8863 个；专职团干 814 人，其中女团干 381 人。2000 年，全市有基层团委 670 个，团支部 8829 个。2007 年全市有基层团委 1153 个，团支部 1.2 万个。全年新建基层团组织 230 余个，其中市直机关团建工作全面加强，新建团组织或青年工作委员会 66 个，组织覆盖率由 36%提高到 100%。

2009 年，全市有基层团委 678 个，团支部 8840 个。团市委选取市内 5 区 4 县和高新区、经开区、市教育局、市青年企业家协会下属的 81 家“两新”组织开始试点，采取独立建团，企业与企业、村企、社企、校企联合建团，依托社区、物管机构建团等方式，在工业园区、行业协会、市场楼宇等新经济和新社会组织中推进团建工作。2010年，新建非公经济和新社会组织团组织541个，建团数量和增长幅度均居全省第一。

2012年，推进乡镇实体化大团委建设，新建直属团组织3046家，新建“两新”团组织592家。

四、团员

1988年，长沙市有青年132.30万人①，其中，共青团员24.87万人。1989年，长沙市有青年114.1万人，其中共青团员23.47万人（农村团员16.23万人）占青年总数的21%。团员中有女团员10.18万人。1996年，长沙市有青年130.26万人，其中共青团员24.26万人，占青年总数的18.62%，在团员中，女团员10.95万人，农村团员9.77万人。全年推荐2000余名优秀青年入党，发展新团员2.3万余名。2000年，长沙市有青年250.72万人，其中共青团员27.75万，占青年总数的11%，在团员中，女团员13.61万人，农村团员9.56万人，少数民族团员1258人。2005年，长沙市有青年253万人，其中共青团员29.5万人。2012年有青年260万余人，其中共青团员30万余人。

第二节　代表大会

一、第十四次代表大会

1991年3月28—31日，共青团长沙市委第十四次代表大会在麓山宾馆召开，出席代表452人。大会听取并讨论共青团长沙市委（以下简称“团市委”）书记胡力克作《投身“八五”建设，造就“四有”新人，为长沙的进一步稳定发展贡献青春》的工作报告。大会确定全市团工作的中心任务和目标。大会选举产生第十四届团市委委员35人，候补委员3人。会议期间，召开第十四届第一次全体委员会议，选举产生李亚戈等12人为常委，其中胡力克任书记，谢建辉等3人任副书记。

二、第十五次代表大会

1996年4月8—10日，共青团长沙市委第十五次代表大会在麓山宾馆召开，出席代表448人。大会听取并讨论团市委书记王武亮作《开拓创新、建功立业、谱写长沙青年工作跨世纪新篇章》的工作报告。确定全市团的中心任务。大会选举产生第十五届委员57人。会议期间，召开十五届一次全体委员会，选举产生王平等15人为常委，其中王武亮任书记，杨懿文等4人任副书记。

三、第十六次代表大会

2001年4月24—27日，共青团长沙市委第十六次代表大会在枫林宾馆召开，出席代表360人。团市委书记李伟群作《实践“三个代表”重要思想，开创世纪新篇，为建设繁荣、开放、文明、秀美的现代化中心城市贡献青春》的工作报告。会议提出未来5年全市共青团工作的指导思想和奋斗目标。会议选举第十六届团市委委员57人。会议期间，召开十六届一次全体委员会，选举产生刘汇等15人为常委，其中李伟群任书记，周敏等4人任副书记。

四、第十七次代表大会

2006年7月11—14日，共青团长沙市委第十七次代表大会在枫林宾馆召开，出席代表355人。团

①青年数在2000年前指14~28周岁所有青年（含党员、团员），2002年后指14~35周岁所有青年（含党员、团员）

市委书记邱继兴作《高扬时代旗帜、投身发展热潮——为建设繁荣文明和谐创新的新长沙贡献青春》的工作报告。会议提出未来5年共青团事业的发展目标和任务；号召全市团员青年要以“我与长沙共奋进，投身发展献青春”为主题，为建设繁荣、文明、和谐、创新的新长沙建功立业。会议选举第十七届团市委委员55人。会议期间，召开十七届一次全体委员会，选举产生王战鹰等15人为常委，其中邱继兴任书记，匡涛涛等4人任副书记。

五、第十八次代表大会

2011年7月18—19日，共青团长沙市委第十八次代表大会在枫林宾馆召开，出席代表388人。团市委书记侯文作《积极参与社会管理创新、做好党的青年群众工作——团结引领全市青年为长沙“五化一率先”贡献力量》的工作报告。大会审议通过共青团长沙市第十七届委员会所作的工作报告。为“长沙市青年工作先进个人”和“长沙市优秀青年企业家”称号获得者颁奖。大会号召全市各级团组织和广大团员青年锐意进取、开拓创新，为长沙经济社会又好又快率先发展作出新的更大贡献。会议选举第十八届团市委委员55人。会议期间，召开十八届一次全体委员会，选举产生王海军等15人为常委，其中侯文任书记，喻志军等3人任副书记。

图7-2-2-1 共青团长沙市第十八届三次全委（扩大）会议在枫林宾馆举行 （摄于2012年，共青团长沙市委供图）

第三节 主要活动

一、青少年“学雷锋”

1988—1989年，长沙市开展青少年学雷锋十佳评选活动，评出北区清水塘地区学雷锋“一条龙”青年联合服务队等十佳集体（个人）。1990年是长沙市青少年学习雷锋年，3月1日，长沙市召开“向雷锋同志学习”题词发表27周年纪念大会，发出开展“学雷锋年”活动的总动员，全市出动宣传车辆150余台，张贴标语5万余条，组织团员、青少年参观雷锋故居40万余人次，出专刊4560期，征订发放学雷锋书籍16万余册，举办知识竞赛280余场次，发动全市团员、青少年为建造雷锋塑像捐款7.37万元。5月3日，在市青少年宫举行雷锋塑像奠基仪式。1992年，开展青少年学雷锋活动周活动，其中，“捐一本书，献一份爱”活动日收到捐赠的图书25万册；“为您服务”活动日组织上千名团员青年在城区主要路段摆摊设点，开展便民服务活动；“共青工程”活动日，各服务行业开展“深化岗位学雷锋，各行各业树新风”活动，“做‘五保’老人亲生儿女”活动日号召全市青少年、团员为军烈属、“五保户”（保吃、保穿、保医、保住、保葬）、困难户做好事、送小温暖，并为他们表演文艺节目，赠送书刊等。

1996年，推出雷锋式好少年赵宁，并通过新闻媒体宣传、召开追授命名大会，组织专题讨论，出版发行《雷锋式好少年赵宁》，将赵宁事迹上报团中央和全国少工委，推出话剧《少年赵宁》等活动，向全省青年发起向赵宁学习做“四有”新人的号召。2003年，组织全市青少年开展学雷锋文化、青年志愿者服务队进社区以及全国学雷锋先进典型与长沙青少年见面会等系列学雷锋活动。

2007年，开展“雷锋精神·志愿服务·和谐社会”专题访谈，并组织网上直播和网上讨论，形成强烈社会反响。3月的“学雷锋”月中，全市县级（市直单位）团组织累计开展专门活动70余个。

2012年，“青年文明号”与“雷锋号”志愿者工作站结对，推动学雷活动常态化、大众化和时代化发展。

二、青年职工技能竞赛

1988年起，长沙市在青年职工（以下简称“青工”）中开展“岗位成才”活动。1989年5月—1990年5月，在全市青年工人中开展以“增产节约、增收节支”（以下简称“双增双节”），提高企业经济效益为主要内容的“火炬杯”劳动生产竞赛活动，全市80%的厂矿企业单位的20万青工参加竞赛活动，组织生产突击活动1524次，技术比武835次，有17万余名青工超定额工时，节约、创造价值1500万余元。历时一年的“火炬杯”劳动生产竞赛在20万青工的共同努力下，创价值1700万元，其中，完成青年工程248项、价值740万元，超定额工时2000万个小时，为全市工农业产值过百亿元作出贡献。活动授予长沙汽车电器厂等25个单位为“‘火炬杯’劳动生产竞赛先进集体”，授予伍剑中等800人“先进个人”称号。

1990年5月，面向全市各条战线的团员和35岁以下的青工开展“奉献杯”劳动生产竞赛。10月，“奉献杯”劳动生产竞赛更名为“学雷锋八手一队（节约能手、革新能手、管理能手、服务能手、高产能手、安全质量能手、操作能手、学技能手，青年突击队）奉献杯”，竞赛创造价值2238元。活动授予空军第十九厂等25个单位为“‘奉献杯’劳动生产竞赛优胜集体”称号，授予唐双建等500人为“‘奉献杯’劳动生产竞赛先进个人”称号。

1991年，在全市城乡百万青年中开展“‘八五’建功杯”劳动竞赛，以“争创优化品种、优秀质量、优良工程、优质服务、优良效益”为竞赛内容，以创“八手一对”为形式，90%的城乡青年参加竞赛，创万元以上工程283项，“五小”成果1866项，提合理化建议11万余条，创建、节约价值2463万元。全市各级团组织成立青年“五小”活动兴趣小组、青年智力开发协会、青年科技小组等组织，以作为“五小活动”的组织依托。

1994年，在企业团组织中开展“我为重点工程献青春”劳动竞赛，争当“青年岗位能手”和“长沙青工技能月”活动，通过“学艺、练兵、比武、提高”，增强业务技能；在农村团组织中开展“农村青年学技教育奔小康”活动和实用技术培训；在全市青年中开展“热爱长沙、振兴长沙”献计献策活动，收到计策263条。

1999年，在企业改革中，推行导师带徒制，以岗位练兵、技术比武等途径，开展青年岗位能手活动，全市近10万名青工投入青年岗位能手活动，评选出王春生等“十大杰出青年岗位能手”和“优秀青年岗位能手”。

2000年，以“立足岗位当能手，创新创效争贡献”为主题，开展导师带徒、岗位练兵、技术比武和“五小”等技术创新活动。在长沙市劳动技能比赛中，获奖选手90%以上是一线青工，湖南计算机股份有限公司等单位的选手获得前三名。在全省青工技能大比武中，长沙汽车电器厂青工陈昆荣获钳工单项第一名，长沙市代表队获团体总分第一。11月，举办“新世纪、新长沙、新青年”长沙市新青年现代职业技能大赛，全市105个单位的1万余名青年参加，周南中学肖维雅、天心区仰天湖小学苏丹、长沙市国家税务局吴松涛、麓山国际实验学校张崧分获全能、普通话、计算机、英语项目的第一名。

2004年，长沙市在全国商业服务业收银员银行卡知识、技能总决赛中包揽个人赛的前三名，长沙代

图 7-2-3-1 团市委等在湘麓山庄举行 2012 年五四青年创业服务周活动 （摄于 2012 年，共青团长沙市委供图）

表团获团体第一名。是年，开展各类技能竞赛 12 次，涉及工种 26 个。先后组织高级车工、服务员摆台和教师赛课等竞赛活动，参赛人数 1000 余人，选送选手参加第十五届中国厨师节烹饪大赛和全国青工技能大赛等全国性赛事。

2005 年，开展多类别的青年职业技能竞赛，参与人数 3000 人。在全国收银员技能竞赛中，长沙市选手分获个人一、二、三等奖，团体总分第二名，湖南家润多超市有限公司收银员杨佳获“全国十大杰出青年岗位能手”称号。在全国钢筋工技能竞赛中，长沙市代表队取得个人第四、第五名，团体总分第二名的成绩。长沙航空工业中南传动机械厂、湖南湘电长沙水泵有限公司等团组织开展青年节约示范行动，为企业节约数百万元的生产成本。是年，长沙市开展青工技能振兴计划的经验在全省予以推介，长沙锅炉机加工车间等 3 家单位获“湖南省安全生产示范岗”称号，郭学益获“湖南省十大杰出青年科技创新奖”，浏阳生物医药园被评为“全国青年创业实践基地”，长沙卷烟厂、长沙航空工业中南传动机械厂被授予“全国青年技能振兴计划试点企业”，团市委被授予“中国青年创业优秀组织单位”称号。

2011 年，开展旅游类、建筑类等 17 个工种青工技能竞赛，评选出 105 名市级青年岗位能手，推荐通程实业集团刘珏、龙骧巴士驾驶员浣兵等 6 人为国家级、省级青年岗位能手。

2012 年 7 月，开展长沙市首届出租车青年司乘人员优质服务竞赛活动，700 余辆中巴的司乘人员参赛，49 人获“优秀驾驶员”“优秀服务员”称号，4 个车组获“青年文明出租车”称号。至 2012 年，在“岗位成才”活动中，参加不同层次和类型技术培训的青工有 10 万人次，342 名青工获晋级或提前转正定级奖励，870 余人被选拔到不同层次的管理岗位和领导岗位任职。

三、农村“青年星火带头人”

1989 年，全市农村的各级团组织结合农村工作实际，在农村开展“青年星火带头人”活动。活动以乡镇企业青年厂长（经理）和有一定基础的青年专业户、科技示范户为重点，开展农村先进适用技术培训。以农村科技专业户、农业科技项目领办人为重点，规范开展科技、市场、管理等方面的培训，为农村“青年星火带头人”提供信息、技术、物资、资金和政策等方面服务。

1991 年，全市农村的各级团组织结合农村工作实际培养科技示范户和“青年星火带头人”，其中扶植培养“青年星火带头人”100 余名。其中，郊区左家垅村团支部书记刘有源、望城县梅树养殖场场长张学仕、长沙县大鱼饲料厂厂长龙水清被评为“全国星火带头人”，市郊区黄国力等 12 人分别获省级“星火带头人标兵”称号。

1999 年，组织专家下乡，免费培训农村青年 400 余人，并评选出张德民等“农村青年星火带头人”。2000 年，长沙县、望城县、浏阳市、宁乡县 4 县（市）成为全国实施跨世纪青年农民科技培训工程试点县，培训农村青年近万人。5 月 30 日，长沙市在市青少年宫剧院召开长沙市青年工作大会，李小玲等 10 人被授予“农村青年星火带头人”称号。2002 年，全市推出全国、省、市农村“青年星火带头人”18

名。2004 年，进一步加大“青年星火带头人”的扶持和培训，争取各项资金 70 万余元，举办农村青年致富带头人星火培训班 20 余期，培养农村青年经纪人。

2005 年后，“农村青年星火带头人”活动不再开展。

四、“青年文明号”创建

“青年文明号”创建由共青团中央组织倡导，长沙市“青年文明号”创建活动自 1995 年开始实行。“青年文明号”活动在各区县（市）和全市 19 个行业展开，评出各级“青年文明号”261 家。1999 年，长沙市推出“青年文明号”淘汰制，对已命名的各级“青年文明号”进行全面的检查、复核和重新认定工作。2000 年，“青年文明号”创建工作拓展至 21 个行业和系统，9 个区县（市）全部启动地方创建，新评出省级“青年文明号”15 个，市级 70 个。2002 年，“青年文明号”创建活动在全市 22 个行业系统展开，评出国家级“青年文明号”单位 29 家，省级 99 家，市级 272 家。开展“青年文明号”单位宣传中共十六大暨信用示范建设活动，公交 12–106 车组被评为全国“青年文明号”信用建设示范单位。全市 200 余家“青年文明号”单位分 3 个会场集中开展“青年文明号宣传中共十六大暨信用示范建设”活动，出动宣传车 40 余台，发送宣传材料 3 万余份，中央电视台等新闻媒体进行宣传报道。

2004 年，100 余家“青年文明号”集体与农村青年科技示范户签订结对、帮扶对象 129 户，47 个非公有制经济组织开展“青年文明号”创建工作，全市评选出国家级“青年文明号”37 家，省级 132 家，市级 452 家，团市委获团中央“十年全国青年文明号活动优秀组织奖”。2005 年，整合“青年文明号”、青年文明社区等品牌活动优势，举办“文明创建，青年当先”“青年文明号”优质服务全国文明城市创建再动员活动、“青年·城市文明·和谐长沙”座谈会，组织 30 余家不同行业和不同系统的青年文明集体开展近 20 次现场咨询、无偿服务和法规宣传。开展“爱心温暖长沙——青年文明号真情助困志愿服务行动”活动，给 1000 余名下岗工人、贫困学生、特困家庭、环卫工人、建筑工地农民工等送去现金和物资价值 5 万余元。组织全市 10 余家商贸、旅游、卫生等系统“青年文明号”集体开展“百城万店无假货”宣传活动，发放宣传资料 2 万余份。

2010 年，结合创先争优活动，在全市开展“擦亮青年文明号”行动，对 861 家“青年文明号”集体实行标准化管理，明确组织标准，公开服务承诺，实行动态监督和活动化提升，各级“青年文明号”集体开展乡村清洁行动 500 余次，帮助各类青少年 270 余人，资助金额 20 万余元，为群众办实事 1200 余件。2011 年，开展“青年文明号”优质服务迎国检等主题活动，命名表彰市级“青年文明号”集体 91 家，推荐望城区城乡规划局政务服务中心等省级“青年文明号”7 家，市房地产交易所获国家级“青年文明号”称号。

2012 年，全市开展“青年文明号管理创新”竞赛，“青年文明号”与“雷锋号”志愿者工作站结对，推动青年职工学雷锋活动的常态化、大众化和时代化。

五、青年志愿者

1988 年，全市已建立青少年学雷锋小组 4500 余个，3 月 5 日和重阳敬老节前后，数万名青少年走上街头，开展“为您服务”活动。1990 年，市属 5 所大专院校参加“湘江北大桥大学生义务服务队”组织的义务活动，进行 10 次活动。1991 年，围绕“学习雷锋精神，争做四有新人”主题，组织“学雷锋奉献日”活动，10 万余名青年走上街头，开展义务修理、义务咨询等项服务活动 8 万余次。

1994 年 5 月 3 日，长沙市成立长沙青年志愿者协会，有 10 个分会，会员 5 万余人，协会将每月 8 日定为志愿者统一行动日，定期开展维护交通秩序、监督交警秉公执法和服务社会等各项公益活动。

1999 年，将青年志愿者行动与“雷锋家乡学雷锋”主题活动相结合，开展扶贫帮困、敬老助残、结对助学和社区服务活动，建立起青少年社区志愿服务的服务网络和服务队伍，成立青少年志愿者成立管理服务队，在世界杯滑水赛和全国农博会期间，公开向社会招募青年志愿者 500 余名。

2002 年，长沙青年志愿者协会新注册志愿者 1.2 万名。是年，抗洪抢险期间组织 500 余名青年志愿者和价值近 4 万元的物资到遭受洪灾的地区开展巡堤抢险、慰问灾民和医疗服务等活动。3 月 5 日学雷锋活动日期间开展“青年志愿者便民服务日”活动，1 万余名青年志愿者在全市 40 余个社区为市民提供义务服务，并组织 5 万元的物资慰问孤寡老人和特困家庭，1200 余名志愿者在主要入城口进行清扫保洁和秩序维护活动。组织“千名志愿者宣传十六大”活动。千余名青年志愿者走入大街小巷，发放中共十六大精神宣传资料 2 万余份。

2003 年 3 月 5 日，4000 余名青年志愿者在火车站广场举办“美丽长沙，精彩城运”大型宣传日活动，1500 余人的志愿者环境保洁和宣传纠章队上街执勤。6 月，专门设立城运会长沙主赛区志愿者招募处，招募志愿者近 3 万名。组织全市青年志愿服务队走进 300 余个社区，进行便民服务和文明宣传，参与活动的青年志愿者 10 万余人次。2004 年，长沙青年志愿者协会注册志愿者 6 万余人。是年，开展中国禁毒志愿者汽车万里行（长沙站）宣传活动、以“创建全国文明城市，共建美好家园”为主题的青年志愿者绿色环保行动和“3·5”保护母亲河学雷锋志愿行动。

2005 年，在长沙市创建全国文明城市活动中，中共长沙市委、长沙市政府主要领导带头加入注册志愿者行列，全市志愿者数量实现翻两番的目标（超过 20 万人）。全年志愿者上路执勤 62 批 4.8 万人次，开展清洁城市活动 3 批 5 万余人次，慰问孤寡残弱者 1.5 万余人次，开展交通法规、文明公约、爱心互助等义务宣传活动 10 余次。开展“爱心温暖长沙——青年文明号真情助困志愿服务行动”活动。

2007 年，对 20 万余名注册志愿者的信息、档案进行考录和整理；选拔 50 名奥运志愿者；“义工俱乐部”“道德银行”“雷锋超市”等特色志愿服务项目被评为“全国优秀志愿服务项目”。

2008 年 7 月，长沙市城市志愿者联合会成立，健全市、区、街、社区四级志愿服务体系，发展二级志愿者组织 158 个，专业志愿者服务队 1620 支，基层志愿服务站 801 个，招募城市志愿者 21 万名，其中注册志愿者 18 万名，活动参与青少年 100 万人次，累计服务时间超过 500 万小时，长沙志愿者受邀在中国文明网推介长沙经验。2008 年长沙发生特大冰灾时，团市委动员全市各级团组织开展铲冰除雪、生产自救。“5·12”汶川地震后，招募 48 名专业志愿者对灾区到长沙治疗伤病员进行“一对一”心理关爱志愿服务，并组织 18 名专业志愿者到四川省什邡市红白镇开展心理关爱志愿服务活动，全年培训接力志愿者 40 余人。2009 年，全市注册志愿者总数突破 20 万人。

2010 年，长沙市在全国首推“雷锋号志愿者工作站”创建活动，将创建情况纳入文明指数测评体系，使志愿者工作站成为各类志愿者工作的固定营地。4 月，首批授牌 7 家“雷锋号志愿者工作站”。2010 年 12 月，“雷锋号志愿者工作站”创建活动被团中央授予“中国青年志愿者优秀项目奖”。是年，组织建立社区志愿者工作站 81 个，长沙市雨花区廖家湾社区获“中国文明办社区志愿服务工作组织奖”。

2012 年，长沙青年志愿者联合会注册志愿者 23 万人，团体会员 78 个。是年，长沙青年志愿者联合会获第九届“中国青年志愿者优秀组织奖”，廖家湾社区志愿者工作站等 6 家成为首批授牌的省级“雷锋号”志愿者工作站。

六、城乡青年结对帮扶

1994 年起开展城乡结对帮扶活动，是年，筹措 30 万余元发展基金结对救助失学少年 3500 余人。组

图 7-2-3-2 团市委、市青基会、中共贡嘎县委、市援藏办、长沙晚报社联合启动“爱心 100”结对帮扶百名困难家庭学生活动 （摄于 2010 年，共青团长沙市委供图）

织麓山国际实验学校向浏阳马家湾小学的捐款仪式，向浏阳捐款 5.08 万元，其中 1.8 万元为浏阳山区结对教助 60 名失学儿童。1995 年，开展“服务百村脱贫致富奔小康”行动，针对 13 个典型示范村组织城乡结对服务签约仪式，达成厂村结对上项目的意向。

2003 年，全年累计筹资 118.9 万元（其中捐款 117.25 万元，货物折价 1.65 万元）；累计下拨希望工程救助款 85.05 万元；拨建希望小学和改善农村办学条件 8 所，新增救助学生 714 名。2005 年，开展“城乡青年手拉手，共建美好新农村”主题活动，组织城区 200 余个团组织结对帮扶全市 121 个农村团组织援建“青少年爱心书屋”72 个，捐赠图书 24 万册、设备设施价值 45 万余元，资助贫困家庭 400 余户。

2008 年，继续开展“城乡青年手拉手、共建美好新农村”主题活动，以“五个帮扶”“十件实事”为重点，引导城区团组织开展结对帮扶活动。团市委直接安抚的 59 个帮扶单位团组织共向 31 个结对村捐赠图书 12 万余册，物资设备价值 160 万余元、慰问金 110 万余元，援建“青少年爱心书屋”等阵地 44 个，慰问特困群众 600 余户，资助贫困学生 450 余名，开展各类帮扶活动 82 次，培训青年农民 1370 余名，扶持农村青年致富带头人 180 余人。同时，开展“城乡学校手拉手，共建美好新农村”“保护生态环境，共建绿色家园”“手拉手献爱心，救灾补损促发展”等系列活动。

2009 年，45 家城区团组织、100 余家“青年文明号”集体重点结对帮扶 19 个新农村示范点，以组织建设、阵地建设、青年创业、文化建设、特困群体帮扶为主要内容，开展创业导师结对帮扶大学生村干部、援建农村爱心书屋、农村青年文化节、农民实用科技培训、义诊等活动，结对帮扶大学生村干部 31 名，捐赠图书 3.7 万余册、资金物资 21 万元，义诊服务 3000 余人，慰问困难户 120 户。

2012 年，开展城乡团组织、“青年文明号”结对帮扶活动，帮扶困难群众 578 人，捐赠慰问金和物资 31 万元。

七、青少年权益维护

2000 年起，长沙市开展创建优秀“青少年维权岗”活动，活动开通 168 未成年人保护信箱和热线电话，承办未成年人维权案件，全市 3 家单位获“全国优秀青少年维权岗”，5 家单位获省级“优秀青少年维权岗”。

2005 年，开展“以案说法”征文比赛和“法纪教育月”活动，组织禁毒集中宣传周活动和“6·26”国际禁毒日宣传活动。推进“中国少年儿童平安行动”，开展“警校共建”“我是一名小交警”活动，组织高校文艺社团到市盲聋哑学校开展以“我们一起过青年节”为主题的慰问演出。

2006 年，推荐报送的开福区交警大队四中队、芙蓉区法院未成年人刑事案件合议庭荣获全国优秀“青少年维权岗”。援助湖南示范大学学生莫浩被邵阳市北塔区公安局误抓等案，开展“警校共建”、“走进警营”、“健康上网星城大行动”、“青少年违法犯罪社区预防计划”、防艾滋病、禁毒宣传、“无毒社区”、“未成年人零犯罪社区”等活动。团市委被授予全国“中国少年儿童平安行动”优秀组织奖。

2007年，开展“困惑”青少年启发教育实践调研与服务，撰写《为“困惑”青少年成长辩护》调研报告，依托专业社会教育机构探索建立“12355”青少年成长服务台热线电话，发起“成长辩护，情动三湘，百城义行”青少年维权系列公益活动。6月9日，团中央书记处第一书记胡春华到长沙调研、视察，集中调研“问题少年教育”和“特殊学校”课题，调研成果被《中青报》《光明日报》采用，开展“‘托骐艋——成长伙伴’为成长护航”未成年人保护特别行动暨培训活动。

2008年，开展“优秀青少年维权岗”法制教育宣传、“6·26”禁毒宣传日等活动，开办家庭教育（家长课堂）公益讲座百余场次，开展“优秀青少年维权岗关系行动”，办理青少年维权个案80余例，聘任青少年维权志愿辅导员200名，招募心理学专业志愿者300余人，开展灾区心理危机干预讨论活动6次，出版《成长伙伴》专业书籍，全市接听“12355”热线1.9万余人次，建立档案3213人，直接服务5300余人次。

2009年，编写青少年《法制宣传教育读本》，开展《中华人民共和国未成年人保护法》《中华人民共和国预防未成年人犯罪法》（以下简称“两法”）和《湖南省实施〈中华人民共和国预防未成年人犯罪法〉办法》《湖南省实施〈中华人民共和国未成年人保护法〉办法》（以下简称“两办法”）教育活动，开展“爱心2009”青少年心理健康公益报告巡讲活动25场、“家长课堂”教育讲座60余场，推荐蒋嫦娥、文勇等7人参评湖南省“杰出（优秀）青年卫士”。“12355”青少年成长服务台接听来电来访人数1.19万人次，登记个案2570个，直接服务青少年9881人次，全市已组建5个“网络工程”工作站，全市已拥有国家级优秀“青少年维权岗”11家，省级优秀“青少年维权岗”21家。

2011年，在岳麓区牵头开展重点青少年群体服务管理试点工作，依托“12355”青少年成长服务台，联合长沙市心理学会等社团，结对帮扶500余名重点青少年。2012年，成立长沙市预防青少年违法犯罪专项组，组织志愿者关爱青年工人、青年农民及其子女、重点青少年群体志愿服务行动，全国重点青少年群体服务管理和预防犯罪试点工作经验在全国交流会上作经验推荐。

八、其他活动

1988年5月4日—1991年1月，开展长沙市第三届九千团支部升级达标竞赛，比赛内容为“三比三赛”（一比基础工作，赛制度健全、班子团结、活动正常、记录认真、团员模范作用发挥好；二比自转能力，赛自筹经费、创新活动、维护青年利益、支部凝聚力强；三比建功育人，赛岗位成才、青年工程、“希望杯”赛、思想教育等活动实效大）。在全市参赛的9265个支部中，7565个支部达标，达标率80.2%。其中，3417个支部被评为“先进团支部”，占参赛总数的37%。

1989年，开展第四届团支部升级达标竞赛。全市9632个团支部中有9459个支部参赛，参赛率98.2%。达标团支部8062个，达标率83.7%，其中红旗团支部248个，先进团支部3624个。4月28日—5月8日，举办长沙市首届青年文化节，活动内容有“青年定向越野赛”、“农村十年”青年摄影作品大奖赛、新潮舞蹈大奖赛等16项，3000余名青年参加各项专业竞赛，10万名青年参加和观摩活动，基层团组织开展活动700余项次，参加活动的青年30万余人。是年，开展文艺晚会、青少年文化活动、群众文化展示活动等各类全市性大型活动16项，基层团组织开展活动4700余次，参加活动的团员、青年30万余人。

1990年，开展第五届九千团支部升级达标竞赛、团委工作竞赛，基层团组织活跃面进一步扩大，团支部达标率 84.2%，团委达标率 92.3%。

1991 年，开展首届“双达标双夺旗”竞赛（团委、团支部达标竞赛和夺旗竞赛活动），全市 9000 余个团支部，600 余个团委参赛。长沙汽车电器厂等 10 个单位团委获“红旗团委“称号，长沙电信局等 88 个单位团委获“夺旗竞赛先进团委”称号，市直属机关等 21 个单位团委，获“达标竞赛先进团委”称号，戴白奇等 10 名团干部获“新长征突击手”称号，周国繁等 88 名团干部获“优秀团干部”称号。是年，成立市中学生中心团校，各基层成立团校 100 余所，全年培训团干部 2 万余名。1992 年，全市“双达标双夺旗”竞赛评出 10 个红旗团委，60%的单位成为达标先进单位，95%的单位成为达标团委。是年，“推优入党”（团组织向党组织推荐优秀团员作为党的发展对象）1082 人，已发展或准备发展 598 人。郊区团委的“推优”工作经验在中共中央组织部、团中央召开的推优入党工作会议上进行推介。

1997 年年底，开展第一届长沙市五四青年表彰评选活动，共青团宁乡县委等 18 个单位被评为长沙市“五四”奖章，共青团长沙县委等 48 个单位被评为长沙市“先进团委”，长沙县黄兴镇兰园村团支部等 104 个团支部被评为长沙市“红旗团支部”，长沙县黄兴镇沿江村团支部等 413 个团支部被评为长沙市“先进团支部”，尹小英等 18 名团干部被授予“五四奖章”，李森钟等 49 名团干部被评为“优秀团干部”。

1999 年，为进一步加强长沙市共青团的基础建设，开展基层团委工作竞赛和团支部“千百”竞赛，使之与团中央的创建五四红旗团委活动接轨，推荐汽电厂团委等 6 家基层团委为“全国五四红旗团委创建单位”。长沙卷烟厂团委、湖南计算机厂团委被评为“全省五四红旗团委”。岳麓区望月湖街道团工委被评为“全省五四红旗团委”。是年，加强团的创新工作，全市 40 余家新经济组织建立团的基层组织，岳麓区咸嘉综合开发小区被团省委选定为全省团建创新试点单位。启动全市团干部培训计划，培训团干部 200 余人次。

2000 年 5 月 4 日，长沙市发布《关于进一步加强和改善对共青团工作领导的意见》，全市形成党建带团建，党团共建的局面。在长沙高新区召开长沙市新经济组织团建工作现场团建创新工作。是年，开展创建五四红旗团委活动，团市委获全国“‘五四’红旗团委”创建工作组织奖。长沙卷烟厂团委获“全国‘五四’先进团委标兵”称号。

2001 年，开展“创建五四红旗团委”活动，加强非公有制经济团建工作力度，全市新建团市委直接联系的非公有制经济团组织 40 余家。2002 年，全市建新型团组织 60 余个。开展创建“五四红旗团委”创建单位。全年培训团干部 300 余人。

2003 年，以社区、农村和非公有制企业团建为重点推进团建创新，扩大团的影响面。采取单位建团、行业建团和联合建团等形式，加强非公有制经济组织团建工作。长沙市基层团建工作得到共青团中央书记处书记胡伟的高度评价。

2005 年 4 月 19 日，长沙市青年中心建设现场推进会召开，推介雨花区侯家塘青年中心、宁乡县玉潭镇青年中心等创办典型。全市新建或在建青年中心达 34 家。依托青年中心，组建各类专业协会和青年社团，探索以政府、企业、会员 3 方共同分担的市场化投入机制，通过协会合作、社团联盟、青年卡联系等开放式发展模式，凝聚广大青年。进一步理顺企业团组织隶属关系，对部分基层组织进行分级管理，调整率 60%，新增市属团委 6 个；长沙县江背镇团委等获全国“五四红旗团委”称号。2006 年，选派机关干部下基层挂职锻炼，重点指导非公有制经济组织团建工作，进行村团支部书记的海选试点。完善“五四红旗团委”三级联创机制，指导和监督各直属团委做好换届工作，配齐配强基层团干部队伍。其中，长沙县被评为“全国团建先进县”。2007年，深化“五四红旗团委”创建活动，推荐国家、省、市级“五四红旗组织”，推荐4家单位参评“湖南省五四红旗团委”。选派3名机关干部驻区县指导工作。

2009年，1人被评为“全国优秀共青团干部”，3家“全国五四红旗团干（团支部）”，9家单位被评为“湖南省五四红旗团委”，7家单位被评为“湖南省五四红旗团支部”，17人分别获“湖南省优秀共青团员”“湖南省优秀共青团干部”荣誉称号。是年，长沙“两新”组织团建工作推进会召开，团中央办公厅副主任康国明等出席。选取市内5区4县和高新区、经开区、市教育局、市青年企业家协会下属的81家“两新”组织开始试点，采取独立建团，企业与企业、村企、社企、校企联合建团，依托社区、物管机构建团等方式，在工业园区、行业协会、市场楼宇等新经济和新社会组织中推广团建工作。

2012年，推进乡镇实体化大团委建设，新建直属团组织3046家，新建“两新”团组织592家，推动市、县两级出台文件明确乡镇街道团委工作经费不低于2万元。是年，整合青少年活动阵地资源共享平台“Let' s go快乐阵线”网站（2011年创建）、团市委网站、共青团移动频道、“12355”青少年成长热线等成立长沙青年传媒研究发展中心，形成多媒体引导平台。

表7-2-3-1　　1989—2012年长沙市获“全国优秀共青团员”一览表

姓　名	性　别	工作(学习)单位	获奖时间
高青松	男	湖南长沙市公安局巡警支队	2000年
吴颖媛	女	湖南省广益实验中学	2006年
董伊格	女	湖南省长沙市长郡中学	2010年
熊唱日	男	湖南省长沙市南雅中学	2011年

专记　一、长沙市青年联合会

1988年，长沙市青年联合会（以下简称“市青联”）有委员101名，常委19名，7个县制工作组，5个团体委员和学会。4月，召开七届三次常委会，增补伙国强等11名委员，增选文异、舒晓雨为副主席。会议决定徐洪潮不再担任主席，增选曹伟为主席。

1989年1月，共青团长沙市委与《长沙晚报》社、长沙军分区政治部、长沙市青联联合会和少先队长沙市工作委员会联合开展1979—1989年青少年学雷锋十佳评选活动，评定北区清水塘地区学雷锋“一条龙”青年联合服务队、南区青山祠小学红领巾助残小分队等10个“十佳集体”和吴发秦、王红、李国平、吴冬林、杨反修、汤明辉、缪勤、彭凯、彭显、赵宁10位“学雷锋十年十佳”个人。

1990年5月3日，纪念“五四”运动71周年大会暨雷锋塑像奠基仪式在长沙市青少年宫举行，部分单位和参会代表为雷锋塑像捐款5480元。

1991年10月22—23日，市青联第八届委员会一次会议在长沙市桂花村军转培训中心召开，参加会议的委员120人，选举产生第八届委员会。谢建辉当选为主席，易佳良、巩固、邱大鸣、曹伟当选为副主席。

1993年，参与举办第三届“十佳”青年知识分子活动，活动在5月4日召开表彰命名大会，表彰李进良等10名最佳青年知识分子和谢德明等10名先进青年知识分子。

1997年8月，在全市广大青年中开展“首届长沙市十大杰出青年”评选活动。张浩、周学农、唐略甸、李保粮、管放、胡玉书、刘荔阳、姚珏、王沛、庄居湘10人被评为“长沙市十大杰出青年”。

1998年4月21—22日，市青联第九届一次会议在麓山宾馆召开，300名青联委员、学联和特邀代表参加会议，选举产生市青联第九届委员会。杨懿文当选为主席，14人当选为副主席，63人当选为常委。1999年，增补委员，加强界别间的联络和交流，开展“我为长沙献计策”、第二届“青年科技创业奖”评选等活动，并组织青联委员出国考察学习。

2000年，接待日本青年代表团，并组织委员出访德国、荷兰、法国、美国。

2005年，加强青联界别组建设，开展“最具活力界别组”和“优秀青联委员”评选活动；组织委员素质拓展训练营活动，完成“港湘青年交流促进会”和“港长青年互访交流活动”等各项工作；成立长沙市青年企业家协会。

2006年，增补委员145名；与韩国龟尾市、日本鹿儿岛市青年组织建立友好互访关系并署合作协议。2007年，与日本、韩国等国家和中国香港地区、中国澳门地区及沿海城市青年组织进行互访交流。2008年，新设港澳委员、青少年事务和中介机构等界别；组织委员到日本、韩国等地进行交流访问，并接待来自中国香港地区、中国澳门地区、中国台湾地区和德国、韩国、越南等国家的青年代表团700余人次到长沙访问；参与组织第三届“两岸青年联欢节”粤湘之旅、庆祝长沙市与韩国龟尾市结为友好城市10周年等活动。

2008年12月25—26日，召开市青联十一届一次会议，269名委员参会，选举产生第十一届委员会。彭勇当选为主席，22人当选为副主席，100人当选为常委。

2009年增补委员117人；制定《青联委员管理试行办法》《界别组工作制度》等制度。

2010年，与美国、英国、澳大利亚、韩国、巴基斯坦、克罗地亚等各地青年组织开展各类研讨、学习考察、友好交流活动12次。

2011年，开展“杜鹃沙龙”系列论坛、讲座、主题茶会等活动，与广州青年联合会、深圳青年联合会、云南保山青年联合会、湖北青年考察团、新加坡中国商会等开展友好交流学习活动，接待英国青年工作者代表团、日中企业家高峰论坛长沙考察活动。推荐骆志平等10人获“长沙市青年工作先进个人”、李铁等10人获“长沙市优秀青年企业家”称号，被市政府记功表彰。

2012年3月23日，长沙市青年联合会的团体会员引进人才分会成立，628名优秀青年加入分会。10月22—31日，参与举办的第三期长沙青年创业能力提升专题研讨班在新加坡南洋理工大学开班，20名长沙青年参与学习。

二、长沙市学生联合会

1988年，长沙市开始筹备召开第九次代表大会恢复学生联合会（以下简称“学联”）工作，1990年10月22—24日，市学联第九次代表大会召开，来自全市80余所大、中专学校和中学的100名正式代表和24名列席代表参加。大会听取并通过刘浩作题为“坚定信念，勤奋学习，勇于实践，奋发成才”的工作报告，选举产生包括长沙大学学生会等25个团体组成的市学联第九届委员会。在24日召开的九届委员会第一次全会和主席团会议上，长沙大学等校学生会当选为第九届主席团成员，长沙大学学生会当选为主席团体。长沙职业技术专科学校等10所学校学生会，当选为副主席团体，刘浩当选为市学联主席。第九次代表大会讨论并通过《长沙市学生联合会章程》。

1993 年，开展“把忠心献给国家，把热心献给社会，把孝心献给父母，把诚心献给朋友，把爱心献给亲属”教育活动。利用会刊《长沙学生工作》，打造宣传阵地，建立和加强与外界宣传媒体的联系。努力深化校园科技活动，创新社会实践活动，按照“活动组织”“基地建设”“突出成就”等分项表彰奖励优秀个人和先进集体。

1997 年，《长沙学联通讯》创刊，开设“重要工作”“理论研讨”“基层动态”“典型推介”等栏目，传播各级学生会工作信息，探讨学生会工作动向，传达上级团委、学联的重要指示，部署各项重点工作，加强全市各级基层学生会之间的联系，成为报道基层学生会工作动态和推介典型的新窗口。3 月，创新结合全市学生会信息工作的相关考评办法，将其纳入第五届长沙市基层学生会工作竞赛活动考评项目，评先评优、进一步发挥基层学生会“自我服务、自我管理、自我教育”的管理功能，培养合格的跨世纪“四有”（有理想、有道德、有文化、有纪律）人才。5 月 3—5 日，湖南省学生联合会第五次代表大会在长沙召开，市学联推荐长沙大学、雅礼中学等 5 个团体单位为代表团体、长沙大学、雅礼中学为委员会候选团体、长沙大学为主席团候选团队，发挥基层学生会的桥梁纽带作用。是年，重点推进“雷锋家乡学雷锋”青年志愿者活动，落实“讲文明、树新风”活动。全市建立 30 余支大中学生志愿扫盲等服务队，活跃在湘西、浏阳、宁乡等革命老区和贫困山区。全市大中小学成立 200 个共青团卫生监督岗，以及承包 50 条“卫生一条街”。开展学习《长沙百万青少年礼仪教育读本》活动，培养“四有”新人，在青年学生、少先队员中开展礼仪教育、希望工程、“手拉手”活动。

1998 年 4 月 21—22 日，长沙市学联第十次代表大会召开，大会选举产生长沙市学联第十届委员会、第十届主席团候选团体。2000 年，继续推进大中学生志愿者暑期“科技、文化、卫生”三下乡活动。普及并规范 18 岁成人仪式教育活动。开展第八届长沙市基层学生会工作竞赛，各基层学生会参与活动。召开长沙市 1999 年“先进基层学生会”表彰会，长沙市周南中学等 16 个学校学生会被评为 1999 年度长沙市“先进基层学生会”。开展“挑战杯”系列竞赛、“金钥匙”科技竞赛等校园文化建设。

2001 年，继续实施大中学生志愿者暑期“三下乡”活动。在农村开展技能培训，“回乡创业”活动，在城区开展社区志愿服务，“争做未来岗位能手”活动。9 月，开展第七届挑战杯竞赛等学术科技型大赛，加强中学生的创新素质培养。

2002 年，举办时事讲座、网络征文、演讲比赛等活动，用科学理论武装青年学生。在“千名志愿者宣传十六大暨志愿者文化下乡”活动以及“十六大礼赞”网络征文大赛中，青年学生发放宣传资料 2 万余份，投稿 1500 余篇。

2003 年 12 月 1—2 日，召开市学联第十一次代表大会，选举产生市学联第十一届主席团。2003 年“大学生志愿服务西部计划”实施后，鼓励倡导应届大学毕业生到中西部地区贫困县开展志愿服务工作。以中国共产党成立 80 周年、中国共产主义青年团成立 80 周年、申奥成功为契机，通过形势报告、主题班会、社会考察、成人宣誓等方式开展爱国主义教育和“三个代表”重要思想学习实践活动。

2007 年，发动全市学校开办“青年马克思主义者培养工程”培训班，形成市、校、院（系）三级的培养格局，培养学生骨干 2000 余名。2008 年 12 月 25—26 日，市学联换届会议召开，选举产生市学联第十三届委员会，会议通过市学联第十二次代表大会主席团成员名单。

2012 年，寻访“中国大学生自强之星”活动在长沙举办。开展“学团史，知团情，跟党走”为主题的黑板报评比，举行“与信仰对话——科学发展新成就”校园报告会，编写“喜迎十八大”手抄报等，支持和鼓励各学生会建立网站或开设微博等网络交流平台。在中学开展14岁“迈入青春门”教育、16岁“公民意识”教育、18岁“成人仪式”教育为主要内容的仪式教育活动。

三、中国少年先锋队长沙市工作委员会

中国少年先锋队长沙市工作委员会（以下简称“少工委”）成立于1987年，由分管教科文卫的副市长任少工委主任，协管教科文卫的市政府副秘书长，市委宣传部、市教育局、团市委分管负责人任副主任，市少工委办公室设在团市委学少权益部，委员会成员经长沙市少先队代表大会选举通过产生。

1992年10月12—13日，长沙市第二次少先队代表大会在麓山宾馆举行。大会选举副市长张伟玦任新一届市少工委主任，聘请市委副书记朱秋林为少工委名誉主任。

1995年，市少工委成立“长沙雏鹰文明监督队”，“10·13”期间，评选表彰了“十佳”少先队员和辅导员。

1996年，全市少先队组织全面实施“跨世纪中国少年雏鹰行动”，开展少先队“双十佳”评选，“手拉手”五自”教育、科技启明星、百花园艺术活动、“红旗大队”评选等活动，市少工委被评为“全国少队基础建设达标市”先进集体。

1997年6月1—3日，少先队长沙市第三次代表大会召开，会议选举产生新一届少先队工作委员会。10月11日，表彰长沙市第四届“十佳少先队辅导员”和第七届“十佳少先队员”。开展少先队工作竞赛，加强辅导员队伍建设，推出“全国十佳少年队员”曹晨等先进典型。

1998年，举办少先队军事夏令营、庆“六一”全市少先队号队比赛和“10·13”少先队雏鹰小队竞赛以及少先队大队、中队、小队和雏鹰假日小分队观摩活动，开展“十佳少先队员”“十佳少先队辅导员”“红旗大队”评选竞赛活动。

2002年10月31日—11月1日，少先队长沙市第四次代表大会召开，大会选举产生少先队长沙市第四届工作委员会。2004年，开展青少年“诚信伴我成长”活动，成立全国首支“红领巾诚信故事宣讲队”，提升青少年的思想道德素质。

2008年10月22—23日，少先队长沙市第五次代表大会召开，大会选举市人民政府副市长何寄华为主任，选举市人民政府副秘书长刘秋成、团市委副书记彭勇、市教育局党委副书记陈出亚为副主任。

2011年，策划“我最满意的一项少先队工作”评选活动，旨在通过评选出优秀的工作项目，在全市少先队组织中进行推广，以点带面，实现长沙市少先队工作的新发展。2011—2012年，经组委会初步筛选、辅导员代表互评投票、团市委党组审查评议等审查程序，最后评选出“感恩妈妈 祝福妈妈”活动、“温暖1+1”义工联盟活动、“学习雷锋，争当合格小公民”等40个“我最满意的一项少先队工作”优秀项目。

2012年8月底，在全市学校团队组织中部署启动“做一个有道德的人——我的一次志愿者经历”主题团队日活动。全市1100余所学校、44万余名少先队员参与，开展队日活动3万余次。寒暑假参与志愿服务，开学第一周举行“我的一次志愿者经历”主题队日活动，对志愿服务进行总结、交流、表彰、提升，已成为长沙中小学少先队工作的常态。

第三章 妇女联合会

1988年，长沙市妇女联合会（以下简称“市妇联”）起草《长沙市女职工劳动保护实施细则》，于1989年1月1日公布实行。1990年，成立农村妇女“双学双比”（学文化、学技术，比成绩、比贡献）竞赛活动领导小组。1991年，市“巾帼建功”竞赛活动领导小组成立。1991年，牵头制定《长沙市儿童少年事业“八五”发展专项计划要点》。1992年，长沙市发布《关于印发〈长沙市九十年代中国儿童发展规划纲要〉实施方案的通知》，儿童工作成为政府行为。1996年，“五好家庭”评选名称调整为“五好文明家庭”，《长沙市预防和制止家庭暴力的若干规定》出台。从1996年开始，在全市妇女中开展妇女防癌安康系列保险活动。截至1996年，组织各种行业竞赛，激励妇女岗位建功成才，全市1711个单位的19.3万女职工参赛。20世纪90年代，“三八”红旗手评选活动结合“巾帼建功”和“双学双比”活动进行，对在活动中评选出的先进典型同时授予“三八”红旗手（集体）或“三八”红旗手标兵称号。

2001年，全市农村妇女“十大养殖女状元”竞赛参赛妇女11万人。2002年，市家庭暴力伤情鉴定中心成立。2003年，推动预防和制止家庭暴力工作纳入全市综合治理考评范畴，纳入“平安长沙”创建。从2003年开始，“五好文明家庭”创评活动以家庭文化艺术节为载体进行。2004年，促使“社会性别平等与发展在中国”网络首届专题年会在长沙召开。2006年，“巾帼示范村”创建启动，将农村妇女生殖健康纳入“八件实事”工程，长沙市家庭教育工作领导小组成立。2008年，推出“聪颖灵秀、热情时尚、自信坚韧、开拓创新”16字的长沙女性精神。是年，组织实施农村妇女病普查普治工作，50万余名妇女受益。2009年起，妇女小额担保贴息贷款工作开始全面推进，全市启动农村妇女宫颈癌、子宫癌（以下简称“两癌”）免费检查试点项目启动。2012年，市预防和制止家庭暴力工作组成立，市家庭暴力投诉站挂牌。

截至2012年，全市评选表彰县级以上“三八”红旗手（集体）1458个，创建市级以上“巾帼文明岗”451个，创建县级以上“巾帼示范村”131个；评出长沙市十佳“五好文明家庭”标兵户190户，创建工作先进单位60个，各级“五好文明家庭”60万余户；建立各类家长学校2535所，家长学校在社区的覆盖率100%，在建制村的覆盖率100%，60%的乡镇（街）、村（社区）开设“母亲素质”大课堂；“春蕾计划”累计筹措资金近342.5万元，在边远贫困山区兴建“春蕾”学校3所，救助失学女童11424名；妇女参政议政和女干部培养推进，市党代表、人大代表、政协委员中的女性占比分别为23.8%、21.3%和25.1%；中共长沙市委、市政府及县市区党委、政府领导班子女干部配备比例均是100%；全市厅级女领导干部4人，县处级女领导干部492人，9个区县市换届后四大家班子成员有女领导干部54名，各级党政机关女公务员6568人，占总数的24%。全市有女性村委会委员1365人，占30.31%；女性居委会委员1592人，占53.16%。

第一节　组织机构

一、市级机构

1988年，市妇联内设办公室、宣传部、农村工作部、保护妇女合法权益部、儿少部、组联部、生产福利部7个部室，编制36人。1989年增设机关党总支。1990年成立纪律检查组。1991年撤销农村工作部，设立城乡工作部。1993年生产福利部更名为事业发展部。1995年，保护妇女合法权益部更名为维护妇女儿童合法权益部（以下简称“权益部），是年，长沙市成立市妇女儿童工作委员会，将办公室设在市妇联，与维权部联合办公。1999年，在维权部加挂“长沙市妇女儿童法律援助中心”牌子，与市妇女儿童工作委员会办公室合署办公，实行“三块牌子、一套人员”。2002年，内设机构改为办公室、组织联络部、宣传部、妇女发展部、权益部、儿童工作部、机关党总支7个部室。纪检（监察）按有关规定设置，人员编制在机关行政编制总额内单列。长沙市妇女儿童工作委员会办公室更名为长沙市人民政府妇女儿童工作委员会办公室。2010年，增加行政编制2名，编制38人。2012年，市妇联仍有办公室、组织联络部、宣传部、妇女发展部、权益部、儿童工作部、机关党总支、市政府妇女儿童工作委员会办公室8个部室（办）。

1988—2012年，先后担任长沙市妇女联合会主要领导职务的有：李映华（女）、林亚彬（女）、李咏芳（女）、姚五零（女）、肖雅珩（女）、谭慧慧（女）；其他领导班子成员有：罗湘湘（女）、黄秀娥（女）、胡晓亚（女）、吴安安（女）、胡淑华（女）、彭业文（女）、毛求（女）、贺绍佩（女）、刘云霞（女）、黄玉梅（女）、丁文（女）、周小春（女）、曾丽（女）、谢丽华（女）、张明亮（女）、钟小珍（女）、郭卫平（女）、赵景利（女）。

二、区县（市）级机构

1988年长沙、望城、浏阳、宁乡和东区、西区、南区、北区、郊区均设有妇联组织。1993年1月，浏阳县改市，浏阳县妇联亦改名为浏阳市妇联。1996年7月，长沙市区划调整，撤销东区、南区、西区、北区、郊区，设立长沙市芙蓉区、天心区、岳麓区、开福区和雨花区，各区妇联也随之更名。2011年6月，望城县撤并改区，望城县妇联改名为望城区妇联。

三、基层组织

街、乡、镇（场）妇联是各区县（市）下属妇联组织，接受同级党委和上级妇联的双重领导，以同级党委领导为主。城市的居民委员会和农村的行政村设立妇女委员会（以下简称“妇委会”）。妇委会按照区域、单位，由成年妇女代表或委员组成，推选主任1名，副主任若干。妇代会每5年召开一次，选举产生妇委会。

1989年，全市建有31个街道妇联，278个乡、镇（场）妇联。是年6月，长沙市直属机关妇委会成立。随后，各部、办、委、局相继成立30个妇委会。1994年8月，长沙市发布《关于在党政机关和教科文卫等事业单位建立妇女委员会的通知》后，市直各部门先后成立妇委会。1996年6月，长沙市直属机关妇委会更名为市直机关妇女工作委员会。

至2012年，全市9个区县（市）82个街道、83个乡、镇（场）成立妇联组织。长沙689个社区和1170个行政村全部都成立妇委会组织。长沙市教育、住建、公安、民政、财政、人社、交通、文广新、卫生、城管系统妇工委分别于2012年2月开始成立。至2012年12月底，市直各单位成立95个妇女委员会。

表 7-3-1-1　　2012 年长沙市街、乡镇（场）基层妇联统计一览表

区县(市)	芙蓉区	天心区	岳麓区	开福区	雨花区	长沙县	望城区	浏阳市	宁乡县	合计
街道妇联数(个)	13	12	16	10	12	5	10	4	0	82
乡、镇妇联数(个)	0	0	3(镇)	3(镇)	0	18(镇)	1(乡) 9(镇)	6(乡) 10(镇)	12(乡) 21(镇)	83

第二节　代表大会

一、第十一次代表大会

1992 年 12 月 13—15 日，市妇联第十一次代表大会在麓山宾馆举行。正式代表 435 人，特邀代表 15 人。市妇联副主任姚五零作题为《解放思想，抓住机遇，把我市妇女运动提高到一个新水平》的工作报告。确定会后 5 年工作任务是以中共第十四次代表大会精神为指针，用建设有中国特色社会主义理论武装妇女，坚持党的基本路线，围绕经济建设中心和建设社会主义市场经济体制，全面提高妇女素质，加强自身建设，代表和维护妇女合法权益，团结带领广大妇女在长沙改革和现代化建设中建功立业，把长沙市妇女运动提高到一个新水平。大会选举市妇联第十一届执行委员（执委）55 人。十一届一次执委会选举出常务委员（以下简称“常委”）11 人，姚五零任主任，吴安安等 4 人任副主任。

二、第十二次代表大会

1998 年 3 月 30 日—4 月 1 日，市妇联第十二次代表大会在麓山宾馆举行。正式代表 445 名，特邀代表 11 人。市妇联主席姚五零作题为《高举邓小平理论伟大旗帜，推动跨世纪长沙妇女运动全面发展》的工作报告。确定会后 5 年工作任务是高举邓小平理论伟大旗帜，以中共第十五次代表大会精神为指导，坚持党的基本路线和基本纲领，围绕两个根本性转变，提高妇女素质，培养“四有”“四自”新女性，维护妇女权益，促进男女平等，团结带领全市各界妇女为实现跨世纪宏伟目标建功立业。大会选举市妇联第十二届执委 53 人。十二届一次执委会选举出常委 12 人，姚五零任主席，肖雅珩等 5 人任副主席。

三、第十三次代表大会

2003 年 3 月 7—9 日，市妇联第十三次代表大会在枫林宾馆举行。正式代表 445 人，特邀代表 15 人。市妇联主席肖雅珩作题为《与时俱进，开拓创新，团结动员全市妇女为全面实现小康目标建功立业》的工作报告。确定会后 5 年工作任务是以邓小平理论和“三个代表”重要思想为指导，切实贯彻中共十六大精神，坚持一手抓发展、一手抓维权，协助政府实施妇女儿童发展规划，全面提高妇女整体素质，与时俱进，开拓创新，团结动员广大妇女，为长沙市率先全省全面建成小康社会建功立业，实现妇女工作新跨越。大会选举市妇联第十三届执委 65 人。十三届一次执委会选举出常委 15 人，肖雅珩任主席，贺绍佩（兼职，2006 年转专职）等 4 人任副主席。

四、第十四次代表大会

2008 年 5 月 14—16 日，市妇联第十四次代表大会在枫林宾馆举行。正式代表 497 人，特邀代表 14 人。市妇联主席谭慧慧作题为《解放思想，开拓创新，团结动员全市妇女为长沙又好又快率先发展而奋斗》的工作报告。确定会后 5 年工作任务是高举中国特色社会主义伟大旗帜，深入贯彻落实中共十七大精神，解放思想，开拓创新，围绕长沙市“十一五”（2006—2010 年）规划的战略目标，进一步统筹城

乡妇女发展，切实维护妇女儿童合法权益，团结动员全市妇女投身经济建设、政治建设、文化建设和社会建设，为实现“又好又快、率先发展”而努力奋斗。大会选举市妇联第十三届执委73人。十三届一次执委会选举出常委18人，谭慧慧任主席，周小春等4人任副主席。

第三节 主要活动

一、维护妇女合法权益

（一）普法宣传。1985年以后，随着全民第一个5年普法教育的开展，各级妇联和基层妇代会组织妇女学习《中华人民共和国宪法》《中华人民共和国婚姻法》《中华人民共和国继承法》《中华人民共和国刑法》等法律中有关保护妇女、儿童权益的条款，办普法试点305个，培训妇联干部和村以上妇女代表4000余人，训练普法辅导员76万人（次），举办法律知识学习班1618期，参加学习的妇女1456万人。

图7-3-3-1 市妇联开展新《中华人民共和国婚姻法》宣传活动 （摄于2001年，长沙市妇联供图）

1992年，开展为期一个月的《中华人民共和国妇女权益保障法》宣传月活动。全市培训妇女权益保障法宣传骨干1.5万余人，宣讲法律知识200余场次，编印《妇女权益保障法学习资料》及各级妇联翻印的宣传资料近100万份，宣传挂图2200余套。政法机关配合宣传打击伤害妇女、强奸妇女以及强迫妇女卖淫的罪犯，各区县召开公判大会，以案释法震慑犯罪，各级政府和部门还联系实际解决妇女权益受侵犯问题。1993年、1995年，两度举办妇女法知识竞赛。

1999年，在乡以上妇联干部中开展“依法维权案例分析讨论竞赛”活动，77%的妇联干部参赛。

2000年，举办全市“法律知识进家庭”活动，编印《妇女、婚姻家庭与法》宣传资料，发到家庭，组织5万户家庭参加法律知识竞赛。2001年，在全市7个宣传点开展《中华人民共和国婚姻法》宣传、咨询日活动，印发《妇女、婚姻家庭与法》《中华人民共和国婚姻法》单行本、反家暴的宣传资料等10万余份，到基层宣传20余次，为基层妇女群众释疑解惑。2002年，撰写近万字史料《贯彻第一部婚姻法纪实》；召开全市维护妇女权益工作现场经验交流会，总结和推广学法用法经验。2005年，联合国第四次世界妇女大会召开10周年，长沙举办“北京+10”妇女热点问题论坛大赛。

2006年，承办全省妇联系统“法制宣传年启动式”，组织“我与妇女法同行”网上竞赛活动，3000余人次参赛。2007年，开展百名女法律工作者与百名村（社区）女调解员结对活动，提供法律咨询和技巧指导。2008年，开展以“法言法语博天下，亦柔亦刚展风姿”为主题的网上博客竞赛。2009年，明确普法工作为考核妇联工作重要指标之一，组织参加全国妇联“亿万妇女学法律、家庭平安促和谐”法律知识竞赛。

2006—2009 年，举办《社会主义法制理论》《宪政与建设社会主义法治国家》《中华人民共和国物权法》《和谐社会与法治社会》等讲座。2010 年，组建法律讲师团，开展“长沙市妇联法律宣传直通车”巡回讲座活动，组织讲师团成员 13 人次下到区县乡镇村社送课宣讲 15 堂次，受益对象 2000 人。

至 2012 年，制定出全市妇联系统法制宣传教育规划，指导各级妇联开展普法，推动《中华人民共和国妇女权益保障法》纳入全市普法计划。各级妇联利用节庆日和各种活动契机开展多种形式的法制宣传，于“三八”维权活动周、“5·15”国际家庭日、“6·26”国际禁毒日及“11·25”国际消除对妇女的暴力日等纪念日，通过发放宣传资料、出动宣传车、悬挂宣传标语横幅、设立咨询台进行法制宣传教育。编印发放《妇女维权法律法规手册》（2010 版、2012 版）6 万册，发放《妇女权益保障法 100 问》、《婚姻家庭纠纷案例评析》、农民简明普法读本等近万册。

（二）促推司法行政维权。1988 年，长沙市成立专题调研组，对 90 个工矿企业进行调查，发现经济体制改革的新形势给女工劳动保护带来的新问题。起草《长沙市女职工劳动保护实施细则》，1989 年 1 月 1 日公布实行。

20 世纪 80 年代末 90 年代初，各地农村遗弃女婴现象日趋严重，社会反响强烈，1989 年，全市被遗弃女婴 222 个。1990 年和 1991 年，对 4 县农村遗弃女婴情况进行调查，反映长沙农村遗弃女婴现象，提交《遗弃女婴问题亟待解决》建议，市人大督促市计生委采取措施制止全市遗弃女婴现象的发生。

1994 年，对全市 115 个乡街进行调查，撰写《来自无数家庭的呼吁——制止家庭暴力》的调查报告，该调查报告提出的问题得到全国人大和省委政法委重视，1995 年 4 月，全国人大内务司法委员会妇女儿童室和《湖南政法动态》转发该文，中共长沙市委书记在看《湖南政法动态》后，对预防和制止家庭暴力作出批示：家庭暴力严重地侵犯了妇女权利，破坏了家庭的和谐，造成社会上的不良影响，请政法委和妇联商量，采取一些措施，制止家庭暴力的发生和蔓延。草拟《长沙市预防和制止家庭暴力的若干规定》征求意见后定稿，于 1996 年由中共长沙市委、政府办公厅颁发文件，成为中国第一个由党委、政府颁发的反家庭暴力的地方性文件。1996 年，参与《长沙市企业女职工生育保险条例（草案）》讨论，就推进生育保险制度建立提出建议。

1997—1999 年，4 次写出妇女责任田及财产权方面专题材料，其中《解决妇女责任田问题为何步履艰难》一文被《妇女研究》选登。

2000 年，在全市逐步创建“五大维权网络”（公安机关预防和制止家庭暴力网络、法院系统司法维权网络、司法行政系统法律援助网络、政府职能部门行政维权网络和妇联四级信访网络）。

2001 年，向市人大、政协提交建议以及向市法院去函，提出在各级法院建立聘请妇联干部担任陪审员制度的建议，推动市中院发布《关于聘请妇联干部担任人民法院审理婚姻家庭、继承等案件人民陪审员的指导性意见》。2002 年，向市公安局递交《关于在市公安局建立家庭暴力伤情鉴定中心的报告》，推动成立“长沙市家庭暴力伤情鉴定中心”，派出所挂牌设立“家庭暴力投诉站（或报警点）”；发布《关于做好妇女儿童法律援助工作的通知》。

2001 年，开始执行为期 4 年的“维权网络进社区”培训项目，参训 700 余人次。2002 年，推动长沙市发布《关于进一步做好预防和制止家庭暴力工作的意见》，推广芙蓉区创建“零家庭暴力社区”经验，全面开展创建“零家庭暴力社区”工程。2003 年，拟定反家暴工作量化考核指标，推动预防和制止家庭暴力工作纳入全市综合治理考评范畴，纳入“平安长沙”创建。2004 年，通过中国法学会引入资金推广零家庭暴力社区项目，在长沙县等 4 县（市）举办培训班。2005 年，引进“培训中国反对针对妇女的家庭暴力对策研究与干预”医疗干预分项目，在望城县举办医疗干预家庭暴力培训班。

2006 年，推动预防和制止家庭暴力工作纳入全市综治工作整体安排。2009 年，市综治委在《考评细则》“社会治安”考核项目之下，给予“预防和制止家庭暴力”的考核指标 0.6 分（2010 年以后为 1 分），市妇联明确作为考评单位。承办“人身保护裁定司法推进研讨会”，承接联合国消除对妇女歧视委员会代表、孟加拉籍委员贝古姆（Ferdous Ara Begum）到湖南访问。

2010 年，推动《关于深入推进预防和制止家庭暴力司法执法工作的若干意见》出台并就贯彻落实情况调研，长沙市家庭暴力庇护救助中心揭牌成立，联合市法院承办、联合市公安局主办全市法官、警官的反家暴工作研讨和培训。

2011 年，在全国人大反家暴立法调研组到长沙座谈会上，介绍长沙市 17 年反家暴的工作情况及经验，并提出亟须国家立法的若干建议。推荐宁乡县白马桥乡等 3 个派出所成为全省公安系统 7 个“反家暴”挂牌试点派出所之一。

2012 年，成立长沙市预防和制止家庭暴力工作组，“长沙市家庭暴力投诉站”挂牌。与市检察院联合举办长沙市检察官预防和制止家庭暴力能力培训班；召开“加强社会建设 反对家庭暴力——省会长沙‘11·25’国际反家暴日座谈会”。

（三）关注女性健康。随着农村妇幼保健网络的建立，基层妇代会在配合卫生部门普及妇幼保健知识及妇科病的普查普治方面做工作，1980 年，城乡妇女每年参与妇科病普查普治的不少于 2 万人。

从 1996 年开始，全市开展妇女防癌安康系列保险活动。2005 年，在宁乡县沙田乡、浏阳市淳口镇开展已婚妇女免费妇科普查试点，7000 名妇女受益。2006 年，开展妇女生殖健康状况调查，促成长沙市将农村妇女生殖健康纳入“八件实事”工程，开展 81 场次免费防艾等健康讲座和义务咨询活动，9557 人受益。

2008 年开始，各级妇联组织实施农村妇女病普查普治工作，50 万余名妇女受益。是年，为更好地关爱贫困患病妇女，实施“栀子花”女性助医金援助项目，为 1400 余名贫困女性提供免费医检和医疗援助。

2009 年 7 月—2011 年，全市启动农村妇女宫颈癌、乳腺癌（以下简称“两癌”）免费检查试点项目，宁乡县作为“两癌”免费检查项目试点县，在 33 个乡镇全面铺开农村妇女“两癌”检查项目，完成宫颈癌检查 8.90 万人，乳腺癌初筛 6259 人。

2010 年，启动长沙市贫困母亲“两癌”救助项目。2011 年，争取全国妇联和美国 LDS 慈善协会援助，为残疾妇女儿童发放 375 台轮椅、500 把助行器。2012 年，在长沙县、浏阳市、宁乡县 3 个项目县（市）启动新一轮农村妇女“两癌”检查项目，完成宫颈癌检查人数 11.43 万人，乳腺癌检查人数 5.29 万人。

2010—2012 年，救助贫困“两癌”妇女 296 名，发放救助资金 88.8 万元；开展“捐赠废旧纸张、关爱女性健康”公益活动，捐赠废旧纸张 548.1 吨，48.5 万元，收到捐赠“两癌”救助资金 34.3 万元，全部用于救助贫困“两癌”妇女。1988—2012 年，各类妇女培训、健身、文化娱乐场所和儿童校外活动场所不断增加，建成 78 个乡镇综合文化站、100 个示范性社区文化活动中心，为基层配送 2502 万元的文化设备。

二、“四自”教育与妇女思想宣传工作

1988 年，中国妇女第六次代表大会将“自尊、自爱、自重、自强”精神修改为“自尊、自信、自

立、自强”（以下简称“‘四自’精神”），写进《中华全国妇女联合会章程》。是年，拍摄《女儿风流》电视片，集中宣传李时红、逯复兴、谭荒芳等10余名“新女性”的事迹。同时授予张淑玲等10名妇女为发展商品生产“女状元”称号，号召全市妇女学习先进，发扬“四自”精神。

1990年开始，每年到市收容教育所、戒毒所、女子监狱等看望劳教、服刑女性，送上帮教关怀。在制止嫖娼卖淫工作上，组织各县、区妇联干部到市妇女收容教育所开展教育挽救工作。1990年5月，在望城县召开“长沙市农村妇女思想政治工作经验交流会”。各级妇联落实精神，以正面教育、自我教育为主，采用学、讲、赛、乐、评等形式，向农村妇女进行社会主义思想教育。1991年，举办“我与‘八五’计划”研讨会、“做党的好儿女”演讲等富有特色的宣传教育活动2000余场次。

1995年，第四次世界妇女代表大会（以下简称“四大”）在北京召开，长沙举行活动宣传妇女工作成就和妇女典型，宣传大会主题、意义和宗旨；撰写《长沙妇女发展状况》，反映中华人民共和国成立后尤其是改革开放后长沙妇女的地位的提高和作用更大增强；组织以“邮政商函杯”通向北京象征性长跑、庆“三八”迎“四大”报告会为主的宣传周活动。全市30万余人参加迎“四大”知识竞赛，举办迎“四大”培训班25期，培训骨干2000余人，编印各种宣传资料26万余份。推荐人员参与第四次世界妇女大会及非政府组织论坛，开福寺僧尼自然法师作为湖南省唯一的代表参会。姚五零、刘自英、孙春花作为湖南省非政府组织代表团成员参与论坛。浏阳市菊花石厂工人周艳辉作为湖南4个女能手代表之一，参加第四次世界妇女代表大会女能手表演。

1996年，把“四自”教育融入全市“三义”（爱国主义、社会主义、集体主义）、“三观”（世界观、人生观、价值观）、“三德”（社会公德、职业道德、家庭美德）教育和“讲文明树新风”学雷锋活动，宣传“心忧天下、敢为人先”的长沙精神，组织“长沙精神”知识竞赛、“爱我长沙、爱我家”演讲等活动；编印《妇女法学习资料》《妇女维权指南》4万册；组织10万人参加法律、法规知识竞赛。

1997年，长沙市以迎、庆香港回归为主题，开展“迎回归”报告会、“庆三八、迎回归”女子健身操赛、“’97阿波罗杯”省会妇女服饰形象设计大赛；精选17名先进妇女典型编入省妇联《巾帼风采录》《百名农家女致富之路》，推介曹伟等15名再就业先进典型。

至1999年年底，召开收容妇女的教育挽救座谈会40场次，个别谈心300余人次，聘请16名先进女性讲课18场，各级妇联还对解教的373名失足妇女进行跟踪帮教，为她们解决回家后面临的困难。通过教育，280人安心回家务农，65名失足妇女主动学习生产技术，其中勤劳致富的有35人，61名城镇失足妇女得以安排工作。

2001年，“新世纪女性论坛”召开，加强对新时期妇女运动的理性思考，促进妇女的全面进步与发展；举行全市各界妇女批判邪教组织座谈会，向全市家庭发出“家庭拒绝邪教，妇女倡导文明”的倡议书，组织千名妇女拒绝邪教的签名活动。

2006年，围绕“她”字在家庭生活、子女教育、践行社会主义荣辱观、女性参政议政等领域拓展话题，组织4期“话她”系列论坛；开展“百万家庭网上行”系列活动，作为主体活动之一的长沙市首届e家庭网页制作大赛历时6个多月，收到作品180件。

2006—2007年，长沙市开展家庭助廉系列活动，评选出徐春光等11人为“长沙市家庭助廉先进个人”，向社会公示；召开副县级以上领导干部及家属1000余人的全市“家庭助廉”表彰暨正反典型报告会。各区县（市）举办系列主题活动。芙蓉区评选表彰20名“廉内助”。市妇联被评为“全国家庭助廉教育工作先进集体”；2008年，响应中共市委“科学发展、创业富民”号召，制定《长沙市妇联开展解放思想大讨论活动方案》，撰写《关于市妇联解放思想大讨论的调研报告》；推荐任菲莉、黄星耀、周正良、王富成 4 人为长沙市首届道德模范，其中，国防科学技术大学任菲莉被授予第三届“中国十大杰出母亲”称号，被评为“全国道德模范”。

2009 年，举行“妇女发展与社会协同”妇女理论研究征文活动。2010 年，举办“妇女发展与时代同步”暨纪念长沙市妇联成立 60 周年论坛活动；成立长沙市妇女儿童心理咨询服务中心，组建具有国家认证资格的心理咨询师志愿者队伍，通过面谈咨询、热线电话、网络交流等方式为妇女群众提供心理咨询个案服务。

三、培养、推荐女干部

20 世纪 80 年代，长沙市采取自办、联办、外送等形式，开展妇女干部培训。市本级两年一次在中共市委党校对直管单位妇女干部进行 7~10 天的岗位培训；县（市）区妇联每年对乡、村、街、委妇联干部进行业务培训；市妇联每年选送各级妇联干部参加全国妇联、省妇干校、省委党校及有关高校培训，并借助社会力量联合办班，提高妇女干部综合素质。1988 年，举办“公共关系讲学班”和女干部培训班。1989 年，举办针对浏阳、宁乡贫困乡的 150 名村妇女代表大会主任的培训班。

1990 年，出台《长沙市女干部培养三年规划》；开展“长沙市妇女领导人才培养和选拔”课题研究，在 19 个单位召开 14 次座谈会，对 126 个单位的 1550 名科技女干部和 162 名县级女干部进行问卷调查，对其中 600 名女干部的基本情况进行分类摸底和综合分析。是年，提拔副县级以上女干部 28 人。至 1993 年，全市女干部人数 4.46 万人，占全市干部总数的 39.1%，比 1990 年提高 3%，全市 9 个区县（市）党委、政府、人大、政协 36 家单位的领导班子中，30 家单位配备女干部，比 3 年前增长 30%；市直部、办、委、局领导班子中有女性领导干部 43 人，由 3 年前的 8%增长到 10.9%；280 个乡镇（街）领导班子中，140 个配备女干部，城区 33 个街道党政领导班子中，32 个配备女干部，比 3 年前增长 19.6%和 14.3%。

1994 年，出台《长沙市女干部培养第二个三年规划》，就女干部培养工作开展调查，走访 400 余人次，收回问卷 800 余份，出台专题调研报告。1994 年和 1996 年，抓住长沙市撤区并乡和城区区划调整机构改革机遇，配合组织部门对乡镇、街道领导班子女干部配备情况进行摸底，为女干部鼓与呼。全市区县（市）36 个班子选配女干部 40 名，有女干部的班子占班子数的 83.3%。岳麓区党委、政府、人大、政协各配有女干部 1 名，党政一把手都是女性。1995 年长沙率先在全国公开招聘 6 名副县级女领导干部。各级妇联组织动员 600 余名女干部报名，年龄最小的 24 岁。

1999 年，出台《1999—2003 年长沙市妇联系统组织建设规划》，明确培训任务、目标、要求。

2000 年，对乡镇党政女性“一把手”成长情况进行调查，针对全市乡镇党政女性“一把手”人数少的现状，向市委组织部推荐女性干部；对全市行政事业单位副处以上女干部和具有高级职称的各类女专业技术人员建卡，建立女性人才库。

2001 年，将女干部培养选拔“十五”（2001—2005 年）计划目标纳入《长沙市妇女“十五”发展纲要》。

2004 年，出台《2004—2007 年长沙市培养选拔女干部、发展女党员工作规划》。2006 年，向组织部门和省妇联推荐优秀女干部 51 人。

2008 年，出台《2008—2010 长沙市培养选拔女干部、发展女党员工作规划》。从是年起，在每周一开设“30 分钟课堂”，采用机关领导、干部轮值讲课，外请专家授课及观看教育片等形式提升自身机关干部素质。

2009 年，选派出村书记、主任助理侯慧、谢芳、汤晓丽、李明、刘静杉 5 名女村干部参加省首届女大学生村干部能力建设培训班。

2010 年，出台《2011—2015 年长沙市培养选拔女干部、发展女党员工作规划》；女干部教育培训纳入市委干部教育工作整体计划，举办由 41 位学员组成的长沙市女领导干部清华大学培训班，就社会热点问题、当前宏观经济形势、性别平等理论与实践、危机管理与媒体沟通进行深层次培训。向中共市委递交《关于请求在机构改革中进一步加强女干部工作的报告》，促成发布《中共长沙市委关于进一步加强和改善党对妇女工作领导的意见》。向市委组织部选送 699 人次参加培训学习，占选送干部学习总数的 30.7%。选送女干部 110 人到清华大学、复旦大学等高等院校参加组织、规划、政法等系统的专题培训或高级研修班。组成督查组，采用听汇报、查资料、统数据、召开座谈会等方式对 9 个区县（市）、市教育局、市卫生局、市国有资产监督管理委员会等单位对全市培养选拔女干部和发展女党员工作进行督查。2010—2012 年，举办女干部培训班 24 期。

2011—2012 年，针对基层妇联干部变动频繁，在市委党校举办 2 期乡镇街妇联主席培训班，培训学员 88 名。2012 年，选派市直机关 31 名女干部参加“一推行四公开”（“一推行”，即全面推行干部联点驻村制度，实行市级领导驻乡联点，县级领导驻村联点；“四公开”即公开联系方式、公开岗位责任、公开监督机制、公开考核方法）工作。至年底，市党代表、人大代表、政协委员中的女性占比分别为 23.8%、21.3%和 25.1%；中共市委、市政府及县市区党委、政府领导班子全部配备女干部；全市厅级女领导干部 4 人，县处级女领导干部 492 人，9 个区县市换届后党委、政府、人大、政协班子成员有女领导干部 54 名，各级党政机关女公务员 6568 人，占总数的 24%。有厅级女领导干部 4 人，县处级女领导干部 490 人，占市管干部总数的 17.4%。全市有女性村委会委员 1365 人，占 30.31%；女性居委会委员 1592 人，占 53.16%。

四、“五好文明家庭”创建

1988 年，全市有“五好家庭”28 万余户。是年开展的“五好家庭”活动，重点放在提高家庭人口素质和建设文明、健康、科学的生活方式上，对全市原有的“五好家庭”进行重新评定验收，新增 10 万户“五好家庭”。1989 年，“五好”内容确定为“爱祖国，有理想，遵纪守法好；学文化，懂科学，生产工作好；敬老人，教子女，计划生育好；讲平等，乐互助，人际关系好；破旧俗，立新规，文明家风好”，并启动首届“十佳”“百户”五好家庭评比。开展“长沙市首届金婚佳侣”评选活动，5923 对夫妇参评，年龄最大的 98 岁，婚龄最长的 77 年，评选出市级“金婚佳侣”15 对，“金婚伴侣”35 对。

1990 年，开展“学在家庭、美在家庭、乐在家庭、理解在家庭”系列活动，公开投票评选 10 户“五好”家庭标兵。1994 年 5 月 15 日首个“国际家庭日”，举行以“展示家庭风采，建立民主、和睦、温馨、向上家庭”为主题的长沙市首届家庭文化节。

1995 年，全市开展“现代文明家庭”评选活动，周美玲等百户家庭被授予“现代文明家庭”称号。1996 年，“五好家庭”评选名称调整为“五好文明家庭”。全市开展“爱我长沙、爱我家”现代文明家庭演讲赛、星城家庭风采电视大奖赛、家庭文艺表演、表彰“十佳军嫂”、十佳金婚佳侣等活动。全年成立妇女禁赌组织 4142 个，召开禁赌动员会、现场会 2492 场，组织文艺会演 199 场次，参与活动 22 万余人。

1997 年，“五好”内容调整为爱国守法，热心公益好；学习进取，爱岗敬业好；男女平等，尊老爱幼好；移风易俗，少生优育好；勤俭持家，保护环境好。1998年，开展“尊老爱幼家庭义助”行动，捐赠5000元现金和两台干衣机给市第二社会福利院，拉开全市“尊老爱幼宣传月”活动序幕。1999年，组织为期两个月的“依法维权，拒绝毒品”知识竞赛，加大普法力度；举办交通安全，维护市容市貌讲座；组织上街宣传，发宣传资料4000份，动员妇女从自己做起，从小家做起，美化净化社会大家庭；举办奔向21世纪家庭趣味运动会，18个家庭分别获一、二、三等奖。开展“爱心读书活动”，收到征文170余篇；组织家庭扶贫帮困、结对互助活动，全市成立家庭义助小分队5000余个，出现“五好文明家庭”与普通家庭、富裕家庭与贫困家庭、军人家庭与下岗工人结对等家庭结对互助形式。

2000年，制定《长沙市家庭文明工程2000—2003年实施意见》，在农村开展“美在家庭”“十星级文明户”评选。2001年，全面实施“家庭文明工程”，将“五好文明家庭”评选比例（区级、市级、省级分别为20%、30%、40%以上）列入文明单位、文明社区、文明乡镇考核指标。市妇联提出“创建文明城市，共建美好家园”口号，开展“一帮一”“手拉手”“邻里互帮”“爱心助困”“家庭志愿者”活动；举办“人寿杯‘长沙明天更美好’少年儿童诗文书画大赛”；组织妇女时装表演赛和“漂亮宝贝”摄影赛；开展读一本好书，唱一首好歌，植一盆绿，献一份爱心，参加一次有益身心的“五个一”活动；举办“千名家长孩子互帮互学”签约仪式，1000余家长和孩子签订“争当优秀家长，争做‘四有’学生承诺书”。2002年，开展“三争一创”（人人争做家庭好成员、单位好职工、社会好公民，家家争创“五好文明家庭”）活动，评选各级“五好文明家庭”和“十星级文明户”2.7万余户。

从2003年开始，“五好文明家庭”创评活动以家庭文化艺术节为载体进行。是年，举办“让生活更美好”为主题的第二届家庭文化艺术节，向全市190万余户家庭发出“共建文明城市，共创美好家庭，当好东道主，迎接五城会”倡议书，电视展播“我家的故事”推出100户特色家庭；开展万人呼啦圈比赛、“革陋习、洁万家”的抗非典活动、家庭健康知识抢答赛、家庭美德论坛征文等活动，吸引长沙20万余户家庭参与。9个区县（市）分别设立分会场，将各具特色的活动融入社区和乡镇，开展12项大型主题活动。2004年，举办“书香门第杯”第三届家庭文化艺术节，为期半年，举办家庭趣味运动会、“仲夏夜之梦”大型广场音乐会、新人家和新长沙、家庭文化论坛和读书日等8项主体活动。2005年，以“文化·和谐”为主题，举办第四届家庭文化艺术节暨“创建文明城市、构建和睦家庭”大型才艺展示周活动。表彰获长沙市首届家庭插花艺术及十佳绿色阳台创作大赛获奖者，6个单位获“优秀组织奖”，10户家庭获“十佳绿色阳台奖”；6人分获家庭插花艺术金、银、铜奖。2006年，举办以“妇女健康·乡村快乐”为主题的第五届家庭文化艺术节及首届“邻里节——乡村文化周”系列活动。在长沙县㮾梨镇举办乡村文化周启动式暨农家女趣味运动会。9个区县（市）成立100支农村腰鼓队，引导农村妇女参与农村文化建设。全市开展“十佳优秀儿媳”评选，400余位市民自发推荐308位优秀儿媳，《长沙晚报》对其中8位连续报道，群众通过网络投出1.88万票，新华网、红网等媒体进行报道，引发“好儿媳标准”的讨论。

2007年，开展“十佳孝顺家庭”评选。300余位读者推荐308个家庭，市民投出1.23万票，发短信6940条，评论2万余次。是年，配合文明城市创建，发布《关于开展长沙市万户“五好文明家庭”评选表彰活动的通知》，评选表彰孝顺、和睦、爱心、学习、成功、夫妻恩爱、勤劳致富、自强不息、教子有方、廉洁守法等10种类型家庭1万户。2008年，评选表彰长沙市万户“文明和谐示范家庭”暨百户“五好文明家庭”，完成文明家庭占全市家庭总数比例≥20%的指标。以“一路有你甜蜜蜜”为主题，举办长沙市首届十佳金婚、银婚家庭评选活动。

2009年，举办第七届家庭文化艺术节暨十佳金婚银婚颁奖典礼，王英、刘国英等10户家庭被评为“十佳金婚家庭”，刘春贤、段思安等10户家庭被评为 “十佳银婚家庭”；利用长沙讲堂载体，邀请省社会科学界联合会主席郑佳明为全市党政干部作孝道文化讲座；在《长沙晚报》“你说话吧”开展“不记得父母生日是不孝吗”讨论；开展“孝文化”少儿壁画比赛和书画比赛等，重点倡扬孝道文化，弘扬中华民族敬老爱老的传统美德。2010年，举办“树勤廉家风、创书香家庭”评选表彰活动。赵建强等10户被评为十佳“勤廉书香家庭”。李震之被评为省“十佳书香家庭”，拍摄制作“树勤廉家风、创书香家庭”活动专题片。2011年，在天心区白沙井社区进行“五好文明家庭”海选试点，举行“文明新风吹万家”五好文明家庭海选活动观摩会暨长沙市第八届家庭文化艺术节，现场观摩白沙井社区“五好文明家庭”海选活动。开展“家庭美德知与行”知识竞赛，以提高家庭美德知识知晓率。是年，开展“家庭美德知与行”知识竞赛；800余个家庭参加答题，200余个家庭获满分答卷。

2012年，表彰“五好文明家庭”100户、和谐示范家庭9900户。开展“两型”（资源节约型、环境友好型）示范家庭创评活动。陈新进、罗燕华等10户家庭被评为市十佳“两型”示范家庭。举办长沙市第九届家庭文化艺术节暨“两型”示范家庭表彰会，并向全市家庭发出《创“两型”家庭从我做起》倡议书。截至2012年，评出长沙市十佳“五好文明家庭”标兵户190户，创建工作先进单位60个，各级“五好文明家庭”60万余户。

五、“三八”红旗手评选

1988年，全市开展“巾帼十杰”和“女能手”评选活动，对长沙卷烟厂副厂长兼总工程师李时红等当选对象分别授予“三八”红旗标兵、“三八”红旗手称号。

20世纪90年代，长沙市“三八”红旗手评选活动结合“巾帼建功”和“双学双比”活动进行，对在活动中评选出的先进典型同时授予“三八”红旗手或“三八”红旗手标兵称号。1994年，张驱美等20位“巾帼建功”先进组织工作者被评授予长沙市“三八”红旗手称号。1995年，配合全市转换经营机制、搞活大中型企业的工作重点，长沙市开展“优秀女企业家评选”活动，发布《关于评选优秀女企业家的通知》《关于开展优秀女科技工作者评选活动的通知》等文件，“十杰”人物享受市级劳模待遇。

1996年，配合全市“科技年”，开展“优秀女科技工作者评选”。是年，长沙市发布《长沙市巾帼能手奖励办法》，明确规定长沙市巾帼岗位能手同时授予“三八”红旗手称号，在晋升、评定技术职称、分房、子女入学、入托等方面同等条件下享受优先待遇，长沙市巾帼岗位标兵享受长沙市劳模待遇。

1997年配合经济体制改革和全市“工业年”，开展评选“再就业巾帼十佳”活动。1998年，配合全市为新的经济增长点做贡献，开展“巾帼创业新标兵”活动。1999年，贯彻落实省、市农村工作会议精神，开展“双学双比科技十星”活动。2002年12月，“三八”红旗手推选定为两年一届，单年评单项，双年评综合，由社会公开推选，发动社会各界各层次推荐，以妇联系统为主线产生，代表新时期女性形象。2003年12月，长沙市新世纪首届“十大女杰”评选活动启动。评选活动历时3个月，吸引14万名群众参与。

2004年，为规范先进表彰，《长沙市妇联先进集体、先进个人评选表彰工作管理办法》出台，“三八”红旗手评选改为单年发文推荐，双年表彰，每届表彰50名。对在“巾帼建功”和“双学双比”两大活动中评选的先进和在劳动竞赛中的获奖选手不再同时授“三八”红旗手称号。2010年，长沙市发布《关于进一步加强和改善党对妇女工作领导的意见》，规定全国“三八”红旗手、省级“三八”红旗手享受市级劳模待遇。

至2012年，全市评选表彰国家级“三八”红旗集体9个，“三八”红旗手36名；省级“三八”红旗集体8个，“三八”红旗手95名；全市表彰市级“三八”红旗集体63个，“三八”红旗手1178名，“三八”红旗标兵69个。

表7-3-3-1　　1988—2012年长沙市获全国“三八”红旗手名录一览表

姓　名	性别	出生年月	单　位	授予时间
刘　莉	女	—	玉潭镇中心学校	1988年
舒帅蕴	女	1941年8月	湖南省洞庭科技有限公司	1989年
李时红	女	1935年4月	湖南中烟长沙卷烟厂	1989年
袁淑纯	女	—	长沙市东区法院	1989年
李娟玲	女	1944年7月	长沙市公共交通总公司	1989年
屈顺良	女	1934年12月	长沙县妇联	1989年
刘雪桂	女	1935年12月	沩山区公所	1989年
李利纯	女	1936年12月	市经贸发展总公司	1991年
唐杏仁	女	1948年9月	浏阳市张坊镇政府	1992年
吴小春	女	1956年10月	浏阳市古港镇政府	1993年
曾　嵘	女	1948年8月	长沙毛巾集团	1993年
刘桂香	女	1965年8月	浏阳市文家市镇政府	1994年
涂　萍	女	1937年10月	省路桥建设集团	1994年
钟　掘	女	1936年7月	中南大学	1997年
姚五零	女	1950年4月	市政协	1997年
李敏林	女	1947年5月	浏阳市卫生局	2001年
尤昭玲	女	1949年5月	湖南中医药大学	2004年
肖雅珩	女	1951年10月	市政协	2004年
廖小明	女	1949年10月	湖南友谊阿波罗控股股份有限公司	2004年
王国群	女	1948年10月	长沙市物价局	2006年
罗美元	女	1956年2月	湖南省忘不了服饰公司	2006年
宣桔仁	女	1964年9月	浏阳市穗泉农牧实业有限公司	2007年
沈佩齐	女	1954年9月	友谊阿波罗股份有限公司友谊商城	2007年
刘云霞	女	1954年1月	长沙市妇联	2007年
汤　萌	女	1955年4月	湖南省妇联	2008年
付　玲	女	1967年2月	中联重科股份有限公司	2008年
郑知求	女	1970年12月	湖南家润多超市有限公司	2009年

续表 7-3-3-1

姓 名	性别	出生年月	单 位	授予时间
王桂红	女	1965 年11月	定王台街道办事处	2009年
周小春	女	1961 年2月	长沙市妇联	2009年
王小平	女	1962 年7月	长沙市环保局	2009年
汤兰玲	女	1966 年1月	开福公安分局湘雅路派出所二中队	2009年
王丹丹	女	1985 年4月	雨花区民政局	2011年
彭 莉	女	1973 年 12月	望城区新康乡中心学校五星小学	2012 年

六、“双学双比”

“双学双比”（学文化、学技术，比成绩、比贡献）活动是 20 世纪 80 年代中期在农村妇女中逐步推开的群众性竞赛活动。1985 年，全市青壮年妇女开展“学文化、学科学、长才智、争贡献”的“两学”活动。1988 年，为使“双学双比”更好推动农村商品生产的发展，长沙市开展以庭院经济为主的小果园、小林园、小竹园、小菜园、小茶园、小药园、小猪场、小禽场、小渔场、小加工厂 10 个生产项目的竞赛活动（以下简称“十小”），全市妇女经营“十小”园场 1.52 万个，总收入 1.5 亿余元。

1991 年年底，全市县、区、乡和 80%的村全面铺开“双学双比”活动。长沙市开办实用技术班 310 期，培训妇女近 20 万人。1993 年，“双学双比”活动以围绕农民增收致富开展活动，激励妇女在庭院里发展种、养、加综合开发项目，引导妇女投身改革开放，从有文化、有技术向懂经营、会管理的新型农民转变。浏阳县女村支部书记唐杏仁组织参赛妇女创办村竹串席厂、带领全村人脱贫致富被评为“省级女能手”。宁乡县上交国家 5000 千克粮胡爱莲被评为“全国先进女能手”。1995 年，市妇联被评为全国“双学双比”活动先进协调组织。1999 年，市妇联副主席黄玉梅被评为全国“双学双比”活动先进工作者。

2001 年，开展农村妇女“十大养殖女状元”竞赛，全市参赛妇女 11 万人，涌现年产值 20 万元以上的女养殖户 1464 户，1.79 万名妇女参加“三大”学习，2526 名妇女获“绿色证书”或女农民技术员职称。2002 年，以创办妇女学校为基础，以“双学双比”示范点、“妇”字号实体为依托，开展科技培训。全市创办各级妇女学校 1665 所，创办集生产、服务、示范为一体的各类“双学双比”示范点 11 个。召开深化“双学双比”活动既农村妇女养殖大赛总结表彰会，童建桃等 10 位“科技养殖女状元”、谭晓辉等 20 名“科技养殖女能手”和宁乡县妇联等 10 家先进单位获表彰。张利辉、童建桃、谢良桔被评为全国“双学双比”先进女能手，市种苗站肖盛华获全国“三八”绿色奖章，市畜牧水产局副局长尹利亚被评为全国“双学双比”优秀科技服务工作者。

2003 年开始，“双学双比”活动实施“巾帼科技致富工程”和“女性素质工程”，围绕农村产业结构调整和帮助农村妇女增收致富做文章，全方位提升妇女素质和生活品质。全市各级妇女学校举办培训班 2002 期，培训妇女 10 万人；启动为期 3 年的“无公害农产品生产行动”竞赛，借助妇女学校阵地，举办无公害农产品生产标准、技术培训班 120 余期。2004 年，“双学双比”活动提升为“学文化、学科技、比发展、比贡献”。妇联组织以女性生理与心理健康为主的讲座 154 堂，听课人数 8473 人；参与全省“百万妇女出三湘，增收致富奔小康”，把妇女跨地区就业培训作为全年工作重点，利用自身劳务输出网络安置，就业率 95%以上；开展“新农村、新女性、新发展”长沙市农村女能手参与新农村建设网页制作大赛，举办40余名女能手参与的网页制作培训班，宁乡、浏阳妇联承办中国——欧盟村务管理培训项目，培训女村干部100余名，宁乡县请来农业部水稻研究所、市县农业局等专家教授上课，办科技种养殖培训班3000余期，发放资料4万余份，参训人数3万人次。2005年开始，争取长沙市“阳光工程”项目等，培训月嫂、护嫂、厨嫂等1.98万人，使其通过培训掌握劳动技能，走上就业岗位。2006年，依托全市1665所农村妇女学校，开设政策法律、实用技术、婚姻家庭、妇幼保健等课程，全年送课下乡600余堂。至2006年，全市发展以妇女为主的参赛户4.42万户，召开全市农村妇女参与新农村建设动员会，表彰参与“无公害农产品生产行动”竞赛的先进示范基地6个，女能手标兵5名，女能手10名，先进工作者20名。从是年起，按照新农村建设“生产发展、生活富裕、乡风文明、村容整洁、管理民主”的20字方针要求，以“建设新农村、巾帼展风采”为主题，推进“巾帼示范村”创建活动。2007年，针对休闲农业发展迅猛，从业女性多的情况，启动为期3年的“发展休闲农业、建设新农村”女能手竞赛，举办237人参训的休闲农业培训班，实地观摩长沙县九道湾开源农庄等星级农家乐。2008年，围绕全市“创业富民”主线，实施“巾帼科技致富工程”，推动农村妇女富余劳动力转移培训纳入“阳光工程”统筹安排，明确要求各级各地在培训中要力保农村妇女培训40%以上，培训1.9万人，转移就业1.8万人；推行“公司（龙头企业）+基地+农户”的生产模式，成立女能手协会等组织；以“城乡妇女统筹发展、岗村联建共谋新篇”为主题，发挥各级“巾帼文明岗”的人、财、物资源优势和职能优势，开展“百岗结百村”、女领导干部与女企业家、女能手结对活动，服务新农村建设。市妇联被评为全国“双学双比”先进集体，浏阳市宣桔仁被评为“全国十大农民女状元”，陈新华等7人被评为全国“双学双比”女能手。2009年，长沙市出台《长沙市妇女学校管理办法》，规范妇女学校建设，培训妇女20万余人，使培训进入规模化、常态化。

2009年起，推进妇女小额担保贴息贷款重点项目。12月，出台《长沙市促进妇女创业就业小额担保贷款实施办法》，市妇联成立调研工作班子，到9个区县（市）妇联开展调研，在学习借鉴先进地区典型经验的基础上，指导浏阳市制定配套政策，在浏阳市进行试点推广，召开全市推进妇女小额担保贷款工作推进会和讲评会。宁乡县妇联与银行、劳动局协调配合，争取妇女小额贷款信贷资金93万元，扶植30户妇女家庭发展养殖、种植和加工项目10余个。2010年，召开长沙市“新农村·新女性·新发展”观摩推介会暨暨“巾帼示范村”授牌仪式。2012年，召开农村妇女发展工作推进会暨“巾帼示范村”授牌仪式，表彰“双学双比”十大农民女状元，十佳“双学双比”示范基地、十佳“巾帼专业合作社”等先进集体和先进个人。全市已创建国家级“巾帼示范村”4个、省级“巾帼示范村”11个、市级“巾帼示范村”46个、区县（市）级“巾帼示范村”70个，为全市新农村建设、城乡一体化发展发挥作用。至2012年年底，全市发放妇女小额贷款1453笔，贷款金额1.55亿元，落实财政贴息资金122.32万元，带动1.65万名妇女创业就业。

七、“巾帼建功"

1991年，全国妇联与国家教育委员会、国家科学技术委员会等12个部委联合在全国城镇妇女中发起做“四有”“四自”女性，为“八五”（1991—1995年）计划建功（简称“巾帼建功”）活动。是年，举办长沙市“巾帼十杰”评选活动，通过民主推荐、投票评选的方式，在100余名候选人中选出杨瑞华等10人为“巾帼十杰”，并授予汤明辉等20人“女能人”称号。1991—1996年，开展宣传发动工作，喊响“巾帼建功”口号，开展各种行业竞赛，激励妇女岗位建功成才。各县、区及参赛行业成立活动领导小组963个。在工交、财贸、教育、机关干部、个体劳动者等战线展开竞赛。各区、县组织竞赛，东区的“九比九赛”、南区的“杜鹃花”竞赛、西区的“兴麓杯”行业能手赛、北区的“双杯”竞赛、市直机关妇委会“三提高一争创”竞赛等。全市 1711 个单位的 19.3 万名女职工参赛，开展岗位练兵和技术比武 848 场，节约利废 1400 万余元，提合理化建议 5000 余条，被采用 3000 余条，开展技术革新 2000 余项。1992 年，“巾帼建功”活动围绕贯彻南方谈话精神，大造改革开放舆论，激励妇女认清形势，投身改革，开展“展新貌、学新技、建新功、立新业、创一流成绩”竞赛，省“巾帼建功”活动现场经验交流会在长沙召开，市妇联获全省唯一的“巾帼建功”先进组织奖。1994 年，“巾帼建功”活动陆续延伸至民营经济，各级妇联采取自办、协办和联办等形式，办 374 个实体，为下岗女职工提供岗位。1995 年，长沙市表彰“巾帼被百星十杰”，缪曼聪等 10 人评为“巾帼十杰”。100 余人评为“百星”，分别授予“三八”红旗手标兵、“三八”红旗手称号，“十杰”享受市级劳模待遇。是年，配合全市转换经营机制、搞活大中型企业，开展“立足岗位建功，争当行业明星”“我为厂兴献一计”和“四比四看”等活动。1996 年，作为全国 19 个首批建立“妇女再就业信息指导中心”的试点之一，长沙市成立妇女再就业信息指导中心，中心成立头 3 个月，举办培训班 5 期，培训学员 164 名，接待咨询服务和来人来访 1000 余人次，举办 2 期供需见面会，20 余家单位及 200 余人参会，70 余名下岗女工与用人单位达成用工意向。是年，开展“优秀女科技工作者”评选，蒋翠英、张延龄、陈外菊、肖平、李素平、谢仁华、陈出亚、李东旭、朱皖、李谷香获“巾帼科技十杰”称号，黄玉玲等 20 人获“优秀女科技工作者”称号；56 项市级科技进步奖项中，女性为主的 8 项，女性参与的 39 项。

图 7-3-3-2 长沙市为下岗女职工进行就业培训
（摄于 1996 年，市妇联供图）

1997 年，长沙市在工交、财贸、卫生、邮电等窗口行业和女性较集中单位中，开展争创“巾帼文明示范岗”竞赛活动，为首批 50 余个示范岗授牌。1998 年，市“巾帼建功”活动领导小组印发《关于在“巾帼建功”活动中广泛深入开展“巾帼文明示范岗”的意见》，确立 48 个岗位为 1998 年“巾帼文明示范岗”参赛单位。对活动范围、参赛对象、评比条件和实施办法作出具体规定。市妇联举行庆“三八”先进表彰暨再就业报告会，组织再就业先进典型报告团巡回报告 15 场次，使下岗女工认清形势，树立再就业建新功的信心。1999 年，市妇联受邀参加湖南省两个保障工作会议，其再就业工作典型经验被会议向全省推介。市妇联推出的再就业典型何青，参加全国“巾帼创新业巡回报告团”，并被评为全国“三八”红旗手。长沙市妇联职业技能培训中心挂牌成立。2000 年，启动“爱心助困行动”，首批资助 20 名下岗女工创办实体，“爱心助困行动”用 3 年时间，对 100 名下岗女工进行“造血”性帮扶。1997—2001 年，先后开展下岗女工再就业情况，下岗女工心态，下岗女工思想、生活状况，下岗女工权益保障情况，百名钟点工状况，社区服务情况等 6 次大型调查，接待咨询服务 2 万余人次，求职咨询登记 6000 余人，举办下岗妇女供需见面会 58 期，达成求职意向 6000 余人次，直接安置上岗 3000 余人，举办培训班 80 余期，培训学员 2000 余人，培训后的学员 40%以上实现再就业。1997 年，市妇联被评为省“实施再就业工程先进单位"。

2003 年，新世纪首届"十大女杰"评选活动启动，14 万余名群众参与；举办全市首届"家政服务员职业技能竞赛"，1000 余名选手参赛。2004 年，"巾帼建功"评选改为双年发文推荐，单年表彰，对评选的先进不再同时授"三八"红旗手称号；两次举行资助工交系统单亲母亲创业、救助特困单亲母亲资助大会，72 名创业单亲母亲每人获 3000 元创业资助，18 名下岗失业特困单亲母亲获 1000 元困难救助。2005 年，长沙市"巾帼文明岗"联谊会成立。

2006 年，结合全省百岗百村联手共建新农村活动，以"建设新农村、巾帼展风采"为主题，全面推进"巾帼示范村"创建。2007 年，围绕长沙"百村示范、千村整治"规划目标，开展城乡牵手、联动，组织 100 个巾帼文明岗与 100 个市级示范村结对。2008 年，长沙市各界妇女举行庆"三八"表彰暨巾帼技术比武活动，在抗冰救灾中表现突出的先进典型杨远秀等 23 人被评为"巾帼建功"先进个人，市妇联获湖南省城镇妇女"巾帼建功"竞赛活动先进集体。从 2008 年开始，围绕长沙市打造"创业之都"和创建全国创业型城市的战略目标，长沙市以"创新创业谋发展，星城女性展英姿"为主题，开展"创业富民·巾帼示范在行动"系列活动，成立"创业富民·巾帼示范在行动"协调小组，确定"十个一"主题活动，在《长沙晚报》"你说话吧"开展"女性创业真的比男性难吗"大讨论。

2009 年，开展全市"创业女性"评选活动，评选出十大杰出创业女性 12 名，十佳创业女性 10 名，优秀创业女性 8 名，创业女性 44 名；成立长沙市创业女性巡回报告团，两年间到区县（市）、高校宣讲近 30 场，1.3 万余名女性听讲。2010 年，编印《星城女性话创业——长沙创业女性风采录》，收录 50 名各类创业女性典型的创业故事。

2005—2010 年，市妇联职业职能培训中心举办各类技能培训班 242 期，培训妇女 1.26 万人次，5822 名妇女参加创业培训，培训中心被评为省级职业技能鉴定单位；打造"湘女家庭服务"品牌，帮助近 2 万名农村妇女实现转移就业，为上万户家庭提供优质的家政服务。2011 年，面向社会征集女性创业项目和女大学生创业项目，获女性创业项目 55 个，大学生创业项目 54 个；授牌 40 个"巾帼创业示范基地"、59 个"女大学生创业就业实践基地"，为 60 名"女大学生创业导师"颁发聘书。

2012 年，召开"巾帼创新业 建功'十二五'"女企业家庆"三八"座谈会和优秀女性创业项目对接会，各区县（市）妇联结合实际打造创业街 16 条、创业联盟 10 个；组织"四百结对"活动，全市结对 427 对。至 2012 年年底，全市市级以上"巾帼文明岗"451 个，其中国家级 43 个、省级 97 个、市级 311 个。

八、参政议政

妇联界政协委员把政协职能和妇联工作结合，维护妇女权益。从 1988 年起，市妇联副主席担任妇女界别召集人，组织妇女界别委员在市政协的直接领导和市妇联的具体指导下履行职责，其中，第六届妇联界别有 13 人、第七届妇联界别有 15 人、第八届妇联界别有 11 人、第九届妇联界别有 12 人、第十届妇联界别有 13 人。在历次人民代表会议中，历届市妇联领导作为妇女群众的代表，被选为人大代表，在市人大常委会上就遗弃女婴、《中华人民共和国妇女权益保障法》实施情况、农村妇女责任田等问题作专题发言，写出建议和批评意见。

1989 年，向市人大提交《关于庆祝 1989 年"六一"国际儿童节的意见》，建议给孩子们创造愉悦的成长环境。

1990 年，针对社会日益关注幼儿教育的情况，提交《关于街道民办中心幼儿园管理体制急待理顺报告》，倡议各街道从抓好幼儿学习开始加强教育建设，完善各街道幼儿园管理体制，加强和推进芙蓉区教育事业。

1994年，在市人大会议上提出对《实施“科教兴市”战略》《加强科技工作领导的建议和对企业办学的几点建议》，呼吁社会加强对教育的关注，以科技促进市城市建设与发展；提交《关于妇女参政的情况介绍与分析》《关于妇女合法权益的建议》，分析妇女在参政议政方面的现状，强调新时期要关注妇女地位和权益保障。12月，在第七届政协第二次会议作题为《认真实施〈中华人民共和国妇女权益保障法〉，切实维护范女的合法权益》的专题发言，使家庭暴力问题，引起社会的关注。

1996年8月，市政协妇联组委会对农村妇女责任田问题进行考察，在宁乡县白马桥乡、浏阳市荷花办事处、芙蓉区东岸乡就当是开展的以延长耕地承包期限、建立土地流转机制为主要内容的土地使用制度改革工作中落实妇女承包权问题进行考察。由妇联界政协委员为主参与，以市政协法制群团委员会名义写出《关于落实妇女土地承包权问题的考察报告》，抄送到市政府及有关职能部门，为中共市委、市政府解决妇女责任田问题提供一手资料。

1997年，提交《应该切实解决女工再就业问题》建议，呼吁社会关注女性就业问题，要保障女性在社会工作生活中的基本权益，关注妇女在新时期就业的新特点和新趋势。1998年，提出《中国妇女发展纲要》产生的背景、主要内容及实施的建议，为新时期妇女的健康发展提供建议和意见，为妇女工作的开展指明方向性的建议。

1999年1月召开的第八届政协二次会议上作《贯彻男女平等基本国策是全社会的共同责任》专题发言，宣传马克思主义妇女观和男女平等国策。是年，提交关于《贯彻落实男女平等基本国策是全社会的共同责任》的意见，呼吁全社会关注男女平等问题，强调要从立法、宣传等方面多角度保护好女性在社会工作生活中的基本权益。

2000年，提交《社会转型女性违法犯罪与女性维权》的建议，阐述社会转型期女性违法犯罪的情况，同时强调对女性在家庭生活、社会工作中应如何保护好自己的合法权益；提交《加强执法力度，切实保障农村妇女的财产权益》，强调应从法律手段上保护妇女的合法财产权；提交《再次提请市财政拨款解决长沙市妇女活动中心筹建困难》，争取为妇女活动、维护妇女权益，帮助妇女再就业问题提供财政支持。

2002年，调研“五大维权网络”建设情况，撰写调研报告《我市五大维权网络情况调查与思考》。

2005年，提交《改制企业下岗职工中弱势群体亟待关注解决后顾之忧》的提案，对改制企业下岗职工的养老等问题进行呼吁，建议对下岗人员退休、再就业培训、自谋职业提供政策优惠、养老保险等进行统筹考虑。是年，提交《在构建和谐社会中实现妇女平等就业权利的思考》的建议，对21世纪妇女在和谐社会的就业状况进行分析，强调妇女在构建和谐社会的作用，要切实保证好妇女平等的就业权利。是年，提交《长沙市外来务工妇女情况调查报告》，针对新时期长沙外来务工妇女的增加，提醒政府、社会关注这一群体，保障好各类妇女人群的基本权益。

2006年，提交《关于将〈妇女权益保障法〉宣传工作纳入2006年普法计划的建议》《关于在换届中确保女性领导配备的建议》，强调对全社会进行女性的普法宣传，提高妇女的法律意识，从源头上维护好妇女的合法权益；建议政府要切实保证女性参政议政的权利，鼓励更多有才智的女性参与到市政工作建设之中。

2007年，提交《应加强对农村留守妇女的关注》，全面分析农村留守妇女的现状，建议从加强技能培训，提高增收致富能力；整合各方资源，编织社会关爱网络两方面入手，提升留守妇女生活质量，解决留守妇女存在的问题。

2008 年，提交《农村妇女因婚姻发生变化后而导致的享有集体经济组织分配等利益权利的提案》，呼吁关注农村女性权益；提交《关于应尽快在我市推进为成年人网络工程的建议》，阐述网络时代要做好互联网健康建设工程，促进未成年人的健康成长；提交《关于参加土地流失过程中农村妇女权益保障力度的建议》，分析在土地流失过程中农村妇女的权益得到不到保障的现实状况，建议政府、社会团体等共同行动起来提高农村妇女权益的保障力度。

2009 年，在网络信息时代对信息传播，提高社会媒介素养方面，提交《关于应尽快在我市推进为成年人网络工程的建议》，呼吁政府根据时代特征加强社会主义精神建设；提交《长沙市女性创业就业培训调研》，对长沙市女性创业、就业情况进行摸底盘查，全面了解女性的创业就业存在的问题和困扰；提交《关于加大投入，提高妇女素质的建议》、关于制定《长沙市实施〈中华人民共和国妇女权益保障法〉细则》的议案的建议、《恳请市政府解决创业资金 500 万元，由市妇联扶助 50 名女性创业的建议》、《恳请市政府出台“家政服务人员的社会保险制度，维护家政服务人员的合法权益的建议”》，建议从法律政策、资金扶助、社会保障等方面不断提升女性的能力，鼓励女性用自己的双手创造社会财富，保障妇女在就业创业过程中发挥更大的潜力；提交《妇女在“两型社会”建设中的作用初探》，初步探讨女性在“两型社会”建设中的作用。

2011 年，提交关于《民主评议大会重点发言（公共交通管理之一）“公交优先”的几点思考》，关注城市民生生活；提交《关于解决村级妇代会主任报酬的建议》。2012 年，以长沙、浏阳、宁乡作为项目县（市）启动新一轮“两癌”（宫颈癌、乳腺癌）检查，免费检查宫颈癌 11.43 万人，乳腺癌 5.29 万人。形成《长沙市农村妇女病普查普治及“两癌”检查项目的调研与思考》调研报告，组织召开全市农村妇女“两癌”检查项目推进会，成立长沙市农村妇女“两癌”检查工作领导小组，启动新一轮农村妇女“两癌”检查项目。

2000—2012 年，妇联界政协委员所提提案中，40 余篇被评为市政协优秀提案。

九、少儿工作

1984 年 4 月，长沙市儿童少年工作委员会（以下简称“市儿少工委”）成立。之后，各区县（郊）和省、市属较大的单位均建立组织。1988 年，开展“争当优秀家长”活动。

1991 年，制定《长沙市儿童少年事业“八五”发展专项计划要点》。1992 年，草拟《长沙市〈九十年代中国儿童发展规划纲要〉实施方案》，由市政府以《关于印发〈长沙市九十年代中国儿童发展规划纲要〉实施方案的通知》转发。

是年，市儿童少年福利基金会因注册资金不够自行消失。1993 年，长沙市儿童活动中心面向全市少年儿童开放。1994 年，全国妇联推出“亿万爱心献春蕾 94—95 系列行动”的“春蕾计划”，1995 年起，在宁乡县黄材镇月山片（原名月山乡）开办有 32 名女童的“春蕾计划”班。1996 年，开展“年轻妈妈读书”活动，制订《长沙市家庭教育工作“九五”计划》。

1998 年，制定《关于进一步加强家长学校工作的意见》。对 9 个乡镇家庭教育工作进行监测评估，制定《长沙市家庭教育工作自测评估情况与建议》，推动家长学校的全面发展。是年，市儿童活动中心举行“娃哈哈”校外艺术教育爱心活动，80 名品学兼优但家庭困难的小学生成为首批受益者。各地先后成立“家庭义助”小分队 500 余个，义务服务 7000 余人次，社会各界拨款、捐款 93.79 万元，慰问孤寡老人、贫困家庭、特困儿童8900余户。由市儿童活动中心“小天使艺术团”组成的少年儿童书画代表团出访德国等欧洲5国和中国澳门地区，在澳门举办书画作品展。

1980—1999年，表彰先进幼儿园50所、优秀班集体100个。市儿少工委存续期间，市妇联发挥牵头、协调和指导作用。

1990—1999年，评选市级优秀家长学校96所，优秀家长181名，家庭教育工作先进个人60名。

2001年，举办《明天更美好》少年儿童诗文、书画大赛。2003年，开展首届长沙市“十佳百户学习型家庭”评选。2004年，成立“长沙市妇联家庭教育咨询中心”，开展“母亲素质培训”工程试点。

2004—2008年，连续开展三届“长沙市十佳优秀家长”评选，开展两届“健美儿童评比”活动。2006年，长沙市家庭教育工作领导小组成立，各区县（市）、乡（镇、场、街）家庭教育工作指导小组相应成立，各中小学也成立家长学校委员会，建立学校、家庭、社会共同参与的“三方联络”小组。

2006年，对4个县（市）的23个乡镇、1310所农村中小学进行调查，形成《长沙市农村留守儿童现状的调查与思考》，并在2007年政协、人大会议期间，以议案、提案的形式进行呼吁。2007年，市妇联被评为“全国家庭教育先进集体”。制定《关爱留守流动儿童行动工作方案》，开展“爱心妈妈”与“留守流动儿童”结对活动，面向社会招募“爱心妈妈”帮扶留守儿童。

2008年，授予长沙县开慧中学等10所留守儿童家长学校为长沙市首批“留守流动儿童示范家长学校”，授予长沙县黄花镇大兴村等5个留守儿童家庭教育指导中心为长沙市首批“留守流动儿童家庭教育指导中心”，授予浏阳市山田中学等4所家长学校为“省级留守流动儿童示范家长学校”。2009年，发布《关于加强对流动留守儿童家长学校和指导中心的管理和指导的意见》，推出全国、省级留守流动儿童示范家长学校。

2010年，开展“净化社会文化环境家庭护卫行动”。市儿童活动中心建成“亲子公益书屋”并面向全市少年儿童及家长开放。2011年，举办“家庭教育”创新论坛暨“优秀家长”经验交流会，组织“手相牵，心相连，共享一片蓝天”的“五送”结对帮扶活动，为农村留守儿童送亲情、送健康、送关爱、送知识、送学费。

2012年，探索创建“长沙儿童”网上家长学校，组织“雷锋家乡学雷锋”读书实践活动，长沙县春华镇等7个单位被授予长沙市家庭教育示范基地，长沙县“积极参与社会管理创新，利用农家书屋阵地，拓展家庭教育平台”被全国妇联评为创新案例。

1994—2012年，“春蕾计划”累计筹措资金342.5万元，在边远贫困山区兴建“春蕾”学校3所，救助失学女童1.14万名。

2006—2012年，全市举办留守儿童监护人家庭教育知识培训600余场次，培训家长6万余人次。至2012年，全市建立各类家长学校2535所，已建成全国“双合格”示范家长学校1所，国家级留守流动儿童示范家长学校3所，省级“示范家长学校”和“双合格”示范家长学校23所，市级“示范家长学校”86所，街道、社区家长学校570所，乡（镇）、村家长学校1120所，流动儿童家长学校137所，农村留守儿童指导服务机构99个，各级家庭教育咨询机构121个，0~3岁早期家庭教育指导中心204个。长沙市家长学校在社区的覆盖率100%，在建制村的覆盖率100%，全市60%的乡镇（街）、村（社区）开设“母亲素质”大课堂。

第四章 科学技术协会

1988 年，长沙市有社会科学类及自然科学类学会 73 个。20 世纪 90 年代中期开始，在科技示范户基础上组建农村专业技术协会，引导农民向规模化、集约化经营方向发展。同期，开展青少年参与科技节、科技创新大赛、学科竞赛、小发明、小制作、小论文等活动。以及在全市企业工程技术人员中开展“讲理想、比贡献”竞赛活动。

1993 年 1 月 11 日，市科学技术协会（以下简称“市科协”）成为市政协组成单位。1994 年后，院士专家开展咨询服务工作。1996 年，开办“长沙科技茶谈”。1998 年，社会类学会移交市社科联管理，移交后，市科协所属自然科学类学会 36 个。

2000 年以后，科普工作形成“政府推动、全民参与”模式。科教进社区活动在全市社区开展，城市科普工作快速起步，与农村科普工作互相促进、协同发展。2002 年，长沙市成为中国科协全国首批科普志愿者队伍建设试点城市。从 2004 年开始，每年 9 月的第三周集中开展全国科普日活动，集成推出主题科普活动。同时，围绕经济社会发展开展学术交流活动不断活跃。2002 年设立长株潭论坛，2004 年举办首届长沙市自然科学学术年会，加强学会建设和学术交流。在第七届至第十届市政协期间，市科协提交集体提案 84 件，个人提案 159 件，其中 6 件被评为优秀提案，3 件作为大会发言。

2005 年，长沙与广州、武汉等 10 个省会城市科协签署《泛珠三角区域城市科协合作协议书》，开启长沙市科协走向全国的序幕。2010 年着手开展院士专家工作站建设，拉开科协吸引高端人才，服务企业创新工作的序幕。2011 年开始，启动园区企业国外专利信息推广工作，科协服务创新工作的手段更加丰富。

至 2012 年，市科协所属学会 48 个，高等院校科协 10 个，5 个园区建立科协组织，乡镇街道科协组织 120 个，社区科普组织 530 个。

第一节 组织机构

一、市级机构

长沙市科学技术协会 1983 年机构改革时调整为正县级单位，与市科委分开设立，内设办公室、学会基层部和科学普及部，行政编制 6 名，事业编制 6 名。1995 年调整为行政编制 12 名，事业编制 1 名。2002 年调整为行政编制 11 名，机关事业编制 2 名。2006 年和 2007 年各增加行政编制 2 名，2012 年未变。市科协第八次代表大会开始建立市科协党组（之前为科委、科协联合党组），按照中国科协模式，市科协主席由市级领导兼任。

1988 年前市科协有长沙市科技进修学院、长沙市科技咨询中心、长沙市科技展示中心（由小学生科普报社更名）3 个直属事业单位。2005 年，合并组建长沙市科技活动中心（加挂长沙市科技馆），为正科级全民事业单位，事业编制 15 名。

1988—2012 年，先后担任长沙市科学技术协会主要领导职务的有：蔡文林、杨荣圭、姜令芬（女）、曲海涛、刘谷收、李范坤；其他领导班子成员有：彭太祥、李湘乔、李淼、朱正光、王家溪、胡勇、熊鸣、左涛、王准、易方、杨迪君。

二、区县（市）机构

望城区（县）、东区、南区、西区、北区、郊区 1983 年机构改革前后建立科协机构，与区（县）科技局合署办公。宁乡县和浏阳县 1988 年前建立科协机构并独立建制，1993—2007 年，浏阳市（1993 年，浏阳县撤销，设立浏阳市）科协与市科技局合署办公。2002 年和 2012 年长沙县科协和雨花区科协分别独立建制。2012 年 9 个区县（市）科协机关有行政编制 34 名，事业编制 5 名。

三、基层组织

1988 年，市科协作为全市科技类学会主管单位，所属学会 73 个。1998 年，社会科学类学会移交市社会科学联合会后市科协所属自然科学类学会 36 个。2006 年开始在全市各类园区建立科协组织。2012 年市科协所属自然科学类学会 48 个（其中建立 42 个临时党支部）；园区科协组织 5 个；企业科协组织 40 个；高等院校科协组织 10 个；全市乡镇街道均建立科协组织，发展社区科普组织 530 个。全市各级科协会员 5.1 万人。

第二节 代表大会

一、第七次代表大会

1991 年 12 月 17—19 日，市科协第七次代表大会在枫林宾馆召开。来自全市各区县（市）、各条战线 279 名科技工作者代表参加会议。大会审议并通过主席杨荣圭代表第六届科协委员会所作题为《促进科学技术与经济的结合是科技工作者的时代使命》工作报告，修改并通过《长沙市科学技术协会章程》，选举产生市科协第七届委员会，杨荣圭当选主席。大会授予毛俊文、陈积华、雷仲生、钱去泰、温福钰等 5 人为市科协第七届委员会荣誉委员。大会颁发 1990 年市级优秀论文奖。

二、第八次代表大会

1996 年 10 月 28—29 日，市科协第八次代表大会在麓山宾馆召开。来自全市各区县（市）、各条战线 303 名科技工作者代表参加会议。大会审议并通过主席徐仲榆（兼）代表市科协第七届委员会所作题为《肩负起世纪之交科技工作者的历史使命，为实现我市“九五”计划和 2010 年远景目标而奋斗》工作报告，修改《长沙市科学技术协会章程》，选举产生市科协第八届委员会，市政协副主席李显模当选市科协主席（兼）。大会表彰市机械工程学会等 19 个科协工作先进集体和高潮等 115 名优秀科协工作者，向徐仲榆等 6 人颁发第八届荣誉委员证书。参加市科协“八大”会议代表向全市科技工作者发出《为振兴长沙经济，实现跨世纪宏伟蓝图而努力奋斗》倡议书。《长沙晚报》刊发《团结拼搏，再创辉煌》社论。

三、第九次代表大会

2003 年 3 月 25—26 日，市科协第九次代表大会在枫林宾馆召开。来自全市各条战线、在长高等院校、科研院所和科技经济园区 260 名科技工作者代表参加会议。大会审议并通过主席李显模代表市科协第八届委员会所作题为《实践“三个代表”重要思想，开创科协工作新局面，为推进我市“三化”进程而努力奋斗》工作报告，修改并通过《长沙市科学技术协会章程》，会议选举产生市科协第九届委员会，市政协副主席李克俭当选市科协主席（兼）。大会聘请中国工程院院士何继善、袁隆平、官春云、陈火旺、中国科学院院士姚开泰和李显模为市科协第九届委员会名誉主席。长沙市发布《关于进一步加强科协工作的意见》。大会表彰宁乡县等12个科协系统先进单位、黄明生等46名先进个人和“十佳学术活动”；授予辜志钦等10人“长沙市企业科技人员‘讲理想、比贡献’竞赛活动突出贡献奖”；授予咸嘉新村等10个社区“十佳科普文明社区”；授予周利和等10人“十佳知识型科技示范户”称号。

四、第十次代表大会

2008年5月27—29日，市科协第十次代表大会在枫林宾馆举行。290名科技工作者代表参加会议。大会审议并通过主席李克俭代表市科协第九届委员会所作题为《团结动员广大科技工作者，为建设繁荣创新文明和谐长沙而努力奋斗》工作报告，通过关于市科协遵守《中国科学技术协会章程》决议，选举产生市科协第十届委员会，市政协副主席李克俭当选为市科协主席（兼）。大会聘请中国工程院院士何继善、余永富、官春云、钟掘、钟志华、袁隆平、黄伯云和李显模为市科协第十届委员会名誉主席。长沙市发布《关于加强新时期科协工作的意见》。会议对长沙县科协等10个科协系统先进集体，赖振纲等20名先进个人以及“十佳学术活动”和“十佳科普示范基地”进行表彰。

第三节 主要活动

一、科学技术普及

（一）农村科普。20世纪80年代中期，根据改革开放后农村发展实际，将科技示范户培育和实用技术培训作为农村科普工作重点，1987年，在全市农村开展“讲精神文明，比科学致富”创建科普文明乡（村）竞赛活动，实施“六、一、一”计划（即扶植乡镇企业60个，扶植贫困户1000户，培训1万名农村知识青年掌握1~2项实用技术）。浏阳县科技示范户开展“一带五”“百户扶贫”竞赛活动，由108户科技示范户扶贫612户困难户通过两年努力均已脱贫。郊区科协在雨花亭乡、东屯渡农场等9个乡（场）开办平菇技术培训班，推广播种大田平菇5.4公顷，产鲜菇40.5万千克，为农民增加纯收入52万元。对科技致富的农民开展科技示范户培育工作，通过他们影响和辐射作用，推广农业科技成果，帮助农民学科技、上市场、奔小康。浏阳市永安镇科技示范户潘海洪，承包93.33公顷林地开始林业科技示范，根据市场需求组织生产，苗木销售遍及长江以南省市及东南亚国家，1988年，销售苗木120万元，在他带动下，附近从事林业生产的农民人均生产效益1万元以上。

1989年，长沙市科技示范户协会成立，下设养猪、经济作物、饲养、养鱼、粮食及食用菌、林业及苗圃、家庭工业7个专业研究会，通过科技示范户开展农业科技推广。1990年，建立长沙市科技示范户发展基金，向具有推广价值项目和较好示范作用、产生较大经济效益的21户科技示范户发放无息贷款近4万元。

1995年，从北京大学、中国电子科技大学、国防科技大学、北京畜牧学校毕业的李季民、张浩、周利和、刘朝阳等告别城市优裕生活回乡创业，当新一代农民。市、县两级科协共同开展对他们作为“知识型科技示范户”培养，他们运用新成果、新技术组织农业生产，农业产值均达到千万元以上规模。《长沙晚报》发表“现代知青在浏阳”系列报道，《光明日报》《中国科技报》《经济日报》等新闻媒体进行专题报道。在是年召开的全市科学技术大会上，长沙县李树仙、彭炳秋，望城县刘寿云、黄建芝（女），浏阳市潘海红、李国珍（女），宁乡县李正全、彭青山、王文辉（女），郊区黄自立10人被授予“长沙市科技示范户明星”。是年，张浩被评为第四届“中国十大杰出青年农民”，刘朝阳被评为第五届“湖南省十大杰出青年”“湖南省劳动模范”。是年，宁乡县科协建立“中国农村致富技术函授大学”（以下简称“农函大”）宁乡分校，是年，培训农民3209人，被中国科协授予“全国重点分校”。是年，长沙市按照实际、实用、实效原则，以农函大培训为主渠道，推行以村办班办学模式，开展实用技术培训。区县（市）均成立农函大分校，农函大辅导站遍及各乡镇村，编辑出版乡土培训教材《农村科技实用技术》丛书，开发引进“双孢蘑菇种植”“软盘抛秧技术”“瘦肉型猪养殖”等实用农业技术课件100余件。

20世纪90年代中期开始，在科技示范户基础上组建农村专业技术协会，引导农民向规模化集约化经营方向发展。1995年，浏阳市蔬菜技术协会在海南省13个县承包约1200公顷土地建立生产基地，与省农科院合作进行制种和商品椒生产。在理事长杨意红带领下，每年9月至次年3月组织会员到海南进行反季节蔬菜生产。

1999年，组织浏阳农民2.8万人下海南，生产鲜椒1亿余千克，辣椒种30万千克，农民获纯利1亿余元。1999年，知识型科技示范户刘朝阳创办浏阳市养鸡协会，农民会员300余户，采取“协会+龙头企业+农户”运作方式。由于养殖户生产管理水平提高，养殖成活率平均高于非会员5%~7%，养殖效益增加0.4~0.6元/羽，到2000年，涌现浏阳三坪村、祥源村、毛田村等出栏2万羽以上养鸡专业村，协会成为农民养鸡致富强有力后盾。中国科协组织由中央电视台、新华社、中央人民广播电台等20余家中央新闻单位38名记者组成“中国科普万里行”采访团到长沙采访农村科普工作，记者团听取长沙市科普工作情况汇报，采访宁乡县大屯营乡天井村名优茶叶开发协会，同荣村农函大教学班，江湾村网箱养鱼基地，对这些典型给予肯定，中央各大新闻媒体对长沙农村科普工作作报道。2002年，开展“千名科技人员进村入户，帮助农民致富”活动。专家服务队到全市9个区县（市）112个乡镇、984个村，根据各乡镇农业产业结构调整实际需要，运用科技知识指导农业生产，解决农民生产、生活和突发事件中的问题。

2003年非典型性肺炎疫情传播期间，医口学会医务工作者到农村开展防治“非典”科普宣传，为农民答疑解惑并制作科普挂图2000余套发布到各乡镇。宁乡县大成桥发生沉陷灾情后，宁乡县科协邀请省地质研究所教授童潜明及市县专家到沉陷区4个乡镇向农民传授防灾减灾知识，开展防治地质灾害科普工作。

2006年，发布《关于印发“长沙市科普惠农行动计划”实施方案的通知》，在“十一五”（2006—2010年）期间全市实施“科普惠农兴村计划”，建立科普惠农长效机制。重点推进科普惠农服务站、科普惠农宣传栏、科普惠农志愿者队伍及科普惠农信息员队伍建设。2008年，雨花区成为中国科协“站栏员”建设全国示范单位。长沙县在全县建立6个标准科普惠农服务站。2010年，宁乡县科协会同县财政局，制定《宁乡县“科普惠农兴村计划”实施方案》，县财政安排20万元对受表彰的单位和个人，按照“以奖代补和奖补结合”的原则给予奖励支持，其中农民经纪人协会、农村科普示范基地奖补金额标准为2万元，农村科普带头人奖补金额为5000元。天心区投入创建经费26万元实施“科普惠农服务站建设工程”。望城县在全省“两型社会”示范村——望城县光明村开展综合科普示范工程建设试点，科普综合示范效应取得较好成效。岳麓区科协利用驻区高校专家资源，开展以葡萄高产栽培、生猪养殖及疫病防治、蔬菜种植及保鲜等为主要内容惠农兴村行动，形成高校专家与农村科普示范基地紧密合作工作特色。通过实施“科普惠农兴村计划”，培育市级科普示范基地、农村专业技术协会和科普带头人。

至2012年，长沙市举办各类实用技术培训班5260期，培训农民约30万人次（其中农村党员、基层干部9.55万人次），普及各种实用技术300余项；培育发展各级各类科技示范户4万余户；组建各类农技协166个，农户会员3.56万人。编印《战士回乡科学致富手册》、《科普惠农简明实用技术》丛书、《科普惠农风采录》等农村科普书籍20万余册，免费发放到农民手中。2002—2012年，全市科协系统组织科技下乡服务队612支，8745人次的科技人员参与，开展科技下乡1268次，举办科普大集128次，送农村科普图书9.2万册，科普挂图7566套，科技影音光碟（VCD）3860片，科技资料40.7万份。2006—2012年，长沙市14个科普示范基地、9个农技协和10个个人项目获中央和省“科普惠农兴村计划”专项表彰，获奖补资金430万元。18个科普惠农项目获市本级“科普惠农兴村计划”专项表彰，获奖补资金137万元。

（二）城市科普。1984年，创办《小学生科普报》（国内统一刊号CN43-40），是当时全国唯一以小学生为对象普及现代科学知识报纸，期发数28万余份。1990年获“中国首届少儿报刊奖”(1987—1989年)，1990年停刊。编辑出版286期，总发行数3123.9万份。

1998年，举办“东大阿尔派”杯高新技术基础知识科普征文活动，陈国达、周兴铭、袁隆平、何继善、刘筠、姚开泰、俞汝勤、刘宝琛、余永富、夏家辉等院士撰文参赛，《长沙晚报》连续两次用整版篇幅刊登发表部分优秀科普文章，市广播电台对一等奖作品进行全文播放。1998年，开展创造力开发系列活动，投资30万余元，开办旨在普及创造学和技术创新知识，促进公众创新意识的《创造力开发展览》，运用声、光、电等综合技法，形象、直观地介绍创造学与创新技法基本原理和知识，全市2万余名市民、学生参观展览。中国科技馆馆长李象益参观展览后认为该展览填补国内在创造学、技术创新理论传播和教育手段上空白。

1999年，大型科普展览在长沙市博物馆展出，全市4万余名中小学生、1万余名社区居民和1000余名机关干部观看展览。2000年，开展“倡导文明新风、共建美好家园”全市“家庭科普知识”竞赛，在长沙广播电台“星沙之声”和《科学晚报》开办“家庭科普知识”专栏。全市参赛家庭5万余个。开办《科技农博士》专栏，以涉农科技知识为播出内容，农口各学会作为技术支撑，成为长沙星沙之声广播电台的品牌栏目之一。

2002年，长沙市的科普工作进入“政府推动、全民参与、提升素质、促进和谐”阶段。是年，长沙市成为中国科协全国首批科普志愿者队伍建设试点城市之一，在全市社区开展“讲科学生活，建文明社区”为主题的科教进社区活动。着力抓好科普文明社区创建，社区科普志愿者队伍和科普基础设施建设，推动社区建立“资源共享，共驻共建”机制。全市社区均建立10人以上以离退休科技工作者为主体的科普志愿者队伍。根据社区实际编写科普读物100余种，利用社区科普橱窗、板报、广播和电教设备，有针对性地进行科普知识传播，组织科技专家、科普志愿者到社区，根据不同对象开展“直接式”“释疑式”“引导式”教育，逐步提高社区居民科学文化素质。雨花区牛婆塘社区在科普文明社区创建试点中，发挥共建机制作用，与驻社区国防科学技术大学政治学院、湖南省化学工业设计院、湖南省工业职业技术学院等单位签订“资源共享协议”，成立“科普文明社区共建理事会”，利用驻区单位资金，完善社区科普长廊、图书室等科普设施。共建成员组成社区讲师团，向居民推出“科普教育系列套餐”，有针对性地开展科普知识教育、技能培训和科普小发明讲解等活动。2004年开始，每年9月的第3周为全国科普活动日系列活动周。围绕公众关切的社会热点，在乡镇、社区、企业、校园举办专题展览、讲座、科技咨询、科普文艺表演等集成性主题科普活动。活动持续开展，进一步激发全社会支持、参与科普的积极性，中南大学、湖南大学、湖南师范大学、中联重科、长沙海底世界等30余所高校、科研院所、企业专业展览馆、实验室等科普资源主动向公众免费开放。

2005年，在全市高校开展“长沙市大学生科普动漫设计大赛”。活动得到全市高等院校和大学生支持和参与，参赛高校28所，占全市高校总数75%。高校把竞赛内容作为学生课程设计内容融入教学环节，使学生创作水平和作品质量不断提高，动漫人才通过竞赛活动脱颖而出，为长沙动漫产业发展提供人才资源。长沙市科普动漫竞赛得到中国科协肯定，2006年，将长沙市列为全国科普动漫资源基地之一，获奖作品获进入由中国科协、中华人民共和国教育部和中国科学院共同建设的国家科技基础条件平台“中国数字科技馆”展播资格，五届竞赛有158件作品入选，市科协获“全国首届科技动漫大赛优秀组织奖”。2008年，与中国科技馆合作，引入“节约能源、保护环境”“节电从身边做起”“眼睛的故事”“神奇的仿生学”等大型主题科普展览，免费对公众开放。以翔实、生动、形象的图片展板结合多媒体演示及互动展品进行演示，向公众介绍和宣传科普知识，展览接待市民和中小学生10万余人次。2009年，长沙市将全国科普日第一天定为全市“科普阅读日”，向青少年推荐《时间简史》《第一推动·宇宙系列》等15部优秀科普书籍，并在湖南省图书馆开展“探索我们的宇宙，爱护我们的地球”科普阅读日活动。

2010年，面向市民的大型公益性科普讲座——“星城科学讲堂”，在学校、社区、农村、企业开设讲堂，每1~2个月举办一场。中国工程院院士何继善、官春云，中国社科院当代城乡发展规划院院长傅崇兰等专家受邀讲课。至2012年，举办“星城科学讲堂”18期，听众近万人次，以流动形式，将科普文化服务送到群众家门口，成为长沙具有较高学术水平地方特色科普文化品牌。2012年，举办《科学生活家》专栏，开通“96333”公众热线，征集市民在衣、食、住、行、健康、教育等方面问题，安排专家释疑解惑，每周一期，年刊发量50期。

2002—2012年，全市创建市级科普文明社区121个。组建科普志愿者服务分队245支，注册科普志愿者1.56万人人。全市社区通过政府投入、驻区单位共建或市场化运作等多种方式筹集建设资金8000万余元，建有不同形式科普宣传栏，总长度2万余米。

2004—2012年，开展全国科普日集成性活动549场，参加活动市民50万余人。全市5区4县（市）通过创建，全部获“全国科普示范县（城区）”称号。市科协获“全国科普工作先进集体”和“全国科协系统先进集体”。

（三）青少年科普。20世纪80年代初以后，在全市中小学开展以青少年科技创新大赛为主要内容的小发明、小制作、小论文和科学幻想画、生物与环境科学竞赛；以奥林匹克为主要内容的数学、物理、化学、生物、信息学科竞赛，以空模、海模、车模、无线电测向竞赛和机器人竞赛为主要内容的中、小学组常规竞赛，以科普大篷车进校园为主要内容的电学、力学、生物、光学、声学展品体验活动等17项青少年科技活动，每年参加活动的中小学生年均10万人次。1988年，开展小发明、小制作、小论文竞赛，征集作品1000余件，评出一等奖15个，二等奖20个，三等奖32个，四等奖73个，5332人参加省青少年科技创新大赛，168人获奖。1991年，开展科技作品、科技小论文和昆虫标本征集评比活动，评出优秀作品 107 件，论文 34 篇，昆虫标本 98 件，长沙县范林乡岳龙完小项旭科技作品“节电万向拉线开关”在全国第五届发明展览会上获铜牌奖。1993 年，全省第 11 届青少年科技创新大赛，长沙市 24 件作品，5 篇论文获奖，团体总分名列第一位。

1996 年，举办“描绘 21 世纪的科学之梦”全市少年儿童科学幻想组画评选活动，1000 余名小学生画作参加评选。1999 年，在全市中小学开展生物与环境实践活动，开展“种世纪之树”植树、“保护蓝天碧水、共建文明长沙”演讲、“生物与环境科学”实践系列活动，全市 2 万余名中小学生参加。2001 年，举办“长沙市中小学科技节”，集中开展小制作、小论文、小发明、海模、车模、航模、无线电测向、无线电工程、微电脑竞赛、中小学网络知识竞赛、生物和环境科学实践活动等 14 项活动，全市 20 万余名中小学生参加科技节活动。2003 年，举办全市中小学生现场网页制作竞赛，2 万余中小学生参加。2005 年，推出“奇思妙想闯七关”竞赛活动。竞赛以 7 种不同的传递方式闯 7 关，重在思维创新，自己动手和团队合作。在全市中小学班、年级、校、区县（市）层层选拔基础上，竞赛有 19 支代表队 200 余名中小学生参加，天心一中、芙蓉区东郡小学分别获中、小学组一等奖。上述两项活动，2005 年以后每年举办一次。是年，按照“科技主题为引领、高校为载体、公益性为原则”模式，每年暑假期间开展主题科技夏令营，全市 2000 余名中小学生参加活动。

2005 年，芙蓉区投资 110 万元，在区少年宫基础上建成湖南省第一个区级科技馆。2007 年，开福区投资 100 万元，将区少年宫按照快乐教育模式进行改造，增设“绿色网吧”“创新制作室”“影视放映室”“模型俱乐部”“陶泥制作室”等，推出“快乐星期三”活动。2008 年，将全市街道科普活动中心和社区科普活动室建设列入文明城市创建考核，2011 年，城区全部街道和 80%以上农村乡镇（场）建立科普活动中心。长沙市将湖南消防馆、湖南植物园湿地与植物科学馆、中南大学人体馆、湖南师大天文馆、植物馆等 14 个社会科普场馆纳入长沙市科普场馆范畴并命名为长沙市青少年科普教育馆，形成覆盖全市校外青少年科技阵地网络。2011 年，长沙市设立“长沙市青少年科技创新市长奖”，每年表彰一次。

2012 年 6 月，发布《长沙市人民政府关于表彰首届长沙市青少年科技创新市长奖的通报》，长沙市长郡中学彭弋扬等 10 人获首届“长沙市青少年科技创新市长奖”。

1982—2012 年，青少年科技创新大赛有 661 件作品在全国竞赛获奖，5000 余件作品在全省竞赛获奖。

1989—2012 年，湖南师范大学附属中学黄永亮、李帅格、骆宏鹏、吕华、胡蓉蓉、刘吉，市第一中学汪建明、陈政、谢晋、肖州、陈思远、刘良会、蔡李超，雅礼中学张一飞、瞿钧，长郡中学上官湘航 16 名中学生获国际和全国中学生数、理、化、生物、信息学奥林匹克竞赛金牌，长沙市还获银牌 14 枚、铜牌 3 枚。2006—2012 年，长郡中学胡琳娜，市第一中学祝子雄等 17 名中学生获“明天小小科学家”称号。2008—2012 年，科普大篷车（流动科技馆）到城镇、农村中小学校和社区 150 余次，行程逾 1.8 万千米，实现区县（市）全覆盖。到 2012 年，全市城镇中小学科技教育活动参与率和覆盖率 100%，农村中小学 70%。

二、学术活动

（一）优秀学术论文评选。1987 年，长沙市举办首届优秀学术论文评选活动，评选出一等奖 10 篇，二等奖 47 篇，三等奖 115 篇。一等论文作者朱志明撰写的《长沙市区 100 例长寿老人五年纵向研究》，参加亚太地区国际学术活动并在《中国医学论坛报》《美国医学论坛报》上摘要刊登。

1990 年以后，学术论文作为衡量科技工作者学术水平重要尺度作用得到重视，论文通过各基层单位学术会议交流并在各类刊物发表后申报评选，论文质量明显提高。1993 年，各基层单位组织学术会议 175 次，8300 人参加，交流论文 800 余篇，申报论文 312 篇，经市优秀学术论文评审委员会评选，评出一等奖 8 篇，二等奖 50 篇，三等奖 123 篇。

1997 年开始，长沙市举办论文评选活动并制定《长沙市自然科学优秀学术论文评选和奖励办法》，将论文评选与科技人员的业绩考核、职称晋升挂钩，激发科技工作者科学研究和科学实践积极性。

2000 年以后，学术论文更加结合长沙科技和社会发展实际，2001 年，长沙市举办“关注长沙城市建设与发展”研讨会，围绕长沙城市建筑特色与品位、城市生态与环境、交通建设与发展等课题交流论文 58 篇。2004 年，市农学会“绿色技术与绿色农业发展”研讨会，围绕清洁生产技术、污染治理技术、生态改善技术交流论文 38 篇。2005 年，全市优秀学术论文评选工作扩大论文评选范围，提高评选标准，规范评审程序，并在《长沙晚报》和“长沙数字科技馆”网站公开征集，打破长期以来优秀学术论文申报局限在科协系统内部格局，论文质量进一步提高，论文成果在长沙经济与社会发展领域产生明显经济和社会效益。

1987—2012 年，举办优秀学术论文评选 18 次，评选出一等优秀论文 271 篇，二等优秀论文 1060 篇，三等优秀论文 3214 篇。

（二）科技论坛。2002 年开始，根据长株潭一体化发展态势，牵头建立株洲、湘潭两市科协参与的市级学术平台——长株潭论坛，围绕长株潭城市群“两型社会”建设中重点、难点和热点问题，组织三市科研院所和相关行业专家进行交流和探讨。首届论坛以“长株潭湘江流域生态建设与水污染治理”为主题，提出“建设长株潭湘江生态经济风光带”“三市一体化可持续发展的山水城市”和“湘江金三角河流公园”等专家建议。

2004 年开始，举办长沙市自然科学学术年会。首届学术年会以“装备制造业与长沙工业化”为主题，中国工程院院士钟掘教授作题为《装备制造业现状与发展趋势》的学术报告，市政府顾问易宇欣作题为《我市装备制造业现状与发展对策思考》报告。征集论文 300 余篇，编印论文集 4 本，全市近 1000 名科技工作者参加。这两个市级综合性学术平台，对推动长沙科技与社会发展发挥作用。

2005 年第四届长株潭论坛围绕“发展循环经济、建设生态长株潭”主题开展系列活动。论坛成果——《长株潭循环经济策论》由湖南大学出版社公开出版，《关于推进长株潭循环经济与生态环保产业发展的建议》在《三湘科技工作者建议》刊载并在《长沙晚报》发表，中共市委副书记、市长谭仲池就该建议作出批示。

2006 年第二届学术年会围绕“提升自主创新力，建设创新长沙”主题，就创新型城市建设和装备制造业发展、产业集群创新能力、创新人才培养以及在构建创新型城市中政府、企业和其他组织定位及功能等方面组织研讨，专家观点汇编成《创新长沙策论》由湖南大学出版社出版。

2008 年第七届长株潭论坛以“新型工业化与长株潭发展”为主题，完成调研课题 24 个，论坛成果《两型社会发展研究》，由湖南美术出版社出版发行。《长株潭城市群“两型社会”发展论坛论文集》，参加“第十届中国科协年会 ”和“2008 年中部崛起专家论坛”活动。

2009 年，第八届长株潭论坛课题研究成果《加快发展服务业，促进长沙经济社会发展》被市政府《决策咨询》2009 年第四期采用。

从 2010 年开始，学术年会采取校地合作模式，联合长沙学院共同举办，获奖论文在《长沙大学学报》发表，扩大年会学术影响。设立气象、机械、色谱、计算机、药学等 7 个分会场，使参加年会活动科技工作者 3000 余人。

2012 年，第六届学术年会搭建产学研合作平台，现场发布驻长高校和科技经济园区 100 余项优秀科技成果和 60 余项园区企业技术需求，吸引省会高校、科研院所和 100 余家园区企业参加。湖南农业大学与湖南百宜原种猪有限公司、长沙学院与湖南军成科技有限公司签署校企合作协议。

2002—2010 年，举办九届“长株潭论坛”，1000 余名专家学者参加论坛活动，发表论文 500 余篇。2004—2012 年举办 6 次学术年会，邀请俞汝勤、潘云鹤、谢和平、钟掘、何继善、李健 6 位中国科学院、中国工程院院士及国际科联环境问题科学委员会（SCOPE）副主席王如松等科学家作主题报告，1 万余名科技工作者参加年会活动。

（三）专家互动。1994 年，副主席朱正光参加由市长张明泰为团长的赴京汇报慰问团，到中国科学院慰问被聘请为长沙市高级顾问的 18 位中科院院士，周光召院长主持座谈会，并签订中国科学院与长沙市友好合作协议书。

1996 年，为在中共市委、市政府决策者与科技精英、高新技术企业之间架起沟通桥梁，引导全社会投入从科技大门走进去，建立领导与专家、企业家直接对话平台——“长沙科技茶坛”。开展“科技茶坛”活动，每次活动根据长沙市经济社会发展的核心及未来发展问题选定一个主题，省、市领导与专家、企业家对话互动。以“长沙民营经济发展”“CI2000 计划及长沙信息产业”“高新技术改造传统产业对策”为主题茶坛活动。远大集团、创智科技、九芝堂、三一集团、长沙水泵厂等高新技术企业参加活动。远大集团董事长张跃在 1996 年第一次茶坛活动上就民营企业发展政策环境，市场环境和科技创新发表意见。

1997 年，第二次茶坛活动以“CI2000 计划及长沙信息产业”为主题，邀请中国科学院院士、国防科学技术大学教授周兴铭，就美国信息高速公路计划，互联网发展趋势由浅入深进行分析，创智科技集团董事长丁亮提出发展长沙信息产业“CI2000 计划”，并就计划组织实施提出可行性方案。省、市领导就信息产业发展向周兴铭院士及在座专家征求意见并取得共识。

2008 年，长沙市举办科技创新与“两型社会”建设——港湘院士论坛活动，来自香港的院士陈清泉、李焯芬、李述汤和在长沙的院士刘业翔、俞汝勤、刘友梅分别作主题演讲，为长沙“两型社会”构建建言献策，全市相关行业的企业负责人代表，投融资机构负责人代表，各工业园区和政府有关部门负责人代表 200 余人参加活动。

2009 年，市科协成立 50 周年主题活动“省会科学家座谈会”在湘麓山庄举行。邀请部分在长沙的院士、在长沙的高校和部省属科研院所负责人为长沙“十二五”（2011—2015 年）规划蓝图献计献策。中国科学院院士姚守拙、俞汝勤，市领导张剑飞等人和中南大学、省农业科学院等 30 家高校及科研院所科学家 45 人参加座谈会。围绕长沙如何尽快形成资源节约和环境友好的产业结构、增长方式和消费模式，加快科技创新，使“长沙制造”升华为“长沙创造”进行座谈。院士姚守拙、俞汝勤、中南林业科技大学校长周先雁、湖南农业大学校长周清明、湖南农科院副院长罗赫荣就长沙市“十二五”期间经济社会发展和科技创新问题发表意见和建议。中共长沙市委副书记、市长张剑飞就长沙市“十二五”规划情况与科学家进行交流。将省会科学家座谈会的发言整理汇编为《专家建议》送至市领导及相关部门。

2010 年，承办中国工程院在长沙举行的院士书画笔会活动组织工作。中国工程院院长周济、常务副院长潘云鹤及王淀佐、何继善、黄伯云等20余位院士及省、市领导和湖湘书画界名家参加活动。

2011年，长沙举办“湖南工程机械产业院士行”活动。中国工程院机械与运载工程学部主任委员、院士，华中科技大学校长李培根，率中国工程院尹泽勇、刘友梅、李鹤林、林宗虎、周勤之、段正澄、钟志华、顾国彪、谢友柏9位院士到长沙考察工程机械产业，参观三一重工股份有限公司、中联重科股份有限公司、山河智能装备集团3家企业，与园区和机械工程企业就多元化发展战略选择、自主创新体制建设、校企合作方式等问题进行探讨。

（四）学术交流。1988年后，长沙市各学会围绕学科发展、服务经济建设和服务会员开展多层次的学术交流活动，邀请18名海外专家及周兴铭、何继善等40余位两院院士为全市科技工作者作学术报告。

1993年，中南工业大学科协承办“复杂镍矿矿冶国际学术年会”，获7个参加国24名外国专家好评。1994年，市医学会邀请法籍华人、医学博士黄磊到长沙作《建立发展中国家检验网络系统》学术报告，开启长沙市与海外学术交流渠道。1994年，市计算机学会与中国计算机学会合作举办“全国理论计算机学术年会”。1998年，市色谱学会与省化学化工学会联合举办“全国第二次绿色化学化工学术会议”，提升学科发展水平。在组织高端学术交流同时注重与长沙经济社会发展结合。

1998年，组织湖南农业大学、市博物馆、市规划局、市园林局、市林业局、岳麓山风景名胜区管理处和长沙电视台13名专家，对浏阳石柱峰地区进行多学科综合性科学考察。考察认为，石柱峰地区历史沉积丰厚，自然资源多样、典型，丹霞地貌及森林各以秀美、险峻和幽深的独特个性组合显现，适合建设成为长沙城郊的科考旅游基地和风景名胜区，也适合大规模绿色农业开发。科学考察组将各学科组考察报告结集成《石柱峰地区科学考察专辑》报中共长沙市委、市政府及浏阳市。制作《撩开石柱峰的神秘面纱》专题电视纪录片在长沙电视台播放，引起中共长沙市委、市政府及浏阳市和社会各界人士重视。2007年，浏阳市对石柱峰景区进行统一规划，由两个核心景区和3个亚景区构成，投资开发金霞湖、石牛寨、美人谷、石柱峰、金石山、风门口等景区。该科学考察活动被省科协评为全省“十佳”学术活动。

1999年，举办“长沙市农畜产品深加工研讨会”，围绕农畜产品深加工发展对策、技术方法等进行研讨，提出“发展我市农畜产品深加工的建议”。2000年，举办“长沙市绿化与城市生态圈建设”学术研讨会，“发展城市林业，实施生态文化建设战略”专家建议被长沙市“十五”（2001—2005年）计划采纳。倡导学术交流走出“象牙塔”，引导“不对等”学术交流模式，市自控工程师协会、市粮油经济科技协会、市自动化学会、市电镀学会等20余个学会学术年会活动，采取与企业产品信息发布会、新产品研讨会相结合的办法，把本学科专业知识与企业开发新产品相结合，使学术交流走出纯学术研究范畴。2008年，举办“园区企业研发管理研讨会”，邀请国内研发管理咨询专家胡红卫与园区企业就研发管理问题进行交流探讨。

2009年，面对即将出台的国家医改新政，市药学会、市医学会组织200余家制药企业举办“医改新政下医药产业发展对策研讨会”，邀请参与国家医改新政制定学者李磊作“医改背景下医药产业战略转型时路径选择”专题报告，并就医改新政实施给长沙市医药产业、商业流通、医院生存发展影响和对策与各医院、药品生产和经营企业、社区卫生服务中心负责人进行互动交流，形成《医改新政下的长沙医药产业发展对策的调查思考》，被市政府《决策咨询》2009年第三期采用。2011年，举办以“对接金融资本，促进技术创新”为主题的长沙技术资本与金融资本创新峰会，长沙银行等 13 家银行、风投机构及省中小企业信用担保公司与 100 余家中小企业代表与会，就如何推动技术创新、引导资本市场与技术资本对接，推动技术资本与产业资本、金融资本融合进行探讨，现场几家银行与企业签订银企合作协议。

2012 年，在长沙举办知识产权战略巡讲活动，中国科协书记处书记、中国知识产权研究会副会长张勤作题为《科技创新与国家知识产权战略》主题报告，科技部知识产权事务中心主任杨林村、北京工业大学教授林耕分别作题为《商业秘密构成要件中“不为公众所知悉”技术信息的判断》和《技术交易与风险防范》专题报告，并与园区 300 余家企业就知识产权保护与风险防范进行面对面交流咨询。

至 2012 年，举办各种形式的学术交流活动 1 万余次，开展学术合作 50 余次，交流论文 10 万余篇，参加学术交流活动的科技人员 30 万余人次。

三、科技服务

(一) 服务经济建设。1987 年，发布《关于颁发〈长沙市科协系统科技咨询服务工作管理实施细则〉的通知》，保护支持学会技术转让、技术咨询、技术服务、技术培训“四技”活动开展，为科技人员开展各种技术服务创造宽松环境和良好条件。在省会高等院校、科研院所支持下，以市级学会、协会、研究会和企业科协为主体，以科技人员和能工巧匠为骨干，形成 46 家咨询分支机构组成的科技咨询网，面向中小企业和乡镇企业开展科技咨询服务工作。市科协直属机构市科技咨询服务部中标承包抚顺石油二厂粉尘治理项目，在吸收宝钢引进的反吸风除尘器基础上进行技术创新，新研制除尘设备与宝钢采用日本同类型设备相比，自动化程度和除尘效果相同，节约投资近 100 万元，辽宁省环保部门验收后认为效果良好，有明显社会效益和推广价值。1987 年，在全市企业工程技术人员中开展以节能、降耗、减排、增效为主要内容“讲理想、比贡献”竞赛活动。长沙电机厂科协会员完成 28 个新产品设计，特别是 Y-YK 中型高压电机试制成功，结束长沙市不能生产万伏高压电机的历史。湖南机床厂科协率先开展科技承包活动，完成企业内部有偿技术承包 35 项，技术开发引进 20 项，技术攻关革新 75 项，仅双面金属锯条新产品开发一项，就为工厂创收 116 万元。长沙矿冶研究院科协立足科研院所实际，以激励机制推动竞赛深入，按经济效益、发明创造、培养科技新秀、技术革新等不同竞赛内容，举办“效益杯”“创造杯”“行健杯”“奉献杯”“革新杯”评选活动，全院 70%以上科技人员参赛，取得社会、经济效益双丰收。

1990 年，对长沙市“八五”（1991—1995 年）计划进行专家咨询论证。组织相关专家、学者分 10 个课题组对长沙市“八五”计划草案进行调研论证，写出 19 篇专题咨询报告，中共市委副书记、市长张明泰全程参加专家论证会，就“八五”计划中的一些问题与专家进行探讨交流。1991 年，在湘江北大桥建设过程中，市电镀学会受市政府委托，对斜拉索防腐及使用寿命问题进行科学试验，提出防腐方案被大桥建设指挥部采纳。

1993 年，长沙城市科学研究会承担对 20 世纪 60 年代停建的长沙湘江猴子石南桥续建可行性论证，历时 5 个月，编写出《续建长沙湘江猴子石南桥的报告》，提出利用原公、铁两用双层桥已完成的桥址、桥墩、桥台和水下基础，改建为城市桥梁作为环线道路连接改造方案被市建委采纳。

1998 年，组建“长沙市 CAD 技术推广应用协作网”，在全市国有企业开展计算机辅助设计（CAD）技术推广。组织湖南大学、国防科学技术大学和中南工大专家、教授开发一套 CAD 教学软件及相关辅导教材，组织 30 余位专家到市属 100 余家企业开展 CAD 技术免费培训，使从事产品设计和工艺设计的工程技术人员全部会使用计算机绘图设计，甩掉图板后工作效率提高。长沙阀门厂在运用CAD技术后完全能够承接，市场应变和竞争能力增强，为企业产值增长35%做出贡献。CAD技术的推广普及，增强企业自主创新能力和市场竞争力。

2005年，为提高科协组织服务经济建设和社会发展能力，广州、武汉、福州、成都、海口、长沙、昆明、南昌、贵阳、南宁10个城市科协签署《泛珠三角区域城市科协合作协议书》，为泛珠三角区域城市科协交流合作搭建一座新桥梁。2006年，“全国中心城市暨首届泛珠三角区域城市科协合作联席会”在长沙举行，18个城市55名代表参加会议。各地科协介绍他们独创而在全国产生影响品牌工作，通过交流寻求科协资源跨区间流动途径，10城市科协达成深度合作协议。2007年围绕推进长沙新型工业化，设立17个课题开展调查研究。中共湖南省委常委、长沙市委书记陈润儿，市委副书记、市长张剑飞撰写论文，指导课题研究。征集课题报告和论文86篇，出版30万余字《长沙新型工业化策论》，部分研究成果被湖南省社科基金项目《长株潭城市群发展报告》采用。

2010年，根据长沙市企业技术创新发展态势，着手院士专家工作站建设，先后建立三一集团有限公司、威胜集团有限公司、湖南金龙电缆有限公司、华自科技股份有限公司和长沙长泰机器人有限公司五家“院士专家工作站”，引进6名中国工程院院士及其创新团队。威胜集团入站院士潘垣、程时杰分别是中国磁约束聚变技术与脉冲功率技术、电力系统技术及其自动化领域专家，经院士决策并领衔研发的基于物联网的智能计量技术已有面向市场的成果问世，其中，基于G3标准的电力线载波通信技术，使通信速度达到现有载波通信速度的100倍以上。湖南金龙电缆有限公司入站院士黄崇祺是全国著名有色金属及其合金压力加工专家，由其组织攻关的电工导体、材料项目，帮助企业攻克重大关键技术，增强市场竞争力。“院士专家工作站”的建立，实现企业技术创新需求与院士专家资源对接，为企业技术创新提供技术支撑，标志着长沙市在推进产学研合作、引进聚集高层次人才方面迈出新的步伐。

2011年，举办国外专利信息推介培训会，向570家企业免费推介近80万件涵盖机械、电子、化工、冶金、生物制药等行业国外专利信息资源，并就如何通过中文查询国外专利信息进行培训。有两家企业成功运用5项国外专利信息，取得市场优势，并通过借鉴吸收并再创新，申报3项国家专利，65家企业通过深度应用，消化、吸收再创新，科技创新成果显著。2011年，组织中国（长沙）科技成果转化交易会民间科技发明展览项目。第五届科交会征集全国163件“草根”发明，涵盖电子信息、光机电一体化、化工、机械制造、现代农业、生物、新能源和节能技术、环保和资源综合利用、建材等领域。发明人包括学生及民间人士。雨花区枫树山鸿铭小学罗嘉铭发明的“便拆式面条密封袋”，以10万元价格向克明面业转让其发明专利，成为科交会历史上首个实现产权交易少年专利。第六届科交会征集74件民间发明作品，湖南工业职业技术学院学生张江杰研发的校园安全系统网络摄像机，在清晰度、功能等方面优于传统摄像机，他还将网络摄像机运用到医院等需要监控场所，卖出400余套，销售额约50万元。宁乡一中数学教师黎国之历经10年研制出一套30余件的“自助式立体几何万能套具”，可直观有趣地演示立体几何各种图形形态、位置和数量关系，让学生学习起来更轻松。两届科交会的百姓发明成果，17项“嫁”入市场，其中11项实现批量生产。

至2012年，全市3000余名科技人员参加科技咨询工作，完成技术开发、技术转让、技术咨询、技术服务项目1329个，合同额近亿元。全市5.2万余名企业科技人员参加“讲理想、比贡献”竞赛活动，提合理化建议9220条，为企业攻克技术难题2800余项，引进技术及开发新产品1000余项，创直接经济效益 6.4 亿元，节约开支 4.2 亿元。长沙重型机器厂科协获全国“讲理想、比贡献”竞赛先进集体，中联重科科协、长沙电机厂科协、长沙钢厂科协、湖南机床厂科协、5712 工厂科协、长沙水泵厂科协、浦沅集团公司科协、中南传动机械厂科协获全省“讲理想、比贡献”竞赛先进集体，彭延龄等 41 人获“全省先进个人”。2012 年，市科协评为全国“讲理想、比贡献”竞赛活动先进集体。

（二）服务科技工作者。1992 年以前，为颜孟秋、易北辰、刘孝荣等科技工作者“冤、假、错案”进行呼吁和帮助上诉，使案件得到平反。

1992 年，长沙市发布《关于加强专业技术人员继续教育的意见》，将市科协科技进修学院列入科技人员继续教育基地，对大专以上学历在职专业技术人员开展知识更新、补缺补新为主要内容继续教育。为“文化大革命”期间毕业大专生，开设高等数学、普通物理、机械基础、电工原理等基础课程。针对国家引进技术和对外交流需要，开办英语、日语、俄语、德语、法语、拉丁语等语种学习班。根据现代技术发展要求开设《技术经济学》《系统工程》《半导材料》《微电脑》等课程，以及《全面质量管理》《价值工程》《三次设计》等现代管理科学课程。使科技工作者通过继续教育，业务能力得到普遍提高。湖南工程机械厂工程师李霭清学习后回厂承担一项无润滑摆杆空气压缩机试制任务，在既无图纸又无资料，仅有一台日本样机情况下，不到一年完成任务，经专家鉴定，确认该机结构合理、性能良好、工艺先进，质量高于国内同类产品，每台比进口价低 1 万余元，填补湖南省机械行业一项空白。1988—1995 年，举办新学科、新技术、新方法等七大类 70 余种专业培训班 751 期，培训学员 4.05 万人次。

1993 年，第七届市政协增加市科协为组成单位。2002 年，在市政协八届五次全会上提交《建设长株潭湘江生态经济风光带》《一体化可持续发展的山水城市》《湘江金三角河流公园》市科协集体提案，提出加强湘江水污染治理、搬迁临江化工区、开辟饮水新水源和对浏阳河、捞刀河流域进行污染治理对策。其中建设“湘江金三角河流公园”的建议，引起市发改、环保部门的重视，《潇湘晨报》《长沙晚报》等新闻单位在头版专题报道。《关于发展战略性新兴产业有关政策的建议》集体提案，中共长沙市委、市政府领导认为该提案建议具有前瞻性、针对性和可操作性，督促市发展和改革委员会等 5 个政府职能部门进行采纳和落实。着眼科技工作者需求，开展各种针对科技工作者调查活动。

2009 年，根据大学生创业就业难问题，对岳麓区范围内本、专科院校进行调查，与高校负责人、部分应届毕业生就大学生创业就业举行 6 场专题座谈。根据调查情况，就如何鼓励和扶持大学生自主创业，向市政协提交《关于建设大学生科技创业平台的建议》提案，被列入市政协 6 个重点提案之一，市领导作批示。2011 年，为推动学会改革与发展，联合九三学社长沙市委开展“扶持我市科技社团发展”专题调研，通过全市科技社团问卷调查，召开市直相关部门、区县和园区座谈会，向市政协提交《关于扶持我市科技社团发展的建议》提案，建议中共市委、市政府尽快出台“鼓励政府部门向社会组织购买服务”和“政府向社会组织转移有关职能”政策，市民政局等部门给予回应。2011 年，设立长沙市青年科技奖。2012 年 3 月，卜振军、尹长林、邓稳桥、刘荣云、向黎生、胡珏、蒋晓云、谢军、黎伟福、魏民获首届长沙市青年科技奖。组织中的优秀科技工作者，至 2012 年，45 人当选市政协委员。通过开展调查研究和视察活动，就涉及政治、经济、文化、科技和社会发展中重要问题及科技工作者普遍关心问题，提出意见和建议。提出科协界集体提案 84 件，个人提案 159 件，6 件提案被评为优秀提案。朱正光、王治环、牛世平、龙伟述、周春根获“全国农村科普工作先进工作者”，黄明生获全国“金桥工程”优秀组织者，何笑梅获“中国科协先进工作者”，刘谷收获“全国科协系统先进个人标兵”，易小刚获“全国十佳优秀科技工作者”。

第五章 归国华侨联合会

20世纪80年代以来，侨联作为党和政府联系广大归侨侨眷、海外侨胞的桥梁和纽带，团结和带领广大归侨侨眷、海外侨胞，参与长沙改革开放和现代化建设，推动着长沙侨联事业不断开拓创新、蓬勃发展。1988年起，市侨联每年邀请、接待的海外侨胞和国际友人都在100人次以上，方式多样，有市侨联的接待、看望或座谈，有省、市领导的会见或会谈，有安排参观、访问和考察。1988年第一个老年节，市侨联组织百位老年归侨侨眷游园。1989年，长沙市有归侨侨眷、海外侨胞6万余人，市侨联组织归侨侨眷举行系列学习报告会，报告会参加人数1200余人次，向海外亲友去信2360余封，凝聚侨心。

1991年市侨联贯彻落实《中华人民共和国归侨侨眷权益保护法》（1991年1月1日起实施），依法维护侨益。是年，基本完成全市落实侨务政策任务。1992年，市侨联扶持的5家涉侨企业年产值150万元，安排就业100人。1993年，市侨联扶持10个涉侨企业，创产值500万元。1995年，《关于给建国后参加工作的归侨退休职工加发生活补贴的建议》被省人事厅作为重点建议办理。1996年，市侨联发出“设立‘爱侨基金’”的倡议，短时间内筹集到10万余元捐款。是年，创办的《长沙侨联》杂志为长沙市经批准可寄送海外联络对象的唯一内部刊物。1998年，市侨联成立“扶贫帮困办公室”，以解决困难归侨侨眷生活问题。1999年，首次启动“爱侨基金”利息，帮助35位身患重病或生活困难的归侨侨眷。是年，长沙市侨联获全国侨务工作先进集体称号。

2000年，市侨联在同升湖国际实验学校设立“侨心—通程控股—同升”扶贫助学奖励金。2001年，长沙市举办“海外学子中国长沙行”活动。2002年设立长沙市侨联爱侨基金郭晓鸣专项基金。2003年市侨联联络100余位海外客商参加“民交会”“深交会”招商活动，促成投资项目的签约。2004年邀请海外客商参加长沙国际友好经贸合作洽谈会。2006年邀请海外客商参加首届“中博会”考察投资项目。2007年全市涉侨企业762家，注册资金39.2亿美元，是年5月成立长沙市华商联合会，是年，中国侨联授予长沙市侨联“维护侨益先进集体”称号。2008年市侨联成立参政议政委员会，提升建言献策水平。2009年全市侨联组织直接引进或协同引进资金约38亿元、7个外资企业，获“全国侨联系统先进基层组织”称号。2010年成立涉外涉侨律师服务团，全省首家涉外涉侨律师服务团在湖南泓锐律师事务所挂牌成立。

2012年8月，市侨联在全市开展“侨联工作示范社区”创建活动，湘湖街道、西湖社区等8个社区被评为首批长沙市侨联“侨联工作示范社区”称号。全市侨资企业发展到1000余家，成为长沙经济发展的重要组成部分。一大批新侨创办的企业崭露头角，侨资企业湖南湘绣城集团旗下湖南金霞湘绣有限公司，获文化部“国家文化产业示范基地”，被中国文联和中国民协评为“非物质文化遗产保护研究基地”。

2012年，全市归侨侨眷、海外侨胞约12万人。至2012年，有582人次当选人大代表、政协委员，全市侨界人大代表、政协委员提交建议、提案762份，《关于提高退休归侨补助费、改善发放工作的建议》等613份建议、提案得到采纳，其中76份被评为优秀建议、提案，62人次被评为各级优秀人大代表、政协委员。市侨联与各地侨联加强往来，交流合作，与汕头等68个城市侨联建立和保持着联系，与上海等22个市侨联签订缔结友好侨联协议书；全市侨联系统争取到各类侨捐以及上级侨联和市政府拨款8000万余元，资助侨界困难群众；全市侨联系统和侨界人士直接或间接参与引进资金100亿余元，占长沙市引进外资总数的62%。

第一节 组织机构

一、组织

（一）市级组织。1985年12月—1991年7月，长沙市侨联第五届委员会由34名委员（其中10名常委）组成。常委中，主席1人，副主席4人，秘书长1人。

1991年7月—1996年10月，长沙市侨联第六届委员会由34名委员（其中10名常委）组成。常委中，主席1人，副主席4人，秘书长1人。

1996年10月—2004年11月，长沙市侨联第七届委员会由28名委员（其中10名常委）组成。常委中，主席1人，副主席4人，秘书长1人。

2004年11月，长沙市侨联第八届委员会由45名委员（其中18名常委，2007年2月8日4名常委辞职、补选3名常委）组成。常委中，主席1人，副主席4人，秘书长1人。

（二）区县（市）级组织。浏阳县侨联是长沙市第一个县级侨联组织，于1986年4月成立。北区侨联是长沙市第一个城区侨联组织，1993年3月成立。是年，浏阳县侨联改为浏阳市侨联。1996年区划改革，北区侨联改为开福区侨联。2002年11月，天心区侨、岳麓区侨联联成立。芙蓉区侨联，2002年12月成立。2003年6月，雨花区、宁乡县、长沙县侨联成立。2003年7月，望城县侨联成立，并于2011年改为望城县侨联。

（三）基层组织。在归侨侨眷人数较多的基层单位建立侨联组织。2009年12月，成立长沙学院侨联（长沙市第一所高校侨联组织）。2012年2月，成立三一集团侨联（全国首个民营企业侨联）。

二、工作机构

1988年，市侨联机关内设办公室，有行政编制工作人员4名。1990年，市侨联机关行政编制5名。

1997年2月，市侨联行政编制4名。其中专职主席1名，专职副主席1名；秘书长1名。机关后勤、老干服务人员核定事业编制1名。

2002年5月，市侨联机关增设秘书处。行政编制4名，其中主席1名，副主席1名；正副处长（主任）2名（含正副秘书长），其级别为科级。机关后勤服务和离退休人员管理事业编制1名。

2005年3月，成立中共长沙市归国华侨联合会机关党组。6月，成立中共长沙市归国华侨联合会机关支部委员会。市台联的中共党员纳入市侨联支部。

2008年5月，成立参政议政委员会。2009年6月，成立法律顾问委员会。

2010年8月—2012年年底，市侨联机关行政编制6名，事业编制1名。

1988—2012年，先后担任长沙市归国华侨联合会主要领导职务的有：王棋南、喻力、李伟、翁少兰（女）、王国平；其他领导班子成员有：陈国忠、吴德疆、李振德（女）、杨向荣、吴耀亮、林双信、邱炳荣、李晓明（女）、谢远知、黄秀娥（女）、凌宪初、刘斌（女）、邓文胜、洪也凡、贾民、丁晓虎、林文企（女）、冯国基、梁杰南。

三、工作对象

1989 年，长沙市有归侨、侨眷 3 万余人，海外侨胞（含港澳同胞）3 万余人，工作对象 6 万余人。其中归侨 348 人，大部分祖籍广东、福建，从东南亚各侨居国归来。此后，由于外迁和寿终等原因，归侨人数逐年减少，1991 年为 345 人。1997 年为 310 人。是年，海外长沙籍华侨、华人和新移民 5 万余人，分布在 50 余个国家和地区，以加拿大、美国为最多。长沙籍港澳同胞 1 万余人。国内侨眷（包括新移民眷属）5 万余人。回内地定居的港澳同胞 100 余人。工作对象合计 11 万余人。2001 年，长沙市有归侨、侨眷为 298 人。2005 年 280 人。是年，在长沙工作的归国留学人员 3000 余人。2012 年，长沙市有归侨、侨眷 257 人。全市侨联工作对象（含华侨、华人、新移民、港澳同胞、归国留学人员及其眷属）约 12 万人。

第二节 代表大会

一、第五次代表大会

1985 年 12 月 27—29 日，长沙市第五次归国华侨代表大会召开，出席大会代表 164 人（其中侨眷代表 64 人）。会议由副主席陈国忠主持并致开幕词，主席王棋南代表市侨联第四届委员会作题为《发扬爱国爱乡光荣传统，为振兴长沙多做贡献》的工作报告。鉴于 1984 年 4 月召开的第三次全国归国华侨代表大会通过的新的《中华全国归国华侨联合会章程》就地方各级侨联的组织办法、办事机构、业务指导、工作细则都作相关规定，大会废除《长沙市归国华侨联合会组织实施细则》。吴德疆致闭幕词。大会选出王棋南等 34 人组成的长沙市归国华侨联合会第五届委员会。

二、第六次代表大会

1991 年 7 月 27—29 日，长沙市第六次归国华侨代表大会召开，出席大会代表 149 人（其中归侨 84 人、侨眷 65 人），代表的原侨居地分布在 21 个国家和地区。陈国忠致开幕词。王棋南作题为《进一步调动归侨侨眷的爱国热情，为实现我市“八五”计划而努力奋斗》的工作报告。大会通过《长沙市归国华侨联合会组织实施细则》。吴耀亮致闭幕词。大会选出王棋南等 34 人组成的长沙市归国华侨联合会第六届委员会。

三、第七次代表大会

1996 年 10 月 24—26 日，长沙市第七次归侨侨眷代表大会（此后的代表大会改称此名）召开。出席大会代表 152 人（其中归侨 78 人、侨眷 74 人）。代表的原侨居地和亲属居住地分布在 27 个国家和地区。这次代表大会与长沙市侨联成立四十周年庆祝大会同时举行，除代表大会代表以外，

图 7-5-2-1 长沙市第八次归侨侨眷代表大会
（摄于 2004 年 11 月 26 日，长沙市侨联供图）

还有市侨联历届委员和归侨侨眷、回内地定居的港澳同胞及其眷属以及在长沙市兴办企业的港澳同胞、华侨、华人代表400余人出席庆祝大会。长沙市侨联创始人之一陈木成专程从香港前来参加活动。大会由吴耀亮致开幕词。王棋南作题为《战斗的历程，光荣的使命》的工作报告。大会选出喻力等28人组成的长沙市归国华侨联合会第七届委员会。大会聘请王棋南等13人担任市侨联第七届委员会顾问。新当选的市侨联主席喻力致闭幕词。

四、第八次代表大会

2004年11月26—28日，长沙市第八次归侨侨眷代表大会召开。出席大会代表200名。翁少兰致开幕词。喻力作题为《实践"三个代表"重要思想，开创侨联工作新局面》的工作报告。市外侨办主任袁义和宣读《关于表彰侨务工作先进单位、侨务工作先进个人、侨界先进个人的决定》。大会通过聘请海外顾问的决议。大会选出喻力等45名委员组成长沙市归国华侨联合会第八届委员会。

第三节 主要活动

一、参政议政

(一) 推荐侨联（华侨）界（以下简称"侨界"）人大代表和政协委员。1989年起，向本级和上级人大、政协推荐华侨界人大代表和政协委员人选。是年，长沙市归侨、侨眷担任全国、湖南省、长沙市人大代表和政协委员的有27人。

1990—1992年，全市登记、摸底归侨、侨眷本人和家庭成员政治、经济详细情况。

1994—1995年，调查了解全市各界、各个单位归侨、侨眷先进人物情况并建立档案，为推荐下一届侨界人大代表和政协委员作准备。

1998年3月，政协第九届全国委员会将政协组成单位之一的"华侨界"改为"侨联界"，因应这种新情况，市侨联开展推荐政协侨联界委员的准备工作。

2002年1月，通过侨联界人大代表提交建议将"侨眷"纳入全省人大代表推荐范围，被湖南省人大常委会采纳。

2007年9月，向湖南省人大联工委提交建议，要求在人大代表推荐工作中依法保证归侨侨眷名额，引起重视。是年，市侨联向各区县（市）换届工作领导小组致函，相继促成区县（市）政协增设侨联界委员。

至2012年，全市侨界人士中，有582人次当选为全国、湖南省、长沙市及各区县（市）人大代表和政协委员，其中，全国人大代表1人次，全国政协委员4人次（其中常委1人次）；湖南省人大代表9人次（其中常委2人次），湖南省政协委员11人次（其中副主席1人次、常委2人次）；长沙市人大代表19人次（其中常委4人次），长沙市政协委员68人次（其中副主席2人次、常委14人次）。至年底，各区县（市）侨联主要负责人均进入本级人大或政协。

(二) 提交并协助落实建议、提案。以召开座谈会、组织调研、开展视察活动、举办活动周、举行总结表彰会等方式，组织、激励代表和委员提交建议、提案，以整合侨界参政议政资源，提升侨界人大代表和政协委员建言献策水平。

1995年1月，提交《关于给建国后参加工作的归侨退休职工加发生活补贴的建议》，被省人事厅作为重点建议办理，经省政府决定，从1996年1月起，给中华人民共和国成立后参加工作的归侨退休职工每月 50 元生活补助费。1996 年 2 月，长沙市人民政府办公厅发文贯彻执行。

1997 年 9 月，向全市华侨界各级人大代表、政协委员印发《长沙市侨界人大代表、政协委员参政议政情况调查表》，征集参政议政信息。

1998 年 1 月，提出的关于侨房拆迁问题的书面建议受到重视，有关“侨房拆迁”的内容被纳入《长沙市城市房屋拆迁管理条例》中。

1999 年 10 月，组织侨界部分人大代表、政协委员到开福区和望城县开展考察活动。

2000 年 1 月，提交《关于贯彻落实全市企业退休归侨职工养老金社会化发放工作》的建议被市政府采纳，市政府督查室向有关部门提出督办措施。市社保局把在企业离退休的 116 名归侨列入市首批养老金社会发放对象。企业退休归侨职工养老金社会化发放问题得到解决（是年 6 月起）。提出对《中华人民共和国归侨侨眷权益保护法》进行执法检查的建议被采纳，市人大常委会组成检查组开展执法检查工作。11 月，召集侨界各级人大代表、政协委员会议，专题研究来年两会侨界提案、建议和意见，确定将归侨侨眷权益保护法执法检查和侨联基层组织建设问题作为重点内容。12 月，集体提案《建立新移民工作机制，吸引海外人才智力回流》，被作为重点提案办理，提案所提建议获采纳，促成长沙市相继发布《长沙市鼓励留学人员来长创业的若干规定》和《长沙市留学人员创业资助资金管理办法》等文件。

2001 年 7 月，长沙市对特困企业的退休归侨未按规定领到生活补助费的，（从 2001 年 1 月开始）以内部补贴形式，年底一次性发放。特困企业退休归侨生活补助费从此得到解决。市侨联提出关于将归侨子弟初中升高中原优惠 5 分增加到优惠 10 分的建议，被市教育委员会采纳并于秋季招生时实施。12 月，长沙市将《中华人民共和国归侨侨眷权益保护法》和相关法律纳入“四五”普法依法治理工作内容并列入全市普法教育和考试范围。

2004 年 1 月起，全市无业和农村老归侨也被列入发放归侨补助费的范围。提交的《关于做好我市留学人员管理工作的几点建议》被市政协列为重点提案进行督办。

2005 年 1 月，提交的《关于提高退休归侨补助费、改善发放工作的建议》得到省政府采纳，并于 2006 年 3 月发布《关于对老年归国华侨给予生活补助费的实施意见》，使省内老年归国华侨每月的生活补助费从 50 元提高到 100 元，并将发放面扩大到离休、农村、城市无业归侨以及在湖南省定居的老年港澳同胞（1978 年 12 月 31 日以前）。

是年起，建立代表委员参政议政统计档案，此后的代表委员参政议政成果及所获荣誉情况有确切统计。

2006 年 6 月，参加对全市归国留学人员创业情况的调研活动。依据调研组提供的调研报告，长沙市发布《关于进一步加强留学人员管理和服务工作的若干意见》的文件。

2007 年 7 月，提交关于“修建长沙抗战纪念馆”的提案，历经研讨后，纪念馆的具体建设工作陆续展开。

2009 年 1 月，在省人大会议上，侨界代表提交的《关于提高我省老年归侨生活补助费标准的建议》被省政府采纳；6 月，湖南省明确湖南省老年归侨每人每月生活补助费由 100 元提高到 200 元。

2010 年 1 月，市侨联提出的提案《关于吸引留学归国人员来长创业的建议》，在市政协十届三次会议联组会议上作典型发言。

2011 年 1 月，提案《充分借力多层次资本市场，助推长沙市新兴产业发展》，被市政协推荐为大会典型发言之一。

2012年1月，《“关于奖励和保护见义勇为人员”的建议》得到采纳，促成《长沙市奖励和保护见义勇为人员条例》出台。

至2012年，全市侨界各级人大代表、政协委员提交建议、提案762份，被采纳613份。其中，有76份提案和建议被评为优秀，获省、市政协、人大表彰。喻力、郭晓鸣、翁少兰、李晓明、彭晓平、吴晓佳、洪也凡等62人次被评为各级优秀人大代表、政协委员。

（三）参与侨务立法和执法监督。在《中华人民共和国归侨侨眷权益保护法》（以下简称《保护法》，1991年1月1日起实施）、《中华人民共和国归侨侨眷权益保护法实施办法》（以下简称《实施办法》，1993年7月1日起实施）以及《湖南省实施〈中华人民共和国归侨侨眷权益保护法〉办法》（以下简称“湖南省实施办法”，1992年10月27日颁布）（下文统称三部法律为“侨法”）修订过程中，市侨联被省人大确定为重点征集意见单位。

1997年，参与首次修改《湖南省实施〈中华人民共和国归侨侨眷权益保护法〉办法》。是年初，提出对湖南省实施办法进行适当修改的议案，被列为省人大八届五次会议第一号议案。1998年7月，对新的《湖南省实施〈中华人民共和国归侨侨眷权益保护法〉办法》征求意见稿组织座谈讨论，提出27条建议，报送省、市有关部门。1999年3月31日，湖南省人大常委会公布修改后的湖南省实施办法。

1999年，参与修改保护法。是年12月，召开座谈会，就修改保护法进行调查研究，征求修改意见，归纳出25条意见和建议，提交给省人大民侨外委。2000年10月，全国人大华侨委员会副主任委员朱添华率修改保护法专题调研组到长沙，市侨联向调研组汇报对修正保护法的意见和建议。2000年10月31日，修订后的保护法公布并施行。

2001年，市人大常委会采纳市侨联提出的《将〈归侨侨眷权益保护法〉列入全市2001年执法检查内容的建议》，组成执法检查组对保护法贯彻执行情况开展执法检查。向检查组作专题汇报，同时协助检查组召开分别由归侨侨眷、侨务工作者、侨资企业负责人参加的3个座谈会。提供有关涉侨申诉材料、信函15件，交由市人大常委会进行督办。执法检查推动保护法在全市的进一步落实，归侨侨眷权益得到进一步的保障。

2004年4月和2006年4月，两次参与省人大的侨法执法检查。省人大民侨外委两次到长沙开展涉侨、涉台执法检查，市侨联报告长沙市贯彻执行保护法所做工作，并参加执法检查。利用省人大人大执法检查的机会，将20余起案情复杂、影响广的典型侵权案件提交有关部门，促使相关问题得到妥善解决。

2005年，参与再次修改湖南省实施办法。是年1月，在湖南省第十届人大三次会议期间，11名省人大代表提交《关于尽快修订〈湖南省归侨侨眷权益保护实施办法〉和有关侨务法规议案》，被会议主席团确定为1号议案。2006年5月，长沙市政府法制办公室和市外事侨务办公室组织市侨联等部门负责人和归侨侨眷代表召开修订湖南省实施办法立法调研会，市侨联与会人员就湖南省实施办法修订草案第四稿逐条提出修改意见。2007年1月25日，新的《湖南省实施〈中华人民共和国归侨侨眷权益保护法〉办法》经湖南省第十届人民代表大会常委委员会第二十五次会议通过，自2007年5月1日起施行。

2007—2012年，市侨联多次被评为湖南省侨联系统“参政议政工作先进集体”。

二、维护权益

（一）落实侨务政策和贯彻侨务法规

1.落实侨务政策。1988年，延续并基本完成上一届侨联落实侨务政策任务，解决维护归侨侨眷权益的有关问题。至1991年年底，全市落实侨务政策任务基本完成。归侨侨眷中先后存在的224起冤假错案，全部获平反纠正；“长审”“长挂”（长期审查未结案）问题46起，全部解除；归侨档案材料中涉及所谓“海外关系”的材料1065份，全部清出处理；“文化大革命”中27个侨务对象被查抄的财物，基本清退；“文化大革命”中被挤占的侨房77户全部发还，城市代管和错改的侨房48户亦已发还；农村土改中被错没收、错征收的侨房44户（3.44万平方米）全部发还；归侨侨眷有629人获高、中、初级职称。

2.宣传、贯彻侨务法规。1991年4月，举办《中华人民共和国归侨侨眷权益保护法》学习班，归侨侨眷和侨联工作人员60人参加。

1995年4—8月，调查《中华人民共和国归侨侨眷权益保护法》贯彻情况，提出在全社会普及、落实保护法的建议。

1999年3月31日，《长沙侨联》季刊全文刊登修改后的《湖南省实施〈中华人民共和国归侨侨眷权益保护法〉办法》。在全市9个区县（市）同时布设宣传点，宣传实施办法，发放宣传资料5000余份，接受咨询300余人次。

2000年，纪念保护法颁布实施10周年。在《长沙侨联》季刊上撰文纪念；开展学习宣传活动，举办报告会、学习班，印发《中华人民共和国归侨侨眷权益保护法》，上街设宣传、咨询点；机关干部到基层了解侨情，解决好归侨侨眷在升学、就业、出境探亲、留学、定居、侨房拆迁、继承和诉讼等方面的诉求，维护归侨侨眷权益。

2001年10月，在《中华人民共和国归侨侨眷权益保护法（修正案）》颁布一周年之际，组织归侨侨眷、侨联干部参加中国侨联举办的“《保护法》有奖知识竞赛”活动，两人获三等奖。

2006年11月，从联合国退休并经批准回到长沙定居的尹梦龙到市侨联上访，希望能协助解决其在一起民事诉讼案件中的身份问题。市侨联接访后向市委统战部、市中级人民法院（以下简称“市中院”）反映。市中院领导约见尹梦龙了解情况。经多方努力，尹梦龙的归侨身份得到确认，每月应该享受的老年归侨补助费的领取也得到落实。

2007年，《湖南省实施〈中华人民共和国归侨侨眷权益保护法〉办法》修订并颁布实施后，印发侨法宣传手册2000余册，推动涉侨法律法规的宣传教育。9月，举行有200余名侨界群众和干部参加的湖南省实施办法专题讲座。

2008年，组织各区县侨联开展面向归侨侨眷、侨联干部以及广大市民的侨务法律法规知识竞赛，扩大侨联组织的社会影响以及侨务法律法规的社会知晓率。

2010年，纪念《中华人民共和国归侨侨眷权益保护法》颁布实施20周年。全市侨联开展征文、侨法咨询、文艺表演、知识抢答等活动，运用制作展出宣传版、印制发放宣传手册等形式，面向广大市民宣传《保护法》。

图7-5-3-1 长沙市法律援助中心签订法律援助合同
（摄于2002年4月22日，市侨联供图）

2011年5月11日，长沙市人大常委会召开座谈会，听取侨界人士对《中华人民共和国归侨侨眷权益保护法》《国务院实施〈中华人民共和国归侨侨眷权益保护法〉办法》《湖南省实施〈中华人民共和国归侨侨眷权益保护法〉办法》实施过程中的意见和建议。侨界代表和市及区县（市）侨联负责人20余人参加座谈会。

2011年10月，在湖南省侨联召开的全省侨联信访工作会上，长沙市侨联作为信访工作先进典型作大会发言。

（二）依法维护归侨侨眷和涉侨企业权益。长沙市先是有侨属企业、侨资企业，后又出现归国留学人员（又称“新侨”）创办的企业，统称为涉侨企业。20世纪80年代末90年代初，涉侨企业规模较小。

1992年，扶持的5家涉侨企业年产值150万元，安排就业100人。

1993年，扶持10个涉侨企业，创产值500万元。

1998年，协助在英国从事科学研究举家回国到长沙安家落户的博士吴金水解决家属的工作、学习，以及户口等问题。

2001年4月，与市法律援助中心签订法律援助合同，为侨界人士提供无偿法律援助。根据合同，市法律援助中心指派律师担任市侨联的法律顾问，围绕重大决策和业务活动提供法律意见和法律咨询；无偿为市侨联和侨界企业、侨界人士提供法律服务，开辟一条无偿提供法律援助的“绿色通道”。

2002年10月21日，《人民日报（海外版）》以《依法维权，满腔热情——长沙市侨联维护侨益纪事》为题报道市侨联维护侨益所开展的工作。

2004—2005年，各区县（市）侨联也先后设立归侨侨眷法律援助工作站。

2007年，全市涉侨企业762家，注册资金39.2亿美元，行业涉及电子信息、生物医药、机械制造、能源环保等高新技术产业等领域。

2007年5月，成立长沙市华商联合会。联合会成立后，在（2008年第三届“海外华商联谊会”和2010年第四届“侨领侨商湖南投资合作周”）活动中，与有关部门共同促成重大项目落户湖南，吸引投资10亿余元人民币。12月，中国侨联授予长沙市侨联“维护侨益先进集体”称号。

2009年4月，组织长沙市侨商企业加入新成立的湖南省侨商会并参与其活动。6月，成立法律顾问委员会，进一步提升维权能力，及为侨界提供法律服务。

2010年3月，成立涉外涉侨律师服务团，为长沙市涉外涉侨企业、海内外侨胞和港澳台同胞提供更全面、专业的法律服务。3月23日，全省首家“涉外涉侨律师服务团”在湖南泓锐律师事务所挂牌成立。

2011年9月，湖南省侨联海外侨社团联谊总会在长沙成立，市侨联推荐第一批5个海外侨社团加入。是月，推介三一集团有限公司，成为中国侨联在湖南省建立的第一个新侨回国创业创新示范基地，这也是中国侨联在全国民营企业中授予的首个示范基地。

2012年1月，侨企湖南湘绣城集团旗下湘绣主干企业湖南金霞湘绣有限公司，获由文化部命名颁发的“国家文化产业示范基地”牌匾，这是湖南省湘绣产业第一个“国家文化产业示范基地”。5月5日，湖南海潮留学生协会在长沙成立，市侨联关注并支持海潮会的活动。12月，促成建立涉侨案件通报机制。是年，推荐11位新侨创业人才和科研成果参加中国侨联第四届新侨成果交流会，其中有7项成果被评为“中国侨界贡献奖”。

至2012年，全市涉侨企业发展到1000余家，成为长沙市经济发展的重要组成部分。全市两级侨联为侨界人士500余人次提供免费法律援助服务，为近百位侨界群众解决法律难题，挽回经济损失3800万余元。

关注和支持涉侨企业的创立和发展，帮助其解决困难和问题，依法维护合法权利和利益。10次到长沙市高新技术产业开发区、留学生创业园以及浏阳生物医药园等归国留学人员集中地区调研，基本掌握归国留学人员创办企业的数量、规模及经营情况，了解他们工作、生活上所遇到的问题及困难，听取他们提出的意见和要求。市侨联为归国留学人员创业排忧解难，提供服务，创造良好的创业环境。

在市侨联的帮助和支持下，“新侨”中涌现出创业成功者。毛冰花创建的金龙电缆及其控股子公司实现年产值50.15亿元，年上缴国家税收2.15亿元。曾理创办的金霞湘绣有限公司，被授予全国首家“非物质文化遗产保护研究基地”，并连续两届夺得中国民间文艺最高奖“山花奖”。彭虎创办的湖南隆达微波有限公司，开发的微波高温应用技术达到国际领先水平。曹典军创办泰谷生物科技股份有限公司，研发国内领先水平的现代农业新兴循环产业模式，得到国家火炬计划立项，并获“中国侨界贡献奖”。

三、群众工作

（一）开展联络联谊活动。1988年第一个老人节，组织近百位老年归侨侨眷游园。此后每年老人节都举办老年归侨侨眷联络联谊活动。

1992年6月，支持长沙市印度尼西亚归侨参加省侨联开展的联谊活动。

1997年起，支持湖南省知青艺术团的创立和发展。该艺术团创立于1997年，是长沙市老知青自愿组成的公益性业余文艺团体，团长是市侨联常委郭晓鸣。湖南省知青艺术团获“长沙市十佳业余文艺团队”，获省、市纪念抗战胜利60周年群众合唱大赛金奖，获中国（都匀）中老年人合唱艺术节金奖（2005年）；获第四届世界合唱比赛复赛金奖和决赛银奖（2006年）；获第六届中国音乐金钟奖首届合唱比赛金奖第一名（2007年）。郭晓鸣率湖南省知青艺术团到奥地利，参加在格拉茨市举行的第五届世界合唱比赛，获银奖；同时在维也纳举行“‘亲情中华’奥地利华人华侨慰问演出音乐会”（2007年7月）。以湖南知青艺术团为主体的湖南省侨联侨心艺术团，到奥地利、美国、泰国等国家参加多场“亲情中华”慰问演出（2008年后）。

1998年7月，副主席吴耀亮带领归侨侨眷（其中有20世纪50年代从东南亚各国回国的老归侨）自费到新加坡、马来西亚、泰国，与当地华侨、华人及社团联络、交流。

2000年起，组织参加“世界华人小学生作文大赛”。市侨联和区县（市）侨联组织归侨侨眷小学生参加由中国侨联等单位举办的“世界华人小学生作文大赛”（2008年起纳入中国侨联“亲情中华”主题活动），此后连续13届组织参赛。曾梦玲等学生获一等奖，100余名同学分获二、三等奖。市侨联获优秀组织单位奖。

2001年10月，参加“百万市民看长沙”活动，组织200位离退休归侨参观长沙市政建设和重点工程。

2004年8月，组织1954年回国的华侨学生在长沙举行“祖国在我心中”归国50周年纪念活动。

2005年，在纪念抗日战争暨世界反法西斯战争胜利60周年之际，面向全市归侨侨眷、海外侨胞开展征文活动，征集到抗战纪念文章10余篇，分别被中央、省、市媒体采用。召开参加过抗战的归侨侨眷座谈会，并上门慰问老干部。长沙侨界9位人士获由中共中央、国务院、中央军委颁发给抗日老战士、老干部及抗日将领亲属的纪念章。

2012年，开展“侨联工作示范社区”创建活动，要求“侨联工作示范社区”做到“五有”（有制度、有场地、有人员、有活动、有经费）。10月底，芙蓉区湘湖街道、西湖社区等8个社区被评为长沙市侨联首批“侨联工作示范社区”称号。

（二）走访、慰问归侨侨眷。经常性走访、慰问归侨侨眷，走访慰问主要对象是年老、多病、困难或遭遇突发变故的归侨侨眷（有时包括侨务工作者）和侨界先进、模范人物，以及有特殊贡献的侨界科技人员和创业者。

1988—1992年，全面调查归侨侨眷生活状况，了解困难侨户，造册入档。节假日登门看望年老、困难归侨。

1993年，走访归侨侨眷48户，看望患病归侨16人，协助安置归侨侨眷子女就业6人，帮助外地归侨寻找亲人9人，协助安置侨房拆迁户15户。

1995年，对长沙汽车电器厂等22个企业66名归侨家庭重点走访慰问，为他们排忧解难。

1998年，全年走访慰问归侨侨眷281户，为49位年老多病、生活困难的归侨侨眷发放慰问金。

2003年12月，协助湖南省副省长甘霖和市领导黄中瑞等参加“情系归侨侨眷台胞，传送爱心捐助温暖”活动，走访部分特困归侨侨眷家庭，全市550户归侨侨眷受到慰问。

2004年中秋节，看望长期居住在长沙的国民党原高级将领张灵甫遗孀王玉龄（祖籍长沙，美籍华人）。并与她保持联系，帮助解决困难，邀请参加活动。

2010年春节前夕，协助中国侨联副主席董中原和中共市委常委、市委统战部部长虢正贵等走访慰问侨界群众。

2012年2月，看望慰问“感动中国”十大人物之一、湖南省道德模范、美国侨眷李丽，送上慰问金和节日礼品。

2005—2012年，全市侨联系统走访慰问归侨侨眷、侨界知名人士2800人次，发放慰问金及物资120万余元。

（三）扶助侨界困难群众。1988—1995年，坚持每年经调查确定重点扶贫对象，年节给予救助物资。

1996年11月，发出“发动民间捐助，争取政府支持，设立‘爱侨基金’”的倡议，其宗旨主要是补助特殊困难的归侨侨眷。倡议发出后，筹集到10万余元捐款。

1997年5月，发起“侨心助学”活动，资助侨界贫困学子。机关干部率先捐款，归侨侨眷、海外侨胞和国际友人加入。

1998年，调查研究全市归侨家庭生活状况及子女情况，发现部分归侨家庭生活较为困难，写出《我市部分归侨因子女下岗而生活困难》和《关于长沙市归侨生活状况的调查汇报》报送中共市委、市政府。

是年8月，成立扶贫帮困办公室，为下岗、待业归侨及其子女推介工作，主动解决困难归侨侨眷生活问题。年底，长沙市拨出20万元专款投入爱侨基金，爱侨基金得以运作。1999年年底，首次启动爱侨基金利息，帮助35位生活困难、患重病的归侨侨眷。

1999年10月，调查研究长沙部分企业退休老归侨不能按时或足额领取养老金问题后，形成《长沙市企业退休归侨养老金的发放状况及改进建议》的调查报告，报送中共长沙市委、市政府，引起重视并解决问题。

2000年7月，举办“长沙市非公有制企业大型招聘洽谈会”，并组织75名归侨侨眷前往应聘，机关工作人员现场提供服务。此后，对困难归侨及其子女的生活、工作问题，纳入“爱侨基金”补助计划。

2000年8月，同升湖国际实验学校设立“侨心—通程控股—同升”扶贫助学奖励金，是年，近300名侨界贫困学子得到资助。

2002年11月，侨眷郭晓鸣出资30万元，设立“长沙市侨联爱侨基金郭晓鸣专项基金”，每年从“郭晓鸣专项基金”利息中拿出4000元作为“侨心助学”补助。

2004年2月起，历时3个月，开展困难归侨生产生活状况及权益保障情况调查。

2005年2月，帮助定居长沙老台胞王振海及时解决入住养老院问题。

1998—2012年，海外特邀顾问、旅美华人刘国宪热心“侨心助学”活动，她自己捐款，或在美国圣路易斯市教育界美国友人中募集捐款，累计筹集善款100万余元人民币，资助长沙市开福区、浏阳市、长沙县数百名贫困学生300余人次。同时，刘国宪3次带领美国圣路易斯市教育代表团前到长沙，进行观光、考察、演讲、教学和协助有关学校建立英语教学课程，为湖南师大、长沙学院、湖南涉外经济学院牵线搭桥，与美国大学建立姊妹学校关系。

至2012年，全市侨联系统争取到各类侨捐以及上级侨联和市政府拨款8000万余元，用以资助侨界困难群众。“侨心助学”筹集资金20万余元，资助侨界贫困学生800余人次（其中境外人士资助的227人次）。“爱侨基金”利息收入1.2万元，逐年悉数分发给困难归侨侨眷。

（四）促成捐资办学和捐建侨心学校。从1986年开始，祖籍望城靖港的马来西亚华文教育家、书法家、作家任雨农为家乡教育事业捐资40万余元。

2000年起，参与中国侨联发起的“侨爱心工程”活动，为侨界爱心人士捐建学校牵线搭桥，协助办好捐建事宜。

2000年6月，香港树仁学院院长钟期荣捐助10万港元，完善捞刀河镇向阳小学教学楼，该校改名为树仁小学。

2002年5月，由中国侨联华侨经济文化基金会捐赠永芳科技文教专项基金3万元，为望城县乔口小学修缮校舍。这是中国侨联开展“侨爱心工程”活动以来，湖南省首次获的捐赠助学款项。

2005年6月，江永县湘源希望小学竣工。这所学校由在长沙投资创业的港胞邱祥平以湘源实业开发有限公司名义与香港福建希望工程基金会联合捐建，这是江永县第一所希望小学。是月，江永县郭晓鸣侨心小学竣工。这所学校由市侨联顾问郭晓鸣以个人名义，通过中国侨联华侨文化基金会捐款10万元（省教育厅和江永县政府提供资金30万元）建立。

2006年7月，常委郭晓鸣作为湖南省侨（爱）心工程捐款人唯一代表出席由中国侨联主办、香港凤凰卫视承办的“情系吾中华，飞虹跨四方——侨（爱）心工程五周年”特献晚会。多年来，郭晓鸣已捐出善款100余万元。8月，宁乡县煜英爱心学校竣工。这所学校由中国侨联华侨经济文化基金会、台湾财团法人爱心第二春文化基金会捐款20万元，在宁乡县黄材镇兴建。9月，岳麓区侨联副主席、西湖建筑集团董事长周健捐资120万元修缮南冲侨心小学。是月，长沙县田伟侨心小学建成。这所学校由日本华侨田伟（剧作家田汉侄女）捐资300万日元（折合人民币21万元）在长沙县江背镇兴建。

2008年6月，望城县靖港镇辉芬侨心小学竣工。这所学校由法国华人华侨会副主席程超辉捐资20万元以及望城县人民政府提供配套资金建成。这是中国侨联“侨心工程”在长沙市捐建的第三所侨心学校，同时也是经市侨联争取社会捐款，在湖南省捐建的第五所侨心学校。

2010年3月，香港联和国际集团董事长谢国辉夫妇在家乡浏阳市捐资60万元捐建学校。

2012年5月，美籍华裔、美国鼎太国际投资有限公司董事任庶华，向靖港中学“雨农图书馆”捐资

2万元人民币添置新书籍。

（五）投身公益事业和抗灾救灾。1986年后，美籍华人黄彰任为家乡浏阳市的基础建设捐赠经费和医用设备，修建校舍，捐资人民币650余万元；捐资修建长沙雅礼中学彰任图书馆；出资120万美元分别设立6种奖励基金，帮助家乡发展教育和卫生事业，奖励成绩优异学生。1993年，黄彰任被聘为湖南省海外交流协会名誉会长。黄彰任被评为湖南改革开放30年杰出人物，获兴湘奉献奖（2008年）。

1994年8月，湖南省政协委员、侨眷胡明月自筹资金在浏阳市创办湖南首家私立“H·P义办儿童福利院”，收养孤儿和弃婴，全部承担他们的生活、学习费用。已义务收养12名孤儿（至1998年）。胡明月还为各种公益事业捐资数百万元。

2003年，全国暴发“非典型肺炎”，市侨联在侨界组织抗击“非典”活动，将防治药物发放到困难归侨侨眷家庭和重点侨务对象手中。

2004年7月，美籍华人钟武雄向长沙市周南中学捐赠人民币240万元，用以帮助建设新校址体育馆。此前，他已为周南中学等学校捐赠人民币400余万元、为袁隆平所在的杂交水稻研究中心捐资10万元。

2004年9月，印尼侨商李文光为长沙两位成绩优异而家庭贫困的高考生提供到印尼总统大学留学机会和每年7500美元的全额奖学金。

2005年起，雨花区侨联主席、湖南仁和环保科技有限公司董事长洪也凡每年捐资16万元资助贫困大学生。

2007年5月，湖南拓展集团（市侨联常委丁小琥任董事长）支持新宁县农村建设，捐资260万元，用于修建乡村公路和修建乡村小学。10余年来，拓展集团先后捐款捐物400万余元支持农村建设，并为各项社会公益事业捐款400万余元。

2007年6月，南方华侨贸易公司董事长李静、总裁李清江父子各捐10万元支持长沙市侨联事业发展，又捐赠500万元帮助湖南省贫困地区脱贫致富。是年8月，开福区侨联主席、金联电子有限公司董事长郭晓鸣捐建全省首个区级归侨侨眷活动中心。是年8月，东亚地产长沙有限公司（港资企业）捐资20万元在长沙县春华镇官塘村修建东林小学。

2008年春节前，湖南遭遇特大冰雪灾害，市侨联慰问侨界群众320余人次。

2009年5月，将参加义卖图书活动所得50万余元交给中国侨联用于重建北川中学。

6月，通过市侨联引荐，香港吴星可基金会会长吴碧到长沙为浏阳患白血病的贫困学生陈厅捐赠生活补助金1万元。

2012年1月，岳麓区侨联副主席、西湖集团董事长周健成立西湖健行天下和西湖爱心慈善两个基金，捐款256万元救助贫困人群。此前，周健每年捐资10万元用于资助贫困学生和奖励有突出贡献的优秀教师。是月，侨资企业湘绣城捐助湖南工艺美术职业学院200万元，同时捐献爱心助学金40万元。8月，天心区侨资企业家胡志辉为全区21名考取大学的贫困家庭学生发放助学金10万元；侨属张建明投资近千万元建设残疾人专用小型自动挡载客汽车驾驶证（C5）培训项目考场，并为每位C5学员减免1400元学费，年内使300名肢残学员实现驾车梦想；侨属谭岳鑫带领鑫远集团建立“鑫远心灯”项目，免费救治贫困先天性心脏病患儿。

在四川汶川地震、台湾风灾、水灾、青海玉树地震以及印度洋海啸、日本地震发生后，募集抗灾救灾款项和物资累计近亿元。

表 7-5-3-1　　1988—2012 年长沙市受到全国表彰的归侨侨眷一览表

年份	姓名(单位)	荣誉称号	表彰单位
1989	区　荣　刘庭怀　贺仁体	全国优秀归侨侨眷知识分子	国务院侨务办公室 中国侨联
1991	王棋南　吴德疆　吴宝琦　陈国忠 陈苏宏　汤海波　杨文苑　谭咏华	获颁“从事侨联工作 30 年荣誉证书”	中国侨联
1994	刘庭怀　古天奎	为“八五计划、十年规划”做贡献活动先进个人	中国侨联
	刘庭怀	“全国侨界十杰”提名奖	中国侨联
1995	王棋南	为社会主义两个文明建设服务先进个人	致公党中央
	李　静	全国优秀民营企业家	全国工商联
1996	刘庭怀	全国归侨侨眷先进教师并获“姚美良教育基金”奖励	中国侨联
1999	翁少兰　郭晓鸣　郭汉华	全国归侨侨眷先进个人	国务院侨务办公室 中国侨联
2004	喻　力	全国侨联系统先进个人	人事部 中国侨联
	郭晓鸣　吴金水　胡明月　洪也凡　刘志明	全国归侨侨眷先进个人	国务院侨务办公室 中国侨联
2007	李　丽　钟期荣	感动中国十大人物	中央电视台
2009	郭晓鸣　翁少兰　丁小琥　洪也凡　刘武陵	全国归侨侨眷先进个人	国务院侨务办公室 中国侨联
2012	郑建明　肖伏良	中国侨界贡献奖(创新人才)	中国侨联

表 7-5-3-2　　1988—2012 年长沙市受到全省表彰的侨界人士和集体一览表

年份	姓名(单位)	荣誉称号	表彰单位
1994	古天奎	“湖南省农业科学技术进步奖”一等奖	省人民政府
1999	浏阳市侨联	湖南省侨务工作先进集体	省侨办 省侨联
	吴耀亮　陈曼林	湖南省侨务工作先进个人	
	邱炳荣　黄秀娥　黄健南　张德才 周小兰　丁小琥　刘武陵　吴金水 肖　鸣　苏可知　郑文立　郭斌斌	湖南省归侨侨眷先进个人	
2004	李晓明	湖南省侨联系统先进个人	省委统战部 省人事厅 省侨联
	彭兵良 池麓松 侯晓阳	湖南省侨联工作先进工作者	
	麦庆中　董正军　罗　月 刘晓泓　梁杰南　邓文胜	湖南省归侨侨眷先进个人	

续表 7-5-3-2

年份	姓名(单位)	荣誉称号	表彰单位
2004	李晓明	湖南省侨联系统先进个人	省委统战部 省人事厅 省侨联
	彭兵良 池麓松 侯晓阳	湖南省侨联工作先进工作者	
	麦庆中　董正军　罗　月 刘晓泓　梁杰南　邓文胜	湖南省归侨侨眷先进个人	
2004	长沙博路通信息技术有限公司 浏阳市华盛烟花制作有限公司 长沙网乐科技有限公司 湖南福来格生物技术有限公司	湖南省侨界“科技兴湘”先进集体	省侨联
	刘　青　苏可知　郭斌斌 姚克强　周　健　杨平涛 王建飞　杜亦林　王继前	湖南省侨界“科技兴湘”先进个人	
2008	李晓明	二等功	省人民政府
2009	开福区侨联 宁乡县侨联 望城县侨联	湖南省侨联系统先进集体	省侨联
	梁杰南　池麓松　王艾莲 蒲新林　陈小平　王建飞	湖南省侨联系统先进个人	
	林金龙　厉梅华　曾应明 周　健　谢远知	湖南省归侨侨眷先进个人	
	梁杰南	授予一等功表彰和奖励	省劳动人事厅 省侨联
	李　丽	湖南省道德模范 全国未成年人思想道德建设先进工作者	省人民政府
	吴金水	湖南省“跨世纪学术和技术带头人”(入选国家“引进国外杰出人才”) 湖南青年五四奖章	省人民政府

四、联谊和文化交流

(一) 与各地侨联建立友好合作关系。1989—2002年，与省内外各地侨联建立联系、加强往来。

2003年11月，副主席翁少兰出席在广州召开的“全球越柬老华侨华人恳亲大会”及“世界越棉寮华人团体联合会第十一届会员代表大会”，与越南、柬埔寨、老挝华侨华人进行联谊和交流。

2005年10月，“全国省会城市暨部分大中城市侨联工作经验交流会”在长沙市召开。北京、天津、上海等48个城市的96个侨联组织168名代表参加会议。大会收到51个侨联组织提交的58份书面材料，19个城市侨联的代表作大会发言。

2008年12月，发起并承办首届“长株潭三市侨联协作会议”，会上，3个市侨联达成合作协议。

2009年11月，主席李伟带队参加由澳门归侨总会举办的“2009华侨华人聚濠江联谊大会”，与参会的华人华侨开展联络联谊活动。

2011年11月，第二次“长株潭三市侨联协作会议”在长沙县召开，会议就如何更好地开展为侨资企业服务，促进侨资企业稳健发展进行深入的探讨和交流。

1997—2012 年，“全国省会城市暨部分大中城市侨联工作经验交流会”在西安、济南、哈尔滨、太原、上海、昆明、合肥、长沙、石家庄、兰州、武汉、南昌举行，市侨联均参加会议并在会上发言，介绍长沙市侨联工作情况。

图 7-5-3-2 长沙市和澳大利亚奥本市建立友好城市关系协议书签字仪式 （摄于 2006 年 3 月，市侨联供图）

至 2012 年年底，与汕头等 68 个城市侨联建立和保持联系，其中与上海等 22 个市侨联签订缔结友好侨联协议书，与中华侨讯网签订《战略合作协议书》。市侨联通过接待来访的全国各地侨联负责人或代表团（平均每年接待约 20 人次），互相学习，进行经验交流。市侨联参加“泛珠三角省区侨联（社团）协作会议”8 次。

（二）接待和出境访问

1.接待。1992—1996 年，接待海外华人及外国友人 6 批次。

1997 年 5 月，接待侨领陈嘉庚的侄儿、新加坡国家公园局主席、新加坡中华总商会名誉会长陈共存；接待印度尼西亚华侨郭其勇夫妇及家人；接待澳大利亚华人黄若瀚和易新强。

1998 年 5 月，会见刘国宪率领的美国圣路易斯教育代表团全体成员。

1999 年，分别接待美国华侨王丞粟、加拿大华侨李立一、吉尔吉斯斯坦华人黄既明、美籍华人苏纯芳以及美籍华人晏德华、晏刘雪琳。

2000 年，会见到长沙投资的新加坡黄爱家禽工业集团总裁陈志坚、新加坡合味食品有限公司总裁邵励炯、新加坡湖南多美丽饮食有限公司董事饶善活；接待从美国回长探亲的唐声尧及夫人肖海燕；接待向“侨心助学”活动捐献的美国友人。

2001 年 9 月，会见泰中文化经济协会秘书助理韩宗渭率领的泰国到湘友好访问团一行；接待丹麦籍华人彭忠明及丹麦客人；会见美国南加州湖南同乡会理事长罗兴华、会长袁锡民率领的前到长沙参加“海外学子长沙行”的美国南加州“返乡高科技和商务考察团”一行 8 人；会见为“侨心工程”作出突出贡献的美籍华人刘国宪及其在长沙的亲人；接待美国华文电视台——熊猫电视台总裁刘云飞。

2002 年，接待美国南加州湖南同乡联谊会、华盛顿地区湖南同乡会、意大利三湘华侨华人国际科学教育基金会、澳大利亚湖南总会等侨界社团负责人；接待丹麦籍皇家摄影师彭忠民；接待日本华侨周湘亭。

2003 年，接待美国南加州湖南同乡会会长罗兴华及夫人赵亚林；接待加拿大越华工商会副会长叶广昌；会见澳大利亚华商易新强、邹志强和意大利华商王放鸣。

2004 年，接待意大利意中商务文化交流协会会长董志清；接待荷兰来顺投资集团公司首席代表胡传弟和新加坡客商饶善活；会见澳大利亚奥本市华人副市长林丽华；会见刘国宪博士率领的美国密苏里州科教考察团全体成员；接待旅美湖南同乡会会长陈泰行率领的访湘考察团；会见到长沙捐资助学的美籍华人钟武雄。

2005 年，接待柬埔寨华人香港联谊会副会长许碧珍一行；会见马来西亚长青集团董事局主席张晓卿率领的到湘商务考察团；会见世界500强企业——印尼三林集团属下的包装工艺集团公司总裁林克旭。

2006年，会见出席长沙县古井田伟侨心学校竣工典礼的旅日华侨田伟；会见到长沙考察的英国福建工商联合会会长陈爱国；接待荷兰福建同乡会副会长刘志春。

2007年8月，接待全非洲中国和平统一促进会名誉会长、南非洲中华工商总会会长叶北洋。

2008年3月，接待旅日侨胞、到长沙参加纪念田汉110周年诞辰系列活动的田汉侄女田伟。

2010年，接待美国休斯敦湖南同乡会会长罗雪梅；接待日本湖南人会会长段跃中；接待新西兰湖南联谊会会长史宏钧。

2011年，接待新西兰湖南同乡联谊会、加拿大中华总商会、加拿大湖南同乡会、美国休斯敦湖南同乡会、法国两湖同乡会、泰国湖南商会及来自澳大利亚、法国、阿拉伯联合酋长国等国家的侨领及海外重点人士100余人次。

2012年，接待来自美国、英国、法国等国家的华侨、华人280人次。每年邀请、接待的海外侨胞和国际友人，都在100人次以上。接待方式和规格多样，有市侨联领导的接待、看望或座谈，有省、市领导的会见或会谈，有的安排参观、访问和考察。

通过出国访问，联络海外华侨华人及其社团，建立密切联系，协助开拓长沙市的外联渠道。出访活动形式有市侨联领导个人或率团出访；市侨联领导参加市、省或中国侨联代表团出访。

2.出境访问。1998年5月，长沙市代表团出访澳大利亚，会见奥本市市长柯田伯季、副市长林丽华以及市侨联海外顾问许少华、黄若瀚，与澳华侨华人进行联系。

1999年11月，长沙市海外联谊会经贸代表团访问泰国，与泰中文化经济协会、泰国商联总会等举行会谈，并会见当地华侨、华人。

2001年7月，参加中国侨联代表团出访西班牙、法国、德国，看望、慰问当地侨领和侨界人士，宣传长沙，拓展海外联络的新领域。

2002年10月，随省侨联代表团出访印度尼西亚，得到全国侨联原主席张国基参与创办的雅加达中华中学校友的接待，并与印尼华裔总会以及工商界、教育界、金融界人士座谈。

2003年9月，长沙市代表团参加在德国柏林举办的“2003年中国长沙（欧洲）投资贸易洽谈会”。其间，联络邀请在欧洲的华侨华人客商和侨领参加洽谈会及相关活动，促成德国威尔克集团公司与市旅游局签订开发旅游、培训旅游及酒店管理人员3个项目的协议书。

2004年12月，到澳门参加“华侨华人聚濠江联谊大会”，并到香港拜访香港侨界社团联谊会和香港侨友社。

2005年3月，长沙市医药协会考察团到台湾考察访问，促进长沙与台湾两地医药界的合作交流，推动与在台湾的湖南同乡的联络、联谊。

2006年6月，长沙市市政发展与国际友好交流代表团出访加拿大和美国，访问加拿大湖南同乡会、湖南商会和美国大华盛顿地区湖南同乡会、南加州湖南同乡会。

2007年，出访美国、加拿大，与当地10余个侨团、60余位侨领和工商界人士接触，推介长沙的招商引资引智项目，开展侨务工作。

2010年11月，随省侨联访问团前往香港参加由中国侨联、香港侨界社团、香港中国商会等单位共同主办的香港高端经济论坛。

（三）促进经济合作。1990年，2名泰国归侨通过泰国亲属，促成出口混凝土搅拌机、起重吊车、压路机、柴油机配件和来样五金加工等外贸业务，创汇 80 万余美元。1 名侨眷促成在美国的父亲引进资金 80 万余美元在长沙建厂。

1991 年 9 月，参加湖南国际烟花节，引进投资 80 万美元。

1992 年 3 月，接待马来西亚华人公会妇女组总秘书黄素珠为团长的马来西亚妇女精英访华团一行 20 人，与长沙市有关部门洽谈经贸合作项目。

1996 年 7 月，市长袁汉坤邀请泰国客属总会理事长、企业家黄清林前来参观、考察经贸情况。

1998 年 10 月，在“98 中国中西部地区对外经济技术合作洽谈会”上，邀请澳大利亚高登国际集团有限公司等 3 家境外企业参加洽谈会。高登国际集团有限公司与长沙市有关单位签订共同开发同升湖项目的协议书，总投资 2410 万美元，其中利用外资 964 万美元。

1999 年，澳大利亚高登集团有限公司在长沙同升湖开发项目中遇到阻力和困难，长沙市领导 3 次会见外商项目负责人，促使该项目进展顺利。

2001 年 5 月，拉开“海外学子中国长沙行”活动的序幕，美国南加州湖南同乡会组成“高科技和商务返乡考察团”到长沙考察，进行投资咨询座谈和项目洽谈，内容涉及投资、办学、专利技术转让与合作等。6 月，邀请周湘亭、邹再华、黄炜、陈大兴、谈刃等海外学子参加“海外学子中国长沙行”活动。

2003 年，在中国民族商品交易会等招商活动中，市侨联联络 100 余位海外客商参加招商活动，促成投资项目的签订。

2004 年 4 月，邀请澳大利亚、意大利、荷兰客商参加长沙国际友好经贸合作洽谈会。5 月，邀请澳大利亚奥本市副市长林丽华、威乐比市副市长凯特琳和来自意大利、荷兰、澳大利亚、新加坡等国的华商客商参加长沙国际友好经贸合作洽谈会，促成项目的签约。

2006 年 9 月，在首届首届中国中部投资贸易博览会期间，市侨联作为组委会成员单位，邀请来自加拿大、意大利、英国的 3 个华商代表团 20 余名海外客商参加会议，考察岳麓区的投资项目。

2007 年 4 月，市农业考察团到英国访问。在市侨联联络英国工商联合会会长陈爱国的组织下，英国福建同乡会和伦敦湖南同乡会与考察团在伦敦与考察团进行座谈交流和联谊活动。

2007 年 4 月，中国·长沙（澳大利亚）重大项目合作洽谈会在悉尼举行。得到市侨联海外顾问、奥本市华人市长林丽华支持，邀请华商参与商务洽谈。

2007 年，在第四届泛珠三角区域合作与发展论坛暨经贸洽谈会召开期间，全市侨联共同协作，邀请来自 5 个国家的数十位华商参会。

2009 年，引进 7 个外资企业资金约 38 亿元人民币。

2010 年，第四届侨领侨商湖南投资合作周期间，邀请 20 余位海内外客商参会。活动期间，以香港铜锣湾广场（中国）有限公司副总裁李济华为团长的由 10 名侨商组成的代表团考察开福区的商业投资项目，双方就进一步合作达成初步意向。

2011 年，引进香港九龙仓集团投资开发的长沙国际金融中心项目。是年 9 月，在湖南省首届侨商侨智聚三湘活动期间，在会上发放宣传资料 200 份，与海外侨商交流，并在会后接待部分侨商来到望城区参观考察。

2012 年，天心区引进港资企业青和物业管理有限公司，总投资 63 万美元；丹麦绫致仓储服务项目、法国华创索菲特大酒店项目和英国渣打银行长沙分行项目签约开福区，引进资金 11.65 亿元；投资 10 亿元的绿野香田温泉生态健康城项目落户宁乡县。

至 2012 年年底，市、县（区）两级侨联和侨界人士直接或间接参与引进资金 100 亿余元，占长沙市引进外资总数的62%。

（四）宣传和文化交流。1991年5月，邀请瑞士华侨、日内瓦大学医学院免疫室负责人黄又彭作《自身免疫与老化机制》学术报告，全市医务工作者120人出席。

1996年12月，创办《长沙侨联》季刊。每年编辑发行4期，每期2000余份。

1997年9月，市侨联海外特邀顾问、美国圣路易斯大学教授刘国宪率该市教育代表团一行23人到长沙观光考察，与教育部门就两市教师交流等问题进行商洽。

1998年7月，长沙学院、长沙同升湖国际实验学校与美国劳伦学院签订《建立合作交流关系协议备忘录》，建立友好合作关系。

1999年10月，美国圣路易斯市教育代表团一行14人到长沙大学和周南中学参观、座谈，并与两校达成相互交流意向。

2001年9月，向《中国与世界》湖南编委会和中国侨联《华侨华人与20世纪》展览提供60余件资料和图片。

2004年7月，将宣传长沙的资料、光盘等向海外宾朋赠送。

2006年3月，长沙市与奥本市签订协议，结为友好城市。

2007年10月，市侨联支持的以“乡音·乡情”为主题的联欢会在长沙县开元剧院举行，美国北加州湖南联谊会代表与家乡人民同台演出。美国北加州湖南联谊会创始人、会长、辛亥革命先驱黄兴的孙女、旅美25年的旧金山湾区爱国侨领、社会活动家、文化界人士黄仪庄，回到长沙县开展交流活动，举办教育、科技、医疗和金融方面的讲座。

2008年，参与中国侨联发起的“亲情中华”主题活动，弘扬和传播中华优秀文化，加强对海外侨胞与侨社服务和联系。至2012年，长沙市知青艺术团组成湖南省“侨心艺术团”，到奥地利等国家开展“亲情中华慰侨巡回演出”，为各地数万华侨华人演出60余场。在省内参加“亲情中华进校园”“亲情中华·李丽主题演讲湖南行”活动等慰问演出。

2009年9月，开通长沙侨联网。撰写反映长沙经济社会发展和各类侨情近百篇篇宣传报道和信息，在中央统战部网站和《人民日报（海外版）》、《华声报》、中国侨网、《中国侨联通讯》、《长沙晚报》等媒体上发表。

2011年5月，承办全国侨联文化宣传工作会议，组织与会200余名海内外侨团和媒体代表考察长沙的重点项目。

2011年9月，海外顾问刘国宪作为长沙市引进的海外专家到湖南外国语职业学院担任校长，引进20余名外籍教师和近百名留学回国人员担任教师。

2012年6月，接待参加“第四届海峡论坛——2012两岸侨联和平发展论坛”的访湘团149位海外侨胞和台湾同胞，在长沙参观并开展文化交流活动。

2012年6月，对全市涉侨文物进行调查。长沙市的黄兴故居、田汉故居、黄兴墓、蔡锷墓和白果园程潜故居入选为第一批湖南省涉侨文化遗产。

1989—2012年，与奥地利《同乡报》、美国熊猫电视台、美国《美洲时报》《华府邮报》《美华商报》《新世界时报》和加拿大《多伦多在线》等10余家海外传媒建立联系。

至2012年，《长沙侨联》有60余篇信息、稿件被中央、省、市10余家新闻媒体采用。

第六章　台湾同胞联谊会

长沙市台湾同胞联谊会（以下简称“市台联”）是长沙台胞、台属、大陆配偶与回归定居人员的爱国爱长的民众团体。市台联于1986年6月成立，属中共长沙市委统战部领导，配合市委统战部做好在长台胞、台属的团结、稳定及维权工作；开展海外联谊、交流，为台胞、台属维权服务，以及参政议政，助推长沙经济等活动。1988年，长沙市有台胞78户、164人。1991年，编印《长沙台联通讯》，向台胞介绍两岸社情民意，宣传大陆成就及中共党委、政府的相关政策、对台方针方略。2005年，举办以“龙脉相传 青春中华”为主题的全国台联青年千人夏令营湖南分营活动。该活动作为台湾青年朋友了解大陆、丰富阅历、广交朋友的重要平台。至2012年，举办8届，600余名台湾大学生参加活动。是年，全市台胞175人，其中第一代台胞4人，第二代台胞55人，第三代台胞79人，第四代台胞37人。台属、大陆配偶近10万人。市台联为台胞、台属维权100余起，走访台胞800人次，接待和处理台胞来信、来电、来访3000余人次，协调有关部门解决台胞反映的住房、入学、改籍、社保、就业、民事纠纷等问题300余宗，接待台湾学生来访160人次，走访在长台资企业100余家，引资20亿余元人民币。社会公益捐款1200万余元。参加人大、政协活动，提出建议、提案300余件，其中100件建议、提案得到有关部门的重视和采纳，发挥台胞在参政议政方面的独特优势。

第一节　组织机构

一、理事会

1986年6月，选举产生第一届理事会，林卓藏任会长，林华生等3人任副会长。

1996年，选举产生第二届理事会，林卓藏任会长，林华生等3人任副会长，黄林任秘书长，敖林阳任副秘书长，邓忠、周小兰、林一龙、罗灿、黄顺英、常春、蔡再福任理事。

2005年，选举产生第三届理事会理事，林华生任会长，丁炳乾等5人任副会长，敖林阳任秘书长，林瑄、林嘉骐、罗碧波、姚克强、黄志辉、黄顺英、彭建国任常务理事，尤钊宇、刘宗云、刘明孝、李斯奇、张杰群、邹长立、陈和国、黎小可任理事。

2012年，选举产生第四届理事会，选出理事50人，白树仁任会长，陈昉青等11人任副会长，陈昉青任秘书长。

二、工作机构

1986年5月，市台联成立，属市级人民团体，行政人员编制2名，级别未定，归属中共市委统战部，无内设机构。2002年机构改革，行政人员编制2名，其中秘书长1名，副秘书长1名。至2012年无变化。

1988—2012年，先后担任长沙市台湾同胞联谊会主要领导职务的有：林卓藏、林华生（女）、白树仁；其他领导班子成员有：江小工、刘安成、丁炳乾、朱振行、林一龙、罗建文、黄林、陈昉青、黄志辉、方敏、林瑄（女）、张杰群、易红（女）、罗华东、张治学（女）、肖成军、杨新余、董升顺、敖林阳。

第二节 代表大会

一、第一次代表大会

1986年6月，长沙市第一次台湾同胞代表大会在长沙召开，参加大会的代表91人，其中，台湾籍同胞代表48人，台湾回归人员代表13人，台属代表30人。林卓藏作市台联成立筹备情况的说明。大会通过与会代表讨论协商并选举产生市台联第一届理事会，林卓藏被选举为理事长。

二、第二次代表大会

1996年7月，长沙市第二次台湾同胞代表大会在长沙召开，出席会议的代表和特邀代表102名，市台联副会长兼秘书长林华生致开幕辞。会长林卓藏作工作报告。会议学习中共中央总书记江泽民在春节茶话会上《为促进祖国统一大业的完成而继续奋斗》的讲话，审议并通过长沙市第一届理事会工作报告，确定市联今后工作的任务，选举产生长沙市台联第二届理事会。

三、第三次代表大会

2005年6月，长沙市第三次台湾同胞代表大会在长沙召开，出席会议的代表120名，副会长林华生会上在为台胞、台属排忧解难、招商引资、开展社会公益活动、机关建设等方面作出工作报告。大会选举产生市台联第三届理事会。

四、第四次代表大会

2012年7月，长沙市第四届台湾同胞代表大会在长沙召开，全市台胞、台属代表150余人出席会议。会议学习中共中央总书记胡锦涛对台工作的重要讲话，听取和审议长沙市台联第三届理事会工作报告，选举产生长沙市第四届台湾同胞联谊会理事会，审议并通过大会各项决议。

第三节 主要活动

一、联谊交流

1988年，为台胞开展联谊活动10次，500余人次参加活动。为宣传大陆形势，通报台湾情况，倡导台胞、台眷为增进海峡两岸同胞的联系做贡献。

1989年，接待岛内外台胞67人次，为长沙台胞找到在台湾地区的亲人23人。台湾当局允许大陆民众赴台奔丧和台籍老兵返台定居后，长沙市的两名台胞到台湾地区会见亲人，另有两名台籍老兵返台定居，回台探亲的台胞在家乡结识和联络的朋友200余人次。会同有关部门协助5名老台胞到香港、国外会亲。

1991年，开展台胞、台属参与的学习活动8次，召开座谈会15次，学习《中华人民共和国侨胞侨属权益保护法》，以及就老台胞退休生活等问题进行研讨。是年，组织台胞、台属到韶山、花明楼等地参观联欢活动9次。

2003—2006年，利用春节、中秋节、老年节等传统节日，开展联欢、座谈、慰问、餐会等联谊活动20余次，联络、接待台胞、台属2000余人次，接待所涉及的人是包括到大陆探亲访友、婚姻嫁娶、旅游观光、求医问药的台胞、台属及定居台胞、台籍台胞。2005年，接待全国台联夏令营湖南团、宁波台联考察团等。在联络接待中收集台胞意见，寻找投资信息，维护台胞合法权益。

2006 年，长沙市首次对定居长沙所有台胞的基本情况进行全面调研，掌握台胞有关人员工作、收入、知识结构、思想、组织等方面的基本情况。

2007 年，开展各项联谊活动 79 次，接待台胞 1000 余人次，召开专题学习、座谈会，参与者 20 余人次，接待台湾大学、中学生到湖南的夏令营活动。

2008 年，接待到长沙观光、旅游和有意参与家乡建设的台胞 809 人次。接待台信房地产商总经理林凯旋、台湾福联企业有限公司总经理林文秀等人。是年中秋节，参与省会台胞迎中秋联谊会活动，提高广大台胞的参与热情。

2009 年春节期间，举办长沙市台胞迎春会，与在长沙的台胞、台属开展新春联谊活动，征求了解他们对长沙经济社会发展好的建议。是年，接待台湾高雄市里长、议员代表团和到长沙进行项目洽谈的台商韩克等 83 人。

2010 年初，到台湾进行考察，与相关机构进行交流探讨，协助台胞赴台参观考察投资接待相关事宜，制定两岸信息交流的具体工作。3 月，按照台湾习俗开展“丰收节”联欢会，收集台胞、台数关于促进长沙发展的建议 18 条。接待其他省市台联 8 批次和全国台联会副会长、台湾同学会会长林盛中率领的世界台胞社团湖南参访团一行 33 人。全年召开各类座谈会 14 次，慰问走访 89 人次，开展联谊交流 10 次。

2011 年 9 月 20—25 日，参加在长沙举办的“2011 年台湾民情学术研讨会”，来自全国各地台湾民情研究领域的 70 余名专家学者参加研讨会。12 月 6 日，80 余名台胞、台商等共贺湖南省台联 30 岁生日，长沙市台联获“先进单位”称号。是年，注重加强长沙台胞乡亲联谊交流，到 20 余户台胞家庭走访调研，完成全市台籍同胞基本情况调查摸底，健全台胞动态信息档案。参加全国台联举办的“千人台湾学生夏令营”湖南分营活动，来自台湾岛内的青年学生到岳麓书院、简牍博物馆、省博物馆、湘绣研究所和张家界、凤凰等地参观游览。至 2011 年，“千人台湾学生夏令营”湖南分营已连续举办 7 届，500 余名台湾大学生参与活动。

2012 年，继续举办第八届全国台联台胞青年千人夏令营湖南分营，参加活动的有 50 余名营员分别是在台湾高校就读的学生、台商子女、大陆台胞大学生以及岛内中南部从未到过大陆的青年。

二、维权服务

1988 年，重点走访在工作、学习、生活上有困难的台胞，并尽力帮助解决困难补助、住房、工作调动、调解纠纷等。此外，协助 7 名台属找到在台湾的亲人。

1989 年，接待本市台胞 250 人次，处理来信 105 件，实地走访 65 人次，按照政策安排台胞子女 8 人就业，协助台胞子女 6 人升学，解决台胞子女录干、招工、“农转非”（农业人口转为非农业人口）户口 3 人，解决 4 户住房问题。帮助解决台胞婚丧病患、各种纠纷等难题。

1991 年，编写《长沙台联通讯》8 期，主要是向长沙市台胞介绍大陆与台湾的情况、赴台探亲的有关问题，以及市台联工作情况等。全年与全国各地台联交流学习资料 181 件次，接待台胞台属 390 人次，全市台胞台属对台通信和通电话 321 件次，台联走访市内台胞台属 150 人次，对市内台胞台属给予困难补助 27 人次，协助市内台胞台属赴台、出国探亲 19 人次。

1993 年，组织市内台胞学习党和政府的有关对台工作方针政策 11 次，印发台情资料 7 期，组织长沙地区台胞联欢会 2 次，接待来访台胞 270 人，协助台胞探亲访友 97 人次，协助台胞处理海峡两岸遗产事务 1 件，帮助台胞办实事 127 件次，走访台胞台属 150 人次。在台胞联谊工作中，重点宣传党的“一国两制”方针政策。

2003 年，联络联系台胞 900 余人次，涉及长沙探亲访友，求医问药、求师访友、经商办厂台胞台数人等。全年呈报信息 40 余篇，反映台胞就业态度、二代台胞赴台打工状况、定居长沙市台胞生活状况、老台胞生活状况、台胞对中共十六届三中全会的学习认识等。

2005 年，在联络接待台胞来访时长沙市台胞存在生活难题：一代台胞退休早、收入低，在一种较低标准下生活；二代台胞大部分都分配在厂矿企业，因企业改制、破产、瘫痪、内退、买断工龄等，收入锐减甚至无收入，有老有小，生存压力之大，精神状态近于崩溃；第三代台胞升学和就业问题可以描述为学费高，超出其父母承受力，就读时因贫而生的自卑心理，不宜培养其统战意识；工作不稳定、待遇低合法权益保护不够高。市台联将情况进行汇报，并从年初开始，对已定居的长沙市台籍同胞基本情况开展全面调研，了解人员情况、工作情况、收入情况，分析形成原因，提出建议，调查报告上报中央统战部。是年，协调处理财务纠纷近 10 起，处理台胞叶某某财务一事、赵某某财产纠纷、刘某某胞涉婚大陆财产被侵案等。定居长沙的台胞王某某财产被骗，致使生存处于危机状况，通过市台联反映情况从而解决问题。台属庄某某夫妇离婚案，因妻子是检察院官员，法院把夫妻共有的财产房子、车子、存款全判给其妻子。市台联予以反映情况，经市检察院抗诉、法院再审，双方达成调解，财产纠纷公平解决。此外，为台胞、台属出面协调各类问题 20 余起。

2008 年，了解在长生活台胞的现状，定期走访慰问在长台胞。

2009 年，对生活困难的台胞进行走访慰问，开展一系列“送温暖、献爱心”活动，走访 60 户，发放慰问金 2.5 万元、慰问物资 500 份。开展长沙地区台胞情况普查调研活动，发放长沙市台籍同胞调查问卷表 160 份，举办 5 次台胞座谈会，对普查中的困难户逐一走访，针对实际情况提出解决问题的对策方法。此外，在中秋节、国庆节期间对长沙地区台胞进行走访，发放慰问金 3 万元。尤其是在台湾受到严重的水灾期间，在长沙的台胞、台属为灾区捐款 1.75 万元人民币。2010 年春节期间，为在长沙地区的台胞开展联欢、联谊活动，对生活困难的台胞送温暖、献爱心，走访 50 户困难台胞，发放慰问金 3 万元、慰问物资 110 份，征求科学发展建设长沙的意见建议 46 条。全年接待台胞、台属来信来访 47 起，协助解决台胞的实际生活问题。

2011 年，坚持平时走访和节日慰问相结合，开展扶贫济困送温暖活动，走访困难台胞 40 户，发放慰问品 100 余份。重视台胞来信来访反映的问题，协调解决台胞陶谦申请廉租房的问题。

2012 年，走访调研 30 余户台胞家庭，了解工作、生活、创业等情况。并利用春节、端午节、中秋节日，邀请台胞台属参加座谈会。争取到 100 余份慰问物资送发全市困难台胞。4 月，慰问宁乡的第一代台胞郭明忠。此外，每月向台胞朱振行寄送生活补贴，使台胞、台属感受到党和政府的关心。

三、参政议政

1988—2003 年，参加市法院、市建设委员会等部门的行风监督评议工作，参加市政协组织的视察活动，并建言献策。

2004 年，在就优化投资环境、关注贫困台胞等方面提出提案，上报社情民意 30 余条、统战信息 50 余条。

2005 年，就众多高校均存在虚假电子阅读室，涉及非法经营、不当牟利、强行揽客、校商勾结、社会治安隐患众多等，且有星火燎原之势的问题，提出提案《关于取缔校园内外虚假电子阅读室的建议案》，建议指出建议严格按照国法管理，坚决取缔虚假电子阅读室；提出《维护投资商合法权益，确保坡子街民俗民食商业街重点工程项目的顺利实施》的提案，经过近一年的多方多次协商沟通，解决拆迁户漫天要价问题，使项目顺利推进。是年，提出提案 18 件。

2007 年，有省、市、区（县市）人大代表、政协委员 15 人，参加人大、政协的调研视察活动 10 余次，参与民主监督活动 20 余次。

2008 年，提出的“定王台消防通道整改”“关于建立专业技术人才库”“建设老台胞医疗治病绿色通道”“农村农民养老”等 10 条意见、建议、提案被采纳。

2009 年，参加市法院、市公用事业局等单位的形象监督活动 50 余次，并就台联理事所属长沙皓宇物流公司法律维权，长沙水陆洲居民拆迁，深圳市外轮公司、蛇口公司企业合同纠纷等问题出面协调沟通，经多方联系，问题得到解决。组织台联界人大代表、政协委员、理事各种知政情、晓民意活动 13 次。评选优秀政协委员、先进代表 12 人次。提出建议、提案 18 件。

2011 年，提交《关于减轻长沙市物业服务行业企业经营税费的建议》《将百里湘江画廊作为一项“环境友好、城市名片”的重点工程规划》等提案中的建议均被有关部门采纳。为配合长沙市全面治理“交通拥堵”和实行“公交优先”的方略，提交的集体提案《关于我市公交车统一管理和优化营运线路的建议》被采纳。

2012 年，市台联有省、市、区（县市）政协委员 14 人，省人大代表 1 人。是年，提交《关于长沙城市运行安全的建议》《关于减少电梯安全隐患的建议》《关于将长沙农村道路交通安全管理纳入城乡一体化的建议》《关于加强集中空调通风系统卫生管理的建议》4 件提案，并交有关单位办理，供决策参考。

至 2012 年，履行参政议政职责，向市人大常委会和市政协提交提案和建议 300 余件。

四、助力经济

1988 年，集资 10 万元成立长沙市台胞海峡贸易公司，为台联筹集活动经费，并开展技术咨询服务。

1989 年，为振兴长沙经济，做好引入台资、做好人才培训工作，向岛内、海外 10 名台胞及海外人士介绍大陆的经济政策，为 20 余名台胞提供咨询服务。是年，介绍长沙市公用客车厂与日本东海铁工株式会社签署《关于选派研修生赴日研修意向书》，首批派遣 28 名中方人员到日本学习。4 月，对长沙市台胞海峡贸易公司进行整顿和充实，由长沙地区的台胞台属为主的各界人士集资 50 万余元，扩大经营范围，更名为长沙市台胞实业总公司。全年营业额 141 万元，利润 11.9 万元，为原海峡贸易公司还清债务后略有结余。此外，公司与台商苏承明达成投资 60 万美元在长沙兴办半宝石加工厂的协议。

1991 年，为对台经贸牵线搭桥。2 月，台商苏永明、陈丁祥、沈崇圭、杜清来、叶仁寿等人应邀对长沙的投资环境进行考察。在此期间，与湖南湘民技术经济公司达成组建南宝金属化工实业股份有限公司的协议。协议由台商投资 60 万美元，经营硫酸铜、硫酸锌、氧化锡、氧化铜等化工产品制造和进出口买卖，以及五金成品制造及金属废料进出口买卖和金属化工技术咨询服务。5—8 月，港商王鼎元到长沙考察，与湖南省食品工业协会达成关于合资生产经营肉类产品的意向。此外，为台商与湖南省工艺品进出口公司、天然矿物石首饰商行、华天珠宝玉器商行等单位牵线搭桥，达成数笔交易，总成交额 7 万余美元。

2003 年，对长沙开元仪器有限公司等企业的生产经营状况及存在问题进行调研，促进其经营状况的进一步改善。是年，促进香港永升国际有限公司和长沙微电子总公司合作扩大电子铬生产线，总投资 1

亿元人民币。

2007年，理事张杰群投入1200万元进行普瑞西路建设，投资700万元参与仓城西路建设，投资300万元参与长沙恒盛商厦建设，长沙步行街靓点时尚广场投资500万元，步行街运动城投资1350万元。理事陈和国投资波士家具公司4000万元，年上缴税费200万元。市台联副会长罗建文所在的长沙开元仪器有限公司上缴税费从1204万元（2006年）发展到2007年10个月的1068万元。

2010年，市台联理事、长沙市海映投资管理公司总经理尤钊宇投资3500万元买下长沙市科文大楼，投资1000万元在解放西路建立上上酒吧。理事张杰群在望城县黄金乡投资6000万元建商住楼盘。长沙开元仪器有限公司销售仪器2.8亿元，利税5000万元，出口创汇110万美元，科技创新6个新产品上市。此外，引进台湾泰元食品牧业有限公司在望城茶亭镇罗建文投资600万美元。

2012年，走访台属、台资企业30余家，帮助企业反映和解决20余个困难问题。推荐湖南波特重工制造有限公司、长沙市雅高彩印有限公司等台资、台属企业加入市工商业联合会。协助长沙皓宇发展有限公司寻找新的投资项目，开展招商引资工作。副会长、群峰置业有限公司董事长张杰群在望城投资2000万元建砂子塘小学新校区。副会长罗华东所在的长沙开元仪器股份有限公司在中小板上市，成为长沙市台属企业中唯一的一家上市公司，公司接收下岗职工300余人、残疾人10余人。理事吴勇平所在的湖南波特重工制造有限公司在星沙投资3000万元建设新项目、新厂区，并为湖南省岳阳市平江县修桥捐款70万元。是年，佐登妮丝集团、长沙海映投资管理有限公司、湖南君泽照明设计有限公司等台资、台属企业为下岗工人创造就业机会。

第七章 工商业联合会

20世纪80年代，长沙市工商业者团体围绕组织形式及工作内容创新等方面开展工作，推动长沙工商业发展。1988年10月，长沙市工商联组建新的领导班子，开始独立办公。是年起，与国内外160余个商会组织建立工作联系，参与组织招商引资活动，同时履行参政议政职能。1989年，对全市大中型国营企业、部分集体企业和私营企业进行调研，针对长沙市经济环境情况向市政府提交《乱收费、乱罚款、乱摊派现象屡禁不止，治理需下功夫》的调研报告。1990年，全国人大代表、市工商联会长方毓棠和全国人大代表、市电冰箱厂厂长邓文全向全国人大提出《加强对私营企业的领导》和《改变出口企业“双轨制”》两个建议，得到中央有关部门的重视。

1991年，工商联的主要工作对象由国有企业向私营企业、个体工商户、“三胞”（港澳同胞、台湾同胞、海外侨胞）投资企业和部分乡镇企业转变。市工商联发展会员开始以非公有制经济为主要对象。是年，市工商联在下辖各县（市）区筹建区县工商联组织。至1993年，芙蓉区、天心区工商联成立，长沙市实现县（市）区工商联组织的全覆盖。1993年5月，长沙市总商会成立，与市工商联两块牌子一套人马合署办公。在成立大会上，与会的非公有制经济代表向全市非公经济人士发表倡议书：号召全市同仁“努力发展生产、讲究职业道德，开展优质服务、遵守政策法令、按章纳税、关心公益事业”。

1994年，向市政府申请组建工程和经济两个系列专业技术职务评审委员会，在非公经济企业员工中评审获得高、中级专业技术任职资格。是年，长沙市“光彩事业”开始实施，市属各县（市）、区按长沙市的模式也相应成立光彩事业办事机构。

2000年，长沙市成立农业产业化企业联络小组。市工商联召集相关企业开展2次较大规模经验交流活动，促成24家城区非公企业到农村进行农业产业化开发，投资3.11亿元。是年，组织300余家民营企业参加长沙市和乌鲁木齐市在新疆举办的乌鲁木齐首届进出口商品交易会，民营企业占参会企业的60%，成交额9亿元。2003年，长沙市首次承办全国大中城市民营企业合作交流会，与会人员1500余人，其中正式代表422人。全国政协、中共中央统战部、全国工商联、中国光彩事业促进会领导及省、市主要领导出席，近百名大陆民营企业家和港、澳、台工商界知名人士参会，签约项目63个，签约金额150.16亿元。

2007年8月，长沙市成立湖南第一所民营企业投诉处理中心。中心与纪委、监察、工商、税务、物价、质量技术监督等部门之间实行经常性联系制度。

2008年，提交政协的提案《关于激活民众积极创业投资、努力把长沙市打造成"创业之都"的建议》获采纳。9月，成立长沙市推进创业富民领导小组，办公室设在长沙市工商联，开创全国之先河。2009年，开展"三百工程"（重点帮扶100家民营企业，重点推进100个创业项目，重点发挥100个商会作用）活动，帮助企业解决生产、经营中遇到的融资、招商引资、业务拓展、维护权益等方面的困难和问题125个，帮助500名大学生、农村青年就业，推动初次创业项目85个，支持帮助会员企业二次创业项目37个。

至2012年，长沙举办"携手创业，共享成功创业富民专题报告会"200余场，培训10万余人次；建立市级基地43个，区县（市）级基地57个，长沙被评为首批"全国创业先进城市"；新增私营企业6.22万户；新增私营企业投资者13.52万人；新增个体工商户19.41万户；筹集调拨创业富民专项资金2.7亿元。长沙市非公有制企业向社会捐资2.6亿元，其中修路、修桥、建敬老院等捐资2.26亿元，教育捐资1520.5万元，卫生捐资145万元。捐赠地区涵盖长沙县、望城县、浏阳市、宁乡县、湘西龙山县、永州江永县等地。民营企业投诉处理中心接受投诉431起，处理406起，结案率94.1%，挽回经济损失5000万余元。

是年，长沙市工商业联合会拥有会员1.84万个，其中企业会员1.27万个，有32家企业先后在国内和境外股市上市。全省民营企业100强名单中市工商联会员占33个。全市会员企业形成机械制造业、新材料制造业、汽车制造业、电子信息工业、数控机床制造业、药品食品工业、建筑、建材业6个支柱产业。全市个体工商户34.37万户，从业人员69.44万人，注册资本218.8亿元；私营企业有9.65万户，从业人员75.14万人，注册资本3418.6亿元，全市非公经济完成增加值3725.11亿元。

第一节 组织机构

一、市级机构

1988年10月，市工商联（总商会）设主任委员1名、副主任委员若干名、秘书长1名。市工商联机关重新组建，独立办公。内设组织科、业务科、办公室3个科室，编制数18名，工作人员17人。1989年5月，长沙市工商联尝试组建企业民间商会。9月，组建照相同业公会。10月，内设科室调整为公共关系部、会员联络部、咨询业务部、办公室4个部室。1993年5月，长沙市总商会成立，市工商业联合会加挂"长沙市总商会"的牌子。12月，市工商联（总商会）设会长1名、副会长若干名、秘书长

1名。办公机关“两块牌子、一套人马”合署办公，内设机构、人员编制等均不变。1995年10月，长沙市工商业联合会（总商会）机关机构改革，内设机构调整为办公室、会员部、联络部、经济部、宣传调研部、政工部6个部室，核定行政编制25名，核定事业编制1名，实有工作人员26人。2000年，成立长沙市第一家异地商会长沙市福州商会。2003年11月，长沙市党政机关对内设机构统一更名为处室，市工商联设办公室、研究室、会员处、经济联络处、宣传处、人事处6个职能处室，核定行政编制24名，单列离退休人员管理服务编制1名，事业编制2名。2009年6月，增设权益处，内设机构调整为7个。2011年12月之后，市工商联（总商会）设主席（会长）1名、副主席若干名、副会长若干名、秘书长1名。2012年8月，市工商联内设7个处（室），行政编制增至32名，事业编制2名，实有工作人员32人。

1988—2012年，先后担任长沙市工商业联合会主要领导职务的有：方毓棠、龙云彰、彭继球、唐士宝、朱健人、毕凯、李伟群、饶福明；其他领导班子成员有：喻力、黄刚直、陈菊泉、李延智、夏谋、李伟、张明刚、傅纯、蔡虹（女）。

二、区县（市）级机构

1986年7月，望城、宁乡两县恢复成立工商业联合会，10月，长沙县恢复成立工商业联合会。1987年3月，浏阳县恢复成立工商业联合会。1989年2月，郊区工商业联合会成立。1992年9月，西区、北区工商业联合会成立。1993年3月东区工商业联合会成立。4月，南区工商业联合会成立。

1996年，郊区、东区、西区、南区、北区工商业联合会分别更名为雨花区、芙蓉区、岳麓区、天心区、开福区工商业联合会。

三、基层机构

1997年，长沙市各县区、县（市）工商联着手组建工商联分会工作。宁乡县双凫铺、夏铎铺，浏阳市大围山、淮川、达浒、关口、沿溪，长沙县黄花、北山、跳马，望城县高塘岭、靖港、丁字12个乡镇，雨花区高桥、洞井、天心区坡子街、芙蓉区都正街、岳麓区观沙岭、开福区北站路6个街道分别成立工商联分会组织。2002年全市有乡镇工商联分会57个，街道工商联分会47个。2005年全市有乡镇工商联分会93个、街道工商联分会58个。2012年全市有乡镇街道商会104个，街道商会72个，异地及其他商会38个。

表7-7-1-1　　1994—2012年长沙市异地行业商会一览表

一、行业商会				
市、区、县（市）	机构名称	成立时间	会员数（家）	会长
长沙市	五金行业商会	1995年	108	高玉堂
	装饰建材商会	1999年	220	周海军
	机电商会	2004年	324	雷志昌
	钢材商会	2005年	90	黄　建
	工商联家居装饰商会	2006年	50	谭建钢
	酒吧KTV商会	2006年	40	富　刚

续表 7-7-1-1

一、行业商会				
市、区、县(市)	机构名称	成立时间	会员数(家)	会长
长沙市	工商联红星日用品批发大市场商会	2008年	50	陈善居
	电脑经销商会	2009年	52	李　兵
	工商联集中式餐具消毒商会	2009年	32	张培钢
	家用电器商会	2010年	56	姜　北
	布艺商会	2011年	300	聂楚南
	纸业商会	2011年	139	刘长庚
	冷饮行业商会	2011年	98	左永丰
开福区	纸业行业商会	2003年3月	84	刘长庚
	金满地分会	2005年12月	23	石建军
	人瑞建材行业商会	2006年12月	38	钟建良
	美容美发化妆品行业商会	2007年7月	76	周川淇
长沙县	星沙汽配城汽配行业商会	2005年	177	紫庆德
	长沙县物流与采购联合会	2006年	560	张晓宁
	长沙县汽车商会	2006年	83	范可凤
	长沙县二手车卡车经销商会	2006年	17	王献文
	长沙县汽配五金机电城经营户联合会	2006 年	60	童铁刚
	长沙县石材商会	2007年	71	彭新民
	长沙县建材商会	2007年	48	易扬琳
	长沙县中南汽配批发大市场经营户联合会	2010年	50	易光明
望城区	望城区乔口养殖流通业商会	2005年9 月	151	刘　建
	望城建筑行业商会	2006年12月	31	刘先麟
	望城区丁字湾麻石商会	2006年10月	122	谭铁辉
	望城区格塘茶叶协会	2008年10月	230	杨正午
浏阳市	浏阳市女企业家商会	2007年5月	66	陈小英
	北盛建筑材料租赁行业商会	2009年4月	206	黎西林
	浏阳家具行业商会	2009年4月	295	邵怀亮
	浏阳市快速消费品行业商会	2009年6月	70	要杏义
	大瑶花炮商会	2009年9月	51	黄纪昌
	淳口钢管租赁行业商会	2010年3月	113	张德达

续表 7-7-1-1

一、行业商会				
市、区、县(市)	机构名称	成立时间	会员数(家)	会长
宁乡县	建材商会	2002年10月	30	刘世量
	鞋业商会	2005年8月	65	刘义军
	服饰商会	2005年8月	24	岁文亮
	商业物流商会	2005年12月	431	杨智光
	餐饮商会	2006年6月	120	郭庆献
	酒业商会	2006年6月	48	袁国辉
	家具商会	2009年6月	145	贺坤玉
	机电商会	2006年12月	68	唐　岳
	摩托车商会	2010年4月	166	文伟军
天心区	天心区电子通信商会	2001年	52	余中亚
	天心区解放西路文化娱乐商会	2002年	25	潘晓林
	天心区黄兴南路步行街商会商会	2003年	56	周文汉
	天心区钢管行业商会	2004年	41	黄　健
	天心区新世纪文体商会	2005年	35	孙晓岳
岳麓区	岳麓区摩托车行业商会	2006年	22	刘　斌
	岳麓区望城坡建材行业商会	2007年	421	吴　梁
	岳麓区汽车服务行业商会	2011年	70	刘弘毅
	女企业家商会	1994 年3月	58	邹碧霞
	饮食业分会	1996 年5月	44	黄国俊
芙蓉区	服装分会	1997 年5月	265	张放军　刘志刚 曾志鸥
	机电分会	1997 年6月	53	甑　健 汤　勇
	洗涤用品商会	1999 年6月	25	陈卫红
	家具商会	1999 年7月	33	余桂龙
	三角花园服装商会	2000 年3月	40	李建英
	酒吧商会	2006年10月	13	李　志

续表 7-7-1-1

市、区、县(市)	机构名称	成立时间	会员数(家)	会长
芙蓉区	楼宇商会	2006年11月	17	夏欣刚
	解放中路服饰商会	2007年11月	18	曾志鸥
	文化书刊商会	2008年1月	300	周耕辉
	化龙池清吧商会	2009年5月	25	李云龙
	摩托车分会	2000年10月	42	田　斌
	布艺分会	2001年4月	57	李文越　聂楚南 易秋良　易　卫 聂楚南
雨花区	雨花区广东食品商会	1998年8月	68	郭光远
	雨花区小食品行业商会	1998年12月	18	吴　强
	雨花区干货干椒行业商会(原名为雨花区干椒、食杂、干货商会)	2000年4月	67	曹洪球
	雨花区交易大楼服装行业商会	2003年11月	13	杨建忠
	雨花亭街道餐饮行业商会	2005年11月	23	张　建
	雨花亭街道工业商会	2005年12月	17	邱饶生
	雨花亭街道汽贸商会	2005年12月	12	苑小山
	左家塘街道餐饮商会	2005年12月	29	盛国平
	左家塘街道房产商会	2005年12月	11	周继青
	左家塘街道商贸商会	2005年12月	19	钟　卫
	雨花区二手车交易商会	2007年12月	43	严　志
	雨花区红星糖酒城商会	2008年12月	67	宋昌明
	雨花区物流行业商会	2009年3月	123	汤志林
	雨花亭街道雨新路社区商会	2009年9月	73	李卓鹏
	雨花区侯家塘街道楼宇商会	2010年10月	32	汪峥嵘
	雨花区高桥商圈商会	2010年11月	85	李天龙

续表 7-7-1-1

二、异地商会			
机构名称	成立时间	会员数(家)	会长
长沙市福州商会	2000年	170	柯宝清
长沙市泉州商会	2006年	420	李天赐
长沙市涟源商会	2007年	210	邱则有
长沙市益阳商会	2008年	624	吴长云
长沙市怀化商会	2008年	180	刘艳华
长沙市永康商会	2009年	118	朱定一
长沙市岳阳商会	2009年	615	曾　左
长沙市祁乡商会	2009年	90	刘祥华
长沙市莆田商会	2009年	100	林建芳
长沙市茶陵商会	2010年	370	彭学明
长沙市安乡商会	2011年	80	刘兴跃
长沙市衡阳商会	2011年	188	凌志效
长沙市常宁商会	2011年	80	刘洁洋
美国长沙商会	2011年	46	袁锡民
香港长沙商会	2012年	93	李秀恒

四、会员

1988 年，长沙市工商联发展国有企业会员 60 家，私营企业会员 26 家，团体会员 9 家。1991 年以前，长沙市工商联在发展会员企业中，主要是以国有企业为主，私营企业会员不多。1991 年后，规定不再发展国有企业会员，但个别年份发展少量国有企业会员。会员主要发展对象转为非公有制经济组织。2003 年，会员 7636 名，其中私营企业会员 3122 家。2007 年，市工商联有会员 13104 名，其中私营企业会员 7885 家。2012 年，会员 18436 个，其中私营企业会员 12641 个，企业会员中有 32 家企业先后在国内和境外股市上市；全省民营企业 100 强名单中市工商联会员占 33 个。全市会员企业形成机械制造业、新材料制造业、汽车制造业、电子信息工业、数控机床制造业、药品食品工业、建筑建材业七大支柱产业。

表 7-7-1-2　　1988—2012 年长沙市工商业联合会企业会员发展一览表　　单位：家

年份	私营独资企业	私营合伙企业	私营有限责任公司	私营股份有限公司	港澳台合资企业	港澳台股份有限公司	外资企业	外商股份有限公司	国有企业	集体企业
1988	26	—	—	—	—	—	—	—	60	—
1991	381	—	—	—	—	—	—	—	68	19

续表 7-7-1-2

注册类型 / 年份	私营独资企业	私营合伙企业	私营有限责任公司	私营股份有限公司	港澳台合资企业	港澳台股份有限公司	外资企业	外商股份有限公司	国有企业	集体企业
1996	843	—	—	—	—	—	—	—	15	24
2000	1478	103	406	13	—	—	—	—	7	29
2003	2014	365	678	65	—	—	—	—	—	—
2004	2045	370	740	73	—	—	—	—	—	—
2005	2071	403	747	78	—	—	—	—	—	—
2006	3262	731	1031	172	—	—	—	—	—	—
2007	4479	918	1917	571	—	—	—	—	—	—
2008	4472	918	1917	571	14	35	68	63	—	—
2009	4972	1018	1917	1231	14	37	63	—	2	—
2010	5021	1747	3047	1242	17	5	98	1	3	—
2011	5555	1768	3077	1351	21	11	99	2	3	—
2012	6413	1838	3151	1220	19	—	2	3	14	—

说明：从 2008 年起按全国工商联统一统计数据表填报

第二节 代表大会①

一、第九次代表大会

1993 年 5 月 27—29 日，市工商联在麓山宾馆举行第九次会员代表大会暨“长沙市总商会”成立大会。出席会员代表 184 人，会议贯彻中共中央关于工商联工作的指示精神，讨论方毓棠关于《解放思想，团结奋进，充分发挥商会职能，为发展长沙经济做贡献》的工作报告。中共长沙市委副书记、市人大常委会主任郭俊秀向新当选的长沙市工商联主任委员方毓棠授予“长沙市总商会”牌匾，在成立大会上，与会的非公有制经济代表向全市非公经济人士发表倡议书：号召全市同仁“努力发展生产、讲究职业道德，开展优质服务、遵守政策法令、按章纳税、关心公益事业”。大会选举执行委员 62 人，常务委员（以下简称“常委”）29 人，组成第九届执行委员会及其常委会，方毓棠任主任委员。副主任委员 8 人，秘书长 1 人。

二、第十次代表大会

1997 年 4 月 28—29 日，市工商联在麓山宾馆举行第十次会员代表大会。出席会员代表 218 人，特

①长沙市工商业联合会第八次会员代表大会于 1988 年 10 月 6—9 日在省军区招待所召开（详见《长沙市志·第三卷》，湖南人民出版社，2003 年）

邀代表54人。龙云彰会长代表第九届执委会作题为《适应新形势，再上新台阶，谱写跨世纪工商联工作的新篇章》的工作报告。大会选举执行委员78人，常委38人，组成第十届执行委员会及其常务委员会。龙云彰任会长。副会长6人，秘书长1人。

三、第十一次代表大会

2001年12月20—21日，市工商联在枫林宾馆举行第十一次会员代表大会。出席会员代表323人。龙云彰代表十届执行委员会在会上作题为《与时俱进，开拓创新，肩负起新世纪工商联工作的使命》的工作报告。会议审议通过出席省工商联第九次会员代表大会的代表名单。大会选举执委165人，常委78人，组成第十一届执行委员会及其常务委员会。龙云彰任会长。副会长13人，秘书长1人。

四、第十二次代表大会

2006年11月15—16日，市工商联在枫林宾馆举行第十二次会员代表大会，出席会员代表396人。龙云彰代表十一届执行委员会在会上作题为《坚持科学发展观，推动长沙市工商联工作迈向新台阶》的工作报告，第十二次会员代表大会全体代表发表《做构建和谐长沙的助推器——致全市非公有制经济人士的倡议书》。本次换届增配市总商会领导班子，实行“两块牌子、两套班子，一个工作机构”的工作模式，总商会与工商联合署办公。工商联专职负责人同时兼任总商会相对应的职务，兼职副会长不重复兼任。大会选举长沙市工商联（总商会）执行委员239人，常委94人，组成长沙市工商联第十二届执行委员会及其常务委员会。彭继球任会长。副会长16人，秘书长1人。组成长沙市总商会第十二届执行委员会，彭继球任会长。副会长11人，秘书长1人。

五、第十三次代表大会

2011年12月23—24日，市工商联在融城花园酒店举行第十三次会员代表大会，出席会员代表475人。彭继球代表十二届执委会在会上作题为《抢抓机遇，乘势而上，奋力开创新形势下工商联工作新局面》的工作报告；审议通过出席省工商联第十一次会员代表大会的代表名单；成立长沙市非公有制经济组织党工委和长沙市光彩事业促进会；向全市非公有制经济人士发出“积极投身光彩事业，募集光彩基金”的倡议。大会选举执委355人，常委176人，组成长沙市工商联第十三届执行委员会及其常务委员会。彭继球任主席。副主席25人，秘书长1人。组成长沙市总商会第十三届执行委员会，彭继球任会长。副会长32人，秘书长1人。

第三节 主要活动

一、参政议政

1989年，开展对全市大中型国有企业、部分集体企业和私营企业进行调研，针对长沙市经济环境情况向市政府提交《乱收费、乱罚款、乱摊派现象屡禁不止，治理需下功夫》的调研报告。《报告》建议深化改革、加强政策措施配套、杜绝政出多门；加强制度建设、防止以权谋私；清理整顿收费项目、依法依规公开有关收费项目及标准；推动体制改革、实行政企分离；强化有关监管机制，同时发挥各级人大、政协机关监督职能。市政府采纳所提建议，通过整治，长沙“乱收费、乱罚款、乱摊派”现象有所收敛。

1990年3月，开展对长沙市化学工业中困难企业和产品结构调整问题进行调研、撰写《关于发展长沙市化学工业的若干意见建议》。市经济贸易委员会采纳意见，作专题研究部署，促进整改落实。是年，全国人大代表、市工商联主席方毓棠和全国人大代表、市电冰箱厂厂长邓文全向全国人大提出《加强对私营企业的领导》《改变出口企业“双轨制”》两个建议，得到中央有关部门的重视和答复。

1993 年，开展关于长沙市个体工商户、私营企业负担情况的调查，撰成《长沙市非公有经济调查报告》。

1995 年，在市政协八届二次会议上作《鼓励和引导非公有制经济在农业和农村大力发展》的发言，市政府责成多个单位开展相关工作，动员市区非公企业到农村兴办种养业基地、农产品深加工等新兴综合经济体。是年，全市经济发展环境问题开展调研，撰写《对长沙市投资环境的问卷调查分析及建议》，中共长沙市委书记对建议作出“人人都是投资环境，个个都是长沙形象”的批示。宁乡县工商联向省政协提交《关于宁乡县清水公路桥等两座桥的改建扩建迫在眉睫》的提案，被省交通厅采纳。

1997 年，提交的《关于尽快制定长沙私营企业条例的建议》得到重视，长沙市出台《长沙市私营企业管理条例》，投资对两座桥进行改建。

1999 年，围绕《深入贯彻党的十五大精神，进一步加快我市非公有制经济发展》开展调研，撰写系列调研报告，其中《建议民营科技企业投资风险机制》被市政府采纳，获市社会科学成果奖。是年，提交的提案《关于加大治理长沙市机动车辆噪声、尾气污染力度的建议》获采纳。《长沙晚报》刊登宣传该提案文章，湖南省广播电台阳光车道频道进行采访直播。

2000 年，撰写《长沙市非公有制经济发展战略研究》，被列入《长沙市中长期经济社会发展战略纲要》。此后，长沙市制定的“十一五”（2006—2010 年）、“十二五”（2011—2015 年）发展纲要的非公有制经济部分由市工商联拟稿。是年，提交提案《关于加快贯通蔡锷南路工程建设的建议》，长沙市专门成立负责该项目工程的指挥部，副市长赵小明多次召集市建委、拆迁办、规划局、国土局、房地局、市政专项建设指挥部，有关区政府和重点工程办公室负责人开会研究，并制定工程规划，明确该路段拆迁工作实行分片包干责任制。蔡锷南路工程建设实现当年动工、当年竣工、当年受益。提交的集体提案《关于进一步优化经济发展环境、促进长沙市非公有制经济发展的建议》被列为 1 号提案。

2001 年，撰写的《关于吸引民间资本参与城市基础设施建设和经营的建议》在市政协“推进城市资本运作，加快城市建设步伐”重点调研课题座谈会上进行发言。

2003 年，提出的《尽快制定进一步鼓励、支持和引导我市民间投资政策的建议》提案被评为优秀提案。

2007 年，在市政协九届五次大会上作《关于加快生产性服务业发展，促进长沙经济增长模式转变的建议》发言，所提建议获得采纳。是年，撰写《长沙市非公经济组织和员工参加基本养老保险的调研报告》，促进全市养老保险工作全覆盖进程。提出的提案《鼓励、引导和支持民营企业自主创新》获中共省委常委、市委书记陈润儿和市长谭仲池批示。

2008 年，提交的提案《关于激活民众积极创业投资、努力把长沙市打造成“创业之都”的建议》获中共市委、市政府采纳。2008—2011 年，第十一届全国人大代表、市工商联副主席、万家丽控股投资集团有限公司董事长黄志明向全国人大提交《关于正确引导资本市场健康发展和建立中国特色的资本市场新模式关系到 2 亿股民权益的建议》《关于探索农业增产、农民增收、农村稳定和关系到 7 亿农民生计的建议》《关于建立社会保障机制、鼓励动员全民参保、成立国有社保银行关系到 13 亿国民社会保障和国家长治久安的建议》《关于清除国家重复和滞后的法律，加快建立市场经济法律体系的建言》《关注“房地产泡沫”问题，率先倡导保障性住房建设的建议》《推进从根源上强化食品安全意识、督促安全监管体制建立与完善的建议》等 21 个建议。中华人民共和国铁道部、民政部、农业部、人力资源和社会保障部、全国人民代表大会财经委员会、最高人民法院办公厅、国务院法制办、国家工商行政管理总局、中国证券监督会9个部、办、委分别对其所提交的14个建议给予答复。

2009年9月，第十一届全国人大四次会议期间，提出的关于“成立社保银行，鼓励动员全民参保”的建议获国务院采纳，责成人力资源和社会保障部，财政部组织联合调研小组，以人社部时任领导张延平为组长的一行于2009年9月17—18日专程到湖南与黄志明沟通，张延平对黄志明说“你为我国的社会劳动保障体制设置了一整套的运行模式”，拉开了整体社保体制改革与设立国家首部社保法的序幕。2011年7月实施的《中华人民共和国社会保险法》中，“全民参保”“跨省转移”“通存通兑”等建议逐一得到落实。是年，第十一届全国人大代表、市工商联副主席、忘不了服饰有限公司董事长罗美元到长沙、望城、浏阳、宁乡4县（市）农村走访、调研农村环境污染现状及小城镇建设进程，并将调研情况整理成《关于把治理农村环境污染纳入新农村建设项目的建议》提交全国人大，农业部下文给予答复，确定长沙市为国家首批“农村环保试点城市”。

2010年，提交《关于将数控机床产业纳入长沙市重点培育产业的建议》。

2011年，提交《关于提请市人民政府出台“促进建筑业改革和发展”规范性文件的建议》。

至2012年，长沙市非公有制经济代表人士中先后有768人次当选全国、省、市、县（市、区）人大代表，1266人次当选全国、省、市、县（市、区）政协委员。这些代表、委员利用人大、政协平台，参政议政、行使职责。人大代表提交建议、批评、意见213件，提案408件。在市政协历次会议上、市工商联向大会提交的大会发言材料19个，集体提案129个，其中被评为集体优秀提案20个。市工商联征集报送《社情民意》113条。其中市政协采用24条，省政协采用6条，全国政协采用1条。反映的《建议特事特办解决华曙高科全球顶尖技术的项目用地问题》被市政协采用，并很快落实了该项目用地。反映的《关于促进我国房地产理性回归、健康发展的建议》《建议将食品安全问题纳入“十二五”规划》《稳定我国粮食价格，仅仅依靠国十条是不够的》被省政协采用。反映的《促进小微企业健康成长重在狠抓落实》被省政协、全国政协采用。

二、经济联络

（一）经济服务。1994年，组建工程和经济两个系列专业技术职务评审委员会，对非公有制经济专业技术人员进行职称评审。1995年9月，首批评审工作结束，241人获得任职资格，其中高级职称23人，中级职称103人，初级职称115人。

1996年，开展非公企业财会人员培训，至1998年，核发会计证243个。

1998年，716名非公经济企业员工获得高、中级专业技术任职资格。

2000年，长沙市成立农业产业化企业联络小组，市工商联参与召集相关企业开展2次较大规模经验交流活动，促成24家城区非公企业到农村进行农业产业化开发，投资3.11亿元，建立与之配套的种养基地。

2007年2月，与中国农业银行湖南省分行举办“银企合作”金融服务见面会，200余名企业家与会，现场达成贷款意向78笔，4.5亿元。农行湖南省分行首次与市工商联签署金融服务全面合作协议。

2009年，开展“三百工程”（重点帮扶100家民营企业，重点推进100个创业项目，重点发挥100个商会作用）活动，帮助企业解决生产、经营中遇到的融资、招商引资、业务拓展、维护权益等方面的困难和问题125个，帮助500名大学生、农村青年就业，推动初次创业项目85个，支持帮助会员企业二次创业项目37个。指导长沙市益阳商会成立湖南首家小额贷款公司，为100余家会员企业发放贷款7000万余元。

2011年1月，长沙市成立工商企业金融服务中心，纳入全市中小企业金融服务体系，由市工商联负责管理，接受市金融证券办业务指导，以“融资直通车”的形式，组织银行、担保机构、小额贷款公司等20余家驻长融资机构为企业提供上门服务。

2012年4月，支持湖南天地人律师事务所创建湖南省首家全律师团队的民间金融中介服务平台——“律邦融安”网上平台。6月试运行，至12月6日，网上平台登记的借款需求金额6亿元，登记的放款金额1.5亿元，实现对接金额2000万元；12月底，“律邦融安”网上平台初步完成研发。

（二）经贸交流。1988年后，发挥商会组织的作用，与国内外160余个商会组织建立工作联系。

1993年7月21—22日，组团到广州参加海内外华人友好商会交流会，与中国香港地区、中国澳门地区、中国台湾地区和菲律宾等30余个地区和国家的商会取得联系。10月29日—11月10日，市总商会会长方毓棠率企业家到韩国、中国香港经贸考察，拜会韩国贸易协会、中国香港观塘工商联等。

1994年8月30日，市总商会常务副会长喻力到香港参加“海内外华人友好商会成立大会”，长沙市工商联（总商会）成为商会首批会员。

1997年，长沙市经贸考察团到东南亚和中国香港、中国澳门地区开展商务考察。到海南儋州等地开展经贸交流，与儋州、大连、上海虹口区等商会建立友好关系。

2000年，组织民营企业到昆明参加首届中国民营企业交易会，签订合同金额3000万元，达成意向近亿元。

2001年2月12—25日，市政协副主席、市总商会会长龙云彰率团到中国台湾经贸考察，拜会台湾商业总会等商协会，与台湾工商社团和知名人士对加强长沙与台湾经贸合作研讨交流。

2004年，参加“泛珠三角”“9+2”省会城市工商联（总商会）和港澳商会合作交流联席会议和首届友好商会会长（上海·卢湾）会议，签订《友好商会合作公约》，加强与“泛珠三角”和“长三角”城市工商联的联系。

2007年4月25—28日，组团参加在郑州举办的的第二届中部投资贸易博览会，考察宇通客车集团、三全食品等企业。

2009年，接待非洲马拉维经贸考察团，全年长沙市总商会与5家商会组织建立友好商会关系，至此建立友好商会154家。

2012年5月17—20日，第七届中国中部投资贸易博览会暨2012世界华商领袖峰会在长沙举行，市工商联（总商会）举办商会合作交流会，分别与香港中华出入口商会、香港经贸商会、香港全港各区工商联、香港新界总商会4家商会签订友好商会合作协议。

（三）招商引资。2000年，长沙市300余家民营企业参加长沙市和乌鲁木齐市在新疆共同举办的“乌鲁木齐首届进出口商品交易会”，民营企业占参会企业60%，成交额9亿元。

2003年4月16—19日，承办全国大中城市民营企业合作交流会。与会人员1500余人。签约项目63个，签约金额150.16亿元。

2007年6月6—8日，长沙市举办“泛珠三角”省会城市与港澳商会合作交流会。10个城市及港澳商会负责人、企业家代表145人参加。会议期间长沙市签约项目17个，引进资金100亿元，其中“芙蓉生态新城”“基于网络的人脸卡通画处理技术产业化”等项目极具经济效益和社会影响。

2008年6月10—12日，长沙市举办全国工商联常委会和全国知名企业家长沙行活动。全国政协副主席、全国工商联主席黄孟复等49人出席，王京文等国内知名企业家以及霍震寰等港澳工商界知名人士参加活动。全国政协常委、经济学家厉以宁教授作专题报告。会议期间，现场签约7个项目，投资总额46.2亿元，此次活动被评为“2009年度全国工商联十大亮点”。

2009年10月23日，举办第六届城市友好商会经贸合作交流会暨海内外百家商会长沙行活动。出席活动的海内外商会137家，代表398人，其中境外商会22家，17个省、自治区的兄弟友好商会代表参加活动。活动签约项目16个，签约金额107.08亿元。本次会议在全国工商联系统率先举办军事装备市场准入论坛，为民营企业进入军工领域寻找新的商机提供交流合作机会。

2011年9月15—22日，长沙—美国中小企业合作周活动在美国北卡罗来纳州举行。政府有关部门负责人和全市金融、房产、农业、科技、商贸服务等行业的民营企业家代表50人参加。长沙市总商会分别与美国北卡中国友好交流协会就在长株潭地区联合建设“美国文化商业街”签署友好合作备忘录；绿之韵集团与美国鹏达地产公司就联合开发建设“北卡中国城”签署合作备忘录；长沙市总商会和全美湖南工商会签订缔结友好商会协议；长沙市总商会与美中物流合作中心就共同促进两地运输与物流业发展，签订战略合作协议；湖南湘纯农业科技与美国长沙商会就冷榨茶油及其系列产品在美国市场的销售事宜，签订合作协议书；湖南省江南人民公社餐饮连锁有限公司与美国康马公司签订在洛杉矶开设分店合作意向书。

2011年11月29日，中国（湖南）民营经济投资洽谈会暨海内外华商湖南行活动在长沙启幕。200余名企业家参会。在活动现场，部分企业进行项目对接，长沙市的高端轧辊及重型合金钢材生产，中南纸业大市场、东湖南庭工业总部基地3个项目签约。

三、光彩事业

1994年，长沙市光彩事业开始实施，以消除贫困为宗旨，以民营企业为主体，以贫困地区为领域，以项目投资为主要形式，以“义利兼顾、以义为先”为核心理念，以共同发展为基本目标，以公益捐赠、新农村建设、下岗职工再就业为开展方式。

1994年10月30日，“情系江永、光彩事业”动员大会召开，会上签订兴建精炼植物油厂、建立蔬菜基地等10个投资和技术合作项目，投资总额300万余元。

1996年，长沙市光彩事业推动委员会成立。

1997年3月，长沙市总商会职业介绍所成立，以民营企业为依托，为下岗职工、待业人员提供就业咨询和推荐工作，全年安置下岗职工100余人。至1997年年底，实施光彩事业项目74个，投入资金1.3亿元。其中，兴办企业、开发资源4600万元，引进项目投资额7300万元，助教办学530万元，救灾及公益事业捐款890万。

1998年，发生特大洪涝灾害，市工商联组织商协会和广大非公有制经济人士参与抗洪救灾，捐赠1168万余元，衣、被3万余件。

1999年，由会员企业日中协力中心捐建的耀家和光彩事业学校竣工开学，学校占地近4000平方米，可容纳300余名学生，为贫困山村儿童就学创造良好条件。

至2002年，连续5年举办“省会百家非公有制企业招聘下岗职工洽谈会”，参与招聘企业518次，安置下岗职工6000余人。

2003年非典型性肺炎疫情期间，长沙市区县工商联、会员企业参与抗“非典”捐赠活动，其中，市工商联直接组织的捐款及消毒物资10万余元。

2006年，在全市非公有制企业中倡议开展“一帮一、手牵手”建设新农村光彩大行动，以新农村建设为主题推动光彩事业发展，全市确定10个新农村建设示范点进行重点帮扶。市商会选择长沙县路口镇路口村作为新农村建设示范点，加快劳动力转移，发展壮大村级经济，带动农民脱贫致富，金山粮油在该村建立生态稻谷基地，国雄饲料投资100万元建设优质生猪养殖基地等。

2007年，开展“百企联百村、共建新农村”活动。至11月，全市182家民营企业与167个村实现对接，投资6.98亿元，捐资4200万元，新安置劳动力2.15万人。长沙市工商联被评为“全省招工扶贫建设先进单位”。

2008年1月，全市民营企业捐资捐物1000万余元，支援全省抗灾救灾。5月12日，四川省汶川大地震，全市各级工商联组织“情系灾区、奉献爱心”“我们是一家人”等专场捐赠仪式，动员会员向灾区捐款捐物1.29亿元。天泉科技有限公司等5家企业获“湖南新农村建设示范项目”，宁乡县关山村等5个村获“湖南新农村建设示范村”，三一集团等10家企业获“湖南省光彩事业贡献奖”表彰。中央党校内刊对“百企联村”情况进行推介和点评。

2009年10月，国务院扶贫开发领导小组办公室（以下简称“扶贫办”）和全国工商联扶贫办到湖南万盛发针织制衣有限公司与浏阳市北盛镇燕舞村调研村企联建工作，给予高度评价，并纳入国务院扶贫办联系村（点）。

2010年，青海玉树地震后，向全市工商联系统及广大非公有制经济人士发出倡议，募集捐款758.83万元，支援灾区建设。全年会员企业捐资扶贫助学、建校、修桥等公益事业3600万元。

2011年12月，长沙市光彩事业促进会成立。至年底，在“百企联百村、共建新农村”活动中，全市434个企业与646个村实现对接，对接产业项目289个，投入资金96.5亿元。

2012年12月，湖南省长沙市光彩事业基金会成立，是全国第一家由市级工商联组织发起成立的光彩事业基金会。长沙市机电商会等11家市直属商会，绿之韵集团等13家会员企业向基金会捐款3114万元，用于社会扶贫、兴建光彩学校、建设新农村等光彩事业。至2012年，举办大型“全市非公有制企业招聘洽谈会”招聘会13期，参与招聘企业5896次，人才劳务集市103期，安置就业人员7.05万人。全市434个企业与646个村实现对接，对接产业项目289个，投入资金96.5亿元。

四、创业富民

2008年，为开拓国内市场，进一步繁荣经济，市工商联在市政协十届一次全会提交提案《关于激活民众积极创业投资、努力把长沙市打造成“创业之都”的建议》，中共长沙市委、市人民政府采纳建议，是年9月，成立长沙市推进创业富民工作领导小组，市工商联主席任领导小组副组长。领导小组办公室（以下简称“市创业办”）设在市工商联，工作人员主要从市工商联抽调，市工商联党组书记任办公室主任，开创全国市级工商联牵头负责创业富民工程之先河。

2008年9月17日，长沙市召开推进创业富民工作动员大会，明确全市创业富民具体工作由市创业办组织实施，各区县（市）均成立相应机构，确保此项工作全面开展，向纵深推进。

2009年，长沙市以《关于鼓励和扶持大学生自主创业的政策意见》《关于促进全市普通高校毕业生就业的实施意见》等文件为指导，推动建立并完善以留学归国人员、大中专毕业生、转业退伍军人、外出务工返乡人员、城镇下岗失业人员、被征地农民为主体的市、区县（市）两级GYB（中文：创办你的企业）、SYB（中文：产生你的企业想法）培训体系，成立20家培训机构和63个培训服务机构。

2010年，发布《长沙市“创业手牵手，帮扶一加一”活动指导意见》，确定长沙市创业富民基地建设按照“政府主导，市场运作，社会参与，自我管理”的发展思路，分为创业服务中心、创业园区、创业市场、创业楼宇、创业街区、创业孵化器6个类型。

2011年，出台《长沙市推进创业富民工作五年发展规划（2011—2015年）》，将推进创业富民工作作为加强和改善社会民生的重要内容写入全市“十二五”（2011—2015年）规划。是年，人力资源和社会保障部部长尹蔚民，省委书记周强到长沙市调研创业就业工作。2011年，长沙被评为全国“十大创新城市”。2012年长沙市被评为首批“全国创业先进城市”。

至2012年，长沙市建立市级创业基地43个，区县（市）级基地57个；举办“携手创业，共享成功创业富民专题报告会”200余场；举办“创办你的企业”创业培训班（SYB）103期，培训4.24万人次；举办创业意识培训班（GYB）120期，培训5.29万人次；新增私营企业6.22万户；新增私营企业投资者13.52万人；新增个体工商户19.41万户；筹集调拨创业富民专项资金2.7亿元。其中，由市创业办核拨扶持资金1.54亿元，包括项目资助金额1.25亿元，贷款贴息项目1243.8万元，市级基地租金补助1066.37万元，大学生创业租金补助614.86万元。

五、落实政策

1992—2000年，协助原工商业者及其亲属落实处理有关私房改造遗留问题的工作。落实处理私房改造遗留问题2000余户，建筑面积30万余平方米。

1997年，聘请专人对全市1430名原工商业者及其遗孀进行走访、调查、登记，了解他们的生活状况。根据调查情况，向市人大常委会、市政府报告，争取市财政拨付年度慰问金8万元，并将此项经费长期纳入年度专项预算经费。

2005年，再次对全市1100余名原工商业者及其遗孀进行全面摸底调查，建立准确的档案资料，为加强联系，落实有关政策待遇，提供依据。同时将调查情况以提案和信息形式分别向市政协和中共市委统战部报告，促成市经委、市财委对所属单位的原工商业者进行再调查，提高部分原工商业者退休金待遇。

2006年，做好原工商业者及其遗孀的慰问工作和生活困难者的救助工作，为99位原工商业者及其遗孀发放补助费15万元，慰问金1.6万元，慈善医疗卡5万元。

2008—2012年，为200余人出具原工商业者身份证明；为原工商业者增加生活补贴出具证明190份；为89位原工商业者及其遗孀发放生活困难补助费16.02万元。

六、宣传教育

1990年，创办《CS工商经济信息》刊物，发行至所长沙市民营企业，为企业提供经济信息，获得较好的实效。

1993年，宣传报道17名非公有制代表人士的先进事迹，引导非公有制经济健康发展。

1994年，采取骨干学习班、个别走访谈心，开展“光彩事业”“希望工程”和创建“文明家庭”活动，印发宣传刊物，利用报纸、电视宣传先进典型等形式，对非公有制经济代表人士进行思想政治工作。张剑被授予“全国青年科技创业奖”“省级专利十佳”等称号，彭启予所经营的企业获全国“三资”企业双优奖。

1996年，创办《工商联通讯》，发行范围至市直会员单位、国内友好商会，发行量660份。

1998年，宣传抗洪救灾先进典型，长沙高桥建筑公司李伟军、浏阳市青草出口烟花厂叶金生、长沙蓝剑实业公司周建明、长沙友谊集团有限公司、长沙通程实业集团有限公司、长沙远大空调有限公司被全国工商联授予“抗洪救灾捐款捐物做出突出贡献的先进个人与先进单位”荣誉称号。

2000年，举办全市工商联分会工作经验交流会和分会长培训班，120名分会长参加培训。引导非公有制经济参与国有企业改革，参与农业产业化经营。

2001 年，举办长沙市民营企业文化建设座谈会，汇编 30 家企业文化成《长沙市民营企业文化建设经验专辑》。

2000 年、2002 年，先后邀请国内外有关专家教授讲课，为迎接加入世界贸易组织带来的机遇与挑战，让企业家适时融入全球开放型经济新环境作好心理和思想准备；邀请德国专家赫尔曼·西蒙、美国专家马克·汉森讲课，了解市场经济的理论与实践知识，让企业家掌握市场经济发展规律与技巧。

2004 年，举办以“诚信、创新、发展”为主题的“长沙市工商联民营企业文化建设经验交流会”，4 家企业在会上作典型发言。

2006 年，市工商联会员、三一重工股份有限公司董事长梁稳根和长沙新大新集团有限公司董事长伍跃时被评为全国非公有制经济人士“优秀建设者”；李文金、张跃、辜显旺、唐岳，雷学军、黄志明 6 人被评为全省非公有制经济人士“优秀建设者”。

2008 年，与《人民政协》《中华工商时报》《湖南日报》《湘声报》《长沙晚报》和红网、星辰在线、湖南卫视、长沙新闻频道等媒体进行合作，刊发各类非公有制经济新闻 500 余条。2009 年起，与市广播电视局打造《创业大本营》，每年吸引近 6000 人参赛。《创业之友》《工商联通讯》和长沙创业网、工商联网站已成为工商联宣传政策、宣传典型、推广经验的基本阵地。

2010 年，举办中国长沙市首届人才战略高峰论坛，为企业家带来全新的用人理念和留人策略；开展“解放思想 创业富民”大讲堂，致力发展“企业家素质提升”工程和“送管理进企业”启智工程。

2012 年，在雷锋纪念馆挂牌成立湖南长沙工商界学雷锋诚信建设基地，开展“雷锋家乡学雷锋，民营企业当先锋”活动，推动长沙民营企业感恩社会、回馈社会的信念。

至 2012 年，举办非公有制经济人士参与的各类政治理论培训班 197 次，2.4 万人次参训；为非公有制经济代表人士举办大型业务培训班 15 场次，5670 人次参训。

第八章　社会科学界联合会

1985 年，长沙市哲学社会科学联合会成立，与长沙市委理论教育讲师团合署办公。其时，市社科联对全市社科类社会组织进行统计摸底登记。1988 年，规范成立社科类社会组织 36 个，召开“长沙市社会科学界生产力标准理论讨论会”，会议规模 100 人，收到论文 45 篇，有 8 篇论文获全市生产力标准讨论优秀论文奖，占全市获奖总数的三分之一。1992 年成立长沙市哲学社会科学学会联合会，与中共长沙市委理论教育讲师团分离。1993 年长沙市哲学社会科学学会联合会更名为长沙市社会科学界联合会（以下简称“市社科联”）。

1994—1996 年，开展学习《邓小平文选》征文活动和理论研讨及长沙市科教兴市理论研讨会等学术活动 10 余场，收到论文 300 余篇，参与群众 2000 余人。1997 年，组建迎庆香港回归百人报告团，下到基层宣讲 2000 余场，听众 50 万余人次；首次开展社科研究课题公开招标活动，新华社发新闻稿，《光明日报》《浙江日报》等媒体作报道。

2002 年，编著《星城策论》（2002 年卷），主要收录课题公开招标优秀成果及其他有重大影响的社科研究成果。此后，社科研究课题招标每年开展一次，并将课题研究成果汇编成《星城策论》，公开出版发行。

2005 年，开展“长沙先进制造业发展研究”“长沙产业结构优化升级研究”2 个课题的公开招标工作，收到标书 26 份，确定 4 个中标课题组；举办首届中国工业（长沙）论坛，国家部委领导、中国工业各行业协会领导、中国经济学界的著名专家、国际大型的知名企业、中国工业界新近涌现的明星企业等参加论坛。

2006 年，开展《弘扬科学精神，落实科学发展观》为主题科普征文活动，收到论文 80 余篇，有 20 篇入选《湖南省社科普及文库》。至 2006 年年底，编辑出版《星城策论》5 本，300 万余字。

2009 年，召开资源节约型、环境友好型（以下简称“两型”）农村与生态农业发展国际学术研讨会，来自国内外专家学者 150 余人参加会议。研讨会搭建相关部门及学者之间相互学习交流的平台，对“两型社会”特别是“两型”农村建设方面具有指导意义。

2010 年起，社会科学普及工作连续 3 年承办湖南省社科普及宣传活动启动仪式，到社区、公园及人员集中的文化广场，开展社会科学普及宣传，通过宣讲、展板及发放宣传资料等形式，宣传社会科学知识，2 万余人参与活动。

2012 年，召开长沙市“湖南精神”研讨座谈会，邀请省、市专家对“心忧天下、厚德致远、脚踏实地、敢为人先”等 4 条“湖南精神”候选表述语进行研讨评判。组织实施国家重大社会科学基金项目《雷锋精神研究》申报工作并获准立项，实现长沙市申报国家社科重大课题“零”的突破，《湖南日报》《长沙晚报》进行宣传报道。

至 2012 年，长沙市社科类社会组织建设、社科课题研究、社科普及以及社科优秀人才、优秀成果评选等工作均走在湖南省乃至全国社科界前列，市社科联连续 13 次被评为“湖南省先进社科联”，4 次被评为“湖南省社科普及先进单位”，2 人被评为“全国社科普及先进个人”；社科团体组织 48 个，会员 12 万余人；开展学术活动 25 场，社科课题公开招标 39 个；出版专著 9 部，在《人民日报》（理论版）《光明日报》（理论版）等国家级刊物上推出系列精品理论文章 10 余篇；开展社科优秀成果评奖 13 届，有 78 项优秀成果被评为一等奖，215 项优秀成果被评为二等奖，429 项优秀成果被评为三等奖；“长沙‘十二五’文化发展规划”“长沙市人才发展规划纲要”子课题等“十二五”（2011—2015 年）规划课题研究成果获验收并产生经济社会效果。

第一节　组织机构

一、市级机构

1985 年，长沙市哲学社会科学学会联合会成立，与中共长沙市委理论教育讲师团实行两块牌子，一套班子合署办公，配事业编制 10 名。1992 年，长沙市哲学社会科学学会联合会与中共长沙市委理论教育讲师团分设，为全民事业性人民团体，配事业编制 5 名（均为干部编制）。1993 年，长沙市哲学社会科学学会联合会更名为长沙市社会科学界联合会。1997 年长沙市社会科学界联合会进行机构改革，明确市社科联是中共长沙市委领导下的全市社会科学界的学术性社会团体，由市委宣传部主管。2002 年，成立长沙社会科学院、长沙市哲学社会科学规划办公室，与社科联合署办公，实行“三块牌子、一套人马”。是年 6 月，组建长沙市社会科学界联合会（长沙社会科学院）党组，行政编制由4名调整至6名。2006年，市社科联（院）设立综合秘书处、科研组织处2个职能处室，2007年，行政编制由6名增加至7名。2010年，内设机构加挂学会工作处的牌子，行政编制由7名调整为9名，工勤1名。2010年配备4名政府雇员。至2012年，内设机构及人员编制均无调整。

1988—2012年，先后担任长沙市社会科学界联合会主要领导职务的有：臧宝山、徐金凯、刘耀杰、罗文章、贺代贵；其他领导班子成员有：袁金辉、欧阳同淮、邓建伟、谭风其、胡笃诚、彭勃、章利云（女）、李仲源、王晓霞（女）。

二、社科团体

1985年市社科联成立之初，有长沙市财政会计学会、长沙市金融学会等17个团体会员。至1989年，市社科联有团体会员（学会、协会、研究会）34个，会员5848人。1995年，辖54个学会、协会、研究会，会员约3万人。1997年，对学会进行清理整顿工作，通过整顿，学会数量有所减少但会员人数增加。至2003年12月，辖43个学会、协会、研究会，会员约4万人。2004—2012年，增加心理学会、会计学会、“和”文化、甲骨文等学会，至2012年，全市有社科团体48个，会员约12万人。

表7-8-1-1　　2012年长沙市社科团体一览表

序号	学会名称	序号	学会名称
1	长沙市会计学会	25	长沙市历史学会
2	长沙市家庭教育学会	26	长沙市钱币协会
3	长沙市税务学会	27	长沙市宏观经济研究会
4	长沙市档案学会	28	长沙证券学会
5	长沙市商业经济学会	29	长沙市教育学会
6	长沙市妇女学研究会	30	长沙市预算会计学会
7	长沙市统计学会	31	长沙市和文化研究会
8	长沙市劳动学会	32	长沙市统一战线理论研究会
9	长沙市审计学会	33	长沙市党的建设研究会
10	长沙市信息协会	34	长沙市法学会
11	长沙市企业家联合会	35	长沙市工人运动研究会
12	长沙市领导科学学会	36	长沙市行政监察学会
13	长沙市世界语协会	37	长沙市地方志学会
14	长沙市检察学会	38	长沙市心理学会
15	长沙市工商行政管理学会	39	经济体制改革研究会
16	长沙市群众文化学会	40	长沙市甲骨文学会
17	长沙市演讲与口才协会	41	企业家协会

续表 7-8-1-1

序号	学会名称	序号	学会名称
18	长沙市新闻学会	42	长沙市就业促进会
19	长沙市思想政治工作研究会	43	长沙市对外文化交流协会
20	长沙市新闻工作者协会	44	长沙市广播电视协会
21	长沙市直机关党的建设研究会	45	女企业家协会
22	国际经济贸易学会	46	劳动教养学会
23	就业促进会	47	警察协会
24	女法律工作者联谊会	48	应用翻译学会

第二节　代表大会

一、第一次代表大会

1985 年 6 月 25—27 日，长沙市社科联第一次代表大会在长沙宾馆召开。湖南省社科联和中共市委、市政府领导以及 17 个学会 100 余名代表参加会议。大会选举产生市社科联第一届委员会，并召开第一届委员会第一次会议，臧宝山当选为首届主席，黄人凌等 8 人当选为副主席。大会讨论通过《长沙市社会科学联合会章程》。

二、第二次代表大会

1993 年 8 月 17—18 日，长沙市社科联第二次代表大会在麓山宾馆召开。出席大会的代表 165 人，有 42 个社科学会代表参会，其中正式代表 150 人，特邀代表 15 人。中共市委副书记袁汉坤主持会议。湖南省社科联党组书记肖浩辉在大会上作题为《充分发挥社科联的作用，为建设有中国特色的社会主义服务》的讲话。会议通过《长沙市哲学社会科学联合会改名为长沙市社会科学界联合会决议》案。选举产生 48 名委员组成市社科联第二届委员会，并召开第二届委员会第一次会议，聘请袁汉坤、臧宝山为名誉主席，徐金凯当选为主席，袁金辉当选为专职副主席，邓文全等 9 人当选为副主席。

三、第三次代表大会

1998 年 10 月 9—10 日，长沙市社科联第三次代表大会在留芳宾馆召开。出席大会的有全市 54 个社会科学学术团体和 9 个区县（市）社科界的代表，有市属教学、科研单位和实际工作部门的代表，还有中央省属驻长大专院校、科研院所的代表，正式代表 152 人，特邀代表 16 人。中共长沙市委副书记钟兴祥作题为《以党的十五大精神为指针，进一步繁荣和发展长沙市社会科学事业》的讲话。大会选举产生 60 名委员组成市社科联第三届委员会，并召开第三届委员会第一次会议，聘请钟兴祥、郑佳明、徐金凯为名誉主席，刘耀杰当选为主席，罗文章当选为专职副主席，朱翔等 10 人当选为副主席。

四、第四次代表大会

2004 年 10 月 25—26 日，长沙市社科联第四次代表大会在湖南省委招待所召开。出席大会的有全市 54 个社会科学学术团体和 9 个区县（市）社科界的代表，有市属教学、科研单位和实际工作部门的代表，还有中央省属驻长大专院校、科研院所的代表，正式代表 159 人，特邀代表 18 人。大会选举产生 67 名委员组成市社科联第四届委员会，并召开第四届委员会第一次会议，聘请吴志雄、谢建辉、曹亚为名誉主席，罗文章当选为主席，欧阳同怀当选为专职副主席，朱翔等 15 人当选为副主席。

五、第五次代表大会

2010 年 10 月 27 日，长沙市社科联第五次代表大会在枫林宾馆召开。出席大会的有全市 54 个社会科学学术团体和 9 个区县（市）社科界的代表，有市属教学、科研单位和实际工作部门的代表，还有中央省属驻长大专院校、科研院所的代表，正式代表 159 人，特邀代表 18 人。并作题为《社科工作要用科学的思想来引领，要用扎实的举措来推进，要用规范的制度来保障》的讲话。会议选举产生市社科联第五届委员会，并召开第五届委员会第一次会议，聘请谢建辉、何寄华为名誉主席，选举产生贺代贵为主席、邓建伟，谭风其为专职副主席，朱翔等 15 人为副主席。

第三节 主要活动

一、社科理论研讨

1988 年 6 月 9—10 日，长沙市社会科学界生产力标准理论讨论会召开，各学会、协会、研究会的负责人及代表 100 人参加。收到论文 45 篇，其中 8 篇在全市生产力标准讨论优秀论文评奖中获奖，占全市获奖总数的三分之一。

1994 年 5 月 5 日，举办社会主义市场经济理论研讨会和企业走入市场报告会，收到论文 106 篇，经验材料 7 篇。经初评、终评，评出一等奖论文 8 篇，二等奖论文 22 篇，三等奖论文 31 篇。7 月 29 日，举行甲午战争 100 周年学术报告会，邀请湖南师范大学历史系副教授周秋光作题为《创巨痛深，勿忘国耻》的学术报告。12 月 26 日，学习《邓小平文选》的征文活动和理论研讨，收到学习心得和理论文章 40 余篇，评出优秀论文 15 篇，其中，中共市委书记等领导的 5 篇论文被采用。

1996 年 12 月 10 日，长沙市科教兴市理论研讨会在麓山宾馆召开，省、市 60 余个单位和团体的 100 余人参加。研讨会收到论文 103 篇，评出一等奖论文 6 篇，二等奖论文 17 篇，三等奖论文 39 篇。10 月 14—17 日，承办全国大中城市社科联第七次工作会议，南京等 51 个大中城市社科联的 160 余名代表参加会议。中共省委常委、宣传部部长文选德，省委常委、长沙市委书记等出席会议并讲话。会议对各地社科联为改革开放和社会主义现代化建设的新举措和经验进行交流，探讨在新形势下发挥社科联的职能作用、加强自身建设等问题，并在学术交流、成果共享问题上达成共识。

1999 年 5 月 30 日，举办中国企业优化资本结构高级研讨会。董辅礽、萧灼基等 10 余名著名经济学家就中国企业利用境内外资本市场实施资产重组、国际融资、优化资本结构的对策、方法和经验教训等专题作研讨；10 月 9 日，举办长沙房地产业与社会经济协商发展研讨会。50 位省、市领导和专家及房地产开发商就房地产市场规范化、房地产业发展中的政府职能、房地产与金融、激活房地产市场等问题进行研讨；召开长沙发展战略座谈会，邀请省会专家，就长沙的未来发展战略作科学论证。11 月，召开长沙市社科界揭批邪教座谈会。省会 30 名专家学者对邪教组织进行揭批，省、市新闻媒体作报道，《长沙晚报》对会议内容及专家发言观点予以刊载。至 2000 年，长沙市社科联落实中央和省市有关精神，围绕全市物质文明、精神文明、政治文明（以下简称“三个文明”）建设，组织各类学术活动1500余次，参加人数15万人次，赠发资料150万余份，开办各种培训班1800余期，培训20万余人次。

2001年6月9日，召开庆祝中国共产党成立80周年理论研讨会，收到论文200余篇，评出优秀论文48篇，并请专家到会作学术报告。7月4—6日，召开省会社科界学习中共中央总书记江泽民“七一”讲话座谈会，学习、研究、宣传、贯彻和落实讲话精神。9月，召开省会社科界学习贯彻公民道德建设实施纲要座谈会，并在《长沙社科》和《长沙晚报》开辟专题栏目，组织专家学者参与研讨。9—12月，长沙市各学会根据自己学科的特点，结合本部门、本系统的工作实践，举行各种研讨会，市法学会召开“公正执法”研讨会，市警察学会举行“公安理论研讨会”，市民营经济研究会举行的“长沙市民营经济发展”研讨会，市证券学会举行的各种大、中型咨询活动等。

2002年12月，与友谊阿波罗集团、中南大学共同建设“长沙商业经济研究基地”；与湖南大学共同建设“长沙城市发展研究基地”。2003年3月，举办《电子商务》和《企业管理》两场学术报告会，6月，开展两次学习“三个代表”重要思想研讨活动。

2005年9月24日，举办首届中国工业（长沙）论坛。国家部委领导、中国工业各行业协会领导、中国经济学界专家、国际大型企业、中国工业界企业等参加论坛。中共湖南省委常委、长沙市委书记梅克保作题为《长沙发展先进制造业的思考》的演讲，市长谭仲池发表《产业发展要注重引进战略投资者》的演讲。

2007年6月21—24日，全国城市社科院第十七次院长联席会议在长沙市召开，中国社会科学院，山东等9个省社科院，北京等29个市社科院的领导和部分知名专家学者110人出席会议。会议围绕“社科理论与和谐发展”的主题进行交流和研讨。

2007年4月30日，邀请经济学家、国家发改委宏观经济研究院副院长陈东祺作《2008年中国经济走势和宏观调控政策》学术报告。与600名湘商代表共同探讨、研究最前沿的经济资讯和创业良机。此次报告会旨在全面推进长沙市各领域、各行业自主创业和自主创新，服务经济社会发展，促进长沙率先基本实现全面小康社会，从而为长沙建设成为“创业之都、宜居城市、幸福家园”提供有力的理论支持。7月20—23日，承办中国社会学会学术年会。会议传达学习中共中央总书记胡锦涛“6·25”重要讲话精神，围绕“和谐社会与社会建设”的主题开展学术交流和研讨。中国社会科学院党组副书记、常务副院长冷溶及省、市领导出席会议，中央、省市相关部门负责人，社科专家300余人参加会议。

2009年10月，召开“两型”农村与生态农业发展国际、学术研讨会，来自国内外专家学者150余人参加会议。省人大常委会副主任蔡力峰出席会议并作讲话。研讨会搭建部门及学者之间相互学习交流的平台，对“两型社会”特别是“两型”农村建设方面具指导意义。举办社科普及——“两型社会”建设学术报告会。中国科学院可持续发展战略研究组组长、首席科学家牛文元作题为《两型社会与低碳经济》专场学术报告会，来自省会党政机关干部、社科界1000余人参加会议。是年，为应对全球金融危机，配合全市“帮助扶持企业发展，帮助推进项目建设，促进民生改善，促进经济增长”为主要内容的“两帮两促”活动，组织调研组到对口帮扶的企业“长沙市公共交通投资管理有限公司”进行调研，完成调研报告《长沙市公交站场建设问题与思考》。为解决长沙市公交站场建设历史遗留问题及进一步优化长沙市公交站场建设提供政策咨询。

2010年初，省会社科专家开展“笔谈率先发展”活动。省会20位社科专家分别撰稿写下3万余字。3月29日，《长沙晚报》以《找差距、转方式、调结构——省会社科专家谈率先发展》为题，刊登15位专家的观点。6月，策划“省会社科专家谈建设国际文化名城”献计献策活动，并在《长沙晚报》开辟专栏刊登专家献计献策活动的观点。

2012年6月26—28日，主办“易经哲学与湖湘文化研讨会”。《法制日报》原副社长、《中国律师报》副总编辑、中国行为法学会常务副会长、天台易道研究院院长马宝善作主旨演讲。全省300余名易经哲学和湖湘文化研究者出席论坛，省、市媒体作宣传报道。召开长沙市“湖南精神”集中提炼工作座谈会，邀请省市专家对“心忧天下、厚德致远、脚踏实地、敢为人先”“赤诚、坚韧、务实、创新”“重大义、勇担当、敢争先、乐奉献”“爱国奉献、尚德重智、勤劳务实、创新图强”4条“湖南精神”候选表述语进行研讨评判。至2012年年底，举办学术报告20场次，开展研讨会、座谈会、论坛、讲座等各类学术活动近2000场次，组织调研活动约30次。参与者约5万人次。

二、社科课题研究

(一)课题招投标与立项。1997年6月7日，首次开展社科研究课题公开招标活动，确定“长沙如何塑造省会城市文明形象”“长沙再就业工程问题研究”“长沙工业发展中的问题与对策”《加速推进长沙农业产业化的研究”“长沙市创建文明小区的研究”“长沙市发展名牌企业、名牌产品的战略与对策”“长沙国有企业资本结构优化问题研究”“长沙教育改革研究”“长沙发展连锁商业、改革流通体制问题研究”“长沙精神文明建设考核指标体系研究”10个课题。有83个课题组参与投标，其成员有大中专院校、科研院所的专家、学者，实际工作部门的领导和其他社会人士。经专家评审，确定10个课题组中标，经评估验收。新华社、《光明日报》、《浙江日报》等新闻媒体作报道。

2001年10月，第四届社科课题招标的“如何发挥长沙在长株潭经济一体化中的核心增长积极作用”“领导干部、管理人才综合素质数学模型评估研究报告”“长沙专利发展战略研究”“加快长沙要素市场培育研究”“长沙土地市场培育研究”5个重点课题通过评审并全部结题。12月，第五届社科课题招标工作征集课题近200个，经研究圈定“长沙社区建设研究”“长沙城市形象定位及设计研究”“长沙外向型经济发展问题及对策研究”“长沙县域经济发展研究”“长沙文化产业统计指标体系”“文化政策及管理体制研究”6个重点课题，面向社会进行公开招标，收到标书25份，市社科联分别与各中标课题组签订协议，并启动科研。

2002年5月，第五届社科招标的“长沙社区建设研究”“长沙市县域经济发展战略研究”“长沙发展环境的现状、形象和对策研究”“长沙城市形象设计定位研究”等10个课题结题。7月，开展第六届社科课题招标。“长沙城市扩容提质与历史文化名城再塑造研究”“长沙企业家培育机制研究”“以市场为导向，加快长沙工业化进程研究”等6个课题中标，于2003年7月交付使用。接受浏阳市的委托，组织专家对浏阳花炮专利发展战略进行专题研究，“浏阳花炮专利发展战略研究”已结题并交付使用。“长沙城市垃圾处理及利用研究”“长沙土特产品牌形象设计研究”等课题也已拿出课题研究报告。与市科技局、广东商学院共同组建长沙产业比较优势研究基地，重点研究“长沙产业比较优势研究”课题。组织专家开展“长沙农业现代化”“长沙城市化”“长沙工业化”“长沙信息化”等专题调研活动；为文化部“文化产业蓝皮书”组稿，撰写《长沙民营书刊发行业发展研究》调研报告。

2005 年 3 月，开展“长沙先进制造业发展研究”“长沙产业结构优化升级研究”两个课题的公开招标工作。收到标书 26 份，最后确定 4 个中标课题组。4 月，开展社科研究课题征集和立项工作，收到应征课题 130 余个，对其中 29 个课题进行资助，其余课题立项为自筹项目。组织专家开展“长沙在中部崛起中的角色定位研究”“长沙会展经济研究”“长沙建设创新型城市研究”3 项大的专题调研工作，其中部分内容写进长沙市的“十一五”（2006—2010 年）规划。

2006 年 3 月，开展长沙市社科重点课题招标工作，收到标书 40 余份，经专家评审，确定 5 个课题组中标。年底，对“长沙先进制造业发展研究”“长沙产业结构优化升级研究”等中标课题进行评审，职能部门和专家同意全部结题。此外，组织市级课题项目和省级课题项目申报，从申报的课题项目中筛选一批研究课题进行立项和资助。组织专家开展“省会长沙率先发展”的课题调研工作。

2007 年 7 月，开展长沙市社科重点课题招标工作，圈定“长沙与中部其他省会城市发展战略比较研究”“提升长沙城市综合竞争能力研究”“长沙在推进‘3+5’城市群发展中的核心作用研究”“构建和谐长沙过程中的矛盾对策研究”“长沙发展生产性服务业研究”“把长沙打造成为中部地区现代装备制造及高新技术产业基地问题研究”“长沙市公民道德建设现状及对策研究”7 个课题，公开向社会招标。作为公开招标课题的补充，经专家评审，另外立项 12 个研究课题。是年，完成“长沙市和谐社会建设研究”“建设创新长沙研究”“建设文明长沙研究”“长沙高新产业园区经营模式研究”“长沙市古旧民居的保护利用及产业化发展建议”“长沙市科技人才需求预测研究”“城镇污水和垃圾处理市场化机制研究报告”“长沙市环境保护立法的发展及其对长沙市的影响分析”“税制改革对地方（长沙）财政的影响及其对策研究”“我国证券经纪人制度中的法律关系探析”“长沙农民工子女教育研究”“灵活就业人员社会环境保障的制度设计研究”“执行难问题研究”等 19 个社科研究课题报告。

2009 年 3 月，规划立项 15 个课题。其中，8 个课题给予重点资助，“长沙市农业废弃物资源化利用对策研究”“长沙城市化进程中‘村改居’研究”“新型工业化与新型城市化联动发展研究”“长沙市农村集体经济发展研究”等 7 个课题为自筹资金项目。

2010 年 3 月，确定 2010 年重点立项课题。开展《长沙“十二五”文化发展规划》的编制工作和《“十二五”长沙国民经济和社会信息化发展战略研究》工作。开展“长沙市人才发展规划纲要”子课题等“十二五”规划课题研究和长沙建设国际文化名城研究。

2011 年 10 月，开展课题规划立项工作，项目资金 30 万元。安排 12 个课题：由民盟长沙市委承担的“中小学生托管服务业发展现状与规范管理研究”，由中南大学规划与发展部承担的“长沙市省直管县财政体制改革的成效问题和对策研究”，由湖南省社会科学院承担的“两型社会视角下长沙市职业教育发展经验与对策研究”，由长沙市领导科学学会承担的“畅通社会优秀人才进入党政干部队伍渠道问题研究”，由刘少奇同志纪念馆承担的“新形势下爱国主义教育基地建设与管理研究”，由长沙理工大学承担的“长沙市在实现城市国际化战略中的若干问题研究”，由中南大学承担的“长沙工程机械产业发展研究”，由湖南大学承担的“创新型企业评价研究”，由长沙理工大学承担的“长沙市多式公交一体化整合策略研究”，由湖南省社科院承担的“湖湘文化的精神特质及其影响”和“传承·创新·飞跃——长沙影视文化现象面面观”，由王德志承担的“培育文化消费市场，挖掘文化消费潜力”。每个课题分别给予 1 万~5 万元资助经费。

2012 年，开展国家重大社会科学基金项目“雷锋精神研究”申报工作并获准立项，实现长沙市申报国家社科重大课题零的突破；承担省哲学社会科学规划办公室“雷锋家乡学雷锋的实践及启示”“湖南如何在引领思想道德风尚、弘扬社会主义核心价值体系方面创造有益经验的路径、对策研究”“长株潭两型社会实验区文化绿芯建设”3项课题的研究，在《人民日报（理论版）》《光明日报（理论版）》等刊物上推出系列精品理论文章。开展全市战略部署应用对策研究，完成课题报告17项。

（二）成果转化与运用。1988—2001年，因课题研究的组织和管理力量薄弱，成果转化与运用工作成效甚微。

2002年，编著《星城策论》《经济可持续发展研究》两本书，70万余字。长沙市社科研究实现从封闭向开放、从被动向主动的转变，为社科成果向现实生产力转化开辟现实的畅通渠道。此后，坚持将每年课题招标研究成果汇编成《星城策论》，公开出版发行。

2005年，开展基础理论研究，专项资助何光岳的《长沙上古史研究》，填补长沙上古史的空白，将长沙文明史上推2000年。

2006年，撰写《长株潭文化融合研究》。至是年年底，编辑出版《星城策论》5部，300万余字；在《中国文化产业蓝皮书》中发表长沙文化产业发展的个案和研究成果；开展《长沙产业化比较优势研究》和《长沙重点建设研究》等重大课题的联合攻关。

2008年，编辑出版《长沙文化发展报告蓝皮书》，对长沙文化产业和文化事业的发展做系统性概述，以通俗易懂的方式介绍长沙文化行业、区域文化、文化产业园、典型文化企业的发展情况。内容有总体把握，有专家视野，有案例分析，有区域比较，有行业报告。

2009年，撰写《新型农村集体经济发展调研》《新型农村集体经济与农村持续发展》等调研报告，刊载在《两型社会研究》一书中。出版《新农村道德建设研究》，由全国政协副主席、中国社科院院长陈奎元作序。撰写《彰显软实力的理论普及创新之作》《两型农村建设的五大着力点》《金融危机下的长沙工程产业发展机遇与挑战》《长沙市公交站场建设情况调查》《公交站场建设综合开发的成功模式》《长沙建设宜居城市现状分析与对策》《坚持社科工作为文化产业发展服务》《发展农村集体经济，打造领军典型村庄》8个调研报告，分别被《光明日报》《湖南社会科学报》等刊载。2010年，撰写《又好又快，率先发展——科学发展观在长沙的认知与实践》《立足新起点，谋划新跨越——先进城市特色发展及长沙实施赶超战略对策研究》。撰写的《提升节能管理水平重在体制机制创新——关于长沙市节能降耗管理工作的调查报告》在《省情专递》上刊发。2012年，编辑出版《长沙文化发展报告蓝皮书（2012）》。

至2012年，长沙市社科界人士在国家和省市级报刊公开发表论文1.3万余篇，出版专著500余部，完成研究课题200余个，编辑出版资料32种，2000余期。

三、社科普及宣传

1989年，由中共长沙市委宣传部主管、市社科联主办的大型理论学术刊物《长沙社联》（季刊）创刊，与全国大中城市社科联、社科院近100家学术刊物交流。每期出版发行600册，全年约出版发行2400册。1994年，《长沙社联》改名为《长沙社科》（季刊），设置主要栏目“领导讲话”“决策参考”“探索实践”“传统文化研究”“调查研究”“刘少奇研究”“社科动态”等。每期出版发行600~1200册。1995年，40余个学会上街开展社科普及咨询。在《湖南日报》《三湘都市报》《长沙晚报》连续推出“好家训”“德育教育”“素质教育”3次征文活动。

1997年，组建迎庆香港回归百人报告团，到基层宣讲2000余场，听众50万余人次。2002年，在《长沙晚报》开辟3期社科宣传专栏，邀请专家撰稿；印发一期社科宣传挂图；编辑印刷《江泽民同志关于哲学社会科学的重要讲话》小册子；开展《长沙市工业发展纲要》专题宣传活动；协助市委宣传部认真策划组织“实践‘三个代表’重要思想，推进三化进程”大型系列理论研讨及“三化纵横”经济论坛活动；在《长沙晚报》编发“工业化、城镇化、农业现代化”（以下简称“三化”）基本知识宣传专版。

2003年，印发资料，到街道、社区、企业、农村进行社科知识普及宣传。筹办社科电视栏目，筹办《科学时空》电视专栏。

2005年，开展“真情献社会，诚信促发展”大型广场活动，制作20余块宣传板报和宣传标语，印制宣传资料5000余份。参与省社科联组织的三湘论坛、人才开发创新座谈会等活动。开展社科普及咨询服务和“社科进社区”活动，制作10余块展牌送到社区，在报纸、电视、网络等媒体上开辟科普专栏，扩大科普受众面，提高对哲学社会科学的知晓率、理解率和应用率。

2006年，开展《弘扬科学精神，落实科学发展观》主题征文活动，收到研究论文80余篇，在组织专家对论文进行评审后，择优进行奖励，并选出20篇报省社科联编入湖南省社科普及文库。推荐2个单位参加湖南省“弘扬科学精神，落实科学发展观”主题座谈会。与省社科联联合组织“省社科普及宣传月专家巡回报告会”。在全市“科技活动周”活动中，将约1.2万元的种子、资料、书籍送到宁乡农村，同时提供义务咨询服务。

2007年5月，开展社会科学宣传普及月活动，在长沙学院举办专家巡回报告会。开展《建设社会主义和谐社会》主题征文活动，收到研究论文100余篇，在组织专家对论文进行评审后，择优选出11篇报省社科联编入《湖南社科普及文库》丛书。

2009年4月，开展以“资源节约，环境友好，跨越发展”为主题的社会科学普及宣传月活动，邀请知名专家讲座；开展以“资源节约，环境友好，跨越发展”为主题的征文活动。收到论文近百篇，经筛选，12篇论文入选湖南省哲学社会科学成果评审委员会立项课题《“两型社会”研究》一书。开展“社科普及面对面”活动。

2010年，承办湖南省社科普及宣传活动启动仪式，组织20余个学会、协会、研究会在长沙市烈士公园开展科普咨询服务活动。11月，在长沙职业教育基地举办专场科普报告会。开展湖南省社会科学普及读物评奖申报工作，选送2项社科普及读物参评，其中一项获一等奖。

2011年，承办省委宣传部、省社科联等单位在全省开展以“发展创新与两型湖南”为主题的社科普及宣传活动启动仪式。在展览区，通过近300块展板形象展示省会社科成就。在互动区，开展“社科专家与民众面对面——社科专家大型义务咨询活动”。在参观体验区，受邀市民参观长株潭“两型社会展览”、河西先导区山猫动漫等示范点。

2012年，承办由湖南省委宣传部、湖湘大学堂组委会、湖南省社科联联合主办的湖湘大学堂名家讲坛活动；做好“知长沙、爱长沙”大型知识竞赛的出题工作，组织专家命题近5000道，内容涵盖历史文化事件、历史文化名人、历史文化古迹、幸福家园、创业之都和宜居城市6类，从中遴选2000道作为竞赛试题；开展长沙市学习宣传贯彻中共十八大精神座谈会的工作。至2012年12月，《长沙社科》总发行96期（2004年、2006年出版增刊各1期）。

四、社会科学成果评奖

1991年，长沙市开展第一届社会科学优秀成果评奖，评出一等奖5项，其中应用研究项目占

72%，长沙市郊区小学语文教学实验小组的《部件识字法12年的实验报告》被国内外专家评为具有湖南特色的高效率、高质量的识字途径，对普及九年制义务教育具有较强的实用价值。陈先枢撰写的《商品包装学》是全国第一部公开出版的商品包装著作。自此，长沙市每2年开展一次社会科学优秀成果评奖，设置一、二、三等奖和优秀奖4个等次。

1993—1999年，长沙市开展四届社科优秀成果评奖。评出一等奖15项，二等奖53项，三等奖140项，优秀奖232项。

1999年12月，长沙学院屈林岩等撰写的论文《跨世纪科技人才的人文素养与人文教育研究》、中共长沙市委党校龚国基的著作《毛泽东与诗》获“湖南省第五届社科优秀成果三等奖”；长沙市社科联罗文章撰写的论文《邓小平的人才辩证法》、中共长沙市委宣传部陈先枢撰写的《中国未来粮食形势分析》获“湖南省第五届社科优秀成果优秀奖”。

2001年，长沙市开展第六届社科优秀成果评奖。在申报的225项社科成果中，评出特别奖1项，一等奖6项，二等奖10项，三等奖30项，优秀奖74项。是年，获省级奖12项，其中特别奖1项、三等奖1项、四等奖10项。

2003—2005年，长沙市开展第七届、第八届社科优秀成果评奖。评出特别奖1项，一等奖9项，二等奖25项，三等奖39项，优秀奖60项。

2006年4月，中共长沙市委宣传部谢建辉与陈先枢的著作《留住历史的文脉》获“湖南省第八届社会科学优秀成果特别奖”。长沙市委党校龚国基的著作《毛泽东与中国古代诗人》，宁乡县农业局干部杨青的著作《洞庭湖区的龙文化》获“湖南省第八届社会科学优秀成果三等奖”。

2007年，“税务会计调整核算研究”等7项成果获“长沙市第九届社科优秀成果一等奖”，“中药可持续发展的对策研究”等12项成果为二等奖，“实施空间创新战略，实现园区集约发展”等26项成果为三等奖，“关注无地农民就业问题”等35项成果为优秀奖。

2008年12月，长沙市社科联罗文章撰写的论文《产业经济发展研究》获“湖南省第九届社会科学优秀成果三等奖”；长沙学院薛其林的著作《民国时期学术研究方法论》获“湖南省第九届社会科学优秀成果四等奖”。

2009年，“农地流转与机制创新”等9项成果为“长沙市第十届社科优秀成果一等奖”，“学生心理健康与社会适应”等28项成果为二等奖，“义务教育校本课程开发理论与实践”等37项成果为三等奖。此后，长沙市社会科学优秀成果评奖由每2年评一次改为每年评一次。

2010年，“中部六省省会城市生产性服务业发展的对比研究”等9项成果获“长沙市第十一届社科优秀成果一等奖”，“两型社会建设与长沙职业教育发展的思考”等22项成果为二等奖，“关于现阶段社区建设的几点疑问”等34项成果为三等奖。是年5月，长沙市社科联罗文章的著作“新农村道德建设研究”获“湖南省第十届社会科学优秀成果二等奖”。

2011年，“中小学综合实践活动课程系统构建与实施”等9项成果为“长沙市第十二届社科优秀成果一等奖”，“两型社会建设与长沙职业教育发展的思考”等22项成果为二等奖，“高考心理导航”等34项成果为三等奖。

2012年，“长沙人居环境发展报告”等9项成果为“长沙市第十三届社科优秀成果一等奖”，《“一把手综合征”及其防治》等22项成果为二等奖，《长沙拓展非洲市场的对策思考》等26项成果为三等奖。是年8月，长沙大学屈林岩撰写的论文《学习型社会教育范式的转变与学习创新》获

"湖南省第十一届社会科学优秀成果一等奖"，长沙商贸旅游职业技术学院崔德明的著作《高职院校教师弹性管理研究》获"湖南省第十一届社会科学优秀成果三等奖"。

至2012年，长沙市社科优秀成果评奖开展13届，2项优秀成果被评为特别奖；有78项优秀成果被评为一等奖，215项优秀成果被评为二等奖，429项优秀成果被评为三等奖。

五、社科团体管理

1988年，长沙市社会科学界联合会所属学会为36个，1991年40个，在1991年之前，所有学会均未到民政部门进行注册登记。

1991年起开展规范学会管理工作，学会通过自清自查，并、转登记，35个学会被民政部门批准登记，4个二级学会并入为2个市一级学会。其中第一批登报颁证中领证的学会17个，其余学会在1992年完成注册登记。至1997年，市社科联所属学会发展到52个。各学会结合自身特色开展学术活动、编辑期刊及各种培训和咨询服务等。1998年，市社科类学会管理完成学会清理整顿工作。经过整顿，两个学会自行解散，其余均予重新登记。同时，批准成立警察学会、演讲与口才协会、成功学研究会等。全市54个学会、协会、研究会，根据各自特点和学科专长，开展各具特色的学会活动。1999年，解决县处级领导干部兼任社科类学会领导职务的问题；督促指导学会搞好清理整顿，按时年检，按时换届；坚持主席会议、学会秘书长会议例会制度，加强对学会骨干的培训；建立重大学术活动申报制度。

2000年，新成立4个学会，全市有学会54个。3月，召开全市社会科学学会工作会议，部署学会工作任务，交流工作经验，并指导各学会围绕全市工作中心及学会相关主题开展学术研讨活动。市检察学会、市商业经济学会、市税务学会被评为"全国先进学会"。2001年，全年召开4次全市社会科学学会工作会议，总结交流工作、部署任务；市妇女学会等5个学会进行换届选举；市民营经济、教育、法学、检察等学会根据自身特点，开展各具特色的研讨和咨询活动。5月，制定《长沙市社会科学学会管理办法（暂行）》。

2002年4月，制定《长沙市社科类学术团体管理办法》讨论稿，建立学会重大学术活动申报和学会负责人例会制度。3月，召开学会工作会议，评选10个先进学会和76名社科工作积极分子。2004年，召开学会工作会议，各学会相互交流工作情况和经验，部署工作任务，增强各学会的凝聚力；开展评选先进学会和社科工作积极分子的活动；举办学会骨干培训班，就如何办好学会、开展学会工作进行专题培训。2007年4月，举办学会骨干培训班。2008年，相继成立长沙市心理学会、长沙市和文化研究会。开展"先进学会"和"社科工作先进个人"评审活动。

2010年，建立定期工作例会和重大学术活动登记备案制度。4月，举办全市学会骨干培训班。在全国大中城市社科联第21次工作会议上，市会计学会获"全国大中城市标兵学会"称号，市检察学会、市群众文化学会、市工商行政管理学会、市警察协会获"全国大中城市先进学会"称号。2011年4月，召开长沙市社会科学工作会议；举办创新社会管理与学会组织发展专题培训班。5月，集中对全市48个社科类学会、协会、研究会进行年检；对长沙市会计学会等15个"长沙市社会科学先进学会"进行通报表彰。

2012年，举办学会工作培训班，对全市社科类学会骨干进行培训。在全国大中城市社科联第23次工作会议上，长沙市会计学会、长沙市商业经济学会获"全国大中城市标兵学会"的称号，长沙市检察学会、长沙市工商行政管理学会、长沙市群众文化学会、长沙证券学会获"全国大中城市先进学会"的称号。

第九章　文学艺术界联合会

20 世纪 80 年代末，长沙对外文艺交流开始进行商业性演出，开拓国外市场，举办国际艺术节，开展对外辅导讲学等活动。1988 年，长沙市文学艺术界联合会（以下简称“市文联”）团体会员协会有 12 个，会员 1700 余人。至 1999 年，先后召开两次代表大会，全市文学艺术工作者出版各类作品集（专集）700 部以上，发表的小说、诗歌、散文、报告文学、儿童文学、翻译文学作品、文学理论、文学史著近 800 部（篇），近百件作品在全国或带有全国性的各类文艺创作评奖中获奖；630 余件优秀作品在省级以上文艺刊物和各种征文、征歌、调演和展览中获奖。整理上演湘剧、花鼓戏传统剧目 100 余个，其中，《刘海砍樵》《打猎回书》《追鱼记》等剧目被各剧种移植上演；长沙地区民间音乐、民间舞蹈、民歌民谣、民间故事、民间谚语分别集成。文联队伍壮大，文联团体会员协会增加为 13 个，会员发展到 3000 余人。群众文艺团体和活动场所进一步发展。开办各种形式的文学艺术培训班，对文学新人及文学爱好者进行培训，培训学员近千人次。

进入 21 世纪，长沙的文学艺术在继承、革新、发展等方面取得新的成绩，国际交流演出展出频繁。2000—2012 年，召开 3 次代表大会；2000 余件优秀作品在省级以上各种征文、征歌、调演中获奖，出版各种文艺专著（含儿童读物、画册、印谱、字帖）1500 余种，创作、上演大型现代戏和新编历史剧 60 余个，电影、电视剧 30 余部；近 200 件作品在全国或带有全国性的各类文艺创作评奖中获奖，其中包括电影百花奖、电视剧金鹰奖、“五个一工程”奖、文化部文华奖、群星奖、梅花奖、全国摄影赛金奖、曲艺牡丹奖、全国优秀短篇小说奖、茅盾文学奖等高层次奖项。花鼓戏《秋天的花鼓》、湘剧《人间知己》等获各类全国、全省大奖，开办各类文学艺术培训班，培训学员 2 万余人次。至 2012 年年末，团体会员协会发展到 21 个，会员发展到 5000 余人。

第一节　组织机构

一、市级组织

长沙市文学艺术界联合会由长沙市文学艺术界联合会委员会、常务委员会、主席团组成，是湖南省文学艺术界联合会的团体会员。委员会的常务委员人数不固定，设主席 1 名，副主席人数不固定，秘书长 1 名。1989 年由 47 人组成第四届委员会，1995 年由 44 人组成第五届委员会，2000 年由 57 人组成第六届委员会，2005 年由 65 人组成第七届委员会，是年起，增设兼职副主席职位，人数不固定，由部分下属协会主席兼任，原副主席改称专职副主席。主席、专职副主席与兼职副主席共同组成主席团。2012 年由 79 人组成第八届委员会。

二、工作机构

1988 年，长沙市文联机关内设办公室、协会工作部，工作人员 8 名，其中行政编制 2 人，后勤服务事业编制 6 人。1997 年，机关机构调整为办公室、组织联络处（加挂文学创作指导办公室），工作人员

12 名，其中行政编制 11 人，后勤服务事业编制 1 人。2002 年，机关内设办公室、协会工作部、文学创作室，工作人员 10 名，其中行政编制 9 人，后勤服务事业编制 1 人。

2004 年，成立文艺事业发展中心，归属办公室管理。2006 年，行政编制增至 12 人。2007 年，新增行政编制 1 名。2010 年，行政编制增至 17 名。2012 年，成立文学艺术交流处，人员编制无改变。

2000 年，改编原《新创作》杂志社，成立《创作》杂志社，作为市文联的正科级经营类事业单位，在编工作人员 5 人，湖南省一级期刊。历任主编、社长为谢作孚、杨里昂、萧楚奇、彭国梁、宋元、何立伟、唐樱。

2009 年 1 月 18 日，长沙画院成立。是从事书画创作、美术理论研究和学术交流的专业艺术机构，由市委宣传部领导，隶属长沙市文联的公益一类事业单位，自收自支，编制 3 名。花鸟画家杨建五担任院长，郭文光担任常务副院长，书画家欧阳笃材、陈白一、李立、徐芝麟、曾晓浒、朱训德、刘昕文等任名誉院长。2010 年 12 月 31 日，长沙画院美术馆开馆，与长沙画院为“两块牌子、一套机构”，画院美术馆拥有 3 层 1000 平方米展厅，具备收藏、研究、陈列展览、教育、交流、服务等功能。美术馆全天免费对外开放，日常陈设展出湖湘文化名家的百余件书画作品。成立后举办“湖湘书画成就展”、“湖湘书画三百年”、纪念杨应修百年诞辰系列活动等大型书画活动，并加盟中展德美“馆线联盟”。

1988—2012 年，先后担任长沙市文学艺术界联合会主要领导职务的有：佘腾辉、彭宗佑、曹伟、王俏（女）、徐芝麟、李少白、何立伟；其他领导班子成员有：杨里昂、李廉颇、齐玉春、宋元、柯桐枝、顾庆丰、佘明辉、刘忠宏、谢胜文、李小军、唐樱（女）、王勇。

三、团体会员

1988 年，市文联下辖浏阳市文学艺术界联合会、长沙市作家协会、长沙市诗词协会、嘤鸣诗社、长沙市民间文艺家协会、长沙市戏剧家协会、长沙市音乐家协会、长沙市舞蹈家协会、长沙市曲艺杂技家协会、长沙市美术家协会、长沙市书法家协会、长沙市摄影家协会 12 家团体会员。1992 年，长沙市企业文联成立。1993 年，长沙市楹联家协会成立。1998 年，宁乡县文学艺术界联合会成立。2004 年，长沙县文学艺术界联合会成立。2006 年，长沙市收藏协会成立。2007 年，望城县文学艺术界联合会成立。2011 年，长沙市电影电视艺术家协会成立。2012 年，岳麓印社、长沙市群众文艺工作者协会成立。市文联有 21 家团体会员。

第二节 代表大会

一、第四次代表大会

1989 年 4 月 11—14 日，长沙市文学艺术界联合会第四次代表大会（以下简称“文代会”）在宁乡县委招待所召开，200 名代表参会。市文联主席谢作孚做工作报告。会议学习和讨论《中共中央关于进一步繁荣文艺的若干意见》以及中央和省委领导关于文艺工作的指示精神；听取、审议并通过市文联第三届委员会的《工作报告》《关于修改长沙市文学艺术界联合会章程的说明》《长沙市文学艺术界联合会章程》；选举产生由 47 名委员组成的市文联第四届委员会，选举史穆等 15 名常务委员，其中，徐芝麟任文联主席，杨里昂等 4 人任副主席，李廉颇兼任秘书长，并推举杨应修、李立、张诚生、陈北方、谢莲英、谢家鉴、伍景云、陈琦 8 人为市文联名誉委员。

二、第五次代表大会

1995 年 5 月 18—19 日，第五次文代会在长沙麓山宾馆召开，197 名代表参会。市文联副主席杨里昂代表大会主席团致开幕词。大会听取、审议并通过市文联第四届委员会的《工作报告》《关于修改长沙市文学艺术界联合会章程的说明》《长沙市文学艺术界联合会章程》；并为张华、阎真、刘笃平等近百位作者的107件作品颁奖；选举产生由44名委员组成的市文联第五届委员会，选举兰烟等18名常务委员。在新一届常委会上，选举李少白任文联主席，杨里昂等3人任副主席，齐玉春兼任秘书长。

三、第六次代表大会

2000年7月18—20日，第六次文代会在长沙新华大酒店召开，代表和特邀代表219人。中共长沙市委副书记、市长谭仲池作题为《莫负新世纪的召唤》的发言。会议听取、审议并通过题为《把握前进方向，建设先进文化，共创21世纪长沙文学艺术新的辉煌》的第五届委员会工作报告；选举产生由57名委员组成的市文联第六届委员会，选举张奇等19名常务委员。在新一届常委会上，选举何立伟任文联主席，柯桐枝3人任副主席，齐玉春兼任秘书长。

四、第七次代表大会

2005年10月24—26日，第七次文代会在长沙枫林宾馆召开，260名正式代表和41名特邀代表参加会议。会议开幕式由中共市委常委、宣传部部长谢建辉主持。会议听取、审议并通过市文联第六届委员会的《工作报告》《关于修改长沙市文学艺术界联合会章程的说明》和《长沙市文学艺术界联合会章程》；选举产生由65名委员组成的市文联第七届委员会。会议期间，长沙市第七次优秀文艺成果奖在会上举行颁奖仪式，《抵抗者》等12个艺术门类116件优秀文艺作品获得表彰。市文联第七届委员会第一次会议上，选举曾应明等27名常务委员。在常委会上选举出佘明辉等16人为主席团委员。在新一届主席团会议上，选举何立伟任文联主席，佘明辉等3人任专职副主席，王宏等11人任兼职副主席。

五、第八次代表大会

2012年10月24—26日，第八次文代会在通程宾馆召开，大会开幕式在长沙市人民政府会议中心会堂举行，330名代表和51名特邀代表参加会议。市文联主席何立伟致开幕词。会议听取、审议并通过题为《把握机遇，开拓创新，努力推进长沙文艺大繁荣大发展》的市文联第七届委员会工作报告、《关于修改长沙市文学艺术界联合会章程的说明》和《长沙市文学艺术界联合会章程》，选举产生由79名委员组成的市文联第八届委员会。会议期间，召开第八届文联委员会第一次会议，选举彭军等37名常务委员。在常委会上选举何立伟等23人为主席团委员。在新一届主席团会议上，选举何立伟任文联主席，王俏等4人任专职副主席，何顿等18人任兼职副主席，聘请徐芝麟、李少白为文联顾问。

第三节 主要活动

一、文学艺术人才培养

1989年4月2日，市文联机关刊物《新创作》杂志社举办的第一期星沙青年文学讲习班开学，153人参加学习，全期历时5个月。任光椿、谢璞、未央等40余位文学名家为学员上课。学习期间，学员创作各类文学作品1000余篇（首），学员习作选刊登载100余篇（首），其中50余篇（首）在《湖南日报》《长沙晚报》《新创作》等报纸、杂志发表。1990年3月26日—4月9日，音乐作曲创作班开课，75人参加学习，湖南省音乐家协会副主席、《湘江歌声》主编杨干之等主讲。4月7日，星沙青年文学讲习班二期开课，180名学员参加学习。王开林、柳炳仁、周全胜等30余位名家为学员讲课。1998年5月20日，在“第二届青年文艺十星”颁奖大会上，授予刘鸿、罗志勇、葛平、张黎明、任军（大兵）、龙跃平、张双锡、唐勇强、何璐、敖耀寰10人为“长沙市第二届青年文艺十星”称号。

图 7-9-3-1 机关刊物《新创作》杂志社举办的第一期星沙青年文学讲习班开学 （摄于1989年4月2日，长沙市文联供图）

2002年5月23日，历时1个月的第三届长沙市青年文艺之星评选活动结束。谢宗玉（文学）、唐樱（文学）、汪辉（湘剧）、李亚辉（美术）、魏科亮（书法）、尹领军（音乐）、喻新华（舞蹈）、高伟湘（摄影）、彭利中（曲艺）、王炜（民间文艺）10人获第三届“青年文艺之星”称号。2005年，长沙市加强“五个一批”（一部好的戏剧作品，一部好的电视剧作品，一部好电影，一部好的图书，一部好的理论文章）人才培养工作，文联系统有3人被评为第一批全市“五个一批”人才。是年，全市有5人参加各级各类文学培训。2008年4月，举办每月一期的“作家论坛”，市文联主席何立伟、市作协副主席彭国梁、省作协副席王开林、文学顾问郑佳明主讲。2010年，全年有20人参加各类文艺和文化产业创意方面的培训学习，2人被评为文学创作二级，2人被推荐进入全市第三批“五个一批”人才库，2人参加第九期湖南省中青年作家研讨班，所属协会和县（市）文联全年培训音乐、曲艺、舞蹈、书法美术、民间工艺约4000人次。

2012年，推荐30名老、中、青优秀艺术家参评湖南省“五个一工程”项目，推介6人参加“长沙市年度十大文化领军人物”评选活动，向省文联、省民间文艺家协会（以下简称“民协”）推荐湖南省非物质文化遗产——“长沙棕编”的青年传承人周佳霖。所属协会和县（市）文联全年组织各艺术门类培训2500人次。是年，签约30余名青年作家和网络作家。出台《长沙市文联所属各协会（社团）工作经费管理办法》《长沙市奖励和扶持文艺创作专项资金使用管理办法》，发布《关于进一步加强文联工作促进文艺繁荣的意见》，设立奖励和扶持文艺创作的资金，推动文艺精品创作。

二、文学艺术成果评奖

20世纪80年代末，长沙市开展文学艺术成果评奖活动。1988年3月，长沙市举办湖南首届“同乐杯”民族器乐大奖赛。《湖南日报》《北京音乐报》《工人音乐报》和湖南人民广播电台、长沙市电视台等媒体进行报道。湖南人民广播电台对专业组一等奖获得者谭小驷、孟勇进行专题介绍；长沙人民广播电台《星沙半小时》专题部播放幼儿组一等奖获得者余恬恬和业余组二等奖获得者唐镜前的现场采访实况。是月，长沙市举办“潇湘短诗大奖赛”，收到省内外参赛稿件700余篇，评出获奖作品18篇，佳作100篇。长沙市有12篇作品获奖，其中一等奖1篇，二等奖4篇，三等奖7篇。

1989年初，“湘星杯纪实文学佳作奖”揭晓，获得奖励的文学作品7篇：《天下第一难事》（谭旭）、《南中国热风》（田涛）获甲等奖；《一个省长的堕落》（左一兵）、《苎麻，一度使洞庭湖倾斜》（杨科得、刘春来）、《南岳进香见闻录》（赵石）、《“女妖”外传》（谭士珍）和《诈骗——当代瘟疫》（廖明桂、络炬）获乙等奖。5月6日，“青春之声曲园杯”青年业余歌手流行金曲大奖赛在市青少年宫举行颁奖仪式。大赛吸引来自全省的600余名歌手报名参赛。参赛选手大多数是工人、学生中的声乐爱好者。比赛评选出一等奖1名，二等奖2名，三等奖3名。是月，开展庆祝新中国成立40周年文艺创作评奖工作。活动评出100件优秀作品。其中，文学23件、戏剧和电视剧9件、美术13件、音乐14件、曲艺杂技5件、摄影9件、舞蹈5件、民间文艺8件、书法8件、文艺评论6件。12月13日，“长沙市庆祝新中国成立四十周年文艺创作评奖授奖大会”召开。

1990—1991年，长沙市开展大型文艺活动4次。1990年5月11日，湖南省“菲菲杯”群众舞蹈大赛在市红色剧院落下帷幕。全省各市、县700余名舞蹈爱好者的270个节目参赛。长沙市毛巾厂群舞《浏阳河》获特等奖；冷水滩友谊商店的双人舞《情》、邵阳纺织厂的老年健身舞等4个节目获一等奖；省妇女儿童活动中心独舞《梦幻》等4个节目获二等奖；衡阳制锁总厂等8个节目获三等奖；邵阳信托贸易公司等3个节目获优秀奖。7月，“晓园杯”新故事大赛在长沙举行。收到参赛稿件120余篇，评选出特别奖1篇：《发生在晓园百货大楼里的故事》（代云）；二等奖2篇:《红白条杠前的变奏曲》（谭常玖）、《错投的情书》（程水盟）；三等奖4篇；佳作奖4篇。1991年4月24日，“庆祝中国共产党成立70周年征歌”评奖揭晓。活动收到独唱、重唱、齐唱、合唱和少儿歌曲等各种题材的音乐作品86件，评奖采用密封编号和隐去词、曲作者姓名的方式进行，《我们共同的太阳》（罗丹词，蔡廷瑞曲）、《党啊，因为有你》（郭天柱词，殷景阳、万音曲）、《幸福生活党带来》（倪达词，乐华曲）、《七月的旋律》（郭正平、葛敬平词，葛敬平曲）、《九十年代，我们的时代》（廖怀春词，袁冰清曲）、《各民族人民团结紧》（许继荣词，地灵、万音曲）、《真情的颂歌》（余致迪词，李铁曲）、《湘江之歌》（曾宪瑞词，蔡廷瑞曲）、《瑶山小歌手》（余致迪词，木水曲）、《湖泊与天鹅》（郭正平词，唐勇强、龙伟华曲）10首音乐作品获优秀歌曲奖，并参加全省征歌评奖，其中《我们共同的太阳》、《湘江之歌》获全省征歌优秀创作奖。6月，“先锋颂”征文活动揭晓，评出一等奖作品4件；二等奖作品12件；三等奖作品7件。择优向湖南省《共产党人颂》征文办选送10篇作品。纪实小说《最后一滴血》（肖重周）、散文《在浏阳河第一道弯上》（唐恒忠）获省征文创作奖。

1994年2月，长沙市歌曲征集评奖活动从征集的86件独唱、重唱、齐唱、合唱和少儿歌曲等音乐作品中，评选出10首优秀作品和10首佳作歌曲，并编印成《歌曲集》向全市基层单位推荐。是年，全市50万余人参加群众歌咏活动，大小歌咏比赛活动2000余场次。市工人艺术团、市青少年宫艺术团、市邮政局合唱团等13支合唱队分别获全省群众歌咏比赛一、二等奖和优秀奖。1996年7月，首届湖南“斯特劳斯杯”少儿钢琴比赛在长沙举办，本次钢琴比赛有400余人参赛。

1998年4月，“千字散文、散文诗征文大赛”评奖揭晓。活动历时半年，收到全国各地来稿千余篇。海叶的《飘散红尘的碎片》、夏彩玲的《告别》获一等奖。夏江宁的《潮声入梦伴雨眠》、丁文珊的《碧海情结》、张千凤的《昙花·土地》获二等奖。嵇长青的《力的撞击》、彭婵娟的《手》、王广舟的《与友人书》、杨义祥的《寻“真”》、李芳的《蝴蝶》获三等奖。阿毛的《珍惜拥有》等10篇获优秀奖。是年9月，纪念中华人民共和国成立50周年“派力斯杯”全国征文大赛评奖揭晓。袁铁基获成人组一等奖；曾世超、何辛获成人组二等奖；钟浩如、刘凤军、曾小明、刘怀、柳炳仁、吴新波获成人组三等奖；朱赫、汤国基等41人获优秀奖。王俏获少年组一等奖；欧天怡、占许华获少年组二等奖；郭俊海、周海荣、牛仔、谭铁延获少年组三等奖；罗琳、周思源等24人获优秀奖。是月22日，《长沙文学艺术精品库》审稿会召开，40余人参会。《长沙文学艺术精品库》历时半年编辑而成，分4卷，展现长沙文学艺术50年的丰硕成果，包括小说、诗歌、散文、儿童文学、民间文学、戏剧影视文学、诗词、楹联、歌曲等分卷，全书约200万字，集长沙500余位文学艺术家半个世纪中创作的文艺作品670余篇。

2007年7月27—31日，第六届中国音乐金钟奖首届合唱比赛暨庆祝中国人民解放军建军80周年“红旗飘飘军歌嘹亮”展演活动在长沙举办。参加比赛和展演的各地合唱团体有57个，3600余人。进行6个场次的半决赛和决赛，4个广场展演活动，现场观众超过10万人，11名来自北京、上海、广州等地的音乐权威担任指挥、评委，来自中国文联和中国音乐家协会的近70人参与组织、协调和联络。这次活动被《人民日报》、《新华社》、中央电视台、湖南卫视、新华网、中国文艺网、新浪网、《光明日报》等50余家媒体进行宣传报道。2009年，长沙市开展第九届精神文明建设“五个一工程”评选，电影《山那边》、歌曲《赤子情深》等21部作品获奖，并推荐19部作品参与全国、全省“五个一工程”的评选。电视连续剧《国家行动》和歌曲《送你一朵东方茉莉》获得全国“五个一工程”奖，动画片《神厨小福贵》、戏曲《酒村长》、广播剧《唐山兄弟》等8部作品获得全省“五个一工程”奖。

2012年起，开展长沙市文学艺术奖的评奖工作，两年一届，对全市14个文艺门类作品进行评奖，鼓励精品创作。

三、文学艺术交流

1988年，开展2次大型文艺交流活动。5月，何立伟应美国驻华大使温斯顿·诺德邀请，参加由美国新闻总署举办的“国际访问者计划”，访问华盛顿、纽约等11个城市，与美国的文化界人士以及普通美国公民接触，对美国文化等方面进行考察。11月1日，长沙籍台湾诗人向明偕回乡探亲，应市作家协会的邀请与长沙诗歌界座谈。1989年5月，市文化艺术团应日本鹿儿岛市鹿长友好文化交流实行委员会的邀请，到鹿儿岛演出花鼓戏《刘海砍樵》，并与当地文化界进行艺术交流。

1991年9月10—17日，“长沙—银川国画、版画联展”在宁夏银川市开展，长沙、银川两市67位作者的125幅作品展出。徐芝麟等5位作者应邀到银川参加联展交流活动。12月4—11日，联展（长沙站）在湖南省美术馆举行。这次展出的60幅作品出自银川36位美术家之手，宁夏贺兰山岩画拓片也同时展出。作品反映的塞上风土人情，给观众带来美的享受。

1993—1995年，开展、参与大型文艺交流活动4次。1993年6月10日，日本文人墨客团一行11人到长沙，日本书画家三谷俊文、石丸胜三等，与长沙书画家徐芝麟、胡六皆、谭仁、田希祖、杨向阳、黄定初、旷小津等进行书画联谊活动，即兴创作书画作品。1994年4月4—14日，画家徐芝麟、徐照海、谭仁、田希祖应邀对日本鹿儿岛市等地进行为期11天的友好访问。其间，长沙市书画作品展览在鹿儿岛市山形屋百货大楼举行。1995年2月27—3月21日，书法家史穆应邀到日本鹿儿岛市、大和市进行书法展览和学术交流。12月21—28日，长沙市新人美术作品展在湖南省书画研究院展厅举行，展出新作109幅。胡健武的丝网版画，李凤龙的国画“虎”系列，周石山、杨谷贻、蒋定文、徐莎、刘军等人的国画山水，谭小平、汪淮海、蒋剑高的工笔花鸟，朱湘浪、朱世郎的雕塑等受到好评。画家陈白一、钟增亚、莫立唐等与青年画家们进行现场交流。

1997—1999年，开展、参加大型文艺交流活动4次。1997年4月，史穆再次应邀到日本镰仓、绫濑、横滨、京都等地进行友好访问和书法艺术交流。11月12—15日，首届“长沙市与国内友好城市美术作品邀请展”在省书画研究院举行，来自抚顺、本溪、厦门等城市（区）的书画家与长沙书画家的作品参加展出。近100幅作品参展。1999年10月19—23日，

图7-9-3-2 长沙市书法作品在鹿儿岛展出(摄于1994年4月,市文联供图)

中国历史文化名城文联第九届工作交流会在长沙市举行。与会的60余名代表分别来自洛阳、杭州等28个城市。会议探讨在新形势下如何多功能地发挥文联联络、协调、服务职能，交流如何结合历史文化名城特色做好文联各项工作。11月4—9日，长沙市文联代表出席全国基层文联经验交流会。长沙代表李少白在会上作《增强活力、繁荣文艺》的发言。

2006年11月，“长沙—太原书法交流展”在湖南省美术馆展出。展览展出两市书法家们的作品100余件。2007年5月23日，长沙、株洲和湘潭3个市共同举行“长株潭融城文艺交流采风活动”。活动历时5天，参加活动的文艺家们通过亲身体验和感受，汲取创作营养，激发创作灵感，开阔创作视野，创作出一批反映现实生活的艺术作品。

图 7-9-3-3 长沙市与国内友好城市美术作品邀请展现场

（摄于1997年11月12日，市文联供图）

2008年5月23—24日，长沙市100位文学艺术家到芙蓉区、雨花区、天心区、岳麓区、开福区进行“热土星城三十年”交流创作活动。艺术家分团进驻各区，到厂矿企业、学校、社区以座谈、笔会、讲座、现场写生创作等形式，与各界人士交流，加深社会生活的了解，激发创作灵感，创作文艺作品。2009年10月22—25日，“长沙·成都书法篆刻作品联展”（成都站）在成都画院美术馆举行。市书法家协会代表团参加开幕式和笔会交流活动。《长沙·成都书法篆刻联展作品集》同期发行。2010年4月15—17日“长沙·成都书法篆刻作品联展”（长沙站）在长沙简牍博物馆展出，两地书法家的100件书法篆刻精品吸引众多书法爱好者。成都书法家协会代表团一行6人参加相关活动。

2010年，长沙市音乐家、美术家、书法家等协会与深圳、广州等地进行文艺交流。组织所属市企业文联湖南知青艺术团合唱团到美国的纽约、洛杉矶等地举办“亲情中华”巡回慰问演出。市民间文艺家协会10人到台湾进行湘绣等民间工艺交流。并于12月9日在长沙简牍博物馆举办“长沙·南宁书法篆刻精品交流展”。

2012年，长沙市开展文学艺术交流活动30余次，张双锡到温哥华举办书法篆刻作品展。肖剑参加“中国书画世界行，走进阿联酋南非”活动获“中非文化交流贡献奖”。湖南知青艺术团参加“亲亲中华——在美巡回慰问演出”。组织参加哈尔滨—长沙书法联展。长沙市参加“合肥与国内友好城市暨中部省会城市艺术联展”活动。组织音乐家、美术家、书法家、民间文艺家等协会与宁波、南京、西安、延安等地进行文艺交流。

四、主办文学艺术报刊及网站

（一）《创作》。1988年，市文联机关刊物《新创作》（原名《长沙文艺》，1981年7月复刊，双月刊）改由市文联和《长沙晚报》社合办，长沙市商业银行协办。是年，《新创作》被评为市一级刊物。1996年7月，20余位长沙籍作家到农村和科研单位采访，形成20万余字的报告文学。刊载在《新创作》的《长沙科技之星》专刊上，专刊于11月出版，发行3万册。1996年，《新创作》第4期开始改版，开设“城市话题”“名人与长沙”等10个栏目。2000年，《新创作》更名为《创作》，双月刊。2009

年，杂志性质改为青少年期刊，双月刊。自改版至2012年年底出版47期，开设“文学园地”“青春备忘录”等栏目。

（二）《嘤鸣集》。1986年改为铅印季刊。至1988年，出版31期。嘤鸣诗社成立后，《嘤鸣集》为诗社内刊。2000年后，《嘤鸣集》改为16开彩色胶印，至2012年年末，出版155期。每期刊登8万余字。有“时代放歌”“长岛人歌”等7个栏目。《嘤鸣集》编委会曾先后五易主编，依序为宋槐芳、易仲威、符乃若、黄琳、罗冈。

（三）《长沙诗词》。1987年12月，《长沙诗词》创刊，系长沙市诗人协会主办的内部期刊，由周谷城题写刊名，16开，4万~5万字 期，半年刊。至2012年年底，出版47期。主编先后有周仁济、刘瑞清、黄政海，现为胡静怡。每期发表会员及诗友诗、词、联、曲、赋约600件，论文2~3篇，国家图书馆中文资料部设专架收藏。

（四）长沙文学艺术网。2007年4月20日，长沙文学艺术网正式开通，网址为www.cswxys.org.cn，由市文联办公室负责运营及管理。网站开设“文联概况”“文艺人物”“原创争鸣”“云上文艺”等栏目，使“长沙文学艺术网”成为长沙文学艺术界对外宣传的窗口和文艺家联络、创作和展示的新平台。至2012年，网站运营正常。

五、其他

1988年7月1日，储声虹（中国音乐家协会湖南分会主席、湖南师范大学教授）民主德国、苏联之行报告会在望麓园6号举行。9月2—11日，书法家周昭怡书法展览在湖南展览馆展出。1989年，长沙市文学艺术界各协会编纂《长沙市文艺作品丛书》，作品展示长沙市文学、戏剧、美术、音乐、曲艺、摄影、舞蹈、民间文学、书法、诗词以及电视剧等不同艺术形式的创作成果（1984至1989年间作品），丛书分设《文学卷》《诗词卷》《民间文学卷》《剧本卷》《曲艺小戏卷》《音乐卷》《美术卷》《书法卷》8册，收集586位作者的1140件文艺作品，总计百万余字。这些作品中获全国性奖励的有80余件（部），获地（市）奖励的1200余件（部）。10月8日，第四届潇湘诗会在市青少年宫剧场举行，1000余名诗人、表演艺术家及诗歌爱好者参加。朗诵作品分为《中国，在微笑》《五颜六色的生活》《心灵深处的情韵》3个篇章，24个节目。

1990年5月23日，毛泽东诗词吟诵演唱会在湘江宾馆举行。9月17—20日，长沙市作家代表团一行9人到井冈山根据地访问，作家们与当地老红军及根据地老人进行座谈，回长沙后，杨里昂、何立伟、李廉颇等人创作出的作品在《老区建设报》专版刊发。

1992年5月18日，长沙市召开纪念《在延安文艺座谈会上讲话》发表50周年理论研讨会。中共长沙市委、市人大领导及长沙作家、艺术家、文艺评论家50余人出席会议，会议收到的学习毛泽东文艺思想论文23篇。5月20日，在市青少年宫举办《光辉颂》文艺晚会，表演歌舞、快板、家庭文艺等13个节目，其中舞蹈《黄土黄》被中央电视台选播。市湘剧院、花鼓戏剧院、歌舞剧院举办《五月的乐章》文艺晚会，演出《园丁之歌》《女杰贺英》《杨赛风》等10余部优秀剧（节）目的精彩片断。5月23日，市诗人协会在市政协礼堂举行“纪念毛泽东同志《在延安文艺座谈会上的讲话》发表50周年”诗歌吟唱书画服务活动。现场创作书画作品10余幅。市美术家协会（以下简称“市美协”）、市书法家协会（以下简称“市书协”）、市摄影家协会（以下简称“市摄协”）在市博物馆举办美术、书法、摄影作品展览，140位作者的作品入展（美术作品60件，书法作品40件，摄影作品40件）。其中，47件被省纪念《在延安文艺座谈会上的讲话》展览选入参展，7件作品获奖。是日，在省体育馆举办《娱乐之光》文艺晚会，来自52个单位、108名演职人员与10余名歌手首次参演。

1993年12月，湖南省第三届映山红民间艺术节在长沙举行。艺术节演出剧目57台，河南、江西、湖北、湖南4省的剧团参赛，其中4台剧目被文化部艺术局邀请到北京参与演出。1994年9月，“星沙新歌音乐会”征歌作者座谈会在市文联举行，省会词曲作家30余人参加，创作音乐作品80余件。9月28日，庆祝中华人民共和国成立45周年专场演出在先锋厅中兴楼举行。老艺人彭延坤、屈炳炎分别表演长沙弹词《武松怒打观音堂》，长沙说唱《春华秋实满长沙》等节目。12月30日，举办“抗洪赞歌”纪实文学征文大赛活动的征文颁奖大会，大会征集作品80余件，其中24篇作品获奖，并编辑出版《世纪洪峰大战——1994年长沙抗洪纪实》一书，印发1万册。

1996年9月23日，“金秋诗会”在《长沙晚报》职工俱乐部举行，纪念“9·18”事变65周年，庆祝红军长征胜利60周年。1998年11月9日，纪念“文夕大火”60周年暨《名城血火》《古今长沙大写真》首发式座谈在天心阁召开。是年9月25日，举行纪念谭嗣同殉难100周年诗词吟唱会。长沙湘剧院及淮川诗社的艺术家用戏剧唱腔演唱诗词，刘人寿等17名艺术家吟诵诗词。1999年8月2日，纪念长沙和平解放50周年暨文联成立50周年座谈会在长沙天心阁举行。来自长沙各艺术门类的艺术家等参会。会议由彭宗佑主持，杨里昂介绍市文联50年历程。

2002年，长沙市举办一系列纪念《毛泽东在延安文艺座谈会上的讲话》发表60周年的活动。5月23日，在田汉大剧院召开纪念《毛泽东在延安文艺座谈会上的讲话》发表60周年大会，会议由张伟玦主持，中共长沙市委副书记欧代明讲话。10月，由何立伟撰稿，中央电视台拍摄的大型专题纪录片《一个人和一座城市——长沙岁月》拍摄完成，此部大型专题纪录片分上、下两集，每集30分钟。

2010年，长沙市举办“首届中国湘绣文化艺术节暨第三届湖南省工艺美术品博览会”及文艺晚会、“水韵潇湘”优秀水彩画作品展、“绿色家园”美术作品展、橘洲摄影文化节、“名城长沙”摄影大展、第二届“魅力星沙”旅游摄影大赛、“魅力浏醴”摄影大赛、“山水长大 生态长大”摄影大赛、“快乐满星城”等文艺活动。2011年，围绕中国共产党成立90周年、纪念辛亥革命100周年、春节端午中秋等传统节日，长沙市举办“庆祝建党90周年·纪念辛亥革命100周年长沙市美术作品展”、“纪念辛亥革命100周年长沙市油画作品展”、中国银行杯“三湘之美，世界看见”摄影大赛、“魅力麓谷”摄影大赛、长沙橘子洲周末焰火燃放暨中国浏阳音乐焰火大赛、湖南“美好愿景杯”全国声乐大赛、“心中的歌儿献给党”歌曲创作暨新歌试唱会、庆祝中国共产党成立90周年“颂歌献给党”全国歌曲征集大赛、“2011弘扬湘绣艺术”全国歌曲征集评奖等活动。

2012年，围绕迎接、庆祝、学习宣传贯彻中共十八大开展“科学发展、辉煌成就”主题文艺创作，“颂歌声声献给党”全国征歌，宣传中共十八大书法美术摄影展览活动等。诗人协会编辑出版《风雅长沙》诗集，舞蹈家协会举办“喜迎十八大”群众舞蹈艺术精品展演，剧协选择10个精品剧目到北京展演。

图7-9-3-4 《名城血火》研讨会现场

（摄于1995年12月，市文联供图）

第十章　残疾人联合会

20 世纪 80 年代，长沙市残疾人工作由长沙市民政局负责管理，下设长沙市盲人协会、长沙市聋哑人协会、长沙市肢残人协会等组织。1989 年，开展残疾人白内障复明、小儿麻痹后遗症矫治、聋儿语言训练康复（以下简称“三项康复”）工作。全市建立各级“三项康复”办公室（以下简称“三康办”），并制定《关于全市残疾人三项康复工作实施方案》。

1990 年 4 月 24 日，长沙市残疾人联合会（以下简称“市残联”）成立，长沙市残疾人事业有专门的管理、服务组织。1991 年，长沙市制定并实施《关于对残疾人实行优惠待遇的规定》，从入学、就业、生活福利等 13 个方面对残疾人实行优惠照顾。1993 年 1 月开始，在残疾人“三项康复”基础上，新增低视力康复、智残儿康复、社区康复、精神病康复等新项目，健全各级康复机构，补充康复管理和专业人员，全市康复工作体系基本形成。1994 年起，在继续开展残疾人康复工作的同时，把残疾人就业安置、教育培训、权益保护、文体活动等作为重要的服务工作。1995 年 3 月，召开残疾人工作协调会，从人力、资金、医疗保障、入学等方面解决与残疾人有关问题。从 1997 年开始，残疾人事业纳入全市国民经济和社会发展总体规划。1991—1998 年，各级残联协助为残疾人子女或残疾学生减免学杂费 31.5 万元，为农村残疾人减免社会负担 28.6 万元，减免个体从业残疾人的税费 123.6 万元，解决残疾人配偶“农转非”（农业户口转为非农业户口）349 户，解决残疾人困难 237 户；接待残疾人来访 2100 余人次，来信 1412 件，协助处理越级上访及其他突发事件 67 起。1999 年，长沙市出台《长沙市残疾人扶贫计划》。

2000 年，制定残疾人就业安排比例指标，要求市内各类企业按比例安排残疾人就业。2005 年，对未按比例安排残疾人就业的单位代扣、代征残疾人就业保障金。2006 年代扣、代征就业保障金 1150 元，以后按每年 15%的增速增长。2000—2010 年，全市安置近 10 万名残疾人就业，扶持约 5 万名残疾人自主创业。

2011 年，开展残疾人“两个体系”（社会保障体系和服务体系）建设，长沙市处理侵犯动残疾人合法权益事件投诉率 0.24 起/万户，低于全国文明城市创建指标 1.5 起/万户。

2012 年，长沙市残疾人事业由过去的安养救济型转变为“平等、参与、共享”的事业发展型，构建起“维稳、保障、服务、组织”残疾人事业管理四大体系，实现管理机制、服务方式、工作重点的改变。颁布《长沙市实施〈湖南省残疾人扶助办法〉细则》，明确残疾人权益保护具体政策和措施。年底，出台《长沙市残疾人事业“十二五”规划》。

第一节　组织机构

一、市级组织

（一）理事会。1990 年，市残联第一次代表大会选举产生第一届理事会。第一届理事会由 6 人组成，其中，理事长 1 人，副理事长 1 人，任期为 1990—1998 年。以后各届理事会均由历次代表大会选举产生，任期均为 5 年。至 2012 年，经历二、三、四届理事会。其中，第二届理事会理事 6 人，其中理事长 1 人，副理事长 2 人。第三届理事会 7 人，其中理事长 1 人，副理事长 2 人。第四届理事会 10 人，其中理事长 1 人，副理事长 2 人。

（二）工作机构。长沙市残疾人联合会前身为长沙市盲聋哑协会，为长沙市民政局二级机构。

1988 年 3 月 21 日，成立长沙市残疾人福利基金会，曾昭宣任名誉理事长、王邦美任理事长，苏克钧任秘书长（兼）。

1990 年 4 月 24 日，明确长沙市残疾人联合会机关为副县级全民事业单位，人员编制定为 18 名。是年 5 月，长沙市残疾人联合会成立，设有办公室、康复科、群工科、宣教科。

1993 年 3 月，长沙市残疾人事业领导小组更名为“长沙市人民政府残疾人工作协调委员会”，成员单位由 15 个扩大到 29 个。

1996 年，市残联机关内设办公室（另挂市政府残疾人工作协调委员会办公室牌子）、组织联络科、康复科、教育就业科、宣传文体科。机关行政事业编制 22 名（含事业编制 6 名）。市残联直属正科级单位 2 个（市残疾人就业服务管理办公室、市残疾人用品用具供应服务站）。

1997 年 10 月 30 日，机关升格为正县级群团机构。1999 年 5 月 20 日，机关内设办公室、组织联络文体宣传与基金部、康复部、教育就业部，编制 18 名。实有 18 人。

2002 年 5 月 14 日，机关设办公室（加挂人事部、长沙市人民政府残疾人工作协调委员会秘书处的牌子）、组织宣传文体部、康复部、教育就业部，编制 18 名。8 月，行政编制调整为 16 名，内设办公室（加挂人事部、残工委秘书处的牌子）、组织宣传文体部、康复部、教育就业部 4 个职能部门。

2008 年 9 月 23 日，增设维权部，内设机构增加到 5 个。10 月 27 日，增设一名残疾人副理事长，设立残疾人综合服务中心。

2010 年 3 月 10 日，行政编调整至 19 名。2010 年 8 月 5 日，增设康复技术研究室，内设机构调整为 6 个，行政编制增加为 22 名。

2012 年，机关内设机构有办公室、教育就业部、维权部、组织宣传文体部、康复部、康复技术研究室 6 个，人员编制为 22 人。

1988 年，市残联没有二级机构。1997 年 3 月 24 日，长沙市残疾人用品用具供应服务站成立，为正科级全民事业编单位，人员编制 3 名。1999 年 7 月 22 日，长沙市残疾人就业服务中心成立，与市残联机关教育就业部实行“两块牌子，一套人员”。2002 年 8 月，设立长沙市残疾人就业服务中心，为正科级全民事业编单位，核定事业编制 5 名。2008 年，长沙市残疾人就业服务中心的编制增加到 6 名。2008 年 10 月，长沙市残疾人用品用具供应服务站更名为长沙市残疾人辅助器具服务中心，对外使用长沙市残疾人康复中心的牌子，经费形式由自收自支改为财政全额拨款，编制 3 名。至 2012 年，长沙市残疾人辅助器具服务中心和长沙市残疾人就业服务中心编制无变化，两单位分别聘请临时工作人员 2 名。

1988—2012 年，先后担任长沙市残疾人联合会主要领导职务的有：袁建午、王耀文、刘斌卿、杨庄林；其他领导班子成员有：周利恒（女）、唐乐炎、曾军、彭纯益。

二、区县（市）组织

20 世纪 80 年代末，长沙市区县残疾人工作归区县民政部门管理。1989 年年底前，各区、县相继成立三康领导小组和三康办公室。

1990年12月，长沙县、浏阳县组建残疾人联合会；1991年3月，成立望城县、宁乡县残联；1991年5月17日，长沙市郊区残疾人联合会成立；7月2日，长沙市东区残疾人联合会成立；7月19日，长沙市西区残疾人联合会成立；7月28日，长沙市南区残疾人联合会成立；9月13日，长沙市北区残疾人联合会成立；县、区残联为事业团体均设残联执行理事会，归口同级民政部门代管，其机关为副科级行政级别，事业编制，机关不另设股室。理事会由县区残疾人代表大会直接选举产生，由同级政府批准。1993年，浏阳县残联改为浏阳市残联。1994年，各区县（市）残疾人事业领导小组全部更名为相应县区（市）政府残疾人工作协调委员会。1996年，原长沙市各区残联分别改名为相应的区残联。至1999年年底，各区县残联均未升格和单列，由各县区民政局代管，行政级别为副科级。

2000—2002年，各区县（市）残联机关相继实现单列、升格，由民政代管转为政府管理，均升格为正科级单位。

2012年，9个区县（市）残联机关有24名科级以上干部，46名工作人员，其中，芙蓉区残联编制4人，临聘人员3人；天心区残联编制5人，临聘人员5人。岳麓区残联编制3人，临聘人员1人；开福区残联编制3人，临聘人员4人；雨花区残联编制3人，临聘人员2人，政府雇员2人；望城县残联编制7人，临聘人员7人；长沙县残联编制9人，临聘人员2人；浏阳市残联编制7人，临聘人员7人；宁乡县残联编制5人，临聘人员2人，实际在职人员18人。

三、基层组织

1988年起，长沙市区县的街道乡镇、开始建立残疾人基层组织。1992年，长沙市建立基层组织175个。到1994年年底，残疾人组织延伸至部分福利企业、村民小组，全市区、县、乡镇、街道残疾人组织全部建成。

2005年，1194个社区和村（居）委会建立919个残疾人协会，市级优秀示范社区比上年增加12个，王家垅社区被评为“残疾人工作全国先进社区”，雨花区和开福区分别被命名为全国和全省“社区残疾人工作示范区”；宁乡县残联耗资230万元建成残疾人康复服务中心。

2008年，全市基层残联组织约1000个。乡镇（街道）残疾人联合会有专职残疾人担任委员协助理事长工作，有专门办公室和办公设施，社区（村）建立残疾人协会，社区（村）主任兼任残协主席，有一名残疾人协助工作。

2012年，全市有基层残联组织1300个。

第二节 代表大会

一、第一次代表大会

1990年5月10—11日，市残联第一次代表大会在省人大招待所召开。大会代表93人。组建市残联主席团，主席团设委员49人，其中，健全人23人，残疾人26人；主席、副主席6人。副市长王邦美任主席团主席，王长熙、苏克钧任副主席。代表大会后，主席团举行第一次主席团成员会议，同意主席团副主席袁建午为市残疾人联合会执行理事长，周利恒任副理事长；此外，选举产生市盲人协会第一届主席、副主席、委员人选，由彭延坤任主席；选举产生市聋哑人协会第一届主席、副主席、委员人选，由胡正明任主席；选举产生市肢残人协会第一届主席、副主席、委员人选，由谭荒芳任主席。

二、第二次代表大会

1998 年 9 月 18—19 日，市残联第二次代表大会在湖南宾馆召开。大会听取和审议长沙市残联第一届主席团工作报告，选举产生第二届主席团，选举出主席团主席和副主席，推举执行理事会理事长人选，聘请名誉主席，产生专门协会委员。各有关单位、部门负责人，残疾人代表 150 人出席会议。孔光明任市残联第二届主席团主席，章献诚等 6 人担任副主席；刘斌卿担任市残联第二届执行理事会理事长，周利恒等 2 人任副理事长；王蔚深、刘湘皋、王邦美、何迎春为名誉主席；祝刚担任长沙市盲人协会主席，黄传井担任肢残人协会主席，胡正明担任聋哑人协会主席。

三、第三次代表大会

2003 年 11 月 21—22 日，市残联第三次代表大会在湖南宾馆召开。正式代表 108 人，特邀代表 54 人。任命第三届主席团主席 1 人，副主席 8 人；杨庄林担任执行理事长，周利恒等 2 人任副理事长，任铁强等 4 人为理事。会议选举产生市残联所属 5 个残疾人专门协会主席、副主席、委员。祝刚任长沙市盲人协会主席，陈晓阳任长沙市聋人协会主席，张义修任长沙市肢残人协会主席，易运清任长沙市精神残疾人及亲友协会主席，贺卫宁任长沙市智力残疾人及亲友协会主席。

四、第四次代表大会

2008 年 3 月 31 日—4 月 2 日，市残联第四次代表大会召开，正式代表 117 人。选举产生主席团成员 39 名。在市残联第四届主席团第一次全体会议上，虢正贵被选为主席团主席，曾慧明等 6 人为主席团副主席。大会任命理事长一人，唐乐炎等 2 人任副理事长。会议选举产生市残联所属 5 个残疾人专门协会主席、副主席、委员。祝刚任长沙市盲人协会主席，陈晓阳任长沙市聋人协会主席，张义修任长沙市肢残人协会主席，易运清任长沙市精神残疾人及亲友协会主席，贺卫宁任长沙市智力残疾人及亲友协会主席。

五、第五次代表大会

2012 年 12 月 18—20 日，市残联第五次代表大会召开，正式代表 131 人。会议选举产生 45 名主席团成员。在市残联第五届主席团第一次全体会议上，黎石秋当选为主席团主席，曾慧明等 6 人当选为副主席。大会推举市残联第五届执行理事会理事长，唐乐炎等 2 人为执行理事会副理事长。会议选举产生市残联五个残疾人专门协会主席、副主席、委员。郭洋任长沙市盲人协会主席，徐志任长沙市聋人协会主席，李梅任长沙市肢残人协会主席，罗月红任长沙市精神残疾人及亲友协会主席，董艳莎任长沙市智力残疾人 及亲友协会主席。会议表彰“十佳残疾人工作者”和“十佳残疾人专职委员”，开幕式特别安排手语翻译，会议材料也增设盲文版。

第三节 主要活动

一、康复服务

1989 年 5 月，长沙市根据湖南省有关白内障康复、小儿麻痹后遗症康复、聋儿康复工作的布置，成立长沙市残疾人“三项康复”领导小组。年底，筹集费用 3 万余元，并按“三项康复”人员比例下拨到各区县，确定康复定点医院，培训 46 名基层业务骨干。

1990 年 6 月，长沙市需实施“三项康复”人员共 4747 人，其中白内障患者 2016 人，小儿麻痹后遗症患者 1625 人、聋儿患者 1106 人。通过鉴别确定有治疗价值的 1499 人，其中白内障 873 人、儿麻后遗症 345 人、聋儿 281 人。是年 8 月，完成康复 720 人，其中白内障复明 623 人，小儿麻痹矫治 73 人，聋儿语训 24 人。

1991 年 6 月，全市 1103 名盲人实行白内障复明手术后重见光明，完成计划的 39.7%；140 名小儿麻痹症患者得到矫治，完成计划的 10.7%；53 名聋儿通过语言康复训练开口说话，完成计划的 34.2%。至 1992 年年底，全市完成 2180 名白内障和小儿麻痹患者的康复任务。

1993 年 3 月，全市累计完成“三项康复”任务 2958 例，其中白内障复明 2363 例，小儿麻痹矫治 440 例，聋儿训练 155 例，分别占全市可康复对象的 95%、90%、98%，康复质量达到全国质量标准。是年，增加低视力康复、智残儿康复、社区康复、精神病社区康复这四项康复项目。是年，长沙市承担全国精神病防治康复试点县（宁乡县）、全国残疾人社区康复示范区（原西区）和省特需人群补碘油示范县（浏阳市）的三项重要康复试点工作任务，均受到国家的表彰。全年完成白内障复明手术 1073 人，小儿麻痹后遗症矫治 306 人，配助视器 428 人，建智力残疾儿童训练站 10 个，建社区康复站 15 个。

1994 年年底，全市累计完成“三项康复”4334 例，其中白内障复明 3381 人，小儿麻痹后遗症矫治 735 人，聋儿语训 218 例。新康复任务中，为 281 名低视力儿童配戴助视器，收训智残儿童 167 名，培训智残家长 186 名，为 7033 名三类特需人员补用碘油丸 2.04 万粒，建立社区康复站 30 个，建立精神病康复站 8 个，为近 100 名精神病患者提供康复服务。

1991—1995 年，全市为 2.03 万名残疾人提供有效的康复服务。其中，白内障复明 3577 人，小儿麻痹后遗症矫治 941 人次，聋儿听力语言训练 264 人，分别完成“八五”（1991—1995 年）计划的 213.2%、243.8%、161%，为 718 名低视力患者配戴助视器，完成计划的 287.2%；收训智残儿童 626 名，培训智残儿童家长 803 名，分别完成计划的 626%、803%；精神病防治康复 1.32 万人，为特需人员补碘油丸 3.28 万粒；建立社区康复站 41 个，残疾人用品服务站 5 个；1995 年，长沙市残疾人康复工作被评为全省第一名。

1998 年，康复项目由三项扩展到九项（白内障手术复明、致残矫治手术、致残者装配假肢和矫形器、肢残者功能训练、聋儿听力语言训练、学龄前智残儿童训练、低视力配镜及训练、精神病人综合防治、特需人群补碘丸）。截至 1998 年，为全市 3.63 万名残疾人提供各项康复服务，其中白内障复明 6204 人、肢体矫治 1233 人次、肢体系统功能训练 336 人、装配矫形器 226 人、聋儿听力语言训练 386 人，为 902 名低视力患者配戴助视器，培训智残儿童 773 名，培训智残儿童家长 803 名，精神病防治康复 2.54 万人。为全市缺碘乡、镇三类特需人员补用碘油丸 17.95 万人次；建立康复站 7 个；售出残疾人用品用具 6967 件，为残疾人提供 100 余个品种的特殊用品和辅助用具。

1999 年 5 月，在“视觉第一中国行动”中，国家医疗队在浏阳市、长沙县开展白内障复明手术，为 600 余名患者带来光明。长沙市残疾人康复工作连续 5 年名列全省第一。

2004 年，长沙市开展扶贫结对万名贫困残疾人等活动，和创建“白内障全关爱区”“精神病全监护区”两大残疾人康复工作品牌活动，把残疾人服务工作延伸到社区、乡镇。是年，完成白内障复明手术 1.67 万例，其中 1932 人的手术费用全免。供应残疾人用品用具 2.7 万件，在 40 个县、区监护精神病者 10.5 万人，2900 余人接受康复训练与服务，完成麻风残疾矫治手术 272 例，配发辅助用具 1300 件，为 1312 名低视力者配发助视器具，为 1077 人肢体残疾人装配假肢，落实康复扶贫贷款 2850 万元。是年起，全市打造和树立康复两大品牌（白内障全关爱区、精神病全监护区）。5 月，开展“千人复明”工程，优惠实施 1000 例白内障复明手术。10 月 20 日，长沙市发布《关于印发〈专项彩票公益基金长沙市残疾人康复项目实施方案〉的通知》，对全市范围内贫困残疾人进行资助，配发用品用具384件，装配假肢27例，为232名聋儿补贴康复训练经费，为100名精神病患者提供连续3年免费药品，给8个社区配发康复训练器具，培训社区和家庭康复服务人员8人。

2005年，长沙市为14万名残疾人提供康复服务，继续开展“白内障全关爱区”和“精神病全监护区”两大品牌创建活动，使辖区内贫困白内障对象全部得到免费救助。2136名精神病人享受全年免费供药，总金额150万余元；通过《长沙晚报》公开征集贫困白内障患者、贫困缺肢者，全免费进行复明手术和装配假肢，使503名白内障患者重见光明，为214名缺肢者装配假肢，使其直接受益320万元。是年，长沙市将“对1.5万名社会精神病人实行专项医疗救助、免费为1000名贫困白内障患者实施复明手术”列入2006年长沙市为民办“八件实事”的范围。

2006年是《长沙市残疾人事业发展“十一五”规划纲要》实施的第一年，长沙市残疾人康复工作提供康复服务10万余人次。是年，长沙市将“千人复明”工程和“精神病患者医疗救助”纳入“八件实事”。其中，“千人复明”工程使1039名白内障患者重见光明，1万余名群众免费接受眼疾筛查，1万余户家庭、5万余名亲属直接受益，肢残人康复训练80名，脑瘫儿童康复训练82名，智残儿童康复训练70名，聋儿康复90名，假肢安装48例。

2007年8—9月，开展“助行通达、共享和谐——2007长沙慈善助行活动”，为200名贫困下肢截肢者免费装配假肢。

2009年，免费为1060名贫困白内障患者实施复明手术，为肢残人免费安装假肢202例。11月，长沙市望城县被授予第一批“全国白内障无障碍县”称号。2006—2010年，免费为1.02万名贫困白内障患者实施复明手术，为950名贫困截肢者安装假肢，为10万余名残疾人提供康复服务。是年，12月2日，长沙市被授予第二批“全国白内障无障碍城市”称号。

2011年，全市投入300万元实施三大康复工程（“0~6岁贫困残疾儿童抢救性康复”工程、“义肢助残”工程、“长江新里程计划”工程），为162名听力、肢体、智力、孤独症儿童免费实施康复训练救助，有效率100%；为211例贫困残疾人免费装假肢；免费为33名下肢缺肢者装配假肢，配肢者满意率100%。市残疾人康复中心引进慈善会捐助投入的100万元设备和器械，拓宽训练场地200平方米，引进7名技术人才，为残疾人提供康复治疗训练服务3万人次；3—6月，长沙市残疾人康复中心向2000名贫困视力障碍人士发放第一批康复筛查券，残疾人凭券到康复中心接受筛查项目服务。为城市残疾人、低保人群等减免住院费11.04万元、门诊治疗费2.28万元。开展参加人康复筛查工作，筛查视力残疾人1459人。建立残疾儿童康复长效机制，发布《长沙市民办残疾儿童康复机构扶持方案》《长沙市贫困残疾儿童康复训练补助方案》，对符合标准的康复机构给予支持，对受训0~14岁残疾儿童给予救助。天心区在全省范围内首创对民办服务机构康复工作者实行职业资格认证。

是年，全市有20家民办残疾人康复机构为2000名残疾人提供专业的康复服务，弥补长沙市公办康复机构资源的不足。同时，鼓励社区加强与社区医院合作，建立社区残疾人康复服务站，为残疾人提供就近就便的康复服务。浏阳市残联利用硬件优势，整合浏阳市人民医院人才技术资源，成立长沙市首家县级综合性残疾人康复中心。7月，开福区把“一点通”居家养残项目纳入区政府社区社会化管理实施方案为城区9个街道、700余户重度残疾人家庭安装“一点通”终端为辖区内残障人士提供160余类便捷服务。

2012年，全年免费为1050名贫困白内障患者实施复明手术，为肢残人免费安装假肢180例。

二、就业安置

1988年以前，长沙市残疾人在市管全民所有制福利工厂和集体所有制福利工厂安置就业，或在个体、私营企业工作。1988年，全市全民所有制福利工厂4家和集体所有制福利工厂5家（不含区县），安置残疾人约1000人。

1989年年底，全市有民政部门自办、街道、乡镇、厂矿兴办的社会福利企业238家，比1984年前增加10倍以上；安置残疾人4000余人，占福利企业生产工人总数的40%；全年完成总产值1.56亿元，实现利润2000万余元，创汇250万美元。1990年，长沙市福利企业总产值过千万元的有西区、郊区、长沙县和浏阳县，产值过百万元的企业43家，50家企业被国家有关部委或省、市定为专业产品重点生产企业，12个产品获中央部级、湖南省级评定的优质产品称号，12家福利企业的产品打入国际市场，两项产品达到国际先进水平，一项产品获“国家科技成果二等奖”和“世界发明奖”。长沙市初步形成以市区（县）直属福利企业为骨干，以街道、乡镇福利企业为基础，以厂矿福利企业和残疾人个体从业为辅的社会福利网络体系。

1990年，全市有按摩医院和按摩所（点）17个，安置盲人近百名。其中市按摩医院职工76名，盲人医生41人，开设病床67张，门诊人数在10万人次以上。

1992年，全市有福利工厂312家。盲人按摩所（点）21个，安置残疾人7000余名，通过其他渠道分散安置残疾人1.2万人。

1993年4月20日，为开展和推动残疾人用品用具服务工作，成立“长沙康利特品公司”，12月，为给残疾人就业提供机会成立“长沙市国宏贸易公司”。

1995年，全市有福利企业305家，安置残疾人近8000人，其他渠道安置1.2万人。

1990—1998年，全市福利企业安排5000余名残疾人就业，并分散安置1.2万人，各级民政、残联等部门拓宽残疾人安置渠道，执行残疾人个体从业、从事种、养业。各级民政、残联等部门通过兴办福利企业及协助相关部门分散安置残疾人1758人，扶持个体从业1061人。

2000年4月，长沙市启动依法按比例安排残疾人就业工作。2003年，通过集中安置、分散按比例安置等各种渠道安置残疾人就业9216人，扶持1.92万名残疾人自谋职业，残疾人就业率逐年提高；举办电脑、厨师、按摩等10余项残疾人技能培训班，培训1100人。是年，长沙市1.87万名城镇残疾人纳入最低生活保障范围，2.73万名农村残疾人得到“五保”供养等特殊保障。

2005年，全市扶助贫困残疾人就业3200人，培训2500人。

2006年，残疾人就业保障金征收力度的加大促进按比例安排残疾人就业工作的开展。全年新增安置残疾人就业1000余人，代征残疾人就业保障金约3000万元。安置残疾人就业1.28万人，城镇残疾人就业率87%。

2010年，新增按比例安排残疾人就业1.03万人，全市建立10个残疾人就业基地，扶持2.17万名残疾人就业。

2011年，根据市场需求，创新培训内容，开发特色项目，新开设医疗按摩电子病历书写、残疾人艺能、SYB（Start Your Business的缩写，即为创办你的企业）创业、物业管理、窗口单位服务人员手语等培训班，培训残疾人1545人，其中职业技能培训915人、农村实用技术培训630人，超额30%完成省残联下达任务。开展以“送政策、送岗位、送服务、送温暖”为主题的残疾人就业援助活动，组织21场残疾人专场招聘会，为残疾人提供各类就业岗位1414个，328名残疾人获就业岗位。全市扶持26名残疾人创业、200余名残疾人个体从业。市残联联合邮政部门建设6个“邮政爱心营业厅”专店，帮助盲人在社区开办盲人按摩点，把雨花区打造成“湖南省盲人按摩进社区”示范区，联合长沙天宇科技有限公司建设残疾人创业孵化基地。全市征缴残疾人就业保障金6600万余元，其中地税代征604万元、财政代扣60万元，新增残疾人就业1246人，新开发“公益岗位”安排残疾人就业100人。

2012年，全年培训残疾人1800人，新增安置1645名，建立残疾人就业扶贫基地11个。

三、教育培训

1987年，在第一社会福利院开办湖南省第一个智残儿童教育班，对智力障碍儿童进行特殊教育。至1988年，对40余名智残儿童进行语言、计算、音乐、美术、劳动生活技能等方面的训练。

1988年，长沙市盲聋哑学校扩建宿舍和配套设施7800平方米，年办学经费增加到15万元，招收学生200余名。1990年，在校学生260人，分18个班开设语文、数学、历史、美术等10余门文化基础课，创办缝纫、中文打字、按摩等多种职业技术培训，配有大专文化程度的教师18人、中专文化程度的47人，并举办特教师资培训班，先后为省内外特殊教育事业培训50余名特教老师。至1990年年底，盲哑学校毕业盲生37个班507人，聋哑生45个班635人，按摩专业7个班97人，毕业盲聋学生1239人。

1997年，浏阳市特殊教育学校建成并投入使用，招收85名残疾学生就读。1998年，长沙县建成县级特殊教育学校，被国家授予“全国教育先进县”称号。

2003年，长沙市残疾人从学前教育到高等教育的特殊教育链基本形成，残疾儿童入学率由1998年的72.3%提高到86%。达到普通高校录取分数线的疾考生录取率100%，政府及社会资助残疾学生560人次。

2006—2010年，针对市场需求开展残疾人实用技能培训，举办各类培训班248期，免费培训残疾人1.06万人。对参加培训的残疾人采取免培训费、免住宿费、免伙食费，购买意外伤害保险，提供竞岗指导等优惠措施。2007年起开展高科技培训，举办平面设计、办公自动化、机械制图等培训班，到2010年，培训残疾人600余人。

2011年，为实施2011年湖南省“1.4万名残疾人职业技能实用技术培训项目”，安排培训资金73万元，培训1100名残疾人。

2012年，开展残疾人职业技能实用技术培训，全年培训残疾人1200人。

四、助残扶残

1988年，成立长沙市残疾人婚姻介绍所、长沙市残疾人福利基金会，为落实扶持保护政策，长沙市成立社会福利生产协调小组。

1990—1998年，全市各级残联协助政府各部门，对特困残疾人采取救济扶助和扶本“造血”相结合的扶贫措施，将残疾人优先纳入城市最低生活保障和“五保”、“双定”（定期、定额）救济之中。各级残联发放节日慰问金、慰问品162.8万元。争取国家康复扶贫贷款累计255万元。在长沙县、望城县、宁乡县建立两个扶贫基地。投入到长沙县春华镇的100万元国家康复扶贫贷款，加上当地配套投入的59万元，兴办奶牛养殖场、良种猪场，改良橘园，扶持残疾人饲养法国番鸭、肉鸽，使204名残疾人受益。长沙市各级残联协助有关部门为残疾人子女或残疾学生减免学杂费31.5万元，为农村残疾人减免社会负担23.6万元，减免个体从业残疾人税费123.6万元，解决残疾人配偶农业户口转为非农业户口（以下简称“农转非”）349户，解决残疾人住房困难237户。1998年，长沙市遭受特大洪涝灾害，为解决受灾残疾人生活生产困难，发放救灾粮60万余千克，救济棉被6万余件，并为部分残疾人个体经营者、福利企业减税。是年，出台《长沙市残疾人扶贫计划》，将1631名城区残疾人优先纳入最低生活保障，将651名农村残疾人优先列入“五保”。

1999年5月16日，市残联与市城乡建设委员会、市规划局、市计划委员会组成联合检查组，首次对市内部分商场、影剧院、图书馆、体育馆、公园进行无障碍设施检查。

1998—2003年，长沙市各级政府将残疾人扶贫工作纳入政府扶贫计划，投入残疾人专项扶贫资金84万元；累计接受国家康复扶贫贷款4415万元，辐射5610户残疾人家庭脱贫；实施“扶贫解困”工程，建起15个扶贫基地，扶持1.59万名残疾人参加各种生产劳动。全市1.87万名城镇残疾人纳入最低生活保障范围。农村残疾人在税费改革中享受优惠政策，2.73万名农村残疾人得到“五保”供养等特殊保障。2003年，帮助1400名残疾人无房户、危房户搭建新房。对残疾人进行实用技术培训1.5万人次，向家庭特困的1650名残疾中小学生、38名高中生、112名大学生发放助学金197.9万元，179名高考残疾考生被各高等院校录取，协助民政部门使52.4万名残疾人纳入城市“低保”或农村“五保”。

2004年，实施专项彩票公益金助学项目，为567名残疾人或残疾人子女提供资助。是年，长沙市颐而康保健有限公司与省图书馆合作开办湖南省第一家盲人图书馆。

2006年，长沙市创建残疾人工作明星社区。雨花区等4个基层残联组织获“全国先进集体”，沙坪镇等7个层残联组织获“全省先进集体”；凌月华等3人被评为“全国先进个人”。是年，长沙市开始实行残疾人就业保障金财税代征，全市11个税务局（分局）代征残疾人就业保障金2197万元；市财政代扣保障金87万元。

从2010年起，长沙市对贫困重度残疾人给予生活补贴，城区每人每月60元，农村每人每月40元，市残联负责资格审查。是年，市残联走访慰问贫困残疾人5.07万户，发放物资和慰问金1392万元，解决915户残疾人住房问题。

2011年1月10日，发布《关于做好残疾人机动轮椅车燃油补贴工作的通知》，要求各级残联对补贴对象审核、造册，是年补贴692人，补贴资金13.84万元。5月，全国助残日期间，举行助残日征文颁奖仪式，发放助行辅具近20万元，近1000名残疾人受益。由湖南作家网和长沙市残联主办的“赠人图书，心留余香——百名作家送书进社区”活动，百余名湘籍作家从全国各地邮寄来1500册图书。5—7月，长沙市实施“家庭畅行”工程，为300户残疾人家庭进行无障碍改造。

2012年，开展文化助残活动，为残疾人提供文化服务，保障残疾人的文化权益。组织残疾人参观红色景点、博物馆，开展读书活动，赛诗活动等。

五、文体活动

1988年3月在湖南省首届残疾人艺术调演中，长沙市参选的6个节目有5个获奖。在中南6省首届伤残人艺术调演中，盲人唐镜前获特别奖。8月，在香港举行的亚太地区智残人体育比赛中，长沙市4名代表获金牌10枚、银牌1枚、铜牌1枚。长沙市社会福利院青年工人、智残人佟希获第七届世界夏季特殊奥运会乒乓球男子单打冠军；长沙市聋哑学校11岁女盲人汤亚萍在第二届全国残疾人运动会上夺得两枚游泳比赛金牌。

1989—1990年，举办两次全市性的残疾人书法绘画展，5幅作品参加全国残疾人艺术作品展览。

1994年9月，在第六届“远南”残疾人运动会上，长沙市3名游泳运动员获金牌7枚，银牌4枚，铜牌1枚，并打破一项世界纪录。1995年8月，在湖南省第四次残疾人体育运动会上，长沙市运动员获金牌 23 枚、银牌 13 枚、铜牌 12 枚，取得团体总分第三名的成绩。至 1995 年，长沙市残疾人运动员参加国际性、全国和全省运动会 10 余次，获奖牌 150 余枚，其中获国际性比赛金牌 11 枚。

1996 年在亚特兰大残奥会上，长沙籍运动员朱伟明获一枚游泳项目金牌。

1998—2003 年，长沙市在国际和全国性残疾人体育赛事上获金牌 114 枚。2003 年，市残联组织宣传文体部被推荐为“全国残疾人体育工作先进集体”。建立残疾人文化活动场所，依托特教学校、社区，开展残疾人文艺活动。

2000 年，在悉尼残疾人奥运会上，长沙籍残疾人运动员董启明获两枚游泳项目的金牌。2004 年，在雅典残奥会上，龚启明上届冠军，再次获 100 米仰泳的金牌。

2005 年，长沙市盲聋哑学校成立长沙市第一支残疾人艺术团。

2011 年，组织 26 名残疾人运动员参加集训，智力残疾人运动员王镜断代表中国参加在希腊雅典举行的世界夏季特殊奥林匹克运动会，获举重项目的两枚银牌。是年，长沙市选送 17 件书画、美术、剪纸、棕编等参加“中国残人优秀工就美术作品展”，组织 8 个节目参加湖南省第六届全省特教学校学生艺术会演。

2012 年，在第六届全国特殊教育学校学生艺术会演中，长沙市残疾推选的声乐节目《库克斯邮车》获特别奖，智残人综合类节目《童话王国》获一等奖，器乐节目《汉娜之眼》获二等奖。

第十一章　红十字会

1988 年以后，长沙市红十字会会长一直由一名副市长担任。市政府各主要职能部门主要领导担任红十字会理事。2003 年，长沙市红十字会成为独立机构，在这一时期，长沙市红十字会红十字工作走上制度化、法制化、专业化发展轨道，在组织建设、卫生救护、救灾助残、青少年工作、对外交流等方面做大量工作。长沙市红十字会致力于打造聚集社会爱心的公益平台，逐步形成“实施一个战略，突出两个重点，抓好三项工作”（“项目带动发展”战略，“组织建设和志愿服务”两个重点和“三救、三献、精神传播”三项工作）的建设发展思路。

至 2012 年，长沙市县区（市）各级红十字会均机构完善、制度完备。长沙市城区 71 个街道，80%以上社区及农村部分村镇均建立红十字基层组织。2012 年，募集发放救助金和拨付赈灾款物 8800 万余元，惠及困难群众 30 万余人次，先后获中国红十字总会授予的全国“救护工作先进集体”“玉树抗震救灾先进集体”等称号，社区红十字工作先进经验在全国推广，为推动长沙市经济发展和社会和谐做出贡献。

第一节　组织机构

一、理事会

1951 年 6 月 20 日，中国红十字会长沙市分会组建长沙市红十字会第一届理事会。1957 年 2 月 21

日成立第二届理事会。1963 年 9 月 20 日成立第三届理事会。“文化大革命”期间，红十字工作陷于停顿，理事会体制不复存在。

1978 年 6 月 15 日，成立长沙市红十字会第四届理事会，恢复组织，开展活动，配备事业编制 2 名，行政编制 1 名。1986 年 9 月 18 日，成立第五届理事会。长沙市副市长潘贵玉任会长，市政府副秘书长王长熙等 17 个部、委、局的领导组成第五届理事会，市卫生局副局长陈涛兼任（专职）副会长。

1988 年后，逐步健全理事会制度，每年召开 1~2 次理事全会，向理事会汇报红十字工作。

1992—1995 年第六届理事会期间。理事为 50 人。副市长张伟玞为会长。由副会长和秘书长主持日常工作。

2002 年，《长沙市红十字会理事（社会）选任暂行办法》规定，逐步吸纳有爱心的社会人士进入理事会担任理事。市红十字会打破理事会成员只限于由政府部门负责人参与的惯例，各行业的单位和个人都可加入市红十字会组织。是年，长沙市红十字会第六届理事会换届改选。5 月 29 日，调整第六届理事会成员。张伟玞任会长，彭新、何德祥、吴敏泉任副会长，李红卫为秘书长。提出“理事会组织不仅限于政府各部门负责人参与，还可以吸纳热爱红十字事业的实业家、社会各界知名人士参加”。调整后理事会成员 48 人。

2003 年 8 月，组织召开长沙市第七届理事会，选举产生新的会长、副会长、专职会长、秘书长、理事单位。新一届理事会就加强理事会建设，规范理事行为，强化理事单位职责和义务。第七届理事会成员 53 人，曹亚任会长，楚白兰、彭景坤、何德祥为副会长，李红卫为专职副会长，戴云为秘书长。

2004 年 1 月 10 日，在理事单位建立行业分会，设立红十字会组织，先在市教育局、旅游局试点。11 月 17 日，长沙市对红十字会理事会进行调整。

2008 年 12 月 5 日，何寄华为长沙市红十字会第八届理事会会长（兼），唐俊杰为专职副会长（候选人）。2009 年 4 月 29 日，选举产生长沙市红十字会第八届理事会。6 月 16 日，长沙市发布《有关长沙市红十字会第八届理事会成员名单的通知》，成立长沙市红十字会第八届理事会。何寄华为会长，余东阳、彭惊雷、王建华、胡岳龙、黄赣湘为副会长，唐俊杰为专职副会长，戴云为秘书长。理事 48 人。2009 年 5 月 15 日，第八届理事会第一次会议通过《长沙市红十字会 2008—2012 年发展规划》。2009 年 4 月，制定《长沙市红十字会理事职责》，就理事工作的目标任务，理事权利义务及如何推动理事单位内部红十字工作做出明确规定。

2010 年，第八届理事会第二次会议聘请胡子敬、徐新喜、何清华为名誉会长，苏松泉、徐双喜、段军如为名誉副会长。

2011 年 11 月 15 日，姚英杰为市红十字会会长（兼）。

2012 年 3 月，夏建平兼任市红十字会会长。

二、工作机构

（一）市级工作机构。1988 年，市红十字会办公室编制 5 人，配备 2 名专职干部（一名专职副主任和一名专职工作人员），另聘请 2 名志愿工作者协助工作。市红十字挂靠长沙市卫生局。

1989 年，市红十字会在只有一名专职副主任的基础上增加一名专职干部，另聘请两位老干部协助工作。1994 年 4 月，市红十字会编制增为 6 人。

2003 年 3 月，长沙市红十字会由市卫生局代管改由市政府领导联系，成为市政府领导直接联系的市直单位。经费由市财政局单列核拨。红十字会机关核定行政编制 6 名，领导职数为会长 1 名（由市政府领导兼任）、专职副会长（副县级）1 名、秘书长兼办公室主任（正科级）1 名、办公室主任（副科级）1 名，核定机关后勤服务人员事业编制 1 名。

2004 年元旦，市红十字会从市卫生局分离，实现机构独立。是年，成立机关党总支和机关工会。

2008 年，市红十字会工作人员增至 10 名（新增 3 人为军转干部，其中 1 名为副调研员），仅有 1 名副县级领导任专职副会长，另有正副科级职数各一名。

2009 年 1 月 5 日，有工作人员 12 人，其中会长 1 名（由市政府领导兼任）、专职副会长 1 名。

2010 年，市红十字会撤销办公室，内设机构调整为综合处、赈济服务处、救护培训处，均为正科级内设机构，其他机构编制事项维持不变。是年核定正副处长 5 名。

2012 年，长沙市红十字会有在职工作人员 13 人，其中会长 1 人（由市政府一名副市长兼任）、专职副会长 1 人；编制 10 个，其中行政编 9 个，事业编 1 个。

1988—2012 年，先后担任长沙市红十字会主要领导职务的有：张伟玦（女）、曹亚（女）、何寄华、姚英杰；其他领导班子成员有：侯孝沛、李红卫、唐俊杰。

（二）区县（市）级机构。1988 年，宁乡县成立红十字会。1989 年年底，长沙县、望城县、浏阳县和市郊区均建立红十字会筹备小组。1990 年 5 月 12 日，长沙市郊区成立红十字会。至此，长沙市所属 4 个县（即长沙县、望城县、浏阳县、宁乡县）、5 个区（即东区、南区、西区、北区、郊区）全部成立红十字会。其日常办公机构挂靠各县、区卫生局，且 9 个区县市红十字会全为兼职工作人员担任。

1995 年，各区县（市）均由政府主管文教的副县（市）区长担任会长。1998 年，各区县（市）红十字会都配备专职干部；健全理事会制度。2001 年，区县（市）红十字会的专干纳入参照公务员管理系列，各区县（市）红十字会均配备 1~2 名红十字会专干。2002 年，开福区红十字会吸纳企业家、政协委员进入理事会。2004 年，雨花区、开福区红十字会在全区所有的街、乡、镇建立基层组织，在教育、卫生系统成立行业分会，并配备兼职工作人员。2005 年，推动区县市红十字会实现机构列位、人员列编、经费列支。2009 年 4 月 23 日，长沙市发布《关于进一步加强红十字会工作的意见》，提出“各区县（市）要加强红十字会机构建设，做到机制健全、编制定额、专干专用”。各区县（市）红十字工作得以加强。2010 年，雨花区明确区红十字会为区卫生局正科级二级机构，安排编制 2 名。

2012 年，长沙发布《关于进一步完善区县（市）红十字会管理体制的意见》，明确区县（市）红十字会会长由区县（市）政府主管领导兼任，常务副会长为科级正职。区县（市）红十字会机构在人员、经费、办公场所得到进一步改善。

（三）基层机构。1989 年，全市有基层红十字会 296 个，会员 3.65 万人。1990 年 12 月底，发展基层组织 515 个，吸收新会员 8.68 万人。1991 年，基层组织增加 12 个。1994 年，团体会员单位 56 个，基层红十字会组织 659 个，会员 13.59 万人，其中，青少年会员 7.02 万人，成年会员 6.48 万人，团体会员 5.19 万人。

1998 年，市、区县（市）红十字会对基层市红十字会组织全面进行清理、整顿、登记，并重新换发统一制作的会徽、会员证，使每个基层红十字会组织均达到“五有”（有办公地点、有专门人员、有机构标志、有机构牌匾、有联系电话），并按总会要求缴纳会费。

2003 年，红十字会网络向社区延伸和发展。2004 年，市红十字会指导区县红十字会和理事会成员单位发展基层红十字会组织。雨花区、开福区红十字会在全区所有的街、乡、镇建立红十字会基层组织，在教育、卫生系统成立行业分会，并配备兼职工作人员。

2005年，长沙市349个社区有227个建立比较规范的基层红十字会组织，其中雨花区、开福区的社区建会率100%。

2009年，长沙市所有街道（57个街道、乡镇）和300个社区成立基层红十字组织，长沙市有会员13.70万人。

2010年，长沙县成立3个街道红十字会，实现城区红十字工作全跟进、全覆盖。宁乡、浏阳在街道、乡（镇）建立起红十字基层组织。岳麓区在全区所有中小学校中成立红十字会。

2012年，长沙市城区71个街道，80%以上社区及农村部分村镇均建立红十字基层组织。长沙市设红十字服务站点48个。

第二节 主要活动

一、救灾 救助 救护

（一）救灾

1.备灾救灾。1988年，长沙市依据自身属于自然灾害频发地区、大灾隔几年一次、小灾年年不断的实际情况，建立备灾仓库，储备救灾物资。严格管理救灾物资，完善入出库制度，入库有登记，出库有明细。同时对发放物资进行跟踪审计和督察，确保救灾备灾工作不出差错。

1992年3月26日，望城县霞凝乡戴家垸发生溃口，直接经济损失400万元以上。市红十字会现场察看灾情、将求援报告和照片送往中国红十字总会和省红十字会，并争取救灾经费。4月27—28日，组织市属医院单位12名医务人员组成红十字救灾医疗队，两天诊治498人次，免费发放价值5000元的药品。并为灾民开展饮用水消毒讲座，进行卫生咨询，传授饮用水消毒技术。5月19日，浏阳县红十字会和湖南永和磷肥厂向灾区捐赠磷肥22吨、现金1000元、衣服500余件及部分学习用品。7月，长沙市遭遇10年来最大一次洪水，市南区、西区受灾严重，橘子洲被水围困。市红十字会到市区受灾最严重的南区、西区现场指挥抗灾防病工作，给书院路、橘子洲办事处送去价值近千元的药品和衣服。8月29日，日本友人足立原贯捐赠1.8吨大米，由市红十字会全部发放到浏阳灾民手中。

1992—1993年，长沙市连续两年受洪水袭击，全市及郊县不同程度受灾。市红十字会派出医疗队、慰问队到灾区免费送医送药。发放衣物、粮食。派出医疗队35个、医务人员835名，救治灾民2.16万人。市各级红十字会捐款22.68万元，衣物折合人民币15万元。收到国际红十字会、中国红十字总会、省红十字会、港台同胞救灾物资折合人民币54万元。

1994年6月，湘中、湘南普降暴雨，受灾群众50万人，长沙市直接经济损失10亿元。市、区、县红十字会组织112个医疗队，出动医务人员844人到第一线，为灾民免费诊疗4.68万人次，抢救病人403人，发放各种卫生防病宣传资料12万余份，免费提供药品、消毒液等价值49.70万余元。洪水退后，红十字会员提供上门医疗服务，进行饮水消毒和室内外环境消毒，防治传染病的发生。期间，市红十字会接收上级市红十字会分配的救灾物资6批，其中包括大米100吨、棉被300床、旅游鞋800双、绒衣700套及大量的药品、器械，折合人民币约44.82万元；接受北京市崇文区救灾药品、器械折合人民币约8万元，是年，接受救灾物资折合人民币52.80万元。9月下旬，市卫生系统红十字会员掀起向灾区人民献爱心活动，捐款6.81万元，寒衣、棉被7713件。

1995年6月22日，长沙市发生特大洪灾后，将贮备的23万余元的治疗和消杀灭药品以及衣、鞋、棉絮等赈灾物资发放到各灾区。市直6所综合医院红十字会成立12个医疗救护队，市卫生防疫站市红十字会成立8个防疫机动队。市红十字会给医疗队配备约3万元的救灾药品和器械，为灾民送医送药。洪水退后，会员上门医疗服务，进行饮水消毒和室内外环境消毒、灭蝇、灭蟑、灭鼠，以切断传染病和传播途径。长沙市成立100余个医疗救护和卫生防疫机动队，为灾民免费诊疗7.23万人次，发放各种卫生宣传资料12万余份。西安二六二厂、福州市红十字会、乌鲁木齐市红十字会以及济南市红十字会捐献7万余元的物资和现金。6月、11月举办两次募捐活动，捐款9.60万元，捐献寒衣、棉被1.72万件。

1996年洪灾之前，筹集救灾防病器械、药品和专项经费（10万元救灾款），并组织各区县（市）市红十字会专干重新学习救灾表格填写方法，严格实施备灾救灾工作程序。1996年，市红十字会将储备的21万元的药品以及衣、鞋、棉絮等赈灾物资发放到各灾区。另外，向沅陵和靖县送去9万余元的药品，还分别寄给常德市红十字会和益阳市红十字会1000元的捐款。是年，在募捐活动中，募得现款2.1万元、衣物1.42万件。

1997年6月9日，到浏阳市、长沙县的重灾区查看灾情，并自筹资金购买3.5万元的救灾药品，向灾区发放药品价值8万余元。同时，加强管理“长沙县红十字会备灾仓库”，实施备灾、救灾工作程序，救灾款物有分配计划，有专账管理，救灾款物发放反馈资料齐全，做到报灾、申请援助、领取、发放救灾款物及反馈手续规范化、制度化，使该备灾库成为长沙地区备灾中心仓库。3月29日，国际联合会救灾部部长耶赛明一行考察备灾中心后，给予高度评价。

1998年1月10日，河北省张家口地区发生6.1级强烈地震后，长沙市设立献爱心热线电话，募集款物。3月15日，将捐款3.12万元转交灾区。6月，长沙遭遇百年不遇的洪水，长沙市9个区县（市）全面受灾，直接经济损失47.30亿元。灾情发生以后，长沙市组织市直医疗单位的89支红十字医疗队到各灾区和抗洪一线大堤。7月2日，会长张伟玦一行带着10万元的救灾药品到受灾严重的望城县灾区。7月5日，向宁乡、望城、开福等灾区发放价值12万元的药品。截至12月底，募集和接受社会各界捐赠的救灾物资500.60万元，其中省市红十字会下拨救灾物资10.96万元。另外，省外红十字会还直接下拨给望城、宁乡救灾物资。

1999年，健全款物管理制度和物资领发制度，严格履行物资发放手续，储备救灾物资100万元以上，专用备灾仓库面积增加1倍。8月，益阳市遭受特大洪涝灾害的袭击，民主垸溃堤，市红十字会为益阳民主垸灾区送去价值12.80万元的药品。是年，发放救灾物资累计194.80万元。

2001年，着重抓备灾网络的建设，对各区县（市）红十字会专干进行统一培训，系统学习报灾程序、信息反馈、救灾物资分发等方面的业务知识；健全和完善备灾仓库的各项管理制度，物资保管做到入库、出库有登记，发放有明细。同时对发放的物资进行跟踪审计和督查。

2002年，长沙市连续6次遭受洪水袭击。各市、区（县）红十字医疗救护队和防疫机动队，到救灾为防汛军民和灾区群众诊治疾病，对受灾区域进行消毒杀虫、饮用水净化，实施灾区食品卫生监督，对重点人群预防接种。抗洪救灾期间，发放药品、器材、救灾物资100万余元，对重点人群预防接种1000人次，治疗疾病7000余人次，接种疫苗5000余人次。

2003年，对所募物资设立专账，完善拨发手续，并在《长沙晚报》向社会公布，接受各有关部门的检查、审计和社会的监督。5月19日，新港镇五合垸溃堤，组织2支医疗队到灾区，在灾民集中的大堤和灾民安置点上设立免费治疗点，并组织基层红十字会为灾民捐款捐物，捐款13.20万元，米、油等物资价值约18万元。

2004年8月，在接到怀化市红十字会的救援信后，筹得衣物5万余件、善款6.75万元。是年，慰问病、贫困人员220余名，发放救助金50万余元。12月底，印度洋发生海啸灾情，募集130万元，帮助救灾。

2006年4月，长沙市开福区、雨花区、望城县、宁乡县等地遭遇龙卷风袭击，市红十字会从备灾仓库中调拨棉被、棉服等价值10万元物资。同时，向省红十字会争取3万元救灾物资下拨灾区，帮助受灾群众渡过难关。7月，受强烈热带风暴“碧利斯”的影响，湘江水位全线上涨，长沙市部分地区受灾严重，市红十字会紧急购买4万元消毒和防病药物发放到灾民手中。并向受灾严重的郴州、衡阳、永州等地派出3支医疗队，为当地灾民提供医疗服务。

2008年冰灾期间，湖南交通严重受阻，大量旅客滞留。长沙市组织4支医疗队，在火车站和东、南、西三大汽车站设置急救点，为旅客进行免费医疗服务。组织志愿者和医疗服务队到火车站为滞留旅客提供服务和心理支持；紧急调拨、发放棉被、棉衣等救灾物资；接收社会捐赠、上级下拨款物170万余元，并向上级红十字会争取到92万元资金用于开展灾后重建和恢复生产。5月，四川汶川大地震，市各级红十字会募集善款2690万元，对口支援理县灾区重建；募集物资价值1293万元，全部运往汶川地震灾区。

2009年，制定备灾救灾紧急预案，与卫生部门合作，动员各级医院成立红十字医疗救护队，开展救护演练。

2010年5—6月，湖南全省普降暴雨，市红十字会制定抗洪救灾应急预案，参与湘江流域长沙段抗洪救灾工作。同时，派出抗洪救灾志愿服务队到新化等重灾区，为当地受灾群众送去急需的衣物、药品、饮用水等救灾物资。

2012年四川雅安地震发生第二天，将200万元衣物送达灾区。并派出两支专业救援队伍到灾区，开展物资发放、伤员救治和饮用水制作等工作。

2.募捐赈灾。1989年，市红十字会及基层组织向灾区、贫困乡、贫困户和敬老院、福利院等部门和个人捐款9.25万余元，粮票3.6万千克，衣物10.28万件。长岛饭店红十字会为敬老院组织专场义演，将全场收入及捐款全部捐献给市福利院。常德市七一机械厂救灾勇士刘作发为抢救国家财产，被烧成重伤，长沙市育新小学、裕敏里小学、工农桥小学等红十字会组织会员为刘作发捐款。

在1995年抗洪救灾过中，接受8批来自中国红十字总会、湖南红十字会和境外红十字会的救灾物资，其中包括大米30吨、寒衣1300套、棉被700床、方便面100箱、各种药物110件，折合人民币40万余元。另外，还接受西安二六二厂、福州市红十字会、乌鲁木齐市红十字会以及济南市红十字会捐赠的物资、药品约合人民币7万元。是年，号召青少年会员向灾区、希望工程捐款、捐物，折合人民币43万余元。

1996年4月，湖南医专红十字会向全校师生发出“行千里路，捐万卷书”的红十字扶贫助学活动，全校师生捐书1.5万余册，各类笔5000余支，衣服700件，款4000余元。

1998年，为“长沙市红十字备灾慈善基金”和张家口地震灾区募集现款10.20万元。是年，募集和接受社会各界捐赠的救灾物资500.60万余元。被中国红十字总会评为“抗洪救灾先进集体”，副会长侯孝沛及望城县红十字会专干戴鉴被评为“抗洪救灾先进个人”。

2002年5月—2003年11月，募集资金约10万元，弥补救助资金的不足。2003年，为支援抗击非典工作，向社会发出倡议，公布募捐电话和账号，接受社会捐款7.72万元，捐物价值约76.22万元，接受上级部门下拨物资 22.07 万元，共 106 万元。

2004 年印度洋海啸发生后，筹集善款 130 万元发往灾区，被中国红十字总会授予“印度洋海啸救援最佳组织奖”。是年，社会募集善款首次突破百万元；慰问特困人员 220 余名，发放救助金 46.78 万元，物资 21.64 万元。

2006 年 4 月和 7 月，长沙市部分区县遭遇龙卷风、洪灾袭击，市红十字会从备灾仓库中调拨棉被、棉服等价值近 10 万元的物资下拨至 9 个区县（市），并争取 3 万余元的救灾物资。7 月中下旬，受强热带风暴“碧利斯”的影响，长沙部分地区遭受洪灾袭击后，紧急购买 4 万元的消毒、防病药物，发放到受灾群众手中。同时，组织 3 支医疗队，并提供 1.5 万元现金购置药品。7 月 27 日，将湖南民康药业捐赠的 100 万余元抗菌药物送往郴州灾区。此外，援助海南、九江等地 1 万元。市红十字会获湖南省“慈善组织奖”。是年，向贫困及受灾群众发放慰问金 15.50 万元、物资价值 177 万元。

2008 年 5 月汶川地震发生后，动员长沙市各级红十字会和志愿者，组织“众志成城抗震救灾——长沙市民爱心大行动”主题系列募捐活动数百场次。向社会募集善款 2690 万元，全部用于对口支援理县灾后重建；募集物资价值 1293 万元，均全部运往灾区。

2009 年，台湾遭受“莫拉克”台风灾害，市人民政府副市长、市红十字会会长何寄华代表长沙人民向台湾同胞捐款 100 万元。

2010 年 4 月 14 日，青海玉树发生 7.1 级地震后，向社会发出募捐倡议，募集款物 1122 万元，其中善款 814 万元，物资价值 308 万元。4 月 15 日，派出抗震救灾志愿服务队和两台车辆，将圣得西服饰集团捐赠的 308 万元棉被棉衣运送到受灾群众手中，被中国红十字会总会授予“玉树抗震救灾先进集体”称号。

2010 年，云贵地区旱灾严重，开展“善行 2010，抗旱救灾，渴不容缓”公益募捐赈灾活动，并组织志愿者到灾区，解灾情，为当地群众募集资金开挖机井，送去水和急需的物资。

2012 年，募集款物价值 500 万余元，其中为怀化通道、云南彝良受灾地区募集款物价值 100 万余元，向困难群众发放救助款物 430 万余元，救助困难群众 7000 余人。

（二）救助

1.社会救助。1989 年，在“5·8”世界红十字日活动周期间，组织基层单位上街设立义务咨询点 47 处，义诊咨询 5700 余人次，为 840 名患者送医送药上门，为 684 名儿童进行义务体检检查，慰问散居在通泰街、麓南街、民主东街等居民点的 694 位孤寡老人。

1991 年 11 月 5 日、18 日，台湾红十字会向市红十字会捐赠棉毛衫（裤）113 箱（计 7100 件，合人民币 5.6 万元），菜、瓜果种 168 件（折合人民币 11 万元）。12 月 25 日，接受以台湾曹氏基金会捐赠的残疾人轮椅 50 辆（折合人民币 2.5 万元），转送给长沙市 50 名残疾人。

1992 年，转赠社会各界捐助和上级市红十字会下拨的衣裤 7000 余件、大米 60 余吨、救灾经费 2 万余元、轮椅 50 张，总金额 50 万元；组织义诊 498 人次，免费发放药物 5000 元。另外，聘请 5 名离退休义务人员开办“长沙市红十字会综合门诊部”。

1993 年 6 月 10 日，在宁乡县举行“台湾曹氏基金会捐赠残疾人轮椅仪式”，基金会委托代理人台胞吴永波向市红十字会捐赠 2.8 万元人民币的 41 台残疾人轮椅，41 名残疾人接受这一捐赠。1992—1993 年，曹氏基金会向市红十字会捐赠价值 10.92 万元人民币的轮椅，156 名残疾人受益。

1994 年，长沙市 39 个国道交通事故救护站，救治伤员 3500 余名。上半年，长沙县中医院交通事故救护中心从车轮下救出累计 178 条生命。市红十字会还在市区内重点组建街道红十字救护站，4 区按要求各建立一个街道红十字救护站，红十字救护站均设在居委会，并由卫生委员担任急救助。1995 年，救治交通事故伤员 4500 余名。交通事故救护中心承担交通事故救护站的技术培训工作。

1995 年 1 月，香港红十字会助理黄莫辉和赈济部主任苏婉娴一行向长沙市浏阳灾民、“五保”（保吃、保穿、保住、保医、保葬）老人捐赠价值 10.5 万港元的寒衣，并在浏阳市举行赠仪式。

1996 年 2 月 14 日，对长沙市第一社会福利院的孤寡老人进行慰问，为老人送去 200 余套寒衣和 100 床棉被。4 月 17 日，在湖南医学高等专科学校举行扶贫助学捐赠仪式，对 53 位特困学生进行慰问，并向每位特困学生捐赠棉被一床。是年，长沙市设立“长沙市红十字备灾慈善基金”，扭转长沙市红十字会社会救助活动完全依靠境外援助的局面。

1997 年 1 月 30 日，为长沙县捐赠价值 2 万余元的药品。5 月 8 日，慰问长沙市第二社会福利院的 187 位老人，并送去棉被和被单。5 月 11 日，慰问市卫校的 53 名特困学生，为特困学生发放 50~300 元不等的助学金。

1998 年 1 月 8 日，会长张伟玦带队慰问雨花区洞井乡敬老院的 26 位孤老，为每位老人送去踏花被和 100 元慰问金；1 月 9 日，张伟玦到浏阳市张坊小河乡慰问贫困户及孤寡老人，送去 10 床踏花被和 5000 元慰问金。1 月 13 日，为湖南医学专科学校 80 名贫困学生送去棉被。

1999 年 1 月 8 日，到长沙市盲聋哑学校进行慰问，为 188 位学生送去踏花被，并向 19 位特困学生每人赠送 100 元助学金。在 5 月 16 日世界助残日，再次向市盲聋哑学校捐赠人民币 2000 元。1 月 13 日，为朝阳二小的 19 位特困学生每人送去一床踏花被和一套绒衣、绒裤。

2000 年 2 月 19 日，为长沙县黄垅镇的 30 位孤寡老人送去价值 7000 元慰问品和 3000 余元慰问金。1 月 28 日，慰问望城县铜官镇马厂村的 12 位“五保户”，带去棉被 12 床、大米 120 千克、面条 60 千克、苹果 12 箱。11 月 3 日，为该村的 10 名特困生带去 2000 元助学金和 10 床棉被。9 月 6 日，组织内、外、儿、妇等专家教授组成医疗小分队到湘西自治州保靖县野竹坪镇腊洞村开展送医、送药、送温暖活动，为 11 名特困“五保户”送去 11 床棉被、50 件衬衣以及 2200 元慰问金，义诊村民 200 余人，免费发放近 2 万元的药品。

2001 年，在元旦、春节期间开展“红十字博爱送万家”活动，为孤寡老人、失学儿童、下岗特困职工送去节日的问候。1 月 22 日，会长、副会长为市贸运公司敬老院的 18 位退休或残疾老人送去 18 床棉被和 1800 元慰问金。

2002 年 1 月，会长张伟玦带着 4 万元物资到浏阳市枨冲镇进行慰问。11 月 18 日，张伟玦参加湘雅医学院红十字会举办的捐资助学仪式，10 名优秀贫困学生每人收到市红十字会捐助的 500 元助学金。6—8 月，从备灾仓库中清点救灾物资和药品约 20 万元，分发给 9 个区县（市）红十字会，送给贫困家庭和受灾群众。通过新闻媒体宣传后，市中级人民法院送来 1.8 万元的药品给灾区人民；爱尔眼科医院捐赠 1 万元支援灾区人民。

从 2003 年开始，每年春节前，都向各区县（市）红十字会下拨慰问金和物资，各区县以 1:1 的比例配套慰问物资，开展“博爱送万家”慰问活动，组织人力物力慰问特困群众。全年，发放现金、物资 18 万余元，受益人数 2000 余人。

2004 年，“5·8”期间，向中南大学湘雅医学院、湖南师大医学院和长沙学院的 60 名贫困大学生发放助学金，将麓山国际实验学校师生捐赠的 3 万元善款转赠给长沙、望城贫困中小学生。至 12 月底，慰问病、贫困人员220余名，发放救助金50万余元。

2006年春节前，向各区县（市）红十字会拨发价值10万元的棉被和8万元现金，用于节前的“博爱送万家”慰问活动。是年，发放慰问金及物资142.89万元。

2007年，在开展“博爱送万家”的传统项目基础上拓展救助范畴，实施医疗救助。为增强救助实力，6月，向社会各界发出博爱超市定向劝募函，热心市民定期捐赠米、油等物资。是年，向病贫、困难人群发放救助款物63万元。

2008年，携手长沙三德事业有限公司资助9名贫困大学生2.5万元学费；帮助女大学生支付3年学费；慰问环卫工人；2次参与湘西助学活动；3次到宁乡县农村慰问当地困难群众，送去12万元慰问金和价值5万元的大米、棉被等物资。

2009年，长沙名品实业公司捐赠价值10万元的棉被、新振升集团有限公司捐赠价值5万元的物资，用于救助长沙市特困家庭。春节期间，将组织价值100万余元的资金和物资用于走访慰问困难群众。筹集发放救助金和救助物资800万余元（至2012年）。

2010年1月12日，举行“博爱送万家”活动暨山河智能牵手知青公益项目爱心款发放仪式，向长沙市200名困难老知青每人发放1000元慰问金。与三德公司形成合作关系，救助贫困大学生；与百幸鞋业等企业合作，定向救助下岗特困职工；与市直属机关工作委员会慰问文明交通劝导员，发放10万元防暑降温药品。

2011年，结合“5·8”世界红十字日，开展社会救助。天心区市红十字会筹集近万元防暑降温药品，慰问300名建设工地的农民工及环卫清扫工人。开福区市红十字会募集善款5万余元慰问残疾人。浏阳市红十字会向贫困村民免费发放价值7500元的药品和6800元的慰问金。

2012年，开展社区陪伴和爱心探访活动，上门服务3000余次，帮助困难家庭500余户。

2.社区服务。1988—2003年，社区工作是以社会服务活动的形式开展的，主要内容是帮助社会弱势群体。1988年，长沙市各基层红十字会建立“扶残助老学雷锋，送温暖”一条龙服务小组128个，4800名会员参加活动。制定“三定一包”制度（定服务对象、定服务内容、定服务时间、包干到底）。

2003年，把救助服务与社区工作结合起来，开创红十字救助的新特色，促进社区红十字工作的开展。社区服务成为一项重要基础性、日常性工作。着手在社区开展服务活动，将社区红十字工作作为工作重点纳入工作规划，发展基层红十字组织，首创“博爱超市”。长沙市开福区以社区服务为基础，实现救助服务的经常化、制度化，该区红十字志愿者采取分组分片包干，承包扶助对象的方式，定时间、定任务、定要求为社区的低保对象、孤寡老人、残疾人等开展服务。

2004年4月，中国红十字会副会长孙爱明到长沙考察社区红十字工作。2005年，长沙市349个社区有227个建立比较规范的基层市红十字会组织。2004—2005年，市、区（市）红十字会开办培训班23期，培训基层市红十字会工作者和相关工作人员1200人次，将红十字及相关知识向社区居民传播。

2006年7月，制定“创建全国社区红十字服务示范市实施方案”。

2007年5月8日，以社区红十字服务为主题，以天心区为主会场，市区街和社区四级联动，启动社区红十字服务示范创建工作。年底，邀请省红十字会专家对各区创建工作进行检查验收，雨花区、天心区、开福区被命名为“长沙市社区红十字服务示范区”。

2008年，市内5区所有街道和部分乡镇以及近300个社区已成立红十字会；红十字知识、基本救护知识和防灾避险知识培训逐步深入基层；在“博爱超市”、医疗义诊、家务帮助、水电维修等传统项目上拓展服务范畴，增加居家养老、心理咨询等志愿服务活动。

2009年，提出红十字工作进社区、进农村、进机关、进学校、进园区、进工地（以下简称“六进”）的工作目标，推动红十字工作深入到社会生活的各个层面。2009年，长沙市被评为“湖南省社区红十字服务示范市”，开福区、天心区、雨花区被评为“湖南省社区红十字服务示范区”。

2012年2月25日，在雨花区启动学雷锋志愿服务社区陪伴项目，主要针对未成年人、空巢老人、病患人士、残疾人士，是年，为40余个社区132户家庭提供志愿者陪伴服务。10月27日，湖南省社区红十字工作现场交流会在长沙召开。长沙市清水塘社区红十字工作得到全国人大常委会副委员长、中国红十字会会长华建敏的肯定，咸嘉湖村、捞刀河、牛婆塘、天剑等社区红十字等社区形成的“关注民生问题”“汇聚人道力量，推进和谐社区”“发扬湘区精神，建设幸福家园”以及“一手抓实实在在的工作，一手抓文化建设，一手抓加强领导，一手抓基层建设，一手抓规定动作，一手抓自选动作”等工作经验在全国推广。

3.社会救助公益项目

博爱超市。2004年，尝试在市内5区建立“博爱超市”，定期为社区困难家庭提供帮助。2005年，长沙市有红十字博爱超市6家，与民政部门合作的“爱心超市”10家。长沙市为博爱超市提供启动资金10万元。博爱超市采取临时救助和定期救助相结合的方式，为社区特困群众提供生活援助，得到社区居民欢迎。截至2009年年底长沙市有“博爱超市”50家，救助社区困难群众2.4万余人次。

红十字募捐箱。1998年，长沙市决定在各大涉外宾馆设立固定的红十字募捐箱。采用以点到面全面推开的方式，先在银河大酒店、中山大酒店进行设立红十字募捐箱的试点。1999年2月9日，首批红十字募捐箱揭幕仪式在通程国际大酒举行。11月18日，制定长沙市红十字募捐籍的管理办法，并决定将首批红十字募捐箱所募集的资金用于资助特困企业长沙船舶厂幼儿园。12月2日，在华天大酒店开启首批设立的红十字募捐箱。至年底，得善款3780.40元。2000年，募捐箱由12个募捐箱增加到68个。2001年，设在长沙市各大宾馆、商场、超市、书店的红十字募捐箱已增加到102个。2002年，麦当劳的10家分店、华银旺和超市、湘杏医学院、大日科技发展公司等单位主动要求设置红十字募捐箱。2003年，加强募捐箱管理的日常工作，设计3套表格，记录募捐箱的设置、开启、修理、更换和设置单位来电来函等情况。2008年9月，在长沙市设置300个新募捐箱。

红十字创业梦工厂公益项目。2009年，由长沙市红十字会形象大使、湖南经视彭宇等人募集善款60万元，市红十字会注资40万元合作成立，资助困难大学毕业生创业。

山河智能牵手知青公益项目。2009年年底，湖南山河智能机械股份有限公司捐款20万元，与长沙市红十字会联合推出“红十字山河智能牵手知青”公益项目，对口帮扶困难老知青。2010年1月，举行山河智能牵手知青公益项目爱心款发放仪式，向长沙市200名困难老知青每人发放1000元慰问金。

红十字振升金刚救治先天性心脏病儿童公益项目。2009年，由新振升集团有限公司先期捐资30万元，市红十字会注资20万元合作成立。对长沙市城乡特困家庭中年龄为1~14周岁，患有先天性心脏病，且病情严重、复杂，在《湖南省农村儿童先心病免费医疗救治》范围以外，需要手术治疗的先心病儿童，一次性资助每人医疗费1万元，定点在湖南省人民医院和长沙市第三医院进行手术治疗，并由项目合作医院减免每人医疗费5000元。

长沙市红十字友阿公益基金。2010年11月24日，长沙市红十字会和友阿控股在湖南宾馆会议中心联合举行友阿控股红十字会成立暨长沙市红十字友阿公益基金启动仪式，成立1000万元长沙市红十字友阿公益基金，从2010年开始，连续10年，每年拿出100万元救助特困群体。

红十字永康商会关爱农民工健康公益项目。2011年，为响应中央八部委关于组织开展关爱农民工活动的号召，与长沙市永康商会共同设立基数为50万元的“红十字永康商会关爱农民工健康公益项目”。从2011年5月开始，推出“红十字永康商会关爱农民工健康公益行动”，对符合条件的400名农民工朋友每人救助1000元。项目管理委员会与湖南省人民医院、长沙市中心医院、市一医院、市三医院、市四医院5家爱心医院合作，先期组织1000名农民工进行免费体检。

红十字友阿学雷锋社区陪伴公益项目。2012年2月25日，联合湖南佛慈基金会启动70万元的“红十字友阿学雷锋社区陪伴公益项目”，对空巢孤寡老人、病患人士、残疾人士、孤贫未成年人4类人群每人救助1000元。该项目包括设立1个社区陪伴项目办公室；2个社区陪伴项目工作站：雨花区树木岭社区、天心区狮子山社区；3个社区陪伴项目活动基地：长沙市荷花池残疾人康复中心、长沙市开福区新康居家养老中心、长沙市雨花区社会福利院；4个社区陪伴项目：针对孤贫等未成年人建立的“长沙市红十字非常帮助陪伴成长行动”、针对空巢孤寡老人建立的“长沙市红十字非常帮助陪伴关怀行动”、针对病患人士建立的“长沙市红十字非常帮助陪伴助康行动”、针对残疾人士建立的“长沙市红十字非常帮助陪伴扶助行动”。

（三）救护

1.交通事故救护。1992年7月1日，提出在市域内106、107、319三条国道建立39个救护中心（站），逐步形成交通事故救护网。7月2—4日，在浏阳县举办为期3天的交通事故救护站站长培训班，近60人参加培训，重点培训交通事故的创伤止血、包扎、固定、搬运4项技术和现场心肺复苏技术及常见的急症抢救。7月31日，调研319、107国道上的马坡岭、望城坡、黄金3个红十字交通事故救护中心（站），并就救护中心（站）的建设工作形成会议纪要。是年，救治交通事故伤员2745人。

1994年，全市39个交通事故救护站救治交通事故伤员3500人。1994年1—6月，长沙县交通事故救护中心从事故中救出178条生命。1995年，全市39个交通事故救护站救治交通事故伤员4500余名。4月，在107国道上一辆河南大货车与一辆中巴相撞，死亡2人，伤23人，长沙县安沙救护站组织现场抢救，使23名伤员全部脱离危险。是年，对已建的39个交通救护站进行清理整顿，对布点不合理和发挥作用不好的13个站点予以撤销。市内各区建一个街道红十字救护站，设在各居委会内，由居委会卫生委员担任急救员，负责本区域内小伤小病的救护。

1998—1999年，市红十字会重点开展救护员的心肺复苏和四项技术的培训工作，同时，关注机动车驾驶员培训工作。2000年，宁乡县红十字会举办机动车驾驶员现场救护知识培训学习班，有308名驾驶员参加培训。2000年后，有关交通事故救护中心（站）无资料记载。

2.救护培训。1989年，开展现场的、群众性的、初级的卫生救护工作。举办现场心肺复苏救护培训班4期，培训学员450名；在青少年学生中开展卫生知识讲座和救护训练351场，训练学员1.75万人；举办普及性卫生救护训练班499期，培训学员2.13万名。学员义务救护伤病员725人次，治疗小伤小病1.48万余人（不包括团体会员单位）。6月20—23日，湖南省红十字青少年工作会议在长沙召开，长沙市福源巷小学学生现场表演救护包扎等救护技能。

1992年，成立长沙市红十字青少年委员会，红十字工作在全市青少年中全面推开。同时在青少年中开展初级卫生救护四项技术（止血、包扎、固定、搬运）和心肺复苏技能培训，提高青少年自救互助能力。1994年，举办一般卫生知识培训19.14万人次，心肺复苏培训1200人次，四项技术培训1.24万人次，救护培训640人次，发证410人。

1995年，长沙市开展一般卫生知识讲座数万人次，心肺复苏培训300人次，四项技术培训1500人次，救护师资培训850人。对59.17万名青少年进行一般卫生知识的培训，四项技术培训880人，参加红十字会青少年夏（冬）令营的898人，智力竞赛的3721人，社会调查的995人。同时，对1.36万名青少年会员进行常见病的防治培训。

1999年，长沙市第十五中学将救护四项技术和心肺复苏技能纳入教学范畴。印发《浏阳市中小学红十字会工作暂行办法》，规范当地学校红十字会工作。2001年，在宾馆从业人员中开展救护技能培训。2004年4月，举办为期3天的救灾备灾培训班。6—9月，各区县（市）相应开展救灾备灾知识培训工作，培训1200人次，编印《红十字知识手册·青少年读本》2万册。

2004年，长沙市有医疗救护队16支，并参与历次灾害、人防演习及第五届全国城市运动会比赛的急救工作。从2004年开始，长沙市以雨花区、岳麓区、开福区等青少年素质教育基地为依托，将紧急救护知识培训纳入中小学生素质教育的内容，每年培训中小学生10万余人次。2004年，指导湘雅医学院红十字会完成定向越野急救工作。2005年5月，湖南师大医学院、湘雅医学院、长沙学院3所高校师生开展主题“自救与互救，红十字在行动”的高校红十字工作论坛。

2005年9月，对中小学教师进行紧急救护知识培训。之后，各区红十字会与区教育局等联合举办急救培训班。雨花区教育局将救护培训纳入素质教育，全年培训中小学生1.49万人。雨花区的经验在岳麓区、开福区推广。

2006年开始，将救护知识培训向社会推广。5—6月，在《长沙晚报》的“健康专栏”中连续发表9期自行制作的紧急救护知识漫画，并在“星辰社区”等公众网络论坛上发布紧急救护知识图片。9月8日，获“全国红十字救护工作先进集体”称号。11月17日，长沙市红十字青少年工作委员会在长沙市外国语学校成立，指导学校开展适合青少年特点、符合素质教育要求、形式多样的急救知识培训、防灾避险演习等活动。浏阳河小学等4所学校被中国红十字会总会授予“红十字模范校”称号。12月，为西门子长沙分公司的青年员工开展急救知识培训。是年，市红十字会在青少年素质教育基地推广紧急救护培训的做法得到上级红十字会的肯定，中国红十字会常务副会长江亦曼到长沙市调研卫生救护培训工作后认为，经验值得推广。长沙市将红十字知识和急救培训纳入素质教育基地培训内容。

2008年3月，开展对旅游业导游人员的培训，培训导游500名，并为可口可乐、西门子等公司员工培训。2009年，在部分外资企业中组织开展急救知识和防灾避险知识培训；与媒体合作宣传救护知识。

2010年，调整工作格局，将救护培训明确为市红十字会的主业，推动红十字工作“六进”。9月12日全市23所中小学校开展首届红十字青少年救护技能比武。同时，与市水务局联合成立中国红十字紧急救援队湖南省长沙市制水分队，与武警湖南总队医院联合成立武警湖南总队医院红十字紧急救援队。成立100万元的救护培训公益项目，并发布《进一步加强红十字救护培训工作的通知》，对各区县（市）财政安排的救护培训专项资金，市级将按照1:1的比例给予配套支持。为区县（市）提供配套的救护培训专项资金支持，免费为区县（市）红十字会提供人体模型等救护培训教具，推动救护培训深入基层。

2012年，开展“老牛生命学堂——自救互救进校园教育计划”公益项目，向2000名中小学生普及急救和生命安全知识，并组队参加全国青少年应急安全知识竞赛，取得第二名。继续推动救护培训“六进”基层。培训救护员960余名，群众性初级救护知识普及人数6万余人次。是年，在全省首届应急救援技能大赛中，长沙市红十字救护队以理论知识第一名，操作第一名的成绩勇夺冠军。

二、“三献”工作

无偿献血、捐献造血干细胞、遗体捐献（以下简称“三献”）工作是长沙市红十字会的主要工作。每年市红十字会将此纳入工作计划，制定切实有效措施，指导下属单位工作。各区县（市）红十字会及街道均成立工作领导小组和办公室开展“三献”工作。

（一）无偿献血。1988 年 4 月，长沙市成立由省、市有关方面负责人和专家教授组成的“长沙市公民义务献血委员会”，下设办公室，并制定逐步实行公民义务献血的制度。一次献血量为 200~400 毫升，两个献血间隔时间不得短于 4 个月。要求符合条件的领导干部、党团员、医务人员带头献血。对参加义务献血的公民，发给“献血光荣证”，因病用血可终身保证供应，并发给营养补助费和计划供应的部分副食品票证。同时加强血源管理，对献血员统一建卡、统一造册、统一管理，基本上实现统一血源、统一采血、统一供血。

1989 年，将 5 月确定为长沙市无偿献血活动月。至 12 月底，全市 1566 人参加义务献血，献血量 39.95 万毫升，缓和长沙市区血液供需矛盾。

1992 年 5 月 8 日，组织长沙市首次无偿献血活动周，全市 649 人报名，54 个单位的 162 人参加献血，献血 3.2 万毫升。1994 年，“5·8”世界红十字日，利用无偿献血电视录像片和 6 万份无偿献血资料进行宣传。发出无偿献血通知，并将无偿献血指标分解到各个区、战线、系统。11 月 1 日，发布《在长沙市开展无偿献血宣传活动月的通知》，市卫生系统 200 名红十字会员到市红十字会中心血站无偿献血。市卫生系统、矿山研究院、湖南省国际信托投资公司等 50 个单位被评为“无偿献血先进单位”。在活动月中无偿献血 496 人，献血 14.88 万毫升。全年义务献血 9000 人，献血 27 万毫升。

1996 年 5 月、9 月、11 月，长沙市开展 3 次无偿献血月活动。长沙市无偿献血和义务献血 4068 人次，献血 123.03 万毫升。1997 年，为宣传无偿献血与市中心血站共同组织各区县（市）的基层市红十字会组织及会员参加“达纳康杯”无偿献血知识竞赛，参赛者超过 2 万余人，获总会颁发的“组织奖”。长沙市累计无偿献血和义务献血 5512 人次，献血总量 164.47 万毫升。1998 年 5—12 月，长沙市无偿献血 6152 人次，总血量 181.10 万毫升。

1999 年，着重开展《中华人民共和国献血法》的宣传，到政府各部门、企事业单位、工厂、学校、街道、乡镇及居委会，设立宣传橱窗、宣传栏、黑板报，将无偿献血知识传达给广大市民。5 月 8 日，在长沙铁道学院学生活动中心设立“省会 99 无偿献血活动月捐血现场”，198 位同学捐血 5.94 万毫升。1999 年，无偿献血 1.86 万人次，采血量 549.69 万毫升。2000 年，参加无偿献血者 2.77 万人次，无偿献血采血量 8.1 吨。11 月 12 日，湖南省第一个无偿献血志愿者备用血库在长沙市启动，821 名医务工作者首批报名参加无偿献血。

2001 年以前，长沙市无偿献血 86%靠完全自愿献血，14%靠政府计划完成。2002 年，长沙市加大宣传力度，拓展宣传方法，采取标语、宣传册（单）、图片、光碟、广告牌等形式，通过广播、电视、报刊、公益活动、讲座等途径进行宣传教育，其中广播、电视报道 100 余次，报纸报道 120 余篇，发放宣传传册（单）、图片 3 万余册（张），举办大型无偿献血公益宣传活动 10 余次。是年，长沙市有 3.40 万人参加无偿献血，采血量 10.07 吨，占长沙血液中心供血总人次的 92.2%，保障长沙市 60 余家医疗单位的临床用血。

2003 年 2 月 19 日，中共湖南省委常委、长沙市委书记梅克保和市委、市政府机关 140 余名机关干部参加无偿献血活动。是年，无偿献血 3.45 万人次。献血量 2004 年 14.5 吨，至 2007 年突破 30 吨；献

血的人群也从学生、军人发展到社会各界人士，无偿献血比例100%，

2004年5月7日，在田汉大剧院前坪举行宣传活动，组织专家义诊、宣传无偿献血及捐献造血干细胞知识，并组织现场采血。2005年，“6·14”世界献血日，制定《长沙市2005年“6·14”世界献血日系列活动方案》，组织各区县（市）卫生局、市红十字会及市直各医疗卫生单位，开展宣传活动。6月14日，在百脑汇广场举行世界献血者日庆祝活动。12月10日，在中南大学湘雅医学院举办主题为“拯救生命，奉献爱心，参与公益，升华自我”大型无偿献血、捐献造血干细胞宣传活动，139人参加无偿献血并申请成为造血干细胞志愿捐献者，献血4.18万毫升。

2005年6月14日，与《长沙晚报》合作，举办无偿献血知识幸运有奖竞赛，1万人参加比赛。

2006年，为推动无偿献血和捐献造血干细胞工作，将无偿献血和捐献造血干细胞知识纳入日常宣传内容，印制无偿献血和造血干细胞的宣传资料。为倡导无偿捐献机采成分血，12月2日，湖南农大机采成分血志愿队成立。至11月，长沙市无偿献血6.38万人次，献血量20.41吨，无偿献血比例100%。此后，长沙市无偿献血比例均100%。

2007年12月5日，成立“红十字无偿献血志愿服务队”，主要从事无偿献血宣传。2007年3月5日，举行“弘扬雷锋精神，奉献你我爱心”无偿献血、造血干细胞志愿捐献者血样采集活动。4月17日，在火车站广场举行“金剑之家，爱心之旅”无偿献血活动。5月21日，市红十字生殖医学专科医院职工22人开展无偿献血活动。

2012年，雨花区无偿献血超15.8%完成任务。

（二）造血干细胞捐献。2002年以前由于条件的限制，市红十字会没有开展此项工作。

2003年4月，血液中心通过专家组评审，成为中国造血干细胞捐献者资料库（湖南分库）定型HLA（人类白细胞抗原）组织配型实验室。资料库HLA分型有2000人次，低分辨配型符合4人次，作临床病人HLA分型8人次，高分辨1人次。2004年中国造血干细胞资料库长沙配型新增资料4473份，低分辨率配型符合4例。2006年，有造血干细胞捐献者5044人，低分辨率配型近70例。8月2日，湖南第三十五位造血干细胞志愿捐献者、长沙地区卫生系统造血干细胞志愿捐献者第一人——周和军，在湘雅附属第三医院，捐献造血干细胞。到2008年，2万余人登记成为中国造血干细胞库湖南分库志愿者，有133例低分辨率配型成功。

2009年，长沙市造血干细胞捐献登记突破3万人份，28人捐献造血干细胞。

2012年，成立长沙造血干细胞捐献工作站，完成2000人份造血干细胞资料入库任务。

（三）遗体捐献。2006年，湖南省遗体捐献方面的法律法规尚不完善，市红十字会开始做遗体捐献者的登记工作。9月13日，应国防科学技术大学干休所14位离休老干部们的要求，邀请中南大学湘雅医学院解剖教研室主任张建一、老师何伟民等在国防科大干休所的会议室内，举行人体器官、遗体捐赠知识讲座，讲座介绍遗体捐献的程序，并听取老干部提出的有关遗体捐献的合理化建议。

2011年5月23日，到南京、上海专题调研遗体捐献工作，并确定共同开展遗体捐献纪念广场建设，争取政策资金，规范遗体捐献管理相关工作，为长沙市遗体捐献工作开拓新局面创造条件。

2012年，雨花区有5人登记成为捐献遗体和器官的志愿者。

三、宣传

1989年，在各新闻单位投稿18篇，采用12篇。省、市电视台4次报道活动情况。举办工作简报12期，基层社会举办宣传橱窗和板报2200期，展出活动照片353张。上街设点宣传会务知识57场次，

自编自演文艺节目27场。是年，免费发给基层红十字会宣传资料等2.25万余册。至1992年9月底，向省、市新闻单位发稿43篇，在《中国红十字报》发表文章12篇。

1994年，两次开展《中华人民共和国红十字会法》和无偿献血宣传活动，发宣传资料10万份，咨询1.5万人次，查血型1200余人次。另外，参加总会和省市红十字会开展的知识竞赛活动，订阅报刊增至1358份，订阅“一报一刊”即《中国红十字报》和《博爱》的数量居全省首位。是年，发稿110余篇，仅市红十字会在中央、省、市新闻单位发表稿件和照片就有30余篇，编发工作简报9期。

1995年，开展大型宣传活动3次，参加人数2564人次，新闻报道140篇，发放宣传资料12万余份。

1996年，将《中华人民共和国红十字会法》《中华人民共和国红十字标志使用办法》（以下简称“两法”）印发到基层市红十字会组织，并运用电视、广播、报纸宣传。“两法”在长沙市城区五一路沿线设立35个宣传点，为市民发放宣传资料2万余份。

1997年2月11日，长沙电视台播发专题新闻《长沙市红十字会工作卓有成效》。2月19日，市长袁汉坤授予香港红十字会助理秘书长黄莫辉“长沙市荣誉市民”称号，并赠送城市金钥匙，省会各大媒体以及香港中文电视台、电台均进行报道。

1999—2000年，对滥用红十字标志现象进行清理整顿，规定非红十字医疗机构禁止使用红十字标志，针对个体诊所、单位门诊部召开专题会议，并统一制作医疗诊所和门诊部医疗标志的牌匾。

2002年5月8日，组稿印制彩色宣传画册，画册作为宣传长沙的资料带到中国红十字会总会、红十字会国际委员会、红十字会与红新月国际联合会总部。市红十字会办向新闻工作者赠送《中华人民共和国红十字会法》《中国红十字会章程》，长沙女性频道进行报道。

2006年，市爱国卫生运动委员会办公室、市疾控中心、长沙血液中心等单位的30余名工作人员发放红十字基本知识、卫生防病、改水改厕、无偿献血、造血干细胞等宣传资料。

2009年，“5·12”防灾减灾日，在黄兴路步行街商业广场与湖南电台联合四川媒体连线直播应急避险知识宣传活动；“9·12”世界急救日，与湖南交通频道合作组织系列宣传活动，邀请急救专家进行急救知识权威发布，吸引驶员和市民参与互动讨论。9月12日，在湘江风光带的风帆广场举行急救知识节目表演，并在现场将长沙市第八医院捐赠的200个急救箱先期装备配发给长沙市龙骧公司和蓝灯公司的200台的士，使之成为市内200个流动急救站。

2012年，参与中国红十字会总会举办的全国防灾减灾知识竞赛，印发红十字知识读本，举办长沙市红十字知识抢答赛。

四、志愿服务

（一）队伍建设。2001年，成立的中南大学湘雅医学院红十字志愿服务队是长沙市较早建立的基层红十字组织，是人道主义社会志愿救助团体，以学生为主体，师生共同参与志愿活动。

2006年11月10日，长沙市红十字志愿者服务队成立。12月，转发并实施《湖南红十字会志愿工作者管理暂行办法》。

2007年12月5日，长沙市红十字无偿献血志愿者服务队成立。是年年底，长沙市有注册志愿工作者1615人。

2008年，成立长沙市红十字会志愿者服务队，肖容成任服务队队长，黎跃刚任秘书长。

2009年，完善志愿工作者管理机制，按照《红十字志愿者管理暂行办法》，招募、培训志愿者，逐步建立起以社区志愿者、大学生志愿者和社会志愿者为主体，无偿献血、造血干细胞捐献等行业志愿服务队共同配合，长沙市有红十字志愿者12万人，其中注册志愿者1.6万人。

2010年，长沙市红十字水上救生队、长沙市红十字友阿志愿者服务队、武警湖南总队医院红十字紧急救援队成立。

2012年，新招募1000余名志愿者，筹集款物价值90万余元。是年，学雷锋博爱车队成立。

（二）志愿服务活动。2004年7月，湖南师范大学医学院大学生志愿工作者清理长沙市80个红十字募捐箱，清点善款4.65万元。2005年，区县（市）红十字会为学校和社区搭建桥梁，发动学生参与到社区服务之中。其中，湖南师范大学医学院的志愿者和岳麓区成嘉新村社区结成服务联盟；湘雅医学院市红十字会联合湘雅附三医院启动“爱心病房”，为病人提供情感关怀、医疗知识讲解等志愿服务。

2006年12月15日，志愿者在长沙市火车站开展艾滋病防治知识宣传活动。2007年3月5日，长沙晚报社大厦旁开展无偿献血及造血干细胞知识宣传活动。4月，带领部分矮小症患者游韶山。5月19—20日，在长沙市湘江风光带、火星镇、世界之窗开展关爱残疾人等助残活动。6月24日，在长沙烈士公园、长沙动物园开展残障人士交友活动。

2007年4月，长沙市启动“红十字服务示范市”活动。5月8日，开展推动红十字服务进社区工作。随着社区红十字服务工作的开展，各区县（市）红十字会向社区延伸基层红十字组织，扩展队伍，面向社区群众开展各具特色的志愿服务，组织红十字知识宣传、急救知识培训及义诊、健康咨询等公益服务活动。

2010年，红十字志愿服务队和志愿者就救护知识培训、筹资劝募、人道救助、预防艾滋病知识宣传、社区陪伴等内容，开展初级救护知识进社区、红十字知识进学校、预防艾滋病知识宣传进工地、人道关怀进敬老院等红十字志愿服务活动。是年4月，玉树地震发生后，志愿服务队组织志愿者协助市红十字会开展筹资劝募工作，琴岛演艺中心捐赠现金25万元。5月20日，由志愿服务队骨干于芳组织长沙市部分爱心车友会及公益团队，举办志愿者公益晚会，现场募集善款3万余元，分别用于志愿者心理救援队到玉树完成心理救助工作等公益项目。5月，湖南遭遇特大洪水灾害，市红十字会和湖南省佛慈基金会联合开展“善行2010救灾济困慈善行”活动，服务队队长陈旭随湖南省佛教协会会长圣辉法师前往湖南省新化、娄底、溆浦、汨罗、炎陵、汝城、永州、资兴、邵阳、辰溪、泸溪、古丈洪水重灾区，发放现金救灾款100万余元。6月，服务队联合新世界百货开展爱心义卖活动，在新世界百货前坪连续3天开展瓷器爱心义卖活动，来自各高校和的社会志愿者近80人次参加此次志愿服务工作。募集善款9522.2元，募集衣物30余件，书籍近4000本。10月，一空法师全额认捐10万元，重建新化县天门乡麦坳村小学。是月，通过志愿者邓志勇的引荐，与平安保险湖南省分公司策划“绿丝带课桌椅计划”。该项目与湖南省红十字会志愿者博爱快乐行助学社合作完成，募集善款37万余元。10月27日，位于长沙市雨花区东塘街道牛婆塘社区红十字志愿者工作站挂牌，标志着红十字会的红十字志愿服务活动进社区工作进入新的阶段。10月28日，陈旭、唐芬等人带领刚刚组建的长沙市红十字会志愿服务队华夏人寿分队出发前往宁乡，开始启动“宁乡流沙河爱心助学活动”，募集到善款1.65万元，为流沙河苏家坡小学更换上全新的课桌椅。11月，民政学院社工专业的5名实习生进驻雨花区社会福利中心，设立“非常帮助孝行工作坊”。11月24日，近200名志愿者参加在湖南宾馆召开的长沙市红十字会友阿公益基金启动仪式。12月，协助湖南娱乐频道开展关注农村留守儿童公益活动。活动期间志愿者张玲玲带领已经4年没有见过父母的留守女孩张敏到广西南宁，与孩子爸爸团聚。

图 7-11-2-1 长沙市红十字志愿者到敬老院走访慰问老人 （摄于 2012 年 7 月，市红十字会供图）

2012 年 2 月，志愿者开展社区陪伴和爱心探访活动，上门服务 3000 余次，帮扶困难家庭 500 余户。学雷锋博爱车队为社区 20 名残疾人、重症患者、空巢孤寡老人等困难群众免费提供爱心服务 40 余次，接送考生 374 名。市红十字志愿服务队被评为“雷锋号”志愿服务示范队。市红十字志愿服务队队长陈旭被评为“雷锋式”先进个人，并被中国红十字会授予“中国红十字志愿服务专业贡献奖”。2 月 20 日，志愿者廖倩和王杰代表长沙市红十字会志愿者参加中央电视《向幸福出发》节目。

五、交流

20 世纪 80 年代，红十字会系台胞来大陆寻亲的唯一通道。1988 年，为台胞、台属转递“红十字通讯”卡片 22 件，寻亲表格 70 份，办理台属查人信件 200 余封，接待台属 200 余人次。

1989 年，收到上级市红十字会转来台胞“寻人表格”和“红十字通讯”405 宗，为 125 位台胞找到他们在大陆的亲人。同时，向台湾红十字会转送长沙市台属“寻人表格”和“红十字通讯”153 宗，台湾红十字会回复 34 宗，找到台属在台亲人的下落。是年，接待台胞、台属来访、咨询 500 余人次，办理查人信件 700 余封。

1995 年 1 月 27 日，浏阳市红十字会获香港基督教天邻基金会 2 万元改水经费捐款，帮助浏阳市大洛乡竹峰村，大光乡行宫村改善饮水状况。同时，香港红十字会捐赠 10.5 万元寒衣。

1997 年 2 月 19 日，授予香港红十字会助理秘书长黄莫辉“长沙市第十二位荣誉市民”称号，市长袁汉坤授予黄莫辉城市大门的金钥匙。

1999 年，收到来自台湾和内地关于寻找亲人的信函 15 件，接待直接来访者 10 人。市红十字会陈少白为 3 位台胞、台属查实亲人。

1988—2000 年，收到台湾红十字会转来查找亲人的信件 440 份，为 196 位台属找到亲人。

2002 年 9 月 16 日—10 月 4 日，到欧洲（瑞士、法国等国家）考察红十字会工作。这是市红十字会建会以来第一次走出国门进行国际交流。交流期间，代表团访问红十字会、红新月会国际联合总部和红十字国际委员会。

2004 年 6 月 23 日，德国黑森州红十字会会长伦施一行 3 人到长沙考察社区红十字服务工作，参观岳麓区咸嘉湖街道“红十字爱心超市”。

2011 年 7 月 16 日，由中国红十字会总会举办的主题为“心连心 手牵手”的海峡两岸红十字青少年夏令营在长沙开营，来自台湾的 30 名高中生和大陆 30 名同龄学生参加活动。

2012 年 2 月 22 日，江苏省红十字会考察长沙市岳麓区咸嘉新村社区红十字工作。11 月 16 日，广东省东莞市红十字会一行 13 人到长沙考察交流红十字工作。会上长沙市红十字会重点说明通过实施项目带动战略，在创立公益项目、推广普及救护知识、开展自愿服务等方面取得的成效。东莞红十字会介绍在组织救护培训，开展无偿献血和造血干细胞捐献的做法和经验。

第十二章　中国国际贸易促进会长沙支会

1989年6月27日，中国国际贸易促进委员会长沙支会（以下简称“市贸促会”）、中国国际商会长沙商会（以下简称“长沙商会”）成立，与长沙市政府对外贸易管理机关合署办公。市贸促会实行委员会制，长沙商会实行会员代表制。是年，市贸促会（长沙商会）吸收市、县、郊进出口公司、外贸公司，有自营进出口权的公司、工厂，中外合资企业，出口生产供货企业及团体26个单位为会员。1990年，开展与台湾工商界的联络工作，全年接待到长沙考察投资与洽谈贸易的台商5批34人次。1991年，借助湖南省国际龙舟节、烟花节、森林节时期，促进经贸成交1500万余美元。1992年12月24日，组建长沙利达国际贸易公司。

1994年，浏阳成立全省第一家县级国际商会——中国国际商会浏阳商会。9月，设立市贸促会驻长沙县办事机构。至此，全市所属县（市）均建立县级国际商会或贸促会办事机构，全市贸促服务工作网络基本形成。1996—1998年，组建中国国际商会长沙县商会，全市县级商会发展到3家。组织会员单位加强对外联络，促进对外经贸交流。此期间，长沙市贸促会（长沙商会）先后组织企业参加德国慕尼黑体育用品博览会、迪拜博览会等，邀请和接待意大利对外贸易协会、日本国际贸易促进协会、中国香港贸易发展局（以下简称“香港贸发局”）、日中经济协会、比利时瓦隆区贸易发展协会、西班牙王国斗西罗拉市商会等来访考察，并与香港经贸商会、马来西亚中华工商总会、日中长期贸易协议会、日本贸易振兴会、韩国晓星物产株式会社等商协会及韩国新罗工艺制品有限公司、美国新格有色金属公司、泰国技术开发有限公司等企业建立联系。

2000—2002年，开展“内引外联”活动，加强与中国香港贸发局、比利时瓦隆区、德国瀚洋公司、越南中华总商会、台湾卫奇钢铁公司等境外工商协会和企业的联系。组织企业参加各种展览会和博览会，到欧洲及国内的广州、呼和浩特、银川、西宁、西安、大连、深圳等地考察学习。2004年开始，开展“中秋佳节祈福”和“送月饼下基层”活动。

2005年，由长沙市贸促会牵头组织，市长谭仲池为团长，带领长沙市代表团到日本名古屋市出席当地举办的爱知世博会，开展以“山水洲城——生态长沙”为主题的“长沙日”活动，宣传推介长沙。2006—2008年，组团或派员参加招商引资和投资洽谈等展会活动，发布招商项目350余个，促成120个项目签约成功；获“2008年度全省贸促工作先进单位”称号。其间，邀请深圳贸促会30余家知名企业开展“深圳企业湖南行”活动，双方在加强机械、新材料、电子产品等领域的合作达成一系列合作意向。并发起成立中国中部城市贸促联盟，有中部50余个城市贸促会加入联盟，通过《太原宣言》。2009年2月，在市贸促会倡导和组织下，在长沙创立“长株潭贸促会会长联席会议”机制，共同签署《长株潭贸促会合作框架协议》。2010年，长沙商会服务外包分会成立。是年，承办2010中美服务外包（长沙）项目对接会，来自美国的15家发包企业与长沙市服务外包重点企业开展项目对接与业务洽谈，BIMP-EAGA（东盟东部增长区）商业联盟与湖南鹰皇有限公司、中软国际（湖南）公司与世界500强企业ACB、UBS等达成合作意向。是年，贸促会组团参加在中国上海举办的世博会。

2012 年，组团参加各项招商活动，促成 15 个项目签约，签约金额 35 亿元。是年，获“2010—2012 年度全国贸促工作先进集体”称号。

第一节 组织机构

一、市级机构

1989 年 6 月 27 日，市贸促会（长沙商会）成立。与市外经委合署办公。

2003 年，市贸促会（长沙商会）的组织机构和领导班子单列，成为直属市政府领导的正县级事业单位，实行“两块牌子、一套人马”的管理模式。2004 年，市贸促会（长沙商会）机构组建完成。内设办公室、会务部（法律事务部）、国际联络展览部，全额拨款事业编制 10 名。2009 年，中国国际商会长沙商会服务外包行业分会成立。2012 年 12 月 4 日，中国国际贸易促进委员会（长沙）商事法律咨询与投诉中心挂牌成立。

1988—2012 年，先后担任中国国际贸易促进会长沙支会（长沙商会）主要领导职务的有：刘启欣、罗特、曹保和、陈长庚、刘耘、杨懿文、李冬山、陈再坤；其他领导班子成员有：刘约山、史庆云、陈松、童艾安、张维理、欧阳广才、汪东华、郭骏（女）、黄继东。

二、区县（市）机构

1994 年 9 月 19 日，成立全省第一家县级贸促会、国际商会——中国国际贸易促进委员会浏阳支会（浏阳商会），同时建立市贸促会驻长沙县办事处。市辖 4 县（市）建立县级国际商会或贸促会办事机构。

1996 年，成立中国国际商会长沙县商会。1997 年 8 月 10 日，成立宁乡商会。2006 年 10 月，中国国际商会长沙市经济技术开发区商会成立。2012 年，浏阳市、长沙县、望城区、宁乡县均成立商会。

三、会员

市贸促会实行委员制，长沙商会实行会员制。1989 年 6 月成立时有会员 45 家，1992 年发展到 116 家，1994 年，会员 170 家，1997 年，215 家，到 2012 年，全市贸促委员 79 人，商会会员发展到 226 家。

第二节 委员（代表）会议

一、第一届（次）委员（代表）会议

1989 年 6 月 27 日，市贸促会第一届委员会和长沙商会第一次会议暨市贸促会（长沙商会）成立大会在长沙市蓉园宾馆召开。湖南省贸促会、中共长沙市委、市政府、市政协领导参加会议并讲话，出席会议的有本会企业会员、团体会员、个人会员和各部门代表以及新闻界人士 160 余人。大会由市对外经济贸易委员会（以下简称“市外经委”）副主任史庆云主持，副市长刘启欣致开幕词，外经委顾问刘约三报告贸促会筹备工作，市外经委主任曹保和作工作报告。会议讨论并通过《中国国际贸易促进委员会长沙市委员会章程》《中国国际商会长沙商会章程》。选举产生市贸促会（长沙商会）领导机构，聘请市长王克英为荣誉会长，副市长刘启欣担任市贸促会会长兼任长沙商会会长，市外经委主任曹保和为第一副会长，市外经委顾问刘约三为常务副会长，史庆云等 3 人为副会长，喻定安为秘书长，26 人为市贸促会委员。正副会长由市政府任命，市贸促会委员名单和商会理事会领导成员名单报市政府备案。

二、第二届（次）委员（代表）会议

1995 年 1 月 17 日，市贸促会第二届委员会议、长沙商会第二次会员代表会议在长沙市麓山宾馆召开，出席会议的有会员代表、省市领导、各方来宾及新闻界人士 250 余人。会议由市外经委主任曹保和主持，常务副会长刘约三作题为《适应新的形势，强化商会职能，进一步促进全市对外经济事业发展》的工作报告。市贸促会全体委员、长沙商会全体理事出席会议。会议选举产生新一届贸促会（长沙商会）领导机构，市贸促会委员 25 人，长沙商会理事会理事 40 人。市外经委主任曹保和担任市贸促会（长沙商会）会长。贸促会聘请中共市委副书记马文普、副市长罗特为荣誉会长，市外经委副书记陈长庚为常务副会长，李朝信为秘书长。长沙商会选举产生 4 名副会长，常务副会长由市贸促会常务副会长兼任，其他 3 名副会长由国营大中型企业有名望的企业家担任。

图 7-12-2-1 市贸促会第三届委员会召开
（摄于 2009 年 6 月 30 日，市贸促会供图）

三、第三届（次）委员（代表）会议

2009 年 6 月 30 日，市贸促会第三届委员会、长沙商会第三次会员代表会议在长沙召开。市贸促会全体委员和长沙商会理事出席会议。市政府副秘书长余冬阳主持会议。市贸促会（长沙商会）会长李冬山代表市贸促会第二届委员会和长沙商会第二届理事会向大会作工作报告。会议推选产生新一届领导班子，新一届市贸促会委员 79 名，市商务局党委书记李冬山担任新一届市贸促会（商会）会长、汪东华等 3 人为副会长，张跃云为秘书长。长沙商会第三届一次会员代表会议选举产生新一届理事会，理事会成员 170 人。

第三节 主要活动

一、境外展览及考察

1990 年，市贸促会（长沙商会）联系长沙鼓风机厂、长沙水泵厂、长沙电冰箱厂通过国际展会与日本、巴基斯坦、孟加拉国、菲律宾等国家进行技术合作，投资或办厂。1991 年，组织长沙汽车电器厂、中意电器集团公司、长沙轴承厂、长沙电机厂、市工艺外贸公司、市医五机外贸公司等单位到日本、新加坡、泰国等国家和中国香港地区考察洽谈，拓展业务。1992 年，与会员企业深圳金万林公司联合在非洲几内亚举办出口商品展销会，实现销售收入 16.8 万美元。同时，组织 21 人到越南河内、海防、胡志明市及中越边贸集市考察洽谈，开展经贸活动。9 月，参加香港（深圳）对外经济贸易洽谈会，长沙市签订合作项目 124 项，总投资 76.69 亿元，利用外资 5.89 亿美元。

1994 年，长沙代表团的 23 人分 5 个小组，分别出访美国、泰国、新加坡等国家和中国香港、中国澳门地区，参加湖南省在香港举办的两年一届的香港（中国）出口商品交易会以下（以下简称“港交会”）。在此次港交会上，签订利用外资合同 33 项，利用外资总额 3.4 亿美元。1995—1998 年，长沙代表

团24人参加韩国国际博览会，并到美国、缅甸考察。先后两次组织相关单位到波兰、泰国和中国香港地区，拜访泰国中华总商会，就双方经贸合作问题进行洽谈协商并达成协议。与香港贸发局在中国香港地区共同举办长沙经贸考察团经贸洽谈会，近百家企业参加洽谈，达成多项合作协议，签订贸易合作协议600万余美元。10余企业会员应邀参加长沙经贸考察团，到泰国、新加坡、马来西亚等国进行经贸考察。是年，长沙市具有进出口经营权的10家企业参加越南河内展销会、德国慕尼黑体育用品博览会等国际展会活动。参加长沙市代表团和市经贸代表团到荷兰、法国、德国、意大利、比利时等国进行的市场考察和经贸洽谈，拜访当地有关商协会，并达成合作意向。

1999年，会员企业到澳大利亚、新西兰、泰国、柬埔寨、越南、缅甸等国家考察访问，与相关企业签订7个合作意向书。2000—2001年，组团参加长沙市首次在丹麦哥本哈根举办的中国长沙（欧洲）经贸洽谈会，长沙市30家企业的九大类25个品种近千种产品参加展示，出口成交5300万美元。到黎巴嫩实地考察，达成蔬菜种植的合作意向。组织相关企业参加美国硅谷引资引智会、欧盟亚洲投资计划项目介绍会、澳门投资洽谈会、香港投资洽谈会等国际展会活动，签约166个利用外资项目，签约总金额18.27亿元，利用外资13.65亿元。

2002—2004年，会员单位到中国香港地区和意大利等国家考察洽谈。参加长沙市在德国柏林举办的2003年中国长沙（欧洲）投资贸易洽谈会，重点介绍长沙的投资环境，组织企业参加项目配对洽谈。参与新加坡招商代表团，重点拜访莫莱克斯等世界500强企业和跨国公司，并考察中国香港地铁和轻轨，寻求合作。长沙市在香港举办的2004中国·长沙（香港）投资贸易洽谈会上，发布招商项目1000个，67个项目签约，投资总额248.83亿元。2005年，参与中国湖南（香港）投资洽谈活动周各项活动，除参与湖南省举办的开幕式及长株潭一体化、工业、农业、产权转让4个专场招商项目推介会和签约仪式外，还参加长沙市的重大项目推介暨服务业专场招商会、旅游推介会、招待酒会等活动。2006—2008年，在英国伦敦、德国法兰克福和中国香港地区举办中国·长沙（伦敦）重点项目投资贸易洽谈会、湖南省省情推介暨中德企业项目对接会、中国·长沙（港澳台）投资说明会等展会活动，并到当地的相关企业、团体考察洽谈。组团到澳大利亚、新西兰、俄罗斯、芬兰、瑞典、挪威、丹麦等国家开展商务考察，分别拜访澳大利亚国际商会、芬兰科沃拉市政府。参加在日本大阪举行2008年中日韩产业交流会及法国国际工业配件展览会、韩国精细化工及医药展览会、第二十五届古巴哈瓦那国际贸易博览会、越南国际投资贸易展览会、伊拉克重建国际展览会等展会活动。其间，组织部分外贸企业到越南、老挝进行商务考察。组织五金企业参加俄罗斯国际五金展。

图7-12-3-1 长沙组团参加在日本大阪举行中日韩产业交流会（摄于2008年6月18日，市贸促会供图）

2009—2011年，参加2009湖南港澳投资活动周、2009中国·湖南长沙（莫斯科）投资贸易恳谈会、2009年俄罗斯国际汽车及配件展览会、2009朝鲜平壤国际商品展览会、2009全球服务外包博览会、2009印度孟买国际机械工业展览会、2010香港国际茶展、2010美国拉斯维加国际汽配展览会、法国法兰克福日用品礼品展览会、2011 年中国湖南（欧洲）经贸活动周暨意大利中国文化年湖南周、2011 湖南（伦敦）工业园区推介暨项目洽谈会等活动。活动期间，接待参会的外商代表 20 人，拜访外资企业 8 家，发布招商项目 25 项。

2012 年，参加第二届香港博览会、第十六届中国国际投资贸易洽谈会、欧洲工程机械招商活动、巴西国际工程机械展、马来西亚食品博览会、德国汉诺威工业博览会、走进南美——2012 中国·湖南工程机械推介会、2012 韩国丽水世博会暨日韩专业招商等国际展会，并组织相关企业到德国、法国、意大利等国家访问考察，进行经贸洽谈。

二、境外联络

1989 年，联系华南彩印有限公司从联邦德国、日本引进具有当时先进水平的彩印技术设备，承担全省和河北唐山、江西景德镇出口陶瓷及长沙卷烟厂白沙香烟包装的彩印生产。1990 年，开展与台湾工商界的联络工作，接待到长沙考察投资与洽谈贸易的台商 5 批 34 人次。7 月，接待台湾到湖南投资贸易考察团一行 23 人，陪同参观中意电冰箱厂、高果糖厂、韶光电工厂。10 月，接待台湾欣荣橡胶工业有限公司、文华橡胶厂有限公司总经理及董事，参观考察长沙市橡胶皮鞋厂、长沙市八塑料厂和长沙市三塑料厂，就台商租赁厂房独资经营橡胶管项目进行洽谈。同时向台湾工商界人士宣传介绍长沙投资环境、优惠政策、可供合作项目，为开展实质性的经贸活动打下良好基础。1991—1994 年，与各国驻华使馆商务处和泰国、韩国、美国、瑞士、意大利及中国台湾地区、中国香港地区的商会建立往来关系，先后接待来自美国、日本、新加坡等国家和中国台湾地区的客商 20 批。接待来自意大利、法国等国和中国香港、中国台湾地区的客商 60 余人次，部分客商参加在长沙举办的长沙服装艺术节（1992 年），洽谈成功一批合作合资、合作意向协议。邀请和接待日本、韩国、澳大利亚等国家和中国香港、中国台湾地区的境外客商 30 人到长沙考察投资，洽谈合作与贸易项目。在 1994 年的“港交会”上接待来自新加坡、泰国、爱尔兰、菲律宾、美国、日本、加拿大、澳大利亚、马来西亚等国家和中国香港、中国台湾地区的客商 289 人。

1995 年，邀请中国香港贸易发展局驻上海办事处首席代表芩永棠一行考察长沙友谊（集团）有限公司、东塘百货大楼、阿波罗商业城、中山商业大厦、五一文实业股份有限公司、旺旺食品有限公司、长沙高新技术产业开发区、曙光电子集团、长沙县星沙开发区、浏阳花炮厂等单位。接待以张平沼为团长的 30 余人海峡两岸台湾采购团、韩国 18 人组成的中国内陆投资考察团和日本烟花考察团等。

1996—1998 年，与中国香港贸易发展局共同组织香港投资贸易代表团，参观考察长沙星沙开发区、远大空调和长沙鼓风机厂等单位，举办贸易投资洽谈会，长沙 40 余家企业参加业务洽谈，达成黑山羊、饲料、房地产开发等合作意向。邀请和接待香港贸易发展局、意大利外贸协会、瑞典贸易委员会代表团，并与波兰商会、大韩商工会议所民间经济协议会、俄罗斯联邦工商会建立经贸联系。新开辟与香港经贸商会、马来西亚中华工商总会、日中长期贸易协议会、日本振兴贸易会、韩国晓星物产株式会社等商协会及韩国新罗工艺制品有限公司、美国新格有色金属公司、泰国技术开发有限公司等企业的业务联系。全年邀请、主持和参与接待 8 个境外团组，40 余人。帮助德国三利有限公司、中国香港九广铁路公司、香港中国东方快递有限公司、韩国庄广工程有限公司、美国中国货源采购集团、至诚装饰工程（中国香港）有限公司等企业办理驻长办事处的审批手续。在“港交会”上接待新老客商 1200 余人，发布 13 类 175 个重点招商项目，签订利用外资项目合同 69 个，合同利用外资 6.9 亿美元。1999 年，先后接待到长沙考察访问的日本新潟县大连经济事务所代表、美国奥克兰市代表团、日本关西电力株式会社、中国台湾卫奇钢构实业有限公司、中国香港繁荣集团发展有限公司、中国香港贸发局 6 个团组、22 人次。2000—2003 年，加强与中国香港贸发局、比利时瓦隆区、德国瀚洋公司、越南中华总商会、中国台湾卫奇钢铁公司等境外商协会和公司的联系。为中国香港港龙航空有限公司、中国香港教育基金会有限公司办理驻长沙办事处登记工作。帮助远大空调、三一重工、创智软件、中联重科、梦洁衍缝等企业分别在美国、法国、英国和意大利建立研发中心和营销网络。促成中联重科收购英国保路捷公司和三湘客车集团在缅甸合资兴办铅笔厂等项目，为长沙市国有企业“走出去”提供良好借鉴。

2003 年，在参加日韩招商会和中国湖南（香港）投资洽谈活动周等活动期间，拜访日本、韩国相关企业和商务代理人，促成香港和记黄埔、美国百事可乐集团等企业到长沙投资。与购宝集团、恒基兆业等企业签订意向合作协议。2004 年，举办长沙国家友好城市经贸合作洽谈会期间，联系外国客商、国际友人、企业家，并与瑞士弗里堡市工商会、韩国中小企业振兴公司签订合作协议，与中国香港新界工商业总会缔结为友好商会。邀请并接待来自德国、日本等国和中国台湾、中国香港以及国内其他省、市的来宾和客商 4000 余名。接待日本工商会所常务副会长筱原彻、英国拉纳克郡商会主席 David Elder、格拉斯哥市 3X 有限公司经理 Alison Allison 及 BELL 大学业务发展与国际事务部官员 Glary Griffiths 等人。2005 年，接待泰国商业部外贸司司长率领的大型企业考察团、台湾海峡两岸商务协调会考察团、德国欧亚咨询公司、香港贸易发展局林天福总裁率领的香港商贸代表团等团体到长沙考察。是年，全省首家欧洲信息中心长沙地区工作站挂牌成立。2006，邀请并接待法国 PACOMLZMITED 公司总裁、荷兰中国商会会长胡志光、欧盟议员考察团到长沙考察。2007 年，在长沙举办的首届中国中部投资贸易博览会上，邀请美国著名 EODT 保安有限公司、香港新鸿基房地产有限公司，澳大利亚国际商会等国家代表团到长沙考察。接待来自德国、加拿大、英国等 20 余个国家和中国香港地区的客商。

2008 年，邀请并接待马来西亚中小企业国际合作协会、日本水户市国际交流协会、澳大利亚国际商会、美国驻广州总领事馆 4 个国家和中国台湾地区台北世贸中心的经贸考察团到长沙考察交流，并陪同到有关园区、企业考察，安排企业代表参与洽谈，促成合作。2009 年，接待来自北美、东南亚等地的客商 30 余人次，接待并拜访香港新世界集团、马来西亚双威集团、瑞士信诺德投资管理公司，进行友好洽谈。是年，到广州拜会新西兰、美国、马来西亚等国驻广州领事馆。到北京拜会中国美国商会、中国英中商会、中国日本商会、俄罗斯中国商会等外国驻京机构。2010 年，邀请和接待来自美国、加拿大、奥地利等国家的客商，重点接待美国戴尔、日本住友、中国香港金马凯旋、荷兰贸促会武汉代表处、捷克 PPA 金融控股集团北京办事处、美国外包世界有限公司等企业和团体代表。2011 年，在参加展会活动期间接待和拜访意大利、奥地利、德国等国家的客商 15 人，邀请并接待美国、日本、法国、阿拉伯等国的客商到长沙考察洽谈。

2012 年，在各项展会活动期间，接待并拜访相关企业和客商 30 余人，并邀请欧洲等国家和中国香港地区的企业代表到长沙考察访问，进行业务洽谈。

三、境内展览

1989 年，长沙市 22 家企业到深圳参加长沙、株洲、湘潭 3 个市首次在深圳联合举办的对外贸易交易会，展出轻工、纺织、丝绸、苎麻、工艺、抽纱、化工、医保、五矿、机械等 11 大类 92 个品种的商品。长沙、株洲、湘潭、深圳 4 市的有关负责人参加开幕式。洽谈会上，长沙市对外成交 40 个合同，成交金额 558 万美元。是年，长沙市 16 个单位的 40 人参加首届北京国际博览会，并与日本、马来西亚等国就畜农、发电、室内铜板装饰材料技术、紧固件、电子产品等项目商谈合作意向。1990—1994 年，长沙市在深圳举办长沙市第三届对外经济贸易洽谈会，有 32 个代表团、340 个正式代表、350 家企业参加会议，展出各类商品 1000 余种。会议期间，接待来自日本、美国、英国、瑞士、新加坡、泰国、澳大利亚、阿联酋、意大利等国家及中国香港、中国澳门、中国台湾地区的客商 800 余人。洽谈会成交额 4157 万美元。会议期间就发布的 127 个项目进行洽谈，签订合资合作协议 18 个，协议金额 2000 万美元。在湖南省第三届对外经济贸易洽谈会期间，签订利用外资合同、协议、意向和进出口贸易合同 104 项，成交金额 1.2 亿元。组织 65 家企业参加湖南省在深圳阳光大酒店举办的湖南省改造现有企业项目洽谈会，发布项目 36 项，接待来自美国、意大利、日本、新加坡、印尼、泰国和中国香港地区、中国台湾地区的客商 340 人，签订利用外资合同 20 项，合同金额 1.96 亿美元，协议利用外资金额 806.35 万美元；签订“三来一补”（来料加工、来料装配、来样加工和补偿贸易）合同 2 项，协议金额 101.14 万美元；另外还签订利用外资合同、协议 19 项，协议外资金额 8000 万余美元。

1995 年，参加湖南省第五届湖南投资出口商品交易会（以下简称“湘交会”），长沙代表团对外发布 14 个类别的 150 个招商项目，邀请接待 15 个国家和地区的客商 300 余人，收集组织 300 余种展品、图片参展，签订利用外资合同 68 个，利用外资金额 9.93 亿美元。1996—1999 年，邀请香港贸发局罗明跃及泰国技术开发有限公司张志华一行参加在长沙举办的湖南省第六届“湘交会”，接待客商 600 余人，发布招商项目 450 个，签订利用外资项目 63 个，利用外资总额 9.94 亿美元。组织长沙 26 家企业参加中德经贸实务报告会、’98 湖南产权招商洽谈会、’98 长沙（香港）经济合作项目推介会、第二届中国投资贸易洽谈会等活动，签订利用外资合同 40 个，合同利用外资 7.1 亿美元。在第三届中国投资贸易洽谈会期间，发布招商项目 500 余个，成交项目 11 个，利用外资 1 亿余美元。

2000 年，参加第二届中国国际高新技术成果交易会、长沙博览会、武汉—香港精品展览会、长沙体育用品展览会等展会。是年，举办长沙—香港经贸服务洽谈会、湖南长沙首届水展会、南方先进通信技术及工业自动化展览会、长沙首届旅游玻璃钢博览会等展会，参加这些展会的有来自美国、德国、日本、意大利、澳大利亚、土耳其、韩国等 10 余个国家的客商及国内的海尔集团、华为集团等企业。仅湖南长沙首届水展会一项就签订意向协议上亿元。2001—2002 年，参加海外学子长沙行活动、长沙市（福州）投资环境推介会、厦门商品交易会、高新技术交易会等展会。长沙市在昆明举办长沙（昆明）名优特新产品交易会，在深圳举办第四届高交会等展会活动，发布项目 82 个，涉及制造业、高新技术、城建开发、环保、文化教育和旅游等领域，引进外资 252 亿元人民币。

2003 年，浏阳生物医药园、湖南西城科技工业园、湖南浦沅集团公司、长沙鼓风机厂等企业参加在西安举办第七届中国东西部（西安）合作与投资贸易洽谈会，发布招商项目 56 个，商品成交额 5360 万美元。邀请全国知名企业家代表 300 余人参加全国大中城市民营企业（长沙）合作交流会，会上签约 63 个，总投资 150.16 亿元。2004—2008 年，参加在深圳召开的中国第六届高新技术成果交易和 2004 中国湖南投资贸易洽谈会、2004 北京科学技术产业博览会等展会，在会上发布招商项目，进行招商洽谈，被省贸促会评为“组织工作一等奖”。参加在成都举办的第二届泛珠三角区域经贸合作洽谈会、牵手南宁——2005 年长沙周在长沙举办的 2005 湘台经贸交流与合作高峰论坛、中国湖南第七届（国际）农博会、2006 首届中国（长沙）国际商业店铺综合展、2006 北京科技博览会、2007 第一届中国中部投资贸易博览会等展会活动，发布招商项目 80 项，引进资金 2.6 亿元。2007 年，与澳大利亚国际商会合作在长沙联合举办中奥经贸论坛。

2009—2011 年，参加长沙市投资环境（深圳）推介会、湖南（上海）投资洽谈活动周、第六届珠洽会、第五届中国中部博览会、第十二届中国北京国际科技产业博览会、中美服务外包（长沙）项目对接会、2010 上海世博会、2011 中国（沈阳）食品博览会等展会活动，发布项目 110 项，签约金额 1.5 亿元。

2012 年，长沙市举办 2012 中国（长沙）国际店铺综合展暨中国国际商业地产博览会和 2012 中国国际辣椒产品博览会、中国中部投资贸易博览会均获成功。同时，市贸促会组团参加北京国际科技博览会、第六届中国（青海）国际清真食品及用品展览会等展会，其间发布各类招商项目 46 项，发放各类宣传资料 3000 余份，签约项目 10 个，签约总金额 25 亿元。

四、招商引资

1989 年，由市贸促会（长沙商会）牵线搭桥，美国天山公司与长沙江南纸箱厂、湖南省工艺品进出口公司、中国工艺品进出口总公司合资的华南彩印有限公司成立，实现产值 530 万元，出口创汇 30 万美元。1990—1993 年，引荐长沙汽车制造厂与美国台裕公司合资的汽车制造项目总投资 2400 万美元签约。通过牵线搭桥，新增台商项目 10 个，台商投资 694 万美元。新引进韩国、德国、利比里亚、加拿大、英国等国家的投资，投资项目资金 1000 万美元项目 2 个。批准设立外商投资企业 851 家，总投资 17.8 亿美元，合同利用外资 10.62 亿美元。

1994 年，采取“走出去、请进来”的办法，加强与外国客商的联系，促进长沙招商引资工作的快速发展。全年批准设立外资企业 244 家，总投资 5.5 亿美元，外商投资企业已成为长沙新的经济增长点。1995—1998 年，组织招商小分队到上海、北京等地开展“敲门”招商活动，接触海外大公司、大财团驻沪、驻京办事处 600 余家，达成 20 个项目合作意向。在中国香港三湘大厦国际会议厅举办长沙市对外经济技术合作座谈会，来自美国、澳大利亚、马来西亚、印尼等国家和中国香港、中国澳门、中国台湾地区的 64 位客商参加会议。招商活动签订利用外资合同 4 个，利用外资 2500 万美元。1999 年，面对招商引资工作的新形势，改进招商方式，把握世界贸易组织（WTO）的机遇和挑战，组织会员企业参加’99 昆明世博会、’99 厦门第三届中国投资贸易洽谈会等重大招商活动，发布招商项目 500 余个，达成一批项目投资意向。

2000—2004 年，组团参加在丹麦哥本哈根举办的 2000 年长沙（欧洲）经贸洽谈会，发布招商项目 360 个，利用外资 7800 万美元。帮助 LG–菲利浦曙光、旺旺集团等外资企业做好增加投资工作，使两家企业增加外资 1 亿美元和 3500 万美元。在中国·长沙（香港）投资贸易洽谈会、中国湖南（欧洲）投资洽谈活动周、中国湖南投资贸易洽谈会等活动期间，开展多形式的经贸洽谈，达成合作项目 15 个，合作资金 1.65 亿美元。2005 年，长沙市在美国马里兰州洛克威力市主办的 2005 中美生物医药投资洽谈会上，与美国肯特金融控股公司签署合作协议。并在会上发布招商项目，签署合作协议 8 项，总投资额 2.3 亿美元。是年，以筹建长沙国际商会服务外包分会为契机，与“青苹果”“牛耳”等服务外包企业签约，落户青竹湖生态科技（产业）园。2006—2008 年，在中国·长沙（澳大利亚）重大项目合作洽谈会期间发布工程机械、生物医药、电子信息、文化旅游等招商信息 20 余个，签约项目 18 个，签约总金额 10.5 亿美元。

2009—2012 年，随着长沙市承接沿海产业转移的稳步发展，中西部地区合作日趋紧密。利用第四届中国中部投资贸易博览会、第十三届中国国际投资贸易洽谈会等展会平台，发布招商项目，宣传招商政策。发布招商项目 70 余个。签约 20 项，签约金额 12 亿美元。是年，率领长沙招商小分队参加中国湖南（日韩）专业招商活动，长沙企业湖南益农文化发展有限公司与日方企业达成合作意向。

五、法律和信息咨询服务

1990 年 9 月，市贸促会开展法律咨询、法律顾问、法律文书代书、诉讼代理、出庭辩护、非诉讼事务仲裁调解等法律服务。是年，为 7 家会员企业派出律师上门服务，对经济活动中存在的贸易合同、承包合同、贷款担保等 9 类经济纠纷问题提供法律咨询。1991 年，21 家会员单位的 24 名职员参加在北京举办的经贸业务培训班和省贸促分会举办的法律大专班学习。1992 年，举办"关税与贸易总协定""如何办好三资企业"两个专题讲座，300 余人参加讲座。

1993 年，为迎接恢复中国关贸总协定缔约国席位，举办专题讲座，加强信息报道。1994—1996 年，编印《长沙贸促信息》，在保持《综合版》的对外经贸、政策法规、国际市场、经贸知识、会务动态、会员之窗等栏目特点的同时，增加《客户资料版》，向企业会员免费发送《中国贸易报》《湖南贸促通讯》《对外经贸时报》《长沙贸促信息》等信息资料。编辑出版《长沙对外经贸企业名录》，选录长沙地区有代表性的企业分别赠送世界各国的客商。1998 年，走访长沙汽车电器厂、长沙保温瓶厂、长沙体育用品总厂等 20 余家企业。1999 年，举办两期网上技术培训班，帮助企业解决商标认证等工作。

2000 年，组织企业到广州、呼和浩特等城市进行考察交流，学习经验。2002—2005 年，举办法律知识讲座，开展政策咨询、业务培训、信息服务等，帮助 22 家企业在亚洲、欧洲、美洲等国家和地区投资设厂、办公司。

2006 年，编印《贸促信息》，为政府相关部门和企业及时提供招商信息，发布招商项目，提供信息咨询。2007—2010 年，为中联重科、湖南有色金属控股集团收购意大利 CIFA 公司和投资开发澳大利亚矿产等项目提供法律援助。是年，协调处理叙利亚阿勒波市 Kash 化学品进出口公司投诉长沙 HAOWEI 化学品莫伊公司违约、埃及 Mazex Export-Import 公司与湖南中机进出口有限公司经贸纠纷。为企业开展法律咨询和法律援助 10 项，接受来电咨询 50 余次。组织会员企业参加进入欧洲市场所必须获得的欧洲合格认证（CE MARKING）标识培训和国际商会中国国家委员会组织的《关于审核跟单信用证项下单据的国际标准银行实务》（ISBP）专题业务培训等活动。

2012 年，组织会员参加欧盟欧洲合格认证（CE MARKING）专题讲座、新危机下如何开拓海外市场、涉外商事法律讲座、出国展览知识产权和相关法律及参展实务培训等讲座、培训、研讨会。全年接待各类来访 40 人次，为企业提供法律咨询和法律援助 15 次，免费提供信息服务 2500 余份。为 8 家企业派出律师上门服务。

第八篇

民政 劳动 人事 编制

本篇编纂人员

吴汉林（主编）　陈竞哲　陈　静

本篇撰稿人员

第一章　民　　政：周赞平　祖开智　李梓栤

第二章　劳动管理：李　磊　刘中海　万　叶

第三章　人　　事：何沛定

第四章　机构编制：高长生

第一章 民 政

20世纪80年代后期，长沙市开展农村基层民主建设，组织农村村民贯彻新颁布的《中华人民共和国村民委员会组织法（试行）》（以下简称《村组法》）进行村民委员会的民主选举。1988年10月，设立《长沙市社会福利募捐委员会办公室》（以下简称市募办），当年发行募捐奖券300万元。1990年3月，全市230个乡镇、2985个行政村全部选举出村民委员会领导班子。1991年1月，开展对全市4000多个各类社团登记管理，取缔一批非法组织，调整大批社团的管理体系，重新注册登记市级合法社团311个。6月，长沙市成立双拥工作领导小组，在全市开展拥军优属、拥政爱民，创建“双拥模范城市”的活动。1992年11月，顺利完成《中华人民共和国城市居民委员会组织法》（以下简称《居组法》）实施工作，市城区587个居民委员会全部按《居组法》完成换届选举。20世纪90年代初的3年中城乡退役士兵基本实现安置到位。1991—1993年，开展自然灾害救灾，紧急转移安置灾民1.44万人，救济口粮和衣被7.51万人，恢复住房1.4万户，投入救灾资金2426万元。

1993年2月，经国务院批准，撤销浏阳县，设立浏阳市，由长沙市代管。1995年6月，长沙市农村4县（市）开展撤区、并乡、建镇，简政放权工作，共撤销39个区公所，将221个乡镇合并为44个乡、66个镇，4个街道办事处。1996年4月，经国务院批准，长沙市撤销东区、西区、南区、北区、郊区，设立芙蓉区、天心区、岳麓区、开福区、雨花区。9月，长沙市出台《实施城市最低生活保障制度的通知》，市五区常住居民凡符合保障条件的对象，补助月·户人均120元。1997年1月，长沙市首获民政部、中国人民解放军总政治部授予“全国双拥模范城”的荣誉。3月，成立长沙市行政区域界线勘界工作领导小组，实施行政区域界线勘界工作。

1998年，长沙市遭遇特大水灾，紧急转移安置灾民57.8万人，救济口粮和衣被69.9万人，救济伤病人口2900人，恢复住房1.57万户，投入救灾资金1.81亿元。其中市募办筹集福彩专项公益金1000万元投入赈灾。是年，长沙市开始实施农村最低生活保障制度，4县（市）农业人口平均标准为每人每年450元，市五区农业人口平均标准为每人每年688元。1999年，全市75%的居委会建立社区服务站，兴办各类便民服务网点4800多个，开展服务项目200多项，专兼职从业人员1.4万余人。当年全市农村第4次村委会换届选举是由村民直接选举自己的当家人。选民热情高，直选率91.7%，实现候选人从“指定”到直选的历史性跨越。2000年，勘定省界、市界、区（县）界的行政区域界线共26条，总长度1786.7千米，其中省界4条，长174.5千米，市界5条，长1024.4千米，区县（市）界17条，长587.8千米。当年12月，设立“长沙市民间组织管理局”，加强民间组织建设。2001年，市募办在全市安装电脑福彩投注机300多台，电脑福利彩票销售全面走上市场，2002年，全市福利彩票销售量首次突破1亿元。

2003年11月，出台《长沙市退役士兵安置暂行办法》，对自谋职业的退役士兵实行货币补偿安置和待安置期间发放生活费补助。2005年1月，全市农村低保全员覆盖，标准为4县（市）农业人口每人每年840元，市5区农业人口每人每年1200元。2006年，第六次城镇社区居委会换届选举，全面推行直选，即海推候选人和投票选举一次完成，432个社区直选率达97%，新华社、省市新闻媒体均进行报道。是年，设置退役士兵择业服务机构，提供职业技能培训1304人，推荐就业936人，全年发放自谋职业安置补偿金2100万元，安置率96%。2007年5月，将市5区农村低保标准提高到每人每月130元，4县（市）每人每月100元。2008年，通过清理整顿，全市263家行业协会与政府部门脱钩，297名公务人员辞去协会兼职，行业协会独立自主地做好社会服务工作。2009年，长沙市芙蓉区、天心区、开福区、雨花区和6个街道、10个社区获全国和谐社区建设示范单位荣誉。岳麓区咸嘉新村社区先后迎来胡锦涛、习近平、贾庆林等党和国家领导人的视察指导，美国、日本等国家和地区参观团500余批次约2万人的参观访问。2011年经国务院批准，撤销望城县，设为长沙市望城区。当年，全市开展第八次村委会选举，参选率为90.9%，直选率达100%。

2012年2月，长沙市获国家双拥模范城五连冠殊荣。同时，长沙县再次获得全国双拥模范县殊荣。8月，城市第八次社区居委会选举，全市511个社区全部实行直选。当年，全市社会组织共有4022个，有专职人员3.5万人，净资产26亿元。长沙市建立评估委员会和复核委员会，全面启动“登记、年检、评估、执法”四位一体的社会组织管理服务体系。是年，市政府出台《长沙市退役士兵职业教育和技能培训办法》，共培训2030人，就业1492人。全年发放自谋职业补偿金697.15万元，待安置期间生活费296.02万元，安置率95%。2012年，全市共有城市居民低保对象7.69万人，发放低保金3.21亿元。农村低保对象17.58万人，发放低保金3.19亿余元。到2012年，长沙市共销售福利彩票65.89亿元，筹集市本级福彩公益金4.68亿元，资助兴建福利设施、农村敬老院、社区居家养老设施等社会公益、社会救助项目1000多个，充分体现福利彩票“扶老、助残、救孤、济困”的发行宗旨。到2012年，市民政局主抓的防灾减灾的基础建设，全市乡镇共建成101个救灾物资储备仓库，建立一支1975名灾害信息员队伍，共创建国家级综合减灾示范社区40个，省级综合减灾示范社区52个，为长沙市的防灾减灾、应急救灾奠定坚实的基础。

第一节　机　构

一、市级机构

1988年，长沙市民政局内设立办公室、社会事务科、优抚科、民政科、人事劳资科、计财科、市复员退伍军人安置办公室、市军队离退休干部安置办公室、组宣科（团委、工会合署办公）、离退人员管理科、保卫科、婚姻登记管理科、行政区划地名管理科（长沙市地名委员会办公室）、社会福利生产办共14个业务科室。行政编制60名，事业编制6名。1988年8月，设立监察室。1989年12月，设立救灾救济科，民政科更名为基层政权建设科。1990年7月，设立社团登记管理科。1996年，社会福利生产办更名为社会福利生产科。

1996年2月，机构改革内设机构为14个科室：办公室、优抚科、军队离退休干部接收安置办公室、退伍军人接收安置办公室、救灾救济科、社会事务科（加挂涉外婚姻登记科牌子）、社团登记管理科、区划地名科、基层政权建设科、社会福利生产科、计划财务科、人事劳资科（加挂保卫科牌子）、组织宣传科工会团委合署办公室（加挂老干科牌子）、纪委（监察室）（加挂机关党委牌子）。核定行政编制58名，事业编制6名。2001年2月，设立长沙市民间组织管理局，与社团登记管理科合署办公。2002年，科室改为处室。社会福利生产科改为社会福利处。撤销军队离退休干部接收安置办公室（另设为事业单位）。2002 年 5 月，市政府机构改革，市民政局内设 11 个处室，即：办公室、社团登记管理处（加挂长沙市民间组织管理局牌子）、优抚处（加挂长沙市双拥工作领导小组办公室牌子）、退伍军人安置处、救灾救济处、基层政权和社区建设处（加挂长沙市社区建设领导小组办公室牌子）、区划地名处、社会事务处（加挂长沙市人民政府涉外婚姻登记处牌子）、社会福利处、计划财务处、人事处。核定行政编制 50 名，事业编制 4 名。另设离退休人员管理服务办公室，为事业单位，人员编制 3 名。2003 年，长沙市老龄工作委员会办公室从市劳动局挂靠至市民政局，配行政编制 3 名。2011 年，计划财务处更名为规划财务处。2011 年 7 月，市政府机构改革，民政局设 11 个处室：办公室（信访处、市革命老根据地经济开发促进会办公室）、民间组织管理局（加挂民间组织执法监察局牌子）、优抚处（加挂市双拥工作领导小组办公室牌子）、复员退伍军人安置处、救灾处（加挂市减灾委员会办公室、市民政局应急办公室牌子）、基层政权和社区建设处、区划地名处、社会福利处、社会事务处、规划财务处、人事处（加挂社会工作处牌子）。机关党委、纪检（监察）、离退人员管理服务处按有关规定设置。核定机关行政编制 70 名，事业编制 4。市老龄工作委员会办公室，行政编制 5 名，事业编制 1 名。2012 年，局机关监察室单列，离退休人员管理服务处单列。是年，市民政局内设机构为：办公室、民间组织管理局、优抚处、复员退伍军人安置处、救灾处、基层政权和社区建设处、区划地名处、社会事务处、社会福利处、规划财务处、人事处、监察室、机关党委（团委）、离退休人员管理服务处、长沙市老龄工作委员会办公室。行政编制为 75 名，机关后勤服务全额拨款事业编制 5 名。

1988 年，长沙市民政局管理的直属事业单位共 14 个：长沙市民政局职工学校、长沙市军队离休退休干部安置办公室、长沙市雅塘冲军队离休退休干部休养所、长沙市桐梓坡军队离休退休干部休养所、长沙市赤岗村军队离休退休干部休养所、长沙市局关祠军队离休退休干部服务站、长沙市第一社会福利院、长沙市第二社会福利院、长沙市第三社会福利院、长沙市按摩医院、湖南革命陵园管理处、长沙兵站（代号 302 军供站）、长沙市殡仪管理处、长沙市收容遣送站。1988 年 7 月，长沙市军队离休退休干部安置办公室为副县级单位。10 月，成立长沙市有奖募捐委员会办公室。1989 年 12 月，长沙市殡仪管理处更名为长沙市殡葬事业管理处。1990 年 7 月，设立长沙市农村救灾保险互济联合会办公室。1991 年 1 月，长沙市赤岗村军队离休退休干部休养所升格为副县级全民事业单位。1992 年 4 月，长沙军用饮食供应站、长沙兵站实行“两块牌子、一套人员”，为副县级全民事业单位。5 月，长沙市精神病医院加挂长沙市戒毒治疗所的牌子。1993 年 5 月，长沙市有奖募捐委员会办公室更名为长沙市社会福利有奖募捐委员会办公室，7 月长沙市第一社会福利院、长沙市精神病医院、长沙市殡葬事业管理处、长沙市收容遣送站、湖南革命陵园行政级别升级为副县级全民事业单位。1994 年 8 月，长沙市军队离休退休干部安置办公室归并为长沙市民政局内设科室。1995 年 3 月，成立长沙市农村社会保险工作局，为副县级全民事业单位。12 月长沙市按摩医院加挂长沙市骨伤科医院的牌子，长沙市赤岗村军队离休退休干部休养所卫生所更名为长沙市军队离退休干部医院，为赤岗村干休所正科级内设机构。1996 年 5 月，长沙慈善会以社会团体法人资格通过注册登记。1997 年 6 月，成立长沙市城区农村救灾保险互济联合管理站，建立长沙市南湖军队离休退休干部休养所、长沙市丝茅冲军队离休退休干部休养所、长沙市雨花军队离休退休干部休养所、长沙市星火军队离休退休干部休养所。7 月，长沙市第二社会福利院、长沙市按摩医院的行政级别升级为副处级全民事业单位。1998 年 5 月，成立长沙市流浪儿童保护教育中心，归口长沙市收容遣送站管理。1999 年下半年，撤销长沙市农村救灾保险互济联合会办公室、长沙市农村社会保险工作局、长沙市城区农村救灾保险互济联合管理站。2000 年 9 月，成立长沙市最低生活保障管理中心。

12 月，长沙慈善会秘书处为全民事业单位，长沙市慈善会不再列入事业单位。2001 年 12 月，长沙市最低生活保障管理中心为副县级全民事业单位。2002 年 5 月，长沙市最低生活保障管理中心的管理人员实行国家公务员制度。6 月，成立长沙市军队离退休干部管理办公室。2003 年 2 月长沙市精神病医院更名为长沙市第三社会福利院。4 月，成立长沙市社区服务指导中心，长沙民政信息中心，7 月，长沙市收容遣送站更名为长沙市救助管理站。长沙市老龄工作委员会办公室从长沙市劳动局挂靠至长沙市民政局，同时老龄委管辖的市老年公寓管理所由市民政局接管，为全民事业单位。2005 年 4 月，长沙市最低生活保障管理中心更名为长沙市最低生活保障工作局。2006 年 4 月，设立长沙市科大佳园军队离退休干部服务站。5 月，设立长沙市福利企业行业管理办公室。2007 年 7 月长沙市三社会福利院加挂“长沙市优抚医院”牌子。7 月成立长沙市军队离休退休干部服务总站，为全额拨款的副县级事业单位。8 月，设立长沙市大托军队离休退休干部服务站。2009 年 1 月，长沙市戒毒治疗所更名为“长沙市脑科医院”。2011 年 7 月，长沙市救助管理站正式列为参照公务员法管理的事业单位。7 月，长沙市最低生活保障工作局更名为长沙市社会救助局，为市民政局直属的副县级事业单位，参照《中华人民共和国公务员法》管理。7 月，长沙市福利企业行业管理办公室正式列为参照公务员法管理的事业单位。长沙慈善会秘书处升格为副县级单位。2012 年 4 月，长沙市救助管理站更名为长沙市生活无着人员救助管理站。7 月，长沙军用饮食供应站（长沙兵站）的 34 名员工带编划转至长沙市第三社会福利院。8 月，长沙市科大佳园军队离退休干部服务站升格为副处级事业单位。9 月，长沙市军队离休退休干部服务总站更名为长沙市观沙岭军队离休退休干部服务站。2012 年末，市民政局管理直属事业单位 29 个。

1988—2012 年，先后担任长沙市民政局主要领导职务的有：苏克均、曾令亮、姚普科、贺国谦、曹再兴、丁文（女）；其他领导班子成员有：何斌（女）、熊慧明（女）、黄国安、张世汉、阎家骅（女）、戴力钧、张迎龙、罗建军、李梓枨、胡建准、祖开智、贵志平、邓建伟、肖金平、伍仁华、范凤芝（女）、何水军、康镇麟。

二、区县（市）机构

1988 年，长沙市有东区民政局、南区民政局、西区民政局、北区民政局、郊区民政局、长沙县民政局、望城县民政局、浏阳县民政局、宁乡县民政局。1993 年 2 月，浏阳县撤县设市，县民政局更名为浏阳市民政局。1996 年 4 月，长沙市行政区划调整，长沙市城五区的民政局名称为芙蓉区民政局、天心区民政局、岳麓区民政局、开福区民政局、雨花区民政局。2011 年 5 月，撤销望城县，设立长沙市望城区，县民政局更名为望城区民政局。2012 年底，长沙市所辖 6 区 3 县（市）均设立民政局。

第二节 基层民主建设

一、城市基层民主建设

1987 年，长沙市按照《城市居委会组织条例》进行第一次居民委员会换届选举，全市城镇 475 个居委会全面进行换届选举，居委会均设立调解、治安、公共卫生、社会福利、计划生育工作委员会。1989 年 12 月 26 日，全国人大常委会颁布《中华人民共和国城市居委会组织法》（以下简称《城市居委会组织法》）。

从 1990 年起，长沙市全面贯彻落实《城市居委会组织法》，进行第二次居委会换届选举，成立实施《城市居委会组织法》工作领导小组。通过先行试点，市政府于 1991 年 5 月召开居委会工作会议，全面动员部署《城市居委会组织法》实施工作。至1992年11月顺利完成《城市居委会组织法》实施工作，全市587个居委会经民主选举产生居委会主任、副主任、委员共3439人，平均年龄47.51岁，大中专文化程度占42.7%，党员占37.85%。当时，居委会成员中只有主任和秘书大多定为街道办事处的集体干部，居委会除省、市拨给每月1200元经费外，主要靠委办集体经济收入解决办公及人员补贴经费，普遍待遇偏低。居委会的办公用房除少数居委会自建外，主要靠租用、借用，或在主任家中办公，全市居委会平均办公用房不足28平方米。

1992年，出台《长沙市社区服务三年规划》，对全市社区服务提出老年服务、残疾人服务、婚丧服务、家庭劳动服务、托幼服务、烈军属包户服务、医疗康复服务七个方面的服务内容和建立义务与专职相结合的服务队伍。到1999年，全市72%的街道和居委会建立社区服务站，兴办各类便民服务网点4800余个，开展服务项目200余项，组建志愿者服务队伍700多个4万余人，专兼职从业人员1.4万余人，基本建立以区、街服务中心为骨干，以居委会兴办的小型分散的社区服务设施为主体，大中小型并举，高中低档互补的社区服务网络。

2001年开始实施民政部"社区老年福利服务星光计划"，长沙市将"星光计划"设施与社区居委会设施一并规划建设，全市共投入建设资金8724万元，建设"星光老年之家"252个，建筑面积7.34万平方米，每个社区平均达100平方米以上，部分达到四室（医疗保健室、文化娱乐室、图书阅览室、日间照料室）、一校（市民学校）、一场（室外健身运动场所）的标准。

2001年和2003年分别在内5区和4县（市）进行社区体制改革，建立社区居委会。2003年进行第5次居委会换届选举暨首届社区居委会选举，全市536个社区居委会选举产生新一届社区居委会成员2547个。同时推选产生社区协商议事会，社区居委会下属组织设立社会保障、治保调解、计划生育、文教卫生委员会。此次选举进行"直选"试点。

2005年7月，召开全市社区建设工作会议，要求各区开展"城中村"改社区试点工作，并明确雨花区为全市试点区。全市内5区138个行政村中，符合"城中村"基本特征的有39个，人口8.59万人。雨花区确定雨花街道红星村和高桥街道火焰、友谊、五一、高桥5个"城中村"率先进行村改社区试点。

2006年，第六次社区居委会换届选举全面推行直接选举，即有选举权的居民一人一票直接提名社区居委会候选人和直接投票选举产生社区居委会成员，全市432个社区实行直选，直选率达到97%，并在天心区半湘街、青山祠、新天社区和雨花区电院社区进行无候选人直接选举试点，即海推候选人和投票选举一次完成，当场公布选举结果，取得圆满成功。此次"海选"在国内尚属首次，得到中央、省、市领导充分肯定，从新华社到省、市新闻媒体均进行大量报道。

2006年，《国务院关于加强和改进社区服务工作的意见》下发后，长沙市先后推出建设"精品示范社区""两型社区""和谐社区"等一系列政策和措施。社区服务开展"面向居民群众的便民利民服务，面向下岗失业人员的再就业服务，面向困难群众的社会救助服务，面向辖区单位的后勤服务"，依托全市52个街道服务中心，404个社区服务中心，开办家政、养老、托幼、中介、物业管理等60余个便民利民服务项目。社区设立低保、劳动社会保障、住房保障服务站、居家养老中心、社区捐助接收点、雷锋超市；提供预防、医疗、保健、康复、健教、计生"六位一体"的医疗卫生服务；建立警防、群防、技防三大防控网络和社区矫正、禁毒、刑释帮教、人民调解等机制。注册社区服务志愿者23万多名，建立全市社区服务信息平台。在2009年全国和谐社区建设大会上，长沙市芙蓉区、天心区、开福区、雨花区和6个街道，10个社区荣获全国和谐社区建设示范单位称号，《人民日报》用一个整版报道长沙市社区建设成就，岳麓区咸嘉新村社区先后获得湖南省节能减排家庭社区示范点、湖南省绿色社区、全国文明社区、全国和谐社区建设示范社区、全国十佳学习型社区、全国减灾示范社区等殊荣，先后迎来胡锦涛、习近平、贾庆林、李长春、罗干、刘云山等党和国家领导人视察指导，并有美国、日本、尼日利亚、菲律宾等海内外参观团和中国港、澳、台地区参观团500多批次约2万人前来参观，是长沙市社区建设的典型和缩影。

2009年，出台《关于加强村（社区）干部队伍建设的若干规定》，把社区干部队伍纳入全市干部队伍建设之中，打造一支年轻化、知识化、专业化的社区干部队伍。对社区工作人员进行资格考试认证，取得社会工作师（助师）资格的2100名，占社区干部总数的27%，全市共有28名社区党组织书记、主任选拔进入街道和乡镇班子，从社区居民委员会干部中定向考录公务员30名，50余名社区干部当选各级党代表、人大代表和政协委员，其中天心区天剑社区书记张国庆当选为中共十七大代表。市、区两级把社区经费纳入财政预算，社区干部的待遇得到保障，绝大部分落实五项保险，全市4899名社区工作人员月平均收入1940元，按市、区两级财政投入的自然增长机制，社区干部队伍的待遇将逐年提高。

2010年3月成立长沙市“城中村”改造工作领导小组，下设办公室。12月出台《关于推进“城中村”改造试点工作的意见》，“城中村”改造试点工作在全市各区启动。试点村为雨花区雨花街道红星村、高桥街道五一村、洞井镇高升村，芙蓉区马王堆街道新合村，天心区大托镇九峰村，开福区四方坪街道胜利村，洪山街道鸭子铺村，岳麓区西湖街道西湖渔场二三管区。

2010年，长沙市社区建设四年累计总投入20.5亿元，社区平均用房达546平方米，对300多个社区进行环境综合整治和标准化建设，对500多条背街小巷进行改造，建设社区公园50个，实现“一区一示范，一街一精品、一社区一特色”的目标。2011年，全市社区实施规范化建设，统一社区标识，社区功能统一按“五室一站一厅一市一吧一中心”标准设置〔“两委”接待室（心理咨询室）、居民议事室（人民调解委员会）、图书阅览室、社区警务室、计生服务室、居家养老服务站、“一站式”服务大厅，雷锋超市，绿色网吧（未成年人活动室），社区文体活动中心〕，实现居务“一站式”服务。

2012年8月，进行第八次居委会换届选举，全市511个社区全部实行直接选举，共登记选民139.05万人，投票率90.9%，产生新一届居委成员2584人，其中党员1996人，占77.2%，大专以上学历2079人，占80.5%，平均年龄40.6岁。这届选举主要是改革健全社区居委会的体制机制，全面推行“选聘结合、三位一体”的社区组织体系。社区党组织是领导机构，社区居委会是议事决策机构，社区服务中心是工作机构。而选举出来的社区居委会成员均实行居民化、义务化，不拿薪酬。社区服务中心工作人员实行公开招聘，选举出来的社区居委会成员可通过招聘成公共服务中心的工作人员。新一届社区居委会班子成员中，有774名竞聘为社区公共服务中心的工作人员，占班子成员的30%。有594名为兼职委员，占23%，吸引一批驻社区单位领导、民营企业家、优秀居民参与竞选，有11名厅级干部、36名处级干部通过选举成为社区居委会兼职委员，提升社区居委会的整体素质，议事决策能力，管理水平和凝聚力。年底，已有高升和新合村完成“城中村”改社区工作，建立社区居委会。

二、农村基层民主建设

1988年6月1日，《中华人民共和国村民委员会组织法（试行）》颁布后，长沙市通过先行试点，分期分批实施。至1990年3月，全市230个乡镇、2985个行政村都依法选举村委会领导班子，建立健全村规民约和各项规章制度。改变部分村级组织的瘫痪、半瘫痪状态。此后，每三年进行一次换届选举。

1991年，根据民政部《关于在全国农村开展村民自治示范活动》的通知，省民政厅确定望城县为全省村民自治示范县，长沙市将望城县高塘岭镇定为村民自治示范联系点，开展以“民主选举、民主决策、民主管理、民主监督”为主要内容的村民自治示范活动。1995年望城县被评为“全国村民自治模范县”。1997年发布《关于在全市农村推行村务公开制度推进村民自治工作的意见》，成立村务公开工作领导小组。各区县（市）将村务公开工作纳入目标责任管理内容，逐级签订目标责任状，明确各级党委、政府和职能部门的一把手为第一责任人。制定《村民自治章程》《村民代表会议制度》《民主理财制度》《村务公开民主管理制度》蓝本下发到乡镇、村，再由各村根据蓝本制定各项规章制度后，召开村民代表大会讨论通过后执行。

1998年11月，修订后的《中华人民共和国村民委员会组织法》和《湖南省村民委员会选举办法》颁布后，1999年第四次村委会换届选举，普遍采用直选方式，由具有选举权的村民直接提名候选人，改变过去候选人由乡镇党委决定和1人提名10人附议的做法，按照“直接、公平、差额、无记名”的原则进行选举，由农民群众直接选举自己的当家人。全市270.19万选民，参选选民258.3万人，参选率95.8%，直选率91.7%。此后的村委会选举普遍采用直选方式。2002年第五次村委会换届选举时，民政部安排长沙市望城县坪塘镇山塘村为换届选举的观摩示范点，有联合国、欧盟和美国、芬兰、越南等7个国家20位外宾，民政部及各省、市领导330人参加，向国内外展示长沙市农村基层民主政治建设的成果，得到联合国开发计划署、民政部和兄弟省市的充分肯定。

2002年，全市农村2737个村，实行村务公开面达100%，建立村民代表会议制度和村务公开监督小组、民主理财小组、制定村规民约或自治章程的村均达100%。2003年浏阳市被评为“全国村民自治模范市”。2004年省人民政府命名浏阳市、望城县、宁乡县为全省村民自治模范县（市）。

2004年7月，在先行试点取得经验的基础上，全市农村全面开展并村工作，将2~3个村合并为1个村，重新确定村名。按照“县（市）指导，乡（镇）负责，依法依规、民主决策”的方针，乡（镇）人民政府拟定撤并方案，提交村民大会讨论同意，并报县人民政府批准后实施。至2004年底成功完成并村工作，全市建制村总数从2962个调整合并为1276个，合并后的村规模一般在3000~5000人左右，村干部职数由1.39万人减少至8000多人，村干部的补贴由原年均2000左右提高到4000~5000元。从2006年起，市、县两级不断加大对村级补贴投入，市级补贴经费增至每年1500万元，4县（市）按1:1的比例定额配套，加上中央、省级财政的转移支付资金，到2008年村平均达7.01万元，村干部的补贴增至年人均8000元以上。

2007年8月，长沙市发布《关于加快推进农村社区建设试点工作的通知》，在5区县（市）23个村开展农村社区建设试点工作，探索出具有长沙特色的浏阳模式和开福模式。浏阳模式是“一村一社区，社区下面设小区”，将村党支部和村委会分别更名为社区党总支和社区村委会，把村民小组撤并为小区，每个小区设党支部、管委会，下设综治维稳助理、计生妇幼助理、互助帮扶助理。小区只改变区划和行政管理，村民的田土山水、经济利益不变。开福模式是按照“一会一中心，中心下设六站”，将村委会和农村社区合二为一，设立社区村民委员会和社区服务中心，在中心之下设农业科技、扶贫帮困、文化教育、医疗卫生、法律、关心下一代6个基本服务站，实现管理与服务的有机统一。长沙市的农村社区建设模式得到民政部和省政府的充分肯定，民政部《信息参考》作专刊介绍，并在全国推广。

2010年，印发《长沙市村级重大事项民主决策工作暂行办法》，2012年5月，印发《关于建立村务监督委员会的实施意见》，规定整合村务公开监督小组、民主理财小组、党风监督员等监督力量，将其职能并入村务监督委员会，形成以村党组织为领导核心、村民会议或村民代表会议为决策机构、村民委员会为执行机构，村务监督委员会为监督机构的村民自治组织体系。

第三节　救灾救济

一、救灾

20世纪80年代末，长沙市初步形成应对自然灾害的救灾体制。当自然灾害发生时，立即制定救灾工作方案，建立有领导带班的每天24小时专人值班制度，领导定点联系受灾区、县，第一时间赶赴灾区救灾勘灾，及时将救灾应急生活物资运送到位，组织资金实施救济扶助，使受灾群众得以安居和恢复生产。

1988年8—9月，长沙地区发生百年罕见的秋汛，暴雨成灾，4县农村局地灾害严重。浏阳县连云山中部赤马、秀山、龙伏等乡镇受灾严重，全县受灾人口55万人，受灾面积6.26万公顷，直接经济损失1.19亿元。长沙县金井、福临、北山、安沙等19个乡受灾人口13.5万人，受灾面积2万公顷，直接经济损失1.39亿余元。全市受灾人口共152万人，受灾面积16万公顷，倒塌房屋6万余间，直接经济损失14亿余元。全市紧急转移安置灾民1.44万人，救济口粮1.58万人，救济衣被1.1万人。全市人民捐款捐物救济灾区，共募集捐款118万元，粮票18.5万余千克，衣服、被服60余万件发放受灾群众。全年发放救灾款1500万元，恢复住房3600户，使受灾之年民生安稳。是年，根据民政部改革救灾体制的举措，开展农村合作救灾保险试点，即：民政部门组织—政府部分出资—吸收农户参保资金—理赔救济灾害损失。长沙市开展水稻、农房、劳力和耕牛4个险种的试点。同时，开展农村救灾扶贫互助储金会的试点。当年全市建立救灾扶贫互助储金会2025个，共筹集互助储金489万元。当年发放一批扶贫资金，救济一些困难家庭。

1992年，全市开展救灾保险的乡（镇）224个，占乡（镇）总数的94%，全年发放救灾保险金240万元，帮助4.2万户受灾农户恢复生产。6月27日，在望城县坪塘区召开救灾保险现场会，民政部发专题通报在全国推广坪塘区的长效保险办法的经验。1993年，全市扶贫互助储金会储金总额达3646万元，当年投入扶贫救助发展生产的资金2537万元，扩展救灾扶贫的互济面。

1998年，长沙市遭遇特大水灾，浸溃万亩堤垸1个，千亩堤垸15个，全市240万人受灾，直接经济损失达77.8亿元。中共中央总书记、国家主席、中央军委主席江泽民亲临长沙视察灾情；中共中央政治局常委、国务院总理朱镕基，副总理温家宝来长沙指导抗洪救灾。全市派出29个救灾组应急救灾。紧急转移安置灾民57.8万人，调拨帐篷170顶，衣服100余万件，棉被3.5万床，大米100吨等生活物资以解决受灾群众的急需，并下拨500万元予灾区防疫治病。专拨5518.3万元应急救灾。9月8日，举办大型救灾募捐文艺晚会，530多个单位和个人通过晚会向灾区

图8-1-3-1　民政部门组织湘江沿岸救灾
（摄于1998年7月，长沙市民政局供图）

捐款共 3200 多万元。通过多种渠道募捐，全市募集资金 1.04 亿元，物资折款 4200 余万元捐助灾区。是年全市共发放救灾款 1.45 亿元，救济口粮 46.5 万人，救济衣被 23.4 万人，救济伤病人口 2900 人，发放冬春灾民生活救济款 2630 万元，建立 7 个灾民新村，恢复住房 1.57 万户，使 95%以上的房屋全倒户在春节前搬进新房，实现大灾之年的社会稳定。

1999 年，全市农村互助储金会储金总额 3.93 亿元，借款总额 3.42 亿元，除正常应急救灾扶贫救济款 1.93 亿元外，大部分为商业、企、事业单位、乡级财政、国家干部职工的借款，逾期难以收还。面对违规操作产生的混乱状况，设立清理整治工作领导小组，出台《清理整顿农村互助储金会工作方案》，在全市农村开展整治工作。宁乡县出台最严追款措施，对借款不还的公务人员实施停职停薪收欠，在规定的时间还清欠款再复职复薪。

2000 年 2 月，制发《长沙市农村救灾保险过度运行基本方案》，就停止农村救灾保险试点工作作出平稳过渡、顺利收缩的安排。2002 年 5 月，长沙县宣布农村互助储金会全部关闭。其他各县（市）的农村互助储金会也大幅压缩，直至全部关闭。2005 年 4 月，发布《关于全面停止救灾保险试点工作的通知》，要求在 6 月 30 日前全市做好停止农村救灾保险试点工作。

2008 年年初，长沙市遭遇特大低温雨雪冰冻灾害，持续时间长达 22 天，水电设施多处遭损毁，导致城乡供电困难，3.5 万余人饮水困难，高速公路和车站、机场滞留旅客数十万人，全市受灾人口 308 万人，倒塌住房 1.3 万余间，农作物受灾面积 19 万公顷，共造成直接经济损失 69 亿元。长沙市迅速成立应对冰雪灾害领导小组，组织 5 个勘灾救灾组奔赴灾区一线组织救灾，确保“五保”户、特困户、紧急转移安置户等特殊群体的生命安全和基本生活，做到不因灾冻死人、饿死人，保证受灾群众有饭吃，有安全住房和御寒衣被。市、区组织专门救援队对滞留车站、机场、高速公路上的旅客提供棉衣、棉被、药品、食品，13 个临时救助点共发放救灾物资 310 余万元，救助 20 余万人，临时安置滞留人员下路过夜 1100 人，基本保障滞留人员“吃得饱、穿得暖、安得下、走得了”的要求。中共中央政治局常委、国务院总理温家宝 1 月 29 日和 2 月 1 日两次亲临长沙视察灾情，对驻火车站的芙蓉区救助点给予肯定和勉励。2 月 3 日《人民日报》第 2 版以《冰雪下的生命线》为题，对长沙市救援滞留旅客做报道。是年，全市紧急转移安置人口 24 万人，发放救灾资金8000 万元。重建、恢复住房 1572 户，解决受灾群众的迫切需要。是年，长沙市为提高救灾物资就近应急救助的效率，规划用三年时间建设好市、县、乡三级救灾物资储备网络，在全市 112 个农村乡镇中选择 37 个乡镇进行救灾物资储备仓库建设的试点，年底全部完成。

图 8-1-3-2　驻长部队官兵在长沙韶山路铲冰除雪

（摄于 2008 年 1 月，长沙市民政局供图）

2009 年，贯彻落实省民政厅关于在城乡创建减灾示范社区的实施方案，全市有 3 个社区被民政部授予“全国综合减灾示范社区”称号；有 9 个社区被授予“湖南省综合减灾示范社区”称号。是年 5 月，国家减灾委发出通知，定5月12日为国家“防灾减灾日”，要求全国开展防灾减灾的宣传教育。长沙市及各区县（市）出台《自然灾害救助应急预案》，完善预案体系的建立。根据历年救灾工作的实践经验，编制《救灾工作手册》，重点、概要地介绍有关救灾减灾及日常应急的大量实用知识，对救灾工作人员，既是工作指南，也是教材。是年，在全市组建1975名灾害信息员队伍，6月份开展4期培训班，对信息员进行业务培训。

2010年5月，印发《关于开展“5·12”防灾减灾宣传活动的通知》，在全市开展“5·12”防灾减灾大型宣传周活动，在城区人流集中的广场组织10多个大型会场宣传，出动宣传车100多台次，印制上千套防灾减灾的宣传挂图、上万本宣传手册广为散发，并邀请电视台、广播电台、报刊记者采访报道，市政府领导现场发表电视讲话，普及防灾减灾知识。发出《关于在中、小学开展防灾减灾日宣传活动的通知》。防灾减灾宣传活动深入街道、社区、农村的乡镇、村，实行全民教育。此后，宣传周活动一直持续开展。当年，全市乡镇已建成101个救灾物资储备仓库，占全市乡镇总数的90.2%。市、县、乡三级救灾物资储备网络全面建成。2011年，分区、县组织街道、乡镇信息员进行系统培训，实行考核，对考核合格者发给由国家减灾中心颁发的四级灾害信息员职业等级证书。

2012年，长沙市发生洪涝灾害，1月份阴雨连绵持续12天，入汛后出现8次强降雨过程。全市受灾人口66万人，受灾面积3.4万公顷，倒塌房屋3269间，直接经济损失3.12亿元。全市共救济口粮人数3.3万人，救灾衣被7680人，恢复住房1013户，共发放救灾款4457万元。是年，全市共创建国家综合减灾示范社区40个，省级综合减灾示范社区52个。

表8-1-3-1　　1988—2012年长沙市自然灾害救济情况一览表

年份	紧急转移安置人口（万人）	救济口粮人口（万人）	救济衣被人口（万人）	救济伤病人口（万人）	安排恢复住房间数（万间）	安排恢复住房户数（万户）	救灾资金投入			冬春灾民生活政府救济情况	
							安排恢复住房款（万元）	救灾资金投入（万元）	救灾物资折款（万元）	救济人口（万人）	救济资金投入（万元）
1988	1.44	1.58	1.1	—	0.91	0.36	75	564	850	0	0
1989	—	1.44	0.95	—	1.06	0.26	30	260	300	0	0
1990	—	1.66	0.78	—	1.15	0.784	86	65	196	0	0
1991	—	2.5	1.9	0.29	1.13	0.272	—	—	210.77	2.43	194
1992	26.7	68.7	0.925	1.29	16.94	2.73	—	679	250	2.53	225
1993	—	7.2	0.95	1.03	1.16	0.32	—	57.7	—	2.88	273
1994	2.87	3.8	1.16	2.45	1.165	0.28	—	—	343	5.79	461
1995	2.86	2.04	1.92	0.145	2.422	0.312	—	2930	1525	4.15	438
1996	8.8	5.9	0.63	0.086	0.847	0.222	372.4	1033	870	4.05	402
1997	1.8	5.5	1.22	0.083	1.047	0.307	84.2	695	270	6.75	703
1998	57.8	46.5	23.4	0.29	5.7	1.57	3680	7696	3092	31.4	3760
1999	1.48	0.86	0.9	0.211	0.556	0.139	136.4	595	246	3.08	375
2000	0.4	3.15	1.2	0.138	0.092	0.026	34	229	—	3.65	307

续表 8-1-3-1

年份	紧急转移安置人口（万人）	救济口粮人口（万人）	救济衣被人口（万人）	救济伤病人口（万人）	安排恢复住房间数（万间）	安排恢复住房户数（万户）	救灾资金投入			冬春灾民生活政府救济情况	
							安排恢复住房款（万元）	救灾资金投入（万元）	救灾物资折款（万元）	救济人口（万人）	救济资金投入（万元）
2001	—	2.37	1.35	1.366	3.267	0.7236	105	661	—	3.9	362
2002	1.39	13.13	1.14	0.496	0.73	0.20	305	1005	310	2.92	319
2003	1.08	3.72	2.322	0.77	0.44	0.147	278	532	—	3.08	302
2004	2.68	5.37	1.14	0.43	0.14	—	270	498	1100	2.61	248
2005	—	—	—	—	—	0.0006	—	1410	—	—	—
2006	0.15	—	—	—	—	—	—	800	—	—	—
2007	—	—	—	—	—	0.5	—	2500	—	—	—
2008	24	—	—	—	—	0.1572	—	8000	—	—	—
2009	—	11.78	5.0945	0.103	0.6941	0.2389	973	1783.3	456.6	90	93
2010	—	0.82	—	—	0.0056	0.0025	26	—	—	90	93
2011	—	8.825	4.65	6.3325	0.4642	0.1453	1710	3660	3210	90	93
2012	—	3.3110	0.768	—	0.3120	0.1013	1670	2270	517	—	—
总计	133.45	200.156	53.4995	15.5105	40.2319	9.7984	9835	37923	13746.37	349.22	8648

二、居民最低生活保障

1996年5月，长沙市开始建立城市最低生活保障制度。在深入调研的基础上，结合城市低保的特性，制定出城市最低生活保障制度的基本框架。9月25日，发布《关于实施城市最低生活保障制度的通知》，确定城市最低生活保障标准为月/户人均120元（比民政特定对象略高），市5区凡符合保障条件的城市常住居民均在其列，所需资金由市、区按1:1的比例分摊。1997年1月1日，长沙市首笔城市低保金在岳麓区发放，全市4028名低保对象领取保障金，占全市居民总数的2%，人均补差52元。

1998年7月1日起，低保标准由120元提高到130元，保障范围扩大到中央、省属在长沙的企业困难职工家庭，实行提标扩面。1999年5月，长沙市民政局在全国十一次六省七市民政局长联席会议上作典型发言，介绍长沙建立城市最低生活保障制度的经验。

2000年9月12日，发布《关于印发〈长沙市城市居民最低生活保障制度实施办法（试行）〉的通知》：凡辖区内持有非农业户口、共同生活的家庭成员人均月收入低于当地城市居民最低生活保障标准的（含中央、省属企事业单位、市属企业及市属以下的企业困难职工及其家庭）均可享受最低生活保障。长沙市城市最低生活保障再次扩面，实现保障范围全员覆盖。2002年2月，全国城市低保暨救灾工作会议在长沙召开，市长谭仲池发表题为《更新观念、务实进取、全力构筑最后一道安全网》的发言，重点介绍长沙市实施城市最低生活保障制度的成功经验。9月，长沙市民政局在全国第十四次中西部城市民政工作研讨会上作《加大投入、务实进取，全面推进城市居民最低生活保障工作》的典型经验介绍。2003年5月，制定低保对象管理制度，实施城市低保对象半年度核定和年度审定，以重新申报、重新审批的形式，采取入户调查、民主评议、三榜公示的措施，强化“公开、公平、公正”。通过年审，2002年末至2003年初，全市有1.4万人因不再符合条件退出低保，1.3万多人被调整补助标准，人员和金额异动比例达到30%。经半年度核定，2003年6月，全市又有1.9万多人因获得收入高于低保标准退出低保，1.3万人被调整补助标准，同时有1.8万多人被及时纳入保障范围。此后，低保管理工作进入常态化动态管理。

2006年11月，在前4次（1999年9月，2000年10月，2001年1月，2004年1月）提高低保标准的基础上，再次将城市居民低保保障标准提高到220元/人·月，4县市城镇居民170元/人·月。2008年4月17日，出台《长沙市城市居民最低生活保障办法》，5月13日，出台《城市居民最低生活保障工作规程》，至此，城市最低生活保障制度日趋规范、完善。

2010年1月31日，出台《长沙市低收入家庭认定办法（试行）》，于3月11日起施行，成立低收入家庭认定工作领导小组，各区县（市）相应成立领导小组。9月，出台《长沙市住房保障家庭低收入认定办法（试行）》，确定住房保障低收入标准为家庭成员月人均可支配收入不高于1010元。10月，发布《关于开展贫困残疾家庭子女就学补助低收入认定工作的通知》。全市各级社会救助机构全面启动低收入家庭认定工作。是年，再次提高低保标准为市五区和高新区为320元/人·月，4县（市）为270元/人·月。开展社会救助“阳光行动”，全面清理核查当年5月在册的所有城乡低保对象。清理整治虚报冒领等问题，确保应保对象及时纳入保障范围。通过100%的入户登记、100%的评审公示、100%的审核审批，共入户调查14.8万户、29.5万人。全市有7000余人退出低保。是年，各低收入家庭认定工作机构共出具3200余份“低保收入家庭证明”，残联、财政等相关职能部门以此作为审批低收入家庭申请补助的重要依据之一。在教育补助的低收入家庭认定中，全市共218户家庭申报情况与实际不符而取消。2012年实现8个部门16类信息的实时比对，居民收入核对系统建成。至2012年底，全市共有城市居民低保对象7.69万人，发放低保金3.21亿元。

三、农村基层社会保障

20世纪80年代，农村“五保”供养没有统一的规范，保障水平有差异。1988年，长沙市散居农村的1.97万名孤老中，有1.72万人享受“五保”，占87.6%，全市支付集体供养金840.6万元。但口粮年人均不足300千克（稻谷）、生活费只有220元，而且难以兑现。1989年，长沙县改革“五保”供养办法，出台“‘五保’供养、以乡统筹”的措施，即生活费全部由乡（镇）统筹，实行县、乡、村、组四级负担，以保证“五保”户每人每年口粮350千克、生活费每人每年450元，明确各级财政分摊的比例，落实保障责任。此方法在全市推广。

1990年，全市有178个乡（镇）实行“‘五保’供养，以乡统筹”，占全市乡（镇）总数的77.49%。各区县（市）普遍开展“做孤寡老人亲生儿女”的认亲活动。宁乡县70万党员、干部、群众为改造孤寡老人住房，自愿捐款献物，捐款145万余元，献工献料价值153万余元，为1000余名“五保”老人修建住房3000平方米，改善“五保”老人的居住条件。1996年，全市农村“五保”供养全部实行乡镇统筹。1998年，长沙市开始实施农村最低生活保障制度，全年进入保障范围1.5万户、4.93万人，发放保障金797.24万元。长沙县、望城县、浏阳市、宁乡县每人每年最低生活保障标准分别为550元、500元、450元、480元（城关镇的保障标准为每人每年1000~1200元）。芙蓉区、天心区、岳麓区、开福区、雨花区农业人口每人每年最低生活保障标准分别为720元、720元、600元、600元、800元。保障资金根据各县(市)、乡（镇)、村（组）经济发展状况确定三级分摊比例。保障范围基本限于部分特困户、“五保”户。其中4县（市）有的因乡（镇）分担资金难以落实，乡级不能全额负担而没有真正全面实施到位。1999年，全市有“五保”户3.63万户、4.07万人。4县（市）“五保”户生活费由每人每年250~600元，提高到500~700元，粮食供应基本做到每人每年350千克。2001年3月，开展“爱心千百万”计划，在各区县（市）组织“‘五保’安居”和“德政房”建设活动。当年投入建设资金153.5万元，解决577户“五保”对象无房居住的问题，还对部分“五保”户的旧房和危房进行维修改造，“五保”户居住条件得到改善。2004年，长沙县、浏阳市列入全省农村医疗救助试点示范县，4月，长沙县按农业人口每人4元的标准列入预算，当年488人获得救助，支付救助金84.8万元。还将2.32万名困难对象进入农村新型合作医疗。10月，浏阳市也开始实施农村医疗救助制度。12月，出台《特困家庭医疗救助制度实施办法》，在全市实行城乡一体的特困家庭医疗救助；颁布《农村居民最低生活保障制度实施办法》，在全市全面实行农村低保。

2005年1月开始实施的全市农村低保，其保障资金由市、县（市）按比例分摊，保障范围全员覆盖，分地域、对象确定不同救助标准：4县（市）840元/年，市5区及高新区1200元/年。集中供养“三无”人员（无生活来源，无劳动能力，无法定赡养、扶养或者抚养人员）4县（市）1200元/年，5区及高新区1500元/年。全市“五保”户全部纳入农村低保范围。当年保障对象8.9万户、17.8万人，占全市农业人口总数的4.4%，月人均补差31.7元，共发放保障金6784万元。各区县（市）都制定实施农村低保的办法或细则。农村低保资金的发放全部委托农村信用合作社代发，直接划到救助对象个人账户。长沙市率先中西部实施农村低保制度，比民政部的部署提前两年，被誉为“中西部地区的典范”。是年实施城乡一体特困家庭医疗救助实施办法，共救助1.19万人，发放医疗救助金1923万元。全额资助18.1万人参加新型农村合作医疗，支付参合资金181万元。农村“五保”对象参合率达到100%，取消农村“五保”对象就医住院的“起付线”，提高报销比例。各区县（市）根据财力对“五保”对象安排每人每年300元至1000元不等的日常医疗救助资金，包干用于日常门诊医疗费用开支。农村“五保”供养对象患病住院在合管办报销后的余额，通过医疗救助和慈善救助解决，“五保”对象也可凭疾病诊断证明先期得到800~1000元救助金。2007年，提高农村低保标准，将市5区农村居民低保标准提高到每人每月130元，散居的“三无”人员全额享受，其他特困对象每人每月提高10元。4县（市）农村居民提高到每人每月100元，“三无”人员全额享受，其他特困对象每人每月提高10元。新标准从4月1日起执行。是年，长沙市开展对农村散居“五保户”危房改造的“福园安居”工程，市级一次性投入4000余万元，改建5035户散居“五保户”的危房，加上三年来的民政部“霞光计划”和省政府“五保之家”的工程，全市“五保户”住房问题已基本解决，结束“五保户”无房住、住危房的历史。2008年1月1日起，执行《长沙市农村村民和城市低保死亡人员遗体火化和运输基本费用报销实施办法》，规定报销范围与标准。农村村民（特别是“五保户”）凭殡仪馆的火化、遗体接运发票到当地民政部门或乡（镇）按标准报销，解决村民的丧葬问题。

2010年9月，提高城乡居民最低生活保障标准和补助水平，将4县（市）集中供养的“三无”人员提高到270元/人·月，分散供养的“三无”人员为150元/人·月，其他特困对象每人每月提高30元。2012年底，全市农村有低保对象17.58万人，支付低保金3.19亿余元。

四、社会捐助及其他救济

（一）社会捐助。2001年，在全市城区开展“扶贫济困送温暖”宣传周，营造社会捐赠氛围。市直机关125个单位带头开展捐赠活动，共捐赠衣服6.26万件，棉被105床，其他生活物品125件，现金2.67万元。全年全市参加捐赠活动的单位1315家，参加捐助的人数16.24万，接受捐助的衣被9.26万件（折价124.27万元），其他物资折价36.5万元，接收捐助款131.57万元。11月26日，成立长沙市经常性社会捐助接收站。各区县（市）也相继成立捐助接收站。

2002年3月8日，发布《关于建立经常性社会捐助接收机构和认真组织好“扶贫济困送温暖募捐月”活动的通知》，将集中募捐活动与经常性社会捐助工作紧密结合，使社会捐助活动机制不断健全。当年，全市共建接收站点235个，接收款物560万元，衣物17万余件。2003年，天心区广厦新村社区社会捐助点在广泛宣传、发动社会捐助的同时，制定一套捐助物资发放制度，社区特困户可凭卡每月领取一定的捐助物品补助生活，并公开透明、方便群众，命名“爱心驿站”（2004年更名为“爱心超市”）。中央电视台、湖南卫视、《长沙晚报》等十多家新闻媒体予以报道。

2004年，全市于1月、5月、7月3次组织大规模募捐活动，为支援怀化、湘西、张家界、常德、益阳等受灾地市捐助资金240万元，大米120吨，衣物60余万件，棉被2000床。

2005年，推广天心区“爱心超市”的经验，全面启动“爱心超市”建设，要求每个街道都要建一个“爱心超市”，力争50%的社区建有“爱心超市”。在天心区、芙蓉区召开现场经验交流会，发出进一步加强“爱心超市”建设和管理的意见，提出政府推动、社会参与、民间运作、百姓受益的思路，明确“爱心超市”救助的对象是城乡低保户、优抚对象及残疾人中的特困户。救助对象经审核后，凭民政部门发放的爱心救助卡领取生活物资。当年，全市建立社区“爱心超市”76所，各区扶持资金70余万元，接收社会募捐110多万元，共救助困难户2.4万人次。2006年，全市的“爱心超市”更名为“雷锋超市”，全市发展到108家，惠及城区5万余户低保家庭。此后，社会捐助接收站、点的工作纳入“雷锋超市”的运作内容。

2010年，发布《关于加强社区雷锋超市建设与管理的通知》，规划在全市建设200个社区“雷锋超市”，将任务分解落实到各区县（市），制定管理细则，明确投入机制，整合、调整超市的分布，扶持重点超市发展。

2012年，把“雷锋超市”体系建设成学雷锋活动的有效载体，在高等院校试点拓展“雷锋超市”，中南林业科技大学是第一批试点院校，为试点高校每所雷锋超市支持10万元的建设启动资金。共建成大学“雷锋超市”9家，是年，全市共建成“雷锋超市”242家。长沙市建设“雷锋超市”的做法被央视《新闻联播》和新华社等多家媒体报道，被民政部评为创先争优示范品牌。

（二）其他救济

1.精简退老职工救济。1988年，全市20世纪60年代精简退老职工中有1573人享受原工资40%的救济，2548人享受定期救济，还有一大批享受原单位稳定救济的老职工未列入统计。随着国家各项改革的推进，原有的单位或企业不再存在，过去精简退老职工享受的救济得不到保障，上访不断，成为救济工作中的一个难点。2006年开始，逐步推进此项工作，至2009年，全市有60年代精简退老职工1.13万名，各区县（市）安排专项救济资金，使上万名精简退老职工每人每月至少获得救济金50元。

2.春夏冬荒救济。1991年开始开展春夏荒（冬令荒）救济。当年，全市救济2.43万人，投入救济资金194万元。1998年是特大洪水灾害之年，当年救济受灾群众31.4万人，投入救济资金3760万元。

2004年，全市共救济人数为2.61万人、投入救济资金248万元。至2011年的20年来共救济灾民349.22万人，救济资金8648万元。2012年，此项救济暂停。

3.春节慰问。1999年春节，开展广泛的春节慰问活动。市级筹集170万元慰问金和物资，组织15个慰问组，由市领导带队分赴各区县（市）和有关战线，慰问特困户、重灾户、“五保户”、残疾人、优抚对象等。各级共组织3万余名干部参加慰问活动，共筹集慰问金1000万元，发放寒衣、被服20余万件（套）以及粮食和其他物资，3万余户慰问对象得到扶助。此后，每年春节慰问活动成为常规。2004—2012年，市级每年安排400万元春节慰问费，全市各级每年筹措慰问金3000万~8000万元开展慰问活动，资助困难群众上万户度过春节。

4.企业军转干部救济。随着市场经济体制改革的不断深入，部分企业关、停、并、转，企业军转干部的生活救助被提上议事日程。2004年，出台享受低保的企业军转干部救助办法。市属企业享受低保的军转干部每人每月补助120元。当年共救助军转干部200余名。2011年，接待企业军转干部130余人，召开协调会议10余次，发放企业军转干部救助金40万元。

5.物价补贴。2002年7月，出台《城市居民低保社会救助办法（试行）》，对城市低保对象在教育、住房、医疗、自来水等方面享受社会救济作出具体规定。出台各类补助的实施细则，实行配套救助。是年为全市低保对象减免各种费用150万元。2005年1月起，对城市低保对象在每年元旦、春节、劳动节、国庆节每人每节发放生活补助费40元。是年全市共发放节日生活补助费1774万元，惠及44.35万人。2006年1月，对农村“三无”人员和低保对象发放春节、端午节、中秋节每人每节20元生活补助费，所需资金由区县（市）负担。2007年2月，为全市14.2万户低保家庭发放2007年度低保户电力优惠卡，每户96千瓦时，总价值800万余元。此后，市电业局每年均以发放电力优惠卡的方式落实对低保户的电费减免。7月、9月，分别对城市低保对象每人每月50元与农村“三无”人员每人每月30元发放食品价格补贴，共发放食品补贴1267.71万元。12月，制定液化气补贴方案，从12月起到次年1季度对城区低保户每户每月按优惠价85元/瓶（14.5千克）供应用气一罐，当月补贴标准为每户12元，此后限价供应一直延续。2008年1月，对城乡低保对象每人发放年货补助50元，全市共计发放补贴费1456万元。2009年9月，对城市低保对象发放国庆60周年特别补贴费每人100元，农村低保对象每人50元。2010年12月，对全市城乡低保对象发放一次性物价补贴，从11月起，连续4个月对城市低保和农村“五保”对象每人每月20元、连续5个月对农村低保对象发放每人每月15元的物价补贴。全市共发放补贴2056万元，28.4万名城乡困难群众受益。2011年1月21日，为城市低保对象发放每人每月150元、农村低保和“五保”对象每人每月100元的一次性生活补贴。享受国家抚恤补助优抚对象和新中国成立前入党的农村老党员以及未享受离退休待遇的城镇老党员每人每月发放180元一次性生活补助，共发放生活补助8261万元。

第四节 社会福利

一、社会福利院

（一）长沙市第一社会福利院。第一社会福利院主要职能是收养弃婴残儿和“三无”老人，同时收养有医疗需求的老人，为他们提供生活护理、医疗救治，康复教育，临终关怀等服务，融儿童福利院、社会养老院、长沙老年康复医院（二级乙类医院）“三院”于一体的综合型社会福利机构。1988年，长沙

图 8-1-4-1 长沙市第一社会福利院主楼竣工
（摄于 2008 年 12 月，长沙市民政局供图）

市第一福利院、长沙老年医学研究所、长沙离退休医务工作者协会联合开办长沙老年康复医院，为长沙市二级非营利性全民所有制综合医院。同年，建有“幸福楼”老年公寓，建筑面积 4600 平方米，设床位 250 个。长沙老年康复医院与老年公寓合并运行，创造“以医促养、以养助医、医养结合”的养老模式。1989 年在全国城市社会福利事业单位深化改革座谈会上誉为“长沙模式”。1994 年 3 月，第一福利院升格为副县级全民事业单位，12 月，被民政部授予“国家二级福利院”。1996 年 9 月，民政部在全国儿童福利院开展助残工程，长沙老年康复医院被确定为湖南省第一家助残手术医院，是国家“助残工程”全国六大手术基地之一。1998 年新建老人颐养园，接收社会养老人员 1250 人。2008 年新建芙蓉寿星公寓，总投资 9616.8 万元，建筑面积 3.7 万平方米，设置床位 1000 张、病床 100 张，每年接收社会养老人员和老年病人 3000 余人次。2008 年，新建儿童福利院 4000 平方米，设立入院儿童观察室、婴儿班、学前班、特教班、青年班，形成层次分明、分类合理全程式康复教育格局，给孩子们提供全方位的养护、康复、教育、医疗、职业技能培训等服务。2010 年，第一福利院被授予“2010 年全国养老服务机构十大标杆单位”。至 2012 年，第一福利院有建筑面积 5.4 万平方米，固定资金 1.5 亿元，工作人员 600 余人，是全省最大规模的社会福利院。

1988—2012 年，第一福利院接收弃婴残儿 2387 人，治疗 1.26 万人次，孤残儿童学生 575 人，在外就读小学的 60 人、中学的 70 人、大学 25 人。先后与联合国儿童基金会、国际关心中国慈善基金会、爱尔兰孤儿基金会、英国“中国孩子”慈善组织等慈善机构开展项目合作，引进国外慈善捐款 4000 余万元，开展人员交流与培训 200 余人次，国外爱心人士常年在院服务。

（二）长沙市第二福利院。第二福利院前身为长沙市社会福利院榔梨分院，驻长沙县榔梨镇，1987 年 3 月分设为长沙第二社会福利院。主要职能是以收养社会痴、呆、傻“三无”人员为主，同时收养部分寄养人员，负责对他们进行生活护理、康复训练和疾病治疗。1997 年升格为副县级全民事业单位，1998 年被评定为湖南省二级社会福利院。原驻地榔梨镇，历经多年改扩建，共有建筑 8000 多平方米，常年收治“三无”人员 400 多人，因毗邻文物保护单位陶公庙及居民、商铺、学校，无法再进行改扩建，不能适应社会发展的需要。2005 年 11 月，决定长沙市第二社会福利院整体搬迁，2006 年 3 月确定搬迁新址为雨花区黎托乡边山村先锋组

图 8-1-4-2 长沙市第二社会福利院雨花区新址的办公大楼竣工
（摄于 2011 年 10 月，长沙市民政局供图）

仙姑岭，4 月立项，并列为市重点民生工程，2011 年 10 竣工投入使用。新院占地面积 150 亩，总建筑面积 3.5 万平方米，设置床位 900 张，共投入资金 1.33 亿元。有工作人员近 300 人，编内 61 人，聘用 228 人。新院为“三无”失智失能人员收养中心、社会失智失能人员寄养中心、失智失能护理人员培训中心。

1988—2012 年，长沙市第二福利院收养痴、呆、傻残疾人员 5089 人次，其中“三无”对象 3990 人次，社会寄养对象 1099 人次，康复治疗 2460 人次。先后有多家省市企、事业单位、学校、新闻媒体、群团组织及社会组织将该院定为爱心助残基地，共接收国内外慈善机构、企事业单位、社会组织及爱心人士捐赠款物 500 多万元。

（三）长沙市第三社会福利院。第三社会福利院是以收养“三无”民政对象中的精神病人和收治社会精神病人为主，并兼收社会自愿戒毒人员和社会老年病人的综合性福利机构。从 1986 年起，实行开门办院，住院病人由单纯收治民政对象转变为面向社会收治精神病人，是年 11 月由长沙市精神病院更名为长沙市精神病医院，为湖南省二级医院。1988 年 3 月由全额拨款改为差额拨款事业单位。1992 年 4 月，在长沙市精神病医院加挂长沙市戒毒治疗所牌子，收治社会自愿戒毒人员。1993 年 7 月升格为副县级全民事业单位。1997 年 8 月，经省劳动厅、省劳动鉴定委员会批准，为长沙市精神病人劳动能力鉴定指定医疗单位。2001 年 7 月，开设老年医疗呵护中心收治老年病患者。2003 年 2 月，长沙市精神病医院更名为长沙市第三社会福利院，对外仍保留长沙市精神医院名称。2004 年，投资 2000 余万元，新建一幢 1.98 万平方米“三无”精神病人收容收养综合楼。为探索精神病人康复新模式，2005 年划拨长沙县江背镇梅花社区内原市救助站一处土地建慢性精神病人康复训练基地，投资 1400 余万元，建有 9600 平方米康复基地，常年收治精神病人 300 余人。2006 年老年呵护中心新建老年病房，有床位 740 张。是年被中国老龄事业发展基金会授予全国爱心护理工程试点单位“长沙市爱心护理院”称号。2006 年 6 月，通过政府购买服务的方式，实施精神病人医疗救助，该院承担向全市社会精神病人上门巡诊发药服务，在全市设置 119 个巡诊发药点，由专职医生免费为全市精神病人提供基本控制性治疗药品。2007 年 7 月，第三福利院加挂长沙市优抚医院牌子，承担全市优抚对象的治疗康复工作。2009 年 3 月，长沙市精神病医院承担全市智残和精神残疾鉴定工作。是年 12 月，明确长沙市精神病医院为公立二级精神病专科医院，负责长沙地区精神病患者的医疗和康复工作。开展社会精神病人药物救助。至 2011 年，全市药物救助 5.3 万人次，发放药品 500 万元，重症精神病人住院治疗 1770 人次。2011 年民政部对长沙市精神病人救助工作给予高度评价，新华社、中央电视台等数十家媒体进行重点报道，并于 2012 年在长沙召开全国医疗救助现场经验交流会。

图 8-1-4-3 长沙市向社会精神病人发放药物救助启动仪式 （摄于 2006 年 8 月，长沙市民政局供图）

1988—2012 年，长沙市第三福利院收治精神病人 1.66 万人次，其中民政对象 3815 人次，社会寄养对象 12797 人次。共收治自愿戒毒人员 1.84 万人次，收治老年病人 3588 人。

二、社会养老

1988年，长沙市人民政府老龄工作委员会办公室设市劳动局，组织开展全市社会养老工作。当年，全市兴办城乡敬老院60所，设床位790张，收养无依无靠、生活难以自理的孤寡老人和残疾人667名，集体给予的公养金29.4万元，人均440.78元。1991年10月25日全省第一家高标准农村敬老院——长沙县石门乡敬老院投入使用，共投资80余万元，占地1800余平方米，6栋老人住房室内生活设施齐全，收养60多位老人。并有柴山、茶园、水面、菜土等生产基地9公顷，以副补院，改善办院条件。1992年，长沙市发放“老年优待证”，公交车辆设“老年人专座”，医院为老人设“优先窗口”，65岁以上老人均可办理“湖南省老年人优待证”。

1994年1月，国务院颁布《农村“五保”供养条例》，是年，长沙市新建敬老院10所，总数达到166所，供养标准进一步提高，全市人均450元，长沙市郊区达到988元。1996年，长沙市行政区划调整后，经过合并和整顿，敬老院总数为111所，集中供养1125人。1999年，全市共有敬老院129所(其中乡镇办61所，村办66所，私人兴办2所）床位1665张，入住“五保”老人1416人。

2001年出台政策，按时给百岁老人每人每月发放200元长寿保健补助金。2002年，实施“百福敬老院”工程（在全市每个乡镇兴建一所有100个床位的敬老院)。筹措资金100万元，在浏阳市高坪乡、长沙县金井镇、宁乡县夏铎铺镇、望城县新康乡、天心区大托铺镇试点建成五家敬老院。

2003年6月5日起，70周岁以上老人可凭“老年优待证”免费乘坐市内公共交通车辆。

2004年，提出以发展老年人福利事业为重点，逐步建立完善以居家养老、社区养老、社会福利机构养老互为补充的网络化养老服务体系。2007年2月，出台《长沙市加快发展养老服务业的通知》，对新办的老年福利项目，优先审批建设用地，减免征地、建设费用，按政策免除工商、税务等费用，将改扩建敬老院、农村散居“五保”危房改建列入市政府实事工程。至2008年，全市建成“百福敬老院114所，入住老人6000人，全市各级（市、县、乡）总投入资金1.5亿元，全市112个乡镇实现每个乡镇都有一所敬老院的目标。

2009年，制发《关于推进城乡社区居家养老服务工作的实施意见》，成立推进社会居家养老服务工作领导小组。至2010年，全市城区街道和社区共建349个居家养老服务中心或站点，基本实现城区居家养老全覆盖。为1700余位老人提供政府购买服务（即向居家养老服务中心提供一定的经费支持)。是年，发布《关于进一步加强老年人优待工作的通知》，对65周岁以上的老人凭证乘车费用全免，公交车设置“老幼病残孕”专座，65岁以上老人进公园凭证免收门票。是年长沙市获得国家老龄委、公安部、司法部授予“全国老年维权示范岗”“全国老龄工作先进单位”等荣誉。2011年，雨花区率先对80~90岁以上的老人实行高龄补贴。长沙县将百岁老人补贴提高至每月400元。是年，全市从元月1日起，80~89岁享受低保政策的老人每人每月补贴50元，90~99岁的所有老人每人每月100元，100岁以上老人每人每月300~400元。是年，在全国养老服务体系建设推进会上，长沙市雨花区、天心区被国家民政部授予全国养老服务示范单位荣誉。2012年，全市有敬老院114所，入住老人7000余人，老年公寓18所，入住老人3000余人，老年医院4家，老年病床1429张。全市各类养老福利床位1万余张。

三、社会福利企业

社会福利企业发端于20世纪50—60年代，在党和政府优惠政策扶持下，坚持依靠和动员社会力量，采取小型、分解、多样和国家、集体、个人一齐上的发展方针，福利企业得到稳步发展，特别是80年代末到90年代初的几年时间里得到快速发展。1988年，全市福利企业136家，有职工6242人，其中残疾职工 2190 人，产值 6000 多万元。到 1993 年，全市福利企业发展到 375 家，安排残疾职工多达 8000 余人，产值达 3.7 亿元。福利企业的发展为解决残疾人就业，提高残疾人社会地位，改善残疾人生活，促进社会稳定和经济发展起积极作用。长沙旭华仪表厂由几名职工的五金小厂，发展到生产电度表系列产品和自动化仪表成套装置，经过国家生产许可证验收检查，成为国家专业电度表生产企业，是当时中南五省最大的一家福利企业，受到民政部部长张德江和中国残联理事长邓朴方的视察指导。1994 年后，在激烈的市场竞争中，由于福利企业人员结构和素质的特殊性，竞争能力、应变能力及承受能力无法适应市场竞争环境，出现生产经营困难，经济效益滑坡，大多数企业亏损，难以为继，福利企业逐年减少，大量残疾职工下岗待业。1997 年开始直属福利企业改制，长沙电控辅件总厂原为集体企业，作为全市唯一一家福利企业纳入全市改制试点范围，10 月 28 日，长沙市第一家股份合作制福利企业成立，标志着长沙市民政福利企业改制迈出突破性的一步。2003 年 11 月，成立直属福利企业改革改制工作领导小组。2004 年初，各企业成立改革改制领导小组和办公室，改革改制工作全面启动。在改革过程中，由市人民政府给予优惠政策支持和特殊照顾，从 2005 年至 2014 年连续 10 年每年拨付 300 万元用于福利企业改制，解决企业改制成本金不足的困难；为解决分流后留下的残疾职工生活费和企业退休人员待遇，从 2005 年起每年拨付 105 万元补贴费用。在残疾职工理顺劳动关系时，完全采取自愿原则，本人要求理顺劳动关系的，除按文件规定的身份置换补偿金外，再根据残疾职工的残疾等级给予安置补贴（一级 1.6 万元、二级 1.2 万元、三级 1 万元、四级 0.8 万元）。至 2007 年底，直属福利企业基本完成改制工作，改制后的福利企业的社会职能进行分离移交，退休、失业人员交社区管理。2008 年全市有福利企业 105 家，安置残疾职工 2300 余人，销售收入近 10 亿元，盈利 1000 余万元。2009—2012 年福利企业发展保持平稳水平。

表 8–1–4–1　　1988 年长沙市福利企业情况一览表

地区	厂数（家）	职工总数（人）	生产人员（人）				盲哑残人员占比（%）	产值（万元）	利润（万元）
			总数	盲	哑	残			
总计	136	6242	5240	340	348	1502	41.8	6734	601.5
合计	48	2464	2026	40	90	552	33.7	3582	384.4
东区	9	518	414	5	28	114	35.5	727	99.5
南区	11	381	301	1	25	98	41.2	388	38.55
西区	21	1032	859	18	24	207	29	1698	149.9
北区	7	533	452	16	13	133	35.8	769	96.4
厂（矿）企业	3	244	208	2	17	68	41.8	218.2	22.3
合计	4	3534	3006	298	241	882	47.2	2934	194.8
郊区	17	810	650	35	50	414	46	774	49.9
长沙县	22	1067	958	27	87	291	43	762	42.6
望城县	9	602	507	149	26	110	56.2	375	22.27
浏阳县	17	608	499	5	25	173	40.7	637.5	47.55
宁乡县	19	447	392	22	53	94	58.4	385.7	32.5

表 8-1-4-2

2008 年长沙市社会福利企业统计一览表

单位：户、人、万元

序号	企业所属	企业户数	职工人数			账务状况						残疾职工情况			经营、纳税和减免税情况								
			年末职工数	残疾职工	残疾女职工	资产总额		负债总额	流动资金	货币资金	支持社会慈善和福利事业	残疾职工工资总额	残疾职工养老保险总额	残疾职工补贴	年总收入	销售收入	纳税情况			减免税总额	实际减免税总额	盈利总额	亏损总额
						固定资产原值	固定资产净值										增值税总额	营业税总额	流转税总额				
1	市局直属福利企业	7	937	508	146	6249.7	4024.6	20414	1710	395.7	0.73	408.2	331.6	12.5	6400	5862	328	18	16	346.7	346.7	17	-286
2	市社会办福利企业	6	199	97	34	738.2	425.6	1071	1199	107	—	252.3	145.3	4.1	5561	5324.4	144.2	—	—	218.6	214.8	—	—
3	芙蓉区	2	39	32	—	96.2	78.8	—	31	—	—	24.4	4.7	—	—	427	—	—	—	15.4	15.4	—	—
4	岳麓区	1	36	17	4	344	113	301	88	12	0.5	24.3	8.7	—	743	511	40	—	—	36	36	—	—
5	雨花区	2	114	42	13	1341	543.3	484	1630.5	241	2	78.3	20.8	—	—	1637.3	126.5	—	—	142	142	—	—
6	开福区	3	255	84	50	3152	1723	5620	7270	1148	1.4	1352.2	24.9	—	—	18084	309	—	—	253	219	—	—
7	天心区	14	456	195	97	3035.7	3112.7	7810	5161.7	1354	14.2	251.4	101.3	—	—	8924.7	407	—	—	486.4	446.1	—	—
8	长沙县	7	367	164	46	3205	1443	3024	4098	775	—	233.6	84.1	5	—	6625	349.6	—	—	556	415	—	—
9	望城县	4	438	252	98	10340	7188	453	5332	275	25.5	221	124.9	—	6319	8260	596	—	—	882	523.7	—	429.6
10	宁乡县	8	325	178	28	1757.8	1310.2	3991.8	5633.4	460.3	12.3	199.7	101.1	13.9	13387	13148	657.1	—	—	623	429.4	130.2	448.8
11	浏阳市	51	2095	830	216	17050	11751	21543	19652	2708.6	136.5	821	383.1	45.7	35581	31170	1374	—	—	1370	1370	887.3	226.3
	合计	105	5261	2399	732	47309.6	31713.5	60720	51806	7476.6	193.13	3866.4	1330.5	81.2	67991	99973	4331.4	18	16	4929.1	4158.1	1034.5	818.7

四、福利彩票

图 8-1-4-4 福利彩票大奖组现场
（摄于 2004 年 4 月，长沙市民政局供图）

1987 年，根据民政部《关于开展社会福利有奖募捐活动的通知》精神，11 月 2 日，发布《长沙市人民政府批转〈市民政局关于在全市开展社会福利有奖募捐活动的意见〉的通知》。6 日，长沙市社会福利有奖募捐委员会成立。是年 12 月 11 日，在市内 4 区及郊区试发行第一期传统型福彩奖券 100 万元，奖券售完后，于 29 日在湖南剧院依法公开摇奖，通过报纸公告中奖号码及兑奖点。此次募集的 100 万元资金，除去奖金返还，上缴中募委及发成本费外，净收入 33.25 万元，全部拨给长沙市第一社会福利院作老年幸福楼工程费用。自此揭开长沙市社会福利有奖募捐序幕。

1988 年 10 月 16 日，成立长沙市社会福利募捐委员会办公室（以下简称“市募办”）。市内 4 区及郊区相继成立社会福利募捐委员会办公室。是年，市募委发行第二期传统型奖券 300 万元。

1992 年，通过开发农村市场，全年共发行 1448 万元。1993 年，市募办为兴建长沙市儿童福利院专项募捐等，举行即开型福利彩票“大奖组”销售活动。当年销售 791 万元，市募委拨福利资金 120 万元，给市儿童福利院作建设费用。至 1996 年，“大奖组”达到销售高峰，全年共销售 8644 万元。

1998 年，长沙市遭遇特大洪涝灾害，市募委筹集福彩专项公益资金 1000 万元投入抗洪救灾。1999 年 11 月，湖南省福利彩票发行中心向市募办移交长沙市电脑福利彩票管理权。2000 年 3 月，长沙市首批 69 台电脑彩票投注机设在中国银行、建设银行、工商银行各营业网点，由银行网点代销福利彩票。是年，市募办加挂“长沙市福利彩票发行中心”的牌子（以下简称“市福彩中心”）。2001 年，全市安装电脑投注机 300 台（即 300 个电脑彩票投注站），电脑彩票从银行营业网点（代理）销售转入市场销售。2002 年，全市福彩投注站发展到 635 个，全市福利彩票年销售量首次突破 1 亿元。2003 年市福彩中心获中国福利彩票管理中心授予全国先进单位称号。

2004 年，“大奖组”终止销售。全市福彩投注站发展到 740 个。当年全市本级福彩公益金共筹集 1400 万元，主要资助长沙市第一社会福利院“寿星公寓”建设项目、社区建设费、分配各区县福利资金、敬老院建设、助残资金、扶贫资金、流浪精神病人收容救助中心等项目。

2006 年 7 月，市福彩中心出资 900 万元购置开福区双拥路 168 号综合楼 3300 平方米作办公场所。当年，全市“中福在线”即开型福利彩票销售厅建成 15 家，展开销售活动。是年，全市共筹集市本级福彩公益金 2321 万元，主要资助“老年公寓”建设、第二福利院建设项目、第三福利院建设项目、乡镇敬老院建设、扶贫资金拨款、下拨各区县福利资金等项目。2008 年，因国家政策调整和中福在线游戏改版，中福在线销量大幅度下滑，全市中福在线销售厅减至 2 个。是年，市本级福彩公益金 3360.65 万元，主要资助第二社会福利院整体搬迁建设项目、第三社会福利院梅花精神病康复基地建设项目、农村敬老院建设、雨花区福利中心建设项目、浏阳市社会福利院建设、其他福利设施建设、社区建设及居家养老服务项目、关爱老人及应急扶贫、拨付四县市福利资金等项目。

2010年，全市中福在线销售厅恢复上线，有10家中福在线销售厅恢复销售。全市福彩投注站发展至1063个。共筹集市本级福彩公益金4992.84万元，主要资助市流浪儿童救助保护中心建设、第二社会福利院整体搬迁、第一社会福利院幸福楼改造、第三社会福利院心翼会所建设、市按摩骨科医院残疾人康复中心建设、市军队离退休医院基础设施建设、雷锋超市配送物资、社会组织孵化基地建设、社区居家养老扶持、农村公益性墓地建设补助、各区县对口扶贫资金、敬老院建设、返还各区县公益金等项目。2012年，全市福彩投注站增至1112个。全市共筹集市本级福彩公益金1.08亿元，主要资助各区、县精神病人康复会所建设、农村公益性墓地建设补助、“雷锋超市”配送物资、社工人才队伍建设、各区县对口扶贫资金、第三社会福利院门诊大楼建设、流浪儿童救助保护中心建设、敬老院老年公寓建设、二福利院整体搬迁、儿童福利院建设、按比例返还各区县公益金等项目。至2012年，福彩公益金救助项目共1000余个，福利彩票“扶老、助残、救孤、济困”的发行宗旨得到彰显。2012年6月，民政部授予长沙市福彩中心全国民政系统行风建设示范单位。

五、慈善事业

1995年，筹建慈善会；1996年5月21日通过社团登记，创立长沙慈善会。1997年8月31日，召开长沙慈善会成立暨新闻发布会。会议通过《长沙慈善会章程》，选举产生第一届理事会。理事133名，常务理事31名。市委副书记杜远明任会长。在市民政局设慈善会办公室。中华慈善总会发来贺电。

1998年8月27日，长沙慈善会第一届四次常务理事会议通过《长沙慈善会物资管理使用办法》。此后，长沙慈善会相继出台《资金管理办法》《慈善款物捐赠和使用管理办法》等规章制度，使慈善工作规范运作。当年，长沙市遭受特大洪水灾害，长沙慈善会启动“慈善赈灾救助项目”，共募集资金620万元，物资（折价）200万元救济灾区。另为望城3个受灾严重的乡镇救济大米769吨，为望城、宁乡两县募集灾后重建资金400万元。1999年1月，长沙慈善会开展“慈善助困”项目，24日，组织新春慈善慰问活动，慰问特困户、受灾户、残疾人、生活贫困的劳动模范，发放慰问金51万元，物资48万元。2000年12月14日，成立长沙慈善会秘书处。2001年9月长沙县成立慈善会。

2004年1月，长沙慈善会再次开展新春送温暖慰问贫困群众的慈善助困活动（此后每年举行此项活动）。4月1日，长沙市出台《关于加强和规范慈善工作的意见》，并决定每年4月份定为“慈善一日捐活动月”进行集中募捐。4月15日，长沙慈善会第二次代表大会召开，市委副书记余合泉当选会长。大会审议通过修改后的《长沙慈善会章程》《五年发展规划》《慈善项目建设方案》等文件。同日，长沙慈善会第二届会员代表大会通过《长沙慈善创始基金实施办法》，规定慈善会创始基金为永久资金，来源于社会捐款，政府资助。5月，长沙慈善会开展“慈善助医”项目，为1300名低保户发放慈善医疗卡，每户400元，总价52万元。6月18日，首次“慈善一日捐”活动启动仪式举行，多位市领导现场带头捐款，当天共募集慈善基金148万余元。12月31日，市级首次拨款500万元充实慈善基金（此后每年拨款500万元）。是年10—11月，岳麓区、天心区、开福区相继成立慈善会。

2005年4月28日，长沙市开展“天天慈善一元捐”募资活动。7月19日举行活动启动仪式，多位市领导现场带头捐款。是年共募集资金560余万元。是年7月，长沙慈善会与南湖医院签订“慈善医疗卡”合作协议，向市区贫困居民发放2500张卡，总价125万元。9月，芙蓉区、雨花区成立慈善会。

2006年，长沙慈善会实施“慈善助学”项目，温州商会出资80万元，资助22名特困大学生至大学毕业。5月29日，长沙慈善会第二届四次理事会审议通过每年的11月1日定为“长沙慈善日”，每年“慈善日”前后都开展多种多样慈善活动。8月24日，发布《关于成立长沙市慈善工作领导小组的通知》，市委书记梅克保任顾问，市长谭仲池任组长。明确今后领导小组成员工作变动，由相应岗位的人员递补。是年，长沙慈善会拨款200万元为全市210余家“雷锋超市”派送基本生活物资发放困难群众。浏阳市、宁乡县相继成立慈善会。

2007年1月9日，长沙慈善会副会长范菊秋参加中华慈善总会举行的中华慈善事业突出贡献奖暨第二届中华慈善人物颁奖盛典，长沙慈善会和湖南强生药业有限公司汪卫东荣获“中华慈善事业突出贡献奖”。1月17日，长沙慈善会获湖南省人民政府颁发“湖南慈善奖”。5月，长沙慈善会和爱尔眼科联合启动助医项目，当年共为全市贫困家庭187名白内障患者免费进行复明治疗。7月，长沙慈善会与长沙烟草专卖局合作开展“金叶情”帮困项目，对口援助全市烟草种植户和卷烟销售户的困难家庭，共计救助3010人次，发放救助金3206万元。8月，长沙市高新区成立慈善会。11月1日，湖南鑫远投资集团有限公司向长沙慈善会首批捐赠200万元，实施“鑫远心灯”慈善助医项目，资助全市贫困家庭14岁以下先天性心脏病儿童手术治疗（此项目计划周期15年，“鑫远”公司共捐赠1000万元）。

2008年1月，长沙遭遇特大冰雪灾害，长沙慈善会共募集赈灾善款2140余万元，棉衣棉被等物资30万余件（折款1100多万元）救济受灾群众。5月12日，四川汶川地震灾害发生后，长沙慈善会为抗震救灾组织各种活动50余次，共募集救灾款物1.5亿元支援灾区重建。6月，长沙慈善会与市妇联开展“栀子花女性助医”项目，市安贞妇产医院首期捐赠100万元的医疗卡，为全市特困女性和有重大贡献的女性与特种职业女性共1400余名，提供免费普查和医疗援助。是年，上年度11月组织的“鑫远心灯”助医项目落实，共救助76人，发放救助金106万元。长沙慈善会开展对汶川地震灾区在长高校学生慈善助学救助项目，分三批共发放援助金393.5万元，资助灾区学生785名。

2009年7月16日，长沙慈善会获“中华慈善先进机构”奖，长沙慈善会副秘书长鲁治平获中华慈善事业优秀工作者奖。是年，长沙慈善会与景鹏控股集团在市六中设立“景鹏班”，帮助150名初中生毕业直至完成高中学业系列的慈善救助项目。

2010年4月18日，长沙慈善会向青海玉树地震灾区捐赠首笔善款400万元。至5月底，长沙慈善会再向青海玉树灾区捐赠善款2800多万元。11月19日，长沙慈善会与市妇联开展救助贫困女性宫颈癌、乳腺癌患者活动，现场发放救助金3万元，救助10名“两癌”患者的贫困妇女。至2011年共资助146名“两癌患者”的贫困妇女。2011年6月12日，长沙市慈善基金会成立，市人大常委会主任余合泉任理事长，友阿集团董事长任监事长。慈善基金会第一届理事会通过《长沙市慈善基金会章程》。随后设立长沙市慈善基金会秘书处，与长沙慈善会秘书处合署办公，实行“一套人马、两块牌子、独立法人、账户分设、单独运行”的工作机制。8月12日，长沙慈善会换届选举产生理事201人、常务理事43人、副会长18人，选举市人大常委会主任余合泉为会长。10月28日，湖南省民政厅批准设立长沙市慈善基金会。

2012年3月，长沙慈善会开展“助人为善”捐助基金项目，捐助因善致贫和市级以上道德模范、省级以上劳动模范、部队立二等功以上的官兵及感动中国人物中的贫困家庭，当年共援助42户，发放援助款26.2万元。5月16日，长沙慈善会与湖南西湖建筑集团有限公司合作开展助医项目，西湖公司将连续5年每年捐款50万元以救助长沙特困家庭14岁以下儿童白血病患者，当年救助10名，发放救助金15万元。8月26—28日，长沙慈善会秘书长伍仁华率参与慈善事业合作的大企业代表参加民政部在银川市举办的“第二届中国慈善城市公益慈善指数”发布典礼，长沙市在政府支持、社会捐赠等6个慈善指数考量指标中获得两个全国第一，5个中部第一，总分排名全国第七，中部第一，并获得中国城市公益慈善指数最高荣誉“七星级”城市荣誉称号。9月，《长沙慈善事业促进条例》发布实施，规定每年3月1日为“长沙慈善日”。11月，望城区雷锋慈善会成立。至2012年，全市各级各类慈善组织16年共募集善款（含物资）16.8亿多元，发放善款与救济物资共13亿多元，惠及困难群众100余万人次。

表8-1-4-3　　1998—2012年长沙慈善会收支情况一览表　　单位：万元

年份	收入	支出	年份	收入	支出
1998	102.16	105.12	2006	3729.88	2145.11
1999	200.58	122.34	2007	3470.96	1371.43
2000	337.4	335.1	2008	19321.8	12152.99
2001	411.3	423.9	2009	2776.02	2285.92
2002	551.8	535.4	2010	6462.7	2874.9
2003	774.76	731.82	2011	3187.4	3104.5
2004	925.69	621.96	2012	3081.93	2585.87
2005	1646.89	1232.87			

第五节　拥军优属　优抚　安置

一、拥军优属

1988年，长沙市为解决驻长部队现役军人随军家属住房困难，特殊办理调拨12套住房指标落实随军家属的住房特困户。至1992年，共解决37户随军家属的住房。4月，筹集资金40万元（计划以后每年追加20万元）建立现役军人随军家属住房解困基金，以解决逐年随军家属安置的需要。同时，还制定十条拥军措施，在供电、供水、供气、住房、交通、基建施工等方面给驻军以及随军家属提供特殊照顾和优惠，为部队解难。是年，长沙市接待支援中国人民解放军过往部队的工作机构——长沙军供站制定接待优惠措施：免收入伍新兵和过域部队的住宿费；为入伍新兵和过域官兵用餐每人每次补贴1.5元（后增至5.5元）；尽力解决过域部队用车、医疗、食品采购等方面的困难；为平时来站住宿的现役军人提供20%的优惠。当年共接待入伍新兵住宿3668人，过往部队饮食供应8634人。

1994年7月18日，以长沙市委常委、秘书长为团长一行27人慰问团前往湛江南海舰队慰问，送慰问金10万元。给驱逐舰二支队、长沙舰（即南海舰队161舰）分别赠送价值30万元的慰问品，随行的友华公司与长沙舰结成双拥共建对子，赠送2万元作为长沙舰立功受奖官兵的奖励基金。1995年3月2日，出台《关于进一步加强拥军优属工作的若干规定》，着重提出落实随军家属的安置工作。当年接受安置军嫂225名。1996年，长沙市继续安置军嫂200余名。是年，市、区县（市）拨专款470余万元组建民兵舟桥营。将9个区县（市）人民武装部建成规范的武器装备仓库和训练基地，总经费2700万元。划拨土地6.67公顷（当时价值5000万元）用于国防科大科研生产基地建设。将岳麓区东方红农场16公顷土地腾出，无偿给湖南武警总队使用15年。租地所需360万元和房屋拆迁青苗补偿等费用均由市级与岳麓区分摊。至1996年，长沙市给驻长部队和有关军事单位共划拨土地36.8公顷，总价值8930万元，拨付部队建设与国防后备力量建设经费 9474 万元。

1997 年 5 月 2 日，长沙市成立随军家属安置工作领导小组，制定安置工作多项制度和保障措施。1998 年，长沙市遭受特大洪水灾害，3 万多名解放军、武警官兵奔赴抗洪抢险第一线，长沙军供站立即投入抗洪抢险部队的后勤保障接待工作。7—8 月，武警部队和某部师指挥部官兵以长沙军供站为大本营，指挥机动抗洪抢险。军供站停止外来宾客的住宿餐饮业务，停止员工休假投入服务，保证驻站官兵住好、吃好，免费提供信件邮寄，支付电话、电报、信件等费用 1.3 万余元，备好防暑、感冒、消炎药品，熬制姜汤、凉茶供官兵防病保健，支付费用 1.2 万多元。9 月，接待抗洪抢险回撤部队 11 批，供餐 6000 余人。特别是过域部队途经长沙中转火车，因时间紧，不能到站就餐，长沙军供站将制作好的饭菜、茶水用保温桶盛好，运至车站送到过域官兵的手中，前后共 19 批次、3 万余人。是年，拨款 900 余万元，划拨土地 6 公顷，建设长沙预备役高炮团。

2000 年，省武警总队新建营区遇到困难，长沙市现场办公解决各种困难，减免多种费用 3000 余万元。是年，划拨 33.3 公顷土地，用于武警总队反恐基地建设。2001 年 1 月 19 日，省委常委，长沙市委书记张云川主持市委议军会议确定：安排 600 万元基建经费给预备役高炮团进行配套设施建设。给长沙警备区解决 13 项经费共 225 万元，给预备役高炮团解决经费 114.8 万元，给武警长沙支队解决经费 260 万元。9 月 2 日，长沙市发布《驻长部队随军家属待安置期间发放补助费暂行办法》，规定现役军官在驻长部队服役 3 年以上并在长沙办理落户手续的随军家属，在 3 年待安置期内可享受生活补助费。2002 年 6 月 25 日，将上半年生活补助费 20 万元送至待安置的随军家属手中（此后逐年发放此项费用）。8 月 27 日，成立长沙市维护军人家属合法权益领导小组，落实随军家属的多项政策权益。

2003 年 4 月 18 日，市双拥工作领导小组第十一次全体会议议定：对驻长部队立功官兵实行奖励，一等功 1200 元，二等功 600 元（后增至 800 元），三等功 200 元（后增至 400 元）。7 月 8 日，长沙市党政代表团慰问长沙舰，赠送慰问金 25 万元。友阿集团向长沙舰赠送 5 万元作为立功官兵的奖励基金（此后每年均提供此项基金）。2004 年 9 月，市双拥办对驻长部队立功官兵首次颁发奖励金。

2007 年 7 月 18 日，慰问长沙舰官兵，向南海舰队、驱逐舰二支队、长沙舰分别赠送慰问金，共计 40 万元。至此，长沙市先后 8 次共赠送慰问钱物 250 余万元（当年长沙舰 161 老舰退役）2008 年起，每年拨款资助驻长部队官兵自学成才，培育专业技能。2009 年 1 月 13 日，召开迎春座谈会，向驻长部队赠送节日慰问金 62 万元。9 月，长沙军供站全力接待“守备英雄团”执行中央军委代号为“跨越 2009 实兵系列演习”任务，制定《完成跨越 2009 重点军供保障实施方案》，从组织保障、供应保障、人员保障、生活保障等方面细致周到地做好系列接待工作，收到部队官兵赠送的锦旗，中央电视台给予报道。是年，为支援部队建设，长沙市先后召开军地现场办公会 18 次，为部队修建指挥所、铺设水泥路、新建训练场、室等设施设备，赠送空调 40 台，太阳能热水器 10 个。又投入资金 600 万元，用于省军区 6 个干休所的水、电、路、管网的改造和房屋维修等。

至 2012 年，长沙市为奖励驻长部队立功官兵的活动共支付 120 余万元，鼓励驻长部队官兵自学成才，培育专业技能方面共投入资金 1200 万元；安置驻长部队随军家属（继 1996 年以后）工作岗位 800 余人；随军家属待安置期间生活补助共 813 万余元。长沙军供站（自 1988 年起）共接待过往部队官兵共 40 余万人，圆满完成新老兵员过域与临时特殊接待任务。

二、优抚

（一）抚恤优待。1988 年，长沙市享受定期抚恤的烈属和因公牺牲人员家属为 1885 人，全年定期抚恤金 85.69 万元，每人每月平均 37.88 元。病故军人家属享受定期抚恤 450 人，全年定期抚恤金 17.45 万元，每人每月平均 32.31 元。在乡复员军人享受定期补助的 11884 人，全年定期补助金 256.4 万元，每人每月平均 17.98 元。1993 年，全市 231 个乡镇全部实行义务兵家属优待金以乡统筹，人均优待金从 1992 年前的 300 元提高到 413 元。1994 年 2 月 7 日，颁布《长沙市实施〈军人抚恤优抚条例〉细则》，重申军人优待抚恤工作坚持思想教育、扶持生产、群众优待、国家抚恤的方针，以保障优抚对象的生活与当地群众生活水平同步提高。1996 年，市、县（市）两级增拨 142 万元提高全市 1.16 万名在乡复员军人抚恤补助标准，人均年增 120 元。

1999 年 3 月 3 日，出台《长沙市"爱心献功臣行动"实施方案》，对早年参加革命斗争、为新中国成立和民族解放做出贡献的人民功臣：在乡退伍红军老战士、老复员军人、革命伤残军人、参战参核退役人员及其烈士遗属、因公牺牲军人遗属、病故军人遗属等重点优抚对象实行照顾优待，以解决他们现实生活中存在的生活难、医疗难、住房难等困难。8 日，召开有中央、省、市 13 家新闻单位记者参加的新闻发布会，启动全市开展"爱心献功臣行动"，形成政府主导，人民群众广泛参与帮扶革命功臣的全社会行动。宁乡县制定"八个一"的行动方案，具体落实捐款捐物办实事的行动内容；岳麓区多次召开帮扶行动现场交流会促进工作；望城县多次举办捐款活动等等。至 8 月，已解决优抚对象"三难"人数 3943 人，各级财政用于提高抚恤金 284.6 万元；用于建房资金 155.9 万元，优抚对象自筹资金 223.8 万元，社会义务帮工 2.74 万个，帮优抚对象建房共 5017 间，社会捐赠资金 39.4 万元，衣裤 2.66 万件，家电 2 台。同时还组织结对帮扶 3317 个，帮扶人数 1.05 万人。11 月，印发《关于建立优抚对象抚恤补助标准自然增长机制的通知》，根据全市上年度城乡居民人均收入增长水平测算出抚恤补助增长数额，列入当年预算，每年 7 月份按规定确定当年的执行标准。在执行国家标准发放的基础上增发长沙市自然增长机制标准，次年 1 月起执行。12 月 28 日，全国召开"爱心献功臣行动"电视电话表彰会，长沙市获"全国爱心献功臣行动先进市"荣誉，岳麓区、长沙卷烟厂获"全国爱心献功臣行动先进单位"荣誉。

2003 年，国家在继 1989 年连续 10 次提高定期抚恤标准后，再次将革命烈士家属、因公牺牲军人家属、病故军人家属的抚恤标准提高到每人每月 195~255 元。是年，长沙市义务兵家属优待金发放标准提高到城区每年不低于 2100 元，4 县（市）每年不低于 1600 元。2005 年 8 月，印发《长沙市一至六级残疾军人医疗保障办法（试行）的通知》，明确一至六级残疾军人不列入城镇职工基本医疗保险，原享受的医疗保障待遇保持不变，其医疗保障由各级劳动和社会保障部门主管及其所属医疗保险经办机构组织实施，实行残疾军人医疗费用专项统筹。当年统筹金按每人 1.5 万元/年标准筹集。一至六级残疾军人医疗门诊、项目范围、用药范围和医疗服务设施支付标准均按湖南省离休干部标准规定执行，挂号、门诊、住院三优先。

2007 年 7 月，重新修订《长沙市一至六级残疾军人医疗保障暂行办法》，残疾军人均按抚恤关系所在地的区县（市）参加城镇职工医疗保险和大病互助。个人缴费部分由本人负担；单位缴费部分由单位负责，单位确有困难无力支付的和无单位的残疾军人由各区县（市）安排资金解决，个人缴费确有困难无力支付的，由各区县（市）安排资金解决。增加一至六级伤残民兵民工适应本办法的条款。从 2007 年 8 月 1 日起执行。10 月，出台《长沙市优抚对象医疗保障办法》，规定享受医疗保障的优抚对象为退出现役的一至六级残疾军人、在乡复员军人、带病回乡退伍军人以及享受国家优抚生活补助的烈士遗属、因公牺牲军人遗属、病故军人遗属、参战退役人员。优抚对象按照属地原则相应参加城镇职工基本医疗保险、城镇居民基本医疗保险和新型农村合作医疗保险。各区县（市）建立优抚对象医疗补助制度：门诊费用全年累计 2000 元以上的按 20%补助，但最高不超过 1000 元；住院医疗费个人实际支付 5000 元以下的按 10%补助；1 万元以下的按 20%补助，1 万元以上的按 30%补助，但全年累计补助不超过 5000 元。从 10 月 1 日起执行。

至 2008 年，长沙市实行抚恤补助标准自然增长机制，市、区县（市）共投入经费 3250 万元。2008 年，国家对优抚的抚恤标准提高 20%。长沙市自然增长机制抚恤标准也随之逐年增长。长沙市重点优抚对象的抚恤补助标准普遍比国家标准高出 50%以上。是年。长沙市为 159 户特困优抚对象补贴建房资金 220 万元，2009 年，市级投入资金 200 万元对 4 县（市）100 户重点优抚对象危房进行改造。长沙市还结合"安居工程"为 800 余名优抚对象进行危房维修改建。长沙县完成 154 户重点优抚对象住房改造任务，使全县优抚对象住房难问题全部解决。

表 8-1-5-1　　2008—2012 年长沙市残疾军人自然增长机制抚恤金标准一览表　　单位：元/年

残疾等级	抚恤标准				
	2008 年	2009 年	2010 年	2011 年	2012 年
一级	15941	17529	19355	21181	23189
二级	15384	16820	18472	20124	21941
三级	13149	14409	15858	17307	18900
四级	12286	13319	14507	15695	17051
五级	6465	7271	8199	9127	10147
六级	4614	5244	5969	6694	7562
七级	3255	3734	4285	4836	5459
八级	2510	2812	3160	3508	3991
九级	2109	2361	2651	2941	3307
十级	1442	1619	1822	2025	2281

表 8-1-5-2　　2008—2012 年长沙市三属与失散红军、在乡老复员军人自然增长机制抚恤金标准一览表　　单位：元/年

类别	区域	2008 年	2009 年	2010 年	2011 年	2012 年
烈属	农村	2836	3407	4064	4721	5206
	城镇	4658	5141	5697	6308	7042
因公牺牲军人遗属	农村	2753	3299	3928	4557	5017
	城镇	4489	4921	5419	5917	6547
病故牺牲军人遗属	农村	2647	3169	3770	4371	4812
	城镇	4308	4715	5184	5653	6245
失散红军		2442	2770	3318	3866	4588
在乡老复员军人	农村	540	600	660	720	780

图 8-1-5-1 湖南革命陵园大门
(摄于 2006 年 12 月,长沙市民政局供图)

2011 年 9 月 10 日，民政部在长沙召开中西部 16 省优抚对象补助标准自然增长机制现场经验交流会，推介长沙市经验。是年，长沙市再次提高义务兵家庭优待金标准，农村义务兵家庭优待 6000 元/年，城镇义务兵家庭优待金 1.5 万元/年。对荣立一、二、三等功的官兵分别发给 3000~1000 元的奖金，优秀士兵奖励 50~100 元。是年，长沙市共有重点优抚对象 4.18 万人，其中残疾军人 4585 人，伤残国家机关工作人员 305 人，伤残人民警察 161 人，伤残民兵民工 5 人，其余为“三属”、红军战士、老复员军人、参战退役军人等。2012 年，基本情况同上年无差异。

（二）烈士褒扬。长沙是中国革命发源地之一。为缅怀先烈，教育后人，长沙市于 1983 年底成立长沙地区革命烈士传略编辑组，1986 年 11 月，将编辑组充实为由市直 21 个有关单位组成的革命烈士传略编纂委员会，负责全市烈士立传工作。编印《浏阳河畔金风疾》等多部烈士传。1986 年下半年至 1991 年 12 月，编写《长沙英烈》系列丛书全套共 7 卷，书中立传的有新民主主义革命时期和新中国成立后牺牲的著名烈士何叔衡、郭亮、柳直荀、杨开慧、雷锋等 340 余人。《长沙英烈》由王首道作序，宋任穷、李贞等题词。为纪念辛亥革命 80 周年，1990 年至 1991 年，组编《星沙人杰》，收编谭嗣同、黄兴等 23 位著名英烈传记。编写印发内部刊物和读本 411 万余册，公开出版发行《长沙革命烈士诗词书信选集》和《长沙英烈》丛书 311 万余册，有的销往国外。

2006 年 6 月，湖南革命陵园管理处承担《长沙烈士英名录》的编纂任务，2007 年 12 月 26 日，《长沙烈士英名录》编辑成书并对外作为史料赠送珍藏，全书分三册，120 万字，记录 1911 年至 2006 年，1.85 万名长沙籍和在长沙牺牲烈士的生平简介。2006 年，长沙市在湖南革命陵园建成“长沙烈士纪念广场”。长沙烈士纪念广场主体由英烈纪念墙、主题浮雕、纪念背景浮雕、喷泉池和纪念广场等组成，占地面积 2000 余平方米。英雄墙上镌刻着辛亥革命以来，长沙籍和在长沙牺牲的 1.85 万名为国捐躯的烈士英名。烈士纪念墙正中一组雕塑，有杨开慧、何叔衡、郭亮、雷锋等长沙英烈的杰出代表。2009 年国庆，在湖南革命陵园内建成烈士专属墓区的烈士公墓，烈士公墓与长沙烈士纪念广场和长沙烈士事迹陈列馆一同展览，让人们缅怀革命先烈，继承先烈遗志，弘扬革命精神。

2012 年，启动浏阳市烈士陵园，宁乡县烈士陵园、长沙县烈士陵园、宁乡县烈士纪念广场等项目建设，共投入资金 2200 余万元。为搞好烈士纪念设施保护工作，长沙对全市 9 处烈士纪念设施和 7028 座散葬烈士墓进行普查和信息采集，完善烈士纪念设施数据库。

表 8-1-5-3　　1953—2012 年长沙市县级以上烈士纪念设施一览表

陵园名称	具体地址	建设日期(年)	保护级别	占地面积(公顷)	建筑面积(平方米)	墓区面积(平方米)	墓区预留面积(平方米)	上级主管部门
湖南革命陵园	长沙市天心区书院南路 451 号	1977	国家级	11.15	10621	34274	5415	长沙市民政局
湖南烈士公园(烈士纪念塔)	长沙市开福区东风路 22 号	1953	国家级	68.8	5000	0	0	长沙市园林局
雷锋纪念馆	长沙市望城区雷锋镇	1986	省级文保	9.4	3600	0	0	望城区委
郭亮陵园	长沙市望城区茶亭镇	1957	省级文保	2.1	821	2000	2000	望城区文物局
长沙县烈士陵园	长沙县双江镇石板村华坡组	2012	县级	2.88	22846	3654.5	2000	长沙县民政局
杨开慧纪念馆	长沙县开慧乡	1969	省级	2.77	7927	65	35	长沙县县委
浏阳市烈士公园	浏阳市圭斋路 55 号	1956	省级	3.98	3000	0	0	浏阳市园林局
浏阳市烈士陵园	浏阳市集里街道道吾村金鸡组	2012	县级	7.85	5621	4500	200	浏阳市民政局
宁乡县烈士陵园	宁乡县白马桥乡	2012	县级	7	500	3000	1600	宁乡县民政局

三、安置

（一）退役士兵安置。1988 年，长沙市接收的城镇退役士兵，由市退伍安置办公室全部按政策计划内 100%安置；农村退役士兵均由原籍安置，其中大部分就地参加农业生产，部分文化程度较高或有专门技能的，由当地政府安排适当工作。农村安置工作重点是帮助就地参加农业生产的退役士兵解决生产、生活、住房、医疗方面困难，使之安心农业生产。是年，全市 253 个乡镇均成立军地“两用人才”服务机构（即在部队军人中有技术专长的退役士兵同样可用于地方建设的专业技能“两用人才”）；全市农村共接收 1000 余名“两用人才”，开发使用 920 名，开发使用率 71%。长沙县石门乡、宁乡县贺石桥乡、望城县坪塘乡、郊区岳麓山乡的“两用人才”开发使用率和回乡退役士兵安置率均达到 100%。1989 年，宁乡县特别重视开发使用“两用人才”，从其中招聘基层干部 70 余人，招聘到国有企事业单位的 500 余人，录用教师 100 余人，并有上千名“两用人才”自谋职业。是年，宁乡县被评为全国培养开发使用军地“两用人才”的先进单位。

1991 年，长沙市退役士兵总安置率为 99.8%。1995 年，长沙市按政策规定，计划内安置城镇志愿兵、义务兵，安置率略低于上年度。

20 世纪 90 年代，劳动力由计划管理变为市场调节，由此产生政府指令性安置与市场就业机制相矛盾，安置工作出现困难。2000 年，长沙市退役士兵安置率下降为 88%。面对安置难度的挑战，长沙市探索改革传统安置制度，尝试与市场经济相适应的安置办法。望城县、雨花区、长沙县相继于 2000 年至 2002 年试行鼓励退役士兵自谋职业实行货币补偿的措施。望城县三年中筹资 272.4 万元对 300 余名城镇退役士兵按安置就业与补偿安置相结合的办法安置到位，其中补偿安置占 73%。雨花区 2000—2001 年由财政负担 35 万余元对 20 名退役士兵补偿安置。长沙县 2001—2002 年筹资 260 万元对 100 余名退役士兵补偿安置，占应安置人数54%。2002年全市未安置的退役士兵460人。但据抽样调查，实际未上岗的占已安置人数30%左右。安置到位率呈逐年下降趋势。

2003年11月4日，出台《长沙市退役士兵安置暂行办法》，确立“退役士兵安置实行就业与自谋职业相结合的安置办法”，解决符合就业安置条件的转业士官（即志愿兵退役）与城镇义务兵就业问题。重点安置就业对象为在部队荣立二等功以上或获大军区以上授予荣誉称号服役期2年以上的退役士兵，因战因公致残的二等、三等革命伤残军人，烈士子女、孤儿。退役士兵安置回原入伍时所在市、区县（市），各系统、各单位（不分所有制性质）都有义务落实安置任务。规定退役士兵自谋职业补偿安置货币的系列标准与待业安置期发放生活费的标准。是年全市接收城镇退役士兵的安置率大为下降，只占应安置数的54.2%。

2004年，为提高退役士兵的就业率，开展多种职业技能培训，共举办培训班7期，培训后推荐1800余人就业。浏阳市为拓宽退役士兵就业门路，多次去广州、深圳、珠海等沿海城市举办劳务输出洽谈签约会，联系11家单位，签约退役士兵1090人就业。当年全市接收的退役士兵，除安置就业外，自谋职业补偿安置500余人，全市各级共发放自谋职业补偿金2300万元，待安置期生活费141万元，占应安置比例81%。

2006年，设置退役士兵择业服务机构，免费为退役士兵提供职业技能培训1304人，推荐就业936人。举办专场招聘会，推荐500余名退役士兵就业。当年全市接收的退役士兵，其中就业安置800余人，自谋职业安置700余人，全市各级共发放自谋职业补偿金2100万元。安置历年遗留人员近300人，占应安置比例96%。2008年，长沙县、浏阳市、宁乡县实现100%的退役士兵安置到位率。

2009年5月，出台《关于实施城镇未就业军队退役士兵就业援助的通知》，规定系列优惠政策。9月，组织退役士兵参加全省定向培训政法干警考试工作，为147名退役士兵进行政审加分和资格证明，通过考试全市有27名退役士兵录取政法干警。12月，出台《关于做好部分退役人员劳动和社会保障工作有关问题的通知》，系统解决退役士兵的参保问题。当年全市除接收安置本年度的退役士兵外，还安置上年遗留对象200多人，安置率95%，自谋职业率40%。全市共发放自谋职业补偿金1113万元，待安置期生活费118万元。

2011年，制定《市直机关事业单位接收安置退役士兵考核暂行办法》和《长沙市退役士兵安置考试考核暂行办法》，进一步规范安置工作。根据国务院、中央军委《关于加强退役士兵职业教育和技能培训的通知》，长沙市按照“政府主导、个人自愿、城乡一体、免费培训”的教育培训模式，开展新一轮退役士兵培训试点工作。开展中高等职业技能培训，按照综合师资力量强、校企合作好、就业率高等特征，选定湖南交通职院等学校的汽车装配与制造、电子应用等专业重点培训。6月20日，举行长沙市试点培训班的开学典礼。《湖南日报》、湖南教育电视台等媒体也对试点工作进行报道。当年全市共安排培训资金216万元，共培训1130名退役士兵，其中660人取得劳动技能鉴定书，895名实现就业。

2012年，出台《长沙市退役士兵职业教育和技能培训办法》，选择三家优胜的培训单位签订协议、明确责任，共培训2030人，1575人结业，推荐就业1492人，就业率73.5%。是年退役士兵安置率95%。安置上年遗留对象100余人。全年共发放自谋职业补偿金697.15万元，待安置期生活费296.02万元。长沙县、浏阳市、宁乡县继续保持退役士兵安置率100%。

（二）军队离休退休干部安置。军队离休退休干部安置工作归口长沙市民政局军队离休退休干部安置办公室（以下简称军休办）负责。1988年，设有长沙市军队离休退休干部服务站、长沙市桐梓坡军队离休退休干部休养所、长沙市雅塘冲军队离休退休干部休养所、长沙市赤岗村军队离休退休干部休养所（以下简称军休所）4家单位。共占地面积4.85公顷，建筑面积5.98万平方米，有军队离退休干部（以下简称军休干部）住房570套。是年，接收安置军休干部42名，加上已接收安置的军休干部469名，共有军休干部511名。各军休所为军休干部订阅报纸、杂志，安排政治学习与组织活动，按军休干部实际需要派发用车和解决医疗费用等。从1989年起，每年都有长沙市委、市政府、省民政厅领导到各干休所慰问军休干部。1989年12月，雅塘冲军休所获国家民政部、解放军总政治部授予全国军队离退休干部安置工作先进单位。至1991年11月，全市共建成军休干部住房30栋639套，建筑面积4.34万平方米，附属面积7083平方米。各军休所（服务站）都建立党总支或支部，军休党员老干部在各单位党组织中的委员名额不低于40%，使军休干部在各级党组织中既有知情权，又有决策权，充分发挥军休党员老干部在党组织一班人中的作用。至1993年接收安置无军籍职工第一批169人。

1994年，军休干部交地方安置后，与当地国家机关离退休干部享受同等待遇。1994年9月，财政部、中组部、民政部、人事部和解放军总政治部、总后勤部发出《关于调整移交政府安置的军队离退休干部和退休志愿兵生活待遇的实施办法》，规定移交政府安置的军休干部和退休志愿兵随军队工资制度改革调整生活待遇。除增加离退休费外，同现役干部一样，执行军人职工津贴，各种生活待遇均按军队的统一项目和标准执行，不再执行安置地政府规定的各种补助标准。无军籍职工的退休生活费由中央财政预算安排，但地方津补贴经费来源未落实。是年，赤岗村军休所成立长沙市军休干部医院，配备医务人员24名，设床位30个，为军休干部开展医疗服务。此后各军休所相继建立医务室或门诊部，方便军休干部就近医疗。

1996年12月，国防科技大学负责筹建的星火军休所竣工，建有军休干部住宅楼四栋计141套，建筑面积1.19万余平方米，办公及附属设施1700平方米，占地面积1.2公顷。是年，市军休办、雅塘冲军休所获民政部授予全国军休工作先进单位。1997年5月，湖南省军区筹建南湖军休所竣工，建军休干部住宅楼3栋计72套，建筑面积7872平方米，综合楼一栋500平方米，占地面积0.53公顷。6月28日，设立南湖、雨花、星火、丝茅冲4个军休所，接收部队移交建成或在建的军休设施，共占地面积2.45公顷，房屋建筑面积3.39万平方米，安置军休干部390名，扩展为军休干部的服务工作。

1998年12月24日，召开军休干部住房出售工作会议，决定出售给军休干部的住房价格按1996年上半年最低优惠价格每平方米530元计算。至1999年底如期完成房改售房任务。1999年接收安置第二批次（1994年以来）无军籍职工267名。

2002年7月，赤岗村军休所老干部活动中心大楼竣工，总建筑面积1200平方米，造价167万元，设有阅览室、棋牌室、舞蹈、球类等活动场所，解决老干部文化、娱乐生活的需要。

2004年，根据中共中央办公厅、国务院办公厅、军委办公厅的文件精神，针对国防和军队建设的需要进行系列改革（如住房、医疗、车辆、安置方式等），安置政策改集中安置为分解安置，住房保障由军队负责，附属设施用房由地方规划建设，军休干部用车开始实施货币化保障，离休干部每人每月105元，退休干部每人每月90元。2005年7月14日，设立长沙市军队离休退休干部服务总站。至2005年，长沙市共接收第三批无军籍职工701人。

2006年4月30日，设立科大佳园军队离退休干部服务站，以加强对分散安置军休干部的管理服务。该所占地面积0.11公顷，建筑面积1000平方米。是年，为解决长沙市军队离退休干部服务总站和市军休办的办公和拓展服务功能等公务用房，中央财政拨款购得岳麓区银杉路283号写字楼1栋，共建筑面积4111.32平方米，占地面积724.32平方米，含装修费共资金2180万元。

2007年3月1日，根据国家6部委和湖南省4厅和省军区政治部、后勤部的文件精神，将长沙市1581名军休干部及其无收入的家属、遗属全部纳入长沙市医保中心统一管理，实行从传统的公费医疗到医保统筹的顺利过渡。对离休干部和六级以上的伤残退休干部，实报实销。从当年起长沙市每年为军休干部支出医疗费用4000余万元。8月2日，设立大托军休干部服务站，占地面积667平方米，建筑面积864.62平方米。至2008年，长沙市接收第四批无军籍职工489人。当年12月星火军休所获民政部授予"和谐军休家园"。

2009年1月，南湖军休所老干部活动综合大楼竣工，建筑面积1073平方米，总造价247万元。该所为美化环境种植花草树木700余平方米，为军休干部提供一个四季常青的优雅活动庭院。9月，科大佳园服务站获民政部、解放军总政治部授予全国军休系统先进单位。是年，支付300余万元从国防科大购置1100平方米的房屋以增加丝茅冲军休所的配套用房。2011年10月，科大佳园服务站获民政部授予"和谐军休家园"。

2012年1月17日，解决部队移交地方安置的无军籍职工地方性津补贴问题，布置各级财政按比例分摊津补贴经费，按本市退休职工同等待遇予以落实到位。5月，军队离休干部用车货币保障每人每月从105元增加到160元，军队退休干部用车货币保障每人每月从90元增加到140元。9月14日，长沙市军队离休退休干部服务总站更名为长沙市观沙岭军队离休退休干部服务站。至2012年，长沙市接收第五批无军籍职工687人。

表8-1-5-4　　1988—2012年长沙市军休干部接收安置人数一览表　　单位：人

接收年份	年度接收人数	累计接收人数	接收年份	年度接收人数	累计接收人数
1988	42	511	1989	51	562
1990	79	641	1991	14	655
1992	10	665	1993	1	666
1994	1	667	1995	1	668
1996	35	703	1997	46	749
1998	24	773	1999	37	810
2000	40	850	2001	45	895
2002	31	926	2003	284	1210
2004	23	1233	2005	84	1317
2006	690	2007	2007	172	2179
2008	240	2419	2009	79	2498
2010	88	2586	2011	78	2664
2012	80	2744			

四、双拥模范城创建

1991年6月19日，中共长沙市委办、市政府办、长沙军分区政治部联合发出《关于开展争创双拥模范城市活动的通知》，决定成立长沙市双拥工作领导小组，市长任组长，市委副书记、副市长、军分区政委任副组长。市委办、市政府办等17个职能部门为领导小组成员单位，在市民政局内设双拥工作领导小组办公室（以下简称“市双拥办”），负责日常工作。12月26日，长沙市召开“省会军民共创双拥模范城动员大会”，全市军、地代表1000人参会。会后，市委宣传部、长沙警备区政治部、市双拥办制定《长沙市创建双拥模范城宣传工作方案》；市属各新闻单位统一开设创建双拥模范城专题专栏；市各级层层建立由宣传、教育、民政、人武及驻军组成的“五位一体”的国防教育领导体系。各级各单位按照宣传教育规划，对党政干部、部队官兵、在校学生及工人、农民分层次教育，把国防教育和双拥作为培训必修课。1992年11月26日，湖南省人民政府、省军区命名表彰长沙市郊区、长沙县为全省“双拥模范区（县）。

1995年1—3月，市双拥办、长沙警备区政治部、长沙晚报社联合主办“长沙市双拥知识竞赛”题卷，全市共发出10万份，收回9.87万份，答题准确率为84%。1997年1月18日，长沙市迎回由民政部、中国人民解放军总政治部颁发的全国“双拥模范城”牌匾。3月18日，长沙市召开“创建双拥模范城总结表彰暨再动员大会”，为创建双拥工作中的先进单位和先进个人颁奖，鼓励全市军民继续努力、再创佳绩。7月23日，民政部、解放军总政治部表彰长沙友阿集团有限公司为全国“拥军优属先进单位”。

图8-1-5-2 长沙市将位于开福区国防科技大学附近的原四方坪路命名为双拥路

（摄于2003年8月，长沙市民政局供图）

1999年1月22日，长沙市委书记主持召开市委议军会议决定：正式列编成立全民国防教育委员会办公室，妥善安置好军队转业干部，安排专项经费用于国防教育、民兵训练等事项。4月19日，市双拥领导小组调整改由中共长沙市委发文，市委发出（第五次）调整长沙市双拥工作领导小组成员的通知，调整后的领导小组由市长任组长，市委副书记、市人大常委会副主任、市政协副主席、长沙警备区政委任副组长，成员单位增加到29个。并明确以后市委、市政府领导班子换届或驻长部队领导成员调整变化，市双拥工作领导班子成员均按这一组成结构调整。7月28日，长沙市委书记、市人大常委会主任等领导人分为五个组分别走访驻长部队的21个单位，举行慰问活动并赠送慰问金。8月18日，驻长空军某部为浏阳

图8-1-5-3 长沙市获得全国双拥模范城称号

（摄于2007年12月，长沙市民政局供图）

市龙伏镇上洞村捐款30万元援建蓝天希望小学竣工，空政办公室、广空政治部、空18师，市纪委书记、副市长等领导出席竣工典礼。2000年1月11—13日，长沙市政府副市长、长沙警备区司令员、市民政局长参加全国"双拥模范城"命名表彰大会，长沙市再次荣获"双拥模范城"光荣称号。2月28日，湖南省人民政府、省军区召开全省双拥模范城（县）命名表彰及经验交流大会。长沙市副市长介绍创建双拥模范城经验。长沙市、长沙县被分别命名为全省"双拥模范城（县）"，宁乡县被表彰为"拥军优属先进单位"。4月16日，长沙市人民政府颁布《关于全市公园、革命纪念馆、公交车辆及公共厕所等公用设施对现役军人和革命伤残军人免费的通告》，从5月1日起施行。当年市双拥办把长沙双拥工作的先进典型向《双拥》杂志社、湖南《天地人》杂志社、《中国社会报》、《解放军报》投稿，全年共发表《以实际行动拥军》《雷锋故乡退伍兵》等100多篇文章。同时，市双拥办协调驻长部队，开展军民共建点活动，集中力量将共建点纳入社区建设，推进双拥工作社会化。

2003年3月21日，湖南省政府、省军区发出关于授予全省双拥模范城市荣誉称号和表彰双拥工作先进单位的决定。授予长沙市、长沙县、宁乡县、雨花区、岳麓区为全省"双拥模范城（县）"荣誉称号。8月，长沙市将四方坪路命名为"双拥路"。当年全市共建成军民共建社区示范点20多个，咸嘉、雅塘冲、先锋村、橘洲等一批示范点得到省双拥办、广州军区首长充分肯定。2004年1月8日，长沙市再次获全国双拥模范城。长沙市市长作争创"四连冠"动员报告，大会表彰一大批创建工作的先进单位和先进个人。

2006年3月3日，全市召开创建双拥模范城四连冠汇报会，市民政局长作创建工作汇报，湖南省考察验收组讲评肯定长沙市的创建工作。5月15日，市民政局在长沙民政网站开设长沙双拥网，使双拥信息扩展更加广泛深入。7月，长沙市创建的双拥文艺节目《找恩人》参加全国双拥文艺会演。"八一"期间，全市各区县（市）共计走访慰问驻长部队128个单位，走访烈军属1782家，走访复员退伍军人6610位，开军民联欢会113次，军地座谈会404次，为部队做实事61件，解决遗留问题13起，发放慰问金423万余元。2007年12月，长沙市、长沙县分别获民政部、中国人民解放军总政治部授予的全国"双拥模范城""双拥模范城县"称号。

至2010年，长沙市共建立400多个国防、双拥教育基地，2600多个双拥共建活动点，11所少军军校。长沙县、宁乡县、雨花区、浏阳市和湖南革命陵园投资修建双拥主题公园、双拥广场。长沙市政府确定每年4月为全市双拥宣传国防教育月。

2012年2月，长沙市第五次获得国家表彰的全国"双拥模范城"殊荣。长沙县再次获得全国"双拥模范县"称号。当年，军民共建文明镇、文明社区209个，遍及全市城乡和企业。

第六节 社会事务管理

一、社会组织管理

1991年1月，根据国务院《社会团体登记管理条例》，长沙市建立全市社会团体（以下简称社团）清理联席会议制度。3月10日，解散中南大学一个未经批准、擅自成立、违反法律、损害国家利益的非法社团"时新盟会"。3月27日，印发《关于认定社会团体业务主管部门的通知》，对全市各行业社会团体的主管部门进行认定和委托，使其对各自管辖的社会团体进行资格审查和业务指导。5月，对全市4000余个各类社团（其中市级社团715个）进行清理整顿和登记。分别由各业务主管部门进行初审和作出资格审查结论，民政部门根据社团的性质、发展方向、业务开展情况等因素进行审核、调整，共合并社团40余个，办理变更登记手续23个，新批准成立14个，审定免登记的200余个（如工会，共青团、科协等）。一大批市属科以下企业社团由所在区、县登记，对一批社团予以备案等。至1992年10月，市级社团重新办理注册登记311个，分批刊登在《长沙晚报》上公示，并为第一批获得合法地位的社团颁发证书。至此，清理整顿工作结束。是年，实施对社团进行年度检审等长效管理制度。

5月，通报上年度年检审核结果："市企业事业单位卫生机构管理协会"等217家社团年检合格，"市建筑造价管理协会"等3家社团年检不合格，"市民间企业商会"连续3年年检不合格，依法撤销其社团登记。

1998年10月25日，国务院250号令颁布新修订的《社会团体登记管理条例》和251号令颁布《民办非企业单位登记管理暂行条例》。是年，根据中办、国办关于党政机构领导干部不兼社团领导职务的通知精神，发出社团年检和重新登记的通知，到10月底，全市重新登记220个社团。

2000年11月，设立长沙市民间组织管理工作领导小组，制定《进一步加强民间组织管理工作的实施意见》，从11月起，用4个月时间对全市民办非企业单位复查登记。12月11日，设立"长沙市民间组织管理局"。全面实施国务院两个条例，对全市的社会团体和民非企业单位（统称民间组织，后称社会组织）依法履行登记管理。2001年3月13日，召开全市民办非企业单位复查登记试点工作总结暨首批颁证大会，"长沙市新华商务学校"等10家单位领到"民非企业单位登记证书"取得合法地位。11月，出台《长沙市民办学校申办审批办法》《长沙市民办幼儿园，普通中学、小学，中等职业学校，非学历教育机构设立标准（试行）》，确立严格的办学准入制度。

2004年4月，贯彻第11次全国民政工作会议精神，将培育发展与市场经济密切相关的行业协会作为优化民间组织结构的重要举措，协调相关职能部门组建行业协会，当年有"长沙地区房地产产业协会"等162家行业协会相继成立，分布在财贸业、交通业、建筑业、医疗业、养殖业、加工业、服务业等多个经济领域里，直接作用于发展市场经济。上半年省民政厅确定长沙市天心区为全省培育发展社区社会组织登记试点单位，推动社区社会组织直接为居民服务，优化基层社会文明建设。经省、市民政部门验收，天心区社区社会组织登记试点工作完成各项任务达标。8月，根据民政部的指导意见，成立农村专业合作社组织指导协调领导小组，出台《长沙市培育发展农村专业合作组织方案》。开展培育农村专业经济组织的系列工作，是年培养发展农村专业经济协会62个。其中浏阳市烟花爆竹总会、雨花区洞井镇花卉苗木协会、宁乡县蘑菇种植协会、长沙县茶叶协会等组织对促进农村经济结构调整、提高农产品的质量和竞争力、增加农民收入发挥突出作用。12月，浏阳烟花爆竹总会、长沙县茶叶协会参加全国民间组织发展成果展览，获得民政部授予全国先进民间组织荣誉。年底，开展对社团是否与行政机关脱钩、财务管理是否规范、处以上领导干部是否还兼任社团领导职务等方面清理整顿，至2005年3月，清理工作告一段落，95名副处级以上的领导干部退出社团兼职，400余个社团实行新的财务管理体制，合并、撤销社团30个，与行政机构脱钩的41个，23个社团调整业务主管单位，新制定管理规章84项。是年，在推广天心区社区社会组织试点登记经验的基础上，全市各区县（市）相继开展社区社会组织的培育、登记试点工作。

2006年，出台《关于加强农村科技合作社登记管理和培育发展工作的通知》，为农村科技类民非企业单位实施政策倾斜，促进发展农村专业经济协会。是年全市农村专业经济协会发展111个，其中县级29个，乡镇级75个，村级7个。产业分布为种植业、养殖业、加工业、流通业等门类。会员总数1.53

万人，提供技术服务7984人次，提供信息服务1.52万人次，产品营销达13.3亿元，带动大批农户致富。

2007年，出台《关于清理整治无证无照非法经营行为的通知》，开展对非法民间组织或民间组织超业务范围活动的清理整治。至10月，全市清理非法组织401家，其中疏导办证125家，自动关停45家，强制取缔28家，待处理203家。10月25日，出台《长沙市清理整顿行业协会实施方案》，至2008年11月，清理整顿工作全面完成。与政府部门脱钩的行业协会263家，297名公务员和具有依法行政职能的公务人员辞去协会兼职，行业协会的人员、职能、财务、机构与政府部门实施全面分离。是年清理整治非法民办幼儿园，疏导办证88家，自动关停44家，强制取缔27家，整改144家。

2009年，全市登记社区社会组织111个（不含备案组织），其机构分布为社区服务中心，卫生服务站、社区文艺团体、幼儿园、居家养老服务中心等各种直接服务于社区居民的门类。各区县（市）采取给予一次性财政补贴、减免税收、专项服务经费拨款等方式，加强社区社会组织发展服务功能。2010年，天心区、雨花区、开福区、浏阳市等区县（市）对兴办居家养老服务机构给予2万~6万元的开发经费、1万~4万元的运营补贴，支持发展公共福利事业。2010年，全市各级继续加大对农村专业经济协会的培育扶持，不断调整和提高。至2012年，全市共注册登记农村专业经济协会110个，发挥着促进农村脱贫致富的作用。2012年，印发《规范社会办学行为专项治理实施方案》，全市统一行动，重点加强对民办幼儿园等教育类民办非企业单位的监督管理。发整改通知书248份，停办通知书58份，取缔非法民办教育机构122家，28家非法民办教育机构自行停止办学行为。是年，对社会组织实施评估考核管理，长沙市成立评估委员会和复核委员会，全面启动登记、年检、评估、执法“四位一体”的社会组织服务管理体系，使全市社会组织建设走上法制化、规范化的轨道。是年，全市共有注册登记的民办非企业单位1998家，其中市本级241家；社会团体949家，其中市本级387家。共有专职工作人员3.5万人，净资产26亿元。年末，全市社区社会组织发展到299个，备案776个。

二、婚姻管理

1988年，长沙市辖4区民政局、街道办事处和郊区民政局、街道办、乡、场（农牧渔）均设有婚姻登记机构，一般结婚登记在街道办，离婚登记须到区民政局。长沙、浏阳、望城、宁乡四县的婚姻登记机构均设在乡（镇）、区公所，结婚登记在乡（镇），离婚登记在区公所。长沙市民政局为全市婚姻登记管理机关，一般不办理地方婚姻登记。是年全市办理（国内）婚姻结婚登记4.84万对，离婚登记1342对。根据湖南省民政厅规定，凡户口在长沙市、株洲市、湘潭市、岳阳市及岳阳地区、益阳地区、常德地区的中国人与外国人的结婚登记都归口长沙市人民政府婚姻登记处（设市民政局内）办理。当年共办理涉外婚姻结婚登记83对，离婚登记2对。是年8月，对全市《中华人民共和国婚姻法》执行情况调查，共查出未办登记已婚、包办买卖、近亲换亲、重婚等违法婚姻7974对，工作组对各种违法婚姻做出严格处理。1991年8月10日，制定《长沙市婚姻档案管理办法》，对其管理部门、归档范围、保管、查阅及利用的原则做出规定，发文通知全市民政部门及婚姻登记机构认真实施，规范保存这一极其重要的历史资料，以维护婚姻当事人合法权益、便于永久查考利用。

1992年1月，印发《关于制止以婚姻登记作关卡搞婚嫁保险收费的通知》，要求各区、县婚姻登记机构严格按照规定标准收费，不准收取婚姻登记以外的其他任何费用或推销商品、纪念品等，不得增加婚登对象的经济负担。10月，对望城县乌山乡违法婚姻案进行处理。该乡婚姻登记员1名、计生专干4人违法登记早婚青年163对，造成计划外生育一胎24个，二胎2个的后果，违反国家《中华人民共和国婚姻法》和计划生育政策的实施，分别对经办人进行纪律处分，并向各区、县婚登机构发出通报。

1993 年，长沙市内 4 区婚姻登记全部收归区民政局规范办理。

1995 年 5 月 31 日，湖南省人民政府下发《关于加强涉外婚姻介绍管理的通知》规定：涉外、涉台婚姻登记分别由长沙等 3 个市和省民政厅直接办理，涉港、澳、华侨婚姻登记由各地州市民政局办理。是年，长沙市办理涉外婚姻结婚登记 468 对，离婚 9 对。1996 年 5 月，中共湖南省委、省人民政府办公厅发出通知："从本年 6 月 1 日起，各地办理婚姻登记时，向每对婚姻登记者只收取证书工本费 10 元，不得以任何名义收取其他费用，切实减轻群众负担。" 6 月，长沙市城区区划调整后，新 5 区所属区域的乡、场、镇婚姻登记工作一律收归区民政局办理。随着市场经济的发展，长沙市婚姻介绍机构急剧增多，当年全市婚介机构 60 余家，经审批登记的合法机构仅 3 家，95%为非法机构。且时常产生骗钱、骗物、骗婚的乱象。1997 年 5 月，出台《长沙市婚姻介绍机构管理暂行规定》，开展对全市婚介机构清理整顿，引导正规机构登记办证 32 家，取缔非法机构 50%，规范婚介行为。

2000 年 10 月 12 日，全市分成 30 个检查小组，深入区县（市）114 个乡镇入户检查婚姻登记情况，发现多数乡镇的婚姻登记中要求当事人提供证明超范围（有的甚至要求婚姻当事人提供乡村统筹费、农业税缴税证明）与搭车收费（项目繁多的达 12 项，给婚姻当事人增加经济负担平均 90 元以上）两大问题。为根治这一乱象，10 月 25 日印发《关于进一步严格规范婚姻登记管理的通知》，规定各婚姻登记处在醒目位置悬挂告示牌，标明"仅凭身份证、户口簿、婚姻状况证明办理婚姻登记，收费 10 元"，作为乡镇政务公开的硬指标，切实为农民群众减轻负担。

2003 年 8 月 8 日，国务院颁布《婚姻登记条例》后，取消结婚、离婚由所在单位或居（村）委会出具证明的做法，由婚姻当事人作无配偶等相关情况的声明，对婚前医学检查未再做强制性规定。9 月，湖南省民政厅通知规定：各市州民政局可办理本行政区域内居民同香港、澳门两特别行政区居民的婚姻登记工作。当年婚姻介绍机构作为民办非企业单位接收市民间组织管理局的日常管理。2004 年，长沙市办理涉港、澳结婚登记 98 对，离婚 4 对。

2005 年，全市加强婚姻登记机构自身建设，实行政务公开，将新修订的《中华人民共和国婚姻法》《婚姻登记条例》《婚姻登记员守则》和结婚、离婚的程序与条件、提交的证明和材料，收费项目、操作标准与服务电话公布上墙，接受群众监督。2006 年 1 月 23 日，民政部和国家档案局发布《婚姻登记档案管理办法》后，各级民政局和婚姻登记机构认真落实，确保婚姻档案的规范管理。

2008 年，4 县（市）全部将婚姻登记工作收归县（市）级民政局集中规范办理，乡镇不再设婚姻登记机构。全市共设婚姻登记机关 10 个，城 5 区与 4 县（市）各 1 个，市民政局 1 个。2009 年，出台《长沙市"十一五"后期婚姻登记规范化实施方案》，在全市深入推进规范化服务活动，区县（市）开展免费颁证仪式和免费婚检服务活动，提供优质服务。乱收费和其他违规现象得以杜绝。

2012 年年初，全市各级民政部门开展婚姻登记信息补录工作，将 1990 年以来原乡镇登记的婚姻档案全部录入数据库，进一步补充完善婚姻档案。年底，市民政局管理的历年涉外、台、港、澳婚姻档案共 322 卷。当年共办理国内婚姻结婚登记 7.61 万对，离婚登记 1.65 万对，涉港、澳婚姻结婚登记 24 对，离婚 3 对。

表 8-1-6-1　　1988—2012 年长沙市婚姻登记统计一览表　　单位：对

年度	国内结婚登记	国内离婚登记	涉外、涉中国港澳台、华侨结婚登记	涉外、涉中国港澳台、华侨离婚登记
1988	48437	1342	83	2
1989	50823	1897	68	2
1990	49775	1341	95	4
1991	47539	1443	144	2
1992	42505	1799	247	1
1993	37736	1170	309	4
1994	35090	2094	361	6
阶段统计	—	—	1307	21
1995	36848	2503	468	9
1996	—	—	552	18
1997	39250	3218	510	21
1998	38650	3200	576	25
1999	39049	4595	597	36
2000	40211	4300	710	35
2001	38616	3351	749	25
2002	39436	4213	709	29
2003	42652	5069	500	18
阶段统计	—	—	5371	216
2004	49537	7334	98	4
2005	46376	8116	88	6
2006	63497	9043	89	3
2007	56566	9935	62	5
2000	63357	10602	38	8
2009	79465	12683	27	4
2010	68964	13711	28	6
2011	78633	15462	16	3
2012	76135	16504	24	3
阶段统计	—	—	470	42
合计	1209147	144925	7148	279

说明：1.缺 1996 年国内婚姻登记数、普查资料无记载。2.涉外婚姻按省厅规定层次、年限分三段统计

三、儿童收养

1988 年，长沙市的儿童收养有几种形式。一种为国内公民从社会上收养，即公民中缺子女的家庭向

多子女的家庭协商收养，或近亲中的子女过继，或收养弃婴等，一般均为健康婴幼儿。另一种形式是国家福利事业机构集中收养，其中主要来源为家庭遗弃的患病儿、残疾儿、非婚生婴儿、社会孤儿等，有的直接放置在福利院门口，有的是公安机关、收容遣送机构、社会基层组织移送的。是年长沙市第一社会福利院（以下简称“市一福”）长期收养抚育在院的孤、残、婴幼儿约500人左右。设置护理部、儿童病房、幼儿启蒙培训等业务部门，从婴幼哺育、疾病治疗、残疾康复、定期文化知识灌注，保送管理少年入学直至成为青年后就业等，全面履行家庭式的社会职责。

1989年，市一福根据上级民政部门的指示精神，按照联合国《儿童权利公约》《外国人在中华人民共和国收养子女登记办法》和中国收养中心《报送涉外送养儿童材料》的规范，本着“一切为孩子”的宗旨，开展涉外儿童收养工作。在湖南省民政厅的指导和审批下，当年为加拿大公民办理收养孤残儿童8个的手续。

1992年4月，《中华人民共和国收养法》颁布后，是年长沙市北区、市郊区共办理国内公民从社会收养儿童6个。市一福办理加拿大、美国等6个国家公民收养儿童41个。1993年6月，市一福安排该院3名聋哑青年在民政系统一事业单位家属工厂成功就业。

1998年11月，新修订的《中华人民共和国收养法》颁布后，是年各区县（市）办理国内儿童收养22个，市一福共办理涉外儿童收养49个。

2000年4月，市一福开展家庭寄养育婴模式，将寄养工作进入城市和农村的爱心家庭，分别在市内5区和长沙县的梅花镇和跳马镇设置三大寄养点，25个家庭寄养户，市一福负责提供寄养家庭的护理、医疗、生活等费用。并在寄养点定期组织寄养家长进行专业的儿童康复和儿童教育的培训，以提高她们的抚育水平。当年市内5区、4县（市）民政局共办理国内公民收养儿童142个，市一福办理涉外收养儿童133个。

2005年，湖南省民政厅确定市一福为开展“明天计划”项目（民政部的为儿童康复治疗工程）定点医院（因市一福于1988年开办老年康复医院），全年市一福共收治全省多地的残疾儿童94名，实施手术84例，为残疾儿童回归社会和家庭创造条件。是年，市一福扩展家庭寄养项目，在原有的寄养点寄养儿童增加至100个，又新建长沙县江背镇寄养点，寄养幼儿115名。采取新入院婴幼儿在体检合格后直接送入家庭寄养的方法，更有利于婴幼儿身心健康和发育成长。全年各区县（市）共办国内儿童收养306个，市一福办理涉外收养儿童191个。

2008年，市一福将家庭寄养工作列为重点项目，为保证寄养孩子的养育、康复、医疗落实到位，院业务工作人员定期走访家庭，每月2~3次，每月对集中寄养孩子进行体检。全年两次组织寄养家长进行培训，新发展寄养家庭20户。同时配合省民政厅“明天计划”工程，及时为有需要的孩子申报康复手术，全年为38个孩子实施康复手术。是年，市一福有20多个孩子在附近的中小学读书，有3个孩子在盲哑学校接受特殊教育，有2个青年在上大学。全年各区县（市）共办理国内儿童收养690个，市一福办理涉外儿童收养19个。

2012年，市一福申报“明天计划”22人，安排手术17人。全年新寄养幼儿49个，在跳马寄养点建立教育康复基地，对其进行教学升级改造，让寄养孩子得到更好的教育。为适合上幼儿园的孩子就近上幼儿园，院方支付60%的学费，城区家庭寄养点有5个儿童入园学习，梅花寄养点有4个孩子转入市一福学前教育班。先后有800余名儿童在家庭寄养。从体检评估的情况看，进入家庭寄养的孩子在成长发育方面均比在院集中抚育的好。是年市一福在外学校就读的学生获得各类奖项36名。2004—2012年，市一福有在外就读小学的60人，中学生70人，大学生25人，院内接受学习训练的420人。2012年，院内青年组有青年18人，经院方多次协调用人单位，其中11名找到固定工作，有5名青年在外做临时工作，2名青年安排院内工作。各区县（市）共办理国内儿童收养192个，市一福办理涉外儿童收养33个。

表 8-1-6-2　　1992—2012年长沙地区国内收养儿童统计一览表　　单位：人

单　位	收养总数	社会收养	福利院收养	女童	男童
岳麓区民政局	208	208	0	170	38
开福区民政局	214	214	0	133	41
天心区民政局	213	213	0	130	83
芙蓉区民政局	153	153	0	127	26
雨花区民政局	413	284	129	325	88
望城区民政局	250	250	0	196	54
长沙县民政局	601	525	76	494	107
浏阳市民政局	156	156	0	133	23
宁乡县民政局	961	876	85	823	138

表 8-1-6-3　1989—2012年长沙市第一社会福利院涉外和中国香港收养儿童情况一览表　单位：人

年份	加拿大	美国	德国	瑞典	荷兰	比利时	日本	新加坡	挪威	西班牙	丹麦	英国	意大利	中国香港	合计
1989	8	0	0	0	0	0	0	0	0	0	0	0	0	0	8
1990	0	39	1	0	0	0	0	0	0	0	0	0	0	16	56
1991	0	63	0	1	1	2	0	0	0	0	0	0	0	1	68
1992	14	16	0	0	4	5	1	1	0	0	0	0	0	0	41
1993	14	16	0	4	0	6	0	0	0	0	0	0	0	0	40
1994	9	37	0	0	8	3	0	0	0	0	0	0	0	0	57
1995	5	58	0	3	1	2	0	0	0	0	0	0	0	0	69
1996	12	83	0	0	0	0	0	0	4	2	0	1	0	0	102
1997	59	0	0	0	1	0	0	0	4	4	0	3	0	0	71
1998	24	18	1	0	0	0	0	0	0	0	4	2	0	0	49
1999	1	118	0	0	0	0	0	0	0	1	0	0	0	0	120
2000	15	96	0	0	0	0	0	0	4	3	0	1	0	0	119
2001	0	103	0	0	0	0	0	0	8	11	5	6	0	0	133
2002	20	35	0	0	0	0	0	0	8	0	6	3	0	0	67
2003	16	192	0	0	0	0	0	0	0	0	3	0	0	0	215

续表 8-1-6-3

年份	加拿大	美国	德国	瑞典	荷兰	比利时	日本	新加坡	挪威	西班牙	丹麦	英国	意大利	中国香港	合计
2004	38	180	0	0	0	0	0	0	0	14	8	0	0	0	218
2005	5	120	0	4	0	10	0	0	0	8	10	1	0	0	191
2006	3	65	0	0	0	0	0	0	5	6	0	2	14	0	97
2007	2	25	0	0	0	0	0	0	0	0	3	3	0	0	34
2008	1	10	0	0	0	5	0	0	0	2	0	0	0	0	19
2009	1	3	0	0	3	0	0	0	0	0	1	0	0	0	8
2010	1	16	0	0	2	0	0	0	0	0	0	0	2	0	21
2011	1	16	0	0	2	0	0	0	0	0	0	0	2	0	21
2012	1	28	0	1	2	0	0	0	0	0	0	0	1	0	33
累计	264	1337	2	13	24	33	1	1	33	51	40	22	19	17	1857

四、救助管理

按照 1982 年国务院《城市流浪乞讨人员收容遣送管理办法》，长沙市对家住农村流入城市乞讨的、城市居民流落街头乞讨的、其他露宿街头生活无着人员实行社会救济型收容遣送。1988 年，共收容 6338 人，遣送 6126 人。

1991 年 5 月，根据国务院《关于收容遣送工作改革问题的意见》，收容遣送的范围为“五无”人员：无临时户口、无固定居所、无合法职业、无合法经济来源、无生活依靠者；对不属于社会救济对象的，应收取其食宿费及返回原籍的路费，参加自筹食宿费的劳动；继续实行民政、公安共同管理的体制，由民政、公安负责收容，民政负责审查、管理和遣送工作，公安协助。是年，市收遣站收容 4331 人，遣送 4254 人。

1993 年 3 月，民政部明确长沙市收容遣送站为全国对口收容遣送站。4 月，与省委信访办签订联办长沙县沙坪新兴农场的协议，在沙坪乡茶子山租赁水库 5.3 公顷、农田菜地 2 公顷，安排 10 余名无家可归人员，种植水稻、蔬菜、养殖等自筹生活资料。

1995 年 6 月，撤销长沙县沙坪乡茶子山养殖基地，遣散有关人员。按照中办、国办转发中央社会治安综合治理委员会《关于加强流动人口管理工作意见的通知》精神，筹建“长沙市流浪儿童保护教育中心”。1998 年 5 月 26 日，成立“长沙流浪儿童保护教育中心”（以下简称“儿保中心”）。5 月 31 日，市儿保中心举行成立典礼。中心接收流浪儿童学员 30 个，后又陆续接收来自全国各地的流浪儿童学员 126 个，开展类似学校的教育方式，使这些失学的孩子重回课堂。10 月 21 日，长沙市核定被收容人员（试行）收费标准：遣送交通费每人 80 元，被服卫生费每人次 80 元，教育费每人 80 元，伙食、床位费每人每天 10 元（简称遣送费、管理费、生活费）。是年，市收遣站共收容 6618 人次，遣送 3810 人次，救助 14 周岁以下儿童 329 个，向公安机关移交犯罪嫌疑人 9 个，回收“三费”218 万元。

1999 年 11 月 28 日，中共中央宣传部、全国人大内务司法委员会、共青团中央，教育部、司法部联合发文，授予湖南省长沙市流浪儿童保护教育中心为“全国未成年人保护工作先进集体”荣誉称号。

2000 年 3 月，在长沙县江背镇梅花村建设占地 15.3 公顷的外来流浪人员培训教育中心，派驻工作人员进行思想教育和审核个人情况，全年共接收被收容人员 3196 人，以自产粮食、蔬菜、鱼类、肉食等解决其生活自给。6月1日，省财政厅、物价局《关于同意对非民政救济对象的收容遣送人员适当收取有关费用的批复》规定：食宿费按每人每天15元计算，收容遣送费每人次280元（包括被服、卫生、查询、教育、遣送交通费用等），医疗费用按实报销。

2001年，市儿保中心被列为民政部、联合国儿童基金会"2001—2008年合作周期项目单位"。7月，成立长沙市流浪儿童合作周期项目领导小组。年度内执行"流浪儿童与'联合国'儿童权利公约培训班""'儿童权利公约'工作人员参与式培训班""区域性流浪儿童救助保护工作论坛"三个项目，取得成效，受到民政部、联合国儿童基金会和来自全国十多个省市领导和同行的好评，省会14家新闻媒体先后予以报道，为市儿保中心争取到援助基金23万元。是年，收容遣送各类流浪人员2.7万余人，其中组织1034人次47次进京，接遣滞留的在京被收遣对象6000余人。

2003年，在长沙县江背镇梅花村的外来流浪人员培训教育中心投资40万元，装修一处流浪儿童学员的学习基地，命名"大房子"工程，将站内儿保中心的儿童学员迁往新址，改善儿童学员的住宿、生活和学习环境。6月1日，停止对被收容人员的收费管理。

表8-1-6-4　1988—2003年长沙收容遣送情况一览表　单位：人

年度	收容数	遣送数	年度	收容数	遣送数
1988	6338	6126	1996	8300	4300
1989	6202	6202	1997	9376	4876
1990	7301	4756	1998	6618	3810
1991	4331	4254	1999	17491	7841
1992	4565	4000	2000	46709	32494
1993	4721	4196	2001	2700	2700
1994	3975	3975	2002	22024	7197
1995	6230	3314	2003	9400	9400
			累计	190581	133741

说明：自行离开或家属接走的未入表

2003年6—7月，长沙对已收容人员核查清理，甄别遣送，清空场所，投入90余万元改造设施，消除监所痕迹，改善站容站貌，设立一人一铺床位100余张，建造居家式的住宿条件，为受助人员提供舒适的生活环境。全部工作人员开始换制度、换思想、换方法、换作风，为开展救助服务创造条件。8月1日，长沙市救助管理站（以下简称"市救助站"）举行挂牌仪式，启动"自愿受助、无偿救助"的全新救助服务方式。9月4日，出台《关于贯彻国务院〈城市生活无着流浪乞讨人员救助管理办法〉实施方案》，成立市救助管理工作协调领导小组。市设救助站1个，城内5区各设分站一个，由市救助站调派人员到各分站工作。要求城区分站和区县（市）站各设床位100张，全面铺开救助服务工作。11月10日，承办民政部、联合国儿童基金会举办的全国"流浪儿童救助保护政策与务实研讨暨流浪儿童项目培训班"，市儿保中心作为项目单位代表汇报近年的工作，与会代表参观儿保中心的"大房子"工程。是年，共接待求助人员1442人，实际救助1384人，其中提供车票返乡603人，护送特殊对象安全返乡69人，向社会福利机构转送智障人士及精神病人72人。

2005年4月30日，由市救助站与近邻单位市按摩医院签订《医疗服务协议书》，就近及时治疗救助对象的患病者。6月1日，民政部通知，确定长沙市救助管理站为对口全国各地跨省救助站。8月，市儿保中心通过民政部、联合国儿童基金会在郑州举行的项目活动终期评估。市救助站新启用民政部救助管理信息系统，进入全国救助管理信息联通领域。是年，市救助站共救助5637人，资助返乡4348人，护送特殊对象安全返乡292人，移交地方政府安置42人，转送安置智障人士及救治精神病人254人。

2006年4月，长沙市5区均设立流浪儿童保护救助工作点，各点收到流浪儿童均送市儿保中心，统一安置、教育，城区形成“一个中心、6个工作点”的救助网络。对乞讨卖艺的流浪儿童实施强制性保护救助，对诱骗、唆使、操纵者予以打击，确保儿童合法权益。8月，承办省民政厅救助管理信息系统操作培训班，长沙市9个区县（市）救助管理站长和计算机操作人员50余人参加培训，统一规范全市的教育管理信息联通。是年，市救助站共救助18岁以下的流浪未成年人703人。

2008年1月，长沙市发生特大冰雪灾害，市救助站共组织800余人次上街主动救助，为交通中断滞留在高速公路、车站、码头的受灾群众发放棉衣棉被、食物等生活物资，坚持白天夜晚上街劝导流浪乞讨人员入站接受救助，对不愿进站的发放御寒衣被和食物，支付救急资金30余万元，保证全市没有因冰冻导致流浪乞讨人员冻饿至死街头。3月，建立“长沙救助寻人网”，面向全国搭建网上寻人互动平台，开展免费求助咨询。5月12日，四川汶川发生大地震灾害，市、区两级救助站共为31名涉震灾区的受助人员提供“一站式”返乡救助，并护送一名精神病人至重庆市救助站。8—9月，在北京奥运会、残奥会举办期间，制定《奥运期间街头集中救助方案》，开展为期两个月的夜间集中救助行动。共出动救助车47台次，劝导145人，救助76人。9月25日，民政部表扬长沙市救助管理站为奥运会、残奥会举办期间的先进单位。此后，市救助站上街主动救助成为常态化的工作制度，每天三班轮流上街劝导或发放衣物食品救济流浪乞讨人员。市儿保中心不断提高流浪儿童学员的生活待遇和教育程度，并广泛联系社会各界支持，曾有专业教师、心理咨询师志愿者300余名轮流辅导教育，使儿童学员的德、智、体都得到较大的提高，先后接受中央、省、市新闻媒体30余次采访报道，其中10月16日《中国日报（海外版）》以《未成年孩子的幸福生活》为题，对长沙市未成年人保护教育工作进行专题报道。10月15日，长沙市流浪儿童保护教育中心加挂“长沙市流浪儿童学校”的牌子。流浪儿童学校对7~14岁的流浪未成年人集中传授文化基础知识，突出抓好心理辅导和道德行为的教育；对15~18岁年龄偏大的学员重点进行技能培训，将其送去学习厨师、理发、汽车修理等专业技能，为他们走上就业创造条件。是年，长沙城区设立街道救助点5个，社区咨询服务站260个，设街头救助引导牌200块，引导流浪乞讨人员就近到救助站接受救助。建立市、区两级民政、公安、城管、卫生共同参与的横向联动机制和市、区、街道、社区四级配合的纵向联动机制，城区有各类巡视队、劝导队50余支，专职人员450余人，构成立体式的救助网络平台。是年，全市共救助1.38万人，市总站救助8997人，资助车票返乡5003人，护送特殊对象安全返乡608人，安置智障人士和精神病人872人，临时安置123人，继续查清个人情况，电话网络救助938人。

2009年，由市救助站与长沙精神病医院（专项治疗精神病人），市八人民医院（治疗普通病人）、市中心医院（救治危重病人），市传染病医院（专项救治传染病人）签订协议，如发现病人，按类型分别向各专门医院电话联系救护车接去治疗。由市救助站甄别盖章认定，市财政统一拨付医疗费用给治疗医院，形成成熟的制度体系。

长沙救助管理工作经过几年的探索发展，至2010年形成“布局合理、规模适度、功能完善、有效覆盖、反应及时”的具有长沙特色的救助管理网络。6月8日，《中国社会报》头版以《多点多站搭建立体式救助》为题，对长沙市的救助管理工作予以推荐。

2011 年，市儿童学校从 2008 年开展年龄偏大未成年人的技能培训以来，先后有 1400 余人参加，其中 154 人成功走上就业岗位，成为自食其力的新人。4 月，新华社内参以《流浪儿童保护教育“长沙模式”面面观》为题，对长沙市流浪未成年人保护教育模式予以专题报道。7 月，《半月谈》内部版第 7 期又以《“类学校”教育流浪儿童命运在此改变》为题，专题推介长沙经验。

2012 年 3 月 19 日，出台《关于加强改进流浪未成年人救助保护工作的意见》，印发《关于在全市开展“接送流浪孩子回家”专项行动工作方案》。开展“打拐”“反扒”，针对滞留在站内暂时不能查证出处的流浪未成年人，开展血样采集和 DNA 数据库录入比对工作，为流浪儿童查找家庭。加大街头巡查力度，强力救助流浪儿童。到年底，基本实现城乡街面无流浪未成年人的工作目标。通过“寻人救助网”，向有关部门、单位、家庭发布信息，引导来站接回走失的子弟。至 2012 年，经长沙市收遣站及儿保中心共救助和保护教育的流浪未成年人 2.01 万人。

2012 年 11 月 28 日至 30 日，承办全国第七届救助管理站站长交流会，市救助站向大会介绍长沙市救助管理工作经验。是年，全市共救助各类救助对象 4.06 万人，市救助站 2.49 万余人，提供车票资助返乡 4132 人，护送特殊对象安全返乡 550 人，安置智障人士与救治精神病人 3039 人，网络救助 348 人，移交主管部门或地方政府安置 108 人。

表 8-1-6-5　　2003—2012 年长沙市救助工作情况一览表

年度	全市救助总数（人）	市总站救助数（人）	安置智障人士与救治精神病人（人）	提供车票资助返乡（人）	护送特殊对象安全返乡（人）	移交有关部门安置（人）	农场临时安置救助（人）	医疗救助（人）	医疗救助经费（万元）	电话网络救助（人）
2003	1384	1384	72	603	69	—	0	—	—	0
2004	2415	2415	221	2221	345	9	0	—	—	0
2005	5637	5637	254	4348	292	42	0	—	—	0
2006	4545	4545	412	3890	391	64	0	—	—	0
2007	4627	4627	535	4121	217	—	—	945	125	0
2008	13758	8997	872	5003	608	—	123	1262	200	938
2009	18905	10470	1143	9186	712	13	110	1299	200	571
2010	15565	10112	1221	5164	660	12	111	2007	300	587
2011	37900	25500	1109	4112	600	12	128	1903	290	465
2012	40591	24979	3039	4132	550	108	125	1358	249	348
累计	145327	98666	8878	42780	4444	260	597	8954	1364	2909

五、殡葬管理

（一）社会殡葬管理。1987 年 12 月，《〈长沙市殡葬管理暂行规定〉实施办法》出台。1988 年，长沙市城区火化遗体 5000 余具，火化率 84.2%，市郊区与长沙县、望城县、浏阳县、宁乡县共火化遗体 1000 余具。

开展对殡葬改革的宣传教育，至 1991 年，全市共印发殡葬改革的宣传资料 3 万余份，发放致居民的公开信 16 万份，召开各种会议 2000 余场次，举办墙报、黑板报、宣传标语、有线广播等多样化的宣传活动，组织离退休人员与居民群众2000余人分33次参观殡仪馆，以他们的亲眼所见来宣传推广火葬的好处。1991年，全市出现弃棺火化89起。市内4区共处理违章土葬51起，罚款10.50万元，土葬处理率88%。城五区火化率上升到91%。市郊区与长沙县、望城县、浏阳县、宁乡县火化遗体1700具左右。是年，为贯彻民政部等4部局《关于制止丧葬中的封建迷信活动的通知》，组织大型宣传活动，各区殡改员上门入户开展宣传动员，共印发宣传资料1万余份，召开各层次会议95场次，出宣传标语700余条，出动宣传车5台次，形成大规模的宣传声势，以涤除丧葬活动中封建迷信等旧习俗的衍生蔓延。

1992年10月，《长沙市殡葬管理办法》颁布，凡在本行政区域内的死亡人员（含外来人员）必须实行火葬。11月1日，首次对葬改工作人员颁发“长沙市行政执法证”。是年，组织执法队伍，3次清理整顿自发形成的丧葬用品市场，销毁一大批香烛、灵屋、纸钱等封建迷信用品，以净化丧葬用品市场。1995年，根据“河西墓地有土葬现象”的举报，调查发现潇湘陵园、桃花岭墓地共违规土葬3具遗体，遂对其处以没收经营性收入14.5万元。

1996年，为纪念毛泽东等老一辈无产阶级革命家，举办大型宣传活动，开展联合签名倡导火葬40周年。4月，在城区主要街道、广场设置多个宣传咨询点，发放宣传资料，挂横幅标语、展出图文并茂的宣传板报，大喇叭播放录音磁带。这项宣传活动连续开展3年。1997年，长沙城区共处理违章土葬1465例，罚款580745元。土葬行为虽得到遏制，但未从根本上杜绝土葬。市5区（区划调整后包含原郊区的乡、场、镇农村）火化率为75%，4县（市）火化率在10%左右。10月30日，颁布《长沙市殡葬管理条例》，就火葬管理、殡葬设施和公墓管理、殡仪活动和丧葬用品管理、法律责任等方面制定法规条款，把殡葬管理的行政行为上升到法律管理层面。1998年6月，组建长沙市殡葬管理监察大队。是年10月6日，天心区金盆岭街道某厂一退休职工死亡后，其家属将遗体运往长沙县跳马乡土葬。市殡改办会同天心区民政局、街道办上门做好家属的思想教育工作，于10月15日组织执法队到埋葬地挖开坟墓，起棺火化。这是第一次起棺火化执法行动。此后，凡长沙市的违法土葬者（其有运往湘潭、岳阳地区土葬者）都一律坚持起棺火化，做到依法行政。

1999年4月15日，殡葬改革宣传月动员大会召开，确定每年4月或5月为全市的殡葬改革集中宣传月。是日，组织宣传队伍在全市城镇的主要街道、广场和农村乡镇集市人流集中的地段开展宣传，现场回答媒体采访，接受群众咨询，发表电视讲话等，宣传殡葬改革的意义和殡葬法规，省、市多家报社、电台、电视台等新闻媒体广泛报道，使殡葬改革家喻户晓，深入人心。6月11日，市与各区县（市）签订“殡葬目标管理责任状”，下达指标任务，制发配套考核办法。年度组织检查考核，评比计分，召开大会实施目标管理奖罚兑现。此后，此项管理措施每年执行。9月28日，发布《〈长沙市殡葬管理条例〉实施办法》。

2000年4月，查核整改影响岳麓山风景名胜区景观的“桃花墓园”，作出墓地不许扩大，恢复公益性，只允许埋葬本村村民火化骨灰的决定。8月，查处汨罗市“千秋福园”在长沙非法营销骨灰格位引发严重社会问题的案例，确定为非法传销，予以取缔，督促其退还被欺骗群众的传销款项。

2002年3月，发布《关于整治城区殡葬秩序的通告》，取缔城区乱搭灵棚占道治丧。4月23日，全市整治城区殡葬秩序动员大会召开，规定从5月1日起，禁止在城区户外搭设灵棚治丧。发布《整治城区殡葬秩序实施方案》，殡葬管理监察大队日夜值班巡逻，发现户外搭棚治丧者及时劝阻，对不听劝阻者强行拆除。当年现场处置户外搭棚治丧49例，100余起经劝阻自动停止，将遗体送殡仪馆办丧事，查处违法土葬56例、非法营运遗体车辆8台次。2004年，长沙市5城区火化率达到100%，全市城乡平均火

图 8-1-6-1 长沙市发出殡葬改革集中宣传月，主题为“绿色殡葬，文明祭祀”。图为街头宣传场面

（摄于 2008 年 4 月，长沙市民政局供图）

化率为 40%。

2006 年 3 月，查处衡阳市“万福陵园”在长沙设点、欺骗群众购买骨灰存放格位的重大案例，由于影响面大，后经省政府出面，省政法、公安、工商联合办案，定性为非法传销，予以取缔。衡阳市派工作组来长沙处理善后事宜，退还全部传销款项和做好社会稳定工作。是年对市区丧葬用品市场进行多次整治，销毁封建迷信用品 10 余车，取缔一批制作、批发迷信用品的窝点，销毁土葬用品龙头杠具 100 余套，查处非法运营遗体车辆 49 台次，收缴户外搭棚治丧棚架 100 余套，查处出殡沿途抛洒纸钱、鸣放鞭炮的行为多例，净化城市环境。

2008 年 4 月，开展殡葬改革集中宣传月活动，主题为：文明祭祀，绿色殡葬、平安清明。各大公墓通过鲜花换鞭炮（临时代管、祭扫后退还）活动，使墓园祭扫再不闻鞭炮声和引发山火，祭扫活动逐渐形成文明之风。4 月 9 日，出台《长沙市农村村民和城市低保户死亡人员遗体火化和运输基本费用报销实施办法》，规定城区低保户死亡者火化后财政报销火化费 320 元，运输费 200 元；区县市村民死者火化后财政报销火化费 320~280 元，运输费报销 280 元，此项惠民政策开全国省会城市之先河。是年，长沙市城区火化率 100%，全市城乡平均火化率为 60%。2009 年，长沙县、望城县火化率达到 100%，是全省两个实现全面火化的县。

2011 年 5 月，望城县谷山北面私设陵园，新华社《内部参考》反映后，8 月实施整治行动，共平毁坟墓 1485 冢，恢复植被生态原貌。2012 年，全市丧葬补助费 1563 万元，受惠家庭 1.8 万户，减轻人民群众经济负担，促进殡葬改革工作发展。年底，全市城乡平均火化率达到 73.6%。

表 8-1-6-6　　1988—2012 年长沙市火化数统计一览表　　单位：具

年度	长沙市殡仪馆	宁乡县殡仪馆	浏阳市福泽园殡仪馆	合计
1988	6821	249	—	7070
1989	7140	214	—	7354
1990	6673	196	—	6869
1991	6654	216	—	6870
1992	7253	249	—	7502
1993	7241	206	—	7447
1994	6847	215	—	7062
1995	7030	264	—	7294
1996	6983	294	—	7277

续表 8-1-6-6

年度	长沙市殡仪馆	宁乡县殡仪馆	浏阳市福泽园殡仪馆	合计
1997	6790	216	—	7006
1998	7480	234	—	7714
1999	7785	358	—	8143
2000	9147	304	—	9451
2001	10102	365	—	10467
2002	11401	423	—	11824
2003	12891	482	—	13373
2004	12725	562	—	13287
2005	13858	580	—	14438
2006	14586	486	—	15072
2007	14391	516	2250	17157
2008	16394	1200	2467	20061
2009	17767	2549	2594	22910
2010	17702	3600	2497	23799
2011	16844	2264	5124	24232
2012	17715	2538	5360	25613
累计	270220	18780	20292	309292

说明：2004 年 10 月起长沙市殡仪馆火化数为明阳山殡仪馆火化数

（二）殡葬设施建设。1988 年，长沙市只有市殡仪馆和宁乡县殡仪馆。长沙市殡仪馆面积 7.62 公顷，有建筑物 12 栋计 8000 余平方米（含火化车间、悼念厅、骨灰寄存楼、汽车库、办公室、业务室等），当年火化遗体 6821 具。馆区内还有“火葬墓园”一处，面积约 3.3 公顷，约葬入坟墓 6000 冢。市殡葬管理处对该墓地调整理顺，提质改造，继续进葬坟墓，形成一个新老墓种交织的墓园。市殡葬管理处还管理三处公墓：石马铺公墓，位于南区雨花亭乡，面积 53.3 公顷，先后葬入土葬棺木墓 3 万余冢。南郊公墓，面积 19 公顷，葬入土葬棺木墓 1.7 万余冢。望麓桥公墓，约 5.2 公顷，位于西区望麓桥畔的茶子山，至 1976 年葬入土葬棺木墓 9800 余冢，已停止进葬，设工作房 6 间，长期安排 1 人驻守。

宁乡县殡仪馆位于该县白马桥乡仁福村，成立于 1976 年，隶属宁乡县民政局，为全额拨款事业单位，用地面积 5.1 公顷，建馆后一段时期只经营火葬，1988 年火化遗体 249 具。当年该馆兴建 2 公顷的“万寿陵园”墓地，增设骨灰墓葬业务。

1989 年，石马铺公墓新辟小型火葬墓地，开始葬入少量骨灰公墓。1992 年，湖南革命陵园（1977 年兴建的优抚事业单位）兴建约 5.3 公顷的经营性公墓，开展经营骨灰墓葬。

1993 年 1 月，长沙市西区设立“潇湘陵园”，归口西区民政局主办、管理，为独立核算的事业单位，位于望岳街道谷峰村，占地面积 51 公顷，建有房屋面积 1.84 万平方米，当年葬入骨灰墓 458 冢。是年，经国家民政部批准设立“湖南唐人永久墓地”，位于长沙市东郊毛塘工业园，墓园占地面积 53.3 公顷，实际开发面积 12 公顷，有房屋建筑面积 1200 平方米，开展经营骨灰墓葬。至 1993 年，石马铺公墓共

图 8-1-6-2 2004 年 9 月,长沙市明阳山殡仪馆主楼竣工
(摄于 2004 年 12 月,长沙市民政局供图)

葬入骨灰墓 1000 余冢。是年，石马铺规划为城市生活区停止葬坟，停止该墓区进葬坟墓和停止修缮坟墓等一切业务。1994 年，对原南郊公墓进行调整理顺、提质改造，兴建骨灰公墓墓园，更名为金陵城市绿化墓园。

1998 年 5 月，湖南省民政厅批复成立浏阳市殡仪馆，隶属于浏阳市民政局，位于该市集里街道神仙坳泉水村，是没有火化设备的殡仪馆，面积 0.66 公顷，主要业务是接运遗体送长沙等地殡仪馆火化及开展悼念仪式、骨灰墓葬等殡仪服务，1999 年 3 月开业。

1999 年 7 月，新殡仪馆搬迁协调领导小组成立，开展新殡仪馆选址调研、评估论证等筹备工作。2001 年 8 月，新殡仪馆建设工程列入市重点工程。2002 年 1 月 15 日，长沙市新殡仪馆在雨花区黎托乡侯照村绵羊山奠基，并命名新殡仪馆为明阳山殡仪馆。2003 年 3 月，调整和充实新殡仪馆搬迁协调领导小组，设工程建设指挥部。7 月，新殡仪馆房屋设施工程正式动工兴建。11 月，将市殡葬管理处的石马铺公墓 27.3 公顷宗地由民政学院以 3600 万元征购。

2004 年 1 月，“湖南省唐人永久墓地”经湖南省民政厅、省工商局批准，更名为“湖南唐人万寿园”。9 月，明阳山殡仪馆建设工程竣工，用地面积 49.5 公顷，整个工程按国家一级、国内一流殡仪馆设计建设，可提供遗体接运、冷藏、装殓、悼念、火化等全程自动化现代殡仪服务。经省民政厅批准，配套设置“明阳山福寿苑陵园”经营性公墓。9 月 27 日，明阳山殡仪馆正式开业运营，原长沙市殡仪馆（金盆岭馆区）停止一切殡仪服务。

2006 年 7 月 17 日，湖南省民政厅批准“长沙市上善园·园林式公墓”建立，为民营性公墓，位于天心区书院南路 134 号，用地面积 75.7 公顷，房屋建筑面积 4598 平方米，建有 350 米壁葬长廊。是年，开展农村公益性墓地建设试点工作。石马铺公墓余下的 15.4 公顷土地分 3 次划拨给长沙市第三社会福利院发展社会福利公益事业。至此，石马铺公墓完全撤销。

2007 年 2 月，“浏阳市福泽园殡仪馆”建立，位于该市荷花街道嗣同村新康组，系招商引资、公私合营企业，第一期工程土地 3.3 公顷，集火化、治丧悼念、墓葬服务于一体，有房屋建筑 5000 平方米，当年火化遗体 2250 具。7 月，长沙全市共建有农村公益性墓地 6 处。

2008 年 4 月 15 日，印发《关于我市农村公益性墓地项目建设和财政补助方案的通知》，对全市农村建设公益性墓地的村级墓地一次性补助 2 万元，乡镇级墓地补助 5 万元；骨灰寄存堂（楼）村级补助 5 万元，乡镇级补助 10 万元。各县（市）安排不低于市财政补助标准的配套资金。当年市财政拨付补助金 22 万元。是年，终止原浏阳市殡仪馆一切殡仪服务活动，殡葬服务统一归口福泽园殡仪馆办理。

2010 年 3 月 16 日，发布《长沙市农村公益性墓地管理暂行办法》。4 月 30 日，在望城县召开农村公益性墓地建设现场经验交流会，推广望城县经验。举办一期墓地建设与管理的培训班。为减轻农民负担和规范公益性墓地的收费标准，规定每个墓穴价格在 1000 元以内。

截至2012年，全市拨付补助农村公益性墓地建墓经费796万元，全市农村共建成公益性墓地30处，骨灰堂2个。

表8-1-6-7　　1988—2012年长沙市经营性公墓共进葬坟墓数统计一览表　　单位：家

墓园名称	共进葬坟墓总数
湖南革命陵园墓地	9444
金陵城市绿化墓园	29230
金盆岭馆区火葬墓园	15719
明阳山福寿苑陵园	643
潇湘陵园	21175
唐人万寿园	13347
上善园·园林式墓地	2333
浏阳市殡仪馆墓地	1529
宁乡县殡仪馆万寿陵园墓地	1764
合　计	95184

六　行政区划勘界及地名管理

（一）行政区划。1988年，长沙市东区增设五里牌街道办事处、人民路街道办事处。西区将溁湾路街道更名为望月村街道，并新增设望麓桥、龙王港等14个居委会；通泰街街道增设水上居委会。北区增设新河街道、黑石渡街道；望麓园街道新增设3个居委会；清水塘街道新增设2个居委会，浏阳河街道新增设2个居委会。长沙县撤销高塘乡，设黄兴镇；撤销黄花乡，设黄花镇；撤销高岭乡，设捞刀河镇。宁乡县撤销双凫乡，设立双凫镇；撤销双江口乡，设立双江口镇。

1990年，长沙市南区左家塘街道增设10个居委会；圭塘街道增设7个居委会；井湾子街道增设6个居委会；撤销郊区马王堆乡桂花村，划归南区管辖。浏阳县城关镇撤销城西村，建城西居委会。郊区撤销马王堆乡火星村，设火星镇。

1993年，撤销浏阳县，设立浏阳市（县级），以浏阳县的行政区域为浏阳市的行政区域，浏阳市由长沙市代管。长沙县撤销望星乡，设星沙镇。望城县撤销雷锋乡，设雷锋镇。浏阳市撤销大瑶乡、东门乡、社港乡、沙市乡、镇头乡、金刚乡，设大瑶镇、东门镇、社港镇、沙市镇、镇头镇、金刚镇；撤销市区城关镇、集里乡，设淮川街道和集里街道。宁乡县撤销道林乡、流沙河乡，设道林镇和流沙河镇。

是年，长沙县治由长沙市北区潘家坪迁往星沙镇，星沙镇定为长沙县城。

1995年，成立撤区、并乡、建镇，简政放权工作领导小组。从5月20日至6月20日，在长沙县、望城县、浏阳市、宁乡县开展农村撤区并乡建镇简政放权工作。全市农村共撤销39个区公所，将221个乡镇合并为44个乡，66个镇，4个街道办事处。其中长沙县41个乡镇合并为21个，望城县由36个乡镇合并为21个，浏阳市由67个乡镇合并为40个、4个街道办事处。宁乡县由77个乡镇合并为32个。行政区划调整后，全市乡镇平均面积由原来的51平方千米扩大为95.6平方千米，平均人口由原来的1.73万人扩大到3.16万人，实现小乡镇到大乡镇的转变。

1996 年 1 月 30 日，长沙县城建设全部竣工，长沙县全部公办机构从旧址长沙市北区潘家坪迁入长沙县星沙镇新址，结束长沙市与长沙县同城而治的历史。

是年 4 月 22 日，国务院批复：同意长沙撤销东区、南区、西区、北区、郊区。设立芙蓉区、天心区、岳麓区、开福区、雨花区，并确定各区的行政区域管辖范围和区政府办公地址。

1997 年 7 月，长沙市芙蓉区撤销人民路街道，将其行政区域分别划分入左家塘、朝阳、文艺路 3 个街道管辖；撤销火星镇，设立火星街道；撤销马王堆乡，设马王堆街道，增设东屯渡街道。天心区增设新开铺街道，将南大路街道从雨花区划入天心区城南路街道。岳麓区撤销岳麓山乡，设岳麓街道；增设观沙岭街道、咸家湖街道、望城坡街道，望月村街道更名为望月湖街道。开福区撤销福安乡，改设四方坪街道。雨花区撤销洞井乡，设洞井镇；撤销雨花亭乡，设雨花亭街道；增设高桥街道，东塘街道、砂子塘街道。望城县撤销九江乡，设含浦镇。

2001 年 10 月 10 日，长沙市人民政府由原址芙蓉区藩后街迁入新址岳麓大道 218 号。5—11 月，长沙市天心区撤销大托乡，设大托镇；撤销国营畜牧农场，设青园街道；撤销市园艺示范繁殖场，设桂花坪街道。岳麓区撤销望岳乡，设望岳街道。望城县撤销白箬铺乡，设白箬铺镇。

2005 年 12 月，长沙市开福区增设洪山街道，以长沙市国有综合农场作为行政区域。浏阳市合并白沙乡和大围山镇，设大围山镇；合并沙市乡与赤马镇，设沙市镇；合并山田乡和淳口镇，设淳口镇。宁乡县合并崔坪乡和黄材镇，设黄材镇；合并祖塔乡和沩山乡，设沩山乡。

2011 年 5 月 20 日，根据国务院《关于同意湖南省调整长沙市部分行政区划的批复》，撤销望城县，设立长沙市望城区，以原望城县的行政区域为望城城区的行政区域。

是年 11 月，长沙市芙蓉区撤销东岸乡，设东岸街道。雨花区将洞井街道拆置为洞井、同升两个街道；将黎托街道拆置为黎托、东山两个街道；将合署办公的雨花亭、井湾子街道拆分为雨花亭街道和井湾子街道，确定各自的行政区域管辖范围，成为独立管理的两个街道办事处。望城区撤销格塘乡，设置格塘镇。

2012 年 3 月，长沙县撤销开慧乡，设开慧镇；撤销跳马乡，设跳马镇。

表 8-1-6-8　　2012 年年底长沙市区县（市）街道、乡镇情况一览表

政区名称	所辖街道、乡镇名称
芙蓉区	湘湖街道、文艺路街道、朝阳街道、韭菜园街道、浏正街街道、解放路街道、府后街街道、都正街街道、五里牌街道、火星街道、马王堆街道、东屯渡街道、东岸乡街道
天心区	坡子街街道、城南路街道、裕南街街道、金盆岭街道、赤岭路街道、新开铺街道、文源街道、青园街道、桂花坪街道、大托铺街道、黑石铺街道、先锋街道
岳麓区	岳麓街道、橘子洲街道、望岳街道、梅溪湖街道、望城坡街道、洋湖街道、学士街道、望月湖街道、西湖街道、银盆岭街道、观沙岭街道、天顶街道、坪塘街道、含浦街道、咸嘉湖街道、雨敞坪镇、莲花镇

续表 8-1-6-8

政区名称	所辖街道、乡镇名称
开福区	芙蓉北路街道、湘雅路街道、通泰街街道、清水塘街道、望麓园街道、伍家岭街道、新河街道、东风路街道、洪山街道、四方坪街道、捞刀河镇、新港镇、青竹湖镇
雨花区	东塘街道、砂子塘街道、侯家塘街道、高桥街道、圭塘街道、左家塘街道、洞井街道、同升街道、井湾子街道、黎托街道、东山街道、雨花亭街道
望城区	高塘岭街道、喻家坡街道、丁字湾街道、书堂山街道、白沙洲街道、大泽湖街道、月亮岛街道、金山桥街道、黄金园街道、廖家坪街道、桥驿镇、茶亭镇、东城镇、铜官镇、乔口镇、乌山镇、白箬铺镇、靖港镇、格塘镇、雷锋镇、新康乡
长沙县	泉塘街道、湘龙街道、星沙街道、长龙街道、㮾梨街道、黄花镇、白沙镇、春华镇、江背镇、青山铺镇、福临镇、果园镇、开慧镇、路口镇、高桥镇、双江镇、干杉镇、跳马镇、金井镇、北山镇、黄兴镇、安沙镇、暮云镇
宁乡县	坝塘镇、白马桥乡、城郊乡、大屯营乡、大成桥镇、道林镇、东湖塘镇、枫木桥乡、横市镇、花明楼镇、黄材镇、灰汤镇、回龙铺镇、金洲镇、菁华铺乡、老粮仓镇、历经铺乡、流沙河镇、龙田镇、煤炭坝镇、南田坪乡、青山桥镇、沙田乡、双凫铺镇、双江口镇、沩山乡、夏铎铺镇、偕乐桥镇、巷子口镇、玉潭镇、喻家坳乡、朱良桥乡、资福乡
浏阳市	淮川街道、集里街道、关口街道、荷花街道、太平桥镇、葛家乡、枨冲镇、溪江乡、古港镇、三口镇、高坪镇、永和镇、七宝山乡、沿溪镇、官渡镇、达浒镇、大围山镇、张坊镇、小河乡、文家市镇、中和镇、金刚镇、大瑶镇、杨花乡、澄潭江镇、镇头镇、普迹镇、柏加镇、官桥镇、蕉溪乡、北盛镇、永安镇、洞阳镇、沙市镇、淳口镇、龙伏镇、杜港镇

（二）勘界。1997年3月，根据国务院《关于开展勘定省、县两级行政区域界线工作有关问题的通知》，长沙市勘界工作领导小组成立，各区县（市）都成立相应的勘界工作领导机构，配备勘界工作人员，组建勘界工作的专门队伍。印发《长沙市勘定地、县（市）、区行政区域界线工作总体方案》，将勘界工作的具体任务按1997—2000年分年度安排到各区县（市），实行定任务、定时间、定目标、定责任人（单位），将勘界工作落实到位。到1999年底，全市共勘定省界、市界、区界共26条，边界线总长度1786.7千米，埋设界桩179个。其中省界4条，全长174.5千米，埋设4个界桩。市界5条，长沙市与株洲市、湘潭市、岳阳市、益阳市、娄底市的边界线全长1024.4千米，共埋设57个界桩。长沙市各区县（市）界线17条，界线全长587.8千米，共埋设58个界桩。提前一年完成合界任务。2001年3月6日，湖南省人民政府表彰长沙市和浏阳市为勘界工作先进集体，勘界工作者张世汉、沈亮之立二等功；

周雪梅、陈新忠、李学明、朱晓燕、吴广立三等功。

2004 年，根据国务院《行政区域界线管理条例》精神和湖南省民政厅开展行政区域界线联合检查的具体安排，经过与毗邻的省、市、地区联系协调，确定每年度的联检时间、界线线路、牵头单位等具体工作事项，组织起界线毗邻的双方通过实地详查，对出现的问题做到早发现，早解决，并共同写出年检记录和报告予以确认，巩固勘界成果。2007 年，长浏线山林纠纷、长开线、长雨线因建筑施工遗失两地界碑、长开线上的拆迁纠纷等问题都得到及时处理。是年，率先全省出台《平安边界创建实施方案》，明确界线毗邻双方的责任，采取区县（市）指定界碑管理人员并与之签订《界桩维护委托协议书》的措施，确保界桩的稳定性。

2009 年 10 月，邀请株洲市、湘潭市、岳阳市、益阳市、娄底市的有关领导在长沙召开创建平安和谐边界联席会议，向兄弟市发出创建平安和谐边界倡议书，倡导 6 市结成友好城市。长沙市分别与 5 市签订《行政区域边界线管理维护协定书》，完善 6 市行政区域界线管理的长效机制。2012 年，长沙市与江西省的宜春市、萍乡市召开创建边界平安工作会议，签订共建协议，为省界平安稳定创建长效机制。

（三）地名管理。1988 年，根据国务院的《地名管理条例》和湖南省人民政府的《地名管理办法》精神，严格履行地名命名、更名审批手续，全市共命名、更名的道路、街道、巷、居民村等各类标准名称 85 处，确定其统一名称和用字。是年，出台《关于设立和完善地名标志的意见》，对市区内的路、街道、巷门牌进行检查维护，市内共补充和更新主次干道的路牌 102 块，街巷牌 250 块，重新制作五一路、麓山南路沿路门牌 700 块。

1989 年 3 月，地名标志设置工作会议在浏阳县召开，对全市地名标志设置进行部署。11 月，出台《长沙市地名管理细则》，共 14 条，规定市、区、县地名机构的设置，地名管理的范围，地名命名、更名的原则及审批权限，地名标志的设置和管理等，对全市地名管理工作进行细化和规范。全年，长沙主要路、街统一设置企、事业单位指示牌，全市共设置更新地名标志 1 万余块。

1992 年，对全市原有的路 97 条、街道 150 条、巷 739 条（共 986 条）进行全面清理，有建湘北路、长塘里、东园巷等 42 条路街巷因新修道路和居民区已经消失，对砚瓦池正街、南泥路、长治路等 10 条街巷按地名等级标准化处理进行更名，对新建的芙蓉路、长岛路、新中路和新建的无名洲桥梁予以命名。是年，市、区投入资金 30 万元，加强地名标志建设，更新设置路牌 277 块，街牌 301 块，巷牌 1144块。

1995 年 3 月，命名“中意路”和“丽臣一路”，采用企业名称命名道路，旨在宣传长沙骨干企业和名优产品。5 月，印发《关于统一更换全市门牌的通知》，要求全市用两年时间，全面更换安装市区门牌。发出《关于加强全市门牌管理的通告》，出台《长沙市门牌整顿、编码、安装管理实施方案》。6 月，各区全面清理整顿，重新编码，有门有号，一门一号，有号有牌。至 1997 年，全市 60 余条主要干道、1200 余条路街巷都已安装新门牌 16 万余块，完成率为 60%。后因取消门牌收费，门牌整顿工作停止 3 年多。

2001 年，按国家标准在芙蓉路、岳麓大道等 7 条主要干道安装一批新的灯箱式路名牌。还在金鹰小区、省人大等十几家单位按照国标安装小区牌、楼栋牌、单元牌、户牌等地名标志 5000 余块。

2002 年 5 月，随着城市建设的快速发展，出台《长沙市关于加强地名管理的规定》《长沙市城市住宅和高层建筑物等标准地名命名实施细则》，进一步规范地名命名更名工作。在地名命名更名的程序上，进行改革和创新，实行“征集意见、筛选汇总、专家评审、政府审批、公布使用”的五步程序。通过新闻媒体广泛征求市民对道路命名的意见，在征集意见的基础上，先后5次召开由地理、文史、规划、建筑、旅游等方面的专家参加命名、更名论证会议。实施经营地名资源，运用市场化经营机制筹措设置地名标志的资金，与两家广告公司签订总价值2000万元的资金协议，由投资者全额出资修建路名牌，政府出让路门牌广告位置经营权10年作为投资回报。是年11月，开展道路等公共地域冠名权的拍卖工作，以“火星路”冠名权拍卖作为试验，制定冠名权拍卖的相关规定。

2003年6月，通过“五步程序”新制定的命名方案，完成全市主次干道、街巷共320余条道路的命名，在新闻媒体公布施行。7月，通过采取广拉赞助捐建，竞标拍卖冠名权等市场经营方式，筹措到一批地名设标资金，一次性公开招标采购门牌12万块。从8月开始，安装城区灯箱式路名牌2000余台，壁挂式街巷牌4000余块，门牌9万余块，地名标志设置工作基本完成。是年长沙市被评为全国设标先进单位。12月，制定《长沙市城区有偿使用地名实施细则（试行）》，规范实施公共区域冠名权拍卖工作。

2005年，全市完成“三一大道”“五凌路”“恒隆国际大厦”“丽星景园”等道路、建筑物的有偿冠名，获得冠名费近百万元，解决地名工作资金缺乏的困难。全年按“五步程序”操作，完成楼盘命名33座，道路命名115条，桥梁命名37座。

2008年11月，全市完成“中信城市广场”“青竹湖会议中心”等213个楼盘的命名、更名审批工作，其中“美景林园”“中信城市广场”等建筑物为有偿命名，获得有偿命名收入近140万元。全年完成建筑物的命名、更名233座，道路命名39条。

2010年，全年完成楼盘小区命名144座，道路命名66条，地铁站命名39个，完成全市门牌补发、编码、安装9000余块。2011年，由市级投入1100万元，完成市区310条主次干道3000余块路牌改造更换。

2012年，完成建筑物命名103座，道路命名8条。截至2012年底，长沙市共命名1400余条道路、街巷，1100余栋建筑物（群），47座桥梁，39个地铁站点。

第二章　劳动与社会保障管理

20世纪80年代起，长沙市劳动保障事业服务经济社会发展大局，着力保障和改善民生，以就业制度改革为主线，开展就业再就业工程，加强劳动服务体系建设，推进职业技能培训与鉴定，改革调整工资分配制度，完善劳动权益保障监察，建立健全社会保障体系。1988年，长沙市废除企业劳动固定工制度，成立职业介绍所，推动企业自主用工和个人自由择业。90年代中期，随着国企改革的持续推进，企业下岗职工人数不断增长，长沙市遵循“企业自行安置为主，社会帮助为辅，保障富余职工基本生活”的原则，启动下岗职工再就业工作。相继出台长沙市职工失业保险、工伤保险、养老保险实施办法，建立健全社会保险体系，保障职工劳动权益。

1995年，制定《长沙市劳动力市场管理暂行办法》，出台《长沙市劳动监察条例》，开全国劳动监察地方立法之先河，首创劳动监察与举报制度。1998年，根据省劳动厅提出的“劳动者自主择业、市场引导就业、政府促进就业”方针，围绕“市场分流一批、中心托管一批、企业消化一批”的办法继续推进再就业工程，将城镇新增劳动力与下岗职工并轨安置，市场调节就业逐步成为就业的主渠道。1999年，取消农民进城务工限制，把农村劳动力纳入统一的劳务市场体系。大力开拓人力资源市场，推动劳动服务向纵深发展，加强职业技能培训与鉴定工作，强化劳动保障维权与救助，确保劳动者积极稳定就业。

2000年，为应对国企改制带来的新一轮下岗和失业，长沙市积极发挥失业保险基金的杠杆作用，失业保障工作成效显著，年底综合排名湖南省第一。2004年，把扩大就业和再就业列入全市实事工程，明确各级各部门目标责任和考核办法，全面落实就业扶持政策。不断破除劳动力市场城乡、地区分割壁垒，促进就业联动，形成劳动者自主择业、市场调节就业、政府促进就业的良好工作局面，被国务院授予“全国再就业工作先进单位”称号。稳步推进收入分配制度改革，完善工资调控体系，以最低工资标准、工资指导线、劳动工资指导价位、工资集体协商为抓手，建立健全薪酬市场化调整与保障机制。建立信访协调、争议仲裁、劳动监察、行政复议、效能监察、考核督查“六位一体”的大维权联动机制，确保劳动监督无空白、维权无盲点。2007年，出台《城镇居民基本医疗保险试行办法》，并通过加强基层平台信息化建设，推动劳动管理工作不断向街道（乡镇）延伸，职工失业金申领认证、城乡居民医保核验、退休人员社会化管理、就业援助、劳动维权等各项职能通过基层服务平台实现与居民零距离对接。

2009年，受金融危机影响，长沙市面临高校毕业生、返乡农民工、城镇失业人员“三碰头”的严峻就业形势。为缓解就业压力，应对经济下行危机，出台《关于促进高校毕业生创业和就业的政策意见》，引导高校毕业生自主择业创业。2010年，长沙市制定完善以“六补两贷一扶持”为核心内容的新一轮就业政策，继续深入推进就业服务和职业培训工作，有效解决高校毕业生、农民工、就业困难群体就业难的问题。通过开展“春风行动”送岗位下乡，为6万名农民工提供就业服务，农民工就业服务模型研究得到人力资源和社会保障部肯定。将新型农村社会养老保险和城镇居民社会养老保险合并，统一推出《城乡居民基本养老保险办法》，实现城乡居民养老保险的制度全覆盖。2011年，长沙市积极响应国家创新创业的号召，深入开展创业扶持和培训工作，以全省第一的成绩通过省级创业型城市评估验收，被人力资源和社会保障部评为全国创业型城市中期考核优秀城市，被中华人民共和国文化部与教育部授予“国家大型创业示范基地”称号。

2012年，长沙市不断健全政策引领、创业培训、小额贷款、项目开发、资金保障、后续服务一条龙的创业扶持体系，成功创建三个省级创业孵化基地，创业培训3.1万人，全年新增就业12.48万人，城镇登记失业率控制在3%以内，为2.88%。形成政府引导就业、市场吸纳就业、劳动者自主择业与创业，劳动关系和谐有序，劳动权益有效保障，劳动力质量不断提升的良好局面。长沙市就业服务局被国务院评为“全国就业工作先进单位”，长沙市被国务院授予“全国创业先进城市”称号。

第一节 机 构

一、市级机构

1988年，长沙市劳动局为市政府工作部门，内设办公室、工资科、福利科、技工培训科、劳动安全监察科（含矿山安全监察科）、锅炉压力容器安全监察科、劳动计划调配科、社会劳动力管理科、劳动争议仲裁科、研究室、综合档案室，局机关编制58人。1990年，设中共长沙市劳动局纪律检查组。1991年，设立财务科。1993年，撤销政策研究室，设立老干部工作科；撤销纪检组，设立中共长沙市劳动局纪律检查委员会。1995年，设立劳动监察科。1999年，设立医疗保险科。2000年，将锅炉压力容器安全监察科、劳动保护矿山安全监察科特种设备的安全监察监督职能及6名行政编制和人员划入市质量技术监督局。2001年，设立社会保险基金监督科、职业技能开发科（加挂长沙市职业技能鉴定中心牌子）。2001年9月，长沙市劳动局更名为长沙市劳动和社会保障局。2002年6月，科改处，机关处室12个，行政编制48名，事业编制7名。2009年，设立农村社会养老保险管理处。2011年7月，市人事局和市劳动和社会保障局合并为长沙市人力资源和社会保障局，设办公室、法规处、规划财务处、就业促进处、人才开发与人力资源市场管理处、军队转业干部安置处（长沙市军队转业干部安置工作小组办公室）、职业能力建设处（长沙市职业技能鉴定中心）、专业技术人员管理处、事业单位人事管理处、外国专家处、劳动关系处、工资福利处、养老保险处、基层业务指导处、信访处、人事教育处、离退休人员管理服务处、机关党委、纪检监察室、团委等21个内设机构。行政编制99名，事业编制7名。2012年，内设机构与编制未变。

1988年，长沙市劳动局二级机构有市劳动服务公司、市锅炉压力容器检验研究所、市劳动保护检测检验站、市社会劳动保险管理办公室（含老龄工作委员会办公室）。1994年，市社会劳动保险管理办公室更名为长沙市企业社会保险工作局（副县）。1996年，成立市老年公寓管理所，归口劳动局管理的市老龄办。1997年，成立长沙市劳动监察大队。1999年9月，撤销市公费医疗管理委员会办公室，成立市医疗保险管理服务中心（副处）。2001年，长沙市劳动服务公司更名为长沙市就业服务局，市老龄办划归市民政局管理。2002年，长沙市失业保险管理处更名为长沙市失业保险管理服务中心。2003年，成立长沙市再就业小额贷款担保中心，归口市就业服务局管理；成立长沙市劳动和社会保障局信息中心（副县）。长沙市机械技工学校由湖南省浦沅集团公司整体移交给市劳动和社会保障局。2004年，长沙市劳动保障监察支队加挂长沙市维护农民工合法权益中心牌子。2005年，设立长沙市工伤保险管理服务局（副县）与长沙市劳动争议仲裁院；长沙市商业干部中等专业学校整体移交市劳动和社会保障局。2007

年明确长沙市失业保险管理服务中心参照公务员管理，成立长沙市社会保险费征缴管理中心。2008年，商业干部中等专业学校更名为长沙市创业与就业服务指导中心。2009年，设立长沙市农村社会养老保险管理服务局（副县）。2011年，长沙市医疗保险管理服务中心更名为长沙市城乡居民医疗保险管理服务局；长沙市农村养老保险管理服务局更名为长沙市城乡居民养老保险管理服务局；长沙市失业保险管理服务中心更名为长沙市失业保险管理服务局。2012年，长沙市劳动争议仲裁院更名为长沙市劳动人事争议仲裁院（副县）。

1988—2012年，先后担任长沙市劳动局、市劳动和社会保障局、人力资源和社会保障局担任主要领导职务的有：赵林初、徐梓干、周庆宪、文丽霞（女）；其他领导班子成员有：陈再福、屈敬增、黄志平、章利云（女）、张圣善、佘正林、刘新安、张深根、彭罗生、尹久长、周柏清、伍水清、王河、钟建辉（女）、陈英庶、戴崇华（女）、李德清、李佑明、鲁爱民、肖建国、伍玉明、谭明江、罗昶、魏敏（女）。

二、区县（市）机构

1988年，长沙、望城、浏阳、宁乡4县，东、西、南、北4区与长沙市郊区均设有劳动局。1993年，浏阳县改市，浏阳县劳动局更名为浏阳市劳动局。1996年区县区划调整，长沙市东区劳动局更名为芙蓉区劳动局，长沙市南区劳动局更名为天心区劳动局，长沙市西区劳动局更名为岳麓区劳动局，长沙市北区劳动局更名为开福区劳动局，长沙市郊区劳动局更名为雨花区劳动局。2001年区县（市）劳动局均更名为劳动和社会保障局。2011年，望城撤县设区，更名为望城区劳动和社会保障局。是年，芙蓉、雨花、天心、开福4区劳动和社会保障局与人事局合并为县（市）、区人力资源和社会保障局。

第二节 劳动就业管理

一、就业制度改革

20世纪80年代初，长沙市企业劳动用工实行计划管理，国有、集体企业用工须申报计划，招用人员须凭劳动指标。1988年，长沙市贯彻执行国务院“三结合”就业方针（劳动行政部门介绍就业、组织起来就业和自谋职业），以国务院关于劳动制度改革五个暂行规定为主线，改革固定工制度，优化劳动组合和合同化管理。通过建立劳务市场，试点将各区、县分配招工指标改为企业、职工双向选择；清理计划外用工，废除企业干部“职务终身制”和“工人岗位固定制”，为职工创造平等竞争的就业条件；引导企业采用“面向社会、公开招收、全部考核、择优录用”的招聘办法，明确双方的责权利关系。是年，全市共有固定职工26.63万人，劳动合同制工人2.34万人。

1992年，长沙市设立企业三项制度改革办公室，深化企业劳动用工制度改革。贯彻落实国务院颁布的《全民所有制工业企业转换经营机制条例》，将劳动管理权限下放给县、区劳动部门和企业。坚持“公开招收、自愿报名、择优录用，先培训，后上岗”的原则，将用工制度改革推向全民制企业。1994年，长沙市制定招工管理规定，进一步扩大全员劳动合同制试点范围，培育发展劳务市场，完善劳动就业服务体系，建立劳动就业竞争机制，严禁内部招收和子女顶替，实现企业自主用工和个人自由择业，使长沙市积压的20万待业青年及时得到安置。

20世纪90年代中期，随着国企改革的持续推进，企业下岗职工人数不断增多。为缓解下岗人员就业压力，控制城镇失业率，1995年，长沙市贯彻执行《中华人民共和国劳动法》，实施再就业工程，用两年时间分流安置4万名失业下岗职工。全面深化劳动领域配套改革，全员劳动合同制扩大到集体、外商投资企业。1997年9月，长沙市组建再就业服务中心，建立再就业专项基金，推行下岗职工证制度，规范下岗职工管理。加强各级劳动力市场建设，在全市168个乡镇街道建立126个劳动管理站，将就业管理与服务向基层延伸，搭建企业招工用工、解决社会就业问题的综合网络。1998年，长沙市根据湖南省劳动厅提出的“实行劳动者自主择业、市场引导就业、政府促进就业”的方针，围绕“市场分流一批、中心托管一批、企业消化一批”的办法推进再就业工程，将城镇新增劳动力与下岗职工并轨安置，市场调节就业逐步成为各类群体就业的主渠道。1999年，大力推进城乡统筹就业，取消农民进城务工限制，55012名农村劳动力实现转移就业。2000年，建立市场导向的就业机制，企业新增下岗职工进入劳动力市场竞争就业。

2002年，长沙市贯彻执行中央再就业工作会议精神，以“再就业优惠证”为基础，制定就业再就业政策，重点解决体制转轨遗留的再就业问题。建立市劳动和社会保障局、市总工会、市企业家协会三方会议制度，采取增加生产经营就业，开发城市公益性岗位，开拓社区服务就业，扩宽街道管理型就业，做好培训储备就业等办法，实现由再就业服务中心保障下岗职工基本生活向失业保险和市场就业转变。2003年6月，长沙市再就业服务中心全部关闭，下岗职工与失业职工并轨实行市场就业。设立街道、乡镇劳动保障站，社区劳动保障服务中心，全面推进劳动就业服务向基层延伸。9月，长沙市建立为下岗失业人员、城镇其他登记失业人员和城镇复员转业退役军人发放用于自谋职业、自主创业、合伙经营和组织起来就业的小额担保贷款长效工作机制。

2006年，长沙市响应国务院推进新一轮就业政策改革号召，加强对就业困难人员和灵活就业人员的扶持，重点做好城镇新增劳动力就业和农村劳动力转移就业工作，提高城乡统筹就业水平。2007年，长沙市被列入全国统筹城乡就业试点备选城市，推进非公有制企业实行用工劳动合同制，多渠道扩大就业覆盖面，建立健全城乡就业管理组织体系与公共就业服务体系，为城乡劳动者就业、再就业、转移就业提供有效服务。2008年，长沙市出台《关于大力推动创业富民，加快建设创业之都的若干意见》，并制定长沙市创业富民专项资金使用管理暂行办法，通过创新体制机制，培育创业主体，强化政策扶持，提升服务水平，优化发展环境，鼓励百姓创家业，支持能人办企业，引导干部干事业。2009年，以零就业家庭为重点，深入开展就业援助活动，形成“动态管理、政策扶持、源头控制、跟踪服务”的就业援助长效机制。是年，出台《关于鼓励和扶持大学生自主创业的政策意见》，坚持以创业带动就业确保高校毕业生稳定有效就业。

图8-2-2-1 《中华人民共和国就业促进法》《中华人民共和国劳动合同法》宣传日活动现场图

（摄于2007年12月，长沙市人社局供图）

2010年，长沙市制定第三轮积极的就业政策，形成社保补贴、公益性岗位补贴、职业介绍补贴、职业培训补贴、职业技能鉴定补贴、特定就业政策补贴、小额担保贷款及贷款贴息、扶持公共就业服务等“六补两贷一扶持”的就业政策体系。有效落实就业优惠政策，财政转移支付就业专项资金 2.8 亿元，“六补两贷一扶持”专项核拨 2.5 亿元。2011 年，制定《长沙市城镇从业人员就业登记管理办法》，为政府部门准确掌握劳动力供求信息，以劳动力社会化管理解决高校毕业生、农民工、就业困难群体就业难问题创造条件。

至 2012 年，长沙市初步形成城乡自主创业、鼓励单位吸纳就业、帮扶困难人员就业、培育市场导向就业的政策体系框架，实现以政府为引导，市场为核心推动劳动力有序就业与创业的良好局面。长沙市就业服务局被国务院评为“全国就业工作先进单位”，市人民政府被国务院授予“全国创业先进城市”。

二、城镇劳动力就业

20 世纪 80 年代后，长沙市城镇劳动就业按照由“劳动部门介绍就业，自愿组织起来就业和自谋职业相结合”以及“解放思想，放宽政策，发展生产，搞活经济，统筹兼顾，广开生产门路”的方针，重点解决历史遗留的大批待业人员和城镇新增劳动力就业安置问题。1986 年 12 月，第一次公开招收全民企业劳动合同制工人，报考的待业青年 6700 多人，录用 1226 人。1988 年，湖南省劳动厅下达长沙市安置计划 1.75 万人，全年共安置 2.17 万人（净安置 1.86 万人），包括转业干部、军队转业干部家属子女、城镇退伍兵、撤队转户劳动力、退役运动员、家居农村的退休老工人子女等。1989 年 12 月，长沙市召开劳动就业工作会议，就 1989 年全市劳动就业情况和今后 5 年的就业趋势进行研究，提出解决方案，全年共安置城镇待业人员 2.09 万人。

1993 年，长沙市为 38 家企业组织面向社会公开招聘，招聘 3869 人，安置城镇待业人员 2.27 万人，安置率 56.75%。1994 年，长沙市建立求职人员数据库，为 4000 名求职者登记，为 160 个用人单位提供招聘服务，为 2857 名求职人员介绍就业。全年城镇待业人员合计 3.11 万人，就业安置 2.09 万人，其中，第三产业和集体经济安置人数占安置总数 57%。1995 年，随着全员劳动合同制的推行，就业安置计划指标取消。

1998 年，长沙市将城镇劳动力与下岗职工人员并轨安置，市场调节就业逐步成为就业主渠道。5 月，长沙市职业介绍服务中心投入使用。全年城镇新增劳动力和下岗职工再就业 7.76 万人。1999 年，长沙市职业介绍中心市场全年共接待各类求职人员 9 万人次，招聘单位 1996 家次，收集空岗 1.06 万个，个人求职登记入网 3.20 万人，介绍成功 9384 人。2001 年长沙市安置就业人数 6.8 万人，登记失业率为 3.7%。其中，安置大中专、职业高中、技校毕业生 2.4 万人，2.66 万人通过职介中心、人才交流中心实现就业，2 万人自谋职业或从事个体经营，7900 名下岗职工重新就业，安置退伍转业 1100 人。

2008 年，长沙市出台《关于大力推动创业富民，加快建设创业之都的若干意见》，不断完善创业扶持体系，2487 人成功创业，带动 1.08 万人实现就业，创业促就业的倍增效应有效发挥。全市新增就业 10.33 万人，城镇登记失业率 3.41%。2009 年，新增就业 11.68 万人，安置就业困难对象 1.46 万人，城镇登记失业率 3.47%，各级人力资源市场举办招聘会 437 场，入场单位 2.53 万家次，提供就业岗位 26.25 万个。全年新增就业 12.32 万人，城镇登记失业率首次控制在 3%以内，为 2.89%。

2012 年，长沙市动员全社会力量，落实各项就业与创业优惠扶持政策，采取各种方式安置就业，提升城镇劳动力就业水平和服务质量，劳动就业工作取得显著成绩。新增就业 12.48 万人，城镇登记失业率控制在 2.88%。

三、农村劳动力转移就业

20 世纪 80 年代，农村劳动力转移就业主要集中在乡镇企业吸纳就业和农村失地农民工转移安置。1987 年末，长沙市有乡镇企业 6.56 万家（含个体联户），职工 49.22 万人，安置因城镇建设而占用农村土地的撤队转户农村劳动力7468人。随着市场经济的发展和城镇化建设的推进，农村进城务工劳动力数量不断增加。在做好城镇就业工作的同时，长沙市加强对农村进城务工劳动力的管理服务，逐步把农村劳动力纳入统一的劳务市场体系。1989年，进入城市务工的农村劳动力有20余万人，占全市城镇人口总数的18.9%。1990年，清理压缩农村进城的临时工，腾出岗位安排城镇待业青年7000余人，对未被清理压缩的农村进城临时工，发放“劳务许可证”1.75万人次，核发待业证14474人，基本上扭转了社会用工管理混乱的状况。

1994年，长沙市加强城乡劳动力统筹管理，改变过去重城镇轻农村的倾向，从培训到就业给予农村劳动力支持，帮助乡镇企业扩大城镇、农村劳动力就业渠道，全年共组织劳输出1.16万人。1999年，长沙市取消农民进城务工限制，农民工享受与市民同等就业权利。全年使用农村劳动力5.50万人，增长16.1%，其中，企业使用农村劳动力4.86万人。2000年，长沙市27万农村剩余劳动力实现流动就业，占农村剩余劳动力总人数的54%，其中，在外省市就业16.5万人，长沙市内就业10.5万人。

2004年，农村劳动力转移就业被纳入长沙市就业工作整体规划。全市农村劳动力转移培训3.9万人，转移新增9.5万人，举办劳务推介洽谈会，长沙市劳务品牌在全国打响。创作以农村转移就业为题材的电视节目《你在他乡还好吗》，引起社会各界共鸣。全年农村外出务工人员达到83.55万人，增长16%，其中，省外务工人员62.53万人。务工总收入达54.2亿元，增长28%，人均年务工收入6487元。2005年，长沙市出台《关于改善农民进城就业环境的意见》，建立劳务合作交流制度，并实行被征地农民数量与用地规模挂钩的制度。针对失地农民特长和需求开展订单式委培（根据企业招工要求进行对口培训），举办月嫂、保姆、家政、保洁、种养殖各种形式培训班，鼓励农民自主创业，并举办“送岗下乡”专场招聘会，拓宽农民就业渠道。全年全市农村外出务工人员75.91万人，新增外出务工人员5.64万人。其中，省外就业56.05万人，占74%；省内就业19.86万人，占26%。务工总收入50.83亿元，人均年务工收入6697元，增加210元。2006年，长沙市成为全国首批“城乡就业统筹试点城市”，通过统筹城乡就业规划，建立城乡一体的劳动力市场体系，组织农村富余劳动力培训就业，维护进城务工人员合法权益等有效措施，城乡就业统筹格局初步形成，全年新增农村转移就业6.02万人，总人数69.83万人，劳务收入52.26亿元。

2009年，长沙市积极应对金融危机，全力扶持农民工就业。通过开设农民工就业服务窗口、组织春风行动、开展专场招聘会、强化技能培训、加强劳务协作等措施，帮扶4.4万返乡农民工重新外出务工，全年农村劳动力转移就业74.87万人，劳务收入60.83亿元。2010年，长沙市开展“春风行动”，送岗位下乡，帮助农民工转移就业，为6万名农民工提供就业服务。全年农村劳动力转移就业人员79.58万人，新增农村劳动力转移就业9.73万人。其中，省外就业41.76万人，劳务总收入78.16亿元，年人均劳务收入9820元。2012年，长沙市继续稳步推进农村劳动力转移就业，全年农村劳动力转移就业88.22万人。

四、下岗职工再就业

1993年，长沙市为贯彻执行国务院《关于国有企业富余职工安置规定》，遵循“企业自行安置为主，社会帮助为辅，保障富余职工的基本生活”的原则，启动下岗职工再就业工作。市劳动局通过制定政策与法规，开展转业训练，举办劳动力集市，开展劳务输出，拓展就业渠道，引导企业通过生产性安置、开发性安置、生活性安置和失业人员组织起来就业等形式展开富余职工安置。1995年，长沙市举办周三劳动力集市20期，3600名下岗人员找到工作，1147家劳服企业安置失业与富余职工2300人。为全长沙地区关、停、并、转的100家困难企业的4.6万名职工发放634.65万元生活救济金，支付“退二进三”（指20世纪90年代，为加快经济结构调整，鼓励一些产品没有市场，或者濒于破产的中小型国有企业从第二产业中退出来，从事第三产业的一种做法）企业转业训练费9万元，对8家失业职工生产自救基地拨付115万元进行重点扶持，安置下岗和富余职工480人。

1996年5月，制定《长沙市分流企业富余人员实施方案》，通过劳动力市场安置分流下岗职工再就业。9月和11月先后发布《关于企业破产若干规定的通知》和《关于做好下岗职工分流安置工作的通知》，对企业破产失业人员，企业经济型裁员人员，企业富余人员，兼并、转让、租赁企业人员，提出安置和补偿办法，为企业内部安置职工自谋职业、停薪留职制订具体政策。全年建立失业职工生产自救基地10个，安置下岗职工400人。1997年10月，长沙市再就业工程进入全面推进阶段，出台《长沙市关于进一步实施再就业工程的意见》，组建再就业服务中心，建立再就业基金，由长沙市人民政府与市各有关部门、区县及部分企业共55家单位主要领导签订再就业目标责任书。市妇联、工商联、总工会成立再就业服务机构，其中市妇联推荐下岗妇女再就业1600人。全年有16.5万名职工下岗分流，9.3万人实现分流安置。

2000年9月，长沙市出台《关于切实做好国有企业下岗职工再就业工作，加快建立市场就业机制的通知》，规定下岗职工由专项保障基本生活向失业保险待遇和通过市场机制再就业转变。全年有下岗职工9.66万人，其中国有企业下岗职工4.99万人，集体企业下岗职工4.45万人；再就业服务中心360个，从再就业中心转出下岗职工2.84万人，再就业总人数2.64万人，国有企业下岗职工安置率为41.7%。2001年，通过坚持筹措资金，确保生活；制订政策，规范操作；做好解释、化解矛盾；缴纳保险、平稳运行；开发岗位，促进就业的方针，引导下岗人员平稳出中心，形成第一个下岗职工出中心的高峰。年底，再就业服务中心下岗职工共3.3万人，其中市本级1.91万人。全年出中心1.55万人，市本级8724人，再就业9463人，占61%；解除劳动关系7510人，占48%；登记失业4636人，占29.9%；退休643人，占4.8%；其他769人，占4.3%。2003年6月，长沙市关闭企业再就业服务中心，下岗职工全部出中心，下岗职工基本生活保障向失业保险并轨工作顺利完成。

2002年，长沙市对文化程度低、年龄偏大、再就业能力较弱的下岗职工建立重点援助档案，提供再就业跟踪援助服务。通过实行空岗报告制度，摸清各类企业用工状况和岗位需求情况，鼓励部分企业拿出部分岗位，通过政府出资购买全市治安巡逻队和街道社区劳动保障管理服务机构岗位，以及对公益性岗位和党政机关临聘性岗位采取强制措施，专门安置下岗失业人员，全年落实9000个岗位用于安置“4050”人员（指处于劳动年龄段中女40岁以上、男50岁以上的，本人就业愿望迫切、但因自身就业条件较差、技能单一等原因，难以在劳动力市场竞争就业的劳动者）。同时，各社区兴办服务实体，开辟保洁、保安、托老、托幼、物业管理等就业门路，如芙蓉区实行的“政府搭台、企业运作”等社区就业新机制，实现社区服务与劳动就业的成功对接。八角亭社区成为

图8-2-2-2 长沙市居民再就业工程现场招聘会咨询情景
（摄于2003年3月，长沙市人社局供图）

图 8-2-2-3 零就业家庭就业援助送岗车

（摄于 2006 年 10 月，长沙市人社局供图）

全省首个“最充分就业社区”，全年，社区就业吸纳下岗、失业人员 4.5 万人，成为安置下岗失业人员的重要渠道。2003 年，长沙市出台《再就业优惠证管理办法》《小额担保贷款实施意见》等 25 个再就业配套政策。开展就业援助行动，通过岗位援助、“一对一”援助和“五送”活动，年内全市有 1.4 万名下岗失业人员实现再就业，其中“4050”人员 6893 人。2004 年，长沙市委、市政府把扩大就业和再就业列入“八件实事”工程的第一件大事，明确各级各部门目标责任和考核办法，全面落实再就业扶持政策，完善公共就业服务，强化就业培训，广泛开辟就业渠道，1—9 月下岗失业人员实现再就业 3.34 万人，完成年度目标的 69.6%。为进一步扩大再就业成果，规定新办企业招、用工之前，必须向劳动保障部门申报岗位，并优先录用一定比例的下岗失业人员，凡政府出资开发的公益性岗位，必须优先安置下岗失业人员，党政机关、事业单位编制外的临聘岗位和街道、社区组建的劳动保障管理服务机构，必须从下岗失业人员和低保对象中招聘录用，否则财政不予补贴和拨款。

2006 年，长沙市通过政府“买单”，对下岗职工和农民开展职业技能培训，提高失业人群的劳动技能，实现多层次、多方位的再就业。2009 年，受金融危机影响，长沙市面临高校毕业生、返乡农民工、被解雇的失业人员“三碰头”的严峻形势，就业压力增大。通过将就业放在“最优先”位置，采取一系列政策措施，全年实现 3.81 万失业人员再就业，100%完成零就业家庭动态就业援助，将城镇登记失业率控制在 4.8%以内。2012 年，长沙市再就业工作在失业保险统筹下有序开展，下岗职工再就业 4.66 万人，就业水平一直稳定在全省前列。

五、职业介绍

20 世纪 80 年代，为响应国家关于促进劳动力就业工作市场化改革进程，长沙市根据就业形势变化和就业工作的需要，推动开展职业介绍服务工作，通过成立职业中介机构等社会化服务组织，为劳动者提供职业咨询指导、就业信息传递等服务。1986 年，全市有各级劳务公司 354 个，商业网点 1422 个，安置城镇待业人员 1.92 万人，其中招工、补员到全民单位 5949 人，县以上集体单位 4442 人，小集体单位 4281 人。1988 年，长沙市成立职业介绍所与第一家长沙市北区劳务市场。1991 年，长沙市职业介绍所配备专人，并制定章程开始投入运营，全年由劳动部门组织到沿海地区作劳务输出和劳务交流的劳动力有 1.37 万人。1993 年，长沙市职业介绍所办公地点由梨头后街迁至市劳动局一楼，充实完善求职登记、招工招聘、办理用工手续、交纳养老保险待业保险、合同鉴证、职工流动档案保管的“一条龙”服务。全年为 38 家企业组织面向社会的公开招聘，共办理招工、招聘手续 3867 人，办理招用临时工手续 4582 人次，为 1641 名职工办理技术工人交流手续，直接向沿海地区输出劳动力 232 人。1994 年，长沙市职业介绍所更名为长沙市职业介绍服务中心。1995 年，长沙市整顿先锋厅自发劳务市场，并投资 40 万元建立过渡性外来劳动力市场，组织 10 名工作人员和治安联防队员免费为供求双方提供服务，举办劳动力集市 20 期，有 275 个单位参加，近 2 万人入市，应聘 4671 人，为市场主体实现最佳配置创造良好条件。

1996年5月16日，长沙市将西长街118号大楼大厅作为外来劳动力市场使用，期限3年，5月28日开市，全年进入市场人数11.59万人，平均每日552人，年供职人数1.34万人，年供求成功6339人，通过市场劳务输入1000人，实现就业6700人。1998年，长沙市成立职业介绍服务中心，坐落于开福区华夏路与开福寺路交汇处，中心大厅面积1200平方米，采用计算机网络管理，设有14个办事窗口，可同时接纳50个用人单位1000名求职者进场交流洽谈。12月，全市组建就业服务中心432个，各街道（乡镇）全部建立依托社区、面向社会的劳动力管理站，实现对劳动力资源社会化管理。1999年，长沙市10个公共职业介绍机构共接待招聘单位6034家次，各类求职人员22万人次，个人求职登记入网7.55万人，介绍成功2.11万人，介绍成功率为27.9%。其中，市职业介绍服务中心坚持全天候免费为所有求职者和用工单位提供服务，是年共接待各类求职人员9万人次，招聘单位1996家次，收集空岗1.06万个，个人求职登记入网3.2万人，介绍成功9384人，成功率为29.3%。

2002年5月，长沙市职业介绍中心与芙蓉区火星街道职业介绍中心共同建立长沙市第一家“社区职业介绍服务站”，并于每周四定期在社区免费为求职者进行求职登记、职业介绍，通过走访社区特困家庭，建立特困家庭求职人员与用人单位“一对一”联系的方式，帮助其解决就业。全年各级公共职介机构提供空岗5.7万个，待求职登记8.1万人，成功介绍3.5万人。其中，长沙市职介中心登记进场单位2597家，召开专场招聘会144场，提供空岗1.5万个，求职登记1.1万人，推荐1.72万人，成功3129人。2003年，由劳动保障部门经办的职业介绍机构达10家，全年进入各级劳动力市场招聘用人的单位1.18万家，提供就业岗位9.75万个，求职登记人数21.30万人，职业介绍成功5.72万人，介绍成功率26.85%。全市创建30个“最充分就业社区”，形成了每个社区200~300个岗位的就业容量。长沙市基层劳动保障工作经验被国务院部际联席会议和劳动保障部以文件形式在全国推介。

2007年10月，长沙市劳动力市场统一更名为人力资源市场。2008年，长沙市在芙蓉广场建成中南地区规模最大的人力资源市场，占地3800平方米，办公场地全部安装空调和消防设施，架设100兆宽带网，人力资源网站连通全省。市场于当年11月17日正式对外服务，在求职登记、职业介绍、职业指导、劳动力输出、档案托管服务方面发挥重要作用。2009年7月，长沙市启用人力资源网，入网招聘单位4418家，发布招聘信息2.25万条，发布求职信息2.20万条。全年各级人力资源市场举办现场招聘会437场，入场单位2.53万家次，提供就业岗位26.25万个，帮助6.3万人实现就业。其中，市本级人力资源市场举办现场招聘会220场，入场单位1.25万家次，提供岗位11.37万个，帮助2.5万人成功就业。2010年7月，国务院总理温家宝视察长沙市人力资源市场和政务大厅，对长沙市人力资源和社会保障工作给予肯定。

2011年，全市各级人力资源市场共举办各类招聘会346场，提供岗位36.2万个，进场求职人员达34.6万人次，6万人达成就业意向。市人才市场举办人才招聘会138场，进场求职人员约87万人次，提供岗位25万余个，为180余家企事业单位派遣员工近1万人。2012年，长沙市各级人力资源市场举办各类招聘会496场，提供岗位29.63万个，进场求职人员40万人次，6.8万人达成就职意向。

第三节　职业培训

一、职业技能培训

1986年，长沙市在职工文化、技术补课基本完成的基础上，进行职工中级技术（业务）培训，全市举办各类培训班146个，参加培训的达8000人，经过培训考核，1000余名职工领取中级技术培训合格证。1987年，举办各种就业前培训班336期，开设专业70个，培训人数1.51万人。同时，为提高特殊工种工人的技术水平，举办司炉、焊工、水处理培训班14期，791人参加培训。1988年，长沙市组织开展在职工人的技能培训，其中参加培训的生产技术工人1万人，发合格证4000人；中级技术工人4107人，发合格证2216人；培训城镇待业青年1.25万人，为湖南省劳动服务公司下达长沙市培训计划的113.5%。全年组织培训班345个，62个专业（工种）培训1.59万人，其中结业1.4万人，新办二年制培训班9个，培训321人，分别为省下达培训计划的150%和149.4%。1991年，长沙市贯彻“先培训、后就业、上岗”的原则，培训待业人员1.27万人，完成省下达计划的127.26%；举办特种作业人员培训班94期，培训人数5718人，“应知”部分考试合格率为95%，发证人数4622人（达到“应知”、“应会”两项标准）占培训人数的74%。培训中级技术工人1.17万人，结业发证1万余人，培训初级技术工人6366人，结业5273人；培训学徒2574人，结业415人。

1994年，长沙市就业培训1.32万人，其中农村劳动力培训4128人，72个工种5286人通过技术等级考核发证。2000年，长沙市职业技能培训机构增加到126个，将各类培训覆盖到不同工种，全面提升岗位职工和待业青年职业技能水平。全年共举办培训班978期，参加培训总人数5.11万人。其中，长沙市就业训练中心培训1.18万人，劳动预备制培训8640人，社会力量办学机构培训1.64万人，在劳动部门指导下企业自行培训在职职工1.43万人，免费培训下岗、失业人员1.57万人，长沙市劳动局举办各类培训班94期，培训学员4780人，其中，举办医疗保险、《长沙市劳动力市场管理条例》培训班12期，培训1000余名企业厂长（经理），劳资、会计干部，举办电工、焊工、起重机驾驶、场内机动车驾驶特种作业人员，培训考试1887人。

2002年，长沙市依托技工学校、职业技能培训学习和社会力量举办的培训主体，确定49所再就业定点培训机构，形成再就业培训网络，初步建立应用技能培训、职业指导和职业介绍互相衔接的培训就业体制。开展实施“三年30万”培训计划，全年共举办各类职业培训班958期，参加培训人数4.99万人。2003年长沙市有10.84万人参加职业技能培训，其中培训下岗失业人员2.31万人，劳动预备制人员1.61万人，农村劳动力转移就业人员2.69万人，企业在职职工4.23万人。

2009年，长沙市实施技能培训特别计划，引导农村学生、城镇贫困家庭子女参加技工教育和技能培训，实行培训补贴政策。全年有20.64万人参加职业培训，其中农民工培训5.76万人。确定6家高技能人才培训基地，培训高技能人才2291人。2010年，长沙市与联合国计划开发署联合开展的“就业服务和职业培训”项目顺利实施，通过完善培训就业政策，引导企业开展在岗职工技能提升培训，发放培训补贴等措施全面提升培训实效。针对待业农民工与未能继续升学的农村初、高中毕业生，开展送培训下乡服务，引导培训机构创新培训模式，根据用工企业提供的就业信息，如所需工种、人数、薪金和技术要求定向开展职业技能培训，实现农民工培训和就业对接，促进农村劳动力就业转移。全年17.25万人参加职业技能培训，其中培训高级工、技师高技能人才1697人。2012年，长沙市正式挂牌成立长沙市高技能人才职业培训基地。职业技能等级培训如期推进，全年共培训18.47万人，其中，农村转移培训6.35万人，培训高级工、技师、高级技师各类高技能人才1.43万人。

二、创业培训

继20世纪90年代国企改制，中国出现第一波创业潮之后，21世纪初，国内掀起第二波创业潮。为适应各类新兴就业形态，鼓励社会能人发展实业，带动就业，长沙市出台一系列创业扶持政策，以创业培训为杠杆助力社会创业浪潮。2003 年 3 月，长沙市被确立为全国十大创业示范城市之一，成立建设“国家创业示范基地”工作领导小组，把长沙市第四纺织厂西长街厂房作为培训基地，全年创业培训 1.47 万人，其中创业指导 1.43 万人，SYB 项目 445 人。

2004 年，长沙市被中华人民共和国劳动和社会保障部和国际劳工组织确定为 SIYB（创办和改善你的企业）项目实施城市。通过将创业培训任务层层分解，对区县（市）实行目标管理，制定一套从报名到培训，从师资到教学计划的审查制度，统一调配全市 30 余名 SIYB 课程的老师，每位老师都必须持部里认可的 SIYB 教师资格证上岗，确保培训质量。成立专家志愿团，每月定期开展一次义务咨询活动，为创业和准备创业的学员提供免费咨询指导。全年创业培训 1.76 万人，创业指导 1.67 万人，SYB 项目 954 人。2005 年，长沙市建立社会化创业培训机制，形成组织领导、创业培训、项目开发、资金扶持、后续服务“五位一体”的创业培训扶持体系。

2008 年，长沙市围绕新农村建设以“创业富民”为战略目标，以市场为导向，完善多类型、多层次的职业培训体系，助推农民致富创业。2010 年，长沙市被列为国家首批创业型城市，全面推进和开展创业培训，全年培训 2.56 万人，其中，创业指导 7695 人，SYB 项目 3562 人，GYB 项目 1.43 万人。同时，大力开展创业扶持活动，累计发放小额担保贷款 1.37 亿元，创建就业岗位 1.4 万个，全市扶持创业的组织领导体系、政策支持体系、创业培训体系、创业服务体系、工作考核体系五大指标体系健全，以全省第一的成绩通过省级创业型城市评估验收。2011 年，长沙市创业培训 2.15 万人，其中，创业指导 8709 人，SYB 项目 2328 人，GYB 项目 1.02 万人，后续服务 284 人。创建创业基地 102 家，被人力资源和社会保障部评为全国创业型城市中期考核优秀城市。2012 年，长沙市创建国家级创业型城市，不断健全政策扶持、创业培训、小额贷款、创业服务、孵化基地为一体的创业扶持体系，成功创建 3 个省级创业孵化基地，创业培训 2.69 万人，其中，创业指导 7496 人，SYB 项目 4224 人，GYB 项目 1.49 万人，后续服务 259 人，被国务院授予“全国创业先进城市”。

表 8-2-3-1　　2003—2012 年长沙市创业培训情况一览表　　单位：人

年度	合计	创业指导	SIYB 培训		后续服务人数
			SYB	GYB	
2003	14714	14269	445	—	—
2004	17613	16659	954	—	—
2005	13333	12485	848	—	—
2006	14799	13778	1021	—	—
2007	8396	7262	1134	—	—
2008	10629	8590	2039	—	—
2009	12786	9552	3234	—	—
2010	25591	7695	3562	14334	—
2011	21527	8709	2328	10206	284
2012	26902	7496	4224	14923	259

说明：SYB，即 Start Your Business，意为“创办你的企业”；GYB，即 Generate Your Business Idea，意为“产生你的企业想法”，均是“创办和改善你的企业”（SIYB）系列培训教程的重要组成部分

三、职业技能鉴定与资格认证

1987年，长沙市为提高待业人员的业务、技术素质、为“四化”建设输送合格的业务技术人才，给待业青年创造就业条件，按照国家对技术工人考核的等级标准，首次组织通过技术业务培训的158名待业青年，进行车、钳、铣、磨、气焊和无线电装接7个工种的理论、实践考试。有137人分别取得一至三级技术等级合格证书。1989年，长沙市成立工人技术职称考评领导小组，在有评聘工人技术职称任务的市冶金机械局、医药、电子、纺织工业公司和化工、交通、饮食服务等行业均成立考评委员会。是年底，全市有134名工人通过评聘程序获劳动部印制颁发的工人技师证书。20世纪90年代初，国家开始实行职业资格证制度，全国有90多个专业设立“职业资格证书”制度，要求从事各类专业的人员必须持证上岗。证书由政府主管部门组织考试，向考试合格者签发“资格证书”，作为求职、任职、开业、就业的主要依据。

1994年，长沙市组织开展职业技能鉴定工作，建立机械、加工、电子、美容、美发6个职业技能鉴定站，12个专业工种开始试行。1996年6月，长沙市执行湖南省劳动和社会保障厅出台的72个职业实行职业资格证书制度。同时，将职业技能鉴定工作从鉴定技校毕业生为主转向鉴定社会各行业人员，全年各类职业技能鉴定站42所，共鉴定1.6万人，通过鉴定人数8451人，其中，中级工2483人，初级工2.58万人，其他200人。1997年，全市经省劳动厅批准的职工技能鉴定所14家，能对30个专业工种开展鉴定，由市工人考核委员会和行业部门考核委员会及学校三结合形式，对91个工种开展技能鉴定，1.15万人申报鉴定，其中鉴定合格的中级工占69.5%，初级工占27.4%。

2001年，长沙市以就业准入制为切入点，促进职业资格证书制度与新的就业制度、职业培训制度相衔接。参加鉴定工种90个，申请鉴定单位92个，其中技校26所，鉴定人数2845人；中专、职高15所，鉴定人数1860人；社会力量办学单位24个，鉴定人数1.51万人；企业组织27家，鉴定人数4126人；失业人员、下岗职工鉴定人数744人。综合，全年鉴定2.48万人，获取职业资格证书2.37万人，其中，初级技能8481人，中级技能1.48万人，高级技能240人，获得评审技师156人。2004年，长沙市有鉴定所（站）48家，取得考评员资格的168人。全年有4.61万人参加职业技能鉴定，取得资格证书人数3.91万人，增长25.2%，其中初级工2.1万人，中级工1.45万人，高级工3220人，技师390人，促使职业资格证书成为就业的“通行证”。2005年，长沙市职业技能鉴定范围进一步扩大，共有鉴定所（站）59家，全年鉴定5.01万人，涉及工种（职业）95个，取得职业资格证书的4.33万人，增长10.6%，其中，取得初级职业资格证的1.9万人，中级职业资格证的2万人，高级职业资格证的4036人；取得技师资格证的409人。

2008年，长沙市有鉴定所（站）48家，全年鉴定5.2万人，取得职业资格证书的4.5万人，其中，取得初级职业资格证的2.8万人，中级职业资格证的1.6万人，高级职业资格证的1362人；取得技师资格证的159人。2012年，长沙市职业技能鉴定工作按原计划推进，全年鉴定6.9万人，取得职业资格证书的6.8万人，其中，取得初级职业资格证的4.9万人，中级职业资格证的1.8万人，高级职业资格证的1693人；取得技师资格证的125人。

表 8-2-3-2　　2000—2012 年长沙市职业技能鉴定情况一览表

年份	国家职业技能鉴定所数（所）	鉴定考核人数（人）				取得国家职业资格人数（人）			
		初级工	中级工	高级工	技师	初级工	中级工	高级工	技师
2000	27	5721	10063	—	—	5461	9593	—	—
2001	48	8636	15038	246	—	8481	14818	240	156
2002	48	17863	11780	731	—	17355	11498	728	—
2003	48	20326	11392	376	—	19656	11205	370	—
2004	48	22101	17847	5502	690	21002	14516	3220	390
2005	59	21598	22139	5653	725	18765	20052	4036	409
2006	50	17106	29107	6901	893	14266	25912	4036	409
2007	49	21863	18375	3248	365	20016	16939	3078	324
2008	48	30874	19504	1382	164	27540	16358	1362	159
2009	48	20873	13515	1354	60	20245	12773	1310	59
2010	49	34613	15503	3879	8	28113	12292	3874	8
2011	50	43079	17542	3821	845	40035	15643	3679	331
2012	51	49638	18011	1778	128	48756	17639	1693	125

四、技工学校

（见第二十二篇　教育　第三章　中等职业教育　第二节　技工学校教育）

第四节　劳动工资管理

一、劳动工资制度改革

20 世纪 80 年代中期，随着长沙市经济社会发展与国家宏观工资政策的变革，长沙市贯彻按劳分配原则，稳步推进工资制度改革。1987 年，开展企业工资总额与经济效益挂钩试点，并对企业内部工资制度进行初步改革和探索。1988 年 5 月，明确劳动服务公司系统企业实行工资总额同经济效益挂钩。6 月，对县以上集体企业中经济效益稳定增长，符合挂钩条件的，比照国有企业挂钩办法配套进行挂钩浮动。9 月，发布《关于出口创汇新企业实行工资总额同经济效益挂钩的补充通知》，规定工资总额根据年度外贸出口计划指标的完成情况上下浮动。自此，企业工资总额同经济效益挂钩方案的实施范围从国有企业扩大到集体企业、商业、饮食、服务行业与出口创汇类新企业。全年按湖南省核定的实现利税基数，和工资总额基数及资金税利率、人均实现税利、全员劳动生产率、企业安全生产事故综合频率四个考核指标批准实行企业工资总额与经济效益挂钩的企业有 402 家。

1990 年 8 月，长沙市制定《关于坚持和完善国有企业工资总额同经济效益挂钩办法的若干政策规定》，规定挂钩浮动比例为经济效益增减 1%，工资总额一般增加 0.3%~0.7%，并以质量、上缴税利、税金税利率、全员劳动生产率（全员劳效）和安全生产为考核指标，确保企业实行挂钩后原则上“增人不增工资，减人不减工资”，并对企业岗位结构工资展开试点，企业挂钩办法逐步实现科学化、规范化。1991年，长沙市在湖南橡胶厂等5家企业试行岗位工资制改革试点，是年，实行工资总额同经济效益挂钩的全民企业428户，覆盖面为92%，参加挂钩的企业职工为98%。1992年3月，市政府成立企业劳资制度（劳动用工、工资分配、社会保险）改革指导小组，制定深化企业三项制度改革方案及配套政策措施。

1996年，长沙市制订弹性工资计划，加强对工资总额进行宏观调控，并核定当年工资总额与经济效益挂钩的基数。同时，为600家企业（单位）20万名职工实行工资套改，在浦沅、造漆、九芝堂等28家企业进行经营者年薪制试点。1998年，长沙市调整工资分配制度。停止实行工效挂钩办法，全面推行工资指导线，颁布最低工资标准，企业工资制度全面由企业自主制定。1999年，出台《长沙市国有工业企业经营者年薪制实施意见》，经营者年薪制工作取得突破，共有30户国有工商企业试行年薪制。2003年4月，制定《长沙市市属国有企业经营者年薪制审批程序的规定》，规定包括年薪制试点申报、年薪清算、经营者年薪收入的兑付。是年，长沙市深化企业内部分配制度改革，实行以岗位工资为主的分配制度改革，试行工资集体协商制度等，职工工资制度与调控体系日趋完善。2004年5月，发布长沙市劳动力市场工资指导价位。11月，建立建设领域农民工工资支付保障金制度的长效机制，确保建设领域农民工工资按月足额发放，保障农民工合法权益。并将全市工资增长10%确定为全年宏观调控目标，界定15%为工资增长上线，2%为工资增长下线，引导企业合理确定工资增长幅度，实行工资集体协商制度。

2010年，长沙市进一步完善工资指导线制度、劳动力市场指导价位、人工成本预测预警制度和最低工资保障制度，推行以工资集体协商为主要形式的工资民主决策制度，市场经济条件下的工资制度体系不断健全。2012年，建立劳动用工备案制度，引导企业根据生产、经营情况、岗位特点与员工绩效，自行制定多种形式的薪酬管理制度。

二、工资调控管理

（一）最低工资标准。1994年12月，长沙市决定于1995年1月1日开始实行长沙市最低工资标准制度，将1995年长沙市区月最低工资标准确定为190元，县（市）月最低工资标准确定为170元。1995年8月，长沙市1995—1996年度月最低工资标准为城区175元，县（市）郊160元。1996年9月，长沙市将芙蓉区、天心区、开福区、雨花区及岳麓区月最低工资标准确定为190元，长沙市望城县、宁乡县及浏阳市为175元。

2002年6月，长沙市出台《关于发布2002年7月1日—2003年6月30日长沙市最低工资标准的通告》规定，城区最低标准工资360元，县（市）340元，但其中40元为个人缴纳社会保险费支出，不作发放失业保险金计算基数。2003年，长沙市规定城区月最低工资标准为400元（其中：60元作个人缴纳社会保险费支出，不作为失业保险金计发基数），4县（市）月最低工资标准为380元（其中：60元作个人缴纳社会保险支出，不作为失业保险金计发基数）。为规范日益增多的灵活就业的工资标准，规定长沙市城区小时最低工资标准为4.5元，4县（市）小时最低工资标准为3.5元。2006年7月24日，长沙市确定2006—2007年度长沙市城区及长沙市经济技术开发区月最低工资标准为600元，小时最低工资标准为6.5元；4县（市）月最低工资标准为500元，小时最低工资标准为6元。

2010年7月1日—2011年6月30日，长沙市城区（含长沙市高新技术产业开发区、长沙经济技术开发区）月最低工资标准为850元/月，小时最低工资标准为8.5元/小时；4县（市）月最低工资标准为800元/月、小时最低工资标准为8元/小时。2012年最低工资标准为城区1160元/月，小时最低工资为11.5元/小时，4县（市）月最低工资标准为1050元/月，小时最低工资标准为10元/小时。

表 8-2-4-1　　1995—2012 年长沙市最低工资标准情况一览表　　单位：元

时间	城区月工资	城区小时工资	四县月工资	四县小时工资
1995 年7 月—1996 年6月	175	—	160	—
1996 年7月—1997 年6月	190	—	175	—
1997 年7月—1998 年6月	205	—	190	—
1998 年7月—1999 年6月	230	—	210	—
1999 年7月—2000 年6月	240	—	220	—
2000 年7月—2001 年6月	285	—	265	—
2001 年7月—2002 年6月	300	—	280	—
2002 年7月—2003 年6月	360	—	340	—
2003 年7月—2004 年6月	400	4.5	380	3.5
2004 年7月—2005 年6月	460	5.5	420	4.5
2005 年7月—2006 年6月	480	5.5	440	4.5
2006 年7月—2007 年6月	600	6.5	500	5.5
2007 年7月—2008 年6月	635	6.8	530	6.4
2008 年7月—2009 年6月	665	7.5	560	7
2009 年7月—2010 年6月	665	7.5	560	7
2010 年7月—2011 年6月	850	8.5	800	8
2011 年7月—2012 年6月	1020	10	990	9
2012 年7月—2013 年6月	1160	11.5	1050	10

说明：其中 2002 年 40 元，2003 年 60 元，2004 年 100 元不作为失业保险金基数

（二）工资指导线。1997 年 8 月，制定《1997 年长沙市工资指导线及实施方案》，规定长沙市工资指导线以工资增长 10%为增长基准线，18%为上线，8%为下线。工资调整方法由“政府决定，企业执行”转变为“政府调整，企业决定”，企业在工资分配上的自主权进一步落实。1998 年 8 月，制定《长沙市 1998 年工资指导线及实施意见》，全面推行工资指导线，并规定长沙市工资指导线以工资增长 9%为工资增长基准线，工资增长率 15%为上线，以实际工资零增长为下线。不再实行弹性工资计划，对不适合工效挂钩的企业，不再实行工效挂钩办法，按工资指导线进行调控。1999 年 6 月 9 日，长沙市工资增长指导线以工资增长率 6%为工资增长基准线；以工资增长 15%为工资增长上线；并根据 1999 年长沙市居民消费指数涨幅调整目标，确定工资增长下线为 3%。

2000 年，长沙市全面推进工资指导线制度，对不同经济类型的企业实现分类调控，规定当年工资增长基准线为 10%，工资增长率 15%为上线，工资增长 3%为下线。全年审批工资指导线企业 445 家，涉及职工 10.19 万人，计划工资总额 7.43 亿元，增长 10.4%。2001 年，长沙市完善工资指导线制度，指导企业合理确定工资增长幅度，除经批准实行自主确定工资水平的企业外，其他企业一律实行工资指导线的调控办法，企业不办理升级审批，年终实行严格的工资指导线清算制度。并以职工平均货币工资增长

10%作为基准线，指导线上线为 18%，下线为 3%。共审批 277 家企业的工资指导线，涉及职工为 6.72 万人，在岗职工工资总额 5.79 亿元，人均工资 8621 元。

2007 年，全市企业职工工资增长水平在上年实际工资水平的基础上，以工资增长率 14%为工资增长基准线（全市职工平均货币工资增长幅度），以工资增长率 20%为工资增长上线，以工资增长率 3%为工资增长下线，对企业具体调控标准参考原则进行进一步调整。规定对于生产正常、经济效益比较稳定、企业职工工资水平与全市在岗职工平均水平大体相当的企业，原则上不应低于基准线，对于工资水平已达到全市在岗职工平均工资水平两倍以上的，企业工资增长幅度不得高于基准线。对于经济效益差，但生产正常的、当年工资发放困难的亏损企业，也可视实情保持零增长，但不得低于长沙市最低工资标准。并规定外资企业工资增长水平原则不应低于基准线。2008 年 6 月 30 日，出台《长沙市企业工资增长指导意见》，规定全市企业职工工资增长水平以工资增长率 14%为工资增长基准线（全市职工平均货币工资增长幅度），以工资增长率 20%为工资增长上线，以工资增长率 6%为工资增长下线。要求各企业依据工资指导线通过工资集体协商方式，确定职工工资增长幅度。

2012 年，长沙市仍然实行工资指导线，规定全市企业职工工资增长水平以工资增长率 13%为工资增长基准线，以工资增长率 20%为工资增长上线，以工资增长率 5%为工资增长下线。

表 8-2-4-2　　1997—2012 年长沙市工资指导线情况一览表

年份	下线	基准线	上线
1997	8%	10%	18%
1998	0%	9%	15%
1999	3%	6%	15%
2000	3%	10%	15%
2001	2%	10%	18%
2002	1%	11%	18%
2003	2%	14%	20%
2004	2%	10%	15%
2005	4%	12%	18%
2006	3%	12%	20%
2007	3%	14%	20%
2008	6%	14%	20%
2009	4%	8%	12%
2010	5%	13%	20%
2011	6%	15%	20%
2012	5%	13%	20%

（三）劳动工资指导价位。1999年7月，长沙市出台《关于建立劳动力市场工资指导价位制度试点工作的通知》，将试点范围确定为长沙市所辖行政区域，调查覆盖各种所有制形式的企业。11月28日，长沙市对全市不同职位按工种规定工资指导价位的高位数、中位数与低位数。根据规定，部分职位（工种）工资指导价位如单位负责人和高级管理人员实行年薪制，工资高位数分别为9.42万元/年与5.6万元/年，中位数分别为2.86万元/年与1.89万元/年，低位数分别为1.3万元/年与9800元/年；其他职位（工种）采取月薪制，如建筑工程师高位数为3300元/月，中位数为1500元/月，低位数为700元/月；财会人员高位数为2250元/月，中位数为1050元/月，低位数为500元/月。2000年在岗职工年平均工资增长幅度最大的行业分别为卫生体育业、教育文化业、交通邮电业，其分别为30.1%、27.7%、24.2%；年平均工资增长幅度处在后三位的是制造业、农业、采掘业，其分别为14.4%、12.1%、—5.1%；最高工资水平绝对差额为1.12万元，近3.2倍。

2001年，长沙市进一步完善劳动力市场工资指导价位制度，根据不同国民经济行业企业、不同登记注册类型企业给出具体的工资指导价位，其中从行业来看，农、林、牧、渔业工资指导价位的高位数、中位数、低位数与平均数分别为8303元/年、6294元/年、3600元/年、6151元/年；建筑业工资指导价位的高位数、中位数、低位数与平均数分别为23859元/年、7330元/年、4266元/年、9133元/年；公共服务业工资指导价位的高位数、中位数、低位数与平均数分别为8880元/年、5056元/年、4304元/年、5680元/年；其中，国有企业分别为2.54万元/年、8418元/年、4488元/年、1.02万元/年，集体企业分别为1.47万元/年、6466元/年、4099元/年、7288元/年，私营企业分别为4.40万元/年、1.30万元/年、4554元/年、1.65万元/年。

2002年6月，长沙市发布175个职位（工种）工资指导价位。2003年6月10日，对250个工种、专业发布市场工资指导价位。2005年，对285个工种发布市场工资指导价位。2007年6月25日，发布长沙市2007年劳动力市场指导价位及企业人工成本水平。2012年长沙市继续执行全市劳动力市场工资指导价位并公布企业人工成本水平，这对于规范劳动力市场工资水平，引导工资合理增长，控制不同行业收入分配差距具有重要作用。

（四）集体协商机制。改革开放后，伴随市场经济的发展，中国企业职工的工资分配和管理主要由企业自主确定。为促使劳动者获得与劳动力等值的工资报酬，体现职工工资确定过程的平等性、民主性、合法性，工资集体协商机制应运而生。2009年，长沙市贯彻落实国家《中华人民共和国劳动合同法》和《劳动合同法实施条例》，开展和谐劳动关系建设，推进企业集体合同和工资集体协商制度。由市劳动和社会保障局、市总工会、企业和协会建立协调劳动关系三方会议制度，定期举行三方联席会议，对涉及影响面较大的劳动关系问题及时进行研讨和会审。全年有1375家企业签订集体合同和工资集体协议，涉及职工14.3万人。2010年，长沙市完善工资指导线制度和劳动力市场指导价位和人工成本预测预警制度，推行以工资集体协商为主要形式的工资民主决策制度。进一步推进平等协商和集体合同制度，不断健全劳动关系协商的三方机制，为构建和谐劳动关系，保障职工合法工资权益奠定制度基础。2011年，长沙市继续推进集体合同和工资集体协商机制，制定2011—2012年工资集体协商工作三方行动方案。全年有4547户企业签订集体合同和工资集体协议，建立工会的企业达87%。2012年，长沙市建立劳动用工备案制度，累计有766家6.43万人次进行劳动用工备案。是年，建立工会的企业达9303家，其中，有8378家开展工资集体协商，完成90.1%。

第五节　劳动保障管理

一、劳动保障监察

20 世纪 80 年代，随着企业改制的深入，企业兼并、破产、转让等情况不断发生，企业与职工的劳动也随着合同制的实行而变得更加复杂，多种经济成分共存而带来的劳动双方利益冲突愈发普遍，这些情形的出现增加劳动执法和劳动监察工作的难度。1987 年，长沙市成立劳动监察机构，开展劳动执法检查和违法违规行为监察，开展贯彻《湖南省工业企业劳动保护条例》《湖南省工业企业劳动保护监察办法》宣讲会 618 次，举办学习班 187 期，参加学习的 6854 人。

1994 年 4 月 20 日—8 月 15 日，长沙市开展劳动用工大检查，主要纠正企业在劳动用工方面的不规范行为。其中，3610 家用人单位进行自查，涉及职工 42.86 万人，抽查民办职业介绍机构 52 家，各类企业 1737 家，涉及职工 19.13 万人。1995 年 3 月 1 日，《长沙市劳动监察条例》正式实施，开创全国劳动监察地方立法的先河。是年，长沙市设立劳动监察科，建立劳动监察工作制度、举报制度，公布举报电话，进一步完善劳动保障监察体系。全年共处理集体投诉 14 起，受理投诉举报 3000 人次，督促 93 家单位实行新工时制度，责令 112 家单位退还押金 27.48 万元，督促 95 家用人单位参加社会保险，取缔 8 家非法职业介绍机构和 4 家非法培训机构，要求 10 家职业介绍机构进行整顿，清退童工 2 名。

1997 年 3 月，长沙市组建劳动监察大队，对劳动用工、社会保险、职业介绍、职业培训开展专项监察。全年监察 1693 家企业，查处违法案件 357 起，取缔非法职业介绍机构 14 家，清退童工 6 名，处理集体、投诉 20 件，为劳动者挽回损失 30 万元，督促 30 户企业参加社会保险。1998 年，长沙市对“两个确保”（确保下岗职工基本生活费，确保离退休人员养老金按时足额发放）开展专项监察，检查 85 家单位，督促 5 家用人单位参加社会保险，督促 13 家用人单位补交社会保险费。1999 年，对用人单位实行劳动用工合格证制度，对民办职业介绍机构进行整顿及社会保险扩面征缴清退“三无”人员专项监察。全年监察用人单位 800 家，涉及职工 12 万人，接受群众举报案件 800 件，立案处理 58 起。

2000 年，长沙市开展劳动合同执法检查和社会保险扩面征缴执法检查。全市共检查用人单位 6717 家（实地检查 1610 家，自查 5107 家），其中国有企业 115 家，集体企业 126 家，外商投资企业 90 家，私营企业 2940 家，其他企业 889 家，个体工商户 2557 家。下达劳动监察指令书 2380 份，立案 38 件，处罚 6 家，督促 1039 家用人单位补缴养老保险费 980 万元，失业保险费 340 万元。督促 70 家用人单位与社保局签订“清欠协议书”，计划还款 5930 万元。责令 1560 家用人单位办理社会保险登记，涉及劳动者 2.07 万人，为 9985 名劳动者办理社会保险手续。全年监察用人单位 3800 家，涉及职工 20 万人，接受群众举报 8000 人次，处理 2000 件，为 2000 名劳动者挽回经济损失 180 万元。2001 年 8 月，开展长沙市劳动保障法律监督检查，抽查 485 家用人单位，涉及职工 15 万人，下达《劳动监察指令书》375 份，立案 59 家（其中 51 家整改后已撤案），处罚 8 家，督促 210 家用人单位补签劳动合同 4500 份，修订劳动合同 3100 份，责令用人单位补发应发工资 5 万余元，清退押金 10 万元，共督促 175 家用人单位补缴养老保险费 180 万元，失业保险费 1100 万元，责令 193 家用人单位办理社会保险登记，涉及劳动者 2 万人。

2003 年，制定《长沙市劳动保障定期监察（年检）实施办法》《长沙市用人单位遵守劳动保障法律法规诚信评价实施办法》。12 月，在宁乡和雨花两区县对建立四级劳动保障监察模式进行试点，将劳动保障监察向街道、乡镇延伸，健全和完善长沙市劳动保障法规和监察体系。在全市范围内开展追讨农民工工资的执法大检查，查出拖欠的农民工工资2923万元，兑现率100%。全年长沙市依法受理群众举报案件2806件，结案2750件，结案率98%；出动专、兼职监察员共1.2万余人次，检查用人单位3665家，涉及职工9.6万人；查处违法案件900件，补签劳动合同3.59万份。专项监察为1.28万名职工补办社会保险参保手续；为4100名劳动者追讨被拖欠工资（押金）478万元，取缔非法职介5家，处罚严重违法违规单位20家；参与处理维稳事件25起。

2004年，《长沙市劳动保障定期监察实施办法》出台。在长沙市范围内再次开展农民工工资支付的专项执法检查，共追讨拖欠的农民工工资6800万元。全年长沙市劳动保障监察机构依法受理群众举报案件2738件，结案2684件，结案率98%；出动专、兼职监察员5万余人次，检查用人单位6119家，涉及职工15.6万人；查处违法案件1626件，补签劳动合同5万份，取缔非法职介12家，立案处罚单位39家，对26家严重违反劳动法律、法规的用人单位实施15.3万元的经济处罚，定期监察企业4468家，清退押金48.4万元；为7000名职工补办参加社会保险手续；对劳动保障系统不稳定因素开展排查95次，处理30人以上突发事件72起。

2005年，长沙市开展工资支付系列专项执法行动，为劳动者追回工资和押金4778万元。在《长沙晚报》《潇湘晨报》开通劳动保障政策法规咨询热线和维权热线，新闻媒体报道劳动保障监察执法共计80次，设立违法用人单位曝光台。制定《长沙市用人单位重大劳动保障违法行为社会公布暂行规定》，严格贯彻执行劳动保障定期监察、劳动保障企业诚信评价制度，积极构建监察维权长效机制。深入开展工资支付、社会保险、清理整顿劳动力市场秩序等专项行动，切实维护劳动者合法权益。市劳动保障局被中华人民共和国劳动和社会保障部、公安部等4部委授予“清理整顿劳动力市场秩序专项行动先进单位”。2006年，长沙市建立建设领域清欠联系人制度，由建设领域用人单位明确一名企业负责人为农民工工资清欠联系人，并报所属劳动保障行政部门备案，协助处理举报投诉。2007年，长沙市开展兼职监察员和特约监察员工作，推行和谐维权模式。6—8月针对全市小砖窑、小煤窑、小矿山、烟花爆竹生产经营场所劳动用工开展专项整治行动，检查各类单位2554家，涉及劳动者10万余人，清查各类违规单位700多家，并对全市农村用工情况进行全面的掌握。

2011年，长沙市启动劳动保障监察“两网化”（网格化、网络化）建设和“12333”电话咨询系统建设，开展农民工工资清欠、清理整顿人力资源市场秩序专项执法行动。全年长沙市劳动保障监察部门受理并处理举报投诉2475起，为4万名劳动者追回工资、押金6207万元。2012年，长沙市受理并处理举报投诉1973起，为1.3万名劳动者追回工资、押金4593万元，法定时效内结案率100%。对5000家用工单位进行书面材料审查，开展农民工工资拖欠和人力资源市场秩序的专项检查，检查用人单位130家，职业介绍机构41家，共计责令用人单位支付工资及赔偿金4548.1万元，涉及4500名农民工。

二、劳动争议仲裁

1987年，根据国务院《国有企业劳动争议处理暂行规定》，长沙市设立劳动争议仲裁机构，坚持以防为主，以处理为辅；以基层调解为主，以仲裁机构处理为辅的原则，全年受理劳动争议案件43件，妥善处理40件，占93%，全市108家企业组建劳动争议调解委员会。1988年，长沙市建立企业劳动争议调解委员会，专职仲裁干部24名，占定编33名的72.7%。全年企业劳动争议调解委员会受理争议案件54件，成功调解54件，劳动争议仲裁部门受理劳动争议案件40件，结案处理34件。1993年，长沙市所辖4县（市）、5区均建立劳动争议仲裁委员会，配备专职仲裁员，其中，长沙市5人，东区2人，浏阳市1人，南区3人，宁乡县2人，北区2人，长沙县2人，西区1人，望城县1人，郊区1人。

1998年，长沙市通过规范仲裁制度建设，提高仲裁人员素质，将仲裁与信访相结合，提高劳动仲裁案件办结效率。全年仲裁部门接待申诉3000起，其中市本级接待1800起，受理劳动争议案件109起，处理结案112起。2000年，劳动争议处理和劳动关系调整机制正式形成。2003年，长沙市各级劳动争议仲裁机构立案受理劳动争议案件1187件（集体争议案件127起），在法定办案时限内结案1172起，结案率98.74%。其中，市本级劳动争议仲裁机构受案737起，调解552起，裁决63起，不予受理122起。市、区（县）二级劳动争议仲裁委员会通过庭外调解方式处理劳动争议1.01万起。2005年9月，长沙市设立劳动争议仲裁院，下设立案调解庭、审理一庭、审理二庭、综合办公室，编制20人。全年仲裁机构共立案受理劳动争议案件2034件（集体争议案件78起），在法定办案时限内结案2021起，结案率99.36%。其中，市、区（县）二级劳动争议仲裁委员会通过庭外调解方式处理劳动争议9177起。长沙市本级劳动仲裁委员会年立案受理202起，结案198起，结案率98.02%，通过庭外和解方式处理劳动争议2366起。长沙市劳动争议仲裁工作走在全国前列，市劳动争议仲裁委员会被劳动和社会保障部、中华全国总工会、中国企业联合会授予“全国先进劳动争议仲裁委员会”称号。

2007年8月，全市区、县（市）推进劳动争议仲裁机构实体化建设工作，分批组建劳动争议仲裁院。2008年，长沙市贯彻实施《中华人民共和国劳动合同法》《中华人民共和国劳动争议调解仲裁法》，采取庭前证据交换和质证，对个别事实清楚、适用法律明确的案件实行独任仲裁员制度。取消仲裁收费，建立庭审公示栏，制定劳动争议仲裁应急预案，建立重大、特大、疑难劳动争议案件联合预防机制。各级劳动争议仲裁机构立案受理劳动争议案件2760件（集体劳动争议案件137件），在法定办案时限内结案2693件，结案率97.6%。其中，市本级劳动争议仲裁院全年共办理劳动争议仲裁案件2410件，立案受理631件，基本确保案件在法定时效内结案。市、区（县）二级劳动争议仲裁委员会通过调解方式处理劳动争议案件3548件。

2010—2011年，长沙市充分发挥基层平台作用，推动县（市）仲裁机构立体化建设，长沙市将简单的劳动争议案件下放到街道劳动争议调解组织进行调解。推动劳动争议仲裁实体化建设和基层争议调解组织建设，全市85%的城区街道、55个乡（镇）和1064家企业建立劳动争议调解组织。2012年，劳动争议仲裁委员会办理劳动争议仲裁案件7294件，立案受理2941件 。其中，50%以上的劳动争议案件在基层调解组织处理，充分体现“基层为主，调解优先”的劳动争议处理方针。

表8-2-5-1　2002—2012年长沙市劳动争议案件处理情况一览表　单位：件

年份	案件受理数	集体劳动争议案数	用人单位申诉案数	劳动者申诉案数	结案数	长沙市本级办理劳动争议案件	长沙市本级立案受理劳动争议案件
2002	778	85	77	701	765	—	83
2003	1187	127	164	1023	1172	—	84
2004	1548	57	97	1451	1529	—	137
2005	2034	78	78	1956	2021	—	202
2006	2179	105	127	2052	2168	—	279

续表 8-2-5-1

年份	案件受理数	集体劳动争议案数	用人单位申诉案数	劳动者申诉案数	结案数	长沙市本级办理劳动争议案件	长沙市本级立案受理劳动争议案件
2007	2307	79	98	2209	2275	826	233
2008	2760	137	712	2048	2693	2410	631
2009	2952	198	215	2731	2898	2850	774
2010	2186	235	35	2951	3002	2821	611
2011	7362	—	—	—	3099	3272	1007
2012	7294	—	—	—	2941	3298	1171

三、劳动信访

1988 年，长沙处理人民来信 566 封，接待来访 1537 人，解决 8 起疑难案件。1989 年接待来访 3000 人次，处理信访案件 441 起。1991 年，接待来访 750 人次，处理来信 400 件，解决疑难问题 8 件。1992 年，长沙成立市劳动行政复议机构受理行政复议案件。1993 年，接待来访 3000 人次，处理来信 150 封，解决处理集体上访 5 起。

2001 年，全市接待来信来访 6 万人次，其中劳动争议来信来访 1.2 万人次，重点解决下岗职工待遇保障，再就业协议签署，农民工薪酬兑现等一大批社会热点问题。2002 年，接待来信来访 6.7 万人次，集体上访 310 批，1550 人次，处理群众来信 391 件。2004 年，建立信访协调、争议仲裁、劳动监察、行政复议、效能监察、考核督查“六位一体”大维权联动机制，提升劳动者权益保护实效。全年各级劳动部门接待来信来访 12 万人次，处理人民来信 2160 件。

2005 年，贯彻落实国务院《信访条例》，选派业务骨干和年轻骨干充实信访一线，完善工作责任制，建立分类分层处理和统筹协调工作模式，形成齐抓共管的“大信访”格局。全年接待来信来访 4.2 万人次，处理人民来信 1200 件。2006 年，接待来信来访 5.36 万人次，处理人民来信 935 件。2009 年，接待来访 1.58 万人次，充分利用互联网系统回复网上信访 612 件，处理人民来信 224 件，书面答复 24 件。

2010—2011 年，长沙市坚持把落实群众工作统揽劳动信访工作，畅通和拓宽群众信访渠道，推动信访问题源头治理，深入开展能力建设活动，提升干部队伍协调能力，建立健全接访联动机制。全年接待群众来电来访 3.1 万人次，妥善处理一批群访、积访、闹访案件，保障劳动者合法权益，维护社会稳定。2012 年，接待群众来电来访 1.18 万人次，答复电话咨询 2.16 万人次，回复网上信访 390 件，处理来信 145 件，出具书面答复意见书 10 件，处理湖南省人力资源和社会保障厅交办案件 9 件。

第六节　社会保险

一、养老保险

（一）城镇企业职工基本养老保险。1988 年，长沙市集体所有制单位退休基金统筹归口劳动部门管理。全市劳动合同制工人养老保险在劳动部门投保的单位 1315 个，投保人数 2.34 万人，投保金额 851.2 万元，企业参加社会退休金统筹的单位 803 户（市 630 户、县郊 173 户），固定职工 26.63 万人，退休职工 7.08 万人，受益 222 家，增支 579 家。

1991年11月，将职工个人缴纳的基本养老保险费和企业补充养老保险交由各级劳动部门的社会保险机构经办，并将养老保险扩充至临时个体劳动者、私营企业雇工、劳服企业职工和其他非全民职工，制定《劳服企业职工养老保险办法》和《临时工养老保险办法》。12月，长沙市企业职工养老保险按照国务院《关于企业职工养老保险制度改革的决定》中明确的“以支定收，略有结余”原则，采取“大稳定小调整的办法过渡，适度提高比例，适度降低储备，适度增加下拨”，确定在职职工工资总额的13%，退休金的60%为退休费用统筹比例，将储备金由原5%下调为4%，管理服务费由原1%下调为0.3%，仍实行差额统筹，定额缴拨，增支户按固定工人数计算，人均月平均工资（以下简称人月均）在10元以内的按时上缴，超过10元的部分免缴；受益户按退休人数计算，人月均在20元以内按实拨付，超过20元的部分不计。1993年，长沙市对非全民所有制单位和外商投资企业开展养老保险试点，520名非全民身份职工参加养老保险，16家外商投资企业投保，并为72家困难企业3.38万名离退休人员发放生活困难补助330.1万元。

1995年4月，长沙市制定实施《企业职工社会养老保险办法》，按照社会统筹与个人账户相结合的原则，实现费用由国家、单位、个人共同负担，缴费费率、待遇标准实行统一管理。其中，用人单位缴费比例为上年度企业职工月平均工资总额的24%，企业职工个人缴费比例为本人上一年度月平均工资收入的4%，并将养老保险覆盖面扩大至国有企业、集体企业、外商投资企业（中方职工）、劳务企业、股份制企业、租赁企业以及私营企业和个体、工商户。印发《长沙市私营企业和个体经济组织从业人员实行社会养老保险的通知》，规定私营企业、个体工商户本人以及雇员缴费满10年及以上，从男满60岁，女满55岁之下月起，按月发给基本养老金。1996年8月，长沙市发布《关于进一步深化企业社会养老保险制度改革的通知》，改养老保险费差额收付为全额收付，改银行每月代扣为市地税局按月代缴。1997年4月，长沙市基本养老保险费率按上年度工资总额的29%进行征集，其中个人缴费比例由4%提高至5%。11月，长沙市养老保险费由市地税局代征改为劳动局社会保险经办机构直接收缴，全年征集5.14亿元，增长12.72%。参保覆盖面进一步扩大，参保单位扩面87户，达2839户，参保人数40.41万人，新增1.08万人。养老金领取人员14.80万人，全年发放4.65亿元，增长14.04%。

1998年4月，《长沙市从业人员基本养老保险办法》（以下简称《办法》）与《湖南省建立统一企业基本养老保险制度的实施意见》及《国务院关于建立统一的企业职工基本养老保险制度的决定》同步实施。《办法》规定养老保险企业缴费比例逐步统一至20%；基本养老保险费企业缴纳部分按其从业人员月平均缴费工资基数之和的10%缴纳，以后每年提高2%，5年内达到20%。从业人员个人缴费部分以上年度长沙市职工月平均工资的5.5%缴纳，以后每年提高0.5%，直至8%。从业人员月平均工资收入超过上年度长沙市职工平均工资300%以上部分，不计入个人缴费基数；低于上年度长沙市职工平均工资60%的，按上年度长沙市职工月平均工资的60%作为缴费基数，并统一按本人缴费工资的11%建立基本养老保险个人账户。全市参加养老保险企业2888户（市本级1431户），参保职工40.03万人（市本级31.40万人），离退休人员14.77万人（市本级12.15万人）。新增参保人数1.5万人，全市养老保险基金收缴率达92%，市本级达95%，养老金按时足额发放。

2000年，长沙市采取联动措施扩大养老保险覆盖面。全年扩面4万人，其中国有企业覆盖率为99%，集体企业为95%，外商投资企业为80%。全市基金征缴7.01亿元，发放养老金8.58亿元。从2002年4月1日起，长沙市单位缴纳基本养老保险费的比例统一为20%，职工个人缴纳基本养老保险费的比例统一为8%，企业缴费基数由“上年度从业人员月平均缴费工资基数之和”改为以“上年度列入

图 8-2-6-1 长沙市灵活就业人员社保补贴政策宣传活动

（摄于 2007 年 5 月，长沙市人社局供图）

成本和相关费用的工资总额”为基础计算，过渡性养老金系数由 1.4% 调整为 1.15%。2003 年，长沙市统一实行新的基本养老金计发方法，实现新、老办法的平稳衔接。探索“档案在市里、关系在街道、人员在社区、发放在银行”的社会化管理模式，建立企业退休人员社会化管理服务工作月调度和季通报制度，社会化管理服务率在全国大中城市中居于领先水平。2005 年 4 月，长沙市将社会保险费缴纳基数由原来的上年度在岗职工平均工资标准调整为上年度全部职工平均工资标准，并以 1415 元作为社会保险待遇计发基准数。12 月，制定实施《长沙市就业困难对象灵活就业社会保险补贴实施细则》。全市参加企业基本养老保险单位 9975 个，参保职工 52.49 万人，新增参保人数 15.08 万人，首次将 17 家建安企业 1 万名职工纳入企业职工养老保险统筹范围。全年征收养老保险费 12.83 亿元，增加 2 亿元，清理欠费 1.53 亿元，征缴率为 97.8%，19.39 万离退休职工养老金按时足额发放，退休人员社会化管理服务率达到97%。

2006 年，长沙市制定《关于完善企业职工基本养老保险制度实施办法》和《城镇个体工商户和灵活就业人员参加基本养老保险办法》。2008 年 4 月，长沙市实施《被征地农民就业培训和社会保障办法》，被征地农民全部转为城镇户口，纳入城镇职工基本养老保险。为劳动年龄段的被征地农民按征地时上年度全省在岗职工月平均工资的 100%，缴费比例为 20%，并以征地前实际从事农业生产劳动时间，每 2 年缴纳 1 年基本养老保险费一次性缴纳相应年限，最多缴纳不超过 15 年。为退出劳动年龄段的被征地农民实行养老生活保障制度，标准为按月享受不低于同期当地城市居民最低生活保障标准 220%的养老生活保障费。2009 年，为建立企业退休人员养老金社会化发放的长效机制，方便企业退休人员就近领取养老金，长沙市率先在全国推出由退休人员自主选择就近金融机构领取养老金。全年实收养老金 30.49 亿元，实发养老金 29.7 亿元，实行社会化发放人数 23.6 万人。2010 年，长沙市执行《城镇企业职工基本养老保险关系转移接续暂行办法》的惠民新政策，解决基本养老保险关系的跨省转移接续问题，更好地保障流动就业人群的权益，提高社会养老保险制度的统筹层次。

2010 年，长沙市制定进一步完善被征地农民社会保险办法，改革退出劳动年龄段的被征地农民养老生活保障制度，将达到退休年龄的征地农民纳入企业职工养老保险体系。2011 年 7 月，长沙市贯彻执行《中华人民共和国社会保险法》，市人力资源和社会保障局制定市级统收统支办法，按照“基金统一管理，业务分级经办”的原则，统一缴费基数和比例，统一待遇支付标准，统一信息系统和业务流程，提高统筹层次，促进基金发挥调剂功能。2012 年 1 月，“城镇小集体企业职工”“五七工”和“家属工”（指 20 世纪六七十年代，曾在石油、煤炭、化工、建筑、建材、交通、运输、冶金、有色、制药、纺织、机械、轻工、农、林、水、牧、电、军工 19 个行业的国有企业中从事生产自救或企业辅助性岗位工作，具有城镇常住户口，未参加过基本养老保险统筹的人员或其家属）按属地原则纳入企业职工基本养老保险统筹。是年，全市参保单位 2.78 万家，参保人数 124.53 万人，其中市本级 67.87 万人，退休人员 29.77 万人，负担系数为 3.56:1。养老金按时足额发放率和社会化发放率均为 100%，发放养老金 48.64 亿元。

表 8-2-6-1　　1996—2012 年长沙市企业单位参加基本养老保险情况一览表

年份	期末实有参保职工(人)	参加养老保险的离退休人数(人)	期末实际缴费人数(人)	应收养老保险费(万元)	实收养老保险费(万元)	应发养老金金额(万元)	实发养老金金额(万元)	社会化发放人数(人)
1996	400468	140045	380444	51274.71	44702.10	49442.07	49212.84	—
1997	404123	147968	383916	60269.97	51396.67	59781.08	46474.38	—
1998	404451	147545	384228	63918.13	70018.77	64775.06	72189.10	—
1999	420900	153484	399855	64464.95	68981.68	67433.34	76542.09	—
2000	435441	160766	412497	93294.00	86775.00	85838.00	85838.00	157953
2001	390436	156864	377691	93287.00	86217.00	83543.00	83543.00	156864
2002	388612	163292	334648	78548.00	75654.00	95165.00	95165.00	163292
2003	388459	169929	335995	86336.00	85034.00	106510.00	106510.00	169929
2004	460460	181349	398334	113515.00	109072.00	114267.00	114267.00	181349
2005	524884	193884	436971	131121.00	128302.00	132367.00	132367.00	193884
2006	468891	201243	481738	156684.00	150534.00	167497.00	167497.00	201243
2007	586509	210595	436146	185307.00	181880.00	202110.00	202110.00	210595
2008	691936	219496	624541	258413.00	254314.00	249199.00	249199.00	219496
2009	807576	236009	711496	311900.00	304915.00	296968.00	296968.00	236009
2010	935799	252422	817611	384386.00	377177.00	357745.00	357745.00	252422
2011	1095156	272790	925195	518464.00	509084.00	432364.00	432364.00	272790
2012	1245309	297724	1062279	677604.00	866993.00	486435.00	486435.00	297724

说明：从 2000 年 10 月开始实行社会化发放

（二）机关事业单位养老保险。1994 年 12 月，长沙市设立机关事业单位社会保险工作机构，开展事业单位养老保险的试点工作。1997 年 7 月，颁布实施《机关事业单位工作人员社会养老保险办法》，规定对全市执行机关事业单位工资制度的机关、全民所有制和县以上集体所有制事业单位及其工作人员采用“统账结合”并建立个人账户的模式，统一征收养老保险费。将基本养老保险费的缴费基数确定为上一年度工作人员月平均基本工资，缴费比例单位为 32%，个人为 4%。其中，个人缴费全部记入个人账户，单位缴费部分按单位缴费基数的 8%划入个人账户。是年底，全市参保机关事业单位 1649 家，参保人数 7.83 万人。

2001 年 7 月，长沙市机关事业单位养老保险全部实行财政专户管理，个人缴费比例由 4%提高至 11%，全年在职参保人数达 12.55 万人，收缴养老保险费 2.48 亿元，3.67 万名机关事业单位离退休人员基本养老金按时足额发放。其中，离退休人员基本养老金发放标准和调整均按机关事业单位工资制度进行，由经办机构将基本养老金划拨到参保单位，再由参保单位发放至离退休人员。2002 年 3 月，长沙市机关事业单位养老保险由长沙市人事局划转长沙市劳动和社会保障局管理。是年，参保人数达 12.25 万人，收缴养老保险费 3.13 亿元，3.8 万名离退休人员基本养老金按时足额发放。2006 年 9 月，长沙市实行财政体制改革，市本级进入财政统发的市直机关和全额拨款事业单位 1.94 万人，个人停止缴纳养老保险费，单位缴费全部由财政划拨。2007 年 10 月，长沙市实行五险统一征缴，机关事业单位养老保险全年在职参保人数 10.38 万人，收缴养老保险费 4.74 亿元，4.69 万名机关事业单位离退休人员基本养老金按时足额发放。

2009—2012 年，全市机关事业单位工作人员社会养老保险工作按原有模式进行，截至 2012 年底，长沙市机关事业单位养老保险在职参保人数 9.21 万人，离退休人员 5.88 万人，收缴养老保险费 5.97 亿元，发放养老金 5.95 亿元。

表 8-2-6-2　　2000—2012 年长沙市机关事业单位养老保险情况一览表

年 度	2000	2001	2002	2003	2004	2005	2006	2007	2008	2009	2010	2011	2012
参保单位（个）	—	2665	2669	3166	3535	3498	3599	3534	3277	3261	3424	3420	3397
实际缴费人数（人）	101100	125494	122546	126688	127912	127466	127172	103769	106339	95301	91391	90711	92060
期末离退休人数（人）	27525	36690	37973	40123	41951	43840	44918	46888	51289	53813	56980	57588	58781
应发放养老金（万元）	—	21507	34415	34386	35579	38044	41538	54085	51983	52887	56495	59039	59694
实际发放养老金（万元）	—	21507	34415	34386	35579	38044	41538	54085	81983	52887	56380	58605	59506

（三）城乡居民养老保险。1991 年，长沙市响应国家和湖南省开展建立农村社会养老保险（老农保）制度试点工作的号召，1992—1993 年先在长沙县和长沙郊区试点，其后在全市铺开。1995 年，全市采取农民自主缴费与集体补助缴费的形式开始征收农村社会养老保险费。1997 年，郊区农村养老保险业务按区划划归 5 城区分别管理。2000 年，老农保政策由于历史局限与当时农村经济发展水平限制，缴费责任主要由农民个人承担，制度推进工作不理想，长沙市根据国家政策停止接受农村养老保险新业务并进入清理整顿阶段。是年底，长沙市 5 区 4 县（市），142 个乡（镇、场、街），3094 个村开展农村社会养老保险业务，参保人数 25.03 万人；累计基金总额 6854.86 万元。其中，农民个人缴费 4946.2 万元，集体补助缴费 385.54 万元，运营收益 1523.12 万元。养老金领取人数 1003 人，发放养老金 33.8 万元。

2008 年，长沙市贯彻执行湖南省人民政府办公厅《关于转发省劳动保障厅 省审计厅 省财政厅省民政厅关于湖南省农村社会养老保险基金审计整改实施方案的通知》，切实做好老农保基金审计整改和保险费清退工作。2009 年 9 月，根据国务院《关于开展新型农村社会养老保险试点的指导意见》，长沙县被

图 8-2-6-2　长沙市城乡居民基本养老保险业务培训班
（摄于 2010 年 9 月，长沙市人社局供图）

列入首批国家新型农村社会养老保险试点县，探索建立新型农村养老保险制度。与老农保相比，新型农村养老保险制度重点强调国家对农民老年生活基本保障承担的重要责任，明确以财政补贴的形式促进制度发展，改变农民自我储蓄的缴费模式，采取个人缴费、集体补助和政府补贴相结合的缴费模式，激发广大农民群体的参保热情。启动城镇居民养老保险工作，是年底有近 8000 人参保。

2010 年 7 月，长沙市出台《城乡居民基本养老保险办法》，将新型农村社会养老保险和城镇居民基本养老保险制度统一推出，实现养老保险对长沙市未参加城镇职工基本养老保险制度的城乡居民的全覆盖，并规定长沙市城乡居民基本养老保险缴费档次分为 5 档（100~500 元），政府补贴为 30~50 元，基础养老金标准为每人每月 60 元。10 月，岳麓区、芙蓉区、天心区、开福区、雨花区和望城县被列为第二批国家新型农村社会养老保险试点县。年底，全市参保居民超过 243 万人，64.7 万名 60 岁以上城乡居民全部领到个人养老金。2011 年，浏阳市、宁乡县被列入第三批国家新型农村社会养老保险试点县，实现长沙市辖所有区、县均被列入试点县。是年，长沙市率先全国建立城乡居民基本养老保险基础养老金正常调整机制，明确从 7 月 1 日起，基础养老金调整至每人每月 70 元，并将缴费档次调整为 15 档（100~1500 元）。2012 年，长沙市城乡居民社会养老保险平稳有序开展，7 月，基础养老金调整至每人每月 80 元。年底，长沙市城乡居民基本养老保险参保人数 299.47 万人，其中，城镇居民养老保险参保人数 9.82 万人，新型农村社会养老保险参保人数 289.43 万人。全年年满 60 周岁以上享受待遇 72.78 万人，累计发放养老金 13.98 亿元。

二、医疗保险

（一）城镇职工基本医疗保险。1988 年，长沙市坚持“有利生产、方便职工、保证医疗，克服浪费、完善制度、加强管理”的原则开始医疗制度改革。1991 年 11 月，长沙市在市属国有企业试行职工劳保医疗暂行规定，实行医疗费用由国家、企业、个人合理负担，以国家和企业负担为主，个人少量负担药费。具体规定在职职工按工龄分 20 年内、20~30 年、30 年及以上三个标准按档分月发给 2 元、3 元、4 元医疗费补贴，退休人员一律按 4 元计发医疗费补贴，离休干部与符合离休条件的退休老工人除国家统一规定的自费药品外，其他费用仍由企业开支。

1996 年 4 月，长沙市开始医疗保险改革试点工作。2000 年 3 月，长沙市出台《长沙市城镇职工基本医疗保险试行办法》，规定基本医疗保险基金实行社会统筹和个人账户相结合的模式，用人单位按上年度本单位职工工资总额的 6%缴纳基本医疗保险费，职工个人按上年度本人工资收入的 2%缴费，退休人员参加基本医疗保险，个人不缴费。4 月，公布长沙市城镇职工基本医疗保险首批 14 家定点医疗机构名单，并将湖南省劳动保障行政部门公布的长沙市城区内的定点医疗机构，也作为长沙市城镇职工基本医疗保险定点医疗机构。7 月，长沙市执行《湖南省城镇职工大病医疗互助暂行办法》，规定大病医疗互助费按每人每年 60 元缴纳，参保人员 10 万元以内的医疗费用，基本医疗保险统筹基金最高支付限额以上的部分由大病医疗互助基金支付 90%，参保人员本人负担 10%。是年底，全市医疗保险参保单位 536 户，参保人员 14.45 万人，其中在职 10.91 万人，退休 3.54 万人。全市应收基本医疗保险费 3755 万元，实收 3419 万元，基金收缴率达 91%。统筹基金支出 831 万元，占收入 41%，其中，市本级 780 万元，占收入 42.5%（住院费 754 万元，特殊治疗费 26 万元），结余 1198 万元（市本级 1055 万元），结余率 58%；个人账户基金支出 190 万元，占收入 10.7%，结余 1590 万元。

2001 年 7 月，长沙市医疗保险单位缴费率从上年度本单位职工工资总额的 6%提高为 7%，基本医疗保险统筹基金起付标准由上年的 3.4 万元提高到 4 万元，大病互助支付限额由原每年度 10 万元调整到 11 万元。年底，全市医疗保险共纳入企事业单位 1152 户，参保人数 30.5 万人，年内为参保人员支付医疗费 6189 万元。形成以基本医疗保险为主体，大病医疗互助与企业补充医疗保险为辅助的医疗保险体系。2002 年，全市 5 区 4 县（市）医保改革全部启动，参保人员突破 50 万人，出台离退休干部医疗保障试行办法和实施细则，建立离休干部医疗保障机制。将 270 户困难企业中 11 万名职工纳入医疗保险范围，全年统筹基金总体收支基本平衡。2004 年 4 月，长沙市城镇职工基本医疗保险单位缴费比率由 7%调整为 8%。7 月，制定实施《长沙市城镇灵活从业人员基本医疗保险试行办法》，规定城镇灵活就业人员在本统筹地区参加基本医疗保险，暂不建立基本医疗保险个人账户。参加基本医疗保险的最低累计缴费年限（实际缴费年限和视同缴费年限之和）为男满 30 年，女满 25 年，其中实际缴费年限满 10 年。2005 年 10 月，制定《长沙市一至六级残疾军人医疗管理实施细则（试行）》，将符合参保条件的残疾军人纳入医疗保障范围。是年底，城镇职工基本医疗保险参保单位为 6386 家，参保人数 81.6 万人，扩面新增 4.3 万人。其中，灵活就业参保人员 3.56 万人，新增 3954 人，特困企业参保职工 2.06 万人，一至六级残疾参保军人 176 人，企业离休干部 1669 人。征收基本医疗保险费 6.31 亿元，支出 6.37 亿元。

2008 年 4 月，长沙市出台《被征地农民就业培训和社会保障办法》，将被征地农民中的劳动年龄段人员从征地转户之日起按城镇职工标准一次性缴纳基本医疗保险费和大病医疗互助费，其中，年满 16 周岁不满 47 周岁的，缴纳 1 年；47 周岁及以上的，年龄每增加 1 周岁，缴纳年限相应增加 1 年。5 月，制定实施《长沙市困难企业职工参加城镇职工基本医疗保险暂行办法》，将应参加城镇职工基本医疗保险而因企业困难未参加的职工同时纳入城镇职工基本医疗保险。2009 年 11 月，长沙市调整城镇职工基本医疗保险有关政策，将城镇职工基本医疗保险统筹基金最高支付限额由 3 万元调整为 8 万元，支付比例维持不变。实行大额自付医疗费用补助，对年度内自付医疗费用超过 1 万元、自付比例在 25%以上、家庭经济困难的参保人员实施医疗补助。全年医疗保险参保人数 131.5 万人，其中在职 94.32 万人，退休 37.18 万人。全市基本医疗保险费收入 13.3 亿元，支出 15.53 亿元，其中统筹基金支出 9.49 亿元，个人账户基金支出 6.04 亿元。

2012 年 1 月，长沙市制定实施《职工基本医疗保险和生育保险市级统筹实施办法》，并在市城区范围内，依托 54 家基层定点医疗机构，开展门诊统筹工作，通过安装门诊统筹信息平台，实现门诊医疗费用即时结算，共计 20 余万人次享受统筹政策优惠。创新职工门诊统筹工作，率先在全国开展门诊单病种试点工作，“基层首诊、双向转诊”的门诊统筹运行机制得到人社部的肯定与推广。是年，长沙市参保人数 147.95 万人，医疗基金支出 28.59 亿元。

表 8-2-6-3　　2000—2010 年长沙市城镇职工基本医疗保险情况一览表

年份	参保人数(万人)			应缴基本医疗保险费(万元)		应缴基本医疗保险费(万元)			实缴基本医疗保险费(万元)			期末累计欠费(万元)	医疗基金支出(万元)		
	合计	在职职工	退休职工	单位	个人	合计	单位	个人	合计	单位	个人	合计	合计	统筹基金	个人账户
2000	14.45	10.91	3.54	47676	46511	3755	2824	931	3419	1807	1612	60	831	780	51
2001	30.46	22.02	8.44	127862	127614	12179	9308	2871	11857	9266	2591	382	7005	5885	1120
2002	50.77	36.25	14.52	356592	353424	24897	19091	5806	25824	20482	5342	539	19346	13370	5976
2003	62.22	44.50	17.72	441912	436336	39462	30788	8674	47333	38489	8844	287	35135	23136	11999
2004	77.26	53.61	23.65	547629	573837	55755	42589	13166	61189	48968	12221	3654	63197	28063	35134
2005	81.60	57.26	24.34	594079	594551	64005	50405	13600	63054	49431	13623	2834	63740	34037	29703
2006	91.03	64.97	26.06	792040	792040	79335	63472	15863	77155	61617	15538	3409	71518	39188	32330
2007	106.97	75.82	31.15	998283	998283	99039	79108	19931	97154	77432	19722	2475	90363	47651	42712
2008	119.44	85.85	33.59	1176181	1171906	118132	94239	23893	114883	91637	23246	3628	120269	72187	48082
2009	131.50	94.32	37.18	1466755	1466072	135885	105500	30385	132993	103350	29643	3484	155318	94873	60445
2010	137.10	98.20	38.90	1909657	1909429	172110	133845	38265	168791	131308	37483	4093	191540	125202	66338
2011	140.75	101.60	39.14	2304290	2304290	229332	183348	45984	225576	180344	45232	4187	243898	165949	77949
2012	147.95	108.20	39.75	2721989	2721989	271506	217066	54440	266403	213169	53234	5380	285934	187666	98268

（二）城乡居民基本医疗保险。20 世纪 80 年代末，长沙市试行农村合作医疗。1992 年在全市农村初级卫生保健工作中逐步推行农村合作医疗，由乡镇政府在提留农民年纯收入 5%的乡村统筹经费中提取 0.3%的经费，加上农民个人自愿缴纳 5~10 元，作为农村合作医疗基金，每个农户每年的合作医疗经费筹集标准普遍在 20 元以内，农村居民在乡镇卫生院及村卫生室就诊可获得一定经费补偿。因筹资标准低，政府投入有限，缺乏可靠的经费保障，未能在全市农村普遍推行并长期坚持。

2003 年 8 月，按照国务院、省政府关于开展新型农村合作医疗（简称“新农合”）的政策部署，长沙市首先在长沙县试点推行“新农合”制度。是年，长沙县“新农合”参加人数 44.4 万人，参合率 67.1%；筹资标准为每人 40 元；共筹集“新农合”基金 1787.6 万元（中央至县四级财政补助 890.4 万元，农民个人缴纳 897.2 万元）；共计补偿参合农民 4.6 万人次（门诊 3.3 万人次，住院 1.3 万人次）；补偿金额 1405.7 万元，其中住院补偿 869.4 万元，住院病人补偿受益面为 3.1%，次均补偿 662.8 元，补偿率为 21.2%；特困农民住院补偿封顶线为每人（年）1.5 万元。2004—2005 年，继续在长沙县试点，总结工作成果。2005 年长沙县参合农民 63.50 万人，参合率为 95.9%；筹集“新农合”基金 4387.9 万元；共计补偿参合农民 4.8 万人次（门诊 0.8 万人次，住院 4 万人次）；补偿金额 3680.5 万元，其中住院补偿 3365.5 万元，住院病人补偿受益面为 7.57%，次均补偿 837.1 元，补偿率为 23%。2006 年起，望城、浏阳、宁乡 3 县（市）及城内 5 区农村地区全面推行“新农合”制度。市县两级成立领导协调机构，制定“新农合”基金筹集、核算管理、基金风险控制，“新农合”诊疗用药项目、补偿报销、特殊群体（病种）补偿及违规问题处理等政策。以中央财政补助、省市县三级财政按规定比例配套安排、个人缴纳三者相结合的形式筹集新农合基金。其中，中央财政每人每年补偿 20 元，省财政、市财政、县财政每人每年累计补偿不低于 20 元，农民每人每年缴纳 10 元。农村合作医疗基金和个人缴费实行县级统筹，统筹基金用于参合农民的住院补偿和特殊疾病门诊费用补偿。

2007 年 9 月 27 日，长沙市制定《城镇居民基本医疗保险试行办法》，规定城镇居民基本医疗保险坚持保障水平与经济发展水平相适应，政府引导、自愿参加、基本保障、责任分担，以个人和家庭缴费为主，财政适当补助，以收定支、收支平衡的原则筹集城镇居民基本医疗保险基金。并将参保对象规定为长沙市不属于城镇职工基本医疗保险制度覆盖范围的中小学阶段的学生（包括职业高中、中专、技校学生）、少年儿童和其他非从业城镇居民（含未纳入新型农村合作医疗覆盖范围的城区村民）。12 月 6 日，制定《长沙市城镇居民基本医疗保险特殊病种门诊医疗管理暂行规定》。是年，全市“新农合”参合农民增至 355.1 万人，参合率为 91.7%；筹资标准为每人 50 元，共筹集“新农合”基金 2.02 亿元（各级财政补助 1.65 亿元，农民个人缴纳 3723.1 万元）；共计补偿参合农民 27.7 万人次（门诊 8.2 万人次，住院 19.5 万人次）；补偿金额 1.83 亿元，其中住院补偿 1.63 亿元，住院病人补偿受益面为 7.8%，次均补偿 834.8 元，补偿率为 26.5%；特困农民住院补偿封顶线为每人（年）5 万元。

2009 年 11 月，长沙市对城镇居民基本医疗保险的有关政策进行调整，规定一个结算年度内的住院起付标准为三级医院 700 元、二级医院 400 元、一级医院 200 元，三级、二级、一级医院（含社区卫生服务机构）住院医疗费用统筹基金支付比例分别为 50%、60%、70%。未成年人一个结算年度内统筹基金最高支付限额为 10 万元（包括特殊病种门诊和意外伤害门诊医疗费用），老年居民和非从业居民为 5 万元。增加特殊病种门诊种类至 26 个。对投靠居住外地亲属的老人、儿童的医疗费用，由亲属居住地医疗保险基金比照长沙市同等级别医疗机构相关标准予以支付。对确因技术、设备原因需转外地医院就诊的参保人员，发生的医疗费用比照长沙市三级医院相关标准予以支付。对低保家庭的参保人员，由统筹基金进行医疗补助，基金总体支付比例不超过 60%，一个结算年度内不超过 3 万元。长沙市大学生参加城镇居民基本医疗保险工作正式启动。以学校为参保单位，在校参保大学生的基本医疗保险待遇按《长沙市城镇居民基本医疗保险试行办法》规定执行，年底全市 49.3 万名大学生全部纳入医保制度范围。

2010 年，《长沙市统筹城乡就业和社会保障实施办法》出台，明确“新农合”与“城镇居民医保”合并，建立统一的城乡居民基本医疗保险制度。11 月 15 日，长沙市调整城镇居民基本医疗保险个人缴费标准，规定从 2011 年 1 月 1 日起，城镇居民基本医疗保险个人缴费标准调整为一般居民（成年人、未成年人和老年人）个人缴费标准为 40 元/年，享受城镇居民最低生活保障的家庭个人缴费标准为 16 元/年，持有“中华人民共和国残疾人证”且残疾等级为 1~2 级的残疾人员及“三无”人员（指无劳动能力、无生活来源、无法定赡养义务人的居民）由财政全额补助。是年底，全市累计补偿参合农民 292.8 万人次，其中住院补偿 123.8 万人次，门诊统筹及特殊病种门诊补偿 169 万人次；累计补偿金额 15.96 亿元，占“新农合”筹资总额的 94.4%，其中住院补偿 13.83 亿元，门诊统筹及特殊病种门诊补偿 2.13 亿元。

2011 年，《关于做好新型农村合作医疗管理职能划转工作的通知》和《长沙市城乡居民基本医疗保险办法》出台，将新型农村合作医疗和城镇居民医疗保险完全并轨为城乡居民基本医疗保险，实现统一经办管理，统一信息平台，统一基金调剂，统一待遇支付。是年底，城乡居民医保参保人数达 507 万人，参保覆盖率到 91%。城乡居民基本医疗保险年度内最高支付限额成年人为 6 万元，普通学生未成年人和在校学生为 10 万元。全市城乡居民医疗保险基金收缴 11.55 亿元，支付 9.05 亿元。

2012年，长沙市城乡居民医疗保险实现城区统筹。10月，制定实施《关于调整城乡居民基本医疗保险有关政策的通知》，将城乡居民基本医疗保险最高支付限额调整为一个结算年度10万元；对参加城乡居民医保的“三无”人员、农村“五保户”和重症精神病人实行医保报销后，其个人自负部分民政全额救助。12月底，全市城乡居民医疗保险参保人数达510.2万人，基金收入13.94亿元，支出12.95亿元，累计结余5.84亿元。是年底，长沙市基本形成以职工医保和城乡居民医保为主体，大学生医保、离休干部医疗为辅的涵盖所有城乡居民的医疗保障体系，全市参保率达到97.6%，“全民医保”的保障目标提前实现。

表8-2-6-4　　2007—2012年长沙市城乡居民医疗保险情况一览表

年份	参保人数(万人)					统筹基金收入(万元)		统筹基金支出(万元)	
	合计	城镇居民			农村居民	城镇居民	农村居民	城镇居民	农村居民
		成年人	学生儿童	大学生					
2007	23.28	13.36	9.92	—	—	2630	—	—	—
2008	70.97	42.96	28.01	—	—	8658	—	3117	—
2009	117.50	55.60	38.30	23.60	—	11005		7315	
2010	125.46	52.65	40.28	32.53	—	14847		13511	
2011	507.37	55.05	38.85	37.50	376.32	115506		90516	
2012	510.21	337.41	128.77	44.03	(不分城乡)	139401		129460	

说明：2011年4月长沙市制定《长沙市城乡居民基本医疗保险办法》将新型农民合作医疗和城乡居民医疗保险完全并轨为城乡居民基本医疗保险，全年城镇居民参保人数131.05万人，“新农合”参合人数376.32万人，城乡居民基本医疗保险人数共计507.37万人。由于无法统计等原因，享受医保待遇人次中2007—2011年不含“新农合”待遇数据，2001—2005年中不含城职门诊大病待遇数据

三、失业保险

1986年，长沙市建立待业保险机构，在国有企业及其职工中开展待业保险，待业保险基金由企业按全部职工标准工资总额1%交纳，职工在待业期间，可根据工龄和待业时间的长短，分别领取本人标准工资50%到70%的待业救济金。1988年10月，长沙市将1300家集体所有制单位，12万名职工纳入待业保险范围。全年待业保险金收缴总额计划287万元，实际收缴393.96万元，为年计划的137.26%。

1994年3月，长沙市制定实施《职工失业保险实施办法》。1996年10月，长沙市调整失业保险基金筹集标准和失业救济金发放标准，规定用人单位按职工工资总额的1.5%缴纳失业保险基金，职工本人按每人每月3元由用人单位代为扣缴，失业救济金的发放标准为当地最低工资标准的70%，失业职工按月到当地失业保险机构领取。是年底，失业保险参保单位为2088家，参保人数56万人，其中，国有企业职工参保率达100%，非国有企业职工参保率为70%。1998年，长沙市再次调整失业保险基金筹集标准和失业救济金发放标准，规定自1999年1月1日起，以用人单位上年度全部职工工资总额作为失业保险费的缴费基数，单位缴纳2%，职工缴纳1%，个人缴纳部分由用人单位按月从职工工资中代为扣缴，失业救济金的发放标准为当地民政部门规定的社会救济金的120%发放。全年参加失业保险企业

（单位）1221 家，新增 76 家，参保在职职工 39.2 万人，新增 3651 人，失业保险基金收缴率达 95%。全市城镇登记失业职工 1500 人均按时足额领取失业救济金，为保障下岗职工基本生活，基金提供资金 1000 万元。

2000 年，为应对国有企业改制带来的新一轮下岗和失业，长沙市积极发挥失业保险基金的杠杆作用，从失业保险基金中调剂 5200 万元资金拨付再就业服务中心，有效保障企业下岗职工基本生活，对促进社会稳定，发挥失业职工自主积极性，尽快实现再就业具有重要作用。是年底，全市参加失业保险企业 3664 户，参保人数 55.7 万人。收缴失业保险费 8080 万元，其中市本级 6562.8 万元，失业保险收缴率 96%，为 10502 名失业职工支付失业保险金 5398 万元。失业保险工作取得突出成效，年底综合排名为湖南省第一。2002 年 1 月，长沙市制定实施《失业保险办法》。3 月，出台《长沙市失业保险待遇支付规定》，将失业人员每月领取失业保险金的标准调整为当地最低工资标准的 80%，最长不超过 24 个月。全年长沙市失业保险参保单位 3820 家，参保人数 47.45 万人。失业保险领取人数为 42601 人，增加 17046 人，增长 66.7%。失业保险费收入 1.01 亿元，支出 8164 万元，增加 4983.8 万元，增长率为 156.7%。

2003 年 7 月，制定《长沙市失业保险金申领发放办法》。8 月，将城区失业人员月失业保险金标准调整为 272 元；县（市）失业人员月失业保险金标准调整为 256 元。全年参加失业保险用人单位 4145 家，增长 8.5%；参保职工 49.45 万人，新增扩面参保人数 4.19 万人，增长 4.23%。征收失业保险费 1.23 亿元，征缴率为 98.23%。享受失业保险待遇人数 5.33 万人，增长 25.23%；失业保险基金支出 1.01 亿元，增长 38.2%，其中，支付失业保险金 1.12 亿元，支付医疗费 777.29 万元，支付培训补贴 585.85 万元，职业介绍补贴 907.57 万元。2005 年，长沙市失业保险实现一体化管理，将失业人员失业保险金申领按月签到，其他待遇申报、培训就业等业务下放至区、街道，实行“一站式”服务。

2008 年 12 月 15 日，长沙市制定《统一农民合同制工人与城镇职工失业保险费费率及失业保险待遇标准等有关暂行规定》。规定自 2009 年 1 月 1 日起，对长沙市行政区域内城镇企业、事业、民办非企业单位和社会团体签订 1 年以上劳动合同的农民工，实行与城镇职工相同的失业保险缴费政策，即用人单位按农民工工资的 2%为其缴纳失业保险费，农民工按本人工资的 1%缴纳失业保险费，本人缴纳部分由用人单位代扣代缴。纳入失业保险范围的农民工失业后，享受城镇职工相同的失业保险待遇。2009 年，长沙市规定失业人员在领取失业保险金期间实现自主创业，并领取营业执照的，将未领取完的失业保险金余额一次性支付给本人。全年长沙市失业保险完成扩面人数 15.16 万人，其中，618 名农民工与城镇职工享受同等失业保险待遇，基金征缴 4.05 亿元，为 1.48 万名失业人员发给失业保险金 1.33 亿元，其中市本级 9053 万元。

2010 年 6 月，将失业保险缴费费率由原用人单位按照本单位工资总额的 2%缴纳调整为按本单位工资总额的 1.5%缴纳，降低 0.5%。2011 年，长沙市推行失业金网上申报及领取的“人脸识别+活体检验”工作，并将岗位补贴、转岗补贴、预防失业和失业人员服务费用纳入失业保险支出范围。启动失业保险物价补贴和消费价格上涨水平挂钩的联动机制，发放物价补贴 265 万元，有效缓解因物价上涨等因素给失业人员带来的生活困难。2012 年，长沙市失业保险新增参保人数 30.22 万人，完成目标任务 4.38 万人的 690%；参保总人数达 95.35 万人，完成目标任务 74 万人的 128.8%，覆盖全市企业、事业单位职工。失业保险基金征缴 8.26 亿元，完成目标任务 2.6 亿元的 317.66%。

表 8-2-6-5　　1988—2012 年长沙市失业保险基本情况一览表

年份	长沙市		本 级	
	享受失业保险待遇人数(人)	失业保险金支出(万元)	享受失业保险待遇人数(人)	失业保险金支出(万元)
1988	11	0.27	10	0.26
1989	9	0.29	7	0.27
1990	14	0.53	13	0.50
1991	7	2.24	7	2.24
1992	22	7.5	19	7.20
1993	83748	188.00	76513	165.00
1994	22752	180.00	11739	88.00
1995	47954	327.00	19644	222.00
1996	37317	452.00	35532	429.00
1997	79820	1046.00	68012	888.00
1998	77857	969.00	58538	811.00
1999	6754	684.00	5527	561.00
2000	10502	1323.00	7568	904.00
2001	25555	3180.00	17306	2275.00
2002	42601	8164.00	32922	6759.00
2003	36161	11278.67	31983	10109.00
2004	60059	13679.14	47679	10398.00
2005	53606	14676.00	44760	11889.00
2006	30627	16637.75	27174	15119.00
2007	20600	15800.86	18414	14141.00
2008	16395	12322.29	12677	10625.00
2009	14822	13283.16	12595	9053.00
2010	13326	11912.43	10449	9014.00
2011	17365	16764.08	13372	12531.00
2012	32972	14640.49	23252	10115.00

四、工伤保险

20 世纪 80 年代中后期，随着工伤事故发生率的上升，国家启动工伤保险制度改革，建立工伤保险社会统筹机制。通过雇主为雇员缴纳保险费，形成工伤保险基金，对因工伤亡和患职业病职工进行补偿，保障职工工伤权益，为解决职工与企业因工伤问题产生的劳动纠纷提供法律保障。1986 年长沙市发生工伤事故 98 起，死亡 19 人，重伤 82 人，总计歇工 2.4 万个，事故发生率上升 6.5%，重伤人数上升 10.8%。此外，职业病发病率也快速上升，据职业病防治所抽样检测，国有企业 795 个点中，合格率为 13.75%；集体企业 576 个点中，合格率 21.88%；个体企业 620 个点中，合格率为 20.8%，全市患矽

（尘）肺病的1871人，增长18%，因职业性中毒或患物理性职业病、皮肤病的716人。1988年，全市县以上集体及全民企业工伤事故次数比1987年上升42%，死亡数下降7.2%，重伤人数上升56.4%，工伤企业临时用工死亡人数上升118%，还发生8起蒸汽锅炉事故，1起压力容器爆炸事故。1991年，长沙市成立劳动鉴定委员会。5月24日，长沙市制定实施《关于职工因工因病致残完全丧失劳动能力鉴定工作有关事项的意见》，规定自1991年6月1日起，全市凡工伤致残完全丧失劳动能力的鉴定和退休，不论是行政机关、企事业单位，还是全民、集体制单位的干部、职工（含合同制职工），都必须报长沙市劳动能力鉴定委员会办公室审查。

1995年1月，长沙市正式实行《职工工伤保险办法》，坚持工伤保险与工伤预防职业康复相结合，按差别费率的方法，实施工伤保险社会统筹。1996年，长沙市规定工伤保险费由企业按上年度工资总额的0.5%~2.5%的差别费率征集，全年参保用人单位2058户，参保职工35.72万人，其中国有企业覆盖面92%，非国有企业为75%。全市征集工伤保险费1843万元，收缴率为89%，增长46%。支付工伤保险金138万元，其中医药费73万元，丧葬抚恤费26万元。1997年，长沙县、浏阳市、望城县和芙蓉区4个社保局开展工伤保险业务。全年参加工伤保险单位1829户，职工35.49万人，受理工伤事故438起，结案287起，享受工伤待遇的伤残人员210人。全市工伤保险费支出256.62万元，增长86.33%，其中医疗费159.55万元，占比62.17%；伤残补助金41.03万元，占比16%；丧葬抚恤费56.04万元，占比21.83%。

2000年，长沙市工伤保险工作以“工伤医疗定点协议”的鉴定及医疗费的调查为重点，杜绝工伤保险金的流失，工伤事故理赔速度进一步提高。全年参加工伤保险企业1680户，参保职工28.3万人，共征缴工伤保险费2717万元，收缴率101%。受理工伤保险事故报告270起，勘察事故200起，工伤赔付结案160起，支付工伤赔偿996万元（市本级879万元），基金累计结余9733.8万元（市本级9176.9万元）。

2004年9月，长沙市重新制定《工伤保险办法》，规定工伤保险费按三类工伤风险不同行业确定基准费率，其中，一类行业为0.5%，基准费率不浮动，职工个人不缴纳工伤保险费；二类行业为1%，基准费率可浮动0.5%、0.8%、1%、1.2%、1.5%；三类行业为2%，基准费率可浮动1%、1.6%、2%、2.4%、3%。2005年6月，长沙市工伤保险规定，将血吸虫病视为一种疾病享受基本医疗保险，不再比照工伤待遇处理。10月，确认长沙市第一医院、长沙市第三医院、长沙市第四医院、长沙市中心医院、长沙市中医医院、中南大学湘雅医院、中南大学湘雅三医院、湖南省人民医院、湖南中医学院第一附属医院、中国水利水电第八工程局长沙中心医院、长沙市疾病预防控制中心、湖南省劳动卫生职业病防治所12家医疗机构为工伤保险定点医疗机构。是年底，全市参加工伤保险单位3996户，参保职工30.04万人，完成省里下达的参保人数指标的100.1%，应征工伤保险费3136万元，实征3267万元，综合收缴率104.2%，拨付工伤保险待遇906万元。2006年9月，长沙市制定实施《关于城区工伤保险统筹的实施意见》，规定城区工伤保险按照“一级统筹、二级操作”的方式组织实施，市工伤保险经办机构对长沙市城区的工伤保险基金实行统收统支，做到统一缴费基数、统一缴费费率、统一待遇标准、统一业务流程、统一信息系统、统一基金管理。全年工伤保险参保人数34.77万人，征收工伤保险费4826万元。2007年，长沙市先后出台农民工、事业单位、民间组织工伤保险办法，高风险企业职工和农民工的工伤问题得到解决。

2009年2月，全市调整工伤保险缴费费率，对参保单位属于二、三类行业的，下浮一档费率征收工伤保险费。2010年12月28日，印发《关于将老工伤人员纳入工伤保险统筹管理的通知》，对老工伤人员类别、纳入工伤保险统筹管理后可享受的工伤待遇项目、工伤保险基金筹集与发放标准、流程等进行相关规定。采取财政、企业和基金“三家抬”的方式将全市老工伤人员1.46万人全部纳入长沙市工伤保险管理。全年享受工伤待遇人数5896人，发放工伤待遇支出8609万元。2011年3月，全市安排老工伤人员工伤保险统筹管理财政专项资金1.56亿元，其中市本级780万元，确保老工伤人员工伤权益及时发放。是年末，全市工伤保险参保人数100.94万人，其中农民工33.44万人，占参保人数34.07%，新增参保人数27.55万人，基金征缴收入2.22亿元。

2012年，长沙市工伤保险覆盖范围由过去的城镇企业、城镇职工扩大到所有企业、事业单位、社会团体、民办非企业单位、基金会、律师事务所、会计师事务所等组织的职工和个体工商户的从业人员。全年工伤保险参保人数为117.45万人，工伤保险征缴收入3.23亿元，享受工伤待遇人数1.27万人，工伤待遇发放支出2.38亿元，征缴比例为98%。

五、生育保险

1988年7月，国务院发布《女职工劳动保护规定》，针对国家机关、团体、企事业单位女职工就业、劳动工作时间、产假、孕期待遇保护等福利事项作出明确规定。20世纪90年代开始，随着国家计划生育政策的严格落实，长沙市不断响应国家政策规定，落实女性职工生育期间福利待遇，尝试通过生育保险费用社会统筹的办法开展生育保险试点改革。2004年7月，长沙市制定《城镇职工生育保险实施办法》，规定长沙市生育保险费率按“以支定收，收支平衡”的原则确定为0.7%，缴费基数与基本医疗保险缴费基数相同，用人单位在缴纳基本医疗保险费的同时缴纳生育保险费，职工个人不缴纳生育保险费。8月，制定《长沙市生育保险工作操作规程》和《长沙市生育保险医疗费用结算规定》，明确长沙市城镇职工生育保险定点医疗机构（职工生育保险定点机构与职工医疗保险定点机构一致）。是年底，生育保险参保人数40万人，征收生育保险费1135万元。2005年8月，对失业女职工、无经济收入的男职工配偶、实行计生职工以及新参保人员的生育保险有关待遇进行调整。截至2005年底，全市生育保险参保人数47.5万人，征收生育保险费3910万元，享受生育保险待遇9015人，生育保险基金支出2110万元。

2007年5月，长沙市制定实施《城镇职工生育保险有关问题的补充规定》，用人单位新增参保人员，从缴费的下月起，连续缴费10个月后方可享受生育保险待遇。2008年3月，调整城镇职工生育保险统筹支付项目及支付标准，对生育保险政策项目内分娩的医疗费用实行全额支付；对婴儿诊治费、陪人费、空调费、生活用品费、膳食费、超标床位费（住院床位费统筹基金最高支付标准为30元/天）、无痛分娩费、镇痛棒费以及其他本人要求享受特殊服务项目而发生的费用统筹基金不予支付。全年参加生育保险人数73.28万人，征收生育保险基金7108万元。

2009年2月，长沙为应对经济下行危机，帮助企业减轻负担，调整医疗、工伤、生育保险缴费费率，生育保险缴费费率由0.7%调整为0.6%。12月，长沙市制定《职工基本医疗和生育保险城区统筹实施办法》，职工基本医疗保险、大病医疗互助、生育保险实行城区统筹。城镇个体经济组织业主及其从业人员、灵活就业人员参加基本医疗保险和大病医疗互助，不参加生育保险。对符合计划生育政策的生育医疗费用给予一次性1000元的定额补助，符合规定的产前检查费用给予一次性300元的定额补助，上述补助在连续缴费10个月以后享受。全年长沙市生育保险参保人数83.42万人，征收生育保险基金7827万元。

2010年开始，城镇职工生育保险按原制度平稳推进，截至2012年12月31日，长沙市生育保险参保人数99.47万人，征收生育保险基金1.74亿元，支出1.39亿元，当期结余5395万元。

表 8-2-6-6　　2004—2012 年长沙市生育保险基本情况一览表　　单位：万元

年份	参保人数（人）	职工参保缴费基数总额	应缴生育保险费	实缴生育保险费	期末累计欠费	生育基金支出	累计结余
2004	400000	181857	1273	1135	138	87	1048
2005	475023	542696	3954	3910	191	2110	2848
2006	536023	643940	4507	4404	183	2962	4290
2007	608408	729678	4977	4899	143	3180	6009
2008	732799	997903	7114	7108	173	5059	8058
2009	834169	1312312	7875	7827	163	6405	9663
2010	884492	1545669	9355	9091	289	9408	10784
2011	913662	2118514	13995	13960	295	10897	13995
2012	994688	2772359	19389	17352	265	13890	19390

六、基金管理

1992 年，长沙市通过对 16 家职工养老保险基金管理机构和 9 家待业保险基金管理机构展开财务收支审计工作，发现长沙市社保基金收缴缺乏强制性、挪用减免现象普遍、内控制度不严等问题，查出违纪金额 355.68 万元，提出整改意见 26 条。1998 年，湖南省审计厅对长沙市本级企业职工基本养老保险基金开展审计工作，指导长沙市企业职工基本养老保险基金统筹管理，提出应健全基金管理制度，确保养老保险基金的征收和发放及时有效。2000 年 3 月，设立社保基金监督部门，将分散在经办机构的监管职能统一归口管理。通过实行目标管理考核制度，将全年征缴任务明确到业务科室，加大催收企业拖欠款力度，依据国务院《社会保险费征缴暂行条例》和长沙市社会养老保险办法有关规定，对欠费企业依法征收滞纳金，并对欠费企业实行不评先、不准购买小汽车、企业领导不准出国、不兑现年薪工资、不准新建和装修办公楼“五不准”措施，提高企业征缴自觉性。2001 年，长沙市建立社会保险基金统计报表制度，实施养老、医疗、失业、工伤与生育社会保险资金管理使用情况监督核查，对挤占挪用基金的问题展开专项监督检查，查处违规案件 9 起，追回挤占挪用资金 747 万元。

2002 年 5 月，长沙市开通社保基金监督电话，全年接听并处理 300 次电话咨询与投诉。通过开展社会保险基金检查，督促 14 家单位参加失业保险、9 家单位参加养老保险，追缴养老保险欠费 46.6 万元、失业保险欠费 446 万元。健全各险种的社会保险基金财务制度，实行“收支两条线”管理，确保基金收缴、支付手续齐全，全年无挤占、挪用基金及违规动用基金现象发生。长沙市基金监督工作在全国社保基金管理情况监督大检查中，得到中央检查组的肯定。2003 年，长沙市成立社会保障监督委员会，严格实施单位及个人保险缴费“双”基数统一申报审查制度，对未参保及参保欠费单位采取“八不准”（不准兑现年薪收入、不准办理户口迁入手续、不准办理控购、不准立项、不准评先、不准晋升职称、不准办理出国手续、不准办理年审年检）限制措施，督促单位按规定参保缴费。制定实施长沙市社会保障基金收支两条线管理暂行办法，规定各险种社会保险基金必须单独设立基金财政专户、收入户、支出户；开设账户必须由劳动和财政部门共同认定的国有商业银行；结余基金由险种经办机构提出书面建议，财政部门实施转存定期或购买国债。全年实地稽核 455 个单位，稽核人数 2.88 万人，查出少报漏报人数

207 人，查出少缴养老基金 245.86 万元，补缴金额为 203.86 万元，核查离退休人员 1.47 万人，查出并追回漏报冒领养老金 12.84 万元，审计补缴收回各项社会保险费 348 万元，核增缴费工资 5.9 亿元，增加社会保险基金收入 1.6 亿元。

2004 年，长沙市开展反欺诈工作，完善举报管理制度。全年受理举报电话和信件 200 起，立案核查 22 起，结案 21 起，审计补缴收回各项漏缴社会保险费 269 万元，核增缴费基数 7.05 亿元，增加社保基金收入 2.36 亿元。2005 年，长沙市大力推进社会保险基金的全方位和全过程监督，完善现场检查和非现场检查相结合的工作机制，得到劳动保障部的充分肯定，主要经验和做法在全国推广。是年，长沙市实行基金缴费差额基数征收、基数统一申报、稽核、审计制度，基金监管目标管理和考核制度。将审核后参保单位工资总额与申报工资总额的差额部分，记入"差额基数"栏目，分月征收并入社会保险统筹基金中。通过申报审核，全年长沙市单位缴费基数增加近 6 亿元，社保基金收入增加 1.4 亿元，审计扩面 3000 人。同时，对未参保单位或参保不全单位发放书面通知，使养老保险扩面 5109 人，失业保险扩面 3900 人，医疗保险扩面 5514 人，补缴漏报社会保险费 108 万元。

2009 年，长沙市在全国开展的社保基金专项治理中，成为全省唯一没有挤占挪用保险基金的城市。2010 年，制定《长沙市城镇职工医疗保险基金专项检查工作方案》，对全市医保经办机构的医保基金管理情况、各定点医疗机构和协议零售药店医保基金的使用情况进行检查。实行社会保险缴费基数网上申报，在区社会保险经办机构参加养老保险，市级统筹医疗、生育、失业、工伤保险的单位，直接向所在区申报办公室统一申报五项社会保险缴费基数。委托会计师事务所对连续两年未进行缴费基数申报、申报时资料有疑点或群众举报缴费不实的 60 家参保单位社会保险参保缴费情况进行重点审计。全年对 8924 家单位、53.55 万人进行审核，通过审核新增参保人数 16.01 万人，差额基数 18.17 亿元。

2011 年，制定《长沙市人力资源和社会保障系统社会保险基金安全管理责任状》，明确各级人力资源和社会保障部门的党政负责人是各自所辖范围内社会保险基金安全管理的第一责任人；制定《社会保险基金监管软件发现问题处理暂行办法》。12 月，长沙市被湖南省人力资源和社会保险厅确定为全国社保基金监督软件实施试点地区。全年受理审核 1.09 万家参保单位、61.39 万人，审核新增参保人数 18.69 万人，审核差额基数总额 20.4 亿元。

2012 年，制定《长沙市社会保险基金廉政风险防控指引》和《长沙市社会保险基金廉政风险防控工作实施细则》，加强社保基金监管领域风险治理。重新制定《长沙市社会保险基金举报奖励办法》，完善《长沙市社会保险基金监督管理办法》。按照湖南省人力资源和社会保障局厅工作要求，制订长沙市工伤保险基金专项检查方案，对区（县、市）的工伤保险进行全面检查，对检查发现的问题进行及时整改。是年底，全市受理审核 5380 家单位、36.52 万人，审核新增参保人数 15.63 万人，审核差额基数总额 25.65 亿元，缴费基数增长 19%。

第七节　信息网络建设

一、劳动力市场网络建设

1998 年，长沙市利用外商捐款采用劳动 99 软件系统建成劳动力市场信息系统，分为市、区（县、市）、街道三级网络，其中市、区县（市）建立起各自的局域网。5 月，市劳动力市场与芙蓉区、雨花区、天心区、开福区、岳麓区劳动力市场实现联网。12 月，长沙市实现与湖南省劳动力市场、有条件的县劳动力市场及城镇街道劳动管理站、部分企业集团、大中型企业和再就业服务中心联网。1999 年，长沙市与电信部门合作，正式开通网上就业服务，通过电话拨号实现市中心与 56 个街道劳动管理站部分企业再就业服务中心联网，构筑起市、区县（市）、街道（企业）三级信息网络。是年，长沙市被列入全国首批 100 家劳动力市场科学化、规范化、现代化建设试点城市。

2001 年 7 月，长沙市规定社区就业实行“一年打基础，二年上台阶，三年创一流”的三步走战略。在全市 56 个街道建立健全劳动保障机构，落实每个街道 3~5 人的编制、经费，进一步明确工作职责，切实开展劳动服务与社会保障工作。先后在开福区、岳麓区、芙蓉区成立社区服务（指导）中心，为市区 36 个街道建立（社区）服务中心或指导中心，为 502 个居委会建立社区服务站，兴办各类便民服务网点 4800 个，开展服务项目 200 项，专职从业人员 1.4 万人，安置失业、下岗职工 3.5 万人。创造“两级政府、三级管理、四级网络”（“两级政府”指市、区县；“三级管理”指市、区县和街道或乡镇；“四级网络”指市、区县、街道或乡镇、居或村委会）的社区就业服务体系。2002 年，通过完善社区就业信息系统，实现全市各区、县、街道（乡镇）就业信息资源共享，将社区就业服务项目按家政服务、小区服务、文教卫服务、公益性服务分类和细化，为社区就业服务提供指导。12 月底，长沙市社区就业组织达 5000 个，社区服务从业人员 12.2 万人，58 个街道全部建立劳动保障管理站，368 个社区全部建立劳动保障服务中心，配各类工作人员 1384 名，市、区、街道、社区四级就业服务网络基本形成，实现有机构、有人、工作有落脚点。2003 年，长沙市全面完成街道（乡镇）和社区劳动保障机构组建工作。依托工作平台，对下岗失业人员、离退休人员进行普查登记，并建档建卡。2007 年，长沙市进一步推动乡镇劳动保障平台建设，113 个乡镇全部建立劳动保障服务平台，村一级配备劳务输出联络员。

2012 年，长沙市坚持“统筹城乡、整合资源、完善系统、夯实基础、规范服务、分步推进”，有计划、分步骤地推进基层人力资源和社会保障服务平台建设。长沙市所有街道（乡镇）和社区建立健全人力资源和社会保障公共服务平台，实现机构、人员、经费、场地、工作、制度“六到位”；全市所有行政村人力资源和社会保障服务中心建成率达 100%，并明确专人开展人力资源和社会保障服务工作。是年，全市建基层人社平台 1982 个，其中街道人力资源和社会保障站 79 个，乡镇人力资源和社会保障站 104 个，社区人力资源和社会保障服务中心 515 个，行政村人力资源和社会保障服务中心 1284 个。

二、社会保险网络建设

2002 年，劳动保障信息网络建设方案纳入全市电子政府建设工程。7 月，编制《长沙市劳动和社会保障局信息化工程规划（2002—2005)》。8 月，长沙市劳动和社会保障局信息中心成立，统一归口管理劳动保障信息网络建设工作。10 月，编写全市劳动保障系统信息规划和技术方案，初步形成劳动保障信息网络系统建设方案。方案要求区县养老保险信息系统软件统一过渡到长沙软件平台；借助医保城域网建设机会，建立区县（市）级广域网；完成中心机房的建设和市中心网络优化与整合，对所有的信息设备实行统一管理和调度使用。建成以市网络中心为核心，覆盖全市（含区县、街道、社区、定点医疗服务机构、大中型企业）的大型计算机网络平台，实现社会保险数据、文件、统计报表无障碍传输以及网络扫描的全市广域网系统建设总目标。

2004 年，长沙市积极推进街道社区劳动保障信息网络建设和相应应用软件开发。免费为街道劳动保障站和部分社区提供信息设备，将劳动保障信息网络逐步延伸到 58 个街道和 7 个试点社区，并推进街道社区劳动保障基层管理平台软件的开发和实施，为基层劳动保障部门开展业务工作提供坚实的信息工作平台。建立社保通手机短信查询系统，完善长沙劳动保障服务网，开通社会保险个人账户、单位缴费等

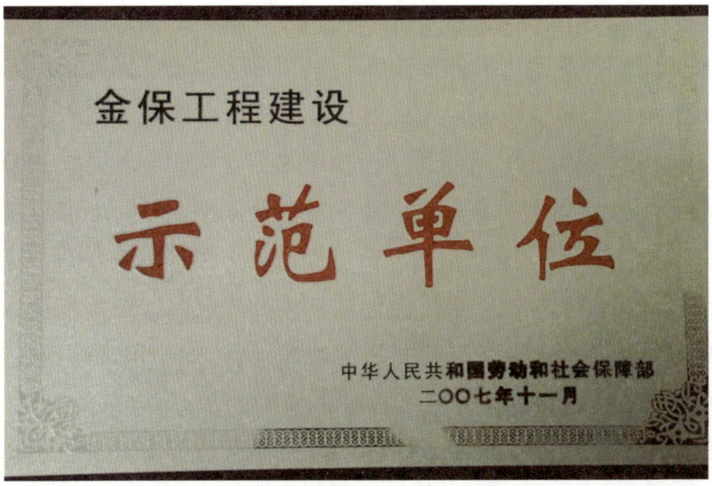

图 8-2-7-1 长沙市荣获 2007 年度“金保工程建设示范单位” （摄于 2007 年 11 月，长沙市人社局供图）

网上查询功能。全年网站累计点击达 48.11 万人次，运用网站查询企业养老保险个人账户达 45 万人次，查询医疗保险个人账户 25 万人次，查询失业保险个人缴费达 12 万人次。2005 年，制定《计算机终端系统管理暂行办法》确保信息系统安全运行。开发完成养老和医疗保险个体参保系统、街道社区劳动保障管理平台；完善企业养老保险系统、医疗保险系统、失业保险系统、企业军转干部管理系统，修改完善软件功能 350 处。对劳动保障服务网站进行两次全面改版，更新网站界面，增加网站栏目，及时准确发布各部门提交的信息资料，对单位信息服务实现会员制管理，确保单位和个人基本信息安全，全年网站访问量达到 67 万人次。搭建市、区、街道、社区四级网络工作平台，将劳动保障信息网络延伸到城区所有街道和部分社区。推进劳动保障公众服务网站建设，设立劳动保障政务公开窗口和虚拟网上办事大厅，将失业人员和企业退休人员的基本信息纳入计算机管理系统实行动态管理。信息中心全年接待来访单位和个人业务咨询或信息查询约 1200 人次，受理社会保险基数申报单位 3480 家，40.12 万人，对其中 4.34 万人的姓名、身份证信息进行修改，为信息共享和全市数据集中整合奠定基础。是年，长沙市被劳动保障部确定为“全国金保工程示范城市”。

2006 年，长沙市社会保障局信息中心签订信息网络建设项目合同 9 个，合同总金额 657.03 万元。完成社会保险和劳动就业与综合管理信息系统两个核心应用软件的设计开发工作；完成社会保险参保单位和个人的基本信息采集、校验工作，对劳动保障信息系统历史数据进行整理、整合；办公自动化系统上线运行，劳动保障服务网站全面改版。2007 年 10 月，长沙市本级金保工程社会保险、劳动就业与综合管理两个核心应用系统正式上线。为各个街道社区搭建新的极速通网络平台并配备电脑和打印机各 490 台，实现与各街道社区的网络通信。办公自动化系统正式在全局推广应用，全年通过办公自动化系统发文 500 个，收文 1129 个，基本实现无纸化办公。至此，“金保工程”一期建设任务基本完成，顺利通过全国金保工程示范城市建设验收。

2008 年，新办公大楼新数据中心和长沙市社会保险服务网建成，并初步开发完成社会保险网上申报系统，让参保人员足不出户就可以办理社会保险有关事宜。全年长沙市社会保险、劳动就业与综合管理两大应用系统共修正、完善各业务部门的系统问题约 2500 条，整理、整合单位 350 家。2009 年，长沙市被征地农民劳动和社会保障管理系统上线实施。开发全民养老保险补缴补建程序模块和大学生参加居民医疗保险模块，完成全省劳动监察信息管理系统在长沙的本地化开发和实施。新增长沙市人力资源服务网、长沙市社会保险服务网、长沙市创业服务网 3 个分网站，设立养老保险等 16 个专题、30 个栏目，对 100 余项社会保险经办业务发布详细办事流程，改版长沙劳动保障政务网。开发“长沙市社会保险网上申报（查询）系统”，全年有 458 家单位，3.91 万人通过网络申报异动。制定“长沙社保与银行实时交易接口规范（V1.1.2）”，并按照规范开发城镇居民医疗保险与长沙银行实时缴费系统，为实现社保和银行的实时业务互动奠定基础。

2010年，长沙市不断提高业务系统专项应用能力，拓展信息化应用领域，强化服务水平。全年完成8190家单位、51.66万人年审网上申报和基数处理，开发运用失业保险人脸识别系统；通过将劳动保障网延伸到协议管理药店，顺利实现医疗保险城区统筹与省、市医保定点医疗服务机构医保专网接入。对城区新增的143个街道、社区（行政村），完成5区4县（市）到市中心及市中心到省厅的养老保险业务三级专网的连通，完成VPDN项目中心端的建设，以扩大网络覆盖面。为实现劳动保障业务网上信息查询，政策咨询和业务在线办理奠定基础。2011年，长沙市开发老工伤人员管理及工伤保险医院联网结算系统、基于人脸识别的失业人员签到系统、失业人员网上申报系统、企业退休人员社会化管理及生存认证系统、城乡居民养老保险代扣代缴系统。在长沙市本级开展人脸信息采集建模工作，推广人脸识别技术。推进管理服务创新，制定“12333”电话咨询服务系统的技术和实施方案，解决群众咨询难的问题。通过整合劳动保障业务专网与市电子政务外网重叠的网络点，使长沙市电子政务外网与劳动保障业务专网整合工作走在全国最前面。

2012年，根据国家金保工程二期立项需要，长沙市完成金保工程二期课题研究中心社会保险部分885个模块分析任务。完成五区养老系统数据迁移和系统上线，企业养老保险社会化管理人脸识别项目，市本级20.6万名企业退休人员，19.3万人完成人脸建模。通过实施内外网物理隔离项目、城乡居民门诊统筹项目，实现“新农合”数据迁移到城乡居民医保系统。

第三章　人　事

1988年，根据中组部、劳动人事部《关于整顿“以工代干”问题的通知》，长沙市清理整顿机关“以工代干”人员4387人，其中通过考试考核转干2958人，清退借调人员1425人；按照省《关于吸收录用“五大”毕业生的通知》，录用“五大生”（指广播电视大学、职工大学、函授大学、业余大学、夜间大学）2844人；制定《关于长沙市农村乡（镇）干部实行选聘合同制的实施意见》，在全市142个乡（镇）选聘合同制干部1503人，解决乡镇干部紧缺难题；选择烈士公园试点，探索全员聘用制和经营制度改革。1998年，选择市建委所属规划、建筑、勘探、工业4所设计院，探索“两个置换”（所有制置换、身份置换）体制改革。是年，长沙市出台《关于全民所有制企业干部人事制度改革和管理体制改革的意见》《关于民主选举企业行政领导干部的暂行办法》，市直属197家国有企业，通过职代会选举、公开招聘等方式，选拔行政管理干部1873人，市直属341家集体所有制企业普遍实行选举制，一批懂技术、会管理的优秀人才选拔到领导岗位。是年，国家恢复26个系列职称评审工作结束，全市有1.1万个单位11.24万人申报职称，获得各类各级专业技术职务任职资格9.16万人。1990年，全市142个乡（镇）、73个街道办事处的2283名基层领导干部，首次实行任期制；制定“六先六后”原则，批准首批科技人员家属“农转非”（指农村户口转城市户口）164户397人；出台“四保二管一服务”措施，准予各类人才合理流动。1991年，制定《全民所有制企业从工人中聘用干部的暂行办法》，通过公开、平等、竞争、择优，考录国家干部1371人，选调机关干部和企事业单位管理人员3921人。1992年5月1日，“长沙市人才市场”挂牌，成为全省首家地市级人才市场；9月8日，举办首届人才交流会，184家招聘单位、4.1万余人应聘，省、市领导莅临，中央电视台作专题报道。

1993年，制定《长沙市外资（合资）企业中方人员管理暂行办法》，全面推进企事业单位人事制度改革。1994年，长沙市实施第四次工资制度改革，有10.25万人增资，人均月增资94.7元。1995年，人事部授予长沙市人事局“全国人事系统先进集体”荣誉称号。

1996年1月，长沙市实行公务员制度，全市确认公务员单位453个、国家公务员1.84万人；11月，颁布《长沙市人才市场管理规定》，成为全省首部人才市场管理地方法规。1997年，印发《关于在全市企事业单位实行人事代理制的通知》，废除新聘员工与单位之间传统的人身依附关系；是年，按照国家政策，通过专业考试和综合素质考核，全市从民办教师中改公办教师共计6994人，提前两年完成改办任务。1998年，制定《关于加强人才队伍建设的若干意见》《关于鼓励海外留学人员来长创业的意见》《长沙市留学人员创业资金管理办法》等系列政策和措施，吸引人才；是年，出台《关于帮助下岗专业技术人员再就业的暂行办法》《关于组织下岗专业技术人员为农村经济服务的实施办法》《关于下岗专业技术人员进入非公有制单位工作的意见》《长沙市民办科研机构专业技术人员管理暂行办法》等措施，帮助下岗技术人员再就业。1998年起，长沙市开展“建文明机关，做人民满意的公仆”创建与评选活动，市妇联等29个单位获“长沙市文明机关”，20人获“长沙市人民满意的公仆”荣誉称号。

进入21世纪，根据中央《深化干部人事制度改革纲要》精神，长沙市制定《事业单位人事制度改革实施意见》，规划深化人事制度改革进程。2001年，印发《关于进一步做好事业单位公开招聘工作的意见》，重申“凡进必考”原则，禁止“特招”入编等措施；出台《关于市直属医疗卫生单位人事制度改革的意见》，规范职工“定岗定员、竞争上岗，双向选择、逐级聘用，按岗定薪、绩效计酬”等机制。2005年，全市建成以市人才市场为主体，37个分市场为骨干，年人才交流量逾10万人的人才市场体系。

2006年，根据《中华人民共和国公务员法》，全市确认公务员单位732个，公务员1.6万人，参照公务员制度管理单位114个3909人；公务员考核增加“廉政”内容和“基本称职”等次。是年，长沙市实施第五次工资制度改革，全市有17.51万人获调资，人均月增资281.5元。2007年，印发《关于实行政府雇员制的意见》，全市先后有217个政府部门聘用雇员1479人。是年，由长沙市发起长株潭周边城市人才一体化倡议，邀请岳阳、衡阳、常德、益阳、娄底5市加盟，签署《泛长株潭“3+5”城市群人事人才一体化合作框架协议》。2009年，长沙市启动“313人才计划”（即3年内引进100名高端人才，30个国际高端人才团队），举办“引进储备万名优秀青年人才”系列活动，省内外921个单位、65所高校、12所科研所、4万余名高校毕业生云集。是年，国务院军队转业干部安置工作小组授予长沙市人事局“全国军队转业干部安置工作先进集体”荣誉称号。

2010年，长沙市制定军队转业干部安置新办法，采取“三公开一监督”和“二突出一堵塞”措施，通过考试、考核计分，按总得分排名选择安置单位，赢得地方、部队、转业干部“三满意”。2012年，成立长沙市高技能人才振兴计划协调小组，制定《高技能人才开发工程实施方案》和《实施办法》；出台《关于改革公务员考试程序的意见》。是年，长沙市人力资源和社会保障局荣获“全国人力资源和社会保障系统先进集体”称号。

第一节 机 构

一、市级机构

1980年10月，长沙市人事局恢复成立，内设秘书科、干部科、工资福利科、科技干部科、援外选派科5个科室，行政编制30人。1988年，内设科室调整为办公室、干部科、科技干部科、工资福利科、奖惩任免科、军队转业干部安置科1室5科，行政编制增至32人。1989年，增设“中共长沙市人事局纪律检查组”。1990年，增设政策研究室、财务科，奖惩任免科更名考核奖惩科。1991年，增设干部教育培训科、综合计划科。1992年，内设科室调整为2室8科：办公室、政策研究室、干部科、职位职称科、工资福利科（加挂长沙市职称改革工作领导小组办公室）、考核奖惩科、军队转业干部安置科（加挂长沙市军队转业干部安置工作领导小组办公室）、计划录用科、干部教育培训科、财务科，行政编制40人，事业编制3人，编制共43人，其中干部40人，工勤人员3人。1996年，在机构改革中市人事局撤销政策研究室，增设干部流动调配科，编制45人（行编42人，事编3人），公务员领导职数25人，公务员17人，工勤人员3人。2001年，市直机关各单位内设部门更名为“处、室、部”。2002年，长沙市进行机构改革，机关、事业单位社会保险工作局划入市劳动和社会保障局；将人才交流、专业技术资格考试、教育培训划入二级机构。局机关内设9个处室：办公室、公务员管理处、专业技术人员管理处（加挂长沙市职称改革领导小组办公室牌子）、军转干部安置与流动调配处（加挂长沙市军队转业干部安置工作领导小组办公室牌子）、工资福利与离退休工作处、综合规划与人事仲裁处、外国专家处（加挂长沙市外国专家局牌子）、教育培训处、人事处。编制41人（行编38人，事编3人），公务员领导职数23人，公务员15人，工勤人员3人。2003年，增设“长沙市自主择业军队转业干部安置管理服务办公室”，与军转干部与流动处合署办公，增加行政编制1人，增加中层领导职数1人。至2007年，内设处室未变，编制增至47人（行编44人，事编3人）。2010年7月15日，市人事局与市劳动和社会保障局合并，成立“长沙市人力资源和社会保障局”（简称市人社局，下同）。2011年7月8日，市政府批准市人社局“三定方案”，内设部门21个：办公室、法规处、规划财务处、就业促进处、人才开发与人力资源市场管理处、军队转业干部安置处（加挂市军队转业干部安置工作小组办公室牌子）、职业能力建设处（加挂市职业技能鉴定中心牌子）、专业技术人员管理处、事业单位人事管理处、外国专家处（加挂市外国专家局牌子）、劳动关系处、工资福利处、养老保险处、医疗生育保险处、失业保险处、工伤保险处（加挂市劳动能力鉴定委员会办公室牌子）、农村社会养老保险处、社会保险基金监督处、基层业务指导处、信访处、人事教育处。行政编制99人，事业编制7人。2012年，市人社局增设纪检（监察室）、局机关党委、局后勤中心，人员内部调整。内设部门共24个，行政编制99人，事业编制7人。

1984年5月，市人事局成立首个二级机构——“长沙市人才咨询服务处”。1986年6月，更名为“长沙市人才交流开发服务中心”（简称人才中心，下同）。1988年5月，成立“长沙市军队转业干部培训中心”（简称军培中心，下同），归口市人事局管理。1989年11月，军培中心确定为副县级事业单位。1992年8月，人才中心更名“长沙市人才交流服务中心”，明确为副县级自收自支单位。1993年2月，军培中心加挂“桂花宾馆”牌子。3月，成立“长沙市考试指导中心”，归口市人事局管理。1994年11月，成立“长沙市机关事业单位社会保险工作局”（简称机关社保局，下同），明确为副县级全额拨款事业单位，编制12人，归口市人事局管理。1997年，军培中心加挂“长沙市国家公务员培训中心”牌子，同时注销“桂花宾馆”名称。1998年10月，人才中心更名“长沙市人才服务中心”。2002年2月，机关社保局归口市劳动和社会保障局管理。2003年4月，成立“长沙市国际人才智力交流协作中心”，与局机关外国专家处（局）合署办公。2007年9月，成立“长沙市留学生回国人员管理服务中心”。2011年7月，市人力资源和社会保障局合署办公，局机关内设21个处室，行政编制99人，事业编制7人。原市人事局4个二级机构同时并入。2012年，市人力资源和社会保障局下辖二级机构共21

个：市公务员局、市就业服务局、市企业社会保险工作局、市机关事业单位社会保险工作局、市医疗保险管理服务局、市失业保险管理服务局、市工伤保险管理服务局、市城乡居民养老保险管理服务局、市国家公务员培训中心、市人才服务中心、市劳动人事争议仲裁院、市社会保险费征缴管理中心、市劳动保障监察支队、市考试指导中心、市国际人才智力交流协作中心、市创业与就业服务指导中心、市再就业小额贷款担保中心、市职业介绍服务中心、市机械技工学校、局后勤中心、局信息中心。

1988—2012 年，先后担任长沙市人事局、市人力资源和社会保障局主要领导职务的有：简用超、李宪政、刘回、文丽霞（女）、周庆宪；其他领导班子成员有：龙彪、肖湘、李建国、李运礼、吴振斌、宋声亮、刘晓杏（女）、李卓民、陈英庶、李建章、戴崇华（女）、伍水清、章利云（女）、李佑明、吴自安、王荣华（女）、鲁爱民、周荃辉（女）、谭明江、周庆宪、佘正林、王河、钟建辉（女）、刘新安、伍玉明、周柏清、魏敏（女）、肖建国、罗昶。

二、区县（市）机构

1988 年，长沙、望城、浏阳、宁乡四县设置人事局；城区东、南、西、北区设置人事科，郊区设劳动人事局。1993 年，浏阳撤县设市，更名浏阳市人事局。1996 年，长沙市区划调整，内五区更名为芙蓉区、天心区、岳麓区、开福区、雨花区，均设置人事局，行政编制 5~7 人。2011 年，望城撤县设区，更名为望城区人事局。2012 年 3—5 月，各县（市）、区人事与劳动局相继合并，成立区县（市）人力资源和社会保障局。

三、其他人事机构

（一）市直机关人事机构。1988 年，市直机关单位 67 个，设组织人事科、政工科 58 个，专职干部 1~3 名；未设人事部门的单位则指定兼职人事干部，有专职干部 76 人，兼职 24 人。1995 年，市直机关增至 98 个，设组织人事、政工、人事秘书科等 93 个，配专职干部 2~3 名，专职干部共 124 人，兼职 41 人。1996 年，实行公务员制度后，市直机关均设有人事部门，人员配备基本相同。2001 年，市直机关单位 92 个，更名人事处 83 个，配专职干部 2~4 名；更名人事教育处 9 个，配专职干部 4~5 名，专职干部共 118 人，兼职 34 人。2006 年，市直机关设人事处或人事教育处 101 个，有专职干部 116 人，兼职 38 人。2012 年，市直机关设人事处或人事教育处 97 个，有专职干部 124 人，兼职 34 人。

（二）事业单位人事机构。1988 年，全市事业单位 2142 个 71499 人，其中市直属单位 235 个 15744 人；区、县及乡镇 1907 个 55755 人。事业单位设人事（组织）科、政工科、人事教育科、劳资科等部门 424 个，有专职干部 487 人，兼职 175 人。1996 年，全市事业单位 2798 个，设人事部门 536 个，专职干部 627 人，兼职 1900 余人。2005 年，全市事业单位 2963 个，设置人事部门 673 个，专职干部 712 人，兼职 2100 余人。2012 年，市直属事业单位 329 个，设置人事部门 329 个，专职干部 783 人，兼职 412 人。

（三）企业单位人事机构。1988 年，全市各类企业 2976 家近 30 万职工。市直属企业 942 家，其中国有企业 664 家，集体企业 298 家。按照有关规定，企业人数在 100 人以下的应设置人事或劳资专干，超过 100 人以上的单位应设立人事或劳资部门，选配 2~5 名专职干部。全市企业设干部、人事劳资、政工科（处）1900 余家，专职人事、劳资干部 2480 余人，兼职 1160 余人。2000 年，市直属企业 536 家，设置人力资源管理部门 341 家，专职 458 人，兼职 530 余人。至 2012 年，市管企业 418 家，其中国企 322 家，集体企业 96 家。设置人力资源部门 412 家，专职 530 人，兼职 240 余人。

四、人事管理干部

1988年，全市从事人事工作干部共1249人，分布：市人事局54人（局机关30人，二级机构24人），区、县人事局（科）70人，市直机关76人，事业单位487人，企业562人。文化结构：本科107人，大专514人，中专以下628人。年龄结构：35岁以下的238人，36~45岁457人，46~54岁412人，55岁以上142人；有高级职称27人，中级473人，初级549人。1995年，全市人事干部1114人，减少135人。2000年，全市人事干部总计1079人（含兼职62人），干部结构明显好转，其中大专以上占90%；年龄45岁以下占64.3%。2006年，全市从事人事人才工作干部回升至1204人。分布：市人事局116人（局机关41人，二级机构75人），市直机关81人，区县（市）、乡镇机关216人；事业单位408人，企业271人，聘用制112人。干部结构进一步优化，其中研究生学历10%以上，大专以上学历占95%；年龄45岁以下占66.2%，成为人事干部队伍中的主力军。干部中有高级职称31人，中级475人，初级698人。2010年，全市从事人事人才工作干部共1376人，其中专职1258人，兼职118人。分布：市人事局134人（局机关43人，二级机构91人）；市直机关147人，区县（市）及乡镇274人；市高新区9人、市经开区7人；事业单位472人，企业334人。干部中研究生以上学历164人，大学本科902人，专科253人，中专57人；有高级职称41人，中级517人，初级818人。

2012年，全市设置人事教育或人力资源和社会保障部门共878个（不含区、县市下属机构），从事人事人才、人力资源和社会保障工作人员共计3137人，其中专职2505人，兼职632人。分布：市人社局533人；市直机关及开发区121个385人；区县（市）9个274人；市直属事业单位329个，专职782人，兼职412人；市直属企业418家，专职531人，兼职220人。大学专科以上学历占92%；45岁以下占74.6%。

第二节　推行国家公务员制度

一、贯彻实施《公务员暂行条例》

1993年10月，国务院颁布《公务员暂行条例》（以下简称《条例》）后，长沙市将1994年定为学习宣传《条例》年，翻印《条例》单行本2万册发至机关工作人员，并编发辅导教材帮助学习；通过广播、电视、报纸宣传；在电台、电视台开设公务员知识讲座，系统介绍公务员权利、义务、纪律及相关知识；举办全市组织、人事干部辅导班，先行学习《条例》内容；筹办国家公务员制度知识竞赛长沙赛区活动；印发《关于在全市国家行政机关开展国家公务员过渡培训工作的意见》，组织机关干部进行公务员过渡轮训等。1995年1月，成立"长沙市推行公务员制度领导小组"，下设市国家公务员制度推行工作办公室；各区县（市）、市直属单位也设立相应工作机构，负责本地区、本单位公务员制度推行工作。6月起，全市举办公务员过渡培训班59期302个班，轮训机关干部2.69万人。8月，印发《长沙市国家公务员制度实施方案》；11月，印发《长沙市国家行政机关工作人员向国家公务员过渡实施办法》；12月，长沙市机构改革"三定方案"（即定职能、定机构、定编制）获省政府批准。长沙市委、市政府由100个部门组成，主要职能共90项，其中与国家、省政府对接机构79个，内设机构21个；全市公务员总编制1.75万人，其中市直机关6500人，区县（市）及乡镇机关1.1万人。1996年1月，长沙市全面实行公务员制度。2月，印发《长沙市国家公务员职位设置办法》《长沙市国家公务员非领导职务设置办法》，并选定市国土局为试点单位，派出工作组指导试点工作。3月，市、区县（市）政府开展职能分解、职位设置和人员过渡等工作。4月29日，召开推行公务员制度动员大会，向试点单位颁发首批“国家公务员证书”。5月，扩大试点单位。6月，按照“三严”（严格界定过渡单位及编制，严守人员过渡标准，严把领导职位和非领导职位设置）要求，由组织、人事、编制部门会审，逐一确认。7月，印发《关于〈国家公务员证书〉颁发及管理问题的通知》。8月，印发《长沙市乡镇机关实施国家公务员制度和参照管理工作的实施办法》。12月，颁发第二批公务员证书，有8273人获证。1997年6月，颁发第三批公务员证书，6501人获证。7月，全市乡镇公务员、参照人员确认工作开始。至10月，全市142个乡镇3798名乡镇干部确认为公务员。12月，全市有271个事业单位2452人申请参照管理，经省公推办审核批准，82个单位1848人参照管理。1998年6月，颁发第四批公务员证书，3605人获证。12月，市、区县（市）、乡镇三级行政机关共593个单位1.84万人获“国家公务员证书”，其中市直机关96个7102人，区县（市）机关355个7528人，乡镇142个3798人。

二、贯彻实施《中华人民共和国公务员法》

2005年4月，国家颁布《中华人民共和国公务员法》后，2006年3月成立长沙市实施《中华人民共和国公务员法》领导小组，下设办公室。各区县（市）政府也成立领导机构和工作班子，负责本地区公务员法实施工作。4月，全市开展学习宣传《中华人民共和国公务员法》活动，内容为“五个一”：即组织一堂专题讲座；开展一系列学法培训；设立一个学法专栏；下发一本学法手册；召开一次学法座谈会。市广播电视、新闻媒体配合开展宣传活动，营造学法、知法、用法氛围。11月，制定关于《长沙市实施〈中华人民共和国公务员法〉工作方案》，明确为公务员单位的有：中共长沙市委各级机关；长沙市各级人民代表大会及其常务委员会机关；长沙市人民政府各级行政机关；政协长沙市各级委员会机关；长沙市各级审判机关；长沙市各级检察机关；长沙市各级民主党派和工商联机关。2006年1月，根据国家《中华人民共和国公务员法》规定，由各单位人事部门填写《公务员登记表》，单位领导班子集体讨论，报主管部门审批；按照《综合管理类非领导职务设置管理办法》，结合单位“三定方案”确定的领导职数“对号入座”；按照《公务员职务与级别管理规定》，合理确定公务员职务和级别；按照“职务与级别对应”关系和公务员工资制度改革实施办法进行工资套改。重新核定参照单位及参照对象，因法律法规变更，不具有公共事务管理职能的，不再列入参照管理范围。全市确认公务员单位732个1.60万人，其中市直机关151个8499人，区县（市）及乡镇机关581个7530人；全市参照公务员制度管理单位共114个2417人。

2012年，全市公务员单位721个2.79万人，其中参照管理单位105个4585人。分布：市直机关145个1.55万人，其中参照单位24个2532人；区县（市）及乡镇机关576个1.24万人，其中参照单位81个2053人。

三、贯彻执行单项法规

1993年，《国家公务员暂行条例》公布后，长沙为做好推行公务员制度前期准备工作，针对干部“进、管、出”三个环节开始拟制具体措施。到1995年，先后出台公务员录用、培训、考核、奖惩、纪律、职务升降、交流、回避、退休等9项制度，印发全市公务员单位预习。1996年实行公务员制度后，结合实际再出台公务员任免、职位轮换、辞职、辞退4项制度。1998年，按照公务员录用程序，制定笔试、面试、考核、监督、体检5项实施细则。2000年，按照公务员培训要求，制定初任、任职、专门业务、更新知识4项培训细则。至2005年，国家、省、市人事部门先后出台10个《暂行规定》、10个《实施办法》、22个《实施细则》。2006年，对42个制度进行修改完善和综合简化，经过3年努力综合为

图 8-3-2-1 长沙市举行公务员录用面试程序

（摄于 2000 年 6 月 12 日，长沙市人社局供图）

24 个。

2012 年，长沙市依据国家公务员管理实施细则，公开考录率 100%；年度考核率 95%以上；奖惩兑现率 100%；公务员初任培训率 98%；职务晋升培训率 81%；竞争上岗 100%；岗位轮岗 84%；到年龄退休率 100%。各单项法规得到全面落实。

四、开展“做人民满意的公务员”活动

1997 年 9 月，全市开展“建设文明机关，做人民满意的公仆”活动，创建“思想过硬、作风过硬、业务能力过硬、人民群众满意”和“服务优质、作风优良、环境优美”的文明机关。1998 年 8 月，根据中央《关于开展“做人民满意的公务员”活动的通知》，长沙市举行首届“建设文明机关，做人民满意的公仆”评选活动。10 月 13 日，召开表彰大会，授予市妇联等 29 个单位“长沙市文明机关”，授予邓国辉等 20 人“长沙市人民满意的公仆”，记二等功；12 月，省委、省政府授予长沙市妇联、市工商局雨花分局、望城县高塘岭镇、浏阳市地税局 4 单位“湖南省文明机关”，授予王芳就、喻亚军、张载华、谢建成 4 人“湖南省人民满意公仆”（享受湖南省先进工作者待遇）；晏兴辉、易建军记二等功。2003 年，市卫生局党委书记、局长邓长云被授予“湖南省人民满意公仆”，市城管局被评为“全省文明机关”，吴辉等 3 人记一等功；授予 16 名公务员为“长沙市优秀公务员”，记二等功。2008 年，市公安局常务副局长吴正明获“全国人民满意的公务员”；市公安局巡警特警支队第一特警大队获“湖南省人民满意的公务员集体”；宁乡县白马桥乡党委书记侯文记一等功。2011 年，长沙县金井镇人民政府，芙蓉区民政局，天心区人力资源和社会保障局，雨花区砂子塘街道办事处，获“湖南省人民满意的公务员集体”；市人大选举任免联络工作委员会主任胡晓亚（女）、宁乡县城郊乡书记彭欣荣获“湖南省人民满意的公务员”；浏阳市司法局镇头司法所长陶山麓、开福区五家岭街道工委书记李淑环（女）、岳麓区望月湖街道工委书周竹平（女）、望城区白箬铺镇书记刘迎秋等记一等功。

表 8-3-2-1　　1996—2012 年长沙市主要年度公务员分布情况一览表　　单位：人

年度	总人数	市直机关									区县(市)机关									乡镇机关			
		党委	人大	政府	政协	法院	检察院	民主党派	社会团体	合计	党委	人大	政府	政协	法院	检察院	民主党派	社会团体	合计	党委	人大	政府	合计
1996	17439	397	51	6276	37	117	108	38	122	7146	855	163	4836	92	614	323	—	132	7015	1167	—	2111	3278
2000	19278	471	58	6486	41	130	112	51	132	7481	1121	172	5569	115	682	365	—	152	8176	1291	—	2330	3621
2003	19612	441	72	6465	54	144	125	53	126	7500	1187	189	5762	127	708	406	—	105	8484	1218	—	2410	4528

续表 8-3-2-1

年度	总人数	市直机关									区县(市)机关									乡镇机关			
		党委	人大	政府	政协	法院	检察院	民主党派	社会团体	合计	党委	人大	政府	政协	法院	检察院	民主党派	社会团体	合计	党委	人大	政府	合计
2006	19938	435	63	6636	46	157	128	46	148	7659	1212	189	5860	138	726	442	—	136	8703	1087	—	2498	3576
2008	20229	457	81	8117	66	230	206	79	—	9236	981	186	5147	143	886	576	35	236	8397	528	160	2144	2832
2010	20465	525	74	8301	54	241	202	82	—	9479	1030	193	5271	152	917	590	42	—	8195	514	148	2129	2791
2012	27931	631	94	9824	64	276	218	106	—	11213	1349	221	7945	213	1064	658	49	—	11299	847	256	4116	5419

第三节 干部队伍

一、干部数量

1988 年，长沙市机关事业单位 2595 个，干部总计 10.97 万人，其中全民所有制干部 9.57 万余人，占 87.3%，聘用制干部 1.39 万余人，占 12.7%。干部分布：行政机关 453 个 2.43 万人，占干部总数的 25.3%，其中：市直机关 82 个 7521 人，占 7.8%，区、县及乡（镇）机关 371 个 1.67 万人，占 17.5%。事业单位 2142 个，干部 4 万人，占干部总数的 41.8%，聘用制干部 4853 人，占事业单位干部的 12.1%。市直属企业共 962 家（国企 621 家，集体所有制 341 家），全民所有制干部 3.15 万人，占干部总数的 32.9%，聘用制干部 9135 人，占企业干部的 29%。全市干部职级：地（厅）级 31 人，县（处）级 976 人，占 1%，科级 1.15 万人，占 12%，一般干部 8.33 万人，占 87%。

1994 年 8 月，长沙市进行第二次机构改革，出台《长沙市党政机构改革方案的实施意见》，机构改革与推行公务员制度同步进行。至 1995 年底，市直机构由 149 个裁减至 90 个，撤并 59 个，裁减 39.6%，机关干部由 8745 人裁减为 7297 人，分流 1262 人，清退借用人员 186 人。期间，全市干部队伍总量首次突破 10 万人大关，为 10.33 万余人，比 1992 年增加 4149 人。其中市直机关 6437 人，增加 106 人；区县（市）及乡（镇）1.12 万人，减少 732 人。全市事业单位干部达 7.31 万人，比 1988 年增加 3.15 万余人，增长 76%。

1996 年 1 月 1 日起，长沙市党政机关实行公务员制度，根据《国家公务员暂行条例》，全市确认公务员单位 453 个，确认 1.84 万名机关干部过渡为国家公务员，并向其颁发“国家公务员证书”。其中市直机关 100 个 6524 人；区县（市）和乡（镇）机关 520 个 10915 人。公务员职级：副省级 1 人，厅级 38 人，县处级 2213 人（含调研员和助理调研员），占 12%，科级 6926 人（含主任和副主任科员），占 37.6%，普通公务员 9250 人，占 50.2%。全市事业单位 2798 个 5.79 万余人（干部），其中教育、医疗卫生事业发展迅速，比 1988 年新增单位 656 个 4521 人，分别增长 30.6%和 7.7%。市直属企业经过第一轮改制后，比 1988 年（962 家）减少 47 家（国企 4 家、集体企业 43 家），裁减干部 4558 人，占企业干部总数 14.5%。

1999 年 8 月，长沙市进行第三次机构改革。其间，全市事业单位转型企业管理 129 个，撤并中小学校215所，撤并乡（镇）事业单位188个。2003年，全市机关事业单位4672个13.37万人，比1996年单位增加1254个，人员增加2.87万人，分别增长36.7%和27.3%。其中公务员单位711个1.96万人，比1996年增加258个1184人，分别增长57%和6.4%。其中市直单位157个8939人，比1996年增加57个2415人，分别增长57%和13.1%；区县（市）及乡（镇）机关554个1.07万人，增加单位34个，减少公务员242人。公务员级别：副省级1人，厅级57人（含正、副巡视员），县处级（含调研员和副调研员）2317人，占11.8%，科级（含主任和副主任科员）8292人，占42.3%，公务员8945人，占45.6%。全市事业单位4044个9.02万人，比1996年增加单位1246个32196人，分别增长44.5%和55.5%。

2006年1月，根据《中华人民共和国公务员法》，增加参照公务员制度管理单位及参照人员，全市确认参照单位154个3909人，其中市直机关32个488人，区县（市）122个3421人。全市机关事业单位4318个15.33万人，单位总数减少354个，减少7.6%，员工增加1.96万人，增加14.7%。全市公务员单位578个1.60万人（不含参照单位），比1996年增加单位125个，减少公务员2399人。其中市直单位151人8499人，比1996年增加51个1975人；区县（市）581个7530人，比1996年增加单位61个，减少公务员3385人，减少31%。全市事业单位3586个11.97万人，比1996年增加单位788个1.99万人，分别增长28.2%和34.4%。市直属企业经过3次改制后有583家，比1988年（962家）减少379个，减少39.4%。其中国企621家，撤并174家，剩下447家，裁减72%；集体企业341家，撤并93家，剩下248家，裁减72.7%。企业全民所有制干部1.74万人，比1988年（31490人）减少1.41万人，减少44.7%。

2008年8月，长沙市进行第四次机构改革。全市机关事业单位3751个13.12万人，比2006年减少单位567个，减少13.1%，增加人员1.15万人，增长9.6%。其中公务员单位721个2.05万人（含参照单位）。事业单位3030个13.19万人，减少556个单位，减少15.5%；增加1.22万人，增长10.2%。

2012年，全市机关事业单位3836个14.27万人。其中公务员单位616个2.33万人，参照单位105个4585人。分布：市直机关121个8365人，参照单位24个2532人；区县（市）495个1.04万人，参照单位81个2053人；全市机关工勤人员9895人，其中市直机关2532人，区县（市）7074人。全市事业单位3114个14.58万人，其中管理人员1.44万余人，专业技术人员10.03万人，工勤人员3.11万人。主要分布：市直属事业单位329个6.76万人，其中管理技术人员5.49万人，工勤人员1.26万余人；区县（市）及乡镇2785个7.83万人，其中管理技术人员5.98万人，工勤人员1.84万人。市直属企业446家1.27万人，比1988年减少516个1.87万人，分别减少53.6%和59.5%。其中国企376家1.09万人，集体企业117家1830人。

表 8-3-3-1　　1988—2012 年部分年度长沙市干部分布情况一览表

年度	单位数（个）	干部总数（人）	行政机关								企事业单位							
			市直机关				区县(市)及乡镇机关				市直属单位				区县(市)及乡镇			
			单位数（个）	干部共计	其中		单位数	干部共计	其中		单位数（个）	干部共计	其中		单位数（个）	干部共计	其中	
					干部公务员	参照人员			干部公务员	参照人员			管理人员	专业技术人员			管理人员	专业技术人员
1988	2595	95752	82	6253	6253	—	371	15108	15108	—	235	21542	6018	15524	1907	52849	11751	41098
1992	3042	99207	86	6331	6331	—	476	11973	11973	—	262	25796	7629	18167	2218	55107	10715	44392
1996	3418	92556	100	6524	6524	—	520	10915	10915	—	288	23602	5847	17755	2510	51515	7037	44478
1998	3538	89109	96	7120	7120	—	497	11326	11326	—	317	27652	3788	23864	2628	43011	3887	39124
2000	4813	98636	154	8841	8841	—	550	10437	10437	—	365	34261	4611	29650	3744	45097	4376	40721
2003	4672	109776	157	8939	8939	—	554	10673	10673	—	372	36287	4861	31426	3672	53877	5133	48744
2006	4318	119696	151	8987	8499	488	581	10951	7530	3421	381	40991	5317	35674	3205	58767	6406	52361
2008	3804	129131	142	9461	8499	962	603	10768	7530	3238	387	47517	5824	41693	2672	61385	5782	55603
2010	3751	131911	145	10579	8901	1678	576	9886	7833	2053	317	53018	7647	45371	2713	58428	5881	52547
2012	3836	142697	145	15482	12950	2532	576	12449	10396	2053	329	54925	7712	47213	2786	59841	6750	53091

二、干部结构

（一）政治结构。1988年，全市干部9.57万余人，其中：中共党员5.27万人，占干部总数的55%，共青团员1.43万人，占15%，中共党员、共青团员占干部总数的70%；女干部3.35万人，占35%；非党团干部1.73万人，占18.1%；少数民族干部427人；民主党派干部815人。

1996年，长沙市实行公务员制度，全市确认公务员1.84万人，其中：中共党员1.31万人，占71.3%，共青团员2470人.占13.4%，党团员占84.7%；女公务员5842人，占31.7%；少数民族公务员631人；民主党派公务员879人。2000年，全市机关事业单位工作人员13.41万人（含工勤人员，下同），其中：中共党员7.06万人，占52.7%；共青团员13004人，占9.7%；女干部32476人，占24.2%；少数民族干部559人，民主党派干部1192人。2006年，贯彻实施《中华人民共和国公务员法》，全市确认公务员1.99万人（含参照人员3909人），其中：中共党员1.56万人，占78.2%，共青团员1934人，占9.7%，中共党团员占87.9%；非党团公务员12.1%；全市女公务员3.68万人，占24%；少数民族公务员580人；民主党派公务员1573人。2008年，全市机关事业单位工作人员16.46万人，其中：中共党员9.17万人，占55.7%，共青团员1.88万人，11.4%；女公务员3.25万人，占19.7%；民主党派公务员1647人，占1%。

2012年，全市机关事业单位工作人员18.37万人，其中：中共党员11.79万人，占64.2%，共青团员1.98万人，占10.8%，中共党团员占75%；女公务员3.23万人，占27.4%；民主党派公务员2162人，占1.17%；少数民族公务员686人，占0.37%；无党派公务员30720人，占16.7%。

（二）文化结构。20世纪80年代初，长沙市干部队伍大专以上文化仅为21%。至1988年，全市干部9.57万余人，大专以上学历占34.2%，提高13.2个百分点，其中中专（高中）文化人数占45%，初中以下占21%，高、初中以下文化仍占干部总数的65.8%。80年代末，广大干部通过“五大”（即电大、职大、函大、业大、夜大）学习提升学历。1992年，全市干部大专以上学历达42%。1996年，全市干部9.25万余人，大专以上学历上升至63.8%，其中公务员1.84万人，大专以上学历达72.4%。2006年，全市干部11.97万人，大专以上学历占83.5%。比1996年提高19.7个百分点，其中博士17人，硕士159人，研究生3263人，本科6.92万人，大专5.55万人，中专以下降至16.4%，且多分布于基层。

2012年，全市干部14.27万人，大专以上学历达95.5%，其中博士271人，硕士3796人，研究生1.11万人，研究生以上学历8.3%；大学本科59%，专科28.2%，中专以下4.5%。

（三）年龄结构。1988年，全市干部队伍总数为9.57万余人，年龄35岁以下3.78万人，占39.4%；36岁至45岁2.78万人，占28.1%；46岁至54岁2.45万人，占25.6%；55岁以上5693人，占6%。1994年8月，长沙市进行第二次机构改革，为推行公务员制度，对机关干部年龄结构进行相应调整。1996年1月，根据国家《公务员暂行条例》要求，全市1.84万名机关干部过渡为国家公务员，其中：35岁以下5270人，占28.6%；36岁至45岁6873人，占37.3%；46岁至54岁4697人，占25.5%；55岁以上1588人，占8.6%。全市事业单位管理和技术人员9.98万人，35岁以下3.25万人，占32.6%；36岁至45岁3.02万人，占30.3%；46岁至55岁2.53万人，占25.4%；55岁以上1.17万人，占11.7%。2000年，全市机关事业单位管理人员9.74万人，35岁以下2.66万人，占27.3%；36岁至45岁3.38万人，占34.7%；46岁至55岁2.86万人，占29.4%；55岁以上8373人，占8.6%。2006年，根据国家《中华人民共和国公务员法》规定，全市确认公务员1.99万人（含参公人员），其中：35岁以下6510人，占32.7%，比1996年上升4.1个百分点；36岁至45岁6659人，占33.4%，比1996年下降3.9%；46岁至

表 8-3-3-2 1988—2012 年部分年度长沙市干部结构对照一览表 单位：人

年度	干部构成						年龄结构								文化结构							
	干部总数	中共党员	共青团员	女干部	民主党派	少数民族	35 岁以下		35~45 岁		45~55 岁		55 岁以上		研究生		大学		大专		中专及以下	
							人数	占比(%)	人数	占比(%)	人数	占比(%)	人数	占比(%)	人数	占比(%)	人数	占比(%)	人数	占比(%)	人数	占比(%)
1988	95752	52676	23460	26620	815	457	37726	39.4	26906	28.1	24513	25.6	6607	6.9	—	—	11107	11.6	21641	22.6	63004	65.8
1992	99207	58617	24552	27464	868	523	37004	37.3	28472	28.7	25595	25.8	8136	8.2	208	0.2	17262	17.4	36403	36.7	45334	45.7
1996	92556	62831	10366	28045	879	558	33042	35.7	26471	28.6	23602	25.5	9718	10.5	278	0.3	21753	23.5	37022	40	33503	36.2
2000	98636	70640	10258	32476	1192	592	33733	34.2	29295	29.7	27125	27.5	8483	8.6	592	0.6	27028	27.4	42121	42.7	28895	29.3
2003	109776	74245	11856	34298	1248	627	35245	32.1	35574	32.4	30745	28	8672	7.9	1098	1.0	35788	32.6	47866	43.6	25024	22.8
2006	119696	84537	11612	36825	1573	640	39022	32.6	39981	33.5	32802	27.5	8020	6.7	2516	2.1	53986	45.1	43693	36.5	19501	16.8
2008	129131	91673	11132	37706	1647	652	41712	32.3	43132	33.4	35124	27.2	9168	7.1	5940	4.6	67153	52	41970	32.5	14068	11.6
2010	131911	100204	10687	38254	1849	775	41816	31.7	43134	32.7	37463	28.4	8838	6.7	9872	6.8	71894	54.5	40234	30.5	10811	8.5
2012	142697	117880	10274	40954	2162	783	44952	31.5	46234	32.4	41382	29	8276	5.8	10702	7.5	79910	56	42810	28.2	9275	6.5

54岁5068人，占25.4%；55岁以上1701人，占8.5%。

2012年，全市干部总计14.27万人，其中：35岁以下4.54万人，占31.8%；36岁至45岁4.62万人，占32.4%；46岁至54岁3.92万人，占27.5%；55岁以上1.18万人，占8.3%。

第四节 干部管理

一、干部录用

1988年，长沙市为满足干部需求和改善干部队伍结构，根据国家有关政策，当年，从国家计划中录用大中专毕业生1095人，面向社会公开招考354人；为解决乡（镇）干部短缺问题，根据省《关于乡（镇）干部实行选聘合同制的实施意见》，为142个乡（镇）选聘合同制干部1503人。1990年，根据国家劳动人事部《关于吸收录用干部问题的若干规定》，采用“公开考试、全面考核、择优录用”的方法，面向“五大”（电大、职大、函大、业大、夜大）毕业生录用干部1095人；从“以工代干”、优秀工人、农民和复原退伍军人中，通过公开考试录用干部981人。是年，组织6个考察组赴全国10余所高校，选拔优秀应届毕业生20人，补充到市直机关17个部门。1991年，长沙市首次公布干部录用实行“公开、平等、竞争、择优”原则和“五公开一监督”（公开名额、条件、程序、成绩、结果，接受纪检监察机关监督）制度，考录和选调机关干部共516人，并首次实行试用期一年制度，试用期满4人考核不合格，被取消录用资格。1992年，宁乡县首次尝试在机关部分岗位实行选聘合同制，全县选聘合同制干部2428人。1993年，印发《关于在事业单位部分管理岗位实行选聘合同制的实施办法》，是年，市直属事业单位选聘合同制干部4725人。至1995年，全市从“以工代干”人员中录用2958人；从优秀工人中录用852人；从优秀农民中录用485人；从退伍军人中录用1610人。

1996年，长沙市党政机关实行公务员制度，按照《国家公务员录用暂行办法》，首次面向社会公开招考补充公务员225人；首次采取集中考试办法，为市直属事业单位考录编制内员工770人。1997年，根据省《关于认真做好从优秀民办教师中选招公办教师工作的通知》，通过业务考试和全面考核，全市从民办教师队伍中改办公办教师共计6994人，提前2年完成改办任务。是年，取消大中专毕业生分配计划。

2000年，根据中央《深化事业单位人事制度改革纲要》，印发《长沙市事业单位人事制度改革实施意见》，提出机关事业单位补充工作人员，一律实行“凡进必考”和“全员聘用制”，每年组织统一考试2次（上半年和下半年各1次），是年，统一组织补员考试，为市直属事业单位考录员工1152人；首次从优秀应届毕业生中选拔58人担任村干部。2001年，为改善机关干部结构，先后组织5个选拔小组，赴全国20余所高校，选拔优秀应届毕业生和研究生256人，补充到市直机关62个部门。至2005年，全市组织公开考试10次，补充公务员3621

图8-3-4-1 长沙市公务员录用考试远程监考平台投入运行 （摄于2008年10月10日，长沙市人社局供图）

人，试用期满考核不合格，取消录用资格 27 人；事业单位补充员工 1.2 万余人，公开考试率占 96.1%。

2006 年，根据《中华人民共和国公务员法》规定，补充公务员考试，由省公务员局统一实施，每年组织一次。当年，全市补充公务员 179 人；市直属事业单位通过统一考试补充员工 745 人，公开考试录用率 100%。2009 年，全市补充公务员 334 人；市直属事业单位补充员工 1724 人，公开考试录用率 100%。

1996—2012 年，省、市补充公务员考试共进行 17 次（市组织 10 次，省组织 7 次），报名应考 3.46 万余人，补充公务员 5774 人，平均考录比例 6:1；全市事业单位招聘新员工考试 127 次，补充员工 27466 人，公开考试率 97.3%。

表 8-3-4-1　　1988—2012 年长沙市录用国家干部、公务员情况一览表　　单位：人

年度	“以工代干”转干	从优秀工农兵中录干	从“五大生”中录干	民办教师改公办教师	面向社会公开招考	从优秀应届毕业生中选拔	合计
1988	—	—	1095	—	—	—	1095
1989	—	—	605	—	—	—	605
1990	123	132	706	—	—	20	981
1991	129	135	—	145	516	20	945
1992	164	246	224	270	100	—	1004
1993	223	374	—	334	—	—	931
1994	273	154	—	421	167	—	1015
1995	167	68	214	936	—	40	1385
1996	197	203	—	2565	225	—	3190
1997	804	298	—	2323	188	10	3623
1998	878	—	—	—	526	46	1450
1999	—	—	—	—	305	16	321
2000	—	—	—	—	695	58	753
2001	—	—	—	—	50	46	96
2002	—	—	—	—	230	—	230
2003	—	—	—	—	261	—	261
2004	—	—	—	—	558	—	558
2005	—	—	—	—	583	—	583
2006	—	—	—	—	179	—	179
2007	—	—	—	—	315	—	315
2008	—	—	—	—	309	—	309
2009	—	—	—	—	334	—	334
2010	—	—	—	—	314	—	314
2011	—	—	—	—	364	—	364
2012	—	—	—	—	338	—	338

二、干部任免

20世纪80年代，长沙市行政干部任免，按照党管干部原则，基本上是单一的委任制。1983年，长沙市实施第一次机构改革，根据中央《关于改革干部管理体制若干问题的规定》，全市开始实行委任、选任、聘任和任期制相结合的多种形式的干部任用制度。1988年，乡（镇）干部继续实行国家干部与选聘合同制干部"两制"同步运行机制。全市142个乡（镇）有选聘合同制干部1503人，占乡（镇）干部总数的32.8%。1989年，办理市直机关县处级行政领导干部任命书377人，科级干部任命书416人。1990年，全市142个乡（镇）、73个街道办事处，通过民主方式选拔基层领导干部2283人，任期3年，首开基层领导干部实行任期制先河。1991年，出台《关于事业单位部分岗位实行聘用制的意见》，推广市园林系统实行全员聘用制的做法。1992年，按照选拔科技副区县长的做法，为全市142个乡（镇）选配科技副乡（镇）长142人，任期3年。是年，在市人事局4个科级职位（2正2副）试行竞争上岗，按照自愿报名、个人演讲、不记名投票、组织确认等程序进行。这一做法迅速在市直机关推广，年末，市直机关有105个科级职位通过竞争上岗。1993年，印发《关于在事业单位部分岗位实行聘用制的实施意见》。至1995年，市直属机关任命科级干部2010人，其中委任1073人，占53.4%；票决627人，占31.2%，竞争上岗310人，占15.4%；市直属事业单位晋升科级职位2741人，其中委任787人，占28.8%，竞争上岗1954人，占71.2%。

1996年，长沙市党政机关实行公务员制度，根据《国家公务员暂行条例》，公务员职位分为领导职务和非领导职务，领导职务实行委任制和选任制。全市公务员1.84万人，其中担任领导职务7263人，占39.4%，市委任命（县处级）2267人，占31.2%，实行选举制374人，占5.2%；单位党组任命（科级）4622人，占63.6%；担任非领导职务2156人，其中市委任命（正、副调研员）514人，单位党组任命（正副主任科员）1642人。是年，采取"考任制"办法，面向全市在职正科级干部，通过考试和考核等程序，公开选拔副县级领导干部26人（女干部12人），到25个单位任职，试用期一年，试用期满经考核合格的发正式任命文。1997年，在市人事局采用"票决制"办法晋升科级职位，通过组织提名、个人述职、民主测评、现场计票排名等程序，晋升科级职务3人。年底，市直机关运用"票决制"晋升科级职务194人。1998年，市人事局启动公开考试程序，为市直机关47个部门选拔专业技术人员152人。1999年，全市有574个单位采用"考任制"方法，晋升科级干部1361人，外选专业人才193人。2000年，根据中央《深化干部人事制度改革纲要》，印发《长沙市事业单位人事制度改革实施办法》，重申"单位自主用人、人员自主择业、公开考试补缺、岗位全员聘用"的用人原则。2003年，宁乡县率先试水政府雇员制，由县人事局组织公开报名、统一考试、政审等程序，选聘政府雇员42人进入县直机关工作。望城县、长沙县、浏阳市先后跟进，选聘政府雇员112人。政府雇员作为一种新型的用人制度，以契约方式雇佣某些专业人才，其待遇高于普通公务员。

2006年，实施《中华人民共和国公务员法》和中央《党政领导干部职务任期暂行规定》。全市公务员1.99万人，其中担任领导职务8102人，占40.6%，在同一单位任职超过10年3014人，占37.2%；实行选举制并连任2届的2131人，占81.6%，按照规定进行调整或轮换的占87.4%。2009年，市直机关先后有23个单位部分岗位选聘政府雇员52人。

2012年，全市公务员2.79万人，担任领导职务1.27万人，占45.4%，其中5年制任期1586人，3年制任期2651人；担任非任期制领导职务8437人，占30.2%；普通公务员6820人，占24.4%。全市有372个政府部门聘用雇员1479人，其中高级雇员62人，中级342人，普通雇员1075人。

三、干部调配

1988 年，长沙市干部调配工作，按照“市内调整为主，市外引进为辅”的原则，根据不同时期需求，为急需人才部门、重点建设工程、新组建单位、区划调整、军队转业干部安置等重要节点上统筹安排，当年完成年度调配计划 1357 人，其中市内调配 698 人，市外调入 659 人，调入人员中专业技术人员占 86%。1989 年，制定《关于干部调配工作的暂行规定》，出台五坚持五原则：即坚持内调为主，引进为辅原则；坚持保证重点，服务基层原则；坚持专业对口，供需平衡原则；坚持统筹兼顾，适当照顾原则；坚持调配政策，不留隐患原则。是年，采取“三公开”（公开标准、公开考试、公开结果）程序，为市政法、监察、计划、经济等部门选调干部 354 人。1993 年，为解决聘用制干部合理流动等问题，制定《长沙市聘用制干部调动的暂行办法》。至 1995 年，为 142 个机关企事业单位完成干部调配任务 1.91 万余人，其中市内调配 5785 人，占 30.2%；市内调出 4036 人，占 21.1%；市外调入 8491 人，占 44.3%；其他调配 848 人，占 4.4%；保证重点工程用人 1483 人，占 7.7%；补充基层 1.53 万人，占 65.7%；市外调入干部中专业技术人员占 62%，管理人员占 24%；为体现组织关怀，长沙市每年安排调配指标 10%，解决夫妻分居 10 年以上及老人身边无子女 686 人；批准 1259 名聘用制干部合理流动。

1996 年 4 月，长沙印发《关于分离企业自办中小学校有关人事交接工作的通知》，接收企业子弟学校 24 所，教职工 2493 人，移交当地政府管理。7 月，长沙市实施区划调整，对 25 个街道、乡镇、农场共 2955 人，顺利完成交接工作。1999 年 3 月，长沙市实施乡镇机构改革和人员分流。全市 122 个乡镇，共清退临雇人员 8028 人，占应清退人员的 100%；分流编外人员 2109 人，占应分流人员的 91%。2000 年 7 月 28 日，印发《关于将市属 23 所学校移交辖区管理的通知》，雨花区接管 10 所，天心区 7 所，岳麓区 3 所，开福区 3 所。2005 年 9 月，根据国家《中华人民共和国公务员法》，制定《关于进一步规范市直机关公务员和机关工作人员调任工作的通知》，强调党管干部原则，适时轮岗、换岗、竞争上岗原则，民主选拔原则，严格控制职位职数原则等。2008 年 3 月，“长沙市大河西先导区”成立，区域调整涉及望城坡经济开发区、岳麓山风景名胜区管理处、橘子洲景区管理处、雷锋镇、含浦镇、坪塘镇、莲花镇等 7 个建制单位共 3856 人，调整及移交工作一次性到位。

2012 年，长沙组团参加广州人才交流会，引进优秀青年人才 1036 人；是年，办理干部调配 541 人，其中市内调整 97 人，占 17.9%，市外调入 314 人，占 58%，市内调出 112 人，占 20.7%，控编工勤人员 18 人，占 3.3%。

表 8-3-4-2　　1988—2012 年长沙市干部调配、流动情况一览表　　单位：人

年度	市外调入	市内调出	市内调整	控编工人	退役优秀运动员安置	西藏内调干部安置	总计
1988	679	579	225	95	—	—	1578
1989	571	364	1221	71	—	—	2227
1990	799	402	661	92	—	—	1954
1991	825	498	629	104	12	—	2068
1992	735	570	351	84	—	—	1758
1993	1094	754	1060	141	—	—	3049
1994	588	510	573	93	14	—	1778

续表 8-3-4-2

年度	市外调入	市内调出	市内调整	控编工人	退役优秀运动员安置	西藏内调干部安置	总计
1995	3200	359	1065	124	—	—	4748
1996	821	350	819	72	7	—	2069
1997	676	341	942	51	11	8	2029
1998	329	192	1170	63	10	5	1769
1999	415	204	1217	58	13	—	1907
2000	361	125	666	42	8	—	1202
2001	324	118	681	47	4	—	1174
2002	372	170	163	105	9	—	819
2003	417	200	192	96	5	—	910
2004	353	173	136	76	6	—	744
2005	421	151	131	84	3	—	790
2006	306	202	112	74	—	—	694
2007	325	254	175	85	—	—	839
2008	332	323	140	46	—	—	841
2009	349	382	173	39	—	—	943
2010	239	312	71	19	—	—	641
2011	377	78	123	22	—	—	600
2012	314	112	97	18	—	—	541

四、军队转业干部安置

（一）计划分配与指令性安置。1990 年起，按照国家、省安置部门的统一部署，长沙市每年安置转业干部任务约占全省任务的四分之一。2009 年，国务院军转干部安置小组授予长沙市“全国军队转业军官安置工作先进集体”荣誉称号。

2010 年，长沙市根据中央“积极改进军转干部分配办法”的指示，在听取各方面意见的基础上，制定《长沙市营职以下及专业技术军转干部考试考核安置办法（试行）》，程序是：根据接收任务核定安置单位，下发预分计划通知书，综合汇总后提请市人大审定，在长沙人事信息网站公布安置单位序号、名额；组织闭卷笔试；进行计量计分考核；综合计分排序（笔试成绩占 40%，量化计分考核占 60%），两项合成后按得分高低排序；转业军官可依次在本年度公布的安置计划范围内选择单位。新办法实行“三公开一监察”：公开安置办法、公开安置计划、公开安置去向，接受纪检监察部门全程监督；新办法体现“二个突出”：突出公开、公平、公正的安置原则和透明度；突出转业军官在部队服役期间的表现和贡献。

（二）计划安置与自主择业。2001 年，长沙根据中央《军队转业干部安置暂行办法》，改革军队转业干部安置办法，由过去的计划分配方式改革为计划分配和自主择业相结合的方式。计划分配的转业干部仍由地方党委、政府统一安置；自主择业转业干部，由地方政府协助就业并发给退役金。自主择业条件是：团级或军龄满 20 年的营级转业干部，可以选择自主择业安置。

（三）企业转业干部。2003年，制定《关于切实解决部分企业军转干部生活困难问题的补充意见》；2004年9月4日，成立长沙市企业转业干部解困工作小组，组成专门机构——长沙市企业转业干部解困办公室（简称解困办），出台六项措施：所在企业补发拖欠工资，未达最低工资标准的，由民政部门按每月120元标准给予救助；政府提供再就业帮助；允许提前5年办理内部退休；督促企业参加基本医疗保险，对未参加保险发生的医疗费用，参照有关规定报销；在职军转干部工资未到市平均工资水平的、退休军转干部基本养老金未达到平均水平的，补助到平均水平；生活特别困难的由本人申请、所在企业（社区）核实，报民政部门审批，实施临时救助等。从2001年起，国家、省、市三级党和政府，每年制定针对企业转业干部的生活补助政策，生活待遇提高幅度超过地方同级干部的30%以上。

五、其他政策性安置

1988年，长沙根据人事部、公安部、国家教委文件精神，为整顿公安、教师队伍，对少数不称职人员进行清理调离，另行安排单位。是年，市公安系统清理22人、教育系统清理31人，另行分配到40家企事业单位。是年，根据中组部、人事部文件，从内地抽调去支援西藏建设的干部，任务完成后返回内地的要妥善安置的指示，当年长沙市接收安置5人。1989年，根据中组部、人事部指示，为落实干部政策，调查核实恢复干部身份并另行安排工作12人；纠正错误处理或处理过重7人；撤销处分决定14人；调离党政机关另行安排工作单位11人。1990年，市公安系统再次清理出队伍14人、教育系统37人，另行安排工作单位51人。1991年，根据人事部、省人事厅文件，首次接收退役运动员12人，安置到市直机关9个部门工作。1994年，长沙市接收第二批退役运动员14人，安置到市直机关11个部门工作。1995年，市公安、教育系统第三次清理队伍，又有71人调出，其中公安6人，教育65人。至此，全市公安、教育系统通过3次清理，共调出175人，其中公安42人，教育133人；落实干部政策，重新审理干部各类申诉案件99件（人），其中市直单位42人，区县（市）57人。

1996年起，根据上级文件精神，国家机关不称职人员，由主管部门内部调整，不再作调离安排；凡属干部申诉、投诉等案件，由各级纪检监察机关、信访部门受理或通过当地劳动人事仲裁机构解决。

至2005年，长沙市接收安置退役运动员102人。2006年起，退役运动员安置停止执行。

表8-3-4-3　1988—2012年长沙市接收安置军队转业干部情况一览表　单位：人

年度	计划安置数						自主择业	随调随迁家属		
	合计	师职	团职	营职	连排职	技术干部		干部	工人	小计
1988	317	—	42	54	149	72	—	28	36	64
1989	197	2	24	27	60	84	—	17	24	41
1990	150	1	14	23	58	56	—	12	18	30
1991	144	2	19	27	41	57	—	11	16	27
1992	131	—	20	31	34	46	—	7	9	16
1993	372	—	38	111	126	97	—	38	25	63
1994	330	—	35	96	107	92	—	21	24	45
1995	269	—	33	92	57	87	—	12	15	27
1996	339	—	41	77	88	133	—	15	21	36

续表 8-3-4-3

年度	计划安置数						自主择业	随调随迁家属		
	合计	师职	团职	营职	连排职	技术干部		干部	工人	小计
1997	344	3	37	78	89	139	—	17	13	30
1998	324	—	40	83	77	124	—	19	16	35
1999	484	—	27	149	167	141	—	21	17	38
2000	557	1	25	181	193	157	—	42	28	70
2001	255	—	21	75	88	71	77	21	26	47
2002	250	—	28	69	90	63	75	47	58	105
2003	316	—	52	76	97	91	80	45	54	99
2004	674	—	104	174	214	182	147	32	35	67
2005	539	—	93	142	196	108	97	41	55	96
2006	722	2	95	151	274	200	71	28	44	72
2007	534	—	101	169	157	107	50	49	59	108
2008	554	—	98	197	148	111	36	31	41	72
2009	404	—	108	136	65	95	22	37	45	82
2010	408	1	82	160	70	95	26	43	55	98
2011	431	—	90	149	66	94	32	10	18	28
2012	542	—	129	219	67	127	33	25	28	53

第五节　干部考核

一、建立目标管理与岗位责任制

1988年，长沙市根据劳动人事部《关于建立国家行政机关工作人员岗位责任制的通知》和省人事厅要求，全市各级党政机关个人岗位责任制与单位目标管理责任制紧密结合，形成统一的“双责任制”（即目标管理与岗位责任制）考核机制。统一印制《岗位责任制考核手册》发放到人，全市453个行政机构实行目标管理责任制，2.14万人实行岗位责任制。1989年，市人事局被评为“全省岗位责任制工作优胜单位”。

1990年初，长沙印发《关于在事业单位推广目标管理与岗位责任制的通知》，年底，全市有2142个事业单位实行“双责任制”。1992年，印发《关于全市机关事业单位实行目标管理与岗位责任制规范化建设的意见》，提出“目标管理层次化、考核内容程序化、岗位考核具体化、奖罚制度经常化”要求，规范“双责任制”。1995年，开展全市双责任制检查，由市直机关和区县（市）进行交叉检查，总结提炼出《长沙市目标管理与岗位责任制基本做法》，多次在全省人事工作会议及全国人事信息会上交流。

1996年，长沙市实行公务员制度，印发《长沙市国家公务员考核实施办法》《长沙市事业单位工作人员考核实施办法》，目标管理责任制列为单位领导班子考核内容，由市、区县（市）委组织部负责；岗位责任制考核，由各级人事部门负责，《岗位责任制考核手册》更名为《考核记事手册》。2000年起，单位目标管理责任制列入创建“四好领导班子”考核内容。

2006年，国家颁布实施《中华人民共和国公务员法》后，各区县（市）、市直机关领导班子的考核，由市委组织部实施；岗位责任制考核，由市人事局制定统一考核细则，各单位自行组织，市直工委抽查并通报考核情况。

至2012年，全市机关事业单位继续实行目标管理与岗位责任制管理机制。

二、考核

20世纪80年代初，各级党委、政府组织人事部门负责“双责任制”的考核工作。年度考核分两步进行：首先考核单位目标管理方案与完成情况，进行综合评分；其次是按照干部管理权限，对个人进行“德、能、勤、绩”考核，采取个人总结、领导评点、群众评议相结合，确定“优秀、合格、不合格”等次。

1988年，全市机关事业单位首次开展“目标管理责任制优胜方案评选活动”，评选出优胜单位46个，其中一等奖10个，二等奖30个，三等奖6个。岗位责任制考核，由市人事局组织多个考核小组，分别对市直机关单位进行考核；各区、县的考核参照市直机关的考核办法自行组织，主要抽查个人《岗位责任制考核考手册》填写情况，重点查看“德、能、勤、绩”及主管领导签批意见。全市参加考核9.58万人，评出优秀个人1.08万人，占11.3%，合格8.46万人，占88.4%，不合格286人，占0.3%。1991年，全市改革“双责任制”考评方法，目标责任制采用区县（市）交叉考核，市直机关采取系统、单位交叉考核办法，重点考核年度目标方案及完成情况，按照综合得分排名。全市参评单位3042个，评选出目标管理先进单位334个，占11%。岗位责任制考核，采取单位部门交叉检查，主要抽查个人《岗位责任制考核手册》填写情况，包括日记、月评、季评及主管领导考评意见等，根据德、能、勤、绩评分（按100分制各占25分），依据个人综合得分名次评定优秀、合格、不合格等次。全市参加考评9.92万人，评出优秀1230人，占12.4%，合格9.76万人，占84%，不合格357人，占0.36%。

1996年，成立考核领导小组，制定《长沙市国家公务员考核实施办法》《长沙市事业单位工作人员考核实施意见》。目标管理实行层次考核，市考核领导小组考核区县（市）及市直主管机关，市直各主管部门考核管辖单位，采取综合评分、划线排名，确定先进名单。全市机关事业单位3418个，其中行政机构620个，评选出目标管理先进单位60个，占9.7%；事业单位2798个，评出目标管理先进单位230个，占8.2%。个人《岗位责任制考核手册》更名为《考核记事手册》，依据记事手册填写情况和德、能、勤、绩，采取个人总结、领导点评、群众评议办法确定等次，考核等次分为：优秀、称职、不称职三个等次。全市机关行政人员共计2.55万人（含工勤人员）参评，评出优秀3084人，占12.1%，称职2.17万人，占84.9%，不称职61人，占0.24%，未定等次524人，未参加考核186人。全市事业单位共计7.94万人参评，评出优秀9412人，占11.8%，合格6.89万人，占86.7%，不合格272人，占0.34%，不定等次375人，未考核468人。1997年起，年度考核工作由市考核领导小组、市人事局共同制定考核方案，发至各单位自行实施，市考核领导小组抽查区县（市）及市直主管部门，市人事局抽查市直属机关，翌年初，市考核领导小组通报考核情况。

2006年，根据《中华人民共和国公务员法》第三十三条规定，全市公务员考核按照管理权限，从“德、能、勤、绩、廉”四个方面进行，增加廉政考核内容，重点考核工作实绩，增加基本称职等次，分为优秀、称职、基本称职、不称职四个等次。出台《长沙市公务员绩效考核试行办法》《长沙市事业单位绩效考核试行办法》，事业单位突出绩效考核，增加“基本合格”等次。全市行政机构 732 个 2.82 万人参加考核，评出目标管理先进单位 70 个，占 9.6%；优秀个人 3718 人，占 13.2%，称职 2.39 万人，占 85.2%，基本称职 59 人，不称职 37 人，不定等次 278 人，未参加考核 228 人。事业单位 3590 个 12.51 万人参加考核，评出目标管理先进单位 280 个，占 7.8%；优秀个人 1.32 万人，占 10.6%，合格 11.04 万人，占 88.3%，基本合格 262 人，占 0.3%，不合格 308 人，不定等次 496 人，未参加考核 391 人。2007 年起，年度考核工作仍由市考核领导小组、市人事局共同制定考核方案，发至各单位实施，市考核领导小组、市人事局分别抽查，并通报考评情况。

2012 年，全市机关事业单位 3836 个 18.37 万人参加考核，其中机关 721 个 3.78 万人，评出目标管理先进单位 65 个，占 9%；优秀个人 6045 人，占 16%（超过 1%），称职 3.08 万人，占 81.5%，基本称职 213 人，不称职 46 人，不定等次 427 人，未参加考核人员 256 人。事业单位 3115 个 14.59 万人参加考核，评出目标管理先进单位 235 个，占 7.5%；优秀个人 1.80 万人，占 12.3%，合格 12.56 万人，占 86.1%，基本合格 392 人，占 0.27%，不合格 291 人，占 0.2%，不定等次 843 人，未参加考核 781 人。

表 8-3-5-1　　1996—2012 年长沙市机关、事业单位部分年度考核情况一览表　　单位：人

年度	参加考核总人数	机关工作人员							事业单位工作人员						
		参加人数	考核结果						参加人数	考核结果					
			优秀	职称	基本职称	不称职	未定等次	未参加考核		优秀	合格	基本合格	不合格	未定等次	未参加考核
1996	104987	25546	3084	21691	—	61	524	186	79441	9412	68914	—	272	375	468
1998	117382	30068	3112	26187	—	59	483	227	87314	11384	74832	—	307	318	473
2000	132789	26181	3098	22436	—	47	368	232	106608	13540	91789	—	354	412	513
2003	133676	26982	3704	22633	—	43	361	241	106694	13045	92334	—	323	525	467
2006	153320	28208	3718	23888	59	37	278	228	125112	13240	110415	262	308	496	391
2008	164565	30918	4659	25580	142	34	257	246	133647	13027	118807	231	314	697	571
2010	172131	31275	5034	25587	149	27	241	237	140856	13184	125779	313	326	616	638
2012	183661	37808	6045	30821	213	46	427	256	145853	17978	125568	392	291	843	781

三、奖励

1988 年，长沙根据《湖南省人民政府所属各级机关工作人员奖惩暂行办法》，奖项分为：先进工作者、记功、记大功、升级、升职、通令嘉奖 6 个等次，升级奖励，采取一次性固定升级或浮动升级两种方法。是年，全市参评 9.45 万人，获奖项共 1 万人，占 10.5%，其中先进工作者 5508 人，记功 935 人，记大功 138 人，升级 137 人，升职 2 人，通令嘉奖 111 人，其他奖项 3207 人。1989 年，长沙市开展“一事一奖”评选活动，印发《关于在全市党政机关、事业单位进一步开展“一事一奖”的意见》，是年，全市有 133 人获奖，其中记功 95 人，记大功 26 人，升级 12 人。1990 年起，按照干部管理权限，全市

县（处）级领导干部年度考核、评奖单列，由市委组织部负责。是年，全市机关事业单位参评 9.74 万人，获奖 1.04 万人，占 10.6%，其中先进工作者 5541 人，记功 947 人、记大功 151 人，升级 142 人，升职 2 人，通令嘉奖 153 人，其他奖励 3416 人。1992 年，全市参评 9.92 万人，获奖 9728 人，占 9.8%，其中先进工作者 5212 人，记功 870 人，记大功 132 人，浮动升级 98 人，其他奖励 3416 人。1995 年，全市参评 10.19 万人，获奖 1.12 万人，占 11%，其中先进工作者 5793 人，记功 1244 人，记大功 170 人，升级 202 人，升职 4 人，通令嘉奖 274 人，其他奖 3520 人。是年，“一事一奖”评选活动停止，活动期间共有 454 人获奖，其中记大功 36 人，记功 142 人，固定升级 21 人，浮动升级 102 人，通令嘉奖 153 人。

1996 年，根据《国家公务员暂行条例》，公务员奖项分为：嘉奖、记三等功、记二等功、记一等功、荣誉称号 5 个等次。机关工勤人员、事业单位员工参照实行。是年，全市参评 10.50 万人，获奖 1.16 万人，占 11%。机关参评 2.75 万人，获奖 2194 人，占 8%，嘉奖 1696 人，记三等功 464 人，记二等功 33 人，记一等功 1 人。事业单位参评 7.74 万人，获奖 9013 人，占 11.3%，嘉奖 7451 人，三等功 1861 人，二等功 98 人，一等功 3 人。2000 年，全市参评 13.28 万人，获奖 1.18 万人，占 8.9%，其中嘉奖 9028 人，记三等功 2656 人，记二等功 79 人，记一等功 2 人，荣誉称号 3 人。

2006 年，根据国家《公务员奖励暂行规定》，全市机关参评 2.82 万人（含参照人员和工勤人员），获奖 2706 人，占 9.6%，其中嘉奖 1879 人，三等功 742 人，二等功 83 人，一等功 1 人，荣誉称号 1 人；事业单位参评 12.51 万人，获奖 1.30 万人，占 10.4%，嘉奖 1.05 万人，三等功 1971 人，二等功 64 人，一等功 1 人，荣誉称号 2 人。2009 年，长沙市制定《全员绩效考核与管理意见（试行）》，新增奖项：连续三年获优秀或连续五年称职的，晋升一级工资；连续 10 年称职以上，晋升一个工资档次；年度考核称职（合格）以上人员，以 12 月基本工资额（职务、级别、基础、工龄工资 4 项之和）为标准，计发一次性奖金；年度考核连续 2 年优秀或连续 3 年称职的，具有晋升职务资格。是年，全市 162 人晋升一级工资，860 人晋升一个工资档次，16.32 万人领取一次性年度奖金，3202 人获晋升职务资格。

2012 年，全市机关参评 3.78 万人，获奖 4432 人，占 11.7%，嘉奖 3726 人，三等功 683 人，二等功 47 人，一等功 1 人。事业单位参评 14.58 万人，获奖 1.23 万人，占 7.7%，嘉奖 9592 人，三等功 2527 人，二等功 125 人，一等功 4 人，荣誉称号 2 人。

表 8-3-5-2　　1988—2012 年长沙市机关事业单位部分年度奖励情况一览表　　单位：人

年度	参加考核人数	1988—1995 年								1996—2012 年					
		奖励种类							合计	奖励种类					合计
		先进工作者	记功	记大功	升级	升职	通令嘉奖	其他		嘉奖	记三等功	记二等功	记一等功	荣誉称号	
1988	95752	5508	935	138	137	2	111	3207	10038	—	—	—	—	—	—
1990	99207	5541	947	151	142	2	153	3416	10352	—	—	—	—	—	—
1995	101754	5793	1244	170	202	4	274	3520	11207	—	—	—	—	—	—
1996	104987	—	—	—	—	—	—	—	—	9147	2325	131	4	-	11607
2000	132789	—	—	—	—	—	—	—	—	9028	2656	79	2	3	11768
2006	150866	—	—	—	—	—	—	—	—	12418	2713	147	2	3	15283
2008	165115	—	—	—	—	—	—	—	—	12740	2772	141	2	2	15657
2010	171084	—	—	—	—	—	—	—	—	13027	3076	154	2	1	16260
2012	183661	—	—	—	—	—	—	—	—	13293	3210	172	5	2	16682

四、行政惩戒

1988 年，长沙根据《关于国家行政机关工作人员奖惩暂行规定》，国家机关工作人员，因违法失职尚不构成犯罪的给予行政惩戒。惩戒分为警告、记过、记大过、降级、降职、撤职、开除留用、开除 8 个等次。惩戒时坚持“实事求是”和“事实清楚、证据确凿、定性准确、处理恰当、手续完备”的原则。是年，全市干部 9.58 万人，受行政处分 202 人，占 0.21%。其中警告 35 人，记过 46 人，记大过 44 人，降级 4 人，撤职 10 人，开除留用 36 人，开除 27 人。1995 年，全市干部 9.26 万人，行政处分216 人，其中警告 57 人，记过 45 人，记大过 25 人，降级 4 人，降职 7 人，撤职 4 人，开除留用 46 人，开除 28人。

1996 年起，国家机关实行公务员制度，行政惩戒分为：警告、记过、记大过、降级、撤职、开除 6 个等次，减少 2 个等次。受撤职处分同时降低级别和职务工资，机关事业单位执行同一惩戒标准。是年，全市按照新的惩戒标准，共查处 168 人，其中受警告处分 42 人，记过 29 人，记大过 33 人，降级 5 人，撤职 7 人，开除 52 人。2006 年，根据《中华人民共和国公务员法》规定，全市受行政惩处 119 人，其中警告 45 人，记过 26 人，记大过 19 人，降级 10 人，开除 14 人。2012 年，全市受行政惩戒 122 人，其中警告 35 人，记过 25 人，记大过 13 人，降级 6 人，撤职 9 人，开除 34 人。

表 8-3-5-3 1988—2012年长沙市机关事业单位部分年度惩戒情况一览表

单位：人

年度	参加考核人数	政纪处分									党纪处分						其他			
		警告	记过	记大过	降级	降职	撤职	开除留用	开除	合计	警告	严重警告	撤销党内职务	留党察看	开除党籍	合计	辞职	退职	其他	合计
1988	95752	35	46	44	4	—	10	36	27	202	17	21	3	4	6	51	16	13	17	46
1995	102424	57	45	25	4	7	4	46	28	216	22	25	1	5	4	57	31	17	11	59
1996	104987	42	29	33	5	—	7	—	52	168	21	19	2	7	3	52	27	9	7	43
2000	134062	36	27	24	3	—	9	—	48	147	23	25	3	9	7	67	18	13	9	40
2006	153320	45	26	19	10	—	5	—	14	119	28	15	—	3	14	60	28	11	16	55
2008	164565	23	25	18	12	—	10	—	18	106	24	11	—	5	6	45	11	6	8	25
2010	172131	43	46	21	10	—	6	—	12	138	43	20	—	8	18	89	6	0	4	10
2012	183661	35	25	13	6	—	9	—	34	122	28	15	1	8	13	65	6	2	40	48

第六节　干部教育培训

一、干部继续教育

（一）学历提升教育。中共十一届三中全会后，全国开展学历提升教育，至1987年，长沙地区新建、扩建学校80余所，每年从这些学校获得大专文凭3万余人。至20世纪80年代末，长沙市干部大专以上文化2.91万人，占干部总数的30.4%，其中学历提升占52.3%。

1988年，根据国务院《关于改革和发展成人教育的决定》，成立长沙市干部教育培训工作领导小组，印发《关于在我市开展干部成人教育的实施意见》，要求年龄在45岁以下，初中以下文化的干部，参加市直工委举办的文化补习班学习，力争3~5年达到高中学历；已有高中或中专学历的干部，应积极报名市内“五大”学校进行学历教育，争取3~5年达到大专或本科文化；凡获得学历证书的，单位报销学费。1992年，全市干部新增大专学历2049人，占40.3%，4年提高学历12.5个百分点。1996年，全市干部大专以上学历5.06万人，占45.7%。2000年，新增大专学历3万人，大专以上8.07万人，上升为60.8%，本科以上学历首次超过20%。2006年，全市公务员1.99万人，大专以上1.90万人，占95.5%,；事业单位员工12.51万人，大专以上占82.6%。

2012年，全市公务员2.79万人，大专以上学历达98.6%；其中研究生占8.3%，本科占59.1%，中专以下1.4%。

（二）更新知识教育。1989年，长沙根据中央《关于加强职工教育工作的决定》，制发《长沙市科技干部继续教育实施意见》，决定继续教育实行5年周期制，周期内进修时间可集中使用，也可分散使用。教育方式包括：参加专业培训班、进修班、研修班、考察、学术讲座、学术交流或自修等。脱产进修时间每年累计不少于12天。1990年，印发《关于长沙市专业技术人员试行继续教育证书制度的实施意见》《关于印发〈长沙市专业技术人员继续教育证书制度实施细则〉的通知》。“继续教育证书”用以记录专业技术人员接受继续教育的各种情况，经主管部门审核确认，可作为晋升上一级专业技术职务和续聘同级专业技术职务的依据。在评聘专业技术职务时，“继续教育证书”作为必备申报材料之一，提交主管部门审查。任职期间，未按规定完成进修期培训任务或成绩不合格者，不得晋升高一级职务和续聘同级职务。根据国家有关规定，继续教育时间分别为：具有中级以上专业技术职务的每年脱产进修不少于12天，初级不少于7天。1991年，全市实施继续教育第一个5年周期，以5种形式进行：以在长高校为依托安排进修、研修，委托7所高校设置进修、研修课程，累计安排5700余人前往学习（年均1140人）；委托相关培训机构培训，在市、区县（市）设立培训点12个，开设专业课程21个，累计举办各类培训班1172期，培训13.5万余人次（年均2.7万余人）；选派高职称人员参加全国专业学术讲座、学术会议，先后选派422人前往（年均84.4人）；组织团队赴境外考察学习，先后组织30个团队732人赴境外考察培训（年均派出6个团队145人）；鼓励自修、自学，通过考试取得专业资格。1995年，继续教育首个周期结束，其间签发《专业技术人员继续教育手册》5万册，其中1.2万余人获得各类专业资格证书。是年，召开第一个5年周期总结表彰会，评选先进单位6个、20名先进个人受到表彰或奖励。

1996年起，长沙继续教育实施第二个5年周期。是年，制定《长沙市“九五”期间专业技术人员继续教育规划》，全市设立培训点21个（含7所高校），开设专业进修课程25个。1997年8月，颁布《长沙市专业技术人员继续教育暂行规定》，规定高、中级专技人员，每年必须脱产接受继续教育的时间累计不少于40个课时，初级不少于32个课时。至2000年末，全市举办各类培训班1922期，参训11.6万余人，签发《专业技术人员继续教育手册》3万册。全市继续教育成为常态化。

2001年，长沙继续教育实施第三个5年周期。全市设立培训点21个（含7所高校），开设专业课程24个。是年，出台《长沙市专业技术人员继续教育情况与晋升、续聘挂钩的实施意见》，明确规定：继续教育情况作为申报晋升专业技术职务任职资格与聘任专业技术职务的必备条件之一；已完成继续教育指标但年度考核不称职的，不得申报晋升专业技术职务任职资格；未完成继续教育指标的，不得参加专业技术资格考试，也不得聘任或续聘专业技术职务；专业技术人员接受继续教育情况，由单位记入《专业技术人员继续教育手册》。至2005年末，全市举办各类培训班1164期，参训10.5万余人。

2006年，长沙继续教育实施第四个5年周期。根据人事部〔2007〕96号文件精神，制定《长沙市2006—2010年专业技术人员继续教育实施办法》，对培训点、课程内容、参训人数作相应调整。培训点由21个缩减到12个，专业课程由26个调整为21个；培训对象由各单位每年安排20%，并落实到人。2010年末，全市举办各类培训班485期（年均97期），培训8.6万余人（年均17300余人），培训率87%。

2011年，全市继续教育进入第五个5年周期。制定《长沙市2011—2015年专业技术人员继续教育实施意见》，培训计划下发到单位和个人。至2012年，继续教育第五个5年周期仍在进行中。

二、干部岗位培训

（一）新录用人员培训。1988年，长沙根据人事部《关于国家行政机关工作人员培训工作的通知》，印发《关于对新录用国家干部进行入门培训的通知》，机关事业单位新录用干部，应坚持“先培训、后上岗”原则，市直属单位及城区，由市人事局统一实施，县（市）由当地人事局组织；培训时间1个月，授课时间不少于100学时；培训内容：学习马列主义基本原理、党在社会主义初级阶段的理论，政策法规教育，公文写作及处理，办事程序、公务礼仪等常识教育；结业考试合格发给“合格证书”。是年，举办新录用干部培训班5期，应参训1095人，实参训1064人，占97.2%，对未参训人员列入补训名单。至1995年，全市新录用干部3489人，共办培训班36期，年均6期，参训率98.4%，补训56人。是年，印发《关于事业单位新录（聘）用人员上岗前培训的通知》，事业单位新补充的员工，应“先培训、后上岗”，培训时间不少于15天，内容根据需要安排。

1996年，长沙制定《关于开展新录用公务员初任培训的实施意见》，初任培训时间为1个月，培训内容统一使用省人事厅编写的《公务员行为规范教程》。至2005年，全市新录用公务员3621人，举办初任培训班27期，参训率99.1%，未参训的列入下年度补训。全市事业单位新聘员工1.27万人，举办上岗前培训班86期，培训率96.3%。

2006年，根据《中华人民共和国公务员法》规定，初任公务员培训时间不变，培训内容作适当调整，增加到基层体验生活、调查研究内容，并要求每人撰写一篇心得体会作为结业论文。是年，举办初任培训班2期，应参训179人，实参训174人，补训5人；市直属事业单位新聘用员工472人，上岗前培训率92.4%。

2012年，全市考录公务员338人，办初任培训4期，参训330人，占97.6%，补训8人；市直属事业单位新聘用员工531人，上岗前培训3期，参训率93.6%。

（二）职务晋升培训。1988年，长沙根据人事部《关于国家行政机关工作人员培训工作的通知》，全民所有制国家干部，在晋升职务前或晋升后一年内，参加职务晋升培训。1990年，印发《关于举办职务晋升人员培训的通知》，规定：拟晋升正副县级（含正、副调研员）人员，由市委组织部委托市委党校负责培训；市直机关晋升正副科级职务（含正、副主任科员）人员，由市人事局组织培训；区县（市）晋升人员由所在地组织、人事部门负责培训。培训时间1~3个月，总授课时间不少于300学时；培训内容：马列主义、毛泽东思想基本原理；初级阶段理论及四项基本原则；依法行政与相关政策法规；领导科学与领导艺术等。是年9月，举办首期任职培训班，应参训98人，实参训72人，占73.5%。至1995年，市直机关晋升科级职务727人，参训561人，补训153人，缺训13人。

1997年，长沙印发《关于做好长沙市公务员任职培训的通知》，培训时间、内容与前期干部晋升培训基本相同。市直机关每年晋升正副科级职务（含正副主任科员）300余人。是年，举办任职培训班2期，应参训328人，实参训241人，补训83人，缺训4人。1998年，印发《关于举办市直属事业单位职务晋升人员培训班的通知》，事业单位职务晋升人员培训纳入年度培训计划，拟晋升人员或已晋升人员，由各主管部门（归口部门）组织培训或委托专业培训机构实施。是年，市直属事业单位晋升科级职位1247人，参训778人，补训367人，缺训102人。

2012年，市直机关晋升正副科级职务346人，参训321人，占92.8%，补训5.2%，缺训2%；市直事业单位晋升正副科级职务972人，参训607人，补训214人，缺训151人。

（三）专门业务培训。1988年，长沙市行政机关中从事专门业务人员4000余人，约占机关总人数的三分之一。专门业务涉及政法、纪检、统计、会计、审计、规划、预算、工资、人事、劳动、环保、计算机等20多个门类。按照国家有关规定，专门业务每3~5年进行业务更新培训。当年，各业务主管部门举办专业培训21期，参训1371人，其中会计培训6期384人，统计培训2期92人，审计培训2期142人，人事、工资、职称等业务培训11期753人。1994年，市直机关举办各类业务培训共26期，参训2800余人。其中工资制度改革业务培训班4期，近1000人参加。1996年，专门业务培训写入《国家公务员暂行条例》，纳入公务员培训项目之一。是年，印发《关于加强公务员专门业务培训的通知》，要求从事专门业务人员须持证上岗，通过培训和考试领取“职（执）业资格证书”。1997年，全市举办业务培训42期，参训3244人，1674人获得职（执）业资格证书，占51.6%。2006年，根据《中华人民共和国公务员法》规定，从事专门业务人员必须持证上岗，每2年参加一次专业轮训；个别专业岗位允许聘用“政府雇员”。是年，全市行政机关从事专门业务工作3700余人，其中政府雇员562人。

2012年，全市行政机关中从事专门业务人员5300余人，其中政府雇员1684人，占31.8%。是年，全市举办各类专门业务培训班32期，参训3251人，占61.3%。

（四）市外调入人员培训。1988年以来，为振兴长沙经济，全市每年从市外调入大批科技管理干部。为帮助调入人员熟悉环境、了解“三情”（市情、社情、民情），尽快投入工作，每年对调入干部进行上岗前培训。当年，全市调入干部679人，举办培训班2期，每期3天，参训621人，占91.5%。1991年，全市调入干部825人，为做好上岗前培训工作，印发《关于举办从外地调入人员转换岗位培训的通知》，培训工作分散进行，由各区县（市）、市直单位各主管部门组织培训或委托专门培训机构实施。是年，全市举办调训班12期，参训706人，时间3天。1995年，全市从外地调入干部3200余人，调入人数最多的一年。全市举办调训班22期，调训2800余人，其中市直机关办班5期，参训816人；区县（市）办班17期，参训2126人。1996年起，调入人员培训，由各区县（市）人事局、市直各主管单位人事处自行组织。

（五）人事（组工）干部培训。1988年，全市从事人事（组工）干部1249人，因人员更换较频繁，办事效率较低。是年，举办首期人事（组工）干部培训班，以提高新手业务水平，参训 64 人，时间 5 天。1991 年，印发《长沙市人事（组工）干部业务培训实施意见》。人事（组工）干部每 2 年进行一次业务轮训；各级人事部门新调入干部，应向市人事局备案，由市人事局组织集中培训，经考试合格的发给“长沙市人事干部资格证书”。至 1995 年，举办人事业务培训 7 期，参训 2100 余人，素质明显改善。2000 年，全市人事（组织）干部 1079 人，按照国家人事干部配置比例，人事部门缺编较多。印发《关于选拔配齐人事工作干部的意见》，提出人事干部选拔标准：公道正派，忠于职守，细致严谨，清廉诚信。2006 年，全市人事（组织）干部 1231 人，比 2000 年增加 152 人。是年，举办人事业务培训 2 期，参训 120 人。

2012 年，全市人事（组织）工作干部 1376 人，通过业务培训和资格考试，持有“长沙市人事干部资格证书”者 2200 余人，在职干部中熟悉人事人才管理业务的占 97%。

三、公共技能培训

（一）计算机应用能力培训。20 世纪 90 年代初，计算机开始在各领域运用，操作和应用计算机成为广大公务人员的必备技能。1995 年，长沙印发《关于在我市实施计算机应用能力与公共外语水平等级证书制度的通知》和《关于进一步推动计算机应用能力培训考核工作几个具体问题的通知》。1996 年，全市设培训点 12 个，每期 14 天，举办培训班 92 期，参训 6100 余人。1997 年，培训扩大到事业单位，增设培训点 11 个，共 23 个培训点，办班 116 期 8400 余人参训。1998 年，计算机培训结束，全市累计办班 255 期参训 1.62 万人次，普及率达 95%，签发“计算机应用合格证书”（初级）9200 余人，合格率 56.8%，未合格人员通过补训取得证书。2001 年，印发《关于专业技术人员计算机应用能力考试的通知》，全市设培训点 6 个，考点 1 个，每期 15 天，组织循环培训。2002 年，培训点增至 12 个；2003 年，培训点增至 15 个；至 2005 年，培训点增至 18 个，考点 2 个。全市累计办班 412 期，参训 47500 余人，参训率 82.5%。签发计算机二级证书 19824 人，占 41.7%，三级 2651 人，四级 542 人。2006 年，省职称办发出通知，申报中级技术职务必须具备计算机应用二级；申报副高职以上必须具备计算机三级；计算机应用升级考试每年进行。至 2012 年，全市计算机应用培训、升级考试已常态化，培训机构长年招生，升级考试每年 2 次。

（二）公共外语能力培训。1997 年，长沙印发《关于在全市涉外单位公务员中实行外语水平等级证书制度的通知》，要求外事、外贸、侨务、招商、旅游等部门，年龄在 45 岁以下的公务员，应具备外语三级水平，作为从事涉外工作的必备条件。是年 9 月，首期英语培训班在长沙大学开学，由各涉外单位选派人员，参训 50 人，时间 3 个月。1998 年，外语培训点增至 3 个。2000 年，培训点增至 5 个，考级点 1 个，共举办 18 期，其中英语班 12 期、日语班 4 期，俄语班 2 期，参

图 8-3-6-1 长沙市举办首期公务员骨干培训班

（摄于 1996 年 3 月 2 日，长沙市人社局供图）

训872人，占应参训人数的85.2%，通过考试达三级以上的743人。2001年起，涉外单位新进人员必须具备三级以上外语水平。2004年，印发《关于开展干部实用英语普及培训的通知》，要求45岁以下公务员应学习和掌握一门外语。是年5月，市直机关首期实用英语培训开课，每期1个月，组织循环培训。2005年，外语培训点增至5个，考点1个。至2007年，培训点增至10个，考点2个，培训124期，参训3645人，参训率71.4%，考试合格率84.2%。2008年起外语培训停止。

（三）普通话达标培训。1998年9月，全市根据中央“推广普通话，公务员要带头”的指示，举办“长沙市首届机关公务员普通话大赛”活动。比赛分朗诵、演讲、计算机拼音输入汉字3个项目，经选拔赛，长沙市有14支代表队56人参加全省比赛。市宣传教育系统代表队、市财贸系统代表队获团体一等奖；市广播电视局龚景顺等3人获特等奖，谭丽代表湖南参加全国普通话比赛，获计算机拼音输入汉字比赛三等奖。1999年5月，印发《关于在全市国家公务员中开展普通话达标测试工作的通知》，7月8日，举办首期普通话骨干培训，以国家语委《普通话水平测试大纲》为教材，由高校语音教授授课，设立“普通话测试站”。市骨干培训连办5期，128人获得“普通话合格证书”，合格率84%。至2003年，普通话培训与测试结束。全市设普通话培训点12个，测试站2个，办班371期，参训16625人，签发“普通话合格证书”14530人，合格率87.4%，未达标人员经补训后获证。

（四）职（执）业资格培训。从1995年起，长沙市指定专门培训机构，先后开设会计、统计、经济、人力资源、建筑师、项目经理、物业、物流、营销等10多个专业辅导班。资格考试每年一次，由省人事厅统一命题、划线，考试成绩上线者，由省人事厅签发“职（执）业资格证书”。至1999年，全市培训27期，参训1900余人，获资格证书830人，上线率为43.7%。2000年，根据省《关于大力推进职业证书制度建设的若干意见》，各类考试辅导班再次升温。至2012年，全市举办考试辅导班312期，参训7.14万余人，上线并获得“职（执）资格证书”6224人、任职资格和从业资格证书2.28万人，年均上线率40.6%。

四、其他教育培训

（一）机关工勤人员教育。20世纪80年代，机关工勤人员是指从事车辆驾驶、通信联络和后勤保障等工作的人员，其政治教育主要由所在单位组织。1990年，全市机关事业单位有工勤人员2.78万人，其中市直机关1511人；区县（市）及乡（镇）5483人；市直事业单位8254人，区县（市）及乡（镇）1.26万人。是年，印发《关于组织机关工勤人员集训的通知》。市直机关分3期集训，每期3天，参训1370人。1994年，国家实施工资制度改革，机关事业单位工勤人员工资与技术等级挂钩，技术定级、晋级必须通过考试和考核确定。1995年，制定《事业单位工勤人员考核工作方案》，成立15个行业考评组，由牵头单位组织技术操作考评，理论考试委托培训机构先培训、后参加定级考试。1996年7月，全市3.18万人应试，上线2.44万人，上线率76.7%。2000年，印发《关于在工勤人员中开展职业教育的通知》，全市参训3.54万人。2004年，印发《长沙市机关事业单位开展工人技师评聘工作的实施意见》，工勤人员通过考试可获得工人技师职称。是年，全市举办理论辅导班51期，参训1.4万余人。2005年3月，1.36万人应试，有7841人上线并获得工人技师称号，上线率57.7%。至2012年，全市机关事业单位工勤人员集训、辅导、培训共组织254期，参训4.7万余人。

（二）WTO知识教育。1995年，印发《长沙市开展WTO知识教育的实施意见》，全市举办“WTO知识”辅导培训班6期，参训1100余人；市广播电视、媒体开设专栏，登载相关知识问答；单位组织辅导学习等。至1999年6月，全市WTO知识辅导学习共进行310场次，有20余万名党员干部参加学习。

（三）MPA公共管理教育。2004年，长沙印发《关于鼓励公务员在职攻读公共管理硕士（MPA）学位的通知》。2005年3月，在湖南大学举办首期MPA培训班，入学82人，由湖南大学MPA教研室授课，学制1年至1年半，修满规定学分（40个学分），授予MPA学位。至2008年，在湖南大学举办MPA培训班32期，培养4707人。2009年起，该培训停止。

（四）知识产权与电子政务培训。2005年，长沙为提高广大科技人员知识产权保护意识，连续举办4期培训班，参训374人。2006年，为普及电子政务和推进办公自动化，对全市政务工作人员进行轮训，至2007年末，办培训班61期，参训3749人。

（五）“两型社会”知识培训与委托培训。2009年3月，长沙根据省“两型社会”建设协调办公室提议，由长株潭人才协作中心主办，“两型社会”培训班在长沙开学，三市代表121人参训。由专家系统介绍“两型社会”知识及其建设规划。5月，由省“两型社会”建设协调办主办，市人事局承办，全国“两型社会”建设高级研修班在长沙开课，9省市50多名高级管理技术人员参加。2010年3月，由省人社厅主办，市人社局承办，青海省公务员社会管理及创新培训班在长沙举办，青海省各级公务员共46人参加；同时举办西宁市公务员道德及政务礼仪培训。

（六）突发事件应急处理培训。2010年8月起，长沙为提高广大护法、执法人员防恐意识和制突能力，举办“突发事件应急处理培训班”，邀请反恐专家系统讲授防范与应对措施。培训持续10个月，办培训班56期，全市公安、检察院、法院和部分单位保卫部门专职人员共7994人参加集训。

图8-3-6-2 长沙市人事局举办公务员大课堂，邀请北京大学经济学家樊纲教授作首场演讲

（摄于2010年11月10日，长沙市人社局供图）

（七）SYB与SIYB培训。SYB意为“创办你的企业”，由联合国国际劳工组织与中国劳动和社会保障部合作项目之一，为创业者解决创业时遇到的知识、技能和资金不足等问题。2010年4月16日，首期SYB培训班开讲，参训52人。至2011年，办培训班16期，参训748人。

（八）创办“公务员大课堂”。2010年，为帮助市直机关公务员开阔视野，了解当今世界热点问题，11月10日，首场“公务员大课堂”在长沙人民会堂开讲。由北京大学著名经济学家樊纲教授主讲，以“后危机时代世界经济趋势与中国经济的长期发展”为题，1200余人聆听演讲。至2012年，共举办5场，先后邀请著名学者余秋雨，毛泽东思想研究专家萧延中，军事专家罗援、张昭忠等著名学者、专家演讲，6000余人次聆听演讲。

表 8-3-6-1　　1988—2012 年长沙市干部教育培训情况一览表　　单位：人

年度	合计	主要培训项目					
		学历教育	岗位培训	公务员培训	专业知识培训	继续教育	其他
1988	12472	2129	8351	—	1147	472	373
1989	15026	2123	8742	—	2431	1268	462
1990	12179	1135	7754	—	1286	1334	670
1991	11612	585	6318	—	2148	1843	718
1992	10554	427	5237	—	2464	1762	664
1993	9617	294	4244	—	2561	1830	688
1994	13524	312	3872	3786	2733	1947	874
1995	23323	443	3625	14920	1822	2165	348
1996	16178	571	2842	8235	1674	2437	419
1997	10502	448	3178	674	2668	2862	672
1998	9466	534	2977	582	2473	2378	522
1999	9332	728	2611	473	2534	2430	556
2000	6445	1232	1302	459	1601	1497	354
2001	6967	941	1112	578	2150	1815	371
2002	5035	293	1214	336	1726	1466	450
2003	5110	304	1421	257	1518	1610	410
2004	7962	227	1615	507	3537	1785	291
2005	7147	151	1657	1096	2774	1248	421
2006	6949	173	1775	330	3190	1036	445
2007	7051	121	1341	434	3158	889	1108
2008	18623	146	1478	482	4493	8971	3035
2009	13365	131	1265	264	3169	6282	2254
2010	15426	158	1513	393	3329	8307	1546
2011	10513	163	1627	404	3046	5431	1842
2012	12437	124	1718	378	2827	5714	1676

第七节　专业技术人员管理

一、职称评聘制度改革

1986 年 1 月，国务院恢复技术职称评审制度后，1987 年 3 月，长沙市成立“市职称改革工作领导小组”，下设办公室（简称职改办）。5 月，全市组建高级职称评审委员会（简称高评委）5 个，中级职称评审委员会（简称中评委）41 个，初级评审委员会（简称初评委）414 个，各职级评审员共 4200 余人，在全市教育、卫生、科研、工程等 22 个系列 241 个单位试点。至 1988 年 6 月 30 日，全市有 4085 个事业单位同时展开职称评审工作，申报专业技术职务 4.04 万人，获得各类各级任职资格 3.49 万余人，占 86.5%，其中高级职称 1697 人，中级 1.36 万余人，初级 1.96 万人。7 月 1 日起，全市 5121 家国有企业同时开展职称评审工作，申报技术职务 4 万人，获得各类各级任职资格 3.56 万人，占 89%，其中高级职称 1577 人，中级 1.14 万人，初级 2.27 万人。1989 年 3 月，全市 500 多家集体所有制企业开展职称评审工作，申报技术职务 3.2 万余人，获得各类各级任职资格 2.44 万人，其中高级 65 人，中级 4147 人，初级 2.02 万人。年末，全市职称评审工作结束。历时 3 年，全市共有 1.1 万个单位 11.24 万人参加职称评审，获得各类各级任职资格 9.16 万人，其中高级职务 3316 人，中级职务 2.79 万人，初级职务 6.04 万人。按照国家规定，任职资格与聘任分开，任职资格如单位聘任，才能与工资挂钩。全市有 7.89 万人被单位聘任，占 86.2%，人均增资 4.96 元。

1991 年初，全市 500 多家集体所有制企业同时展开，年底结束。1992 年起，职称工作转入经常化，市职改小组及职改办作为非常设机构长期保留，日常工作与市人事局专业技术人员管理科合署办公。是年，制定《长沙市企事业单位经常性专业技术职务评聘工作实施意见》和《关于深化职称改革，加强职称评聘中规范化管理的意见》，出台五项措施：重组三级评审委员会；实行“以考代评”机制（即通过考试替代评审）；下放审批权和实行政策倾斜；对特殊人才实行特别评审；推行职（执）业资格考试制度。3 月，市职改小组改组高校、卫生、机械电子、经济 4 个高级职务评审委，每个由 5~7 名专家组成；中级由 41 个缩减为 30 个，每个由 9~11 人组成，成员重新聘任；初级由 414 个缩减为 260 个，每个由 5~7 人组成，成员重新聘任。5 月，市职改小组作出四项决定：将中级职称审批权下放到区县（市）和大型企业；对符合高、中级任职条件的区县（市）中小企业不受指标限制，岗位职数向中青年业务、技术骨干倾斜；允许中小学内部评聘高级职务；按照“国家通用”“单位有效”并存办法，允许企业内部评聘，待遇由企业自主决定。10 月，全国组织计算机软件人员、统计员、经济员资格考试，全市 4598 人应试，获任职资格 3142 人；外语资格考试长沙 6935 人应试，获晋升资格 4173 人。

1993 年，长沙制定《关于深化职称改革，加强职称评聘中规范化管理的实施意见》，调整并重组各职级评审组和评审员：高级评委 4 个，中级评委由 41 个减至 12 个，初级评审委由 414 个减至 136 个；各职级评审员共 1200 余人。是年，全市经济、会计、统计、审计 4 个专业率先以考代评，应试 6217，获资格 4835 人。1994 年，市直机关实行内部会计师评聘制度，内聘会计师 451 人（市内有效）；允许机关分流人员申报专业职称，全市分流 1284 人，经评审获副高级 47 人，中级 1035 人，初级 202 人。至 1995 年，全市组织职称资格考试 9 次，应试 3.82 万人，获任职资格 2.26 万人（高级 478 人，中级 3246 人，初级 1.89 万人）。

1996 年，长沙市在医疗、公安、司法、文化、建筑等行业实行以考代评试点。1998 年 9 月 16 日，湖南省组织经济系列资格考试，由省人事厅统一命题、划线，长沙市参加 15 个专业考试，报考 1.14 万人，设考点 12 个、考场 381 个，考务人员近 2000 人。上线 4312 人，上线率 37.8%。

2000 年，市职改小组成员调整，各职级评审员重新改选，初级评审组减至 96 个；全市各职级评审员共 900 余人。2005 年，全市通过考试 12376 人晋升任职资格，其中正高职 52 人，副高职 1016 人，中级 2138 人。2006 年，按照省《特殊人才职称特别评审办法》，全市 184 名特殊人才获高级职称，1149 人获中级职称。

2012年，全市高职级评审组3个，中职级12个，初级66个；各职级评审员共500余人。是年，全市通过考试9298人获得任职或晋升资格，其中正高职16人，副高职447人，中级2972人。

表 8-3-7-1　　1988—2012年长沙市专业技术职务评审情况一览表　　单位：人

年度	年度晋升总数	高级职务		中级职务	初级职务
		正高级	副高级		
1988	22591	21	358	7151	15061
1989	21501	32	514	2881	18074
1990	13977	13	271	1476	12217
1991	15378	12	328	1617	13421
1992	22582	28	440	3246	18868
1992	24534	26	434	4653	19241
1994	24384	23	476	2513	21372
1995	24712	24	546	3397	20745
1996	22723	19	302	3658	18744
1997	26192	16	466	3873	21837
1998	23328	22	456	3714	19136
1999	22555	34	560	3549	18412
2000	16301	17	462	3359	12643
2001	19317	28	628	4944	13717
2002	17321	34	732	5612	10943
2003	14447	44	802	4325	9276
2004	12998	15	381	3971	8631
2005	12376	52	1016	3564	7744
2006	9747	23	448	2138	7138
2007	10398	57	1006	3564	5771
2008	10821	18	537	3882	6384
2009	10053	16	425	3175	6437
2010	91471	11	374	2811	5946
2011	9206	13	408	3246	5539
2012	9298	16	447	2972	5863

表 8-3-7-2 1988—2012 年长沙市主要年度专业技术人员分布情况一览表

单位：人

年度	各类干部总数	专业技术人员总数 合计	其中 正副高级	其中 中级	专业技术人员占干部总数%	工程技术人员 合计	其中 正副高级	其中 工程师	农业技术人员 合计	其中 正副高级农艺师	其中 农艺师	科研人员 合计	其中 正副研究员	其中 助理研究院员	卫生技术人员 合计	其中 正副主任医师	其中 主任医师	会计人员 合计	其中 高级会计师	其中 会计师	统计人员 合计	其中 高级统计师	其中 统计师	经济人员 合计	其中 高级统计师	其中 统计师	其他 合计	其中 高级	其中 中级
1988	95752	39246	564	7331	41.0	12768	211	3010	1288	41	408	535	33	160	7509	191	2153	5183	5	345	1416	2	81	8858	22	636	1689	59	528
1993	103764	49471	1213	14925	47.7	11648	219	2421	1143	44	452	473	26	134	7613	178	2516	4471	7	361	1327	1	77	6525	18	591	1732	71	546
1996	104987	54317	1647	20812	51.7	10751	237	2137	1174	49	454	447	19	118	7726	153	2562	3724	8	347	866	1	64	4731	17	554	1875	78	573
1998	105828	57091	2084	23691	54.0	9582	251	1742	1201	53	436	263	14	92	7845	127	2594	2645	9	326	541	2	57	3118	17	518	1936	81	661
2000	106412	60870	2599	24754	57.2	3585	220	1206	1220	60	429	74	7	51	7982	45	2571	1472	10	315	131	2	46	1180	16	476	2147	84	729
2003	107583	62741	2632	27321	58.3	3411	347	1472	1174	74	483	87	11	76	8147	68	2833	1582	17	405	146	6	51	1274	27	571	2331	92	804
2006	109414	65344	4781	34625	59.7	3437	386	1639	1237	81	538	93	13	80	9741	93	3175	1734	26	471	156	8	68	1380	43	643	2623	107	848
2008	112736	66821	6049	35092	59.2	3702	421	1907	1202	93	572	94	15	79	12019	117	3623	1391	34	572	127	11	79	1213	67	708	3776	126	872
2010	116388	69221	6426	35840	59.5	3729	434	2113	1225	112	587	106	17	85	14547	128	3741	1212	36	631	134	14	91	1188	78	114	4072	138	941
2012	137714	69975	7236	36723	50.8	3758	456	2348	1252	118	613	127	19	91	16125	145	3817	1274	41	688	142	18	117	1423	94	153	4351	157	1103

二、改善专业技术人员待遇

（一）提高一线科技人员工资标准。1988 年，根据人事部、财政部文件，提高中级职称以上科技干部工资，全市 5.71 万人加薪。其中 2241 名医护人员在普调基础上再增薪；2.85 万名中小学教师在普调基础上再提高 10%。1990 年，科技人员在普调基础上，另有 3174 人再增薪。1995 年，全市首次按照技术等级兑现工资 3.09 万人。1999 年，为连续 2 年考核合格以上专技人员晋升一级工资，全市 5.49 万人晋级。2000 年，根据政策凡高职低聘的（指高级职称聘任为中级职务，全市 724 人），其职务工资按原职务工资标准执行，生活补贴等按新聘职务标准执行。2003 年，根据国务院文件，在防治“非典”工作中，除给表现突出的一线医务人员记功、嘉奖外，另给表现特别突出者晋升工资奖励，全市 126 人获晋升；是年，为地质一线测绘人员、见习生，按其学历提高基础工资、岗位津贴标准，全市 352 人获晋升。2006 年起，对县级以下基层单位农林科技人员实行浮动工资和固定工资制，全市 2741 人增资。2007 年，国家对科研、地质勘探、中小学、卫生、文化、畜牧水产等行业实施收入分配制度改革，全市 8.80 万人受益。

（二）专业技术人员家属“农转非”。“农转非”，即由农村户口转为非农村户口，始于 20 世纪 80 年代初。为落实好这项工作，出台“六先六后”原则：即先高级专业技术人员，后中级专业技术人员；先对国家贡献大的，后贡献小的；先学历、年资高的，后学历、年资低的；先井下、矿山艰苦工作岗位上的，后一般工作岗位上的；先具有归侨、侨眷、港澳台属等到特殊身份的，后一般身份的；先夫妻分居远或时间长的，后分居近或时间短的。1990 年，省政府批准长沙市首批“农转非”164 户 397 人转户。转户分布：中央、省属在长单位 137 人，市区 113 人，长沙县 21 人，望城县 21 人，浏阳县 52 人，宁乡县 53 人；其中副高以上技术职务 13 户 26 人，获省级以上科技成果奖 22 户 57 人，获地、市级以上荣誉称号 65 户 162 人，归国华侨亲属 1 户 3 人；中级职称 63 户 149 人。1991 年批准 132 户 300 人转户。1992 年批准 165 户 339 人。1994 年批准 107 户 231 人。1996 年，在实施科教兴市战略中，安排专项“农转非”指标 50 个，奖励优秀农民科技人员。印发《关于评选获“农转非”专项奖励的农民科技人员的通知》，有 48 人获得。1998 年批准 141 户 295 人；2000 年批准 163 户 345 人。2001 年起停止执行。值此，全市科技干部家属“农转非”共 872 户 1955 人。

（三）解决高中级科技人员住房困难。1989 年，长沙出台《关于认真解决科技人员住房问题的意见》。1993 年，从统建住宅中拨出 1.2 万平方米房源，使 140 名老专家和高职人员住上新房。市直各单位在住房紧缺的情况下，优先照顾科技人员并为其分房加分，有 200 余名科技人员调整或分到新房。1994 年，为在经济建设中做出突出贡献的 21 人建房。1995 年，国家实施“安居工程”（又称“德政工程”），由政府建设，以成本价向住房困难的科技人员提供房源 1000 余套。1996 年，从安居工程中按 10%的房源，优先照顾解决部分高中级职称人员住房。至 2010 年，国家实施四期安居工程，全市建经济适用房 10 万余套，其中 1.2 万套用于解决科技人员住房困难户。至 2012 年，全市专业技术人员住房全部得到解决。

（四）提高有突出贡献专家及高职人员医疗待遇。1988 年，长沙印发《关于提高有突出贡献专家生活、医疗待遇的通知》，制发“特殊医疗证”，给予有突出贡献专家优先就诊住院待遇，按规定报销医疗费用。1990 年，印发《关于向部分专家学者颁发医疗保健证的通知》，向中国科学院学部委员、有突出贡献专家、重大发明者、年龄 50 岁和月工资 160 元以上的副教授级人员发放医疗保健证。全市有 325 人获证，其中 9 人获二级保健医疗，16 人获三级保健医疗。1991 年，印发《关于组织部分高级专业技术职务人员和有突出贡献的中青年科学、技术、管理专家进行体检的通知》，全市参加体检1657人；同年，又印发《关于对我市有突出贡献专家公费医疗经费使用的通知》，凡获得由市委、市政府授予的“有突出贡献专家”人员，因治病、住院、体检、疗养等开支的药费、医疗费具实报销。1992年，根据省人事厅文件，获得突出贡献中青年专家，“享受公费医疗待遇的，因病住院的医疗费具实报销”，由所在单位支付。1995年，为30名老专家办理医疗保健证和延长退休年限手续；组织健康检查1400余人；发放医疗门诊、保健卡157人。2001年，印发《关于实施国家公务员医疗补助有关问题的通知》，规定“在实施城镇职工基本医疗保险的基础上，对国家公务员实行医疗补助”，凡“获国家、省（部）、市有突出贡献专家称号的，比照公务员医疗补助政策执行”。2002年，全省各级机关和企事业单位，停止实行职工公费医疗和劳保医疗制度。2003年1月1日起，长沙市实行城镇职工基本医疗保险制度。3月，印发《关于对长沙市专家、学术和技术带头人培养对象的管理办法》，其中对有突出贡献专家医疗费报销问题作出相应修改。

（五）组织专家休假考察。1992年，长沙组织首批专家18人，赴人事部大连疗养院疗养，时间5天。1995年，各区县（市）分别组织老干部赴外地疗养或考察共9批112人。至2000年，全市连续9年，先后组织17批368人到北戴河、大连、张家界、黄山、九寨沟、井冈山、海南等地休假疗养；组织5批52名有突出贡献专家赴美国、俄罗斯、法国、澳大利亚、南非、巴西等国，进行教育、科技、农业等学术交流。2004年，为扩大交流活动，成立“长沙市国际人才交流协作中心”，当年，组织部分专家和正高职人员赴境外考察，共8个团队164人。

2012年，组织7个团队122人赴境外考察。

三、选拔突出贡献专家与政府特殊津贴人员

（一）选拔推荐国家、省、市有突出贡献中青年专家。1988年初，为贯彻落实中央“尊重知识、尊重人才”的指导方针，按照人事部的选拔条件及要求，长沙市首次组织有突出贡献中青年专家评选活动。7月，召开表彰大会，授予范崇武、费岳峰等25人为“长沙市有突出贡献中青年专家”称号。1992年7月1日，在第二届评选活动中，邓文全等9人获“长沙市有突出贡献中青年专家”称号。1994年5月，在第三届评选活动中，授予肖寿松等40人为“长沙市有突出贡献中青年专家”称号。1998年4月，在第四届评选活动中，又有17人获“长沙市有突出贡献中青年专家”称号。2003年，在第五届评选活动中，10人获“长沙市有突出贡献中青年专家”称号。2005年第六届15人；2008年第七届10人。值此，长沙市共组织七届评选活动，评选国家、省、市有突出贡献中青年专家共126人，其中国家级5人，“五一劳动奖章”12人，省级26人，市级83人。2009年起停止。

（二）推荐享受政府特殊津贴人员。1991年12月，费岳峰等9名专家获长沙市首批政府特殊津贴，每人每月100元。1992年起，政府特殊津贴分为两档，一档为每人每月100元，二档为每人每月50元。同年长沙市新增7人。1993年新增5人。全市享受政府特殊津贴共21人（其中一档16人、二档5人）。1994年又新增6人。1995年，根据国务院《政府特殊津贴工作暂行办法》，对1990—1994年享受政府特殊津贴人员，取消档次每人每月发放100元。是年起，新入选享受政府特殊津贴人员，改为一次性发给政府特殊津贴5000元。2001年6月起，改发1万元。2004年，享受政府特殊津贴人员每2年选拔1次，每人一次性发放2万元。2006年新增2人；2009年新增3人。

2012年，新增4人。至此，长沙市享受国务院、省、市政府特殊津贴人员共1396人，其中国务院特殊津贴175人（含两院院士49人，国家有突出贡献专家47人，省政府专项津贴471人；市政府专项

津贴 750 人。

（三）选拔特殊贡献奖与科技带头人。1992 年，长沙印发《关于选拔推荐为长沙市经济发展作出特殊贡献人员的意见》，7 月 1 日，召开表彰大会，授予邓文全、刘普成、吴奇、刘庭怀、郭欲平 5 人为“长沙市特殊贡献奖”，每人奖励人民币 8 万元。这是长沙市首次给予做出特殊贡献者以重奖。1995 年 3 月，省人事厅、省乡镇企业局授予长沙市 7 名技术人员“湖南省乡镇企业有突出贡献专业技术人员”称号；省乡镇企业局授予长沙市 17 名乡镇企业技术人员“湖南省乡镇企业优秀专业技术人员”称号。11 月，根据省《关于加强中青年学术和技术带头人培养引进工作的通知》，长沙市首批 9 名技术人员当选“长沙市青年学术技术带头人”。1996 年，长沙市 3 名技术人员被推荐为省“跨世纪学术技术带头人”培养对象。1999 年，在长沙市第四届优秀中青年专家和第二批学科技术带头人培养对象评选中，29 人当选市优秀中青年专家，21 人确认学术技术带头人培养对象。2001 年，长沙市开展“县乡村优秀实用人才”（即能工巧匠）评选活动，有 55 名能工巧匠和 10 个先进单位受到表彰和奖励。2003 年，在开展科技创新青年人才评选活动中，有 10 名青年才俊荣获“长沙市十佳科技创新青年人才”奖，12 人确认为长沙市学术技术带头人培养对象。2006 年 3 月，印发《关于表彰 2005 年优秀专家的通报》，李建新等 24 人受表彰，2007 年起停止。值此，全市选拔推荐特殊贡献奖和科技带头人共 393 人，其中特殊贡献奖 47 人（国家级 5 人，省级 16 人，市级 26 人）；获荣誉称号 135 人（国家级 3 人，省级 37 人，市级 95 人）；长沙市青年学术技术带头人 211 人。

四、选派科技副县（区）长、副乡（镇）长

1989 年，长沙印发《关于选配科技副县（区）长的几点意见》，并成立选配工作指导小组。从中央、省、市在长大专院校、科研院所和大中型企业中，选派政治素质好、勇于改革创新、有事业心和责任感、有一定组织领导能力和政策水平、懂技术、善管理、身体健康、年龄在 50 岁以下、具有中级以上技术职称的干部，担任区、县科技副区县长。首批选拔 9 人分配到 4 县 5 区任职，任期 3 年。1992 年，将选派工作扩大到乡（镇），选派具有大专以上文化和中级技术职称、有一定组织领导和开发能力的技术干部担任科技副乡（镇）长，年龄 35 岁左右。选派方式：市选派，区县自派，通过人才市场招聘，大专院校、科研单位、企事业单位对口派驻等。1993 年 4 月，举办首届科技副乡（镇）长供需见面会，报名应试 583 人，符合招聘条件的 114 人，91 人签订聘任合同。科技副乡（镇）长实行任期轮换制，每届任期 3 年。至 1999 年，全市选派 4 批 412 人，派往 223 个乡（镇）任职。他们在任职期间，举办各类科技知识培训、讲座 2470 余期，受训人数达 5.46 万余人次，组织技术攻关 194 个，引进科技项目 103 项。2000 年起停止。

五、推动落实人才计划

（一）落实“121 人才工程”。2004 年，全市开展湖南省新世纪“121 人才工程”人选推荐工作。“121 人才工程”：即在 2010 年前，培养 100 名具有世界先进水平的杰出专家（第一层次）；200 名具有国内领先水平面的学术技术带头人（第二层次）；1000 名在省内各产业、各学科领域起骨干作用的优秀青年人才(第三层次)。印发《关于做好“121 人才工程”人选推荐工作的通知》，收到申报人材料 57 份，经筛选向省推荐 31 名候选人。其中第一层次人选 7 人；第二层次人选 16 人；第三层次人选 8 人。经省专家组评审，13 人入选湖南省首批新世纪“121 人才工程”。长沙海利化工王晓光入选第一层次；长沙大学屈林岩等 3 人入选第二层次；中联重科刘权等 9 人入选第三层次。2005 年，长沙市又推荐 38 人，入选 21 人。2006—2010 年，长沙市共推荐 45 人（一层次 8 人，二层次 16 人，三层次 21 人），入选 27

人。至2012年，长沙市共推荐145人（一层次19人，二层次47人，三层次79人），入选82人。

（二）落实“313人才计划”。2009年2月，印发《长沙市引进国际高端人才三年行动计划（2009—2011年）》（简称“313人才计划”）、《长沙市引进国际高端人才三年行动计划（2009—2011年）实施细则》，计划三年内引进国际高端人才100人、国际高端人才团队30个。为此，设立专项资金每年3000万元，凡入选“313”的人才，奖励引进单位100万元；到长沙创业者还可以获得创业贷款贴息支持。引进计划出台后，当年引进国际高端人才26人，并颁发“长沙市引进国际高端人才证书”。至2012年，全市引进国际高端人才104人、团队31个，投入专项资金近亿元。

六、博士后科研站与产业基地建设

2000年8月，印发《关于在企业建立博士后科研工作站和博士后产业基地申报工作的通知》，经人事部、全国博士后管委会批准，长沙市首家企业博士后科研工作站在长沙卷烟厂挂牌，3名博士后驻站工作。2001年8月，市高新技术开发区博士后科研工作站成立，12名博士后驻站工作，并在中联重科、海利化工、创智软件园、金瑞新材料等4家高新企业设立分站；9月，市高新区首家“留学人员创业园”成立。2002年3月，三一重工博士后科研工作站成立，4名博士后驻站工作；5月，市高新区首家“博士后创业园”挂牌；6月，浏阳生物医药园成立“留学人员创业园”；9月，由市人事局、市科技局、北京博士后联谊会承办“中国博士后长沙科技行”活动，发布116项高新技术成果，签订合作项目23个，为企业现场解决或协商解决关键技术难题15项。2003年10月，湖南九芝堂药业股份有限公司、安塑股份有限公司、湘能电力股份有限公司、威胜电子有限公司、西城实业集团5家企业联合设立博士后科研工作站，11名博士后驻站工作。2004年5月，湖南湘邮科技有限公司博士后科研工作站成立，为国内邮政系统第一家博士后工作站，驻站博士后3人。2005年3月，浏阳生物医药园博士后科研工作站成立，驻站博士后2人。2006年12月，经人事部、湖南省政府批准，“长沙留学人员创业园”更名为国家人事部与湖南省政府共建的“中国长沙留学人员创业园”。长沙留学人员创业园园区总孵化面积达8万余平方米，创办企业70余家；实现产值3亿元，上缴国税720多万元，产品覆盖生物医药、电子信息、新材料等多个行业。2007年4月17日，人事部、湖南省政府领导，在长沙高新区麓谷为共建的“中国长沙留学人员创业园”揭牌。5月，由长沙高新区、浏阳生物医药园、湖南山河智能机械公司创办的“湖南省博士后科研流动站协作中心”成立，加入协作的高校及科研院所有12家。2008年，全省召开博士后科研站表彰会，市人事局、市高新区、浏阳生物医药园被评为“湖南省博士后工作先进单位”；湖南西城实业公司曹孟良等7名博士后被评为“湖南省优秀博士后”。

2012年，长沙市博士后科研工作站共21个（全省77个），占全省博士后科研工作站总数的27.3%，驻站博士后34人，创业基地5个，承担高精尖科研项目36个。

第八节　人才交流与人才市场建设

一、长沙市人才服务中心

1984年5月，长沙市人才咨询服务处成立，作为全省人事系统首个二级机构，其主要任务是：为用人单位牵线搭桥，引进急需人才；组织人才合理流动，破解人才积压和浪费现象；为机关、企事业单位提供人才信息和咨询服务。1985年，更名“长沙市人才技术开发公司”。1986年6月，更名“长沙市人才交流开发服务中心”。1992年8月，更名“长沙市人才交流服务中心”，服务涵盖人才交流、人才集

图 8-3-8-1 长沙市首届人才市场暨'92 人才交流会在省展览馆开幕 （摄于 1992 年 9 月 8 日，长沙市人社局供图）

市、人才信息、人才培训、人才派遣、人事代理、档案委管、社会保险等。1998 年 10 月，更名为“长沙市人才服务中心”，目的更明确，内设机构更具专业性，业务量不断增加；人才市场最多时达 37 个，月均人才交流量近 5 万人次，在全省同行业中遥遥领先。2012 年，中心内设 8 个部门，员工 169 人；人事代理签约单位 198 家，服务对象近万人；管理流动人员档案 23 万余份；管理流动中共党员 1670 余人，设 11 个流动党员支部；人才库储量 60 余万人，职位库 12 万余人，会员单位 1 万余个；与全国 29 所高校就业网建立互动平台，年促成就业 3.1 万余人，网站日均点击率 10 万次发以上，日在线提供就业岗位 1500 余个，是全省功能较全、辐射面广、业务量大的人才服务中心之一。

二、搭建人才交流平台

（一）人才交流会。1992 年 9 月 8 日，“长沙市首届人才市场开业暨 92 人才交流洽谈会”在省展览馆举行。期间，184 个单位入场招聘，来自全国应聘者达 4.1 万余人，达成意向协议 2.2 万余人，签订聘用合同 3063 人，其中高级职称 378 人，中级 2685 人；31 个单位提供技术转让项目 159 个，53 家企业签订招标项目 78 个，总金额 570 余万元。中央电视台、省、市媒体同播《长沙市人才流动纳入市场机制》的专题报道。1993 年 1 月起，市区每月 18 日举办大型人才交流会。2000 年 1 月起，调整每月 8 日、28 日举办大型人才交流会，并与周边城市、省外城市合作，尝试在异地举办人才交流会。

至 2012 年，全市累计举办各类人才交流会、招聘会 1028 场（次），入场招聘单位总计 8.42 万家（次），应聘人数达 562.11 万人次，提供就业岗位 123.36 万个。

（二）人才集市。1993 年 5 月 18 日，长沙市首个“人才集市”在市青少年宫开业，省内外 12 家人才中心、331 家企事业单位入场招聘，2.4 万余人应聘，达成意向协议 1800 余人。7 月起，每周一、五为人才集市开放日。1995 年 1 月起，每周一、三、五日为人才集市开放日。2000 年起，实现天天有人才集市目标，为人才流动提供“全天候”平台。至 2012 年，人才集市开设以来，前往择业、就业、咨询者达 563 万余人次，达成意向协议 121 万余人，促成就业、择业 47 万余人。

（三）专场招聘会。1993 年 4 月，长沙为选拔科技副乡（镇）长，面向社会举办专场招聘会，吸引省内外科技人员 500 余人应聘，经筛选符合条件的 210 余人，签订应聘合同91 人。1996 年 3 月，举办“首届企业经营者招聘会”，省、市 80 多家单位 200 多个职位虚位以待，莅会 1100 余人，达成意向协议 240 余人；5 月，举办第二次招聘会，1500 余人应聘。两次招聘会共签订聘用合同 626 份，其中厂长、经理 81 人，“三总师”（总工程师、总经济师、总会计师）44 人，车间主任 247 人，管理及专技人员 254 人，为企业发展注入新活力。2003 年 4 月，长沙市首次与浙江省台州市联合举办“2003 年台州（长沙）高中级人才招聘会”，台州市 240 多家单位来长沙招聘，省内外近 2 万人应聘，签订聘用合同或意向协议 4000 多份。2004 年 4 月，由长沙、北京、上海、深圳四市举办的“首届京沪深湘大型人才招聘会”

图 8-3-8-2 长沙市人社局在浏阳市举办专业人才招聘会
（摄于 2012 年 6 月 20 日，长沙市人社局供图）

开幕，四地 260 多家国企、外资、民企入场招聘，提供就业岗位 5000 余个，1.2 万余人应聘，签订合同或意向协议 1100 余人。之后，福建三明、晋江，浙江宁波、温州，广东惠州、东莞，广西柳州、桂林等 10 多个城市相继来长沙举办专场招聘会揽才。为满足市场需求，先后与用人单位共同举办司法、营销、IT 人才、蓝领技师、建筑装饰等专业人才招聘会。湖南三一重工、远大空调、中联重科、西城实业、湘邮科技、金瑞新材、友阿集团等 10 余家著名企业，也纷纷到人才市场张榜招贤。2009 年，举办"两帮两促"（帮助困难企业排忧解难，促进改善民生；帮助扶持企业发展，推进项目建设，促进经济增长）系列活动，共举办人才智力洽谈会、招聘会 96 场，入场招聘单位 9829 家，求职人员 24.5 万余人，提供就业岗位 9.66 万个，签订意向协议 2.1 万余份，促成就业、择业 6800 余人。

（四）应届大中专毕业生供需见面会。1994 年 3 月，市人才服务中心举办"首届大中专毕业生供需见面会"即学生与招聘单位面对面，驻长沙 223 家单位入场招聘，1.82 万人应聘，签订意向协议 2700 余份。1995 年起，每年 3 月、7 月举办 2 场供需见面会，并在中南大学、湖南大学、湖南师范大学、林业大学、长沙大学、铁道学院等校区设分会场，为广大毕业生提供就业平台。1999 年 5 月，创办"首届长沙生源高校毕业生供需见面会"，吸引全国高校长沙籍毕业生和长沙高校毕业生 8600 余人参加，达成意向协议 600 余人。至 2008 年，举办供需见面会 23 次，入场招聘单位 4150 余家，12 万余人前来应聘，促成就业近 5 万人。2009 年 5 月，提出"引进储备万名优秀青年人才，集聚提升长沙竞争优势"，10 月 18 日，主办"首届中国长沙——重点大学人才战略合作峰会"。其间，两次组织"进重点大学，揽万名英才"行动；三次举办"八方英才聚长沙——长沙市引进储备万名优秀青年人才见面洽谈会"等系列活动，全国"211 工程"高校的博士、硕士和优秀本科生 4 万余人莅会，省、市党政机关、科研院所、企业、区县（市）科技园区等 600 多个单位与会，签订意向协议 1.26 万人。2010 年 3 月 18 日，再次举办"八方英才聚长沙——长沙市引进储备万名优秀青年人才见面洽谈会"活动，登记入册 3451 人，与用人单位签订意向协议 2241 人，其中有博士 21 人，硕士 678 人；报考长沙市机关事业单位 3769 人，其中博士 122 人，硕士 2903 人，通过笔试、面试、体检、政审等程序，录用 280 人，其中党政机关 212 人（博士 8 人、硕士 175 人、本科 29 人），事业单位 68 人（博士 1 人、硕士 56 人，本科 11 人）。10 月 11 日，长沙高新区麓

图 8-3-8-3 长沙市新春大型人才交流会开幕
（摄于 2009 年 2 月 11 日，长沙市人社局供图）

谷会展中心举办“2010中国(长沙)科技成果转化交易会”，来自美国、欧洲等20多个国家和港澳地区知名专家、学者、企业高管110余人莅会。

图8-3-8-4 长沙市人社局在湖南师范大学举办就业择业辅导讲座

（摄于2011年5月30日，长沙市人社局供图）

（五）组团参加全国人才交流会。1993年11月5日，长沙组织38人赴京参加全国首届人才交流大会，设招聘摊位7个，接待8600余人，签订意向协议2954人，获省综合评比一等奖。1996年9月8日，组织40余人赴广州市参加华南地区人才招聘会，长沙市设招聘摊位12个，接待5000余人，签订意向协议600余份。2000年4月6日，组织30余人参加“第三届中国留学人员广州科技交流会”，设招聘摊位9个，接待3000余人，签订意向协议200余份。6月9日，组织50余人参加上海市华东地区人才交流会，设招聘摊位17个，接待7000余人，签订意向合同1000余份。至2012年，长沙市先后组团赴北京、上海、广州、深圳、杭州、厦门、宁波、常州、常熟、张家港、佛山等20多个城市，参加招商引智活动37场、人才招聘会42场，签订招商引智项目70余个，引进资金近20亿元、招聘专业人才3200余人。

（六）开展区域人才交流与合作。2007年3月，长沙为开展跨区域人才交流与合作，推动泛长株潭“3+5”城市群人才一体化进程，邀请株洲、湘潭、岳阳、衡阳、常德、益阳、娄底7个城市举行联席会议，签署《泛长株潭“3+5”城市群人事人才合作框架协议》。5月19日，由长沙市牵头，“首届泛长株潭‘3+5’城市群人才就业服务月活动”在长沙贺龙体育场拉开帷幕。其间，举办各类人才招聘会106场，提供就业岗位近5万个，为高校毕业生办理人事代理或档案委管8500余人；发展人才网络会员2210个；新增人事代理单位75个；向企事业单位派遣员工1700余人。2008年5月，长沙市在贺龙体育场举办“首届长株潭青年企业人才与智力洽谈会”，长沙市精选50家知名企业现场招聘，近万人参加，签订或达成意向协议1000余份。

三、建立人才市场体系

1986年，长沙市建立首个人才市场并试运行；1988年，印发《关于长沙市人才市场管理试行办法》。1991年，长沙人才市场正式挂牌营业，成为全省首家地市级人才市场。1995年，芙蓉区人才市场成立，成为首个区级人才市场。之后浏阳、宁乡、长沙县人才市场、企业经营者人才市场、医药人才交流中心相继挂牌。1998年，颁布《长沙人才市场管理办法》；1999年，印发《长沙市人才市场管理办法实施细则》，人才市场管理实现规范化。2000年，市政府与省人事厅共建“湖南长沙高新技术人才市场”，为加强省、市人才交流建立互补平台。

图8-3-8-5 长沙市举办引进储备万名优秀青年人才活动周开幕

（摄于2010年3月18日，长沙市人社局供图）

2001年，市人才市场将大本营迁至贺龙体育场。2002年，“长沙人才市场网”开通人才联盟频道，先后与北京、上海、广州、深圳等16个城市建立人才网络系统，在指导各地人才市场建设、人才信息共享中发挥纽带作用。2005年，东塘、湖南商学院、中南林业学院、长沙大学、湖南农业大学、湖南广播电视大学、湖南涉外经济学院、湖南大学、市经济开发区、浏阳生物园等人才分市场相继挂牌。2008年5月，为加强区域人事人才合作，由长沙市牵头，长株潭“两型社会”人才合作会议在长沙召开，三市签署《人才合作协议》《引进外国智力协议》《评委资源库共享协议》《人事争议仲裁业务和工作交流合作协议》等多项合作文件，为区域人才一体化奠定基础。2009年，又先后建立浏阳农村人才市场、望城县雨敞坪镇乡土人才市场、长沙青年宫人才市场。

至2012年，全市建立起以市人才市场为主体、37个分市场为补充、民营中介机构并存的、功能完善、机制健全、法规配套、服务周到、互补性较强的人才交流与人才市场管理体系。

四、人才服务与管理

（一）人才智力支乡。1988年，长沙为促进和发展乡镇企业，印发《关于做好人才智力支援乡镇企业和贫困地区的意见》《关于支援乡镇企业贫困地区人员的暂行办法》《关于组织支援乡镇企业发展服务团的通知》，出台支乡人员“三不转”政策（不转户口、粮食、行政关系），适当解决部分家属“农转非”等。1989年初，全市挑选208人，组成5个支乡服务团，分赴4县1郊137个乡（镇）开展帮扶行动。1991年，支乡服务团成员达1619人。三年中新创办乡镇企业54家，承包经营企业38个，引进科技项目103个，组织科技攻关200余项，帮助25个困难企业走出低谷。在支乡服务团的帮助下，全市乡镇企业新增产值6140万元，新增税收820万元，实现总产值29.3亿元，年增长50.8%，乡镇企业得到迅速发展。1995年后，支乡服务团成员大部分人回到原单位，部分成员聘为乡镇科技副乡（镇）长或继续承包和领办乡镇企业。

（二）社会化服务。1990年，长沙为解决流动人才的后顾之忧，制定《关于接收管理人才流动中人事档案的暂行办法（试行）》，向流动人才提供“四保二管一服务”：即保原有身份性质、保工龄连续计算、保原有工资级别并按规定调整、保原职称并按规定申报晋级；管理人事档案、管理党团组织关系；提供社会保险服务。当年，接收流动人员人事档案81份。1991年接收804份。1992年，为解决民办科研机构专业技术人员管理问题，出台《长沙市民办科研机构专业技术人员管理办法（试行）》。1994年，根据《湖南省外商投资企业中方专业技术人员和管理人员暂行办法》，印发《关于向外资企业中方人员提供“四保二管一服务”的通知》，是年有200多人加入。1995年，市流动人员委托管理档案突破6000份。1996年，为解决档案存放、管理等问题，成立“长沙市人事档案委托管理中心”，配3名管理人员，成为全省首家半官方人事档案管理机构。2000年，流动人员委托管理档案快速递增，总量达5万份，管理人员增至5人。2009年，新增大学毕业生档案1.3万份，总量达15万份。至2012年，委托管理档案逾20万份，成为名副其实的长沙市第二人事档案馆。

（三）人事代理。1995年，长沙根据人事部指示，建立和推行人事代理制度，更好地促进企事业单位人事制度改革和人才合理流动。1996年初，印发《关于在全市企事业单位试行人事代理制的意见》，出台三种代理方式：一是全员人事代理，即实体单位所有人员；二是部分人事代理，即单位新聘员工；三是个人人事代理，即流动人员和待业毕业生。1月8日，市人才服务中心与湖南九芝堂药业有限公司签订首份人事代理协议，随后长沙卷烟厂、三一重工、中联重科等企业相继加入。2000年，人事代理单位97家，服务对象2000余人。至2012年，人事代理单位达198家，其中全员代理81家，部分代理

117家，服务对象9800余人。

（四）人才派遣。长沙通过人才中介机构为用人单位选送急需人才，由派遣机构与用人单位及派遣人员签订相关合同，明确三方在派遣期间的权力与义务。1990年10月，市人才服务中心首次向福建三明市“三资”企业派遣专业技术人员7人，开启向沿海地区输送技术型人才先河。1991年派遣52人；1992年增至157人。1993年起，除继续向沿海城市输送急需人才外，同时向省内知名企业派遣急需人才。1997年，向省内知名企业和“三资”企业派遣管理、技术型人才440余人，代理招聘大学毕业生1200余人。1998年，人才派遣扩展到省内各类企事业单位，呈供不应求之势。2004年，成立长沙联合白金人力资源开发有限公司，从事专项派遣工作。2009年，人才派遣覆盖市内大部分企业和上市公司。至2012年，向用人单位派遣各类人才2.2万余人，与105家用户签订长期派遣协议。为满足用户需求，还组织人才猎头、人才外包、人才租赁、咨询、培训等业务，向用户提供全方位人才服务。

（五）人才信息管理系统。20世纪80年代初，人事信息收集和发布，主要依靠档案、报表、电话等手工完成。1988年1月，创办《长沙人事信息》（周刊1994年停刊）；2月，创办《长沙人事》（季刊1992年停刊）。1994年5月，创办《人才市场导报》，后更名《人才导报》（1995年停刊）。这些报纸杂志为指导人事工作、传递人才信息发挥作用。1995年起，运用计算机收集、发布人事信息。1999年9月，市人才服务中心开通“16895098”服务热线。2000年12月22日，“长沙人才市场网站”（HTTP://WWW.CSHY.COM.CN）开通运行。2001年11月，通过运用“GPMS软件”，市直机关事业单位工作人员工资调标、晋档、发放等实现自动化处理。2002年1月，“长沙人才网”开通人才联盟频道，先后与北京、上海等全国16个城市建立网络联盟，实现资源共享。2004年1月，市人才服务中心建立网站营销队伍，同时升级改版，增强辐射功能。2005年1月，网站全方位改版升级，年点击量达380万次，会员单位3252个，成为省内最具影响力的人才网站之一；11月，成立“长沙HR俱乐部”。2006年1月，网站引进南京人才网络办公系统，提供网上办公平台，功能进一步增强，影响力进一步扩大。2007年1月，市人才服务中心创办《长沙人才周刊》和《金领·湖南》杂志，传播人事制度改革动态，提供人才供需信息等。2009年5月，长沙举办“引进储备万名优秀青年人才”活动，长沙人才网为唯一网上报名网站，网络会员达6125家。至2012年，长沙人才网站人才库储量达60余万人，职位库12万余人，会员单位1万余个，年新增人才简历10万余份，促成就业3万余人，大学毕业生占50%；网站日均点击率10万次以上，日在线提供就业岗位1500余个，与全国29所高校就业网建立起互动平台。

五、人才队伍

1989年，长沙市拥有各类专业人才4.62万人，占在职干部的44.5%，其中高级职称1666人，中级1.29万人，在中南地区省会城市中排名第四位。1999年，全市各类专业人才10.57万人，比1989年增加5.95万人，增长129%，在中南地区省会城市排名第二位，仅次于武汉市。其中两院院士30人，国家有突出贡献专家75人，享受政府特殊津贴935人，高级职称人员2.17万人，研究生7763人，博士生导师372人，硕士生导师2174人。2009年，长沙地区拥有各类人才总量74.33万人（含中央、省驻长沙单位），其中专业技术人才19.82万人，管理人才7.31万人，党政群机关人才4.37万人，非公有制单位专业技术人才22.08万人、管理人才16.73万人，农村实用人才4.02万人，人才总量据中南地区省会城市第二位。

2012年，长沙市各类人才总计43.05万人，其中两院院士49人，享受政府特殊津贴1396人，国家有突出贡献专家47人，专业技术人员20.08万人，其中高级职称2.45万人，中级11.15万人；工程技术人员 5.90 万人，其中高级职称 7845 人，中级 3.20 万人；其他专技人员 17.07 万人，其中高级 2014 人，中级 9.36 万人。

六、人才储备

1999 年，长沙市编制“十五”人才计划和 15 年人才储备规划，为储备人才，先后出台《关于加强人才队伍建设的若干意见》《关于进一步加强人才储备工作的意见》《长沙市鼓励海外留学人员来长创业的若干规定》《长沙市留学人员创业资助资金管理办法》《长沙市优秀专家、学术带头人培养对象管理办法》等措施，为人才储备架设起绿色通道。

2000 年 10 月，在市政府商贸团赴丹麦首都哥本哈根期间开展“引智”宣传，散发《中国长沙人才智力引进指南》。2001 年 6 月，为储备人才，举办“海外学子中国长沙行”系列活动，海外学子 343 人报名，专程回国参加活动 94 人，国内 160 家单位 700 余人莅会，活动被评为湖南省年度十大新闻之一。9 月，在市政府商贸团赴美国纽约期间进行“引智”宣传。2005 年，全市人才储备登记注册 4126 人。2006 年，出台“先落户后就业”举措，相继与 8 所高校签订人才储备协议，9247 名应届毕业生登记注册。2009 年 5 月，成立长沙市引进国际高端人才工作领导小组，出台《长沙市引进储备万名优秀青年人才的政策意见》《长沙市引进储备万名优秀青年人才工作计划》，计划 3 年内在国家“211 工程”“985 工程”等高校中引进储备 1 万名应届博士、硕士和优秀本科生。其中党政人才 3000 名，专业技术人才 4000 名，经营管理人才 3000 名。在“首届中国长沙——重点大学人才战略合作峰会”期间，莅会单位 921 个，12 家企业与清华、北大等 65 所高校、12 家科研机构代表签署《人才战略合作框架协议》。为落实协议，有关部门组成 5 个工作组分赴各地开展“校企、才企对接”，逞势举办 3 场“八方英才聚长沙——长沙市引进储备万名优秀青年人才见面洽谈会”，4 万余名高校生参加，其中“211 工程”高校生与长沙签订人才储备协议 7795 人，有博士 321 人、硕士 5274 人、优秀本科生 2200 人。9 月，印发《长沙市引进国际高端人才三年行动计划（2009—2011）》《长沙市引进高端人才三年行动计划（2009—2011）实施细则》。计划 3 年内引进 100 名国际高端人才，30 个国际高端人才团队（简称“313 计划”）。2010 年 1 月，受 128 个用人单位委托，向全球发布招聘高端人才信息。年底，经专家组评审，从报名团队中确认国际高端人才团队 8 个、国际高端人才 51 人，入选长沙市“313 计划”34 人。

至 2012 年，长沙市人才储备登记近 12 万人，其中博士 1916 人，硕士 2.64 万人，本科生 91600 余人；确认国际高端人才团队 33 个、国际高端人才 114 人。长沙市经济建设和人才储备迈上新台阶，基本形成以长沙高新技术产业开发区、长沙经济技术开发区两个国家级开发区为核心的“两区六园”发展格局，拥有产业园 12 家；高新技术服务中心、大学科技园创业中心、留学回国人员创业园等科技企业孵化器 10 个；国家级技术创新平台 56 家，其中国家重点（工程）实验室 34 家，国家工程（技术）研究中心 14 家，国家企业技术研究中心 8 家；省级技术创新平台 119 家，博士后科研工作站 21 个，全市人才储备、人才创新创业平台在中部地区处领先地位。

表 8-3-8-1　　1999 年长沙地区人才队伍情况一览表　　单位：人

项目	人才总数			小计	高级	中级	初级	小计	研究生	大学本科	大学专科	中专及以下
	327436			215302	21736	83033	110533	327436	7763	76239	112783	130651
国有、集体企事业单位专业技术人才	29056	长沙市属	105684	97028	3406	33983	59639	105684	195	14346	38373	52770
		省直在长	66730	59031	9271	23905	25855	66730	2002	20272	20662	23794
		中央在长	56642	45101	7763	20435	16903	56642	3850	16409	16847	19536
国有、集体企事业单位经营管理人才	26242	长沙市属	11935	—	—	—	—	11935	12	982	4485	6456
		省直在长	7414	—	—	—	—	7414	221	2252	2295	2646
		中央在长	6893	—	—	—	—	6893	210	2291	2087	2305
党政群机关人才	42102	长沙市属	19808	—	—	—	—	19808	162	3901	10389	5356
		省直在长	18375	—	—	—	—	18375	412	8934	4577	4452
		中央在长	3919	—	—	—	—	3919	68	1155	1766	930
其他人才	30036			14142	1296	4710	8136	30036	631	5697	11302	12406

第九节　人事计划综合管理

一、机关事业单位增人计划管理

（一）全民所有制干部增长计划管理。1988 年，长沙印发《关于严格控制机关事业单位人员增长的通知》，规定全市机关事业单位补充人员应事先向组织、人事、编制部门申报补充计划，经审议后下达补充指标，由人事部门组织统一考试，择优录用。当年，省人事厅下达录干指标 1449 人，其中机关干部 354 人，企事业单位 1095 人。1989 年，省下达录干指标 839 人，其中机关 234 人，企事业单位 605 人。1990 年 981 人。1991 年 945 人（含民办教师改公办教师 145 人，下同）。1992 年 1004 人。1993 年起，为使企业充分行使用人自主权，国家不再向全民所有制企业下达录用干部指标。至 1995 年，省下达长沙市干部录用计划 8546 人，其中机关干部 1451 人，事业单位 3278 人（含教师“民改公”2106 人），企业 3817 人。1996 年，长沙市实行公务员制度，印发《关于市直机关、事业单位实行增人计划管理的通知》。是年，省人事厅下达增人计划 3190 人，其中公务员 225 人，事业单位 2965 人（含教师“民改公”2565 人）。1997 年增人 3623 人，其中公务员 198 人，事业单位 3425 人（含教师“民改公”2323 人）。

1998 年增人计划 1450 人，其中公务员 572 人，事业单位 878 人。1999 年起，省人事厅只下达公务员录用计划，事业单位补充人员由各地自行安排。是年，全市新增补公务员 321 人。2006 年，贯彻实施国家《中华人民共和国公务员法》，省编委、省人事厅重新核定长沙市公务员总数为 1.6 万人。是年，全市公务员重新登记，确认 1.60 万人；省人事厅增补录用计划 225 人。2008 年，全市公务员录用计划 526 人，是实行公务员制度以来，年度增人计划最多的一年，主要用于新建扩编单位。

2012 年，省下达公务员录用计划 338 人，通过公开考录补充到计划增人单位。至年底，全市公务员 2.79 万人。1996—2012 年，全市事业单位新增 3.15 万人，公开考录占 97.8%，新录用人员全部实行聘用制。

（二）机关事业单位工勤人员管理。根据国家有关工勤人员配置比例（事业编制），行政机关通常按 5%~8%配置，不超过 10%（特殊需要除外）；事业单位工勤人员配置根据单位编制和需要确定。1988 年，全市机关事业单位有工勤人员 2.13 万人，占总人数的 22.3%。党政机关 2902 人，占 12.8%，其中市直机关 1278 人，占 17%，区、县及乡镇 1624 人，占 9.7%）；事业单位 1.84 万人，占 23.8%，其中市直 7749 人，占 36%，区、县及乡镇 1.07 万人，占 19.1%。至 1995 年末，全市工勤人员总计 3.16 万人，占总人数的 30.1%，增长 7.8%。行政机关 1.01 万人，占 36.7%，其中市直 1835 人，增长 5%，占 22%；区县（市）及乡镇 8272 人，增长 24%，占 43%。1996 年，全市机构改革和实行公务员制度同步进行，制定《关于对机关、事业单位工勤人员进行清理的实施意见》和《长沙市机关、事业单位工勤人员管理暂行办法》，通过转干、分流、转岗、清退等措施，全市裁员 1.07 万人，裁减 30.9%。至 2000 年末，市直机关减少 562 人，精简 30.6%；区县（市）及乡镇减少 1369 人，精简 16.5%。2001 年，印发《长沙市机关事业单位工勤人员管理补充意见》，重申新增人员申报制度。2005 年，中组部、人事部作出领导干部无特殊需要一般不得驾驶公务车的要求后，机关工勤人员（司机）再次膨胀。2008 年，全市行政机关工勤人员达 4112 人，占机关总数人数的 13.7%，其中驾驶员 2800 余人，占工勤人员的 68.1%。

2012 年，全市行政机关总员工 3.78 万人，其中工勤人员 9895 人，占 26.2%。分布情况：市直机关总员工 1.83 万人，其中工勤人员 2821 人，占 15.4%，按照 10%配置，编制数应为 1548 人，超编 1273 人；区县（市）及乡镇机关总员工 1.95 万人，工勤人员 7074 人，占 36.2%，按 10%配置，编制数应为 1245 人，超编 5829 人。

二、机关事业单位工资基金与工资总额管理

（一）工资基金管理。1989 年，《长沙市工资基金管理实施办法》出台，规定机关事业单位人员编制、工资基金账户，由市、区、县编制部门审核；人员工资标准、单位工资总额增减计划，由人事部门审核；企业职工人数、工资总额，由市、区、县计划、劳动部门审核。1991 年 6 月 20 日起，长沙市国家机关、事业单位统一使用新的《工资基金管理手册》，手册用于详细记录单位编制人数、工资总额、个人工资标准及变化情况，每季度审核一次。1996 年，长沙市实行公务员制度，《工资基金管理手册》改为年审。2001 年 11 月，全市工资基金管理统一使用“GPMS”软件。2006 年，全市机关事业单位 4318 个 15.33 万人，单位工资总额及个人工资账户等，全部纳入“GPMS”系统，实行网络化管理。

2012 年，长沙市机关事业单位 3836 个 18.37 万人，单位工资基金及个人账户，全部实现网络化管理。

（二）工资总额管理。1990 年，根据人事部《全民所有制机关、事业单位职工人数和工资总额计划管理暂行办法》，员工人数和工资总额管理，由各级政府人事部门负责，实行统一计划、分级管理。1992

年，为加强增人计划和工资总额计划管理，由市人事局、市编制办、市财政局出台三项制度：新增机构、编制、工资总额，向市委机构编制委员会提出书面报告及相关材料；单位增编、增加工资总额，向市编制办、市人事局提出书面报告。是年6月1日起，市直机关单位增人（调入或录用），应向市人事局、市编制办领取“增人计划卡”，详细填写增人理由、自然减员、编制、工资总额等情况，经编制、人事部门核定，然后持卡办理相关手续。1996年起，按照单位“三定方案”、公务员工资套改标准，确认个人工资标准和单位工资总额。2006年，根据《中华人民共和国公务员法》，公务员工资标准及单位工资总额确认方法，与1996年工资改革后基本相同。

2012年，全市机关事业单位工资总额管理制度没有变化。

三、人事争议与仲裁

1997年起，全市事业单位除市委任命的领导干部外，所有员工实行聘用制。为保证聘用合同的合法性，经市政府法制办同意，市人事局制定《长沙市事业单位聘用合同鉴证办法》。1999年，根据国家人事部《人事争议处理办案规则》和《人事争议仲裁员管理办法》，印发《长沙市人事争议仲裁处理暂行办法》，正式启动人事争议仲裁程序。2001年，《湖南省人事争议仲裁办法》出台后，“长沙市人事争议仲裁委员会”于2003年成立。修订《长沙市人事争议处理暂行办法》。各区县（市）成立相应机构和委任兼职仲裁员。2004年1月，“长沙市人事仲裁庭”成立，由专业人员组成办案组。5月，仲裁庭首次受理争议案件1件，通过调解达成和解协议。2005年，根据《中华人民共和国公务员法》，国家建立人事争议仲裁制度，人事争议仲裁正式列入国家法律程序。2007年，根据中组部、人事部关于《人事争议处理规定》，印发《关于做好人事争议处理意见》，要求妥善处理争议中的内部矛盾，不激发矛盾，不上交矛盾。2008年，市人事争议仲裁庭有仲裁员8人。至2012年，受理仲裁案件4件，调解3件，裁决1件。

第十节　外国专家、留学回国人员管理与国际协作

一、外国专家与回国留学人员管理

（一）在长外国专家管理。2001年9月，长沙市实施第三次机构改革，市人事局增加智力引进、来长沙外国专家及出国（境）人员培训等职能。2002年2月，市人事局增设“外国专家处”，对外加挂“长沙市外国专家局”牌子。4月，根据国家《外国专家管理办法》，印发《关于做好外国专家管理服务工作的意见》；5月起，走访外国专家所在单位，慰问并听取意见；圣诞节前夕与聘用单位举办联欢晚会，赠送圣诞礼物。2004年，根据《长沙市人才居住证制度暂行规定》，向首批38名中外专家颁发“长沙市人才居住证”（又称“长沙绿卡”），其中有院士4人、学者1人、博导4人、外籍专家5人，成为中部地区率先推出人才居住证制度的省会城市。2008年，在省外专局组织的评选活动中，长沙2名外籍专家荣获“潇湘友谊奖”。2009年，市外国专家局设立“星城友谊奖”，出台《长沙市星城友谊奖奖励办法》，在首届评选活动中，池田一崇等10名外国专家获奖。2010年5月，为促进中外专家互动提供场所，成立“长沙市外国专家俱乐部”。2011年，主办“长沙市首届外籍教师英语教学观摩活动”，“英语秀”展示活动为期3天，10多所学校的外籍英语教师及500多名师生参加，市电视台现场直播。至2012年，在长工作外籍专家、学者共1921人，其中154人领取“长沙人才居住证”。

（二）在长沙留学回国人员管理。2001年，长沙制定《关于鼓励留学人员来长沙创业的若干规定》《长沙市留学人员创业资助资金管理办法》。是年，市高新技术开发区设立“长沙留学人员创业园”，为留

学回国人员来长沙创业架起绿色通道。2003 年，留学回国人员到长沙创业达 200 余人。2005 年，为帮助留学回国人员了解长沙，举办“创业在长沙留学人员活动月”“首届海外湖南学人联谊大会”“长沙归国留学人员创业论坛暨洽谈会”等系列活动，800 余人参加。2006 年 3 月，制发《关于进一步加强留学人员管理和服务工作的若干意见》；5 月，长沙留学人员创业园更名为国家人事部与湖南省政府共建的“中国长沙留学人员创业园”。2007 年 3 月，长沙市对外公布引进人才 18 项优惠措施，其中由市政府每年出资 1000 万元设立创业资助资金，鼓励留学人员带高新技术项目来长沙“一园两基地”落户创业。9 月，长沙市留学回国人员管理服务中心成立，为留学人员创业提供全方位服务。

至 2012 年，长沙留学人员在长创业 3100 余人，其中 974 人领取“长沙人才居住证”，创业园园区总面积达 8 万多平方米，创办企业 70 余家，实现产值 3 亿多元，上缴国家税收 720 多万元，产品覆盖生物医药、电子信息、新材料等多个行业。

二、国际人才交流与协作

至 2001 年，长沙市对外科技协作项目主要有机械、制造、林业、种植、文教、医卫等 10 多个行业。2002 年 3 月，首次为市蔬菜公司引进美国果树、蔬菜等栽培技术，试种成功后在种植园推广。5 月，受理湖南浦源集团申请，引进 3 名外国技术专家。10 月，为扩大协作项目，制定《关于组织国际人才交流的实施意见》。2003 年，成立长沙市国际人才交流协作中心，开展国际人才交流，组织科技协作，进行学术交流等。是年，邀请德国、俄罗斯专家，参与三一重工、远大空调、浦源集团科技协作项目；先后为三一重工、远大集团、长沙大学引进工程技术、教育专家 25 人；选派 12 名专家到上述国家进行学术交流。2005 年，为市教育系统引进英语教师，组织教育人才交流，向省外国专家局申请项目 5 个，批准立项 3 个，向美、英等国互派文教专家 16 人。2006 年，全市申报引进科技协作目 21 个，批准立项 6 个，其中国家级 1 个，省级 5 个，至年底全部落实到位。2008 年，向省申报国际人才交流项目 9 个，批准立项 6 个；申报科技协作项目 40 个，批准立项 19 个（国家级 6 个，省级 13 个），向协作国互派文教、医卫专家 31 人。是年，省科技厅、省外专局授予长沙市“湖南省引进国外智力成果示范推广基地”和“湖南省引进国外智力成果示范单位”。2011 年，协作中心成立“长沙海外高层次人才联谊会”和“海外高层次人才服务工作部”。是年，向省申报引进科技协作项目 23 个，批准立项 13 个，其中国家级 2 个，省级 11 个，年底全部落实到位。

至 2012 年，长沙市拥有国际科技协作资格单位 72 家，完成科技协作和推广项目共 598 个，其中国家级 65 个，省级 206 个，市级 327 个，获专项经费近 2 亿元。全市组织赴国外进行学术交流 4 次，互派专家 97 人，在长沙教育、科技等外籍专家 264 人。

三、境外培训与考察

1999 年 7 月，应香港、新加坡行政学院邀请，长沙市首次组织 18 名人事（组织）干部，前往接受公务员管理培训，时间 10 天。2001 年，根据省外国专家局《关于选派优秀专业技术人员出国培训的通知》，长沙市首次选派 2 名优秀技术人员出国培训，时间 6 个月。2003 年 5 月、9 月，组织企事业单位人事主管赴境外培训 2 批共 26 人。

2004 年起，出国培训、考察活动逐年升温，出境团队更名“学习考察团”。是年，市外国专家局组织 8 批 164 人出境，目的地也延伸到日本、澳洲、西欧、美国等国家。2006 年后，出国学习考察达到高峰，是年共派出 26 批 468 人。2007 年 25 批 450 人。2008 年 22 批 390 人。2009 年 8 批 106 人。2012 年 7 批 122 人。

表 8-3-10-1　　2003—2012 年市外国专家局组织赴境外培训、考察情况一览表

年度	团队(个)	人数(人)
2003	1	26
2004	8	164
2005	16	272
2006	26	468
2007	25	450
2008	22	390
2009	8	106
2010	6	82
2011	5	86
2012	7	122

第十一节　机关事业单位工资与福利

一、机关事业单位工资制度改革

1985 年 6 月，长沙市实施第三次（全国第二次）工资制度改革，实行以基础工资、职务工资、工龄津贴、奖励工资四部分构成的结构工资制。全市机关事业单位有 2.98 万余人获调资，人均月增资 22.2 元。

1993 年 10 月，长沙市实施第四次（全国第三次）工资制度改革。这次工资制度改革与机构改革和推行公务员制度同步进行，建立四种工资制度：公务员工资制度，正常增资制度，地区津补贴制度和奖金制度。1994 年 4 月，全市机关事业单位工资套改、兑现工作完毕，实现新旧工资制度平稳过渡。全市有 3258 个单位 10.25 万人参加工资改革，人均月增资 94.7 元，其中行政机关 562 个 2.53 万人，人均月增资 84.2 元；事业单位 2696 个 7.72 万人，全额拨款单位人均月增资 79.9 元；离退休（退职）人员 2.64 万人，人均月增资 112.2 元。

2006 年 6 月，长沙市实施第五次（全国第四次）工资制度改革。印发《长沙市公务员工资制度改革实施办法》《长沙市事业单位工作人员分配制度改革实施办法》。2007 年 5 月，全市工资改革结束。市直机关有 215 个单位 3.32 万人参加改革，其中参照单位 91 个 2324 人，人均月增资 291 元；市直属事业单位 423 个 9.79 万余人，人均月增资 294 元；离退休 4.78 万人，人均月增资 371.78 元，其中离休 893 人，人均月增资 507.63 元，退休 1.16 万余人，人均月增资 288.51 元；事业单位离休 597 人，人均月增资 438.27 元，退休 3.46 万人，人均月增资 252.71 元。2012 年，全市机关事业单位工作人员工资待遇，除个别微调外没有变化。

表 8-3-11-1　　2006 年长沙市机关工作人员增资情况一览表

级别		基本工资		
		人数(人)	改革后水平(元/月)	增资水平(元/月)
公务员	省部级正职	0	0	0
	省部级副职	1	3438	1345
	厅局级正职	8	3092.5	1287
	厅局级副职	65	2378.46	800.18
	县处级正职	591	1984.05	626.33
	县处级副职	1565	1607.32	458.7
	乡科级正职	7461	1368.02	407.88
	乡科级副职	6916	1044.68	266.48
	科员	10207	873.25	200.87
	办事员	75	752.08	187.16
	其他	393	713.52	186.21
	试用期	—	—	—
	小计	27282	1120	300
机关人员	高级技师	0	0	—
	技师	99	1311.82	373.78
	高级工	1348	1089.78	294.7
	中级工	1364	824.08	180.47
	初级工	743	724.06	176.38
	普通工	0	0	0
	学徒期	—	—	—
	小计	3554	918	228

表 8-3-11-2　　2006 年长沙市事业单位工作人员增资情况一览表

级别		基本工资		
		人数(人)	改革后水平(元/月)	增资水平(元/月)
专业技术人员	一级	0	0	0
	四级	188	2366.77	935.63
	七级	4627	1665.78	558.54
	十级	32160	1281.7	392.79
	十二级	22064	954.18	242.58
	十三级	5577	772	164.31
	见习期	0	0	0
	小计	64616	1157	335

续表 8-3-11-2

级别		基本工资		
		人数(人)	改革后水平(元/月)	增资水平(元/月)
管理人员	一级	0	0	0
	二级	0	0	0
	三级	1	2414	918
	四级	9	2374.75	848.5
	五级	94	1899.06	642.63
	六级	399	1648.5	453.89
	七级	917	1355.79	408.26
	八级	670	1180.45	284.18
	九级	2458	930.61	224.66
	十级	570	708.62	166.01
	见习期	0	0	0
	小计	5118	1087	284
工人	技术工一级	0	0	0
	技术工二级	204	1238.24	362.96
	技术工三级	10897	1086.76	259.46
	技术工四级	10295	856	167.88
	技术工五级	6824	728	148.41
	普通工	17	804.8	165.32
	学徒期	0	0	0
	小计	28237	917	200

表 8-3-11-3　　2006 年长沙市机关事业单位离退休人员增加离退休费情况一览表

级别		机关				事业单位			
		离休		退休(退职)		离休		退休(退职)	
		人数(人)	增资水平(元/月)	人数(人)	增资水平(元/月)	人数(人)	增资水平(元/月)	人数(人)	增资水平(元/月)
总计		893	507.63	11654	288.51	597	438.27	34646	252.71
行政管理人员	省部级以上	—	—	—	—	—	—	—	—
	省部级副职	—	—	—	—	—	—	—	—
	厅局级正职	8	1220	11	750	—	—	—	—

续表 8-3-11-3

级别		机关				事业单位			
		离休		退休(退职)		离休		退休(退职)	
		人数(人)	增资水平(元/月)	人数(人)	增资水平(元/月)	人数(人)	增资水平(元/月)	人数(人)	增资水平(元/月)
总计		893	507.63	11654	288.51	597	438.27	34646	252.71
行政管理人员	厅局级副职	69	940	49	750	6	940	5	750
	县处级正职	124	670	602	450	32	670	77	450
	县处级副职	347	490	1122	450	211	490	172	450
	乡科级正职	289	350	4750	275	190	350	834	275
	乡科级副职	4	—	2609	275	25	—	779	275
	科员	—	—	943	180	—	—	517	180
	办事员	—	—	—	—	—	—	2	180
专业技术人员	教授级	—	—	—	—	6	990	113	700
	副教授级	—	—	6	400	48	540	2584	400
	讲师级	—	—	18	275	29	350	12755	275
	助理级	—	—	2	180	3	350	4405	180
	技术员级	—	—	—	—	—	—	41	180
工人	高级技师和技师	—		6	275	—		9	275
	其他工人			1046	180			8483	180
		52	469.79	490	306.87	47	459.94	3870	297.83

二、机关事业单位工资调整

1988年，根据国务院文件，提高中小学教师、医院护士工资标准的10%，全市有3.54万名教师人均月增资8.9元，2241名护士人均月增资8元；是年，根据劳动人事部文件，全市有1.42万名专业技术人员，技术职称与工资挂钩，人均月增资9.2元。1989年11月至1990年10年，根据国家调资政策，长沙市机关事业单位有8.05万人普调一级工资，人均月增资14.47元。1992年，根据国家《适当提高研究生工资待遇的通知》，博士、硕士研究生在工作一年后，基础工资和职务工资由105元、97元、89元，分别提高到122元、113元、97元。1995年，根据人事部《机关、事业单位工作人员正常晋升工资档次的通知》，全市机关事业单位工作人员有3.57万人晋级加薪，确认专业技术等级3.09万人，并与工资挂钩。1997年，根据省人事厅文件，1995年、1996年，连续两年考核称职以上机关干部，基础工资标准由原每人每月90元提高到110元；机关工勤人员参照增加；相应调整事业单位工资标准，市直属单位有3.59万人增薪。1998年，根据人事部、财政部文件，从1993年起，年度考核连续五年称职以上等次的，从1998年1月起晋升一级级别工资，全市1.32万人获升级；1997年、1998年，连续两年考核称职以上的，从1999年10月1日起，在本职岗位（技术等级）所对应的工资标准内晋升一个工资档次，全市有6.76万人晋升。2001年2月，根据人事部、财政部文件，提高机关工作人员基础工资标准，由每人每月180元增加至230元；级别工资十五级至一级，由每人每月85~720元，增加到115~1166元。同时，适当调整机关工人、技术人员等级（职务）工资标准和增加离退休人员离退休费，全市有7.18万人增资，人均月增资100元。根据国家人事部、财政部文件，从2003年7月1日起，国家调整机关各职务起点工资标准，由100~850元，分别提高至130~1150元；事业单位工资构成中的固定部分、活的部分比例相应提高；增加机关事业单位离退休人员离退休费，离休人员按照同职务在职人员增资额增加；退休人员增资标准是：省（部）级165元，厅（局）级120元，县（处）级80元，科级50元，科员及办事员35元；专业技术人员：教授及相当职务115元，副教授及相当职务75元，讲师及相当职务50元，助教（含相当职务）以下职务35元，工人、高级技师和技师50元，高级工以下（含高级工）及普通工35元。

2006年，根据《中华人民共和国公务员法》，机关进行新工资标准套改，人均月增资300元；事业单位专业技术人员人均月增资335元，管理人员人均月增资284元。2012年，全市机关事业单位工作人员工资待遇，除个别符合微调要求的外，基本工资标准没有变化。

三、奖金与津补贴

（一）奖金。1985年后，国家设立奖励工资制度，用于奖励在工作中做出显著成绩的工作人员。1988年，全市有71人获奖励工资。1992年，根据国家《关于适当调整国家机关和部分事业单位工作人员奖励工资（奖金）标准的通知》，省级60元，厅局级50元，县处级40元，科级33元，办事员21元；专业技术人员：正高50元，副高40元，讲师34元，助教27元，其他专业技术人员21元；工人中：技师33元，技工27元，普工21元。1993年，在严格考核基础上，向称职以上人员年终发放一次性奖金，机关一次性奖金为本人一个月基本工资；事业单位按照属性确定发放额度。2005年，根据《长沙市文明创建工作先进评选和管理办法》《关于文明单位奖金发放的通知》，获全国、省级文明单位和文明标兵单位的，年终增发一个半月奖金，按本人月工资4项之和计算（职务、级别、基础和工龄工资）；离退休人员和聘用人员按在职人员平均数的50%发放。获市级文明单位和文明标兵单位：在职人员每人每年增发500元奖金；离退休人员和聘用人员增发300元。2006年，机关事业单位实行年度一次性奖金制度，年度考核称职（合格）及以上，奖金为本人当年12月份基本工资。至2012年，年度一次性奖金制度延续执行。

（二）津补贴。1989年，国家提高中小学班主任津贴；1990年，长沙市提高环境卫生津贴；1991年，长沙市调整儿童福利院教职工补贴；1992年，国家增加部分党外人士生活费；对法院、检察院工作人员和乡镇、街道司法助理员实行岗位津贴。1993年，国家取消工龄津贴，实行工龄工资制度。工龄工资按工作人员工作年限确定，每增加一年，工龄工资增加至1元，直到离退休当年止；保留艰苦边远地区津贴、特殊岗位津贴，增加地区附加津贴等。1995年，长沙市调整市政工程管理处员工岗位津贴。1997年，向机关、事业单位工作人员发放补贴，标准为：副省级195元，正厅185元，副厅175元，正县165元，副县160元，正科及主任科员155元，副科及副主任科员150元，科员、办事员、工勤人员145元。事业单位管理人员、工勤人员与机关同类人员相同。教授185元，副教授165元，讲师155元，助教150元，员级145元。离退休人员按在职人员同级职务标准执行。2000年，长沙市印发《关于规范市直机关事业单位工作人员补贴标准的通知》，月均200元/人，其中下乡补贴60元，出勤补贴140元。2000年10月1日起执行。2002年，印发《关于调整我市机关事业单位工作人员和离退休干部规范性岗位津补贴标准的通知》，月均200元/人。机关试用期公务员、见习期职员、专业技术人员、学徒期工人、退职人员260元；离退休人员按离退休时明确的职务，按在职同职务人员标准发放。差额及自收自支单位，根据本单位经营及财务收支情况，在确保人员基本工资发放的前提下，自行决定是否执行新的规范性津补贴标准，也可按新标准自行决定发放比例（分为不发、25%、50%、70%、100%五种情况）；各区县（市）原则上不参照执行新的规范性岗位津补贴标准。如要参照执行，应视其经济发展和财政承受能力，在确保本地区人员基本工资发放的前提下，确定发放比例（分不发、25%、50%、75%、100%五种情况）和实施范围。2003年7月1日起，国家调整政法人员津贴标准：副省级216元；正厅级一档194元，二档204元；副厅级一档184元，二档194元；正处级一档165元，二档174元，三档184元。2004年5月，印发《关于统一全市机关事业单位工作人员未纳入津补贴标准的通知》，未纳入津补贴部分统一为38.8元/月（女职工另发卫生费15元/月）。11月，调整市直机关、全额拨款事业单位、离退休人员津补贴费，标准人均300元/月。2004年，印发《关于调整职务（等级）津补贴标准的政策说明》，人均300元/月。离休人员按在职同职务人员标准发放；退休人员按在职同职务人员标准的90%发放；退职人员每月补贴生活费460元。2006年，根据人事部文件，调整警衔津贴标准：总警监313元、副总监295元、一级警监277元、二级警监223元、三级警监249元、一级警督235元、二级警督223元、三级警督211元、一级警司199元、二级警司187元、三级警司175元、一级警员165元、二级警员155元。

至2012年，全市机关事业单位人员津补贴标准没有变化。

表8-3-11-4 2000—2004年部分年度长沙市直机关工作人员岗位补贴标准一览表 单位：元

年度	副省级	正厅级	副厅级	正处级	副处级	正科级	副科级	科员	办事员	中级工	初级工
2000	—	270	255	240	225	210	200	190	185	185	175
2002	600	540	510	480	450	420	400	380	370	370	350
2004	2180	1850	1600	1390	1230	1100	990	890	820	—	600

表8-3-11-5 2000—2004年部分年度长沙市直属事业单位工作人员岗位补贴标准一览表 单位：元

年度	教授	副教授	讲师	助教	员级	高级技师	技师	高级工	中级工	初级工	见习工
2000	260	230	205	190	185	—	—	195	185	175	130
2002	520	460	410	380	370	430	410	390	370	350	—
2004	—	—	—	—	—	1080	980	890	820	750	—

四、福利

1990年起，市直机关实行公费医疗，建立定点看病、报批、个人台账、自费项目、自费药品名录制度，对年度医费开支较少的个人给予奖励。1995年，制定《关于市直机关工作人员子女统筹医疗费用报销办法》《关于国家机关、事业单位身患癌症、精神病的工作人员在病休期间有关待遇问题的通知》《关于机关、事业单位工作人员因病住院自费项目和自费药品的规定》《长沙市人事局公费医疗管理办法》《长沙市市直机关工作人员子女统筹医疗有关规定》等制度，控制公费医疗。是年，省人事厅印发《关于进一步加强领导认真做好干部健康体检的通知》和《关于建立干部健康检查、疗养制度的通知》。1996年起，机关事业单位每年组织员工进行一次体检。1998年，国务院颁发《关于建立城镇职工基本医疗保险制度的决定》，2000年4月1日起，全市机关事业单位工作人员，执行新的医疗保险制度。

公休日、法定节假日、探亲假、年休假、婚丧假、产假、病假、事假、抚恤金、丧葬费等福利均按国家相关规定执行。

第十二节 干部离退休

一、离退休人员办理

20世纪80年代，长沙市离退休工作按照1982年中央《关于建立老干部退休制度的决定》和国务院《关于发布老干部离职休养制度的几项规定的通知》执行。1988年，由市人事局承办退休退职1197人，其中退休1176人，退职21人。1989年，退休退职1652人，其中退休1646人，退职6人。

1990年起，按照干部管理权限，由市委组织部负责县（处）级以上离退休干部的审批和报批工作；市人事局负责办理市直机关县（处）级以下干部离退休手续、离退休费核算等工作，负责市直机关事业单位科级以下退休（职）人员审核、并办理退休手续和退休费核算等工作。是年，办理离退手续1749人，其中离休51人，退休1732人，退职11人。1993年，执行《国家公务员暂行条例》规定，除国家另有规定外，国家公务员符合下列条件之一的应当退休：男满60周岁，女满55周岁，丧失工作能力的；符合下列条件之一的，本人提出要求，经任免部门批准，可以提前退休：男年满55周岁，工作满30年的；女年满50周岁，工作满20年的。1995年，印发《关于长沙市机关事业单位工作人员退休审批权限的通知》，市委、市人大、市政府和战线任命的副局级（含副局级）以上干部退休，由所在单位报任免机关批准后，再到市直机关事业单位社会保险工作局（简称市社保局，下同）办理退休、退职手续；市直机关、事业单位正科级以下干部（含正科级）、专技人员办理退休（职），由各单位审核后报市社保局审批；市直属事业单位工人退休（职），按干部退休审批程序办理；市内四区机关、交警，区属事业单位正科级以下干部、专技人员和工人退休（职），由各区人事局审批，报市社保局备案。1996年，根据《湖南省事业单位工作人员退（离）休、退职管理实施意见》，男年满60周岁、女年满55周岁；工人男年满60周岁、女年满50周岁。提前退休条件：男年满50周岁、女年满45周岁，连续工龄满10年以上，经各级政府人事部门指定的医疗技术单位鉴定，完全丧失工作能力的；因工致残，经各级政府人事部门指定的医疗技术单位鉴定，完全丧失工作能力的；从事井下、高空、高温、特别繁重体力劳动或者其他有害身体健康的工作，男年满55周岁、女年满45周岁，连续工龄满10年的工人；不具备退休年龄，经政府人事部门指定医院鉴定完全丧失工作能力的，应予退职。是年，印发《关于我市干部退休审批权限的规定》：市委、市人大、市政府任命的副局级以上干部退休，由所在单位报任免机关批准后，送市人事局办理退休手续；市直机关由上级任免的干部退休，由所在单位报任免机关批准后，自行办理退休手续；其他干部、工勤人员退休，由所在单位审批并办理退休手续；事业单位干部、工人退休，由主管部门批准并办理退休手续；企业干部退休审批，由各主管局审批。申请提前退休、因工丧失劳动能力、提高退休费待遇的，由所在单位出具证明，提出具体意见，连同医院医疗鉴定材料等报市人事局审批。是年底，市直机关事业单位办理退休退职848人，其中退休844人，退职4人。

1997年，印发《关于调整长沙市机关事业单位工作人员退休审批权限的通知》，由原市直机关社保局审批更改为市人事局审批。2003年，根据省《关于进一步改进机关事业单位退休管理工作的通知》，凡达到规定退休年龄的，所在单位应在到龄当月报任免机关批准退休和办理相关手续，退休时间以到龄当月起算；提前退休和延长退休年龄及延缓退休的，必须符合国家和省有关规定，所在单位应事先报任免机关批准；符合国家和省有关规定，可享受退休优惠待遇或提高退休费比例的，经任免机关审批后到省人事厅办理相关手续。离休人员由办理机关签发国务院统一印制的“中华人民共和国老干部离休荣誉证”，退休人员由办理机关签发省人事厅统一印制的“中华人民共和国退休证”。2006 年，根据《中华人民共和国公务员法》规定，公务员达到国家规定的退休年龄或者完全丧失工作能力的，应当退休；公务员自愿退休条件：工作满 30 年的；距国家规定的退休年龄不足 5 年，且工作满 20 年的，审批程序及办理相关手续未变。是年，576 人办理手续，其中退休 571 人，退职 5 人。2012 年，全市办理退休退职 3488 人，其中退休3484 人，退职 4 人。

二、离退休人员待遇

（一）政治待遇。1988 年，根据中央文件精神，长沙市离退休人员政治待遇，包括阅读文件、听重要报告、参加某些重要会议和重要政治活动等，按照干部管理权限落实到人。对年老体弱行动不便的离退休干部，在不违背保密制度的原则下，老干部门可指定专人赴离退休干部住地送阅重要文件或口头传达重要会议精神。为体现党和政府对离休干部政治上的关怀，使他们及时解国家社会主义建设的辉煌成就，有利于发挥力所能及的作用，在他们健康条件允许和本人自愿的情况下，可以适当组织参观一些重要建设项目和纪念活动。上述待遇至 2012 年均予保证。

（二）工资待遇。20 世纪 80 年代，根据中央“老干部离休后政治待遇不变，生活待遇略为从优”原则，长沙市离休干部原工资照发，并增发相应生活补贴费；退休干部按比例发放。1989 年，增加提前退休、退职人员生活待遇：工作满 30 年不满 35 年，按本人基本工资的 85%计发；满 20 年不满 30 年的 75%；满 10 年不满 20 年的 70%；不满 10 年的 50%。1994 年，提高退职人员生活费待遇：工作满 20 年的，按退职前本人基本工资的 70%计发，满 10 年不满 20 年的按 60%计发；不满 10 年的 50%。1990 年，国家提高离退休费标准，以工作（工龄）满 15 年为起点，从第 16 年开始，每满 1 年工龄加发 1%的本人标准工资，工作满 35 年以上的，其退休费最高可达 95%。根据国家补充规定，对未曾担任过司（局）级、处级领导职务的行政十四级、十八级以上干部，离休后可按司局级和处级工资待遇，报任免机关批准后执行。1992 年，增加离退休费 10%。1993 年，根据国发 79 号文件，离休干部按同级在职人员基础工资增加离休费，在职人员调整工资时，离休人员可按调整工资标准的幅度相应提高离休费；退休人员工作满 35 年，职务工资、级别工资两项之和按 88%计发；工作满 30 年不满 35 年的，职务工资、级别工资之和按 82%计发；工作满 20 年不满 30 年的，职务工资、级别工资之和按 75%计发。1993 年 9 月 30 日前，事业单位已办理离退休手续和已到达退休年龄的工作人员，相应增加离退休费。离休前有技术职务或行政职务的，按同级在职人员平均增资金额增加离休费；退休人员按同级在职人员平均增资额的 90%增加退休费。1994 年起，增加企业干部离退休金；退休时工作满 10 年不满 20 年的，基础工资和工龄工资按全额发给，职务工资和级别工资按 60%计发；工作不满 10 年的，基础工资和工龄工资按全额发给，职务和级别工资按 40%计发。事业单位员工和机关工人，退休时工作满 10 年不满 20 年的，其退休费按本人原工资（含活的部分）的 70%计发；工作不满 10 年退职的，其退职生活费按本人原工资（含活的部分）的 50%计发。1995 年，国有企业已建立企业离退休人员基本养老金调整机制的，离退休金基数，按 1994 年当地职工平均工资增长率的 40%~60%增加离退休金。1999 年，离休人员按同职务在职人员增资额增加离休费；退休人员增加标准：省（部）级 210 元，厅（局）级 170 元，县处级 140 元，科级 110 元，科员及办事员 90 元；教授及相当职务 170 元，副教授及相当职务 140 元，讲师及相当职务 110 元，助教以下职务 90 元；工人，特级技师和技师 110 元，高级工以下及普通工 90 元；退职人员每月增加生活费 80 元；专业技术级别 1~3 级离休专家，月固定收入达不到 1000 元的，补足到 1000 元，4~6 级离休专家达不到 800 元的，补足到 800 元。2006 年，调整离退休费比例，离休人员：厅（局）级正职 1220 元，副职 940 元；县（处）级正职 670 元，副职 490 元；乡（科）级正职及以下职务 350 元；教授及相当职务 990 元，副教授及相当职务 540 元，讲师及相当职务以下 350 元。退休人员：厅（局）级 750 元，县（处）级 450 元，乡（科）级 275 元，科员及办事员 180 元；教授及相当职务 700 元，副教授及相当职务 400 元，讲师及相当职务 275 元，助教（含相当职务）及以下职务 180 元；工人、技师 275 元，高级工以下及普通工 180 元。根据国家政策，凡 1961 年 1 月 1 日至 1965 年 6 月 9 日期间，全民所有制单位职工因精简退职的，且退职后没有重新参加工作无经济来源的，发放退职前原工资标准 40%生活补助金；已享受定期定量救济的退职老职工，在原救济标准的基础上，每人每月增加 30 元，调整后每人每月生活补助不低于 50 元，调整前已达到或超过此标准的仍按原标准执行。至 2012 年，除符合微调条件的外，退休费未作调整。

（三）生活补贴。根据国家相关规定，长沙市离休干部按照参加革命工作的不同时期，分别享受一定的生活补贴：1937 年 7 月 6 日前参加革命的，按本人离休前的标准工资，每年增发 2 个月工资，作为生活补贴；1937 年 7 月 7 日至 1942 年 12 月 31 日参加革命的，每年增发 1 个半月工资；1943 年 1 月 1 日至 1945 年 9 月 2 日参加革命的，每年增发 1 个月工资；1945 年 9 月 3 日至 1949 年 9 月 30 日参加革命的，不增发生活补贴。1991 年，长沙市增加离退休人员工龄津贴，每工作一年增加工龄津贴 1 元。1995 年，根据省《关于机关事业单位干部退休后提高职级待遇需要增加离退休费的处理意见》《关于机关事业单位 1993 年 10 月 1 日以后退休人员退休费计发问题的通知》，退休费和退休生活补助费、特殊贡献待遇等总额，最高不得超过本人原标准工资。1996 年，对 1995 年 9 月 30 日前离退休人员增加生活费。1997 年，对 9 月 30 日前离退休、退职的，增加生活费：离休 25 元，退休 20 元，退职 15 元。2006 年 6 月，离退休人员增加离退休费，厅局级正职 1220 元、副职 940 元，县处级正职 670 元、副职 490 元，科级正职以下 350 元；教授及相当职务 990 元，副教授及相当职务 540 元，讲师及相当职务 275 元，助教（含相当职务）及以下职务 180 元；工人技师 275 元，高级工以下及普通工 180 元。2011 年，增加离休干部生活补贴费，1937 年 7 月 6 日前参加革命的增发 3 个月工资；1937 年 7 月 7 日至 1942 年 12 月 31 日参加革命的增发 2 个半月工资；1943 年 1 月 1 日至 1945 年 9 月 2 日参加革命的增发 2 个月工资；1945 年 9 月 3 日至 1949 年 9 月 30 日参加革命的增发 1 个月工资。

三、离退休人员管理

1984 年 9 月，市委成立老干部工作局，负责全市离退休人员管理。1985 年后，各区县（市）相继成立成老干部工作局。1990 年，印发《长沙市离退休干部管理暂行办法》，市直机关各单位相继设立老干办，增加事业编制 1~3 人。1992 年，印发《关于建立离退休人员活动室的意见》，按每人每年 60 元活动费拨到各单位经费总额中。1995 年，市直单位建有老干活动室、阅览室共 78 个；市属 28 所医院专设老干部门诊、病室、医疗小组，床位近 1000 张，专供老干部诊治。至 2000 年，全市离退休人员管理，基本形成条块结合、综合协调的格局。

2012 年，全市机关事业单位离退休人员共计 4.2 万余人，占人员总数的 23%，其中中共党员 3.7 万余人，约占全市党员总数的 20%，离退休党支部 1183 个，占全市基层党组织的 7%。全市有离退休干部活动中心 12 个，活动室、阅览室 300 余个，由各单位组织的户外活动年均 3 次以上。

表 8-3-12-1　1988—2012 年市直机关事业单位离休、退休、退职情况一览表　单位：人

年度	总数	其中		
		离休	退休	退职
1988	1197	—	1176	21
1989	1652	—	1646	6
1990	1794	51	1732	11
1991	1622	42	1571	9
1992	374	42	330	2
1993	779	11	761	7
1994	219	7	207	5
1995	783	—	770	13
1996	848	—	844	4
1997	594	—	591	3
1998	806	—	800	6
1999	644	—	639	5
2000	770	—	763	7
2001	576	—	573	3
2002	526	—	524	2
2003	879	—	874	5
2004	434	—	427	7
2005	635	—	631	4
2006	576	—	571	5
2007	434	—	430	4
2008	482	—	479	3
2009	518	—	513	5
2010	335	—	324	11
2011	464	—	458	6
2012	348	—	344	4

第四章　编　制

1987 年，长沙市根据《中共中央、国务院关于制止机构、编制和干部队伍膨胀的通知》精神，对机关、事业单位的机构设置和人员编制进行清理，同时也对企事业行政管理机构人员工资和消费基金进行合理控制。1991 年 2 月，长沙市编制委员会撤销，成立长沙市机构编制委员会，下设办公室（以下简称“市编委办”）。

针对党政机构越设越多、人员超编严重，导致生产力发展受阻的问题，中共十四大提出搞好精兵简

政、机构改革是实行政治体制改革和建设社会主义民主政治的紧迫任务，十四届二中全会审议确定机构改革方案，要求在3年时间内完成中央和地方各级的机构改革任务。1994年8月19日，长沙市召开市直党政机关机构改革动员大会，进行具体工作部署。是年，市直党政机构设置60个，精简39.6%，长沙县、宁乡县、望城县和浏阳市党政机构均设置37个，分别精简41.2%、42.2%、38.3%和38.3%。东区、南区、西区、北区党政机构均设25个，郊区32个，分别精简40.5%、41%、43.2%、40.5%和12.8%。乡镇机构改革结合撤区并乡简政放权工作同步进行。通过这次改革，长沙市直各单位的内设机构总量精简20%，人员编制总数精简16.7%。1996年，群团组织、直属事业单位机构改革工作全面铺开。1997年，长沙市编委办获"全国机构编制系统先进集体"称号。

1998年，为从源头扼制超编现象，长沙市对全市机关、事业单位实行编制使用计划管理，全年政策性安置人员比上年度减少63人，军转干部给予优先安置。是年，建立市直和全市行政事业单位机构编制实有人员数据库、公文档案数据库、人事工资档案数据库，开始实行办公自动化。1999年，长沙市各区县（市）机构编制工作卓有成效，其中长沙县被确定为全省3个乡镇机构改革试点县之一，实行节编有奖，乡镇机关行政编制精简20.8%，事业单位编制精简30.98%，均高于省文件要求。浏阳市编办率先在全省进行将事业单位"非法人登记"转为"法人登记"的试点工作，被《湖南机构改革动态》《中国人事报》进行报道，并由省登记办向国家事业单位登记管理局进行推介。

2001年，根据全国市县乡机构改革工作会议精神，长沙市实施机构改革，此次改革以科研、教育系统为推进重点，提出领导职数管理的新途径和新办法，严格控制领导职数超编。同时，冻结机构升格、人员调进，冻结新增行政、事业机构和新增人员编制以进一步加强机构编制管理。2004年，对全额拨款的事业单位人员编制进行严格控制，所有事业单位新进人员，均通过考试考核录用，实行聘用制。2007年，推行机构编制实名制管理，实现编制审批、人员调配、工资审批、经费拨付工作相互衔接，建立机构编制与财政预算相结合的约束机制。同时坚持机构编制"一支笔"审批原则，定期对市直机关单位人员编制进行统计分析，以保障信息的真实性。

2010年7月，长沙市启动新一轮机构改革，实行大部门管理体制，使原分散在多个部门的管理事项调整归并到一个部门，避免职能交叉和重叠，调整的部门和单位于10月底前全部挂牌。按照市委、市政府全面推进城乡一体化发展要求，在指导推进5区4县（市）的机构改革工作的同时，对乡镇重点领域进行体制机制先行试点，建设乡镇基层综合服务平台，并提出在4县（市）建立涵盖规划、环保、建设、国土等职能的乡镇综合管理所试点方案。2011年，长沙市、县两级政府机构改革通过省级评估，市政府设工作部门39个，直属特设机构1个，直属事业单位10个；区县（市）政府除岳麓区政府设工作部门19个外，其他4区均设工作部门17个，望城区和3县（市）均设工作部门25个。2012年，长沙市完成对乡镇机构的改革工作，在全省率先搭建村镇建设综合服务平台，并将浏阳市大瑶镇定列入经济发达镇行政管理体制改革试点镇。是年，根据中央编办、省编办统一部署，开展机构编制专项督查，推行"12310"网上举报，组织开展全市"吃空饷"专项治理工作，对全市机构和人员编制进行清理，并规范市直机关领导职数配置标准。机构编制管理工作运用行政、法律、经济手段向规范化、科学化发展。

第一节　机　构

1987 年，长沙根据国务院关于加强机构编制管理工作的要求，对编制部门的机构及人员编制进行调整：市编制委员会人员编制增至 10 名。内设办公室、工资基金审批科 2 个科室。成立东区、西区、南区、北区 4 个区编制委员会，与区委组织部合署办公，由组织部 1 名副部长兼编委主任。长沙、望城、浏阳、宁乡 4 县及郊区编制委员会的人员编制都相应有所增加。

1991 年 1 月，撤销长沙市编制委员会设立长沙市机构编制委员会，下设办公室，为常设办事机构。1996 年 11 月，成立长沙市事业单位登记管理办公室，为副县级全额拨款全民事业单位，归口市编委办管理。9 个区县（市）陆续成立“事业单位登记管理办公室”，后长沙市及各区县（市）事业单位登记管理机构规范名称为“××事业单位登记管理局”，2010 年 7 月，经省实施公务员法工作领导小组批准为参照公务员管理单位。1997 年 10 月，调整市机构编制委员会成员单位为市委办、市政府办、市委组织部、市人事局、市劳动局、市财政局、市体制改革委员会和市编委办。为适应机构改革的需要，2001 年对市编委办的职能、内设机构和人员编制进行调整，明确其既是市委工作机构，又是市人民政府工作部门，列入市委机构序列。2002 年将内设机构名称由“科”改为“处”，2007 年增加内设机构监督检查处。至 2012 年底，市编委办内设机构为综合处、行政机构编制处、事业机构编制处、监督检查处，并按党章和其他规定设置机关党总支部和机关工会，归口管理一个事业单位，长沙市事业单位登记管理局，市、区县（市）两级共有机构编制管理机构 10 个。

1993—2012 年，先后担任长沙市机构编制委员会办公室主要领导职务的有：李运礼、邹觉西、廖建华（女）、张白云（女）；其他领导班子成员有：李德文、邓长云、向伟、刘晓杏（女）、王春良（女）、方晓明（女）。

第二节　党政群机构设置及人员编制

一、市直党政群机关

1983 年机构改革前，市直党政群机关设一级机构 75 个。1987 年设一级机构和局改公司 85 个，另设 3 个副县级机构（园林处、农机管理处、对台办），共有副县以上党政群机构 88 个。比 1983 年机构改革前增加 13 个，增加 17.3%。其中党委、群团和按法律程序设立的机构由 22 个增加到 25 个；政府工作部门、直属机构及局改公司由原来的 53 个增加到 63 个。非常设机构 1983 年时有 89 个，1985 年达到 153 个，经过清理整顿保留 66 个。1989 年增加到 104 个，到 1990 年底达到 167 个。市行政编制按 1984 年人口的 3.7%核定，1990 年市直属机关行政编制 2866 名，实有 3276 人，超编 410 人。

1990 年 5 月，长沙市印发国务院关于进一步加强机构编制管理的通知，要求严格控制机构编制增长，严格执行机构编制审批制度，在中央统一部署地方机构改革前，原则上不再增设新的机构或提高机构级别、增加人员编制和领导职数，个别确需调整的一定要做到有增有减，同时要严格按审批程序办理。

1994 年，长沙市党政群机构改革重点是转变各级政府的职能，强化宏观调控，弱化微观管理。8 月，市直机关机构改革启动，月底新机构及其领导班子双到位。根据改革方案，市直党政机构设置 60 个（其中市委工作机构 8 个，政府工作机构 42 个，部委办局管理机构 10 个），比改革前 96 个减少 36 个，精简率 39.6%。省核定长沙市市级党政群机关（含城区、郊区及街道办事处）人员编制 5201 名（不含地税），按照 1993 年机构编制统计年报，实有 6243 人计算，需要精简人员编制 1042 名，精简率 16.7%。

这次机构改革主要调整变化：撤销合并的机构 12 个：撤销重点工程办公室；区街工作委员会；食品工业办公室；知识分子工作办公室；科教办公室；经济技术协作办公室；外事办公室与侨务办公室合并，组建市政府外事侨务办公室；矿产资源管理局（黄金管理局）并入市政府办公厅，对外保留原机构的牌子；爱卫办并入市卫生局；文明办并入市委宣传部；军退办并入市民政局。

转为经济实体的机构 12 个：一轻工业局、二轻工业局、电子工业局、建筑材料工业局、纺织工业局、煤炭工业局、汽车工业公司、造纸印刷工业公司、物资局、一商业局分别成建制转为总公司或集团公司。医药管理局转为经济实体；保留市医药管理局牌子。市供销合作社联合社为集体经济合作组织。

改为事业单位的机构 15 个：市档案局、市农机管理局、市园林管理局、市畜牧水产局、市广播电视局、市房地产管理局、市机关事务管理局、市接待处、市副食品局、市建筑工程管理局；市人民政府驻北京、上海、深圳、海口、绥芬河 5 个办事处（由市政府办公厅管理）。

1994 年底，出台《关于进一步加强城市管理工作的决定》，将市城市综合管理办公室，市爱国卫生运动委员会办公室、市创建国家卫生城市领导小组办公室合并，成立市城市管理委员会。将市环卫局、市园林局道路绿化管理处、市市政工程管理处（含油料场、质监站）成建制划归市城市管理委员会管理。实行“条块结合，以块为主”的城市管理体制。

至 1997 年 12 月，市直党政群机构设置 85 个，其中党政机构 60 个（党委 11 个，政府 49 个），人大、政协、法院、检察院、人民团体 16 个，民主党派和其他使用行政编制的单位 9 个。市直党政机构共设置内设机构 551 个比改革前减少 56 个，减少 10%。

2000 年 12 月，成立长沙市行政审批制度改革领导小组，下设办公室。由市政府办公厅、市编委办、市财政局、市经委、市建委、市体改委、市国土局、市物价局、市人事局、市工商局等单位组成，市编委办负责日常工作。对市直 100 多个单位及所属部门的行政审批事项进行逐一审核，共取消行政审批事项 475 项（其中第一批取消行政审批事项 129 项，第二批取消行政审批事项 346 项）。

2001 年，对市委和市政府部门的机构进行改革和调整，党委部门加强宏观管理职能，减少与政府部门交叉的具体工作，把工作重点放在党的路线、方针、政策的贯彻落实上，进一步理顺党委各部门的职能关系；政府职能切实转变到经济调节、社会管理、公共服务等方面，调整组织结构、合理划分事权，把企业生产经营和投资决策权真正交给企业，把一些技术性、服务性的事务交给事业单位，把社会可以自我调节与管理的职能，交给社会中介组织。理顺条块及行政层级之间的关系，界定部门之间的职能分工、克服多头管理政出多门。彻底实行政企分开，重点精简专业经济管理部门，不再保留工业企业的主管部门，解除政府主管部门与国有企业的行政隶属关系，主管部门不再管理企业，对原已转体的公司进行深化改革，积极培育和规范中介组织，政府各部门与所办的各类社会中介服务机构一律脱钩。加强城市建设和城市管理，同时改革行政审批制度。

通过改革，市委设置工作机构 9 个，部门管理机构 2 个，比改革前精简 8%；市政府设置工作部门 40 个，部门管理机构 2 个，精简 4.5%；市政府设派出机构 2 个，市委、市政府设直属事业单位 13 个（其中市委设 4 个，政府设 9 个）。市直行政编制由 3273 名减为 2431 名，精简 25.7%。市直政法部门专项编制精简 10%。市直党政群机关和承担行政职能的事业单位的内设机构由 764 个减为 659 个，精简 13.7%。

2002年11月，《关于冶金机械工业局和市一轻工业总公司等十四个单位进一步深化改革的实施意见》印发，再次强调不再保留市冶金机械工业局、市化学工业局、市一轻工业总公司、市二轻工业总公司、市纺织工业总公司、市建材总公司、市电子工业总公司、市造纸印刷工业总公司、市机床工具工业（集团）公司、市煤炭工业总公司、市汽车工业总公司、市医药总公司，其承担的行政职能交市经委，行业管理职能交给新组建的行业管理办公室（联社），其所属事业单位归市经委管理。不再保留市商业总公司、市物资集团公司，其承担的行政职能交给市商业贸易发展局，行业管理职能交新组建的行业管理办公室，其所属事业单位划归市商业贸易发展局管理。原市二轻总公司重新注册新公司，管理原市二轻总公司本部及直属单位的国有资产，与市城镇集体工业联社合署办公（原市二轻集体工业联社更名为市城镇集体工业联社）。

2004年，长沙市进行政府机构改革，重点是深化国有资产管理体制改革，完善宏观调控体系，继续推进流通管理体制改革，加强食品安全和安全生产监管体制建设。将市经委、市委组织部、市财政局、市劳动和社会保障局等部门的有关职能进行整合，组建市政府国有资产监督管理委员会，为市政府直属正县级特设机构。市政府授权其代表国家履行国有资产出资人职责。实行管资产与管人、管事相结合。为完善地区经济调节体系，将市发展计划委员会改组为市发展和改革委员会。继续推进流通管理体制改革，实现国内贸易和对外贸易的统一管理，撤销市对外贸易经济合作局和市商业贸易发展局，组建市商务局。加强安全生产监督体制建设，将市安全生产监督管理局由市政府直属事业单位调整为市政府工作部门；调整市食品药品监督管理局的职能，加强食品安全监督体制建设。这次机构改革总体上不进行人员编制精简，但不能突破核定的行政编制总数，这次改革机构变动不多，但意义重大。

为进一步加大园区改革开放的力度，按照“小机构、大服务、高效率、少层次”和“精简、统一、效能”的原则，对高新区党工委管委会的内设机构按“大部制”要求进行调整，提升效能，强化服务。长沙经济技术开发区实行长沙市与长沙县两级共管，以长沙市管理为主的行政管理体制，调整长沙经开区党工委管委会的组织结构，赋予其在管辖区域范围内环境保护的市级管理权限及知识产权、专利保护方面的协调和服务职能，强化审计监督职能。明确宁乡经开区党工委管委会的机构设置，理顺农业园区管理体制，重新核定长沙国家生物产业基地管委会的编制事项。明确长沙岳麓科技产业园，长沙金霞保税物流中心，湖南（雨花）环保科技产业园，天心工业园的有关机构编制事宜，促进提高长沙开发区、工业园区经济快速发展。

2008年12月，国务院批准《长株潭城市群资源节约型和环境友好型社会建设综合配套总体方案》及《长株潭城市群区域规划（2008—2020年）》。2009年，长沙市加快推进资源节约型和环境友好型（以下简称“两型社会”）建设，在长沙大河西先导区先行先试，明确先导区管委会的组织架构，理顺大河西先导区管委会与高新区管委会的事权划分。明确区县（市）“两型社会”建设综合配套改革办公室机构的设置，设置长沙市“两型社会”综合配套改革办公室，作为市“两型社会”建设综合配套改革领导小组的常设正县级办事机构，归口市发改委管理。

2010年，长沙市进行政府机构改革。新设置市工业和信息化委员会、交通运输局、住房和城乡建设委员会、人力资源和社会保障局、水务局等部门。撤并市公用事业局、房产局、水利局等部门，使原分散在多个部门的管理职责整合到一个部门，避免职能交叉重叠。这次改革，政府工作部门调整为39个：政府办公厅、发展和改革委员会、工业和信息化委员会、教育局、科技局、住房和城乡建设委员会、公安局、监察局（不占限额）、民政局、司法局、财政局、人力资源和社会保障局、国土资源局、交通运输局、水务局、农业局、林业局、商务局、文化广电新闻出版局、卫生局、人口和计划生育委员会、审计局、食品安全管理办公室、城市管理和行政执法局、环境保护局、城乡规划局、统计局、体育局、物价局、粮食局、民族宗教事务局、旅游局、安全生产监督管理局、人民防空办公室、外事侨务办公室、政府法制办公室、信访局、政府研究室、畜牧兽医水产局。市政府特设机构1个：政府国有资产监督管理委员会。市政府部门管理机构2个：政府口岸办公室、公务员局。市委、市政府派出机构3个：长沙大河西先导区管委会、长沙高新技术产业开发区管委会、长沙经济技术开发区管委会。

至2012年，长沙市直党政群机构99个，其中党委系统13个（工作机构11个、部门管理机构2个），政府系统45个（与2010年相同），人大系统12个（工作机构5个，专门委员会7个），政协系统8个（工作机构2个、专门委员会6个），民主党派8个，群众团体11个以及市中级人民法院和市人民检察院（含星城地区人民检察院）。核定行政编制3916名，实有3601人。

二、市辖区县（市）党政群机关

1987—2012年，长沙市辖区县（市）党政群机关机构和人员编制，随着政治、经济形势的发展和变化，经历4次机构改革，进行较大的变革和调整。

1987年，长沙市辖东区、南区、西区、北区、郊区和长沙、望城、浏阳、宁乡4县。区、县党政群机关机构一般设置38~45个。1986年5区共有行政编制1736名、实有1916人；公检法司共有专项编制1646名，实有1637人。1987年，县属区、乡、镇实行定岗定员，清退雇请人员，加强人员编制管理，并将省下达的4797名人员编制全部分配落实到263个区乡镇。1989年内4区的国土局、监察局列入区政府工作部门；郊区和4县的乡镇企业委员会、畜牧水产局、国土局、监察局列入郊、县政府工作部门。区、县（郊）政府工作部门分别增加到22个和34个。

1993年经国务院批准，撤销浏阳县，设立浏阳市（县级）。区县（市）的机构改革是市整个机构改革的一个重要组成部分，1994年11月启动区县（市）党政机关和乡、镇、街道办事处的机构改革。东区、南区、西区、北区各设党政机构25个、郊区32个（均不含工商分局和公安分局），其中区委设机构6个，政府设机构19个（郊区26个）。这次机构改革，东区、南区、西区、北区、郊区的机构设置分别减少17个、18个、19个、17个和24个，精简率分别为40.5%、41%、43.2%、40.5%和42.8%。5个区总编制2266名，其中行政编制2060名。长沙、望城、浏阳、宁乡4县（市）党政机构各设置37个，其中县委工作机构6个，政府工作机构31个，与改革前相比精简38.3%~42.2%，4县（市）党政群机关人员编制3056名（不含税务），另按行政编制10%配备机关工勤人员编制。1995年2月省核定县（市）及县辖区、乡、镇和县级市所辖街道办事处党政群行政编制总数4939名（不含市区街道办事处）。

1996年6月国务院国函〔1996〕29号、湘政函〔1996〕86号文件，撤销长沙市东区、南区、西区、北区、郊区，设立芙蓉区、天心区、岳麓区、开福区、雨花区。10月，市辖区直党政群机构和人员编制进行调整。清退临聘人员和分流编外富余人员，乡镇机关、事业单位共分流和清退1.04万人。1999年长沙县被确定为全省三个乡镇机构改革试点县之一，在长沙县乡镇改革基础上，2001年4月，市政府对乡镇机构改革进行再动员，并推出长沙市乡镇机构改革方案。

区县（市）党政群机关2002年进行机构改革。5区各设党政群机构46个（含人大、政协所属的办事机构和专门委员会11个），其中党委设工作部门10个、政府工作部门18个。4县（市）各设党政群机构52个（含人大、政协办事机构和专门委员会11个），其中党委工作部门10个、政府工作部门24个。区县（市）党政工作部门精简21%。乡镇机关内设机构由995个减为618个，精简38%。区县

（市）直机关内设机构精简 20%。城区街道办事处内设机构精简 23%。乡镇机关行政编制精简 20%。政法部门机关专项编制精简 10%。

围绕深化国有资产管理体制、区域经济调节体系、流通管理体制和安全生产监管体制的调整和改革，2005 年区县（市）不单独设立国有资产监督管理机构，由市政府财政部门履行国有资产出资人职责，承担国有资产监督管理职能。各区县（市）将发展计划部门改组为发展和改革局（加挂物价局牌子），不再保留县发展计划和物价局、区计划物价统计局。区县（市）统一设置工业经济局，承担有关经济管理职能，为区县（市）政府工作部门或承担行政职能的直属事业单位。将安全生产监督管理局调整为政府工作部门或承担行政职能的直属事业单位。区县（市）统一设置商务局（加挂招商合作局牌子），为政府工作部门，不再保留经济贸易局、对外贸易经济合作局、经济发展局、商业贸易发展局。撤销行业管理部门。县（市）农业局加挂乡镇企业局的牌子，将原有关部门承担的种植业、养殖企业和农产品加工企业管理及乡镇企业统计管理职能划入农业局。各区统一设置统计局，调整为政府办公室管理的部门管理机构。区县（市）计划生育局更名为人口和计划生育局等。2005 年，区县（市）政府工作部门的设置：城区不超过 16 个、县（市）不超过 22 个（均不含监察局），部门管理和议事协调机构的常设办事机构不超过 3 个。承担行政职能的直属事业单位，城区不超过 6 个，长沙、望城县不超过 11 个，浏阳市、宁乡县不超过 12 个。行政编制不能超出已核定的行政编制总数。

2006 年，全市 114 个乡镇，52 个街道重新划分类别，并确定乡镇的领导职数，在长沙县和天心区的街道开展人员编制实名制管理工作。2009 年明确各区县（市）基层党建工作领导小组办公室领导职数和党员干部现代化远程教育管理中心的机构级别，调整部分区县（市）委党校人员编制，明确各城区人大街道工委主任和区县（市）所属乡镇（街道）政协工作联络员领导职务；明确 4 县（市）政法专项编制和森林公安机关有关机构编制事项。2010 年对全市乡镇机关机构编制和实有人数进行专项督查，乡镇共有行政编制 4615 名，实有 4306 人。分别比 2007 年减少 37 名和 42 人，较好地实现“十一五”期间乡镇机构编制和实有人数“只减不增”的目标任务。

2011 年 6 月，国务院国函〔2011〕57 号和长发〔2011〕18 号文撤销望城县，设立长沙市望城区（县级）。这年区县（市）政府机构改革后，除岳麓区政府工作部门设置 19 个外，芙蓉、天心、开福、雨花 4 个区政府各设置 17 个工作部门，望城区和长沙、浏阳、宁乡三个县（市）各设工作部门 25 个，重新核定政府机关的行政编制。在“三定”工作中，区县（市）政府共调整职能 357 项，清理职能交叉 36 项。重新核定区县级政府各部门正科级领导职数，较改革前减少 17 名。结合县级政府改革，区县（市）消化超编人员 1191 人。在区县（市）政府机关机构改革的同时，乡镇内设机构精简 141 个，减幅 24%，减少人员编制 373 名，减幅 10%。2012 年，市辖区县（市）党政群机关行政编制 5490 名（不含市属区辖街道），实有 5591 人。

第三节　事业单位机构设置及人员编制

1987 年，长沙市遵照国务院《关于加强事业单位编制管理的几项规定的通知》精神，对全市所有事业单位的机构编制情况进行一次全面调查：1986 年末，长沙市区（含区、郊）事业单位由机构改革前的 460 个增加到 611 个，增加 25%，在职人数由改革前的 2.12 万人，增加到 2.40 万人，增长 12%。事业费由机构改革前的 5973 万元增加到 1.16 亿元（除去增资因素的增值外），增长 48%。而“人头费”占事业费的 34%。1987 年 6 月，市直属事业单位 270 个，实有 1737 人。内 4 区、郊区事业单位 341 个，实有 6660 人。为控制机构编制非正常性增长，制定《关于长沙市事业单位机构编制管理的暂行办法》，并建立健全工资基金管理制度，清理编外临时工作人员。

1989 年，市直事业单位要求升格副县级以上的单位有 43 个，要求增加事业编制 2255 名。根据省政府要求各地市事业单位的人员增长幅度控制在 3%以内的精神，市直事业单位共增编 398 名，明确副县级事业单位 7 个。据第三季度末统计，全市事业单位实有人员增幅为 2.09%。年末，长沙市（含区、县）各级各类事业单位机构 5931 个，人员编制 6.99 万名，实有 6.80 万人。其中，市直事业单位的机构数、人员编制、实有人数分别为 344 个、2.33 万名和 2.22 万人。

1994 年机构改革，长沙市将一轻工业局、纺织工业局等 12 个专业经济管理部门分别成建制转为总公司，将广播电视局、房地产管理局等 15 个单位调整为事业单位。各县（市）将工、商业等主管局改组为经济实体。

1997 年，全市共有事业单位 6579 个，较 1994 年净增 130 个，市直事业单位 536 个，较 1994 年净增 105 个，增长率为 24.8%。区县（市）事业单位总数为 6043 个。在长沙市机构改革中尽管撤、并、转 42 个事业单位，但因有 14 个党政机构改为事业单位，企业子弟校分离有 23 所学校上收市教育部门直接管理，1994 年以后陆续成立 91 个事业单位，加上统计口径变化增加 23 个事业单位，使市直事业单位的增幅偏大。全市事业单位编制总数为 11.13 万名（未定编的事业单位以实有人数为控编数计入），较 1994 年净增 1.86 万名，增长 20%，其中市直事业单位编制总数 2.78 万名，与1994 年相比增长 8.7%。区县（市）事业单位总编制 8.35 万名，与 1994 年相比，增长 24.3%。全市事业单位实有人数为 11.03 万人。其中市直事业单位实有 2.60 万人。与 1994 年相比，分别增长 21.5%和 8.9%，区县（市）事业单位实有 8.43 万人，比 1994 年增长 26%。

2002 年，长沙市将 21 个具有行政职能的事业单位进行归并和调整，确属完全具有行政管理职能的单位转为行政机关，如房屋产权局、市广播电视局、市旅游局、市畜牧水产局，另将有些机构，如环卫局、市建工局、市副食品局、市农机局进行撤并，其他单位整合为 13 个事业性单位。市政府承担行政职能的事业单位精简 50%，承担行政职能的事业单位编制由 657 名减为 235 名，精简 64%。实有人数由 293 人减为 235 人，精简 19.8%。年末，全市事业单位 5789 个，其中市直事业单位 438 家，全市事业单位编制 9.98 万名，超编 2299 名。市直事业单位总编制 2.48 万名，实有 2.32 万人。

2003 年，区县（市）事业单位总数 4301 个，比上年减少 2.6%。编制总数为 6.88 万名，实有人数 7.69 万人，比上年减少 2.01%。2001 年省编办确定长沙市乡镇事业站所人员编制 5063 名（指财政供养的全额、差额人员编制），后又根据国务院和省有关文件规定，增加 551 名动物防疫人员编制和 354 名劳动社会保障和最低生活保障人员编制。至 2005 年底，实有 7490 人，平均每个乡镇 61 人。

2003—2005 年，在广泛征求各部门的意见和调查摸底以及借鉴全国事业单位改革试点城市之一岳阳市的经验基础上，结合长沙市的实际情况，提出长沙市事业单位分类改革意见。根据事业单位的工作性质，财政支持的程度和事业单位改革的方向和目标，将事业单位划分为三种类型：行政支持类、社会公益类和经营服务类。

2007 年，长沙市在调查研究的基础上，提出《关于事业单位人员编制结构管理的若干规定》和市直事业单位分类的初步方案。重点完成文化、科研院所等有关事业单位的改革。对全市中小学进行核编定岗，实行人员编制“一年一小调，三年一大调”的动态管理。对行业协会、中介机构进行清理和脱钩。

在县（市）进一步深化乡镇事业站所改革，精简机构和规范机构名称，精简财政供养人员，政府通过委托代理、合同承包、购买服务等方式，逐步实现由财政 “养人”为主向“养事”为主转变。为严格控制机构编制膨胀，出台《关于对全市机关事业单位编制使用计划管理的若干规定》，改变无序进人的状况，做到“进人服从计划、计划服从编制”，印发《关于进一步明确市直机关事业单位进人审批编制有关事项的通知》。严格进人审批程序，制定《长沙市市直机关事业单位招用临时工作人员的暂行管理办法》。

2008年，市政府投资管理体制改革，拟定《长沙市市属经营性事业单位转企改制试行办法》和《关于政府投资改制重组的实施意见》。为提高政府投资评审效率，撤销长沙市投资评审中心，将长沙市财政局预算审核服务中心更名为长沙市财政预决算（投资）评审中心。在长沙市审计局开发区分局的基础上组建长沙市审计局政府投资评审专业局。将原长沙市投资评审中心的职能进行分解，明确长沙市财政预决算（投资）评审中心和长沙市审计局政府投资审计专业局的职责，形成既协调配合又相互监督制约的政府投资评审体制。

2010年，按省、市有关精神，整合资源，规范管理，撤销重点中学的“校中校”，并完成部分学校的机构编制事宜。2012年按照机构编制管理权限和法定程序，重点审批市直机关事业单位2012年度申请聘用临时工作人员计划（2705名）和公开招聘录人员计划以及引进储备优秀青年人才的编制使用计划，在完成全市乡镇机构改革的同时，9个区县（市）及所属乡镇共撤并事业单位620家，核减事业编制1146名。年末，全市共有事业单位4336家，其中市直522家，区县（市）3814家。编制总数11.52万名，其中市直3.68万名，实有人数全市10.09万人，其中市直2.48万人。

第四节 机构编制管理

1983年，长沙机构改革后，针对要求新增设机构、机构升格和增加人员编制的势头，提出行政机关十条“消肿”措施:“卡住人员进口，敞开出口”，原则上不得从基层、事业单位或外地调人进机关、并积极安排富余人员，实行余缺调剂，统一安排“非在职人员”等。1987年，长沙市贯彻执行国务院关于严格控制机构编制继续膨胀和加强机构编制管理的精神，对全市党政群机关的机构设置和人员编制进行一次全面清理。制定《关于加强全市机构管理的若干规定》，严格审批程序，提出在中央统一部署下一次机构改革之前，各级党政机关和群众团体不得再增设新的机构、提高机构级别和增加人员编制。鉴于1987年市编制委员会管理的事业单位只占全市事业单位总数的17%，大部分事业单位由主管单位分散多头管理的情况，制定《关于长沙市事业单位机构编制管理的暂行办法》，并建立健全工资基金审批制度。通过加强工资基金管理，控制人员编制不合理增长。1989年，在长沙县试行行政编制经费包干的办法，将经费与人员编制挂钩，把财政预算引入人员编制管理，运用经济手段管理机构编制，后在全市推广。

1994年是长沙市机构改革的关键一年，在“上下结合、分步实施、协调推进、两年完成”的总体部署下，为保证机构改革顺利开展，印发《关于重申在机构改革期间冻结党政群机关、事业单位机构编制的通知》。1997年，为了巩固机构改革的成果，印发《关于严禁擅自增设机构、机构升格、增加编制和超编进人的通知》，严格执行“一支笔”审批制度，对个别违反机构编制管理规定的行为进行严肃查处；对有关培育市场机制、基础教育、社会综合治理等部门的机构编制，在政策上予以倾斜；对需要增加财政开支的人员编制，从严从紧控制；对自收自支人员编制，适度控制。

1996年，长沙市成立市、区县（市）事业单位登记管理办公室，对全市事业单位进行法人登记管理，至1997年10月，市直事业单位登记402家，占市直及事业单位535家的75.1%，区县（市）的事业单位登记工作基本完成。

1998年，省委办公厅和省政府办公厅下发《关于冻结全省机关事业单位机构编制及停止调入（录用）人员的紧急通知》后，长沙市针对机构编制膨胀势头的“反弹”，制定《关于几个具体问题的处理办法》，提出九条具体实施意见并取得一定成效。

2001年，在机构改革的同时，对市委、市政府各部门的人员编制进行重新核定，市委各部门按省委对应部门的精简比例进行精简。市政府各部门以省政府对应部门的具体精简比例乘0.6的系数确定精简比例，市委机关无对应部门的原则上按20%的比例精简，市政府机关无对应部门的按30%的比例精简。内设机构的规格和名称必须规范，部门内设机构的业务处室必须占处室总数的60%以上，在定职能的基础上适度精简和调整市委、市政府各部门的内设机构，内设机构总量原则上精简15%，市委、市政府各部门的内设机构名称为处、室、部（均为正科级），政府行政管理层级不再保留“委管局”的模式（明确的部门管理机构除外）。出台领导职数管理办法，严格控制领导职数超配。市事业单位登记管理局对市直事业单位进行非法人向法人过渡和年检年审，进行法人登记的365家，进行2001年度审查的279家。其中定位A级的246家，定为B级的33家。

2005年，全面完成市和区县（市）两级政府机构改革任务，并对全市乡镇机构编制、市直机关个别单位“吃空饷”、事业单位年度审查等进行督查，在长沙县和天心区街道开展人员编制实名制管理。加强电子政务在机构编制管理方面的运用。之前机构编制部门对机构编制的管理采用“账、本、册”的传统模式。在通过多次研究讨论，科学论证，按照机构编制部门管理的特点和规律，编制机构编制管理系统软件，同时建成全市机构编制管理数据库，基本实现全市机构编制管理电子化。

2007年2月，国务院颁布《地方各级人民政府机构设置和人员编制管理条例》后，强化对机构及人员编制的管理。2008年对全市事业单位进行审查：2007年度全市应参加审查的事业单位3781家，其中市直450家，区县（市）3331家，已参加并通过年审3753家，年审率99.26%，其中市直年审率100%，区县（市）99.16%，合格3744家，合格率99.76%。贯彻落实国务院《事业单位登记管理暂行条例》和实施细则，严格依法登记和管理，建立健全法人经济责任审计制度。2009年，学习贯彻执行中纪委颁发的《关于印发机构编制违纪行为适用〈中国共产党纪律处分条例若干问题的解释〉的通知》，强化机构编制部门及各有关单位机构编制的法治意识。

2010年，长沙在审核部分市直单位“三定”（定机构、定职能职责、定人员编制）方案，推进市属5区4县（市）的政府机构改革中，对各类机构编制审批事项，坚持集中统一管理，坚持从严从紧原则，坚持把好审核关，不越权审批，不违反程序审批，不在限额外审批，推动机构编制的规范化管理。结合县级政府机构改革，按照消化超编要求，市直机关提前三年完成任务，区县（市）完成96%。为加强对市直机关事业单位临时工作人员的管理，出台《长沙市市直机关事业单位聘用临时工作人员暂行管理办法》，聘用临时工作人员严格实行计划管理，由用人单位每年向机构编制、人事、财政、劳动和社会保障部门申报下一年度的用工计划。

2012年，按照机构编制管理权限和法定程序审批机构编制事项，重点审批完成市直机关、事业单位年度申请聘用临时工作人员计划，加强机构编制监督检查，推行“12310”网上举报，及时受理查办违规违纪案件，开展“吃空饷”专项治理，维护机构编制管理的权威性和严谨性。

第九篇

政法

本篇编纂人员

贺孝武（主编） 刘　殷

本篇撰稿人员

概　述：贺孝武

第一章　政法综治：杨锡贵　何孟科

第二章　公　　安：肖体忠　包　宇　何　锋　谭　峰　粟邈森
武　晋　吴　宽　刘　庆　彭湘林　廖　波
李向武　刘　晨　高　奇　陈　泉　王　静
黄　果　姚　岚　尹　刚　柳　进　彭　滔
袁文超　张　莹

第三章　检　　察：屈国文　李克明

第四章　审　　判：郭宇春　高思聪

第五章　司法行政：曹宇智　周建民　谭自觉

概　述

1988年，长沙市政法系统有工作人员4539人。是年，长沙市成立依法治市领导小组，提出“加强法制建设，实行依法治市”方针，开展依法治理试点及各项专项治理工作。长沙市严厉打击各类刑事犯罪，公安系统破案8772起。法院受理案件1.62万起，审结1.43万起。检察机关以查处贪污贿赂为重点开展检察工作。

1990年，长沙市形成“打防并举、标本兼治、重在治本”的社会治安综合治理基本思路。公安对全市411个地段或场所的社会治安进行综合治理；司法系统开展普法行动，全市320万人参加普法学习，参学率89%。1991年，长沙市试行民事行政审判活动监督工作，实现由单一型的刑事诉讼监督的扩展，形成经济检察、刑事检察、法纪检察和民事行政检察的4项主要检察业务范畴。

1994年，长沙市制定创建治安模范城市规划，提出“社会政治稳定，治安秩序良好，交通秩序好转，法规观念增强，基层防范落实，群众安全放心”的创建目标。公安机关集中开展多次“严打”专项行动，着力搞好安全防范和社区服务；检察机关加强对国家机关工作人员的渎职侵权犯罪的查处工作；法院坚持“严打”方针依法审判；司法机关加强人民调解工作，将重点放在加强人民调解委员会队伍建设和预防矛盾纠纷上。1997年，长沙市获得“全国社会治安综合治理优秀城市”荣誉。

1997年起，长沙市开展以创建安全文明小区、安全文明单位和安全文明乡镇（街道）为主体的系列安全文明创建活动。

2001年起，长沙市的法律援助工作向基层延伸，在各乡镇（街道）、社区及有维权责任的群众团体和单位陆续设立法律援助工作站（点）或工作机构。至2002年年底，全市建乡镇（街道）司法办223个，司法助理人员330人，司法行政的基层工作臻于规范。

2003年，长沙市提出建设“平安长沙”口号，并全面铺开各级行政单位的平安创建活动。2006年，长沙市司法系统形成“人民调解、司法调整与行政调解相互衔接配合”的大调解机制，律师、司法鉴定、公证、基层法律服务等领域的事业快速发展；公安系统形成“打防管控”四位一体工作格局；法院贯彻《人民法院五年改革纲要》，民事审判立法逐步完善；全市两级检察机关全部进入优秀检察院行列。2009年，长沙市出台《关于建设平安和谐模范城市的意见》，提出夺取全国政法综治工作最高荣誉——“长安杯”的目标。

2012年，长沙市政法系统有工作人员1.16万人。全市有乡镇司法所180个，基层工作人员363人，实现了基层单位的全面覆盖；合伙律师事务所166个，从业律师2427人；各类调解委员会2209个，调解员1.83万人。法院加强审（执）结各类案件的工作力度，全年审限内结案率94.51%，一审服判总诉率83.65%。司法系统在社会服务管理、矛盾纠纷化解、打防管控、基层基础和队伍建设5个方面均创全国一流。至2012年，长沙市3次获四年一届的“全国社会管理综合治理优秀地市”称号。长沙市政法系统坚持中国共产党领导，以“依法治市”为宗旨，以社会治安综合治理为中心，为长沙社会经济发展保驾护航做出巨大贡献。

第一章　政法委及综治

1988年，长沙市按照中共中央统一部署，依法落实“从重从快”方针，开展严厉打击严重刑事犯罪（以下简称“严打”）活动。开展夏季治安攻势和冬季治安攻势。1990年，形成“打防并举、标本兼治、重在治本”的社会治安综合治理基本思路。重点打击团伙、追捕逃犯、破大案和彻底清除带黑社会性质的犯罪活动。

1991—1993年，开展“三评一帮”（评文明户、“五好”家庭、遵纪守法户，帮教违法人员）活动。1994年，制定创建治安模范城市规划，提出“社会政治稳定，治安秩序良好，交通秩序好转，法制观念增强，基层防范落实，群众安全放心”创建目标；1995年，开展创建治安模范小区、模范单位、模范乡镇（街道）活动。

1997—2000年，开展以创建安全文明小区、安全文明单位和安全文明乡镇（街道）为主体的系列安全文明创建活动。2001—2003年，围绕治安模范、安全文明等主题，开展“119”安全社区、无毒社区、交通安全村、安全文明旅游景区等特色创建活动，评选全省安全文明社区。2003年年底，提出建设“平安长沙”口号。2004年，全面铺开平安区县（市）、平安乡镇（街道）、平安社区（村）创建活动。

2006年，开展“46810”工程（实行“四为主”：街道以社区为主、社区以楼栋为主、单位以法人为主、家庭以户主为主；构建“六张网”：治安防控网、流动人口和出租房屋管理服务网、刑释解教人员安置帮教网、矛盾纠纷排查调处网、安全稳定督查网、法律援助服务网；组织“八大员”：警员、治保员、巡防队员、人民调解员、治安维稳信息员、消防安全员、出租房屋和流动人口协管员、法制宣传员；携手“创十无”：无影响社会稳定事件、无重大治安和安全责任事件、无流动人口和出租房屋漏管现象、无邪教活动、无黄赌毒、无重特大刑事犯罪案件、无青少年违法犯罪、无重大民转刑案件、无刑释解教人员重新犯罪、无严重家庭暴力）。2007年，推进行业平安和农村平安建设。至2007年，长沙市安全感和满意度连续3年位居全省第一，在全省综治考评中名列第一。2008年，开展“公众安全满意工程”建设。

2009年，长沙市发布《关于建设平安和谐模范城市的意见》，提出“从2009起，用4年时间把长沙建设成为平安和谐模范城市，夺取全国政法综治工作最高荣誉——‘长安杯’”的目标。2009年为基础年，实现“五个明显增强”〔治理治安重点问题、解决重大疑难矛盾纠纷、处置突发性事故（事件）、基层防范管控和社会协调联动明显增强〕。2010年，实现“五个明显加强”（社会服务、社会治安、公共安全、矛盾纠纷源头、队伍建设明显加强）；2011年，实现“五个明显提高”（平安建设覆盖率、刑事发案下降率、整治重点突出问题成效巩固率、矛盾纠纷化解率、公众满意率明显提高）；2012年，长沙市实现“五个全国一流”（社会服务管理、矛盾纠纷化解、打防管控、基层基础、队伍建设均为全国一流）。至2012年，长沙市3次获评四年一届的“全国社会管理综合治理优秀地市”。

第一节 机 构

一、市级机构

1982年2月，成立中共长沙市委政法委员会。1988年，市委政法委内设办公室、调研科、组织宣传科。工作人员7人，均具大专以上学历。1991年2月，成立长沙市社会治安综合治理领导小组，下设市综治办和长沙市城市综合管理办公室，均为正县级机构，市综治办与市委政法委合署办公。11月，长沙市社会治安综合治理领导小组更名为长沙市治安综合治理委员会，其下仍设市综治办，与市委政法委合署办公，长沙市城市综合管理办公室分离到市政府。市委政法委行政编制增加到15名。1999年7月，增设长沙市维护稳定工作领导小组办公室，与市委政法委合署办公。

2002年6月，内设机构为办公室、研究室、督导协调处、基层基础工作处、执法监督处、维护社会稳定工作办公室、政治部，行政编制增加到29名。2004年有工作人员33人，均具大专以上学历（含硕士研究生2人）。

2006年以前，市委政法委由一名市委副书记分管政法工作。2006年开始，市委不再设分管副书记，由市委政法委书记全权负责政法工作。2007年9月，维护社会稳定工作办公室更名为信息综合处，增设调度协调处、督查督办处，市维护稳定工作领导小组办公室的日常工作由信息综合处、调度协调处、督查督办处共同承担，行政编制增加到39名。

2011年11月，长沙市社会治安综合治理委员会更名为长沙市社会管理综合治理委员会，长沙市社会治安综合治理委员会办公室更名为长沙市社会管理综合治理委员会办公室（仍简称“市综治办”）。

2012年7月，设立社会管理综合治理三处，督导协调处更名为社会管理综合治理一处、基层基础工作处更名为社会管理综合治理二处，行政编制增加到55名，实有工作人员59人，均具本科以上学历（含硕士研究生6人）。

1988—2012年，先后担任中共长沙市委政法委员会主要领导职务的有：王邦美、宇庆华、简用超、谢树林、虢正贵；其他领导班子成员有：吴伏生、刘奇武、杨哲、姚泽南、颜谷成、刘智诚、彭建雄、钟钢、徐哲劲、熊晓强、彭志一、谭学军、梅国栋、梁粮、周琼芝（女）、任安良、龙建强、吴志斌、刘代明、胡亚军、黄阳、胡泽宏、梁银明、成钢、王伟峰、陈建新、张艳梅（女）、吴强、沈立安、孙卫东、李丽萍（女）。

二、区县（市）级机构

1982年4—8月，长沙、望城、浏阳、宁乡4县和东区、南区、西区、北区、郊区5区政法委员会相继成立，为党委工作部门，正科级单位。1988年，全市区县级政法委有干部52人，其中40人具大专以上学历。

1991年，各区、县均成立社会治安综合治理委员会办公室，与党委政法委合署办公。同时，各区、县从政法部门抽调政治、业务、身体素质较好的干警到街道、乡镇（含乡级农、林、渔场）任党政副职，专抓社会治安综合治理工作。1991年长沙国家高新技术开发区成立后，由下设的社会事务局负责政法综治工作。

1992年，长沙经济技术开发区成立，由下设的社会发展局负责政法综治工作。

1995—1996年，长沙市区划调整，撤销原5区，成立芙蓉、天心、岳麓、开福、雨花5区，各区仍设立区委政法委和区综治办。

2004年，全市区县政法委有工作人员93人，具大专以上学历者86人。

2008年12月，长沙高新区成立综治局，专门负责政法综治工作。

2012年，区县（市）委政法委干部151人，其中具有本科以上学历者146人（含硕士研究生12人）。

第二节 社会综治

一、实行目标管理责任制

1991年2月，长沙市社会治安综合治理领导小组成立，11月，更名为长沙市治安综合治理委员会(以下简称“市综治委”)，各县区、乡镇亦随即成立相应机构。各级各部门单位签订社会治安综合治理工作目标管理责任书，将目标任务分解落实。市级领导干部上街检查，机关干部上街执勤，实行治安治理“一票否决”和“黄牌警告”制度，并与经济利益挂钩。1993年起，相继推出治安状况百分量化考评、分类评估、逐月排名、综合考评排名等机制，并确保兑现经济奖励。至2004年，表彰先进单位496个，先进个人3283人。

2010年10月，长沙被中央政法委、中央综治委选定为进行社会管理创新综合试点城市。签订社会管理综合治理目标管理责任书，实行项目建设管理，拟定社会管理创新建设项目51个；2012年增加11个，构建起长沙社会管理创新目标责任管理的完整体系。2012年，加大经费投入和奖励额度。全市社会管理综合治理表彰经费突破200万元，采取以奖代拨方式，对典型培育工作下拨55万元。各区县（市）和乡镇街道制定综合治理领导责任制的具体实施办法，明确责任查究措施，以利于将综合治理措施落实到基层。

二、打击严重刑事犯罪

1988年，开展以打击卖淫、嫖娼、赌博、流氓滋扰、流窜犯罪、贩卖传播淫秽物品为主的夏季治安攻势，以反扒防扒、整顿交通秩序、维护社会治安为主要内容的冬季治安攻势，破获各类刑事案件8728起，判处严重刑事犯罪分子813人。1989年，在长沙“4·22”事件发生后，市委政法委牵头成立有公安、检察、法院等单位参加的专案小组，协同办案，及时控制局面，平息事态；组织6次大规模侦破战役和治安攻势，开展清查流窜犯统一行动6次，破获各类刑事案件1.56万起。1990年，成立长沙市严厉打击严重刑事犯罪领导小组，发布《关于依法严厉打击严重刑事犯罪的通知》，重点打击团伙、追捕逃犯、破获大案和清除带黑社会性质的犯罪活动。1991年5—7月，开展以打击吸毒贩毒为中心内容的禁毒专项斗争，破获毒品犯罪团伙18个，抓获犯罪人员295人，缴获海洛因4423克。8月，发布《关于在全市开展反盗窃专项斗争的通知》，开展全市反盗窃专项斗争，对盗窃分子、盗扒团伙成员依法采取逮捕、劳动教养、收容审查、治安处罚等处理措施。8—9月，破案3944起，其中，大案520起，查获犯罪人员6613人，处理4595人，挽回经济损失621万元。组织开展打击车匪路霸、取缔卖淫嫖娼专项斗争。1993年，开展的“三打两整一查禁”（打击车匪路霸、抢劫和重大盗窃、拐卖妇女儿童犯罪，整治重点地区和重点路段社会治安秩序，查禁卖淫嫖娼）统一行动，推进“严打”斗争。长沙市3—10月连续开展“金剑行动”“畅安工程”“正风行动”3次专项行动。公安部门摧毁犯罪团伙1427个，逮捕2195人，破案率75%，比1992年提高13.1个百分点。检察机关批捕各类刑事案件1647起2738人，审结1564起2598人。法院审结刑事案件1800起，判决2396人，确保社会治安大局稳定。1994—1995

年，围绕创建社会治安模范城市目标，全市政法机关先后开展零点行动、夏季攻势侦破大会战等打击各类刑事犯罪，长沙市社会治安状况得以改善，大案要案发生率下降31%。

1996年，重点突出“打团伙、扫毒品、追逃犯”“打击枪械犯罪”，加强对社会枪支弹药管理，开展6次全市性的统一搜捕行动，破获各类刑事案件9807起，追捕各类逃犯766名，抓获各类违法犯罪疑人5.18万人；1997年，开展“破大、打恶、追逃”、扫毒、打击带黑社会性质犯罪等专项斗争和反扒专项行动，破获各类刑事案件8952起，摧毁各类犯罪团伙1331个，追回逃犯372名，抓获各类违法犯罪嫌疑人4.05万名。同时，做到快捕快诉、快审快结，全年公开审理1909起案件，开展6次集中统一宣判活动。

1998年，开展春季严打整治行动、“一稳定、二打击、三整治”集中统一行动、夏季严打整治行动、侦破打击及安全防范百日大会战；1999年，开展春季严打攻势、追逃专项斗争和严打整治行动；2000年，开展“打拐”（即打击拐卖儿童、妇女犯罪）、“两扫一除”、“六打一整治”等集中统一行动。全市立各类刑事案件2.94万起，破获1.41万起，逮捕3286人，起诉2148件3495人，审结刑事案件2727件。

2001年，长沙市开展春雷行动、追逃行动和扫毒禁毒等专项行动，初步破获由公安部督办的侯某某、张某某、杨某、廖某某、吴某某等涉黑犯罪组织、团伙案，张某某、冯某非法拘禁案等8起案件。2002年，开展风暴行动、“五反一打”（反盗窃、反暴力恐怖、反消防火灾、反重大交通事故、反吸毒贩毒，严厉打击爆炸、抢劫、杀人等现行犯罪分子）、打击“两抢”（抢劫、抢夺）、追逃行动、禁毒专项斗争等专项行动，破获公安部、省公安厅挂牌督办的14起涉黑涉恶案件。

2003年，长沙市着手建立健全严打经常性工作机制，加大对严重暴力犯罪、黑恶犯罪和“两抢”等突出犯罪的打击力度，发动“泰山行动·春雷战役”“夏季攻势”“年终防控战役”等专项行动，摧毁黑恶势力犯罪团伙；利用综合治理工作网络，协助控制非典型性肺炎疫情，打击利用疫情的违法犯罪活动。2004年，以“命案侦破”“打击两抢两盗（抢劫、抢夺，入室盗窃、盗窃机动车）”“查禁黄赌毒和整改隐患”为重点，开展“天网一号”“天网二号”“天网创安”专项行动。2006年，首推打防“两抢一盗”新机制，全市刑事发案率比2005年下降15.4%，其中“两抢一盗”发案率比2005年下降33.7%。2009年，开展抢劫、抢夺、盗窃案件集中侦破，打黑除恶，打击黑恶势力、整治重点地区社会治安、整顿危爆物品管理、整治黄赌毒现象等专项行动。2010年，在清查流动人口、出租房屋、重点对象、从业人员、危爆物品，打击流窜犯罪行动基础上，开展打黑除恶、命案侦破、禁毒战争、治爆缉枪、“黄赌毒”查禁等系列行动，破获“7·21”机场大巴纵火案和“7·30”芙蓉区东屯渡国税分局爆炸案。2012年，开展“冬季铁锤”、“春季攻势”、“雷霆行动”、打防盗窃犯罪、打“四黑”（黑作坊、黑工厂、黑市场、黑窝点）、“除四害”（害百姓、害家庭、害社会、害国家）等专项行动，集中整治社会治安突出问题和安全隐患，提升长沙社会治安打防管控能力。

三、打击严重经济犯罪

1988年，建立经济罪案线索通报联席会议制度和移送经济犯罪线索的案件移送制度，形成打击严重经济犯罪的整体网络，全年立案侦查经济犯罪案件601件，挽回经济损失755万元。

1990年，侦破破坏经济秩序的违法犯罪案件36起；破获内盗案件2396起，抓获内盗分子3100余人，破获企业内重大诈骗等破坏生产大案310起，查处78件纠缠、恐吓、伤害负责人事件。1992年，查处侵犯企业领导人人身自由合法权益和因报复而损坏公物案件65起。

1993年，受理各类经济犯罪案件959起，立案侦查317件（其中大案要案209件），侦查终结257件；审结一审经济纠纷案件6764件，结案诉讼标的总额11亿余元。

1994年，立案侦查贪污贿赂等经济犯罪大案要案525件，审结一审经济纠纷案件6117件，结案标的总金额16亿余元。

1995年，受理经济犯罪案件线索1564件，立案侦查各类经济罪案348件，为国家和集体挽回经济损失4128万元；受理一审经济纠纷案件6970件，审结5854件，结案诉讼标的总金额13.2亿元；重点审理贪污、贿赂、挪用公款犯罪案件197件265人。

1996—1997年，立案侦查各类经济犯罪案件647件，为国家和集体挽回直接经济损失1.09亿余元；审结贪污、贿赂等经济犯罪案件112件，各类诈骗犯罪案件113件。

1998年，立案侦查贪污、贿赂、挪用公款等经济犯罪案件164件，侦结155件，为国家和集体特别是困难企业挽回经济损失2468万元；对某钢铁公司原董事长宋某某受贿、某商场原总经理谭某某受贿贪污、某公司原经理卢某某受贿等有影响的大案要案进行公开审理。

1999年，加大打击经济犯罪和职务犯罪活动力度，为国家追回税款入库2000万余元；开展防范和化解金融风险专项审判活动，审结农村合作基金会、乡镇企业基金会、供销社（社员）股金服务部（简称“两会一部”）案件4309件，执行3085件，实际收回资金1.1亿元；立案查处贪污、贿赂、渎职等职务犯罪嫌疑人220人，为国家和集体挽回直接经济损失3610万元。

2000年，立案侦查贪污、贿赂等职务犯罪案件159件201人，其中大案119件，要案35件，为国家和集体挽回经济损失1.6亿元。

2001年，打击制售伪劣商品、制贩假币、金融说证券犯罪、传销活动、走私贩私及涉税犯罪等专项活动。开展经济犯罪大要案审理，确保依法、从快审结。

2008年，经济犯罪案件立案246起，审结民商事案件2.6万件，行政诉讼案件347件；加大执行工作力度，确保判决执行到位；立案侦查涉嫌职务犯罪人员190人。

2010年，依法打击经济犯罪390起；立案侦查贪污贿赂犯罪案123件140人，挽回直接经济损失2305万元；查处职务犯罪案件131件164人。

2011年，打击金融诈骗、合同诈骗、偷税漏税、职务侵占、商业贿赂、侵吞国有资产等经济违法犯罪活动，挽回经济损失39.17亿元；严肃查处受贿、徇私舞弊、滥用职权、玩忽职守等各类贪污贿赂、渎职犯罪。

2012年，开展打击经济犯罪的破案会战，查办商业贿赂、金融犯罪等经济犯罪案件，为企业和群众挽回经济损失15亿余元；开展职务犯罪预防，查办重大项目建设职务犯罪案件，开展查办涉农惠农领域贪污贿赂犯罪、危害民生民利渎职侵权犯罪专项行动，加大查办农村基础设施建设、生态环境保护、国家惠农补贴等方面的职务犯罪力度，立案查办职务犯罪案件120件164人。

四、履行服务经济建设职能

1988年，围绕全市经济发展大局发挥职能服务经济建设。以保卫改革开放和经济建设为根本任务，建立多部门参加的联席会议制度，重点打击以贪污、受贿、偷税、抗税、投机倒把等经济犯罪活动。立案查处各类经济犯罪212起，判处159件。1998年，开展“援百家企业，助千个家庭”活动。1999年，继续开展“护航工程”“维权工程”“援百家企业，助千个家庭”法律服务活动，对国有企业实行法律服务挂牌保护，开通“148”法律服务专用电话。

2000 年，发布《关于加强为全市重点建设工程建设服务的通知》，依法处置集体阻工等群体性事件，集中时间、警力查处和侦破重点工程建设中发生的治安、刑事案件；依法查处重点工程建设发生的贪污、挪用、侵占等经济犯罪案件；发挥审判职能，服务重点工程建设。

2002 年，成立长沙市优化经济环境工作小组，研究部署政法系统优化经济环境工作；5 月，组织专门调研组，开展座谈 10 场（次），听取意见和建议；6 月 11 日，提出“开展优化经济环境集中教育活动；取消罚没指标和创收指标、落实‘罚没款项不再留存，直接全额上缴财政，行政开支由财政拨款’政策，检查企业反映的执法不公案件并建立健全优化经济环境的长效机制，把握整顿规范市场经济秩序的法律政策以发挥政法机关职能；改革完善行政审批制度以推进管理职能的转变”等 5 项措施，发布《中共长沙市委政法委员会关于优化经济环境服务的意见》。开展政法机关领导干部定点联系 1~2 个企业活动；分别对 2001 年 1 月—2002 年 3 月的问题进行自清自查。建立统一收费中心，严格实行收缴、罚缴分离制度，推行内部财务统管制度。清理各类收费项目，坪塘监狱放弃 5 项上级批准的收费项目，长桥劳教所取消戒毒费的收取；对缺乏法律依据，不符合 WTO（世界贸易组织）运行规则的行政审批事项，分别予以退出、下放和取消。3 次召开案件督办讲评会，就优化经济环境的案件发督办公函 65 件（次），答复 64 件（次），责成办案单位退回违规查扣财物近 200 万元。

2003 年，发布《关于进一步优化法制环境工作实施意见》，全年接办优化经济发展环境案件 43 件，所有交办案件全部督办答复。

2008 年，根据“科学发展、创业富民”精神，按照行业分布、规模大小比例适当、兼顾各种所有制的原则，制定“科学发展、法律服务”企业联系点工作制度，确定市委政法委和市中级人民法院、市检察院，以及市公安局、市司法局为企业联系点责任单位，中联重工科技发展有限公司等 37 家企业列为联系对象，为联系点企业提供直接的法律服务；12 月，召开联点责任单位专题会议，集中走访联点企业，听取各联点企业意见和建议。次年，发布《关于政法工作服务经济发展的若干意见》《关于政法工作服务农村改革发展的意见》，制定相应实施办法，推出“百名法官联百企”、农村基层政法单位服务农村工作队等举措。2011 年，帮扶企业 1223 家，化解矛盾纠纷 4000 余起，解决企业实际问题 3829 个。

2012 年，继续开展打击、查办经济犯罪和职务犯罪工作，并开展服务经济发展的“211”工程（全市政法系统对口联系、服务 200 家重点企业、100 个重点工程和 100 个重点项目）；全市政法各级各单位开展对口联系服务活动，法院系统开展“送法上项目”，加快国家、省、市重点工程建设征拆案件审理，平均审限缩短 15.6 天；开展检察官“四走进”活动，为企业、乡村、社区、学校提供针对性服务；进一步优化窗口服务质量，创新治安管理服务；深化法律服务，完善中小企业法律服务平台，推进法律进企业活动；全市律师参与政府招商引资、经贸谈判 1788 次，办理法律援助案件 2448 件。

五、整治社会治安秩序

1988 年，长沙市通过依法从重从严打击刑事犯罪的方式对社会治安秩序进行整治。全年破获各类刑事案件 8728 起，其中，属重、特大案件 1083 起，依法判刑 813 人。1989 年，开展反盗扒、除“六害”（卖淫嫖娼、制作贩卖传播淫秽物品、拐卖妇女儿童、私种吸食贩运毒品、聚众赌博、利用封建迷信骗财害人）专项斗争，打击偷盗扒窃、卖淫嫖娼、制作贩卖传播淫秽物品、拐卖妇女儿童、私种贩运吸食毒品、聚众赌博和利用封建迷信骗财害人等犯罪活动，长沙市及各区、县均成立主要党政领导挂帅的领导小组，组建有政法、民政、宣传等部门人员参加的专业队伍，开展 4 次联合行动，破获盗扒、“六害”刑事案件 3534 起，摧毁各类刑事犯罪团伙 307 个，收缴 127.66 万元赃款及 193.41 万元的赃物折款，缴获淫秽、封建迷信物品、枪支弹药及毒品若干。

1990 年，整治东区车站广场、向韶村，西区的大西门烟草市场等重点地区的治安状况；1991 年，整治火车站、渫湾镇广场等 30 个乱源较多的重点地区和单位，使其刑事、治安案件发案率分别比上年下降 36%和 28%；1992 年，按照划块包干、公级负责的原则，整治 36 个治安重点地区，其刑事、治安案件发案率分别比上年下降 20%和 30%。

1993 年，对社会治安秩序进行集中整治和专项整治，省、市联合成立整顿车站地区治安秩序协调小组和办公室，从公安、铁路等近 10 个部门抽调专人，在火车站、汽车东站、火车站广场、广场前面的车站路一段，清流子、打贩子、理车子、治摊子，清理外流人员 8000 余人次，查获违法犯罪人员 4000 余名，破获刑事案件 200 余起，抓获处理票贩子 850 名；浏阳市组成 80 余人的工作队，对治安问题比较严重的半边山淘金地区，分阶段进行重点治理，依法打击处理 51 起刑事案件和 58 名违法犯罪人员。开展“畅安工程”专项斗争，对市区 13 条主干道、10 个主要路口、5 处广场、2 座桥、4 个入城口以及 107 国道、319 国道、省道的重点路段进行全面整治。

1994 年，长沙市选派 2409 人，在重点地区设立 30 个常设综合治理办公室，对长沙市 30 个重点地区（地段）和各区县（市）自行确定的重点地区进行集中整治；次年，再次开展农村社会治安集中整治专项行动。

1996 年，长沙市开展对重点地区、复杂路段治安，高校校园及周边治安环境，以及企业治安环境专项整治。1997 年，对星沙、大围山等 109 个重点部位、29 个重点乡镇、100 个重点村（街）、35 个重点地段进行重点治理，对高校治安秩序及周边环境进行集中整顿，加大治安、交通、消防管理和社会面的控制力度，持续开展清理整顿枪支弹药、民用爆炸物品等专项整治工作。

1998 年，对高校、企业、部队驻地、长途汽车站、省道国道等重点单位、地区、路段进行集中整治。1999 年，开展重点单位、部队驻地周边环境整治，汽车东站、南站、西站和农村重点乡镇的集中整治以及城市管理综合整治工作；开展以创建“平安大道”为目标的域内国道、省道治安秩序的专项整治；开展学校内外环境综合整治，长沙市获“全省学校治安综合治理先进单位”称号。2000 年，专项整治学校内外环境，拆除学校周边违章建筑 110 处 1.6 万余平方米，解决影响学校环境卫生、交通秩序的突出问题 343 个，清查取缔学校周边游戏室、桌球室、卡拉 OK 室、歌舞厅、录像厅、网吧等娱乐场所 1429 家，查破侵害师生的刑事、治安案件 892 起。

2001 年，集中整治治安问题比较突出的“一港”（长沙港）、“二场”（高桥、红星大市场）、“三点”（宁乡道林、浏阳大瑶、城区奎塘）、“四站”（汽车东站、南站、西站和长沙火车站）。2002 年，组建公安城管执法支队，加强城市整治工作；对 23 个重点地区进行挂牌整治，同时对学校、企业周边环境予以整治。

2003 年，挂牌整治 6 个地下私彩活动突出的地方、黄赌问题较为严重的地区；开展禁毒专项整治，破获各类毒品案件 2978 起。全市 5 个城区全部摘除“禁毒整治帽”；开展加强安全生产、交通、消防隐患整治，组织禁娼、禁赌和打击非法出版物专项斗争，清理收缴危爆物品和剧毒化学品，减少治安乱源。2004 年，通过党政牵头、条块结合、部门联动、集中排查、重点督办等办法，集中整治烈士公园、汽车西站等治安重点地区和地下六合彩、黑网吧、客运市场非法营运问题；发布《关于禁止扰乱国家机关工作秩序和阻塞道路、铁路交通的通告》，维护党政机关工作秩序和道路交通秩序。2005 年，火车站及周边地区治安秩序整治工作在全省整治考核中排名第一；学校及周边治安综合治理工作受到省综治委推介。

2006年，开展道路交通秩序专项整治、消防安全“铁拳整治”行动、学校及周边环境治安治理、打击“三电一铁”（电力、电信、广播电视和铁路）专项行动、对“黄赌毒”问题的专项治理。按照“打防结合、预防为主”方针提高社会治安整体防控能力；首推打防“二抢一盗”新机制，在全国各大中城市刑事发案率升高的形势下，长沙市刑事发案率却比2005年下降15.4%。2007年，开展排查整治农村治安专项工作，对55个重点地区进行治安整治。2008年，整治重点地区（问题）203个。2009年，对芙蓉区马王堆集贸市场周边地区等80余个治安复杂地区进行重点整治，消除治安乱源；对3家重大火灾隐患单位实行挂牌督办，全市火灾事故比2008年下降30.1%；开展“水电油气”“三电一铁”和对学校、市场、车站等重点场所的安全隐患专项整治行动20余次。

2010年，围绕整治重点，进行集中整治，排查治安问题或重大安全隐患122个。

2011年，开展“五清五洗五整治”（清洗路面、墙面、死角、脏车、公共设施，清垃圾、下水道、绿化带、牛皮癣、楼顶楼道堆物，整治渣土扬尘）大行动和城市社区环境综合整治，改善市容环境；开展食品安全专项整治，检查食品生产经营单位5.8万家，责令整改3177家，取缔94家，查处违法案件225起；开展“百日治乱”、“文明创建迎检，交通疏堵保畅”、打击非法营运等专项整治行动，道路畅通率提高18.9%，交通治堵满意率87.97%。

2012年，实行一季一排查、一季一验收，动态进行警示、挂牌、摘牌分类管理，集中整治56个城乡结合街道、社区突出治安问题和隐患。

六、建设治安防控体系

1988年，长沙市在治安防控方面，提出“看好自己的门、管好自己的人、办好自己的事”的要求，并着手组建多层次治安防范网络。1989年，在开展“反扒盗除六害”的同时，企业、学校、街道居委会相继成立护厂队、护校队、联防队，加强巡逻，维护治安。北区望麓园街道办事处成立离退休人员治安联防义务执勤委员会，离退休干部、工人参与治安管理。1990年，全市有经济民警、保卫干部4400余名和护厂、护校、护院、护店、护栋队人员1.1万余名；联防队112个2000余人，设哨卡、岗亭、执勤点116个；组织1.82万名离退休老同志参加义务巡逻执勤，重点守护僻街小巷和高层楼房、居民庭院的安全。1991年，全市由5100名内保单位保卫干部、经济民警队伍和1.1万名离退休人员组成的治安执勤队伍，查获违法获罪人员2.3万人次，协助公安机关破获案件。1992年，全市高层居民楼房看门守栋制度、农户连户联防制度得到落实的同时，开展创无刑事案件、无犯罪人员（指现行犯罪人员）、无群众性闹事械斗村（以下简称“三无”）和居委会活动，全年“三无”村和居委会占49%。1993年，加强社会面的控制和公共场所的治安管理，从10月1日起，市防暴（巡警）支队组织300名巡警在五一路、韶山路、八一路实行综合执法，同时落实单位内部治理，列管1304个内部单位未发生刑事案件。1994年，市防暴（巡逻）支队500名干警在城区主要马路上巡逻执勤，48个治安亭全部投入使用，街面治安秩序和夜间交通秩序得到有效控制。1995年，新建乡镇派出所56个，治保会、民调会、巡逻队为主体的群防群治网络进一步健全完善。1996年，开通“110”报警服务中心，在4县（市）国道、省道沿线兴建警务站15个，在城区建立停车场265个。1999年，坚持“打防结合，预防为主”方针，加强安全防范、刑释解教、流动人口管理和普法依法治理工作，市公安局全球卫星定位系统（GPS）投入使用，开展基层安全防范工程建设。

2001年，加强基层治安防控网络建设；2004年着手建立社区、街面、卡口、单位4个层面的防控网络。在基本形成人防、物防、技防相结合的社会面警戒体系的基础上，开始构建以政法机关为主体，以群防群治力量为依托，以社区、街面、卡口、单位防控为基础，以信息技术和现代科技为支持的大防控格局。推进社区警务战略，全面落实一区双警、一区多警；健全社区动态警务、警民互动警务、警情通报制度，全市建警务室若干个，配齐社区民警若干名，超过省公安厅所定标准26%，并统一社区警务室、外观标识、设施设备和工作台账，健全和落实明责减荷、工作补助、职能考核、责任倒查机制，确保社区民警开展社区警务工作；充实巡警等路面警种巡逻警力，强化各警种和基层公安机关的巡逻防控责任，建立市、区县（市）、派出所和社区四级防控体制，以防“两抢”为主，对防控责任区的发案情况实行一旬一通报、一月一排名，对连续2个月排在末位的单位实施责任查究，对其主要负责人诫勉谈话。

2006年10月1日，《长沙市治安巡防队组建与管理办法》实施，全市组建专职治安巡防队，巡逻守点，看门守栋。2009年，在雨花区砂子塘街道成功试点的基础上，全市利用驻长单位传达室、保卫室、沿街门店资源，在各社区（村）主要道路、背街小巷、重点单位建设社区（村）治安巡防站（点），每个站点做到有1盏警灯、有1套制度、有1块牌子、有1本工作记录、有1个报警电话、有1张巡防图表，以巡防站（点）为中心，形成全市社会治安防控网络。推广基层“五老（即老干部、老党员、老教师、老模范、老军人）维稳协会”“红袖章工程”和组织十店联防、设立治安中心户等工作经验，形成全社会支持、关心和参与群防群治局面。

2008年，发布《关于加强公共安全技术防范建设的意见》《长沙市城市治安电子防控系统建设工作方案》，推进全市电子防控建设。至2010年，全市建成区县（市）二级监控中心、三级监控平台若干个，超额完成省里下达的建设任务；全市各级党政机关、1170家金融网点单位和30处标志性建筑，均安装电子监控系统；全市社会单位配置电子监控探头，各大中型医院、大中专学校实现24小时监控，70%的居民小区安装楼宇对讲、红外报警和电子监控系统。全市形成“纵向贯通、横向集成、信息互通、资源共享、技术兼容、系统完善、经济适用、运行高效”的技术防范网络。

2011年，加强网格化管理和信息化支撑的力度，逐步推广网格化管理模式（每个网格按照“1+7+X”网格力量配备模式，分别代表一个网格一个党组织，网格管理员、网格警员、网格助理员、网格督导员、网格司法员、网格党支部书记、网格消防员7种网格工作力量和网格公众参与力量，社区管理、社会治安、人口管理、公共服务、基层党建、信息采集、矛盾调处、社会参与8大项、39中项、147小项综合管理服务职能集中到网格），以网格管理服务带动社会管理服务；建立市、县、乡三级网上办事大厅，推进社会事务网上办理、投资项目网上申报、行政许可网上审批，全市行政许可项目100%实现在线审批，行政审批时限压缩60%以上。

2012年，出台《长沙市社会管理法治化实施纲要》《长沙市城市管理条例》，健全应急管理机制，强化“一网四库”（应急组织体系网及应急救援队伍数据库、救援专家数据库、应急物资储备数据库、突发事件典型案例库）。

七、基层平安创建

1991年起，全市4县（市）和郊区在各乡镇基层开展“三评一帮”（评双文明户、“五好”家庭、遵纪守法户，帮教有违法行为人员）活动。1992年，长沙县、宁乡县、望城县、浏阳市和郊区参加“三评一帮”活动的农户101.38万户。

1994年，制定创建治安模范城市规划，以“社会政治稳定，治安秩序良好，交通秩序好转，法制观念增强，基层防范落实，群众安全放心”为创建目标，突出抓好“道路安全畅通、整顿亭棚摊点、清理整顿流动人口与暂住人口、整顿文化娱乐场所、治理重点地区、化解各种社会矛盾”6项工作。1995年

3月，出台《关于在全市开展创建治安模范单位、治安模范小区和治安模范乡镇活动的报告》，开展以创建安全文明小区、安全文明单位和安全文明乡镇（以下简称“三创”）为主体的系列安全文明创建活动，授予“治安模范单位”456个，“治安模范小区”109个，“治安模范乡镇”29个。1996年，针对全市基层基础工作的薄弱环节，配齐配强乡镇、街道专抓社会治安综合治理工作的副职，加强以基层党支部为核心的配套组织建设以及全市的群防群治队伍建设。全市评出治安模范的单位907个、小区257个、乡镇64个，基本实现创建治安模范城市的目标。长沙市被评为“1993—1996年度全国社会治安综合治理优秀单位”，望城县被评为“全国社会治安综合治理先进集体”。

1997年年初，全市9个区县（市）和12条战线均有一位领导、一个班子、一支队伍抓“三创”工作，各级党政领导办联系“三创”活动示范点57个，21个部门共同参与，全市11个小区、10个单位和9个村镇进入全省先进行列，25个小区、17个乡镇（街道）和75个单位分别成为市级安全文明小区、乡镇（街道）和单位。1998年，在到基层进行分类指导的同时，采取自我检查，交叉检查，典型引路，评比表彰，邀请人大代表、政协委员视察等方法，推进“三创”工作，市级安全文明小区、单位、乡镇（街道）分别是142个、367个和16个；芙蓉区、望城县、天心区进入全省28个社会治安综合治理先进县（市）行列。1999年，创建安全文明小区、单位、乡镇（街道）分别为75个、298个、26个，安全文明小区、单位、乡镇（街道）复查不合格者则取消其称号并摘牌。2000年，考核复查后，摘除23个单位市级文明单位匾牌，9个单位实行“一票否决”，17个单位实行“黄牌警告”，全市安全文明小区、单位、乡镇（街道）分别为278个854个72个；天心区、开福区、芙蓉区开展创建星级安全文明小区、单位、乡镇（街道）、村（居）委会活动。2001年初，发布《关于进一步加强社会治安综合治理基层基础工作的意见》，全市174个乡镇（街道）均设立综治办、派出所、司法所、矛盾纠纷调解中心，社区（村）设综治办、治保会、调委会、巡逻队，村居民小组配置综治小组长、综治信息员、义务调解员，内部单位设综治领导小组和综治办；获安全文明小区、单位和乡镇（街道）称号分别为28个、40个和13个，同时有5个单位、乡镇（街道）被取消安全文明称号；全市普遍开展119安全社区、无毒社区、交通安全村特色创建活动。至2002年，涌现出德政园、咸嘉新村、天剑、廖家湾、东风一村等全省乃至全国安全文明社区。

2002年9月，专门负责治安巡逻的城市社区和农村乡镇专职治安巡防队组建完成并开始运作。2003年年底，组建专职治安巡防队伍428支3894人，建立义务治安巡防队1471支，并建立刑释解教人员安置帮教小组、吸毒人员帮教小组，全市所有乡镇（街道）都设立综治维稳中心。

2002年，长沙市提出“平安长沙”建设工作目标。2003年，发布《关于进一步开展社会治安综合治理基层安全创建活动的意见》，掀起新的创安活动高潮，于年底评审出“平安乡镇（街道）”18个、“平安社区”36个、“平安单位”25个。2004年，长沙市全面铺开平安区县（市）、乡镇（街道）、社区、单位创建活动；发布《关于切实加强社会治安综合治理基层基础工作的实施意见》，再次对区县（市）、乡镇（街道）综治办的机构设置、人员配置作出规定，着力基层维稳中心建设，加强治安巡防队伍管理，完善社区警务，完善考核考察计分奖励、综合评估排名等制度；是年，长沙市被评为“全国社会治安综合治理优秀地市”，天心区被评为“全国社会治安综合治理先进集体”。2006年，长沙市发布《关于在社区（村）平安建设中实行“四为主”，构建“六张网”，组织“八大员”，携手“创十无”的实施意见》，实施“46810”工程。乡镇（街道）以社区（村）为主、社区（村）以楼栋（组）为主、单位以法人为主、家庭以户主为主（“四为主”），落实创安主体责任；建立治安防控网、流动人口和出租房屋管理服务网、刑释解教人员安置帮教网、矛盾纠纷排查调处网、安全稳定督查网、法律援助服务网（“六张网”），保障各项措施落到实处；在每个社区（村）组建警员、治保员、治安巡防队员、治安维稳信息员、消防安全员、人民调解员、法制宣传员、出租房屋和流动人口协管员八支队伍（“八大员”），实现无影响社会稳定事件、无重大治安和安全责任事件、无流动人口和出租房屋漏管现象、无邪教活动、无黄赌毒、无重特大刑事犯罪案件、无青少年违法犯罪、无刑释解教人员重新犯罪、无严重家庭暴力、无重大民转刑案件（“十无”）的目标。是年，全市组建起10万余人的“八大员”基层队伍，增强对违法犯罪的控制力度，刑事发案率比上年下降15.4%，82%的乡镇（街道）、93%的社区（村）和单位达到平安创建标准。长沙市在全省14个市州社会治安综合治理考核再次排名第一名。2007年，开展农村平安建设专项排查，重点整治25个治安问题突出的地区，化解24起重大矛盾纠纷，整顿6个软弱涣散的村级组织。2008年，政法综治系统内实施“百千万”（百个支部联社区，千条措施便群众，万名干部促和谐）工程，进一步加强“46810”工程和农村平安建设，全市平安建设覆盖率100%，92%的乡镇（街道）、93%的社区（村）、95%的行业单位达到平安建设标准，20个乡镇（街道）、66个社区（村）和62个单位成为全市平安示范标杆。

2009年，发布《关于进一步发挥基层党组织在社会治安综合治理工作中的作用的意见》，各区县（市）成立综治办为常设办公机构，乡镇（街道）成立综治委和综治中心，各社区（村）均成立综治工作站、调委会和治保会，配齐配强领导和工作力量，乡镇（街道）派出所所长进党（工）委班子，社区（村）警长进社区（村）支部班子；发布《长沙市平安志愿者组建方案》，组建全市平安志愿者队伍10万余人。是年，长沙市被授予“2005—2008年度全国社会治安综合治理优秀地市”。

2009年，长沙市发布《关于建设平安和谐模范城市的意见》，提出用4年时间，分步骤分阶段将长沙建设成为平安和谐模范城市。2010年，在推进基层平安建设方面，继续深化公众安全满意工程，开展基层“四个十佳”创建和“平安村”“平安组”“平安屋场”创建活动，推动“平安十进”，营造平安发展环境；长沙市再次蝉联全省综治工作先进市州。2012年，拓展平安行业建设领域，在原有十大平安行业建设基础上，增加平安市场、平安园区和平安寺院教堂的建设；长沙市被中央政法委评为“优秀调研联系点”。

第三节 维护社会和谐

一、排解矛盾纠纷

1989年6月后，长沙市贯彻落实《人民调解委员会组织条例》（以下简称《条例》）精神，制定基层司法行政工作目标管理制度，开展人民调解方面工作。1990年，调解民间纠纷3.26万起，成功率96.6%。1991年，全市调解民间纠纷4.08万起，调解成功率89.3%，防止民事转刑事案件409起。1992年，全市发生3.9万起民间纠纷，调处率和成功率分别为98.2%和96.5%。1993年，全市调处各类民事纠纷3.41万起，成功率94.3%；防止纠纷引起的自杀540起764人，防止民事转刑事案件774起1159人。1994年，全市调处各类民间纠纷2.26万起，防止民间纠纷激化事件1992起，防止械斗186起，调处成功率97%。1995年，基层人民调解组织调解纠纷4.02万起，防止纠纷激化事件2469起；1997年，调解各类民间纠纷3.7万余起。

2000年，按照“谁主管谁负责，谁管辖谁处理”的原则，建立对重点突出问题采取“一个问题，一名领导、一套方案、一个班子、一抓到底”的排查化解机制，对矛盾纠纷实行“一月一排查”“一月一台账”“一月一例会”“一月一交办”“一月一督查”的日常运作机制。2001年，将日常运作机制调整为“一月一排查、一月一例会、一月一交办、一月一督查、一旬一通报”，逐一落实解决问题的责任领导、责任部门和责任人，采取定期排查、专题调查以及重点时段大排查相结合方式。

2005年，建立和完善社会和谐月例制度和化解矛盾纠纷的销号制度，采取日常排查、专项排查和集中排查相结合的方式，建立问题专门台账，开展对长沙个别企业发生的群体性事件的化解工作。2006年，建立健全矛盾纠纷排查调处联席会议制度、不稳定因素定期分析研判制度、重大矛盾纠纷和群体性事件隐患预警通报制度、领导包案工作制度及挂牌督办制度；各级各部门调解矛盾纠纷成功率97.4%。2007年，坚持日常排查、专项排查和全面排查相结合，对问题逐一设立台账，健全基层排查调处网络，发挥人民调解、行政调解、司法调解（以下简称“三调”）作用。

2008年，制定《长沙市人民调解委员会驻派出所调解室工作细则》《长沙市社会矛盾调处中心工作细则》，发布《关于建立刑事和解人民调解联动机制的实施办法（试行）》，全面规范和落实人民调解驻所、驻院调解，完善健全诉前、诉中调解与刑事和解制度，构建基层司法、公安、检察、法院化解矛盾纠纷的联动网络平台，各区县（市）办公场所、人员机构、调解程序对接，实现“三调”良性互动，降低诉讼成本；拓宽调解领域，成立人民调解驻医院、驻消费者协会调解室。全年调处各类矛盾纠纷3.34万起。2009年，开展“科学发展问计”和“科学发展四争先”（解放思想要争先、解决问题要争先、创新体制要争先、改进作风要争先）活动、“政法创新问计于民”大型调查活动，听取解决群众反映的难题和合理诉求；统一人民调解、司法调解和行政调解相结合的“三调”联动操作规程、工作模式以及工作流程、岗位职责以及调解室名称，全市建立驻派出所调解室85个，驻人民法院调解室11个，驻人民检察调解室8个，社会矛盾调处中心166个，在二级以上医院全面推行人民调解驻医院工作，培育雨花区东塘街道驻省第二人民医院调解室、雨花亭街道驻市中心医院调解室等工作典型。2010年，构建市、区县（市）、乡镇（街道）、村（社区）、楼栋（组）五级网络，人民调解、行政调解、司法调解联动（以下简称“五级三调”）的社会矛盾化解大格局，区县（市）和169个乡镇（街道）均建立社会矛盾调处中心，建立1868个村（社区）调委会、2.83万个村（居）民调解小组，选聘279人充实到调解员队伍；建驻公安派出所、法院（法庭）、检察院、医院调解室193个；重点在国土、交通、环境保护、知识产权保护等部门设立人民调解室，推进行政调解与人民调解的衔接互动；探索诉调、检调、警调对接方式方法和工作机制，完善司法调解机制。2011—2012年，健全完善“五级三调”网络，推进领导带头接访，加强区县（市）、街道（乡镇）两级社会矛盾调处中心规范化建设，出台《长沙市重大矛盾化解和群体性事件预警通报机制》，督促各地和各部门落实整改措施。

二、处理信访案件

1999年7月，长沙市成立维护稳定工作领导小组，办公室设在市委政法委。是年起，开展接待群众来信来访工作。

2004年开始，长沙市根据中共中央和中共湖南省委工作部署，对涉法涉诉上访问题进行集中处理。长沙市及各区县（市）均成立集中处理涉法涉诉上访问题工作领导小组和办事机构，按照“分级负责、归口管理”要求，坚持有错就改、公开公正、执法为民、依法治访原则进行处理，摸排出涉法涉诉上访案件706起，息访息诉678起，处理落实中央和省挂牌督办案件54起。建立以执法质量日常考核、重大案件跟踪督查督办、错案责任追究和司法公正联席会议制度为主要内容的案件质量保障机制，发布

《长沙市涉法涉诉上访案件办理规定（试行）》和《关于涉法涉诉上访案件报告销号的意见》规范性文件，中共湖南省委政法委予以推介。

2005 年，进一步规范涉法涉诉信访案件工作，落实案件质量保障机制、涉法涉诉上访问题预警处理机制、矛盾纠纷调处化解机制以及司法、行政、信访资源整合机制。全市摸排出 706 件涉法涉诉上访案件，集中进行处理，息访息诉 665 件，其中中央政法委、省联席会议办先后两批交办 20 件，办结 19 件；省涉法涉诉工作小组交办督办 38 件，办结 36 件；市委政法委挂牌督办 35 件，全部办结。协调处理重大疑难案件，对 8 起重点案件加大督办力度。法院和公安机关全面落实“开门接访”，市中级人民法院并专门增设立案二庭，提高处理涉法涉诉信访案件效率。

2006 年，按照“半月一调度，一月通报，一季一讲评”的工作机制，对涉法涉诉上访案件全面进行排查摸底，实行分级负责，归口管理。开展为期 3 个月的联合大接访，推进长沙市涉法涉诉上访处理工作。中央联席会议交办的 8 件进京非正常上访案件和省政法委交办的 24 件进京上访重点案件，分别全部办结；市集中处理涉法涉诉上访问题工作领导小组挂牌督办的 43 件涉法涉诉进京上访案件，办结 41 件，息访息诉 33 件。

2007 年，接待涉法涉诉来信来访 7425 人次，较 2006 年下降 10%。中央政法委和省政法委交办的 10 件进京非正常访案全部息访。涉法涉诉信访总量、到省进京非正常上访总量均下降。

2008 年，从抓早、抓小、抓源头入手，制定严格的信访接待和信访案件处理制度，到市涉法涉诉上访者比 2007 年下降 12.3%。是年 2 月开始，摸排重点案件 54 起，并将各单位自行摸排重点案件的信访措施落实情况逐一进行督查。与区县（市）签订责任书，中共中央政法委和中共湖南省委交办的 26 件涉法涉诉非正常重点上访案件全部息访。

2009 年，初步实现涉法涉诉信访情况计算机管理，对涉法涉诉到市来信来访情况和重复上访、到省上访、进京上访个案情况逐月通报，对涉法涉诉信访工作进行全面考核，把群众反映的问题解决在源头和萌芽状态，信访者比 2008 年下降 20.8%。是年，开展全市集中整治涉法涉诉信访突出问题百日行动，挂牌督办 43 起，办结率和回复率 100%；处理华康学校、石马铺公墓、中联重科知识产权保护等重点信访问题；强化息访专项行动，市本级设立 200 万元涉法涉诉信访救助基金。在全省涉法涉诉信访考核中，长沙市名列第一。

2010 年，实施快速积案摸排，安排专人定期调度，对积案录入进行全程指导，各区县（市）严格按标准甄别录入，做到不漏一案、不漏一人。全面开展调度督查，实行“一月一调度，一月一通报，半年一督查，一年一考核”工作制度，开展全面督查。出台《涉法涉诉信访案件公开听证办法》，加强执法规范化建设；发布《关于进一步加强和改进涉法涉诉信访工作的意见》《关于深入推进公正廉洁执法的若干意见》等文件，建立涉法涉诉信访风险评估预警机制，对执法办案可能引发涉法涉诉信访风险进行分析评估，制定预警处置方案。是年，召开市级听证会 18 次，对申诉的疑难复杂案件实行“阳光听证”，开展听证会 76 次，听取专家学者、基层组织、相关部门和当事人意见建议；加强救助，市级财政发放救助款 42 万元，救助生活困难案件 16 件 16 人，全部实现息访罢诉；各区县（市）设立救助基金 480 万元，救助案件 213 件，救助金额 224.7 万元。全市摸排涉法涉诉信访案件 275 件（其中进京访 108 件），息访办结案件 213 件（其中进京访 71 件）。

2011 年，落实领导接访和领导包案制度；发布《关于依法处置涉访违法犯罪行为的指导意见》，规范信访秩序，依法处置违法闹访。开展集中清理涉法涉诉信访案件专项行动，分系统、分地区双向交办，全市进京重复访案件全部办结息访。在涉法涉诉信访工作考核中，长沙在全省排名第一。

2012年，为化解信访积案，采取多级包案、强化责任，多方联动、强化协调，多元化解、强化措施和多层加压、强化督导的工作措施。中央政法委于3月发布《关于完善涉法涉诉信访终结机制的意见》后，30余件涉法涉诉信访积案被省级政法部门终结。加强涉法涉诉信访专家咨询，预防评估、约期接谈、司法救助、多元化解等长效机制。是年，中央政法委交长沙市办理的51件进京上访案件全部化解息访，进京上访案件化解率全省排名第一；全市到省进京上访案件化解108件，具有重大隐患的信访老户一并化解。

第四节 执法监督

一、规范执法执纪

1988—1998年，执法监督工作开展较少。

1998年，落实中央政法委《关于加强党委政法委执法监督工作的意见》精神，加大执法监督力度。开展执法执纪大检查，检查各类案件4978件，予以依法整改的案件1200余件。

2000年，发布《中共长沙市委政法委关于加强党内执法监督工作的若干规定》《中共长沙市委政法委执法监督室信访接待工作制度》《中共长沙市委政法委关于加强司法公正的有关措施》《中共长沙市委政法委关于政法机关为重点工作服务的通知》，全市两级政法委建立执法监督室，配齐配强执法监督人员。2001年，长沙市发布《关于进一步贯彻落实错案责任追究制度的意见》，为错案责任追究提供制度保障。2003年，发布《中共长沙市委政法委员会关于设立政法110的实施意见》，建立群众现场投诉举报政法干警的快速受理机制，严格规范全市政法干警现场执法行为；全面推行执法质量考评，重申《关于进一步贯彻落实错案责任追究制度的意见》《党内联合办公会议制度》《关于发放执法执纪督查通知书暂行办法》等规章制度。

2006年，着力建立健全执法规范化体系，从容易发生徇私枉法、权钱交易，违法违规办案，玩忽职守、执法不作为，地方、部门保护、违法干扰办案等现象的4个部门岗位和办事程序中的环节入手，查找执法不作为、执法乱作为、执法不规范、执法受干扰4个方面的问题；着力执法机制建设，健全以执法质量考评制度、重大案件跟踪督查督办制度和司法公正联席会议制度为主要内容的案件质量保障机制，完善和扩大审判公开、检务公开、警务公开、狱（所）务公开，从源头上减少执法的随意性，确保执法权力的有效行使；着力司法环境的改善，采取措施，防止地方和部门保护主义干扰政法部门执法的行为，加大对暴力抗法、袭警等藐视司法权威违法犯罪行为的打击处理力度。

2008年，细化执法操作规范，逐步实现自由裁量标准化、模糊问题明晰化、执法程序细节化、警务工作正规化，到市涉法涉诉上访同步下降12.3%；推进阳光执法，完善审务、检务、警务、狱（所）务公开制度和人民陪审员、人民监督员、执法监督员、形象监督员等制度，确保各项执法活动的民主、公开和公正；深化监督制约机制建设，发挥法律监督职能，推进党内执法监督工作，接受人大执法检查和政协民主监督工作，确保各项执法活动在监督下进行。

2009年，长沙市发布《关于贯彻落实宽严相济刑事司法政策的实施意见（试行）》《关于量刑规范化试点工作的实施意见》《关于依法严厉打击涉黑恶团伙违法犯罪活动的意见》《关于建立办理黑社会性质组织犯罪案件和恶势力团伙犯罪案件通报制度的工作意见》，统一宽严范围和标准，规范执法行为；

在原有政法各单位执法质量考评基础上，制定《关于进一步健全执法状况考评机制的指导意见》《长沙市政法机关重点案件评查工作制度》，组织全市政法机关开展深化和推进执法专项行动，强化监督；制定《〈关于建立人民法院执行工作联动威慑机制的若干意见〉的实施细则》。是年，全市清理有财产可执行积案2262起，执结标的21亿余元，执结率100%，执结各类重点案件（含特殊主体、特困主体、重复信访和政法委督办案件）507件，重点案件执结率100%；执结无财产可供执行积案7917件，占无财产可供执行积案的99.36%。

2010年，长沙市发布《关于深入推进公正廉洁执法的若干意见》《关于建立案例指导制度的指导意见》；建立案件质量综合评查体系，推行检务网上公开，完善执法责任制、网上执法办案制度、执法执勤资格考试制度等执法制度，完善执法状况考核评议制度等，执法机制进一步完善。

2011年，全面落实《量刑规范化试点工作方案》《量刑指导意见》《关于全面推进执法公开工作的实施意见》，实行立案、庭审、执行、听证、文书、审务“六公开”，建立健全反渎职侵权与行政执法相衔接、刑事和解“六对接”、回访帮教等机制，出台执法指导性文件以及城市道路车辆通行、停车管理等管理办法，在监管场所推行阳光执法，探索建立科学、简明、有效的执法考评指标体系；强化外部监督，开展“司法公正长沙行”活动，主动邀请人大代表、政协委员旁听有重大社会影响的案件审理。

2012年，发布《关于继续深入推进执法公开工作的通知》，将执法公开工作纳入考核内容，通过数字执法、阳光执法等形式，全面推进审务、检务、警务、狱（所）务公开。制定量刑规范化试点工作方案和具体实施细则，深化执法案件分段集约执行机制改革；创新案件管理机制，加强对执法办案的事前控制、事中审查和事后评查；开展以治理接处警不作为、有案不受理、办案乱作为、信息虚假采集为重点的治假灭假专项行动，建成184个专业化、规范化、集成化的执法办案区域。

二、开展执法执纪

1988年，开展反行贿受贿、贪赃枉法、侵犯人权斗争，严肃查处违法乱纪、执法犯法活动。1991年10月，集中整顿全市政法队伍，6493人次参加整顿，提出意见1351条，查办1227条。立违法违纪案件89起，涉及干警职工90人，查处70起31人。1992年5月，成立不适合从事政法工作人员清理调出工作领导小组，确定应调离对象101人，至年底调离66人。1993年，清理乱收费、乱摊派、乱罚款问题，清理各种自行收费项目25项，合计118万元；查处违法违纪干警50人，清理调出不适合从事政法工作人员25名。1994年，开展集中整顿教育活动，以解决严肃执法中存在的问题为重点，立违法违纪案件34起43人，23名干警被给予党纪、政纪处分，2人因触犯刑律被依法逮捕。1995年，查处各类违法违纪干警54人。1996年，围绕“内强素质，外树形象，团结协作，形成合力，确保稳定”的工作目标，从严治警，突出抓思想教育、领导班子建设、执法执纪监督、执法大检查、纪律作风整顿和制度建设。

1997年，开展政法队伍集中教育整顿和执法大检查，立案查处干警违法违纪案件26件32人，依法辞退不适合从事政法工作人员；充实和调整全市政法各家领导班子，各区县（市）交流调整26人，市直政法各部门调整177人，交流副科级以上干部177人。1998年，开展对全市9个区县（市）和市直政法部门87个执法单位检查，审阅各类案卷1868册，召开座谈会20次，走访群众200余人次，发现各类问题500余起，检查各类案件4978件，对有问题的1200余件案件督促依法予以整改，对67名责任人员督促部门分别给予刑事处分和党纪政纪处分。1999年，普遍实施警务公开、检务公开、审判公开为主要内容的阳光行动；开展执法大检查，抽查153个基层执法单位，审阅各类案件案卷2658卷，调查走访案件承办人、当事人和群众254人次，对125件有问题的案件督促进行纠正，发执法监督建议书9

份，督促处理42名责任人；全面调查各区县（市）党委政法委领导班子，对领导班子进行全面考察和重点整顿，交流调整各领导班子成员183人。2000年，采取非对口交叉的方式进行执法检查，重点为采取强制措施是否妥当，是否冤假错案，诉讼费、保证金和涉案财物的收取、扣押、保管和处理情况，是否存在超期羁押、超时限审理的情况，初查后未立案、立案后又撤案的情况，交通事故案件的处理情况，对1999年执法检查中查出的问题整改情况等，检查基层单位161个，查阅案卷3577卷，与干警座谈、走访当事人157名，发现各类问题358个，查办和督促纠正143起案件，并对重点问题进行挂牌督办，将检查情况予以通报。2001年，开展集中教育整顿，专项治理少数公安干警对待群众“冷硬横推”、执法不公不严、徇私枉法、乱用警牌、乱鸣警笛等问题，开展检察机关“争创五好处室”活动，开展法院系统“一教育三整顿”活动，开展司法行政机关执法执纪专项教育，开展国家安全机关忠诚教育；执法大检查集中整治超期羁押问题，督办纠正存有问题的案件。2002年，公安机关查摆问题1205个，整改1190个；在执法大检查中通报3起存在严重问题的案件；推出公安干警停职歇岗、分离培训、辞退处理等管理制度。

2003年，发布《中共长沙市委政法委员会关于设立政法110的实施意见》，建立群众现场投诉举报政法干警的快速受理机制，进一步规范全市政法干警现场执法行为；全面推行公安干警停职歇岗、分离培训、辞退处理等管理制度；推行执法质量考评，严格公正文明执法。

2005年，长沙市贯彻中央政法委在全国部署的“规范执法行为，促进执法公正”专项整改活动，层层动员，制定方案，抓好试点，对少数办案单位和少数干警执法不作为、执法乱作为、执法不规范、执法受干扰等重点问题进行整改。市公安部门重点整治接出警不及时、案件查处不得力、程序不规范、法律适用错误等问题；市检察院重点整改职务犯罪侦查、公诉、侦查监督、民事行政检察和控告申诉检察部门和环节；市法院重点整改审判流程管理、案件质量及超审限、执行难等问题，有的基层法院推出遴选法官和在执行工作中实行“限制高消费令”及“委托调查令”等做法；市司法局着重规范“减、假、保”、监所管理、法律服务市场等问题。是年，在全省14个市州政法各部门执法质量考核评比中，长沙市名列第一。

2006年，围绕“三零”（单位零事故、执法零过错、干警零违纪）目标，抓队伍规范化、正规化建设，93%的基层政法单位实现“三零”目标；修订完善公安干警停职歇岗、分离培训、辞退处理等制度。2007年，建立干警执法“三零”档案，开始试行全员绩效考核管理。2008年，推进“三零”目标管理工作，完善分类与分级、日常与集中、定性与定量考核相结合的全员绩效考核制度。2009年，全面实行“三零”目标管理，通报达标情况，责成未达标者说明原因；首次对全市各区县（市）政法委、法院、检察院、公安局领导班子建设和司法公正情况进行专项巡视，将巡视成果运用于公安基层领导班子的调整交流；开展“六个严禁”（严禁截留、坐支、挪用、调换涉案财物，严禁违反规定使用、借用、调用涉案财物，严禁扣押收缴与案件无关的财物，严禁返还性质尚未查明、权属有争议的涉案财物，严禁办案民警保管涉案财物，严禁违规收取保证金和以保代处）专项治理，将其印成卡片发放到干警个人，向社会公开各单位执法监督举报电话。

2010年，在继续执行“停职歇岗、分离培训、辞退除名”措施和“三零”目标管理的基础上，实施全员绩效考核，开展自查自纠，整改工作薄弱环节和群众反映强烈问题，从制度层面找漏洞、定对策，完善各项管理制度。2011年，落实“六个严禁”，开展“与群众恳谈对话，为群众排忧解难”活动，集中解决群众反映强烈的突出问题；落实领导干部重大事项报告、诫勉谈话及离任审计等制度。2012年，推进执法规范化建设，法院系统开展量刑规范化试点工作。检察系统加强对执法办案的审查工作。公安系统建成184个专业化、规范化、现代化的执法办案区域。开展落实“四个一律”（所有案件一律在办案区开展工作，进入办案区后一律采集信息，在办案区内一律有人看管，办案一律有录音录像）、“六个严禁”督查暗访，并将结果予以通报；发布《关于进一步加强全市政法机关纪律作风建设的意见》《2012年度全市政法机关纪律作风考核办法》《关于继续深入推进执法公开工作的通知》，规范执法行为。

三、督办督查案件

1988—1997年，因限于工作人员数量偏少，市委政法委对中央、省委、市委领导批示的案件进行督办、交办，对重大疑难案件协调办理的数量不多。

1998年，完成领导批示查处案件415件，研究协调重大疑难案件233件；对超期羁押、刑讯逼供等问题进行专项督查和个案督查，针对性地解决实际问题。1999年，督办各级领导批示查处案件231起，市委政法委督办的案件及时回复率100%，协调处理重大疑难案件93件；针对执法中存在的倾向性问题，组织对超期羁押、取保候审、如实立案等问题进行3次专项检查。2000年，市委政法委执法监督室督办各级领导批示案件76件，协调、研究各类案件47件，批转其他部门办理106件，出执法监督专报45期，发执法监督建议书11份，发执法监督通报2份，直接查办个案12件，对发生的错案进行追究并督促整改，对省、市各级领导批示的督办件答复率100%。2001年，督办各级领导批示案件70件，协调、研究疑难复杂案件67件。2002年，督办各类案件35件，批转依法处理56件，召开案件协调会议46次；全程跟踪公安部挂牌督办的8起涉黑涉恶案件，保证案件得到依法判决；直接查办个案4起，建议正确适用法律和纠正违法14起。2003年，督办各类要案20件，批转督促依法处理80件，召开案件协调会议55次；重点对超期羁押、取保候审、民事案件超审限审理的重点问题进行专项检查，对检查出的典型问题进行全市通报。

2009年，发布《关于进一步健全执法状况考评机制的指导意见》和《长沙市政法机关重点案件评查工作制度》，开展深化和推进执法公开专项行动，建立政法机关领导干部联系执法公开示范点的工作制度，开展对全市政法机关执法公开工作的专项督查。

2010年，以涉法涉诉信访案件为主体，选择评查案件；同时结合本地本部门特点，选择有代表性的案件进行重点评查。5月24—28日，开展区县（市）政法机关重点案件交叉不对应评查，评查27件重点涉法涉诉信访案件，对其中15件存在执法问题和瑕疵的案件予以通报；评查案件114件，其中有瑕疵案件3件。市中级人民法院重点评查上级交办案件、省高级人民法院改判案件及进京上访重点信访案件，并对人民群众反映强烈的超审限案件开展专项评查和治理。市检察院的评查对象为13起不起诉案件和2件涉检信访案件。市公安局执法质量考评办组织对7个分局、4个县（市）局、10个支队执法情况进行检查，评查226起刑事案件，235起行政（含许可）案件。评查重点涉法涉诉信访案件1147件，发放涉法涉诉救助款266.7万元，涉法涉诉信访难案息诉罢访。

2011年4月，选聘80名政法业务骨干和法学专家教授，组建重点案件评查队伍，采取全封闭不对称方式，对37件群众反映强烈的案件进行全面评查，并对评查情况进行通报，责成21件有瑕疵案件定期整改追责，写出书面报告并制定制度加以规范，此次评查案件全部息诉罢访。

2012年，加大重大疑难复杂案件督办协调处理力度，全年组织重大案件协调会议30余次；开展重点案件评查、积案集中化解和信访终结集中办理专项行动，成立重点案件评查领导小组，选聘21名政法业务骨干和法学专家教授组成评查队伍，对重点案件集中评查，被评查的62件案件当事人全部息访。

第二章　公　安

1988年，长沙市有公安干警2638人，长沙市公安机关依法从重从快严厉打击严重刑事犯罪活动（以下简称“严打”），侦破查获各种刑事案件8772起，其中侦破重、特大案件1083起，摧毁犯罪团伙417个，查获流窜犯2094人。全市公安系统13个单位、1222名干警获表彰。1989年春夏之交政治风波期间，预防和处置各种突发事件，制止“4·22”打砸抢事件，侦破“8·13”湘江宾馆“楼外楼”餐厅黑社会性质流氓团伙火拼案。1990年，按照“谁主管、谁负责”的原则，落实治安保卫责任制、治安联防、离退休人员执勤、保安服务等安全防范措施，对五一路、火车站广场等411个治安情况复杂的地段和场所开展治安综合治理。1992年，长沙市实行警衔制。1993年，开展集中清查流窜犯，追捕逃犯，打击街头犯罪、团伙犯罪、车匪路霸和整治城乡社会治安，打击地痞流氓等专项斗争，侦破各类刑事案件1.1万余起。1995年，侦破发生在中南工业大学内3人被杀的“12·7”特大抢劫杀人案。

1996年4月22日—9月30日，集中开展“严打”斗争，重点突出“打团伙、扫毒品、追逃犯”“打击枪械犯罪”和加强对社会枪支弹药的管理，抓获各类违法犯罪分子1.87万人，查破各类刑事案件5777起，其中重特大刑事案件2155起。9月20日，110报警服务中心开通试运行。1997年，改革派出所和刑侦工作勤务制度，将派出所工作重心由侦查破案转变到管好管住实有人口、加强安全防范、搞好社区服务上来，将刑事侦查职能和预审办案职能合并，实行侦审合一。1999年，开展国庆50周年安保工作，开展追逃专项行动，加大破大打恶扫黑和重点整治力度，保持“严打”高压态势。7月20日，对邪教组织主要骨干成员曹某某、姜某某等进行传唤审查，并摧毁其指挥系统。2000年，继续坚持“严打”。3月20日—6月20日，开展以“扫黑、扫毒、除恶”为重点的“两扫一除”专项斗争，破获现行刑事案件3219起。2002年，面对暴力恐怖活动日益加重的新情况，建立反恐反暴机制，成立反暴力恐怖紧急处置工作领导小组和对策工作室，处置和侦控“6·14”等案件。2005年，打压“两抢一盗”（抢劫、抢夺、盗窃）等多发性犯罪，开展巡逻、守候、伏击抓现行，破获“两抢一盗”案件1.99万起，抓获“两抢一盗”犯罪嫌疑人6544人。

2006年，以打防“两抢一盗”为重点，形成打、防、管、控“四位一体”工作格局，多方位压减多发性犯罪，是年立“两抢一盗”案件4777起，比上年同期下降34.5%。2008年，推进北京奥运安保和反恐怖斗争，营造反恐高压态势，确保6月4日北京奥运圣火在长沙现场安全有序传递。2010年，开展严打整治的“雷霆行动”、“飓风行动”、打击涉枪涉刀犯罪、治爆缉枪、“五清查一打击”（清查流动人口、清查出租房屋、清查重点对象、清查危爆物品、清查从业人员、打击流窜犯罪）等一系列专项行动，侦破“7·21”机场高速公路大巴纵火案、“7·30”东屯渡国税分局爆炸案等。2011年，长沙警方在“苏湘渝系列持枪抢劫杀人案”侦破工作中取得突破，获取犯罪嫌疑人无伪装清晰视频照片及脱氧核糖核酸（DNA）样本，为破案奠定基础。推动“天网工程”（长沙市公共安全视频图像监控系统）建设，完成全市公共监控探头的勘查布点工作；《长沙市公共安全视频图像信息系统管理办法》全面实施。8月，按照“指挥牵动、多警联动、专群互动、科技推动”的原则，构建网格化巡逻、立体化防控体系，编织五张防控网，即主次干道巡逻网、社区巡逻网、内部单位巡逻网、公交线路巡逻网和重点部位便衣抓捕巡逻网。2012 年，围绕为中共十八大胜利召开创造和谐稳定社会环境的总要求，推进社会管理创新，深化“主动警力、创新警务、信息警务、民生警务”，开展严打整治“冬季铁锤”“春季攻势”“雷霆行动”等系列专项行动，全年破获刑事案件 2.35 万起，受理查处治安案件 7.48 万起，抓获违法犯罪嫌疑人 3.04 万人。是年年底，长沙市有公安干警 8875 人。

图 9-2-0-1 长沙市公安局举行授予首次人民警察警衔仪式，公安民警开始佩戴人民警察警衔标志
（摄于 1992 年 12 月 30 日，市公安局供图）

第一节 机 构

一、市级机构

1988 年，市公安局内设政治部（纪检会、机关党委、团委、秘书科、干部科、宣教科和老干科）、办公室（文书科、综合科、农村指导科、信访科和档案馆）、出入境管理科、警卫科、内保科、治安科、户政科、基建装备科、通信科、法律政策研究室、行政科和财务科、预审科、消防处、劳动教养办公室；二级直属单位刑侦大队、治安大队、交警大队、车辆管理所、收审所、看守所、公安干部专业学校 29 个部门（科室）。

6 月 22 日，刑侦大队、治安大队更名为刑侦支队、治安支队。1989 年 5 月 10 日，成立市保安服务公司，由市公安局直接领导，经济上与公安机关脱钩。1990 年 3 月 3 日，设立指挥中心，与办公室合署办公。5 月 29 日，设立第二看守所，为局属二级机构；法律政策研究室更名为法制办公室。6 月 9 日，增设指挥调度科、技术管理科。1991 年 4 月 29 日，设立复议应诉科，与法制办公室合署办公。1991 年，成立预审监管处。1992 年 5 月 22 日，设置审计科。5 月 23 日，设置计算机安全监察科，对内称技术管理科。1994 年 5 月 9 日，增设文保科。1995 年 10 月 6 日，成立经济民警支队，与经保处合署办公。1996 年 4 月 23 日，设立中共长沙市委办公厅警卫处。1997 年 4 月 3 日，成立督察大队，隶属纪委（监察室）领导。5 月 12 日，预审监管处更名为预审监管支队；11 月 10 日，预审监管支队更名为监所管理支队。

2002 年 3 月 5 日，市公安局内设 28 个职能处（室、支队）和机关党委、纪委（监察室），2 个属武警现役编制的处和支队。即警务督察处、办公室（指挥中心）、政治部暨干部处、警务教育处和宣传处（加挂新闻宣传中心牌子）、国内安全保卫支队（加挂港澳台事务办公室牌子）、出入境管理处（加挂外事办公室牌子）、公共信息网络安全监察处、行动技术支队、户政管理处（加挂长沙市流动人口治安管理办公室牌子)、法制处（加挂直属分局牌子)、装备基建处、计划财务处、科学技术处、机要通信处、经济文化保卫处（加挂经济民警管理办公室牌子)、机关党委、纪委（监察室)、审计处、消防支队（武警现役编制)、警卫处（武警现役编制)、邪教犯罪侦查处、基层基础工作指导处、保安管理监督处、劳动教养审批办公室、信访处、“110”报警中心、档案工作管理处（档案馆)、离退办。

2002年9月2日，成立禁毒支队。

2003年7月24日，成立女子特警大队，为市局直属机构。2004年12月21日，机要通信处加挂信息中心牌子。2005年5月8日，档案工作管理处并入办公室；科学技术处、机要通信处合并为科技机要通信处；户政管理处、基层基础工作指导处合并为人口管理处；纪委与监察合署办公，归口管理审计处、警务督察队。2006年4月11日，刑事犯罪侦查支队南方工作站调整为市公安局南方工作站，为市公安局二级机构。

2009年8月23日，办公室（指挥中心)、110报警中心、科技机要通信处、南方工作站合并，设立警令部（加挂长沙市公安局指挥中心、长沙市公安局信息中心牌子)。离退休人员管理办公室、机关党委并入政治部。计划财务处、后勤服务中心、装备基建处合并，设立后勤装备部。纪委（监察室)、审计处、信访处合并，设立纪委（监察室)。人口管理处与出入境管理处合并，设立人口与出入境管理支队(加挂市公安局外事办公室、市流动人口治安管理办公室牌子)。经济文化保卫处、保安管理监督处合并，设立单位内部安全保卫支队（加挂市公安局保安和护卫队管理办公室牌子)。撤销警务督察队，设立警务督察支队（加挂市公安局维护民警正当执法权益委员会办公室牌子)。法制处（直属分局)、劳动教养审批办公室合并，设立执法监督支队（加挂市公安局直属分局、市公安局法制办、市人民政府劳动教养委员会办公室牌子)。至此，市公安局下设警令部、政治部、后勤装备部、纪委（监察室）3部1委，刑事侦查、治安管理、交通警察、特巡警、监所管理、经济犯罪侦查、禁毒、人口与出入境管理、单位内部安全保卫、警务督察、执法监督12个支队，1个警校（警官培训中心)，联系消防、武警、警卫3支现役部队。至2012年无变化。

1988—2012年，先后担任长沙市公安局主要领导职务的有：王邦美、谢树林、龙建强、李介德、励明安、梁建强；其他领导班子成员有：徐哲劲、吴俊明、钟钢、张慧、李毓儒、明声、赖义芳、尹键武、雷大军、李桢儒、陈智敏、盛意纯、田仕键、殷会云、李刚、陈宇湘、陈三业、张荣福、李炳南、彭建辉、周才万、李淑岚（女)、李新民、周学农、易昶、何正良、李湘江（女)、欧益科、徐波跃、夏晓鸥、韦树恒、周新德、唐亚轩、邹自强。

二、区县（市）机构

1988年，市公安局设东区公安分局、南区公安分局、西区公安分局、北区公安分局、郊区公安分局。

1989年，成立水上分局。1994年2月25日，成立捞霞分局，8月29日更名为秀峰分局。1996年4月22日，市公安局东区分局、南区分局、西区分局、北区分局、郊区分局分别更名为芙蓉分局、天心分局、岳麓分局、开福分局、雨花分局，同时撤销秀峰分局。

1997年2月24日，公交分局更名为公共交通分局，并由原企事业公安机构列为行政公安机构。2000年6月，公共交通分局更名为城市管理支队（加挂公共交通分局牌子)。2009年8月，城市管理支队更名为城市管理分局（不再加挂公共交通分局牌子)；2011年6月，更名为公共交通治安管理分局。

2002年4月，撤销水上分局，其机构、人员整体划归治安支队管辖，成立水警大队。5月9日，在长沙经济技术开发区设经济技术开发区分局；2005 年 4 月 8 日，更名为开发区分局；2008 年 11 月 10 日，更名为高新区分局。

市森林公安局受市林业局和市公安局双重领导，业务工作以市公安局领导为主。1995 年 11 月 6 日，撤销市公安局林业科（市林业局公安科），设立市公安局林业分局（市林业局公安分局）。2002 年 2 月 22 日，市公安局林业分局（市林业局公安分局）更名为市公安局森林分局（市林业局森林公安分局）（加挂市森林防火指挥部办公室牌子）。2009 年 10 月 9 日，市林业局公安分局更名为市森林公安局（亦称市公安局森林支队）。

2012 年，市公安局设芙蓉、天心、岳麓、开福、雨花、高新 6 个城区公安分局，公交治安管理分局和森林公安分局，指导望城、长沙、浏阳、宁乡 4 个区县市公安局。

三、派出机构

1990 年，长沙市公安局辖 114 个派出所，其中，东区、南区、西区、北区、郊区、水上 6 个分局辖 42 个派出所；长沙、望城、浏阳、宁乡 4 个县公安局辖 72 个派出所。

2002 年 12 月 23 日，芙蓉分局设置 12 个派出所、天心分局设置 10 个派出所、岳麓分局设置 10 个派出所、开福分局设置 15 个派出所、雨花分局设置 9 个派出所。2004 年 9 月 23 日，增设马王堆派出所、隆平高科技园派出所、金星派出所、青竹湖派出所。2005 年 5 月 18 日，增设麓谷派出所和新安派出所。

2006 年 12 月 15 日，开福分局撤销西长街、通泰街派出所，设立通泰街派出所；撤销民主东街、望麓园派出所，设立望麓园派出所；撤销上大陇、黑石渡派出所，设立东风路派出所；2009 年 1 月 19 日，明确市公安局所属 67 个派出所为正科级派出机构，重新核定上述派出所领导职数。7 月 20 日，明确高新分局雷锋派出所和岳麓分局含浦派出所、坪塘派出所、莲花派出所、雨敞坪派出所为正科级派出机构。

2012 年，长沙市有 181 个派出所，其中芙蓉、天心、岳麓、开福、雨花、高新 6 个城区公安分局设 69 个派出所；望城、长沙、浏阳、宁乡 4 个区（县市）公安局设 112 个派出所（包括浏阳市公安局 1 个派出所性质的工业园分局）。

四、队伍

1988 年 12 月，全市有公安干警 2638 人，其中市局 1728 人、区县 910 人。1996 年 12 月，市局公安民警 2271 人，其中市局机关公安民警 425 人，5 个分局公安民警 1846 人。2006 年 12 月，全市公安民警 8202 人，其中市本级公安民警 3411 人，10 个分区县市局（含开发区分局）公安民警 4791 人。

2012 年 12 月，全市有公安民警 8875 人，其中市本级公安民警 3547 人，10 个分区县市局（含高新区分局）公安民警 5328 人。

表 9-2-1-1　　2012 年长沙市公安局派出所设置情况一览表

分县（市）局	派出所
芙蓉分局（15 个）	东屯渡派出所、朝阳街派出所、韭菜园派出所、府后街派出所、马坡岭派出所、火星派出所、五里牌派出所、解放路派出所、都正街派出所、马王堆派出所、隆平高科技园派出所、文艺路派出所、浏正街派出所、蓉园派出所、东湖派出所
天心分局（10 个）	坡子街派出所、学院街派出所、城南路派出所、书院路派出所、裕南街派出所、金盆岭派出所、新开铺派出所、青园派出所、桂花坪派出所、大托派出所

续表 9-2-1-1

分县（市）局	派出所
岳麓分局（15 个）	岳麓派出所、橘子洲派出所、望月湖派出所、银盆岭派出所、观沙岭派出所、西湖派出所、望岳派出所、望城坡派出所、天顶派出所、金星派出所、坪塘派出所、含浦派出所、莲花派出所、雨敞坪派出所、咸嘉湖派出所
开福分局（14 个）	清水塘派出所、望麓园派出所、伍家岭派出所、湘雅路派出所、东风路派出所、新河派出所、青竹湖派出所、四方坪派出所、通泰街派出所、洪山桥派出所、捞刀河派出所、新港派出所、芙蓉北路派出所、德雅路派出所
雨花分局（12 个）	左家塘派出所、侯家塘派出所、东塘派出所、砂子塘派出所、雨花亭派出所、洞井派出所、圭塘派出所、高桥派出所、黎托派出所、同升派出所、东山派出所、井湾子派出所
高新区分局（3 个）	麓谷派出所、东方红派出所、雷锋派出所
长沙县局（23 个）	星沙派出所、新安派出所、湘龙派出所、榔梨派出所、黄兴派出所、干杉派出所、暮云派出所、跳马派出所、黄花派出所、江背派出所、春华派出所、果园派出所、路口派出所、高桥派出所、金井派出所、双江派出所、白沙派出所、安沙派出所、北山派出所、开慧派出所、青山铺派出所、福临派出所、泉塘派出所
望城区局（16 个）	高塘派出所、乌山派出所、黄金派出所、白箬派出所、星城派出所、桥驿派出所、丁字派出所、铜官派出所、茶亭派出所、东城派出所、格塘派出所、靖港派出所、乔口派出所、新康派出所、同兴派出所、水上派出所
浏阳市局（39 个）	浏河派出所、淮川派出所、集里派出所、荷花派出所、关口派出所、高坪派出所、古港派出所、官渡派出所、大围山派出所、永和派出所、七宝山派出所、张坊派出所、沿溪派出所、三口派出所、达浒派出所、小河派出所、溪江派出所、大瑶派出所、文家市派出所、澄潭江派出所、金刚派出所、中和派出所、杨花派出所、太平桥派出所、枨冲派出所、镇头派出所、普迹派出所、葛家派出所、柏加派出所、官桥派出所、沙市派出所、永安派出所、社港派出所、洞阳派出所、北盛派出所、淳口派出所、龙伏派出所、蕉溪派出所、工业园分局
宁乡县局（34 个）	玉潭派出所、梅家田派出所、双江口派出所、朱良桥派出所、菁华铺派出所、白马桥派出所、坝塘派出所、回龙铺派出所、历经铺派出所、南田坪派出所、夏铎铺派出所、金洲派出所、煤炭坝派出所、喻家坳派出所、大成桥派出所、双凫铺派出所、黄材派出所、横市派出所、沩山派出所、沙田派出所、巷子口派出所、龙田派出所、流沙河派出所、青山桥派出所、老粮仓派出所、枫木桥派出所、灰汤派出所、偕乐桥派出所、资福派出所、花明楼派出所、东湖塘派出所、炭子冲派出所、道林派出所、大屯营派出所

第二节 案件侦查

一、命案侦查

1988 年，长沙市制定《关于处置严重暴力犯罪预案》。之后，相继破获“1989.8.13”湘江宾馆“楼外楼”长沙首起枪杀案件、“1989.10.13”入室抢劫杀人案等影响恶劣的大要案件。1995 年，长沙市发生抢劫出租车司机钱物、劫车杀人案件 100 余起，9 名司机遇害，经市、区（县）刑侦部门联手侦查，案件悉数告破。

2000年后，长沙市重点抓命案等严重暴力犯罪案件的侦破工作。2002年，以杀人、爆炸、抢劫、强奸、放火、伤害致死、绑架、劫持等严重暴力犯罪案件为侦破工作重点开展破案，命案侦破率比上年提高6个百分点，高于全省5.1个百分点。2004年1月1日，长沙启用全国重大刑事案件信息系统。2006年，制定《长沙市公安局侦破命案工作机制》，确保侦破命案工作组织领导、工作举措、工作责任、工作奖惩到位。是年，破获省督命案1起，破命案积案3起，破系列命案2串8起，抓获外省命案逃犯40人，本省外市命案逃犯13人，破获本省外市命案2起。

2009年，天心区南郊公园“2009.10.14”持枪杀人案等枪案发生后，长沙警方通过枪弹痕迹与重庆市“2004.4.22”持枪抢劫杀人案、“2005.5.16”持枪抢劫杀人案并案，办案民警通过观看海量视频资料呈现犯罪嫌疑人的清晰面部照片，并在现场遗留的物证上提取罪犯的DNA信息，最终确定罪犯周某某身份。2010年，全市发生现行命案116起，破获108起，侦破芙蓉区“6·3”入室抢劫杀人案、天心区“6·5”抢劫杀人案等性质恶劣、社会影响大的命案。2011年，侦破“2·20”徐某某地跨4省、时长13年的公安部挂牌督办系列抢劫杀人案等大案要案。2012年，侦破“1·12”杀人碎尸案、“9·6”抢劫杀人案等命案，破现行命案85起、命案积案19起。

二、侵财犯罪侦查

1988年，针对全市城区盗窃自行车犯罪活动突出的情况，开展集中打击专项斗争，出台《关于查处盗窃自行车案件的政策规定》。7月14日，在株洲抓获盗窃犯罪分子刘某某，侦破内装8万元的密码箱被盗案。1991年8月，开始持续4个月的反盗扒斗争，全市查获盗扒团伙188个，抓获盗扒分子2913名，破获盗扒案件3944起。1992年，相继开展反窃车、打击车匪路霸、反扒、打击街头违法犯罪等打击多发性侵财犯罪专项行动。1998年，针对全市盗抢两类重特大刑事案件呈现持续上升的势头，全市开展以打击盗窃、抢劫犯罪活动为重点的专项行动，破获各类刑事案件1679起，其中重特大案件971起，摧毁各类犯罪团伙331个1301人，打击处理盗抢犯罪嫌疑人514名。1999年，相继开展打击盗抢、走私机动车犯罪专项斗争、春夏严打整治行动等。

2004年，开展“天网”系列专项行动，并建立健全打击“两抢两盗”（抢夺、抢劫，入室盗窃、盗窃机动车）犯罪长效工作机制。2005年，针对抢劫、抢夺、盗抢汽车犯罪高发的情况，铺开打击“两抢一盗”三类多发性侵财案件的专项斗争。2006年，制定《关于进一步加强打击“两抢一盗”犯罪、建立完善长效工作机制的实施意见》，对群众参与防控“两抢一盗”犯罪实施奖励，对现行抓获或主动协助民警抓获1个“两抢一盗”犯罪嫌疑人的奖励5000元~1万元。至年底，310名群众抓获“两抢一盗”犯罪嫌疑人226人，获奖励122万元。

2008—2009年，加大打击“两抢两盗”犯罪工作力度，集中开展为期2个月的以打击“两抢一盗”犯罪为主攻目标的侦破战役，破获侵财犯罪案件854起，其中盗、抢侵财犯罪案件614起（两抢两盗案件370起），抓获侵财犯罪嫌疑人员688人，打掉侵财犯罪团伙72个，抓获涉案犯罪成员261名，先后破获公安部督办的“2008.2.14”驾车系列抢劫案、“2007.12.21”驾车抢劫案等15起系列驾车抢劫案以及“4·25”系列冒充警察抢劫案、“6·23”系列麻醉抢劫案等大要案件。2011年8月，开展以“反盗窃、反抢夺、反扒窃、打流窜”为主要内容的打击多发性犯罪专项斗争。

2012年，开展代号为“冬季铁锤”“春季攻势”“雷霆行动”专项行动，在6天内通过指纹比对抓获11名犯罪嫌疑人，摧毁一个跨省流窜诈骗犯罪团伙，打掉3个耒阳籍入室盗窃团伙，破获“两劳”（劳动改造、劳动教养）人员街头诈骗团伙案，摧毁重庆巫溪、奉节籍地域性驾车街头盗抢侵财犯罪团伙，打掉麻阳、泸溪籍地域性入室盗窃侵财犯罪团伙，破获“5·24”系列短信诈骗案、“5·23”系列招摇撞骗案、谭某某和代某某等人抢夺诈骗案、周某某和高某某等人盗窃案。

三、经济犯罪侦查

1990年12月，破获江西萍乡市保险公司国家保值公债被盗特大案，抓获正在进行证券交易的案犯朱某某等3人，追回损失47万余元。1994年，突出对诈骗和伪造、倒卖、盗窃增值税专用发票、制贩假币等大要案的查破，查获分别以长沙某工贸公司经理黄某某、浏阳市某实业发展公司经理肖某某、郊区某服装厂厂长张某某等为首的5个专门倒卖、伪造增值税专用发票的重大犯罪团伙，抓获犯罪分子20余人，案值6亿余元。1998年9月，全市公安刑侦税侦部门成立。是年，破获重大经济案件22起，查办涉税案件35起，追缴税款及罚没款600万元。1999年，破获“长沙船舶厂专案”，为国家挽回经济损失5000万余元，避免1.6亿元国有资产流失；查出湖南某通信股份有限公司及下属14个单位涉及7个税种偷税近千万元的事实，为国家挽回巨额损失。

2000年，破获经济犯罪案件642起，为国家挽回经济损失2.17亿元；破获王某某走私通信设备案，抓获涉案人员41名，查清走私资金3.2亿元。2002年3月，成立经济犯罪侦查支队和涉税犯罪侦查支队。是年，破获涉案金额1.1亿余元的湖南某电子有限公司董事长邹某某特大挪用资金、信用证诈骗专案。2005年，破获“1·13”特大制造、贩卖假发票、假完税证团伙案，该案创下“假发票可开具金额最大、收缴假发票数量最多、抓获犯罪嫌疑人数量最多”的3个“全国之最”。2005—2007年，开展打击侵犯商标专用权犯罪“山鹰行动”和“山鹰二号”专项行动，破获侵犯知识产权案47起，抓获犯罪嫌疑人81人，涉案金额1.4亿余元。2007年，破传销案8起，打击处理犯罪嫌疑人22人，教育遣散传销人员550人；破获湖南省伍某某特大制售假硬币团伙案，缴获生产假币机器4台、假币及半成品137万余枚。2004—2008年，办理涉案金额逾50亿元的“4·28”系某证券公司涉嫌非法吸收公众存款专案，涉案金额1.7亿元、受害群众7600余人的某房车俱乐部有限公司集资诈骗案和“广森”“南珠”“荣基”“斯隆”“澳海”等空壳公司以投资入股高额分红为名义、涉嫌合同诈骗老年人群体巨额资金的案件。

2009年9月，增设非国家工作人员职务犯罪大队，探索打贿工作新机制、新模式。是年，开展代号为“09行动”的打击假币犯罪专项行动。2010年，开展打击银行卡犯罪专项行动，破案104起，其中破获公安部督办案件6起，涉案金额3.38亿元。加强与税务机关协作，展开税款追缴工作，追缴税款2.98亿余元。2011年，开展打击侵犯知识产权和制售假冒伪劣商品犯罪的“亮剑”行动，破案491起，打击处理431人，捣毁制假售假窝点1094个，打掉犯罪团伙80个，涉案金额6.5亿元；破传销案4起，打击处理78人，其中破获的“11·13”特大组织、领导传销团伙案中，参与传销人员2060人，涉案金额1.5亿元。2012年，开展“破案会战”行动，全面打击各类经济犯罪，破案2318起，打击处理犯罪嫌疑人1232人，挽回经济损失15.25亿余元。联合银监会、证监会、人民银行，重点打击非法经营黄金期货、挪用巨额资金、银行卡犯罪等金融犯罪，破案151起，抓获犯罪嫌疑人164人，涉案金额4.9亿元。完善打击商业贿赂犯罪协作会商、情报研判、考核奖励和教育培训等工作机制，办理商业贿赂案件176起，在全国占比10%；县（市）局派出所等基层实战单位侦办商业贿赂案件的能力提升，办理的商业贿赂犯罪案件占全市36%。

四、毒品犯罪侦查

1989年8月13日，长沙市八一路某餐馆发生枪击案，公安机关在现场提取到少量毒品海洛因，抓获犯罪嫌疑人陈某、彭某，这是长沙首起贩卖毒品海洛因案。

20世纪90年代，长沙市内的毒品以鸦片、海洛因、吗啡等传统毒品为主。1990年，侦破长沙市首例邮包运输贩卖毒品案，抓获犯罪嫌疑人马某等人，缴获毒品海洛因5千克。1991年，长沙市设立禁毒工作领导小组。1997年，侦破长沙市首起制造毒品案，抓获犯罪嫌疑人洪某某等人，并在湖南省益阳市摧毁制毒工厂1个，缴获制毒原料苯丙酮50千克。1998年，侦破张某某、彭某、彭某某等人特大贩毒团伙案，（该团伙采取家族贩毒经营模式，组织机构严密），抓获犯罪嫌疑人11名，缴获毒品海洛因1千克。20世纪90年代末，长沙市出现摇头丸等新型合成毒品。受周边毒情影响和毒品渗透，长沙市毒品消费市场逐步以冰毒、麻古、K粉等合成毒品为主，毒品消费群体由商人、无业人员逐步扩散到白领、学生、公职人员等各类群体。

2000年开始，长沙市开展缉毒专项行动。2002年3月21日，市公安局禁毒支队成立，与长沙市禁毒委员会办公室合署办公，负责日常禁毒工作。2005年，制定《长沙市2005—2007年禁毒人民战争实施纲要》，在全市开展为期3年的禁毒专项行动，针对外流贩毒、大要毒品案件、贩毒和吸毒违法活动展开打击。2005年，破毒品刑事案件161起，抓获涉毒犯罪嫌疑人229名。2009年2月20日，侦破刘某等人特大贩毒团伙案，抓获违法犯罪嫌疑人36名，缴获毒品麻古1.6万粒、仿制式枪支2支、子弹41发。2010年3—12月，侦破范某某等人特大武装贩毒团伙案，抓获涉案人员20名，缴获毒品麻古2.2万余粒、冰毒242克、海洛因204克、K粉72克，收缴仿制式枪支3支、子弹10发。2012年2月1日，侦破公安部督办的罗某某、龙某某、唐某某等人特大跨省贩毒团伙目标案件，摧毁一个特大跨省贩毒团伙，抓获涉案人员11名，缴获毒品麻古34.3千克。2012年4—9月，侦破李某某等人特大贩枪贩毒团伙案，抓获涉案人员29名，缴获冰毒1104克、麻古708粒、毒资60.1万元，收缴各类枪支8支、砍刀1把、匕首1把。2005—2012年，全市侦破毒品刑事案件4075起，抓获毒品犯罪嫌疑人4745名，缴获毒品折算成海洛因542.69千克。

五、网络犯罪侦查

1988—1994年，长沙在打击网络犯罪方面尚未起步。1995年，长沙开始探索并积累侦办网络违法犯罪案件的工作经验，查处公安部协查通报涉及长沙市的第一起利用计算机制造、贩卖、传播淫秽软盘案件。截至2001年，全市查处侦办计算机安全案件221起。

2002年，查处侦办省公安厅协查案件和本地案件41起，调查互联网协议地址（IP）384个，抓获犯罪嫌疑人98名。2003年，开展代号为“泰山行动·春雷战役”的专项行动，全市侦办各类网络违法犯罪案件32起，抓获犯罪嫌疑人102名，调查IP地址388个。网安部门协助侦破“2·19”轮奸网友案、唐某涉黑团伙案等大案要案。

2004年，完成协查案件63起，协助侦查涉网案件131起，受理报案案件9起，抓获犯罪嫌疑人98名。其中自办一起网上发布虚假信息诈骗他人钱财的案件，是湖南省网监系统独立破获并走完全部司法程序的第一起刑事案件。定期召开网络传播淫秽色情信息形势分析会，将长沙市千余家重点网站和全国百家有影响力的网站作为监控对象分到9个分局和县（市）局，发现上报“欲望写真网”等国内淫秽色情网站29个，先后协查上报“love.du99.com”网站，通过“网络110”每天拦截试图访问淫秽色情网站的行为2万余次。

2005年，开展网上侦查工作，防范打击涉网违法犯罪。全年受理配合侦查案件137起，侦控线索244条，破获涉网案件61起，抓获犯罪嫌疑人90名，抓获网上逃犯2名。在公安部部署的打击网络赌博专项行动中，长沙发挥网吧审计管理系统的封堵、预警作用，将境外主要赌博网站列入黑名单，发现封堵网络赌博信息6397次，侦办涉网赌博案件5起。2006年，针对网络侵权、赌博案件展开重点侦查，先后侦办“6·12”星际网吧杀人案等涉网案件50起，抓获犯罪嫌疑人109名。

2007年，开展依法打击网络淫秽色情专项行动，全年完成公安部下达的协查任务155起，侦控线索299条，发现淫秽色情网站312个，侦破涉网案件60余起，抓获犯罪嫌疑人367名。2008年，开展网上侦查和情报信息工作。全年受理配侦案件140起，侦控线索214条，完成公安部协查案件296起，抓获犯罪嫌疑人277名，受理各类现场勘察、电子取证案件12起，检查计算机12台，移动光盘9个，光盘213张，出具取证文书9份。2009年，开展代号为“09亮剑”的打击网络淫秽色情专项行动以及打击网络贩卖枪支等严重犯罪活动行动，破获各类案件135起，抓获犯罪嫌疑人487人。2010年，通过开展打击网络淫秽色情、打击网络赌博等专项行动和综合整治相结合，打击网络违法犯罪活动。全年破获以“8·15”特大网络赌博案等为代表的涉网案件428起，抓获犯罪嫌疑人620名。其中，在开展集中整治网络赌博违法犯罪专项行动中，抓获涉案犯罪嫌疑人39名。

2011年，侦破以公安部督办的“王老五网上贩枪案”为代表的涉网犯罪案件456起，抓获犯罪嫌疑人789名，其中“2·22”黑客攻击敲诈勒索案为全国侦办的最大黑客攻击案。根据“苏湘渝系列持枪抢劫杀人案”侦破工作的需要，在全市网吧开展蹲点守候行动及悬赏通告的推送工作。2012年，侦办涉网刑事案件560余起，打掉犯罪团伙23个，抓获犯罪嫌疑人1249人。中共十八大期间，侦办不法分子在长沙市少数网站预埋反动标语的案件。先后侦办公安部督办的“5·25”香港金融业网站被非法攻击敲诈案、“2·09”侵害公民个人信息大案、“5·30”特大跨境网络赌博案、“2·20”地下六合彩案等重特大案件。

六、打黑除恶

2000年3—6月，长沙市开展“两扫一除”（扫黑、扫毒、除恶）专项斗争，将“涉黑、涉赌、涉枪、涉爆、杀人、抢劫”等恶性犯罪作为主攻重点，摧毁一批带黑社会性质的犯罪团伙和流氓恶势力。2002年，长沙市以“打黑除恶”专项斗争为龙头，严厉打击杀人、爆炸、抢劫、强奸等严重暴力犯罪，开展“五反一打”（反盗窃抢夺、反暴力恐怖、反消防火灾隐患、反重大交通事故、反吸毒贩毒，严厉打击爆炸、抢劫、杀人等现行犯罪分子）“风暴行动”、打“两抢”等专项斗争，摧毁黑恶组织41个243人，破案353起。对全市重点地区、行业和场所进行摸排，挂牌督办13起重点黑恶案件，摧毁雨花区陈某某犯罪团伙、宁乡县魏某某犯罪团伙等。2003年，开展“泰山行动”，发现、摧毁一个活动于长沙、株洲、湘潭和广东、广西的重大涉枪、涉毒、涉赌犯罪团伙，抓获林某等犯罪团伙成员20余名，破获各类刑事案件30余起。2004年，摧毁以张某某为首的全部由赌徒组成的涉恶犯罪团伙，以闫某某、张某等10余名青少年组成的危害校园周边秩序的涉恶抢劫犯罪团伙以及以贾某某、彭某某等社会闲散人员纠合的涉恶绑架犯罪团伙等。2005年，打掉黑恶犯罪团伙48个，瓦解团伙成员430余名，破获各类黑恶案件380余起。组织专门力量到黑恶犯罪突出重点部位进行宣传、发动，在高桥、红星等地打掉一批黑恶团伙。快速侦破“3·24”敲诈勒索20万元案、连锁超市“3·1”扬言爆炸敲诈勒索案等涉黑涉恶犯罪案件。7月13日，猴子石大桥发生一起枪杀案，持枪械斗者张某被打死。经侦查，系两伙恶势力因赌博纠纷持枪械斗所为，相继抓获刘某某、刘某、李某等20余名团伙成员，缴获仿六四式手枪3支。

2006年，长沙市成立打黑除恶专项斗争领导小组及打黑除恶专项斗争办公室，制定《长沙市公安局打黑除恶专项斗争方案》，开展打击涉黑涉恶犯罪行动，先后打掉一批黑恶势力团伙。3月22日，通过近10个月侦查，抓获犯罪嫌疑人徐某、鲁某某、谭某某，解救被绑架人质，缴获左轮手枪1支、仿六四手枪 2 支、子弹 26 发、军用匕首 1 把以及手提箱、胶带纸等作案工具，摧毁这个涉枪、绑架小学生、敲诈勒索、强奸幼女的恶势力犯罪团伙。4 月 22 日，对“3·25”涉黑犯罪组织等 20 个黑恶团伙进行第一批挂牌督办，要求各相关单位一把手为督办负责人，切实采取定领导、定人员、定方案、定责任、定经费、定时间、包破案的工作措施，加大侦破力度，并逐案落实专案经费。犯罪嫌疑人艾某某带领新疆同乡长年在长沙从事违法犯罪行为。4 月，查清艾某某为首的违法组织长期在长沙市大肆进行街头扒窃、抢劫、贩毒、敲诈勒索、非法拘禁、故意伤害等违法犯罪事实后，“3·25”专案组在长沙市和新疆阿克苏、库车、和田以及河南平顶山等地同时开展统一抓捕行动，抓获艾某某等 12 名犯罪嫌疑人，此后又到武汉、上海、昆明等地抓获犯罪嫌疑人 48 名，摧毁该组织。5 月 19 日，破获敲诈勒索、寻衅滋事、聚众斗殴等各类涉恶案件 50 余起，涉案金额 20 万余元，抓获犯罪嫌疑人汤某某等 10 人。6 月，破获寻衅滋事、故意伤害、聚众斗殴、盗窃等各类涉恶刑事案件 19 起，摧毁这个由市公安局挂牌督办的涉恶犯罪团伙，抓获马某、阳某某等 9 名犯罪嫌疑人。

2007 年，长沙市对涉黑涉恶犯罪嫌疑人进行摸排，发现黑恶团伙 80 余个、黑恶犯罪线索 150 余条，涉案人员 600 余人，涉嫌案件 1000 余起。4—5 月，破获寻衅滋事、故意伤害案 5 起，打掉一个严重危害当地社会治安的恶势力团伙，抓获犯罪嫌疑人阳某、胡某某等 11 人。8 月，破获故意伤害、非法拘禁、非法持有枪支弹药、制造贩卖毒品案 5 起，将欧某某、易某某等 9 名犯罪嫌疑人抓获，摧毁这个涉枪涉毒恶势力犯罪团伙。相继摧毁浏阳市何某某、芙蓉区王某某、开福区廖某、雨花区姚某、望城县阳某、岳麓区唐某某等有影响的恶势力犯罪团伙。2006—2007 年，长沙市下拨 400 万元作为打黑除恶专项经费，破获黑恶案件 1843 起，摧毁黑恶势力犯罪团伙 98 个，抓获团伙成员 624 余名，打击处理 558人。

2008 年，在已建立打黑除恶摸排和打击两个机制基础上，制定《长沙市公安局对人民群众举报涉恐涉黑涉恶犯罪的奖励办法》。12 月 24 日，在广东、广西、北京和省内常德、衡阳等地统一开展抓捕行动，抓获陈某某、罗某某等涉案犯罪嫌疑人 25 名，打掉“7·08”陈某某跨省黑社会性质组织团伙，获中华人民共和国公安部五局“为全国打黑除恶斗争开辟了新思路”称赞。是年，全市打掉恶势力犯罪团伙 44 个，破获黑恶案件 720 余起，抓获团伙成员 368 名。2009 年，长沙市发布《依法严厉打击涉黑涉恶团伙违法犯罪活动的意见》《关于建立办理黑社会性质组织犯罪案件和恶势力团伙犯罪案件通报制度的工作意见》。11 月 3 日，发布《长沙市打黑除恶工作责任制规定》。推进区县打黑除恶中队建设。是年，打掉恶势力犯罪团伙 48 个，抓获黑恶犯罪嫌疑人 323 人，破获涉黑涉恶刑事案件 243 起，一审判决 293人。

2010 年，全市摸排涉黑涉恶犯罪线索 106 条，破获涉黑涉恶刑事案件 232 起，抓获黑恶犯罪嫌疑人 470 人，摧毁黑社会性质犯罪组织 2 个，打掉恶势力犯罪团伙 50 个，查处黑社会性质组织案件“保护伞”2 人；打掉“地下出警队”（指自封为“地下 110”的恶势力犯罪团伙，人员多由无业青年等组成，采用暴力威胁、非法拘禁、斗殴滋事等手段替人“消灾”、帮人“出气”，帮助抢占“地盘”、欺行霸市，协助开设赌场、赌博网站，组织非法集资、放高利贷，替人强揽工程项目，插手经济和社会纠纷）犯罪团伙 5 个。2011 年，重点推进《长沙市打黑除恶工作责任制规定》的落实，破获涉黑涉恶刑事案件 232 起，抓获黑恶犯罪嫌疑人 470 人，打掉恶势力犯罪团伙 50 个，摧毁黑社会性质犯罪组织 2 个，打掉“地下出警队”犯罪团伙 8 个，打掉“12·09”以何某、郭某某、汤某某为首的马王堆蔬菜市场黑社会性质组织。2012 年，长沙市打掉恶势力犯罪团伙 49 个（其中“地下出警队”4 个），抓获团伙成员 499 名，破获各类刑事案件 237 起。

第三节 治安管理

一、巡逻防控

1989年，全市公安机关1000余名干警集中待命执勤，100余名公安、武警战士机动巡逻队、7000余名干警、联防队员、保卫干部和治保人员进行巡逻守护，严密社会面管控。1991年10月，防暴警察支队成立，担负市区街面巡逻任务，对社会治安实行动态控制，遏制现行犯罪。1992年，全市初步形成人防、物防、技防相结合，多层次的安全防范网络，建立多警种全天候日夜巡逻队伍，组织治安联防队、治保会和发动广大群众开展安全守护和巡逻执勤，在单位建立电脑报警联网系统，推广使用安全防盗门，全市刑事案件发案比上年减少4.8%。1993年5月1日，长沙市出台《长沙市人民警察巡逻执法暂行条例》，防暴警察支队同时更名为防暴（巡逻）警察支队，支队巡警在全市主要街道，开始实施综合执法勤务；对五一广场、火车站、黄兴路、南门口地段乱停乱摆、占道为市行为及扒窃、抢劫、诈骗等街头犯罪行为，进行治理和打击。7月，成立长沙市人民警察巡逻执法总指挥部。10月1日，实行人民警察巡逻执法，各区防暴大队干警走上街头，对交通、城管、卫生、市容等方面的违章行为，实行综合执法，强化社会面控制。1995年9月，启用全市各个复杂地段的巡警岗亭，巡警编制增加，巡逻执法范围扩展，形成以岗亭为依托、以警段为阵地、以巡警巡逻路段为连接线的城市街面防控模式。1996年，工作重心转移到夜间治安控防上，实施确保重点时间、重点问题、重点地段的防控巡逻模式。巡警（防暴警）（自1993年5月起）依法开展巡逻执法至1997年年底，城区主要街道刑事、治安案件发案率下降71.3%。1999年3月，长沙市引进卫星跟踪定位系统（GPS）之后，取消巡警自行车巡逻，实行巡警巡逻与“110”处警并轨；采取“警区相望、巡区相连，一巡区一车、一车三警”的动态处警方式，实行“有警处警、无警巡逻”的巡警勤务模式。

2001年，在市区构筑“步巡保点、车巡保线、处警保面”的全方位、立体化治安防控体系，实现“以点循线、以线带面”的“点、线、面”结合的巡逻处警格局，巡警街面治安防控能力进一步增强。2002年，按照“巡逻压案、处警破案、便衣控案、哨卡堵案”的整体工作思路，分别以车巡、步巡、处警、便衣和警务站为主体，对应建立“巡逻防范线、动态处警线、秘密控制线、哨卡堵截线”4道治安防线。2003年，按照“最大限度把警力投向街面、最大限度控制街面发案、最大限度树立巡警良好形象”的要求，巡警（防暴）支队将90%以上的警力摆在街面，对城区首脑机关、主干道和重点部位，安排步巡警力值守。建设18个出城警务站，加强哨卡堵截、地界查控，落实“围城计划”。

2004年，长沙市街面治安防控工作实行按区承包责任制，提高民警防控责任意识和街面“见警率”。全年处置“110”警情5.1万余起（其中治安、刑事警情1.64万起，群众纠纷1.86万起，社会联动6200起，其他警情9700起），市民安全感明显提高。2005年9月，取消防暴警察支队编制，成立副处级特警支队，与巡逻警察支队实行“一套班子、两块牌子、两支队伍”合署办公的模式运转，对外合称“巡特警支队”，继续负责全市街面的治安巡逻、防控工作，压制街面犯罪，参与处置各类突发性事件、群体性事件、重大暴力恐怖犯罪案件。2006年，根据城区“两抢一盗”犯罪的规律和特点，推出“ABC三级防控”模式，即按照“发案率”从高到低，将防控责任路段相应的划分为A、B、C三类路段，加强对“发案率”高的A类路段重点布置警力，加强巡逻防控，降低发案率，提高现行抓获率；对“发案率”相对较低的B、C类路段，将原有的防控警力进行调整，抽调出部分警力加强A类路段的防控工作。在防控

图 9-2-3-1 公安机关开展以深入排查化解矛盾纠纷为重点的“大走访”爱民实践活动
（摄于 2010 年 1 月 25 日，市公安局供图）

路段，发动社会各界力量参与群防群治，先后与 1000 余家沿街单位签订《单位门前治安承包责任书》，巡警防控责任路段发案日均控制在 0.84 起，比 2005 年下降 82.7%。2008 年，增设防控区，巡警防控模式作出调整：原来的 B 类、C 类责任路段，合并为“非步巡防控责任路段”；“非步巡防控责任路段”的防控警力，由“一车三警”调整为“一车两警”。2009 年，落实“大防控”工作格局，建立对口支援勤务机制，各特警大队开展武装上街巡逻执勤，每天在重点时段、重点路段对口支援巡警大队。

2010 年，根据长沙市街头“两抢一盗”案件的作案人员由外地流窜人员犯案增多的新变化，治安防控工作观念由“以防为主”转变为“主动进攻、以攻促防”；组建专业侦破打击队伍，采取守候伏击、便衣抓捕等多种方式，快速反应，提高“现行抓获率”“破案率”。2011 年，“6·28”系列涉枪案发生后，特巡警开展围城设卡、银行守护、专案摸排、线索查证等工作，完善网格化巡逻、快速反应、便衣侦控等工作机制，抓获“7·5”“8·10”“9·5”“12·6”等系列“涉枪犯罪”的街面现行犯罪嫌疑人。

2012 年，开展“强化网格化巡逻、立体化防控”工作，将巡逻重点放在城市主要道路、重点场所、金融网点、大型超市周边，实行高峰岗定点巡逻、特警巡警联合巡逻、机动车亮灯巡逻、喊话震慑巡逻、携犬巡逻、巡逻签到、设卡盘查等措施，提高街面见警率，提升街面治安控制能力。

二、危爆物品管理

1988 年，对全市经营化学危险物品的 8400 余家厂（店）全面进行整顿，发现整改隐患 9106 起，其中重大隐患 412 起，依法查封不具备安全条件的单位 79 家，对 6021 个单位重新进行登记发证，加强监督和管理。1989 年，长沙市对非法携带贩卖管制刀具进行清查收缴。随身携带匕首、藏刀、腰刀的外地到长沙人员持“佩带证”“特种刀具购买证”将刀具寄存于旅社或住宿地，专业狩猎人员和地质、勘探等作业人员，由县以上主管单位出具证明，经县以上公安机关批准，可配置匕首，发给“匕首佩带证”。全年查处非法携带者 75 人，收缴非法管制刀具 353 把。

1990 年，规定五一路、八一路等 9 条主要马路严禁燃放销售烟花鞭炮，城区、郊区的集贸市场、影剧院、车站、机场、码头及防火单位禁止燃放烟花鞭炮。7—8 月，对流散在社会上的危险爆炸物品进行清查，收缴废旧炮弹 2400 枚、手榴弹 45 枚、雷管 7359 枚、电击催泪枪 112 支、火枪 23 支、炸药 816.6 千克、子弹 351 发。1992 年，治安支队接管爆炸物品安全管理工作，治安支队治安科设立危爆物品管理组。

20 世纪 90 年代初期，长沙市存在违反规定配、借枪和有关部门擅自扩大配枪范围问题。治安部门对公安系统、内部单位保卫部门等进行清理收缴。1997 年，收缴非法枪支 1560 支、子弹 500 发。1998 年，对公安、检察院、法院、司法局、国家安全局等单位的人民警察和司法警察、金融、国家重要军事单位专职守护押运人员换发“持枪证”，公务用枪集中保管率为 100%。

1999 年，长沙市发生多起爆炸案件。治安部门集中力量对爆炸物品进行清查。2000 年，开展历时 8 个月的治爆缉枪专项行动，查破涉爆涉枪案件 979 起，处理涉案人员 1212 人，收缴非法枪支 8024 支、子弹 10.63 万发、雷管 2.28 万枚、炸药 4908.50 千克。

2002 年，加大危爆物品管理力度。全年检查民爆器材使用、储存单位 1328 家次，烟花爆竹生产厂家 3172 家次，销售门店 5545 家次，化学危险物品销售、储存单位 331 家次，持枪单位 589 家次，发现各类隐患 1.6 万处，下发整改通知书 9949 份，停业整顿 802 家，取缔查封 351 家。12 月，开展清理收缴“毒鼠强”等违禁剧毒化学品行动，收缴氰化钠等剧毒化学品 67.55 千克、鼠药 420 包（支）。

2003 年，第五届全国城市运动会在长沙召开前夕，购置搜爆排爆设备，公安部门的搜排爆能力增强。5 月 6 日，某连锁超市发生歹徒持手榴弹劫持人质事件，危爆大队大队长张成化主动请缨，只身谈判处置，防止涉爆重大伤亡事件的发生。

2005 年 9 月，从高等院校、科研机构及军队等单位聘请 14 名长期从事爆炸、枪支、剧毒方面研究工作的专家为危爆专家顾问。2006—2010 年，每年开展集中整治爆炸物品、枪支弹药、管制刀具专项行动和治爆缉枪专项行动，检查涉枪涉爆单位 1.2 万家次，整改安全隐患 5400 处；查处涉枪涉爆案件 233 起，收缴枪支 9911 支、子弹 3.1 万发、雷管 27.8 万发、炸药 3000 千克。

2010 年 12 月，由张成化发起和领头的科研课题“战争遗留毒气弹、燃烧弹 P–T 快速固封处置技术及方法研究”被中国工程爆破协会评为科技进步二等奖。2011 年，开展灭枪治爆、治爆缉枪专项行动，破获涉枪涉爆案件 66 起，抓获 98 人，收缴炸药 9.5 千克、雷管 1380 枚、黑火药 3180 千克、各类枪支 97 支、子弹 595 发、仿真枪 730 支、管制刀具 327 把、易制爆化学品 1300 千克，发现并整改安全隐患 362 起。

2012 年，宣传贯彻公安部《爆破作业单位资质条件和管理要求》《爆破作业项目管理要求》2 个国家公共安全行业标准，强力落实管理措施，整治安全隐患，检查涉危涉爆单位 2085 家次，发现涉危安全隐患 203 起，整改涉危安全隐患 198 起，破获涉枪涉爆案件 155 起，抓获涉案人员 290 人。

三、禁毒、禁赌、扫黄

（一）禁毒社会管控和宣传教育。1988 年，长沙将吸毒人员按照重点人口管理的要求进行管控。1991 年，全市各级禁毒部门通过设点咨询、分发宣传资料、文艺会演、公开销毁毒品、召开公处公判大会、举办禁毒巡展等形式向社会各界宣传禁毒知识。1992 年，全市公安机关宣传、卫生、民政、医药等部门的干部职工 600 余人上街开展“6·26”国际禁毒日宣传活动，在全市主要马路和公共场所设立宣传站 30 个、悬挂宣传板 81 块、横幅 110 条；全面收集、整理全市毒品犯罪情况，摄制禁毒录音带和录像带，发放到市内 100 余个企事业单位播放。1994 年 6 月，设立长沙市戒毒所，收治戒毒人员 103 人（其中强制戒毒 57 人、自愿戒毒 46 人）。1995 年 6 月，为提高全民禁毒意识，全市召开打击毒品犯罪公开处理大会，在河西新塘工地焚烧海洛因 4 千克、罂粟壳 50 余千克。1997 年，举办《毒品祸国殃民》巡回展览和禁毒、禁赌、扫黄（以下简称“三禁”）万人签名大行动，20 万人参观为期 25 天的“全国禁毒教育展览”。

2000 年，以“6·26”国际禁毒日为重点，将 6 月作为禁毒集中宣传月，发展禁毒志愿者队伍，开展禁毒宣传进单位、进场所、进学校、进社区、进村组、进家庭的“六进”活动；开展“无毒”创建活动，对吸毒人员展开帮扶。针对娱乐场所涉毒现象时有发生，且出现地下“嗨吧”（即聚众吸食毒品的场所）的情况，加大对娱乐场所涉毒问题的打击整治力度，对场所员工进行禁毒知识培训，提高场所自主禁毒意识。2001 年，长沙县、望城县获全省“无毒害县”称号。2002 年，建立由派出所、居（村）委会、单位（学校）和家庭联合开展对吸毒人员“四位一体”的帮教措施。2003 年 4 月 21 日，侦破长沙市首例贩卖国家规定管制精神药品案，抓获杨某等犯罪嫌疑人，缴获精神药品沙菲片834片。2005年，对全市易制毒化学品的生产、经营、购买、运输和进口、出口行为实行全面管理。2006年，长沙市贯彻《娱乐场所管理条例》，通过落实场所管理责任，形成分、县（市）局禁毒大队指导、管辖地派出所负主要责任的禁毒管理机制，实行娱乐场所涉毒案件倒查制度。2007年4月15日，侦破长沙市首例非法买卖制毒物品案，抓获黄某等5名犯罪嫌疑人，缴获易制毒化学品麻黄素43千克。2009年，开展毒情大排查专项行动，对长沙市易制毒化学品、麻醉药品和精神药品企业的情况进行摸排登记并纳入管控范围。

2010年，开展大型禁毒宣传暨焚烧毒品活动，参加活动的社会各界人士6000余人，焚烧毒品近1吨，焚毒数量创历年之最。2010年10月，长沙市出台《长沙市社区戒毒（康复）工作实施办法》，规范长沙各乡镇街道开展社区戒毒（康复）工作的操作规程，启动天心区天剑社区等10个“蓝结家园”（戒毒康复人员就业安置基地）建设。2011年3—8月，侦破“3·18”特大贩卖国家管制药品案，抓获犯罪嫌疑人王某等4人，缴获国家管制药品消咳宁7.2万瓶，351.81千克。11月，长沙市在全国社区戒毒社区康复工作会议上就社区戒毒（康复）工作作典型经验发言。2012年，全市有社区戒毒（康复）工作站（组）1283个，登记在册的易制毒化学品企业1021家。联合红网开展禁毒征文、微博互动、帮帮团访谈等系列活动，网友点击率1800万人次。

（二）查禁赌博。1989年4月30日，长沙市颁布《禁止赌博条例》，第一次以地方规章的形式对查禁赌博活动进行明确规定。1990年，查处赌博案件4009起，抓获涉赌人员9670人。1993年，利用电游及摇骰子、投彩球、丢弹子、幸运盘等聚众赌博悄然兴起，全市取缔12家有奖赌场。

1996年，长沙市对有奖电游进行清查，取缔有奖电游场所4个，查封电子游戏室95家，收缴电游机576台、游戏机板1050块。

1997年4月30日，长沙市修改《禁止赌博条例》，明确凡以约定方式用财物作赌注计输赢的行为，均属赌博行为。参加赌博或者为赌博提供条件的，依照治安管理处罚条例处15日以下的拘留，可以单处或者并处3000元以下罚款。公安机关除负责查处赌博外，还根据检查单位的禁赌情况，监督落实禁赌措施。旅社、饭店、茶馆等服务性单位和公共娱乐场所守法经营，不得为赌博提供条件，发现赌博活动应立即制止并向公安机关举报并协助查处。1997年，对“啤酒乐园”有奖经营活动进行集中整治，查处啤酒机赌博83场次，没收销毁赌具38台。

在20世纪90年代依法查处赌博活动过程中，一段时期内一定程度上存在下达罚没指标、罚没利益驱动现象。2000年，长沙市公安、检察、法院等部门的行政性收费和罚没收入全面实行收支两条线管理。公安机关不再对查禁赌博下达罚没指标，规范查处活动，是年上缴罚没款总数下降30%。2000年后，赌博人员为逃避公安机关打击，纷纷转移到星级宾馆或挂牌部队经营场所，利用宾馆保安及部队场所作掩护，“扳砣子”“开牌机”聚赌，给公安机关查处造成相当大的阻力，多次发生保安阻挠、民警被殴打的恶劣事件。市公安局与省军区保卫处联系沟通，组织力量，连续出击。2001年3月，在泰天大酒店抓获开设赌场的犯罪嫌疑人刘某某及16名参赌人员，收缴赌资8.95万元。

2003年，开展打击整治地下“六合彩”赌博行动。2003年，在中天宾馆、万代大酒店首次查获利用欧洲杯足球赛进行赌球活动的赌博案件，5名组织者被劳动教养。随着互联网的发展，网络赌博浮出水面。2006年5月14日，治安支队在五一大道五一新干线1226房查获一起互联网赌博案件，抓获涉赌人员9人。

2007年，开展打击“转转麻将”等赌博违法犯罪活动集中行动，查处“转转麻将”赌博案132起，查处涉赌麻将馆 193 家，抓获涉赌人员 756 人。2007 年 7 月，召开全市禁赌工作会议，专题部署查禁赌博工作。全市查处涉赌案件 3671 起，抓获涉赌人员 1.08 万人，劳教以上打击处理赌头、赌棍 477 人，治安拘留 6008 人。2009 年，开展以整治“黄赌毒”、危爆物品、重点地区为主要内容的社会治安整治行动和“一打三整”专项行动（“一打三整”即打击黑恶势力、整顿重点地区社会治安、整顿危爆物品管理、整治黄赌毒现象）。

2010 年 7 月，公安部组织中央媒体采访团对长沙市查禁电游赌博成效进行集中宣传报道。《人民公安报》头版刊登《长沙：“三铁”机制查禁“黄赌”》一文，对长沙查禁“黄赌”工作给予肯定。

2011—2012 年，开展查禁电游赌博和地下“六合彩”赌博违法犯罪活动专项行动。整合编写《具有赌博功能电子游戏设施设备认定规定》，为打击处理提供法律政策服务。2012 年 7 月，打掉一个特大地下“六合彩”网络赌博团伙，抓获主要涉案人员 14 人，查封冻结赃款 700 万余元。

（三）查禁卖淫嫖娼。1988 年，制定《关于查禁取缔卖淫嫖娼活动的有关规定》，开展取缔卖淫嫖娼专项行动，查获卖淫嫖娼案件 311 起，抓获 1000 余人。1989 年，成立收容教育所，负责长沙地区卖淫嫖娼人员的收容、审查、教育、挽救和性病检查、治疗工作。1991 年，收容教育所民警审查卖淫妇女李某某，破获一起长期强迫、组织妇女卖淫案，案犯刘某某被判处死刑。

1993 年，长沙市开展代号为“正风行动”的打击卖淫嫖娼专项行动，清查旅店、公共场所、路边店内暂住人口、重点人口 1.04 万人次，查破卖淫嫖娼案件 371 起，抓获卖淫嫖娼人员 891 人。1996 年，针对浏阳大围山、宁乡灰汤、望城白马度假村等旅游度假区及星沙开发区等地卖淫突出问题，开展扫黄整治，查处卖淫嫖娼案 266 起、介绍容留嫖娼案 11 起，端掉卖淫窝点 61 个。1998 年，《人民日报》《湖南日报》披露五一路沿线美容美发屋色情勾引、色情服务、敲诈勒索等犯法行为后，长沙市迅速查封取缔沿线 30 余家发廊门店。

1999 年，长沙市创建“平安大道”，对国道两边卖淫嫖娼活动进行严厉打击，查处从事卖淫嫖娼等路边店、小旅社 36 家，摧毁卖淫窝点 23 个，抓获卖淫嫖娼人员 147 名。在浏阳市梦里水乡度假村查获季某某、李某某等人强迫组织妇女卖淫案，被分别判处死刑缓期执行和无期徒刑。治安支队配合珠海警方，抓获强迫、组织妇女到澳门卖淫犯罪分子 2 名。

进入 21 世纪，随着经济社会的飞速发展，涉黄活动表现形式多样，组织化程度提高，规模增大。公安机关坚持一经发现，露头就打，坚持精准出击、依法办案，杜绝降格处理、以罚代刑。涉黄活动虽时有反弹，但总体形势平稳可控。2002 年 1 月，中央电视台《新闻 30 分栏目》对湖南某公司桑拿按摩部色情活动猖獗的情况予以曝光。长沙市查获犯罪嫌疑人周某某等人利用湖南省某职工疗养院门面及桑拿按摩中心，引诱、容留、介绍多名妇女进行卖淫案，主犯周某某、喻某某被逮捕判刑，监管不力的干部受到追责处理。

2006 年 12 月，针对散发色情小卡片招嫖的新趋势，查获 1 起发卡招嫖案，1 名组织者被刑事拘留。2009 年 6 月，部署开展打击组织强迫妇女卖淫犯罪专项行动。8 月初，制定《对查禁“黄赌毒”工作不力的责任追究办法（试行）》。

2010 年 4 月 7 日，公安部、省公安厅两级挂牌督办的刘某某等人“发卡”招嫖、组织妇女卖淫犯罪团伙被摧毁，抓获 55 人，逮捕 10 人，行政拘留 14 人，收容教育 6 人。2011 年 12 月 10 日，开展集中打击整治淫秽色情、赌博违法犯罪“零点行动”。全市投入警力 2159 名，查获各类“黄赌”案件 59 起，捣毁“黄赌”“黑窝点”37 个，抓获违法犯罪嫌疑人 355 人。2012 年，以开展严打整治“春季攻势”

"雷霆行动"为契机，严打"黄赌"违法犯罪，查处"黄赌"案件3036起，抓获1.11万人，刑事拘留1138人，行政拘留7737人。

四、网络安全管理

1988—1993年，在全市开展计算机病毒防治工作，发动和利用新闻媒体宣传计算机病毒防治基本知识及方法，主动为党政机关和社会各界提供防治病毒服务，并在全市范围内开展计算机安全情况调查。1994—1996年，加强全市计算机安全管理和执法监督工作，抓重点单位和重要部位的计算机安全组织的建立，督促计算机安全规章制度的建立和落实，定期开展计算机系统网络安全大检查。1995年7月，发布《关于计算机安全监察科执法问题的通知》，依法保护计算机信息系统安全，促进计算机的应用发展。1997—1999年，加强国际互联网的安全管理和信息监控工作，全市计算机重点用户单位进行安全检查评比活动，加强对"千年虫""闰年虫"等计算机病毒的检查和防范，检测300余台计算机，保证各个行业系统的正常运转。1999年11月，为加强全市计算机安全监察执法工作力度，发布《关于在五区公安分局设立计算机管理监察科（股）的通知》。

2000年，对网吧实施"六统一"（统一申报条件、统一审批程序、统一招牌颜色、统一管理软件、统一计安培训、统一不准经营电脑游戏）管理措施。全市审批网吧300余家，查处非法网吧99家。截至2000年年初，长沙市5区4县（市）全部成立计算机管理监察科。2002年，开展互联网有害信息专项清理整顿工作，发现有害信息3600余条，封堵有害网站8家。开展网吧清查"风暴行动"，出动警力820人次，清查网吧1800家次、依法查处87家。举办计算机安全培训班4期，培训重点单位及网吧计算机安全员470名。2003年，强化互联网安全监控，对全市1000余家网站备案，建立二级监控网点，开通"长沙公安公共信息网络安全报警服务网"，面向社会收集有害手机短信息报警。狠抓网吧安全管理，重新审核登记1630家网吧，开发"网络110"软件，实现对网吧信息软件智能管理。开展集成电路卡（IC卡）系统安装工作，480家网吧安装IC卡系统。开展网络安全培训，对800余名计算机从业人员进行安全知识培训并进行网上考试，长沙市公安局网监处是全省网监系统第一个开展网上考试的单位。2004年，开展反垃圾电子邮件专项整治，检查检测邮件服务单位76家，落实安全技术防范措施13家，关停16家安全技术措施不到位的服务单位。开展互联网上网服务场所专项整治工作，推进"网络110"软件安装。

2005年，开展网吧整治专项行动，制定《互联网上网营业场所信息网络安全和消防安全审核实施程序》，规范网吧安全审核程序。开展互联网网站清理整顿，重点整治互联网数据中心存在的主机托管、虚拟空间出租等安全管理秩序混乱的现象。2006年，开启网吧平台建设，对200家黑网吧开展专项整治行动，加强网上重点阵地控制。开展全市计算机信息系统安全登记保护调查摸底工作。2007年，以开展中共十七大网上安全保卫为重点，处置本地有害信息307条，处置长沙平和堂店于9月18日举办开张庆典以及冒充市人事局长进行诈骗等重特大舆情炒作事件。推进互联网依法公开管理，建立网上虚拟社区治安防范警务机制，在红网、华声论坛等本地重点网站设置网上报警亭。开展虚拟社会组织和网站大调查，重点对市电信、移动、联通、铁通等运营商，以及湖南在线、红网等本地大型门户网站的服务器托管情况进行检查和登记。

2008年，围绕奥运安保、西藏暴力事件、三鹿奶粉等热点事件展开舆情监控工作，发现并处置有害信息1979条，第一时间处置抵制家乐福、"我要去抢奥运火炬"等重大舆情炒作事件20余起，对101家网站做出停止联网的处理，防止网上有害信息造成现实危害。在非经营性上网场所落实安全技术措施工作，在长沙电信等 85 家单位安装技术措施。推进网吧的信息网络安全和消防安全审核行政许可工作，“网络 110”安装率 100%，在线率 95%。开展互联网数据中心、托管主机和虚拟空间服务单位违法有害信息集中清理整治行动，各运营商检查接入网站数 398 家，永久关闭网站 4 家。2009 年，加大网上巡查力度，报送煽动破坏国庆庆典等有害信息 1.93 万条。

2010 年，出台《长沙市公安局关于互联网安全管理创新工作的实施意见》，推进互联网安全管理创新，提升互联网安全管理水平和网上斗争能力。召开“第六届全国部分友好城市网安协作会”，签订网上舆情导控《长沙协议》。启动“互联网上网服务营业场所信息网络和消防安全审核”的行政许可在线办理，全年办结行政许可 831 起。掀起网吧“实名风暴”，对全市 1700 余家网吧展开拉网式排查，确保全市网吧实名上网登记率 95%以上。

2011 年，创新社会服务管理，与宣传、网管等职能部门以及运营商、网站协作，建立网上公安局、网上派出所、网上警务社区、网上警务即时通信（QQ）群、公安微博等网上警务，在红网、华声在线等重点网站建立网安警务室。落实网吧上网实名制，对全市 1700 余家网吧进行排查和整治，开展黑网吧整治专项行动，摸排和打击黑网吧 170 余家。

2012 年，召开全市网络安全工作推进会，推进重要信息系统安全等级保护、非经营性上网服务场所落实安全保护技术措施等工作，将网络安全管理向社会面延伸，创造长沙经验与模式。加强对重点网站、网吧和重要信息运营使用单位的业务指导和安全管理工作。对全市政府类、交互式服务类和网上交易类等 180 家重点网站开展安全检查，完善内部管理，建立和完善应急处置工作机制。1700 余家网吧配合中共十八大安保、文明创建复查、侦破打击、社会面管理等公安业务工作，坚持实名上网登记制，网站安全防范意识和能力普遍增强。落实互联网舆情“每日动态、每周综述、重大情况随时专报”的搜集与通报机制，对本地舆情做到实时发现、及时查证、一查到底，先后协助相关部门处置负面舆情。

五、单位内部安全保卫

（一）经济保卫。1988 年，巩固、完善多层次、多形式的治安保卫责任制，在 6000 余家单位确定治安责任人，建立健全保卫组织机构，提高单位内部自防自治能力；落实护厂、护院、护店、护校、护机关（以下简称“五护”）力量，落实巡逻防控和内部安全防范措施；在公安列管的 1005 个单位中，有 824 个单位没有发生刑事案件，占总数的 82%。1990 年，全市有公安列管单位 1136 个，经济民警、保卫干部 4400 余名，“五护”力量 1.1 万余名。12 月 17 日，长沙市发布《关于深入开展反内盗斗争的通知》，重点打击内外勾结，确保全市企业事业单位安全。1991 年，查处 78 起纠缠、恐吓、伤害企业领导人事件，维护企业领导依法行使职权；查获内盗分子 3100 余人，破获侵害企业利益的内盗、诈骗、破坏生产等案件 2679 起。1992 年 1 月 1 日，《长沙市机关团体企业事业单位治安保卫工作条例》实施。是年，贯彻执行《长沙市关于维护企业领导人依法行使职务的规定》，依法处理此类案件 65 起。1995 年，制定《长沙市经保系统创建治安模范单位意见》。1997 年，对全市公安机关经保工作进行改革。将全市经保重点单位按照省厅、市局、分县市局、派出所的行政管理层次，分级进行管理，将经保重点单位的管理措施延伸到基层派出所。1998 年，开展整顿金融部门安全工作，督促全市金融部门更新、添置防护设备，加强安全防范，整顿后的 29 家金融珠宝门店有 15 家与公安“110 报警中心联网”，并增加经济民警和保安人员定点值守。

2004 年，按照“保重点、保要害”的原则，推进重点要害单位（部位）“人防、物防、技防”建设，深入各系统、各行业、各单位开展安全大检查，出动警力 1180 人次，检查重点单位、要害部位

1360处，发现隐患漏洞780处，及时督促整改534处，确保经保单位的内部安全。2005年4月，根据国务院《企业事业单位内部治安保卫条例》，开展全市治安保卫重点单位申报确定工作，向市、区两级政府申报并确定首批治安保卫重点单位。2008年，以奥运安保为工作重心，加强对全市经保重点单位内部治安保卫工作的检查、指导和督促，加强银行网点、水电油气和商场超市等经保重点单位内部的安全防范措施，以确保全市经保单位的绝对安全。2009年，办理金融机构营业场所新建、改建行政审批172起。

2010年3月15日，制定《关于加强重点工程安全保卫方案》。是年，配合“苏湘渝”系列持枪抢劫案件侦破工作，对各个重点工程施工工地外来务工人员进行清查和登记，清查流动人口2000余人，加强对外来务工人员的规范管理。2011年，指导、协调望城县局对湘江综合枢纽临时炸药库重大安全隐患追踪监督，消除安全隐患。是年，地铁2号线人民东路站、五一广场站、望城坡站、体育新城站等工地先后出现不安定事端和重大安全隐患，内保支队积极协调，稳妥处置矛盾及纠纷，保证重点工程工地正常的施工秩序。加强金融网点安全防控，要求全市金融单位人工网点门前配备两路高清探头，全市区银行网点安装高清环境探头。“三电油气”设施安保工作（电力、电信、广播电视设施和输油输气管道设施）方面，成立长沙市公安局“三电油气”设施安全保护工作领导小组，建立“三电油气”设施安全保护联席会议制度，将“三电油气”单位正式纳入内保单位管理。大型商场超市、珠宝店安防工作方面，长沙市在大型商场超市金银珠宝柜台和独立金银珠宝门店柜台安装防砸玻璃，全市143家2500平方米以上的大型超市和独立金银珠宝门店，有114家安装防砸玻璃，防砸玻璃安装率80%，107家安装“110联网报警系统”，“110”报警联网率75%，保险柜配备率100%，视频监控安装率100%。2012年，市区银行网点全面落实“双人实时监控”，全市银行网点保安员2843名，银行网点大厅安装近800台安全防范视频机。公安内保部门督促银行金融单位积极提高技防能力，在营业场所对外窗户或玻璃幕墙采用防砸玻璃并安装玻璃破碎报警器，推行“数模结合”视频监控系统（数字信号和模拟信号相结合的视频监控系统，是一种从模拟信号转变到数字信号的过渡模式）。2009—2012年，开展重点工程安防检查220次，发现安全隐患132处（其中危险爆炸物安全管理隐患3处、安全事故隐患10处全部整改到位，人防、物防、技防隐患115处整改90处），调解各类纠纷120次，查处各类阻工事件26起。

（二）文化保卫。1988年，全市文化保卫单位建立文保工作网络，明确工作专干。1990年，长沙市有996个单位建立文保工作责任人制度，有工作专干1633名，辅助人员1013名，17所大专院校及165家亏损企业被列为工作重点单位。1993年，制定《经文保信息工作规定》，收集各种工作情况2427条，其中重要工作情况492条。1989—1994年，根据国内外形势开展专案侦查，立案6起，查证线索12条。

1993年2—7月，长沙市考古研究所对西汉长沙王后“渔阳”墓进行发掘，出土玉器、漆器、陶俑等文物5000余件，珍贵文物10余件。5月8日，长沙市制定《关于西汉长沙王后“渔阳”墓发掘期间保卫工作方案》，选派24名经济民警每日三班实行24小时对墓区轮班值守，抽调5名公安民警轮班带队巡查，全面指导现场的安全防范工作，并提供墓区现场保卫，确保文物无一丢失，全部运抵市博物馆珍藏。1996年，重点对全市21所高校及其周边治安环境进行整治，打击危害校园的刑事犯罪活动。7—11月，长沙市文物工作队对五一广场走马楼西侧的61口古井进行发掘，出土三国孙吴纪年简牍若干万片，派出民警3人、经济民警12人，轮番值守，加强发掘现场保卫，并指导长沙市市文物工作队做好发掘现场和文物库房的安全保卫工作。1997年4月，文保部门强化辅助力量建设，通过健全完善文保工作网络，发展和物色工作专干和辅助力量，加强查处工作。2000年，全市文保部门发现取缔非法练功站点

54个，查获收缴非法宣传品1.3万份，帮教转化非法练功人员945名，行政处理105名。2002年，查获销售、发行非法出版物案件12起，依法处理涉案人员15人，收缴各类非法出版物3.5万余册（张）。

2004年，开展专项行动60余次，取缔校园及周边非法经营场所285家，清理经营门店和出租户640家，收缴非法教材、教辅读物、光盘等非法出版物、电子音像制品5.6万余册（张），协助侦破各类案件467起，抓获各种违法犯罪人员214名，维护学校师生合法权益和正常教学生活秩序。2008年，开展集中整治学校及周边治安秩序行动，开展联合整治行动30余次，取缔校园及周边非法经营场所700家，清理房屋出租户2000余户，旅馆招待所200余家，检查网吧400余家，依法取缔黑网吧40余家，协助查破各类涉校违法犯罪案件413起，抓获各种违法犯罪人员900余名。

2010年，长沙市发布《关于加强中小学幼儿园安全工作的意见》《关于加强中小学校、幼儿园安全防范工作的紧急通知》《关于集中整治学校、幼儿园及周边治安秩序专项行动实施方案》，要求全市中小学校、幼儿园建立门卫保安、来客登记、内部巡控等制度，加强内部安防设施建设，强化校园封闭管理，严防各类涉校（园）、涉生（师）案件和事故发生。全市落实巡逻守护车辆630辆，建立健全民警、保安、巡防队员、内部保卫力量、老师、群众6支守护力量。全市全年制定预案2128个，开展预案演练1521场次，开展安全检查900余次，摸排安全隐患2700余处，下达《整改通知书》236份，摸排高危人员470人，处置在校园周边扬言制造事端的突发事件8起。2011年，进一步推进中小学幼儿园安全防范设施建设，全市2369所中小学校和幼儿园，配备保安的学校1284家，占54.2%；电视监控安装999家，占25.2%；110入侵报警系统建设338家，占14.3%；治安巡防站建设1305家，达到55.1%;已建保卫制度2305家，达到97.3%；学校封闭式管理1913所，占80.8%。同时，做好新疆班学生到长沙学习安全保卫，为新疆班355名维吾尔族学生创造安全的学习环境。

2012年，全市二级以上医院建警务室58个；全市中小学校和幼儿园有1435所安装联网报警系统，1851所安装电视监控。

（三）保安管理。1986年起，长沙市企业事业单位陆续组建经济民警队伍。1988年，长沙市保安服务公司成立，随后全市各区县市陆续成立区县级保安服务公司。2002年11月，取消组建经济民警队伍，经济民警队改称护卫队。2003年，制定《关于保安工作内部管理的规定》，促进保安服务行业规范管理，全市保安员总数发展到6920人。2004年，长沙市保安服务公司正式开展武装押运服务。2005年，制定《长沙市保安监管部门主要工作考核内容和标准》，规范公安机关对保安服务行业的监督管理机制。2008年，省、市两家保安公司将长沙地区的保安武装押运业务和资产分离出来，整合成立湖南悍豹武装押运有限公司。2009年，根据国庆60周年安保工作要求，对全市保安队员和护卫队员进行全面审查，清查出有违法前科人员177人（其中护卫队员36人）。

2010年1月1日，制定《长沙市公安局贯彻〈保安服务管理条例〉实施方案》《关于长沙市自行招用保安员单位备案工作规定》，全面启动市级公安机关贯彻《保安服务管理条例》，施行1个行政许可、3个行政审核、3个行政备案的工作。即申请办理保安员资格证行政许可，申请保安服务公司法人代表变更审核、设立保安服务许可证审核、保安培训许可证审核，申请设立保安服务公司行政备案和自行招用保安员单位备案、保安服务公司设立分公司备案、保安服务公司跨省经营备案。

2011年1月14日，长沙市保安服务公司完成与长沙市公安局的脱钩改制工作，公司保安人员整体移交湖南穗保安防科技有限公司。随后，各区县保安服务公司陆续完成脱钩改制工作。长沙市出台《长沙市加强对物业服务企业监督管理的规定》，促使全市物业服务企业保安工作走上正规化、法制化轨道，是年完成 26 家保安公司和 2 家保安培训学校审核审批、330 家物业公司受理备案、1.18 万人的保安员考试发证工作。2012 年，发挥保安队伍群防群治作用，长沙市保安工作“以查促管”，抓获现行犯罪嫌疑人 135 人，协助公安机关抓获逃犯 4 人。

六、社区警务

1990 年，配齐城区 576 个户管区民警，开展“创先进户管区、争当优秀户籍民警”的竞赛活动。1992 年，开展派出所达标竞赛活动，强化基层基础工作，制定有关队伍、业务、法制、装备建设等各项标准，全市城乡有 37 个派出所实现达标。1994 年，制定派出所为期 3 年的《创建治安模范警区目标与要求》，从侦破打击、安全防范、户政治安管理、队伍建设 4 个方面对派出所的工作任务、目标要求作出明确规定，为长沙建成社会治安模范城打下基础。1996 年，为加强安全防范工作，建立户籍民警执勤室，占全市户管区的 58%。户籍民警执勤室实施“三统一”的规范化管理，即统一制作“户籍民警执勤室”牌子，统一“三个制度”（户籍民警职责、治安执勤制度、暂住人口登记办法须知），统一“三个簿册”（报警案件登记本、调解纠纷登记簿、执勤日志）。1999 年 3 月开始，在全市范围内开展安全防范“六个一”工程建设活动，即要求每户安装一张防盗门，每家配置一个灭火器，高层楼房每户一根自救绳（8 层以上楼房安装缓降器），每个居委会至少有一处机动车停放点，每栋宿舍楼前有一盏夜明灯，每个责任区有一个执勤点。年内，全市新增防盗门 8.82 万张，灭火器 12.94 万个，自救绳 1.20 万根，缓降器 195 台，夜明灯火 7502 盏，停车场 543 个，治安执勤室 297 个，社区防范能力明显提高。

2001 年公安部“杭州会议”后，市公安局成立基层基础工作处，负责全市派出所工作和社区警务工作。2002 年，强化派出所“三大块”（防范、管理、打击）工作职能，落实“一区一警”。2003 年，根据公安部统一部署推进派出所规范化建设。通过落实一区一警或一区多警，改革派出所勤务制度，加强社区警务工作，建立和完善派出所和社区民警考评一系列措施，实现派出所环境整洁、管理规范、面貌一新的目标。2006 年，围绕“平安长沙”创建，加强派出所警务保障、派出所分类指导和群防群治工作组织指导，健全完善以派出所防范发案为主要指标的日常考核评价机制。建立派出所所长和社区民警向群众述职制度，加强派出所等级评定工作。继续“坚持精简机关、警力下沉、重心下移”的思路，充实一线警力，全市社区和责任区民警总数 1300 人，占全市警力的 1/6。2007 年，对社区警务机制进行改革，在政策引导、提高基层民警待遇、与街道、社区建立适应机制等方面进行规范，在推动警力下沉上建立长效机制，改革后，6 个城区分局派出所警力占本单位警力 60%以上，4 县（市）局派出所警力占本单位警力 50%以上。全市社区（责任区）配备社区民警，并实行“搜集情报信息、管理实有人口、整合治安资源、搞好安全防范、查处治安案件、服务社区群众”的工作职责。2008 年，全市建立防控入室盗窃犯罪调度机制，实行“一月一排名、一月一讲评、一季一奖惩、年度总考核”。按照“一级、二级派出所必建，新建和新改建派出所必建”原则，建设全市派出所候问室和信息采集室。集中开展全市社区创平安活动，强化社区警务建设综合保障，实施社区警务工作 3 年规划。扎实推进派出所等级评定和“示范警务室”评选工作。在司法等部门协作配合下，推动社区矫正对象交接工作。2011 年，明确社区民警以实有人口管理为重点、以信息采集维护为主要任务，突出社区警务在派出所基础工作中的主体地位。按照“全警触网、终身负责”要求，健全社区警务基础信息采集和考核工作机制。结合全市围城卡点建设和网络化巡逻机制，依托社区警务室，健全社区治安防控体系。2011 年，制定出台加强派出所基础工作的决定，加强派出所基础工作和社区警务工作。2012 年，推进城乡社区警务战略，全市推广社区民警专职化，建立社区警务评估机制。

七、水上治安

图 9-2-3-2 公安民警投入抗洪抢险斗争
（摄于 1998 年 7 月，市公安局供图）

1990 年 12 月 20 日，在原西区公安分局水上派出所基础上复建市公安局水上分局。1991 年 7 月，水上分局破获分局复建后第一起拦河抢劫案，在月亮岛水域驾船持刀拦截水上船舶的肖某某等 7 人被抓获。1994 年 6 月，湘江遭遇特大洪灾，郊区丰汛垸溃堤，水上分局全体民警连续奋战 5 昼夜，出动公安船艇 61 次，救助水困群众 700 余人。

1995 年 3 月，破获长沙市第一起利用水运航道走私案，收缴走私摩托车 17 辆。9 月 1 日，长沙草潮门码头发生到长沙采购的船舶内 13 万元现金被盗案，分局历时 12 小时破案，到沅江抓获犯罪嫌疑人，赃款被悉数追回。1997 年 10 月，破获湘江系列盗窃案，抓获嫌疑人廖某某等 6 人，该案卷宗编整被检察机关推为典范。侦审合并后，水上分局侦查破获聂某某杀人抛尸案、邹某杀人抛尸案、医药学博士邱某某制贩新型毒品美沙酮案、柳某组织黑社会组织案。1998 年，长沙市遭受百年未遇特大洪灾中，水上分局民警连续奋战两个月，排险 19 处，抓获趁火打劫违法犯罪分子 7 名，协助当地干部、群众转移财产物资，挽回损失百万余元。

2001 年 12 月 11 日，破获长沙市最大贩卖毒品案，现场收缴毒品海洛因 3700 余克，洪某某、曾某某等 4 名罪犯被判处死刑，水上分局在全国水域治安管理中声名显赫。2002 年 5 月，撤销水上分局，成立水警大队，隶属治安支队，担负抗洪抢险、水上无名尸体勘验处置、落水事件救援任务，涉水单位内保工作和船民户口管理剥离至属地公安机关。水警大队成立后，先后参与 3 次较大规模的抗洪抢险。2005 年，水警大队民警紧急疏散橘子洲居民 70 余户，确保安全。2006 年，水警大队参与市委、市政府部署的水上交通安全专项整治、河道违规采砂专项整治及水上餐饮专项整治等一系列综合整治行动。2012 年，水警大队取缔非法餐饮小渔船 120 条，查获非法运沙自卸驳船 38 艘、超载运输船只 34 艘，治安拘留 1 人。

八、公交治安

1988 年，公交分局维持原组建之初的企业公安机构性质，编制为 77 人，受市公安局和市公交总公司的双重领导。针对公交分局隶属企业性质的现状，加强公交治安管理的指导和培训，控压公交线路上的违法犯罪发案率。企业民警邹德明，1 年内抓获扒手 200 余名，被誉为“反扒能手”。在 1989 年春夏之交的政治风波造成的社会动乱情况下，确保 400 余台公交车辆无一损坏、正常营运，并开展 8 次反扒突击行动。1990—1996 年，坚持“严打”方针，组织力量进行跟车反扒和巡逻，带领联防队员在公交站点守点执勤，加大打击街头犯罪力度，破获扒窃案 3000 余起。

1997 年后，长沙公共交通迅速发展，公交线路增加到 52 条，公交车辆增加到 1300 余台，公交治安管理难度不断加大，以企业职工为主体的力量已难以适应工作需求。1998 年 8 月，公交分局由企业机构转为行政机构，组建为行政公安专业队伍。转体后的公交分局设置侦查大队、治安大队和 3 个公交派出所，并将长沙市长途客运东区、西区、南区 3 个汽车站的治安管理纳入管辖范围，对全市公共交通实施全方位的治安管理。自此，公交发案得到控制，节假日期间，分局加派警力，严查危爆物品进站上车，保证车站有序、安全运行。

2004年，长沙市实行中巴出城政策，市公交总公司改制成9家公司。改制后，公交企业内部安全管理受到冲击，原企业职工利益诉求增多，企业之间竞争激烈，部分线路重叠，致使堵路、堵车、堵门、罢运事件时有发生，甚至滋生使用暴力和非法手段企图垄断经营的黑恶势力，公交治安管理出现许多新情况、新问题。全市公安沉着应对，确保平安。2006年，围绕创建“平安长沙”，处置公交群体性事件10余起。

2008年，围绕北京奥运会安全保卫，分局加强公交线路、场站的维稳处突和反恐防暴，构建公交停车坪、公交站点、行驶中的公交车辆和公安流动督查巡查“四层防控网络”，以属地管辖责任、辖区管辖责任和法人责任制“三级管理责任”为核心的工作机制，实行线路管控责任制，使奥运期间公交治安管理万无一失。2009年，总结奥运反恐经验，构建公交反恐防暴长效机制，组建突击队，不定期对火车站、各长途汽车站和重点公交线路进行巡查。2010年，成立公交反恐领导小组，制定《严密防控公交恐怖袭击工作方案》和《快速处置预案》，在长途汽车站设置盘查卡点，落实守卡警力，防范公交暴力恐怖事件发生。

2011—2012年，对城区5个长途汽车站2300台客运车辆、公交客运系统从业人员基本情况建立台账，公交车视频监控安装率100%。自主研发建设“打防扒窃犯罪工作系统”和“扒窃违法犯罪人员信息库”，在全市公安系统实现扒窃犯罪信息共享。

九、协同综合执法

2000年，长沙组建城市管理综合执法支队，原公共交通分局升格为副处级的市公安局城市管理支队，组建国内唯一的城管警察支队，查处城市管理综合执法中发生的刑事案件和治安案件。城管公安组建之初，在全国没有现成的工作模式，城管公安与城管综合执法支队联袂运作，摸索出“城管搞执法，公安作后盾”“配合得上，分离得开”的“长沙模式”，城管警察队伍不参与具体的行政执法过程，但在发生阻碍综合执法案件时，赶到现场跟随执法活动，掌控现场情况，调处矛盾，保障城管执法权威。同时，公安、城管队伍在执法时，按各自的执法程序执法，分工协作。6—12月，出警万余人次协助城管综合执法行动，参与整治行动800余次，配合拆除违章建筑40万余平方米，取缔各类违章经营的马路摊担、店外经营1万余户，取缔非法交易的蔬菜、木材、药材等市场50余个，查处妨碍城市管理综合执法案件300余起。11月23日，开福区北站路宝安摩托车市场发生蓄意暴力抗法案件，2名城管综合执法队员被殴打致伤，历时3个月的侦查，将13名参与殴打城管执法队员的嫌疑人缉拿归案。

2001年10月29日，长沙城管公安在国务院法制办召开的相对集中行使行政处罚权试点城市座谈会暨全国城管执法经验交流会上介绍“长沙模式”工作经验。

2004年，打击破坏城市公用设施、环境卫生等违法犯罪活动，查处故意损坏公私财物案件100余起。2005年开始，加强打击“发卡”方式妨碍城市交通违法行为，查处该类案件87起，查处违法人员90余人。

2009年，长沙市成立打击食品药品违法犯罪的专门机构“长沙市公安局治安支队食品安全执法大队”（以下简称“食安大队”）。筹备成立阶段即侦办公安部督办的“3·13”销售假药网络案，黄某某等11名团伙成员被逮捕并移送起诉，缴获市值340万元的假药。10月，侦破部督“唐某某等人非法经营瘦肉精”案，斩断一条“瘦肉精”流向长沙生猪养殖企业和农户的渠道。2010年，侦破部督“彭某某团伙特大制售假酒”案，一案判刑13人，收缴、查扣假冒五粮液、茅台、泸州老窖等名牌的假酒10万余瓶，涉案金额1500万元。是年，在长沙召开的第五届全国城市管理执法论坛暨城市管理行政执法工作现场会上，市公安局专题介绍长沙城管公安工作经验，公安与城管“两位一体”的“长沙模式”再次得到认可。2011 年，围绕贯彻落实《长沙市城市管理条例》，建立城管民警下社区并兼任执法副中队长的工作机制，出动警力配合综合执法，整治南门口、书院路、西湖楼等长期的刻假章、制假证市场。

2011 年，开展“打四黑除四害”（黑作坊、黑工厂、黑市场、黑窝点、害百姓、害家庭、害社会、害国家）专项行动，严厉打击整治从事制假售假、收赃销赃等违法犯罪活动的黑作坊、黑工厂、黑市场、黑窝点，查获各类“四黑四害”案件 405 起，打掉团队 39 个，抓获违法犯罪嫌疑人 512 人。9 月 2 日和 13 日，长沙市在全国专项行动暨部署食品药品案件侦办工作会议和严厉打击“地沟油”违法犯罪专项工作电视电话会议上作经验发言，推介“打四黑除四害”工作，介绍长沙食品安全执法成功做法和取得的成效。是年，食安大队成立被评为首届中国食品安全法治高峰论坛优秀事例、全省公安机关社会管理创新二等奖。

2012 年，突出打击“瘦肉精”“地沟油”“病死猪”等食品安全领域犯罪，破获食品、药品等案件 115 起，逮捕 172 人，打掉团伙 311 个，捣毁窝点 1699 处。食安大队捣毁 4 个制贩有毒有害食品“黑窝点”，抓获 10 人，逮捕 6 人，收缴工业用氢氧化钠 5000 余千克，双氧水 2500 千克，鱿鱼、海参等加工成品、半成品 1000 余千克。治安支队、宁乡县公安局治安大队被评为全国公安机关“打四黑除四害”专项行动成绩突出集体。2009—2012 年，参与食药监、工商、质监、农业、卫生、商务、畜牧水产等部门执法行动，行政拘留妨碍执行公务的 8 案 21 人，侦破食品安全刑事案件 61 起，逮捕制假售假犯罪嫌疑人 109 人，捣毁制假窝点 43 处，查处售假门店 212 处，收缴、销毁各类假冒伪劣食品、烟酒、药品等物资货值近 1.9 亿元。

十、特种行业和娱乐场所管理

（一）特种行业管理。20 世纪 80 年代末，纳入公安机关管理的特种行业范围随着行业本身的兴衰逐步调整。1988 年，长沙有特种行业单位 1151 家，其中旅馆业 556 家，印铸刻字业 710 家（其中印刷业 580 余家、刻字业 130 家），其他 156 家。是年，查处印铸刻字业案件 23 起，抓获违法犯罪人员 20 人，收缴非法印刷书刊 50 万余册，没收非法所得 2.7 万余元。1989 年，以公安部颁布《旅馆业治安管理办法》为契机，加强旅馆业管理，开展集中检查和年检年审 4 次，发现整改各类隐患 337 起，下发限期整改通知书 46 份，开展培训旅馆业职工 70 场次，培训 5810 人次，全年旅馆业职工提供各类案件线索 1575 条，7 家不符合办店条件的旅馆自动歇业、转业。长沙市出台《印铸刻字业管理办法》，发布《关于加强书刊市场管理的通告》，重点查处非法组织印刷反动宣传品单位 18 家、印刷淫秽物品单位 4 家，取缔 11 家，停业整顿 23 家。

1991 年，开展旅馆业争创“安全优胜单位”竞赛，评出“安全旅社”27 家、“不安全旅社”2 家，抓获逃犯和流窜犯罪人员 44 人。1997 年，制定《旅馆业星级治安管理等级标准》，管理华天大酒店等 15 个单位。1998 年 4 月，首次举行旅馆业治安管理星级单位授牌，长城宾馆、新兴大酒店等 11 家旅馆业单位被授予治安管理星级牌，湘汇宾馆等 4 家被停业整顿。1999 年，发布《关于加强公章制作管理的通知》，要求刻章单位必须到市公安局印章管理办公室审核登记，开具“准刻证”，定点刻制。全市公章制作统一使用“公安印章档案管理系统”软件，归口管理。是年，与印刷业单位逐家签订治安责任书，加强对非法出版物源头管理。

2001 年，建设旅馆业治安管理信息系统，100 余家 50 个床位以上的旅馆、酒店实现联网，提高旅馆业治安管理的科技含量。2006 年 9 月，成立长沙市特种行业治安协会，实行行业服务和行业自律。2007

年，侦办“1·28”特大侵犯著作权案，全国“扫黄打非”办、公安部、国家新闻出版总局、国家版权局在长沙召开“1·28”贮存盗版图书案总结表彰暨全国“扫黄打非”办案工作座谈会，进行经验推介。2008年，推广刻制编码防伪公章，进一步规范公章刻制管理，同时，开展清查社会面非法刻章行动，严厉打击整治小吴门、南门口一带的流动摊点非法刻章活动。2009年，印发《关于下放管理权限进一步规范场所管理的通知》，原来由治安支队直接监管的城区四星级以上宾馆、酒店下放到属地分局监管。2010年，按照“先纳入管理、再逐步规范”的思路，将无办证条件的小旅馆一律纳入管理。创新印章业管理，打破政策制约，放开审批，放开竞争，改变过去全市城区因不予审批、只有4家刻章企业的现状。在公安部召开的对娱乐服务场所严格治安管理、打击非法活动、保障健康经营苏州会议上，市公安局作经验介绍发言。

2011年，全市5529家小旅馆全部安装旅店业信息系统和二代身份证读卡器。城区新审批5家刻章企业，所有新刻公章全部纳入信息系统管理，实行联网比对。1月，侦破全国“扫黄打非”办、新闻出版总署、公安部3个部门联合督办的王某某团伙特大侵犯著作权案，刑事拘留5人，扣押各类盗版图书116种45万册，金额1300万余元。2012年，加强旅馆业基础工作，推动装机联网，全市旅馆业行政许可旅馆联网3127家、家庭旅馆联网5686家，日均上传住宿信息5万条。

（二）娱乐场所管理。20世纪80年代末，长沙市文化娱乐场所增多。1988年，开展对公共娱乐场所的“四防”（防火、防盗、防破坏、防治安灾害事故）安全大检查，出动警力800人次，检查421个单位，发现各类安全隐患1340起，及时整改1260起，核发公共娱乐场所“安全合格证”379家。1989年，长沙市有娱乐场所447家。长沙市发布《关于整顿文化娱乐场所的通知》，对无证经营的，一律取缔；对转让出租、买卖经营证照的，一律吊销。对全市舞厅、影剧院等公共娱乐场所进行突击检查，收缴各种非法携带管制刀具353把。1991年，采取自查、区里反复查、各区交叉检查、市局重点抽查的办法，全面清理整顿全市电子游戏室、桌球室，整顿电子游戏室243家、桌球室113家，对验收合格的208家电子游戏室和53家桌球室重新登记发证。1994年，在“3·8”曙光舞厅凶杀案后，集中力量清理整顿公共娱乐场所，检查发现整改隐患2310处，其中重大隐患192处，发整改通知书400余份，停业整顿73家。1995年，在全市娱乐场所开展创“安全场所”活动，检查公共娱乐场所2463家次，发现各类隐患1780起，整改1193起，对127家严重违规违章场所进行停业整顿。1997年，全市各级治安部门对列管单位（场所）开展4次全面安全大检查，其中检查公共娱乐场所3660家次，特别是“8·13”某歌厅火灾群死群伤事故发生后，对列管场所（单位）高标准、严要求检查，整改力度空前。1999年7月1日《娱乐场所管理条例》实施后，对娱乐场所进行全面清理整顿，在市区检查娱乐场所820余家次，发整改通知书524份，责令停业整改19家，查处提供营利性陪侍案件15起，整改不符合条例规定的硬件设施。

2000年，开展“清证照、查隐患、促整改、保安全”公共娱乐场所专项整治行动，登记娱乐服务场所7670家，检查娱乐场所1.05万家次，取缔1505家，责令停业862家，整改各类违规设施1.40万处，整改安全隐患3976处，压减娱乐场所594家，清退陪侍人员5700余名。2001年9—12月，部署开展整顿和规范歌舞娱乐场所秩序专项行动，检查歌舞娱乐服务场所3380家次，发整改通知书423份，整改违规设施1844处，整改安全隐患1276处。2003年，推行治安列管单位（场所）治安状况等级评估公示办法，对全市1333家治安列管单位（场所）进行首期治安状况评估，评出A级单位292家，B级单位714家，C级单位327家。2006年，实行娱乐场所从业人员实名登记制度，在全市108家KTV安装娱乐服务信息系统刷卡机，实现从业人员刷卡上岗。2009年，开展“平安单位（场所）”创建活动，加强娱乐场所安全管理。2011年，开展娱乐场所从业人员前台信息系统建设，89家娱乐场所实行信息化管理，场所从业人员持证上岗、刷卡上岗，检查娱乐服务场所3345家次，发现整改各类治安隐患1694起，下发整改通知书138份。2012年8月，开展清理整顿娱乐场所专项行动，对KTV内“公关经理”“妈咪”（以介绍卖淫嫖娼等色情活动为目的的组织者、领导者）等进行清除，打击组织、容留、介绍妇女卖淫嫖娼等违法犯罪活动，规范场所治安秩序，保障健康经营。

第四节 人口 出入境管理

一、户籍管理

1988年，长沙市加强户籍管理及出生登记工作，完善户口内卡登记和办理“四项”（即迁入、迁出、出生、死亡）异动制度。1990年，开展户口整顿工作，抽调各方力量9512人，采取以点带面、培训骨干、逐户检查、汇总统计、检查评比5项工作步骤，纠正户口登记差错36.87万处，为全国第四次人口普查打下基础。1992年，长沙市总人口165.31万户555.38万人，其中市区42.78万户137.27万人。1994年，规定办理出国留学人员户口落户时，先由派出所填写入户申请表，连同入户材料一并上报，经区县市公安局审批后，方能办理落户手续。1996年，完成全市区划调整中居民户籍资料的分割移交工作；制定《关于在城区实施“蓝印户口”暂行办法》（由于“当地有效城镇居民户口”的户口簿印鉴为蓝色，故称“蓝印户口”），按照城市规范总体要求和经济社会发展承受能力，对城区办理“蓝印户口”实行总量控制。7月1日，启用新的常住人口登记表和居民户口簿，3年为期于1999年6月底完成更新常住人口登记表和换发新的居民户口簿工作。11月1日，全市出生人口起用新《出生医学证明》。1998年，全面推行实有人口管理工作，建立实有人口“四色”（红、黄、蓝、白）档卡登记管理制度，全市登记实有人口186.25万人；完成小城镇户籍管理制度改革试点工作，基本实现农村户口管理城市化。1999年，长沙市发布《关于明确当前户口管理工作中几项政策的通知》，明确婴儿户口自愿随父随母落户、放宽老人投靠子女落城市户口、适当调整夫妻分居落户、在长沙市投资兴办实业和购买商品房等人员落户的户口政策。

2000年，长沙市发布《关于外地人口迁入长沙市区办理常住户口有关事项的通知》。是年，全市登记户籍人口171.27万户、583.19万人，其中市内52.87万户、175.41万人。2001年，长沙市总户数为170.4万户。2001—2002年，制定《关于办理市外迁入户口和变更户口主项的程序及时限的规定》和《关于受理、审核公民出生日期更改程序的有关规定》。2005年，制定《长沙市实施“一元化”户籍管理制度方案》，明确户籍管理制度改革的原则、内容、政策调整、要求等。是年，长沙市总户数184.1万户。2007年，制定《关于落实长株潭经济一体化户籍管理制度改革工作的通知》，调整长沙市户口迁移政策，放宽购房落户条件，放宽长株潭3个市之间户口迁移条件，简化相关办事手续。2008年，放宽长沙市城区落户政策，明确购房、招聘录用、投资兴业、获荣誉称号、人才引进、未成年人投靠祖（外祖）父母、回国人员定居、入国（境）定居、港澳台同胞回内地定居落户的条件及所需材料凭证；放宽长沙市农村落户政策，明确大、中专院校（含技工学校）学生、夫妻投靠落农业户口的条件及所需材料凭证；提高户口审批效能，大力推行“一纸告知、即来即办、一次办结”，简化办理流程，公开办理制度，畅通审批渠道。2009年，制定《关于进一步规范人才交流中心户口办理的通知》，变更审批权限，将各人才交流中心办理权限下放到各个分局；规范审批条件，明确事业单位聘用人员、招聘录用、学生毕业、人才储备落户的条件及凭证。是年，长沙市总户数200.5万户。2010年，长沙市总户数204.3万户。

2012年，制定《关于正确把握城区农业户口审批工作的通知》，统一执行户口迁移政策，将城区“农迁农”（由农业家庭户口迁入农业家庭户口）户口审批权限设置在市公安局，通过查阅户口迁移业务受理材料，以及到派出所、分局进行暗访，加强对户口迁移政策执行情况的督查。是年，长沙市户籍人口数660.6万人。

二、流动人口管理

1985年，制定《关于加强城镇流动人口管理的暂行规定》，对进城务工、经商、探亲、访友、学习培训等暂住人口实行登记管理、申领“暂住证”。为配合严打整治工作，对流动人口聚居场所集中开展清理整顿，消除各种治安隐患。1988年，全市登记暂住人口14.57万人，占市区总人口的11.5%。1989年，500余名民警和2000余名社会力量，对全市城镇暂住人口进行清理整顿，登记暂住人口20万余人，发放暂住证16.29万人，发证率81.5%。

1991年，长沙市有暂住人口18.88万人，在基层公安派出所建立暂住人口管理办公室，以居（村）委会为单位建立暂住人口申报登记站961个，在群众中选拔培训户口协管员2928名。1993年，为19万余暂住人口办理暂住证。1994年11月10日，制定《长沙市城镇暂住人口登记管理办法》。1995年，长沙市根据中华人民共和国公安部《租赁房屋治安管理规定》和《暂住证申领办法》，全面规范流动人口与出租房屋管理，建立暂住人口申报站1332个，配备专职暂住人口协管员575名，兼职和义务协管员2814人，登记出租房屋2.65万户，登记暂住人口24.82万人，查处流动人口中各类违法犯罪人员4541人（其中逮捕181人，劳教294人，治安处罚3249人，其他817人）。1998年，集中警力开展集中整治暂住人口和出租房屋工作，逐栋、逐门、逐户、逐人全面调查登记，办理暂住证20.59万个。1999年，长沙市全面开展城市管理综合整治工作，出台《长沙市关于加强外来人口管理的若干规定》，对流动人口实行微机化管理，进一步加大流动人口管理、出租屋清理整治工作力度。

2000年后，随着城市化建设的迅速发展，全市暂住人口平均以每年10万人的速度增长。2000年，加大对房屋出租户、暂住人口、流动人口的管理力度，全年清理整顿房屋出租户2万余户，清遣暂住人口、流动人口中的“三无”（无合法有效身份证件、无固定住所、无正当职业或合法经济来源）人员4.2万人。2003年，长沙市专职协管员队伍解散。2005年，全市开展“两千民警下社区、创建平安查隐患”活动，对流动人口和出租屋全面开展清理核查工作。全市登记出租房屋5.12万户，处罚违规房主、业主1590人，抓获违法犯罪嫌疑人2323人，破刑事案件2725起，抓获逃犯81名。刑事案件明显下降，流动人口清理整治工作取得显著成效。2006年，全市运用流动人口信息抓获100余名网上逃犯。2007年，在市、区（县市）的街道设立“流动人口和出租房屋管理服务中心”，在社区设立“流动人口和出租房屋管理服务站”，建立市、区（县市）、街道、社区四级流动人口管理机制，实现部门联动，全年登记录入暂住人口信息89.12万条，办理暂住证57.33万个，登记出租房屋6.62万户。2009年，长沙市开始实行居住证管理制度。2010年，建立一支近3000人的专职流动人口协管员队伍。2011年11月18日，长沙市出台《长沙市流动人口居住登记管理办法（试行）》《长沙市流动人口与出租屋协管员管理办法（试行）》《长沙市出租屋内发生重大案件事故责任追究的规定（试行）》等文件，全市登记流动人口163.14万人，登记出租房屋信息21.70万条，累计受理、办理居住证70.39万人，比2010年增长35.4%。2012年5月18日，全市实行省内流动人口凭居住证异地申领出国境证件。全市受理、办理流动人口居住证 23 万余张。2012 年全市录入流动人口 180 万人、出租房屋 22 万余户。

三、居民身份证管理

居民身份证颁发工作 1985 年开始，到 1988 年基本完成，全市颁发居民身份证 333.33 万个（人），其中 1988 年发证人数为 130.76 万人，占整个发证人数的 39.23%。1989 年，确定临时身份证发放对象为居住在长沙市内 16 周岁以上公民、应当申领居民身份证而尚未领到证件的和居民身份证丢失、损坏尚未补领到证件的，临时身份证的审批、签发、制作由各区县市公安局负责。

1990 年，长沙市身份证信息启用电脑管理，解决以前手工编写、人工管理烦冗、耗时、易出错的问题，减少重号、错号、错误信息的发生，节省人力和时间。1995 年，完成换发 10 年期满身份证工作任务，制发身份证 35 万余张，总量比往年增加 40%。1997 年，长沙市开始换发新一代居民身份证，新居民身份证使用 IC 卡技术。1999 年 10 月，长沙市开始实行公民身份证号码制度。

图 9-2-4-1 长沙公安机关为市民换发第二代居民身份证

（摄于 2005 年 10 月 17 日，市公安局供图）

2000 年 1 月起，身份证号码升位，将出生年用全称，并在号码最后加一个识别码，由 15 位升为 18 位，以避免新世纪出现重号问题，是年，制作居民身份证 29.27 万张。2005 年，长沙市启动换发第二代居民身份证（以下简称“二代证”）工作。4 月，市公安局居民身份证制作所成立，是全国仅有的 5 家省会城市制证所之一。10 月 15 日，举行全市二代证首发仪式，开始批量制发二代证，停止第一代身份证发放工作。2006 年，公安部向全国推介“长沙市制证技术模式”。是年，制发二代证 166.4 万张。2007 年初，开通异地证受理服务，长沙市可办理湖南省内其他 13 个市州居民身份证件，以方便在长务工、经商、求学的省内其他地区户籍居民。8 月，全市启动新版临时居民身份证制发工作，以满足在申请领取、换领、补领居民身份证期间急需用证的居民。2005—2008 年，为全市二代证集中换发期，累计换发证473 万人。（2007—2008 年办证抓逃工作达到高峰，2007 年通过办证抓获逃犯 43 人，2008 年通过办证抓获逃犯 58 人，均列全省当年二代证抓逃工作第一位。）2009 年，二代证工作进入常规换发阶段，启动全市军人身份证发放工作，为全市军人制发二代身份证。

2010 年，推出身份证加急服务，制证周期进一步缩短，为 4.6 万名群众办理加急证件。8 月，集中开展市内、省内、跨省重错证号纠错工作，解决 4237 名群众重、错证号、重信息问题，为 1700 余名重错证号群众赋新身份证号码，并免费重新加快制发二代证。2011 年，全市居民二代身份证领证人数 597.3 万人，其中 16 周岁以上居民领证率 100%。随着二代身份证的广泛应用，骗领、冒领二代身份证的违法犯罪案件增多，全国公安机关全面开展骗领身份证专项整治行动。市公安局专门针对该项行动，“零成本”自主研发系统，比对二次、多次办证数据 100 万余条，筛查照片不符的信息 1844 条，及时阻止冒用他人身份办理二代身份证情况 39 起，预防、减少二代身份证违法犯罪。安排专人鉴定虚假身份证，协助查处治安刑事案件，有效打击伪造、变造居民身份证及利用假身份证违法犯罪行为。2012 年 1 月 1 日，新修订的《中华人民共和国居民身份证法》实施，规定“一代证自 2013 年 1 月 1 日起停止使用”和“公民申请领取、换领、补领居民身份证，应当登记指纹信息”，全市公安机关全面启动这2项工作。是年，制发居民身份证32.6万张。

四、人口信息管理

1987年，市公安局在南区分局南大路派出所试点人口信息管理工作。1988年，全面铺开人口信息管理建设工作，建成长沙市人口信息集中查询系统，录入119万常住人口信息。1989年，建设光盘人像信息管理系统，通过光盘人像存储技术，在全国公安系统首次将全市近90万人口相片录入计算机。

1990年，开始公安派出所单机版人口信息管理系统试点工作，通过北区分局北站路派出所3个月的试点建设取得成功。1991年，在全市城区各派出所建设公安派出所单机版人口信息管理系统。1992年，公安派出所单机版人口信息管理系统和光盘人像信息管理系统2项成果通过公安部验收鉴定，并参加1993年“全国公安十年科技成果展”。1993年8月，长沙城区派出所人口基本信息微机系统工程建设建成，并于9月1日起在城区47个户籍派出所全部使用微机对外办公。1995年，尝试通过电话拨号方式建立全市人口信息联网应用，通过公安部验收。1998年，采用X.25接入方式建设长沙市人口信息网络管理系统。1999年，长沙市人口信息网络管理系统成功解决“千年虫”问题并升级。

2002年，采用电信非对称数字用户线路（ADSL）接入方式，完成全市人口信息网络改造。2004年，通过网络传输方式，将全市人口数据纳入公安部公民身份核查系统。2006年，建设中心数据库版的人口管理系统，即长沙市公安局派出所综合信息系统，为全市“第二代居民身份证”的颁发奠定良好基础。2009年，上线运行湖南省人口信息管理系统，长沙人口信息并轨到全省人口管理大集中系统。

五、出入境管理

（一）内地居民出国（境）管理。20世纪80年代，长沙因私出国（境）人员增多，出入境管理部门在窗口实行挂牌服务，提高服务质量，便于群众监督。进入20世纪90年代，加快受理、审批速度，提高受理、审批质量。1993年，启用新版护照，完成新版护照发放工作，办理出国出境手续2500人次。1995年，省公安厅下放大陆居民前往台湾地区审批发证权至市公安局，全年办理出境手续3150人次。1996年，省公安厅下放出境旅游受理、审批权到市公安局，全年受理出国（境）申请6714人次，批准出国（境）申请6668人次。1997年，各分县市局设立出入境管理科。1998年，开辟出国（境）新渠道，提供全市出国商务、考察等非公务活动便利。同时，加大对法定不准出入境人员的查控力度。1999年，长沙市出台《全市对法定不准出境人员实行报备案制度的规定》，随后又制定《公安机关对法定不准出境人员实行通报备案的通知》，将报备工作纳入公安机关的办案程序。

2000年，长沙市居民申办出国（境）证件3000人次，批准出国（境）申请1.74万人次。2003年9月29日，长沙城区正式启动按需申领护照工作，2004年四县市开通按需申领护照工作。2005年10月8日起，赴港澳团队旅游证件受理审批权由省公安厅下放至市公安局。2006年5月1日起，正式实施居民个人赴港澳地区旅游受理审批。9月18日，开辟出国境团队游“绿色通道”，方便出国境旅游申请。同时，促进长沙市与港澳地区的经济往来，建立完善赴港澳商务备案企业走（回）访制度，向企业宣传出入境政策法规，现场解答企业疑问。2007年9月28日，全市城区芙蓉、天心、开福、岳麓、雨花、开发区6个分局设立出国（境）接待室，方便人民群众办理出国（境）证照。2008年1月8日，长沙市公安局出入境管理处被评为“2007年度全国文明窗口”。11月，发挥出入境大集中系统和出入境证照人像比对系统技术优势，查处喻某某骗取出境证件、偷越国（边）境案件。喻某某使用3个不同身份办理护照和港澳通行证，偷越边境13次，2009年3月2日，喻某某被判处拘役3个月并处罚金5000元，该案是长沙市宣判的首例偷越国（边）境案。

2009 年 4 月 1 日，启动全市居民赴台旅游证件办理工作。10 月 15 日，启动港澳旅游签注网上受理工作。2010 年，增设“老、幼、病、残、孕”和旅行社团队专门受理“绿色通道”窗口，提供更加快捷、人性化的特殊办证群体服务。2011 年，研发并启用出入境证件自助受理系统，全面提升出入境管理科技化水平。2011 年 9 月 1 日—2012 年 4 月 30 日，开展清理整治办理公民因私出入境证件专项行动，发现阻止双（多）重户籍、冒骗领证件事件 27 起，查处一批冒名顶替、弄虚作假骗取公民因私出入境证件案。2012 年，推进公民在工作地、就学地、居住地就近申办出入境证件，启动出国境证件申请网上登记预约，湖南省内就近办理因私出入境证件及签发普通电子护照 3 项重点工作。是年，长沙市居民申办出国（境）证件 35.6 万人次。

（二）境外人员管理。1988—1990 年，到长沙的境外人员较少。1993 年，接待临时到长沙的境外人员 4 万人次。1995 年，接待外籍和港、澳、台同胞并办理有关手续 3.35 万人次，协助侦破涉外案（事）件 118 起，其中违反出入境法规案（事）件 92 起。1996 年，接待临时境外人员 3.8 万人次，办理境外人员各类签证证件 1689 人次，依法查处涉外案（事）件 124 起，查处境外人员 230 人次，依法对全市 1500 余家“三资”（中外合资经营企业、中外合作经营企业、外商独资经营企业）企业、33 家涉外宾馆、22 所涉外大专院校进行重点管理。1999 年 10 月 13 日，开福区公安分局依法查处湖南红太阳演艺中心演出的 36 名俄罗斯（包括 1 名随行儿童）逾期非法居留案件，维护国家主权和法律尊严，维护正常的外国人管理秩序。2000 年，接待境外临时住宿人员 5.68 万人次，办理境外人员各类签证 3018 人次，依法管理常用住长沙市的境外人员 750 人，依法查处涉外事（案）件 105 起，涉及境外人员 157 人。2004 年 9 月 27 日，开始受理外国人永久居留申请。2004—2006 年，在长沙常住境外人员 7158 人次，办理各类签证境外人员 1.31 万人次。2007 年，LG 化学（湖南）荧光材料有限公司韩国籍高管李钟台获批全市第一张外国人永久居留证（简称中国“绿卡”）。之后，加强涉外单位管理，对宾馆酒店实行涉外工作考核，与宾馆酒店签订责任状，实行一月一考评、一季一调度、一年一考核，采取授牌制、接待人员持证上岗制等，促进长沙临时住宿登记“三率”（登记率、准确率、及时率）水平领先全国公安机关考核标准，临住工作措施和方法相继被省公安厅、公安部推介。对全市涉外学校实行登记备案、年审工作制，及时发现、查堵涉外学校在境外人员管理工作中存在的不足和漏洞，防止涉外学校因机制不全、工作不到位导致可防性案（事）件的发生，维护正常涉外管理秩序，保障涉外学校和境外人员合法权益。

2010 年 5 月 12 日，通过深挖线索，立案调查来自尼日利亚、加纳、几内亚、马里等国涉嫌非法居留的 12 名外国人。21 日，对安德欧鲁等 12 人处以 5~10 日的行政拘留处罚，并经相关部门密切配合，共同完成押送及遣送工作。该案涉案人员多，逾期时间长，案情复杂，是几年中全市公安机关开展的最大规模的一次查处外国人违法犯罪行动。2011 年，以主动优质服务海外高层次人才为重点，创新推行“网络预审材料”“24 小时电话咨询服务”等 8 项举措，对外公布“上门服务”“电话预约办证”等 9 项承诺。市公安局服务海外高层次人才的工作举措作为经验交流材料在《长沙人才工作》予以登载，《湖南引智简报》将市公安局列为“服务之星”。3 月 21 日 0 时，长沙全面启用新版临时住宿登记系统，新版系统改进录入界面，解决临住登记系统内外网数据交换及上传数据不一致问题，同时预留护照自动读取功能。2005—2012 年，全市查处涉外案（事）件数量 4388 起。2007—2012 年，常住境外人员 1.94 万人次，入境境外人员 112.03 万人次，办理境外人员各类签证 2.32 万次。

第五节　交通管理

一、路面交通管理

（一）路面勤务管理。1987 年 7 月，长沙市公安局交通警察支队成立（市交警支队），长沙地区交通监理总所归属市交警支队。1988 年，长沙市道路交通路面勤务主要以路口管理、劝导为主，对象主要是自行车、行人和机动车。是年，纠处各类交通违章 69 万余起，举办违章肇事人员学习班 303 期。1990 年，开展 42 次全市性的交通市容秩序整顿，纠正交通违章 89 万起，取缔占路市场 47 处，拆除违章建筑 247 处，取缔占道堆物 1288 处，取缔违章摊点 5436 处。1992 年，对五一广场交通采取渠化分流措施，利用高位护栏和机非隔离护栏，将原非机动车道劈为 2 个宽 6 米的非机动车直行和右环行专用道，配合设置相应的交通标志，提高广场通行能力、缓解阻塞现象。1993 年，以“畅安工程”为契机，坚持依法，加强车辆和路面的管理，纠处各类交通违章 92 万起，滞留处理违章出租车、中巴 1000 余辆。1994 年，培训驾驶员 6 万余名，办理机动车入户 3.4 万余辆，检测机动车 10 万余辆，调处交通事故 800 余起，查处交通违章 115 万余起，处罚交通肇事责任人 560 人。1996 年，学习济南交通管理经验，管理以城区主要路口为主，交通民警用交通手势指挥疏导交通。1997 年，出台《长沙市道路交通管理五条措施》，通过限制外籍车辆在市区主干道通行，在五一路、中山路等 8 条主干道上禁止货车通行和对出租客运车辆实施安全日制度，进一步控制市区交通总量，提高现有道路的通行能力。1998 年，将勤务管控范围延伸到路段和背街小巷，实行路段民警责任制，向路面一线民警配发巡逻摩托车。1999 年 8 月 20 日，出台《长沙市防治机动车辆噪声污染规定》，将市区远大路东屯渡大桥、劳动路圭塘以西，韶山路井湾子、长大路新开铺、长坪公路靳江河以北，319 国道汽车西站、长益高等级公路岳麓收费站以东，湘江二桥、丽臣路以南以及居民区、教学区、繁华商业区等区域定为禁鸣区，禁止机动车鸣喇叭，非禁鸣区禁止使用高音、怪音喇叭。

2000 年，推行民警路段责任制和民警户籍化管理措施，实施流动巡查和路口疏导为主的管理模式，向路面执勤民警配发巡逻摩托车，交通整治重点为突出打击机动车违法力度，全力查缉出租车交通违法。2003 年 1 月 17 日，长沙市发布《关于加强摩托车行驶管理的通告》，划定长沙市区摩托车禁行区域。10 月 20 日，长沙市发布《关于加强城区道路交通管理的通告》，扩大摩托车禁行区域：城区二环线以西，潇湘路、溁银路以东，南大桥（猴子石大桥）以北，北大桥（现银盆岭大桥）、丽臣路（现三一大道）以南范围内的道路上，只允许市区号牌的摩托车行驶；五一大道的火车站广场口至湘江一桥（橘子洲大桥）桥东匝道口路段、芙蓉路的侯家塘高架桥南端至伍家岭立交桥南端路段、中山路的湘江路路口至小吴门路口路段、解放路全线、韶山路的八一路口至东塘白沙高架桥南口（含高架桥下东北、西北两条匝道）路段、劳动路的车站路口至湘江路口路段、湘江一桥（现橘子洲大桥）路段禁止摩托车通行；摩托车横穿上述禁行道路时，只能在设置灯光信号的路口按灯光信号指示对直横穿，其他路口禁止横穿；同时规定每日 6 时至 24 时，禁止非机动三轮车、人力车在麓山路、潇湘中路、湘江一桥（现橘子洲大桥）、银盆路〔溁湾镇至湘江二桥（现银盆岭大桥）〕、枫林路三六六医院路口以东，湘江二桥（现银盆岭大桥）、丽臣路（现三一大道）的伍家岭立交桥至四方坪立交桥段以南，环线的四方坪立交桥至劳动路立交桥段以西，环线的劳动路立交桥至书院路立交桥段以北范围内的道路上行驶和停放。2004 年，全市查处各类交通违法行为 24 万余起。

2006年9月，首届中国中部投资贸易博览会在长沙召开，长沙市以“卡外围、疏城内、保现场”交通组织总体原则，确保活动期间交通畅通。10月20日，长沙市重新划定禁鸣区域，禁鸣区域基本覆盖长沙城区，24小时禁止机动车鸣喇叭。是年，长沙市在城区推行夜间货运措施，禁止货车白天在城区通行。2007年6月，长沙市举行第四届泛珠三角区域合作与发展论坛暨经贸洽谈会，推出“面上削减总量、线路重点把守、现场分层管控”交通组织方案，对城区的“四点、五纵、四横”实施交通管制措施，通过“强化集中调度、精确车队牵引”，实现会议期间“城区道路交通基本畅通、会议各项活动顺利进行”的目标。

2008年1月13日—2月2日，面对冰灾恶劣天气，长沙市科学指挥疏导交通，强化事故预防管控措施，确保城市交通安全和基本畅通。实行滚动布警，提前清除路障，全城动态跟进，确保北京奥运会和残奥会火炬在长接力活动顺利进行，圆满完成交通警卫任务。是年，长沙市区实施“七路二桥”交通工程改造，主要措施是在五一大道上用适当变窄车道的办法匀出一条公交专用车道和港湾式公交站台；在韶山路上用削窄绿化带的方法增加左转弯和掉头车道；在侯家塘改环岛为信号灯控制；在芙蓉路上将公交站台由直线式改造为港湾式；在橘子洲大桥、银盆岭大桥和其他较长的直行路段不准随意变更车道；在银盆岭大桥西头进口和橘子洲大桥设立变窄路段的灯控合流；在文艺路口北进口实行远引掉头完成左转以及减少车辆横向干扰的左、直行车道的间隔分布；在所有6车道以上（含6车道）道路上设立中央隔离护栏；在24个大型路口设置左转车辆待驶区；在重要干道上对于行人横道需求集中的地方开辟行人二次过街通道；在各个交叉路口，增加入口车道，并根据实际需要，调整转弯车专用车道的长度和数量，还将路段与路口的分道标线实现衔接。2009年5月1日，出台《长沙市城市道路车辆通行若干规定》，这是全市第一部城市道路车辆通行的地方性法规。明确在长沙市区限制货车通行（以下简称“限货”），明确界定货车通行区域、通行时间，货车在限货时间和区域内通行的，需办理通行手续。市公安局通过采取“外围卡、路面管、入户查”等措施，确保新规顺利实施，大力整治长沙市区摩托车、电动车、电动自行车、货车等车辆的交通违法行为。是年，长沙市先后启动轨道交通1、2号线、营盘路隧道等市政基础设施建设，交警支队按照“交通总量削减、交通负荷均衡”工作思路，以“统筹兼顾、占道最少、以人为本、公交优先”为原则，开展交通组织优化工作，将占道施工对交通的影响降至最低。

2010年，长沙市提出创建畅通工程A类一等城市管理水平，开展交通整治专项行动4260次，纠处交通违法行为101.6万起，全面清理105条主次干道交通标志标线，规范停车泊位4853个。7月，长沙市被授予“全国畅通工程模范管理城市”。12月8日，出台《长沙市机动车停车场管理办法》，规范机动车停车场管理。2011年，建立“支队领导包区、大队领导包片、中队干部包线、责任民警包点”的网格化路面勤务管理机制，对城区162个路口岗点和150台巡逻摩托车实行疏堵责任捆绑，考核到人，严格落实责任追究。

图9-2-5-1 长沙遭遇罕见冰冻灾害，公安民警上街铲除冰雪，疏导交通　（摄于2008年1月，市公安局供图）

推行跨区联动勤务，一点发现拥堵，多点联动支援，确保区域联动，快速疏导。

2012年，长沙市实施城市交通疏堵保畅工程建设，通过加大勤务管控力度，提升指挥调度水平，严厉整治机动车路内乱停等交通违法行为，确保城市疏堵治乱成效。加强区域交通组织优化，运用交通仿真技术，破解中心城区“过江、两岸、跨区”面上交通组织难题，全市道路交通畅通率提高27.5%。坚持“什么乱源突出就整治什么”，全年纠处各类交通违法行为203.9万起，查处酒驾2997起，行政拘留违法人员235人。是年，借助社会力量辅助交通管理工作，全市城乡主要公路有群众性交通安全组织1300个，聘请交通安全员1710人。

（二）交通科技建设。1988年，自主研发道路交通事故信息处理系统，该系统在微观上能反映每起交通事故详细情况、在宏观上能分析交通事故发生规律。1993年，成立长沙市公安交通科研所。1994年，建成交通管理指挥中心，在五一路、八一路沿线交叉路口及湘江大桥、枫林路转盘设置18个电视监视点，引进能够从视频图像上统计交通流量的“自动视频检测器”。1997年，建成交通管理指挥中心，该指挥中心集通信系统、电视监控系统、计算机综合管理系统、交通广播电台以及“122”交通事故报警系统于一体。1998年，完成交通管理指挥中心改造建设，实行对全市二环线以内河东主城区管控区域的覆盖。新的交通管理中心拥有电视监视、交通拥堵记录、有线和无线通信、“122”交通事故报警、计算机综合信息、交通地理信息、交通广播诱导、交通视频图像自动处理等功能，成为湖南公安系统科技应用的展示窗口。是年，长沙市城区试用以计算机图像技术和检测技术相结合的“电子警察”。

2000年，成立交通信息查询台和交通诱导台，完善通信电视监控系统和计算机综合信息系统，开发建设“长沙市智能化公安交通管理系统”。2003年，启动城区交通诱导系统建设，完成三一大道、长沙大道、岳麓大道建立4块大型LED交通诱导屏。2007年，启动湖南省科技计划重点项目便携式交警勤务信息支持系统建设。2008年，启动智能化红绿灯控制系统建设，该系统采用澳大利亚研发的悉尼自适应交通控制系统（SCATS），具有协调控制区域交通信号功能。2010年，对智能化红绿灯控制系统进行升级，增加具有信息查询、移动办公、案件审批和移动执法功能的“长沙警务通”功能。2011年，启动智能化红绿灯控制系统第二期工程，全市225个路口的红绿灯信号由SCATS控制，提高城区道路交通信号控制水平，提升城区道路通行能力。2012年，在全市7个交通警察勤务大队建立交通指挥分控室，并启动长沙市智能化公安交通管理系统（二期）升级改造工程。至2012年年底，长沙市区拥有移动电子警察车15台，装有固定标清和高清107个，抓拍车道731条，全市主要出入通道、交通拥堵路段和重大活动场所，累计安装交通诱导屏55块。1988—2012年，在交通信息化建设和管理上总投入近3亿元，建设完成路面管理、指挥调度、业务管理、内部管理、公众服务等方面的40余个电子信息系统。

二、车辆与驾驶人管理

（一）机动车管理。20世纪80年代，长沙市小汽车上牌必须持有省、市批准的“小车定编证”，对私人购车也实行定编管理。随着“三资”企业增多，长沙市出台机动车上牌规定，为外资企业办理车辆牌证272副。机动车管理主要依托车属单位，以机动车驾驶员安全自检片（组）的形式进行。1987年2月，长沙市开始机动车年度检审，即按照车牌尾号数字对应月份，进行年度审核。为方便群众，简化车辆检审程序，市公安局将车辆及驾驶员的审验权下放到各区交通中队。1988年，长沙市机动车保有量为9201辆，基本上归属政府部门、国有企事业单位所有。不得继续上路行驶。1989年年底，长沙市明确在籍重型货运车辆，前后轮间必须加装安全防护网。1991年，检验机动车5.3万辆，机动车年度检审前，必须进行二级保养，二级保养委托有资质的汽车修理厂实施，每台机动车必须建立安全技术状况记录簿，每次车辆维修、保养情况详细记录在册，以备检查。1992 年 8 月，机动车年度检审实行安全技术检测线自动检测。1995 年 3 月，长沙市建成第一家社会化机动车安全技术检验机构。1996 年 8 月，长沙市机动车保有量突破 10 万辆。1997 年，市公安局为驻长部队所属生产经营单位 297 辆机动车改挂地方号牌。

2000 年，长沙市汽车保有量为 7.77 万辆，机动车保有量为 21.28 万辆、机动车驾驶员为 35.06 万名。2006 年 12 月，长沙市机动车保有量突破 50 万辆。是年起，长沙市区禁止摩托车通行，电动车和电动自行车开始普及并迅猛增长。2009 年 5 月 1 日，出台《长沙市城市道路车辆通行若干规定》，长沙全面实行“禁摩规电限货”，对电动车和电动自行车实行规范化登记管理。2011 年，长沙市机动车保有量突破 100 万辆，长沙市对新增车辆的尾气排放标准，进行严格审核，不论是新车注册还是二手车转入，都要求达到国家四级标准，交警支队会同环保部门，在全市设置机动车尾气测试点，对私家车、出租车和公交车排放的尾气进行抽查，督促尾气排放不达标车辆限期整改。是年，电动车不再新上临时牌照。2012 年，长沙市拥有机动车安全检验机构 17 家，为全市 137 万机动车提供安全检验服务。是年，推行“车管措施便民、车管阵地前移、车管权力下放、车管服务靠前”工作举措，形成覆盖全市、半径 3 千米的“多中心、近距离”车管服务体系，交警车管所成功创建为“全国一等车管所”。

表 9–2–5–1　　1988—2012 年长沙市机动车统计一览表　　单位：辆

年份	汽车	摩托车	农用运输车	拖拉机	挂车	其他类型	合计
1988	5401	3525	31	0	244	0	9201
1989	6853	4176	44	0	277	0	11350
1990	8218	4929	87	0	292	0	13526
1991	10464	6102	122	0	322	0	17010
1992	14510	9568	237	0	367	0	24682
1993	21434	20029	553	0	402	0	42418
1994	30609	32530	1328	0	418	0	64885
1995	37312	50646	1742	0	452	0	90152
1996	42552	63809	1860	0	460	0	108681
1997	47802	76662	1976	0	462	0	126902
1998	53248	88417	2100	0	483	0	144248
1999	63729	103572	2241	0	506	0	170048
2000	77666	132335	2331	0	511	0	212843
2001	91282	145655	2456	0	550	0	239943
2002	110349	162303	3204	1	614	0	276471
2003	141875	192003	4589	3	692	0	339162
2004	174313	219343	5974	4	940	0	400574
2005	204392	231008	7654	5	1100	0	444159
2006	251606	241349	9858	5	1195	0	504013

续表 9-2-5-1

年份	汽车	摩托车	农用运输车	拖拉机	挂车	其他类型	合计
2007	302307	219502	10375	6	1046	0	533236
2008	376044	220652	10884	6	1128	0	608714
2009	498182	254997	11314	6	1461	0	765960
2010	657414	314877	11597	6	2020	0	985914
2011	809349	342213	11580	6	2619	0	1165767
2012	990980	374987	10073	6	3119	0	1379165

（二）驾驶人培训考试。1985年以前，长沙市机动车驾驶人培训采取“以师带徒、以运代训”的方式，由各运输企业在运输生产活动中培训驾驶员。随着培训人数增多，各运输企业开始采取委托培训、联合办学、集中培训、统一教学等形式，开展驾驶员培训，驾驶培训学校的雏形已经形成。1991年3月，长沙市贯彻《湖南省机动车驾驶员培训学校管理暂行办法》（1988年发布），对驾驶员培训工作进一步规范。是年，对4500名机动车驾驶员进行培训，审验驾驶员6.8万名。1994年，交通部门负责汽车驾驶员培训行业管理，机动车驾驶员培训、考试发证两条线管理模式形成，交警支队培训管理科更名为驾驶员管理科，负责机动车驾驶人考试管理工作，培训机构行业管理逐步移交交通局驾培管理处。1995年，长沙市验收合格、认证的培训单位有10家。1996年1月1日起，全市开展驾驶员违章记点工作，违章记点的范围是无证驾车、酒后驾车等21种严重违章，每一次违章记1点，驾驶员一年违章控制在5次以内，每次违章除按规定罚款外，第二次违章的，参加3天交通安全教育；第三次违章的，参加3天交通安全教育、执勤5天；第四次违章的，吊扣驾驶证6个月，考试机械常识和交通法规；第五次违章的，复考机械常识、交通法规，并进行桩考和路考。是年，驾驶员记点交通违章总计4.4万次。1997年6月1日，湖南省公安厅交警总队在全省实行机动车驾驶人考试交叉监考制度，长沙、株洲、湘潭、益阳、常德为首批试点城市。2005年，长沙市可进行科目一理论考试和科目二桩考，科目二场内考试和科目三考试需在异地进行。2006年7月，建成机动车驾驶人考试中心，占地26.4公顷，担负全市机动车驾驶人考试工作，年最大考试容量为12万人次，是全国一流的综合性、现代化考场。2008年后，全市机动车驾驶人考试报名人数，以每年20%的幅度增长，交警支队通过增加考试员警力、延长考试工作时间、增设考场基础设施等方法，尽力满足群众的驾考需求。2010年，长沙市出台《机动车驾驶人分考场建设三年规划》，尝试利用社会投资建设驾考分考场，长沙市区、浏阳、宁乡建成8个分考场，其中4个为综合性全科目考场。2012年3月，全市机动车驾驶人科目三考试开始使用路考仪，长沙市机动车驾驶人考试进入全科目电子自动监控和评判时代。

三、交通安全宣传

（一）社会宣传。1988年，长沙市编印、发放、宣传《中华人民共和国道路交通管理条例》（以下简称“《条例》”）的资料38万份，张挂跨路横幅478条，张贴标语5.6万余幅，发放宣传磁带1.4万余盒，举办驾驶员学习条例短期轮训班585期，并举办条例知识抢答赛。1989年，发布《加强群众性的交通安全组织管理的通知》，明确各区县（市）政府、乡政府成立交通安全委员会，由政府牵头，交警支队具体负责，全市组建520个交通安全联组。特别是针对出租车从业人员，成立27个安全联组，分国有、集体、个体3个层次进行宣传教育，聘请专职交通安全员。1991年，在有车单位建立交通安全组织，确定专职交通安全员1700名，初步形成群众性交通安全网络。1993年5月1日，《长沙市城市道路交通管理规定》施行，交警部门发放宣传资料140万余份，出动宣传车766辆次，设置大型宣传广告牌300块，对执法者、驾驶员、城市和农村各级交通安全专（兼）干进行专题轮训和考核。1996年元旦，《长沙市道路交通管理安全责任制暂行规定》实施，对道路交通安全实行目标管理，各单位与交警支队签订交通安全目标管理责任书，将交通安全管理责任目标分解到各责任单位和驾驶员。对不按规定履行交通安全责任制、管理措施不力、年控指数超标或发生重特大交通事故的单位和个人，依法采取整改、罚款、注销驾驶证等措施。1998年，交警支队交通违法处罚中心、身体适应性检测中心、交通安全法制学校、驾驶员培训考试学校，会同各区县（市）的交通安全委员会、驻长部队安委会联动，在全市各车属单位和乡村设立交通安全专干，将驾驶员的违章处罚、考核培训、年检年审、法制教育等工作有机结合，建成“宣传—处罚—教育”为一体的交通安全宣传教育阵地。继续抓好“讲文明、树新风、争当最佳驾驶员”和评选“十佳、百优、十差”等活动，继续利用少年交警队组织中小学生上路执勤和上交通安全辅导课，并适时组织省市人大代表、政协委员召开座谈会。1999年，交警支队推行单位交通安全目标责任制考核和挂红黄牌制度，开展“保险杯”春运交通安全宣传周、交通安全宣传月、中小学校交通安全教育日活动。成立长沙市交通安全法制教育三县一市分校，推行交通干警“户籍化”，在国省道沿线创建近百个交通安全村，构建市安委办、各区县（市）安委会和辖区交警大队为依托，交警法制学校和驾检中心为基地，“一刊两室”（《交通周刊》和交警直播室、音像制作室）为阵地的立体宣教网络。

2000年前，交通安全宣传重点是压降交通事故，主要形式是在人口密集的繁华地段和乡村集镇，利用广播、宣传车、横幅、标语和发放法规摘编等文字性材料进行宣传，重点宣传创建“平安大道”和“交通安全村”。2000年后，交通安全宣传重点除预防道路交通事故外，更加突出对城区道路疏堵保畅宣传。宣传手法和表现形式也日趋多样，不断拓展广播、电视、网络等科技手段，组建交通安全宣传专业队伍，借助社会力量，构建交通安全宣传阵地，提升交通安全宣传的覆盖面和影响力。2005年1月11日，制定《长沙市实施道路交通安全宣传“五进”工作方案》（“五进”即进农村、进社区、进企业、进学校、进家庭），以“珍爱生命、安全出行”为主题，开展为期2年的道路交通安全宣传“五进”活动。是年，全市开展创建“平安畅通县（市）区”活动，开展为期3年的道路交通秩序综合整治行动，为深入开展交通安全宣传教育，制作印发《长沙安全文明出行手册》、中小学生交通安全知识挂图等交通安全宣传品近300万份（册），开展“五进”授课5190堂次，受教育人数20万人次。2006年年底，实施范围内道路交通安全法律法规基本常识和安全知识抽查合格率达到以下标准：机动车驾驶人、城镇中小学生达到95%以上；农村中小学生，城镇居民，高速公路、国、省道沿线居民达到90%以上；道路交通秩序明显好转，交通事故特别是群伤特大交通事故和死亡人数明显下降，道路交通安全形势趋好。道路交通安全宣传教育实现由简单路面说服教育，到深入社区、学校、企业、单位、家庭促进交通安全，从交警独家宣传到政府各级各部门、企事业单位直至全社会共同参与宣传教育的重大转变。2008年，为确保冰灾期间道路畅通，群发短信500万条，24小时不间断发布路况信息。新建“平安畅通县区”创建活动示范社区、学校、企业29个，全市5区4县（市）被评为全省“平安畅通县区”，望城县被评为全国“平安畅通县区”。2009年，《长沙市城市道路通行管理若干规定》颁布，为营造良好的社会氛围，全年开展大型交通安全宣传活动11场次，发放宣传资料240万份，悬挂宣传横幅、标语3752条，播发宣传碟片2272场次。

2010年，长沙启动以“实施文明交通行动计划、努力创建全国文明城市”为主题，为期3年的文明交通行动计划。开展《致开车的爸爸妈妈的一封信》全市中小学校征文活动，举行“温暖2010·白手套护学行动”、文明创建市民志愿巡访团、“礼让斑马线”等各类主题宣传活动25场次，印发宣传卡片300万份，接受市民现场咨询4万人次，开展“五进”民警开展授课，受教育人群21万人次。2012年，为弘扬倡导“文明用车、安全行车、遵纪守法、文明礼让”的现代交通理念和安全文化，开展主题宣传活动41场次，印发各类宣传资料405万份、宣传挂图6万份，发放客运驾驶人安全行车手册5000份。以全省“城乡同治、牵手平安”活动为平台，开展文明交通宣讲“进千村千校万站万车”志愿服务活动。推进交通安全交通户籍警模式，将交通安全法规常识纳入中、小、幼教育内容。

（二）媒体宣传。1986年1月，创办《长沙公安交通报》，后在全国整顿报刊行动中，更名为《公安周报交通专刊》，1994年停刊。之后，依托内刊《长沙公安》开办《长沙公安·交通安全专版》，直至2001年《长沙公安》停办。1997年12月，与湖南交通频道合作，开设“交警直播室”，该栏目面向广大交通参与者，宣传交通法规和交通安全常识，对重点政策内容进行解读和专题报道，成为对外宣传交通管理的重要窗口。1998年，与湖南交通台联合创办《长沙交警直播室》，成立新华社湖南电视新闻部长沙新闻分部和《当代政法报》长沙交警新闻记者站，创办《交通大看台》《违章曝光台》和公安周报《交通周刊》栏目。2000年后，不断创新新闻宣传方式，加强与新闻媒体合作，先后在省市媒体常年设立“交通整治在行动”“文明城市·文明出行”“创建文明城市·交通整治先行”“长沙交警发布”“畅通长沙”交通违法曝光台等一系列有影响的专栏，刊播采用稿件年均3000余篇次。2002年，在《长沙晚报》等9家新闻媒体首开交通违章曝光台，对4328名严重交通违章人员公开曝光，在省、市新闻媒体开辟交通安全专栏10个、专版14个，制作电视专题7个。2007年，开通长沙公安交警互联网站，成为对外发布公安交通管理信息的重要窗口。是年，通过实现邮政执法告知，开展“大车管”服务，强化交通安全宣传“五进”，驾驶人交通违法处罚、教育到位率上升30%。2012年，交警在省市新闻媒体开辟专栏专版21个，刊发播报新闻稿件3245篇次，其中中央级新闻媒体10篇。2009年，为配合《长沙市城市道路通行管理若干规定》的实施，创建以交通安全宣传为目的的网上即时通信（QQ）群，进一步强化交通安全宣传。2011年，分别在新浪网、腾讯网注册成立长沙交警官方微博和长沙交警腾讯微博，负责面向社会发布交通信息和预警预报，形成一个以交警QQ群为依托，集合网站、微博等平台的强大交管信息源，为全市人民提供及时、全面、深入的交通安全服务。新浪官方微博粉丝数4.36万人，腾讯官方微博粉丝数9.8万人。

四、交通事故处理

1988年，长沙交通事故调解主要依据《中华人民共和国道路交通管理条例》，在事故责任下达后，由事故处理民警主动约事故当事人到交警大队进行调解，调解2次达不成协议即终结。20世纪90年代，部分交警大队成立道路交通事故法庭，对交警调解终结的案件进行审理调解。1991年，全市发生道路交通事故1088起，死亡240人，伤834人，直接经济损失246万元。1995年，发生交通事故811起，死亡279人，伤603人，直接经济损失697万元，调处交通事故738起，调处率91%。1996年，成立道路交通事故快速处警队，设立“122”事故报警电话。

2000年，发生道路交通事故1.04万起，死亡504人，伤5112人，直接经济损失3277万元，处理重特大交通事故178起，侦破交通肇事逃逸案件105起。2004年，长沙交通事故调解主要依据《中华人民共和国道路交通安全法》，在事故责任下达后，由当事人双方向交警部门提出申请，再由事故处理民警约事故当事人到交警大队进行一次调解。2008 年 8 月 1 日，长沙开始实行城市交通事故快处快赔，在城区设置 2 家快处快赔点，当年快处快赔交通事故 1000 余起。2009 年，长沙交通事故施行多元化调解，增加人民调解、司法调解、仲裁，成立道路交通事故法庭。2011 年，长沙市重新修订《长沙市城市道路交通事故快处快赔实施办法》，将城区快处快赔点增至 6 家，将不涉及伤人、车辆互碰损失在 2000 元以下的轻微事故实行道路交通事故快处快赔，全年处理事故 4.24 万起。2012 年，提高快处快赔交通事故处理标准，将单方车辆损失在 2 万元以下的交通事故实行快处快赔，城区有 8 个快处快赔中心，交通事故快处快赔 6.4 万起。处理事故比例由原来不足 10%提高到 90%以上。

第六节 特别勤务

一、应急处突

1984 年，市公安局组建专门针对暴力性犯罪的刑侦机动大队，设立警情值班调度室，组建巡逻警察中队，城区派出所组建巡逻小分队。1988 年 10 月，制定《反劫持出租车犯罪预案》；在刑侦机动大队的基础上，组建 100 人的 2 个专业防暴大队。1994 年 3 月 30 日，浏阳某银行特大金库被盗，2 名银行职员被枪杀，长沙市紧急抽调巡警（防暴警）赶到浏阳大围山搜捕，将持枪负隅顽抗的案犯喻某某击毙在山中一洞穴里。1996 年 7 月，长沙遭洪水袭击，350 名巡警（防暴警）赶到宁乡县闸坝湖抗洪，和宁乡干群一起奋战 3 天 3 夜，保住闸坝湖地区 15 万群众生命和 1.3 万余公顷稻田安全。1997 年 1 月 29 日，八一路某酒楼突发大火，200 名巡警（防暴警）赶到现场，抢救出 47 名被大火围困的群众。1998 年 4 月21 日，中山路某公司大楼突然倒塌，10 余名职员被埋在废墟中，正在附近巡逻的巡警贺绯武、陈秋荣不顾危险，先后 4 次冲进废墟、用双手挖出危难群众 8 名，直至晕倒在现场。到 2000 年年底，处置各类突发事件 786 起，打击少数不法分子蓄意闹事的阴谋。

2001 年，处置“2·6”无线电厂职工堵塞铁路桥、“3·21”涟源斗殴、华康国际实验学校打砸抢等突发性群体事件 75 场次。2002 年，组建防暴反恐大队，完善防暴反恐预案和装备，加强实战训练和情报信息工作。2003 年，完善《反劫持人质预案》《球迷闹事处置预案》等预案，先后处置“4·18”事件、湘民制药厂工人堵路事件、南门口群众闹事、水警码头淹人事故、“5·6”持手榴弹挟持人质事件等突发事件。在非典型性肺炎（以下简称“非典”）疫情期间，组织民警成立处置“非典”突击队，处置黄花机场、湘阴长途公共汽车等 7 次“非典”警情。2004 年 1 月 13 日，抓捕 1999 年“长沙水晶宫杀人案”持枪抢劫逃犯李某某等犯罪嫌疑人，现场缴获子弹已上膛的仿六四式手枪 3 支、六四式军用子弹 11 发、军用匕首 1 把。2004 年 10 月 26 日晚，摧毁藏身在某酒店和某宾馆的涉黑、涉恶、涉枪犯罪团伙，抓获团伙成员 20 人。2005 年 9 月 13 日，取消防暴警察支队编制，挂牌成立副处级特警支队，与巡逻警察支队合署办公，实行“一套班子、两块牌子、两支队伍”的模式运转，对外称为“巡特警支队”，后更名为“特巡警支队”，负责全市街面的治安巡逻、防控，压制街面犯罪，参与处置各类突发性事件、群体性事件、重大暴力恐怖犯罪案件。2005—2006 年，处置“9·18”部分出租车停运、原三湘客车厂职工闹事、LG–曙光电器厂职工罢工、除夕夜广济桥管道煤气泄露爆炸等突发群体性事件 307 起。

2007 年，完成首次跨区调动，处置“永州市珠山镇群体性事件”，处置“4·20”武装贩毒案、天剑社区“9·30”持枪拒捕案。2008 年四川省汶川县地震发生后，长沙紧急出动特警队员 206 人、车辆 22

台到四川地震灾区，于6月5日—7月21日，在震区执行公安部下达的抗震救灾勤务，长沙特警队被公安部记集体一等功，被授予“灾区群众满意的公安特警队”称号。9月，奉命调动特警队员，2次到湘西吉首处置因集资引发的突发群体性事件，出动警力1029人次、车辆76台次、执行任务130余天。2009年，处置侯家塘“金牛角王”餐厅持刀劫持人质、春天百货大楼顶楼起火、韶山南路上海城电梯垮塌、东方红镇拆迁闹事等突发性群体性事件70余场次。奉命紧急调动204名特警到株洲市，参与处置高架桥拆除垮塌事故。2010—2012年，处置“涉军群体”、拆迁户、改制企业职工等群体非法集访省市党政机关及“7·13”南湖路过江隧道施工人员聚集、“9·15”和“9·18”涉日抗议游行事件等突发性群体性事件145起。

图9-2-6-1 四川汶川特大地震发生后，市公安局特巡警支队200余名特警队员整装待发，即将奔赴抗震第一线
（摄于2008年6月5日，市公安局供图）

二、“110”接处警

1996年9月20日，长沙市“110”报警服务中心开通试运行，以“有警必接，有警必处，有险必抢，有难必帮”为宗旨，实行24小时受理群众报警求助，日均话务量469起。12月，长沙县、望城县、浏阳市、宁乡县分别建立“110”报警服务台；芙蓉、天心、岳麓、开福、雨花区成立处警队，负责全市33个行政派出所、17个企业派出所辖区内的第一处警任务，实现全市城区“110”接处警服务网络全面覆盖。

1997年2月28日，长沙市区域防盗报警系统正式开通，由“110”报警服务中心负责接收、下发派警指令，实现全市城区金融网点、邮政电信经营网点、证券营业网点、市属直管宾馆、酒店和商场金融珠宝首饰柜店的防盗报警设施建设联网。1998年5月1日，市16个部门和单位组成“110”社会联合行动服务体系，授予“110”报警服务中心指挥调度权、先期处置权和执行监督权。1999年4月，完成全球卫星定位系统（GPS）、地理信息系统（GTS）、“110”报警系统和有线通信、无线集群通信等子系统的综合应用集成，实现地理信息系统（GTS）与“110”报警服务系统联网使用。

“110”报警服务系统建立开通之初，实施的是静态守候处置模式，即群众拨打110报警求助，“110”指挥中心接到报警后，问明事由及事发地点，再指令离出事点最近的各分局处警队、派出所出警，各分局处警队、派出所有警出警，无警待命。1999年5月，推行“110”勤务体制改革，实行“110”巡逻车动态处警，发挥巡警街面治安防控能力，巡警巡逻与“110”并轨，取消各公安分局“110”处警队。是年，建立全球卫星定位系统（GPS），实施“110”动态处警，提高公安机关快速反应能力和巡逻质量，30台巡逻车配备到位，车载全球卫星定位系统（GPS）设备也安装就绪。

2002年5月，“110”报警中心从办公室（指挥中心）单列为独立处（室），定编40人，实行“值班长负责制”“五班三运转”工作模式，日均话务量升至1832个。2004年2月，市公安局启动110、119、122“三台合一”工作。2008年10月，全市公安机关完成“三台合一”建设工作。是年，长沙公安全球卫星定位系统（GPS）与“110”报警服务系统联网，在实战中发挥重要作用。通过“110”报警服务中心的统一调度，30台全球卫星定位系统（GPS）巡逻车全天候在全市主要街面巡逻，随时接受群众报警求助。调整后的“110”处警模式，按照“停车即能处警”的原则，城区能行驶汽车的主次干道（含两侧延伸50米）“110”处警均由巡警承担，机动车进出不便的小街小巷“110”处警仍由属地派出所承担。随后，为发挥全球卫星定位系统（GPS）功能，保证及时处警，将长沙城区划为六大警区，每个警区又分为3个巡区，每个巡区配备一辆全球卫星定位系统（GPS）巡逻车，有警处警无警巡逻，实行24小时运作。

2009年12月，“110”报警中心更名为“110”指挥中心。2011年12月31日，市应急联动指挥大楼启用，“110”指挥中心搬迁新址办公。2012年9月26日，市应急联动指挥系统正式上线运行，实行“一级接警、分级分类”处警模式，形成市局、分局、派出所三级联动扁平化指挥调度体系。同时，“110”指挥中心增设指挥调度岗位，负责一级警情和重（特）大警情处置，其余警情分别由分局、派出所进行处置。是年，“110”指挥中心接到各类报警电话142.86万起，处理各类警情25.26万起（其中刑事类警情3.27万起，治安类警情3.72万起，群众求助类警情2.64万起，事故类警情7888起，防盗报警2.94万起）。“110”指挥中心成立后，先后指挥调度处置重（特）大案件，在打击犯罪、保护人民、抢险救灾、服务群众、化解矛盾、消除隐患、维护社会治安等方面发挥作用。

三、大型活动安保

1988年，长沙开展各种大型群众性活动保卫工作17场次，出动警力819人次，提前介入，严密方案，加强隐患整改，组织落实，确保各类大型活动的万无一失，未发生打架斗殴和其他灾害事件。1990年，长沙市举行迎亚运火炬接力、跳伞表演等大型文体活动，出动警力完成大型群众性活动保卫工作。1991年后，长沙市举行的国际性艺术节、全国性体育赛事、商贸会明显增加。1991—1996年，投入警力完成国际烟花节、京港汽车拉力赛、亚洲体操锦标赛等国际性大型文体活动以及全国钢材订货会、全国女子足球甲级联赛、全国足球甲级联赛、全国电子产品展销会、中国第三届金鸡百花节等全国性经贸体育文化活动等240余场次活动的安全保卫工作。1998年，长沙公安机关开展大型保卫活动380场次。

2000年，开展大型保卫活动427场次，完成世界滑水锦标赛、首届白沙杯金鹰艺术节等大型活动保卫任务。2003年，第五届全国城市运动会在长沙举行，这是中华人民共和国成立后长沙首次举办的最大规模的综合性体育运动会。长沙市开展现场勘验，制定安保方案，落实各项安全保卫措施，完成保卫任务，展示长沙形象。2004年雅典奥运会男子足球亚洲区预选赛中国国奥队对韩国国奥队比赛、2006年首届中国中部投资贸易博览会、2007年第四届泛珠三角区域合作与发展论坛暨经贸洽谈会等超大规模大型活动相继在长沙举行，公安机关落实各项安全保卫措施，确保安全有序。

2008年6月，长沙市举行第二十九届北京奥运会圣火长沙接力传递活动，长沙市创新管理，全线启用硬质隔离，确保圣火在长沙传递无一差错。2009年，完成2009年第五届两岸经贸文化论坛大型活动安全保卫。是年，探索大型商业性活动市场化运作模式。2009年后，大型活动安全保卫年均500场次。2010年，完成中国长沙环湘江自行车邀请赛安保任务。2012年，完成第七届中博会的安保任务。是年，全面启用保安公司专职保安人员参与大型活动安保的安检和检票等工作，先后启用安保力量4.39万人次。

第七节 监所管理

一、监所设置及其设施建设

1988年，长沙城区设长沙市第一看守所、长沙市第二看守所、长沙市收容审查所、长沙市收容教育所和东区、南区、西区、北区、郊区公安分局治安拘留所，长沙县、望城县、浏阳县、宁乡县各一个看守所和一个治安拘留所。其中，长沙市第一看守所、长沙市第二看守所和长沙市收容审查所由长沙市公安局预审科（四科）管辖，长沙市收容教育所由治安支队管辖，各区县看守所、治安拘留所由各区县公安（分）局管辖。

1990年，为缓解市收容审查所羁押压力，市公安局决定将东区、南区、西区、北区、郊区5区公安分局和公交分局的治安拘留所改为市收审所第一、二、三、四、五、六分所，负责收审各区办理的收审人员。是年，成立市治安拘留所，由治安支队管辖，城区行政、司法拘留人员送该所执行。1991年，预审科升格为预审监管处，为副县级行政机构。1994年5月，成立长沙市强制戒毒所，由刑侦支队管辖，负责收治全市强制戒毒人员。1996年，设立长沙市拘役所，负责管理羁押余刑1年以下罪犯和拘役人员。1997年1月1日，公安机关收容审查措施废止，长沙7个收审（分）所全部改为看守所，预审监管处更名为预审监管支队。6月，公安部提出“侦审合一”，将预审机构合并到侦查部门，在侦查部门内部实现从立案、侦查、破案、讯问、查证到提请逮捕、移送起诉等全部侦查办案过程，预审监管支队更名为监所管理支队，专职负责监所管理业务。1999年1月1日，为贯彻公安部关于限制人身自由场所统一实行归口管理的要求，市强制戒毒所、市收容教育所和市治安拘留所归口监管支队管理。

2002年，长沙市看守所建成启用，长沙市第二、第三看守所和城区公安分局、公交分局看守所相继撤销，长沙城区看守所在押人员全部统一集中至长沙市看守所、长沙市第一看守所监管，长沙城区公安分局、公交分局不再担负看守所管理职责，城区监所全部由监管支队统一管理。2006年，根据《公安部关于将治安拘留所更名为拘留所的通知》，长沙市各治安拘留所全部更名为拘留所。根据公安部关于撤销拘役所的要求，长沙市拘役所变更为长沙市第四看守所。2008年，长沙市强制戒毒所更名为长沙市公安局强制隔离戒毒所。2010年，长沙市看守所、长沙市第一看守所、长沙市第四看守所、长沙市溁湾镇看守所分别更名为长沙市第一看守所、长沙市第二看守所、长沙市第三看守所、长沙市第四看守所（对外加挂长沙市女子看守所的牌子，关押城区女性在押人员），长沙市收容教育所更名为长沙市公安局收容教育所。是年，为适应打击黄、毒违法犯罪工作需要，市公安局强制隔离戒毒所和市公安局收容教育所分别加挂市第二拘留所、市第三拘留所牌子，用于执行涉毒和涉黄的治安拘留人员。2011年起，保留市公安局收容教育所机构编制，不再对卖淫嫖娼人员进行收容教育，该所办公场地移交市公安局强制隔离戒毒所使用。

二、人员管理

1988年，全市监所实行目标管理，健全完善岗位细责，对工作目标和任务进行记分考核。1989年，全市监所羁押量攀升，达到20世纪80年代羁押量高峰。全市监管部门开展“创文明监室”活动和“反脱逃、反自残、反牢头狱霸”专项斗争，评出文明监室263监次，打击牢头狱霸132名。1990年11月18日，长沙市出台《关于深入贯彻执行〈看守所条例〉的意见》，就收审和拘捕人员关押、民警提讯、会见通信、探亲、就医押解、入所健康检查、换押与案件催办、与武警建立协调联系制度和联防体系等做出详细规定和要求。全市监所开展“创安全年”活动，局长与所长、所长与民警逐层签订安全承包合同。1991 年，全市监所强化教育转化职能，市第一看守所深挖破获杀人犯在押人员程某在广东、广西、海南、云南等省所犯的 9 起杀人、抢劫、强奸案件。1992 年，长沙县、浏阳县看守所、市收容教育所、市拘留所组织被监管人员进行法律法规、监规常识考试，邀请人大、政协、工会、共青团、妇联领导到所开设讲座，并对刑释解教、假释、保外就医人员开展回访调查，进行跟踪教育，管理教育得到延伸。

1993 年，在全市看守所、收审所开展“七比七看”（比安全意识，看谁安全观念牢、领导重视、深入检查督促好；比落实值班，看谁力量安排好、坚持不间断巡视、警惕性高、检查仔细、发现问题处理及时、交接班记录清楚；比消除隐患，看谁组织清监检查次数多、发现隐患漏洞及时、整改快；比教育控制，看谁找在押人员谈话教育多、教育工作细、效果好、监内耳目物建考察和发挥作用好；比严格执法，看谁坚持凭证收押、凭证放人制度好、无打骂体罚和随意关押现象；比监内秩序，看谁把打击牢头狱霸贯穿于日常管理之中、惩治及时、打击得力；比协调配合，看谁与驻所检察、武警和办案单位配合好、关系融洽、团结协作）流动红旗竞赛评比活动，每 2 个月从安全意识、落实值班、消除隐患、教育控制、严格执法、监内秩序、协调配合 7 个方面着手对“两所”进行 1 次百分制考核评比，颁发流动红旗，建立看守所、收容审查所安全管理奖惩机制。1994 年，全市监管场所深入开展打击“牢头狱霸”专项行动，集中打击与日常管理相结合，坚持对“牢头狱霸”露头就打，召开广播大会 45 场次，请公、检、法等政法部门领导作报告 11 场，进行集体训话 153 场次，民警对被监管人员开展教育谈话 5600 余人次，挖出有“牢头狱霸”行为团伙 29 个、201 人，从重处理 88 人。1995 年，全市监所羁押量持续攀升，为缓解羁押压力，全市监管部门强化消化处理措施，由主管监所的局领导、所长和法制员组成专门班子抓消化。市委政法委先后 2 次主持召开公安、检察、法院快审快结专题调度会，促进监所消化工作，全年全市消化处理 1.1 万名被监管人员。1996 年 12 月 31 日，在《中华人民共和国刑事诉讼法》实施前夕，市政协委员、市人大代表对收审所转轨工作展开专题调研视察，市收审所改为市第三看守所，全市在押收审人员全部依法按时审结。1997 年，对“七比七看”竞赛评比办法重新进行修订，增强监所安全管理工作的针对性。是年，长沙市提出由看守所对在押人员坦白检举的违法犯罪线索进行查处的侦查破案新机制，并组建监所侦查大队，开创全国监所深挖犯罪工作先例，该项工作模式被公安部高度认可并推广全国，深挖犯罪工作由此成为公安监所的一项重要工作职能。

1998 年，有 2 个看守所被评为“全国二级看守所”，5 个看守所被评为“全国三级看守所”，长沙县看守所参加全国 36 个大城市“‘严格执法、文明管理’看守所创建活动竞赛”，被评为 9 个“全国先进看守所”之一。10 月 29 日，制定《全市看守所实施规范化管理工作方案》，统一收押、会见、管教、医务、提讯、值班、械具使用和留所服刑犯管理 8 项管理制度，出台《关于办理罪犯保外就医、留所服刑、减刑、假释的暂行规定》《关于办理在押人员家属、律师会见的暂行规定》等规范办事程序规定，统一印制监所日常管理必备的 30 余种登记台账、法律文书。1999 年，长沙市收容教育所、长沙市治安拘留所、长沙市强制戒毒所“三所”归口管理，1 月 1 日，制定《看守所管理工作暂行规定》。是年，全市看守所统一实行换押证制度，即公、检、法部门受理、移交案件均办理换押手续。

2000 年，市强制戒毒所、市收容教育所被公安部评为“全国公安规范化管理先进单位”，市强制戒毒所实行“大封闭、小开放”管理，即在封闭式管理的基础上在一定的区域内实行开放式管理，该管理模式被公安部向全国推广，市收容教育所组织收教学员开展文娱、健身活动，起到良好治身治心作用。2001 年，全市监所开展创“文明管理年”和“五好”〔安全好，所管监房（舍房）安全措施落实到位，无大小安全事故；管理好，所管监房（舍房）秩序井然，被监管人员行为规范；教育好，所管监房（舍房）被监管人员思想稳定，认罪服法；执法好，执法文明严格，无打骂体罚虐待被监管人员现象；深挖好，配合办案措施有力，获取线索量多质高〕管教民警活动，评选出“五好”管教民警38人次，对被监管人员严格执行一日生活制度，实行生活制度化、行为规范化、管理军事化，在全市看守所实行双人24小时值班制。2002年，市强制戒毒所、市收容教育所被公安部评为“全国一级所”并被省厅各记“集体二等功”一次。

2003年，发生非典型性肺炎（SARS）疫情，全市监所购置大量预防药品、防护用具，改善隔离、卫生设施，严把人员“进出关”，强化巡查诊治等，安全度过疫期。长沙市看守所向在押人员作出“严格执法、文明管理”八项承诺，并定期开展问卷调查，测评民警管教工作，请在押人员家属进监区实地目睹在押人员的生活和管理情况。市收容教育所举办职业技能培训班，为培训考试合格的收教学员申请颁发劳动和社会保障部职业资格证书。2004年，浏阳市治安拘留所晋级为“全国一级治安拘留所”。市公安局建立完善《关于认真落实特殊被监管人员管理机制》《关于深化监所人性化管理的若干意见》等工作机制，对未成年、女性、新入监、老、弱、病、残及重点被监管人员的日常管理作出明确规定。2006年，长沙县看守所被评为“全国标兵看守所”。全市监管部门面对羁押量不断攀升、部分监所关押爆满的现实情况，采取调整收押范围、转移转押、清案清监等措施，及时缓解监所羁押压力。5月25日，制定《全市看守所勤务模式改革实施意见》，明确勤务模式改革的工作思路、目标、任务和措施，确定浏阳市看守所为勤务模式改革试点单位。2007年，针对艾滋病被监管人员数量不断增多的严峻形势，启用市看守所、市强制戒毒所特殊监区，定期对全体被监管人员进行艾滋病毒筛查，实行艾滋病被监管人员集中隔离监管。

2008年，长沙市遭遇特大冰冻灾害，全市交通、电力、通信、物资供给一度面临中断，为确保监所安全，全市监所的柴、米、油、盐和水、电、煤、碳、油、气等各类生活、后勤物资全面备足20日用量，自筹经费将被监管人员伙食标准在原来的基础上增加1.5~2元/人·日，为被监管人员发放棉衣1500余件、棉被2000余床、棉鞋2000余双。6月1日，长沙市贯彻《中华人民共和国禁毒法》，停止向戒毒人员收费。2009年，全市公安监所实行“红黄绿”三色预警机制，被监管人员羁押风险等级分别由红色、黄色、绿色标志服由高到低进行区分。全市公安监管场所监室（舍）建立安全预警机制，将全市公安监所各监室（舍）、重要岗位、重要环节纳入安全预警范围，实行每月一检查、每月一评比、每月一点评、每月一整改。11月21日，长沙市第一看守所突发甲型H1N1流感疫情，通过封闭隔离管理、每日2次消毒、对病患对象逐个服药治疗等措施，疫情于2个月后解除。

2010年，为保障监所安全、建立全市公安机关合力处置监所病患工作机制、规范监所财务管理，长沙市出台相关文件，直属监所在市第一医院、县市监所在本县相关医院建立在押人员就诊绿色通道。是年，全市监所实行被监管人员风险等级评估和分别管理机制，全市看守所开始建立值班巡视指纹打卡制度。7月，长沙市第一看守所、第二看守所、强制隔离戒毒所和长沙县看守所分别开展对社会开放活动，接受银行、学校、企业等社会团体和警校培训班学员580余人来访参观。2011年，全市拘留所实行管理教育新模式，长沙县拘留所、浏阳市拘留所被公安部评为“全国拘留所收容教育所教育工作社会化先进单位”。是年，对全市监所实施网上视频巡查，通过调取监所监控视频，及时发现隐患督促落实整改。2012年，建立监所病残群体处置联络员制度，建立各警种、部门监所病残群体处置联动机制，并将监所病残群体处置纳入综合考评。4月16日，长沙市出台《关于在市公安局监管支队设立法律援助工作站开展法律援助工作的意见》，就法律援助工作明确双方职责和任务。

第八节 法制建设

1988年，全市预审业务由预审科负责，行政复议、行政诉讼、国家赔偿等职能由法律政策研究室担负。为贯彻中央政法委关于集中开展严厉打击严重刑事犯罪活动要求，长沙市制定《关于集中打击中的几个问题的意见》，为民警执法提供法律服务。开展反扒专项斗争，保持对扒窃等多发性侵财违法犯罪的高压态势，审批劳教扒窃违法犯罪人员100余人，审批的劳教人员中多发性侵财型违法犯罪人员占50%左右。1990年，抓紧实施《中华人民共和国行政诉讼法》的准备工作，分期分批对全局民警进行培训，起草4个地方性法规和规章，开展2次执法检查。1991年，以提升案件质量为中心，集中优势兵力抓好大案要案和专案办理、坚决压缩退查率、狠抓深挖犯罪，全年受案2127件2855人，移诉2742人，退查率为0.94%，深挖破案816起，发现线索926条，增捕增诉243人。5月，依法开展公安行政复议应诉工作。是年，市局受理不服分（县）局裁决而申请复议的行政案件75件106人，应诉法院通知的公安行政诉讼行为48起。1992年，为准确、严厉打击经济犯罪，防止基层公安机关违规插手经济纠纷，将利用经济合同进行诈骗的收审案件归口市公安局审核。1993年，提出预审“五率”要达到或超过省公安厅规定的标准，即准确率、安全率、合法率为100%，审结率为95%，退查率低于2%。基层单位建立接待报案、立案程序、呈报处理等一套办案制度，城区派出所设立专职法制员。12月，开展反以权谋私为重点的执法检查。1993—1994年，多次就全市收容审核工作进行检查，并对各方面存在打击不力的问题，统一进行专门检查。

1995年1月《中华人民共和国国家赔偿法》施行后，统一受理国家赔偿申请，办理国家赔偿案件，负责国家赔偿应诉工作。1996年，重点对农村公安执法情况进行检查。1997年，推行刑事侦查工作改革，实行侦审合一。1995—1997年，通过持续不断地执法检查，逐步规范公安执法行为，使全市公安整体执法水平再上新台阶，开展1次分局执行治安拘留、查处卖淫嫖娼案件执行情况检查、2次治安（行政）裁决案件执行情况检查、1次外事情况专项检查、1次大规模刑事、行政执法大检查。1998年3月，针对全市公安各办案单位在办理打假、非法出版等经济犯罪案件中，出现经济利益驱动、以罚代刑、争管辖权、跨区域办案等现象，制定《关于查处经济案件的紧急通知》，从立案、强制措施的审核等方面明确规范，扭转经济案件办理中出现的乱象。1999年10月《中华人民共和国行政复议法》施行后，发布《关于贯彻实施〈行政复议法〉若干问题的意见》《长沙市公安局关于交警、消防行政复议案件归口管辖的通知》，将交警、消防行政复议案件统一归口管辖。

2001年，对2000年1月1日后办理的取保候审、监视居住案件进行全面清理检查，调阅案卷480卷，发现各类问题96起。2002年，成立直属分局，对外行使案件审核职能，担负市公安局直属机构办理刑事、行政案件的管理以及协调对外关系的职责，解决市局直属机构在办案中长期存在地域管辖不明、层级管辖不清的问题。为保障考评工作取得实效，制定《长沙市公安局执法质量考核评议实施细则》等9个规范性文件和11个考评表格。按照公安部《公安机关办理劳动教养案件规定》要求，对劳教案件实行一人主审、三人合议制度，对需要聆询的案件，先组织聆询，再结合证据材料进行合议。2005年，在湖南省公安厅执法考评中，参加考评的全市11个单位考评结果全部为优秀，其中得分90分以上的单位9个，市公安局本级执法质量考评91.01分，3项指标均居全省第一。

2008 年，依据《中华人民共和国禁毒法》不再对吸毒人员审批劳动教养，劳教对象主要集中在打击多发性侵财型违法犯罪方面，占比 80%左右，对 18 人次拟劳教人员进行聆询。2009 年，设立执法监督支队，下设预审大队，预审机构时隔 12 年后得以恢复。是年制定《关于加强预审工作的指导意见》《预审工作规定》，进一步明确预审大队的预审职能为案件审核、预审继续侦查、办案指导、预审监督。2008—2009 年，长沙地区出现“地下出警队”这一带黑恶性质的违法犯罪团伙，公、检、法、司部门专门就此类案件的打击处理联合发文，制定相关政策，明确运用劳教手段打击“地下出警队”，劳教办先后审批决定收容劳教“地下出警队”违法犯罪人员 86 名，有效遏制“地下出警队”的蔓延势头，取得较好的社会效果。

2010 年，审核报捕案件 392 案 1097 人，审核移送起诉案件 389 案 1011 人，主动提前介入重大、疑难、复杂刑事案件 19 起，指导办理涉及 288 名犯罪嫌疑人的“8·10”电信诈骗案。2011 年 3 月，为更好地推进预审工作，出台《预审工作实施细则》。2012 年，在“通过实战历练队伍”的工作思路下，预审工作实行随警作战、靠前指导，办理一批有代表性的“零口供”案件，为一线办案单位案件办理创新技战法。2009—2012 年，采取突击检查、个案监督、网上实时考评等日常动态考评，进行 3 次集中考评和 1 次如实立破案、2 次执法不作为、2 次执法办案系统、2 次执法办案区域应用、4 次涉案财物专项检查，核对 2.61 万条“110”警情信息，回访 1.80 万余名当事人，调阅 3010 起刑事、行政案卷，走访 330 个社区，50 余次深入各监管场所监室清点、核对人数，检查是否存在“牢头狱霸”、违规办理提前出所、监外执行以及乱收费等执法问题。

第九节　基础建设

一、信息化建设

长沙公安信息化建设起步于 20 世纪 80 年代中期。1985 年，引入第一台计算机。1991 年，建成公安程控电话系统。1995 年，建成公安 350 兆集群无线通信网络。1996 年，建成公安 110 接报警指挥系统，实现指挥自动化。1999 年，依托 163 公网建立公安专网，实现人口计算机管理；建立基于全球卫星定位系统（GPS）移动定位的指挥调度系统，实现指挥智能化。2001 年，公安专网带宽升级至 2 兆，建成视频指挥系统，实现指挥调度可视化。2003 年，启动公安通信网络与计算机信息系统建设工程（又名“金盾工程”）一期建设，信息化建设投资 1.2 亿元。是年，建造卫星通信指挥车，实现移动指挥。2005 年，建成覆盖全局的基础通信网络，实现网上办公。2009 年年底，“金盾工程”一期建设结束，启用警综平台执法办案系统；构建以市局移动指挥车为核心的移动指挥体系。

2010 年，启动“金盾工程”二期建设，提出“一年打基础、两年见成效、三年比肩京沪宁”的发展目标。先后启动公安专用三四级网络升级改造、应急联动指挥系统、基础工作信息系统、警用地理信息系统、城市治安图像报警与监控系统、城市治安电子卡口系统、智能交通管理系统、无线警务通系统、信息终端违规行为预防监管系统、网上督察系统等重大科技信息化项目建设。制定《长沙市公安局民警信息化应用技能训练大纲》，进一步加强科技信息化管理和应用推广工作。11 月，长沙公安专用三四级网络升级改造完成，建成一个安全、高速、稳定的全市公安信息网络，为公安业务系统联网、数据传输、视频图像传输控制、IP 语音通信等业务应用提供可靠的网络运行环境。2011 年年底，启动“天网工程”建设，在全市城区有关路段配置高清摄像机，公交企业投资配置移动视频监控设备，整合城市治安电子防控系统公共监控摄像头、围城围市电子卡口监控摄像头、中小学幼儿园监控摄像头；整合全市道路交通监控、电子警察、交通诱导系统监控摄像头，实现政府投资建设的公共摄像头同步与市应急联动指挥中心联网，实现视频图像全覆盖和在全市各部门间的共享应用。2012年，制定《长沙市公安局信息化建设与应用管理规定》《长沙市公安局“十二五”科技强警及技术创新工作规划》等工作规范方案，指导科技信息化有序发展，提高民警信息化应用水平。是年底，长沙公安智能交通管理系统（一期）建设完成，建立交通安全状况实时监控与查缉布控体系和城市交通综合信息平台，提高全市交通拥堵监测及疏导能力和交通管理效率。

图 9-2-9-1 长沙公安机关人民警察换发九九式警服
（摄于2001年10月，市公安局供图）

二、基础设施建设

1988年后，建设警官培训中心（长沙市人民警察学校），1998年建成，尔后建成一套室外训练场所和实战训练基地等，学员能在校进行全天候集训。

20世纪90年代初期，对全市城区派出所统一进行维修改造。1998年，建设警犬基地。1999年，筹建长沙市看守所。1997—1999年，3年完成全市派出所危房改造工作。

2002年长沙市看守所投入使用。2005—2007年，投资建成第一驾驶人考试中心。2006—2008年，开展“三基一化”工程建设，2009年年底全面完成无房派出所建设，竣工率和合格率均为100%，建成若干个警务室，统一派出所外观形象和外观标识。2009年，长沙市看守所扩建、长沙市第一看守所改建、长沙市第四看守所扩建3个工程在原地改扩建立项，2012年11月该工程动土建设。

2010年，开工建设长沙市看守所（401）配套业务用房项目，项目总建筑面积8499.1平方米，项目总投资约2258万元，2012年全面投入使用。为加强长沙“两型社会”建设，维护大河西先导区的政治稳定和社会安定，2010年，长沙市投资建设长沙市公安局特巡警支队第三特警大队、第三巡警大队业务用房。2010年，公交治安管理分局、经济犯罪侦查支队、人口与出入境管理支队业务用房综合为一个项目，建设综合业务大楼，2014年完成并投入使用。此外，长沙市应急联动指挥中心，湖南（长沙）禁毒教育基地、戒毒康复中心、刑侦支队法医检验中心等公安业务用房、特警训练基地一期相继投入使用。2011年，为解决全市驾考学员积压问题、发展全市驾考培训事业，长沙市立项，在开福区青竹湖生态科技园天井小区以南新建长沙市公安局机动车驾驶人第二考试中心。

第三章 检 察

1988 年，长沙检察机关把以反贪污贿赂为主要内容的经济检察工作放在检察工作的首要位置，在长沙市人民检察院（以下简称“市检察院”）及下辖各县、区基层检察院成立经济罪案举报中心和举报站。1989 年 9—10 月，长沙检察机关干警集中宣传最高人民法院、最高人民检察院发布的《关于贪污、贿赂、投机倒把等犯罪分子必须在限期内自首坦白的通告》活动，动员群众检举揭发犯罪，至年末，全市受理 196 名经济违法犯罪人员投案自首、涉案金额 278 万余元，退交赃款 155 万余元；297 名受审或在押罪犯交代或揭露他人犯罪线索 323 件，涉案金额 114 万余元。

1991 年，试行民事行政审判活动监督工作，1—6 月，立民事行政案 19 件。长沙市两级检察机关相继成立民事行政检察工作机构，将长沙检察机关的法律监督工作由单一的刑事诉讼监督扩展到民事行政诉讼监督，形成经济检察、刑事检察、法纪检察、民事行政检察 4 项主要检察业务。1997 年，市检察院及下辖县、区检察院将内设的法纪检察科（股）更名为反渎职侵权局，与纪检、监察、公安、劳动等部门密切联系，加强对国家机关工作人员利用职务之便渎职、侵权等案件的查处工作，查处渎职侵权犯罪案件。1999 年，全市检察机关开展创“好班子、好队伍、好机制、好业绩、好形象”（以下简称“五好”）活动，通过检务公开等干部管理使用制度，主诉检察官办案责任制及错案追究制等制度的落实，推进检察改革。2000 年，全市 9 个县、区基层检察院跨入省“五好”检察院行列。其中，长沙市检察院获最高人民检察院的“基层检察院建设组织工作奖”，浏阳市检察院、雨花区检察院被最高人民检察院授予“人民满意检察院”称号。2005 年，长沙两级检察院在全省检察系统推行执法质量活动中全部进入优秀行列，其中市检察院列全省 14 个市州检察院第一名，长沙县检察院列全省 123 个县区基层检察院第一名，岳麓区院、宁乡县院、芙蓉区院、浏阳市院进入全省前十名。

2008 年，长沙市完善侦查一体化机制，各基层检察机关手里的经济案件线索均由长沙市检察机关集中管理，统一协调办案过程诸事宜及程序。是年，立案侦查贪污贿赂案 131 件 145 人。2009 年，长沙市开展预防职务犯罪的流程规范工作，制定相应的实施细则。是年，启动预防调查 11 人，开展个案预防 74 件，专项预防 8 个，发整改检察建议 19 份。2009—2012 年，完成预防调查 149 件，完成犯罪原因分析材料 873 份，发出整改检察建议 214 件。

至 2012 年，受理不服人民法院民事行政判决裁定申诉案 6830 件，其中立案审查 4055 件，查处审判人员在案件审理过程中的职务犯罪问题 37 件 49 人，其中，作刑事处理 9 人，作党纪政纪处理 37 人。通过控告申诉检察受理群众控告检举信访案件 5.30 万件；受理不服检察机关原处理决定和不服人民法院刑事判决裁定及公安机关有关处理决定 4639 件；立案侦查各类犯罪案件 3960 件，经审查起诉 2192 件 2742 人，免予起诉 474 件 563 人，不诉 20 件 30 人；受理侦查机关提请审查批准逮捕 12.73 万人，经审查批准逮捕 10.93 万人，其中追加逮捕 1252 人，不批准逮捕 1.64 万人；受理侦查机关移送审查起诉 14.86 万人，经审查起诉 11.60 万人，其中追加起诉 2056 人，免予起诉 2558 人，不起诉 4237 人，退回侦查机关补充侦查 2.77 万人；立案侦查渎职侵权犯罪案 1201 件；受理控告检举案件5.87万件；受理民事行政申诉案件4571件，经审查立案审查3892件，其中提请抗诉430件，抗诉162件，发再审建议250件。

第一节 机 构

一、市级机构

1988年，市检察院内设检察委员会、刑事检察一科、刑事检察二科、经济检察科、法纪检察科、监所检察科、技术科、政治工作科、行政科、控告申诉检察科、办公室。7月，成立长沙市人民检察院纪律检查组，11月，成立长沙市人民检察院机关委员会。

1990年，政治工作科、经济检察科分别更名为政治工作处和反贪污贿赂工作局（级别和规格不变）。1991年，增设监察室（与纪检组合署办公）、老干科，政治处更名为政治部。1993年，增设税务检察室。1995年，设立长沙市检察官培训中心。1996年，内设机构由科室更名为处室（机构级别未变）。1997年10月，法纪检察处更名为渎职犯罪侦查局。1998年，撤销税务检察室，原检察机关受理的税务检察工作划归公安机关。

2002年，增设法律政策研究室、职务犯罪预防处，反贪污贿赂工作局更名为反贪污贿赂局，政治部下设干部处、宣传处、培训处。2005年，渎职犯罪侦查局更名为反渎职侵权局。2006年，增设检务督察处。是年，设立星城地区人民检察院，为长沙市人民检察院的正县级派出机构，履行检察机关对全市监狱、看守所的法律监督职能，负责对全市监所检察业务工作的指导、考核。2007年10月，公诉处分为公诉一处、公诉二处。2011年3月，侦查监督处分为侦查监督一处、侦查监督二处，4月，设立人民监督工作办公室、后勤事务管理处。12月，设立案件管理处。2012年9月，撤销长沙市检察官培训中心。2012年，内设机构为办公室、政治部（干部处、宣传处、教育培训处、老干处），侦查监督一处、侦查监督二处、公诉一处、公诉二处、反贪污贿赂局、反渎职侵权局、民事行政检察处、控告申诉检察处、职务犯罪预防处、检察技术处、法律政策研究室、检务督察处、人民监督工作办公室、案件管理处、法警支队、行政装备处、后勤事务管理处、纪检组（监察处）、机关党委、机关工会。

1988—2012年，先后担任长沙市人民检察院主要领导职务的有：高忠礼、杨哲、罗宗祥、常智余、陈绍纯；其他领导班子成员有：周华、李家瑞、黄常清、何文炯、刘建、李广福、蒋水清、汪国凡、张慧、黎军、解海波（女）、侯东亮、谭学军、姚湘中、彭志敏、李宗戈。

二、区县（市）级机构

1988年，下辖东区、西区、南区、北区、郊区及长沙县、望城县、浏阳县、宁乡县9个基层检察院。1993年，浏阳县撤县改市，浏阳县人民检察院更名为浏阳市人民检察院。1996年，长沙市区划调整，撤销原5区，成立芙蓉、岳麓、天心、开福、雨花5区，5个区人民检察院随之更名。

2011年，望城县撤县改区，望城县人民检察院更名为望城区人民检察院

截至2012年，长沙市人民检察院下辖星城地区人民检察院及长沙县、望城县、浏阳市、宁乡县、芙蓉区、岳麓区、天心区、开福区、雨花区10个基层检察院。

三、队伍

1988年12月，全市检察机关实有工作人员531人，其中，市检察院102人，9个县、区检察院429人。

1998年12月，市检察院及9个县、区检察院实有工作人员806人，其中，市检察院153人，9个

县、区检察院653人。1999年，长沙市开展检察官等级评定，评定高级检察官86人，其中，三级高级4人，四级高级82人；评定一、二、三、四、五级检察官484人，其中，一级137人，二级130人，三级100人，四级109人，五级8人。2008年12月，全市检察机关实有工作人员830人，其中，市检察院179人，9个县、区检察院651人。

2012年12月，全市检察机关实有工作人员993人，其中市检察院228人，9个县、区检察院765人。全市检察人员中，二级高级3人，其中市检察院3人；三级高级27人，其中市检察院25人，星城院及9个县、区检察院2人；四级高级197人，其中市检察院45人，星城院及9个县、区检察院152人；一级检察官223人，其中市检察院24人，星城院及9个县、区检察院199人；二级检察官62人，其中市检察院21人，星城院及9个县、区检察院41人；三级检察官73人，其中市检察院17人，星城院及9个县、区检察院56人；四级检察官92人，其中市检察院14人，星城院及9个县、区检察院78人；五级检察官24人，其中市检察院9人，星城院及9个县、区检察院15人。

第二节 刑事检察

一、审查批捕

1988年，长沙市为加强检察机关内部制约机制，将自侦案件的审查批捕、审查起诉及出庭公诉工作归口刑事检察部门，对构成犯罪的认定必须以“基本犯罪事实清楚、基本犯罪证据稳定”为前提。依据“两个基本”条件，全年，批准逮捕各类刑事犯罪分子2093人，不批准逮捕153人。1989年，全市受理公安机关提请逮捕刑事案犯3054人（含上年退查公安重报57人），经审查，批准逮捕2700人，比上年上升28.2%，其中，重特大犯罪案犯1011人，占批捕总数的37.44%，摧毁抢劫团伙12个、盗窃团伙15个。1991年，受理公安机关提请逮捕刑事犯罪案件1947件3414人，其中，逮捕2848人，批捕率84.6%。1992年，受理公安机关提请批准逮捕各类刑事案犯3187人，经审查批准逮捕2751人。其中1—6月，批准逮捕抢劫案犯239人，流氓案犯131人，与上年同期比分别上升23.2%、134%。这两类犯罪呈作案团伙化、成员低龄化特征，且作案地点集中于城镇。

1993年5月，制定《关于提前介入制度的施行办法》，规定检察机关提前介入重大反革命案件、特大刑事案件、重大集团案件、危害严重的重大刑事案件、影响大的涉外案件、副县级以上干部犯罪案件、党委、人大常委会、政协交办或留办的案件和检察机关认为有必要或公安机关邀请检察机关提前介入的案件，检察机关提前介入公安机关的侦查或预审活动。在提前介入中了解案情，分析研究证据，提出检察意见或建议。进一步完善审查批捕工作，建立批捕工作“季度、年度报告制度”“重特大案件报告制度”“疑难案件请示制度”“案件质量跟踪考查制度”等11项制度。全年受理公安机关提请逮捕的各类刑事犯罪案1647件2794人，经审查批准逮捕2360人，其中追加逮捕28人，不批准逮捕238人。

1995—1997年，开展打击农村地痞地霸、城市街痞巷霸、车匪路霸、抢劫机动车和毒品犯罪专项行动，按照“破大案、追逃犯、打团伙”的“严打”要求，突出打击杀人、抢劫、强奸、爆炸、车匪路霸、制毒贩毒和带黑社会性质的团伙犯罪，全市检察机关批准逮捕各类刑事案犯7860人，追加逮捕47人，其中重特大案犯6560人，占批准逮捕总人数的85.25%。提前介入公安机关立案侦查重特大恶性案件的侦查活动2033件3951人，加快案件审查节奏。1995年12月7日，中南工业大学发生特大杀人案，案犯段某某为偷盗财物杀死被害人一家3人，市检察院派人提前介入公安机关的侦查活动，在段犯被公安机关抓获的当天，即作出批准逮捕决定。

1998 年，公安机关取消内设的刑事案件预审机构，实行侦审合一，一度报捕案件质量出现下滑。为确保办案质量，开展“办案质量年”活动，提高对案件的提前介入率。全年受理公安机关提请批准逮捕各类刑事犯罪案犯 2846 人，审结 2669 人，其中批准逮捕 2466 人，追加逮捕 1 人，不批准逮捕 202 人，针对报捕案件中存在的问题，向公安机关发书面检察建议 18 份，提口头纠正建议 85 项，纠正适用法律错误案件 103 件。

图 9-3-2-1 长沙市人民检察院第一起立案监督被判死刑案件——章某某案

（摄于 1993 年 11 月 6 日，长沙市检察院供图）

1999—2000 年，受理公安机关提请批准逮捕的刑事案犯 8179 人，经审查批准逮捕 6843 人，追加逮捕 178 人，不批准逮捕 915 人。批准逮捕的刑事案犯中重特大案犯 2586 人，打掉犯罪团伙 611 个。2001 年，批准逮捕各类刑事案犯 4387 人，追加逮捕 65 人，其中涉毒犯罪 180 人，涉爆犯罪 107 人，邪教组织犯罪 11 人。2002 年批准逮捕涉黑犯罪案，抢夺、抢劫犯罪案（以下简称“‘两抢’”案），破坏市场经济秩序犯罪案 3 类案犯 2497 人，占全年批准逮捕总人数的 52.98%。2003 年，批准逮捕“两抢”犯罪案件 522 件 1013 人，涉抢涉爆犯罪案件 60 件 86 人，利用邪教组织犯罪案件 3 件 5 人。2004 年，受理公安机关提请批准逮捕各类刑事犯罪案犯 6274 人，经审查批准逮捕 5212 人，追加逮捕 72 人，不批准逮捕 694 人，提前介入重特大案件 399 次。

2005—2008 年，受理公安机关提请逮捕各类刑事犯罪案犯 3.10 万人，经审查批准逮捕 2.52 万人，批捕率 83.23%，不批准逮捕 4917 人，不捕率 16.23%。2009—2011 年，受理公安机关提请逮捕各类刑事案犯 1.50 万件 2.27 万人，经审查批准逮捕 1.22 万件 1.87 万人，不批准逮捕 2753 件 3943 人，其中因事实不清证据不足不捕 776 件 1382 人，不构罪不捕 255 件 564 人，无逮捕必要不捕 1722 件 2643 人。

2012 年，受理公安机关提请逮捕各类刑事犯罪案件 6001 件 9282 人，经审查批准逮捕 4712 件 7162 人，批捕率 77.16%，不捕 1269 件 2120 人，其中因事实不清、证据不足不捕 361 件 726 人，不构成犯罪不捕 133 件 199 人，无逮捕必要不捕 775 件 1195 人。批准逮捕案犯中，危害国家安全犯罪、严重暴力犯罪、黑恶势力犯罪、多发性侵财犯罪和涉毒犯罪案犯 4226 人，占批准逮捕案犯人数的 59%。

表 9-3-2-1　　1988—2012 年长沙市检察机关审查批捕人犯统计一览表　　单位：人

年度	受理	审查结果					公安机关撤回
		合计	批准逮捕		不批准逮捕	退回补充侦查	
			小计	其中追捕			
1988	2375	2360	2093	27	153	114	15
1989	3054	3042	2700	34	183	159	12
1990	4138	4114	3706	30	245	163	24

续表 9-3-2-1

年度	受理	审查结果					公安机关撤回
		合计	批准逮捕		不批准逮捕	退回补充侦查	
			小计	其中追捕			
1990	4138	4114	3706	30	245	163	24
1991	3414	3379	2948	16	253	178	35
1992	3706	3517	2751	2	297	469	189
1993	2794	2769	2360	28	238	171	25
1994	2991	2977	2563	64	274	140	14
1995	3050	3004	2524	12	279	201	46
1996	3302	3246	2816	15	241	189	56
1997	2835	2749	2520	20	221	8	86
1998	2846	2715	2466	1	202	47	131
1999	4052	3960	3440	134	378	142	92
2000	4127	4028	3403	44	537	88	99
2001	5144	5075	4452	65	482	141	69
2002	4845	4799	4364	33	349	86	46
2003	5396	5329	4858	55	349	122	67
2004	6274	6238	5212	72	694	332	36
2005	7039	7005	5879	121	824	302	34
2006	8372	8357	6785	166	1346	226	15

表 9-3-2-2　　1988—2012 年长沙市检察机关批捕重特大犯罪分子统计一览表　　单位：人

案件性质 年份	批捕总数	其中											
		杀人	伤害	强奸	抢劫	盗窃	诈骗	流氓	贩毒	贪污	受贿	挪用公款	渎职
1988	2375	40	100	71	133	1427	77	85	1	—	—	—	—
1989	2700	58	117	54	326	1755	82	86	—	—	—	—	—
1990	3461	91	162	129	473	2031	116	133	8	68	37	23	13
1991	3201	28	156	101	415	1547	130	181	32	53	12	15	31
1992	3048	83	127	125	500	1135	107	281	4	39	4	21	14
1993	2360	56	137	86	549	1072	79	162	38	34	21	11	15
1994	2563	64	124	115	532	902	80	128	72	63	31	29	10

续表 9-3-2-2

案件性质 年份	批捕总数	其中											
		杀人	伤害	强奸	抢劫	盗窃	诈骗	流氓	贩毒	贪污	受贿	挪用公款	渎职
1995	2359	60	117	64	480	1058	90	93	36	50	37	18	19
1996	2816	41	136	75	450	1318	160	153	70	45	38	12	5
1997	2529	55	161	99	291	1160	190	109	94	36	23	23	2
1998	2328	67	171	81	327	855	103	—	129	39	24	16	10
1999	3440	41	—	66	311	—	—	—	—	47	26	22	—
2000	3940	73	291	91	518	1046	134	135	46	38	28	5	—
2001	2908	82	342	124	827	1220	169	184	37	38	14	7	—
2002	3959	55	340	29	702	1316	177	210	20	30	8	4	—
2003	4816	84	527	128	767	1355	185	195	68	68	—	1	—
2004	5212	136	1150	—	1617	3497	272	370	39	54	7	10	—
2005	5879	50	511	77	933	1860	117	249	20	74	13	6	—
2006	6785	45	669	105	877	2185	207	16	339	17	54	7	10
2007	6335	57	636	79	690	2045	168	13	477	16	62	3	6
2008	6215	53	542	63	674	1986	193	13	390	10	69	10	12
2009	6235	47	628	71	586	1903	204	—	444	21	81	7	10
2010	6766	52	636	82	452	2193	404	—	559	19	67	1	2
2011	5731	55	555	73	392	1838	188	—	614	12	59	3	9
2012	7162	49	528	79	354	2209	239	—	908	17	32	—	10
合计	105123	1522	8863	2067	14176	38913	3871	2796	4445	888	747	254	178

二、侦查活动监督

1988年，对侦查机关在侦查活动中私自动用、截留、兑换赃款赃物、殴打被告人及家属等严重违法行为提出口头纠正意见178次，发《纠正违法通知书》18件。1991—1993年，口头提出纠正意见219次，发《纠正违法通知书》18件。

1994年，对侦查机关未予立案的案件检察机关自行立案9件12人，其中，宁乡县检察院4件7人，如宁乡县工商银行职工陈某涉嫌盗窃，单位担心在综合治理目标考核中一票否决，要求由单位对陈某作行政处理，公安因而未予立案，宁乡县检察院依法立案，案件起诉至法院，法院对陈某作出有罪判决。

1995年，监督侦查机关报捕案件中的漏报及批捕后案犯在逃案件14件22人，如北区检察院1993年批捕的特大盗窃案犯唐某某一直在逃，群众反映其隐瞒案犯身份混入部队，北区检察院即组成专案组开展调查，将混入部队、脱逃1年3个月的唐某某押解归案，并由此挖出3名政法干警、1名政府机关干部包庇、徇私舞弊、作伪证恶性案。是年，对侦查机关应当提请批准逮捕而未报捕的27名犯罪嫌疑人作出增捕决定，因事实不清、证据不足退回侦查机关补充侦查117件，建议侦查机关立案6件8人。

1996 年，针对侦查机关在侦查活动中的各种违法行为提出纠正违法检察建议 85 件，改变侦查机关对 55 名犯罪嫌疑人犯罪行为的定性。1997 年，对侦查机关应当立案而未立案的 11 件刑事犯罪案，向侦查机关发出《说明不立案理由通知书》，通知侦查机关立案 14 件，对涉嫌犯罪侦查机关应当报捕而未报捕的 21 名犯罪嫌疑人要求侦查机关提请批准逮捕。1998—2004 年，向侦查机关发《立案通知书》118 份，发“说明不立案理由通知书”340 份，检察机关直接增捕 293 人，纠正侦查机关立案不当 48 件，其中 1999 年侦查机关应当报捕而未报的重大犯罪团伙 5 个。

2005 年，向侦查机关发“说明不立案理由通知书”65 份，通知侦查机关立案 2 件 10 人，检察机关直接增捕 121 人，发现侦查机关在侦查活动中刑讯逼供等违法线索 51 件，提口头纠正违法检察建议 46 次，发书面纠正违法检察建议书 1 份。2006 年，对依法不应当追究刑事责任和证据不足不能证明有犯罪事实的 859 名涉案人员作出不批准逮捕决定。全年办理立案监督案 112 件 160 人，其中，通过监督侦查机关主动立案 102 件 148 人。望城县检察院监督立案的一起盗掘铜官窑古文化遗址案，4 名案犯均被判处有期徒刑 10 年。

2007 年，纠正侦查机关不应当立案案件 93 件 129 人，向侦查机关发《说明不立案理由通知书》113 份，侦查机关主动立案 92 件 107 人，通知侦查机关立案 8 件 10 人。2008 年，监督侦查机关应立案而未立案件 69 件，对不应立案而立的案件，建议侦查机关撤案 56 件，对有证据证明有犯罪事实侦查机关未提请批准逮捕的 90 名犯罪嫌疑人依法增捕，对依法不应当追究刑事责任或证明犯罪证据不足的 576 人决定不批准逮捕。李某某煽动颠覆国家政权案，承办人通过阅卷、提审，发现嫌疑人精神状态不正常，侦查机关未作精神病鉴定，经补充鉴定，证实李某某患有精神病，检察院建议侦查机关撤案处理。

2010 年，监督侦查机关立案 73 件，撤案 72 件，检察机关在审查侦查机关呈报的提请逮捕案件中增捕 129 人。2011 年，监督纠正侦查机关应当立案而未立案案件 76 件，不应当立案而立案案件 33 件，追捕漏犯 137 人，对不构成犯罪依法不批捕逮捕 188 人，因事实不清证据不足依法不批准逮捕 514 人。

2012 年，监督纠正侦查机关应当立案而未立案案件 79 件，不应当立案而立案案件 56 件，对应当逮捕而未提请逮捕，依法追加逮捕犯罪嫌疑人 159 人，对不构成犯罪的案件依法不批准逮捕 133 件 199 人，因事实不清证据不足不批准逮捕 361 件 726 人。

三、审查起诉

1988 年，长沙市贯彻中共中央从重从快严厉打击严重刑事犯罪的方针（简称“严打”），受理移送审查起诉案件 1659 件 2888 人，经审查，向市中级人民法院提起公诉 1451 件 2249 人，其中重大案犯 533 人，占审查起诉案犯人数 23.7%，特大案犯 44 人，占审查起诉案犯人数 1.95%。免予起诉 147 件 280 人，不起诉 2 件 4 人。审查终结检察机关自行侦查移送审查起诉案件 238 件，其中决定起诉 116 件，免诉 83 件。1989 年，受理公安机关移送审查起诉和免予起诉案件 2140 件 3457 人，经审查，向人民法院提起公诉 1660 件 2797 人，比上年分别增加 16.9%和 26.5%，决定免予起诉 78 件 158 人，不起诉 9 人。1990 年 5—7 月，开展“集中打击严重刑事犯罪”专项斗争，审查起诉各类刑事案件 1401 件 2292 人，其中杀人、抢劫、放火、投毒、强奸、爆炸、绑架 7 类犯罪案犯 1371 人，占全年审查起诉案犯人数 32.03%。

1991 年，开展禁毒、打黄扫非、反盗扒等专项斗争。全年受理移送审查起诉和免予起诉案件 2502 件 4171 人，年审结 2206 件 3677 人，其中审查起诉刑事犯罪案件 1756 件 3306 人，免诉 41 件 358 人，不起诉 13 人。审查起诉检察机关自行侦查的经济犯罪案件 218 件 315 人，免诉 187 件 222 人。1992 年，受理公安机关移送审查起诉和免予起诉案件 1836 件 3734 人，经审查，起诉 1632 件 2742 人，其中杀人、抢劫、放火、投毒、强奸、爆炸、绑架 7 类犯罪案犯 1042 人，占审查起诉案犯人数 38%，免诉 495 人，不诉 18 人。1993 年，受理公安机关移送审查起诉刑事犯罪案犯 3334 人，经审查，起诉 2579 人，免诉 349 人，不诉 27 人。因事实不清、证据不足退回公安机关补充侦查 379 人。

1994 年，参与全市“反盗窃，打击地痞地霸、车匪路霸，打黄扫非”等专项斗争 5 次。全年受理公安机关移送审查起诉各类刑事犯罪案犯 3159 人，经审查，起诉 2445 人，免诉 163 人，不诉 18 人，退回公安机关补充侦查 533 人。是年，提前介入公安机关对重特大刑事犯罪案件的侦查活动 324 件，做到重特大案件快审快结。1996—2001 年，受理移送审查起诉各类案犯 2.40 万人，经审查，提起公诉 1.86 万人，其中追诉 146 人，不起诉 306 人，因事实不清、证据不足退回公安机关补充侦查 4650 人，占受理审查起诉案犯人数 20.4%。

2003 年起，检察机关受理审查起诉的案犯人数逐年上升。至 2008 年，受理移送审查起诉 5.49 万人，年均 8990 人，经审查，起诉 4.06 万人，占受理数 75.18%，其中带黑社会性质犯罪、严重暴力犯罪、多发性侵财犯罪 1.44 万人，占受理数 26.61%。不诉 1560 人，占受理数 2.89%，退回公安机关补充侦查 1.28 万人，占受理数 23.67%。2009 年，受理移送审查起诉案件 4189 件 7082 人，审结 3971 件 6589 人，向人民法院提起公诉 3675 件 6114 人，其中追加起诉公安机关未追究的漏犯和漏罪 168 件 475 人，不起诉 296 件 475 人，对主观恶性不大，由内部矛盾或邻里纠纷等原因引发且犯罪情节较轻的案件，适用刑事和解政策办结 196 件 232 人。

2010 年，受理公安机关移送审查起诉案件 5245 件 8780 人受理审查起诉检察机关自侦职务犯罪案件 154 件 188 人，经审查，起诉 4901 件 6946 人（含检察机关自行侦查职务犯罪案 99 件 120 人），其中，严重危害公共安全犯罪案 434 件 508 人；涉黑犯罪案 3 件 31 人；严重暴力犯罪案 948 件 1231 人；多发性侵财犯罪案 2150 件 3622 人；毒品犯罪案 485 件 742 人。不起诉 352 件 471 人。2011 年，受理公安机关移送审查起诉案 5918 件 9215 人，受理检察机关侦查部门移送审查起诉案 143 件 183 人，经审查起诉 4866 件 7216 人，其中自侦案 97 件 127 人，不起诉 361 件 596 人，追加起诉漏犯 47 件 73 人、漏罪 247 条。

2012 年，受理公安机关移送审查起诉 7301 件 1.23 万人，受理检察机关侦查部门移送审查起诉案 141 件 196 人，经审查，起诉 6300 件 9771 人，其中自侦案 106 件 141 人，追诉漏犯 85 人，不起诉 579 人，其中职务犯罪案不起诉 9 人，退回公安机关补充侦查 1911 人。办理适用刑事和解案 354 件 531 人，作相对不起诉或建议公安撤案 156 件 217 人。

图 9-3-2-2 震惊全国的芙蓉区国税局东屯渡分局“7·30”爆炸案在长沙市中级人民法院一审开庭审理

（摄于 2010 年 11 月 26 日，市检察院供图）

表 9-3-2-3　　1988—2012 年长沙市检察机关起诉案件性质分类一览表

年度	危害社会安全		破坏社会经济		侵犯公民权利		侵犯财产		妨害社会管理秩序		重大案犯	特大案犯	检察自侦案件（人）				
	（件）	（人）	（件）	（人）	（件）	（人）	（件）	（人）	（件）	（人）	（人）	（人）	审结起诉	决定起诉	决定免诉	不起诉	撤案
1988	42	49	52	63	26	294	992	1642	69	141	533	44	238	116	83	—	5
1989	40	56	35	54	262	305	1225	2090	70	155	636	53	458	170	211	—	10
1990	74	118	21	29	322	399	1464	2718	85	180	854	93	550	228	322	—	13
1991	61	79	12	16	342	409	1242	2252	137	291	833	41	405	248	187	—	22
1992	56	70	12	15	338	407	1025	1885	35	64	723	80	356	152	204	—	24
1993	43	53	14	20	33	50	896	1650	142	271	709	43	252	136	116	—	19
1994	27	28	17	22	323	345	1013	1755	166	289	661	128	272	158	114	—	1
1995	38	45	11	17	281	312	1122	1811	142	242	477	146	257	178	79	—	8
1996	63	77	13	22	269	327	1259	2107	181	283	495	284	320	187	133	—	17
1997	47	49	18	26	334	410	1002	1660	135	224	430	144	202	154	8	—	10
1998	99	104	45	72	333	393	1000	1619	140	235	300	77	161	143	—	40	7
1999	155	189	74	128	390	499	1277	2062	207	383	370	20	151	132	—	56	4
2000	153	191	76	131	453	596	1183	1449	283	582	371	57	125	115	—	66	4
2001	191	238	60	86	487	649	1454	2453	401	804	533	54	127	113	—	72	4
2002	223	280	51	89	556	722	1645	2589	423	910	617	138	79	59	—	156	2
2003	265	312	62	112	757	1065	1697	2702	541	1177	—	—	102	82	—	20	2
2004	338	397	64	106	750	1015	1897	3076	474	1054	—	—	118	97	—	21	2
2005	335	410	76	155	720	935	1990	3252	620	1335	—	—	111	95	—	16	—
2006	337	394	110	211	944	1296	2426	4141	838	1852	—	—	124	104	—	20	—
2007	375	437	144	288	889	1217	2107	3497	850	1823	—	—	126	77	—	49	—
2008	517	577	139	277	905	1224	2099	3527	937	2004	—	—	174	125	—	49	—
2009	374	462	144	286	856	1234	2055	3326	842	1803	—	—	224	170	—	33	—
2010	364	429	134	249	917	1300	2155	3496	1205	2306	—	—	203	151	—	18	—
2011	466	512	121	236	915	1280	1969	3232	1286	2367	—	—	162	121	—	31	—
2012	476	522	330	606	1017	1458	2456	3724	1806	3316	—	—	115	106	—	9	—
合计	5159	6078	1835	3316	13412	18141	38650	63715	12015	24091	8542	1402	5412	3417	1457	656	154

表 9-3-2-4　　1988—2012 年长沙市检察机关审查起诉情况一览表　　单位：人

年度	小计	审查公安机关移送起诉				
		决定起诉		免予起诉	不起诉	退回补充侦查
		小计	其中追诉			
1988	2888	2249	17	280	4	355
1989	3457	2797	35	158	9	493
1990	5141	4280	25	357	5	499
1991	4171	3306	5	358	13	494
1992	3724	2742	7	495	18	469
1993	3334	2579	16	349	27	379
1994	3159	2445	17	163	18	533
1995	3631	2698	39	225	2	706
1996	3906	2883	7	363	12	648
1997	3182	2384	1	10	58	730
1998	3155	2423	24	—	40	692
1999	4125	3263	21	—	56	806
2000	4643	3495	32	—	66	1082
2001	4992	4230	61	—	72	690
2002	5832	4596	14	—	156	1080
2003	7122	5554	31	—	111	1457
2004	7425	5649	38	—	91	1685
2005	8130	6234	146	—	160	1736
2006	10623	7993	268	—	188	2442
2007	10312	7355	209	—	407	2550
2008	11332	7772	240	—	603	2957
2009	7082	6114	564	—	475	493
2010	8780	6946	82	—	471	1363
2011	9215	7216	73	—	596	1403
2012	12261	9771	85	—	579	1911
合计	148632	115974	2056	2758	4237	27653

四、出庭公诉

1988 年，长沙市两级检察院受理法院出庭通知 1341 件次，检察院派员出庭 1341 件次，发表公诉词 1286 篇，占出庭公诉案件数的 95.6%。并在全市重点选择 18 个庭审活动组织跟庭评议。1989—1992 年，受理出庭通知 6000 件次，出庭公诉 6000 件次，发表公诉词 5976 篇，占出庭公诉案件数的 98.33%。1993 年，法院开庭审理检察机关提起公诉案件 1419 件，派员出庭 1412 件，未派员出庭的 7 件均为罪犯罪轻，法院同意不派员出庭。1994—1995 年，受理法院出庭通知 3274 件次，派员出庭 3272 件次，发表公诉词 3220 篇。组织大的观摩考察庭 72 场，其中主管检察长办案 12 件，出示范庭 19 场。组织优秀公诉词评选活动，评出优秀公诉词 5 篇。

1997 年，长沙市贯彻修订后的《中华人民共和国刑法》《中华人民共和国刑事诉讼法》，为尽早适应控辩式公诉要求，组织控辩式一审公诉、二审抗诉示范庭 212 次，全市两级检察院公诉部门干警集中旁听。是年，开办“法庭直播”电视节目，各区（县、市）检察院参加的直播公诉案件由市检察院统一计划安排，是年，“法庭直播”公诉案件 20 起。

1999 年，着手公诉案件“庭前证据交换、量刑建议”两项公诉工作改革试点，推行“普通程序简化审”。2000 年，“普通程序简化审”在全市检察系统全面铺开。2000—2005 年，适用简化审办理案件 3772 件 6069 人，占同期出庭公诉案件的 24%，其中，判处缓刑 2138 人，判处 3 年以下有期徒刑和拘役、管制的 4621 人，判处 3 年以上 10 年以下有期徒刑的 1562 人，判处 10 年以上有期徒刑的 124 人。

2008 年 6 月，随着律师执业权利的扩大，律师受理诉讼案件的增多，以及控辩式公诉的普遍应用，对公诉人的业务技能提出更高要求。为此，全市检察机关深入开展内强素质，外树形象系列活动，每年开展“优秀公诉人”评选。2009 年，对全市出庭公诉案件实施不定期抽庭考察，在调查考察基础上，撰写《出庭公诉存在的问题及原因分析》一文，被省检察院在全省检察系统转发并要求各级检察院参照实施。2012 年，开展“优秀公诉文书”“优秀公诉庭”“优秀公诉案件”评选，4 案被评为省优秀公诉案，岳麓区院、长沙县院被评为“全国优秀公诉团队”。

五、审判监督

1988 年，长沙市检察机关对人民法院审判活动的法庭组成人员是否合法，审理案件是否按照规定程序进行，判决裁定是否正确，有无妨碍或限制当事人正当行使诉讼权，有无逼供、诱供行为等行使监督权。全市检察机关发现市、县（区）两级法院在审判活动中的违法问题 60 余次，分别以口头或书面形式向相关法院或法庭提出纠正违法检察建议。是年，西区检察院在清查 1986 年至 1988 年 6 月期间西区法院对上诉案上诉状副本送达情况时，查明有 75 件上诉状副本未按《中华人民共和国刑事诉讼法》第一百八十四条规定送达同级人民检察院，对此，西区检察院向西区法院发出纠正违法检察建议，并撰写《一个必须引起高度重视、急需解决的问题》一文，市中级人民法院（以下简称“市中院”）专门发文要求各县（区）法院认真清查，立即整改。

1989 年，对法院一审判决定性不准、量刑不当的 15 案 21 人提出抗诉。是年，法院审结 7 件 7 人，其中改判 5 件 5 人，维持原判 2 件 2 人。1993 年，全市检察机关针对法院在审判活动中的违法行为提出纠正违法检察建议 63 次，对确有错误的判决裁定提出抗诉 7 件。1994—1996 年，对确有错误的判决裁定提出抗诉 28 件，法院审理后改判 14 件，其中 1996 年全市检察机关对法院在审判活动中的违法行为提出纠正违法检察建议 57 次。

1997 年，针对法院不将立案庭受理检察机关提起公诉案件的受案时间计算在法院受理案件诉讼时限内的违法行为及将未经法庭当庭质证的证明材料作为案件证据等问题，向法院提出纠正意见，法院采纳检察建议并予以纠正。如宁乡县检察院出庭公诉的曾某某、杨某故意伤害案，在庭审中，将一份未经法庭质证的调查笔录作为证据，推翻了已付卷的法医鉴定，对已构成伤害罪的杨某当庭宣告无罪。庭审结束后，宁乡县检察院即对法庭违法审判行为提出纠正违法意见，随后两次派人到法院就此案的违法判决进行交涉，在收到法院判决书后，检察机关对该案提出抗诉，市中院裁定发回重审，一审法院重审改判原判决并对原法庭审判员提出批评。1998—2004 年，对确有错误的判决裁定提出抗诉 63 件，法院改判 21 件。

2005 年，对犯故意杀人罪的严某在无任何从轻、减轻的法定条件下判处被告人严某死刑、缓期 2 年执行，市检察院认为量刑不当，提出抗诉，经湖南省高级人民法院（以下简称“省高院”）审理，改判被告人死刑、立即执行。是年，全市检察机关对法院确有错误的判决裁定提出抗诉 17 件，法院改判 6 件。2006—2009 年抗诉 56 件，法院改判 19 件。2010—2011 年，抗诉 58 件，改判 14 件，发回重审 12 件，维持原判 11 件。

2012 年，抗诉 19 件，法院审结 19 件，其中改判和发回重审 13 件。对法院在刑事审判活动中违法问题发纠正违法检察建议 32 件。

第三节　经济犯罪检察

一、查处贪污

1988 年 7 月，长沙市撤销各级党委直属的打击经济犯罪办公室，改由党委政法委牵头，检察、法院、公安及纪检、监察、工商、税务等部门组成的反贪污、贿赂联席会议制度和经济犯罪案件移送制度。7—12 月，召开联席会议 26 次，获得各类经济犯罪案件线索 80 余起，占全年受理的案件线索总数的 16%。1989 年，全市检察机关 10 个举报中心（站）和在银行、外贸、供销、烟草等行业及国有大中型企业设立的 49 个检察联络室受理群众举报的各类案件线索 2147 件，其中贪污贿赂等经济案件线索 1989 件，初查 601 件。

1990 年 4 月，经济检察科更名为反贪污贿赂工作局，下辖各基层检察院将经济检察科（股）更名为反贪污贿赂工作局，充实办案力量，增强办案装备，形成专门机关与群众参与、职能部门与基层组织相配合的打击经济犯罪工作网络。至1991 年，全市检察机关受理贪污犯罪案件线索 1561 件，占同期经济犯罪案件线索总数的 46%，立案侦查贪污犯罪案件 768 件，其中大要案件 255 件，挽回经济损失 721 万余元。这个时期查处的经济犯罪案件主要集中在行政机关、金融系统、国有企业和服务行业。1992—1993 年，受理各类经济犯罪案件线索 1790 件，立案侦查 725 件。

图 9-3-3-1　市检察院撤销原设经济检察科，成立反贪污贿赂工作局　　（摄于 1990 年 4 月，市检察院供图）

1994 年，立贪污贿赂犯罪案 229 件，占全年经济犯罪总立案数的 65%，其中涉案金额 100 万元以上的特大案 8 件，县处级以上干部犯罪的要案 15 件。

1996 年 2 月，召开反贪污贿赂工作会议，研究部署集中查办经济犯罪大要案工作，全年立案侦查各类经济犯罪案 368 件，其中贪污案 117 件，大要案占总立案数的 87%，特别是查办发生在党政机关、司法机关、行政执法机关、经济管理部门中的经济犯罪案件有新突破，全年查办上述 4 个重点部门经济犯罪案 54 件 66 人，其中党政机关 20 件 22 人，行政执法机关 22 件 28 人，司法机关 9 件 13 人，经济管理部门 3 件 3 人。1997—1999 年，立案侦查各类经济犯罪案 569 件，审结 496 件，其中起诉 366 件 543 人，免诉 65 件 70 人。

2000 年，加大对 4 个重点部门经济犯罪案件的打击力度，特别是把以权谋私与充当黑恶势力保护伞相牵连的经济犯罪案列为打击重点，全年初查经济犯罪案件线索 235 件，立案侦查 159 件，其中大案 58 件，为国家和集体挽回经济损失 1.7 亿余元。

2002 年，在全市两级检察院挑选 17 名侦查骨干，组建长沙检察系统侦查工作人才库，成立由检察长任指挥长，分管反贪污贿赂工作的副检察长任副指挥长的市检察院反贪污贿赂侦查指挥中心，构建全市检察系统“侦查一体化”办案工作机制，统一指挥调度全市反贪污贿赂工作部门的办案力量，形成以市检察院反贪污贿赂工作局为中心、上下一体、左右联动的办案合力，全年立贪污贿赂犯罪案 86 件 108 人，审结 64 件 79 人，其中起诉 57 件 72 人，免诉 1 件 1 人，撤销案件 6 件 6 人。

2003—2011 年，运用侦查一体化工作机制查办贪污贿赂案 1094 件，其中涉案金额 5 万元以上的大案 915 件，县处级以上干部犯罪要案 165 人。所办案件，案中案、窝案、串案占有相当比例。如 2003 年在国土部门查办的 41 件 44 人贪污贿赂案和 2007 年查办的长沙电力系统 35 件 36 人贪污贿赂案，均系窝案、串案。

2012 年，立案侦查贪污贿赂案 98 件 119 人，均为涉案金额 5 万元以上的大案，其中 50 万元以上特大案 44 件，县处级干部犯罪要案 26 人，厅级干部犯罪要案 1 人，其中多起共同贪污案的成功侦破，是在查办其他经济犯罪案中深挖出来的，如通过对陈某某受贿案的审查，挖出陈某某与张某某、伍某某、周某某、刘某某等共同贪污案以及通过对张某某受贿案的审查，挖出邹某、周某某、陈某某、谭某共同贪污案。

表 9-3-3-1　　1992—2012 年长沙市检察机关查处经济案件一览表

年度	立案（件）	侦查终结		起诉		免诉		撤销案件	
		（件）	（人）	（件）	（人）	（件）	（人）	（件）	（人）
1992	408	132	157	29	35	51	64	52	58
1993	317	104	135	47	68	37	40	20	27
1994	352	373	450	245	295	77	96	53	59
1995	346	365	437	143	184	51	56	45	52
1996	300	120	130	54	68	33	35	38	41
1997	270	262	286	109	217	31	36	32	33

续表 9-3-3-1

年度	立案（件）	侦查终结		起 诉		免 诉		撤销案件	
		（件）	（人）	（件）	（人）	（件）	（人）	（件）	（人）
1998	151	96	106	134	171	28	30	4	4
1999	148	138	167	123	155	6	4	7	11
2000	159	136	168	126	153	4	8	6	7
2001	123	118	138	108	128	4	4	6	6
2002	86	64	79	57	72	1	1	6	6
2003	111	109	132	82	112	20	31	3	3
2004	123	135	128	102	114	11	12	2	2
2005	140	113	124	95	125	16	21	1	2
2006	131	146	153	90	107	18	22	5	5
2007	117	111	124	72	80	42	47	7	7
2008	131	143	158	112	137	48	56	4	4
2009	144	131	134	120	122	—	—	2	2
2010	110	123	141	116	134	6	6	—	—
2011	135	135	154	130	149	4	4	1	1
2012	98	106	128	98	116	6	10	2	2
合计	3900	3160	3629	2192	2742	494	593	56	136

二、查处贿赂

1989年，长沙市贯彻最高人民法院、最高人民检察院联合发出的《关于贪污、贿赂、投机倒把等经济犯罪分子必须在限期内坦白的通告》后，群众举报经济犯罪案件大量增加。长沙检察机关根据贪污贿赂犯罪具有职务性、行业性的显著特征，确定打击主攻方向，将群众反映强烈的行业和掌握人、财、物管理权、审批权、经营权单位的经济犯罪作为打击重点。1991—1993年，全市检察机关立贿赂犯罪案226件，市检察院查处的湖南某公司副总经理李某某等13人特大受贿案，主犯李某某被判处死刑，剥夺政治权利终身。

1994年5—8月，长沙市检察机关集中开展反贪污贿赂“百日攻坚战”，立案侦查贪污贿赂案229件，其中贿赂88件，比上年增加60%。但这一时期法院对经济犯罪特别是贿赂犯罪案犯的刑事处罚过于宽松，呈现案件审理超诉讼期限的多，适用缓刑的多，突破法定刑期以下量刑的多，判处实刑后案犯监外执行的多，从轻、减轻情节考虑的多，而从重、加重处罚情节考虑的少的现象。对此，检察机关向法院提出检察建议，敦促法院重视并予以纠正。

1995年，重点查处“三机关一部门”经济犯罪案件，全年立贿赂犯罪案108件，占经济犯罪年立案总数的31.2%，其中涉案党政机关的14件、行政机关25件、司法机关17件、经济管理部门44件。1996年，受理经济犯罪线索1404件，立案侦查300件，其中贿赂案90件，占30.33%。1997年，在大中型厂矿、财政、金融、供销、外贸等部门增设检察联络室，拓宽“打击经济犯罪”工作渠道，并在群众中选拔检察联络员，解决办案警力不足问题。全年，由群众举报的经济案件线索551件，占受理线索总数的55%。1998—2002年，受理单位和群众举报经济犯罪案件线索15675件，通过初查，立案751件，对75名举报有功人员实施奖励，为国家、集体挽回直接经济损失1.27亿元。

从2003年开始，运用“抓系统、系统抓”的办案策略，集中警力查办带有明显行业性的权钱交易案，2003—2004年查办国土部门工作人员受贿案40件42人，全市9个区（县）国土局正副局长中有8人受到刑事处罚。2005年，查办省、市、县（区）三级法院工作人员收受贿赂案27件，涉案28人，其中，对省高院10余起法官职务犯罪案的侦破，得到省检察院反贪污贿赂工作局直接指挥和协助。侦破对某司法单位的陈某某等6名法官职务犯罪案，是办案干警从行贿线索中挖出来的。是年，望城县检察院、岳麓区检察院、浏阳市检察院相继侦破5个基层法院28名法官职务犯罪案，该系列案经娄底、益阳法院异地审判，21人被判处有期徒刑，其中10年以上的11人。

2006—2007年，重点查办商业贿赂案，立案204件，其中有多名厅级干部涉嫌犯罪，如某医院党委书记陈某某（副厅级）受贿案、某行政单位副厅长黄某某受贿案、某学校党委书记杨某某受贿案等。

2008年，完善侦查一体化机制，各基层检察院受理的经济案件线索，均须报市检察院侦查指挥中心备案，由市检察院侦查指挥中心集中管理，统一分流，并对每件案件的办理进程全程跟踪，协调解决办案工作中的困难和问题。是年，全市检察机关立案侦查贪污贿赂案等职务犯罪案131件145人，其中商业贿赂案111件114人，如望城县检察院查办的某学校党委书记黄某（副厅级）受贿案，市检察院查办的某行政单位局长曾某（副厅级）贪污受贿案等。2009—2011年，立案侦查贪污贿赂犯罪案377件439人，不少案件发生在同一行业或同一系统，如2009年在医疗卫生行业查办贿赂犯罪案11件11人，2010年在工程建设领域查办贿赂犯罪案67件74人，2011年又在工程建设领域查办贿赂犯罪案90件103人。

2012年，立案侦查贪污贿赂犯罪案98件119人，均为涉案金额5万元以上的大案，县处级以上干部犯罪要案27人（原厅级1人），其中发生在工程建设领域67件69人，涉民惠民系统30件36人，“村干部”职务犯罪案12件14人，如某行政单位局长刘某某（原副厅级）受贿案和某医院党委书记毛某（原正处级）受贿案等。12件“村干部”职务犯罪案，集中在征地拆迁过程中的以权谋私犯罪，涉案金额800万余元。

表9-3-3-2　　1992—2012年长沙市检察机关查处贿赂犯罪案件一览表

年度	立案（件）	侦查终结		起诉		不起（免）诉		撤销案件	
		（件）	（人）	（件）	（人）	（件）	（人）	（件）	（人）
1992	60	63	65	13	14	31	31	19	20
1993	52	41	45	27	31	10	10	4	4
1994	83	72	75	10	10	2	2	2	2
1995	108	104	105	87	88	11	11	—	—
1996	91	103	111	74	79	18	18	11	14
1997	77	74	77	54	56	15	16	5	5

续表 9-3-3-2

年度	立案（件）	侦查终结		起 诉		不起（免）诉		撤销案件	
		（件）	（人）	（件）	（人）	（件）	（人）	（件）	（人）
1998	59	58	59	49	50	3	3	6	6
1999	50	49	55	43	49	4	4	2	2
2000	60	52	55	48	50	2	3	2	2
2001	49	45	46	42	43	—	—	3	3
2002	41	27	34	23	30	1	1	3	3
2003	35	39	42	33	38	3	4	1	1
2004	79	77	81	54	55	12	14	1	1
2005	85	68	74	47	59	10	16	1	1
2006	99	106	108	62	68	14	16	3	3
2007	95	82	84	49	51	33	38	5	5
2008	111	125	128	95	110	41	45	3	3
2009	188	183	197	139	171	28	34	5	5
2010	131	153	179	126	153	18	19	1	1
2011	163	159	194	107	137	6	8	1	1
2012	120	131	179	106	141	9	9	2	2
合计	1836	1811	1993	1288	1483	271	302	80	86

三、查处偷税、抗税

1988年，查处偷税、抗税案件298件，追缴各类税款及罚款195万元，作刑事责任追究23件，涉及税务工作人员贪污、受贿、敲诈勒索15件。1989年，长沙市进行全市税务大检查，查出国有、集体企业存在偷税、漏税问题的占80%，个体私营工商户占90%。对偷税、漏税万元以上的133家企业和个体工商户进行了初查审理，从中立案查处26家。宁乡县检察院对90余家从事煤炭运输个体户纳税情况进行清理，查处税务违法案13件，其中立案侦查5件，追缴税款45万余元。1991年，浏阳市检察院与市税务局联合开展打击偷税、抗税专项行动，共同处理税务违法案件232件，追缴税款270万余元，其中立案侦查37件，审查起诉18件，免予起诉17件。

1992年4月，长沙市集中开展打击假冒商标犯罪和偷税、抗税专项斗争，全市立假冒商标犯罪案43件，其中，大案16件，查处犯罪金额408万余元。郊区检察院查处的假冒商标案有13件，其中，大案6件，涉案金额80万余元。11月，浏阳市检察院与浏阳市税务局联合召开有1200余个体工商业主参加的“打击偷税抗税犯罪专题会”，会上公开处理犯罪分子14人，其中宣布逮捕2人，宣布立案侦查10人，宣布免予起诉2人。1993年，查处偷税、抗税、假冒商标案88件，其中偷税、抗税万元以上大案28件，万元以上假冒商标案25件。

1994年，以查办骗取国家出口退税和制造、销售、代开、虚开增值税发票、偷税抗税为重点，立案侦查涉税案件39件，其中法人犯罪案件2件，追缴税款入库583万余元。如宁乡县检察院立案侦查该县5家私营企业，1992年2月—1994年4月，非法印刷各类假发票19440本，其中，假增值税专用票240本，进行倒卖牟利，宁乡县检察院依法端掉这批黑窝点，对某厂厂长彭某某等10人立案侦查。芙蓉区检察院查办詹某某伪造印鉴销售发票和出口产品税收缴款凭证，骗取公司出口退税款43万余元特大案。

1995年，对在国家税制改革中新出现的法人犯罪和发生在股票、证券、房地产等要素市场出现税务犯罪线索集中力量排查，立法人犯罪案10件。1996年，立偷税抗税案76件，挽回税款和追缴赃款2068万余元。

1997年10月，税务案件划归公安机关管辖，至1998年3月，长沙检察机关原设立的税务检察室全部撤销。

四、预防职务犯罪

长沙检察机关预防职务犯罪工作作为一项专项工作于2000年起步。

2001年，长沙市形成由市委统领的全市预防职务犯罪工作格局。

2003年，长沙检察机关将预防犯罪工作与服务经济建设相结合，先后在国税、电力、通信、房地产、国企等70余户重点行业和单位开展预防职务犯罪工作。在湖南省女子监狱设立长沙市预防职务犯罪警示基地，并对总投资逾30亿元的第五届全国城市运动会场馆建设工程项目实施职务犯罪的重点专项预防。2004年，开展针对具体案件的个案预防、针对重点工程、重大公共投资项目的专项预防和针对某一行业系统的系统预防。全年开展预防活动169次，其中个案预防140次，专项预防11次，系统预防18次。

2005年，开展预防职务犯罪项目28个，其中总投资逾40亿元的橘子洲开发建设工程以及市引水和水质环境建设改造工程、黑麋峰蓄能电站移民拆迁工程等重点工程均纳入市检察机关预防职务犯罪工作范围。是年，市、县（区）两级检察院自行侦办的职务犯罪案件全部落实个案预防措施。2006—2008年，开展个案预防202件，其中2006年132件，2007年119件，2008年84件，并结合每个案件发生的不同情况，向发案单位或其主管部门发出整改检察建议。

2009年，长沙市制定《长沙市检察机关预防职务犯罪工作规范和实施细则》《长沙市检察机关预防犯罪工作流程》，使预防犯罪工作的开展更趋规范、更具针对性。全年启动预防调查11个，开展个案预防74件，专项预防8个，发整改检察建议19份。

2010年，完成预防调查69件，其中发现犯罪线索并移交立案32件，完成犯罪原因分析材料150份，其中获中央、省、市、县领导批示18件。浏阳市检察院撰写的《当前新型农村合作医疗领域职务犯罪预防调研分析》分别得到最高人民检察院检察长曹建明，湖南省委副书记、省长徐守盛，省委副书记梅克保等领导批示，宁乡县检察院撰写的《侦查预防同步建议建言并用》一文被最高人民检察院内刊采用。2011年，完成个案预防34件，完成犯罪原因分析材料89份，获领导批示28件，发出检察建议116件。

2012年，完成预防调查35件，获领导批示17件，完成犯罪原因分析材料561件，获领导批示29件，发出整改检察建议75件。

第四节 反渎职侵权检察

一、查处渎职

1988—1992年，全市检察机关受理玩忽职守案171件，经初查，立案80件，其中重大案21件，特大案8件，审结70件81人，其中起诉38件42人，占立案件数的47.4%，免予起诉29件44人，占案件人数的36.2%。1993—1997年，受理玩忽职守案178件，经初查，立案116件，其中重大案42件，审结115件147人，其中起诉52件64人，占立案件数的44.8%，免予起诉35件41人，占案件人数的30.2%，作不起诉处理或撤销案件28件42人，占立案件数的24.1%。

1998年，受理玩忽职守案件线索37件，初查33件，其中重大案1件，特大案1件，审结8件8人，其中起诉4件4人。1999年，受理渎职犯罪案件线索175件，立案侦查26件37人，侦查终结29件41人（含上年积存案），向法院提起公诉31人。为解决基层检察院查办职务犯罪案件工作中遇到的困难和问题，市检察院调整办案工作方法，采取挂牌督办、指令交办、派人协办，提升审级直接承办等措施，为基层检察院办案排除阻力、减少压力。是年3月，浏阳市荷花街道辖区发生一起因非法生产鞭炮引发的5死6伤重大爆炸案，当地有关部门以种种理由不同意浏阳市检察院立案侦查，造成案件久拖不立，市检察院听取案情汇报后，认为该案犯罪嫌疑人涉嫌玩忽职守，事实清楚，证据充分，责任明确，应予立案。即向浏阳市检察院发出限期立案通知书，使该起重大玩忽职守案依法立案查处。2000年，查办渎职犯罪案件18件18人，其中滥用职权案13件13人，玩忽职守案5件5人。2002—2004年，立案侦查渎职犯罪案件88件95人，其中特大案13件。2005年，立案侦查渎职犯罪案22件，其中玩忽职守案12件，徇私舞弊案3件，滥用职权案7件。2006年，查处破坏社会主义市场经济秩序渎职犯罪案35件38人，起诉15件15人，为国家挽回经济损失1100万余元。

2007年，长沙市扩大查办渎职犯罪案件领域，先后在教育卫生、城市建设、能源资源和生态环境领域开展专项斗争，受理渎职犯罪案件线索78件，经初查，立案侦查46件50人，其中要案14人，侦查终结27件30人，其中移送审查起诉23件26人，移送不起诉4件4人。如查办发生在高校系统的21件22人利用招生职务之便徇私舞弊、受贿案。

2008年，立案侦查渎职侵权案件55件56人，侦查终结并移送审查起诉41件46人，经审查，向法院提起公诉31件37人，不诉5件5人，其中徇私类案件12件12人，玩忽职守类案件21件21人。2009年，查处渎职犯罪案件43件50人，其中徇私类案件5件5人，玩忽职守类案件2件2人，滥用职权类案件36件43人。所查处的案件中重特大案35件，要案7件7人。2010年，查处渎职犯罪案13件20人，其中涉及城市工程建设领域9件14人，司法系统2件3人。2011年，查处法院、药检、物价、规划、消防等系统渎职犯罪案19件，其中侦办的湖南省某审判单位法官赵某某涉嫌执行、裁定滥用职权案，该罪名案为长沙检察机关首次侦办。是年6—8月，开展“集中查处渎职侵权犯罪专项活动”百日会战，3个月立渎职侵权案16件26人，其中重大案15件，要案2人。

2012年，立案查办渎职犯罪案件22件47人，其中重大案17件，要案4人。侦查终结25件51人（含上年积存案），移送审查起诉23件48人，移送不起诉2件3人，提起公诉16件36人，不诉1件1人，其中涉及民生民利案件12件29人，如骗取、冒领国家助学金系列案，交通路政工作人员滥用职权案，滥用职权申报成品油补贴案，滥用职权开发农场用地案，故意泄露国家秘密系列案等。

二、查处侵权

1988 年，立案查处侵犯公民民主权利、人身权利等法纪案件 63 起。纠正公安、法院在侦查、审判活动中违法行为 32 起。通过抗诉，法院改判一审判决不当案件 2 件。1989—1990 年，受理法纪案件线索 608 件，经初查，立案 149 件。

1991—1996 年，立案查处非法拘禁、非法搜查、非法侵入他人住宅、诬告陷害、刑讯逼供等侵犯公民民主权利、人身权利案（简称“侵权”案）126 件，其中非法拘禁犯罪最为突出，主要是因债务纠纷引发的债务人被债权人绑架并拘禁“人质型”案件。通过办案，解救被非法拘禁的人质 192 人，其中浏阳市检察院办理非法拘禁案 57 件，解救人质 71 人。

1997 年 3 月，修订的《中华人民共和国刑法》《中华人民共和国刑事诉讼法》规定，国家机关工作人员犯非法拘禁罪由检察机关管辖，非国家机关工作人员犯非法拘禁罪由公安机关管辖，长沙检察机关受理非法拘禁案明显减少。是年 10 月，市检察院及下辖的 9 个县、区基层检察院均将原内设的法纪检察科（股）更名为渎职犯罪侦查局。1999 年，市检察机关立案侦查司法工作人员侵权犯罪案 10 件 18 人，其中较有影响的是查办某派出所原所长向某某、干警叶某、陈某某等人非法拘禁致人死亡案，经法院审理，3 名被告被分别判处有期徒刑 11 年、10 年和 3 年。

2000—2001 年，立案侦查非法拘禁案 6 件，其中某单位厂长张某某（正厅级）绑架、非法拘禁案，为市检察院和天心区检察院在办理冯某等人涉嫌黑恶势力犯罪案中深挖出来的，市中院一审以绑架罪、非法拘禁罪、受贿罪判处张某某有期徒刑 15 年，剥夺政治权利 3 年。2002—2005 年，查办侵权类案件 9 件 9 人。

2010 年，浏阳市检察院立案查处浏阳市某单位副主席杨某等 3 人在执行国家计划生育政策中涉嫌非法拘禁罪，此案为长沙检察机关 2006—2010 年办理的唯一一件侵权案。2012 年，未办理侵权案件。

三、查处重大责任事故

1988 年，受理重大责任事故案件线索 115 件，初查 67 件，立案侦查 28 件，其中重大案 13 件，特大案 1 件，事故造成人员死亡 34 人，直接经济损失 52 万余元。侦查终结 27 件 31 人，其中审查起诉 13 件 15 人，免予起诉 13 件 14 人，撤案 1 件 2 人。1989 年，受理重大责任事故案件线索 121 件，初查 84 件，立案侦查 20 件，其中重大案 1 件，特大案 1 件，事故造成人员死亡 39 人，直接经济损失 66 万余元。侦查终结 20 件 23 人，其中审查起诉 9 件 9 人，免予起诉 9 件 12 人，撤案 2 件 2 人。与 1988 年比，案件受理数、事故造成人员死亡数、直接经济损失数均有所增加。

1990—1995 年，受理重大责任事故案件线索 558 件，初查 500 件，立案侦查 132 件，其中重大案 20 件、特大案 6 件，造成人员死亡 142 人，重伤 16 人，直接经济损失 950 万余元。侦查终结 127 件 153 人，其中起诉 60 件 71 人，占立案件数的 45.45%，免予起诉 62 件 74 人，占立案件数的 46.96%，撤案 5 件 8 人。

市检察机关所办责任事故案件大多发生在烟花鞭炮生产企业、采矿业及建筑行业等高危生产企业，占事故类案件的 90%以上。1993 年 3 月，宁乡县煤炭坝金泉山村村民张某某、欧某某等 23 户村民未经批准集资开办金明煤矿，8 月，县矿山安委责令该矿永久封闭并查封，之后，欧某某等擅自启封，继续开采，并将矿股扩至 50 户，之后，省、县、镇相关管理部门多次下文或派人到该矿制止开采，但张某某等人我行我素，1995 年 9 月，因违章放炮引起瓦斯爆炸，造成 6 人死亡、2 人重伤的重大责任事故。1995 年 1—5 月，宁乡县发生重大责任事故 18 起，死亡 25 人，伤 6 人，直接经济损失 200 万余元，这

18 起事故，其中 17 起均发生在煤炭和建材行业。

1996—1997 年，受理重大责任事故案件线索 192 件，初查 181 件，立案侦查 25 件，其中重大案 6 件，特大案 4 件，事故造成人员伤亡 30 人重伤 8 人，直接经济损失 4464 万元，其中，1996 年 4433 万元，为历年造成直接经济损失最多的一年。侦查终结 25 件 32 人，其中起诉 12 件 27 人，免予起诉 10 件 11 人。

为减少和预防事故的发生，长沙检察机关注意结合办案开展法制宣传和安全生产教育，对工矿企业、事业单位在管理上存在的漏洞及生产中出现的隐患提出整改建议，如宁乡县检察院针对该县煤矿、建材企业数十家，是县域经济两大支柱的特点，建立工厂、矿山责任事故防范综合治理联系点，定期派人参加安全防范联席会议，了解生产单位的安全管理情况，协助做好事故预防工作。

1997 年 10 月起，重大责任事故罪的侦查权移送公安机关管辖。

表 9-3-4-1　　1988—1997 年长沙市检察机关查处重大责任事故统计一览表

年度	受案（件）	初查（件）	立案（件）	其中		侦查终结		审查起诉		免予起诉		撤案		死亡	重伤	直接经济损失（万元）
				重大	特大	（件）	（人）	（件）	（人）	（件）	（人）	（件）	（人）	（人）	（人）	
1988	115	67	28	13	1	27	31	13	15	13	14	1	2	34	—	52
1989	121	84	20	1	1	20	23	9	9	9	12	2	2	39	—	66
1990	101	81	28	4	—	28	36	12	16	16	20	—	—	37	1	39
1991	117	110	23	1	—	23	23	9	9	14	14	—	—	23	—	14.5
1992	107	99	17	3	4	14	19	9	12	4	5	1	2	—	—	30
1993	132	122	21	4	—	22	25	12	14	9	10	1	1	27	6	169
1994	101	88	19	4	2	18	23	4	5	11	14	3	4	15	3	188
1995	136	101	24	4	2	22	27	14	15	8	11	—	1	40	6	480
1996	122	118	15	3	3	17	21	5	7	9	10	3	4	18	5	4433
1997	70	63	10	3	1	8	11	7	10	1	1	—	—	12	3	31
合计	1122	933	205	40	14	199	239	105	112	94	111	11	16	245	18	5502.5

第五节　监所检察

一、监管场所执法检察

1988 年，完成对全市 14 个监管场所驻所检察室的机构设置及人员配置，配置驻所检察人员 20 人，规定每人每月驻所时间不少于 20 天。是年 7 月，针对在押违法人员为逃避羁押自伤自残情况时有发生，发布《关于严厉打击在押违法人员的通知》，规定凡在看守所、收容所关押期间自伤自残者，只要伤情不危及生命不得保外就医。对已发生的 32 起自伤自残保外就医人员进行清查处理。1989 年，发现并纠正监管场所武警执勤人员和监管干警违法违纪问题 169 起，经审查，立案 2 件 2 人，提请主管部门作党纪政纪处理 20 人，调换工作岗位和批评教育等其他处理 65 人。1990 年，在执法检察过程中预防在押人犯哄监闹狱8起，查出狱霸55人，无故殴打或报复行凶15起，自杀自残9起。17名构成犯罪的狱霸受到刑事惩处，其中1人被判处死刑，1人被判处无期徒刑，其他15人均被判处有期徒刑。

1991—1992年，开展对劳动改造人员和劳动教养人员（以下简称“两劳”）场所和看守所执法情况专项检察，进行清监检查171次，发现各类违法违纪问题664起，其中1991年109起，1992年555起，查出案犯超期羁押498起，提书面纠正违法检察建议和纠正违法口头意见630份（次），防止罪犯自杀、行凶、企图逃跑等重大事故106次，查处各类违禁物品3485件，发现并纠正安全隐患559起，配合监管单位打击牢头狱霸56起86人。

1993年，市检察院驻市第一看守所检察室监督纠正一起重大错判案。查明：已被市中院一审以犯故意杀人罪宣判死刑、剥夺政治权利终身的唐某某并非真正的案件犯罪人，而是实施故意杀人的其弟唐某某的顶罪人，阻止一起错杀案的发生，后经重新审理，案犯唐某某被依法判处无期徒刑。1994年，发现监管改造场所各类违法问题339件，提出整改意见354次。

1995年3月，长沙市召开清监工作专题会，对公、检、法3家依法执行办案期限提出严格要求。5月，市检察院6个看守所的驻所检察室干警对1995年5月20日仍羁押未决的1856名在押犯的羁押期逐一清查，发现羁押超期122人，占6.55%，其中，超期10个月的106人，10~18个月的55人，18个月及以上的51人。如高某某贩毒案，1993年6月，市中院一审宣判高某某死刑，高某某不服，向省高院提起上诉，至1995年5月省高院未作出裁定。对清查发现的问题，分别以发《纠正违法通知书》催办、提请上级检察院督办、报告政法机关主管部门协办等措施，绝大多数超期羁押案在整改限定期限内办结。为巩固整改成果，市检察机关进一步完善工作措施，建立《案犯羁押登记表》《羁押人犯流程表》《案犯羁押期限提示函》等，规定在案犯羁押期限截止日的前五日向案件承办单位发函提示，此措施效果明显。全年对监管改造场所的违法问题提出纠正意见397件（次），监管改造场所纠正355件（次）。

在对羁押期限执行、刑事判决裁定执行、监管场所监管执法实行法律监督的时，对服刑犯减刑、假释、暂予监外执行是否符合法律规定实行法律监督。通过在监管场所上法制课，与在押人员、服刑犯谈话等措施，掌握在押、服刑人员的思想动态，对确有悔改表现或立功表现的，依法提出减刑、假释建议，1996—1997年，对判刑后不按规定交付执行、超期羁押人犯、违法减刑、假释、保外就医提纠正违法检察建议475件（次），给在押人犯上法制教育课78次，受教育人数3.54万余人次，找在押人员谈话教育1800余人次。1998年，对17名年老多病不宜继续羁押服刑的罪犯建议依法暂予监外执行。1999年，岳麓区人民检察院驻省少年犯管教所检察室首创《对刑满释放人员离所谈话制度》，是年，开展离所谈话275人次，发现监管漏洞8起，受理检举揭发监管干警违法犯罪线索6起，帮助15名刑满释放人员解开思想心结，其做法得到最高人民检察院肯定并向全国检察系统推广。

2000年，派人出席市中院对1075名罪犯的减刑、假释开庭审理，对265名减刑、假释不当提出纠正检察建议，其中，建议不予减刑12人，不予假释9人，降低减刑幅度244人，均得到合议庭采纳。是年，全市检察机关发现监察机关在监管执法活动中的各类违法问题178起，经提出检察建议，纠正174起。立案复查罪犯、劳教人员或其家属申诉复查案件191件，复查后，提请省检察院抗诉，经省高院审理撤销原判决宣告无罪1件，改变量刑或劳动教养期限5件，撤销劳动教养期13件，驳回申诉172件。2001—2002年，通过出席人民法院开庭审理减刑、假释案件的庭审活动或对监管场所呈报的减刑、假释、保外就医案件的审查复核，长沙检察机关提出建议不予减刑143人、不予假释2人、不予保外就医23人。建议降低减刑幅度844人。2003年，纠正劳动教养决定不当、劳动教养所外执行不当及加减劳动教养期不当962人。

2005—2006年，审查复核监管场所呈报的减刑、假释、保外就医案件21459件，经审查，建议不予减刑551人、不予假释52人、不予保外就医138人，建议降低减刑幅度562人。发现并纠正监外执行不当281人，发现并纠正加减劳动教养期不当215人。2008年，纠正留所服刑不当6人，纠正违法通信、违法会见、违法提讯42起。2009—2011年，审查复核监管场所呈报的减刑、假释、保外就医案件15951件，发现并纠正呈报不当856件，对2110名留所服刑罪的执行情况进行了审查，发现并纠正留所服刑不当5人。

2012年，审查监狱管理部门呈报减刑、假释、暂予监外执行4853人，其中呈报减刑4530人，呈报假释241人，呈报暂予监外执行82人。经审查，发现并纠正呈报减刑不当205人、呈报假释不当46人、呈报暂予监外执行不当2人。纠正监管违法103起，发出《纠正违法通知书》14份，发整改检察建议23份。审查看守所呈报的减刑、假释、保外就医893人，其中呈报减刑890人、呈报假释1人、呈报保外就医2人。发现并纠正呈报减刑不当156人。纠正监管违法118起，发出《纠正违法通知书》118份，发出整改检察建议79份。监督检察劳动教养所决定延长劳动教养期40人，解除劳动教养1282人，劳动教养所外就医33人，所外执行劳动教养11人。发现并纠正违法问题3起，发纠正违法检察建议6份。

二、监外执行罪犯检察

1988年，全市有被人民法院判处监外执行的“五种人”（管制、宣告缓刑、剥夺政治权利、决定暂予监外执行、裁定假释）496人，其中，缓刑155人，管制10人，剥夺政治权利14人，暂予监外执行（含保外就医）274人，假释43人。市检察机关协同相关部门和基层组织建立健全监督考察组织128个。是年，对339名监外执行“五种人”实施考察，发现各类问题63起，纠正42起。1989年，对357名“五种人”的刑法执行情况进行检察，对表现好的3名罪犯，建议法院予以减刑，对5名监外执行条件消失的罪犯监督收监执行。1990年，全市有“五种人”825人，其中，376人为是年新增，经检察，发现并纠正法律文书不全63份，监外执行条件消失未及时收监执行5人，刑罚执行期满未及时解除16人。1992年，对1988年至1992年3月期间全市8个区县法院判决生效应收监而暂予监外执行的106名罪犯刑罚执行情况及罪犯认罪守法情况进行专项检察，发现并纠正脱管13人，表现好的17人，占16.4%；表现一般的43人，占40.6%；表现差的46人，占43%。

1993年，加强与法院、公安、司法部门的协调配合，强化对监外执行“五种人”的执法检察工作，监外执行“五种人”重新犯罪及监管安全事故明显减少。是年12月，在望城县召开，长沙检察机关监所检察工作经验及做法在全省监所检察工作现场会议上得到肯定。至1994年年末，全市有监外执行“五种人”5462人，其中落实监管帮教措施4095人，占75%。

1995年，对1858名“五种人”监管帮教组织的落实情况进行检察，检察期间，找监外罪犯谈话教育1200余人次，协助基层组织建立健全监管帮教小组650个。1996—1997年，发现并纠正监外执行法律文书错误或法律文书不健全242起。1998年，对羁押在望城县看守所的经济罪犯保外就医证明进行重新鉴定，发现其中10人的疾病证明系弄虚作假或伪造，相关责任人受到责任追究。2000年，对市辖4所监狱办理的221名罪犯保外就医进行检察，发现不符合保外就医疾病范围71人，期限把关不严2人（一次性批准2年），未按规定确定期限67人，疾病证明造假5人，未告知当地派出所42人，221名保外就医罪犯中无考察资料存档207人，占98%，保外就医期限届满未及时收监141人，重新犯罪11人。

针对上述问题，加大对保外就医检察监督力度。是年，浏阳市人民检察院推出保外就医公示制度，要求各监管单位，在呈报罪犯保外就医审批前，将罪犯所患疾病及保外就医的依据和理由在罪犯服刑场所进行公示，听取各方意见，增加罪犯保外就医的透明度。2002 年，通过检察建议等措施，对监外执行交付脱节、脱管、漏管以及监外执行条件消失、重新犯罪的 79 名罪犯监督收监执行。

2003—2007 年，对 1113 名“五种人”脱管、漏管问题提出纠正意见，并督促整改，协助基层组织逐一建立监管帮教小组，进一步完善监管制度，建立监外执行罪犯台账。2008—2011 年，全市累计监外执行“五种人”1.01 万人，对 437 名监外执行罪犯的脱管、漏管问题进行监督纠正。

2012 年，全市有监外执行罪犯 3034 人，其中缓刑 2251 人，假释 244 人，暂予监外执行 121 人。紧扣社区矫正交付、执行、管理、解除 4 个环节，强化法律监督，推动监外执行监督常态化、动态化。全年开展监外执行罪犯专项检察 3 次，发出收监建议书 20 份，收监执行刑罚 16 人，社区矫正人员无一人脱管、漏管。

三、服刑、劳教人员犯罪检察

1988—1989 年，全市检察机关审查起诉服刑（含监外服刑）人员及劳动教养人员犯罪案件 69 件 93 人，其中，劳动改造场所服刑人员犯罪 63 件 88 人，留看守所服刑人员犯罪 3 件 3 人，在劳动教养场所接受劳动教养人员犯罪 3 件 3 人。所犯罪名涉及脱逃 32 件 36 人，伤害 20 件 35 人，盗窃 9 件 11 人，流氓 3 件 6 人，强奸 1 件 1 人，赌博 2 件 2 人，其他 2 件 2 人。

1990 年，市检察机关针对监外服刑人员脱管、漏管问题严重，开展专项检察 3 次，将 840 名监外服刑人员列入重点监管对象，逐一建立监管档案，加强与基层监管组织的情况互通，做好犯罪预防工作，通过开展法制宣传、谈话教育等政治工作措施，鼓励服刑人员和在押候审人员坦白检举犯罪线索。是年，1866 名被监管人员坦白检举犯罪和犯罪线索 2866 条，涉案价值 1698 万余元。通过调查查证 753 条，追回赃款 47 万余元，追捕犯罪嫌疑人 45 人。全市检察机关审查批捕重新犯罪案犯 5 人，起诉 52 件 78 人。

1992 年，全市检察机关对服刑和劳动教养人员实施谈话教育 2335 人次，打击牢头狱霸 86 人。受理劳改人员重新犯罪和劳教人员犯罪案件 37 件，其中向人民法院提起公诉 35 件。1993 年，对湖南省少年犯管教所服刑犯胡某某、杨某某等 11 人伤害一名同所服刑犯致死案提起公诉，案犯胡某某、杨某某被分别判处死刑和无期徒刑，其他 9 名同案犯被分别处以 6 年以上不等有期徒刑。全年受理劳改人员重新犯罪和劳教人员犯罪案件 35 件 68 人，其中向人民法院起诉 23 件 47 人。1995 年，审查起诉被监管人员又犯罪案件 84 件 145 人，其中 5 件 5 人涉嫌犯罪，有关部门未予追究或作劳动教养处理，检察机关通过自行立案侦查，依法追究其刑事责任。1996 年，湖南省新开铺劳教所劳教人员刘某向驻所检察室检察干警反映被公安机关抓获后脱逃的肖某等 6 人在长沙市多次盗窃作案，并提供肖某等人可能藏身的地点，检察干警将情况向公安机关作通报，并配合公安机关顺利侦破肖某等人盗窃作案 50 余起、盗窃财物价值 25 万余元的特大盗窃案。1997—1999 年，办理审查批捕、审查起诉被监管人员又犯罪案件 191 件 291 人。2000—2002 年，办理审查批捕被监管人员又犯罪案件 111 件 111 人，增捕 1 人，不捕 1 人，审查起诉 148 件 242 人，增诉 1 人，不诉 5 件 5 人。

2006 年，办理审查批捕服刑人员又犯罪案件 28 件 73 人，审查起诉服刑人员又犯罪案件 50 件 106 人，追诉 9 人，追捕 2 人。如长沙县人民检察院办理的监外服刑犯马某等 9 人涉嫌寻衅滋事、聚众斗殴、聚众扰乱社会秩序、盗窃案，该案案情复杂，涉嫌黑社会性质犯罪，涉案人员多，涉及罪名多，并附带多起民事诉讼，检察机关通过深挖犯罪，追诉犯罪嫌疑人 3 人，经法院审理，马某等案犯被分别处以 6

个月至10年不等有期徒刑。

2007—2012年，市检察机关监所检察部门办理审查批捕被监管人员又犯罪案件29件32人，起诉48件61人，其中2007—2008年、2010—2011年未办理此类案件。

第六节 控告申诉检察

一、控告检察

1988年7月，市检察院及9个基层检察院在原设立的控告申诉检察科（股）的基础上，相继成立经济、法纪罪案举报中心（站）。12月，举报中心（站）受理各类举报551件，其中，涉及贪污、贿赂等经济犯罪举报334件，非法拘禁、玩忽职守等侵权、渎职问题举报67件。

1989年8月，全市500余名干警到基层，采取广播宣传，召开小型群众座谈会、张贴宣传资料、设立举报接待站、悬挂举报箱等形式，开展集中宣传最高人民法院、最高人民检察院发布的《关于贪污、受贿投机倒把等犯罪分子必须在限期内自首坦白的通告》（以下简称“通告”）精神活动。8月15日—10月31日集中宣传期间，收到举报案件线索674件。东区检察院和西区检察院先后查办的湖南进出口公司银海进出口集团和珠海分公司的12件贪污、贿赂犯罪案（其中大要案8件），就是在通告宣传期间群众举报揭露出来的，一些在押案犯及服刑人员在通告的震慑下，主动自首坦白余罪或检举揭发他人犯罪。8月15日至年底，受理196名经济违法犯罪人员的投案自首，犯罪人员交代违法犯罪金额278万元，退交赃款赃物155万元。是年，受理各类举报案件线索4269件，其中，立案侦查601件，为国家挽回经济损失755万元。

1990年，受理举报案件线索1444件，其中，控告申诉检察部门审查处理859件，转其他部门办理585件。1991年，受理举报案件线索2209件，控告申诉检察部门自办1426件，转办643件。1992—1997年，受理控告检举案件线索1.31万件，控告申诉检察部门审查处理9877件，其中涉嫌贪污5365件、涉嫌侵权渎职509件、涉嫌破坏经济秩序2266件。

1998年4月和7月，开展两次“纪念举报中心成立10周年”举报宣传活动，出动干警400余人次，宣传车辆45台次，发放宣传资料3.2万余份。全年受理举报线索3761件，初查后移送立案92件，为国家、集体挽回经济损失912万余元。1999年，针对控告检举案件增多，职能部门办案警力不足、案件处理消化不及时的实际情况，市检察院及各基层检察院相继成立以检察长为组长的案件线索审查协调小组。是年，召开案件线索协调会76次，对全市检察机关积存的554件举报线索进行第二次分流，并实施督办、催办管理。全年受理举报线索4273件，其中初查1192件，初查后移送立案111件，为国家、集体挽回经济损失1038万元。2000—2005年，受理举报线索1.17万件，控申检察部门审查办理1.22万件，其中涉嫌贪污等经济违法犯罪案件9010件，涉嫌侵权渎职违法犯罪案件1447件，一般刑事犯罪案5433件，一般违法1230件。

2006年，实施举报案件线索归口市检察院举报中心统一管理制度，进一步完善线索管理操作规程，严防线索受理后久压不查、久拖不决情况发生。2006—2008年，全市检察机关受理举报案件线索2527件，其中市检察院举报中心初查306件，转市检察院反贪污贿赂工作局和反渎职侵权侦查局审查办理775件。

2009年6月，市、县（区）两级检察院开展举报宣传周活动，设宣传站（点）17个，制作宣传展板81块，出动流动宣传车30台，有正副检察长32人、检察干警217人参加宣传。活动期间，受理控告举报案件线索55件，接受群众咨询612人次。是年，全市控申检察部门受理举报线索1055件，其中市检察院管辖的自侦案件线索739件，县、区检察院管辖的自侦案件线索205件，非检察机关管辖的案件线索111件。市检察院举报中心初查130件，转反贪污贿赂工作局查办330件，转反渎职侵权工作局查办89件，县、区检察院审查办理205件，转其他单位审查处理111件。

2010—2012年，全市检察机关控申检察部门受理举报案件线索2091件，其中，市检察院管辖的自侦案件线索1284件，县、区检察院管辖的自侦案件线索520件，非检察机关管辖的举报线索281件。市检察院举报中心初查169件，转反贪污贿赂工作局查办636件，转反渎职侵权工作局查办155件，转市检察院其他业务部门查办或存查330件，县、区检察院审查办理520件，转其他单位审查办理281件。90名举报有功人员获得举报奖励，发放奖励金23.26万元。

表9-3-6-1　　1988—2007年长沙检察机关受理控告检举案件分类一览表　　单位：件

年份	受理控告总数	自办控告案件分类								
		小计	反革命	贪污	渎职	侵犯公民权利	破坏经济秩序	重大责任事故	其他刑事犯罪	一般违法
1988	2718	1322	2	216	27	76	111	23	495	372
1989	4269	2758	1	642	181	63	693	23	564	591
1990	1444	859	1	366	4	20	100	17	81	270
1991	2209	1426	—	732	8	35	236	25	82	308
1992	1631	983	—	388	3	38	135	32	66	321
1993	1864	1009	—	529	—	26	29	40	75	310
1994	1838	1221	1	535	7	9	368	22	75	204
1995	2355	1694	—	564	17	45	711	22	58	277
1996	2561	2022	—	802	38	50	942	5	37	148
1997	2804	2948	—	2547	75	79	81	1	25	140
1998	3761	3615	—	2686	242	155	22	—	314	510
1999	4273	4177	—	3079	374	113	5	—	214	606
2000	3216	3142	—	2414	298	65	8	—	147	357
2001	2594	2526	—	1906	200	88	10	—	166	322
2002	2194	2126	—	1508	129	42	10	—	120	437
2003	1428	1428	—	1228	200	97	—	—	110	114
2004	1125	1125	—	956	169	18	—	—	—	—
2005	1111	1111	—	970	141	—	—	—	—	—
2006	1074	1074	—	869	205	27	—	—	121	34
2007	944	944	—	744	200	—	—	—	—	—
合计	45413	37510	5	23681	2518	1046	3461	210	2750	5321

说明：从2008年起，数据统计口径改变，具体详情见表9-3-6-2

表 9-3-6-2　2008—2012 年长沙市检察机关受理信访分类一览表　单位：件

年份	受理来信	接待来访（人）	检察长批办案件	举报中心初查（核）	转反贪	转反渎	奖励举报有功人员（人）	交办案件办理
2008	490	1225	238	70	335	94	16 人/10533 元	109
2009	660	1300	223	130	330	89	62 人/102220 元	54
2010	596	607	73	67	238	42	26 人/66000 元	62
2011	658	868	117	63	243	56	41 人/77400 元	37
2012	543	629	38	39	151	55	19 人/74000 元	41
合计	2947	4629	689	369	1297	336	164 人/330153 元	303

二、申诉检察

1988 年，全市检察机关受理案件当事人不服人民检察院处理决定和不服人民法院判决裁定等申诉案 282 件，其中，不服人民检察院处理决定 82 件，不服人民法院判决裁定 187 件，不服公安机关拘留和劳动教养决定 13 件。经审查，均作维持原处理决定和原判决裁定，并以书面或口头直接答复方式向申诉人作了回复。1989—1996 年，全市检察机关受理申诉案件 1047 件，其中，不服人民检察院批准逮捕决定 143 件，不服审查起诉或免予起诉决定 225 件，不服人民法院判决裁定 588 件，不服公安机关拘留或劳动教养决定 91 件。经审查，维持原处理决定或判决裁定 77 件，改变原处理决定或判决裁定 41 件。如 1989 年浏阳县检察院办理的邱某某不服免予起诉案，邱某某系浏阳某乡副乡长，因挪用公款被检察院作免予起诉处理，其工作单位据此对邱某某作出开除党籍、开除公职留用处理，邱某某不服，向检察院提出申诉，经审理查明，原处理认定邱某某挪用公款证据不足，邱某某支款时向单位写有条据并汇入单位财务记账凭证，且使用公款数额未达到挪用公款立案标准，其行为不具备挪用公款罪的主客观要件，不构成犯罪。据此，检察院撤销原对邱某某的免予起诉决定，单位恢复他的公职。又如长沙县检察院原查办的苏某某、陶某某故意伤害案，受害人不服检察机关对苏某某、陶某某作免予起诉处理，向市检察院提出申诉，经审理查明，犯罪嫌疑人苏某某、陶某某无故拦截他人车辆，行凶伤人，构成犯罪，且认罪态度不好，应从重处罚，市检察院撤销原对二人免予起诉决定，以故意伤害罪向法院提起公诉。

1997 年，长沙市把办理刑事赔偿案件纳入申诉检察工作的重要内容。全年受理申诉案件 65 件，其中刑事赔偿案 12 件，经审查，决定予以刑事赔偿 1 件。1998—1999 年，办理刑事赔偿申请 23 件，经审查，决定予以赔偿 12 件。

2000 年，参与社会治安综合治理，全年审查办理告急访、集体访、上访老户信访件 168 件。将检察长接待日，由原来的每月 2 次增加到每月 4 次。全年受理群众来信来访 3013 件，其中检察长接待来访 625 人，批阅群众来信 475 件。2001—2007 年，控告申诉检察部门受理不服刑事处理决定和判决裁定申诉案件 512 件，控申检察部门审查办理 321 件，其中，不服检察机关处理决定 147 件，不服法院判决裁定 173 件，不服拘留 1 件。经审查，维持原处理决定 148 件，改变或部分改变原决定 28 件。

2008—2011 年，控申检察部门受理刑事申诉案 133 件，其中，不服检察机关原处理决定 88 件，控申检察部门审查办理 73 件，经审查，维持原处理决定 47 件，改变原处理决定 16 件；受理不服法院判决裁定 48 件，控申检察部门立案审查 37 件，经审查决定抗诉 6 件，不予抗诉 15 件，建议法院再审 1 件，控申部门中止审查 1 件。受理刑事赔偿申请 11 件，经审查，确定予以赔偿 6 件，支付赔偿金 34.2

万元，给予补偿赔偿 49.4 万元，发放刑事被害人救助金 21 万元。组织检察长接待日 1234 次，检察长接待来访 1319 人，检察长批办案件 733 件。

2012 年，受理刑事申诉案 17 件。其中不服检察机关原处理决定 10 件，立案审查 9 件，经审查，维持原处理决定 6 件，改变 1 件，撤回申诉 2 件。受理不服法院判决裁定 7 件，立案审查 6 件，经审查，不予抗诉 5 件，建议法院再审 1 件。受理刑事赔偿申请 4 件，立案审查 4 件，经审查，决定予以赔偿 3 件，不予赔偿 1 件，支付赔偿金 21 万余元。如申诉人陈某某既不服检察机关对李某、黄某的相对不起诉决定，又不服审判机关对张某的刑事附带民事判决，并要求加害人给予赔偿。检察机关针对陈某某的诉求，释法说理，与司法、公安、法院等部门及陈某某居住地社区负责人协商，帮陈某某争取赔偿款 52 万元，陈某某及其家属满意接受，息诉不再上访。

表 9-3-6-3　　1988—2012 年长沙市检察机关自办申诉案件一览表　　单位：件

年份	受理申诉总数	自办申诉分类						复查结果	
		小计	不服逮捕	不服起诉（免诉）	不服判刑	不服拘留	不服劳教	维持原决定	改变原决定
1988	282	282	65	17	187	10	3	—	—
1989	248	248	45	7	160	17	19	—	—
1990	1016	316	26	48	213	13	16	10	1
1991	636	171	20	66	78	7	—	11	12
1992	452	114	20	34	55	2	3	11	8
1993	277	70	5	30	33	2	-	17	10
1994	243	52	11	14	23	2	2	9	3
1995	146	43	13	8	17	2	3	6	1
1996	122	33	3	18	9	—	3	13	6
1997	108	31	2	18	9	1	1	8	1
1998	107	30	2	4	24	3	—	10	3
1999	153	52	4	18	24	—	6	3	2
2000	177	42	1	9	31	1	—	7	1
2001	91	33	2	12	18	1	—	3	—
2002	92	37	2	7	28	—	—	1	—
2003	42	36	—	4	32	—	—	3	—
2004	85	59	10	22	27	—	—	31	5
2005	70	54	10	22	22	—	—	24	3
2006	111	84	18	26	40	—	—	70	19
2007	21	18	2	10	6	—	—	15	1

续表 9-3-6-3

年份	受理申诉总数	自办申诉分类							复查结果	
		小计	不服逮捕	不服起诉（免诉）	不服判刑	不服拘留	不服劳教	维持原决定	改变原决定
2008	33	31	3	24	6	—	—	15	6
2009	39	29	5	20	14	—	—	15	5
2010	35	29	—	10	19	—	—	15	4
2011	36	36	5	19	12	—	—	14	8
2012	17	16	3	7	7	—	—	11	1
合计	4639	1946	277	474	1094	61	56	322	100

第七节 民事行政检察

一、民事行政抗诉

1991 年，市检察院、下辖区（县）检察院设立民事行政检察工作专门机构。是年，全市检察机关受理民事行政诉讼监督案件 88 件，经初查立案审查 19 件，审结 15 件，其中，市检察院办理提请省检察院向省法院抗诉的长沙某医院曹某某夫妇不服北区法院生效判决的经济纠纷申诉案，为全省第一起民事行政检察抗诉案。

1992 年，全市检察机关受理各类民事经济、行政诉讼监督案件 159 件，其中民事案 114 件，经济案 36 件，行政案 9 件；经审查立案 40 件，其中，民事案 27 件，经济案 10 件，行政案 3 件。向法院提出检察建议 5 件，提请省检察院抗诉 1 件，向法院提供材料后由省法院撤销原判、再审或发回重审 3 件。

1993 年，创新工作方式，建立与公安行政诉讼检察联系制度、与本省检察系统民事行政检察部门业务协助制度、与本地区法院工作协调制度及与企事业单位非诉讼法律服务制度，广辟案件线索来源，扩大民事行政检察工作的社会影响力。全年接待不服法院生效判决、裁定的抗诉申请 440 人次，受理案件线索 88 件，经审查立案 25 件，其中提请省检察院抗诉及市检察院抗诉 10 件，向法院提出检察建议 7 件。1994 年，将民事行政诉讼监督由过去侧重于生效裁判监督扩展到判前审理环节，预防或制止法院审判程序中的不当行为。是年，立民事行政诉讼监督案件 56 件。如西区检察院办理的中国食品工业公司海南分公司申诉案，该案原告是湖南三峡经济发展公司，因海南分公司拖欠货款，三峡经济发展公司向长沙市西区法院提起诉讼，西区法院银盆岭法庭受理后，裁定采取财产保全措施，冻结海南分公司两套房产及一台小车，海南分公司以西区法院无管辖权为由向西区检察院提出申诉，经审查，西区检察院认为银盆岭法庭无论地域还是审级均无管辖依据，即向法院提出纠正违法检察建议，法院采纳检察建议，撤销受理，解冻扣押财物，并将案件移送到有管辖权的法院。

1995 年，受理民事行政诉讼监督案件 414 件，立案 151 件，经审查，依法向市中院提出抗诉 20 件，提请省检察院抗诉 16 件。是年，法院再审 9 件，改变原判决、裁定 4 件；对不符合法定抗诉条件但又存在问题的案件向法院提出检察建议 37 件。是年 6—8 月，开展“民行检察抗诉攻坚战”，活动期间，受理案件 39 件，立案 21 件。其中，县、区检察院提请抗诉和建议提请抗诉 13 件，向市中院抗诉 7 件，提请省检察院抗诉5件。1996年，开展“办理民事行政检察案件百日竞赛活动”。全年受理不服法院生效裁判申诉案436件，其中，立案审查179件，向市中院提出抗诉34件，提请省检察院抗诉17件，法院再审17件，改判15件。1997年，受理不服法院生效裁判申诉案434件，立案审查191件，向市中院提出抗诉66件，提请省检察院抗诉61件，法院再审9件，改判14件，发回重审5件。对不符合法定抗诉条件但又存在问题的案件向法院提出检察建议20件。

1999年，民事行政检察部门所办理的案件，其案由往年的民间纠纷、普通债务、权益侵害为主转向合同纠纷、担保纠纷、股权纠纷、行政权益纠纷为主，涉案诉讼标的以往超100万元的少见，1999年办理的抗诉案中超100万元的4件，其中超1000万元的1件。涉及国有资产流失等损害国家利益的案件也明显增多。全年受理民事行政检察案件388件，经审查立案232件，向市中院抗诉108件，法院再审78件，改判35件，向法院提出再审检察建议24件，提请省检察院抗诉10件。

2000年，受理民事行政诉讼监督案件396件，经立案审查，市检察院向市中院提出抗诉60件，提请省检察院抗诉6件，法院再审改判49件。2001年，受理民事行政检察案件300件，立案审查99件，市检察院向市中院提出抗诉56件，其中涉案标的超100万元的6件，50万~100万元的4件，法院裁定再审46件，改判41件，调解结案10件。如湖南某信用发展有限公司诉海南某房地产有限公司借贷纠纷案，法院再审全部采纳检察机关的抗诉意见，撤销原判，为债权人挽回经济损失近千万元。

2002年，受理民事行政诉讼监督案件233件，立案审查124件，经审查，向市中院提出抗诉24件，提请省检察院抗诉33件，法院再审改判14件，维持原判决裁定5件，作调解处理10件。2003年，受理民事行政诉讼监督案件74件，经审查，向市中级人民法院提出抗诉30件，提请省检察院抗诉34件，法院裁定再审39件，改判28件，针对法院的错误裁定及审判过程中的违法情况，向法院提出检察建议37件，法院采纳30件。

2004—2005年，受理民事行政诉讼监督案件451件，经审查，向市中院提出抗诉37件，提请省检察院抗诉92件，市中院裁定基层法院再审36件，改判29件，采纳再审检察建议启动再审49件，改变或部分改变原判决、裁定35件。

2008—2011年，受理民事行政诉讼监督案件3065件，其中立案审查2468件，经审查，向市中院提出抗诉115件，提请省检察院抗诉280件，市中院再审或裁定基层法院再审86件，改判68件，作调解处理5件，采纳再审检察建议启动再审180件，改变或部分改变原判决裁定146件。

2012年，受理民事行政诉讼监督案件322件，立案审查276件，经审查，向市中院提出抗诉14件，提请省检察院抗诉27件，法院再审5件，改判5件，向法院提出再审检察建议15件，采纳14件。2008—2012年，在全省检察系统优秀民事、行政抗诉案件的评比中，长沙检察机关有12件案件被评为优秀，其中4件被评为湖南检察机关十大精品抗诉案。

二、查处审判人员违法违纪

从1995年开始，在对人民法院已判决、裁定生效的民事、行政案件实施检察监督的同时，依法查处审判人员在案件审判过程中的职务犯罪问题（以下简称“443”案件）。1995—1996年分别立案侦查2案2人，审结后，案件当事人均由相关单位依党纪政纪作处理。如某区检察院在审查该区法院办理的一经济纠纷案中，发现法院办案人员有徇私舞弊、渎职嫌疑，市检察院指派郊区检察院派人协助调查，查明法院办案人员的违法事实，某区检察院将调查结果上报该区政法委，向该区法院作情况通报，并提出纠正违法检察建议，该区法院采纳检察建议，对违法责任人作党纪政纪处理。

2000年，在办理刘某某申诉案时，发现某法院审判员凌某某向案件当事人索贿1000元，即展开调查，查明，凌某某在担任助理审判员、审判员期间，利用职务之便，挪用公款人民币202.5万元、非法获利6.5万元、受贿4.1万元、贪污公款14.86万元、伪造法院民事裁定书3份的犯罪事实。该案经检察机关侦查终结，向市中院提起公诉，于2000年12月16日以挪用公款罪、贪污罪、受贿罪、伪造国家机关公文罪，数罪并罚，判处凌某某有期徒刑16年。是年，查办法院办案人员在民事、行政案件审判过程中犯贪污受贿、徇私舞弊、枉法裁判“443”案件3件3人，经法院审理有2人作有罪判处，1人作违纪处理。2002年，办理“443”案件2件6人，其中1人被判处有期徒刑，5人作党纪处理。2003年，办理“443”案件3件5人，其中4人作违纪处理。

2005年，在审查某县检察院提请抗诉的一件不服民事判决申诉案中发现该县法院办案人员涉嫌职务犯罪，与该县检察院组成专案组展开秘密调查，在长沙市纪委的支持配合下，一举侦破该县法院原副院长曾某枉法裁判、受贿人民币60万元的犯罪事实，证实法院原民事判决实属错误，经抗诉，法院再审对原判决作改判，曾某等涉案法官分别被判处有期徒刑3年缓刑3年、有期徒刑6个月缓刑1年不等的刑期。

2006年，立案查处“443”案件2件6人，其中1人被判处有期徒刑，5人被党纪处分。2007年，初查“443”案件线索1件。2009年，初查“443”案件线索2件2人，其中立案1件1人，经法院审理，判处有期徒刑7年。2011年，受理法院职务犯罪线索24件，立案审查21件，移送法院对相关责任人作违纪处理10件，移送检察机关反贪污贿赂侦查局和反渎职侵权检察局审查立案4件。

第八节 其他检察

一、检察宣传

1988年，检察宣传主要是通过出庭支持公诉、宣布免予起诉决定、发检察建议通知书、组织统一宣传、召开新闻发布会、举办记者招待会、发表广播讲话、向报纸杂志投送宣传稿、上法制课等形式实施。1989年8月，全市出动干警100余人，出动宣传车58台次，上街巡回宣传最高人民检察院、最高人民法院发布的《关于贪污、受贿、投机倒把等犯罪分子必须在限期内自首坦白的通告》。监所检察部门到“两劳”单位，把精神传达进被监管人员所在监房，有279名在押人员坦白或检举犯罪或犯罪线索，如长沙市第一看守所有17名在押犯坦白检举犯罪线索41条。是年，196名经济犯罪人员投案自首，交代涉案金额278万元，追回赃款155万元。

图9-3-8-1 长沙市人民检察院上街宣传《中华人民共和国检察官法》
（摄于1995年7月，市检察院供图）

1991年，《中国检察报》创刊发行，每年发行季刊，全市两级检察院均成立《中国检察报》征订发行服务小组，到机关事业单位、工矿企业及居民家庭宣传报刊发行工作，提供征订服务。1992年，发行《中国检察报》6158份，列全省分州市院首位，其中，长沙县检察院及开福、雨花、天心3个区检察院征订超千份，长沙县检察院1991至1996年，连续

6 年超千份。1993 年 7 月，针对经济案件线索大幅减少的不正常情况，长沙市召开有中央、省、市新闻媒体记者 30 余人参加的“反贪污贿赂新闻发布会”，公布 6 起重特大经济犯罪案件及举报受理电话，线索举报直线上升，8—12 月，受理举报线索 592 件，是 1—6 月受理总数的 1.4 倍。

1997 年，在长沙电视台政法频道开设《法庭直播》节目，选择典型案例直播案件开庭审理全过程，成为宣传长沙政法工作。开展法制教育的重要平台，也是湖南检察工作的新创举。仅 1997 年，法庭直播案件 20 件，深受市民喜爱。

2002 年，宣传方式和途径拓展，检察宣传工作基本实施全方位、日常化，加强与各新闻媒体的配合，借助新闻媒体的宣传平台，介绍检察工作的相关情况。

2008 年，在《长沙晚报》开设《检察纵横》专栏，定期刊发检察机关重大工作举措、群众关注的热点案件和检察系统先进集体、优秀个人的先进事迹。创办检察内网网站，是年，在内网及人民网外网发表稿件 534 篇，图片 2400 余幅。2010 年，各基层院均配备宣传专干，实现内网互通，并建立网络评论员队伍。《中国检察报》基层采风栏目到长沙采风，以《六个基层院说“新”》为题，在《中国检察报》用专版介绍长沙检察机关“大胆创新检察机制，服务大局、关爱民生”的做法和经验。6 月 13 日，《中国检察报》头版头条以《虑于民也深，则谋其始也精》为题报道长沙检察机关开展推进社会矛盾化解、社会管理创新、公正廉洁执法 3 项重点工作的情况，7 月 29 日，《中国检察报》头版头条又以《宁乡模式赢得好评》为题介绍宁乡县检察院开展 3 项重点工作情况，在全国产生积极反响。2011 年，制作完成长沙检察工作新发展专题纪录片《征程》《长沙检察辉煌三十年》宣传画册。2012 年 9 月，最高人民检察院政治部宣传部陪同 14 家中央网络媒体组成的采访团到市检察院采访“职务犯罪案件审查逮捕上提一级”改革情况；11 月 24 日，《中国检察报》基层采风专栏以《对接、紧锣密鼓、基层：亮点纷呈》为题，报道长沙星城检察院及芙蓉、岳麓、开福、雨花、长沙县等 7 个基层检察院“端正执法观念，创新工作机制，积极对接修改后的刑事诉讼法”的典型案例。1988—2012 年，召开新闻发布会 3 次，发表答记者问和电视讲话 4 次，被市级以上新闻媒体采用的稿件 1.36 万篇，其中，国家级 3156 篇，省级 4904 篇。

二、刑事技术

1987 年，参与 40 余次现场勘查、文件鉴定和法医检验。1990 年，检察技术科受理各类刑事技术鉴定案件 248 件。1991 年，受理 362 件，比上年增长 46%，其中法医检验 144 起，文件检验 24 起，物证照相 96 次，现场勘验 96 次，出具鉴定书 165 份，为自侦案件提供侦查方向 112 起。1993 年，作司法会计鉴定 4 件，文检鉴定 37 件，法医鉴定 610 件。改变公安法医鉴定结论 2 起，改变法院法医鉴定结论 1 起，如长沙县检察院为查清杀人犯彭某某是否患有精神病，协同公安、法院的法医开展为期 4 天的调查，查清其家属勾结医务人员制造伪证的事实，罪犯彭某某被依法判处死刑。1998 年，市、区两级检察院检察技术部门受理各类鉴定案件 1033 件，其中，法医鉴定 465 件，文检检验 25 件，司法会计鉴定 4 件，痕迹检验 19 件，物证录像 20 件，物证照像 37 件，为办案提供侦查方向 890 件，提供技术协助 59 件，改变原文证审查结论 6 件。从 1999 年起，在推进检察改革进程中，检察技术工作受到冲击，表现在传统业务工作萎缩，门类消失，多数基层检察院业务技术机构撤销。至 2002 年，市检察院技术处由原来 9 人减至 7 人，原独立设有技术部门的长沙县检察院、浏阳市检察院、雨花区检察院先后将检察技术部门撤销或并入其他部门、设检察技术部门的基层检察院由原来的 5 个减至 2 个，技术工作人员由 19 人减至 11 人。2003 年，全市两级检察院加大对检察技术工作人员及资金投入，至 2007 年，信息化基础设施建设全面完成，市检察院和 9 个县、区（市）检察院局域网、视频会议系统、专线电话系统、机要文件传输系统、侦查指挥系统、远程审讯监控系统投入使用，实现每个干警人手一台电脑，加速办公自动化程度。是年，向社会公开招录法医 2 名，司法会计 1 名，计算机专业技术人员 2 名。

2008 年，办理各类检验案件 365 件，其中法医检验 350 件，司法会计文证检验 13 件，文物文证检验 2 件，出具法医鉴定书 130 份、法医文证审查意见材料 220 份，经检验改变原鉴定结论 15 件，参加现场勘验 4 次，完成检察机关反贪污贿赂工作局和反渎职犯罪工作局（简称为自侦部门）自侦案件同步录音录像 137 案 151 人，完成讯问犯罪嫌疑人同步录音录像 692 次，录制时间 1710.6 小时，制作光盘 1434 张。

2009 年，进一步加强办案软件规范应用和两录流程规范管理工作，实现检验鉴定和文证审查网上流程，升级改造市检察院侦查指挥中心及全市各看守所同步录音录像，实现市检察院与下辖各基层检察院对案件信息、案件查询、案件问题请示汇报的视频沟通。6 月 22 日，启用“12309”全国检察机关网上举报电话，至 12 月，收到网上举报信息 57 条。是年，办理各类检验鉴定 35 件，其中司法鉴定 27 件 27 人（含被羁押人员非正常死亡 9 件），司法会计鉴定 5 件 4 人，文检 3 件 3 人，文证审查 250 件 250 人，完成自侦部门申请同步录音录像 637 人次，录制时间 1572 小时，制作光盘 700 张。

2010 年，完成长沙市第一看守所审讯室网络建设及长沙市第二看守所审讯室和市检察院机关网络的升级改造，新增市检察院检察委员会案件讨论系统。全年受理鉴定类案件 27 件，其中法医鉴定 26 件，司法会计鉴定 1 件。2011 年，完成湖南省检察院与市检察院二级专线网宽带及市检察院与下辖各基层检察院三级网宽带扩容，实现全市检察机关可网上办案工作目标。全年受理各类检验鉴定 58 件，其中法医鉴定 47 件、文检 10 件，文证审查 224 件，配合省检察院完成文检 10 件及文检类案件鉴定 1 件。经检验，改变原鉴定结论 4 件，纠正原文证审查错误 6 件。

2012 年，建立检察机关三级专线网及专线网与各看守所联网，实现检察工作专线网全覆盖及市检察院网络总控室与长沙市第一、二看守所和县、区看守所审讯全程同步录音录像。是年，远程刻录 10 次，完成各类技术鉴定案件 366 件，技术协作件 523 件，经检验，改变原鉴定结论 12 件，被评为全省检察技术 10 优案件 2 件，新录专业技术人员 4 人，分别为法医 1 人，文件检验员 1 人，痕迹检验员 1 人，录音录像 1 人，至 2012 年年末，全市检察机关有检察技术人员 21 人，其中法医 4 人，文件检验员 2 人，录音录像及摄影员 11 人，形成长沙检察机关检察技术队伍老中青搭配的人才梯队。

三、档案管理

1990 年以前，市检察院及各基层检察院的档案管理工作归口院办公室，由一名院办公室工作人员兼管。1990 年，市检察院配备一名专职档案员，各基层检察院档案工作实现专职管理，档案库房及设施逐步完善，不定期组织档案工作人员与市、区（县）档案局进行业务交流，提升业务技能，期间，10 人参加省级专业技术培训，其中 2 人参加中央级培训。1994 年，将两级检察院档案室争创“一级档案室”的工作列入重要议事日程，加大资金投入，扩充档案库房，配齐设施。年末，全市两级检察院拥有档案库房 505 平方米，并增设档案员办公室、阅览室。经市、区（县）档案局评估验收，1994 年，市检察院及 9 个基层检察院的档案室均达到市或区（县）一级档案室标准。2007 年，天心区检察院档案室经省档案局、省检察院评估验收晋升为省特级，为省检察系统首批 4 家特级档案室之一。截至 2012 年，市检察院及其他 9 个区（县、市）检察院档案室均晋升为省特级，并全部实现计算机网络管理。至 2012 年，全市两级检察院库存文书档案 3.92 万件 6942 卷，诉讼档案 12.42 万卷，会计基建技术档案 1.35 万卷，录音录像档案 405 盘，照片档案 1.41 万张，光盘档案 873 张，其中，市检察院库存文书档案 7190 件 1392 卷，诉讼档案 2.07 万卷，会计基建技术档案 1945 卷，照片档案 5381 张，光盘档案 153 张。

第四章 审 判

1988年，长沙市中级人民法院（以下简称“市中院”）及市属9个区县人民法院受理各类案件1.62万件，审结1.43万件。

至1992年，市中院及市属区县人民法院（以下简称“两级法院”）开展“整治农村社会治安”“扫黄打非”“春夏严打攻势”及打击毒品犯罪等专项斗争，同时严惩严重经济犯罪，召开专场宣判大会768场，判处犯罪分子1.14万余人。至1997年，市两级法院受理一审、二审、再审案件13.82万件，审结12.86万件，结案率93%。是年，市中级人民法院与市电视台联合创办《法庭直播》栏目，对大要案和其他影响较大的民事、经济、行政案件的审理或宣判进行直播。1997—2002年，市两级法院受理各类一审、二审、再审案件14.16万件，审结12.98万件，结案率91.7%。受理各类执行案件4.26万件，执行3.73万件，执结率87.7%。

2003—2007年，两级法院强化审判职能，在刑事审判方面，贯彻“从重、从快、从严”方针，打击杀人、抢劫、重大盗窃等刑事犯罪，打击经济犯罪，促进反腐倡廉；民事审判方面强调发挥经济审判职能，为大中型企业服务，促进社会经济发展；同时民事审判立法逐步完善；各项审判工作也同步良性发展。市中院审（执）结各类案件4.59万件，同比前5年上升14.66%；监督指导基层法院审（执）结各类案件17.37万件，同比前5年上升31.43%。其中2007年，市中院审（执）结各类案件1.00万件，监督指导基层法院审（执）结各类案件4.40万件。市中院以全省十分之一的审判力量办理全省法院四分之一的案件，诉讼的执行标的金额为全省法院的三分之一。审结一、二审刑事案件1926件，判决罪犯1533人；审结一、二审民商案件1.29万件；审结一、二审行政案件653件；审结国家赔偿案件21件。

2008—2012年，两级法院刑事审判执行“宽严相济”的刑事司法制度；民事审判坚持“调解优先，调判结合”“案结、事了、人和”方针，促进经济社会健康发展；行政审判兼顾公民权利，行政效率和社会公平，开展“规范司法行动，促进司法公正”的专项整改；审判监督坚持依法纠错与维护裁判严肃性的两者兼顾。全市法院结案总数超过全省的五分之一，法官人均办案数为全省法官人均办案数的两倍，获国家级荣誉12项、省级荣誉105项。市中院审（执）结各类案件6.19万件，同比前5年上升34.6%。各基层人民法院审（执）结各类案件24.08万件，同比前5年上升38.6%。市中院审结一、二审刑事案件2483件，判处5年以上有期徒刑、无期徒刑直至死刑538人。审理一、二审民商事案件1.89万件，同比上升46.9%，一审案件息诉率85.2%。审理行政案件1154件，同比前5年上升76.7%。

2012年，两级院审（执）结各类案件7.16万件，其中，市中院审（执）结1.44万件，比2011年上升4.87%，基层人民法院审（执）结各类案件5.72万件，比2011年上升12.94%。在收案总数上升的同时，审限内结案率94.51%，一审服判息诉率83.65%。

第一节　机　构

一、市级机构

1988年，长沙市中级人民法院设刑事一庭、刑事二庭、民事庭、经济庭、行政庭、告申庭、执行庭、办公室、法律政策研究室、法医室、纪检监察室、政治处、司法行政科、法庭指导组等16个内部机构。

1989年9月，纪律检查组和行政监察室成立。

1990年2月5日，长沙中院法医室在湖南医科大学第一附属大学挂牌，开展法医门诊。年底，长沙市中级人民法院内设刑事一庭、刑事二庭、民事庭、经济庭、行政庭、告申庭、执行庭、办公室、法律政策研究室、法医室、纪检监察室、政治处、司法行政科、法庭指导组、业余大学办15个内设机构。

1992年12月，成立市中级人民法院司法警察大队，为正科级内设机构。

1995年9月，成立市中级人民法院法医技术室，为正科级内设机构。

1997年市中院机关机构改革，设19个职能机构。经济审判分为经济审判第一庭、经济审判第二庭。增设立案庭、审判监督庭（赔偿委员会办公室）、机关党委、计划财务装备科。政治处改为政治部（下设组织宣传科、人事科、老干科）。

2002年，长沙市中级人民法院机关机构改革中，仍设19个职能机构。政治部内设组织干部处、法官管理处、教育培训处。撤销告申庭，增设立案庭（书记员管理处）。民事审判分为民事审判第一庭、民事审判第二庭、民事审判第三庭。赔偿委员会办公室职能改由行政审判庭负责。执行庭升格为执行局（下设执行裁判庭、执行工作庭、综合办公室，均为副科级）。计划财务装备科分为行政装备处、财务处。人员为195人。

2005年11月增设立案第二庭，原立案庭更名为立案第一庭，仍加挂书记员管理处的牌子。2006年5月，司法技术处更名为审判管理办公室。

2009年2月，办公室加挂行政装备处和财务处的牌子。民事审判第一庭加挂人民法庭指导办公室牌子。增设民事审判第四庭。设立知识产权和涉外商事审判庭。立案第二庭加挂涉诉信访办公室牌子。保留执行局，将原下设的综合办公室、裁判庭和执行工作庭更名为执行一庭、执行二庭、执行三庭。保留司法警察支队，增设综合办公室、一大队、二大队，均为副科级机构。调整后有20个内设机构。

2010年12月，增设未成年人案件综合审判庭，为正科级内设机构，是全省中级人民法院中第一个独立建制的少年庭。

2011年4月，设立土地房屋征收审判庭，加挂“非诉行政案件执行局”的牌子。2011年6月，执行工作局下设机构中增设执行指挥中心，为正科级机构。同时执行一庭、执行二庭、执行三庭由副科级升格为正科级。2011年12月，增设后勤服务处，教育培训处更名为宣传教育处。

2012年内设机构为政治部（组织干部处、法官管理处、教育培训处）、办公室（行政装备处和财务处）、刑事审判第一庭、刑事审判第二庭、民事审判第一庭（人民法庭指导办公室）、民事审判第二庭、民事审判第三庭、民事审判第四庭、知识产权和涉外商事审判庭、土地房屋征收审判庭（加挂“非诉行政案件执行局”的牌子）、行政审判庭（赔偿委员会办公室）、审判监督庭、立案第一庭、立案第二庭（涉诉信访办公室）、未成年人案件综合审判庭，执行局（下设执行指挥中心、执行一庭、执行二庭、执行三庭，均为正科级）、研究室、审判管理办公室、司法警察支队、纪检组（监察室）、机关党委（离退休人员管理服务办公室）和后勤服务处。有工作人员274名，其中具有审判职称的法官191名；具有本科以上学历的法官和其他工作人员192名，其中硕士60名。

1988—2012年，先后担任长沙市中级人民法院主要领导职务的有：冯金生、任祖武、杨志德、何文炯、罗衡宁；其他领导班子成员有：杨德良、潘定衢、周旋、黄国保、树兵、罗世发、陈剑文（女）、易前、黎军、邹剑钧、周芳乐、邓文莉（女）、钊作俊、张弟林、梁英飞、蒋华贵、瞿正强、闵文、范登峰、刘显杰。

二、区县（市）级机构

1988年，长沙市基层法院有浏阳县、长沙县、望城县、宁乡县4个县级人民法院，东区、南区、西区、北区、郊区5个区级人民法院。1993年，浏阳撤县设市，浏阳县人民法院更名为浏阳市人民法院。1996年7月，长沙市行政区划调整，报最高人民法院批准，东区、南区、西区、北区、郊区5个区法院分别更名为芙蓉区、天心区、岳麓区、开福区、雨花区人民法院。2011年6月，望城由县改区，望城县人民法院更名为长沙市望城区人民法院。2012年，长沙市有浏阳市人民法院，长沙县、宁乡县两个县级人民法院，芙蓉区、天心区、岳麓区、开福区、雨花区、望城区6个区级人民法院。

三、派出机构

1988年，长沙市有人民法庭71个，其中农村人民法庭48个，城市街道人民法院17个，城区房产土地人民法庭5个，企业法庭1个。初步形成农村和城市结合、综合性和专业性结合的人民法院下属的组织网络。1989年6月10日长沙市北区人民法院成立房产土地人民法庭。1989年12月，长沙市发布《关于加强人民法庭建设》，全面建设派出人民法庭。1990年，长沙市有人民法庭75个，配备干部295人，占基层人民法院干部总数的45%。1992年，全市76个人民法庭担负着全市95%的民事案件和60%以上经济案件审判。全市配备摩托车76辆，汽车6辆，对讲机40台，电话73台，收录机71台，照相机71台，71个法庭达标，占法庭总数的91.8%。1995年，全市派出人民法庭81个，为全市最多时期。

1997年4月，开福区法院在长沙市运贸总公司设立的巡回法庭挂牌成立。1997年后，农村派出人民法庭撤并为38个。2000年，将原有的10个城区街道法庭、13个专业法庭全部撤销，将原有38个农村人民法庭撤并为30个中心法庭。调整后的农村中心法庭力量充实，功能齐全，审判质量和效率明显提高。

2012年，长沙市设置24个派出人民法庭。岳麓区人民法院设置坪塘、莲花2个派出人民法庭。长沙县人民法院设置经济开发区、跳马、㮾梨、黄花、路口、福临6个法庭。望城区法院设置丁字、高塘岭、靖港、雷锋4个法庭。浏阳市人民法院设置园区、沿溪、大瑶、镇头、北盛和沙市6个法庭。宁乡县人民法院设置金洲、黄材、花明楼、双凫铺、偕乐桥、流沙河6个法庭。

四、队伍

1990年，长沙市两级人民法院有工作人员981人，其中，市中级人民法院有161人，干警中有大专以上文化的94人（其中本科及以上文化24人）。

1995年，长沙市两级人民法院有干警、职工1100人，其中审判员659人，助理审判员193人，书记员67人，法警及其他工作人员181人。

2002年，长沙市两级人民法院有干警、职工1142人，其中审判员714人，助理审判员198人，书记员86人，法警及其他工作人员144人。

2012年，长沙市两级人民法院有干警、职工1289名，具有审判职称人员839名，非审判职称人员450名。硕士研究生及以上学历61名，大学本科526名，大专596名，中专及以下106名。中共党员920名，团员142名，民主党派和群众227名。其中，市中院有工作人员285名，其中具有审判职称的法官197名，具有本科以上学历的法官和其他工作人员192名（其中硕士以上学历的60名）。长沙县法院有法官和其他工作人员125人，85%以上具有本科以上学历。望城区法院有工作人员88名（干部79名，工人9名），平均年龄41岁，其中院领导6名，中层领导36名，法律硕士研究生1名，本科学历30名。宁乡县法院在职干警143人，其中法庭人员31人，中层骨干正职17人，副职23人。浏阳市人民法院有131人，平均年龄39.95岁。研究生学历2人，在读法律硕士研究生10人，法学本科学历64人，占52.5%；大专以上学历占99.1%。芙蓉区人民法院有干警109人，中共党员78名，大学本科以上学历87人，其中研究生学历6人，具有法官资格的81人。天心区人民法院有116人，其中审判人员81人。开福区法院99人，具有硕士研究生以上学历的5人，本科以上学历的65人，有法律职称的74人。雨花区人民法院有80人，具有硕士研究生以上学历的4人，本科以上学历的60人，有法律职称的62人。岳麓区人民法院在编法官及工作人员124人，118人获法律本科文凭，其中24人获硕士学位。

附记　全国法院干部业余法律大学湖南分校长沙分部

全国法院干部业余法律大学湖南分校长沙分部（以下简称“业大分部”），是中院按上级法院要求为培养法律人才，于1985年创办的学校，为中院的事业单位。1988年，业余法律大学湖南分校长沙分部首届学生毕业并获法律大专文凭。中院先后有冯金生、任祖武、杨志德等院长兼任业大分部主任，院领导潘定衢、张弟林先后兼任业大分部常务副主任。历届业大毕（结）业学员638人，其中擢升担任两级法院领导的40余人，担任中层主要领导干部的200余人，获荣誉称号、记功、受嘉奖的1000余人次。1995年后，业大分部连续7年被省高院评为“业大工作先进单位”。于2001年停办。

第二节　刑事案件审判

一、危害国家安全、公共安全案件

1989年，长沙发生“4·22”打、砸、抢事件。全市两级法院与公安、检察等部门配合，审理“4·22”犯罪案件，审结案件44件48人。至1997年，全市审结反革命案件78件。

2000年，全市法院贯彻全国人大常委会《关于取缔邪教组织，防范和惩治邪教活动的决定》，审结涉嫌利用邪教组织进行犯罪活动的案件。至年底，全市两级法院审结同类案件28件38人。

2001年5月30日，浏阳市大瑶镇发生5死4伤特大爆炸犯罪案。8月30日，中院依法审理该案。被告人蒋某某犯爆炸罪，被告人邱某某犯非法买卖爆炸物罪，被告人彭某某犯非法运输爆炸物罪均被判处死刑，剥夺政治权利终身。被告人刘某某、肖某某、张某某犯非法买卖爆炸物罪，分别判处有期徒刑11年、10年和10年，被告人李某某犯窝藏罪判处有期徒刑3年。2005年，审结首例为境外组织非法提供国家秘密，出卖情报的犯罪案件，师某某被判处有期徒10年。2010年7月21日，被告人谌某某，坐大巴从黄花机场返回长沙民航酒店时，故意纵火并引发大火。大火致同车乘客两人死亡，13名乘客被烧伤。谌某某被一审判处死刑，剥夺政治权利终身。2011 年 7 月 30 日，刘某某制造芙蓉区国税局某分局大楼爆炸惨案，造成 4 死 20 人受伤，公私财产遭到重大损失，刘某某被一审判处死刑，剥夺政治权利终身。2011 年 8 月 4 日，对恶性驾车撞人案公开开庭审理。被告人李某某在长沙市区驾车撞死 5 人，撞伤多人。法庭以危害公共安全罪判处李某某死刑，剥夺政治权利终身。

至 2012 年，审结危害国家安全案件 93 件。审结爆炸，纵火，交通肇事，非法制造、买卖、运输、邮寄、储存枪支、弹药、爆炸物，破坏电力设备、公用电信设施等危害公共安全案 3663 件，占同期刑事案件的 4.6%。

二、破坏社会主义市场经济秩序案件

1988—1992 年，审结破坏社会主义经济秩序案 190 件，234 人，判处 5 年以上有期徒刑，无期徒刑直至死刑（含死缓）38 人。

1995 年，被告人黄某某利用高价进、低价出的诈骗手段，与某设备公司签订经济合同，诈骗货款 220 万余元，一审被判处无期徒刑。覃某某非法倒卖 100 份增值税发票，致虚开价税款 4.62 亿元，邓某某非法印制增值税发票及其他商业发票 7.8 万份，市法院一审对两被告人判处死刑。

1998 年 8 月 7 日，公开宣判长沙市某局用地科原副科长肖某、长沙市某局干部王某某受贿、投机倒把一案，被告人肖某犯非法转让、倒卖土地使用权罪，被判处有期徒刑 7 年，并处罚金 79.4 万元；被告人王某某犯非法转让、倒卖土地使用权罪，被判处有期徒刑 3 年 6 个月，并处罚金 47.4 万元。这是在全省范围内，首次适用非法转让、倒卖土地使用权这一新罪名。

1999 年，在审理长沙市交通局诉香港某造船有限公司与长沙船舶厂兼并合同纠纷一案时，发现被告方麦某某有严重诈骗犯罪嫌疑，依法裁定兼并合同无效，在进行财产保全后，将案件移送司法机关侦查、起诉，并以合同诈骗罪、信用证诈骗罪依法判处麦某某无期徒刑，剥夺政治权利终身。

2000 年，鞠某某、张某某生产假冒溶栓胶囊、复方甘草片和吗叮啉，并交给被告人邱某某、黄某某等人销售，销售金额 47 万余元。4 名被告犯生产、销售伪劣产品罪，分别被判处有期徒刑 6 年、4 年、3 年、3 年，并分别处罚金 40 万元、30 万元、20 万元、20 万元。此案为全国 4 例典型的制假售假案之一。

2001 年 2 月 17 日，长沙市两级法院召开打击破坏市场经济秩序犯罪宣判大会，8 案 11 名犯抗税、购买假币、生产、销售伪劣产品、走私普通货物、票据诈骗等经济罪的被告人被处以有期徒刑以上刑罚。被告人胡某某以帮人揽储为由，骗取保险公司印鉴卡，并仿照印章式样，私刻印章、伪造介绍信、开户申请书和印鉴卡开设账户，冒用该保险公司名义，购买空白支票，加盖伪造的印章，将保险公司存入该账户内的 129.8 万元资金转到其虚构账户，给被骗单位造成 94.6 万元的特别重大损失。市中级人民法院一审以诈骗罪，判处胡某某死刑，剥夺政治权利终身，并处没收财产 50 万元。被告人邱某某违反国家药品管理法规，聘请人员生产“斯奇康卡介苗多糖核酸注射液”假药 63 件，并销往湖北孝感、武汉等地公司和个人，销售金额为 6.76 万元。长沙市开福区人民法院一审以被告人邱某某犯生产、销售伪劣产品罪，分别判处有期徒刑 5 年和 1 年，处罚金 14 万元和 4 万元。

1998—2002 年，受理破坏社会主义市场经济秩序案 252 件，424 人，判处 5 年以上有期徒刑、无期徒刑直至死刑（含死缓）172 人。

2003—2008 年，审结案件 95 件，判处罪犯 167 人。2005 年，市中院审结省内首例涉外走私普通货物罪案，对具某某等韩国籍被告人依法定罪量刑。

2006 年，审理“中天行”集资诈骗案，受害群众 7000 余人次，涉案金额 1.6 亿元，一审判处被告

人高某某、蔡某某无期徒刑，剥夺政治权利终身。2008—2012 年，审结走私、集资诈骗等犯罪案件 123 件，判处罪犯 237 人。至 2012 年，长沙市两级法院受理破坏社会主义市场经济秩序（或破坏社会主义经济秩序）一审案件 842 件，结案 839 件。

三、侵犯公民人身权利、侵犯财产案件

1988 年，全市两级法院审理侵犯公民人身权、侵犯财产权案 2012 件，比上年上升 20%，尤以杀人、抢劫、重大盗窃案件上升幅度较大。

1989 年，盛某某等人杀害联防队员案，被告人多，案情较复杂，办案人员提前介入，用 12 天审理结案。1990 年，杨某某、唐某、张某某、戴某某等人入室抢劫 7 次，抢得现金 1.78 万余元、港币 2400 元及金戒指 14 只、金耳环 3 对、金项链、金手链各 1 根，抢劫财物价值 3.67 万元。市中院用 4 天审理结案。杨某某、张某某等 7 名主犯被判处死刑。1993 年，易某持枪抢劫、杀人案，案件起诉后 4 天，一审判处死刑，16 天后执行死刑。1995 年，杨某某抢劫案，经过审查，市法院认为杨犯持刀在公共汽车上抢劫杀人，情节特别恶劣，且系累犯，判处杨某某死刑。1996 年，宁乡县青山桥“4·17”和长沙县黄花“5·26”特大杀人、抢劫案，5 名被告人均被依法判处死刑。

1998 年，全市两级法院审理侵犯公民人身权、侵犯财产权案 2649 件。是年，宁乡县发生 4 起恶性案件，案犯李某某、谈某某、卢某某、钟某某、周某某等被执行死刑。1999 年 12 月 9 日，在案发地湖南某大学公开开庭审理刘某、龙某某故意伤害一案。两案犯一审依法从重判处死刑。2001 年 8 月，案犯彭某某因医疗纠纷在赔偿要求遭拒后，持刀刺死医师王某某，被判处死刑。

2002 年 2 月 24 日，制造长沙“水晶宫”血案的黑恶势力团伙成员米某某、刘某某被执行死刑。2003 年 11 月 7 日，公开审理“8·31”行凶抗拒警察抓捕、致民警张某某死亡的恶性案件，经过审理和审判委员会讨论，以抢劫罪、盗窃罪，数罪并罚，判处被告人袁某死刑，剥夺政治权利终身，同案两名罪犯也被判处徒刑。2006 年，审理发生在猴子石大桥上的特大团伙持枪斗殴案，判处黑恶势力首犯刘某死刑。

2007 年 7 月—2008 年 11 月，审理公安部挂牌督办的黑社会集团及多项犯罪案，该黑社会犯罪团伙多人被判处无期徒刑，其他各被告人亦分别论罪判处刑罚。2010 年 10 月，陈某某为首的黑社会性质组织实施暴力犯罪，致 1 人重伤，3 人轻伤，寻衅滋事 4 起，故意伤害 4 起，故意毁坏财物 6 起，造成南美白虾等物品直接损失 37.37 万元。陈某某、罗某某、林某某分别被判处有期徒刑 19 年、15 年、13 年，其余 17 名被告分别被判处 1 年 11 个月至 12 年 6 个月不等的有期徒刑。

2008 年，全市两级法院审理侵犯公民人身权、侵犯财产权案 2712 件。

2012 年 10 月 12 日，市中院对何某、汤某某、郭某某、吴某等涉黑团伙被告人犯进行一审宣判。4 名首要分子何某、汤某某、郭某某、吴某分别获有期徒刑 16 年、死刑、有期徒刑 8 年、有期徒刑 6 年 10 个月。

2012 年，全市两级法院审理侵犯公民人身权、侵犯财产权案 2814 件。至 2012 年，长沙市两级法院收侵犯公民人身权利案件 7215 件，占同期刑事案件的 8%。收侵犯财产案件 5.31 万件，占同期刑事案件的 59%。两级法院在打击严重犯罪分子的同时，对投案自首、检举立功和具有其他法定从轻、减轻、免除处罚情节的罪犯作从轻、减轻、免除处罚。

四、妨害社会管理秩序案件

1988 年，全市两级法院审理妨害社会管理秩序案件 121 件，审结 119 件。

图 9-4-2-1 长沙市进行庭审直播

（摄于 1997 年 11 月，市中级人民法院供图）

自 1990 开始，全市两级法院将“黄、赌、毒”犯罪作为重点打击对象。尤其是毒品犯罪，出现贩毒次数多、数量大，参与人数多，毒品种类多，走私毒品犯罪案明显上升。是年，审结此类案件 283 件。

1991 年，马某、冯某某两犯从海外购进毒品海洛因 6244 克，卖出 1113 克，得款 8.63 万元。是年 12 月，两犯被处决。该案为中华人民共和国成立后湖南省最大的走私贩卖毒品案。1999 年，全市开展打击毒品犯罪专项审判，审结一审毒品案件 85 件 118 人，并对涉毒分子公开宣判执行，其中 2 人被执行死刑。2004 年，审理湖南省首例强迫妇女卖淫致人死伤案，被告罗某某等人强迫妇女卖淫，造成 1 人死亡、1 人重伤。是年 7 月 9 日，罗某某被执行死刑。2005 年 1 月 28 日，贩卖毒品犯梁某某被执行死刑。6 月 24 日，对周某、张某某、熊某某 3 名贩卖、走私毒品罪犯执行枪决。是年，审结此类案件 314 件。2006 年，一审判处运输、贩卖海洛因 4900 余克的孟某某等 4 人死刑。

2007 年，中国、缅甸公民 16 人走私、运输、贩卖毒品案开审。16 名中缅被告人，走私、运输、贩卖毒品海洛因 2420 克（2005 年 7 月—2006 年 4 月）。经审理，各被告人分别犯有走私、运输、贩卖毒品罪，且非法交易毒品数量大，分别判处中国籍被告人江某某等 4 人及缅甸籍被告人觉某等 2 人死刑，判处其他 10 名被告人 15 年有期徒刑、无期徒刑、死刑缓期 2 年执行，并均附加没收财产、驱逐出境。

2012 年，审结毒品案件 116 件，247 人，依法判处范某某、雷某某等 48 名严重毒品罪犯 15 年以上有期徒刑。

至 2012 年，长沙市两级法院收妨害社会管理秩序一审案件 8198 件，占同期刑事案件总数的 9.1%。该类案件以毒品案件最为突出，收案 5820 件，占该类案件的 71.%。其他案件主要有制造、贩卖、传播淫秽物品，组织、强迫、引诱、介绍卖淫，赌博等。其中制造、贩卖、传播淫秽物品案件收案 765 件。组织、强迫、引诱、介绍卖淫案件收案 368 件。医疗事故，非法行医案件 75 件。

五、贪污贿赂案件

1989 年，长沙市贯彻《关于惩治贪污罪贿罪的补充规定》《关于贪污、受贿、投机倒把等犯罪分子必须在限期内自首坦白的通告》（以下简称“通告”），重点打击贪污、受贿犯罪分子。在通告规定的期限内，审结贪污贿赂案件 64 件，90 人，分别占全年结案件数和人数的 36.8%和 40%。某公司负责人颜某某，伪造借款协议，从长沙某学院借款 10 万元，转到私人开办企业的账户上，以获取高额利息。颜某某在限期内自首坦白，具有通告规定的从宽条件，被免予刑事处分。而杨某某贪污公款 2340 元，挪用公款 9.8 万元，拒不自首坦白，畏罪潜逃，具有通告规定的从严惩处条件，被以贪污罪和挪用公款罪并罚，从重判处有期徒刑 17 年，附加剥夺政治权利 1 年。是年，全市审结经济犯罪案件 174 件，判处被告人225 名。其中贪污 74 名，受贿 30 名，投机倒把 14 名，共 118 名，占 52%。

1990—1991 年，两级法院判处贪污受贿案件 290 件 442 人。

1992—1997 年，受理贪污受贿案件 327 件，审结 298 件 314 人。其中有原国家工作人员 275 人，厅、处级干部 31 人。在判决的罪犯中，处 5 年以上的有期徒刑、无期徒刑直至死刑（含死缓）的 107 人，占 34%。

1997 年，7 月 10 日，市中院和开福区法院对严重经济罪犯和渎职罪犯进行集中宣判。某公司原董事长张某某因犯受贿罪，某厂原副厂长蒋某某因犯贪污罪，向某因犯贪污罪、诈骗罪，3 人一审依法被判处死刑，剥夺政治权利终身。此次集中宣判的 11 案 17 人，其中原正厅级干部 1 人，原正副处级干部 6 人。

1998—1999 年，审结案件 182 件，判处 5 年以上有期徒刑直至死刑的 180 人。审理宋某某、谭某某、刘某某、卢某某、林某某等特大贪污、贿赂案件。这些贪污贿赂犯罪案件中，原县（处）级干部 33 人，原市（厅）级干部 2 人。

2000—2005 年，审结贪污、贿赂案件 541 件，判处罪犯近 700 人。加大打击破坏国有企业改革，侵犯国企财产犯罪的力度，某公司原总经理唐某某侵吞公款 260 万余元，赃款未退回，给国家造成严重损失，一审以贪污罪依法判处唐某某死刑。某公司原总经理蒋某某一审依法判处死刑。该系列案件中蒋某某、吴某某等其他 5 名被告依法作出有罪判决。湖南省某厅原副厅长马某某被判处死刑，缓期两年执行，并处没收财产 118 万元，同时对参与犯罪的马某某家庭成员也分别判处无期徒刑或有期徒刑。原中央某部某局原局长谌某某、湖南省某厅原副厅长刘某某等因犯受贿罪受到法律的制裁。某市原副市长赵某某、省某局原局长张某某、某行政单位原副秘书长唐某某等受到法律制裁；赵某某、张某某被判处死刑，缓期 2 年执行，唐某某被判处无期徒刑。湖南省某行政单位原副秘书长王某某、湖南省某银行原行长王某某、副行长王某某、某总公司原副总经理李某某等贪腐分子受到惩处。

2006 年，开展打击商业贿赂犯罪专项审判，审结湖南省某医院原院长屈某某、长沙市某局原局长贺某某等 11 件商业贿赂案。依法审理贪污、受贿、渎职等职务犯罪案件 24 件，审理某市原副市长雷某某、湖南省某局原局长杨某某等贪污受贿案件。

2007—2011 年，审理贪污贿赂案件 176 件。郴州市委原副书记、纪委书记曾某某因贪污、受贿、巨额财产来源不明被判处死刑。洛阳某单位原副主席高某某、株洲市某部原部长刘某某、副检察长徐某某、某行政单位原副秘书长陈某某分别被判处 14 年以上有期徒刑。湖南省某厅原副厅长、某局原局长刘某某以受贿罪、徇私舞弊罪（暂予监外执行）被判处无期徒刑。

2012 年，审结贪污、贿赂、渎职犯罪案件 29 件，湖南省某办公室原党组书记、主任谢某某等 39 名贪腐分子受到法律制裁。

至 2012 年，全市法院审结贪污贿赂案件 2000 余起，判决罪犯 3000 余人。

六、未成年人犯罪案件

1988 年 3 月，长沙市东区成立未成年人犯罪审判合议庭。委派 3 名经验丰富的法官担任审判员，采用寓教于审的方式进行审判。

1991 年，长沙市两级法院在青少年犯罪合议庭的基础上，均成立未成年人犯罪审判法庭，实施“教育、感化、挽救”的方针，建立健全“寓教于审、惩教结合”的未成年人犯罪刑事审判方式和审判工作制度。是年，判处未满 18 岁少年犯 248 名，其中，以抢劫、抢夺、盗窃犯罪居多，占 84.32%。判处 5 年以下有期徒刑的 176 名，占少年犯总数的 71%。至 1997 年，两级法院审结未成年人犯罪案件 1284 件 1485 人，其中判处缓刑 701 人，占 47%。

1999 年，长沙市贯彻《中华人民共和国预防未成年人犯罪法》，改革法庭教育制度，从未成年人身心特点和未成年人司法保护工作实际需要出发，改进审判模式，设置“圆桌法庭”，对未成年人案件实行“圆桌审判”。在法庭最后陈述后，对构成犯罪的，第一次宣判作出有罪认定，并对该未成年被告人进行法庭教育；第二次宣判作出量刑处理，再对未成年罪犯进行第二次法制教育。在定罪量刑时，严格依法从轻减轻处罚，并适用缓刑。至 2002 年，两级法院审结未成年人犯罪案件 1347 件 1617 人，其中判处 5 年以下有期徒刑 914 人，占 57%。

2004—2006 年，芙蓉区少年犯审判法庭审理未成年人犯罪案件 651 件 955 人，对 490 名未成年被告人依法适用缓刑或免刑，并进行回访帮教。帮教对象无一人重新犯罪。2006 年 9 月，该庭被授予第五届全国优秀“青少年维权岗”荣誉称号。

2008 年后，审理的未成年人犯罪案件呈现案件类型新、案情复杂、处理难度大等特点，全市法院探索未成年人犯罪案件的综合审理，把涉及未成年人的刑事、民事、行政等方面案件，全部放入少年犯审判庭，对未成年人犯罪案件进行全面考量，采取惩处和教育相结合的办法进行审理。

2010 年 10 月，市中院成立湖南省首家专门负责审理未成年人刑事、民事、行政、减刑和假释案件的未成年人案件综合审判庭（又称少年法庭）。少年法庭向社会设立热线电话，为青少年及其家长提供保护青少年健康成长的法律法规的咨询。少年法庭成立之日召开有 40 余名少年犯参加的减刑、假释宣判大会。至 2012 年，判处未成年罪犯 5860 人，其中判处 5 年以下有期徒刑 4395 人，占未成年罪犯人数的75%。

七、减刑、假释案件

1989 年，全市法院贯彻《全国法院减刑、假释工作座谈会纪要》，进一步明确减刑、假释条件，案件管辖及办理程序。同时法院审理与监狱考核对接，实行法院、监狱、服刑犯及家属“三见面”制度，同时公开宣判，避免减刑假释案件在呈报、审理环节的“暗箱操作”，提高减刑假释案件质量。

1993 年，市中院按《关于办理假释案件几个问题的意见（试行）》文件精神，审理减刑 6214 件，假释 123 件，7 件不符合规定规定的假释案件被退回。1994—1997 年，对 1.16 万名在劳改中确有悔改或立功表现的罪犯，裁定给予减刑或假释。1998 年，对过去书面减刑、假释案件进行改革，法官到罪犯所在监狱集中公开审理。1988—2002 年，公开审理案件 1.29 万件。最高人民法院在全国推广这一做法。2003—2008 年，审理减刑假释案件 3.45 万件件。2009—2012 年，审理减刑假释案件 2.52 万件，其中减刑案件 2.47 万件件，假释案件 436 件。其中假释听证率 100%，对原为县处级以上领导干部犯罪、在社会上有重大影响的减刑案件均实施听证。被假释的犯罪人员无一在考验期间重新犯罪或者违规被撤销假释。

2012 年 2 月，贯彻最高人民法院《关于办理减刑、假释案件具体应用法律若干问题的规定》，长沙对 6 类（因罪犯有重大立功表现提请减刑的，提请减刑的起始时间、间隔时间或者减刑幅度不符合一般规定的，在社会上有重大影响或社会关注度高的，公示期间收到投诉意见的，人民检察院有异议的，人民法院认为有开庭审理必要的）减刑、假释案件一律开庭审理，促使监狱严格依照规定的程序提请减刑、假释建议。9 月 18 日，市中院首次在监狱外进行庭审减刑假释案件。对因犯有受贿罪、贪污罪、危险物品罪、盗窃罪罪犯在该院第一审判庭进行公开开庭审理。

至 2012 年，全市审理减刑、假释案件 15.13 万余件。

第三节 民商案件审判

一、婚姻家庭、继承纠纷案件

（一）离婚案件。1988 年，长沙市两级法院收一审离婚案件 4718 件，占民事案件的 64%。1989 年收案 5184 件，1990 年 6347 件，占民事案件的 69%。

1991 年 4 月，《中华人民共和国民事诉讼法》实施，为严格依照该法审理民事、经济案件，长沙市两级法院清理积案。是年 5 月，召开长沙市两级法院民事审判工作会议，传达最高人民法院第五次全国民事审判工作会议精神，要求民事、经济审判工作重点放在抓好民事诉讼法的贯施上。在民商案件审判中，两级法院坚持“调解优先、调判结合”，实现“案结事了人和”，由于审判程序中贯彻“调解”，绝大多数案件做到“官了民也了”。坚持着重调解，又防止久调不决、调解不成，果断判决。一般情况下，民事案件调解结案占 64%，判决结案占 20%，撤诉结案 16%。

1992—1997 年，收婚姻家庭纠纷案件 3.75 万件，其中离婚案件 3.35 万件，平均每年 6000 余件。

1998—2002 年，收婚姻家庭纠纷案件 4.18 万件，两级法院在审判离婚案件时，注重“调解优先、调判结合”原则，将调解工作贯穿于离婚诉讼全过程，庭前组织调解、庭中着力调解、庭后不放弃调解，不过快判决不准予离婚，也不未经有效调解而判决离婚。同时，两级法院在审理离婚案件时，在合法的基础上，适度照顾妇女的利益。夫妻共同财产，男方有过错的，在分割上，较多照顾女方利益。对于房改房、租赁公房，在同等的条件下，适度向女方倾斜。对未成年子女的抚养，在有利于子女成长的条件下，照顾女方。

2003—2007 年，两法院审结婚姻家庭纠纷案件 4.48 万件。在审理离婚案件过程中，两级法院在审理离婚案件时，对有过错方对无过错方所造成的损害程度，以及婚姻当事人的经济状况为依据来决定赔偿的数额，尽量对过错方起到惩戒作用。2007 年，中院二审审结的婚姻家庭案件中，有 84 件婚姻家庭纠纷案，责令过错方赔偿对方精神损失费。

2008 年 3 月，最高人民法院制定《涉及家庭暴力婚姻案件审理指南》，规定法院在处理涉及家庭暴力婚姻案件时，可对受害人采取人身安全保护措施，并授权中院和岳麓区人民法院，承担最高人民法院《涉及家庭暴力婚姻案件审理指南》试点工作。岳麓区人民法院设立涉案家庭暴力婚姻案件合议庭，并与市中院制定对涉家庭暴力婚姻案件裁判的统一尺度。岳麓区人民法院试用《涉及家庭暴力婚姻案件审理指南》，于 2008 年 9 月 24 日，发出湖南省首份“人身安全保护民事裁定”。10 月 20 日，该院公开审理此案。被告陈某某当庭表示，今后善待其妻罗某某，并签署和好协定。2009—2011 年，全市发出人身安全保护裁定 30 余份，得到全国人大常委会副委员长陈至立等国家领导人和最高人民法院的肯定，受到联合国消除对妇女歧视委员会访问团的好评，中央电视台《新闻频道》在国际反家暴日进行专题报道。

2008—2012 年，审结婚姻家庭纠纷案件 4.28 万件。是年，推进反家暴审判 10 点工作，完成最高法院委托的反家暴程序立法项目，推出的民事诉讼法修改建议被最高法院采纳。

（二）继承、抚养权案件。1988 年，依法保护老人、妇女、儿童的合法权益，审理继承、抚养权 491 件。

1988—1995 年，两级法院受理继承和抚养案 3488 件，其中赡养、抚养、扶养占 2143 件。

部分非婚生子女向其生父索要抚养费而引发的诉讼每年都有发生。对这类案件，市两级法院既遵循婚姻法的基本原则，又注意保护当事人的人格权和隐私权。一方当事人提出亲子鉴定的，在征得对方同意的前提下，选择国家卫生行政部门批准或者认可的医疗鉴定机构进行鉴定，鉴定结论经过法庭质证、认证后作为定案依据。1998 年 12 月，未婚女子李某某，以其子是与已婚男子张某某所生为由，要求张某某一次性支付抚养费 12 万元。经鉴定，李某某之子与张某某之间存在亲子关系。经法院主持调解，达成协定，张某某一次性支付抚养费 8 万元。

至 2008 年，两级法院受理继承、抚养权案件 6148 件，其中继承案件 2045 件。在审理案件时，按照遗赠扶养、遗嘱继承效力高于法定继承效力的法律原则，保护遗赠扶养、遗嘱指向人的合法权益。保姆张某某在雇主胡某某患癌症不能自理时，贴身照料。胡某某遂立下书面遗嘱，将所有财产遗赠给张某某，并由长沙市公证处办理遗赠公证。胡某某去世后，其女儿为遗产问题与张某某发生纠纷。经审理，保姆张某某继承胡某某遗嘱所述遗产。

至 2012 年，两级法院受理继承、抚养权案件 2668 件，其中抚养案件占此类案件的 67%。在抚养案件时，注重有利于儿童成长。中国籍男子刘某与瑞典籍女子艾某登记结婚后生有女儿小莎（瑞典籍）。是年，艾某向开福区人民法院起诉离婚，双方争夺抚养权。法院审理认为由于艾某再次生育的概率较低，经济状况较好，并从事幼儿教育工作，判定女儿小莎由艾某抚养，刘某每月给付抚养费 2000 元至小莎 18 岁止。

二、房地产纠纷案件

（一）房屋买卖、租赁纠纷案件。1988 年，随着国家土地使用制度的实施和住房制度改革的深入，房地产纠纷案件出现变化，除房屋买卖、租赁、确权、侵权、房屋继承遗赠、土地使用权出让和转让合同纠纷外，还出现房屋按揭、商品房预售、预租、项目转让等案件，而城市开发和重点工程建设中的拆迁，强占公房、违章建房等纠纷案件均呈上升趋势。至 1992 年，长沙市两级法院收一审房屋买卖纠纷案件 2943 件，房屋买卖纠纷主要表现为旧房和部分集资房买卖纠纷。收房屋租赁纠纷案 1924 件，占房地产纠纷新收案件的 5 成。长沙市两级法院采取的审判原则是既保护业主的合法权益，支持其合法要求，又考虑承租户的实际情况进行处理。

1994 年 4 月，某公司法定代表人杨某向长沙市公安局报案称兰州皋兰县某工厂副厂长周某诈骗其货款 238 万元。长沙市公安局立案后，从周某处追回货款 195 万元，返还给杨某的公司。1995 年 7 月 5 日，周某姐姐等向长沙市公安局提起行政诉讼。随后，长沙市公安局返还 195 万元给周某姐姐等。长沙市公安局以杨某诬告、陷害为由立案，要求杨某返还 195 万元（1996 年 6 月 28 日）。同时，长沙市公安局查封英才园 1 片 12 栋房屋（该房屋为叶某某——杨某之母所有）。之后，杨某与长沙市公安局进行 8 年（1998—2006 年）的行政诉讼等纠纷。叶某某向高新公司起诉要求将英才园 1 片 12 栋房屋产权过户至其名下（2007 年）随后，长沙市公安局以有独立请求权第三人的身份参与到诉讼中。叶某某将 195 万元汇至长沙市公安局的账户（2010 年 6 月 11 日），而长沙市公安局亦将英才园 1 片 12 栋房屋交付给叶某某，高新公司为叶某某办理房屋过户手续，各方当事人最终在调解协议上签字。

1995 年后，随着房地产市场不断发展，房地产租赁由普通房屋租赁向大中型商场租赁发展，铺面、档位的租赁纠纷大幅增加，群体性诉讼增多，出现违章建筑租赁合同的效力、租赁合同解除或无效后装修物的处理、违章建筑物出租的收益等问题。对群体性诉讼，长沙市两级法院凡发现有集体上访、静坐请愿等苗头，除依法审判外，均以稳定大局为重，向有关部门反映，对当事人进行疏导，依法审理。

1996 年后，随着商品房市场的逐渐兴旺，房屋买卖纠纷案件增多。是年收案 1248 件，1997 年增加到 1746 件，两级法院所收一审房屋买卖纠纷案件数量超过其他房地产纠纷案件数量，居房地产纠纷案首位。特别是因开发商违约而引起的预售商品房纠纷案件增加，开发商逾期交楼甚至无法交楼，或者虽已实际交付使用，却拿不到房屋产权证书等。2001 年，全年收一审房屋买卖纠纷案件 2850 件。市两级法院在审理案件时，开发商虽逾期交楼，但已具备交楼条件的，不轻易判令解除预购商品房合同，而是由开发商承担逾期交楼违约责任，缓期交楼；开发商不具备交楼条件的，根据预购方的请求，及时判令解除合同，责令其返还购楼款及偿付利息；对于开发商以开发为名，骗取业主预付房款，根本没有投资或仅用极少部分投资建楼的，除判其返还预收款及偿付利息外，对可能构成犯罪的移交司法机关处理。原远东大厦等 16 处楼盘成为烂尾楼盘，涉及企业和 800 余户购房资金，市中院与各区法院与省、市政府联系，依法协调处理。

2001 年后，房地产价格上涨引发的购买、租赁房屋纠纷案件增加。2002 年，收一审房屋买卖纠纷案件 3363 件，比上年增加 18%，收一审房屋租赁纠纷案件 2018 件，比上年增加 21%。《中华人民共和国物权法》实施后，房产证和土地使用证的纠纷成为房地产纠纷的又一热点。张某购买某置业有限责任公司一套 107 平方米商品房，按购房合同交纳购房款和税费，但某置业有限责任公司没有为张某办理土地使用权证，称划拨土地不能办证。张某将某置业有限责任公司告上法庭（2007 年），芙蓉区法院判决某公司为张某办理该房产土地使用权证。某置业有限责任公司不服，上诉到市中院，二审维持原判，并责令在判决生效后 19 天内，为张某办理土地使用权证。湖南某置业发展公司、湖南某房地产开发有限公司与众多业主的商品房买卖合同纠纷，案件复杂，涉案人员有数百人，经市中院办案人员调解，数百当事人达成和解或撤诉（2010 年 3 月）。

2004 年 1 月，赵某某等人用北京某房车俱乐部有限公司的授权经营证明，虚报注册资本 120 万元，在长沙登记注册长沙市某房车俱乐部有限公司，赵某某、高某某、蔡某某、刘某等先后担任公司总经理、副总经理。从 2004 年 4 月开业至 2005 年 9 月，该公司利用发行至尊卡、贵宾卡、体验卡、鸿福卡、博颐卡等会员卡加盟入会的方式，承诺每月或按年以返还租金、赠送礼金等形式支付投资回报，测算年回报率 10%以上，吸引以中老年人为主的社会公众参与委托租赁汽车使用权活动。公司除以货币形式还本付息外，还为不同等级会员提供其他服务和权益，如为会员购买 10 万~50 万元不等的意外伤害保险和意外医疗综合保险；提供租赁旅行房车市场价格 5~8 折的费用优惠；承诺会员将优先成为公司股票发行上市后的原始股东等。至 2005 年 9 月案发时，向 7595 人次非法集资 1.67 亿元，长沙市某房车俱乐部有限公司蒙骗群众进行非法集资，数额特别巨大，且给集资参与者造成巨额经济损失，其行为均构成集资诈骗罪。4 人虽以公司名义实施集资诈骗行为，但绝大部分集资款由个人掌控，对外投资款项从个人账户支出，新成立公司均以个人名义占有股份，个人行为特征明显，依法均按个人集资诈骗罪追究刑事责任。高某某、蔡某某被判处无期徒刑，剥夺政治权利终身，并处没收个人全部财产；赵某某被判处有期徒刑 12 年，并处罚金 30 万元；刘某被判处有期徒刑 8 年，并处罚金 20 万元。

2012 年，审理房地产案件 1758 件。

（二）房屋征用拆迁纠纷案件。1989 年 6 月 9 日，市中院建立房地产人民法庭。6 月 10 日，长沙市北区人民法院成立房产土地人民法庭，至 8 月，相继建立东区、南区、西区、北区、郊区 5 区及长沙、望城、宁乡、浏阳 4 县（市）房产土地人民法庭和中院房产土地合议庭，专门审理房产、土地、征地拆迁纠纷。至年底，全市房产土地人民法庭审结房产、国土、征地拆迁纠纷案件 609 件。

1990 年后，长沙市房屋征收、拆迁工作量增加，征收、拆迁过程中纠纷频发。市两级法院审理拆迁案件时，依法审查拆迁主体的资格和拆迁补偿、安置内容，对被拆迁人的补偿安置不合理的，予以纠正。同时，对事关城市市政建设或“安居工程”（即经济适用住房建设）的拆迁案件，两级法院坚持“审判工作为维护改革、社会稳定服务”的指导思想，依法快审快结，确保城市建设的顺利进行。

随着城市开发和重点工程建设的加快，征地拆迁纠纷上升。1994 年，市两级法院审理各类征地拆迁纠纷案件 820 件，其中审理芙蓉路、解放路等重点工程和房地产开发中的征地拆迁纠纷 173 件，依法强制拆迁面积 3200 平方米，为国家挽回经济损失 1750 万余元。1995 年，芙蓉路、解放路、月亮岛、长石铁路等重点工程以及开发区建设中的拆迁纠纷 550 件，拆迁房屋 1400 余间，拆迁面积 1.2 万平方米，为国家挽回经济损失 3000 万余元。东区、南区等法院派出专门合议庭，进驻旧城改造地段现场办案，保障城市重点工程进展顺利。1996 年，市中院及各区法院审结 610 件拆迁案件，拆迁房屋 1200 余间，拆迁面积 1.44 万平方米，诉讼标的近亿元。

2003 年，与房地产管理机关、仲裁机构等业务部门召开房地产案件审理问题研讨会，编写《房地产案件的若干问题及其处理原则》等材料指导审判实践。在办案过程中，联系办案质量和办案社会效果，严格审查土地使用权、遏制非法占用土地，确保国家对土地市场的有效管理；依据诚实信用原则，保护当事人的合法权益，在不违反法律规定的前提下，从有利于房地产市场健康发展的原则出发，妥善处理房地产纠纷案件。

2003 年后，为解决资金严重短缺与不断增长的危房改造和现代化建设的矛盾，开始引入民间资本，形成“政府出政策，开发商出资金”的模式。拆迁纠纷演变为拆迁户、开发商和政府之间的矛盾。矛盾的焦点主要集中在安置补偿、征地拆迁程序等问题上。长沙市两级法院依照合同约定审理案件，只有在合同没有约定或者约定不明确时，才适用国家或者地方性的政策法规，以保护被拆迁人的合法权益。为依法高效办理与房屋征收工作相关的各类纠纷案件，按行政、民事、刑事“三审合一、审执联动”的原则，2011 年，设立土地房屋征收审判庭，加挂非诉行政案件执行局牌子，区县（市）法院亦相应设置土地房屋征收审判庭，负责办理征收过程中各类诉讼和司法强制执行案件。2012 年《国有土地上房屋征收与补偿条例》规定只有市、县级人民政府才能作为征收主体，其他法人均不能作为征收主体。在征收机构的设置问题中，明确市、县人民政府负责本行政区域的国有土地上房屋征收与补偿工作。市、县级人民政府确定的房屋征收部门组织实施本行政区域的房屋征收与补偿工作。市、县级人民政府或其房屋征收部门可以设立不以营利为目的的房屋征收实施单位。在拆迁补偿方面达不成协议，政府可向法院提出申请，由法院来执行，法院进行审核，符合程序，由法院实施强行征收。

至 2012 年，长沙市两级法院收一审房屋拆迁纠纷案件 1.61 万件，占房地产纠纷案件的 12%左右。

三、经济合同纠纷案件

1988 年，全市两级法院审结一审经济纠纷案件 2088 件，1989 年审结 7287 件。1988—1992 年，全市法院受理一审经济纠纷案件 2.42 万件，审结 2.31 万件，结案诉讼标的总金额 7.9 亿元。1992—1997 年，两级法院受理一审经济纠纷案件 3.30 万件，审结 3.10 万件，诉讼标的 74.43 亿元。年结案数平均稳定在 6000 件左右。至 2012 年，年结案数平均稳定在 6500 件左右。

（一）购销合同纠纷案件。购销合同纠纷案件数量在合同纠纷案件中居于首位。

1988 年开始，钢材、水泥、木材等建材物资，出现收款不交货或因市场萎缩致价格暴跌、单方拒收货等违约行为引起纠纷，这些纠纷的标的动辄数百万元。至 1992 年，两级法院审结企业债权纠纷案件 1.01 万件，解决争议标的 44.2 亿元，被省高院评为“加大为企业服务力度”先进单位。1993 年，长沙市中院一审新收购销钢材、水泥纠纷案件 38 件，涉诉金额近亿元。在审理此类案件时，两级法院把工作的重点放在大中型企业及国家、集体经济纠纷诉讼案件上，坚持“优先受理、优先审结、优先执行”，保障企业原材料供应和资金回笼。

1994 年，甘肃省某农副产品公司与长沙市某公司签蚕豆、黑豌豆购销合同，因质量及货物到站地点等问题引发纠纷。甘肃省某农副产品公司向兰州市中级人民法院提起诉讼。后又因此案的管辖问题引发争议，最高人民法院指定由长沙市中级人民法院管辖。是年，市中级人民法院审理此案，双方达成和解，甘肃省某农副产品公司撤诉。1994 年后，企业与企业、企业与个人之间相互拖欠款项，购销合同纠纷案件大幅攀升，1997 年，全市法院受理一审购销合同纠纷案 5300 余件。2003 年后，随着企业改制和经济形势全面好转，购销合同纠纷案件所占比例逐年下降。2004 年，全市两级法受理购销合同纠纷案件 2834 件，审结 2827 件，比上年下降 25%。2012 年，受理购销合同纠纷案 1849 件，审结 1847 件。

（二）借款合同纠纷案件。1988 年后，长沙市经济成分呈国有、集体、私营、合伙、中外合资（合作）、外商独资以及个体经营等多元局面，随之而来金融信贷业务也快速发展。各种经济体与金融信贷部门之间，各种经济体相互之间，金融机构之间同业拆借，非金融机构的高息借贷，机关单位与机关单位之间、个人与企业及机关单位之间的借贷关系而引发的纠纷逐年增加。

1989 年，针对借贷纠纷案件突出的情况，全市法院与银行信用社配合开展“依法收贷”工作，全年审结借贷纠纷案 3325 件。

1990—1993 年，两级法院新收借款合同纠纷案件 6468 件。1994 年，国家整顿金融秩序，清理金融乱集资、乱批设金融机构和乱办金融业务，紧缩信贷资金。另外，各类银行逐步向商业银行转制，为建立与之相适应的金融机制，参与市场竞争，均加大通过法律途径清收不良贷款的力度。全市两级法院配合金融市场的整顿，审结信贷、融资租赁、资金拆借等纠纷 1357 件，为国家和银信部门收回资金 4.1 亿元。1995 年审结企业承包、租赁、联营等经济合同案件 1550 件，解决诉讼标的 6265 万元。审结企业债权债务案件 1844 件，为企业盘活资金 4 亿元。1998 年，长沙市两级法院发出支付令 910 份，为企业收回资金 551 万元。审结涉及乡镇企业的案件 1710 件，收回资金 1.1 亿元。审结涉及金融领域的存贷、股票、期货和国债收购等纠纷案件 1510 件，诉讼标的 5.4 亿元。

1999 年，长沙市开始清理关闭“农村合作基金会”“农村贮金会”。两级法院抽调 400 余名法官，组成 110 个专门合议庭，审结“两会”案件 4309 件，执行 3085 件，实际收回资金 1.1 亿元，缓解“农村合作基金会”“农村贮金会”的资金兑付困难。

2000 年，全市法院把参与清理“三角债”作为经济审判的一项重要任务，与市政府清理欠款办公室、市工商行政管理局、中国人民银行长沙市中心支行联合召开会议，共同发文，互相配合，依法清欠，对提起诉讼的债务纠纷，优先受理，及时审结、执行。全年审结贷款和其他债务纠纷 2386 件，收回债款 5453 万元，缓解企业资金困难。

2001 年，民间借贷纠纷案件增加，全市受理民间借贷纠纷案 894 件，比上年增加 15%。2002 年增加到 1104 件，比上年增加 23%。2003 年，受理借贷纠纷案 3441 件，审结 3435 件，结案率 99.8%。

2004 后，长沙市两级法院配合围绕“有效防范和打击非法集资活动，建立联席会议制度，明确依法惩处非法集资工作责任机制，审理涉嫌非法集资案件，挽回经济损失。是年，审理此类案件 314 件，挽回经济损失 1400 万余元。

至 2012 年，长沙市两级法院收一审借款合同纠纷案件 2.63 万件。

（三）农村经济承包合同纠纷案件。1988年，农村经济承包合同纠纷案多有发生，全市两级法院受理案件2000件左右。这类纠纷以承包人不依时交纳承包费，或未经承包人许可，发包人将合同转让他人经营，以及合同订立草率、条款不完备、承包费偏低、承包人经营收益大，致使发包人反悔，单方撕毁合同等类型为多。主要涉及土地、山林、山塘、水库经营承包以及乡镇企业经营承包。两级法院依法受理和及时审理这类承包合同纠纷案件，保障农户的土地承包权、生产自主权和经营收益权，保障家庭联产承包制的巩固和发展，保障乡镇企业经营者与承包者的合法权益。对于随意提高土地承包费、一地多包、收回土地高价发包、缩短承包期、撕毁合同等违法行为依法予以纠正。1994年，全市审结土地、山林、山塘、水库经营承包合同纠纷922件，结案标的2086万元，审结有关乡镇企业的纠纷案件1402件，为乡镇企业挽回经济损失6536万元。2005年后这类案件大幅下降。2012年，全市法院收此类案15件。

（四）工程建筑类合同纠纷案件。1988年，长沙市两级法院受理工程建筑类合同纠纷案件1048件。1989年受理1154件，1995年1485件此后逐年增加。2000年后，两级法院每年受理的工程建筑安装类纠纷2000件以上。2010—2012年，长沙市两级法院仅受理涉及建安类合同纠纷6388件，立案案由46种，纠纷案件呈现出案件数量增长快、新类型纠纷多、审理难度大的特点。2012年1月，通过案例调研、法官访谈、实地考察、理论调研、经验借鉴等途径和方法，对长沙法院系统近3年来受理的建工企业涉诉合同纠纷进行统计、分析、座谈、思考和总结，对建工企业涉诉纠纷常见的内部承包合同的合法性，“黑白合同”（一份为应付检查的假合同，一份为执行的真合同）的效力、项目经理对外行为的法律责任等3种问题进行分析，并对5个典型案例进行评析。是年5月，就建工企业涉诉纠纷存在的问题，提出“建工企业加强项目部管理，降低诉讼风险；建筑业主管理部门加强建筑市场监管体系建设；法院与建筑业主主管部门建立长期沟通协调机制；建筑业协会加强指导，推进行业自律；律师协会合理引导，规范律师诉讼行为”5条关于规范建筑行业市场的司法建议。

至2012年，两级法院受理工程建筑类合同纠纷案7.34万件。

（五）非公有制经济与对外经济案件。1988年，全市审结非公经济与对外经济纠纷案1814件，其中对外经济纠纷案22件。1989年，市中院审理4件涉港经济纠纷，其中调解结案2件，撤诉1件，移送1件。

1994年后，非公有制经济快速发展，全市法院准确适用合同法，平等保护各类市场主体的合法权益，依法保护公平交易，促进市场经济健康发展，审结和执结涉及民营企业的案件。1994年全市两级法院审结非公有制经济纠纷案件2418件。1995年审结2626件，其中，涉外经济合同案件74件。是年，瑞典某公司诉湖南某贸易公司合同纠纷一案，市中院本着平等保护的原则，依法判决外方胜诉。2002年，市中院民事审判第三庭审理中国公民齐某某、靳某某与吉布提共和国某商行国际货物买卖合同纠纷案，利用涉外民事诉讼边防控制诉讼保全措施，最终促成双方和解。2006年，市中院审理非公有制企业以及外商、港澳台商在房地产开发、制造业、商品贸易等领域的纠纷案件3286件。2012年，全市审结非公有制经济与对外经济纠纷案3814件。

四、人身权纠纷案件

（一）人身伤害纠纷案件。1988年，全市两级法院审结人身伤害纠纷案件153件。

因交通事故引发的人身伤害纠纷案件占人身伤害纠纷案件的50%左右。市中院于1993年发布《关于道路交通事故人身损害赔偿纠纷案件的审理意见》。是年，长沙县人民法院受理原告刘某诉被告何某人身伤害纠纷案件。被告人何某驾驶大货车，在城区斑马线上将原告刘某之父撞成重伤，因赔偿问题无法达成协议而告上法庭。法院3次开庭审理达成和解协议。

1996年，两级法院审理人身伤害纠纷案件213件，其中交通78件、工程建筑安装52件、电力12件、工矿企业58件，其他13件。是年，宁乡县人民法受理原告张某诉被告李某人身伤害纠纷案件。张某之子为被告李某建房，张某之子在施工过程中不慎摔死，被告以房屋承建合同有“工伤概不负责”为由，拒绝履行赔偿义务。原告张某以被告侵犯张某之子的人身权为由诉至法院，要求赔偿全部损失。法院判决：被告在劳动合同中订立的“工伤概不负责”条款，为无效民事条款。被告李某赔偿张某2.8万元。

1997—2003年，两级法院审理人身伤害纠纷案件1453件。

2004—2008年，两级法院审理人身伤害纠纷案件1248件。

1988—2012年，全市两级法院受理人身伤害纠纷案件3891件，平均每年160件左右，占人身权纠纷案件的80%。

（二）名誉权纠纷案件。1988年，全市两级法院受理姓名、名称、名誉、荣誉权纠纷案件17件，1989年，电影、小品演员陈佩斯诉湖南某报业和某企业损害名誉权一案，中院进行公开审理。1000余名群众旁听，中央、省、市20余家媒体参与旁听并报道。这次审理，是长沙法院民事审判工作中其规模最大、时间最长、旁听群众和新闻记者最多的一次。该案的成功审理，获良好社会反响。是年，受理该类案件26件。

2011年8月8日，龚某某在张家界公众市民留言板发布《步入地雷阵，无惧无悔!》《实名举报市长并非吃了豹子胆》《查，就必须一查到底》等文章，对湖南某建设集团有限公司所承建工程进行否定性评价。2012年，湖南某建设集团有限公司诉龚某某侵害其名誉案，长沙市开福区人民法院作出龚某某侵权的判决。二审至市中院认为，即使“举报帖”所反映的情况可能不实，但湖南某建设集团有限公司作为具有一定知名度的大型建筑企业，应对他人行使监督、批评、建议权利的行为有一定的容忍度。本案不属于人民法院受理民事诉讼的范围，撤销长沙市开福区人民法院民事判决，驳回湖南某建设集团有限公司的起诉。

1988—2012年，全市受理姓名权纠纷312件、名称纠纷48件、名誉纠纷415件、荣誉权纠纷18件。

（三）肖像权纠纷案件。1988年，全市审理肖像权纠纷案件5件。1989年增至7件。1989—1998年，全市两级法院审理肖像权纠纷案件64件。1998年8月，宁乡县人民法院开庭审理某照相馆黄某侵犯肖像权一案。原告余某到黄某所开照相馆照相后，黄某将余某照片陈列在商店橱窗中。余某发现后并未提出异议，还邀请亲友观赏。一年后余某以黄某侵犯她的肖像权为由，要求黄某给予她经济赔偿与精神赔偿。法庭审理认为余某对于黄某将其肖像摆在橱窗一年没有异议，是默许和认可。因此驳回余某的诉讼请求。

2001年12月，雨花区人民法院审理原告3名外籍教师与被告湖南某学校、某电视频道、湖南某传媒公司侵害肖像权纠纷一案。3名原告均系外籍教师，湖南某学校邀请3名原告到学校参观并录像。在原告不知晓的情况下，被告擅自将3人肖像的录像用于招生广告，损害原告的肖像权及名誉权。法院判决该学校、某电视频道、湖南某传媒公司在省级媒体上向原告公开致歉；赔偿翻译费、律师代理费等费用1.8万元人民币；赔偿精神抚慰金各2000元人民币。

1988—2012年，全市两级法院审结肖像权纠纷案件132件。肖像权纠纷案件占人身权纠纷案件的5%。

五、知识产权纠纷案件审判

1988—1989 年，市中院受理专利纠纷案 12 件。

1992—1997 年，两级法院审结专利、商标、技术合同等知识产权案件 228 件，解决争议标的 6397 万余元。其中包括如某五笔字型发明专利侵权、某食品品牌商标系列侵权、郑某某诉许某某和天津某出版社著作权纠纷案、某作品著作权纠纷案等有重大社会影响的案件。

2000 年后，全市法院受理的知识产权纠纷案件有所增加，每年受理 120 件左右。2001 年，市中院审结 52 件。2001 年 11 月 20 日，该院受理远大空调有限公司诉讼美国 3 家公司网络域名侵权案。11 月 27 日，该院向省高院递交请求书，请求省高院依照最高人民法院、外交部、司法部关于执行《向国外送达民事或商事司法文书和司法外文书公约》（中国和美国均为公约国）有关程序，对送达给 3 位被告的法律文书进行审查，并报送最高人民法院和外交部。该案通过外交途径送达法律文书后，美国的 3 位被告向原告远大空调有限公司道歉，并与原告达成谅解意见。远大空调有限公司遂撤回起诉申请。

2004 年 6 月，作家王跃文状告长篇小说《国风》作者“王跃文”。经查，被告“王跃文”（原名王某某）是被告中元公司的签约作家。原告认为，被告盗用原告的姓名出版长篇小说《国风》，严重侵犯原告的合法权益，且对原告构成不正当竞争纠纷。经调解，被告服判息诉，并主动支付原告 10 万元的赔偿。是年，市中院审理多起商标侵权纠纷案。湖南三辰公司的“篮猫”品牌是湖南的著名商标，南安市某体育用品有限公司、湖南某股份有限公司有对“篮猫”品牌商标有侵权行为。三辰公司起诉上述两公司，经中院审理查明，两公司侵权事实成立，依法判决两公司停止侵权，赔偿相关损失。是年，经市中院审结的鳄鱼牌商标侵权纠纷案，国内外媒体进行报道，“德国之声”等 30 余家国外媒体评价长沙法院作出令人信服的裁判；法国拉科斯特公司称“这是鳄鱼牌商标在中国 10 年诉讼经历中唯一的一个清晰的裁定”。

2006 年 4 月 26 日，公开审理法国“梦特娇”商标侵权纠纷案，《欧洲时报》、英国广播公司等媒体评价“这是中国‘入世’5 年来在知识产权保护领域非常令人鼓舞的案例”。

2007 年 1 月 30 日，德国大众汽车股份公司向市中级人民法院提起诉讼，状告长春某润滑油销售有限公司商标侵权、长沙某大酒店销售商标侵权产品，市中院审理后查明：长春某润滑油销售有限公司商标侵权成立，长沙华宇大酒店销售商标侵权产品属实。作出“长春某润滑油销售有限公司立即停止实施侵犯德国大众汽车股份公司的‘VOLKSWAGEN’（大众汽车）、‘大众’、‘大众汽车’、‘大众汽车’（图文组合）等注册商标专用权的行为。立即停止对大众汽车股份公司的不正当竞争行为。长沙某大酒店立即停止销售长春大众润滑油销售有限公司生产出品的侵权产品发动机油。长春某润滑油销售有限公司赔偿大众汽车股份公司经济损失人民币 80 万元。长春某润滑油销售有限公司在判决发生法律效力之日起 10 日内在国家级报纸上刊登启事，消除影响”的判决。该案获中国“知识产权最佳案例奖”，并被评为“2007 年度湖南最具影响力的法制事件”和湖南“十大法治事件”。

2008 年，全市两级法院审结知识产权案件 245 件。2011 年，审结知识产权案件 503 件。审理“拉菲”商标侵权案，名列 2011 年中国知识产权司法保护十大案例之一。2009—2012 年，受理知识产权案件 1254 件。

六、其他民商案件审判

（一）劳动争议纠纷案件。1988 年，长沙市劳动纠纷案件一般先经劳动行政部门设立的劳动争议仲裁委员会仲裁，对仲裁不服的，再由法院受理。1988—1992 年，劳动纠纷案的受理范围以因用人单位劳动报酬以及开除、除名、辞退发生的争议为主。1993年后，案件类型增加，以追索劳动报酬与工伤赔偿纠纷案为主，下岗、内退、买断工龄、解除劳动合同，追索医疗费、培训费、退休费等纠纷案呈上升趋势。争议主体有国有、集体企业与固定工，有私营企业、中外合资企业与合同工、临时工，也有个人雇工纠纷；尤以企业经营亏损导致拖欠工资、退休费、医疗报销费，关系职工生存利益的案件居多。这些案件法律关系复杂，行政管理关系与民事关系交织，劳动合同关系与民事侵权赔偿关系交织，国家法规与厂规厂章冲突，用工自主权与职工生存权冲突。两级法院运用社会主义市场经济理念，平等保护民事主体的合法权益，遵循诚实信用、等价有偿的原则，引导企业改进管理，制约其滥用用工自主权，平衡用人单位与劳动者的利益关系。在查明事实、分清是非的基础上，及时调处或者判决。对违反劳动纪律、不服企业正常管理而开除、除名、辞退员工的情况予以支持。对随意解雇、惩罚职工、滥用用工自主权和工资奖金分配权的情况不予支持。对因企业经营困难，一时发不出工资、退休费及其他福利的情况，与有关部门共同做好协调工作。

2005年以后，劳动纠纷案件基本回归为传统劳动纠纷，但拖欠农民工工资的案件却大幅上升。为保护广大农民工的合法权益，两级法院从民事、执行等部门抽调专门力量，组织专业队伍，专攻拖欠农民工工资的纠纷案件。在年底，两级法院都要组织农民工工资兑现大会，让农民工过好春节。2008年2月3日（农历腊月二十七），因公司拖欠30万余元工资，严某某、汤某某等10余名农民工到长沙县人民法院。2月4日，长沙县法院举行执行兑现大会，将30万元工资分发到严某某、汤某某等农民工的手中。是年，出台《劳动争议纠纷案件审理指南》。

2012年，受理劳动争议案625件，审结552件，审结率88.30%。

2008—2012年，审理劳动纠纷案件1546件，其中，2012年审理318件。

（二）交通事故纠纷。交通事故案件一般由交警部门处理。长沙市两级法院处理的交通事故案件多为情况较为复杂、难度较大、交警部门调处无果的案件。进入2000年后，各种车辆大幅增加，交通事故增多。2008年7月，湖南省第一起外国人交通肇事案在市中级人民法院审理，判处肇事者崔某某（韩国人）赔偿死者家属16万元，并处以拘役4个月。为方便办案和教育群众遵守交通法规，2009年，岳麓区法院在银星小区现场开庭审理一起出租车撞电动车的交通事故赔偿纠纷案，附近居民旁听。经调解，原告黎某获赔9万余元。2011年3月，宁乡县人民法院成立交通法庭，进驻宁乡县交警大队办公。这是长沙市首个集事故处理、司法调解、立案诉讼为“一站式”服务的交通法庭，改变了交通事故由交警部门单一调处的格局。交通法庭只负责办理交通事故引发的民事纠纷，至年底，受理210余起案件，办结的有170余起。交通法庭解决事故当事人“两头跑”、打官司程序复杂和期限长等难题。

（三）企业破产案件。长沙市审理企业破产案始于1995年。1995年，长沙市审理企业破产案件6件。当时，审理国有企业破产案件面临的是大多数企业历史遗留问题较多。同时大部分职工风险意识不足，思想包袱沉重，社会保险体系尚未健全，下岗职工无法得到较完整的社会保障。为配合政府的改革政策和工作计划，审理好国企破产案件，市中院依法立案，审查当事人的破产申请，防止假破产、真逃债的情况，保证审理破产案件的有序进行。针对国有企业破产案件情况复杂、审理环节多等特点，就破产案件的立案审查、审理的前期准备、破产财产清算、债权人会议、破产程序终结等，作全面、具体的规定。大胆探索，盘活资产。对价值大、自动化程度高、难以维护和保养的先进设备在变卖前实施租赁。妥善安置，保证稳定。在审判中，坚持既为企业挽回经济损失，又为企业走向市场提供法律保障。在审理长沙市花岗石公司破产案件过程中，与政府有关部门配合、协作，妥善清理债权债务，顺利终结破产程序。是年，市中院被评为全省法院“加大为企业服务力度先进单位”。

1996年起，长沙市破产案件逐年增多。是年，长沙市被列为“全国50个优化资本结构综合改革试点城市”。全市法院调整工作部署，制定《长沙市法院参与和服务“优化资本结构”试点工作方案》，并把任务作为审判工作尤其是经济审判工作的重中之重。是年，全市法院受理破产案件71件，终结39件，分别为《中华人民共和国破产法》实施后受理数、终结数的2.65倍和3倍，处置破产财产2.4亿余元，确认和清偿破产债权5.58亿元。1998年审结破产案件32件，协助分流安置破产企业职工近万人。2003年，加强对企业兼并、破产、股份改造等国有企业改制案件的审理，审结该类案件近200件。审理全市大型国有老企业湖南省橡胶厂破产案件，推动国企改革的顺利进行，维护社会稳定。2004年，审理企业破产、并购、股权转让等案件6件。审理汽电、716矿、湖南电视机厂等大型国有企业的破产案件，清收破产债权，防止国有资产流失。是年，全市法院开展依法服务国企改革和发展的专项审判，组成31个服务国企小组，到160余家国有企业调查，找准服务的切入点，优先受理、快审快结涉及国有大、中型企业的案件40件，涉讼标的1.6亿元。2005年，加大国有企业改革案件审力度，成立专项审判小组，增设合议庭，受理长沙汽电集团有限公司等省属大型国企破产案20件。2005年以后，国有、集体企业通过改制重组以及破产等措施后，国企破产案逐年下降，私营和股份制企业破产案件上升。2012年，审结企业破产案件6件。至2012年，审理、强制清算等案件62件。

第四节　行政审判与国家赔偿案件审决

一、行政案件审判

1987年4月市中级人民法院行政庭成立后，试办行政案件。1988年审结14件行政案件，维持3件，撤销或变更5件，撤诉6件。1989年1—3月为全市行诉讼“宣传季”。城区法院深入街道、工厂、个体协会，县法院派员到乡村，举办法律讲座，编写典型案例、墙报、宣传栏等进行宣传。同时，全市两级法院开展司法建议活动，以扩大行政审判的影响。是年9月，市中院和东区、西区两个基层法院被确定为《中华人民共和国行政诉讼法》实施试点单位之一。是年，两级法院受理一审行政案件41件。

1990年1—3月，3个试点法院收行政案件3件。4月6日，市中院扩大受案范围，受理公民、法人和其他组织对没收财物和非法所得及查封、扣押、冻结、划拨等不服判决的行政诉讼案件。4—9月，收此类案件20件。1—9月，3个试点法院收一审行政案件29件。10月1日，《中华人民共和国行政诉讼法》实施，根据试点法院的经验，法院与国土、规划、工商、税务、公安等部门建立联系制度，召开联席会、典型案件座谈会，交流行政执法和行政审判经验，增进相互理解和支持。是年，全市受理一审行政案件92件。审结66件，比上年上升65%。在审结的行政案件中，维持行政处罚的15件，占22.7%；撤销行政处罚的10件，占15.2%；撤诉和其他处理的41件，占62.1%。

1991年10月16日，浏阳县人民法院公开审理一起村民告县长的行政诉讼案。浏阳县人民政府法定代表人县长谭仲池出庭应诉。该县上洪乡上洪村跃进村民小组诉称：1991年3月，浏阳县人民政府将属该队集体所有的张坊采育场占用的缆子仓库、缆子池土地确认为国家所有，维护张坊采育场对该土地的使用权的处理决定事实不清，适用法律不当，裁决不公，请人民法院依法撤销该处理决定。经审理查明：张坊采育场原缆子仓库、缆子池地基未征用的266平方米，系经过原跃进队队委会同意，并由主管人员临场指界给采育场，张坊采育场亦接受，使用该土地。虽没有书面协议，但当时双方意思表示真实一致，且不违反当时国家土地法律和政策，现已成历史事实，其赠予成立。跃进组事后反悔无理。浏阳县人民政府《关于上洪乡上洪村跃进村民小组与张坊采育场土地权属争议的处理决定》事实清楚，适用法律正确，程序合法，处理恰当。维护浏阳县人民政府《关于上洪乡上洪村跃进村民小组与张坊采育场土地权属争议的处理决定》。事后，县长谭仲池表示，行政诉讼法的实施，标志着依长官意志行事的历史一去不复返，也标志着国家民主与法制发展到新阶段，这促使行政机关依法行政，并通过法院纠正部分行政机关违法的行政行为。这是长沙市首例县长出庭当被告的行政案件。

1993年，全市法院受理一审行政案件175件，审结160件，其中，维持行政机关具体行政行为的占21.9%，撤销或变更行政机关具体行政行为的占20.6%，撤诉或其他处理的占57.5%。此外，还办理行政机关申请强制执行的案件76件。1994年，全市法院受理一审行政案件214件。

1995年，行政审判进一步拓宽工作领域，受理一审行政案件205件，审结168件。在审结的案件中，维持行政机关具体行政行为的占16.7%，撤销或部分撤销行政机关具体行政行为的占22.6%，其他处理的占60.7%。同时加强"城市管理年"、非诉行政案件、涉及企业的行政案件3类案件的审理：其中涉及城建、工商、环保、道路交通、治安等类型的案件35件；非诉行政执行案件150件，执行121件；针对企业转换经营机制的需要审结的行政案件5件。

1996年，受理一审行政案件253件，审结199件，分别比上年上升23.4%和18.4%。在审结的案件中，维持行政机关具体行政行为的33件，占16.6%，撤销和部分撤销的32件，占16.1%，原告撤诉或作其他处理的占67.3%。在行政审判工作中，两级法院坚持执法、收案、审理。《中华人民共和国行政处罚法》颁布实施后，两级法院采取编印数据、设咨询站、举办理论讲座等方式开展宣传。市中院到市烟草局等单位举办《中华人民共和国行政处罚法》的专题讲座。浏阳市法院将全市30余个乡（镇）长和办事处主任请到法院座谈，介绍法院行政审判工作情况。两级法院还拓宽工作领域，受理872件非诉行政执行案件，执结710件，是上年的5.9倍。1997年，受理各类行政案件230件，同时受理二审行政案件55件，其中，市中院受理一审、二审行政案件60件。

1998年，行政审判围绕依法治市的目标，保护公民、法人和其他组织合法权益，维护和监督行政机关依法行政。全市受理一审行政案件351件，审结325件，结案率93.2%，其中判决撤销或部分变更行政机关具体行政行为、责令行政机关履行法定职责的47%。受理非诉行政执行案件730件，执结670件，分别比上年增长54.7%和54%。是年10月，浏阳市法院审理蕉溪乡常丰村民委员会不服该市人民政府裁决的土地权属纠纷案，市长徐湘平出庭应诉，长沙市电视台《法庭直播》栏目现场直播。中央电视台进行专题采访，作为反映改革开放20年成就的法制专题片的内容之一在全国推介。

1999年，全市法院审结一、二审行政诉讼案件497件。比上年上升47.9%。市中院审结的二审行政诉讼案件，判决变更或撤销行政机关具体行政行为的65件，占66%。全市法院对699件生效的行政处罚决定经行政机关申请后予以执行，支持行政机关依法行政。浏阳市法院行政审判庭被省高院记集体二等功。望城县法院审理该县首起村民状告县人民政府的行政案件，县长出庭应诉。

2000年，两级法院加大行政审判力度，审结一审、二审行政案件574件，结案率92.2%。审结公民、法人和其他组织不服行政机关及法律法规授权组织的超越职权、程序违法的行政案件，依法判决撤销或变更被告的具体行政行为，原告胜诉率在70%以上。此外，运用审判职权，对行政机关作出的合法具体行政行为予以维持。同时，审查行政机关申请执行的非诉行政执行案件694件，依法为行政机关执行各种规费、罚款1090万元，强制拆除违法建筑2.27万平方米，支持行政机关依法行使职权。各级党委、人大、政府对法院的行政审判工作也给予支持，行政审判执法环境得到改善。浏阳市人大常委会要求法院更多地宣传行政机关败诉的个案，进一步增强人民群众对行政审判的信心。雨花区、长沙县等区、县人大常委会组成人员专题听取法院行政审判工作汇报或旁听行政案件开庭审理。2001 年，全市法院在行政审判工作中，贯彻中央整顿、规范市场经济秩序工作精神，坚持监督与支持并重原则，审理的涉及知识产权、工商管理、技术监督等与市场经济秩序整顿有关的案件占行政诉讼案件的 80%以上，对行政机关合法的具体行政行为予以维持，促进市场经济秩序工作的开展。全年审结各类行政诉讼案件 453 件，其中判决撤销行政机关违法的具体行政行为案件占受案的 40%。全年执结非诉行政案件 784 件，特别是执行结案行政机关申请执行的涉及产品质量监督、征稽、环保、拆迁等非诉案件。

2002 年，全市受理理各类行政案件 371 件，依法撤销行政机关违法的具体行政行为案占 47.7%。

2003 年，全市受理一审行政案件 479 件，执结非诉行政执行案 847 件，处理涉及国土、规则、城市管理及重点工程的疑难复杂案件。审结 40 件涉及治安、土地、林业、环保、工商、税务等行政管理部门的行政案件，其中，维持原行政处理决定的 12 件，占 30%；撤销原行政处理决定的 9 件，占 22.5%；部分变更原行政处理决定的 1 件，占 2.5%；撤诉和作其他处理的 18 件，占 45%。

2006 年，全市受理各类行政案件 336 件。其中，市中院审结各类行政诉讼案件 157 件，依法协调处理行政案件 45 件。办理城市综合管理执法、国土、环保等非诉行政执行案件 253 件。指导宁乡县法院非诉行政执行社会抚养费 700 万余元。进行 5 次依法强制执行，完成省重点工程长沙卷烟厂技改工程的土地交付。

2008 年，全市审结行政案件 361 件。其中，市中院审结行政案件 152 件，面对城市拆迁、企业改制、社会保障等行政争议，涉及人数较多、矛盾尖锐的情况，探索和推行行政案件协调制度，解决部分重大疑难问题。

2009 年，全市法院行政庭受理诉讼案件 521 件，审结 425 件，受理非诉执行案件 3257 件，执结 2730 件。其中，市中院受理行政诉讼案件 281 件，结案 204 件，受理非诉执行案件 398 件，执结 379件。

2011 年，继续发布“行政审判白皮书”，落实行政审判与行政执法互动工作机制，规范非诉行政执行，全市法院依法执行环境保护、社会抚养费征收等非诉案件 2106 件。为适应《国有土地上房屋征收与补偿条例》的新变化，长沙市法院成立专门的“三审合一”土地房屋征收审判庭，统一裁判标准，规范司法强拆，服务“两型社会”建设。加强行政协调，促成行政和解，行政案件撤诉率 13.7%，非诉行政执行案件自动履行率增长 11.2%，确保行政争议得到实质性解决。土地、拆迁领域的一审行政诉讼案件占全部一审行政诉讼案件的 36.1%。这些领域的行政案件，涉案人员多，影响大。土地征收动辄牵涉数个村民小组、数百人；城市房屋拆迁最小以户为单位，常常涉及数百上千户。因为这类型的案件关系到相对人的生存、居住问题，涉及的是相对人最基本和最重要的民生问题，因此，当事人与行政机关之间的矛盾尖锐。是年，全市法院受理非诉执行案件 2951 件，比 2010 年上升 56.9%，在裁定准予执行的案件中，执结 2835 件，执结率 96%。非诉执行案件与诉讼案件的受案数比例约为 3:1，行政审判和非诉执行工作得到同步发展。非诉执行案件主要涉及土地、房屋拆迁和计划生育这些领域，通过案件的执行支持行政机关依法行政，维护行政执法的权威。

2012 年，全市受理行政案件 344 件，审结或执结 321 件，其中，市中院受理 98 件。执行城市管理、环境保护、社会抚养费征收等非诉案件 602 件。

二、国家赔偿案件审决

1994 年 5 月，长沙贯彻执行《中华人民共和国国家赔偿法》。成立市中院赔偿委员会，并设立专门办公室，各基层法院设立相应机构。

1996 年，审结全市首起刑事国家赔偿案件，依法赔偿申请人颜海深 5400 元。是年，全市法院审结行政诉讼附带行政赔偿案件 5 件，赔偿标的 5 万余元。1997 年，浏阳市法院审结的卜马生诉浏阳市公安局行政赔偿一案，一审判决赔偿义务机关赔偿 4.6 万元。

2001 年，受理国家赔偿案 14 件，其中行政赔偿案 10 件，刑事赔偿案 4 件，审决赔偿的 5 件，驳回的 6 件，不予赔偿的 3 件。

2002—2008 年，受理国家赔偿案 97 件，其中行政赔偿 47 件，刑事赔偿案 21 件，司法赔偿 29 件。

至 2012 年，全市审决行政、刑事、司法赔偿案件 218 件，其中判决赔偿的 65 件，占 39%，驳回的 87 件，占 40%，决定不予赔偿的 66 件，占 31%。

第五节　审判监督

1988—1989 年，全市法院审结刑事再审案件 1814 件，民事再审案件 309 件，经济再审案件 56 件，共 2179 件。按照全错全纠、部分错部分纠、不错不纠的原则，维持原判 1351 件，改判或部分改判的 382 件，撤诉 7 件，发回重审 1 件，其他 438 件。

1993 年，全市法院进一步加强审判监督工作，审查处理已发生法律效力的判决提出的申诉案 2100 件，通过审判监督程序进行再审的案件 417 件，维持原判 181 件，改判 79 件。1994 年，实行随案发送改判理由说明建议函制度，加强对一审的指导。针对部分经济纠纷案件中存在的争管辖现象，中院开展调查，分析产生问题的原因，提出对策，严格案件管辖的规定，并对 124 件管辖上诉案件，通过审理，裁定撤销 45 件，争管辖现象得到遏制。同时加强告诉申诉审判，对 368 件申诉案件进行再审，对其中 91 件原审处理不当的依法分别发还重审、指令再审或进行改判。

1999 年，为贯彻落实最高法院“审判质量年”要求，全市法院开展“改革年”“管理之年”活动，对申诉、再审案件立案实行公开听证，全年对 83 件申诉案件进行公开听证，决定立案再审 23 件，对 43 件申诉无理的予以驳回。是年，制定《关于接受人大及其常委会监督的工作制度》，从人大代表，政协委员和社会各界人士中聘请执法监督员 120 人；接受人大、政法委及上级法院交办案件 90 件办结率 99%，办理人大代表建议、批评、意见 7 份。健全案件评查、执法过错责任追究制度，强化院长、庭长的管理职责，建立案例指导制度，细化司法标准，规范自由裁量权。这些做法，使二审、再审案件呈下降势头。

2001 年，两级法院推进阳光司法，提高二审案件公开开庭率，扩大公开听证范围，发挥人民陪审员参与审判、监督司法、联系群众的作用。全市法院提请人大任命人民陪审员 294 名，其中，各级人大代表 45 名、政协委员 52 名。开展人民陪审员培训 23 场次，并通过培训提高人民陪审员的履职能力。每年人民陪审员参与审判案件 1700 件左右。统一聘请 100 名法官形象监督员，通过开展监督员参加巡视、旁听庭审等履职活动，监督法院公正司法。同时，两级法院统一公布各院网址、院长信箱和投诉、举报电话，处理群众对法官的投诉，查处违纪人员 3 人。对人大、政协督办、转办的案件，建立跟踪督办答复制度，保证件件有回音。对检察机关提出的抗诉，按实事求是、有错必纠的原则审查处理。对已经发生法律效力的判决和裁定，发现在认定事实或适用法律上确有错误，依法对案件进行重审。7 月，市中院终审裁定岳麓区人民法院立案审判的原湖南外语外贸学院王某等6名学生，状告该校侵害其名誉权的案件为“本案不属于人民法院民事受案范围”，认定违反最高人民法院规定，是违法立案、违法审判、违规收费的错案。该案原告中有4人属未成年人，且诉讼内容涉及隐私事实，采取公开审理，违反法律规定。认定一审法院违法立案、违规收费、违法开庭、违法判决，对当事的7名法官作出免职、降级等处分。

2004年8月1日22时，被告黄某某驾驶出租车搭载姜某等人，行驶途中，姜某持刀与同伙对黄某某实施抢劫，抢得现金200元和一台“TCL2188”型手机。抢劫得手后下车，黄某某驾车追赶，撞死姜某。长沙市芙蓉区法院一审判处被告黄某某有期徒刑3年6个月，赔偿原告姜某某（姜某之父）经济损失3.7万元。原告与被告均不服一审判决，上诉至市中院，要求改判。省内万名出租车司机联名签字，要求二审改判黄某某无罪。市中院审理后查明姜某实施抢劫后，在逃跑途中虽不时回头举刀，但不构成生命威胁，同时系从背后撞击身亡。另查明姜某与其父劳动与生活能力正常，认定经济损失为5.29万元。市中院二审驳回姜某某、黄某某上诉，维持原判，并为终审判决。

是年，徐某某承包湖南省某广告公司“王者之战”栏目的广告经营。广告合同约定徐某某独家经营栏目协议期内奖品广告和方阵广告，而广告公司在未经徐某某同意的情况下，在该栏目内的合同期内播放方阵广告。2005年，上诉至开福区人民法院，要求解除合同，并要求广告公司返还已交付的30万元广告款及利息的诉讼请求。开福区法院一审判决徐某某胜诉。广告公司不服，上诉市中院。2006年，中院二审判决徐某某败诉。徐某某又向省人民检察院、省高级人民法院提出抗诉，省高院裁定市中院另行组成合议庭再审。2008年3月26日，市中院组成再审合议庭，审决解除合同，返还徐某某15.56万元广告费。

2012年，审结二审、再审案件635件。其中，审结检察机关对基层人民法院生效裁判提出的抗诉案件127件，改判38件，发回重审18件，调解、撤诉8件，原判正确予以维持51件，其他12件。

至2012年，全市两级法院审结刑事二审、再审案件1.44万件，维持原判1.06万件，改判或部分改判的3006件，撤诉114件，发回重审612件，宣告无罪的49件。收二审、再审民事案件2.46万件，审结2.46万件，其中维持原判1.72万件，改判2341件，调解1471件，裁定撤诉277件，裁定驳回1440件，发回重审1255件，其他647件。收二审、再审行政案2654件，审结2654件，其中维持原判1830件，改判200件，调解115件，裁定撤诉128件，裁定驳回173件，发回重审30件，其他178件。审结检察机关抗诉案件485件，其他形式的审判监督再审案件1800件。

第六节　执　行

一、刑事案件执行

长沙市两级法院依照《中华人民共和国刑事诉讼法》等法律规定，被告人被判决无罪或免除刑事处罚的，无论判决是否发生法律效力，只要被告人在押的，法院均在宣判后立即释放。对于被判处死刑缓期2年执行、无期徒刑、有期徒刑、拘役或管制的罪犯，待判决发生法律效力后，由法院将有关的法律文书送达监狱或者其他执行机关执行。被判处死刑的罪犯，由最高人民法院核准并下达执行死刑命令，交长沙市中级人民法院负责执行。

1993年9月28日，长沙市中院法警大队首次执行死刑任务。1998年9月29日，长沙市中级人民法院采用“注射法”执行死刑。这是中国第二个采用此法执行死刑的法院。

刑事判决中的判处罚金、没收财产以及刑事附带民事诉讼等判决裁定中的财产部分，均由一审法院按照民事案件的执行办法，交由法院执行局（庭）按相关程序统一执行。

二、民事案件执行

长沙市两级法院对产生法律效力的民事、经济案件予以执行，同时，对行政、仲裁、公证的裁决，申请执行的也予以执行。从1988年7月开始，市中院及9个区县法院相继成立执行庭，全市配备执行人员45人，1988年执行民事、经济案件698件，其中经济案件575件，从而结束审执结合互为一体的制度。

1990年，全市法院受理民事执行案件1102件，比上年的750件增加352件，其他执行案件1500余件。由于存在重审轻执和地方保护主义等方面原因，尚有4000余件1990年以前审结发生法律效力的积案，未能如期执行。是年初，长沙市中院发专文，强调执行工作的重要性，明确审判庭和执行庭对执行工作的分工。两级法院各审判庭和人民法庭，坚持审执结合，在案件的审理过程中，对需要和能够采取诉讼保全措施的，则尽可能地采取，为案件执行创造条件，案件审结后，对易于执行的自行执行，并根据“先旧后新，先易后难，先近后远”的原则，重点清理积案。同时，两级法院执行庭则处理当事人申请强制执行的案件。对于执行中出现的阻力，反复做思想工作，教育当事人自觉履行法律义务，经教育说服无效的，实施强制执行。全市法院执行各类案件6321件，执行金额3000万余元。

1991年，全市法院执行省人大常委会《关于加强人民法院执行工作的决议》，全年受理各类案件1.58万件，执行1.44万件，执行总金额为7644万元。其中，新收1.09万件，执行1.02万件，新收案件执行率93.2%；旧存案件4857件，执行4219件，执行率86.9%。对暂无执行能力的企业，采取“放水养鱼”的办法，做好申请执行一方的工作，达成分期执行和执行和解协议，避免“竭泽而渔”的不良后果。经过两年，缓解“执行难”的问题，开始呈现审执并举的势头。1993年，全市法院执行庭执行各类案件4712件，执行率87.6%，执行标的总金额1.1亿元。其中，当事人自动履行的占60.4%。同时，执行外地法院委托执行的案件61件。

《中华人民共和国行政诉讼法》实施后，国土、工商、税务、专利管理、计划生育、城管、交通运输等部门，依法作出行政处罚决定后，当事人逾期不向人民法院起诉，又拒不执行处罚决定，处罚机关依法申请人民法院执行。1990—1992年，执行重点工程建设的房屋拆迁案件220件，为国家节省建设资金2000万余元，缓解征地拆迁难的问题。与此同时，还在宁乡县、望城县和西区建立5个国土、税务、城建执行室。1992年，办理行政机关依法申请人民法院强制执行行政处罚决定的案件1722件。通过对行政案件的审理和非诉行政案件的执行的各类案件3.28万件，已执行28179件，执行标的11.43亿元，执行率85.9%。

1995年，全市两级法院受理当事人申请执行的各类执行案件7995件，已执行6114件，执行标的1.7亿元，执行率76.5%。在进一步加强、充实执行力量的同时，逐步由审执结合向审执分离过渡，开展执行工作规范化建设，制定并实行各类执行操作程序和制度，执行工作纳入正规化的轨道。是年，市中院被评为全省法院“执行工作正规化建设先进单位”。

1996年，全国法院第一次执行工作会议后，修改和制定《执行工作实施细则》《关于进一步加强执行工作的六条意见》《关于杜绝执行乱的十条规定》，进一步规范执行工作。全市法院采取执行庭和法警队协调配合，统一使用力量的模式，充实执行队伍，执行人员184名。同时开展清理积案会战，清理积案 233 件。在执行中，对逃避执行或抗拒执行的，依法采取强制措施。开福区法院专门召开公开执行处理大会，对 7 名拒不执行法院判决、裁定的当事人宣布逮捕和拘留，并对其中 3 名抗拒执行的当事人追究刑事责任。1998 年，采用新闻曝光、限制被执行人高消费、重奖举报人等方法，执行工作取得新的进展。全市法院执结各类执行案件 6676 件，部分执行 2314 件，执行标的 4.23 亿元。两次开展集中清理执行积案和委托执行积案行动，清查出积案 6353 件，执结 4267 件，使存案率下降 21%，执结标的 2.82 亿元。

1999 年，全市法院按照开展案件“执行年”活动。针对个人、单位不理解、不支持执行，甚至抗拒执行的情况，借助报刊、电视、电台、新闻媒体，宣传《中共中央关于转发〈中共最高人民法院党组关于解决人民法院“执行难”问题的报告〉的通知》精神和上级法院有关执行工作的规定，对拒不执行的 138 家单位和 27 名个人公开曝光，并限期到法院报到、申报财产、约定履行方式。对提供被执行人去向及被执行人财产线索，使案件得以执行的单位和个人，根据案件执行标的额给予奖励。对在新闻媒体公开曝光的被执行单位法人代表或个人，在法律文书确定义务履行完毕前，限制其高消费。通过以上措施执结案件。其中，39 件久未执行的“老大难”案件得以执行，执结标的 2000 万元。其间，全市法院 3 次召开集中执行兑现大会，执结案件 1767 件，兑现金额 4 亿元，并对拒不履行生效裁判、妨碍执行的当事人及案外人分别依法执行逮捕和拘留。

2000 年，全年执结各类诉讼案件 9126 件，执行标的 7.4 亿元。开展为国企服务专项执行和集中清理未结金融执行积案的专项执行活动。中院执结金融机构借贷纠纷案件 406 件，标的 2.5 亿元。全市法院执结农村“两会”案件 3921 件，标的 7377 万元。同时采用债转股等形式，执结大批难案。中国信达资产管理公司长沙办事处申请执行湖南鹜玛制药有限公司 11 件借款纠纷案，标的近亿元。市中院成立项目执行小组，经过论证，做好各方当事人工作，将湖南鹜玛制药有限公司 1.2 亿元资产中的 9800 万元资产转交信达公司接管后控股经营，共同管理，顺利执结这一系列难案，重组后的湖南鹜玛制药有限公司当月扭亏盈利 7.9 万元。2001 年执结 7366 件（含非诉执行案件），执结标的 9.8 亿元，其中，市中院执结 565 件，执结率 75%，执结标的 6 亿余元。湖南中医学院附一医院和恒天实业有限公司涉及 100 余个体工商户的建筑工程纠纷案受理后，经过 40 余天工作，促成双方依法达成协议，执结标的 4400 万余元。2005 年，建立和完善法院执行难联席会议制度，采取财产申报、有偿举报、强制审计、提级执行与交叉执行、资产反租、产权抵债、经营权抵债等执行新方法，用这些方法执结案件 206 件，执结标的 3 亿余元。2006 年，市中院执结各类案件 577 件，执结标的额 3.78 亿元，监督、指导基层法院执结各类案件1.24 万件，执结标的额 20.21 亿元。2008 年，发布《贯彻民事诉讼法（修正案）执行篇的指导意见》，建立健全执行联动机制、执行公开机制、执行威慑机制，加大提级执行、指定执行、交叉执行、加大执行力度，进一步提高执行工作水平。

2010 年，宁乡县法院探索计划生育社会抚养费执行机制创新，对拒不缴纳计划生育社会抚养费的超生户，由法院强制执行。其做法被国家人口发展“十一五”（2006—2010 年）规划终期督评组誉为“宁乡经验”。2011 年，市中院执结的案件 1351 件，标的额 4.2 亿元，基层法院执结 1.31 万件，标的额 40 亿余元，执行工作绩效考核全省第一。

2012 年，两级法院依托全国法院执行案件信息系统，实现与工商、国土、房产、银行等信息平台对接，首创远程视频和解执行方式，执行效率得到提升。

第七节 立案 信访

一、立案

1989年，全市从组织机构和职能范围上完成由行政信访到告诉申诉工作的转变，并按照分级负责处理申诉的原则，初步理顺纵向和横向关系，至年底，全市两级法院都设立告诉申诉机构，配备告诉申诉审判人员58人，民事、经济、行政再审案件全部由告申审理。是年，接待告诉申诉来访9222人次，处理告诉申诉来信8299件次。

1995年，针对立案环节出现的问题，从11月1日起，全市两级法院，除农村法庭外，均设立立案机构，全部实行立审分开，所有案件归口立案部门审查立案和登记立案，统一立案标准，提高立案质量。是年，立案部门受理立案1.98万件，经审理，认为受理不当驳回起诉的仅占0.49%。

1997年，全市两级法院全部正式组建立案庭。是年，全市立案2.94万件，其中刑事一、二审立案2245件，民事一、二审立案7134件，经济一、二审立案7134件，行政一、二审立案226件，执行立案6855件，申诉再审立案493件。

1999年，两级法院普遍制定立案、案件移送、分派案件和案件排期开庭等操作规程，实行立审分离、审执分离、审监分离。这一改革经验在全国法院会议上得到推广。是年，全市受理各类案件3.27万件，其中审结2.88万件，审结率88.2%。2004年，全市受理各类案件4.71万件，其中市中院受理1万余件。

2005年，市中院设立案一庭与立案二庭。（立案第一庭负责对各类案件，依法审查立案或登记立案或不予立案；审理管辖争议、指定管辖、确认仲裁协议效力的案件；负责办理一审交办和仲裁执行交办案件；负责民事、行政一审案件首次排期工作；负责本院民事、行政一审案件的原告和采取保全措施的被告的立案阶段各类法律文书的直接送达工作；负责本院案件诉前财产保全、诉讼保全（诉讼禁令）工作；负责案卷接送、举证责任期限及立案调解和协调工作；负责本院司法专邮和导诉工作；监督、指导基层人民法院的相关工作。立案第二庭（涉诉信访办公室）负责对本院及基层人民法院已经发生法律效力的刑事、行政判决、裁定申请再审案件的立案审查工作；负责对基层人民法院已经发生法律效力的民事判决、裁定申请再审案件的立案审查工作；负责本院信访以及涉诉涉访工作；监督、指导基层人民法院的相关工作。）是年，全市法院立案4.85万件，其中长沙市中院立案1.36万件。

2006年，全市受理案件5.39万件，其中市中院受理1.11万件（含减刑、假释案件6581件）。全市法院用全省不到十分之一的力量，办理全省法院四分之一的案件。2007年，两级法院依法保护当事人诉权，在立案大厅增设系列便民设施，提供立案审查、信访接待等“一站式”诉讼服务，加强立案调解、诉讼指引、风险提示、判后答疑等工作。是年立案5.48万件。

2009年，邵阳市城步县178位农民，不满该县征地修路拆迁安置标准，提起行政复议，进而对省政府提起行政诉讼。市中院立案一庭经审查，确认属于该院主管与管辖之后立案。与此同时，做原告方的息访工作，向省政府反映该地系“老、少、边、穷”地区，失地农民确有实际困难，要求相关部门从现实问题入手，形成合力化解矛盾。各级政府为此迅速筹措1300万元增补资金，发给失地农民，原告主动息访撤诉。

2009—2012年，全市两级法院立案28.15万件。其中，市中院立案6.52万件。

二、信访

1987年12月，长沙市两级法院先后成立告诉申诉审判庭，信访接待由告诉申诉审判庭负责。至

1990 年，全市法院来信来访 6.37 万件次，其中来信 2.98 万件，来访 3.4 万次。

1990 年，开展告诉申诉审判整章建制，制定告诉申诉职责范围、工作细则等制度。对符合法院管辖范围的及时立案，对不属法院管辖范围的，告知当事人找有关部门处理。对各类申诉案件，立案后，移送有关审判庭再审，或自行再审，是年，全市审结 434 件。对管辖有争议的案件，行使指定管辖，以保证群众的诉权。1992 年后，告诉申诉的来信来访总数呈下降趋势，尤其是重复申诉明显减少，但民事、经济纠纷案件的申诉呈上升趋势，行政案件的申诉开始出现。

2001 年，为解决“申诉难”问题，市中院设立立案二庭，专司涉诉信访工作。全市法院强化“窗口”意识，实行值班法官制度，值班法官每年接待群众来访 15000 人次左右，处理各种急、难求助 100 余件次。对经济确有困难的当事人，依法减、免、缓交诉讼费同时，简化司法救助审批程序，为经济确有困难的群众减、免、缓诉讼费，是年，减、免、缓诉讼费 150 万元。是年，魏某向前夫晏某追索小孩抚养费案，雨花区法院接到求助电话之后，迅速予以解决。事后，当事人写信给中共长沙市委书记张云川等领导，称赞该院是名副其实的“信访文明窗口单位”。

2003 年，全市法院设立院长信箱，实行院长批阅群众来信制度，对收到的来信妥善处理。实行院长接待日制度，全市法院院长联合接访，推广开福区法院与开福区人大、开福区委政法委联合接访的经验。

2008 年，望城县法院“以雷锋精神兴院育人”，建立便民联系网，注重信访事件处置，一次性接访息诉率 92.3%。是年起，望城县法院连续 3 年低上诉、零进京上访。

2009 年 12 月，一件上访 18 年的案件撤诉结案。长沙市新建工人文化宫领导小组办公室（乙方）与长沙市郊区城乡建设开发公司（甲方）签订相关协议（1986 年）。甲方按协议征地拆迁腾地，乙方已付部分款项。此后，甲方催收欠款。乙方就此问题请示中共市委、市政府，市领导作出批示（1991 年），说已协商解决（找不到相关批示）。乙方据此拒付欠款，由此酿成纠纷。甲方开始上访申诉，其间，市中院与省高院以“此事应由长沙市政府出面协调处理”为由，驳回起诉。甲方则不间断起诉上访，后由市中院负责处理此案（2008 年 7 月）。经召开协调会议，最终与甲方达成协议（2009 年 1 月 8 日），由市政府拨款 600 万元交乙方，乙方一次性将此款交付给甲方。甲方撤诉。

2012 年，长沙市中级人民法院和开福区、宁乡县人民法院被评为全国法院“立案信访窗口先进集体”。

第五章　司法行政

20 世纪 80 年代末，长沙提出“加强法制建设，实行依法治市”的方针，并确定在长沙市北区、宁乡县等单位进行试点。之后，各区县（市）相继作出依法治区县（市）规划和决议，开展依法治理试点及专项治理工作。

1988 年，涉台公证的办理开始起步，台胞委托大陆的亲属申请办理涉台公证文书到第三地使用。律师代理民事诉讼的案件数量逐渐增多，范围不断扩大。1989 年，随着国务院《人民调解委员会组织条例》的颁布，人民调解组织进一步调整、整顿、充实和发展。同期，在原普法领导小组及办事机构的基础上，依法治市领导小组成立，市司法局局长兼任办公室主任。各区县（市）和市直各战线成立相应的领导和办事机构。法治建设和司法行政工作进入新阶段。

1990 年，“一五”（1986—1990 年）普法结束，全市 355 万普法对象，有 320 万人参加普法学习，参学率 89%。北区获“全国普法工作先进单位”。1990 年起，劳动教养收容范围由以城市为重点，扩大到农村。1991 年，长桥劳教所收容首例吸毒送教的劳教人员。至 1992 年年底，全市建乡镇（街道）司法办 223 个，司法助理员 330 人，司法行政基层工作逐步规范发展。1994 年 5 月，长沙市首家合伙律师事务所成立，全市合伙律师事务所发展迅速，3 年发展到 17 个。1994 年 12 月 29 日，《中华人民共和国监狱法》开始施行，坪塘劳改支队更名为湖南省坪塘监狱，刑罚执行工作进一步规范发展，监内秩序稳定，加刑人数减少：1996 年受加刑处罚 2 人。开始对罪犯建立心理档案，开展心理矫治工作。1997—2000 年，全市人民调解工作，重点放在预防矛盾纠纷上，调处各类纠纷 10.47 万件。

2001 年开始，各区县（市）法律援助机构逐步向基层延伸，在乡镇（街道）、社区设立法律援助工作站（点）。市妇女联合会、市残疾人联合会、市总工会、市归国华侨联合会等有维权责任的群众团体和单位先后设立法律援助工作机构。2002 年，全国统一举行国家司法考试，长沙市成立长沙考区国家司法考试考务工作领导小组。2003 年，发布《长沙市关于进一步加强刑满释放解除劳教人员安置帮教工作的意见》，劳动、工商等安置帮教政策明确。2004 年，工读学校恢复重建并对外招生，招收长沙地区年龄在 12~17 周岁有严重不良行为的未成年人。

2006—2010 年，长沙市全面实施“五五”（2006—2010 年）普法规划，开展“一学三讲（学法律，讲权利、讲义务、讲责任）、法律六进”（法律进机关、进乡村、进社区、进学校、进企业、进单位）活动，实施“十百千”（开展十个法治宣传专题活动、举办百场法治文艺会演、展播千场法治电影）工程，普法依法治理深入推进。人民调解、司法调解、行政调解衔接配合的大调解机制逐步建立。坪塘监狱连续 13 年、长桥劳教所连续 11 年、星沙劳教所建所 5 年实现“四无”（无脱逃、无重大影响的狱所内案件、无重大安全生产事故、无重大疫情），长桥劳教所被司法部授予“现代化文明劳教所”称号，坪塘监狱获“全国监狱劳教工作先进集体”和“省级现代化文明监狱”称号。社区矫正工作于 2009 年全面铺开。律师、公证、司法鉴定、基层法律服务等领域事业快速发展。办理诉讼案件 6.8 万余件，非诉讼法律事务 8.7 万余件，公证事项 27.5 万件，司法鉴定 1.7 万件，接听群众咨询来电 17 万余个，办理法律援助案件 1 万余起，市法律援助中心获“第三届全国法律援助先进单位”称号。

至 2012 年，全市建乡镇（街道）司法所 180 个，实现全覆盖，有专职基层司法行政工作人员 363 人。合伙律师事务所发展到 166 个，有执业律师 2427 人。全市有各类调解委员会 2209 个，有调解员 1.33 万人。长沙市法治宣传、法律服务、刑罚执行、戒毒执法等司法行政各项工作进入全面发展阶段。

第一节 机 构

一、市级机构

1988 年，市司法局机关设有办公室、政工科、法制宣传科、法学教育科、公证律师科、劳改工作管理科、劳教工作管理科、基层工作管理科和行政科。1989 年 7 月，增设监察室。1990 年 5 月，局政工科更名为政治处。1991 年 12 月，局劳改工作管理科、劳教工作管理科的全民事业编制调整为行政编制。1995 年 4 月，市政府明确市司法局机关设办公室、监狱管理科、劳动教养工作管理科、普法宣传科、公证律师管理科、基层工作科、法规教育科、行政财务科、政治部（加挂“警务科”的牌子）、机关党委与纪检组（监察室）合署办公，核定专项行政编制65名。1996年10月，市司法局单独设置警务科，为正科级机构。1997年4月，局基层工作科加挂“刑满释放解除劳教人员帮教安置管理科”牌子。2002年1月，市政府机构改革，市司法局设11个职能处室，机关编制为59名。2005年11月，局机关增设国家司法考试办公室。2006年12月，局法制宣传处加挂“长沙市依法治市领导小组办公室”的牌子，设1名副县级干部兼依法治市领导小组办公室专职副主任（法制宣传处处长）。2008年12月，市局增设社区矫正工作处。2009年6月，局监狱劳教工作管理处加挂“戒毒管理处”牌子。2011年6月，内设机构调整为办公室、监狱劳动教养工作管理处（强制隔离戒毒管理处）、法制宣传处（加挂长沙市依法治市领导小组办公室）、律师工作管理处、公证工作管理处、基层工作处、社区矫正处、国家司法考试处（长沙市国家司法考试办公室）、政策法规处、行政装备处、政治部（人事警务部）〔含干部处、警务（教育培训处）〕、机关党委和纪检（监察）机构按有关规定设置，核定专项行政编制64名。2012年11月，新增政法专项编制3名，专用于高新开发区司法所。

至2012年年底，机关内设职能处（室）11个，另设有机关党委、纪检（监察）室。有政法专项编制67名，机关后勤服务全额拨款事业编制2名。局直属单位有：长沙市法律援助中心、长沙市“148”法律服务和信息指挥中心、长沙市长沙公证处、湖南省坪塘监狱、长沙市长桥劳动教养管理所、长沙市星沙劳动教养管理所（市强制隔离戒毒管理所）、长沙市工读学校、长沙市律师协会秘书处。

1988—2012年，先后担任长沙市司法局主要领导职务的有：冯绍雄、杨哲、杨志德、邢之国、魏华松；其他领导班子成员有：雷建文、张逸书、马友山、黄国安、刘映群（女）、戴雁宾、祖开智、尹正琦、赵凡存、汤三明、肖建中、游建伟、谢朝晖、陈海波、蒋崇发、贝先明、彭文学、刘永革、佘再泉、朱世平、余伟军、孙美秀（女）。

二、区县（市）机构

20世纪90年代初，区县（市）司法局内设机构设办公室、基层工作股、法制宣传股3个股（室），工作人员5~7人。1993年，浏阳县改市，县司法局改称浏阳市司法局。1996年，长沙市城区行政区划进行调整，原市辖东区、南区、西区、北区、郊区司法局改称芙蓉区、天心区、岳麓区、开福区、雨花区司法局。1996年后，基层司法行政工作职能任务不断增加，区县（市）司法局内设机构、人员编制也随之增加。2011年，望城县改区，县司法局改称望城区司法局。2012年，设办公室、法制宣传科、基层工作管理科、法律服务科、社区矫正科（个别单位还设有政工人事科）5个科（室）。下属单位有公证处、法律援助中心。9个区县（市）司法局机关有编制人数126名，平均14人。

三、乡镇（街道）基层机构

1988—1992年，乡镇（街道）基层政权对司法行政工作的指导和管理，以司法助理员为主、聘请有一定文化和基层工作经验人员组建司法办开展工作。至1992年年底，全市建乡镇（街道）司法办223个，司法助理员330人。1993年，推进全市基层司法所建设逐步。是年，在长沙县黄花乡（现为黄花镇）、宁乡县玉潭镇、浏阳市葛家乡等15个经济发达的乡镇把司法办的法律服务职能分离，组建乡镇法律服务所，为当地乡镇（街道）企业、公民提供有偿法律服务，司法办则更名为司法所，成为乡镇政府、街道办事处的职能部门。至1995年年底，全市撤区并乡建镇后，建立乡镇（街道）司法所173个。1997年8月，长沙市实施乡镇（街道）司法所接受区县（市）司法局和当地党委、政府的双重领导，其人、财、物、事实行以区县（市）司法局为主管理，当地党政协助管理的体制。1998年，宁乡县率先在全市完成司法所人、财、物、事四权上收的工作，理顺管理体制。2005年，长沙市明确司法所为区县（市）司法局的派出机构，其“人、财、物、事”以区县（市）司法局管理为主，工作在乡镇（街道）。2008年，长沙县的20个、望城区的20个司法所未完成收编，宁乡县的33个司法所收编后又因工作经费得不到保障再次下放乡镇管理，其余全市乡镇（街道）司法所“人、财、物、事”四权上收到区县（市）司法局。至2012年年底，全市建乡镇（街道）司法所180个（其中乡镇所102个，街道所78个），占应建数的100%。有专职基层司法行政工作人员363人（其中政法专项编制254人、地方行政编制35人，地方事业编制74人）。

第二节 普法与依法治理

1989年1月，长沙市在原市普法领导小组及办事机构的基础上，成立依法治市领导小组，由中共长沙市委副书记任组长，市司法局局长兼任办公室主任。各区县（市）和市直各战线成立相应的领导和办事机构。1990年，将普法领导小组和依法治市领导小组实行“两块牌子、一套人马”。1996年8月，将市普法领导小组和依法治市工作领导小组合并，成立长沙市普法依法治市领导小组，由中共长沙市委副书记任组长。1996年铺开地方、基层、行业三大依法治理工程，开展依法治市活动。1999年3月，将普法依法治市领导小组更名为依法治市领导小组，由中共长沙市委书记任组长，各区县（市）将领导小组作相应调整。2003年9月起，依法治市领导小组办公室改由同级政法委书记兼任主任。

一、普法

从1986年开始，采取“五年规划”运作方式进行普及法律常识宣传教育。

（一）“一五”普法（1986—1990年）。内容主要是“十法一条例”，即宪法、刑法、刑事诉讼法、民事诉讼法（试行）、婚姻法、继承法、经济合同法、兵役法、民法通则、民族区域自治法和治安处罚条例。普法的对象是全市13周岁以上的城市居民，重点是县处级以上领导干部和青少年。1988年，完成“十法一条例”普及任务的经济管理部门和企业，学习全民所有制工业企业法、经济合同法、厂长工作条例等16个法律法规。1989年，全市重点宣传游行示威法和全国人大常委会《关于加强法制教育，维护安定团结的决定》等法律。1990年，“一五”普法结束。市普法办、市司法局对全市普法工作进行考核验收，全市355万普法对象，有320万人参加普法学习，参学率89%。其中有250余名县处级干部参加普法考试，合格率100%。北区获“全国普法工作先进单位”。

（二）“二五”普法（1991—1995年）。内容以宪法为核心，专业法为重点，全民学习《中华人民共和国行政诉讼法》《中华人民共和国义务教育法》《中华人民共和国集会游行示威法》《中华人民共和国国旗法》，有针对性选学《中华人民共和国刑法》《中华人民共和国婚姻法》《中华人民共和国经济合同法》《治安管理处罚条例》。其间，将全国人大常委会通过的《关于加强社会治安综合治理的决定》《关于严禁卖淫嫖娼的决定》《关于严惩拐卖、绑架妇女、儿童的犯罪分子的决定》《中华人民共和国妇女权益保障法》等新颁布的法律法规和《社会主义法制建设若干问题讲话》《宪法讲话》（简称普法“两本书”）增列为“二五”普法内容。

“二五”普法的对象是工人、农民、知识分子、干部、学生、军人、个体劳动者以及其他一切有接受教育能力的公民，其中重点对象是县团以上各级领导干部、司法人员、行政执法人员和青少年。

1991年，长沙市将普法教育纳入评定文明单位和社会治安综合治理考核内容。全市各类学校把普法教育纳入学生思想品德教学计划中。1992 年，开展宪法知识竞赛、举办广播电视台（站）法制宣传百日大联播节目等，重点宣传宪法。1993—1994 年，全市工商、税务、国土等 42 个专业法执法部门，2 万余名干部到街道、乡村、集镇，采取集中设点发放宣传资料、展出宣传板、接受法律咨询和出动宣传车，开展法制宣传一条街活动等形式，宣传专业法律法规 268 个。1995 年，市委中心学习组举办专题法制讲座 3 次；各区县（市）党委中心学习小组和市直各单位党委（党组）都举办法制讲座或学法讲习班。1992—1995 年，全市各级党校、团校、干校、培训中心分期分批举办法律知识培训班 324 期，3.2 万余名执法人员接受专业法律知识培训；“二五”期间，全市 338 万名普法对象，有 270 万人参加普法学习，普及率 70%；50 万人参加“二五”普法验收考试，合格率 95%。其中有 47 名市级领导和 1132 名县处级干部参加普法验收考试，合格率 98%。

（三）“三五”普法（1996—2000 年）。内容是全体公民学习宪法和基本法律知识，县处级以上领导干部学习邓小平民主法制建设理论，重点掌握《中华人民共和国宪法》《中华人民共和国国家赔偿法》《中华人民共和国行政处罚法》《中华人民共和国行政诉讼法》《国家公务员暂行条例》；司法人员和行政执法人员要熟练掌握与本职工作相关的法律法规；企业经营管理人员着重掌握《中华人民共和国公司法》《中华人民共和国劳动法》《中华人民共和国经济合同法》等；中小学校要抓好《中华人民共和国教育法》《中华人民共和国义务教育法》《中华人民共和国教师法》《中华人民共和国未成年人保护法》等法律法规的学习宣传。

“三五”普法的对象和重点在“二五”普法基础上，将企业经营管理人员增列为普法宣传教育的重点。1996 年，将县处级干部学法纳入中共市委党校培训计划，印发《长沙市各级领导干部学法用法若干规定》。1997 年起，全市推行普法合格证制度。1999 年起，实施国家机关工作人员任前法律资格考试制度。“三五”普法期间，市、区县（市）两级普法讲师团，乡镇普法宣传队，在企业和农村乡镇、村讲授法律知识课 400 场次。全市举办市场经济法律法规培训班 143 期，培训企业经营管理人员 4300 人次；青少年法制教育成立由中共市委副书记任组长的领导小组及办事机构，各学校相继选配法制副校长和法制辅导员。全市重点开展“百万公民学法用法知识竞赛”“送法律下乡镇、进工厂、入农户”活动和开展“走向法制”巡回演讲团到区县（市）巡回演讲等普法宣传活动。“三五”期间，全市宣传宪法等法律法规 50 余部。全市 11 万余名各级干部参加普法考试。98 万名青少年接受普法教育，普及率 100%。

图 9-5-2-1 长沙市“与法同行 健康成长”青少年法制宣传教育活动现场（摄于 2012 年，市司法局供图）

（四）“四五”普法（2001—2005 年）。内容是继续深入学习宣传邓小平民主法制理论和党的依法治国，建设社会主义法制国家的基本方略；司法人员和行政执法人员学习邓小平行政法制理论、依法行政基本原理和《中华人民共和国宪法》《中华人民共和国行政诉讼法》《中华人民共和国行政复议法》《中华人民共和国国家赔偿法》《中华人民共和国行政处罚法》《中华人民共和国行政监察法》等；青少年重点学习《中华人民共和国宪法》《中华人民共和国国旗法》《中华人民共和国教育法》《中华人民共和国教师法》《中华人民共和国未成年人保护法》《中华人民共和国预防未成年人犯罪法》等。

“四五”普法对象在“三五”普法基础上，继续将领导干部、公务员、青少年、企业经营管理人员学法用法作为重点。2001年起，全市县处级领导干部和公务员进行法制教育轮训；党委中心组学习范围从市、区县（市）党委、市直单位（部门）党委理论学习中心组，扩大到区县（市）直单位（部门）党委（党组）理论学习中心组和乡镇、街道党委（党工委）理论学习中心组，学习对象由县级以上领导干部扩大到科级以上负责干部。全市司法机关、行政执法机关和企业管理部门结合各自专业法律知识要求，开展岗位学法活动和业务知识培训。重点围绕主题开展法制宣传日（周、月）活动。2001年12月4日，全市开展首届以“增强宪法观念、推进依法治市”为主题法制宣传日系列活动。2002年5月，开展首届全市农村法制宣传月系列活动，是年9月，开展首届全市青少年法制宣传周系列活动，2003年12月，开展首届全市社区法制宣传日系列活动。“四五”期间，宣传普及法律法规120部，全市180万户居民接受法制宣传教育。

（五）“五五”普法（2006—2010年）。内容是深入学习宣传宪法，重点学习《中华人民共和国劳动合同法》《中华人民共和国就业促进法》《中华人民共和国突发事件应对法》《中华人民共和国民事诉讼法》《中华人民共和国反洗钱法》《中华人民共和国企业破产法》《行政机关公务员处分条例》《中华人民共和国律师法》《中华人民共和国道路交通安全法》等。其间，将《中华人民共和国物权法》《中华人民共和国人民调解法》《中华人民共和国治安管理处罚法》等新颁布或修订的法律法规增列为普法内容。

“五五”普法在“四五”普法对象和重点基础上，将农民增列为重点普法对象，2006年起，将村支“两委”干部纳入全市统一的年度学法培训和考试；全市重点开展“学法律、讲权利、讲义务、讲责任”主题教育活动和开展“法律进机关、进乡村、进社区、进企业、进学校、进单位”活动。2007年起，全市每年组织10个普法讲师团、100名讲师团成员，到全市机关单位、企业、社区、农村、学校开展专题法律巡回宣讲3488场次，发放《公民普法读本》《农村居民常用法律法规汇编》等普法教材、宣传资料407万册。“五五”普法期间，全市普及法律法规90余部，全市11万余人参加普法考试。

（六）“六五”普法（2011—2015年）。内容是深入学习宣传宪法和开展社会主义法治理念教育，具体学习《中华人民共和国社会保险法》《中华人民共和国国防动员法》《中华人民共和国刑法修正案（八）》《中华人民共和国国家赔偿法》《中华人民共和国旅游法》《中华人民共和国选举法》《中华人民共和国行政监察法》《中华人民共和国代表法》《中华人民共和国著作权法》《中华人民共和国村民委员会组织法》《自然灾害救助条例》《湖南省政府服务规定》等法律法规。

图9-5-2-2 长沙市“六五”普法期间，全市开展法律进学校活动 （摄于2012年，市司法局供图）

“六五”普法对象的重点仍然是领导干部、公务员、青少年、企业经营管理人员和农民的法制宣传教育。2011年，长沙市依法治市领导小组成立由中共长沙市委常委、政法委书记任主任的国家工作人员学法考试考务委员会及办事机构，加强对全市领导干部和公务员学法用法的组织领导和监督。2012年起，全市在继续深化“法律进机关、进社区、进学校、进企业、进单位”活动的同时，进一步推进法制文化广场、公园、街区等法治文化阵地建设，采取在广场建设大型电子显示屏，举办市民法治讲坛、影视展播、法治书画、摄影赛等活动，开通手机短信等方式，传播法治信息，使广大干部群众接受法制教育。

二、依法治理

（一）地方依法治理

1.依法治市。1988年，长沙市提出“加强法制建设，实行依法治市”的方针，并确定在北区、宁乡县等单位进行试点。是年5月，市人大常委会作出依法治市的决议。8月，长沙市制定并发布依法治市实施方案。1989年1月，长沙市召开依法治市动员大会，全市有组织、有领导、有计划地开展依法治理活动。

1996年起，依法治市全面推进。印发《长沙市“九五”期间依法治市实施方案》；作出《关于进一步推进依法治市的决议》；发布《关于实行行政执法责任制》文件，成立执法责任制领导小组，制定《长沙市行政执法监督条例》，签订《行政执法责任书》；全市推行政务公开制度；审判机关、检察机关和行政执法部门推行责任追究、错案赔偿等制度，强化依法行政措施；成立依法治市督查团，对依法治市工作进行督查；对全市普法依法治理实施情况开展专项检查和对执法单位及行政主要负责人进行评议。2001—2012年，市、区县（市）两级政府设立政务服务中心，简化行政审批手续、规范行政审批行为、推进政府部门依法行政。

2.依法治区县（市）。1988年初，北区发布依法治区规划。是年8月，长沙市召开全市依法治理动员大会，总结推介北区依法治区经验。各区县（市）相继作出依法治区县（市）规划和决议，开展依法治理试点及专项治理工作。1996年，浏阳市、开福区被确定为全市依法治理示范单位，并被授予全省依法治理示范县。1999年2月，浏阳市出席全国学法用法依法治县经验交流会。2008年9月，天心区率先在全市启动“法治天心”创建活动，各区县（市）相继开展。2010年11月，天心区、雨花区被授予全国首批依法治县（区）创建活动先进单位。

3.依法治村（社区）。1993年9月，在浏阳市坪山乡龙洞村开展依法治村、民主管理试点。1994年8月，出台《长沙市依法治村、民主管理实施方案》，随后，全市从市、区县（市）抽调机关干部1027人，分成308个工作组进驻241个镇、601个行政村，开展依法治村工作，引导村民根据国家法律法规，结合当地村情民情制定村民自治章程，完善村务公开、财务公开制度，实行民主选举、民主管理、民主决策、民主监督。1997年，对全市2977个行政村开展依法治村工作进行考核验收，其中有2030个村达标。是年，雨花区红星村等11个村被授予“全省依法治理模范村”，芙蓉区高桥村等32个村被评为全省依法治理先进村。2003年，全市开展“民主法治示范村（社区）创建活动。2004

图9-5-2-3 长沙市开展农村法制宣传月活动
（摄于2011年5月11日，市司法局供图）

年，长沙县黄花镇黄垅新村、浏阳市淳口镇鸭头村被授予首批“全国民主法治示范村”称号。2010年，宁乡县双江口镇白玉村等3个村被授予“全国民主法治示范村”，浏阳市古港镇港星村等325个村（社区）通过市级“民主法治示范村（社区）”考核验收。

（二）行业、企业依法治理。1988年，全市有410家企业设立法律顾问室或聘请常年法律顾问。1990年12月，市依法治市领导小组召开全市依法治厂经验交流会，总结推介长沙汽车电器厂、湖南开关厂、长沙钢厂依法治厂经验。1993年，全市工业企业围绕转换经营机制，深化企业改革，开展市场经济法律法规的宣传教育。“三五”（1996—2000年）普法将企业经营管理人员列入重点普法对象，组织进行法律法规培训，确定长沙电器厂、长沙友谊集团公司为全市企业依法治理示范单位。是年，行业依法治理活动启动，1996年起全面展开。各部门、行业普遍制定依法治理规划，实行执法责任制；加强行政执法队伍培训，实行执法人员持证上岗制度；全市推行政务、警务、审务、检务公开制度；市、区县（市）及行业主管部门结合实际，开展专项治理活动。2003年起，全市先后分两批在税务、工商等部门开展“依法办事示范窗口单位”创建活动。在法院、检察院、公安、城管等司法、行政执法部门推行执法质量考核评议工作。2004年，召开全市经委系统依法治企工作经验交流会，推介长沙卷烟厂、湖南浦沅工程机械有限公司等8家企业依法治企的经验。是年9月，长沙市公安局交警支队车管所、长沙县工商局等28个行政执法基层单位获全省首批“依法办事示范窗口单位”称号。2006—2010年，有4批58个基层单位被授予“全省依法办事示范窗口单位”。

第三节　律师事务

1989年5月，全市律师执业机构的名称由法律顾问处更名为律师事务所，市司法局撤销长沙市法律顾问处，成立长沙市第一、第二、第三律师事务所，增设新建长沙市经济律师事务所。1992年，律师执业机构由单一的国家出资组建的国资律师事务所转变为同时发展“两不四自”（不占国家编制、不要国家经费，自主经营、自负盈亏、自我约束、自我发展）的合作、合伙律师事务所。1995年长沙市律师协会成立，律师管理由司法行政机关单一管理转变为司法行政机关行政管理与律师协会行业管理相结合的管理体制；2001年，国资律师事务所“脱钩改制”；2008—2009年，个人开业的律师事务所开始成立。执业律师逐步由国家法律工作者转变为社会法律工作者，律师分为服务社会的社会律师和服务国家机关的公职律师，律师业务由传统的办理刑事、民事案件和一般非诉讼法律事务拓展到政治、经济、社会生活与民主法制建设各个领域。

一、执业机构和人员

（一）国资律师事务所。1989年年底，全市国资律师事务所14个。各区县（市）也相继建立第二律师事务所或专业律师事务所。1990—1994年，全市建立国资律师事务所24个。国资律师事务所由于受到国家编制和经费的束缚，发展缓慢。1995年，省司法厅对组建国资律师事务所作出限制性的规定，全市国资律师事务所停止发展。2000年12月，出台《长沙市国资律师事务所脱钩改制实施方案》，至2001年年底，全市22个国资律师事务所在脱钩改制中注销1个，合并1个，改为合作律师事务所19个，改为合伙律师事务所1个。

（二）合作律师事务所。1992年7月，市司法局进行组建合作制律师事务所试点，律师聂钟敏、赵异湘、曾伟自愿申请成立长沙市首家合作制所，定名为“长沙市商务律师事务所”（后更名为湖南博言律师事务所)。1993年5月，浏阳市司法局在县一级进行组建合作制所试点，律师黄丙生等5人自愿申请成立合作制律师事务所，定名为“浏阳市经贸律师事务所”（后更名为湖南湘淮律师事务所)。1997年，全市“合作制律师事务所”改称“合作律师事务所”；2000年以前，由于财政、税务、人事、劳动等职能部门对合作所的监督管理尚无明确的法律规范，故全市合作所发展缓慢，至2000年年底，全市合作所仅发展到4个。2001年，长沙市国资所脱钩改制，19个所改为合作所。是年年底，合作所增至29个。至2008年年底，全市合作所发展到36个。2009年，全市36个合作所组织形式全部变更为普通合伙或特殊普通合伙律师事务所。

（三）合伙律师事务所。1994年5月，律师李政权、钟四明等8人申请成立长沙市首家合伙律师事务所，定名为“长沙市国际通商律师事务所”（后更名为湖南太极律师事务所)。合伙所依据“合伙协议”制定内部运行机制，既具有较强的自我约束力，又具有较大的发展活力。全市合伙所发展迅速，1997年发展到17个，2008年年底增至49个，占全年全市律师事务所总数的67.12%。2009年，全市36个合作律师事务所改为合伙律师事务所。省直51个所移交长沙市，至年底，全市合伙所增至140个。2012年年底，全市合伙所发展到166个，占全年全市律师事务所总数的97.08%。

（四）个人律师事务所。1992年，长沙市开始试办“两不四自”的合作律师事务所和合伙律师事务所，专职律师不占用国家编制，由律师事务所从取得律师（法律职业）资格证人员中招聘，专职律师队伍迅速发展。1991年，长沙市有执业律师189人，其中专职律师64人，仅占执业律师总数的33.86%。1995年，全市有兼职律师290人。1996年后，兼职律师人数逐渐减少，并予限制发展。特聘律师，1995年，开始从政法部门和政法院校离退休干部（教师）中选聘特邀律师，1996年，全市各律师事务所选聘特邀律师101人，后逐年减少，2001年，正式取消特邀律师。2001年，长沙市执业律师增长到371人，其中专职律师310人，占执业律师总数的83.56%。2003年，报请省司法厅审查批准史忆、胡晋文等20名公职律师，并批准长沙海关、省工商局、长沙市规划局设立公职律师办公室（均有3名以上公职律师)。2008年12月，北京市德恒律师事务所长沙分所原执业律师王小全申请设立长沙市首家个人开业的律师事务所，定名为湖南思想律师事务所。

2012年，长沙市有执业律师2427人，其中专职律师2231人，占执业律师总数的91.92%；具有博士学历的53人，占2.18%；具有硕士、双学士学历的455人，占18.75%；具有本科学历的1842人，占75.9%；专科学历的77人，占3.17%；具有相当外语水平的853人，占35.15%。公职律师发展到33人。全市个人开业的律师事务所发展到5个，占全年全市律师事务所总数的2.92%。

表9-5-3-1　　1988—2012年长沙市律师机构和人员一览表

年度	律师机构（所）					执业律师（人）					
	合计	国资	合作	合伙	个人开业	合计	专职律师	兼职律师	特邀律师	公职律师	法律援助律师
1988	10	10	—	—	—	98	32	37	29	—	—
1989	14	14	—	—	—	99	33	37	29	—	—
1990	17	17	—	—	—	109	43	37	29	—	—
1991	18	18	—	—	—	189	64	83	42	—	—

续表 9-5-3-1

年度	律师机构（所）					执业律师（人）					
	合计	国资	合作	合伙	个人开业	合计	专职律师	兼职律师	特邀律师	公职律师	法律援助律师
1992	21	20	1	—	—	199	74	83	42	—	—
1993	22	20	2	—	—	208	83	83	42	—	—
1994	27	24	2	1	—	534	225	246	63	—	—
1995	31	24	2	7	—	598	225	290	83	—	—
1996	38	23	2	13	—	466	235	130	101	—	—
1997	41	22	2	17	—	439	244	105	90	—	—
1998	40	22	2	16	—	403	238	98	67	—	—
1999	39	22	2	15	—	416	282	81	53	—	—
2000	41	22	4	15	—	416	287	80	49	—	—
2001	43	—	29	14	—	371	310	61	—	—	—
2002	45	—	31	14	—	399	366	33	—	—	—
2003	46	—	32	14	—	447	388	19	—	20	20
2004	54	—	30	24	—	529	463	20	—	23	23
2005	54	—	31	23	—	547	483	20	—	24	24
2006	65	—	36	29	—	635	549	26	—	30	30
2007	74	—	36	38	—	747	640	30	—	44	33
2008	86	—	36	49	1	842	735	30	—	44	33
2009	142	—	—	140	2	1619	1439	103	—	44	33
2010	152	—	—	149	3	1935	1736	122	—	44	33
2011	163	—	—	158	5	2120	1919	133	—	35	33
2012	171	—	—	166	5	2427	2231	130	—	33	33

二、诉讼业务

（一）刑事诉讼辩护及代理。1997—1998 年，全市律师为犯罪嫌疑人提供法律咨询、代理申诉或控告 580 件，代理申请取保候审 192 件，办理刑事辩护及代理案件 1983 件。随着律师参与刑事诉讼业务范围扩大，刑事辩护及代理案件有较大增长。

2001 年 11 月 2 日，长沙市检察院起诉书指控熊某为共同抢劫、盗窃犯罪的主犯，应依法从重处罚。长沙市中级人民法院受理此案后，认为被告人熊某可能判处死刑而没有委托辩护人，依法向长沙市法律援助中心发函，要求指定律师为熊某辩护。律师林学军被指派为熊某的辩护人。法庭开庭前，律师经过会见被告人、查阅本案文书材料，发现被告人有自首和重大立功表现：被告人熊某案发后能主动交代公安机关尚未掌握的全部抢劫、盗窃事实，依法应认定为自首；熊某协助公安机构抓获其他两名犯罪嫌疑人，依法应认定为重大立功表现。是年 11 月 9 日法院开庭审理本案，林律师根据上述两点，提出依法减轻处罚的辩护意见。法院予以采纳，判处熊某无期徒刑。

2012 年，全市律师办理 3926 件，比 1988 年的 1262 件增长 3.1 倍。1988—2012 年，全市律师办理刑事辩护及代理案件 3.72 万件。

（二）民事案件诉讼代理。1988 年后，律师代理民事诉讼的案件数量逐渐增多，范围不断扩大，主要有婚姻纠纷、民事赔偿纠纷、房地产纠纷、继承权纠纷、知识产权纠纷等 10 类案件。1992 后，婚姻纠纷案件呈上升趋势。1997—2006 年，全市律师办理婚姻纠纷代理案件 6272 件，占同期办理民事诉讼案件的 28.5%。随着房地产业的兴起，房地产纠纷案件不断增多。1997—2003 年，全市律师办理房地产纠纷代理案件 4339 件，占同期办理民事诉讼代理案件总数 19.72%。继承权纠纷案件、房屋租赁纠纷案件、知识产权纠纷案件也呈上升趋势。2012 年全市律师办理民事诉讼代理 7546 件，比 1988 年的 1356 件，增长 456.5%。1988—2012 年，全市律师办理民事诉讼代理案件 6.47 万件，年均 2589 件。

（三）经济案件诉讼代理。1988 年，全市律师代理经济诉讼案件 878 件。

1993 年 8 月，长沙市五一文实业股份有限公司（以下简称“五一文”）与珠海经济特区粤安制药工业有限公司（以下简称“粤安公司”）签订联合开发房地产协议。协议签订后，五一文即投入人民币 1000 万元资金，后因房地产开发降温等原因，联合开发项目未能上马，粤安公司严重亏损，五一文因投入 1000 万元资金不能收回，公司资金周转发生困难，经济效益下滑。1996 年，湖南华硕律师事务所主任、律师张华接受五一文委托，代理参与诉讼。代理律师认为五一文与粤安公司所签订的协议内容，名为联营，实为借款。经过一、二审法院的审理，采纳代理律师的意见，判决五一文胜诉，收回 1000 万元本金和 300 万元利息。

1996 年 2 月，长沙市 9 名客户状告中国国际期货经纪有限公司（以下简称“中期公司”）及长沙分公司境外外汇期货经纪合同纠纷一案，经长沙市中级人民法院一审判决中期公司赔偿 9 名客户亏损的保证金500 万元。律师杨建伟接受中期公司的委托，代理上诉到省高级法院。代理律师从期货行业的特殊性出发，认为应按照《中华人民共和国民法通则》的基本原则及国际惯例来确定法律适用问题，从而提出中期公司不应承担巨额赔偿的理由。经过二审法院的审理，支持中期公司上述上诉理由，判决中期公司胜诉，避免了中期公司破产的危险。

1998 年，长沙市律师经济诉讼代理数量上升到 1582 件。

2000 年后，律师代理经济诉讼案件中，主要有经济合同纠纷案件、金融证券案件等 5 类。尤其以财产利益关系争议为特征的合同纠纷，在经济纠纷案件中所占的比重大，1997—2006 年，全市律师代理经济合同纠纷诉讼案件 9919 件，代理金融证券、期货案件 1156 件，分别占同期办理经济案件诉讼代理总数的 74.36%和 9%。随着涉外经济的发展，律师代理涉外及港澳台经济案件也不断上升。

2012 年，长沙市律师经济诉讼代理案件上升到 3775 件，比 1998 年增长 2.19 倍。1988—2012 年，全市律师代理经济诉讼案件 3.97 万件。

（四）行政案件诉讼代理。行政诉讼代理业务始于 1990 年 10 月 1 日《中华人民共和国行政诉讼法》颁布施行之后。1991 年 10 月 16 日，浏阳县人民法院公开审理该县上洪乡上洪村跃进组村民不服县人民政府作出的关于该村与张坊采育场土地权属争议的决定而向浏阳县人民政府提起行政诉讼一案。县长谭仲池出庭应诉，浏阳县律师陈清觉、王幼元分别代理原、被告双方参与诉讼。最后法庭作出判决：维护浏阳县政府关于上洪乡上洪村跃进组与张坊采育场土地权属问题争议的处理决定。原告不服一审判决，上诉至长沙中院，中院裁定驳回上诉，维持一审判决。1991 年全市律师代理行政诉讼案件 49 件，2012 年上升到 535 件，增长 10.92 倍。律师在行政诉讼案件代理中，一般担任原告代理人的比重大。1997—2012 年，全市律师代理行政诉讼案件 3386 件，其中代理原告的 2939 件，占 60.22%。1997 年 1 月—2000 年 9 月，浏阳市律师代理原告的诉讼案件 234 件，胜诉的 188 件，占 80.34%。1991—2012 年，全市律师办理行政诉讼案件 3814 件。

三、非诉讼法律事务

（一）担任法律顾问。1988 年后，全市律师担任法律顾问业务快速发展并呈现新的变化。担任法律顾问数量不断增加，范围不断扩大。1988 年，全市律师担任法律顾问 410 家。担任法律顾问的范围由担任企事业单位法律顾问发展到担任政府机关、个体经营户、外资企业的法律顾问。1989 年，市人民政府聘请 2 名律师担任常年法律顾问。1990 年，市政府聘请 7 名律师组成政府法律顾问团，市辖 9 个区县（市）政府和 20 余个政府职能部门都聘请律师担任常年法律顾问。2001 年全市律师事务所担任政府法律顾问 60 家，律师担任外资企业的法律顾问也不断增加，1998 年全市律师参与 4 家公司股票上市发行、20 家企业实行公司制改造、12 家企业组建企业集团、84 家企业实行租赁承包经营、21 家企业股份合作、23 家企业拍卖、64 家企业破产，为顾问单位解决改革中发生的各类事项和问题 856 件。1997—2006 年全市律师担任 449 家（次）外资企业法律顾问，担任境外投资项目法律顾问 86 家。2012 年，全市律师担任法律顾问发展到 2825 家，较 1988 年增长 6.89 倍。全市律师事务所担任政府法律顾问 168 家，是 1988 年的 42 倍。

（二）代办非诉讼法律事务。1997—2006 年，全市律师参与研讨有关国企改革的法律问题 249 个，出具法律意见书 2088 件，帮助制订改革实施方案 217 个，办理涉及企业股份制改造、企业破产清算等法律事务 1713 件，代办各类合同、章程审查 31378 件，代办商务谈判签约 7005 件，代理参与仲裁事务 6621 件。2012 年，全市律师代办非诉讼法律事务 26547 件，比 1988 年增长 53.63 倍。1988—2012 年，全市律师代理非诉讼法律事务 19.57 万件，代写法律事务文书 8.61 万件，解答法律咨询 46.84 万件。

表 9–5–3–2　　1988—2012 年长沙市律师业务一览表　　单位：人；件

年度	担任法律顾问		刑事诉讼辩护及代理	民事案件诉讼代理	经济案件诉讼代理	行政案件诉讼代理	非诉讼法律事务	涉外及港澳台法律事务	解答法律咨询	代写法律事务文书
	合计	政府机关法律顾问								
1988	410	4	1262	1356	878	—	495	5	12130	1161
1989	434	11	1704	1520	1712	—	692	7	9076	1197
1990	454	30	1842	2239	1564	—	831	4	12430	1242
1991	502	33	1464	1091	1247	49	3734	11	16839	2281
1992	544	33	1258	1033	1002	53	4440	19	14655	2712
1993	730	35	1057	1152	1500	72	2754	28	19241	1462
1994	839	37	955	1222	1598	95	2595	76	10760	2618

续表 9-5-3-2

年度	担任法律顾问		刑事诉讼辩护及代理	民事案件诉讼代理	经济案件诉讼代理	行政案件诉讼代理	非诉讼法律事务	涉外及港澳台法律事务	解答法律咨询	代写法律事务文书
	合计	政府机关法律顾问								
1995	1178	43	1039	1346	1410	91	3737	89	10600	2710
1996	940	49	834	1756	1710	103	4000	97	12300	2835
1997	811	50	908	1548	1430	135	6815	147	9941	2946
1998	862	51	1075	2041	1582	135	10430	253	22682	3100
1999	889	55	1198	2153	1695	141	11990	301	30170	4910
2000	825	51	1207	2089	1259	140	5292	66	35100	5201
2001	830	60	1030	1902	1040	144	4671	52	21602	9709
2002	844	60	1001	2006	1107	165	3200	81	20504	4157
2003	915	61	1573	2783	1000	168	7632	78	26976	5728
2004	952	67	2074	2829	1159	201	9227	88	28068	4925
2005	969	64	1445	2916	1638	102	17652	197	28211	4241
2006	1115	64	1327	1737	755	103	4582	200	12222	4615
2007	1079	64	1509	4151	1430	130	6365	105	25144	6217
2008	1165	72	1523	3288	1644	150	3767	236	19760	1883
2009	1604	75	2136	4771	2385	409	20800	270	17991	2103
2010	1577	109	2149	4965	2482	375	17217	292	13462	1514
2011	2118	123	2506	5368	2684	318	16222	301	18951	1418
2012	2825	168	3926	7546	3775	535	26547	475	19638	5198

四、律师管理

1988—1995 年，全市律师由市司法局公证律师管理科负责日常管理工作。1995 年 12 月，长沙市律师协会成立，律师工作开始由司法行政单一管理转变为司法行政管理与律师协会行业管理相结合的管理体制。2003 年、2009 年长沙律协分别进行换届选举。2009 年 12 月，中共长沙市律师协会委员会成立，2012 年，全市形成以司法行政机关管理为核心，以行业协会管理为主导，以律师事务所自律管理为基础的管理体制和运行机制，长沙市律师协会有专职管理工作人员 10 名，成立法律顾问专业、刑事专业、金融证券专业等 14 个业务委员会和律师权益保障委员会、纪律惩戒与职业道德委员会等 6 个专门委员会。2012 年律协党委配备专职党务工作人员，在各区县（市）司法局设立市律协联络处。

（一）建章立制规范执业行为。市司法局、市律师协会加强对律师和律师事务所的指导、监督和管理。1990 年，制定《长沙市兼职（特邀）律师管理办法》，对兼职（特邀）律师的选聘、执业纪律、办案酬金发放等 6 个方面作出具体规定。1999 年，制定《合伙（合作）律师事务所管理办法》，2001 年，制定《律师事务所年度检查考核办法》，2003 年，制定《长沙市律师协会会员违规行为惩戒程序规则》，2004 年，结合开展为期一年的律师职业道德、执业纪律评查活动，着力规范律师与法官的相互关系、规范律师事务所内部管理、规范律师个人执业行为，健全和完善律师事务所信用等级评定、律师诚信、律师执业责任保险 3 个方面制度，2009 年，制定《长沙市律师管理办法》，对律师执业机构、人员、执业证、业务管理、投诉处理等 8 个方面作出规定。各律师事务所加强自我约束和管理，2003 年前，建立健全统一受案、收费，业务、内务、财务管理，重大疑难案件集体讨论等 10 个方面的制度，2004 年，加强合伙（合作）人管理，建立养老、医疗保险、律师诚信监管等 5 个方面制度。湖南金州律师事务所于 2010 年，在健全和完善各项管理制度基础上，建立合伙人晋级激励机制，建立律师事务所董事会、监事会和管理委员会，设立 7 个业务部等一整套有利于律师事务所持续发展的内部运行机制。

（二）学习培训提升业务素质。1996 年起，长沙市执业律师业务年度培训进入常态化，每年律师年检注册前，利用 2~3 天时间，组织律师集中学习法律、法规和有关文件，对因事请假未能参训人员进行补训。凡有新颁布的法律法规，及时组织学习培训。1996—1997 年，举办 4 期培训班，组织执业律师轮训，培训班结业时还进行测试。

2003 年，市律师协会各专业委员会，单独或联合举办理论研讨会、律师实务论坛、疑难案例讨论会、组织律师庭审观摩等方式，提高律师业务素质。2004 年，市律协刑事业务、法律顾问业务、民商事业务等 8 个专业委员会，举办 5 次理论研讨会，召开 2 次疑难案例研讨会，内容涉及国有企业改制、城市房屋拆迁，经济领域中的刑事犯罪等。2007 年，市律协与省律协房地产专业委员会联合举办房地产开发律师实务论坛。至 2012 年，市律协专业委员举办理论研讨会或论坛、疑难案例讨论会等 109 次。

（三）年检注册强化综合考评。1989 年，结合整顿律师队伍和换发律师工作执照首次进行年检注册工作。此后，每年进行一次。1996 年后，按司法部新颁布的《律师事务所登记管理办法》进行年检注册。市司法局、市律师协会在每年年检注册前都组织对每个律师事务所进行考核评定，不符合年检注册要求的暂缓年检注册，对符合要求的统一报送省司法厅年检注册，并在《湖南日报》上公告。2010 年，司法部发布《律师事务年度检查考核办法》，全国律师协会发布《律师执业年度考核规则》，市司法局负责组织实施对本行政区域内律师事务所的年度检查考核工作，市律师协会对律师进行年度考核，不再进行年检注册。

表 9-5-3-3　　1989—2012 年长沙市律师事务所年度考核一览表　　单位：件

年度	律师事务所数量	年度考核合格数量	年度考核不合格数量	年度	律师事务所数量	年度考核合格数量	年度考核不合格数量
1989	13	13	0	2001	43	43	0
1990	13	13	0	2002	45	45	0
1991	14	14	0	2003	46	46	0
1992	15	15	0	2004	53	53	0
1993	22	22	0	2005	54	54	0
1994	25	25	0	2006	60	60	0
1995	38	38	0	2007	69	69	0

续表 9-5-3-3

年度	律师事务所数量	年度考核合格数量	年度考核不合格数量	年度	律师事务所数量	年度考核合格数量	年度考核不合格数量
1996	38	38	0	2008	73	73	0
1997	41	41	0	2009	142	142	0
1998	40	40	0	2010	152	152	0
1999	39	39	0	2011	163	163	0
2000	41	41	0	2012	171	171	0

第四节　公证事务

一、机构

1988—1993 年，全市公证机构归各区县（市）司法局直接管理，长沙市公证处为市司法局直属二级机构。1993 年，浏阳撤县改市，浏阳县公证处更名为浏阳市公证处。1993 年 12 月，望城县公证处进行体制改革试点，公证处由国家行政机关变更为具有独立法人资格的国家全民事业单位，公证人员由占用国家行政编制改为占用国家事业编制，公证处的经费管理由财政经费包干改为自收自支、独立核算、自负盈亏，改公证处主任由行政任命制为选聘制，实行主任负责制。1994 年 5 月 2 日，望城县编委、县体改委办公室批准该改革方案，随后公证处正式按改制后的事业体制运行。1996 年，长沙市区行政区划进行调整，原市辖的东区、南区、西区、北区、郊区公证处，分别更名为芙蓉区、天心区、岳麓区、开福区、雨花区公证处。1999 年，长沙市公证处在长沙市行政体制改革中，由行政单位改为全民事业单位。2001 年 12 月 29 日，长沙市长沙公证处明确为副县级全民事业单位。2009 年，长沙市公证处和市内 5 区公证处，分别更名为长沙市长沙公证处、长沙市芙蓉公证处、长沙市天心公证处、长沙市岳麓公证处、长沙市开福公证处和长沙市雨花公证处。2011 年，望城县改区，县公证处更名为长沙市望城公证处，是年 4 月，长沙市开福公证处在开福区司法局“三定”方案中，明确为全额拨款事业单位。

随着公证工作改革的逐步推进，部分公证人员由国家行政编制转变为国家事业编制，公证执业人员由组织、人事部门选调转变为经过统考或考核取得公证员资格，公证员职务由行政任免制转变为公证员专业技术职务评聘制，业绩考核由对公证员的年度工作评议、鉴定转变为实行年检注册。1988 年，全市 48 名公证人员中，具有本科学历的仅 3 人，大专学历 9 人，高、初中学历 36 人。1989 年开始，对公证员实行资格考试考核、专业职务评聘和资格与职务相分离制度，全市公证人员结构发生变化，素质相对提高。2012 年，全市 78 名公证人员中，具有研究生学历的有 9 人，本科学历 55 人，大专学历 11 人，高中学历 3 人。

二、民事公证

1988 年前，民事公证主要办理收养、遗嘱、继承权、房屋租赁、委托书、声明书、亲属关系、权属协议、有奖储蓄等 10 余项公证。1988—1991 年，遗赠、抚养协议、计划生育合同、留学协议、死亡、现场监督、保学合同和有奖募捐 7 项公证。1992 年后，增加房产登记、身份证明、未婚证明、婚姻状况、拆迁安置协议、赡养协议、夫妻财产协议等 10 余项公证。至 2012 年，全市办理的国内民事公证 37

项 44.41 万件，占国内公证 61.48%。

国内民事公证具有代表性的主要有：委托书公证，2002—2012 年，全市办理委托他人代办法律事务的委托书公证有 10.13 万件，占同期国内民事公证 34.68%；继承权公证，《中华人民共和国继承法》颁布实施后，随着征收拆迁，旧城改造的加快，继承权公证在国内民事公证业务中所占比例大幅上升，2002—2012 年，全市办理继承权公证 2.8 万件，占同期国内民事公证 9.58%；现场监督公证，2002—2012 年，全市办理银行定期有奖储蓄开奖、社会福利有奖募捐开奖及其他现场监督公证 1.3 万件，占同期国内民事公证 4.46%。此外，随着住房制度改革、个体经济发展，权属协议公证、房屋买卖、租赁合同公证、证据保全公证，办证量逐年增多。

三、经济公证

1988 年后，全市国内经济公证随着长沙城乡经济体制改革和经济建设发展，在公证服务方向上，由初期的为农村经济体制改革和经济建设服务，逐步发展为城市经济体制改革和经济建设服务；在服务方式上，由单一的、分散的个案公证，逐步发展为同类型、大面积、大批量公证和“成龙配套”系列公证；在服务方法上，由坐台办证转向主动上门服务；在服务质量上，由注重公证内容真实性、合法性审查，严把出证关，逐步发展到既把好出证前的严格审查关，又做好出证后的回访检查和纠纷调处，使公证后的经济合同、协议能切实履行。在服务项目上，有农、林、牧、副、渔业、企业、商店各类承包合同公证和农副产品购销合同公证等几项。

经济公证具有代表性的主要有农村经济承包合同、横向经济联营合同、企业租赁经营合同、劳动合同、购销合同、借款合同、招标投标合 7 类。2009 年，长沙市长沙公证处为友谊阿波罗股份有限公司、长沙浦沅机械厂等 17 家企业改制，办理“置换职工全民身份协议书”公证 2.1 万余件。2010 年，长沙市芙蓉、岳麓、望城等 7 个公证处为湘江长沙枢纽工程、长沙先导区建设，长沙旧城改造、五一大道扩改，长沙电厂、二环线、三环线、体育新城建设等重点工程建设办理各类招标投标公证 3000 余件，办理工程承包等各类经济合同公证 9300 余件。2002—2012 年，全市公证处为各类金融机构办理借、贷款合同公证 7.72 万件，占同期办理国内经济公证总量的 47.42%。随着经济体制改革不断深入，法人资格、法人委托书、公司章程、执行许可证明、抵押登记、公司会议记录等公证事项，办证量逐年上升。2012 年，经济公证的服务项目增加到包括企业租赁、拍卖、联营、建筑工程承包、土地使用权出让、转让、招标、投标、贷款、财产保险、科技协作、提存、公司章程、法人资格等 30 余项。至 2012 年，全市办理国内经济公证 27.32 万件，年均 1.09 万件，是 1988 年全市办理经济类公证数的 7 倍。

四、涉外公证

1988 年前，涉外公证的事项有收养、遗嘱、出生、学历、经历、亲属关系、婚姻状况、继承权、委托书、签名印鉴等 10 余项，公证使用目的为探亲、定居、留学、继承遗产、领取养老金。发往地有美国、加拿大、德国、英国、比利时、俄罗斯、日本、缅甸、菲律宾、瑞士等国家。1988 年，长沙市涉外公证业务仍由长沙市长沙公证处、长沙市望城公证处、宁乡县公证处和浏阳市公证处办理。随着长沙市对外开放逐步扩大，涉外公证业务逐年上升。1990 年后，增办的涉外民事公证有：定居、生存、死亡、职称、国籍、证明书、声明书、文本相符、是否受过刑事处分和其他法律文书共 30 余项。新辟的经济公证事项有：经济合同、担保、贷款、商标注册、法人资格、营业执照、公司章程等。使用目的扩展到谋职、结婚、申请入籍、奔丧、对外贸易、索赔、诉讼、提供劳务、申请专利、招标、投标、签订合同、设立办事机构、减免税收等。发往地增加阿根廷、墨西哥、法国、荷兰、西班牙、奥地利、澳大利亚、韩国、匈牙利、新加坡、新西兰、巴西、意大利、哥伦比亚、多米尼加、马来西亚、朝鲜、巴拿马、科威特、瑞典、伊拉克、斯里兰卡、苏格兰及西亚诸国等30余个国家。

1990—1991年，市公证处根据国际惯例和各国法律条文规定，对出国劳务人员的经历、职称、出生、无犯罪行为等方面情况，必须经公证才得以承认的规定，先后受理省国际经济技术合作公司、省劳务办公室、省建筑材料工业局、省卫生厅和长沙市外经委等单位组织的出国劳务人员申请，为800余名（其中厨师300名）劳务人员办理民事公证事项1800余件。公证文书发往30余个国家和地区使用，全部获认可。这批劳务人员获贸易外汇折人民币500万余元。

1992—1994年，市公证处在受理中国冶金进出口公司湖南分公司、省国画馆、省土产畜产进出口集团公司、省机械进出口公司、省国际经济技术合作公司、省经济技术开发公司、省医药保健品进出口总公司、长沙清宫御酒厂等单位申请后，为他们办理到埃及、澳大利亚、新加坡、美国等10余个国家，用于设立公司、办事处、注册登记的委托书、资信证明，用于商标注册的批文、商标发布、金融信誉、参与投标竞争、贸易代理协议、委托商务活动和其他经济合同等方面的经济公证事项100余件。1996年3月，省国画馆、省侨务办公室（以下简称“中方”）与新加坡M·Y贸易服务公司（以下简称“新方”）签订一份在新加坡举办中国画展销合同。合同规定，在新加坡世界贸易中心举办中国画和湘绣展销，获纯利按中方30%、新方70%比例分成。长沙市公证处根据双方当事人申请，对展销合同进行审查核实后，出具公证文书。履约中，中方筹办展品，履行展销前期准备工作，而新方却以市场发生变化为由，一再拖延中方到新展销时间，进而提出修改合同条款以达到终止合同的目的。市公证处为避免中方的损失，会同中方代表致电新方。明确提出，经过公证的合同必须无条件全面履约，某些条款需作适当修改，应由双方共同商定。最后，说服新方接受，同意在推迟原定展期6个月后，中方到新展销国画和湘绣。

至2012年，全市办理涉外公证24.30万件，年均9722件，是1988年全市办理涉外公证总数的11倍。

五、涉港澳台公证

涉港澳公证，在香港、澳门回归祖国前，作为一项特殊国内公证业务，比照涉外公证程序办理。涉港澳公证文书分别经外交部领事司和英国、葡萄牙驻中国使领馆认证，再发往港澳使用。港澳回归祖国后，公证处出具的公证文书，直接发往港澳使用。港澳居民回长沙处理法律事务所需的公证文书，由司法部指定的香港委托公证人或澳门律师楼、注册的私人公证人处出具，并经中国法律服务（香港）有限公司（司法部在香港设立的法律服务机构）和澳门有关机构或社团审核，加盖印章转递。

长沙市涉台公证始于1988年，起初台胞委托大陆的亲属申请办理一些涉台公证文书，主要到第三地使用。随着中央系列对台方针政策，特别是邓小平倡导而确立的“和平统一，一国两制”对台方针的贯彻执行，海峡两岸关系有所改善。1988年全市办理涉台公证14件，1993年5月29日《两岸公证书使用查证协议》生效后，涉台公证逐年上升。1996年1174件。

涉港澳台公证事项包括出生、生存、死亡、定居、学历、病历、经历、职称、婚姻状况、亲属关系、抚养、收养、继承权、遗嘱、声明书、委托书、专业证书、是否受过刑事处分、签名印鉴属实和公司章程、法人资格、担保、营业执照、财产权利、税务、经济合同以及其他法律文书等30余项。使用目的有：探亲、探病、继承遗产、结婚、居住、求学、考察、谋职、领取养老金、对外贸易、索赔、提供劳务、申请专利、签订合同和减免税收等。

涉港澳台公证事项具有代表性的主要有亲属关系公证，2002—2012年，全市办理当事人用于探亲或继承遗产的亲属关系公证2434件，占同期办理涉港澳台公证数的23.48%；婚姻状况公证，2002—2012

年，全市办理未婚证明、结婚证明、离婚证明公证 1007 件，占同期办理涉港澳台公证数的 9.68%；委托书公证，2002—2012 年，全市办理 384 件，占同期办理涉港澳台公证数的 3.69%。

1988—2012 年，全市办理涉港澳台公证 1.90 万件，其中涉港澳公证 3113 件，占 16.35%；涉台公证 1.59 万件，占 83.65%。

表 9-5-4-1　　1988—2012 年全市公证处办理各类公证一览表

年度	合计（件）	国内民事公证（件）	国内经济公证（件）	涉外公证（件）	涉港澳公证（件）	涉台公证（件）	公证收费（万元）
1988	7463	3005	3433	992	19	14	34.80
1989	8516	3345	3581	1503	33	54	38.34
1990	11210	4167	5058	1842	53	90	39.58
1991	29081	10041	15244	3431	74	291	61.93
1992	32517	13737	14325	4168	114	173	126.28
1993	30113	14030	11494	4173	87	329	147.50
1994	27454	11915	10285	4569	98	587	193.16
1995	23914	10206	7253	5618	109	728	223.90
1996	22356	9303	4924	6830	125	1174	276.09
1997	20719	9265	3947	6533	117	857	340
1998	25380	11101	5770	7873	108	528	423.24
1999	29034	12444	4310	10749	103	1428	592.40
2000	41943	19251	8875	13079	134	604	626.73
2001	48394	20086	9723	17976	193	416	688.94
2002	50570	20886	9820	18601	162	1101	777.26
2003	58237	31571	9206	16538	201	721	800
2004	63171	28900	18903	14469	175	724	887.52
2005	68430	29797	24303	13737	106	487	1017.21
2006	61183	22398	25420	12796	83	486	1027.10
2007	56867	26150	16009	14019	198	491	1203.16
2008	47938	23038	11497	12813	170	420	1160.30
2009	50063	24251	12888	12189	177	558	1042.30
2010	60344	26570	17292	14872	124	1486	1152
2011	54183	28562	12590	11709	148	1174	1259
2012	50236	30040	7028	11961	202	1005	1339

第五节 监狱管理

一、刑罚执行

1988 年，监狱收押长沙地区各人民法院判处 5 年以下有期徒刑的男性罪犯。监狱对罪犯减刑、假释自 1988 年起由根据此前的按“日规则考核”改为按“百分制考核”的情况，向法院报请减刑、假释。罪犯保外就医实行限期制度，根据罪犯病情，限定保外时间。保外就医期满病情未愈的，再按程序延长保外时间。1988 年，在押罪犯受到加刑处罚的 11 人。

1994 年，监狱调整为收押望城、宁乡县法院和长沙铁路法院判处 5 年以下有期徒刑罪犯。1997 年后，依据修改后的刑法，增加的“破坏监管秩序罪”予以加刑。1998 年后，改为按“考核计分、以分折奖”规则，对罪犯实施减刑、假释。

2002 年后，收押罪犯由省监狱局调遣中心统一调遣。2007 年起，实行假释、保外就医罪犯交付执行制度，由监狱派警察将假释、保外就医罪犯押解送达户籍所在地公安机关进行监督管理。2009 年起，对假释、保外就医的罪犯依法实行社区矫正。2007—2012 年，罪犯减刑 1477 人、假释 91 人、保外就医 21 人。

二、管理教育

（一）管理。1988 年后，制定《犯人百分制考核实施细则》《关于对罪犯实行考核计分、以分折奖实施细则》，规范对罪犯考核奖惩。1990 年，建立完善罪犯出入监、出收工、清监查监、监狱领导带队值班巡逻、监管安全工作例会等管理制度，定期开展安全检查、狱情动态分析，对有逃跑等重新犯罪倾向的危险分子由指定干部实行包管、包教、包转化的“三包”制度；在犯人中物色建立“耳目”，及时掌握狱情，预防、侦破狱内案件。是年起，监狱修订完善罪犯互监组制度，以中队（分监区）为单位，按 3~5 名犯人编为 1 组。互监组成员实行同出工、收工、劳动、学习、生活、娱乐和学习固定座位、队列固定行列、劳动固定岗位、睡觉固定床位及思想上互相帮助、劳动上互相协作、生活上互相照顾、行动上互相监督。1991 年起，按照《罪犯改造行为规范》对罪犯实行规范化管理。1992 年，监狱对罪犯实行分类管理。按犯罪性质分为财产型、暴力型和其他类型，以大队为单位分押。1993 年起，在对罪犯实行分类分押的基础上，实行分级管理制度。根据罪犯的改造表现、服刑时间长短分为基础级、普通甲级、普通乙级、大队宽管级、支队宽管级和严管级 6 个级别。不同级别的罪犯，给予不同的处遇，实行升、降级流程管理。

1994 年起，实行改造、生产双承包责任制；2000 年起，建立监狱领导对监管安全负总责制度，实行监狱领导、科（室）人员分别包监区，监区领导包分监区，分监区包楼层、车间，干警包监舍、岗位的安全责任制。2001 年起，监狱与驻狱武警中队建立联席会议制度，开展“共建共管共保安全”活动，每年联合开展防脱逃、暴狱等突发事件预案演练。2002 年后，建立完善警戒、监控等技防设施。将监管区围墙加高，安装棘网；建立监管区安检门和 IC 卡识别的电子门禁系统；在监管、生产区安装固定摄像头的闭路电视监控系统，建立视频联网监控指挥中心。

（二）教育。1987 年，坪塘监狱成立“长沙狮峰职业学校”。对罪犯进行课堂化、正规化的政治、文化、技术教育。监狱对罪犯思想政治教育重点进行形势、政策、前途教育，法制教育，行为道德教育和心理健康教育。罪犯文化教育从 1988 年纳入全市社会成人教育网。监狱开设扫盲班、小学班、初中班，罪犯按要求学完文化课程，考试成绩合格的，发给相应证书。

1989 年起，完善《干警个别教育工作实施细则》及《考核办法》《顽固犯（反改造“尖子”）认定和转化标准》等制度，罪犯每月接受 1 次以上个别谈话教育。1990 年，监狱建立广播室，创办《狮峰报》，宣传时事政策，反映监内改造动态，传播知识。1991 年，对罪犯开展劳动、学习、着装、发型、生活卫生、文明礼貌等方面的行为规范教育。1993 年，举办首届监区文化艺术节，在监区开展歌咏比赛和各种竞赛活动。是年，在罪犯中开展“树立正确幸福观、荣辱观、遵守社会公德”等内容的道德规范教育。1996 年，在罪犯中开展心理健康教育，并对新入监和重点犯人进行心理测试，建立心理档案，开展心理矫治工作。1996 年，监狱与市副食品经营公司等 11 个单位签订“警民共建文明单位”协议，共建单位组织人员到监狱开展帮教活动。是年，与 30 名犯人结成“一帮一”的帮教对子。1997 年，监狱与罪犯家属签订帮教协议书 700 份，与社会各界人士签订帮教协议 130 份。1988—2001 年，1125 人获扫盲教育合格证，1350 获小学毕业证，600 人获初中毕业证，63 人获成人高校自学考试 75 个单科结业证，5 人获函授大专毕业证。2000 年起，在干警中开展争当个别教育能手评选活动。2001 年起，实行监狱主要领导每年包教 1~2 名反改造“尖子”制度。2003 年起，将符合条件的罪犯送省出监培训中心进行职业技能培训。2004 年，各监区设立心理咨询室，配备取得国家心理咨询师资格的警察担任心理咨询工作。2004 年起，各区县（市）司法局每年由局长带队，分别到监狱召集本籍犯人开会、座谈，开展帮教活动，并送给他们书籍和日常生活用品。至 2006 年，文化艺术节举办 7 届。2006 年 3 月，监狱举办“湖南省首届服刑人员未成年子女关爱活动”启动仪式，签订结对帮教协议 15 份。

从 2010 年开始，采取与社会联合办学的形式，举办初级电工职业技能培训班。至 2012 年，284 人参加培训，270 人获职业电工资格证。

1988—2002 年，1200 人获市劳动部门颁发的初级技术证。

第六节　劳教　戒毒

一、劳动教养

（一）收容。1988 年，长桥劳教所收容入所劳教人员 295 人，年末在所 416 人。1990 年起，劳动教养收容范围由以城市为重点，扩大到农村，劳教所收容入所对象和人数增加。1991 年，长桥劳教所收容首例吸毒送教的劳教人员。1994 年，长桥劳教所收容入所人数 1094 人，年末在所 1472 人；1997 年收容入所人数增加到 1298 人，年末在所人数 1843 人，创建所后的最高收容纪录。1988—2012 年，长沙市劳动教养场所收容劳教人员 1.70 万人，解除劳动教养 1.59 万人。

（二）管理。1988 年，劳教所制定《劳教人员行为管理标准》《劳教人员日常行为规范》等制度，以行动军事化、生活集体化、卫生制度化、行为举止规范化为重点，规范劳教人员日常行为和日常活动。规定劳教人员每天按时出操进行队列训练，按规范要求整理好内务卫生。1990 年起，劳教所以大队为单位建立民主管理委员会，中队建立民管小组，民管会设正、副主任和纪律监督、学习宣传、安全生产、生活卫生、文娱体育 5 名委员。正、副主任分别由大队领导担任。委员由全体劳教人员民主推荐，大队民警集体研究后按程序报所部批准产生。民管会的委员任期 6 个月，胜任工作的可连任一次。民管会主要协助民警组织劳教人员学习、劳动、日常生活管理、维护场所秩序等。1992 年，劳教所将收容入所劳教人员按罪错性质划分为侵财型、滋扰型、淫乱型和其他型 4 种罪错类型以大队为单位分类管理。1993

年后，实行分等、分级管理。根据表现情况分为宽管、普管、严管3等，并按严管1级，普管1、2、3级，宽管1、2级共6级分级。不同等级的劳教人员按不同标准进行管理，实行升（降）级动态管理。1994年，开展“军警共建文明劳教所”活动，制定劳教人员队列训练、内务整理达标标准。1995年起，对劳教人员实行“九定”管理（即学习定座、劳动定岗、睡觉定床、就餐定桌、内务定标、排队定位、打水定时、活动定组、娱乐定日），以中队为单位建立互帮组（学习上互帮、劳动上互助、生活上互相关心、纪律上互相监督）制度。3~5人编为一组，全所成立320个互帮组。1996年起，将劳教人员罪错性质调整为按吸毒类、非吸毒两类2005年4月，长桥劳教所被确定为全省第一批推行劳教管理模式改革的试点单位。劳教所成立“三种管理模式”（封闭式管理、半开放式管理、开放式管理）领导小组，制定实施方案和对劳教人员考核、晋升、降级、日常管理的实施细则。在劳教所内设立劳教人员封闭式管理区、半开放式管理区和开放式管理区。在首批确定为开放式管理的56名劳教人员中，对12名居住较近的，实行周末放假；18名居住较远的，实行月末放假；19名劳教人员实行所内试工；7名劳教人员实行所外定点试工。2005年6月，长桥劳教所与长沙市果福车业有限公司签订协议，在该公司建立劳教人员开放式管理所外试工基地，实行对劳教人员集中定点试工。是年6月5日，7名被确定所外试工的劳教人员，在民警带领下，统一安排到试工基地进行所外试工。对此，中国法制网、人民日报网、《湖南日报》、湖南电视台经视频道等30余家媒体进行报道。

（三）教育矫治。1988年起，开展各种辅助教育活动。以大队为单位经常开展歌咏比赛、体育竞赛等文体活动。在劳教人员中开展行为养成知识、禁毒知识、法律常识竞赛。是年起，劳教所对收容入所的劳教人员，进行为期1个月的入所教育；分配到大队后，进行常规思想政治教育；解除劳教前，进行20天左右时间的出所教育。1990年，劳教所完善个别谈话教育制度，对个别谈话教育的范围、内容、方法和谈话次数分别作出规定，并给所领导和基层民警配发《个别谈话记录本》。1992年，省劳教局在长桥劳教所召开全省劳教系统个别谈话教育经验交流会，推介长桥劳教所经验。

1992年10月，长桥劳教所创办“长峰学校”，开设政治教学班10个，就读人数660人；文化班4个，学员135人；技术班5个，学员218人。劳教人员的政治、文化、技术教育逐步走上正规化、系统化的轨道。劳教所对劳教人员主要进行基础教育、分类教育等多种形式的思想政治教育。基础教育以课堂教育为主，实行课时制，年授课一般230课时左右。内容主要以宪法、刑法、劳教工作有关法律法规等为重点的法律常识、思想道德修养、中国近现代史、国旗、国歌等内容的爱国主义和时事政策等教育。劳教所每年组织劳教人员参加全省劳教系统年中和年终两次政治教育统考。1993年起，在对劳教人员进行基础教育的同时，对不同罪错类型的劳教人员实行分类教育。1994年起，劳教所邀请有关单位、大专院校师生和劳教人员家属到劳教所，采取签订帮教协议等形式开展帮教活动，是年，签订帮教协议424件，与省武警指挥学校、长沙财经职业教育学校等单位开展军警警民共建文明单位活动。1993年起，各大队配置电视机，定时组织劳教人员收看电视节目。1994年，长桥劳教所被司法部授予“个别教育先进单位”。1995年起，各大队设有图书室和阅览室，有报纸杂志图书供劳教人员借阅。1996年前，考试及格率均在95%以上。1996年起与社会培训机构联合开办汽车驾驶培训、电脑培训班，进行职业技术教育。1997年，长桥劳教所创办《长锋报》。1997年起，考试及格率98%以上。1998年起，在劳教人员中开展心理矫治教育。2001年，长桥劳教所在大队建立心理咨询室，由经过培训，取得心理咨询师资格证书的民警负责心理咨询和心理矫治工作。2001年，组织解教人员回劳教所作报告，现身说法；组织犯有不同罪错的在教人员组成的“忏悔者”巡回演讲团到市37中学、市建设银行等单位现身说法10余场次。

本市各区县（市）司法局于2003年起，每年组织乡镇、街道司法所工作人员到劳教所，对本籍劳教人员开展帮教活动。

星沙劳教所2007年创办《星城报》，宣传劳教工作方针政策，表扬劳教人员中的好人好事，交流学习心得。

2012年8月，市司法局法律服务和信息指挥中心在星沙劳教所挂牌成立法律服务工作站，定期派律师到劳教所开展法律咨询工作。

1996—2012年，有3654名劳教人员获汽车驾驶执照，1528名劳教人员获电脑操作初级合格证。

劳教人员文化教育以扫盲、小学教育为主。劳教人员完成扫盲、小学课程，经考试成绩合格者，由当地教育行政部门发给相应的学历证书。1992—2012年，劳教所1387人获扫盲教育合格证，38人获小学文化补习合格证。

（四）权益保障。1990年起，对劳教人员的检举控告材料，逐一进行登记，并转交有关部门、单位处理；每遇劳教所所在地的人大和政府换届选举时都坚持按规定，组织劳教人员参加选举。1995年起，劳教所开通“亲情电话”，劳教人员经批准，在规定的时间和地点与亲属通话。2010年前，劳教所实行劳教人员每周劳动6天，每天劳动不超过6小时，节日按法定时间休息。2011年起，改为每周劳动5天，每天劳动时间不超过6小时，参加劳动的劳教人员按照劳动工种发给劳动保护用品。

至2012年，经劳教人员申诉，劳教所帮助传递、联系，有21人更正劳教期限，16人被撤销劳动教养。

二、戒毒

2008年6月，《中华人民共和国禁毒法》颁布实施后，长桥、星沙劳教所分别加挂强制隔离戒毒所牌子，建立和完善适应戒毒工作需要的医疗、教育矫治、生活设施和场所安全警戒设施。2009年3月，开始接收经公安机关作出强制隔离戒毒决定的戒毒人员。是年，接收戒毒人员190名。戒毒所依据《强制隔离戒毒人员等级考核规定（试行）》的规定，对戒毒人员实行等级处遇管理。2009年起，戒毒所依据“戒毒人员日常考核计分办法”和“奖惩计分规定”，对戒毒人员实施奖惩。戒毒人员执行戒毒期满1年，戒毒所依据对其考核情况进行诊断评估。诊断评估结果作为提前、按期、延期或解除强制隔离戒毒的参考依据。

图9-5-6-1 长沙市高新区雷锋镇真人桥村开展“蓝结在人心”禁毒宣传活动

（摄于2012年6月26日，市司法局供图）

戒毒所根据戒毒人员吸食、注射毒品种类、成瘾程度和戒断症状进行有针对性的生理治疗、心理治疗和康复训练。戒毒人员入所后，在医疗戒护区实施戒毒治疗。在急性脱毒治疗过程中，实行24小时临床监护。对毒瘾发作，出现急性戒断症状不能自控等情形的戒毒人员，采取包括使用约束带（椅、床）、约束服等保护性约束措施。戒毒所定期对戒毒人员进行心理测试、诊断，开展心理咨询、心理健康教育。对有心理问题的戒毒人员，明确责任民警进行疏导。戒毒所建有健身房、文体活动中心等戒毒康复设施，供戒毒人员康复训练；组织戒毒人员开展球类、棋类、歌咏比赛等文体活动；组织戒毒人员参加生产习艺劳动，每天劳动时间不超过6小时，法定节假日休息。

戒毒所对新接收入所的戒毒人员进行不少于1个月时间的入所教育。思想政治教育采取课堂化教学方式，对戒毒人员集中进行法制、道德和形势政策等教育。戒毒所民警对分管的戒毒人员每月进行个别谈话教育，对有严重思想情绪波动的戒毒人员及时进行个别谈话疏导。2009年起，邀请大学生志愿者到戒毒所开展帮教活动。文化教育采取办兴趣班为主、鼓励自学。技术教育主要进行职业技能培训。星沙戒毒所2009年起，与社会培训机构合作，开办汽车驾驶、电脑、电工、电焊工培训。2011年起，对参加劳动的戒毒人员实行适当支付劳动报酬制度。是年起，戒毒所以中队为单位，在戒毒人员中建立自律管理委员会，制定《自律文明公约》，对戒毒人员日常行为进行自律管理。民警每天组织自律管委会的劝导员对戒毒人员行为规范进行讲评，每周进行评议。2012年，戒毒所按照“三期四区”（生理脱毒期、身心康复期、回归适应期；医疗戒护区、康复教育区、常规矫治区、回归适应区）的戒毒工作模式，对戒毒人员实行分期分区流程管理。

2009—2012年，接收强制戒毒人员1183名，解除强制隔离戒毒854人。

至2012年，有663人获证，其中有308人获汽车驾驶执照，253人获电脑操作初级合格证，49人获电工证、53人获焊工证。

第七节 基层司法工作

一、人民调解

（一）调解组织。长沙市人民调解组织由村（居）民委员会和企事业单位逐步延伸到乡镇（街道）、行政区划接边地区、城乡接合部、集贸市场、经济开发区、流动人口聚居地以及民营企业、“三资”企业，形成比较健全的人民调解网络化体系。

1988年后，调解组织根据各个时期的不同情况进行调整、整顿、充实和发展。1989年6月，长沙市以贯彻落实国务院颁布的《人民调解委员会组织条例》为契机，进一步整顿健全调解组织。1989—1990年，全市整顿村（居）调委会2840个，占同期调委会总数的66.34%。1995年起，结合全市农村党支部建设整顿，把农村调解组织建设纳入基层组织建设的整体部署。全市经过连续3年分期分批强化调解组织建设，对2052个调委会进行整顿，调换调委会主任165名，调整充实年富力强、有文化、懂法律、懂政策、懂科技的调解人员821名。在行政区划结合部建立联防联调组织109个，200人以上企事业单位恢复调委会500个，在乡镇企业、300个以上固定摊位的集贸市场、经济开发区开始进行建立调解组织的试点。2000年学习推广山东陵县经验，开始在乡镇（街道）建立以司法所为主，吸收派出所、人民法庭、民政、信访、计划生育、国土管理等有关部门参加，配套联动、代表基层政府协调处理辖区内矛盾纠纷的乡镇司法调解中心。至2001年年底，全市170个乡镇（街道）全部建立司法调解中心。2002年9月，《人民调解工作若干规定》将带有行政性质的乡镇（街道）司法调解中心纳入到人民调解制度的范畴。2003年，发布《关于加强长沙市新时期人民调解工作的意见》《关于开展人民调解组织整顿工作的通知》，按照“五有”（有标识牌、有相对固定的工作场所、有印章、有调解及回访记录簿、有统计台账）和“四落实”（组织、工作、制度、报酬落实）的要求，在全市进行规范化调委会建设。是年，对1062个调委会进行整顿，调整充实调解员5000人，配合城市社区建设，在城区新建社区调委会370个，在200人以上民营企业、500个摊位以上的集贸市场建立调委会，在大型企业单位与周边地区建立联防联调组织37个。将全市原有的乡镇（街道）司法调解中心全部更名为社会矛盾调解中心，并配备调解工作人员1697人。2005年开始，人民调解员由民主选举向民主选举与公开招聘、竞争上岗相结合的模式发展。是年，开福区在全市率先推出向社会公开招聘调解员举措，每个街道招聘1名调解员。2007年，发布《关于切实加强人民调解工作的意见》，对加强人民调解员队伍建设作出具体规定：城区每个乡镇街道配2~3名专职调解员，农村县（市）每个乡镇街配1~2名专职调解员；城区每个村（社区）、县（市）城关镇的社区配1名专职调解员。是年，全市乡镇街道配备274名专职调解员。2009年，开展行业性、专业性调委会建设，在医院、消费者协会、劳动仲裁、物业管理、交通事故处理等机构和部门建立调委会29个，2012年增加到56个。2011年，结合村（社区）换届选举，又一次对人民调解组织进行调整。至2012年年底，全市1228个村委会、625个居委会、102个乡镇、79个街道调委会都已调整充实健全起来。城区65%和县（市）50%以上的调委会都建成规范化调委会。

2011年，长沙市采取政府购买服务的方式招聘专职人民调解员350名。调解员队伍专职化、专业化建设迅速发展。初步形成结构合理、优势互补的专兼职相结合的人民调解员队伍。

至2012年，全市有各类调解委员会（简称调委会）2209个，其中村（居）调委会1853个，乡镇（街道）调委会181个，企事业单位调委会86个，社会团体和其他组织调委会89个。全市有调解员1.33万人，其中专职调解员2529人，占19%，具有大专以上学历的4008人，占31%。

纠纷调处与预防。1988年后，纠纷调处由单一调解纠纷发展到“调防结合，以防为主”，工作重点逐步转移为防止纠纷激化；调解工作范围由对传统的婚姻、家庭、邻里、赔偿等常见性、多发性民间纠纷的调解，发展为积极参与调解生产经营纠纷、直接影响城乡治安秩序的纠纷、公民与法人及其他社会组织之间涉及民事权益的纠纷、影响党群和干群关系纠纷、城乡、工农、跨界区域之间纠纷和医疗、交通事故赔偿、物业管理等纠纷；纠纷调解工作机制由单一的人民调解，发展到人民调解、行政调解和司法调解对接联动。

1990年，纠纷调处坚持“调防结合、以防为主、多种手段、协同作战”的方针，动员人民调解组织、人民调解员开展创“四无”（无因民间纠纷调解不当或调解不及时而激化引起自杀、无民事转刑事、无10人以上群众性械斗和无群体性上访），开展抓排治，防激化活动，将工作重点放在预防矛盾纠纷的发生上。到矛盾纠纷多发的重点地区、重点区域、重点行业、重点人群进行经常性的矛盾纠纷排查。1990—1991年，为摸清民间纠纷底子，市司法局组织全市各级调解组织进行全面的调查摸底，分类排队。1993年，市司法局提出“案不过旬、调不推庭、闹不扰民、民不

图9-5-7-1 宁乡县朱良桥乡左家山村村民在乡镇司法机构学习法律知识（摄于2012年5月5日，市司法局供图）

转刑”十六字方针，实行“小纠纷不出组、一般纠纷不出村（居委会）、大纠纷不出乡镇（街道）”的纠纷调处责任制。1996 年，全市组织司法干警、法律工作者、人民调解员 8 万余人进行为期 100 天的纠纷大排查，共排查出各类纠纷 6945 件。1997—2000 年，全市开展“创‘四无’、抓排治”活动，调处各类纠纷 10.47 万件，调解成功 10.19 万余件。有 116 个乡镇（街道）实现“四无”，占全市乡镇街总数的 62.3%。2000 年，雨花区、天心区推出司法所在公安派出所设立调解室。2005 年，开始启动以人民调解为基础，实行人民调解、行政调解、司法调解“三调”联动对接的新机制。2006 年，全市开始在区县（市）设立由党政领导挂帅、司法局牵头、公安、检察、法院、国土、信访等有关部门参与的社会矛盾纠纷调处指导中心，在法院、检察院设立调解室。2007—2008 年，开展“司法行政大动员，化解矛盾促和谐”专项维稳活动。2008 年，以抗冰灾和维护“奥运年”和谐稳定为重点，组织开展全市性、地毯式矛盾纠纷大排查、大调处、大治理，全市出动司法行政干警 1100 余人，法律工作者 1200 余人，人民调解员 2 万余人，调处各类纠纷3.33 万件，调解成功率 98%。2011—2012 年，开展“调解化积案，息访保平安”专项活动。2012 年，全市调处各类纠纷 3.61 万件，调解成功率 98.4%。全市 9 个区县（市）全部建立矛盾纠纷调处指导中心，驻法院、驻检察院调解室均已建立，驻公安派出所调解室实现全覆盖。

表 9-5-7-1　　1988—2012 年长沙市人民调解工作情况一览表

年份	建立调解组织（个）	有调解人员（人）	调解纠纷（件）	调解成功（件）	调解成功率（%）	防止民间纠纷引起自杀（件）	防止民间纠纷转化为刑事案件（件）	制止群众性械斗（件）	防止群体性上访（件）
1988	4280	28186	34928	32483	93	339	309	160	174
1989	4223	26037	35892	34456	95.9	553	198	217	162
1990	4119	34470	32609	31631	97	278	161	191	175
1991	4187	47930	40836	39203	96	423	409	204	178
1992	4277	51038	34912	33865	97	491	687	199	184
1993	4933	47614	34055	33033	96.9	540	774	177	189
1994	4984	49312	33283	32285	97	622	828	186	193
1995	5067	51009	34117	32232	95	573	605	560	205
1996	5159	56782	34613	33468	96.7	898	559	572	241
1997	5141	48760	37287	36288	97.3	479	893	672	286
1998	5135	42549	38495	36955	96	317	1605	413	327
1999	4833	38467	34914	33897	97	190	184	273	310
2000	4547	32716	54659	53019	96.9	109	555	287	581
2001	4192	25685	36895	35867	97.2	182	315	341	274
2002	3926	17026	36125	35247	97.5	144	393	466	542
2003	3912	17563	36495	35365	96.9	95	205	260	350
2004	3808	17259	26623	25824	97	40	104	232	735

续表 9-5-7-1

年份	建立调解组织（个）	有调解人员（人）	调解纠纷（件）	调解成功（件）	调解成功率（%）	防止民间纠纷引起自杀（件）	防止民间纠纷转化为刑事案件（件）	制止群众性械斗（件）	防止群体性上访（件）
2005	3826	17788	37209	36764	98.8	67	143	218	269
2006	2245	18113	32658	32118	98.3	81	165	175	296
2007	2153	20017	33813	33274	98.4	96	188	144	307
2008	2138	18335	33388	32720	97.9	101	209	126	338
2009	2086	18171	33874	33326	98.3	112	221	98	379
2010	2155	17792	35349	34815	98.5	102	214	423	421
2011	2295	11096	41817	41011	98.3	111	340	335	511
2012	2209	13253	34501	34019	98.4	86	255	134	400

二、安置帮教

长沙市刑满释放、解除劳动教养人员（以下简称“刑释解教人员”）安置帮教工作于 1992 年起步。长沙市有领导、有计划、有步骤的全面开展这项工作始于 1996 年。是年，长沙市发布《关于加强刑满释放解除劳教人员安置帮教工作的通知》，市及各区县（市）成立由党委、政府分管政法工作的领导任组长，司法行政、公安、民政、劳动等职能部门负责人为成员的领导小组。乡镇（街道）建立工作站。是年 11 月，召开全市刑释解教人员安置帮教试点工作经验交流会，对全面开展刑释解教人员安置帮教工作作出具体部署。1997 年，发布《关于加强刑满释放、解除劳动教养人员安置帮教工作的报告》《长沙市“安帮工程”实施方案》，围绕社会稳定的总体目标，采取步骤，落实安置、帮教措施，全面推进安置帮教工作。2003 年，发布《长沙市关于进一步加强刑满释放解除劳教人员安置帮教工作的意见》，就安置工作在劳动、工商、税务、财政等方面出台优惠政策。2007 年，发布《关于建立我市“三无”刑释解教人员临时救助机制的意见》，就“三无”人员（无亲可投、无家可归、无业可就）临时过渡性救助作出具体规定。2011 年开始，按照“帮教社会化、就业市场化、管理信息化、工作规范化”的工作思路，探索和创新刑释解教人员安置帮教工作。至 2012 年年底，全市建有乡镇（街道）安置帮教工作站 182 个，村（社区）安帮小组 1814 个，企业或工、青、妇等群众性组织帮教小组 1804 个，以基层干部（干警）、党员、教师、复退军人、治保人员、调解人员为基本力量，帮扶志愿者参加的帮教人员有 3.2 万余人。2008—2012 年，长沙市刑释解教人员有 1.57 万人（其中刑释人员 1.03 万余人，解教人员 5413 人），全部落实帮教措施，帮教率 100%。安置 1.46 万人，安置率 92.6%。

（一）安置。1996—2012 年，全市刑释解教人员安置帮教工作以刑满释放或解除劳教 3 年（1997 年《中华人民共和国刑法》修改后改为 5 年）之内，没有生活出路和有重新犯罪倾向的人员为主要对象，坚持贯彻“安置为主，重在帮教，预防和减少重新违法犯罪”的工作方针，工作重点在城市。过渡性安置主要采取以下几种形式。

1.创办过渡性安置基地。自 1997 年起，市、区县（市）政府每年安排一定数量资金，市税务部门出台税收优惠政策，扶植创办过渡性安置基地和确定安置点企业。重点安置“三无”人员，使他们回归后有一个安身的处所，不流于社会重新犯罪。2010—2012 年，长沙市创办过渡性安置基地 10 个，确定安置点 178 个，安置“三无”人员等重点对象 854 人。

2.引导、扶持自谋职业。全市各级安置帮教组织和劳动部门联手，加强对刑释解教人员就业培训和指导，教育他们更新择业观念，引导、鼓励和扶持他们根据市场需要，结合各自实际，采取多种形式、多种途径自谋职业，尽快走上依法勤劳致富的道路。浏阳市社港镇清江村刑释人员喻德虎，1989 年因打架斗殴判刑入狱，1991 年刑满释放回乡后，当地安置帮教组织鼓励和支持他振作精神，艰苦创业。镇司法所 2 位工作人员出面为他担保，在农村信用社贷款 1 万元，开始做起小生意，经过几年努力，他用做生意积攒下来的钱购买一辆货车跑运输。2002 年，他又在镇政府及有关部门支持下，筹资 60 万余元，办起一家竹器厂。2003 年竹器厂正式投产，是年，安排当地 60 余名富余劳动力（其中有 30 余名刑释解教人员）就业。后经批准，他所办的竹器厂被确定为社港镇刑释解教人员安置帮教基地。喻德虎成为一名勤劳致富的先进典型，受到各级政府的表彰和奖励。2005 年，长沙市召开全市刑释解教人员“奔光明、奔小康”表彰大会，表彰 20 名做出突出成绩的刑释解教人员。2009—2012 年，长沙市开展“奔新生、奔富裕、促和谐”为主题的竞赛活动，评选出 10 名依法勤劳致富的先进典型，促进刑释解教人员安置帮教工作的开展。

3.动员社会力量参与。2001 年，天心区天剑社区居委会与辖区内铁十四局、省经济电视台联系，建立青龙洞和碧翠园赛马场两个相对固定的过渡性安置点，是年，安置 30 余名刑释解教人员。2002 年，浏阳市淮川街道十街居委会筹集 1.4 万元资金，建立市场卫生清扫队，安置 10 余名刑释解教人员。2003 年，雨花区长重社区居委会自筹资金，经城市管理部门同意，在居委会附近的立交桥下建设摊位，安置 8 名刑释解教人员。

4.落实“低保”政策和给予适当救助。2001 年开始，在城市将符合最低生活保障条件的人员及其家属纳入最低生活保障范围；在农村，对特困人员家庭采取必要的救助措施，保障他们的生存权利。至 2012 年年底前，全市非农业人口的刑释解教人员中，凡符合低保条件的，全部享受最低生活保障。119 名丧失劳动能力的刑释解教人员纳入享受“五保”待遇。1435 名刑释解教人员及其子女解决就医、就学等方面困难。农业人口的刑释解教人员全部按政策落实责任田土。

（二）帮教

1.出监所前教育。各监狱、劳教所建立教育培训中心，有计划地组织服刑、在教人员进行出监、所前的道德法制教育和劳动技能培训，使他们掌握 1~2 门能够谋生的劳动技能。市属坪塘监狱于 1987 年成立狮峰职业技术学校。长桥劳教所于 1992 年成立长峰职业技术学校，对犯人和劳教人员开展政治、技术、文化 3 项教育。同时，系统开办不同层次的技术培训班，分批组织余刑和在教期不长的犯人和劳教人员进行培训，使他们学到一技之长。1997 年长桥劳教所就开设铅丝、宝石加工等 3 个班，162 名劳教人员参加培训，获证率 71%；开设汽车驾驶、摩托车修理、电脑培训 3 个班，有 212 名劳教人员参训，获证率 100%。从 1999 年起，长沙市启动“新生希望工程”，做好“两个延伸”，即监所教育改造向社会延伸，政府和社会帮教向监所延伸，使管教工作与安帮工作结合起来。2000 年，坪塘监狱邀请市三环颜料公司、市副食品公司、湖南大学的师生和职工到监狱与犯人开展结对子帮教活动，与社会各界签订帮教协议。2001 年，市司法局组织律师开展法律服务进“高墙”活动，律师与犯人、劳教人员签订协议结对进行帮教。2003 年开始，各区县（市）司法局长坚持每年 1~2 次带领相关人员到监所看望本籍服刑在教人员，面对面开展帮教活动。

2.社会帮教活动。刑释解教人员刑满释放回归社会后，长沙市开展以“三包”（包教育、包管理、包转化）为内容的“结对子”帮教活动。1997年，全市43名市级领导，每人都与1名刑释解教人员对口开展帮教活动，把“三包”责任制纳入各级领导干部目标管理考核内容。全市组成3万余人的帮教队伍，按照“二帮一”或“三帮一”组成帮教小组，开展帮教活动。对住所不固定、收入不稳定、思想不安定以及游手好闲不务正业，有可能重新违法犯罪的，列为重点帮教对象，由乡镇司法所长、治保主任或村支书、村主任重点帮教。

望城县（现望城区）新康乡月龙村解教人员徐铁辉，曾因纠集9名无业人员结成“十兄弟联盟”，在当地寻衅滋事。被公安机关批送劳教2年。提前解教回家后背上沉重思想包袱，村书记和安帮站站长登门找其谈心，为其担保贷款支持他承包村里的20公顷水面和0.4公顷责任田搞种养殖。通过勤劳致富，徐所经营的种养殖业每年产值40万余元，创利润12万余元。致富后，他不忘社会对其帮教，感恩图报，热心公益事业，被推选为村民组组长，2001年，村委会换届选举，他被选为村主任兼治保主任，2003年，加入中国共产党。

三、社区矫正

2005年，长沙市作为全国第二批开展社区矫正试点工作的城市，开启社区矫正工作。9月，发布《关于社区矫正试点工作有关事项的通知》，各区县（市）司法局开始进行调查摸底，理顺相关部门关系，筹备开展试点等方面工作。2006年，天心区、岳麓区率先在辖区内各选择1个社区进行试点。2008年，市司法局按照“先行试点，不断总结，全面铺开”的总体要求，确定在岳麓区、天心区、长沙县开展试点工作。岳麓区确定望岳、西湖、望城坡3个街道试点，发布《岳麓区社区矫正试点工作实施方案》《长沙市岳麓区社区矫正衔接工作暂行办法》，区司法局会同区法院、检察院、公安局先后2次组织对全区矫正对象进行调查摸底。摸排出有矫正对象191名。2009年1月6日，湖南省首场社区矫正对象交接仪式在长沙市岳麓区西湖街道举行。全街道8名矫正对象由公安、司法行政正式交接，标志着长沙市社区服刑人员监管工作的主体由公安机关向司法行政机关转换。5月，长沙市发布《关于在全市开展社区矫正工作的意见》。7月，在岳麓区召开社区矫正工作现场经验交流会，动员和部署在全市全面铺开社区矫正工作。9月，出台《长沙市社区矫正工作实施细则（试行）》，对全市社区矫正工作流程和管理作出具体规定。从此，长沙市社区矫正工作进入实质性、规范化运作阶段，全市社区矫正工作全面推进，深入开展。2009—2012年，全市接受社区矫正人员5221人，顺利解除矫正2404人，在册2817人，未出现脱管、漏管和重新违法犯罪情况。

（一）机构和队伍。2009年5月，长沙市成立由中共市委常委、政法委书记任组长，市中级人民法院、市检察院、市公安局、市司法局、市劳动和社会保障局等16个部门负责人为成员的社区矫正工作领导小组。领导小组下设办公室，由市司法局局长兼任办公室主任。经市编委批准，市司法局设立社区矫正工作处，具体负责社区矫正工作。各区县（市）成立相应社区矫正工作领导和办事机构。乡镇（街）和社区（村）分别成立社区矫正工作领导小组和社区矫正工作站，由乡镇（街）司法所长牵头，人员由司法所、派出所、综治、民政、社会保障等部门负责人组成，办公室设在司法所，具体承担社区矫正的日常工作。至2012年年底，全市市、区县（市）、乡镇（街）、社区（村）四级全部设立社区矫正工作组织机构。

社区矫正工作队伍主要采用专业矫正力量与社会矫正力量相结合的方式。专业矫正力量由司法所工作人员、派出所民警、综治专干以及乡、镇（街）和社区服务中心社区矫正工作专干等人员组成。至

2012年年底，全市配备社区矫正工作专干270人；社会矫正力量主要来源于社区矫正工作志愿者。包括专家、学者、知名人士、离退休干部、社区（村）义工、高校学生和矫正对象工作单位人员等。社区矫正工作志愿者由县级社区矫正组织批准并颁发聘书。至2012年年底，全市聘请有一定的政策理论水平，具有一定的文化素质或心理学、社会学、教育学、法律等方面的专业知识的社区矫正工作志愿者1200余人。

（二）监管及矫正。司法所为社区矫正对象建档后，针对每名社区矫正对象成立专门的矫正工作小组，负责对其管理和矫正。

1.监控管理。2010年开始，开展社区矫正的建章立制工作，先后制定《长沙市社区矫正工作实施细则》等10余项规章制度。建立“四包一”（即司法干警、公安派出所民警、社区矫正联络员、社区矫正人员亲属，包教一名矫正人员）的矫正工作机制，签订监管责任书，实行对每名矫正对象周有电话或短信询问，月有见面谈话交流，季有集中教育或劳动的监管制度，落实监管责任。2011年，建立全市社区矫正信息管理系统，实行社区矫正人员的电子档案管理和网上审批。2012年开始，根据社区矫正人员的犯罪类型和重新犯罪的风险，逐人进行风险评估，依据评估结果并结合其现实表现情况，将社区矫正人员划分为“宽管”“普管”“严管”三级，进行分级管理。对“严管级”“普管级”社区矫正人员实行手机全球卫星定位系统（GPS）定位监管，确保全天候监控到位。

2.教育矫正。2010年开始，在全市各乡镇（街道）、社区成立“五老”（老干部、老教师、老战士、老专家、老模范）人员和巡防队员组成的宣传教育小组，利用办宣传栏、社区报、社区广播、广场文化建设等载体，宣传法律、法规和政策，宣传矫正对象的转化成果和先进事迹。2011年，开展“小社区、大矫正”模式的试点。天心区狮子山社区与省民政职业学院签订合作协议，成立社区矫正志愿者骨干队伍。警官学院社区矫正专业在岳麓区西湖街道司法所和黄泥岭社区设立社区矫正实习基地和“扬帆工作室”。长沙县司法局与县劳动局联合成立技术培训基地，在长桥劳教所设立警示教育基地，形成教育、劳动、帮扶的立体化网络。至2012年年底，全市依托监狱、劳教所、看守所建立警示教育基地8个。依托社区服务中心、养老院等公益机构建立公益劳动基地35个。依托劳动职业培训中心、民营企业等社会团体和单位建立就业技能培训基地12个。开展教育矫正的同时，尽可能帮助社区矫正对象解决具体困难。2009—2012年，为1385名符合条件的人员办理最低生活保障，帮助435名无住房、无生活来源、无亲属的“三无”人员解决住房、医疗、子女上学等方面的困难。全市有150余名社区矫正人员通过各种途径和方式实现就业和再就业。

四、法律服务

1988年，全市建有司法办（法律服务所）198个。1989年前，全市基层法律服务业务主要是：应聘担任法律顾问；代理参与民事或经济案件诉讼及非诉讼案件调解；代写法律文书、解答法律咨询；协助司法助理员调解疑难纠纷等。1990年后，新增接受委托代理参与行政诉讼，参与仲裁调解，接受当事人申请办理协议、合同见证或受公证机关的委托协助办理公证事项等，业务范围7项，业务总量和受众面逐年增加。应聘担任法律顾问，由初期主要面向基层企事业单位和其他组织，逐步发展为为基层政府和行政管理部门担任法律顾问。1993年，乡镇（街道）司法办逐步改建为司法所，仍实行与法律服务所合署办公的体制。市司法局按照“巩固、提高、完善、发展”的方针，对原有基层法律服务机构进行整顿，撤并一批法律服务所。至年底，全市法律服务所发展到151个。1995年，全市调整行政区划，撤区并乡建镇，全市基层法律服务所减少到101个。1996年，全市法律服务所担任基层政府、事业单位、社区

(居委会)常年法律顾问576家，占总数的35%。是年，改革基层法律服务机构政事合一的混合型管理体制，实行法律服务所与司法所相分离。是年，全市71个法律服务所实行所所分离。1997年，全市基层法律服务所逐步实行“自收自支”管理体制、所长聘用制、全员聘用制、效益浮动工资制，为法律服务工作者办理人身、养老保险，纳入社会保障体系。1998年后，基层法律服务队伍中，从事法律服务的专职人员逐年增多，文化程度逐年提高。2000年9月，长沙市对不符合《湖南省基层法律服务条例》规定的法律服务所进行整顿。2000年后，诉讼和非诉讼代理业务，由代理一般经济合同纠纷、权属纠纷、分家析产纠纷、损害赔偿纠纷等，发展到代理参与招商引资，项目引进，合同签订与履行，城市征地拆迁，农村税费改革等方面提供服务。2001年年底，全市撤并16个所，保留85个法律服务所。2002年，全市法律服务所进行规范化建设。全市基层法律服务所，参与资金、项目引进谈判、合同签订、办理合同见证等2034件，占全年办理诉讼和非诉讼业务的32%。至2012年，长沙市有乡镇（街道）法律服务所70个，占乡镇（街道）建制数的39.5%。全市注册执业的法律服务工作者有540人，其中专职435人，占80.5%，兼职105人，占19.5%；大专以上学历401人，占74%，取得律师、法律职业资格的71人，占13.15%。

至2012年，全市基层法律服务所担任常年法律顾问1.9万家（次），代理办理民事经济纠纷案件6.15万件，代理办理非诉讼法律事务6.09万件，代写法律事务文书11.36万件，参与调处纠纷12.47万件。

表 9-5-7-2　　1988—2012年长沙市基层法律服务工作情况一览表

年份	法律服务所(司法办)(家)	法律服务工作者(人)	担任法律顾问（人)	民事经济案件诉讼代理(件)	非诉讼案件代理（件)	代写法律文书（件)	调处纠纷(件)
1988	198	502	247	642	992	1306	3788
1989	200	604	433	1039	1193	3188	4885
1990	200	613	695	1346	1735	3106	7363
1991	215	674	983	1569	2532	5415	6365
1992	223	712	1245	1624	4138	6329	6534
1993	151	613	1359	1980	4168	6913	6943
1994	148	570	1416	2259	3393	7156	6922
1995	101	422	1273	3141	3133	7255	6956
1996	101	384	1648	1934	2428	6947	5555
1997	97	337	917	2101	3286	6768	5670
1998	100	375	763	3310	5571	6465	6129
1999	115	427	741	3436	4940	6352	5871
2000	111	427	702	3606	4251	6410	6049
2001	85	467	652	3190	3905	6564	5633
2002	89	468	718	3077	3245	5843	5176

续表 9-5-7-2

年份	法律服务所（司法办）（家）	法律服务工作者（人）	担任法律顾问（人）	民事经济案件诉讼代理（件）	非诉讼案件代理（件）	代写法律文书（件）	调处纠纷（件）
2003	85	467	683	3526	2853	4582	4838
2004	93	479	645	3804	1781	3369	4389
2005	91	482	621	3385	1277	2825	3754
2006	89	497	536	2744	1048	2533	3215
2007	81	440	474	1981	842	2429	2746
2008	68	510	419	1674	623	2217	1928
2009	70	564	360	1495	468	2036	1730
2010	66	589	384	2705	831	2337	2271
2011	74	589	407	2758	1070	2502	3203
2012	70	540	651	3186	1176	2781	6848

第八节 法律援助

长沙市法律援助工作始于1995年。1995年7月，湖南高天律师事务所成立“老残妇幼法律援助处”，推出法律援助新举措，开展法律援助。1997年后，全市法律援助工作逐步推进，全面铺开。

一、机构和队伍

（一）市法律援助中心。长沙市法律援助中心是全市唯一的市级法律援助机构。1996年12月，开始筹建长沙市法律援助中心。1997年6月18日，成立“长沙市法律援助中心”，明确为正科级全民事业单位，归口市司法局管理。核定事业编制5名，领导职数设主任1名，副主任1名。1997年12月3日，长沙市法律援助中心挂牌成立。2002年1月29日，长沙市在市司法局“三定”方案中，重新核定市法律援助中心编制14名（其中主任1名，副主任2名，后勤服务人员编制1名）。2006年11月，明确长沙市法律援助中心主任高配为副县级。2011年11月，明确长沙市法律援助中心退出事业单位序列，为正科级行政机构。

图 9-5-8-1 市法律援助中心向外来务工人员赠送宣传资料（摄于2009年5月，市司法局供图）

（二）区县（市）法律援助中心。1999年，天心区、浏阳市、宁乡县成立法律援助中心。2000年，长沙市发布《关于进一步加强法律援助工作的通知》，对全市法律援助机构的建立、人员编制、经费保障等作出明确规定。至年底，全市9个区县（市）法律援助中心全部成立。2002年，长沙市核定9个区县(市）法律援助机构政法专项编制30名。

2001年开始，各区县（市）法律援助机构逐步向基层延伸，在乡镇（街道）、社区设立法律援助工作站（点）。至2012年年底，全市在182个乡镇（街道）、1853个社区（村）设立法律援助工作站(点)。构建市、区县（市）、乡镇（街）、社区（村）四级法律援助网络。

（三）群众团体法律援助机构。2001年开始，市妇联、市残联、市总工会、市侨联等有维权责任的群众团体和单位先后设立法律援助工作机构。群众团体或有关单位、部门设立的法律援助工作机构属该团体、单位或部门内设机构，人员的行政隶属关系不变；业务上接受市、区县（市）法律援助中心的指导和监督，不得从事有偿法律服务。至2012年年底，全市在群众团体、有关单位或部门设立的法律援助工作机构有112个。

随着法律援助工作的全面拓展，全市法律援助工作队伍不断扩大。至2012年年底，市、区县（市）法律援助中心共有编制人数44名，（其中市法律援助中心14人，9个区县（市）法律援助中心30人），实有专职工作人员48人，全市各级各类法律援助机构有专职从事法律援助工作人员2085人；有法律援助志愿者418人；有可以为受援对象提供法律服务的专业人员总数3000余人（其中包括社会律师2427人，公证人员78人，乡镇法律服务工作者540人）。

二、业务

根据1998年12月省司法厅与省法院《关于实施刑事法律援助工作若干问题的联合通知》和2002年9月省人大常委会制定的《湖南省法律援助条例》，1998年后全市各级法律援助机构承办法律援助案件呈逐年增加态势。

（一）承办刑事法律援助案件。2006—2012年，全市各级法律援助机构承办刑事法律援助案件3686件，其主要受援对象是未成年人、残疾人和可能被判处死刑的被告人。随着未成年人犯罪呈上升趋势，为未成年犯罪嫌疑人提供法律援助案件也逐年上升。2009—2012年，全市法律援助机构承办的刑事法律援助案件中，未成年人案件居第一，占总数的67.41%；而承办的可能被判处死刑的和残疾人的刑事援助案件分别只占9.6%和12.72%。

（二）承办民事法律援助案件。全市民事法律援助的主要对象是经济困难的当事人、老、少、病、残和妇女等社会弱势群体。2003年后，为农民工讨“工钱”等各类维权法律援助事项逐年增多。2004年，全市法律援助机构通过诉讼和非诉讼，为农民工追回拖欠工资609.4万元。2006年，市法律援助中心开通法律援助网站，开展网上在线咨询，是年，网站访问量突破1.2万人次，解答法律咨询990余件。2006年，全市办理民事法律援助案件仅占同期办理法律援助案件总数的49%。

2007年，全市法律援助机构进一步降低法律援助案件受理条件，全力推进“应援尽援、能援则援”工作开展。是年，274名困难群众因降低条件而获法律援助。2008年全市办理民事法律援助案件占同期办理法律援助案件总数上升到67%。

2009年，全市法律援助机构落实中央有关“保增长、保民生、保稳定”的一系列决策部署。适应困难群众在民生权益保护方面的法律需求，将涉及就医、就业、就学、劳动报酬、社会保障等与民生问题密切相关的事项，纳入法律援助补充事项范围；根据长沙经济发展水平的变化及城乡居民生活水平不断提高的情况，将援助对象经济困难标准调整为城乡居民最低生活保障标准的2.5倍，努力使法律援助惠及更多困难群众。是年，340名困难群众因提高经济困难标准而获法律援助。2012年全市办理民事法律援助案件占同期办理法律援助案件总数上升到 80.9%。

2010—2012 年，全市法律援助机构为 9088 名残疾人、1.01 万名老年人、6819 名未成年人、3.62 万名农民工和农民提供法律援助。同时，全市法律援助机构参与党政领导关注并涉及困难群体利益的热点、难点问题，提供法律援助。

表 9-5-8-1　　1998—2012 年长沙市法律援助业务数据统计一览表　　单位：件；人

项目／年份	法律援助事项总数	案件				其他法律服务				受援人数
		案件数量	其中			其他法律服务数量	其中			
			刑事	民事	行政		来访	来电来信	代书	
合计	75336	20303	5228	14977	98	55033	39477	14063	1493	84398
1998	125	72	15	56	1	53	31	18	4	262
1999	210	98	18	79	1	112	76	30	6	426
2000	665	444	128	315	1	221	110	98	13	1012
2001	1753	673	210	462	1	1080	810	200	70	2012
2002	2008	768	286	480	2	1240	901	311	28	2443
2003	2392	812	254	555	3	1580	1002	380	198	2915
2004	2585	825	230	590	5	1760	1152	401	207	3063
2005	3368	1036	401	625	10	2332	1756	376	200	3967
2006	5357	1335	676	653	6	4022	3439	427	156	5894
2007	6922	1660	630	1026	4	5262	3253	1848	161	7298
2008	7503	1750	573	1174	3	5753	3564	2063	126	7956
2009	10473	2681	448	2228	5	7792	5170	2502	120	11115
2010	11041	2619	401	2211	7	8422	6151	2192	79	12101
2011	10335	2726	425	2270	31	7609	6051	1506	52	13167
2012	10599	2804	533	2253	18	7795	6011	1711	73	10767

三、管理

各级法律援助机构接受同级司法行政机关领导和管理。市法律援助中心具有服务和管理双重职能，负责对下级法律援助机构进行业务指导。法律援助管理工作主要包括：制定法律援助的规章制度；监督、指导、协调法律援助工作；业务培训；法律援助工作的对外宣传和交流；年检注册；法律援助经费管理等。

（一）规范管理。2001 年 2 月，发布《关于实施法律援助，开展司法救助的规定》，明确刑事和民事、行政法律援助的范围、条件、办案程序等。4 月，制定《长沙市法律援助试行办法》，对法律援助机构、人员管理、案件受理、承办等作出具体规定。2007 年，制定《长沙市法律援助案件指派若干规定》，2008 年，制定《乡镇（街道）法律援助工作若干规定》，2010 年，制定《长沙市乡镇（街道）、村（社区）法律援助工作站管理规定》，对工作站职责、文书使用、档案管理等作出具体规定。各法律援助中心成立后，依据《法律援助条例》和上级有关规定，建立健全有关案件受理、办案规程、质量监控、内务、财务管理等方面的18项规章制度。市法律援助中心于2006年开通法律援助网站，在网上公开法律援助条件、范围、程序、服务承诺、咨询、监督电话等，实行网上受理法律援助事项，主动接受受援人和社会监督。2008年，实行案件回访制度，走访受援人及公安、法院、仲裁等部门，征求听取对法律援助案件承办人的意见。2011年，全市各法律援助中心，实行旁听法院开庭制度，规定各法律援助中心主任，每月至少1次参加法院开庭旁听，随时掌握法律援助人员案件办理情况。

（二）业务培训。2005年前，主要采用以会代训方式，在每年的全市法律援助工作总结时，安排一定时间，对与会人员进行培训。2006年，采用分级培训的办法，每年定期组织各法律援助中心工作人员及法律援助专职律师以及各群众团体法律援助机构负责人进行培训，对新上岗人员进行上岗前培训。区县（市）法律援助中心负责组织乡镇（街）法律援助工作站工作人员及村（社区）法律援助联络员的培训。2007年，浏阳市法律援助中心组织对全市37个乡镇法律援助工作站工作人员，413个村（社区）法律援助联络员500余人进行法律援助业务培训。2010—2012年，长沙市举办法律援助业务培训班49次，累计培训4954人次。

（三）年检注册。法律援助机构及法律援助律师的年检注册，随全市律师机构和执业律师每年一次的年检注册工作一并进行。法律援助专职律师的年检注册工作，由各级法律援助机构办理。各区县（市）法律援助中心将其所属的专职律师年检注册资料审查后，报市法律援助中心。市法律援助中心将报来的年检注册资料汇总、审查后报省法律援助中心，审查合格后办理年检注册手续。1999年，根据湖南省的统一部署，明确社会律师年检注册时，对社会律师法律援助工作完成情况把关。

（四）协作援助。为加强外地到长沙务工人员及长沙市外出务工人员申办法律援助事项的管理，自2003年开始与周边省市开展相互承办法律援助案件的协作，是年，与广州、深圳、珠海、郑州、杭州、福州等21个城市签署《城际间农民工法律援助工作协作协议》。对异地农民工法律援助事项受理范围、条件及程序等作出具体规定，至2012年年底，长沙市已与包括北京、上海、重庆、太原等35个城市建立协作关系，签订农民工法律援助工作协作协议。2003—2012年，合作办理96件异地协作的法律援助案件，保证外出务工人员在签署协议的城市享有平等、快捷的法律援助服务。

（五）经费管理。2001年8月，发布《长沙市法律援助经费管理办法》，对法律援助经费来源、用途、管理、费用开支标准及程序作出具体规定。全市各法律援助中心成立后，各级政府重视法律援助工作，有的区、县在财政困难的情况下，仍对法律援助机构的经费予以保障。2002年，宁乡县通过县政府办下文，号召县直机关、企事业单位和个人为县法律援助中心捐款6.8万元。2006—2012年，市、区县（市）两级财政给法律援助机构拨款1463.91万元。全市各级法律援助资金管理办法基本一致，都是由同级司法行政机关财务部门统一管理，实行独立账户或单列科目，统一核算，并接受同级财政、审计部门监督。做到专款专用，保证法律援助办案补贴及时足额发放和其他各项工作的开展。

附记　“12348”法律服务与信息指挥中心

“148”法律服务专用电话是司法行政部门，运用电信部门提供的电话号码尾数为“148”的电话专线，组织律师、公证员、基层法律工作者，为广大人民群众提供方便、快捷的法律服务电信平台。

“148”谐音“要司法”，意为寻求法律帮助，请找司法行政部门。1999年初，湖南省《关于开设法律服务专用电话的实施意见》，把全省法律服务专用电话纳入电信部门的“160”台网，在各地州市“160”台网中开设法律服务分台，其号码统一规定为“1600148”。一时不能纳入“160”台网的，采取分散开设的方式，在本县电话号码后加“0148”（浏阳市开通的法律服务专用电话号码为“3600148”）。

长沙市“148”法律服务专用电话，于1999年6月28日开通，市司法局从机关中抽调1名干部负责，同时，公开招聘4名具有法律实践经验、能熟练操作计算机的专职律师为电话值班人员，通过招标采购价值46万元、性能优越、技术先进的“148”法律服务平台设备和其他辅助设备，设立面积40平方米的机房和来访群众接待室，高起点建起“148”法律服务专线。随着“148”职能的进一步发挥，2000年，成立长沙市“148”法律服务协调指挥中心，负责服务和协调管理工作。2002年1月，长沙市“148”法律服务协调指挥中心明确为市司法局管理的正科级单位，核定专项编制8名。2011年6月，长沙市“148”法律服务协调指挥中心为正科级行政机构。

2002年，长沙县、望城县（后为望城区）、浏阳市、宁乡县成立“148”办公室，分别核定编制2名，主要负责本县（市）“148”法律服务热线电话咨询和现场接待咨询工作。

2003年3月，法律服务专用电话统一改为“12348”。长沙市司法局实行人工或自动语音解答法律法规查询留言传真等功能，并以此为契机，将全市法律服务专用电话连成网，既方便群众，又有利于统一指挥。

至2012年年底，接收电话咨询38.88万个；接待来访群众1.5万余人次；提供上门服务4959次；办理法律事务1.23万余件；与有关部门联动解决涉法问题3.06万余件。在省、市报刊发布法律释疑、法律提醒、法律警示1479篇。编辑《“148”动态》40期，及时反映社情民意，呈报中共长沙市委、市政府领导和相关部门参阅。

第九节 其他工作

一、司法考试

2002年初，长沙市成立长沙考区国家司法考试考务工作领导小组。司法考试考务日常事务由市司法局教育处兼负。首次国家司法考试于2002年3月30—31日在全国统一举行。湖南省设14个考区，长沙考区报名参考人数4252人，占全省的25.19%。长沙市司法局具体负责组织实施长沙考区考务工作。在长沙市雅礼中学、长郡中学和市22中学设置考场组织考试。开考当天，省市相关领导巡视长沙考区的3个考点。2005年，市司法局机关增设国家司法考试办公室，具体负责国家司法考试考务工作日常事务。2011年，长沙市建立“政府主导、司法牵头、部门配合、规范实施”工作模式，将国家司法考试工作纳入政府行为属全国首例。

至2012年，进行11次国家司法考试。长沙地区累计报名参考人数为4.05万人，占全省1/4以上。

二、司法鉴定

2002年，长沙市明确规定市司法局负责指导面向社会服务的司法鉴定工作，拟定司法鉴定规章制度，管理司法鉴定机构及其鉴定活动。之后，由于多方面原因，此项工作进展缓慢。2005年2月28日，全国人大常委会通过的《关于司法鉴定管理问题的决定》从法律上赋予司法行政机关对司法鉴定的管理职能。市司法局以此为契机，开展协调、沟通和调研工作。至2007年，理顺与公安、检察、法院及卫生等部门的关系。全市行政区划内各级人民法院设立的鉴定机构均已撤销或停止具体的鉴定活动，检察机关撤回挂牌设在医院的法医门诊，停止了面向社会接受委托进行法医鉴定活动。初步规范全市面向社会服务的司法鉴定市场。2007 年，经申报核准的由市司法局直接管理的司法鉴定机构有 12 家，司法鉴定人 100 名（由省司法厅直管的除外）。业务范围涉及司法会计鉴定、建筑工程造价鉴定、房地产评估鉴定、金融证券价格鉴定、法医临床、病理、毒物鉴定、法医物证鉴定等 10 余项。

2007—2012 年，市司法局履行管理、指导面向社会服务的司法鉴定工作职能，加强司法鉴定机构制度建设、业务培训和司法鉴定质量监督。2008 年，制定司法鉴定机构、司法鉴定人申请登记办理规定等 3 项制度。2009 年，建立司法鉴定机构资信等级评估和鉴定质量评估体系，建立和完善司法鉴定机构和司法鉴定人诚信档案等 5 个方面制度；组织对全市司法鉴定机构全面进行达标检查，对 6 家经济类鉴定机构的资质进行清理，调整部分鉴定机构的鉴定业务范围。2009 年，开展司法鉴定人员岗前培训和专业技能培训，不断增强司法鉴定人的法律意识、公正意识、依法执业意识和专业技能，2009—2012 年，举办 3 期业务培训班。2010 年，开展司法鉴定规范管理年活动。组织对司法鉴定机构进行考评，对管理工作存在问题单位予以通报并限期整改。2011 年，开展司法鉴定质量建设年活动。进一步完善司法鉴定机构和司法鉴定人诚信档案，规范从业人员执业行为，组织开展司法鉴定能力验证工作。2007—2012 年，全市受理各类鉴定申请 2.88 万件，采信率 99.5%以上。

三、法学教育工作

1988 年后，开展的法学学历教育和法律培训工作仍由市司法局电大函大工作站与教育处（“两块牌子、一套人马”）负责管理。

1988 年后，根据全市司法行政系统在职干警专业知识、文化水平现状和全市党政机关、企事业单位法律人才需求量，继续开办法学学历教育和法学教育中的短期培训工作。法学教育主要采取与有关政法院校、电大、函授工作站联合办学的形式进行，开设中专、大专、本科 3 个层次的法学学历教育。

法学教育中的短期培训工作，随着国家立法的增多而逐步开展起来。培训的主要对象是司法行政系统的干警、厂矿企事业单位法律顾问人员及经济管理人员。根据不同时期、不同培训对象，安排不同内容，组织短期培训。1991—1997 年，举办社会主义市场经济法律法规培训班 10 期，培训 1.46 万人。举办 2 期律师资格考前培训班在（1995 年和 1999 年），165 人参加培训。1997—1999 年，举办 3 期电脑普及培训班，市司法行政系统的 507 名干警参加培训。

至 2011 年年底，法学学历教育停办。市司法局电大函大工作站随之撤销，教育处与警务处合并成警务教育培训处，兼负全市司法行政系统干警教育培训工作。培养中、高等法律专业人才 6529 人（其中中专生 806 人，大专生 4619 人，本科生 1104 人）。

附记　长沙市工读学校

长沙市工读学校创办于 1961 年。1966 年，学校停办。1980 年 4 月，学校恢复开学，1990 年再次停办。1999 年 6 月，长沙市决定恢复重建长沙市工读学校，明确由市教委、市司法局联合办好工读学校。市工读学校的行政管理划归市司法局，业务上归口市教委。2001 年 1 月 19 日，市教委、市司法局签订移交协议，长沙市工读学校成建制移交司法局管理。2002 年初，因城市规划建设需要，该校在长沙县星沙镇阳高村择址新建。2004 年 8 月，工读学校招收长沙地区年龄在 12~17 周岁有严重不良行为的未成年人。进入工读学校学习的在校学生，其学籍保留在原就读学校。非在校学生进入工读学校学习，学籍由工读学校管理。11 月，学校竣工并对外招生，恢复重建后的工读学校对外称“长沙市新沙职业技术学校”，实行“两块牌子、一套人马”的管理模式，为全额拨款的事业单位。2012 年年底，学校核定在职教师 50名（其中高级教师 13 名），行政管理人员 4 名。

工读学校由司法行政部门管理属全国首创。2004 年开始，学校开设普通初中阶段全部文化课程，按照中学教学大纲和市教育行政部门对初中义务教学阶段的开课要求授课。学校以贯彻《中学生手册》《中学生日常行为规范》为重点，实行节假日家长接送、军事化寄宿制全封闭管理。班级设置实行小班教学管理，每班限额 24 名学生，配备 4 名班主任。日常管理实行老师与学生同学习、同就餐、同活动、同就寝的 24 小时跟班管理，对学生包干教育。2005 年，开设《弟子规》等传统经典文化教育课程。2006 年，聘请心理学教授专家到学校举行心理健康讲座，邀请大学生志愿者、社会义工到学校对学生开展帮教活动。

2007 年 11 月，全国工读学校经验交流会在长沙召开，向全国工读教育机构推介长沙工读学校办学经验。2008 年，学校被教育部确定为“十一五”（2006—2010 年）规划课题实验基地。2011 年，学校规模发展纳入全市社会管理创新综合试点工作项目。2004—2012 年，招收学生 1800 人（其中男生 1600 人，女生 200 人）。500 余名学生升入普通高中或职业高中学习，1000 人转入原就读学校学习。学生在市教育局组织的航模、作文、绘画等市级以上比赛中 100 余人次获奖。在工读学校毕业（结业）的学生中，47 人考入大学，221 名学生加入共青团组织，27 人参军入伍。

第十篇 军事

本篇编纂人员

贺孝武（主编）　刘　殷

本篇撰稿人员

概　述：贺孝武

第一章　军事机构：黄元德　邓宇洋

第二章　国防动员：黄元德　邓宇洋

第三章　国防后备力量建设：黄元德　邓宇洋

第四章　兵　　役：黄元德　邓宇洋

第五章　参建参治：黄元德　邓宇洋　邓　慧　向剑锋　邹　涛

第六章　消　　防：李丹琳　段成良　蒋孜资

第七章　人民防空：唐春晖　贺菲菲

概　述

长沙是湖南省政治、经济、文化、交通中心，亦是全省的兵员大市，其地理环境和地理位置具有重要的军事价值。

20世纪80年代后，长沙市驻军和军事机构开展现代化军事训练，兵役征集和预备役人员组训、全民国防教育、国防动员、城市警备等方面工作，参加地方社会、经济及精神文明、生态文明建设，全力投入各项抢险救灾战役，维护社会稳定，为长沙的社会发展大局做出了巨大贡献。此外，驻长各军事院校和部队培养了众多优秀骨干人才，为长沙经济发展提供科技支撑，部队医院为地方人民群众的卫生健康提供支援。

1987年，武警部队湖南省总队首次在长沙举行阅兵和军事汇报表演。1988年，长沙市开始开展全民国防教育，形成以宣传、教育、民政、武装和驻军五位一体的全民国防教育体制；年度征兵时间由冬季调整为春季；长沙军分区官兵及各区县人民武装部民兵投入抗洪抢险之中；人民防空事业走上以经济建设为中心的和平时期轨道，各项建设过渡到服从服务于国家经济建设大局、为城市生产生活服务的平战结合道路；武警部队官兵首次授衔。1989年，长沙市成立国防教育委员会，设立专门办公室；武警湖南省总队消防处改编组建为湖南省公安消防总队，受当地党委政府和上级部队的双重领导。1990年，长沙军分区完成对长沙市范围内的军事单位和军事设施划定工作，划定军事管理区；长沙市颁发《关于坚持党管武装工作若干制度的意见》，党管武装的人员、机构、保障走上制度化轨道。中共长沙市委及各区、县委开始落实每年一次的常委议军会议和党政军主要领导联席会议。1991年，长沙市出台《关于结合民用建筑修建防空地下室的规定》，开启人防建设工程主要向修建平战结合人防地下室的转变；成立驻长部队学雷锋活动领导小组，持续开展军民共建活动。1992年，长沙军分区改组成长沙警备区，承担城市警备各项工作。1994年，长沙市制定保护军产、军事设施、军人及家属权益等一系列文件和法规。1996年，长沙市国防动员委员会（以下简称“市国动委”）成立。是年，成立“双拥”（地方拥军优属，军队拥政爱民）工作办公室。1997年，长沙市首批预备役军官被授衔。1999年，成立学雷锋活动领导小组，在部队中开展“雷锋家乡学雷锋、子弟兵当先锋”活动。

2000年，长沙市开始推行民兵基地化、模拟化、网络化训练；加强消防员实战素养训练，提升消防官兵的实战技术水平。2001年，长沙市组建民兵高炮团；开始在4所高等院校试点征集在校大学生入伍。将人民防空办公室纳入应急保障单位，使人民防空由单一的防空袭体制向防空防灾相结合的体制转变。2002年，长沙市开始城市民兵工作改革试点；建立军警民联防机制；制定由军事机关党委第一书记向上级党委述职的党管武装述职考评制度。2002年后，全市在大型公园开设紧急避险场地，在新建工程项目中预留战备出口，国防设施建设达到国家一类重点人防城市建设的标准要求。2003年，长沙市新组建电子侦查、电子干扰、电子欺骗、网络攻防等信息分队。2004年，全市基层武装部长全部进入同级党委。长沙市在全军预备役军官登统计工作检查评比中，获全军省会城市预备役军官登统计工作第一名，综合成绩排名第五。2005年6月8日，武警湖南总队第一支队、武警湖南总队长沙市支队合并组建武警湖南省总队长沙市支队。2006 年 9 月，芙蓉区女子民兵高炮连和天心区民兵高炮连在参加省军区组织的双 37 高炮实弹射击中，打破全省历史最优纪录。2006 年，建立“长沙双拥”网站，利用信息平台宣传拥军优属政策。2007 年，制定《长沙市国防动员委员会各专业办公室建设标准》《长沙市国示范小学防动员委员会工作制度、职责汇编》；长沙市国防动员能力建设及预编士兵快速动员的方法得到两级军区的肯定。2008 年，长沙市党管武装述职制度经过在长沙县试点后，逐渐向乡镇（街道）、高等院校和大中型企业延伸，遵循每年一次述职工作制。至 2010 年，全市所有街道、乡镇、企事业单位和大专院校、科研院所等均单独设立武装部。

2012 年，长沙市修订完善应急作战动员、应急处突动员预案；出台《关于进一步贯彻落实〈中华人民共和国国防教育法〉的实施意见》《关于加强和改进各类学校国防教育工作的意见》《关于加强新形势下党管武装工作的意见》。长沙市屡获“全国双拥模范城”称号。全市各单位主要领导参加党管武装述职。长沙市消防基础设施与装备日臻完美，城市消防供水普及率 100%，长沙市消防事业进入更高发展阶段，初步形成地域分布合理、防护类型齐全、指挥顺畅高效、发展性能良好的人民防空体系。

第一章　军事机构

长沙市是广州军区应对局部战争的重要战略支撑，也是湖南省的军事中心。1988 年，长沙市域内有副大区级、军级、正师级和正团级单位。市属各区、县设人民武装部（以下简称“人武部”）。人武部的费用除民兵事业费外，从地方财政支出。1989 年，中国人民武装警察部队湖南省边防支队在长沙组建。1990 年 6 月，武警长沙边防检查站组建。1992 年 10 月，长沙军分区改称长沙警备区，仍执行正师级编制。1994 年，长沙市武装干部培训中心成立。1996 年 3 月，长沙市各区县（市）人武部收归军队建制。2000 年 7 月，长沙市成立湖南省警卫局警卫队，属副团级建制。2005 年 6 月 8 日，武警湖南总队第一支队、武警湖南总队长沙市支队合并组建武警湖南省总队长沙市支队，受当地党委政府和上级部队的双重领导。2007 年 5 月，广州军区第三通信总站机关及直属分队入驻长沙市。至 2012 年，长沙市域内有武装警察部队在内的团级以上军事单位若干个。

第一节　市级机构

一、长沙警备区

1992 年 10 月，长沙军分区更名为长沙警备区。

1998 年 12 月，长沙警备区撤销，成为湖南省军区长沙工作处。2004 年 11 月，长沙警备区恢复，增设相关领导职数。

2012 年，编外配置内设职位若干。

二、直属机构

20 世纪 80 年代，长沙军分区成立 2 个离职干部休养所（以下简称“干休所”），属部队正团级单位。

1988年，干休所收部队师以上离退休干部和家属。2010年后，干休所改为部队文职单位，工作人员按文职配备，享受部队副师级待遇。2012年，干休所建制无变化。

第二节 区县（市）机构

1988年，长沙市9个区县设人民武装部，受地方党委和长沙军分区的双重领导，设部长、政治委员，下设军事、政工、后勤科。

1996年，区县（市）人武部收归军队建制，称为“中国人民解放军湖南省某区县（市）人武部”，为部队正团级单位，其编制按大、中、小县3种类型编配。东区、南区、西区、北区4区和郊区人武部为中县。长沙、望城、宁乡、浏阳4县为大县。3月30日，全市9个区、县人武部全部交接完毕。是年，浏阳县人武部改称为浏阳市人武部。10月，为适应长沙区划调整，东区、南区、西区、北区、郊区5个人武部分别改称为芙蓉区、天心区、岳麓区、开福区、雨花区人武部。

2004年9月，区县（市）人武部进行整编，长沙市9个区县（市）人武部统一编配人员。2010年6月，望城县撤县改区，望城县人武部改称为望城区人武部，其所辖地域和工作性质、任务维持原状。2012年，长沙警备区下辖芙蓉区、天心区、岳麓区、开福区、雨花区、望城区6个区人武部，长沙县、宁乡县2个县人武部和浏阳市人武部。

第二章 国防动员

20世纪80年代后期，长沙市实行党委、政府、军队共同管理机制，把国防动员任务纳入各级地方党政干部的任期目标进行管理，实行统一考核检查；把国防动员工作纳入经济和社会发展总体规划和年度计划，实行统筹规划、安排；把国防动员经费纳入各级政府财政预算，实行统一保障。1988年，长沙市国防动员（含经济动员、交通战备动员、装备信息动员、人民防空等）由市、县两级政府负责，军事部门则发挥联系军地双方的桥梁纽带作用。是年，长沙开始加大普及国防教育、民兵预备役建设力度，形成以宣传、教育、民政、武装和驻军五位一体全民国防教育体制。1989年9月，在湖南省军区军事演习中，获得全省第一、二、三名。1990年，长沙市开始建立民兵应急分队。11月5日，召开全民国防教育委员会第一次全体会议，研究制定深化全民国防教育的措施。1991年，长沙市开展国防教育“进党政机关、进民兵预备役队伍、进大中小学课堂、进企事业单位、进新闻媒体、进乡镇（街道）和村社区、进市民素质教育”活动，受到国家国防教育委员会、广州军区、中共湖南省委、省人民政府和省军区的肯定。1993年，长沙市新创5个功能齐全的区县（市）国防教育中心和20余个国防教育展览馆，75%的乡镇、厂矿和企业建有国防教育基地，形成以机关、学校、企业、农村和驻军五位一体的全民国防教育体系。1995年6月，湖南省国防教育经验交流会对长沙市经验进行推广。

1996年，市国动委成立，组织实施全市国防动员工作，协调国防动员工作中经济与军事、军队与政府、人力与物力之间的关系。2000年，长沙市民兵预备役部队完善兵员动员、抢险救灾等预案，做到数量、质量、种类、分布清晰明确。2001 年，长沙市完善战备方案等预案。2002 年，研究制定全市人民武装动员、人民防空、交通战备和经济动员“十五”（2001—2005 年）建设计划；组织进行国防动员潜力调查和人防执法检查；加强经济动员、人民防空、交通战备专业保障队伍建设。2003 年，长沙市致力于推进国防动员三级指挥网工程的建设。2006 年，建成国防动员三级指挥网并投入使用。2008—2009 年，着力提高国防动员信息化建设。2011 年，编制完成《长沙市国民经济动员综合预案》，组建经济动员和装备动员专业保障队伍，建立建全市、县两级信息动员机构，完善信息动员机制。2012 年 6 月 8—11 日，在全市 18 个乡镇（街道）、28 个工矿企业和 9 所大专院校开展国防动员潜力调查和国防后备力量建设情况调研，收集调研数据形成调研报告，存入全市国防动员数据库。

第一节　国防动员体制

1986 年前，国防动员工作由长沙市各级人民武装委员会承担。1988 年，长沙市各级党委、政府和军事部门按照自身职能进行任务分解，由中共长沙市委宣传部、警备区政治部和市教育局等单位组织实行，将长沙市全民国防教育和民兵预备役政治工作纳入全民教育的轨道；民兵预备役基层建设、专职人民武装干部的调整使用和管理培养纳入基层政权组织建设和地方党政干部建设的范畴，由地方组织人事部门和军队政治工作部门负责落实；国防动员则由市、县两级政府负责，组织地方工信、财政、交通通信、人防部门修订方案；军事部门重点发挥联系军地双方的桥梁纽带作用。1996 年，长沙市成立市国防动员委员会，形成地方党委、政府、军队共同领导的国防动员指挥体系。1997 年 5 月，党管武装、党管国防纳入国防动员建设的岗位目标管理，由中共市委、市政府办公厅和警备区司令部、政治部组织每年 1 次对各区县（市）委书记和国动委主任的联合考察，每三年一次评选表彰。1998 年，全市 14 名市、县党政主要领导被省市两级评为党管武装的“好书记”“好主任”，8 名党政一把手被广州军区和湖南省授予荣誉称号。1999—2003 年，长沙市筹集专项资金建设省、市、县三级国防动员指挥网，该国防动员指挥网采取集语音、数据、图像三网合一的技术，又称为军事综合宽带信息网络。2001 年，全市党管武装的“好书记”“好主任”被评为人数增至 26 名。2002 年，长沙市建立述职考评制度，分口头和书面两种形式由军事机关党委第一书记向上级党委每年进行 1 次述职，汇报履行军事职责、党管武装的情况。长沙警备区的党委第一书记向中共湖南省委和湖南省军区述职，各区县（市）人武部党委第一书记向中共市委和警备区述职。2003 年后，市政府牵头，警备区联动，对国防动员三级网进行升级改造，形成省、市、县三级纵向相通、国动委各专业办公室横向对接，地方与驻军相互联系的动员组织指挥体系。2004 年，长沙市的党管武装、国防动员述职制度范围扩大，除军事机关的党委第一书记外，县级以上国动委主任，设有基层武装部门的乡镇（街道）、企事业单位和高等院校、科研院等单位的党委主要领导，也分别向上级党委和军事部门述职。2005 年，长沙市和长沙市雨花区被广州军区、湖南省军区分别指定为国防动员指挥体系建设试点单位。2007 年，全市国防动员各专业办公室主任、各人武部主官在芙蓉区召开国防动员评估座谈会，制定《长沙市国防动员委员会各专业办公室建设标准》《长沙市国防动员委员会工作制度、职责汇编》。

2012 年 12 月，全市各单位主要领导 200 余人次参加向上级党委和军事部门的述职，其中市级领导 12 人次。市国动委组织各专业办公室每年对应急作战动员和应急处突动员预案进行修订完善。各区县（市）国动委等部门均按照市国动委的预案要求，完善相应的实施方案、措施，初步形成较为完备的国防动员预案体系。

第二节 国防动员潜力

一、经济动员准备

1988—1996年，长沙市的国防动员潜力调查主要由长沙军分区承担，根据同时期的工作进行单项的资料统计。长沙市国动委成立后，国民经济动员潜力调查由经济动员办公室负责。1996年后，长沙市国动委陆续编制“九五”（1995—2000年）、“十五”（2001—2005年）、“十一五”（2006—2010年）国民经济动员规划以及“十二五”（2011—2015年）国民经济动员目标纲要，把国民经济动员工作纳入全市经济建设的总体规划中。并通过调动工作积极性，实现“九五”至“十一五”编制的动员规划、目标和各项指标，其中完成经济动员中心建设、通信信息动员中心建设、医疗卫生中心建设等任务，受到广州军区国动委的肯定，成为广州军区国民经济动员的示范单位。1997—2000年，长沙市国动委的经济动员办公室3次对全市人力、物力和财力等资源的数量、质量和分布情况展开调查，并按照省国动委和省军区《关于进行战时国民经济动员调查的通知》，将数据进行分类、整理后报至湖南省国动委和湖南省军区归档储存。

2003年起，长沙市每年对市内占主体经济的数百家企业开展潜力调查与核实工作，建立专项工作网站收集调查数据，汇总后录入数据库。是年，指导各区县（市）经济动员成员单位协调本地区统计部门，规划潜力调查方式，采集数据并完善潜力调查内容。2012年，长沙市经济动员办公室与长沙警备区和各区县（市）人武部后勤部门合作，在“九五”动员计划预案的基础上反复论证、修改，修订完成经济动员预案和分案若干个，一次性通过两级军区组织的专家评审。

二、经济动员建设

20世纪90年代，以省、市血防站为重点的血液供应中心和以湖南迪诺制药公司和湖南景达生物工程有限公司为龙头的医药中心以及以中粮可乐有限公司、湖南旺旺食品有限公司和湖南（长沙）军粮供应管理站为龙头的食品保障供应中心得到中国国防动员委员会的认可，获批国家级经济动员中心项目。1998—2001年，组建后方工程保障营、装备技术保障连、油料保障连，以及公路工程技术保障等经济动员保障分队。

2005年，长沙市从38个军民两用开发项目中选择工程机械、电子信息、北斗导航定位、生物医药、人造金刚石、新能源汽车制造等项目，组建工程机械制造、北斗卫星定位、大型车辆生产制造、电子信息等经济动员中心。

2002—2008年，在原有保障分队的基础上继续组建物资运输、道路抢修、战场医疗救护、野战炊事等专业保障分队，并结合紧急抗洪演练和遂行抗洪抢险、抗冰救灾等实战化检验，形成战时动员保障能力。

2006—2010年，长沙市以省、市两级电信、移动、联通公司为骨干组建通信信息中心，以黄花国际机场、霞凝新港和省远洋船队组建水陆空物流中心。2010年后，长沙市在中南地区组建第一支舆论网络分队，并针对性地开展研讨、演训。

第三节 全民国防教育

1988年6月24日，长沙市全民国防教育领导小组成立。是年，重点宣传关心支持国防教育的“十佳新闻人物”“国防之星”等典型代表。1989年11月，各区县（市）陆续成立全民国防教育领导小组。是年，长沙市全民国防教育委员会成立，设立专门办公室，明确全民国防教育工作由军事、宣传、教育部门主责，民政、司法、新闻、工会等部门配合共同管理。长沙市各级党校开设国防教育课程，聘请军内外专家教授专题讲授国防理论、国防法规、国防技能等方面的知识。国防教育内容列入大中小学的教学大纲，每月组织1~2次课堂国防知识教育。1991年11月，召开全市国防教育经验交流会，授予长沙市东区、浏阳市郊区、长沙县开慧乡、东区教育局、长沙衡器厂等13个单位为全市国防教育先进单位。至1992年2月，市、县两级全民国防教育委员会及办事机构全部建成，办公室均配有1~2人的专职人员。1993年9月，广州军区《战士报》专版介绍长沙国防教育建设经验。

1997年4月，35名市级领导集中到国防科学技术大学参与“军事日”活动，听取专家教授对《中华人民共和国国防法》（1997年3月颁发）的解读辅导，研究全市贯彻《中华人民共和国国防法》的办法和措施。6月，长沙市全民国防教育委员会办公室由临时办事机构改为常设机构，由长沙警备区派现役干部2人，地方配行政干部1人，与长沙警备区政治部联合办公，专职从事国防教育工作。

1998年3—5月，全市开展纪念《中华人民共和国国防法》颁布一周年系列活动。市、县两级设立宣传咨询站124个，发放宣传资料约15万份，举办各类讲座85场。6月，开展国防法规知识竞赛活动，发放试卷80万份，试卷回收率93％。中共浏阳市委办公室等15个单位获得优秀组织奖，215人获个人奖。

1999年8月，长沙市举行“纪念长沙市和平解放50周年”庆祝活动，将《中华人民共和国国防法》和关心国防、支持国防建设的模范人物典型事迹编排成文艺节目，组成文艺宣传小分队，到机关、学校、企事业单位和乡村（社区）进行巡回演出。是年，协调驻长部队在育英小学、清水塘小学、师大附中等86所中小学成立青少年军校。10月，长沙市全民国防教育委员会成立新闻中心。

2001年8月，长沙市开展宣传《中华人民共和国国防教育法》活动。驻长部队官兵在五一路沿线千米里的地段设立宣传咨询点50余个，展出挂图5000余幅，发放宣传资料约3万份，省、市两级党政军领导30余人和省、市全民国防教育委员会的全体成员走上街头参与宣传。

2002年4月28日，驻长沙部队若干名官兵参加《中国国防教育图片暨大型兵器实物展览》开馆仪式。是年，长沙市112所大、中、小学配备专、兼职国防教育老师，修订《大、中、小学生国防教育课程》，并把国防教育的课堂延伸到社会，聘请200余名校外专家教授、部队领导、英雄模范作为学校国防教育的校外辅导员，定期到学校为学生传授国防知识，作形势报告和光荣传统报告。除此之外，全市开展国防法规知识竞赛，50万军民参加竞赛。此后每年《中华人民共和国国防教育法》颁布日，长沙市均开展宣传活动，活动主要通过组织专场报告会、举办宣传橱窗、张贴宣传标语以及在大中小学开展国防教育法规知识竞赛等。

1988—2002年，长沙市新建和扩建国防教育基地180余个，其中，雷锋纪念馆国防教育基地、长沙县开慧纪念馆国防教育基地等18个国防教育场馆和长沙少年军校、长沙少年政治学校、长沙育德少年学校等被命名为全国或全省的重点国防教育基地，普遍设有“三馆”（图片馆、兵器馆、电教馆）、“五场”（轻武器实习场、重武器见习场，轻型武器射击场，对抗射击场，雷场）、“一工事”（野战工事）。2002年后，长沙市、县两级相继在岳麓山、影珠山等14个地点修建抗日烈士纪念陵园，建设宁乡、浏阳、长沙县等国防教育纪念广场，并将部队退役的“长沙舰”和部分坦克、装甲实物搬入国防教育基地。

图 10-2-3-1 开福区为群众发放国防宣传教育资料
（摄于2010年5月底，长沙警备区供图）

2005年，长沙市全民国防教育委员会形成每年召开1~2次全体成员会议和国防教育工作会议的常规，以审议制订国防教育制度计划、部署工作任务为目的。至此长沙市各乡、镇企业单位普遍设立国防教育办公室，大中专院校成立国防教育领导小组和国防教育研究室，配教员队伍。

2007年，推进国防教育“进机关、进课堂、进传谋、进社区、进企业、进乡村”活动。是年，雷锋纪念馆改建为长沙国防教育基地；在芙蓉区马王堆新建一条约2000米的国防教育宣传街。长沙电视台开辟“百战雄师”系列节目，《长沙晚报》开辟“星城国防情”专栏，举办“热爱军队、情系国防我为国防献真情”教育宣传活动，强化各级党委、政府的国防观念。

2009年5月，长沙市召开全民国防教育委员会主任及办公室主任会议暨现场观摩会议，与会领导和代表参观长坡社区、市青少年国防教育基地、黄兴路国防教育一条街等11处国防教育成果。2010年开始，由市、县两级拨出专款在市、县的主要入口、机场、车站等公共场所设立大型户外国防宣传广告500余个，在各机关、学校、厂矿企业和街道（社区）设立国防教育电视滚动幕墙，滚动播出国防法规、人民军队建设、现代军事等国防知识和新闻。2010—2011年，3次举办国防兵器展览，观看展览的市民约300万人次。抽调中共市委党校、市教育局、市委讲师团等单位的28名专家教授，组成长沙市国防教育讲师团，到全市党政军机关、企事业单位、大中小学校、厂矿企业和街道（乡镇），向人民群众宣传国防法规知识，聘请国防大学、中国国防问题研究所以及国防科学技术大学等单位的军事战略研究专家到长沙为各级领导和人民群众进行专题授课。

2012年，长沙市发布《关于进一步贯彻落实〈中华人民共和国国防教育法〉的实施意见》《关于加强和改进各类学校国防教育工作的意见》，把国防教育纳入中共市委中心组学习、机关干部在职学习和“公务员大讲堂”范畴。是年，全市编成适用于领导干部、大中小学生、民兵预备役人员和居（村）民的国防基础知识教材100余套。

第三章 国防后备力量建设

20世纪80年代，长沙市贯彻“三个结合”（劳逸结合、民兵制度与预备役制度结合、民兵工作与战时动员准备结合），实现民兵预备役工作重点由农村逐渐向城镇与交通沿线转变；后备力量队伍建设由数量规模型向质量效能型转变；后备力量作战体系由步兵分队为主向专业技术型兵种转变。1988年以前，民兵预备役军事训练主要依托望城县学士乡民兵训练基地和长沙军分区教导队进行，各区、县的民兵预备役军事训练采取“就地”训练的方法。1988年，全市受训民兵合格率为100%。

进入20世纪90年代后，长沙市划拨土地、拨付资金，解决长沙市内5区和长沙县、浏阳市7个人武部营院的整体搬迁；建设9个区县（市）民兵训练基地；装备民兵应急分队、舟桥分队和消防分队；改造和维修市、县级民兵武器仓库；补偿民兵训练经费；解决建设国防教育基地等项目的资金和物资缺口问题。建成民兵舟桥训练基地和武装干部培训中心，陆续建起各区县民兵训练基地和高炮预设阵地。1990年，长沙市组建民兵应急分队，超额训练若干名民兵。1991年，扩建民兵通信训练基地，基地可对全市民兵无线电报（话）务员同时集中培训；全市完成年度若干名民兵的军事训练任务，初步理顺民兵应急分队、基干民兵和普通民兵的关系；东区、西区、北区、郊区、望城县、浏阳县和宁乡县人武部达到“先进人武部”标准。1992年，全市40.3%的民兵基层组织达到湖南省民兵基层建设要求。1993年，在若干家企业设人武部，撤并若干家。1994年，在长沙警备区原有设施的基础上改造，建立人民武装干部培训中心。1997年，长沙市重点建设民兵应急分队、民兵高炮分队和民兵舟桥分队。1998年，长沙在岳麓区进行院校科研机构附属企业单位组建民兵组织的试点，取得初步成效；根据企事业单位的实际，各单位按照“合理布局、均衡负担”的要求，在部分新企业建立民兵组织；根据撤区并乡后的情况，进行农村民兵组织建制的调整、改革。1999年，在新兴企业、行业系统和建有基干民兵连或专业技术排的单位设立武装部，按规定配备专武干部。

2000年，对“三资”企业（中外合资经营企业、中外合作经营企业、外商独资经营企业）和民营企业符合编组民兵条件的人员进行编组，归口到所在街道基层武装部管理。2001年，把民兵编组范围扩展到行业系统，“三资”企业、股份制企业，高等院校科研机构和民营企业。2002年9月，在若干家企业单位新建民兵组织，其中若干家成立武装机构。2003年，组织区县（市）人武部党委第一书记进行党管武装工作述职，明确“管方向、抓大局、解难题、谋发展”的思路；市民兵调整改革经验被湖南省军区总结推广。是年，全市数万余名大、中学生参加军训；基层武装部达标率61.1%。2004年，基层武装部长全部进入同级党委。是年，全市基层武装部建设基本达标。2005年，长沙市组建民兵信息大队，并与地方科研单位联合研制有关装备器材。2006年，全市兴建民兵高炮预设阵地。2008年，设立一批高等院校、移动通信、医疗卫生、高新技术开发区等基层武装部，56名专武干部得到提拔使用，并着眼增强信息作战能力，将若干名年轻学者、心理专家、工程骨干、网络精英等编入民兵队伍，开展科技支前。2008—2009年，建成民兵高炮预设阵地；市人防指挥大楼进入试运行阶段。重新调整全市民兵专业分队的布局，突出军兵种民兵对口分队和区域保障分队建设。2012年，长沙市对战备方案主案和子案进行修订。是年，召开全市民兵组织调整改革会议，启动民兵转型建设工作。

第一节 党管武装

一、工作制度

1986年前，中共长沙市委和各区县委书记分别兼任军分区和各区县人武部第一政治委员。20世纪80年代末期，长沙军分区和各区县人武部机关建立党委第一书记和人民武装委员会（国防动员委员会）主任办公室，地方党政兼职领导每月到军事机关现场办公1次。1988年后，改为兼任同级军事机关党委第一书记，党委第一书记由上级军事机关党委任命，并要求兼任军事机关领导职务的地方党政领导干部“在其位、谋其职、尽其职、负其责”，为武装工作排忧解难。是年，吸收警备区部队的主要领导干部参加同级地方党委；建立市、县两级党委常委议军会议和党政军主要领导联席会议制度。1990年12月开始，长沙市和各区县每年召开1次党委常委议军会议和党政军主要领导联席会议。1995年3月，中共湖南省委书记王茂林主持召开议军会议，决定从当年起，县级以上地方党委和政府，每年利用“八一”或其他时机，由本级军事机关组织同级党委、人大常委会、政府、政协领导干部集体参加1~2次“军事日”活动，到1996年，市、县两级地方党政领导干部参与过“军事日”活动的有数百人次。

1996年5月，长沙市按照中共省委、省政府和湖南省军区的统一安排，在原人民武装委员会的基础上，市、县两级相继成立国防动员委员会，由市委书记、县委书记兼任同级国防动员委员会第一主任，市长、县长兼任同级国防动员委员会主任。

1997年，长沙市建立军事机关兼职领导的述职工作制，由军事机关的军政主官主持，组织各区县（市）人武部党委第一书记用座谈交流的方法，介绍各自在第一书记岗位上履职的心得体会，被中共湖南省委、省政府和省军区进行推广。1998年，长沙市及各区县（市）党委常委议军会议和党政军主要领导联席会议制度的经验做法6次被广州军区和中共湖南省委常委议军会议批复转发、推广。1998年后，长沙市把武装工作纳入经济与社会发展总体规划，纳入党政部门的工作职责范围，纳入党政领导的任期责任目标，纳入地方立法普法计划，纳入地方财政预算；把民兵预备役基层建设纳入地方基层政权和组织建设体系；把专职武装干部纳入地方党政干部的管理培训范围；把民兵预备役人员“参建参治”纳入地方政治、经济和精神文明建设范畴；把部队和民兵预备役人员的“双拥共建”纳入“双拥模范城”和“文明城市”创建轨道；把“雷锋家乡学雷锋”活动纳入“好人长沙”的建设目标，在全市形成“十个纳入”制度。

2000年后，长沙市重点对新任职的党委第一书记进行任前集体谈话，强化其使命感和责任感。在此基础上，建立每年定期1次组织兼职党委第一书记和市国动委主任集体述职的制度，检查兼职工作的完成情况，并由中共市委、市政府和警备区主要领导现场进行点评。2001年后，述职制度基本普及，各区县（市）委和人武部每年组织1~2次乡镇（街道）党（工）委书记和民兵营政治教导员的集体述职，加强党对军队和民兵预备役工作的领导。长沙警备区在事关全局的大事上，争取地方党委、政府的领导；在破解发展的难题上，争取地方党委、政府支持；在执行重大任务上，争取地方党政主要领导参与的做法和经验3次受到解放军总政治部、广州军区、中共湖南省委和省军区党委的推荐和表彰。中共长沙市委、芙蓉区委、天心区委、长沙县委等单位被中国人民解放军总政治部和广州军区评为“党管武装先进单位”。

从2003年开始，湖南省普遍实行兼职军分区（警备区）党委第一书记向上一级地方党委和军事机关进行党管武装述职的制度。2004年，述职制度逐步扩展到区县（市）和国防动员委员会。述职活动由地方同级党委办公室（厅）和同级军事机关的政治部门共同组织，军事机关兼职党委第一书记主持，军事机关的军政主官进行点评。2005年，召开区县（市）人武部党委第一书记述职会议。2008年，述职制度经过在长沙县试点后，逐渐向乡镇（街道）、高等院校和大中型企业延伸，同样遵循每年一次的述职工作制。2012年，长沙市出台《关于加强新形势下党管武装工作的意见》，明确双重领导、兼职、会议、现场办公、军事日活动、“十个纳入”、责任考评等基本制度，将军转干部安置、退役士兵安置和培训、随军家属就业和子女入学纳入双拥工作统一落实。至2012年，长沙市先后有8名警备区党委第一书记、市国动委主任向上级党委和军事机关述职，180名区县（市）人武部党委第一书记、国防动员委员会主任向中共长沙市委和长沙警备区述职，340多名乡镇（街道）党委（党工委）书记和高等院校、企事业单位主要领导向区县（市）委和人武部述职，做法2次被中共湖南省委、省政府和省军区推广。《解放军报》《中国国防报》《民兵工作简报》等对其进行报道。

二、保障措施

1988年，划归地方建制的9个区县人武部由政府财政拨款解决生活用煤、汽车油料、营房改造、专职武装干部生活补贴等问题。1990年5月，党管武装工作会议研究讨论并形成《关于坚持党管武装工作若干制度的意见》，党管武装的人员机构保障走上制度化轨道。1993年4月22日，党管武装工作会议专题研究讨论基层武装部建设问题，会议作出“四个不准”（任何单位不经上级批准，不准擅自撤销、合并基层武装机构；不准分流基层专职武装干部；不准专职武装干部停薪离职；不准专职武装干部“弃武”经商）的规定。

1994年，长沙制定保护军产、军事设施、军人及家属权益等文件和法规。规定从是年起至1997年期间，优先解决驻军用水、用电、乘车、征地以及军队干部家属、子女工作安置和入学、就业、住房等难题数万个，发放优待金1100万余元。4月，成立长沙市武装干部培训中心，为全民事业单位，由长沙警备区司令部领导，与警备区教导队合署办公，其经费由市财政统一拨付，实行“两块牌子、一套人马”。

1996年，长沙市“双拥”工作办公室成立，轮流抽调市政府相关部门和驻长部队的干部到“双拥”工作办公室集中办公，负责办理军民共建、“双拥模范城”建设等工作。1996年开始，长沙市每年召开1~2次军警民协调联席会议，中共市委或市政府主要领导出席，研究增强军警民团结的措施，统筹协调“双拥共建”和“双拥模范城”建设等工作，并连续5次获得“全国双拥模范城”称号，长沙县、宁乡县、浏阳市和望城县被评为全国或全省“双拥模范县”。

2000年5月22日，民兵政治工作现场交流会议在浏阳市召开，传达贯彻《关于民兵工作调整改革的意见》等文件精神。6月起，由中共市委、市政府和长沙警备区联合派出3个检查组，对基层武装部门建设进行专项检查，针对部分单位专武干部职务倒兼、一职多兼、主岗缺失和专武干部流失等问题，发布《关于新形势下加强专职武装干部队伍建设的意见》，明确基层武装部门的机构设置、人员配备，专武干部的职级待遇、职务晋升等事项，将专武干部配备纳入地方干部统一配备调整使用范围。

2002年，长沙市划拨警备区机关建设用地，启动警备区机关建设，搬迁至岳麓区，投入资金完善信息、指挥和“三网互联”等平台建设。2004年，市、县两级地方财政拨付经费在9个区县（市）普遍建立民兵高炮（高机）预设防地。2005年5月，中南5省（区）各地市军地领导到长沙市观摩，推广长沙市加强民兵高炮（高机）预设场地建设的经验。2006年后，长沙市军事斗争实质性准备进入一个新的阶段，国防后备力量队伍的各种实兵实装演习（演练）增多，市、县两级政府为重大军演活动提供经费和物资保障。

图 10-3-1-1 芙蓉区民兵高炮分队进行实弹射击
（摄于2010年，长沙警备区供图）

2009—2012年，出台《长沙市贯彻湖南省国防教育条例的实施意见》《长沙市贯彻〈民兵工作条例〉的实施办法》《长沙市实施〈人民空防法〉的办法》《长沙市实施〈军事设施保护法〉的办法》《长沙市实施〈国防交通条例〉的办法》《长沙市实施〈兵役法〉的办法》《长沙市民兵预备役部队军民通用装备管理和征用规定》等21个地方性法规文件。制定关于加强党管武装，加强预备役建设，改进城市民兵工作，基层武装部门机构设置，专职武装干部人员配备，民兵预备役训练基地建设，军地局域网互联互通以及组织民兵预备役人员参加抢险救灾，组织退役军人开展“双带双促”（带头建设家乡、促进经济发展，带头维护稳定，促进社会和谐）等政策法规性文件。连续4年发布《关于加强新形势下党管武装工作的意见》，明确全市基层武装部的机构设置纳入行政机构的编制统一定编；专职武装干部的选拔配备纳入地方党政干部的范畴，统一调配；专职武装干部的绩效考核纳入地方党政干部的考核范围，统一考评；专武干部的职级晋升纳入地方党政干部的选拔范围，统一考核调整；专武干部享受同级地方党政干部副职待遇。2012年，注重加强对民兵连（营）长的选拔配备，并按照上级有关规定，为基层民兵连（营）选配政治指导员（政治教导员）。

三、激励机制

1988年10月，《中国人民解放军军官军衔条例》恢复军衔制度后，长沙市现役军官的薪金由职务薪金、军衔薪金和军龄薪金3个部分组成，以职务薪金为主，取消原行政级别工资，现役军官薪金大幅增长。

1990年，中共长沙市郊区区委、长沙市邮政局党委获“湖南省党管武装先进单位”。1997年5月，长沙市贯彻湖南省《关于开展评选党管武装“好书记”“好主任”活动的通知》，中共市委书记到长沙警备区现场办公，与警备区党委商量开展评选活动的具体事宜，并在市委议军会议上形成决议，规定评选工作由本级党、政、军领导机关共同提名推荐，自下而上开展民主评议，上级党委和军事部门共同审批，对评选出来的先进个人授予荣誉称号，发予奖励证书，在全市有关大会上进行表彰，书面通报全市。2000年开始，长沙市实行抚恤补助标准自然增长机制，坚持抚恤补助标准随城乡人均收入增长而提高。是年，市、县两级建立了特困临时救助制度，解决优抚对象的特殊困难。2001年，中共湖南省委召开全省党管武装工作会议，明确提出地方各级党委、人民政府对本地区人民武装工作负全面领导责任；市、县委书记为党管武装工作第一责任人，对本地区人民武装工作负总责；市、县长为党管武装直接责任人，对本地区人民武装工作负直接领导责任。1月19日，中共长沙市委召开议军会议，就党管武装的目标责任制问题进行专门部署，制定《关于新形势下党管武装工作的意见》，明确专管武装目标责任制的“四管”（管方向、管决策、管建设、管使用）和“五个坚持”（坚持双重领导、坚持议军会议、坚持现场办公、坚持“军事日”活动、坚持年度述职）。全市各级地方党委、政府和军事部门按照“四管”和“五个坚持”的要求，结合形式任务的变化，修改、完善党管武装工作的目标责任制，上报上级党委和军事部门，年终由地方党委有关部门和军事机关政治部门联合进行检查。4月，长沙市制定党管武装工作的检查标准、考核细则和监管程序，把党管武装工作纳入地方党政干部绩效考核范畴，每年由中共市委组织部和警备区政治部对区县（市）委书记和区县（市）长履行党管武装工作的情况进行一次联合考评。2004年，修订后的《军人抚恤优待条例》颁布后，长沙市、县两级均制定和完善了《长沙市重点优抚对象医疗补助办法》《长沙市1~6级残疾军人医疗保障办法》《长沙市退役士兵安置暂行办法》《驻长部队立功官兵奖励办法》。2005年，开展“党管武装好书记、好主任”评选活动，并在中共市委常委议军会上进行表彰。

2012年，长沙市有8人被中共湖南省委、省军区授予党管武装的“好书记”称号，6人先后被评为湖南省“关心和支持国防教育新闻人物”，8人被广州军区授予“国防之星”，2人被评为全国“国防后备力量建设十大新闻人物”和全国“十佳武委会好主任”。

第二节 民兵预备役

一、组织建设

1988年，长沙市的民兵组织按基干民兵和普通民兵2种形式进行编成，完成干部调整配备和业务培训工作。1989年6月，全市以基干民兵为基础在重要防护区及重要目标附近组建民兵应急分队。1990年，长沙军分区拟定长沙市民兵应急机动团组建方案。1991年12月，长沙市对民兵组织发展规模进行第一次调整，重点调整已建立民兵组织的大、中型企业及附属企业的民兵组织：对不符合组建民兵组织或建后难以负担的企业，不建或撤销已建的民兵组织；对并转企业，按并转后的单位实行整合；对生产经营不够稳定，人员流动性大的企业，其民兵组织统一纳入企业户籍所在地的民兵组织；对不具备建立基干民兵组织条件的企业，其基干民兵和退役军人，由企业所在地的街道（乡镇）民兵组织进行登记统计。1992年，发展“以劳养武”。3—5月，长沙军分区和各区县（市）人武部组成联合工作组，到全市民兵基层单位开展调查，针对性地解决有关问题。1993年，年度民兵组织整顿经市、县两级验收，85%合格，13%基本合格，2%不合格。1995年12月21日，长沙市组建湖南省民兵舟桥团第四营。

1997年12月，长沙市以民兵组织调整为重点，压缩民兵组建规模，扩大民兵编组范围，改进民兵编组方法。5月25日，长沙市民兵抗洪抢险机动突击团成立。1998年，长沙市民兵组织建设进行第二次调整改革：农村以行政村为单位建立民兵组织；城区以国有大中型企业为主体，凡符合民兵编组条件，且人数在20人以上，经济效益稳定、行政组织健全的单位，均建立民兵组织。农村以乡镇为单位组建基干民兵组织，乡镇企业基干民兵列入所在乡镇统一编组。以乡镇为单位编制，城镇以企事业单位独编连或排。

2001年，提高民兵专业技术分队的科技含量。再次扩大民兵编组范围，把民兵组织扩展到行业系统，如“三资”企业、股份制企业、高等院校、科研机构和民营企业。重点编组民兵应急分队、高炮分队、抗洪抢险分队和专业对口分队。是年，发布《关于确保乡镇武装机构和专武干部队伍稳定的意见》。2002年1月，长沙市被列为湖南省城市民兵工作改革的试点城市，出台关于民兵工作经费、基层武装机构设置等政策性文件；调整若干个基层武装组织和若干名专武干部，安置若干名人武学员，基本解决长期制约城市民兵预备役工作开展的经费、编制体制等问题。中共长沙市委、市人民政府和长沙警备区组成联合工作组，会同省军区工作组到全市部分企业、街道社区、高等院校和科研院所，调查长沙市城市民兵组织的分布、编组及各类企事业单位和行业的分布、规模、人员、经营效益、隶属关系等情况，完成《长沙市城市民兵工作情况调查》《长沙市城市民兵工作改革实施方案》，进行长沙市民兵组织建设的第三次调整。此次调整改革在三一重工、中联重科、远大空调、振升铝材等“三资”企业、民营企业和中南大学、湖南大学、湖南农业大学、湖南师范大学、湖南航空航天职业技术学院等高等院校和湖南工程机械研究所等科研单位均建立民兵组织。9 月底，完成改革试点任务，在若干家单位新建民兵组织。全市内 5 区的专业技术兵由原来的 26.5%上升到 65%，撤销 21 个破产、倒闭企业的民兵组织。是年，调整组建若干个专业分队，提高基干民兵队伍科技含量。是年，确定基干民兵发展规模，市内五区基干民兵“十五”（2001—2005 年）发展规模进行调整；组建以防空分队为骨干，防化救援、指挥通信、侦查预警等保障分队相配套的民兵组织体系。2006 年，长沙警备区和雨花区人武部开发研制出民兵工作信息管理系统，并试点运行，得到省军区领导肯定。

图 10-3-2-1 长沙民兵舟桥分队在湘江开展集训

（摄于 2010 年，长沙警备区供图）

至 2012 年，长沙市从优秀退役军人和优秀民兵中选拔若干人补充到民兵营、连、排长队伍。2012 年 12 月，长沙市召开落实《国防后备力量建设发展“十二五”规划》专项会议，研究制定民兵预备役整组工作方案。市、县两级的民兵预备役队伍分别按照应急、救援、储备、重要目标防护 4 种类型进行编组，全市组建民兵应急分队、支援保障队伍，储备队伍则按省军区的要求和长沙市担负的任务进行组建，重要目标防护分队按一、二、三类防护目标进行编配。

二、政治教育

1988 年，开始建设“青年民兵之家”，民兵每季 1 课的政治教育完成率和到课率达到 80%。20 世纪 90 年代初期，长沙市实施区县（市）国防教育基地，乡镇（街道）国防教育室，村（社区）青年民兵之家的“三级教育阵地”，“三支教育队伍”（人武、专武和民兵干部）、基层“三队”（民兵应急分队、文明志愿者服务队、乡土文化队）活动和“四个结合”（政治教育与整组、训练、征兵、重大活动相结合）为主要内容的“三三三四”工程。1988—1993 年，长沙市在基干民兵军事集训、民兵预备役工作整组和集体点验、征兵宣传发动、企事业单位职工培训、高校新生入校、“八一”纪念活动等时期用“一堂课”方式实施教育，这种形式成为落实每月“一堂课”教育的基本制度。1990 年后，全市各基层民兵单位“一堂课”教育的落实率在 95%以上，普通民兵受教育面在 80%以上，基干民兵的受教育面达到 100%。

1993 年 9 月，警备区党委和政治部门派出 3 批工作组，到长沙县、望城县、宁乡县和浏阳市 18 个乡镇开展专题调研，总结各地区民兵政治教育的经验做法。1993 年 11—12 月，在长沙县和浏阳市召开基干民兵政治教育改革现场经验交流会议。1994 年 1 月，颁发《长沙市民兵政治教育大纲》。1994 年后，将每月“一堂课”调整为一个季度“一堂课”，规定每次授课时间不少于 2 个小时，并安排时间进行讨论。到 1995 年，长沙市以村、企业车间为单位，建立青年民兵之家数千个。

1997 年，长沙县黄兴镇武装部采用电化函授教育的方式落实民兵政治教育的方式得到推广，使电化函授教育成为一种新的途径。1998 年 3 月开始，派出 6 批工作组，由党委常委带队，对全市红色资源基地和利用红色资源开展民兵政治教育的情况开展专题调查，并在浏阳市开展“利用红色资源搞好民兵政治教育”的试点。

2000 年 5 月，长沙市民兵政治教育工作现场经验交流会议在浏阳市召开，总结推广浏阳市文家市镇、长沙县黄兴镇、望城县雷锋镇、宁乡县花明楼镇等 16 个单位的经验和做法。2000 年后，全市举办教育推进会议 50 余场，总结各类民兵政治教育经验 50 余份，其中被《解放军报》《中国国防报》《中国民兵》《湖南日报》《长沙晚报》等军内外新闻媒体重点报道和推广的有 20 余份。2008 年，随着民兵组织结构的调整改革，1 批非公有制企业和高等院校、科研院所相继建立民兵组织，长沙警备区派出 1~2 批工作组到这些单位，采取听取汇报、座谈讨论、跟踪调查等形式，对民兵政治教育的落实情况开展专题调查，此后每年循此例选择 1 个试点单位，组织试点观摩。

2012 年，长沙市“青年民兵之家”发展到上万个，其中 26 个被广州军区和湖南省军区评为“先进青年民兵之家”。长沙县高塘乡女民兵李中笑创办的“中笑图书馆”被中华全国青年联合会树立为全国典范。

三、军事训练

1987 年，长沙市采取“先点后面、典型引路、分类指导”的方法在全市进行民兵组训工作改革，重点调整专业技术兵的组训比例和布局，减少专业技术分队的种类。1988 年，民兵参加军事训练，训练以基本技术、战术为主，训练时间在 15 天以上；基干民兵训练按要求一次完成训练任务，时间为 20 天；完成基本军事训练的老基干民兵，根据需要进行 5~7 天的复训。1990 年，超额训练民兵，民兵整组和训练工作获省军区第一名。1991 年，初步理顺民兵应急分队、基干民兵和普通民兵训练的关系，按规定完成年度民兵军事训练任务。1992 年，长沙市城区若干名应急分队民兵参加湖南省第五次民兵代表大会军事汇报表演；全年训练民兵、专业技术民兵，占民兵总人数的 45%；全市总评成绩为“优秀”。

1993 年 4 月，长沙市制定《关于长沙市城乡民兵军事训练经费统筹的意见》《关于人武部以劳普武若干问题的意见》《关于统筹民兵活动和执勤经费的通知》等文件。9 月，民兵工作“政治、组织、军事三落实”现场经验交流会在长沙县召开，重点推广长沙县加强民兵军事训练的经验。此后，长沙警备区和各区县（市）人武部在每年第四季度，结合民兵预备役军事训练年终考核验收，对民兵预备役军事训练工作进行调查研究，出台下一年度民兵预备役军事训练的指示，对民兵预备役军事训练的内容、时间、质量标准、考核验收等提出具体要求，使民兵预备役军事训练走上规范化轨道。是年，民兵年度训练合格率 98%。1994 年，全市完成民兵训练任务。

1997 年，长沙市民兵工作以抓民兵应急分队、民兵高炮分队和民兵舟桥分队为重点，实训民兵，其中应急分队考核合格率 100%。组建、训练民兵抗洪抢险机动突击团，其中民兵舟桥分队在广州军区会议上汇报表演了水上救生、水中排障、快速植桩等 7 个训练科目。

2000 年，长沙市开始推行民兵“三化”（基地化、模拟化、网络化）训练，提高训练质量，每年合格率在95%以上，对于少数当年训练成绩不合格的人员，下一年度组织补训。2001年，全市若干人被省军区评为优秀教练员，若干人被警备区评为优秀教练员，若干人被区县（市）评为优秀教练员。对各级评选出来的优秀教练员，省、市、县三级均给予适当的物质奖励和精神鼓励，并注册登记，收入民兵预备役军事训练骨干数据库，储备人才。2002年，全市举办基干民兵和专业骨干集训25期。

图 10-3-2-2 芙蓉女子高炮民兵参加省军区高炮实弹考核 （摄于2006年9月24日，长沙警备区供图）

2004年9月，望城县、雨花区各1个连民兵高炮，参加湖南省军区组织的高炮实弹射击训练取得较好成绩。2005年，全市对应急分队、专业技术分队、对口专业分队、民兵骨干进行基础训练和专业训练，以及“补差”和接口训练。2006年9月，芙蓉区女子民兵高炮连和天心区民兵高炮连参加省军区组织的双实弹射击，打破全省历史最优纪录，受省军区通报表彰。2008年，长沙警备区对专武干部和民兵骨干进行培训，结业合格率96%。2008—2009年，长沙市民兵预备役人员的军事训练在编组布局、训练规模等方面作适度调整，加大地方兼容性强、科技含量高的行业系统和非公有制高科技行业的民兵编组和训练，以专业分队训练为主，专业分队民兵参加训练。2009年，长沙市民兵、专武干部参加全省民兵军事训练评比性考核，获第一名。9月，长沙市民兵、专武干部参加全省民兵军事训练评比性考核，考核民兵水上救援、森林扑火、反恐维稳3种专业和专武干部军事理论、实弹射击、编写教案、组织指挥4种能力，长沙市获全省第一名。2011年，全市民兵舟桥分队若干名骨干，在望城区民兵舟桥训练基地开展集训，参训人员训练合格率100%。

2012年4—5月，全市各民兵消防应急分队的连、排长进行7天强化训练；结合防汛抢险前期准备，组织全市民兵舟桥分队骨干开展8天训练演练。6月，采用封闭式集训的方法，对全市专武干部、军事教练员和民兵营（连）长进行普训。全年组织民兵队伍训练62期。是年，长沙市通过先培训、后录用的方式，选派专业技术分队的教练员参加省军区和警备区统一培训，步兵分队的教练员由区县（市）人武部组织，培训的时间根据训练科目而定，专业技术分队一般在20~30天，步兵分队一般为7~15天，选派到省军区培训的教练员一般为1~2期，警备区集中训练则按专业分队的不同特点，一般每年集中培训5~8期。培训后通过严格考核，从民兵干部和退伍军人中录用若干名民兵教员，其中人武、专武干部占75%。

四、基层建设

1988年1月，15个基干民兵连被长沙军分区评为“百连竞赛”优胜单位，27个基干民兵连被评为“先进单位”。1990年，全市各级民兵装备仓库库房防潮防热改造面积若干平方米，年底军分区民兵装备仓库和9个区（县）民兵装备仓库均通过广州军区的达标检查。1991年，长沙市开始加大对民兵预备役基层建设的投入，市、县两级先后筹资改善基层建设条件，各乡镇（街道）武装部和企事业单位及高校武装部门均按照上级有关规定，建立“四室”（办公室、资料室、装备器材室、国防教育室），基层民兵营、连建设“青年民兵之家”“青年民兵文化阅览室”和“青年民兵娱乐室”等基础设施。各基层武装部门和民兵营、连制定战备执勤、维稳处突、应急机动、抗洪抢险、森林防火等方案（预案），建立有关会议、请示报告、登记统计、民兵预备役活动、基干民兵外出联系等制度。

1992 年，全市民兵基层组织中的单位基本达到《湖南省民兵基层建设细则》规定的要求，占民兵单位数的 40.3%；评选出长沙市邮政局、长沙客车厂、长沙县暮云镇武装部和郊区岳麓山乡观沙岭村民兵营等一批高标准民兵单位，其中，长沙市邮政局人武部获得中国人民解放军总参谋部、总政治部授予的“民兵预备役工作先进单位”和广州军区授予的“基层建设标兵单位”称号。1993 年，民兵预备役基层建设有若干个基层单位达标。民兵高射武器炮（枪）库部分被评为先进单位，总部和广州军区检查组在检查后评价这一工作创广州军区一流水平。

1994 年，全市基层民兵建设中基层单位通过省军区达标验收，实现 3 年规划目标。1995 年，派出 4 个工作组，针对上述问题到全市 13 个乡镇（街道）和 16 个企业就专职武装干部队伍建设问题进行专项调研，形成书面报告，提交中共市委常委议军会议研究。1996 年 1 月，市委召开议军会议专题研究新形势下加强专职武装干部队伍建设问题，形成决议文件发至各单位，要求全市各乡镇（街道）、大中型企业和重点高等院校保持武装机构单设、人员专职。1999 年，长沙市对乡镇（街道）、企事业单位和高等院校武装机构的设置，干部配备的原则、干部配备职数、职级待遇、选拔录用、教育培训等问题进行明确规定。

1991—1999 年，长沙警备区（军分区）民兵武器仓库 4 次被广州军区和湖南省军区评为“红旗仓库”，长沙县、浏阳市、芙蓉区、岳麓区等单位的民兵武器仓库也被广州军区和湖南省军区评为“先进民兵武器仓库”或“红旗仓库”。2000 年，长沙市建成民兵武器仓库若干个。在基本设施初步完善的前提下，开展“达标”活动；统一为民兵装备库房安装脉冲电网和电视监控系统，实行双人双锁、干部 24 小时在位值班制度。

2001—2002 年，长沙市组成联合工作组 2 次对落实基层人民武装机构设置、干部配备情况进行跟踪督导。2002 年，全国民兵预备役工作调整改革会议确定将长沙市作为湖南省的试点单位。是年，发布《长沙市城市武装机构设置、干部配备问题的通知》《关于加强新形势下专职武装干部队伍建设的意见》等，对不符合专武干部任职条件的若干名专武干部进行调整，新配专武干部若干名。2004 年，街道民兵工作经费提高。2004—2006 年，在加强老旧库房翻新加固，对电路和报警系统进行全面检修的同时，拨出专款对所有武器仓库购置报警器，安装可视对讲设备，建立战备值班室与武器仓库的可视监控。各级仓库于每月初填报《仓库湿度月报表》，并不定期对仓库安全工作进行检查或抽查。结合库存物资的技术普查，点验武器弹药、装备器材翻垛，报废老旧以及技术上达不到要求的武器弹药，清除日遗化武。2009 年，长沙市开始施行民兵武器装备管理《“部库合一”管理规定》。是年，投入经费对师团两级作战室、值班室和民兵武器仓库的战备设施进行更新。

至 2010 年，全市所有街道、乡镇、企事业单位和大中专院校、科研院所等均单独设立武装部。各基层武装部门均建立“三室一库”（办公室、学习室、国防教育室，装备器材库），购置现代办公设备。2010 年 4 月，广州军区民兵预备役基层建设达标试点工作会议在长沙市召开，广州军区领导和与会代表现场观摩芙蓉区人武部及该区所属的马王堆街道武装部、湖南农业大学武装部、开福区捞刀河镇武装部和岳麓区管辖的中联重科公司武装部 4 个全省基层建设试点单位，对上述单位坚持经济建设与民兵基层建设协调发展的做法进行推广。会议将长沙市作为湖南省民兵基层建设工作先行单位。12 月，湖南省军区对每个区县（市）的 3~5 个试点单位进行达标验收，全市若干个先行试点单位全部通过验收。2011 年 3 月，结合民兵预备役整组工作，全市基层建设工作全面铺开。2012 年 12 月，全市乡镇（街道）、企事业单位、高等院校武装部建设和民兵连、营基层建设经省军区验收全部合格达标。

第四章 兵 役

20 世纪 80 年代，长沙市贯彻《中华人民共和国兵役法》，实行义务兵制为主体的义务兵与志愿兵相结合、民兵与预备役相结合的兵役制度。全市 95%的适龄青年报名应征，首次实现零不合格退兵，获全省征兵工作一等奖。1988 年，全市乡（镇）、企事业单位的专职人民武装干部佩戴人民武装工作符号。1989 年，长沙市兵员征集时间由冬季调整到春季。1990 年，长沙市进行春、冬两季征兵，春季征兵为全国性年度普通征集，冬季征兵是为满足中国人民武装警察部队的特殊需要，在部分省市进行征集。是年 10 月 20 日，长沙市征兵办公室更名为长沙市人民政府征兵办公室，各区（县）征兵办公室同时更名。1992 年，长沙警备区（军分区）与地方组织、人事部门配合，进行预备役军官登记。

1994 年 2 月 22 日，长沙市出台《实施〈军人抚恤条例〉细则》。是年，长沙市南区征兵办公室被评为“全国廉洁征兵先进单位”，受国防部表彰；退伍军人得到妥善安置。1995 年，长沙市各地的报刊、广播、电视均开辟专栏或专题，进行电视讲话、广播讲座，书写标语、横幅 8 万余条，电视讲座 100 余场，出板报 6000 余期，发动全市若干名应征青年参军卫国。12 月 11 日，全市首次进行新兵空运，湘籍新战士到南疆服役。

1997 年 3 月 11 日，长沙市授予首批预备役军官军衔。是年，全市报名参军者 8 万余人。2000 年 4 月 16 日，长沙市发布《关于全市公园革命纪念场馆、公交车及公共厕所等对现役军人和革命伤残军人实行免费的通告》，自 5 月 1 日起施行。

1998 年 12 月后，遵照修改后的《中华人民共和国兵役法》，长沙市实行义务兵和志愿兵相结合，民兵和预备役相结合的兵役制度。

2001 年，长沙市在中南大学、湖南大学、湖南师范大学、湖南农业大学 4 所院校开始大学生兵员征集先行试点。2003 年，征集在校大学生入伍工作全面铺开，各大专院校在长沙市征兵机构的指导下，开展兵役法规、国防安全形势和爱国奉献教育。10 月 31 日，中南大学、湖南大学、湖南师范大学 3 所高校举行报名仪式。11 月 1—5 日，长沙市 38 所院校在校大学生报名参军。

图 10-4-0-1 湖南省大学生入伍仪式在长沙举行

（摄于 2012 年 5 月 31 日，长沙警备区供图）

2004 年，在对 2003 年转业复员的干部进行登记的基础上，核准预备役军官的家庭住址、工作单位、身份证号码和联系电话，清理不符合预备役军官条件的人员，在总政治部组织的全军预备役军官登统计工作检查评比中，长沙市获全军省会城市预备役军官登统计工作第一名、综合排名第五的成绩，受总政治部通报表彰。2005年，长沙警备区并被省军区评为“2005年度征兵工作先进单位”。2012年，长沙市举办5场优秀大学生士兵巡回报告会，完成预备役登记统计、学生军训和新兵征集任务，为战时储备大批兵员。

第一节 兵员征集

1988年，长沙市的兵役工作，实行中共地方党委、政府牵头，党委、政府、军队相结合的领导体制，兵役机构为长沙军分区和区县（市）人武部。长沙市人民政府设有征兵领导小组，领导小组组长由分管武装工作的中共市委副书记担任，副组长由长沙军分区司令员、政治委员担任，领导小组下设办公室。是年，全市不进行征兵。长沙市的兵役登记（亦称预征登记）按照1984年5月颁布的《中华人民共和国兵役法》执行，每年12月31日前年满18岁的男性公民，在当年7月1日至9月30日按照县、自治县、县级市、市辖区兵役机关的安排，进行兵役登记。登记期间，在农村按行政区划建立兵役登记站，组织适龄青年进行报名登记。在城镇，按单位系统组织登记，设有武装部门机构的，由武装部组织登记；有民兵组织的单位，由民兵干部组织登记；没有武装部和民兵组织的单位，由保卫、政工部门组织登记；机关、学校和户口在城镇的零星人员，企业青年中的适龄青年，由街道办事处组织登记。兵役登记站设在基层武装部。1989年12月后，根据修改后的《中华人民共和国兵役法》，长沙市实行义务兵和志愿兵相结合、民兵与预备役相结合的兵役制度。义务兵服役年限均改为两年，志愿兵可直接从非军事部门有专业技术的公民中招收。兵役工作改由各级人民政府组织领导，成立以副市长为组长，军分区司令员、政治委员、参谋长为副组长，军分区机关、市政府办公室、宣传、公安、卫生、财政、民政、运输、粮食等单位领导为成员的征兵工作领导小组。下设征兵办公室，为常设机构。是年春季启动兵员征集，要求城镇应征青年一律凭户口簿、毕业证、待业证报名，远离户口所在地一年以上的，必须有现实表现的证明材料。新兵政审按照公安部、总参谋部、总政治部《关于征集公民服现役的政治条件的规定》实施。全市征集新兵若干名。

1990年10月，长沙市征兵办公室更名为长沙市人民政府征兵办公室，各区县（市）征兵办公室也同时相应更名。是年，在春、冬两季进行兵员征集，征集新兵若干名。对应征对象初检目测用肉眼观察改为用医疗器械检查。冬季征兵根据《关于〈应征公民体格条件〉的补充规定》，增加性病、艾滋病等检查项目。政审按照公安部、总参谋部、总政治部《关于征集公民服现役的政治条件的规定》和《关于征集公民服现役的政治条件的补充规定》实施。1991年，长沙市开始为部队院校招收青年学员，并在军队指定的地点普遍招收高等院校委培国防生。5—7月招生期间，协助有国防生招生任务的院校就招生面试、体验、政审、投档、录取、录取比例等问题进行讨论研究。协调长沙、株洲、湘潭、娄底4个市的上线考生在长沙统一进行体检和政审。是年，全市征集兵员若干名。根据国防部《应征公民体格检查标准》，男青年身高提高到1.62米，体重提高到50千克；女青年身高提高到1.58米，体重提高到48千克；视力由右眼5.0以上改为4.9以上。场检合格对象新增尿液检查。女青年只征集1990年应届高中毕业生。1991年后，长沙市每年有上千名高中应届毕业生报考军校和国防生。1992年，兵役征集年龄范围，在职男青年职工放宽到21周岁。全市征集新兵若干名。1993年，全市征集新兵若干名。对具有高中毕业以上文化程度的男青年，征集年龄放宽到21岁，征集中专、技校毕业的学生和企业单位具有高中以上文化程度的管理人员、技术人员。女青年只限1993年满18~19岁的应届高中毕业生。是年起，全市体检站实施封闭式体检。根据公安部、总参谋部、总政治部《对〈关于征集公民服现役的政治条件的规定〉的几点说明》，把应征青年的现实表现（思想表现、政治表现和作风道德表现）作为审查的重点，严防将对党和社会主义制度不满、资产阶级自由化思想严重，以及有流氓、盗窃、打架斗殴行为等思想品质不好或有犯罪前科的征入部队。1994年征兵期间，各级吸收纪检、监察部门成员参加征兵工作，制定廉洁征兵纪律，抵制和防止征兵工作中的不正之风，确保兵员质量。征兵办公室设立纪检组，负责征兵纪检工作。保证征兵工作顺利进行，完成若干名新兵征集任务。

1996年5月，长沙市将每年的11月作为“全民国防教育月”，启动“征兵工作宣传发动月”活动。成立征兵宣传教育领导小组。在征兵工作铺开前制订宣传教育计划，利用电视、广播、报刊等新闻媒体，采用张贴标语、横幅、举办征兵工作专题橱窗，组织定点宣传和流动宣传；举办优秀大学生现役士兵现场报告会、开展专场文艺演出，集中宣传《中华人民共和国兵役法》《湖南省征兵工作条例》《爱国主义教育实施纲要》等。是年，兵员征集按照公安部、总参谋部、总政治部《关于征兵政治审查组织实施工作的规定》，实行基层推荐负责制。实行村乡县逐级审查、公安机关交叉审查和有关部门联合审查。全市完成若干名新兵征集任务。

1998年，兵员征集对象具有大专以上文化程度的青年放宽至22周岁。全市征集兵员若干名。1999年，适当扩大高中以上学历青年的征集范围，征集非学历教育民办大学的在校生、高等院校接收的无学籍学生及在各类高考补习班学习的学生。全市完成若干名兵员征集任务。2000年，完成若干名兵员征集任务。

2001年9月，长沙市征兵办公室作为各级地方政府的常设机构，由兵役机关和公安、卫生等部门组成，办公地点设于长沙警备区司令部，司令部参谋长兼任办公室主任。是年，开始在高等院校就读的大学生中招收新兵，全市征集新兵若干名。2002年，完成若干名兵员征集任务，政审继续采取三级审查、交叉联审等办法，突出以应征青年的现实表现为主。

2003年，大学生兵员征集工作全面铺开，全市征集兵员若干名，其中有来自38所高等院校的大学生。男青年为年满18~20岁，高中毕业以上文化程度的青年和企业事业单位职工放宽到21岁，大专以上文化程度的放宽到22岁；女青年为年满18~19岁。根据本人自愿，征集部分年满17岁的女青年和2003年应届高中（含职高、中专、技校）毕业的男青年入伍。是年，开始从非军事部门招收专业士官，首次在长沙航空职业技术学院开展部队士官直招工作，选拔优秀应届毕业生入伍。根据《应征公民体格检查标准》，增加心理测试。2004年，全市完成兵员征集任务。高中毕业以上文化程度的青年和企业事业单位职工放宽到21岁，大专以上文化程度的放宽到22岁，大学本科应届毕业生放宽到23岁。根据国防部《关于体检有关问题的通知》，放宽大专以上文化程度青年、在校大学生视力标准，明确血常规检查、尿液检查、酶标法检测等辅助检查标准，以及文身、白癜风等其他问题的有关规定。女性身高提高到1.6米以上。政治审查突出应征青年的现实表现，把外出务工、人户分离、长期待业的青年作为审查重点。2004年后，部队士官直招范围扩大到湖南工业职业技术学院、长沙学院、湖南生物机电职业技术学院、湖南大众传媒职业技术学院、湖南中医药大学等院校。专业涵盖工程机械、航空航天、海洋气象、生物工程、网络通信、舰船维修、医药卫生等项目。士官直招期间，宣传发动、思想教育、报名登记等工作由承担直招的单位组织，辖区人武部协助，长沙警备区统一组织体检、政审。2008—2009年，全市完成兵员征集任务，无责任退兵，受两级军区领导赞扬，市征兵办连续2次被省征兵工作领导机构评为“征兵工作先进单位”。2010年，长沙市发布《关于进一步加强廉洁征兵工作的意见》，组成联合督察组，开始对体检、政审、定兵进行全过程督察。

2011年6月，长沙市预征登记工作网上报名开始在高中以上学校进行推广。高中毕业生、大专院校的学生和城乡适龄青年均可在当年7月前登录全国征兵网填写报名信息和《预征对象登记表》进行预征登记。网上报名结束后，县级以上兵役机关登录网上预征系统下载并打印预征适龄人员的花名册和登记表存根，开展登记核实工作，该项工作主要由各级基层单位组织进行。是年，处理并通报上一年度个别单位发生的征兵违纪情况，下发《关于严格遵守征兵工作纪律的意见》。2012年，长沙市报考军校和国防生招收人数比1991年刚开始招收时的人数增长28.6%。

图 10-4-1-1 国防生、军校生体检心理测试现场
（摄于2012年6月30日，长沙警备区供图）

第二节 预备役实施

一、服预备役

20世纪80年代末，长沙市各级兵役机关把符合条件的退伍军人编入民兵和预备役部队，依靠组织进行管理。28岁以下的退伍军人编入军兵种和民兵专业对口分队一类预备役。第一类预备役年满后转入二类预备役，并定期开展政治教育和军事训练及预备役点验。全市各区县普遍建立人武部检查指导，基层武装部具体负责，实行专武干部（含民兵干部和预备役部队预任基层连、排干部）定人包干的三级管理检查体系，把外出务工经商的退伍军人作为重点，通过电话、专访等形式与退伍军人本人或家庭保持密切联系，了解他们的外出地点、工作单位、联系方法和现实表现等各方面的情况，进行动态管理。

1988年，长沙市开展退伍军人转服预备役的平时登记统计工作，在年底或下一年年初专门设点办理退伍军人的接受登记事宜，接受登记的主要内容为姓名、性别、年龄、家庭住址以及服役期间的军兵种类别和转服预备役的具体类别（主要指服一类预备役还是服二类预备役），对个别符合服预备役条件不愿意服预备役的退伍军人，则通过用人单位、政府基层组织或民兵组织，采取发通知、催登记、上门做工作进行补登。除此之外，各单位在当年6月30日以前，对本辖区服预备役的退伍军人开展年度清理核对，对其年龄、文化、所在单位、从事职业、政治表现、身体状况等相关情况进行核实。1988年后，各区县（市）人武部都专门建立统一规范的退伍军人档案室，将退伍军人档案分年、分卷、分柜存放，按姓氏笔画制成检索目录，便于快速查找。

1992年，长沙市各部队联合实战点验工作首次在长沙县展开试点，在取得经验的基础上，逐步在全市推开。5月，长沙市成立预备役军官登记领导小组和办公室。1992年后，长沙市加强专业技术兵储备区建设，集中储备两期质量较好的退伍军人预备役兵员。将储备的若干个专业进行调整，使退伍军人服预备役的专业技术岗位与部队预备役预编岗位专业趋于对口。将储备区的建立工作与征兵、补兵和退伍工作衔接，在制定征集兵员计划时，把技术兵的征集有计划地划分到相应的储备区内，进行对口征集。

同时实行轮换征集，确保 1 个专业部队（团）3 年内不在同一个储备区补充新兵。

1994 年开始，转业干部预备役登记统计转入正常的年度工作中，由区县市人武部政工科进行登记，长沙警备区统计上报省军区。1995 年 5 月，规范预备役军官登记工作，对军事、政治、后勤和技术军官进行分类统计，着手授予相应的预备军官衔。1996 年 12 月开始，按照中央军委的指示，对退出现役的军官服预备役授予预备役军官军衔。1997 年 3 月，长沙市首批预备役军官授衔。1997 年以后，退出现役军官服预备役军衔由批准其退役的军政主官授予。1999 年，长沙市对预备役登记工作进行修改，规定 18~35 岁的退伍军人、经过军事训练的 18~28 岁的基干民兵、35 岁以下的地方与军事专业对口的技术人员为一类预备役，编入民兵组织的 18~35 岁的普通民兵为二类预备役。2000 年开始，预任军官军衔根据其任免情况由相关军政主官批准授予、晋升或免除预备役军官军衔。2001 年 5 月，对 2001 年以前已接受登记服预备役的若干名退伍军人，按照《退伍军人专业名称和编码》进行登记套改并实现套级完毕。套改中，对在新编码表中能查到相对应专业名称和编码的，按新编码登记；在新编码表中未能找到相对应专业名称和编码的，按与原专业名称和编码相近的专业名称和编码登记；确实无法在新编码中查找到相近名称、编码的按普通兵登记的办法登记。是年，对退伍军人档案管理工作进行提质改造，专门购置登记统计的计算机系统，对退伍军人的档案实行微机管理、专机专用，专人负责管理和维修，档案查找更加便捷。

2001 年后，长沙多次与广州军区航空兵某师、广州军区空军某雷达旅和广州军区某集团军组织开展专业技术兵动员集结点验，在部队和服预备役军人中产生较大反响。2004 年，长沙市制定《征召预备役军官转服现役动员方案》。2008—2009 年，优化编组布局和兵员结构，实现“向交通沿线靠拢、向经济发达地区转移、向高科技企业拓展”的目标。

二、“双带双促”

1988 年后，长沙市强化管理教育和预备役专业技术兵员储备区建设，组织退役军人参加地方经济建设。退伍军人快速动员和遂行各项任务的能力逐步提升，先后 6 次受到总参谋部和广州军区的表彰。2009 年，长沙市成立市、县两级“双带双促”（带头建设家乡、促进经济发展，带头维护稳定，促进社会和谐）工作领导小组。下设办公室，抽调军地双方的干部合署办公。领导小组建立每年定期召开 1~2 次专题会议的制度，研究“双带双促”工作出现的新情况，解决“双带双促”工作遇到的新问题，形成“党委统揽、政府主导、军地联动、部门协同、齐抓共管”的工作格局。是年起加大资金扶持，全市各级财政预算安排退伍军人免费职业教育和“双带双促”活动专项资金，依托市区县（市）劳动就业部门和职业技术院校等机构，对退伍军人进行政府补贴性培训，为退伍军人创业提供服务。全市各经济开发区（工业园区）在加大引进大中型企业的同时，降低退伍军人实体的入区（园）门槛，并加强园区内退伍军人实体与重点骨干企业的横向联系，为退伍军人创办的经济实体提供人才、信息、技术和智力支持。组织以退伍军人为骨干的若干支社会治安维护队伍，开展治安巡逻、调解社会纠纷和矛盾。长沙市的退伍军人“双带双促”活动成绩被《人民日报内参》《解放军报》《中国国防报》在头版头条刊发、推介。各区县（市）定期或不定期组织退伍军人到退伍战友的创业实体进行现场观摩，聘请优秀退伍军人创业典型传授创业经验，举办优秀退伍军人创业成果展示。

2012 年，长沙市 10 家退伍军人先进典型创办的经济实体在各类园区崭露头角，资产积累上亿元，并吸收和安置若干名退伍军人就业。

第五章 参建参治

1987年10月13日，长沙市首次召开军民共建理论研讨会，总结全市开展军民共建经验，研究探讨在新形势下搞好“共建共育”的途径。1989年，驻长沙人民解放军、武警部队以部队内部的稳定带动共建活动，派出领导干部和群众骨干到街道、工厂、学校、商店开展学雷锋活动。

20世纪90年代，参加共建的人员由军民共建发展成军警民共建，参建内容由共建社会主义精神文明发展转变为共建精神文明与物质文明，共创和谐与稳定的社会政治环境，参建范围由过去的一村一厂一校发展到一区一县一市，参建的组织形式由军地小范围单边联合发展到统筹各种社会组织和力量的大联合，参建目标由单一小目标发展到围绕全市创建全国文明城市和全国双拥模范城这一共同目标。1990年，驻长解放军和武警部队先后组织学雷锋标兵、英模典型到共建点等地作报告240余场，受众约9万人，派出校外辅导员1300人，军训大、中学生约6万人。500余个学雷锋小组在全市城乡各地开展活动。长沙炮兵学院、长沙工程兵学院开展共建活动，炮兵学院9队被总参谋部评为“军民共建先进单位”。1991年3月，长沙市召开军民学雷锋经验交流会，表彰28个“先进单位”和21名“先进个人”；各县（区）人武部干部参加农村社教、计划生育、办扶贫点等工作。

1992年，警备区政治部建立双拥工作的协调联系、专访调查、总结表彰等制度，并结合长沙市3年创建双拥模范城的总体目标，与市双拥办公室制定双拥工作规划，向市党政领导反映部队情况，争取地方支持，开展拥政爱民活动（另详见《长沙市志（1988—2012）》第八篇政事第一章民政附记“双拥模范城创建”）。1993年，召开驻长部队领导联席会议，研究制定拥政爱民措施；召开全市党政军警领导座谈会，作出《关于加强军警民团结，密切军警民关系的决定》。全市100个“军民共建”被评为全国和省、市文明单位；8个驻长部队和15名个人被评为长沙市拥政爱民先进。1994年，长沙市驻军配合交警部门维护交通秩序并形成制度，长沙驻军18个团以上单位参与芙蓉路重点工程建设；参与抗洪救灾，为灾区和贫困人民捐助衣、被等物资。1996年，长沙市首次被授予“全国双拥模范城”称号。1998年，全市召开创建双拥模范城动员大会和总结表彰经验交流会，拥军优属工作纳入全市工作的重要内容。

2000年，协调驻长部队参加五一路扩建工程、共建“文明畅通工程”、共创“五一大道文明行”，继续开展扶贫帮困等活动，促进军政军民关系的发展。2001年，协调驻长部队和民兵开展“双拥”共建活动。是年，驻长部队开展创建文明社区、文明村镇和文明行业活动。2002年5月，长沙市发布《关于建立军警民联防机制的意见》《军警民联防公约》，建立军警民联防机制。2006—2007年，成建制组织民兵预备役人员投身新农村“百村示范、千村整治”工程建设，配合“百村示范、千村整治”工程建设，参加创建“平安长沙“活动；组织民兵协助公安维护秩序和参与文明城市创建。

2010年8月，协调军地领导和驻长部队各单位，对长沙团以上驻军单位参与全市双拥共建工作情况进行检查评估，推荐省军区等10个单位为长沙市创建双拥模范城突出贡献单位，50人为创建双拥模范城先进个人，20人为拥政爱民模范。至2012年，驻长部队和民兵预备役官兵参与各类抢险救灾81

次，为人民群众的生命和财产安全做出巨大贡献。长沙市连续5次被评为“全国双拥模范城”。

第一节 参加文明建设

一、共建文明单位

1988年后，长沙市提出“创建文明单位，争当文明市民”，号召全民参与共建全国文明城市。长沙军分区和驻长沙团级以上部队以及民兵预备役基层组织，在创建“文明军营”“绿色营院”的基础上，以军民共建的形式与驻地周边的村镇、街道、社区、学校、商店、工厂、医院、机场、车站、码头等单位结对，以“讲文明树新风”为主题，制定创建文明单位的规划，开展以“学雷锋”为主要内容的军民共建活动，为人民群众做好事、办实事；治理“脏、乱、差”和“黄、赌、毒”，转变社会风气；打击“偷、扒、抢、劫”等不法行为，维护社会秩序以及共办公益事业等，为促进全市城乡经济建设和社会稳定出力。

1991年6月，全市358个军民共建点被区县（市）以上人民政府评为文明单位。舟桥八十四团与浏阳河畔村民一道修建的“文明堤”获全国军民共建示范工程的荣誉。1995年5月，组织部队团以上单位的主要领导召开军民共建联席协调会议，要求全市驻军单位（含武警部队）和民兵预备役凡具备参加军民共建条件的，不论单位大小，均要参与到军民共建活动，军民共建的活动内容以共建共创文明单位为主。此后，全市驻军（含武警部队）和民兵预备役人员参加结对共建的人数及共建单位不断增加。1999年，全市在共建过程中，驻长部队先后派官兵到共建点参加义务助民、修桥修路、植树造林；选派有经验的官兵组成帮教小组，开展普法教育，帮助失足青年改过自新，拓展生产生活出路；组织人民群众开展科技文化知识培训等。

2000年，全市802个共建点被评为区县（市）以上文明单位，其中13个共建点被评为省级文明单位。102个警民共建点成为“无刑事案件、无民事纠纷、无重大火灾事故、无偷盗扒窃”的治安先进单位。2001年后，长沙市军、警、民共建文明单位的活动实现新的拓展。在农村，围绕建设社会主义新农村和奔小康目标，共建军地双方共同规划加快推进“三化”（工业化、农业产业化、城镇化）的蓝图，开展村容村貌整治和生态环境治理，开展水、电、路等利民便民工程建设，开展新型农民职业培训、大力发展“公司+农户”的农业经营模式，逐步建立和推广农副产品网上销售和电商供应等信息平台，帮助共建单位农民群众广开致富门路，实现增产增收。在城区，围绕创建“宜业之都，宜居城市，美丽长沙，幸福家园”的目标，共建单位军地双方共同组织共建单位的群众开展政治教育、法制教育、中国传统文化教育、爱国主义教育等思想理论教育，开展“雷锋家乡学雷锋”活动，以及优质服务、微笑服务和温暖长沙城等活动。至2012年12月，全市军警民共建点有408个单位被省、市授予文明单位称号，其中，长沙警备区与雷锋纪念馆、武警长沙消防支队望城区大队与望城区高塘岭街道等11个共建单位获“全国文明单位”称号。

二、共建文明路

1986—1988年，长沙市分别将新建和扩建的由洪山庙至工程兵学院北校区、由雅雀湖至国防科学技术大学北院的2条道路命名为“工程兵大道”和“双拥路”。长沙工程兵学院和国防科学技术大学派遣官兵与沿路市民一起治理环境卫生，植树种草、美化道路环境，开展群防群治，整治道路社会治安，维护社会和谐稳定。工程兵大道和双拥路先后3次被评为长沙市文明路、文明街。

1995年，湖南省出台《107国道湖南段文明路建设实施方案》，要求沿线军民用3年时间把107国道湖南段建设成为文明路。4月，沿线驻军部队的官兵和民兵投入文明路建设活动。配合乡镇及部门搬迁马路市场、拆除违章摊点，打击车匪路霸、维护交通秩序、保护公路设施，同时参加修整桥路和道路绿化亮化建设。1996年9月，长沙市域内58.7千米的107国道一次性验收合格。1997年，湖南省要求以107国道为样板用3年时间，划319国道、320国道为重点，推动全省文明路建设。长沙市发布《关于协调沿路部队和民兵共建107、319、106国道长沙段文明路的意见》。6—10月，2次召开联席会议进行部署，明确分工。长沙、望城、宁乡、浏阳4县（市）人武部和驻军与当地政府、公安交警、公路管理部门实行联合统一指挥，部队官兵、民兵和公安干警、路政职工一同上路，对沿路秩序、路面设施、道路绿化、社会治安等各方面实施整治。2010年，文明路建设任务完成。其中319、106国道由原来的“三乱一堵”（乱设卡、乱收费、乱罚款和堵车严重）路段变成“三无一通”（无非法站卡、无非法查车、无人为堵车和道路畅通）。2012年2月28日官兵到望城区清挖一条约80米长的水沟，清除污泥杂草100余吨，帮助解决沟渠两岸居民困扰多年的环境问题。8月27日，调集民兵在开福区25条马路、街巷、车站和码头开展清垃圾、清路面、清孔角；洗路面、洗立面、洗设施的“三清三洗”活动，动用车辆25台，清运垃圾约67吨。

三、共建文明城市

1987年2月，长沙军分区和湖南省军区在望城县就建设“学习雷锋精神，推进两个文明建设”示范点召开现场经验交流会。城区围绕创建文明城市的总体规划，在各单位基干民兵中开展“当文明市民，建设文明单位”的“百连大赛”。1988年，长沙警军分区开展创建“文明干休所”活动。1989年，驻长沙人民解放军、武警部队参与植树造林、美化环境，全年出动车辆和机械设备3232台（次），清运垃圾4000余吨，义务植树2.2万余株。1991年，继续开展“创文明干休所”活动，24名老干部在地方担任校外辅导员。1993年，组织民兵在两个文明建设中发挥作用，护局护邮取得成效，长京1/2次、长广315/316次邮车连续7年获得“全国文明邮车”称号。9月，召开全市党政军警领导座谈会，出台《关于加强军警民团结，密切军警民关系的决定》。年底，全市“军民共建”点200个中有100个被评为全国和省、市文明单位。1995年6月16日，长沙工程兵学院、长沙火车站举行军民共建文明火车站挂牌仪式。1996年3月，3000余名官兵上街清扫路面、洗刷交通护栏和清除小广告。

2000年，协调驻长部队参加五一路扩建工程、共建“文明畅通工程”、共创“五一大道文明行”。2001年，协调驻长部队开展创建文明社区、文明村镇和文明行业活动。出动兵力5000人次，动用车辆200余台次，参加“五一大道”“芙蓉路”“沿江大道”的改、扩建工程与绿化美化工作。2002年，驻长部队与驻地开展创建文明社区、文明单位和文明村镇活动。2007年，驻长沙部队和民兵预备役人员参与到创建“全国文明城市”的活动中。长沙警备区和驻长部队通过召开驻军领导联席会议或推进会议等形式，部署具体任务，在部队和民兵预备役基层组织开展创建“文明营院”“绿色军营”和民兵预备役文明营连等达标竞赛活动。与此同时，在部队营院开展环境卫生综合整治，实施绿化亮化，提升“文明营院”“绿化军营”的建设水平。2008年，在全市“迎奥运环境治脏专项整治行动”中，长沙各驻军单位出动官兵和民兵预备役人员若干人次，并出动车辆和机械3000余台次，清扫垃圾近万吨，冲洗粉刷墙面3万余平方米，平整路面1万余米，疏通地下溜泥井1000余条，新建和整修花坛600余个。2009年，长沙驻军和民兵预备役队伍2次集中派出兵力在湘江两岸捡拾垃圾、清理脏物、设立宣传站向市民提供咨询，沿江各区县（市）人武部配合工商行政、渔政水运、水警公安等部门，开展水上执法，打击非法采砂、非法电鱼、无证水上餐馆等违章违法活动。公安武警部队成立应急维稳指挥中心，每天派出特警分队和车辆上街巡逻执勤。各区县（市）人武部成立民兵应急分队，以应对各类突发事件。各个街道和乡镇均建立一支由 10~15 人组成的民兵巡逻小分队在辖区内巡逻执勤，并设有专门的治安联络点和联络员。2008—2010 年，全市 48 个部队团级单位和独立营级单位有 39 个被评为“文明军营”，工程兵学院、舟桥八十四团、空军航空兵第十八师等单位被评为全军“文明营院”“绿色军营”。2007—2012 年，长沙警备区和驻长部队各单位及民兵预备役人员在不影响部队战备训练执勤的前提下配合城管、工商部门整顿市场秩序。驻长部队各单位（主要是武警部队、武警消防部队）出动官兵，各区县（市）人武部出动民兵，由市、县两级城管、工商部门牵头，对全市 1000 余个农贸市场、集市贸易站点开展整治，先后清理占道经营的违章摊点、门店 1 万余家，拆除违章建筑、违章广告 2 万余处，规范城市集市经营秩序。2007 年后，大批官兵和民兵预备役人员在驻地周围及城区主要街道和背街小巷开展爱国卫生大行动，协助环卫部门清理街道路面、堆积垃圾、牛皮癣小广告、疏通下水管道等。至 2012 年，协助公安部门处理各类刑事和治安案件，抓获违法犯罪嫌疑人员。组织文艺演出小分队，将文明创建过程中的新人新事，编成文艺节目，利用节假日到乡镇、街道、社区和旅游景点等场所，开展“相约长沙，建设美丽家园”演出活动。是年，把长沙市“送温暖”爱心活动、“大手牵小手”结对助学活动、“学雷锋见行动”等领域延伸，组成“学雷锋志愿者”小分队，在公交的士、车站码头、机场、商店和政务窗口等公共场所设立“雷锋号”服务平台，为市民群众提供的无偿救助上万次。

第二节　支援地方经济建设

1988 年后，驻长部队和民兵预备役人员使用各种车辆和工程机械上万台次，投入资金 3000 万余元，参与湘江风光带绿化工程、霞凝港内河航运港口提质扩建、湘江航运枢纽水电工程建设等 100 余项重点工程建设。是年，为长沙经济开发区或工业园区内的企业提供科研项目服务支持，使科研成果迅速转化为经济成果。解放军第一六三医院等单位则与 35 家地方医院或乡镇卫生所签订技术帮扶合同，定期派出医务人员深入地方基层医疗单位开展技术指导，提升地方基层医院的医疗技术水平。1991 年，参加芙蓉路建设、城市公益事业和农村水利建设。1991—1992 年，参加地方重点工程建设 18 个项目。1993 年，长沙工程兵学院参加共建单位和驻地乡镇、街道的“双文明”建设，100 余名工程技术人员参加安化县粮库、淮县水电枢纽工程、冷水滩电站、大庸机场、平江县黄金洞水库等省市重点工程建设，为地方节约建设资金上千万元。1994 年，在参加芙蓉路重点工程建设中，长沙驻军有 18 个团以上单位参与，其中政治学院无偿提供 2.6 万平方米土地，加快修路进程。1995 年，驻长部队为共建长沙市儿童康复中心捐款 20 万元。1996 年，修建 60 余处具有湘楚文化、历史名城特色的标志物。

2001 年，驻长部队和民兵若干人参加芙蓉路、湘江大道、火星大道和芙蓉绿化广场、长沙高科技园等重点工程建设。2001 年后，长沙湘江北大桥等 100 项工程及长沙经济开发区等经济园区开始建设。长沙警备区系统有 18 人分别担任上述重点建设项目的指挥长或副指挥长，全程参与工程建设的组织指挥。长沙市各重点工程建设的场所，80%以上的青年劳动力均为民兵预备役人员和复退军人。长沙警备区依照民兵预备役人员属地化编组管理的原则，按照建设工地大中小的规模，分别在各重点工程建设工地编组民兵连、排、班组织，加强与工地建设者原单位民兵组织的联系，并通过远程教育、网络微信等途径，加强对重点工程施工者的技术培训。2002 年，参加京广光缆劳动东路改扩建重点工程建设中受表彰的

156名工程建设者中，含民兵预备役人员和复退军人115名。是年，协调驻长15个单位筹措扶贫资金11万余元帮助岳麓区天顶乡尖山村改变落后面貌。

2003年5—8月，抽调22名干部组成4个联合调查小组，分别到长沙、望城、宁乡、浏阳4县（市）的24个乡镇开展摸底调查，依据全市农业产业结构调整和社会主义新农村建设面临的新形势、新任务，制定《关于组织民兵预备役人员致富奔小康的实施意见》，推动全市各基层民兵组织和民兵预备役人员参与其中。望城县格塘乡基干民兵范丙刚承包500余亩稻田，优质水稻、鸭、鱼套种套养，每亩产稻750余千克，鸭、鱼套养每亩收入500元以上，获“全国种粮大户”和“湖南省劳动模范”称号。宁乡县基干民兵康光明回乡担任村主任，联合50余名民兵预备役人员，筹资约8000万元，创办万虎岭农业生态发展公司，建成集大棚蔬菜种植、畜牧养殖加工、农副产品加工配送、农业科技人员培训和乡村生态休闲旅游于一体的农村农业经济实体，带领村民走上共同富裕的道路，被评为“中国农村改革十大风云人物”。2003—2011年，长沙市民兵预备役人员创办的各类经济实体5200余个，年创收能力20亿余元，其范围涵盖农业种植、养殖、农村科技推广、农村水电节能改造、乡村道路拓展、农村卫生环保、农村公益养老、扶贫救助各个领域。

2006年，长沙市发布《关于动员和组织民兵预备役人员积极投身社会主义新农村建设的意见》，把脱贫攻坚、发家致富和建设社会主义新农村三者有机结合起来，组织民兵预备役人员和人民群众一起走政策致富、科技兴农的富民强民之路。长沙县人武部在果园镇、开慧乡和黄兴镇黄龙村进行试点，依托长沙县民兵综合训练基地、青年民兵之家和国防设备力量建设信息网络平台，举办青年民兵农业科技培训100余期，组织3批次青年民兵到广东、浙江、江苏等地区参观学习，并分期组织民兵科技骨干到长沙县“全省优秀退伍军人”帅光明创办的湖南农业科技园进行跟班学习和轮训，孵化出特种养殖、汽车制造维修、乡村旅游经济等各类民兵科技骨干182人，推动3个乡村成为全市脱贫致富和社会主义新农村建设的示范乡村。2007年10月，湖南省组织并发动民兵预备役人员参加社会主义新农村建设暨“2211工程”现场会议在长沙县召开，会议对长沙县人武部的做法给予高度评价。浏阳市人武部在民兵预备役人员中开展以“设立民兵科技示范岗和培养农村致富帮带员、民情信息员”为主要内容的“一岗二员”活动，依托黑山羊养殖、花卉苗木种植、烟花鞭炮新产品开发等传统产业和大围山生态旅游等资源优势，先后组织和扶持民兵预备役人员兴办各类经济实体100余个，接收和安置2万余名民兵和群众实现就地就近就业，扶持1300余户建档立卡的5000余名贫困农民走上共同富裕的道路。

2010—2012年，在长沙市150个重点工程项目的建设规划中，军方提出合理化建议80余条，其中90％以上被地方政府和建设单位采纳。进入经济开发区、工业园区的军民融合企业约100家，重点发展北斗导航、激光陀螺；航空、航天和新一代信息技术；新能源汽车制造、新材料、生物医药、节能环保以及电子信息；数控精密机床、工程机械等产业集群，推动军民融合发展示范区建设。

第三节　扶贫帮困

1988年，长沙市发动各区县（市）人武部及驻长部队团以上单位，选择浏阳市、宁乡县、望城县和长沙县经济发展相对落后的贫困村，作为部队扶贫工作的定点单位，设部队军政主要领导为定点扶贫的第一责任人，采取1年1轮换的方法，派遣机关干部进村驻点，开展结对扶贫。1990年，长沙市民兵成立学雷锋送温暖小组4000余个，为孤寡老人和“五保户”服务；各级人武部门创办两个文明示范点

1200余个，其中扶贫帮困1.2万余户。至1993年，在89个扶贫点上投入劳动工时近10万小时，投入工程机械2000余台（次），引入资金800万余元，修通乡村公路25条，总长约300千米；修建水利设施65处；铺设自来水管道60余千米；改造高低压线路78条；兴建沼气池200余口；创办各种养殖和农产品加工企业100余个。1994年，89个部队定点扶贫村中有79个摘除贫困村帽子，318户、3168人实现脱贫。

1994年后，将长沙驻军团以上单位优化组合为6个扶贫小组，对浏阳市的中和乡、高坪镇、伏龙镇和长沙县的开慧乡、金井乡及宁乡县的黄材镇6个乡镇11个村结对扶贫，统筹部队的人力、物力、财力和科技资源，协助这些乡村兴办交通、水利等基础设施建设，引进扶贫资金和项目、组织科技下乡，发动群众开办创业实体，开辟乡村旅游、农副产品深加工以及高附加值的特色种植养殖等生产经营。在7年的结对扶贫过程中，全市驻军为这些乡村引进和筹措资金约4000万元，引进项目200余个，创办“八一”希望小学2所。是年，发动部队官兵与孤寡老人结对认亲，与失学儿童“大手牵小手”结对助学，帮助困难群众就医治病，帮助人民群众做好事2万余件。1997年，长沙驻军19个团以上单位组成5个小组，对全市5个最贫困乡村进行重点帮助，捐赠40万余元和物资。1998年，驻军部队组合成5个扶贫帮困小组，开展联手定点扶贫，为贫困村民、市民捐助40万余元发展生产和教育的物资。

2009年8月，广州军区在浏阳市举办中南5省（区）“我助老区奔小康2211工程”启动仪式。驻长部队11个师以上单位和9个区县（市）人武部，以浏阳、长沙、宁乡、望城4个市县的20个革命老区为重点，开展“我助老区奔小康”的“百千万”工程活动。驻长部队官兵与革命老区的100个重点贫困村（组）结成帮扶对子，帮助这些特困村、组引进和扶持脱贫救助资金2000万余元，引进脱贫扶持项目200余个，完成公路改扩建、环境优化、生态旅游等项目100余个。以长沙、望城、宁乡、浏阳4个县（市）的21所中小学校为重点，发动部队现役官兵和民兵预备役人员与贫困学生开展“大手牵小手”扶贫助学活动。按照团以上干部2000元每年、营以下干部1000元每年的标准，部队士兵、民兵预备役人员自愿的原则，每人结对资助一名贫困学生解决学费问题。组织部队官兵和民兵预备役人员为孤、残、老、弱等弱势群体开展上门服务，为他们解决柴米油盐等日常困难和生病住院等生活问题。

2009—2012年，长沙市驻军官兵和民兵预备役人员为贫困学生资助学费近4000万元，帮助2000余名寒门学子完成学业，其中800余人大学毕业，走向社会。至2012年，6个乡镇和11个村的3000余名贫困人口全部脱贫，其中200余人成为当地脱贫致富的代表。长沙市驻军联合结对扶贫的做法受到广州军区的肯定并推广。2012年，长沙市定点扶贫的100个老区贫困村（组）有72个实现脱贫，其中11个被省、市两级评为脱贫致富先进单位。全市驻军和民兵预备役人员注册的学雷锋志愿者服务队伍1.6万余个，民兵预备役人员约1.1万人，“志愿者”服务的范围从过去助人为乐延伸到扶贫助学、捐资助困、人文关怀、环境保护、交通疏导、抢险救灾、维稳处

图10-5-3-1 空军航空兵第十八师组织飞行员慰问驻地贫困学生 （摄于2005年3月25日，长沙警备区供图）

突等各个领域，为人民群众做好事4万余件。12月，全市驻军官兵和民兵预备役人员接力照顾的老弱病残人员有2465人，结对帮扶的敬老院、孤儿院有26个。

第四节 抢险救灾

1988年8—9月，长沙地区遭受特大洪水灾害，望城县基干民兵组成防汛巡逻队、抢险队、运输队参加。1990年5—6月，长沙地区遭受特大洪水灾害，浏阳、宁乡、望城县出动基干民兵，组成防汛巡逻队、抢险突击队、运输队。抗洪抢险斗争中，动用民兵无线电台、电话单机、抗洪器材，保护了77个堤垸的安全；从洪水中抢救农家117户、财物2100余件，挽回经济损失约400万元。

1991年夏季，长沙地区遭受严重旱灾，10余条河溪断流，100余座水库和近万口山塘干涸，受灾面积666.67平方千米，近百万群众饮水困难。专武干部和民兵预备役人员投入抗旱斗争，在受灾最严重的望城县、宁乡县、长沙县和浏阳市24个乡镇寻找水源，挖井开渠，实施人工降雨或组织消防车辆送水上门，减轻干旱造成的损失。

1992年，长沙市出现严重旱灾，驻长沙部队和民兵预备役人员参与抗旱工作，出动各类专业车辆、高炮，发射人工降雨弹约1000次，使旱区平均降雨量达到35毫米以上；疏通渠道约200千米，新修渠道60余条，抗旱保苗2666.67平方千米，减少旱灾损失约5000万元。是年，长沙县、浏阳市、宁乡县因干旱发生森林火灾31起，受灾面积8平方千米。长沙警备区（军分区）和驻长沙部队出动官兵和民兵消防分队队员参与灭火救援，扑灭森林大火31起，挽回经济损失约2亿元。

1994年，长沙市在抗击特大洪水中，驻军、民兵出动车、船3000余台次，抢救和疏导被洪水围困的群众9万余人，物资1000余吨，排除险段180余处，重大险情11处，夺取抗洪抢险的全面胜利。是年，中央领导人在长沙视察抗洪时给予高度赞扬。武警长沙市支队快艇驾驶员刘三云被评为“全国抗洪模范”，中共湖南省委、省军区表彰长沙市武警支队为“军民共建先进单位”。

1996年长沙市遭受水灾，驻长部队官兵转移群众17万余人，抢运物资3502万吨，排除险情1.8万余处，加固堤坝1880千米。武警长沙市支队支队长周志红被湖南省人民政府记一等功。是年10月30日晚10时，浏阳市达浒镇发生特大森林火灾，过火面积1.33千米平方。浏阳市3个乡镇民兵消防队员赶往现场展开灭火行动，持续25个小时，保住山下200余间村民房屋和周围森林。1997年6月8日，长沙地区突降暴雨，接到抗洪抢险的命令后，武警官兵在芙蓉区东岸乡等抗洪第一线，苦战3天2夜，抢救出近百万元的物资，并按规定的时间提前1小时将杨家湾溃口堵住。

1998年，长江湖南段发生自1954年后的最大洪水，洪水波及湘西北洞庭湖、湘江流域。5月，长沙警备区建立由政治委员、副司令员为正副指挥长的基本指挥所和由司令员为指挥长、参谋长为副指挥长的机动指挥所，2个指挥所的指挥长同时担任长沙市防汛指挥部的副指挥长，参与全市的防汛会商与指挥。各区县（市）人武部的主要领导同时担任同级地方政府防汛抗旱指挥部副指挥长。长沙警备区派出5个工作组，对各地各部门的防汛器材进行检查，特别是警备区直接指挥的民兵舟桥营和9个民兵抗洪抢险突击分队的车辆、器材进行现场点验。是年，长沙市民兵舟桥营和抗洪抢险突击团骨干分3批进行汛前训练，各区县（市）民兵舟桥分队也轮流开展集训。全市成建制收拢集结民兵营（连）开展汛前抗洪抢险应急演训，提高官兵遂行抗洪抢险的能力。长沙市结合驻长部队的特点，完善部队、民兵抗洪抢险行动方案和协同方案，建立防汛自动化联合指挥系统和集江河、水库、堤垸为一体的汛情显示系统，对参加抗洪抢险的人员、车辆、装备器材进行定人、定位。进入主汛期后，各部队和各区县（市）人武部收拢外出人员，建立防汛值班，各级领导到重点地区、重点河流、重点堤垸（水库）实地勘察，并与地方有关领导和部门一起制定防守方案。6月16日开始，调驻长部队若干个团以上单位官兵投入抗洪抢险工作。9个区县（市）若干个民兵营（连）紧急投入抗洪抢险工作。6月27日，长善垸三角堤段决口，堤内有近1万的群众被洪水围困。驻长13个单位的官兵和民兵分赴11个重点堤垸进行抢险救援，抢堵大小决堤口50余处，排除险情170余个。长沙驻军和民兵预备役被国家、省、市三级人民政府及军队师以上单位授予先进模范单位、先进个人。其中11个单位和个人被国务院、中央军委、共青团中央授予“抗洪英雄连”“抗洪抢险英雄突击队”“抗洪青年突击队员模范”等称号，5名官兵牺牲，被授予“烈士”称号。

2001年，长沙县、望城县两地发生历史罕见旱灾。8月3日开始，湖南陆军预备式高炮团和3个民兵高炮分队出动37高炮21门，组成6个小分队赴望城县铜官镇、雷锋镇、桥驿镇和长沙县的路口镇、福临镇、干杉乡等地，历时21天，实施人工增雨和降雨发射碘化银456发，覆盖长沙县、望城县，21个乡镇600余平方千米出现不同程度降雨，150平方千米的地区直接受益，降雨量20毫米以上。

2002年7月4日—9月2日，武警长沙市支队11次参加重大抢险战斗。

2003年8—9月，长沙市遭遇百年未遇的旱灾，全市农村30万群众饮水困难，约6600万平方千米农田干涸开裂，农作物枯死。湖南陆军预备师高炮团、湖南省消防总队、空军航空兵第十八师、广州军区某集团军舟桥团等驻长沙部队、单位抽调现役分队、民兵高炮分队和民兵应急分队参加抗旱斗争，先后实施高炮人工降雨86批，最大降雨量为32毫米，人工降雨的覆盖面积约630平方千米。是年，部队官兵出动消防车辆组成义务送水小组，为困难群众送水近10万立方。2006年7月，郴州地区发生特大洪灾，长沙市先后两次出动40艘冲锋舟，大小车辆35台（次），奔赴郴州抗洪一线，抢救和转移被困群众约3600人，物资100余吨。

2008年1月13日—2月5日，长沙市发生50年一遇的特大冰冻灾害。长沙市部队官兵和民兵预备役人员调集上万人紧急投入抗冻救灾战斗。长沙、望城、宁乡、浏阳4个县（市）在15天内出动民兵预备役人员，协助电力工人参加电杆除冰，抢修高压电杆450余根，高压输电塔架114座。在保障道路畅通方面，9个区县（市）出动部队官兵和民兵预备役人员若干人，在市区道路、国道干线公路等路段除冰，清除道路积雪8000余吨，解除冰冻道路200余千米，保洁桥梁9座，清洁立交桥和广场15处，帮助受困汽车280余台。1月28日，全市组成青年民兵“送温暖”小组，开展“心系人民群众，情系困难家庭”的爱心援助活动。望城县乌山镇茶园村在冰冻期间大雪封山，输电中断，村民饥寒交迫无法出行，望城县人武部得知后即出动民兵救援突击队，将县人民政府统一购置的打米机和柴油以及各类生活物资送到村内。宁乡县北峰电视转播台6名职工被

图10-5-4-1 武警湖南省总队在九郎山抗冰救灾现场

（摄于2008年1月26日，长沙警备区供图）

图 10-5-4-2 驻长部队官兵在长沙火车站进行抗冰救灾 （摄于 2008 年 1 月，长沙警备区供图）

困山上，生活断炊，急需救援。宁乡县组成民兵救援小分队将 100 千克大米、50 千克蔬菜、25 千克食油和 400 余升柴油送到山顶，救援 6 名职工。在京珠高速长潭路段，由于冰冻严重，车辆受阻，不少旅客生病感冒等，长沙县人武部抽调民兵医疗分队组成临时医疗小组，沿线展开巡诊，为受阻群众看病治伤。冰冻期间，全市部队官兵和民兵预备役人员累计为灾民捐款 15 万元，捐献衣被 2263 件，为被困群众送米 2400 余千克，食油 1050 千克。1 月 29 日，驻长部队官兵和民兵预备役人员在京珠高速公路长潭段破冰 30 千米，使 300 余台受阻车辆顺利通行。为解决市场蔬菜供应紧缺问题，长沙警备区调集民兵运输分队汽车尖兵，持续每日从长沙到常德汉寿托运蔬菜 500 吨投放市场；派出民兵巡逻执勤小分队，每日配合地方公安部门和部队城市警备纠察分队，轮流在市区主要干道、高速公路入口、车站、码头、机场和人员稠密的地方，开展巡逻执勤、疏导交通、维持秩序等工作。

是年，武警长沙市支队参加抗冰救灾和恢复生产战斗，历时 55 天，转战 9 处现场，出动车辆 1550 台次，运送电力器材、救灾物资 2300 余吨、发电燃煤 2000 余吨，架设高压电线 1.5 万余米，疏散滞留旅客和受灾群众 1.5 万人，疏通车辆 1.5 万台次，清扫积雪道路 150 余千米，破冰清除道路 70 余千米，完成“京珠高速星沙会战”“黄花机场破冰维稳”“长沙电厂砸煤保电”“清扫长沙城、洁净迎新年大会战”“华沙电网抢修”“莲花电网抢修”“艾鹤双回电网抢修”“艾楠双回电网抢修”等任务。

2008 年 5 月 12 日，长沙市望城县黑麋岭水电站发生特大交通事故，20 名民工随车掉入江中。望城县民兵队出动冲锋舟 2 艘展开救援。经过 12.5 个小时，在解救身受重伤的民工 15 人后潜入湖中约 10 米深处将 5 名遇难者遗体打捞上岸。

是日，四川省汶川县发生 8.0 级地震。长沙驻军和民兵预备役分 3 批进入灾区进行救援。第一批消防官兵使用各种车辆和生命探测仪等救生器材 300 余件，抵达抗震救灾第一线。救灾历时 15 天，营救被困群众 650 余名，救助伤员 130 余人，疏散群众 1400 余人。5 月 15 日上午 9 时，由湖南中联重科股份有限公司民兵预备役人员和救援机械组成的民兵抗震救灾突击队到达灾区，搜救出被埋群众 121 人，其中尚有生命气息的重伤人员 14 人，疏通被堵公路 5 千米，挖掘土石方 1000 余吨。5 月 16 日，由中国人民解放军第一六三医院的专家教授和医务人员组成的医疗救

图 10-5-4-3 四十一集团军舟桥第八十四团出动官兵参加抗洪抢险 （摄于 2010 年 7 月 15 日，长沙警备区供图）

护分队，携带各类药品和医疗器材赶到灾区，开展医疗救助，历时 20 天，抢救伤病员 800 余人次；在灾区连续喷洒消毒药物 16 天，防止灾后疾病传播。3 名救援人员被授予“全国抗震救灾模范”，2 人被中央军委、公安部记一等功一次。

图 10-5-4-4 长沙部分地区遭受特大洪灾后，驻长部队和民兵预备役部队派出官兵帮助灾区开展灾后重建

（摄于 2010 年 6 月 23 日，长沙警备区）

2009 年 2 月 12 日，长沙市岳麓区天顶乡青山村突发森林大火，武警官兵 6 个小时内扑灭山火，为人民群众挽回经济损失 200 万余元。是年 2 月 17 日晚 11 时 40 分，长沙县金井林场突发山林大火，县人武部紧急调集镇若干名基干民兵，在火源处构筑防火隔离带。这次灭火行动中 1 名专武干部殉职。3 月 4 日，该专武干部被追认为革命烈士。

2010 年 4 月 17 日，青海玉树地区发生地震。湖南武警总队后勤部组成运输队，为玉树灾区送去的饮用水可解决 5 万名灾区群众的饮水困难，并携带 1 套野战水厂净水设备，以及各类药品 70 余吨，协助全国红十字会建立野战净水饮水厂。在汶川和玉树两地地震的爱心捐助中，长沙驻军和民兵预备役人员累计捐款 4230 万余元，捐献衣、被、蚊帐等物资 1867 件（套）。

2010 年 6—7 月，湘西以北地区发生严重旱灾，常德等 11 个县市 100 万群众和 200 万余头牲畜断水，上万亩农田干裂。长沙警备区协调驻长部队官兵和高炮，调集长沙市民兵高炮分队紧急施援，历时 15 天，实施人工降雨 19 次，发射增雨炮弹 386 发，最大降雨量达到 30 毫米，缓解旱情。是年 7 月，湖南部分地区遭遇洪涝灾害，部队官兵驾驶汽艇、冲锋舟，在湘潭市瑶湾等 6 个湘江段连续激战近 10 个小时后，在洪峰来袭前将 200 余名被困群众安全转移。

2012 年 7 月 16 日 17 时 35 分，长沙市望城区某食品有限公司预备车间发生火灾，火势威胁到邻近 2 个车间、内部 1 个生产线、1 个地下溶剂储罐和周围 200 余名群众的生命财产安全。望城区 110 指挥中心接到报警后，调集区消防中队官兵赶到现场处置，并向支队指挥中心和区应急办请求支援。经过 5 个小时的扑救，最终控制火情。

至 2012 年，驻长部队和民兵预备役官兵参加抗洪抢险任务 81 次，转移群众 60 万余人次，转运物资 2000 余吨，空投食品、药品、防汛器材等物资 100 余吨，打桩堵涌 500 余处，加固堤坝 680 余千米，排除险情 4000 余处，修复水毁公路 3000 余处，修复水毁桥梁 800 余座，修复倒塌民房 2.7 万余间，清理恢复倒状农作物 1.33 平方千米，从洪水中救起遇险群众 1000 余名。8 个单位被全国防汛抗洪指挥部授予“全国抗洪模范单位”，28 个单位被省、市授予“抗洪抢险先进集体”，526 人被省、市和国家授予“抗洪抢险先进个人”称号，14 名部队和民兵预备役官兵在抗洪抢险中牺牲，被中央军委、民政部和省人民政府追授为烈士。

第六章　消　防

1986 年，组建长沙市公安消防支队（以下简称“市消防支队”），武警序列称中国人民武装警察部队长沙市消防支队，正团级。1988 年 12 月，武警长沙市消防部队首次授衔，警官、士兵分别被授予警衔，着新警服，佩戴警衔执行警务。是年，制定《长沙市 1988—2000 年城市消防规划》，对城市消防站的布局、消防水源建设、消防通信、消防通道和加油站的布点等提出近期、中期规划。

1988 年始，长沙市消防支队以社会面火灾防控和灭火救援为中心，开展消防宣传。1988 年，长沙市举办首届消防知识竞赛活动，全市 31 万余人参加活动，发放竞赛学习资料 3 万余册。1989 年 4 月，在长沙市第六中学联合成立少年消防团。少年消防团成立后，在历年的社会消防宣传工作中发挥特有作用。是年，长沙市按照“谁主管、谁负责”的原则，强化企业内部管理机制，开展防灭火工作，使消防安全措施落实到每个企业车间、班组及个人。从 1989 年 5 月开始，先后在长沙第二纺织印染总厂等 62 个消防重点单位推行消防目标管理，实行消防工作全员管理，使消防安全工作由过去的管理型变成监督指导型。1999 年，在长沙政法频道创办《“119”视线》，后改版为《火线》。

2000 年，强化消防员实战素养，组织开展消防指战员普训普考、大队对抗、岗位实操竞赛等训考活动，消防技能强训、指挥员轮训、攻坚组复训、通信员培训等岗位训练，在长沙市消防重点单位及人员密集场所开展灭火疏散演练，全面提升全体消防员技战术水平。2001 年 10 月，市消防支队主要进行 87 个项目训练，在总队组织的湖南省执勤岗位练兵中获第二名。11 月，市消防支队代表全省消防部队参加公安系统反恐、防生化演习，获并列一等奖，得到省领导的肯定。2003 年 10 月，公安部消防局执勤岗位练兵工作检查组在副局长、少将郑玉海的带领下，对市消防支队进行考核验收，对市消防支队 3 年的执勤岗位练兵工作给予肯定。2006 年，全省消防部队灭火救援业务“三能”对抗赛上，市消防支队夺得 7 个项目第一。在部局组织执勤岗位练兵考核中，市消防支队作为全国唯一一个支队级单位受到部局的通报表扬。

随着经济的发展，市消防支队重视消防基础设施与装备建设工作，完善的消防给水设施，消防基础设施建设加速推进；坚持执行建筑设计防火审核和消防工程施工监督检查，特别对高层建筑、公共娱乐场所、重要物资仓库和档案、图书馆等重点部位，强调必须安装火灾自动报警或自动灭火设施，并出台《长沙市城市消防专业规划》《长沙市公共消防栓管理办法》，城市消防栓进入法制化、规范化的轨道。至 2012 年，全市有市政消火栓 4158 个，日供水能力近 200 万吨，供水管长度 2000 余千米，城区消防供水普及率 100%。全市 5000 余栋高层建筑、618 处地下建筑、362 家易燃易爆场所、685 家公共娱乐场所、31 家物资仓库及文物档案、图书馆等安装火灾自动报警系统和自动灭火设施 7000 余处，为预防和扑救初起火灾发挥重要作用，消防事业进入更高发展阶段。

第一节 机 构

一、市级机构与队伍

1986年，长沙市公安消防支队组建，隶属长沙市公安局和湖南省公安消防总队领导，武警序列为中国人民武装警察部队长沙市消防支队，为正团级单位。机关附属单位设卫生队（副营级）、修理所、轮训队（正连级）、机关食堂（排级）、通信班、汽车班。支队辖7个城区中队和2个县中队。

1990年，后勤科改名后勤处，正营职级别不变。1994年初，成立正营级防火监督处，协调防火、宣传、建审3科工作关系。1995年，成立司令部（办公室）、政治处、后勤处、防火监督处4个部门，升格为副团级，各部门下设业务科，为正营级。1997年5月，成立消防特勤大队，为副团级单位，担负全市重大恶性自然灾害事故和特大火灾事故的预防和处置任务。

1998年，组建以专治烧烫伤为主的综合型部队医院——长沙消防医院。2001年11月，长沙消防医院改制为湖南省公安消防总队医院（正团），行政仍由长沙市消防支队代管。2007年7月，交由省消防总队管理。

2001年7月起，支队长、政治委员由正团高配副师。

2006年，招收首批合同制消防员100人，经培训合格后正式录用，投入到城区执勤一线，与现役消防官兵一起担负全市火灾扑救和抢险救援工作。2007年9月，支队招收200名合同制消防员和53名文职雇员分配到各个消防岗位。

2008年，成立战勤保障大队，级别为副团，标志长沙市应急联动战勤保障体系的初步建立。2010年，长沙市消防支队确定为旅级单位，设司令部、政治处、后勤处、防火监督处，均为正团级，下设的基地战勤保障大队、指挥中心为副团级，各部门下设业务科（室）为正营级，消防特勤大队为正团级。

2012年年底，长沙市消防支队辖有11个区县（市）消防大队和特勤大队、战勤大队、作战指挥中心、培训基地、卫生队、警勤中队6个直属单位，26个执勤消防中队（含1个水上中队）。

1988—2012年，先后担任长沙市消防支队主要领导职务的有：肖伏庚、雷盛武、何国平、朱修均、黄根怀、罗灿、谌再来、王文生、宋利军、粟平。

二、区县（市）机构与队伍

（一）消防大队。1986年，区、县设东区、西区、南区、北区、郊区5个公安分局消防股，长沙、望城、浏阳、宁乡4个县公安局消防股。1992年，组建长沙市公安局水上分局消防股。1993年，各区、县消防股的名称为与公安分、县局所设立的机构名称统一，改称消防科，级别不变。

1995年，组建长沙市公安局秀峰分局消防股（1998年随着秀峰公安分局的撤销而撤销）。是年5月，全市各区县（市）消防股（科）改设为消防大队（正营），隶属区县（市）公安（分）局和支队领导。1996年4月，长沙市内五区区划调整，各区消防机构名称相应变更。1999年，长沙市公安局成立公交分局消防大队。2003年4月，高新技术产业开发区、星沙经济技术开发区分别设消防大队。

2007年，望城县大队、天心区大队、芙蓉区大队、长沙县大队4个大队的军政主官高配副团职。2009年，岳麓区大队、开福区大队、雨花区大队、高开区大队4个大队军政主官高配副团职。2010年，经开区大队军政主官高配副团职。各区县（市）消防大队，由支队和各区县（市）公安分局领导，其人事、党团关系由支队管理。

（二）消防中队。1988年，支队辖一、二、三、四、五、六、七（机场）7个城区中队和浏阳、宁乡2个县中队。1992年，七（机场）中队移交省民航局。是年3月，望城县中队建成并正式挂牌，投入执勤。1995年，专勤中队建成，驻劳动路投入执勤。

1999年5月，伍家岭中队投入执勤，11月，高桥中队进兵执勤，12月，星沙开发区中队（后改为长沙县中队）进兵执勤。是年，一中队改名为特勤大队一中队，二中队改名为天心区大队金盆岭中队，三中队改为芙蓉区大队五里牌中队，四中队改名为开福区大队丝茅冲中队，五中队改名为麓山门中队，六中队改名为特勤二大队，专勤中队改为天心区大队劳动广场中队（后改为劳动路中队），

2000年，原特勤一中队更名为五一广场中队，在特勤二中队（六中队）基础上重组特勤一中队，在长沙县中队的基础上重组特勤二中队。

2002年，湘湖、水上中队投入执勤。2004年，麓谷、宁乡县第二中队投入执勤。2006年，红星等8个中队正式参与执勤。2009年，经开中队等2个中队投入执勤。至2012年，全市有26个中队参与执勤。

三、专（兼）职消防队伍

1987年，长沙市在民用机场，生产、储存易燃易爆危险物品的大型企业、储备可燃物的重要物资仓库、基地以及火灾危险性大、距离当地公安消防队较远的列为全国重点文物保护单位，陆续建立一批专职消防队。1987年，建立岳麓公园消防队、长沙石油公司消防队。1990年，建立浏阳市古港地区消防队。1991年，建立宁乡煤炭坝消防队、航天航空管理局消防队。1992年，建立长沙黄花机场消防队、长沙市燃气公司消防队等。专职消防队建立后由企业领导，日常工作由本单位公安、保卫或安全技术部门管理，业务上接受当地公安消防监督部门的指导，并接受公安消防部门的统一调度，协调扑救火灾和抢险救援任务。所需经费由企业承担，队员享受本单位生产职工同等劳保福利待遇，因参加火灾扑救受伤、致残或者死亡的人员，按照国家有关规定给予医疗、抚恤。在国家经济转型过程中，一些单位的专职消防队由于经济困难和其他原因已经解散。2012年年底，长沙市有企业专职消防队24支，但实际拥有装备、担负执勤和年终参加支队组织的业务考核且发挥作用的只有13支，248名队员，拥有消防执勤车辆42台。

四、“119”指挥中心

1995年，市消防支队司令部成立调度指挥室，又称“119”指挥中心，定编为副营级单位。1995年，支队开始接受女兵服役，在支队调度指挥室（“119”指挥中心）担负接处警任务。2004年10月，支队指挥中心跟随支队办公大楼搬迁，落户四方坪，建成有接处警系统、消防地理信息系统、消防安全重点单位信息系统、灭火救援预案管理系统、化学灾害事故处置辅助决策系统、卫星传输系统、图像监控系统，集报警受理、力量调度、辅助决策、图像监控、数据传输、远程指挥等多功能于一体。

2008年，支队分别成立通信科和作战指挥中心，指挥中心职能更加明确。2008年以后，支队采取“一键式”调度模式（即“119”指挥中心在受理报警后，根据火灾或灾害事故的类型、等级和发生地点，由系统自动生成调度方案，接警员只需按下达命令键，就可以一次性将出动命令下达至所有的相关中队，并将火灾或灾害事故的信息报告“110”报警中心，由“110”报警中心按照支队的要求调动相关警种和社会联动力量支援）。2008年12月，相继发布《长沙市公安消防支队“119”接处警工作管理规定》《长沙市公安消防部队执勤中队通信室工作管理规定》《长沙公安消防支队“119”接处警语言规范》，进一步规范接处警流程。2012年7月，通信科更名为信息通信科，升格为正营职单位。指挥中心更名为作战指挥中心，升格为副团职单位。

第二节 消防设施与装备

一、消防基础设施

（一）水源设施。1987 年，长沙市在新河哑塘兴建第五自来水厂，规划日供水能力 30 万吨，改造黑石铺水厂（前身为战备加压站），日供水能力近 4 万吨；长大建设集团股份有限公司独资兴建第八自来水厂和黄花水厂，日供水能力约 30 万吨。是年全市市政消火栓增加到 410 个。

1996 年，出台发布“关于增设市区消火栓的报告”，由市建委牵头，市城管委、市公用事业局、市规划局、市消防支队配合，采取整体规划、统一定点、逐步实施和“多条腿走路”“谁受益、谁出钱”的办法，由沿线单位出钱，市自来水公司负责安装，新安装公用消火栓 73 个。

1997—1999 年，长沙市抽出专项资金 1000 万元，安装市政消火栓 1276 座。为使城市街道消火栓的建设走向正规化、法制化的轨道，1999 年实施《长沙市城市消防专业规划》和《长沙市公共消火栓管理办法》后，凡临街兴建高层建筑，其业主必须在市政道路上建 2 座消火栓，开发商在新区开发、旧城改造时，应在周边市政道路上按标准建设消火栓，自来水公司在改造供水管网时，要按标准建设消火栓，在道路拓宽的新建城市道路时，建设方应按标准建设消火栓。同时，还对城市道路消火栓实行统一编号造册，实行电子化管理。

2000 年，长沙市投入 5000 万元将旧城区自来水管网改造成环状供水管网，供水管径由 300~500 毫米扩大到 1200~1800 毫米，供水压力随时保持在 1 千克以上，解决水压不足的问题。2002 年，完成“北水南调”工程，拉通市区至雷锋镇和霞凝港新港城的 1.2 万米供水路线。

2004 年，为详尽掌握消防水源建设情况，市消防支队司令部组织两个市政消火栓检查小组，6—7 月，对市区市政消火栓进行全面普查，检查消火栓 1980 座，建立消防水源档案和数据库，并结合新的 119 指挥中心建设进行全球定位系统（GPS）定位，载入电子地图，为市政消火栓的规范化管理和高效利用打下坚实的基础。

2005 年新修订的《长沙市公共消火栓管理办法》出台后，全市市政消火栓的规划、建设、使用、维护和管理工作走上规范建设的道路，新城建设和旧城改造均按照消防专业规划的要求配套安装市政消火栓，年内全市新增市政消火栓 560 余座，总数 3678 座。结合“全国文明城市”创建工作，督促自来水公司对市区消火栓进行一次全面维护保养，确保消火栓完整好用。

2006 年，建立消防地理信息数据库、重点单位数据库、消防水源数据库、执勤实力数据库、各类事故处置预案数据库，完善电子地图，对全市 3700 余个消火栓全部在电子地图上进行经纬度定位和标注。此后，每年组织对全市消火栓情况进行详细摸底调查，及时将消火栓损坏和需要增加的情况形成专题材料上报政府。至 2012 年年底，长沙市市政消火栓有 4158 个，日供水能力近 200 万吨，供水管长度 2000 余千米，城区消防供水普及率 100%。

（二）火灾自动报警和灭火设施。1986 年后，按照国家《民用建筑设计防火规范》和《高层建筑设计防火规范》要求，执行建筑设计防火审核和消防工程施工监督检查，要求高层建筑、公共娱乐场所、重要物资仓库和档案、图书馆等重点部位必须安装火灾自动报警或自动灭火设施，经验收合格后才能投入使用，使火灾自动报警和灭火设施有质的变化。至 2012 年，全市 5000 余栋高层建筑、618 处地下建筑、362 家易燃易爆场所、685 家公共娱乐场所、31 家物资仓库及文物档案、图书馆等安装火灾自动报警系统和自动灭火设施7000余处，为预防和扑救初起火灾发挥重要作用。

（三）营房建设。1986年市消防支队组建后，支队机关一直在市公安局南栋5楼办公。1989年，在黄兴中路80号消防一中队院内与中队合建一栋6层3650平方米的办公大楼，于1990年投入使用，消防支队始有独立的办公场地。

2001年，建成社区消防教育基地，并采取政企联合建站的形式，与南湖、三湘大市场联合建设湘湖消防站。

2002年，配合市政府麓山南路建设指挥部对麓山门中队进行拆迁和改建，建成湘湖消防站和水上消防站并正式驻兵投入执勤，全市执勤消防中队数为16个。

2004年10月28日，119指挥中心投入使用，耗资260万余元对指挥中心接处警系统进行第三代第一期工程改造。是年，由市政府、高新区管委会和岳麓区政府共同建设的麓谷消防站、宁乡县第二消防站、红星消防站竣工并投入执勤。是年，恢复长沙县中队和石岭塘中队，特勤一中队和特勤二中队分别从石岭塘和星沙迁至四方坪新址执勤。

2005年，决定在市内5区分别新建一个消防站，2006年，将5区消防站及其消防装备建设纳入全市八件实事范围抓落实，至2007年，全市消防站25个，与“十五”（2001—2005年）初期相比，增幅78.6%。

2009年9月，在金霞经济开发区一次性投入7966.3万元，将化工特勤消防站、消防战勤保障大队、水上消防站和综合救援训练基地合并建设（占地面积4.58公顷，总建筑面积为2.15万平方米），承担化工灭火、水上救援、战勤保障、综合训练4项功能。

2011年，天心区罗家坡消防站和改建的雨花区高桥消防站、岳麓区石岭塘消防站投入执勤。2012年，将119指挥中心升级改造和水上码头项目建设全部纳入市政府重点项目建设库。金霞特级消防站建成投入使用，高新区雷锋消防站建成驻兵，宁乡第二消防站、望城第二消防站和雨花环保科技园消防站即将投入使用。

表10-6-2-1　　2012年长沙市消防中队网点分布一览表

队站	地址
消防特勤一、二中队	四方坪支队机关院内
五一广场消防中队	原合并在五一广场消防支队机关院内。2000年因兴建五一广场绿化广场拆迁，先后迁至湘江大道金华殿港务局仓库、丝茅冲中队和麓谷中队内过渡。2006年3月28日，在芙蓉区南阳街30号重新建站驻兵
五里牌消防中队	位于芙蓉区远大一路15号
定王台消防中队	位于解放西路8号
湘湖消防中队	位于芙蓉区湘湖北路，于2002年8月20日建有1栋3层楼营房
东岸消防中队	位于芙蓉区张公岭亚大路
金盆岭消防中队	位于天心区赤岭路10号
劳动路消防中队	位于天心区劳动西路167号
罗家坡消防中队	位于天心区书香路659号

续表 10-6-2-1

队站	地址
丝茅冲消防中队	位于开福区德雅路 973 号
伍家岭消防中队	位于开福区东风路 409 号
麓山门消防中队	位于岳麓区麓山路 344 号
石岭塘消防中队	位于岳麓区岳华路 740 号
五星消防中队	位于岳麓区五星村，于 2007 年 3 月建成
高桥消防中队	1999 年 9 月支队与高桥大市场共同组建，位于高桥大市场内
红星消防中队	位于雨花区红星村中国现代农业博览中心
长沙县消防中队	位于星沙大道与开元路交界处
望城区消防中队	位于望城区旺旺中路 138 号
淮川消防中队	位于浏阳市北川里 29 号
关口消防中队	位于浏阳大道农副产品贸易大市场旁
宁乡县消防中队	位于宁乡县春城北路
麓谷消防中队	位于高新区麓景路 119 号
经开消防中队	位于长沙县经济开发区漓湘东路东十路
水上消防中队	位于湘江一桥以南 300 米河边

二、消防装备

1986 年，对服役 12 年以上，且无法修复的消防车做退役处理，陆续添置干粉、大型水罐、登高平台、灯光照明车等特种车辆，并更新一批罗曼车、东风水罐车。1987 年，有水罐泵浦车 9 辆，7 吨水罐车 1 辆，泡沫车辆、干粉车 3 辆，二氧化碳车 2 辆，灯光照明车 1 辆，登高车 1 辆，指挥车 2 辆，加上后勤装备等其他车辆 35 辆消防车辆。

1991 年，筹资 320 万元，从芬兰购买 1 辆 2929 型曲臂登高车。1997 年，投入 410 万元添置特种器材装备车 1 辆、指挥车 1 辆、高喷车 1 辆，普通消防车 3 辆，并投入 100 万余元配置各种消防常规消防器材，使各个执勤中队达到器材 2 个基数的配置标准。

2001 年，投入 580 万余元购置防化抢险洗消车 1 辆、24 米登高车 1 辆、微型消防车 1 辆和水罐消防车 2 辆。是年，市财政拨款 270 万余元将一艘退役登陆艇改造为国内较为先进的消防艇。市防汛部门划拨冲锋舟 3 艘，购置橡皮艇 3 艘，始有长沙市水上消防装备。

2008 年，购置消防车辆 7 台，新增灭火救援器材 1777 件（套），保证基层官兵 11 项个人防护装备均 100%。2010 年，全面优化消防装备结构，投入 6500 万余元，购置 A 类泡沫消防车 6 辆、水罐消防车 9 辆、54 米登高平台消防车 2 辆、34 米登高平台消防车 4 辆、A 类抢险救援车 2 辆及特种器材、个人防护装备 3000 余件（套），全部配齐执勤中队 10 项个人防护装备。

2011 年，随着新建成的消防站投入执勤，购买 13 台消防车，5000 余件（套）个人防护装备。2012 年，开展车辆装备“大排查、大整治、大保养”活动，战勤保障大队每季度组织对全市特种、常规车辆装备进行一次检测维修；与中联重科、东泰等厂家建立联勤联动，实行24小时应急抢修服务。至2012年年底，市消防支队配有127辆各种消防抢险救援车辆和2艘消防船、9艘冲锋舟；并配备有战斗服、防化服、安全帽、战斗靴、安全腰带、防毒面具、防火隔热服、避火服等2.51万件（套）个人防护装备，常规灭火救援器材装备6304件和特种消防抢险救援装备2248件；各种战斗车辆均配备无线车载台，各级指挥人员均配备无线对讲机，保障火场通信网络畅通。消防装备步入全国先进行列，基本上达到处置各类火灾和灾害事故的要求。

10-6-2-1 消防装备展示

（摄于2012年9月，长沙市消防支队供图）

三、消防通信

1984年，实现无线系统通信组网，对市区各中队的每台消防战斗车、通信指挥、战训和领导均配置1台对讲机，对各机实行统一编号和分配波道，共配置对讲机37台，车载台8台。

1994—1997年，对“119”指挥中心进行改造，将原来的程控式交换机改为200门的美国哈里斯数字程控交换机，集办公电话为一体，将模拟系统改为数字化调度，实行无线集群系统。

2004年年底，“119”火灾指挥中心已具有卫星定位、电子地图、录音和三字段信息（即接到火警电话后，电子屏幕显示电话号码、地址、机主）等功能，能够负担接警调度、通信联络、信息化管理与实施、消火栓管理等多项职能。从接到火警到发布灭火出动命令不超过45秒，可同时接纳30处火警，处理5~10处火警调度，向所有消防中队下达调度命令。各中队均实行火警电缆传递、数字调度，安装电子地图，接到火警调度后即显示出车单，记载有机主号码、地址、行车路线、火灾地点周围水源和化学危险品生产、贮存等重点部位分布情况。

2006年，开发“119”指挥中心接处警软件，研究制定出五级火灾出动原则，并对相应等级的出动程序、指挥调度程序、报告程序进行规范，实现计算机自动生成调车方案，一键式发出调动命令，自动跟踪执勤中队接警情况等功能。是年，浏阳市、望城县、宁乡县建成“三台合一”接处警系统，“119”报警由“110”报警中心统一受理，统一调度，真正实现快速处置、多警联动、资源共享。支队投入200万余元专项资金，采购400余台电脑和一批网络设备及办公设备，在机关和各中队全部建成电子阅览室，干部办公电脑人均1.25台。

2008年，根据全省消防部队“三基”工程建设工作的要求，建成远程教育、“三台合一”和消防无线通信三级组网，添置防爆型无线对讲机75台并配发至中队，为全勤指挥部所有人员配置执勤掌上电脑，在全市消防执勤车辆上安装GPS动态管理系统，做到每个执勤中队有基地台、每辆执勤车有车载台、每个战斗班有对讲机。

2012年，市消防支队灭火救援指挥系统与长沙市应急联动指挥中心对接，能够及时接处警、调动部队参与火灾扑救和抢险救援等任务。

第三节 消防宣传

1987年5—7月，长沙市开展首届消防知识竞赛活动，54个省、市系统，796个消防重点单位派出31万人次参赛学习。长沙电视台对决赛进行实况转播，中共省委常委董志文等观摩决赛，并为获胜选手颁奖。是年，在长沙市第六中学举行“长沙市少年消防团”成立仪式，少年消防团规模为180人，青少年在全民消防工作中开始发挥作用。

1991年，浏阳、宁乡、望城、长沙等县先后组织文艺宣传队到所辖各乡（镇）村巡回演出大型消防花鼓戏《火海雄鹰》63场，观众6万余人。

1999年，投资80万元创办《119视线》消防专题电视栏目，消防安全教育开始走上电视。

2001年，投资30万余元，在星沙消防站和金盆岭消防站建立长沙市第一批社区消防教育基地，分别于4月18日和4月29日对外开放。

2004年，举行长沙消防百年纪念系列活动。制作播出长沙消防百年变迁3集电视专题片，编纂《长沙消防志》和《世纪星城 百年消防》大型宣传画册，11月20日，举行长沙市消防百年纪念大会暨大型文艺演出。11月，长沙消防教育馆和消防文化长廊建成，公安部消防局局长郭铁男等领导出席仪式。消防教育馆建筑面积为260平方米，日接待能力为200~300人，里面设置逃生体验馆、装备展示厅、彩视教育厅、模拟实验厅等功能展厅。消防教育馆的建成，填补长沙没有专门消防教育基地的空白，成为长沙市一个重要的消防教育基地。是年，开展消防宣传“五进”（进社区、进学校、进企业、进农村、进家庭）和社区“三个一”活动（在各社区醒目地段安装不少于一块的永久性消防宣传牌，设立不少于一块的永久性防火知识宣传栏，在住宅的单元入口处安装不少于一块的防火安全告示牌），向社区居民赠送2万余件消防宣传品和居民防火手册。

2005年，着重学校消防教育宣传活动，安排消防监督员分片担任学校消防辅导员，定期到学校宣讲消防知识，在咸嘉新村、长沙市第一中学、长沙县印山村等12个单位开展消防宣传“四进”（进社区、进学校、进企业、进农村）工作试点。各大队开展特色消防教育，先后创办基建工地、商场市场和社区流动消防夜校，举办假日消防训练营，向各界群众讲授消防知识课600余场次。

2006年，在《潇湘晨报》、湖南红网、《长沙晚报》和长沙电视台政法频道等媒体开辟消防宣传专栏（版），拓展消防宣传阵地、受众面和持久度。11月9日上午，在市消防支队机关前坪操场举行全民消防趣味运动会暨消防宣传日活动，运动会比赛项目以火灾中逃生自救和扑灭火灾知识为基础而设定，通过比赛环节中设置的过轮胎障碍、穿越烟道、担架救人、体力考验等项目，让参赛群众和观众可以直观地了解火场的危险复杂程度，掌握多种灭火逃生技能。

2008年8月，举办“咸嘉社区我先行，文明和谐伴成长”消防夏令营，来自咸嘉社区50余名小朋友参观消防文化长廊和教育馆及特勤中队，学习基本的逃生自救技能。11月9日，举行消防志愿服务总队成立暨授旗仪式。长沙消防志愿者行动是以注册、自愿、有组织服务为主要形式，吸纳热爱消防公益事业的社会成员参加消防知识、技能的学习和培训，发挥消防志愿者服务的专业优势，深入机关、团体、企业、事业单位以及街道、社区（村）开展以消防宣传教育为主，预防和整改潜在隐患、消防安全救助为辅的系列公益行动。

2009年，设置3万元现金奖励，与《长沙晚报》、长沙星辰在线网站联合开展新《中华人民共和国

图 10-6-3-1 长沙市开展“119”消防宣传日活动

（摄于 2012 年 11 月 9 日，长沙市消防支队供图）

消防法》有奖知识竞赛，近 10 万名读者以邮寄《长沙晚报》答题卡或登录星辰在线答题等方式参与竞赛活动。

2010 年春节期间，制作《平安祝福卡》《致市民家庭的平安祝福信》，在全市各车站、居民小区、市场、百货公司等人员密集场所共发放《平安祝福卡》《致市民家庭的平安祝福信》7.8 万份，并现场宣传消防逃生自救常识，确保广大市民渡过一个平安祥和的春节。9 月，开办集防火、灭火、逃生自救知识于一体的全国首档全民消防竞技电视娱乐节目《消防总动员》。节目将消防宣传与电视娱乐节目有机地结合在一起，让广大群众在参与消防竞技比赛和观看电视娱乐节目中了解掌握消防知识，提高自防自救能力，最大限度地降低火灾给国家和人民群众带来的伤亡和财产损失。11 月，公安部消防局在长沙举办全国 119 消防宣传文艺晚会，晚会展现一代代消防官兵励精图治、恪尽职守，顽强拼搏，无私奉献的铁血风采，

2011 年，长沙市《全民消防安全宣传教育纲要（2011—2015）》颁布实施，支队举办“平安幸福有办法”系列消防普法活动，持续 3 个月组织开展媒体集中推广、三级联动培训、社区消防节、开学第一课、全民大问计、119 专题活动六大主题活动，推动各系统、各行业、各单位同步开展《全民消防安全宣传教育纲要》和《湖南省实施〈消防法〉办法》的宣传贯彻活动。

第四节 消防训练

一、消防培训

1987 年 5 月 7 日—6 月 19 日，分 3 期对消防重点单位的基建人员进行消防培训。1989 年，举办 6 期消防安全目标管理和 7 期防火档案修订学习班，市、区两级消防重点单位消防专（兼）职干部参加培训。

1991 年，采取以会代训的形式组织市、区 491 个消防重点单位的防火负责人和 47 个系统的法人代表，分 7 批次进行消防法规和防火灭火知识的学习，提高各级防火负责人的防火意识和消防管理水平。

1992 年以后，全市分阶段重点加强对不同行业、工种、职务的人员培训。1992 年、1996 年、1998 年和 2002 年，加强对油漆工、电工、电焊工、仓库管理人员和从事生产、经销、贮存、运输化学危险物品等重点行业、重点工种的消防安全培训。1993 年、1994 年和 1995 年，突出对文化娱乐场所的法人代表、保安部长等人员的消防安全培训。1997 年、2000 年、2001 年和 2003 年重点对宾馆、酒店、商场等公众聚集场所相关岗位人员的消防安全培训。1999 年，在长沙市第十一中学、砂子塘等 11 所中小学校实行每周 2 个课时消防常识教育制度。

2006 年，发布《关于全面加强消防安全培训工作的通知》。由长沙市职业技术学校实施培训，并依

托职业学校的师资力量建立长沙市流动消防学校。支队专门抽调业务知识丰富、工作能力强的专业人员承担授课工作，创新授课方式，理论与实践并举。2012 年年底，来自各个区有关单位的数万名从业人员参加培训，消防流动学校上门培训近 8 万人，受益群众 10 万余人。

2012 年 7 月，天心区采取“政府出资买单、中介具体实施、群众免费参训”的消防培训模式，由区政府和各街道按照 1:1 比例出资，引入培训中介机构，免费为群众开展消防安全普训工作，率先在青园街道进行试点，再逐步向全区推开，取得良好反响。此后，这种模式得到全市各级政府的关注和推广。

二、技能训练

20 世纪 90 年代，长沙消防部队业务训练按照省消防总队《战训基础业务建设有关标准、规定》，推行消防技能等级训练，分为一级、二级、三级战斗员。按《消防技能训练规则》和《公安消防部队战斗员业务等级考试实施办法》，分服役年限不同分别施训，建立《消防战斗员训练考核成绩表》《业务训练考核登记簿》《警容训练档案》《军事训练考核成绩表》《执勤记录》等业务训练制度，使业务训练正规化、制度化、规范化。1992 年，举办骨干教学法集训班，对预提班长进行组织指挥、管理水平、业务军事训练技术动作集训，统一动作和标准“四会一能”。在业务军事训练、政治文化学习的时间安排上，逐步改为 5:3:2 和 6:3:1（业务军事、政治、文化学习），主要以业务训练为主，要求机关全年军事、队列训练时间不少于 20 天。年终消防业务考核，市消防支队 8 个消防中队 200 余人参考，100%达到三级战斗员标准，50%达到二级战斗员标准，20%达到一级战斗员标准。1994 年，举行长沙市首届公安、专职、义务消防队运动会，有 8 个消防中队、7 个专职消防队、9 个区县和 12 个系统的群众义务消防队代表队参加比赛。

1995 年，消防队伍向多功能发展，在训练内容上也根据管区实际情况，有针对性地开展防毒抢险和处置突发事件的特殊训练，在全市消防部队开展战斗员创“五项全能”、驾驶员创“四项全能”活动中，12 人获全市“五项全能手”称号；8 人获全市“四项全能手”称号；1 人获全市“五项全能”和“四项全能”等九项全能手称号；1 人以原地着装 8" 41 和挂钩梯 14" 46 创新纪录。

1996 年，全市在雨花区大队六中队进行 25 个应用训练项目试点和现场观摩，并在全市消防部队中推广。6 月 5 日，制定《关于参与处置长沙地区紧急治安事件的行动方案》。

1998 年，消防训练主要进行单兵、小组、战斗班、单个中队、多队配合等五级实用训练和综合演练，并制订《长沙市防空袭消防保障计划》。年内市消防支队被评为全省正规化执勤先进支队。9 月 7—9 日，举办长沙市消防支队第二届消防运动会，全市 10 个公安消防队、12 个专职消防队、22 个义务消防队参加 3 个级别 14 个项目的角逐，副省长唐之享等领导现场观摩检阅。特勤二队、芙蓉区五里牌中队、开福区大队伍家岭中队夺得公安消防队前三名，市石油公司专职队、湖南农业大学义务队分别分获专职队、义务队第一名。为落实全省专职消防队正规化建设现场会精神，市消防支队对全市专职消防队执勤训练和管理教育进行检查评比和通报，省煤炭坝能源公司专职队、黄花机场专职队评为执勤先进单位；长沙市石油库专职队、岳麓公园专职队评为管理工作先进单位。

1999 年，市消防支队担负全省第二届消防运动会的“高层灭火、大型油罐灭火”等 4 项表演，被评为全省消防部队训练工作先进单位。2000 年，全市消防部队举行体能对抗赛，特勤一中队、特勤二中队和宁乡县中队分别获前三名。

2001 年，全市消防部队开展全员岗位练兵活动，主要进行 87 个项目的训练，10 月，举行执勤岗位技能大比武，在总队组织的执勤岗位练兵年终考核中，获全省第二名。为庆祝中国共产党成立 80 周年，参加市公安系统“七一”阅警庆典活动，取得第二名，并开展消防特勤业务训练展评活动。

2002 年，根据消防业务训练干部和战士按照职务、服役年限等级不同采用不同的训练内容和要求，实行梯形训练方法，开展执勤岗位练兵。在全省消防部队执勤岗位练兵活动评比中，长沙市消防支队被评为先进单位。11 月，代表全省消防部队参加全省公安系统反恐、防生化演习，获并列一等奖。针对部队普遍存在官兵体能素质较差和基础训练薄弱等问题。4 月，组织全市 17 个公安消防中队、8 个厂企专职消防队 250 人，开展队列会操及体能对抗赛。

为做好第五届城市运动会的消防保卫工作，2003 年 5 月 20 日—9 月 20 日，分技能训练比武、战术训练及整体作战能力比武、装备操作及装备革新竞赛比武 3 个阶段开展 17 个灭火和抢险救援技能项目的“保卫五城会、百日大练兵”比武竞赛活动，全市消防部队涌现出业务训练标兵和革新项目，自主研发 30 余项消防装备和器材技术革新项目，其中“153”水罐车吸水管快速上下取卸装置、气动升降消防梯架等技术在国内属首创。

图 10-6-4-1 消防官兵开展技能训练

（摄于 2011 年 5 月，长沙市消防支队供图）

2007 年，倡导“练为战”的指导思想，坚持训战结合、以赛促训，并加强想定作业、操法编成、灭火预案制作等训练科目，4—8 月，在全市范围内开展灭火救援业务“三能”（基本体能、业务技能和指挥能力）对抗赛，并在全市消防部队推行战斗员资质标准化模式，组织开展等级消防战斗员达标活动，进行 19 个科目的达标创优评比活动，90%以上战斗员基本达到三级战斗员标准。2008 年，在全省消防部队灭火救援业务“三能”对抗赛中，支队取得团体总分第三名的成绩，被评为全国公安消防部队执勤岗位练兵先进支队。

2009 年，全市消防部队分支队领导、机关（大队）干部、中队干部、战士 4 个层次，围绕 22 项个人项目和集体项目，开展“打造消防铁军”和“双百日大练兵·争当岗位能手”竞赛活动，全市 25 个基层中队 1800 余人次官兵、11 个大队 44 人次干部参加竞赛。

2011 年，以打造“现代化消防铁军”活动为契机，开展专业集训、分级轮训、等级考核、岗位比武和实战演练五大练兵活动，激发全体官兵的训练热情。出台《2011 年全市消防部队执勤业务训练计划暨执勤岗位练兵实施方案》，建立支队机关、大队机关和基层中队三级练兵模式，根据不同岗位特点确定练兵内容，由各级单位分别组织实施，支队定期进行考核验收。在特勤二中队开展铁军中队创建试点工作，制定标准化训练操作流程规范，在全市消防部队逐步推广。针对当时急需解决的灭火和抢险救援难题，研究制定“火情侦查操”“车辆破拆操”“高层建筑供水操”“长距离供水操”等 11 个创新操法，拍摄成规范化训练光碟发布至基层大、中队，组织学习、训练和演练，推广新操法，增强部队应对各种复杂情况的实战能力。每季度不定期对各单位执勤岗位练兵活动进行抽考，采取每季度初发布季度训练计划，通过电脑随机抽取的手段，每批抽取中队 30%人员进行业务、体能、理论等方面的考核，考核成绩直接与中队评先评选、个人入党、考学、评先、绩效工资等全面挂钩。

2012 年，确定金盆岭中队等 9 个执勤中队为达标创建铁军中队，开展执勤中队比武竞赛活动，取得优异的成绩。在全省消防部队“长沙—衡阳”比武对抗赛中支队获优胜单位奖，在全省打造现代化公安消防铁军基层指挥员比武竞赛中支队夺得团体第二名。

三、消防演练

1987年，举办一期高层建筑火灾扑救培训班，组织3次高层建筑火灾扑救演习。1996年，2次组织全市执勤中队在原省消防总队大楼和小天鹅宾馆进行大规模高层建筑联合实战演习。1997年，对36个实战应用训练项目开展训练，开展夜间演练21次。2002年，贯彻“练为战”的指导思想，开展一系列贴近实战的体能、合成、夜间和想定训练，全年组织大型消防演习3次，夜间演练12次，预案演习6次。

图10-6-4-2 消防官兵开展技能训练
（摄于2011年5月，长沙市消防支队供图）

2003年3月4日，在五华大酒店组织高层建筑灭火救援综合演练，调派5个消防中队、13辆消防车辆、100余名消防指战员，运用消防云梯车、防生化设备、生命探测器等现代化消防抢险救援装备器材，把扑救火灾和抢险救援科学地结合起来，提高部队扑救高层建筑特别是人员聚集场所火灾的能力，规范火场停车秩序和通信秩序，解决以往部队不能正确利用消防水源和建筑内部消防设施的问题。

为加强长沙市处置火灾等重大突发性灾害事故的社会联动机制建设，2005年6月22日、30日，分别组织多个中队在金星大道旁湘卫新村和湘湖大市场建材区举行夜间火灾扑救演习；8月18日，举行多警种、多部门联动的金满地地下商业街灭火演练。

2006年，对全市执勤力量进行2次大幅度调整和部署，并将全市划分为东、南、西、北、中5个片区，组织全市消防部队开展多队参与的夜间演练，针对演习发现的问题，采取“现场授课”的方式，对参演官兵进行培训指导，规范警力调度、火场通信和灭火救援的组织指挥程序，提高部队技战术水平和实战能力。全年组织各中队参与夜间演练10次，开展综合演练6次，参加长沙市反劫机演习和湖南省反恐怖综合演练，进一步提高消防部队处置恐怖事件中的灭火救援的能力。

2007年，根据全市消防安全重点单位重新进行调整的情况，集中开展以熟悉辖区基本情况为重点内容的“执勤工作月”活动，绘制水源坐标卡2400余份，开展重点单位实地灭火演练1200课时；9—10月，根据中共十七大保卫工作的需要，全市执勤中队开展辖区情况“六熟悉”活动（熟悉责任区交通道路、水源情况，熟悉责任区重点单位的分类、数量及分布情况，熟悉责任区主要灾害事故处置的对策及基本程序，熟悉重点单位建筑物使用及重点部位情况，熟悉重点单位内部消防设施情况，熟悉重点单位的消防组织及其灭火救援任务分工情况），加强对全市一、二级消防安全重点单位灭火预案演练工作。

2008年9月25—29日，为加强国庆节前消防安全执勤保卫力量，连续5个夜晚在全市范围内开展夜间灭火演练。12月4日，全勤指挥部所有值班人员往油库中队开展灭火演练。

2009年，开展大练兵活动，建立四级联动排查机制，对重点单位内部和周边情况进行检查、测试，并建立图片音像资料库和专项训练档案。开展辖区情况“六熟悉”暨灭火预案制作评比活动。4月27—

图 10-6-4-3 在长沙油库开展消防演习
(摄于 2007 年 5 月 31 日，长沙市消防支队供图)

28 日，公安部消防局督查组对长沙市高层建筑、公众聚集场所和地下建筑灭火救援准备工作及“五一”消防安全保卫工作和 2009 年战训工作考核进行检查督导，总队及支队组织对“三湘第一高楼”——长沙电信第二枢纽大楼进行供水能力测试和灭火演练，对“金满地”地下商城、“水木年华”酒吧进行拉动演练。

2011 年，对全市石油化工单位情况进行摸底调查，开展“六熟悉”和灭火救援演练，熟悉石油化工单位 154 家，制定修订灭火预案 154 份，开展石油化工单位演练 600 余次，并对全市 3577 个消火栓情况进行详细的摸底调查并建档，及时将消火栓损坏情况形成专题材料上报政府，大部分消火栓得到有效修缮。据统计，全年制定修改预案 1042 份，熟悉演练社会单位 1856 家。

2012 年 7 月 12 日，市消防支队参与高新区雷锋镇的大型应急救援综合演练。公安、消防、交警、城管、医疗等 13 支应急救援队伍 200 余人参加演练。检验消防部队与社会联动力量在紧急情况下快速反应、联合作战的能力，进一步检验锻炼消防部队应急救援队伍的应急响应、临危指挥、组织调度、快速反应、综合保障的能力。

第五节 消防安全建设

长沙市和各区县（市）各级防火安全领导机构相对比较完善，有的行业系统也相应建立这一套消防工作领导体系。市、区县（市）的防火安全领导机构的办公室都设在各级消防部门。2010 年，原防火安全委员会更名为市消防安全委员会，并对其成员进行调整，由主管消防工作的副市长担任主任，办公室设在市公安消防支队。2011 年，制定《长沙市消防安全委员会工作规则》《长沙市消防安全委员会成员单位工作职责》，确保消防安全委员会发挥协调指导作用，发现和研究消防工作中的问题，为各级领导正确决策提供科学、准确的意见和建议。

一、消防安全责任体系建设

1998 年《中华人民共和国消防法》颁布实施后，长沙市各级消防安全责任制逐步得到落实。2001 年《长沙市消防工作“十五”发展计划》出台以后，每年召开 2~3 次市政府专题会议研究消防工作，在夏、冬两季分别召开全市消防工作会议，部署消防工作。2001 年 10 月 19 日，长沙市被作为全国贯彻实施公安部《机关、团体、企业、事业单位消防安全管理规定》的试点城市之一。2002 年 1—5 月，对全市的宣传贯彻工作进行部署，对各社会单位提出“明确三个职责、落实四个到位、建立一套制度”的工作总要求（“三个职责”即：单位法人代表、管理人员及岗位员工的消防安全职责，“四个到位”即组织领导到位、宣传发动到位、检查督促到位、隐患整改到位，“一套制度”即为确保落实“三个职责”“四个到位”等一系列措施而制定的一套完整而严密的制度），狠抓落实，更进一步推动消防工作社会化和法制化。2005年后，市、区（县）政府逐步将消防工作纳入本地发展总体规划，纳入政府工作考核评价体系。长沙市政府从2007年开始，于每年年初与各区政府签订消防工作责任状，把消防工作逐步纳入各级政府的重要议事日程和平安建设、综治工作、绩效考评的内容，实行社会治安综合治理消防工作一票否决，重点加强对县、乡镇一级政府履行消防工作职责情况的检查考核。2010年，省政府副省长刘力伟率工作组督查长沙市贯彻落实消防工作责任状情况。2012年7月10—13日，对贯彻实施《中华人民共和国消防法》和《湖南省实施〈中华人民共和国消防法〉办法》情况开展检查，实地检查芙蓉区宝南街、开福区四方坪商贸城家庭旅馆和雨花区黎托家具市场等单位。

二、消防安全重点单位分级管理

自公安部颁布消防工作分级管理规定后，对支队、大队、派出所三级的消防重点管理工作作出详细的规定，并根据不同时期进行适时调整。1993年，发布《关于进一步明确三级防火管理和调整重点保卫的通知》，确定银星电影院等38个市局重点管理单位，划分为22个片组，每月按片区开展检查。针对派出所这一级消防管理比较薄弱的状况，1995年，发布《关于明确特业民警消防职责职权的通知》，要求各派出所明确一名特业民警为消防专干，将消防工作纳入派出所目标管理考核的重要内容。3月，召开派出所特业民警会议，提高派出所特业民警消防执法水平。2004年1月15日，出台《长沙市公安局实施〈湖南省公安派出所消防行政执法程序规定〉办法（试行）》，对各派出所分管副所长和责任区民警进行消防培训，进一步规范全市公安派出所的消防行政执法行为。2006年，天心区公安分局新开铺派出所被省公安厅确定为公安派出所消防监督管理试点单位之一，全力打造全省乃至全国派出所监督管理的先进样板。充分放权给派出所，详细规范三级消防监督执法程序，科学划分三级消防监督范围和权限，统一派出所各项执法文书范本，对派出所消防工作内容提出明确要求，制定派出所的消防监督工作考核细则，并与单位和个人评先评优的挂钩，调动派出所开展消防监督工作的积极性，建立起派出所消防监督规范化工作长效机制。是年，湖南省公安厅发布《关于进一步明确消防监督三级管理范围的通知》后，长沙市对三级管理的范围作出相应调整，使三级管理制度进一步科学化。2012年，市消防支队推行执法规范化建设，在支队机关、长沙县消防大队和长沙县星沙派出所开展三级消防监督执法规范化试点，经验在全省范围内得到推广。

三、防火档案建设

1982年7—8月，全体防火员深入全市各消防重点单位，帮助重新修订防火档案，并对新修档案规定严格的质量标准。通过防火档案的重新修订，推动重点单位消防管理规范化、标准化。为充分发挥防火档案的作用，提高防火知情率，全市消防监督机构加强对防火档案的动态管理，根据情况的变化及时调整、增补新的内容。2000年，再次对重点单位的防火档案进行全面检查清理，消防监督员按每季度检查不少于一次的要求，加强定期监督检查，并填发《消防监督检查记录表》。2002年，为加强长沙市消防部队档案建设，维护长沙消防发展史的完整，逐步实现档案工作的规范化、现代化，更加有效地为消防工作和部队建设服务，制定《长沙市消防支队档案工作管理规定》，2011年再次进行修改，使全市的防火档案管理进一步规范。

四、优化政务环境

20世纪90年代起，坚持以窗口建设为主线，规范办事程序，设立办事指南宣传栏，公开消防监督“十不准”，设立举报电话，聘请形象监督员。1999年，开展消防监督规范化建设达标活动，对建审工作监督执法各个环节都制定详细的规定和严格的执法程序，并按照“谁承办，谁负责；谁审批，谁负责”

的原则，落实工作责任制。围绕优化经济环境，2002 年，发布《关于进一步明确消防审批权限和监督管理的通知》，推进消防监督规范化建设进程。是年，制定《优化经济发展环境管理规定》，向社会公开服务承诺，实行首问责任制、限时办结制等 6 项服务承诺，将建筑工程消防设计审核和建筑工程消防验收审核的审批时限从规定的 15~30 天缩短至 7~15 天，开展依法办事示范窗口活动，出台 10 项便民措施，并在市高新技术开发区、经济技术开发区设立专门的消防业务窗口，实行绿色通道制度，为开发区企业提供高效、优质的消防服务。

2004 年，推行消防行政审批制度改革，将建筑工程消防设计审核、竣工消防验收、公众聚集场所开业前消防安全检查等消防行政审批，均移至市政务中心消防窗口进行集中办理。与市建委、规划等职能部门审批权限相配套，将由原属各区大队审批、验收的多层住宅等工程项目，都统一收并支队，由支队统一办理。对于非高层民用建筑中不需设置自动消防设施且装修面积在 300 平方米以下的二次装修报审，可允许只申报由具备资质的装修单位设计出具的平面布置和安全疏散图、电气布置图、消防设施配置图和装修材料使用说明等资料；对于建筑面积在 50 平方米以下，不破坏防火分隔、安全疏散，不涉及可燃或难燃材料的装修，可允许由建设单位的保卫部门或所在建筑的物业管理部门进行审查，公安消防机构不再对其审核。实行小规模工程项目审核的即时办理及其他工程项目审批、验收限时办结制度。将工程竣工消防验收和公众聚集场所开业前消防安全检查合并申报，一并办理。

2005 年，发布《长沙市公安消防支队消防行政许可和法制审核规定（试行）》，进一步落实执法为民思想，规范消防监督执法行为，加强内部执法监督，保护公民、法人或其他组织合法权益。2006 年，加强建筑内部防火材料检验工作，规定凡支队和各大队消防窗口在办理建筑内部装修工程的消防行政许可前，应对装修工程防火材料进行见证取样检验。2009 年，进一步加强窗口服务意识，对所有消防行政审批业务均由政务窗口统一受理、统一分配、统一出窗，并严格实施首问责任制、服务承诺制、限时办结制、服务回执制、首次免罚制、过错责任追究制等工作制度，推动提高审验质量和服务水平；同时着力精简审批环节，缩短审批时限，简化小规模装修报审的受理条件，将工程竣工消防验收和公众聚集场所开业前消防安全检查合并申报、一并办理，各类消防行政许可期限较之相关法律、规章的规定分别缩短 3~13 天不等；主动为大型重点工程提供"绿色通道"，做到提前介入，跟踪指导，热情服务，得到各级领导和社会群众的普遍好评。是年，支队窗口被市政务服务中心评为"先进窗口"，窗口工作人员个个被评为"政务服务明星"。2011 年，展开全市建设工程消防监督检查项目专项抽查工作，支队成立两个专项检查工作组，对 2009 年 5 月—2011 年 5 月期间的建设工程消防设计审核、消防验收、消防设计和竣工验收备案项目中进行抽查，提高行政许可案卷的质量，规范行政许可流程，保证行政许可的公平性和科学性。

2012 年，强化消防监督员队伍能力素质，推行"三分四定五健全"（"三分"即科学职能分工、合理功能分区、健全台账分类，"四定"即定职责标准、定技能标准、定流程标准、定执法标准，"五健全"即健全内部监管机制、健全外部监督机制、健全执法问责机制、健全多警协作机制、健全管理创新机制）工作机制，狠抓新时期消防监督执法规范化建设。在保证执法公正的基础上压缩审批时限，将审核、验收期限由 20 个工作日缩减为 15 个工作日，消防设计审核备案抽查、竣工验收备案抽查期限由 30 个工作日缩减为 20 个工作日，开业前消防安全检查由 13 个工作日缩减为 7 个工作日，提高行政审批的效率。5 月 2—3 日，市消防支队承办召开全省消防监督执法规范化建设推进会，全面总结消防监督执法规范化建设经验，全力推进全省消防监督执法规范化建设工作。

第六节 消防监督管理

一、建筑工程监管

1986年，长沙市把建筑防火审核与消防监督有机地结合起来，对凡有条件而不解决重大隐患的单位，则不批准新的建筑项目。1987年，市消防支队设立建审科和技术科，把审批与验收有机地结合起来。之后，调整各级消防监督机构的建筑防火审核、审批权限和审批程序，使建筑防火审核工作逐步走上制度化、规范化、法制化。

1987年，在全市各设计单位建立建筑设计防火责任制，向驻长沙的各设计单位发布《关于建立建筑设计防火责任制的通知》，要求各建筑设计单位确定一名主管工程师为本单位建筑设计防火负责人，对本单位承担的一切建筑设计工程把好防火设计审核关，由建筑设计防火负责人对防火设计图纸复核签字后，才能送有关部门办理建筑申请手续；同时，由建筑设计防火负责人组织本单位设计人员学习有关消防法律法规，提高设计人员的防火设计水平。1992年，针对因建筑室内装修而遗留的火险隐患严重，发生火灾多、损失大的情况，市消防支队加强对室内装修工程的消防监督管理，并对装修施工队伍实行消防资质管理。1993年，开展室内装修消防专项治理检查，全市消防监督部门集中力量清理整顿建筑装修队伍，对48支施工队伍的施工负责人进行消防知识培训，对60余家符合消防安全资格的队伍核发“建筑装修消防安全审查证”，登报公布，对7家不具备条件的施工“游击队”，限制施工。实行《消防安全保证金》制度，遏止防火处理不到位、防火措施不落实、工程竣工不验收的现象。为解决建设单位不严格遵守消防设计规范给建筑工程造成火灾隐患的问题，市消防支队狠抓建筑工程施工过程中的消防监督检查和工程竣工后的消防检查验收，并对建筑消防设施落实先检测后验收的制度。1997年，对现场施工监督检查570余次，查处违章建筑20个，验收工程252项，提出整改意见256条，采取现场办公等形式督促单位落实整改，减少和堵塞“先天性”火灾隐患。1998年起，市消防支队组织消防设施专项工程设计人员参加公安部、建设部组织的3次消防专业考试，至2000年年底，驻长设计单位中，有12个甲级设计单位考试合格人数达到规定标准。

1999年后，实行方案设计评审和初步设计审查消防一票否决制。凡有消防设计内容的工程项目，召开方案设计评审会和初步设计审查会，必须有消防部门派员参加，不符合消防要求的设计方案一律不予选用，不符合消防要求的初步设计一律不予评审通过。在施工图审查阶段，消防部门对消防工程设计审查没有通过，规划部门不予核发“建筑工程规划许可证”；公共娱乐场所未经消防部门审查同意，工商部门不予核发“工商营业执照”，文化部门不予核发“经营许可证”。建立消防设计专家评审制度，成立消防设计专家评审委员会，评委分别由消防部门、有关科研院校和设计单位的资深专家组成，评审委员会的主要任务是对消防设计中出现的新问题，采用新技术或消防规范规定不太明确的问题以及省市重点工程项目进行评审论证，形成会议纪要，作为消防部门审批依据。评审会由建设单位申请，消防部门组织召开。2000年，就湖南国际会展中心消防设计方案两次召开专家评审会议，解决设计方案中防火分区、安全疏散等问题。实行消防设计审核管理权与消防验收管理权相分离的制度，在市消防支队机关内部，由建审科行使审核管理权，法制科行使竣工验收管理权；在消防大队内部，则审核权和验收权分别由不同的监督员承担。

2001年，长沙市召开全市建筑消防设施、建筑装饰装修施工企业监管工作会议，对2处样板消防工程、8处优良消防工程和9个优秀建筑消防设施施工企业进行表彰奖励，并对全市建筑消防设施施工企业进行资质审查。2001年后，落实参与建筑工程竣工验收的规定，加大对建筑工程消防施工监督管理和竣工验收的力度，严格落实一般工程进行2次施工监督，高层建筑的施工监督必须达到5次方可进行验收的制度，建立从报窗、建审到施工监督、竣工验收全程封闭管理的体制，杜绝新建工程脱离消防施工监督的现象。

2002年，专题召开驻长设计单位建筑防火设计管理工作会议，要求各设计单位按照建筑结构、分排水、电气、暖通等专业，确定一名消防审核负责人和一名消防审核总负责人，并规定自2002年9月起，切实落实各专业消防审核负责人、消防审核总负责人的责任。

2003年，对省政府机关大院、湘雅医院医技综合楼等8个国家和省重点工程召开11次专家评审会议。2008年，长沙市明确法定代表人、技术负责人和设计人员的责任，由单位各专业技术骨干组成的消防设计自审小组，将消防设计纳入工程设计管理体系，落实奖惩措施，进一步完善设计单位内部审核机制。

是年，技术人员参与验收的高层建筑、地下工程、易燃易爆场所等重要工程61个。

2009年，对长沙市轨道交通1号线一期工程可行性进行专家会审，认为其消防设计内容基本符合消防技术规范的要求，并提出指导性意见以保证轨道交通的消防安全。

2012年，发布《建设项目消防设计审核现场踏勘暂行规定》，规定踏勘工作要公开、透明、规范、廉洁，提高消防行政许可的质量。

二、消防监督检查

1988年，开展4次全市性的消防安全大检查，出动消防干警、保卫等其他各方面人员2万余人次，检查单位2900余个，查出重大隐患421起，发布重大隐患整改通知书385份。长沙衡器件厂一座10吨汽油库存在结构差，且靠近高压电线，又无防油外溢的措施等严重火险隐患，经过监督检查人员的劝说，厂领导将其拆除，并投资10万余元择址新建。

1993年，各级消防监督部门760余名干警、消防保卫干部分为196个片组，采取平常查、夜间突击检查的形式，对1600余个消防重点单位、物资储存仓库进行夏季防火安全检查，使因装修留下材料未作防火处理、无防火分区、没有自动报警及灭火系统的单位重大火险隐患得以解决。

1998年，对180余个存在重大火灾隐患的单位进行大检查。某大市场等被列为全省26处重大火灾隐患，3次召开火灾隐患整改和违章建筑现场办公会议。对隐患整改实行双向责任制。对存在火灾隐患的单位，下达《整改通知书》《整改责任通知书》，将责任明确到单位及有关主管部门的主要领导和分管领导；市消防支队也按照有关联络网点的分工，实行定点、定人、定内容的责任制度。通过双向责任制，隐患整改专项治理收到明显成效。

1999年，省、市消防部门联合对18家重要公众聚集场所的建筑消防设施进行专项检查，发现火灾隐患90余起，对13家单位作出罚款处理，对5家存在重大火灾隐患拒不整改的单位进行查封。

2000年，经摸底调查，确定百家消防安全隐患重点单位，由中共市委、市政府督查室督办整改。8月3日，召开“长沙市百家火灾隐患单位整治会议”，有关领导以及百家火灾隐患单位的法人代表、保卫科长200余人参加会议。8月8日，中共市委副书记钟兴祥到隐患重点单位督查隐患整改工作。通过为期4个月的重点整治活动。百家单位中全部整改到位30家，部分整改的47家，自动停业的2家，尚未采取任何整改措施的21家。蝴蝶宾馆作为消防问题的“老大难”单位，在资金紧张的情况下，挪出资金

300 万余元，经过 3 年的改造，全部整改到位。天族大酒店筹集专项资金，在 3 个月时间内将火灾隐患全部整改到位。

结合打造“平安长沙”和创建“全国文明城市”活动，全市开展火灾隐患排查整治工作。2005 年 1 月 7 日，长沙市召开全市消防工作紧急会议，市政府与各区县（市）政府，各区县（市）政府与辖区重大火灾隐患单位层层签订火灾隐患整改责任状，签订责任状 29 份。向各重大火灾隐患单位发放 20 块黄色整改警示牌。6—7 月，为配合长沙市创建全国文明城市工作，对市区地下 200 平方米及地上 500 平方米以上的商场、影剧院、体育场等公众聚集场所和所有商品住宅楼的消防设施情况进行专项治理，保证所有商品住宅楼每个楼梯间每层都配有干粉灭火器，其他消防设施都基本达到国家文明委的要求。

2006 年，确定 35 处重大火灾隐患，统一进行挂牌督办整改。全市投入近 2 亿元资金用于整改重大火灾隐患。除一家电器城需整体重建，区（县）政府挂牌督办的 3 处市场、商场申请延期整改外，其他 32 处均按要求完成整改。

2007 年 1 月 1 日，《重大火灾隐患判定方法》（GA653–2006）实施，长沙市结合“铁拳整治”集中行动，开展消防安全大检查大整改，强硬措施净化全市消防安全环境。对 8 家重大火灾隐患单位实行挂牌督办整改；层层签订重大火灾隐患整改责任状，明确整改期限和要求；对各单位制定整改方案进行指导。

2008 年，结合“奥运安保”工作开展公众聚集场所、易燃易爆化学危险物品场所、“三合一”场所和建筑消防设施为重点的消防安全大检查，对 6 家重大火灾隐患单位进行挂黄牌督促整改。

2009 年，开展国庆安保专项行动，对全市各类重点场所开展地毯式消防安全大检查，严查消防安全隐患，坚决打击消防违法行为。3 家单位被定为重大火灾隐患，实行挂牌督办整改，并及时予以销案，消防形势明显好转。

2011 年初，加大对重大火灾隐患的整治力度，将不能如期整改到位的单位上报省消防总队予以黄牌警告，11 月，2 栋大厦因不能按期整改，省消防总队对其予以黄牌警告。2011 年 9 月 26 日—2012 年 2 月 29 日，公安部在全国范围内开展“清剿火患”战役，市公安局制定“清剿火患”专项行动的方案，支队与各大队签订《“清剿火患”责任状》，严格奖惩激励工作，重点对未经消防行政审批的建筑物和场所、小单位及“三合一”场所、人员密集场所及高层、地下建筑和其他严重影响公共安全的火灾隐患进行排查。公安部副部长刘金国对长沙市做法予以肯定，支队、芙蓉大队、雨花大队、岳麓区分局含浦派出所、高新分局雷锋派出所被公安部消防局、省消防总队通报表彰。强势推进重大火灾隐患单位挂牌督办工作，发动社会各界力量进行监督，各新闻媒体及时曝光火灾隐患，跟踪重大火灾隐患整改进程，对 922 家重大火灾隐患单位进行政府挂牌督办。全市各级消防机构出动检查人数 9 万余人次，检查单位 4.6 万家，发现并督促整改火灾隐患 30 万处，发布临时查封决定书 2000 余份，责令“三停”单位 1900 余家。随后，支队为巩固“清剿火患”取得的成果，继续保持着整治火灾隐患的高压态势，先后开展“打非治违”等 10 个专项治理行动，并于 2012 年 6 月 26 日起检查单位两万余家，对 44 家存在重大火灾隐患的单位予挂牌督促整改，消除火灾隐患。

三、易燃易爆化学危险品消防管理

（一）化学危险物品监督管理。1987 年，对全市 425 个油库、341 个液化石油气库和 105 个化工原料库进行专项消防安全检查，发现各类安全隐患 1215 处，其中重大隐患 139 处，均提出整改意见。1988 年起，对涉及化学危险物品各个环节的企业进行清理整顿，实行“化学危险物品消防安全许可证”

管理制度，要求单位在正式投入生产、开张营业、仓库启用之前，必须达到合格的消防安全要求。1988年，发布《关于加强化学危险物品消防安全管理的通告》，开展化学危险物品专项治理。1991年发布《关于对易燃易爆化学危险物品进行清理整顿的通知》，进行宣传、检查、发证的清理整顿。1991—1992年，对全市2089个化学危险物品生产、销售、贮存、使用和运输单位以及1100余辆运输车辆进行检查，发现各类火险隐患3240起，对存在严重隐患的12家商店、2家生产厂、17家贮存仓库（站）分别发布重大火险隐患整改通知书；督促整改大小火险隐患3224起，取缔无证经营的化学危险物品销售商店6家，对2家违章经营液化气和25家违章储存易燃易爆液体的商店予以查封，并依法追究单位和责任人的法律责任。1993—1994年，长沙市发生化危火灾10起，经济损失8万余元。1994年，对易燃易爆化学物品生产、贮存、销售、运输的人员进行消防安全培训，给208个符合条件的单位核发“消防安全许可证”。

至1995年，举办化学危险物品培训班32期，给3805名参训人员核发化学危险物品“营业员证”“保管员证” “押运员证”。在办理化学危险物品许可证时，支队要求各单位必须出示化学危险物品押运员、保管员、操作员证件，否则不予办证；在平时防火安全检查中，严把持证上岗关，凡发现无证上岗者，即依照《湖南省消防管理条例》等消防法规予以处罚，从业人员持证上岗率92%，有效控制了长沙市重特大化学危险物品火灾的发生。

1996年起，每年都对加油站、化学危险品存放仓库开展专项消防安全检查，有效地维护省会城市的消防安全。

1998年，制定《关于加强长沙市民用氢气球施放消防安全管理的规定》，对于民用氢气球施放作出明确规定。市消防支队、长沙市气象局联合成立长沙市民用氢气球施放消防安全管理办公室，负责对该项工作的管理、监督和指导。

2002年5月31日，消防支队全面停止该类行政审批事项的办理工作。

（二）爆炸物品管理。20世纪80年代，长沙市仍遵惯例，把爆炸物品管理归口消防部门监督管理。对遗散在民间的废旧炸弹、雷管、炸药等及时进行收缴，统一送至长沙县路口镇卫生部门危爆品仓库专库存放，不定期进行爆破销毁处理，消除隐患。对民用爆炸物品的生产、储存、销售、购买、运输和使用等各个环节都有严格的措施，必须登记备案，凭公安机关发给许可证才能进行，由市、县公安机关核发“爆炸物品安全生产许可证”等8种安全性许可证。未经发证，非法制造、储存、销售、使用爆炸物品的一律取缔。1985年以后，随着经济形势的发展，长沙市、县、郊、农村个体户，联营户开采煤炭、片石、矽砂等行业发展310家，原有的437家使用爆破器材采矿的乡镇企业80%以上承包给联营户和个体户，由于个体经营的安全条件限制，给安全管理带来不少问题和隐患。长沙市印发《关于联营个体户采矿业所用爆破器材的安全管理工作的通知》，严格加强管理。

1988年后，加强对烟花爆竹的安全管理，采取检查、整顿和广泛安全措施，对烟花爆竹的产、供、销、储、运等实行登记发证，对不符合安全条件，一律查封。每逢春节、元宵节等传统重要节日，均组织人员沿街巡逻检查，市区和城镇内严禁销售和燃放甩炮、拉炮、冲天炮和火箭炮等危险品；对重要物资仓库和人员聚集场所，均派出消防执勤车辆和人员重点守护。1991年1月11日起，开展1个多月的烟花爆竹安全检查，组织19个检查组，156人参加的执法检查，检查2563个店（点）、6个车站、码头、机场，2处检查卡站，查出各类不安全案1184起，取缔违章摊点156处，没收违禁烟花爆竹26万响。1992年后，爆炸物品和烟花爆竹移交市公安局治安部门管理。

四、消防产品监督

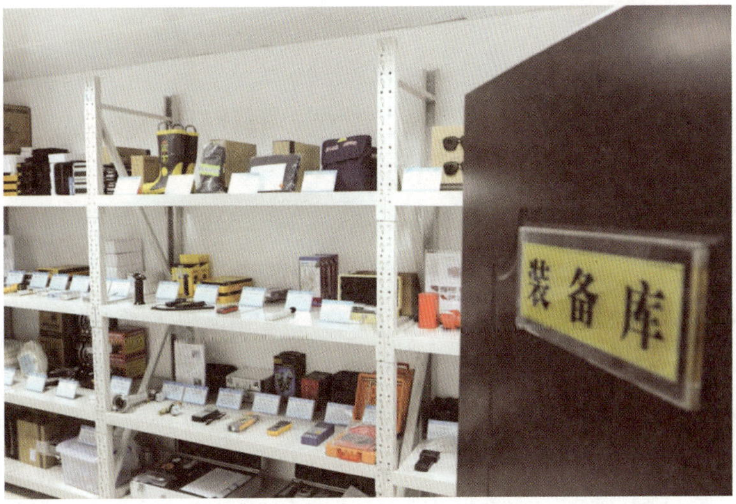

图 10-6-6-1 消防技术监督装备库
（摄于 2011 年 10 月，长沙市消防支队供图）

1988 年，长沙市发布《关于加强消防器材销售维修管理的通知》，强调凡从外地购买消防器材必须要认定有当地省一级公安机关颁发的消防器材生产许可证和产品检验合格证，凡从事经营和维修消防器材的单位必须经批准以后办理合法手续才能进行。1990 年，发布《关于加强长沙市消防产品和消防工程管理的通知》，对消防产品的生产、质量、销售、维修和消防工程的设计、安装、施工等环节提出具体要求。1992 年，发布《关于加强消防产品和建筑消防工程消防监督的通告》，成立“长沙市公安局消防产品工程管理办公室”，是年，核准长沙市 23 个生产厂家、49 个销售门市部、3 个维修站、30 个消防工程安装公司，取缔 12 个不具备条件的消防产品维修和销售网点，使消防产品的生产、维修和消防工程安装管理更加规范化、制度化。

1995 年，为杜绝伪劣假冒消防器材上市，对全市销售消防器材的网点进行全面检查，对 5 个不符要求和销售伪劣消防产品的门店进行经济处罚和取缔，对不按国家消防法规要求安装消防设施的 3 个基建单位发出整改通知。1996 年，发布《关于加强建筑消防设施管理的通知》，开展建筑消防设施专项治理，严格执行建筑消防设施工程检测和验收制度，督促 115 个单位调试开通 176 处火灾自动报警系统（含区域报警）和 104 套自动喷淋灭火系统，促使 68 个重点单位和 125 个公共娱乐场所添置配齐灭火器材，加强人员聚集场所和重点部位的消防安全。1997 年，主办 20 个消防工程安装队伍的法人代表和业务经理训练班，并组织力量专门对长沙市高层建筑、地下工程、大型商场等处的消防设施进行整治，使 50 余个单位的消防设备设施运转正常。1998 年，对长沙地区生产消防产品及相关产品的厂家进行全面检查，对严重损害广大用户利益、扰乱消防产品营销市场的行为进行重点整治，责令 20 个不符要求的消防产品及相关产品生产企业停止生产和销售。2002 年，召开消防产品生产厂家监督管理工作会议，评选 17 家最佳实用消防产品。2007 年，在与质监部门联合开展的消防产品打假行动中，检查消防产品生产和销售单位 110 家，查出 15 种不合格消防产品，查封售假门店 3 家。

2009 年 10 月 19 日，举办消防产品监督跟踪管理系统和法制审核培训，加强消防监督员熟练掌握和应用消防产品监督跟踪管理系统。2011 年 11 月 9 日，举行“清剿火患”战役情况发布会暨假冒伪劣消防产品公开销毁活动。40 名官兵、750 名群众参加销毁活动，分别对假冒伪劣的灭火器、防火门、水袋、防火涂料、应急照明等消防产品进行公开销毁。在每一个类型产品销毁的同时，还与真品对比展示，由主持人讲解如何辨别日常生活中常用消防产品的真假，进一步宣传消防安全知识，净化全市的消防产品的安全环境。

2012 年，开展灭火器维修企业排查整治及灭火器产品专项治理活动，对辖区的所有消防产品销售门店、灭火器维修点进行一次地毯式普查，对消防产品销售点、灭火器维修点的货源、销售产品类型进行登记造册。利用消防产品“身份证”信息系统检查消防产品 50 余件，监督抽样 28 件。长沙市工商行政管理局分别吊销5家单位的营业执照。

第七节 灭火救援

一、灭火救援执勤

1987年后，规定支队、大队、中队三级执勤值班制度，各级每天一名领导值班，发生火灾后，大队、中队一级必须到达火场，在调动3个中队以上时支队一级必须到达火灾现场。

1995年，消防部队以执勤为中心，在消防五中队进行正规化执勤试点工作。中队建好值班室、作战模拟训练室、办公学习室、会议室、贮藏室、车库、装备器材库等“五室二库”；执勤车辆配备无线电车载台，中队指挥员每人配备对讲机；建好一个好的训练场，添置灭火训练器材；制定《执勤值班制度》《交接班制度》《执勤车辆管理制度》《随车器材、个人装备管理制度》《车库管理制度》《执勤车辆装备库管理制度》《通信设备管理使用制度》《训练器材库管理制度》等16项较为完整的执勤制度。

1998年，落实支队首长值班、战训值班、机关干部轮流值班的机关三级值班制度，规定119火灾指挥中心接警调度必须由干部进行灭火调度和执勤值班人员指挥灭火。是年，市消防支队在全省“正规化执勤三年规划”工作验收中达标。1999年支队被评为全省消防部队执勤工作先进单位。

2000年，制定《灭火救援若干规定》。将火灾调度划分为四级，将火场指挥部分为灭火指挥、宣传报道、后勤保障、通信联络4个小组，明确规定调度和增援调度权限、各小组联系人以及火场纪律等项内容。在原有交接班和车场日制度基础上，按照定人、定车、定岗位、定标准的要求，支队统一设计制作街道、重点单位、水源“三标图”和执勤牌。

2002年，制定《长沙市消防支队执勤手册》，对区域概况、道路、消防水源、消防安全重点单位、易燃易爆危险物品场所、高层建筑、地下建筑、消防执勤实力、通信等方面情况进行调查统计，对各种火灾的扑救及抢险救援方案都进行较详细的分析和论述，给灭火救援决策提供可靠的信息资料。完善市公安局110联动措施，只要受理发生火灾报警信息，消防、巡警、交警、派出所责任区民警同时出动，交警疏导交通，保证行车线路畅通，巡警维护火场秩序，派出所民警提供火场情况，消防部队负责灭火战斗，各司其职，使火场灭火工作能做到有条不紊，保证迅速扑救火灾。

图 10-6-7-1 消防官兵处置黄花镇工业园爆炸现场

（摄于2007年6月13日，长沙市消防支队供图）

2005年，应用《公安消防部队执勤战斗统计方法》系统软件，对规范消防队伍执勤战斗统计、准确掌握消防队伍执勤战斗工作量以及各类灾害事故发生规律有很大的帮助。

2008年，制定《长沙市消防支队全勤指挥部目标管理考评办法（试行）》、《全勤指挥部各类人员职责（试行）》等规定，建立健全全市消防部队全勤指挥部值班制度。

2009年，灭火救援全勤指挥部人

员由带班首长、值班首长、指挥长、指挥助理组成。支队带班首长、值班首长负责督促指导灭火救援全勤指挥部落实工作职责。支队带班首长由支队军政主官每月轮流担任；值班首长由支队带班首长外的其他党委成员每周轮流担任；指挥长由支队机关具备二级（含）以上公安消防岗位资格、并在执勤中队或司令部工作5年以上的正营职干部担任（战训科副科长除外）；指挥助理按职责分为作战助理和信息助理，由机关各科室具备三级（含）以上公安消防岗位资格，并在执勤中队或司令部工作3年以上的人员担任。全勤指挥部配备2名专职司机值班、1名备勤。这一方案中对全勤指挥部提出全市消防部队接到险情、灾情报警后，第一时间调集足够警力和有效装备、第一时间到场展开、第一时间实施救人、第一时间进行降毒排烟，第一时间控制灾情发展确保实施有效指挥，避免造成重大人员伤亡和财产损失。

2010年，制定《全市公安消防部队灭火救援准备专项执勤活动实施方案》，摸底排查烟花鞭炮及爆炸危险品场所、易燃易爆化学危险品场所、人员密集场所、大空间、大跨度场所、地下工程，并修订完善执勤战斗预案，开展针对性训练和战术研讨活动。其间，支队组织对辖区5类场所分别进行1次跨区域演练，至少有8个以上联动部门参加；各区（县）市政府应急管理部门组织应急委成员单位开展2次集结演练或综合应急救援演习；各中队至少开展1次辖区内消防安全重点单位演练，进一步打牢基层执勤基础，促进战训工作科学发展。

二、重大活动消防保卫

20世纪90年代开始，除完成灭火和抢险救灾任务以外，连续参与每年重大节日和重要活动的执勤保卫任务，配合省、市公安机关切实做好会场、赛场、住地的现场消防保卫执勤。

1991年9月8—15日，湖南国际烟花节、湘交会、市秋交会（简称“一节两会”）首次在长沙市举办，长沙市成立13人的消防保卫领导小组，在会议前期派出消防监督员对涉会场所、重点单位等进行检查，发现火灾隐患210余起，及时整改隐患196起，组织演习20余场次，其间，每天派出消防官兵和车辆装备全天候蹲点守候；确保“一节两会”的胜利召开。

2003年10月18—27日，全国第五届城市运动会在湖南举办，长沙是整个活动的主会场，全国82个城市体育代表团和2万余人参加，涉及16个比赛场馆和4个区、3个县（市）。5—8月，开展“保卫五城会百日隐患大整改”活动，检查单位1250余家，发现火灾隐患3180余处，责令当场整改2790处，重点解决宾馆、酒店、酒吧等公共聚集场所营业期间消防值班人员缺岗失职、堵塞安全出口和消防通道、灭火逃生器材配置不足等问题。开展“保卫五城会、百日大练兵”比武竞赛活动，开展综合演练操等17个项目的操练比武。比赛期间，派出60名消防监督员和140名中队官兵轮流全天候担任现场保卫，确保“竞赛期间全市不发生重特大火灾事故、比赛场馆和接待宾馆不发生任何火灾、全市消防部队不发生任何执勤管理事故”三大目标的实现。

2008年第二十九届奥运会在北京举行，奥运会火炬接力省域内传递于6月3日从岳阳汨罗进入长沙，6月4日在长沙举行传递活动。为确保2008年北京奥运会、残奥会期间全市消防安全和奥运圣火在长沙顺利传递，制定《第29届奥运会火炬长沙站接力传递消防安全保卫工作总体方案》《长沙支队奥运消防安全保卫防火检查子方案》《长沙支队奥运消防安全保卫攻坚战灭火救援专项行动子方案》《第29届奥运会火炬长沙站接力传递消防安全保卫灭火救援及反恐工作子方案》6个方案。4—10月，在全市范围开展奥运消防安全保卫攻坚战。其间，全市出动检查组3289个，检查单位3万家，督促整改火灾隐患1.89万处。火炬传递当日，在全市火炬传递全程20.08千米的传递线路上设立8个执勤点，调集8台消防车56人进行现场护卫，同时按方案要求对奥运接力运行团体驻地枫林宾馆进行驻点执勤保卫，全面做好火炬传递起跑仪式（爱晚亭）、午餐场所（新怡园）和庆典场所（贺龙体育场内）的现场消防执勤保卫工作，以及火炬传递沿线31个市管消防安全重点单位的火灾防控工作。8月31日，圆满完成北京2008年残奥运会火炬长沙站传递消防安全保卫活动。

2009年，按照《全省国庆消防安全保卫火灾隐患排查整治系列行动实施方案》要求，对全市各类重点场所开展卷地毯式消防安全大检查。全市派出检查组1360个，检查单位和场所3952家，发现消防安全违法行为1813处、火灾隐患2525处、重大火灾隐患2处，发布《责令限期改正通知书》1596份，责令当场整改火灾隐患1919处，责令限期整改火灾隐患1085处，三停246家，拘留77人次，强制拆除45处，临时查封642处，罚款662.21万元。国庆期间，全市消防部队在进入二级战备，调整、加强和优化值班力量，加大访察监督力度，确保各项安全防范措施落实。

2012年6月，制定《全市党的十八大消防安全保卫战工作方案》，召开动员部署会议，采取多项措施，全面推进中共十八大消防安保工作。以农村乡镇、街道社区、居民楼院为基本单元划分"大、中、小"网格，按照"一网三级、一级多格、一格多点"模式，逐级明确职责任务、细化责任分工，将30万余家企业单位纳入网格化管理，落实派出所民警、巡防队员、消防协管员等网格力量5000余人开展网格化排查整治，完成5932栋高层建筑、618处地下建筑、362家易燃易爆场所、1306处在建建筑工地、31家仓储物流场所以及9426家"三小"场所的调查摸底并分门别类建立台账。治安、巡防、消防等7个警种联勤联动、协同作战，深入辖区开展火灾隐患排查、巡查，并采取召开联席会议、强化信息互通和联合执法等措施，形成推进合力；将保卫战工作纳入绩效考核和警务督察范畴，成立由督察、消防组成的联合督查组，实行每周一次督导检查、每月一次考评通报，跟踪督办落实，提高多警协作效能。检查单位1.13万家，发现并督促整改隐患2100处。中共十八大会议召开前期，支队组织各中队开展辖区固定消防设施测试，对1276家单位开展建筑消防设施专项测试，对1295家重点单位进行"六熟悉"，制定重点单位灭火救援预案1276份，开展各类实战演练1065次。中共十八大召开期间，全市消防部队进入二级战备，每天对各地备勤情况进行视频检查，建立支队、前沿、现场三级指挥体系，支队全勤指挥部24小时值班备勤、遂行作战。采取超常措施，确保火灾形势和部队内部"双稳定"。

至2012年，参加各项重大保卫活动2500余次，派出兵力1.2万余人次，消防执勤车辆6000余台次。

表10–6–7–1　　1987—2012年长沙市重大活动消防保卫情况一览表

年度	重大活动
1987	湘交会
1991	湘交会、国际烟花节、长沙秋交会
1992	长沙服装艺术节、旅游产品交易会、全国名优特新日用工业品交易会
1995	湘交会、长沙秋交会、全国糖酒会、纪念抗日及反法西斯战争胜利50周年
1996	情系三湘文艺会、科交会、亚洲艺术体操赛
1998	湘交会、长沙秋交会、中共十五大和香港回归
1999	全国第十届书市、第五届全国"映山红"民间戏剧节、全国纸业交易会、国庆50周年庆典等
2000	首届中国金鹰电视艺术节、体博会、农博会等
2001	第二届全国金鹰电视艺术节、杨开慧100周年诞辰纪念活动等

续表 10-6-7-1

年度	重大活动
2002	第三节全国金鹰电视艺术节等
2003	第五届全国城运会、第四届全国金鹰电视艺术节、第二十六届全国药品机械博览会、第四届农博会、长沙房交会等
2004	第五届中国金鹰电视艺术节、长沙国际友好经贸合作洽谈会、全省社会治安综合治理工作会议消防安全保卫、2004 年雅典奥运会男子足球亚洲区预选赛中国国奥对韩国国奥比赛等
2005	贾庆林到长沙视察等
2006	2006 湖南艺术节、首届中国中部贸易博览会、第六届中国电视金鹰艺术节等
2007	第四届泛珠三角洲区域合作与发展论坛暨经贸合作洽谈会消防安全保卫、中共十七大消防安全保卫等
2008	第二十九届北京奥运会期间和奥运火炬传递等
2009	在第五届两岸经贸文化论坛、第十届全国中学生运动会、国庆六十周年和全国未成年人思想道德建设经验交流会
2011	第十届“汉语桥”世界大学生中文比赛、2011 亚洲沙滩排球巡回赛、浏阳花炮艺术节、庆祝中国共产党成立 90 周年系列活动等
2012	中共十八大、梅溪湖国际文化艺术周、第七届中国中部投资贸易博览会“焰火晚会”等

三、火灾扑救

长沙市公安消防支队自 1986 年组建后，逐渐形成一套完整有效的灭火战术指导思想和方法，平时，各消防中队开展调查研究，详细掌握本责任区内的道路、消防水源和单位部局以及建筑结构、生产贮存物资性质等方面的情况，逐一制订灭火作战方案，实地反复演练，做到心中有数。一旦报警，能够调队准确及时，出发迅速，战斗部署得当，控制火势快。如遇上大火，能适时采取正确的灭火战术，集中优势兵力，用适当的方法控制和扑灭火灾，把火灾损失降低到最低限度。

1990 年 3 月 21 日 16 时 45 分，位于长沙市五一大道的某宾馆因违章烧电焊引起火灾。烧毁 3 楼宴会厅、厨房和 8 间雅座，火灾从 3 楼电缆井蔓延至 18 楼。当支队接到报警，立即调度 5 个中队 13 辆战斗车、125 名官兵投入战斗。该宾馆当时系长沙市最早建的高层建筑，高 66.995 米，主体建筑 21 层，1.6 万平方米，地处繁华闹市，集住宿、餐饮、娱乐、商务为一体综合性大型宾馆。支队在扑救时一边从 3 楼东头插入火场强攻，一边控制火势向西头航空宾馆蔓延，并从南面登上厨房顶层平台（裙楼）出 2 支水枪直插 3 楼火点，形成内外夹攻。同时，从 18 楼和 21 楼上利用室内消火栓直接出水，向电缆井由上向下射水，扼住火势向上蔓延，从 4 楼从消防车出一支水枪向电缆井和管道井射水，保证不间断供水，分层灭火，仅用半小时便将一场高层建筑火灾扑灭，未造成一人伤亡，最大限度地减少火灾所造成的财产损失，公安部将其灭火战斗总结在全国作为典型经验进行推广。

1997 年 1 月 29 日 4 时 50 分，位于八一西路的一家三星级酒家发生特大火灾，当场烧死 8 人，被烧伤在送往医院途中和抢救无效死亡 40 人，重伤 27 人，轻伤 62 人，烧毁建筑 997 平方米，直接经济损失 76.5 万元，是长沙市历史上烧死烧伤人员最为严重的一次火灾。此次火灾发生在深夜，支队在接到火警后，调集全市 7 个消防中队、2 个厂企专职队、21 辆战斗车 153 名指战员参战，调用市内数十家医院的28台救护车和1000余名公安干警协助抢救伤员。边扑救火灾，边开辟疏散通道，边抢救伤员，用地毯式的搜救方法逐楼逐层救人，最大限度地减少人员伤亡。尽管该大楼有3个楼梯间两部电梯，但起火前南向疏散楼梯被隔断堵死，报警系统失灵，消防水源和器材严重缺乏，最终抢救出被大火围困的群众152人。

2000年3月1日10时50分，长沙某公司仓库5楼发生火灾，仓库长69米，宽24米，整个火场面积1656平方米。支队投入10个中队30台消防车、300余名消防官兵参加灭火战斗，采取“集中优势兵力打歼灭战”的战术，组织人员用沙袋堵住5楼仓库所有的门口，使外部射进的水不向外溢出，以形成一个完整的“水罩”，降低楼面温度，防止楼层受高温开裂倒塌，不让火灾波及楼下仓库，经过10个小时的艰苦战斗，扑灭大火，保住大楼主体建筑和该栋仓库1至4楼库内价值3000万元的所有库存物资，使火灾损失降低为142万余元，未死伤一人。

2004年3月，市消防支队举办一期消防指挥员灭火战术培训班。2008年，为规范全市消防部队灭火救援行动秩序，提高灭火救援的效率，最大限度地发挥现有人员和装备的战斗力，制定《长沙市消防部队灭火救援行动规程》。从2010年开始，每年举办一届为期40天的基层指挥员培训班。

2004年12月9日晚21时04分，长沙某公司黑石铺危爆仓库发生巨大爆炸，造成21人受伤，1人死亡，危爆仓库11个库房被夷为平地，8节车厢和4节液化气槽罐倾覆，一节液化气槽车泄漏燃烧，3.14万件烟花鞭炮剧烈燃烧爆炸。储气罐区和毗邻的两个大型化危仓库遭受严重威胁。支队指挥中心接警后迅速调集9个消防中队29台消防车、260余名官兵投入灭火战斗。增援力量到达后，现场成立火场指挥部，启动化学灾害事故辅助决策系统，调用相关处置预案，为火场指挥提供参考。先后调集公安、救护、燃气、电力、供水、武警、解放军4000余人参与战斗，武警和解放军迅速转移仓库里的100吨丙酮等易燃易爆物品，公安民警及时疏散周边5千米以内的数万群众。根据火场形势，确定火场的3个主攻方向为重点，建立5条供水线路。由于指挥有力、作战措施得当，支队于次日凌晨4时40分将液化气槽车火灾成功扑灭并堵住泄露口，于8时30分将大火完全扑灭，确保火场爆炸后无二次人员伤亡，防止液化气罐区8个储罐、液化充气站、5节液化气槽车的二次爆炸，保卫了两个化学特危仓库及长沙市南边城区的安全，避免一起特大群死群伤的恶性事故和生态灾难的发生。因成功扑救“12·9”黑石铺化危品特大爆炸火灾，支队被公安部授予集体三等功。

2011年2月9日17时44分，长沙县开元中路某购物商场一楼发生火灾，多人被困。119指挥中心接到报警后，迅速调集星沙、特勤、经开、丝茅冲、战勤5个中队16台消防车120余名官兵赶到现场处置。全勤指挥部到达现场后，迅速成立火场指挥部和火场侦查、人员搜救、灭火、战勤保障4个小组，灭火救援工作有序展开。火灾时正值营业高峰期，确定全力搜救人员作为重点，参战官兵组成8个攻坚组，实行水枪梯次掩护，携带热成像仪深入商场内部搜救被困人员，采取破拆1楼、2楼门窗，加速自然排烟，不间断组织4次拉网式搜寻；采取攻防结合，有效控制火灾，找准火点，控制消灭的战术措施。18时30分，火势被有效控制，18时55分，大火被完全扑灭。搜救和疏散38名被困人员。由于组织指挥有力，救人和灭火措施及时有效，火势没有蔓延到1楼其他部位，2楼和地下车库。所有被困人员在第一时间被救出，无人员伤亡。

2012年7月16日17时35分，湖南省长沙市望城区某食品有限公司预备车间发生火灾，指挥中心调集19台消防车、132名官兵到场处置，同时调集公安、环卫、大型机械设备等社会联动力量到场协助处置。首批参战力量到达现场后，以外攻堵截为主，取消内攻，同时设立火场安全员，密切监视火情发

图 10-6-7-2 长沙黎托货运站火灾扑灭现场
（摄于 2011 年 7 月 4 日，长沙市消防支队供图）

展，并向长沙支队指挥中心请求增援，报告大队和望城区政府应急办，启动突发事故应急预案。17 时 45 分，起火仓库屋顶发生坍塌。总队全勤指挥部也随即到场接管指挥权，决定特勤中队 3 台水罐车负责阻止火势向北向西蔓延，组织工厂人员对化学危险品进行疏散，望城中队 3 台车在南面设置水枪阵地阻止火势向西边车间和南面的建筑蔓延，麓谷中队出两支水枪阻止火势从窗口侵入蔓延到包装车间，石岭塘、麓山门、五星等中队为前沿战斗车辆接力供水。丝茅冲、金盆岭、五一广场等增援中队到场后，与环卫洒水车进行接力或运水供水，水源供给能力增强。根据指挥部命令，举高车辆开始在起火仓库东面出水，冷却火场温度。同时火场指挥部再次进行力量调整。经过近 1 个小时的冷却灭火，四周厂房所受到的热辐射威胁逐渐减小，火势得到有效控制。21 时 30 分，火灾被基本扑灭。火灾造成直接经济损失约 800 万元，无人员伤亡，保护临近的两个车间及内部生产线和一个地下溶剂储罐，挽回经济损失 1200 万余元。

至 2012 年，长沙市公安消防部队灭火出动 3.8 万余次，出动消防车辆 10 万余台次，出动警力 8 万余人次，救出被困群众 5000 余人，挽回直接经济损失约 23 亿元。

四、火灾事故调查

1998 年，市消防支队设置法制科，编制 4 人，把火灾原因调查工作列为法制科职责。

1992 年，某银行长沙分行五一路大楼发生重大火灾，调查组根据提取现场勘查到的电线短路熔珠并经沈阳消防科研所技术鉴定，认定造成此次火灾的原因是 3 楼小会议室闷顶电源线路短路引起。

1997 年长沙市某酒家发生特大火灾发生后，调查组历时 2 个多月，查明火灾是该酒店保安雷某某当晚在酒店二楼某餐厅使用酒精炉煮食物所致，并追究有关责任人党纪政纪或刑事责任。

1999 年，公安部《火灾事故调查规定》出台后，市消防支队对火灾原因调查履行签发《火灾原因认定书》《火灾直接财产损失核定通知书》《火灾事故责任书》，并将从武警学院火灾原因技术鉴定专业毕业的学员充实到队伍中，使火灾事故调查工作更加专业和法制化。

2002 年 3 月某演艺中心特大火灾发生后，经过调查访问、现场勘察、技术鉴定和反复论证，认定位于 3 楼南侧由西往东第三个房间电气线路延时短路引发火灾。

2008 年 9 月，市消防支队增设火调科，设一名科长和一名参谋，专职火灾原因事故调查和全市火灾统计工作。2009 年，公安部《火灾事故调查规定》颁布，并批准发布与之配套的公共安全行业标准《火灾现场勘验规则》。市消防支队组织全体消防监督干部学习培训，于 2011 年制定《火灾原因认定暂行规则》。2011 年 8 月 9 日，市消防支队举办全市火灾调查培训班，各区县（市）消防大队分管火灾原因调查工作的大队领导及 1 名专（兼）职火灾原因调查人员参加此次培训班，进一步规范全市火灾事故调查工作，提高火灾原因调查人员专业技术水平。

2012 年 7 月 16 日 17 时，望城区某食品有限公司预备车间发生火灾，过火面积 7000 余平方米，钢结构厂房坍塌，统计直接财产损失 800 万余元。经调查，起火原因为车间照明灯故障引燃下方堆放的塑料原膜引发火灾。

2012 年 7 月 17 日，公安部公布《公安部关于修改〈火灾事故调查规定〉的决定》，规定公安机关消防机构应当根据现场勘验、调查询问和有关检验、鉴定意见等调查情况，及时作出起火原因的认定，删去对“灾害成因”的认定，市消防支队对相应文书也进行相关修改。

表 10–6–7–2　　1988—2012 年长沙市火灾综合情况一览表

年份	火灾次数（次）	火灾损失（元）	年份	火灾次数（次）	火灾损失（元）
1988	112	1588165	2001	113	1534567
1989	93	1341994	2002	116	15686243
1990	219	1997383	2003	169	3585009
1991	115	3115673	2004	1325	2852000
1992	174	9171492	2005	912	5830000
1993	108	3238000	2006	1592	2444000
1994	109	9917387	2007	1995	8389600
1995	134	7622619	2008	1389	6280000
1996	95	2634092	2009	973	6495000
1997	99	4315000	2010	1337	9800000
1998	97	4554149	2011	1618	6304000
1999	71	1693920	2012	2548	31380000
2000	176	7851539			

五、应急救援

1998 年以后，长沙市消防部队除扑救各种火灾事故以外，还参加处置地震、建筑坍塌、化学危险物品泄露、爆炸、抗洪抢险以及人民群众的求助救援等各种抢险救援。抢险救援范围有洪涝灾害、爆炸、建筑物垮塌、危化品泄漏等灾害事故救援，开门取钥匙、送水、摘马蜂窝等社会救助，涉及社会生活的方方面面。

2006 年，建立高效统一的抢险救援指挥体系，建设内容完备、高度联通、资源共享的抢险救援信息平台，建立起全市科学高效的抢险救援工作体系。2007 年，在 5 区 4 县（市）各大队成立特勤班，提高辖区内应急救援处置能力。

2009 年，《中华人民共和国消防法》颁布实施，扩宽消防部队职能，全市消防部队抢险救援和社会救助的出警总次数超过火灾出警次数。1998—2012 年，全市消防部队参加各类灾害事故抢险救援和社会救助 13 万余次。长沙市组建市应急救援支队，下设 2 个应急救援分队，其机构设在市消防支队。各区县（市）亦成立应急救援大队，其机构均设在各区县（市）消防大队。在原有体制不变情况下，将矿山、医疗、交通、民政、地震、建设、市政、通信等专业应急救援队伍纳入综合应急救援队伍的调度、作战、训练体系，将应急设备制造企业和应急物资储备单位纳入应急救援体系，将企事业单位应急志愿者队伍纳入应急社会动员体系。

2012年，全市基本完成乡镇综合应急队伍建设，乡镇应急救援队伍的队员以兼职为主，主要由乡镇干部、城管、巡防队员组成，每队15~20人，由乡、镇政府管理，区县（市）综合应急救援大队负责指导。

（一）建筑物坍塌救援。1998年4月21日17时03分，位于中山路与蔡锷路交界处的某服装有限公司4楼突然发生坍塌事故，该公司正在上班的近20名职员掩埋在废墟之中。17时20分，市消防支队接到上级的救援调度命令，派出官兵100余人和多功能抢险救援车、后勤装备车、灯光照明车等6辆战斗车辆，利用破拆、侦查等救生工具，用木柱、木板将坍塌的楼层梁、楼板顶起，一步步打开通道，手抬肩扛，与舟桥部队、公安民警历经两天两夜日夜奋战，挖出7具遇难者遗体，挽救20余名受困人员的生命。

2000年8月31日，长沙市黄花镇蛟塘渔场旁一栋刚建成的民房正在进行室内装修时突然坍塌，7名民工被压在倒塌的房屋下面，11时30分，特勤二中队到现场抢救，20余名指战员冒着高温，用手掏肩扛，将7名民工全部从倒塌的废墟中抢救出来。

2003年11月3日，衡阳市珠晖区永兴综合楼发生火灾坍塌事故，衡阳市消防支队20名消防官兵被掩压在废墟中，长沙市消防支队特勤二中队奉命火速于当日前往衡阳抢险救人。20位官兵冒着烧毁建筑再次坍塌的危险，经过3天3夜的挖掘和手扒、肩扛，与广东消防特勤官兵，从废墟中抢救出消防战士1名和20名遇难官兵的躯体。

（二）自然灾害救援。1998年，长沙地区遭受历史上罕见的特大洪水灾害，全市消防部队派出官兵1500人次，出动消防车200余台次，参加抗洪抢险和为灾区群众送水1600吨，抢险堵漏4处，处置油库、加油站泄露事件3次，抢救受洪水围困群众30余人。

2002年7—8月，长沙地区遭受特大洪水灾害，长沙市消防部队先后两次派出120余名官兵到曾被洪水冲垮过合体的望城县丁字镇翻身垸和桃花垸大堤，官兵们顶着40度高温，日夜奋战16天，处置3处30余米长的滑坡和1处管涌险情。确保翻身垸、桃花垸10里大堤和660余公顷农田、3000余栋农房，2万余农民的生命和财产安全。

2008年1月，湖南省遭受百年一遇的冰冻灾害，市消防支队组建一支200人的抢险救灾应急分队除雪破冰，确保特别时期人民生命财产的安全。1月28日9时，位于雨花区的红星农产品交易中心由于积雪重压，顶棚大面积垮塌，危及市场内数百经营户和正在市场内购买年货顾客的安全，支队调集红星中队、特勤消防中队6台车、40余名官兵前往救援。1月29日，位于岳麓山顶的广播电视塔铁架上大量凝结冰柱，致使该铁架严重超负荷，支队派出8名特勤官兵前往岳麓山顶紧急除冰。同时，派出官兵200余人到五一路、百盛广场等车、人流量大且积雪深、冰冻厚的主要路段开展除冰扫雪工作。1月13日—2月3日，支队全体官兵冒严寒，战冰雪，连续奋战21天，抢救疏散群众4000余人，疏导车辆1500余台次，道路除冰扫雪逾30千米，清除冰雪5000余吨，送水88车次、530余吨，直接惠及群众超过3万人。

2008年5月12日，四川省汶川县、北川县发生里氏8.0级的特大地震，地震发生后两天内，市消防支队先后派出官兵131人、抢险救援车辆5台、携带各类先进的器材装备1000余件（套）前往灾区支援。面对余震不断、建筑垮塌、山体滑坡等威胁，面对交通受阻、通信不畅、保障不力等困难，消防官兵不畏艰险、不怕疲劳、不怕牺牲、连续奋战10天10夜，发挥装备、经验、专业等优势，完成都江堰生命搜寻、北川县城搜救、南坝遗体搬运、南坝镇剧毒农资转移、石坎灾民搜救转移、石坎乡锰矿厂火灾扑救等重大任务，参与倒塌建筑搜救和清理50余处，挖出遇难者遗体840余具，营救被困人员650余人，救助伤员130余人，转移受灾群众3400余人，并抢救出大批生产生活物资。

（三）危化品泄露救援。2008年6月3日晚22时59分，2008年奥运火炬在长传递前夜，位于长沙市猴子石大桥南桥头的市某水厂氯气车间发生重大泄漏事故，附近方圆2平方千米范围内遭到严重污染，事故现场到处弥漫着刺鼻难闻的气味，事故地点已有上百人不同程度中毒，其中近30人出现瘫痪、昏迷等深度中毒症状。如不及时有效处置，将会造成不可估量的重大人员伤亡，同时会严重影响北京奥运圣火9小时后在长沙市的顺利传递。长沙市启动重大灾害事故应急抢险救援预案，紧急调集金盆岭等5个中队12台消防车、100余名消防官兵参加抢险救援战斗。设立警戒范围，并利用喷雾水枪对泄露空气中的氯气进行稀释；组织攻坚力量深入事故现场核心区域查找泄漏点，以最快的速度完成堵漏，防止险情进一步扩大。攻坚组查明泄漏点后，盘舒群等3名战士承担到现场纵深区域实施堵漏的关键任务。3名突击队员凭借娴熟的堵漏技术和先进的抢险救援工具完成堵漏任务。退出氯气房后，他们又搜救到被困在旁边操作间的10余名工人并将其全部引导转移到安全地带。撤出中心区后，3名突击队员的防化服已被氯气严重腐蚀，身体也出现皮肤过敏、全身瘙痒、呼吸困难等中毒症状。与此同时，支队已将110余名被困人员救出，疏散周围群众5000余名。在完成疏散救人和堵漏任务后，官兵们利用喷雾水枪对房屋、地沟、树木等反复冲洗，彻底解除事故险情。

（四）社会救助。2010年5月24日，“119”指挥中心接到市民报警，一名女子爬上雨花区韶山路上一幢高楼16层窗外准备跳楼，丝茅冲中队立即赶到现场进行救援。当时这名女子情绪十分不稳定，整个人站在仅有30厘米宽的窗外延伸台右侧，周围没有任何扶手，窗户也无法打开。官兵们协同公安民警马上制定救助方案，一组人员疏散围观群众，准备救援气垫，另一组人员携带救援、破拆工具协助民警救援该名女子。通过近两个小时的开导、劝解，她终于放弃轻声的念头，但由于体力透支，动弹不得，随时可能坠楼。战斗班长系上安全绳，徒手攀爬至窗外延伸台，挪步至这名女子的身边，给她绑好安全腰带系好安全绳，牵着她一步一步靠近窗户。安全绳的那一头由其他官兵抓着，缓缓地往回拉。在救助过程中，女子又突然情绪失控，失声痛哭，经过一段时间的安抚，终于把这名女子救下。

2012年11月，8岁的小孩因贪玩戴上一枚钢制螺母“戒指”摘不下来，到淮川中队求助。螺母硬度极高，中队官兵先后试图利用钢筋苏短期，普通平头剪以及液压剪将螺母剪开，但螺母还是纹丝不动。经过一番商讨，大家决定利用手动液压扩张剪作为固定平台，用扩张剪的收缩力咬住法兰螺母的垫片部分，将其固定后，用小钢锯锯片从垫片外圈开始往里锯，锯至离螺母内圈约1毫米左右，最后再用液压剪从锯开的缝隙将螺母“挤”开。经过两个半小时的努力，终于将螺母“挤”出两条缝，“掰”成两半，将小孩的手指从螺母中取出。中央电视台等媒体对此进行报道。

第七章 人民防空

20 世纪 80 年代，长沙人民防空工作重心转移，由准备“早打、大打、打核战争”转到以经济建设为中心的和平时期建设轨道，各项建设开始过渡到服从服务于国家经济建设大局，为城市生产、生活服务的平战结合的道路。自 1986 年起，人防工程建设开始向平战结合方向迈进。

1988 年，为适应和平时期人防建设要求，成立长沙市地下空间开发公司，负责城市地下空间开发规划和人防工程相关配套设施的开发工作。1991 年 7 月，出台《关于结合民用建筑修建防空地下室的规定》，开启人防工程建设主要向修建平战结合人防地下室的转变。是年 12 月，为加强对人防工程建设的质量控制，成立长沙市人防工程质量监督定额管理站，负责全市人防工程的质量监督和定额管理。1992 年 7 月，为解决人防工程的配套设施和生产安装，成立长沙市人防防护设备厂。自此，适合平战结合要求的人防工程建设体系基本建立。

2001 年，长沙市人民防空由单一的防空袭体制向防空防灾相结合的体制转变。2003 年 9 月，启动市人防指挥通信（应急救援）中心大楼建设。2004 年 11 月 15—16 日，长沙市在湖南省结合民用建筑修建防空地下室建设管理现场经验交流会上，被表彰为结合民用建筑修建防空地下室的先进城市。2005 年，市人防办被市政府纳入应急保障单位，负责协调有关紧急指挥场所和避难场所的规划、修建和临时使用。2006 年，启动人防疏散指挥所及人防专业队训练基地建设。2007 年 10 月，兴建人防指挥通信中心。2008 年启动市人防基本指挥所建设。至 2008 年，初步形成战时能防空、平时能救灾的防空防灾体系。

2000—2012 年，长沙市两次被授予“全国人民防空先进城市”称号，3 人被授予“全国人民防空先进工作者”称号。至 2012 年，长沙市建成联通省军区、省人防办、长沙警备区和各地州市的有线、无线指挥网络，初步形成地域分布合理、防护类型齐全、指挥顺畅高效、发展性良好的人民防空体系。

第一节 机 构

一、市级机构

1981 年 1 月，长沙市人民防空领导小组更名为长沙市人民防空委员会，同时设立办事机构长沙市人民防空办公室，属市部、办、委、局一级机构。1986 年，内设秘书科、指挥科、通信科、工程科、供应管理科（1989 年 6 月，供应管理科更名为计划财务管理科）、平战结合科和通信站、维修队。1995 年机构改革，长沙市人防办内设机构调整为指挥科、通信科、工程科、平战结合科、财务审计科、综合科（对外加挂人事科牌子，与纪检监察室、机关党委合署办公）。

是年 10 月，长沙市人防办为市政府的工作机构。

1996 年 9 月 20 日，长沙市国防动员委员会（简称“市国动委”）成立，撤销长沙市人民防空委员会。中共长沙市委书记任第一主任，市委副书记、市政府市任主任，市政府副市长，长沙警备区司令员、政治委员任副主任。为市国动委组成单位，是市人民政府防空工作的主管部门，接受市政府、长沙警备区的领导。2002 年 1 月机构改革，长沙市人防办内设机构调整为秘书处、指挥通信处、工程管理处（对外加挂平战结合处牌子）、法规处、人事处。机关党委、纪检、监察机构按有关规定设置。2011 年 4 月机构改革，内设机构调整为秘书处、指挥通信处、工程管理处、法规与宣教处、财务处、人事处和机关党委、纪检（监察室）。

另有人防工程维修队、市地下空间开发公司（市人防工程开发中心）、五一广场地下通道管理所、市人防工程质量监督站、市人防服务中心、市人防通信站 6 个全民事业单位。

（一）人防工程维修队。1987—1992 年，长沙市人防办内部设立人防工程维修队。1992 年 10 月，将人防工程维修队更名为长沙市人防工程队，为正科级全民事业单位，市人防办直属二级机构。1994 年 1 月，更名为市人防工程公司。2000 年 11 月，市人防工程公司更名为市人防工程维护管理站。至 2012 年，长沙市人防工程维护管理站编制增加。

（二）市地下空间开发公司（市人防工程开发中心）。1988 年 5 月，长沙市成立市地下空间开发公司，为副县级自收自支全民事业单位，归口长沙市人防办管理。主要负责经营和管理 8601 人防工程，核定编制 30 名。设立工程部、经营部、服务部、地下工程规划设计科研所，均为正科级机构。2004 年 12 月，增设保卫部、办公室，均为正科级机构，增加全民事业编制 8 名。2005 年 11 月，更名为长沙市人防工程开发中心，仍为副县级自收自支全民事业单位，人员编制 38 名。内设机构调整为办公室、开发部、经营部、财务部、8601 工程管理所，均为正科级机构。2010 年 8 月，因修建城市地铁，拆除 8601 人防工程。8601 人防工程管理所的 45 人移交给长沙市轨道交通集团有限公司，人员经费由市轨道交通集团有限公司保障。

（三）五一广场地下通道管理所。1990 年 12 月，长沙市成立五一广场地下通道管理所，为正科级自收自支全民事业单位，归口长沙市人防办管理。主要负责管理五一广场地下人行通道兼商场，核定编制 5 名。2010 年，因修建城市地铁，拆除五一广场地下人行通道兼商场。五一广场地下通道管理所机构及其所担负的职能至此终结，人员已由市人防工程开发中心另行安置。

（四）市人防工程质量监督站。1991 年 12 月，长沙市成立市人防工程质量监督站，为正科级全民事业单位，市人防办直属二级机构。主要负责全市人防工程的质量监督，定额管理。核定编制 3 名（均为干部编制），人员经费在人防事业费中列支。1995 年 12 月，长沙市人防工程质量监督站更名为市人防工程质量监督定额管理站。

（五）市人防服务中心。1992 年 8 月，长沙市成立市人防服务中心，为副县级自收自支全民事业单位，归口长沙市人防办管理。主要负责 8408 人防工程（地下为市人防指挥所，地面为三星级天心宾馆）的经营与管理。

（六）市人防通信站。1992 年 10 月，长沙市成立市人防通信站，为正科级全民事业单位，市人防办直属二级机构。主要负责全市防空警报器的安装和维护管理；负责全市人防系统的有线、无线电通信网络建设以及防空指挥所的日常维护和管理。

1988—2012 年，先后担任长沙市人民防空办公室主要领导职务的有：罗特、邹元海、王光明、潘岳元、史罗坤、易权吉、黄静安；其他领导班子成员有：阎茂栋、冯仲文、罗仲卿、房耀辉、崔伯林、王建高、曹志华、肖仁成、吴经武、李启鸿（女）、刘华科、谭园春、戴中平、罗峰、莫金文、王业平。

二、区县（市）机构

1982年，长沙市市辖东区、南区、西区、北区4区相继将区人民防空领导小组更名为区人民防空委员会，同时设立办事机构区人民防空办公室，挂靠区政府办公室。人员编制1~2名，其编制员额统计在区政府办公室内。之后，东区、南区、西区、北区4区相继对人防办的职能、机构性质、内设机构和人员编制等作调整。1996年6月9日，长沙市区划调整完成后，各区对区人防办的机构性质、工作职能、内设机构、人员编制等作新的调整（其中雨花区前身为郊区，1997年2月成立区人防办）。至2011年机构改革，内5区均明确区人防办属区政府直属事业单位，既是区国防动员委员会的常设办事机构，也是区人民政府人民防空工作的主管部门，接受区政府、区人民武装部的双重领导。人员经费由区财政全额拨款解决。除天心区人防办内设综合科、工程平战科、指挥通信科、法规宣教科；开福区人防办内设人防工程管理所；雨花区人防办内部设立办公室、业务科等机构外，芙蓉区、岳麓区人防办未设内部机构。

长沙、望城、浏阳、宁乡4县（市、区）人防办均在县（市、区）政府办公室内挂牌，人员编制统计在政府办公室编制员额内。

第二节　人防工程

一、工程建设

长沙市修建有单建式人防工程、结建（结合民用建筑）防空地下室工程和轨道交通、过江隧道兼顾人防工程。1984年，长沙市出台《关于结合民用建筑修建防空地下室的规定》。1986年3月4日，国家人防办同意长沙市修建第一个单建式平战结合人防工程，该工程于1989年9月建成投入使用。1994年4月，工程质量等级被评为优良。1987年5月，修建某地下人行通道，1989年，该地下通道移交市人防办管理。

1990—1994年，长沙市主城区结建防空地下室工程竣工验收12个。1995年3月29日，长沙市发布《关于调整防空地下室易地建设费标准和征收人防公共工程维护费的通知》。是月，为规范结建审批程序，防止结建防空地下室漏报、漏建现象发生，长沙市成立基本建设联合审查办公室，规定凡新建、扩建、改建民用建筑，必须经市基本建设联合审查办公室审查，否则不予核准、发证、验收。

1995—2000年，长沙市主城区结建防空地下室工程竣工验收70个。结建防空地下室建设过程中，严格执行国家人防办颁发的人防工程战术、技术规范和标准，严把工程质量关，相继建成一批面积大、功能全、抗毁伤能力强、平战用途广的结建防空地下室工程。

2003年，出台《关于长沙市城市快速轨道交通线网规划》。2006年3月，发布《长沙市轨道交通建设规划编制任务分工及进度安排表》。2006年4月，市人防办提交“关于轨道交通建设兼顾人民防空需要的思考”文件。

2001—2006年，长沙市主城区结建防空地下室工程竣工验收184个。2001—2007年，长沙市完成单建式人防工程5个。2008年12月4日，岳麓区某地下人防工程立项，2010年7月10日竣工。2007—2012年，长沙市主城区结建防空地下室工程竣工验收589个。

2007年5月—2012年10月，分别对长沙市轨道交通1号线一期工程、2号线一期工程、大河西先导区雷梅片区开发地下配套交通一期工程（2号线西延线）、3号线一期工程等可行性研究人防工程部分初步设计方案及相关设计图纸、文件出具审查意见。

二、工程维护及质量监督

人防工程维护，每年初下达维修计划，每年维修项目3~4个。遇人防工程出现开裂、下沉、地面塌陷等重大险情时则组织抢险抢修。1988—1990年，对人防主干道进行维护。

1991年12月成立长沙市人防工程质量监督站，主要负责长沙地区造价2000万元以下的单建式人防工程和结建防空地下室工程的质量监督验收。造价超2000万元以上的单建式人防工程由省人防质监站监督验收。截至2012年，质量监督、检查验收人防工程有885个。

三、防护设备生产与安装

1992年7月，长沙市人防办成立人防工程防护设备厂（以下简称“人防设备厂”），从事人防工程防护设备的生产与安装。建厂初期，生产小型单扇钢筋混凝土防护门，基本靠手工制作。至1993年，生产制作小型钢筋混凝土防护门207樘，销售金额约45万元。为适应长沙市结合民用建筑修建防空地下室数量逐年增多，对人防防护设备需求量增大等变化，人防设备厂引进部分生产设备，改进生产工艺，组织工程技术人员攻关，开始研究生产大型钢筋混凝土防护门。至2002年，生产防护门2034樘，其中大型钢筋水泥门177樘，小型钢筋水泥门1857樘，实现销售收入3000万元。为摆脱生产场地狭小，无法安装大型生产设备等困境，2002年，人防设备厂新建厂房6栋，仓库一栋，引进一批大型生产设备，于2003年3月，开始试验生产钢结构防护门。2006年10月后，引进大型剪板机、折弯机、液压机、卷板机、叉车等加工机械。2008年1月，承担制作和安装的浏阳河过江隧道4樘降落式全钢结构双扇防淹抗毁伤密闭门，是国内面积最大、重量最重、加工难度最大且安装后一次获验收合格的特大型防护门。2012年，人防设备厂拥有固定资产1000万余元、员工120名，年生产各类型防护门能力2000余樘，实现销售收入1.14亿元。对生产工艺进行改进，攻克门框、门扇嵌压条因焊接造成的变形等技术难题，购置专业焊缝检测仪对产品进行质检，能够生产、制作钢筋混凝土各类型防护门、钢结构手动防护门、阀门、电控门、防电磁脉冲门、地铁和隧道正线防护密闭门等各型规格的人防工程防护设备，为省、市人防指挥所等大型平战结合人防工程、高层附建式人防工程安装本厂生产的防护产品。

第三节 组织指挥

一、指挥所

1984年8月，修建长沙市人防指挥所。该工程于1990年12月20日动工，1994年6月1日竣工。1995年10月17—19日，湖南省人防办对地下工程部分组织初步验收。1995年5月18—20日，广州军区在长沙召开中南5省（区）人防指挥业务工作会议，评价该指挥所为国内一流指挥所、样板指挥所。1996年8月20—22日，国家人防办对该工程进行正式验收，综合评定质量等级为优良。

2004年9月10日，长沙县人防指挥所项目立项（工程2005年8月8日动工，2007年6月11日竣工，经验收评定为优良工程）。

为加快城市人民防空体系和防空袭斗争人民防空应急作战指挥能力建设，2006年，长沙市启动修建市人防疏散指挥所及人防专业队训练基地。工程平时为人防战备物资储备、人防专业队训练和突发事件应急疏散场地，战时用作城市人口离城疏散指挥所（2010年7月28日动工，2012年10月全面竣工并通过验收）。

2007年10月11日，长沙市人防指挥通信（应急救援）中心建设动工（2009年9月16日竣工并通过验收）。

2009年4月28日，岳麓区人防指挥所项目立项，于2010年11月8日动工，2012年4月30日竣工并通过验收。是年10月，长沙市人防基本指挥所工程开工。

二、防空袭方案与演练

1983年3月，长沙市根据国家人防委《关于一九八三年人防战备工作要点》和广州军区1982年11月在南宁召开的人防战备工作会议上提出一、二类人防重点城市要在1983年年底前完成防空袭预案制定的要求，发出《关于拟制"长沙市防空袭预案"几个问题的通知》。根据国家人防委"防空袭预案每5年修订一次"的要求和城市经济社会发展变化、行政区划调整变化、人口变化等实际，长沙市4轮修订城市防空袭预案工作。

1991年5月30日，长沙市部署第一轮修订市、区、街道防空袭预案（以下简称"修案"）和长沙、望城、浏阳、宁乡4县（市）修订接收城市人口离城疏散安置方案。为做好修案工作，成立修案工作领导小组，设立预案修订办公室。此次修案历时一年，参加人数112人，投入经费15万元。经湖南省人民防空委员会验收，长沙市修订后的防空袭预案获一等奖，26人获修案工作先进个人奖。

1998年5月4日，长沙市启动市、区和县（市）第二轮修案，成立修案工作领导小组。此次修案，举办业务培训班28期，参训600余人次，摸底调查100个单位，300余个项目，投入经费27万元。修订后的长沙市防空袭预案，委托国防科学技术大学三系历时3个半月，耗资4.5万元，制作成集声音、图像、二、三维动画于一体的演示系统。该系统获广州军区、省、市领导和全国人防系统的高度评价，上海等10余城市到长沙参观学习，在1998年11月召开的湖南省人防通信警报工作会议上，与会代表现场观摩长沙市防空袭预案演示系统后给予好评。

2004年11月1日，由长沙市人防办、天心区人民政府共同组织的防空袭演练，参演单位有街道办事处、派出所、社区居委会、小区物业部、区消防中队、区第一中学、幼儿园、市移动公司、市红十字会、区人防专业队等10余家单位430余人。演习科目有人员疏散接收、车辆疏散隐蔽、防化、通信、治安、消防、医疗救护等。时任市人防办主任史罗坤任总指挥，天心区人民武装部部长赵志启、区政府副区长张跃先等任副总指挥。演习达到预期目的。

2005年8月11日，长沙市发布《关于做好城市防空袭预案修订工作的通知》，启动市、区和县（市）第三轮修案。此次修案，湖南省人防办在长沙试点，要求长沙先行一步，探索新形势下的修案工作新方法、新途径，为全省修案提供经验和文书范本，迎接2006年一季度全省修案工作现场会在长沙召开。长沙成立市修案工作领导小组，组织修案人员到郑州、济南、青岛等城市进行一周的学习考察。抽调工作人员100人（含区、县和市直部门），举办业务培训班2期，参加1800人次。完成文书40万字，制作各种图表300份，投入经费50万元。为保障文书质量，预案初稿出台并经内部评审后，邀请解放军北京防化指挥学院人防指挥教研室，武汉通信指挥学院人防指挥与通信教研室、湖南省军区、省人防办、长沙警备区的专家和有关领导进行数次评审，反复修改，在2006年3月17日的市预案评审会议上，形成一致评审意见。2006年5月18—19日，湖南省人防办在湖南宾馆召开全省修订城市防空袭预案工作会议，现场推介长沙市修案工作的做法和经验。10月30日，由望城县政府、县人武部、开福区政府联合组织的防空袭城市人员疏散和接收、道路抢修、战时交通管制等科目演练，分别在望城县设立演习主现场和星城镇设立分现场，党政机关、军事机关、街道、社区、学校、电力、自来水、消防等职能部门20余个单位600余人参加。

2007年9月20日，望城县政府办、人防办、县教育局共同发起防空袭人员疏散撤离、医疗救护、自来水抢修等科目的演练。参演1000余人。演练过程均由县人武部领导和县人防办具体组织指挥，组织严密，循序推进，演练科目均顺利完成。2008年3月12日，长沙市被湖南省授予“防空袭预案修订先进城市”称号；长沙市人防办、雨花区人防办、开福区人防办等被评为“防空袭预案修订先进单位”；5人被评为“防空袭预案修订先进个人”。

2012年5月14日，长沙市发布《关于做好城市防空袭方案修订工作的通知》，启动城区和县（市）第四轮修案。此次修案，国家人防办发布《人民防空袭方案编制管理工作规定》（征求意见稿），对防空袭方案的结构、篇目和格式作调整。湖南省人防办继续在长沙试点，要求长沙按国家人防办的规定摸索修案工作的方法和途径，为全省2013年开展修案提供经验和文书范本。为贯彻落实省人防办的决定，市成立防空袭方案修订工作领导小组。5月22日，开会部署，12月17日，通过省人防办、长沙警备区正式评审。修案过程中，举办各类业务培训班4期，参训140人次，绘制地图30张，附图、附表41张，完成文书40万余字，投入经费320万余元〔含区县（市）、街道〕。修订后的市防空袭方案，委托湖南省地图院制作成媒体演示软件和电子地图，其电子信息获取量和分辨率达到国内人防系统领先水平。

表10–7–3–1　　2004—2010年长沙市防空袭演练情况一览表

演习时间	组织单位	演习人数（人）	演习内容
2004年11月1日	市人防办 天心区政府	430	人员疏散、接收、车辆疏散、隐蔽、防化、通信、治安、医疗救护、消防等科目
2005年10月21日	芙蓉区人防办	250	人员疏散、消防、医疗救护等科目
2005年11月18日	岳麓区人防办 岳麓区教育局	153	人员疏散、医疗救护、防化等科目
2006年10月30日	望城县政府 望城县人武部 开福区政府	600	人员疏散、道路抢修、交通管制等科目
2007年7月12日	天心区人防办	100	人员疏散、医疗救护、防化洗消等科目
2007年11月1日	长沙市人防办 雨花区政府	250	人员疏散、交通运输、医疗救护、治安、伪装设障、消防、防化防疫、自来水抢修等科目
2007年9月22日	望城县政府办 望城县人防办 望城县教育局	1000	人员疏散、医疗救护、自来水抢修等科目
2008年11月12日	市人防办	30	防空袭网上推演
2009年10月16日	市人防办 开福区人防办 望城县人防办	200	人员疏散、人员接收安置等科目
2009年11月1日	浏阳市人防办	80	人员疏散、医疗救护、消防等科目
2010年10月21日	长沙市委、市政府、长沙警备区	50	大规模作战背景下军地联合实兵演习人民防空行动

三、重要经济目标防护

1983年，长沙市首次制定防空袭预案，确定全市重要防护目标。后分别于1991年5月30日、1998年5月4日和2005年8月11日开展三轮城市防空袭预案的修订，将重要防护目标进行调整。

2012年5月14日，长沙市开展第四轮修订城市防空袭方案，将重要防护目标改称重要经济目标，并调整重要经济目标，较2005年8月修案增加若干个。长沙市在历次修订城市防空袭预案（方案）中，针对重要经济目标性质，在战时的地位、作用，对战争的支持能力，对人民群众生活的影响程度以及地理位置，地域环境等因素综合评估，将重要经济目标划分为重要机关、通信信息、能源电力、生命线工程、次生灾害源、军工基地、重要工矿企业、其他8类，按目标大小、作用分别列为一、二、三等3个等级编入防空袭预案（方案）。

四、防空专业队

（一）防空专业队种类、规模。1986年，长沙市对防空专业队进行调整组建。将原市属8个专业队分别改为抢险抢修团、医疗救护营、防化连、通信连、运输连。各区组建抢险抢修连和医疗救护、运输、通信、防化排。

1991年5月和1998年5月，两次调整防空专业队伍人数。

2005年8月，组建8支人民防空专业队。

2012年5月，人防专业队的种类、组建单位基本沿袭2005年的做法。根据信息化战争的特点和要求，新增组建信息防护专业队，由市电信公司、移动公司、联通公司3家通信运营商共同组建。芙蓉、天心、岳麓、开福、雨花5区平时各组建人防专业队。专业队实行混合编组，战时按需要扩编。

（二）防空专业队训练、整组。1995—1997年，组织防化专业分队集中训练。每年训练一期。训练内容包括核生化武器的侦检、标识、洗消；侦毒器材的种类、操作使用方法；防毒面具的穿戴等。训练结束前，由省人防办、市人防办、开福区武装部共同组织考核验收，每期考核综合各科目成绩均达到优良。注重抓好干部、职工岗位专业培训和军事科目训练，选拔训练骨干参加上级组织的业务知识竞赛。

2000—2012年，分别抓好在岗训练、集中训练和综合性演练。其中，防空专业队员的专业训练由组建单位根据单位专业特长、战时防空袭抢险抢修需要，采取以岗代训的办法组织训练，全年集中训练时间不少于3天。中队长以上骨干和专业性较强的，由人防主管部门会同军事机关搞好共同科目和专业训练。

防空专业队的组织调整，参照民兵整组办法。编入防空专业队的队员应符合民兵条件，政治思想坚定，吃苦精神强，专业知识过硬，身体健康。每年对人防专业队伍组织进行一次调整。因年龄、工作调动或健康等原因不宜留在人防专业队，在整组时退出防空专业队，并及时补充新队员加入防空专业队，使人防专业队伍的编制和数量始终保持组建时的规模。

第四节　通信警报

一、指挥通信平台

（一）有线通信。1988年4月22日，长沙市斥资修建通信楼，9月5日竣工。是年，市人防通信站被省人防办评为“红旗通信站”。1989年3月20日，市人防通信站对新话务员进行45天的集中业务培训，是年，完成800门自动电话总机安装的第二期工程，保证重点人防工程的通信需要。1993年，将

800门纵横制电话总机改制成美国哈里斯20–20M型时分制数字程控电话总机。为探索人防通信建设改革发展新路，力求在人防通信设备的平战结合利用上有新的突破，市人防通信站于1999年7月与市电信局签订入网协议，将人防800门数字程控电话总机并入市电信网，并由市电信局将1212户电话用户委托市人防通信站代理维护。2004年，人防有线通信完成与军网线路的铺设和设备的安装，开通与省人防办、兄弟城市人防部门电视、电话会议系统，并安装指挥软件，为人防指挥自动化工作的开展打下基础。

（二）无线通信。1993年，配备100瓦单边带电台一部，专用于对省人防办的无线电通信联络。2005年，利用短波单边带电台与省人防办及各地、州（市）人防办组成无线电通信指挥网。2007年，选定澳大利亚生产的柯顿NGT自适应电台为组网电台，配置到各区县（市）人防办。至2008年，建立长沙市人防办与各区县（市）人防办无线电单边带电台指挥网，实现市、区县（市）两级无线互联互通，无线电单边带电台沟通率100%。

（三）人防应急机动指挥车。2008年，购置大型移动指挥车一台。该车由装载平台系统、电子信息系统和综合保障系统三大部分组成。该车作为应急救援的重要移动指挥平台，能与长沙市人防地面指挥中心和地下人防指挥所构成一个完整的防空作战指挥体系，既能相互补充、互联互通，又能实施独立指挥，担负城市人民防空战时作战指挥、平时应急抢险救援的保障任务，是长沙市战时防空袭、平时应急抢险救援的机动指挥所。

2010年，长沙市在收取的人防易地建设费中列支为市人防通信站和芙蓉、天心、岳麓、开福、雨花、长沙、望城、浏阳、宁乡人防办10个单位各配备1台机动指挥车。2011年，为实现全省人防机动指挥车统一标配，追加人防专项经费若干元。

（四）人防指挥通信中心。2007年10月，长沙市斥资兴建市人防指挥通信中心，2009年9月竣工并通过验收。人防指挥通信中心按照国家人防办颁发的《人民防空指挥信息系统建设规范》修建。

2012年8月28日，长沙市人防办被评为“全国人民防空信息化建设先进单位”。

二、防空警报网

（一）警报器。1988年，长沙市城区安装有防空警报器26台。1989年，对防空警报器的布局进行相应调整，有7个安装有防空警报器的单位由有线控制改成无线控制，5个单位完成搬迁改造。同时，安装电脑遥控无线警报系统一套，其中总控台1部，终端机9部。1989年11月29日—12月2日，对全市26台警报器进行检查评比，评出优秀15台、良好9台、及格2台。1990年12月8日，召开防空警报器维护管理表彰会，长沙市达标率80.7%，西区、南区全部达标，被评为先进单位。1991年，长沙市26台防空警报器达标22台，达标率85%，设备完好率100%。是年，市人防通信站与湖南大学共同研制的防空警报器防护设施自动启闭装置，并通过省人防办通信业务部门组织的技术鉴定。同时，研究制定的防空警报通过市邮电、广播、电视优先发放方案，获国家人防办、广州军区人防办肯定。1992年，市人防通信站与长沙铁道学院共同研制防空警报器设施自动启闭和自动发放警报信号装置，较与湖南大学共同研制的自动启闭装置又前进一步。是年，长沙市防空警报器开始配合市爱国卫生运动委员会组织的全市统一熏蚊鸣放警报信号活动，鸣放两次，收到良好社会效果。1995年，全市26台防空警报器达标率，设备完好率均100%。1997—1998年，长沙市新增防空警报器11台。1998年，斥资45万元在全省率先装备通信警报车1台，配备100瓦单边带电台和车载警报器、手提电脑、打印机等现代化设备，从此开启长沙人防由固定防空警报向移动防空警报方向发展新时代。2001年，决定11月1日为全市防空警报试鸣日。试鸣前5日，《长沙晚报》、长沙电视台等新闻媒体发布防空警报试鸣公告。警报试鸣从11月1日上午9：30分起至9：45分止。其时各区县（市）防空警报器和部分电视频道同时鸣放和播放防空袭“预先警报”“空袭警报”“解除警报”。每种警报信号鸣放时间为3分钟，信号之间的间隔时间为5分钟。警报试鸣期间维持正常的工作和生活秩序。配合防空警报试鸣，开展人防知识宣传、摆放图板、发放资料、开设展台接受市民对防空知识的咨询。2001年，新安装电声防空警报器70台。是年，市人防通信站与长沙卓华科技责任有限公司联合研制开发DSJ–2000A智能电声警报器及其控制系统。该系统具有手动、电动、无线遥控等多种功能，并于2002年通过省科技厅组织的专业技术鉴定。该产品不仅在本市批量使用，还曾推广到娄底市安装。是年，长沙市被省人防办评为“人民防空警报建设合格城市”。2004年，增设长沙、望城两县的警报控制分中心，长沙、望城、浏阳、宁乡4县（市）开始安装防空警报器。是年，长沙市被评为“人民防空警报建设先进城市”。2006年，增设浏阳、宁乡两县（市）警报信号控制分中心，新安装固定警报器27台。2009年，购置移动升降警报器1台。2010年，购置车载电声升降警报器1台。截至2012年，长沙市安装各类防空警报器276台，其中电动警报器55台、电声警报器186台，数字警报器35台，设置警报控制中心3个。

（二）星沙无线警报报知台。1991年，长沙市开展防空袭警报信号发放体制改革试验。针对当时全市防空警报器数量少、功率小、音响覆盖率低（国家人防办要求省会城市防空警报音响覆盖率90%，而长沙市当时不足40%）等实际，引进广东省人民政府第五办公室有偿投资，在市人防办通信楼建立星沙无线警报报知台，亦称PP机寻呼台（星沙台）。该台于同年10月底建成投入使用。平时担负全市人防平战结合工程消防安全报警和全市抗洪抢险、应对突发事件报警，提供相关无偿寻呼通信服务，战时与电信、广播、电视及户外警报设施相结合，发放防空袭警报信号。根据防空警报发放应面向社会，平战结合的要求，经湖南省邮电部门批准，面向社会发行用户，实行有偿服务，其收入用于偿还投资和维持该台正常运转。至1994年，发展社会用户2600户，安置就业17人，偿还投资150万元。1996年后，由于设备落后，服务功能远不能满足用户要求，急需改造升级，经过协商，于5月19日将星沙台全部设备及15年经营权转让给广东省顺德市新百昌实业有限公司，并签订转让承包经营协议。新百昌实业公司接手后，投入300万余元更新改造设备，增设郊、县发信点，扩大覆盖面，一度使社会用户发展到8000余户。1998年，以电信为支撑的寻呼台开始实行呼方付费政策，加之手机陆续投放市场，星沙台经营直线下滑。2000年11月6日，长沙市致函广东省人民政府第五办公室和广州军区人防办，请求解除双方协议，星沙台至此自行关闭。

第五节　宣传教育

一、人防宣传

1985年，创办《长沙人防报》。《长沙人防报》每期发行约4000份，免费发送至市直各机关、企事业单位和街道居委会。1990年，《长沙人防报》更名为《长沙人防建设报》。至1991年4月《长沙人防建设报》停办，出版25期。2000年12月17—19日，长沙市组织宣传活动，庆祝国家开展人民防空工作50周年和全国第四次人防工作会议召开。湖南卫视等10余家新闻媒体进行报道，宣传教育受众面超100万人次以上。2001年，在国家、省、市级报刊刊登长沙人防稿件160篇，免费赠送人防宣传教育专题片《永远的蓝天》2000套，制作人防宣传橱窗、黑板报200块，在全省人防宣传板报评比中获一等奖。利用长沙市地下空间开发公司所属金天网络信息公司在国际互联网建立人防信息网站，设置人防法规、人防教育、人防工程、人防通信、人防招商、平战结合等栏目，供各级人防部门、企、事业单位对外发布人防信息。翌年，长沙市人防办被评为“全省人防宣传工作先进单位”。2002 年，征订 100 份《中国人民防空》杂志免费赠送。2005 年，编印“战争、灾害与人防”一书 1.2 万册，免费发送至市直机关、企事业单位、街道居委会和区县（市）。2006 年 4 月 30 日，长沙市组织《湖南省人民防空工程建设与维护管理规定》（以下简称《规定》）宣传日活动，《长沙晚报》刊登《规定》全文和市政府副市长徐湘平答记者问；组织 6 台皮卡宣传车上街巡游宣传；在黄兴路步行商业街广场举办专场文艺演出，宣传《规定》内容。2007 年，开展“人防宣传进社区、入楼栋、入家庭”活动。2011 年，开展人防宣传“进机关、进院校、进企业、进社区、进媒体”活动，组织考核评比。2011 年，长沙市人防办制作的人防建设专题片获全省人防宣传一等奖，是年，被省人防办授予“走近人防宣传展馆湖南省人民防空宣传教育示范场所”称号。2007—2012 年，长沙市人防办连续 6 年被国家人防办评为“通讯报道先进单位”，龙小灿被评为“通讯报道先进个人”。

二、“三防”教育

1991 年 12 月，明德中学和通泰街居委会联合开展防核武器、防化学武器、防生物武器（以下简称“三防”）知识培训，探索以校带街开展“三防”知识教育的方法和途径，居委会和驻街单位抽调 100 名骨干参加培训。1992 年，“三防”知识教育侧重在城区中学生中进行。1993 年 9 月 6 日，城区中学“三防”知识教育工作会议召开，总结过去开展“三防”知识教育试点经验，并确定从 1993 年起在全市城区中学的初中二年一期学生中全面普及“三防”知识教育，从此，城区中学“三防”知识教育逐步走向规范化、制度化。每年年初，对中学开展“三防”知识教育的教学内容，课时安排、教材、教具的选择使用、教师培训等作出部署和安排，暑假组织“三防”知识教育的任课教师集中培训。为推动“三防”教育工作的普及和落实，扩大影响面，除重点抓好课堂教学外，围绕“三防”教育这一主题还组织开展一系列大型宣传活动。1995 年组织中学生开展“三防”知识抢答赛。1996 年组织各中学开展“三防”知识图板制作比赛。1997 年 12 月 3 日全市“三防”知识教育日，组织 25 台大巴，900 余名学生、教师参观一一零三厂国防教育馆、长沙炮兵学院兵器馆和空军第十八师战斗机。2000 年，在大同小学等 5 所城区小学开展小学生“三防”知识教育试点。2003 年 7 月，组织“三防”知识任课教师到广州、珠海、深圳考察人防教育基地建设情况。2006 年 11 月，开展“三防”知识教育课件制作比赛。2007 年 12 月 10 日，天心区沙湖桥小学、望城县育红中学、双枫中学、浏阳市关口中学被评为“人民防空教育示范学校”。2008 年 6 月起，长沙市中、小学校的“三防”知识教育任课教师培训由各区县（市）教育局、人防办组织实施。中、小学校开展“三防”知识教育时，增强防地震知识内容。2010 年 7 月，组织全市优秀中、小学生和区县（市）分管“三防”教育的领导 127 人到石燕湖户外拓展训练基地开展人防综合技能培训夏令营活动。2011 年 12 月，举办长沙市第四届中学生国防（人防）与时事政治知识竞赛等。

图 10-7-5-1 长沙市第九中学开展“三防”知识自救互救演练（摄于 2007 年 11 月，长沙市人防办供图）

表 10-7-5-1　　1988—2012 年长沙市中、小学生“三防”知识教育情况一览表

年度	开课学校（所）	开课班级（个）	受教育学生（人）	组织开展“三防”知识教育大型活动的形式及内容
1988—1990	11	108	5376	—
1991	16	97	5574	—
1992	20	120	6221	—
1993	60	270	12922	—
1994	65	274	13111	—
1995	62	311	15624	全市中学生“三防”知识抢答赛
1996	75	330	16500	全市中学“三防”知识图板制作比赛
1997	64	307	15851	全市“三防知识教育日”活动
1998	61	294	14811	—
1999	60	291	14147	—
2000	76	377	18983	城区小学生开展“三防”教育试点
2001	110	—	31500	—
2002	273	825	43000	—
2003	271	—	42100	“三防”知识任课教师到广州、珠海、深圳学习考察
2004	281	867	43170	—
2005	295	—	40800	—
2006	231	—	37800	全市中学“三防”知识教育课件竞赛
2007	245	—	47800	表彰“人民防空教育示范学校”并授牌
2008	240	—	38301	—
2009	225	—	39800	—
2010	229	—	38500	全市优秀中、小学生到石燕湖参加人防综合技能培训夏令营活动
2011	266	2341	41800	长沙市第四届中学生国防与时事、政治知识竞赛
2012	271	—	—	—

三、干部培训

为提高人防干部、职工队伍的专业化知识水平，长沙市选送干部、职工参加中国人民解放军北京防化指挥学院、武汉通信指挥学院、南京工程兵工程学院 3 所军队院校和广州军区、湖南省人防办组织的人防专业知识培训，并且创造条件，组织本系统干部、职工和专业人士开展组织指挥等 10 余项专业知识的培训。2003 年 5 月 20—24 日，在望城县人武部举办人防组织指挥业务培训，56 人参训。至 2012 年，长沙市举办各类人防专业知识培训班 14 期，参训 443 人次。

四、学术研讨

1996 年 12 月，长沙市人民防空学会成立。开展新时期人防战略、城市地下空间建筑与工程防护，

组织指挥、通信警报、平战结合等领域的学术研究，开展科研活动与技术交流，促进人防科技发展。学会成立后，开展学术研讨、论文交流和科研活动、评比表彰优秀学会会员和优秀学术论文，选送优秀论文参加湖南省人防学会、国家人防工程情报网组织的论文交流。2000年，工程情报网组织的“高技术局部战争条件下的人防工程建设”专题研讨会上被评为优秀论文。冯仲文、冯亮合写的《人防工程平战功能转换是贯彻‘结合’方针的重要科技措施》一文被全国人防工程情报网评为第五届年会优秀学术论文。2000年9月，王建高被中国土木工程学会防护工程学会聘为第四届理事会理事。2001年，由市人防通信站研发的人防工程手机通信延伸系统，解决多年未解决的人防工程地下通信难题，并在宁波、开封、重庆、吉林等城市的人防工程安装成功，获业务合同金额42.75万元。2002年，长沙市人民防空协会成立。2007年，长沙市人民防空协会与长沙市人防办脱钩，交由长沙市人防工程开发中心管理。

2005年9月5—7日，第十九次全国二十城市人防信息交流会在长沙蓉园宾馆召开。参加会议的有北京等21个城市人防（民防）办的代表83人。此次会议主要是交流各地人防（民防）建设的信息和经验，共商人防（民防）建设发展大计，长春等7个城市的人防办在会上作交流发言。长沙市人防办作题为《坚持科学发展，努力开创人防结建工作新局面》的书面发言。

2012年11月，因协会个人会员、单位会员发生变化，会费、税费等收缴难度大，长沙市人民防空协会经申请并报市民政局民间组织管理局批准注销。

第六节　平战结合

一、早期人防工事开发利用

20世纪60年代末70年代初，长沙市动员广大市民修建一批坑道式人防主干道工程和防空地下室。20世纪80年代后，长沙市为贯彻落实国家关于人防工程要做到平战结合、搞好开发利用的要求，开始开发利用人防工事为群众生产、生活服务。20世纪90年代初，长沙市早期人防工事的开发主要用于第三产业。利用防空地下室开办人防旅社，开设地下病房，做书库和阅览室，办街道文化站，办职工地下娱乐活动中心。

对设备简陋、通风、除湿、采光条件较差的早期人防工事，则用于储存香蕉，种植蘑菇。20世纪90年代初，长沙市有200余家单位开发利用早期人防工事15万余平方米用于种植、储存业，每年可向市场提供鲜蘑菇600余吨、香蕉6000余吨。夏天利用地下人防工事的冷风为生产车间降温，降低生产成本、改善职工工作环境，产生良好的经济效益。

至1995年年末，长沙市开发利用早期人防工事18.8万平方米。年均产值或营业额1亿余元，年均利润或节约费用2000万元。20世纪90年代末，因地面娱乐、宾馆、酒店等行业逐年增多，市场竞争激烈，地下舞厅、旅社等经营只能苦苦支撑，难以维系、相继关门停业，只剩储存、种植业还在维持。

二、防空地下室开发利用

1991年，长沙市出台《关于结合民用建筑修建防空地下室的规定》后，至2012年，长沙市结合民用建筑修建若干座防空地下室。新建防空地下室均依据人防工程新的战术、技术规范和要求设计修建，结构坚固，布局合理、防水、防渗功能强，具备良好的通风、采光、除湿等条件，更有利于平时使用。长沙市所建防空地下室平时大都用作地下停车场、物资储备库，有的用作大型超市等。

三、单建式人防工程开发利用

1995年后，长沙市改善人防工程建设环境，通过出台人防政策性文件，收取人防易地建设费和公共工程维护费，吸纳外资和社会资金用于人防工程建设，相继建成若干个大型单建式人防工程。战时用于人员隐蔽、物资储备或人防专业队集结地域，平时则用作商场、娱乐等为市民提供舒适的购物、娱乐、休闲环境。

第七节 人防法规政策

一、法律法规和政策性文件

1988年后，长沙市制定一系列人防政策性文件。1991年7月，长沙市制定“关于结合民用建筑修建防空地下室的规定”，是全省率先出台结建防空地下室建设管理规定和人防政策性收费文件的城市。1998年3月27日，发布《关于进一步规范和做好结合民用建筑修建防空地下室和征收公共人防工程维护费的通知》，对结合民用建筑修建防空地下室和征收公共人防工程维护费予以进一步明确和规范。1998年4月，发布《关于长沙市十层以上高层建筑人防易地统建费收费标准（试行）的通知》，核定10层以上高层建筑应建防空地下室每平方米的取费标准。1999年4月，再次发文核定。1998年12月31日，对公共人防工程维护费的征收范围和标准予以规范。2001年12月20日，长沙市发布《关于转发省物价局、财政厅〈关于重新发布全省人防系统行政事业性收费项目和标准的通知〉的通知》。2002年2月22日，长沙市发布《关于加强人民防空工作的决定》，对长沙市人防机构设置、人防工程建设、指挥体系建设、通信警报建设、平战结合、落实人防法律法规和政策性收费文件，加强人防宣传和对人防工作的领导等逐一作出明确规定。2003年9月4日，发布《关于印发〈长沙市人民防空警报设施建设管理规定〉的通知》。2007年7月25日，发布《关于转发〈湖南省物价局、财政厅关于规范防空地下室易地建设费和公共人防工程维护费征收范围及标准有关问题的通知〉的通知》。2008年后，长沙市未就人防工作再行出台或发布新的政策性文件。

至2012年，长沙市未就人防工作单独制定地方性法规。

二、普法教育

2001年，成立人防普法执法宣传教育领导小组，规定5月1日为全市人防普法教育日，11月1日为防空警报试鸣日，12月1日为社区人防法制宣传日。在普法教育日、防空警报试鸣日、法制宣传日，利用街头摆放图板、张挂横幅、气球条幅、张贴标语、开设咨询台接受市民法律咨询，发放法律宣传资料等方式宣传人防法律法规。1999年，收集整理国家、广州军区、湖南省颁发的一系列涉及人防工程及收费的法律法规文件，汇编成《人民防空行政性收费法规文件汇编》一书，铅印4000册，免费发放至社会各界。2001年，长沙市将《中华人民共和国人民防空法》和《湖南省实施〈中华人民共和国人民防空法〉办法》纳入中共长沙市委党校干部培训班培训内容。将人防法律法规纳入全市“四五”（2001—2005）普法内容。2010年，长沙市将人防法律法规纳入全市干部普法教育和考试内容。

为提高人防干部的法律知识和执法水平，1997年4月，选送9人参加湖南省人防办举办的“人防行政执法”培训，9人全部获“行政执法证”。2001年后，每年组织1~2期人防系统干部职工人防法律法规知识培训。每期2~3天，学习《中华人民共和国人民防空法》《湖南省实施〈中华人民共和国人民防空法〉办法》《中华人民共和国物权法》《中华人民共和国行政复议法》《中华人民共和国行政诉讼法》

《中华人民共和国国家赔偿法》《湖南省行政程序规定》《湖南省规范行政裁量权办法》等。邀请专家授课，给考试合格者发“行政执法证”。至2012年年底，有571人次参加各类法律法规知识的培训。

表10-7-7-1　　2001—2012年长沙市人防法律、法规知识培训情况一览表

培训时间	培训内容	参训人数(人)	举办单位
2003年5月20—24日	人防组织指挥业务	56	人防办指通处
2004年7月6日	防空警报器档案内容及管理	29	人防办指通处
2006年5月	人防知识宣传	35	人防办法规处
2007年10月5日	电声防空警报器理论与操作技术	38	人防办指通处
2008年6月	组织人事干部培训	20	人防办人事处
2008年11月13—14日	短波电台理论与操作技术	25	人防办指通处
2010年9月	《中华人民共和国劳动合同法》培训	30	人防办人事处
2011年4月	公用人防工程维护费征收标准及规定	40	人防办财务处
2011年月	长沙市属行政事业单位资产信息管理系统软件培训	2	市政府财政局
2012年4月	公用人防工程维护费的征收标准及有关规定	40	人防办财务处
2012年4月	人防工程建设与管理	56	人防办工程处
2012年6月	新闻宣传与策划；新闻摄影与图片编辑；摄影技术与作品赏析	68	人防办法规处
2012年6月	政府集中采购专管员培训	2	市政府财政局
2012年7月	长沙市属行政事业单位资产信息管理	2	市政府财政局

三、监督执法

1998年5月18日，设立市人防行政审判联络室，指导人防执法工作；指导行政复议和行政应诉工作；协助申请人民法院执行的非诉行政案件。

2000年2月18日开始，聘请常年法律顾问，负责为重大经济活动、重点工程建设及人防法律建设等方面的决策提供法律咨询与建议，对人防法律文书审查把关，发现并纠正执法薄弱环节和法律风险，排除执法隐患。协助处理人防历史遗留问题和债务纠纷，提高人防行政执法水平等。

2004年，将贯彻落实《中华人民共和国人民防空法》《湖南省实施〈中华人民共和国人民防空法〉办法》列入全市年度三大执法检查项目之一。3月19日，检查全市贯彻落实“两法”情况。发现宁乡县三个纳入（人防建设纳入城市建设总体规划、人防工作纳入县“十一五”国民经济和社会发展规划、人防建设经费纳入县财政预算）未落实；两费（人防易地建设费、公共人防工程维护费）征收不力；尤为严重的是随意降低收费标准，擅自出台与湖南省颁发的人防收费政策相抵触的文件在县内施行；人防机构设置、人员编制不到位等。8月30日，对宁乡县就人防执法检查中指出的问题落实整改情况进行督查。宁乡县4月召开县委议军会议，分析全县人防工作形势，找出存在的主要问题，制定整改措施。5月，出台《关于加强人民防空工作的决定》，对如何提高人防战略地位和作用的认识、人防建设的原则和目标，加快人防建设的政策和措施，加强对人防工作的领导等问题作规定。从2005年起，宁乡县将人防建设经费纳入县财政预算，是年，追加人防建设专项经费5万元。

2007年，组成人防执法队，逐步建立和完善“行政许可办理程序”“行政处罚办理程序”“行政征收办理程序”“人防执法告知送达程序”“人防工程质量监督工作流程”。是年，办理公共人防工程维护费征收强制执行64家单位2.39万元。查处61起人防违法案件、处罚及追缴赔偿款56万元；各区追缴损坏人防工程赔偿款160万元；长沙县追缴人防易地建设费177.60万元。2008年，继续加大人防执法力度，全年办理32家单位公共人防工程维护费征收15.21万元；查处62起人防违法案件，补建拆毁的人防工事面积2899平方米；督促17家单位完善结建防空地下室的竣工验收手续；岳麓区追缴损坏人防工程赔偿款200万元。2007—2008年，在全省人防行政执法检查考核中均被评为一类单位。

四、政务公开

2002年，在市政务中心开设人防窗口。按照依法行政、公开透明、务实便民的原则，建立健全“首问责任制”“业务工作办事流程”等规章，把涉及人防工程的行政审批事项、程序、时限、所需材料等逐一罗列输入市政务中心滚动电子显示屏上公示，通过人防信息网将办理进展及结果及时向社会公布。至2012年，受理人防工程报建3413件，办结3413件；接待办事人员3.78万人次，接受市民对人防法规、政策知识的咨询3.01万人次，无一差错。

长沙市志

(1988—2012)

第三册

长沙市地方志编纂委员会 编

方志出版社
Publishing House of Local Records

目　录
（第三册）

第十一篇　城乡建设与管理

第十二篇 环保 能源 气象 水文 地震

第十三篇 经济综述

第十四篇　综合经济管理

第十五篇 财政 税务

第十六篇 金融

第十一篇

城乡建设与管理

本篇编纂人员

钟铁球（主编） 欧阳乐天

本篇撰稿人员

第一章　城乡建设综述：向汉庆　吴艳超　谭立凡　肖江涛

第二章　城乡规划：李　畅　李恒山　黄　勇　周　盼　李炜路

崔海波　梁　晓

第三章　城市基础设施建设：向汉庆　吴艳超　谭立凡　肖江涛

第四章　园林绿化：万方珍

第五章　县城和集镇建设：向汉庆　吴艳超　谭立凡　肖江涛

第六章　国土资源管理：郑俊鹏　彭应兵

第七章　建筑行业及监管：向汉庆　吴艳超　谭立凡　肖江涛

第八章　城市管理：章　捷　陈　洁　欧阳智　蒋文凤　邱琼瑶　张冠澜

第九章　住房建设与管理：向汉庆　吴艳超　谭立凡　肖江涛

第十章　住房公积金管理：沈资江　赵　洁

第一章　城市建设综述

第一节　机　构

一、市级机构

1988年，长沙市设城乡建设环境保护委员会，内设机构有纪委组织科、宣传科、办公室、综合科、计财科、城市管理科、技术科、城市抗震办、科教科，编制57人，在职60人。1994年9月上旬，长沙市城乡建设环境保护委员会改名为长沙市建设委员会。1996年10月7日，长沙市建设委员会内设机构为办公室、财务计划审计科、建设一科、建设二科、建设三科、科学技术管理科、勘察设计管理科、法律提案科、人事科、宣传教育科、纪委（监察室）、老干部工作科，其中行政编制63名，超编2人。1998年，市建委科学技术科，加挂“小城镇建设管理处”。2002年，长沙市建设委员会内设机构为办公室、计划审计处、综合开发处、勘察设计处、科学技术处、工程管理处、建筑行业管理处、建设市场管理处、小城镇发展处（加挂“长沙市小城镇建设协调领导小组办公室”的牌子）、政策法规处、人事政策处，编制67名，次年人员编制增加2名。2010年7月，重新组建长沙市住房和城乡建设委员会，2011年5月12日，长沙市住房和城乡建设委员会成立，内设机构有办公室、综合处、住房规划处、房地产开发管理处、房地产市场监管处、房屋安全管理处（长沙市房屋安全鉴定管理办公室）、物业监管处（长沙市物业管理办公室）、建筑行业管理处、建设市场管理处、工程建设管理处（应急管理办公室）、勘察设计处、建筑节能与科学技术处、总工室（长沙市城市雕塑委员会办公室）、重点工程管理处、轨道建设管理处、燃气热力管理处、村镇建设处、信息处、法制处、信访处、计划财务审计处、宣传教育处、组织人事处、离退休人员管理服务处、机关党委、纪检（监察）室，编制数130名，在职130人。至2012年无变化。

1988—2012年，先后担任长沙市城乡建设环境保护委员会、建设委员会、住房和城乡建设委员会主要领导职务的有：肖常锡、李克俭、陈鲁青、范炎斌；其他领导班子成员有：邢谷鉴、杨军、周仁鼎、梁彩纶（女）、陈应时、余建国、邵作贵、胡名建、方怒江、李德威、向恩明、杨志坚、杨兴龙、刘金春、冯辉、陈晓、程定夫、张跃先、汤伟、杨新武、胡汉清、赵志宏、黄仲翔、赵金伟、王星耀、杨彩兰、周江，等。

二、直属机构

1988年年初，长沙市城乡建设环境保护委员会的直属事业单位有长沙市城市建设规划设计院（副县级单位）、长沙市勘测院、长沙市城市建设科研所、长沙市城市建筑设计院、长沙市基本建设档案馆、长沙市城乡建设科技情报站、湖南省建设工程定额管理站长沙分站、长沙市煤制气工程筹建处、长沙市征地拆迁办、长沙市建委干校、长沙市建筑工人精减下放落实政策办公室、长沙市绿化委员会办公室、长沙市中等城乡建设职业技术学校。直属公司有长沙市芙蓉实业公司、长沙市湘江北大桥开发公司、长沙市建委劳动服务公司。当年新成立长沙市建设工程劳动保险费用管理处、长沙市建筑工程安全监察站

(为副县级全额事业单位)、“长沙市建筑工程施工招标投标管理办公室”。1989年1月30日，成立长沙市城乡建咨询设计服务部，为全民事业单位。1992年8月，长沙市房地产交易管理所成立，系全民事业编制。1994年，长沙市勘测院更名为长沙市勘测设计研究院；“长沙市中等城乡建设职业技术学校”与“林园技校”联合办校实行“两块牌子、一套人马”。1996年，长沙市城建档案馆加挂“长沙市建设信息中心”牌子。1997年9月5日，成立长沙市环路建设开发总公司，与长沙市国道绕城公路建设开发总公司（长沙国道绕城公路工程建设指挥部）合署。将长沙市环线建设开发总公司（长沙市环线道路工程建设指挥部）和长沙市桥梁管理处并入长沙市环路建设开发总公司，两单位的工作人员按实际在编人员进行移交给市交通管理局。1998年，成立长沙市城市建设投资开发公司，为正处级全民事业单位。撤销原长沙市国道绕城公路建设开发总公司，长沙市环线建设开发总公司和长沙桥梁管理处，其人、财、物城建制移交长沙市环路建设开发总公司。同年12月，长沙市白蚁防治站成立。1999年1月21日，成立长沙市基础设施建设投资管理中心，与长沙市城市建设投资开发有限责任公司两块牌子，一个机构。2002年年底，长沙市环路建设开发总公司路桥经营公司（长沙市路桥通行费征收管理处）更名为长沙市路桥征费维护管理处，仍为副县级事业单位。2003年8月，长沙市建设工程质量监督站与长沙市市政工程质量监督站合并，2004年2月更名为长沙市建设工程质量监督站，升格为副县级事业单位。2005年6月8日，成立长沙市城建科研所。2006年长沙市建筑执法队改为长沙市建设执法队。2007年9月，长沙市城市建设研究所更名为长沙市城市建设科学研究院。2008年，长沙市新型墙体材料办公室由市经委调整市建委管理。2010年7月，市公用事业管理局燃气和供热管理的职责划入市住房和城乡建设委员会，组建市燃气热力管理局，隶属市住房和城乡建设委员会。2011年，在长沙市建设执法支队基础上组建长沙市住房和城乡建设行政执法局，为副县级全额事业单位。2012年5月，长沙市排水有限责任公司移交给长沙水业集团有限公司管理。2012年年底，直属机构共25个。

三、区县机构

1988年，东区、南区、西区、北区、郊区、长沙、望城、浏阳及宁乡县设立城市建设管理局。1995年，各县区在原有基础上组建建设局。2005年，明确长沙市建设委员会高新技术产业开发区分局为市建委副县级派出机构。2010年，各县（市）机构分别为雨花区城乡建设局、开福区城乡建设局、天心区城乡建设局、芙蓉区城乡建设局、岳麓区住房和城乡建设局、望城县住房和城乡建设局、长沙县住房和城乡建设局、浏阳市住房和城乡建设局、宁乡县住房和城乡建设局、高新区规划建设房产局。2011年望城县城乡建设局改为望城区城乡建设局。至2012年区县机构无变化。

第二节 城市改造

一、城市综合开发与综合整治

1988年，根据国务院批准的长沙市城市规划，长沙市制定旧城区成片改造规划，完成非农业用地普查，对人民路、黄兴路、五一路范围面积77.05万平方米用地、735个单位和12295户共34728人进行综合开发调查和可行性研究。配合劳动路、人民路、韶山路菜市场等全市重点工程建设，对与工程相关的直管公房、私房、货棚等进行拆迁安置。北区通过民办公助翻修开福寺路面，改建建湘新村及文昌阁和教门园路面。全年旧城区拆迁改造用地14.6公顷，房屋开发和待拆待建施工建筑面积30.23万平方米，城市治理初见成效。1989年，城市改造用地7.65万平方米，城市改造社会效益、环境效益都有所提升，为城市的发展建设做出一定贡献。10月，组织街区居委会、办事处、派出所及房产土地法庭密切配合，对55栋危房进行改造，新增面积5000平方米，并对一些房屋进行中、小修，既解决住房安全问题，又提升小区的容貌。

1991年，在“质量、品种、效益年”活动中，长沙市在城市改造中采取将旧城区成片分块划拨给开发公司进行综合开发的办法，开工建设砚瓦池、通泰街等住宅项目，全年维修直管公房33.88万平方米，在以芙蓉路、解放路等道路建设为重点的开发建设也在同步进行。在铁路断道的基础上，完成湖南日报社至五一路1.5千米路段上的全部拆迁任务，全面改造唐家巷等4条道路，大、中修东湖路等8条道路，扩建劳动东路。城市环境得到一定改善，在全国32个城市环境综合整治考核中获得第5名。1992年，长沙市城市改造工作以道路建设为导向，结合两厢开发，以路建房，以房补路的改造模式，全年完成维修投资850万元，房屋维修面积29.5万平方米。全年下达施工任务990项，建筑面积176.84万平方米，造价7.67亿元。12月28日，提前拉通解放西路东段南向556×15米路幅；芙蓉路530米路段两厢的配套拆迁任务基本完成；茅亭子组团、黑石渡后街相继拆迁，蔡锷路下水道项目竣工。全年大中修道路11条，基本做到路面平整无坑洞，排水畅通无积水。多项基础设施明显改观，人均道路面积4.1平方米。1994年开福寺被定为尼僧修学道场，对开福寺进行大规模修建，新修僧堂、放生池、清泰桥、钟鼓楼等；维修大雄宝殿、法堂、禅堂、念佛堂、摩尼所、斋堂、客堂、藏经楼。1995年年初，长沙市确定为市民办好十件实事的市政建设目标。解放中路全线进行拆迁，面积18543平方米；东风北路拓宽改建工程全部完成，城南中路拓宽改建完成投资3250万元；湘江东大堤城区段整治工程完成投资548.6万元，北站路泵站全面完成扩建，并且油铺街下水道改造完成；井湾子停车场结合汽车南站建设搬迁至李洞公路口。城市改造后的旧城区市容市貌得到极大改善。1997年，开福寺修复扩建工程总面积16万平方米，重修后的开福寺更加庄严肃穆，布局合理，错落有致，高雅古朴，成为湖南佛教界对外展示的一个窗口。

1999年，全市城市更新改造共投资25.30亿元。为迎接中华人民共和国成立50周年和国检工作，对城区主干道进行综合整治，加大对废气、废水和噪声的控制。新增绿化面积18万平方米，拆除违章建筑32万平方米。特别是解放西路建设工程结束“断头路”的历史，沿线拆让臬后街、朝阳巷，延至沿江大道，成为一条横贯长沙东西的主干道，并在长沙市城市建设中实现多个第一，第一次创造长沙城建史上的拆迁“奇迹”，第一次实现方便残疾人的无障碍人行道，第一次按规划全面埋设与预留管线地下通道，第一次充分利用空坪实施绿化，第一次与道路建设配套兴建站厕。11月15日，工程全面竣工，是长沙旧城区改造中首先完工的一条高质量、高标准的交通干道，为居民的出行带来便利。2000年，按照“一年一个样，三年大变样”的城建战略，长沙市在建设城市道路网络体系，提高城市绿化水平方面有新的进展。全市更新改造投资31.87亿元，完成火车张广场排水系统、团结渠改造、芙蓉路立交桥西南角绿化广场全面完成，解放中路、湘江大道、芙蓉北路进入全线改造，潇湘大道、五一路市民绿化广场工程建设全面启动，年内改建公路307.30千米，并加快蔡锷南路配套设施建设、烈士公园湖南民俗村扩建等重点工程的建设，全年投入房屋维修资金1456.69万元，维修房屋面积34.18万平方米，德政园、广厦新村、芙蓉苑、三湘等小区建设初具规模。经过城市改造，长沙老城区的人居环境得到大幅提升，尤其是改造后的湘江大桥桥东匝道占地5万平方米，南北两侧各有一个1.2万平方米的绿地，与湘江风光带相互映衬。2001年，按照“一城六路、两广场”城建思路，改建公路242千米，共拆除违法违章建筑120万平方米，完成棚户区改造100万平方米，更新改造投资31.36亿元。五一绿化广场、芙蓉绿化广场竣工并向市民开放，芙蓉路拓改工程、西湖路口至通泰街口竣工通车，潇湘大道完成投资4.9亿元，防洪堤竣工，道路路基已形成，并具备简易通车能力，劳动东路东段建设完成路幅拆迁和路基土方工程。房屋改造方面，继德政园、金帆小区之后，以融城苑为代表的一批设计新颖、配套齐全、环境优美、质量优良的经济适用住宅小区，成为长沙市住宅建设新的亮点。

二、城市棚户区整体改造

2005年启动长沙市当时最大的棚改项目—朝阳二村整体改造，朝阳二村是20世纪70年代初为建设长沙火车站和五一路而兴建的第一批安置小区。随着长沙城市化的快速推进和城区品位的不断提升，经历近40年变迁的芙蓉区朝阳二村成为城区中心的一片旧城区，由于受当时规划的局限性影响，住房结构不合理，配套设施严重滞后，电气管线老化缺失，人居环境极差，严重影响城市形象。2006年1月开始拆迁，2006年12月启动安置房建设，2006年12月第一期安置房开工建设，三栋32层高，建筑面积17万平方米，总投资4亿元的安置房，于2009年1月和5月竣工交付，1740余户居民顺利平稳回迁。2008年4月开工建设，四栋32层高，建筑面积16万平方米，总投资3.8亿元的第二期安置房分别于2010年11月和2011年3月先后竣工交付，1780余户居民已全部回迁。整体改造后的朝阳二村，形成一座现代化高品质的朝阳新城，小区内配套道路及设施建设全面完成，经改扩建后新的朝阳小学已投入使用，新建的幼儿园也同步开园。2006年，为完成第二个“三年大变样”城建目标，长沙市全年更新改造投资123.87亿元，在全部固定资产投资中所占比重为14.1%。全市进行社区环境整治工程，改造片区126片，栋间路1080条，改造项目包括路面、排水、化粪池及绿化等配套设施，投资2.6亿元，极大提升城区人居环境；坡子街、金外滩等棚户区改造完成年度投资6.42亿元；新河三角洲环境整治及棚户改造拆迁工程完成拆迁1.3亿元，月湖公园正式开园，投资7300万元的配套设施——滨河路及319辅道竣工通车。太平街历史文化街区新建入口景观墙，总用地面积13.56公顷，斥资1.3亿元，完成太平街保护性改造的第一期工程，即380米主街、155米金线街的地下管网、地面设施和立面改造，恢复麻石路面，小青瓦坡屋顶的清末民初居民风格，黛瓦粉墙，木构门窗，一派古朴，2007年年底修复完成的太平街对外开放。以此为典范，在老长沙文化遗迹相对较集中的天心区本着“一街一特色一品牌”的宗旨，将数百米小巷集聚市湘剧院、市花鼓剧院、天心区文化馆等多家文化单位的青山祠街区，打造成一条以展示湖湘戏剧艺术为主的“戏剧街”；在有着第一师范、福王墓等历史文化古迹的书院路妙高峰巷，新增雕塑景观和人文景点，打造“城南旧事街”；将保留了不少明清古建筑的古潭街，整旧如旧，修新如旧，再现明清年代的历史原貌、风土人情和市井文化。在历史文化街区改造中，天心区在全市规划的6条历史街巷基础上增加11条老街的保护整治，大批历史文化景点以其独特的湖湘文化魅力，吸引大批来自全国各地的旅游者。改造后的长沙老城区，既是一座现代化的城市，充满国际都市的气息，又保留了古长沙的历史文化遗产，实现改造与保护、利用的城市改造目标。同年，启动长沙市最大的棚户区南湖片区改造，南湖片区总面积364万平方米，其中棚户面积243万平方米，有棚户居民3万多人，需要撤迁资金53亿多元。2008年，长沙市成立安居工程和棚户区改造工作领导小组，坚持“四增两减”即增加公共绿地、公共空间、配套设施、支路网密度，减少居住人口密度、开发强度，实行城市立体化改造，实现空间布局再优化、公共配套再完善、建筑品位再提升。全市突出城区交通承载功能建设，中岭立交桥、金星大道龙王港匝道竣工通车，分流城区车辆效果显著，进一步缓解城区交通压力；龙王港高架桥竣工通车，有效地将进出望月湖小区车辆与潇湘大道南北行驶车辆进行分离；营盘路隧道穿越年嘉湖底工程竣工，总投资8.17亿元，缓解了市中心尤其是烈士公园周边主次干道的交通压力。加大老城区拆违控违力度，拆除违法违章建筑115万平方米；坚持以块为主、疏堵结合的原则整治违章早、夜市点的建设；对各类压占盲道的亭棚进行整治，取缔违章亭棚 80 个，拆除占道广告牌 960 块、招牌 1100 个。全年建设工作基本完成市委、市政府提出的“将长沙建设成为具有国际视野、人民引以为豪的创业之都、宜居城市、幸福家园”和创建全国文明城市的目标。2010 年，编制《长沙市棚改区专项研究》，并按照《长沙市 2010 年棚户（旧）区改造计划》《长沙市三年棚户区改造总体规划》推进全市城市改造。全年全市建设车站北路、雅塘村、银杏小区等 20 个社区公园，提升城市品位，总投资 8000 万元；中山路、蔡锷路、湘江大道、解放路、曙光南路竣工，东塘广场微循环和五一商圈停车诱导系统建成，投资 2.5 亿元；芙蓉南路、蓉园路等道路大中修，整治八一路、迎宾路等道路人行道、盲道和绿化带，对 35 座地下通道进行整修，投资 4400 万元；对 30 处主次干道临街破旧房屋进行集中整治，面积 15 万平方米，投资 1.8 亿元，全市 180 栋建筑平改坡项目竣工，投资 7200 万元，旧城区的基础设施和生态环境得到进一步提升。2011 年，长沙市旧城改造工作以建设“创业之都、宜居城市、幸福家园”为目标，启动 34 个旧城改建项目，年度投资 106.4 亿元，改造户数 1.16 万户，改造面积 110.7 万平方米。全年投资 1.05 亿元建设 31 个社区公园，总面积 26 万平方米；投资 8000 万元对全市老城区 50 条支路、街巷进行提质改造，改善老、旧城区居民的生活环境；投资 0.97 亿元建设韭菜园路、南湖路、书院路、车站南路等特色景观街，黄兴北路棚户区改造工程开工建设，总投资 84.6 亿元，总面积 320 万平方米，社区的基础设施配套更加齐全，环境更加优美，功能更加完善。全年的城市改造项目打造城市景观亮点，提升城市品质，树立良好的城市形象。

2012 年，为营造绿色宜居环境，提升城市综合承载功能，长沙市城市改造各类建设事业实现新跨越。溁湾镇棚户区改造项目竣工，投资 20 亿元，征用土地 17 万平方米，涉及单位 52 家，私房 2380 户；南湖片区土地整理项目完成，投资 40 亿元，西湖路以南征拆及土地整理完成；咸嘉湖景区（西湖文化园）建设项目、天马山景区综合整治工程完成征拆任务，征拆投资；第一垃圾中转处理场扩建工程总投资 1.28 亿元，占地 3.2 公顷。至 2012 年年底，长沙在“十二五”（2011—2015 年）期间完成中山西路、东牌楼等棚户区改造 500 万平方米，高升村、红星村等“城中村”改造试点顺利推出，长沙树立全寿命周期成本最低理念。连续 4 年实施交通疏导工程，成为全国畅通工程模范管理城市，提质改造农贸市场 174 个，建成社区公园 80 个、特色景观街 21 条，空气质量优良率在 90%以上，被评为国家园林城市、国家绿化模范城市，并成功夺得全国文明城市桂冠，城区面貌发生翻天覆地的变化，人民生活质量不断提升，真正实现旧城换新貌的蜕变。

第三节　城市拓展

一、构建城市新格局

1988 年，长沙市城市中心在五一路一带，城区北至马厂附近，东到火车站，南到铁道学院，河西除几所高校和溁湾镇有相对集中的建筑外几乎没什么开发，城区面积 352 平方千米，建成区面积 84.85 平方千米。由于旧城区人口密度高，道路狭窄、改造成本大、周期长，远远无法满足作为省会的长沙经济社会整体发展需要，全市城市建设在旧城区改造的基础上亟待向四周进行多层次、全方位拓展。但由于湘江将长沙分成东西两个部分，当时长沙的城市空间主要向东南方向发展，几年中变化不大。1996 年长沙市撤销东区、南区、西区、北区和郊区，设立芙蓉、天心、岳麓、开福和雨花区，望城县天顶乡划入岳麓区，长沙县捞刀河镇、望城县霞凝乡划入开福区，这是一次改变长沙城市格局的区划调整，打破城市、郊区模棱两可的界限，理顺城区区划建制，建立以区带乡、城乡一体、共同发展的行政区划体制，增强中心城市的辐射带动功能，扩大城市规模，缓解城市发展空间用地不足、人口过度膨胀所带来的人均生存空间狭小和生态环境较差等现代都市疾患，为长沙发展腾出较大的空间。

二、加速建设河西新城

1996 年，长沙市按照“西文东市”构想，加快建设岳麓新城和雨花新城，启动长沙市西进和南拓的建设。1997 年，湖南省委、省政府提出“长株潭经济一体化”发展战略，包括湖南师大、湖南大学、中南大学、湖南商学院、长沙第一师范学院等 20 多所大中专院校的长沙市“河西大学城”重点建设工程正式开始，同年，按照调整后的《长沙市 1990—2010 年城市总体规划》，重点开发河西新城，加强北区建设。城西新城区加大开发力度，道路形成“四纵六横”的总体格局，并兴建一批重大基础设施建设项目和科技文化项目。潇湘大道、新民路、桃子湖路、牌楼路、阜埠河路等建成通车，枫林路、麓山路拓宽改造。“长沙高新技术产业开发区”“麓谷科技园”等建设工程相继上马。启动科技园长沙软件产业园和长沙国家新材料成果转化及产业孵化基地，建设用地 133.33 公顷，积极培育郁金香建材市场、长沙星城服饰面辅料市场、农贸市场和望城坡大市场，引入百联超市总部连锁店、湖南旧物回收市场、河西摩托车市场、浙江东阳服饰城、湖南航天长宇汽车公司长沙望城坡汽车城、新世纪商业广场。

2001 年，长沙市委、市政府大院西迁，河西新城加速建设。先是岳麓区南拓北伸，西接宁乡，长张高速岳麓收费站向西推出 15 千米，为城市发展让路。岳麓工业园一期工程、长郡中学新校区开工建设，占地 23.97 公顷，逐渐构建泛岳麓山组团、市府滨江组团、环梅溪湖组团、洋湖大王山组团、岳麓高新区组团、莲雨含组团“六大功能组团”。当年，河西的扩展使长沙市的建成区面积扩大至 118.82 平方千米。

三、推进河东南北拓展

在城北，1997 年实现世界之窗开园，海底世界、影视会展中心竣工；长沙大学完成 1 亿元的扩建工程。长沙市南拓战略也在紧锣密鼓地有序开展。城南的雨花新城最初城区面积仅 11.55 平方千米，是名副其实的“小城大乡”。长沙市利用雨花新城地处长沙、株洲、湘潭三市融城接合处的地理优势，制定“东进南拓”城市发展规划，在原基础上进行道路网络化建设。以雨花大道为起点，建设长沙大道、万家丽路、湘府路、李洞路、新建西路、劳动东路、曲塘路、木莲冲路、沙湾路、机场高速等路网骨干工程，扩宽和改造原韶山路南段和芙蓉南路。同时期，以市场为主体的三产业与工业园区建设也掘开新土。通过机场高速、人民路、长沙大道、劳动路、香樟路、木莲冲路等，实现城区东西的延伸；通过韶山路、洞井路、万家丽路、沙湾路、新花侯路、红旗路等的建设，实现城区南北的拓展。“七纵八横”的路网骨架逐步形成，南部新城市格局也以此拉伸。随后全国八大市场之一的高桥大市场、国家级综合性大市场之一的红星大市场开业，南部建立第一个工业园区——湖南环保科技产业园开始建造，重点打造新能源汽车、电子信息等产业集群。2000 年，长沙市决定在城南新城区打造长株潭融城核心。随后搭建起省府新区路网雏形，拉通芙蓉南路暮云段、书院南路等 30 余条城区内主次干道，省府片区“六纵六横”的路网格局基本形成。伴随着天心区新的区治机关大院正式启用和芙蓉路的畅通，南部原园艺场、畜牧场、大托乡 57 平方千米的区域面积拓展成城南新城区。

2002 年，长沙市加快城区东进和北拓。长沙城东新城区以芙蓉区的区治东迁和科技工业园建设为契机，以路网建设和小区开发为重点，推进马王堆、东屯渡地区的城市化步伐。完成马王堆路、高岭路、汉城路、星沙大道延长线及远大路、展览馆路、火炬路、人民东路延长线、望龙路、长白路，启动双杨路、滨河路、农园路、高家坡路、合平路、杉木路的改扩建工程，构建“四纵”“四横”的新城区路网结构。芙蓉苑、惠泽园、东方新城、新世纪安居苑等一大批住宅小区竣工，总面积约50万平方米。逐渐形成以远大路为轴线的专业市场聚集带和马坡岭农业高科技园，中天广场项目、铜锣湾商业广场、湘浙汇大厦、隆平高科技园、武装部高炮训练基地、五一消防中队新址、东岸消防站、环卫车队新址等项目快速推进或全面竣工。

2002年4月7日，开福区自筹资金3.2亿元拓改芙蓉北路（时称金霞路），开启长沙城市北拓工程，该路跨捞刀河，通青竹湖，至沙河收费站，从伍家岭起全长22千米，2003年全线贯通后，在长沙城北地区，南北走向的芙蓉北路与中青路、东西走向的兴联路、青竹湖大道在局部形成“井”字形路网，对于完善开发区金霞组团基础设施，促进沿线发展及开发区现代物流业的发展，打造长沙“大城北”，具有十分重要的意义。随后，营盘路、湘春路、湘雅路、开福寺路、盛世路、华章路、秀峰大道、福元路、兴联路、万家丽路、金马路等横空出世，编织成一张以芙蓉北路为总绳的路网。在长沙城北形成“四纵四横”的路网结构，成为长沙市城市骨架拉得最大的城区。依托路网骨架的拉伸，原是农村的先福村、马厂分场、马栏山分场变成了四方新城、江湾半岛新城、金鹰文化新城、长沙金霞经济开发区、青竹湖生态科技（产业）园、金霞海关保税物流园等。2004年，二环线东北段、太阳山路、新世纪大道和工农路相继通车，四方坪片区和金霞片区两座“新城”迅速崛起；滨河、新河三角洲、五合垸、金鹰城、青竹湖5大板块相继开发，并全面启动以金霞经济开发区为核，湘江以东，车站北路、二环线、中青路以西，沙河以南，浏阳河以北共计100平方千米的北城新区建设。2007年7月24日，中国单宗土地挂牌价格最高的新河三角洲拍卖，来自北京的北辰实业与北京城开集团，联手以92亿元的天价，拍下新河三角洲。与此同时，长沙市地标建筑——长沙博物馆、长沙图书馆与长沙音乐厅也在此处动工建设，总建筑面积15万平方米。长沙城北新城区很快成为开发热点，当年，由世纪金源集团投资兴建的超大复合型地产项目湘江世纪城动工兴建，占地面积约100万平方米，总建筑面积约400万平方米。随后，绿城·青竹园、天健·芙蓉盛世、珠江花城、藏珑、山语城、创远·湘江壹号、黄金海岸、北国风光、双湾国际、乐文花园、上水印象、万国MOMA、极目楚天等极具个性和规模的大楼盘相继建成。长沙城南新城区借助长株潭城市群获批“全国资源节约型和环境友好型社会建设综合配套改革试验区”的有利契机，开始拉伸城市骨架。长株潭城际铁路、长沙地铁开始修建，武广配套工程开工建设，区域整体拆迁8平方千米，地铁工程、劳动东路、新花侯路、含8号路、平阳路、潭白路、雨东变电站公共通道，总长26.18千米，形成“十纵十横、六桥三环”的城市交通路网骨架。友阿奥特莱斯、鑫远鑫悦汇、中海环宇城、麦德龙、迪卡侬、步步高、中信新城等商业巨头先后入驻。融城更带动湖南省青少年活动中心、长沙国家文化（广告）产业园、生态动物园、职教城、明德中学新校区、省府文化公园等落户南部片区。

四、建设大河西，打造先导区

2007年12月27日，长沙市作出“建设大河西，打造先导区”的部署，在长沙河西的大片区域建设“两型社会”综合配套改革试验区的先导区。2008年6月，长沙大河西先导区成立，新区创建伊始，确定“三区一高地”的战略定位，即建设高端制造研发转化基地和创新创意产业聚集区，产城融合、城乡一体新型城镇化示范区，全国“两型社会”建设引领区，长江经济带内陆开放高地。河西成为长沙重点发展方向，长沙的战略发展空间，长沙的核心增长极。同时，对区划进行微调，望城县坪塘、含浦、莲花、雨敞坪四镇划归岳麓区，雷锋镇由望城县委托长沙高新技术开发区管理，经过区划调整，长沙市区面积由原来的572.68平方千米扩大为964.58平方千米，城市扩展特别是河西扩展的空间进一步放大。

图 11-1-3-1 大河西先导区的滨江新城
（摄于 2011 年，市住建局供图）

2008 年年底，长沙市建成区面积增加到 242.8 平方千米。2009 年开始，长沙全力抓先导区以道路框架为主体的基础设施和环境景观建设，1200 平方千米内规划的“六纵八横”城市主干道路两年内全部铺开建设，3 年时间潇湘南大道一段、潇湘中路、雷锋大道、望城大道、枫林西路三段、坪塘大道、黄桥大道第一段、梅溪湖路等近 80 条道路全部竣工通车，完成投资突破 150 亿元。初步显现辐射力强的综合交通枢纽雏形。以道路为载体，先导区地下管网一次性高标准到位，全部实现雨污分流；2011 年，先导区开始建设文化、教育等公共配套设施，并着手对外招商，聚集人气和产业，世茂集团、方兴地产、和记黄埔、保利、华润、中海、中铁、五矿、万科、金地、金科、绿地、恒大等国际国内知名发展商先后进驻，抢占这块热点投资区域。梅澜坊特色商街、金茂梅溪湖酒店、宜家荟聚综合体、湖南妇女儿童医院、爱尔国际医疗健康产业城、华大基因长沙生命科技园等项目相继落户。其中处于河西新城的中心位置，具有极强的辐射带动作用，以梅溪湖国际服务区为核心的新城建设，至 2011 年共完成投资逾 100 亿元，建设项目 25 个，竣工项目 5 个，承载功能 大幅提升。2011 年 5 月，望城撤县改区，成为长沙市城区，长沙市城区面积由 969.28 平方千米增至 1915.28 平方千米，是原城区面积的两倍，城市发展空间进一步放大。至 2012 年，先导区建设一批标志性项目，对完善城市功能、提升城市品质、增强区域竞争力发挥巨大的作用：530 多万平方米的洋湖湿地公园、200 万平方米的梅溪湖湖泊、近 300 万平方米的桃花岭公园、130 多万平方米的儿童公园等一系列初步建成的大而精的景观极大地提升先导区生态环境优势；投资 10 亿元建设 6 万平方米的科技会展中心，投资 20 亿元建设国际会议中心，投资 30 亿元建设的 12 万平方米的梅溪湖国际文化艺术中心可以与国际最顶尖的现代艺术建筑媲美；已经动工的总面积 45 万平方米的奥克斯商业广场将成为长沙最大的商业综合体，总建筑面积 95 万平方米、包括两座高 248 米塔楼在内的金茂梅溪湖国际广场将成为湖南和长沙高端商业的标志。河西建成区面积从 2005 年的 45 平方千米，扩展到 65 平方千米，新增 20 万平方千米。河西现代新城崛起，长沙“西中心”繁华初显，改变了长沙城区主轴线，形成长沙“一江两岸”的新格局。

至 2012 年年底，长沙市城区面积 1909.86 平方千米，是 1988 年的 5.44 倍；建成区面积 315.81 平方千米，是 1988 年的 3.72 倍。

第四节 城市经营

一、开展国有土地出让

1992 年，为加快城市基础设施建设，长沙市推行土地使用制度改革，由单纯的资源管理改变为资源与资产管理并重，积极开展国有土地出让，发挥土地资产的最佳效益。1994 年，长沙市颁布实施《长沙市城市建设用地实行五统一的规定》。同年 3 月，市委、市政府推出老城改造、开发区建设、基础设施建设等有较大开发潜力的十大系列招商项目，并提供优惠政策，初步缓解城市建设的资金压力。4 月，市政府于中国工商银行长沙分行签订协议，以 1 亿元有偿出让原市委、市政府办公楼，成为长沙经营城市的最初尝试。

为破解城市建设资金难题，1996 年 1 月，长沙提出“解放思想变钱、千方百计找钱、勒紧裤带挤钱、发动群众凑钱”和 20 条融资聚财的具体措施，帮助解决建设中遇到的资金大投入问题。1997 年，长沙市在经营城市思想的指导下，尝试改革城建投资体制，以建立多元化的融资主体。9 月，在“湘交会”上长沙市与香港长江中国基建有限公司签署合作建设“六桥三环”项目协议书，以湘江一桥、二桥收费经营权引资 2.2 亿元。11 月，由原长沙市两桥经营公司、环线开发公司和国道绕城公路公司三家合并，依照《中华人民共和国公司法》组建经市政府授权经营的国有独资公司——长沙市环路建设开发有限公司。1998 年，长沙市环路建设开发有限公司对环线道路、国道绕城公路及桥梁、市属其他收费路桥等基础设施资产履行产权主体职能，1999 年经省市政府批准，向全国发行企业债券 1.8 亿元。2000 年，长沙市又先后成立两家投资公司，市经济建设投资公司用财政股本金和贴息贷款对经济项目进行投资，市城市建设投资公司（以下简称“城建投”）负责城市建设项目的资金运作。

二、鼓励民间资本投入城市基础设施建设

2001 年，长沙市出台《引导鼓励民间资本投入城市基础设施建设的办法》，通过经营性项目的市场运作、储备性土地的深度开发、闲置性资产的盘活变现、公共性资源特许经营等途径拓宽融资渠道，盘活城市存量资产，全年累计向银行贷款 7.64 亿元，筹措社会资金 2080 万元，签订广告经营合同金额 1635.98 万元，创利突破 1000 万元。引入外投入往城市基础设施建设，其中，自来水八水厂二期工程和城区供水管网改造工程与日本协力基金贷款 4000 万美元；石油液化气混空工程引进日元贷款 5.8 亿元，第一污水处理厂扩建工程除争取国家贷款 1.45 亿元外，并与日本协力基金签订 1000 万元美元贷款意向合同。芙蓉路拓改工程融资 14040 万元，湘江大道工程引资 13360 万元，潇湘大道工程融资 4580 万元，五一路工程融资 1300 万元，五一绿化广场工程融资 4200 万元，伍家岭立交桥工程融资 1008 万元。通过经营城市的各项措施，顺利完成年初确定的“一城六路、两广场”城建目标。2003 年，长沙市城建投联合有关机构在中南地区首次以长沙基础设施重点项目和工程为委托贷款对象，向社会自然人和法人分别公开发行集中委托贷款，投向长沙市霞凝新港和湘江大道展览馆路至湘江二桥建设工程两个项目。与此同时，长沙市按照“谁投资、谁受益”的原则，建立回报补偿机制，建立由政府投资主导转变为政府与市场投资并重，公共性项目以财政投资为主，经营性项目以社会投资为主，以此形成城市基础设施建设多元投资、多家经营、平等竞争的格局。黄兴北路引进香港天英公司，火星南路和金星大道分别引进多家民营建筑公司，劳动东路引进成功集团等，实现政府与投资方的双赢。至 2004 年的 4 年间，通过银行贷款、招商引资、委托信贷、财政投入、盘活资产、上级支持、收费收入等渠道组织到位资金 165.7 亿元，满足建设的基本需求。

2005 年，与商业银行合作，将市政项目打捆包装，采取集合委托的方式向社会筹集资金 7.29 亿元；利用开行担保，将融资触角延伸北京、上海、深圳等地进行融资近 8 亿元；同时抓好项目招商、土地运作和资本运营工作，并积极争取省里和道路沿线单位资金支持。

三、拓展融资渠道

为切实解决建设与资金需求的矛盾，长沙广泛拓展融资渠道。2005 年，长沙市向国家开发银行申请并争得 50 亿元信贷指标。2006 年，在国家宏观调控政策的影响下，长沙市从客观实际出发，压缩政府

投入的规模，扩大市场融资的份额，将项目调整为 83 个，规模调整为 114.78 亿元，实现年初确定的确保城建重点工程投资规模不减的目标。通过开行贷款、债券融资、短贷展期、招商引资、财政投入等方式累计筹措建设资金 50.76 亿元；12 月，市城建投成功发行 10 亿元 10 年期企业债券，实现通过资本市场为重点工程项目融资零的突破，与上海浦东发展银行长沙分行合作，发行 13 亿元一年期短期债券。通过创新建筑工程的招投标管理体制，对国有资金投资或者国有资金投资占主导地位的项目中，全面推行先招标确定中标候选人，再由中标候选人内部公开招标，确定项目经理的招投标改革，保障项目建设的顺利推进。2007 年，在国家实行从紧的货币政策，开发银行压缩贷款规模的情况下，积极主动克服各种困难，多渠道融资，取得可喜的成绩。全年共筹集到位资金 85.6 亿元，增长 7.6%，基本满足工程建设需要。成功与国家开发银行签署三大片区（滨江新城、南湖新城、武广新城）145 亿元的贷款协议，与中建总公司签订 21 亿元的 BT 项目合作协议。实行资产证券融资，与浦发银行合作，发行 13 亿元一年期短期债券；落实“老贷展期”4.7 亿元，南北站公司贷款 9.2 亿元，商行贷款 0.6 亿元。新河三角洲 78.53 公顷经营性土地改变原来生地出让方式，变为熟地“招拍挂”出让，创国内单宗土地出让成交价格的新高，成交价 92 亿元。融资渠道的多向开通和国有投资项目的招投标监管，为最大可能地筹集城建资金和使用资金打下基础，有力地保证重点工程的正常推进。2008 年，全年筹集资金到位 93.5 亿元，为重点工程顺利推进提供保障。受宏观经济大环境不利因素影响，全年筹融资工作面临巨大困难，为千方百计拓展融资渠道，努力为城市建设输入新的血液，积极与银行衔接，力争银行贷款协议的履行和资金的到位；推行项目法人制，充分发挥项目融资的主动性；成立片区开发建设领导小组，调动片区融资平台的积极性，滨江、南湖、武广三大片区累计到位资金 72.28 亿元。同时，进一步优化资金组织与调度，最大可能地发挥到位资金的使用效率。

2009 年，通过构建轨道集团融资平台，增加直接融资份额，拓展新的融资渠道，取得长沙城建史上最好的融资成果。全年完成轨道集团融资平台的组建，启动城建投融资平台重组，全年实际到位资金 230.4 亿元。轨道交通 1 号线、2 号线与建设银行总行签订 126 亿元合作框架协议，到位贷款资金 45 亿元；武广片区融资到位 54.6 亿元；过江隧道项目到位 28.91 亿元。其他项目融资均有较好进展。除开行贷款外，中国建设银行、中国交通银行、中国光大银行贷款均超过 10 亿元以上，特别是二环线 30 亿元资产证券化的全面落实，标志着单纯依赖间接融资的局面正在逐步改变，多渠道融资格局初步形成。2011 年，着力破解项目融资难题，市场直接融资 305.4 亿元，新增上市公司 4 家。实际到位外资 26 亿美元，引进市外境内资金 850 亿元，分别增长 16.2%和 27.1%。其中，轨道交通筹融资全年新增贷款授信 112.36 亿元，到位贷款资金 20.36 亿元，上报公司债券、中期票据，与广东商会签订 2 亿元合作框架协议，到位资金 1 亿元，较好保障项目的建设资金。2012 年，长沙市住房与城乡建设一批重大项目开工建设，继续开拓融资渠道，全年融资 417 亿元，有效保障城市基础设施建设的有序进行。长沙市城建投平台发行公司债券募集建设资金 18 亿元，其中 7 亿元用于福元路湘江大桥项目、4 亿元用于湘府路湘江大桥项目、7 亿元用于南湖路湘江隧道项目。对于年内建设的重点项目地铁和轨道交通项目，市委、市政府通过企业债券、中期票据、融资租赁、人保债权资金等直接融资产品加大融资力度，融资到位资金 51 亿元；一个“政府引导、财政支持、社会参与、市场运作”的多层次、多元化、多渠道的投融资格局，为长沙建设提供充足的资金来源和保障。

表 11-1-4-1　　　　1988—2012 年长沙市重点工程（部分）竣工一览表

年份	工程项目名称	建设规模	竣工时间
1988	人民路立交桥	位于车站路、人民路交会处、南北向高架桥 164.32 米×12 米，中层为匝道，东西向为下沉式机动车道宽 10 米	7 月 1 日建成
1989	袁家岭立交桥	上层五一路、中层内环行人道，外环非机动车道，下层为韶山路车道	9 月 23 日竣工，30 日通车
1990	市五水厂	占地 89 亩，日供水 30 万吨，一期 15 万吨	7 月 1 日供水
	银盆岭大桥（二桥）	桥梁总长度 3616.66 米，主桥净宽 25 米	12 月 30 日建成
1994	第二污水净化中心	日处理污水 14 万~18 万吨	6 月 5 日建成，9 月 8 日投产
1995	引进程控电话工程	“八五”（1991—1995 年）期末累计扩容 40 万门	12 月竣工
1996	高桥大市场	占地 500 亩，建筑面积 30 万平方米，一期 16 万平方米	投入使用
1997	市委、市政府新建机关大楼	占地 333.8 亩，建筑面积 8.4 万平方米	两主楼竣工
	长沙新世纪文化城	占地 18 平方千米，兴建 10 个文化项目，海底世界、会展中心等	世界之窗开园
1998	石长铁路	正线 264 千米	10 月 1 日开通运营
	长沙电厂 BOT 配套项目	装机 2×30 万千瓦	基本完成
1999	田汉大剧院	建筑面积 2.76 万平方米	10 月 3 日落成投入使用
	月亮岛湘江公路大桥	全长 1983 米，主桥 796 米，引桥 1187 米，桥宽 22 米	10 月 30 日通车
2000	五一路扩改工程	4.14 千米×60 米	9 月 28 日竣工通车
	猴子石大桥	全长 1411 米×27 米	9 月 20 日竣工
2001	固体废弃物处理场	总容积 4500 万立方米，7 千米专用道	12 月底完成
2002	黄兴南路商业步行街	司门口至南门口 838 米×23~26 米，东西两厢 200 多家商铺，商业面积 25 万平方米	2 月 9 日步行街开通，商铺 10 月 1 日首层开业
2003	机场高速	京珠高速至黄花机场，全长 18000 米×26 米	9 月 2 日竣工通车
2004	农民工廉租房建设	江南公寓 48295 平方米 642 套	12 月 30 日竣工
	黑石铺湘江大桥	大桥全长 3668 米，主桥长 1182 米，桥面宽 26~34 米	5 月 27 日竣工

续表 11-1-4-1

年份	工程项目名称	建设规模	竣工时间
2006	三汊矶大桥	主桥全长 1577 米，东西引桥与湘江大道和潇湘大道设置桥头立交	9 月全面竣工
	长沙港口主枢纽霞凝港区工程	一期工程 4 个千吨泊位，岸线 320 米，二期工程为 4000 吨级泊位，岸线 295 米	9 月竣工
2008	年嘉湖隧道工程	迎宾路至车站北路长 1877.39 米，双孔双向 4 车道，高 4.5 米	8 月 1 日通车
	橘子洲景区	景区建设 13.33 公顷，道路 9.3 千米，毛泽东青年艺术雕像高 32 米，基座内建纪念馆，面积 3500 平方米，还有道路绿化、江神庙、拱极楼、沙滩公园、庙前街、文化游乐等设施	12 月 31 日完工
2009	武广长沙南站	—	12 月 26 日开通营运
2010	朝阳二村棚改项目	总建筑面积 70 万平方米	12 月竣工
	简牍博物馆	用地面积 11279.81 平方米，建筑占地面积 6800 平方米，总建筑面积 18632.68 平方米，绿化面积 8474 平方米	10 月竣工
2011	营盘路湘江隧道	主隧道单线长 5693.502 米，匝道隧道单线长 3040.058 米	10 月 3 日通车
	洋湖湿地公园	洋湖大道以北、潇湘南大道东线以西靳江河以南、以东，485 万平方米。其中修复和保育区域面积 400 万平方米，河流湿地 8.2 平方米	6 月 22 日正式开园
2012	湘江长沙综合枢纽工程	总投资 63.78 亿元，完成 60 万立方米混凝土浇筑	10 月 10 日蓄水通航
	福元路湘江大桥工程	西接长望路、东接盛世路、桥梁全长 3575 米，跨越江段 1435 米，桥面标准总宽度 31.5 米	11 月 20 日通车
	长沙市餐厨垃圾无害化处理项目	建成日处理能力 375 吨的餐厨垃圾处理项目	8 月正式运营
	长沙市城市污水处理厂污泥集中处置项目	建成日处理能力 500 吨污水污泥处置项目	建成投产

第二章　城乡规划

长沙城市规划在20世纪80年代中期开始恢复。1988年，对《长沙市城市总体规划（1990—2010年）》进行修订，规划重点是以现有城区为依托，伸展东西两翼，形成南北两组团的规划布局。同时完成电力、排水、交通等26个专项规划修编。

1993年1月，国务院批复《长沙市城市总体规划（1990—2010年）》，同意长沙市城市空间布局为“一主体、两翼、两组团”。截至2010年，城市规划区966平方千米，城市总人口控制在165万人左右，建设用地155.1平方千米。是年12月，《长沙市城市规划管理办法》颁布施行，标志着长沙城市规划管理走向法治化、规范化的轨道。历史文化名城保护和各项专业规划逐步深化，完成18个分区规划和《长沙市城市停车场规划》等3个专项规划编制，控制性详细规划覆盖率30%。严格执行县规划建设行政主管部门核发选址意见书、建设用地规划许可证、建设工程规划许可证的制度（以下简称“一书两证”制度），开展报建员培训，案卷办理推行一站式进窗、限周期办理。

1995年，按照建设国际化大都市和“一江两岸、西文东市、六桥三环、山水洲城”城市格局的发展思路，成立城乡规划委员会，加强对规划工作的领导；出台《长沙市城市违法建设工程处理办法》，开展城市规划法执法大检查，拆除违法建筑5454处，总面积8.89万平方米，规划执法队被授予“全国城市监察先进单位”称号。截至1996年年底，随着旧城区改造快速推进，随着市治大院新址、新世纪文化中心等重大建设项目建设的展开，星沙、望城坡、捞霞等开发区建设的推进，交通设施规划建设日趋完善，长沙城市面貌发生翻天覆地的变化，“一江两岸、西文东市”的城市格局基本形成。

1997年，召开全市第一次规划工作会议，出台《关于加强城市规划工作的决定》，实行城市规划集中统一管理，形成规划一张图、审批一支笔、建设一盘棋，理顺城区规划管理体制。2000年8月，建设部同意长沙市进行新一轮总规修编，初步确定“一主、二次、四组团”的城市空间结构。根据“把长沙做大、做强、做优、做特，2010年将长沙建设成350万人特大城市”的构想，树立超前规划的理念，加快推进城市顶层设计。随着五一路的拓宽，建设“大长沙”、发展“大生态”的规划理念逐步变为成果。芙蓉路、湘江风光带、新世纪文化中心等一大批有代表性的基础设施建设项目基本完成，引领着城市快速发展。

2003年，国务院批复《长沙市城市总体规划（2003—2020年）》。是年，长沙市城市工作会议召开，提出“要一张蓝图管到底，一届接着一届干”的要求。2004年，推出《长沙市分区规划编制标准》《长沙市控制性详细规划编制标准》，完成17个分区规划编制，《湘源控制性详细规划CAD系统》获建设部肯定，在全国规划设计和管理行业推广。2004年，中国社科院发布的《2003中国城市竞争力报告》蓝皮书公布“长沙市政府规划能力”名列全国第七位。长沙市规划管理局被建设部授予“全国建设系统法制工作先进单位”称号。

2005年，全市累计完成控制性详细规划86项、总面积491.41平方千米，基本实现城区建设用地控制性详细规划全覆盖，编印《长沙市控制性详细规划图集》供各级政府和职能部门使用。2006年，决定用三年时间开展新农村规划工作，三年内，新农村规划完成全市95个镇（乡）、747个村庄规划编制，实现建制镇规划全覆盖，村规划覆盖率50%以上。这一时期，规划建设“一江两岸”风光带、橘子洲、田汉大剧院、新世纪体育城、杜甫江阁等一大批城市标志性工程，加快推进图书馆、博物馆、音乐厅（以下简称“两馆一厅”）和“三馆一中心”建设；编制分区规划17片，总覆盖面积1060平方千米；编制控规110片，规划覆盖面积353平方千米，实现都市区控规全覆盖；编制专业规划42项，推进城市设计，编制湘江滨水及橘子洲概念规划、西湖文化公园规划、开福寺详细规划等城市设计；注重历史文化名城保护，依照规划维护和修缮太平街、化龙池等11条历史街巷和23处名宅。

2008年，《中华人民共和国城乡规划法》实施后，长沙提出“沿江建设，跨江发展；立足大河西，建设新城区”的发展思路。完成《大河西空间发展战略规划》以及相关“两型社会”“规划编制”，拉开长沙大河西先导区建设的序幕。是年，出台加强规划管理的“十条规定”，对《中华人民共和国城乡规划法》和长沙市城市总体规划实施情况进行执法检查，规划工作的地位和作用进一步彰显。连续4年开展规划管理“完善年”“提高年”“创新年”“跨越年”活动，推动城乡规划工作朝着科学、规范、高效、阳光的目标迈进。是年，变“串联审批”为“并联审批”，规划行政许可总时限由109个工作日压缩至57个工作日；出台《建设工程批后管理的若干规定（试行）》，将全市划分为74个网格化片区开展巡查，提高控违能力；启动城市色彩规划编制，出台《长沙市建筑色彩管理规定》，运用城市仿真等手段推行重要建筑方案审查制度，编制《城市建筑景观鉴赏手册》，为城市品质的提升提供科学依据。开展重点地区城市设计并作为规划管理重要强制性内容，高标准引入湘江滨水区方案国际征集，为实现“沿江建设，跨江发展”提供重要保障。

2009年，长沙市启动新一轮城市总体规划修改（2003—2020年），明确长沙“一轴两带多中心、一主两次六组团”的城市空间结构；2010年，推出“‘一站式’规划管理服务平台”，并在全国部分城市推广应用，长沙规划信息化进入新的发展阶段。2011年，完成批后管理中心下移，制定《行政处罚裁量权基准（试行）》，规范自由裁量权；率先运用卫星遥感先进技术动态监测和查处违法建设行为；推行规划修改前置审查，引入公众参与规划修改前期决策，围绕重大规划编制和重大项目审批实时开展重大规划公示、公开，规划监督更加有力，规划政务更加阳光。2012年，完成总体规划修改上报国务院，从提升城市承载能力、功能和形象三个方面对控规进行全面修改。试点推行行政许可与技术审查分离制度，有力地规范体外循环，提升规划服务水平。以大河西先导区成立和望城撤县改区为契机拓展城市发展空间，中心城区“一主两次四组团”的城市空间结构格局基本形成；武广高铁长沙南站投入运营，长沙港外迁至霞凝新港区投入运营，湘江长沙综合枢纽工程蓄水通航长沙黄花国际机场T2航站楼建成投入使用；完成长沙国际会展中心等重大项目选址，推进轨道交通地铁二号线、一号线建设，长沙城市格局、交通骨架、基础设施配套得到全面的提升。

至2012年年末，长沙市城市人口467.46万，建成区面积315.81平方千米，居住用地面积111.65平方千米，绿地面积22.37平方千米，城市道路里程811.90千米，公交线路139条，湘江长沙段过江通道8座。

第一节 机构

一、市级机构

1988年10月，成立长沙市规划管理局，与长沙市国土管理局实行“两块牌子、一套人马”，为长沙市政府直属机构，内设办公室、人事教育科、法规监察科、建设用地管理科、城镇建设规划科、建筑管理科、国土规划农业区划科、地籍管理科、征地拆迁科、规划土地监察执法队10个科室。1991年6月，长沙市规划管理局、长沙市国土管理局分设。10月，长沙市规划管理局内设办公室、综合管理科、人事教育科、城市规划管理科、总工程师室、建筑管理科、市政管线工程管理科、法规科、监察室9个科室，行政编制3名，事业编制47名。12月，法规科更名为法规监察科。1997年9月，增设城市设计管理科和计划财务科，行政编制48名。2001年，调整内设机构，内设办公室、总工室、规划设计管理处、用地规划管理处、建筑规划管理处、市政规划管理处、业务综合管理处、法规监察处、人事教育处、机关党委、纪检（监察）11个处室，行政编制62名。2002年6月，长沙市人民政府明确长沙市规划管理局为市人民政府工作机构，机关党委、纪检（监察）室人教处合署办公，内设处室减少至9个，行政编制减至51名。2008年3月，增设城市景观规划管理处。8月，增设重点工程规划管理处、县乡规划管理处，建设工程规划管理一、二、三、四处，撤销用地规划管理处、建筑规划管理处、市政规划管理处、景观规划管理处，规划设计管理处更名为规划编制管理处。行政编制58名。2010年8月，长沙市规划管理局更名为长沙市城乡规划局。内设机构增设规划地理信息管理处、规划宣传和展示管理处，行政编制69名。2012年12月，长沙市城乡规划局内设办公室、人事教育处、纪检监察室、机关党委、总工室、规划编制管理处、重点工程规划管理处，建设工程规划管理一二三四五处、业务综合管理处、法规监察处、规划地理信息管理处、规划宣传与展示管理处、团委，行政编制增至73名。

1997年1月，撤销原各区城乡建设规划管理办公室，设置芙蓉、天心、岳麓、开福、雨花5个城区规划管理分局，为市规划局派出机构，正科级行政单位，直属市规划局管理。2002年4月，设立长沙市规划管理局高新技术产业开发区分局，为副县级派出机构。5月，设立长沙市规划管理局经济技术开发区分局，为副县级派出机构。2008年12月，长沙高新技术产业开发区设立规划建设房产局，整合园区规划、建设、房产有关职能，撤销长沙市规划管理局高新技术产业开发区分局。2012年8月，设立长沙市城乡规划局高新技术产业开发区分局，为正科级派出机构。至年底，长沙市城乡规划局的派出机构有经开区、高新区、芙蓉区、天心区、开福区、雨花区、岳麓区7个分局。

1991年10月，成立长沙市规划监察执法队，为正科级全民事业单位，为长沙市规划管理局直属机构。1996年11月，成立长沙市城市规划研究室，为正科级全民事业单位，隶属长沙市规划管理局管理。1997年9月，由市建委归口管理的长沙市勘测设计研究院、长沙市规划设计院、长沙市建筑设计院调整为归口市规划管理局管理。2000年9月，经长沙市机构编制委员会批准成立长沙市规划信息服务中心，为自收自支事业单位，归口市规划管理局管理。2001年9月，长沙市规划设计院改制为长沙市规划设计院有限责任公司，退出事业编单位序列，改制后党务工作归口长沙市规划局管理局管理。2001年10月，长沙市建筑设计院改制为长沙市建筑设计院有限责任公司，不再列入事业单位序列，改制后党务工作归口长沙市规划局管理局管理。2005年10月，明确长沙市规划监察执法队为副县级全民事业单位。2006年1月，长沙市规划监察执法队更名为长沙市规划监察执法支队。2009年1月，长沙市规划监察执法支队下设芙蓉区大队、天心区大队、岳麓区大队、开福区大队、雨花区大队，均为正科级机构，隶属支队管理。2012年8月，长沙市勘测设计研究院更名为长沙市规划勘测设计研究院。2012年12月，长沙市城乡规划局的二级机构有长沙市规划勘测设计研究院、长沙市规划监察执法支队、长沙市城市规划研究室、长沙市规划信息服务中心。

1988—2012年，先后担任长沙市城乡规划局主要领导职务的有：黄世钊、陈方融、周京仁、罗利克、柳美景、冯意刚、朱志刚、姚运奇；其他领导班子成员有：方怒江、胡晋文、黄世钊、罗利克、周京仁、周江、冯意刚、顾湘陵、吴学超、张斌、程展鹏、匡利娥（女）、解成、肖志强、程展鹏、王慧芳（女）、曾发祥。

二、区县机构

1988 年，浏阳县设立城乡建设规划办公室，为县建委内设科室机构。1989 年 6 月，长沙市东区、南区、西区、北区、郊区 5 区分别成立规划管理办公室，隶属各区人民政府管理。1993 年，浏阳县撤县设市，浏阳县规划办公室更名为浏阳市城乡规划办公室。1995 年，长沙县成立城乡建设规划管理办公室。1997 年，撤销原各区城乡建设规划管理办公室。宁乡县成立规划管理局，归口县建设局管理；浏阳市城乡建设规划办公室更名为浏阳市规划管理局。2001 年，望城县成立规划管理局，为县人民政府直属事业单位。2002 年，长沙县城乡建设规划管理办公室划入国土资源局。2004 年 7 月，长沙县成立规划管理局，为县人民政府直属事业单位。2010—2011 年，长沙县、望城县、宁乡县、浏阳市规划管理局先后更名为城乡规划局，均为各县（市）人民政府直属事业单位。至 2012 年，长沙市各县、市规划管理机构设置和名称保持不变。

第二节 城市总体规划

一、1990 版长沙市城市总体规划

1988 年，对《长沙市城市总体规划（1990—2010 年）》（以下简称“1990 版总规”）进行修订。1990 年上半年，在征得建设部规划司领导和专家对长沙城市总体规划的初审、修改意见后，经过认真修改，形成 1990 版总规文本。7 月，省内外专家对总规进行评议、论证、鉴定。年底，1990 版总规获通过。是年，1990 版总规在全省规划成果评比中获一等奖。

1990 版总规规划长沙市市城市性质为：“长沙是湖南省省会，全省政治、经济、文化、科技中心，全国历史文化名城”。规划城市人口规模 160 万人，划定市区建设用地 155.1 平方千米。长沙城市空间结构方面，规划为“一主体、两翼、两组团”。一主体：旧城与新建区组合成市区主体；两翼：东翼马泉地区、西翼天望地区；两组团：捞霞组团、坪塘组团。用地布局方面：市区、马坡岭、望城坡、捞霞、坪塘等若干地区形成的组团式规划布局及功能划分。近期重点开发城市北部捞霞地区，有控制地发展东西两翼组团，严格保护组团间的隔离绿带，不得任意侵占。新区开发要按照统一规划、综合开发、配套建设、基础设施先行的原则，开发一片，建成一片，有计划、有步骤地滚动发展。旧城改造要按照详细规划，尽可能集中成片地进行。长沙是国家重点防汛城市，要努力提高城市防洪、排涝能力，合理分配和使用湘江岸线。加强岳麓山风景名胜区保护。规划和建设

图 11-2-2-1 1991 年《长沙市城市总体规划（1990—2010 年）》评议论证会召开 （市规划局供图）

好包括湘江沿江地区在内的城市三大风光带，完整地展示长沙历史文化名城的风貌特色。

1993 年 1 月，国务院以国函〔1993〕1 号文件批复《长沙市城市总体规划（1990—2010 年）》，这是全国省会城市规划修编第一个获批准的城市总体规划。

二、2003 版长沙市城市总体规划

20 世纪 90 年代中期，长沙市城市发展远超出 1990 版总规预期。1997 年 4 月提出对 1990 版总规进行修编，认为进入 20 世纪 90 年代后，特别是邓小平南方谈话后，随着社会主义市场经济体制的逐步建立，长沙市经济和社会发展超出 1990 版总规编制时的构想，城市人口和用地规模均超出 1990 版总规规划指标。尤其是 1996 年，经国务院批准，长沙市行政区划调整，长沙提出“一江两岸、西文东市”的城市布局新设想，市区面积由原来的 352 平方千米扩大到 556 平方千米，撤销郊区，实行城郊融合的新的区划方式，城市空间格局发生重大变化，城市用地突破原规划的“一主、两翼、两组团”的空间结构，以至 1990 版总规失去对长沙城市建设的综合指导作用，需尽快启动新一轮城市总体规划编制。

2000 年 6 月，决定对 1990 版总规进行修编，并向建设部提交修编申请。8 月 15 日，建设部批复同意长沙市启动总体规划修编工作，修编期限是 2000—2020 年。随后，成立以市委书记为顾问，市长为组长的总体规划修编领导小组，经过长沙市规划设计院技术人员近半年的紧张工作，在广泛深入调查研究的基础上，基于“大长沙、大网络、大生态”的规划原则，完成《长沙市城市总体规划（2001—2020 年）纲要》成果；12 月，邀请全国有关方面专家进行研讨，并报建设部进行审查。经过多次修改完善，形成《长沙市城市总体规划（2001—2020 年）》（以下简称“2003 版总规”）成果。

2003 版总规确定的城市性质为：“长沙是湖南省省会，长江中游地区重要的中心城市，国家历史文化名城”。规划城市规模为：2005 年都市区城市人口规模 200 万人，城市建设用地规模 200 平方千米，其中主城区城市人口规模 190 万人，城市建设用地规模 170 平方千米；2010 年都市区城市人口规模 245 万人，城市建设用地规模 230 平方千米，其中主城区城市人口规模 228 万人，城市建设用地规模 212 平方千米；2020 年都市区城市人口规模 310 万人，城市建设用地规模 310 平方千米，其中主城区城市人口规模 264 万人，城市建设用地规模 253 平方千米。

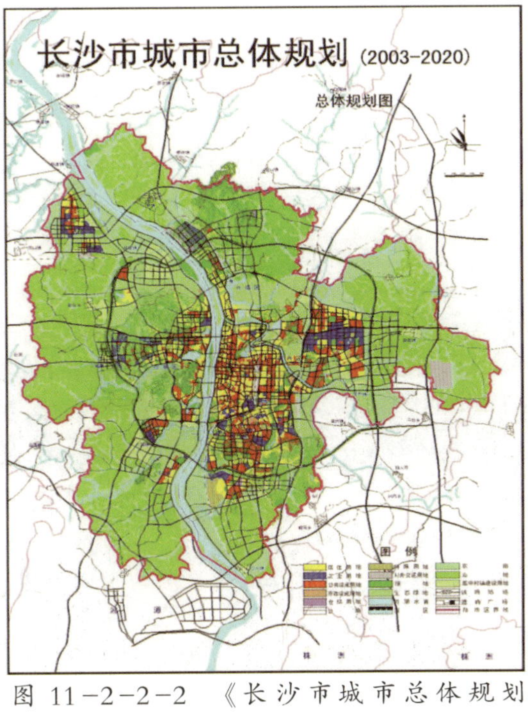

图 11-2-2-2 《长沙市城市总体规划（2003—2020 年）》（市规划局供图）

2003 版总规对长沙市域城镇体系规划为：到 2020 年长沙市域总人口 696 万，城镇人口 487 万，城镇化水平 70%。规划市域城镇格局形成“四级中心、两主轴、两个城镇密集带”；“四级中心”为城镇的四个等级：中心城市、次中心城市、中心镇、一般镇。“两主轴”即：沿 319 国道发展主轴线，主要城镇有玉潭、夏铎铺、雷锋、长沙市区、黄花、永安、洞阳、浏阳、大瑶、金刚等城镇；沿湘江两岸城镇发展主轴线，包括乔口、靖港、铜官、星城、丁字、长沙市区、坪塘、暮云等城镇。“两个城镇密集带”为：沿沩水河上游城镇密集带，即黄材—横市—大成桥—玉潭城镇带；沿浏阳河上游城镇密集带，即大围山—达浒—官渡—沿溪—永和—古港—浏阳市区城镇带。

2003 版总规对长沙城市空间结构与用地功能布局明确为：“重点向南、向东拓展城市空间”。按照集中与分散相结合的发展思路，构筑“一主、二次、四组团”的城市空间结构。“一主”为城市主体；“两次”为河西、星马新城；“四组团”为暮云、捞霞、高星、含浦组团。城市主体指河东城区集中联片发展区域，北、东至浏阳河，西至湘江，南至绕城线，规划城市建设用地 124 平方千米，城市人口规模 146 万人。规划强化综合服务功能，“退二进三”（第二产业从市区退出，发展商业、服务业等第三产业），改善环境质量，完善基础设施，建设城市商务中心和商业中心。“两次”：河西新城位于湘江以西，规划城市建设用地 65 平方千米，城市人口规模 65 万人。利用科研院校云集的有利条件以及国家级高新技术开发区的先导优势，发展高新技术产业，使之成为环境一流、水平一流的文化科教产业中心。金星路东侧结合市委、市政府规划市级行政中心，预留行政办公用地。扩大望城坡高科技产业基地的规模，外迁或置换三汊矶一带有污染的工业。严格控制岳麓山风景名胜区周边的建设用地。星马新城位于城市主体东面，规划城市建设用地 64 平方千米，城市人口规模 53 万人。以星沙国家级经济开发区、马坡岭农业高科技园以及广电中心、世界之窗为依托，扩大高新技术产业基地的规模，利用其特有的对外交通优势，发展新型工业、高科技农业、航空产业和文化休闲产业。“四组团”：暮云组团规划城市建设用地 12 平方千米，城市人口规模 9 万人；利用其区位和资源优势，布局面向长株潭的旅游、商贸等区域性公共设施。捞霞组团规划城市建设用地 20 平方千米，城市人口规模 14 万人；结合城市主体内货运码头和火车北站的搬迁，布局霞凝新港和捞霞货运站、编组站，成为水运、公路、铁路的中转联运中心，并规划仓储用地、物流中心、大运量的工业基地。高星组团规划城市建设用地 16 平方千米，城市人口规模 14 万人；利用现有工业基础以及河西高新产业的辐射，规划为以机械、食品工业为主的综合性产业区、市区新产业开发及置换外迁企业基地。含浦组团规划城市建设用地 9 平方千米，城市人口规模 9 万人；主要为岳麓山大学城的远期发展用地以及与之配套的生活居住用地，对坪塘现有小水泥厂逐步实行关停并转。

2003 年 11 月，国务院批复 2003 版总规。

三、2012 版城市总体规划

2007 年，国家批准长株潭城市群为全国资源节约型和环境友好型社会建设综合配套改革试验区。2009 年，国务院通过《促进中部地区崛起规划》，要求中部地区加快发展，成为中国重要粮食生产基地、能源原材料基地、装备制造业基地和综合交通运输枢纽，长沙面临着新的发展机遇和挑战，亟须站在更高层次谋划发展。2009 年，对 2003 版总规进行实时评估，认为长沙城市社会经济超常规发展，2003 版总规提出的 2020 年社会经济发展目标已基本实现，2003 版总规滞后于长沙新的历史使命，必须进行城市总体规划修改。

图 11-2-2-3 2009 年 8 月 27 日，长沙市城市总体规划暨综合交通规划修编动员大会召开 （市规划局供图）

2010 年 12 月，经国务院同意，住房和城乡建设部以《关于长沙市城市总体规划修改工作意见的函》（建规函

〔2010〕330号）函复湖南省人民政府，同意长沙市开展《长沙市城市总体规划（2003—2020年）》的修改工作。2011年5月至6月，对总体规划修改方案进行为期一个月的社会公示。随后，市人大会常委审议并通过《〈长沙市城市总体规划（2003—2020年）〉（2011年修改）的议案》。9月，由湖南省住建厅组织召开专家和省直职能部门查会，通过总规修改成果。2011年年底，总规修改和报批工作全面完成。2012年11月，住房和城乡建设部组织召开总体规划部际联席会，原则通过《长沙市城市总体规划（2003—2020年）（2012修编）》（简称“2012版总规”），同意修改完善后报国务院批准。

2012版城市总体规划延续2003版城市总体规划确定的城市性质。规划长沙城市规模为：规划至2020年，全市总人口1000万，城镇人口810万，城镇化水平81%。其中，中心城区城市人口629万，城市建设用地629平方千米。

城市总体规划对长沙市市域城镇体系的规划布局进行优化提升，强化“两轴两联多走廊”城市空间轴带，开发以浏阳、宁乡为中心，沿交通干线向外辐射的二级城镇发展轴，实施极化提高、辐射带动战略，把中心城市做强、做特、做优。将浏阳、宁乡发展成为大城市，重点发展一批中心镇，加强市域道路、交通、能源、环保等基础设施建设，促进城乡协调发展。形成一个特大城市（长沙）、两个大城市（浏阳、宁乡）和若干个建制镇构成的市域城镇规模结构。长沙都市区为市域的中心城市、湖南省省会、国家历史文化名城，逐步建设成为中国中部地区的区域性现代化中心城市，规划应强化综合服务职能，增强辐射带动能力。副中心城市2个即浏阳城区、宁乡城区。浏阳城区为浏阳的政治、经济、科技、文化中心，规划至2020年城市人口50万~70万，建设用地50~75平方千米，工业以烟花生产及其辅助工业为主，相应发展农副产品加工、医药工业及先进制造业；宁乡城区为宁乡政治、经济、科技、文化中心，规划至2020年城市人口50万~70万，建设用地50~75平方千米，工业以食品、机械、化工、建材等为主。建制镇71个，其中中心镇29个，一般建制镇42个。

总规在空间结构和用地布局方面，新增空港组团和黄黎组团，其他区域增加规模，优化功能。其中，城市主体继续实施“退二进三”，强化综合服务功能；至2020年规划人口240万，规划建设用地177.5平方千米。岳麓片区强调在保护好岳麓山风景名胜区和其他自然山水体系的前提下，充分利用大学城和国家级高新区优势，发展高新技术产业和现代服务业。规划至2020年人口147万，建设用地129平方千米。星马片区规划至2020年人口81万，建设用地88平方千米。暮云组团规划至2020年人口24万，建设用地39平方千米。金霞组团规划至2020年人口60万，建设用地74.3平方千米。坪浦组团同时发展教育研发和休闲度假等功能，规划至2020年人口6万，建设用地12.7平方千米。空港组团依托黄花机场区域门户资源，打造以高端制造、高端服务、临空产业为主的新兴产业基地。规划至2020年人口8万，建设用地33.6平方千米。黄黎组团依托高铁站和机场优势，发展商务办公、会议会展、文化娱乐和研发创新等功能。规划至2020年人口40万，建设用地52.6平方千米。

第三节　专业规划

一、综合交通

（一）对外交通。1988年，启动综合交通专项规划编制。规划铁路为：长沙至石门铁路支线作为京广和焦柳两大干线的一级联络线，在捞刀河车站接轨。规划公路为：新辟人民路东延线作为城市连接黄花机场南段端的专用道路；规划长沙汽车东站、西站、南站等客运枢纽。规划水运为：书院路以西外至湘江的范围内仍作为城市货运港区用地，中山路至北站路口为北港区，湘江西岸龙王港北面为西港区，保留坪塘港区；原规划的霞凝水陆联运中转港区将因长石铁路线北移而提前建设；在中山路西侧规划建设长沙客运港及轮渡客运站。规划空运为：黄花机场按一级民用机场标准建设，设计规模为年客运量36.54万人次，货运量8400吨/年，第一期工程已建成使用。

2001年，编制《长沙市综合交通规划（2004—2020年）》，规划铁路为：建设捞刀河铁路货运枢纽，实现长沙北站、南站的外迁；扩建长沙火车站，增建东广场，建设京广客运专线及长沙火车南站，并与市际、市内轨道交通、地面常规交通衔接；建设石长铁路东延线，建设长沙火车西站。规划航道与港口为：调整湘江沿岸的码头布局，南起猴子石大桥，北至月亮岛大桥之间的货运码头除保留中山西路战备码头外，一律搬迁；建设霞凝新港，改造扩建坪塘港区；改造中山西路客运码头，形成水上客运中心。规划机场为：重点扩建黄花机场，远期规划两条跑道；发挥大托铺军用机场在平战结合中防灾、防暴、救急等方面的功能。对外公路运输方面，规划长沙西站、南站、雨花站及捞霞站4个主要客运站，其中雨花客运站结合京广客运专线枢纽站及地铁轻轨站形成大型换乘交通枢纽；规划雨花、捞刀河等8个货运站枢纽，同时完善县（市）级货运站点建设。

2002年，编制《长沙市区铁路布局专项规划》，规划长沙北站、长沙南站随着工业企业铁路专用线改线外迁至捞霞地区；新建霞凝货运站、捞刀河300万吨货场、大托铺150万吨货场，长浏地方铁路在捞刀河站接轨；石长铁路双线电气化；在城区东南方向预留高铁客运专线新长沙站场地。

2011年8月，完成《长沙市城市综合交通体系规划》编制。铁路方面，建设捞刀河编组站和霞凝铁路货运枢纽，扩建长沙站，新建金桥站，完善长沙南站；建设长昆、杭长高速铁路及配套设施，并与城际、市内轨道交通、地面常规交通衔接；建设京广铁路货运外移线；控制预留长渝铁路场站和通道用地；建设长株潭、长常、长浏、长潭（西环线）等城际铁路。航道与港口方面，加快湘江高等级航道和长沙港建设，形成与洞庭湖水系、长江水系航道系统相衔接的水运网络，将长沙建成全国内河主枢纽港口之一。机场方面，规划扩建黄花机场，使之成为中南地区重要的枢纽机场，近期建设第二跑道，预留第三、四条跑道及新增航站楼用地。对外公路运输方面，以高速公路为骨干，与全省及周边省市的高速公路联网，增加对外通道，打通成渝经长沙至江西、福建的高速公路通道，提高道路等级，逐步形成快速、便捷的放射状对外公路系统。

（二）城市道路与设施。1988年，编制《城市道路交通规划》，规划在城市中心区、新建成区及发展区之间布置2条环路，城区内以东西向的五一路和南北向的芙蓉路在城市中心区交会，贯通城市四方，形成城区棋盘式道路的主骨架。城区道路分为主干路、次干路和支路三级，规划16条横贯东西、10条纵穿南北的主干路以及91条次干路和若干支路。规划增辟的市中心广场为多功能的交通绿化广场。为减少过境客货车辆进入市中心区，在对外交通干道与二环路的交接处附近，规划分别设置较大的社会停车场8处；逐步开辟汽车停车场地，在商业集中路段及居住区内按规则设置自行车停车场地。

2001年，编制《长沙市城市交通规划》，规划形成内外两环加射线道路构成主要快速路系统，“三横五纵”8条主要主干路，联系环内、环外及城市各片区。城市主城区与各组团以及组团之间至少有2条城市干路相联系。进一步加大支路网密度，规划城市道路网平均密度超过7千米/平方千米。规划劳动大桥、三汊矶大桥、咸嘉湖大桥、丁白大桥、暮云大桥、白泉大桥，与现有的五一大桥、伍家岭大桥、猴子石大桥、月亮岛大桥、黑石铺大桥等11座跨湘江特大桥及阜埠河隧道。

2001年，编制《长沙市综合交通规划（2004—2020年）》，按照国家标准，社会停车场用地0.8~1.0

平方米/人，到2020年，长沙市社会停车场规划用地控制在280~350公顷。

2011年8月，完成《长沙市城市综合交通体系规划》。规划城市道路网络形成“井字+环形”快速路系统和“十八横十六纵”34条主要主干路系统。优化道路网络级配，规划城市道路网平均密度9千米/平方千米。跨湘江通道方面，规划14座跨湘江特大桥及隧道，预留白泉大桥、人民路隧道。

（三）公共交通（含轨道交通）。1988年，编制的公共交通规划专项提出：到2010年，仅公共汽车客运总量将由每年3亿人次增加到4.7亿人次；运行线路将相应由31条增至51条，营运车辆将增至900余辆，即由平均每万城市人口4.2辆增至6.1辆，并相应新建场地18处，建设各条线路的到发场站近60处，国营出租汽车由65台发展到300台，按城市人口平均每万人约2台。

1995年，到北京、上海等地学习调研轨道交通建设，向建设部提出筹建城市轨道交通的请求。

2001年，编制《长沙市城市交通规划》，规划常规公交作为公共交通的主体，到2020年承担全部客运量的65%，轨道交通承担全部客运量的15%，其他交通承担全部客运量的20%。规划远景轨道交通承担客运量比例将上升至30%。规划逐步建设市内轨道交通及长株潭市际轨道系统，使长沙市主城区与各主要组团以及与株洲、湘潭之间的公共客运交通时间控制在一小时以内。远期规划轨道交通线路2条，总长37.5千米。远景规划轨道线路10条并在市中心区成网，向外成放射状，使各个组团均有轨道交通可达，轨道交通网总长178千米。

2001年，编制《长沙市综合交通规划（2004—2020年）》，规划4条快速轨道线以及市郊铁路，总长约180千米。是年，编制《长沙市城市快速轨道交通线网规划》，优化轨道交通线网规模和布局，规划地铁线路6条，起始站点13个，主要换乘站19个，一般站点71个。

2011年，编制《长沙市轨道交通线网规划修编》，规划远景轨道交通线网推荐方案由12条线路构成。推荐方案线路总长456千米，城市轨道换乘站45处，城际轨道换乘站22处。中心城区范围内线网规模416千米，线网密度0.60千米/平方千米。是年，编制《长沙市综合交通规划》，规划公共交通以常规公交为主体，到2020年承担居民全日全方式出行总量的35%，轨道交通承担公交客运量的40%。远景规划轨道交通承担公交客运量比例将上升至50%。城市中心地区规划的公共交通线路网密度应3.5千米/平方千米。规划28处公交停车场，9处保养场。规划逐步建设市内轨道交通（地铁、轻轨）及长株潭城际铁路系统，使长沙市各主要组团以及与株洲、湘潭主城区之间的公共客运交通时间控制在45分钟以内。远期规划轨道交通线路7条，总长200~260千米。远景规划轨道交通线路12条，包括10条市区轨道及2条市域轨道，并在市中心区成网，向外成放射状，使各个组团均有轨道交通可达，轨道交通网总长456千米。规划14个车辆维修基地；预留控制轨道交通路线和场站用地，形成与城市其他公共交通衔接的大型换乘枢纽等。远景利用长株潭、长浏、长潭（西环线）等城际铁路承担市域轨道功能。

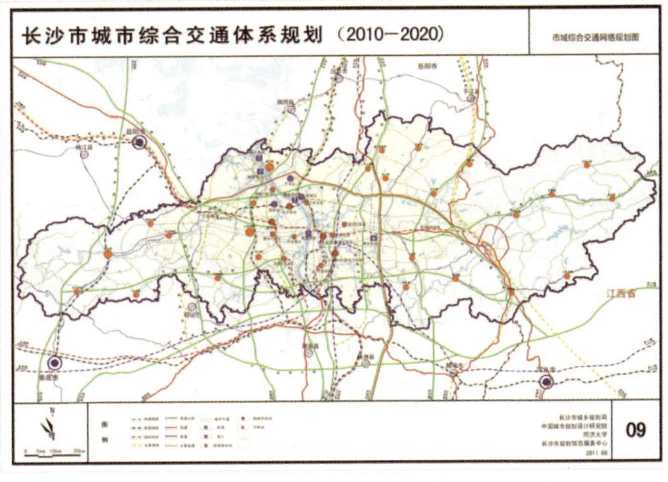

图11-2-3-1 长沙市城市综合交通体系规划（2010—2020年） （市规划局供图）

二、市政设施

（一）给水。1988年，编制《城市给水

排水规划》；规划1990年年底建成五水厂第一期工程，新增日供水能力15万吨，1993年建成五水厂第二期工程，新增日供水能力15万吨；扩建四水厂，新增日供水能力20万吨；对老水厂进行挖潜改造10.13万吨，使城市日供水能力由59万吨增加到104.13万吨。2000年年底扩建一水厂、捞刀河水厂，使城市日总供水能力134.52万吨。此外，浏阳河水系的株树桥大型水库建成后，通过水量调节，在㮾梨镇建2万吨/日水厂，补充马泉规划地区部分用水。在增加供水能力的同时，做好管线系统的扩容和联网，完善城市分区供水和环形供水网络。

2003年，编制《长沙市给水工程专业规划》，规划湘江为主要给水水源，同时将株树桥水库作为第二水源。规划到2020年，人均日综合用水量800升，2020年总用水量约280万立方米/日。改扩建四水厂、八水厂、高塘岭水厂，另规划第六水厂、暮云水厂、坪塘水厂，总供水规模298万立方米/日。水厂出水必须达到I类饮用水标准，近期向部分条件较好的小区供应直饮水，远期向全市供应直饮水。结合市政道路、桥梁建设，设置给水管网，形成科学、完善的环状供水管网，实现各大水厂联网供水。

2010年，编制《长沙市城市供水规划（2010—2020年）》，规划到2020年人均日综合用水量500升，总用水量约315万立方米/日，规划13座水厂，长沙中心城区总供水规模400万立方米/日，其中雷锋水厂为配水厂，配水规模30万立方米/日。

（二）排水。1988年，编制《城市给水排水规划》，规划全市按自然地形划分汇水区域，形成多个排水系统，均采用合流排水制，每个汇水分区设污水处理厂。湘江东岸划分7个汇水区域；湘江西岸划分2个汇水区，新辟马泉、捞霞、天望、坪塘规划地区，仍采用合流的排水体制雨水排放，充分利用自然地形高水高排，低水低排，雨水重现期采用1年，对车站广场和道路立交等处采用2~3年。

1999年，编制《长沙市排水专项规划》，将河东地区划分7个纳污区，河西地区划分3个纳污区。排水体制方面，河东现有建成区采用合流制，逐步过渡为分流制或混流制；河西及新建区规划采用分流制。规划布局方式采用集中和分散相结合，全市划分17个污水排放与处理系统，城市人均日综合排水量800升，污水处理量280万立方米/日，远期规划污水处理厂17座，城市污水管网的普及率和城市污水处理率均100%，其中生活污水集中处理率70%以上，工业废水处理率100%。在城市给水水源上游的污水处理厂应达到二级处理深度，在城市给水水源下游及新开发区的污水处理厂近期可采用一级处理，远期应达到二级处理深度，污水干管宜敷设于道路下。雨水排放利用自然地形，高水高排、低水低排；暴雨重现期不低于1年，对车站广场和道路立交等处，采用3~5年，特别重要的广场等地区，可采用更高的暴雨重现期。

2010年，规划排水体制采用集中和分散相结合的布局方式，划分14个污水排放与处理系统，按城市人均日综合排水量450升计，污水处理量283万立方米/日。远期规划污水处理厂14座，污水处理厂控制规模353万立方米/日，城市污水管网的普及率、城市污水处理率均100%，再生水回用比例10%以上，污水处理厂可配套建设再生水回用处理设施和再生水管网，充分保留汇水区内现有的池塘、湖泊、水库，作为雨水系统的调蓄能力，实现“生态排水”。

（三）电力。1989年，编制《城市电力规划》，长沙地区电网辖宁乡、浏阳及湘江东、西两岸（包括长沙县、望城城区）4片。规划在水渡河柏竹坡地区修建500千伏超高压变电所1座，作为全市电源点；在望城县城东南侧的燕坡，兴建装机容量4×30万千瓦的火力发电厂1座。市区电压等级采用500千伏、220千伏、110千伏、10千伏、0.4千伏电压系列，据此进行调整、改造、完善。2000年以前在规划区范围内应布置5座220千伏变电所。市区配电线路布线方式结合城市道路的新建和改造逐步下地形成以电缆线为主的格局，少量架空线路则采取绝绿线和裸导线并存，以绝缘线路为主。

2005 年，编制《长沙市电力规划（2005—2020 年）》，规划电力负荷水平供电量 252.5 亿千瓦时，电力负荷 682 万千瓦。规划变电设施为：在长沙市都市区界边缘（界外）新建长沙西、长沙北、长沙东、长沙中（跳马）4 个 500 千伏变电站；在长沙市都市区范围内新建 220 千伏变电站 22 座、新建 110 千伏变电站 70 座。变电站总用地规模 173.4 公顷。

2010 年，对《长沙市电力规划》进一步优化提升，预测到 2020 年，长沙中心城区用电量 302.8 亿千瓦时，电力负荷 757 万千瓦，人均年用电量 4820 千瓦时。新规划 1 座 1000 千伏，规划建设 6 座 500 千伏变电站，形成双环网结线。

（四）燃气。2003 年，编制《长沙市燃气专业规划（2003—2020 年）》。规划建立一个面向全市，统一的天然气综合利用的输配系统，逐渐以气代替燃煤和燃油。预测到 2020 年，城市气化率 95%，液化石油气年用气量 2.0 万吨，天然气年用气量 125000 万立方米。天然气输配系统规划：在星马新城设置一城市门站，与天然气长输管线分输站合建，在河东河西分别设储配站。城区共设 16 座高中压调压站、34 座汽车加气站、19 座液化石油气瓶装供应服务站。

2012 年，编制《长沙市燃气发展规划（2013—2020 年）》，规划到 2020 年，液化石油气年用气量 6.9 万吨，天然气年用气量 17.14 亿立方米。规划天然气主气源为“西气东输”忠武线、“西气东输”三线天然气、“新粤浙线”。天然气输配系统规划：设置 5 座城市门站，与天然气长输管线分输站合建，设 4 个储配站、71 座调压站。

（五）电信。1989 年，编制城市《电信通信规划》，规划市话编号由 5 位升 6 位。规划长途电话组建数字通信网，发展国际国内电话自动拨号，调整网路结构，逐步将“树干”型长途通信网改造成“网状”型，到 2010 年逐步建成综合数字网（1DN），全省低、中速数据通信网、公众电报网。规划市内电话为装机容量 47 万门，电话普及率 24.3 部/百人。合理增扩局所，完善服务网点布局。对市局增容，扩建马坡岭局新建珠湾镇和香樟路汇接局，新建 9 个模局及 3 个分局，以组成全市市内电话服务网。移动通信规划为：2000 年建设蜂窝式的长、株、潭移动通信网。长沙地区初期引进 16 个信道约 200 个用户的设备，全部设备可设在新电报大楼，“八五”（1991—1995 年）计划期间建设长沙移动通信网。

2011 年，编制《长沙市信息基础设施专项规划（2011—2030 年）》，规划信息管道：新建区域管道建设 100%道路全覆盖，建立起覆盖全市、容量上能满足各运营商、广电公司及其他专线光缆网络组网需求的管道网络，为宽带网络的发展建设提供有力保证，进一步提升现有网络承载三网融合业务的能力。规划基站：到 2020 年，都市区新增基站物理站址 2469 个，2021—2030 年都市区新增基站物理站址 2033 个。规划室内分布系统：新建的建筑物预留室内分布系统的接入机房、走线等相关配套资源；运营商新建需共用机房，同步进场、同步施工。规划机房：到 2020 年，基础电信运营商在长沙市域新增核心机房 35 个，汇聚节点机房 386 个；广电运营新增核心机房 3 个，大分前端 8 个，小分前端 65 个；新开发住宅小区及大型商务楼宇按需设置小区机房，预计基础电信和广电运营商新增小区机房 739 个；规划光交接箱：都市区新建主干光交 5278 个。2021—2030 年，在长沙市域新增核心机房 14 个，汇聚节点机房 305 个；广电运营商新增核心机房 3 个，大分前端 9 个，小分前端 66 个；基础电信运营商和广电运营商新增小区机房 285 个。规划光交接箱都市区新建主干光交 3327 个。

（六）环境卫生。1989 年编制《城市环境保护规划》，近期规划建设 3 处垃圾填埋场；保留草潮门、东风广场、劳动里、东所等处粪便中转站，改建楚湘街中转站。另规划在北郊廖家渡桥南头西侧，建卫生处理厂1座，专作死病牲畜及医疗垃圾处理；规划将洗车场与城郊过境停车场结合，逐步在城郊4个方向修洗车场，以利净化城市环境。规划远期在南郊石人冲、北郊廖家渡、捞霞和马泉两片城市发展区内各设1个垃圾填埋场。

2007年，编制《长沙市环卫设施规划（2003—2020年）》，规划中心片规划生活垃圾转运站183座，其中规划新建生活垃圾转运站24座，建议现状保留（含改建）生活垃圾转运站159座。规划生活垃圾转运站服务半径300~500米。公厕建设按照布局合理、美化环境、方便使用和有利于环境卫生作业的要求进行，到2020年，一类公厕或准一类公厕90%以上。中心片规划公共厕所312座，其中规划新建公厕103座，规划建议保留改建现有公共厕所209座，

三、公共设施

（一）教育设施。1989年，规划高等院校尽可能地在麓南分区南端规划的科教区内集中成片建设，少量可安排在主体南部和东翼填平补齐形成整体。规划至2010年，全市需要新增小学30所，中学或职业中学19所。在旧城区成片改建时，保证扩建学校的用地规模。近期优先考虑在砂子塘、杨家山、新民路、望月湖、井湾子、新开铺等地建立一批中、小学，保证包括运动场地在内的学校用地规模。

2003年，编制《长沙市市区中小学校建设用地规划》。通过学校布局调整和标准化建设，实现“布局基本合理，建设全面达标，发展相对平衡”的目标，进一步优化教育资源配置，扩大办学规模，直接指导各学校所在街区的控制性详细规划和修建性详细规划编制，并对中小学校用地范围及其学校规模、建筑密度、建筑限高、容积率、绿地率和相关指标进行指令性和指导性控制。

（二）医疗设施。1989年，规划迁建市卫生防疫站、市医疗急救站、市卫生学校、市医药研究所，东区和西区卫生防疫站，北区、东区和郊区妇幼保健所等医疗单位；原址扩建市中医院、郊区中医院，长沙市一医院、二医院、三医院门诊楼，市四医院住院大楼等；规划新建市老年医学研究所、老年人康复医院，在芙蓉路中心地段规划新建市健康教育中心；在陡岭、井湾子及新开发区建立中型4合性医院；城市基层医疗卫生网点、街道卫生院，应按规定配置业务用房，将随同住宅区建设或改建配套设置；部分企事业单位和部队的医疗卫生设施已向社会开放并纳入城市医疗网点统一规划。

2005年，编制《长沙市医疗卫生用地规划（2005—2020年）》。规划长沙市城区医疗机构病床配置标准每千人口8张病床，构筑满足市民基本医疗和多层次医疗卫生需求的卫生服务体系，以达到规划以“实现卫生资源布局合理、结构优化、规模数量适宜”的目标。

（三）文化设施。1989年，规划新建市图书馆阅览楼、群众艺术馆活动楼、省少儿图书馆、市博物馆等，新增规划自然博物馆民族文化宫、大型综合游乐场、市图书馆书库、儿童剧院等设施。规划适当扩展市属各区文化馆用地，并在新发展区内规划文化馆址。结合住宅区公共设施的配套建设，规划修建多功能文化中心，加强文化站的建设。

2004年，编制《长沙市文化设施用地布局（2006—2020年）》。规划长沙市文化娱乐用地487.57公顷。其中，重点将艺术文化、社会文化、文化市场、文物博览4类文化设施项目所需要的文化设施用地规划成12个文化中心，规划总用地面积122.37公顷，含市级文化中心6个、区级文化中心6个。

（四）体育。1989年，规划控制贺龙体育中心用地并逐步新建、续建其他场馆和相应的配套设施，使之基本具备接纳全国或国际运动会的条件。改善东风广场设施条件，新建望月湖运动场，新辟橘子洲头天然游泳场，迁建现设于贺龙体育场西北侧的射击场。在新开发的长善垸、马泉、天望和捞霞等区域，规划各建一处有400米跑道设置的标准运动场地及配套设施。在新建住宅区或旧城区成片改建时，均按

国家规定人均面积 0.2~0.3 平方米标准设置公共体育活动场地。

2006 年，编制《长沙市区公共体育设施用地布局规划（2007—2020 年）》。规划近期改扩建贺龙体育文化中心、滨江水上活动中心，并完成体育新城的建设。全市各区和有条件的镇，体育设施必须达到一场、一馆、一池标准化、小型化要求。同时结合场馆建设积极开办业余体校，开设重点训练项目。总量按 1084 平方米/千人控制，其中：市级体育场馆用地 169 平方米/千人，区级体育场馆用地 315 平方米/千人，居住区级体育用地 300 平方米/千人，小区级体育用地 300 平方米/千人。

（五）商业网点。1989 年，规划全市商业网点按一、二、三级网点群进行合理布局。完善中山路、黄兴路网点群，增辟建湘路网点群，逐步使中山路黄兴路、解放路、建湘路、五一西路、蔡锷中路等发展为连贯的城市商业中心圈，为一级网点群；二级网点群为城市区域性的商业中心，完善左家垅等 27 个已具有一定规模的网点群，其中东塘、溁湾镇两处要按超二级准一级标准配置并使之成为城市副中心；三级网点群市区按照 500~800 米服务半径的要求，进行完善补充或调整布局；住宅小区，按建设部规定指标在规划设计时补齐配足，零星分散网点则因地制宜设置。

2005 年，编制《长沙市城市商业网点布局规划（2005—2020 年）》。按分级、分类规划商业网点，分为城市商业中心区、区域性商业中心区、社区商业网络、商业街、批发市场、主要零售业态、物流中心等。规划空间布局为：明确 1 个市级商业中心、13 个区域性商业中心、30 个社区级商业中心，18 条特色商业街、52 处各类大型批发市场。

2008 年，编制《长沙市农贸市场建设专项规划》。重点支持一部分新建和条件成熟区域的农贸市场的提质改造，并适当新建农贸市场，形成标准化的农贸市场体系。规划至 2020 年市区 297 处农贸市场，其中原址提质改造 71 处，规划新建 226 处。

四、历史文化名城保护

1989 年，规划恢复小西门“濯锦坊”，结合旧城改造开辟一条传统文化商业街，重点恢复贾太傅祠、清香别墅（即陶侃故居遗址），临江重建“杜甫江阁”；对树木岭陶公山（陶侃墓）、书堂山（欧阳询故里），南郊何绍基墓、李富春故居、周立波故居、田汉故居等，以及整山庙、西园，采取措施加强保护；利用浏城桥楚墓遗址，新建楚文化陈列馆；新建马王堆西汉文化保护开发博览区，将现马王堆汉墓陈列馆迁入此区，并以此为中心筹建“汉城”；调整湖南省博物馆用地，利用现马王堆出土文物陈列馆，改造为“省博”，扩大陈列用房。规划城市空间划分为三大文化风光带和三大历史文化区，其中旧城历史文化区是长沙主要历史文化遗存所在，重点保护旧城垣内的城市格局，适度保留部分传统的低层民居，严格控制新建高层建筑。

2004 年，编制《长沙市历史文化名城保护规划（2003—2020 年）》，规划公布新增 47 处市级文物保护单位，各级文物保护单位 126 处。确定太平街历史文化街区，划定岳麓山、小西门、天心阁、潮宗门、开福寺 5 片历史文化风貌区以及 7 个历史文化村镇；并依相关规划调整天心阁历史文化风貌区范围；公布 35 处近现代历史建筑、45 处地下文物重点埋藏区及 90 处历史文化遗址。

2011 年，对《长沙市历史文化名城保护规划（2003—2020 年）》进行修改和优化。规划按照市域及中心城区两个层次展开，“历史文化名城”指长沙城区；“历史文化名镇名村”规划保护以下 9 个历史文化名镇名村：靖港镇、铜官镇、文家市镇、大围山镇、沙田镇、巷子口镇、黄材镇、彩陶源村、新开村。规划岳麓山和古城历史文化风貌保护区 2 处。岳麓山历史文化风貌保护区以岳麓书院、爱晚亭、屈子祠、麓山寺、云麓宫、三绝碑、黄兴墓、蔡锷墓、新民学会成立会旧址、七十三军抗日阵亡将士墓、湖南大学近现代建筑群为保护重点；古城历史文化风貌保护区：重点控制天心阁至岳麓山北端和南端两条城市景观视线构成的扇形区域，该区域内严禁新建高层建筑，建筑高度控制在 18 米以下，保护旧城肌理和山水洲城城市空间格局。规划历史文化街区有太平街、潮宗街、铜官老街 3 处。太平街历史文化街区：核心保护区范围为沿太平街、西牌楼、马家巷、孚家巷、金线街、太傅里两侧，用地面积 5.07 公顷，建控地带面积 10.87 公顷，环境协调区面积 7.98 公顷；潮宗街历史文化街区：内有文物古迹、历史建筑 10 处，著名历史遗址 11 处。核心保护区为以两条麻石老街潮宗街和连升街为中心，连接包括梓园、九如里、群胜里、楠木厅等区域，核心区面积 5.61 公顷，建控地带面积 5.41 公顷，环境协调区面积 13.76 公顷，铜官老街历史文化街区：有文物古迹、历史建筑 5 处，著名历史遗址 4 处，核心保护区为以铜官老街为中心，连接包括两厢院落及相关环境等区域，核心区面积 6.69 公顷。建控地带面积 21.21 公顷，环境协调区面积 32.11 公顷。规划历史地段有开福寺、西文庙坪、省立一师范、化龙池 4 处。西文庙坪历史地段共有文物古迹、历史建筑 11 处，著名历史遗址 5 处，核心保护区为古潭街及西文庙坪巷及周边传统院落形成的“人”字形格局，总面积约 2.67 公顷；开福寺历史地段核心区用地面积 13.66 公顷，规划范围内有文保单位 1 处，即开福寺；化龙池历史地段核心区为化龙池、白果园、大小古道巷等历史街巷两厢主要区域，面积 5.5 公顷；湖南省立一师范历史地段核心区为文保单位湖南省立一师范学校旧址、赵汝愚墓、火炬楼等保护范围及建控地带形成的区域，总面积 15.27 公顷，核心保护区建筑高度原则控制在 24 米以下。长沙市域范围内有文物保护单位 345 处，其中全国重点文物保护单位 25 处，省级文物保护单位 96 处，市级文物保护单位 224 处。

五、园林绿地系统

1988 年，长沙城市存在公共绿地数量少且分布不均，人均公共绿地面积 3.3 平方米，绿化覆盖率仅 24.3%。1990 年规划保护湘江、浏阳河两岸和橘子洲等自然风光，扩充城市公共绿地，新增 6 处公园、11 处小游园。加强道路绿化、建立城市生态防护林带。

2004 年，编制《长沙市城市绿地系统规划（2003—2020 年）》。规划到 2020 年达到联合国最佳人居环境标准，都市区人均公园绿地 14.59 平方米，人均绿地 46 平方米，绿地率 42%，绿化覆盖率 47%。市域绿地系统构建“湘浏纵横，沩围含城”市域大绿色空间体系，利用连云山、九岭山、沩山、大围山和湘江水系建立山水相间的城市开敞空间体系，规划长沙建设成为融山、水、洲、城于一体的现代化生态园林城市。

2004—2005 年，编制《长沙市“一江、四河、一港”道路、防洪、绿地规划》。规划建设长沙市“一江”即湘江，“四河”即浏阳河、捞刀河、圭塘河、靳江河，“一港”即龙王港，使其沿岸道路满足行人通行集散游憩的需求，并衔接协调两岸防洪工程及其设施，呈现江河两岸风光和生态湿地。

2010 年，编制《长株潭城市群生态绿心地区总体规划（2010—2030

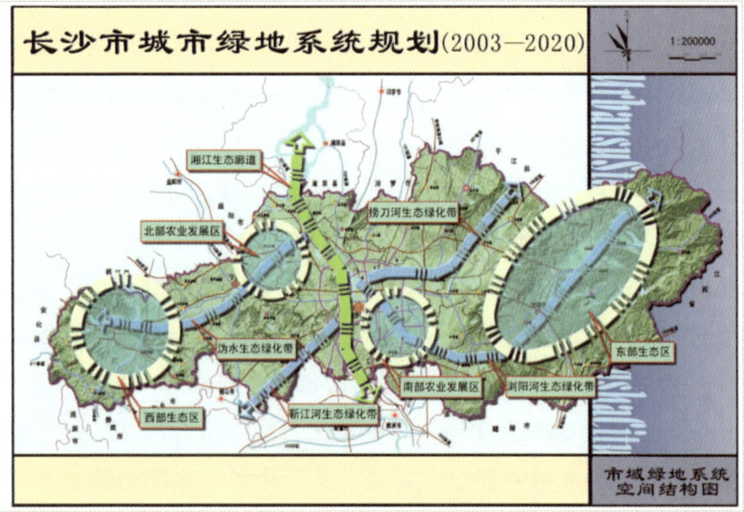

图 11-2-3-2 《长沙市城市绿地系统规划（2001—2020 年）》
（市规划局供图）

年)》。规定生态绿心地区位于长沙、株洲和湘潭三市交会地区，定位于长株潭城市群生态屏障、“两型社会”生态服务示范区，建设成为确保城市群生态安全的生态屏障和具有国际品质的都市绿心，面积约522.87平方千米，其中长沙305.69平方千米，占58.46%。

2012年，相继编制《长沙市生态控制线规划》《长沙市林业生态圈规划》，在城市规划区内划定生态控制线，规划市级综合性公园49个、主题公园14个、区级、居住区级公园125个，建设滨江绿带、街头花园、城市绿化广场等开敞绿地。公共绿地面积合计7618.5公顷，人均12.1平方米。沿城市主要对外铁路、高速公路两侧布置50米以上防护绿地；城市快速路、主要主干路、其他交通性主干路两侧宜分别设置30米、20米和10米的绿化带。

六、城市防灾

（一）消防。1989年，编制《城市消防规划》。规划近期新建5个消防站，并改建劳动广场修理所为专勤消防站。远期规划19个城市消防站，在潆银桥、望城坡、黑石铺等地新建7个消防站，其中望城坡为一级消防站。城市主要马路两侧要按国家规定每120米间距安装消火栓，规划在湘江沿岸设置4个消防车取水设施。结合旧城区的改造，疏通13个棚户区的消防通道。

2012年，编制《长沙市消防专业规划（2012—2020年)》。规划将长沙市规划建成区按照消防风险不同分为三大类，即城市重点消防地区、城市一般消防地区、防火隔离带及避难疏散场地。中心城区内共规划设置1处消防指挥中心、3处消防训练基地、1个消防物资储备中心和108个消防站。其中消防站保留现状21个，规划新建75个一级普通消防站、1个二级普通消防站、8个特勤消防站、5个专业消防站。

（二）防洪。1989年，编制《城市防洪规划》，规划到2010年按百年一遇堤防设防，2000年前不低于五十年一遇设防。

2000年，规划长沙市为全国重点防洪城市，设防范围南至暮云、坪塘，北至高塘岭、丁字，西至天顶，东至榔梨、黄花，总面积817.4平方千米，其中城市建设用地310平方千米。城市防洪标准和防洪等别：城市主体和河西新城防洪标准为200年一遇洪水，工程等级为I等。捞霞片和东岸垸、朝正垸、苏托垸、合丰垸、侯照垸、解放垸、南托垸、洋湖垸防洪标准为百年一遇洪水，工程等级为II等。其他地区防洪标准为三十年一遇洪水，工程等级为III等，防洪工程建筑物级别为3级，治涝工程建筑物级别为4级。根据流域水资源综合规划及防洪规划，结合湘江梯级开发，在湘江长沙段建设水利枢纽工程。

2010年，规划将整个中心城区防洪标准提高到二百年一遇。

（三）人防。1989年，编制《城市人防建设与城市建设相结合规划》。规划市区共划分24个战时防空片，每片工程建设主要内容有区域电源、水源，食品供应站和人员必备的生活条件。疏散路线和地域为：东区经东山桥、洞井铺两条线路向浏阳县的柏加、白沙、金刚地域疏散。南区经内、外环形桥向宁乡县巷子口、三仙坳和望城县的麻田地域疏散，西区经湘江大桥捞霞路向宁乡县的沩山和望城县的杨桥、友仁地域疏散，北区经洪山庙、长浏公路向长沙县的石常、开慧、五美和浏阳县的社港地域疏散。重点在人口稠密的旧城区建设人防工程，兼顾近郊与新发展区，其范圈106.8平方千米。人员掩蔽工程建设重点放在旧城改造和住宅小区开发建设方面，结合地面建筑按规定修建防空地下室。

2000年，编制《长沙市人防规划》，规划至2020年，全市实现人防工程面积189万平方米。结合新区开发、旧城改造以及地铁、过江隧道和其他大型基础设施建设，修建大型人防骨干工程。部分人防工程可结合城市绿地、广场及地下行人过街通道修建。各区、县均修建人防指挥所，2010年前全部建成，指挥通信实现市、区、县联网。人口在4万以上的居住区，防空地下室项目要配套齐全。建筑物下的防空地下室不能满足要求时，在空地、绿地须留位置，以备增建人防工程。

第四节 控制性详细规划

1990 年，《中华人民共和国城市规划法》颁布后，长沙市以此作为城市规划管理的依据，指导控制性详细规划、修建性详细规划的编制。根据城市总体规划的要求，对重点建设项目、村镇开展城市详细规划、设计工作，如袁家岭、伍家岭等立交桥设计等。

1991 年，长沙市着重进行旧城区、麓南分区、长善垸分区的规划编制，开展解放路、湘湖渔场、砚瓦池、湘江二桥东桥头公园等的详细规划，完成桔园、金盆岭、湘江二桥西桥头、火星小区规划的修改完善及报批工作。

1992 年，完成长沙市中心商业区（CBD）、解放西路东段、长善垸新合村、望城中心区、火炬区等 5 个控制性详细规划编制工作，累计 6.64 平方千米。尝试为一些大中型建设项目提供规划设计要点，完成橘子洲、月亮岛两个洲岛和暮云市、捞霞卫星城、星沙开发区 3 个卫星城的规划工作。

1993 年，以星沙开发区控制性详细规划的编制为尝试，长沙市引进竞争机制，放开规划设计市场，提高城市规划编制水平，推行规划设计招标制模式。继续采用编制“规划设计要点”办法，对控制性详细规划、修建性详规及单体设计等进行宏观管理，保证旧城改造和新区开发按照总体规划健康有序地发展。年内，完成汽车南站、西站的选址和控制性详细规划工作，全年共提出各类规划设计要点 184 份。翌年，完成湘湖渔场控制性详规和修建性详规以及旧城区控制性详细规划编制。

1995 年，完成环线两厢设计要点编制，湘江风光带一期开发工程控制性详细规划方案审核，完成市委、市政府、市人大、市政协、长沙警备区基地，新世纪文化城、毛泽东文学院、五一广场商业街区等重点项目区域详细规划工作。

1996 年，先后完成东塘、车站、跃进路、井湾子、圭塘、新开铺、马泉、坪塘、浏阳河 9 个分区规划的编制、专家评审工作，长沙市城区实现 18 个分区规划的全覆盖，长沙市城区控制性详细规划覆盖面 30%。是年，长沙市委、市政府搬迁基地控制性详细规划，长沙市月亮岛国际度假区控制性详细规划，长沙市经济开发区鹅秀组团控制性详细规划，浏阳市城关镇唐家洲居住区控制性详细规划获国家建设三等奖。

1997 年，长沙市城区控制性详细规划覆盖面 60%；翌年，全市完成建制镇总体规划并中心区修建性详细规划 16 个，乡集镇总体规划并中心区修建性详细规划 16 个，村庄和农村居民点详细规划 63 个。

2001 年，长沙市控制性详细规划全面完成市人民政府工作目标，城区覆盖面 90%。

2002 年，长沙市调动区一级政府编制城市规划的积极性，增加规划编制专项经费，共编制控制性详细规划 56 项，面积总计 100 平方千米，累计控制性详细规划增加到 212.41 平方千米。年内，开展总体规划、控制性详细规划道路上图工作。完成城市总体规划路网主次干道 322 条、城市道路 2072.48 千米的基础资料收集，形成长沙市已上线规划道路图、58 个制控制性详细规划路网图、长沙市制控制性详细规划路网分布图 3 个成果。通过评审、验收，形成长沙市城市道路上线的成果，城市道路的上线工作基本完成。翌年，编制控制性详细规划 62 项，总面积 280.43 平方千米。

2004 年，长沙市城市总体规划批复后，完成 17 个分区规划编制任务，都市区第一次实现分区规划的全覆盖，为控制性详细规划编制全面开展奠定基础。继续加大对控制性详细规划的编制力度，采取分

图 11-2-4-1 2004 年 9 月 24 日，长沙市规划管理局控制性详细规划公示座谈会召开 （市规划局供图）

阶段审查、经办人负责制以及按规划成果阶段支付设计费用等办法提高控制性详细规划编制质量，加快编制进度。至年底，累计完成编制控制性详细规划 86 项，面积 396 平方千米，城区覆盖率 100%。是年，推出《长沙市分区规划编制标准》《长沙市控制性详细规划编制标准》《湘源控制性详细规划 CAD 系统》，获得建设部高度肯定，并在全国范围内广泛推广。翌年，共编制控制性详细规划 86 项，总面积 491.41 平方千米。2006 年，深化完善高岭组团等 34 片控制性详细规划的方案与初步成果编制，完成望城坡工业园一期用地等 3 项控制性详细规划审批，大学城新发展区南片等 4 项控制性详细规划送审，麓谷四期等 27 项控制性详细规划成果审查等工作。

2007 年，编制隆平高科技园等 43 项控制性详细规划，其中审批 42 项，总面积 354 平方千米，主要为长沙县、望城县范围内及市内部分控制性详细规划修编。

2009 年，完成控制性详细规划整合成果和紫线、蓝线、绿线、橙线、黄线城市五线资料整合入库工作，推进专项规划成果整合和城乡规划统筹信息库筹建工作；编制江湾半岛（金霞小区）等 9 片区的控制性详细规划，控制性详细规划总覆盖面积近 60 平方千米。至年底，在总规指导下，全市编制分区规划 17 片，总覆盖面积 1060 平方千米，占都市区总面积的 73%；已编、在编控规 110 片（其中完成成果 72 片，规划覆盖面积 353 平方千米，已审批 65 片），实现都市区规划建设用地控制性详细规划全覆盖，规划覆盖面积约 627 平方千米。

2010 年，经过 13 家专业设计单位的工作，历经制订控制性详细规划评估工作手册、规划勘误、现状调研、规划进社区活动、规划评估、审查与完善、控制性详细规划评估成果审定 6 个阶段，全面完成长沙市控制性详细规划评估工作，形成市区控制性详细规划评估总报告和雨花区全区控制性详细规划评估汇总分析报告、6 个区层面控制性详细规划评估汇总报告、隆平高科技管理单元等 17 个规划管理单元控制性详细规划评估报告和《工业用地专项评估报告》《规划综合管理单元管理规定》《市区道路系统专项评估报告》《工业用地专项评估报告》《规划进社区居民问卷分析报告》《规划进社区活动资料》《规划评估索引》7 个专题报告的系列控制性详细规划评估成果。是年，启动控制性详细规划提升（基础设施部分）工作，完成 12 项控制性详细规划修编、编制和审查工作。翌年，启动新一轮控制性详细规划修改和中心区控制性详细规划提升工作，完成雨花环保工业园片等 12 项片区控制性详细规划编制工作。

2012 年，全面推进长沙新一轮控制性详细规划提升的编制审查工作，完成控制性详细规划提升技术方案、城市体快模型和现状调研初步方案，审查 10 项控制性详细规划，形成长沙市控制性详细规划提升工作市区全覆盖的局面。

表 11-2-4-1　　1991—2012 年控制性详细规划编制汇总一览表

年份	控制性详细规划名称	所处阶段	数量（个）	占地面积（平方千米）	规划覆盖面（%）
1991	解放路、湘湖渔场、砚瓦池、湘江二桥东桥头公园	完成编制	4	—	—
1992	长沙市中心商业区（CBD）、解放西路东段、长善垸新合村、望城中心商业区、火炬区	完成编制	5	6.64	—
1993	星沙开发区、汽车南站、汽车西站	完成编制	3	—	—
1994	湘湖渔场、旧城区	完成编制	2	—	—
1995	湘江风光带一期开发工程、市委等5大家基地、新世纪文化城、毛泽东文学院、五一广场商业街区	完成编制	5	—	—
1996	长沙市委长沙市人民政府搬迁基地、长沙市月亮岛国际度假区、长沙市经济开发区鹅秀组团、浏阳市城关镇唐家洲居住区	专家评审	4	—	控制性详细规划覆盖面达到30%
1997	—	—	—	—	控制性详细规划覆盖面达到60%
1998	马王堆、东屯渡、东岸地区、观沙岭	完成编制	4	—	—
1999	编制控制性详细规划	完成编制	6	—	控制性详细规划覆盖面达到70%
2000	高等级和高速公路的互通式立交桥处的小城镇	完成编制	—	—	—
2001	5座大型的互通式立交桥所在村庄	完成编制	—	—	控制性详细规划覆盖面达到90%
2002	长沙大道一段两厢等	完成审批	6	212.41	—
	暮云环保科技产业园等	完成专家审查	4		—
	东岸乡等	完成编制	34		—
2003	雅塘村片等	完成编制	34	140.52	—
	新世纪大道西段两厢	完成编制	28	139.90	—
2004	—	—	—	—	—
2005	雅塘村片、桐梓坡片等	市人民政府审定	33	131.04	—
	人民东路以北片等	完成规划编制和报批	25	106.47	—
	隆平高科技园等	完成规划编制	8	67.31	—
2006	望城坡工业园一期用地	市人民政府审定	3	268.28	—
	大学城新发展区南片等	完成送审稿编制	4		—
	麓谷四期等	完成阶段成果编制	27		—

续表 11-2-4-1

年份	控制性详细规划名称	所处阶段	数量（个）	占地面积（平方千米）	规划覆盖面（%）
2007	长株潭三市结合部的暮云东片、暮云西片和暮云南片等	—	43	—	城市建设用地控制性详细规划实现都市区范围内全覆盖
2008	—	—	5	40	—
2009	江湾半岛（金霞小区）、高新区信息产业园、滨江新城、含浦白鹤片、黎托片（武广新城）、长潭西线以西、梅溪湖片、洋湖垸、南湖新城等	完成编制	9	60	—
2010	雷锋湖片区、梅溪湖片区、洋湖垸片区、滨江新城片、南湖新城片、雨花环保科技产业园东片、雨花环保科技产业园西片、黎托片（武广新城）、暮云南片长株潭烟草物流园路网、新河三角洲等	完成编制和审查	10	—	—
2011	隆平片	完成初步成果审查	1	—	—
	雨花环保工业园西片、芙蓉 CBD 核心区、湘雅二医院	完成入库	3	—	—
	环科园东片、新河三角洲片	上报市政府	2	—	—
	沙坪组团、火车北站片区、望城区滨水新城	完成专家评审	3	—	—
	黎托片、桃花岭	完成评审	2	—	—
	南湖新城片	完成编制	1	—	—
	梅溪湖片	完成审批	1	—	—
2012	空港城核心区等	—	12	—	—

第五节 县（市）镇规划（乡村规划）

一、县（市）总体规划

1988 年，望城县、浏阳县分别实施 1983 年和 1985 年编制的县城建设规划。1990 年，宁乡县完成《宁乡县城总体规划》编制并通过审议。浏阳县启动城市总体规划修订工作，肯定县升为县级市的方案。1992 年，长沙县第一次编制《长沙县城市总体规划》，在望新乡（今星沙镇）规划建新县城，远期规划 20 平方千米，近期开发用地 14 平方千米，人口规模 8 万至 10 万人，人均建设用地指标 120~150 平方米，人均绿地 141 平方米，用地单位绿化不少于总面积的 30%。总体规划包括用地、道路交通、环境、电信、电力、供水、园林、供热、供气、污水排放、农田水利、建设布局12个规划和道路、绿化、设备、中心构成、公共设施及商住区五大系统工程。

1993年，望城县对县城规划进行修订，扩大县城建设规模。规划到2010年人口15万，用地规模15平方千米。经国务院批准，浏阳县撤县设县级市，以原浏阳县行政区域为浏阳市的行政区域。年内，《浏阳市城市总体规划纲要》完成编制，并获长沙市人民政府批准。浏阳市总体规划的范围是：东以浏阳河西岸、三水厂、麻纺厂为界，北至关口乡复兴村、上筱水塅、西北到太和、平水，西到严家冲、泉水冲，南至杨家弄，东南至天马山边。规划区总面积30平方千米，人口控制至2000年按12万人，2010年按20万人，城市主要发展方向为东北方向。

1996年，《长沙县城市总体规划》实施，长沙县治从长沙市潘家坪迁址星沙，结束有县无城的历史。翌年，宁乡县完成《宁乡县县城总体规划（1997—2015年）》编制。

1999年，望城县编制《望城县县城总体规划（1999—2020年）》。确定以“一点一线”及“融城强县”发展构想为指导，县城定位为长、株、潭城市群核心区的二级城镇，长沙市都市区外沿的一个综合性产业组团，市区新产业开发及置换外迁企业基地，望城县的政治、行政中心，具有江南水乡特色的生态城市。规划区面积扩大到114平方千米。至2020年，县城城区建设用地控制20平方千米。人口规模近期（2000年）7.5万人，中期（2010年）10万人，远期（2020年）18万人。翌年，宁乡县编制《宁乡县城总体规划（2000—2020年）》，确定城市性质为：集商贸、休闲为一体的长沙市卫星城，具有山水城市风光的生态城市，宁乡县政治、经济、文化、科技、信息中心。

2002年，长沙县依据长沙市城市总体规划，县城星沙在1998年30平方千米总体规划的基础上进行扩容、调整，已规划成60平方千米。望城县完成对《望城县县城总体规划（1999—2020年）》的修编工作。宁乡县完成对县城总体规划进行第二次修编工作。

2003年，建设部、湖南省人民政府批准实施《浏阳市城市总体规划（2001—2020年）》，明确浏阳市为长株潭地区的重要次中心城市，全市政治、经济和文化中心，以生物医药、旅游和服务业为主导产业的山水园林式的花炮名城。规划近期（2005年）年城区总用地面积18平方千米，人均用地指标90平方米。中期城区总用地面积24平方千米，人均用地指标92.31平方米。远期城区总用地面积34.92平方千米，人均用地指标99.77平方米（按35万人）。远景52平方千米，人均用地指标104平方米（按50万人）。确定浏阳市中心城区的面积37.32平方千米。

2004年，按照《长沙市城市总体规划（2003—2020年）》，长沙县完成《长沙县总体规划星沙分区规划》的修编，基本完成县城17个专业规划和控制性详规、14个乡镇总体规划修编和4个小康示范村的规划编制。是年，宁乡县城以“一中心四组团”规划城市布局，以老城区为依托，重点向北发展，形成“一中心，四组团”的放射状城市空间格局：“一中心”即以老城区为依托的综合功能中心；“四组团”即“休闲组团”“白马组团”“沙河组团”“历经铺组团”。

2005年，长沙县编制《长沙县县城总体规划（2003—2020年）》，县城规划区范围包括星沙镇、榔梨镇、黄花镇、干杉乡等5个乡镇，规划区土地总面积约440平方千米。县城城镇化水平2010年55%左右，2020年达到75%左右，届时城镇人口分别85万和100万左右。规划中心城市1个，中心镇8个（星沙除外），一般建制镇10个，一般集镇20个，中心村59个。是年，望城县修编《望城县城总体规划（2005—2020年）》，着力将望城县县城建设为“开放、富强、文明、秀美”的省会生态新城区，此次修编规划县城用地以向南发展为主，东部、西部发展为辅，总体构建“一心、双核、三区、四轴”的城镇发展空间结构："一心"即以长沙市为中心；"双核"即高星组团、含浦组团；"三区"即河东经济区、中西部经济区、南部经济区；"四轴"即长湘公路、雷锋大道、319国道、学（士）雨（敞坪）公路四条发展轴线。

2007年，长沙县编制《长沙县城乡一体化规划（2005—2020年）》，规划形成"一心三镇六组团"的城镇空间布局结构。规划到2020年，建成中心城市（县城）1个、中心镇3个（星沙除外）、一般建制镇16个（含核心区6组团）、一般集镇20个、中心村43个、基层村96个。规划城镇人口125万，农村地区总人口约30万，城镇化水平78%。

2009年，宁乡县启动《宁乡县总体规划》修编。

2011年，长沙县修订县城总体规划，确定县城性质为国家级经济技术开发区，长沙大都市发展地域内的副中心城市，全县的政治、经济、文教、科研、信息中心，以外向型高科技工业和高效农业为特色的现代化城市。规划至2020年县城50万人，建设用地60平方千米。其中长沙经济技术开发区20万人，30平方千米。确定长沙县形成"一心三园区、双龙捧珠"的城市空间结构。"一心"即长沙县全县的政治、经济文化中心；"三园区"即长沙经济技术开发区、松雅河生态休闲园和政务中心区；"双龙捧珠"即将县城南、北两条自然水系浏阳河和捞刀河有机结合起来。是年，浏阳市修订《浏阳市城市总体规划（2010—2020年）》，确定浏阳市城区人口规模70万人，建设用地75平方千米，并将浏阳市永安、洞阳、北盛、蕉溪等乡镇纳入规划区范围。是年5月20日，经国务院批准，望城县撤县设区，成建制划为长沙市第六个区。

2012年，《长沙市城市总体规划（2003—2020年）》修订后，长沙县全部划入长沙市规划区，明确县城性质为：国家级经济技术开发区，长沙大都市发展地域内的副中心城市；全县的政治、经济、文教、科研、信息中心；以外向型高科技工业和高效农业为特色的现代化城市。规划长沙县城2010年城市人口25万左右，2020年城市人口50万左右。规划确定2010年长沙县城人均城市建设用地指标120平方米/人，用地规模30平方千米；2020年人均城市建设用地指标120平方米/人，用地规模60平方千米。县域基本形成"一带四园、双龙拱珠"的县城空间格局。"一带"即连接县行政中心与环保产业园展示中心的综合服务带；"四园"即星沙工业园、黄兴环保产业园、松雅河生态休闲园和城西生态居住园。是年，长沙市望城区与《长沙市城市总体规划（2003—2020年）》（2011年修改）规划对接研究（河西部分）完成；望城区滨水新城核心区控制性详细规划获批长沙市人民政府批复，明确该控制性详细规划是滨水新城规划范围内建设和管理的基本依据。规划总用地面积34.85平方千米，北至沩水河，西至金星大道、雷锋大道，东至湘江西岸，南至二环路。构筑望城的新城市中心，大河西先导区的核心板块，长沙的生态TBD（都市旅游商务区），"宜居、宜业、宜游"的高品质幸福生活水城。总用地规模34.85平方千米，城市建设用地规模30.59平方千米，水域面积4.26平方千米。人口规模约35万人。规划形成"两轴贯通、四区串联，中心放射、四脉碧透"的功能结构。年内，经湖南省人民政府同意，浏阳市开展《浏阳市城市总体规划（2001—2020年）》的修改工作。规划市域城镇体系空间格局为"三级中心、四条轴线"。"三级中心"即市域中心城市、中心镇、一般镇3个等级。市域中心城市：一主一次，分别为浏阳中心城区和工业新城；中心镇有古港——沿溪组合城镇、大瑶镇、镇头镇和沙市镇4个；一般镇12个。城镇发展轴线:两主轴即长浏高速经济走廊和浏阳河新农村建设示范走廊；两副轴即西北部发展轴和南部发展轴。是年，宁乡县完成《宁乡县总体规划（2010—2020年）》修编，确定城市性质为全国一流的经济强县，大长沙的次中心，宜居美誉的生态城市。规划至2020年全县形成"中心城区—重点镇—

一般镇—村庄”的4级城镇体系，其中中心城区人口规模70万人，成为大城市；重点镇6个（煤炭坝、花明楼、灰汤、老粮仓、横市、青山桥），一般镇21个，若干个特色村庄。规划形成“一主六辅、三轴三带、五大功能板块”的县域城镇空间结构。“一主”即中心城区；“六辅”即6个重点镇，“三轴”即长株潭“3+5”城市群中长（沙）常（德）发展主轴；沿益娄衡高速和长娄高速公路的两条城镇发展次轴；“三带”即县域内的城镇发展带，依托省道209的城镇发展带、由宁韶高速和省道208组成的复合城镇发展带以及沿宁灰省道和311省道的城镇发展带，“五大功能板块”即规划整个县域分为主体、中部、西北、西南和东南五大功能板块。

二、重点镇规划

1988年，长沙市根据农村改革的深入和社会经济建设发展需要，对已编制的集镇规划分批进行调整，并在宁乡县花明楼等镇进行规划建设试点，引导农民建房由分散向集中发展；至1991年，调整完善的重点镇规划有花明楼镇、金井镇等。

1994年，长沙市开展第一轮农村集镇规划编制，长沙县金井镇、望城县雷锋镇完成总体规划编制，并获湖南省规划评比一等奖、二等奖。翌年，完成浏阳市永安镇报建设部试点镇工作及永安镇总体规划修编审查，对大围山风景区开发开展规划前期工作，对宁乡县花明楼集镇规划修编。

1997年，编制宁乡县花明楼镇、灰汤镇，浏阳市大围山镇等历史保护和旅游开发区规划。翌年，浏阳市完成大瑶镇总体规划编制，并获湖南省规划评比二等奖。

2000年，望城县星城镇被国家计划委员会确定为全国生态环境保护试点镇，长沙市对星城镇制定近期（1999—2005年）发展规划。长沙县完成开慧镇规划，并对暮云镇总体规划进行修编。翌年，金井镇、大瑶镇、花明楼镇、永安镇4个重点镇列入全市10个修编的试点镇范围。

2005年，望城县编制《乔口镇总体规划》，长沙县编制《暮云镇总体规划（2005—2020年）》。

2006年，长沙县完成《暮云镇总体规划（2005—2020年）》，规划至2020年镇域总人口数24万，暮云城区人均用地指标125平方米/人，城市用地规模30.65平方千米（其中建设用地26.82平方千米），布局面向长株潭的旅游、商贸、交通物流等区域性公共设施，以发展成为长株潭区域第三产业发达基础设施完善的生态新城。是年，浏阳市完成《镇头镇总体规划（2006—2020年）》，规划至2020年，镇头镇镇域内城乡建设用地面积13.3平方千米，其中集镇建设用地6平方千米，村庄建设用地5.3平方千米，区域交通设施用地2.3平方千米。国土规划建设用地指标14.2平方千米。规划至2020年，镇头镇镇区内城乡建设用地面积603.99公顷。镇域村镇布局结构为“一心一轴三点”：“一心”即镇头中心城区；“一轴”即指211省道；“三点”即跃龙、北星、土桥3个中心村。镇区的空间结构为“一洲两江三组团”：“一洲”即百步滩；“两江”即浏阳河和小河；“三组团”即镇头组团（含金田）、甘棠组团和纺织工业组团。

2007年，长沙县完成《长沙县金井镇总体规划（2006—2020年）》，中心镇区规划区规模由原总规的3.5平方千米扩大至6平方千米，形成“一心两翼三组团”的发展结构：“一心”即商贸游憩中心；“两翼”即优质生活翼（北部生态居住服务区）和绿色工业翼（南部绿色工业区）；“三组团”即老金井、脱甲、观佳3个老集镇。同时，批复《长沙县开慧镇总体规划（2006—2020年）》，规划至2020年，开慧镇镇域内城乡建设用地面积4.29平方千米，镇区内城乡建设用地面积4.29平方千米。规划以红色文化观光、现代商贸物流为主导功能，以优质智能人居、尖端数码科技为特色功能，以绿色生态、环境保育为支撑功能的田园式现代化新型小镇。规划“1镇造3城，9区33项目”的发展思路：3城即北部生态休旅城，辖精致休闲旅游养生度假区、“中国绿生活”教育产业园、“大地彩绘”地景艺术产业园3区，共9个开发项目；东部奥特莱斯商贸城，辖奢侈品免税商贸区、有机名品牌特业工业园、环城观光车站3区，共14个开发项目；西部母蕴文化数码城，辖湖湘文化创意产业园、影视数码媒体产业园、文化商业廊观光旅游区3区，共10个开发项目。是年，浏阳市完成《浏阳市大围山镇总体规划（2007—2020年）》，规划至2020年，镇域总人口2.86万，城镇人口1.28万，城镇化率45%；镇域内城乡建设用地面积3.95平方千米，其中城乡居民点建设用地3.08平方千米，镇建设用地0.87平方千米。

2008年，浏阳市完成《浏阳市大瑶镇总体规划（2008—2020年）》，规划将镇域城乡空间分成“中心镇区—社区—村”三级结构，形成以镇区为中心的“一心两轴，协调发展”的空间格局：“一心”即指镇区，包括南川社区、汇丰社区、崇文社区、天和社区和强盛村部分用地；“两轴”即106国道和319国道发展轴，上升村、三元村、南山村和南阳村位于106国道发展轴，强盛村和李畋村位于319国道发展轴上。同时，完成《沿溪镇总体规划（2008—2020年）》，规划形成建制镇—中心村—基层村的三级镇村体系结构，确定1个建制镇即沿溪镇，2个中心村即大光社区、沙垅村，4个基层村即金桔村、花园村、礼花村、大光湖村，形成“一主、两次、四点”的镇村空间格局。城镇功能结构为：“三轴、四心、一带”：“三轴”即新浏东公路形成的“交通轴”，东恒路（通往永和）两厢形成的“商业轴”，由沿溪大道形成的“绿化景观轴”；“四心”即以帝问路商业步行街和汽车站为核心的商业中心，以现状和拟规划新政府办公区为核心的行政中心，由沿溪大道向东至大光河滨水景观带形成的文化娱乐中心，新浏东公路以南、沿宝路以西的科研培训中心；“一带”即沿大光河建设滨水绿化景观带，在大光河流经镇区段两岸建设沿溪公园，着力展现沿溪山水风光。规划至2020年，沿溪镇镇域内城乡建设用地面积984.79公顷，其中城乡居民点建设用地938.54公顷。国土集镇建设用地指标188.39公顷，农村居民点用地指标459.89公顷。规划至2020年，沿溪镇镇区内城乡建设用地面积464.20公顷，其中集镇建设用地457.95公顷。国土集镇建设用地指标188.93公顷。翌年，望城县莲花镇、宁乡县灰汤镇列入大河西先导区范围，并完成总体规划修编。《莲花镇总体规划（2008—2020年）》实行城镇空间规划、土地利用规划、生态环境保护规划和产业发展规划“四规合一”。总体规划中确定2020年，镇域总人口7.9万，镇区人口4.0万，城镇人口5.95万，城镇化率75.32%。镇域内城乡建设用地面积13.45平方千米，镇区内城乡建设用地面积4.86平方千米。《灰汤镇总体规划（2008—2020年）》提出，规划至2020年，灰汤镇镇域内城乡建设用地面积1283.96公顷，其中集镇建设用地947.49公顷，村庄建设用地110.04公顷，其规模均控制在国土集镇建设用地、农村居民点用地指标以内；区域交通设施用地38.48公顷。规划至2020年，灰汤镇镇区内城市建设用地面积946.79公顷，发展备用地及非建设用地面积1149.62公顷，其用地规模控制在国土集镇建设用地指标内。是年，望城县启动《铜官镇总体规划》。

2010年，望城县编制《乔口镇总体规划修改（2010—2020年）》，规划至2020年，镇域总人口4.1万，日均游客0.5万~1.0万人次，城镇人口1.7万，城镇化率40%；镇域内城乡建设用地面积9.32平方千米，镇区内城乡建设用地面积5.63平方千米。是年，浏阳市完成《永安镇总体规划（2010—2020年）》，规划镇村体系空间结构为“一心、二片、三轴、多点”：“一心”即镇区以及制造产业基地；“二片”即丰裕工业小区和芦塘居住片区；“三轴”即319国道、开元大道及经七路城镇空间发展轴；“多点”即每个村的新建、整治居民点及相关配套设施。镇区规划结构为“两心、两轴、三组团、三片区”：“两心”即永安镇老镇区和浏阳工业新城中心区公共配套服务中心；“两轴”即沿319国道及经七路两条城市发展轴；“三组团”即永安老镇区居住组团、坪头居住组团及工业新城中心区居住组团；“三片区”

即以 319 国道和长浏高速公路划分的北部先进制造工业片区、南部再制造工业片区及西南部临空产业及其他工业片区。规划至 2020 年，永安镇镇域内城乡建设用地面积 5852.72 公顷，其中集镇建设用地 5551.56 公顷，村庄建设用地 214.18 公顷，区域交通设施用地 86.98 公顷。国土集镇建设用地指标 752.54 公顷，农村居民点用地指标 1496.45 公顷。镇区内集镇建设用地面积 3098 公顷，远超出国土集镇建设用地指标。各类用地中，居住和工业用地所占比重较大，居住用地面积 679.75 公顷，占 21.94%；工业用地面积 1166.91 公顷，占 37.67%。年内，望城县完成《铜官镇总体规划（2010—2020 年）》编制，规划镇域内 2020 年规划建设用地总计 901.59 公顷，其中镇区面积约 876.10 公顷，村庄建设用地面积 25.5 公顷，全镇 2020 年规划总人口 7 万，人均建设用地面积 129 平方米；把铜官镇建设成为历史人文底蕴深厚、经济发展持续、环境优美、富有特色的综合型中心镇，形成“一镇一基地三组团”的产业布局。是年，完成的《沩山镇总体规划（2010—2020 年）》中，明确沩山镇为旅游型城镇，重点发展旅游业及住宿、餐饮等相关配套产业；产业定位是，长沙市河西百里茶叶走廊重要组成；区域布局是，以自然风景为核心的生态旅游业基地；交通定位是，“宁乡—沩山”廊道，主要依托 209 省道、黄沩公路构建，是宁乡县城向西的主要交通走廊，区域旅游线路的重要环节。沩山镇总体规划中确定 2020 年，镇域总人口 1.91 万，镇区人口 0.7 万，城镇化率 36.6%；规划至 2020 年，镇域内城乡建设用地面积 3.88 平方千米，镇区城乡建设用地面积 2.38 平方千米。

2012 年，长沙市根据人口规模、交通区位、产业基础、辐射作用等主要因素确定 15 个重点小城镇，并开展全市 15 个中心镇（小城市、特色镇）的筛选论证工作，其中，确定小城市的镇有铜官镇、永安镇、大瑶镇、灰汤镇；中心镇有金井镇、沿溪镇、镇头镇、花明楼镇和流沙河镇；特色镇有开慧镇、乔口镇、沩山镇、莲花镇和大围山镇（暮云镇被长沙市建成区覆盖，故未将其纳入其中）。按照长沙市《关于加快中心镇（小城市）建设推进城乡一体化发展的若干意见》的要求，形成《长沙市 15 个重点建设的小城镇规划建设情况调研报告》。是年，宁乡县编制《流沙河镇总体规划》（2012—2030 年），规划至 2030 年，流沙河镇镇域内城乡建设用地面积 878.19 公顷，其中集镇建设用地 457.27 公顷，村庄建设用地 421.92 公顷，区域交通设施用地 126.99 公顷，国土规划建设用地指标 949.23 公顷。规划至 2020 年，流沙河镇镇区内城乡建设用地面积 419.74 公顷。同时，宁乡县重新编修《花明楼镇总体规划（2012—2020 年）》，按照小城市框架、中心镇定位，打造现代生态旅游新城，规划近期人口 6.5 万、远期达 10 万人口的花明新城，集镇核心用地范围从 6.8 千米扩展 14.16 平方千米，调整土地利用规划 9.8 平方千米。构建“四横三纵两环”的道路交通网络，形成绕镇环线、绕馆环线、绕核心景区环线，实现新老镇区大融合。规划至 2020 年，镇区规划人口 4.7 万，镇域内城乡建设用地面积 1389.55 公顷，其中集镇建设用地 980 公顷，村庄建设用地 288.25 公顷，区域交通设施用地 121.30 公顷。国土规划建设用地指标 1796.21 公顷。规划至 2020 年，花明楼镇镇建设用地面积 980.01 公顷。年内，对莲花镇“两型”示范镇总体规划修改。

三、乡村规划

1988 年，全市有 41 个村编制村庄规划。随着农村改革的深入和社会经济发展，对已编村镇规划进行调整，先在望城县梅花岭、黄花塘，宁乡县花明楼、嵩塘坳等村进行规划建设试点。翌年，完成 26 个村规划的调整完善工作。

1993 年，全市完成 9 个村庄规划的调整完善。长沙县江背镇印山村编制的中心村规划获湖南省规划评比一等奖，并代表湖南省参加全国小城镇建设“八五”计划成就展。翌年，望城县作出《关于加快小城镇建设的决定》，推进城乡一体化建设。

1996年，全市开展村镇规划设计评优工作，浏阳市永安镇万家中心村规划项目获得长沙市规划设计评比二等奖。

2000年，长沙县中心村规划全面启动，年内黄花镇黄垅新村，安沙镇毛塘村、和平村，黄兴镇南田村，跳马乡双溪村，金井镇惠农村等一批中心村均完成村镇规划编制工作。

2004年，长沙市完成白马桥、书江村等36个中心村、小康示范村的总体规划编制和审批。年内，浏阳市渡头村、良田村、长沙县白田村、雨花区双溪村等4个小康示范村入选湖南省委省政府确定的100个全面小康示范村名单；完成4个村的规划方案，均体现出村庄公园化、住宅集中庭院化、建筑风格地方特色化、产业布局规模化的特征，对小康示范村设计进行总结，出版《长沙市小康示范村住宅设计方案集》。翌年，编制小康示范村规划25个。

2006年，全面开展建设社会主义新农村的规划、建设，提出3年内完成600个村庄的规划编制工作，实现村庄规划覆盖率50%的目标。优先编制属于长沙市总体规划都市区范围内的村、100个重点整治村名单的村、革命先辈家乡的村、纳入小康示范村名单的村、区位优势较好的中心村等。长沙市联合湖南大学、中南大学、湖南师范大学、长沙理工大学、中南林业科技大学5所高等院校，组织600余名大学生和100名设计人员开展社会主义新农村规划前期调研，制定《长沙市村镇规划编制技术标准》《长沙市村镇规划编制成果标准》《长沙市村庄规划编制办法（试行）》等文件，并开发“长沙市村庄规划编制专用软件”，编辑出版《走进农村——长沙新农村规划调研纪实》《长沙市社会主义新农村村庄规划调研成果汇编》。年内，完成210个村的规划编制，重点完成浏阳市仓坊社区、乌石龙村、上洪社区、马站村，宁乡县花明楼镇炭子冲村、长冲村、堆资村7个革命先辈家乡的村规划编制工作。至2008年年底，完成634个村庄的规划编制工作，村庄规划的覆盖率53%以上。

2009年，继续推进社会主义新农村规划建设工作，出台《中共长沙市委推进城乡一体化发展工作纲要》，年内完成望城县光明村、宁乡县关山村、浏阳市新开村等62个历史文化名村、新农村示范村规划提升以及105个村庄规划编制工作。

2010年，开展“长沙市都市圈城乡一体化试点示范片区选址”研究，根据《推进城乡一体化发展和建设扶贫点示范工作实施方案》，选取望城县光明村、浏阳市永安镇建新村等11个村庄作为编制城乡一体化试点规划的村庄（社区）。光明村按照“整体规划、分步实施、整合资源、重点突破”的发展思路，以自然环境为依托，科学划分功能布局，以现有经济条件为基础优化产业结构，以原有生活设施为骨架完善基础设施，先后编制《望城县白箬铺镇光明村新农村建设总体规划（2009—2020年）》《光明村入口广场景观设计》《光明村民居改造》等一系列规划，实现示范区内基础设施齐备、交通路网完善、现代农业产业有序发展、农村经济和社会事业全面协调可持续发展。年内，全市完成50个村

图11-2-5-1 2006年8月31日，长沙市社会主义新农村建设村镇规划方案评审会召开 （市规划局供图）

城乡一体化规划编制任务（含11个试点村）。翌年，制定《长沙市城乡规划一体化实施细则》，修订《长沙市村庄规划编制办法（试行）》等文件，完成15个村镇规划编制工作，村庄覆盖率68%

2012年，长沙县203个村、望城县111个村全部编制村庄规划；浏阳市321个村已经完成285个村庄规划；宁乡县425个村，编制140个村庄规划（另有37个村编制控制性详细规划，不再单独编制村庄规划）。至此，长沙全市1060个村庄，776个村庄完成规划编制，剩余284个村需编制村庄规划，村庄规划覆盖率约73%。

第六节　城市规划研究

20世纪80年代末90年代初期，长沙市并未开展系统性的规划研究，个人研究是规划研究的主要形式。1994年，根据建设现代化国际性城市的宏伟目标，开展跨世纪的现代化国际性城市发展的规划框架研究及社会主义市场经济对城市发展影响的研究，选送8篇论文参加长沙市创建国际性城市研讨会，为城市总体规划的修编打下较好的理论基础。

2004年，完成《长沙市城市空间形态及建筑风貌规划研究》，研究针对城市规划、城市设计与建筑设计等领域所面临的问题进行剖析，提出符合长沙市城市空间发展规律，有利于历史格局保护，以及塑造“山、水、洲、城”城市形态特征的高层建筑布局方案；提出长沙城市建筑风貌的规划引导与控制策略，制定管理导则；按自然特征、形态要求及功能区划提出高层建不可建区域及可建区域的限制条件；提炼出影响城市空间形态及建筑风貌布局的机制及其设计理论方法。

2005年，开展《长沙市城市规划技术标准与准则》研究。研究参考国内先进城市规划技术管理准则，对接国家有关规范技术标准及强制性条文，结合长沙市原有技术规定，形成一套适合长沙市城市规划编制与规划管理的技术标准。12月27日，建设部专家库6位专家和省内8位专家组成专家组对研究课题进行审查，并提出修改意见。研究单位根据专家意见修改完善后于翌年3月提交最终成果。

2006年，完成《长沙市城市高层建筑布局规划研究》，研究针对长沙市城市建设快速发展的状况，着重研究长沙城市空间形态及长沙建筑风貌，通过对长沙高层建筑基础资料的调查和分析，梳理长沙市高层建筑的演变规律和分布特征，提出“建构地价分布与高层建筑布局相关理论模型”等未来布局规划的4个目标，最终提出高层建筑总体布局规划，并划分5个等级对高层建筑进行分区控制，制定重点地段管理单元图则；同时还对城市界面天际线、城市景观视廊、眺望系统、街道尺度等进行相应的规定和控制。年内，还编制完成《长沙市城市道路交通状况2006年度报告》《长沙市城乡规划实施年度报告》，对全市是年规划管理情况、长沙市规划编制及实施情况、交通规划与组织状况实施全面跟踪调查和年度总结分析，至此，长沙市对上述报告形成“一年一编”的工作惯例。

2008年，长株潭城市群“两型社会”综合配套改革试验区获国家批准，为选定一个长沙“两型社会”先导区先行先试，开展长沙市“两型社会”先导区规划选址论证研究。研究借鉴国内新区规划建设经验，立足于“两型社会”下先导区的发展定位，综合对比河西先导区、城北先导区、城东先导区3个选址方案，最终推荐西方案——河西先导区为首选方案。年内，《中华人民共和国城乡规划法》出台，长株潭城市群获批“两型社会”综合配套改革实验区，长沙市决定规划建设长沙大河西先导区等，对《长沙市城市总体规划(2003—2020年)》实施情况进行评估，通过对长沙市城市总体规划的实施绩效分析和实施机制分析，肯定《长沙市城市总体规划（2003—2020年)》对城市建设发展的重要指导作用，并基于城市发展条件提出适时修编长沙市城市总体规划的建议，最终形成《长沙市城市总体规划实施评价报告》。是年，还对“长沙市工业用地规划控制指标”课题进行研究，旨在贯彻落实国务院关于促进节约集约用地的政策精神，探索工业用地集约节约利用的新途径、工业用地指标调控的新手段。研究抽样调查经开区、高新区、中心区、新井片、和望城县工业园区的226个工业企业的用地情况，分别从用地面积、容积率、建筑密度、绿地率、配套设施所占比重五个方面分别与国务院颁布的标准进行比较。通过对控制指标的评价与选取，提出新的控制方式，根据各不同行业的性质和生产要求确定指标值。同时，还先后完成“‘两型社会’建设背景下长沙市城市边缘区发展研究”“长沙市中心区交通微循环改善规划研究”“长沙市居住用地容积率研究”等课题，提出长沙市边缘区发展模式及建设对策，长沙市支路建设策略和建设目标，确定不同密度分区、不同用地规模及层数的情况下对应的居住容积率值及容积率奖励制度等。

图 11-2-6-1 2012 年，长沙市规划管理局分批赴国内 12 个先进城市调研并形成《长沙市规划管理现状报告》（市规划局供图）

2009 年，完成《长沙市综合交通规划评估》。以 1998—2008 年为评估时间跨度，从交通规划实施性、适应性和协调性三个方面，重点对《长沙市城市交通规划（1999—2010 年）》《长沙市城市总体规划（2003—2020 ）》中的“综合交通专项”内容进行评估分析，提出新一轮综合交通规划修编的重点内容。同时，在对“长沙市区湘江过江通道规划与研究”课题研究中，通过对过江交通需求进行预测，确定过江通道车道数及过江通道位置，推荐建设时序，其间多次组织专家论证，成为长沙市过江交通建设的重要依据。年内，先后完成“长沙市城乡规划实施机制研究”“城市化对城市建设用地结构影响研究”等课题。是年，市规划院《武广客运专线新长沙站地下配套交通枢纽建设工程可行性研究报告》获得国家（部）级二等奖。

2010 年，完成《长沙市城市设计控制指标与引导指标体系框架研究》。研究从控制性详细规划中的城市设计阶段入手，通过分析不可或缺的城市涉及的设置原则及设计特点，尝试从建筑体量、城市公共空间角度，将文字性的城市设计思想指标化，提出设置环境宜居度指标的建议。

2011 年，完成《轨道交通对城市用地结构影响研究》。从长沙市轨道交通的城市用地特征研究着手，分析轨道交通与城市空间结构的相互影响，揭示规划管理对轨道交通的用地结构控制，提出轨道交通与城市用地使用控制实施策略。

2012 年，开展大型课题“长沙市城乡规划管理提质发展研究”，分 10 个专题对长沙市规划管理现状进行分析与评估，分 4 批就 10 个专题对全国 12 个国内规划管理先进城市进行调研。完成《长沙市规划管理现状报告》《长沙市城乡规划管理提质发展报告》，为提升规划管理水平提供全面、权威的参考。同时还完成《长沙市建筑高度分区研究》。研究根据总体高度分区影响要素分析，将城市高度分区分为严格控制区、限制发展区、引导发展区、一般发展区四类，并对每个区域的范围进行划分，设置建设高度的原则和具体建议值。之后以该课题内容和成果为基础先后制定《长沙市建筑高度规划修改有关问题的规定》《长沙市容积率管理规定》。是年，完成《长沙市历史街区周边建设控制地段建筑布局研究》《长沙历史街区民居生态化保护策略研究》。

第七节 城市勘测

一、大地测量

20 世纪 80 年代末期，美国全球卫星导航定位系统（GPS）逐渐向民用开放后，推动长沙市大地测量工作的发展。1992 年，长沙市启动高精度首级基础控制网的布设工作，引进 3 台单频美国 GPS 接收机、2 台全站仪等先进测绘技术装备投入大地测量，至 1993 年年底，完成长沙市高精度首级基础控制网测量工作，布设二等 GPS 点 18 点，联测已有三角网点 112 点，覆盖城区及周边 500 平方千米（二环线内及周边区域），统一西片、北片、南片控制网，建立现代框架基准的长沙市独立坐标系。

1997 年，按照国家 GPS 测量规范要求，启动长沙市 C 级、D 级 GPS 网的布设工作，至 1998 年年底，完成 C 级 GPS 点 38 点、D 级 GPS 点 119 点，覆盖面积 1200 平方千米（三环线内及周边区域），扩大长沙独立坐标系的覆盖范围，提高长沙独立坐标系的整体精度。

2002 年，对三环线内及周边区域范围内的 C 级 GPS 点进行重新联测，引进美国产阿司泰克公司的双频 GPS 接收机三套，用于 GPS 高精度静态定位测量、GPS RTK 测量，历时 6 个月，共实测 C 级 GPS 点 35 点，构建长沙市 GPS RTK “流动” 基准站网。

2004 年，启动新一轮的控制网布设工作，根据《长沙市政府办公厅关于统一长沙市直角坐标系的通知》要求，长沙市行政区划范围内所有直角坐标系统一采用长沙直角坐标系。至 2006 年，完成覆盖长沙市市东南西北郊区，望城县、长沙县 6000 余平方千米范围内的控制网布设工作，实现长沙市独立坐标系全覆盖，共布设 C 级 GPS 点 118 个、D 级 GPS 点 215 个、E 级 GPS 点 716 个、三等水准点 400 个，施测三等水准 1500 千米。同时，为满足建成区 300 平方千米的建设需求，布设城区Ⅰ、Ⅱ级导线点 4134 点，施测四等水准 1800 千米。

2007 年 10 月，长沙市引进双星（美国 GPS+俄罗斯 Glonass）区域卫星定位增强系统，完成长株潭 GNSS 连续运行参考站系统（CORS）一期的建设工作，共布设 6 个基准站（市勘测院、长沙县高桥镇、长沙县江背镇、望城县六中、韶山市政府、湘潭县站），网内覆盖面积 4300 平方千米。2011 年，长沙市与湖南省测绘科研所合作，完成浏阳永和、宁乡横市站的建设。经过两次扩建，全市基准站增加到 9 个，覆盖面积达 18400 余平方千米，覆盖区域包括长沙市全域、湘潭市核心区域、株洲市市区及周边区域。该系统的建成，统一长株潭坐标框架基准，为长株潭城市群两型社会的基础测绘奠定基础，实现坐标系统间的严密转换，系统提供毫米级静态定位、厘米级 RTK 动态定位。

2012 年，为满足“数字长沙”建设需要，长沙市引进美国产 Trimble R7 型高精度双频 GNSS 接收机，用于高精度 GPS 网（B 级、C 级、D 级）的观测，并与武汉大学测绘学院合作，依托长株潭 GNSS 连续运行参考站系统，完成长沙市规划区精化大地水准面的测设工作，共施测 C 级 GPS 点 162 个、施测二等水准 3167.2 千米，采用“移除—恢复法”计算获取长沙核心区域 6000 平方千米的大地水准面精化模型，高程转换模型精度优于±10 毫米，项目成果国内领先。同时，建立覆盖长沙全域（包括宁乡县、浏阳市）的长沙市独立坐标系，依托长株潭 GNSS 连续运行参考站系统，实现动态维护与管理，建立各坐标系统间（国家2000坐标系、西安80坐标系、北京54坐标系及长沙市独立坐标系）的高精度转换关系，形成长沙市全市域的现代测绘基准和地理空间框架。

二、地形图测绘

1988年，长沙市地形图测绘主要采用平板仪测图及经纬仪测图。1992年，引进3台日本产拓普康全站仪，利用全站仪测量技术施测地形图测绘中的图根控制网。

1997年，引进日本的全站仪测量技术，逐步淘汰地形图外业生产中的大平板测绘及经纬仪测图法，提高测绘外业生产效率及成果质量。在引进美国MicStation图形处理软件基础上，研发基于MicStation的电子平板数据处理软件投入测绘，至1999年研发并开始应用，使地形图测绘外业生产、内业成果处理、存储、管理、应用、更新全流程实现数字化。

2002年，利用引进美国Ashtech公司的GPS单基站RTK测量技术，应用于地形图测绘及其他工程测量中，掌握并应用基于“GPS RTK+全站仪”技术的全野外数字测量技术，地形图测绘生产效率提高30%以上。

2006年，利用GPS RTK+全站仪全野外数字测量技术，完成长沙县36个村、望城县42个村、13个集镇、宁乡县、浏阳市9个村502.53平方千米的村镇基础测绘和市区与长沙县结合部1:1000航测成图91.2平方千米。翌年，利用航空摄影测量技术，完成长沙市内5区无图区1:1000航测成图158平方千米，实现老城区地形图全覆盖。

2008年，为满足长沙市新一轮总体规划修编工作，完成长沙市核心区域3755平方千米1:10000地形图的制作。至2009年，完成1:2000地形图测绘416平方千米，覆盖先导区核心区，满足大河西先导区城市规划建设需要。

2009年，投入400万余元，引进清华三维公司的EPS2008地理信息系统工作站处理测绘成果并持续沿用，生产的地形图成果、管线测量成果符合GIS数据标准，外业数据采集、内业数据处理、数据入库全生产流程一次性完成，整体生产效率提高30%以上。

2012年，长沙市完成1:500现状地形图40平方千米、1:2000现状地形图61平方千米。

三、航测与遥感测绘

1988年，长沙市作为全国航测首批试点单位，引入机助大比例尺航测成图技术，完成市城区黑白航空摄影114平方千米，航摄比例尺1:3000。1990年，对长沙市城区1:2万彩红外航空摄影580平方千米，覆盖原主城区。翌年，完成长沙市城区1:3000黑白航空摄影192平方千米，覆盖市城区外部分重点开发区域。

图11-2-7-1 2004年5月11日，城镇测绘管理工作讨论会（市规划局供图）

1997年，完成长沙市1:4000与1:8000黑白航空摄影1500平方千米，覆盖原“内五区”。上述航摄成果均用于测制1:500、1:1000、1:2000基本比例尺地形图。至2000年年底，共完成900余平方千米1:500、1:1000、1:2000基本比例尺数字化航测成图。

2000年，引入武汉大学研发的VirtuoZo

数字摄影测量工作站，航测工作由模拟摄影测量步入数字摄影测量阶段。2003 年，首次运用真彩色航空摄影技术对市城区进行测绘，摄影面积 800 平方千米，用于修测地形图，制作彩色正射影像和三维仿真模型。翌年，完成真彩色航空摄影面积 1700 平方千米，制作彩色正射影像图 550 平方千米，制作数字高程模型约 600 平方千米。两次测绘成果基本覆盖长沙市规划区。至 2007 年，利用真彩色航空摄影资料制作 1:2000 彩色正射影像图约 2300 平方千米，制作数字高程模型约 2300 平方千米，建立基本覆盖长沙市规划区的影像图资料库。

2008 年，为配合长株潭城市群与长沙大河西先导区“两型社会”建设，首次进行数字航空摄影，摄影面积 8450 平方千米，同时制作正射影像 898 平方千米，其中 1:10000 正射影像图制作 278 平方千米，1:5000 正射影像图制作 620 平方千米。翌年制作完成长沙市新一轮总体规划修编所需的 1:10000 数字正射影像图 3325 平方千米。

2010 年，长沙市首次开展三镜头倾斜航空摄影，摄影面积 100 平方千米，完成 1:1000 正射影像图 100 平方千米，利用航空摄影测量的方式完成城市三维实景建模 137 平方千米，其中精模 12.6 平方千米、中模 124.4 平方千米。

2011 年，长沙市首次运用卫星遥感技术制作正射影像图，完成 1:5000 正射影像图 3200 平方千米、1:2500 正射影像图 44 平方千米，两次获取长沙市城区和浏阳市城区的地面分辨率 0.5 米的高分辨率卫星影像资料并制作成两期数字正射影像图，第一期覆盖总面积 2450 平方千米，第二期覆盖总面积 1760 平方千米。

2012 年，制作完成长沙市第一部卫星影像地图集——《长沙市区卫星影像地图集（2011 版）》，完成市区两期分辨率 0.5 米、面积共 2601 平方千米的影像数据成果。

四、地下管线普查探测

1988 年，长沙市没有一套完整准确的地下管网资料，在城市建设中，经常出现地下管线被挖断的事故，造成不必要的经济损失和不良社会影响。1989 年 4 月，长沙市启动城市地下管网普查，抽调技术人员组成城市地下管网普查小组，从 5 月开始，展开长沙市地下管网普查试点工作，至 1993 年，完成普查范围的重点，原城市建成区约 80 平方千米内的主、次干路下的地下管线，包括浏阳河路、沿江大道、蔡锷路、建湘路、韶山路、车站路、东风路、北站路、中山路、八一路、五一路、人民路、劳动路、展览馆路、城南路、工农路、解放路、黄兴路、书院路、湘春路等 49 条主次道路及小区，普查的管线为自来水、排水、煤气、电信、电力 5 种管线，共普查管线 1000 余千米。

1998 年，长沙市进行第二期地下管线普查，补测补绘第一次普查范围新增管线进；将河西南至中南大学，北至三汊矶，西至望城坡，纳入补测范围。河东地区补测范围南扩至汽车南站、大托机场口，东扩至浏阳河奎塘河。结合建设中的长沙市基础地理信息系统，建立地下管网信息管理子系统。至 2000 年，地下管线普查后所完成的地下管线长度 3000 余千米，基本覆盖长沙市主干道的地下管线及原八大排水主沟。

2003 年，发布关于开展地下管线竣工测量的有关要求。根据相关文件要求，制定地下管线竣工测量技术方案，在满足国家地下管线测量标准的前提下，建立符合长沙市实情及要求的技术标准，并将已有的地下管网信息系统升级为地下管网动态管理系统，地下管线数据的管理、入库、更新、应用更加信息化、便捷化。

2009 年，启动长沙市排水管网管理信息系统建设项目，以满足核心建城区排水管线的数字化、信息化管理需求。完成长沙市核心建城区 234.6 平方千米范围内的排水管线测量项目，共整理、入库排水管网数据约 500 千米，探测排水管线约 695.5 千米，合计完成排水管线约 1195.5 千米，并开发排水管线管理信息系统软件，实现核心建城区排水管线的数字化、信息化管理。2012 年，地下管线建设成果持续沿用。

第八节　规划管理

一、法制建设

1989 年，《中华人民共和国城市规划法》（以下简称《城市规划法》）颁布，并于翌年施行后，长沙市广泛开展形式多样的《城市规划法》宣传月活动，以提高人民的规划法律意识。

1993 年，出台《长沙市规划管理办法》，赋予规划行政主管部门主要职责，对城市规划的制订、新区开发和旧区改建、建设用地的规划管理、建设工程的规划管理、奖励与处罚等进行明确规定。这是长沙市第一部城市规划管理规范性文件，至此，长沙市城市规划法制化建设开始起步。

1995 年，出台《长沙市城市违法建设工程处理办法》，对执法主体、城市违法建设工程种类、情形、处理措施和办法以及查处城市违法建设工程案件的程序和方式、奖励与处罚等作出明确规定。

1998 年，出台《关于加强单项工程报建审图工作的规定》，对报建项目设计要求作具体规定。翌年，制订《长沙住宅设计若干规定》，对长沙市住宅工程建设提供技术依据。

2000 年，出台《长沙市城市规划管理技术规定（试行）》，并于翌年实施。是一部技术性法规，对建设用地的区划分类和适建范围、建筑容量控制、建筑间距、建筑离界、建筑物的高度控制、市政工程、建筑基地环境等作出明确规定，为城市规划管理提供操作依据。是年，制定《长沙市规划管理办法》《长沙市规划局工作人员过错责任追究办法》。

2002 年，加大政策法规建设力度，先后出台《关于建设工程项目监察管理的若干规定》《办理规划行政处罚案件程序的规定（试行）》《建设工程竣工规划验收办法》《建筑与环境设计规划管理的若干规定（试行）》《长沙市户外广告规划审核管理有关规定（试行）》《“一书两证”管理程序的规定（试行）》等地方性政策规章、技术性法规 15 件。

2003 年 7 月 14 日，出台《长沙市城市规划管理办法》，自 8 月 15 日起施行。2004 年，出台《长沙市历史文化名城保护条例》，制定《长沙市规划成果信息系统管理规定》等 16 个规范性文件。至此，长沙市规划政策法规体系框架基本成型。

2005 年，长沙市进一步完善《城市规划法》的配套法规、制度建设。制定《长沙市建设项目规划公示及告知管理暂行规定》《关于建设项目实行并联审批的实施办法》等规定；发布《建筑方案审查暂行规定》《规划指标计算暂行规定》《建筑定位技术规定》《长沙市道路规划电子数据管理暂行办法》《道路调整审批程序》等一系列技术业务文件；出台《关于建筑工程批后管理若干问题的规定（试行）》《关于办理行政处罚条件若干问题的补充规定》等一系列批后管理文件。此外，还建立健全评审会制度，专家论证、专家咨询制度、规划设计方案招标投标制度、规划公示制度、并联审批制度、建设项目规划审批简易程序制度等，与《城市规划法》相结合，形成比较完备的规划法规体系，城市规划管理体系、规划执法体系。

2008 年，首次修订《长沙市城市规划管理技术规定》，出台《长沙市规划管理局建设项目规划审查规定》。是年，清理历年的规范性文件，共废止规范性文件17件，宣布失效11件，确认继续有效27件，重新公布3件，修改13件。

2010年，出台《长沙市居住建筑间距和日照管理规定》《长沙市建筑外立面装饰改造管理规定》《长沙市村庄规划编制办法（暂行）》等规定。启动《长沙市城乡规划局规划编制审批管理规定》《长沙市城乡规划局行政许可程序规定》《长沙市城乡规划局行政许可程序规定》《长沙市城乡规划局行政处罚裁量权基准（试行）》《长沙市城乡规划局档案管理规定》5个规章的制定和相关制度的汇编工作。

2012年，长沙市制定《法治建设三年规划》，着手从行政决策、制度建设、行政执法等6个方面实现法治化水平的提升。同时，通过集中制定和修改21个规范性文件，建立起比较完备的法规体系。是年，出台《长沙市容积率管理技术规定（试行）》《长沙市城乡规划局行政许可与技术审查程序规定》《临时建设规划管理规定（试行）》《长沙市建筑高度规划修改的规定》《建设项目交通影响评价管理办法（试行）》《〈长沙市居住建筑间距和日照管理规定〉的实施细则（试行）》《办理行政复议行政诉讼案件若干规定》等一系列规范性文件，形成完备的规划法规体系，长沙市城市规划管理走上法治化轨道。

二、规划审批管理

1988年，长沙市建立建设项目审批制度。全年审批各类房屋建筑设计方案面积30万余平方米，完成袁家岭、伍家岭立交桥等7套规划设计方案及施工图的审批。

1992年，审查批准国贸大厦、汽车配件大厦、邮电大楼等一批大型建设项目，审批和协助一批大型建设进行外部装饰。为四水厂、五水厂扩建工程及第二污水处理厂等重点工程建设项目做好规划论证、选址定点和审批工作。在四水厂扩建工程方案审批中，提出将4个水池重叠构建的建议，减少占地面积1万平方米，节省投资上百万元。

1993年，实行“一书两证”（选址意见书，建设用地规划许可证和建设工程规划许可证）制度，在审批建设项目中坚持建设项目违反法律法规政策的不批，影响市容市貌的不批，土地纠纷未调处的不批，影响道路交通和地下管线的不批的“四不批”。管好重点地段，对城区13条主要马路、5个广场、4个入城口进行强化管理。

1994年，完成银盆分区、岳麓山风景名胜区、星沙、捞霞、望城坡等分区规划的审查报批工作。在建筑单体设计审查中，从高度、色彩、功能到造型、风格与结构，既考虑安全适用，又注重美观大方，特别是对临江、临路、临街建筑，积极指导以形成特色。此外，加强对历史文化名城保护和开发的审批工作，通过规划审批，确保 “西汉长沙王苑”、李富春故居及纪念馆、贾谊故宅等的科学设计、合理建设。

1997年，推行规划电子化报批。将微机应用到规划报建工作中，提高工作效率和办卷质量。全市接待报建工程项目1874个，依法审批核发“建设用地规划许可证”250个，建设用地面积1314.93万平方米；核发“建设工程规划许可证”706件，批准建设面积276.72万平方米，管线长度387.61千米。

2001年1月，实施《规划审批过错追究责任制度》，实行行政效能监察，由纪委和监察部门定期检查并对超过审批周期的案卷予以责任追究，工作人员的责任感得到加强，年内未发现一起错卷。是年，在全省率先建立规划管理信息系统，实行以“一书两证”审批为主的办公自动化管理。建立电话语音查询系统和互联网查询系统，方便建设单位及时解项目办卷进度，接受社会各界的监督。将200平方千米的城区规划道路进入系统试运行，并不断简化审批环节，明确重点工程的土地控制蓝线审周期不超过3天，直接颁发“建设用地规划许可证”，一些管线工程做到当天受理、当天发证。

2003年，实行规划审批过程中的内审制度、专家咨询制度和公示制度，保证规划审批统一标准，与实施规划管理的“一书两证”相结合。翌年，推行规划并联审批制度，精简审批事项。

2004年，《中华人民共和国行政许可法》颁布实施后，长沙进行行政审批改革，精简审批事项，共清理规划行政许可项目及实施主体22项，审核确认保留5项。推行规划并联审批制度，取消立项计划、初步设计审查、施工许可及各职能部门在规划审批表上盖章等规划报建审批前置条件，规范规划审批行为，减少规划审批环节，加快规划审批速度，提高规划审批质量，为建设单位办理规划审批项目手续提供便捷条件。全年受理报建案卷5378个，应办结5256个，已办结5256个，办结率100%，正点率99.9%。市本级核发《建设项目选址意见书》23份，“建设用地规划许可证”1255个，面积1130.5万平方米，管线1277.24千米。

2007年，精简审批链，出台《关于简化审批环节的有关规定（试行）》，对建设项目的会议审查严格划定“五条界限”，对8种情形的审查环节进行删减，缩小经办人员的自由裁量权，进一步简化审查审批环节，缩短办卷周期，审批时限由40天左右缩短到7~20天。同时，提高经办人员工作效率，实行“缓退卷必须报告原因，正点率必须100%，误点下岗末位淘汰”的规定。是年，市本级共受理报建3238项次，发放“建设用地规划许可证”566个，用地面积5864.9万平方米，发放“建设工程规划许可证”1498个，建筑面积2654.95万平方米，管线2522千米，审批总平面图，面积1380.8万平方米，审批管网总平面图11份，审查12份，审查环境设计方案83个。

2008年，长沙市开展“规划管理完善年”活动。按照“深化行政审批改革，再造许可流程”的要求，“一书两证”总时限109个工作日缩短为57天，效能提高近一倍；开通重点工程规划审批“绿色通道”，在新时限的基础上再缩短50%，对省、市政府明确加急审批项目试行5个工作日内办结。全年市本级受理报建2251项次，核发《建设用地选址意见书》131份，核发“建设用地规划许可证”341个、用地面积2071.14万平方米，核发“建设工程规划许可证”1204个，面积1095.38万平方米，管线6116千米，审批总图101份，审查环境设计方案89个，审批案卷正点率100%。翌年，规划行政效能进一步提高，实现规划行政许可再提速，将审批周期总时限由57天压缩为40天，审批效率再次提高30%。

2010年，长沙市“一站式规划管理服务平台”开通，年内，窗口接受报建4586项次，接件4998卷次。核发《选址意见书》139份；核发“建设用地规划许可证”407个、用地面积2644.42万平方米，同比增长19.6%，管线1.30万千米，核发乡村建设规划许可证5个，面积20.88万平方米。

2012年，优化审批环节、压缩审批时限，从7月10日起全面推行规划行政审批新流程，承诺行政审批总时限分别为出让地由40个工作日提速至34个工作日。划拨地由48个工作日提速至40个工作日，建设用地规划许可证和建设工程规划许可证实现窗口即办。本轮审批制度改革的核心要点是行政许可与技术审查相对分离。通过压缩行政许可环节的审批时限，保证有较为充足的时间进行具体细致的技术审查，以促进规划方案质量的提升。全年，市本级办理《选址意见书》263份，颁发“建设用地规划许可证”390个、面积1963.74万平方米，颁发“建设工程规划许可证”1283个，面积3138.94万平方米。

表 11-2-8-1　　1988—2012 年长沙市城乡规划局核发“一书两证”统计一览表

年度	选址意见书	建设用地规划许可证		建设工程规划许可证	
	颁发数量（份）	颁发数量（个）	面积（万平方米）	颁发数量（个）	面积（万平方米）
1988	—	—	—	—	—
1989	—	—	—	1015	10.39
1990	—	—	—	1135	124.74
1991	—	—	—	1246	213.7
1992	—	244	671.5	1370	320.1
1993	—	342	767.9	1179	366.14
1994	—	366	492.9	1163	381
1995	—	286	480.79	892	333.88
1996	—	201	520.56	532	246.21
1997	—	250	1314.93	706	276.72
1998	—	380	2557.77	1038	443.07
1999	—	185	629.30	807	384.75
2000	—	216	88.19	725	35.16
2001	—	361	857.48	1001	105.42
2002	—	396	2388.83	968	718.78
2003	24	2515	5501.30	3482	1255.85
2004	24	1471	5346.18	2209	1544.97
2005	11	718	4549.31	2262	1320.65
2006	26	876	4774.74	3276	1919.4
2007	0	995	6930.39	2646	3267.06
2008	133	515	3042.96	1988	1575.4
2009	170	549	2535.04	2098	2228.24
2010	192	662	4407.04	1643	2865.70
2011	449	538	2652.39	1232	2452.31
2012	263	390	1963.74	1283	3138.94

三、规划执法

1988 年，设立规划土地监察执法队，开展巡回检查、查处违章建筑等工作。1991 年，长沙市成立监察执法队。全年查处严重影响市容环境的违法建设案件多起。翌年，为创建国家卫生城市，对市区 12 条主要马路，5 个广场、4 个入城口的市容进行整顿，对一些严重影响市容市貌的违法建设进行查处，制止 14 处、调处 14 处、拆除 12 处，收回违法占地 1074.22 平方米。

1994年，开展《长沙市规划管理办法》贯彻情况大检查，清查在建工程300余项，收回应收的相关费用3000万余元，查处违法建筑5700处，其中拆除4487处，面积2.24万平方米，拆除率78%，制止违法建筑130余起，发出整改、装修通知3228份，完成装修2016处，装修率60.2%。

1996年，发布《长沙市规划管理局行政执法办案秩序》，长沙市实行规划法行政处罚听证制度，召开省内第一次违法建设行政处罚听证会。在全市城区开展“两创”（创无违法建设一条街，创无违法建设小区）活动。全年查处9.6万平方米的违法违章建筑。是年，市规划监察执法队被建设部授予“全国城市监察先进单位”称号，胡晋文被评为全国“二五”普法工作先进个人。

1997年，推行“依法建设保证书”制度，要求建设单位的法人代表签字，用书面承诺的形式确保建设依法进行，做到预防在先。同时，实行规划行政执法责任制，从立案调查、取证到作出处罚决定，严格按法律程序办事。全年对399个在建工程从放线定位、正负零复验及竣工验收等环节实行全过程监察，及时制止违法建设97处，面积1.98万平方米，立案查处116个，依法处罚55.17万平方米，其中拆除15处，2606.3平方米，申请法院强制执行9件，办理行政复议案件6起。

1999年，在全市范围内广泛开展创建无违法建筑单位活动，发出“拆违通告”，对城市主要道路、入城口、广场、住宅小区等重要马路地段和校园周边的环境进行综合整治，共拆除各类违法建筑32万平方米。年内全市共明确并授牌55个“创无”试点单位。翌年，出台《长沙市规划管理局工作人员过错责任追究办法》，对执法主体提出更严格的要求。

2004年，加大规划执法力度，维护规划权威性。全年共发现违法案件915件，其中移送市城市管理综合执法部门154件，违法案件的查处率和结案率均100%。对128处建设工程实施竣工检查，对各项违法建筑的发现率、制止率、查处率、结案率均100%。翌年，办理行政复议及行政诉讼案件7起，行政复议维持率与应诉率均100%。

2005年，在全市范围内对220个项目批后管理情况开展创建无违法建筑示范小区、示范项目活动。经过严格考核检查评出长沙纵横置业有限公司所建“上海城”等13家建设单位为无违法建筑示范项目和先进单位，并进行授牌。是年，对全市城区建设有地下室的建筑物及建设单位进行拉网式现场清查，核实地下停车场（库）的面积、车位数及使用情况。全市擅自占用和闲置地下停车场（库）的建设单位40个，总建筑面积5.33万平方米，停车泊位1271个。整改并拆除违法占用停车场的建筑物、构筑物而整改到位的建设单位有28家，建筑面积3.62万平方米，车位826个。

2006年，规划行政执法，开展职权分解，结合实际，对《建设行政执法责任制示范文本》进行完善。年内，全市批后管理到位率和对违法建设的发现率、查处率均100%。是年，市规划监察执法队升格为市规划监察执法支队，为副县级事业单位。

2008年，出台《长沙市规划管理局关于建设项目批后管理的若干规定》，科学划分和规范市、区两级规划监察执法部门的职能和权限，建立健全权责明晰、行为规范、监督有效、保障有力的规划监察执法体制。创造性提出网格化批后管理和巡察相结合的管理模式。按网格化要求分片明确监督责任人，根据新的职责要求进行监管。全年处罚违法建筑案件29件，下达行政处罚决定书27份，处罚违法建筑面积11.27万平方米，现场督查到位率、违法建筑的查处率均100%；办理行政复议案件2起，行政应诉案件10起。翌年，出台《行政处罚程序规定》，对办理规划行政处罚案件的立案、调查、审理、处罚决定、执行、结案等阶段都进行明确规定，实现办理行政处罚案件的规范化、程序化、标准化。

2010年，制定《长沙市规划执法网格化管理分片区分工图》，将全市划分74个网格化片区，落实巡查要求。是年，出台《长沙市规划管理局行政处罚裁量权基准（试行）》，从制度层面规范行政处罚。全年下达行政处罚决定书133份，处罚违法建筑面积28.27万平方米，处罚金额352.17万元，对违法建筑的查处率100%。全年办理行政复议案件8起，其中作为被申请人的行政复议3起，作为复议机关的行政复议5起。办理行政诉讼案件23起，应诉、胜诉率和原告上诉维持原判率均为100%。翌年，创新违章建筑监管手段，利用卫星遥感监测系统查处违法建设行为，通过卫星图片资料进行4个月变化情况的对比，发现全市乱搭乱建的建筑面积100万余平方米，有效弥补巡查管理的不足，卫星遥感监测成为常态化监测手段。

2012年，推行合法性审查制度。对行政行为的实体是否合法、程序是否合法、适用法律是否正确，履行法定职责是否符合法律法律规定、行政裁量权是否合理等进行审查，充分发挥合法性审查制度应有的事前预警和行政行为内部修正功能。全年共进行合法性审查案卷223个，经合法性审查的案卷无一件被提起行政诉讼或申请行政复议。

表11-2-8-2　　1988—2012年长沙市查处违法建设一览表

年度	下达处罚决定（份）	处罚面积（万平方米）	年度	下达处罚决定（份）	处罚面积（万平方米）
1991	—	—	2003	707	72.99
1992	—	2.65	2004	281	123.50
1993	—	3.85	2005	200	103.23
1994	—	11.71	2006	247	116.64
1996	—	9.6	2007	246	96.01
1997	—	55.17	2008	205	66.28
1998	206	384.30	2009	186	35.79
1999	120	80.68	2010	133	28.27
2000	96	88.84	2011	104	33.23
2001	342	98.45	2012	28	3.21
2002	376	45.1			

四、规划信息化建设

1997年，30余台计算机被应用到规划审批工作中，提高工作效率和办卷质量。翌年，计算机管理基础建设初步完成。大屏幕投影会议室投入使用，办公楼网络布线竣工，计算机表格管理系统试运行，图文一体化管理系统基本建成。1999年，办卷人员实现计算机辅助办卷。

2000年，将图形操作功能装入计算机，配套完成1:1000地形图约120平方千米的数化入机工作。完成城市规划道路数据资料入机的标准化、长沙市规划网站建设以及电子触摸屏的设置工作。

2001年7月28日，长沙市规划信息服务中心挂牌。在全省率先建立规划管理信息系统，实行以“一书两证”审批为主的办公自动化管理。建立电话语音查询系统和互联网查询系统，方便建设单位及时解项目办卷进度，接受社会各界的监督。

2003年10月18日，湖南城乡规划信息港开通，打破由于地区和部门分割导致各类政府网站缺乏整体联系和行业互动的状况，建立起政府与公众之间相互交流、行业资源共享和技术交流的平台。年内，对市局域网进行改造升级，深层次开发综合信息管理系统，启动数据库建库专项工作，建立规划成果管理信息系统，全面搭建信息化建设基础平台。共同研发的“湘源控制性详细规划 CAD 系统”，打造长沙市控制性详细规划一张图。翌年 12 月，通过湖南省建设厅科技成果鉴定，“湘源控制性详细规划 CAD 系统”获得湖南省建设科技成果推广项目证书和科学技术成果鉴定证书，同年在湖南省和国内部分单位推广应用。

2004 年 5 月，“城市规划信息资源整合与服务”论坛暨中国城市规划学会新技术应用委员会 2004 年年会在长沙召开。11 月，“综合信息管理系统”通过省建设厅科研课题成果鉴定，专家鉴定委员会认为综合信息管理系统是全国城市规划行业首例将各部门办公软件综合集成的大型办公软件，系统技术先进，实用性强，达到国内先进水平，具有较好的推广应用前景。是年，长沙市初步研制网络报建系统，建立规划成果与核面资料数据库。

2006 年 5 月 1 日，综合信息管理系统全面替换规划管理 2000 办公系统，成为长沙市“一书两证”办公新平台。翌年，该系统获得“中国地理信息系统优秀工程”铜奖，在全省 7 个地级市和 34 个县级市推广运用；湖南城乡规划信息港获中国建筑行业网络传媒研究中心评选的“2007 中国建筑百强网站”(综合类排名 30 位)、中国互联网协会建筑科学类访问量排名第一位。

2008 年，按照“数字城市”的部署和要求，搭建长沙市城市仿真辅助决策系统平台，共完成 100 平方千米的三维模型建设。初步建立以“控规汇总成果整合库”“专项规划汇总整合成果库”“批后成果整合库”为主体的规划依据库，完善“电子一张图”系统，建立规划全要素编码标准体系。翌年，启动“一站式规划管理服务平台”建设和“长沙市规划管理局网上报建系统”研发工作。

2010 年，印发《长沙市城乡规划信息化工作规划纲要（2010—2012)》，明确 2010—2012 年长沙市城乡规划信息化总体发展目标。7 月 1 日，运行“一站式规划管理服务平台”，该平台整合原综合信息管理系统内容，实现行政工作、规划编制、业务审批、批后管理、依据图库的“一站式”管理，建立以“项目号”为核心的信息集中机制。

2011 年，依托“一站式规划管理服务平台”，实现望城区 14 个乡镇、3 个开发区联网。

2012 年，全面推进长沙县、宁乡县和浏阳市规划信息一体化建设，建立市域城乡统筹规划资料共享库查询系统。开发运行“一站式规划管理服务平台”BS（Browser/Server，浏览器/服务器模式）版并增加相关模块，完成规划办文、办卷、办会、办题及相关数据梳理和整合。推进移动“一站式规划管理服务平台”和网络报建系统建设，10 月 1 日起试行“两证”审批网上报建系统。年底，“一站式规划管理服务平台”和“基于 3D GIS（Geographic Information System 或 Geo-Information system，地理信息系统）的三维城市规划辅助决策支持系统研究与开发”分别获得全国优秀城乡规划设计二等奖和三等奖。

图 11-2-8-1 1997 年 4 月，长沙市第一次规划工作会议（市规划局供图）

第三章 城市基础设施建设

1978 年，中国改革之初，长沙城区面积 53 平方千米。改革开放为城市建设的发展带来机遇，也给长沙这座历史文化名城的基础设施建设带来发展的黄金时期，城市主干道、次干道、地下隧道建设飞速发展。1988 年，长沙城区面积扩展到 101 平方千米，但城区主干道仍只有五一路、韶山路、劳动路三条，总长度仅 12.67 千米。1988 年，车站南路通车，五一广场地下人行通道主体工程完工，1989 年，袁家岭立交桥建成通车，为全省最大的立交桥。

1996 年，长沙市提出“一江两岸、西文东市、六桥三环、山水洲城”城市建设格局和“出城四条线，六桥三个环，纵横二十四，建好停车场”的交通建设设想，制订《长沙市国民经济和社会发展“九五”（1996—2000 年）计划和 2010 年远景目标纲要》。停顿 34 年之久的猴子石湘江大桥工程重新上马；1999 年，洪山庙大桥破土动工；长沙市第一污水处理厂改建工程动工，建成时是湖南省最大城市污水处理厂；2001 年随着长沙市委、市政府西迁，河西新城拔地而起。长张高速岳麓收费站向西推出 15 千米，为城市发展让路。2003 年 4 月，天际岭隧道动工，是长沙市第一条隧道，也是省内第一条大型城市隧道，同年新铺和改造韶山北路、劳动西路等 46 条道路的大型供水管道共 91.26 千米，全面完成省会“三年大变”的供水建设目标。2007 年，长沙市第一条下穿河底隧道——浏阳河隧道开工建设，解决了河流对城市交通的阻隔。2007 年 7 月，长沙市二水厂南迁工程竣工，长沙市建设的第一座压缩天然气加气母站星沙加气母站建成投入运行。

至 2012 年年底，长沙市城区面积增加至 315.81 平方千米，长沙城区面积扩大了 8 倍多，三环线内跨湘江的通道 10 条，跨浏阳河的通道 13 条，过湘江、过浏阳河的通道将新老城区融为一体，基本形成“六桥三环”“十二纵十二横”的路网格局，地铁 1 号线、2 号线全面完成基础工程，即将投入正式运营，城市承载功能全面优化。水厂供水总设计能力 225 万平方米/日，在全国省会城市中居第三位。供水范围覆盖整个市中心区级部分周边县镇。全市共建污水处理厂 14 个，年污水处理能力 38435 万立方米，污水处理率达 97.29%。燃气供气管网东抵浏阳永安，西至宁乡经开、金洲两区，北至望城区丁字镇，南至暮云，管网覆盖率 85%。实现城区管道天然气为主，液化石油气为辅的战略目标。城市雕塑建设 138 座，分布在湘江大道、芙蓉大道、黄兴路，融入城市文化，成为一道靓丽的风景线。统筹推进的系列重大市政基础设施建设为建设高质量、现代化、宜居宜业的美丽星城添上浓墨重彩的一笔。

第一节 道路建设

一、快速路建设

1994 年，长沙市启动城市快速路建设，缓解城市中心交通压力，降低车流密度，提升交通通行效率。12 月 16 日，长沙市二环线开建，这是长沙市建设的第一条城市快速公路。

2005 年 7 月，中青路建设开工，2006 年 12 月通车。中青路地处开福区捞刀河镇在青竹湖生态科技园域内，南起二环中岭立交桥，北至青竹湖大道，全长6.62千米，路幅宽46米，双向6车道，该路是经国务院批准的长沙市2003年至2020年城市整体规划中的一条城市通往北郊县域快速干路之一，也是开福区率先修建的省会长沙第一条快速道。由北向南与东二环构成南北向的快速路。同年，长沙市二环线全线贯通，全长47.43千米，路幅宽46~60米不等。双向6车道，设时速每小时60~80千米，是连接市中心区、新城区及开发区之间的主要交通干道。二环线完工后，初步改善城市交通布局，有效缓解市区交通堵塞，也改善城市周边交通条件。

图 11-3-1-1 2012年长沙市区主要道路网 （市住建局供图）

2007年11月，对长沙大道进行拓宽改造，次年12月实现通车。长沙大道西起东二环赤新立交桥东接机场高速公路，全长3.18千米。拓改后道路由50米拓宽至70米，投资4亿元，其中拆迁5000万元，是一条通往机场高速、京珠高速的城市快车道，解决高桥市场周边拥堵混乱局面。

2008年，学士联络线开工，2009年9月28日通车，从罗家嘴立交桥至长潭西收费站，全长3.5千米，路幅宽27米，设计时速每小时60千米，路幅宽62米，投资22700万元，拆迁3000万元，是连接长潭西高速公路与西二环的快速路。

至2012年年底，长沙市快速路网体系含二环线、学士联络线、长沙大道、中青路4条路（段）构成，全长62.56千米，道路面积2.85平方千米。

表 11-3-1-1　　2012年长沙市主要快速路建设概况一览表

名称	起止地点	里程（千米）	路幅宽（米）	建设时间
二环线	四方坪立交—猴子石大桥西、猴子石大桥西—枫林路立交北、四方坪立交北—三汊矶大桥东、三汊矶大桥东—枫林路立交北	47.44	46~60	1994年12月26日—2006年9月1日
长沙大道	东二环赤新立交—京珠高速	3.18	70	2001年5月—2003年9月2日 2007年11月—2008年12月
学士联络线	罗家嘴—长潭西收费站	3.46	62~67	2008年—2009年9月28日
中青路	中岭立交—青竹湖大道	6.62	46	2005年7月—2006年12月

二、主干路建设

1988年年初，长沙市主干道为五一路、韶山路、劳动路三条，总长度仅12.67千米，车行道面积0.35平方千米。1988年7月1日，车站南路通车，南起劳动中路，北止人民中路，全长3.2千米，路幅宽30米，投资380万元。9月，拓宽改建人民中路识字岭至车站路立交桥2.15千米路段，拓宽为36米，且在此段路的基础上向东、西延伸，建成人民西路与人民东路两段道路。

1991 年 5 月 18 日，芙蓉中路首段五一路至湖南报社段破土动工。8 月 25 日，劳动东路车站南路至正圆内燃机配件段建设工程开工，年底完工通车，路长 1800 米，路幅宽 30 米。1992 年 9 月 18 日，三一大道建设工程破土动工。11 月 24 日，连接望城与长沙的主干道雷锋大道建设工程开工。

1993 年 8 月，芙蓉北路捞刀河至霞凝段动工，经过四年建设，土方完成 80%，因缺资金停工。12 月 15 日，三一大道第一段五家岭至湖南制药厂建成，长 2.08 千米，路幅宽 26~46 米，总投资 7294 万元，拆迁面积 2.72 万平方米，征用农田 0.69 公顷。1994 年 9 月 30 日，芙蓉北路伍家岭至捞刀河段竣工，长 5.39 千米，路幅 33 米，总投资 7616.8 万元。12 月 26 日，芙蓉中路城南路至侯家塘至黄土岭拉通，自此芙蓉中路全线贯通，缓解了城区交通压力，全长 9.45 千米，总投资 3.02 亿元，拆迁居民 4854 户，拆迁房屋面积 20.54 万平方米。12 月底，三一大道第二段湖南制药厂至星沙收费站竣工，长 6.12 千米，路基宽 24.5 米，共征土地 33.23 公顷，拆房 171 栋，19732 平方米，征地拆迁经费 1810.85 万元，工程总投资 1.23 亿元。

1996 年，为缓解长沙道路面积小、堵头卡口多、停车场地严重不足等城市道路矛盾，中共长沙市委提出“一江两岸、西文东市、六桥三环、山水洲城”城市建设格局和“出城四条线，六桥三个环，纵横二十四，建好停车场”的交通建设设想，市委、市政府制定《长沙市国民经济和社会发展“九五”计划和 2010 年远景目标纲要》，全面实施以六桥三环为重点的城市道路交通规划建设。11 月，雷锋大道竣工通车。全长 16.2 千米，路幅宽 16 米，整个工程共移动土石方 350 万立方米，拆迁房屋 99 栋 117 户。

1999 年，车站路芙蓉区段建成，南起八一路，北止铁路桥，全长 2.4 千米。同年 12 月，桐梓坡路建设工程竣工通车，东起银盆南路，西至西二环线，全长 3.924 千米，路幅宽 36 米，双向 4 车道，按城市Ⅱ级主干道标准设计施工，总投资 9600 万元。

2000 年，芙蓉北路捞刀河至霞凝段列入长湘公路建设计划，再次启动建设，两年后建成，全长 9.64 千米，路幅宽 60 米。2000 年 3 月 12 日，五一路拓宽改造工程动工，耗时 6 个月，由原来的双向 4 车道，扩建为双向 8 车道，改扩工程包括五一西路 40 米扩宽为 60 米、管线改扩、五一广场改造、湘江大桥桥东匝道改造、6 座地下通道以及路面配套设施建设，共计完成土石方外运和回填 60 万立方米，浇筑水泥混凝土 7 万立方米，铺筑改性沥青路面 18.9 万平方米，是中华人民共和国成立以后长沙市城区最大的城市基础设施工程，提升了长沙的城市品位，总投资约 5 亿元。2000 年 9 月 20 日，芙蓉南路第一段南二环立交桥至友谊路通车，长 1.87 千米、宽 60 米，采取外商投资，以地回报的运作方式，共投资 1.8 亿元。

2001 年，湘江大道开始建设。同年，对黄兴路进行拓宽改造建设。2001 年 1 月 14 日，芙蓉中路拓宽改造工程破土动工，9 月 30 日竣工通车，拆迁房屋面积 142428.6 平方米，铺设下水管道 4.1 千米，铺设改性沥青路面 45 万平方米，共投资 4.15 亿元。10 月 20 日，黄兴中路建设工程竣工通车，原道路宽 17 米，拓宽为 36~46 米不等。2001 年 2 月 15 日，潇湘大道第一段工程开始建设，19 个月后竣工通车。从湘江橘子洲大桥西至猴子石大桥西，全长 6.08 千米。该路横断面采用堤路结合形式，平面走向基本平行湘江西岸河堤线，河堤防洪按二百年一遇设防建设，堤加路幅宽 60~80 米不等，拆迁 454 户，拆迁补偿 1.56 亿元，路基完成砂砾石土方 108 万立方米，安砌水管 1.22 万米，燃气、自来水、路灯、电信管线 2.87 万米，排渍站 1 座。该段道路被专家和市民评选为“长沙市最美一条路”。

2002 年 1 月 15 日，营盘路建设工程开工，年底通车，全长 8.19 千米，路幅宽 46~53 米不等，工程总投资 2.85 亿元，其中拆迁补偿费 2.03 亿元，工程 8210 万元。同年 5 月 17 日，芙蓉南路第二、三段开工建设。9月20日，实现简易通车。10月1日，万家丽路芙蓉区段通车，长2.78千米，投资2.18亿元。12月28日，黄兴北路建成，全长0.81千米，路幅宽46米。该段道路建成与营盘路、湘江大道、五一路、中山路构成路网，缓解老城区交通压力。

2003年，决定对韶山路、中意路进行拓宽改造，全线按I级城市主干道标准设计，路幅宽60米，双向8车道，设计时速每小时60千米，工程分三期实施。2003年2月，芙蓉南路第二、三段全线竣工。路长5.6千米，路幅宽60米，建设投资6.5亿元，采用“政府引导、企业运作的方式”由湖南长大投资有限公司投资建设。4月30日，湘府路建设工程开工。8月30日，潇湘大道第二段工程竣工通车，南起橘子洲大桥，北至银盆南路，全长0.77千米，路幅宽58米，工程投资1.18亿万元，打通橘子洲大桥西桥头，实现潇湘大道南、北两段对接。

2004年4月，万家丽路雨花区段全线贯通，全长14.79千米，是长沙市重点工程。设计时速每小时60千米，建设标准为城市I级主干道，道路总投资12.55亿元。同年4月1日，对岳麓大道进行拓宽改造。10月1日全面竣工通车，全长3.9千米，路幅宽由24.5米拓宽至100米，工程投资3.2亿元，其中拆迁9700万元，拆除建筑物6.3万平方米。2004年11月30日和12月1日，人民西路、人民东路二期建设工程相继竣工通车，西起湘江大道，东至芙蓉路，全长1.77米，宽36~46米，大部分路段双向8车道，总投资4.93亿元，拆迁房屋2.5万平方米，拆迁3.8亿元。由于是老城区开辟出来的道路，建设时尤其注重街景设计与老城区的历史文化氛围相融合。为避免交叉路口拥堵，人民西路在设计施工过程中对两处交叉路口进行技术优化，与黄兴路步行商业街交叉口采用下行地道式，地道长100米，净宽13.6米，高5.5米；蔡锷路以东路段则分两层布置，上层从蔡锷南路口起往东从建湘路平下穿过，最终与白沙路平交，形成丁字路口。人民东路二期工程西起高岭路，东至红旗路，全长4218.41米，路幅宽46米，其最大的特色是自西向东将圭塘河西引桥、圭塘河桥、高架桥、浏阳河大桥和浏阳河东引桥5座水旱桥连为一体，气势雄伟。2005年5月10日，阜埠河路拓改建设工程开工，12月18日，全线建成通车，西起麓山南路、东止潇湘大道，全长1.25千米，路幅拓宽为36~39.5米，双向6车道，成为长沙市东西向的一条城市主干道，工程总投资1.15亿元。12月，红旗路建设工程开工，2005年完工，北起远大二路，南至人民东路，全长1.8千米，路幅宽46米，投资8748万元，其中拆迁3780万元。

2006年11月6日，韶山路、中意路三期拓宽改造工程完成，全线通车，工程总投资9.7亿元，韶山南路延长线与芙蓉南路，国道绕城公路、环保大道构成“两纵两横”路网格局，南部新城区道路网基本形成。2006年12月，营盘东路建设工程竣工通车，西起车站北路，东止浏阳河桥，全长4.22千米，路幅宽46米，投资8200万元，拆迁2000万元。

2007年，芙蓉南路全线通车，全长10.8千米。路幅宽60~100米，是一条新建的开放型I级城市综合性主干道，与二环线互通，纵贯三环线，路幅两厢各留20米的绿化长廊。2007年11月16日，万家丽路开福区段竣工通车，南接营盘路，北至福元路（原称新世纪大道），全长4.76千米，总投资5.3亿元，其中拆迁1.3亿元。2007年12月，杜鹃路建设工程竣工通车，位于河西市人民政府北侧，是一条由东向西的主干路，东起银杉路，西至雷锋大道，全长5.3千米，路幅宽50~36米，工程总投资2.57亿元。12月底，金星大道全线通车，全长21.9千米，双向6车道，工程投资1.62亿元，拆迁补偿费3724万元，缩短了长沙与望城的距离。2007年年底，雷锋大道与杜鹃路接通，为河西新增一条主干道，将梅溪湖片区与高新园区连为一体，缓解玉兰路、西站交通压力。

2008年，车站北路建设工程竣工通车。车站北路南起八一路，北至福元路，全长6.99千米，路幅宽36米，双向6车道。2008年9月，劳动东路体育新城至浏阳河桥西段开工，耗时一年完工，全长2.9千米，宽80米，投资4.34亿元，其中拆迁1.64亿元。2008年12月，兴联路建成通车。与北二环平行，西起湘江北路，东至中青路，全长5.4千米，路幅宽46米，投资3.28亿元。

2009年，新花侯路建设工程完工，北起长沙大道，南至雨花中学，全长4600米，路幅宽66米，提高了武广南站片区交通能力。同年，香樟东路（沙湾路至浏阳河）建设工程完工，全长3.7千米，路幅宽36~46米，投资3.30亿元，其中拆迁8800万元。9月30日，潇湘大道第四段工程竣工通车，东线沿河堤向南建长2.4千米、宽18米的沿江景观道路，西线延伸至坪塘，全长5.6千米，路幅宽28米。2009年12月，枫林路拓改工程竣工，东起湘江橘子洲大桥西，西止黄桥大道交会路口，全长12.66千米，工程总投资14.31亿元，其中拆迁6.03亿元。2010年，潇湘大道第三段工程全部竣工，南起橘子洲大桥西，北至三汊矶大桥西，全长近9千米，投资15.2亿元，拆迁补偿费8.06亿元。

2011年，对南湖路进行拓宽改造，全长1896米，路幅拓宽至46米，投资0.63亿元，同年7月完工。2011年7月，双杨路通车，是长沙市隆平高科技园内的一条南北向城市主干路，地处长沙市芙蓉区东岸地区，道路北起高家坡，南至人民东路，全长2210米，宽36米，总投资2.13亿元，其中拆迁资金9600万元。2011年年底，梅溪湖大道除3个地铁站点外，全部完工，总长8.9千米，宽48米，双向6车道，是梅溪湖国际功能区最主要的一条道路。

2012年，坪塘大道竣工通车，全长5.51千米，路幅宽31~35米，双向6车道，道路采用沥青混凝土路面，总投资9.59亿元。同年，湘江中路工程建设全部完工，湘江大道全线拉通，纵贯长沙老城区及二环、三环，全长26.84千米，路幅宽12~54米不等，是集防洪排渍、道路景观为一体的城市基础性工程。至2012年年底，长沙市主干道80多条，主干路长度434.47千米，道路面积21.68平方千米。

三、次干路建设

1988年，长沙市次干路存在路幅窄、“断头路”多等情况，为拓宽道路，连接“断头路”，完善交通网，长沙市把启动次干路建设、提升整体路网效能提上议事日程。

1989年，长沙市城区次干道城南路（东起天心路，西止南门口）。拓宽改造。在原有长0.54千米，路幅宽20米的道路基础上，延伸至车站南路，全长3.4千米，路幅宽30米，增设两座高架桥，分别跨梓园路和白沙路。

1990年，曙光路北段（五一路至解放东路）道路工程竣工。8月31日，城南东路建设工程动工。东起车站南路，西接韶山路，全长1.39千米，路幅宽30米。其中行车道为14米宽混凝土路面，非机动车道各为3.5米宽的沥青路面，道路两旁分别为宽3.05米的水泥方块人行道板和1.45米宽的绿化带，共计投资350万元。至此，曙光路全长2.06千米道路全部接通，路幅宽30米。

1993年，解放路中西段列入市政府重点工程计划，逐年分段实施建设。1994年，东风路与伍家岭立交桥延长线接通的道路工程竣工。该路是连接烈士公园周边道路的重要次干路，南起营盘路，北至三一大道，全长2339米，路幅宽40米。

1996年9月，城南中路（韶山北路至芙蓉中路长1.03千米）跨梓园路高架桥竣工，解决了影响道路通行能力的瓶颈问题，1997年1月道路拓宽改造工程全部竣工通车，拆迁房屋3033.34平方米，加上电力、电信改造配套工程，共投资3906万元。

1999年1月，城南西路高架桥竣工通车。城南西路（芙蓉路至南门口长0.98千米）建设工程，包括跨白沙路高架桥一座270米，桥宽12米，总投资4233.7万元。7月20日，白沙路建设工程开工。11

月 15 日，解放西路西段司门口至沿江大道，长 776 米，宽 30~34 米的道路建成通车，解放路全线拉通从车站路至沿江大道全长 4 千米。

2000 年 5 月，蔡锷南路道路工程开工，同年 9 月 15 日建成通车。蔡锷南路南起城南西路，北止解放西路，全长 890 米，路幅宽 30~37 米，铺设电力、电讯、燃气、自来水管道，新增道路面积 2.94 万平方米，新增绿化面积 1.26 万平方米，工程投资 1.26 亿元，其中道路工程 1200 万元，管线配套工程 700 万元，拆迁 1.07 亿元，缓解了老商业街拥堵、混乱的情况。12 月 20 日，柑子园至司门口的"卡脖子"路段扩改工程竣工通车，路幅由 16~19 米拓宽为 30~38 米，累计拆迁居民和单位 910 户，房屋面积 6.30 万平方米，投入资金 2.15 亿元，完成工程土石方 16.49 亿立方米，沥青砼路面 3.81 万平方米，完善老城区路网，提高交通功能。

2002 年 3 月，对河西南北向次干路麓山路进行拓宽改造，9 月 25 日竣工通车。北起新民路，南至西南二环王家湾立交桥，全长 5.04 千米，路幅拓宽至 30 米，拓改整治内容包括：路幅拓宽、下水道改造、绿化、亮化、人行道、交通设施、管线等配套工程和配套道路牌楼路（西起麓山路，东至潇湘大道全长 650 米，路幅宽 70 米）的建设。工程投资 3.09 亿元，其中拆迁资金 1.81 亿元。2003 年 7 月，湘雅路整治工程竣工通车。湘雅路西起湘江中路东至芙蓉中路全长 1277.14 米，设计路幅宽 20 米，中央 14 米为机动车辆和非机动车辆混合车道，沥青砼路面，两侧行人道各 3 米。主要建设内容包括：道路改造、人行道改造、路灯安装、人行道绿化、拆除违章建筑（包括广告、灯箱、招牌等），沿线楼房的清洗、粉饰、亮化。总投资 540 万元。远景规划往西下穿湘江对接桐梓坡路，往东对接德雅路下穿浏阳河接通鸭子铺路，成为长沙市的主干路。

2004 年，长沙市城市建设围绕"大干新三年，再创新辉煌"总体目标，加大道路建设力度，加快建设进程，2004 年至 2006 年共开工建设 11 条，完工 14 条（含 2004 年以前开工道路），建设总长度 3.34 万米，路幅宽 17~42 米不等，工程总投资 8.61 亿元。进一步缩短城区间的交通距离，节约居民出行成本。

2007 年 6 月，银双路道路工程建设开工，2008 年 8 月竣工。该路东起银盆南路，西止咸嘉新村谷丰路，全长 2.56 千米，路幅宽 26 米，投资 7700 万元。它的建成有效改善湘江西岸的交通格局。2010 年 1 月，圭河路道路建设工程开工，10 月竣工通车。北起人民东路，南至芙蓉区与雨花区交界线，全长 1.31 千米，宽 26 米，总投资 3102 万元，其中拆迁资金 200 万元。圭河路的建成通车对建设圭塘河风光带具有重要意义，实现"路堤结合"，提升城市品位。建成后的圭塘河路与长善路的连接进一步完善城市路网，改善周边环境，发挥"名河效应"，促进浏阳河及圭塘河旅游休闲产业的发展。

2012 年，白沙路竣工通车，白沙路位于芙蓉区、天心区，南起湘江大道，北止解放中路（韭菜园），全长 3.57 千米，路幅宽 18~33 米不等，总投资 1.03 亿元，其中拆迁资金 0.96 亿元，成为长沙老城区独有的一条射线形次干路。至 2012 年年底，长沙市 5 区（不含望城）次干路经过新建和扩改建，道路长度由 98.31 千米，增加到 314.87 千米，道路面积由 115.38 万平方米，增加到 9.45 平方千米。

四、过街人行通道

1988 年 12 月，五一广场地下人行通道主体工程完工。该工程工期为 19 个月，是长沙市第一座人防、交通、商业三结合的工程，位于五一路与黄兴路交会处。工程由长沙市规划设计院按五级人防标准设计，总建筑面积 2158 平方米。主厅净高 2.6 米，面积 1054 平方米；通道为十字交叉形，四个方向各有两个出入口，道宽 5 米，面积 859 平方米；设备间面积 245 平方米。工程土建总投资 214 万元，由湖南省第六工程公司施工。工程费用由香港彭立姗资助。

1994年4月，八一路人行天桥开工建设，9月竣工，投资488万元。该人行天桥平面为十字形，跨径为2×32.25米+2×29.75米，桥宽4米，四端各设两座楼梯，楼梯跨径13.6米，宽2.5米，天桥共占地780平方米。天桥外形设计美观，主梁侧向与底板采用薄钢板包裹，并采用湖蓝色油漆。上部结构采用两片工字形焊接钢板梁，梁高1米，为减小建筑高度采用半中承式，把横梁和悬臂梁焊于腹板上，使横梁上纵向小梁与主梁翼板平齐。中心墩和四端桥墩均采用钢板卷制圆形空心柱结构，中心墩直径为1.2米，端墩直径为70厘米，柱下基础采用浅埋式钢筋砼扩大基础。楼梯采用两片矩形焊接钢板梁，矩形梁刚度较大，能减小挠度和偏载下的扭转变形，同时取消楼梯跨中歇台下的墩柱。2003年2月，五里牌人行天桥开工建设，21个月后交接使用。天桥长145.2米、宽4米，总投资580.80万元，为梁式人行天桥，设计规格为4.08千帕/平方米，位于八一路与车站路交会处。同年9月，东塘人行天桥拆除，建设环形地下通道。位于韶山路和劳动路的交叉处，东塘高架桥的正下方。该地下通道是一个环形全封闭结构，共有10个出口，长600米，宽15米，钢筋砼简支箱形。2004年4月，湘江大道人行天桥开建，同年11月交接使用。位于长沙市天心区解放西路口，横跨湘江大道，连接解放西路。天桥长82.75米、宽19米，总投资1571.3万元，为钢板混凝土桥梁，建设初期作为汇源大厦消防通道使用。

2008年，坡子街地下通道开工建设，地下通道位于坡子街青和购物中心位置，是青和购物中心A栋、B栋建筑坡子街地下连通工程。施工时坡子街路面需保证人通行功能，不能破坏现有的路面及设施。且地下管线纵横交错，水文、地质条件复杂，施工环境复杂，施工场地有限，开挖断面比较大，埋深比较浅，施工难度大。工程技术人员采用南、北两翼同时施工的方式，用“PBB”法（即柱、梁、梁法）施工，考虑通道围岩自稳时间较短等特点分段施工，使每部开挖的循环时间缩短，对超前不稳定地段进行注浆封闭。实现城市浅埋地下通道暗挖施工的突破。

2010年12月，司门口天桥开工建设，工期5个月。天桥为半包围环抱式钢箱梁人行过街天桥，桥面主体绝大部分为钢结构，从步行街北出入口的八角亭一直跨过解放西路和黄兴路，然后向右转再跨过解放路，到达黄兴南路步行商业街北出入口。由西往东，桥面弧形跨度总长为153米，由6座上下楼梯构成，桥面净高4.7米，桥面宽6米，桥面栏杆高1.1米。司门口天桥建成后为湖南省规模最大的一座人行过街天桥，也是湖南省首座用清水混凝土压膜方法铺装桥面的过街人行天桥。

2012年9月，武广新城杜花路人行通道全面开建，总建筑面积3.36万平方米，总投资1.94亿元。该项目同时是长沙最大的平战结合人防工程，由湖南东方红建设集团组织施工。该通道分为上中下三层结构，中层人防工程留有宽敞的南北通道，既是购物通道，又是人行道路。至2012年年底，长沙市共建设人行通道26个（含2012年12月前拆除的人行通道），其中人行天桥18座、通道8座。

专记　长沙市二环线建设

二环线是围绕长沙城的一条城市Ⅰ级主干路，沿线主要以立交桥和高架桥为主，又称城市快速路。该路由湘江猴子石大桥、三汊矶大桥及道路东南段、西南段、东北段、西北段4段构成，全长47.4千米，路幅宽46米、60米、120米不等。该路途经四方坪、高桥大市场、韶山路、猴子石大桥、罗家嘴、岳麓后山、梅溪湖、汽车西站、谷山、金星大道、银杉路、三汊矶大桥、金霞、苏托垸、洪山桥至四方坪。1994年年底开工，2006年9月1日竣工通车。该工程涉及跨江工程，工程难度大，涉及拆迁量大。共设跨江跨河大桥 7 座（其中特大桥 3 座），有互通式立交桥 30 座，高架桥 6 座，桥梁总面积 86 万平方米，道路面积 256 万平方米，绿化总面积 133 万平方米，征用土地约 499 公顷，累计投资 68.98 亿元。1994 年 9 月长沙市批准成立长沙市环线建设开发总公司（长沙市环线道路工程指挥部），并抽调高级职称 12 人，中级职称 35 人参加现场指挥。整个工程分为东南、西南、东北、西北四段。

第一期（东南段）四方坪立交桥至湘江猴子石大桥西，全长 16.74 千米，途中设两座浏阳河水桥、北高架桥、八一路立交、人民路立交、赤新路（桂花路）立交、长重高架桥、劳动路立交、韶山路立交、芙蓉路立交、新中路高架桥跨书院路接湘江猴子石大桥（2000 年 9 月 20 日建成）。

建设工程从八一路（现远大路）往韶山路和四方坪分头推进。1995 年年底完成路幅范围内的拆迁，拆迁建（构）筑物 10.4 万平方米，完成 8 千米道路的设计和规划中的八一路、人民路、赤新路（桂花路）、劳动路、韶山路 5 座立交桥的设计，完成第一段工程往北、往南、往西延伸道路勘测和方案设计，完成八一路至人民路 1.5 千米混凝土路面主车道施工，完成人民路至韶山路 6.5 千米泥结石路面主车道，全年累计完成土方 104 万立方米，混凝土 6.85 万立方米，钢筋加工 5490 吨。1996 年完成东环线北段和 5 座立交桥范围拆迁腾地 62.47 公顷，拆迁房屋 11.5 万平方米，安置拆迁户 320 余户，规划设计安置房 480 栋，建筑面积 13.4 万平方米。同年 12 月 28 日，八一路至韶山路 8 千米主车道正式通车，并完成东环北高架桥及两座浏阳河桥、四方坪、芙蓉路、书院路、罗家嘴、王家湾、岳麓后山、龙王港、望城坡立交桥，长南铁路（联络线隧道接长工程）的设计，全年累计完成土石方 70 万立方米，排水管道 1.16 万米，混凝土路面 7.8 万平方米，沥青路面 10 万平方米，路缘石 1 万米，用于桥梁的钢筋 2.3 万吨，混凝土 15 万立方米。累计完成工程量 5.44 亿元。1997 年赤新路立交桥被建设部评为“金杯奖”，首破省市政工程建设国家级最高奖“零”的纪录。全年拆迁房屋 1 万平方米，完成工程量 2.42 亿元，完成混凝土 10 万立方米，土石方 32 万立方米，钢筋加工 0.94 万吨，混凝土路面 1.16 万平方米，沥青路面 22.28 万平方米。1998 年 9 月 28 日四方坪立交桥至韶山路立交桥 12 千米的东二环路段竣工通车，四方坪立交桥与 319 国道互通，湘江猴子石大桥同年 12 月 26 日动工续建，同时完成韶山路、劳动路、赤新路、人民路、八一路 5 座立交桥等桥下空地绿化工程，全年完成工程量投资 1.12 亿元，混凝土 1.54 万立方米，钢筋加工 2.01 万吨，土石方 8.5 万立方米，沥青面层 6.4 平方米。1999 年南环线铁路联络线栅式隧道竣工。四方坪立交桥、浏阳河鸭子铺匝道、滩头坪匝道、胜利村匝道以及书院路立交桥、芙蓉路立交桥、新中路高架桥开始桩基础施工。2000 年 9 月，由长沙市环线建设开发公司承建的新中路高架桥竣工。投资 4.36 亿元，桥长 3.4 千米，桥面宽 42.6 米，与芙蓉路、书院路接通，同年 9 月 20 日湘江猴子石大桥竣工，至此二环线（东南段）建设工程胜利完工。

第二期（西南段）建设工程。由湘江猴子石大桥西至枫林路（原称长宁公路）立交桥北，全长 10.6 千米。2002 年，猴子石大桥西至罗家嘴与三环联络线拉通。罗家嘴立交桥、龙王港立交桥桩基完工。随后王家湾、岳麓后山立交桥和跨梅溪湖高架桥建成。2004 年 12 月 20 日，环线西南段竣工通车。

第三期（东北段）建设工程。由三汊矶大桥东至四方坪立交桥北，全长 10.7 千米。由北向南途经金霞立交桥，跨京广铁路、中岭立交桥、苏家托垅高架桥、捞刀河大桥、浏阳河洪山庙大桥。2002 年，四方坪立交桥建成，捞刀河大桥全线贯通，中岭至金霞立交桥进入桩基、地道、排水、土方等工程施工。洪山庙浏阳河大桥于 2004 年 12 月 31 日竣工。该桥被誉为“世界第一跨、神州第一桥”，全长 833 米，分南、北引桥和主桥，主桥为竖琴式无臂索斜塔斜拉桥，该桥创下当年三个世界之最。主桥跨度

206 米是世界同类桥之冠，136 米高塔是世界上唯一高度超百米的混凝土斜塔，水平倾角 58 度，13 米长的悬臂是世界最长的悬臂车道梁，该桥建成通车标志东北段建设工程全线完工。

第四期（西北段）建设工程。由枫林路西站立交桥北（又称长宁公路）至三汊矶大桥东，全长 9.4 千米。该路段上跨咸嘉湖西路、桐梓坡路、长益高速（现称岳麓大道）、杜鹃路、含光路、茶子山路、金星大道、银杉路、潇湘大道、湘江大道 10 座立交桥。2004 年 9 月 16 日，湘江三汊矶大桥正式开工建设，设计标准为城市快速干路双向 6 车道，时速 60 千米，全长 2190 米，包括主桥和东西引桥，车行道宽 24 米，该工程于 2006 年 9 月 1 日竣工。标志着长达 47 千米的二环线全线通车，对缓解城区交通压力、带动长沙经济发展起到巨大的积极作用，也标志着长沙市“六桥三环”道路网络格局经过 12 年的奋斗已经变为现实。

第二节　桥隧建设与管理

一、桥梁建设

1988 年 7 月 1 日，长沙市第一座立交桥人民路三层分离式立交桥建成。该桥第一层为人民路方向下行线，采取路堑式，机动车道宽 10 米，两边为各宽 2.5 米的非机动车道。第二层是直径 30 米的转盘，与人民路、车站路两侧匝道相连。第三层为南北向车站路直行高架桥，桥长 164.32 米，净宽 12 米。整个工程投资 1050 万元。由市规划设计院设计，铁路十二局和广铁三公司担任土石方工程，湖南省路桥公司承担桥梁施工。

1989 年 9 月 30 日，长沙市区东西主干道五一路和南北主干道韶山路交会处的全省最大的立交桥——袁家岭立交桥通车。立交桥为三层式，上层为五一路直行机动车道和转弯环形道，下层为韶山路直行机动车道，中层内环为行人通道，外环为非机动车道，实现行人、机动车、非机动车分流。机动车通行能力为每小时 9720 辆次。立交桥东西长 504 米，南北长 756 米，转盘机动车道宽 16 米，转弯机动车道宽 8 米，下层直行双向车道宽 16 米，中层内人行道宽 5 米，非机动车道 8 米。建筑总面积为 7.56 万平方米，工程总投资为 1500 万元，由市规划设计院设计，省建六公司、长沙市政公司等单位施工。

1991 年 1 月 30 日，历时 28 个月之久的银盆岭湘江大桥通车。大桥主体部分由湖南省公路桥梁建设公司施工，该桥是当时省内规模最大、结构形式多样、技术复杂的一座特大型城市桥梁，总投资 1.25 亿元。桥址位于市区北部新河与银盆岭之间湘江面上，东起伍家岭广场，从浏阳河路西段起用高架桥跨沿江大道与主桥相接，西与西引桥、西引线相接，再与银盆岭三汊矶线立交直通望城坡，与 319 国道相接。全部工程由跨江主桥、两岸引桥、东引桥匝道、东岸沿江 A 形人字梯、西引线、银北立交桥、收费站等工程组成。桥梁总长度 3616.66 米，宽度 25 米，机动车道 15 米。洪水期间桥下可通行千吨

图 11-3-2-1　1991 年 1 月 30 日，银盆岭大桥建成通车

（市住建局供图）

级轮船，正桥混凝土量为8.3万立方米，钢材为1.178万吨。该桥遵照“适用、安全、经济、美观”的原则，江中主桥采用双塔索面斜拉桥，最大桥跨210米，居国内同类型桥的首位，斜拉桥长420米，索塔高53.72米，每塔15对拉索，采用扇形索。江中主桥边孔由50米跨等截面连续梁组成。东岸引桥采用半互通式立交匝道。主桥桥面净宽为25米。桥梁施工中采用500吨级高强钢丝斜拉索，600吨级斜拉索张拉千斤顶，箱梁全断面混凝土整体浇法施工和国产大伸缩量24厘米和30厘米的“模数式”伸缩缝，轻型滚动式施工挂篮和斜拉索热喷涂锌、铝防护技术等先进技术，均为国内首创或首次采用；同时用国产直径7毫米高强钢丝用于斜拉索，也为国内首次采用，把公路桥梁建筑水平推上新台阶。

1994年9月，月亮岛湘江特大桥开工建设。1996年2月，停顿34年之久的猴子石湘江大桥工程重新上马。

1999年9月14日，月亮岛湘江特大桥竣工。该桥位于月亮岛与北三环交会处。是一座公路桥和铁路桥为各自独立的特大桥。公路桥长1937米，宽22米。双向四车道。桥面行车道宽16.5米，两侧人行道2.75米。该桥由正桥和两岸引桥两部分组成。正桥上部为62米+7×96米+62米共9跨连续箱形梁，引桥为32米T形预应力钢筋混凝土简支梁，西岸26孔，东岸10孔，全桥共45孔。该桥由铁道部大桥工程局第五桥梁工程处承建，长沙铁道学院监理公司负责监理。总造价2.02亿元。月亮岛湘江特大桥竣工时为国内同类型铁路桥梁最大跨径，为国内首次采用大型造桥机进行大跨度铁路预应力箱梁预制节段悬臂拼装法施工。公路桥箱梁节段采用挂篮对称悬臂现浇，其建桥技术属国内领先水平。同年12月30日，洪山庙大桥开工建设。

2000年1月，猴子石湘江大桥建成通车。猴子石湘江大桥是长沙城市道路网络骨架“六桥三环”中的“六桥”之一。采用预应力混凝土T形梁桥型，总投资为2.2亿元。桥长1389米，宽27米，双向6车道。同年8月，黑石铺湘江特大桥开工建设。

2001年12月30日，洪山庙大桥竣工。主桥结构形式为无背索斜塔斜拉桥，主跨206米，桥宽33.2米，跨下没有一个桥墩。桥塔垂直高度为136.8米，加上钢壳基座为152米，相当于一座高50层楼的建筑。塔基采用扩大基础，基础平面尺寸为长31米，宽30米，基础高11米，基础下设25根2米长、深5米的抗滑桩。塔身倾角为58度，塔身与桥面完全靠13对竖琴式平行钢丝斜拉，塔身采用等截面薄壁空心钢筋砼结构，通过塔基与基础固结。塔身为全预应力混凝土箱型结构，主梁为钢混叠合结构，钢结构部分母材均采用16米圆钢。斜拉索采用直径7毫米的高强低松弛镀锌钢丝经捆绞制成的成品索。南岸2#~3#墩辅助孔为预应力钢筋混凝土箱型梁，跨径30.31米。北岸主塔1#墩处异型块匝道梁体采用预应力钢筋混凝土箱型板梁，梁宽10米，高1.25米，单箱三室。

2004年5月27日，黑石铺湘江特大桥竣工通车。该桥位于长沙国道绕城线西南段。由省交通规划勘测设计院设计。桥型为三跨中承式钢管拱特大桥，大桥全长3068米，由东、西引桥和主桥三部分组成。其中主跨为144米+162米+144米三跨钢管拱。主桥11连拱及三跨钢管拱的规模（最大跨度162米）在同类型桥中均属全国之最。设计洪水频率为三百年一遇。主桥及部分引桥共1.82千米由铁道部大桥工程局承建；其余1.25千米由广州铁路集团工程总公司、连云港华祥国际工程有限公司承建。主桥上部构造设计采用缆索吊装施工，缆索吊机跨度187米+2×653米+187米，设置三个塔架，平均高度106米。设计最大吊重70吨，其跨度和吊重均属全国第一。全桥混凝土数量共计34.61万立方米，钢材计2.7万吨，概算投资4.7亿元。

2004年9月，湘江三汊矶大桥正式开工，2006年12月全面竣工，该桥是长沙市二环线跨湘江的枢纽工程，位于湘江下游，南距银盆岭大桥5千米，北距月亮岛大桥2千米，设计标准为城市快速干道，双向六车道，设计车速60千米/小时，道路环绕长沙城，通过互通式立交桥，将纵横城区的数十条城市主干道及107、319、长常高速等连在一起。主桥全长1577米，主跨钢箱梁部分为特大自锚式悬索桥，长732米，主跨跨度328米，在同类桥梁中居世界第一。东岸边孔为5孔65米预应力顶推连续梁，西岸边孔为8孔65米预应力顶推连续梁。东、西引桥分别结合规划中的湘江大道和潇湘大道设置桥头立交。总投资4.9亿元。三汊矶大桥的建成，标志着长达48千米的二环线全线拉通，对缓解城区交通压力和带动长沙经济发展发挥巨大作用。

2005年7月，火星北路浏阳河大桥开工建设，工期历时33个月。这是一座跨越浏阳河的城市特大桥，是全国首座“类双层”结构中承式钢箱拱桥，大桥全长840米，双向六车道，呈南北走向，总造价约2.6亿元，是连接长沙市雨花区和开福区的一条重要通道。大桥分主桥和引桥两部分，其中主桥为单跨中承式双肋钢箱悬链线无铰拱桥，主跨138米，主桥宽为39.8米，钢横梁底部外挑下层非机动车道和人行道5.2米。

2007年3月，车站北路浏阳河大桥正式启动，2008年竣工通车。大桥长685米，主桥长265米，引桥长420米，桥宽22米，全线控制红线46米，路幅宽36米，均为双向六车道，设计时速为50千米/小时。拆迁面积3万平方米，总投资2.42亿元，其中拆迁资金0.82亿元。

2012年1月，武广香樟路跨线桥竣工，全长68米，宽33.5米，总面积2278平方米，总投资0.63亿元。该桥位于东山大桥东西向跨川河路，建设采用四跨钢筋砼变截面连续板桥设计工艺，设计等级为公路Ⅰ级。9月，营盘东路浏阳河桥建成通车。该项目位于芙蓉区，西起营盘东路浏阳河西岸，向东延伸至星沙大道交叉。其中桥梁全长611.8米，道路全长4018.22米，为城市Ⅰ级主干道，设计行车速度60公路/小时，双向六车道。采用48米+3×59米+48米预应力混凝土等高度截面箱形梁，东延线工程下穿京珠高速，总投资7.63亿元。10月，福元路湘江大桥建成通车，工期历时26个月。该桥位于银盆岭大桥和三汊矶大桥之间，西接长望路，东接盛世路。桥梁全长3575米，其中越江段1435米，河中主跨采用3×210米提篮式钢拱—结合梁组合体系拱桥。道路等级为城市主干路Ⅰ级，设计行车速度60千米/小时，双向六车道，桥面标准总宽度31.5米。工程总概算13.85亿元。

图11-3-2-2 长沙市二环线四方坪北高架桥
（摄于1998年，市住建局供图）

2012年年底，长沙市共有桥梁172座，其中跨河桥共39座、立交桥共83座、通道共41座、下穿箱涵桥2座。其中，一环及一环内跨河桥3座、立交桥11座，一环外二环内跨河桥6座、立交桥18座、下穿箱函桥2座，二环线跨河桥6座、立交桥33座、通道36条，二环外三环内跨河桥20座、立交桥17座通道5座，三环线及三环外跨河桥5座、立交桥（跨线桥）4座、通道（下穿箱涵桥）1座、通道1座。

二、城市隧道建设

2003年4月，长沙市第一条隧道——天际岭隧道动工建设。它位于万家丽路以南，是万家丽路贯通天际岭森林公园的山底隧道。隧道呈南北向，北接湘府路，南连时代阳光大道，是省内第一条大型城市隧道，由东、西两洞组成，东洞长433米，西洞长396米，幅宽13.5米，车行道和人行道穿过处净高分别为5米和2.5米，双孔双向六车道，设计时速为40千米。隧道西洞于2004年3月25日贯通，同年10月1日通车，2006年9月8日东西双洞全面竣工通车。隧道单个开挖度为17.78米，单个净跨度为15.76米，创造当时国内市政隧道施工难度之最。隧道主体结构全部采用钢筋混凝土曲墙式衬砌的施工方法，从南北两向同时掘进，两侧和拱棚全采用钢筋混凝土浇灌。总投资1.65亿元。

2007年9月，年嘉湖隧道开工建设，工期历时12个月。隧道位于营盘路中段，为营盘路下穿烈士公园年嘉湖湖底隧道。隧道呈东西向，西起东风路，东止车站北路，是市内第一条水下隧道，由南、北两洞组成，隧道长1877米，其中地下部分长1400米，敞开段长477米，单洞宽度为10.35米，车道宽7.25米，净高4.5米，双孔双向四车道，设计时速为50千米。隧道内限高4.5米，可以满足小型汽车和城市公交车的通行需要。隧道总投资9亿元，隧道采用明挖暗埋方式施工，通过钢筋混凝土框架结构固定成型，采用混凝土抗裂处理、外表特殊涂层处理等多重防水保护措施。

2007年12月，浏阳河隧道开工建设，2009年7月28日全线贯通，同年10月1日通车。它位于湘江大道新河三角洲浏阳河入湘江口处，为湘江大道下穿浏阳河河底隧道。隧道呈南北向，北接盛世路，南连新河三角洲，是长沙市第一条下穿河底隧道，由东、西两洞组成，隧道长1910米，其中暗埋段长1400米，敞开段长510米，单洞宽度为11米，净高7米，双孔双向四车道，设计时速为50千米。浏阳河隧道总投资5.5亿元，是国内首条“大跨度浅埋暗挖非岩层穿河隧道”，开凿工作分别从浏阳河南北两岸向中间推进，施工期间经历了高水位、强冰冻，建设方采取“短尺径、强支附、勤量测、弱爆破”的原则控制风险，保障安全施工。

2010年9月，营盘路湘江隧道开工建设。2012年1月，营盘路湘江隧道竣工。营盘路湘江隧道为长沙市首条横穿湘江隧道，也是中国首条江底立交隧道，位于银盆岭大桥与橘子洲大桥间，上距橘子洲大桥约1千米，下距银盆岭大桥2千米。隧道主线西起咸嘉湖路，下穿潇湘大道、傅家洲、橘子洲和湘江大道，东接营盘路。隧道由南、北两线主干道和四条匝道组成，南线主干道长2850.50米，北线主干道长2843米，西岸两条匝道连接潇湘大道，分别长647.85米和559.48米，东岸两条匝道连接湘江大道，分别长772.77米和752.59米，主干道和匝道线路总长为8426.19米。隧道道路等级为城市主干道Ⅰ级，双孔双向四车道，主干道设计时速为50千米，匝道设计时速为40千米，设计通行能力为6253辆/小时。营盘路湘江隧道总投资18.7亿元，隧道穿湘江而过，地处岳麓山断裂带，两岸经过历年流沙演变，地质状况非常复杂，建设过程中8次穿越湘江大堤，6次穿越断层破碎带，施工难度、技术含量、风险系数在国内外过江隧道中极为罕见。为按时保质完成隧道建设，长沙市经过充分科学论证，在东西两岸和傅家洲增设四大竖井，新增主工作面18个，延展施工作业面72个，加快隧道的建设进程。营盘路湘江隧道抗震设防烈度为7级，防水等级为2级，设计使用寿命为100年。

至2012年年底，长沙市城市公路隧道共4座。其中，一环及一环内隧道1条（穿越河流的营盘路湘江隧道），一环外二环内隧道2条（穿越湖泊的年嘉湖隧道、穿越河流的湘江大道浏阳河隧道），二环线及二环外隧道1条（穿越山体的万家丽路天际岭隧道）。

表 11-3-2-1　2012 年长沙市城区桥隧明细一览表

序号	编号	桥梁名称	长度（米）	宽度（米）	面积（平方米）	结构形式	设计荷载	竣工年月	地理位置	交接时间
1	B*20	廖家渡桥	194	9	1746	双曲拱桥	汽-18.挂-100	1970 年 4 月	北郊综合农场	2009年3月拆除
2	B*21	洪山庙桥	225.4	12	2704.8	双曲拱桥	汽-18.挂-100	1970年7月	洪山庙跨越浏阳河	1972年12月
3	1*01	橘子洲大桥	1533	20	30660	双曲拱桥	汽-20.挂-100	1972年	五一大道上，跨越湘江	1973 年（合作公司维护）
4	1-09	八一桥	172	20	3440	双曲拱桥	汽-20.挂-100	1972年11月	八一路跨越芙蓉路	1972年12月
5	C*14	靳江河桥（老桥）	152.5	12	1830	双曲拱桥	汽-20.挂-100	1982年12月	靳江河口	1984年2月
6	B-13	人民路车站路立交桥	2146.6	12	25759.2	三层分离式立交桥	汽-20.挂-100	1988年4月	人民路与车站路交会处	1988年
7	B-12	袁家岭立交桥	4144.5	16	66312	三层分离式立交桥	汽-20.挂-100	1989年5月	五一路与韶山路交会处	1990年6月
8	1-06	银盆岭大桥人行天桥	70	10	700	简支梁桥	4.0 千帕/平方米	1990 年	银盆岭大桥西跨越岳麓大道	2005年
9	1-05	岳银立交桥（老桥）	503	15	7545	连续梁桥	汽-20.挂-100	1991年2月	银杉路与岳麓大道交会处	1992年
10	1*07	银盆岭大桥	3045.54	25	76138.5	双塔单索面斜拉桥	汽-20.挂-100	1992年2月	319 国道城区段，跨越湘江	1992年02（合作公司维护）
11	B*19	芙蓉北路捞刀河桥（老桥）	223	24	5352	连续梁桥	汽-20.挂-120	1993年10月	芙蓉北路跨越捞刀河	2008 拆除重建
12	B-17	伍家岭铁路跨线桥	572	24	13728	箱型简支梁桥	汽-20.挂-100	1993年12月	伍家岭跨越京广线	1995年1月
13	B*18	芙蓉北路浏阳河桥	293.6	24	7046.4	连续梁桥	汽-20.挂-120	1993年12月	芙蓉北路跨越浏阳河	1995年8月
14	1-10	芙蓉广场立交桥	2384.4	15	35766	三层分离式立交桥	汽-20.挂-100	1994年4月	芙蓉路、五一路交会处	1995年5月
15	B-07	天心阁高架桥（城南路高架）	442.73	12	5312.6	连续梁+简支梁桥	汽-20.挂-100	1994年4月	城南路上跨越白沙路	1995年4月
16	B-06	广济高架桥	600	12	7200	简支梁桥	汽-20.挂-100	1996年6月	连接韶山北路与芙蓉中路	1996年7月

续表 11-3-2-1

序号	编号	桥梁名称	长度（米）	宽度（米）	面积（平方米）	结构形式	设计荷载	竣工年月	地理位置	交接时间
17	2-53	杨家山立交桥	2340	15	35100	互通立交桥	汽-超 20.挂-120	1996 年	二环线与人民路交会处	2003年4月
18	C*41	319 国道万家丽路跨线桥	44	15	660	连续梁桥	城 A	1996年	319 国道跨万家丽路	1996年
19	B-04	东塘立交桥	600	15	9000	简支梁桥	汽-20.挂-100	1997年	韶山路与劳动路交会处	1997年8月
20	B-05	侯家塘高架桥	552	15	8280	简支梁桥	汽-20.挂-100	1997年	劳动路与芙蓉路交会处	1997年月
21	B-11	解放中路跨线桥（浏城桥）	900	12	10800	连续梁桥	汽-20.挂-100	1997年	解放路与芙蓉路交会处	1997年6月
22	2-51	团结路立交桥	2240	14	31360	互通立交桥	汽-超 20.挂-120	1997年	二环线与远大一路交会处	2003年4月
23	2-55	高桥立交桥	3750	15	56250	互通立交桥	汽-超 20.挂-120	1997年	二环线与长沙大道交会处	2003年4月
24	2-56	树木岭立交桥	3270	23	75210	互通立交桥	汽-超 20.挂-120	1998年	二环线与劳动路交会处	2003年4月
25	2-57	桔园立交桥	4233.3	15	63499.5	互通立交桥	汽-超 20.挂-120	1998年	二环线与韶山路交会处	2003年4 月
26	2-49	四方坪立交桥	3230	16	51680	互通立交桥	汽-超 20.挂-120	1998 年	二环线四方坪段	2003年4 月
27	2*50	浏阳河鸭子铺大桥	7110	24	170640	连续梁桥	汽-超 20.挂-120	1998年	二环线鸭子铺段跨越浏阳河	2003年4月
28	C*43	雷高路跨线桥	152	34	5168	现浇等截面连续箱梁	公路-I 级	2000年9 月	岳麓大道西延线	2009年
29	2-58	新中路立交桥	5600	25	140000	互通立交桥	汽-超 20.挂-120	2000年	二环线与芙蓉南路交会处	2004年3月
30	2-59	新开铺高架桥	1550	25	38750	分离式立交桥	汽-超 20.挂-120	2000年	南二环线与书院路交会处	2003年4月
31	2*01	湘江猴子石大桥	2882	32	92224	连续梁桥	汽-超 20.挂-100	2000年	南二环跨越湘江	2003年4月
32	B-14	下穿芙蓉中路箱函桥	86	18	1548	箱涵	城-A 级 汽-20.挂-100	2002年	芙蓉中路跨越白沙路	2002年
33	C*04	万家丽路圭塘河桥（二标）	105.2	46	4839.20	连续梁桥	汽-超 20.挂-120	2002年10月1 日	高桥圭塘河	2006年5月17 日
34	1-08	波隆立交桥	2595.77	15	38936.55	互通立交桥	汽超-20.挂-120	2002年12月	芙蓉北路与319 国道交会处	2003年8月

续表 11-3-2-1

序号	编号	桥梁名称	长度（米）	宽度（米）	面积（平方米）	结构形式	设计荷载	竣工年月	地理位置	交接时间
35	B-15	五里牌人行天桥	145.20	4	580.80	梁式人行天桥	4.08 千帕/平方米	2003 年 2 月	八一路与车站路交会处	2004年11月
36	B-16	东风路立交桥	2620	15	39300	互通立交桥	汽-20.挂-100	2003年8月	东风路与 319 国道交会处	2004年
37	C*07	劳动东路圭塘河桥	42.26	60.48	2555.88	连续梁桥	汽-超 20.挂-120	2003年8月	劳动东路跨圭塘河	2005年
38	1-03	橘子洲大桥西跨线桥	76	20	1520	三跨连续梁桥	汽-20.挂-100	2003年12月	湘江橘子洲大桥西跨越潇湘大道	2004年4月
39	2*46	环线捞刀河大桥	540	31	16740	变截面连续梁	汽-超 20.挂-120	2004年	二环跨越捞刀河	2005年
40	1-02	橘子洲大桥北支桥	424.64	10.6	4501.18	连续梁桥	汽-20.挂-100	2004年3月	橘子洲大桥连续橘子洲北向支桥	2004年4月
41	B-10	汇源人行天桥	82.75	19	1571.3	钢板混凝土梁桥	4.0 千帕/平方米	2004年4月	解放西路与湘江大道交会处	2004年11月
42	C*05	万家丽路圭塘河桥（九标）	34.38	54	1856.52	连续梁桥	汽－超 20. 挂－120	2004年7月15 日	万家丽路与李洞路交会处	2006年5 月 17日
43	1-05	岳银立交桥（新桥）	503	16	8048	连续梁桥	汽-20.挂-100	2004年8月	银杉路与岳麓大道交会处	2004年
44	C*08	湘府路圭塘河桥	140	49.5	6930	连续梁桥	汽-超 20.挂-120	2004 年 8月	湘府路跨越圭塘河	2005 年
45	C*03	人民东路浏阳河大桥	281.28	29	8157.12	连续钢构桥	汽-超 20.挂-120	2004年10月	人民东路与圭塘河交会处	2005年4月
46	2-39	高岭村跨线桥	60.29	7	422.03	连续箱梁桥	汽-超 20.挂-120	2004年10月	高岭村部跨越北二环	2007年
47	C*02	人民东路圭塘河大桥（人民东路高架桥）	742	29	21518	连续箱梁桥	汽－超 20. 挂－120	2004年11 月	人民东路与浏阳河交会处	2005年
48	2-02G	阳光 100（1）通道	47.42	28.5	1351.47	箱涵	—	2004年11月	罗家嘴立交桥与猴子石桥之间	2005年7月
49	2-03 G	西二环 2 号通道	51.53	28.5	1468.61	箱涵	—	2004年11月	罗家嘴立交桥与猴子石桥之间	2005年7月
50	2-04	罗家嘴立交桥	96	32.6	3129.6	互通立交桥	汽－超 20. 挂－120	2004年11月	西二环距猴子石大桥 600 米处	2005年7月

续表 11-3-2-1

序号	编号	桥梁名称	长度（米）	宽度（米）	面积（平方米）	结构形式	设计荷载	竣工年月	地理位置	交接时间
51	2-05 G	西二环 3 号通道	50.39	28.5	1436.12	箱涵	—	2004年11月	王家湾立交与罗家嘴立交之间	2005年7月
52	2*19	环线龙王港桥	750	38	28500	连续箱梁桥	汽-超 20.挂-120	2004年11月	西二环跨越龙王港	2005年3 月
53	2-40	高岭小学跨线桥	57.64	7	403.48	连续箱梁桥	汽-超 20.挂-120	2004年 12 月	高岭村小学跨越北二环	2007 年
54	2-09G	沙泥潭（7）通道	17.5	28.5	498.75	箱涵	—	2004年 12 月	王家湾立交与罗家嘴立交之间	2007年6日
55	2-10G	王家湾南（8）通道	17.5	28.5	498.75	箱涵	—	2004年 12 月	王家湾立交与罗家嘴立交之间	2007年6日
56	2-12 G	树达（9）通道	9	36	324	箱涵	—	2004年 12 月	龙王港桥与三家湾立交桥之间	2007年6日
57	2-13 G	743（10）通道	9+9	36	648	箱涵	—	2004年 12 月	龙王港桥与三家湾立交桥之间	2007年6日
58	2-41	金霞路立交桥	159.84	33	5274.72	连续箱梁桥	汽-超 20.挂-120	2004年 12 月	捞刀河路与北二环交会处	2007年
59	2-44	中岭立交桥	719.81	12.8	9213.57	连续箱梁桥	汽-超 20.挂-120	2004年 12 月	北二环中岭段	2005年
60	2*48	二环线浏阳河洪山大桥	366.30	33.2	12161.16	斜塔无背索斜拉桥	汽-超 20.挂-120	2004年 12 月	二环线洪山启与浏阳河交会处	2004年 12 月
61	2-36	环线车站路跨线桥（二环线金霞路 17 标）	44	30.98	1363.12	连续箱梁桥	汽-超 20.挂-120	2004 年 12 月	北二环连接秀峰立交桥	2007年1 月
62	C*09	香樟路圭塘河桥	178.80	36	6436.8	连续梁桥	城-A 级	2005 年	香樟路跨越圭塘河	2007年6月
63	2-06G	西二环 4 号通道	19	44	836	箱涵	—	2005年	罗家嘴立交桥以南 200 米	—
64	2-07 G	西二环（5）通道	30	50	1500	箱涵	—	2005年	王家湾立交与罗家嘴立交之间	—
65	2-08 G	桃花村（6）通道	17.5	28.5	498.75	箱涵	—	2005年	王家湾立交与罗家嘴立交之间	—
66	2-11	王家湾立交桥	360	25.6	9216	互通立交桥	汽-超 20.挂-120	2005年	白鹤路与麓山南路交会处	—
67	2-14G	新起点（11）通道	5	28.5	142.5	箱涵	—	2005年	龙王港桥与王家湾立交桥之间	—
68	2-42	彭家巷高架桥	250	25.6	6400	连续箱梁桥	汽-超 20.挂-120	2005年1 月	北二环与双河路交会处	2005年
69	2-43	中岭跨线桥	66.15	12	793.8	连续箱梁桥	汽-超 20.挂-120	2005年1 月	中岭跨越北二环	2005年

续表 11-3-2-1

序号	编号	桥梁名称	长度（米）	宽度（米）	面积（平方米）	结构形式	设计荷载	竣工年月	地理位置	交接时间
70	2-37	环线跨京广线桥	663.78	30	19913.4	简支T梁桥	汽-超 20.挂-120	2005年1月	北二环跨越京广线	2009年1月
71	2-38	长捞路跨线桥（北二环线第十四标）	80.41	12	964.92	连续箱梁桥	汽-超 20.挂-120	2005年1月	捞刀河镇跨越北二环	2007年1月
72	2-20	环线西大门立交桥（枫林路跨线桥）	114	12	1368	钢筋砼连续梁桥	汽-超 20.挂-120	2005年3月	西二环汽车西站处	2005年9月
73	B*22	枫林路龙王港桥	70	36	2520	预应力空心板梁桥	汽-超 20.挂-120	2005年10月	枫林路跨越龙王港	2006年6月
74	B-01	桂花路立交桥	320	12	3840	连续梁桥	汽-20.挂-100	2005年10月	桂花路跨越京广线	2006年5月
75	B-02	桂花路铁路桥	113	27	3051	连续梁桥	汽-20.挂-100	2005年10月	桂花路跨越京广线	2006年5月
76	2-22	桐梓坡路跨线桥（西北环线第一标 40#~55#）	450	25.6	11520	连续箱梁桥	汽-超 20.挂-120	2006年1月	西二环跨越桐梓坡路	2007年10月
77	2-21	长宁高架桥	698.44	17	11873.48	连续箱梁桥	汽-超 20.挂-120	2006年3月	西二环跨越枫林路	2006年12月
78	2-23	长益路立交桥（西北环线第二标、三标 55#~90#）	1047.4	41.6	43571.84	连续箱梁桥	汽-超 20.挂-120	2006年3月	西二环与岳麓大道交会处	2008年11月
79	2-24	西二环杜鹃路跨线桥（西北环线第四标 90#~102#）	356.04	25.6	9114.62	连续箱梁桥	汽-超 20.挂-120	2006年5月	西二环跨越杜鹃路	2007年12月
80	C-06 S	万家丽路天际岭隧道	866	27.52	23832.32	东、西两洞	汽-超 20.挂-120	2006年7月31日	万家丽路贯通植物园天际岭	2006年10月
81	2-25	西北环银盆路高架桥（含光路高架桥）	76	24	1824	连续箱梁桥	汽-超 20.挂-120	2006年8月	西二环距杜鹃路跨线桥150米	2008年
82	2-26	西北线坦山路高架桥（佑母塘路高架桥）	94	26.8	2519.2	连续箱梁桥	汽-超 20.挂-120	2006年8月	距金星大道立交桥 180 米	2009年1月
83	2-28	西二环金星大道跨线桥	270	26.8	7236	连续箱梁桥	汽-超 20.挂-120	2006年9月	西二环跨越金星大道	2007年12月
84	2*34	三汊矶大桥	2080	36	74880	自锚式悬索桥	汽-超 20.挂-120	2006年12月	二环三汊矶段跨越湘江	2007年
85	C*18	万家丽路浏阳河	607	42.8	25979.6	中承式钢箱拱桥	汽-20.挂-100	2007年	万家丽路跨浏阳河	2008年

续表 11-3-2-1

序号	编号	桥梁名称	长度（米）	宽度（米）	面积（平方米）	结构形式	设计荷载	竣工年月	地理位置	交接时间
86	C-15	新韶山路跨线桥	72.8	26	1892.8	空心板梁桥	汽-20.挂-100	2007年2月	新韶山路跨绕城线	2007年
87	C-16	新韶山路汽车南站涵洞	75	10.4	780	—	城-A 级	2007年4月	新韶山南路	2007年5月
88	2-29	西北环长望路跨线桥	91.53	26.8	2453	连续箱梁桥	汽-超 20.挂-120	2007 年 5 月	西二环距三汊矶桥 900 米	2007 年 12 月
89	B-24	曙光南路跨线桥	41.08	12	492.96	连续梁桥	汽-20.挂-100	2008年	跨曙光南路	2008年
90	B-25S	年嘉湖隧道	1877	21.7	40730.9	—	城-A 级	2008年	烈士公园南门	2008年
91	1*04	荣银桥	90	38.5	3465	大悬臂流线型连续梁桥	城 A 级	2008年	银盆路跨越龙王港	2009年
92	1-12	望月湖高架桥	761	17	12937	大悬臂流线型连续梁桥	城 A 级	2008年	潇湘大道跨龙王港	2009年
93	2-72G	中岭立交桥 13 号通道	11.43	14	160.02	箱涵	—	2008年	—	2009年11 月
94	2-73G	中岭立交桥 14 号通道	11.43	12	137.16	箱涵	—	2008年	—	2009年11月
95	2-74G	中岭立交桥 15 号通道	11.30	12	135.6	箱涵	—	2008年5 月	捞刀河镇中岭村	2008年12月
96	2-75G	中岭立交桥 16 号通道	11.30	12	135.6	箱涵	—	2008年5 月	捞刀河镇中岭村	2008年12月
97	2-76G	中岭立交桥 17 号通道	—	—	—	箱涵	—	—	捞刀河镇中岭村	—
98	2-77G	中岭立交桥 18 号通道	81.85	9.3	761.21	箱涵	—	2008年5 月	捞刀河镇中岭村	2008 年 12月
99	2-78G	中岭立交桥 19 号通道	32.26	22.35	721.01	箱涵	—	2008年5 月	捞刀河镇中岭村	2008年12月
100	C*40	长沙大道跨万家丽路高架桥	1196	15	17940	连续梁桥	城 A	2008年5 月	长沙大道跨万家丽路	2009年
101	C*10	时代大道(北幅)圭塘河桥	76	20	1520	连续梁桥	城-A 级	2008 年 5 月	时代大道跨越圭塘河	2008年7 月
102	C*19	长沙大道圭塘河桥	96	25	2400	简支梁桥	城 A	2008 年 5 月	长沙大道跨圭塘河	2009年
103	C-20	沙湾路高架桥	336	15	5040	连续梁桥	城 A	2008 年 5 月	长沙大道跨沙湾路	2009年
104	2-60G	中岭立交桥 1 号通道	14.13	11.34	160.23	箱涵	—	2008 年 11 月	开福区中岭村与北霞村中青大道	2010 年 1 月

续表 11-3-2-1

序号	编号	桥梁名称	长度（米）	宽度（米）	面积（平方米）	结构形式	设计荷载	竣工年月	地理位置	交接时间
105	2-61G	中岭立交桥 2 号通道	11.59	12.02	139.31	箱涵	—	2008 年 11 月	开福区中岭村与北霞村中青大道	2010 年 1 月
106	2-62G	中岭立交桥 3 号通道	14	11.32	158.48	箱涵	—	2008 年 11 月	开福区中岭村与北霞村中青大道	2010 年 1 月
107	2-63G	中岭立交桥 4 号通道	101.45	10.9	1105.81	箱涵	—	2008 年 11 月	开福区中岭村与北霞村中青大道	2010 年 1 月
108	2-64G	中岭立交桥 5 号通道	14.94	11.85	177.04	箱涵	—	2008 年 11 月	开福区中岭村与北霞村中青大道	2010 年 1 月
109	2-65G	中岭立交桥 6 号通道	11.55	11.98	138.37	箱涵	—	2008 年 11 月	开福区中岭村与北霞村中青大道	2010 年 1 月
110	2-66G	中岭立交桥 7 号通道	14.94	11.85	177.04	箱涵	—	2008 年 11 月	开福区中岭村与北霞村中青大道	2010 年 1 月
111	2-67G	中岭立交桥 8 号通道	122.1	14.8	1807.08	箱涵	—	2008 年 11 月	开福区中岭村与北霞村中青大道	2010年1月
112	2-68G	中岭立交桥 9 号通道	39.57	9.3	368	箱涵	—	2008 年 11 月	开福区中岭村与北霞村中青大道	2010年1月
113	B-26	八道码头高架桥	525	9	4725	预应力混凝土连续桥	城-A 级	2009年	湘江大道南段	2009年
114	B-28S	湘江大道浏阳河隧道	1910	18.7	35717	—	城 A 级	2009年11月	新河三角洲济浏阳河入湘江口	2010年
115	—	学士联络线象嘴路通道	54.15（西幅） 40.21（东幅）	20	943.6	框架	公路 I 级	2009年11月	学士联络线跨象嘴路通道	2012年8 月
116	B*19	芙蓉北路捞刀河桥（新桥）	211.28	46	9718.88	预应力连续刚构桥	城 A	2009年12月	芙蓉北路跨越捞刀河	2011年9 月
117	C-25	东方红高架桥	203.36	34	6914.24	预应力现浇连续箱梁桥	公路-I 级	2010年	岳麓大道西延段与东方红路交会处	2010年12月
118	C*27	雷锋河中桥	20	43	860	简支交心板桥	城 A 级	2010年	雷锋大道西与雷锋镇平交口	2011年8 月

续表 11-3-2-1

序号	编号	桥梁名称	长度（米）	宽度（米）	面积（平方米）	结构形式	设计荷载	竣工年月	地理位置	交接时间
119	C–29	曲塘路跨圭塘河桥	52	37	1924	连续箱梁桥	城 A 级	2010 年	万家丽路与曲塘路交会处	2011年
120	C–30	金井路黑犁路跨线桥	60	22	1320	预应力砼空心板桥	公路–I 级	2010 年	金井路上跨黑犁路	2010年
121	C–31	金井路绕城高速跨线桥	47.08	26	1224.08	预应力砼空心板桥	公路–I 级人群 4 千帕/平方米	2010年	金井路上跨绕城高速	2010年
122	B*27	湘江大道捞刀河大桥	678	29	19662	预应力混凝土连续梁桥	城 A 级	2010年2月	湘江大道跨捞刀河	2010年9月
123	C*21	潇湘大道靳江河桥（新）	160	31.5	5040	先简支后连续梁桥	城–A 级	2010年2月	潇湘大道南靳江河口	2011年8月
124		学士联络线含浦跨线桥	150	25.6	3840	预应力砼连续箱梁桥	公路 I 级	2010年4月	西起长潭高速东至罗家嘴	2012年
125	1*13	橘子洲–傅家洲大桥	265	12	3180	连续板拱桥	城 A 级	2010年7月	位于橘子洲与傅家洲	2011年
126	1–14	岳北渔场高架桥	421.08	40	16843.20	预应力砼 T 梁桥	公路 I 级	2010年10月	潇湘中路岳北渔场	2011年2月
127	C–26	黄桥高架桥	146.64	33	4839.12	预应力连续箱梁桥	城 A 级	2010年11 月	岳麓大道西延段与黄桥路交会处	2010年12月
128	C–32	坪塘大道靳江河桥（二标）	653	31.5	20569.5	20＋3×40 ＋20（全跨预制）40 米箱梁，20 米简支空心板桥	城–A 级	2011年	坪塘大道上跨靳江河	2011年
129	C–33	坪塘大道洋湖湿地廊道桥	50	31.5	1575	(12.5+25+12.5）米板拱桥	城–A 级	2011年	坪塘大道上跨洋湖湿地公园	2011年
130	1–15S	营盘路湘江隧道	北线约 3000 南线约 2700 匝道约 2752	主线 8 匝道 7	64864.00	主线分南北两线，东西两岸设四个匝道	城–A 级	2011 年	银盆岭大桥与橘子洲大桥间，东起营盘路，西接咸嘉湖路，下穿潇湘大道、傅家洲、橘子洲和湘江大道	—
131	C–28	木莲冲路跨圭塘河	60	40	2400	预应力砼连续箱梁桥	城 A	2011年6 月	万家丽路与木莲冲路	
132	C*34	武广劳动东路—新花候路通道	91	21.5	1956.5	框架结构	城–A 级	2012年1 月	—	2012 年 8 月
133	C*35	武广香樟路跨线桥	68	33.5	2278	四跨钢筋砼变截面连续板桥	公路 I 级	2012年1 月	东山大桥东西向跨川河路	2012年5月

续表 11-3-2-1

序号	编号	桥梁名称	长度（米）	宽度（米）	面积（平方米）	结构形式	设计荷载	竣工年月	地理位置	交接时间
134	2-47	马家冲立交桥	480	26.8	12864	钢筋混凝土连续桥	汽-超 20.挂-120	—	二环线与福元路交会处	2004年12月
135	2*35	秀峰立交桥	650	25.6	16640	互通立交桥	汽-超 20.挂-120	—	芙蓉北路与北二环交会处	2005年
136	2-45	环线苏家托高架桥	3300	25.6	84480	预应力钢筋砼连续梁桥	汽-超 20.挂-120	—	二环线苏家托段	2005年
137	C*01	东屯渡桥	420	18.6	7812	石拱桥	汽-18 挂 80	—	远大路跨越浏阳河	2005 年 11 月
138	B-03	劳动中路跨铁路线桥	270	14	3780	简支梁桥	汽-20.挂-100	—	劳动中路跨越京广线	2006年
139	B-23	石马铺跨铁路桥	270	14	3780	简支梁桥	汽-20.挂-100	—	曙光路跨越京广线	2006年
140	2-52	二环线荷花园人行天桥	36	6	216	—	4.0 千帕/平方米	—	荷花园跨越二环线	2006年1月
141	C-12	杉木冲路景观轴线桥	90	31	2790	预应力箱梁桥	城 A 级	—	新姚路与芙蓉南路交会处	2006年5月22 日
142	2-54	二环线高桥人行天桥	36	6	216	—	4.0 千帕/平方米	—	高桥跨越二环线	2006年6月
143	3-01	人民东路下穿京珠高速箱涵桥	36	18	648	—	汽-20.挂-100	—	人民东路与京珠高速交会处	2006 年 6 月 29 日
144	C-22	雷锋高架桥	—	—	—	—	—	—	岳麓大道西延段与雷锋大道交会处	2010年12月
145	C-23	麓谷高架桥	—	—	—	—	—	—	岳麓大道西延段与万青路交会处	2010年12月
146	C-24	旺龙高架桥	—	—	—	—	—	—	岳麓大道西延段与旺龙路交会处	2010年12 月
147	1-11	五一广场立交桥	1260	26.8	33768	三层分离式立交桥	汽-20.挂-100	—	五一路与黄兴路交会处	2011 年 5月拆除
148	C*37	香樟路下穿红旗路通道	105	19.7	2068.5	框架结构	城-A 级	—	雨花区黎托乡长托村	2012年8月
149	C*38	香樟路下穿新花候路通道	105	19.7	2068.5	框架结构	城-A 级	—	雨花区黎托乡长托村	2012年8月
150	C*42	车站北路浏阳河大桥	930.73	29	26991.17	变截面预应力连续箱梁桥	城 A	—	车站北跨浏阳河桥	2012年9月
151	—	坪道大道南三环跨线桥	60	45	2700	预应力混凝土连续箱梁桥	公路 I 级	—	绕城高速跨坪塘大道	2012年10 月

续表 11-3-2-1

序号	编号	桥梁名称	长度（米）	宽度（米）	面积（平方米）	结构形式	设计荷载	竣工年月	地理位置	交接时间
152	B-08	工农桥	300	23	6900	连续梁+简支梁桥	汽-20.挂-100	—	人民西路与建湘路交会处	—
153	B-09	人民路黄兴路涵洞	460	16	7360	—	—	—	人民西路与黄兴路交会处	—
154	2-15 G	西二环 12 号通道	9	28.5	256.5	箱涵	—	—	龙王港桥与王家湾立交桥之间	—
155	2-16	西二环 1 号人行天桥	115	11	1265	—	4.0 千帕/平方米	—	龙王港桥与王家湾立交桥之间	—
156	2-17G	西二环 13 号通道	3	28.5	85.5	箱涵	汽-超 20.挂-120	—	龙王港桥王家弯立交桥之间	—
157	2-18G	西二环 14 号通道	32.8	36	1180.8	箱涵	汽-超 20.挂-120	—	龙王港桥王家湾立交桥之间	—
158	2-27	西二环 2 号人行天桥	85	11	935	连续箱梁桥	汽-超 20.挂-120	—	距金星大道立交桥 120 米	—
159	2-30 G	西二环 15 号通道	28.5	9	256.5	箱涵	—	—	西二环距三汊矶桥 750 米	—
160	2-31	西北环银杉路跨线桥	270	36	9720	—	汽-超 20.挂-120	—	西二环距三汊矶桥 500 米	—
161	2-32G	西二环 16 号通道	12.8	6	76.8	箱涵	—	—	三汊矶桥西南匝道	—
162	2-33 G	西二环 17 号通道	12.8	6	76.8	箱涵	—	—	三汊矶桥西北匝道	—
163	2-69G	中岭立交桥 10 号通道	30.8	14	431.2	箱涵	—	—	开福区中岭村与北霞村中青大道	—
164	2-70G	中岭立交桥 11 号通道	44.88	9.3	417.38	箱涵	—	—	开福区中岭村与北霞村中青大道	—
165	2-71G	中岭立交桥 12 号通道	25.4	12	304.8	箱涵	—	—	—	—
166	C*11	时代大道 2 号跨河桥	370	24.6	9102	—	—	—	—	—
167	C-13	木莲冲高架桥	1425	26.8	38190	连续梁桥	城 A 级	—	芙蓉南路与木莲冲路交会处	—
168	C*17	319 国道浏阳河桥	360	16	5760	—	—	—	—	—
169	C*39	新花候路通道二标 K2+146.35~771.65	625.3	29.3	18321.29	框架结构	城-A 级	—	—	—

三、桥梁隧道管理

为确保城市桥梁隧道的安全运行，长沙市安排安排有专门部门常年对桥隧进行基础管养，并定期进行日常维护和安全测定，发现隐患，立即进行维修整改。1988 年 11 月，八一路铁路跨线桥改造，总投资 175 万元。路幅增加到 36 米，增加边孔 4 个作为非机动车和人行通道。项目由广州铁路局勘察设计院设计，广州铁路局桥隧一公司施工，边孔框架为钢筋混凝土结构，采用不带土顶进法施工。八一路跨线桥的加固改造工作是在路面改造工程施工完毕后进行的，因此加固难度加大，加固设计方案只能从桥下部加以考虑，对主拱圈和腹拱圈进行补强加固。通过加固后桥面铺装良好，主拱肋线形匀称平顺。

1990 年 1 月，毛家桥下水道建设工程开工，同年 12 月竣工，总投资 169.9 万元，由市排水管理处和北区市政维护队施工。该项目南起毛家桥铁路旁、北至新河老康氹，全长 1196 米，分别由直径 1.5~2 米的砖拱涵、沉箱和水泥涵管组成。施工过程中首次在本市下水道敷设中采用沉箱敷设，克服了环境狭窄和民房多的施工条件。

1995 年 6 月，东塘白沙立交桥二期改造工程开工建设，同年 12 月竣工，总面积 1.89 万平方米，环桥长 289 米，宽 10 米，总投资 3400 万元，其中长沙卷烟厂投资 2800 万元。项目由长沙市规划设计院设计，市政工程总公司施工。桥体修建为钢筋砼简支箱形梁桥，对原有的过街天桥进行拆除。该项目主要修建二层环形桥，由 8 座引桥和一个中心曲线半径为 46 米的圆盘组成。

2000 年 6 月，人民路立交桥下排水改造项目开工，9 月 20 日竣工。全长 258 米，总投资 200 万元。共完成土方 2676 立方米，清理淤泥 351 立方米，埋设下水管 285 米，修建明渠 62.6 米，检查井 9 口，泄水井 14 口，修建排水泵站一座以及配电间一座和相配备的电器装置，重点解决人民路立交桥下常年渍水问题。

2002 年 4 月，长沙市伍家岭立交桥改造工程开工建设，2003 年 1 月 30 日，主桥、引桥和匝道建设全部竣工，亮化、绿化和美化等配套工程全面完成，总投资 1.88 亿元。主要拆除立交桥下许多影响立交桥保养和使用寿命的附属设施。改造后，该桥为 4 层全互通式立体交叉，鸟瞰效果为“双鱼咬合”。其中一层为匝道，二层为休闲岛、绿化带和大型停车场，三层为连接芙蓉路与捞霞路的南北方向主桥，四层为连接 319 国道的两条东西方向主桥、长度 668 米、双向单幅宽度 17.5 米。东西方向主桥呈弧形与南北方向主桥相交，中间大两头小，好似相互咬合的两条鱼朝相对的方向摆开。荣获建设部“市政工程设计三等奖”和省优秀设计一等奖的项目，大桥被评为长沙市“最美一座桥”。

2004 年，经湖南省人民政府批准拆除 4 座过桥收费站，对长沙市车辆实行通行费年票制，收费方式由按次征收改为按年征收，并把长沙、望城、浏阳、宁乡 4 县（市）纳入征收范围。

2006 年 5 月，橘子洲大桥因车流量超过设计荷载，桥面损伤严重，拱桥桥面出现裂缝。长沙市路桥征费维护管理处对大桥桥面局部维修，对破损路面进行开挖、沥青填充和压实，在底层和面层重新铺油。

2006 年，银盆岭大桥围挡整修，主要解决因服役时间过长所导致的伸缩缝和路面不同程度的磨损，施工时检测与维修同步进行，对大桥 120 根斜拉索进行高温时的受力检测，更换桥面伸缩缝以及对破损路面进行整修。

2007 年 3 月，浏阳河大桥为单索面斜拉桥，桥面宽为 24.5 米。有关部门对大桥进行鉴定之后，发现该桥出现功能性病害，必须降低通行荷载与车速。同年 10 月底，三一大道竖起第一道龙门架，开始限制货车和大型客车通行。2008 年，橘子洲大桥受拱桥自身特点、车流增多以及 2008 年年初冰灾等因素影响，橘子洲大桥桥面裂缝 500 余处。当年 7 月，大桥小修改造工程开工，8 月 20 日前完工。此次修整修复桥面铺装层，恢复桥面平整度与抗滑能力，提升大桥整体形象，同时加强桥面防排水措施，恢复桥面的排水功能。

2010 年 12 月 30 日，湖南省交通科学研究院对浏阳河大桥进行一次全面检查，结果显示桥体的五大隐患，限高必须强制执行。从 2011 年 6 月 9 日起，长沙交警部门禁止货运机动车辆、大型客车等高于 2.5 米的车辆通行。这座桥一共有 6 个大小龙门架对车辆进行限制，主要充当着“保险杠”的作用。2011 年 12 月 12 日，市政府将浏阳河大桥正式实施爆破，并计划重建。

2012 年 1 月，营盘路湘江隧道配套工程建成通车。主要解决流水不畅造成路面经常积水。该工程为咸嘉湖拓改工程西起金星大道，东至望月路，全长 1500 米，包括咸嘉湖段道路拓改工程和排污改造工程，总投资 5438 万元。

第三节 轨道交通建设

2000 年，随着长沙经济的快速发展和城市规模的快速扩张，长沙市作出发展城市轨道交通，解决交通瓶颈的决定。6 月，长沙市委、市政府组织修编《长沙市总体规划》，在规划中首次提出“全市远景轨道网络规划方案”。7 月，省发改委委托铁道部第四勘察设计院开展长沙市城市快速轨道交通网络规划研究。2005 年，长沙市财政收入突破 100 亿元，国内生产总值 1500 亿元，经济总量达到国家规定的建设城市轨道交通的标准，2006 年 1 月，长沙市发布《长沙市城市快速轨道交通线网规划》，规划长沙城市轨道交通远景线网由 1 号线及其支线 1A 线，2 号线及其支线 2A 线、2B 线，3 号线和 4 号线共 4 条线路组成，总约 172 千米，设站 82 座，其中换乘站 14 座。同时建设长沙—株洲、易家湾—湘潭、湘潭—株洲、长沙西—湘潭等线路的城际轨道交通。2006 年 6 月，长沙成立轨道交通集团有限公司，正式开始筹备长沙城市轨道交通项目的建设。2008 年，长沙市轨道交通建设规划先后通过住建部和环保部的审查。2009 年 1 月 15 日，经国务院同意，国家发改委正式批复《长沙市城市快速轨道交通近期建设规划(2008—2015 年)》。

2009 年 9 月 28 日，长沙市轨道交通 2 号线一期工程开工建设。线路起于梅溪湖西站，途经长沙市岳麓区、天心区、开福区、芙蓉区、雨花区及长沙县，连接长沙汽车西站、长沙火车站、长沙火车南站三大客运枢纽，止于光达站，大致呈东西走向。长沙轨道交通 2 号线一期工程线路全长 21.93 千米，均为地下线，共设置 19 座车站，其中换乘站 6 座，均为地下站。

2010 年 6 月 30 日，长株潭城际铁路在长沙正式开工。全线设 21 个车站，并采用时速 200 千米的双线电气化客运专线制式。其中，铁道部、湖南省各出资 50%，筹集总投资的一半作为项目资本金，其余资金使用银行贷款。

2010 年 12 月 26 日，经国家发改委批准，长沙轨道交通 1 号线一期正式开工建设。长沙轨道交通 1 号线，线路起于开福区政府站，途经长沙市开福区、芙蓉区、天心区和雨花区，联通伍家岭、五一广场、东塘、长株潭等核心商圈，止于尚双塘站，大致呈南北走向。全长 23.55 千米，高架线 1.139 千米，过渡线 0.21 千米，平均站间距 1.12 千米，总投资 141.9 亿元，共设 20 座车站，其中地下站 19 座、高架站 1 座。施工中，侯家塘站至南湖路站区间隧道属湘江侵蚀冲积阶地，地形较开阔平整，地表标高介于 61.87 米至 67.59 米。区间线路出侯家塘站后，沿劳动西路向东平行敷设至侯家塘，然后右转向南进入芙蓉路，继续左右线平行进入南湖路站。劳动西路及芙蓉路段为长沙市中心主干道，周边商铺林立，高层建筑物众多，商业繁华。存在原有人防通道、长沙市电缆隧道、侯家塘立交桥及规划地铁三号线等既有或规划地下建筑物。同时施工线路又包括直线段、缓和曲线段和圆曲线段各种线路，以 11.98 米的长链段，对地铁施工的精度控制要求高。中国铁建重工集团采用激光靶式导向系统作为生产的隧道掘进机的标准配置，激光靶安装在人仓右侧的测量通道中，安装要求稳定并且不容易被遮挡；控制盒及电台安装在 5 号台车外侧，与激光靶和全站仪安装的隧道掘进机的同一侧。

依据《长沙市城市轨道交通线网规划》《长沙市城市快速轨道交通建设规划》，尚双塘车辆段被定位为定修段，包括车辆运用检修设施、综合维修基地、物资总库等，分别负责 1 号线所有列车的定修及以下修程的检修和运用作业、1 号线各系统和房屋建筑等设施的维护、保养、检修以及 1 号线运营中需要的各种材料用品供应。施工难点在于段址北侧规划万家丽路的道路红线宽 66 米，两侧绿线宽各 17 米，规划中的万家丽路控制了车辆段平面布置边界范围；段址的南侧有栗山水库、西侧有寒泥塘、附近有 8 千米垂钓中心等 3 座水利设施；段址范围内有 3 座山丘，地势起伏较大，既有高程约 50~93 米，平均地面高程 70 米。土石方工程较大，边坡防护工程量大。施工中，车辆段整体呈东西向布置，段内运用库、检修库采用顺接并列式布置，运用库、检修库均为尽端式。为结合地形和保证美观，便于物业开发规划，平行于规划道路——万家丽路布置。北侧接近万家丽路，南侧避开栗山水库。

2011 年 11 月 18 日 2 号线西延一期工程开工，西延一期工程范围为梅溪湖西站至望城坡站（不含），线路长约 4.45 千米，全部为地下线，对应梅溪湖片区，采用 B 型车六辆编组。线路在望城坡站西侧与轨道交通 2 号线一期工程连接，建成后与之贯通运营。

2012 年 6 月，长沙市轨道交通 2 号线一期工程全线土建隧道贯通（洞通），并于同年 10 月完成轨道铺通（轨通），工程总投资 119 亿元。

第四节　供排水设施建设与管理

一、城市供水

（一）城市水厂建设。1988 年，长沙市第五水厂开工建设，总投资 8279 万元，日供水能力 30 万吨，分两期工程建设，每期 15 万吨。该厂位于新河哑塘，第一期工程 1990 年 7 月 1 日建成投产，一期工程总投资 6013 万元，采用常规处理水工艺，一、二泵房、沉淀池、清水池被评为“优良”工程。一期建成后，长沙市的供水规模由原来的 44 万立方米/日增加到 59 万立方米/日。二期工程在一期工程建成 3 年后投入使用，日供水能力加 30 万立方米/日，工程投资 2225 万元。工程按国家计划提前 2~3 个月建成投产，解决城北 20 余万人口长期缺水和部分无水的困难。厂区主要构筑物（“四池”反应池、沉淀池、清水池、水柜）被评为省样板工程。工程概算未突破，每吨水基建费用仅 276 元，是国内同规模同技术水平的水厂建设费用的最低者。五水厂采用一系列先进技术，净化处理系统实现全自动控制，管理数据从采集、传输、显示、打印全部实现自动化、管理自动化程度居湖南省同行业之首，利用国产设备进行自动控制、自行设计、安装调试，这在国内同行业中属于首创。敷设直径 1600 毫米的输水管线是省内同行业中最大的，1 万伏电机直供电，节约变配电设施，清水池、沉淀池叠加构筑工艺在省内同行业中被首先采用，并在省内首次引用自动加药设备，其现代化程度处于全省领先地位。

1992 年 10 月，长沙市第四水厂动工扩建，总投资 4.42 亿元。该厂位于银盆岭堂子坡，分两期建设，其中第一期工程投资 1.5 亿元，1996 年 2 月 8 日投产，达到日供水 20 万吨。建立以计算机为中心的测控调度网，通过水厂中心控制室对取水泵房、加药间、四池和送水泵房实现闭环全自动控制，工艺技术达到国内同行业先进水平，一、二泵房和加药间、水下管道等项目被评为“优良工程”。

1994 年 11 月，长沙市第三水厂改造扩建，分为三期，该厂位于猴子石元公山，原供水规模 20 万吨/日，提质改造设计规模为 30 万吨/日。

1999 年 12 月，长沙市第一水厂扩建。该厂位于洪山头，是湖南省第一座城市给水厂，随着城市规模的快速发展，供水能力严重不足。扩建分两期进行，一期工程保留原生产性构筑物，拆除办公楼、食堂等零散布置的附属建筑物，利用新征西北角防洪堤内土地，建造送水泵房、加药间和一组 10 万立方米/日的净水处理构筑物；二期工程拆除原生产性构筑物，建造另一组 10 万立方米/日的净水处理构筑物。整个扩改建项目中采用分别在斜管沉淀池底、滤池底叠合建造清水池和絮凝池、沉淀池、过滤池、清水池等四池叠合建造方式，增大清水池调节容积。

2000 年 11 月 3 日，长沙市八水厂竣工送水。水厂位于天心区新开铺，工程投资金额 18900 万元，供水能力为 25 万立方米/日，该项目采取国内 BOT 的模式，由湖南长大建设集团建设、经营，净水工艺为原水→高速混合→折板絮凝→平流沉淀→气水反冲洗过滤。经营期 17 年，由湖南省建筑设计院设计。该工程获得 2002 年度建设部“优秀设计”三等奖。

2002 年 12 月，长沙市第一水厂的扩建工程竣工。该工程总工期 24 个月，总投资 8768 万元。是经国家计委批准立项的中南地区最大的单体水厂。工程竣工后供水能力由 12 万立方米/日提升至 20 万立方米/日。

2004 年 12 月，长沙市八水厂二期工程竣工通水，总建设面积为 6.87 万平方米，二期工程供水能力 25 万立方米/日，投入建设资金 13626 万元，由长沙市自来水公司承建，八水厂的建设中加强对污泥处理系统的改造设计，配套建设预臭氧池、中间水池、提升泵站、后臭氧池、活性炭滤池各一座。二期工程荣获 2007 年度湖南省优秀市政工程设计一等奖；2007 年 7 月，长沙市二水厂南迁工程竣工，总投资 28305 万元。总设计规模 10 万立方米/日，项目总占地面积 199460 平方米。该厂位于河西渔湾市，水源为湘江，迁建取水点由阜埠河迁建至黑石铺下游水流深槽，净水厂由渔湾市迁建至沈家老屋。第二水厂的南迁工程在建设过程中采用新的净水处理技术，增加活性炭过滤和有后臭氧杀菌深度处理技术，针对湘江原水有机物污染和锰含量超标的情况，结合出厂水水质标准，第一次在湖南省采用常规净水处理+臭氧—活性炭处理工艺（流程为原水→预臭氧→常规处理→主臭氧→活性炭吸附）。另外，厂区生产自用水根据用水点使用要求不同，分别采用砂滤池出水、活性炭吸附池出水、送水泵房压力水及回收水等不同水源，有别于全部采用送水泵房压力水；污水处理采用泥水分离技术，根据环保要求，通过对生产用水回收、浓缩、挤压，完全实现零排放、零污染。

2009 年 6 月，长沙市第三水厂第一、二、三期扩建工程竣工。总投资 6346 万元。配套建设格栅、预臭氧池、综合池、活性炭滤池以及独立清水池各一座。同时建反冲洗泵房及鼓风机房、变配电间、臭氧制作间各一座，为三、八水厂共用。工艺采用常规处理，一、二、三期净化处理构筑物池型各有不同，主要设施全部采用先进设备和新型工艺流程，实行全方位的管理网络系统，具有数据采集处理、报警、控制等功能，可实现遥测、遥信、遥控。

2010 年 12 月 31 日，长沙市第四水厂改扩建二期工程竣工， 二期工程投资 2.92 亿元，工期 18 个月。四水厂二期扩建工程是长沙市 2009 年十大民生工程及 100 个重点项目之一，同时也是长沙市大河西先导区“两型社会”建设的基础工程。制水工艺增加活性炭吸附、臭氧消毒等处理环节和污泥脱水处理工艺，在湖南省属首次。出厂水质全面达到国家106项生活饮用水卫生指标要求，出厂水达到直饮水标准。工程完成后，大河西先导区总供水规模提升至50万吨/日，解决河西地区经济发展和人口的增加带来的自来水的供需矛盾。

2012年7月，望城水厂二期改扩建工程竣工。扩建总工期28个月。该水厂是长沙市大河西最北的水厂，位于望城区旺旺东路。改扩建后日供水能力由原来的5万立方米/日提升到15万立方米/日，供水覆盖面积由36平方千米增加到100平方千米，服务人口由原来的15万增加到35万，工程总投资1亿元。扩建后的水厂覆盖到高塘岭镇、黄金镇、星城镇、乌山镇、新康乡、乔口镇等集镇和乡村延伸，解决部分农村人口安全饮水问题。

2012年年底，长沙市水厂供水总设计能力225万平方米/日，供水设计能力在全国省会城市中居第三位。

（二）城市供水管网建设维护。1988年，长沙市供水管网总长度为641.3千米，大多采用灰口铸铁管。其中，新铺管道29.72千米，口径400毫米以上的管道71.35千米。

1991年，组织专业人员对全市口径400毫米以上的供水管道进行冲洗，共冲洗管道55条，全长122千米。通过这次集中大范围的冲洗，供水水质得以提升。

2000年，新铺雨花大道、长沙大道（芙蓉南路）、雷锋西大道、振兴路、二环线等10条供水干线共17.58千米，改造五一路、蔡锷路、解放西路等10余条管线10.48千米，扩充三水厂、八水厂出场管线，新铺和改造直径200毫米以上口径的配水管道，直径200~1000毫米采用管道本身带有水泥砂浆内衬的球墨铸铁管，大于直径1000毫米的管道采用钢管。

2002年，投入管网建设资金9867万元，新铺桐梓坡西路、芙蓉南路等17条道路的大型管道59.48千米，改造麓山南路等8条老城区管线13.32千米。由四水厂补充供水的“北水南调”工程拉通市区至雷锋镇和霞凝新港城的12千米供水专线。城市供水管网的范围扩大到东至湖南农大，西达雷锋镇，北通新港城，南抵大托机场，供水管网长度1100千米（直径75毫米以上），供水区域面积140平方千米。2003年，投入管网建设资金1.13亿元。新铺和改造韶山北路、劳动西路等46条道路的大型管道91.26千米，全面完成省会“三年大变样”的供水建设目标。

2004年，全面铺开老城区供水管网改造计划，工期两年，彻底解决老城区管网老化、口径小、管质差、漏渗率高、锈蚀严重、影响水质等一系列的突出问题，提升供水质量。按照旧城供水管道改造方案，对口径小和已经严重锈蚀的灰口铸铁管、镀锌管和破损严重的、漏水量大的钢筋混凝土管道改换成球墨铸铁管，改造和配套铺设的管道总长度为456.58千米。

2009年，配合市重点工程建设的配套给水管道及社区道路改造工程共102项，敷设直径100毫米以上管道99.78千米，总投资1.16亿元，21条管道工程项目全部验收合格，479个接户管道工程竣工并通过验收，35个改制企业“两水分离”户表改造项目顺利进行。2010年，完成公共输配水管道工程项目89个，铺设管道长度80.5千米，总投资1.34亿元。尤其是桐梓坡、书院南路供水管网建设工程完工，使河西和城南的供水水压、水量得到较大改善。2010年8月29日，长沙引水工程输水管线、株树桥水库至第五水厂全长98千米引水管线全线竣工，并实现通水，株树桥水库至星沙76千米（其中43.8千米隧洞），从星沙敷设22千米管道至长沙第五水厂，输水规模30万吨/日，置换五水厂原用的湘江水源。长沙市引水工程建成投运结束长沙市依靠湘江单一水源的历史，缓解湘江枯水季节的取水压力，提高城市供水安全度。

2012年7月，望城水厂改扩建工程完工，八水厂出厂管线、书院路京广铁路桥管道的改造以及芙蓉北路浏阳河过河管道的扩容改造工程如期完成，引水工程人民东路输水管线全线拉通，城市日供水能力提升到215万吨，供水管道220.86千米，覆盖250平方千米。至2012年年底，长沙市供水面积420平方千米，服务人口420万。供水范围河东区域北至桥驿镇、南至暮云镇、东至黄花机场；河西区域北至望城区、南至平塘镇、西至雷锋镇、东至橘子洲头，供水范围覆盖整个市中心区级部分周边县镇。

表11–3–4–1 长沙市水厂建设情况一览表

水厂名称	水厂地址	新建、扩建情况	建设规模（万立方米/日）	开工时间	竣工时间	投资额（万元）	生产工艺	亮点工作	获奖情况
一水厂	河东洪山头	新建	1.5	—	1951年10月	—	常规处理	—	—
		扩建	12	—	1968年	—		—	—
		扩建	20	1999年12月	2002年12月	8768		是在新的水厂建设模式下建设完成，没有成立专门的工程指挥部，由市自来水公司基建处牵头，协同其他科室共同完成，节约大量管理费用	共有20多个项目被评为“优良”
二水厂	河西渔湾市	新建	0.9	—	1954年8月	89.2	常规处理	—	—
		扩建	5	—	1981年	56.8	常规处理	—	—
		南迁	10	2005年11月	2007年7月	28305	深度处理	1.净水工艺在传统常规工艺上增加了活性炭过滤和有后臭氧杀菌深度处理技术，出厂水质有了一个大飞跃。 2.污水处理采用泥水分离技术，根据环保要求，通过对生产用水回收、浓缩、挤压，完全实现零排放、零污染	—
三水厂	猴子石元公山	新建（一期）	10	—	1978年7月	2242.7	常规处理	—	—
		新建（二期）	10	—	1982年6月	655.1	常规处理	—	—
		新建（三期）	30（共）	1994年11月	1996年6月	6346	常规处理	工期短、投资少、见效快	“四池”被评为“省级优良工程”
		一期改造	10	2007年3月	2007年11月	5406	常规处理	三水厂主要设施全部采用先进设备和新型工艺流程，实行全方位的管理网络系统，具有数据采集处理、报警、控制等功能，可实现遥测、遥信、遥控	—
		二期改造	10	2008年10月	2009年6月	3302	常规处理		—

续表 11-3-4-1

水厂名称	水厂地址	新建、扩建情况	建设规模（万立方米/日）	开工时间	竣工时间	投资额（万元）	生产工艺	亮点工作	获奖情况
四水厂	银盆岭堂子坪	新建	5	—	1982 年4月	776	常规处理	—	—
		扩建	20	1992 年10月	1996 年 2月	18468	常规处理	建立以计算机为中心的测控调度网，通过水厂中心控制室对取水泵房、加药间、四池和送水泵房实现闭环全自动控制，工艺技术达到国内同行业先进水平	一、二泵房、加药间、水下管道等项目被评为“优良工程”
		改扩建	40	2009 年6 月	2010 年 12月	31600	深度处理	增加臭氧消毒、活性炭深度处理	—
五水厂	新河垭塘	新建（一期）	15	1987 年10 月	1990年7月	6013	常规处理	—	一、二泵房、沉淀池、清水池被评为“优良”工程
		新建（二期）	15	1991年7月	1993年5月	2225	常规处理	1.在省内首次引进自动加药设备，其现代化程度处于湖南省 20 世纪 90 年代同行业领先地位。 2.建立自控及生产调度系统，在保证水质、水量、水压及安全供水、节能降耗等方面上了一个新台阶	“四池”被评为“湖南省样板工程”
八水厂	猴子石	新建（一期）	25	1998年10月	2000年9月	18900	常规处理	—	2002 年度建设部优秀设计三等奖
		新建（二期）	25	2003年11月	2004年12月	13626	常规处理	增加污泥处理系统	2007 年度湖南省优秀市政工程设计一等奖
廖家祠堂水厂	星沙丁家岭	新建	30	2005年10月	2010年5月	—	常规处理	—	—
望城水厂二期工程	望城	新建	10	2010年3 月	2012年7月	—	常规处理	工期短，见效快	—

二、城市排水

1988年12月，长沙城区（含原郊区）共建有排渍泵站39座，装机121台，装机容量11500千瓦。

1989年5月，陈家湖排渍泵站建成交付使用，主要负担南起天心阁，北至浏阳河，东起老火车站、烈士公园、德雅路一线，西至蔡锷路、动力机厂4.85平方千米范围内的汛期排渍任务，解决这一路段汛期城市排水难问题，提升排水系统的排水能力，防止城区发生内涝。

1999年，长沙市对天心区南湖港泵机电设备进行交接，改造南湖港泵站2台，容量440千瓦，从根本上解决南湖港低洼区枣子园地段居民历年遭受洪水内渍之苦。芙蓉区东屯渡泵站改造完成，装机3台，容量465千瓦，新建沙咀子泵站，装机5台，容量1110千瓦，岳麓区改建丰顺垸港口泵站，装机2台，容量1120千瓦；雨花区建成花桥泵站，装机1台，容量55千瓦，提升城区的排水能力。

2000年，长沙市部分低洼路段出现雨天长时间积水问题，为解决这一民生问题，确保市民出行安全，全年新建泵站4座，装机16台，总容量5535千瓦。5月1日，长沙车站广场前排水改造工程开工建设，同年6月8日竣工，总投资480万元。铺设直径800~1200毫米排水干管1466米，外运土方1.93万立方米，安砌检查井泄水口49处，恢复沥青路面2928平方米，水泥路面1689平方米，火车站广场历年“内渍”问题得到解决。

2003年，全年城区新增排渍能力30万立方米，其中，岳麓区新建梅溪湖石嘴子泵站，装机2台，容量320千瓦；开福区建成一污一期、桂花池、凤嘴3个泵站，陈家渡4个泵站，总装机26台，容量4010千瓦，整个城区的防洪排渍能力大大增强。2004年，按照省、市八件实事工作任务要求，长沙市加强城市防洪排渍设施建设，天心区改造灵官渡老泵站，新建灵官渡新泵站，共装机9台，容量905千瓦；岳麓区新建岳北垸泵站，装机4台，容量1410千瓦；雨花区开工建设王家咀泵站，投入资金6000万元。同时对人民路及人民路立交桥排水的改造，根治该路段十多年因雨天大面积深度积水而导致的“路难走”“车难行”的痼疾。

2009年，成立长沙市城区排水设施运行服务中心，管理全市城区的防洪排渍泵站，培育和完善市政公用事业市场体系，提高公共服务水平，强化市场监管职能，在长沙市排水行业逐步形成行业管理、公益服务和生产经营相对分离的格局。全年开福区新建楚家湖、漆家湖、社教桥3个泵站，总装机15台，容量6660千瓦；雨花区建成和平闸泵站，投入资金4000万元，装机8台，容量3800千瓦。2011年2月，雨花区王家咀泵站建成，装机16台，容量5800千瓦，为城区最大排渍泵站。建成竹沙桥泵站，装机8台，容量2680千瓦。全年完成66个排水口的改造工程，基本实现全截污目标。2012年，为确保城区排水许可更加严格规范，长沙市加大排水集中整治力度，对全市已建和在建工程项目进行排水集中专项整治，查处违规排水行为10余次，严格排水许可审查和施工期间的跟踪检查，发放城市排水许可证65份。

至2012年年底，长沙城区已建、改建、新建排渍泵站61座，装机291台，装机总容量77965千瓦，排渍流量738.6立方米/秒，基本达到《长沙防洪规划》的治涝标准。

三、城市污水处理

1988年，长沙市的城市污水处理厂只有一处，即长沙市第一污水处理厂，设计日处理能力4.53万立方米，年处理1500万立方米，主要负责处理新河一带化工厂、人造板厂等重污染企业工业废水。

1992年6月，湘湖污水处理厂（长沙第二污水处理厂）开工建设，1994年6月竣工，设计规模为14万立方米/日，设计最大日流量为17万立方米/日，总投资4980万元，占地面积2.99万平方米。纳污范围南起雨花亭省银行学校，北至跃进湖，东起车站路，西至芙蓉路，面积约为12.5平方千米，排水体制为雨污合流制，出水排入浏阳河。工程采用改良型氧化沟工艺和周边进水周边出水二次沉淀先进技术。进水支渠分为两格，每格2.25米×4.65米，污水经粗、中、细三道格栅后，由提升泵站送至各级处理构筑物。该厂的建设彻底解决长沙市东城片10万平方米的水质污染问题，解决22万人的饮水卫生问题，是国家“八五”（1991—1995年）环保示范工程项目。

1999年12月，长沙市第一污水处理厂改建工程动工，2003年竣工，总投资2.66亿元，改建后处理能力为18万立方米/日，汇水面积28.12平方千米，污水处理采用改良型氧化沟工艺，达到二级治理标准，自控系统由欧姆龙PLC-CS1为核心组成，通过100米以太光纤环网，由现场主站PLC与上位监控中心实现主干网通信连接。

2005年5月，浏阳医药生物园污水处理厂一期工程建成投产，建设工期5年，日处理污水能力1万立方米，工程用地25.14公顷，采用改良型SBR工艺。同年9月，长善垸污水处理厂开工建设。

2006年9月，开福区污水处理厂开工建设。同年10月，望城污水处理厂一期工程开工建设。2008年4月，开福区污水处理厂竣工，位于长沙市开福区金霞开发区内，总投资3.9亿元，由湖南鑫远水务有限公司投资新建。日处理能力20万立方米，汇水面积28平方千米，服务面积为23.27平方千米，纳污范围为便河边、三角洲、四方坪、金霞区、新世纪城。该项目采用先进的污水处理设备，厂区主体工艺采用改良SBR处理工艺，经处理后的污水水质排放标准为《城镇污水处理厂污染物排放标准》（GB18918-2002）一级A标准。

2009年10月，望城污水处理厂一期工程竣工，总投资1.3亿元，日处理能力4万立方米/天，厂区用地4.39万平方米，污水处理厂距沩水入湘江口约100米。由长沙鹏鹤污水净化有限公司经营，厂区采用BOT运作模式，这是望城第一个BOT项目。

2009年12月，宁乡县污水处理厂竣工，位于宁乡县城郊彭里桥，工程总投资1.04亿元，系统采用先进的cartouse12000工艺，在生产区布置粗格栅井、进水提升泵站、细格栅井、沉砂池、A/A/C氧化沟、沿池紫外线消毒池。倒伞形曝气机曝气，污泥处理采用机械浓缩脱水，外运填埋。该厂污水汇集面积58.78平方千米，日处理能力5万立方米，采用BOT经营模式，由湖南永清环保水务有限公司经营，是省、市城市污水“三年行动”重点督办项目。

2010年5月，浏阳医药生物园污水处理厂二期工程竣工，该污水处理厂位于长沙国家生物产业基地内，日处理能力1.2万立方米。二期扩建时在工艺上加强预处理，采用A/O脱氮工艺（即活性污泥法），增加物化设施、二级生化处理、采用二氧化氯消毒，将原来的污泥管道泵改为污泥螺杆泵，增加污泥贮泥池。在污水处理流程上考虑设置事故应急预案，通过事故应急预案加强污水处理厂的抗冲击负荷能力。园区建有污水收集管网50千米，排水体制为分流制，雨水经雨水管网排入捞刀河，污水经提升泵站和污水管网进入污水处理厂，将污水收集后排入污水处理厂集中处理后排入捞刀河。主要承担处理园区内企业和居民排放的工业废水及生活污水，由浏阳医药生物污水处理有限公司经营。9月，长善垸污水处理厂竣工。该厂位于芙蓉区东岸街道西龙村，纳污范围西至车站路，东北至浏阳河，东南至圭塘河，南至石坝路；汇水面积36.89平方千米，日处理污水能力12万立方米，出水水质按《城镇污水处理厂排污染物排放标准》（GB18918-2002）一级B类排放，厂区主体工艺采用A2/O（生物脱氮除磷工艺）处理工艺。一期累计投资8.7亿元，由市政府利用世界银行贷款建设开工，其中中国开发银行贷款1.26亿元，世界银行贷款4750万美元，人民币3.5亿元，市财政配套3.54亿元。

2010年，坪塘污水处理厂开工，厂区建设位于岳麓区洋湖大道南侧、靳江河东侧。项目以BOO模式运作，由湖南先导洋湖再生水有限公司负责运营管理。该工程所采用的污水处理工艺为“米SBR+人工湿地+虹吸滤池工艺”的生物处理工艺，污水处理共经历预处理、米SBR二级生化处理和人工湿地深度处理。

2012年3月，望城污水处理厂二期项目建设启动，同年12月竣工。占地面积1.01万平方米，建设规模为日处理污水4万吨，服务区域为望城县城及高星组团片区，纳污区域70平方千米，工程总投资4600万元。采用米SBR污水处理工艺，位于厂区规划用地东北角，共用一期进出水管网及部分配套设施。

表 11-3-4-2　　2012年长沙市污水处理厂一览表

序号	厂名	建成时间	设计规模 万立方米/日	实际处理量 万立方米/日	投融资模式	负荷率
1	金霞污水处理厂	1984年	6	12~14	TOT	80%
		1999年扩建	18			
2	湘湖污水处理厂	1994年6月	14	14~17	TOT	115%
		2006年改造				
3	长沙市第一污水处理厂	2003年改造	18	18	—	—
4	浏阳市污水处理厂	2004年12月	4	4	TOT转BOT	100%
5	浏阳医药生物园污水处理厂(一期)	2005年8月	2	1.4~1.7	政府投资	80%
6	星沙污水处理厂	2006年5月	12	8~11	BOT	85%
7	开福污水处理厂	2008年4月	20	12~14	BOT	65%
8	岳麓污水处理厂	2008年10月	30	22~26	BOT	85%
9	花桥污水处理厂	2009年1月	16	20~24	日元贷款	135%
10	新开铺污水处理厂	2009年6月	10	7~8	日元贷款	80%
11	望城污水处理厂（一期）	2009年10月	4	4	BOT	100%
12	城北污水处理厂	2009年11月	7	4~5	政府投资	70%
13	宁乡污水处理厂	2009年12月	5	3.5~4	BOT	70%
14	浏阳医药生物园污水处理厂(二期)	2010年5月	1.2	1.2	政府投资	80%
15	长善垸污水处理厂	2010年6月	12	10~12	世行贷款	85%
16	image梨污水处理厂	2010年10月	7	4~5	政府投资	70%
17	望城污水处理厂（二期）	2012年12月	4	4	BOT	—

说明：BOT，指“引入社会资本投资建设→投资者经营→移交政府”模式；TOT，指“政府投资建设→交社会经营者经营→移交政府”模式

表 11-3-4-3　　1988—2012 年长沙市污水处理情况一览表

年份	年排放污水量（万立方米）	污水厂处理污水量（万立方米）	处理污水比例（%）
1988	22982	1500	6.5
1989	22985	1500	6.5
1990	23000	1500	6.5
1991	23100	1500	6.5
1992	23120	1500	6.5
1993	23130	1500	6.5
1994	23130	6610	26.57
1995	23140	6610	26.67
1996	23150	6610	26.67
1997	23547	6610	26.0
1998	23600	6610	26.0
1999	23650	6610	26.0
2000	23680	6610	26.0
2001	23700	6610	25.0
2002	23800	6610	25.0
2003	23900	6610	25.0
2004	24000	11360	44.3
2005	25100	11400	45.4
2006	25138	11468	45.62
2007	25667	11658	45.42
2008	26029	16060	60.17
2009	29600	24095	81.4
2010	35431	32621	92.07
2011	39667	37426	94.35
2012	39505	38435	97.29

第五节　燃气设施建设与管理

一、燃气设施建设

1988 年 9 月，长沙市煤制气厂土建工程完工。工程设计总投资为 1.51 亿元，厂区位于北郊捞刀河，占地 268.73 平方米。供气范围主要是芙蓉路以东、车站路以西、八一路以南、人民路以北及芙蓉路两侧地区。煤制气工程是湖南省和长沙市重点工程，整个工程分气源厂和输配管网两部分，气源厂制气工艺采取 2×20 门连续式直立碳化炉为制气核心，联产水煤气的工艺流程。设计生产规模日产混合煤气 13 万立方米、水煤气 8 万立方米；混合煤气可供应 4.1 万户居民及部分单位；水煤气直接供应工业用户。

1989 年，长沙市完成燃气管道铺设 18.47 千米。主要是在东西向的展览馆路、八一路、五一路、人民路，南北向的迎宾路、韶山路、南元宫、新文巷、五一新村、车站中路、车站南路、朝阳路、人民新村等 16 条城市主次干道。采取的工艺材质分别有直径 500 毫米、直径 300 毫米、直径 200 毫米、直径 150 毫米的四种法兰铸铁管，在长沙市基本形成 10 个环网。

1991 年 12 月，长沙市液化石油气公司第二液化石油气储配厂开工建设。1993 年 10 月，长沙市煤气公司更名为长沙市液化石油气总公司，长沙燃气步入以液化石油气为主导气源的快速发展期。在这个时期，长沙市液化石油气总公司的液化石油气储备配厂建成投产。1993 年长沙市煤制气工程和英才园液化石油气气化站相继建成。

1993 年 12 月，长沙市液化石油气公司第二液化石油气储配厂竣工，厂址位于长沙市南郊戴家冲，系城市公用基础设施建设，并列入长沙市重点工程项目。工程由中国市政工程华北设计院、长沙铁道学院设计，建设规模为年供气 2 万吨，一次性储气为 2100 吨。总投资 3680 万元，总占地面积 8 万平方米。共建设有 1000 立方米球型液化气储罐 4 台，100 立方米卧式储罐 2 台，总长 500 米铁路专用线及可同时装卸 10 台液化石油气铁路槽车的装卸栈桥，具有国内先进技术水平的液化石油气自动灌装车间、控制仪表、消防等配套设施。4 台 1000 立方米大型液化气球罐施工技术全部达到或超过国家有关标准和规范，评为优质工程。铁路专用线工程施工经有关部门验收为全优工程，大型灌瓶车间及液化石油气自动化灌装转盘生产线系国内国产设备中技术最先进、规模最大（24 台称位）的设备，经安装、调试，一次试车成功，解决长沙市液化气铁路槽车卸车专用线的难题，使全市液化气自动灌装设备在技术装备上达到国内先进水平，增加液化气储存量，一次储气量由 700 余吨增加到 2800 余吨，能满足液化气用户 10 万户~15 万户的需求。

1996 年，液化石油气内河装卸码头竣工建成。长沙市液化石油气公司在 1994 年受市公用事业局委托开始对液化石油气内河运输进行调研，确定从长江下游南通到长沙湘江的液化石油气水运方案，即建造一艘 1000 吨级内河液化石油气运输船（长茂一号），公司二厂湘江边建一座 1000 吨级液化石油气专用码头和 300 立方米的贮存基地（二级基地）。“长茂一号”液化石油气船为自航机动船，总长 70.93 米，水线长 69 米，型宽 12.6 米，型深 3 米，吃水深度 1.8 米，液化石油气贮罐总容积 1000 立方米（2×500 立方米），可一次性装载液化石油气近 500 吨。“长茂一号”液化石油气船采用的是丹麦天鹅公司生产的深井泵，每座贮罐一台，功率 37 千瓦，泵深 7 米，扬程 120 米，排量 80 立方米/时，5 级叶轮。1998 年 1 月 10 日，由市液化石油气公司订造的全国第一艘内河液化石油气运输船“长茂号”装载 300 吨优质进口液化石油气从沿海抵长沙，使长沙成为拥有公路、铁路运输又有水路运输液化石油气的城市，能确保用气需求。同年 10 月，长沙市液化石油气混空气供应工程开工建设。

2000 年 5 月 15 日，成立长沙市天然气利用工程规划建设领导小组，长沙市天然气利用工程前期工作全面展开。9 月上旬委托中国市政工程华北设计研究院会同长沙市煤气工程设计研究所和长沙市燃气设计研究所完成《长沙市天然气利用工程预可行性研究报告》的编制。

2001 年 10 月 18 日，长沙市液化石油气混空气供应工程送气点火，总投资 1.17 亿元，其中贷款 600 万美元。建设规模日供液化石油气混空气体燃料 7.5 万立方米，年供气 2247 万立方米，可供 10 万户居民及部分单位用气，其服务覆盖天心区、雨花区30平方千米范围。按天然气规划及技术标准要求铺设城区管网近40千米，其中芙蓉南路、韶山路、城南路、劳动路、新建东路、新中路、赤岭路等11条主次干道近30千米管网投入运行。

2001年12月26日，长沙市与中国石油天然气股份有限公司正式签订《天然气销售和输送合同》，长沙市天然气利用工程进入实质性建设实施阶段。为配合市政道路拓建，长沙市燃气总公司按照天然气的输送要求和技术标准，完成芙蓉北路、火炬路、湘江大道、火星大道、人民东路、曙光中路、黄兴南路和解放路等道路的燃气管道配套施工任务，全年共计改造、铺设管线30.58千米，投资3000万元。

2002年12月30日，经招投标程序，新奥燃气入驻长沙，与天然气有限公司共同组建合营公司经营长沙市天然气。至2002年年底，铺设主干管网80余千米、形成北到人民路、南到井湾子、省政府新址、东到车站、西到湘江大道的四纵四横主干管道连网成片的输配系统。

2003年11月29日，液化石油气总公司与新奥燃气有限公司签署混空气项目资产托管经营协议，市液化石油气总公司将现有混空气项目资产进行评估，进入天然气管网之列。以财政审核的评估财产为基数（6000万元）加18%溢价，整体转让给长沙新奥燃气有限公司，并于同年12月6日实行托管交接，2003年动工建设天然气高压管网及场站。

2005年7月29日，螺丝塘天然气门站点火通气，长沙市进入天然气时代。12月25日，长沙市液化石油气总公司完成国家科技攻关计划单一燃料液化天然气（LNG）公交车示范工程课题，通过科技部的验收。长沙市液化石油气总公司会同项目协作单位，历时两年成功研发制造中国首批52辆具有自主知识产权的国产化单一燃料LNG示范公交车（国产化率100%），并完成相配套的LNG示范加气站（一座）的建设。LNG汽车具有能量密度大、汽车续驶里程长、运输方便、排放性能好等特点和优势，填补了国产LNG公交车的空白，对国内大、中城市推广应用清洁燃料LNG汽车、调整能源结构、保护生态环境、促进经济可持续发展，具有示范和推动意义。全年长沙市天然气用户12万户（含置换人工煤气7.26万户、混空气1.7万户）。

2007年4月28日，星沙加气母站建成投入试运行，这是长沙市建设的第一座压缩天然气加气母站，日供气量10万立方米，可满足10座加气子站需求。全年供应车用压缩天然气137万立方米。至2010年年底，建成加气母站2座、加气子站14座、成立车辆改装厂2家。市区发展LNG公交车230辆，日常使用燃气的出租车2357辆，其他燃气车辆约200台，取得明显的示范效应。

2012年6月25日，长沙市天然气利用工程星沙储备站建成投产。星沙储备站属扩建工程，总投资2.6亿元，是全国最具规模的液化天然气应急调峰站，具备天然气液化、储存、调压计量等综合功能。每天天然气液化能力为20万立方米（液态），每天气化能力为240万立方米（气态）。储气能力1200万立方米（气态）。如上游出现供气故障或冬季气源不足，在上游完全不供气的情况下也可以保障长沙市居民用户8~10天的生活用气需求。同年年底，先后建成天然气门站1座，高、中压调压站12座，LNG储配站1座，星沙、河西麓谷储配站各1座，完成高、中低压主干网建设1482.9千米，累计完成投资20亿元。管网已经覆盖长沙市主城区、河西新城、星马新城及捞霞、高星、含浦、暮云四组团。

二、燃气用户发展及供应

1988年，市煤气公司全年销气7731吨（其中计划内指标5000吨），供应站点7个，分别为工学院（国防科大）、教育街、迎宾路、跃进路、望月湖、红旗区、桂花村供应站点。液化石油气用户凭购气本购气，每月限购一瓶液化气（平价或议价），如遇气源紧缺，供应不上，每月可补发50千克煤票。同年

3 月 20 日，完成瓶装液化气用户 5.7 万户核发新证工作，其中单位自供用户 4.5 万户。全年销售液化气 1.03 万吨。其中，教育街液化气供应站担任全市 1/3 计划内液化气用户的供应工作。

1993 年 12 月 24 日，第二液化石油气储配工程竣工，液化石油气一次储存量由 700 吨增加到 2800 吨，高新技术产业开发区南冲兴建液化石油气管道集中供应站竣工，输送半径 1.8 千米、年供气 800~1000 吨，发展用户 4400 户。

1996 年，销售液化石油气 18304 吨，年末用户为 16.72 万户，全年政策性亏损 1770 万元，财政补贴到位 1705 万元。此外，各液化石油气自供单位年内液化石油气的供应总量为 1.49 万吨，用户为 8.79 万户。液化石油气公司共青团供应站被共青团中央授予“全国青年志愿服务杰出集体称号”。

1999 年 9 月 1 日，长沙市一次性放开民用液化石油气零售价格，实行顺价销售，由此打破长期以来液化石油气供应价格的双轨制，减少市级财政的补贴。同年，长沙市全年销售液化石油气 2.93 万吨，年末居民用户为 18.00 万户。其他液化石油气经营企业年内销售液化石油气 3.55 万吨，年末居民用户为 13.59 万户。此外，使用管道液化气用户 3110 户。

2000 年，市区内供应 2 万户以上的燃气企业有 10 家，2 万户以下的燃气企业 16 家，液化石油气经营网点 500 多处。2001 年，液化石油气用户 35.5 万户，供应液化石油气 8.12 万吨，液化石油气混空气管输用户 0.5 万户，供应混空气 1.65 万立方米。2005 年，瓶装液化气用户 40.4 万户，供应液化石油气 9.26 万吨。随着天然气入长，管道天然气逐年取代城区液化石油气用户，液化石油气向城郊转移。7 月 29 日，星沙螺丝塘天然气门站送气点火成功，标志着长沙市进入天然气时代。同年 12 月 5 日，长沙市煤制气厂全部停止生产；原煤制气用户居民用户 7.27 万户、公建用户 129 户全部转为天然气用户。

2007 年，天然气用户 27.2 万户，供应管道天然气 1.99 亿立方米，瓶装液化石油气企业 6 家，自供单位 1 家，经营企业设立液化石油气经营网点 220 个。2009 年，天然气用户 49 万户，供应管道天然气 3.35 亿立方米。管道燃气气化率 60.7%，工商用户历年累计 1717 家。2010 年，天然气用户 58.9 万户，供应管输天然气 3.77 亿立方米，全市液化石油气经营企业 8 家。

2012 年，天然气用户 82.8 万户，供应天然气 6.3 亿立方米（含车用压缩天然气 7758 万立方米）。长沙市液化石油气经营企业 7 家，储配站 8 个，供应网点 784 个。燃气服务网络遍布城市内 5 区，新奥燃气设置伍家岭、时代阳光、新民路、八方坪、星沙、政务中心 6 个营业厅，另设授权代收费网点 184 个，方便市民购气缴费。

三、燃气管理

1988 年，长沙市组织人员对全市燃气建设情况进行安全检查。1995 年，长沙市组织专业技术人员依据《长沙市城市燃气管理办法》，对全市辖区内的燃气企业进行全面安全检查，对列入重点整改液化气储罐站的 3 个进行复查验收。1999 年 4 月，长沙市组建市燃气执法队，执法队成立后用 3 个月时间走访调查液化石油气经营网点 440 家，储配站 27 家，依法分三批取缔 61 家不合格经营网点。2000 年，在全市范围内开展“清理整顿燃气市场、加强燃气安全管理”的专项清理整顿工作。取缔非法液化气石油气经营网点，关闭具有严重安全隐患、设备设施条件严重不足的液化气灌装站，开展拆除占压燃气管线的违法违章建（构）筑物 21 处，取缔不规范的经营网点 145 处，对一批存在安全隐患烧器具安装维修企业等下达限期整改通知书。

2001 年，按照《长沙市燃气管理条例》开展燃气安全使用检查大行动，长沙市加大对燃气行业的整顿力度，取缔不合格液化石油气经营网点 232 家；加大资质审查力度，共审查液化石油气经营网点 212

个，发证 27 个；审查液化气储配站 10 家，发证 2 家。2002 年，长沙市开展燃气市场执法大检查，取缔不合格液化石油气经营网点 64 家，关闭无资质经营户 5 家。

2005 年，长沙市开展大规模安全检查 6 次，召开安全工作会议 20 余次，发各类通报 8 份，转发省、市政府关于加强燃气安全管理的通知 12 份；关停不合格网点 22 个，没收、暂扣钢瓶 430 个，没收导气管 65 根。

2006 年 7 月，长沙市开始对市内液化石油气经营网点实行备案管理，全年共审查 4 批，对 240 个液化石油气经营网点予以备案，取缔无证无照从事液化石油气经营的液化气储配站，取缔未办理燃气企业分支机构营业执照且未经市公用事业局备案的液化石油气经营网点，查扣无“准运证”“危运证”从事液化石油气运输的车辆。

2008 年，长沙市开展为期 4 个月的燃气用户安全提升活动，活动由新奥燃气公司具体负责，免费为市内的天然气用户安检，对户内燃气安全进行隐患排查，主要包括对户内管道及设施是否完好，各个阀门是否能够开关顺畅，燃气表使用是否正常，连接胶管是否老化、是否更换为金属波纹管等户内存在的四大安全隐患。同时，安全人员还对用户安全用气、IC 卡燃气表的使用方法、节约用气等常识进行讲解。

2010 年，长沙市组建市燃气热力管理局。同年，市燃气热力管理局制定安全工作规划，并与企业签订安全责任目标，对天然气站、储配站、调压站、加气站、管网和液化气储配站、经营网点等重点部位进行重点检查。组织由市政府牵头相关职能部门为主，行业单位参与组成的应急防护体系，指定各类突发事件应急预案，确保供气安全。长沙新奥燃气公司成功承办 2010 年湖南省城市供气事故应急演练，检验燃气应急能力。2011 年 3 月 1 日，长沙市加大对瓶装液化气企业的监管力度，要求全市 8 家瓶装液化气企业统一呼叫平台和供应站点，统一标识管理。标识必须包含企业标志、站点名称、站点许可证编号、企业呼叫客服热线和全市燃气监督电话，并告知市民：“螺丝瓶”已于 9 月 30 日全部退出长沙市场。建议市民将家中使用的普通软管更换为金属波纹软管，并对家中燃气管道进行排漏检查。同时，新奥燃气公司公布燃气管道锈蚀、擅自安装、拆改管道设备、室内安排装直排式热水器、软管老化、硬化等 13 种常见的燃气安全隐患。

2012 年，长沙市组织开展全市城镇燃气“大排查、大管控、大整治”百日行动，整治管道燃气安全隐患，查处损坏燃气管网的行为，取缔不符合规范要求设置的液化气供应站点，查处无证运输、异地充装液化气和液化气运输车辆违规挂靠等行为，查处液化石油气、车用天然气气瓶充装单位无证充装、违规充装、充装不符合安全技术规范要求等违法违规行为，确保全年燃气行业无安全事故发生。

第六节　雕塑建设与管理

一、雕塑建设

1988 年，长沙市的雕塑仅有 6 座，以人物雕塑为主，分别是湖南大学和清水塘的毛主席雕塑、青少年宫的刘胡兰雕塑、湘雅医院的李时珍雕塑，以及晓园公园的动物组雕、友好和平雕塑。

1989 年，湖南省儿童医院的《成长》雕塑建成，1990 年，桂花公园的《走向未来》雕塑和湖南省体育馆的《空间旋律》雕塑建成，这些雕塑改变单一的色彩，形式更加多样，受到社会各界的好评。此后 5 年，长沙城市雕塑出现较大的飞跃，雕塑表现形式和表现主题更加丰富多样。

1991 年，烈士公园的《芙蓉女》雕塑完成，一个身材苗条、婀娜多姿、充满古典气质的美丽少女立于湖光山色之中，寓指长沙充满青春的活力。1994 年中南大学校园落成的《升华》雕塑，高 5 米，采用彩钢材质，表现的是一个金属球在烈火中经过提炼得到升华，它既代表中南大学在金属冶炼方面的杰出成就，也代表湖湘学子热烈的求学精神。该雕塑获第二届全国城市雕塑艺术展优秀作品奖，入选中国共产党成立 70 周年全国美展。天心公园的《太平天魂》雕塑则再现 1852 年太平天国农民起义军攻打长沙的情景。

1995 年，银洲度假村反映传统寓言故事的《女娲补天》《七仙女沐凡泉》《龙王出巡》等雕塑陆续建成。

1996 年，在湘江风光带建设一系列带有浓厚湖湘气息的主题雕塑:《四羊方尊》《图腾柱》《印章系列》等，同时在主题雕塑之外也建设了一些富有生活情趣的小品雕塑，如《怪神奇兽》《怪神射箭》《星梦》等装饰着整个风光带，适应不同群体的视觉需求。

1999 年，历史名人雕塑在长沙大量出现，当年完成的有湖南师范大学的《司马迁》《老子》《屈原》《孔子》。2000 年，梓园路的《爱迪生》《牛顿》《居里夫人》《诺贝尔》《达尔文》《雷锋》《刘胡兰》《杨开慧》《赖宁》《奥楚特洛夫斯基》《屈原》《华罗庚》《李四光》《蔡锷》，湖南师范大学附中的《禹之谟》等完工。这些雕塑，不仅表示对名人的纪念，也是对世人进行直接情感教育和思想行动激励。

2000 年，长沙城市雕塑进入到一个高峰期，一系列反映美好社会，贴近百姓生活的城市雕塑出现在市民的视野中。2001 年，芙蓉路上的白玉雕塑《绿叶女》完成，女孩面带微笑，身披绿叶，甜蜜清新，表现人与自然和谐相依的景象。湖南移动通信指挥中心前坪广场的《起跳》，捕捉一个青年男子起跳动作的精彩瞬间，显示一种在强大阻力面前奋力拼搏、毫不畏惧的气概，同时也通过雕塑形象寓意已经起跳飞速发展的长沙。

2002 年，长沙市召开城市雕塑规划暨城市主体雕塑会议，为城市雕塑提供一个良好的发展契机，雕塑数量增长较快，全年建成各类雕塑 20 多座。其中，在黄兴路步行街兴建《老长沙》系列雕塑，《童趣》《纳凉》《炸臭豆腐》《吃臭豆腐》《打酱油》《修鞋》《戗刀磨剪》《补锅》《剃头挖耳》《看西洋景》等雕塑以一种真实又抽象的表现手法再现城市发展之初市民的生活，让老年人找到自己的存在，也让新市民体会到传统城市生活的亲切，都能体验到城市文化的归宿感。长沙根据老街区的特点还兴建一批具有历史承载意义的雕塑，在营盘街兴建的《辛弃疾》就是根据辛弃疾在这里建军营的历史典故而创作。雕塑中，马欲前行，而抗金英雄辛弃疾一手牵马，一手握书，微微低头，双眉紧皱，一副忧心忡忡的神情。而位于长沙市芙蓉广场中心《浏阳河》雕塑，高 15 米，全锻铜制成，塑造一位美丽端庄的东方女性，优雅地拉着小提琴，长发飘逸如音符婉转，似一曲《浏阳河》，娓娓动听，舒缓着城市的节奏，《浏阳河》是当年湖南省最大的艺术铜雕，以高超的艺术表现手法和富有湖湘特色的思想内涵，成为长沙市标志性雕塑。

2004 年，长沙在全国省会城市中率先推出《城市雕塑规划》。2005 年，长沙市发布《长沙市城市雕塑规划》，要求市建委在未来 16 年的雕塑建设中切实按规划实施。长沙市建委随后作出布置，决定“2005 年至 2020 年内，在长沙市内新增 600 多个城市雕塑，并对 100 多个重点雕塑的周边环境进行建设控制，以提高整个城市建设的品位。”

2005 年，人民路下穿黄兴路隧道的挡土墙上大型浮雕《四大艺术篇章》完成，浮雕突出反映古长沙在青铜器、漆器、铜官窑瓷器和走马楼吴简四大特色历史文化，浮雕主题突出、制作精美，但在一条没有行人通过的隧道边，司乘人员在匆匆通过的车辆中无法欣赏。

2006 年 7 月，长沙市成立城市雕塑委员会，规范城市雕塑建设和布局，引导城市雕塑上台阶、上水平，提升城市品位。当年，表现蔡锷在长沙领导新军作战的大型雕塑《蔡锷》，在蔡锷路与湘春路之交的“共和广场”上建成。雕塑高 5.8 米，其中铜像净高为 3.8 米，基座为 2 米，由青铜铸造，净重约 2 吨。再现蔡锷骑着战马准备出征的场景，展现蔡锷威震敌胆的气概。而这一年丰泉古井社区浮雕文化墙建成，再现丰泉老居民和睦相处、共同奋斗、安居乐业的历史画面，既是社区的历史再现，也是进行青少年教育的良好教材。

2009 年，橘子洲头的《青年毛泽东》、太平街的《月亮粑粑》雕塑建成。其中《青年毛泽东》雕像，以 1925 年青年时期的毛泽东形象为基础，展现伟人的英姿与风韵，表现了毛泽东当年胸怀大志、风华正茂的气概，雕塑采用钢筋混凝土和花岗岩材质，长 83 米、宽 41 米、高 32 米，是湖南省体积最大的雕塑，获 2010 年全国优秀城市雕塑奖。

至 2012 年年底，长沙市建设的雕塑共计 138 座。

二、雕塑分布

1988 年，长沙市雕塑数量少，主要分布在各种教育场所。

1990 年之后，随着城市建设发展的加快，城市发展需要艺术的点缀，特别是《走向未来》《空间旋律》等雕塑以鲜明的主题，生动的造型赢得市民的肯定，此后，城市雕塑出现较快增长，繁华路段、单位前坪、学校广场、公园等公共场所成为雕塑建设的主要场地。

1995 年，湘江风光带城区部分改造完工，是市民休闲的好去处。为增加景点人文气息和文化品位，在风光带沿线陆续兴建一系列反映现代生活场景的雕塑，如《老外照相》《骑摩托》《放风筝》等，也兴建了一批反映湖湘文化底蕴的雕塑，如《图腾柱》《印章系列》《四羊方尊》等，也建有一些富有生活情趣的抽象雕塑，如《星梦》《怪神射箭》等，适应不同群体的欣赏需求，雕塑与休闲长廊、小广场、景观小品、绿色植物相与映衬，融为一体，构成湘江岸边的独特景色。

2000 年，长沙掀起雕塑建设的高潮，雕塑建设的重点放在老城区、特色街巷和主干道两旁。2000 年在梓园路陆续兴建一批名人雕塑，2001 年在芙蓉路兴建一批写意雕塑，2002 年在人民路兴建一批反映生活片断的雕塑，在黄兴路步行街兴建一批反映传统市民生活的雕塑。

2006 年，再现老长沙风土人情的系列浮雕在芙蓉区丰泉古井社区完工，这是雕塑进社区的一次有益尝试。此后，社区雕塑建设发展较快。

至 2012 年年底，长沙市城市雕塑大致分布在“三路”“三片”，“三路”即湘江大道、芙蓉大道、黄兴路。位于湘江大道的沿江风光带集中了长沙 50 多件雕塑作品；芙蓉大道沿线的 10 件作品以抽象、夸张、写意的为主，极富艺术感染力和生活内涵；黄兴路的 10 件雕塑作品则以老城市生活写实作品为主。“三片”其一即河西大学城片，以中南大学、湖南大学、湖南师大为主，除中南大学的《升华》外，其他基本以人物雕塑为主，带有浓厚的校园文化特色；其二是劳动路、城南路、梓园路周边生活区，属长沙的老城区，人口密集，雕塑选题广泛，表现手法多样，但有些是工厂化制作的作品，个性特征不明显；其三是中山路、湘春路等旧长沙主城区，以历史名人的纪念性雕塑为主，历史文化的厚重与现代城市建设交相辉映，构成一道靓丽的风景线。

三、雕塑作品选介

图 11-3-6-1 《青年毛泽东》艺术雕像

（摄于 2010 年，市住建局供图）

（一）《青年毛泽东》。2004 年 5 月，长沙市决定综合治理橘子洲景区，恢复和建设毛泽东活动纪念地。规划洲头重在展现伟人的英姿及历史风韵，以毛泽东《沁园春·长沙》诗词为主线引领全洲。2007 年，经中共中央办公厅批准，《青年毛泽东》艺术雕像开始建设。雕塑的创作者为广州美术学院院长黎明。

雕像的主题重在展现伟人的英姿及历史风韵，以强烈的视觉效果和艺术感染力，以及与橘子洲自然环境的完美结合，突出表现毛泽东当年胸怀大志、风华正茂的气概。2009 年 12 月 26 日，雕像揭幕。雕像总高度 32 米、长 83 米、宽 41 米，基座 3500 平方米，由 8000 多块采自福建高山的永定红花岗岩石拼接而成，总重量 2000 吨。雕塑采用钢筋混凝土框架结构，外表采用花岗岩材质。具体施工中，先制作一个 1:2 的模型雕塑，然后按等线将玻璃钢模型画线分块，再根据分块编号切割石材，然后对石材加工打磨，每个环节都是依靠计算机精准计算和采用传统工艺完成。8000 多块石材从矿山切割下来后全部依据事先确定的位置编号，再根据编号次序进行加工，加工好后运到现场按编号位置拼装，拼装完成后进行微调和精修。雕像的基座设计成毛泽东的肩膀，寓意站在巨人的肩膀上，缅怀历史，放眼未来。面积 3500 平方米的基座建为纪念馆，陈列毛泽东等老一辈无产阶级革命家的光辉事迹，通过高科技声、光、电等手段颂扬毛泽东的丰功伟绩。

雕像的背面采用摩崖雕刻《沁园春·长沙》诗词。同时，洲头以百亩橘园来强化橘子洲主题，从而更好地营造出自然风景与人文诗词意境交融的情景。2010 年，获全国优秀城市雕塑奖。

图 11-3-6-2 《浏阳河》雕塑

（摄于 2012 年，市住建局供图）

（二）《浏阳河》。《浏阳河》雕塑位于长沙市芙蓉广场中心，是长沙的城市标志性雕塑，该雕塑高 15 米，全由铸铜制成，是当时湖南省最大的艺术铜雕。该雕塑是 2002 年 5 月经数十名中青年雕塑家历时四个月制作出来的。雕塑内容是，一位少女陶醉在小提琴曲中，少女一头飘逸的秀发宛如浏阳河蜿蜒不断的流水，头发上隐约可见的音符正是《浏阳河》的曲子。少女脚下是铜制的菊花石，那是浏阳河的特产，当时光一天天过去，少女金色的躯体被氧化成青灰色时，与菊花石浑然一体，又透着历史感和永恒感。

表 11-3-6-1　　1988—2012 年长沙市城市雕塑代表作品一览表

序号	作品名称	作者	材料	高度（米）	年份	地点
1	友好和平	日本（送）	铸铜	—	“文化大革命”前	晓园公园
2	刘胡兰	佚名	水泥	5	1968	青少年宫
3	毛主席像	张松鹤	水泥	12.26	1968	湖南大学
4	毛主席像	鲁艺	铝合金	12.26	—	清水塘
5	动物组雕	郭玢	花岗石	1.51.85	1985	晓园公园
6	母爱	朱惟精	汉白玉	2.8	1986	晓园公园
7	李时珍像	朱惟精	白水泥	1.5	—	湘雅医院
8	成长	廖先荣	白水泥	2.5	1989	省儿童医院
9	空间旋律	雷宜锌	玻璃钢水泥	8.6	1990	省体育馆
10	走向未来	李怀玉	白水泥	3	1991	桂花公园
11	雷锋向我们走来	雷宜锌等	铸铜	3.5	1991	青少年宫
12	雷锋像	朱惟精	花岗石	3.5	1991	雷锋馆
13	芙蓉女	朱惟精	花岗石	5.8	1991	烈士公园
14	走天涯	朱惟精	汉白玉	3.5	1991	长沙市第一服装厂
15	张仲景	张祖平、陈杰	仿花岗岩	5	1992	湖南中医学院
16	升华	张立人	着色钢	1.3	1994	中南大学
17	太平军魂	黄鹿、刘师向	红花岗石	3	1994	天心公园
18	韵	孙泉	不锈钢	5	1994	咸嘉新小区
19	黄兴	朱惟精	玻璃钢	3	1994	明德中学
20	后羿射日	朱惟精	青铜	3	1994	银洲度假村
21	女娲补天	朱惟精	汉白玉	3.8	1995	银洲度假村
22	七仙女沐凡泉	朱惟精	汉白玉	4	1995	银洲度假村
23	龙王出巡	朱惟精	水泥	3	1995	银洲度假村
24	古钟新叶	雷宜锌	不锈钢	3	1994	岳麓广场
25	奉献	雷宜锌	不锈钢	8.5	1996	省教育出版社
26	图腾柱	雷宜锌	彩色砼花岗岩	5	1996	湘江风光带
27	怪神骑兽	雷宜锌	钢板楼雕	10.8	1996	湘江风光带
28	怪神射箭	雷宜锌	钢板楼雕	2.6×1.8	1996	湘江风光带
29	星梦	廖先荣	不锈钢	3.6	1996	湘江风光带
30	印章系列	张立人	汉白玉	1.9	1996	湘江风光带
31	光与热	朱惟精	汉白玉	3.5	1996	长沙理工大学

续表 11-3-6-1

序号	作品名称	作者	材料	高度（米）	年份	地点
32	文诗溢延河——毛主席和作家	雷宜锌、廖先荣、张祖平、陈卓明等	红花岗岩	2.65	1997	毛泽东文学院
33	韶山红日（浮雕）	雷宜锌、廖先荣、张祖平、陈卓明等	汉白玉	7×2.8	1997	毛泽东文学院
34	百舸争流（浮雕）	雷宜锌、廖先荣、张祖平、陈卓明等	汉白玉	7×2.8	1997	毛泽东文学院
35	NET——世纪之交	李叔平	锻不锈钢	2.8	1997	长沙市电信局
36	滴水穿石	朱惟精	花岗石	2.5	1998	长沙理工大学
37	周小舟	朱惟精	花岗石	3.5	1998	明德中学广场
38	舞	放大	不锈钢	4	1998	湘汇大酒店
39	李仪微	雷宜锌	铸铜	0.9	1998	省湘绣博物馆
40	鹿（浮雕）	陈卓明	玻璃钢	2×8.2	1999	省政府
41	情系万家	李怀玉	不锈钢	2	1999	广厦新村
42	荷花争艳	李怀玉、张承其	仿汉白玉	5	1999	德政园小区
43	二龙争珠（浮雕）	陈卓明	玻璃钢	2.4×8.2	1999	金源大酒店
44	情系万家	李怀玉	不锈钢	2.6	1999	长沙广厦新村
45	聚焦	李澍	锻不锈钢	8.8	1999	湖南新闻大厦
46	九州共济艺兰同芳	李叔平、李澍	锻不锈钢	5.28	2000	长沙九芝堂
47	春颂	聂仕华	不锈钢	5.4	2000	咸嘉湖新村
48	成长	雷宜锌	不锈钢	3	2000	劳动西路
49	禹之谟	张祖平	铸铜	1.2	2000	湖南师大附中
50	传统文明（浮雕）	郭天明	锻铜/铸铜	3×10	2000	电子大厦
51	辉煌	聂仕华	不锈钢	4.1	2001	交通设计院宿舍
52	毛泽东铜像	张祖平	铸铜	1.5	2001	长沙电力局
53	凤舞	李叔平、李澍	锻不锈钢	7	2001	锦泰广场
54	浮雕墙	雷宜锌等	灰花岗岩	2.6×100	2001	南郊公园
55	希望之星	李怀玉	不锈钢	7.8	2001	火星路
56	腾飞	雷宜锌	不锈钢	5	2001	红旗区
57	美术出版社社标	郭天民	不锈钢	6.2	2001	省美术出版社
58	缅怀	肖小袭	汉白玉	3.2	2001	芙蓉路
59	起跳	孙泉	锻紫铜	8	2001	芙蓉南路湖南移动通讯大厦

续表 11-3-6-1

序号	作品名称	作者	材料	高度（米）	年份	地点
60	绿叶女	雷宜锌	汉白玉	3.8	2001	芙蓉路
61	刘海戏金蟾	贺仁凡	花岗岩	5	2001	芙蓉路
62	抚	李思训	锻铜	2.6	2001	芙蓉路
63	太阳雨	雷宜锌	着色铜	3.1	2001	芙蓉路
64	猎豹风	雷宜锌	不锈钢	5.5	2002	长丰企业集团
65	月是故乡明	雷宜锌	汉白玉	6.4	2002	芙蓉路
66	童趣	肖小裘、周一健	铸铜	1.8	2002	黄兴路步行街
67	纳凉	雷宜锌、肖小裘	铸铜	1.8	2002	黄兴路步行街
68	炸臭豆腐	聂仕华	铸铜	1.8	2002	黄兴路步行街
69	吃臭豆腐	唐建文	铸铜	1.8	2002	黄兴路步行街
70	打酱油	孙泉、刘浪	铸铜	1.8	2002	黄兴路步行街
71	修鞋	贺仁凡	铸铜	1.8	2002	黄兴路步行街
72	抢刀磨剪	张立人	铸铜	1.8	2002	黄兴路步行街
73	补锅	李思训、陈杰	铸铜	1.8	2002	黄兴路步行街
74	剃头挖耳	刘近曙、李思训、陈杰	铸铜	1.8	2002	黄兴路步行街
75	看西洋景	陈卓明、张立人	铸铜	1.8	2002	黄兴路步行街
76	辛弃疾	刘近曙等	铸铜	3.5	2002	营盘街
77	沙水汩汩	雷宜锌	汉白玉	3.35	2002	白沙古井
78	浏阳河	雷宜锌、聂仕华等	铸铜	15	2002	芙蓉广场
79	球家族	雷宜锌等	不锈钢	3.5	2002	芙蓉路
80	珍惜	朱惟精	汉白玉	5.2	2002	芙蓉路
81	高飞	黎民、张承其、李怀玉	不锈钢	8	2002	人民东路
82	读	李怀玉、刘近曙	汉白玉	2.5	2002	人民东路
83	小园丁	李怀玉、肖小裘	汉白玉	2.4	2002	人民东路
84	姐妹花	李怀玉	汉白玉	3	2002	人民东路
85	太极拳	李怀玉、贺仁凡	汉白玉	2.5	2002	人民东路
86	鹿	李怀玉、陈卓明	玻璃钢	2.5	2002	人民东路
87	人与自然（组雕）	黎明、黄麓	铸铜	2.5	2002	贺龙体育广场
88	西方女人体	肖小裘	玻璃钢	2.5	2002	长沙新华联
89	掌上明珠	李思训	玻璃钢	2.38	2003	国防科大三院
90	飞扬	李思训	玻璃钢	2.3	2003	国防科大三院

续表 11-3-6-1

序号	作品名称	作者	材料	高度（米）	年份	地点
91	凝聚	李思训	玻璃钢	14.8	2003	国防科大三院
92	诚信	张祖平	铸铁	2.68	2003	黄兴路步行街
93	拉弓的赫克斯	雷宜锌、孙泉	铸铜	3.5	2003	省美术出版社
94	光芒（浮雕）	肖小裘	铸铜	5.5×5.5	2003	国防科大三院
95	天地人（浮雕）	雷宜锌	玻璃钢	7.2×2.2	2003	省书画研究院
96	读	刘近曙	玻璃钢	2.5	2003	长沙大学
97	珍爱	贺仁凡	锻铜	1.5	2003	长沙大学
98	野马	刘近曙 汤勇	玻璃钢	4.08	2003	长沙东屯渡农场
99	奥运湘军	雷宜锌等	着色钢	13.4	2003	体育星城
100	起舞	聂仕华	铸铜	4.5	2004	四方坪
101	青年毛泽东	黎明	铸铜	83×41×32	2009	橘子洲头
102	月亮粑粑	张祖平	花岗岩	1.5	2009	太平街口
103	毛泽东青年艺术雕像	黎明	花岗岩	32×83×41	2009	橘子洲头
104	月亮粑粑	张祖平	铸铜	1.5	2009	天平街口

第四章　园林绿化

长沙是湖南省省会，1982 年被命名为全国首批历史文化名城。1988 年长沙市人均绿地面积 3.09 平方米，随着经济的快速发展，城市基础设施建设投入日益增加，园林景观建设投入也逐步扩大，1994 年长沙市下决心提升绿化率，改善人居环境，当年义务植树 15.67 万株，铺草皮 8.2 万平方米，城市绿化覆盖率上升到 31.4%，人均绿地面积 4.2 平方米。伴随着改革开放的不断深入，特别是进入新世纪以后，长沙社会经济都发生重大的历史性变化。2000 年，长沙市提出城市建设“一年一个样、三年大变样”的发展战略，以创建园林城市为突破口，以实施“拓城、通路、增绿、添景”工程为重点，大力实施绿化、美化、亮化和净化工程。突出城市园林绿化和生态环境建设，精心打造融“山水洲城”于一体的城市特色。连续 4 年，城市园林绿化共投入 8.57 亿元，在五一大道、湘江大道、潇湘大道、长沙大道、芙蓉路、五一广场、芙蓉广场、猴子石大桥、贺龙体育中心、黄兴南路步行街等标志性工程相继竣工之后，与之相配套的城市园林绿化建设得到同步实施，一路一貌，一街一景，突出自然景色和地方风格，打造成长沙城市园林绿化的鲜明特色，大批街头绿地、小游园不断涌现。从 2002 年开始，根据生态优先的原则，结合自然山水骨架和城市空间形态，按照“一主、两次、四组团”的思路，制定“一江两圈加楔形绿地”的绿地系统规划纲要，组织修订《长沙市城市绿地系统规划（2003—2020 年）》。同时，为搞好城市大环境绿化，制定《长沙市城市生态圈规划》，突出“一环、两带、五廊、十二园、五组团”生态格局，构筑以生态公益林、生物多样性保护区、森林公园、防护林带、河道风光带、隔离绿带为主体的城市生态圈。陆续修订、编制一系列风景名胜区和公园建设保护规划，为打造园林精品奠定了基础。2003 年，长沙建成区绿地率 33%，绿化覆盖率 37.96%，人均公共绿地面积 7.9 平方米，通过省政府“湖南省园林城市”验收，2004 年 2 月被命名为“湖南省园林城市”。

2004 年，全市经济发展跃上新的台阶，在加快推进经济社会协调发展的过程中，长沙市确立打造“山水洲城、美好人居”的城市总定位，致力于高标准建设公共绿地。连续 5 年，长沙共投入 120 亿元用于城乡绿化美化、植树造林。市区新增绿地 800 万平方米，新建市民广场 22 个，总面积 28.16 公顷，湘江风光带广场群、新世纪体育文化中心广场等已成为城市形象的重要标志，建成开放青竹湖高尔夫休闲公园、麓谷公园等一批集植物观赏、生态休闲于一体的特色森林园区。新增道路绿地 65.2 公顷，道路绿化普及率 95.5%，达标率达 80.5%。建成环城林带、绿色通道、江河风光带 90 千米；新建森林公园、生态主题园 13 个。2006 年被评为国家森林城市，2008 年正式晋升“国家园林城市”。2008 年至 2010 年相继完成湖南烈士公园、橘子洲景区、岳麓山景区的提质改造，成为景观优美、环境优雅、功能优化的全国知名公园和风景名胜区。2010 年生态动物园搬迁开园，全市形成公共绿地分布合理、植物配置科学、绿化层次丰富、园林精品率高的新格局。

2011 年，住房和城乡建设部授予“湖南省长沙市社区公园建设工程”“中国人居环境范例奖”。至 2012 年，全市共建成各类公园 146 个，公园绿地服务半径覆盖率 65.55%，人均公共绿地面积 10.81 平方米，部分城区达到市民出门“300 米见绿，500 米见园”目标，实现市民幸福指数在家门口升级。

第一节 机 构

一、市级机构

1988 年 5 月 3 日长沙市城建局园林管理处改隶属市建委，编制由 15 人增加到 20 人。1990 年 8 月加挂“岳麓山风景名胜区管理处”牌子，增加编制 12 名，与长沙园林管理处合署办公。1990 年 12 月，长沙市园林管理处加挂“长沙市园林管理局”牌子，副县级，定编 37 人。

1995 年 2 月，长沙市园林管理局升级为市政府直属正县级事业单位，内设机构为办公室、园林绿化科、风景科、综合科、计划财务科、组织宣传科（与工会、团委合署办公）、劳动人事科、保卫科、纪检监察室（含机关党支部），共有编制 45 人。

2001 年，长沙市园林管理局内设机构调整为办公室、绿化管理处、综合管理处、风景管理处、计划财务处、人事处、安全保卫处 7 个职能处（室）。共有机关全额拨款事业编制 30 名。

2004 年，长沙市园林管理局撤销安全保卫处，将其职能并入综合管理处；同时将园林科技工作从绿化管理处独立出来，新设立科技处。

2010 年，长沙市园林管理局成为市人民政府直属事业单位。撤销综合管理处，新增公园管理处，计划财务处变更为财务处，人事处变更为人事宣传处。内设机构变更为办公室、绿化管理处、公园管理处、风景管理处、科技处、财务处、人事宣传处。全额拨款事业编制增加到 37 名。

2012 年 12 月，长沙市园林管理局成为具有五项行政管理职能的正县级事业单位。三定方案重新确定的内设机构有：办公室、绿化管理处、公园管理处、风景管理处、计划财务处、人事宣教处、科技规划处、机关党总支、纪检监察室。人员编制共 37 名。

1988—2012 年，先后担任长沙市园林管理局主要领导职务的有：李正国、冯辉、刘金春、陈大川、钟长贵、周文、刘季文（女）；其他领导班子成员有：李叙近、邹珏明、赵继梅、杨云安、刘绍泽、李铁汉、陈学瑜、韩辉、唐德华、黄哲、周龙辉、谢跃军、缪赐立、陶晓明、彭欢首、李伟。

二、直属机构

1988 年，长沙市园林管理处下属单位有湖南烈士公园、长沙动物园、长沙市南郊公园、长沙市苗圃、长沙市天心阁公园、长沙市晓园公园。

1988 年 4 月 4 日，长沙市园林设计院成立，为正科级全民事业单位。

1993 年，成立长沙市紫凤园管理处，为正科级全民事业单位。同年，长沙市望月公园筹建处更名为长沙市望月公园管理处，为正科级全民事业单位。

1995 年，长沙市桂花公园筹建处更名为长沙市桂花公园管理处，为正科级差额拨款事业单位。1996 年 11 月 22 日，长沙动物园管理处升为副处级全民事业单位。

1998 年 4 月 14 日，长沙市南郊公园管理处升为差额拨款副县级事业单位。11 月，长沙市园林科学研究所成立，为自筹自支的全民事业单位。

2002 年，长沙市望月公园管理处更名为长沙王陵公园管理处。2003 年 3 月，长沙市天心公园管理处更名为长沙市天心阁管理处。2005 年 11 月，成立长沙园林发展有限公司。

2007 年 2 月 5 日，长沙动物园更名为长沙生态动物园。9 月 23 日，长沙生态动物园仍保留长沙动物园的牌子，实行“两块牌子、一套人马”。

2008 年，长沙园林生态园定名为长沙市苗圃（长沙园林生态园）。

2009 年 2 月 25 日，长沙市园林和风景名胜区综合执法支队成立。

2010 年年底，长沙市园林和风景名胜区综合执法支队划归长沙市林业局。

2012 年年底，长沙市园林局下设机构共有湖南烈士公园、长沙动物园、长沙市南郊公园、长沙市苗圃、长沙市天心阁公园、长沙市晓园公园、长沙市园林设计院、长沙市紫凤园、长沙市望月公园、长沙市桂花公园、长沙市园林科学研究所、长沙园林发展有限公司等 12 个。

三、区县（市）级机构

1988 年长沙、望城、浏阳、宁乡 4 县和长沙市市区东区、南区、西区、北区均设有园林绿化队（管理所）。

1992 年 3 月，北区园林队更名为长沙市北区园林管理局，与区绿委办合署办公；西区市政工程维护更名为长沙市西区园林管理局，与西区绿委办合署办公；东区园林管理局成立，与东区绿委办合署办公；南区园林管理局成立。同年，浏阳市园林绿化管理处成立，属浏阳市建委领导。

1996 年，长沙市辖区行政区划调整，依新区划设立长沙市雨花区园林管理局和长沙市芙蓉区园林管理局。1997 年 4 月，北区园林管理局更名为开福区园林管理局，西区园林管理局更名为岳麓区园林管理局，南区园林管理局更名为长沙天心区园林管理局。1998 年，长沙县园林绿化管理所成立，同年浏阳市园林绿化管理处与市政工程设施管理处合并为“浏阳市市政园林管理处”。

2001 年，雨花区园林管理局成立雨花风景园林有限公司，实行“两块牌子、一套人马”。2002 年，望城县园林绿化管理所由原来隶属望城县建设局划归城镇管理局。同年，浏阳市市政园林管理处下属的市政、园林、房产开发、建筑、预制厂等企业整合划属建设局，市政园林管理处划属城管局，并加挂“浏阳市城市绿化管理办公室”的牌子。同年 2 月，岳麓区园林管理局成建制转体为企业公司，名称为长沙市岳麓区园林公司。芙蓉区园林局改制为园林公司，芙蓉区园林局和公司实行“两块牌子、一套人马”。

2003 年 8 月，宁乡苗圃更名为宁乡县园林绿化管理处，成建制从县林业局移交县城管局，承担县城所有园林管理的职能。2005 年望城县园林绿化管理所隶属单位望城县城镇管理局更名为望城县城市管理局。2007 年 3 月，开福区实行城市管理体制改革，撤销区园林局，成立园林管理中心，为区城管局的二级机构。

2010 年，“浏阳市市政园林管理处”更名为“浏阳市市政园林管理局”。2011 年，望城县园林绿化管理所更名为望城区园林绿化管理所，是市政管理局的二级机构，同年 11 月，宁乡县园林绿化管理处更名为宁乡县园林管理局。2012 年，开福区园林绿化管理局升格为正科级事业单位，宁乡县园林管理局升格为正科级事业单位。

第二节 园林绿化建设

一、园林规划

1988 年 8 月，长沙市岳麓山公园管理处组织相关人员编制《1989—2000 年岳麓山风景名胜区规划》。

1989 年长沙市组织编纂《长沙市生态建设总体规划》，其中对《长沙市城市绿地系统规划》进行说明，1990 年，编制《长沙市市园林绿化规划（1990—2010 年）》。2003 年将长沙市城市绿地系统规划作为总体规划一个重要的专项规划进一步深入和细化，对《长沙市市园林绿化规划（1990—2010 年）》修编，编制《长沙市城市绿地系统规划（2004—2020 年）》。2005 年 6 月，《长沙市城市绿地系统规划（2004—2020 年）》获长沙市人民政府批准实施。该规划按统一规划、分期实施的原则，分近期（2004—2008 年）、远期（2009—2020 年）两个阶段。其中城市绿地系统规划指标、都市区绿地规划指标都提出明确的指标。

表 11-4-2-1 2004—2020 年长沙市城市绿地系统规划指标一览表

项 目	现状（2004 年）	近期（2008 年）	远期（2020 年）
建成区面积（平方千米）	142	240	350
建成区人口（万人）	168.64	240	350
绿地面积（公顷）	4686	8400	14700
绿地率（%）	33	35	40
绿化覆盖率（%）	37.96	42	47
公园绿地面积（公顷）	1332.256	2400	4200
人均公园绿地（平方米）	7.9	10	12

表 11-4-2-2　　2004—2020 年长沙市都市区绿地规划指标分期目标一览表

年度	城市建设用地面积（千平方米）	规划人口（万人）	人均公园绿地面积（平方米/人）	人均绿地面积（平方米/人）	公园绿地面积（公顷）	城市绿地面积（公顷）	绿地率（%）	绿化覆盖率（%）
2004	200	210	8	30	1680	6000	30	35
2008	240	240	10	25	2400	8400	25	40
2020	451.52	447	14.59	42	6522.24	14700	42	47

《长沙市城市绿地系统规划》确定以岳麓山风景名胜区为依托（主体），水陆洲为绿心，湘江风光带为景观轴，年嘉湖（烈士公园）、后湖（后湖公园）、咸嘉湖（水上公园）为绿地板块，以河道绿带、道路绿廊为网络，连接城市公园绿地、附属绿地、绿化广场，组成一个以山、水、洲为背景，环、楔、廊、园相互关联的都市区绿地系统，并分别对公共绿地、防护绿地、生产绿地、附属绿地等各类绿地进行规划。

2005 年 9 月，《岳麓山国家重点风景名胜区总体规划（2003—2020 年）》获国务院批准。规划确定岳麓山风景名胜区是长沙历史文化名城的重要组成部分和山水洲城地理格局的核心因素，是以秀美的自然山水为基础，以悠久的多元历史文化为内涵，融自然与人文景观为一体，兼具城市绿地功能的综合性山岳型国家级风景名胜区。将岳麓山风景名胜区的规划范围确定为北起龙王港—咸嘉湖一线，南抵后湖—寨子岭南缘，东至橘子洲以东湘江东岸，西部则延伸至桃花岭北侧山麓，总面积 35.20 平方千米。其中，景区面积 19.07 平方千米，湘江水域面积 4.67 平方千米。规划确定的岳麓山风景名胜区的核心景区包括麓山景区（5.57 平方千米，其中包括独立景点新民学会 0.01 平方千米）、天马景区（0.82 平方千米）、橘洲景区（0.68 平方千米）以及岳麓书院与牌楼口之间牌楼口路两侧各 30 米范围（0.07 平方千米），面积 7.14 平方千米。在风景区范围以外划定的外围保护区面积为 22.68 平方千米。

从 2006 年起，长沙市结合“为民办实事工程”和创建“国家文明城市”“生态文明示范城市”等系列活动，加强城市绿地建设宏观规划管理力度，实现城市绿量持续增长。随后 4 年，长沙市逐年增加城市绿化规划的经费投入，编制费用达到 600 万元，占城市规划编制经费的 12%。同时采取政府公开招投标制度，广泛招纳国内外优秀设计公司参与长沙市绿化规划体系的编制工作。随着绿地系统规划的完善和施行，长沙园林依规建设，逐渐步入发展快车道，投入稳步增长。

2006 年 11 月，为响应国家“十一五”（2006—2010 年）发展规划，在《长沙市城市绿地系统规划》施行的基础上，编制《长沙市园林绿化发展“十一五”规划》，明确“十一五”期间，城市园林绿化规划以 2008 年申报“中国人居环境奖”为重点，2010 年基本完成结构性绿地建设，形成“两带两圈五楔八园”的生态绿地格局：以湘江和浏阳河风光带为都市区开敞空间的主轴，整合周边自然山水环境为外围生态圈，加上绕城线林带圈形成城市的生态支撑，最大限度地改善城市生态环境。加上黑麋峰、谷山、石燕湖、莲花山、乌山等森林公园和生态动物园，形成一个以山、水、洲为背景，环、楔、廊、园相互关联的都市区城市绿地系统布局结构。

2007—2011 年，为巩固《长沙市城市绿地系统规划》的实施成果，先后编制《长沙市城市林业生态圈保护规划》《长沙市湿地资源调查报告》《岳麓山风景名胜区总体规划》《靳江河生态保护规划》

《长沙市环保三年行动计划》等一批宏观规划，拟在市域内构建起“湘浏纵横，沩围含城”大绿色复合型、多层次、多功能的城市绿色生态空间体系，利用连云山、九岭山、沩山、大围山和湘江水系建立山水相间的城市开敞空间，形成“一廊、四带、四区”的生态空间结构；通过《橘子洲概念性规划》《橘子洲景区详细规划》《天马山景区详细规划》《长沙市生态动物园总体规划》《湖南烈士公园东门区域详细规划》《长沙市生态苗圃总体规划》《浏阳河花木产业带景观规划》等一批重点园林项目规划的编制与实施，在都市区范围内构建“两轴、两圈、四带、五廊、五楔、八园”的城市开放空间体系。

2012 年，由于经济和城市发展超预期，《长沙市城市绿地系统规划（2004—2020 年）》已显示其不适应性和滞后性，遂对《长沙市城市绿地系统规划（2004—2020 年）》进行修订。

二、园林建设

1988 年，长沙市人均绿地面积 3.09 平方米，绿化覆盖率 22.5%。1994 年长沙市义务植树 15.67 万株，铺草皮 8.2 万平方米，绿化覆盖率 31.4%，人均绿地面积 4.2 平方米。1997 年长沙市建城区绿化覆盖率 40.2%，城区绿地率 31.99%，主干道绿化率 97.7%，次干道绿化率 85.2%，人均绿地面积 6.6 平方米。2005 年启动城市林业生态圈示范带建设，城市园林绿地面积 5907 公顷，长沙市城区新增各类绿地 337.24 公顷，城区绿地率达到 33.23%，绿化覆盖率 37.94%，人均公共绿地面积 7.7 平方米。

2005 年，长沙市将岳麓山风景名胜区整治改造作为城市建设的核心工程，开展执行《岳麓山风景名胜区综合整治规划》行动，按照“统一规划、分步实施；统一谋划、分片实施；统一策划、分项实施”的总体规划，连续 4 年，共投入资金 100 多亿元，实施橘子洲景区、天马山景区、咸嘉湖景区、桃花岭景区北片区、后湖景区环境综合整治和麓山景区提质改造，治理湖面 115 公顷，整治岸线 15 千米，增加绿化面积 108.5 万平方米。开展环岳麓山周边房屋平改坡（绿），建成新民路、麓山南路特色景观街，拉通麻园路、白沙路等近 10 条景区范围内交通主干道，实现景区空间大突破、品质大提升、风貌大彰显，使岳麓山风景名胜区成为长沙市的地标和名片。2006 年，为落实《长沙市园林绿化发展“十一五”规划》，逐年增大城市园林绿化建设整体投入，连续 3 年投入资金 130.22 亿元，其中依靠社会资金投入 29.35 亿元，相继实施长沙生态动物园、月湖公园、长沙生态苗圃等公园的建设和岳麓山、橘子洲景区保护提质，湘江风光带南北段延伸建设等一批省、市级园林重点工程项目。陆续建成开放月湖公园、仙姑岭公园、橘子洲景区（提质改造后）等 9 个大型公园，新建森林公园 8 个。同时，市政府结合“为民办实事工程”和创建“国家文明城市”“生态文明示范城市”等系列活动，进一步加强城市绿地建设宏观规划管理，确保城市绿量持续增长。实现新增绿地 3415 公顷，新增公园绿地 967 公顷，年均增长率分别为 15.25%和 14.25%。

2008 年 9 月 9 日，长沙市申办国家园林城市成功，正式被住房和城乡建设部命名为“国家园林城市”。

2009 年开始，长沙市在 2007 年简牍博物馆屋顶绿化和岳麓山东大门停车场屋顶绿化试点成功经验的基础上，率先在岳麓区老旧居民楼大力开展“坪改绿示范工程”的建设，完成 5.6 万平方米屋顶绿化建设；开福区悦湖山住宅小区屋顶绿化及绿地集团金融中心屋顶绿化，完成立体绿化 1.3 公顷；雨花区投入 5000 万元建设韶山路“城市生活景观大道”，对区域内桥梁、沿线墙面、裙楼楼顶及护栏实施立体绿化，切实提高城市绿化覆盖率和“三维绿量”，打造立体生态景观模范道路。

2010 年，依据《长沙市城市林业生态圈保护规划》《长沙市环保三年行动计划》《岳麓山风景名胜区总体规划》等宏观规划，实施浏阳花木产业生产基地、城市公园的提质改造、岳麓山风景名胜区的提质改造等建设，逐步实现城市生态和人居环境的持续改善。6 月，长沙市国家园林城市复查工作通过省住建厅验收。

2012 年年初，完成公园绿地普查工作，并对长沙市公园绿地服务半径覆盖率进行测算，有效地掌握公园绿地的现状，便于更有针对性地开展公园绿地建设。开始实施“城乡接合部综合整治工程”，通过拆违还绿，拆除违法建筑后，对违规用地进行绿化美化，见缝插绿，对裸露地面或空坪隙地进行绿化种植，以及复绿补绿，对公园绿地、城市道路沿线绿化被踩踏毁坏等情形，迅速补栽补种。共对 20 多千米的道路沿线绿地进行提质改造，提质改造道路绿地共计 120 多公顷。继续推进对岳麓山风景名胜区的提质改造，全面推进对已建公园的提质改造，工陵公园、晓园公园和南郊公园东大门区域正在开展大规模整治和提质。

至 2012 年，长沙市城市建成区绿地面积 8913 公顷，全市绿地率 32.18 %，绿化覆盖率 36.96 %，共建成各类公园 146 个，公园绿地面积 2647 公顷，人均公园绿地面积 10.81 平方米，公园绿地服务半径覆盖率 65.55%。

第三节　风景名胜区建设

一、国家级风景名胜区建设

（一）岳麓山风景名胜区。1988 年 8 月，岳麓山公园管理处组织相关人员编制《1989—2000 年岳麓风景名胜区规划》。9 月，岳麓山风景名胜区步虚楼主体工程竣工交付使用。该点选址于响鼓岭、云麓峰、黄兴墓庐三景点之间，方便游客在游览时就近憩息。步虚楼主要结构均采用水泥预制或现浇，以利防潮，屋面覆盖小毛瓦，隐现于风景林间，以与周围自然景观协调。服务厅内凿水池、设喷泉，旋梯登楼，回廊相连，给人新颖感觉。拾级登楼，即至高档茶室，可坐憩品茗，亦能眺望麓山景色。部分平顶屋面复土，植树种花。步虚楼既是公园的经营之地，又是文人雅集之所。是年，岳麓书院被公布为全国文物保护单位。

1993 年 2 月 23 日，麓山景区投资 483.8 万元建设游览观光索道及北大门。索道下起细塘坡，上至尖峰山顶，采用单线循环，双人吊椅，上下站水平距离 1197 米，斜长 1238 米，高差 211.5 米。全线共有吊椅 134 张，支架 19 座。历时 6 个月，于 8 月 28 日竣工并投入运行。1995 年，麓山景区建成高山滑道与极目山庄。高山滑道全长 700 米，设 12 个湾道，高低总落差 122 米，平均坡度为 15 度。滑道投资 1000 万元，设备全部由德国引进。配置单、双人滑车 112 套，占地面积 1800 平方米，引建社会投资 600 万元。滑道为景区少有游乐设施之一。极目山庄总建设面积 450 平方米，投资 20 万元。山庄建成后，用于岳麓山尖峰山即索道上站与电视塔之间兴建服务点，供游客休息驻足观光。

图 11-4-3-1 岳麓山公园东大门竣工

（摄于 1997 年，市住建局供图）

1997 年，麓山景区建成东大门和观光长廊。东大门建设历时 3 年，征地 3.3 万平方米，总投资 541 万元。建设内容包括拉通 410 米防火通道，修建东门老门楼及收售票房。其中防火通道总长 458 米，面积 2868 平方米；门楼为仿唐建筑，占地 2683 平方米，高 14.36 米；收售票房 180 平方米。观光长廊主体工程全长 140 米，另有台阶踏步、廊外工程、日月楼、同心亭、同坐轩、望君亭等共计建设面积 850 平方米，总投资 216 万元。1999 年，麓山景区建成占地 2.7 公顷的鸟语林，由福州龙川游乐有限公司出资 600 万元建设，鸟语林的建设满足市民游客娱乐和科普知识的需要。

2000 年，麓山景区完成岳麓山七十三军抗日阵亡将士墓的抢救性修复工作，建设内容包括修缮抗战指挥所（警察纪念堂）、七十三军抗战阵亡将士公墓，长沙会战碑、阵亡将士名录碑、清风峡抗战指挥所、古炮台战壕遗址等六处遗迹，总投资 148 万元。同年，岳麓山被国家旅游总局评为 AAAA 景区并经国务院批准为“国家重点风景名胜区”。2004 年，兰圃搬迁到山中它处，原址打造成精品园林小区，供人游览休闲。同年，湖南大学结合岳麓书院防洪工程与周边环境改造工程，拆除教工宿舍学习斋，重建屈子祠，2006 年 9 月竣工。同时修复延宾馆、文昌阁、崇圣祠、明伦堂和专祠等历史建筑，恢复曲涧鸣泉、竹林冬翠等书院景观。同年，开始对橘子洲实施整体提质改造。

2005 年，对湖南省会警察纪念堂进行修缮，该纪念堂坐落在岳麓山景区管理处和麓山寺之间的登山马路南侧，为一栋民国时期砖木结构的民居式样建筑。同年，该纪念堂被公布为长沙市市级文物保护单位。以后 4 年，长沙市将岳麓山风景名胜区整治改造作为城市建设的核心工程，开展执行《岳麓山风景名胜区综合整治规划》行动，按照“统一规划、分步实施；统一谋划、分片实施；统一策划、分项实施”的总体规划，在风景名胜区 35.20 平方千米的土地上，投入资金 100 多亿元，实施橘子洲景区、天马山景区、咸嘉湖景区、桃花岭景区北片区、后湖景区环境综合整治和麓山景区提质改造，治理湖面 115 公顷，整治岸线 15 千米，增加绿化面积 108.5 万平方米。开展环岳麓山周边房屋平改坡（绿），建成新民路、麓山南路特色景观街，拉通麻园路、白沙路等近 10 条景区范围内交通主干道，实现景区空间大突破、品质大提升、风貌大彰显，让岳麓山风景名胜区成为长沙市的地标和名片。

2006 年，岳麓山的基础设施再次实施提质改造。拆除东大门区域的职工宿舍，建成三层面积为 1 万多平方米的停车场，车位 244 个。进景区实行人车分流，并在东大门内再建新大门，拓宽和改善景区界面，营造“开门见山”“抬头见秀”的意境。

2007 年 2 月，橘子洲风景名胜区在橘子洲头建设青年毛泽东艺术雕塑。2008 年，橘子洲风景名胜区在橘子洲头建问天台，建设面积 350 平方米；橘子洲中建百米高喷；橘子洲东岸建焰火和音乐广场，广场南北长 500 米，平均宽为 20 米；橘子洲尾在原有橘洲造船厂建筑的基础上建沙滩公园和天然游泳池，公园建筑面积约 13000 平方米，含室内游泳中心 3800 平方米、室内运动中心 3000 平方米、室内游乐中心 6300 平方米和室外游乐场等。同年，岳麓山风景区完成东大门景点植物移栽，共计移栽楠竹 84 株、红花檵木 3 株、丛竹 60 丛、春鹃球 100 株、七里香 3 株、罗汉松 1 株，各类树木 67 株，保证东大门改造建设顺利进行。

2008 年 5 月，麓山寺经过三个月的维修，观音阁屋顶、楼柱及四周墙壁面目一新，观音菩萨和千手观音全部贴上金箔，重新开放。

2009 年 1 月，橘子洲头原唐生智公馆改建成潇湘名人会所，总建筑面积为 1435.1 平方米。12 月，橘子洲头的青年毛泽东雕塑头像完工并对外展示。雕塑总高度为 32 米、长 83 米、宽 41 米、基座 3500 平方米，由 8700 多块巨石拼接而成，总重量约 2000 吨，由广州美术学院黎明创作、湖南省建筑设计院设计，总投资 0.67 亿元。

从 2010 年 1 月开始，投入 3 亿元，先后完成岳麓山万景园、步虚楼、兰涧等景点提质改造和停车场、东大门等配套基础设施建设。万景园景点位于麓山景区穿石坡片的南部，与听风廊景点紧密相连，由盆景展示厅和盆景制作温室两个主要部分组成。本次提质改造对万景园整体布局进行调整，主要将原有东入口改造成主入口，园内游道统一规划并与主入口相连，使游路更加畅通便利。将原生产用房拆除，新建精品盆景展示区、自然盆景园区、综合办公接待区 3 个区。精品盆景展示区位于场地西部，包括室外展区和室内展区两部分，为半围合形园林院落；自然盆景园区居场地中部，包括水景、植物、盆景及专类展区；综合办公接待区位于场地东南部，作为办公、接待、值班、游人休息之用。还投入 6000 万元对景区周边 200 多栋房屋实行平改坡、平改绿改造。对登高路、新民路、麓山路至湖南大学东方红广场路段实行综合整治。

2010 年 7 月，岳麓山风景名胜区之天马山景区一期生态修复和桃子湖整治工程完工。项目拆迁景区内房屋 20 多万平方米，3000 多名居民从景区迁出，对天马山、凤凰山实施生态修复和桃子湖整治，修复整治总面积达 82 万平方米，桃子湖水面由 5.3 万平方米扩建至 8 万平方米，项目总投资 15 亿元。下半年，天马山景区二期配套工程建设开始，将已拆除的麓山村文明商业街、农居基地在保持生态修复的基础上修建大学生创意街、游客接待中心、梅兰竹菊苑等配套工程，建设项目总面积 6.3 万平方米，投资 7.5 亿元。2011 年 6 月，岳麓山风景名胜区之桃花岭景区第一期工程建设开始。项目总面积 1.54 万平方米，总投资 3 亿元，共计植被修复 28 万平方米，景观绿化 40 万平方米。修建桃花岭路和洪寺庵路共计 2.4 千米。修筑游步道及登山步道遍及桃花岭山体，游步道总长 12.7 千米，登山步道总长 4.7 千米。整修游步道达 23 千米，并于入口处西侧建成可满足 260 辆汽车停靠的停车场。

2011 年 10 月，岳麓山风景名胜区与长沙市兰花协会合作的首家兰花养殖基地落户岳麓山风景区，建设生产育苗大棚面积 3000 平方米，移植传统兰花品种近百种，养殖优质兰花 40 万苗。2011 年，纪念辛亥革命 100 周年之际，由长沙市人民政府拨款，麓山景区修缮辛亥革命烈士等墓葬 25 处，恢复墓葬 2 处，同时完成 23 处文物保护单位的改建和修缮。

2012 年，岳麓山风景名胜区总面积 35.20 平方千米，包括麓山景区、天马山景区、橘子洲景区、桃花岭景区、石佳岭景区、寨子岭景区、后湖景区、咸嘉湖景区八大景区。1 月，麓山景区晋级国家 AAAAA 级旅游景区，评为湖南省首批“两型示范景区”。

（二）沩山风景名胜区。沩山风景名胜区位于宁乡西部，地处宁乡、桃江、安化三县交界处。景区规划面积 190 平方千米，

2005 年 2 月，宁乡县人民政府设立沩山风景名胜区，随后沩山风景名胜区引进合同资金 8.78 亿，相继投资 4 亿元于密印寺景区建成面积 155.3 万平方米的万佛灵山文化公园，投资 0.5 亿元于千佛洞景区建成千佛洞项目，并建成何叔衡故居、谢觉哉故居及兰花屋场等景点，完善景区内的配套服务设施。

2005 年 3 月 10 日，启动密印寺修复工程，对密印寺内五观堂、警策殿、选佛场、禅堂、祖堂等进行修复，建设密印寺广场，总投资 800 万元。

2006 年启动密印寺主题公园建设。

2007 年 2 月，沩山风景名胜区经湖南省人民政府批准为省级风景名胜区，改建原沩山漂流景区，改造河道全长约 5 千米，新修建 3 千米沩山漂流河道及 4.3 千米龙泉漂流河道，开发建设沩水源景区、沩山茶园、祖塔移民集镇、龙泉户外拓展运动基地、大沩茶海及青羊湖国家森林公园城墙大山景区等景观

项目，投资约3000万元；9月，密印寺自筹资金600万元启动僧寮建设，2008年年底完成主体工程，同时，投入300万元修复万佛殿。

2009年5月，灰（汤）黄（材）旅游公路动工建设，年末竣工通车；密印寺配殿含文殊殿、普贤殿、钟楼、鼓楼工程正式动工，投资600万元，当年11月竣工。同年11月，密印寺主题公园中的千手观音圣像、莲花池、游客服务中心、停车场等建设完成，总投资30000万A。

2011年6月25日，黄（材）沩（山）旅游公路提质改造工程正式启动，8月22日正式通车。总共投资8000万元。

2012年10月，沩山风景名胜区经国务院批准为第八批国家级风景名胜区，并于黄材镇炭河里村修建炭河里国家考古遗址公园，建设总面积约80万平方米，建设项目包括炭河里青铜博物馆、商周文化长廊、炭河里遗址本体保护与展示三大板块，总投资近4亿元。至2012年年底景区建成区分沩山佛教文化区、青羊湖水上游乐区、黄材青铜文化区、千佛溶洞观光区等四大景区，景区内有AAAA级景点1处，AAA级景点2处，全国重点文物保护单位1处，省级文物保护单位11处，市级文物保护单位1处，县级文物保护单位7处。

二、省级风景名胜区建设

1988年11月，花明楼风景名胜区内刘少奇同志纪念馆中建成刘少奇故居、门楼广场、铜像广场、生平业绩陈列馆、文物馆等主体景点并对外开放，由8个展室、1个声像厅和2个怀念亭构成，建筑面积约3200平方米，投资600万元。

1994年，大围山风景名胜区开始开发建设。1995年，大围山风景名胜区建设新田顶景区游客服务中心，建成游客综合服务中心、购物中心及停车场，总建设面积1.06万平方米，投资1000万元。1996年，大围山风景名胜区投资1200万元新修建栗木桥至红莲寺景区公路，全长8.5千米；投资800万元改建筒车湾桥至老门楼公路7.1千米，在原有基础上拓宽3~4米；耗资1300万元新修建东麓园景区游客中心（老门楼）双溪至红莲寺公路23.5千米，路面宽7~8米，全线混凝土路面铺设，两旁建排水沟并设护坡多处。道路建成通车后，大围山风景名胜区于8月1日正式开园。

1998年，道吾山景区进行开发建设，采用“一主三次的规划结构”。其中五老峰为主体景区，白石涧景区、龙珠山景区、金竹湾景区为次要景区。新建一个风景区主入口、两个风景区次入口及主入口停车场。同时完善风景区的游道体系建设。新建马家湖、浏阳革命纪念园、观鱼台禅宗书法园等景点，扩建兴华禅寺，修缮羡鱼亭、铁索桥和湖心岛上的观景亭。开发建设后森林覆盖率达81%，绿化种植以松、杉、楠竹、檫木、江南恺木、山核桃、柃木等为主，包含木本植物89科710种。

1999年，大围山风景名胜区经省人民政府批准为省级风景名胜区，同年进行景区游步道项目建设，建成包含龙须漕别墅至森林宾馆、森林宾馆至栗木桥、栗木桥至船底窝至五指石、船底窝至玉泉寺在内的13.2千米游步道，全线由混凝土铺设，投资400万元。

2005年2月，花明楼风景名胜区被评为第九批省级风景名胜区，风景区内新建花明园，建设面积20万平方米，投资2000万元。2006年，大围山风景名胜区被批准为省级地质公园。

2007年6月，大围山风景名胜区被评为AAAA级景区，完成玉泉寺景区游步道建设项目，修筑玉泉寺至五指石登山步道，全长2.4千米，全线浇筑混凝土路面并于道路两旁铺设排水沟，投资80万元。

2011年1月道吾山景区被批准为省级风景名胜区。道吾山有着丰富的自然资源，山上古迹甚多，名声远播的有祖师岩、冷泉井、回龙桥、引路松、挂剑泉、老龙潭、明月湖、龙卷田、虎爬丘、莲花峰、兴华寺、白龙泉、五老峰、罗汉洞、白鹤山、挂榜山、吾山雪霁、失马桥、龙形石、棋盘石、雷劈石、定心桥、裴休亭，其中，以道吾三绝（引路古松群、千年古刹兴华寺、高山天湖）、四奇（烟雨、雾霏、云深、雪霏）久负盛名。2011 年，市政府与香港新太阳集团公司签约，投资 120 亿元，对道吾山—蕉溪岭片区按照 AAAA 级景区标准进行整体开发。同时浏阳市委、市政府于道吾山风景名胜区建设浏阳烈士陵园，将部分散葬烈士墓迁葬入园实施集中管理和保护。浏阳烈士陵园规划建设用地 78821.66 平方米，总建筑面积 5837 平方米，景观面积 40000 平方米，建筑密度 4.61%，容积率 0.07，绿地率 86.5%。主要包括烈士墓、浏阳革命历史纪念馆、烈士纪念碑、烈士英名墙、入口广场、纪念广场、祭拜广场、花海梯田、配套管理用房等，总投资 1 亿元。墓区有烈士墓 1200 座，分 6 个片区，呈树叶形状摆布，寓意烈士英魂魂归故里，落叶归根。

2012 年 6 月，大围山风景名胜区通过国家地质公园的评审，新建大围山镇至祷泉湖公路改油项目，在全长 28.2 千米的油砂路面进行沥青铺摊提质改造，当年建成通车。2012 年年底长沙有花明楼、大围山、道吾山 3 处省级风景名胜区。

第四节　公园建设

一、综合性公园建设

1988 年，随着城市建设的快速发展，园林绿地建设成为现代城市的重要内容之一。城市园林绿化反映一个地区经济社会发展的综合水平，被称为现代文明的重要标志，在城市规划中被提到重要位置。当年，按照长沙城市整体规划要求，地处岳麓区咸嘉湖路北侧、潇湘北路西侧的望月公园开始筹建。1992 年 10 月，地处开福区湘江北大桥（银盆岭大桥）东侧毗邻湘江紫凤公园动工兴建。

1993 年 11 月，望月公园建成开园，建设铜盆湖驳岸、湖边廊架、水池、山顶建筑、园林小品、护坡、挡墙、围墙、揽月楼、环碧阁、长廊亭、办公楼、道路、水电、大门、厕所等设施，总建设面积达 16 万平方米，其中建筑面积 5937 平方米，占地面积 3929 平方米，道路及铺装广场面积 1.17 万平方米，小游路面积 6030.6 平方米，水体面积 1.56 万平方米，绿化面积 106925 平方米。12 月 22 日，紫凤公园历时 14 个月的工程建设后对外开放。建设景点包括紫藤廊、桥志碑、出水芙蓉、水幕水池、生肖墙、三足塔、小溪桥、4 座假山等，总建设面积 4.01 万平方米，填土 4.5 万立方米，堆塑小山丘两座，新增游路 1500 米，修建露天舞池 297.5 平方米，溜冰场、电屏车场水磨石地 500 平方米，房屋建筑 1379 平方米，绿化工程共植乔木 350 株、灌木 1800 丛、绿篱 1000 米，铺植草坪 2400 平方米、花坛 1000 平方米，公园绿化覆盖率 72.5%。投资 422 万元。

1995 年 5 月 28 日，地处雨花区桂花路北侧、军培巷东侧的桂花公园经过 8 年建设建成开园，投资 980 万元，占地 1.73 万平方米，是一个以观赏桂花为主要功能的小型公园。

2000 年 4 月，对湖南烈士公园原民俗村进行扩建，建设面积 119665 平方米，开挖土石方 5000 立方米，填埋土石方 6 万立方米，新建土家寨、苗寨、白寨、侗寨等特色民俗景点及 630 千伏安变电站一座，总投资 402.60 万元。扩建工程除完善 7 个民俗村寨 60 多栋建筑外，还增建标志性景观——风雨桥、文化柱、潇湘文化广场、潇湘阁和民族剧院等，使民俗展示和民俗文化表演与自然环境融为一体。同年，地处长沙国家高新区麓谷的长沙麓谷公园建设“二场一园”，建成总面积 14.65 万平方米的集会广场、休闲广场、中心花园及道路绿地等，投资近 7000 万元。

2003年10月，紫凤公园被市政府定位为专类体育休闲园，投资50多万元建成具有全塑胶彩色弹性地面及专业灯光的三人制篮球场，场馆面积2000平方米，随后又建市民健身乐园、生态休闲音乐茶庄、棋牌室、露天休闲音乐茶庄等全民体育健身休闲项目。是年，浏阳市各市直单位共捐资200余万元，在地处浏阳河北岸的西湖山公园山顶新建一高塔，取名“巨湖塔”，塔高72米，八角重檐，阁楼九层，登顶可鸟瞰浏阳全城。为浏阳城市建设的标志性建筑。

2004年9月，对湖南烈士公园实施提质改造，包括年嘉湖环湖绿化提质改造，烈士塔周边至南大门、烈士塔至西大门区域提质改造，公园主道路提质改造及海棠坞绿化水体提质改造等。其中环湖绿化改造工程量约1.53万平方米，烈士塔周边至南门、西门区域提质改造工程量约9672.1平方米，公园主道路提质改造2.71万平方米，海棠坞绿化水体改造1.64万平方米，总投资5000万元，改造完成后，公园游园环境更加优美、舒适、便利。

2006年5月，地处开福区青竹湖外商城辖区内的长沙青竹湖休闲公园一期正式启动，建设面积40余万平方米，包括入口广场配套服务设施的建设及周边生态山林建设和绿化植被的栽种。9月，紫凤公园投资45万元建成乒乓球馆并正式对外开放，为附近居民提供休闲运动场所。12月28日，地处长沙市开福区万家丽北路与三一大道交会处西北角月湖公园建成开放。共建设芙蓉新晖、月光岛、秋月湖、荷塘月色、满月堤、潇湘渔火、洪山余韵、月舞潇湘、长堤春柳9大景观。成为长沙城北一块“绿肺”，每天吸引大量附近居民休闲锻炼。2007年2月，长沙青竹湖休闲公园二期建设启动，主要包括景区道路、特色建筑物、平台建设以及园内设施的完善和周边植被养护。9月，湖南烈士公园实施年嘉湖底的淤泥清理，并对驳岸护坡进行修复整治，清淤及提质区域为环年嘉湖，面积46.57万平方米，投资1495.07万元，改造后的年嘉湖水质达到景观用水要求，驳岸护坡得到功能和景观改善。

2008年开始，长沙市对城市公园陆续进行整体提质改造，突出公园特色，使更多的公园成为提高城市品质，改善城市环境，方便市民生活的有效载体。当年湖南烈士公园实施跃进湖环境综合整治和还湖工程，总投资约600万元。工程增设简易仿木栈道，合理优化游览路线，北侧溢水堰堰顶新增4300平方米绿化，沿岸大量种植水杉、香樟、金合欢、木芙蓉、夹竹桃等乡土乔木及菖蒲、鸢尾、水葱、芦苇等水生植物。与此同时对公园的东大门区域进行改造，增设入口铺装广场、生态停车场及公交候车场，扩大大门内部集散广场并延伸至湖边。3月7日，长沙市青竹湖休闲公园（太阳山森林公园）正式对社会开放，建设入口广场配套服务设施、周边生态山林绿化植被等。9月18日，长沙园林生态园（前身为长沙市苗圃，2004年通过土地置换方式，用三年时间搬迁至捞刀河镇罗汉庄村）建成开园。规划占地面积200公顷，项目总投资3.9亿元。第一期建成面积67.6公顷，由原来的生产性苗圃转向建设成集科研、培训、观赏、旅游、休闲于一体的综合性生态公园。2009年，桂花公园实施基础设施和游乐设备的提质改造。在园内新建面积约700平方米的中心广场和600平方米的休闲广场，全园进行5次大面积的复绿，复绿草皮约4000平方米，同时对公园水体进行大面积的治理修复，添置麻石桌椅、垃圾桶、挂衣架、提示牌等基础便民措施。2月，地处长沙湘江新区西二环至三环之间梅溪湖公园的园林项目动工，建设内容主要包括园林绿化、景观建筑、景观小品、景观桥、岸线处理、运动健身设施、驳船码头、沿湖硬质铺装等，总建设面积达43.5万平方米，其中建筑面积3606平方米，外围道路面积5200平方米，铺装游路面积17.76万平方米，项目总投资4.78亿元。6月，湖南烈士公园纪念区主体建筑“湖南烈士纪念塔”进行全面修缮改造，工程包括烈士塔外立面清洗维修、屋面检修、字体铂金、门窗翻新更换、塔内装饰装修、室内地面更换、栏杆维修、广场修补等内容。其中墙面石材清洗维修约3700平方米，屋面检修约700平方米，门窗检修翻新约870平方米，栏杆翻新清洗约960平方米，投资114.62万元。12月，湖南烈士公园申报国家重点公园成功，获得“国家重点公园”称号。2010年3月，望月公园对部分濒危树木采取抢救性维护措施，并补栽各种小型乔木7169株，补植草坪200平方米，并对部分绿化带中游客踩踏出来的黄土裸露路径进行草坪砖铺设小型游道，共铺设游道8条，面积100余平方米。12月，浏阳市西湖山公园休闲广场正式开工建设，广场面积3.4万平方米，项目延伸西湖山路至西湖公园，新建西湖山公园入口，并配置停车场，投资额1000万元。2011年5月，桂花公园建成老年活动中心，投资约80万元，建设面积近400平方米，活动中心内建有棋牌室和茶水室，成为颇受附近老年人喜欢的休闲锻炼场所。6月，地处长沙岳麓区洋湖大道以北、潇湘大道以东的洋湖湿地公园建设绿色低碳建筑示范区、水上小舞台、揽秀亭、水上长廊、游乐场、水车园等主要景点，建设面积约53万平方米，其中水域建设面积约5.8万平方米，主游道渗水混凝土道路宽5米，长1.1千米，投资1亿元。12月，地处长沙市天心区湘江之滨猴子石大桥旁的南郊公园东门广场开始建设，由长沙市城市建设投资开发集团投资5.17亿元征地扩建，主要建设内容包括景观广场、地面商业综合写字楼、地下商场、地下车库、广场配套管理用房以及景观绿化和其他配套设施设备等，规划总建筑面积5.60万平方米。其中商业综合写字楼建筑面积1.28万平方米，广场配套管理用房建筑面积1094.20平方米，半地下商业区建筑面积2.11万平方米，地下车库建筑面积2.09万平方米。园林景观总面积约2.98万平方米，其中硬质铺装面积1.48万平方米，植草砖铺装面积652平方米，水景面积146平方米，绿化面积1.44万平方米，屋顶绿化1191平方米。

2012年2月，梅溪湖公园湖泊景观亮化工程竣工，投资约6000万元，建设内容包括主要庭院灯、草皮灯、地灯以及相应的配电系统等，工程总面积43.5万平方米。6月，浏阳西湖山公园投资600万元，完成修建上山公路3千米，修游道4条4800米，其中水泥游道2800米，建门楼1座、亭阁7个、健身场地6处、管理处1栋550平方米、宝塔1座9层72米高。8月，长沙洋湖湿地公园完成二期工程的建设，主要建设内容包括科普馆、白鹭塔、农耕文化园、科普小径、游乐园、游船码头、风雨桥、雕塑园、钓鱼基地、林荫大道等，工程总建设面积96.7万平方米，其中水域面积约10万平方米，主游道渗水混凝土道路宽5米，长2.3千米，总投资2亿元。9月，对湖南烈士公园东大门区域进行提质改造，改造工程拆除原钢结构大门3米，新建大门19平方米，改建大门两旁工具房和茶艺等商业用房约79.5平方米，改造大门内外广场约4295平方米，优化提质绿地约5709平方米，改建停车场约4584平方米，整修原有道路约211平方米，新建游步道约73平方米，新建观景平台一座，总投资398万元，改造后该区域生态效益和景观效益得到提升，与跃进湖及周边环境协调，更易于管理和方便出入。10月，梅溪湖桃花岭山体公园开工建设，主要建设内容包括：山体生态绿化修复、园区道路建设、园林景观建设，并新建游客中心、管理用房、生态茶室、公共厕所等配套服务设施，总建设面积41万平方米，投资2.9亿元。12月，王陵公园（2003年2月由望月公园更名而来）南大门及铜盆湖景观恢复工程正式竣工，完成新南大门的复建并对入口内外广场进行铺装及亮化，同时完成铜盆湖清淤工程及景观绿化提质改造，并增加园林小品、游道等部分配套设施，总建设面积4520平方米，投资385万元。至2012年年底，长沙市共有大型综合性公园13个，公园面积607.41万平方米，其中新建公园10个，面积426.27万平方米。

表 11-4-4-1　　2012 年长沙市综合性公园一览表

公园名称	位置	面积（平方米）	建成时间
烈士公园	长沙市开福区，西到东风路，东临浏阳河，南至营盘路，北抵丝茅冲	1413500	1953 年 5 月
晓园公园	长沙市五一路长岛路口，东临长沙火车站，南邻五一东路	37700	1986年11月10 日
长沙市南郊公园	长沙市天心区湘江之滨猴子石大桥旁	360180	1986年
望月公园	岳麓区咸嘉湖路北侧、潇湘北路西侧	160000	1993年11月
紫凤公园	开福区湘江北大桥（银盆岭大桥）东侧邻湘江	40126.7	1993年12月
桂花公园	雨花区桂花路北侧、军培巷东侧	20010	1995年5月
西湖山公园	浏阳市浏阳河北岸	500600	1997年
长沙麓谷公园	长沙国家高新区麓谷	146500	2000年
月湖公园	长沙市开福区万家丽北路与三一大道交会处西北角	669000	2006年12月28日
长沙青竹湖休闲公园	开福区青竹湖外商城辖区内	1093300	2008年3月7日
长沙园林生态园	开福区捞刀河镇罗汉庄村	676000	2008年9月18 日
洋湖湿地公园	长沙市岳麓区洋湖大道以北，潇湘大道以东	522200	2011年6月22日
梅溪湖公园	长沙湘江新区西二环至三环之间	435000	2012年

二、专类公园建设

1988 年，地处长沙市天心区城南路与天心路交会之处的古城墙上的天心公园进行茅亭山坡绿化改造，改造 6000 平方米雪松、玉兰坪，修园路 370 平方米，开辟 4560 平方米木兰园和杜鹃园，征收天心小学红线内 13000 平方米，共投资 73 万元。1989 年，在天心阁公园开辟 4500 平方米儿童活动场，建设 4000 平方米盆景园和 200 平方米展览温室，共投资 105 万元。1993 年 11 月，投资 37.47 万元，在天心阁公园东面城墙下建成太平军魂群雕，雕塑高 6 米，重 100 吨，占地 54 平方米，选用优质将军花岗岩制作，再现昔年太平天国叛军攻打长沙城的战斗情景。

白沙古井位于湖南省长沙城南的回龙山下西侧，自古以来为江南名泉之一。2000 年，长沙市政府应市人大代表提出“保护白沙古井、建设古井公园”的议案要求，决定修建白沙古井公园，并且效仿古制，召民间捐建，消息一出，应者云集。2000 年 9 月，白沙古井公园动工兴建。2001 年 12 月白沙古井公园建成开园。整个公园分为名胜古迹区、沙水品茗区、健身休闲区三大部分，新建白沙茶楼建筑面积 478 平方米，碑廊 59 平方米，白沙亭 16 平方米，雕塑 1 座，道路铺装工程 2650 平方米，园林绿化 6800 平方米，植乔木 260 余株，灌木 4 万余株（丛）。同时完成麻石挡土墙修筑，水电工程安装及小品设施增设，公园总面积 9800 平方米，共投资约 700 万元。

2004 年 4 月，长沙动物园迁建，在长沙暮云镇西湖村重新建设一座面积 100 公顷的长沙生态动物园。11 月，天心公园在北拱楼内采用高科技手段，投资近百万元，建成“文夕大火”幻影成像展示馆，展示改革开放以后长沙城市发展的新面貌和新成果。2005 年，天心公园投入资金 47.96 万元，按原址原貌恢复修建崇烈门牌楼，牌楼采用全麻石打造，东西宽 8.5 米，高 5.9 米，当年公园被评定为国家 AAAA 级旅游景区。2006 年 4 月，长沙生态动物园新建工程完成大门建设，在大门中心建造“群象”造型，两侧建造仿石体块。象体高度为6米，大门总高度9米，大象组群体宽度为16米。两侧石屋高度为4~6米，长20米，总的大门宽度为80米，大门内添加建、构筑物的泛光灯、地埋灯、水下射灯、庭院灯等照明系统。随后建成的还有生态动物园售票服务中心用房及游客服务中心建筑，并完成场外广场铺装及门前喷泉土建安装等，建设面积4150平方米，总投资717.3万元。

2007年9月，天心公园完成园区青砖地面复古工程，建设面积约1万平方米，投资120万元。同时完成阁楼亮化工程，布置近300个灯具，投资约30万元，为游客夜间游园创造了条件。2010年1月，天心阁公园在主阁一楼恢复文昌帝君和魁星神像陈列室，并附《历代湖南状元名录》《历代长沙进士名录》等。9月，长沙生态动物园一期工程竣工并开园，建设入口广场、大门及游客服务中心、行政办公楼、游客接待中心、步行区道路、中心广场、绿化车行区道路、绿化提质、综合表演场、厕所、垃圾站、停车坪等内容，总建设面积69.07万平方米，总投资6.39亿元。2012年4月，天心阁公园，投入资金25.30万元，于杜鹃山西侧复建崇烈塔，塔身全部采用花岗岩材料，塔直径1.2米，塔身为六角形石柱。同年，天心阁古城墙被列为全国重点文物保护单位，并申报联合国物质文化遗产。2012年，地处天心区暮云镇西湖村芙蓉南路气象局对面的长沙生态动物园新建海豚表演馆驯养太平洋瓶鼻海豚和加州海狮，建筑面积1000平方米，包括新修一座场馆建筑并装饰，新建5个海水池及一间地下机房，添置海水循环及消毒系统设备，新增看台坐凳等，耗资1123万元。

三、带状公园建设

湘江是长沙的母亲河，但利用其优美自然风光作城市景点打造始于1995年，当年长沙湘江风光带开始动工建设。该工程沿湘江南起长沙湘江黑石铺大桥，北至月亮岛北端，长约26千米。

2000年，长沙市政府将湘江风光带及防洪工程和配套的道路建设工程列入当年的城建重点工程项目。并要求将风光带建设工程与城市防洪排渍，沿江景观、道路建设作为一个整体组织实施。特别要求要在风光带建设工程中，充分注入“古城长沙”深厚的文化底蕴和“以人为本”的人文精神，创造有历史文化、有现代品位、有优美自然生态的人居环境的沿江城市景观，确保城市可持续发展。2000年12月，长沙市委、市政府委托长沙市建委组织实施潇湘中路风光带建设工程。风光带的规划设计建设，着力于人文关怀，54米宽的沿江道路与城区各条道路相通，2座湘江隧道及多座观景平台与风光带相连。风光带建设主要以休闲长廊和雕塑为主景，配以形式各异的小广场、景观小品、灯光亮化等配套设施，组合种植多品种乔木和灌木，集防洪、观光、旅游、休闲、健身等功能于一体，体现了江水两岸相互映衬的独特景色。与此同时长沙湘江风光带建设工程对沿江60多万平方米建（构）筑予以拆除，对污染湘江的城市污水进行截流处理。修复54米宽的沿江道路、3座地下人行横道及一座观景平台；新建主题广场、景点、历史文化工程128处；栽植百余种苗木，绿化总面积达30万平方米；完善亮化、小品、直饮水、背景音响、厕所、电视监控等配套设施。其中，位于风光带北段的1160米长亲水平台改造工程，获水利部授予的“水利风景区奖”；展览馆路至轮渡码头段的680米长风光带建设工程，被省建设厅授予“园林绿化省优工程奖”。

2000—2005年，长沙市政府将湘江风光带及防洪工程和配套的道路建设工程列入城建重点工程项目。在决策之初明确要求：要将风光带建设工程与城市防洪排渍，沿江景观、道路建设作为一个整体组织实施。特别要求要在风光带建设工程中，充分注入“古城长沙”深厚的文化底蕴和“以人为本”的人文精神，创造有历史文化、有现代品位、有优美自然生态的人居环境的沿江城市景观，确保城市可持续发展。2005年，长沙湘江风光带建设竣工。建造休闲长廊和雕塑等主景，并配以形式各异的小广场、景观小品、灯光亮化等配套设施，组合种植多品种乔木和灌木，体现江水两岸相互映衬的独特景色。共投入建设资金近 20 亿元，其中自筹 3.98 亿元。同年，“湖南省长沙市湘江两岸环境综合整治工程”被建设部授予“中国人居环境范例奖”。

2006 年 12 月省府景观轴公园开工建设。该公园位于省政府机关大院以南，北起杉木冲路，南至新姚路，全长 1200 米，宽 80 米，建设面积为 13 万平方米。

2007 年 7 月，浏阳河西岸风光带被列为长沙市重点工程之一，项目总建设费用约为 2.4 亿元，由芙蓉区人民政府财政全额投资。西岸风光带一期建设工程北起朝晖路口，南至花桥路口，全长 3.4 千米，建设项目包括“一码头”即龙舟码头，“两广场”即比翼广场、解放广场，以及七处休闲小憩的景观亲水平台。建设工程历时一年竣工。

2008 年 9 月，湘江风光带完成风帆广场的整修，新建后的广场空间膜最大半径为 32 米，高 40 多米，总面积 3200 平方米，使用蓝色护栏型灯管 700 米。年底，省府景观轴公园建设基本完工。公园建设项目包含观光长廊、景观柱、“长沙十七最”地面浮雕群、“星城四宝”雕刻、滨水台阶广场、大跌水、溪流水景等景点，共计 50 余处。公园绿化工程栽植花石榴、夹竹桃、桃树、南天竹、茶花、三色堇、木春菊、红甜菜、木槿、鸢尾、月季、睡莲、花叶美人蕉、黄花菖蒲等植物，成为生态环境优美、极具湖湘文化特色的生态中心。总投资 13596 万元。

2009 年 8 月，省府景观轴公园全面竣工，整个公园设计依据时间（楚—湖湘—盛）和特色（芙蓉—材—惟）两条线索，它们共同构成“楚”“湖湘”“盛”“芙蓉”“材”“惟”6 大文化特色景点，景观轴上的各类雕塑和绿化小品设置，都按 6 大文化主题设计，景观轴南北两端建较大的形态广场。

2010 年 10 月，浏阳河西岸风光带二期开工建设，建设工程北起车站北路，南至花园路口，全长为 4.8 千米，建设项目包括“一屋二广场二码头七园”，即“一屋”为龙舟屋，“二广场”为马王堆广场、浏阳河广场，“二码头”为两处龙舟码头，“七园”分别为民俗园、童趣园、秋色园、冥想园、活力园、健身园、河湾园。

2012 年上半年，浏阳河西岸风光带二期工程竣工。共栽植樟树、银杏、桂花、杨梅树等各类乔木、灌木近百种，乔木共计 1.8 万余株，灌木 25 万余平方米，成为市民群众休闲娱乐的“四季花廊”、展示芙蓉形象的精美名片。至 2012 年年底，长沙三个带状公园湘江风光带建成区总面积 38 万平方米，浏阳河西岸风光带总面积 80 万平方米，省府景观轴公园总面积 10 万平方米。

四、社区公园建设

2000 年 2 月，浏阳市于金沙北路建浏阳信息园，建设住宅区、游乐运动区、绿化景观区三大功能区，总面积 3.7 万平方米，绿化栽种 50 余种名贵花草树木，长沙社区公园建设就此起步。

2002 年 10 月，宁乡县于老宁横路西侧宁乡电力局新址和白马桥变电站之间新建电力公园，建设面积 2.32 万平方米，绿地面积 1.75 万平方米，公园建设总投资 302 万元。建设内容包括入口广场、水体、仿古亭等景观以及公园标牌、健身步道、健身器材、休闲桌椅等硬件设施，同时种植香樟、桂花等乔木，紫薇、樱花、茶花、杜鹃、红檵木、金叶女贞等灌木。2003 年，浏阳市于圭斋中路与梅花街交会处建圭斋园，建设面积 2614 平方米，建设项目包括门球场一个、健身区、休闲区、欧阳圭斋（欧阳玄）雕像一座及数百米鹅卵石铺装地面。公园绿化建设面积 1381 平方米，绿化率 52.8%，总投资 510 万元。2004 年 11 月，宁乡县于三环北路南侧宁乡一中旁新建文化公园，建设面积 3.17 万平方米，绿地面积 2.59 万平方米，公园建设总投资 820 万元，建设内容包括入口广场、树池、亭廊花架、景墙、浮雕墙等景观以及公园标牌、林荫小道、健身器材、休闲桌椅等硬件设施，同时种植香樟、栾树、法桐、朴树等大乔木和杜鹃、红檵木、鸢尾、吉祥草等灌木和地被植物。

2009年5月8日，芙蓉区东屯渡文化公园正式开工，历时两个月竣工并于当年国庆节前向市民开放。公园总建设面积4900平方米，建设内容有亭、廊、座椅、健身器材、雾喷、枯山水、配套管理用房等，公园规划设计荣获长沙市第二届风景园林优秀规划设计评选活动最佳创意奖。

2010年11月10日，芙蓉区九道湾社区公园开工，历时半年竣工开放。公园建设面积20000平方米，绿化工程以花卉种植为主，种植本土花卉20多个品种。公园四周新建76个生态停车场，解决市民出行停车难的问题。

2011年，“长沙市社区公园建设工程”获得中华人民共和国住房和城乡建设部授予的“中国人居环境范例奖”。

2011年4月，天心区启动一批社区公园建设，在辖区内新建金桂、黑梨路、槐树塘、九峰、黑石铺、大椿桥6个社区公园，绿化面积共计4.2万平方米，总投资约1375万元。同月，东屯渡社区公园建设230米长，12米宽的沥青路面及亮化、绿化、下水配套工程。同年6月，宁乡县经济技术开发区于金洲大桥西端北侧创业大楼后新建元宝山公园，建设面积3.94万平方米，绿地面积2.69万平方米，公园建设总投资950万元，建设内容包括入口广场、雕塑、景观亭、景墙等景观以及公园标识标牌、登山步道、健身器材、休闲桌椅等硬件设施，种植香樟、紫薇、杜鹃、红檵木、马尼拉草等40余种绿化植物。

2012年6月，芙蓉区于芙蓉南路西侧新建九峰苑社区公园，建设面积8397.4平方米，建设内容包括入口广场、树池、水泥压花、景墙、组合树池等景观以及公园标牌、林荫小道、健身器材、休闲桌椅等硬件设施，同时种植法国冬青、杜鹃、红檵木、茶梅等数十种绿化植物，绿地面积6640.9平方米，公园建设总投资330万元。9月，开福区建成社区公园17个，绿地面积为17.37万平方米。公园内普遍添置健身器材、阳光草坪、舞蹈广场，部分修建篮球场、羽毛球场等公共设施，耗资约5000万元。同月，雨花区新建、改建完成17个社区公园，总建设面积11.23万平方米，投资额4364.64万元，建设资金市、区各半。10月，岳麓区新建岳华嘉园社区公园，建设面积8000平方米，栽种近500棵桂花树，总投资约310万元。12月，芙蓉区共建成16处社区公园，总建设面积12.49万平方米，耗资约4200万元。至2012年年底，全市共建成83处社区公园，总面积58万平方米。

五、公园选介

（一）长沙洋湖垸湿地公园。长沙洋湖垸湿地公园（洋湖湿地公园）位于长沙西南部，北依岳麓山、东临湘江，地处潇湘大道西侧、长沙市二环线和三环线之间，是一个以“农耕型文明”为主题的城市湿地公园。

图 11-4-4-1 长沙洋湖湿地公园 （摄于2011年）

2009年，洋湖湿地公园开始建设，在疏通连接靳江河、雅河及湘江水系和生态环境修复过程中，收集到大量将洋湖泄洪区打造成中南地区最大城市湿地公园的建议。2010年年初，长沙市制定《长沙洋湖垸湿地公园总体规划》，利用大河西先导区洋湖片区优越的自然条件，建设成一个大型湿地公园，公园总占地面积约5.2平方千米，整个公园依据地势进行规划，在尊重原有的农田“田”字形地形地貌下将湿地生态修复和湖湘文化相融合，打造成为一个“生态洋湖、文化洋湖、休闲洋湖、教育洋湖”的城市湿地公园;湿地公园将西北侧的大王山作为天然的生态绿色屏障，与湿地公园构成有机的生态体系；公园总共分为五大功能区域，分别为湿地休闲区（53公顷）、湿地生态保育区（213公顷）、湿地生物多样性展示区（97公顷）、河流湿地区和湿地科教区（37公顷）。公园内的水体有效链接各个功能区域，是集生态、文化、休闲、教育等多功能于一体的具浓厚湖湘文化的农耕型城市湿地公园。为国家AAAA级旅游景区。

公园建设项目分三期实施，2010年7月29日第一期湿地休闲区开工建设，总投资1.7亿元。2011年6月22日，第一期工程完成正式开园，免费向市民开放。湿地休闲区由四园组成：沁心花园、水景花园、生态展园和自然展园。沁心花园临近湘江，相对独立，以游客服务中心作为其重点功能；水景花园、生态展园和自然展园三园则融为一体，拥有步行游览线、电瓶车道、水上游览线三条游线，并由“一台一榭二亭二廊十三桥”将三园的水景与陆景错落有致地分布开来。“一台”：是指水上小舞台。水上小舞台建立在水中，供游人在舞台上开展活动，同时舞台上设有亲水平台，游人可以直接玩水嬉戏，也可以零距离观赏亲水平台边长满的芦苇、菖蒲、水葱等。“一榭”：是指醉花榭。醉花榭周边遍环小水系，主要种植多种开花的水生植物，包括鸢尾、荷花、旱伞草、水生美人蕉、千屈菜等，到了春天各种植物竞相在水中开花，遂取名“醉花榭”。“二亭”：是指揽秀亭和秋雪亭。揽秀亭是湿地公园一期景观最高处，站在揽秀亭上，可以将整个湿地休闲区一览无余。“二廊”：是指水上长廊和自然展廊。水上长廊以回廊的形式漂浮在浅水中，游人既可以在水上长廊亲水嬉水，也可以与水中的植物、动物来一次亲密接触。自然长廊则强调展示具有乡土特色、农耕特色的果木、花木、水生植物等，里面有乌桕、柿、桃、李、石榴、柑橘类、枇杷等果木，还有水芹菜、茭白、荸荠等水生植物。“十三桥”：十三座木式结构的小桥拉通休闲区内水系与陆线，连接水景花园、生态展园、自然展园的水景与陆景。与普通公园相比，丰富多样的植物种类是洋湖湿地公园的特色之一。在一期休闲区的植物种类达到300多种，使公园的负氧离子含量比中心城区高出6倍之多。

公园在植物选择与营造时注重色彩与搭配，从而达到“虽为人造、宛巧天开”的湿地植物景观效果。一年好景，四时不同。在洋湖湿地公园，一年四季可以欣赏到不同的美景。春天有樱花，杜鹃，桃花等；夏天有荷花、睡莲、紫薇、千屈菜等；秋天有芦苇、芦竹和桂花；冬天则有红梅绿梅相映成趣。洋湖垸湿地公园陆生植物种类多，空间层次分明，季相变化大，与周边自然环境相融合，形成一种舒适宜人、错落有致的陆生植物景观。岸际植物也丰富多彩，起着衔接与过渡的作用。岸边的乔灌木枝条垂向或平伸向水面，或是植株挺拔高耸，成为水景的组成部分，与平静的水而形成强烈的对比，意趣丛生。公园开园后获得各方好评，并于2012年分别获得“湖南省优质工程奖”及湖南省建设工程最高奖“芙蓉奖”，成为湖南省“两型”（资源节约型、环境友好型）理念宣传窗和“两型”技术科普园。

洋湖湿地公园二期位于湿地公园中心地带，定位为湿地生物多样性展示区，规划面积97公顷，其中水面37公顷，工程总投资约3.5亿元。规划结构为“一廊、一心、两区”，即湿地生态走廊、生物多样性展示核心、生态密林服务区和自然强化净水区。该区域有湿地植物1500余种15万株，鸟类150余种以及大量的亚热带动物和昆虫，湿地生态系统完整，是“科教洋湖、生态洋湖、文化洋湖”全面展示的区域。主要景点将包括湿地博物馆、景观塔、游乐中心、农耕湿地体验中心、观鸟屋、湖南名人雕塑园、湿地植物展示区等，至2012年年底已基本建成，进入验收程序。

(二) 长沙生态动物园。长沙生态动物园位于长沙、株洲、湘潭三市融城的中心地带，毗邻芙蓉南路和长沙市绕城高速，距长沙市中心约15千米，距株洲市中心约26千米，距湘潭市中心约20千米，是中南五省最大的城市生态型野生动物园。为国家AAAA级旅游景区、国家科普教育基地、长沙市五星级公园、长沙市十佳旅游景区（点）。

2003年长沙市委第21次常委会议研究决定，将长沙动物园迁建长沙暮云镇西湖村，重新建设一座面积100公顷的长沙生态动物园。2010年10月1日长沙生态动物园正式对外开放。公园由日本著名设计师樱木保“操刀设计”，详规由北京中建负责设计，充分考虑动物生存习性和游客观赏习惯，依山就势，保护原生山体、水系，充分彰显生态自然特色。同时在建设过程中大量采用环保材料，按照美观得体、坚固耐用和节能环保的建造原则，将其建设成以尊重与关爱动物为根本，普及环境保护知识和促进动物保护研究、繁殖为目的的“人在林中走，动物树上玩”的和谐相处的新型生态动物园。园区内，流水淙淙，绿树成荫，鸟语花香，山清水秀，宛如一座幽静的大森林。特别是错落有致的分布于园区内的动物笼舍都进行外墙景观化处理，大面积栽植动物原生环境喜爱的植被，巧妙地设计动物嬉戏玩耍的“游乐项目”，还原动物生存的最初的自然环境，积极为动物营造舒适的“家园”，开辟动物、植物和谐共处，动静结合的十二生肖、百鸟鸣翠、猴岛迎宾、狮虎长廊、熊猫家苑、猩猩王国、银蛇飞象、丛林探险八大景点。

长沙生态动物园全园共设有37个场馆（区），饲养动物300多种，4000余只（羽）。动物驯养实行放养与圈养相结合的方式，游览分为步行展示区和车行展示区。游客可乘坐电瓶车或直接步行进入步行区，步行展示区分为虎区、豹区、狮区、灵长类区、杂食动物区、食草动物区、爬行类动物区等27个场馆；游客乘坐园区游览巴士可进入车行区（猛兽区）丛林参观，穿梭于孟加拉虎园、白虎园、狮园、豹园、东北虎园、狼区、熊区、亚洲食草动物区、高山食草动物区、非洲食草动物区，近距离与动物亲密互动，是全国动物园内展示效果、展示方式十分独特的一家生态型城市动物园。公园定期举办以动物为主题的游园活动，开展以保护动物为目的公众教育活动，备受市民和中小学生的喜爱，年均接待中外游客百万人次。

(三) 长沙湘江风光带。1995年至2005年，长沙市委、市政府历时10年，耗资20亿元，对湘江东岸老城区7千米长的防洪大堤进行彻底的新建和整治，新建的混凝土防洪墙按抵御二百年一遇的洪水和7级地震的标准组织实施。同时，分期同步在沿江100米左右宽范围内修建38万平方米的高品位、开放式展示沿江城市景观的生态环境建设项目——长沙湘江风光带。

长沙湘江风光带北起浏阳河口，南至猴子石大桥，由防洪堤工程、城市排渍工程、风光带主体工程及道路工程组成，共完成建设投资近20亿元。风光带园林风景主体工程主要由绿化、广场及小品工程组成，分为两个区域，其中湘江一桥以南部分，重点体现长沙历史文化主题的城市沿江景观工程，具体由北向南依次设置有潇湘八景、风雨楼、杜甫江阁、碧湘门广场、电灯公司遗址、仿古园林小景、朱张渡、四羊方尊广场、龙门架广场、雕塑公园10个主要沿江景点。湘江一桥以北，重点营造市民休闲主题的城市沿江景观工程，具体由南向北依次设置有下沉式广场、健身广场、成功堤雕塑广场、潮宗门广场、星城广场、观赏走廊广场、林荫天地广场、文化娱乐广场、音乐喷泉广场、残疾人休闲广场、市民休闲广场、潇湘文化广场12个广场。

气势雄伟的杜甫江阁位于河东城区西湖桥，地处湘江路中段和西湖路交界处，临湘江，属于园林仿古建筑，凸显深厚的长沙历史文化，成为湘江风光带重要景观节点。与橘子洲、岳麓山隔江相望，距天心阁不足一千米。

风帆广场于2008年经过整修后焕然一新。该广场内最大半径为32米、高40多米、3200平方米的空间膜，似风帆，也似展翅的海鸥，仅蓝色护栏型灯管就采用了700米，它们被安置在支撑空间膜结构的6条拉索上，主钢架时而跳变的灯光加上两侧帆翼铺设的灯管，交错闪烁，展现出梦幻般的美丽。

整个风光带建设工程分别设置电视监控管理系统、公共直饮水系统、背景音响系统、自动喷灌系统、风光带亮化系统以及相应的配套设施。在风光带的东侧，设置11米宽的红色沥青观光专用车道，方便前来休闲的市民车辆的停放。整个湘江风光带，奇石、曲径、亭台、楼榭、雕塑、喷泉，一步一景，诗情画意，美不胜收。

第五节 普遍绿化

一、单位驻地绿化

1988年望城县在各机关小院广种梧桐、香樟和乔木，当年创“花园式”单位10个。1989—1995年，开福区绿委会督导驻区单位开展创建“花园式”“园林式”单位活动，全面推广玉兰、樟树、桂花、雪松等四季常青的绿化树种，帮助驻区单位种植绿篱、草皮，建设小游园、花坛，驻区单位新增绿地为11.43公顷。

1999年，浏阳电力局获长沙市“花园式单位”称号，绿化建设投资280多万元，绿化面积达到总面积的40%，绿化覆盖率74%，植草6.33万平方米，绿篱3460平方米，有树木3462棵。基本做到无裸露地面，乔、灌、花、草配置科学合理，做到常年维护培植。

2000年，地处雨花区的湖南长沙同升湖实验学校7.80万平方米的单位附属绿化建成。同年，地处雨花区的长沙市中心医院5.10万平方米的附属绿化建成。2001年地属芙蓉区的市人民政府机关第三幼儿园被评为省级“园林式单位”，占地面积7017.59平方米。

2002年，芙蓉区省委接待办蓉园宾馆被评为省级“园林式单位”，占地11666.72平方米，绿地面积9333.38平方米，绿地率60%，绿地覆盖率80%，绿化总投入1000万元。同年，浏阳电力局获省级“园林式单位”称号。与此同时开福区提出创建100个花园式单位计划，驻区150多家单位参加省级“园林式”、市级“花园式”单位创建活动。2004年浏阳市国税局被评为市级“园林式单位”。总占地面积53240平方米，总绿化面积25146平方米，绿地率47.23%，绿化覆盖率49.23%。绿化配置齐全，松、竹、梅、桂等乔木灌木。园林设施有设计精美的亭台阁榭、喷泉、假山，以及篮球场、健身场，长达600余米的绕山健身游道。同年，雨花区政府建成面积11.88万平方米的单位附属地绿化。2005年，地处雨花区的长沙殡葬管理处绿化面积8万平方米单位附属绿化建成。

2006年，浏阳行政中心西侧的市民广场建成，绿化面积9.3公顷，结合原有的蚌塘水库等自然水体，采用自由的布置形式，保留北部部分山体作为广场的背景，同时结合自由的岸线设置叠泉，泉水叠落至“亲民湖”，形成潺潺之水、长流不息的自然之趣，并与西南角的山嶂结合游路设置休闲设施，“亲民湖”作为市民广场与自然山体的过渡，同时也利用水的柔美，增加广场灵秀的韵味。同年，位于星沙的湖南陆军预备役高炮团评为省级“园林式单位”，占地面积5.86万平方米，绿化面积3.50万平方米，绿地率59.7%，绿化覆盖面积36.51万平方米，绿化覆盖率62.3%

2007年，岳麓区政府机关大院评为省级园林式单位，占地面积9.76万平方米，绿化面积7.38万平方米，绿地率75.6%，绿化覆盖面积7.67万平方米，绿化覆盖率78.6%。2008年，湖南省东湖干休所评为省级园林式单位，占地面积11.88万平方米，绿化面积8.90万平方米，绿地率74.9%，绿化覆盖面积10.19万平方米，绿化覆盖率85.7%。2010年位于芙蓉区的省高级人民法院被评为省级“园林式单位”，占地5万平方米，绿化面积约1.8万平方米。同年，位于雨花区的长沙市烟草公司建成绿化面积5.67万平方米的单位附属地绿化。2011年，位于雨花区的长沙第二福利院和中烟公司（嘉华城）分别建成绿化面积达5万平方米和5.70万平方米的附属绿化建成。

至2012年年底，开福区和芙蓉区在组织创建省级园林式单位和市级花园式单位的同时，开福区还组织70个单位参加争创全国绿化“400佳”活动，芙蓉区还有49个单位被评为区级“花园式”单位。芙蓉区共有1000余单位开展栽种树木、修建花坛、铺设草皮等驻地绿化行动。

二、住宅小区绿化

1988年，长沙市房地产市场还没兴起，市民满足于有房住，还不太注重居住环境，住宅绿化不成规模，绿化品种和质量都没有太多讲究。以点缀型绿化为主，即在楼栋之间栽种一些矮灌木，在小区主要道路和出口栽种常青树种，整体绿化率不高。

1992年，房地产市场开始兴起，长沙市东区开展高标准绿化示范小区建设，涌现出如王府花园、梦泽园、水云间等一批以良好的园区绿化和生态环境为优势的楼盘居住小区。小区绿化型园林景观开始出现，以大面积绿地为主，间或配置少量假石，花坛、回廊和一个简易的儿童游乐场，其绿化质量起到标杆引领作用。绿化率30%左右，但大多数绿化设计千篇一律，缺乏主题和个性。

2006年，位于雨花区中隆中际住宅小区开发建成，绿地面积5.2公顷，绿地率52%，绿覆盖率55%。2007年，位于月湖公园旁的藏珑国际住宅小区建成，绿地面积1.92公顷，绿地率48%，绿化覆盖率52%，2009年，位于猴子石大桥西的阳光100国际新城楼盘开发建成，绿地面积0.97公顷，绿地率52%，绿覆盖率55%。绿化设计也逐步改变过去单一的模式，以观赏型为主，各类植物错落有致，小桥流水，亭台水榭，曲径通幽，草坪边上辅之以座椅和各类健身设施，形成人与景观和谐相处的生态式家园。

至2012年年底，长沙市主要居住小区绿化面积达到178.31万平方米，为居住区面积的34.62%；绿化覆盖面积达到196.14万平方米，绿化覆盖率为35.72%。

三、道路绿化

1988年长沙市新建道路竣工时同时开展道路绿化施工。1992年开始，芙蓉区（1995年前称东区，1996年改为芙蓉区）连续7年投资110万元，对蓉园路等十几条主次干道进行绿化恢复和补植，建设曙光北路、长岛路两条绿化样板路。1998年4月，芙蓉区被省绿委授予“实现全面绿化区”称号。

1998—2004年，开福区先后对清水塘路、湘雅路、湘春路、华夏路、迎宾路、教育街、德雅路及东风一、二村，北桥新村、国庆新村、建湘新村、蒋家垅、蚌塘等小区进行大规模的拆违还绿和绿化提质改造；对芙蓉路、东风路、体育馆路、营盘路、三一大道、工程兵大道、福元路、双拥路、栖凤路、车站北路、开福寺路进行标准的绿化建设和改造。对各主次道路、支路绿化，共栽种水杉、玉兰、樟树、杜英等乔木1.37万株，8个品种的灌木64.04万株（丛），植草皮5.21万平方米，绿篱9354.2米；增添建设花木盆景、草地、假山、亭台等景观，打造一批绿树成荫的休闲场所。

2009年，开福区园林局对东风路进行重新规划和改造，在植物稠密、长势茂盛的路边花坛中添设4

座亭阁，供行人停歇休闲。宁乡县对县属主要道路绿化项目进行提质改造。

2012年年底，长沙市433条道路中，道路绿化达标的占43.1%，人行道绿化覆盖率达到80%以上的道路占18.94%，行道树共采用25个品种，大部分路段行道树品种为香樟，部分路段行道树为法国梧桐，少量采用广玉兰、桂花、银杏、栾树、杜英和悬铃木作为行道树。马王堆路（人民路—朝晖路）采用樟树和银杏双排种植作为行道树；长沙大道和砂子塘路采用樟树间栽栾树的种植方式。老城区部分道路绿化效果较好，行道树规格大、遮阴效果好。

第六节 城市广场 游园

一、城市广场

1988年长沙市城市中心还没有作为真正意义上的、能为市民提供各种社会生活需要、包括具有各种软硬质景观构成的城市广场，仅有的五一广场、火车站广场等纯粹是交通枢纽或人员集散场所。1997年6月13日，芙蓉广场破土动工，原址系老火车站，铁路外迁后建设成绿化广场。1998年开始，芙蓉区相继建设火车站绿化广场、五一绿化广场、芙蓉绿化广场、锦泰广场等，为广大市民提供休闲娱乐为一体的中心绿地。同年，宁乡县建成1.59万平方米的火车站广场。

2000年11月25日，五一广场破土动工，建设面积3.40万平方米，绿化面积2.10万平方米，道路广场铺地面积1.20万平方米，种植乔木、灌木、花草51种，绿地率61.8%。同年12月28日，新世纪体育文化中心（新世纪体育文化广场）奠基，广场位于长沙市天心区，东起芙蓉路、西至白沙路、南抵劳动路、北达城南路，建设面积约66.7公顷，工程投资总额12亿元。累计有80多支队伍参加工程施工，5000多名员工参加工程建设。该广场以贺龙体育场为核心，包括贺龙体育馆、网球俱乐部、体育公寓小区、摩天轮游乐中心、城市商业广场、多个绿化广场等一大批体育、文化、休闲和商业娱乐设施，是一个兼备体育竞技比赛功能、全民健身功能和城市商贸、休闲功能的体育文化活动中心，也是省会长沙的一个标志性建筑。东广场两侧片种花木，并立有富有动感的现代雕塑。

2001年5月1日，芙蓉广场主体工程竣工对外开放。整个工程历时4年，建设面积2.5万平方米，其中绿地面积1.20万平方米，种植乔木、灌木约5.40万余株，绿地率67.4%，铺装面积3890平方米。工程总投资1.6亿元，绿化建设投资600万元。芙蓉广场是重要的市中心广场，与五一广场、晓园共同组成五一大道三大景观之一。在设计理念上，力求削弱现代文明带来的拥挤和嘈杂，引入自然元素，延伸传统文化，融合地域特色，营造具有强烈人文气息的广场环境，实现人工与自然、传统与时尚、历史与未来交织的文化氛围，突出以人为本的设计理念；在景观设计建设上，广场建设为三大景观区，即古河道景观、中心珠型广场和生态型植物林，这些景观力求从多方面给市民游客以视觉冲击，在休闲娱乐的同时，得到精神上、情感上的升华。2001年5月1日五一广场正式建成投入使用，是长沙市一项重大城市建设项目。广场地处五一大道和黄兴路交会处的东北角，是市区商贸最繁华地段，政府在商业中心共拆迁迁移居民500多户，涉及单位30多家，辟出土地3.87万平方米，兴建城市的“绿肺”，总投资2亿元，其中拆迁费1.2亿元，建设费8000多万元。整个绿化广场构思奇特，布局巧妙，总体地形呈西南低、东北高逐渐向上的态势。广场中央音乐喷泉是整个绿化广场的点睛之作，设备总投资410万元，游客可以通过千变万化的喷泉造型和五颜六色的彩色照明，体味音乐的内涵及主题。广场还辟有12个休闲平台，建有西方现代建筑造型的坡顶、茶楼和表现民族特色的蘑菇小亭，为人们提供休闲、健身和娱乐的空间，成为省、市、区精神文明建设的基地。

2002年，长沙市雨花区城市建设开发公司公司自筹资金1700万元兴建锦泰广场，该广场地处长沙火车站以东、二环线西侧，原为火车站东广场预留用地，绿地面积4.58万平方米，绿地率68.7%，是长沙市比较大的城市绿化休闲广场。由于企业出资兴建及广场的临时性，设计上尽量采用以花草树木为主，永久性建筑为点缀，而小品、亭、廊较少，同时还安装一批健身、休闲设施供市民健身休息使用。

2003年，星沙中心广场开始修建，广场位于长沙县开元路1号，北临开元路，西至板仓路，东至天华路，南沿星沙四区，是长沙县重要的活动场地和市民休闲活动中心，广场占地面积10万平方米，绿地近6万平方米，水电铺地面积3.20万平方米，旱喷为5500平方米，当时是中南地区比较大旱喷泉，总投资3600万元。广场以贯穿南北和东西方向的两条主要视轴（和交通人流主线）为主要景观轴线，以中心旱喷泉广场为景观核心区，以下沉式商业广场（通程商业广场）为商业休闲区，以内部交通环道为生态景观绿环，以总体连绵、流畅优美的漫步道系统和自然起伏、开合有度的“绿岛”（人工微高尔夫地形）系列形成自然休闲景观脉络，以庄谐有致、动静分明的小广场空间为景观休闲点，形成良好的景观结构。整个广场设计布局合理，照明、给排水、环卫、电信、标志等各种设施配套齐全，整个广场集政治文化、商业活动和游憩休闲功能于一体，是星沙一个知名度较高的标志性景观区。同年，新世纪体育文化中心（新世纪体育文化广场）历时3年建成开放，经第五届全国城市运动会的检验，主体育场及各配套设施、设备均运行良好，得到国家体育总局的褒奖。

2004年，位于开福区的湘江风光带上的星城广场、风帆广场及潮宗广场建成开放，3个广场总面积52500平方米。同年，浏阳市浏阳河花炮文化城建成面积4000平方米的浏阳河广场。

2008年9月，位于望城县的啤酒厂绿化广场建成开放。2010年，因修建地铁五一广场站，五一广场上的绿化基础设施及其他建筑与小品实施整体迁移。2011年，望城县位于金星北路与普瑞大道交叉口的恒大民俗广场建成，面积6000平方米。

2012年，宁乡县位于楚伪路与S208交叉口的东城广场建成，面积10000余平方米。同年岳麓区新建步步高广场，广场位于长沙市岳麓区西二环王家湾立交桥西南侧，北临含浦大道，商业面积8万平方米。涵盖生活超市、潮流服饰、美食中心、数码产品、娱乐休闲、影视、儿童中心、极限运动、主题酒店等多种消费形态，是湖南首个“以年轻人为主要定位”的大型生活服务中心。同年，位于烈士公园东大门前的车站北路绿化广场建成，成为烈士公园东大门游客集散及停车场地。

至2012年年底，全市建成各类城市广场32个，总面积88.56万平方米。

二、城市游园

1988年，中山路百货大楼对街三角绿地小游园（简称三角花园），由岳麓山公园管理处管理，公园管理处在此成立长沙市第一家国营园林公司，经营园林工程、花卉销售、园林器材等，之后拓展经营，除保留原有项目外，还将围墙打开，辟建门面，租与商户，经营服装。1994年1月31日，长沙岳麓山公园管理处在三角花园主办为期十天的长沙市首届迎春花市，共有120个品种、2万多盆花卉。这之后，每年都在三角花园举办迎春花市。2004年，当地拆迁，三角花园消失，迎春花市亦随之不存。四周建起栋栋高楼，仅留下一块不大的绿地。

2006年，长沙市开始大规模兴建小游园，不断满足市民出门“300米见绿、500米见园”的生活品质要求。

2008年，湖南省蓉园宾馆北侧绿地小游园建成开放，绿地面积1.59公顷，其中还有0.76公顷水面。

2010 年，位于长沙市政府办公楼新址内的市府游园建成开放，绿地面积 2.95 公顷，其中还有 1.31 公顷水面。园内环境优美，绿量丰富。

2012 年，五一大道增绿工程的完成后，还沿五一大道开辟 5 个小游园：新华书店前小游园，此处原本是一片 300 多平方米的停车场，没有绿化，改造后，栾树、银杏等植物将撑起一片绿荫；五一广场银监大厦小游园，该园位于南阳街与五一大道交会处，占地约 500 平方米，原来没有绿化，改造后，红枫和茶花、杜鹃将是这里的特色植物；第一大道建湘路口小游园，该园位于第一大道建湘路口，占地约 280 平方米，改造后这里加种三棵银杏，景观更丰富；中隆国际大厦小游园，该园占地约 165 平方米，原有植被少，绿化缺失，街道显得生硬，改造后，加种三棵银杏，调节景观色相，下层配种红枫、红叶石楠、海桐球等开花灌木，丰富景观层次；太平街口小游园，该园以香樟为背景，下层种植青皮竹，再点缀杜鹃球、红叶石楠、红枫、金叶女贞球等，丰富色彩感，地面则更换为清水砖铺装，更方便游人行走观赏。

至 2012 年年底，全市建有各类成规模小游园 55 处，总面积 60.10 万平方米。

第七节　花卉苗木

一、花卉生产

1988 年，五一新村花圃经芙蓉区城建局审批建成使用，面积约 1334 平方米，有温室 1 栋，主要培育菊花、一串红、鸡冠花、百日草、千日红、美女樱等时令草花，棕竹、杜鹃、米兰、扶桑、茉莉等木本花卉，有榆树盆景 2700 余盆，供应芙蓉区属地园林绿化。1992 年，开福区园林局在体育馆路东风广场主席台后面空坪建有东风路花圃 1.5 万平方米，简易温室两栋，共有温室花卉 5 万多盆，品种 20 多个，露地花木 1500 多盆，品种 30 多个。每年出圃花卉 8000 多盆，品种 7~10 个，供公共绿地和花坛之需求。

1995 年，东风路花圃培植草花 2400 多盆，盆景 30 多盆，扦插木本花卉 178 盆。同年，荷花园花圃建成，共投资 133 万元，面积约 6670 平方米。其中生产用地 5000 多平方米，生产临时用房 200 平方米，购建 3 座温室大棚及其他设施。两年后，荷花园花圃全面建设成为一个设施较完备、充满生机和活力的花园。主要培育温室花卉如发财树、绿巨人、散尾葵、鸭掌木、龟背竹等及各类草花。

1996 年 4 月，朝阳二村花坛改建成朝阳二村花圃，土地面积约 2001 平方米，是继五一新村花圃撤销后辟建的另一处基地。修建 200 多米的透视墙，建温室 1 处，建筑面积 100 多平方米，搭建 2 个面积为 400 平方米荫棚，培育温室花卉、木本花卉、草本花卉。圃地配置石桌石凳，供居民活动休闲。1998 年 11 月，长沙市园林科研所经过两年多的建设正式建成，位置处于马栏山，占地 2.67 万平方米，有办公楼 600 平方米，2 座智能温控温室约 1300 平方米，6 座连栋大棚约 4000 平方米，12 座标准化生产大棚约 4500 平方米。成为鲜花和时令草花生产科研基地。

1999 年 3 月，荷花园花圃迁至芙蓉区政府荷花园宿舍北侧的开发公司规划绿地上，占地面积约 2001 平方米，充分利用空间隙地，建荫棚 2 座、盆景架 17 个、屋顶花园 2 个。培育盆花 5000 余盆，品种以国庆菊、一串红、千日红、秋菊、五色梅、绒绣球等草本花卉为主，兼有杜鹃、茶花、米兰、白兰、铁树等木本花卉和袖珍椰子、绿箩、发财树、水竹等温室花卉。

2002 年，开福区园林局在捞刀河镇成功村建苗木基地一处，占地 3.07 公顷，投资 330 万元，种植香樟、玉兰、杜英等乔木8000多株，灌木品种28种，2万多株。其中建有花圃6600平方米，培植各类花卉20种，10万盆。

2002—2003年，河西花圃建设成临时性花木基地，土地面积6670平方米，主要培育国庆节及元旦等节庆摆花，能培育国庆菊、千日红、鸡冠花、一串红、太阳花等盆花近4万盆，可供应区属道路、广场的造型摆放、室内租摆和会议摆花。

2004年，浏阳对浏阳花木产业带中的主要贯穿道路进行提质，重点对普迹—镇头—柏加段，全面整治道路沿线环境，抢抓机遇做好绿化美化和屋场建设，确保风格协调，树立全新形象，将花木走廊建设成为旅游精品线路和绝美林荫大道。至2005年，长沙市共有各类苗圃、花圃、花卉生产基地200多处，总面积约8000公顷，总产值达34亿元，年花卉销售量为4.3亿株，年产值8.6亿元。总从业人员已超过15万人。其中浏阳河花木产业带已成为中南地区园林绿化苗木生产和集散中心。长沙市建成以浏阳河百里花木产业带为龙头，以长沙市生态苗圃为重点，以长沙花卉大世界、青山花卉大市场为载体的花圃、苗圃体系，成为中国较大的花木主产区之一。浏阳河百里花木产业带包括洞井至柏加，椝梨至柏加公路带，共约100千米，是长沙市花卉苗木基地发展规划中的主架。浏阳河花木产业带采用“一心、三门、两带、六点”的布局结构。“一心”是柏加核心区，“三门”指洞井、椝梨、青草三个主要出入口，“两带、六点”是分布于各乡镇间的服务场所，即具有一定景观效果，功能完善的休憩驿站。通过合理布局和生态景观规划，形成分布合理、功能完善、景观优美、生态良好、化个性突出的生态景观走廊和层次丰富、结构清晰、变化有序、步移景异的大尺度节奏韵律变化的优美景观序列。产业带发挥联系规划区内各乡镇、改善花木产品的集散条件、完善花木产品运输网络、促进区域社会经济协调可持续发展重要功能。

2012年，岳麓区“麓山兰苑”生产育苗大棚面积3000平方米，有传统兰花品种近百种，养殖优质兰花40万苗，其中包括“朱德兰”“金丝马尾”等名贵珍品。

二、苗木生产

1988年，位于长沙市开福区马栏山的长沙市苗圃，占地49.9公顷，是长沙市最大的国营苗木基地，被评为全国“十大”苗圃。

1990年国有宁乡苗圃被评为全国国有苗圃先进单位，该苗圃以引进培育绿化苗木和盆景为主，所培育的苗木品种200多个。1995年，国有宁乡苗圃被林业部评为全国国有示范苗圃。

1998年起，浏阳花木产业发展步入快车道，种植面积逐年递增。

2004年，长沙市苗圃通过土地置换方式，用三年的时间搬迁至捞刀河镇罗汉庄村，新苗圃占地67.6公顷，为集科研、培训、观赏、休闲于一体的综合性生态苗圃，又名长沙园林生态园。

2004年，长沙市启动省委、省政府农业建设重点工程“浏阳河百里花木产业带”建设，2006年年底，该产业带基本建成，它以“全国花木之乡”浏阳市柏加镇、长沙县跳马乡为中心，沿浏阳河两岸分布，绵延百余千米，面积2.1万公顷，2006年绿化苗木销售额15.32亿元，分别占全省当年绿化苗木生产面积及销售额的53%、52%。主要品种有杜鹃、红花檵木、大小栀子、香樟、桂花、广玉兰、罗汉松等当家品种。销量大的还有金叶女贞、红叶石楠、金边四季青、金边六月雪、山茶花、夹竹桃、珊瑚树、栾树、杨梅、柚子、柿树、梅花、樱花、龙爪槐、红枫等花灌木及乔木，紫藤、凌霄、爬山虎、迎春等藤本；青皮竹、粉丹竹、凤尾竹、斑竹、紫竹等观赏竹类；台湾青、马尼拉、马蹄金、狗牙根等草皮类；八角金盘、麦冬、鸢尾等地被类。其中胸径8~12厘米的香樟、胸径8~18厘米的栾树、胸径3~5厘米的桂花、胸径 5~10 厘米的四季桂、胸径 8~12 厘米的广玉兰等全冠乔木和冠径 20 厘米白春花杜鹃、夏花杜鹃绿地用苗最畅销。地栽杜鹃和小规格桂花销量增长很快，3 月底 4 月初在长沙苗市基本销售一空，其中杜鹃销量 3 亿株，桂花销量 0.8 亿株，两者累计占长沙苗市总销量的 58%。

2007—2011 年，随着《浏阳花木产业带景观规划》的逐步实施以及浏阳花木产业的逐步发展，浏阳花木产业带发展成为中南地区最大的花卉苗木生产示范基地。

2012 年年底，全市绿化苗木种植面积 3.26 万公顷，其中浏阳市花木生产 34 个乡（镇）街道，共计苗圃 177 个，面积 1.04 万公顷，为名副其实的“花木之乡”“红檵木之乡”。

第八节　园林管理

一、园林法规

1991 年 6 月 20 日，为加强对古树名木的保护管理，发布《长沙市古树名木保护管理办法》，长沙市古树名木保护步入法制化轨道。1992 年，出台《长沙市城市绿化管理条例》，进一步加强城市绿化管理，促进改善生态环境。1997 年通过《长沙市城市绿化管理条例（修正）》。1998 年，作出《长沙市人民政府关于修改〈长沙市古树名木保护管理办法〉的决定》，对《长沙市古树名木保护管理办法》进行修正。规定城市的古树名木，由园林部门管理；农村的古树名木，由林业部门管理。古树名木保护办法更具体可行。2009 年，为加强城市绿线、城市公园及城市绿化的管理，制定《长沙市城市绿线保护行为举报奖励办法》《长沙市星级公园管理办法（试行）》《长沙市城市绿化赔偿费和绿化补偿费收缴管理办法》。2010 年 1 月 12 日，《长沙市城市绿线管理办法》正式生效，2 月 1 日正式实施。是年，出台《长沙市城市绿线保护奖励办法》。

2012 年，又对《长沙市古树名木保护管理办法》进行修订，出台《长沙市古树名木保护管理办法（修订稿）及说明》。出台《长沙市公园管理办法（讨论稿）及说明》，并对《长沙市城市绿化赔偿费和绿化补偿费收缴管理办法》进行修正，出台《长沙市城市绿化赔偿费和绿化补偿费收缴管理办法（草拟稿》，修订后，上述管理办法内容与时俱进，更具操作性。

二、绿线管理

2005 年 7 月，《长沙市城市绿线管理办法》实施。

2008 年 10 月 28 日，为加强城市绿线管理力度，切实保护城市规划绿地，对全市近几年来改变绿地规划使用性质行政许可项目进行督查。2009 年，为加强长沙市城市绿线管理，依据建设部《城市绿线管理办法》《长沙市城市绿地系统规划》，对《长沙市城市绿线管理办法》（2005 年出台）进行修订，规定占用绿地不得超过 2 年。2 月 25 日，长沙市园林和风景名胜区综合执法支队成立。5 月 6 日，长沙市园林和风景名胜区综合执法支队正式加入 110 社会联合行动工作系统，保障园林法规及绿线管理办法的落地执行。10 月 31 日，为鼓励广大市民关心和监督城市绿线的管理，积极举报违反城市绿线管理办法的行为，制定《长沙市城市绿线保护奖励办法》。

2009 年 11 月，为进一步严格管理，强化规划绿地调整审批程序，制订《长沙市改变绿地使用性质行政审批程序性规定》，绿地调整项目实行四级审批制度，使绿地调整审批程序更加严密、审批更加严格。规定实施后，调整绿地的项目逐渐减少，调减的绿地总量显著减少。在绿地调整审批中坚持原则上绿地不调减、绿地分布更合理、有利于保护山形水体植被、有利于加快绿地建设的原则。采取定期由市政府督查室牵头，会同长沙市园林管理局进行城市绿线管理督查，督查的主要内容是对批后项目调整的绿地面积是否兑现、项目建设配套绿化面积是否落实、调整后的绿地建设承诺是否实施等等。长沙市园林和风景名胜区综合执法支队设立专门举报电话和网站，接受市民的举报和投诉，动员全社会力量制止侵占绿地、随意改变绿地用途和性质的行为，严肃查处擅自侵占绿地、乱伐绿化树木和破坏城市绿地的违法行为。

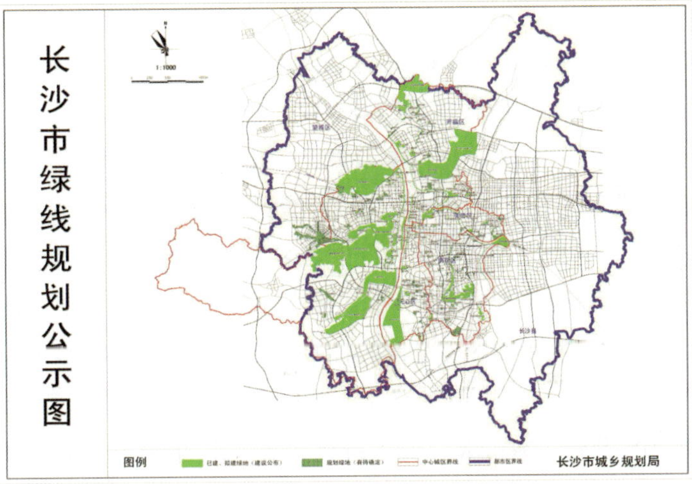

图 11-4-8-1　长沙市绿线规划公示图（2012 年 09 月）（市园林局供图）

2011 年，岳麓山绿地遭私人菜园蚕食，通过麓山景区执法人员的劝阻，对菜地和违章建筑拆除后，购置一批树木在原地复绿，并安排执法人员定期巡查，防止违规菜地卷土重来。

2012 年，修订《长沙市改变城市绿化规划、绿化用地使用性质程序性规定》，制定《长沙市城市绿线调整专家论证制度》《长沙市改变绿化规划、绿化用地使用性质行政许可听证工作规程》《长沙市城市绿线调整公示规定》等有关城市绿线保护的程序性规定，切实保护城市规划绿地。绿线的调整和绿地使用性质的改变都必须按照相关法律、法规实行专家论证和分级审查制度，从严从紧控制绿地用地性质调整，维护城市绿地系统的完整性，对涉及调减的项目，均要落实绿地补偿方案后按程序审批。同年 10 月，长沙市经济技术开发区（以下简称“经开区”）违反城市总体规划强制性内容和控制性详细规划，以经开区管委会主任会议形式确定金科时代中心项目商住用地的规划条件，后来长沙市规划局经开区规划分局为该项目核发建设用地规划许可证，审批建设的 10 栋商住楼侵占了长沙市总体规划中 2.59 万平方米公园绿地。长沙市人民政府决定将附近 2 块 2.59 万平方米商业金融用地和居住用地调整为公园绿地（最远距原绿地不超过 500 米），并在规定时间内完成。相关责任人受到警告处分。

三、古树名木保护

2004 年，长沙市启动古树名木调查，对每一株古树名木进行 GPS 定位，详细记录每株古树名木的长势状况。2005 年 5 月至 2006 年 10 月完成第三次古树名木资源普查建档第一阶段工作，建档 1265 株，其中开福区、芙蓉区、天心区和岳麓区共 1174 株，县域 11 个乡镇 91 株。

2008 年，调查范围增加新划为岳麓区的坪塘镇、含浦镇和莲花镇，长沙市古树名木建档增至 1292 株，分属 34 科、54 属、69 种。同年 3 月 10 日，为进一步加强全市古树名木的保护管理，长沙市对全市的古树名木重新挂牌，完成 1174 株古树名木的挂牌工作。

经过调查和重新建档，树龄 100 年以上属国家保护的古树名木 1292 株，其中市内 5 区 1230 株，县域 7 个乡镇 62 株，分属 35 科、54 属、69 种。其中树龄 500 年以上一级古树名木 24 株，占 1.86%。树龄 300 年至 499 年二级古树名木 60 株，占 4.64%。树龄 100 年至 299 年三级古树名木 1208 株，占 93.50%。树龄结构呈金字塔形，反映全市古树名木后续资源丰富。属的数量最多的是蝶形花科，有香槐属、黄檀属、刺槐属、槐属共 4 属，其次是松科、金缕梅科、壳斗科、榆科、楝科，各有 3 属；种的数量最多的是壳斗科，有栲树、苦槠、青冈栎、细叶青冈、长叶石栎、槲栎、白栎共 7 种，其次是蝶形花科，有 5 种；属国家重点保护的珍稀植物有银杏、樟树、绒毛皂荚、翅荚木、榉树、毛红椿共 6 种。树种株数最多的是樟树，有 481 株，占全市建档古树名木总株数的 37.23%，占全省建档古樟树总株数（9931 株）的 4.84%，古樟资源居全省地级城市市区首位，反映长沙市将樟树确定为市树有其悠久的植物地理背景。树种株数居第二位的是枫香，有 264 株，占全市建档古树名木总株数的 20.43%，再次是银杏，有 74 株，占全市建档古树名木总株数的 5.73%。数量超过 40 株的有杨梅、桂花 2 种，超过 20 株的有苦槠、紫薇等 7 种，超过 10 株的有椤木石楠等 3 种，2~10 株的有朴树等 34 种，仅存一株的有毛红椿等 27 种。其中数量 1~2 株的有 38 种，占古树名木种类数量的 52.05%。

长沙都市区古树名木分布最多的地域为岳麓区，有 50 种 774 株，分别占全市古树名木种类和株数的 68.49% 和 64.02%。该区古树名木主要集中分布在岳麓山，有 349 株，占全市古树名木总株数的 27.01%。反映全市古树名木资源最丰富的地域在西部，这与西部以岳麓山为主体的低山丘陵适宜森林生长的生态环境密切相关。芙蓉区有古树名木 27 种 196 株，分别占全市古树名木种类和株数 36.99% 和 15.17%，资源总量占全市第二位。该区古树名木主要集中分布在湖南省农科院（48 株）、省委机关大院（39 株）、湖南农业大学（29 株）和湖南省审计厅（19 株），上述单位累计总株数达 135 株，占该区总株数的 68.88%，区内其他地域分布较少。天心区古树名木资源较少，有 17 种 69 株，分别占全市古树名木种类和株数的 23.29% 和 5.34%。主要分布在湘江风光带杜甫江阁一线（30 株），且湘江风光带均为近几年异地移植的古桩树。

表 11-4-8-1　　1988—2012 年长沙市古树名木基本情况一览表

行政区	现存（株）	树龄 100~200 年古树（株）	树龄 200~300 年古树（株）	树龄 300 年以上古树（株）
岳麓区	774	671	63	40
开福区	126	110	9	7
芙蓉区	196	178	12	6
天心区	69	0	3	3
雨花区	65	63	0	2
望城区	35	23	5	7
长沙县	27	6	5	16
合　计	1292	1051	97	81

地域分布最广的树种是樟树，全市各区（县）均有分布。岳麓区古樟树有 199 株，占全市古香樟总株数的 41.37%，是分布最多的区。芙蓉区有古香樟 123 株，资源居全市第二位，其中省农科院有古香樟 34 株，是全市古香樟保存最多的单位。古枫香集中分布在岳麓山，有 221 株，占全市古枫香总株数的 83.71%。岳麓山古枫香呈群落状分布，是目前国内面积最大、株数最多的古枫香群落。岳麓山茶场村一带有杨梅古树 44 株，占全市杨梅古树总株数的 89.8%，其资源最丰富。全省建档古杨梅 53 株，其中长沙市古杨梅有 49 株，占全省古杨梅总数的 92.45%，是全省古杨梅最多的城市，亦为中国古杨梅资源最

多的省会城市。

长沙市建档的古树名木归类为36科56属73种，其中裸子植物有6科8属9种，被子植物有30科48属64种。在裸子植物中，除苏铁、日本五针松、雪松3种属引种栽培之外，其余6种均为乡土树种，占裸子植物总数的66.67%；在被子植物中，除广玉兰（引自北美）、薄壳山核桃（引自北美）、对节白蜡（引自湖北）、珊瑚树（引自浙江）、刺槐（引自欧洲）5种之外，其余59种均为乡土树种，占被子植物总数的92.19%。在裸子植物乡土树种中，常绿类有5种，落叶类有1种，分别占裸子植物乡土树种总数的83.33%和16.67%；在被子植物乡土树种中，常绿类有23种，落叶类36种，分别占被子植物乡土树种总数的38.98%和61.02%。

在对长沙市古树名木进行调查挂牌的同时，严格进行古树名木的保护管理。

划定古树、名木的保护范围。凡列为古树、名木的，其保护范围为不小于树冠垂直投影外5米；凡列为古树后续资源的，其保护范围为不小于树冠垂直投影外2米。在保护范围内严禁堆放物料、挖坑取土、兴建临时设施建筑、倾倒有害污水污物垃圾，动用明火或者排放烟气；禁止在古树名木3米内的地下埋设地下管线、挖坑取土。

对古树、名木和古树后续资源按规定实行分级保护：名木及树龄在300年以上的古树为一级保护；树龄在100~300年的古树为二级保护；古树后续资源为三级保护。

严禁砍伐、擅自移植和转让买卖古树名木，凡影响古树名木生长的新建、改建、扩建工程，必须提出避让和保护措施。禁止在古树名木上刻划、张贴或者悬挂物品，禁止在施工等作业时借古树名木作为支撑物或者固定物，禁止在古树名木上攀树、折枝、挖根、采摘果实种子或者剥损树枝、树干、树皮。

对古树、名木和古树后续资源保护管理工作，定期进行检查，并指定专人看护、报告古树状况，在检查中若发现树木生长异常或因生长环境状况恶化影响树木生长的，及时采取相关保护措施。

2010年，长沙市根据同年5月31日国家林业局发出的《关于禁止大树古树移植进城的通知》精神，要求各地采取切实有效措施，坚决遏制大树古树进城之风。一些地方为追求城市快速绿化效果，大量移植古树大树进城，不仅造成树木原生地森林资源和自然生态、景观的破坏，而且对森林资源保护和城乡绿化事业发展造成极为不利的影响。挖掘古树大树，异地栽植，违背树木生长的自然规律，改变树木赖以生存的自然环境，不利于树木生长，破坏原生生态。从山上或农村移植树木到城里搞绿化，是一种拆东墙补西墙的做法，不仅不能增加森林碳汇，而且还破坏森林资源，极不利于巩固多年的绿化建设成果。移植大树古树成本费用很高，不符合建设节约型社会的要求。同年，长沙市园林科研所着手进行古树名木养护复壮技术研究，并发表论文《长沙市古树名木现状分析及复壮技术初探》。

2011年，长沙市园林科研所申报承接市科学技术局2011年第四批科技成果产业化资金专项重点科研项目——长沙市古树名木养护复壮技术开发及推广应用（K1104319-21），通过调查研究，实地勘察，基于国内相关研究，提出土壤改良、树洞修补、创伤修复、病虫害防治等技术措施，研究恢复古树名木生长势的复壮技术，为长沙市古树名木保护提供技术支撑。

四、公园管理

1988年，长沙市园林管理处下属的湖南烈士公园、长沙动物园、长沙市南郊公园、长沙市苗圃、长沙市天心阁公园、长沙市晓园公园全面负责各公园的运行维护、经营管理及发展利用，公园由政府投资，管理以部门管理、行政管理为主。

2004年，为了把各公园环境建设更加优美，树立园林行业先进典型，长沙市园开展“长沙市园林十佳”评选活动，开门评园，改进公园管理，为公园管理营造学先进、赶先进的良好氛围。

2009年5月，长沙市园林管理全面推行“以费养事”改革。城市园林绿化养护管理实现由“以费养人”向“以费养事”转变，积极采取社会招投标等多元化的养护管理形式，探索精细化管理模式和机制，努力提升城市园林绿化养护管理质量水平，更好地发挥维护管理效益，推进城市园林绿化管理向精细化、专业化、标准化方向发展。同时，积极推行园林规范化管理，高起点制定城市园林绿化维护管理质量标准，出台《公园绿地养护考核管理办法》《城区绿化维护管理办法》，通过标准化的管理，城市园林绿化维护管理质量得到进一步提高。此外，大力加强公园精细化管理，着力提高城市公园制度化、规范化、标准化管理水平，通过制定“品质提高年”“公园管理优化年”等措施和积极开展城市公园“人民满意公园”“星级公园”等评比活动，促进公园管理水平、景观建设、生态环境、服务质量的提升。6月1日起，全市公园（景区）向市民免费开放。10月，制定实施《长沙市星级公园评定办法（试行）》《星级公园评定标准（试行）》。成立长沙市星级公园评审工作委员会；建立评审专家库；制定2010年评定工作方案；开展“长沙市星级公园”评定工作。12月3日湖南省烈士公园率先被住房和城乡建设部授予“国家重点公园”称号。

2011年6月30日，为加强公园免费开放后的管理，长沙市制定《关于进一步加强公园项目管理的规定》。明确规定，各公园开展各类项目的建设和实施，必须按园林局有关规定办理审批手续，严格按照各类项目要求搞好项目的立项、设计方案审查、建设实施和项目验收。坚决杜绝项目建设“先建后报、边建边报和不报建建设”行为的发生。凡经营性的休闲服务项目必须按照《长沙市园林管理局经营物价审批制度》执行，遵循公平、合法和诚实信用的原则，搞好休闲服务项目的经营管理，按照物价行政管理部门批准的项目收费标准，进行明码实价、倡导诚信经营，严格按照批准的经营范围经营，不得超越范围经营。在公园内发布广告必须符合国家广告管理的有关法律、法规、规章的规定，根据各公园的风貌格局、特色特点进行统一规划、整体设计、合理布局，注意做到公园广告发布的艺术性、景观性、公益性，使其在设计风格、样式、色调、数量体量、形式、材质等方面与公园环境协调一致。凡举办各类大型游赏活动均须报经园林局批准，按照“谁主管谁负责”的原则落实安全责任。凡游赏活动的开展均要制定应急预案和落实安全保障措施，与属地公安机关、城管部门搞好综合治理联动，确保游赏活动的有序进行，确保游客生命财产安全。加强公园游览设施、经营项目日常安全检查，杜绝安全隐患，防止安全事故的发生。加强食品卫生安全的管理，严格做好食品的进货、存放、加工、销售等环节的安全管理，建立健全单位食品卫生安全检查责任制，食品监督员要进行经常性检查，及时消除食品安全隐患。

2012年5月25日，制定出台《长沙市直属公园园林绿化精细化管理技术导则（试行）》。12月28日，制定出台《公园现场卫生保洁和经营秩序管理考核办法》，公园管理突出规范化、制度化，重点放在提高服务意识和服务质量上。

第五章　县城和集镇建设

1978年，实行改革开放之后，长沙市小城镇建设步伐逐步加快。1988年，浏阳、宁乡、望城三个县城关镇根据县城规划进行旧街改造、新街建设、房屋和供水设施建设。1990年8月，望城县城关镇被评为“中国乡镇百颗星”之一。1992年，全市在集镇共新修、改建道路18621米，新修、改造下水道34333米，新建厕所76个，新修垃圾站（池）57个，新设路灯401盏，植树23600株，集镇建设取得跨越式发展。1996年2月15日，长沙县政府从长沙市城区潘家坪迁驻星沙，结束长期有县无城的历史，星沙进入全面开发建设阶段。1999年，黄花镇黄垅新村及江背镇印山村获“全国创建文明先进村”称号。2001年，全市小城镇已建成自来水厂42座，日供水能力18.6万吨，村镇道路（含过境公路）总长7420多千米。全市集镇建成小公园32个，绿化面积970多公顷，建公厕326座，花园式休闲绿化广场42个，人居环境不断改善。2002年，宁乡花明楼镇被评为全国创建文明村镇工作先进村镇。2005年10月，长沙市人民政府发布《关于加快小城镇建设的意见》，长沙市依托交通网络、环境保护、社会发展等专项规划，按照“人口向城镇集中，工业向园区集中，农业向基地集中”的原则，构筑具有特色的中心城市—中等城市—小城市—中心镇——般镇的城镇体系，县城和小城镇都进入快速建设期，基本形成以县城为中心，建制镇与乡集镇并存，大中小相结合的小城镇体系。同年，洞井、星沙、洞阳、大托等4个乡镇被评为全国“环境优美乡镇”。2007年，4县（市）改扩建干线公路和乡村公路1110千米，完成金井、高桥、平塘、桥驿、铜官、乔口、双凫铺等乡镇的引水工程建设，解决农村12万人的饮水安全问题，新建黄花、高桥、路口、开慧、干杉、暮云6个乡镇垃圾压缩中转站和望城污水处理厂。2010年，4县（市）小城镇建成区面积334.85平方千米，农民进城镇投资建房购房323.88万平方米，实现农业人口向城镇人口转移10万人。2011年，岳麓区莲花镇获得“全国环境优美乡镇”“全国文明乡镇”称号。至2012年，全市小城镇道路总长度达3426千米，排水管长度达1900千米，小城镇建成区自来水普及率达75%，人均道路面积达8平方米，人均公共绿地面积8平方米，乡镇通电率达100%，人居环境持续改善，人民生活品质不断提升，长沙市县城和集镇建设进入一个新的历史时期。

第一节　县城建设

1988年，长沙市辖长沙、浏阳、宁乡、望城4个县，除长沙县外（时长沙县有县无城，县治设在长沙市区），县城的城区面积共13.5平方千米。望城县城关镇栽行道树3285株，建绿化带4785米，绿化率21.6%，县城中轴郭亮路进行提质改造，投资58.12万元，沥青路面改为混凝土路面，并解决路面高差大的问题，平均坡降1米。浏阳县城有主街9条，小街小巷60条，道路总长9.93千米，辖6个街道居民委员会和城东、城西、南市3个村，总占地3平方千米，常住人口3.8万。

1992年4月15日，长沙县作出在当时的望新乡杉星村、大塘村、板桥村兴建县城和建立长沙科技工贸开发区的决定，定名为“星沙”。随后开始进行县城规划的修编。10 月 8 日，星沙开发区暨新县城建设奠基典礼举行。1993 年在星沙开发区投资 3.07 亿元，启动十大基础设施建设工程。随后，28 家施工队伍、800 多名施工人员、350 多台套工程机械进场施工。1993 年 12 月，湖南省政府批准长沙县县治定址星沙。

1993 年，宁乡县加大改革开放力度，加快县城新区开发步伐，设城关、历经铺、白马桥、城郊 4 个开发小区，向东北、东南和西南三面拓展县城；在正农桥建日供水能力 2 万吨水厂，取沩江水净化后供应县城。望城县动工建设宝粮路等 4 条道路，新建雷锋电影院、县中医医院等城区居民生活所需设施。

1994 年，长沙市县城建设共投资 7428.35 万元，新开工项目 123 个，建县城道路、农贸市场等，维护供水设施（含铺设管道）、配水设施项目 14 个。浏阳市根据城市功能分区规划，采取多种途径、多渠道筹资兴建城区农贸市场和专业批发市场 4 个，城区最大的蔬菜零售批发市场开工建设，占地面积 5563 平方米，建筑面积 4000 平方米，内建有营业门面 26 个，设经营摊点 38 个，投资 75 万元。望城县增强供水和供电设施建设，在马桥河桥西南侧征地 8.67 公顷用于新水厂建设，并对高塘岭变电站进行扩建，缓解城区的供电紧张局面。宁乡建成 4 条公路，铺设自来水管道 2500 米，将城区 10 座公厕改为水冲式厕所，城区环境得到进一步改善。浏阳城区建成公路 1 条，投资 2700 万元，全长 4400 米，路面宽 30 米，项目由 319 国道建设工程指挥部承建。

1995 年，长沙市县城建设共投资 2.25 亿元，县城道路提质改造项目 79 个；新建房屋层数向高层楼房发展，有 107 个单位职工集资新建住宅楼 128 栋，总建筑面积 39.37 万平方米。城区重点工程建设中的征拆户，统一集中安置新建住房；供水、排水项目 11 个；供气项目 3 个。4 月，长沙县新县城与长沙星沙开发区融为一体后更名为长沙经济技术开发区。长沙县建成道路 4 条，均为县城跨线桥，总长度 270 米，路幅宽度 16 米至 80 米不等，采用沥青路面；共打井 5 口，安装 340 吨水泵 3 台和 135 吨水泵 1 台，采用三用一备的方式，并建地下水厂 1 座，安装自来水管网 3 万多米，日供水能力 3.5 万吨，新县城和开发区的供水基本得到保障。望城县郭亮路、工农东路、雷锋路等道路进行绿化、亮化，利用高压电杆为基柱共安装路灯 1245 盏。宁乡县加强旧城改造步伐，查处违法违章建筑 97 起，拆除 970 平方米；新建 1006 米长的八一西路，完成 12 条道路路面硬化工程；新铺和改造自来水管道 8000 米，新建 6 条道路的下水道 5688 米，改建下水道 780 米，维修下水道 4284 米。1995 年年底，长沙县政府 2 栋 7 层高的办公大楼竣工验收，6 栋住宅楼及其他配套设施也相继完工。县城和开发区建设的第一期工程基本完成。至 1996 年，星沙在不到 4 年的时间内，形成工业区、商业区、住宅区、行政办公区四区总体布局的框架，初步在 12 平方千米范围内构建起新县城的雏形。1996 年 2 月 15 日，长沙县政府大院从长沙市城区潘家坪迁驻星沙，结束长期有县无城的历史，星沙进入全面开发建设阶段。1996 年年底，宁乡县建成沙河市场、沙河工贸街、金盆住宅区、白马大道、汽车南站、正农桥住宅区、风形山住宅区、白马大市场、东西路（又称一环东路）、花明北路等街区和道路，县城东延 2 千米至喇叭口，南拓 2 千米过民兵渠，县城开发建设速度加快。

1997—1999 年，长沙、望城、浏阳、宁乡 4 县（市）委托长沙市规划设计院、湖南大学城市设计研究院对县城规划进行编制或修编。1999 年，浏阳市启动城市化发展战略，围绕“改造旧城、开发新区、完善功能、提升品位”提质扩容。

2000 年，全年长沙市县城建设共投资 8.78 亿元，对县城道路、供水、排水、供气、电网、房屋等进行改造或新建。全年开工道路建设项目 45 个；供水管道建设 36.25 千米，供水站维护项目 3 个；房屋总建筑面积为 345.2 万平方米，其中私有房产 148.6 万平方米，平房减少到 22.8 万平方米；整顿和维修原有10千伏电力设施18个。浏阳市继续实施城市化战略，围绕“改造旧城、开发新区、完善功能、提升品位”进行提质扩容，建成3条道路（含一条步行街）、跨河桥梁1座，总投资11741.86万元，共拆迁公、私产房屋171户，拆迁总面积21813平方米；建成供水监测中心1个，投资150万元，水生产和管理的遥控、遥测、遥信、遥调以及工作现场的实时监控和供水服务。望城县拓宽改造湘江路，全线机动车道路幅由7米拓宽至9米；修建绿化带6856米、绿化广场1.02万平方米，种植行道树3122株；对县城30多家单位更新改造门楼，对外墙洗面美容，安装射灯、彩灯；封闭建帮湖垃圾处理场，并在高裕垸征收3.39公顷用作新垃圾处理场。

2002年，各县（市）加大县城基础设施投入力度，县城规模不断扩大，建设品位不断提升。宁乡县县城基础设施配套建设总投入12亿元，拉通拓宽一环西路、二环西路、宁乡大道、创业大道等多条城区主干道，交通路网日趋完善；开展旧城改造和“美化、绿化、亮化、硬化”四化工程建设，改善居民生产生活环境，塑造县城发展的新形象。长沙县县城总投资10.7亿元，共有26项基础设施建设项目相继开工，新的城区不断拓展。浏阳市投入6.2亿元，启动工程项目20个，如期如质完成国际花炮展示交易中心、民俗文化街等10大项目，一个布局合理、实施配套、功能齐全的浏阳市区逐步形成。望城县县城抓“一环、三纵、七横”的道路建设和园区建设，促进工业化和城镇化的协调发展。至2002年年底，浏阳城区辖淮川、集里、荷花、关口四个街道，建成区面积12.8平方千米，比1988年扩大3.27倍，常住人口达14.56万，比1988年增加2.83倍。城市地域结构日趋复杂化，功能分区明显，基础设施也得到根本性改善，城市居民生活质量提高。

2006年，长沙市加大各县城建设力度，推动城乡一体化融化发展，对各县城的新区和旧城均进行相应规划，全年共投资17.66亿元。新建道路46条，拓宽改造老街102条，新建房屋面积635万平方米，建成或维护自来水厂3个、农贸市场9个。

2008年，全年长沙市县城建设共投资22.3亿元。对各县城与长沙市区的连接线进行提质改造，全面实施县城绿化、亮化和美化工程，新建和改造道路28.35千米；新建英博绿化广场等景观设施6个；新建房屋面积813万平方米，人均住宅面积34.22平方米。浏阳市首座立交桥建成通车，工期11个月，总投资7800万元，总长675米，采取双向、双层式结构。其中，上面桥16米，下层桥14米，桥下净空4.5米。

2011年，“十二五”（2011—2015年）规划实行，长沙市县城建设坚持优化空间布局，都市区、中心镇、集镇、村庄四级梯次推进城镇发展，全年共投资28亿元。长沙县提质改造特立路等47条城区道路，完成9个供水设施的维护，新铺设或改造13千米地下排水管道，新建和维修房屋736.53万平方米。5月20日，望城撤县改区，成为长沙市城区，但按照“一改三不改”原则，仍纳入县城建设范畴，城区道路中修2条，改造4条道路，新铺和改造地下管网3.54千米；铺设自来水管道5800米。

图11-5-1-1 宁乡县三一产业园二期工程顺利竣工投产

（摄于2011年，市住建局供图）

2012年，长沙市全年县城建设总投资89.54亿元，启动各类项目112个，新建和改造道路487条，改造城区路面74.3万平方米，维修房屋面积236.2万平方米，新建房屋应用新墙材率86.9%，建筑节能标准100%覆盖到设计和竣工验收阶段。长沙县农贸市场政府建管模式已列入商务部现代农产品流通体系建设试点项目，启动建设龙塘农贸市场等14个市场的建设，其中年内10家全部竣工，90%为农加超综合服务体，一楼为农贸市场，二楼规划为平价超市，总建筑面积22076平方米，投资总额4300万元；实施马路市场入场工程，共取缔马路市场21家，规范整治后入场经营的集贸市场5家。至2012年年底，各县（市）总城区面积167.3平方千米，新修或改造道路6730条，城区的下水管网、燃气管道、农贸市场等得到整治，小区的平均绿化率48%，人居环境得到极大提升。

第二节　小城镇基础设施建设

1988年，长沙市有19个建制镇（含新建或改乡建镇的城镇）。全年全市小城镇建设投入（含国家、受益单位集资）2.67亿元，开工项目114个，其中，饮用水工程项目投入3300万元，道路建设项目投入资金1920万元，其中的社会筹集资金占比32.8%，总里程数323千米。增加文体活动设施，加强厕所维修及污水处理，加宽加固防洪大堤、排灌渠道、涵管涵闸11.85万米。

图11-5-2-1　望城县整治后的湘江防洪大堤
（摄于1998年，市住建局供图）

1995年7月1日，中华人民共和国建设部发布的《建制镇规划建设管理办法》正式执行后，是年长沙市小城镇基础设施建设投入14.8亿元，道路、电力等设施建设项目开工328个。其中，新建道路投入资金1.16亿元，总里程数482千米；维修项目投入资金628万元。

1999年，全市共有建制镇71个，全市小城镇基础设施建设投入资金21亿元。2月1日，《城市给水工程规范》正式实施。长沙市加强小城镇给水工程建设力度，在建项目6个，投入资金1.68亿元，覆盖6个中心乡镇。

2002年，全市小城镇基础设施建设投入资金25亿元，各类小城镇建设项目413个，其中1000万元以上的建设项目80个，引导农民进城镇创业，转移农村人口10.33万，全市城镇化率45%。宁乡县花明楼镇被评为全国创建文明村镇工作先进镇。

2002年至2005年，完成小城镇建设投入120亿元，各县（市）以城关镇为中心建成一大批基础设施，小城镇建设质量和水平有了明显提高，基本形成以县城为中心、建制镇与乡集镇并存、大中小相结合的小城镇体系。2005年，长沙市确立以省会为中心，以县（市）城和中心镇为重点，按照“一横”（浏阳大瑶镇至宁乡黄材镇沿319国道沿线）、“两纵”（湘江沿岸和107国道线）、“两圈”（二环线近郊圈和长沙与周边地区结合的沿边圈）的城镇发展格局。

2006年3月17日，《湖南省城镇化指标评价体系》审议通过并实施，其中，要求人均道路面积4

平方米，用水普及率和燃气普及率均为3%。为此，长沙市加大小城镇基础设施投入力度。全年4县（市）小城镇建设项目开工629个，其中，道路建设项目48个，投入资金17886万元，用于道路白改黑、道路两侧绿化、亮化。

2007年，4县（市）有27个乡镇完成新一轮总规修编。全年4县（市）小城镇建设项目开工680个，实际投入84.33亿元，供水设施投入5.7亿元，完成金井、高桥、坪塘、桥驿、铜官、乔口、双凫铺等乡镇的引水工程建设。道路桥梁投入43亿元，长沙县东五、东六、东七、东八线、湘龙路、火星北路、水渡河路、贺龙体校路等年内竣工，望城县长灰花韶、金城大道、银杉路、长沙窑大道及县城路网快速推进，宁乡县二环南路等8条城市干道全面施工；环保环卫设施投入8.29亿元，长沙县新建黄花、高桥、路口、开慧、干杉、暮云6个垃圾压缩中转站，望城污水处理厂全面竣工。

2008年8月15日，出台并实施《关于推进县域村庄整治联系点工作的指导意见》。长沙市小城镇建设中实行村内道路、村庄供水建设和沟渠池塘、人畜分离治理，推进农村生活污水和垃圾治理。全年完成小城镇基础设施投资85.53亿元，加强小城镇建设的模式创新，推动莲化镇“两型社会”城乡一体化示范镇建设，并制定专门的规划。

2009年，全年小城镇基础设施项目开工建设623个，完成小城镇基础设施建设投资84.3亿元，农民进镇投资建房面积294.91万平方米，实现农村人口向城镇人口转移10万人。望城县靖港镇的古镇改造、光明村的绿色休闲产业、岳麓区莲花镇的“两型社会”示范镇建设、长沙县北山镇的土地流转试验、宁乡县关山村的宅基换住房等呈现小城镇发展的新特色。以莲花镇建设为示范，加快土地整理和规划建设步伐，实施核心区的全面改造，启动玉华山农民新村、农民文化广场等项目。

2010年，全年启动小城镇基础设施建设项目663个，完成投资85亿元，转移农村人口10万人。启动35个乡镇污水处理厂的建设，竣工垃圾处理站（场）15个，基本实现重点乡镇和中心乡镇都建有一个标准的压缩式垃圾中转站。出台《推进以镇带村基础设施建设一体化试点实施方案》，编制《长沙市村镇建设指南》，䴢梨镇、金井镇、开慧乡、沙坪镇的扩容提质开始呈现各自风格，莲花镇“两型社会”示范镇建设取得预期效果。

2011年，全年小城镇基础设施建设开工项目552个，完成小城镇基础设施建设投资92.76亿元。开展示范镇基础设施建设项目“以奖代补”考核工作，乡镇垃圾压缩处理中转站建设覆盖率100%。小城镇风貌建设试点、可再生能源建设试点、乡镇垃圾回收处理体系试点等项目开工，丁字、铜官、靖港、乔口古镇形成沿江集群发展新态势。全年完成农村公路改建1200多千米，完成水利建设工程4万多处，兴建各类农村供水工程89处，解决18万农村人口饮水不安全问题，195座病险水库治理年度目标基本完成。在村落环境整治方面，各县（市）按照统一规划中心村，逐步缩减自然村和加快建设新农村的要求，相继完成县域村庄布局规划编制。望城县白箬铺镇光明村完成各类投资2800多万元，生

图11-5-2-2 2011年，长沙县污水处理设施实现全覆盖

（市住建局供图）

态产业园盛大开园，“光明蝶谷”成为展示全市乃至全省新农村建设风貌的一个样板、一块品牌。岳麓区莲花镇围绕打造中国最美乡村的目标，全面启动“两型社会”建设示范工程。靖港古镇、板仓小镇、关山村、沙龙新村等一批特色镇村的改造建设彰显特色，集聚人气，发挥较好的示范带动作用。

至2012年年底，长沙市区县（市）建制镇80个。全市小城镇建设投资105亿元，城镇道路、供水、电力、通信、燃气等基础设施快速发展，开工项目638个。在乡镇总规重新编修后的6年时间中长沙市累计完成小城镇固定资产投资1.15万亿元，年均增速27.5%。其中，环境和公共设施管理业投资1024亿元，年均增速31.5%，随着小城镇建设特别是基础设施投资力度加大，城镇道路、公共交通、信息网络和水、电、气、医疗卫生、教育、环境保护等市政基础设施建设不断完善，基础设施对城镇人口及经济社会活动的容量大幅揭高，城市面貌发生巨大变化。针对农村发展中的薄弱环节，加快以小城镇公路通达、电网扩容、安全饮水、环境整治、校舍改造为重点的“五大工程”建设，公路通达工程完成农村公路建设4200千米，所有行政村和85%的自然村通上水泥路。农村电网扩容工程新建、改造低压线路9000多千米，基本完成乡镇垃圾收集处置体系建设，建成乡镇垃圾中转站96个、村级垃圾收集站810个、乡镇（村级）污水处理厂31家。兴建各类农村供水工程256处，解决100多万农村人口饮水安全问题。加固及重建、新建校舍25万平方米，完成投资1.36亿元。重点构建覆盖全市小城镇的道路交通网络、区域共享的供水网络，促进城乡基础设施联网共享。

第三节　重点镇建设

1988年长沙市主要小城镇大多为传统轻工业集中地和依托乡镇企业兴起而崛起的新型集镇，城镇功能比较单一，发展比较缓慢，传统老集镇逐渐萎缩。2000年前后，在城乡一体化建设进程中，小城镇的作用日益增强，国家和省市各级政府有针对性地扶持基础条件较好的集镇重点发展。2002年，长沙市共有10个重点镇（含国家重点镇、省级重点镇和市级重点镇），其中，建设部综合改革试点镇5个：雷锋镇、金井镇、永安镇、洞井镇、花明楼镇，省委、省政府50个单位对口扶持重点镇9个：大瑶、永安、金井、江背、丁字、星城、雷锋、双凫铺、花明楼，加上市委、市政府确定的洞井镇。全市重点镇建设投资8.9亿元，道路（含过境公路）密度为每平方千米2.87千米，绿化面积76公顷，公共厕所12座。望城雷锋镇投资2300万元，敷设主水管7400米，完成自来水引水工程，解决了制约城镇经济发展的瓶颈问题。浏阳大瑶镇、长沙县星沙镇被评为全国小城镇示范镇，宁乡县花明楼镇被评为“全国创建文明村镇工作先进镇村”。

图11-5-3-1　浏阳市大瑶镇新建成的居民小区

（摄于1998年，市住建局供图）

2003年，根据建设部等六部委《关于公布全国重点镇名单的通知》，将全国重点镇健康发展作为农村全面建设小康社会的重要任务，努力把全国重点镇建设成为促进农业现代化、加快农村经济社会发展和增加农民收入的重要基地。全市重点镇建设项目共123个，投入15亿元，主要用于城镇道路、绿化、供排水、供电、通信和住宅建设。新建、扩建自来水厂5个，自来水普及率达87.5%，绿化覆盖率25%，人均公共绿地面积7平方米。新建、扩建道路长度68千米，道路骨架基本形成，分别设置机动车道、人行道和绿化带，道路配套设施基本齐全，路灯、灯箱广告设置均匀合理，排水组织基本畅通。望城丁字镇新建的4.8万平方米的住宅小区，充分利用麻石资源，突出湖湘民居风格，技术指标严格控制，绿化率达48%，容积率为0.4，建筑密度为13.15%，城镇居住环境的优越逐渐显现。2005年，长沙市出台《关于加快小城镇建设的意见》，以县城扩容提质和加快中心镇建设为重点，着力提升城镇功能，改善人居环境，努力创新小城镇建设管理体制，全面提高小城镇建设的整体水平，

2005年，全市重点镇投入19亿元，其中城建融资7.3亿元。全市重点镇的人均道路面积达到9平方米，人均居住面积34平方米，人均公共绿地面积6平方米，自来水普及率达90%，道路铺装率90.6%。重点镇建设开始出现由建房屋向建环境转变、解决居住问题到安居乐业转变、人口集结到要素集聚转变。

2006年，围绕“东提南进、西拓北聚、长望融城、浏宁扩容”的城乡一体化格局的总体构想和“长株潭”经济一体化发展战略，长沙市选择5个镇实施重点扶持，含丁字镇、永安镇、雷锋镇，按高起点规划、高标准建设，增强中心城市辐射功能。全市重点镇总投入30亿元，主要用于旧城镇改造、特色街区建设、绿地休闲走廊建设、新建或维修道路、给排水建设等。全年新建或维修道路112千米，道路两侧绿化、亮化，路面白改黑；下水管网新建或改造19千米；统规整治民居房，做到整体风格“四统一”(统一屋面，统一外墙，统一门，统一窗)。

2008年，全市重点镇基础设施建设投资34亿元，重点镇的道路硬化率98%，并配套建设亮化、绿化工程，同步敷设电力、通信、给排水、供气等网络，人均道路面积11.3平方米，彻底消灭泥巴路、摸黑路。城镇燃气普及率达68%，采用管道送气为主，灌装送气为辅。望城县靖港镇的古镇污水处理厂项目开工，建设资金500万元，后期维护资金100万元，日排水量400吨。

2011年，长沙市对重点镇的基础设施建设项目继续采取“以奖代补”方式予以支持，全市共完成重点镇基础设施建设投资41.3亿元，重点解决道路交通、供水、排水、电力、电信、燃气、绿化、防灾、卫生院、学校等基础设施项目建设。城镇化率52%，乡镇垃圾压缩处理中转站建设覆盖率100%。宁乡县花明楼镇加大教育基础设施建设，投资876万元，实际使用面积31068.14平方米，部分项目主要采用镇区仿古建筑。

2012年，长沙市重点镇（含国家重点镇、省级重点镇和市级重点镇）15个，分别为暮云镇、铜官镇、永安镇、大瑶镇、灰汤镇、金井镇、沿溪镇、镇头镇、花明楼镇、流沙河镇、开慧镇、乔口镇、沩山镇、莲花镇、大围山镇。长沙市把加快重点镇建设作为推进城乡一体化发展的重大举措。长沙市按照城市总体规划和优化空间布局要求，确定5个小城市、5个中心镇、5个特色镇，作为推进城乡一体化发展的重要节点，加速农村人口向中心城镇集聚、工商产业向中心城镇融合、生产要素向中心城镇流动，努力建成一批经济繁荣、社会进步、功能完善、生态优美的示范城镇，为推进城乡一体化发挥好示范、引领、带动作用，从当年起市财政每年预算安排专项扶持引导资金1亿元，并整合部门城镇建设专项资金1亿元，共同撬动社会资本，促进新型城镇化加快发展。当年，全市重点镇基础设施建设投资45.8亿元，重点镇公路通达、电网扩容、安全饮水、环境整治、校舍改造五大工程全面推进，新改建道路340千米，村级道路全部硬化；解决30万人口饮水安全问题；加固及重建、新建校舍3万平方米，校舍安全工程全面完成；垃圾收集处理实现全覆盖，垃圾收集处理率100%，重点镇建设快速发展，人居环境改善，在农村经济和社会发展中引领作用初步突显。

第六章 国土资源管理

1988年，为摸清土地资源家底，长沙市依据国务院部署，开始第一次土地利用现状调查，1995年6月通过验收。调查结果显示，长沙市共有土地118.19万公顷，其中耕地28.41万公顷，全市人均耕地0.052公顷。

1989年，全市开展城镇国有土地使用权和待开发土地资源调查。5月《长沙市矿产资源开发利用规划（1986—2000年）》编制工作完成，长沙市探明矿产储量的矿产51种，储量居全国首位的有海泡石、菊花石，居全省前列的有硫、磷、铜、锌、陶瓷黏土、花岗石等。1991年，长沙市按照国家土地管理局关于在全国范围内开展争创土地管理“三无”（无越权批地、无违法用地、无抛荒耕地）乡（镇）活动的要求，下发创“三无”乡（镇）规划，且于每年年底组织验收。

1992年3月，出台《长沙市国家建设征用土地补偿安置办法》。是年4月，出台《长沙市城镇国有土地使用权出让转让暂行办法》。同月27日，浏阳县拍卖县城首宗国有土地使用权，敲响湖南省土地拍卖第一锤，长沙市土地使用制度改革开始起步。是年5月，土地有偿使用制度实行的同时，长沙市全面开展土地资产执法工作。1993年，为强化政府对土地的管理，浏阳市大瑶镇在全市率先试点，实行建设用地统一规划、统一征用、统一开发、统一出让、统一管理（简称“五统一”）。1994年5月，出台《长沙城市建设用地实行“五统一”的规定》。6月，出台《长沙市人民政府关于确定土地权属的规定》。7月，在全市开展土地管理“三个集中”（即集中整改、集中清收、集中报批）行动。是年，长沙市本级共收回欠缴的土地出让金3468万元，调处土地纠纷300余起，查处土地违法案件1035起，并以大案要案处理作为突破口，整肃土地市场。1995年，在全市推广浏阳市大瑶镇以地兴镇建设小城镇经验。

1996年，出台《长沙市实施〈湖南省基本农田保护条例〉办法》，从法律法规、政策措施上加强对基本农田的保护力度。1996年12月，出台《长沙市村庄规划建设用地管理暂行规定》。是年，宁乡县获全国土地管理“三无”县，全市涌现54个土地管理“三无”乡镇。1997年5月，根据《中共中央、国务院关于进一步加强土地管理切实保护耕地的通知》要求，长沙市开始冻结非农业建设占用耕地审批，同时全市开展非农业建设用地清查，查清1991年以来的全市非农业建设用地家底，依法依规处理一批违法用地。6月，长沙市开启第二轮土地利用总体规划修编工作。1998年年初，为适应新修订颁布的《中华人民共和国土地管理法》，长沙与上海、杭州率先研究建立土地储备机制。是年5月，出台《长沙市土地储备暂行办法》《长沙市土地储备工作实施方案》《关于收回国有土地使用权的若干问题的意见》，1999年8月《长沙市闲置土地处置办法》（53号令）发布施行。

2000年1月，出台《长沙市征地补偿安置条例》；出台《长沙市征地补偿安置条例实施办法》，办法包含5个补偿标准表和1个补助费标准表，增加“留地安置”新规。是年，长沙市成为全国第一批卫片执法试点城市。2001年10月，长沙市全面开展矿产资源管理秩序治理整顿，重点对宁乡煤炭坝、浏阳七宝山、澄潭江、湘江河道采砂开展整顿工作。是年，宁乡县被评为全国“土地执法模范县”。2002年2月，发布《关于规范国土资源管理政务有关问题的通知》，合并行政审批事项，实行政务大厅窗口式集中办公，规范行政行为，提高服务质量。2002年7月，长沙市国土管理局与地质矿产局合并，组建长沙市国土资源局。

2003年长沙市全面推行土地收购储备制度，加强土地储备财务管理与监督。2004年6月24日，长沙市敲响矿权拍卖第一锤，位于宁乡县坝塘镇乐安村，储量为3.56万吨的锰矿采矿权经77轮竞价，117万元成交。2005年7月，新河三角洲地区采取“立体开发、人车竖向分流”方式，试点旧城改造，探索存量建设用地节约集约利用新模式，该项目被国土资源部和科技部列为“十一五”（2006—2010年）科技创新课题。2007年7月12日国土资源部会同国家发改委、建设部在长沙召开节地型城市发展新模式现场会，推介新河三角洲节地开发模式。2005年8月，发布《长沙市招标拍卖挂牌出让国有土地使用权暂行办法》，次年6月，出台《长沙市国有土地有偿使用规定》，明确经营性用地必须采取招标、拍卖、挂牌方式出让。2007年6月25日，以95200万元拍卖位于岳麓区尖山村的宗地，溢出起始价61085万元，实现长沙市首宗国有建设用地网上挂牌出让成交。

2007年，长沙开始第二次土地调查，2010年12月，调查成果通过验收。全市1.18万平方千米土地，其中耕地28.43万公顷，人均耕地0.042公顷。

2007年7月，国土资源部批准雨花区黎托片区为全国唯一的城市综合开发建设节约集约用地试点。试点采取立体组合，实施长沙火车南站立体节约利用、中小学等公共服务设施用地复合利用、市政及公共服务设施半地下布局、拆迁农民集中高层公寓式安置、浏阳河沿线地块架空、新花候路西部地块不完全架空、绿地混合利用7种节约集约用地模式。2007年9月，国土资源部印发《全国土地执法百日行动方案》，长沙被评为“全国百日执法行动先进市”。2008年4月，出台《长沙市征地补偿实施办法》，并配套出台3个文件，改革补偿安置方式，妥善解决被征地农民的长远生计和社会保障。2008年7月，出台《国有建设用地使用权出让监管暂行办法》，规定全市工业、商业、旅游、娱乐和商品住宅等经营性用地，全部采取网上挂牌方式出让。是年12月，出台《长沙市网上挂牌出让国有建设用地使用权规则》，自2009年1月1日施行。

2008年7月，长沙市完成第三轮土地利用总体规划（2006—2020年）修编工作，规划提出长株潭城市群协同发展，内融翼优、区域统筹和可持续发展的土地利用战略。2009年3月，国土资源部部署开展“保增长保红线行动”，是年，长沙市国土资源局被评为全国“保增长保红线行动”成效显著单位。2010年5月，出台《长沙市农村土地流转暂行规则》等4个规范性文件。6月，举办首场农村土地流转交易会。

2012年5月，出台《长沙市农村土地综合整治试行办法》，将农村土地综合整治与城乡建设用地增减挂钩结合，推动城乡统筹协调发展。是年，长沙市矿产资源规划（2008—2015年）获国土资源部优秀成果一等奖。12月，数字长沙地理空间框架一期项目通过验收并投入应用，长沙市被国家测绘局授予“全国数字城市建设示范城市”。

第一节 机构

一、市级机构

长沙市国土管理局成立于1987年2月26日，由长沙市农业区划办、土地管理办、征地拆迁办及城市建设规划管理处合并组成，对外保留长沙市城市建设规划管理处牌子。内设办公室、政工科、法规监察科、建设用地管理科（含农村土地管理）、村镇建设规划科、建筑管理科、国土规划农业区划科（对外保留长沙市农业区划办的牌子)、地籍管理科、征地拆迁科(对外保留长沙市征地拆迁办公室的牌子)9个科室和机关党委、监察室。1988年10月，长沙市规划管理局成立，与长沙市国土管理局实行“两块牌子、一套人马”。1991年6月，长沙市国土管理局与长沙市规划管理局分设。1996年11月，长沙市地矿局成立，同时加挂“长沙市黄金管理局”牌子。2002年7月，长沙市国土管理局与地矿局合并，组建长沙市国土资源局。内设办公室(综合业务处)、政策法规处、规划和耕地保护处(加挂长沙市农业区划委员会办公室牌子)、财务处、建设用地处、地籍和测绘处、地产管理处、矿产储量和地质环境处、矿产开发管理处(加挂长沙市黄金管理局牌子)、征地拆迁管理处(加挂长沙市人民政府征地办公室牌子)、人事处11个处(室)。2009年，规划和耕地保护处分设规划和节约集约用地处、耕地保护处，增设综合研究室，2011年，综合业务处从办公室分设出来，地产管理处改为土地供应处，整合矿产储量和地质环境处、矿产开发管理处部分交叉职能组建新的矿产开发和储量管理处、地质环境处，增设信访处。调整后，内设机构增加至16个。另加局机关党委和局纪检(监察)机构编制在局机关行政编制总额内单列。至2012年内设机构无改变。

1988年3月，长沙市规划土地法规监察执法队组建，系局直属机构。1992年8月，成立长沙市地产开发公司。1994年3月，成立长沙市国土管理局地籍测绘队和长沙市土地估价所。1996年3月，成立长沙市地产市场管理处和长沙市国土管理局结算中心。8月，长沙市土地估价所更名为长沙市地价所。11月，长沙市土地信息中心成立。1997年10月，长沙市地产开发公司更名为长沙市土地开发服务中心。1998年9月，长沙市土地开发服务中心加挂长沙市土地储备中心牌子。1999年12月，长沙市国土管理局结算中心加挂长沙市土地整理中心牌子。2000年9月，成立长沙市土地开发有限责任公司。2001年3月，撤销长沙市地价所，长沙市国土管理局结算中心与长沙市土地整理中心分设，6月，长沙市土地开发服务中心与长沙市土地储备中心分设，12月，长沙市国土管理局结算中心并入更名升格的长沙市土地市场管理处。2002年6月，长沙市土地法规监察执法队升格为长沙市国土资源执法监察支队。2004年9月，长沙市土地储备中心加挂长沙市土地开发服务中心牌子，12月，将长沙市土地开发有限责任公司并入长沙市土地储备中心。2007年1月，长沙市土地市场管理处更名为长沙市国土资源交易中心，7月，长沙市国土资源局地籍测绘队更名为长沙市国土资源测绘院。2009年2月，长沙市国土资源交易中心加挂长沙农村土地流转交易中心牌子。2011年6月，设立长沙市地质灾害监测评价中心。2012年年底，长沙市国土资源局有7个二级管理机构，分别为：长沙市国土资源执法监察支队、长沙市国土资源交易中心、长沙市土地储备中心、长沙市国土资源测绘院、长沙市土地信息中心、长沙市土地整理中心、长沙市地质灾害监测评价中心。

1994年2月，成立长沙市国土管理局捞霞经济开发区分局，后改名金霞经济开发区分局，为长沙市国土管理局正科级派出机构。1998年1月，成立长沙市国土管理局开发区分局，为长沙市国土管理局在长沙高新区的派出机构，接受高新区与国土管理局双重领导。1999年7月，撤销长沙市国土管理局开发区分局，成立长沙市国土管理局高新技术产业开发区分局，为长沙市国土管理局在高新区的正科级派出机构。2002年，长沙市国土资源局经济技术开发区分局和高新技术产业开发区分局均升格为副县级派出机构，接受派出单位与开发区双重领导。

1988—2012年，先后担任长沙市国土资源局主要领导职务的有：左天柱、程壮飞、廖行健、尹信达、李振尃、汪泽秋，等；其他领导班子成员有：方怒江、陈荣杰、徐瑛(女)、舒友德、陈松乔、廖行健、肖顺良、刘迪武、卜华桂、傅青山、廖春华、周方(女)、刘光标、喻和平、文雄、张君来、黄凌红

(女)、罗国良、舒桂秋、彭志明、余辉、刘国梁、杨勇，等。

二、区县（市）机构

1987年，长沙、望城、浏阳、宁乡4县及郊区均设国土管理局，内四区设土地管理办公室，行政上受县（区）政府领导，业务由长沙市国土管理局指导。1989年6月，长沙市内四区土地管理办公室分别更名为长沙市东区国土管理局、长沙市南区国土管理局、长沙市西区国土管理局、长沙市北区国土管理局。是年长沙、望城、宁乡3县分别成立矿产资源开发管理办公室（下文简称“矿管办”），浏阳矿产管理业务暂由县矿产品公司和县煤炭公司负责，郊区由政府委托部门代管。1996年9月，长沙市区行政区划调整，在新成立的内5区分别成立国土管理分局，实行长沙市国土管理局与各区人民政府双重领导体制，机构名称分别为长沙市国土管理局芙蓉区分局、天心区分局、岳麓区分局、开福区分局、雨花区分局。2001年11月，宁乡县人民政府合并地质矿产局与国土管理局组建宁乡县国土资源局。次月，望城县和浏阳市国土管理局与各自的矿管办合并组建望城县国土资源局、浏阳市国土资源局。2002年1月，长沙县国土管理局与长沙县地质矿产局合并组建长沙县国土资源局。2004年，经批准，省以下国土资源主管部门调整干部管理体制，地（市）、县（市）国土资源主管部门的领导干部实行双重管理体制，以上一级国土资源主管部门党组（党委）管理为主，地方党委协助管理。市辖区国土资源分局机构编制上收到市人民政府管理，为长沙市国土资源局派出机构。2005年10月，长沙市国土资源局下设5个分局，分别为长沙市国土资源局芙蓉区分局、天心区分局、岳麓区分局、开福区分局、雨花区分局，均为市国土资源局的正科级派出机构。2011年望城撤县设区后，望城县国土资源局更名为长沙市望城区国土资源局。

三、基层机构

1989年年底，乡镇一级国土管理机构成立，全市配备乡镇一级管理人员329名。1992年，长沙县各乡镇开始独立建所，是年建成11个乡镇国土所，之后各县（市）陆续建所。1995年“撤区并乡”后，1996年4月，长沙市各县（市）以乡（镇）建所，按照辖区规模大小，每所核定事业编制3~5名不等，各乡镇国土所统一接受县（市）国土管理局垂直领导。1997年2月，城区以乡镇设立国土管理所，实行乡镇与区国土管理分局共管，以区国土管理分局为主。2005年10月，城区分局在行政区划内按建制乡（镇）设置乡（镇）国土资源管理所，名称统一为“长沙市国土资源局××区分局××乡（镇）管理所”，在建制乡（镇）以外区域设置中心国土资源管理所，名称统一为“长沙市国土资源局××区分局中心管理所”，城区基层国土资源管理所均为区国土资源分局的派出机构。

第二节　地籍管理

一、土地资源调查

1987年，长沙市开展农业自然资源调查和农业区划调查，至1988年年末，完成并出版62万余字的农业区划调查报告集和28幅1:25万农业区划图集及名优特产品论文集。

1988年，按照国家土地管理局统一部署，长沙市开始第一次土地利用现状调查（又名“土地详查”）筹备工作，发布《长沙市土地现状调查实施方案》。全市土地利用现状调查专业技术队伍采用招标承包方式确定，主管部门和承包单位共组织324人的专业技术队伍，以搜集到的历次土地资源调查和人口资源普查为基础数据，购置航片9434张、影像205幅、地形图828幅。实施调查前，对全市土地利用现状调查的专业技术人员进行培训，然后分单位开展试点，经验收符合标准后才允许后续作业。调查技术依照国家《土地利用现状调查技术规程》《土地利用现状调查地（市）级汇总技术规则》标准进行。

长沙市土地利用现状调查以宁乡县为试点，于1988年10月开始。宁乡县选派技术骨干48名参与。通过项目承包、经费包干、责任到人的形式抓具体工作的落实，湖南省遥感中心负责技术业务，各级政府部门负责协调和后勤保障，分阶段、分单项验收评分，凡单项验收合格率90%，该单项视为合格，合格率低于80%的，该单项即行返工，以确保土地详查质量。宁乡县土地详查于次年年底完成全部外业、内业转绘及与两个县的接边任务。

长沙县、望城县土地详查分别于1989年11月、12月开始，郊区土地详查于1990年7月开始。

在开展土地详查期间，1990年8月，开展大中型水面调查和综合开发课题研究，至年底完成外业工作。经统计，全市有66.67公顷以上湖泊、1000万立方米以上容量的水库共20个。

至1991年年底，长沙县完成1:10000国际分幅土地利用现状图和权属界址图（除湘潭市郊区和浏阳未接边外）、县乡土地利用现状图、面积量算和资料整理等程序。望城县于次年6月提交成果报省验收，11月结束。

外业调查阶段，全市共调绘航片8865张，调绘地类图斑89.40万个，调查土地权属单位4672个，签订土地权属文书1.01万份，处理土地权属争议1521起。

市级汇总于1993年开始准备，1994年全面铺开，至1995年3月基本完成。形成绘制土地利用现状图，建立各类土地汇总台账和图斑面积登记表，覆盖全市的1:10000土地利用现状图和以村集体为单位的权属调查资料，完成《长沙土地资源》（1995年4月）和《长沙市土地利用现状调查报告》（1995年6月）文字成果。1995年6月，长沙市第一次土地利用现状调查通过湖南省土地资源调查办公室验收，总体质量评价为“优”。

调查结果：长沙全市共有土地118.19万公顷，其中国有土地5.55万公顷，占4.7%；集体土地112.47万公顷，占95.16%；未定权属土地1670公顷，占0.14%。依据全国土地分类系统，长沙市共有8个土地一级类，41个二级类。其中：耕地总面积28.41万公顷，占全市土地总面积的24.04%，全市人均耕地0.052公顷。其中灌溉水田和望天田25.70万公顷，人均0.047公顷；旱地2.44万公顷，人均0.0045公顷；菜地2724.77公顷，城镇人口人均0.00047公顷。园地面积3.52万公顷，占全市土地总面积的2.98%，主要分布在丘、岗地区，除几个纯山区乡没有或极少分布外，其余乡镇均有分布。其中果园面积8839.79公顷，占园地总面积的25.09%；茶园面积1.59万公顷，占园地面积的45.16%；桑园面积279.73公顷，占园地面积的0.79%；其他园地面积1.02万公顷，占园地面积的28.94%。林地面积59.77万公顷，占全市土地总面积的50.57%。其中有林地51.99万公顷，占林地面积的86.99%；疏林地1.31万公顷，占林地面积的2.19%；灌木林地6922.91公顷，占林地面积的1.16%；未成林造林地5.01万公顷，占林地面积的8.38%；苗圃139.77公顷，占林地面积的0.02%；迹地7539.86公顷，占林地面积的1.26%。牧草地3.77公顷，占土地总面积的0.01%。其中天然草地2.53公顷，占牧草地面积的67.26%；人工草地1.23公顷，占牧草地面积的32.74%。居民点及工矿用地9.95万公顷，占全市土地总面积的8.42%。其中城镇居民点用地6329.12公顷，占居民点及工矿用地的6.36%，按城镇总人口计算，人均0.00047公顷；农村居民点用地8.11万公顷，占居民点及工矿用地的81.43%，按全市农村总人口计算，人均200平方米；特殊用地1409.35公顷，占居民点及工矿用地的1.42%；独立工矿用地1.07万公顷，占居民点及工矿用地的10.74%。交通用地面积8794.88公顷，占全市土地总面积的0.07%。其中铁路用地307.51公顷，占交通用地面积的3.50%；公路用地3014.63公顷，占交通用地面积的34.28%；农村道路用地5255.81公顷，占交通用地面积的59.76%；港口码头用地0.53公顷；民航机场用地216.39公顷，占交通用地面积的2.46%。水域面积9.14万公顷，占全市土地总面积的7.74%。其中河流水面2.13万公顷，占水域面积的23.28%；湖泊水面829.12公顷，占水域面积的0.91%；水库水面5699.21公顷，占水域面积的6.23%；坑塘水面3.90万公顷，占水域面积的42.66%；滩涂1.01万公顷，占水域面积的11.01%；水上建筑物2380.57公顷，占水域面积的2.60%；沟渠1.21万公顷，占水域面积的13.28%；苇地20.38公顷，占水域面积的0.02%。在水域总面积中，国有土地2.80万公顷，占水域总面积的30.6%。未利用土地面积6.51万公顷，占全市土地总面积的5.51%。其中荒草地1212.87公顷，占未利用地面积的19.37%；沼泽地3.64公顷，占未利用地面积的0.01%；沙地4.35公顷，占未利用地面积的0.01%；裸土地985.57公顷，占未利用土地的1.51%；裸岩石砾地840.21公顷，占未利用地的1.29%；田坎土坎4.96万公顷，占未利用地的76.11%；其他1109.64公顷，占未利用地的1.70%。全市人口密度461.57人/平方千米，人均土地0.217公顷。

1996年，国家土地管理局部署全国土地利用现状变更调查。依据国家土地管理局颁发的《日常地籍管理办法》（农村部分），是年9月开始，10月30日为野外调查截止日期，将土地利用调查后变化的地类、权属补充修正汇总统计至10月31日同一时点，以后土地利用现状变更纳入日常地籍管理，成为一项制度，每年调查一次，野外调查截止时间统一为10月30日。

2007年，国务院部署第二次全国土地调查，是年7月长沙市启动调查工作。10月，印发《长沙市人民政府关于开展第二次土地调查工作的通告》，同时编制下发《长沙市第二次土地调查工作方案》。

土地调查采用统一的土地利用分类国家标准，采用政府统一组织、地方实地调查、分级控制成果质量的模式，采用覆盖全市遥感影像的调查底图，实现图、数、实地一致。此次调查历时3年多，投入经费6660万余元。配备12台GPS接收机，56台全站仪，100台电脑，5套专业软件，投入人力1000余人，累计投入30万余个工作日，行程2万千米。经过外业调查和内业整理、数据建库等程序，长沙市9个县（市、区），6家专业技术单位，完成全市农村土地调查和城镇土地调查工作，建立市、县（市、区）两级农村土地利用数据库、基本农田数据库、城镇土地利用数据库，形成集影像、土地利用、土地权属、文字报告等于一体的土地调查成果。以2009年12月31日为标准时点汇总数据，全面查清全市1.18万平方千米范围内的土地利用状况，掌握各类土地资源家底。2010年12月29日，全部土地调查成果通过湖南省第二次土地调查办公室组织的专家验收。形成《关于长沙市第二次土地调查主要数据成果的公报》，其具体数据为：耕地28.43万公顷，占24.06%；园地1.22万公顷，占1.03%；林地60.96万公顷，占51.59%；草地0.64万公顷，占0.54%；城镇村及工矿用地14.10万公顷，占11.93%；交通运输用地2.64万公顷，占2.23%；水域及水利设施用地

图11-6-2-1 2007年10月16日，长沙市召开第二次土地调查动员会（市国土局供图）

7.91 万公顷，占 6.69%；其他土地 2.29 万公顷，占 1.93%。

按三大类分，全市农用地 98.68 万公顷，建设用地 16.02 万公顷，未利用地 3.49 万公顷。

全市耕地分布与质量状况为：长沙市耕地按地区划分，长沙县耕地 5.86 万公顷，占 20.61%；望城县耕地 3.36 万公顷，占 11.82%；浏阳市耕地 7.83 万公顷，占 27.54%；宁乡县耕地 9.65 万公顷，占 33.94%；芙蓉区耕地 0.03 万公顷，占 0.01%；天心区耕地 0.08 万公顷，占 0.03%；岳麓区耕地 1.23 万公顷，占 4.32%；开福区耕地 0.34 万公顷，占 1.20%；雨花区耕地 0.05 万公顷，占 0.02%。就耕地质量而言，全市耕地按坡度划分，2 度以下耕地 14.71 万公顷，占 51.74%；2~6 度耕地 7.44 万公顷，占 26.17%；6~15 度耕地 5.77 万公顷，占 20.30%；15~25 度耕地 0.49 万公顷，占 1.72%；25 度以上耕地（含陡坡耕地和梯田）0.02 万公顷，占 0.07%。从耕地总量和区位看，长沙市有相当数量的耕地位于地势较为平坦的丘陵和洞庭湖平原上，只有少量 25 度以上陡坡耕地需要根据国家退耕还林、还湿和耕地休养生息的总体安排作逐步调整。从人均耕地看，长沙市人均耕地 0.0427 公顷，为湖南省人均耕地的 71.33%，全国人均耕地的 42.38%。

第二次全国土地调查结束后，从 2010 年开始，土地利用年度变更调查汇总时点调整至每年 12 月 31 日。具体做法是：采用遥感影像技术，根据上级下发的上时点土地利用现状数据库和遥感影像数据，对土地利用现状、土地权属及行政区划变化进行外业实地调查，获取变化地类图斑、土地权属（宗地）、行政区划数据，从而生成增量数据包以及统计报表，实时对土地利用数据库更新和上报，做到图斑、数字和数据库同时变更，从而保证调查成果的客观真实性。

二、地籍测量

根据国家土地管理局 1987 年 9 月下发的《关于试行〈关于城镇村庄地籍调查规程〉和〈全国土地登记规则〉的通知》精神，发布《土地登记试行办法》《土地登记验收办法及标准》《土地登记技术要求》，并依据上述文件，分区开展城镇地籍调查。

1988 年，将地籍工作的重点在审查核实用地面积、界址、权属，全市受查土地面积 7.09 万公顷。

长沙市内四区地籍测绘采用向社会招标方式进行，由中南勘测设计院负责南区，长沙市勘测院负责北区，湖南省第二测绘院承担东区，长江水利委员会汉口水文总站承担西区的地籍测绘工作。1991 年 10 月，长沙市以北区地籍调查作为试点，采用 1983 年版航摄像片和 1985 年版 1:2000 地形图做基础资料，将 1:2000 地形图放大至 1:500 作为地籍调查工作底图。通过实施调查、测量，完成地籍图、表、册、簿、宗地图等系列地籍调查资料。1993 年，长江水利委员会汉口水文总站开始西区的地籍测绘工作，具体做法是在长沙市勘测规划设计院施测的 GPS 四等网和一、二级导线基础上，加密图根控制点，实测街坊外轮廓及宗地界址点坐标，宗地勘丈、宗地图绘制和面积的计算。湖南省第二测绘院实施东区地籍测绘时，将常规 1:500 地籍图转换成数字化地籍图，面积量算使用软件 CSAM 系统。由计算机绘制宗地图，包括界址点、界址线、界址边长、宗地号、宗地界址点号、地类号、宗地面积、邻宗地号、邻宗界址示意线。每宗地都由计算机打印界址点成果及宗地图，按街坊装订成册。

1994 年，地籍测绘在全市逐步铺开。至年底，长沙市城区地籍调查完成 39 平方千米权属调查和外业勘丈，长沙县完成榔梨镇地籍调查，望城县完成 7.6 平方千米地籍调查，浏阳市完成城关镇 8.2 平方千米地籍调查。至次年年末，长沙市城区地籍调查完成 71.5 平方千米，完成外业土地面积 49.8 平方千米。望城、浏阳市城关镇地籍调查分别完成 10.6 平方千米、5 平方千米。

1995 年 3 月起，宁乡县对县城及其周围 10 平方千米范围内的 66 个街巷地段进行权属调查，至次年

12 月完成内外作业，获得城区土地分类面积统计 1:500 基础地籍图 212 幅，1:200~1:1000 宗地图 2496幅。

1997—2000 年，长沙市数字化成图共完成 78 平方千米地籍调查，全市建制镇地籍调查除浏阳市未扫尾外，其余全部完成。

2006 年，长沙市城区 200 平方千米地形测绘基本完成，各作业单位于 12 月 20 日前将全部数据资料上交建库办，地形、权属界址检查通过省质检站验收。次年，城区地籍数据库建设通过专家验收。长沙、望城和宁乡三县城镇地籍调查工作进入扫尾阶段，浏阳市落实招投标。至 2008 年年末，共完成农村外业调查 11198 平方千米，城镇外业测量共完成 7.74 万宗 368.58 平方千米。

2012 年，长沙市地籍调查已覆盖整个市域，进一步推进金土工程，形成全市统一的地籍数据管理和更新体系。

三、土地登记发证

1988 年，长沙市启动土地登记发证工作。长沙市土地初始登记按照公告、申请土地登记、地籍调查、权属审核、注册登记和颁发土地权利证书六个步骤进行。按照规定，被登记的土地必须“权属合法、界址清楚、面积准确”。在登记注册的基础上，由宗地所在县（市）级以上人民政府根据权属性质，发给土地权利人国家土地行政主管部门统一印制、统一编号的“国有土地使用证”“集体土地使用证”“集体土地建设用地使用证”或“土地他项权利证”。

长沙市土地使用权登记发证工作分“两步到位”（即先在完成地籍测量与权属调查的基础上，用 1:500 地形图作为地籍草图登记发证，待条件允许后再补充地籍调查成果，完善地籍档案）。1988 年 11 月，在非农业用地清查的基础上，开展城镇土地使用权申报工作。对城市、县城、建制镇的建成区的国有土地和集体土地，独立工矿区范围内以及其他范围内的国有土地，使用权人以宗地为单位申报登记。至 1989 年年末，全市国有土地申报面积 1.20 万公顷，在申报登记的基础上开展权属调查，至年底验收单位 4017 个，确权单位 2000 个，私人住宅验收确权 5.58 万户。

1990 年 12 月 28 日，将浏阳县镇头乡作为土地登记发证试点单位，全市在浏阳县镇头乡召开颁证大会。

宁乡县从 1991 年 6 月开始，到 12 月 31 日止，共完成 170 个村的 5.57 万宗村民零散宅基地、34 户国家干部（职工）、65 个国家和集体单位 105 宗用地的土地使用权发证登记工作。具体实施步骤是：成立县乡（镇）两级土地登记发证领导机构；开展政策法规宣传；集中全县区、乡国土员集中培训，并现场实地测算；处理违法用地，完善用地手续，建立健全地籍档案。

1993 年，发布《关于集体土地所有权登记发证有关问题的通知》，依据《土地登记规则》，在土地详查成果的基础上，进行集体土地所有权登记发证。至 1993 年年底，市内 5 区共发证 6950 宗，浏阳市城镇发证 207 宗。

1994 年，长沙市人民政府下发《关于确定土地权属的规定》，明确规定国家、集体土地的权属范围及确权程序。

1998 年 8 月，出台《关于对住宅房屋所有权人发放国有土地使用证的实施意见》，对长沙市区内国有土地房屋住宅所有权人开展土地登记，发放“国有土地使用证”，即分户登记发证。是年全市房改房发证 7600 余本。

2000 年，发布《关于住宅用地分户土地登记发证若干问题的处理意见》，进一步完善住宅分户登记发证工作。是年，长沙市共完成城镇地籍调查15.97万平方米，发放土地使用证书18.8万本。

2003年5月，长沙市内5区单位建设用地和集体建设用地的登记发证，均集中到市国土资源局办理，农村宅基地的登记发证仍在区国土分局办理，县（市）登记发证的权限不变。是年，全市国有土地登记发证率81%。农村土地登记发证逐步展开，集体土地所有权证发证率35%，集体建设用地使用权证发证率29%。是年共发放国有和集体土地使用证2.76万本。

2006年，发布《关于土地登记发证工作与地籍测绘有关问题的通知》《关于处理国有土地上住宅土地分户登记有关遗留问题的通知》，进一步规范土地登记发证与地籍测绘工作。

根据国土资源部2008年下发的《关于进一步规范土地登记发证受理工作的通知》精神，发布《长沙市土地登记实施细则（试行）》《关于进一步规范土地登记受理发证工作的通知》《长沙市农村宅基地使用权登记工作实施意见》。就土地登记发证工作进一步细化，规范和完善国有土地、集体土地和农村宅基地使用权登记发证工作。是年全市国有土地登记发证7.66万本，集体土地登记发证740本。同步开展农村宅基地调查、发证试点，市内5区完成约4000宗农村宅基地调查、长沙县完成两个村试点。2010年，长沙市全年共办理、发放国有土地使用证9.13万本，其中分户发证7.81万本。

2011年4月，发布《土地分户登记管理有关规定》。8月，根据国土资源部、财政部、农业部《关于加快农村集体土地确权登记发证工作》的要求，按照《农村集体土地确权登记发证工作方案》《农村集体土地确权登记发证技术方案》具体安排，开启长沙市农村集体土地确权登记发证工作，是年发放集体土地使用证146本。

2012年，长沙市全面开展农村集体土地确权登记发证工作。至年末，全市集体土地权属调查和测量工作共完成574.97平方千米，农村集体土地确权登记、权属签章和发证公示，涉及218个行政村及街道居委会和415个村民小组。

第三节　土地利用与保护

一、土地利用总体规划

（一）《长沙市1988—2020年国土规划》。1988年4月至1989年年底，编制完成《长沙市1988—2020年国土规划》（以下简称《规划》），《规划》包括《长沙市国土综合开发整治规划》及其简本、《长沙区域国土规划》（行业报告集）、《长沙市国土综合开发整治规划项目集》《长沙市国土综合开发整治规划数据集》《长沙市国土综合开发整治规划模型集》《长沙市国土综合开发整治规划图集》6项软科学成果。《规划》涉及40个行业，共19幅图件、150万余文字。1990年1月，通过省级评审鉴定。通过编制《规划》，弄清楚全市土地、气象、水、生物、矿产、旅游等资源要素，制定“依靠

图11-6-3-1　1989年，长沙市召开国土规划专家学者论证会（市国土局供图）

科技进步、综合开发资源、搞好区域布局、改善生态环境、优化产业结构、增强省会功能”的发展策略，提出以市区为中心，京广铁路、湘江为主轴，以长沙—石门铁路及其东部的延长线和319国道为辅轴构成市域的“十”字形整体战略格局。

规划因为长沙首次开展国土规划，经验不足和时间仓促，规划涉及的内容粗放，可操作性不强，长沙市第一次国土规划未获批准实施。

（二）《长沙市土地利用总体规划（1996—2010年）》修编及实施。1997年4月，按照《中共中央、国务院关于进一步加强土地管理切实保护耕地的通知》要求，启动第二轮土地利用总体规划编制工作，1997年6月，组建规划编制专业班子，研究并制订规划工作计划及规划技术要点，落实规划所需经费，全面部署开展市、县（市、区）、乡（镇）土地利用总体规划修编工作。7月，部署开展城市、建制镇、集镇镇区人口与用地调查及开垦地后备资源调查。8月，对市、县（市、区）、乡（镇）土地规划技术力量进行培训。同时收集与规划有关的自然、经济及技术资料。

从1997年9月开始，先后完成《建制镇镇区建设用地调查报告》《开垦耕地后备资源调查报告》《土地利用现状分析研究》《农村居民地整理专题研究》《耕地总量动态平衡专题研究》《长沙市人口与主要城镇建设用地预测方案》《占用耕地控制指标与非农业建设新占耕地相衔接的专题报告》等专题研究。并与市规划、交通及水利等有关部门密切配合，确定城镇居民点、交通及水利工程用地的初步规划方案，多次与各县（市、区）规划办公室协调反馈完善。

1998年3月，在完成专题研究并与部门和县级规划充分协调的基础上，编制完成规划方案，形成《长沙市土地利用总体规划（1996—2010年）》（征求意见稿）。1999年6月，召开土地利用总体规划修编领导小组会议，审议征求意见稿文本。根据审议意见，并考虑部门和县（市、区）有关意见，修订形成规划送审稿。11月，省土地利用总体规划领导小组对规划送审稿进行评审，根据审议和评审意见，结合长沙市平垸行洪、防洪规划方案，对规划送审稿做进一步完善。12月，《长沙市土地利用总体规划（1996—2010年）》（以下简称《规划》）获国土资源部批准实施。

《规划》确定，到2010年，长沙市耕地和基本农田保护目标是：耕地保有量不少于28.77万公顷，基本农田保护面积大于24.80万公顷。建设用地目标：建设用地总规模12.83万公顷，其中居民点及工矿用地9.67万公顷，交通用地1.52万公顷，水利设施用地1.64万公顷；中心城区（包括主城区和捞霞组团、张公岭组团、坪塘组团）城市建设用地规模控制在180平方千米以内。节约集约用地目标：全市城镇人均用地由1996年的111.1平方米调减到101.5平方米以内，村镇人均用地由1996年的205平方米减少到172.8平方米；土地利用率由1996年的94.40%提高到2010年的94.81%，土地产出率由1996年每平方千米国内生产总值338万元提高到2010年的1100万元。生态环境建设目标：规划期内积极推进江湖河流综合治理，大力治理水土流失，保护水土资源，严格控制工业“三废”和生活污水及垃圾对土地和水体的污染。到2010年，水土流失面积从20.04万公顷减少到10.03万公顷，退田还湖1159公顷，废除所有阻洪的巴垸、江心洲；退耕还林930公顷，森林覆盖率由1996年的43.90%提高到48.00%，自然保护区面积5333公顷，占全市土地总面积的0.45%。耕地和基本农田保护目标：耕地实行全面保护，严格实行基本农田保护制度，禁止将农用地特别是耕地随意转为建设用地。1997—2010年，全市减少耕地控制在9181公顷以内，其中建设占用耕地不超过6202公顷，土地整理和开发补充耕地不少于9195公顷。划定基本农田保护区，实行特殊保护。

《规划》明确在土地生态建设、森林生态建设、水域生态建设和农田生态建设4个方面进行土地生态保护与整治。

《规划》提出的土地利用方向和规模分市区和四个县（市）具体制定。其中市区土地利用规划方面：长沙城市建设突出人文、山水特色，在用地布局上以控制主体与发展组团相结合。2010年，城市建设用地区控制范围1.98万公顷。建设用地控制在1.80万公顷。其中河东主体：长沙市商业、金融、贸易中心及物流、商流、人流中心。2010年规划用地面积1.04万公顷。规划控制范围是湘江以东，浏阳河与107国道以西，南绕城公路以北，浏阳河以南。河西主体（含长沙市高新技术开发区、望城坡经济开发区）：长沙市文化教育、旅游休闲、高科技产业发展基地和未来行政中心。2010年规划用地面积4060公顷。规划控制范围为东至湘江，西至规划经一路，南至二、三环连接线，北抵二环路。捞霞组团（长沙市经济开发区）：长沙市重工业发展基地，城市中转港口、仓库等基础设施建设基地。2010年规划用地面积1370公顷。控制范围为湘江以东，捞刀河以北，沙河子以南，东北在京广线附近，绕城线以内。张公岭组团（含马坡岭农业高科技园）：长沙市东部工业小区及马坡岭农业高科技园。2010年规划用地面积880公顷。控制范围是北至星沙开发区，南抵浏阳河，西至107国道，东与长沙县接壤。坪塘村组团：2010年规划控制面积400公顷。其他零星建设用地除原单位扩建外，原则上不安排用地，2010年规划期内，规划新增用地266公顷。

4县（市）城市（县城）规模控制：至2010年，长沙县城规划控制面积1200公顷，控制范围为南至马泉组团、长浏公路，北抵捞刀河，西接107国道。望城县城规划控制面积950公顷。范围为东起魏家垅，南经罗家冲、何家屋场，西至艳群村、金塘村、秧田村，沩水河（包括团山湖），北至湘江沿河到湘江化工厂。宁乡县城规划县级市，面积1300公顷。范围为东起历经铺曾家河，西至城关镇鲁家桥，北起城郊乡锁西村，南抵白马桥乡五福桥村。浏阳市规划控制面积1500公顷。范围为东起复兴、占佳、水佳、长乐村，西至淮川办事处城西村及集里办事处圳口、蔬菜两组，北起集里、道吾、长青、平水、禧河，南抵荷花、掌山、唐家州3村全部和杨家、古家村部分。

《规划》实施后，围绕耕地总量动态平衡这一目标，长沙市土地开发整理和复垦按照《土地总体利用规划（1996—2010年）》《长沙市土地开发整理规划（2001—2010年）》有序开展，基本农田保护区建设稳步推进，立章建制不断完善，农田示范区建设2007年在浏阳率先启动。长沙市建设用地市区严格控制城市外延发展，挖掘现有潜力，小城镇建设本着从实际出发，因地制宜，按照“先规划，后用地”的原则实施，乡镇、村集体建设用地和农民住宅建设用地按照“适当集中”原则，引导农民往建设小城镇和聚集式村庄发展。长沙市坚持在保护中开发，在开发中保护的方针，加强生态环境建设，实现土地资源的可持续利用。

2005年，随着“中部崛起”战略、“泛珠江三角洲区域协同发展”战略以及长株潭城市群被列为资源节约型和环境友好型综合配套改革试验区，长沙市定位率先在全省建成全面小康社会和成为区域性现代化中心城市，为适应城市发展的需要，在实施土地利用规划的过程中，每年实际建设用地的指标都大于计划指标数，《长沙市土地利用总体规划（1996—2010年）》还没有到期，就已经不能满足经济社会发展对建设用地的需要。《规划》在实施中也暴露出一些问题，如《规划》目标相对单一，《规划》所确定的主要指标与长沙市经济社会发展实际需求不相适应、建设用地指标分配不尽合理，《规划》前瞻性不够等，因而造成《规划》与实际要求存在冲突，《规划》的总体控制作用难以发挥，重新调整、制定《规划》势在必行。

（三）《长沙市土地利用总体规划（2006—2020年）》修编及实施。2006年5月，成立土地利用总体规划修编领导小组，下设规划修编办公室，领导小组各成员单位、区县（市）成立工作组、部门联络组。聘请湖南省国土资源厅、高等院校、科研院所及市直有关部门专家组成专家咨询组，负责论证审查规划修编重大问题，对规划方案中重大土地利用问题进行咨询论证，对县级规划进行技术指导。经筛选，最终确定南京大学、长沙永信评估咨询有限公司、长沙佳源土地规划咨询有限公司和华中农业大学等省内外单位为规划修编技术合作单位。其中，南京大学为第一技术负责单位，对整个修编工作负技术总责。2006年7月10日，长沙市规划修编工作领导小组召开第一次会议。会议通过《长沙市土地利用总体规划（2006—2020年）修编工作方案》，并对土地利用总体规划修编工作做出总体部署。随后，工作方案报湖南省国土资源厅批准，长沙市土地利用总体规划修编工作全面启动。

根据国家、省对土地利用总体规划的总体部署，结合长沙市情，长沙市土地利用总体规划前期研究，在上一轮土地利用总体规划实施评价和“四查清、四对照”（即对照、查清新增建设用地总量，对照、查清闲置土地和低效用地数量，对照、查清耕地和基本农田保有量，对照、查清违法用地数量及处理情况）工作的基础上，共设立12个研究专题，即“长沙市土地利用战略研究”“长沙市耕地和基本农田保护研究”“长沙市优化城乡用地结构与布局研究”“长沙市统筹区域土地利用研究”“长沙市协调土地利用与生态环境建设研究”“长沙市土地资源节约集约利用研究”“长沙市土地利用总体规划实施保障措施研究”“长沙市土地利用潜力研究”“长沙市建设社会主义新农村土地利用研究”“长沙市人口与土地利用研究”“长沙市建设用地需求预测研究”“长沙市产业发展战略研究”，并就这些专题展开调查研究。专题研究采取专题研讨、征求意见、问卷调查等多种方式广泛征求意见，充分吸纳和反映各地区各行业发展的设想和需求。2007年8月，专题研究成果通过专家评审、部门评审和省厅组织的验收，修改完善后的前期研究成果为规划大纲的编制打下良好的基础。

在大纲编制阶段，收集和听取有关部门和各县（市、区）意见。多次召开专题会议，就建设用地指标、用地空间布局、耕地和基本农田保护等问题充分征求各方意见；召开规划修编工作部门协调会，广泛征集意见，就土地利用总体规划和各行业发展规划的衔接交换意见；就个别关键问题到有关部门进行专门沟通；就工业用地安排、城市扩展方向等问题协商研讨。2008年3月，以前期研究成果为基础编制《长沙市土地利用总体规划（2006—2020年）》大纲。是年4月，通过省国土资源厅评审。次年7月，通过国土资源部审查。2009年10月，以规划大纲为基础编制的《长沙市土地利用总体规划（2006—2020年）》通过市级和省级评审，2012年7月，获国务院批准实施。

《长沙市土地利用总体规划（2006—2020年）》（以下简称《规划》），提出长株潭城市群协同发展，内融翼优、区域统筹和可持续发展的土地利用战略。《规划》在耕地和基本农田保护、建设用地规模、节约集约用地和生态环境建设几个方面都制定明确的目标。《规划》明确耕地保护目标是：到2020年，长沙市耕地保有量保持在26.98万公顷以上，基本农田保护面积23.12万公顷。建设用地目标是到2020年，长沙市建设用地总规模控制在18.39万公顷以内，其中城乡建设用地规模控制在15.68万公顷以内，城镇工矿用地规模控制在8.54万公顷以内；中心城区建设用地总规模控制在629平方千米以内。节约集约用地目标是到2020年，人均城镇工矿用地面积由2005年的108平方米降至103平方米，中心城区人均建设用地由2005年的103平方米降至2020年的100平方米以内；地均国内生产总值稳步增长，2005年地均国内生产总值1286万元/平方千米，至2020年地均国内生产总值提高到8300万元/平方千米。生态环境目标是：《规划》期末，长沙市森林覆盖率不低于54%，生态保护区域面积保持在34.00万公顷以上。2006—2020年，新增建设用地占用耕地控制在2.25万公顷以内；严格执行建设占用耕地补偿制度，保质保量补充耕地，2006—2020年，通过土地整理复垦开发等形式补充耕地2.25万公顷。

《规划》明确中心城区土地利用规模和布局，提出区（县、市）土地利用指导方向。长沙市中心城区是长沙市政治、经济、文化、金融、商贸、信息、交通、教育、科研中心。中心城区包括芙蓉区、天心区、雨花区、开福区，岳麓区橘子洲街道、望月湖街道、岳麓街道、咸嘉湖街道、望城坡街道、观沙岭街道、西湖街道、望岳街道、天顶乡、梅溪湖管委会、东方红镇、含浦镇，望城县的雷锋镇、黄金乡，长沙县的黄花镇、黄兴镇、榔梨镇、星沙镇。规划期末，长沙市中心城区将以主城为核心，融合长沙县县城，构筑功能完善、布局合理、资源节约、环境优美的城市主体。长沙市中心城区以“东提西布，南延北扩”的方式拓展，突破现有市区的行政边界，扩展河西、星马两翼，逐步与长沙县县城、望城县部分乡镇连成一体。至2020年，长沙市中心城区人口将629万，建设用地规模控制在6.29万公顷以内。人均公共绿地14.00平方米，绿化覆盖率45.00%。各区（县、市）土地利用指导方向为：芙蓉区以发展科技型新兴产业为主，重点发展楼宇经济和商务、商贸等，提高土地集约利用水平。天心区按照建设生态新城的规划，致力完善城区功能，改善城区环境，突出生态优势，建成天心生态新城。开福区以新世纪、青竹湖、新河三角洲中心区建设为重点，加快拓城步伐，依托区位优势，发展现代物流业。区内重点保护青竹湖森林公园、捞刀河水源地。雨花区以完善对外城市交通体系为重点，完善生态功能提质，建成传统工业基地、商贸及综合生活区。岳麓区实施科教兴市战略，兴办大学城，作为长沙大河西先导区发展的核心区域，区内重点保护岳麓山风景名胜区，发展高新技术产业园区。望城县完备域内交通基础设施，重点保障产业用地。长沙县县城及长沙市经济开发区着重强化对城市建设和工业发展的服务，工业优势区着重发展先进制造业，农业优势区着重发展现代农业。宁乡县以长沙市大河西先导区发展为契机，空间发展实行“提质西部，发展东中部”战略。浏阳市重点保障花炮产业集群、生物医药产业基地和优质农产品供应基地建设的用地需求。

《规划》实施后，长沙市在农用地转用计划不到需求量的三分之一，可供开垦的荒地越来越少，耕地占补平衡困难的情况下，长沙城市建设仍严格按规划实施，通过异地购买占补平衡维持耕地总量的动态平衡。同时创新节约用地模式，推出人车分流、建设高层厂房、优化城市道路设计等多种节地模式，缓解建设用地供需矛盾。加强区域土地利用统筹，协调城市规划、交通规划等相关规划的用地空间。优化土地利用结构和布局，合理安排各业用地。加强耕地和基本农田保护，合理确定土地开发复垦整理的规模和范围。充分利用城乡用地增减挂钩政策，以空间换效率，保障重点区域和重点项目的合理用地。加强生态建设、环境整治及历史文物保护，促进长沙市经济社会的健康发展。

二、基本农田保护

从1987年开始，长沙市采取一系列保护耕地的举措，但是耕地减少的势头依然无法遏制。

国务院下发《关于严格制止乱占、滥用耕地的紧急通知》后，1993年6月，长沙市划分基本农田保护区工作启动，此次划定以土地利用总体规划和农业资源调查为依据，以乡为单位进行划区界定，由县人民政府土地行政主管部门会同同级农业行政主管部门组织实施确定。具体流程为根据乡级土地利用总体规划图和调查核实情况，绘制乡级（或村级）基本农田保护图，在基本农田保护图上，标出地块位置和地块编号。乡级填写基本农田保护地块和面积登记表，县级填写基本农田保护面积汇总表。

1994年，国务院颁布《基本农田保护条例》，将粮、棉、油、蔬菜、教研试验田等五类耕地划入基本农田保护区后，长沙划分基本农田保护区面积25.3万公顷，占耕地的89.39%。其中：一级保护面积21万公顷，占保护面积的83.01%；二级保护面积3.5万公顷，占保护面积的13.83%；三级保护面积0.8

万公顷，占保护面积的 3.16%。

1996 年 8 月，出台《长沙市实施〈湖南省基本农田保护条例〉办法》，对基本农田的规划、划定、监督检查、建立政府领导目标责任制、占用审批、占补平衡等作出详细规定。9 月，发布《关于加强土地管理进一步保护耕地的通知》，从进一步提高对依法管地和保护耕地重要性的高度，提出规划控制城市外延发展、切实加强城镇规划管理、加强对乡镇村集体建设和农村村民建房用地的严格管理。是年，按照基本农田一级、二级保护面积不得低于原指标，对已划为三级的农田保护区做适当调整的指示精神，核减依法规划的近期建设占用耕地，以及平湖区乡村集体建设根据规划预留占用的耕地，调整后全市规划到 2010 年，基本农田保护面积不少于 24.8 万公顷，其中基本农田一级、二级保护面积维持原数不变，三级保护面积调整后不少于 0.3 万公顷。至 1996 年年底，长沙市实际划定基本农田保护面积 24.81 万公顷，划定地块共 7.02 万块，涉及全市 129 个乡镇。

1997 年 4 月 15 日，中共中央、国务院下发《关于进一步加强土地管理切实保护耕地的通知》后，长沙开始对占用耕地的建设用地审批实行“冻结”。同月，市政府与各县（市）区政府签订《基本农田保护责任书》。各地以乡镇为单位，将基本农田保护规划文本、乡镇对村的基本农田保护责任书、片块登记簿、1:1 万的基本农田保护区图装订成册。

2001 年 6 月 18 日，在全国耕地保护工作会上，浏阳市被国土资源部和农业部授予“全国基本农田保护先进单位”。为加强对保护耕地工作的领导，2002 年 7 月，加强对基本农田的管理。

为切实落实基本农田保护措施，2004 年，出台《长沙市基本农田保护管理制度》，制度涵盖基本农田保护责任制制度、用途管制制度、农田审批和占补平衡制度、质量保护制度和监督检查制度等方面的内容。根据国土资源部和省国土资源厅关于开展基本农田执法大检查的部署，2004 年，长沙市抓紧落实检查前的各项准备工作，从市到各区县（市）到乡（镇）到村组，层层签订基本农田保护责任书，望城县、长沙县、浏阳市还将基本农田保护责任纳入乡（镇）年终考核。全市在保护区统一设置永久性标志牌 2570 块，在乡镇公布基本农田保护图、《基本农田保护条例》内容，完善基本农田保护表、册、图等档案，健全基本农田管理制度、动态巡查制度和统计核查制度。8 月中旬通过省政府验收。

为巩固和扩大基本农田保护工作成果，国土资源部决定在全国范围内开展基本农田示范区建设。2007 年 2 月，浏阳市按照基本农田示范区建设的要求编制《浏阳市基本农田示范区基本情况说明》，详细介绍浏阳市基本农田示范区建设的现状、优势和进展情况。2003—2006 年三年间，浏阳市实施土地整理项目 29 个，土地整理总面积 6858.09 公顷，新增耕地 641.56 公顷，共投入资金 2.29 亿元，涉及 25 个乡镇。浏阳市耕地保有量 7.52 万公顷，基本农田总面积 6.66 万公顷，基本农田保护率 88.61%，优质耕地率 34.61%以上，是长沙地区主要粮食生产基地，符合基本农田保护

图 11-6-3-2 2010 年 11 月 24 日，基本农田保护工作会议的部分代表到现场查看耕地保护情况 （市国土局供图）

示范区设立的各项要求。4月，浏阳市人民政府完成《浏阳市基本农田示范区建设方案》的制定，从组织、管理、实施、经费筹措、经费使用多角度、高标准、高起点规划浏阳市未来农田示范区建设。12月，浏阳市申请省级基本农田示范区建设项目获批。

按照国土资源部和省国土资源厅的要求，从2007年起，浏阳市全面启动基本农田示范区建设，计划用五年时间，使示范区土地整理面积10万亩（约6666.67公顷）以上，所有被整理的农田土地集中连片，田块平整、规则，水利设施配套，田间道路通达，防护林网配套。初步实现“基本农田标准化，基础工作规范化，保护责任社会化，监督管理信息化”的目标，形成规模效应和示范效应，为探索基本农田保护长效机制积累经验。

浏阳市作为长沙地区唯一的省级基本农田示范区建设单位，发挥龙头的作用。2007年，浏阳市实施土地整理3456.96公顷，新增耕地面积301.76公顷，2008年，浏阳市沿溪镇李花村土地综合整理项目启动，2009年浏阳永安镇大安村、永和村万亩连片土地综合整理项目实施，2010年浏阳市小河乡田心村，焦溪乡早日村、常丰村土地综合整理项目立项。

2010年8月，长沙市将最早完成土地利用总体规划修编工作的长沙县作为试点，开展落实规划、划定基本农田及发放基本农田保护责任卡到户。10月，发布《关于贯彻实施土地利用总体规划切实加强基本农田保护的通知》。11月，发布《关于使用农村土地整治监测监管系统和耕地占补平衡动态监管系统报备的通知》，明确报备工作的操作及注意事项，加强土地整治和耕地占补平衡的动态监管，实现建设用地项目“批、供、用、补、查”全程监管。

2011年5月，发布《关于开展耕地后备资源调查工作的通知》，启动全市耕地后备资源调查工作。10月，省国土资源厅在长沙召开湖南省永久基本农田划定工作会议，会后，部署永久基本农田划定相关工作。是年，岳麓区、望城区和长沙、浏阳、宁乡三县（市）就组织有资质的技术单位开展相关工作，落实专项经费1473万元，树立基本农田保护标志牌921块、界桩508个，发放基本农田保护责任卡11.27万张。11月，长沙市基本农田保护工作在长沙县召开现场会，发布《关于实施土地利用总体规划、落实基本农田保护责任的通知》。

2012年12月，出台《长沙市基本农田保护补贴试行办法》，从政策层面通过建立基本农田保护激励机制，提高农民保护基本农田的积极性。是年，浏阳市、长沙县申报国土资源部10万亩（约6666.67公顷）连片推进高标准基本农田示范项目，该项目从2012年起分三年实施，计划总投资3亿元。

三、土地综合整治

20世纪80年代末，土地开发整理工作尚处于萌芽阶段，长沙各级地方政府陆续出台一些奖补措施：如对新开发的土地免征农业税，实行化肥、农药、柴油补助等。1988—1989年，共完成开发土地749.52公顷，其中长沙县完成开发土地533.60公顷。

1997年，长沙市对开发的灌溉水田按1500元/公顷奖励，是年共奖励开发单位和个人15.18万元。1998年，实施“百村万亩”土地开发整理工程。是年全市共投入资金100万元，分别在浏阳、宁乡、开福区10个村开展土地整理试点，取得成效。如宁乡县夏铎铺镇高山村3个居民小组65户村民，原宅基地占用宜农地5.33公顷，县财政投入资金30万元，移动土石4万余立方米，整理成型70多户住宅基地建设中心村，原宅基地还耕高标准水田4.33公顷。至2000年，三年共完成土地开发整理补充耕地800公顷。

2001年，出台《长沙市土地开发整理立项验收规定》，对土地开发的立项和验收的程序要求做出明确规定。是年，全市完成整理补充耕地720公顷（含异地306.67公顷），还与省国土资源厅联手在宁乡县白玉村启动土地整理，规模666.67公顷。

2002年，编制《长沙市土地开发整理规划（2001—2010年）》。规划编制分两步走：是年7—9月，编制县（市）土地开发整理规划。各县（市）规划编制技术承担单位分别是：长沙县和浏阳市由湖南师范大学资源与环境科学院承担，宁乡县由湖南省地质环境监测总站承担，望城县和长沙市城区由湖南省国土资源规划院承担。9—11月，编制市级土地开发整理规划。市级土地开发整理规划于9月成立领导小组，具体实施委托湖南省国土资源规划院承办。次年3月，《长沙市土地开发整理规划（2001—2010年）》获湖南省国土资源厅批准实施。

规划确定：2001—2010年，长沙市土地开发整理总面积2.68万公顷，新增耕地面积7500公顷；通过耕地整理，整治中低产田1990公顷，土地利用率达95%，提高0.6个百分点。规划确定土地开发整理重点区8个，区域总面积33.96万公顷，包括：浏阳市东南部中和乡土地开发区，浏阳市西南部镇头镇耕地整理区，浏阳市西部综合开发整理区，长沙县中部综合开发整理区，长沙县金井镇土地开发区，望城县北部综合开发整理区，宁乡县东部综合开发整理区，宁乡县道林土地开发区。开发整理重点项目37个，项目总面积1.09万公顷，新增耕地面积2592.1公顷。规划预期2001—2010年10年间，长沙市土地开发整理投资6.47亿元，其中重点项目规划期内投资2.45亿元。

2003年，出台《长沙市土地整理工作实施细则（试行）》，为长沙市制定的首例土地整理操作性文件。是年，长沙市实施土地整理项目7个，项目规模1987公顷，项目投资4657.47万元，新增耕地295.8公顷。

为规范土地开发整理项目资金管理，2005年，出台《长沙市土地开发整理项目资金管理暂行办法》。2006年，出台《长沙市土地开发整理项目工程施工招标投标指导意见》《长沙市土地整理项目工程施工管理细则》《长沙市土地整理项目工程监理管理若干规定》等规范性文件，从项目的前期踏勘、工程招投标到项目实施、竣工验收等环节都制定出一系列严格的管理制度，使全市土地整理工作朝着依法、依规、公开、公平的方向发展。是年，长沙市实施土地整理项目48个，项目规模1.09万公顷，项目投资3.65亿元，新增耕地503.2公顷。其中：省级项目8个，建设规模3035.87公顷，新增耕地274.9公顷，投资9661.8万元；市级项目40个，建设规模7886.49公顷，新增耕地228.3公顷，投资2.68亿元。

为贯彻落实《湖南省土地开发管理条例》，2007年，出台《关于印发我市土地整理招投标相关文件的通知》，推出《长沙市土地整理项目招投标主要工作内容实施办法（试行稿）》等5个规范性文件，确保招投标过程中公开、公平、公正。并在长沙县双江镇团山村和浏阳市官渡镇田郊村两个村开展委托乡（镇）自行管理试点工作，由乡（镇）政府采取委托招标或自行招标方式，乡（镇）政府负责项目的协调和管理。对承担试点项目的施工单位，采取垫资方式，待项目工程验收后再付款95%。是年，长沙市实施土地整理项目35个，项目规模7158.21公顷，项目投资2.94亿元，新增耕地224.16公顷。

随着经济社会发展进入统筹城乡发展，工业反哺农业阶段，由农田水利设施改造向田、水、路、林、村土地综合整理推进，由以农用地整理为主，转向农用地、农村建设用地、城镇工矿建设用地、未利用地开发与土地复垦等综合整理活动。2008年，出台《长沙市土地综合整理若干规定（试行）》《长沙市农村土地综合整理实施细则》。从政府资金整合、鼓励社会投入、土地流转交易、挂钩指标置换、收益分配管理、土地融资抵押、土地确权登记等方面明确16项政策举措。农村土地综合整理试点选择在望城县白箬铺镇和岳麓区莲花镇两个万亩土地综合整理项目上实施。莲花万亩土地综合整理项目位于长沙市岳麓区莲花镇域内，包括桐木、立马、大华、中长、新桥5个村，共涉及农户3533户1.32万人。项目总规模1410.12公顷，投入9357.83万元，整理后新增耕地72.02公顷。是年，全市共实施土地综合整理项目45个，建设规模1.57万公顷，总投资7.61亿元，新增耕地1370.71公顷，置换建设用地面积761.57公顷。

2009年，长沙市启动土地综合整理与挂钩试点工作。是年，实施土地综合整理项目4个，总规模2166.21公顷，总投资1.21亿元，新增耕地69.59公顷。其中省级投资土地整理项目3个，分别为长沙县北山镇福安等7个村土地综合整理项目（二期）、望城县白箬铺镇光明村等3个村土地综合整理项目及宁乡县金洲乡关山村土地综合整治试点项目。建设规模1845.03公顷，投资1.00亿元，新增耕地59.44公顷。市级项目1个（浏阳市镇头镇镉污染项目），建设规模321.18公顷，投资2136.25万元，新增耕地10.15公顷。长沙县北山镇福安等7个村土地综合整理项目一期由圣毅园现代农业发展有限责任公司投资完成土地平整工程。第二期项目区建设规模930.72公顷，总投资5694.87万元。其中省投资3679.47万元，资金来源于湖南省土地综合整理项目专项资金；地方投资1087.92万元，由湖南圣毅园现代农业发展有限公司投资；其他投资927.48万元，由长沙市土地综合整理项目专项资金、长沙县各部门涉农资金以及地方配套资金组成，新增耕地30.98公顷。宁乡县金洲乡关山村实施的土地综合整治项目，作为湖南省第一批土地综合整治试点项目，受到各级领导的高度重视，省委常委、长沙市委书记联点。规划坚持“多规合一”，按照与新农村建设相结合、与产业结构相结合、与土地流转相结合、与城乡建设用地增减挂钩相结合的总体思路编制土地综合整治规划，定位为“发展生态种养农业，建设观光休闲村庄”，实现“种养兴农、生态宜人、观光休闲、农民受益”的目的。项目建设规模494.03公顷，新增耕地18.76公顷，新增耕地3.8个百分点。项目省级财政投资1885.71万元，来源于湖南省土地综合整治项目专项资金；长沙市和宁乡县地方投资7000万元，主要用于村庄整治和基础设施建设。

2010年，出台《长沙市农村土地综合整治试行办法》，自7月1日起施行。发布《关于加强补充耕地项目管理的通知》，就补充耕地项目选址、工程招投标、质量评定、项目验收等方面进一步明确。

2011年，出台《长沙市土地综合整治项目监理单位考核办法（试行）》《长沙市土地综合整治项目施工单位及项目经理考核办法（试行）》。同年，发布《关于加强菜篮子工程建设促进蔬菜产业发展的通知》，“将蔬菜标准化基地建设纳入国土整理项目，蔬菜基地纳入土地整治项目建设。”在长沙县春华镇宇田蔬菜基地项目区试点“以补代投”管理模式，该项目是由长沙县农业、国土、水利、农综办等单位与宇田合作社共同实施的现代农业产业发展项目，项目基地实际投资近3000万元，其中整合国土部门投入330万元、其他政府部门投入397万元，其余资金均系合作社自筹。由于该模式突出农民的主体地位，更有利于提高农民保护耕地的主动性和积极性。是年，实施市以上投资农村土地综合整治项目35个（其中蔬菜基地项目8个），项目总规模6275.55公顷，总投资2.59亿元，新增耕地191.38公顷。其中省级项目13个，建设规模3262.66公顷，投资1.38亿元；市级项目22个，建设规模3012.56公顷，投资1.21亿元。

2012年1月，省国土资源厅同意长沙市探索通过“以补代投”方式，鼓励社会资金参与市级国土资源部门立项的农村土地整治试点，为全省推进社会资金参与农村土地综合整治提供经验。

是年，完成长沙市第二轮土地整治规划（2011—2020年）的编制工作，其规划目标是：至2015年，建设旱涝保收高标准基本农田7.60万公顷，至2020年，建设旱涝保收高标准基本农田14.73万公顷；至2015年，土地整治补充耕地7975公顷，至2020年，土地整治补充耕地1.54万公顷。划定五个土地整治重点区域：西部农用地整治重点区域、中西部土地综合整治重点区域、中东部土地综合整治重点区域、东部农用地整治重点区域、东南部土地综合整治重点区域。规划重点项目 305 个，预计总投资 168.60 亿元，其中土地整治重点项目建设投资 134.88 亿元。

11 月，发布《长沙市国土资源局关于做好建设用地项目土地复垦工作的通知》《关于重新公布〈长沙市农村土地综合整治试行办法〉的通知》，就建设用地项目的土地复垦和农村土地整理关于推动田、水、路、林、村综合整治，改善农村生产生活条件和生态环境做进一步明确规定。同期，连续出台《长沙市 2012 年市县农村土地整治项目申报指南》《2012 年长沙市农村土地整治（高标准基本农田建设）项目可研规划设计及预算编制要点（试行）》《2012 年长沙市农村土地整治（高标准基本农田建设）项目前期测绘工作要点（试行）》《长沙市农村土地整治项目设计变更管理暂行规定》等规范性文件。对长沙、望城、浏阳、宁乡 4 县（市、区）印发《关于简化土地综合整治项目评审程序的通知》，明确自 2012 年起，实施的市级以上（含市级）农村土地综合整治项目的概（预）算、决（结）算的评审工作均由项目所在县（市、区）的财政投资评审机构负责，项目资金清算以项目所在县（市、区）的财政投资评审机构出具的财务决算报告为准。是年，长沙全市共立项省、市级土地综合整治（高标准基本农田建设）项目 45 个，项目建设总规模 1.32 万公顷，总投资预算 3.52 亿元；实施项目 42 个，建设规模 7850.77 公顷，实际投资 3.38 亿元。2012 年，全市共验收项目 90 个，建设规模 2.56 万公顷，超额 1.40 万公顷完成省下达任务。市级项目 20 个（含蔬菜基地土地整治项目 6 个），建设规模 4290.4 公顷，投资 1.01 亿元。

第四节　建设用地管理

一、建设用地计划与审批

1988 年，长沙市依据《湖南省土地管理实施办法》《关于国家建设用地审批工作的暂行规定》精神，执行建设用地年度报批计划和审批的管理。

从 1988 年起连续 3 年，长沙市批准国家建设用地年度计划分别为：1440 公顷、1193.33 公顷、1026.67 公顷，实际使用面积分别为：860.67 公顷、432 公顷、362.87 公顷，其中耕地使用面积分别为：163.53 公顷、58.8 公顷、29.33 公顷，分别节约 61%、83%、78%。

1992 年 4 月，修订后的《湖南省土地管理实施办法》对审批权限中关于征用土地面积数量做适当调整。1994 年，长沙市国家、集体、个人、农业建设实际占用土地 1989 公顷，其中耕地 628 公顷，分别占国家下达计划的 105.4%和 96.7%。

从 1995 年起连续 6 年，长沙市国家、乡镇、个人建设用地计划都比省下达的计划有所减少，通过压缩土地使用规模、盘活存量土地、开发整理土地，实现耕地占补平衡和土地利用效益的最大化。

1997 年 5 月，长沙市开始执行《中共中央、国务院关于进一步加强土地管理切实保护耕地的通知》，全面冻结非农建设项目占用耕地审批。冻结政策一直持续到 1998 年年底。

1999 年 2 月，《建设用地审查报批管理办法》对建设项目农用地转用方案、补充耕地方案、征用土地方案、供应方案的编制、审查和审批等做出详细规定。2000 年 3 月，《湖南省实施〈中华人民共和国土地管理法〉办法》规定：实行土地用途管制制度，严格限制农用地转为建设用地，控制建设用地总量，对耕地实行特殊保护。规定长沙市中心城区建设用地农用地转为建设用地须报国务院批准，村庄、集镇

（不含县级人民政府所在地的城镇）建设用地农用地转用报市人民政府批准，其他农用地转用报省人民政府批准。

2003 年，全市批准建设用地 4219.94 公顷，其中农用地转用 3394.27 公顷，占用耕地 1556.53 公顷。其中报国务院 4 批次面积 629.82 公顷，农用地转用 471.1 公顷，占用耕地 188.05 公顷；报省政府 3064.01 公顷，农用地转用 2610.33 公顷，占用耕地 1166.88 公顷；报市政府 526.11 公顷，农用地转用 312.84 公顷，占用耕地 201.6 公顷。

2006 年，长沙市严格执行《国务院关于加强土地调控有关问题的通知》精神，落实新增建设用地应重点用于国家、省市重点工程、基础设施建设的要求，加强预审，严格把关。是年共组织预审项目 349 个面积 4114.88 公顷，其中农用地 3068.26 公顷。纠正不符合规划选址 3 宗面积 28.35 公顷；否决不符合产业政策等原因的用地项目 16 宗面积 1757.6 公顷。是年建设用地上报国务院 3 批次面积 248.8 公顷（其中农用地转用 241.9 公顷、耕地 35.5 公顷），批准 1 批次面积 22.67 公顷（其中农用地转用 19.16 公顷、耕地 5.05 公顷）。上报省国土资源厅 4898.02 公顷，批准用地 2321.20 公顷（其中农用地转用 1666.4 公顷、耕地 673.67 公顷）。是年 12 月，国土资源部《关于调整报国务院批准城市建设用地审批方式有关问题的通知》规定：从 2007 年开始，国土资源部将每年按批次报城市建设用地调整为每年一个批次报批。

2008 年 12 月，《长沙市村民住宅建设用地管理指导意见》颁布实施，对长沙市辖区范围内农民宅基地的申请、审批、使用和收回等进行规定，同时要求各县（市）对辖区内农民建房因地制宜制定实施细则。

按照《湖南省实施〈中华人民共和国土地管理〉办法》规定，长沙市人民政府所在地的中心城区建设用地农用地转用报国务院批准。从 2008 年起连续 4 年，国务院、湖南省政府批准长沙市建设用地计划分别为：2009.08 公顷（其中农用地 1414.31 公顷）、4822.17 公顷（其中农用地 3911.36 公顷）、4181.94 公顷（其中农用地 3496.25 公顷）、4404.56 公顷（其中农用地 3667.94 公顷）。其中国土资源部批准长沙市中心城区建设用地面积分别为：331.27 公顷（其中农用地 230.36 公顷）、1316.87 公顷（其中农用地 1017.25 公顷）、1230.95 公顷（其中农用地 999.62 公顷）、1524.35 公顷（其中农用地 1239.61 公顷）。

自 2012 年始，国土资源部为支持保障性住房建设，提出将城市保障性安居工程用地从报国土资源部城市建设用地中单列的方案。2012 年 2 月，长沙市将 2012 年度城市保障性安居工程用地上报国土资源部，获批土地总面积 18.96 公顷，其中农用地 17.02 公顷。

二、建设用地征地补偿与安置

1987—1988 年，按照《长沙市国家建设征用农村土地暂行办法》《长沙市国家建设征用农村土地转户转业暂行办法》，完成征地拆迁项目 684 个，征用、划拨土地 733 公顷，拆迁城市居民房屋 1917 户，建筑面积 14.47 万平方米，拆迁农村村民房屋 1002 户，建筑面积 13.66 万平方米。办理征地“农转非”1308 户 4706 人，安置劳动力 1029 人，办理老弱病残退养 459 人。安置单位 40 个和住户 4103 户，建筑面积 98.10 万平方米。处理历史遗留难拆户和“钉子户”165 户，占应拆迁房屋户数的 6%；实际执行强制拆除 10 户，占应拆迁房屋户数的 0.36%。主要拆迁项目有：劳动路拓宽、107 国道拓宽改造、国家重点工程长沙黄花飞机场征地拆迁等。在实施过程中，因地制宜采取按段包干或统一征地拆迁经费全额包干等办法。

1991 年，长沙全市共办理征地拆迁项目 317 个，审查办理拆迁户 785 户，拆迁建筑面积 4.40 万平方米，安置转业转户507人，支持和配合市煤制气工程、芙蓉路、宁乡氮肥厂、浏阳株树桥电站、长沙市第二污水处理厂、319和107国道等重点工程建设。

1992年3月，出台《长沙市城市房屋拆迁管理办法》，规定在长沙市规划区及县城、建制镇内的国有土地，因城市建设需要拆迁房屋及其附属物的，对被拆迁人给予补偿和安置；被拆迁人必须服从城市建设需要，在规定的搬迁期限内完成搬迁。同月，出台《长沙市国家建设征用土地补偿安置办法》，合并1986年出台的《长沙市国家建设征用农村土地暂行办法》《长沙市国家建设征用农村土地转户转业暂行办法》等规范性文件，增加管理性条款和有关具体的征地拆迁补偿安置标准和操作办法。本次修订在政策上做调整：以征用耕地中水田的补偿标准为基准，建立年产量与产值核算机制；对征用果园、茶园及其他经济林地、荒山荒地、宅基地等土地补偿较原标准有较大幅度提高；对乡（镇）、村企业建设和城镇居民、转业军人、离退休干部回原籍落户，港澳台同胞回原籍定居，以及经批准使用农村集体土地办厂、建住宅的土地补偿问题，都做出相应规定。这次拆迁补偿、安置费标准的调整，是依据土地年产值和近三年的物价指数测算的。补偿共分11个大类、250个项目、1887个标准。补偿标准上调总幅度93.96%。征地转户劳动力安置费和工资定级标准，在原标准基础上，平均上调57.14%，拆迁集体、农民个人房屋的补偿标准，在原标准的基础上平均上调134.185%。

1994年，完成319国道、月亮岛、橘子洲、浏永公路、长石铁路等重点工程项目的拆迁。是年核发拆迁许可证88个，批准拆迁房屋2970栋、3750户，建筑面积25.02万平方米。实际拆迁2371栋、3061户，建筑面积20.02万平方米。拆迁农村房屋982栋、1135户，建筑面积1.15万平方米。办理农转非735户、2324人，安置就业劳动力394个。

1998年，为修筑长善垸防洪大堤工程，征地93.33公顷，拆迁房屋14.5万平方米。

1991年1月，长沙市启动征地补偿安置政策文件的起草工作，2000年1月，出台《长沙市征地补偿安置条例》，对长沙市征用土地的补偿费标准、安置补助费标准、拆迁农村房屋补偿标准、生产生活设施补偿标准、建设用地补偿费标准等做出详细规定。同年3月，出台《长沙市征地补偿安置条例实施办法》，新增“留地安置”一款，具体内容为拆迁村民生活安置留地按每人55平方米，生产安置留地按被征地总面积的6%~10%核算到被征地的农村集体经济组织。新举措有利于解决城市化加速下的征地矛盾。

2003年，长沙市以工业园区建设为重点，及时为企业入园提供用地保障。严格按政策开展征地拆迁和补偿，做到土地没有审批和拆迁资金不到位的不征地拆迁。是年，全市共腾地1.73万公顷，拆除房屋5000余栋，拆迁面积220万余平方米，安置人口2万以上。其中城区腾地0.12万公顷，拆迁人口1.67万，拆迁面积171.4万平方米。

为加大征地拆迁清欠工作力度，2004年，发布《依法解决被征地农民补偿安置问题目标责任制实施方案》《长沙市征地补偿安置专项治理工作方案》，建立由国土、市监察、农业、审计等部门组成联席会，逐项目明确清欠责任人，坚持每月研究一次清欠工作。成立4个督查组，定期开展督查。清欠任务于12月上旬完成，共有14个征地项目欠付补偿费1.98亿元得到解决。是年，全市新开工项目94个、土地总面积0.07万公顷，涉及征地补偿费6.8亿元，全部支付到位。

从2006年开始，长沙市严格按“三公告一登记”（征收土地方案公告、征求意见公告、实施公告和征地补偿调查登记）程序开展征地拆迁。是年，全市涉及征地拆迁项目264个，拆除房屋8970栋，建筑面积245万平方米，动迁9900户，迁移人口4.73万。次年，拆迁腾地1711公顷，拆迁房屋6512栋285.15万平方米，动迁5313户，迁移人口2.18万。下达腾地决定书108份，申请法院强制腾地9户。

2008年，出台《长沙市征地补偿实施办法》《长沙市被征地农民就业培训和社会保障办法》《征地补偿安置若干问题暂行规定》等，对补偿安置模式进行改革，由过去的留地安置改革为转变土地性质、转变农民身份、被征地农民纳入城镇居民社会保障体系的“两转变一纳入”的安置办法。

2009年，发布《关于进一步加强拆迁工作的意见》。拆迁工作开始由零星拆迁向板块拆迁转变，由临时保障向制度保障转变。是年，完成项目284个，完成拆迁腾地3450.18公顷，拆迁房屋395.7万平方米，动迁人口4.22万，纳入社保14351人，支付补偿费用83.9亿元。执行扫尾项目95个，完成扫尾11个，拆迁腾地589.67公顷，拆迁房屋3235栋，167万平方米，动迁人口1.60万，支付补偿金28.14亿元，安置人口6.21万，在建安置房345.2万平方米。

2010年后，长沙市征地拆迁工作执行“三公告一登记”“两级审核三榜公示”制度，全面实施《长沙市征地补偿实施办法》。是年，完成对湘江航电枢纽、沪昆客运专线、长株潭城际铁路、绕城高速公路等重点工程项目的征地拆迁。

2011年5月，发布《长沙市征地制度改革试点实施方案（试行）》，长沙市征地制度改革试点工作全面铺开，在缩小征地范围、探索征地拆迁安置新模式、完善“城中村”拆迁补偿办法等方面开拓创新、先行先试。是年，完成拆迁项目407个，其中市本级241个，腾地880.25公顷，拆除房屋125.2万平方米，动迁人口1.01万，支付补偿款27.63亿元，纳入社保9811人，选择货币补偿1192人。全力推动扫尾工作，腾地156.67公顷，动迁428人。湘江大道北延线一期、潇湘大道北延线二期、劳动路东延线、长沙安全食品创业基地、蓝思科技、暮云污水处理厂等重点项目用地都得到落实。

2012年，做好省市重点工程项目的拆迁腾地，确保沪昆客运专线、石长铁路复线、长株潭城际铁路、地铁1号、2号线等一大批重点工程的顺利实施。完成《长沙市征地补偿实施办法》集体土地征收项目459个，新启动项目236个，完成腾地3556.4公顷，拆除房屋7803栋约309.5万平方米，动迁2.02万人。全市实施60号令遗留项目44个，完成腾地190.64公顷，拆除房屋118栋，动迁489人，依法实施强制腾地3户。切实做好被征地农民的社会保障、再就业和保障性住房建设，全年完成保障住房建设94万平方米，另有在建保障住房288万平方米。

“两级审核、三榜公示”是指区国土资源部门对调查情况进行初核后，在发布征求意见公告时，应将个人所有补偿费用在被征地所在村组（社区）的醒目位置上墙进行第一榜公示。第二榜在征求被征地集体经济组织和个人意见后，由区国土资源部门编制征地补偿费用概算报市国土资源局审核，在发布实施公告时将个人所有补偿费用在被征地的所在村组（社区）进行公示。公示的内容包括房屋合法面积和补偿费用、家庭人口数、室外设施补偿费、青苗补偿费及其他各项补偿补助费用，并照相存档。第三榜由区国土资源部门在政府及相关部门网站或报纸、电视等媒体上免费

图11-6-4-1 2012年，长沙市召开征地拆迁工作会

（市国土局供图）

公示，公示的内容应与实际补偿数一致。三榜公示时间均不少于5个工作日，同时公布监督电话。

第五节 土地使用制度改革

一、农村土地使用制度改革

1991年6—12月，浏阳县在大瑶区大瑶乡连心村开展农村宅基地有偿使用试点。通过宣传发动，统一思想认识；逐户实地丈量，登记造册；摸清底子，发放土地使用证。在确定收费时，按照标准用地与超标准用地、占用耕地与非耕地、住宅与非住宅、自用与出租以及地域级差定收费标准，报县人民政府批准，征收土地使用费。在试点实施过程中，全村拆屋还耕1.47公顷，征收土地使用费7500余元。这一改革在拟全面推行时因农民减负政策的出台而取消。

国务院批转农业部《关于稳定和完善土地承包关系意见的通知》后，1995年10月，为引导农村土地流转，长沙市开始实行以延长土地承包期为主要内容的土地使用制度改革，在承包期限内提倡“增人不增地，减人不减地”，确保农户承包经营权的相对稳定，同时鼓励以出租、合股、联营等土地流转形式流转。同年，发布《关于认真做好农村土地使用制度改革工作的意见》，并在长沙县㮾梨镇试点。至1996年年底，4县（市）基本完成这项改革任务。

1996年8月，出台《长沙市实施〈湖南省基本农田保护条例〉办法》，进一步强化基本农田保护措施。1998年，长沙市依据修订后的《中华人民共和国土地管理法》，结合长沙市情，完善和建立一系列配套的规章制度，包括耕地总量动态平衡、占用耕地补偿平衡、基本农田保护等。

2003年3月，《中华人民共和国农村土地承包法》颁布施行后，长沙市出台《关于建立土地使用权流转机制，推进土地适度规模经营的意见》，明确全市农村土地流转要坚持以市场为导向，以维护农村集体土地所有权、稳定农户承包权为前提，以农业增效、农民增收为目标，积极探索流转新模式、新方法。长沙市先后在浏阳市永安镇、宁乡县历经铺乡、望城县丁字镇、岳麓区天顶乡开展农村土地流转试点，加强对农村土地承包和流转的监管，逐步规范流转程序。

2005年，出台《长沙市农村集体建设用地使用权流转指导意见》，在雨花区试点。至2006年年底，长沙市农村土地经营权流转总面积5.73万公顷，其中流转水田面积2.77万公顷，占耕地面积的11.39%。次年，全市农村土地经营权流转面积7.98万公顷，占农用地面积的9.2%，其中流转耕地面积3.48万公顷，占耕地面积的14%，且呈逐年上升趋势。

图11-6-5-1 2010年6月24日农村土地流转交易会现场 （市国土局供图）

2008年，作为新农村建设示范村的望城县光明村已流转水田、山地、水面、旱地共5432.67公顷。在土地流转过程中，光明村因势利导，充分发挥市场的基础性作用，引导而不干预，服务而不包办，放活而不放任。从保护群众利益出发，设立土地流转风险基金，确保农民入股土地的安全和收益。鼓励农户之间进行农地转包、出租、互换转让等流转行为，引导流转农地向农村种养能手集中。同时建立农地流转监督机制，使流转后的土地利用真正做到合理与高效。2009 年，光明村注册成立湖南省第一家土地流转经营专业合作社，采取村民入股、合作开发等形式实行集中流转。

2009 年 2 月，在国土资源交易中心加挂长沙农村土地流转交易中心牌子。2010 年，长沙市依托现有国土资源市场，建立国有土地、林地和农村集体土地“三位一体”的土地流转交易市场。2010 年 5 月，出台《长沙市农村土地流转交易暂行规则》《长沙市农村土地承包经营权交易管理暂行办法》《长沙市林权流转管理暂行办法》《长沙市集体建设用地管理暂行办法》，是年 6 月 24 日，举办首场农村土地流转交易会，2 宗挂牌流转交易的农村土地顺利成交。其中，岳麓区莲花镇飞马土地专业合作社委托交易的 200 公顷农村土地经营权流转项目，流转年限 30 年，成交价 160 万元/年（按年度支付）。浏阳市林地林木流转中心委托交易的浏阳市大围山镇永幸、泥坞、田心村 380 公顷林权流转项目，流转年限 42 年，起始价 415 万元，最终成交价 421 万元。

2011 年 1 月，制定和完善农村土地承包经营权、林权、集体建设用地使用权交易信息网络平台草案，筹建形成该网络平台的雏形。5 月，出台《长沙市征地制度改革试点实施方案（试行）》，经过县（市）人民政府与用地单位协商，确定长沙县津之源农产品加工项目、望城县红日门窗加工项目和宁乡县灰汤镇桃花谷度假村 3 个项目作为缩小征地范围改革试点。8 月 18 日，在长沙市举办的首次农村土地流转现场交易会上，宁乡县湘湖等 4 家土地合作社的 4 个土地经营权流转项目，流转面积 198.58 公顷，顺利通过农村土地流转中心流转，成交价 147.31 万元/年，规划种植蔬菜等农作物，流转年限 10~15 年不等。同年，长沙县蓝田村和仙人村的农村集体建设用地使用权流转完成，实现长沙市首次农村集体建设用地使用权流转。

2012 年 4 月，发布《长沙市集体建设用地使用权流转管理办法（试行）》，加强对集体建设用地使用权流转工作的指导。5 月，印发关于重新公布《长沙市农村土地综合整治试行办法》的通知，自后农村土地整理工作，按照土地利用总体规划确定的目标和用途，以土地整理复垦开发和城乡建设用地增减挂钩为平台，推动田、水、路、林、村综合整治，加速城乡一体化进程。10 月 13 日，宁乡县灰汤镇新联村 4.03 公顷集体建设用地在长沙市农村土地流转交易中心挂牌，湖南伟恒置业有限公司以 1345 万元取得土地使用权，并将其打造成集温泉、度假、餐饮、观光于一体的宁乡东雾山温泉度假村项目。该项目是全市首例通过交易中心流转的集体建设用地。同期，长沙县津之源农产品加工项目、望城县红日门窗加工项目与村组签订土地租赁合同。3 个缩小征地范围试点项目的基本做法一致：由村委会与用地单位沟通，就地上附着物补偿、合作方式、土地租金、人员安置等问题达成初步协议；村委会按土地征收建设项目方式，向市政府申请办理农用地转用手续；通过签订一般民事合同或者通过长沙市农村土地市场交易中心公开交易的方式，村委会与用地单位签订租赁合同；用地单位支付租金，村集体经济完成地面青苗和附着物补偿、清理。完成上述程序后交地。

二、国有土地使用制度改革

1988 年，长沙市按照“街、巷、路”分等定级，并按一定的标准收取城镇土地使用税。1992 年 4 月，出台《长沙市城镇国有土地使用权出让转让暂行办法》明确：按照土地所有权与使用权分离的原则，长沙市实行城镇国有土地使用权出让和转让制度。规定土地使用权出让可以采取拍卖、招标或者双方协议的方式。商业、旅游、娱乐和豪华住宅用地，有条件的，必须采取拍卖招标方式；没有条件不能采取拍卖招标方式的，可以采取双方协议方式，采取双方协议方式出让土地使用权的出让金，不得低于国家

图 11-6-5-2 1992 年 4 月 27 日，浏阳县首次对国有土地使用权进行公开拍卖，敲响了长沙市土地拍卖第一锤

（市国土局供图）

规定的最低价。

1992 年 4 月 27 日，浏阳县对第一宗位于县城圭斋东路南 213 地块的国有土地使用权进行公开拍卖。该地块面积 315 平方米，规划 5 层建筑，底价每平方米 660 元。先后有 8 人参与竞价，最后由县新华书店成交，成交价 42.68 万元，超出底价 21.89 万元。当天参加竞拍的有 60 余个单位和个人，共成交 14 宗土地，分别为 4 个单位和 9 个个体户取得，最高成交价每平方米 1405 元，出让土地总面积 4889.48 平方米，出让总价款 586.41 万元。标志着长沙市国有土地有偿使用制度改革启动。

是年 5 月，出台《长沙市城镇国有土地有偿出让转让收费管理暂行办法》，规定长沙市协议出让土地使用权出让金参考价格、划拨土地使用权转让和出租补交出让金标准、转让和出租土地使用权增值费标准以及划拨地使用费标准。是年城市规划区出让土地占土地供应总量的 50%，出让地面积 330.67 公顷。同时对土地隐形市场开展整顿，全年补收城市规划区转让的 7.87 公顷土地的出让金 326.59 万元，收取土地增值费 465 万元。

1993 年年底，完成《长沙市城市规划区基准地价评估技术报告》（1993 年版）。依据土地资产评估管理规定，长沙市开展国有土地使用权出让、转让、出租、抵押、入股等宗地地价评估工作。

1994 年后，长沙市出让地占土地供应比例逐年上升，土地使用权出让的具体程序和步骤逐步规范，出让、转让、出租、抵押形式多样，拍卖地价稳中有升，地产市场活跃，财政收入明显增加。

1995 年 8 月，长沙市编制第一轮基准地价体系后出台《长沙市城镇国有土地使用权出让转让出租抵押补充规定》，明确长沙市城市规划区基准地价是土地资产管理的基础性依据，并按基准地价的一定比例，制定国有土地使用权协议出让金标准、划拨国有土地使用权转让、出租、抵押补交出让金标准和测算招标、拍卖出让底价的依据。同时，首次将土地出让金的测算与土地用途、容积率、建筑密度及土地使用年限等土地利用条件挂钩，同时明确土地利用条件改变后，需重新签订合同或签订补充协议，补缴土地出让金。

1998 年 1 月，出台《长沙市城镇国有土地有偿使用若干规定》，规定协议出让价金分为国有土地使用权出让价金标准和新征农地土地使用权协议出让价金标准，出让价金的计算应在上述出让价金标准的基础上经容积率和建筑密度联合修正系数、出让土地生熟系数、出让年限修正系数、临街深度修正系数、宗地位置偏向度修正系数、角地修正系数、期日修正系数调整确定。明确城镇国有土地临时用地费征收标准。

1999 年，长沙市成立土地拍卖公司。是年，城区首次以公开招标的方式出让位于长沙涂家冲的一宗土地。长沙县在星沙开发区推出 46 宗国有土地进行公开拍卖，最高地价达每平方米 2600 元，收取出让金 435.55 万元。同时利用“交易会”“洽谈会”，以地招商，在“厦门交易会”上，发布招商项目 9 个，签约9个，项目总投资5.85亿元，出让土地27.28公顷，收入土地出让金3000万元。

2000年2月，出台《长沙市城镇国有土地有偿使用规定》，明确标定地价概念，并将标定地价作为政府收取地价的基本依据；明确建立土地统征开发专项资金，专户存储；规定划拨土地外的有偿用地主要采取招标拍卖出让方式进行；明确可以协议出让土地使用权的有关情形。10月，挂牌竞价出让位于开福区市粮食一仓库土地17.25公顷，挂牌起始价3.85亿元，通过170余次竞价，深圳天健（集团）股份公司以5.94亿元竞标，高出起始价2.09亿元。

2005年7月，长沙市决定在新河三角洲地区采取“立体开发、人车竖向分流”方式，试点旧城改造，探索存量建设用地节约集约利用新模式。该项目被国土资源部和科技部列为“十一五”（2006—2010年）科技创新课题。该项目利用地形高差，在32米左右标高、38米以下标高和约38米标高层设计动态交通、静态交通和立体绿化三个系统，实现交通组织效率和绿化效率的最大化，与传统开发模式相比，节约用地近40%。项目提供3万个就业岗位，吸纳近4万个劳动人口正常就业，使园内原来由于企业破产、职工下岗引发的矛盾和困难迎刃而解。

2005年8月，发布《长沙市招标拍卖挂牌（简称“招拍挂”）出让国有土地使用权暂行办法》，通过招拍挂出让方式，有效实现土地价值、利用方式和开发效用的三位一体组合。是年，长沙市经营性国有土地使用权全部实行招拍挂出让。

2006年6月，发布《长沙市土地市场招标拍卖挂牌交易国有土地使用权底价确定工作规则（试行)》，明确招拍挂出让国有土地底价确定的程序、原则、底价的保密要求等规定。同月13日，出台《长沙市国有土地有偿使用规定》，进一步明确招标、拍卖、挂牌出让和协议出让土地使用权的范围，提出经营性基础设施用地应逐步实行有偿使用，工业项目用地也应逐步实行招拍挂方式出让；明确经营性房地产开发不得采取租赁、作价出资或入股方式供应土地；明确挂牌交易与招标、拍卖出让的最低限价不得低于经审核确定的标定地价的100%，协议出让的工业项目等用地的最低限价不得低于标定地价的80%；明确出让地改变土地利用条件后，应补交改变前后标定地价的差值。

2006年7月，国土资源部批准雨花区黎托片区为全国唯一的城市综合开发建设节约集约用地试点。试点采取立体组合，实施“长沙火车南站立体节约利用、中小学等公共服务设施用地复合利用、市政及公共服务设施半地下布局、拆迁农民集中高层公寓式安置、浏阳河沿线地块架空、新花侯路西部地块不完全架空、绿地混合利用”等7种节约集约用地模式。通过采用与传统车站不同的立体分层空间结构，建筑总面积达30万余平方米的长沙火车南站，实际占地面积不到13万平方米，节地率超过100%，实现从“外延扩张”到“内涵提升”的转变。

2007年7月12日，国土资源部会同国家发改委、建设部在长沙召开节地型城市发展新模式现场会，重点推介新河三角洲节地开发模式。是月，发布《关于开展工业用途国有土地使用权招标拍卖挂牌出让工作的通知》，要求全面实行工业用地招标拍卖挂牌出让制度。对网上招拍挂出让进行调研，制定交易规则和开发交易系统。8月8日，出台《长沙市人民政府关于进一步加强土地管理的通知》，要求加强对土地一级市场的调控，规范城区土地交易秩序，执行土地用途管制制度，加大对闲置土地的清理和处置力度，强化对土地资产的监管。明确“熟地”（指完成拆迁安置补偿、具有较完善的城市基础设施且已平整的土地）挂牌交易制度；规定挂牌出让宗地不得设置任何排斥他人竞价的附加条件；明确对出让地经依法批准调整容积率等土地利用条件的，应按全额楼面地价补缴土地价款。8月21日，出台《长沙市修改出让条件补交全额楼面地价的实施细则》，规定长沙市行政区域内的经营性出让土地使用权经依法批准调整容积率等土地利用条件的，按出让国有土地使用权时成交价补交全额楼面地价。是年，全市出让土地 2254.68 公顷，总价款 122.68 亿元。其中协议出让 1116.00 公顷，价款 39.98 亿元；招拍挂出让 1138.68 公顷，价款 82.69 亿元。其中市本级土地出让总收入 87.21 亿元，实现纯收入 64.04 亿元。另收土地契税 6.95 亿元，代收城市配套费 7.19 亿元以及土地营业税、增值税 1.2 亿元。

2007 年 5 月，出台《长沙市国有建设用地使用权网上挂牌出让规则（试行)》，对网上挂牌出让的具体操作流程及制度保障、措施都做明确规定。长沙市国土资源交易系统经过多次调试，通过专家评审，于 5 月 22 日运行。长沙市通过报纸、网络和交易大厅现场电子显示屏，同时发布一宗位于岳麓区尖山村的国有土地使用权网上挂牌出让公告。经过 20 天的公告期和 10 个工作日的挂牌期，6 月 25 日，来自全国各地 5 家竞买人激烈竞价，该宗起始价 3.41 亿元的国有土地使用权，最终以 9.52 亿元成交，实现长沙市首宗国有建设用地网上挂牌出让成交。

网上挂牌交易系统运行一年后，长沙市本级从 2008 年 5 月 1 日起、4 县（市）从 7 月 1 日起，国有建设用地使用权必须全面实施网上挂牌出让。7 月，《国有建设用地使用权出让监管暂行办法》，实现从监督的对象、范围、方式和职责分工明确对国有建设用地使用权出让监管的要求。

2010 年 2 月，发布《关于促进节约集约用地的通知》，开展对开发区土地集约利用评价成果的更新工作，加强对武广黎托片区、新河三角洲片区节约集约用地试点地区建设和 2010 年度节约集约模范县（市）创建活动的管理。2011 年，发布《长沙市建设用地节约集约利用考核办法》《长沙市建设用地节约集约利用评价标准》等规范性文件。通过宏观管理与微观调控、挖掘存量与控制增量、强制推行与示范推广相结合，进一步提升长沙市节约集约用地水平。

2011 年 1 月，发布《关于"城中村"改造试点村土地处置管理的若干意见》，针对"城中村"集体土地的各类情况，提出明确的土地变性条件和办法，成为"城中村"改革试点国土工作的操作准则。8 月，长沙市国有建设用地使用权网上交易获批国土资源部首批地市级试点，辖区内长沙县和宁乡县为首批县级试点。同年以公开竞争方式为大河西先导区招募梅溪湖国际城土地前期投资开发商，引入社会资金参与政府土地前期开发，土地总量 760 公顷。是年，全市挂牌出让国有建设用地 495 宗，面积 1952.02 公顷，成交价款 310.56 亿元，其中：工矿仓储用地 193 宗，面积 896.41 公顷，土地价款 40.52 亿元；商住等经营性用地 302 宗，出让面积 1055.61 公顷，成交价款 270.04 亿元。协议出让土地 204 宗，出让面积414.36 公顷，土地价款 19.41 亿元。修改土地出让条件 168 宗，补交土地价款 21.95 亿元。转让土地 3662 宗，转让面积 221.71 公顷；划拨供地 258 宗，面积 1771 公顷。

2012 年 8 月，发布《关于商业、住宅类经营性用地修改容积率及用途比例补缴土地价款的公告》，同时加大土地供应力度，重点推出一批区位较好、土地竞价潜力较大、土地规模相对适中的土地出让，确保土地市场稳定。是年，全市出让土地 506 宗，面积 1898.83 公顷，成交价款 354.43 亿元，其中招拍挂出让 422 宗，出让面积 1735.09 公顷，成交价款 350.02 亿元。市本级招拍挂出让 91 宗，面积 368.3 公顷，成交价款 216.9 亿元。4 县（市、区）招拍挂出让土地 331 宗，出让面积1366.79 公顷，成交价款 133.13 亿元。

至 2012 年年底，基本建成由出让、出租、作价出资（入股）等方式构成的土地一级市场，由转让、出租、抵押、作价出资（入股）等方式构成的土地二级市场。土地资源配置从改革开放前单一的"无偿、无期限、无流动"的行政配置方式，过渡到以"有偿、有限期、有流动"的市场配置为主、行政配置为辅的模式。

三、土地储备

1997年，出台《长沙市国有企业改制中土地使用权处置暂行规定》。明确：由市国土管理局委托中介机构对企业的国有土地资产进行评估，评估结果经市国土管理局备案后，纳入企业改制资产范围。通过办理破产、“债转股”，处置或收购企业土地资产，用于置换破产改制企业下岗职工的身份和工龄。通过办理土地抵押、出让、租赁，帮助企业改制、脱困，逐步建立产权明晰的现代企业体系。是年，长沙毛巾厂、安塑集团、美雅集团、长沙汽车改装厂、金狮集团等46家企业合并、破产和股份制改造中土地资产处置工作起到重要作用。如何将全市收回闲置多年的土地、暂未出让的城镇闲置地和国企改制收购的土地，有计划地进行前期开发和投放市场，需要建立有效的管理运营机制。

1998年年初，为适应新修订的《中华人民共和国土地管理法》，长沙、上海和杭州率先探索建立土地储备机制。5月，出台《长沙市土地储备工作实施方案》《长沙市土地储备暂行办法》。明确：储备土地来源于逾期未开发的土地或使用期届满的土地、土地交易价格明显偏低的土地、因旧城改造城市外迁和城市规划调整置换的土地、征用农村集体的土地、接受委托转让的土地、城市规划区红线范围内的土地、国企改制的土地资产等。土地储备资金源于国有土地收益基金、财政部门安排的资金、银行或其他金融机构的贷款、其他依法取得的资金以及上述资金产生的利息收入等。9月，成立长沙市土地储备中心，储备中心代表市政府开展区域内集体土地统征、国有存量土地收储、土地前期开发和储备土地供应等工作。是年，收回土地12宗，面积27.05公顷。

2002年，采取收购、收回、新征等多种方式储备土地。是年办理储备土地21宗550.81公顷，融资17亿元。其中收购重点工程回报地8宗，面积249公顷（其中收回的展览馆路的一宗0.13公顷地，以1472万元拍卖成交）；新征储备土地8宗，面积285.11公顷；企业改制收购储备土地5宗，面积16.7公顷。2003年5月，发布《长沙市土地储备财务管理办法》，加强对土地储备财务的管理与监督。为确保储备土地的保值增值，储备中心加强对拟储备土地的调查论证和可行性分析，更加注重土地储备管理和前期开发。年初根据项目需要，市本级授信贷款9.35亿元，办理储备土地19宗（含代征项目），包括收回机场高速、湖南投资、展览馆西路等重点工程回报地4宗面积208.90公顷；收购长沙市物资集团、湖南省教育科学院、市花纸印刷厂等企业改制土地11.84公顷。全年挂牌出让土地7宗面积215.99公顷，成交价13.04亿元，实现利润1.95亿元，其中湖南投资位于岳麓区南大桥西侧一宗65.92公顷的土地，挂牌后通过竞价，阳光一百置业发展有限责任公司以4.10亿元竞得，机场高速回报地96.87公顷挂牌交易，长沙物资集团公司5.09公顷土地转让给天河房地产开发公司，实现利润1368万元。

2004年，全年办理抵押贷款12.5亿元，储备土地11宗面积198.39公顷。“招拍挂”出让4宗，面积75.39公顷。收回3宗闲置土地面积32.4公顷的土地使用权。办理企业改制土地出让95宗面积108.45公顷，处置土地资产10.61亿元，用土地出让金弥补企业改制2.23亿元，理顺职工劳动关系3.2万人。宁乡县将占地1.07万平方米的天恒商场储备地包装后整体招商，引进深圳富安公司投资1.5亿元。

2005年11月，出台《长沙市国有土地有偿使用收入财务管理暂行办法》，加强对国有土地有偿使用收入的财务管理。2006年6月，出台《长沙市国有土地有偿使用规定》，明确由市、县（市）人民政府国土资源行政主管部门建立土地收购储备制度，市、县（市）财政每年拨付部分国有土地有偿使用收入列入土地收购储备专项资金。10月，发布《〈长沙市国有土地有偿使用收入财务管理暂行办法〉补充规定》，进一步完善国有土地有偿使用收入财务管理。是年，依法依规处置被关闭破产和转制的国有企业土地资产，启动市自来水公司、燃气公司等公用事业单位的土地处置工作。市本级参与处置国企改制土地

31 宗，出让面积 24.04 公顷，处置土地资产 3.81 亿元。全市全年计储备土地 983.16 公顷，其中市本级新增储备土地 468.13 公顷，投放市场 237.8 公顷，出让 189.86 公顷，成交价款 14.59 亿元，收取出让金 2.47 亿元，实现收益 2.98 亿元，土地价款回笼 10.47 亿元，其中收回历史成交地价款 2.96 亿元。

2007 年，市、县两级进一步加强土地储备，并有计划地通过“招拍挂”方式供应土地。全市批准储备土地 343.92 公顷。推出土地 7 宗面积 132.18 公顷的土地投放市场，实际出让 83.75 公顷，成交金额 15.89 亿元，上交出让金 1.78 亿元，实现利润 7.7 亿元。其中位于雷锋大道的一宗 34.41 公顷储备土地，通过网上竞价，以 9.52 亿元成交，超出起始价 6.1 亿元。至年底，长沙市土地储备库存面积 874.49 公顷。

2008 年 11 月，出台《长沙市土地储备管理制度》《长沙市储备土地出、入库制度》《长沙市土地储备中心财务管理规定》，从制度层面进一步规范土地储备和土地储备中心的财务管理行为。2009 年 8 月，修订发布《长沙市土地储备管理办法》。是年办理企业改制土地 60 宗，积极协助做好省直管企业的土地资产处置工作。市本级参与处置国企改制土地 22 宗，涉及土地面积 129 公顷，处置土地资产价款 34.16 亿元。市本级入库土地 74.01 公顷，出让储备土地 4 宗，面积 62.47 公顷，实现土地收入 8.26 亿元。4 县（市）计完成土地储备入库 969.12 公顷，出让储备土地 520 公顷。

2011 年，针对是年房地产市场疲软态势，市本级和县（市、区）土地储备中心及时调整土地收购和出让计划。市本级批回建设用地并入库 16 宗面积 159.42 公顷，办理新征储备土地 15 宗面积 181.84 公顷。出让储备土地 6 宗面积 34.04 公顷，其中挂牌成交 1 宗面积 11.52 公顷，协议出让 1 宗面积 0.21 公顷，划拨供地 4 宗面积 22.31 公顷，成交总金额 8.19 亿元。银行贷款总额 11.22 亿元，投入储备土地成本 2.19 亿元。2012 年年末，长沙市土地储备中心实际库存土地 848.02 公顷，银行贷款余额 16.4 亿元。

第六节　矿产资源管理

一、矿产资源调查

按照地质部工作部署，从 1986 年 3 月开始，长沙城区及周边地区开始 1:5 万区域地质调查（以下简称“区调”），涵盖区域地质、工程地质、水文地质、环境地质、农业地质、旅游地质等内容，调查重点地区放在成矿有利地区和重点矿区外围。

在 1:5 万区调工作中，长沙市引进地学新理论、新方法、新技术。地层研究方面在生物地层的基础上，应用岩石地层单位填图，采用多重地层划分理论；地质构造研究方面除地质力学、槽台学、地洼学外，还融入板块学和地体学等新构造观；花岗岩研究则引进单元、超单元填图方法及新的岩浆成因观和定位说；变质岩地区运用构造—地层组合填图，研究多期叠加褶皱和演化；矿产方面除不断深化多种传统方法及技术外，还运用新的成矿理论和数学地质方法进行矿床统计预测。

至 1989 年 12 月，由李普成领衔的湖南省地质矿产局区域地质调查所六分队完成长沙市区（城区）幅、大托铺幅、槊梨幅、柏嘉山幅、铜官幅、青山铺幅 6 幅 1:5 万区调，涉及面积 2700 平方千米。

1991 年，湖南省地质矿产局 413 地质队在宁乡县云影窝地区首次发现含金刚石的钾镁煌斑岩筒，在望城县郭家坪发现水系重砂微粒金刚石，据此推断该地区存在金刚石工业矿体。

1991 年 6 月，湖南省地质矿产局 402 队，开始对浏阳永安、古港、镇头等乡镇和城关镇区域的成矿带和矿区外围的调查，至 1994 年 10 月，完成永安幅、古港幅、镇头幅、浏阳县幅 4 幅 1:5 万区调，涉及面积1800平方千米。

1994年12月，湖南省地质研究所完成黄材幅、双凫铺幅1:5万区调。1995年12月，湖南省地质研究所完成普迹幅、大瑶幅1:5万区调。1996年，湖南省地质研究所完成宁乡县幅、花明楼幅1:5万区调，涉及面积907平方千米。

按照国家地质调查局的要求，2000年，长沙市开始第二轮1:25万地质调查。按照国土资源部《1:250000比例尺区域地质调查技术要求（暂行）》，在原1:20万地质图的基础上进行修测，并对原有的1:20万区调图件进行更新。通过编制1:25万地质图，查明该区域内地层、古生物、岩石构造及其他各种地质体的特征，研究其属性、形成年代、形成环境和发展历史等基础地质问题。为矿产资源及土地资源的普查，水文地质，环境地质，灾害地质，农业地质和城市地质勘查，提供基础地质资料和依据。调查过程中，采用“3S”〔即全球卫星定位系统（GPS）、地理信息系统（GIS）、遥感技术（RS）〕技术，对所收集的资料进行分析处理、集成和管理。通过地质修测2.57万平方千米，于2002年完成长沙市1:25万区调。

按照《湖南省矿产资源总体规划（2001—2010年）》部署，2006年2月，印发《关于进一步规范矿产资源勘查管理的通知》，就矿产资源勘查准入，探矿权新立、延续、保留和变更的审批管理，以及探矿权的监督管理作出明确规定。是年，长沙市开展地下热水资源潜力调查评价，环境地质综合调查评价，完成区域化探资料整理和数字化建设，开展长沙市多参数立体地质调查，永和、张家坊、浏阳市、文家市区域矿产调查，长沙大河西先导区土地质量地球化学评估，开展长沙市航空磁测和卫星遥感数据获取等。

至2007年年底，长沙市完成1:20万区域地质调查、区域水文地质普查、区域化探、13个图幅的1:20万地面重力调查、1:50万区域重力测量和航空磁测工作。完成长沙市内5区、长沙县、望城县、宁乡县区域水文地质调查，长沙市城区1:2.5万和1:5万水文地质工程地质环境地质综合勘查。完成全市辖区范围内涉及的26个图幅的1:5万区域地质区域矿产调查。在重要成矿区带内（永安、古港、永和三个图幅）开展1:5万区域地质矿产调查和1:5万区域化探工作。1:25万洞庭湖区生态地质化学调查覆盖芙蓉区、天心区、开福区、雨花区、长沙县、望城县和宁乡县、浏阳市部分地区。完成全市各县（市、区）矿山地质灾害调查。启动1:25万长沙市矿山地质环境调查与评价。

开展以锰、铜、铅、锌、锑、金、煤、磷等为主攻矿种的矿产资源远景调查评价。包括：浏阳多金属矿、铜矿、煤矿、金矿，宁乡海泡石矿，长沙市地下热水资源及浅层地温能，宁乡地下热水、锰铁矿8个。

按区域，煤炭重点开展对宁乡煤炭坝（包括涌泉山）、清溪冲、浏阳市文家市和官渡一带的已知井田的深部和红层及推覆构造下隐伏—半隐伏煤层资源的勘查，地热重点开展对沿宁乡灰汤大断裂分布、长沙县麻林桥的资源勘查，铁矿重点开展宁乡县中部陶家湾、莲花桥等地的上泥盆统宁乡式铁矿勘查，锰矿以成矿较好的宁乡县沩山岩体周边为重点区域开展勘查，钒矿以宁乡县黄材—枫木桥和望城县麻田一线为重点区域开展勘查，铜、铅、锌矿重点勘查主要集中于长平断裂及七宝山、蕉溪岭、龙王排等岩体出露地区以及在文家市一线北东向构造变质带，包括文家市南北发育的变辉绿岩脉群，钨、锡、钼矿以沩山、连云山、蕉溪岭等岩体的周边地区为重点区域开展勘查，脉型金矿勘查重点部署在浏阳市南北两侧，勘查发现浏阳青草金矿，黑土型金矿勘查重点部署在成矿较好的浏阳市永和七宝山多金属矿周边地区，水泥用灰岩重点在宁乡—望城南部棋梓桥组灰岩地层、浏阳市南部洞阳、金刚等地的棋梓桥组地层开展勘查工作，海泡石矿重点勘查在浏阳市永和及宁乡县道林两地，高岭土矿重点在长沙县北部、东冲—泮春一带开展勘查工作，磷矿重点在浏阳市永和磷矿外围，船舱一带开展勘查工作。

以铜、铅、锌、金、磷、煤炭等为重点的矿种兼顾市场前景好的其他矿种，开展大中型矿山，尤其是危机矿山接替资源勘查。宁乡县清溪冲煤矿接替资源勘查，位于宁乡县域内，面积约50平方千米。野外工作从2006年开始到2010年结束，对双江口段开展普查、对道林段开展预查，以探求推断的和预测的资源量。双江口段完成钻孔29个，钻探量1.45万米，耗时30个钻月以上，并对所有有效钻孔进行物探测井，采样测试，初步查明双江口段可采煤层层位、厚度及分布范围，大致确定可采煤层煤类及煤质特征。预获资源储量烟煤3000万吨。道林区段施工7个钻孔均未见煤，增加槽探5000立方米。根据地震成果无法反映深部煤层信息判断，该区段存在完整隐伏含煤地层的可能性较小。浏阳市永和矿区磷矿接替资源勘查从2007年12月开始至2010年10月结束，通过测量、地质修测、钻探、坑探、槽探、取样和岩矿测试等流程，预获资源储量磷矿石650万吨。

加大对老矿山深部及边缘区域的勘查。勘查发现，部分矿种有不同程度的储量增加，其中锰矿、铅矿、银矿、硫铁矿、磷矿、水泥用灰岩分别新增资源储量57.2万吨、64吨、39吨、101.4万吨、150.61万吨、1.74亿吨。

二、矿产资源储量管理

自1993年开始，按照湖南省地矿厅（局）每年对全省铁、铜、铅、锌等12种有色金属矿产储量开展清理和复核，并按年度编制《湖南省矿产储量平衡表》的要求，长沙市每年都要对辖区内的铁、铜、铅、锌等12种有色金属矿产储量进行统计上报。

2002年6月，根据省国土资源厅《湖南省零星分散矿产和普通建筑用砂石黏土矿产资源储量评审认定办法》《湖南省零星分散矿产和普通建筑用砂石黏土矿产资源储量评审资格管理暂行办法》《湖南省零星分散矿产和普通建筑用砂石黏土矿产资源评估员管理办法》《湖南省矿产资源储量评审有关规定》精神，长沙市部署开展对零星矿产和砂石黏土矿产资源评审、认定工作。

根据湖南省国土资源厅2003年5月下发的《关于做好矿产资源评审监督管理工作的通知》精神，湖南省矿产储量评审专家库建立，长沙市有毛昌明等27人入选省专家库成员。是年，长沙市成立矿产资源储量评审中心，中心聘请储量评审专家10名，完成16份矿产资源储量报告的评审工作。

2004年6月，出台《长沙市矿山矿产资源储量核查检测工作方案》，并在全市开展对矿山矿产资源储量报告评审备案工作。从7月起，长沙市全面开展矿山占用储量核查检测和分散零星矿产资源的储量评审认定工作，是年受理资源储量报告备案18件。

2006年，根据《湖南省矿产资源储量报告评审质检办法（试行）》精神，浏阳市完成160家矿山的储量核查检测监测图，其中甲类矿山全部完成，宁乡对29家甲类矿山进行检测。到年底，全市所有煤矿的野外调查工作全部完成。同时委托省测绘产品质检站对检测的矿山测量控制网进行验收。

2008年，发布《关于进一步加强矿山储量动态监督管理的通知》《关于进一步加强矿产资源储量管理的通知》，建立包括报告受理环节的《矿产资源储量报告受理的基本要求》，报告评审环节的《矿产资源储量评审工作须知》《储量评估师（评估员）职责》《评审工作程序及过程记录原则》等以及评审考核环节的《资源储量报告编制质量考核制度》《储量评估师（评估员）考核制度》《资源储量报告修改情况考核制度》《评审工作意见反馈制度》和报告评审备案后的归档等规章制度。长沙市开展矿山储量动态监管，完成省、市两级发证矿山年度报告的评审备案、矿山资源报告的评审备案、建设用地压覆矿产资源调查报告和建设用地地质灾害危险性评估报告的审查认定。启动长沙市矿山资源供储量利用现状调查，开展矿产权价款评估审查备案。根据本地区范围内多为零星小矿和砂石黏土建材矿的实际情况，评审方式多采用函审方式，实行一报告一审，整个评审过程送评单位和评估师（评估员）没有接触，从而确保评估师独立客观开展评审工作。储量报告编制按照发证权限实行委托。矿山实测必须为具备乙级以上资质的地勘队伍，报告主编人员必须具有矿产勘查工程师以上资格。

2009年，完成省市两级发证矿山资源储量报告评审备案62份、建设用地压覆矿产资源调查报告22份、矿业权评估报告评审备案19份。2010年，进一步完善矿山储量动态监测工作，各县（市、区）加强对矿山储量动态监测工作的指导和监督，对未开展储量动态监测的和储量年度报告未获审查通过的矿山企业不予受理年检、不予受理延续变更登记。进一步加强新申请采矿权和延续登记矿山的资源储量报告的评审工作，并将这一规定列入县（市、区）年度考核指标。实行报告评审与备案分离制度，在储量评审方面，制定控制质量、简化程序、缩短评审时间的规章制度。同时将矿山动态监管与矿山年检、采矿权登记、整规工作结合起来，进一步推动矿山储量动态监管工作。2011年，完成2010年储量年度检测报告评审59项，2011年储量报告备案48项，采矿权评估报告备案23项。

到2012年年底，长沙市持证矿山473家，其中省级发证矿山59家、市级发证矿山15家。设立采矿权标识牌346个，提交储量年报253个，填报储量统计表矿山446个。完成2011年度储量年度检测报告评审29项，2012年储量报告备案14项，采矿权价款评估报告备案13项，开发利用方案备案1项。按全覆盖的要求，对辖区内省、市发证的所有矿山、县级发证的石灰岩矿及部分沙石黏土矿进行储量检测。并将储量动态检测与矿山年检、采矿权登记、资源补偿费征收及矿山储量统计结合起来，建立矿山储量台账。

三、矿产资源规划管理

1989年5月，完成《长沙市矿产资源开发利用规划（1986—2000年）》的编制工作，提交近5万字的矿产资源规划报告及附图、附表。长沙市探明矿产储量的矿产51种。储量居全国首位的有海泡石、菊花石；居全省前列的有硫、磷、铜、锌、陶瓷黏土、花岗石等。提出2000年前与2000—2020年矿产资源勘查、开发分步实施的规划目标与对策。规划至2000年目标为：勘查项目16项，矿产开发项目19项，地质科研项目4项。

1997年，市、县编制本地区矿产资源简介及规划，同时进行主要地质矿产、水文工程地质、环境地貌地质等资料的收集，并整理成图成册，为下一轮规划做准备。2000年，编制《长沙市地质矿产资源及可持续发展研究报告》，对长沙市地质、矿产资源及水文地质、工程地质、环境地质、旅游地质进行全面分析与总结，为做好下一轮规划铺奠基础。

从2002年2月起，由省国土资源规划院承担长沙市规划文本和专题研究报告的编制，开始《长沙市矿产资源总体规划（2001—2010年）》的编制工作。至11月，完成本轮规划文本和专题研究报告的编制。7个专题研究报告课题分别是“长沙市矿业经济发展研究”“长沙市矿产资源开发布局研究”“长沙市矿山生态环境保护与恢复治理研究”“长沙市市区地下水资源开发保护研究”“区域经济背景及资源供需形势研究”“矿产资源合理利用技术经济指标研究”“非金属资源勘查资源合理利用研究”。在此基础上编制《长沙市矿产资源总体规划（2001—2010年）》文本及相配套的5套图件。2003年1月8日，对规划文本进行初审。然后省国土资源规划院按照专家意见对规划文本进行修改与补充。规划明确：矿产资源调查评价重点规划区4个，基础地质重点规划项目3个，水工及生态环境重点调查区5个，矿产资源勘探重点规划区 6 个，设立矿产资源开发利用规划区 20 个，确立 5 个矿产资源开发利用重点区域。本轮规划基期为 2001 年，规划期为 2001—2010 年。2005 年为近期规划目标年，2010 年为规划目标年。本轮规划基期矿业产值 6.83 亿元，规划到 2005 年实现矿业产值 9.53 亿元，较基期增长 40%；到 2010 年实现矿业产值 9.9 亿元。

由湖南省国土资源规划院承担的《长沙市矿产资源总体规划（2008—2015 年）》文本的编写于 2009 年 12 月完成，2010 年 10 月通过专家预审，2011 年 6 月获省国土资源厅批准实施。本轮规划以 2007 年为基准年，规划目标年为 2015 年，展望期为 2020 年。规划目标期内，健全矿产资源调控体系，通过总量控制，优化矿产资源开发利用布局与结构，提高节约与综合利用矿产资源水平，实现资源开发、经济发展、环境保护协调发展，做大做强矿业经济，建设重要的矿产品精深加工和贸易基地。有效调控重要优势矿产开采总量，在稳定和提高资源可供性的基础上，平稳增加重要矿产资源开采量。以建材为主的非金属矿产开发基地进一步壮大，地热开发利用产业链逐步向广度和深度发展。到 2015 年固体矿产开采总量控制在 3600 万吨。强化采矿权设置的布局和结构导向，加快建设竞争有序的矿业权市场，矿产资源开发利用布局不断优化，矿业集中度有序提升，形成一批自主创新能力和竞争力较强的大中型优势矿山企业，矿产资源节约与综合利用水平明显提高。到 2015 年，全市采矿权设置数为 392 个，大中型矿山比例 6%以上，矿山“三率”和矿产资源综合利用率考核指标体系进一步完善，重要矿产资源开采回采率平均提高 2%~5%，选矿回收率平均提高 3%~5%，伴生矿产综合利用水平有较大提高。健全完善矿山地质环境保护监测网络与管理体系、矿山地质环境治理和生态恢复责任机制、矿山地质环境恢复补偿制度，加强矿山地质环境保护执法监管力度。到 2015 年历史遗留矿山地质环境恢复治理率 50%以上；新建矿山闭坑后全面恢复治理；历史遗留矿山废弃土地复垦率 60%以上；新建和在建矿山闭坑后毁损土地全面复垦。2007 年全市采选业总产值 9.18 亿元，规划期内矿业保持适度增长，矿业及矿产品加工业保持与国民经济发展水平相适应。以 2007 年矿业总产值为基数，按增长 8%，预计 2015 年全市采选业总产值达 10.69 亿元。

四、矿产资源保护与开发利用

20 世纪 90 年代，长沙市矿产资源保护与开发利用工作的重点是整治矿权纠纷，整治无证非法采矿、严重超深越界开采、乱挖滥采和矿产品非法营运等乱象，并同时着手规划未来的探矿采矿计划。随着 1999 年 6 月《湖南省矿产资源管理条例》的颁布实施，每年对辖区内矿山企业矿产资源开发利用开展年度检查。

2003 年 3 月，发布《长沙市矿产资源监督管理暂行规定》，要求加强矿产资源勘探、开采的监督管理，进一步明确监督管理职责，规范监督管理行为。通过建立重点矿区巡查制度、非法采矿举报有奖制度、矿业开发“六不”（对非法采矿不供电、不发营业执照、不供应火攻产品、不承运矿产品、不准银行贷款、不准入股分红）制度、矿产品销售证制度、行政责任追究制度等，防止非法采矿，进一步巩固矿产清理整顿成果。

2007 年，发布《长沙市矿产资源整合总体方案》（以下简称《总体方案》）和《长沙市矿产资源利用保护方案》，《总体方案》明确按照调控总量、合理布局、规模开发、市场导向、科技兴矿的要求，结合资源特点和矿业开发条件，以市场需求为导向，以经济效益为核心，加快矿产资源开发利用结构调整，引导矿产资源和其他生产要素向有比较优势的项目和企业集聚，提高矿业产业集中度，促进矿业经济增长从主要依靠增加投入、追求数量转到主要依靠科技进步、注重质量上来的指导思想。

根据《总体方案》部署，全市结合矿产资源特点、开采程度、资源潜力，合理划定开采区、限采区、禁采区。其中重点开采区14处，限采区10处，禁采区23处。

将采矿活动集中、资源禀赋和开发利用条件好的地区划定为重点开采区。全市划定宁乡棠甘山锰矿，宁乡斋家冲锰矿，宁乡麦田水泥用灰岩矿，永和磷矿—海泡石矿，望城杨桥花岗岩，望城丁字湾花岗岩，长沙福临高岭土、花岗岩，浏阳丰裕石膏，浏阳洞阳石灰石，浏阳蕉溪岭铜、钨矿，浏阳青草金矿，浏阳杨花—金刚石灰岩，浏阳七宝山铜、铅、锌、金、银、硫铁矿，浏阳井冲—东冲铜多金属、高岭土14个重点开采区。

受经济、技术、安全、环境等多种因素的制约，对矿产资源开采活动实行一定限制的区域包括宁乡煤炭坝煤矿，宁乡灰汤地热，宁乡清溪冲—道林煤、海泡石、黏土，长沙县麻林桥地热，长沙戏楼坪—浏阳秀山钴、重晶石，浏阳三口—官渡煤矿，浏阳澄潭江—文家市煤矿，宁乡祖塔锰矿，宁乡县东湖塘麻山铁矿，望城县河道砂石10处限制开采区。

受经济、技术、安全、环境等多种因素的制约，禁止进行矿产资源开采的区域主要有：长沙市中心城区、宁乡县城、浏阳市区等城区规划区，黑麋峰生态自然保护区、岳麓山风景名胜区、天际岭国家森林公园、大围山国家森林公园保护区、石龙山旅游生态保护区等自然生态景观保护区，黄材水库、田坪水库、洞庭桥水库、仙人造水库、红旗水库、金井—桐仁桥水库、横山水库、乌川水库、关山水库、梅田水库、道源水库、株树桥水库等水资源保护区，以及铁路、高速公路、国道及省道两侧一定距离（水平直距）或直观可视范围，重要城镇、重要河流、水库、重大工程设施的一定范围，地质灾害保护区，基本农田保护区。

《总体方案》按矿种对资源开发进行整体布局。能源矿产以宁乡煤炭坝和浏阳文家市煤矿区为重点，形成煤炭集中生产基地，建立相应的洗选煤基地，形成高附加值产品。黑色金属矿产，围绕铁、锰矿资源开发和深加工，构建宁乡棠甘山锰矿冶炼和深加工基地，加强贫铁、难选冶铁矿石的开发利用研究。有色金属和贵金属矿产，以浏阳市七宝山中小型矿床的开发为重点，以现有规模企业为核心，重点发展铜铅锌金银，形成重要的有色金属矿产品、黄金及硫铁矿生产基地。非金属矿产，以现有规模企业为核心，进行规模化经营，水泥工业以浏阳洞阳、宁乡县南田坪—双凫铺形成规模生产基地，永和成为磷矿开发和加工基地，加大东冲—泮春一带高岭土、望城县丁字湾麻石矿产资源的开发力度。

至2007年年末，全市煤矿、磷矿、七宝山多金属矿及湘江河道采砂的整合工作全部完成。矿山数量由714家整合到643家，减少10%。2008年年初，对全市矿山企业以浏阳市七宝山矿区、浏阳市永和磷矿区、浏阳市澄潭江煤矿区、宁乡县煤炭坝矿区等为重点进行资源整合，累计整合矿山100多家，对采矿许可证过期且未提出延续登记申请的矿山及整改不合格的矿山实施关闭。整合后的矿山企业通过技术改造普遍6万吨/年的生产规模。

2010年6月，出台《长沙市灰汤地热资源保护条例》，对宁乡县灰汤地热资源的规划、勘查、开采、利用等作出明确规定，同时配套出台《长沙市灰汤地热资源日限额限时开采管理办法》，灰汤3家地热水采矿权列入《宁乡县矿产资源整合实施方案》重点整合矿区，灰汤地热的开发秩序得到明显改善。

2012年，望城区对丁字湾花岗岩开采进行整合，将原来的7个矿区整合为2个采矿权，矿山集约化、规模化程度明显提高，年生产规模100万立方米以上。

五、矿业秩序治理

20世纪80年代末，长沙市各地区矿山乱采滥挖、与国有矿争抢资源，矿业秩序紊乱、资源浪费严重等现象时有发生。90 年代初，长沙市以煤为重点的矿山清理整顿。1994 年，浏阳市大瑶乡煤矿与何家村煤矿发生的矿权纠纷，涉及 2 个乡 3 个村，矛盾纠纷激化到互炸毁矿井、互抢矿井设备和煤炭、100 余人次到市政府及各部门上访。为此，先后召开 20 多次不同层次不同形式的协调座谈会，依法公正、实事求是地作出纠纷裁决，使这起长达 8 个月之久的矿权纠纷圆满解决。是年，宁乡关闭非法小煤窑 216 个，浏阳市澄潭江与金刚乡界口地区查封非法小煤窑 130 余个。

2000 年，市、县地矿部门配合煤矿关井压产工作，浏阳市关闭非法小煤矿 45 个，宁乡县关闭非法小煤矿 9 个。次年 10 月，出台《长沙市矿产资源管理秩序治理整顿实施方案》。至年底，全市全面取缔无证开采、越界开采、持勘探许可证非法采矿、非法承包转让采矿权等违法活动。重点开展对宁乡煤炭坝、浏阳七宝山、澄潭江、湘江河道采砂的整顿工作。

2004 年，长沙市开展对煤炭勘查开采清理整顿专项行动。对矿山企业的办证档案进行全面清理，摸清开采现状、后备资源储量；整治矿山秩序，对存在的安全隐患进行整改；对非法开采行为进行打击，炸毁非法小煤窑 17 处，查处越界开采行为 14 起。与水利、交通等部门配合，对湘江长沙段河道采砂秩序进行整治。

2005 年，发布《长沙市整顿和规范矿产资源开发秩序工作方案》。成立领导小组，全面部署整顿工作。根据《关于清理纠正国家机关工作人员和国有企业负责人投资入股煤矿问题的通知》要求，逐单位进行清查。积极推进矿山企业整合，长沙县取缔白沙岭非法采钨行为，炸毁矿硐 30 余个；望城县对丁字湾麻石开采进行整合，浏阳市关闭小矿 9 个，宁乡县整合采石矿山 4 个为 2 个；对菊花石等稀缺和实行保护开采的矿种，实行限量开采。

根据“两型社会”建设的要求，2010 年，长沙市出台《长沙大河西先导区核心区矿山整顿关闭实施方案》，并采取措施，加强对先导区范围内 20 家非煤矿山的整顿关闭。是年，对全市 43 个勘查项目开展年检，有 25 个合格，14 个限期整改，未按规定参加年检的项目 4 个，按规定视为不合格，报请原发证机关吊销其勘查许可证。

2011 年 7 月，发布《长沙市深入整顿和规范矿产资源开发秩序工作方案》，成立以主管市长任组长的领导小组。在省政府列出的长沙市 3 个重点矿区的基础上，经过调研，又确定市级重点矿区 16 个。严肃查处无证勘查开采、超深越界开采、非法出让转让、浪费破坏资源、严重污染环境等违法行为，实现矿产资源勘查开采秩序的根本好转。

六、矿产权管理

1988 年 8 月，发布《关于加快长沙市采矿登记发证工作的报告》，要求长沙地区本年度基本完成国有矿山、乡镇矿山的登记发证工作。至年末，全市 20 个应登记发证的国有矿山有 18 个发证，经清理整顿合格的乡镇矿山 310 个，登记发证 202 个。

按照 1994 年 2 月国务院《矿产资源补偿费征收管理规定》精神，发布《关于矿产资源补偿费征收的通知》，是年，全市征收矿产资源补偿费 120 万元。1995 年，长沙全市征收矿产资源补偿费 250 万元，入库 47 万元。全面推行矿业年审工作，是年国有矿山年审率 90%，乡镇矿山年审率 80%以上。根据 1998 年 2 月国务院颁布的《探矿权采矿权转让管理办法》《矿产资源勘查区块登记管理办法》《关于授权颁发勘查许可证、采矿许可证的规定》，开始筹划探矿权采矿权转让实施办法，逐步规范探矿权采矿权登记和发证工作。至 2000 年年底，全市换发采矿许可证 497 个，占应换发采矿许可证个数 99.6%，依法收缴矿产资源补偿费 102 万，矿山“三率”指标考核年检率 100%。按照 2003 年 9 月省政府下发的《关于加快推进矿业权市场建设的通知》精神，10月，出台《长沙市矿产资源监督管理暂行规定》，由此推动长沙地区矿业权有偿出让步伐加速，逐步规范矿业权市场秩序。是年，长沙市出让采矿权154宗，收取采矿权价款655.58万元，其中拍卖挂牌出让27宗，价款450.65万元；挂牌探矿权2宗，评估价款148万元。

2004年6月24日，位于宁乡县坝塘镇乐安村面积0.12平方千米、储量3.56万吨的锰矿采矿权，经过77轮竞价，以117万元成交，敲响长沙市矿权拍卖第一锤。宁乡县接受湖南省国土资源厅委托，以26.22万元挂牌出让花明楼清溪冲煤矿探矿权。望城县以1100万元的价格，出让湘江下游望城段砂石资源开采权。2005年7月，宁乡县金狮煤矿探矿权以443万元成交，溢出价414万元。全市全年有偿出让采矿权117宗，成交价款520.21万元；受湖南省国土资源厅委托，以"招拍挂"方式出让探矿权18个，成交价款1554.2万元。在年底矿山年检中，应检矿山企业598家，实检527家，年检率88%。

2007年6月，发布《长沙市矿业权出让暂行办法》。办法明确：完善矿业权（包括探矿权和采矿权）出让制度，维护国家对矿产资源的所有权，保护矿业权人的合法权益。是年，全市挂牌出让采矿权24宗，出让价款121.64万元；挂牌出让探矿权4宗，成交金额6457万元。其中浏阳社港井冲谭玲多金属矿探矿权成交金额6200万元。2008年2月，开展浏阳市淳口镇山田村、龙伏镇柘庄村白泌泥冲、塘家冲3个高岭土矿的挂牌出让工作，总成交价款385万元。全年新设矿权16个，全部采用招拍挂方式出让，其中湖南省发证矿山1个，长沙市发证矿山3个，县（市）发证矿山12个。

2011年8月，发布《关于健全长沙市矿业权有形市场的通知》《关于长沙市矿业权网上挂牌出让规则的通知》，要求：自2011年9月1日起，全市停止矿业权网下交易，市、县两级审批发证的矿业权出让交易一律进入市国土资源交易网上公开进行。是年，长沙市基本完成矿业权网上挂牌交易系统建设。全年新立采矿权13家，注销37家，办理延续登记54家、变更登记106家，新立探矿权1家，注销3家。至年底，全市有采矿权数497家，探矿权数46个。本年度探矿权年检，应检43个，实检37个，其中不合格4个。全年收取采矿权价款263.8万元，探矿权价款1272万元。

2012年11月，浏阳市大围山管坑采石场及望城区丁字湾麻石厂两家矿山在长沙市矿业权网上交易系统成功交易，总成交价2804.88万元。

第七节　国土资源执法监察

一、土地执法监察

1988年3月，长沙市组建规划土地法规监察执法队，是年被国家土地管理局定为土地监察试点单位。1990年1月《国务院批转国家土地管理局关于部分地方政府越权批地情况报告的通知》下发后，长沙市组织专门队伍，对《中华人民共和国土地管理法》实施以后的建设用地审批情况进行一次全面清理，发现存在以下问题：对法律法规理解不一致，地方政策与法规相矛盾，执行中有偏差；房产公司等无权批地部门在4县集镇和县城越权批地；城市规划区的临时用地，城建、城管、工商、交警等部门审批，造成多家批地等问题。全市清理出越权批地案件805件，越权批地68.02公顷，其中耕地21.742公顷。现场处理628件，收回土地3.93公顷，退地还耕1.64公顷，拆除没收房屋32栋172间，面积3453.86平方米，补办手续592件，依党纪政纪处分4人。

1992年5月，出台《长沙市城镇国有土地使用权出让转让暂行办法》，实行土地资源执法与土地资产执法相结合的土地执法运行机制。为解决土地执法难这一难题，1992 年，全市依法查处土地违法案件 1700 余起。

1994 年 7 月，在全市开展土地管理集中行动。重点清理全市各类房地产开发公司使用、经营土地的情况，清理整顿土地市场，清理整顿城乡接合部和公路两旁用地。在集中行动执法中，长沙市一级收回欠缴的土地出让金 3468 万元，区一级收回土地增值费 409 万元。全市调处土地权属纠纷 300 余起，查处土地违法案件 1035 起。

为收回历年欠缴的土地出让金，1995 年 5 月，停办长沙市四达实业开发公司等 24 家公司的征划土地、转让土地及国有土地使用权登记发证手续和相关建筑手续。次月，发布《关于认真做好外商投资企业场地使用费核收工作的通知》，对全市范围内的外商投资企业用地进行一次全面清理。全年清查 1500 余家用地单位，处理土地违法案件 300 余起，收回土地 68.33 公顷。完成清隐收入（即清理整顿土地隐形市场的补缴和罚没所得）1230 万元，涉及 340 家单位。是年，立案查处潇湘电影制片厂、东区工商局、洞井商贸城等违法用地案件，配合湖南省查处汽车南站、东站、西站等有影响的大案。

1996 年，宁乡被评为全国土地管理模范县。

1998 年 9 月，发布《关于在全市开展创建无违法建筑单位活动的通知》，浏阳市随即开展一次较大规模的违法用地大曝光和拆除违法用地建筑物活动，以案说法，增强法律的震慑作用。11 月，发布《关于在全市开展砖瓦窑建设用地清查工作的通知》，并在全市范围内开展砖瓦窑集中清查、专项治理、限期整改行动，是年下达限期关停砖瓦窑 473 个，责令 389 个废弃砖瓦窑土地复垦复耕。1999 年 5 月，出台《关于加强土地执法监察工作的意见》，提出在全市范围内建立巡回检查制度、举报奖励制度、土地特邀监察员制度、土地管理全程监察制度，加强和规范全市土地执法监察工作。

2000 年 3 月，发布《关于利用卫星遥感监测技术开展土地执法检查工作的通知》，首次利用高分辨率卫星遥感技术，对 66 个 50 万人口以上城市 1998 年 10 月至 1999 年 10 月间新增建设用地情况开展土地执法检查，长沙市是年被列入检查对象。长沙市检查图斑 160 个，涉及内 5 区和长沙、望城两县，图斑总面积 382.02 公顷，其中耕地 104.377 公顷。经清查发现违法用地 63 宗面积 65.56 公顷（其中耕地 29.43 公顷），占新增建设用地面积的 5.38%，违法用地耕地面积占新增建设用地耕地面积的 5.03%。对卫片检查发现的 63 宗违法用地进行立案查处，申请法院强制执行 1 宗，拆除违法建筑物 11 宗。是年，在创建全国土地执法模范县工作中，浏阳市、宁乡县、芙蓉区被评为省级“土地执法模范县（区）”。2001 年，宁乡县荣膺全国“土地执法模范县（区）”。

2001 年 8 月，长沙在全市范围内开展清理整顿土地市场专项行动，对原划拨土地转为经营性用地（含转让、出租等），但未按法律规定向政府上缴土地收益的；未达到法律规定和合同约定的条件，擅自转让以出让方式取得国有土地使用权的；未经批准，擅自转让划拨土地使用权的；以及土地闲置的土地违法案件进行集中整治。是年，对长沙市区和两个县市（长沙县、浏阳市）的土地现状进行卫星遥感监测。与相关单位组成专门班子，历时 2 个月，通过逐宗地调查，发现检查的 228 个卫片图斑 983.91 公顷土地中，有 25 个图斑 40.33 公顷土地为违法用地，占图斑数的 11.01%，占全部用地面积的 4.01%，全部立案查处。

长沙市土地执法情况得到国土资源部的肯定，2002 年 4 月下旬，国土资源部在江苏省昆山市召开建部以后的第一个执法监察工作会议，长沙市根据安排向与会者介绍土地资产执法经验。5 月，在全市范围内开展经济适用房（安居工程）的用地清理工作。对市属 33 个经济适用房项目进行全面清查，查出

23 个开发项目需要补交土地出让金。根据 2003 年国务院办公厅《关于清理整顿各类开发区加强建设用地管理的通知》，长沙市从 2 月开始对土地市场秩序进行整顿，对违法设立园区及各类土地违法行为进行查处，对制度不落实、管理不到位的进行整改。重点对长沙市 37 个开发区（园区）进行清理整顿，撤销 15 个、合并 3 个、保留和扩大 19 个。对园区非法圈占的 83.59 公顷土地进行经济处罚。

为加强国土资源管理，从源头上预防和减少国土资源违法行为的发生。2003 年 10 月，出台《国土资源执法监察动态巡查办法》，将国土资源动态巡查责任制列入各县（市、区）年终目标考核范围，并在全市范围内开展国土资源动态巡查先进国土所评比活动。接受国家联合督查组和省政府验收组对长沙市土地市场秩序治理整顿的督查和验收，对检查组提出的问题认真整改。以治理整顿为契机，加大违法案件的处罚力度，特别是加重对人的处理，扭转以罚代法的现象。全市查处土地违法案件 375 宗，收缴罚没款 1004.3 万元。将 5 人移送司法机关追究刑事责任，4 人司法拘留，给予 18 人党纪政纪处分。市本级查处违法用地 26 宗，收缴罚没款 210.9 万元。采取有效措施，加大对历年欠缴出让金的收缴力度，全年收回欠款 2332 万元。

2006 年 4 月，发布《关于开展国土资源批后跟踪检查工作的通知》，检查中发现，雨花区黎托乡存在违法用地现象 76 宗，涉及土地 27.32 公顷，其中基本农田 23.65 公顷，一般耕地 3.14 公顷，违法占地建筑计 14.4 万平方米。组织力量，依法拆除所有非法占地的建筑，复耕土地，将 5 名责任人员移送司法机关处理，对相关责任人进行党纪政纪处分。6 月，发布《关于加强土地管理、严格土地执法的紧急通知》，同时成立联合土地违法违规问题及处理情况检查工作领导小组，分两批公开查处和重点督办土地违法案件 25 起。

按照 2007 年 9 月国土资源部《全国土地执法百日行动方案》，对“以租代征”、违反土地利用总体规划扩大工业用地规模、未批先用等土地违法违规行为进行清理。其中以租代征 69 宗，面积 130.86 公顷（其中耕地 34.17 公顷）；未批先用 15 宗，面积 731.32 公顷。全市立案查处违法用地案件 357 宗，涉及土地 519.51 公顷（其中耕地 82.92 公顷），拆除违法建筑物 23.26 万平方米，收回土地 92.68 公顷，收缴罚没款 1855.81 万元，给予党纪政纪处分 6 人次，刑事移送 15 人。市本级直接立案查处各类土地违法案件 53 起，结案 52 起，结案率 98.1%，收缴罚没款 608.4 万元，受到国土资源部互检互查组和国家土地督察武汉局的肯定。

2008 年 8 月，发布《长沙市国土资源动态巡查实施办法（试行）》，规范全市国土资源执法监察动态巡查，在探索“事前预防、事中监督、事后查处”的执法监察新途径，拓展执法监察新领域，加强国土资源执法监察工作力度等方面做有益的尝试。是年，在全国开展执法检查的 86 个城市中，长沙市违法用地面积占比（违法用地占新增建设用地面积的 7.56%）排名第 76 位。10 月通报的长沙市雨花区洞井村村委会在 3.33 公顷集体土地上动土建设，涉嫌以租代征非法用地，成为省直接立案查处的典型案件。

2010 年 4 月 18 日至 5 月中旬，国家土地督察武汉局对长沙市开展建设用地审批事项督察、卫片执法检查督导和信访实地核查。5 月下旬，国家土地督察武汉局对长沙市开展例行督察。督察结果通报总结长沙市土地利用和管理的经验与做法，指出长沙市在土地管理方面存在的 11 大类 171 个具体问题。长沙市予以整改落实。6 月，国家土地督察武汉局部署调查部分房地产项目用地涉嫌违法违规等问题，长沙市对 5 家房地产开发公司开展调查。8 月，国家土地督察武汉局就互联网等媒体反映的长沙金鹰影视文化城高尔夫球场等 4 家高尔夫球场用地进行核查。

为有效遏制土地违法行为，2010 年卫片执法检查第一次覆盖全国，通过卫片执法检查全面掌握各地

图 11-6-7-1 2010 年 5 月 27 日，国家土地督察武汉局长沙土地例行督察动员会召开 （市国土局供图）

土地违法情况，就耕地保护违法问题对县级以上的地方政府主要负责人实施问责。是年，曝光 3 起卫片执法检查典型案例：某公司在未经依法办理任何用地手续的情况下，擅自动工建设 1 座横跨荆冲水库桥梁、1 条水泥道路和 11 栋仓库，非法占地 1.42 公顷；某镇人民政府和某县水利局在其用地未经依法批准的情况下，拦乌江河修建人坝，非法占地 0.28 公顷；某村村民委员会与黄某某等人于 2009 年 8 月在未经批准用地的情况下，擅自动工建设厂房，非法占用土地 4.342 公顷，都立案进行处理。

2011 年 11 月，国土资源部决定将年度土地变更调查和年度土地卫片执法检查工作结合部署。为在土地卫片执法检查中争取主动，长沙市国土资源执法监察支队和各个大队积极参与年度土地变更调查，从土地变更调查中寻找和发现违法用地线索。

二、矿产执法监察

1990 年，长沙市开展以煤矿为重点的矿山清理整顿工作，宁乡县关闭非法小煤窑 216 个。1994 年，长沙市集中开展矿产秩序整顿，宁乡关闭无证非法矿 18 个，严重超深越界退回原界 14 个，停产整顿 8 个，关闭非法煤矿 35 处。是年，在省政府的统一部署下，对浏阳市七宝山、青草乡、杨花乡的非法采金进行两次大的清整行动，特别是针对位于长沙株洲交界的浏阳市杨花乡半边山地区的非法采金活动进行重点整治，严厉打击当地违法犯罪分子的嚣张气焰。此次执法行动规模大、影响大，中央电视台做报道。浏阳关闭非法采金点（硐）200 处，拆除选金氰化池 300 余处，罚款 10 万元。

1996 年，依法对以煤矿、黄金为重点的矿业秩序进行全面整顿。先后关闭无证小煤窑 41 个，其他非法矿 24 处，非法采金点（硐）170 处，查处非法采金船 280 余只，捣毁选金氰化池 450 个，越界开采退回 12 处，吊销采矿许可证 8 个，罚款 26 万元。次年，对七宝山、澄潭江、永和地区矿区进行专项整顿，先后捣毁氰化池 80 个，封闭采金硐 30 个，炸掉小煤窑和硫铁矿井 110 个。

2002 年，长沙市整顿矿场秩序，强化对浏阳七宝山等重点非煤矿山的整顿和环境治理工作，对湘江河道采砂采石进行全面清理整顿。全年责令关停有重大安全隐患的矿山企业 63 家，拆除非法采砂船 280 条，关闭非法采石场 41 个。2003 年，长沙市加大对矿产违规违法问题的查处力度，全年查处无证采矿 2 起，越界开采 4 起，责令整顿矿山 9 家，关闭不合格矿山 14 家，移送违法案件 10 起。

2006 年，长沙市对全市矿山企业、勘探项目开展全面检查，对越权发证、发放临时许可证等不规范行为进行整顿，对长沙县白石岭、宁乡县巷子口群体非法采钨问题进行严厉打击，彻底炸毁和关闭矿井。是年，下达责令停止违法行为通知书 33 份，限期整改矿山企业 25 个，关闭经整改仍不合格的矿山 8 家，取缔非法采矿 85 家，关闭不具备安全生产条件的矿山 4 家、严重破坏和污染环境的矿山 2 家、炸毁非法采矿井、洞 78 个，对 42 名采矿人员进行诫勉谈话，拘留非法采矿当事人 4 名。

2007 年，出台《长沙市超深越界开采资源专项整治方案》，部署开展打击超深越界开采矿产资源专项行动，发现 26 家矿山企业不同程度存在超深越界开采矿产资源行为，对 25 家进行立案查处，对 1 家下达整改文书。责令26家退回原界开采，并在越界处打好永久性密闭。2008年4月，省国土资源厅通报宁乡县某采石场非法开采煤炭资源案。2009年，通报两起超深越界非法开采矿产资源案。

2011年，全市测量全部煤矿及部分非煤重点矿山54个，发现超深越界开采29起，都立案进行查处。是年，关闭矿山39个，停产整顿10个，密闭85处。全年开展打击非法采矿专项行动20次，取缔非法采矿点68处，拘留31人。

三、闲置土地执法监察

1996年5月，召开全市土地执法检查工作会议，部署开展年度全市土地执法检查，对检查中发现的3宗闲置2年以上的土地，收回使用权，对另5处正在闲置的土地限期开工。

1998年，长沙市成立清理闲置土地办公室，开展闲置土地清理工作。1999年8月，出台《长沙市闲置土地处置办法》。是年全市收回闲置土地21宗，面积69.24公顷。

2003年后，将闲置土地的清查作为土地执法的常规工作来抓，加大对闲置土地的处置力度。2003年市本级依法收回闲置土地3宗，面积7.66公顷，收取8宗闲置一年以上土地的闲置费82.95万元，并限期开工。2004年，收回3宗面积324公顷的土地使用权。

2007年10月，发布《长沙市闲置土地清理处置工作方案》，是年计清理涉嫌闲置土地332宗，面积2057.01公顷。分六类情况进行处置：收回56宗面积170.62公顷，收费并延期开发31宗面积244.39公顷，调整使用20宗面积95.15公顷，开工80宗面积849.35公顷，纳入旧城改造71宗面积69.39公顷，督促开发74宗面积628.12公顷。

2009年，及时处理国土资源部挂牌督办的3家公司的3宗闲置土地案。2010年，曝光某公司位于雨花区黎托乡黎托村的3.19公顷国有土地使用权，以及某集团位于高开区的24.53公顷国有土地使用权闲置土地典型案件，督促限期开工。两年期间，长沙市清理出涉嫌闲置土地408宗，面积2898.59公顷，其中收回38宗，面积250.91公顷，征收闲置费1217.95万元。

2011年5月，修订发布《长沙市闲置土地处理办法》后，全市开展全面深入的闲置土地清理处置工作。对全市土地闲置情况进行逐个摸底调查，逐宗研究处理。共收回闲置土地2宗，面积9.396公顷，收取土地闲置费284万元，督促开发一批闲置土地。

2012年，长沙市开始在电子政务中设置闲置土地备案和闲置土地自动提示功能，初步实现土地批后的闲置监管。

第七章　建筑行业及监管

改革开放之后，长沙国有建筑企业快速发展，乡镇建筑企业异军突起。1988年，长沙市建筑施工企业318家，从业人员13.48万人，建安总产值12.88亿元，工程质量合格率76.02%，工程质量优良率仅4.62%；全市共有中央、省、市三级勘察设计单位（含中央、省属在长单位）112个，其中甲级单位25个。1996年，由长沙市洞井建筑公司施工的湖南证券大厦工程荣获全国工程质量最高奖——鲁班奖，实现湖南鲁班奖“零”的突破。2000年，随着城市建设的飞跃发展，长沙建筑业进入快速发展的阶段。建筑企业抢抓机遇，积极开拓市场，劳动生产率不断提高，企业生产经营规模逐步扩大，经济效益整体提升，企业整体经济实力显著提高，在全国建筑领域的竞争能力不断提升。2003 年，建筑业增加值从 2000 年的 62.37 亿元提高到 125.39 亿元，年均增长 26.11%，占全省建筑业增加值总量 36.73%。293 个具有资质等级的独立核算企业，建筑业增加值由 34.32 亿元提高到 61.02 亿元，年均增长 21.15%，占全市建筑业增加值的 48.66%，占全省资质等级的独立核算企业增加值的 35.35%。2004 年，全面推行工程量清单计价方式的招标评标办法，改革建筑执法工作机制，实行日常执法检查与专项整治有机结合，变执法处罚为执法督察督办，建立全市建设工程项目安全监督管理台账制，开展安全生产月的宣传活动、安全生产人员培训、考试等相关工作，共计参培人员 5998 人。

2006 年，新建建筑全面执行建筑节能标准。按 50%的建筑节能标准均 100%覆盖设计和竣工验收阶段。到 2009 年年底，全市黏土空心制品和新墙材年总产量达 22.93 亿标砖，其中黏土空心制品 8.03 亿标砖，非黏土类新墙材 14.9 亿块标准砖；新墙材应用比重达到 74.4%；节能 14.22 万吨标准煤，利废 55 万吨，减排二氧化硫气体 3555 吨，减排二氧化碳气体 6.40 万吨。2010 年，全市累计完成节能建筑竣工面积 5180 万平方米，形成每年 148.28 万吨标煤的节能潜力。对全市万元 GDP 能耗下降贡献率每年达到 1 个百分点以上。长沙先后出台《关于进一步加强我市建筑节能工作的通知》《关于进一步推进墙体材料革新和推广节能建筑的实施意见》《长沙市民用建筑节能管理办法》等政策性文件。成立长沙市建筑节能与新型墙体材料管理办公室，将建筑节能工作目标纳入每年的绩效考核。按照“先易后难、逐步推进”的方针，对远大城、保利麓谷林语小区、太阳星城小区、代万国城 MOMA、市妇幼保健院住院大楼等项目，采用先进节能技术进行改造，取得良好效果。成为全国“国家机关办公建筑和大型公共建筑节能监管体系建设”示范城市之一。成功申报财政部、住房和城乡建设部“可再生能源建筑应用城市示范”，对全市 277 个单位 376 栋总计建筑面积 1000 万平方米的国家机关办公建筑和大型公共建筑进行能耗优化。

至 2012 年，长沙市建筑施工企业增至 784 家，从业人员 36.1 万人，全市资质以上建筑企业完成建安总产值发展到 941.42 亿元，建筑竣工面积为 3261.02 万平方米，建筑业劳动生产率提高到 27.48 万元，建筑业已经成为长沙经济发展的重要产业。长沙的高层建筑中，12 层以上的高层建筑 800 余幢，超高层建筑近 200 幢，建筑面积过 1 万平方米的高层单体建筑过百幢。城市生活的一些矛盾得到有效缓解，使古城长沙的综合服务功能明显增强，城市面貌大为改观，大大提升长沙的城市品位，也为今后长沙的发展打下厚实基础。

第一节　建筑业

一、建筑行业发展

1988 年，长沙市有建筑施工企业 334 家，从业人员 13.48 万人。固定资金 2628.2 万元，流动基金 1021.17 万元，动力装备率 2993.485 瓦。全市完成建安总产值 12.88 亿元，各建筑安装单位实现利润 3450 万元，全员劳动生产率 7971 元/人。全年建筑施工面积 554.58 万平方米，竣工面积 272.12 万平方米，建筑工程招标率 16.3%。

1991 年，长沙市建筑行业开展“质量、品质、效益年”活动，全年市本级下施工项目 1255 个，建筑面积 184.2 万平方米，投资额为 7.5 亿元，完成建安产值 14.56 亿元，市、区、县属 26 个专业施工企业完成利润 192.94 万元。全市竣工项目 2580 个，竣工面积 304 万平方米，竣工验收项目 1149 个，面积

209.84万平方米，工程质量合格率96.88%，其中受监工程竣工项目824个，竣工面积168.99万平方米，工程质量合格率96.16%。省直机关培训中心教学楼、省税务专科学校图书馆、湖南医科大学附属二医院住宅、长沙市蔬菜局住宅、长沙信用联社住宅和省劳教局住宅被评为湖南省首批样板工程，其中省直机关培训中心教学楼被建设部评为全国样板工程。洞井建筑工程公司被建设部命名为全国先进施工企业。

1994年，长沙市建筑行业完成施工产值51.66亿元，经济效益大幅提升，全市施工单位利润超过百万的企业14家，全年工程质量合格率为97.86%。施工企业的实力得到提升，全市一级施工企业为9家，74家施工企业升级。建设了一批代表国内和全省高水平的样板工程，其中5个工程被评为部级优质样板工程，64个工程被评为省级样板工程。同时，随着城市步伐的加快，为合理利用土地资源，长沙高层房屋建筑快速发展，至年底30米以上的高层建筑172栋，最高138米。

1996年，长沙市建筑行业贯彻建设部关于“建筑市场治乱、工程质量治差、建筑企业治散、工程造价求合理”的工作方针，一手抓建筑市场，一手抓施工现场，进一步发展全市建筑行业。全年长沙市按省建委有关资质等级新标准审查就位施工企业412家（含部、省属），建筑业职工总数21.7万人。全年完成建安产值90.47亿元，竣工面积583.33万平方米，实现利润2.3亿元。在积极开拓市内建筑的同时，鼓励和支持施工企业向外省市拓展，有70多家施工企业将市场延伸到省内外40个地、市、县，共承接工程170项，建筑面积55万平方米，工程总造价5.5亿元。在建设部对全国29个直辖市、省会城市组织的质量大检查中，长沙市工程质量名列第7名，长沙市洞井建筑公司施工建设的湖南证券大厦荣获全国工程质量最高奖“鲁班奖”，实现湖南省鲁班奖“零”的突破。

1998年，《中华人民共和国建筑法》正式实施时，市及市以下建筑企业411家，其中一级企业25家，二级企业78家，三级企业140家，四级企业116家，全市建筑业从业人员共26万余人。市以下建安企业完成建安产值63.3亿元，竣工房屋建筑面积470万平方米，完成利税2.9亿元，实现利润1亿元，工程报建率98.1%，施工招标率98.29%，受监工程质量合格率100%。制定《长沙市建筑工程施工招标评标办法》《长沙市建设工程施工招标评委管理办法》《长沙市建设工程施工招标标底编制和审定管理规定》，保证评标公正性。年内，实施招标项目274个，建筑面积151.44万平方米，中标造价11.74亿元，招标率98.92%。稳定推动企业改制，年末，有35家建筑企业按新体制运作。

2001年，长沙市全面实施《工程建设标准强制性条文》。年底，市及市以下施工企业完成建筑业总产值102.7亿元，累计施工面积1400万平方米，竣工房屋面积640万平方米，建筑业劳动生产率4.9万元/人，工程报建率98.1%，招投标率99.64%，应公开招标项目招标率100%。全行业完成利税6亿元，实现利润2.6亿元。工程监理覆盖面扩大，监理面积375.25万平方米，工程造价41.7亿元。5月1日，根据建设部和省建委相关文件规定，全市实行房屋建筑和市政基础设施工程竣工验收备案制。年底，长沙东方红建筑公司施工的“岳麓山大学科技园大厦”、湖南北山建设股份有限公司施工的“锦泰花园8栋”获年度“长安杯”称号，成为全国建筑安全文明工地。

2003年，全市建筑业完成总产值164亿元，累计施工面积2258万平方米，完成建筑业增加值47亿元，建筑业全员劳动生产率5.3万元/人，全行业实现利润6.02亿元。工程报建率98%，招投标率98.9%，全年竣工验收备案项目625个，受监工程质量合格率100%。47项工程获省优质工程，20个工厂获省建设工程“芙蓉奖”，67个工地获全省建筑安全文明施工示范工地。制定长沙建设网站信息监管系统建设规划，投入使用新型建设市场监管系统。

2005年，制定《长沙市建设工程招标信息发布的有关规定》《长沙市房屋建筑和市政基础设施工程施工及监理招标入围队伍资格审查办法》《长沙市地下管线档案管理办法》，规范建筑行业管理。年底，全市共有建筑企业356家，总承包企业191家，其中一级企业52家，特级企业增至3家，占全省特级企业的三分之一。年度产值过亿元的企业42家，其中过10亿元的10家。全市建筑业总产值295亿元，占全省建筑业总产值的四分之一，对长沙市GDP贡献率16%。全年累计施工面积2211万平方米，实现外拓产值30亿元，全行业完成利税15.28亿元，实现利润7.97亿元，全行业从业人员28.4万人，其中具有中高级职称人数共1.01万人，一级建造师3589人。全年竣工验收备案项目902个，受监工程合格率100%。创"鲁班奖"工程2项，47个建设项目获省优质工程奖，208个建设工程获省安全文明施工示范工地称号。

2007年，全市建筑施工企业共完成产值472.81亿元，实现增加值115.63亿元，外拓产值70.77亿元，完成利税32.77亿元，实现利润15.72亿元。年末从业人员32.76万人，建筑务工农民劳务收入1.46万元/人。年内，长沙市制定新工程报建工作流程，缩短建委系统工程报建设银行政审批和备案管理工作时间。出台《长沙市建设工程招标代理机构和招标代理专职人员管理办法》，进一步规范招标代理市场；出台《关于严格实行工程质量监督情况汇报制度的通知》《关于进一步加强市政基础建设工程质量监督工作程序的通知》，质量安全管理水平稳中有升；出台《建设工程安全生产标准图集》，实现安全生产标准化管理；颁布全国第一部桥梁安全法规《长沙市城市桥梁安全管理条例》，实现全市桥梁安全保障有法可依。

2008年，全市建筑行业在受到严重冰灾、国际金融危机、房地产滑坡的多重影响下，实现全年建筑业总产值501.6亿元，外拓产值70.88亿元，利税总额34.29亿元，建筑业增加值128.39亿元。全地区建筑业增加值拉动GDP增长6%，对GDP的贡献率4.1%。全年，劳务经济有序发展，劳务企业队伍扩大到150家。年末从业人数为34.57万人，其中农民工从业人员28.35万人，同比新增农民就业岗位2.56万个，建筑务工农民劳务收入1.48万元/人。完成"长株潭建筑劳务信息平台"企业信息录入工作。年内，长沙运达国际广场、东一国际商业广场、市人民检察院技术侦查大楼3项工程获得"鲁班奖"，创建省级"芙蓉奖"18个，创建省优质工程奖70个，创建省级安全文明示范工地13个，创建省级安全文明工地184个。长沙市出台《长沙市建筑业企业、监理企业、房地产开发企业、勘察设计企业资质联合审查办法》，保证审查效率和审查质量。

2010年，全市建筑业实现总产值743.22亿元、利税总额56.44亿元，建筑业增加值177.12亿元，建筑增加值占GDP比重9.2%，全市建筑企业740家，其中总承包特级企业3家，一级企业60家。年末就业人数36.31万人，其中农民工就业人员18.51万人，与上年同期相比实现新增加就业岗位2.36万个。建筑务工农民劳务收入1.44万元/人。累计质量受监房屋建筑工程2323个，建筑面积3756万平方米，累计受监市政基础设施工程371个，竣工验收备案项目1246个，建筑面积1276万平方米，工程质量合格率100%。年累计安全受监建设工程项目2174个，建筑面积3635.9万平方米，市政工程130个，合同造价80.5亿元。出台《长沙市市政道路工程关键工序、关键部位验收控制要点》《长沙市建设工程结构质量评优办法》，制定《长沙市建设项目监督联动管理办法》，将联动执法列为执法常态。全市建筑业发展水平在全国省会城市中排名第六，在中部省会城市中排第二。

2012年，长沙市建筑施工企业增至784家，其中总承包企业211家（特级3家、一级70家、二级84家、三级54家）。从业人员36.1万人，建安总产值931.59亿元，完成利润36.69亿元，竣工面积2684.71万平方米，建筑工程招标率100%，工程质量合格率100%，工程质量优良率61%。长沙市受监在建项目工 925 个，单位工程 1542 个，建筑面积 2717 万平方米。高层建筑是过去 40 年的总和，12 层以上的高层建筑多 800 余栋，超高层建筑 200 余栋，建筑面积过 1 万平方米的高层单体建筑过百栋。2 月 16—18 日，新加坡建设局国际发展署署长许麟济及国际发展亚太处中国区主任何冠仪访问长沙，交流绿色建筑。市住建委与新加坡建设局签订绿色建筑合作备忘录，双方决定将在绿色人才培训、技术交流合作、生态城市建设、绿色建筑项目合作、宣传推广等方面展开合作。全年，长沙市新墙材总产量超过 25.42 亿标砖，实现节地 279.6 公顷，节能 15.76 万吨标准煤，减排二氧化硫气体 0.39 万吨，减排一氧化碳气体 36.25 万吨。

二、建筑业企业资质管理

1988 年，长沙市根据建设部文件精神和省有关规定，进行建筑施工企业资质复查，对全市 334 家建筑施工企业的经营管理、工程质量、安全生产、人员素质和社会信誉等情况进行综合考核，再核定企业等级和划定施工范围。其中保持原定等级的 262 家，占企业总数的 82.4%；注销、歇业或合并的有 16 家，占总数的 4.8%；升级的有 28 家，占 8.8%；暂定等级的 24 家，占 7.5%；给予降低等级和通报警告的 4 家，占 1.25%。通过复核共换发《建筑企业经营管理手册》和领取“资质证书”企业 318 家。其中部、省属驻长企业 6 家，市属企业 8 家，区属企业 16 家，城镇街道属企业 34 家，乡镇建筑队 222 家，其他企业 32 家。建筑安装企业职工注册人数（不含临时合同工）13.48 万人。

1990 年，长沙市实行国家《建筑安装工程检验评定统一标准》，对 339 家施工企业进行资质复核（包括轻工、石油化工、土建、安装、水利水电、港航、送变电、装饰、勘察等企业，不包括砌石、桩基础专业），认定长沙地区施工企业 328 家，其中：一级施工企业 10 家，二级施工企业 13 家，三级施工企业 67 家，四级施工企业 132 家，修建施工企业 78 家、维修施工企业 28 家。资质复核共核定 328 家企业，年平均职工人数 14.47 万人。

1992 年，开始实施企业资质实施动态管理。根据建设部《施工企业资质动态管理暂行办法》，长沙市在全面考察企业施工业绩、人员素质、自有资金、工程质量、安全生产、经营管理等方面情况的基础上，将一批建筑施工企业资质进行晋级。长沙县高岭建筑公司、北山建筑公司、广福建筑公司、南托建筑公司、望城县桐木建筑公司、新康建筑公司、郊区黎托建筑公司 7 家由建筑三级晋升为建筑二级，13 家由建筑四级晋升为建筑三级，8 家非等级企业晋升为建筑四级。同时，对忽视工程质量造成不良影响的广铁第六工程公司、宁乡县全民建筑工程公司分别给予“黄牌”警告和降级的处分。

1998 年，长沙市对施工企业资质实施动态管理。年内，长沙市对市以下 364 家施工企业进行资质检查，全面掌握企业的基本情况、施工业绩、技术情况以及内部管理等方面的真实情况。经过年审，324 家施工企业年检合格，40 家企业不合格，30 家企业升级，其中 4 家企业升级一级，8 家升级二级，23 家企业被降级。当年，全市建筑企业 411 家，一级企业 25 家，二级企业 78 家，三级企业 140 家，四级企业 116 家，非等级企业 52 家，建筑业从业人员 26 万余人。

1999 年，进一步加大对建筑业企业资质动态管理力度，一方面，停止审批新开办企业和升级，另一方面，坚持企业资质管理工作责任制和集体审批机制，坚决清理整顿不合格企业。通过年检，全市共吊销企业资质 16 家，降级企业资质 18 家，占参加年检企业的 9.3%。至年底，市以下建筑业企业已经由上年的 364 家减至 340 家。此外，对预制构件企业进行资质年审，其中年审合格 28 家，基本合格 148 家，自动歇业 72 家，对未办证就从事生产经营活动的 760 家预制构件企业下发停业通知。加强对检测试验单位管理，对全市 20 余家试验单位进行年检，对弄虚作假行为进行严肃处理。

2001年，实施建设部颁布《建筑业企业资质管理规定》《建筑业企业资质等级标准》。7月，长沙市建筑业企业资质就位工作全面启动。新的资质管理规定和标准将建筑企业划分为施工总承包、专业承包和劳务分包三大序列共85个资质类别。

2002年，长沙市对全市从事土木建筑、线路管道、设备安装、装修装饰工程等新建、扩建、改建活动的建筑企业进行新资质等级标准划分。企业总数由划分前的338家缩减至257家，总体缩减24%，总承包企业由254家缩减至182家，占70.8%；专业承包企业75家，占29.2%；建筑企业资质覆盖面由原来23个专业增加到28个专业。全市70%左右的乡镇建筑企业完成改制，25家市、区县属国有集体企业中5家完成改制。全市初步形成施工总承包，分包资质体系，明确劳务企业的市场地位，以总承包企业为龙头、以专业承包企业为主体、劳务分包企业为依托的组织结构体系初步形成。

2005年，长沙市建筑企业的专业资质进一步拓宽，在建筑企业85种资质专业中，企业资质已经拓展到46种。全市建筑监理企业招标代理机构、检测试验机构、造价咨询机构等中介组织业稳步发展，地区分布、专业分布、等级分布基本合理。

2007年，全市共有2家总承包企业晋升为一级企业，有6家总承包、1家专业承包企业晋升为二级企业。其中，新设立专业承包企26家，新发展劳务企业25家；未在规定时间内办理安全生产许可证吊销资质企业45家，转省管企业1家，合并注销企业1家。全市共有建筑业企业479家。其中总承包企业193家（特级3家、一级42家、二级86家、三级62家），涉及12个序列中的7大类，资质覆盖率为58%；专业承包企业176家（一级6家、二级30家、三级129家、不分级11家），涉及60个类别中的33个专业，资质覆盖率55%；劳务企业110家，涉及全部13个专业，资质覆盖率100%。

2008年，长沙市建筑企业资质结构进一步优化，填补隧道、港口与海岸专业资质空白，龙头企业的作用逐步明显。20亿元以上产值的企业2家，10亿元以上企业14家。特级、一级总承包企业的总产值平均7亿元，总承包企业比例继续下降，劳务分包企业比例明显增长，行业结构趋于合理。

2012年，长沙地区共有建筑企业784家，其中部属长企业5家，省属驻长企业8家，市管企业771家。按照企业综合实力、企业日常管理、社会职责履行、企业市场行为、现场质量安全行为、良好信息和不良信息六项标准进行建筑业企业资质评定。市管企业中，评定施工总承包企业211家（特级3家、一级70家、二级84家、三级54家），专业承包企业324家（一级10家、二级155家、三级144家、不分级15家），劳务分包企业236家（一级211家、二级7家，三级18家）。

三、建筑业企业信用管理

2006年，长沙市开始建立建筑业诚信管理体系，出台《关于建立长沙市建设施工企业信用体系的意见》，从建筑施工企业资质管理、工程质量、安全生产、文明施工、建设市场行为、农民工工资支付等方面入手，制订详细评定标准，按百分制进行综合评分。将企业信用等级作为参加招投标和评先评优的重要依据。按照相应的规定和工作程序，全市共评定AAA信用企业12家，AA信用企业27家，分别占全市建筑施工企业总数的3%和6.7%。通过建立“激励、诚信”惩处失信的建筑施工企业信用体系，创新建筑行业的管理模式，率先在全国树立起诚信建设“标杆”受到建设部高度评价。

2007年，出台《长沙市建筑业企业信用管理办法》《长沙市建筑业企业信用评定标准》，从企业管理、市场行为、现场管理、社会职责履行等方面制订详细评分标准。对照申报条件，申报参评企业84家，占长沙市企业总数的17.65%。通过详细评分，共47家建筑企业被评为信用企业，占全市建筑企业的10%，其中20家企业被评为AAA信用企业，27家企业被评为AA信用企业。2008年，长沙市在广泛征求意见的基础上，修订《长沙市建筑业企业信用评定标准》。根据《长沙市建筑业企业信用管理办法》和新修订的《长沙市建筑业企业信用评定标准》，评选出 AAA 信用企业 41 家，AA 信用企业 23 家。2009 年，长沙市修订信用管理办法和评定标准。按照联合审查、集体考评、党委审定、媒体公示接受监督的工作程序，评选出 AAA 信用企业 36 家，AA 信用企业 20 家。2010 年，长沙市评选出 AAA 信用企业 40 家，AA 信用企业 29 家，评定的信用企业数量占企业总数的 10.6%，产值超过全市建筑业总产值的 60%，信用企业已成为全市建筑行业龙头。

2012 年，长沙市建筑业企业信用建设取得新突破，按照规定程序评选出 AAA 信用企业 55 家，AA 信用企业 53 家。

四、建筑业企业选介

（一）湖南望新建设集团股份有限公司。湖南望新建设集团股份有限公司创建于 1966 年，原名长沙望新建筑工程公司，1998 年 8 月整体改制为股份制民营企业，公司名称变更为湖南望新建筑股份有限公司，2000 年 12 月公司成立企业集团，公司名称变更为湖南望新建设集团股份有限公司。公司在湖南省率先通过 ISO9001 质量管理、ISO14001 环境管理和 GB/T28001-2001 职业健康安全体系认证。工程竣工合格率 100%，优良率在 80%以上，安全事故频率为 0‰。2006 年，由公司总承包施工的湖南省脑科医院门诊大楼工程获得中国建筑工程“鲁班奖”。公司被评为“中国最具生命力的民营企业”“长沙市施工总承包十强”等，并进入湖南省“私营企业一百强”前 5 位。2012 年，公司注册资金 31451.5 万元，企业净资产 51147.77 万元。拥有专业技术人员和经济管理人员 2552 名，具有初级以上专业技术职称的 600 多人，注册一级、二级建造师 140 多人。拥有大中型机械设备 3757 多台（套），总功率 7.9 万千瓦，年生产能力 50 亿元。具有房屋建筑工程施工特级、市政公用工程施工一级、水利水电工程施工一级、建筑装修装饰工程一级、建筑幕墙工程一级、公路工程施工二级、钢结构工程一级、机电设备安装工程施工总承包一级、消防工程施工专业承包一级、电力工程施工总承包二级、铁路工程施工三级、城市道路与照明工程三级等多项总承包和专业承包资质。

（二）湖南高岭建设集团股份有限公司。湖南高岭建设集团股份有限公司创建于 1962 年，下辖 9 个子公司、10 余家建筑分公司，并具备市政公用工程、公路工程、水利水电工程施工总承包，建筑幕墙、建筑装饰装修工程、环保工程、钢结构工程、工程检测、消防工程、设备安装工程及园林绿化工程和房地产开发资质。公司承建的各类工程一次性交验合格率 100%，优良率 80%以上，公司承建的近 200 项工程先后荣获国家、省级优质工程奖；2003 年，中南大学多功能教学楼工程获“全国建筑工程装饰奖”；2004 年率先晋升为国家房屋建筑工程施工总承包特级资质，2009 年，梦洁·金色屋顶（住宅楼）工程再度荣获中国建设工程“鲁班奖”，2010 年，浏阳将军广场立交桥工程被评为“全国市政金杯示范工程”，公司被评为“全国先进施工企业”“全国建筑安全生产先进单位”；2011 年，省肿瘤医院门诊大楼工程三度荣获中国建设工程“鲁班奖”，公司被评为“全国先进建筑企业”。2012 年，集团公司总注册资本 5.75 亿元，总资产 30 余亿元，拥有各类专业技术人员 2000 余人，其中，高、中级职称人员 358 人，博士、硕士 30 余人、国家一级建造师 92 人。公司拥有国家级工法 3 项、省级工法 12 项，各种专利 30 余项（其中发明专利两项），主持编制国家行业标准 1 项，获省科技进步奖 1 项，省新技术应用示范工程 2项。

（三）湖南长大建设集团股份有限公司。湖南长大建设集团股份有限公司成立于 1967 年，前身为“长沙大托建筑公司”，1993 年晋升为建安施工一级企业，1997 年 10 月组建企业集团，2000 年 3 月更名为湖南长大建设集团股份有限公司， 2000 年 9 月，公司投资 2 亿元建设经营的长沙市第八水厂正式投产送水，是国内 BOT 投资模式的成功典范，为民营资本进入市政基础设施投资领域闯出一条新路子。2002 年被建设部审定批准具有房屋建筑工程和市政公用工程总承包壹级资质，同年 10 月，投资建设经营的黄花供水公司正式投产送水，彻底改变黄花镇及周边的生存与投资环境。2003 年，中南大学湘雅医学院教学中心大楼工程荣获“中国建筑工程鲁班奖”。2005 年被建设部批准为房屋建筑施工总承包特级资质企业，是集房屋建筑、市政路桥、装饰装修及投资开发等多种经营于一体的大型城建集团化公司。同年 12 月，公司通过 ISO9001 质量管理体系、ISO14001 环境管理体系和 OHSAS18001 职业健康安全管理体系认证，完成一大批大型复杂的工业与民用建筑、市政道路等工程项目，获“芙蓉奖”“鲁班奖”，并获“创鲁班奖特殊贡献奖”殊荣。2006 年，公司被评为“全国建筑业诚信企业”。2007 年，湖南信托大厦及政务大楼工程荣获中国建筑工程“鲁班奖”，这也是省内一家三度荣获“鲁班奖”殊荣的民营企业，2007 年 4 月更是被中国建筑业协会授予“二〇〇六年度全国建筑诚信企业”。2012 年，公司被评为“全国工程建设质量管理优秀企业”。

（四）长沙洞井建筑股份有限公司。长沙洞井建筑股份有限公司成立于 1966 年，1997 年实行资产重组，成功实现股份制改造，2001 年，公司进行体制创新，在统一目标、捆绑经营思想的指导下，组建近 30 家子、分公司，一搅拌站、一预制场、一机砖厂，跨上运用现代经营机制使企业高速发展的康庄大道。长沙洞井建筑股份有限公司是一家集建筑建材、装饰装潢、市政园林、消防安装、建筑智能、钢结构工程、房地产开发等于一体，形成规模集约化经营格局的实力雄厚的国家一级大型建安施工企业集团，是湖南省第一个获得全国建筑工程质量最高奖“鲁班奖”的企业。2012 年，公司拥有各类大中型施工机械设备 2000 余台（套），能保证 80 万平方米建筑面积同时施工的需要，拥有 200 余名项目经理，800 名专业技术人才，4000 余名技术工人。

表 11-7-1-1　　2012 年驻长沙省级、国家级建筑业企业名录（部分）一览表

序号	级别	单位名称	成立年份	资质等级
1	国家	中国建筑第五工程局有限公司	1965	特级
2	国家	中建五局第三建设有限公司	1971	特级
3	国家	中国水利水电第八工程局有限公司	1952	特级
4	国家	二十三冶建设集团有限公司	1953	特级
5	国家	中国水利水电第八工程局	1952	特级
6	省级	湖南建筑工程集团	1952	特级
7	省级	湖南省第四工程公司	1958	特级
8	省级	湖南省第六工程公司	1952	特级
9	省级	湖南路桥建设集团公司	1954	特级
10	省级	湖南省第一工程公司	1959	一级
11	省级	湖南省第三工程公司	1951	一级
12	省级	湖南省第五工程公司	1953	一级
13	省级	湖南省水利水电工程总公司	1993	一级

第二节 勘察设计

一、建筑工程勘察

1988年，全市共有中央、省、市三级勘察设计单位112个，其中甲级单位25个，乙级单位11个，丙级单位41个，丁级单位14个，许可证单位21个。共有勘察设计人员1.63万人，其中高级工程师1632人，工程师4145人，助理工程师3021人，完成工程测量1302.63标准平方千米及工程地质测量60.4万标准米。在当年地矿部的优秀工程勘察设计评选中，湖南省地质矿产勘查开发局402队承担的浏阳县七宝山矿区铁帽型金银矿勘查项目获“三等奖”。

1989年，全市有勘察设计单位（含中央、省属在长单位）113个，其中甲级勘察社会设计单位25个，乙级勘察设计单位11个，丙级勘察设计单位39个，丁级勘察设计单位14个，许可证级勘察设计单位24个，全市有勘察设计人员1.92万人，其中高级工程师1772人，工程师4227人。全年完成工程测量260标准平方千米，工程地质测量12万标准米。在当年林业部的优秀工程勘察设计评选中，湖南省农林工业勘察设计研究总院承担的湖南人造板厂工程地质详勘项目获优秀勘察“二等奖”。在地矿部的优秀工程勘察设计评选中，湖南省地质矿产勘查开发局402队制定的湖南省长沙县101矿区麦饭石矿普查地质报告获“三等奖”。

1991年，全市有勘察设计单位（含部、省属在长单位）107个，其中甲级单位25个、乙级单位11个、丙级单位36个、丁级单位14个、许可证级单位21个。勘察设计人员1.82万人，其中高级工程师1732人、工程师5068人。完成工程测量1713.8标准平方千米，工程地质测量87.8万标准米。1992年，全市有勘察设计单位（含部、省属在长单位）109个，其中甲级单位25个、乙级单位11个、丙级单位36个、丁级单位14个、许可证级单位23个。完成工程测量2036.5标准平方千米，工程地质测量103.6万标准米。长沙市勘察设计院获得建设部先进勘测单位称号。11月，长沙市召开中国建筑学会三个会议，全省近1000名建筑工作者参加。在当年地矿部的优秀工程勘察设计评选中，湖南省地质矿产勘查开发局402队承担的浏阳县七宝山矿区铁帽型金银矿详查报告获“三等奖”。

1994年，全市有勘察设计单位（含部、省属在长单位）148个，其中甲级单位32个、乙级单位29个、丙级单位65个、丁级单位22个、完成工程测量2716标准平方千米，工程地质测量132万标准平方米。针对高层建筑增多的情况，长沙市颁布《长沙市勘察市场管理的暂行规定》。第4季度，对全市68家勘察设计单位进行资质年检。1995年，全市有勘察设计单位（含部、省属在长单位）150个，其中甲级单位28个、乙级单位21个、丙级单位76个、丁级单位25个。完成工程测量1072标准平方千米，工程地质测量143万标准米。市属勘察设计院在建设部、湖南省优秀设计及质量小组评选活动中获建设部“三等奖”1项、省建委“一等奖”6项。在1995年湖南省优秀工程勘察设计评选中，湖南省建筑设计院有限公司承担的长沙市中山商业大厦工程地质勘查项目获省优勘察“二等奖”。1997年，全市勘察设计单位共有145家（含部、省属在长单位），其中市属单位64家（甲级单位4家，乙级单位3家，丙级单位40家，丁级单位17家）。市属勘察设计单位完成全年营业收入4380万元。6月，长沙市组织有关工程地质勘查方面的专家采用随机抽样的方式对全市27家勘察设计单位开展工程地质勘查成果质量专项检查。

2001年，长沙市勘察设计单位45家，从业人员1248人，计算机应用692台，计算机绘图率达

100%。年内，长沙市稳妥推进勘察设计单位改企建制工作，举办培训班，做专题讲座，长沙市规划设计院、市建筑设计院、宁乡县建筑设计院等单位完成改企建制工作。长沙市完成勘察行业执法大检查，根据《工程建设标准强制性条文》的要求对勘察设计单位的工作提出整改措施。开展年度长沙市勘察设计“四优”评选活动，长沙湘江南大桥工程、五一路改扩工程测量、名都花园一号栋物业管理大楼获得“一等奖”。在2001年湖南省优秀工程勘察设计评选中，湖南省建筑设计院有限公司承担的省建委培训中心岩土工程详细勘察项目获得省优“二等奖”。

2005年，全市有勘察设计单位207家，其中甲级59家（含市属10家）、乙级72家（含市属23）、丙级76家（含市属47家），施工图审机构12家。全市勘察设计从业人员2万多名，专业技术人员达1.7万余人，其中，高级职称人员5500余人，中级职称人员5800余人，初级职称人员3700余人，注册城市规划师55人，注册咨询工程师137人，注册监理工程师666人，注册造价工程师220人，整个行业从业人员涵盖规划、建筑、概算、园林、环境艺术、路桥等12个专业。在2005年湖南省优秀工程勘察设计评选中，湖南省地质矿产勘查开发局402队承担的长沙市新世纪体育文化中心工程勘察项目获工程勘察“三等奖”。2006年，全年完成勘察设计营业收入60亿元，营业成本约40亿元，人均营业收入25万元，完成营业税金及附加2.5亿元，利润总额4.8亿元，较上年有20%以上的涨幅。全市共有勘察设计企业198家，其中具备甲级资质63家，具备乙级资质74家，具备丙级资质61家；有23家企业具有建筑工程甲级设计资质，8家企业具有市政工程甲级设计资质，27家企业具有其他行业甲级设计资质，11家企业具有建筑工程装饰专项甲级设计资质，3家企业具有建筑工程幕墙专项甲级设计资质，2家企业具有建筑智能化专项甲级设计资质，2家企业具有钢结构专项甲级设计资质，8家企业具有综合勘察甲级资质，14家企业具有工程勘察专项甲级资质；另有13家企业具备房屋建筑、市政基础设施的施工图审查机构资质，其中一类9家，二类4家。从业人员2万余名，专业技术人员1.7万余人，具有中、高级职称的有1.2万余人，有2名勘察设计大师（其中2006年新增1位），有一级注册建筑师、结构工程师850名，二级注册建筑师、结构工程师460名，注册岩土工程师200名，设备专业的注册工作正在有条不紊地开展中。在2006年湖南省优秀工程勘察设计评选中，中南大学湘雅二医院第二主义大楼获工程勘察“一等奖”，长沙市正射影像图成图获工程勘察“二等奖”，湖南省地质矿产勘查开发局402队承担的长沙市摩天轮游乐购物中心施工图设计阶段岩土工程勘察项目获“三等奖”。

2007年，勘察设计单位的经济类型日益多样化。其中，国有企业64家，集体企业1家，股份合作企业6家，有限责任公司58家，股份有限公司12家，私营合伙企业1家，私营有限责任公司10家，私营股份有限公司1家，港、澳、台商合资经营企业3家，中外合作经营企业2家。有从业人员2万余名，专业技术人员1.8万余人。其中，高级职称人员5400余人，中级职称人员5600余人，初级职称人员3900余人；一级注册建筑师232人，二级注册建筑师305人，一级注册结构工程师879人，注册城市规划师100人，注册咨询工程师264人，注册监理工程师465人，注册造价工程师236人，一、二级注册建造工程师152人。全年完成勘察设计营业收入58.97亿元，营业成本约47.32亿元，人均营业收入31.04万元，完成营业税及附加204.8万元，利润总额8.34亿元，资产合计85.23亿元，负债合计48.97亿元，所有者权益合计35.82亿元，科技投入3.15亿元，科技成果转让收入28.98亿元，拥有专利211项、专有技术446项。在2007年湖南省优秀工程勘察设计评选中，湖南省建筑设计院有限公司承担的润沁园小区岩土工程详细勘察项目获“三等奖”。

2008年，长沙勘察设计企业共有210家，其中包括施工图审查机构13家，具备一级设计、甲级勘察或一类审查资质的单位近100家。有从业人员2.1万余人、专业技术人员1.9万人、高级职称及以上5500多人、中级职称5800人。勘察设计方面各类注册人员2000余人，其中一级注册建筑师240人、一级注册结构工程师900人、注册岩土土木工程师150余人、注册规划师108人。全年完成勘察设计营业收入51亿元，利润总额7.1亿元，科技投入2.8亿元。在当年湖南省优秀工程勘察设计评选中，湖南省地质矿产勘查开发局402队承担的柠檬丽都住宅小区（西区）工程勘察项目获优秀工程勘察三等奖。

2009年，全市有甲级企业84家，占39%；乙级企业69家，占32%；丙级企业62家，占29%；另有外地到长沙企业约60家。有从业人员2.1万余人。其中，高级职称人员4400人，中级职称人员7000人；一级注册建筑师、结构工程师850余人，二级注册建筑师、结构工程师600余人，注册岩土工程师300余人。年内，长沙市建立勘察设计从业人员和资质管理信息库，编制建筑节能专项中长期规划（2008—2020年），制定《长沙市建筑节能示范工程管理规定》《关于进一步加强建筑节能管理的通知》《长沙市国家机关办公建筑和大型公共建筑能耗统计管理规定》，组织设计质量检查、建筑节能与墙改工作检查，城区建筑节能标准执行率均达100%。在当年湖南省优秀工程勘察设计评选中，湖南省地质矿产勘查开发局402队承担的中南大学湘雅医院新医疗区3栋、4栋车道基坑岩土工程勘察项目获优秀工程勘察“三等奖”。

2012年全市共有勘察设计单位（包括省属、部属在长单位）105个。为严控勘察文件质量和准确性，长沙市启动房屋建筑和市政基础设施工程勘察文件前置审查制度，要求勘察报告在施工图审查机构审查合格后方能用于施工图设计。确立第一期政府投资的项目勘察设计数据库成员，移交市公共资源交易中心运作。年内，长沙市召开三次勘察设计和建筑节能管理工作联席会议，建立市区县之间的交流合作长效机制。在当年湖南省优秀工程勘察设计评选中，湖南省地质矿产勘查开发局402队承担的长沙商贸旅游职业技术学院边坡工程地质详细勘察项目获优秀工程勘察“二等奖”。

二、建筑工程设计

1988年，全市共完成初步设计1497项，累计建筑面积266万平方米，工程投资38.86亿元。完成施工图设计3130项，施工图建筑面积442万平方米，工程投资28.7亿元。全年各种收入1.1亿元，上缴利税208.04万元及能源交通基金300.43万元，27项勘察设计工程分别获省部、市优秀勘察设计奖。长沙市规划设计院有限责任公司设计的湘电山庄项目获建设部“三等奖”，东苑（多功能展览接待室）项目获省“二等奖”。

1990年，全市共完成初步设计149项，建筑面积266万平方米，工程投资38.85亿元；完成施工图设计3140项，建筑面积452万平方米，工程投资28.8亿元。全年各种收入1.15亿元，上缴利税115万元和能源交通基金309万元。10月26日至11月26日，长沙地区勘察设计情报网和长沙市土木建筑协会联合举办长沙地区设计成果展览，长沙市规划设计院有限责任公司设计的长沙总体规划获省一等奖，袁家岭立交桥工程设计项目获省三等奖。12月，颁布《长沙市基本建设及技术改造工程初步设计审批办法（试行）》《关于实行建设工程项目设计审查的通知》《长沙市建设工程设计招标投标办法（试行）》，深化设计改革，提高工程设计水平。1991年，全市共完成初步设计278项，建筑面积418万平方米，工程投资57.8亿元，各种收入1.7亿元，上缴利税128万元和能源交通基金397万元。年内，长沙市组织勘察设计合同审核工作，全年共审核设计合同403项，进行建设项目设计文件审查，严格建设审核程序。为庆祝建国42周年和配合“质量、品种、效益年”活动开展，长沙市举办“十佳建筑、十佳大门围墙”的评选活动。长沙市规划设计院有限责任公司承担的市规划设计院大门设计方案获市十佳大门围墙第一名，贺龙体育场设计获市十佳建筑第二名，天心阁复建工程设计获市十佳建筑第三名。1993年，全市共完成初步设计672项，完成施工图设计896万平方米，工程投资107亿元，各种收入4.2亿元，上缴利税428万元和能源交通基金779万元。5月，长沙市开展抗震防灾规划编制工作，6月底，全面完成全市勘察设计资质认证工作。全年，长沙市多项勘察设计工程获省部、市级奖励。长沙市规划设计院有限责任公司设计的长沙市总体规划获建设部“三等奖”，湖南省建筑设计院有限公司设计的长沙市公安局刑侦技术楼获省优秀设计“三等奖”。1995年，全市共完成初步设计1082项，完成施工图设计107万平方米，工程投资172亿元，各种收入5.52亿元，上缴利税723万元。针对高层建筑设计水平一般化趋势，长沙市颁发《长沙市建筑设计方案评选暂行规定》，要求超过一定高度和规模的建筑项目需两个以上的设计单位提供两个以上的设计方案方能予以审查。在基坑施工中针对相邻建筑基础的扰动和基坑护壁坍陷事故，颁发《长沙市基坑护壁与挡土墙设计的技术审查》规定。湖南省建筑设计院有限公司设计的长沙市五水厂二期扩建工程、湖南大学设计研究院有限公司设计的长沙高新技术开发区厂房M–1组团工程和长沙市规划设计院有限责任公司设计的天心宾馆工程获省优设计“一等奖”。长沙市规划设计院有限责任公司设计的岳麓山风景名胜区总体规划获省优设计“二等奖”。

1996年，长沙市市属设计单位共64家，甲、乙级单位7家，丙、丁级单位51家，职工总人数1967人，全年完成营业收入3752万元，已有方案竞选项目19个，已审查的初步设计项目共45项。为加强勘察设计工作的法制建设和技术管理，颁布执行《关于长沙市建筑设计方案评选及初步设计审查有关事项的通知》《长沙市住宅设计若干规定（暂行）》等文件。7月，长沙市开展新成立规划设计单位的申请和审批工作，全市9家单位申报规划设计资格证书。9月27日，长沙市举行“1996年度城市规划、村镇规划设计评优会”，8个项目获奖。12月21日举行“1996年长沙市优秀工程勘察设计评选会”，8个项目获奖。长沙市规划设计院有限责任公司设计的浏阳市电力大厦获省“三等奖”。

1997年，全市共进行方案竞赛项目12项，审查初步设计方案32项。1月1日起，全市开始实施一级注册建筑师签字制度，6月1日起，开始实施二级注册建筑师签字制度，到年末止，在长沙各勘察设计单位通过考核、考试认定一级建筑师72人，二级注册建筑师349人。8—9月，举办“97长沙市农村住宅设计竞赛活动”，收到30余家设计单位申报项目88项，评出一等奖2项、二等奖5项、三等奖8项。年末，长沙市组织开展长沙报业中心规划建筑设计方案竞赛活动，上海华东建筑设计院获“一等奖”。

2000年，全市共完成工程建设项目初步设计审查38项，完成建设项目勘察设计验证425个。完成全市市属丙丁级建筑设计单位换证初审工作，基本取消市区内丁级设计资质。进行“四优”设计评选工作，开展“走向新世纪”长沙市城镇住宅设计评优活动，举办长沙市首届“百姓杯”家庭装饰设计大奖赛。湖南大学设计研究院有限公司设计的长沙市交警大楼工程获部优秀设计“三等奖”，长沙市规划设计院有限责任公司设计的望城县丁字镇总体规划获省“一等奖”。长沙市建筑设计院有限责任公司设计的岳麓山公园东大门获省优“二等奖”。2003年，全市监督完成17项工程建设项目方案设计招标，完成方案设计审查15项，初步设计审查231项，施工图设计文件审查274项，牵头完成141项工程建设项目联合审查审批工作；完成101项工程项目竣工综合验收工作。年内，长沙市修订完善部分地方设计规定及勘察设计企业管理规章制度，发布《长沙市钢筋混凝土异型柱框架结构设计若干规定》，出台《长沙市建筑工程方案设计及初步设计文件编制深度及格式的有关规定》，发布《关于贯彻执行长沙市人民政府〈长沙市城市夜景灯光环境管理实施办法的通知〉》，全市勘察设计市场得以规范。

2004年，全年完成勘察设计项目2200多个，总建筑面积1540万平方米，行业资产总值超过30亿元；完成建筑工程设计方案审查和限额以上的初步设计审查165项，总建筑面积749万平方米；限额以下的初步设计审查121项，总建筑面积84.5万平方米；施工图设计文件的政策性审查332项，总建筑面积706.29万平方米；下达施工图设计文件审查批准书349份，总建筑面积746.18万平方米。组织勘察设计人员赴欧洲考察学习，通过对勘察设计的技术、经济和社会效益进行全方位、多视角的比选和优化，吸引国内外多家著名设计机构竞相登录长沙承担项目设计。全市涌现一大批造价低、质量高、景观美的精品工程，如湘江风光带，金鹰城·圣爵菲斯、西街花园等住宅小区、“两馆一厅”、杜甫江阁和朱张渡等。

2005年，全年完成勘察设计营业收入超过48亿元，营业成本约35亿元，人均营业收入超20万元，完成营业税金及附加近2亿元，利润总额超4亿元，资产合计54亿元，负债合计约36亿元，所有者权益合计约17.8亿元。符合设计招投标条件项目的招标率96%。全年企业累计拥有专利139项，拥有专有技术271项，获得国家、省部级奖1208项，参加编制国家、行业、地方技术标准16项，参加编制国家、行业、地方标准设计1.0012万册。年内，长沙市出台《关于进一步加强建筑节能设计的通知》，要求设计企业进行施工图设计时，必须在建筑设计总说明中增加建筑节能设计专篇，应具体明确设计中所采用的节能体系、材料和规格等；要求施工图审查机构在进行施工同设计文件审查时必须对节能包括建筑、电气、暖通等专业均有专项评价且有明确审查意见。

2007年，长沙市全面放开民营投资建筑工程项目的设计方案招投标，放开国有投资和国有控股投资建筑工程项目的设计方案招投标条件，建筑设计方案审查（含招投标）和建筑设计联合审批并入建筑工程初步设计审批，设计审批时限从38个工作日压缩到18个工作日。全年共完成建筑设计方案评标（审）46项，总建筑面积449.12万平方米；限额以上初步设计审批167项，总建筑面积1816.39万平方米，限额以下初步设计审批93项，总建筑面积148.87万平方米，施工图设计文件审查备案389项，总建筑面积1724.25万平方米。设计审批的窗口办结率和按时办结率均为100%。年内，长沙市组织编写“一洲、两岸、三个出城口、四个桥头堡、五个新区、十大项目”的建设项目计划建议书，敲定5~10年内全市城市建设的框架和目标提供参考依据；组织编制长沙市建筑立面和城市空间形态概念设计，展示未来70多平方千米的城市核心区域——“一洲两岸”的城市建筑和城市公共空间新形象；组织开展“住宅设计方案竞赛”活动；印发《关于进一步加强市政公用工程设计概算管理的有关通知》；制定《长沙市政公用工程项目库建设管理暂行规定》；编制《长沙市市政公用工程建设过程中投资变更管理暂行规定》，从制度上杜绝超概算问题发生。长沙市启动国家机关办公建筑和大型公共建筑节能监管体系建设，被建设部列为全国32个示范省、市之一，实施方案顺利通过建设部评审。全年共完成民用建筑节能设计审批1249万平方米，竣工验收的节能建筑面积813万平方米，完成节能34.34万吨标准煤，超额完成指标32%。

2008年，长沙市为配合长株潭城市群获批国家“两型社会”配套试验区建设，勘察设计行业开展“解放思想建设‘两型社会’”大讨论活动，共有70家勘察设计单位，1万名以上从业人员参加。启动《市政公用工程设计文件深度图样》试行工作，同时委托相关单位编制《长沙市市政公用工程设计审查要点》《长沙市城市道路交通设计优化指南》和“长沙大河西先导区城乡建设体系研究”等课题研究。2008年，共组织完成建筑设计方案评标（审）20项，总建筑面积294万平方米，组织初步设计审查185项，总建筑面积1642万平方米，进行施工图设计文件审查备案300项，总建筑面积1204万平方米，组织87项市政工程初步设计审查，完成74项市政工程施工图审查备案，设计审批按时办结率100%。

2009年，全市勘察设计领域涵盖建筑工程、市政、机械、化工、石化、广电、军工、建材、核工业、航空等21个行业设计资质以及建筑装饰工程、建筑智能化系统、风景园林工程、轻型钢结构工程、建筑幕墙、消防设施工程、环境工程等专项设计资质。全年共完成房屋建筑工程初步设计审批1257万平方米，同比减少386万平方米，增长率-23.5%；完成市政项目初步设计审批68个；完成房屋建筑工程施工图设计文件审查备案1347万平方米，同比增加143万平方米，增长率11.9%；完成市政项目施工图设计文件审查备案64个。项目按时办结率100%。年内，长沙市颁布《长沙市民用建筑节能设计编制深度要求》《长沙市边坡及基坑支护设计文件编制深度要求》等多个地方技术标准，完善勘察设计标准；制定《关于进一步加强工程勘察设计质量管理的意见》《关于进一步规范施工图设计文件变更行为的通知》等多个文件，规范勘察设计审批。

2010年，全市共有勘察设计单位（包括省属、部属在长单位）95个，完成建筑工程初步设计审查1984万平方米，较上年增加726万平方米，同比增长率58%；完成建筑工程施工图审查备案1791万平方米，较上年同期增加445万平方米，同比增长率33%。项目初步设计审查及施工图审查备案覆盖率100%，按时办结率100%。年内，长沙市开展精细化设计管理年活动，制定《长沙市勘察设计行业精细化设计管理年活动实施方案》；出台《长沙市精细化设计管理指导意见》，完成对企业领导及骨干的精细化设计培训和评选工作；开展长沙市创建全国无障碍建设示范城市工作，制定《长沙市建设委员会创建无障碍城市工作方案》，完成无障碍设施改造及新建工作。城市道路、办公、医院、学校等无障碍设施改造率60%~80%，新建工程无障碍设施建设覆盖率100%。

2011年，长沙市受国家房地产宏观调控政策和经济发展形势的影响，全年房地产市场发展平缓，初步设计审批和施工图备案的建筑面积均有较大减少。年底，全市共完成1261.2万平方米建筑工程初步设计审查，比上年减少899.4万平方米，同比下降41.6%；完成1440.0万平方米建筑工程施工图审查备案，比上年减少331.9万平方米，同比下降18.7%，项目初步设计审查及施工图审查备案覆盖率100%，按时办结率100%，完成建筑工程联合验收总面积831.3万平方米，比上年减少95.7万平方米，同比下降10.3%。完成52个基坑支护初步设计审查，76个基坑施工图设计审查备案。全年下达36个项目的初步审查批复，完成80个项目的施工图审查备案。4月，长沙市2011年城建重点工程计划编制完成，“两型社会”诚信建设体系课题通过验收，受到住建部建筑节能与科技司充分肯定。

2012年，全市共有勘察设计单位（包括省属、部属在长单位）105个，全年完成建筑工程的初步设计审查1201万平方米，完成建筑工程施工图审查备案910万平方米，比上年减少530万平方米，同比下降36.8%，项目的初步设计审查及施工图审查备案覆盖率100%，按时办结率100%。长沙市开展创建全国无障碍建设示范城市工作，受到住房和城乡建设部、民政部、中国残疾人联合会、全国老龄工作委员会办公室四部委联合表彰，被授予“十一五”（2006—2010年）创建全国无障碍建设先进城市。制定并下发《关于进一步优化我市重点工程（市政公用工程、保障性住房）初步设计审批程序的通知》《关于优化长沙市轨道交通工程及其配套项目前期有关手续办理流程的通知》等系列文件，启动长沙市设计审批优化程序。在2012年度湖南省优秀工程勘察设计评选活动中，长沙黄花国际机场新航站楼等4个项目获得“一等奖”，湖南省青少年活动中心等2个项目获得“二等奖”，中南大学实验楼等7个项目获得“三等奖”。

三、资质管理

1988年，全市共有中央、省、市三级勘察设计单位（含中央、省属在长沙单位）109个，其中甲级单位25个，乙级单位11个，丙级单位41个，丁级单位14个。共有勘察设计人员1.63万人。

1990年，全市有勘察设计单位（含部、省属在长单位）共109个，其中甲级单位25个，乙级单位11个，丙级单位39个，丁级单位13个。勘察设计人员1.74万人，其中高级工程师1720人，工程师4913人。各甲级单位获得住建部颁发的全面质量管理标证书，各乙级单位全面质量管理经湖南省建委验收合格。全市甲级、乙级勘察设计单位的推行之后，质量管理小组也在各单位开展开来，涌现一批优秀的质量管理小组。

1991年，全市有勘察设计单位（含部、省属在长单位）109个，其中甲级单位25个、乙级单位11个、丙级单位36个、丁级单位14个。长沙市继续推行全面质量管理，并对全市勘察设计单位的勘察设计资质进行清理整顿检查，甲级、乙级在上年全面质量管理达标的基础上，继续优化提高，丙级、丁级和许可证级单位开展全面质量管理工作。年内，市直属丙级、丁级和许可证级勘察设计单位23家中，19家已达标并验收合格，4家待下年复查。全年，长沙市对市属27家勘察设计单位进行清理整顿，为下年度全国统一的换证发照作准备。1992年，全市有勘察设计单位（含部、省属单位）共109个，其中甲级单位25个，乙级单位11个，丙级单位36个，丁级单位14个。遵照建设部相关文件规定，长沙市在1992年至1993年上半年全面开展对勘察设计单位进行“勘察设计资格证”“收费资格证”认证工作统一部署。9月25日和10月20日，长沙市召开勘察设计单位大会，传达建设部有关认证工作的相关文件精神，布置开展认证工作。11月中旬，市认证办公室组织有关专家和工作人员分赴各个勘察单位进行实地考察，从技术力量、技术装备、质量管理、产品质量、技术经济责任制和生产任务完成情况等几个方面进行考察、核实、并落实整改措施。1995年，全市勘察设计单位（含部、省属驻长单位）150个，其中甲级单位28个，乙级21个，丙级76个，丁级25个。长沙市进行质量管理达标验收，对市属69家勘察设计单位进行资质年检和复查，重点检查1993年以后新升级成立的单位，达标率72%，其中优良率23%。资质年检和资质复查合格单位64家，总合格率93%，不合格单位3家，注销设计单位2家。

1996年，长沙市组织有关人员对市属64家勘察设计单位进行资格年检，其中甲级、乙级单位共7家报省建委年检。丙级、丁级单位中年检初审合格32家，初审基本合格10家，暂缓年检、限期整改后复查9家，停办、收回证书6家，4家水电行业勘察设计单位的建设设计资格停业。

2005年，全年在长勘察设计单位207家，其中甲级59家（含市属10家）、乙级72家（含市属23家）、丙级76家（含市属47家），施工图审查机构12家。按经济成分划分，国有企业63家，集体企业8家，股份合作企业8家，有限责任公司69家，股份有限公司10家，私营合伙企业1家，私营有限责任公司3家，港澳台合资企业1家，中外合资企业1家。勘察设计单位种类齐全，覆盖市政、建筑、水利、电力、工业、环保、勘察等多个行业，资质等级处于全国中上水平。年内，长沙市建立单位资质和个人执业注册数据库，加强资质监管。2006年，全市共有勘察设计企业208家，其中具备甲级资质63家，具备乙级资质74家，具备丙级资质71家，23家企业具备建筑工程甲级设计资质，8家企业具备市政工程甲级设计资质，27家企业具备其他行业甲级设计资质，11家企业具备建筑工程装饰专项甲级设计资质，3家企业具备建筑工程幕墙专项甲级设计资质，2家企业具备建筑智能化专项甲级设计资质，2家企业具备钢结构专项甲级设计资质，8家企业具备综合勘察甲级资质，14家企业具备工程勘察专项甲级资质；另有13家企业具备房屋建筑、市政基础设施的施工图审查机构资质。

2008年，长沙市进一步完成全市勘察设计企业资质申请，含换证、升级、增项和新成立核准初审工作及市属勘察设计企业注册人员延续注册、变更等工作。全市共有勘察设计企业210家，其中包括施工图审查机构 13 家，具备一级设计、甲级勘察或一类审查资质的单位近 100 家。有从业人员 2.1 万余人、专业技术人员 1.9 万人、高级职称及以上 5500 多人、中级职称 5800 人。勘察设计方面各类注册人员 2000 余人，其中一级注册建筑师 240 人、一级注册结构工程师 900 人、注册岩土土木工程师 150 余人，注册规划师 108 人。

2012 年，长沙市启动长沙市政府投资建设工程勘察设计单位库建设，简化资质审批程序，通过市政府采购办公开招标方式确立第一期政府投资项目和勘察设计单位库成员，勘察设计招投标市场秩序得到规范。

表 11-7-2-1　　2012 年驻长沙勘察设计企业名录（按隶属关系排序）一览表

序号	隶属	单位名称	成立或迁入年份	证书等级	技术人员数（人）
1	部属	中国轻工业长沙工程有限公司	1953	甲级	1000
2	部属	中盐勘察设计院	1955	甲级	57
3	部属	中冶长天国际工程有限责任公司	1957	甲级	1238
4	部属	中航规划建设长沙设计研究院有限公司	1978	甲级	365
5	部属	化工部长沙设计研究院	1978	甲级	345
6	部属	中机国际工程设计研究院有限责任公司	1978	甲级	737
7	部属	湖南中大设计院	1983	甲级	284
8	部属	湖南大学设计研究院有限公司	1985	甲级	190
9	部属	湖南化工地质工程勘察院	1985	甲级	110
10	部属	长沙有色冶金设计研究院有限公司工程勘察分公司	2005	甲级	35
11	部属	中国市政工程西北设计研究院有限公司	2006	甲级	45
12	省属	湖南省建筑设计院	1952	甲级	611
13	省属	核工业长沙工程勘察院	1955	甲级	136
14	省属	湖南省农林工业勘察设计研究总院	1956	甲级	412
15	省属	湖南省轻工纺织设计院	1958	甲级	180
16	省属	湖南第一工业设计研究院	1959	甲级	185
17	省属	湖南省建筑工程集团设计研究院	1983	甲级	112
18	省属	中国水利水电第八工程局有限公司	1984	甲级	178
19	省属	湖南省第六工程有限公司	1985	甲级	43
20	省属	湖南鑫湘工程勘察有限公司	1985	甲级	78
21	省属	湖南省建筑科学研究院	1987	甲级	229
22	省属	湖南建设集团有限公司	1993	甲级	128
23	省属	湖南鑫湘物探工程有限公司	1995	甲级	89
24	省属	湖南诚士建筑规划设计有限公司	1997	甲级	38

续表 11-7-2-1

序号	隶属	单位名称	成立或迁入年份	证书等级	技术人员数（人）
25	省属	湖南天杰建筑设计有限公司	2000	甲级	32
26	省属	湖南方圆建筑工程设计有限公司	2001	甲级	213
27	省属	湖南大地岩土工程勘察设计有限公司	2001	甲级	54
28	省属	湖南核工业岩土工程勘察设计研究院	2004	甲级	92
29	省属	湖南阡陌设计有限公司	2004	甲级	51
30	省属	湖南悍马建设工程有限公司	2006	甲级	62
31	省属	湖南恒创建筑设计有限责任公司	2006	甲级	40
32	省属	湖南成套工程设计院有限责任公司	2010	丙级	15
33	省属	湖南雨花石建筑规划设计有限公司	2010	乙级	65
34	市属	长沙市勘测设计研究院	1950	甲级	251
35	市属	长沙三川岩土工程勘察有限公司	2005	乙级	13
36	市属	湖南宁乡建筑勘察设计有限公司	2002	丙级	30
37	市属	长沙市规划设计院有限责任公司	1973	甲级	260
38	市属	长沙市建筑设计院有限责任公司	1979	甲级	226
39	市属	湖南省宏艺建筑设计有限公司	1998	甲级	102
40	市属	长沙华艺工程设计有限公司	1998	甲级	61
41	市属	长沙中盛建筑勘察设计有限公司	1998	甲级	45
42	市属	长沙市华银建筑设计有限责任公司	2000	甲级	53
43	市属	长沙图龙设计有限公司	2001	甲级	162
44	市属	长沙市中荣工程设计有限公司	2002	甲级	39
45	市属	长沙市水利水电勘测设计院	1981	乙级	18
46	市属	长沙市华运建筑工业设计有限公司	1981	乙级	20
47	市属	港湘（长沙）建筑装饰工程有限公司	1983	乙级	25
48	市属	长沙城市规划设计咨询有限公司	1993	乙级	32
49	市属	长沙中建建筑设计院有限公司	1993	乙级	28
50	市属	长沙锦程公路勘测设计院	2002	乙级	28
51	市属	长沙泰源建筑设计有限公司	2008	乙级	60
52	市属	长沙凤凰建筑设计有限公司	2002	乙级	39
53	市属	长沙奥邦环保实业有限公司	1999	乙级	23
54	市属	望城县规划建筑勘测设计院	1987	乙级	85

续表 11-7-2-1

序号	隶属	单位名称	成立或迁入年份	证书等级	技术人员数（人）
55	市属	长沙百川建筑设计有限公司	1983	丙级	16
56	市属	长沙市教育建筑设计研究所	1984	丙级	17
57	市属	浏阳市水利水电勘测设计院	1986	丙级	24
58	市属	长沙市房屋建筑设计室	1988	丙级	18
59	市属	长沙市浩映消防安全工程有限公司	1996	二级	68

四、优秀设计项目选介

（一）梦泽园住宅小区。长沙梦泽园住宅小区竣工于2001年，由湖南省梦泽园房地产开发有限公司开发建设，被建设部确认为国家级智能化示范小区，总建筑面积17万平方米。该小区内有高层住宅（26层）、小层住宅（12层）、别墅、综合楼、商店、中心花园、幼儿园和公共配套设施。设计着力体现优美恬静的水景住宅风格。园区房屋布局从东向西跌落成梯，从小区任意高度、角度、居住单元都可观赏美丽的湖光、云影、亭阁。小区中央花园设置了儿童游戏场地、山丘、雕塑、喷泉、古树、老人活动园和健身场。建筑外墙采用灰白色涂料，淡绿色玻璃窗，给人以和谐之感。梦泽园由加拿大戚扬设计有限公司完成小区总体规划和建筑单体方案，由北京奥思得建筑设计有限公司和湖南省建筑设计院完成园林设计方案。

（二）长沙简牍博物馆。长沙简牍博物馆竣工于2005年，位于长沙天心阁东北侧，总用地面积为1.9万平方米，建筑面积为1.5万平方米，其工程为长沙“走马楼三国吴简”的展览、保护和研究。在建筑体量上，以简洁、低矮（主体高10.5米、矩形）衬托出天心阁的高耸雄奇；在主体用色上，大胆采用黑白对比，阴与阳的强烈碰撞和胶融，彰显湖南历史文化的浓烈、质朴与厚重；在环境及建筑设计中紧扣竹简文化，体现中国文化精髓的“竹”意；建筑外部利用竹子疏密相间的组合营造空间环境，室外廊架，室内展墙细部材料的使用，暗合串联简牍的“韦编”之意。博物馆由湖南省建筑设计院完成设计。

（三）长沙通程麓山商业广场。长沙通程麓山商业广场竣工于2010年，位于河西溁湾镇广场西南部，邻近岳麓山风景名胜区。商场共有五层（地下两层），大空间以商场为主，集购物、金融、餐饮、休闲、娱乐健身等多功能为一体，是一座现代化商业大厦。总建筑面积为5.6万平方米。前庭绿化广场面积为7500平方米。机动车泊位420个。建筑整体造型为椭圆体镶嵌在三角形体内，寓意岳麓山下的金蛋，商运亨通。建筑立面采用大虚大实的对比手法，以大片玻幕映出麓山风景，以大片实墙反映通程集团大气而稳重的企业文化精神。建筑高度在24米以内。按高层建筑防火规范进行消防设计。为获得商场的大空间，结构柱网运用9米×9米无梁楼盖技术，纵横向均设置伸缩缝，以解决温度应力问题。该项目共有省内外6个设计院的7个设计方案参加竞选，长沙市规划设计院的设计方案中选。施工图设计由湖南省建筑设计院承担。商场建成后将成为长沙岳麓风景区的新景点。

五、标志性建筑选介

（一）贺龙体育场。贺龙体育场于2003年改建完成，位于古城长沙的中心地段。贺龙体育场的建筑风格以“白沙古井”作为设计的切入点，形成一个新颖、独特、富有创意的设计构思，即“芙蓉·白鹤·

鼓琴”的设计主题。芙蓉：建筑物的顶盖像一朵绽放的芙蓉花，它是通过对“白沙水—清水出芙蓉—芙蓉国里尽朝晖”这一线索的联想而产生的。鲜花意指掌声和荣誉，并有节日的欢乐和庆典的气氛，符合体育建筑的性格特点，能展示体育健儿为光荣与梦想而拼搏的精神风貌。白鹤：建筑的顶盖南、北低，东、西高，从南、北向东、西进行水平方向的扩展和高度上的攀升，从而满足东、西区双层看台观众视线、空间等功能要求，既突出强调主入口，又使建筑有主次轻重之分；同时在建筑的南、北立面上展现“白鹤展翅”造型，它象征着长沙的体育事业象白鹤一样展翅飞翔。鼓琴：建筑物主体部分似一面大鼓，而主入口上部造型则似立着的琴弦，寓意鼓、琴合奏、“鼓琴”恰跟“古井”谐音，从而隐喻着一曲新世纪的凯歌于2003年在长沙拉开帷幕。体育场造型新颖、雄伟、浪漫并富有象征意义：顶盖由12块花瓣状镀铝锌板组成，其翻舞的造型像波浪，又似欢欣鼓舞的人群掀起的人浪，这种飞扬的旋律使建筑流动出优美的曲线，飘逸而轻盈，契合团结蓬勃的主题。该设计完全融合了人们对它性格的体验和期待，反映出对速度的追求、情感的彰显。每片花瓣状的彩钢板之间由钢桁架连接，并有意突出檐下的空间层次感觉与形式的引导，注意板块过渡的轻微渐变关系，更进一步地探索以现代屋盖表达古代建筑中屋顶传递的空间曲线与轮廓剪影的美感，以唤起人们对中国古代文化与建筑意象的追求，并与隔路相望的“天心阁”取得视觉上的联系。贺龙体育场从设计造型、功能布局到体育工艺多次受到中央领导、国家体育总局的高度赞扬，是一座彰显体育建筑个性的同时充分展示湘楚大地人民雄浑的气魄、宽阔的胸怀和“唯楚有材”潇湘风采的地标性建筑。体育场由湖南省建筑设计院设计完成。

（二）杜甫江阁。杜甫江阁于2005年全面建成，位于湖南省长沙市河东城区西湖桥，地处湘江路中段和西湖路交界处，与橘子洲、岳麓山隔江相望。杜甫江阁的南北连廊为诗碑廊，柱两侧立石碑，刻着杜甫诗歌，诗碑廊的形式多样，有扇形廊、有曲廊，另外有石碑点缀设置，长廊和湘江遥相呼应，相当协调。江阁园林区占地6000多平方米，建筑面积3800多平方米，主阁为四层建筑，整体风格采用中国传统仿唐古建筑形式，檐口向外挑出很远，青黑色筒瓦曲线屋面，它的曲线舒展，体现当代建筑古朴、厚重、雄伟的建筑风格。室外地面（江堤地面）至檐口底高15.9米，至屋面脊顶高约19.5米。该建筑二层平面为杜甫纪念馆，馆正中立杜甫塑像，外墙2.1米高开高窗，实墙上用绘画介绍诗人生平，三层及四层为诗画会所，集名人雅士会诗作画，一层为诗词书画纪念品商店。建筑立面为中国传统仿唐古建筑形式，朱红色柱，仿古格栅窗，白色墙。柱廊台阶栏杆为云纹石柱、石面板栏杆。屋面歇山顶，远挑檐口，青黑色筒瓦曲线屋面，曲线舒展，体现唐代建筑古朴、雄伟、厚重的基本特征。登江阁，可以在凭怀伟大诗圣的同时，感受湖湘文化的非凡魅力。长沙市建筑设计院有限责任公司负责阁楼的设计与建造。

（三）黄花国际机场。黄花国际机场于1989年8月29日正式建成启用，2011年7月19日，T2航站楼启用。机场位于长沙市城东，距离长沙城区约10千米。航站楼在建筑设计上富有地域特色的建筑创意，橘子洲头冉冉升起的朝阳，和湘江上的翩翩帆影营造出生机勃勃的建筑意境，新老航站楼完美相连，共同组成“旭日东升，千帆竞渡，百舸争流”的宏大场景，将长沙的特点和国际化空港的现代大气充分展现给世界。同时完美体现空港建筑的特点，建筑整体采用流畅的曲线设计，大气磅礴，动感强烈，配合两端独特的飞翔设计，灵动的勾勒出现代空港建筑的行业特征。建筑与结构完美融合，清晰简洁的结构体系，直接反映建筑空间逻辑，与建筑造型与室内空间浑然一体，独特的结构元素体现出南方建筑特有的纤秀美。建筑造型与功能统一，室内空间随着出发流程逐步降低，舒适宜人。结合室内功能的空间布置降低室内平均高度，最大限度降低室内能耗，生态环保。体现高科技与生态，取材于湘江的风帆在实现美学功能的同时，具有良好的遮阳作用，屋面的自然层叠所形成的侧窗、天窗为大空间室内提供充足的自然采光和自然通风。机场由中国建筑第八工程局有限公司建设。

（四）高铁长沙南站。高铁长沙南站于2009年12月26日建成并投入使用，是中南地区区域铁路交通枢纽，位于长沙市雨花区黎托。

车站的设计理念为最简洁的流线。“山水洲城”是长沙市的别称。将山峦的起伏曲线提炼为站房造型，将水的波浪提炼为站台雨棚的形式，形成“山”与“水”的曲线，互相映衬，协调统一，与周围的山水相呼应。无论是在室内大厅还是室外广场，这一形象特征都得以充分体现，形成区别于国内其他火车站的独特气质，凸现地域特色。长沙南站内部宛如水晶世界。该站候车厅用玻璃幕墙与站台分隔开，建成后没有视觉障碍，候车厅的旅客可清晰俯视站台，长沙南站候车厅分为并列的两个，在两个候车厅之间是玻璃顶覆盖的站台空间。开设在站台上的多个采光井，为到厅提供顶部采光。中央带状顶棚采用低辐射玻璃，结合室内悬挂的可自动控制角度的活动百页，夏季以遮阳为主，冬季以透阳光为主。在西广场设高架平台，社会车辆可直，人则通过缓坡道到高架平台。180米长的带状大厅作为进站厅，进站厅内设售票厅和基本站台候车厅。地面层则有到厅及出站交通换乘区。高铁南站由中南建筑设计院设计。

第三节　建筑科技

一、建筑节能

2006年8月8日，长沙市发布《关于进一步加强长沙市建筑节能工作的通知》，要求建设单位在委托建筑工程项目的规划、设计与施工时，不得要求或默许设计单位、施工单位、监理单位不执行建筑节能标准或擅自修改设计文件、降低建筑节能标准。在全年全市新建的186个建筑物中，104个建筑物采用节能材料，达标率55.9%，投入资金2385万元；改造的办公楼、商场、宾馆等公共建筑中，采用节能材料的建设面积23.5万平方米，投入资金1050万元。长沙市建委被建设部评为“全国建筑节能工作先进单位”，并列为全国《夏热冬冷地区建筑节能标准》试点示范城市。

2007年，实施《建筑节能工程施工质量验收规范》。长沙市严格实行建筑节能专项检查，全年共抽检工程148个，对违反建筑节能设计标准的工程项目发出质量整改通知书20份，不良记录告知书4份，完成竣工验收的节能建筑面积为869万平方米，所有在建工程均按节能设计要求实施节能措施。

2009年，长沙市编制《建筑节能专项中长期规划（2008—2020年）》，制定《长沙市建筑节能示范工程管理规定》《长沙市国家机关办公建筑和大型公共建筑能耗统计管理规定》，颁发《关于进一步加强建筑节能管理的通知》，开展设计质量检查、建筑节能与墙改工作检查，城区建筑节能标准执行率均为100%。新增节能能力22.89万吨标准煤，万元GDP能耗下降贡献率1.18%。其中在建工程中的89个项目采用夹心保温的墙体复合技术，运用聚苯乙烯泡沫作为保温、隔热材料，保温、隔热率78%。

2010年，长沙市全面推行《公共建筑节能检测标准》《居住建筑节能检测标准》。对在建房屋工程项目进行检查，不达标项目中有134个被要求限期整改、9个责令停工，共处以罚金188.5万元。未能达到节能标准的项目主要在于使用普通玻璃，要求整改为镀贴膜玻璃（包括反射玻璃、吸热玻璃）、高强度LOW2E防火玻璃（高强度低辐射镀膜防火玻璃）和采用磁控真空溅射方法镀制含金属银层的玻璃。

2012年，长沙市对在建房屋工程建设单位303家、2041个项目进行节能检查，涉及建筑面积325.34万平方米、总造价364.75亿元。其中，对不符合建筑节能标准的47家建设单位、143个项目限期整改；下达停工令85份，不良行为记录告知书52份，处罚严重违规建设行为人22人，处以罚金262.56

万元。并对屋顶节能不达标的项目，倡导实行架空通风、屋顶蓄水或定时喷水、屋顶绿化等隔热降温的方法。

二、绿色建筑推广

2007 年，长沙市按照绿色建筑标准设计建设的重点工程“两馆一厅”（博物馆、图书馆、音乐厅）向建设部申报绿色建筑示范项目。

2009 年，保利麓谷林语小区、太阳星城小区等共计 275 万平方米建设项目按绿色建筑标准启动建设，保利麓谷林语小区、太阳星城两个项目成为长沙市首批授牌的绿色建筑试点项目，同时还将这两个项目列为住房和城乡建设部 2009 年科学技术项目计划。长沙·太阳星城项目荣获 2009 年国家绿色建筑与低能耗建筑“双百”示范工程、2009 年长沙市首批绿色建筑示范项目。当代万国城 MOMA 项目、市妇幼保健院住院大楼项目采用地源热泵技术，中建大厦采用光电幕墙及屋顶技术，在浏阳河风光带等市政道路上进行太阳能风光互补技术试点工作。

2010 年，长沙市成功申报财政部、住房和城乡建设部“可再生能源建筑应用城市示范”，获得中央财政对长沙市可再生能源建筑应用的支持。是年开始建设的长沙绿地中央广场项目是长沙市最早获得绿色建筑设计标识的项目之一，其中新里卢浮公馆（住宅 1 号、3 号、8 号、9 号、10 号楼）标识为绿色建筑一星级，紫峰（写字楼 5 号、6 号楼）、拉菲晶座（公寓式酒店 7 号楼）标识为绿色建筑二星级，其商业（4 号楼）、幼儿园则是湖南省内最早获得三星级绿色建筑设计标识的项目，也是长沙市第一个在土地招拍挂中就明确为绿色建筑要求的项目。

2011 年 7 月，长沙市被确认为首批国家节能减排财政政策综合示范城市。长沙开福万达广场地块 A 区项目 2011 年获国家绿色建筑一星级设计标识和 2011 年获长沙市绿色建筑试点项目。

2012 年 9 月，建设完成的梅溪湖长郡中学项目以绿色建筑二星级为起点，采用复层绿化、采光井、绿色施工等常规技术和垂直绿化及屋顶绿化、地源热泵技术、人工湿地污水处理系统、预应力混凝土叠合板、宣传展示系统等一系列亮点技术，将中学打造成建筑设计策略与绿色建筑技术有机结合的高品质的校园。长沙高新区公租房一期（麓城印象）项目获长沙市绿色建筑试点项目和长沙市可再生能源建筑应用示范项目。

三、建筑科研

2007 年 9 月，长沙市城市建设研究所更名为长沙市城市建设科学研究院，加强城市建设试验和建设设计研究，全年提交各级各类课题申报书 89 份，立项 53 个课题，委托课题 2 个，重点课题 6 个，一般课题 45 个，立项资金 386 万元，主要研究建筑节能与墙材革新、道路路基结构、民用建筑围护结构节能施工方法等。研究院创办内部刊物《建设工程应用研究》，全年发行 100 册，作为内部交流资料使用。8 月 10 日，由长沙理工大学和长沙市新型墙体材料办公室联合承担的“陶粒混凝土自隔热保温砌块与陶砂成套应用技术研究”课题顺利通过省建设厅组织的专家会议评审鉴定，成果达到国际先进水平。11 月 5 日，由湖南大学和长沙市新型墙体材料办公室联合承担的“陶砂保温隔热砌筑砂浆与抹面砂浆研究”课题，通过省建设厅组织的专家会议评审鉴定，成果达到国际先进水平。12 月 8 日，长沙市新型墙体材料办公室获中国砖瓦工业协会、国家建筑材料工业墙体屋面材料质量监督检验测试中心颁发的“2007 年墙体屋面材料产品质量管理工作先进单位”。12 月 21 日，获墙改基金支持的墙材总公司的“陶粒混凝土空心砌块及陶砂保温砂浆自隔热保温成套应用技术”通过省级成果鉴定，成功填补国内在此研究领域的空白。

2008年，长沙市参照国家自然科学基金管理办法对在研课题进行监管。全年提交各级各类课题申报书102份，立项58个课题，委托课题3个，重点课题4个，一般课题51个，立项资金403万元。在对上年度立项的课题进行中期考核中，11个课题的实施情况未达到中期考核要求，申请结项的课题中2个课题实施报告与课题申报书严重不符，被予以撤项处理。

2009年，全年提交各级各类课题申报书93份，立项45个课题，委托课题4个，重点课题4个，一般课题33个，立项资金324万元。根据《住房和城乡建设部科学技术计划项目管理办法》（建科〔2009〕290号）对上年度立项的课题进行中期考核和结项验收，6个课题的实施情况未达到中期考核要求，申请结项的课题中1个课题实施报告与课题申报书严重不符，被予以撤项处理。2010年，全年共提交各级各类课题申报书125份，立项65个课题，委托课题3个，重点课题2个，一般课题60个，立项资金445万元，李珍贵、朱青松的课题“长沙市区域节能省地环保型和绿色建筑发展模式研究”获建设部立项。对上年度立项的课题进行中期考核和结项验收，4个课题的实施情况未达到中期考核要求，申请结项的课题中2个课题实施报告与课题申报书严重不符，被撤项处理，并追回已发放的课题资金。

2011年，根据《湖南省住房和城乡建设厅科学技术计划项目管理办法（试行）》，按照《长沙市财政专项资金管理办法》规定对项目实施动态管理。全年共提交各级各类课题申报书118份，立项60个课题，委托课题3个，重点课题1个，一般课题57个，立项资金422万元，主要围绕两型社会城市道路沥青路面材料、常用新型墙体材料质量通病、复合轻质砼夹芯保温砌块生产关键技术、富水砂卵石地层地铁穿越邻近桩基施工关键技术、轻骨料混凝土多孔砖建筑构造、装配整体式钢筋砼涵洞等施工过程中遇到的难点问题展开研究。

2012年，根据《长沙市科技发展专项资金及科技计划项目管理办法》规定，对项目申请、立项评审、下达计划、签订合同等环节强化过程管理。全年共提交各级各类课题申报书123份，立项60个课题，重点课题3个，一般课题57个，立项资金438万元。对上年度立项的课题进行中期考核和结项验收，1个课题的实施情况未达到中期考核要求，申请结项的课题中1个课题研究工作总结报告与课题申报书严重不符，2个课题经费的决算表与预算表不符，被作出不予结项的处理。

四、墙材革新

2002年4月，黏土实心砖改黏土空心砖（以下简称“实改空”）行业产品结构调整，全市300多家黏土实心砖厂实改空的技术改造，长沙市在全省率先达到国家第一批“限时禁实”城市要求。

2004年12月1日，由长沙市新型墙体材料办公室和市捞刀河建材厂联合承担的“矩形孔烧结多孔砖应用及技术研究”通过省建设厅的会议专家鉴定，使湖南省模数烧结多孔节能砖达到国内先进水平。

2006年11月8日，由长沙理工大学和长沙市新型墙体材料办公室联合承担的“混凝土多孔砖（空心砖）砌体房屋研究”课题成果，获湖南省人民政府颁发的“湖南省科技进步二等奖”。

2008年10月，长沙市成功开发SSB陶粒自隔热保温砖成套应用技术，其200毫米厚裸墙传热系数降至0.92，240毫米厚裸墙传热系数降至0.71，270毫米厚裸墙传热系数降至0.59，此产品体系通过省建设厅主持的专家会议评审鉴定，产品大量应用于湖南保利麓谷林语、和记黄埔等房产项目，为湖南省探索夏热冬冷地区自隔热保温系统及探索将新型墙体材料的发展与建筑节能新技术有机结合走出一条成功之路。12月底，黏土砖厂转产页岩烧结空心（多孔）砖技术改造达8家，成功生产出合格的页岩空心（多孔）砖。

2010年7月8日，中南地区最大烧结页岩空心砖生产企业——长沙县春华鹰宏环保建材有限公司正式投产运行。该企业投资4500多万元，在长沙县春华镇花园新村建成一条年产1.2亿块标砖的全自动化生产线，产品包括页岩烧结多孔砖、空心砖。该生产线的投产，带动整个长沙市乃至湖南省烧结制品行业大断面隧道窑及切码运包自动化控制技术新的革新，并逐步结束烧结砖制品行业低水平、低档次、高污染的历史，从而步入技术升级、上规模、上档次、高水平、高附加值的发展道路。

2012年6月8日，由长沙理工大学和长沙市建筑节能与新型墙体材料管理办公室联合承担的“混凝土剪力墙复合加气混凝土砌块自保温体系开发研究”通过省科技厅组织的专家鉴定，为全省解决建筑构件冷热桥的隔热保温问题，探索出一种有别于现有外墙外保温及外墙内保温新的技术方案，成果达到国际先进水平。全年新墙材总产量超过25.42亿标砖，实现节地279.6公顷，节能15.76万吨标准煤，减排二氧化硫气体0.39万吨，减排一氧化碳气体36.25万吨，在绿色建筑行业发展方面做出应有的贡献。

第四节 建筑工程质安监管

一、质量监督

1988年，长沙市全面贯彻执行国家新的建筑安装工程质量检验评定标准，推行质检人员持证上岗制度，做到若工程质量和质量保证资料有缺陷，严格禁止下道工序施工，当年全市受监工程项目534个，建筑面积130.42万平方米，验评工程项目545个，建筑面积145.4万平方米，工程合格率76.02%，比前一年提高14.14%（其中优良率4.6%）。全年共发质量整改联系单375份，停工整改117项，处以罚款73起，共查处和消除工程质量事故隐患130起，保证了工程质量。

1990年，根据中华人民共和国《建筑安装工程质量检验评定统一标准》要求，全市建安系统以新标准作为检查工程质量的决策依据，全市工程质量合格率上升到89.7%，工程优良率上升到8.9%，部分优良工程被评为省优质工程项目（其中有湖南省工商银行办公大楼，湖南省电子大楼，东塘农贸市场，长沙卷烟厂浴室等工程）。屋面、厨房、厕所渗水现象和楼地面空鼓、开裂、起灰等质量通病减少15.3%。外墙整改项目143个，采用外墙干粘石和马赛克的施工工艺。

1991年，长沙市对竣工工程屋面、天沟、水落管、厨房、厕所、阳台、卫生器具的淋水、通水、蓄水、泼水进行检验。全年受监工程的合格率96.16%，其中优良率14.16%，比上年分别提高36.54和5.26个百分点。主体工程质量方面，省直机关教学楼等90个工程达到国家优良工程评定标准。其中，建设部通报表彰的1991年全国评选的20个样板工程中，长沙县广福建筑公司施工的省直机关教学楼排第四。长沙市省直机关教学楼等6项工程被评定为省样板工程。

1994年，长沙市全年建筑工程合格率97.86%，优良率30.82%，分别比上年提高1.81个和3.05个百分点。针对建筑市场较为混乱的状况，长沙市加强对质量的管理、监督部门加大监督力度，及时消除各种结构安全隐患，杜绝重大质量事故的发生。共创部优样板工程5个，省优样板工程64个，有12个工程获市“橘洲杯”奖，有5个项目获市“精品工程”奖。

1996年，长沙市建筑工程质量整体水平提高，受监工程质量合格率99.8%，优良率48.63%，分别比上年提高0.48和6.07个百分点，在建设部对全国29个直辖市和省会城市组织的质量大检查中，长沙工程质量名列第7位，最为突出的是由洞井建筑公司施工的湖南证券大厦工程荣获全国工程质量最高奖——“鲁班奖”，实现湖南省鲁班奖“零”的突破。

1997年11月1日，《中华人民共和国建筑法》正式发布后，长沙市严把建筑工程质量等级，修订工程质量等级评定制度，改过去一次评定为两次评定。制定《房屋工程使用说明书》，推行“基础、结构、竣工”三步到位的质量监督工作程序，推行施工现场综合考评工作，在全市建筑行业开展“讲文明，树新风，创文明工地”活动，全市工程质量合格率99.86%，优良率47.83%。市建安公司施工的市人寿保险公司综合楼等10个工程被评为省综合考评样板工程。丽安公司获“全省十佳建筑装饰企业”称号。

1998年，长沙市建筑工程在质量等级认定上坚持挤“水分”，“严”字当头，克服忽视基础工作，盲目追求优良率的现象，针对住宅工程开工量大，施工进度要求快的特点，开展住宅工程质量检查，狠抓治劣治差，全年共复查竣工面积在1000平方米以上的住宅工程598个，建筑面积255.65万平方米。1999年，长沙市抓住工程质量这根主线不放松，把工程基础、主体、幕墙等质量作为必保重点，把质量通病作为主攻对象，推行工程质量层层责任制，完善项目法人质量责任，重视用户回访制和质量保修制，从施工操作上和施工用材上治理住宅工程质量通病，基本解决住宅厨厕渗漏问题。开展全市建筑工程质量检查，共检查工程309项，建筑面积192.09万平方米，实施建筑工程质量跟踪管理，共发现有问题的13项工程，督促有关单位加强观察，及时整改，消除隐患。1999年全市共有43项工程获省优质工程，占总数的25.9%。

2001年2月，国家颁发《工程建设标准强制性条文》（以下简称《条文》）后，长沙市成立《条文》协调管理机构，专门印发《条文》1000余本，举办5期培训班，培训勘察、设计、施工、监理人员500多名，组织项目经理，企业技术负责人、质安负责人、施工员、质检员4685人，参加《条文》全市性统一考试，考试合格率达99.8%。组织开展工程质量监管大检查，对全市在建基础，主体工程进行全面检查、抽查131项，检查建筑面积113万平方米，发出工程质量整改通知单15份。继续推行质量回访制，回访竣工工程419个，建筑面积129.57万平方米，发现违反强制性条文事件186起，重大结构安全隐患12起，全年签发质量整改通知书976份，停工整改项目24个。开展质量评比活动，73个工程项目被评为省优质工程。省建六公司承建的黄花机场候机楼，被评为“鲁班奖”工程，24个工程项目评为省施工现场综合考评样板工程，当年全市的建筑工程获奖数目占全省获奖总数的一半。

2003年，开展两次在建基础、主体工程质量大检查，主要对各方责任主体质量行为、工程实体质量、强制性条文执行情况，工程技术资料等进行检查，共检查工程432个，面积296万平方米。对监理公司质量行为开展专项检查，主要检查监理公司和监理人员资质、监理行为、监理人员配置情况、监理措施和监理资料等，对不严格执行监理规范，工作不到位的9家监理公司给予通报批评。并对试验检测单位进行突击检查，对4家试验、检测单位作出停业整顿的处罚。组织开展对钢材质量专项大检查，共抽检钢筋1847组，其中不合格的36组，不合格率1.9%，对不合格的钢材一律清退出受监工程，避免多起影响结构安全的质量隐患。通过各类工程质量监理和各类质量检查整治，全市建设工程质量稳步提高，全年签发工程联系单582份，查处工程质量隐患32起，工程竣工验收合格率达到100%。

2004年，重点对工程建设各方责任主体的质量安全行为加强督查。全年共督查28家监理公司，其中对9家监理公司发出不良行为告知书，并对工作不到位、质量责任制不落实、限期未整改的监理公司，在全市进行通报批评。同时加强对在建工程项目的日常巡查和重点抽查，深入质量安全薄弱环节，对重点部位进一步加强重点监管。全年共查处严重影响结构安全的质量隐患9起，查处责任主体单位严重不良行为15次，其中建设单位严重不良行为5次，施工单位严重不良行为6次，监理公司严重不良行为为4次。

2005年，全市组织主体工程质量大检查行动，共检查在建工程422个，对48个工程限期整改，12

个存在结构安全隐患的工程停工整顿；展开监理企业专项检查，重点抽查8个监理企业的31个工程，对监理工作不到位的监理企业进行不良行为公示；开展住宅工程质量专项检查，检查住宅项目343个，对2004年竣工验收的573个住宅项目进行质量回访调查，满意和基本满意率达到99.4%。此外，还组织对预制构件企业，试验检测机构的专项检查。

2006年，全市受理质量监督项目422个（涉及工程1200多个），累计竣工验收备案工程507个，工程合格率100%，优良率35.8%，创“鲁班奖”工程1项，创省优质样板工程58项，创“芙蓉奖”工程21项，没有发生一起工程质量监督责任事故。开展争创“住宅满意工程”活动，对全市2005年竣工验收的573个住宅工程进行质量回访，对收集和调查的问题，及时组织整改并逐步实施住宅工程分户验收制度，保证住宅质量及使用功能，使老百姓真正住上放心房。开展结构质量专项治理，重点巡查在建工程基础主体质量，共检查工地442个，对质量通病较多的48个工程均采取限期整改措施。2007年，长沙市出台《关于严格实行工程质量监督情况汇报制度的通知》《关于进一步加强市政基础建设工程质量监督工作程序的通知》《关于进一步加强对工程建设各方责任主体质量行为监督的若干意见》等一系列规范性文件，组织开展“在公共建筑住宅和市政桥梁工程地基基础和主体结构质量大检查”“在建建设工程及既有市政桥（隧）安全质量排查”等10项专项检查，共发出质量问题整改联系单181份，不良行为告知书57份，受检查面积2400万平方米，涉及预拌混凝土厂家23家，检测试验机构25家，监理公司38家以及近百家施工企业，消除质量隐患240余起。全市全面推广工程检测信息化，检测数据自动采集完成近70%。开展预拌混凝土生产专项整治，从源头上把好工程结构质量安全性能关。

2008年，建立项目质量隐患查处档案制度和工程质量巡查制度。加大监管力度和对违法违规建设行为的处罚力度，按照“特点决定重点”原则，根据施工企业质量的记录数据，实施差别化管理。全年市建设工程质量监督站监管的运达国际广场、东一国际商业广场、市检察院技侦楼3项工程获得“鲁班奖”，并创建省级最高质量奖项芙蓉奖18个，省级优质工程奖70个。

2010年，出台《长沙市市政道路工程关键工序、关键部位验收控制要点》《长沙市建设工程结构质量评优办法》等规范性文件，开展工程实体质量、责任主体行为、施工现场质保体系等专项检查。全市新增受监房屋建筑工程1058个，建筑面积1629万平方米，新增市政基础设施工程74个，工程造价33亿元，累计质量受监房屋建筑工程2323个，建筑面积3756万平方米。竣工验收备案项目1246个，建筑面积1276万平方米。房屋建筑、市政道路、桥梁、地铁、隧道等工程实体安全可靠，质量处于受控状态，工程建设质量合格率100%，市政工程和房屋建筑工程的优良率分别为85.02%和45.52%，未发生质量责任事故和群体质量投诉事件。建立三级巡查制度，实现对建设工程质量多层次、全方位监督管理。

2012年，长沙市受监项目信息全部录入监管信息平台，把质量安全责任从企业层面细化落实到个体层面，实现从管事向管人的转变。全年建设工程质量合格率100%，工程竣工验收备案优良率61%，共创建省级建筑施工质量安全标准化示范工地307个，占全省项目总数33.19%。同时，加大预拌砼质量追踪系统的工地使用率，从生产源头把好材料质量控制关。

二、安全监察

1988年6月，全市共检查建筑工地260个，发出整改通知45份，停工整改通知7份，清除安全隐患436个，当年全市共发生轻重事故伤亡257人，重伤38人，年重伤率2.7‰，死亡22人，年死亡率1.55‰。

1990年，长沙市认真推广“省建六公司外脚手架新搭设方法”，加强建筑工程安全生产管理和安全防护工作。采用不定时、不定点检查方式，共检查建筑工地 312 个，发出整改通知 56 份，停工整改通知 12 份，清除安全隐患 405 个。全年共发生轻重伤亡事故 161 人次，其中死亡 14 人，下降 26.3%，重伤 14 人，比上年下降 22.2%，轻伤 133 人次，比上年下降 34.2%，万人死亡率 1.4‰，月负伤率 1.4‰。死亡率继续下降，低于建设部要求的 0.15‰的控制标准，建筑施工现场安全达标合格率 97.5%，优良率 50.8%。

1991 年，长沙市开展“四查”（查企业自身的质量安全意识是否强，查现有工程质量安全水平和在同行业所处的位置，查质量安全管理制度是否健全，查提高质量安全的措施是否得力）、“四学”活动（学标准、学规范、学成功管理办法、学控制质量的措施）。全市建筑行业围绕“全面提高质量，实现最佳效益，确保安全生产”的要求开展工作，安全生产指标年负伤频率为 1.1%，死亡率为 0.99‰，分别比上年下降 0.23 个千分点和 0.41 个万分点，死亡 12 人，比上年减少 2 人，直接经济损失 15.42 万元，略比上年下降。

1997 年，全市推行施工现场综合考评工作，建筑行业开展“讲文明，树新风，创文明工地”活动，对 101 家建筑企业 243 个工地（建筑面积 208.52 万平方米）进行检查，安全、文明工地的合格率分别为 79.3%和 60.7%，全年未发生重大安全事故，年负伤频率 2.3‰，年死亡率 0.05‰。1998 年，长沙市采取重点检查、反复督查的方式开展工作，全年共进行 4 次大规模检查，检查建筑工地 729 个，建筑面积 443.7 万平方米，下发隐患通知单 185 份，停工整改通知 19 份。经过督查、整治，全市创建文明工地活动开展面积 100%。安全生产，文明工地合格率分别为 86.50%、70%。

1999 年，长沙市围绕“创建文明城市”的目标，积极宣传贯彻新《建筑施工安全检查标准》，做好安全培训工作。召开在长沙施工企业“贯标”迎检动员会和各区（市）安监负责人“贯标”研讨会，印发《建筑施工安全检查标准》3000 余册，在全市主要临街工地悬挂宣传横幅 200 多条，大造宣传攻势。举办 2 次三级以上施工企业分管安全的经理和安全管理员“贯标”学习班。组织 2 次大规模的文明施工专项整治，并重点督查基建工地的施工围挡，强行拆除彩条布围挡 1700 米，督促整改基建工地 409 个，砌围挡墙 34000 多米，清运建筑垃圾 4100 多吨。在施工场地开展安全防护用品及器具设备专项检查和打假活动，共检查 54 个企业 60 个建筑工地，收缴不合格安全网 824 床、安全帽 476 项、开关箱 21 个，通过专项整治促进长沙市城区工地围挡规范化。

2000 年，为贯彻国务院颁布的新的安全检查标准，长沙市规范运作，监督并举，全市建筑施工现场安全达标合格率由上年的 89.9%上升到 92.6%，优良率上升到 45.7%，仅发生死亡事故 7 起，是 5 年来死亡率最低的一年。全年未发生 3 级以上重大安全事故，年负伤频率为 14.8‰，年死亡率 0.046‰，伤亡事故均控制在国家规定范围内。

2001 年，开展安全技术培训，组织各建筑企业安全管理人员、安全员、资料员、电工、架子工培训，培训学习 580 人。开展“安全生产周”活动，制作安全横幅 300 多条，发放《建筑安全常识读本》20000 余册。加强对施工现场的巡查，共检查建筑工地 500 个，发出整改通知 94 份，停工整改通知 17 份，清除安全隐患 726 个，全年发生建筑施工死亡事故 5 起，死亡人数 6 人，死亡率继续下降，低于建设部要求的 0.15‰的控制标准，建筑施工现场安全达标合格率达 96.7%。长沙东方红建筑公司施工的“岳麓山大学科技园创业大厦”，湖南北山建设股份有限公司施工的“锦泰花园”8# 栋获 2001 年度“长安杯”称号，成为全国建筑安全文明工地。2002 年，实行安全生产“四挂钩”活动，即在企业资质动态管理中，在招投标活动中，在各类评优工作中，紧密与安全生产挂钩，强化生产安全“一票否决权”。同时，把创建安全文明工地与企业经济利益挂钩，为施工企业争取了安全防护专项费用。开展创建文明施工工地和施工现场安全达标活动，对全市重点工程进行安全大检查，对施工现场机械设备、用电、安全防护用品进行专项整治，共检查建筑工地2406个（次），发出整改通知81份，停工通知32份，消除安全隐患因素，施工死亡率为0.02‰，100个工地获省建筑安全文明施工示范工地，建筑施工现场安全达标合格率达97%，优良率65%。

2003年，以城市管理年活动为契机，长沙市全方位开展在建工地文明施工整治，开展建筑工地执法大检查行动，通过企业自查、随机抽查、交叉检查相结合的方式，对47个存在安全隐患的工程项目下发整改通知，加强施工围挡检查，共查建设工程项目55个，下发限期整改通知36份。对全市在建工程开展以边坡坍塌、人工挖孔桩、提升设备等为重点的建筑安全生产专项检查整治，共查施工项目158个，下发整改通知14份，停工通知1份，查处安全隐患562处。严格执行建筑工程项目施工安全受监制度，坚持施工前的安全条件审查，施工中的监督检查，竣工后的安全等级评定。全年共检查建筑工地4568个（次），发出整改通知书243份，停工通知85份，消除大量安全隐患，受监的建设工程项目627个，受监建筑面积838.5万平方米，其中竣工并进行等级评定的工程项目331个，安全等级评定优良率50.4%，合格率100%。杜绝三级以上重大安全事故、施工死亡率控制在万分之0.4以内，67个工地获省建筑安全文明施工示范工地。

2004年，建立建设工程项目安全监督管理台账制。7月开始正式实施至年底，全市316个受监工程项目建立安全监管台账，制定《安全生产考核目标管理办法》。开展安全生产月宣传活动、安全生产人员培训、考试等其他相关工作，共计参培人员5998人，考核通过5173人，未通过825人。加强日常巡查，组织开展年度全市建筑工程安全检查及市政工程安全文明施工检查，开展全市中小学和幼儿园在建工程施工安全检查，组织全市建设工程安全文明施工和是否占道围挡专项检查，共检查建设工地3468个（次），下发整改通知134份，查处违规违章行为及各类安全隐患1047处。完成197家建筑施工企业安全生产许可证初审，并上报省建设厅审批。全年，共有185家企业通过省建设厅批准，其中有9家未获批准，3家上报建设厅等部门待批。2005年，长沙市认真落实安全生产许可制度，年底全市242家建筑企业获得安全生产许可证，6154名三类人员通过安全生产考核。组织对全市市政重点工程、房屋在建工程进行安全大检查，突出对施工现场基坑支护、脚手架、机械设备及消防安全进行重点检查，全年检查建筑工地共5647个（次），发出整改通知561份，停工通知39份，消除安全隐患3014处。以创建文明城市为契机，狠抓安全文明施工，全年创省级文明工地208个。

2007年，组织开展建筑施工起重机械设备专项检查，雨季、汛期施工安全专项整治及重大危险源的排查，以防高坠和坍塌事故为重点，全年累计检查建筑工地1416个，起重机械设备740台，外用电梯89台，签发机械设备限制使用通知书170份，整改通知书220份，不良行为告知书61份，检查消防安全生产隐患831处。出台《建设工程安全生产标准图集》，召开推行安全生产标准化管理现场会，确定10个建设项目为标准化管理项目。出台全国第一部桥梁安全法规《长沙市城市桥梁安全管理条例》，组织对全市112座桥梁进行质量安全隐患排查和整改。

2009年，制定《长沙市建筑起重设备备案登记实施细则》，实行建筑安全生产动态管理。建立全市建筑企业“三类人员”数据库，将“三类人员”的个人信息与其现场管理情况挂钩。通过开展安全生产日常巡查、季度集中检查，节日性突击检查和雨季施工、机械设备、扬尘污染、消防隐患以及深基坑高边坡等专项整治，各类安全隐患得到排解。全年建设工地施工死亡率比上年下降82%，创“全国建筑施工安全质量标准示范工地”1个，创“全国AAA级安全文明标准化诚信工地”6个，创湖南省“安全文明示范工地”13个。

2010年，长沙市开展雨季施工、机械设备、扬尘污染、消防隐患以及深基坑高边坡等专项整治，各类安全隐患得到及时排除。加强建设工程安全监管工作，企业管理重心下移。全年累计安全受监工程项目2174项，建筑面积3635.9万平方米，市政工程130项，合同造价80.5亿元，没有发生较大及三级以上施工安全事故，建筑施工死亡人数同比下降80%（死亡1人），在上级下达的控制指标之内。组织开展建设领域安全生产“打非治违”专项行动，检查责任企业86家，施工项目部1672个，共查处违法违规行为和生产安全隐患552处（条）。其中，责令停工整改30处，组织开展建筑施工用钢管、扣件专项安全整治工作，检查1652个建筑工地，组织开展建筑起重机械专项检查，共查处违法挂靠安装的行为21起，违规使用机械73台；组织开展隐患排查治理专项行动，及时掌握51个深基坑、高边坡工程项目的安全动态，“沸点100”“铂金馆”深基坑项目、省女子监狱西向高边坡等重大险情得到及时妥善处置。全市严格把关安全生产“两项许可”，严格房屋安全鉴定和特种行业经营性用房安全审批，对鉴定为C级、D级危房的进行网站公示，并发函督办整改。严格执行各类安全问题投诉处置制度，共接待并妥善处理各类投诉30余起。强化一线教育管理为主题的“安康杯”劳动竞赛，安监站监督一科获得“全国工人先锋号”称号；开展以强化精细管理、打造精品工程为主题的劳动技能竞赛活动，全市共评选出10个“十佳施工班组”和10名“十佳劳务工作队长”。

2011年，在完善日常监管的基础上，长沙市推行“飞行式”检查，不定期、不定点抽查项目现场管理情况。加大对施工员、安全员、质量员、材料员、资料员、造价员、标准员、劳务员、机械员“九大员”到岗理职的检查力度，确保项目管理人员各司其职，人尽其责。全年累计受监项目1027个，面积4745万平方米，对51个项目实施行政处罚，对17家企业暂扣安全生产许可证，质量安全生产处于可控状态，全年发生安全责任事故4起，死亡7人，未超过市安委的安全生产死亡人数控制指标。

2012年，受监在建工程项目925个，单位工程1542个，建筑面积2717万平方米。在日常监督检查和各类专项整治工作中，建立安全生产隐患台账571份（其中已销案件535份），创建省级建筑施工质安标准化示范工地307个，不定点、不定时飞行检查13次，检查项目和企业113个，主要检查保障性住房、安全生产、检测机构、监理企业、外地在长施工企业、文明施工、市场行为、消防安全、建筑起重设备、建筑节能，下发整改通知43份，下发企业不良行为纪录6份。组织长沙建筑企业在“万科金域华府”“德思勤商业广场”“华远商业广场”“顺天财富中心”等项目开展以安全质量标准化管理、绿色施工和视频监控、智能卡系统现场观摩会，有效提高长沙市城市建设整体水平。

第五节　建筑市场监管

一、施工许可管理

1988年5月，长沙市实施《关于长沙地区建筑市场管理的暂行规定》，要求加强工程项目的施工许可管理，对项目实施过程中的许可资格证进行审查，查处城镇市政基础设施工程的施工不合格企业38家，要求限期整改项目18个。乡村道路建设中，11个建筑工程队存在将许可证的工程项目分解为若干限额以下的工程项目的情况。

1990年，长沙市对市属339家施工企业进行资质复核（包括轻工、石油化工、土建、安装、水利水电、港航、送变电、装饰、勘察等企业，不包括砌石、桩基础专业）发现这些企业存在165项违章建设，施工许可不合格75项，占违章建设的45.5%，处以罚金438万元，其中56项在年内进行整改后继续施工。

1992年，贯彻建设部《关于施工企业资质动态管理暂行办法》，对企业资质实施动态管理。长沙市开始在施工企业的许可管理方面加强监管力度，共监察在建项目890个，因施工许可不合格而限期整改项目243个，不合格率27.3%。施工许可不合格的项目中，96个项目存在将工程发包给不具备相应资质条件的施工单位的情况，处以罚金325万元；138个项目存在建设工期不足一年，到位资金少于工程合同价的50%，或建设工期超过一年，到位资金少于工程合同价的30%，追加相关款项，要求限期整改；9个项目存在变更勘察、设计单位后未及时上交施工图设计文件审查备案表，经整改后完善相关手续。

1997年，长沙市调整“两头小、中间大”的不合理建筑企业队伍结构，对56家非等级企业进行重点督查，发现38个项目存在自领取施工许可证之日起三个月内未开工，且未申请延期的情况。对其中9个既不开工又不申请延期的项目作出施工许可证废止的通告，涉及6个企业、建设资金380万元。

2002年，长沙市对房屋建筑及其附属设施的建造、装修装饰和与其配套的线路管道、设备安装项目的施工许可进行专项督查，共查处135个项目存在仅办理临时施工许可证的情况，28个项目存在以开工报告代替施工许可证的现象，责令限期办理正式施工许可证158个，责令停止施工5个项目，处以罚金48万元。

2005年，天然气进入长沙市场。长沙市加快天然气建设工程施工许可的办理和审查，发放安全生产许可证123个、压力管道（容器）安装维修许可证215个。共抽查审核投资总额30万元以上项目38个，其中12个在建项目不符合施工许可，不合格率占31.6%；处以罚金68万元，责令停工整改项目5个，要求补齐相关材料后复工项目7个。

2009年，长沙对全市176家专业承包企业和110家劳务分包企业的施工许可进行抽查。施工许可不合格企业39家，共涉及项目67个、工程项目资金2300万元。其中，17个项目存在施工许可证办理材料缺少的情况，4个项目存在采用欺骗、贿赂等不正当手段取得施工许可证的情况。这些项目均由由原发证机关撤销施工许可证，并被责令停止施工，处以罚金325万元。

2012年，按照《长沙市建设工程施工许可变更、延期、换领、停复工登记及遗失补证管理办法》相关规定，18个项目设计单位发生变更后，建设单位未提出变更申请，施工许可证需要重新办理。23个项目的建造师、总监理工程师发生变更。7个项目在建设单位领取施工许可证后，既不开工又不申请延期，施工许可证自行废止。39个在建项目的建设规模（建筑面积）发生变更，但未及时办理相关手续，责令限期办理施工许可证，共处以罚金210万元。

二、工程造价管理

1988年，长沙市工程造价开始执行定额计价方式，实现从传统的预算定额为主的计价方式向国际通行的工程量清单计价模式转变。16个施工项目委托专业的具有资质的中介机构编制工程预算。42个在建项目成立专门的审计部门，共聘请358名专业的审计人员对工程费进行监管。

1990年，长沙建设定额分站参编《湖南省建筑工程预算定额》《湖南省仿古建筑及园林工程单位估价表》，通过市场管理规范工程项目价格。132家施工单位在施工前已编制完整的工程预算表，预算工程费2580万元。发放告知通知书18份，12个在建项目的实际费用不符合预算，被责令整改。

1991—2000年，长沙市先后制定执行7个重要的工程造价管理文件：《湖南省抗震加固工程单位估价表》（1991 年）、《湖南省建筑工程概算定额》（1992 年）、《湖南省房屋修缮工程预算定额》（1993 年）、《湖南省建筑工程预算定额》（1994 年）、《湖南省市政工程单位评估表》（1995 年）、《湖南省仿古建筑及园林工程单位估价表》（1997 年）、《湖南省建筑工程单位估价表》（1999 年）。1991—2000 年，抽查 685 个工程项目的费用管理，合格项目数 653 个，合格率 95.3%；发放项目费用管理告知书 87 份，18 个项目被要求限期整改，6 个项目被责令停工。

2001 年，贯彻湖南省建设厅《关于调整我省定额取费及有关问题的通知》，明确施工现场安全、文明施工及职业卫生增加费按一般土建工程直接费的 1.2%计取，全市在建项目共提取 2030 万元用于现场围挡、施工现场地面硬化处理和环境卫生。

2003 年，长沙市建立长沙建设造价网站，及时发布工程造价政策法规文件以及资料信息、工程经济指标等信息。推行湖南省建设厅发布的《湖南省建设工程工程量清单计价暂行办法》，对 5.09 亿元部分项目工程费、4325 万元措施项目费、1.18 亿元其他项目费、3850 万元税金等工程造价的明细进行公示，至 2005 年工程定额管理传统模式基本结束。

2006 年，贯彻湖南省建设厅《湖南省建设工程工程量清单计价办法》，长沙市全面执行工程量清单计价。2007 年，按照省建设厅和造价总站价格标准审查合同备案条款，对国有投资为主的项目强制实行工程量清单计价。全市国有投资工程“量牌计价”普及率 100%，合同备案率 100%。全年接待上访 100 余人次，回复咨询函 25 件，仲裁协调纠纷 7 起。发行《长沙建设造价》5 期，累计发布材料价格信息达 10000 条，并根据市场变化情况及时深入市场调查，测算按材料价格规定执行幅度。

2009 年，长沙市主编《长株潭城市轨道交通工程单位估价表》，明确长沙市轨道交通建设的计价标准，并负责对其进行解释和跟踪服务。印发《长沙市人民政府投资建设项目管理办法（试行）的通知》，对初步设计概算实行备案审查管理，共审查概算 155 件，金额超过 260 亿元。

2010 年，长沙市造价管理完成概算审核项目 72 个，审定投资额 202.66 亿元，审定增减相抵后，降低造价 1.6 亿元。施工合同备案 477 件，建筑面积 1626.45 万平方米，工程造价 296.64 亿元。劳务合同备案 385 件；招标控制价备案 198 件，建筑面积 216.44 万平方米，工程造价 138.44 亿元，实现工程建设项目施工合同备案率达 100%，招标控制价备案率 100%，劳务合同备案率 100%。

2012 年，长沙市工程造价咨询企业有 47 家（乙级），从业人员 3796 名，其中全国注册造价工程师 980 名；在长沙市从业的工程造价咨询企业 164 家，从业人员 9845 人。全年完成标底备案 46 项，审核市政概算投资 34.18 亿元，审减节约投资 0.49 亿元。

三、建筑工程招投标管理

1988 年 8 月，长沙市成立长沙市建筑工程施工招标投标管理办公室。1989 年，全年办理招标投标建筑面积 18.86 万平方米，占所下达施工任务面积的 16.23%，占下达任务的工程造价的 18.74%。所办理的中标造价比标底平均下降 2.67%，完成的工期比定额工期平均缩短 7.86%。对 6 个投标不符合规定的在建项目进行审查，其中 5 个项目的投标材料部分不合格，要求限期整改，1 个项目责令停工。

1997 年，全市强制性推行施工招投标工作，制定《长沙市建设工程施工招标投标管理办法》《长沙市建设工程施工招标投标编制和审定管理规定》《长沙市建设工程施工招标评标管理办法》《长沙市建设工程施工招标评委管理办法》，全年受理施工招标项目 141 个，建筑面积 85.44 万平方米，招标率 98.6%，同时，各县（市）成立招标投标管理机构，并在全市选聘具有专业知识的评委，建立评委库、监委库。

1998年，按照“业主招标、企业投标、专家评标、招办监督”的原则，长沙市对招标投标工作实行全过程监督，所有项目招标均邀请纪检监察部门的代表全程到场监督，房屋建筑工程的招投标98.2%。发布招标信息454个，实施招标项目274个，建筑面积151.44万平方米，中标造价11.74亿元，招标率98.92%。

1999年，全年办理招标项目319个，面积151.4万平方米，工程造价10.78亿元，招标率97.55%，其中公开招标和邀请招标率73.09%，重点工程招标率100%。公开招标和邀请招标中因投标保证金未及时支付而流标的项目有6个，13个项目的投标人因标价的工程量清单不符合规定，要求在投标前予以完善。

2001年，按照《中华人民共和国招标投标法》规定，长沙市对房屋建筑项目和市政工程项目相关信息进行公示，交易中心全年共发布工程立项信息346条，招投标信息341条，中标信息322条，工程造价28.22亿元。同时，长沙市严格评委管理，扩大评委库，将评委人数由原来的40名增加到120名，实行评委轮换，加强评委培训。工程招投标率99.64%，应公开的招标项目招标率100%。逐步推行工程项目设计、监理招标，贺龙体育场改造、黄兴路改造、新世纪体育文化中心广场、长沙市房地产交易中心等建设项目均进行设计，工程造价2.586亿元。2002年，长沙市完善招标投标管理工作，建立工程招投标“五公开、三有、一落实”制度，全年办理招标项目438个，面积251.4万平方米，工程造价23.5亿元，招标率96.8%，其中公开招标和邀请招标率76.4%，重点工程招标率100%。公开招标和邀请招标中因投标保证金未及时支付而流标的项目3个，22个项目的投标人因标价的工程量清单不符合规定，要求在投标前予以完善。

2003年，长沙市调整充实评委库和监委库，实行省、市评委库合并，评委专家库由120人扩充到600人，监委由18人增至50人。继续推行新的评标办法，采用合理低价中标和工程量清单招标方式；制定长沙建设网站信息系统建设规则，新开发的长沙建设市场监管系统投入使用。全市工程建设项目基本实现进场交易，办理建筑项目报建手续，实现“一条龙”服务和“一站式”办理。

2004年，长沙市实施招投标项目网上投标报名，网上查询等工作，完善评委抽取系统建设，扩充评委库，强化对评委的管理并对违反评标纪律的个别评委作出相应处理，实现评标室的电视监控、电话录音和完整的音像资料存档备案体系。全年实现招标工程546个，面积655.7万平方米，造价65.22亿元，招标率99.63%，其中公开招标314个，面积236.8万平方米，造价31.32亿元，占57.51%，公开招标率100%，全市建设工程入场交易828宗，交易额106.3亿元，入场交易率100%。

2006年，长沙市加大科技投入，提高服务水平，打造“阳光交易”平台。全年共完成工程交易1139宗，交易额185.47亿元，增长38.6%，实现全年工程交易的“零”投诉目标。通过不断完善招投标办法，全年招投标率保持在98%以上，处理项目经理“满天飞”案例13起，应公开招标项目的招标率100%。2007年，长沙市全年受理招标项目473个，中标价193.34亿元，应招标项目合格率100%，应公开招标的招标率100%。111个公开招标项目中，除6个项目采取资格预审外，其余105个项目全部采用基本资格审查。在公开招标项目中，共有44个采用“合理定价评审抽签法”定标，占公开招标项目总数的39.64%。造价2000万元以下的项目，“抽签法”率为100%，有效遏制围标串标的行为。

2008年，长沙市印发《关于进一步预防和治理房屋建筑和市政基础设施施工招投标活动中围标串标的通知》，对投标人资格审查、合理浮动评标基准值、投标保证金监管方式、建造师管理等作出具体规定，同时出台《关于进一步规范长沙市房屋建筑和市政基础设施施工招标投标活动若干规定》，开展建设市场专项治理，坚决打击围标、串标、买标等行为。组织全市性中标项目监管大检查，发放项目整改通知 43 个，对 38 个有问题的责任单位提出整改要求，其中 37 个责任单位限期整改到位，确保投标率 97%以上。

2010 年，长沙市出台《关于进一步加强房屋建筑和市政基础设施施工招标文件备案管理工作的通知》，组织开展建设工程标后监管检查工作。全年共受理招标项目 518 个，中标价 253.3 亿元，应招标项目合格率 100%，应公开招标的招标率 100%。

2012 年，执行《长沙市工程建设项目施工招标评标办法》，建立招标代理机构库、监理机构库、勘察机构库、设计咨询机构库和质量检测机构库。全年完成招标工程 586 个，面积 702.5 万平方米，造价 68.2 亿元，应招标项目招标率 100%。对 13 家招标代理机构进行抽查，12 家机构合格，1 家机构编制的招标文件部分存在不符合规定的情况，限期整改。

四、建筑市场执法

1988 年 3 月，颁发《关于长沙地区建筑市场管理暂行规定》文件。制定《长沙市建筑市场管理暂行规定实施细则》，统一颁发全市建筑安装市场管理人员证，以明确职责。从 11 月开始，历时 43 天，对 1988 年全市所下达的 738 个基建施工项目进行初步检查，共处理 23 起各类违反基建程序和管理法规事件，纠正 58 起违反市场管理和基建程序法规的行为。1989 年，长沙市共检查 216 项工程（建筑面积 59.81 万平方米，麻石建筑 8.1625 万平方米），查处违章建设 59 项，发放项目整改通知书 78 份，揭露、处理 13 个经济案件，挽回经济损失 118 万元。

1992 年，长沙市对在建工程项目进行两次大规模检查。5 月 3 日至 6 月 26 日，第一次检查在建项目 547 个，其中有 225 个违章工程，无报建或报建手续不齐的项目 181 个，无证设计项目 33 个，无证施工项目 11 个。11 月 20 日至 12 月 6 日，第二次检查在建工程 33 个，对其中 17 个违章、7 个影响结构安全的工程，责令其停工整改。有 3 个工程分别被处以罚款 1000 元，其他问题项目由各区县督促整改。

1996 年，全市开展建筑市场专项治理和建筑工程项目执法监督工作，成立执法监察领导机构，对前一年已竣工和当年在建工程项目进行全面检查。全年共查处违章项目 120 个，总造价 12.36 亿元。为杜绝违章建设、粗制滥造、不平等竞争行为及建筑领域里的腐败现象，长沙市还成立建设工程项目招投标管理办公室及建设工程承发包交易中心，全年共受理招标项目 117 个，招标率由上半年的 16.5%上升到 83.76%。

1997 年，长沙市开展建筑市场综合治理。各建筑企业认真开展自查自纠，建筑管理部门建立和完善各项监控制度，并加大执法力度，严肃查处建设领域违法违纪案件。通过开展建筑市场专项治理和对施工项目建设进行全过程监控，在对全市 1873 个工程项目进行普查，查出违章工程 408 项，问题比较严重的项目 175 个。对违章项目共发出执法监察书 140 份，对整改不力的 43 个建设单位进行通报批评，发出行政处罚决定书 55 份。1998 年，全国人大通过《中华人民共和国建筑法》，于 3 月 1 日正式实施，建筑市场管理实现有法可循。长沙市在广泛深入宣传《中华人民共和国建筑法》的同时，继续开展建筑市场整顿（治理）和执法监察工作。通过开展建筑市场专项治理和实施施工项目建设全过程监控，市属重点工程招标投标率、建设监理率和工程质量合格率均为 100%。在监督检查中，长沙市对在建的 625 个工程项目（总面积 279 万平方米，工程造价 22 亿元）进行执法检查。

1999 年，为建立适应社会主义市场经济发展的行业运行机制，按照“一手抓整顿，一手抓规范”的方针，制定《1999年整顿和规范建筑市场工作意见》《长沙市建筑市场专项治理目标责任书》，加大建筑工程的执法检查力度，并对全市575个在建工程项目进行全面清查。通过自查自纠、重点抽查、执行处理三个阶段，对未取得建筑工程许可证却开工建设的29个建设单位、151个工程项目，以及已招标但未取得建筑施工许可证就开工建设的6个建设单位，10个工程项目在新闻媒体上予以曝光，并限期办理或完善报建手续，将逾期未办理报建手续的10个工程项目及8家施工企业进行处罚。对《湖南省建筑工程监理条例》中规定的6类建设工程项目全部实施监理，严格查处规避监理和“同体监理行为”，全年共签订监理合同127个，监理合同备案面积119万平方米，新开工监理覆盖率77.52%。

2001年，长沙市全年检查工程项目677个，建筑面积433万平方米，对发现问题及时督促整改，督促203个项目补办报建手续，对30个建设单位违法违章工程下达停工通知，对20家严重违法违规单位进行行政处罚，查处建设领域违法违纪案件30起，挽回经济损失400万元，处理违法违纪人员18名，其中移送司法机关处理15名，审计工程项目132个，审计投资总额2.46亿元，审减投资4603.07万元，审减率18.74%。对年度投资50万元以上的竣工和在建项目进行全面清理，共清查工程项目430项，建筑面积277.4万平方米，工程造价23.1亿元，开展中小学工程和市政基础设施项目专项检查，其中教学楼、学生宿舍工程项23个，市政基础设施项目11个（投资68.9亿元）。

2002年，长沙市开展工程建设管理规范性文件的清理和制订工作，废除以市政府名义下发的文件6个，修订3个，清理市建委制定的规范性文件143个，废止53个，修订22个。对年内投资在50万元以上在建和竣工项目进行全面清理，共清查建设项目698个，建筑面积462万平方米，工程造价40亿元；清查专业工程20个，检查发现108项违法违规的问题，其中：未招标工程57个，没办理报建手续的工程50个，未办理监理手续的1个。全年先后组织3次督查活动，督促266个项目完善报建手续，下发停工整改通知66份，对16家严重违法违规建设单位进行行政处罚，对屡纠屡犯等违法违规情节严重的11个建设单位的17个项目、有挂靠行为的4名项目经理在《长沙晚报》曝光。查处建设领域违法违纪案件14起，处理违法违纪人员17人，移送司法机关处理6人，收缴违法违规资金325万元，为国家挽回经济损失1740万元。

2003年，长沙市全年检查工程项目1379个，建筑面积673万平方米，工程造价53亿元，督促384个项目补办报建手续，下达工程整改通知书93份，对违法违规的30个建设单位、86个项目在《执法简报》上曝光，对13家违法违规建设单位进行行政处罚。推行建筑市场不良行为公示制度，建立建设单位、施工企业和监理单位资信档案，对16个建设单位，27家施工企业，2家监理单位和20个项目经理违法违规的不良行为记录在案并公示。2004年，长沙市根据《联动实施办法》的工作要求组织开展执法检查，严把资质资格审查关、施工许可关、竣工绘收备案关、设计审查关、工程招标关，抓好建设施工报建管理和市场行为的管理。对全市工程建设项目中涉及未取得施工许可证擅自开工等38起不良行为进行公示，并在行业评先、评优工作中将不良行为记录作为考核评比的依据。全年共执法检查工程项目1351个，并对检查项目分别建立台账。共检查市管40家建设单位的房屋建筑项目296个，村民自建房屋项目233个，市政工程项目（标段）30个，抽查县（市）管项目45个，下达限期整改通知书127份，停工通知书20份，对违法违规严重的11个建设单位30个项目在《执法简报》上予以通报，并将3个建设单位10个项目的3位项目经理上报不良行为记录。2005年，长沙市执法检查项目1226个，建筑面积920万平方米，其中续建项目210个，新开工项目1016个。检查发现283项违法违规问题，其中未招标工程31项，未办报建手续21项，未实行监理的项目232个。对手续不完善项目下达停工通知209份，督促119个项目完善招投标手续，对40个违法违规项目进行处罚。针对建设工程违法违规现象较多的突出问题，长沙市采取部门联动执法，在年底集中开展“执法大行动”，共对全市792个项目实行联动执法。

2007年，长沙市的建筑市场的执法监管坚持“文明执法，优质服务”两大主题，把深化服务融入执法全过程。同时严格按照立案与调查分离、查案与处罚分离、审核与办案分离、决定与宣告分离、监督与办案分离的原则，有效杜绝“关系执法，人情执法”。在日常执法基础上，组织1次专项执法行动，共检查381家建设单位，2128个单体项目，总面积2154.05万平方米，工程造价173.75亿元，下达停工令183份，下发不良行为告知书123份，下达行政处罚29份，罚款178.06万元，实现在建工程检查率100%，违法违规工程查处率100%。

2010年，长沙市共下发建设工程质量安全整改通知书214份，签发建筑市场责任主体不良行为告知书65份，下发停工整改通知书125份，实现建市管工程检查率和处置率100%。

2012年，长沙市对无报建、无证设计、无照施工、无计划“四无工程”开展日常监督检查和专项整治，共签发整改通知书2953份，设备限制使用通知书685份，督办函339份，停工整改通知书138份，不良行为告知书73份，建立安全生产隐患台账571份（其中已销案535份）。当年，长沙市工程建设质量合格率100%，工程竣工验收备案优良率61%，政府投资项目优良率91%。共创建省级建筑施工质量安全标准化示范工地307个，占长沙市项目总数的33.19%。

第八章　城市管理

20世纪70年代末80年代初，随着城区的人口管制政策逐渐放松，外来人口的大量涌入和商品经济以及相伴生的各类商业业态的大量涌现，长沙市城市管理工作进入一个极具挑战的时期，1991年，发布《关于进一步理顺城区管理体制的决定》，采取高位协调，以职能部门为主，区、街和其他部门配合的方法运行，同时组织一支综合执法队伍处理应急事务和跨部门问题的处置，城管工作出现起色。但在实际运行中逐渐暴露出一些体制、机制方面的问题，具体表现在全市城市管理缺失长效、常态运行机制；相关部门间缺乏协同作业，甚至出现问题相互推诿卸责等，形成城市管理问题大家都能管而大家又都不管、管不好的局面，被市民戏称为“八顶大盖帽，管不好一顶破草帽”。为解决上述问题，1994年发布《关于进一步加强城市管理工作的决定》，组建成立长沙市城市管理委员会，从而奠定“以道路为载体，涵盖环境卫生、秩序管理、绿化美化和亮化”的城市维护运行机制。

进入21世纪，长沙市努力推动城市管理模式由粗放式向精细式转变、由突击式向常态性转变、由监管型向服务型转变。经国务院法制办和湖南省人民政府批复同意，长沙市于2000年6月开始开展城市管理综合执法体制改革试点工作，颁布《长沙市城市管理综合执法试行办法》；制定《长沙市城市容貌标准》；修改《长沙市城市市容和环境卫生管理办法》，并将门前市容环境卫生责任制规范化。

2001年，配合“一年一个样，三年大变样”的长沙市城市发展战略，长沙市城市管理工作按照重心下移原则，完善市、区、街道、社区“二级政府，四级网络”的工作格局；建立城市管理绩效考核制度，确保第一时间发现问题，解决问题；创新城市管理工作机制，按“以费养人”为“以费养事”的原则，实行环卫、绿化、道路维护等市政公用行业的市场化运作机制。

2004年，以背街小巷提质改造为主要标志的大规模社区环境整治和建设工作启动，并结合长沙市历史文化名城建设工作，在两年时间内完成11条经认定的历史文化街巷的改造整治工作，保留历史文化街巷的文化底蕴的同时改善居民居住环境。2006年城市管理工作进入信息化管理时期。通过建立长沙市城市管理信息系统和执法信息系统，结合GPS人员、车辆定位技术和网格化技术，构建较为完善的信息化管理基础体系和管理流程，形成“一级监督、二级指挥、三级处置”的数字化城市管理新模式。

2010年，全市233个开放式社区全面推行社区物业服务，形成“城管服务进社区”的长沙物业模式。2012年，通过创新管理方式和建立长效机制实现精细化城市管理，长沙市在全国文明指数测评中获得第六名；央视《走基层·蹲点日记》专题报道长沙城管执法工作；“城管服务进社区”工作在《人民日报》刊登。

第一节　机　构

一、市级机构

1988年，市城市管理委员会（议事协调机构）下属的城市管理办公室（正县级）和市容监察大队负责城市管理工作，定编158人。1991年7月，市城管办成建制归口市政府办公室管理，监察大队撤销；12月，市城市管理委员会撤销，组建成立长沙市城市综合管理办公室，定编12人，内设秘书科、区街科、管理一科、管理二科4个职能科室。1994年12月，长沙市城市综合管理办公室、长沙市创建国家卫生城市领导小组办公室、长沙市爱国卫生运动委员会办公室合并，成立长沙市城市管理委员会（政府职能部门），定编65人。1995年4月，市城管委加挂长沙市爱国卫生运动委员会办公室和长沙市创建国家卫生城市领导小组办公室的牌子，实行“三块牌子、一套人员”，定编50人，内设政工科、办公室、市容管理科、社会卫生科、协调监察科、综合管理科、财务审计科7个职能科室。1996年11月，增设中共长沙市城市管理委员会纪律检查工作委员会和长沙城市管理委员会监察室。1997年6月，政工科更名为组织人事科，另增设宣传教育科。2000年，长沙成为全国首批城管综合执法试点城市，5月，长沙成立市城市管理综合执法支队，与长沙市城市管理委员会实行“两块牌子、一套人员”。2001年9月，长沙市城市管理委员会更名为长沙市城市管理局（长沙市城市管理综合执法支队），为主管全市城市管理和城市管理综合执法工作的市人民政府工作机构，内设科室更名为处室；同时撤销长沙市市容环境卫生管理局，其职能和人员编制并入长沙市城市管理局；爱国卫生运动委员会办公室职能和人员编制并入长沙市卫生局。2002年8月，根据管理职能和范围的改变，长沙市城市管理局内设机构重新调整，设办公室、法规处、执法监督处、市容环境卫生管理处、市政管理处、城区绿化管理处、广告灯饰管理处（加挂长沙市亮化工程指挥部办公室牌子）、综合协调处、基建装备管理处、财务处、宣传教育处、人事处12个职能处（室），编制55名。2004年6月，长沙市城市管理综合执法支队更名为长沙市城市管理行政执法局，7月，市城市管理局与市城市管理行政执法局合署办公，对外仍加挂长沙市城市管理综合执法支队的牌子，实行“三块牌子、一套人员”。2005年12月，综合协调处更名为督查考核处，基建装备管理处更名为城镇管理指导处，另增设信访处，内设职能处（室）由12个调整为13个。2006年4月，财务处更名为计划审计处，6月，增设社会卫生责任管理处。2008年7月，增设数字化城市管理处，加挂长沙市数字化城市管理指挥协调中心的牌子。2010年4月，增设交通设施管理处，内设机构调整为

16 个，编制 65 名；7 月，长沙市城市管理局更名为长沙市城市管理和行政执法局。2011 年 8 月，撤销社会卫生责任管理处和数字化城市管理处，新增装备管理处，广告灯饰管理处拆分为景观亮化管理处和户外广告管理处，城镇管理指导处更名为基层管理指导处，督查考核处更名为数字化督查考核处。变更后的内设机构有办公室、法规处、市容环卫管理处、市政管理处、城区绿化管理处、交通设施管理处、景观亮化管理处、户外广告管理处、执法监督处、数字化督查考核处、基层管理指导处、装备管理处、信访处、宣传教育处、计划审计处、人事处 16 个职能处室，编制 70 名，2012 年内设机构无变化。

1994 年 12 月，市市政维护油料场、市道路绿化管理处、市市政工程管理处从市城建局成建制划归长沙市城市管理委员会，成为其直属二级机构。2000 年 9 月，长沙市固体废弃物处理中心成立，并与市城市固体废弃物处理有限公司合署办公。2001 年 9 月，长沙市市容环卫局撤销，其下属的市容环境卫生管理局机械厂、市环境卫生科学研究所、市渣土管理处划归为市城市管理局二级机构。2002 年 8 月，长沙市市容环境卫生管理局机械厂更名为长沙市环卫机械研究开发中心。2005 年 3 月，长沙市环境卫生科学研究所更名为长沙市城市维护质量监理中心。2006 年 6 月，长沙市市政工程管理处和市道路绿化管理处撤销，8 月，长沙市城市管理绩效考核评价中心成立，11 月，长沙市固体废弃物处理中心更名为长沙市固体废弃物处理管理处。2010 年 7 月，长沙市城市管理综合执法支队调整为市城市管理和行政执法局直属二级机构。2011 年 8 月，长沙市城市维护质量监理中心更名为长沙市城市管理维护质量监督中心。2012 年，长沙市城管理和行政执法局有长沙市城市管理综合执法支队、长沙市渣土管理处、长沙市城市管理绩效考核评价中心、长沙市城市管理维护质量监督中心、长沙市市政维护油料场（长沙市城市管理应急处置保障中心）、长沙市固体废弃物处理管理处、长沙市环卫机械研究开发中心 7 个直属二级机构。

1988—2012 年，先后担任长沙市城市管理办公室、城市综合管理办公室、城市管理委员会、城市管理局、城市管理和行政执法局主要领导职务的有：杜光华、金豫北、黄自强、龚德昌、吴念公、袁志恒；其他领导班子成员有：姚泽南、李仲良、周龙辉、颜海林、王小平、陈松乔、何富强、肖玮、曾庆安、张胜祥、袁朝晖、赵建军、胡智慧、胡刚、邹自强、黄剑超、韩定安、李中秋、肖思源。

二、区县（市）机构

1988 年，长沙市东区、西区、南区、北区及郊 5 区均设有区城市管理办公室。1994 年 7 月，市 5 区成立区城管局并归口管理区环卫局、市政局、园林局。1996 年，根据长沙市辖区的区划调整，原东区、南区、西区、北区、郊区 5 区城管局分别更名为芙蓉、天心、岳麓、开福、雨花区城管局。2000 年成立长沙市城市管理综合执法支队芙蓉区、天心区、雨花区、岳麓区、开福区、高新技术产业开发区 6 区大队，直属市城管局管理。2001 年 12 月，望城县城镇管理局成立（2005 年更名为望城县城市管理局）。2002 年，宁乡县城市管理局成立。2011 年 7 月，望城撤县设区，望城县城管局更名为望城区城管局。2012 年长沙市六区和长、浏、宁三县（市）设区县（市）级城管局。

第二节　环境卫生管理

一、环卫作业机制改革

1988 年，全市开始推行清扫承包责任制。4 月，南区环卫所在劳动西路、黄兴南路进行马路清扫承包责任制试点，通过民主评选推荐产生承包清扫班承包人，多劳多得，奖罚兑现，以此调动环卫工人的积极性。6 月，清扫承包责任制方式逐步推广至南区全区范围以及西区、东区主要路段。

1990年5月，依据《省辖8市环境卫生有偿服务收费办法》，长沙市在原有垃圾清运和粪便清运有偿服务的基础上，新增垃圾处理费和地面清扫保洁费两个有偿服务项目。

1991年1月3日，《长沙市环境卫生管理办法》颁布，首次明确规定，市、区环境卫生专业队伍负责主次道路（含人行道）、广场、桥梁的清扫保洁，公共垃圾站和公共厕所的管理，公共环境卫生设施的管理；街巷、居民区的清扫保洁则由居民委员会组织清扫员负责清扫。

1996年，长沙市区环卫管理体制进行较大的改革，开始将背街小巷和社区公共环境卫生纳入全市环卫工作职责范围。在全市20条主干道及次干道、支干道、背街小巷实行路段长负责制，路段长对分管路段的市容保洁、“门前三包”（包环境卫生、包绿化管理、包容貌秩序）、“五不准”(不准乱倒垃圾、不准损坏树木、不准乱贴乱画、不准私摆乱放，不准店外经营）执行情况和交通、治安状况全面负责。9月，城区及近郊40个街道办事处（乡、场）设立市容环卫所，将原属区环卫局管理的马路清扫，果皮箱及站厕清洁工作，依行政区划管理范围，成建制移交街道（乡、场）市容环卫所管理，初步理顺两级政府（市、区)、三级管理（市、区、街)、四级网络（市、区、街、委）的环卫工作机制。

1997年6月，《长沙市城市市容和环境卫生管理办法》开始实行，首次对市容环境卫生责任、市容管理、环境卫生管理、环境卫生设施管理、奖励与处罚制定全面规范的管理制度。随着环卫机械科技的提升，环卫作业要求提高、范围扩大，是年环卫工作开始引入机械化作业，同时在部分环境卫生破坏因素大的路段，在日间保洁的基础上增加夜间保洁。

1998年6月，发布《道路清扫承包试行方案》，在部分街道推行道路承包责任制，7—12月为试行阶段，以街道市容环卫所为单位成立事业性清扫公司，各清扫公司再具体将路段承包到班组。

1999年7月，长沙市环卫作业首次引入市场化竞争机制，市区二环线（东段）道路的清扫保洁工作向社会公开招标，招标标段为二环线韶山路立交桥至四方坪立交桥路段，包括机动车道、非机动车道、人行道、隔离带，全路段6座立交桥及立交桥下空坪隙地，沿线果皮筒的清掏保洁（不含绿化带)。招标项目由市政府按月拨款，以大包干方式进行承包，节余归己，风险自负，最终长沙市日杂总公司金利装饰商行中标，首次承包期1999年8月1日至2000年7月31日。在这个过程中，长沙市环卫管理水平和作业质量得到提高。环卫工作外包形式的范围不断扩大，到2002年，长沙市区全年有44条总面积500万平方米的道路（广场）的清扫工作、3个城区的生活垃圾集中外运实行面向社会公开招标。

2004年11月，与湖南仁和环保科技有限公司签订《长沙市第一垃圾中转处理特许经营合同》，长沙市第一垃圾中转处理场实现特许经营权转让，特许经营期限25年，标志着长沙市公益事业经营开始走向市场化。

2006年，长沙市城市固体废弃物处理场实现特许经营权转让。是年，市管“六路四广场”（五一大道、芙蓉路、韶山路、湘江路、潇湘路、二环线，新世纪体育文化中心广场、五一广场、芙蓉广场、滨江风光带）的环卫、市政、绿化维护作业任务移交各区，开福区率先在全市实行区城管体制改革，剥离维护作业任务，开展环卫管理维护作业向社会公开招标的市场化运作模式，区环卫管理中心履行政府监管职能，维护作业按5个清扫作业单位、2个运输作业单位负责承包经营。

2007年，对照创建全国文明城市新标准的要求，提出城市维护管理由粗放型向精细型转变。2008年，制定精细化管理试行办法，建立全面清洗马路制度，在五一大道等10条道路，依照精细化维护作业标准开展工作。由于道路清扫范围扩大，清洁度要求提高，环卫部门增加2000名清扫工人、进一步扩大夜扫保洁范围，延长部分道路的清扫保洁时间。继二环线全线实施机械化清扫保洁后，各区又有20台机械扫（洗）路车投入作业。

2010 年，为不影响行人和行车，长沙主城区环卫作业模式作出重大调整，洒水车改为夜间作业。

2012 年，城市环卫工作继续沿用“两级政府、三级管理、四级网络”的工作机制，市抓宏观管理、统一部署，负责对各区环卫工作的指导、监督、考核，各区负责监督落实，环卫公司负责具体实施。

二、环卫设施、设备

（一）环卫专用车辆。1988 年，长沙市拥有环卫机动车 123 辆，主要为垃圾车、清粪车和洒水车，分别有 56 辆、33 辆和 8 辆。为避免撒漏污染沿途环境，垃圾车实行盖尼龙网运输。

1990 年，基于生活质量的提高和改善投资环境的需要，政府加大对环卫基础设施的投入，是年，长沙市垃圾车增至 70 辆，并于 8 月起全部改为盖尼龙彩条布密封蓬罩，洒水车增加至 11 辆。此外，随着公共厕所的新建及旱改水，清粪车减少至 26 辆。

1995 年，开始对全市垃圾运输车进行封闭式改装。随着水冲式公厕比例的进一步增加，清粪车减少至 7 辆，可保证汽车运输率 100%。

1997 年 5 月，5 台机动道路清扫车在市内投入使用，开始实行机械化强力冲洗作业，负责五一路、芙蓉路等主要街道的清扫保洁。

2003—2004 年，完成 100 余辆垃圾运输车的改装任务，实现主城区生活垃圾密闭式运输，洒水车数量由 35 辆激增至 65 辆，保证主次干道每天冲洗降尘、洒水各一次。

2005 年，为满足城区主干道拓宽后的 8 车道马路的洒水降尘要求，长沙市开始购进一次性装水 22 吨，洒水宽度 50 米的专用大功率洒水车计 7 辆，投入到中心城区主干道洒水工作工作中，极大缓解已有洒水车冲洗降尘和洒水能力不足的问题。

2008 年，环卫机械化作业向城市次干道、支干道推进，购置适用性更强的新型环卫作业车辆，包括垃圾运输车 29 台，洗扫车 22 台，机械扫路车 2 台，水车 20 台，小型机械扫路车 2 台等。随着数字化城管的建设，洒水车、垃圾清扫车都逐步安装 GPS，可随时监控环卫工作质量并合理安排车辆出车工作时间。

2009 年，随着环卫工作重心下移，各区环卫部门根据本区实际需求推进环卫机械化改造、更新，尝试适用于不同清扫要求的新型环卫车辆。天心区引进带旋转型扫帚的清扫车。2010 年，天心区引进洗扫 3 型车，这种能扫又能洗的新型洗扫车取代以前的清扫车，该车只需要在驾驶室里操作按键，所有功能自动实现，这种车辆是清除路边沙尘、泥土、白色垃圾的“主力军”，可以装 5 吨垃圾，车身后有 20 余个喷淋出水孔，用于降尘。2011 年，芙蓉区环卫首次引入 9 台美国制造小型机扫车，这种车型身宽不足 1 米，可以灵活地在背街小巷、人行道、十字路口前行转弯掉头，车前的水枪能自动喷水配合清扫，可节约 70%的用水量。

2012 年，长沙市拥有环卫专用车辆 499 辆，包括载重 5 吨的垃圾运输车 204 辆，真空吸粪车 4 辆，洒水车 170 辆，清扫车 73 辆，专用集装箱式垃圾中转车 48 辆。全市城区已经实现机动车道机械作业率 100%，非机动车道机械作业率 60%，人行道机械作业率 40%。

（二）垃圾站。1988 年 6 月，长沙市区有高台式垃圾站 268 座，市区新建住宅小区都配套同步建设垃圾站。高台式垃圾站对集中收集、解决市区乱倒垃圾的问题起到积极作用，但这种开放式垃圾站内垃圾裸露堆放，对周边环境造成影响，且倾倒垃圾需爬 3~4 米高的楼梯，市民略感不便。

1991 年 7 月，长沙市第一座集装箱式垃圾站在沿江大道草潮门投入运行，日转运能力 60 余吨，站内设有吊装集装箱的行车及存放垃圾的集装箱 4 个，居民不必爬楼倒垃圾，集装箱装满垃圾后吊装上汽车，实现封闭运输。

1996年，为更方便居民倾倒垃圾，减少垃圾站异味、蝇虫等污染，新式垃圾站将存放垃圾的集装箱埋入地下，垃圾装车采用机械提升，是年新建机械提升式垃圾站2座。1998年，市区有垃圾站483座，其中机械提升式垃圾站48座，由于高台式垃圾站对周边居民生活环境造成较大的影响，禁止再建。2000年，长沙市地埋式垃圾站垃圾装车引入液压举升，是年新建液压举升式垃圾站1座。

2006年，长沙市区有垃圾站637座，全市开始全面实施生活垃圾收集站新建改造工程，是年新建机械垃圾站170余座，改造高台站440余座，所有垃圾站的存贮全部采用密闭式，倾倒和管理基本实现自动化。但这些垃圾站均未设置垃圾压缩装置，通常垃圾运输车装满后一车垃圾实际重量只有一半，浪费运输资源。

2009年5月，长沙市第一座新型压缩式垃圾站在天心区火车南站建成投入使用。该站每天可压缩处理50~60吨垃圾，辐射范围5~6平方千米，做到无臭无味，密封清运，沿途无溢、冒、漏现象，既提高垃圾站工作效率、降低运输成本，又提高市容环境水平。

2010年年底，长沙市区有垃圾站659座，其中机械提升式垃圾站452座，液压举升式垃圾站43座，普通垃圾站127座，大部分新建垃圾站的装运设备增设垃圾压缩功能。

2012年，市区有垃圾站673座，基本实现封闭式收集和自动化管理。

（三）垃圾处理场。1988年，长沙市有垃圾倾倒场3处：北区陈家湖，面积12.7公顷；东区西垅村，面积1.3公顷；西区望麓桥，面积0.67公顷。近郊有新合、东风、火炬、南冲等地临时倾倒场，方便就近消纳垃圾。

1990年，东区西垅村建成一个垃圾简易填埋场。5月，湖南省第一座垃圾倾倒场浸出液净化池在场内建成投入使用。

1991年，南郊石人村新建无害化垃圾填埋场，占地1.27公顷，容量36万立方米。该场从1992年6月开始运行，每天运进300余车垃圾，一年30万余立方米，于1994年填满关停，后在东郊西垅村垃圾简易填埋场的基础上租用东郊西垅村一组黄公塘洼地1公顷，作全市生活垃圾倾倒点。

1995年，长沙新增圭塘垃圾卫生填埋场，一年后填埋场满容，封场绿化。

1997年，河西谷丰中型垃圾场投入使用。1998年，开辟、建设果林、黄谷冲大型垃圾倾倒场。

1999年10月，针对全市生活垃圾倾倒填埋分散，无法实现集中无害化处理的情况，在望城县域内的黑麋峰下开始建设市固体废弃物处理场（桥驿垃圾处理场），主要负责填埋处理长沙市内、长沙县、望城县3个区域的垃圾，设计服务年限34年。

2003年4月，市固体废弃物处理场建成并启用，成为长沙市唯一的生活垃圾无害化处理场。12月，在开福区洪山桥动工兴建与市固体废弃物处理场配套的市第一垃圾中转处理场（一期工程），负责全市生活垃圾集中收集、压缩和与固体废弃物处理场之间的二次转运任务，该场投入使用前，新辟开福区新河垃圾临时中转场，暂负责全市生活垃圾集中收集与中转。

2004年10月，市固体废弃物处理场内填埋气（沼气）发电厂和污水处理场相继开工建设。

2005年4月，市第一垃圾中转处理场一期工程投入使用，该场占地7.33公顷，建设能力为日转运生活垃圾4000吨。10月26日，市固体废弃物处理场内沼气发电厂并网发电，采用主动式抽气方式集中收集填埋气，再利用进口发电机组发电，电能并入城市电网。

2008年9月，长沙市投资1.06亿元对市固废处理场渗沥液处理厂进行提质改造。2009年年底竣工，

2010年6月投入试运行。提质改造后的渗沥液处理厂采用“膜生物反应器（MBR）+反渗透”工艺，日处理能力1200吨，处理后的渗沥液达到国家《生活垃圾填埋场污染控制标准》（GB16889–2008）一般地区排放标准。

2010年，长沙市总投资1.228亿元，在市第一垃圾中转处理场启动建设长沙市城市生活垃圾分选及综合利用项目。项目占地3.33公顷，设计日分选生活垃圾1000吨，可分选20%的可回收垃圾，主要将塑料、纸张、玻璃、金属分离出来，然后转卖到废品公司处理，10月竣工并试投产。

2012年4月，长沙市城市生活垃圾分选及综合利用项目因为技术原因，分拣线停工。第一垃圾中转处理场二期工程建成投产，6月28日，位于市第一垃圾中转处理场北侧的长沙市餐厨垃圾处理场建成试运行，项目总投资2亿余元，最大设计处理能力800吨/日。

2012年，长沙市城市固体废弃物处理场日均填埋处理4500吨生活垃圾，市餐厨垃圾处理场实际日收运量300吨左右。市餐厨垃圾处理中心成为全国试点，国家发展和改革委员会、环境保护部、住房和城市建设部领导视察后称赞其为“长沙模式”，实现餐厨垃圾100%无害化资源化处置。

（四）公共厕所。1988年，长沙市内有公厕461座。新建公共厕所采取在长单位捐建的方式建设，是年竣工15座。最早交付验收的是长沙县高岭建筑公司捐建施工的由义巷公厕；中建五局三公司捐建施工的晓园水冲式公厕，施工质量最佳，基本做到厕所外观与晓园的建筑形成统一格调。旱厕改水厕工作继续推行，全市水厕率8.2%。

1990年，全市城区新建住宅小区都配套同步建设公厕。1991年，小区内的站厕设施逐步纳入小区物业设施管理范围，并交由小区管理运营，不再计入全市统一管理的公共设施，经重新统计，全市有公共厕所457座，其中水厕率24.3%，有蹲位5807个，符合国家建设部大中城市200人一个蹲位的标准。

1994年，西区投资17万余元，在岳麓山公园入口处北侧建成长沙市首座生态公共厕所，采用净化沼气池代替化粪池，配有输送和使用沼气的设备装置。

1995年起，长沙市通过拆除和维修老旧公厕、旱改水、新建水厕等方式，开始大规模进行公共厕所提质建设，长沙城区公厕数量平均每平方千米3.6座，符合《城市环境卫生设施设置标准》的要求。至1998年全市水厕率84%。

2004年起，站厕建设作为环保世纪行活动的一项重点督查内容持续推进，针对人民群众上厕所难、倒垃圾难的问题，着手恢复重建、新建、改建一批站厕。2005年，新、改建站厕43座，改建残疾人无障碍公厕64座，改建危旧站厕6座。2006年，长沙市有公共厕所516座，重点工程改造198座老旧公厕，改造后的厕所由部颁二类标准提高到一类。

2007年，全市700处经营性场所内卫生间对社会公众免费开放，并印制《长沙市旅游公共厕所地图》，缓解市民“如厕难”的问题。2009年，长沙公共厕所设置密度每平方千米6.8座，主要分布在中心片区，高于国标每平方千米建设用地3~5座的指标要求。

2010年，完成197座公厕的残疾人无障碍设施改造。6月1日起，长沙城内的542座由环卫部门维护、管理的公共厕所全部实行免费，并通过加强公共厕所的维护和管理，确保取消收费后的公共厕所维护管理水平达到国家相关标准，所需管理维护经费由各区政府财政予以解决。

2012年，全市有公共厕所567座，大多设置隔臭设施和残疾人无障碍设施，并有专人维护、管理。

三、道路保洁

1988年，长沙市区主、次要道路的清扫面积170万余平方米，以专业清扫队伍人工清扫保洁为主，街巷由当地街道办事处组织民办清扫员清扫。主要马路实行分段保洁，每天早晨7时前普遍清扫一次，日间冲洗两次、巡回保洁，保洁时间在12小时以上。

1997年，全市道路清扫保洁面积扩大至3033万平方米，引进机动道路清扫车5台，实行机械化作业。9月，在黄兴路、中山路、北站路、五一西路、枫林路、车站路、火车站坪、东塘广场、渫湾镇广场等地段在白天清扫保洁的基础上，增加夜间清扫保洁。

2008年6月，对人民路、曙光路等30条道路实行18小时清扫保洁，五一大道、湘江大道等29条道路实行24小时清扫保洁，确保作业效果，加强对公交站台、交叉路口、卫生死角的清扫。对其他未列入24小时清扫保洁范围的主次干道和社区背街小巷适当延长清扫时间。

2009年，为迎接即将在长沙举行的全国第十届中学生运动会，展示长沙文明新风貌，包括城管执法、环卫、市政、园林在内的1.2万名“城市美容师”全员上岗，加大清扫城市主干道力度、治理户外广告和亭棚。实现29条主干道（重要广场）24小时清扫保洁，29条重要路段18小时保洁。

2010年，重新调整洒水作业时间。芙蓉区在全市率先推行新的洒水作业方案，洒水车作业时间全部调整至23时至次日凌晨6时，各作业水车将责任路段全面冲洗到位后，再由环卫所安排4名固定清扫员跟车，进行人工清洗，人行道则每周进行1次大扫除。此后该模式逐步推广至其他城区。

2011年，《长沙市市容环卫专业冲洗道路实施方案》制定发布，确保夜间有110余辆洒水车、机扫车和600余名清洗人员上路进行专业冲洗，以降低城区主次干道含尘量，提高道路洁净度。至2012年，长沙市清扫马路和街道面积（不含背街小巷）增加至3608万余平方米，市内全面落实环卫专业清洗马路制度，全市道路清扫机械化率超过50%。

四、垃圾收集处理

1988年，长沙市生活垃圾清运总量26.45万吨，市区居民生活垃圾基本上实现汽车收运，乱倒垃圾的现象已不多见。各单位的生活垃圾委托环卫部门代运，生产、建筑垃圾则自行处理。

1989年，在韭菜园南段试用塑料袋收集垃圾：居民每户每月花1.5元到居委会购买30个塑料袋，每日将垃圾入袋扎好口，次日上午8时前送到指定地点，由环卫部门用汽车运走，运送至郊区填埋处理。1995年，长沙市制定《关于推广垃圾袋装和上门收集的方法》，召开垃圾袋装经验交流会，加快垃圾袋装化推广普及。

1997年9月，《长沙市市容和环境卫生管理办法》实施，规定公共垃圾站（点）的垃圾由环境卫生单位负责清运。单位和门店、公共场所的垃圾由单位或经营管理单位负责清运，无清运能力的单位、个体经营户，必须委托环卫部门代运，并按照物价部门的规定标准缴纳费用。自行负责清运的单位，必须到环卫管理部门缴纳垃圾处理费，办理有关手续。是年，长沙市生活垃圾年产总量接近60万吨，垃圾处理场所堆放场无法满足长沙市生活垃圾消纳，带来较大的环境污染和安全隐患，相继改建。

1998年，长沙市发布《关于在全市全面推广垃圾袋装收集的办法》，再次将垃圾袋装化提上重要工作议程，长沙市区有居民50.47万户，垃圾袋装上门收集率42.3%。1999年，望月湖、书院路、砂子塘等市容环卫所辖区内垃圾袋装化率超过95%。

2002年，首次组织和实施长沙市城区生活垃圾外运招标工作，由湖南佳洁公司中标以0.55元/吨·千米的单价承运生活垃圾至桥驿垃圾场。设立城郊环卫公司，搞好城郊道路的清扫保洁和居民（村民）生活垃圾的定点收集、定时清运工作。2003年，桥驿镇固体废弃物填埋场4月投入运营后，全市生活垃圾集中运送至该处进行无害化处理，实现100%垃圾清运。

2005年10月，随着市固体废弃物处理场内填埋气发电厂并网发电，长沙市形成生活垃圾由各区环卫部门清扫收集、运至市第一垃圾中转处理场集中压缩、再通过大型密闭式转运车运送至固体废弃物处理场进行卫生填埋处理的生活垃圾综合处理体系。

2010年，建成生活垃圾分选处理场，实现生活垃圾减量20%左右。2012年，长沙市城区日产生活垃圾3000吨，按时出城、中转、填埋，全年无害化填埋生活垃圾143.7万吨，无害化处理率100%。长沙市餐厨垃圾处理场建成投产，年内签约餐饮企业2400家，对1600家单位进行餐厨垃圾收运，日收运量约300吨。

五、环卫科研

1989年，开发出中国第一代湿式吸扫结合的扫路车–SHZ20型扫路车，填补国内空白，标志着中国第三代扫路机的诞生。该扫路车采用扫刷清扫与真空气力输送相结合，使清扫效率从纯扫式扫路机的80%提高到吸扫式的95%左右，并采用湿式除尘原理和方法，解决清扫时扫刷的二次扬尘污染及垃圾箱内垃圾尘土与空气的分离问题。这些新技术的应用，较大提高国产扫路车的性能、可靠性，该技术后转让给四川泸州、福建、广东等数家厂家销售，迅速投入市场。该项成果获得1992年度国家科技进步三等奖。

1989年，长沙市针对居民反映的垃圾车沿途抛洒的问题，要求实现垃圾车密封运输。对此，长沙市环卫科研所开发出“CH–332垃圾车用双盖密封装置”，经省级鉴定达到国内先进水平。该设备装备在垃圾车上，采用驾驶室内操纵、液压启闭顶盖、后翻倾卸方式，能减轻清运工人的劳动强度，保证密封程度，有效防止垃圾在清运过程中对环境的二次污染。本年环卫机械厂完成3种环卫专用车型的技术鉴定。

1990年，为进一步提升垃圾车的自动化集装能力，由长沙市环卫机械厂和湖南省汽车制造厂联合设计试制“CHW5100ZLJ东风牌摇臂式集装垃圾车”并通过省级鉴定；该装置加装统一配套液压举升总成，通过左右两臂装运统一标准的摆臂式垃圾斗，可一车多斗，带自卸功能，安全稳定，大幅提升垃圾车装运效率，减少人工操作环节；同年，由市环卫机械厂设计、改装的10吨半挂长水车试制成功，并投入批量生产。这几种产品均填补省内环卫专用车辆生产的空白。

随着城市的扩张，生活垃圾处理成为系统性问题受到重视，1992年11月，“城市垃圾的能源开发利用”研究课题通过湖南省科学技术委员会鉴定；12月，对“西垅垃圾卫生填埋场垃圾浸出液内循环处理系统工艺”进行评审，该成果是长沙市环卫科研所为探索城市生活垃圾处理方向，于1987年起针对西垅垃圾卫生填埋场情况，经实验研究后设计的垃圾卫生填埋浸出液内循环处理系统，采取过滤、蒸发等一系列技术有效解决填埋场浸出液的问题，经过5年研发和试用达到预期目标，通过验收评审，技术达到当时国内先进水平。是年，环卫机械厂被国家建设部定为环卫专用车生产厂家，其设计改装的新星牌环卫多功能车、真空吸粪车等产品，销往全国20余个省市。

1993年，研制成功“SHZ25扫路机”，在原SHZ20扫路机基础上开发更多功能，具有吸、扫、自行式、喷水、垃圾箱倾卸等功能，经省建委组织的鉴定，专家认为该机采用行走和作业独立驱动系统，行驶和作业性能稳定，达到设计要求；该机采用吸扫结合、喷水除尘、污水再循环利用技术，消除二次污染，清扫效率高，技术性能居国内先进水平。

1994年，长沙市环卫机械厂采用第一汽车制造厂生产的CA1090和第二汽车制造厂生产的EQ1090两种底盘改装而成的CHW3090ILJJ和CHW3090lLJL两种侧装式垃圾车，1月12日通过省级鉴定，该车型能自装、自卸垃圾，提高环卫工人工效，减轻劳动强度，车厢采用密封式，防止运输途中的二次污染。

2000 年 10 月，长沙市环卫机械厂 CHW5101ZYS 和 CHW5200ZYS 两种压缩式垃圾车通过由省经贸委和省机械局组织的新产品鉴定，两种车在装载垃圾时既可人工散装又可配垃圾桶吊装，增加单车运输量。鉴定专家认为两种车各项性能居国内先进水平，填补省内空白。

2004 年，根据客户要求开发的 ZLJ5201GQX 多功能高压清洗车在中联重科研制成功，采用 EQ1208GJ6 底盘，罐体总容积 13.5 立方米，其装载量为当时国内之最。

随着全市最大的第一垃圾中转处理场和固废处理场的相继建成投入，为提升垃圾转运和处理能力，采用压缩处理方式。中联重科中标分公司开始研发压缩成套设备并于 2005 年研制成功。2006 年 4 月，中标牌 YJC 系列垂直式垃圾压缩站成套设备获 2005 年度省优秀技术创新项目称号。设备采用水平压缩技术，对松散的垃圾进行有效的压缩减容，减少垃圾中的水和废气含量，提高垃圾场承载能力，有效预防在运输过程中造成二次污染。12 月，在原有技术基础上，中联重科中标分公司试制出 YJC800 大型垂直式垃圾压缩站成套设备，填补垂直预压式大型垃圾压缩站成套设备的国内外空白。

2009 年，根据长沙市在两型社会建设综合配套改革的要求，中联重科开始进行新能源环卫机械车辆的研发。新能源环卫机械整车技术研究与产业化项目被列为长沙市是年自主知识产权汽车产业重大专项。3 月，国内第一台以天然气为动力的清洗车在中联问世。

随着全市环卫工作机械化率的大幅提高，到 2010 年，全市环卫机械已进入一个大规模维修维护的周期。基于对环卫机械设备的长期高效防护要求的考虑，为强化环卫机械关键构件的抗腐蚀、抗磨损等方面的能力，最大限度地提升设备的可靠性，由湖南省冶金材料研究所、长沙中联重科、中南大学共同承担，完成新型玻璃钢材及现代化涂层技术在环卫机械中的应用研究，2011 年，该 3 家单位共同承担的“环卫机械易损部件新型涂层技术及其应用”获得省科技进步二等奖，该项技术的研制成功，使过流部件耐磨损及冲击性能提高 3 倍以上；使箱体、管道等耐蚀寿命提高至 10 年以上；使零部件耐综合性腐蚀和磨损寿命提高 3 倍以上。

2011 年开始，为应对餐厨垃圾迅速增长带来的环境污染及“地沟油”问题，长沙市有关单位加大餐厨垃圾的收集和分类处理技术开发力度。是年，中联环境投入 1500 万元在望城区建立一条餐厨垃圾处理试验线，专门研究餐厨垃圾处理从前端到终端工艺，该项目立项为湖南省科技厅重点项目。11 月 23 日，湖南仁和环保科技有限公司成立其子公司——湖南联合餐厨垃圾处理有限公司，通过专用处理设备对餐厨垃圾组合分拣、除杂破碎、蒸煮反应、固液分离、机械压榨等流程，将餐厨垃圾中的废油、废水和废渣分离开，废油脂通过加工制成工业级混合油和生物柴油，废水通过厌氧发酵处理达标排放，废水处理过程产生的沼气用于发电和提纯为天然气（CNG），废渣通过蝇蛆养殖制成高蛋白饲料原料，最终实现对收集的餐厨垃圾无害化处理。

2012 年，中联环境完成“餐厨垃圾资源化成套设备与处理技术开发”，其科研成果经由中科院院士闻邦椿教授为主任的鉴定委员会鉴定，得出鉴定结论为该项成果“整体技术处于国际先进水平”。

第三节　市容管理

一、城区景观亮化管理

1988 年，长沙城区景观亮化工作没有统一部署，作为楼宇、路、桥、园林的附属工程由市规划局进行审批和管理，相关工程主体单位负责建设和维护。

1996年5月，市重点工程湘江风光带一期工程完工，安装灯具120盏。1997年，长沙市投资1650万元改造路灯，完成五一路、东风路、迎宾路、展览馆路、火车站广场、溁湾镇广场的亮化和美化，共安装9火12米华灯154套，高杆灯3套、矮杆庭院灯280套，并组织沿街单位安装泛光灯、轮廓灯、满天星灯。

1999年，市区“亮化工程”于11月启动，对市区2座湘江大桥、6座立交桥（东塘立交桥、袁家岭立交桥、侯家塘立交桥、解放路立交桥、八一路立交桥、芙蓉路中心立交桥）、7座人行天桥、8个广场（火车站广场、袁家岭广场、中心绿化广场、丽臣广场、岳麓广场、五一广场、侯家塘广场、东塘广场）、4个公园（晓园公园、烈士公园、天心公园、岳麓公园）、190栋50米以上已投入使用的营业性高层建筑和重要的公共建筑分批进行亮化，至2000年5月完工。2000年，完成全市重点工程五一路扩宽改造工程的亮化工作。2002年9月，开展户外广告宣传和亮化管理工作，对重大节假日期间督促全市亮化单位亮化，亮灯率81%。

2003年7月，长沙市出台《长沙市城市夜景灯光环境管理实施办法》，首次以政府法规的形式规范管理全市夜景灯光。10月，“全国第五届城市运动会”在长沙市召开，以此为契机启动长沙城市夜景灯光环境建设工程。是年，市政府统一安排，市、区、各业主单位投资近1.33亿元，集中改造提质“一洲、一山、两岸、三大桥、四广场、八路、十七节点”、438栋楼宇的灯光装饰美化，初步形成以橘洲公园、岳麓山天际线、湘江两岸水际线、河东楼宇群为重点的点、线、面、体相结合的城市亮化景观体系，体现长沙“山、水、洲、城”的夜景轮廓。

2004年12月，启动3座湘江大桥的景观亮化工程，对橘子洲大桥、银盆岭大桥、猴子石大桥的亮化设施进行提质升级，使用7000余套灯具，其中大部分为高效节能灯及LED灯。湘江大桥景观亮化工程进一步提升和完善城区主要景观轴线及景观亮化效果，凸显长沙夜景特色。2005年，当时被称为“世界第一跨”的浏阳河洪山大桥完成亮化，成为标志性工程。洪山大桥斜塔塔身和斜拉索的装饰照明以及桥面的功能照明均参照世界著名桥梁亮化方案实施，大桥两侧不设灯杆，既起到装饰作用又兼顾路面的功能照明，还可以使大桥的整体结构免遭破坏。

2007年，按照“普遍增强亮度，整体增加亮点，重点区域凸现特色”的原则，高起点规划和建设长沙市主要景观区、景观线、景观点的亮化。全年投入近5000万元，采用具有节能、使用寿命长、色彩丰富等特点的LED灯具，重点围绕五一大道商业区、十字路口（含火车站广场）、芙蓉中路金融街、贺龙体育场周边、湘江两岸等区域进行楼栋夜景灯光设施的提质建设，按质如期完成64栋楼宇的亮化建设，恢复和维护276栋楼宇亮化。2008年，长沙投入4000万元，在芙蓉中路、湘江两岸、东塘广场，完成46栋楼宇亮化建设任务，协调落实电费拨付工作，全市亮化水平提升到新的高度。2009年，太平街亮化工程启动。全市投入1000万元，继续推进五一大道、湘江两岸的亮化工作。完善袁家岭商圈、溁湾镇商圈、松桂园商圈周边楼宇亮化工程，完成20栋楼宇亮化、坡子街、太平街夜景亮化建设。

2010年，位于宁乡县城玉潭镇楚沩西路、新康路的长沙首条LED路灯样板街亮灯，经运行测算，与普通高压钠灯路灯相比该街每年可节约电费50万万余元。全市完成126栋楼宇亮化设施维护和32栋楼宇亮化建设，并加大与市路灯管理所的协调力度，实现全面受控及按时启闭。

2011年，亮化建设借助数字化管理平台，推进维护管理考核的现代化和信息化。明确各楼宇产权单位筹集资金自建亮化设施，改变之前由市财政投资的单一模式。依据《长沙市城市照明规划（2006—2020年）》要求，确定未来5年城市夜景照明重点实施区域。围绕“彰显特色、打造亮点”的工作目标，全年突出对湘江两岸、东塘和袁家岭商圈等重要地段和节点进行亮化打造，完成125栋楼宇亮化建设任务。

2012年，为完成中国国际中小企业博览会及迎省市人民代表大会和政治协商会议景观亮化应急建设任务，全市围绕湘江两岸一、二线江景，选取22栋楼宇，投资3600万元，分两期完成夜景亮化紧急建设和提质改造工程，完成亮化景观工程61处。在橘子洲景区安装58盏射灯射向河东地区；对湘江两岸的标志性建筑增加射灯；对岳麓山的电视发射塔新增亮化设施；在天心阁景区布置近3000盏灯具，采用金黄色搭配暖白色的色调，重点展现古城楼阁的屋面形态和古城墙的立面特点；新建八一桥、浏城桥等城区桥梁的亮化工程；对长沙火车站、世纪金源大酒店、贺龙体育中心东广场、五一路芙蓉路交界处等路段完成亮化修缮，确保亮灯率98%以上。是年新增和修缮的亮化工程均采用节能灯具，降低60%~70%的能耗。2012年年底，全市路灯建成数量8.08万盏，亮灯率99.41%。

二、户外广告设置管理

1988年，全面摸底登记全市灯箱、招牌等户外设施。全年勘办招牌、牌楼1052处，灯箱514个，户外广告216块，指路牌31块。1989年，继续整治违法乱涂乱张贴广告行为。

1992年4月，发布《关于清理整顿招牌、户外广告、标语的通知》，对全市21条主要马路、4个入城口和5个市场的招牌、户外广告、标语进行清理整顿。12月，发布《关于加强户外宣传品管理的通知》，明确市区内悬挂、张贴、设置的社会公益性、政策时事性户外宣传品，须经审核批准并办理有关手续后，方可悬挂、张贴和设置，严格统一规格、统一悬挂和拆除、统一收费。

1996年，成立户外广告管理领导小组，对户外广告设置形成专项管理，各联合审批成员单位开始联合办公，改变以往多头审批的做法，户外广告审批设置程序更加规范。1997年，对乱张贴广告、宣传品的违章行为进行整治。1998年11月，出台《长沙市城市户外广告管理条例》。4月，芙蓉区经过详细调查，依法责令安利、天天发、永发3家公司停止违章行为并接受处罚。在通知无效的情况下，采取强制措施将3家公司的违章车辆予以扣留，对相关人员进行宣传教育，对3家公司予以处罚，遏制乱贴广告行为的蔓延。

2000年，户外广告纳入城管综合执法，各区城管综合执法大队严格按照法律程序，拆除各类落地广告牌690块，收缴摆在人行道上的各类活动灯箱广告1946个，通过清理整顿，城区主次干道的落地广告牌明显减少，人行道上的活动广告牌基本得到控制。2001年，出台《长沙市城市户外广告位置使用权拍卖暂行办法》。2002年9月，出台《长沙市城市户外广告管理实施办法》（以下简称《实施办法》），《长沙市城市户外广告管理条例》同时废止，这是首次在全市以政府法规的形式管理城市户外广告。是年采取以疏为主、疏堵结合方针整治城区乱贴乱画，集中清除全市各社区居委会及主要公共场所设置户外张贴栏各类广告和“牛皮癣”（指公共场所的乱贴乱画）20万余处，全市主次干道的广告和“牛皮癣”基本得到遏制。同时拆除违章户外广告，拆除违章户外广告（含店招）8600块、29万余平方米。同年，先后编制《长沙市市区户外广告设置专项规划》《长沙市市区户外公益广告设置规划》等6项规划及细则，从源头上规范户外广告设置，防止多头审批，从制度上要求确保市区广告数量、密度合理性。

2003年开始，每年安排开展“户外广告专项整治行动”，重点拆除、清理违章户外广告和“牛皮癣”。2006年整治行动深入至社区，在社区环境综合整治中，拆除违章设置的户外广告牌7.3万平方米。“牛皮癣”开始由专业公司清理，实行市场化运作。2007年，专业清理“牛皮癣”的工作范围扩大到13条（段）道路、3个广场，至2008年，拆除违章户外广告31.6万平方米，基本实现主干道和城区主要公共设施外墙无“牛皮癣”。2008年突出以“十五路、六广场、一窗口”为重点，分批登报公示广告拆除名单。对五一路等39条主次干道和古潭街等53条背街小巷户外广告和不规范门店招牌开展规划整治。

2009年开始，通过信息化管理网络，每年定期开展户外广告安全隐患排查工作，对符合审批设置规定但老旧破损的户外广告设施进行及时修整维护，重点整顿“十五路、六广场、一窗口”和已实施整体规划设计路段的违章户外广告。

2010年9月，《长沙市城市户外广告管理实施办法》废止，实施《长沙市户外广告设置管理办法》，依据管理办法坚持从严审批户外广告的设置，从源头上控制违章户外广告。开展全市围挡广告、占绿指路牌专项整治行动，查处新增违章户外广告、门店招牌，拆除各类违章户外广告42.39万平方米，并进一步将“牛皮癣”专业清理范围由立面延伸到地面。

2012年，对违章户外广告实行有效控制，借助“城市管理数字信息平台”，全面掌握新增情况，做到发现一处，拆除一处。全年共拆除违章广告、规范门店招牌39.65万平方米。至2012年年末，长沙市区纳入职能部门统一管理的户外公共广告资源175处，涉及80余家产权单位，除日常及阶段性的公益宣传外，已依据《长沙市城市户外广告位置使用权拍卖暂行办法》基本实行公开拍卖，增加地方财政收入。

三、施工渣土扬尘管理

1988年4月，组成长沙市交通警察支队、城市管理办公室、建筑工程管理处和环境卫生管理处4家联合的“长沙市建筑工地检查协调小组”，检查协调市内建筑工地，制止各工地对市区与马路、人行道、广场的污染。

1991年，组建53人的“城市建设管理监察队环卫中队”，选聘100名退休人员上街执勤，重点查处市中心区5条主要道路的“禁止随地吐痰和乱丢瓜皮果屑”、基建工地文明施工管理、流散物体运输管理等方面的违规行为。

1993年，全年城区有大小基建施工工地400余个。但未设立专门建筑垃圾管理机构，基建项目施工运输流散物体对道路造成污染，由道路清扫、生活垃圾清运等管理机构派出环卫水车冲洗，但未解决根本问题，对此，1994年，渣土执法与市容环卫执法开始实行分开管理。同年，开辟网船班渣土消纳场地。

1995年1月，全市开始实行基建渣土统一管理，管理的重点是渣土产生点、消纳点和运输线，并通过核发建筑垃圾处置许可证、建筑垃圾运输车辆准运证的形式规范渣土运输管理，各基建工地的渣土运输由辖区成立的渣土运输公司专营。全年核发渣土处置许可证1492张、准运证29921张；核查渣土250万立方米、建筑面积280万万余平方米，为省市重点工程调剂渣土100万立方米。

1996年，各区设立区渣土管理办。1997年，长沙市渣土管理纳入《长沙市城市市容和环境卫生管理办法》，并开始实行市、区两级管理、各区收费办证，于11月起执行建筑垃圾处置收费项目。

1998年，全市所有在建工地均实现按标准围挡。通过加强对渣土运输车辆和渣土消纳场点的管理，开展全市渣土管理竞赛及突出整治行动，长沙城区基本实现“达不到规定标准的工地不准进出渣土、不符合要求的车辆不准运输渣土”。6月16日起为配合抗洪抢险，市渣土管理处规定，从湘江以东市区建筑工程渣土一律运往长善垸花桥地段填塘，连续10天完成1万车、约35000立方米的土方量任务。7月开始，划定的城区主要道路内的渣土冲洗必须在早晨7点之前全部完成，由环卫科、渣土处不定期进行专项检查，解决因部分路段渣土冲洗时间滞后而给市民工作和生活带来不便的问题。

2001年，渣土执法与市容环卫执法合并管理，依照法规对各区施工现场监管，有效遏制渣土污染源。2002年，严格核减全市参与渣土运输的车辆，淘汰300余台不符合要求的车辆。各城管综合执法大队均成立巡查组，负责夜间渣土运输巡查。同年长沙市发布渣土管理的新办法。2003年，批准成立45家渣土砂石运输公司，长沙市渣土运输实行公司化运作。渣土运输由建设单位发包，由渣土承包人联系承运企业，渣土运输价格实行市场调节。2004年，开展为期3个月的渣土污染专项整治行动，重点治理无证施工、野蛮施工、不净车出场造成渣土污染，车辆破损、施工场地不围挡作业，渣土扬尘污染、车辆乱跑乱倒闯禁区等违规行为，二环线以内城区主干道基本消除渣土污染。

2007年，渣土公司经过市场优胜劣汰，重新组合，是年续存25家，其中7家企业拥有车辆数60辆以上。城市建筑垃圾运输实行市场准入制，依法对城市建筑垃圾实施管理。改造渣土运输车辆1800台，新建洗车设施404个，96%的基建工地实现净化运输施工。10月，由长沙通途运输有限公司等多家渣土运输公司为会员的长沙市渣土行业协会成立。

2008年，开展全市大型渣土运输整治行动32次，下发责令限期整改通知书和违章整改通知241份。查处无证偷运工地46个，追缴渣土处置收费256.4万元，配合渣土执法部门证据登记保存运输车257台，处理案件251件。全年长沙市空气质量优良率89.89%。

2010年2月，长沙市暂时停止收取城市建筑垃圾处置费，开展“渣土扬尘整治年”活动，空气质量持续优化。2011年，长沙市加强对渣土运输公司的信息化管理，2583台渣土车安装GPS终端，开福区率先引入电子监控执法系统，在辖区主要路段对渣土运输车辆进行电子监控，进一步规范渣土运输秩序。发布《关于进一步规范渣土禁运和停工的通知》，规定高考、中考和重大社会活动期间实行禁运。2012年，长沙市空气质量优良率90.7%，位列中部省会城市第一。

四、占道经营管理

1988年，由于市场经济孕育发展中的管理缺位，造成长沙市区“乱搭棚子、乱摆摊子”等占道经营的现象大量滋生，并间接成为城市脏乱差的源头。为此，长沙对沿街市容秩序由市容监察队进行日常监察执法，对流动摊贩依照《长沙市工商管理条例》进行管理。由于多头管理，形式松散，效果甚微。

1989年8月，长沙市人民政府授权城市管理办公室，对批准占用道路行使监督检查权。对凡有不按规定乱批占用道的情况，及时向审批发证部门提出纠正意见，对不经批准擅自占道或虽经批准但超时间、超面积占用道路的单位和个人，按相关法规及时作出处理。全年纠正乱批占道路33起，处理各类违章占道问题739起。1992年，长沙市成立城市管理综合执法队，负责查处街头非法经营的摊担，纠正以路为市、占道经营的违章行为。是年共取缔无证摊担、非法经营3500余起；解决以路为市、占道经营1700余起。

1997年，取缔马路摊担9859个，取缔店外经营4713户，取缔夜市摊点1245处，新建改建19个市内农贸市场，解决部分地段占道为市的问题。1998年，全市统一开展3次大规模的集中行动，各区也开展一系列整治行动，取缔摊担3万余个，取缔早夜市1370处。芙蓉区开展摊担、早夜市整顿。雨花区东塘广场经过治理，取缔乱摆摊担。

2000年，成立城市管理综合执法支队，相对集中行使“7+1”行政处罚权（市容、市政、园林、规划、工商、交通、环保及市政府交办的其他工作），长沙市市容环卫监察执法并入城管综合执法。是年即在全市范围开展大规模专项整治行动322次，取缔违章摊担6.75万处，规范店外经营4.79万处。2001年，重点对马路摊担、店外经营、早夜市等违章现象进行整治，取缔早夜市1.86万处，取缔马路摊担8.3万处，主要干道基本实现归店经营。

2004年，长沙市制定《关于禁止占道店外经营夜宵摊点的通告》《在全市开展取缔乱摆摊担店外经营专项整治工作方案》，先后开展93次大规模的集中整治违规夜市、乱摆摊担，店外经营行动，在重点时间段，对全市主次干道两厢、地下通道、车站、广场，采取集中整治和守点、徒步巡逻相结合的方式进行整治。

2010年，严格按照“主次干道严禁，其他道路严控，背街小巷、社区限量、有序”的原则和“三有(有防污措施、有垃圾收集装置、有专人负责卫生)、四不（不影响市容、不阻碍交通、不损坏公共设施、不扰民)、五统一（统一经营地点、统一经营时间、统一经营范围、统一经营设施、统一标示标牌)”的要求，积极推进疏堵结合工作，在全市设立81个疏导点，积极引导流动摊担规范经营。

2011—2012年，全面整改全市160处疏导点，适当调整不符合要求的疏导点，在摊点较多、符合要求的地段适当增加新的疏导点，较好解决摊担乱摆的问题。

五、违法建设治理

1988年10月，对五里牌、活源桥、下六铺街、北站路西段、麓山村茶厂三组、麓山西村进行违章建筑抽样调查，搭建违章建筑的住户占总户数的52%，其中内4区该比例为48%。1989年6月，市5区成立规划办，负责建设审批、管理，成立市法规监察执法队，负责具体执行拆违控违工作。1990年7月，长沙市发布《关于治理整顿市容交通秩序的通告》。成立长沙市清查处理违章建筑领导小组，采取“全面动员、广泛发动、专群结合”的方式进行大检查和清查处理。全年处理影响交通、市容的违章建筑1.41万处、14.5万平方米；整改2236处，收回违法占地399处、5656平方米，这项工作得到全国城市卫生检查团和省建委的肯定。

1993年，开展“创建综管”工作，拆除违法违章建筑124处、2679平方米，拆除有碍市容市貌的临时建筑、临时售货亭（棚）29处、187.33平方米，收回违法占地2866.33平方米。对有碍“畅安工程”的违法违章建筑实行强制拆除，拆除300处、10249平方米。1994年，清理和拆除城区18条主要马路、4个入城口、6个广场等重要地段的违法违章建筑7万余平方米。城市规划执法检查中，查处违法建筑5700处，拆除率78%，制止违法建筑130余起。

1995年9月，《长沙市城市违法建设工程处理办法》颁布实施。将创建迎检与城市管理相结合，城市综合治理与搞好规划执法检查、清理整顿“两违”建筑相结合，突击性、综合性与日常性、专业性的工作相结合。全年查处违法违章建筑500余起、12.5万平方米，上缴财政罚款123.95万元。1996年，在全市城区开展“两创”活动，即创无违法建设一条街、创无违法建设小区。全年对9.6万平方米的违法违章建筑进行处罚。市规划监察执法队被评为全国城建监察先进单位。

1997年9月，《长沙市城市违法建设工程处理办法》修订并批准通过。11月，雨花区接群众举报，家住赤岗一片八栋顶层的居民严某某非法在楼顶搭建成套的砖混结构房屋约80平方米。雨花区立案调查并下达拆除通知，责令其自行拆除，未果；12月18日，雨花区对该违法建筑进行拆除，并对严某某实行拘留。这是全市首例拆除在宿舍屋顶上私人搭建的成套违法建筑的案件。是年，长沙投入50万元专项经费推动拆违工作的顺利开展。全市共拆除违法建筑4876处、10.48万平方米，并开展对停车场和高架桥下违法违章建筑专项清理调查。1998年，《长沙市城市房屋拆迁管理条例》《长沙市城市房屋拆迁管理实施细则》批准通过并颁布实施，市5区开展拆除违法违章建筑相关行动，拆除橘子洲、高校周边等违法违章建筑3000余处、4万余平方米。针对长沙市城市高架桥、立交桥下建门面的乱象，开展全面清理整顿，全市立交桥下的违章门面基本拆除。

1999年，继续开展“拆除严重违法建筑，创无违法建筑单位”活动。拆违活动按“以块为主，条块结合，密切配合，协同作战”的方针，综合整治城市主要道路、入城口、广场、住宅小区等重要马路地段和校园周边的环境。8月15日，开福区强拆和彻底摧毁小吴门东北角的“金欣小区”内126处、1800平方米的违章建筑，为全年最大规模的一次拆违行动。全年开展拆除违法违章建筑行动234次，拆除各类违法建筑32万平方米，授牌55个“创无（违建）试点单位”。2000年，拆除各类违法建筑面积45.01万平方米，处罚面积88.84万平方米，罚款573万元，并通过拆违还绿、拆违还路，加强规划设计和拆后管理，有效阻止违法建筑反弹。2001年，拆除主次干道违法违章建设的同时，“拆违”工作由主干道向次干道和背街小巷延伸，由部分居民小区向所有居民小区延伸，由公共地域向单位庭院延伸，由城市中心向城郊接合部延伸，全年拆除违章建筑165万平方米，通过推动拆违还路、还绿改善城市环境。

2002年，《长沙市城市房屋拆迁管理若干规定》于10月1日起实施，《长沙市城市房屋拆迁管理实施细则》同时废止。全年继续开展大规模“拆违”行动，重点拆除居民小区、城郊接合部、城区铁路沿线和公用管线、绿化用地内的违法违章建筑178万平方米，城区范围内群众反映强烈的违法违章建筑基本得到拆除。

2009年，随着老城区改造和拆迁工作的深化推进，全市形成“以块为主，拆违拆迁联动，拆违带动拆迁”的工作机制，拆除违法违章建筑104.85万平方米。12月25日，开展大规模违法违章建筑“强拆日”行动，对芙蓉区东岸乡东屯村、天心区黄兴南路商业步行街育英街口、岳麓区大路坪、开福区更生坪前巷、雨花区王公塘颐美园小区、高新区荷叶坝村等多个地段的违法建筑进行强拆，城管、规划、国土、公安以及所属街道1644人开展联合行动，当天拆除违法违章建筑1.3万平方米。2009年8月6日，长沙市发布《关于进一步加强拆迁工作的意见》，确立“以拆违促进拆迁”的模式。2010年，按照《长沙市城区范围内违法建筑整治工作方案》的要求，各区建立健全防违控违机制。2010—2011年分别拆除违法违章建筑215.15万平方米、209.2万平方米。

2012年6月，《长沙市城市房屋拆迁管理条例》《长沙市城市违法建设工程处理办法》废止。长沙市加大控违力度，借助城市管理数字信息平台，全面掌握新增违法违章建筑情况，实行控违“零指标”管理。发现一处，拆除一处。全年拆除违法建筑232.35万平方米，拆除违章广告及规范门店招牌39.65万平方米。

六、门前“三包”

1988年，制定新的“门前三包”检查办法，将黄兴路、五一路、中山路3条繁华路段作为一类路段，其余马路划为二类路段，分类分区天天查、月评比，年终总评及颁奖；在劳动路、韶山路、沿江大道（桥东至中山西路口）扩大“门前三包”路段。1989年，全市设有“三包”检查站24个。西区率先试行由城管办领导，以公安民警牵头，以区城管监察队员为主力的门前“三包”管理督查模式，统一指挥“门前三包”和治安联防两支队伍，联合管理五一西路的市容和治安，并推广至黄兴路，取得很好的效果。

1991年8月，新成立长沙市城市综合管理办公室，重新在全市各区开展“门前三包”责任制管理工作。到1992年年底，全市有28条路段，4个广场，约1500户门店、单位均落实“门前三包”责任制。1993年，因“门前三包”通过市民委托环卫部门负责的形式实施，显示出一定的局限性，各区、街开展的“门前三包”责任一度终止。1994年年底，长沙市发布《关于进一步加强城市管理工作的决定》，“门前三包”再次被提上日程。1996年，将“门前三包”管理工作落实到街道环卫所。1999年年底，长沙市下决心整治市容环境，出台《长沙市城市管理综合执法试行办法》，2000年3月审议通过，6月1日执行，由市、区城市管理综合执法机关在本辖区范围内集中行使依法授予的行政处罚权，查处违法行为，并对作出的具体行政行为承担法律责任，“门前三包”制度进一步完善。

2006年5月，长沙市出台《门前市容环境卫生责任制实施方法》，这是门前“三包”工作历经20余载，首次以政府法规的形式固定下来。该实施方法对门前卫生责任制度进行规范，新的“门前三包”取消清扫费，并且要求市民真正参与到治理环境当中来。是年全市有97条路段，7万余个责任单位（门店）实行门前市容环境卫生责任制。11月，人民路788号的建材店老板龚某在店门前乱堆杂物被城管部门依法对其处罚500元，但他一直拒缴罚款达一年，雨花区人民法院依法对其处以行政拘留15天。这是长沙市首例因违反“门前三包”责任制的店主被行政拘留的案例。2007年，长沙市将门前市容卫生责任制向背街小巷、社区单位延伸，创建芙蓉路、解放路、八一路、营盘路、湘府路、白沙路、车站路等10条示范路、50条达标路和50个达标社区，组建1200人的城市协管员队伍。2009年，长沙市区示范路实现门前市容环境卫生责任自觉履责率超过98%，达标路实现自觉履责率超过85%。2012年，实现100%沿街单位（门店）门前责任状签订率。

第四节　城市环境综合整治

一、社区环境综合整治

20世纪80年代中后期到90年代，为配合城市重点工程建设、改善居民生活环境，长沙市集中修建一批居民社区，为解决芙蓉路中心绿化广场拆迁用房和省、市其他重点工程拆迁用房以及部分机关单位职工住房，至1995年陆续建设红旗、望月湖、橘园等一批居住区。另外，以国有开发公司为主、单位自筹资金为辅，长沙市开发建设梨子山、金盆岭、庆和里等近30个住宅小区，改造砂子塘、桐梓坡、人民新村、建湘新村、雅塘村等一批老住宅小区，配套设施和居住环境较以前都提高一个档次。1996年，为调动街道办事处及近郊乡场对所属辖区环境卫生管理工作的积极性，在市区40个街道办事处（乡、场）设立市容环境卫生管理所，具体负责辖区环境卫生管理与服务。随着市容和环卫管理工作向街道和基层重心下移，社区环境整治工作首次纳入其中。

随着城市的发展，老住宅小区缺乏有效的专门维护和管理，社区环境脏乱差问题突出，严重影响居民生活质量。2000年，社区环境卫生整治成为工作重点。结合创建国家卫生城市标准和创建省级卫生城（镇）活动，长沙市以“清除裸露垃圾、净化生存环境”为主题，实行城乡联动，开展社区环境卫生整治行动，并首次把除“四害”工作纳入社区服务内容。2001年，长沙市开展“创建文明社区”活动，基础性工作是拆违还路还绿和整治马路摊担，并在主次干道推行路段责任制、市容巡查制、徒步执法制，做到重点整治与经常性管理相结合。2004年，为建设“人民满意城市”，以背街小巷改造为主要标志的大规模社区环境整治和建设工作启动。“创建文明社区”活动由主干道向次干道、向背街小巷延伸，由城市中心向城郊接合部延伸，对违法违章建筑加大查处和整治力度，全市各区县（市）全年拆除违章建筑165万平方米，有效推动拆违还路还绿工作；重点整治马路摊担、违章户外广告、城市“牛皮癣”；重点开展整治大气污染源，在全市主次干道开展推广清洁燃料及油烟治理工作，改善和提高城区环境质量。在“创建文明社区”活动基础上，开展“园林式小区”“美丽社区”创建活动，全市园林式小区超过70%。

2006年，完成100个社区环境综合整治任务。全年市、区两级财政投入整治经费2.6亿元，新铺装沥青路面16万平方米、水泥路面23万平方米，铺设排水管5万米，铺筑人行道板15万平方米，砌筑各类检查井1.2万个，拆除违法违章建筑16万平方米，安装路灯1439个，新建化粪池2388个，新增绿化面积11万平方米，拆除违章设置的户外广告牌7万平方米，清洁粉刷外墙21万平方米。在社区环境综合整治过程中，完善社区文化、体育、健身、休闲等设施，建设出精品社区18个，达标类社区30个，一般类社区52个。经过改造后的社区改变过去沟不通路不平的状况，达到人居环境优美、配套设施齐备、居民生活便利、人际关系和谐的新型社区标准。2007年开始，长沙市把文明城市创建、社会管理创新的着力点放在社区，“社区环境综合整治”从之前的点延伸到片，成为一项系统性的重点工程。年初，由市长带队走访社区居民，了解亟待解决的问题，在调研基础上进行社区标准化改造，改造内容包括配套环卫、消防、警务、计生、医疗、社保等公共服务设施；围绕小巷、小区、小院、小店，办好路灯亮化、下水疏通、路面修补、环境清洁；开展“共建文明社区、共创文明生活”竞赛活动，发动驻区单位支持社区工作、配合社区管理、参与社区活动、支持社区建设等。全年对203个社区实施环境综合整治，其中建设精品社区13个，经过整治，到年底全市大部分社区实现环境净化、整体绿化、功能优化。

2008年，社区环境综合整治工程获联合国人居署授予的“迪拜国际改善居住环境良好范例奖”。2009年，在社区环境综合整治工作之上，启动人民满意社区建设，对全市40个老旧社区进行重点整治。同时在全市85个开放式老旧居民社区推广物业服务，社区居民满意度超过93%。同年，启动棚户区改造，投资128亿元完成24060户城市棚户区和5342户国有工矿棚户区改造。2010年，在全市233个开放式社区全面推行社区物业服务，形成“长沙物业模式”，改善居民居住条件，提升城市品质和形象。是年重点针对全市困难企业社区、老旧社区实施环境综合整治，主要解决建筑立面、道路、绿化、自来水增压、电力增容、房屋漏水、消防通道等问题，完善基础设施，改善社区人居环境。

2011年，开始实施“整治社区环境、建设宜居家园”3年工作计划，对全市20世纪60—70年代兴建的老旧社区进行全面提质改造。4月，率先在芙蓉区文艺路街道的文艺新村社区和火星街道的凌霄社区、月桂社区、龙柏社区开展“五拆、五修、五禁止”的活动试点，即拆除违法建（构）筑物、拆除防护窗网、拆除遮雨棚架、拆除违章广告招牌、拆除不规范的小门店，修复生态绿地、修缮小区道路、修饰建筑外墙、修整临空线网、修配公共设施和防盗设施，规范社区门店经营，禁止在社区内开设噪声扰民、油烟扰民、违反规划审批改变使用性质等严重影响居民生活的小餐饮店、小修理店、小废品店、小歌厅、不锈钢加工店。是年，长沙共建设21个社区公园，提质26个农贸市场，配套50个社区文体阵地，整修50条社区道路，让60个老旧社区实现规范化物业管理。

2012年，社区提质改造工作根据“两级政府，两级投入”的建设机制，以区政府为主，市、区两级共同参与、共同投入，纳入改造的支路多为社区道路，21条道路总投资近5000万元。全年完成包括白鹤家园安置小区、茶园安置小区和咸嘉花园小区等在内的15个老旧社区综合提质改造。继续推行物业服务示范社区创建工作，相关部门对129个拟创物业服务示范社区进行指导和检查，采取分区召开现场推进会、不同层次调度讲评会、一对一帮扶等措施，创建118个规范管理物业服务样板、示范社区，通过民意测评，社区居民满意度96%。

二、背街小巷和城乡接合部环境整治

城区背街小巷主要建设于20世纪中叶，普遍存在建设标准不高、年久失修的问题。2004年，针对全市背街小巷道路破损严重、排水不畅和环卫基础设施缺失等突出问题，长沙市决定全面改造全市513

条背街小巷。是年开展一期改造工程，在全市范围内实施“一六”工程（即改造100条背街小巷、建设60座站厕）。成立背街小巷改造与站厕建设指挥部。100条背街小巷包括芙蓉区20条、天心区24条、岳麓区17条、开福区22条、雨花区17条，重点改造下水管道，更新老化路面，完成次干道两侧立面改造。

2005年，是背街小巷大规模集中环境整治的一年。在上年实施“一六”工程的基础上，全市将背街小巷提质改造列入长沙市为民服务“八件实事”之一，重点解决“城中村”问题。市、区两级全年投入街巷提质改造经费6.8亿元，大规模集中改造413条背街小巷，其中芙蓉区133条，天心区111条，岳麓区47条，开福区104条，雨花区18条。主要改造内容为路面维修及下水道、绿化、环保、亮化、街景的配套建设，地下通道市容卫生及作业维护，并同步整治渣土污染、乱摆摊担、乱设广告、盲流乞讨等市容秩序。在全面改造过程中，70余个市直机关、单位分别参与一条街巷的提质改造，建设历史名街名巷11条、交通性街巷16条、特色街巷20条，改造完善老城区排水系统，对没有形成网络配套的老城区排水系统，特别是历史上形成的“公沟”，随着街路改造同步实施改造疏浚。改造资金来源实行“以奖代拨”的方式，将工程拨款与工程质量挂钩，对优良工程按50%、合格工程按30%的比例拨付工程款；各区筹措50%的建设资金，站厕建设还吸收民营资金，为工程的顺利实施提供资金保障。经过两年背街小巷集中环境整治，建管并重，实现城市管理全覆盖，整体市容环境得到极大改善。投资5.8亿元完成旧城区513条背街小巷的提质改造，这一惠民工程让长沙摘得2006年“中国人居环境范例奖”。

2007年开始，长沙作为全国首批农村环境综合整治试点城市之一，开展以“新农村、新环保、新生活”为主题的覆盖农村和城乡接合部的环保行动，制定《城乡生态环境一体化实施意见》《环境保护三年行动计划》，以生活污水、生活垃圾和畜禽养殖污染整治、生态环境保护及环境宣教为重点，统筹城乡环境保护工作。

城乡接合部是城市交通的重要门户，也是长沙市环境品质的薄弱环节，2010年开始对部分城区入口进行环境综合治理，年底，对“一点两线”（黄花机场周边，机场到银盆岭大桥、机场到曙光路两条进城道路沿线）环境情况进行摸底调查，排查出环境问题463个，主要集中在广告招牌、违章建筑和建筑外立面、环境卫生、绿化亮化、交通设施和道路路面5个方面。2011年3月，长沙市全面推进“一点两线”户外广告整治拆除工作，奋战近30个昼夜后全面完工。7月，长沙对“一点两线”进行亮化，并对绿化景观进行升级改造，在广场、雕塑、桥梁以及公用设施等处，充分体现长沙历史人物特色、地域特色。根据长沙“一点两线”综合环境整治工程设计方案，沿线的每处建筑都制定详细的改造方案，入城口通过“立体式”改造，呈现全新面貌。

针对城市外延的不断扩张，城市和农村的交错地带（城乡接合部）成为管理盲区，脏乱差情况严重的问题，2012年长沙市首次将城乡接合部环境综合整治工作列为工作重点，计划通过一年半时间的集中整治，有效改变城乡接合部脏、乱、差现象。4月，“长沙市南出城口环境综合整治工程项目设计”通过专家评审，对汽车南站周边四条道路进行综合整治，使之既满足市民出行需求，又彻底改变南出城口城郊结合区域脏乱差局面，年底前全面完工。在此基础上，5月，发布《长沙市人民政府关于实施城乡接合部环境综合整治的通告》《长沙市城乡接合部环境综合整治分类要点》，就城乡接合部建（构）筑物、市容和环境卫生、市政设施、绿化、户外广告、畜禽养殖等方面逐一提出提质整治要点，整治范围包括高新区、芙蓉区、天心区、岳麓区、开福区、雨花区、望城区、长沙县60处乡镇街道，以清洁环境卫生和拆违控违为突破口，城乡接合部环境综合整治工作启动。至12月31日，通过城乡接合部综合整治，拆除违章建筑229.4万平方米，拆除违章户外广告、不规范招牌20.4万平方米，清理砂石场180处，特别是对压占天然气管道的123处违章建筑全部拆除到位，同时对清理出来的空坪隙地补绿复绿，全年投入8000万元，新建23个社区公园，首次覆盖至望城区、高新区，全市社区公园80个；全面清退芙蓉区、天心区、岳麓区（含浦、坪塘除外）、开福区、雨花区、高新区范围内的畜禽养殖业；全年建设站厕、果皮桶等环卫设施3869处，建设道路基础设施1858处，建设路灯基础设施184处，完成绿化41.4万平方米。

三、小城镇环境综合治理

1988年，全市建制镇为7个。1998年，长沙市列入国家和省“小城镇综合改革试点市”，到1999年年底，全市建制镇71个。小城镇发展步伐加快，面积不断扩大，但相关管理滞后，小城镇脏、乱、差的状况，以及乱设摊摆点，基础设施屡遭破坏等情况普遍。2000年，通过开展创建省级卫生城（镇）活动，推进小城镇环境治理。浏阳市、长沙县、宁乡县、望城县以创建卫生县城为动力，对县域环境开展专项整治，有效改善城镇卫生环境。2005年，建制镇数量增加到81个，为适应长沙市小城镇规模扩大，居民更加集中的新形式，促进城乡统筹协调发展，出台《长沙市人民政府关于加快小城镇建设的意见》，加大小城镇环境综合治理力度，形成由市、县（市、区）、乡镇构成的三级管理体系，以管理现代城市的理念加强小城镇管理，落实环卫、市容秩序、道路绿化等各项工作。

2009年，开展“集镇管理示范乡镇”“环境综合整治镇”创建工作。是年在全市112个乡镇中选取10个乡镇开展以集镇整治提质和强化管理为目标的“集镇管理示范乡镇”打造；在20个乡镇开展以集镇环境卫生、交通经营秩序和镇容镇貌为切入点的“环境综合整治镇”创建，并在4县（市）选择7个乡镇进行环境综合整治试点。通过城乡环境整治工程，开福区青竹湖镇获湖南省第一个“‘两型社会’示范镇”称号。2010年，着重做好金井镇等8个乡镇的容貌整治工作，对加强全市农村集镇管理起到很好的示范作用。2011年，长沙县开慧镇、望城区乔口镇、浏阳市永安镇、宁乡县花明楼镇4个试点镇开始推进集镇模范镇建设，内容包括全面提质改造集镇中心公共厕所，新建900处垃圾池，补栽补种行道树木1800棵，更换路灯350盏，增设分类垃圾池2000个，达到“整治出效果，管理上台阶”的整体要求。

2012年，“集镇管理示范乡镇”“环境综合整治镇”两镇创建工作覆盖到所有乡镇，同时制定新的管理标准，全面提升乡镇管理水平。是年完成长沙县开慧、望城区乔口、浏阳市古港、宁乡县双凫铺镇4个集镇管理示范镇及长沙县安沙，望城区桥驿，浏阳市淳口、永和，宁乡县金洲、枫木桥6个乡镇集镇管理环境综合整治建设任务。

四、特色街巷提质改造

2000年以后，长沙市一方面不断强化城市设施环境改造提升，一方面开展重视历史街巷的提质保护工作。2001年，《关于长沙历史文化街区的调查报告》提出把太平街地段作为历史文化街区的保护对象，并提出保护范围和保护改造方案要点。

2004年，召开历史文化街巷和历史旧宅保护专题会议。8月，《长沙市历史文化名城保护条例》出台。11月，《长沙市历史街巷与历史旧宅保护规划》《太平街历史文化街区保护规划》通过专家评审，确定古潭街等11条受保护的典型历史文化街巷、苏州会馆等23处受保护的历史旧宅和太平街历史文化街区进行建设维护改造，特色街巷提质改造工程启动。

表 11-8-4-1　　2004 年历史街巷保护名单一览表

序号	名称	起止点	主要特色	历史
1	化龙池	大古道巷—人民西路	麻石路面，街道弯曲，善化县学宫所在地	其街巷走向、建筑布局、街道名称等在明清两代即已定型；是油鞋店集中地
2	白果园	人民西路—苏家巷	原始麻石古道，街道曲折，程潜公馆位此	第七大公沟始建于清雍正年间，是晚清时期长沙八大公沟（御沟）之一
3	大古道巷	黄兴南路—蔡锷南路	传统商铺集中，形成箱包一条街	街巷的房屋为 20 世纪 40 年代的建筑
4	小古道巷	黄兴南路—磨盘湾	传统商铺集中	小古道巷的南岳行宫建于明代，系祭祀南岳祝融大帝的庙宇
5	磨盘湾—南倒脱靴——步两搭桥	小古道巷—蔡锷南路	小巷幽深，传统民居较集中	古善化县县治所在
6	天心街	里仁坡—席草田	小巷幽深，蔡道宪墓位此	明末进士蔡道宪之墓位于此街
7	西文庙坪	南墙湾—学宫门正街	小巷幽深，长沙府学宫牌坊位此	西文庙坪的古石坊始建于明代，1866 年重建，是长沙最高学府——长沙府学宫的标志性建筑
8	潮宗街（含九如里、梓园）	黄兴北路—湘江路	麻石路面，老店铺，特色小巷集中	明清时期，潮宗街是长沙县署和临湘驿站所在地；在雍正初年，潮宗街是当时长沙最大的一条“米街”；清末军机大臣瞿鸿机曾局于此。九如里是民国居住巷
9	吉祥巷（含同仁里）	黄兴北路—藩城堤	传统民居集中，两厢有麻石小巷	同仁里是民国居住巷
10	连升街	福庆街—三贵街	小巷幽深，传统民居集中	从前是长沙政要和大商贾居住的地方，有 9 栋民国时期的公馆式建筑，现存 4 栋较为完整
11	古潭街	西湖路—西文庙坪	传统民居集中，两厢小巷有特色	古潭街两厢保存的为清末民初建筑

2004 年，天心区古潭街、大古道巷、小古道巷和开福区便河边提质改造工程启动。古潭街是长沙市首条动工修建的历史文化街，改造成既有古朴风貌，又具现代文明的居民步行休闲街；大古道巷铺设水泥仿麻石路面，对两厢箱包店铺实施统一仿古立面改造；小古道巷铺设水泥仿麻石路面，拆除少部分沿街建筑，店铺装修与大古道巷同一风格。便河边南入口矗立一块“长沙古护城河故址”麻石镶嵌的青石碑，碑正面讲述便河边的来历、刻出清乾隆十四年（1749）绘制的“长沙府疆域图”，背面刻画有“古便河边风情”。该改造工程探索一条百姓参与、“共驻共建”的新途径，工程总投资 226 万元，其中，政府财政投资 90 万元，沿线单位和居民自筹 136 万元，将昔日有“长沙龙须沟”之称的便河边改造成一条颇具特色的湖湘民俗文化商业街，导入市场运作机制。

2005 年，继续全面开展历史街巷改造工程，改造的历史街巷包括天心区太平街巷、白果园、西文庙坪、潮宗街。11 月，天心区太平街历史文化街区的保护和整治工程一期工程竣工，完成太平街、金线街基础设施建设，路面改造并铺装麻石，初步形成太平街南北入口广场，石板路、宜春园古戏台和明清式建筑等得以恢复；白果园街是长沙城仅存的4条麻石古街之一，沿街内布满文物古迹，建筑多以居住功能为主，改造工程本着“整旧如旧”原则，修复外墙破损青砖，复原屋檐翘脚，更换部分窗棂和石库门，增补黑漆大门上的虎头铜环、房屋墙角建造纪年，增挂金色匾额和门联，街巷现存历史风貌基本连续。西文庙坪呈“口”字形，西段保持较好的低层街巷格局，工程重点修复“道冠古今”石坊和整治改造西段街巷店铺，牌坊周边地面铺砌旧麻石，东侧新建文化墙，北面设仿古半亭，两厢居民房进行仿古改造，街区主要以居住、小型商业功能为主，巷内文化氛围浓厚，沿街历史文化保护点密集且保存相对完整。开福区潮宗街、连升街片区旧时是米业、堆栈业集中之地，街上的历史文化遗址有1920年毛泽东创办的文化书社、清末军机大臣翟鸿机故宅和真耶稣教会堂等，潮宗街、连升街两厢建筑采取保护与更新相结合的模式进行改造，保护古老麻石路面，新铺设麻石路面，选择相对完整地段的传统民居加以修复，改造后保持原有的空间形式与建筑格局。

2006年9月，芙蓉区化龙池历史街巷建设改造工程启动，化龙池是长沙城仅存的4条麻石古街之一，旧时化龙池为繁华的商业街，有“长沙秦淮河”之称，街道弯曲呈S形，独具特色，“玉带”为古长沙“八大公沟”之一。通过路面维护改造，两侧和中央均直铺一道麻石，将街面一分为二，左右则为横排麻石，南北走向，形成独具特色的麻石街道。

2007年，太平街修复改造二期工程启动，主要为传统民居院落的改造整治。保留太平街区自明清形成的“鱼骨式”街巷格局，西侧的街巷有金线街、孚嘉巷、马家巷等，东侧的街巷有太傅里、江宁里和西牌楼，该格局保存百余年街巷的名称、位置未变，街巷宽度、两旁建筑的形式与尺度，以及建筑材料仍然体现传统的风貌。政府改造工程将街区内现代、传统的经济资源整合，迅速带动太平街历史街区的传统商业和旅游经济。化龙池街巷两厢改造于3月开始，麻石路面按照清末民初样貌复原，排水设施全部完成，50余栋仿古商铺建筑改造建设完成。街巷东边花园占地面积约1000平方米，包括戏台、何绍基诗词碑林和花园等。

2008年，打造解放东路湘女服饰街、城南西路仿古街、银盆南路商业街及芙蓉中、北路、曙光南路5条特色景观街道。2009年，打造新民路等5条特色景观街。2010年，完成车站南路、蓉园路、书院路、八一路、枫林路景观街建设。

2012年，由于城市发展、主城区棚户区改造及城市轨道交通体系的建设，天心区古街巷片区部分历史街巷拆除，“磨盘湾—南倒脱靴— 一步两搭桥”古街巷基本消失，仅留吊马庄予园公馆作为“一般不可移动文物”原址保存；大古道巷沿街违章建筑已拆除大部分，街巷东段已基本夷为平地，街巷基本历史风貌不复存在；小古道巷大部分历史建筑遗迹已难觅踪影，街巷基本历史风貌已不存在。

第五节 城区绿化管理

一、道路绿化管理

1988年，更新劳动路、八一路的绿化，绿化美化湘江大桥桥头车辆分流工程，通过建设沿江绿带并设置“绿馆潇湘”“溢红榭”“泛绿轩”“望月凌波”“弦月花坛”“伞亭”6组建筑小品，完善河西沿江风光带的绿化，为市民提供理想的休息场所和美好的艺术享受。

1989—1991年，除正常维护五一路、韶山路等13条主要路道的绿化外，还结合市政工程完成人民路、劳动东路西段、袁家岭立交桥的绿化，以种植行道树为主。补栽五一中路因各种原因破损的广玉兰、杜鹃、迎春等乔、灌木 208 株，补植草地 6500 平方米。改造韶山路东塘至袁家岭段分车带人行道的绿化，补植乔木 11 株，新铺草皮 6845 平方米，栽植茶花和红檵木等灌木共 5550 株，增加绿化层次。通过清理长沙 13 条主次干道规划绿地，扩大道路绿地 1.74 万平方米，绿化新建的劳动东路路段 1.5 千米、城南东路 1 千米。在市区五一路等主干道重点地段有时限性地摆放鲜花 6 万盆。

1992—1995 年，配合市政建设，加强新建道路绿化和原有道路绿化的充实改造，新绿化 11 条 2 段，包括长捞路、芙蓉南路、解放中路、芙蓉中路等，总长 29.3 千米；改造 2 条，充实 10 条，增加绿地 3405 平方米。完成白沙路、五黑路行道树栽植。公园、道路时限性摆花 15 万盆。

1996 年，市道路绿化养护管理划归市城管委。是年全市新建和完善道路绿化 7 条，补植 28 条。道路、公园有时限性摆花 20 万盆。1997 年，出台《长沙市城市绿化管理条例》，规定园林行政主管部门负责行政辖区内的绿化工作；街道办事处、居民委员会负责督促、检查本辖区内的绿化工作。这是长沙市首次以政府法规性文件的形式规范城市绿化管理工作。

2000 年，修枝抹芽 6.76 万株，修剪绿篱 6.04 万米，修剪草皮 67.5 万平方米，中耕除杂 8.19 万平方米，修剪碍线枝 2.86 万株。在五一路绿化改扩建重点工程建设中，移栽玉兰树 619 株、移栽法国梧桐树 507 株、花灌木 9864 株、草皮 1.43 万平方米，新铺植两厢花坛、桥头匝道、五一广场 3 处草皮 6.84 万平方米，新建金天绿化广场。为庆祝中华人民共和国成立 51 周年，在五一大道及主要路口广场布置 5 个设计新颖的景点，摆花 10.5 万盆。

2001 年，长沙市按照创建生态园林城市的要求，突出城市园林绿化工作。是年重点突出湘江风光带人流高峰期的绿化管理和保洁工作，实行全天候 24 小时定岗巡逻制。在五一路两厢绿化带建设工程中，经过缜密的组织设计、施工，补植樟树、红檵木、金叶女贞、月月桂、春鹃、夏鹃、月季、迎春、石竹、绣球花和海棠，植物配置更加完善、科学。在芙蓉路绿化植物的移栽工作中，移栽樟树 1454 株、玉兰 69 株、花灌木 25311 株，完成芙蓉路立交桥至伍家岭 30262 平方米和湘江大道 35952 平方米的绿化栽植。为配合黄兴路商业步行街建设，抓好建绿护绿，切顶并移栽法国梧桐 261 株。2002 年，完成火星北路、展览馆路、潇湘大道、长沙大道、黄兴南路、荷晏路等道路的新建绿化工程；实施 319 国道入城段、伍家岭广场、火车站广场、韶山路、劳动路、芙蓉南路、车站北路、白沙路、解放西路、麓山南路、新民路、曙光路、赤新路等道路的绿化改造工程。对城区主要道路广场节日摆花及新增 8 条道路绿化的维护管理面向社会招标。全年补栽行道树 2200 余株，花灌木 40 万株丛，筹措经费 60 万余元用于抗旱保苗、打药治虫。2003 年，以五一大道、芙蓉路、韶山路、劳动路为重点，改造现有花坛绿化，增加花卉种植面积，增加植物配置层次。对新增道路绿化的维护管理权面向社会公开招投标，先后有湘江一桥、潇湘大道南段、展览馆路等 11 个路段由中标单位进行正常绿化维护管理。"五城会"期间，全市摆放鲜花 40 万盆，设计出一系列的街头小品，突出长沙绚丽多姿的文化内涵和热情好客的主人情怀。2004 年，开展 54 条道路、32 个小区、20 个游园广场绿化维护管理工作，绿化 259 万平方米，行道树 18 万株。市内新增、改造绿地 264 万平方米，新增维护 120 万平方米。安排 1000 万元资金对五一大道、芙蓉大道、湘江大道、长沙大道一期、南大桥等主要路段进行补栽补种，实施提质美化工程。其中，长沙大道新建绿化工程 2 万余平方米，配置红檵木、茶花、红枫、女贞、龟枷冬青、紫筱、红花月季等 10 余种植物，突出彩带式景观，采取自然、几何、分组、分层的方法，使道路绿化格调明快、色调鲜明。全年修剪花灌木 220 万平方米，清除积存垃圾 100 余吨，并对所有主次干道的绿化进行 2 次以上的打药治虫工作，修剪行道树4560株，修剪花灌木350万株丛，补栽乔木2600株，处理枯枝709株。

2005—2007年，道路绿化工作以支路和社区街道为主，全年全市完成配套绿化道路175条，新增绿化213万平方米。补栽人行道树20650株，修剪行道树12万余株。开展“春晖行动”绿化专项整治，对城区主次干道上的绿化带进行补栽补种和对人行踏板、踏步路进行拆除，拆除人行踏板、踏步路1200余处，还绿8266平方米，补栽灌木75840株，补植麦冬草8170平方米，清运渣土303立方米。乔木病虫害控制在5%以下，城区绿化植物生长良好。在五一路芙蓉广场、橘子洲大桥东头、袁家岭广场实施常年摆放鲜花，在各重要会议及重要活动期间增设五一广场、湘江风光带、火车站广场、劳动广场等25处场点摆放鲜花。

2008—2011年，结合全国文明城市测评工作，长沙市全面推进全城绿化提质改造工作。在全市20条主干道和广场、重要节点种植3.2万株适合长沙生长的紫薇、茶梅、夹竹桃等7种四季开花植物，苗木成活率超过98%，逐步实现四季有花。完成三一大道绿化提质改造工程。在全市范围内进行行道树花灌木和绿篱、模纹的修剪造型、中耕施肥、打药灭虫、补栽补种和整修园林设施等工作，补栽补种乔木行道树1.2万株、花灌木46万株、模纹植物65.5万平方米、草皮50万余平方米；修剪行道树31万株、花灌木90万株、模纹植物836万平方米、草皮120万平方米；喷洒农药稀释液4600余吨，施肥750吨；修复损坏园林绿化设施5.5万余米，护栏安装3万米。全市城区主、次干道、广场、社区公园等所有维护范围的绿化设施和植物完好率超过98%。全国文明指数测评、国庆节等重大活动期间，在市区主要干道、广场、重要节点、文明创建迎检点，共摆放鲜花220万盆。2011年，顺利通过全国文明城市测评。

2012年，在全市主要干道、重要广场和节点组织种植16.5万株紫薇、茶梅、夹竹桃、黄花槐、蜡梅、紫荆等四季轮流开花植物，苗木成活率超过98%。年内完成对全市主次干道、广场、湘江风光带、社区公园、居民小区等1500万余平方米公共绿地的日常维护。

截至2012年，通过对城区重点主次干道的绿化景观提质改造工作，长沙城市绿化景观已呈现出崭新面貌，长沙市森林覆盖率53.35%。全市道路绿化设施和植物完好率超过98%，其中，湘江长沙段、浏阳河等7条河流两岸绿化率98%，韶山路、芙蓉北路、新花侯路、麓云路、文轩路、云栖路绿化效果好，是提质改造的亮点。但全市整体水平一般，存在绿量小、景观效果不佳的问题，道路绿化达标率仅43.1%，并且由于多年来行道树改换频繁，部分树种生长缓慢，遮阴效果不佳。

二、公共绿地管理

1988年，完善河西沿江风光带、望月村、红旗区的绿化，重点对市七中、桐梓坡小学等全市96所中小学进行校园绿化。1990年，城市绿化覆盖率24.3%，人均公共绿地面积3.3平方米。全市公共绿地普遍设置绿化宣传广告牌，至年底，设置造型美观新颖的绿化宣传广告牌253块。1992年，城区绿化覆盖率31.4%，人均公共绿地面积4.2平方米，分别达到和接近全国城市先进水平。开放省博物馆、岳麓书院等17家单位的绿化庭院，为市民生活、休憩提供10.2万平方米公共绿地。随着长沙市城市建设规模扩大，建设用地与园林绿化的矛盾较为突出，全年砍伐树木6136株，其中未经批准砍伐3618株；为建商业门面，擅自侵占绿地1.26万平方米，经批准占用绿地6831.7平方米。1994年，充实改造420余家企事业单位和27个居民小区绿化，完成3个新建小区和2个重点市政工程的绿化。年内，历时8个月完成长沙市第三次绿化普查，普查结果显示，全市城区绿地总面积2481公顷，绿地率24.6%，绿化覆盖率33.2%，公共绿地面积3356公顷，人均公共绿地占有面积4.2平方米。

1997年，全市以“开展绿色行动，建设美好家园”为号召，开展绿色行动，全年新增绿地45.86公顷，其中公共绿地 18.17 公顷。完成毛泽东文学院配套绿化，建成晓园大草坪和岳麓山爱晚亭综合改造“精品工程”2 个。全年创建花园式单位 28 个。2001 年，市内新建和改造绿地 76.66 万平方米，其中拆违还绿 42.3 万平方米。年内，编制完成绿化规划，以“一个圈（五一广场）、两根轴（五一大道、芙蓉路）、多点布置”为总的规划设计思路。相继规划建设五一绿化广场、芙蓉绿化广场、火车站东绿化广场等大型公共绿化广场。

2003 年，全年提质改造花坛边长度 5.1 万米，新建小游园 15 个，整治改造小游园 5 个，补栽行道树 3000 余株，种植花灌木 400 万株，修剪行道树 9.5 万余株，修剪花灌木 300 万余平方米，中耕施肥 190 万余平方米，施肥 150 余吨，为绿化植物治理病害虫，喷药液 30 余吨，投入专项经费 100 万余元用于抗旱保苗。长沙市新增绿地面积 105 万平方米，建成区绿化覆盖率 36.01%，绿地率 31.07%，人均公共绿地面积 6.76 平方米。2004 年，市内新增、改造绿地面积 264 万平方米，新增维护面积 120 万平方米。配合市创建办开展“园林式小区”“美丽社区”创建活动，全市园林式小区超过 60%。

2005 年开始的 3 年内，按照背街小巷改造工程“道路提质绿化配套”的原则，主动跟进，见缝插绿，克服背街小巷绿化工程路段多、点散、时间多、施工条件差等诸多困难，3 年新增绿化 213 万平方米，修剪绿篱 391.01 万平方米，砌麻石树池 1532 套，砌花坛边 9600 余米，铺设休闲路面 2 万平方米，施肥 500 余吨，补栽花灌木 77.48 万株丛，打药水 2052 吨，清运垃圾 2000 余吨，修补园林设施 120 余处，修补缺损花坛边 5814 米，处理死危树 1300 余株。新增绿地面积 5.65 万平方米。2006 年，完成 100 个社区的综合整治绿化配套美化工作，改造绿地 13 万平方米，增植乔木 1.66 万株，新植花灌木 350 万余株丛，铺设广场砖和园路 8000 余平方米。2007 年，全年新增绿化面积 213 万平方米。完成 164 个社区绿化综合整治，新增绿地面积 9.88 万平方米，改造绿地面积 10.29 万平方米，新栽乔木 3023 株、灌木球 1689 株、小灌木 52.2 万平方米。

2009 年，社区公园建设启动。市、区两级共同投资 4000 万元，建成东屯渡等 6 个社区公园。完成省政府“两型办”办公场地绿化提质改造工程和中南大学新校区长沙生态园建设。2010 年，完成 1200 万余平方米城市公共绿地的维护。市、区两级共投资 9000 万元，建成 21 个社区公园，新增绿化面积 20 万余平方米，为市民群众提供良好的休闲健身场所，有效改善市区生态和宜居环境。2011 年，完成 30 个社区公园建设。被住房和城乡建设部授予 2011 年度“中国人居环境范例奖”。

2012 年，年内完成对全市主次干道、广场、湘江风光带、社区公园、居民小区等 1500 万余平方米公共绿地的日常维护，全市道路绿化设施和植物完好率 98%以上。市、区两级共投入 7000 万余元，新建 23 个社区公园，新增绿地面积 20 万余平方米。截至 2012 年年底，长沙市建成区绿化覆盖率 42%，绿地率 40.68%，人均公共绿地面积增长到 10.81 平方米。

第六节　城市道路设施维护管理

一、道路维护改造

1988 年，北区完成对破损严重的开福寺路面改建，工程总投资 38 万元，改建的路面全长 842 米，宽 12 米，其中水泥混凝土机动车道宽 8 米，两边人行道各 2 米，下水道配套建成。

1991 年，采用沿线单位集资加补助投资的方式，投资 41.2 万元对南区的青园路、新建东路，东区的燕山街，北区的伍家岭路、唐家巷路及毛家桥路进行沥青路面改水泥混凝土路面的翻修改建，新增改善沥青路面1253平方米、混凝土路面3.68万平方米，人行道690平方米，下水道645平方米。另外，对东区的东湖路、东庆街，南区的砂子塘小区道路，西区的银盆北路、深湾路、桔洲路、帆布厂路等7条次干道和区街道总面积4.88万平方米的道路进行中修。1992年，出台《长沙市市政工程设施管理办法》，对车行道、人行道、广场、停车场、街头空地、路肩及雕塑、喷泉等在内的道路设施以及桥涵设施、排水设施、防洪设施、道路照明设施进行统一建设、维护和管理，定期检查道路、桥涵设施完好状况，及时清理道路、桥涵上的障碍，维修破损设施，保证交通安全、畅通。

2000—2001年，重点完成八一路、车站北路、城南路、银盆南路、东风路、梓园路等24条主次干道的维护工作，解决沿线居民排水、出入通道路况差等难点问题38处。对教育街、赤岭路等10条共3万平方米的道路进行大中修，完成赤岭路、荷叶塘等17处共3790平方米的下水道改造和荷叶塘路、梓园路等6处共2万平方米的人行道彩板铺装改造。2002年，以市场化为标志的市政维护机制改革试点工作启动，是年五一大道、八一路、黄兴南路、雨花大道、长沙大道、南湖路等16条道路的维护工作面向社会招标。完成燕山街、车站北路、曙光路等主次干道的改造，维修路面19.97万平方米。完成新开铺路、三谷路、华厦路、工农路（浏阳河边）、赤新路等20条道路的大、中修工程，完成新民路等人行道的改造、潇湘北路整改、319国道路面修补、渔埠路整治等工作和中山路三角花园、东茅街、人民新村、工农路、华厦路、丝茅冲、下大垅、东塘等下水改造工程。

2003—2005年，继续完善道路维护改革，将二环线、火星大道、荷晏路、潇湘大道、319国道城区段等新增、改拓道路的维护通过招标方式实行承包。改造修缮劳动路、迎宾路、人民路、车站路等城市道路，对雨花路等20条道路进行中修。2006年，市市政工程管理处撤销，市政维护作业任务移交至各区。全年维护道路52.51万平方米，疏浚下水道285.9万米，清掏各类井座16万个次，修补人行道12.08万平方米，修整侧平石58.56千米。2007年，按照城市道路维护作业的标准要求，对市政道路实施精细化维护管理。全年修复沥青路面31.84万平方米，疏浚下水道55.928万米，疏浚各类井7.4万座，更换井盖板2100块，外运污泥1080立方米。补贴200万元购买“微波热再生养护车”，举办两期操作人员培训班，提高市政维护机械化水平。

2008年1—3月，湖南遭遇特大冰灾。冰灾过后及时组织各方力量进行损害修复工作。完成城南西路、德雅路大修改造，对城区主次干道路面、人行道进行全面整修。是年，开始为期4年的道路交通疏导工程建设，第一期涉及“五路二桥”（芙蓉路、韶山路、营盘路、人民路、劳动路，银盆岭大桥、橘子洲大桥），工程共恢复侧平石2.22万套米，恢复沥青路面12.70万平方米，新增排水管道6119米，打造城南路等老城区改造示范工程。2009年，第二期城区道路交通疏导工程扩大至湘江中路、城南路等7条道路和新世纪大道二环线转盘等2个节点，五一商圈等2个区域微循环，工程总投资2.5亿元，改造道路11千米，改造排水管4640米。2010年，第三期城区道路交通疏导工程完工，涉及中山路、解放路、蔡锷路等10条道路和万家丽路省环保厅前的人行过街地道、东塘商圈微循环、行车诱导系统及五一商圈停车诱导系统，改造道路208千米。随着老城区主次干道使用逐步接近运行年限，部分道路路面频繁老化破损，如西南、东北及西北二环线，因道路基础差、重车通过率高导致路况较差，岳麓、天心、开福三区市政中心展开应急抢修工作，基本保障二环线畅通。是年，完成团结渠公沟及城区42个堵头堵点改造疏浚、道路窨井盖、井座改造等整治工程，暴雨时城区没有出现内涝险情。结合文明创建，对八一路、韶山路、营盘东路、岳麓大道等主干道及部分次干道5.4万平方米人行道、盲道、无障碍设施进行增设和修补，11万余米道路沥青砼路面裂缝清理、沥青灌缝，66个井座和窨井进行改造。2011年，第四期交通疏导工程涉及韭菜园路、蔡锷路、麓山南路、涂湾路、湘春路、解放西路、新开铺转盘、万家丽路二环线匝道、湘雅路慢行片区等“六路、两节点、一片区”，不大拆大建，主要通过优化设计和规范交通行为，提升现有道路的通行能力。全年修复路面75.79万平方米，修补人行道36.31万平方米，更换各类井盖1.44万块，调整恢复侧平石8.38万套/米，掏井19万座/次，运淤泥5.9万立方米，疏浚管道11.5万米，道路完好率98%。

2012年，引进超薄磨耗层等，推广实施橡胶沥青“白加黑”施工工艺，完成芙蓉北路、三一大道及广电周边道路、银盆岭大桥西侧路面等17条道路集中抢修，完成22条支路街巷提质改造及部分主次干道集中整修项目建设，完成解放路白沙路等16个排水堵点改造，完成300余个破损井座的整治加固及39条道路路段近4.34万平方米路面的预防性维护抢修，城区95%以上道路运行状况良好。在全国城市文明创建检查中，市政硬件没有扣分。

二、道路交通设施管理

1988年，长沙市道路交通设施管理依照1983年颁布的《长沙市城市道路交通管理条例》执行。在道路设置标牌、横幅、广告及其他设施，不得影响交通、市容和卫生，占用道路时须经公安机关批准。1993年1月6日，长沙市出台《长沙市城市道路交通管理规定》，进一步明确道路交通设施的管理细则。该规定于2006年7月31日废止。

2008年6月4日，保证奥运圣火在长沙传递期间的市政设施完好运行。是年进行第一期交通疏导工程，涉及大量道路交通设施规范化整治和改造，建公交站台39座，拆除绿化带2.71万平方米，新增97个路口，封闭29个路口，新增标志站牌857块，新增信号灯127个，移位信号灯6个，剔除旧标线7.84万平方米，新施划标线11.02万平方米，新增行人二次过街设施12个，拆除行人二次过街设施11个，道路通行能力提高20%以上。2009年，《市政维护精细化管理标准》出台，全市市政维护车辆、工程机械的颜色、字体、标志、工作人员服装进行规范和统一。开展的第二期城区道路交通疏导工程中，城南路、东风路、车站路由原来的4车道改造为6车道，人民路由原来的4车道改造为6车道，并留出非机动车专用道；临街的单位或者小区连接主干道的出口基本上采用斜进斜出，不是直接和主干道对接，有利于通行；市政井盖的井墩采用混凝土浇灌，改变路面井盖下陷的状况；湘雅二医院、市11中，建设地下人行过街通道，并在人流量多的路面设立路面过街设施。同时，工程改建公交站台95座，新施划标线5781平方米，道路通行能力提高15%。

2010年，成立市城管交通设施执法大队，负责履行对全市城区因交通事故导致交通护栏等设施损坏的民事赔偿处理和擅自设置、人为盗损交通隔离设施行为的执法职责。同时，由城管和交警建立交通设施管理联动机制，促进长沙市交通安全和市容环境的有机结合。7月16日，城南中路290号附近的3块交通护栏被私自移走，责任当事人吴某被处以500元罚款，这是市城管交通设施执法大队开出的首张罚单。第三期交通疏导工程主要新建万家丽路省环保厅前和韶山路香樟路口2个过街地道，新建解放路司门口人行天桥一座，改建公交站台58座，银盆南路由4车道拓改为6车道，缓解区域交通拥堵。

2011年，建立应急维护清洗队伍。全年维护交通护栏、隔离墩、隔离梁等交通设施8万余处。实现管理和维护清洗联动，构建设施管理、执法、维护三位一体的工作格局。全年办结交通事故损毁交通隔离设施理赔案件425件，拆除兴联东路等32条道路的交通护栏5.6万余米，对湘江大道等40条路段的1.4万余块护栏和1.5万根立柱进行整体更新，在三一大道车站路口等23条路段和交通口安装4120套新型人行护栏，在韶山路安装3482套U形管，交通隔离设施设置得到优化。年底，新建路名牌的维护管理实施24小时巡查制度，定期对3068块路名牌逐个检查。是年实施的第四期交通疏导工程通过现有道路的优化设计和规范交通行为，畅通交通微循环，规范城区停车，涉及道路的通行能力提高15%以上。

2012年，对城区所有路段标志标线和信号灯路进行摸底调查，并从8月初开始，实施“规范城区道路交通设施专项治理”行动，修补、调整城区106条路段的标志标线，维护、配时优化城区相关路口的29个信号灯，改造、升级部分路段的信号灯计时器和监控。针对第一代护栏不耐腐蚀的问题，采用热镀锌静电喷涂新工艺改良交通护栏。在五一大道、万家丽路、二环线等道路路口设置以太阳能为能源的新型爆闪灯，白天夜晚均能给过往车辆提供警示。保证第七届中博会、中国·长沙环湘江国际自行车邀请赛等重大活动周边交通设施完好、整洁美观。全面走访全市设置有路名牌的道路，向社会发出路名牌公益“认养”倡议，全市3068块主次干道路名牌“认养”率100%。

三、路政管理

1989年8月，为确保道路畅通和市容整洁，对基建占地审批实行监督检查，是年纠正乱批乱占33起，处理各种违章占地739起。

1995年，《湖南省城市道路占用费挖掘修复费征收管理办法》规定县级以上地方人民政府建设行政主管部门是城市道路路政管理机关，负责城市道路占用费、挖掘修复费的征收工作，并负责办理临时占道或破路手续。

2000年，配合五一路绿化改扩重点工程，纠正各种不文明施工行为48处，下发违章整改通知书18份。全年办理占道手续96起，挖掘手续33起。2001年起，路政管理工作集中在对无证或超时超面积占道和挖掘行为的管理，审批占道和挖掘道路申请，制止违规行为。

2008年，拟定《长沙市城市管理局城市道路挖掘、临时占用管理规定》。2010年，制定《长沙市城市道路挖掘、临时占用审批程序》，发布《城市道路挖掘修复费标准的通知》，切实杜绝违规收费、违规审批。全年办理临时占道1120处，办理破路挖掘394处，占道破路办证率创下历史之最。2011年，完善“两级审核，三方把关”的路政管理机制，即区初审、市终审，市、区政务窗口和市级业务部门分级负责，逐一把关，严格落实“五个工作日”审结制度。运用违章停车锁车办法强化人行道机动车乱停乱放法院强制执行力度。全年清理整治各类亭棚占道779处。

2012年，通过运行数字化考核和业务考核有机结合，全面实现“两级审核，三方把关”的路政管理机制，加强市政业务单位与城管执法队伍的衔接，提高市政设施日常巡查与监督管理的力度。全年办理临时占道684处，破路挖掘672处，规范亭棚、早餐点设置784个，路政管理进一步规范。

第七节 城管执法

一、制度建设

1997年4月2日，《长沙市湘江长沙段饮用水水源保护条例》出台，对水源地实行分级保护，并明确规划、国土、公安、卫生、水利、环境卫生等各部门的监督管理职责。9月29日，颁布《长沙市城市绿化管理条例》，对市区“绿化规划和建设、绿地管理、树木保护、奖励与处罚”做出详细的规定，对城区绿化实行统一规划、分级负责、专业管理与群众管理相结合的管理原则，《长沙市城市违法建设工程处理方法》明确规划、国土、建工、房地产、环保、城管等部门的职责和案件处理程序。

2000年6月开始，开展城市管理综合执法（相对集中行政处罚权）试点工作，相对集中市容环境卫生管理、城市规划管理、市政管理、园林绿化管理、环境保护、工商行政管理、公安交通管理7个方面的全部或部分行政处罚权，并发布《长沙市城市管理综合执法试行办法》，制定城市管理综合执法的一系列管理制度，探索实行城市管理综合执法与公安城管警察支队联合执法模式。2001年11月30日，出台《长沙市行政执法监督条例》，对行政执法主体的合法性、规范性文件的合法性、具体行政行为的合法性和适当性、法定职责的履行、行政执法人员资格和行政执法证件使用的合法性进行监督。

2002年，长沙市推行城市管理综合执法执勤方式改革，根据长沙城市的实际情况，建立主次干道、街巷社区两张执法网，在街巷社区主要采取联点包片，街巷社区每一块都安排有队员负责，逐步形成处处有人管、人人有责任，管理与执法同步、教育与处罚并举的局面。长沙市在城管、公安联合执法过程中，逐步摸索建立“协作同步、两位一体”的有效工作机制，在阻挠综合执法的案件时，公安干警能及时赶到现场掌握情况，及时处理，保障城管执法权威。各执法大队开始实施“亲民”工程活动，增强城管执法队伍的群众观念，展现城管执法队伍的良好形象。2003年，继续实行城管为先锋、公安作后盾的“双剑合璧”运作模式，发布《关于禁止机动车辆在人行道上行驶和停放的通告》；3月28日，发布《启用“城市电话自动管理追呼系统”有关事项的通知》，安排专人负责“城市电话自动管理追呼系统”操作，整治城市“牛皮癣”。9月2日，在进一步推行路段责任制、徒步执法制、市容巡查制的基础上，出台《行政执法区域分类实施方案》，根据各路段管理优劣对整个城管执法工作影响程度大小，将全市所辖区域分为4类，层层分解目标任务，明确责任到各中队、个人。

2004年9月28日，出台《长沙市城市房屋拆迁管理条例》，进一步规范城市房屋拆迁管理工作，保障城市建设顺利进行，保护当事人的合法权益。2005年1月14日，出台《调整执勤方式工作方案》，实行每天两个重点时段，大队领导、执法干部上路徒步执法和守点巡逻的执勤方式，并按照《长沙城市管理综合执法支队责任追究制度》《长沙市城市管理综合执法支队目标管理考核办法》等进行考核督查，上路率明显提高，市容市貌明显好转。针对人行道机动车乱停乱放违章行为执法难度大，处罚到位率低等现象，城管部门争取法院、新闻媒体等部门的支持，对违章占道停车行为采取摄像取证，在《长沙晚报》公告，送达行政处罚决定书，对不自觉接受处罚的抄牌车辆申请法院强制执行，使违章车辆的处罚到位率大幅提高，提高执法权威和效率。10月25日，《长沙市城市市容和环境卫生管理办法》颁布施行。

2006年4月3日，长沙市发布《关于进一步明确违法占用行人道停放机动车辆案件行政执法程序的通知》进一步加强和规范对违法占用人行道停放机动车辆案件的执法工作；4月17日，发布《拆违拆广告工作有关规定》，进一步明确拆违、拆广告工作的有关事项。2007年，通过颁布执行《全市城市管理行政执法队伍全员上路及日常执法守点工作方案》《关于城管行政执法日常执法守点点位调整的通知》，完善日常执法和守点巡逻制度，队伍行动更加规范；同时加大上路执法守点工作力度，科学安排上路执法守点人员与时间，合理安排守点位置，采取全员上路与日常执法守点相结合的方法，确保全市主次干道和重点、敏感地段的市容市貌。2010年，出台《强化全市主要路段、重要场所市容秩序管理工作方案(试行)》《关于加强全市市容秩序管理考核的通知》，着力推进日常市容巡查、守点巡逻、路段责任和全员上路等执法执勤方式，突出抓好主次干道、重点敏感地段和空档时段的市容秩序，合理安排执法力量，全时段、全方位推进日常执法。

2011年6月1日，《长沙市城市管理条例》（以下简称《条例》）出台，这是中国首部城市管理法规。按照打造城市管理工作“一部法规，多项制度”的城管法制特色构想，以《条例》为基本依据，

《长沙市户外广告设置管理办法》《长沙市餐厨垃圾管理办法》出台。是年，启用代为履行清扫保洁责任，建立违法当事人信息库，实施教育整改先行、“首违免罚”和处罚前告知制度。探索行政执法与司法相结合的有效手段，建立责任民警到各城管执法中队任副中队长的工作机制，实施“科学研判、提前介入”工作举措，增强城管执法办事效率。

2012年，继续推行全员上路和主要路段守点、重点场所市容秩序管理制度，建立执法队伍重大活动执法等级响应制度、定期集中整治制度、空档时间管理和执法制度、重点案件督办等制度。应国务院法制办、全国行政法学会邀请，长沙市参加在北京召开的第七届全国执法论坛，交流推介长沙城管执法经验。

二、执法队伍建设

1988年，长沙市城市管理委员会设立市容监察大队，在建委系统富余的工人中招收执法队员150人，统一制服，主要负责道路两旁临时占地的审批，处理沿街两旁违章建筑。1991年，市容监察大队撤销。环卫、工商、规划、交通、绿化、市政、环保等方面的城市管理执法工作分属各专业管理单位负责，各单位设有独立的执法队伍。

1992年，为解决城市管理过程中存在交叉领域多头执法、重复执法、执法扰民的问题，组建长沙市城市管理综合执法队。1993年，先后成立市政监察大队和公安巡警支队两支城市治理执法队伍。

2000年，为支持相对集中行政处罚权以及城管、公安联合执法的运作模式运行，6月22日，长沙市择优公开招录700名城管综合执法队员，成立长沙市城市管理综合执法支队，通过“城管打先锋，公安作后盾”的机制创新，有效保证城管综合执法试点工作的顺利进行。长沙市市容环卫监察执法并入城管综合执法。

2002年，引入CIS（城市形象标识系统），编写《规范守则》《案例精选》《管理制度汇编》《技巧、方法和经验》，进一步完善和规范执法人员的执法纪律、执法行为和执法程序，确定队伍发展目标，设计出行业标志象征造型图案，创作城管之歌，对办公室、设备、衣着、服装、交通工具等进行应用设计，逐步使执法队伍在执法主体、程序、文书、人员的行为、语言、形象等方面有相应的规范。同时，通过思想作风建设、“1+1”温情互助、“十百千万”城管法规教育、设置“便民岗”“便民箱”活动，培养执法队员文明执法理念。

2003年，进一步理顺队伍内部管理关系，充实调整大队、中队领导班子，配优、配强执法队伍中层骨干力量。先后颁布《长沙市城市管理局工作人员五不准规定》《长沙市城市管理综合执法支队五条禁令》《城市管理综合执法个人形象督查暂行条例》等系列规章制度和工作方案，建立起“支队机关、直属大队督查和各区大队巡查”的三级督查体系，约束和规范全系统干部职工的言行，全年没有受理一起因执法队员严重违纪违法或工作失误被投诉的案件。

2004年，开展《中华人民共和国行政许可法》的培训学习，对城管系统的行政许可主体、项目进行清理，在作出处罚决定时，城管系统各执法单位均做到“事实清楚、证据确凿、程序合法、适用法律正确”。开展创建标准化城管综合执法中队的活动，制定《长沙市城管综合执法支队标准化中队建设标准》，按此标准推进20个城管综合执法中队的标准化、正规化建设。开福区大队与街道社区成立城管理事会，从社区干部、驻街单位、社区居民、外来人员中选出一些热爱事业、具有号召力的人，组成城管理事会，协助执法队伍加强对街道社区的管理。

2005年，全市创建标准化执法中队17个。开展综合素质大练兵系列活动和以强素质为主题的“金点子”评比活动，评出 21 个“金点子”，并运用在实际执法工作中。2006 年，全市创建标准化执法中队 25 个，11 月 8 日发布《行政执法人员综合素质培训方案》，开展以强化“七种意识、五种能力”（七种意识：敬业意识、模范意识、服务意识、廉洁意识、效率意识、创新意识、形象意识；五种能力：依法行政、依法执法的能力，耐心细致的思想政治工作的能力，善于处理各种社会矛盾的能力，高效完成各项工作任务的协调能力，准确流畅的口头文字表达能力）为主要内容的综合素质培训。

2010 年，第五届全国执法论坛暨现场会在长沙市举办。是年，城管执法队伍成立十周年，开展“十佳城管卫士”评选、十年城管成果展、先进事迹报告会等活动，弘扬城管行政执法人员的集体荣誉感。开展全市城管行政执法人员综合素质培训，推行亲民爱民工程、“心连心”等活动，坚持依法执法、文明执法，为市民群众服务。2012 年 8 月，湖南省第一个“百姓城管志愿者协会”在望城区成立，全区有近万名志愿者加入，每周五下午开展“百姓城管”大扫除活动，志愿者上街巡逻、文明劝导，12 月，望城区新增 14 个百姓城管乡镇街道分会，百姓城管由城市进入乡村。

三、专项执法

1989 年，长沙市开展春节前后、夏秋季夜市、迎接省辖 7 市市容卫生检查 3 次市容大整顿，劝阻乱停乱摆摊点 2.1 万余起，取缔看相算命摊点 974 起，抓获当街赌博 761 起，取缔无证摊贩 13125 起，驱散沿街卖艺 474 起，没收不合格衡器 743 件，清理 924 条小街背巷的大小基建场地 2960 处，清理生活垃圾 4669 吨、基建垃圾 2881 吨，解决“老大难”卫生死角 780 余处，洗刷各类标语 1.7 万余张。

2000 年，开展渣土运输专项整治、违章户外广告治理、马路摊担、早夜市整顿和拆除违法违章建筑等专项行动。其中，影响最大的是 10 月开始的“世纪之交大拆违”，通过广泛宣传、调查摸底、科学部署和依法依章办事，违章搭建户从最初的抵制拆违，到主动自行拆除违法违章建筑，在是年拆除的违法违章建筑中，自拆的占 60%以上。

2002 年，开展整治城区乱贴乱画、城郊接合部积存裸露垃圾、人行道乱停乱放、拆除违法违章建筑、渣土污染、户外广告六大专项整治行动，解决城区一些地方的脏乱差突出问题和人民群众反映强烈的难点热点问题；在全市各社区居委会及主要公共场所设置户外张贴栏，集中清除各类“牛皮癣”，立案查处乱贴乱画案件 119 件，全市主次干道的“牛皮癣”基本得到遏制；各区城管综合执法大队均成立巡查组，负责夜间渣土运输巡查，渣土严重污染路面的现象得到遏制。2004 年，开展为期 3 个月的渣土污染专项整治行动，无证施工、野蛮施工、不净车出场造成渣土污染，车辆破损、施工场渣土扬尘污染、车辆乱倒乱跑闯禁区等违规行为得到有效治理。

2007 年 5 月，长沙市发布《关于加强城市道路人行道管理的通告》，启动人行道市容秩序专项整治，对人行道上的违章占道停车行为；未经批准擅自设置在人行道上的报刊亭、信息亭、综合服务亭等各类亭棚；人行道上乱摆摊担、占道经营、店外经营等违章行为；人行道上乱牵、乱挂和占道堆物等违章行为，其他擅自占用和挖掘城市道路的行为等 5 类违法行为进行严厉处罚。2008 年，首次对全市门前卫生进行夜间大规模整治，将一半的人力投入夜间的执法管理与维护，实现城市全天 24 小时精细化管理。5 月，开展夜间门前卫生专项执法整治行动，共对黄兴路、书院路、文艺路、东塘等城市中心路段进行整治，取缔门前店外经营、门前乱摆乱放乱悬乱挂乱贴等违章行为 563 起，对 68 起门店向外乱扫、乱倒垃圾等违章行为进行处罚，教育并纠正门前人行道机动车、非机动车乱停乱放等违章行为 189 起。

2009 年，成立学校及周边治安综合治理工作领导小组，开展集中整治行动，依法取缔和拆除学校门外侧 50 米内违章建筑和流动摊点。岳麓区开展“校门清”专项整治行动，重点对学校周边乱堆物、乱设摊、乱张贴、出店营业等违章现象进行整治，安排城管队员和城市协管员重点在早上6时30分至8时和下午4时至5时30分的上学、放学的高峰时段，在学校周边定岗固守，加强对学校周边道路的机动巡查力度，及时处置流动性违章和突发事件，行动共取缔学校周边各类无证流动摊点520余起，查处出店经营256起，制止高音作业行为15起，解决长期以来校园周边环境卫生和流动经营问题，有效维护学校周边良好的市容环境和正常的生活秩序。

2010年，启动车窗抛物专项整治行动，采取行政处罚与有奖举报结合的措施，行政执法人员发现违法行为，将责令其采取清除干净等补救措施，并可处以警告或20元以上50元以下的处罚，对拒不清除、态度恶劣等情节严重的，处50元以上200元以下罚款。市民若发现车外乱扔垃圾的不文明行为，可拨打“(0731) 88665110”或用手机拍录下向车外乱扔垃圾的行为，将彩信发到城市管理短信投诉受理平台“106291000”举报，即可得到50元手机充值奖励。该措施施行一段时间后，车窗抛物现象明显减少。

2012年，长沙市突出抓好拆除违法违章建筑和违章户外广告、渣土、餐厨垃圾等专项整治，开展市容环境、流动摊担等各类日常秩序集中整治行动。是年10月，对中南汽车世界小区开展车辆乱停乱放、垃圾乱扔乱倒、广告乱搭乱建三大乱象整治行动。行动中，拆除违章广告1300余块，清除楼道垃圾1500余千克，整治面积2万余平方米。中南汽车世界道路两侧新增设垃圾桶，并划出新停车位，车辆按照停车线依次停放，菜贩和其他商贩均进入Q区、R区前坪划定的区域内经营，整个小区洁净有序。集中整治行动一月后，涉及宣传广告、环境卫生和街面秩序的案件数下降30%。此外，为巩固整治效果，组建一支40人的综合管理队伍，对中南汽车世界进行规范化、常态化管理。

第八节　城管效能建设

一、城管信息化建设

2006年3月，长沙市提出“加强数字化城市管理建设”。数字化城市管理信息系统建设范围包括芙蓉区、天心区、岳麓区、开福区、雨花区全部行政区域和高新区的管辖区域。2007年1月，长沙数字化城市管理建设项目立项启动。4月，建设部将长沙市列入第三批数字化城市管理试点城市。长沙市在借鉴其他城市数字化城市管理建设成功经验的基础上，创新提出数字化城市管理行政执法概念，建设行政管理和执法信息系统，实现行政执法与数字化城市管理模式的有机结合，建立“一级监督、二级指挥、三级处置”的数字化城市管理新模式，通过制定配套的数字城管考核办法、城市管理事件部件立结案标准等一系列制度，对于城市管理问题细分类型，明确事件部件的责任部门，规范相关工作流程，发挥监督考核作用，内容涵盖所有城市管理相关事项及单位，从而提高城市管理效能。

2008年，数字化城管建设工程顺利通过验收，在完成市级平台的基础上，区级平台全面建成。7月1日，实现市、区两级平台的联动试点运行。8月30日，市城市管理服务热线“12319”开通。全市数字化城市管理信息系统启用。11月，通过建设部验收。长沙市成为全国第三批数字化城管试点中首个通过验收的城市。长沙市数字化城市管理系统将市容环境卫生、市政道路、园林绿化等城市公共设施部件问题和行政执法、市容秩序、突发事件等事件问题纳入信息系统统一管理，将市、区两级城管、规划、环保、建设、公用事业、工商、公安、民政、电业等领域的专业部门通过信息系统连接。2009年4月，群众有奖举报城市管理问题数字化信息平台“106291000”投入运行，每年设立50万元用于市民投诉的奖励。至8月30日，不到半年时间，短信平台累计受理群众短信举报7568条，涉及城市管理系统范围的举报内容 4919 条。是年，短信平台受理各类投诉的处置率 100%，办结率 90%，市民群众的满意率 92.5%，平台向市民发送短信或回复电话 18100 余条次，兑现奖励 4600 余人次。

2010 年，明确界定各类城市部件、事件问题的处理职责，基于数据建立考核评价机制，使城市问题分工明确、处理高效。2011 年 4 月，开通数字城管效能网站。将数字城管案卷信息向市民公众开放。是年，数字化（二期）建设完成，主要完善一期项目建设中市级平台系统存在的不足，完善硬件平台，同时，新建作业车辆 GPS 管理信息系统，对城管作业车辆开始进行精细化管理，促进城市管理水平的提升。

2012 年 9 月 3 日，长沙市开始实施城市网格化管理，利用前期在城区设置 276 的个监控摄像头，将即时画面传递到视频监控指挥中心。该制度实行一个半月的时间，通过监控抓拍发现 143 个城市管理问题，均交办相关单位，其中 140 个得到解决。是年，长沙县投资近 2000 万元，在湖南省县级城市率先建成数字化城管系统并启用。

二、监督考评/考核

1988 年，长沙市实行环卫承包责任制，清扫结合承包者清扫任务的轻重、清扫质量的优劣，对承包者逐项实行考核记分，以得分高低决定其收入，并给予奖罚。西区五一西路"门前三包"检查站连续 8 个月获全市一类路段评比第一名，年底，五一西路检查站被评为全市"门前三包"先进单位。1989 年，全年对"门前三包"开展 11 次月检查，东区、北区分获年终评比一、二名。9 月 20—22 日，湖南省城乡建设环境保护委员会组织的市容环卫检查组对长沙市进行检查，检查内容包括环卫建设、规划与管理、设施与设备建设、市容卫生 4 个部分 58 个指标，其中环卫部门的受检内容占 62%，长沙市以 99.12 分的总成绩获得省辖市组第一名。

1992 年，城市综合管理、创建国家卫生城市实行目标责任书管理，各单位做到逐级签订目标责任状，实行任务到位、责任到人、奖罚兑现。全年对责任单位进行 6 次考核，开展总结表彰。每季度对实行"三包"的门店单位实行专项检查考核 5 次，年终评出东区、西区为"门前三包"先进单位，五一西路等 8 个先进"门前三包"检查站及 4 个先进街道办事处和 138 名先进个人。1996 年，组建长沙市城市管理绩效考核评价中心和长沙市城市管理维护质量监督中心，按照"天天有检查，周周有通报，月月有排名，季季有奖惩"的工作思路，制定城市管理日常检查考核办法和工作细则。同时，积极引进社会中介机构参与评比。

2002 年，印发《长沙市行道树（乔木）、公共绿地维护管理质量考核标准》，为长沙市城区绿化步入规范化标准化考核创造条件，对绿化招投标的项目实行合同管理，定期进行质量考核。健全城市管理日抽查、周通报、月考核、季排名的"四级"检查考核管理机制。2003 年，对环卫、市政、园林、综合执法等项目分别制定操作性强的考核标准，定期进行检查督促和考核评比，并与年终目标奖金挂钩，规范考核工作行为。全年通报表彰 29 个街道（乡镇）和 25 个社区的市容工作，点名批评 15 个街道（乡镇）和 25 个社区，促使市容环境卫生差的街道和社区改变环境卫生状况。开展环卫职工"十佳"评比竞赛，授予 10 人为"市容环境卫生工作十佳先进个人"称号和 40 人为"优秀城市美容师"称号，会后还组织环卫职工先进代表到上海等地学习考察。以迎"五城会"为契机，成立专项督查组分别到各区县（市）各有关部门、窗口单位查找问题，编发《督查简报》，对全市城管工作进行全方位、全时效地督查。发动社会各界参与城管督查工作，聘请 17 位城管工作监督员，建立起行政效能监察网络。

2005 年 4 月 27 日，发布《长沙市城区城市管理工作检查标准》《〈长沙市城区城市管理工作检查标准〉实施细则》，将城区城市管理工作分为组织领导与管理、街道社区城管工作、市容环卫工作、市政维护工作、绿化维护工作、渣土管理和渣土执法、城管综合执法工作和市民满意度调查8个子系统进行评价考核。每周全面检查一个区，每月、每季度公布一次各区综合排名。2006年6月30日，发布《长沙市城区城市管理行政审批管理绩效考核检查标准》，规定行政管理绩效考核的检查事项、检查标准和考核办法。将长沙市城区城市管理行政审批管理纳入经常性的绩效考核，强调加强批后管理。12月26日，制定《城市市政道路设施维护管理检查考核办法》，对路面、排水管网、人行道、侧平石及其他附属设施的维护考核做出规定。12月28日开始，在全市城区开展城市管理“十佳街道”“十差街道”的评选工作，考核各区每月检查成绩、日常检查成绩和市民满意度测评。2007年1月30日，制定《城区绿化维护管理考核办法》，考核范围包括城区内城市广场绿地、环城绿地、道路绿地、居住区绿地（不含单位绿地、物业管理绿地及建设未移交绿地）及绿化设施的维护管理、行政审批程序、城管110及来信来访处理等。3月8日，制定《城区环境卫生业务管理检查考核标准》，对道路清扫保洁，道路冲洒水，果皮箱清掏清洗，站厕卫生，垃圾、粪便运输，渣土管理，生活垃圾转运和垃圾无害化处理工作考核做出详细的规定。

2009年，对接数字化考核体系，利用数字化城管平台对全市城管工作考核评价实行系统评价和民意调查，对工作过程、责任主体、工作绩效和处置规范进行综合考核。建立和完善考核体系，制定31大类92小项的考核标准，确保数字化城市管理监督考核由粗放模式向精细模式的转变。制定《长沙市城市管理考核办法》，考核方式由过去考核问题处置率到现在的发现问题即扣分，采取横向纵向考品质、巡查暗访考问题的新模式，实现以解决城市管理问题为导向过渡到以提升城市管理品质为导向的全新考核体系。2010年，结合全国公共文明指数测评，逐步建立全系统的责任体系，将各项责任落实到人，促进工作落实。制定《长沙市城市管理绩效考核办法》，重新修订数字化城管考核评价办法，使城管问题数字处理流程更顺畅、机制更科学。将管理区域扩展到所有城市建成区，新增管理区域86.61平方千米，加强对违法建筑、渣土扬尘、违章广告、门前市容的管控力度。创造性实行市民短信举报制度，建立政府与市民在城管工作中的良性互动机制，提高市民对城管工作的参与度和满意度。

2011年，门前责任制管理工作纳入城市管理工作年度考核体系。开展星级门店评比活动，《门前责任书》签订率、城市协管员路段定岗率和主要路段沿街门店单位自觉履责率均有提高，每季度集中评比100家“星级”门店（单位），全市评定年度“五星级”门店（单位）100家，并授予奖牌。制定《长沙市市政设施维护与路政管理考核标准》《交通隔离设施清洗维护检查考核办法》《交通隔离设施仓库管理办法》《交通隔离设施执法队伍督查考核办法》等规章制度，建立GPS交通设施清洗、维护监控管理平台，逐步确立具有城管特色的交通设施管理机制。2012年，制定加强街道社区管理的系列规章制度，整理62个街道（乡镇）400个社区行政区划（平面）图，实行日检查、周通报、月讲评、季排名管理机制。通过运行数字化考核和业务考核有机结合，全面实现“两级审核，三方把关”的路政管理机制，加强市政业务单位与城管执法队伍的衔接，市政设施日常巡查与监督管理的力度得到提高。

第九章 住房建设与管理

1978年改革开放之初，长沙人均居住面积3.97平方米，城镇职工主要依靠单位福利分房。1984年，出台《长沙市房屋出售试行办法》，规定“补贴购房”实行“三三制”，即购房人所属单位补贴售价的三分之一，购房人交付售价的三分之一，其余由国家补贴。其后相关补贴标准和售房价格几番调整。1988年2月25日，国务院印发《关于在全国城镇分期分批推行住房制度改革的实施方案》，决定从1988年起，用3~5年时间，把住房制度改革在全国城镇分期分批推开。根据国务院的整体安排部署，1988年，长沙市组建房改领导小组，专项研究出台长沙房改政策。1991年10月，《长沙市住房制度改革实施方案》出台，1992年1月1日正式实施；通过住房制度改革，形成三类住房供应体系，即高收入者购买、租赁市场价商品住房；中低收入者购买经济适用住房；最低收入者租用政府或单位提供的廉租住房。从此，长沙建立起以经济适用住房为主的多层次城镇住房供应体系，“市场为主，保障为辅”的住房体系新格局逐步形成。至1993年，全市参加房改的住房产权单位有1280个，公房住户26.85万户，住房建筑面积1531.52万平方米（不含集体宿舍）。到1998年年底，全市累计出售公有住房8.74万套、554万平方米，占可售公房的82%。长沙全市售房衔接任务全面完成。1998年7月，《国务院关于进一步深化城镇住房制度加快住房建设的通知》发布，明确宣布从1998年下半年开始停止住房实物分配，实行住房分配货币化。1999年1月1日，长沙在全市城镇实行住房货币分配制度。1999年3月，《长沙市职工住房货币分配方案》《长沙市1999年深化住房制度改革方案》双双出台并实施。住房走向商品化、社会化的步伐再度加快，1999年，长沙房地产开发完成投资额22.58亿元，较1998年上涨30%；商品房销售额13.70亿元，较1998年上涨102%。

2001年，长沙成为全国省会城市中第一个“全国生态示范市”建设试点城市，山水洲城的城市定位为市民描绘出一幅美好人居的画卷，助推本土房产企业的兴起，但房价变化不大，均价一直保持在每平方米2500元左右。2003年6月，阳光100以4.1亿元拍得千亩土地使用权，高调进军长沙市场，随后，万科、万达、保利、恒大等全国性房地产商蜂拥而至，粤系、浙派、京派等开发商齐头并进，为长沙带来一大批优质住宅区。2005年，“国八条”《关于切实稳定住宅价格的通知》发出，长沙随即采取多种措施稳定房价，2007年12月，长沙住宅当月最高均价突破每平方米4000元。2008年“国十三条”《关于促进房地产市场健康发展的若干意见》发布，应对金融危机，国家鼓励普通商品住房消费，长沙房地产进入黄金时代。在促进商品住房消费的同时，2008年7月21日，长沙市出台《关于实施安居工程建设和棚户区改造的实施意见》《长沙市经济适用住房货币补贴实施方案》《长沙市城市廉租住房保障实施方案》三个纲领性文件，提出全面实施安居工程，形成基本符合长沙市市情，房地产市场和保障房相结合的住房供应模式。2008年8月，长沙市出台《长沙市经济适用住房货币补贴实施方案》《长沙市经济适用住房货币补贴审批操作规程（试行）》，低收入无房户家庭每户补贴8万元，采取各种各样的方法解决收入偏低群体的住房问题，帮助外来务工人员、新就业者和低收入群体改善住房条件，同时在保障标准的提升、保障范围的拓展方面取得重大突破。2010年，新“国十条”《关于坚决遏制部分城市房价过快上涨的通知》发布，长沙房价在经历一轮暴涨后迎来新一轮调控。

至2012年年底，长沙市各类保障性住房建设20万套（不含城区农民安置房），安置保障住房困难家庭18万多户。出售公有住房13.86万套，商品房竣工面积1亿余平方米，城市人均住房建筑面积33.08平方米，比1988年增长6倍多，实现从“蜗居”到“宜居”的历史性转变。

第一节 机 构

一、市级机构

1988年，市房地产管理局内设办公室、监察室、房管科、修建科、计财科、征用拆迁科、劳资科、保卫科、科教科、纪委、组宣科11个科室，定编42名。1991年7月19日，组宣科分设为组织科、宣传科。7月22日，设立长沙市总工会房地产管理局工作委员会。12月31日，“计财科”更名为“财务科”，同时撤销科教科，成立法制办公室（加挂行政复议仲裁办公室的牌子，实行二块牌子、一套人员）。1992年6月1日，“修建科”更名为“计划修建科”。截至1992年10月31日，内设机构共有办公室、监察室、房管科、计划修建科、财务科、征用拆迁科、劳资科、保卫科、纪委、组织科、宣传科、总工会局工作委员会、法制办13个科室，编制不变。1993年3月15日，撤销组织科、宣传科，设立组宣科、科教科。1995年，内设机构调整为办公室、组织人事科、计划财务科、开发经营科、房政科、市场管理科、房屋安全鉴定科、纪委（监察室）8个科室，编制38名。2001年9月，市房地产管理局更名为长沙市房屋产权管理局。2002年6月24日，市房屋产权管理局内设机构调整为办公室、政策法规处（加挂“长沙市处理私房改造遗留问题领导小组办公室”牌子）、计划财务处、物业监管处（加挂“长沙市物业管理办公室”牌子）、房屋安全处（加挂“长沙市城市房屋装饰装修管理办公室”和“长沙市房屋安全鉴定办公室”牌子）、产权市场处、住房管理处、人事处等8个处室，编制32名。2008年1月，住房管理处更名为房屋租赁市场管理处。2009年2月，撤销房屋安全处，设立住房规划处。2010年7月，撤销长沙市房屋产权管理局，其行政管理职能划入市住房和城乡建设委员会。

1988—2012年，先后担任长沙市房地产管理局、房屋产权管理局主要领导职务的有：李克健、廖行健、陈冶秋、陈立湘、石长松；其他领导班子成员有：吴毓文（女）、黄如瑾、唐葵乙、全臻、魏建超、罗伯云、谈文胜、赵金伟、李集业、王世平、杨新武、胡汉清、李志坚、王星耀、周江。

二、直属机构

1988年年初，市房地局共设有长沙市房产经营公司、长沙市房屋修缮公司、长沙市房地产开发公司、长沙市房屋产权监理处4个直属全民事业单位。同年6月20日，分别成立东区、南区、西区、北区房地产管理处，均为全民事业单位。7月22日，撤销长沙市房屋修缮公司，成立长沙市旧城改建开发公司，为全民事业单位。9月15日，成立长沙市房屋建筑设计室，为全民事业单位，编制30名。1992年1月15日，4区房地产管理处分别更名为东区、南区、西区、北区房地产管理局，成建制划交各区政府管理。3月，长沙市处理私房改造遗留问题领导小组办公室成立。8月28日，长沙市房地产交易所成立，为全民事业单位。1993年1月8日，撤销长沙市房地产交易所，成立长沙市房地产交易管理所。1994年11月，长沙市广厦（安居）工程建设领导小组办公室成立。1995年2月，长沙市住房制度改革领导小组办公室与长沙市广厦（安居）工程建设领导小组办公室合署办公。1996年5月，长沙市房地产管理局房屋拆迁管理科从局分设，更名为长沙市城市房屋拆迁管理办公室。1998年3月6日，成立长沙市房地产管理局计算机中心。12 月，成立长沙市白蚁防治站。1999 年 9 月，成立长沙市房地产置换担保有限公司。2002 年 6 月，长沙市住房制度改革领导小组办公室（长沙市经济适用住房建设小组办公室）划归市房产局管理，为副县级事业单位。2003 年 5 月，设立长沙房产（集团）有限公司，将长沙市房地产开发公司、长沙市房产经营公司、长沙市旧城改建开发公司、长沙市房屋建筑设计室、长沙市房地产置换担保公司划归集团公司经营管理。2004 年 12 月，长沙市房屋产权管理局计算机中心更名为长沙市房产信息中心。2005 年 9 月，设立长沙市房产综合执法队。2006 年 7 月，设立长沙市物业维修资金管理中心。至 2010 年，市房屋产权管理局直属机构共 11 个。

三、区县（市）机构

1988 年，长沙县、望城县、浏阳市、宁乡县房产管理均归口各县房地产公司。1989 年，设宁乡县房产管理局。1990 年 1 月，撤销浏阳市房地产公司，设立浏阳市房地产管理局。1991 年 9 月 10 日，成立郊区房地产管理局。1992 年，4 区分别成立东区、南区、西区、北区房地产管理局。1994 年 12 月，设立长沙县房地产管理局。1995 年 1 月，望城县房地产公司更名为望城县房地产管理局。1996 年，区划调整，东区、南区、西区、北区、郊区 5 区房地产管理局分别更名为芙蓉区、天心区、岳麓区、开福区、雨花区房地产管理局。2001 年 12 月，长沙县、宁乡县、浏阳市房地产管理局更名为长沙县、宁乡县、浏阳市房屋产权管理局；雨花区房地产管理局更名为雨花区房屋产权管理局。2002 年，望城县房地产管理局更名为望城县房屋产权管理局；芙蓉区、天心区、岳麓区、开福区房地产管理局更名为芙蓉区、天心区、岳麓区、开福区房屋产权管理局。2010 年，撤销长沙县、望城县、宁乡县、浏阳市及芙蓉区、天心区、岳麓区、开福区、雨花区房屋产权管理局，行政管理职能划入各区县（市）（住房和）城乡建设局。

第二节　住房制度改革

1980 年，邓小平提出“出售公房、调整租金，提倡个人建房买房”的改革总体设想，中国城镇住房制度改革逐步在全国展开。1988 年 2 月，国务院印发《关于在全国城镇分期分批推行住房制度改革的实施方案》。

1988 年 4 月 20 日，长沙市成立住房制度改革领导小组，长沙成为全省第一批实行住房制度改革的城市。6 月 10 日，长沙市出台《关于我市住房制度改革的初步安排》文件，要求全市从具体情况出发实现住房商品化。从改革公房低租金制度着手，通过提高房租，同时发给职工相应的补贴（住房券），将现在的实物分配逐步改变为货币分配，由住户通过商品交换，取得住房的所有权或者使用权。11 月 25 日，长沙市印发《关于推行新房先卖后租新房新租的通知》，所有单位 1988 年 8 月 1 日以后竣工的职工住房和 1988 年 8 月 1 日以前竣工但未住进职工的住房，除位于省委、省人民政府、省人大常委会、省政协、省军区机关大院内的外，均实行先卖后租，主要租给低收入的无房户。将住房作为商品进入消费品市场，实现住房资金投入产出的良性循环，走出一条既解决城镇住房问题，又促进房地产业、建筑业和建材工业发展的新路子。

1991 年 10 月，长沙市为解决长期的低租金、福利制带来的建房资金短缺、群众住房难、住房苦乐不均等一系列矛盾和突出问题，制定《长沙市住房制度改革实施方案》，进一步理顺租金，实行新房新租、超标加租、优惠售房、集资合作建房，建立住房基金。

1995年4月，长沙市为贯彻落实《国务院关于深化城镇住房制度改革的决定》《湖南省贯彻国务院关于深化城镇住房制度改革的决定的实施意见》，完善全市住房制度改革及有关配套方法，进一步深化住房制度改革，出台《长沙市深化城镇住房制度改革实施方案》《长沙市住房公积金暂行办法》《长沙市公有住房租金改革实施办法》《长沙市向职工出售公有住房办法》《长沙市集资建房办法》4个配套办法。全面推行住房公积金制度；积极推进租金改革；稳步出售公有住房；鼓励集资合作建房；加快经济适用住房的开发建设；发展房地产交易市场和社会化的房屋维修、管理市场。至1996年年底，全市70%的可出售公房已经出售给个人，全市公房租金水平提高到每平方米1.31~1.8元，占家庭收入的比重达到7%~9%，并逐年提高。11月13日，为改变直管住宅福利分配的办法，长沙市制定《长沙市新租直管住宅试行办法》，根据国家住房有偿解困的精神，规定新租的直管住宅、住宅改建所出现的原承租户住房面积扩大部分，以及承租户调换住房后所超过原住房面积的部分需要缴纳住宅安置费。1998年，根据国务院《关于加快住房建设进一步深化城镇住房制度改革的通知》，长沙市住房保障工作开始启动，陆续颁布并实施一系列加强住房保障工作的政策措施。1999年，长沙市率先在湖南省建立起廉租住房保障机制。

1999年8月，为进一步推进住房商品化、社会化的改革，建立住房新制度，印发《长沙市1999年深化住房制度改革方案》《长沙市职工住房货币分配实施方案》，长沙城镇住房制度改革进入深化和全面实施阶段。全面停止住房实物分配，逐步实行住房分配货币化，建立和完善以经济适用住房为主的多层次城镇住房供应体系；发展住房金融，培育和规范住房交易市场。住房货币分配除实行住房公积金制度外，主要有发放住房补贴和工龄补贴两种形式。住房补贴和工龄补贴在长沙市区执行一个统一标准，每平方米建筑面积的现行住房补贴额为249.30元，现行工龄补贴额为5.96元/年·平方米。计发职工住房补贴和工龄补贴的住房面积标准为厅级110平方米，处级85平方米，科级75平方米，普通职工65平方米。

2002年，按照国家和湖南省停止住房实物分配政策规定，长沙市发布《长沙市存量公有住房以经济适用住房价格向职工出售办法》，停止以成本价向职工出售公有住房的政策，存量公房按照经济适用住房1200元/平方米基本价格出售，实现住房市场化。

2005年，根据建设部和湖南省进一步加强经济适用房的管理，长沙市加大经济适用房和廉租房建设力度，确保中低收入家庭的住房需求，并下发相关文件确保实施到位，防止损害购房户利益。4月，长沙市根据全市经济适用房销售现状，发布《关于重申经济适用房销售有关规定的紧急通知》，进一步明确经济适用房的出售价格要严格按照政府指导价执行，各开发单位不得擅自提价，不准价外另立各类名目收费。各个小区的经济适用房需要向全社会公开出售，严禁开发单位内部处理（只对关系户出售），或与中介机构串通人为设置销售障碍。

2008年8月，长沙市为加强廉租住房和经济适用住房管理，规范审批操作程序，发布《长沙市廉租住房审批操作规程（试行）》和《长沙市经济适用住房货币补贴审批操作规程》，分别对已租房、未租房保障对象和住房困难户享受租赁住房补贴的情况进行规定，租赁补贴每季度核准发放一次，保障对象从批准后的次月起领取租赁住房补贴。实物配租优先保障急需救助的特殊无房户和住房困难家庭。对于弄虚作假被查实的，家庭收入或资产已超过规定标准的情况实行退出机制，停发租赁补贴。

2009年，在房价剧烈反弹后，国务院先后对房地产市场作出加强监管的信号。长沙市开启房地产市场调控的同时加大各类住房建设力度，强化住房保障，增加保障性住房和普通商品住房的有效供给。建设商品房施工面积 6168.6 万平方米，竣工面积 1314.7 万平方米，新建商品房销售面积 1715.8 万平方米，增长 81%。

2012 年，长沙市加强经济适用住房上市交易管理，进一步解决城市低收入家庭住房困难。12 月 18 日，制定《长沙市经济适用住房上市交易管理办法》。经济适用住房购房人拥有有限产权，只能由购房人及其共同申请的家庭成员自住，不得出售、出租、出借、闲置和擅自改变住房用途。除购房按揭外，经济适用住房不得进行抵押。货币补贴公房如需取得完全产权或上市交易，购房人（产权人）需要将已退回的货币补贴资金转至市财政局指定专户，并且到市房屋权属登记部门核发商品房产权证或办理产权转移登记手续。

第三节　保障房建设与管理

一、经济适用住房建设与管理

1995 年 4 月 2 日，长沙市人民政府印发《长沙市深化城镇住房制度改革实施方案》，要求加快经济适用房的开发建设，重点就是抓好“广厦”（安居）工程的组织实施工作，加快危房户、无房户、住房困难户的解危解困步伐。多渠道筹集经济适用住房建设资金，各级住房基金优先保证用于开发建设经济适用住房的启动和周转，金融部门在信贷等方面应予以支持。房地产开发公司每年的建房总量中，需拿出不少于 20%作为经济适用住房，由市政府用于安排住房解危解困。对离退休职工、教师中的住房困难户应予以优先安排。1998 年 8 月 10 日，为贯彻落实《国务院关于进一步深化城镇住房制度改革，加快住房建设的通知》精神，长沙市发布《关于大力发展经济适用住房的通知》，由市政府确定中低档经济收入家庭的划分，每年公布一次。经济适用住房的建设资金按国家、单位、个人合理负担的原则多渠道筹集。经济适用住房建设坚持“统一规划，合理布局，综合开发，配套建设”的原则，以政府统一指导下的社会化、大规模成片小区建设为主。户型建筑面积以 80~100 平方米为主。经济适用住房的出售实行申请、审批制度。出售经济适用住房实行政府指导价，平均售价应控制在 1000 元/平方米以内。各开发单位不得擅自提价向社会销售。自 1998 年 1 月至 2000 年 3 月，长沙市共建设各类经济适用住房（含单位集资房）408.62 万平方米，完成投资 34.87 亿元，解决 52975 户居民的住房问题。建设过程中，严格经济适用房建设管理，确保工程质量，共发放 36 份告知书，18 份整改通知书，7 个项目因材料、设计等原因限期整改，5 个项目责令停工。

2001 年，全市经济适用住房建设计划开工 150 万平方米，实际开工 205.81 万平方米；计划竣工 110 万平方米，实际竣工 128.68 万平方米；计划完成投资 11 亿元，实际完成投资 14.39 亿元。其中：经济适用住房小区开工 118.46 万平方米，竣工 71.76 万平方米，完成投资 8.7 亿元；单位自建经济适用住房开工 39.15 万平方米，竣工 31.36 万平方米，完成投资 3.1 亿元。配合城市路网和绿化建设及旧城棚户区改造，德政园、四方坪、芙蓉苑经济适用房小区加快建设步伐。

2003 年，长沙市成立全国第一个经济适用房展示服务中心，极大地方便广大人民群众对在售经济适用房项目进行考察。为进一步推动经济适用房的建设，市政府从实际出发，根据当时的经济适用房供应的具体情况进行一系列的政策调整，在继续加大经济适用房供应量的同时，对购买对象的资格严格审查、对经济适用房户型标准严格控制、对经济适用房的供应价格与面积标准严格限定。同时，细化经济适用住房管理办法，对长沙市经济适用房市场进一步规范。全年经济适用房建设投资 9.56 亿元，完成经济适用房建设面积68.88万平方米。

2006年3月，面对经济适用房制度实施中的问题，长沙市适时对经济适用住房购房资格进行调整，对30周岁以下未婚户购房手续暂停办理。重新界定经济适用房保障对象:即必须是具有长沙市城镇户口，并且符合长沙市政府划定的购房线标准的家庭中的住房困难户或无房户。棚改项目和市政道路工程的拆迁户也被列入保障范围。

2008年7月20日，为切实解决长沙市城区低收入家庭的住房困难，加快推进经济适用住房市场化运作进程，根据《国务院关于解决城市低收入家庭住房困难的若干意见》《建设部发改委监察部财政部国土资源部人民银行税务总局关于印发〈经济适用住房管理办法〉的通知》及有关规定，长沙市印发《长沙市经济适用住房货币补贴实施方案》，改革经济适用住房保障方式，将之前推行的经济适用房的“暗补”方式，代之以“明补”的方式，取消政府运作，代之以市场运作。通过发放经济适用住房货币补贴，支持保障对象以自主购房的方式解决住房问题。2008年，补贴标准为低收入无房家庭每户8万元，低收入住房困难家庭和棚户区、片区改造等重点工程拆迁户中享受经济适用住房货币补贴的每户5万元。补贴资金由市、区两级财政安排，2008年市财政安排6亿元，5区财政各安排1亿元。

2009年，根据长沙市年度住房保障计划和财政收入情况，确定当年经济适用住房货币补贴所需资金，由市、区两级财政按7:3比例安排。建设（筹集）廉租房7117套，发放经济适用房货币补贴2万余户11.57亿元，1.9万余户低收入居民搬进新家；商品房销售面积增长71%，房价基本稳定。住房货币补贴措施的出台为加快解决长沙市低收入家庭住房困难问题取得突破性进展。安居工程成为改善民生、拉动投资、扩大消费的最佳结合点，长沙的经验得到中央及有关部门的肯定。

2011年5月21日，为进一步加强全市经济适用住房和廉租住房管理，规范审批行为，长沙市印发《长沙市经济适用住房和廉租住房审批管理办法》，重点对申请对象的条件及认定、申请的受理及审批、经济适用住房的购房及产权交易、廉租住房租赁补贴发放及实物配租等问题进行细化与调整。具体保障方式和补贴标准按《长沙市人民政府办公厅关于印发〈长沙市经济适用住房货币补贴实施方案〉和〈长沙市城市廉租住房保障实施方案〉的通知》文件规定执行。

2012年，为规范经济适用住房上市交易管理，长沙市印发《长沙市经济适用住房上市交易管理办法》，购买经济适用住房满5年（从取得全额购房发票之日起计算，下同）并取得经适房产权证的，产权人在补交土地价款后，可以上市交易，政府可优先回购；也可分别由市房屋权属登记部门和市国土资源部门重新核发房屋所有权证和土地使用权证，土地性质由划拨转为出让，取得完全产权。货币补贴公房不受上市年限限制，上市交易时，须全额退回政府发放的补贴款项，也可由产权人全额退回补贴款项后，取得完全产权。全年共提交上市交易申请的经济适用房383套，其中28套因购房时间未达到规定时限被驳回申请，16套因违

图11-9-3-1 长沙市安居工程之一——静溢园广厦新村
（摄于1996年，市住建局供图）

规操作被查处，终止交易，退还相关款项。

二、廉租住房建设与管理

1998年，根据国务院《关于加快住房建设进一步深化城镇住房制度改革的通知》，长沙市住房保障工作开始启动，陆续颁布并实施一系列加强住房保障工作的政策措施。1999年，长沙市率先在湖南省建立起廉租住房保障机制，2003年年底长沙市委召开常委会，决定拿出7500万元资金，在城市东、南、西、北四个方向，新建5万平方米的民工廉价租房，并将其列入2004年重点工程。

2004年11月，长沙市公布《长沙市最低收入家庭住房保障管理办法》，在廉租房方面，长沙市除实行发放租赁住房补贴、实物配租、租金核减外，还扩大发放租赁住房补贴的覆盖面。2005年1月，长沙市第一个廉租房项目——江南公寓竣工，解决3000名农民工的住房问题。该项目建设工期1年，共13栋，每栋房屋楼层为7层，总建筑面积5万平方米。

2008年，根据《国务院关于解决城市低收入家庭住房困难的若干意见》，建设部等九部委局《廉租住房保障办法》和省、市相关政策规定，为做好全市廉租住房保障工作，长沙市印发《长沙市城市廉租住房保障实施方案》，坚持以廉租住房租赁补贴为主，加大廉租住房保障力度，扩大廉租住房保障范围，提高廉租住房保障标准，增强城市低收入住房困难家庭在市场上租赁住房的能力。2008年，廉租住房租赁补贴标准调整为无房户每人每月160元；住房困难家庭每人每月80元，一个家庭可享受的廉租住房租赁补贴金额最高每月不超过800元。全年长沙市共建设廉租住房2534套、12.32万平方米。租金核减4868户，年核减租金618万元，发放租赁补贴1440户。2008年是长沙住房租赁补贴数额最大的一年，全市廉租房保障比上年新增1.31万户，累计1.81万户。

2011年5月，为进一步加强廉租住房管理，规范审批行为，长沙市出台《长沙市经济适用住房和廉租住房审批管理办法》，对申请廉租住房的落户时间认定、无房或者住房困难、住房保障家庭收入认定、住房保障家庭人口认定、廉租住房补贴发放、廉租住房实物配租等具体问题进行详细规范。

2012年，长沙市保障性住房和各类棚户区改造开工建设3.73万套，基本建成3.32万套（其中竣工2.63万套）。为保证廉住房切实满足低收入人群的住房需求，长沙市印发《关于规范廉租住房实物配租工作程序的通知》，明确保障性住房实行退出机制，对不符合条件的保障对象及时清退；全部纳入专业物业管理，建立廉租住房电子信息档案。对78户擅自将廉租住房转租或者变相转租的配租家庭进行处理，共出具73份书面通知要求配租家庭迁出廉租住房，并取消其5年内申请廉租住房的资格。

三、直管公房管理

1988年，全年直管公房实收房地产租金1684.48万元（住宅180.28万元，非住宅1504.2万元）。账外资金收回0.28万元，指导性协议租金收入30.94万元，出售商品房1.84万平方米，收入975.77万元，出售旧房915平方米，收入4.25万元。直管公房的维修与养护工程开工13个，主要维修房屋楼顶，解决漏水问题；养护楼梯的护栏、修复小区的路面。1989年，由市房产局牵头与市物价、工商、财政、司法、公安等部门组成清查处理转租公房办公室，对全市80多万平方米直管非住宅公房的租售、使用情况做了全面调查，特别对12条繁华街道进行重点摸底，已清查立案245起，其中明显转租牟利性质的51起，以“联营”名义牟利的75起，以承包名义牟利的113起，其他6起，共计建筑面积3.14万平方米，约占12条繁华街道营业用房单位的32%，收缴各类非法所得32.7万元，剔除支出和承租单位特殊情况返还后，实收18.2万元，有效维护正常的承租合同。开展核换直管公房住宅租赁凭证工作，共核换租赁凭证3.67万户。

1991年10月，初步理顺市、区两级房地产管理体制，东区、南区、西区、北区、郊区5区都成立房地产管理局（包括各区原房管处和工程处）。住宅公房产权、处置权和变更权仍由市房产局掌握，其经租收入留区使用，并根据各区房产局的收入和任务，从市管的非住宅租金中调剂部分资金切块给区包干使用。1992年1月和12月分别调整住宅租金和非住宅租金标准，全年租金收入1976.42万元，其中住宅租金349.5万元，非住宅租金1518.58万元。全年变更手续29户，对于106户承租户借口经营状况不佳、不能房改或征收补偿要求未予满足等拒交租金的情况进行警告处理。

1993年9月1日，长沙市开征城镇土地使用税，继续收取地租与征收土地使用税相矛盾，停止收取地租。全年按照新的租金标准，租金收入3772.06万元，其中住宅351.67万元，非住宅租金3420.39万元。长沙市拨付的938万元维修费用于公房屋面翻修、平房整体翻修、老化电路养护维修及管道维修。至1993年年底，为解决群众住房困难问题，累计互换住房2506户，解决无房户、拥挤不便户868户，为30户人均3平方米以下特别困难住户安排住房。

1995年，改直管公房住宅无偿分配为有偿分配，市政府出台《长沙市新租直管公房住宅试行办法》，全年租金收入4239.23万元，其中，住宅租金797.66万元，非住宅租金3318.08万元。全年为258户住房特别困难户及民政、统战、老干、公安等部门安排住房503户。

1998年，直管公房213.07万平方米，其中住宅141.84万平方米，非住宅71.23万平方米，实收各类租金5745.30万元，其中住宅租金实收1689.47万元，非住宅租金累计实收4036.23万元，议价租金实收19.60万元。全年，共支出维修资金1160万元，受益居民2300户，27幢楼房的上下水、暖气管道、电气进行维修改造，21幢楼房屋面维修改造6800平方米，平房解危翻修3300平方米。

2000年，根据上年12月发布的《长沙市房地产管理局关于将直管公房纳入房屋租赁管理的通知》，直管公房由房屋所在地的区房地产管理局受理登记备案，核发“房屋租赁证”。全年共核发“房屋租赁证”487份，并将89户欠缴租金6个月以上或者未经房屋出租人同意擅自转租房屋的，依法解除租赁关系，收回其租赁的直管公房使用权。

2003年，面对直管公房面积和租金锐减的情形，采取收入与功效挂钩的分配方式，促使过去长期失管、漏管、怕管现象得到有效改善，确保国有资产不流失，全年实现租金收入4391.69万元。2003年年底，直管公房全部移交给长沙房产（集团）有限公司后，市房屋产权管理局实现政企分开，由企事业管理到行政管理的转变。

2005年，长沙市加强住房管理，对直管公房建房手续不全、资料不齐情况进行审查，查处违规行为106起；对于少数房屋承租人利用房改之机办理产权证，将市属直管公房占为己有等情况进行查处，处理43起相关案件；对于直管公房在移交过程中未移交房屋土地证的27起违规行为进行处理。

2008年，长沙市对全市各房产公司报送年报数据进行科学管理，对直管公房相关事项真实性、合规性进行必要监管，共发现不真实数据73条，对相关租赁、拆迁、产权调换的行为进行查处，处理不符合规定的行为12起；对3家房产公司出现的资产存量不实、权证与实物台账不符、租约合同管理不严、档案保管不善、未进行房屋鉴定存在安全隐患等行为进行警告处理，先后发放整改通知书5份。

2012年，长沙市公房出售393户，出售面积2.58万平方米，共计房款1279.10万元。市直行政事业单位补贴139人，补贴资金122.46万元，企业补贴885人，补贴资金1007.46万元。至2012年12月底，全市市本级出售公有住房13.78万套，建筑面积1027.7万平方米，收回售房款22.05亿元，全市行政事业单位公有住房出售基本结束。

第四节 商品房建设管理

一、房地产开发

1988年，长沙市从事房地产开发、商品房建设的专业公司主要有长沙市城市建设开发公司等11家长沙市本地国有企业。全年房屋竣工面积147.54万平方米，房地产开发开始起步。

1992年，邓小平南方谈话之后，长沙市房地产业得到快速发展。1992年房地产开发投资3.76亿元，批准成立的各类房地产开发公司共134家，其中新成立福湘、鑫城、三高、置业发展、世达5家中外合资房地产开发公司。1993年，长沙市房地产开发投资11.06亿元，同比增加194.15%，房地产业开始得到快速发展，房屋竣工面积213.38万平方米，比上年增长2.94倍，批准成立各类房地产开发公司317家。

1997年，受东南亚金融危机影响，长沙市房地产开发出现下滑，1997年房地产投资额15.74亿元，比1996年的投资减少3.83亿元；开发土地面积从115.20万平方米降到55.41万平方米；房屋竣工面积259.56万平方米，比1996年减少9.63万平方米。

1999年3月，颁布并实施《长沙市1999年深化住房制度改革方案》《长沙市职工住房货币分配方案》，停止住房实物分配，逐步在全市实行住房货币分配。长沙房地产业开始摆脱低迷，加速发展。1999年，长沙房地产开发完成投资额22.58亿元，商品房销售面积79.97万平方米，销售额13.70亿元，首次突破10亿元。

2000年，长沙市提出"一年一变样，三年大变样"城市发展目标，通过"经营城市"策略，吸引资金，加快旧城改造、五一路扩建和周边基础设施建设，提升城市品位。城市建设带动长沙市房地产开发，2001年4月29日，召开全市棚户区改造动员大会，专题部署长沙市棚户区改造工作，分3年对260万平方米棚屋进行彻底改造，2001年，共审批项目17个，开工13个，拆迁面积101.14万平方米，引进合同资金16亿元。2001年，长沙市房地产开发完成投资63.18亿元，商品房销售面积176.52万平方米，创历史新高。是年，长沙市第一个获得省会城市级别"全国生态示范市"建设试点城市，山水洲城成为长沙城市定位，长沙市房地产开发进入提质提速发展的新阶段，水云间、同升湖、华盛新外滩等楼盘相继竣工。

2003年6月，省外第一家大型房地产开发企业——阳光100置业集团进入长沙，并以4.1亿元取得长沙麓南67万平方米土地使用权。

2005年，国务院办公厅发布《关于切实稳定住房价格的通知》，调控过热的房地产开发，长沙市房地产进入稳步发展阶段。2005年，全市共完成房地产开发投资256.35亿元，房屋施工面积1913.57万平方米，其中新开工面积779.54万平方米，竣工面积515.16万平方米。商品房的销售均价3030元/平方米，其中商品住房销售均价为2539元/平方米，同比增长6.2%，价格趋于稳定。2006年，长沙市商品房供销比为1.05:1，商品房供求基本平衡，价格涨幅平稳。6月，绿城桂花城开工建设。绿城桂花城位于长沙市雨花区体育新城附近，北靠长沙大道（原雨花大道），交通便捷，配套完善。绿城桂花城由多层公寓、小高层公寓、高层公寓、大型会所、幼儿园及各类现代化生活服务设施组成，总占地约17.53万平方米，住宅建筑面积约23万平方米，建筑整体典雅大气，环境温馨秀丽，是长沙市具有代表性生态型大型现代生活园区。

2007 年 7 月 23 日，北辰实业以 92 亿元拍买下长沙新河三角洲地块使用权，成为当时中国的“地王”，并把新河三角洲更名为北辰三角洲，次年正式开工建设。北辰三角洲开发项目是长沙旧城改造史上规模大、投资多的项目。项目位于长沙市开福区，湘江与浏阳河交汇处，占地面积约 110 万平方米，总建筑面积 537 万平方米。其中，高 39 米架空平台上住宅面积 300 万平方米，酒店、商业、写字楼、公寓等综合公共建筑 80 万平方米；平台下社区商业配套和停车库等建筑面积 157 万平方米。区内高约 260 米的标志性建筑，成为中南地区的新地标。北辰三角洲项目是集合超高层商务写字楼、高层住宅群、大型购物中心、超五星级酒店于一体的地标性建筑，凸显该片区的高端商务价值，成为长沙新兴的多功能区域中心。

2008 年 4 月，长沙市加强房地产市场建设力度，开发一批地产项目。全年全市完成房地产开发投资约 478 亿元，商品房施工面积 4447 万平方米，其中新开工面积 1631 万平方米，竣工面积 687 万平方米，累计批准预售 1829 万平方米。全市实现商品房销售面积 950 万平方米，销售金额 338 亿元。其中世纪金源集团投资兴建的湘江世纪城是长沙市第一个超大复合型地产项目。项目位于开福区五合垸湘江东岸湘江滨江风光带一段，占地面积约 100 万平方米，总建筑面积 400 万平方米，总栋数 144 栋，商品房数量约 2 万套，能入住约 6 万人，包括普通住宅、高级住宅、大型购物中心、超五星级标准酒店、学校、商业等多种物业类型。成为长沙标志性建筑群，是长沙市规模最大的高尚综合社区。

2009 年，在长沙市首届地产项目投资推介会上，绿地集团、恒大集团等大批知名地产企业进入长沙房地产市场，成功签约大地产项目 14 个，项目资金 142.9 亿元。涉及大河西先导区片区建设、芙蓉中央商务区开发建设等片区建设招商项目，开福区火车北站片区等棚户区旧城改造项目，商业地产及房地产招商项目以及工业地产招商项目。全年全市新建商品房累计销售 1715.84 万平方米，年销售量排名首次进入全国 70 个大中城市前 10 名；全市新建商品房均价为每平方米 3750 元。

2011 年 1 月，国务院办公厅印发《关于进一步做好房地产市场调控工作有关问题的通知》，抑制房地产过热开发，控制房价快速上涨，将房价控制在合理范围。长沙市商品房销售下降，房价增长放缓。全市完成房地产开发投资约 860 亿元，商品房施工面积约 7670 万平方米，其中新开工面积约 2300 万平方米，竣工面积 1570 万平方米，累计批准预售 2012.82 万平方米，实现商品房销售面积 1796.38 万平方米，销售金额 972.84 亿元，新建商品房成交均价 5415.56 元/平方米，实现房地产调控目标。

2012 年，全市完成房地产开发投资 1032 亿元，房屋施工面积 7361.67 万平方米，房屋新开工面积 1824.23 万平方米，房屋竣工面积 1402.27 万平方米，各项指标同比下滑。房屋空置保持在 650.53 万平方米之间。

二、房地产市场管理

1988 年，在《长沙市房屋出售试行办法》的指导和规范下，长沙市房地产市场日趋活跃。1990 年 12 月 7 日，长沙市发布《关于加强我市商品房市场管理的通知》。1993 年，在下碧湘街建成“长沙房地产市场”，结束全市房地产业有市无场的局面。市场开展的业务有房屋交易、买卖、抵押、评估等 20 项，纳入市场管理的房地产交易 95%以上。是年，颁发《长沙市房地产交易市场管理暂行规定》等 5 个配套办法，正确引导全市房地产业的健康发展。市场成立当年举办两届房地产交易大会和首届换房大会，共接待各界人士 3.03 万人次，成交房屋 952 户（套），建筑面积 6.16 万平方米，商品房期货买卖 312 起，建筑面积 2.36 万平方米，成交总金额 7293.78 万元，住房互换 94 起，面积 2525.57 平方米。

1997 年，长沙市拟定《长沙市房屋互换》《商品房转让须知》等一些市场管理配套规定，加强管理，规范市场行为，长沙市房地产得到稳步发展。在两届房地产交易会上，办理房地产交易手续 1871 起，面积 30.83 万平方米，成交金额 52 亿元，商品房现期房成交 220 起，成交金额 1.09 亿元，并在第二次交易会期间首次推出直管公房使用权有偿转让试点。

1998 年，长沙市停止住房实物分配制度，依据《长沙市向职工出售公有住房办法》，积极稳妥出售公有住房，累计出售公房 8.74 万套，554 万平方米，占可售公房的 82%。9 月 1 日，颁布《长沙市个人所购公有住房上市交易试行办法》，允许个人所购公有住房上市交易，对个人所购公有住房首次进入市场交易作出规定。年内，长沙市重点实施住房公积金贷款，颁发《长沙市个人住房组合贷款暂行规定》，解决部分困难职工购房问题，增强房地产市场的购买力。

1999 年 2 月中旬，由市房地局举办、长沙晚报社承办的以“相聚世纪房市，共创千年家业”为主题的《长沙晚报》长沙房地产交易大会共接待 5.8 万人次，成交 2903 起，总成交额 5.3 亿元，创长沙历届房地产交易会最好成绩。年内，长沙市房管部门开辟周六经典房产广场，并积极开展房地产夜市促销活动。9 月，新组建的房屋置换担保公司积极与金融行业加强联系，为居民购房提供担保，提高居民购房能力，刺激住房消费。公司共办理房地产担保业务 35 户，担保金额 386 万元。

2003 年，面对“非典”给第三产业带来的巨大冲击，长沙市提出“消费回落投资补”措施，发布《关于进一步搞活房地产市场的若干意见》。11 月，长沙市印发《关于建立房地产开发预警预报信息系统和加强房地产开发统计工作的通知》，对建立房地产市场信息系统工作进行部署。年内，组织开发房地产开发预警预报信息系统。12 月 19 日，印发《长沙市房地产开发项目资本金管理暂行办法》的通知，要求房地产开发企业项目资本金占项目总投资的比例不得低于 20%，且建安及配套工程阶段项目资本金不得低于该阶段投资总额的 30%。项目资本必须专款专用，房地产开发企业不得以任何方式挪用项目资本金，更不得擅自抽回。全年全市房地产开发投资 122.56 亿元，同比增长 49.84%。

2004 年，长沙市成功主办春秋两季房交会。共有 154 家开发商参展，54.75 万人参观，房屋意向成交面积 73.51 万平方米，成交金额 22.59 亿元。

2005 年 5 月 19 日，长沙市为落实市场调控“国八条”，加强对全市房地产市场的管理，发布《关于进一步规范商品房预、销售行为的通知》，严禁商品房无证预售行为，严格限制期房转让行为，实行商品房预售合同备案制度，加强对商品房销售代理机构和销售人员的管理，建立房地产开发企业和房地产中介机构诚信档案以及完善商品房交易信息系统建设。6 月 7 日，长沙市发布《关于做好稳定住房价格工作的通知》，进一步加强对全市房地产市场的规范、引导和调控，做好供需双向调节，及时解决商品住房市场运行中的矛盾和问题，努力实现商品住房供求基本平衡，切实稳定住房价格，促进长沙市市房地产的健康发展。8 月，出台《长沙市商品房销售合同网上签约备案登记管理办法（试行）》，要求预售商品房的房地产开发企业在申报商品房预售许可前，办理网上用户认证手续。进一步规范商品房销售行为，提高商品房交易信息的透明度，保障交易公平公正。年内，长沙市正式组建长沙市房产信息中心和长沙市房产综合执法队，对商品房销售行为进行全面清理整顿，并对几家群众有反映、新闻媒体有曝光的开发企业进行行政和经济处罚，共发放整改通知书 78 份，整顿市场秩序，规范市场行为。

2006 年 8 月 8 日，发布《长沙市房屋产权管理局行政处罚程序暂行规定》，对违反商品房预（销）售、房屋权属登记、房屋交易管理（含房地产转让、租赁、抵押、中介服务）、房屋装饰装修、物业管理、住房保障和法律、法规、规章规定的其他房地产的违法行为，由长沙市房产综合执法队依法进行行政处罚。共立案 24 起，查办 9 起，查处各处违规违法案件、涉及金额 8000 多万元，通过媒体对 37 家违规中介机构进行曝光。

2008 年 7 月，长沙市出台《关于促进房产地业健康发展的若干意见（暂行）》，对房地产各项税费项目进行清理，降低房地产交易税费标准，提高行政审批效能，支持房地产企业合法经营，保持房地产合理的投资规模。8 月，建立房地产市场管理联席会议制度，优化住房土地供给结构和规划审批，适时调控全市住房建设规模和供应户型结构，加大中低价位、中小户型普通商品住房的有效供应。全年精心组织“春雷”“秋风”行动，严格商品房预售审批，严把商品房上市的入口关，严查房地产市场的违法违规行为，整治非法集资活动，曝光问题楼盘，共立案 64 起，结案 54 起，涉案金额 1.84 亿元。

2009 年 5 月 7 日，长沙市发布《关于实施二手房交易网上签约和资金监管的通知》，要求全市城区（含先导区）国有土地上已取得房屋权属证书的二手房屋交易时，必须实行网上签约合同，房屋交易资金实行全额监管。11 月 19 日，由市政府和中国人民银行长沙中心支行发布《长沙市商品房预售款监管办法》，商品房预售款监管部门对各预售项目的商品房预售款收缴、支出情况，建设工程进度与工程建设资金使用情况进行动态监管。预售项目建筑面积在 5 万平方米以下的，预售人只能设立一个商品房预售款专用存款账户；在 5 万平方米以上的，不得设立超过 3 个商品房预售款专用存款账户。预售人设立商品房预售款专用存款账户，应以幢为基本单位。2010 年，长沙市加大房地产市场整治力度，成立专项工作组，制定《2010 年房地产市场执法检查工作实施方案》，共发放自查自纠表 251 份，收回 228 份。针对房地产开发企业违规预售，在未取得商品房预售许可证时违规发放 VIP 卡，违规收取定金等现象，共查处开发企业 17 家，有效遏制开发企业违规预售行为。推进房地产市场诚信体系建设，对在建楼盘建设进度和预售资金进行全面监管，严格按照要求落实商品房预（销）售登记备案制度。实行房地产预警预报、二手房交易网上资金监管、物业维修资金网上监管和自缴，完善房地产市场监管体系。

2011 年，长沙市出台商品房限购、限贷、限价等政策，加强房地产市场监管。3 月 1 日，《长沙市房屋登记办法》施行。3 月 4 日，长沙市出台《关于进一步加强房地产市场管理有关问题的通知》，对市区内 90 平方米以下新建商品住宅实行限购措施。3 月 23 日，出台《关于做好房地产交易环节契税征收有关工作的通知》，严格执行契税、个人转让住房营业税和个人转让房地产所得税等新政。5 月 6 日，出台《长沙市商品房销售明码标价实施办法（试行）》，从 5 月 1 日起商品房销售按照“一套一价”实行明码标价。11 月 21 日，出台《关于第三次公布长沙市二手房住宅交易指导价格的通知》，修订二手房交易基准价格，进一步规范二手房住宅交易市场秩序。年内，长沙市对市级 90 个公司的 150 个项目实行资本金监控，监控资本金 4.46 亿元，监控率 100%。2011 年，长沙市制定《关于组织开展整治长沙市房地产开发领域非法集资问题专项行动的工作方案》，开展非法集资专项整治。深化房地产中介行业整治，先后印发《关于在商品房屋预售环节加强对销售代理机构和销售人员管理的通知》《关于进一步加强房地产经纪行业管理规范经纪市场行为的通知》《关于开展房地产中介机构专项检查整治工作的通知》。累计办理 200 宗房地产经纪机构、估价机构的资质备案、初审、年检、变更等事项，组织和举办两期共 1000 多名房地产经纪从业人员的培训考试和 1500 多名房地产经纪执业人员的继续再教育。组织 12 个检查组对全市的 101 家房地产经纪机构 39 家房地产估价机构进行集中检查，启动房地产中介及房屋租赁管理信息系统的改造升级工作。认真做好房屋租赁的日常监管工作，依托房屋租赁管理信息平台，对房屋租赁市场实施动态管理。全年，芙蓉、雨花、天心、开福、岳麓区共完成房屋租赁登记备案 3697 宗，总面积 210.49 万平方米。

2012 年，长沙市成立房地产行业信用信息管理领导小组，在宁乡、浏阳两地开展信用信息系统试点，逐步将全市房地产开发企业纳入全省房地产信用信息系统。建立房地产开发企业诚信台账，及时将企业不诚信行为记入台账，并定期录入信用信息系统。开展房地产开发诚信金牌企业评定，进一步完善《长沙市房地产开发企业信用信息管理办法》《长沙市房地产开发企业信用等级评价标准》，评选出121家2011年度房地产开发诚信金牌企业。在推进房地产信息化建设方面，开发房地产中介管理信息系统，制作中介从业人员智能卡，实现以卡管人，有力遏制"黑中介"。此举在湖南省系首创，得到湖南省住建厅的高度评价。

三、开发企业资质管理

1988年，长沙市房地产开发企业全部是国有企业。1992年，长沙市房地产开发出现合资公司和民营房地产企业，房地产开发公司共有317家。

1994年，按照建设部发布的《房地产开发企业资质管理规定》，长沙市历时半年，对全市房地产开发企业进行资质审核。参加资质审查的房地产开发公司共318家，除21家因自行歇业，85家未达标暂不予登记外，其余212家获审核通过。对部分开发公司按建设部新颁布的资质等级标准重新核定等级，其中拟报建设部由二级升一级的公司有2家，获准三级升二级的有6家，四级升三级的1家。长沙市规定，从1994年开始，对房地产开发企业实行一年一度资质年检的动态管理，资质等级不搞终身制，凡不参加年检或年检不合格的公司，不换发新的资质等级证书，未取得房地产资质等级证书和与之相应的工商营业执照的单位或个人，均不得进行房地产开发经营活动。

2002年12月19日，根据建设部发布的《房地产开发企业资质管理规定》，发布《长沙市房地产开发企业资质管理办法》，对房地产开发企业实行资质等级管理。按照注册资本、开发经营时间、累计竣工建筑面积、工程质量合格率、管理人员（包括职称）人数等条件，将房地产开发企业分为五个资质等级。企业资质登记实行分级核准。一级资质由省建设厅初审，报建设部核准。二级资质由长沙市建设委员会初审，报省建设厅核定。三、四级资质和暂定资质由长沙市建设委员会核定。明确规定各级房地产开发企业可承担的开发规模和业务范围。2002年，长沙市房地产开发企业一级5家，二级42家，三级266家。

2010年，长沙市在房地产开发企业度资质核查工作中试运行《房地产开发企业管理信息系统》软件，实行电子办公审批，强化非法集资行为的排查。全年共吊销18家开发企业资质证书，降低20家开发企业资质等级。2011年，长沙市严格审批和核查开发企业资质，对新设立的房地产开发企业进行资质审批时，资质申报与企业技术人员社保、开发项目落实挂钩，并加强项目用地的监管审查，在一定程度上杜绝皮包公司、空壳公司现象的发生，防止企业闲置土地。全年共新批房地产开发企业184家，引进注册资金63.87亿元，其中省外企业19家、引进注册资金16.93亿元。

2012年，长沙市进一步加强房地产开发企业的资质管理。严格审批房地产企业资质，重点核实土地权属证明原件（国有建设用地使用权出让合同）、项目规划及建设周期安排、股东情况（是否有其他开发项目存在遗留问题等）、专业技术人员及项目负责人是否到位（包括核对人员合同、社会保险缴纳情况等）。出台《关于进一步规范长沙市房地产开发行业管理的有关意见》《关于进一步加强长沙市房地产开发企业超越资质等级承担开发业务管理有关事项的通知》等文件，形成房地产企业约束机制。开展企业资质核查，清理、整顿不符合条件、违反国家规定的开发企业。落实《关于组织开展整治全市房地产开发领域非法集资问题专项行动的工作方案》文件精神，在资质申报、核查工作中督促开发企业签订《不参加非法集资承诺书》，发现售后包租等问题及时调查处理。至年底，长沙市共有房地产开发企业1821家，其中：壹级资质7家，贰级资质104家，叁级资质647家，肆级资质160家，暂未定资质903家。

表 11-9-4-1　　2012 年长沙市一级房地产开发企业名录一览表

序号	企业名称	资质等级	隶属关系	成立时间	在册职工
1	长沙市房地产开发公司	壹级	省	1984 年 12 月 20 日	74
2	湖南保利房地产开发有限公司	壹级	省	1998 年 8 月 4 日	68
3	湖南新金鸿置业集团股份有限公司	壹级	省	1998 年 6 月 11 日	145
4	弘德房地产开发有限公司	壹级	其他	1998 年 4 月 27 日	75
5	湖南嘉盛房地产开发有限责任公司	壹级	省	2002 年 4 月 26 日	83
6	湖南同人置业股份有限公司	壹级	其他	2002 年 6 月 17 日	56
7	中建信和地产有限公司	壹级	中央	2003 年 8 月 04 日	124

第五节　房屋综合管理

一、房屋产权产籍管理

1988 年 11 月，长沙市发出核查和换发直管公房住宅租用凭证的通知。各区选定一个管段进行试点，在 4 个内城区试点段 1167 户住户完成换证工作，为后期全市正式开始的核实换发住房租用凭证工作打下基础。

1990 年，长沙市筹备全市房屋所有权登记发证工作，陆续颁发《长沙市城镇房屋所有权登记办法》《长沙市城房屋所有权登记发证实施细则》《长沙地区军产登记发证的工作方案》《关于开展房屋所有权登记发证的通告》等文件，根据建设部颁布标准设计“长沙市房屋所有权证”式样和 17 种登记表格，编印《长沙市城镇房屋所有权登记发证培训教材》。12 月 4 日，长沙市着手对全市城镇范围内的 3700 万平方米的公私房屋开展产权登记发证工作。

1991 年 7 月，长沙市在城区全面铺开房屋产权登记发证工作，经过宣传发动、发证业务培训、对直管公房的登记审查和大单位自管房产登记等过程，全年共完成 1030 万平方米房屋所有权的总登记任务。1992 年，在开展单位自管房产登记发证的同时，长沙市进行私房登记发证工作，全年共完成产权登记面积 1101.46 万平方米，年底，私房登记发证工作基本结束。

1993 年年底，长沙市城区房屋产权登记发证工作基本完成，共登记房屋面积 3130.2 万平方米，其中单位自管 2507.38 万平方米，直管房 270 万平方米，军产 200 万平方米，私房 152.82 万平方米，发证面积 2448.45 万平方米。

1995 年，长沙市加强房屋产权产籍管理，制定收件到发证的流程图，限定各程序的办理时间，减少工作环节，加强收件管理，要求做到证件齐全，图表相符；适当调整工作人员，做到测绘审查同步进行；全面进行房产档案整理工作，录入计算机 53433 卷，制定有关图文扫描和管理信息系统的实施意见；开展图档核对工作，共校核档案 14 万卷，编绘 1:500 房地产平面图 2045 幅，面积 102.25 平方千米。在日常登记工作方面，全年共计收件 1.54 万栋，面积 305.87 万平方米，发证 7533 栋，面积 150.09 万平方米；在房改售房方面，共收件 5.5 万户，344.44 万平方米，审批 5.29 万户，发证 2.93 万户，188.40 万平方米。

2002 年 10 月 30 日，颁布《长沙市城市房屋权属登记管理办法》，自 2002 年 12 月 1 日起施行。办法要求房屋权属登记按照受理申请、权属审核、公告、核准登记、颁发房屋权属证书、建立房屋权属档案程序进行。要求自公告发布之日起90日内对房屋权属无异议的，登记机关可以核准登记；新建的商品房屋，房地产开发企业应当在房屋竣工验收之日起90日内申请房屋初始登记。12月26日，印发《长沙市住宅建设权属登记遗留问题处理办法》的通知，规定权属登记按房屋建成时间分阶段登记，规定不同类型住宅项目的确认单位和条件。解决长沙市住宅建设的权属登记遗留问题，保护住户的合法权益。全年房屋产权发证7.21万户，其中初始登记5254户，转移登记2.30万户。

2003年6月，长沙市投入350万元开发“长沙市房屋产权产籍电子档案管理信息系统”，完成44万卷档案的扫描任务，共扫描文件图片892万页，数据库容量150G，建立一个电子档案馆。2004年，长沙市利用先进科技手段强化产权产籍管理，开发“房地产产权产籍及市场管理信息系统”，完全改变过去传统手工办理业务的方式，实现房屋产权、交易的计算机网络管理；建立“房屋产籍电子档案管理系统”，实现业务管理科学化、程序化、规范化。2005年，长沙市房屋产权交易办证时限由原来的20个工作日提速为7个工作日，全市房屋产权发证放量增加，共办理房屋产权登记发证7.15万户。

2006年5月12日，印发《长沙市集体所有土地上房屋权属登记管理办法（试行）》的通知，规定长沙市集体所有土地上的房屋权属登记。集体所有制土地上的房屋权属登记参照《长沙市城市房屋权属登记管理办法》，登记机构、程序与城市房屋权属登记一致。

2008年，长沙市处理产权历史遗留问题42个单位、128栋房屋、5355户，洞井商贸城、红星大市场等影响较大的历史遗留产权问题得到解决。全年办理房屋产权登记证11.12万户。

2011年1月14日，发布《长沙市房屋登记办法》，办法规定办理房屋登记的一般程序和条件，要求房屋登记机构应在相应时间内将申请登记事项记载于房屋登记簿或者作出不予登记的决定：国有土地范围内房屋所有权登记，30个工作日；集体土地范围内房屋所有权登记，60个工作日；抵押权、地役权登记，10个工作日；预告登记、更正登记，10个工作日；换证、补证，5个工作日；异议登记，1个工作日。

2012年，长沙市重新启动集体土地发证工作，先在岳麓区开展集体土地上房屋登记计算机信息管理试点工作，调研各区县（市）房屋集体土地上房屋登记工作，制定《长沙集体土地上房屋登记实施方案》，并开展集体土地上房屋登记工作培训。依据《长沙集体土地上房屋登记实施方案》集中解决房产历史遗留问题，全年梳理房地产开发建设存在的30多个遗留问题，协调雨花区王家冲、天心区裕敏里、王府井商业广场等房屋产权遗留问题处理，彻底解决市领导信访包案——吴满珍房改房产权登记遗留问题，参与麓山里佳园项目房屋产权纠纷事件的调查工作，配合先导区、岳麓区形成调查报告并上报湖南省住建厅和国家住建部。全年房屋产权登记24.44万户。

至2012年，长沙市累计收集整理的长沙市房屋产籍档案150多万卷。其中产权档案120万卷，房屋抵押档案30万卷。长沙市房屋产权初始登记发证累计户数46.86万户，建筑面积1.05亿平方米；转移登记发证累计户数93.31万户，建筑面积1.08亿平方米；变更登记发证累计户数2.51万户，建筑面积1062.32万平方米；他项权利、遗失补证发证累计户数1.04万户，建筑面积331.02万平方米。收取登记费累计4.29亿元。

二、房屋交易

1988年，长沙市全年公房出售1.97万平方米，收入980.02万元，其中出售商品房1.87万平方米，收入975.77万元，出售旧房915平方米，收入4.25万元；私房交易完成923起，计3237间，建筑面积

5.35 万平方米，成交额 744.71 万元。

1992 年 6 月 23 日，发布《长沙市房地产交易市场管理暂行规定》的通知，对长沙市单位和个人进行房屋买卖、租赁、互换、抵押等房地产交易活动进行规范。1993 年 9 月 8 日，颁发《长沙市商品房屋销售管理规定》的通知。全年，长沙市办理房屋交易 2068 户，交易面积 17.76 万平方米。

1994 年，长沙市房地产交易大厦建成并投入使用，房地产交易逐步规范化，市国土局、法制局、房改办、公证处、银行、开发公司、中介信息公司等单位进场联合办公，实现“一条龙”服务。全年，长沙市办理房屋交易 2459 户，交易面积 37.11 万平方米。1997 年，长沙市房地产业处于调整阶段。长沙举办两届房地产交易大会，全年完成房屋交易 8515 户，交易面积 248.55 万平方米。

1999 年，长沙市停止住房实物分配，实行住房商品化、社会化，长沙市房屋交易出现快速增长，全年房屋交易 1.85 万户，是前一年的 2.2 倍，房屋交易面积 348 万平方米。1999 年，也是长沙市存量公房出售的重要一年，全市累计出售公有住房 9.4 万套，面积 701.97 万平方米，占可售公房的 90%。

2003 年，长沙市房地产业克服“非典”给第三产业带来的影响，全年实现房地产转让 345.21 万平方米，成交金额 67.69 亿元，其中，二手房交易面积 118.79 万平方米。房地产抵押面积 728.65 万平方米，抵押金额 194.2 亿元。

2005 年 8 月，依据国务院《城市房地产开发经营管理条例》和建设部《城市商品房预售管理办法》《商品房销售管理办法》，长沙市发布《长沙市商品房销售合同网上签约备案登记管理办法（试行）》，要求长沙市预售商品房办理网上用户认证手续，并在系统中申报商品房拟预（销）售的价格，在以后的销售过程中需要调整价格的，应当及时在系统中进行变更。全年，长沙市商品房价格稳中有升，商品房价格每平方米平均 3030.14 元，同比增长 10.67%，其中住宅为每平方米 2539.33 元；全市商品房交易登记量小幅回调，共办理商品房交易手续 4.59 万起，登记面积 891.37 万平方米，成交金额 161.58 亿元；二手房交易小幅上扬，共成交二手房面积 187.54 万平方米，二手房交易平均价格为每平方米 1797.36 元。

2006 年 6 月 20 日，长沙市印发《关于执行住房转让环节营业税政策的通知》，从当日起，对购买住房不足 5 年转手交易的，销售时按其取得的售房收入全额征收营业税。全市实现商品房销售 690.19 万平方米。全市二手房交易逐步放大，共成交面积 217.79 亿万平方米，成交金额 43.37 亿元。二手房住宅成交面积占二手房总成交量的 72.99%。

2009 年，长沙市启用二手房成交中心，对二手房交易实施网上签约和资金监管，通过棚户区改造和货补凭证的发放，激活二手房市场和房屋租赁市场，拉动房地产消费 360 万平方米。2009 年，长沙市两届房地产大会，促成各类房屋总成交 3980 套。全年全市新建商品房累计销售 1715.84 万平方米，年销售量排名进入全国 70 个大中城市前十名。

2011 年，长沙市先后出台商品房限购、限贷、限价等相关政策，加强房地产市场监管，房屋交易出现小幅下滑。全年长沙市新建商品房累计销售备案 1796.38 万平方米，二手房成交面积 378.76 万平方米。

2012 年，长沙市继续实施房地产调控措施，全年新建商品房累计销售备案 1438.09 万平方米；二手房成交面积 312.44 万平方米，成交套数为 29181 套，其中，住宅成交 194.32 万平方米。

表 11-9-5-1 1989—2012 年长沙市二手房交易统计一览表

年份	成交数（起）	成交面积（万平方米）	成交金额（万元）
1989	757	3.95	138.31
1990	722	3.72	4.96
1991	945	4.96	1788.94
1992	1651	10.03	2597.54
1993	2996	34.99	18615.27
1994	4126	58.68	54371.11
1995	3425	70.01	8836.84
1996	1564	22.21	2275
1997	1362	39.2	4356
1998	2816	51.14	7908
1999	2932	66.64	69542
2000	3889	51.8	64453
2001	6522	64.3	80413
2002	6599	66.5	90917
2003	9189	118.79	222671
2004	13702	182.66	296713
2005	16340	187.54	263617
2006	19158	217.79	420306
2007	19494	229.26	558376
2008 年 1—7 月（8—12 月未统计）	12797	174.15	431928
2009	40363	466.13	未统计
2010	41000	458	未统计
2011	31563	378.76	未统计
2012	26674	312.44	未统计

说明：二手房含单位自管产和私房，历史数据无法分开

表 11-9-5-2 2000—2012 年长沙市商品房交易统计一览表

年份	成交数量（户）	成交面积（万平方米）	成交金额（万元）
2000	10668	72.42	159719
2001	14997	176.52	382004
2002	21954	251.16	529680

续表 11-9-5-2

年份	成交数量（户）	成交面积 （万平方米）	成交金额（万元）
2003	26727	299.27	631558
2004	38671	450.22	991732
2005	56195	645.79	1662567
2006	60600	680.35	1962979
2007	82740	888.81	3085528
2008（8—12 月现房交易未统计）	63019	692.64	2731652
2009	111212	1178.48	4981738
2010	135435	1613.57	7726520
2011	113254	1347.42	8035477
2012	103864	1083.77	7021800

说明：2000 年以前无统计数据

三、 物业管理

1988 年，长沙市分期进行房屋维修“大会战”。第一期维修于 1 月 26 日发文，对直管公房中的危漏房重点摸底，逐栋落实，当场安排施工，奋战 20 余天，共维修房屋 1479 栋，中修面积 1.02 万平方米，保障 2000 多户居民住房安全。第二期维修于 7 月中旬开始施工，10 月中旬结束。重点对都正街、楚湘街、永湘新街、北正街、十间头 5 条街的公房进行全面修缮。共修缮房屋 236 栋，中修以上面积 3.86 万平方米。第三期维修从 11 月开始，由各区自行选点，组织会战队伍改造维修旧房。全年全市房屋维修共投资860.13 万元，维修中修以上房屋面积37.72 万平方米。通过维修，直管公房完好率提高 2.92%。1990 年 10 月，长沙市组织为期 3 个月的冬季房屋维修大会战，成立维修会战指挥部，制定严格的质量检查规定和会战纪律，克服动迁难计划开工难、处理邻居关系难、筹集资金难等困难，至 12 月底，共完成维修投资 385 万元，维修房屋面积 10.26 万平方米，优良工程为 63.6%，工程合格率 100%。

1994 年，长沙遭受百年不遇的洪水灾害，长沙市维修工作人员日夜奋战，抢修加固房屋 1.97 万平方米。全年完成维修投资 933.30 万元，维修面积 29.28 万平方米。1995 年，长沙市全年共完成维修投资 1434.53 万元，维修房屋总面积 40.94 万平方米，创历史新高。

图 11-9-5-1　岳麓区咸嘉花园一角（街景）
（摄于 1998 年，市住建局供图）

1998 年 7 月 22 日，印发《长沙市城市住宅小区物业管理暂行办法》，明确长沙市房地产管理局为全市住宅小区物业管理的行政主管部门；要求住宅小区入住率达50%以上时应当选举产生住宅小区物业管理委员会；规定业主代表大会行使的职权、物业管理公司的权利和义务及物业经费来源、使用和管理。全市物业管理工作走上有法可依，有章可循的轨道。

1998年年底，根据省建委《湖南省城市物业管理企业资质管理暂行办法》的规定，长沙市对全市物业管理公司的资质进行审批，全市经审批注册的物业管理公司有50家，其中二级资质12家，三级资质38家（一级资质的物业管理公司由国务院建设主管部门负责审批）。开展以服务为宗旨，以管理为基础，以新建住宅小区和公房售后服务为重点，以创建国家优秀物业管理小区为目标的试点工作。通过建设部组织的考评，长沙市咸嘉花园荣获“全国城市物业管理小区”称号，长沙商业银行大厦荣获“全国城市物大厦”称号。

2002年12月30日，印发《长沙市住宅区物业维修基金管理办法》，对长沙市城区范围内新建商品住房（含经济适用房）、公有出售住房、拆迁实行产权调换的房屋，其共用部位、共用设施设备的维修基金筹集、管理、使用作出具体规定。对专项维修资金的缴交时间、缴交主体、缴交比例等作具体规定。商品住房在销售时，购房者与售房单位应当签订有关专项维修资金缴交约定。购房者应当按购房款2%~3%的比例缴交专项维修资金，专项维修资金属业主所有。公有住房售后的专项维修资金来源于两部分：一部分是售房单位按照一定比例从售房款中提取，原则上多层住宅不低于售房款的20%，高层住宅不低于售房款的30%。该部分资金属售房单位所有；另一部分是购房者按购房款2%~3%的比例向售房单位缴交专项维修资金，售房单位代为收取的专项维修资金属全体业主共同所有。2003年5月23日，长沙市印发《关于商品房预售管理实施物业管理方案确认的通知》，要求凡2003年7月1日以后申领商品房预售许可证的开发企业均须向市房屋产权管理局提交物业管理方案，明确前期物业管理、物业管理用房、物业管理资料的移交工作和物业维修基金的归集。

2005年，长沙市物业管理小区面积3000多万平方米，物业管理企业420家，从业人员3万多人。长沙市逐步规范住宅小区物业管理工作，市政府物业管理部门免费为小区服务，主动化解和积极调解各类纠纷，努力构建和谐社区、文明小区，为群众尽可能地提供舒适的生活环境。2005年，长沙市开始实施物业维修基金归集管理，当年归集物业维修基金总额4.3亿元。2006年共归集物业维修基金3.4亿元，归集总额7.8亿元，支出使用32.2万元，做到有效归集，合法使用。

2009年，长沙市开展为期4年的“平安物业”建设活动，在全市50个物业管理项目开展平安物业试点工作，力争通过四年的努力，全市85%的物业管理项目达到平安物业建设的标准。同时，长沙市物业管理机构切实规范物业管理市场，优化外部发展环境，规范物业管理用房标准，建立物业管理招投标专家库，启动联席会议机制及时处理矛盾纠纷，促进社会和谐。全面推行物业维修资金网上银行自缴，全年共归集物业维修资金7.08亿元。

2010年，长沙市印发《关于调整我市物业维修资金交存标准的通知》，将全市原有的按购房款的2%~3%（楼梯房）的物业维修资金交存标准改为按房屋建筑安装工程成本收取，消除地段、户型等因素对物业维修资金缴存的影响。全年，共归集物业维修资金19.17亿元。2011年，印发《长沙市物业服务企业资质管理规定》，将长沙市物业服务企业资质等级划分为一、二、三级（含暂定三级）进行管理。规定新设立的物业服务企业资质（暂定三级）有效期为一年，三级物业服务企业资质证书有效期为四年，省外一级物业服务企业资质和省内二级物业服务企业资质实行备案制。明确对全市物业服务企业资质实行年度监督检查制度，年度监督检查情况作为企业诚信档案的内容予以考核，对违反资质管理的企业有权进行处罚。

2012 年，长沙市开展物业专项维修资金使用试点工作，出台《长沙市物业专项维修资金管理办法》。全年，物业维修资金归集总额 95.1 亿元，物业维修资金使用 4794 万元。对全市物业服务企业的经营状况进行全面检查，发现 392 家企业存在不诚信经营等行为，对这些企业采取降低企业资质、撤销企业资质和计入不诚信经营行为等处罚，初步建立企业诚信经营档案。出台《关于进一步加强全市物业服务企业资质管理的通知》，在企业资质申报过程中，加大专家评审力度，注重管理项目的社会评价和业主认可度强化注册物业管理师和专业技术人员数量、质量和作用。全年新增加国家一级资质物业服务企业 4 家，二级资质物业服务企业 13 家。完成全市 912 人的物业管理师考试资格审查和培训工作，组织全市 176 名物业管理行业中层管理人员进行专题培训。

至 2012 年年底，共有物业服务企业 1036 家（其中一级资质企业 24 家，二级资质企业 66 家，三级资质企业 859 家，外地驻长沙备案企业 87 家），管理各类物业项目 2800 余个。全市共有 31 个物业项目通过国家示范项目的评审，56 个企业荣获"湖南省优秀物业服务企业"称号；151 个物业项目荣获"湖南省优秀物业服务项目"称号；64 个企业荣获"长沙市优秀物业服务企业"称号；348 个项目荣获"长沙市优秀物业管理项目"称号。新建商品住宅全部实施专业化物业管理，全市物业管理覆盖率超过 70%，从业人员 10 万余人。

四、房屋安全管理

1988 年 8 月 17 日，长沙市印发《危险房屋鉴定管理暂行规定》的通知，成立危险房屋鉴定委员会，根据建设部颁布《危险房屋鉴定标准》，对直管公房进行一次全面的房屋质量状况普查。1989 年，经过现场勘查、科学评定、资料汇总后，统计出全市有危险房屋 824 栋，占总栋数的 7.33%；建筑面积 12.8 万平方米，占总面积的 3.93%；严重损坏房屋 2742 栋，占总栋数的 24.38%；建筑面积 47.9 万平方米，占总面积的 14.73%。

1999 年，长沙市发布《关于做好城市房屋白蚁防治工作的通知》，要求凡在长沙市新建、改建、扩建的房屋，均须进行白蚁危害的预防处理。2000 年，长沙市白蚁防治 719 栋，计 311 万平方米，施工安全率 100%。2001 年，长沙市新建、改建、扩建房屋白蚁防治面积 347 万平方米，共 729 栋。2006 年，白蚁防治面积首次突破 1000 万平方米，达到 1185 万平方米、房屋 1280 栋。2008 年，长沙市全面启动世界银行白蚁防治示范项目，完成 23 个预防示范项目和 226 个灭治示范项目，面积 108.99 万平方米，完成白蚁预防房屋施工 1968 栋，1454 万平方米，回访复查 3118 栋，1961 万平方米。长沙市白蚁防治站被评为全国和湖南省白蚁防治先进单位。

2009 年，长沙市发布《关于加强全市危旧房屋构筑物安全管理的通知》，明确各级房屋安全管理部门的职责。在全市范围内组织开展危旧房屋（构筑物）安全督查，对高危险的危旧房下发包括《关于要求对全市 C、D 级危房进行重点监管和处置的督办函》等在内督办函 34 份。全年共办理房屋安全性鉴定 361 件，涉及面积 20.75 万平方米，其中 C 级房屋 9 栋，面积 7987.83 平方米，D 级房屋 224 栋，面积 9.41 万平方米，共完成国有公房改造 1174 户，农村危房改造 2000 户，采煤沉陷区治理安置 560 户。

2010 年，制定《长沙市国有公房危房改造工作实施意见》，加强全市国有公房危房改造工作。要求全市市属国有公房按照房屋的危险程度，用 3~5 年的时间完成现有 C 类、D 类危险住房的改造工作，确保不发生危险房屋垮塌和人员伤亡等安全事故，确保房屋住用安全。2011 年，根据建设部《关于开展危旧房屋安全大检查，加强房屋安全管理的紧急通知》精神，长沙市开展房屋安全大检查，要求房屋安全主管部门切实加强全市既有房屋（构筑物）安全管理工作，特别注意恶劣天气和环境变化对危房的影响，制定好恶劣天气情况下危房安全管理的各种应急预案，确保人民群众生命财产安全。同时，积极协调处置房屋安全投诉及隐患预控，年内，共接待处理各类有关房屋安全隐患的来访来信投诉20多起，如省电梯厂职工宿舍排危问题、中城富通基坑隐患、澳洲商业广场基坑隐患、省武警护坡隐患、雨花区泰时花园护坡隐患、天心区新开铺边坡隐患、雨花区砂子塘B-7道路安全隐患、景湾小区、芙蓉苑、格林星城房屋安全投诉等，通过多次现场协调会议，大部分安全隐患得到控制和整改，没有造成安全事故。拟定《长沙市全装修商品房工程质量验收标准》，形成标准化验收导则，出台《关于规范长沙市公共建筑装修装饰工程施工许可核发管理的通知》，制定《关于进一步加强全市住宅装饰装修管理的通知》，加强小区住宅装饰装修准入管理，规范全市装饰装修市场。

2012年，实施《长沙市建设工程管理若干规定》，从勘察设计入手，进一步完善有关程序和制度，加强对基础或基坑（边坡）支护工程、降水工程等涉及周边既有建（构）筑物安全的预控和防范。全年，继续强化对装饰装修企业的资质管理工作，开展对装饰装修工程专项执法，加大执法检查的力度，确保公共建筑装修装饰工程和住宅装修装饰工程安全。

附记　处理长沙私房改造遗留问题

1990年12月15日，印发《中共长沙市委 市人民政府关于处理我市私房改造遗留问题的意见》，启动解决私房改造遗留的历史问题。意见指出长沙市城区和郊区的私有出租房屋社会主义改造，是按20世纪50年代《关于目前城市私有房产基本情况及进行社会主义改造的意见》《关于对城镇私人出租房屋进行社会主义改造的意见》进行的。纳入改造的私有出租房屋6591户，建筑面积108万平方米。这项工作，作为整个社会主义改造的组成部分是完全必要的、正确的。但是，由于当时开展工作的时间较仓促，工作不细致，存在些遗留问题，主要是：错改部分未达改造起点的出租住宅私房；对部分房主未按政策规定留给自住房；发给部分房主的定租率低于20%，发放时间不足5年；对部分已接管且符合改造条件的出租房屋未办理完备的改造手续。为认真落实党的政策，从坚持维护私房改造的成果出发，贯彻实事求是、有错必纠的原则，妥善处理私房改造遗留问题。

1992年3月，成立“长沙市处理私房改造遗留问题领导小组”并下设办公室负责办理日常工作。至2012年3月底，复查二审案件585户，完成私改案件审查办案7558户。其中：发还原房面积17万平方米；折价发还面积9.66万平方米，折价款2382万元；补定租金额近80万元。长沙市处理私房改造遗留问题领导小组办公室共接待上访人员达11万多人次，处理各类信访件6900多份。长沙市处理私房改造遗留问题领导小组认真办理各级人大代表、政协委员的建议、提案，优先审查重点工程和棚户区改造的征收拆迁案件，成功处理“协和粉栈”“五联社”、东山镇等多起突出的群访事件，稳妥解决一大批多年上访的老案、积案、难案，支持配合审查长沙、望城、浏阳、宁乡4县市上访疑难案件，有效推进处理“私改遗”工作的开展，解决群众的合理诉求，促进上访问题的化解，维护社会和谐。

第六节 房屋拆迁管理

一、房屋拆迁许可

1988年，根据《中华人民共和国土地管理法》的规定和长沙市城市总体发展要求，长沙市依法办理186项征地拆迁工作。其中，包括全市重点工程湘江北大桥、五水厂、劳动路、人民路、潇湘路、人民路立交桥、五一路桥头分流、袁家岭立交桥、韶山路菜市场有关的直管公房、私房、货棚等拆迁安置工作，拆迁安置生产单位2个，城市居民19户，郊区菜农2户。从7月至年底，完成金盆住宅区的规划设计和土地、人口调查摸底和征用土地规划审批手续等开发前的准备工作。金盆住宅区占地53.67万平方米，道路占地24.85万平方米，拆迁单位53个，建筑面积4.66万平方米；开发区内拆迁居民、村民831户，建筑面积6959.18平方米；路幅拆迁255户，建筑面积186.39万平方米；转业转户村民758户，2364人。

1991年10月28日，发布《长沙市城市房屋拆迁管理办法》，规定拆迁许可的程序和条件，要求任何单位或者个人需要拆迁房屋，必须持国家规定的批准文件、拆迁计划、房屋调查资料和补偿、安置方案等，向市或区（县）人民政府房屋拆迁主管部门提出申请，经批准并发给房屋拆迁许可证后，方可拆迁；未取得房屋拆迁许可证不得拆迁房屋。未取得房屋拆迁资格证书的单位，不得接受拆迁人委托、承担拆迁业务。全年，长沙市办理征地拆迁317项，审查协调办理785户，建筑面积4.4万平方米，安置转业转户507人，支持和配合市煤制气厂工程，芙蓉中路、解放西路、市第二污水处理厂、319和107国道等重点工程建设，推进长沙市旧城改造。

1994年5月11日，实施《长沙市城市建设用地实行五统一的规定》，要求需要用地的单位和个人，凭规划行政管理部门核发的“建设用地规划许可证”向土地行政管理部门提出申请，经批准后，发放“建设用地国土许可证”“城市房屋拆迁许可证”，在全市范围内，全面推广拆迁许可证制度。全年，共核发城市房屋拆迁许可证88个，实际拆迁房屋2371栋3061户，建筑面积20.02万平方米，其中拆迁城市房屋1389栋1926户，建筑面积18.87万平方米，办理“农转非”735户2324人，安置就业劳动力394个，受理裁决申请101件，其中申请法院强拆11件。

1998年，长沙市出台《长沙市城市房屋拆迁管理条例》《长沙市城市房屋拆迁管理实施细则》，规定房屋拆迁人为拆迁单位，不包括自然人，拆迁单位需要拆迁房屋及其附属物的，必须向房屋所在地的市、县（市）房屋拆迁管理机构提出申请，要求拆迁人办理拆迁许可证时，必须将拆迁补偿安置资金存入开户银行的专门账号，全部用于拆迁补偿安置，不得挪作他用，并接受房屋拆迁管理机构监督。

1999年，长沙市加快城市改造的步伐，全年共完成解放西路（司门口—沿江大道）、城南路中段、劳动西路（劳动广场—书院路）、白沙路北段（劳动路—韭菜园）等建设项目拆迁工作。共核发房屋拆迁许可证44本，拆迁房屋面积13.8万平方米，拆迁公、私房1376户，单位151家。拆迁资格单位发展至34家，开展拆迁单位年度资质复查：一级3家、二级8家、三级10家、四级6家、取消6家、暂停登记1家。

2001年，长沙市提出“一年一个样、三年大变样”“建设秀美长沙”的要求。全市完成湘江大道建设工程一期、湘江东岸风光带和防洪设施建设、黄兴南路商业步行街建设、黄兴北路一期工程（五一广场—营盘路）、展览馆路及棚改建设（迎宾路—湘江大道）、劳动西路二期（书院路—楚湘街）、人民东路、火星大道（万家丽路）、潇湘大道（一桥—三桥）、麓山南路等建设项目拆迁任务。全年共计发放拆迁许可证45本，拆迁房屋112.01万平方米，拆迁公、私房6108户，单位479家，拆迁工作量超过前5年之和。拆迁单位资质管理年度复审结果：一级3家、二级14家、三级13家。

图 11-9-6-1 2007年，岳麓区拆除违法违章建筑（市住建局供图）

2003年，长沙市实施城市建设第一个“三年大变样”宏伟目标的扫尾之年，全年共计核发“城市房屋拆迁许可证”110本（含延期），新开工41个项目，新申报拆迁面积50余万平方米，涉及3742户私房和219家单位的拆迁，其中包括：湘江大道北段建设、潇湘大道北段建设、韶山北路拓宽、金星大道、新建西路、人民西路等13个重点工程项目，涉及33万平方米房屋，2195户私房，172家单位的拆迁。配合新拆迁政策的出台，对全市城市房屋拆迁单位的资质进行重新审核，保留29家单位的拆迁资质。三年大变样期间，长沙市内5区城市房屋拆迁1.31万户181.83万平方米，其中拆迁私房9829户67.98万平方米，拆迁单位1739家87.88万平方米，拆迁直管公房1574户25.97万平方米。

2004年，受“嘉禾事件”的影响，长沙市大规模的城市改造进入新一轮的调整期，棚户区改造的步伐相对放缓，社会舆论和人民群众对拆迁工作要求增高、反映较多，导致棚改和拆迁工作难度不断加大。2004年拆迁量与上年相比明显下降，完成3981户、53.29万平方米的城市房屋拆迁和57.3万平方米的棚户区改造。

2005—2008年，长沙市完成友谊路、环线西北段、韶洲路、桂花路铁路改造及跨线桥、北站路开福区段、月湖公园的建设、百果园、西文庙坪历史街区整治、太平街改造、新河三角洲、湘江生态经济带、桔洲移民、朝阳二村、长沙卷烟厂技改工程、书院路改造、潇湘大道北段、火车南站搬迁、南湖片区棚改整治、南湖路、书院路、新开铺段、书院路大托段、枫林西路拓宽改造，滨江新城环境整治，武广片区香樟路、洋湖垸防洪通道、湘江西岸防洪堤等重点工程建设项目拆迁任务。

2009年7月，制定《长沙市国有土地上的房屋征收与补偿安置工作规定》，在全国率先试行公共利益项目房屋征收工作，得到最高人民法院和建设部的充分肯定。要求各拆迁责任主体和实施单位，建立阳光拆迁工作机制，全面推行“十个公开”，确保拆迁政策的公开透明和规范执行，中央电视台新闻联播对岳麓区滨江新城项目执行“十个公开”制度作了正面报道。全年，通过拆迁资质年审的拆迁公司37家，注销拆迁资质2家，新批准资质单位3家。颁发新项目28个，许可拆迁合法建筑面积153.2万平方米，拆迁合法建筑面积131.34万平方米；拆迁私房1.21万户，拆迁单位335家，拆迁直管公房1307户。滨江新城项目、中山西路棚改项目、南湖片区项目、湘春路西入口棚改项目、火车北站片区棚改项目、湖橡棚户区改造项目、东牌楼棚改项目一期等完成拆迁任务的90%左右，麓山景区整治工程全部拆迁完毕。

2011年12月，长沙市贯彻落实国务院《国有土地上征收与补偿条例》，制定《长沙市国有土地上房屋征收与补偿实施办法》，明确一律停止行政强拆，改为依法向人民法院申请司法强制执行。坚决杜绝违法征拆、野蛮征拆行为。加强新老政策的衔接，适时推进新项目启动，按照《国有土地上征收与补偿条例》规定的要求和程序组织实施。黄兴北路拓改、原长沙重型机器厂棚户改造、九尾冲棚户区改造、华狮啤酒厂棚户区改造等项目，先经公布征收补偿方案征求意见，对征收补偿方案征求公众意见修改后发布公告；选定评估机构；书面征求被征收人的意见；取得90%以上的支持率；开始签约进行动迁。全年共核发延期拆迁许可证45个，完成征收拆迁面积41.15万平方米，拆迁公、私房2419户，单位80家。监控拆迁资金23.74亿元，解控拆迁资金16.77亿元。

2012年，长沙市全面实施征收新政，推行征收管理规范化、制度化、程序化。全年审批17个项目的房屋征收补偿方案，监控补偿资金26.29亿，解控补偿资金22.90亿元；完成私房签约2918户，单位签约77家，公房签约349户；完成房屋征收面积总量备案34.16万平方米。

截至2012年，长沙市累计城市建设项目发放“拆迁许可证”666个，迁房屋面积834.9万平方米，拆迁私房7.25万户，单位4454家。

二、房屋拆迁补偿

1988年，长沙市城市房屋拆迁补偿安置按《长沙市国家建设征用拆迁城镇房屋暂行办法》《长沙市征用拆迁城镇私房收购作价标准及说明》的政策文件办理，全年共安置187户。

1991年，制定《长沙市城市房屋拆迁管理办法》《长沙市城市房屋拆迁安置补偿标准》。规定产权调换的面积按照所拆房屋的建筑面积计算，作价补偿的金额按照房屋建筑结构和建筑面积的重置价格结合重新结算。年内，完成芙蓉中段北端拆迁安置房164套，建筑面积1.03万平方米，完成解放西路东段一期拆迁安置房150套，建筑面积1.05万平方米。

1998年12月，制定《长沙市城市房屋拆迁实施细则》。进一步明确长沙市各类房屋重置价格及成新价格，长沙市房屋等级划分为4类5等，拆迁补偿安置住宅房屋地域类别和非住宅房屋地域类别，即住宅、非住宅各分6类地段，明确室内装饰装修等补偿标准。对非住宅房屋停产、过渡、搬家、过渡期租金补助标准较之前均有提高。

2000年，出台《长沙市城市重点基础设施建设拆迁腾地实施方案》。规定按照“分级负责”“谁主管、谁负责”的原则，对单位自管房屋的拆迁补偿安置按6个规定处理，直管公房住宅拆迁补偿安置由原市房产局对承租人按原面积进行安置，拆迁的非住宅直管公房产权由市人民政府核销，租赁关系自行解除。公民私房按被拆除房屋建筑面积统一进行安置，每降低一个地域类别，在原房屋建筑面积的基础上无偿增加10%的建筑面积。不接受统一安置的，可按被拆除房屋建筑面积以重置价格结合成新予以补偿或按统一安置的房屋建筑面积以安置房的价格予以补偿。同时出台《长沙市城市重点基础设施建设拆迁房屋装饰装修补偿标准》。

2001年4月19日，长沙市开启为期三年的棚户区改造，对260万平方米的棚屋进行彻底改造。至2003年，棚户区共7万户21万人喜迁新居。

2002年9月，发布《长沙市城市房屋拆迁管理若干规定》，对享受城市最低社会生活保障待遇且居住特别困难的被拆迁人或直管公房承租人由拆迁人对自愿选择产权调换方式的被拆迁人提供建筑面积不小于36平方米的房屋予以补偿安置，对上述直管公房承租人应当采用产权调换方式安置，且计租面积不得小于25平方米。原市房产局规定直管公房管理单位可以与承租人买断直管公房住宅使用权，按计租面积每平方米600元计算，承租人自行安置，同时规定拆迁人或承租人可按被拆迁房屋评估价的60%购买产权，安置承租人由购买人负责。

2006年，芙蓉路粮一库、朝阳二村、雨花区长沙大道棚改安置工程项目全部完成拆迁任务，1.2万居民喜迁新居。2008 年，出台《长沙市人民政府关于调整长沙市城市房屋拆迁补偿有关标准的决定》，将最低保障安置标准从过去的面积“不少于 36 平方米”调整为“不少于 45 平方米”，计租面积“不得小于25 平方米”调整为“不得小于 35 平方米”，装饰装修补偿标准调整为，最高补偿标准由 300 元/平方米调整为 420 元/平方米，实现拆迁补偿与物价水平上涨同步。在重点工程及片区拆迁项目中，长沙市试行《长沙市关于国有土地上征收房屋实行搬迁困难补助的若干规定（试行）》，对拆迁困难户每户给予困难补助 5000 元~2 万元。

2009 年 5 月 27 日，制定《长沙市国有土地上房屋征收与补偿安置工作规定》。8 月 6 日，长沙市发布《关于进一步加强拆迁工作意见》，大力推行“货币补偿、提供房源”基本安置方式，对违章建筑“无偿拆违，有偿拆迁”，对在规定时间内搬迁的拆迁户给予奖励。

2010 年 3 月，出台《长沙市国有土地上拆迁（征收）直管公房和单位自管房对承租人补偿安置的暂行规定》《长沙市国有土地上改变使用性质的房屋拆迁（征收）补偿规定（试行）》，规定对直管公房和单位自管房货币补偿中，每平方米补偿单价不得低于 1200 元。补偿安置规定促进全市直管公房、单位自管房以及改变使用性质房屋征拆工作的顺利实施，减少了拆迁矛盾的产生。

2011 年 12 月，颁发《长沙市国有土地上房屋征收与补偿实施办法》和修订《长沙市国有土地上房屋征收装饰装修补偿以及临时安置费房屋搬迁费相关参照标准》，规定被征收房屋的价值由房地产价格评估机构按照国家有关规定评估确定，对被征收人房屋价值的补偿不得低于房屋征收决定公告之日被征收房屋类似房地产的市场价格，临时安置费标准每户每月不得低于 600 元，房屋搬迁费为每户 800 元，房屋建筑面积超过 30 平方米，超过部分每 1 平方米增加 8 元搬迁费。

2012 年，长沙市发布《关于棚户区、片区等重点工程改造征收（拆迁）中住房保障的工作意见》，明确对棚户区、片区等重点工程改造征收（拆迁）中保障对象的具体政策：公房承租人可申请经济适用住房或经济适用房货币补贴、被征收（拆迁）房屋关系人可申请经济适用住房或经济适用房货币补贴、私有房屋被征收人和公房承租人被征收（拆迁）房屋关系人也可申请廉租住房。

第十章　住房公积金管理

1995 年，为配合城市住房制度改革，出台《长沙市深化城镇住房制度的改革实施方案》，全面建立住房公积金制度。年底，有 572 个单位 12 万职工开户汇缴住房公积金，归集金额 1200 万余元。2002 年 11 月，长沙市住房公积金管理中心成立后，住房公积金归集力度进一步加大，归集覆盖率稳步提升。随着住房公积金规模的迅速发展，为有效控制和防范风险，确保住房公积金资金安全高效运作，长沙公积金建立严格内部稽核、廉政风险防控等内控管理制度。

2006 年，长沙率先开发“住房公积金管理信息系统”，全面加强对住房公积金信息系统的升级改造，强化信息系统的刚性约束，构筑三个不同层次的住房公积金信息应用系统，涵盖中心所有政务工作和业务工作。住房公积金提取、贷款的规定、流程全部融入信息系统，实现“提多少、贷多少、问电脑”的系统裁定模式，从制度、软件、硬件等多方面入手强化住房公积金的归集和使用。2009 年 7 月 1 日，

《长沙市住房公积金管理条例》实施。这是长沙市同时也是湖南省第一个专门规范住房公积金管理的地方性法规。条例的颁布实施，推动长沙住房公积金制度的完善和发展。

2011 年，住建部等六部委下发《关于做好利用住房公积金贷款支持保障性住房建设试点的通知》，长沙成为全国首批、湖南第一个“试点”城市，共投入保障性住房贷款项目 4 个，包括丝茅冲等 3 个棚户区改造安置用房项目和一个公共租赁住房项目。这是长沙住房公积金功能拓展的一大改变，长沙住房公积金的保障功能由单纯支持职工购建房向支持保障性住房建设等更多领域不断延伸。至 2012 年年底，长沙住房公积金累计开户缴存 81.32 万人，归集公积金 235.47 亿元，归集余额 142.92 亿元；累计发放住房公积金个人贷款 9.52 万户 154.98 亿元。超过 40%的职工家庭依靠公积金制度不同程度改善住房条件，人均住房建筑面积由 1995 年的不足 8 平方米跃升到超过 30 平方米，住房成套率 90%以上。

第一节 机 构

1995 年，长沙市住房制度改革领导小组办公室（以下简称“房改办”）设立住房资金管理科，加挂市住房公积金管理中心牌子，负责全市住房资金和住房公积金的管理。是年，长沙县房改办试点建立住房公积金制度；望城县成立住房公积金管理中心，与房改办合署办公，挂靠县房地产管理局；浏阳市成立住房公积金管理中心，与市房改办合署办公；宁乡县成立住房公积金管理中心，挂靠县房改办；长沙铁路总公司成立“长沙铁路总公司住房公积金管理中心”。

2002 年 11 月，长沙市住房公积金管理中心成立，为直属长沙市人民政府的正县级事业单位，编制 25 名，负责长沙市区域内职工住房公积金管理和运作。2003 年 7 月成立长沙市住房公积金管理委员会（以下简称“管委会”），负责长沙市行政区划域内住房公积金管理和使用决策工作。管委会委员实行任期制，每届任期 5 年，委员由市人民政府和建设、财政、人民银行等有关部门负责人以及有关专家、工会和职工代表组成。管委会依据《住房公积金管理条例》等相关法规和政策，制定和调整住房公积金的具体管理措施并监督实施；拟定住房公积金的具体缴存比例；确定住房公积金的最高贷款额度；审批住房公积金归集、使用计划及执行情况；审议住房公积金增值收益分配方案。长沙市委常委常务副市长赵小明任第一届管委会主任。2003 年 9 月，长沙市住房公积金管理中心更名为长沙住房公积金管理中心（以下简称“市公积金中心”）。

2004 年，市公积金中心内设办公室、归集业务处（加挂监督法规处牌子）、信贷业务处、财务会计处 4 个职能处（室）。3 月，市辖各县（市）住房公积金管理中心撤销、并入市公积金中心后，设立长沙县、望城县、浏阳市、宁乡县 4 个管理部，核定浏阳市管理部编制 7 名，其他 3 个县管理部编制各 5 名。2005 年，归集业务处和监督法规处分设。

2007 年 9 月，成立长沙市住房公积金监督委员会（以下简称“监委会”）。监委会对市人民政府和公积金缴存人负责，监督住房公积金管委会和住房公积金管理中心的工作。市纪委常委、监察局副局长周耀炳任第一届监委会主任。12 月，根据建设部等五部委文件精神，长沙铁路住房公积金管理机构移交地方，设立长沙住房公积金铁路分中心，作为市公积金中心的分支机构，为副县级事业单位，内设办公室、归集业务科、信贷业务科、财务会计科、怀化管理部 5 个职能科（室、部）。财政全额拨款事业编制数 23名。

2008 年，市公积金中心增设人力资源处、稽核处、城区管理部，办公室加挂信息中心的牌子。2009

年市公积金中心增设监察室。2011 年，撤销城区管理部，分设芙蓉区、天心区、岳麓区、开福区、雨花区 5 个管理部，均为市公积金中心的正科级内设机构，核定编制 40 名，其中管理中心内调剂 10 名，新增编制 30 名。

2012 年，市公积金中心内设办公室（咨询服务处）、归集业务处、信贷业务处、财务会计处、监督法规处、稽核处、人力资源处、科技信息处、监察室等处室和芙蓉区、天心区、岳麓区、开福区、雨花区、望城区以及长沙县、浏阳市、宁乡县 9 个区县（市）管理部，下辖铁路分中心，有职工 190 人（含铁路分中心），其中在编职工 121 人，合同制人员 68 人，政府雇员 1 人。

2003—2012 年，先后担任长沙市公积金中心主要领导职务的有：欧永生、黄志平、王世平；其他领导班子成员有：苏先啓、高北平、梁敏（女）、马保华、周子荣。

第二节　住房公积金归集

1991 年，《长沙市城镇住房制度改革实施方案》提出试行住房公积金制度，随后，长沙市住房制度改革领导小组办公室（以下简称“房改办”）选择长沙卷烟厂、建设银行等单位进行试点。1995 年，长沙市出台《长沙市深化城镇住房制度的改革实施方案》，要求全市全面建立住房公积金制度。是年，在推广住房公积金制度试点的经验基础上，发布《关于在我市全面推行住房公积金制度的通知》，要求从 1995 年 7 月起，长沙市全面推行住房公积金制度，认真做好住房公积金的登记、核定、开户、汇缴等工作。年底，有 572 个单位 12 万名职工开户汇缴住房公积金，归集金额 1200 万余元。

第三次全国房改会议后，长沙市进一步调整力量，在实施安居工程的同时推进住房公积金制度，召开 2 次全市性动员大会，开展 5 次以上大规模上街宣传，在《湖南日报》《长沙晚报》等报刊上发表消息和报道 36 篇，在省、市有线、无线电视台及广播电台播放采访谈话及公积金活动等 47 次，对 20 个单位 60 名住房公积金先进个人进行表彰。组织 12 个小组分到各单位催办住房公积金，并规定住房公积金补贴暂在各单位售房款中列支，无售房款的单位由财政解决，单位和个人缴交率均 5%。1996 年，长沙地区有 2290 家单位开户汇缴住房公积金，归集金额 1.38 亿元，其中市本级 1080 家，归集缴交 4600 万余元。翌年，出台《长沙市 1997 年度住房制度改革有关规定》，进一步深化、巩固、发展住房公积金制度。全市 21 个委局系统 837 家单位设专人专账开展个人住房公积金登记汇缴工作。年底，市本级有 1148 家单位 21 万名职工开户汇缴住房公积金，归集金额 1.32 亿元。

1998 年，长沙市召开在外商企业建立住房公积金专门会议，要求长沙地区外资企业建立住房公积金制度，明确缴交率 10%。外资企业建立住房公积金制度情况纳入企业年度审核范围。同年，发布《关于调整住房公积金缴交率的通知》，规定自 9 月起，全市缴存职工个人和单位住房公积金缴交率由 5%提高至 6%，有条件的单位可提高至 10%，困难企业、单位可降低缴交比例，但不得低于 2%。全年住房公积金归集金额 4.27 亿元，其中市本级有 1251 家单位开户缴存住房公积金，归集金额 1.78 亿元。

住房公积金制度建立初期，部分单位和职工对住房公积金制度认识不深，加上缺乏法律指导下的行政约束，全市住房公积金年度归集扩面工作推进缓慢。1999 年 4 月，长沙市贯彻《住房公积金管理条例》（以下简称《条例》）精神，住房公积金管理开始有法可依，住房公积金制度进入依法管理、规范发展时期，住房公积金决策体制逐步建立，监督体制进一步完善，住房公积金各项业务快速发展，经济、社会效益日益显现。

2000 年，进一步加强住房公积金宣传动员工作，对未建立住房公积金制度的单位上门宣传动员，对经济状况较差的单位允许其降低缴存比例，实在无力缴交的单位可申请缓缴。缓缴时间一般为一年，一年一报，单位须召开职工代表大会，经职工代表同意后提交书面申请，经财政或税务部门签署相关意见，报市房改办审批。对有经济实力，又拒不建立住房公积金制度的单位，在反复宣传动员无果的前提下，按《条例》规定拟采取执法措施。

2003 年，长沙市经济效益好的单位经审核可适当提高住房公积金缴存比例，单位缴交部分最高不超过 20%。全年市本级归集住房公积金 6.6 亿元，其中市本部 3.47 亿元，长沙县 0.63 亿元，浏阳市 1.05 亿元，宁乡县 0.57 亿元，望城县 0.43 亿元。

2006 年，长沙市重点推进乡镇中小学校和非公有制经济组织等薄弱环节建立住房公积金制度。浏阳市教育局系统年内新增开户单位 8 个，职工 1346 人，覆盖面 40%，长沙县中小学校全面建立住房公积金制度，望城县将建立乡镇中小学校住房公积金制度列入人大代表议案；长石铁路公司、中国铁通湖南分公司住房公积金全部划转市公积金中心统一管理，三一重工等省内知名民营、股份制企业已办理住房公积金开户缴存。是年，市公积金中心首次在全市开展住房公积金行政执法检查，重点对 50 余家缴存基数、缴存比例超高单位违规缴存及“应建（制）未建（制）”“应缴未缴”单位进行检查。全年全市新增开户单位 209 个 1.39 万人，年末归集住房公积金 9.93 亿元，归集余额 26.96 亿元。

2007 年，印发《长沙市城镇个体工商户自由职业者建立住房公积金制度暂行办法》，努力拓展住房公积金覆盖面，将个体工商户、自由职业者纳入住房公积金制度范围作为归集工作重点。是年，长沙县乡镇中小学校全面建立住房公积金制度。浏阳市组织政协委员专门调研住房公积金工作，浏阳市、宁乡县先后协同本地教育部门召开中小学学校负责人会议，2 县（市）中小学校住房公积金基本纳入财政预算。通过行政推动、政策带动、氛围促动、服务互动，三一重工、中联重科、乐金飞利浦曙光等公司先后办理开户缴存，个体工商户、自由职业者开户缴存住房公积金在全市全面铺开。是年，长沙市发布《关于做好住房公积金缴存基数和缴存比例调整工作的通知》，明确规定国家机关、行政事业单位和社会团体职工月缴存基数为月应发工资数，企业及其他单位职工（员工）月缴存基数按上一年度工资、奖金、津补贴总和除以 12 确定，明确规定全市住房公积金缴存比例 5%~12%。同时，进一步落实“限高保低”政策，对全市 1995 个缴存单位进行逐一排查，长沙烟草公司等 255 个缴存比例超高的单位 2.67 万人全部按文件规定调整到位，对缴存偏低单位和职工进行相应调整。年内新增住房公积金缴存单位 468 个职工 4.02 万人，全市住房公积金缴存人数达 34.52 万人，完成归集金额 11.65 亿元，累计归集 47.92 亿元。是年，长沙铁路住房管理机构移交地方，作为市公积金中心的分支机构，移交资产总额 15.22 亿元，移交省内铁路系统单位 112 个，缴存职工 9.72 万人。

2008 年，长沙市采取措施继续强力推进住房公积金开户缴存工作，对全市住房公积金制度建立情况按财政预算单位、国有经济、集体经济及其他经济单位进行分别登记，出台《关于在全市各工业园区推进住房公积金制度的实施意见》，发布《关于在住房公积金管理中使用组织机构代码证的通知》，以单位组织机构代码作为唯一识别码，推进“制度进园区”，强化住房公积金归集扩面工作。年内，在宁乡县经济技术开发区试点的基础上，全市各工业园有 200 家企业 5 万名职工建立住房公积金制度。全市新增住房公积金缴存单位 369 个，新增缴存职工 29.34 万人。全年开户职工 55.5 万人，完成住房公积金归集 20.25 亿元，其中，铁路分中心 4.65 亿元，城区管理部 11.58 亿元，长沙县管理部 1.25 亿元，望城县管理部 0.77 亿元，浏阳市管理部 1.23 亿元，宁乡县管理部 3.34 亿元。全市住房公积金累计归集 90.85 亿元，归集覆盖率84.7%。

2009年，加强行政执法工作，对应建未建住房公积金单位，在反复上门宣传、下发催建通知书等无果的前提下，将45家应建未建住房公积金的单位在《潇湘晨报》、政法频道等新闻媒体曝光。2010年，全面调查住房公积金制度建立情况，完善单位缴存信息，建立归集台账，规范缴存基数和比例。全年对3390家单位开展住房公积金年审工作。开展《长沙市住房公积金管理条例》颁布实施一周年系列宣传活动，对全市47个工业园区企业及个人进行表彰；对应建未建、应缴未缴及不按规定缴存住房公积金的单位上门宣讲国务院《条例》和《长沙市住房公积金管理条例》，全年先后2次在《潇湘晨报》《长沙晚报》曝光46家拒不履行缴存义务的单位，对65家单位展开行政执法。年末，市卫生系统2000余名服务外包职工开户建制，长沙银行、建设银行等单位启动聘用职工缴存工作，望城县行政事业单位、三一重工等一批企业先后提高缴存基数和比例。全年新增住房公积金开户单位866个，新增缴存职工28.68万人，完成归集额31.85亿元，累计归集总额149.19亿元。

2012年，印发《关于进一步加强住房公积金扩面缴存的通知》，在全市推进建立住房公积金扩面缴存“双联”（联席会议、联动工作）协调工作机制。对《长沙市住房公积金管理条例》贯彻实施情况进行执法检查，教育、质监、药监等部门对行业内住房公积金缴存加强审查，各区县（市）对住房公积金扩面缴存加强领导，召开专题会议进行部署。岳麓区配合市人大执法检查，推动被检查单位实现全面建制；雨花区深入环保科技园、红星、雨花亭、侯家塘、高桥商圈5个区域开展针对性上门执法；长沙县实现行政事业单位临聘人员住房公积金缴存全面覆盖；望城区将缴存住房公积金纳入区人社局《劳动合同书》格式文本；宁乡县增加专项资金重点解决行政事业单位调整住房公积金缴存基数。在制度推进过程中，建立健全曝光“黑名单”制度，对135家应建不建单位实行“黑名单”曝光。向2311家单位下发催缴通知书，对400家单位下发整改通知书。年末新增住房公积金开户单位1172家，新增开户职工12.65万人。全年完成住房公积金缴存46.9亿元。至2012年年底，长沙住房公积金累计开户缴存81.32万人，归集公积金235.47亿元，归集余额142.92亿元。

表11-10-2-1　　2003—2012年长沙住房公积金归集情况一览表

年份	当年归集额（亿元）	新增缴存职工（万人）	年份	当年归集额（亿元）	新增缴存职工（万人）
2003	6.84	4.29	2008	20.53	9.34
2004	7.71	2.22	2009	26.09	7.05
2005	9.72	2.74	2010	31.85	8.68
2006	13.01	4.31	2011	39.38	11.82
2007	15.25	4.51	2012	46.90	12.65

第三节　住房公积金使用

一、住房公积金提取

1995年，出台《长沙市深化城镇住房制度改革实施方案》《长沙市住房公积金暂行办法》，住房公积金缴存人退休、退职、经批准出国定居或在职期间去世，可提取住房公积金账户内的本息余额。2003年，市公积金中心成立时，住房公积金累计提取4.22亿元，其中市本级1.63亿元，铁路分中心2.59亿元。

2005年，长沙市适当放宽住房公积金提取条件：对享受城镇最低生活保障的、企业改制，下岗分流两年以上未再就业或遇到突发事件造成家庭生活严重困难的缴存人，可以部分或全部提取住房公积金账户余额。是年提取2.82亿元。其中市本级2.20亿元。2006年，出台《住房公积金提取业务工作规则》，对提取住房公积金的条件、程序、证明资料、期限和额度进行明确规定，明确以投资为目的购买商住楼或家庭拥有多套住房产权的购房人，不得提取住房公积金。2007年，推出简化退休人员公积金提取手续等10项便民措施。

2008年，四川省汶川县发生特大地震灾害后，为支持灾区群众克服困难，重建家园，发布《关于汶川地震重灾地区在长职工提取住房公积金有关问题的通知》，支持重灾地区在长职工提取住房公积金。年底，全市共提取住房公积金6.94亿元，占是年归集额的34.26%。其中城区4.12亿元，铁路1.33亿元，长沙县0.4亿元，望城县0.24亿元，浏阳市0.63亿元，宁乡县0.22亿元，支持3.3万户职工解决住房问题。

2010年4月，为适应新形势下住房消费政策，配合住房公积金贷款政策的调整，进一步合理引导住房消费，发布《关于调整住房公积金提取政策的通知》，取消原《长沙住房公积金个人提取管理办法》中关于"购买、建造、翻建、大修自住住房提取公积金的同一户籍内的成年子女、父母可同时提取住房公积金"的规定；家庭（包括夫妻双方及未成年子女）已有住房，产权建筑面积超过140平方米（含），购买、建造独栋别墅、联排别墅及商住两用住房的，不得提取。

2012年7月，出台《长沙住房公积金提取管理办法》，购买、建造、翻建、大修自住住房；偿还自住住房本息；享受城镇居民最低生活保障的；遇突发事件且造成家庭生活特别困难的；完全丧失劳动力且与单位依法终止或解除劳动关系的；与单位终止或解除劳动关系且户口迁出本市或户口不在本市的；与单位终止或解除劳动关系2年以上的；缴存人出境定居、退休或死亡，或被宣告死亡或被宣告失踪的，可提取住房公积金。当年提取住房公积金20.36亿元，同比增长22.87%，占是年归集额的43.41%，历年累计提取住房公积金92.55亿元。

二、住房公积金个人贷款

1998年，长沙市停止发放经济适用住房和单位建房贷款，出台《长沙市住房公积金个人贷款暂行办法》《长沙市住房公积金个人贷款程序（试行）》，把发展个人住房公积金贷款作为巩固发展住房公积金制度的基石，积极支持缴存职工运用住房公积金个人贷款，加快改善住房条件。单位建立住房公积金制度，职工足额缴存住房公积金一年以上的，在购买、建造、大修自住住房时，可申请个人贷款。贷款额度不超过借款家庭成员退休年龄内所缴住房公积金数额的2倍，贷款期限不超过20年。同时，制订住房分配制度改革方案和住房货币分配方案。从1999年1月1日起，长沙市全面停止住房实物分配，转入住房分配货币化的新体制。2003年，全市累计发放住房公积金个贷1.54万户。其中市本级6251户，铁路9128户，个贷总额4.75亿元（含铁路2.26亿元），为中低收入城镇居民提供有力的住房保障。2004年，通过上门服务，宣传政策，促成八方小区、省交警总队、市技术监督局、市公安局等大宗个贷项目的发放。宁乡县试行以期房抵押按揭贷款政策，全市发放贷款3.7亿元，比上年增长148.95%。

2005年，住房公积金个人贷款最高额度由20万元调整为25万元。对单位已建住房公积金制度，因故中断缴存的职工贷款进行补充规定，因故中断缴存，随后按规定比例补缴中断期间或一年以上的，所在单位职工贷款时，可视同正常缴纳住房公积金，具备贷款资格；以个人名义补缴的不能贷款。年底全市发放公积金贷款4411户4.79亿元，累计向1.67万户职工发放贷款12.45亿元，贷款余额9.06亿元。2006年，推进住房公积金贷款，贷款额度由25万元调整到30万元，与106家房地产开发商签订合作协议，发放贷款1207户1.43亿元。加强与银行、司法等相关部门协调，加大对逾期贷款催收力度，采用电话催收、发送催收通知单和律师函催收逾期贷款2416人次，提起诉讼29人次。通过法律约束，中心本部逾期贷款率0.08%。2007年，继续推行按揭贷款，规范楼盘备案，试行异地贷款，在贷款委托银行为建设银行的基础上，增加交通银行、工商银行承办住房公积金贷款业务，同时增加贷款办理网点，进一步方便缴存职工办理业务。为防范贷款风险，是年，在全国首家与人民银行个人信用信息数据联网，核实个人信用信息；拓展贷款担保方式，引进担保公司对贷款提供还贷担保；首次开展住房公积金贷后调查，加强贷后管理。全年发放贷款6207户11.39亿元。个贷率68.92%，资金运用率77.33%。

2008年，长沙市发挥住房公积金在“住有所居”战略目标中的作用，首付房款比例由30%调整为20%；贷款最长期限由20年调整为30年（不得超过国家规定的法定退休年龄）；市区最高贷款额度由30万元调整为40万元，4县最高贷款额度由15万元调整为25万元，后又由25万元调整至30万元；支持个人自购住房商业银行贷款转为公积金贷款。要求房地产开发商不得拒绝购房人选择公积金贷款，允许直系亲属使用公积金改善住房条件。是年，推出的惠民措施被新浪网、《潇湘晨报》等评为“2008年湖南十大地产新闻”，央视一台专题报道市公积金中心推行商业贷款转公积金贷款服务的做法。11月，制定《关于职工使用住房公积金贷款购买商品房有关事项的通知》，规定商品房开发商不得拒绝购房人选择住房公积金贷款买房，对使用住房公积金贷款的购房人，房地产开发企业不得增加限制条件或附加条件。是年，为5625户家庭提供购房资金10.33亿元，累计发放贷款5.05万户，贷款总额45.59亿元。

2010年，依据国家宏观政策调整，制定《长沙住房公积金个人贷款操作规程》《长沙住房公积金贷款个人信用信息使用暂行规定》，率先推出“差别化”（指的是“保一限二禁三”，就是保障首套房、限制二套房贷款、不予第三套房发放公积金贷款）、“认房认贷”（指限定贷款条件，现有住房或者贷款未结清的，不予发放住房公积金贷款）等系列贷款政策，引导职工合理性住房需求和消费，抑制投机性住房贷款，发挥制度住房保障作用。是年，长沙市与株洲市、湘潭市签订住房公积金异地贷款协议。全省14个地州市住房公积金管理中心有9个与长沙开通住房公积金异地贷款业务。是年发放个人住房公积金贷款1.09万户23.9亿元，累计发放92.3亿元，贷款余额65.2亿元，贷款逾期率0.004%。为满足广大缴存职工的贷款要求，发挥公积金的住房保障作用，从2011年7月1日起，长沙市及属县（市）住房公积金个人贷款最高额度调整到50万元。

2012年，贯彻国家房地产宏观调控政策，严格实行“保一限二禁三”即“保障第一套，限制第二套，禁止第三套”的贷款政策，重点支持职工购买首套中小户型住房贷款。10月，进一步加强住房公积金管理，从22日起暂停办理省内住房公积金异地个人贷款业务，促进房地产市场平稳健康发展。全年发放个人贷款1.27万户37.01亿元，同比增加2609户11.36亿元，分别增长25.76%和44.29%，累计发放住房公积金个人贷款9.52万户154.98亿元。

表 11-10-3-1 2003—2012 年长沙市住房公积金个人贷款情况一览表

年份	贷款额（亿元）	贷款职工（户）	年份	贷款额（亿元）	贷款职工（户）
2003	2.34	3975	2008	10.32	6614
2004	3.90	4763	2009	22.88	10736
2005	5.21	6379	2010	23.86	10922
2006	8.24	6289	2011	25.65	10129
2007	10.84	7235	2012	37.01	12738

三、住房公积金试点项目贷款

2009 年，长沙市申报利用住房公积金贷款支持保障性住房建设试点城市。10 月，通过《长沙市人民政府关于利用住房公积金贷款支持保障性住房建设实施方案》，在确保资金安全的前提下，充分发挥住房公积金对保障性住房建设的支持作用，加快对已列入试点范围的城市棚户区改造、安置用房、政府投资的公共租赁等保障性住房项目的建设，加快解决城镇中低收入家庭住房问题，推动实现“住有所居”目标。

2010 年 6 月，住建部等六部委确定长沙市为利用住房公积金贷款支持保障性住房建设试点城市，丝茅冲、湖橡社区、和印轩、麓城印象 4 个项目列入利用公积金贷款建设试点，贷款额度 4.08 亿元，支持建设保障性住房 4059 套 37.15 万平方米，并发放首笔试点贷款 1000 万元，央视二台《楼市新观察》报道“长沙住房公积金助推棚户区改造”。翌年，发放试点项目贷款 3.98 亿元。

2012 年 9 月，长沙市成为扩大利用住房公积金贷款支持保障性住房建设试点范围城市。金南家园、九尾冲、棠梨公租房小区、旺宁新村、和印轩第二批 5 个项目，贷款 16 亿元，支持保障性住房建 12621 套 140.98 万平方米。是年发放项目贷款 3 亿元，累计发放 7.08 亿元。长沙市按照住建部和市政府试点工作的要求，认真对待第一批试点项目贷款的贷后管理，确保有效安全使用。年底已收回试点项目贷款利息 2725.92 万元。

第四节　资金运作

一、资产与负债

建制初期，住房公积金和其他住房资金合称住房资金，由长沙市资金管理中心集中管理。资产主要是以银行存款、委托贷款等形式存在的住房资金，负债表现为长沙市资金管理中心集中管理的住房资金及相关应付未付的款项。1998 年年初，资产规模 1.9 亿元，负债 1.89 亿元，其中，住房公积金 1.02 亿元，2001 年起，住房公积金和其他住房资金单独列报，资产和负债中不含其他住房资金。

2004 年，长沙市域内长沙县、望城县、浏阳市、宁乡县资产管理中心（后更名为管理部）先后移交市公积金中心，是年年末，分别增长住房公积金资产 1.12 亿元、0.75 亿元、1.34 亿元和 0.89 亿元，负债 1.11 亿元、0.75 亿元、1.32 亿元和 0.88 亿元。资产总额 15.54 亿元，负债 15.43 亿元。

2007 年 12 月，长沙铁路住房公积金管理中心移交市公积金中心管理，年末，住房公积金资产总额 49.76 亿元，其中，铁路分中心 16.05 亿元；负债 49.24 亿元，其中，铁路分中心 15.98 亿元。2010 年，长沙住房公积金资产和负债分别97.63亿元和96.33亿元。

2012年，长沙住房公积金资产总计149.44亿元，负债146.92亿元，累计分别增长78.65倍和77.74倍。

二、保值与增值

长沙住房公积金运作初始，贷款率低，资金使用效率不高。1996—1998年，住房公积金利息收入759万元，向个人支付利息和付银行手续费591万元，收益168万元，为实现住房公积金保值增值，市公积金中心按规定统筹调度沉淀资金，利用结余资金购买国债，年末购买国债4030万元。2003年，购买国债6780万元，其中，市本级6730万元，浏阳市50万元，累计国债余额2.32亿元。

2005年，3月17日起对住房公积金有关利率政策进行调整，市公积金中心在受托银行专户内的沉淀资金按单位存款相应期限档次利率计息，职工个人是年归集的住房公积金按活期利率计息，上年结转的住房公积金本息按3个月整存整取存款利率计息。通过对贷款、提取需求量和贷款回收资金进行全面安排，制定合理存款计划，积极发放个贷以及适时购买国债，提高住房公积金运作效益，实现业务收入5341.87万元，增值收益2502.7万元，较上年分别增长46.75%和35.61%。

2008年，出台《科学盘存银行存款实施方案》，在保证住房公积金贷款和提取正常运转的前提下，盘存银行沉淀资金，提高住房公积金银行存款的使用效率，并协调经办银行将备用金额度内资金按协定存款计息或转存通知存款，超过部分转存定期存款，以增加资金收益。年末，实现业务收入2.23亿元，增值收益7358万元，同比分别增长0.68亿元和0.28亿元。

2011年，制定《长沙住房公积金管理中心科学理财实施办法（暂行）》，合理盘活存量资金，挖掘增收潜力，提高住房公积金业务收入和增值收益。是年，实现业务收入4.38亿元，增值收益1.3亿元。

2012年，通过积极发放个贷和试点项目贷款，合理盘存沉淀资金，科学运作资金，按月制订资金使用计划，实现业务收入6.32亿元，增值收益2.98亿元，增值收益率2.28%。

三、增值收益分配

1998年年末，长沙住房公积金累计实现的收益按4:5:1的比例，分别提取管理费用171万元、贷款风险准备金214万元和住房发展基金43万元。2002年，《住房公积金会计核算办法》规定，住房公积金实现的增值收益按照提取贷款风险准备金、中心管理费用和上交城市廉租住房建设补充资金依次分配。2003年实现住房公积金增值收益505.5万元，按规定提取贷款风险准备金158.2万元，提取管理费用347.3万元。

2004年，实现业务收入3640万元，实现增值收益2028万元，提取贷款风险准备金573万元，廉租住房建设补充资金300万元。2005年，《住房公积金增值收益分配和使用管理暂行管理办法》规定，按年度住房公积金贷款余额的1%提取住房公积金贷款风险准备金、管理费用和城市廉租住房建设补充资金。

2006年，按照安全性和效益性相结合的原则，市公积金中心对市本级和区县（市）管理部6亿余元的沉淀资金及时盘存，科学预测，长、中、短期资金需求，在防范资金风险和确保资金安全的前提下，通过适时购买国债适量转存定期等手段，资金收益明显增值，实现业务收入8251.65万元，其中，国债和定期存款产生业务收入2520万元。全年实现增值收益3061.81万元，提取贷款风险准备金1030万元，管理费用1000万元，城市廉租房建设补充资金1012万元。2008年分别提取1247万元、2593万元和3543.91万元。历年累计提取城市廉租住房建设补充资金6877.19万元。

2011年，实现业务收入2.69亿元，实现增值收益1.60亿元，提取城市廉租住房建设补充资金1.01亿元，其中城区4460万元，铁路分中心4410万元，长沙县、望城区、浏阳市、宁乡县4县（市）各260万元，购买国债1.29亿元，国债余额2.96亿元。

2012年，完成公积金业务收入6亿元，实现增值收益3亿元，业务收入及增值收益均创历史新高。

第五节 管理与服务

一、住房公积金管理

住房公积金建制初始，长沙市对住房资金（含住房公积金）实行专户存储。1998年，长沙住房资金试行《住房公积金会计核算办法》，建立会计人员岗位职责分工制，严格手续，健全账务，加强资金监管。1999年，规范和加强住房公积金会计考核，加强资金管理，维护住房公积金缴存职工的合法权益。

2002年，住房公积金编制年度预算、决算；住房公积金业务承办银行按照规定在5家商业银行中选定；规范资金运作、国债购买、大额资金调剂、调动及支付；规范资金存储管理。2004年，制定《稽核办法（试行）》，对业务执行、财务运作等情况定期进行稽核，加强住房公积金管理，规范操作行为，确保住房公积金安全运作。

2005年，先后制定《工作责任追究暂行办法》《首问责任制》等13项内部管理制度，结合岗位工作性质，明确岗位职责，细化工作程序。2006年，市公积金中心将决策失误、审贷不严、提取失误导致的风险分别定为特大、重大、一般风险进行分类防范。贷款审查委员会、行政执法审查委员会和稽核小组按职责进行工作。是年，对各处室和管理部履行职责、执行政策、资金使用办理业务进行3次全面稽核检查，使各部门的各项业务始终处于经常性监督中，强化内控机制，杜绝和防止违法违纪行为发生。

2007年，对过去的管理制度进行全面检查、修订，编印成书的《管理制度汇编》，以制度管权管人管事，切实保障公积金资金安全。出台《长沙市住房公积金监督暂行办法》，并成立由监察、财政、审计、人民银行、银监及企业代表组成的“长沙市住房公积金监督委员会”，对住房公积金决策运作，对受托银行承办住房公积金金融业务情况实施全面监管。2008年，开展贷款担保业务，并对存量贷款实行一次性打包委托担保公司管理，有效规避贷款风险，切实保障资金安全。

2010年，出台《长沙住房公积金管理中心资金调动管理规定》，加强资金管理，规范审批手续，完善内控制度，防范资金风险，明确规定，一次性调动资金在5000万元（含5000万元）以下的，由中心分管财务工作的领导审核，中心主任审批；一次性调动资金超过5000万元的，由中心党组集体研究决定。翌年，落实不相容岗位互相制约和牵制机制，建立“网上业务稽核系统”，实施后台网络稽核，结合季度稽核和专项稽核，定期开展资金风险评估，并对负责人进行离任经济责任审计，加强事中事后风险管理，落实制度，实现资金安全双保险。

2012年，长沙先后制定住房公积金资金调动规定，有价证券和重要空白凭证使用规定，网上银行操作规定等管理制度，完善住房公积金提取、贷款等业务操作规程，出台住房公积金贷款个人信用信息使用规定，全面推行公民身份识别信息系统，建立内部稽核、内部控制、部门负责人经济责任审查等内控管理制度，全系统试行资金集中存储，统一支付，确保资金运行零风险。先后被《中国纪检监察报》、中央电视台、《湖南日报》等专题报道，相关管理经验被住建部公积金监管司和省监管办推介。

二、住房公积金服务

（一）信息化平台建设。1999年，长沙市开始建立住房公积金归集管理、信贷管理、财务管理、多媒体查询、住房货币化管理和办公自动化6个电算管理系统。次年，相继开通官方网站和“网上公积金”，缴存职工可在网上办理住房公积金业务及查询。2005年，作为省住房公积金监管系统的试点单位，在2004年实现与建设部、省监管办联网的基础上，又与县（市）管理部实现联网，实时掌握资金流向，实现统一监管。长沙住房公积金实现与建设部、省监管办住房公积金信息系统联网，在建立局域网的基础上，完善各管理部信息系统和数据库的建设。全市3.14万个单位31.6万名职工住房公积金信息全部纳入建设部和省监管办监管系统。网站访问量达54万人次，在线回答网民提问4700余个，短信查询4万余次，电话查询超过3.5万人次。2006年，长沙市从总体目标、指导原则、信息平台、硬件环境、软件环境、安全环境等方面，对全市住房公积金信息化建设进行测评和规划，并开发全新的“住房公积金管理信息系统”。

2009年，全市实现住房公积金决策、业务、内控、保障等网络一体化办公，改版、升级长沙住房公积金中心网站，增设住房公积金账户明细查询、便民信息提示，优化“网上公积金”汇缴、补缴、变更等功能。“长沙住房公积金网”“长沙住房公积金监管系统”“长沙住房公积金业务管理系统”与市公积金中心局域网、“四网”同行同控，对内信息、运行、管理、监督“四同步”；对外职能、程序、过程、监督“四公开”。至此，长沙住房公积金科技网络系统基本完备，信息化平台建设基本完成。

2010年，开发并启用“网上服务厅”，缴存单位和职工可足不出户登录住房公积金网站办理，住房公积金缴存、变更、查询以及提取、贷款的预受理和预审理等业务。铁路分中心“网上服务厅”在省内13个市州中心开通使用，有效解决广州铁路集团在湘职工跨区域异地办理业务问题。同时，开发建设集银行核算和支付功能于一体的“银行实时通信平台”，解决住房公积金提取和贷款24小时到账问题，真正实现“即时办结、即时到账”。按照“便于整理、便于归档、便于查阅”的要求，2011年，设计研发电子档案系统，采用虚拟库房的形式对中心档案进行整理归档，实现纸质档案向电子档案转换。率先开发运行网上稽核系统，实现“审计稽核电子化、数据校错自动化、风险预警精准化、内控监管实时化”，进一步丰富稽核审计手段，提高内控管理效率。2012年，启用电子档案系统，并与业务系统实现无缝对接，进一步降低行政成本。

（二）便民措施。2004年，优化住房公积金办事程序，规范办事行为，实行办事公开制度，设立咨询热线和投诉电话，接受缴存单位、缴存职工及社会监督。9月，开通中心官方网站，住房公积金缴存职工可通过中心网站解住房公积金制度法规、政策和信息，免费下载相关业务表格，输入个人信息后可查询住房公积金缴存余额。

2005年，推行《长沙住房公积金管理中心首问责任制》，首问责任人对服务对象提出的服务事项，属于职责范围内的，应根据有关规定一次性向服务对象介绍办事程序、必备资料等，凡符合规定、手续完备，首问责任人应在限定时间内办结。2006年，先后组织缴存单位住房公积金专管员和中心内部工作人员进行计算机知识、财务知识和法律知识的学习培训，丰富知识储备，提高业务水平，切实为住房公积金缴存单位和缴存职工做好服务。

2008年，开发建设新的“住房公积金管理系统”，更新、改版中心官方网站，逐步实现部分住房公积金业务网上申请、办理。同时，严格执行限时办结制，加强服务窗口建设。是年，在省会主流平面媒体开设“住房公积金制度9周年”专版和“住房公积金政策”专栏，在电视台播放专题新闻和宣传短片，在“房班车”栏目接听市民热线电话，回答职工热点难点问题，指导职工办理住房公积金提取和贷款业务。通过大力度宣传，向全市职工全面介绍住房公积金缴存、开户、提取、使用、贷款相关政策及办理流程，进一步提高住房公积金社会知晓度。

2010年，率先在全省开通住房公积金自动语音咨询、短信咨询和“手机3G网站”服务。依托“中心网站”“网上服务厅”“网上公积金”等服务平台，将住房公积金服务联通互联网，实现现场受理和网上受理双平台并行互通，单位和职工可查询住房公积金账户信息及缴存、提取、贷款明细。中心网站累计发布信息2.9万条，访问量累计超过684万人次，网上服务厅注册用户达2.67万人，回复网民提问超过5.3万个。2010年，制定实施《长沙住房公积金管理中心服务细则》，对缴存、提取、贷款、信息查询、政策咨询及投诉等17个服务项目进行明确规定，推动中心服务工作规范化、标准化、精细化，增强服务意识，提高服务效能。

2012年，举办“优质服务年”活动，依托现有资源和合作银行网点，在市各区全面设立机构网点，增加服务窗口，实现机构网点全城覆盖，同时，进一步强化网点互联互通功能，确保实现内5区通取通贷，方便群众就近办理业务。全面推行“综合窗口制”，打破以往按业务性质设置柜台和配备人员的做法，一个窗口对外，“一站式”办结，任何一个服务窗口都能办理住房公积金所有业务。9月20日，率先在全国建设并开通省内第一个全国统一的“12329”住房公积金服务热线，实现电信、移动、联通和铁通的全网覆盖，全天候24小时提供住房公积金业务咨询、投诉、建议、回访调查等基础服务和业务指南、业务查询、业务受理等扩展服务。是年接听咨询电话3.3万人次，日均接听量达700余人次，通话率99%以上，超过国家标准85%的指标要求。

第十二篇

环保 能源 气象 水文 地震

本篇编纂人员

钟铁球（主编） 欧阳乐天

本篇撰稿人员

第一章 环境保护：李　超　潘胜强　赵玲芳　王安中

第二章 能源管理：孙光贵　肖　波　刘海林　喻文辉　石　勇　何泽波

第三章 气象事业：王　向　沈绍尧　周　威

第四章 水文事业：叶泽刚

第五章 防震减灾：魏　菁　黎品忠

第一章　环境保护

1988年始，长沙市实行“预防为主、协调发展、综合治理”的方针，以保护城市大气环境和饮用水源为重点，以防治污染和开展城市环境综合整治为中心，强化环境管理。更新、改造、治理锅炉、窑炉、土灶1200多台；新增工业废气年处理能力32亿立方米；加强机动车排气检测和工业废水处理能力建设。在1989年全国32个重点城市环境综合整治定量考核中，长沙市综合指标考核列第9位，污染控制、环境建设和环境质量考核列第10位。

1991年开始，长沙市环境保护工作以改善和提高全市整体环境质量为目标，全市共投资12.85亿元用于城市基础设施建设，扩建旧城区防洪截污工程和第一污水处理厂，建成日处理14万吨污水的第二污水处理厂，城市污水处理率25%。对污染严重的13个重点污染源采取关、停、并、转、迁等措施。机动车尾气监测和管理被国家定为试点城市。全市投入工业污染治理资金8200万元，完成治理项目462个。全市共建成7个农村生态环境保护试验村（场、镇）和1个国家级森林公园。

2000年，长沙市机动车辆较1995年增加近10万辆，致使环境空气中氮氧化物污染呈上升势头。为控制机动车尾气污染，出台《长沙市机动车辆尾气污染防治管理办法》，通过防治和管理有效地遏制氮氧化物上升势头。对全市各县（市）开展城镇烟控区、噪控区、饮用水源保护区等“三区”建设，截至2000年年底，长沙市建成城镇烟控达标区21.38平方千米，浏阳市建成噪控区2.5平方千米，组织完成浏阳河、沩水河、捞刀河三条支流的环境综合整治规划。针对治理固体废弃物污染，长沙市建成治理固体废物工程项目27个，新增设计处理能力合计71732吨/年。制订并实施《长沙市跨世纪“蓝天碧水”工程计划》，全市环保工作有序展开。

2004年起，长沙市在城区禁止兴建燃煤锅炉。经过治理，全市二氧化氮达到环境空气质量二级标准，市区环境空气质量渐趋好转。与此同时，长沙市投资2.6亿元扩建一污水处理厂，投资1亿元兴建星沙污水处理厂工程，投资2亿元建设望城桥驿大型无害化垃圾填埋场，并实施湘江东岸截污干管工程建设，全市污水处理率47.95%。

2006年，成立扬尘污染治理领导小组，强化对全市基建工地、渣土运输、道路保洁等的管理。空气质量持续好转，2010年环境空气中可吸入颗粒物浓度由2005年的122毫克/立方米下降至82毫克/立方米，下降幅度32.8%。长沙市区三环线以内清洁能源改烧工作基本完成。2010年城市环境空气中二氧化硫浓度由2005年的81毫克/立方米下降至40毫克/立方米，下降幅度50.6%。长沙市在全省率先启动农村养殖业污染治理，投入资金3.3亿元用于农村面源治理，取得显著成效。

至2012年，长沙市环境污染和生态破坏加剧的势头有所减缓，整体环境质量有所改善，为经济和社会的持续稳定发展创造有利环境条件。但是，在经济社会快速发展的同时，长沙市环境保护仍面临压力，特别是农村环境保护基础设施建设相对滞后，地表水污染较重；城市污染向农村转移趋势明显。

第一节　机　构

一、市级机构

（一）内设机构。1988年，长沙市环保局机关共设污染监督管理科、科技监测科、大自然保护规划科、办公室4个科室。有事业编制24人，实有32人。1991年7月，市环保局的全民事业编制由24名调整至26名。同时，设立法规综合科，并将大自然规划保护科更名为大自然保护科。1995年9月，市环保局增设纪委（监察室），与办公室合署，同时增设计划财务科，环保局内设职能科室调整为6个，机关行政编制27名，机关后勤服务人员核定事业编制2名，老干服务人员核定事业编制1名。1997年4月，增设政工科。2002年5月，市环境保护局内设机构进行调整，设置6个职能处室：办公室、政策法规处、科技发展处、污染监督管理处、自然生态保护处、人事教育处。设机关行政编制25名，离退休人员管理服务编制1名，实行单列。机关后勤服务人员事业编制3名。2005年10月，增加机关行政编制2名。2006年6月，又增加机关行政编制1名。2007年7月，再次增加机关行政编制2名，市局机关行政编制调整至30名。2008年8月，长沙市决定从市环保局划转3名行政编制到长沙高新技术产业开发区管理委员会，机关行政编制由30名调整至27名。12月，增加市局机关行政编制3名，机关行政编制重新由27名调整至30名。2010年3月，市环保局增加机关行政编制2名，机关行政编制调整至32名。2011年7月，市环保局内设机构进一步调整，增设规划管理处和污染物排放总量控制处，同时其他部门的职能也进行部分调整，调整之后市环保局内设8个机构：办公室（应急管理办公室）、规划管理处、污染物排放总量控制处、污染防治处、自然生态保护处、法制宣传处、科技信息监测处、人事教育处。局机关行政编制为38名（含离退休管理服务行政编制1名），纪检（监察）机构行政编制在局机关行政编制总额内单列。机关后勤服务全额拨款事业编制3名。11月，市局增加机关行政编制1名，机关行政编制调整至39名。2012年机构、人员编制保持未变。

1988—2012年，先后担任长沙市环保局主要领导职务的有：杨庄林、刘庆凯、李德威、李建贵、龚洵超、黎建、胡德云；其他领导班子成员有：黄继松、黄希浩、夏震球、李亮高、聂原、张力鸣、李志坚、周文、张新才、陈小文、邓民生、邓峰、刘诗题、郭卫平（女）。

（二）直属机构。1988年年初，长沙市环保局直属机构有长沙市环境保护监测站、长沙市环境保护研究所、长沙市环境保护监理所、《中国环境报》长沙记者站、《环境保护报》长沙记者站、长沙市环境保护技术服务公司等。

1988年2月，市环保局下属长沙市环境保护技术服务公司更名为长沙市环境保护科学技术咨询部，为全民企业性质。

1990年1月，《环境保护报》长沙记者站更名为长沙市环境保护法规宣教站。次年12月，更名为长沙市环境保护宣教站。

1991年，撤销长沙市环境保护科学技术咨询部，成立长沙市环境保护产业协调管理站。

2002年5月，长沙市环境保护监理所更名为长沙市环境保护监察支队，为副县级事业单位，由市环保局管理。同月，设置长沙市环境保护局开发区分局（简称市环保局开发区分局），作为市环保局在长沙高新技术产业开发区（简称高新区）和长沙经济技术开发区（简称经技区）的派出机构，副县级。11月，长沙市环境保护监察支队更名为长沙市环境监察支队。

2003 年 7 月，长沙市环境保护监测中心站和长沙市环境科学研究所分设。

2008 年 7 月，成立长沙市核与辐射监督管理站，隶属市环保局。11 月，成立长沙环境资源交易所。

2009 年 1 月，撤销长沙市环境保护产业协调管理站。

2012 年 9 月，长沙市核与辐射监督管理站更名为长沙市核与辐射和固体废物监督管理站。

截至 2012 年年底，长沙市环保局直属机构有长沙市环境保护宣教站、长沙市环境监察支队、长沙市环境保护监测中心站、长沙市环境科学研究所、长沙环境资源交易所、长沙市核与辐射和固体废物监督管理站等。

二、区县（市）机构

1988 年，长沙市共设有东区、西区、南区、北区四个区环境保护办公室，为正科级行政单位。1988 年 9 月，浏阳县环境保护办公室更名为浏阳县环境保护局。1989 年，成立浏阳县环境保护委员会。1991 年 6 月 30 日，设立长沙县环境保护办公室。1992 年 1 月，长沙市东区、西区、南区、北区 4 区环境保护办公室更名为环境保护局。1992 年 9 月 1 日，长沙县环境保护办公室更名为长沙县环境保护局。是年，宁乡县环境保护办公室更名为宁乡县环境保护局，望城县环境保护办公室更名为望城县环境保护局。1993 年，浏阳县环境保护委员会更名为浏阳市环境保护局。1996 年长沙市辖区调整，撤销原东区、南区、西区、北区、郊区 5 区，新设芙蓉、天心、岳麓、开福、雨花 5 区，各区环保局亦相应更名。至 2012 年，保持不变。

第二节　环境质量监测

一、大气环境质量监测

（一）大气环境监测站、点。1988 年，长沙市区设置大气环境常规监测点位 8 个，分别为五一广场、火车站、南站、湖南师大、伍家岭、黑石渡、东塘、马坡岭；1989 年增加至 10 个，新设省交通工程处和桐梓坡两个点位。为使监测点位更具有代表性和可比性，使监测数据更能反映城市环境污染的实际平均水平，长沙市于 1990 年完成大气常规监测优化布点，将 1989 年的 10 个监测点位调整至 7 个，分别为五一广场、火车站、郊区环保办、湖南师大、伍家岭、石岭塘以及近郊清洁对照点马坡岭，撤销火车南站、东塘、黑石渡 3 个监测点。降尘、硫氧化物和氯化物的监测点位仍与 1989 年相同。常规监测项目包括二氧化硫、总悬浮微粒、氮氧化物、一氧化碳，一年分四季（1 月、4 月、7 月、10 月）进行监测，每季 5 天，每天 4 次取样；降尘、硫氧化物则每月 1 次；氟化物为每季 1 次。

1990 年 7 月 11 日，由长沙市环境保护研究所和国防科技大学共同研制的大气环境地面自动监测系统，通过国家环境保护局和省内专家鉴定，7 月 12 日起投入使用。该系统由 1 个中心站和 5 个子站组成，实现监测连续采样、数据自动储存和处理。

1991 年，常规监测点与 1990 年相同，保持 7 个，但降尘、硫氧化物和氟化物的监测点位新增湖南日报社、小林子冲、东塘、南站、重型机器厂 5 个点，形成 12 个点位的新布局。

1993 年 3 月起，常规监测点由原来的 7 个调整为 5 个，即火车站、郊区环保局、湖南师大，伍家岭和马坡岭，降尘、硫氧化物和氟化物监测点位则维持不变，火车站开始设置 1 个大气自动地面监测站。

1993 年下半年起，除在火车站运行 1 个自动监测站外，大气常规监测改为 24 小时大流量采样，每月监测 14 天。但一氧化碳试点只有火车站。长沙市在地处火车站附近的市环境监测楼楼顶坚持运行 1 个大气自动地面站。采用北分 8850-SO_2 分析仪，北分 8840-NOx 分析仪，北分 QGS-508 红外 CO 分析仪，连续 24 小时监测二氧化硫（SO_2）、氮氧化物（NO_X）、一氧化碳（CO）项目，每月监测 14 天以上。

1998 年，为及时准确地反映全市环境空气质量状况，提高人民群众环境保护意识，长沙市从 1 月 17 日起，在每周六的《长沙晚报》上公告本周环境空气质量状况，全年共公告 53 期。

2000 年，长沙市实现全市空气质量日报。常规监测内容调整为二氧化硫、总悬浮微粒、二氧化碳、一氧化碳。

表 12-1-2-1　　1996—2006 年长沙市站环境空气监测概况一览表

环境要素	监测点	监测项目	附注
环境空气	火车站 雨花区环保局 湖南师大 伍家岭 马坡岭	二氧化硫、二氧化氮、总悬浮微粒：3 天/周；降尘、硫氧化物：30±2 天/月，一氧化碳：>20 天/月	降尘、硫氧化物增设湖南日报社、小林子冲、东塘、南站、重型机器厂、五一广场、石岭塘 7 个测点；一氧化碳仅设火车站 1 点，由空气地面自动站监测，2000 年 7 月停测
	火车站 雨花区环保局 湖南师大 伍家岭 马坡岭 天心区环保局 高开区 经开区 沙坪	二氧化硫、二氧化氮、可吸入颗粒物：自动实时监测（沙坪点采用 24 小时连续采样，实验室分析法，每季 5 天） 降尘、硫酸盐化速率：30±2 天/月	
	湖南日报社 小林子冲 东塘 南站 矿通 五一广场 石岭塘 长沙县环保局		

2001 年，长沙市空气自动监测系统建设完成，并投入正常运行。全套系统总投资 510 万元，共建监测子站 5 个（火车站、师大附中、伍家岭、雨花区环保局、马坡岭），中心站 1 个，系统支持实验室 1 个以及空气质量日报预报中心。该系统达到国内先进水平。

2002 年 1 月 1 日起，在监测项目中使用可吸入颗粒物（PM10）取代总悬浮微粒（TSP）。2 月，设沙坪点为清洁对照点，原清洁对照点（马坡岭点）变更为监控点。

2004 年 5 月，增设长沙高新技术开发区为监测点。全市监测点位增加至 7 个。开展的监测项目分别有二氧化硫、二氧化氮、可吸入颗粒物。每日向总站、省站及新闻媒体报送空气质量日报和预报。同时在全市范围内开展降尘、硫酸盐化速率监测，2001—2005 年共获有效监测数据 1470 个。

2010 年，天心区增设 1 个空气自动监测点位，全市空气自动监测点位增加至 8 个，沙坪仍为清洁对照点，采用 24 小时连续采样实验室分析法。污染源自动监控中心全面建成，全市 35 个排放口，安装 32 家、49 套在线监控设备，实现与国家省市监控中心联网，完成对国控重点污染源信息的传输，监控企业建设完成率与联网率均为 100%，为环境管理污染减排与环境执法提供重要依据与数据支持。建立由第三方按照国家规范建设的覆盖全市的检测网络，完成捞刀河、井湾子、万家丽、安顺、星沙、望城坡、浏阳和宁乡 8 个检测站共计 26 条简易工况检测线的建设任务，全面开展汽车尾气检测达标工作。至 2010 年，5 年共获空气质量日均值数据 3.76 万个。同时，在全市范围内开展降尘、硫酸盐化速率监测，设采样点 16 个，每月监测 1 次，5 年共获有效监测数据 1589 个。

2011 年，望城区、浏阳市、宁乡县相继建成空气自动监测站，空气监测均采用 24 小时自动实时监测。空气质量监测中新增铅、苯比芘指标，部分空气监测站点前瞻性的开展 PM2.5 项目监测。

2012 年 11 月 30 日，长沙市按照国家新颁布的空气质量标准，自主开发的环境空气质量实时发布系统在长沙市环保局网站试运行，可入肺颗粒物（PM2.5）、可吸入颗粒物（PM10）、二氧化硫（SO_2）、二氧化氮（NO_2）等污染物指标自动登录市环保局网站。全市共设立 10 个空气质量监测站点，分别为沙坪站点、湖南中医药大学站点、湖南师大附中站点、高新区站点、伍家岭站点、经开区站点、火车站站点、马坡岭站点、雨花区站点和天心区站点。全市实现酸雨自动监测。

（二）大气环境质量。1988 年开始，长沙市降水 pH 年均值逐年降低，酸雨频率升高，酸雨污染加重，1988—1990 年的降水 pH 年均值依次为 4.27、4.07、3.86，酸雨频率依次为 87.8%、95.9%、94.8%。市区大气中二氧化硫污染较严重，1989 年、1990 年两年的年平均值超过二氧化硫日平均二级标准。总悬浮微粒年平均值除 1990 年外均超过总悬浮微粒日平均二级标准。降尘污染严重，年平均值超过降尘标准一倍以上。

1993 年，长沙市降尘和硫氧化物年均值分别超标 0.66 倍和 3.52 倍。二氧化硫年均值超标测点为火车站，超标 0.65 倍。市区 11 个测点的降尘年均值全部超标，最严重的是矿通、东塘、南站。硫氧化物测值亦全部超标，排在前三位的测点是湖南日报、火车站、伍家岭，超标均 5 倍以上。全市酸雨频率 90.3%。

1999 年，市区环境空气中二氧化硫、总悬浮颗粒物和氮氧化物均超国家环境空气质量二级标准。

2000 年，市区环境空气中二氧化硫、降尘和硫氧化物年均值超标，超标倍数分别为 0.93 倍、0.39 倍和 2.56 倍，总悬浮颗粒物年均值由上年度的 0.204 毫克/立方米下降到 0.179 毫克/立方米，首次达到国家二级标准。市区酸雨频率由上年度的 68.84%下降到 48.73%，下降 20.11%，酸雨污染呈明显减缓趋势。

2001 年，市区空气质量优良天数为全年天数的 61.3%；二氧化硫年均值比上年下降 12.1%；二氧化氮为 0.043 毫克/立方米，优于国家空气质量二级标准。但扬尘污染（可吸入颗粒物）仍然是影响空气质量的首要污染物，二氧化硫年均值高出国家空气质量二级标准。大气降水 pH 年均值为 4.32，酸雨频率 80.6%，较上年上升 31.9 个百分点。

2002 年，市空气环境质量优良天数 222 天，空气中二氧化硫的浓度比 2001 年下降 24.70%，二氧化氮的浓度优于国家标准，汽车尾气达标率 81.49%，优于国家标准。

2004 年，长沙城区年日平均空气污染指数为 96；二氧化硫年均值为 0.080 毫克/立方米；二氧化氮年均值为 0.033 毫克/立方米；可吸入颗粒物年均值为 0.142 毫克/立方米；空气质量优良天数为 219 天，占全年天数 59.84%。城区降水 pH 年均值为 3.97，低于酸雨临界值，酸雨频率 91.63%，酸雨污染严重，呈逐年加重态势。

2006年，市区全年空气质量优良率76.71%，环境空气质量为三级，未达二类功能区质量标准要求，主要污染指标为二氧化硫和可吸入颗粒物；酸雨频率94.74%，酸雨污染严重。

2008年，全市空气质量大幅度改善，空气污染指数小于100的天数占全年天数的89.89%。

2010年，城区空气质量优良率92.6%，空气质量优良天数338天，在中部六省省会城市中名列前茅。其中，城区二氧化硫年均值为0.040毫克/立方米，可吸入颗粒物年均值为0.082毫克/立方米，城区环境空气质量“三因子”（二氧化硫、二氧化氮和可吸入颗粒物）年均值浓度全面达到国家空气质量二级标准。

2011年，长沙市超额完成湖南省政府下达的削减目标任务，化学需氧量减排13330吨，氨氮减排1188吨，两项指标削减比率均位居全省第一；二氧化硫减排1319吨，氮氧化物减排975.8吨，两项指标削减比率均位居全省前列。全年空气质量优良率93.42%，优良天数为342天，稳居中部省会城市前列。全市城区降水pH年均值为4.56，酸雨频率68.39%。城区降雨中重酸雨占30.57%，非酸雨占31.61%。

表12–1–2–2　2011年长沙市降水酸雨频率及pH值统计一览表

监测点	样品数（个）	酸雨频率（%）	pH范围	pH年均值
马坡岭	64	37.50	4.02~7.40	5.25
火车站	68	80.88	3.79~7.46	4.46
师大	61	86.89	3.41~7.49	4.39
城区	193	68.39	3.41~7.49	4.56
沙坪（郊区）	52	88.46	3.41~6.94	4.36
浏阳市监测站	43	23.26	4.56~7.11	5.69
宁乡县监测站	36	0	5.73~8.09	6.24
县区	79	12.66	4.56~8.09	5.99
全市	324	58.03	3.41~8.09	4.67

2012年，全市化学需氧量、氨氮、二氧化硫、氮氧化物排放量较2011年分别削减2.91%、2.83%、17.12%和0.03%，重金属五因子实现减排693.79千克。单位GDP化学需氧量排放强度由2011年的2.25千克/万元降至1.89千克/万元，二氧化硫排放强度由0.51千克/万元降至0.36千克/万元，下降幅度居全省前列。全年空气质量优良天数332天，优良率90.71%，排名中部省会城市第一位。

（三）主要污染源。1988年，全市有锅炉1463台，总蒸吨2161.2吨时，其中市区1358台，总吨位1966.6吨时，占全市锅炉总数的95%。乡镇企业排放废气71.44亿标立方米，其中燃料燃烧废气40.75亿标立方米，万元产值废气排放量7.63万标立方米。

1990年，全市618家调查单位共有锅炉840台，总蒸吨2094.89吨时，其中已改造649台（总蒸吨1682.07吨时），改造率77.3%（按蒸吨计80.3%），锅炉达标率72.4%；共有工业窑炉578座，其中已改造288座，改造率49.8%。618家调查企业工业废气排放总量144.17亿标立方米，其中燃料燃烧废气93.24亿标立方米，占废气排放总量的64.7%。燃料燃烧废气中，经消烟除尘79.25亿标立方米，处理率

85%。生产工艺废气 50.94 亿标立方米，其中经净化处理的 32.42 亿标立方米，处理率 63.6%。燃料燃烧废气占工业废气排放总量的 2/3，其中主要污染物为二氧化硫和烟尘，这二项污染物是长沙市煤烟型大气污染的主要污染因子。

1990 年，618 家调查单位排放二氧化硫 4.69 万吨（指排入环境中的），其中大、中型企业排放 2.12 万吨，占总量的 45.15%。二氧化硫排放来自两部分：燃料燃烧过程，二氧化硫排放量 4.06 万吨，占总量的 86.5%；生产工艺过程，二氧化硫排放量 6345 吨，占总量的 13.5%。从区域分布来看，二氧化硫排放集中在长沙市城区，东区、南区、西区、北区 4 区排放量占总量的 62.4%；城区又以南区排放量最大，占 618 家总量的 24.0%。从行业分布来看，二氧化硫排放量较大的行业依次为建材、化工、机电、纺织、烟草食品、热电、医药、矿业、有色冶炼等，上述行业二氧化硫排放量占总量的 82.3%，其中建材、化工业分别占总量的 17.6%和 16.5%。二氧化硫排放的重点单位是长沙化工厂、长沙锌厂、长沙发电厂等 10 个企业，排放量约占 618 家总量的 1/3。

618 家调查单位 1990 年排放烟尘 3.22 万吨（指经消烟除尘后排入环境中的），烟尘排放量较大的行业为化工、机电、建材、食品饮料、纺织、矿业、工艺美术、医药制造、金属制品等，上述行业烟尘排放量占 618 家烟尘总量的 81.4%。烟尘排放的重点单位是铜官陶瓷公司、建湘瓷厂等 12 个企业，烟尘排放量 8360.2 吨，占 618 家烟尘排放总量的 1/4。

1991—1995 年，长沙市区重点工业污染源共有锅炉 70 台，额定蒸发量 491.7 蒸吨时；窑炉 46 台，其中纯燃烧窑炉 17 台，非纯燃烧窑炉 29 台。锅炉窑炉烟囱共计 76 个，以 20~30 米高的烟囱为最多，50 米以上的烟囱数量很少。1995 年，共排放燃料燃烧废气 23.02 亿标立方米，经消烟除尘 22.75 亿标立方米，处理率 98.80%。生产工艺废气共有 54 个排放源，排放工艺废气 10.97 亿标立方米，净化量 8.24 亿标立方米，净化率 75.12%。工业废气排放，长沙第二纺织印染厂排居首位，其次有长沙锌厂等。

2000 年，长沙市重点源企业有锅炉 100 台，额定蒸发量 848.6 吨/时，行业分布以化工、食品制造、机械等行业相对集中；拥有工业窑炉 54 台，主要分布在机械、化工、有色金属冶炼行业的十几家企业。重点源企业的锅炉窑炉烟囱共 107 座，烟囱高度多在 50 米以下，其中 30~50 米高烟囱占四成。全年重点工业污染源废气排放总量约 73 亿标立方米，其中燃料燃烧废气排放量约 33 亿标立方米，排放源 120 个；生产工艺废气排放量约 40 亿标立方米，排放源 58 个。废气中主要污染物排放量分别为二氧化硫 8417 吨，烟尘（含工业粉尘）4149 吨。重点污染源工业废气主污染因子为二氧化硫，其等标污染负荷占 45.5%，其次为抗氧化物（20.7%）、氟化物（18.5%）和烟尘（11.2%）。

2005 年，长沙市环境统计调查汇总重点工业企业共 408 家，工业结构以建材、机械电子、化工纸、食品、纺织为主。长沙市有工业锅炉 324 台，额定蒸发量 1128 吨时，其中烟尘排放达标的占 79%；工业窑炉 222 座，其中烟尘排放达标的占 53%；长沙市能源结构以煤为主，工业煤炭消耗量 216.82 万吨，其中燃料燃烧用煤 116.59 万吨，较上年减少 8.3%，生产工艺原料用煤 100.23 万吨；工业废气排放量近 3 亿标立方米，其中燃料燃烧废气排放量 114 亿标立方米，生产工艺废气约 194 亿标立方米。长沙市能源消耗及工业废气排放主要集中于宁乡县、长沙县、望城县、浏阳市，市内 5 区能源消耗及废气排放占全市 15%左右。

2010 年，长沙市环境统计调查汇总重点工业企业共 443 家，工业结构以建材、造纸、机械电子、食品为主。长沙市有工业锅炉 254 台，共 684 蒸吨；工业窑炉 210 座；长沙市能源结构除电外以煤炭为主，工业煤炭消耗量 521 万吨，其中燃料燃烧用煤 342 万吨，较上年增加 11%，生产工艺原料用煤 179

万吨，较上年增加26%；工业废气排放量近598亿标立方米，其中燃料燃烧废气排放量346亿标立方米，生产工艺废气约252亿标立方米。长沙市煤炭消耗和工业废气排放主要集中于望城县、宁乡县、长沙县、浏阳市，市内5区排放占全市的6%和10%左右。

2012年，长沙市环境统计调查汇总重点工业企业共389家，工业结构以建材、造纸、机械电子、食品为主。长沙市有工业锅炉267台，共902.8蒸吨，工业窑炉106座，长沙市能源结构以煤为主，工业煤炭消耗量556.81万吨，其中燃料燃烧用煤534.81万吨，生产工艺原料用煤22万吨。长沙市工业废气排放量近1023亿标立方米，煤炭消耗主要集中于望城区、宁乡县、长沙县及浏阳市，市内5区煤炭消耗占全市5%左右；工业废气排放主要集中于望城县、宁乡县、岳麓区、长沙县、浏阳市，其他地区废气排放占全市3%左右。

二、水环境质量监测

（一）水环境监测站、点。1988年，市环境监测站于市区设置地下水监测井点39个。1989年，市环境监测站在湘江长沙段布设猴子石和三汊矶两个监测断面外，增设暮云市与五一桥两个断面。浏阳河浏阳县段共布设黄花洞、小溪河、铁山桥、樟树冲、城关镇、闸坝6个监测断面，其中黄花洞为浏阳河的背景水质监测断面。浏阳河长沙市区段共布设榔梨、黑石渡和三角洲3个监测断面，其中榔梨断面是为考察浏阳河进入长沙市区前的水质情况而设置的对照断面；黑石渡和三角洲两个断面也是1989年、1990年全国定量考核“城布地面水COD平均值”指标的考核断面。河流监测的频次为每月1次，每次采样1天。监测项目为水温、浑浊度、电导率、pH、总硬度、总悬浮物、溶解氧、高锰酸盐指数（原CODmn）、五日生化需氧量、氨氮、亚硝酸盐氮、硝酸盐氮、挥发性酚、氰化物、氯化物、砷、总汞、六价铬、铜、锌、镉、铅、总磷、总氮、石油类、阴离子表面活性剂26项理化指标。

1990年，市区地下水监测点进行优化布点，在建成区82.7平方千米范围的168口井中优选出31口，作为地下水常规监测井。每年于丰水期（5月）、枯水期（11月）分别监测1次，监测项目为pH、电导率、总硬度、硫酸盐、重碳酸盐、氯化物、氰化物、氟化物、挥发性酚、氨氮、硝酸盐氮、亚硝酸盐氮、化学需氧量、硫化物、砷、汞、六价铬、镉、铜、铅、锌、铁、锰、钙、镁25项理化指标。

与此同时，市环境监测站还对市区饮用水源地的水质展开监测。市区自来水源水由市自来水公司中心化验室进行监测分析，在各自来水厂进水泵前设1个采样点，监测项目为27项理化指标和2项细菌学指标。

1994年，湘江长沙段监测断面调整为暮云市（入口）、猴子石、三汊矶、乔口（出口）。浏阳河浏阳县段增设大溪监测断面。浏阳河长沙市区段维持榔梨、黑石渡和三角洲3个监测断面的设置。地下水监测井位则调整为22~29个。

1996年，湘江长沙段监测指标调整为33项，监测频率1次/月。浏阳河上游设有7个断面，1999年起，经优化布点改为5个，由浏阳市监测站负责监测，监测项目22项。浏阳河长沙段共3个断面，由市监测中心站承担监测任务，监测指标30项。监测频率1次/月。市区饮用水源水监测指标14项，监测点位为长沙市区5个水厂取水口上游100米处，监测频率1次/双月。

2001年起，对集中式饮用水源地水质实施月监测，水质取样点由原各水厂水泵房取水改为在水厂取水口上游100米处设置监测断面，共设置猴子石（三水厂、八水厂取水断面）、橘子洲（一水厂、二水厂取水断面）、五一桥（四水厂、五水厂取水断面）3个断面，监测项目除地表水监测涵盖的31项外，另外加测铁、锰，共计33项。

2001 年，乔口断面加测全盐量，每月监测 1 次。2003 年 5 月，长沙新港水质自动监测站建成，6 月起每周 1 次向国家总站上报数据，分析项目为水温、浊度、电导率、高锰酸盐指数、pH 值、溶解氧、氨氮等。2005 年 1 月，根据省局关于断面调整的通知，原暮云市断面改名为昭山断面。

2006 年，湘江望城段增设 1 个监测断面，沩水增设 3 个断面，捞刀河增设 1 个断面。湘江望城县水厂段、浏阳河浏阳段、沩水宁乡段、捞刀河星沙水厂段分别由望城县站、浏阳市站、宁乡县站、长沙县站负责监测。

2009 年，市环境监测中心站开发形成地表水 109 项指标全分析能力。

2011 年，全市区县（市）环保监测站全面升格，投入 208 万元采购一批监测设备配到乡镇环保站。从 8 月份开始加大湘江水质监测力度，实行“日监测、周检查、月比对”，确保湘江枯水期水质安全。推进水质自动监测站建设，完成榔梨水厂和星沙水厂水质自动监测站建设。市环境监测站对饮用水监测断面进行部分调整，设置猴子石、橘子洲、五一桥、株树桥 4 个监测断面，监测项目共计 64 项。7 月，对饮用水源地水质进行一次 109 项的全分析。进入枯水期，依据水位变化开展加密监测。2011 年共获监测数据 10433 个（含枯水期监测数据 1611 个）。

2012 年，长沙市完成新港水质自动站的设备更新和坪塘水质自动站的建设。

（二）水环境质量。1988—1990 年，湘江长沙段各水质监测项目历年年平均值均符合《地面水环境质量标准》（GB3838–83）二级标准要求，但总悬浮物、溶解氧、高锰酸盐指数、氨氮、挥发性酚、六价铬、铅、石油类的一次监测值存在超过二级标准的现象。长沙市各水厂源水水质主要超标项目为色度、挥发酚、氨氮、铁、锰和总大肠菌群，其余项目基本符合生活饮用水卫生标准要求。

1992 年，长沙市饮用水源主要受总大肠菌群污染，也受到挥发酚、铅的污染。各水厂源水水质无明显差异。饮用水源水质合格率 93.19%。1993 年，由于治理管理的加强和湘江枯水期水量比上年丰富，长沙地表水质有明显改善。湘江长沙段各监测断面各污染指标平均值除三汊矶的氨氮超过国家 III 类标准 0.06 倍外，其余各项均未超标。市区饮用水源 5 个水厂所有项目的年均值，除总大肠菌群外，均未超过饮用水卫生标准，长沙市饮用水源达标率 92.46%。

1999 年度，湘江长沙段 33 项监测指标中，年均值除石油类和总大肠菌群超过国家地面水环境Ⅲ类标准和氨氮指标比上年上升 71.4%外，其余指标均达标。市区饮用水源水合格率 92.70%。2002 年，城市地面水达标率 100%，饮用水质达标率 96.13%。

2003 年起，市监测站按照 GB3838–2002《地表水环境质量标准》的监测要求，由测水样中全汞（含可沉降部分）改为水样采集后自然沉降 30 分钟取上清液分析，湘江长沙段汞超标现象减少，不再成为主要污染物。2006 年，长沙市城市水域功能区水质达标率 83.33%，主要超标污染物为氨氮。与上年度相比，长沙市城区地表水、饮用水质量总体稳定。2008 年，全市水环境质量大幅度改善。集中式饮用水源地水质达标率 100%。

2011 年，湘江长沙段除粪大肠菌群外，年度水质均符合Ⅲ类标准，水质良好，水质优良率 100%。长沙湘江段饮用水源地水质达标率 100%（不计粪大肠菌群），当粪大肠菌群参与评价时，饮用水源地水质不能满足Ⅲ类水质标准要求，达标率为 0，粪大肠菌群月均值超标率 100%，最大超标倍数为 23 倍，出现在 3 月的橘子洲断面。

2012 年，湘江长沙段昭山、猴子石断面年度水质符合Ⅱ类标准，三汊矶、乔口断面年度水质符合Ⅲ类标准，4 个断面数值均达到或优于相应水环境功能区标准，水质优良率 91.7%。集中式饮用水源地水质达标率 58.26%（不计粪大肠菌群），超标项目为锰、铁、氨氮。

（三）主要污染源。1988 年，长沙市乡镇企业排放废水 3001.6 万吨，其中生产废水 2925.5 万吨，生活污水 76.1 万吨，万元产值废水排放量 320.5 万吨。

1991 年，市环保部门对全市（包括郊区和 4 县）618 家废水排放量较大的工厂企业进行污染源调查和监测（基准年 1990 年），618 家调查企业 1990 年排放工业废水 1.39 亿吨，主要行业工业废水排放量及占统计企业工业废水排放总量百分比分别为：矿业 6431.45 万吨，占 46.34%；化学工业 2247.08 万吨，占 16.19%；造纸业 1973.39 万吨，占 14.22%；机械、电气、电子设备制造业 1174.46 万吨，占 8.46%；纺织业 805.26 万吨，占 5.80%。矿业虽居各行业工业废水排放量之首，但其中主要是煤矿井下废水（宁乡煤炭坝有 6000 万吨井下水也计算在工业废水中），其污染物较少，化学工业和造纸业才是长沙市工业废水排放的主要行业。618 家调查企业 1990 年排放的工业废水 13878.14 万吨中，经处理的工业废水量 2186.42 万吨，处理率 44.50%；符合排放标准的工业废水量 1.03 亿吨，达标率 73.92%；经过处理达标的工业废水量 1294.19 万吨，处理达标率 59.19%。618 家调查企业工业废水中主要有以下 14 项污染物：化学耗氧量、悬浮物、汞、镉、铅、六价铬、砷、铜、锌，硫化物、氰化物、氟化物、挥发性酚和石油类。

1995 年，重点工业污染源共 53 个排放口，排废水 2268.99 万吨，其中经处理废水量 693.98 万吨，处理率 30.58%；外排废水达标总量 1521.28 万吨，达标率 67.04%。排放的主要污染物有 21 种。废水排放量大户中，长沙锌厂、湖南制药厂居第一、二位。

2000 年，重点源企业用水总量 5804 万吨，其中新鲜用水量约 3746 万吨，重复用水量 2058 万吨，重复用水率 35%。重点源耗水大户依次为：长沙锌厂、浏阳氮肥厂、乐金曙光电子集团、长沙卷烟厂、曙光电子集团等企业，新鲜用水量均在 200 万吨/年以上，宁乡茅栗特种造纸厂、银海石化、海利化工、湖南制药厂、长沙水泵厂等企业新鲜用水量也超过 100 万吨/年。10 家企业的耗水总量占全部重点源企业的 60%。重点源工业用水各项指标呈下降趋势，万元产值耗水量下降明显。重点工业污染源现有排污口 73 个，废水排放量 2470.8 万吨，比上年减少近 8%；废水处理量 1246 万吨，处理率 50.4%，经处理达标排放量约 893 万吨，处理达标率 71.6%；重点源外排废水达标总量 1586.8 万吨，废水排放达标率 64.2%，略高于上年。废水中主要污染物排放量分别为：悬浮物 3849 吨，化学耗氧量 8534 吨，氨氮 171 吨，锌 139 吨，镉 5.4 吨，砷 3.6 吨，铅 1.2 吨，六价铬 1.5 吨，多数污染指标较上年明显下降。重点工业污染源主要水污染指标为化学需氧量，其等标污染负荷率 33.8%；其次为镉，其等标污染负荷率 21.5%。

2005 年，长沙市工业用水总量 9316 万吨，其中新鲜用水量约 5510 万吨，重复用水量 3806 万吨，工业重复用水率约 41%；全市工业废水排放量 4065 万吨，其中达标排放量 3562 万吨，工业废水排放达标率 87.6%；全市 408 家重点企业工业废水日处理能力 22 万吨，废水治理费用 3934 万元。工业废水排放以浏阳市、长沙县、宁乡县、雨花区相对集中；浏阳河是长沙市工业废水排放主要的受纳水体，接纳的工业废水量占全市 60%，直接排入沩水和湘江的工业废水分别占全市 16%和 14%；行业分布以械电子化工相对机集中，工业废水排放量分别占全市 22%和 17%。

2010 年，长沙市工业用水总量 7.89 亿吨，其中新鲜用水量约 4762 万吨，重复用水量 7.41 亿吨，工业重复用水率约 94%；全市工业废水排放量 3790 万吨，其中达标排放量 3501 万吨，工业废水排放达标率 92%。工业废水排放以宁乡县、望城县、长沙县、浏阳市和岳麓区相对集中；沩水是长沙市工业废水排放主要的受纳水体，接纳的工业废水量占全市 44%，直接排入湘江和浏阳河的工业废水分别占全市 30%和 21%；行业分布以造纸和机械电子相对集中，工业废水排放量分别占全市 28%和 19%。

2012 年，长沙市工业用水总量约 6719.87 万吨，其中取水量 4836.33 万吨，重复用水量 1883.54 万吨，主业重复用水率约 28%；全市工业废水排放量约 4010.11 万吨，行业分布以造纸（约占总量 66%）相对集中；沩水是长沙市工业废水排放主要的受纳水体，接纳的工业胶水量占全市 45%，排入湘江和浏阳河的工业废水分别占全市 28%和 25%；全市工业企业废水治姓设施数 210 套，年运行费用约 3278 万元；工业废水排放区域以宁乡县、浏阳市、长沙县相对集中。

三、声环境质量监测

（一）声环境监测站、点。长沙市城区噪声监测主要包括道路交通噪声监测和区域环境噪声监测。

1988 年，道路交通噪声监测在城区 33 条主要道路和干线共 84 千米的路段上进行，共设监测点位 108 个。区域环境噪声监测在市建成区内进行，将建成区分成 500 米×500 米等面积正方形网格，测点尽可能位于网格中心，共设监测点位 288 个。城区噪声监测每年进行 1 次。

1991 年开始，道路交通噪声监测在城区 36 条主要干道干线共 90 千米路段进行，监测点位 110 个。区域环境噪声监测测点置于建成区 500 米×500 米各正方形网格中心。共设测点 288 个。每年监测 1 次。

1994 年，功能区噪声列入监测范围，开始实施监测并上报数据，按市政府关于批转长沙市环境噪声标准适用区暂行规定的通知及技术规范要求优化后，共布设 7 个监测点位，每季监测 1 次。

2001—2005 年，全市共设区域环境噪声测点 288 个，网格面积 500 米×500 米，全市城区道路交通噪声实际监测 35 条干线，共布设测点 107 个，监测路段总长度 93.57 千米。城区功能区噪声监测共设火车站、火星镇、黄兴镇、二纺织厂、湖南大学、五一路、韶山路 7 个监测点，每季度监测 1 次，每次 24 小时连续监测，五年共获有效数据 3360 个。

2012 年，长沙市区域环境噪声监测点和城区功能区噪声监测点设置及监测方式未改变。

（二）声环境质量。1988—1989 年，长沙市建成区道路交通噪声等效声级平均值依次为 77.8 分贝（A）、75.4 分贝（A）。

1990 年，等效声级为 71~75 分贝（A）的路段分布最多，占总路长的 48.3%；等效声级为 66~70 分贝（A）的路段，占总路长的 45.1%。全市建成区主要交通干线中，有 50.7%的道路交通噪声超过国家标准。城区环境噪声污染以社会生活噪声和交通噪声为主。覆盖面积和覆盖人口最大的噪声级为 51~55 分贝（A），占总面积和总人口的 36.4%；覆盖面积和覆盖人口次之的噪声级为 46~50 分贝（A），占总面积和总人口的 25.7%。

1992 年，长沙市交通噪声平均等效声级为 73.1 分贝（A），超标 3.1 分贝（A）。区域环境噪声污染以生活噪声和交通噪声为主，分别占各类声源的 62.9%和 26.2%。生活噪声的平均等效声级为 52.6 分贝（A），如以居民文教区标准对照超标 2.6 分贝（A）。全市 75%的面积笼罩在 51 分贝（A）以上的噪声中，市区覆盖面积最大的噪声级为 51 至 55 分贝（A），占总面积的 34.6%。

1996 年，市区道路交通噪声平均等效声级为 72.3 分贝（A），比上年度降低 1.1 分贝（A），仍超标 2.3 分贝（A）。市区区域环境噪声平均等效声级为 54.4 分贝（A），比上年度降低 0.5 分贝（A），市区 1996 年度声环境质量有所改善。

1997 年，市区交通干线噪声平均等效声级为 72.03 分贝（A），超标 2.03 分贝（A）。交通噪声最高仍为五一路，为 74.8 分贝（A），解放东路上升为全市第二位，为 74.2 分贝（A），最低仍为潇湘路，为 65.3 分贝（A）。市区区域环境噪声平均等效声级为 54.2 分贝（A），比上年度降低 0.2 分贝，无明显变化。

1998 年，长沙市道路交通噪声污染严重，市区和三县区的交通噪声平均等效声级全部超标。宁乡县污染最重，超标 9.2 分贝（A），所测 16 条干线全部超标；长沙市区次之，超标 3.0 分贝（A），82.1%的干线超标。究其原因是鸣笛过多，车况和路况不良，行人非机动车及少数机动车不遵守交通规则所致。市区和长沙县、浏阳市的区域环境噪声平均等效声级值，虽都低于 55 分贝（A），但仍分别有 30.2%、19.6%和 50.9%的建成区面积暴露在 56 分贝以上。城市噪声源构成以社会生活噪声为主（长沙县以交通噪声为主），但交通和施工噪声虽点源比例小，却污染强度大，声级强。

1999 年，由于采取城区禁鸣喇叭等控制噪声污染的各项有力措施，市区声环境质量有明显的改善，但交通噪声仍超标 0.7 分贝。县辖区以长沙县声环境质量较好，交通噪声和区域环境噪声均达标，宁乡县和浏阳市交通噪声各超标 9.2 分贝和 2.0 分贝，是影响其声环境质量的主要因素。

2004 年，长沙市道路交通噪声平均等效声级为 69.9 分贝（达标），其中低于 70 分贝标准的达标路段占总监测路段的 45.04%。区域环境噪声平均等效声级为 53.3 分贝（达标），达到 55 分贝标准以下的区域面积占监测总面积的 73.96%。功能区噪声除Ⅰ类区（工业集中区）昼间、夜间噪声达标外，其余各类功能区昼间和夜间噪声均未达标。功能区各类声源中，交通噪声仍为声级最高影响较大的污染源。

2012 年，长沙市区域环境噪声、道路交通噪声平均等效声级均满足国家标准要求，城区声环境质量基本稳定。全市各功能区昼间达标率 61.5%，夜间噪声达标率 33.3%，较上年度下降 12.5 个百分点，夜间噪声超标情况较严重，交通噪声仍然是影响城区声环境质量的主要污染因素。

（三）主要污染源。1988—1990 年，长沙市建成区噪声污染以社会生活噪声和交通噪声为主，建成区有 67.4%的面积和人口笼罩在 51 分贝以上的噪声下。这主要是因为城市人口和机动车辆增长迅速，部分交通干线路面仍较窄，路况也不令人满意，交通拥挤状况未得到彻底解决，行人、非机动车与机动车抢道，导致行车缓慢，鸣笛较多，城区交通干线中半数道路交通噪声仍超过国家标准。部分机动车特别是载重货车发动机噪声过大，达不到国家《机动车辆允许噪声标准》（GB1495-79）要求。一些机动车超期服役，车况不佳，行驶过程中振动噪音大。旧城区工厂、商店、民宅犬牙交错，工厂机器轰鸣，生产噪声扰民较严重。部分市民环境意识差，婚丧喜事、开业喜庆，大量燃放烟花、鞭炮，临街一些商店、影视厅，用大音量喇叭声招徕顾客和观众。这些点多面广的社会生活噪声源，不易控制，影响很大。

1996—2000 年，生活类噪声源在五类噪声源中所占比重最大，五年平均值为 42.14%，其等效声级年度变化幅度（53.1~53.6 分贝）很小，说明生活类噪声环境五年来相对稳定；交通类噪声源五年等效声级平均值为 56.5 分贝，在各类噪声源中领先，说明交通类噪声源虽然所占比重不是最大，却是影响区域环境噪声水平的主要声源。从城市声源构成变化可知，交通噪声源影响范围下降，而生活噪声源的比重即影响范围呈增加趋势。

2001—2005 年，长沙市城市基本建设与发展十分迅猛，城市建成区面积扩大 35 平方千米，城市人口增加 33.8 万，原处于城市边郊区域，现逐年被开发建设，如四方坪、原湘湖渔场、马王堆、高桥、畜牧农场、天马村等地区，随着人口与社会活动迅速增加，相应也使得这些地区噪声污染水平不断上升。在城市道路基本建设中，众多道路如人民西路、芙蓉南路、蔡锷南路等进行拓改延伸，交通噪声影响范围扩大，使区域噪声监测网格点位中有相当一部分网格点监测值逐年上升，从而使城市区域噪声有小幅上升。

虽然长沙市区机动车拥有量迅速增加，但随着市政府对城市道路基础设施建设的加大，城区主要道路状况得到一定的改善。2005 年，全市道路长度增加 225 千米，增长 20.5%。道路面积增加 1286 万平方米，增长 117%。由于道路面积的增长高于机动车拥有量的增长，机动车密度反而下降 29.3%。

长沙市各功能区噪声超标现象主要在交通干线两侧和居民文教区。居民文教区监测点周围主要为高校区和生活区，随着高校学生人数增多，周边服务行业不断发展，加上高校区通行的机动车辆增加，噪声污染状况一直不容乐观。交通干线及居民、商业、工业混杂功能区监测点位于城市比较繁华的地段，四周商业活动发达，人员流动量大，加之长沙夜间娱乐活动丰富，故其夜间噪声超标率较高，且呈逐年上升趋势。

2006—2010 年，长沙市加大对老城区、棚户区进行改造力度，长沙地铁建设，建筑施工噪声对城市区域环境噪声的影响越来越大。长株潭一体化城市群的发展与扩大、城铁高铁，高速公路三网融合的建设使长沙、株洲、湘潭及周边城市常德、益阳沟通与交流更加畅通，人员及车辆流动也日益增加，交通噪声与社会生活噪声对城市区域环境噪声的影响范围和程度在不断扩大与加深。城市区域环境噪声质量虽仍处于较好水平，但处在较好水平以上的面积占总监测面积的比例在逐年下降，处在中度污染以下水平的面积占总监测面积的比例却呈上升趋势，噪声影响的范围在扩大。

2012 年，交通噪声源对城区声环境质量的影响程度在逐渐上升。长沙市各功能区噪声超标现象主要反映在道路交通干线两侧和居民文教区。居民文教区监测点周围主要为高校校区和生活区，随着城市经济的迅猛发展，周边第三产业也随之增加，在为市民提供更多服务的同时，相应不可避免地带来环境噪声的影响，加上高校区通行的机动车辆增加，噪声污染状况一直不容乐观。交通干线及居民、商业、工业混杂功能区监测点位于城市比较繁华的地段，四周商业活动发达，人员流动量大，加之长沙夜间娱乐活动丰富，其夜间噪声超标率较高。

第三节　污染防治

一、大气污染防治

1988 年，长沙市确定烟尘控制中心区的建设，按照层次管理的原则下达任务，中心区的烟尘控制完成 72%。新增废气处理能力 7.5 亿标立方米，监测机动车尾气 20312 台，经过年检和调校合格率 80%。

1989 年，全市改造和治理锅炉、窑炉、土灶 360 台，建成烟尘控制区 27 平方千米；年新增工业废气处理能力 11 亿标立方米。检测机动车辆 23000 台，经过调校，尾气排放合格率 87%。市区大气总悬浮微粒年平均值由 1988 年的 494 微克/立方米，下降至 332 微克/立方米，下降 32%。

1990 年，全市改造和治理锅炉、窑炉、土灶 350 台。兴建烟尘控制区 23 平方千米（新烟尘控制区内共有锅炉 290 台，林格曼黑度合格 271 台，合格率 93.4%；排尘浓度合格 260 台，合格率 89.17%；窑炉 184 台，合格 166 台，合格率 90.2%；土灶 699 座，合格 640 座，合格率 91.6%）。检测机动车辆 35000 台，经过调校，尾气排放合格率 90%。市区大气总悬浮微粒年平均值下降至每立方米 214 微克，下降 35%。12 月上旬，经长沙市环境保护部门检测验收，总面积为 7.3 平方千米的东区全区已建成烟尘控制区。该区在建设烟尘控制区以前，共有锅炉 59 台，窑炉 20 座，土灶 205 座，林格曼黑度或烟尘浓度大部分超过国家标准，部分烟囱终日黑烟滚滚。至 1990 年，共更新改造锅炉 49 台，窑炉 16 台，土灶 131 座。经市环保监测，林格曼黑度合格率锅炉 96.2%，窑炉 90.6%，土灶 94.3%，达到国务院环境保护委员会和湖南省环境保护局文件规定的烟尘控制区指标。

1991 年，长沙纺织厂完成废水、烟气综合治理工程，该工程投资 65 万元，完成印染废水与锅炉烟气综合治理工程，并于 1991 年 10 月投入试运行。经治理后的废水与烟气达到国家规定的排放标准，于

1991年12月验收合格。1993年，由市环保部门与全市17个车及车用发动机生产厂家签订排放污染物目标责任书。针对机动车尾气问题，安装净化器99台，尾气全部检测合格。

1995年，长沙市加强饮用水源保护区管理，对直接造成水源污染的单位严加监管。“三区”（城镇烟控区、噪控区、饮用水源保护区）建设初见成效，1991—1995年共投入污染治理费8000多万元，创建烟尘控制区101平方千米，噪声控制达标区45平方千米，建设湘江长沙段饮用水源保护区。每年可减少向大气排放烟尘5万多吨，减少向湘江水体排放重金属600多吨，其他有害物质3000多吨，噪声达标区内声环境质量符合国家标准。

1996年，长沙市为实现“九五”（1996—2000年）及2010年环境建设目标，出台并开始实施一项总投资170亿元、时间跨度为15年的《长沙市跨世纪“蓝天碧水”工程计划》。主要包括蓝天、碧水、宁静、资源化、畅安、生态等工程，共计20项，106个子项。其中10项纳入《湖南省跨世纪绿色工程行动计划》，6个子项纳入《全国绿色工程计划》。

1998年，长沙市编制完成全市环境空气质量功能区的划分。规定全市一类环境空气质量功能区为大围山国家森林公园自然保护区核心区和岳麓山风景名胜区，面积约61平方千米；市行政区域范围内除划为一类功能区外的所有区域为二类环境质量功能区；长沙市不划分三类环境空气质量功能区。一类或二类功能区之间设置300米以上的缓冲带，缓冲带内的环境空气质量要求严于二类标准向要求高的区域靠近。重点整治长沙市烟气污染源集中的四方坪地区，制定《长沙市四方坪地区（伍家岭至黑石渡）烟尘污染治理规划》，对中南制药厂、湘江涂料集团等重点污染源限期治理。

1999年，针对机动车尾气问题，全市组织一次为期3天的市区车辆排放抽检，不合格率57.3%。全年长沙市检测机动车尾气6万余台，强制安装尾气净化器1288台，对市区13家机动车及发动机生产厂家继续严格产品出厂排放监督管理工作，控制源头排放。1999年7月1日起，全市禁止销售含铅汽油。2000年，出台《长沙市机动车尾气污染防治管理办法》，于4月1日起实施，并成立机动车尾气污染防治办公室。全市开展大规模的宣传活动，共组织12辆宣传车开展为期9天的流动宣传，在主要路段悬挂宣传横幅442条，并充分利用报纸、电视等新闻媒体的优势，刊播各类新闻80余条（篇）。市机动车尾气污染防治办公室对参加招、投标的46家净化产品销售单位和50多种净化产品进行初审，筛选出25种产品，10家净化产品销售单位，34家汽车维修企业为市区净化产品经销、安装单位。为加大执法力度，还组建一支由公安交警和环保人员组成的执法队伍，在城区开展流动检测执法。全年共监测机动车辆9万余台，治理超标车辆3万余台。

2001年，长沙市计划用3年时间力争全市环境空气质量达到二级标准。6月27日，发布《长沙市人民政府关于采取措施控制大气污染的通告》，7月11日召开长沙市大气污染防治工作动员大会，发布《长沙市人民政府办公厅关于烟气排放超标单位限期治理的通知》，对16家烟气排放超标单位下达限期治理通知。省环保厅对长沙市31家省属烟气排放超标单位下达限期治理通知。市环保局下达两批共400家1吨/时以下燃煤锅炉改烧清洁燃料单位名单。至年底，全年共有217台1吨/时以下燃煤锅炉单位改烧清洁燃料，共有36台1吨/时以上燃煤锅炉烟尘进行治理。全市完成180个污染源治理，投资5138万元；对8家企业污染严重的烟囱设施进行爆破拆除。投资510万元建立空气质量自动监测系统和空气质量日报、预报中心。发布《关于加强机动车制造、销售、进口环节排气污染监督管理的通知》，开展对市区营运车辆的定期排放检测，加大对营运车辆的监管力度。成立长沙市机动车尾气污染防治工作领导小组，在全市全面推行“四有一达标”（有污染防治设施、有在线监测设施、有视频监控设施、有排污许可证，大气污染物稳定达标排放）管理制度，即机动车尾气污染防治有责任单位、有工作规划、有管理制度、有检测设备，以促进机动车尾气达标排放。全年长沙市环境监测中心站共年检机动车尾气排放 9.1 万台，路（抽）检 2430 台，综合治理机动车尾气 3.1 万台。

2002 年，市区 1 吨/时以下燃煤锅炉拆除或改烧清洁燃料 663 台，1 吨/时以上燃煤锅炉完成治理 43 台；在市区 274 家单位推广使用低硫煤 20.6 万吨；长沙热电厂等 48 个重点污染治理项目共完成治理投资 3200 万元，其中长沙热电厂完成投资 300 万元，建设 1 台 25 吨锅炉；市口腔医院投入 60 万元实施煤锅炉改气锅炉，消除黑烟；长沙火柴厂投入 100 万元完成锅炉煤改油工程；长沙县黄兴镇 13 家硫酸锰企业彻底关闭；全市共检测机动车尾气 8 万辆，综合防治机动车尾气污染 30802 台；完成餐饮业油烟治理 2000 家。出台《渣土砂石运输管理办法》，渣土砂石运输启用封闭式专用车辆运输。

2003 年，长沙市累计拆除 1 吨以下燃煤锅炉或改烧 140 台；在 300 家企事业单位推广使用低硫燃煤 29.5 万吨；社会反映强烈、严重污染环境的新城热电厂、省人民医院、长沙凯雪集团有限公司、长沙中医院、蓉园宾馆的锅炉进行治理或拆除；完成 600 家饮食企业的油烟治理，拆除大炉小灶 7000 多个。综合治理尾气超标机动车 2000 余辆，对城区污染严重的公交车辆进行战略性调整，先后有 700 多辆中巴报废或出城运营。2004 年，发布《长沙市人民政府关于实施第二阶段大气污染防治措施通告》，9 月 1 日起实施。市一医院等单位共 60 台套大型燃煤锅炉拆除或改烧清洁燃料，并在城区禁止新建燃煤锅炉。强化机动车尾气污染的检查和综合治理，机动车尾气年检测 75217 台，年检达标率 88.3%。2005 年，长沙市区拆除 1 蒸吨以上的燃煤锅炉并改烧清洁燃料 65 台，共计 177.5 蒸吨，总投资 6086 万元，其中环保补助 568.5 万元；全市检测、治理机动车尾气 6 万台，52 台公交车完成技术改造，改用天然气；开展企业违法排污损害群众利益突出问题专项检查整治行动，市环保局和市监察局挂牌督办 18 家企业环境污染问题，其中浏阳三友化工厂、天心鑫隆热镀厂、岳麓兴隆造纸厂、长沙华诚镀业车间、长沙星能材料厂 5 家污染严重企业被关闭，共关闭各类污染严重的企业 48 家；全市完成重点污染治理项目 90 个，总投资 1.5 亿元，其中长沙卷烟厂投资 2000 万元对出口烟车间烟草异味进行治理，取得较好效果。同时，推广清洁燃料，50 辆公交燃气车和 10 辆混合动力电动城市客车投入使用；整治基建工地和道路交通扬尘污染，确保渣土运输施工净化率 95%以上；督促锅炉及饮食行业改烧清洁燃料，建设各类天然气管网 100 千米。

2006 年，长沙市推广使用清洁能源，成立技术服务中心提供免费服务，推动燃煤锅炉拆除改烧，全市共有 163 家单位 272 台 1 吨/时以上燃煤锅炉被纳入年度限期改烧计划，经批准并在媒体上对社会公布，与单位改烧清洁燃料工作签订目标责任书，并逐一上门落实。在拆除燃煤锅炉的同时，对影响城市景观的 30 根闲置烟囱予以拆除，发放补贴资金 2700 多万元。

2008 年，针对机动车尾气防治，长沙通过市政府招商引资，建立由第三方按照国家规范建设覆盖全市的检测网络，进驻尾气监测点进行试运行；开展《长沙市机动车排气污染防治条例（草案)》立法工作。全年共检测车辆 5 万多台次，责令维修治理 1 万多台次，治理率 99%。继续推行三环线内禁烧燃煤锅炉，督促 1000 家餐饮店改烧清洁能源，责令整改 162 家，立案 31 起。

2009 年，长沙市对全市 1000 多个工地裸露土地实行全覆盖，设立保洁专管员，渣土运输实行保洁监管。针对灰霾天气，启动橙色预警方案，通过人工降雨、增加洒水频次等措施确保空气质量。全市扬尘总量下降 35%，主污染因子下降 15%。实施落后产能退出工作，促进产业结构优化。以建材行业粉尘污染控制为重点，淘汰各种规格的干法中空窑、湿法窑、机立窑等落后工艺技术装备，城市规划区内所有水泥行业全线退出。全面清理整顿实心黏土制砖企业，确保关闭到位。制定坪塘地区水泥行业退出办法，坪塘地区“6+2”落后产能退出工作全部执行到位。

2010年7月1日，颁布实施《长沙市机动车排气污染防治条例》，明确环保公安、交通、质监等部门在机动车尾气污染防治工作中的责任。开展为期3个月的道路机动车排气污染专项整治行动，出动执法人员900余人次、执法车辆180余台次，对2000余台尾气疑似超标车辆进行筛查甄别，查处严重冒黑烟的尾气超标车辆356台，暂扣车辆行驶证290本。通过整治，共有223台尾气排放超标车辆经维修治理后检测合格，治理合格率76.9%。同时，做好推广简易工况法尾气检测的各项准备工作，全市8个检测站26条简易工况检测线全面建成。

2012年，长沙市制定《长沙市大气污染联防联控工作实施方案》，拟订《长沙市机动车环保标志管理办法》《关于对高污染机动车实施限制通行措施的公告》等文件。在全市范围内建成10家机动车排气定期检测站点，建成简易工况检测线37条，淘汰更新586台黄标公交车和500台黄标出租车。

二、水污染防治

1988年，对全市70家工厂的污水处理设施实行监管。市环保监测站抽调15名专业技术人员组成监察队，负责这些工厂的污水排放量污染物浓度及种类的全面管理，每月采样监测2次，对不符合排放标准的单位提出限期治理措施，对处理设施不投入正常运转的单位实行经济处罚。市环保监察队全年深入工厂采样1000多个，积累监测数据4000多个，现场监管1200多人次，使70家工厂污水处理设施的运转率由1987年的30%上升到71%。全年新增废水处理能力350万吨。

1989年，长沙市部分工矿企业投资830万元，新建成一批水污染治理工程先后投入使用，包括：湖南制药厂制药废水处理、长沙印染厂印染废水深度处理、长沙铬盐厂含铬废水处理、长沙颜料化工厂锌、镉废水处理及循环利用、湖南造漆厂漂油废水处理、建湘瓷厂瓷泥度水处理、宁乡肉类联合加工厂的屠宰废水处理等26项水污染治理工程。全年污染物处理率85%以上，年新增废水处理能力450多万吨。全市工业废水处理率45.2%，随废水排入江河的汞、镉、铬、砷、铅等重金属污染物减少70%以上。

1990年，长沙市在原有截污工程的基础上，向南续建，完成沿江麻石护坡113米，新埋截污干管300米；对100家重点企业的废水处理设施实行监管，设施运转率81%；湘江长沙段水质总合格率由上年的92.8%提高到94.6%。全市工业废水处理率60.4%。此外，地处湘潭、望城两县交界的望城县九江乡干子村矽砂矿，自建矿以后，洗砂废水污染靳江河及邻县农田水域。5月，采用“建立污泥沉淀池，废水循环使用”的治理方案，至年底，修建一条100多米长的水泥暗渠，将污水引入沉淀池，沉淀后的污泥定期清除回填洼地，清水再排入靳江河，使矽砂矿废水污染得到治理。

1991年3月，永和磷肥厂投资93万元完成硫酸废水治理改建工程，该工程历时一年零五个月，年处理废水180万吨，渣尘12万吨。5月，长沙肉类联合加工厂投资78万元，建成一套日处理废水能力1800吨的废水二级处理设施，8月20日验收合格。全年长沙市新建、改建废水处理装置15套（累计为201套），年处理工业废水4600万吨，处理率68.5%。继续对100家重点企业的废水处理设施实行监管，下厂监察1734人次，取得有效数据4674个，废水排放达标率提高到85%。市第二污水处理厂被国家计委和国家环保总局审定为国家环保示范工程。

1995年3月，长沙市发出关闭湘江水面上的餐饮娱乐场所的通告，对拒不执行通告的龙门海鲜舫，由市中级人民法院强制执行。1996年，长沙市将水源保护纳入1996年地方立法计划，组建《湘江长沙段饮用水水源保护条例》的编制工作组，对湘江长沙段饮用水源的现状进行调查，制定《湘江长沙段饮用水水源保护条例》颁布实施。

1999 年 4 月 11 日开始，长沙市开展以“保护蓝天碧水，共建文明长沙”为主题的长沙市“1999 环保世纪行”系列活动。活动以保护水、大气和生态环境为重点。长沙市星沙污水处理厂建设工程和液化气混空气工程完成年度计划任务。在综合整治方面，针对煤烟型二氧化硫污染、汽车尾气污染、生活噪声污染、水污染和生态环境保护的突出问题，市、区县（市）政府及其有关部门开展一系列的整治行动。

2000 年，长沙市一批水污染治理工程相继启动，重点包括第一污水处理厂的扩建，同时对老城区的截污干管进行改造。沿烈士公园人工湖修建截污干管，将沿湖单位的污水纳入第二污水处理厂，不再对人工湖水体构成污染。编制圭塘河水污染综合整治规划。全年各水体功能区达标率 100%。2001 年，长沙市投资 2.6 亿元扩建一污水处理厂，包括湘江东岸截污干管建设工程全面开展；投资 1 亿元新建的星沙污水处理厂工程基本完成；投资 2 亿元建成望城桥驿大型无害化垃圾填埋场。

2002 年，长沙市根据国家环境保护总局《关于开展全国水环境功能区划工作的通知》要求，完成长沙市水环境功能区划省级和重点城市两个层次的水环境功能区划工作任务。对全市的 16 条河流，19 个大中型水库和湖泊进行水环境功能区的划分，共划分功能区 81 个，其中：河流和湖库划分的功能分别为 62 个和 19 个。各流域总长度为 1180 千米，湖库总面积为 29.87 平方千米。水环境功能区覆盖全市环境保护管理涉及的水域。水环境功能区划工作的完成，为长沙市水环境管理提供科学依据，构建数字环境管理工程平台。水环境功能区划顺利通过湖南省环境保护局和国家环境保护总局的验收。

2004 年，长沙市深入开展整治“放射源、非煤矿山环境、不法排污企业”三大专项行动。经市政府及各区县（市）政府批准关停取缔的不法排污企业共 16 家，限期治理 47 家。第一污水处理厂、星沙污水处理厂、浏阳污水处理厂和一批小区污水处理厂先后竣工投入使用，全市污水处理率 47.95%。圭塘河综合整治一期工程、向阳湖综合整治工程圆满完成，开展湘江长沙段饮用水源保护区的餐饮排档、加油船、排污口的调查及相关整治。

2008 年，长沙市采取结构调整、停产治理和淘汰关闭等措施，全面完成关闭（合并）54 家、保留 72 家造纸企业的污染整治总体目标。每年削减化学需氧量排放 11060 吨、削减二氧化硫排放 700 吨。长沙市先后组织专家对“动态平衡短流程”废纸造纸“零排放”技术改造方案进行评审，论证可行性，组织人员到江苏无锡、苏州常熟等地进行实地考察学习。全市 34 家使用“零排放”技术进行污染整治的企业，每年可节约治理费用约 4000 万元，节约运行成本 3000 万元，减少水耗 2300 万立方米。

2009 年，长沙市针对湘江枯水期，及时启动应急预案，对涉重金属排污企业、化工厂、污水处理厂等单位进行现场监管，实行一日一查一报，获得监测数据 2 万余个，保证长沙城市正常用水。城区内长善垸、花桥等 4 个新建污水处理厂通过环保验收并形成减排能力。宁乡、望城、星沙北等乡镇污水处理厂相继建成，新港、暮云、坪塘等污水处理厂先后启动建设，同时，对岳麓、新开铺、花桥等重点污水处理厂的管网建设、污水提升等问题多次专题调度，针对因拆迁量大而影响道路建设进度的情况，对污水收集管网方案进行适当调整，提出“一厂一策，一线一策”的思路，采取增加临时截污和提升措施，主城区铺设污水主干管网 42.44 千米，污水收集量大幅提高。全市城市污水处理能力由 2008 年的 40 万吨/日，上升到 141 万吨/日。全市完成化学需氧量排放量为 5.75 万吨，减排 1.67 万吨。

2010 年，长沙主城区共建成 5 家污水处理厂，4 县（市）建成 5 家城镇污水处理厂，实现城区污水处理全覆盖，4 县（市）98 个乡镇基本完成覆盖全乡镇的农村垃圾收集处置体系建设，建成乡镇垃圾中转站 69 个，村级垃圾收集站 437 个，各类垃圾收集池（筒）65 万个，乡镇共建成 15 家污水处理厂，98

个乡镇基本完成覆盖全乡镇的农村垃圾收集处置体系建设，城乡水、气、声、固体废弃物污染防治设施建设初步形成体系。

2011 年，长沙市以湘江流域水环境治理为重点，设立 30 块城市集中式饮用水水源地标志牌，划定乡镇饮用水源保护区 43 个。加大城区污水处理厂的提质改造和运行监管力度，城市污水处理率提升至 92.7%。城区畜禽养殖业退出工作有序推进，全年退出生猪养殖 13.24 万头，天心区在全市率先退出养殖业。在湘江枯水期日益延长的严峻形势下，主城区汇水区域内排入湘江、龙王港、浏阳河、圭塘河流域的 61 个排水口完成截污改造工程。

2012 年，长沙市开展水上餐饮专项整治行动，依法取缔湘江长沙段饮用水水源保护区内的非法水上餐饮，先后开展 10 次大规模专项执法行动，上船调查、宣传、劝退、执法、守点曝光，出动执法人员 3450 人次，对湘江长沙段 13 家水上餐饮经营户进行立案查处与曝光，全面完成 93 艘餐饮船舶（89 家餐饮及茶水经营户）整治退出。

三、噪声污染防治

1988 年 5 月，长沙市北区对小区内湖南省人大常委会、烈士公园等 41 个事业单位和 36 家区街工业企业的噪声主要污染来源（包括流动性噪声源即交通噪声和固定噪声源即工业噪声，施工噪声等）进行调查，采用网格布点测试计算，平均等效声级 58.1 分贝，高于环境噪声一类混合区标准 3.1 分贝。

1989 年 12 月 26 日，长沙市清水塘噪声控制达标小区建成并通过市级验收。清水塘小区包括清水塘地区以及相连的省体委、烈士公园，面积 2 平方千米，居民 4800 多户共 1.8 万多人。

1990 年 9 月 13 日，长沙市发布《关于严格控制社会生活噪声的通告》，为及时整治城市社会生活噪声，市区 7 个执法组深入繁华街道进行宣传，批评教育使用高音喇叭的场、店 600 多家，撤除高音响设备 300 多套，罚款 1200 多元。一批突出的污染源得到治理。湘江宾馆采用高效消声、吸音工艺，使空调机噪声由原来的 82 分贝下降至 62 分贝，基本消除噪声对周围居民的危害；湖南省建筑五公司第 9 工程队在承建的湖南省文化娱乐中心工地上的手工锻造炉，被市环保监理部门下令拆除后，人民新村住户得以免除噪声和烟尘污染之害；长岛饭店锅炉房噪声，新华社湖南分社生活锅炉噪声，长沙电表厂水泵房机械噪声及长沙市玻璃二厂的噪声，震动等均得到妥善处理。1990 年上半年监测，城区环境噪声由 1985 年的 59.8 分贝下降到 1990 年 54.4 分贝。全市新建成噪声控制区 12 平方千米，是 1989 年的 3 倍，噪声控制区内固定噪声源 73 个，合格 66 个，合格率 90.4%。

至 1991 年年底，通过 3 年的整治，岳麓山文教区共治理工业噪声源 238 个，拆除高音喇叭 32 个，部分改用低音喇叭，设立车辆分流控制岗，树立机动车禁鸣喇叭标志 25 个。通过对工业噪声、交通噪声和社会生活噪声的综合治理，该区域内的固定噪声源、交通噪声、区域环境噪声三项指标的达标率分别为 93%、100%和 91%，符合国家规定的噪声控制达标区的标准。全市新建噪声控制区 13.7 平方千米，累计建成 29.7 平方千米，覆盖率为建成区的 36%。新建噪声控制区内有各类固定噪声源 1119 个，其中合格的 1034 个，合格率 92%。主要交通干线 24 条，其中 18 条达到法定噪声控制标准，达标率 75%。

1993 年，强化对噪声控制达标区建设，对汽电一分厂等 11 个噪声源进行治理和搬迁。全年新建噪声控制区 6.2 平方千米。

1995 年，全市完善噪声控制达标区建设，强化工业噪声治理，查处社会生活噪声污染严重的单位。创建噪声控制达标区 45 平方千米，噪声达标区内声环境质量符合国家标准。

2005 年，新建噪声达标区 10 平方千米。

2006年，针对影响居民生活的工业、空调噪声、餐饮油烟等问题，加大清查整治力度。市、区千户业主带头开展餐饮油烟整治，300多家娱乐场所的噪声污染得到治理。

2010年，全市在高架道路两侧人口密集区域、噪声超标地段进行污染控制，在城南中路、东二环线、侯家塘高架桥等路段设立高架道路隔声屏12个，确保所有敏感地段达到国家交通干线噪声控制标准。对地铁、隧道和各基建工地的各个施工路段进行分类控制，对夜间临时施工进行规范化管理，实行批次控制，有效减少夜间噪声对群众生活的影响。

2012年，全市在"两考"特护期间，开展专项整治行动，确保"两考"期间各考点无噪声扰民。严格控制基建工地夜间临时施工审批，要求提前申报办理。支队成立夜间执法队，多次开展夜间巡查，加强夜间巡查和突击检查，对造成噪声污染和影响的违法行为，依法查处，媒体公开曝光。

四、固体废弃物污染防治

1988年，长沙市工业固体废弃物主要由炉渣、粉煤灰、煤矸石、化工废渣等构成，其中炉渣占到工业固体废物总量的60%以上，化工废渣约占据20%。城市垃圾粪便产生量为32万吨，清运量为28.8万吨，清运率90%。由于城市高层居民住房逐步取代低矮民宅以及抽水马桶的普及，稀释的粪水随着其他污水排入城市下水道，由环卫部门收运的粪便量逐年减少。

1989年，长沙市市区工业固体废物产生量为61万吨，其中处置处理量16.7万吨，处置处理率27.4%；综合利用量38.7万吨，综合利用率63.3%。

1990年4月，长沙市投资31万余元，启动716矿外来放射性废渣治理工程，采取修筑截水沟、挡渣墙、黄土覆盖等技术措施进行全面治理。治理后经湖南核工业环境监测中心等单位监测，符合国家要求。12月11日，湖南省环保局组织有关单位对该项治理工程进行验收。

1991年4月起，长沙化工厂开始将历年堆存的硫铁矿渣运往湘乡水泥厂作为水泥原料，变废为宝，消除废渣带来的污染。9月，长沙铬盐厂投资650多万元，建成容积10万立方米的防渗堆存场，并设置相应的配套设施，经建筑工程质监部门检测，施工质量符合设计要求，经验收合格后于年底投入使用。长沙铬盐厂及全市城区内的电镀、化工单位排放的含铬废渣皆可在此集中堆存处置。11月，长沙市投资52万元建设的长沙第一座封闭式垃圾中转站投入运行，该站位于长沙市沿江大道草潮门地段，由原地一块使用30多年的露天垃圾堆放坪改造而成，站内设有6个电动提升垃圾集装箱，日转运垃圾60多吨。

1995年，长沙市固体废弃物产生量为79.43万吨，其中工业固体废物产生量为75.18万吨，工业固体废物主要以煤矸石、炉渣、化工废渣等为主，三者占据工业固体废物总量的896.9%。全年安排治理项目16个，竣工治理项目15个，新增治理能力11.78万吨，投入治理资金138.8万元。

1998年，长沙市工业固体废物产生量为106.8万吨，工业固体废物的处置为2.2万吨，处置率2.01%。全年竣工的治理固体废物项目6个，新增治理固体废物设计处理能力为26146吨/年。

2000年，长沙市工业固体废弃物产生量为137.53万吨，市区城市生活垃圾清运量为80.9万吨，其中无害化处理为44.8万吨，一般处理量为36.1万吨，城市生活垃圾处理率在77%以上。全市工业固体废弃物治理施工项目7个，竣工项目7个，完成投资77万元。

2005年，长沙市工业固体废弃物产生量为109.64万吨，工业固体废弃物综合利用量98.40万吨，综合利用率88.1%，工业固体废弃物排放量5.67万吨，较上年减少20.7%。

2008年，由于华电长沙电厂的投产，长沙市固体废弃物产生量较之前的年份大幅度增加，为183.57万吨。

2010 年，长沙市工业固体废弃物产生量为 147 万吨，固体废弃物综合利用量为 146.55 万吨，综合利用率 99.7%，其中危险废物 1800 吨，处理达标率 100%。全市 98 个乡镇基本完成覆盖全乡镇的农村垃圾收集处置体系建设，建成乡镇垃圾中转站 73 个，村级垃圾收集站约 300 个，各类垃圾收集池（筒）20 万个，共完成 45 个乡镇农村固体垃圾无害化处置体系核查，拨付补助资金 2454.2 万元。开展家电“以旧换新”工作，全市共拆解废旧家电 48.45 万台，实际接收拆解率达 100%。启动建设长沙危险废物处置中心。

2011 年，完成编制《长沙市“十二五”危险废物处置设施建设规划》，建立持久性有机污染物统计报表制度。长沙铬盐厂 42 万吨铬渣解毒工程通过国家发改委验收，完成 4 万余平方米污染土壤的治理生态修复；七宝山废渣山治理区域内 2.67 万余平方米的废渣堆场合 16.67 公顷污染土壤完成生态治理修复。推进家电“以旧换新”工作，拆解废旧家电共 90 余万台，实际接收拆解率 91.5%，城区生活垃圾无害化处理率 100%，工业危险废物处置率 100%。

2012 年，长沙市关停湖南本安亚大新材料等 93 个污染项目。实施脱硫脱硝工程，完成 4 条新型干法水泥生产线脱硝设施建设，完成浏阳市和宁乡县热电厂循环流化床锅炉脱硫剂自动投料系统改造。

第四节　生态环境综合治理

一、自然生态保护

1988 年，长沙市保护蛙蛇联合办公室成立，加强对青蛙、蛇类和鸟类的保护。1989 年，长沙县石门乡鸭巢冲建立野生动物放养场，将需要放入山林的动物，集中在这里放养，并投资万余元，在场内设有面积 40 平方米的放养室，对于收缴来的各种幼小、体弱或受伤的动物，先放在放养室内专人喂养一段时间，待其伤好能独立生活时，再放入放养场中的山林。至年底，共放养各类动物 400 余只。1991 年，兴建长沙县脱甲乡南岳村、望城县白鹤村两个生态环境保护试验场。南岳村以种植为主，养殖为辅，进行山林、水稻、果木、养殖等综合开发；白鹤村以种植为主，大力发展沼气，充分利用生物能源，沼气池发酵后的肥料用于养鱼和种植，促进农村生态良性循环。

1992 年 7 月，经林业部批准浏阳大围山自然保护区为国家森林公园，面积 37.03 平方千米。大围山国家森林公园位于湖南省浏阳市东北部，距省会长沙 118 千米。它以森林茂盛，资源丰富，风景秀丽，气候宜人，被称为“湘东绿色明珠”。

1994 年，长沙市完成金井镇、黄金乡、夏铎铺镇、青草乡、东山镇生态环境保护试点规划。开展浏阳市枨冲镇的生态规划与建设，编制《枨冲镇生态建设总体规划》，完善鸭巢冲，南岳村、车关村、白鹤村、龙凤山的竹林场及金星村等 6 个生态村（场）的建设。

1992 年和 1994 年，经林业部批准，先后将雨花区洞井镇的湖南省森林植物园，建立为天际岭国家森林公园、湖南省野生动物救护繁殖中心。全园占地面积 1.4 平方千米，森林覆盖率高 90%，山清水秀，鸟语花香，环境优雅，成为市民亲近自然、休闲旅游的良好场所，年接待游客近 30 万人次。

至 1995 年，长沙市及各县（市）编制《农村生态环境保护规划》，建成 7 个农村生态环境保护试验村（场、镇）和一个国家级自然保护区，各县（市）郊开展无公害农业示范工程建设，逐步削减化肥农药施用量，逐步由农药加化肥维持农业生产的局面过渡到科学的生态良性循环的高效无公害农业生产体系，建立生态庭院经济 5 万多户，发展农村沼气 7 万多户，农田病虫害综合防治面积 5 万公顷，森林覆盖率提高到48%。

1998年，全市自然保护区覆盖率1.07%，绿化覆盖率38.86%。全市全年取缔关停116家污染严重的小型企业，关停率100%。

1999年，长沙县、岳麓区被国家环保总局列为第四批生态示范区，长沙县重点抓星沙开发区的生态建设，高标准编制生态环境规划。岳麓区建成“岳麓桃花无公害蔬菜生产基地”，1999年4月被长沙市政府确定为全市重点蔬菜生产基地，11月，被湖南省环保局、长沙市政府命名为“岳麓桃花无公害蔬菜生产基地”。先后投资500多万元，兴建排灌渠6512米，田间水泥路3600米，配套建设水粪池165套，大棚360套，拥有防虫网、遮阴网12万平方米，双色膜5吨，成功开展无土栽培蔬菜试验、示范。望城县新建黄金乡新沙村生态农业示范点，新建100个上流浮罩式沼气池，新建4个猪场，安装太阳能4台，发展水果50亩，精养鱼塘40亩，其中15亩种养殖，率先推广水上种植水稻、蔬菜、兰天竹等30余种品种，面积3000平方米。宁乡县完成花明楼生态规划，全县新增烟控区面积3.5平方米。浏阳市完成全市生态环境规划的初稿，建成2.5平方米的烟控区。

2000年6月，湖南省政府批准建立省级黑麋峰森林公园。公园位于望城县域内，距长沙市约30千米。公园域内植被丰富，森林覆盖率73.9%，有野生动物71种，其中列为省级和国家级有34种。

至2000年年底，长沙市先后有浏阳市、长沙县、岳麓区、望城县列为全国生态建设示范区。各县（市）分别抓1~2个生态村（场）的建设，浏阳市完成全市生态环境保护规划，并通过省环保厅组织的验收。宁乡县完成花明楼生态环境规划。

2001年2月，宁乡县批准建立县级沩山森林公园，面积225.9平方千米，其核心区为黄材林场，向四周辐射，包括崔坪乡、祖塔乡、沩山乡、黄材镇的13个村，巷子口镇的6个村及城大林场。6月，浏阳市林业局批准建立县级浏阳湖森林公园、枫林湖森林公园以及周洛森林公园。浏阳湖森林公园面积159平方千米，位于浏阳河支流小溪河下游，离浏阳县城33千米。浏阳湖森林公园范围即株树桥水库库区，库区长31千米，库容2.78亿立方米，是长沙市最大的水库。枫林湖森林公园位于浏阳市山田乡域内。区内常年春暖风和，夏天酷暑、冬天严寒，具有增湿、降温、减风、增氧的气象效应及疗养环境，土壤母质中具有富硅、富钾、富微量元素的特点。地表植物资源、动物资源丰富，中山地带有较大面积的常绿阔叶次生原始林，被列为国家一级保护区。周洛森林公园，面积23.3平方千米，位于浏阳市社港镇东部，为石柱峰景区的重要组成部分。周洛森林公园中有周洛古文化度假村和石牛寨探险野营度假村。望城县林业局批准建立乌山、书堂山、谷山以及泉水冲4个县级森林公园。其中，乌山森林公园面积310平方千米，书堂山森林公园，面积385平方千米，谷山森林公园，面积430平方千米，以及泉水冲森林公园，面积416平方千米。8月，经申报并获国家环保总局批准，长沙市成为全国省会城市中第一个“全国生态示范区”建设试点地区。

2002年3月，为加强对生态示范市建设工作的领导，保证各项工作的顺利开展，成立长沙市全国生态示范市建设试点工作领导小组和长沙市全国生态示范市建设规划编制领导小组。5月28—29日，召开“长沙市全国生态示范市建设规划大纲”评审会，提出把长沙市定位在建设“生态市”的战略高度，重新确定长沙市生态建设规划的总体目标和框架。9月，完成规划大纲的修改，并通过专家评审。12月27日，基本完成《长沙市全国生态市建设规划》编制。各区县（市）同时展开生态示范区的建设工作。浏阳市全国生态示范区建设试点被国家环保局命名挂牌；长沙县全国生态试点区建设试点通过省级验收；望城县、雨花区、天心区全国生态示范区建设规划通过省级评审；雨花区开展创建生态社区的试点工作。

5月，宁乡县批准建立县级的宁乡香榧自然保护区，保护范围以黄材镇关坳村榧子牌为中心5千米半径范围内香榧分布的区域，总面积78.54平千米。6月，宁乡县又批准建立县级宁乡官山自然保护区，保护范围为黄材林场官山工区。

2003年10月31日，长沙市作出《关于建立生态市的决定》，出台《长沙市生态市建设规划》。岳麓区全国生态示范区建设通过省级预验收；开福区全国生态示范区规划通过评审。

2005年，长沙市建成团头湖湿地、白鹭保护区和苏廖垸湿地保护区两个湿地保护区。团头湖湿地、白鹭保护区位于望城县乔口镇，面积4218公顷，包括乔口镇团头湖及周围湿地、格塘水库及周围湿地、华林林场全部，保护对象为团头湖湿地生态系统，森林群落，白鹭、池鹭、牛背鹭、苍鹭、夜鹭等各种鸟类。苏廖垸湿地保护区位于望城县东城镇，面积3074公顷，包括黄龙水库、宝雍山及其周围山地、苏廖垸及黄廖垸堤外的河滩地，保护对象为湿地生态系统，森林群落，白鹭、池鹭各种鸟类。

2006年10月，市环保局被国家环保总局评为第四批国家级生态示范区建设优秀组织单位。11月，长沙被评为全国森林城市。11月25日，宁乡县的国家生态示范区建设工作通过国家环保总局验收。至此，全市9个区县（市）的生态示范区建设全部通过国家级验收，完成生态市建设第一阶段任务。另外，青竹湖镇和花明楼镇创建“全国环境优美乡镇”工作通过省级验收。

2008年，长沙县和望城县的生态县建设规划通过专家评审，两县的生态县建设进入创建实施阶段。

2011年，长沙市先导区申报国家生态文明建设试点区，并获得环保部全国第三批“国家生态文明建设试点区”批复。参与由联合国环境规划署全程指导的“中国区环境规划优秀示范城市”评选活动，经过网民投票、专家评审和主办单位审核等环节，长沙市荣获联合国环境署颁发的“中国区环境规划优秀示范城市”称号。

2012年，长沙市先导区被列为国家生态文明试点示范区。

二、农村环境综合整治

1988年，长沙乡镇企业废水处理设施47套，总投资71万余元，年处理废水约400万吨，占废水排放量的13.4%。长沙市乡镇企业废气处理装置共22套，总投资134万元，每年处理废气27482万标立方米，处理率为3.8%，绝大部分废气未经过处理排入大气中。1988年以后，长沙市开展乡镇企业清理，并进行建档管理。根据“三同时”（指建设项目中环境保护设施必须与主体工程同步设计、同时施工、同时投产使用）的规定，实行超标排污收费，对违背“三同时”规定和严重污染环境的乡镇企业实行经济制裁或停产。

1991年，长沙市乡镇污染治理设备共有203台/套，正常运行的有183套，运转率91.14%。

1992年，根据国家环保总局和省环保局关于“开展重建乡镇企业环境污染调查和治理整顿”的指示精神，长沙市开展对“五小”企业（小造纸、小电镀、小冶炼、小化工及建材行业的矽砂矿开采）的调查。

1994年，在全市农村开展农药、化肥调查和集镇饮用水源调查。对《浏阳河管理条例》进行论证。

1995年，长沙市为加强乡镇企业环境管理，严格环保审批手续，采取分层次管理的办法，颁布《关于进一步加强县（市）建设项目环境保护管理的通知》。在强化城镇环境管理方面，拟定《长沙市小城镇环境保护管理暂行规定》，完成对城镇的排烟装置调查，制定《城镇烟控达标区建设方案》。各县（市）和郊区开展城关镇环境综合整治，对新、改、扩、建项目严格执行“三同时”制度。至1995年年底，5年内长沙市共完成乡镇污染治理130项，投入环保资金1.1亿元，涌现一批治理效果好的项目。如望城县水泥厂采用高压静电除尘，通过对成品车间散装库顶和3台熟料磨机的尾部粉尘治理，年回收粉尘1185吨，创价值26.7万元，取得可观经济效益。1996—2000年，全市共取缔关停10个行业，116家污染严重的小型企业，乡镇工业废水的污染控制取得一定的成效，特别是长沙市乡镇工业废水污染主因子化学需氧量、悬浮物分别削减23.6%和22.3%。对控制和减轻乡镇工业废水对农村水域污染起到重要和积极作用。长沙市加大乡镇工业污染治理力度，定期监督、检查污染项目150余项，督促完成污染治理项目112个，治理项目总投资3072.16万元。“三同时”审批160项，审批率100%，“三同时”环保总投资8393.15万元。完成市政府办实事项目17个，总投资1173.36万元，其中环保投资240万元。长沙市狠抓工业污染源达标排放工作，到2000年12月底，县（市）重点工业污染源全面达标。

在此期间，长沙市还在全省率先对各县（市）进行城镇烟控区、噪控区、饮用水源保护区“三区”建设。制定城镇烟控区建设方案和实施细则，到2000年止全市建成城镇烟控达标区21.28平方千米，其中浏阳市建成8.5平方千米，望城县建成4.5平方千米，宁乡县建成3.28平方千米，长沙县建成5平方千米，并通过市级验收。各县（市）结合实际开展创建噪控区工作，浏阳市率先创建2.5平方千米，并制定《浏阳市城市环境噪声标准适应区域暂行规定》，各县（市）为防止环境噪声污染，都加强对本县城区的建筑噪声环境管理，促进城区噪声控制达标区建设。加强县（市）饮用水源保护功能区建设，组织完成浏阳河、沩水河、捞刀河三条支流环境综合整治规划。此外，清洁生产作为新生事物，长沙市在长沙县印山水泥厂开展试点，制订开展清洁生产课题计划，开展调查审计工作，完成清洁生产审计报告。浏阳市化工厂清洁生产初见成效，对电解工艺进行全面技术改造，年节约成本58万元。

至2005年，长沙市星沙镇、洞井镇、大托镇、洞阳镇相继被评为成为全国环境优美乡镇，为长沙市小城镇生态建设树立榜样。

2006年，长沙市对全市农村工业企业违法排污、城区老污染源向农村转移、非法炼钢、炼矾等环境违法行为进行依法严惩和重点整治，共开展重点执法行动47次，出动4000多人次，查处895起环境违法问题，办理大要案296件，行政处罚罚款415.29万元。长沙县挂牌督办22家污染严重的企业，限期整改到位；浏阳市、宁乡县针对造纸行业废水污染情况，共关停小造纸厂97家。同时，长沙市选定宁乡县花明楼镇炭子冲村、长沙县福临镇金坑村、浏阳大瑶镇南山村、望城雷锋镇真人桥村作为“建设新农村，创洁净新村”的示范点，试点工作已启动。有关畜禽污染等农村面源污染的治理也得到加强，长沙县引进两个5万吨畜禽养殖项目，望城县投入21万元开展天心种猪污染防治试点工作。

2007年，长沙市开展“新农村、新环保、新生活”为主题的农村环保行动。2008年，长沙市进一步以“新农村、新环保、新生活”行动为载体，以浏阳市葛家乡金塘村、宁乡县金洲乡关山村的试点为重点，在完成30户农户示范建设的基础上，继续在95户农户推动“三区二体系”（即生态养殖区、生态种植区、生态居住区和垃圾、废水两个处理体系）建设，突出试点示范作用。长沙市组织专家驻扎在试点村半年多，全心研究畜禽养殖污染整治技术，推广畜禽养殖污染“零排放”技术，实现废水废渣的综合利用。该技术每年可综合利用粪便5万吨，削排化学需氧量1000多吨，节约用水160万吨。年内完成畜禽养殖场污染治理“零排放”试点252个，栏舍面积18万平方米。发布《长沙市环境保护三年行动计划》，突出加强农村地区的环境基础设施建设。开福区捞刀河镇等10个乡镇、长沙县江背镇乌川湖村等32个村完成生态系列创建，分别被省环保局授予“省级环境优美乡镇”“省级生态村”称号。其中，望城县桥驿镇、黄金乡和长沙县江背镇乌川湖村、浏阳市葛家乡金塘村分别申报国家级环境优美乡镇和国家级生态村。

2009年，长沙市每年投入1亿元，用于农村畜禽养殖污染治理、乡镇污水设施建设和农村垃圾处置。探索农村固体废物处置新办法，推行以浏阳葛家乡为代表的“户分类、村收集、镇中转、县处理”的集中处理模式，以长沙县果园镇为代表的“户分类减量、村分类利用、少量镇中转填埋”的分散处理模式。推广治理新技术，出台系列奖励补助政策，引导养殖户采用生产沼气、生物酶发酵“零排放”等技术措施，加强畜禽养殖废物资源化利用。全市共完成214家500头以上规模化生猪养殖场污染治理，总面积40余万平方米，下拨补助资金1300万元。4县（市）县城污水处理覆盖率100%，启动28家乡镇污水处理厂及配套管网建设。采取“以奖代补”等形式，推动农村基础设施建设和村容村貌整治，在果园、桥驿、葛家、灰汤、莲花、雨敞坪6个乡镇进行第一批环保先进乡镇建设试点示范，岳麓区莲花镇成功创建省级环境优美乡镇；望城县桥驿镇建成覆盖全镇18个村8000户的简易垃圾收集池6800个。

2010年，长沙市完成共计76个村连片整治示范区建设，示范片区共计完成饮用水源保护区建设9个，建成集中式污水处理设施429套、分散式污水处理设施2.73万套，建成垃圾箱（池）7.58万个、垃圾转运站15个，建成畜禽养殖污染防治集中处理设施8处、分户处理设施8414套。长沙市规模化生猪养殖污染治理基本完成，完成500头以上规模养殖场污染治理436家，治理面积100万平方米；完成20~500头养殖场污染治理1000余家，治理面积40万平方米。农村垃圾基础设施建设及收集处置体系建设基本覆盖，新增农村垃圾收集处置能力23万吨/年。四河流域乡镇污水处理厂建设全面启动，污水处理覆盖率100%，新增乡镇生活污水处理能力4万吨/天。全市创建国家生态乡镇9个，省级生态乡镇36个，省级生态村52个。

2011年，长沙市建成乡镇垃圾中转站96个，村级收集站810个，收集池（筒）65万个，基本完成城乡一体化的垃圾收集处置体系建设。完成20~499头规模养殖户污染治理2000余家，面积66.6万平方米，500头以上规模养殖户污染治理近400家，面积81万平方米。建成农户分散污水四格净化池2.49万个，累计建成乡镇污水处理厂31家，集镇与农村地区每日新增生活污水处理能力12.7万吨。农村环保长效管理新机制先出雏形，形成望城区乔口镇城乡生态环境一体化模式、长沙县环保合作社垃圾回收的“果园”模式、浏阳市垃圾分类减量的“三口”模式、宁乡县坝塘镇畜禽养殖综合利用“一改三化”模式并得以推广。浏阳市在全国率先推行生猪养殖污染治理合同环境服务新模式，并在《中国环境报》予以重点推介。岳麓区、长沙县、宁乡县3个片区39个行政村申报并获批2011年全国农村环境连片整治示范区。是年，长沙市共创建国家级生态乡镇10个、国家级生态村11个，省级生态乡镇37个、生态村51个。

2012年，长沙市新建乡镇污水处理广15家，续建12家，建成的31家逐步规范运营。完成20头以上畜禽养殖场污染治理23万平方米。出台《长沙市农村生活垃圾处理若干意见》，引导农户实施垃圾分类减量、就地安全处置。完成县（市区）乡镇集中式饮用水源地保护区划分工作，逐步开展标志建设和环境管理。完成96个村连片综合整治示范建设，探索农村污染“三大治理”长效机制，宁乡县推广“一改三化”治理模式，变养殖场畜禽废料为农户清洁能源原料；浏阳市建立农村垃圾资源化市场回收网络，引导农户实施垃圾分类减量；开福区、长沙县探索污水处理厂第三方运营机制，确保污水处理设施发挥效能。出台《关于加强土壤污染防治工作的意见》《长沙市土壤环保认证管理办法》。全市共创建国家级生态乡镇56个、生态村79个，省级生态乡镇49个、生态村139个。《长沙引入市场机制美化乡村环境》在央视“新闻联播”播出，向全国推介长沙市农村环保经验。

第五节 环境监察

一、环保执法

1991年9月15日，长沙市城管、公安、航监、环保、环卫等部门联合对湘江水上餐饮娱乐设施强制取缔，拖走违章浮船（排）20多艘。9月18日，岳麓区对橘子洲上占用河道、污染水源的违章建筑强制拆除，共拆除违章建筑64处。

1993年，长沙市开展执法大检查，对20余家违反“三同时”规定的单位进行处罚，使污染处理设施运转率和达标率稳定在80%以上，重点项目“三同时”执行率90%。各县、区对环保违法单位也相继处罚41家，东区和西区环保局对建筑施工噪声超标而又拒交排污费的35家单位通过法院采取强制执行措施。

1996年，环保执法工作逐渐向全面监督管理型转变，强化现场监督管理。由市监理所对直接监管的180余家单位平均每月现场监管1次以上。各区县（市）也进一步充实监理力量，开福区成立第三产业监理办公室，加强第三产业的监督管理。针对湘江和浏阳河沿岸乱倒垃圾污染水源的现状，组织8次执法检查，纠正违法行为20多起，罚款8000多元，清除垃圾、工业废弃物100多吨，有效保护饮用水源。

1998年，制定《长沙市环境保护行政执法实施办法》，环保行政执法纳入法制化轨道。5月20日，启动“环保110”联动处警服务范围是对水污染事故、大气污染事故、固体废弃物污染事故、有毒化学品污染事故、放射性污染事故和相应污染纠纷进行处理。为确保“环保110”联动工作责任到位，市级成立处警联动服务领导小组，组建“环保110”处警队，各区成立相应机构，制定“环保110”联动处警服务工作方案。为加强服务保障，制定《长沙市环保110联动工作制度》《长沙市环保110联动工作职责范围》，开设专线投诉电话、实行昼夜24小时值班制度。加强污染源现场监管，污染源监督检查1200多次。

1999年，污染源现场监督检查1300余次，检查各种设施460台（套）次，全市污染设施运转率82%。限期治理检查70多次，现场执法噪声点源1480余次；查处各类环境违法案件745起，下达行政处罚决定书182份。“环保110”坚持全日制全天候及时查处违法行为。全年共进行24次大的执法联动，特别是加强高考期间的噪声控制管理力度，深入基建工地600多家，娱乐场所200多家，社会生活噪声点源180多处，使噪声扰民问题得到有效解决。

2000年，全市对污染源监督检查1300余次，检查污染治理设施1350台套次，限期治理、督促检查115次，使全市污染治理设施运转率提高到80%以上。组织全市“环保110”联动执法20次，整顿娱乐场所噪声、基建噪声点源160多个，对480多个单位进行现场督促、并责令60家单位限期整改。市环境监理所荣获“全省环保系统环境监理工作先进单位”称号。

2001年，全年出动监理和“环保110”执法人员1500余人次，加强环境现场监管，督查726家单位，处罚38家单位。高考期间会同公安、城管部门对建筑噪声娱乐噪声工业噪声严格控制。夏秋两季在禁烧秸秆的执法活动中，出动执法人员700余人次，保证黄花机场、大托铺机场和高速公路运输安全。同时，认真抓监理所达标升级工作，加强监理队伍和监理能力建设，并开通“12369”公众投诉热线。

2004年，长沙市共组织大型执法行动26次，出动执法人员2400多人次，加大对重点污染源的现场监管力度和污染事故的处理，制定《突发环境污染事故应急处置预案》，及时处理“环保110”受理的电话投诉共2050件和河西观沙岭地区硫化氢气体污染、三水厂取水口沉船油污染、四方坪地区废气污染事故。

2005年，全市进行现场执法60次，检查排污企业3851家，查处环境违法行为114起，执行行政处罚60起；及时处理“12·4”长沙黄泥河油船爆炸水环境污染事故及其他环境污染突发事件共计13起。

2006年，完善有关环境污染投诉处理制度。将“环保110”纳入全市110联动，由环保部门与《潇湘晨报》联合开设“环保民情窗”，建立环保热线电话，实行环境投诉日报分析制度和环境监测重点污染源周报制度，全年共处理环境投诉1826件，回复率100%。加大对锅炉烟气污染、噪声污染、不正常使用环保设施、不执行环保“三同时”制度等典型环境违法行为的查处力度，全市共查处296件环境违法案件，行政处罚到位415.25万元。6—12月，配合“劲风环保行动”开展以“净水、蓝天、静音”为主的专项执法监测行动。对长沙正园动力配件责任有限公司、长沙水泵厂等257家单位的实施污水、锅炉烟气、煤质、噪声监测，编制执法监测报告75份，查处违法超标排污单位181家。

2008年，修订后的《中华人民共和国水污染防治法》颁布实施，排污收费制度也发生重大变化。为应对环境管理新形势变化，开展三产行业污水、医疗污水专项执法监测行动。全年共计开展执法行动150余次，出动执法人员4200余人次，检查企业2800余家，对70家违法排污单位进行处理，较好的解决违法排污企业损害群众利益的热点难点问题。

2009年，将日常执法与开展专项执法行动相结合，全年共开展各类专项执法行动153次，出动执法人员4028次，检查企业2835次，查办环境污染案件869件。其中，立案处罚173起。根据减排监测需要，对长沙中科成污水净化有限公司等7家污水处理厂进、出水口水质及华电长沙电厂煤质保持每月1次的监测频次实施监督监测，共出具192份监测报告。对原长沙铬盐厂的铬渣治理工程实施每季度1次的铬渣治理监督性执法监测。按照《铬渣污染治理环境保护技术规范》（暂行）规定，在铬渣解毒生产线上采集10份铬渣的解毒产物样品，并对其浸出液中的总铬、六价铬、钡元素浓度进行分析，共出具8份监测报告。

2010年，共出动执法人员4000余人次，分别针对餐饮业污染、扬尘污染、饮用水源地污染、噪声污染等开展环境执法行动150次，检查企业3000余家。率先在全省环保系统建立环保移动执法系统，实现环保执法业务全过程的数字化管理，提高执法效率与对重大事件处置的应急反应能力。

2011年，长沙市有针对性地开展重金属、造纸行业、扬尘、噪声、餐饮业、畜禽养殖、水上餐饮、危险废物、化学品、医疗废物、农村工业专项整治、枯水期环境监管、城郊接合部环境污染执法、湘江库区蓄水前环境监察等28类专项执法行动，开展各类执法行动共126次，全市出动执法人员3.42万人次，检查企业1.29万家次，对2861家环境违法企业下达限期改正通知书，对467家违法企业立案查处，拟处罚金额998.636万元。其中长沙市环保局监察支队出动执法人员7500人次，检查单位3240家次，对71家违法企业立案查处，拟处罚金额586.106万元。对典型案件在媒体上公开曝光52次。对全市40家“绿色建筑工地”授牌。

2012年，长沙市开展重金属污染治理、水上餐饮、危险废物等29类专项执法行动共128次，全市出动执法人员16000余人次，检查企业7462家次，责令765家企业限期整改，对123家违法企业立案查处，拟处罚金额598.16万元。

二、信访、纠纷调处

1988年，共收到环保问题群众来信275封，接待来访36人次。1989年，全市发生污染事故及纠纷

35 次，污染赔款总额 70.69 万元，污染罚款总额 10.15 万元。

1990 年，环保信访工作逐步走向制度化，对群众来信、来电（在市环保局设置政务公开电话）、来访，都有专人接待和登记。

1992 年，共接群众来信 328 封、来访 36 人次，其中反映大气污染和噪声污染的来信占总来信的 76%。如湖南省石油化学工业厅锅炉房噪声严重扰民，周围群众反映强烈，群众多次上书省、市信访部门，要求消除环境污染。1992 年 4 月，由市环保局召集有群众代表参加的各有关部门负责人联席会议，要求湖南省石油化学工业厅 4 月底以前拿出方案，6 月底治理完毕。由于经费等问题，治理工程延期至 8 月底完成，经一个半月的试运行，降噪、消烟效果良好，验收合格，投入使用。

1997 年，全市发生一般性污染事故 8 起，如泄油事故、下水道爆炸事故等。全市对违反环境保护法律法规行为进行行政处罚 73 起、罚款 10.11 万元，污染赔款 35.37 万元。针对建筑施工噪声扰民现象，全市集中综合整治第三产业社会生活噪声和人民群众反映强烈的基建施工噪声，执行行政处罚 9852 家，罚款 5 万元，污染赔款 0.8 万元。雨花区、岳麓区办理一批群众反映强烈的纠纷案件，惩治破坏环境资源的犯罪。

2001 年，长沙市针对污染事故的应急处理，出台应急预案，制定人民群众来信来访工作制度和程序，建立起以环境监察支队和环境监测中心站为主体的应急队伍。

2006—2010 年，长沙市以重金属污染为主的环境历史欠账多，结构型污染突出。5 年中，涉重金属的污染事件集中暴发，先后处置湘江镉污染事故、浏阳市湘和化工厂污染事件等重大污染事件和纠纷。全市建立和完善环境应急响应预案，开展环境安全隐患大排查。2010 年，市“环保 110”共出警 28 次，并处理长沙金丹洲科技有限公司二甲苯车间爆炸起火、长沙力元新材料股份有限公司火灾、雨花区高桥大桥村盐酸泄漏等 3 起突发事件。开展环境安全隐患大排查，强化“环保 110”出警制度，在重大节日、活动，省总队、市应急演练等特别时期，市环境监察执法人员按照特别时期应急预案，取消休假，轮流备勤，全员应急待命，及时处置突发事件。

2011 年，长沙市先后处置车站北路爆炸事件、浏阳生物医药园污水处理厂意外事故、油库储油罐汽油泄漏、浏阳河出现大量水葫芦等环境污染突发事件。市环保局通过实行局领导包案制、开展“与群众恳谈对话、为群众排忧解难”活动等方式，共受理群众投诉 955 件，处理回复率 100%。其中噪声 619 件，废气 261 件，废水 70 件，其他投诉 5 件。全年未发生群体性赴京上访、重大群访事件。

2012 年，市环保部门处理各类环境信访事项 944 件。

三、突发事件应急处置

1988 年 1 月 4 日上午 11 时，长沙化工厂储酸罐排酸阀管爆裂，浓硫酸从罐底喷射而出，800 吨硫酸顺着厂排污口直接流入浏阳河。经监测，从浏阳河口至捞刀河口长 800 米、宽 200 米的湘江东岸水域，形成一条狭长的酸性污染带，pH 值在 2.0~3.0 之间。1 月 4 日晚上至 5 日早上，湘江捞刀河口至满山段沿东岸一带发生死鱼。造成这一事故的原因是储酸罐在设计上未考虑配备应急控制阀，罐下方亦未建储酸槽；平常对设备和维修保养不够。由长沙市环保局对长沙化工厂依法处以罚款 2 万元。

1991 年 10 月上旬，浏阳磷矿黄磷废水治理设施出现故障，因未及时维修，废水直排浏阳河，致使永和河段水域遭受严重污染。事故发生后，既未采取应急措施，又未告知沿河用水单位和群众，造成汲取浏阳河水养鱼的鱼塘大量死鱼，受污染水面 3.54 公顷。经长沙市、浏阳县两级环保部门处理，赔偿受污染养鱼专业户经济损失 4.7 万元，罚款 1.1 万元。

1992年6月8日，长沙工具厂工业含氰废水未经处理，外溢渗入地下，造成近邻长沙金属制品厂改用水井的水质受污染，致使该厂几十名职工轻度中毒。经长沙市、南区两级环保部门调处，责成长沙工具厂赔偿长沙金属制品厂经济损失1.54万元，作为饮用水与井水系统程的部分专项费用，并处以长沙工具厂罚款1.2万元。

1993年9月，长沙肉类联合加工厂未征得环保部门同意，擅自决定所属长沙生物化学制药厂与深圳东深科技发展有限公司在厂区内生产苏氨酸，所使用的原料为甘氨酸、硫酸铜、氢氧化钠、乙醛、盐酸、工业氨水、氯化铵等有毒有害物质。1994年2月投入试产，由于工艺落后，苏氨酸变取率不足50%，大量有毒有害物质外排，严重污染附近水域，造成大面积死鱼，引起纠纷。事故发生后，由长沙市环保局责成该企业负责赔偿农民损失，并对该厂进行处罚。

1998年2月26日晚10时18分，市环境监理所政务电话值班室接到市政府紧急来电，三湘街一基建工地突然有大量石灰逸出，造成附近居民呼吸困难，并影响到他们的正常生活。接报后，环境监理执法人员赶至现场进行调查处理，在检查中发现该基建工地为旭华安装公司承接的1018基建工地，发石灰时由于管理不善，处理不当，造成大量石灰逸出，给附近环境和周围居民造成较大影响。执法人员责令其停止施工，并采取善后措施。依据国家有关环保法律、法规，对该公司作出行政处罚。

2003年11月5日，在长潭高速公路联盟村地段发生一起盐酸泄漏事件，市区两级启动应急预案。事故的主要原因是一辆装有6吨盐酸的湖北监利的大货车轮胎爆裂后翻车导致盐酸全部泄露至高速公路旁水沟内，环保、路政、消防、交警等部门当即共同确定现场紧急处理办法。在环保、消防、公安、交警等部门的共同努力下，下午3时左右污染事故基本得到控制，排除对周围的污染。

12月8日，湖南化学试剂总厂在拆除废旧设备时，导致少量甲醛流入下水道，造成局部地区大气污染事故，接警后环保执法人员赶现场进行调查，并启动紧急处理预案，采取措施对事故现场进行应急处理，防止污染进一步扩大，事故得到控制，未造成大的人员伤亡和财产损失。

2004年3月2日晚，位于观沙岭村长沙靓的建材厂内存放的五硫化二磷因外包装破损发生自燃，产生硫化氢气体，对周边居民的身体健康造成威胁。接到投诉后，环保、消防、公安、安监等有关部门紧急处理，并将该物质就地封存。鉴于五硫化二磷是油脂化工原料，一星期后，在各有关部门的密切配合下，将封存的五硫化二磷运往浏阳市一家油脂化工厂做原料，彻底消除污染隐患。

2004年8月5日上午，群众举报浏阳河黑石渡段发生大面积死鱼，执法人员赶赴现场进行调查处理。死鱼主要原因是，沉积在排污公沟内的大量的生活污水（残渣），由于4日的大雨将其冲入河中，而当时浏阳河水流缓慢，造成局部河段污染严重；天气变化较大，气压较低，也是造成该河段污染加大的因素之一。因此，造成该次该河段的大面积死鱼的主要原因是大量城市生活污水污染所致。排除附近单位事故性排放和排造成的原因。

2005年5月7日晚11时左右，一辆河南籍大货车满载18吨甲醇侧翻在京珠高速公路湖南段202千米处，造成约6吨左右的甲醇泄漏在公路旁的排水沟内。执法人员赶到现场进行处置。在对现场情况进行严格监管下，8日早6时，救援车辆赶到现场，将泄漏并暂存于排水沟内的甲醇废液抽于处置车内，并将肇事车辆拖离现场，基本消除污染。经雨花区疾控中心取样监测，附近水塘以及当地居民水井未受污染，至8日上午10时，该污染事故基本处置完毕。

2005年12月4日上午8时许，省石油公司所属金和公司承包给私人经营的一艘运输油船，在将船上装载的500余吨石油在浏阳河站全部卸完后，在黄泥河维修时，不慎引发残留在舱底的汽油气体而发生爆炸，导致船只沉没。接到报告后，执法人员赴现场进行调查处理，下午1时30分在现场发现油污带，经分析是该船柴油发动机泄漏柴油所致。12月5日至6日，事故沉船仍有少量含油废水溢出。6日下午1时左右，吊装作业船开始对沉船进行打捞。7日上午11时左右，该船由轮拖至修理厂修理，残渣按要求转运垃圾场处理。污染事故得到妥善解决。

2006年2月6日，长沙市湘江三汊矶水域有一装载危险化学品的船只沉没，接报后启动环境污染事故处置应急预案，市环境监察支队、市环境监测中心站执法人员于半小时后赶到现场进行调查处理。经现场调查，沉没船只系常德汉寿县一个船主驾驶编号为湘汉寿机0023号船从衡阳建滔化工厂装运76号液碱（90%氢氧化钠）至常德汉寿蒋家嘴。2月6日凌晨4时许，经长沙三汊矶水域时，由于超载加之操作不当，导致该船进水而沉没。由于该船系运送化学品专用船，密封条件较好，加之没有碰撞，装运的液碱没有泄露。后经多方协作，沉船打捞出水，液碱安全运转。经市环境监测中心站对下游水质监测，未发现异常情况。

2007年2月5日，位于浏阳市镇头镇和官桥乡域内的长沙湘和化工厂及另外两家非法炼铟企业偷排污水，导致浏阳河（浏阳段）及浏阳河（长沙段）受到镉污染。执法人员赶赴现场，对浏阳河流域进行全面排查，查找污染源，并采取加石灰水等措施及时处理榔梨水厂出厂水，确保出厂水合格。通过执法人员2天连续排查，2月7日下午5时，查清污染源，并对造成此次镉超标的长沙湘合化工厂的炼铟生产线及2家非法炼铟企业实施关停。至2月8日，榔梨水厂出厂水已达标。对向饮用水源非法排放废水的冶炼、化工企业实施停产整顿。

5月6日晚，天心区居民投诉湖南有色金属研究院内传出强烈的刺激性臭味，执法人员赶赴现场调查，查明污染源后，责令该单位采取措施消除污染，加强跟踪监督检查，督促该单位彻底消除残余气味。5月8日，依法对湖南有色金属研究院进行立案查处。

2009年3月8日，宁乡县夏铎铺镇发生农药运输车翻车事故，车上装载的敌敌畏、除草剂等倾泻至附近的官桥河。应急监测人员对事故发生地夏铎铺镇附近的官桥河上游、下游及污染带流经水域——八曲河、沩水、湘江长沙段（橘子洲断面以下）共9个断面的水质进行采样分析，避免恶性事故的发生。

2011年，在长沙国祯水处理有限公司进水异常事故、地铁4号线两艘勘探船漏油事故、黑石铺大桥西岸北侧排污口污水排放异常事故中，环境应急监测人员在第一时间赶赴现场进行采样监测。6月16日，长沙车站北路竹园路口公交站前后两百米附近路段的排污管道发生爆炸，沿路的十余个井盖掀翻，同时长沙国祯水处理有限公司进水有明显油污异味，监测人员在接警后对车站北路城镇下水道污水中石油类、空气中甲烷及非甲烷总烃项目实施监测，并出具2份应急监测报告。监测结果表明，长沙国祯水处理有限公司进水口的污水中化学需氧量、石油类2项超标。9月26日，地铁4号线两艘勘探船在南湖路口、湘江橘子洲主席像附近勘探作业时有漏油现象。接警后，监测人员赶赴现场，对勘探船漏油地点的湘江地表水质进行采样监测，并出具1份应急监测报告。监测结果表明，现场监测时，橘子洲头西南侧及东侧湘江地表水中石油类指标达标。10月25日，黑石铺大桥西岸北侧200米处有大量污水排出，监测人员在接警后对事发地的湘江排污口进行监测，并出具一份应急监测报告。监测结果表明，黑石铺大桥西岸北侧湘江西岸污水排口pH、化学需氧量两项指标达标。

第六节　环保管理

一、环保审批

1988 年，长沙市在“6·5”世界环境日期间进行“三同时”项目验收工作，354 个项目中验收 95 项，审查环境保护贷款 607.1 万元。1989 年，全市审查“三同时”项目 772 个，其中环境保护投资 1448.3 万元。1990 年，审查“三同时”项目 570 个，其中环境保护投资 710 万元，环保投资占投资总额 3%；审批排烟装置 135 台，总蒸发量为 190 吨/时，验收排烟装置 70 台，“三同时”执行率 90%以上。全年下达环保补助资金 440 万元（其中环保贷款 373 万元），安排治理项目 42 个。1991 年，审查“三同时”项目 600 个，其中环保投资 1022.15 万元，占投资总额的 3.2%。审批排烟装置 197 台，总蒸发量 200.56 吨/时。全年下达环保补助资金 423 万元（其中环保贷款 385 万元），共补助治理项目 153 个。

1995 年，长沙市严格建设项目“三同时”管理，全市共审批基建项目 250 项，总投资 8.5 亿元，其中环保投资 918 万元，占投资总额的 1.1%。

2000 年，审批建设项目 383 个，总投资 37.94 亿元，其中环保投资 1.08 亿元，投产建成项目 237 个，“三同时”合格率 100%。市环保局被授予“全国建设项目环境管理先进单位”荣誉称号。

2002 年，长沙市开展 ISO14000 环境管理体系和环保标志产品认证工作，先后组织环保系统及部分企事业单位共计 120 人参加认证培训班，指导帮助高新技术开发区和 8 家重点企业开展认证工作，并有 LG、远大、振升铝材等企业通过 ISO14000 认证。2003 年，长沙市环保行政审批项目全部纳入政府政务服务中心统一管理。加强中小型建设项目的环境保护前置审批工作和建设项目环境管理。全市共审批建设项目环境影响评价 689 件，审批率、执行率 100%，保证“建设项目环保第一审批”制度的基本落实。在开发区推行环评“代理制”，加强对环境污染事件的处理，协调、组织“麓谷”规划环评。

2004 年，完成全市环境质量达标规划编制，开展“十一五”（2006—2010 年）环境保护编制工作，加大建设项目环保“三同时”管理力度。

2005 年，全市建设项目纳入环保“三同时”管理 707 项，其中市一级 161 项，区县（市）一级 496 项，开发区 50 项，总投资 301.8 亿元，环保投资 6.85 亿元。在建设项目环境管理中，严格贯彻“六项原则”（一是符合国家产业政策；二是符合城市环境功能区划和城市总体发展规划，做到布局合理；三是符合清洁生产；四是做到污染物持续稳定达标排放；五是满足国家、省和地方规定的污染物总量控制目标；六是维持或改善地区环境质量，符合功能要求），坚持“四不批”（对于国家明令淘汰、禁止建设、不符合国家产业政策的项目，一律不批；对于环境污染严重，产品质量低劣，高能耗、高物耗、高水耗，污染物不能达标排放的项目，一律不批；对于环境质量不能满足环境功能区要求、没有总量指标的项目，一律不批；对于位于自然保护区核心区、缓冲区内的项目，一律不批）。

2006 年，印发《关于加强建设项目和专项规划环境影响评价的通知》《关于加强营业性娱乐场所环境保护工作的通知》。在建设项目审批上坚持公众参与，建立公众参与审批制度，充分让群众享有环境知情权。对于环境敏感区的建设项目召开座谈会、听证会、发放调查问卷，并在政务网上公示，征求市民意见。对于群众反映强烈且不符合环保行政许可要求的，进行一票否决。举行环境执法听证会 30 多次，受理行政复议案 3 件，应诉行政复议 4 件，共否决不符合环保要求的建设项目 89 个。企业自觉执行“环评”和“三同时”建设项目 767 项。

2008 年，长沙市从“减少项目、减少程序、减少时间、减少罚款”四个方面优化行政服务，将所属 15 项行政许可审批时间缩短一半，严格执行审批项目进政务中心窗口，依规办理。为城市基础设施等建设项目开辟环境审批绿色通道，特事特办，急事当日办结。对扬尘污染核心控制区的 398 个在建项目开展现场督查，对审批的 87 个建设项目签订目标责任书，进行全程跟踪监管。

2012 年，市级完成建设项目“环评”审批 288 项，“三同时”验收 80 个，“环评”“三同时”执行率均为 100%。

二、排污登记与收费

1988 年，长沙市全年开征排污费的单位 477 家，开征面比上年增长 5%，征收额比上年增长 25%。

1993 年，根据国家《征收工业燃煤二氧化硫排污费试点方案》，从 1 月起开征燃煤二氧化硫排污费。全年排污费的单位 1552 家，共征收排污费 1857.8 万元，征收二氧化硫排污费 109 万元。

1994 年，排污费征收额 2332 万元。市环保部门对全市的燃料结构、含硫量、二氧化硫排放量酸雨污染现状以及企业的承受能力等做调查、测算工作，累计征收二氧化硫排污费 537 万元，为全国推广二氧化硫排污收费积累经验。于 10 月通过国家环保总局验收。此外，由于饮食、娱乐、服务等第三产业的发展，产生新的环境污染问题，为加强控制和治理，根据国家有关规定，运用经济手段，对点多面广污染严重的饮食娱乐、服务等 700 余家第三产业征收排污费，共收费 630 万元。

1995 年，共征收排污费 2392 万元，征收单位 2000 余家。根据国家环保总局、国家工商总局《关于加强饮食娱乐服务企业环境管理的通知》精神，长沙市制定排污收费政策和标准，新开征该行业排污收费 260 余户。在排污收费使用方面充分发挥环保治理专项贷款资金的投资效益。“八五”期间共下达环保治理资金 4422 万元。

1996 年，企业排污申报登记工作开始起步，全年完成首批 238 家单位的排污申报登记。

2000 年，全年依法征收排污费 3476 万元，征收单位 3000 家。

2004 年，长沙市排污费征收体制改革实施。市、区排污费征收使用管理由过去的分级征收使用管理改为由市统一征收使用管理；县（市）排污费的征收使用管理仍由县（市）按照国务院新颁布的《排污费征收使用管理条例》单独执行。

2005 年，长沙市完成 3200 多家企事业单位的排污申报登记工作。

2006 年，长沙市全面推行排污许可证制度，成立领导小组和办证办公室，从 6 月 15 日召开首例听证会，颁发首张排污许可证开始，全年共发放许可证 351 张。

2007 年，全市排污费征收 5800 万元。实行排污费公示制度。将排污费征管人员信息、企业排污收费信息和各排污企业应缴纳的排污费审核及征收情况通过网络在每季度的最后一月进行公开，实施阳光收费。

2008 年 6 月 1 日开始，执行新的《中华人民共和国水污染防治法》，向城镇污水集中处理设施排放污水，缴纳污水处理费用，不再缴纳排污费。长沙城区建成有 7 个污水处理厂，4 县建有 4 个污水处理厂，进入污水处理厂的废水不再征收排污费。长沙市排污费的构成中，废水占整个排污费总量的 90%以上，因此排污费明显下降。全年共征收排污费 5066 万元。

2010 年，全市排污登记单位 281 家，新办理排污许可证 30 个，换发排污许可证 62 个，变更排污许可证 4 个，全年依法征收排污费 1071.3 万元。

2012 年，全市排污登记单位 326 家，依法征收排污费 1161.5 万元。

三、资源交易与管理

2008年11月28日，长沙环境资源交易所成立，成为湖南省内首个环境资源可转让方和需求方交易的指定平台，并受省环保局委托开展全省的排污权交易。在交易所成立当天同时举行全国省会第一笔排污权拍卖会，开创排污权拍卖先河。会上对长沙造纸厂委托长沙环境资源交易所52吨化学需氧量、长沙环境资源交易所61.39吨二氧化硫、长沙新城热电厂委托长沙环境资源交易所200吨二氧化硫进行拍卖，拍卖资金39.78万元。

表12-1-6-1　2009年长沙市排污权拍卖情况一览表

指标	拍卖量（吨）	拍卖金额（元）	竞拍单位
二氧化硫	61.39	61390	长沙九芝堂股份有限公司
二氧化硫	200	220000	华电长沙电厂
化学需氧量	52	116480	长沙矿冶研究院

2009年，对坪塘地区产业退出的湖南新生水泥厂、望城县麓山水泥有限责任公司、湖南长沙坪塘水泥厂进行二氧化硫和化学需氧量收购，并进行资金补偿。完成对长沙市三环线以内进行清洁能源改烧，并对市政府已给予资金补助的188家单位的二氧化硫指标进行收购，共计8213.02吨，作为长沙环境资源交易所业务工作开展的首次二氧化硫的存量进行交易。

2010年，对长沙先导区坪塘产业退出企业长沙坪塘水泥厂、长沙狮峰水泥厂、长沙蜂巢颜料化工有限公司、望城县麓山水泥有限责任公司、湖南省坪塘水泥厂等7家企业进行材料收集，并收购其退出的主要污染物的排污量，补偿相应的资金。

2011年，长沙市探索以经济手段推进环境保护新机制，对575家排污单位进行二氧化硫、化学需氧量、氨氮和氮氧化物的初始排污权分配，开始在网站公示。实施排污权有偿使用和交易。对长沙天宁热电有限公司、湖南九典制药有限公司、湖南金德意饲料油脂有限公司3家企业的申请初始排污权的资料进行审核和初始排污权购买确认，收取有偿使用费54.29万元，二氧化硫减排925.53吨/年，化学需氧量减排76.1吨/年。

2012年，发布《长沙市主要污染物排污权有偿使用和交易实施细则（试行）》《长沙市主要污染物排污权有偿使用和交易工作规程（试行）》以及相关的工作流程、工作表格等。全面开展排污权交易，对503家排污单位二氧化硫、化学需氧量、氨氮和氮氧化物的初始排污权进行分配，收缴190家排污单位有偿使用费354.63万元。在全市九大行业新、改、扩建排污单位在进行环评审批前，开展排污权的申购工作，全年共办理湖南五环化工材料有限公司等26家单位的排污权交易工作，交易金额48.43万元，交易率100%。

四、宣传与教育

1988年3月至5月，由长沙市环保局、长沙电视台组织部分科技人员和新闻工作者对浏阳河和湘江（长沙段）水域进行实地考察，摄制《九曲浏阳河》《才饮长沙水》两部电视专题片。《九曲浏阳河》介绍浏阳河的源头、沿岸的秀丽风光、风土人情、环境污染现状和治理情况。《才饮长沙水》着重介绍湘江水质好转、污水处理工程运转和两岸主要排污单位的治理等情况。两部电视片分别于5月10日和6月5日在长沙电视台四频道播出。

1991 年，为迎接湖南省城市环境综合整治工作会议召开，长沙市摄制 18 分钟电视专题片《长沙城市环境综合整治巡礼》，重点介绍城市环境综合整治的成绩、经验以及长沙人民为使这座文化名城“山清水秀天更蓝”而忘我工作的动人事迹。

1995 年，长沙市重点进行领导决策层的宣传教育，举办 4 期党校环保培训班，开展企业环境教育。围绕“6·5”世界环境日全世界人民共同团结起来，共同创造美好的明天这个主题，掀起保护环境宣传高潮。

1998 年，长沙市建立全市环保宣传通讯员网络；开展“保护湘江”为主题的“三湘环保世纪行”宣传活动；“6·5”世界环境日在湖南卫视台“快乐大本营”组织一场环保专题晚会；在各级党校开设环保课程。

1999 年，根据湖南省“三湘环保世纪行”活动组委会的部署，长沙市于 4 月 11 日，开展以“保护蓝天碧水，共建文明长沙”为主题的长沙市“99 环保世纪行”系列活动。在整个环保世织行系列活动期间，共刊播各类环境新闻稿件 559 篇（条），开展各类宣传活动 44 次，参与组织活动的人数近 30 万人次。

2000 年，长沙市开展以“蓝天碧水绿地”为主题，以工业污染源达标排放和机动车尾气污染防治为重点的“长沙市 2000 年环保世纪行活动”，对 9 个区县（市）的环保工作进行采访报道，促进一些环境保护难点、重点问题的解决。开展绿色学校创建活动，全年创建市级绿色学校 6 所。

2001 年，长沙市组织以“防治大气污染、改善环境质量”为主题的“长沙环保世纪行”活动。活动中，长沙电视台新闻频道、政法频道等 6 家媒体采访 10 家具有代表性的正反环保典型单位，刊播新闻稿件 100 余条，对大气环境保护中的热点、难点问题进行深层次的跟踪报道，促进环保问题的解决，提高人民群众特别是各级领导干部的环境意识。开展“6·5”世界环境日纪念活动和《湖南省机动车排气污染防治办法》宣传月，以及大气污染防治宣传周活动，并配合高考期间噪声督查和秸秆禁烧等项工作开展宣传报道。环境宣教工作逐步推广到大专院校，湖南大学、长沙电力学院、湖南财专等院校开展各有特色的校内外环保宣传活动。中小学校环境教育取得新进展，铜铺街小学、黄龙学校、燕山小学等 7 所学校（幼儿园）被评为省级“绿色学校（幼儿园）”，新竹小学、高新博才学校等 7 所学校被评为市级“绿色学校（幼儿园）”。

2006 年，成立长沙市环境保护工作宣传组，出台《关于做好长沙市环境保护工作的宣传方案》和建立新闻媒体见面会制度，先后在国家级、省级、市级媒体组织刊发新闻稿件 700 余篇（次），策划组织 38 次大型新闻宣传活动。“6·5”世界环境日，组织滨江剧场环保文艺会演等一系列有特色有影响的宣传纪念活动。开展环保世纪行活动，由《长沙晚报》等 10 家媒体开展主题为“倡导环境友好，建设生态长沙”环保世纪行新闻采访活动。在全市 9 个区和 5 所大、中学校进行 14 场环境警示教育图片巡回展。各区县（市）开展省市两级绿色学校、绿色社区的创建申报，共计创建市级绿色学校 15 所，其中示范性市级绿色学校（幼儿园）3 所，省级绿色社区 4 个、绿色家庭 2 个，创建市级绿色社区 5 个。全年共投入120 万元，策划新闻通气会 45 次，开展各类环保宣传报道 700 余次。

2008 年，长沙市形成全方位立体型宣教新格局。先后开展长沙环保世纪行等 3 次大型宣传活动，策划环境质量月报、环境保护三年行动计划、环境资源交易等 8 次专题报道，在《中国环境报》报道 50 多篇（次），中央、省级媒体报道 223 篇（次）；策划“绿色家园全球巡礼”环保公众电视栏目；实行环境信息新闻发布制度；制作《颤抖的家园》长沙环境现状警示片；组建环保授课专家库，开设环保课堂；

支持成立环保民间组织，开展“环境友好”绿色系列创建活动。

2009 年，长沙市策划推出全国首个《绿色家园》环保电视专栏。通过“以奖代补”的形式，在原有绿色社区基础上组织开展节能环保社区创建，创建区级以上节能环保社区 138 个。

2010 年，长沙市创新环保宣教形式，在《长沙晚报》开辟“乡镇村书记谈环保”专栏，组织开展垃圾池设计征集活动，举行垃圾分拣能手选拔赛，提升农民环保意识继续策划并推出全国第一部环保电视专栏《绿色家园》，在长沙电视台连续播出，加大公众参与力度，提升公众环保意识；鼓励发展绿色组织，组建环保志愿者队伍，增强群众和社会组织参与环境保护的积极性。在全市城乡广泛开展绿色社区、绿色企业、绿色学校创建活动，共创建绿色学校 110 所、节能环保社区 150 个。

2011 年，长沙市创建“绿色学校”14 所；面向全市 100 所中学增设《绿色家园》学生版和交通频道音乐版；雨花区组织编写的全国首套《公民环保素质教材》开始试行；开展农村垃圾容器设计大赛和农村环境分类能手大赛活动；协同组织近万名环保志愿者参与“重走湘江源头”“绿色出行”等大型环保公益活动；成功创建国家级生态乡镇 10 个、生态村 11 个，在 1000 个村设立农村环保促进会。

2012 年，在推进“生态文明”，建设“美丽长沙”，加快建设资源节约型、环境友好型社会的形势下，在全市范围开展节能环保社区创建活动，授予芙蓉区定王台街道定王台社区等 21 家单位为长沙市“节能环保示范社区”称号，授予芙蓉区文艺路街道识字里社区等 28 家单位为长沙市“节能环保社区”称号，并予以通报表彰。

第二章　能源管理

20 世纪 80 年代开始，随着经济快速发展，能源供需矛盾突出，电力、煤炭等供应严重不足。长沙市陆续出台一系列措施，降低能源消耗，实行能源指标分配，尤其在用能高峰时实施拉闸限电。

2000 年，为节约能源、减少行政支出，长沙市作出党政机关、行政事业单位集中办公的决策，并陆续采用多项节能措施，取得明显成效。

2006 年，为缓解能源之困及促进长沙经济大发展，长沙市成立能源管理办公室，督促节能降耗、开发新能源和能源的战略储备。是年开始停止审批和淘汰一批高耗能企业；建筑节能方面改变先建后改的做法，严格执行新建城市公用建筑面积节能 50%，居住建筑面积节能 65%的设计标准；商业用能重在制止以宾馆酒店招待所严重的浪费电能现象，印发《关于在宾馆酒店招待所实施新型智能节电管理的通知》；交通节能先从公交车着手，稳妥推进，首先实现全市公交车逐步实行“油改气”；用电特殊紧张时期采取临时特殊办法，对公共场所夏季室内空调温度进行限定，景观灯、亮化灯、霓虹灯、射灯、广告灯等一律暂停。有效缓解“电荒”。

在节约能源的同时，开始大规模发展新能源产业，初步形成具有技术和产业聚集优势、市场竞争力强、产业关联度高的太阳能光伏产业、混合动力汽车和配套电池装备产业、LED 产业等三大产业集群。2007 年，又建成湖南首座抽水蓄能电站——黑麋峰抽水蓄能电站，水库蓄水 960 万立方米，可带动 4 台 30 万千瓦可逆式发电机组发电，使长沙市初步具备电力能源方面的应急能力。2011 年长沙市被国家发展和改革委员会、环境保护部等 4 部门评为全国节能先进集体；被财政部、科技部列为节能与新能源示范推广试点城市。

2011年6月16日，《长沙市节约能源办法》实施。把节约与开发并举，节约放在首位作为能源发展战略，节能工作纳入国民经济和社会发展规划。从根本上改变能源供应紧张的局面，被列入国家节能减排财政政策综合示范城市。

2012年，长沙市实现单位GDP能耗下降为0.601吨标准煤，单位规模工业万元增加值能耗下降16.8%，长沙市能源局获得全国节能先进集体称号。

第一节 机 构

一、市级机构

1988年，全市节能工作由市经委内设节能办负责。2006年6月19日，长沙市能源管理办公室成立，对外加挂长沙市能源执法支队的牌子，副县级事业单位。核定事业编制15名，归口长沙市经济委员会管理。内设办公室、规划科、考核科3个职能科室。2008年，人员编制调整为17名，其中管理人员编制15名，后勤服务人员2名。2009年，增设法规科。

2010年10月18日，长沙市能源管理办公室（长沙市能源执法队）更名为长沙市能源局（市能源执法支队）。2011年1月10日，长沙市能源局（市能源执法支队）成建制划归长沙市发展和改革委员会管理。内设办公室、发展规划科、法规科、能源节约与考核评价科、项目管理科、科技与新能源科6个内设机构，事业编制23名（含机关后勤服务编制2名）。

2012年12月，人员编制由23名调整为24名。

2006—2012年，先后担任长沙市能源管理办公室主要领导职务的有：缪晨光；其他领导班子成员有：雷云、欧俭平、向绍忠、韦春望（女）。

二、区县（市）级机构

1988年，长沙望城县、浏阳县、宁乡县，长沙市郊区均设有农村能源办公室，1995年，长沙市由东区、南区、西区、北去、郊区5区调整为芙蓉区、雨花区、天心区、岳麓区、开福区，各区随之先后成立能源管理办公室。

2011年，望城区能源局、浏阳市能源局成立。

2012年，长沙县、宁乡县、雨花区设立能源局。天心区、开福区、芙蓉区、岳麓区依然称能源管理办公室。九区县（市）能源局、办均隶属各自区县（市）发改局。

第二节 能源规划布局

1988年，长沙市能源规划侧重于增强供电能力，改善电网结构。新建、改建跳马、福临、黄花、沩山、古港、永和等变电站，新增和改造供配电线路330多千米。

1989年，规划重点是启动新建河西黄坡塘22万伏变电站前期准备工作，加快树木岭变电站升压改造步伐。同时，加强电力调度，强化企业管理，落实计划用电，节约用电措施，努力降低电力损耗。

2005年，编制《长沙市燃气汽车发展规划》。2006年开始，市能源办工作重点在建立节能型消费模式，推行全新的节能投资服务机制——合同能源管理（EMD），是年实现全市万元 GDP 能耗下降 4%，万元 GDP 能耗为 0.989 吨标准煤。规划下一年全市万元 GDP 能耗再下降 4%，万元 GDP 能耗下降到 0.949 吨标准煤。是年，制定十大节能工程规划，其中在市内 BOBO 国际楼盘广场启动风光互补照明新能源技术工程系十大节能工程规划的项目之一

2008 年，编写《"十一五"循环经济规划》《"十一五"建筑节能规划》《农村沼气工程建设规划》等专项规划。印发《关于下达我市第一批能源审计的单位名单及开展能源审计和编制节能规划的通知》，推动各区县（市）政府尽快组建（完善）能源管理机构，研究制定本地区的节能规划和节能工作目标，实行统一管理，确保实现"十一五"建筑节能规划。

2010 年，编制《长沙市"十二五"节能规划》《长沙市能源发展"十二五"规划》《长沙市新能源与节能环保战略性新兴产业发展规划（2010—2020 年）》《长沙市新能源可再生能源发展规划（2011—2020 年）》4 部规划。规划总体指导思想是开展能源发展战略研究，确立全市能源发展的战略定位与方向，制定煤、电、油、气以及新能源发展战略规划，推进能源结构调整。实施节能规划主要从机关节能，包括空调、电梯、照明的限时限量；宾馆节能，包括强力推行插卡取电，彻底消除客房长明灯现象；交通节能，含技术改造，逐步禁止大排量汽车上路，提倡使用新能源和清洁能源；建筑节能，重点规定使用节能的建筑材料等 4 个领域布局，以带动全社会节能。推出《2010—2012 年长沙充电站规划》。规划长沙市充电站设 4000 个充电桩，布局以城区为重点，向城郊四周辐射，兼顾长沙、望城、浏阳、宁乡 4 县市城区及社会经济发展较快的区域。

2011 年 3 月，出台《长沙市新能源与节能环保产业发展规划（2010—2015 年）》，规划期为 5 年。规划明确今后发展重点为太阳能光伏系统、LED（发光二极管）产业、混合动力汽车电池等三个产业集群。对三个产业集群加强培育扶持力度，使相关产业、企业做强做大。鼓励通过定向募股和吸收国内外风险投资基金等方式筹措资金，组建新能源产业发展风险投资基金和创业基金，打造直接融资渠道，支持新能源产业重点企业组建股份公司，在 3 年内力争 3~5 家新能源企业上市。长沙黄花机场分布式能源站实现商业营运，为分布式能源在湖南、民航系统及全国的发展奠定基础、提供样板，被誉为"长沙模式"。是年 12 月，长沙市能源局局长代表长沙市在国家能源局召开的天然气分布式能源示范项目座谈会上，就长沙天然气分布式能源的规划和布局实施情况发言，"长沙模式"成为全国"两型社会"建设综合配套改革试验区和国家首批节能减排财政政策综合示范城市的参照模式。

《长沙市新能源与节能环保产业发展规划（2010—2015 年）》主要布局于四个园区：位于长沙市天心区，年产值过 500 亿元的长沙光伏产业园；位于长沙市岳麓区高新区；年产值过 200 亿元的长沙节能环保产业园；位于浏阳市，年产值过 100 亿元的长沙再制造产业示范园。位于长沙县，年产值过 50 亿元的长沙农村生态产业示范园。实现四个目标：推动建设年销售收入过 50 亿元的龙头企业 13 个，过 10 亿元的骨干企业 29 个；形成产业配套完善、有序集散的发展格局；创新建立 3~4 个国家级、5~8 个省级产业工程项目示范点；以企业为主导，加快研发自主创新 10~15 项国际先进的核心技术及关键设备制造技术。规划明确五项重点推进措施：培育核心企业，完善产业链条；推进科技创新，掌握核心技术；拓宽投融资渠道，支持中小企业发展；制定关键扶持政策，支持重点工程建设；完善制度法规，强化监督管理，为长沙市"十二五"（2011—2015 年）能源和节能工作的开展提供保障。

2012 年 4 月，编制《长沙市"十二五"能源发展与节能规划》，向社会发布实施。在总结长沙"十一五"（2006—2010 年）期间能源生产、消费、供应、利用效率等工作的基础上，提出单位 GDP 能耗

比“十一五”末期降低16%的约束性指标，并规划新能源与可再生能源等5个重大发展领域和分布式能源站等16个重大工程。

是年，出台《长沙市天然气分布式能源中长期发展规划（2012—2020年）》。

第三节　节能降耗

一、工业节能

1988年，长沙电力部门物耗等5项指标均达到国家二级企业考核标准，线路损耗率降低到6.9%。湖南省化肥公司与长沙化工机械厂联合研制的Φ600节能折流式氨合成塔内件获省科技成果一等奖。运用Φ600节能折流式氨合成塔内件比相同塔径的其他塔生产能力大20%，余热回收率为65%，节能效果明显提高。开展全市节油竞赛活动，奖励23个单位为节油先进单位。浏阳磷矿被评为能源管理国家一级企业，10个企业被评为省节油先进单位。全市万元产值综合能耗比上年下降3%，节约煤炭7万吨、焦炭1500吨、电3050万千瓦时、成品油4160吨、重油1100吨，共折合标准煤7.1万吨。列入考核的主要工业产品能耗稳定降低率88.1%。

1990年，长沙交通电器厂开发的新产品GNZP镉镍电池直流电源装置，节约能源（电）每年每台套5000千瓦时。1991年，长沙市煤炭公司机械厂生产出FJ–12B型新型封闭式节能藕煤机，每分钟生产藕煤52坨，节能效果好，投入市场后，受到用户普遍欢迎。长沙轴承厂开发变速传动轴承，与传统变速机构比较，平均节能25%，节材30%~60%。由于采取多途径节能降耗措施，至2004年，规模工业万元增加值能耗从2001年的1.04吨标准煤降低到0.53吨标准煤。

2006开始，多管齐下，抓节能降耗。2007年，首批纳入长沙市能源审计的55家重点耗能企业在6月前完成能源审计报告和节能规划编制。2009年5月，发布《长沙市产业发展指导目录》，明确限制发展发电煤耗高于286克标准煤/千瓦时的发电机组，空冷机组发电煤耗高于305克标准煤/千瓦时的常规发电机组；限制新增达不到国家《家用电冰箱耗电量限定值及能源效率等级》标准的冷藏箱、冷冻箱、冷藏冷冻箱（电冰箱、冷柜）项目；限制新增达不到国家《电动洗衣机耗电量限定值及能源效率等级》标准的洗衣机项目；限制新增达不到国家《房间空气调节器能效限定值及能效等级》标准的空调器项目。是年，坪塘老工业基地产业开始退出。7月30日，在长沙市望城县坪塘老工业基地新生水泥厂召开湖南新生水泥厂淘汰落后产能验收会，确认湖南省新生水泥厂17.6万吨立窑生产线已停止生产并已拆除相关设备，立窑生产线退出工作全部完成。是年，共淘汰该镇范围内6家水泥厂和两家大型化工厂。2010年，取消上一年开始实行的13家产能规模在5万吨以上的电解铝企业用电价格平均每千瓦时减免2分钱左右的优惠政策，以及2000—2005年实行的符合国家产业政策的电解铝、铁合金、氯碱企业用电价格比其他工业企业平均每千瓦时累计少提价约2分钱等的优惠政策。同时，实行节能增效的具体措施除上述两项外，还有实行用能总量控制、加强节能监管、加快淘汰落后产能、树立节能典型。2010年，规模工业总产值4488.5亿元，同比增长34%，全年规模工业万元增加值能耗下降11.63%。节能降耗反促生产效率提高。5年时间内，以万元规模工业增加值能耗年均下降9.3%的速度支撑长沙工业产业增加值年均23.6%的增速。

2012年，以全市334家重点用能单位（含65家“国家万家企业”）节能工作为重点，全市城区（不含望城区）退出21家高污染高耗能企业。其中，芙蓉区退出曾阳开电镀厂等5家企业；天心区退出李宁民电镀厂等6家企业；岳麓区退出经阁投资控股集团有限公司望城坡基地和市政工程有限责任公司沥青混凝土公司；开福区退出长沙市市政维护油料场3家企业；雨花区退出长沙市华丽洁洗涤服务部等5家企业。在淘汰落后企业的同时，培育新型的节能企业，引导支持重点企业节能。中联重科、三一重工等用能大户，在产能大幅扩张的情况下，单位产值能耗实现大幅下降。全市规模工业累计实现节能340万吨标准煤，规模工业增加值能耗和能耗降低率两项指标均居全省领先水平。是年，规模工业总产值7004亿元，同比增长17.5%。全年规模工业万元增加值能耗下降12%~13%。

二、建筑节能

2006年在长沙节能宣传周“绿色照明启动仪式”上，楼宇节能示范单位万和物业作经验介绍；由市能源办所属长沙市能源综合利用协会与2007年度楼宇节能试点单位签订目标责任书；由试点单位与湖南远能公司签订节能工程委托协议书。建筑节能开始引起重视推广，至年底，全市完成民用建筑设计节能审查1720万平方米。

2009年12月17日，全市节能工作大会宣布大力推广绿色建筑技术，严格执行新建城市公用建筑面积节能50%，居住建筑面积节能65%的设计标准。随即印发《关于在宾馆酒店招待所实施新型智能节电管理的通知》，明确规定新建或新装修的宾馆酒店必须将智能节电管理纳入总体建设之中，相关建设规划要进行节能审查。坚持“三个不通过”的审查原则，即“控制不智能不通过，设备不节能不通过，整改不到位不通过”，推进智能节电从源头抓起，杜绝走“先建设、后改造”的老路，实现智能管理长效目标。

2010年10月18日，长沙首创公共建筑空调温度监控系统，通过对公共建筑安装温度监测装置，实现对公共建筑空调温度监测实时、准确和无缝管理。是年，长沙被列为全国建筑节能试点城市。是年，住房和城乡建设部授予远大空调有限公司“远大城既有居住建筑节能综合改造示范工程”称号。

2010年，长沙市颁布实施《绿色建筑评价标准》《绿色建筑设计导则》，制定绿色建筑和绿色市政管理办法，启动以“绿色”为核心的“两型社会”城乡体系研究等三个举措。在三个举措实施的基础上，先后建立绿色建筑试点示范项目库；推进麓谷林语、太阳星城、“两馆一厅”等试点项目建设；加大应用太阳能与建筑一体化、地源热泵等节能环保技术相结合的新能源利用示范建筑推广力度；推进以远大住工为代表的住宅工业化建设；发展“四节一环保”（指节能、节地、节水、节材和环境保护）的绿色住宅，大幅度降低建筑资源消耗。至年底，长沙市完成节能建筑竣工面积5238万平方米，形成每年144.3万吨标煤的节能潜力，对全市万元GDP能耗下降贡献率每年达到1个百分点以上。建成全市建筑能耗监测数据中心，完成1000万平方米的国家机关办公建筑和大型公共建筑的能耗统计，成为全国建筑节能监管体系建筑示范省市之一。

2011年2月1日，印发《长沙市民用建筑节能管理办法》，规定新建居住建筑12层以下（含12层）具备条件的应当统一设计和安装太阳能热水系统。3月11日，印发《关于认真贯彻执行〈长沙市民用建筑节能管理办法〉有关事项的通知》。全年共完成376栋建筑的能耗统计、120个单位的建筑能源审计、68家单位的建筑能耗公示、8栋建筑的能耗在线监测系统安装；全市新建民用（非工业）节能建筑1861.47万平方米，其中居住建筑1582.21万平方米，公共建筑279.26万平方米，竣工的新建节能建筑实现年均节约53.75万吨标准煤，拉动全市单位GDP能耗下降1.16%；各阶段建筑节能强制性标准执行率均为100%。

2012年3月，制定《长沙市可再生能源建筑应用实施方案》，明确“长沙市可再生能源建筑应用城市示范总投入资金为2.4亿元”。在长沙市梅溪湖片区，中部地区首所全部基础设施都体现“资源节约、环境友好”的理念，融科技、环保、人性化为一体的全绿色建筑学校——长郡梅溪湖中学建成启用。学校通过地源热泵，利用土壤源进行能量交换，为全校提供热水、供暖、制冷等，实现全科技、纯绿色、无污染、人性化。至2012年年底，全市绿色建筑试点示范项目56个，建筑面积近1070万平方米；长沙绿色建筑开始从单体建筑向区域发展，从房屋项目向基础设施项目延伸，从城市向乡村发展。是年，全市兴建民用节能建筑2068.64万平方米，处于全国领先水平。

三、交通运输节能

1988—2002年，交通运输部门经常开展技术练兵和节油比赛活动。2003年，长沙市成为国家“单一燃料LNG公交车示范工程”的两个示范城市之一。2005年，湖南省龙骧巴士有限责任公司首开全省公交车“油改气”先河。投入运营的108台天然气汽车两年行驶600多万千米，节约汽油700吨，尾气排放物降低80%，平均每年减排40吨尾气。2009年，全市公交系统共有856台车辆进入GPS监管系统，节约成本282万元。

至2009年4月，以节能著称的长沙新港“捷安7号”货轮航行在长沙至上海的航线上往返94个航次，两年安全航行144.76万千米，采取各种节能措施为企业节约柴油41吨，降耗节能24.10万元，创进出口集装箱运输收入830多万元。2009年4月30日，“捷安7号”货轮12名青年海员被中华全国总工会授予“全国工人先进号”荣誉称号，是湖南内河唯一一艘获此殊荣的货轮。此后两年，“捷安7号”货轮优化船舶动力系统，优化驾培培训模式，有效减少能源浪费，实现人均节油32升，其中青年海员王伟因在节能工作等诸多方面成绩突出，被授予全国“十一五”（2006—2010年）节能工作先进个人荣誉称号。

2010年，长沙市在宁乡县建设一条3千米长的LED路灯“样板路”，在不增加业主单位投资的情况下，将原定普通路灯全部改为LED路灯，每年可以节约电费50万元左右。

2011年，全市大力淘汰高能耗车辆，更新运客车66台，单车平均能耗下降10%左右，每年节油71.4万升。引导交通运输企业使用天然气、油电混合动力、纯电动等节能和清洁能源公交车，组织推荐湖南龙骧交通发展集团有限责任公司等10家交通运输企业参加全省“车、船、路、港”百家企业低碳交通运输专项行动。严格贯彻执行交通运输部《道路运输车辆燃料消耗量检测和监督管理办法》，从源头上限制高能耗、高污染车辆进入道路运输市场。更新完善GPS系统功能，安装车载智能管理终端近40台，单车油耗降幅近14%。

2012年，制定《长沙市节能减排财政政策综合示范交通清洁化实施方案》。全年更新609台新能源与清洁能源车辆，年均节油2.3万吨标准煤；投入运营混合动力车1267台、电动服务车3台；更新CNG（压缩天然气）双燃料车累计4719台，占全市出租车的73%；淘汰国Ⅲ以下标准公交车2368辆。淘汰30%黄标公交车（黄标车是高污染排放车辆的简称）和出租车。是年，长沙市获批交通运输部第一批国家公交都市试点城市。

四、公共机构节能

2000年，长沙市为节约能源、减少行政支出，作出党政机关、行政事业单位集中办公的决策。集中办公后，年人均耗能为4376元，比集中办公前的8086元下降46%。对区县（市）节能改造项目进行奖励。各区县（市）先后投入公共机构节能改造资金800多万元，除望城外长沙市辖5区3县、（市）全部实现行政中心集中办公。

2007年，长沙市投入公共机构节能资金642.5万元，对机关大院所有会议室的照明设备进行彻底改造，更换节能灯具一万多套，每年减少照明电能消耗 50 多万元。

2008 年，投入 1754 万元，对市治机关大院的中央空调进行改造，将蒸汽动力改为天然气冷暖两用机组和燃气热水锅炉供气，使空调费用大幅下降且达到环保要求，每年可减少二氧化碳烟尘排放 30 吨左右，每年空调使用费用下降 120 余万元。规定公共热水实行错层供应；各会议室的高能耗灯和用电设备全部换成节能灯和节能设备；并且购置一批热水瓶配发各办公室取代已有的饮水机。

2009 年，投入 181 万元，完成党政机关第一批办公楼中央空调智能化节电改造，节电率 17%；对市政府一办公楼照明系统部分安装光量子增光节能板，节电率 50%。投入 1500 万元，用于太阳能路灯安装、办公楼建筑玻璃贴膜、智能控制节电设备安装、高效照明节能灯更换、机关食堂锅炉电改气和燃气节能灶使用等节能项目。

2010 年，出台《长沙市公共机构节能工作实施方案》，要求公共机构日常办公减少空调、电脑、复印机等设备待机能耗；电梯实行智能化控制，倡导办公场所 3 楼以下停开乘客电梯，低谷时段减少运行台数等。对完不成节能任务的公共机构，其单位主要负责人实行行政问责和绩效考核“一票否决”。

至 2010 年年底，全市“十一五”（2006—2010 年）期间，共投入公共机构节能改造资金 3376.5 万元，提前 1 年完成“十一五”公共机构降低能耗 25%的总目标。

2011 年 5 月，全国“十一五”公共机构节能工作考核组到长沙，对长沙市公共机构节能工作进行考核，评价长沙市政府在公共机构节能工作上做出显著成绩，在全国领先。

2012 年，启动公共机构能源消费统计信息和监控基础性平台建设，组织全市公共机构建立能源消费统计台账，年后公布 2012 年度全市公共机构节能工作考核结果，全年全市公共机构人均能耗下降4.04%。

五、商业和商务节能

1988 年，望城县靖港区供销社实行每人每月水电费 1.70 元能耗限额制度，实现每百元销售额水电费比上年下降 8.3%。

2006 年，以神龙大酒店为试点开展商业和商务节能工作。是年，神龙大酒店率先实施高效烟气余热回收节能新技术改造。通过一年运行测试，高效烟气余热回收节能新技术改造切实可行，于次年推广到中粮可口可乐、喜来登国际酒店等 30 家用能单位，均成功实施高效烟气余热回收节能新技术的改造，其中神龙大酒店，全年节约柴油 80 吨，节约资金近 100 万元。

2008 年，《长沙市节电实施方案（试行）》出台，对宾馆、酒店用电情况实行全天 24 小时监控。电梯实行减半开启，鼓励 4 楼以下电梯不停层，鼓励电动旋转门停开。宾馆酒店娱乐行业广告灯、霓虹灯、射灯等装饰灯在全市用电紧张时期禁止开启。规定商场、超市、宾馆、酒店夏季室内空调温度设置不得低于 26℃，冬季室内空调温度设置不得高于 20℃。对严重违反节约用电规定的单位，媒体公开曝光。对拒不改正者，减少用电配额指标。对实行承包制的用电单位，逾期不改的处以 5 万~20 万元罚款。设立节约用电市民监督电话，经核实举报属实的奖励 20 元。是年，启动《长沙市深入开展全民节能行动实施方案》，实施宾馆酒店招待所用 IC 卡（断）电智能控制改造，以及中央空调末端改造、绿色照明系统改造，达到从源头上采用智能化技术手段实现“人走电断”的节约电能目的，彻底“卡”掉宾馆酒店客房内的“长明灯”“全天候空调”。

2010 年，长沙市正式启动宾馆、酒店、招待所客房新型智能节电管理改造，插卡取电、绿色照明、空调智能温控三项改造。每一间客房补贴 450 元，整改不力单位采取限量供电等能耗限额措施。根据测算，全市二星级以上宾馆实现插卡取电改造后，结合绿色照明和空调温控改造，每年节约 5000 万千瓦时电，实现减排二氧化碳402万吨，减排二氧化硫、氮氧化物、烟尘800吨。

2012年，长沙市投入800多万元补贴资金，全市新增节能改造的宾馆酒店每年节电3000万千瓦时，折合标煤1.1万吨的节能效果。至2012年年底，全市150家宾馆酒店节电改造后，较改造前日均综合节电超过30%。

第四节　节能管理

一、监察执法

2007年7月，开始开展能效标识与公共建筑温控执法大检查。包括市政府办公大楼、华天大酒店、华雅华天大酒店、开源鑫城大酒店在内的110家单位列为此次检查重点，凡室内空调温控低于26摄氏度者立即予以从严处理。7月23日，被《长沙晚报》曝光的有营盘东路部分酒店、从车站路到黄兴路部分宾馆、河西部分电影院空调温度过低；通过媒体得到公开表扬的有黄兴路步行商业街和省政府电视电话会议中心。启动冬季室内空调温度控制不高于20℃情况执法检查。其中11家违规单位责令整改，对违规单位，执法人员现场开出《能源监察责令整改通知书》。

2008年2月16日，开展因冰冻灾害临时关停全市景观照明亮化工程和霓虹灯、广告照明的执法检查，部分违规酒吧当即被责令关闭。4月1日，修订后的《中华人民共和国节约能源法》正式实施，用能监察得到加强。是年，大冰冻期间，全面开展有序用电专项检查、专项执法。重点检查用电单位2500多户，确保95%的户外商业广告照明、霓虹灯和景观亮化用电关停到位，公开曝光30余家违规用电单位。

2010年6月3日，发布《关于进一步落实重点用能单位能源利用状况报告制度的通知》。对未按规定报送或报告内容不实的单位，责令限期改正；逾期不改正的，处1万元以下罚款；无正当理由拒不落实整改要求或者整改达不到要求的，处10万元以上30万元以下罚款。在执法过程中，未发现一家不遵守该通知的单位。确保公共建筑空调温度控制在国务院规定的范围之内（夏季不低于26℃、冬季不高于20℃），尤其在全市电力供应不足实行有序用电期间，每天坚持在用电的重要时段及重要地段进行巡回监察，检查单位150多家，处理群众投诉60余个，对超过规定温度的单位，通过媒体进行批评。

2012年，长沙建筑领域创新监管模式，13次检查113个项目和企业，检查内容包括建筑节能等多个方面，执法的范围和精准度有所增加。

二、节能考核

1988年，长沙市列入节能考核的主要工业产品能耗稳定降低率为88.1%，主要产品物耗降低率为82.5%，分别比省下达的计划指标低17.4%和7.1%。是年，浏阳用电服务大楼建成，其调度室安装微机，屏幕显示负荷，为节能考核等能源管理工作提供基本条件。

2006年节能考核结果，完成单位GDP能耗降低率在5%以上的年度目标任务的县（市）有：开福区下降5.59%；望城县下降5.54%；岳麓区下降5.28%。完成单位GDP能耗降低率在4%以上的年度目标任务的县（市）有：浏阳市下降4.67%；宁乡县下降4.41%芙蓉区下降4.35%；天心区下降4.28%；长沙县下降4.09%。雨花区下降2.26%。全市平均起来距离目标任务尚有些微差距，完成单位GDP能耗降低率在中部地区省会中长沙市稳居第一。此后的单位GDP能耗绝对值每年均领先中部省会城市，位居第一。

2008年，出台《长沙市人民政府关于批转节能统计指标体系、监测体系及考核体系实施方案的通知》《长沙市人民政府办公厅〈关于开展区县（市）人民政府2008年节能目标责任现场评价考核工作的通知〉》。是年，长沙市9个区县（市）百家企业（机关）节能目标考核结果：9个区县（市）万元GDP能耗降低率均完成4%的预定目标。其中长沙县、芙蓉区、天心区降低率都在6.2%以上，完成“十一五”（2006—2010年）节能目标进度75%以上的有望城县、岳麓区、开福区。

2009年，印发《关于市百家企业（机关）2009年度节能目标责任评价考核情况的通报》《长沙市人民政府办公厅〈关于开展区、县（市）人民政府2009年节能目标责任现场评价考核工作的通知〉》。把节能工作纳入各级各部门目标管理考核，纳入领导班子和领导干部绩效考核和行政问责中，并且将考核延伸到乡镇和街道基层，强化目标管理，严格问责机制，实行“一票否决”。

表12-2-4-1 “十一五”（2006—2010年）期间长沙市节能目标完成情况一览表

单位	2005年		2010年	
	GDP能耗指标值（吨标准煤／万元）	“十一五”期间计划降低（%）	GDP能耗指标值（吨标准煤／万元）	“十一五”期间实际降低（%）
长沙市	1.03	19	0.83	19.76
芙蓉区	1.01	20	0.80	20.75
天心区	0.98	20	0.78	20.55
岳麓区	0.90	20	0.71	21.44
开福区	0.96	20	0.76	20.96
雨花区	0.75	20	0.60	20.00
望城县	1.18	20	0.94	20.11
长沙县	1.16	20	0.91	21.41
宁乡县	1.37	20	1.08	21.37
浏阳市	1.19	20	0.95	20.62

2011年，长沙市各区县市政府节能目标责任考核结果：宁乡县、天心区为“超额完成”等级，其他区县市均为“完成”等级。

2012年1月11日，召开全市节能工作大会，9个区县（市）递交“十二五”（2011—2015年）节能目标责任书。7月，对9个区县（市）上一年节能工作进行现场评价考核，宁乡县、天心区为“超额完成”等级，长沙县、浏阳市、芙蓉区、岳麓区、开福区、雨花区、望城区为“完成”等级。9个区县（市）节能考核全部过关。

三、用能评估与能源审计

2007年，长沙市对入围的第一批申报节能专项资金的项目评审工作结束，对入围的33个项目单位情况予以公示：其中中南大学节能技术改造工程100万元，名列第一；96个在节能降耗方面取得突出成绩的单位获节能专项资金支持。

2008年，对列入省百家企业名单的10余家重点能耗企业开展能源审计；对年用能量5000吨以上标准煤的市百家重点用能单位开展能源审计及审核工作；对年用能量在3000吨以上标准煤的省百家重点用能单位，督促各区县（市）将考核目标分解到户，并建立起能源统计数据月报制度。是年年底，经过评估与审计，有79种产品和16家合同能源管理公司节能成绩突出，获得长沙市节能专项资金支持。是年，由市能源办与威胜集团共同打造的全省第一家“能源医院”——市节能120威胜服务中心进入正常运作，助推全市启动项目用能评估（以下简称“能评”）。与此同时，全市首批备案登记的8家节能服务中介机构挂牌成立，主要服务对象是能耗在3000吨标准煤以上的长沙百家重点用能单位。

2009年年初，由长沙市政府政务服务中心设立独立的“能评”窗口。是年，长沙市已有地铁二号线等4个固定资产投资项目通过节能评估和审查，办理备案项目1个。20多名市聘能源专家，包括官春云、刘业翔两位院士为市能源办节能评估与审计工作专业把关。

2010年，以大河西先导区作为“能评”工作的试点，将“能评”放到与“环评”同等重要的位置，纳入项目立项审批程序目录。工业项目系“能评”重点，实行“能评”制度与淘汰落后产能相结合，淘汰高能耗、高污染、低效益的企业和生产线，坚决遏制高耗能项目上马。是年，通过“能评”，大河西先导区坪塘老工业基地退出13家高耗能、高污染企业，1条旋窑生产线全部退出。通过“能评”，有助于长沙经济大发展。先导区范围内高新区、望城经开区、宁乡经开区即金洲新区新入园低耗能、低污染或零污染企业670多家，其中投资亿元以上项目15个，实现总产值740亿元，增创财税收入近40亿元。

2011年，全面严格实施项目“能评”制度。把节能总量指标作为项目审批的前置条件，优化节能工艺，降低能源消耗，严防高耗能行业的盲目增长和低水平建设。是年，全市共完成长沙市轨道交通营运控制中心项目、广汽菲亚特配套冲焊件建设项目等“能评”项目64个，长沙市新花侯路（机场高速公路）道路工程、望城县丁字湾加油站建设项目等节能备案登记项目61个。修订《长沙市节能专项资金管理办法》，规定“网上自主报名、区县初审、市能源局筛选、专家网上盲审、主管部门审核、市财政会审、主管市长审批、社会公示、资金下拨、跟踪督查”十道关口和程序。是年，共有长沙巨星轻质建材股份有限公司新型节能建材生产等多个项目获得中央预算内投资或国家财政补助资金1.67亿元，8家企业完成能源审计工作。

2012年4月，长沙市进一步加强重点用能单位能源审计，制定具体实施方案。4月17日，长沙市能源局为强化全市用能单位节能管理，进一步挖掘用能单位节能潜力，提高能源利用效率，确保长沙市提前一年完成“十二五”（2011—2015年）单位GDP能耗下降16%的约束性目标任务，印发《关于组织开展用能单位能源审计的通知》。通知对开展能源审计的意义、审计期和审计范围、审计依据及标准、审计费用、有关要求作出具体的说明与规定。是年，完成43家地方单位能源审计，并对位于长沙的42家“国家万家企业”进行强制能源审计。

四、节能宣传、培训

2004年，长沙市开始举办节能宣传周活动。2006年起，“节能宣传周”活动的开展逐步常态化、正规化。是年，在节能宣传周”活动中，举办长沙新能源与节能技术产品展览会，组织全市重点用能企业开展节能知识宣传活动，印发各类宣传手册10万份；由市经委、市能源办与《长沙晚报》联合开辟《共创节能型城市》宣传专栏，并会同《潇湘晨报》、长沙电视台、长沙电台等其他主流媒体、网站自办专栏，出版《长沙通讯》节能号专刊。

2006—2007年，长沙市成功举办三届能源知识培训班。第三届培训以节能减排与能源审计知识为重点，亮点在推介与节能减排挂钩的新金融服务产品，着力缓解企业能效项目资金紧张问题。

2007年，在湖南省节能宣传周绿色照明启动仪式期间，长沙市举行2007年度“长沙市楼宇绿色照明示范签约、授牌仪式”。出台《关于在长沙市开展“绿色照明与电机系统节能工程”的活动通知》。

2007年8月24日，由市能源办联合沃尔玛超市、向砂子塘街道金地社区的居民赠送500只节能灯，向市民推荐使用节能产品。

2008年7月14日，长沙市召开全民节约用电动员大会，会议要求有关部门尽快将节电措施、目标落实到每个单位、每个企业、每个居委会。翌日，在全市城乡社区中开展“全民节约用电、创造文明生活”的主题宣传教育活动。12月5日，“2008中国（长沙）节能科技产品交易博览会”在红星国际会展中心开幕。报名参展企业328家，不少知名企业诸如欧司朗照明、GE照明、雷士照明科技有限公司、威胜能源、远大空调、湖南雄鹰建材、三一重工、新奥燃气等企业一一亮相。在3天展期内现场派送2万只节能灯。2009年9月23—25日，市能源办会同全国能源基础与管理标准化技术委员会、中标认证中心及湖南大学联合举办“能源体系国家标准”培训班，全市公共机构、企事业单位能源管理负责人、能源管理岗位工作人员以及从事能源管理、规划、审计等专业人员参加培训并获得由国家能源基础与管理标准化技术委员会、中标认证中心及长沙市能源管理办公室共同颁发的结业证书。培训内容包括国家标准能源管理体系基础、基本原理、内容详解、案例分析以及长沙市能源管理相关政策。

2009年节能宣传周期间，特别举办“2009年节能宣传周活动暨节能产品推广展示会”，编撰发行《节能知识实用读本》，创办《长沙能源》工作通讯，反映节能工作动态，宣传节能政策形势，展示节能工作成果，浓厚节能工作氛围。在节能产品推广展示会方面，举办节能创意大赛、节能产品导向目录暨高效节能灯推广发布会等主题活动，借助报纸、电视、电台、电信、网络、户外广告等宣传媒介开展一系列节能产品推广宣传报道。各区县（市）在节能宣传周期间都相应举办能源紧缺体验、节能知识宣传等活动，宁乡县制作节能宣传影片，雨花区开展 “五个一”宣传活动，长沙县开展节能宣传文化广场主题活动等。

2010年3月24日，长沙市参与由世界自然基金会（WWF）发起的“地球一小时”活动，决定3月27日20时30分至21时30分，长沙市政府及城区政府所属机构建筑物、办公楼及其附属设施的景观灯，城区107处标志性建筑物景观亮化等，将同世界其他城市一起熄灭一小时。是年，由市能源办、长沙电视台政法频道与市能源综合利用协会携手打造《阳光能源》电视栏目，系全新的节能宣传品牌栏目。

2012年3月23日，国家发改委培训中心和北京国宏诚鑫嘉浩国际传媒信息有限公司在长沙市举办“节能评估报告、能源审计报告编写及案例分析”培训班。是年由长沙市承办“2012中国（长沙）第四届节能科技产品交易博览会”。

2012年3—5月，长沙市举办“珍惜能源·低碳行动”专题摄影大赛，挖掘全市能源开发与综合利用成果，全面展示节能与低碳生活风采，倡导并实践养成引导节约型生产和低碳生活，掀起“珍惜能源、低碳行动”热潮，广泛推动全社会节约能源，提高能源利用效率。大赛共收到摄影作品近3000幅，经主办单位和湖南省知名摄影家组成的评委会认真、公开的评选，经公示后共评选出获奖作品20幅和入围作品80幅。李新华的《清洁能源应用——太阳能、风能路灯》、龙鼎中的数码创意类作品《太阳能》获一等奖，获奖及入围作品先后在市政府大厅、各区县（市）政府广场、中国（长沙）第四届节能科技产品交易博览会展出。

第五节　新能源开发与利用

一、沼气（详见第二十一篇 农业与农村经济 第一章 农业综述 第六节 农村能源）

二、太阳能

1996年开始，太阳能热水器进入长沙市场。由于初始成本较高，为引导城乡居民安装太阳能热水器，国家按台数予以补贴，逐步加大力度促进太阳能推广应用。2003年，农村太阳能热水器普及率6%左右。2004年年初，农村开始大范围安装太阳能热水器，通过一年的宣传推广，农村市场的太阳能普及率约12%左右，处于高速增长时期。

2007年开始，长沙市每年投入10亿元左右资金支持发展光伏产业。2008年，长沙光伏产业基地授牌仪式在麓谷举行。是年长沙光伏产业产值规模50亿元。在基地产品中，硅锭/硅片3亿元、太阳电池/组件14亿元、光伏工程及光伏应用产品4亿元、设备制造3亿元，其他3亿元。是年，长沙主要道路二次过街人行横道中心岛陆续安装太阳能信号灯，助力推动全市“绿色照明工程”。

为节能环保，对太阳能和光伏产业加大力度积极扶持，至2009年，全市约有太阳能热水器生产企业20多家，以中小型企业为主。太阳能整机经销商近200家，经销的品牌近120个，太阳能热水器配件经销商4家。年消化太阳能热水器5000台左右，销售额在1.1亿元左右，并以每年30%的速度快速递增。太阳能主要品牌皇明、桑乐、群升、美大、桑普、天普、中科阳光、扬子、美的、五星、清华阳光、太阳雨、高得乐、海尔、格力等，销售量35%左右，其他品牌15%左右。是年8月17日，长沙市能源综合利用协会太阳能专业委员会成立。2010年1月18日，长沙市电视台《阳光能源》栏目启动，长沙太阳能利用出现进一步发展势头。9月，长沙市重大项目——长沙高新区光伏产业基地开发建设项目继续得到政府的扶持，项目总投资为60亿元。月底，长沙光伏产业基地引进中国电子科技集团公司第四十八研究所红太阳新能源、神州光电太阳能电池片、潇湘神光等企业和项目，集研发、生产于一体，初步形成多晶硅产业链。中国电子科技集团公司第四十八研究所红太阳新能源项目总投资14亿元，建设晶体硅太阳能光伏产业链的中下游产品生产线，项目达产后新增销售100亿元。神州光电太阳能电池片项目配备8条25兆瓦太阳能电池片生产线，并向上游产品生产线硅单晶、切片生产线，下游组件、整机生产线扩展，投产后产值达50亿元以上。潇湘神光新能源科技有限公司建成100兆瓦完整晶体太阳能光伏产业链。是年年末，全市太阳能光伏照明发电有23处，年发电量4.92万千瓦时；全市太阳能热水器用户达12.75万户，覆盖面积达25.5万平方米，相当于节能3.06万吨标准煤。至是年年底，全年光伏产业总产值为300亿元。

2011年11月，由中国电子科技集团公司第四十八研究所承建的国家“金太阳示范工程”——“麓谷科技园12.82兆瓦光伏并网发电示范工程”正式落户长沙。该项目是中国“金太阳示范工程”294个项目中最大单体项目。

2012年，全国最大的太阳能光伏制造设备商中国电子科技集团公司第四十八研究所生产的太阳能电池制造设备具备“整线交钥匙”工程的能力。使麓谷光伏产业能做到“用自己的设备，创光伏产业奇迹”，并将产业延伸到电子材料和光伏独立发电系统的研发和生产。

三、燃气

1991年12月28日，长沙煤制气厂两座直径50米、高42.7米的1500多万立方米贮气柜全部制作完毕，且一次性升降成功。为增加全市液化石油气贮气能力，兴建长沙市煤气公司第二批液化石油气贮配站，年供气能力2万吨，总投资2570万元。是年，全市实际贮气能力1325万立方米，用气总户数13.63万户，比上一年增加7.23个百分点，但燃气供应量远不能满足需求。

1992年12月26日，长沙市燃气总公司投产送气，所属制气公司日生产供气能力24万立方米。为解决“西气东输”入湘送气量陡增及输气需要，城市供气管网逐步增建，是年，供气管网建成100多千米主干管和20多个环网。

2001年，“西气东输”入湘，长沙市天然气资源全部由“西气东输”工程供给，为满足长沙市清洁能源供应需求发挥决定性作用。2005年7月，“西气东输”管输天然气正式进入长沙市，管道天然气用户呈现井喷式发展。原人工煤气用户、液化天然气用户、液化石油气混空气用户均逐步置换成为管道天然气用户。全年管道天然气由零供应发展到供应2138万立方米，人工煤气供应保留3418万立方米，液化石油气混空气485万立方米，液化天然气1348万立方米，液化石油气9.26吨。“西气东输”进入长沙，为长沙市突破公交车油改气瓶颈提供了条件。是年，长沙市液化石油气总公司研发制造中国首批52辆具有自主知识产权的国产化单一燃料LNG（天然气）示范公交车（国产化率100%）投入运营，并完成相配套的LNG示范加气站建设，填补了中国国产LNG公交车空白。

2006年，长沙市被列为“十五”国家科技攻关计划单一燃料LNG公交车首批示范城市，LNG公交车168线路由湖南龙骧巴士有限责任公司经营管理，配备全新LNG公交车52辆，5月28日即正式通车。9月20日，长沙市印发《关于加快发展天然气汽车的通知》，编制完成《长沙市压缩天然气汽车推广特许经营项目实施方案》，全年完成油改气的相关单位40家，日用气量为16.1万立方米。

2007年4月28日，星沙加气母站建成投入试运行，日供气量为10万立方米，可以满足10座加气子站需求。是年建成的加气子站有浏阳河油气合建站、靳江村加气站，全年供应车用压缩天然气137万立方米。

2008年，长沙天然气利用工程完成投资1.33亿元（含星沙），工业公建用户签约开口气量29.05万立方米/日。是年，长沙新奥燃气有限公司的市干管完成铺设135千米，成功穿越京珠高速和长水高速，完成河西储配站3号、4号球罐的组装任务。管输天然气全年供应量因此猛增，达2.6亿立方米，居民管道天然气用户28.3万户。

2009年，在不占用长沙市城市用气量指标的前提下，加建长沙县螺蛳塘压缩天然气（CNG）汽车加气母站，设计能力为日供气量20万立方米，一期工程日供气量10万立方米。是年，长沙市燃气汽车项目各项工作全面铺开，批准建站20个，建成投入运营的加气站12个。全年供应管输天然气3.32亿立方米，比上年增加7200万立方米。长沙市管道天然气的气化率60.7%。完成工商户安装332家，历年累计1700多家，居民天然气用户42万户。

2010年，完成星沙天然气门站的扩容改造；LNG储气站搬迁并投入使用；启动1200万立方米LNG储气站建设前期工作；完成西气东输二线《天然气购销协议》签约主体确认和气量指标分配。长沙市西气东输二线指标共2.5亿立方米，其中，长沙市2.05亿立方米（含星沙），浏阳市0.1亿立方米，望城县0.2亿立方米，宁乡县0.15亿立方米。长沙市全年供应管输天然气4.1亿立方米；管输天然气供应能力达200万立方米/日，管输气储气能力达30万立方米。

2011年7月19日，黄花国际机场分布式能源站正式实现商业营运。黄花国际机场分布式能源站经过三年正常商业营运效果良好，即使在冰冻高压电网断电的情况下能够确保机场内部一切工作正常运转，被业内人士称之为天然气分布式能源“长沙模式”。

2011年，长沙市投资2.6亿元由新奥燃气公司在星沙建设液化天然气储备站。星沙液化天然气储备站具有天然气液化、储存、调压计量等综合功能。每天天然气液化能力为20万立方米（液态），每天气化能力为240万立方米（气态），储气能力1200万立方米（气态）。星沙液化天然气储备站是国内最具规模的液化天然气应急调峰站，在上游完全不供气的情况下，可保障长沙市居民8~10天的生活用气。

是年供应管输天然气5.0亿立方米，供应压缩天然气7100万立方米。全市天然气用户70多万户，工商天然气用户2000多户。各县用气量比往年有所增加：长沙县全年用气量7000万立方米；宁乡县全年用气量900万立方米；望城县（是年6月改为长沙市望城区）全年用气量2200万立方米；浏阳市全年用气量570万立方米。

2012年，长沙市促进天然气分布式能源产业发展工作领导小组成立，统筹全市天然气分布式能源产业发展相关工作。制定《长沙市天然气分布式能源中长期发展规划（2012—2020年）》，规划含17个重点项目。出台《长沙市促进天然气分布式能源产业发展暂行办法》，办法明确“给予项目3000元/千瓦装机规模补贴，最高5000万元封顶”的补贴标准。从2012年起连续两年，国家节能减排财政政策综合示范期内共计安排1.77亿元专项资金用于天然气分布式能源项目的奖励。是年，全市共有10个天然气分布式能源项目启动或进行前期工作。新增天然气用户17万户，年供应天然气6.2亿立方米（含车用压缩天然气9600万立方米），同比增长24%，最大日供气345万立方米。是年，输入天然气4.8亿立方米。

四、风能

长沙地区日照时间较长，每年平均光照时间在200天以上，地处湘江河谷的城区风力资源较为丰富，安装零电费的风光互补照明设施，这一带为长沙首选之地。2007年5月1日，长沙市BOBO国际楼盘广场，利用风力加阳光发电，这是长沙市第一次利用风光发电的广场，风光互补路灯5年节省的电费可以补足投资差价。

风光互补路灯不需要输电线路供电，只需在电杆上安装一台发电风车和一块太阳能电池帆板，利用的是取之不尽用之不竭的风力和阳光，使路灯照明费用为零，长沙市BOBO国际楼盘广场路灯样板在风能和太阳光充足的区域迅速得到推广。相继使用风光互补路灯的有：2008年11月25日，长沙市浏阳河沿江风光带的五合垸安装45盏“风光互补路灯”；2009年12月6日，新建成的银双路全程采用太阳能风光互补路灯；2010年3月25日，芙蓉大道（长潭段）和红易大道两条主干道的田心立交桥至青塘段沿线路灯，全部采用风光互补型太阳能照明灯。新建的立交桥、中小型桥梁照明采用LED新能源照明灯，2011年，在长沙湘江风光带每隔40米安装一盏风光互补路灯；11月1日，望城星城镇，湘江景观道路风光互补路灯启用。

2012年8月，长沙市金夏路安装的57套风光互补路灯投入使用，使用情况良好。57套风光互补路灯采用更先进的LED双光源照明，满足城市主干道和辅道照明要求。同月，全国首条“代建制”农村公路和长沙县首条绿色生态路——黄兴大道北延线采用风光互补路灯。10月，长沙首个风电场开发项目——宁乡观音阁风电场工程获省发改委核准批复。

五、生物质能

长沙市全市耕地面积30多万公顷，有大量富含生物质能的农业废弃物可资利用，城区产生的餐厨垃圾“地沟油”作为新能源开发大有可为。1995年之前，这些可利用的能源不但长期被烧被埋甚至任由水流冲入江河造成浪费，而且严重污染环境。“地沟油”被不法商家稍作加工重新流入厨房，损害城乡居民身体健康。至1995年长沙市农业废弃物被正式开发与利用。是年，长沙新概念锅炉有限公司（原长沙市联络生活锅炉厂）相继研制出以秸秆、稻壳、木屑、树皮等为原料的生物质能锅炉以及生物质颗粒燃料。主打产品为燃生物质颗粒锅炉、燃油燃气锅炉、电加热和燃煤锅炉及生物质颗粒燃料等，均系生物质能源的新型利用方式。

2006年7月长沙辖区的“地沟油”开始被科学利用。是年，湖南中和能源有限公司在长沙宁乡经济开发区成立后，采用国内领先的固体催化技术，动植物油脂催化成生物柴油的转化率超过95%，同时可以得到高纯度的医药级甘油。次年，湖南中和能源有限公司被长沙市政府授予“长沙市农业产业化龙头企业”。

2008年7月，湖南创则通能源有限公司开始主营业务生物质燃料的研究和开发，是年，该公司被列入湖南省2008年节能环保重点预选工程，设计年生产50万吨生物柴油。通过4年的建设，长沙生物柴油消费量2867.5吨，相当于4178吨标准煤。

2010年，湖南蓝林能源科技有限公司成立，对农业废弃物如秸秆、稻壳等加工利用，并提供有关设备。公司分别在长沙浏阳和株洲炎陵设有两处生产基地，主要为用户提供生物质固定成型燃料、生物质加工设备，以及生物质锅炉销售等综合服务。是年，长沙市生物质发电3841.55万千瓦时，折合约1.38万吨标准煤。

2012年6月，位于长沙市芙蓉区的湖南给力新能源集团股份有限公司全面启动“环洞庭湖综合治理工程——年产100万吨生物质成型燃料”项目，完成环洞庭湖项目总部（岳阳平江县）以及洞庭湖周边20多个县市布点建厂规划工作。

第三章　气象事业

长沙地处季风气候区，地形以平原、丘陵为主，由于受季风影响，季节变化十分明显。冬寒夏热，四季分明，春秋短促，冬夏绵长，充分体现亚热带大陆性季风气候类型的共同特点。由于地形、地质和气候的组合影响，经常出现洪涝、干旱、暴雨等灾害天气。1978年实行改革开放以后，经济的发展给长沙市气象事业带来生机和活力，长沙气象事业逐步迈上持续、健康、高速发展的轨道。1980年长沙市气象站成立，致力于为长沙农业生产和公众服务，为规避灾害天气对农业生产和安全施工的影响发挥重要作用。

1988年，长沙市气象信息主要通过广播、报纸、信函、警报系统向公众播发。1989年微机、传真等现代化的办公、通信工具开始应用到气象事业中，1991年开始增设部分自动观测设备，气象事业得到较大发展，取得令人瞩目的成就。1997年6月7日，长沙精准预报全方位的特大洪水，将灾害损失降低到最低限度，12月，长沙市气象局被国家气象局授予“1997年重大气象服务先进集体”称号；1999年，长沙市在省内率先推出超强降水和特大山洪的预防研讨会，专家对以浏阳石柱峰及其周边为中心的超强降水带进行工作研讨和学术研讨，取得认知暴雨山洪、探讨防范对策初步成果。2002年市、县两级气象部门准确预报洪涝和局部雹灾，而且服务及时到位，为各级地方党委政府领导指挥防灾抗灾提供科学依据，最大限度减少灾害损失。长沙气象不仅在准确预测天气，方便生产生活安排方面发挥积极作用，而且在人工干预天气方面也取得巨大成就。每年旱季，通过组织人工降雨，极大地缓解旱情。2009年，被评为“湖南省人工影响天气工作先进单位”。2011年，被中国技术市场协会授予“金桥奖先进集体”荣誉称号。2012年成功为中国长沙环湘江国际自行车邀请赛、长沙铜官窑遗址公园开园、中国历史文化名楼市长论坛等重大社会活动实施人工消雨作业，既为主办方节约大量场地准备费用，又保障了良好的活动氛围，气象服务领域进一步拓宽。

随着长沙经济建设不断发展，市民生活水平不断提高，全球气候变化新趋势，不断对气象工作提出新要求。为迎接新挑战，进一步改善工作条件，提供更多、更优质的气象服务，2012年10月18日，长沙国家气候观象台在莲花镇举行奠基仪式。集“气候监测、灾害预警、气象科研、气象科普”于一体、中西部一流的“中国气象局长沙综合气象观测试验基地”动工建设，随着全新气象条件的改善和大量先进气象观测技术设备的运用，长沙气象必将为全市经济发展，为长沙市建设国家文化名城和创业之都、宜居城市、幸福家园做出更大的贡献。

第一节 机 构

一、内设机构

1988年8月，长沙市气象管理处更名为长沙市气象局，内设机构为办公室、政工科、业务管理科，编制61人。1991年10月，成立长沙市气象局监察审计室，将纪检、监察、审计三者合为一体。1996年12月12日，内设机构调整为5个，分别为办公室（人事劳动政工、监审科）、业务管理与服务科（长沙市气象台）、专业气象服务中心、防雷技术服务中心、广告服务部；人员编制总数61名，内设机构编制33名，县（市）局（站）编制28人。1999年5月，省气象局调整长沙市局的事业结构和运行机制，局机关设办公室、人事劳动政工纪检监审科（含人才交流服务中心）、业务管理科。2001年10月设办公室、人事政工科（含纪检监审）、业务发展科（政策法规科）3个管理科室；局机关参照公务员管理，公务员编为14名。2002年8月，增设政策法规科。2003年3月，内设科（室）改为处（室），机构名称不变。2004年11月底，业务发展处与政策法规处合并成立业务法规处；2006年4月，内设机构调整为4个：办公室（计划财务处）、业务发展处（市人工影响天气领导小组办公室）、人事教育处（监审、文明办）、政策法规处（市防雷减灾办公室）。2012年3月，成立后勤服务中心。到2012年年底，内设机构有：办公室、人事教育处（党组纪检组、监审处、文明办）、业务发展处（长沙市气象学会、市人工影响天气领导小组办公室）、政策法规处、后勤服务中心；总编制61人无变化，其中参照公务员编14名。

1988—2012年，先后担任长沙市气象管理处、气象局主要领导职务的有：张金云、周益辉、许金荣、郭卫星；其他领导班子成员有：刘寿颐、曾瑞斌、肖国才、孙梅元、陈胜华、刘维华、杨文略、唐德明、蔡荣辉、蓝改现、曾虹、王智刚、邹林林、刘富来、郭海峰。

二、直属单位

1988年，直属单位有预报服务科、长沙气象站、长沙农试站。1993年，成立气象科技服务中心。1995年3月，预报服务科更名为长沙市气象台。1995年7月湖南省气象局将长沙农试站从市气象局划归省局开发中心。1996年12月，设专业气象服务中心、防雷技术服务中心、广告服务部；1999年5月，组建长沙市气象科技开发中心；注册登记风云气象广告装饰有限公司、长沙市气象影视广告有限公司等企业化运作的经济实体。2001年10月气象系统机构改革，成立和调整为4个直属事业单位：市气象台（市专业气象台）、市气象观测站、市气象信息服务中心、市气象科技开发中心4个直属事业单位。挂靠单位有：市气象学会、市人工影响天气领导小组办公室、市防雷减灾管理办公室；信息服务中心、科技开发中心按企业模式运作。2005年，成立项目办。2006年4月，在业务技术体制改革下，直属机构进一步调整为市气象台（决策气象服务中心、气象网络中心）、市气象信息中心、市气象科技服务中心

（专业气象台、防雷中心）、市气象影视服务中心、项目办5个。2007年7月，组建财务核算中心、气象装备中心。2010年6月，成立长沙市公共气象服务中心和长沙市气象技术装备中心，撤销原长沙市气象科技服务中心和长沙市气象影视服务中心。至2012年年底，直属机构有财务核算中心、气象装备中心、市气象台、气象信息中心（长沙市风云气象科技开发有限公司）、公共气象服务中心、气象影视服务中心、长沙国家基本气象观测站（即长沙气象站）、项目办。

三、区县（市）机构

1988年长沙市气象局辖浏阳县、宁乡县气象局、站。1993年1月16日，浏阳撤县设市，浏阳县气象局更名为浏阳市气象局，有气象台对外服务。2010年5月12日，长沙县气象局和望城县气象局同时成立，同年开展县域气象服务。2011年望城县气象局更名为望城区气象局。至2012年年底，长沙市气象局辖长沙县、望城区、宁乡县、浏阳市4个区县（市）气象局，各区县（市）气象机构无变化。

第二节 气象观测

1988年长沙观测站通过人工每天8次定时观测，主要观测内容包括气温、气压、空气湿度、风向风速、云、能见度、天气现象、降水、蒸发、日照、雪深、地温、冻土、电线结冻等，还承担全球气象资料交流和二级日射站观测，1991年7月1日开始增加一级酸雨站观测及临时观测试验任务。

1992年，全市资料传输由PC-1500编报替换人工编发电报形式。1993年，宁乡气象站月气表及年气表采用计算机编制；1999年，实现微机软件自动编发电报，传报通信系统由邮政转报，发展至部门上下一条线的微机网络传报。

2002年12月31日20时起，长沙开始实施9要素自动观测。2003年1月1日起，长沙进入自动气象站与人工站并行观测的第一阶段，以人工观测记录为主。2003年，浏阳气象站建7要素自动气象站。2004年1月1日长沙实行新的《地面气象观测规范》，进入并行观测第二阶段，以自动站记录为主。2005年1月1日起，使用新OSSMO2004地面气象观测软件，启用自动站数据，实行双轨运行。而云、天气现象、日照、雪深、雪压、冻土、电线积冰、大型蒸发、酸雨仍为人工观测。2005年8月宁乡县建8要素自动气象站。

2007年1月，气象观测次数由每天8次增加到24次。2007年2月增加旬月报地温段发报。2008年1月1日起，宁乡县自动气象站单轨运行，站点资料通过GPRS（通用分组无线服务技术）无线传输至市气象局中心站，进入气象自动观测时代。2008年6月1日长沙国家气候观象台修改积雪、雨凇的发报规定，增加雷暴、视程障碍现象（霾、浮尘、沙尘暴、雾）等发报项目。2008年12月31日定时观测次数变更为每天8次，以自动站观测数据为正式数据。2009年11月1日，增加每日06、07、08、11、14、17、20时的降雪加密观测；2009年12月1日，新增220千伏安电力传输主干线电缆结冰观测业务。2010年10月26日08：00至12月20日23：00开展亚运保障气象加密数据服务传输工作，自动站资料每10分钟上传一次。2010年11月1日开展综合气象观测系统运行监控业务。2011年1月1日电线积冰观测导线直径4毫米更换为26.8毫米，采用26.8毫米电缆正式观测、发报和存档。2012年1月1日（即2011年12月31日20时），停止降水（含虹吸雨量计或翻斗式遥测雨量计）自记观测，停止气压、温度、相对湿度的自记观测和EL型电接风向计的自记观测；3月31日20时，升级V4.0.1版业务软件，编发气象报告和上传地面气象要素数据文件，取消单独编发降水重要天气报。2012年新增气溶胶观测业务。浏阳市2012年4月1日（北京时2012年3月31日20时）起，取消08时、14时的人工观测项目，保留20时人工与自动对比观测，用正点地面气象要素数据文件代替加密天气报的报文上传，取消天气加密报编发。

第三节　气象服务

一、公众气象服务

1988年，长沙市气象信息主要通过广播、报纸、信函、警报系统向公众播发。1990年开始，长沙市天气预报技术以数值预报产品（空间分辨率为2.5°N×2.5°E，时间分辨率为12小时;）为基础，集成应用天气图、区域自动站、闪电定位、雷达回波、卫星云图等多种资料，对温度、湿度、风向风速、降水等气象要素，分县市预报；对强对流灾害性天气的短时（0~2小时）预警预报，时效为3小时。1990年3月14日起，在长沙应急频道长沙电视台星沙半小时节目中开展气象服务，突破了以往传统的气象信息传递方式。1995年开始，电话（自动和人工）、传真、网络综合服务取代口头汇报、书面材料、电话等服务方式为主的传统服务手段，信息传递更加快捷，准确；重要天气，还在《长沙晚报》、长沙电视台发消息，尽可能扩大服务范围。

1995年4月至5月初，长沙持续阴雨，季节推迟。5月3日下午，市气象台发现500百帕图上，南亚西北角有暖脊东移发展，判断长沙将出现一段晴好天气，便会商讨论制作出“5日起，长沙市将出现5~7天晴好天气”的《重大天气变化消息》，并在《长沙晚报》和长沙电视台刊播。准确预报为企业生产、老百姓的生产生活提供重要指导。

1998年年初，浏阳市、宁乡县开通“121电话自动咨询”系统，为百姓提供内容更细化，更贴近生产生活的城市生活气象服务。1998年3月31日，浏阳市制作电视天气预报节目，在浏阳电视台首播。5月，浏阳开通气象咨询电话人工服务。2001年，长沙推出“96121”气象预报咨询服务系统。“96121”自动台和“96122”人工台以关注生活、服务百姓为主题，在信箱内容、语言程序、服务方式等方面进行有益探索，先后开发火险等级、晾晒指数、中暑指数、穿衣指数等具个性化、人性化的亲民生活指数，拓宽了服务领域，老百姓也进一步提高对气象预报的利用度。

2001年年初，长沙市气象局和市环保局联合开展城市空气质量预报，2002年长沙空气预报质量准确率91%。2004年，长沙市气象局开通手机短信服务。气象预报预警信息通过手机短信，直接为全市用户提供服务。2004年，长沙自主研发的“长沙市空气质量预报业务系统”投入业务使用。

2004年，长沙市气象局与湖南省通信管理局协商完成“96121”“96122”为全省气象服务总变更。除日常预报服务的气象信息编辑外，还为《长沙晚报》《当代商报》等媒体提供天气预报产品，每周一、周四作周预报及超短时天气服务，使预报更精、更细、更及时，4天滚动天气预报准确率达85%，一周天气预报准确率保持80%以上。

2005年，长沙市利用移动公司MAS（移动代理服务器）群发优势，与防汛部门合作，从网上群发天气信息至市、县、乡、村。使每一级负责人和每一位通过手机订阅气象信息的用户都能第一时间收到最新的天气信息。

2006年，长沙市兴建气象灾害监测预警服务系统，增加雷电灾害预报预警、地质灾害气象预警等服务项目，进一步提高预报预警水平。指导迎战“碧利斯”“格美”“桑美”等台风服务及指导春播、春种气象服务。

2010 年，长沙市在全国唯一的防灾减灾应急示范社区咸嘉新村，建设气象自动观测站、科普宣传栏，发展气象信息员和志愿者 50 名，辐射面积 1.2 平方千米，受益 3.4 万人。是年，长沙市实现气象、环保监测资料实时共享，联合制作发布基于 AQI（空气质量指数）的天气预报。

2012 年，长沙市开展气象、城管联合服务，指导市政部门合理安排资源，及时上路巡查、排渍等。市内每个行政区、下辖四个区（县、市）各建一个城市防灾减灾社区，在醒目位置，建立 LED 显示屏为社区居民提供抬头就可见发气象预报和气象防灾减灾科普常识，为每个防灾减灾社区培训 1~2 名气象防灾减灾员，促进气象防灾减灾知识的推广和普及。在农村和社区实施气象预警喇叭和气象信息显示屏试点工作，构建“96121”电话、短信、广播电视、网络、电子显示屏、农村气象广播等多种方式组成的气象预警信息发布系统。全市发展气象预警语音外呼线路 600 条，外呼超过 490 万人/次，手机短信超30 万人/次，基本实现气象信息“进村入户”。

二、防雷减灾气象服务

1990 年，长沙市避雷装置安全监测中心成立，开始防雷减灾服务工作。1992 年，由防雷检测逐步发展为防雷检测、防雷工程资质审批、防雷工程设计安装。浏阳防雷安全监管企业数百家，压力大，浏阳市发挥研究雷电的技术优势，服务于安全生产，于 1992 年 6 月成立避雷设施安装队、1993 年 8 月成立“浏阳市避雷设施安全监督检测所”，实施防雷服务，强化源头管控和系统治理，确保气象领域安全生产形势稳定向好。至 1993 年年底，有 22 个单位的 31 栋楼房安装了避雷设施。

1999—2000 年，市气象学会在浏阳龙伏镇尚埠村张家后实地调查超强降水灾害时，在现场先后访查 8 天（次），发现一处 0.2 平方千米（东西长 640 米、南北均宽约 320 米）的易受雷灾地，自 1966 年以来，发生人畜伤亡、财产受损的强雷击事故 193 起，而“塝”上泮春中学有学生 1000 余人。为了根治雷害，浏阳市气象专家通过调研、设计，2001 年 2 月，筹资在校园内建一避雷塔，根除雷击隐患。

2003 年 8 月，长沙市防雷减灾工作全部移交省防雷中心管理。

2008 年，长沙市开发长沙区域雷电监测预报系统，通过短信平台，正式对外发布雷电灾害预警。2011 年，浏阳围绕烟花爆竹、防雷等开展特色服务，积极建设雷电预警系统，完成 6 台大气电场仪、1 台闪电定位仪安装，至 2012 年未出现雷击事故。

图 12-3-3-1　1993 年 6 月，长沙市遭洪水袭击，当地气象工作人员调查灾情

（市气象局供图）

三、人工影响天气服务

1988 年，宁乡、浏阳二县列入全省人工增雨地区，各有 2 门高炮。1988 年高温干旱期，宁乡县开展高炮人工增雨作业，部分缓解当地旱情。1996 年夏季，宁乡县降水极度偏少，为确保宁乡县早晚稻基础用水，6 月 22 日，宁乡县政府在域内设置 4 门高炮，在流沙河、直田等地开展人工增雨作业，有效缓解当地农业灌溉用水。

2001 年 8 月，湖南省青少年赛艇、皮划艇比赛定于 8—18 日在浏阳赤马湖举行，但水位不够。气象部门连续两次组织人工增雨作业，降水 120 毫米，湖面水位增加 1

米多，使赛事如期顺利举行。

2003 年夏，长沙 4 县（市）117 个乡镇受旱，279 座小型水库、6.76 万口山塘干涸，933 条溪河断流，1339 个村民组 20.89 万人饮水困难，大部分乡镇旱情严重，长沙市组织开展飞机人工增雨，多数乡镇降水 10 毫米以上，宁乡黄材水库 8 月 7 日 17 时起持续降水 137.2 毫米，缓解旱情，市区防暑降温效果也十分明显。

2007 年，是实施人工影响天气轨道业务运行的第一年，新添置两门车载火箭炮，全年出动高炮 14 门，火箭 8 台，实施作业 328 门（架）次，发射 37 高炮弹 4391 发，火箭弹 116 发。市、县两级共投入作业经费 256 万元。全市人工增雨作业的影响面积 1.54 万平方千米，总的经济效益约为 6509 万元，投入产出比为 1:25。2008 年，长沙县政府、望城县政府共筹资 38 万元，购买江西产 BL–1 型车载火箭架三套（长沙县 2 套、望城区 1 套），皮卡车各 1 辆。填补两县无增雨设备空白。

2010 年 8 月 5—23 日，全市通过人工增雨，总降水量 118.4 毫米（140 万立方米），其中增雨 36 毫米(42 万立方米)，直接经济效益 216 万元；11 月 11 日，首次开展冬季人工增雨作业，对湘江枯水及冬旱起到一定的缓解作用。2011 年 5—11 月，全市共出动高炮、火箭作业 75 次，发射高炮人雨弹 600 发，火箭弹 90 枚，作业影响面积 2000 平方千米，增雨量 4500 万立方米以上。

2012 年，长沙市相继举办中国首届自然生态博览会暨乡村旅游节、全国公路自行车赛暨喜德盛杯中国长沙环湘江国际自行车邀请赛、长沙铜官窑遗址公园开园大赏活动、中国历史文化名楼市长论坛、中博会、科交会等 9 次重大社会活动，先后对铜官窑公园开园、自行车赛、名楼市长论坛等活动，进行 6 次人工消雨作业，发射火箭弹 285 枚，既保障活动的良好氛围，又节约雨具购买、雨棚搭建等费用近百万元。

四、决策气象服务

1989 年 6 月 24 日，长沙市气象部门预测，6 月底 7 月初长沙将有一次强降水，北部局地超强降水过程，其中浏阳连续发布重要天气预报 20 多次，引起浏阳县县乡两级政府和部门的重视，正在施工中的株树桥水电站及时采取相应防范措施。6 月 28 日至 7 月 3 日，长沙市连降大雨，尤其是北部浏阳出现暴雨，浏阳站 4 天降水 277 毫米。由于备战充分，株树桥水电站工地得以安全度汛，确保了施工人员和在建工程安全。1993 年 6 月底，宁乡黄材水库蓄水量为常年的 2/3，蓄水不足。宁乡县预测到 7 月初，将有一次强降水过程，通过多次与长沙市气象局会商研讨，在 6 月 29 日确定并发布“7 月 3—4 日阴天有中到大雨，局部暴雨”的预报。各大水库提前调度，做好保堤护堤工作，为山塘蓄水做好充足准备。7 月 3 日 07 时起，宁乡县又发出“今晚到明天，有大到暴雨”的预报。4 日宁乡降下 118.7 毫米大暴雨，黄材水库抓住汛期最后一次强降水过程，科学调度，既减少暴雨造成的灾害损失，安全度汛，又蓄水充足，为秋冬农田灌溉提供充足的保证。

1995 年 6 月，长沙市通过收集、分析气象信息，在长期、中期及周报中均预测 6 月 22—26 日有强降水过程，20—22 日又精确预报长沙地区 2~3 天内将出现大到暴雨天气，宁乡、浏阳暴雨多发区可能产生山洪暴发。市、县、乡（镇）三级政府收到预报后，都分别作出部署，分批次撤离低洼地点群众，并准备好充足的防汛物资，做好防大汛的充足准备。6 月 25—26 日两天，宁乡县和浏阳市分别降下 154.5 毫米、161.3 毫米的暴雨。由于调度及时，没有出现大的灾情。

1997 年 5 月底，通过不断对气象云图和雷达图分析研判，提前锁定暴雨，并在 6 月 3 日的《一周天气消息》周报中，指出 6 月初长沙局部有大暴雨和雷雨大风。根据内容提示，各级政府不仅做好防范大雨的准备，也对雷电大风进行防范。6 月 7—8 日，长沙发生特大暴雨，浏阳一天降雨 287.2 毫米，长沙国家站降雨 249.5 毫米，长沙县 281 毫米，宁乡 158 毫米的超强降水，均创历史极值，浏阳的洞阳、永安降雨量更大，分别达 326 毫米和 314 毫米，浏阳河双江口站 7 月 11 日洪峰水位 27.23 米，猛涨 7.07 米，浏阳城区被淹，街可行舟，8 日 05 时，长沙县㮾梨站洪峰水位 38.65 米，猛涨 8.32 米，7 日上午长沙火车站广场积水深 4 米，岳麓山西湖出现泥石流，岳麓书院洪水 1.65 米深。面对入汛以来强度最强、覆盖面最广、持续时间最长的强降水过程，由于充足的准备，山洪灾害损失降到最低限度，没有出现人员伤亡。

1998 年 6 月上旬，预测 6 月下旬长沙将出现超强降水。6 月 12—27 日，由于南洞庭湖顶托和浏阳河、捞刀河、沩水的洪水顶托，以及区间来水大，洪水组合恶劣，长沙出现严重洪涝：浏阳河、沩水、捞刀河、汨罗江 4 小河平均降雨 639 毫米，尤其是 6 月 21—26 日，湘水流域连降暴雨，长沙站于 27 日 21 时出现 39.18 米的洪峰水位，超警戒水位 4.18 米，超历年最高水位 0.25 米，尽管超前预报、提前预防，但灾情百年罕见，长沙仍漫溃千亩以上堤垸 12 个，全市 143 个乡、33 万户受灾，死 13 人，重伤 19 人，损房 1.97 万间。8 月开展灾情调查，在省内率先推出预防超强降水和特大山洪的服务思路。1999 年 10 月 14—15 日，在重灾区的浏阳龙伏镇召开"长沙市特大山洪预报预防工作研讨会"，通过研讨、论证，认定市区以北 30~50 千米范围内存在一条异常多雨带。以浏阳石柱峰为中心，半径 40 千米范围内，是湖南省超强降水多发带。根据这一结论，将防汛减灾工作的重点放在生态防洪和立体减洪措施上，加大投入，取得防汛减灾工作新的突破，3 年减少直接经济损失 2.8 亿元。

2000 年 10 月，第二届中国特产文化节原定 12—15 日在浏阳举行，有 29 个省、直辖市、自治区的朋友和众多国际友人参加。通过对比近十年浏阳市 10 月气候资料，研判当期天气云图和雷达图资料，得出 12 日将有超强降温的结论，并向组委会提出"改在 10 月 12 日以前较好"的建议。被组委会采纳，提前至 9—11 日举行，文化节刚谢幕，强冷空气即入侵，降温 12℃~15℃。

2002 年 4 月 3 日，通过对天气云图和雷达图的反复分析研判，预计因受冷空气和中低层暖式切变的影响，两天后全市将有一次强雷阵雨天气过程，山区伴有短时雷雨大风、冰雹和暴雨等强对流天气。市、县、乡三级政府部门收到气象信息后高度重视，果断采取防雹和防暴雨的措施，进行安全部署。5 日，长沙县金井镇、高桥镇等地遭遇特大冰雹、暴雨袭击，在高桥镇的范林小学区域有个别冰雹如鹅蛋大小，由于提前预防，部分中小学改变了户外教学计划，没有发生人员伤亡也没有引起任何恐慌。冰雹造成的春耕春播损失也得到有效控制。

2008 年 1 月 6 日，通过分析研判气象资料，提前一周预测 1 月 13 日—2 月 2 日，长沙将出现全市性历史罕见的持续低温、雨雪、冰冻灾害天气。并于当日持续向社会公众免费发布灾害预警手机短信 8 万人次。1 月 13 日—2 月 2 日，长沙遭遇五十年一遇的雨雪冰冻严寒期。由于各级领导提前采取必要的预防措施，尽管因灾害持续时间长，仍然造成相当大的损失，但人心稳定，没有出现不安定的社会问题。

2009 年 7 月 1 日，宁乡县南部道林等乡镇出现大暴雨，由于提早两天发布强降水消息，并对全过程进行跟踪服务，提前转移可能引发地质灾害地方村民，避免人员伤亡，减少财产损失。是年 12 月底，提前 10 天预测 2010 年 1 月上旬长沙将有低温雨雪天气。1 月 4 日，长沙大雪，由于预测准确，各方预防措施到位，避免了极端天气给生产生活特别是重点工程建设带来的损害。2012 年春季，长沙出现六十年一遇的持续阴雨寡照天气。长沙市积极开展气象监测预测，做好预报预警和决策服务工作，气象专家主动接受电视媒体采访，对天气情况准确说明，提醒市民采取防范措施，从容应对低温寡照天气，最大程度降低连续阴雨对农业生产造成的经济损失。

五、专业气象服务

1988 年 4 月下旬，准确研判长沙"5 月将出现低温"，提醒早稻返青分叶会推迟。5 月 8—14 日，长沙全区域出现20℃的低温天气（称“5月寒”），由于提前准确研判和及时提醒，减少了灾害损失。1989年3月，在普遍低温情况下，准确研判3月下旬天气好转，全市80%以上的早稻均在此时期播种，减少了烂种、烂芽的损失。4月中旬及时发布该月“中下旬阴雨多，早稻护秧要加强”的《气象专题》，有关部门加强护秧管理，虽然4月下旬平均气温为3.3℃~4.6℃，是长沙站有记录以来的最低值，但是早稻基本苗比上年增加了1.5万茎。

2000年冬，修建长沙三环线黑石铺公路桥时，阴霾连绵，而时间、任务紧迫，道路泥泞不堪，施工方急需天气预报指导施工；长沙气象专员冒雨骑车定期将每周天气预报按时送达，帮助施工决策。为配合潇湘大道及与之配套的防洪工程建设，从2001年2月开工到2002年一期竣工，市气象台及时准确地提供气象预报服务，主动与工程指挥部和施工方联系，通报工程施工期间的天气趋势，帮助对方确定最佳施工时段，使工程建设在天气复杂阶段顺利施工。特别是潇湘大道的10个涵闸的浇注施工，采用气象建议后，确保浇注期间安全度汛。

2003年，宁乡新增烟叶生产田间气象观测试验站，积极开展烟叶生产与天气气候的专题研究。除每周及时提供专题信息外，气象专业技术人员还对试验站作技术指导，按月统计试验站对比观测资抖，分析烟叶生产的天气气候特征，提供科学指导。2004年3月25日，及时发布《长沙天气专题》，通报27—28日气温回升，已浸种的抓住小回暖天气，做到及时下泥。

2011年1月，建立农业气象信息服务共享机制，在宁乡县的关山村等地进行试点示范，按各自职责，加强相关的服务保障工作。年内全市落实配套资金299万元，重点支持长沙县的超级杂交稻，望城区的养殖业，宁乡县的烟草、茶叶、优质稻、水果，浏阳市的烟花爆竹、防雷、花木等项目，惠及全市405万农业人口。经全方位和精细化服务，实现减损（仅宁乡沩山茶场就减少损失500万元）、提质（杜绝5月份蔓延的烟草花叶病，确保烟叶的品质和产量）、增产（全市早稻每亩比上年增产3.02千克，总产增加1.04万吨）目标。2011年12月20日，长沙市气象局荣获“第五届中国技术市场协会金桥奖先进集体”，陈朝晖荣获先进个人。

2011年，森林防火群防群测单位成员手机号码纳入气象灾害预警平台，利用移动公司MAS群发，及时发送森林火险警报短消息。2012年在岳麓山、黑麋峰、大围山和沩山进行试点示范。

2012年，在农村和社区实施气象预警喇叭和气象信息显示屏试点工作，构建“96121”电话、短信、广播电视、网络、电子显示屏、气象预警喇叭、农村气象广播等多种方式组合的气象预警信息发布系统；为农业大户定制专门服务。宁乡县在金洲关山社会主义新农村建设示范村、喻家坳现代烟草农业基地、回龙铺万亩优质稻生产基地等33个乡镇农业产业基地建立专业气象服务专家联盟。通过试点，基本建成结构科学、布局合理、功能先进的现代农业气象服务体系。在气象灾害频发的宁乡回龙铺乡，气象科技人员通过安装在田间地头的“探头”——农田小气候观测梯度塔，实现农田生态环境和作物生育期、苗情、长势以及灾情远程可视化监测，提高了农业生产墒情监测和病虫害防治、防灾、减灾水平。在宁乡关山村气象信息服务站，除灾情上报、信息发布、专家咨询外，还用DAB大喇叭、LED电子显示屏，将信息传给村民。

是年，湖南二一现代农业集团按气象部门建议，将53.33公顷杂交早稻改常规早稻，以错开水稻生育期；在晚稻品种搭配上也进行改良，除了种植籼稻，还在133公顷地里种上抗寒能力较强的粳稻，水稻亩产增加200千克，成为农业部晚稻万亩高产创建示范片。农业气象专家远赴雪峰山选取优质黑米、香米稻种，深入浏阳龙伏石柱峰山区进行黑米、香米稻种播种技术指导，加强对苗期、移栽、抽穗、收割等生育期技术指导，优质黑米、香米 0.067 公顷产达 250 千克~300 千克，增收 900 元左右。宁乡县喻家坳烟叶合作社根据“2012 年，春季多阴雨寡照天气，利于菌类生长”的气候预测，利用烟区大棚种植大量金针菇等菌类，获得大丰收。

2012 年 5 月 8 日，预测宁乡县局部地区灾害天气可能导致山体滑坡。相关乡镇和国土所立刻短信通知低洼山区民众避让险情。5 月 9 日，宁乡县黄材镇月山村毛田组发生山体滑坡，没有发生人员伤亡。2012 年 7 月 18 日，长沙市发布地质灾害预警，相关乡镇和国土所立刻短信通知后紧急组织低洼山区民众避让撤离，当天下午暮云镇暮云新村发生山体滑坡，该村搬迁避让 48 人，无人员伤亡。

补　遗

清宣统元年（1909），6 月 1 日，中国海关总署在长沙水陆洲（又称橘子洲）中段长沙海关内建立长沙测候所，此为黄花气象站前身。这也是长沙域内气象工作的开始。

1932 年，考虑到气象与农事关系密切，中央研究院气象研究所的竺可桢和湖南省棉业试验场的袁辉共同筹划，在湖南合作开展气象测候。经湖南省政府批准，当地在长沙的湖南棉业试验场设立气象股。随即，由中央研究院气象研究所提供气象测候仪器和技术人员，在长沙等 3 个试验分场设立气象测候所，主要为农业研究服务。这是湖南地方政府机关专设气象测候所的开端。

1938 年秋，日本侵略军进犯湘北，加之长沙“文夕大火”，长沙测候所受影响停止观测记录，人员、仪器亦随之流散。直至日军投降后，湖南省农业改进所迁回长沙东塘原址，长沙测候所才于 1946 年 4 月恢复工作。国民政府国防部二厅气象总站设长沙测候所为三等气象站，主要为航空工作提供服务。该气象站每日观测 8 次，观测项目包括气压、气温、湿度、风、云、降水、蒸发、日照和天气现象等。1947 年 6 月，该站移交当时的中央气象局管理。

1949 年 8 月湖南和平解放后，该站由湖南军事管制委员会航空站接管，9 月更名为湖南省军区长沙气象站。1949 年 8 月，长沙和平解放后，该站由湖南军事管制委员会航空站接管，9 月 1 日恢复地面气象观测，更名为湖南省军区长沙气象站；1950 年 5 月 17 日，开始向中央气象台拍发定时天气报告；1951 年 3 月 10 日，长沙气象站改归湖南军区建制；1951 年 10 月 23 日，湖南军区气象科成立，该科直辖长沙气象站，由军区司令部直接领导；1952 年 5 月 12 日，中南军区依据中央军委总参谋部指示，将湖南省军区长沙气象站认定为甲等站。

1954 年 1 月 1 日，黄花气象站并入长沙气象台，更名为湖南省长沙气象站；3 月，该站增加高空经纬仪测风工作，主要服务于国防建设和经济建设；从 12 月起，该站被列为一等气象站。

1956 年 10 月，湖南省长沙气象站由杜家岭迁至雨花亭乡牛角塘。

1958 年 4 月，在黄花区建长沙县气象站（1962 年 4 月被撤销），长沙始有市属气象事业。

1958 年 6 月，湖南省长沙气象站更名为湖南省气象局观测试验站；1964 年 1 月 1 日再迁至长沙东郊马坡岭，与长沙农业气象观测试验站、湖南省气象局农研室合并，成为湖南省气象局观测试验总站，设有探空组、地面组、雷达组。转归地方建制以后，黄花气象站湖南省气象局观测试验总站把服务农业生产放在首位。从春播期间为防止烂种烂秧服务，到汛期为抗洪防涝服务，再到旱期为抗旱保苗服务，黄花气象站常年为提高农产品的产量、质量以及科研提供实时观测数据。

1966 年 3 月，应长沙县政府要求，在潘家坪县府院内建长沙县气象站；1969 年 4 月，长沙县气象站迁址河西白箬铺，1974 年 9 月再迁望城坡，担负一般站（三次）气象观测发报和县站预报及公益服务。1978 年 1 月因行政区划调整，长沙县分为长沙县和望城县，该站改名望城县气象站；在黄花公社黄垄大队另建长沙县气象站。

1980 年 8 月，长沙县、望城县气象站合并，在望城坡成立长沙市气象站（县级），以省气象局领导为主，党务、行政管理归口长沙市政府农村办，担负一般站观测发报和长沙市、长沙县、望城县的预报和公益服务；1983 年 11 月，在望城坡成立长沙市气象管理处（县级）；12 月，从湘潭、益阳地区接收浏阳、宁乡县气象站，负责本行政区天气预报服务、地面气象观测、高空气象探测、气象行业管理、人工影响天气，并从 1983 年开始进行气象有偿服务。

1983 年，长沙县气象站划归湖南省气象学校（1987 年更名为湖南省长沙马坡岭气象站）。

1985 年 5 月，管理处气象观测科更名为长沙市望城坡气象站，担负地面气象测报及长沙、望城两县和郊区的气象服务工作。

1987 年 1 月 1 日，原属省气象学校管辖的长沙马坡岭气象观测站、长沙高空气象探测站、长沙农业气象试验站划入长沙市气象管理处；马坡岭站地面观测任务与望城坡站地面观测任务互换：“长沙市望城坡气象站”改“长沙市气象站”，“长沙马坡岭气象观测站”改“长沙马坡岭气象站”，长沙气象站正式担负起国家基本站地面气象观测和全球地面气象资料交流的重任。

第四章　水文事业

长沙水资源以地表水为主，水系发达，河网密布，水源充足，年均地表径流量 808 亿立方米，除了湘江外，还有流入湘江的 15 条支流，主要有浏阳河、捞刀河、靳江和沩水，最大的水库为黄材水库和株树桥水库。1988 年长沙水文观测主要靠眼观手测，水文监测范围也只有 2 个河流断面，水文服务仅仅局限于服务防汛抗旱与水利工程建设。1990 年开始引进并逐步推广数字式自记水位仪器，1995 年开始观测仪器逐步升级更新，2012 年实现自动采集，从电报传输到全网覆盖，从人工计算到智能整编，从数据支撑到产品服务，实现由传统向现代的华丽转身；水文监测范围扩大到重点防汛区域、重要旅游景点、山洪灾害易发区、大中型和重点小（1）型水库等，水文服务也逐步扩展到开展水资源、水环境、水生态和城市水文、农村饮水水质监测，通过全市水资源调查评价，查明长沙水资源的数量、质量及其时空分布变化规律，为全市制定水资源战略规划、实施重大水利工程建设、落实最严格水资源管理制度、全面实施河长制和生态文明建设提供翔实可靠的基础资料。

第一节　机　构

一、市级机构

1988 年，长沙市市级机构为长沙中心水文站，定员 20 人。1991 年 8 月，长沙中心水文站改设为长沙水文水资源勘测大队，辖湘江下游，湘江一级支流浏阳河、捞刀河、沩水，南洞庭湖水系汨罗江，东洞庭湖水系新河流域的水文测站（岳阳和宁乡 2 个勘测队、2 处水位站、12 处水文站）。机关内设办公室、政工科、测资科、水情水资源科共 4 个科室。1993 年 7 月迁入长沙市区树木岭，定编125人，其中机关55人，测站70人。

1995年4月，长沙水文水资源勘测大队更名为湖南省长沙水文水资源勘测局。2002年4月，内设机构调整为办公室、勘测科、水情科、水资源科、政工科5个职能科室。有在职职工87人，其中机关31人，测站56人。

2006年7月，析出岳阳水文水资源勘测队、水位站。

2007年2月长沙水文水资源勘测局更名为长沙市水文局，实行湖南省水文水资源勘测局和长沙市政府双重领导管理体制，以垂直管理为主，内设机构为办公室、计划财务科、组织人事科、水情科、监测科、水资源科、技术服务科共个科室，共有水文人员70人。至2012年机构、人员未变。

1988—2012年，先后担任长沙中心水文站、水文水资源勘测大队、水文局主要领导职务的有：夏新永、付锡光、王立平、丁若求、文锋、杨小康；其他领导班子成员有：李仕卿、徐炳安、胡贡生、梁林峰、熊见红、易瑾瑜。

二、直属机构

1988年，长沙市中心站所属有螺岭桥、榔梨2个水文站和长沙、罗汉庄2个水位站，以及7个雨量站。

1991年增加宁乡县的石坝子、流沙河，浏阳市的双江口、清水、炉前、芭蕉、龙门，岳阳市的黄旗段、桃林9水文站，并撤销罗汉庄水位站，共计12个水文（位）站和28个降水量站。

2006年7月，岳阳市的黄旗段、桃林划出。2012年年底，共有湘江的长沙、靖港；浏渭河的双江口、榔梨；宝盖河的清水；捞刀河的星沙、罗汉庄、螺岭桥；沩水的宁乡、石坝子等10个水文（位）站（未含渠道站）和42个降水量站。

三、区县机构

2006年9月浏阳市在双江口水文站挂牌成立浏阳市水文局，10月宁乡县挂牌成立宁乡县水文局，实行双层领导管理体制“一套班子、两块牌子”，以垂直为主。至2012年未变。

第二节　水文站网

一、站网设置

1988年长沙中心水文站设榔梨、螺岭桥2处水文站和长沙、罗汉庄2处水位站，以及7个雨量站。

1991年成立长沙水文水资源勘测大队后，撤销罗汉庄水位站，辖长沙市和岳阳市所有水文站网，包括湘江下游，湘江一级支流浏阳河、捞刀河、沩水，南洞庭湖水系汨罗江，东洞庭湖水系新河流域的水文测站，共设螺岭桥、榔梨、石坝子、流沙河、双江口、清水、炉前、芭蕉、龙门、黄旗段、桃林11个水文站和长沙水位站。

1993—1994年，撤销流沙河、炉前、芭蕉、龙门、黄旗段、桃林6个基本水文站。1996年，重新设立罗汉庄、宁乡水文站。1997年，恢复长沙水文站。2004年，撤销宝盖洞径流实验站，黄旗段水文站迁到伍市镇设立伍市水文站。

至2005年年底，长沙市水文局共有11处水文（位）站、56处雨量站、28处水情报汛站、8处水质监测站、3处泥沙站和5处蒸发站。2006年6月，设立靖港水文站。2010年针对中小河流和洪水易发区，增加水文站2个和降水量站52个。

2012年年底，长沙设基本水文（位）站10个（不含渠道站）、基本降水量站42个。

表 12-4-2-1　　2012 年长沙水文局水位、水文站一览表

站次	水系	河名	流入何处	站 名	站别	集水面积（平方千米）
1	湘江	湘江	洞庭湖	长沙（三）	水文	83020
2	湘江	湘江	洞庭湖	靖港（三）	水位	93771
3	湘江	浏渭河	湘江	双江口	水文	2067
4	湘江	浏渭河	湘江	椝梨	水文	3815
5	湘江	宝盖河	浏渭河	清水	水文	22.1
6	湘江	捞刀河	湘江	星沙	水位	2142
7	湘江	捞刀河	湘江	罗汉庄	水文	2468
8	湘江	金井河	捞刀河	螺岭桥	水文	327
9	湘江	沩水	湘江	宁乡（二）	水文	2089
10	湘江	乌江	沩水	石坝子	水文	563

二、站点建设

1988 年前，各测站均为老式旧站房、旧式水文缆道或过河船测流，流量测验均以流速仪法施测为主，全市水文测站均已实现水位自记化。2000 年 1 月，开始使用雨量、水位数据采集仪，雨量、水位数据采集从模拟自记向自动采集、固态存贮发展。

2001 年 5 月，长沙水文站“湖南水文 1 号”测轮下水，其动力为 300 马力，总长 25 米，配有剖面流速仪（ADCP）1 台。2004 年，双江口水文站引进全省第一套测流、取沙自动控制缆道系统，椝梨水文站引进智能化全自动测流缆道。

至 2005 年年底，兴建长沙、宁乡、双江口、伍市、加义站新站房，改造椝梨、石坝子站站房，重建和兴建椝梨、螺岭桥、双江口、宁乡、石坝子、加义站水文缆道、自记水位井，长沙、伍市站自记水位井，安装使用固态存贮雨量计 42 台、固态存贮水位计 4 台。

2006 年湘江水情自动测报系统长沙分中心建设工程完成设备安装并投入试运行。

2012 年，雨量、流量等数据通过网络自动传输上报。

第三节　水文监测

一、监测内容

1988 年，监测内容有水位、流量、降雨等项目，后逐步增加蒸发、泥沙、水质、水文调查、暴雨洪水调整查。

1988—2012 年，降水量、蒸发量以日分界时间为定时观测时间。视雨情变化情况采用多段制观测（摘录）。水位、水温以每日 8 时为基本定时观测时间，人工观测水位一直采用定时观测和加测相结合的方法；水温以当日 8 时观测值作为日平均水温。水文观测时制包括时区标准和日分界时间的规定。时区标准一直采用北京标准时，日分界时间除降水量、蒸发量以 8 时为日分界外，其余项目均以 0 时为日分界。

2012 年，主要监测项目有：水位（包括天然河道水位、水库库内水位、渠道水位、湖泊水位、地下水位及中、高水期比降水位观测等），流量（包括天然河道流量、水库溢洪道流量、渠道流量和

水电站发电流量等），泥沙（包括天然河道悬移质单样含沙量、输沙率以及部分站的悬移质颗粒级配分析），以及水（岸）温、降水量、蒸发量（包括少数站的辅助气象项目观测）、水质监测和流域水文调查等。

二、监测技术

（一）水位。1988年年底，全市水文测站全部实现水位自记。1990年开始，长沙市水文局引进并逐步推广数字式自记水位仪器，主要有压力式水位计、超声波（气介式）水位计和机械编码浮子式水位计。浮子式机械编码水位计性能稳定，结构简单，可利用已建的水位自记井台，成为全市推广的水位观测首选设备。少数建井较困难的站使用超声波水位计或压力式水位计。2012年，长沙市各站全部采用WFH-2水位计测记水位。

（二）流量。1988年，长沙市所有水文站的流量测验均以流速仪法施测为主。

双江口、螺岭桥、石坝子、犁梨、宁乡（二）站流量用缆道施测，螺岭桥、石坝子、宁乡（二）站等站低枯水测次采用涉水杆测，宁乡（左）渠、宁乡（右）渠在桥上用悬杆施测，清水站是悬杆施测或涉水悬杆施测。长沙犁梨水文站使用CIS-1型超声波测流仪测流。

1993年7月，国家标准GB50179-93《河流流量测验规范》颁发。长沙市水文局按国标要求逐站开展流速仪法流量测验方案分析，并统一审查，于1996年分站类实施。

（三）泥沙。长沙市泥沙站有双江口站、石坝子站。

双江口站1988年单沙取样方法为固定七线0.0七点混合法，断沙测验方法为选点法；到2009年1月起，单沙1.59千克/立方米以下时，改为固定一线0.6一点法，取样位置为起点距142米处，断沙测验方法改为皮囊积时式三线一点断面混合法，直至2012年。

石坝子站一直采用横式采样器采样。泥沙一直采用烘干法处理。

（四）降水量。1988年，长沙水文局基本实现降水量观测自记化，自记雨量计测记在纸上，整编时由人工从纸上读数；1995年后，采用JDZ-1型固态存贮雨量计，整编时取回输入计算机进行整编。

2012年，通过网络自动将测量的雨量数据传输整编。

（五）蒸发量。1988年，长沙市蒸发站有螺岭桥、双江口站两处蒸发站，使用E-601型蒸发器观测蒸发量，至2012年未变。

三、监测成果与服务

1988年开始，根据水电部《水文年鉴编印规范》的要求，将年度水文监测资料归类整理上报，并按要求增加整编方法、电算整编和水量调查等内容和相关测站考证资料。同时按照《全国水文测站编码试行办法》要求，对水文、水位站降水量、蒸发量站分两套系统确定编码，将全部资料录入水文数据库。

1990年12月全国水文数据库工作会议后，长沙水文数据库的建库工作全面展开。1991年将长沙各水文站水位、流量、输沙率、泥沙颗粒级配、水温、降水量、水化学、蒸发量等水文资料收集编入《湖南省水文特征资料》第三集。1998年6月完成1950—1997年水文资料整编成果共5大类24种表式的数据录入工作及差错校对。1998年10月，长沙市组织开展主汛期的洪水调查，包括浏阳河的洪水调查，捞刀河、汨罗江、沩水等无控制站的河段洪水调查，以及大型水库入库洪水调查工作，获得沩水宁乡段6月14日洪峰流量3520立方米/秒每秒等特殊性资料，调查结果编入部水文局和长江委水文局主编的《1998年长江流域暴雨洪水》一书。1998年根据历年水文资料编制《长沙市防洪风险图》。

1999年12月，开始按照水利部颁发SL2417-199《水文资料整编规范》收录整理长沙水文资料。2007年开始长沙市水文局每年编制发布《长沙市水资源公报》，每月定期向有关部门发布全市“一江三河”（湘江，浏阳河、捞刀河、圭塘河）的水资源质量状况通报。

2010年完成节水型社会建设项目中的《长沙市用水总量控制实施方案》专题报告编写。以及《浏阳河流域水资源承载力和综合管理》《湘江长沙枢纽工程建设对湘江长沙段水质状况变化的分析》的水资源评价工作。

至2012年，共完成240余项专项工程建设的防洪评估、水资源评价论证，为市重点工程提供技术服务20余项次。共编制水情日报表3000余份，提供各种水、旱情综合分析材料900余份，发布洪水预报450站次；编制完成《长沙市实时监测》《小流域的规划保护》《长沙市水功能区划》《长沙市水资源保护规划》4个方案。

第五章　防震减灾

长沙位于湘江断裂和崇阳—宁乡断裂带左侧，地处长江中下游—洞庭湖地震区，区域内共有17条断裂，其中横贯全省的两条活动断裂在长沙交会（北西走向的常德—益阳—长沙断裂和北东走向的平江—浏阳—长沙断裂），具有发生中强破坏性地震的地质构造背景。

1984年，长沙地震台纳入全国大震速报台。1990年，被确定为国家地震局地震观测基本台。1996年1月，长沙市被国务院确定为全国地震重点监视防御城市。1997年起，长沙市逐年对长沙地区地震活动趋势进行分析研究，参与全省年度、年中地震活动趋势会商会。1998年8月，出台《长沙市防震减灾工作“九五”（1996—2000年）计划及2010年长远规划》《长沙市破坏性地震应急预案》。

2001年3月，制定《长沙市防震减灾“十五”规划》，长远规划防震减灾措施。2003年6月，长沙市将城市建设工程抗震设防要求纳入行政审批。2006年8月，国务院确定长沙为全国11个地震重点监视防御城市之一。2006年11月，长沙市逐步推进农村民居防震保安工作，并启动地震应急场所建设。2007年按照《长沙市防震减灾“十一五”专项规划》的要求，长沙市逐步推进防震减灾科普教育示范学校创建工作。2008年9月，长沙市首批地震应急避难场所——烈士公园、王陵公园地震应急避难场所建成。至2010年，长沙市确定45个地震应急避难场所。2012年11月，长沙市建成防震减灾科普教育基地，免费向市民开放，多途径提升市民防震减灾意识。

第一节　机　构

一、市级机构

1988年，长沙市设有地震台，由湖南省地震局管理。1996年11月，长沙市地震局成立，与湖南省地震局长沙地震台合署办公实行“一个机构、两块牌子”，为正处级事业单位，编制20人，实行以湖南省地震局管理为主，省、市双重领导的管理体制。1997年7月，长沙市地震局揭牌，内设办公室、震害防御科、测震监测室、前兆监测室。2003年3月，增设法规科，与震害防御科合署办公。测震监测室改名地震监测研究室，前兆监测室改名为地震前兆监测研究室。2007 年 1 月，撤销地震监测研究室、地震前兆监测研究室，组建监测预报中心。同年，设立应急办公室与震害防御科、法规科合署办公，作为内设机构主管地震应急救援工作。2012 年内设机构无变化。

2004 年 8 月，长沙市成立防震减灾工程研究中心（正科级），纳入长沙市事业单位管理范畴，委托长沙市地震局管理。

1988—2012 年，先后担任长沙市地震台、地震局主要领导职务的有：陈立军、梁宜顺、尹大德、张彩虹（女）；其他领导班子成员有：饶云阶、张华、徐奋洲、丁荣圭、徐志成、颜志高（女）、李金海、肖海、龚新华（女）、敬少群（女）、罗平安、黎品忠、胡文华。

二、区县（市）机构

1999 年，长沙市地震局经与长沙市科技局以及各县（市）政府协商，在县（市）地震工作机构建立之前，地震工作由县（市）科技局或相关部门监管。长沙县、望城县、宁乡县地震工作由县科技局兼管，浏阳市由市气象局兼管，分别由一名副局长分管，一个工作部门与专人具体兼管地震工作。

2005 年 6 月，浏阳市气象局加挂浏阳市地震局牌子。2010 年 3 月，宁乡县成立地震办公室，为县科技局内设机构。

第二节　地震监测

1988 年，长沙地区有长沙地震台观测点、宁乡地震台观测点。主要地震监测项目有测震观测、地形变观测和地下流体观测。其中，地形变观测、地下流体观测属于地震前兆观测。长沙地震台测震观测设备有 DD–1 短周期地震仪、DK–1 中长周期地震仪、SK 中长周期地震仪、763 长周期地震仪，地形变观测手设备有 JB–70 型金属水平摆倾斜仪、FSQ 自记水管倾斜仪，地下流体观测设备有 SW–40 动水位观测仪、FD–125 水氡仪，其他观测设备有地震前兆辅助手段气象三要素记录仪。宁乡地震台测震观测设备有 DD–1 短周期地震仪。测震观测实行 24 小时不间断值班，实时处理地震观测数据，实现国内 5 级以上（含 5 级）、邻国 6 级以上（含 6 级）、其他国家 7 级以上（含 7 级）地震速报。

1988—1989 年，长沙地震台协助国家地震局武汉地震研究所定点形变仪器数字化改造数据传输实验。1990 年，长沙地震台定为国家地震观测基本台。1992 年宁乡地震台开通台站短波电台。1993 年，长沙地震台、宁乡地震台分别对 DD–1 短周期地震仪进行技术改造，长沙地震台承担 763 长周期地震仪的实验、调试、试记工作。1996 年，长沙地震台在全国地震台站改造工程中将 JB–70 型金属水平摆改造成 SQ–70 型石英水平摆倾斜仪，提升观测效果。1996 年，宁乡发现震感，测出强度为 2.6 级，后确定震源为煤炭坝。1999 年，“九五”（1996—2000 年）项目实施，长沙地震台仪器数字化改造，采用 CTS–1 甚宽频带地震计和 EDAS–C24 地震数据采集器，其频带宽度为 40 赫磁，覆盖全部原有短周期、中长周期和长周期地震仪的频带。采用 DDN 专线向湖南省地震局传输波形数据，卫星天线向中国地震局传输实时记录。2001 年 9 月，长沙地震台 FSQ 自记水管倾斜仪进行数字化改造，模拟与数字并行记录。LN–3 数字化水位仪取代 SW–40 水位仪投入正常观测，动水位观测对水位动态变化记录良好，对 7 级以上地震的水位动态变化记录清晰。安装 SZW–1A 数字地温计。2001 年 10 月，长沙地震台新增 SS–Y 数字化伸缩仪。宁乡地震台 DS–1 模拟观测仪器开始测定。2002 年，SD–3A 气氡仪取代 FD–125 水氡仪。宁乡地震台安装数字地震仪 DS–3 宽频带地震计、TDE–324C 地震数据采集器及配套设备。

2002 年，宁乡地震台实施数字化改造，采用无人值守、有人看管方式。

2004 年，长沙地震台观测仪器全部实现数字化，设立通信信息节点，取消原 DDN 专线，使用 SDH 光纤进行传输，提升地震监测能力和信息传输速度。2005 年 11 月 26 日，观测中发现江西方向高强度地震波及长沙，值班人员在 10 分钟内迅速将时间、地点、震级等测定资料上报。2006 年，长沙地震台 SQ–70 石英摆倾斜仪改造升级为 SSQ–2I 型数字石英水平摆倾斜仪，监测更为精准。2006 年 12 月 26 日，长沙地震台观测到南海方向强烈地震波及长沙，值班人员迅速将相关数据上报，并采取相应应对措施。2007 年，长沙地震台 SSQ–2I 数字石英水平摆倾斜仪通过中国地震局验收。宁乡地震台安装改造升级后的数字地震仪和通信设备，通信方式由 DDN 改为 SDH 光纤传输，实现数据共享。2008 年 5 月 12 日，四川汶川强震发生后，长沙震感强烈，长沙及时测出相关数据，5 分钟即将地震三要素资料上传。6 月 4 日，日常观测中发现宁乡方向发生震感，强度为 2.7 级，由于距四川强震不久，又值奥运圣火在湖南传递之时，引起高度重视并及时进行处置跟踪。2009 年长沙地震台 EDAS–24C 数字化测震仪升级为 EDAS–24IP 数字化测震仪，频带宽度由 40 赫磁扩充为 80 赫磁，能监测本地区 2 级、省内 4 级、国内 5 级、全球 7 级以上地震，实现 10 分钟内速报本地区地震、15 分钟内速报本地区以外国内地震的时间、地点和震级。2011 年，DSQ 型水管倾斜仪取代 FSQ 自计水管倾斜仪。长沙地震台测震、形变、流体观测资料在全国全省评比中获得多项优秀。宁乡地震台测震观测资料在全省评比保持较好行列。2012 年，地震监测手段、地震监测项目无变化。

表 12–5–2–1　　1988—2012 年长沙市 2 级以上地震记录一览表

No.	年	月	日	时	分	秒	纬度	经度	M	深度（千米）	震中
1	1988	6	22	3	14	42	28.3	112.2	2.6	—	湖南宁乡煤炭坝
2	1989	4	29	16	32	23	28.23	112.38	2.7	—	湖南宁乡县煤炭坝镇
3	1990	7	19	18	7	14.9	28.22	112.37	2.7	—	湖南宁乡
4	1991	1	12	2	22	27.4	28.25	112.42	2.7	—	湖南宁乡
5	1991	4	23	2	51	5.4	28.27	112.3	2.8	—	湖南宁乡
6	1991	8	23	2	40	46.1	28.22	112.38	2.7	—	湖南宁乡
7	1991	11	11	21	14	17.5	28.25	112.33	2.3	—	湖南宁乡
8	1992	1	17	15	21	43.3	28.27	112.33	2.2	—	湖南宁乡
9	1992	1	21	0	50	2.8	28.25	112.33	2.4	—	湖南宁乡
10	1992	4	18	6	20	11.5	28.22	112.13	2	—	湖南宁乡以西
11	1992	5	14	14	41	20.2	28.3	112.3	2	—	湖南宁乡
12	1992	5	14	15	13	46.5	28.32	112.27	2.1	—	湖南宁乡
13	1993	7	23	16	34	4.9	28.03	111.93	2	—	湖南宁乡县西南
14	1993	8	1	0	53	12.6	28.27	112.37	2.3	—	湖南宁乡
15	1993	8	29	16	53	22.7	28.25	112.32	2.8	—	湖南宁乡
16	1993	10	1	21	26	28.4	28.02	113.68	2.6	—	湖南浏阳文家市
17	1993	12	28	5	54	54.1	28.13	112.4	2.5	—	湖南宁乡西南

续表 12-5-2-1

No.	年	月	日	时	分	秒	纬度	经度	M	深度（千米）	震中
18	1996	1	18	22	44	36	28.12	112.37	2.6	—	湖南宁乡煤炭坝
19	1999	5	28	3	9	42.9	28.23	114.1	2.7	—	湖南浏阳县小河
20	2001	1	26	18	32	31	28.27	112.38	2.6	—	湖南宁乡县煤炭坝镇
21	2001	10	5	19	57	37.6	28.18	112.28	2	—	湖南宁乡县大成桥
22	2002	3	30	2	18	57.4	28.25	112.37	2.4	—	湖南宁乡县煤炭坝镇
23	2003	2	11	14	16	14	28.23	112.37	2.3	—	湖南宁乡
24	2003	11	24	5	31	22.2	28.25	112.37	2.3	—	湖南宁乡煤炭坝
25	2003	12	10	19	13	39.4	28.2	112.28	2.2	—	湖南宁乡
26	2004	7	24	15	48	22	28.23	112.33	2.4	—	湖南宁乡
27	2005	1	11	3	28	50.9	28.23	112.37	2.1	—	湖南宁乡
28	2005	6	26	6	42	5.9	28.22	112.38	2.1	—	湖南宁乡县
29	2005	10	19	7	45	33.3	28.25	112.38	2.5	—	湖南宁乡
30	2006	3	27	16	38	48	28.23	112.37	2.3	6	湖南宁乡
31	2006	4	16	3	13	38	28.23	112.37	2.3	—	湖南宁乡煤炭坝
32	2006	7	25	14	12	15.5	28.2	112.35	2	—	湖南宁乡
33	2006	9	18	15	1	32.3	28.22	112.38	2	—	湖南宁乡
34	2006	9	19	0	1	29.1	28.22	112.37	2.3	—	湖南宁乡
35	2006	12	29	6	38	58.7	28.22	112.37	2.5	—	湖南宁乡
36	2007	2	10	10	48	43.6	28.23	112.37	2.1	—	湖南宁乡
37	2007	5	23	3	52	12.6	28.23	112.35	2.2	—	湖南宁乡
38	2007	5	29	4	54	10.7	28.22	112.33	2.2	—	湖南宁乡
39	2007	6	25	4	24	42.9	28.23	112.42	2.8	—	湖南宁乡
40	2007	7	15	22	35	1	28.23	112.35	2.6	—	湖南宁乡
41	2007	9	25	20	43	45.9	28.23	112.4	2	—	湖南宁乡
42	2008	6	4	14	38	21	28.12	112.6	2.6	—	湖南宁乡
43	2008	9	7	23	59	58.4	28.23	112.35	2.2	—	湖南宁乡
44	2008	11	17	7	21	55.0	28.01	112.60	2.0	10	湖南宁乡
45	2009	2	8	15	25	41.5	28.23	112.42	2.3	8	湖南宁乡
46	2009	2	15	5	57	27.6	28.23	112.45	2.7	10	湖南宁乡
47	2009	3	12	8	29	38.6	28.22	112.38	2.1	7	湖南宁乡
48	2009	3	20	13	14	36.1	28.23	112.43	2.3	9	湖南宁乡

续表 12-5-2-1

No.	年	月	日	时	分	秒	纬度	经度	M	深度（千米）	震中
49	2009	3	21	13	31	3.1	28.25	112.44	3	7	湖南宁乡
50	2009	3	31	12	32	42.3	28.24	112.43	2	4	湖南宁乡
51	2009	4	26	17	12	46.6	28.23	112.41	2.6	10	湖南宁乡
52	2009	5	24	13	5	11.2	28.22	112.45	2.1	8	湖南宁乡
53	2009	5	27	14	53	15.4	28.24	112.4	2.4	9	湖南宁乡
54	2009	11	10	10	46	42	28.2	112.3	2.2	9	湖南宁乡
55	2009	11	21	11	35	3.3	28.2	112.4	2.6	8	湖南宁乡
56	2009	12	27	11	0	53.4	28.2	112.4	2.5	8	湖南宁乡
57	2010	1	8	17	4	25.3	28.2	112.4	2.3	7	湖南宁乡
58	2010	2	19	16	26	7.8	28.2	112.4	2.8	8	湖南宁乡
59	2010	9	27	13	14	6.5	28.3	112.4	2.2	10	湖南宁乡
60	2010	12	9	0	39	28.7	28.2	112.4	2.7	10	湖南宁乡
61	2010	12	23	7	5	26.9	28.2	112.4	2.4	7	湖南宁乡
62	2011	1	6	19	31	52.7	28.24	112.38	2.5	—	湖南宁乡
63	2011	3	7	17	50	56.3	28.24	112.44	2.5	—	湖南宁乡
64	2011	9	3	22	48	25.2	28.24	112.43	2.5	—	湖南宁乡
65	2011	9	8	1	11	51.2	28.22	112.37	2	—	湖南宁乡
66	2011	10	4	2	35	46.5	28.24	112.4	2.3	—	湖南宁乡（塌陷）
67	2011	10	29	0	33	31.1	28.23	112.37	2.6	—	湖南宁乡
68	2011	11	16	22	22	0.9	28.23	112.39	2.7	—	湖南宁乡
69	2011	11	23	22	25	49.7	28.22	112.37	2.2	—	湖南宁乡
70	2011	11	29	22	45	28.9	28.22	112.38	2.2	—	湖南宁乡
71	2012	5	4	4	49	42.3	28.23	112.37	2	—	湖南宁乡
72	2012	5	6	10	2	35.7	28.47	113.32	2	—	湖南长沙
73	2012	5	6	22	24	43.8	28.46	113.32	2.9	—	湖南长沙
74	2012	5	26	21	33	7.3	28.22	112.37	2.1	—	湖南宁乡
75	2012	9	29	0	16	27	28.23	112.4	2.6	5	湖南宁乡

第三节 地震灾害预防

一、地震安全性评价监管

2003 年，长沙市开展重大建设工程地震安全性评价监管工作。长沙市严格按照国标 GB17741–2005

《工程场地地震安全性评价》规定要求和相关法律法规进行地震安全性评价监管，由市地震局对在长沙行政区域从事地震安全性评价工作单位实行资质验证。在进行重大工程建设行政审批时必须同时出具经评审通过的《工程场地地震安全性评价报告》，并确保建设工程采用《工程场地地震安全性评价报告》给出的参数确定抗震设防要求，提高建设工程的抗震能力，保障人民生命财产安全。2005年，长沙对中南大学湘雅三医院办公楼、长沙市第一医院医技综合楼2个大型建设工程开展地震安全性评价。2006年对长沙滨江文化园（“两馆一厅”）工程等30个项建设工程开展地震安全性评价。2009年，对湖南省参事室办公楼及地下室、橘子洲风景区建设工程、湖南移动枢纽楼等33个项建设工程开展地震安全性评价。2010年，对长沙市轨道交通2号线一期工程等53个项建设工程开展地震安全性评价。至2012年，共对240项建设工程开展地震安全性评价，确保大型建筑符合抗震设防要求。

二、抗震设防管理

2002年8月，根据《长沙市建设工程抗震设防要求管理办法》，将建设工程抗震设防要求审批纳入建设工程项目审批范畴。2003年6月，在长沙市政府政务中心设立长沙市地震局审批窗口。2003年7月，正式开展建设工程抗震设防要求行政审批工作。到2004年，长沙市交通指挥中心、青园花都等50项建设工程开展抗震设防要求审批。2005年3月，建设工程抗震设防要求正式纳入基本建设联合审批程序。2005年6月，颁布《关于公布长沙市市级行政许可实施项目的决定》，明确防震减灾行政许可增加为5项。2005年11月，明确市地震局参加市规划局组织的重大建设工程规划图审查和规划踏勘，在建设工程规划审批环节进行监管抗震设防要求监管。2005年，长沙市中级人民法院审判大楼二期工程、长沙市雅礼中学综合楼等53项建设工程进行抗震设防要求行政审批。2006年，上海大众汽车维修中心、新奥燃气天然气储配站等340项建设工程开展进行抗震设防要求行政审批。2007年，市人防办办公楼、湖南农业大学图书馆信息综合楼、长郡中学学生公寓、友谊阿波罗商业广场等348项建设工程进行抗震设防要求行政审批。2008年，黄花机场油库扩建供油工程、麓山景区东大门提质改造、麦德龙长沙商场等217项建设工程进行抗震设防要求行政审批。2009年，杂交水稻国际大厦、海底世界极地动物馆扩建工程等220项建设工程进行抗震设防要求行政审批。2010年，程潜公馆修复工程、南方航空湖南分公司B座办公楼、中国石油雷锋大道加油站、长沙市花鼓戏剧院剧场危改工程、比亚迪汽车工业基地等277项建设工程进行抗震设防要求行政审批。2011年，市地震局在长沙市大河西先导区设立抗震设防行政审批窗口，湖南省党史陈列馆、太平街历史文化街保护设施建设项目、王府井商业广场等210项建设工程进行抗震设防要求行政审批。2012年，龙骧交通服务中心、中南大学三一研究院大楼等126项建设工程进行抗震设防要求行政审批。

三、农村民居地震安全工程

2006年11月3日，湖南省人民政府召开全省农村民居防震保安工作会议，2007年6月，长沙市在全市逐步展开农村民居防震保安工作。2009年4月，根据宁乡地震活动增强趋势，推动农村民居防震保安和宁乡抗震农居试点，协助省地震局开展宁乡县灰汤镇安置小区抗震设防示范工程建设。2011年3月，根据《湖南省人民政府关于加强市县防震减灾工作的实施意见》精神，在宁乡县召开农村民居抗震能力情况调查现场工作会议，对宁乡县白马桥乡1000户居民进行调查，采取入户问卷和村干部估测两种方式，重点开展民居建成年代、建筑结构、建设质量和抗震防灾意识等方面的调查。在全县33个乡镇、422个行政村（社区）开展防灾减灾知识巡回宣传活动，向村民宣传地震常识、地震避险、房屋抗震等防灾减灾知识和典型案例分析，并挑选5个村进行地震安全农居建设试点。2011年10月，编制

《长沙市农村房屋抗震设计示范图集》，设计不同户型的农村房屋抗震设防施工图纸12套。2012年6月，出台《长沙市农村抗震民居设计示范图集》。2012年11月，《长沙市农村抗震民居设计示范图集》成书印刷，在长沙市防震减灾科普教育基地举办《长沙市农村抗震民居设计示范图集》首发仪式，图集免费赠送给农村建房户使用。

第四节　地震应急救援

一、应急预案

1997年8月，长沙市成立市防震减灾工作领导小组，制定预案，应对可能发生的地震灾害。1998年8月，印发《长沙市破坏性地震应急预案》，预案对市政府应急机构、政府的应急反应、有关部门的应急反应、临震应急反应、奖励与处罚等做出明确规定和要求。2009年3月，依据《湖南省地震应急预案》《长沙市突发事件总体应急预案》，对《长沙市破坏性地震应急预案》进行修订，更名为《长沙市地震应急预案》，明确建立预防预警机制。至2012年《长沙市地震应急预案》一直沿用未改变。

二、应急避难场所

2008年9月，长沙市投入专项建设经费65.8万元，建成烈士公园（河东）、王陵公园（河西）市首批地震应急避难场所，两个地震应急避难场所共占地158公顷，一旦发生破坏性地震时，将可容纳应急避险人数25万人。两个地震应急避难场所在不影响公园休闲娱乐设施和功能情况下，分别建立应急监视广播系统、划分功能区域、设置标志标牌。按照场地和实际需要设置应急供水设施、应急供电设施、应急通信设施、应急物资供应处、应急卫生防疫站、应急棚宿区、应急指挥（调度）部、应急广播站、保卫处、消防处等地震应急功能区域，设置功能标志标牌110多块。

2009年10月，各区县（市）在符合地震应急避难条件的地方建设地震应急避难场45个，能同时容纳上百万人避难。至2012年无新增应急避难场所。

表 12-5-4-1　　2009年长沙市地震应急避难场所名单一览表

区域	名称	地址	面积（万平方米）	容纳人数（万人）
芙蓉区	湖南农业大学修业广场	农大路一号	0.5	1
	锦泰广场	杨家山火星立交桥附近	6.67	1.5
	浏阳河风光带沿线	浏阳河沿线	15	10
	晓园公园	五一大道70号	3.07	3
雨花区	雨花区政府大院	香樟东路	15.07	1.2
	湖南省森林植物园	植物园路与天华路交会处	140	22
	汽车南站广场	中意一路811号	10	3.33
	市医疗急救中心广场	—	0.13	0.04
天心区	湘江风光带天心区段	湘江中路	7.5	3.75
	贺龙体育馆广场	芙蓉中路200号	5	2.5

续表 12-5-4-1

区域	名称	地址	面积（万平方米）	容纳人数（万人）
天心区	理工大学足球场	赤岭路 45 号	0.5	0.3
	南郊公园	南二环二段 442 号	6	5
	省府文化公园	湘府路、省政府正南面	22.6	11.3
岳麓区	中南大学	麓山南路马路尾	0.6	2
	湖南师大南院	麓山南路德智园	0.5	1
	湖南师范大学	麓山路（球场）桃子湖路（体育场）潇湘路（球场）	1.7	0.5
	湖南大学	麓山南路 2 号	1.2	2
	湖南大学北校区	石桂冲 109 号	0.6	0.7
岳麓区	湖南商学院	岳麓大道 569 号	1.5	2
	省委党校	白云路 386 号	0.15	0.1
	湖南财经高等专科学校	枫林二路 139 号	0.34	0.9
	王陵公园	滦银北路与咸家湖路交会处	18	2.85
开福区	烈士公园东南西北大门口	—	140	22.15
	月湖公园东大门、	—	2	0.66
	月湖公园南大门	—	4	1.33
	湖南国际会展中心	—	3.33	1.11
	麦德龙广场	四方坪	1.33	0.44
	世界之窗、海底世界前坪	—	6.67	1.05
	湘江风光带（滨江广场）	—	1.33	0.44
高新区	麓谷公园及广场	—	22	4.4
	雷锋纪念馆前广场	—	6	2
长沙县	中心公园	开元路天华路交会西南角	8	1
	特立公园	特立路天华路交会东北角	15	1.2
望城县	斑马湖南湖广场	高塘岭大道东侧莲湖社区	1.67	0.5
	县群众文体中心	高裕中路 66 号	4.97	1.5
	信息学院南院	旺旺中路	1.33	0.55
	金融职业学院	宝粮路	4	2
浏阳市	浏阳河广场	浏阳荷花街道唐家洲	1	0.33
	长沙职业技术学院运动场	浏阳世纪大道将军广场东侧	1.5	0.5
	浏阳市一中田径场	浏阳淮川街道圭斋中路	1.15	0.38

续表 12-5-4-1

区域	名称	地址	面积（万平方米）	容纳人数（万人）
浏阳市	浏阳市集里中学田径场	浏阳集里街道金沙北路	0.5	0.16
	浏阳市关口中学田径场	浏阳关口街道金钩村	0.7	0.23
	浏阳市行政中心广场	浏阳市行政中心	2.4	0.8
宁乡县	宁乡县行政中心市民广场	玉谭镇二环路行政中心	10	3.33
	宁乡一中	县城二环路	11	1.74

三、地震应对处置

2005 年 11 月 26 日 8 时 49 分，江西九江 M5.7 级地震波及长沙，震感较强。地震发生后，长沙市立即采取紧急措施，震情值班室值班人员在 10 分钟内确定发生地震的时间、地点、震级，立即向中国地震局和省地震局进行地震速报，地震应急人员立即赶到单位组织开展应急工作，接待来访市民，解答疑问，安定民心，维护社会稳定。

2006 年 12 月 26 日 20 时 26 分，南海海域发生 M7.2 级地震。市地震局 10 分钟内向中国地震局、省地震局进行地震速报。由于地震震级大，使井湾子、汽车南站及南郊一带有震感，特别是高层建筑震感明显，引起居民恐慌，不敢回房休息。市地震局在综合分析震情的基础上编写《地震情况报告》，确定“这次地震对长沙市没有造成什么影响，也没有发现发生破坏性地震的前兆异常”。报告迅速由市政府新闻发言人在长沙电视台进行发布播报，民众地震恐慌情绪得以较快平息。

2008 年 5 月 12 日 14 时 28 分，四川汶川发生 M8.0 级地震。地震波及湖南，长沙地区震感强烈，造成市民恐慌。市地震局 5 分钟内确定地震三要素，立即启动应急响应。组织编写震情简报和接受市民电话咨询。利用长沙气象台气象预报信息平台向全市发布震情信息，稳定市民情绪。5 月 21 日，地震传言造成市民恐慌，地震局接到群众大量来电询问，面对市民的恐慌情绪，市地震局编发公告：“长沙地区没有发现发生破坏性地震的迹象，请广大群众保持正常的生产、工作秩序，不要听信传言”，公告通过市政府新闻办新闻发言人、省交通广播电台和长沙气象预报信息台发布，使市民恐慌情绪很快得以平息。

2008 年 6 月 4 日 14 时 38 分，宁乡县花明楼—东湖塘镇一带发生 ML2.7 级地震，由于 2008 北京奥运圣火 6 月 5 日即将在韶山传递，长沙市高度重视并利用这一契机进行应急实战演练。地震发生后，长沙市召开紧急会议组成应急组开展应急工作，派出专家组成的地震考察组立即赶赴地震现场考察。经省、市地震局联合调查，宁乡、望城有 16 个村震感明显，伴有地声，房屋有轻微裂缝、掉瓦等现象。调查组通过现场宣传和解答消除了村民恐慌心理。

2009 年 3 月 21 日 13 时 31 分，宁乡县煤炭坝一带发生 ML3.1 级地震。市调查组迅速赶赴地震现场，与省地震局调查组及宁乡县调查组联合进行地震调查。经调查确定此次地震宏观震中位置为北纬 28.2°、东经 112.4°（段家桥村永兴鞭炮厂附近），震源较浅，煤炭坝镇和回龙铺镇的傅家冲、段家桥、措树、贺家湾等 4 个村有震感，最高烈度为Ⅳ度，有感面积 23.6 平方千米，其中Ⅳ度区面积 3 平方千米，部分房屋有掉瓦、砖墙裂缝、玻璃震裂、门窗作响和砖柱倾斜等轻微损坏现象，未造成人员伤亡和财产损失，但对当地造成一定影响和恐慌。此后，重点在宁乡开展地震应对方法科普，至 2012 年，尽管在全县发生多起有感地震，当地群众能正确面对和处置，不再发生恐慌。

四、地震应急演练

2007 年 9 月 24 日，市地震局参加省地震应急演练。省地震局发出“6.45 长沙市北郊发生 4.4 级地震，快速赶到地震现场开展应急处置工作” 的模拟演练指示后，地震应急人员按照规定时间要求赶到现场，在省地震局统一指挥下向长沙市人民政府报告震情，向现场总指挥报告市政府领导意见和相关情况，开展现场震情监测、地震调查、震害评估等地震应急现场工作。

2008 年，长沙市地震局结合创建防震减灾科普示范学校、防震减灾科普示范社区、防震减灾纪念日宣传等活动，重点在学校、社区开展地震应急演练。6 月 25 日，长沙市防震减灾科普示范学校新民路小学揭牌建成，市地震局和新民路小学组织全校师生 400 多人开展地震应急避险演练。演练内容：教室室内就地避险演练；教室室内往学校操场疏散演练；学生自救互救。

2009 年 10 月 12 日，省地震局发出 “长沙西北郊发生 4.5 级地震” 的模拟演练指示后，市地震局按规定时间到达长沙西北郊现场，按照省地震局地震现场指挥指令快速投入地震应急演练。地震监测组选择地形架设流动地震监测仪器开展地震监测，震害调查与评估组分组分片深入乡镇开展灾情调查，后勤保障组快速搭建应急帐篷为地震现场指挥部提供指挥办公场所，宣传组深入现场收集抗震救灾信息及时与上级宣传部门取得联系，做好信息发布准备，快速完成多项演练内容。

2010 年 5 月 12 日，市地震局结合汶川大地震 2 周年纪念日暨全国防灾减灾日开展防震减灾宣传活动，在新民路小学组织全校学生以 “逃生中的相互关爱” 为主题的地震应急演练。演练突出提高在发生灾害逃生时人员相互关爱、自救互救的意识和能力。

2010 年 11 月长沙市决定开展地震应急实战演练，约定以长沙市发生 ML2.5 以上天然地震为演练启动信号。2011 年 3 月 7 日 17 时 50 分 56.4 秒宁乡县发生 ML2.5 级地震，市地震局启动应急响应，干部职工迅速回到工作岗位。市地震局联系市政府领导、省地震局领导、震区地震部门，编写震情简报传真至市委、市政府，报送市防震减灾领导小组成员单位及相关部门，召开紧急会商会议形成会商意见，检查应急车辆和物资储备做好出发准备，组织召开新闻发布会，直至 20 时宣布解除应急状态。经调查，此次地震虽然震级较小，但在宁乡回龙铺镇的段家桥村、煤炭坝镇的付家冲村一带，村民反映有明显震感，部分村民从房屋里跑出，未造成人员伤亡和财产损失。当晚恢复正常生活秩序。整个实战演练，组织有序，各部门密切配合，取得预期效果。

2011 年 3 月 28 日暨全国第十六个中小学安全教育日，市地震局、雨花区人防办、雨花区消防大队、雨花区卫生局、雨花区教育局和雨花区素质教育营地联合开展 “强化安全意识、提高避险能力” 为主题的地震应急演练，由稻田中学具体承办。雨花区全区中、小学校长和幼儿园园长现场观摩。

2012 年 5 月 12 日是汶川大地震 4 周年纪念日，也是第 4 个全国防灾减灾日，长沙市在刚刚经历过两起地震的高桥镇，开展大型防震减灾科普宣传活动（5 月 6 日上午 10 时 2 分 36 秒和晚上 10 时 24 分 44 秒高桥分别发生震级为里氏 2.0 级和 2.9 级的地震，引起当地居民的紧张）。演习开始后，随着一声短促的警报，在镇政府开会的 100 多名村民迅速聚拢到墙角，抱头蹲下；1 分钟后，第二声警报响起，100 多人迅速疏散到室外逃生。随后，由相关专家介绍长沙地震监测情况和地震防范要点，消除了群众的疑惑和恐慌。

第五节　管　理

一、依法行政

2002年6月，出台《长沙市建设工程抗震设防要求管理办法》，9月施行。是年，长沙市成立防震减灾行政执法队伍。2005年6月，颁布《关于公布长沙市市级行政许可实施项目的决定》，明确防震减灾行政许可由原来的2项增加至5项。即建设工程抗震设防要求审批；在地震监测设施和地震观测环境保护范围内进行工程建设核准；破坏性地震应急预案备案，实施大型爆破作业备案；省外单位来湘从事地震安全性评价工作备案。2005年11月，根据《湖南省人民政府关于进一步加强防震减灾工作的通知》精神，印发《长沙市人民政府关于切实加强防震减灾工作的通知》，制定全面提高综合防震减灾能力的措施，强调各级政府要加强对防震减灾工作的领导，推进全市防震减灾各项工作。2011年，根据《长沙市规范权力运行制度建设工作方案》，由长沙市地震局履行防震减灾行政职能，包括长沙市建设工程抗震设防要求审批、地震监测设施和地震观测环境保护范围内工程建设核准、破坏性地震应急预案备案、实施大型爆破作业备案、省外单位来湘从事地震安全性评价工作备案等。2011年11月，长沙市地震局按纳入第一批市级行政执法主体，在相关媒体予以公布，接受社会监督，行政执法包括1项行政许可、6项行政处罚和其他行政行为4项。

二、科普宣传

2005年4月，由长沙市科技局联合长沙市文化局、长沙市地震局、长沙市环保局、长沙市武警消防支队等7家单位编印的《长沙市民科学常识手册》，包括科学、文化、地震、消防安全等生活科学常识120题，其中有地震科普知识40题，介绍地震成因、监测预报、震灾预防和应急救援等防震减灾知识。

2006年7月28日，长沙市以纪念“7·28”唐山大地震30周年为契机积极开展防震减灾宣传工作，在岳麓山登高路的设置“7·28”唐山大地震防震减灾宣传专栏，编辑纪念“7·28”唐山大地震专刊，开展地震科普知识、地震应急常识和防震减灾法律法规等为主要内容的宣传。《长沙晚报》刊登市政府领导关于《切实加强防震减灾工作》答记者问的专访报道。在滦湾镇通程商业广场通过宣传栏板展览、发放地震知识宣传资料、播放地震录像片、提供专家咨询等多种形式开展宣传活动。

2007年年底，在岳麓区新民路小学创防震减灾科普教育示范学校，先后投入6万多元在新民路小学建设地震科普展览室、语音教学室、宣传专栏，购买计算机、投影仪等宣教设备，提供防震减灾科普资料，协助开展师资培训。新民路小学落实防震减灾科普教育工作任务，由校长牵头，配备专职防震减灾科普教育教师，建立责任到人、分工管理、多方参与的防震减灾科普教育管理机制，制定长期规划和年度计划，定期进行研究。

2008年，建立防震减灾科普宣教室。设置文字图片展览室、地震仪器陈列室和地震监测演示室。按照地震常识、监测预报、震灾预防、应急救援、长沙防震减灾等五方面的内容，制作地震科普知识文字、图片展板，展示老旧地震监测仪器展品，利用现有地震监测室作地震监测实时演示室，接待有关省、市领导及有关单位、中小学生等参观。

2008年9月，以长沙市首批地震应急避难场所建成揭牌仪式为契机，开展地震应急宣传，编印《长沙地震应急避险》图册，介绍地震避险、自救互救等知识，在王陵公园活动现场发送给市民和游客，开展地震应急避险知识宣传。

2009年5月1日，是新修订的《中华人民共和国防震减灾法》施行日，长沙市于4月30日上午在河西通城广场开展《中华人民共和国防震减灾法》宣传，活动现场悬挂气球和防震减灾宣传标语、设置防震减灾知识宣传展板、播放地震科普录像宣传片、组织发送《中华人民共和国防震减灾法》单行本和《长沙地震应急》等地震知识宣传资料。

2010年，新民路小学申报省级防震减灾科普教育示范学校，经省地震局和省教育厅批准，获“湖南省防震减灾科普教育示范学校”称号。2011年3月28日，是全国第16个中小学安全教育日。长沙市地震局局长张彩虹在湖南师大附中周一例行晨会上，向近4000名师生作题为《多点地震知识，多份安全保障》的讲话，推进防震减灾知识进学校。2011年4月，印发《关于在全市中小学校开展创建防震减灾科普教育示范学校工作的通知》，在全市范围开展创建防震减灾科普教育示范学校的活动，授予雨花区稻田中学、浏阳市荷花中学、宁乡县第十三中学、望城区第六中学、高新区明华小学等5所学校“2011年度长沙市防震减灾科普示范学校”称号。

2011年5月12日，在湖南大学东方红广场开展“科学防震，积极防灾”为主题的防灾减灾日宣传活动，内容包括地震科普展板展示、地震知识有奖答题、地震专家答疑、宣传资料发放等。防灾减灾日宣传期间，在湖南大学、湖南师大、稻田中学等学校开展防震减灾宣传和地震应急演练。2012年11月，长沙市防震减灾科普教育基地揭牌，基地面积500多平方米，包括长沙市防震减灾工作展示厅、地震基础知识普及厅、地震监测仪器陈列室、地震监测山洞、地震监测台网中心、防震减灾科普宣教室、避险自救知识走廊、地震科学家成果展示走廊8个组成部分，基地面向市民免费开放。

第十三篇 经济综述

本篇编纂人员

钟铁球（主编） 欧阳乐天

本篇撰稿人员

第一章　经济发展：高长生　李　兵

第二章　经济体制改革：柳家令　徐振祥　钟铁球　陆纪汉　易定文　王团结　胡家友　姜　焕　江　虹

第三章　经济结构：高长生　李　兵

第四章　招商引资：陆纪汉　袁德高

第五章　人民生活：龙　苏　张立军　宋迪敏　蒋佳妮　侯　璇

第一章　经济发展

第一节　规模与速度

1988年，全市地区生产总值120.02亿元（1980年不变价，下同），其中，工业总产值76.34亿元，农业总产值15.90亿元，同时完成建筑业14.49亿元，运输邮电业4.90亿元，商业饮食业8.39亿元。长沙经济发展在工业上主要依靠改革经济体制、增加企业投资、加强技术改造、提高产品质量、扩大市场营销，机械、化工、纺织、食品和交通运输设备成为经济增长的支柱产业。农村经济强调多种经营、规模种养和大力发展乡镇企业。是年，乡镇企业1.10万多家，年总收入42.09亿元，比上年增长40.30%。翌年，贯彻治理整顿、深化改革的方针，企业改革和农村改革进一步深化，经济环境进一步改善，完成社会总产值126.36亿元，在全国32个特大城市中居第15位，在全国25个省会城市中居第12位。工农业总产值突破百亿元大关，为100.08亿元，工业持续发展，总产值83.74亿元；农业平稳发展，总产值16.34亿元。全年实现乡镇企业总收入49.66亿元。完成地方财政收入10.54亿元。

1990年，进一步贯彻执行治理整顿和深化改革的方针，经济保持适度增长，经济活力逐步增强，市场物价基本稳定，整体经济形势继续朝着好的方向发展。全市完成社会总产值190.64亿元（现行价），其中，农业36.52亿元，工业116.66亿元。在工业总产值中，全民所有制工业增长2.40%，集体所有制工业增长5.20%，城乡个体工业减少10.40%，其他经济类型增长63.30%。翌年，全市工业企业积极开展“质量、品种、效益年”活动，各大中型企业承包责任制度建立，自主经营责权到位，经济规模日益壮大，工业生产全面回升。国家级长沙高新技术产业开发区成立，重点发展电子信息、先进制造、高新材料、生物医药产业。全年完成工业总产值138.96亿元（1990年不变价，下同），其中乡及乡以上工业总产值119.84亿元。农业生产中积极抵御春季阴雨低温烂秧、风灾、干旱和病虫害等自然灾害，仍获好收成，完成总产值40.75亿元。乡镇企业保持稳定发展势头，完成总产值60亿元。市场繁荣、购销两旺，全年实现社会商品零售总额61.52亿元。1994年，全面贯彻中共十四大和十四届三中、四中全会精神，积极维护“改革、发展、稳定”的大局，促进国民经济持续稳步发展。全市国内生产总值（GDP）完成177.56亿元。完成工农业总产值315.15亿元。其中农业总产值47.04亿元，工业总产值268.11亿元。产品更新换代加快，经济结构渐趋合理，初步形成以机械、电子、家电、食品、建材为龙头的工业体系。第三产业发展迅速，产值66.22亿元，在国民生产总值中所占比重达26.80%。至1995年，“八五”（1991—1995年）期间全市累计完成国内生产总值1027.30亿元，年均增长13.50%，高于全省平均增长11%的幅度。人均国内生产总值5714元，年均增长12.90%，比1980年翻了两番。

1996年是“九五”（1996—2000年）计划的开局之年，长沙坚持以经济建设为中心，深化改革，扩大开放，国民经济持续、稳定、健康发展。全年完成国内生产总值400.07亿元，第二、三产业增加值分别为170.92亿元和170.77亿元，在国内生产总值中的占比均为42.70%。全市人均国内生产总值7079元。1998年，长沙虽然遭受百年一遇的大洪灾，但全市国民经济保持稳定增长的良好态势，农业生产灾年减产不减收，工业经济效益明显好转，固定资产投资迅速增长。全年实现国内生产总值542.85亿元，比上年增长13%。完成农林牧渔总产值113.80亿元，工业总产值672.01亿元，地方财政收入突破30亿元大关。翌年，面对错综复杂的内外经济环境，长沙继续增加投资、扩大消费、调整结构，国民经济稳定增长。实现国内生产总值按当年价计算588.44亿元，其中，第一产业增加值71.33亿元，第二产业增加值251.47亿元，第三产业增加值265.64亿元。人均国内生产总值1.02万元。2000年，全市规模以上工业呈现产销两旺的态势，实现增加值117.8亿元，增长17.1%，增幅高于全国和全省增幅5.7和3.5个百分比。“九五”（1996—2000年）期间，高新技术产业迅速发展，旅游业、会展业等现代服务业成为新的经济增长点。国内生产总值5年累计2670亿元，年均增长12.5%。人均GDP由1995年的5710元提高到1.17万元。“三资”企业和个体私营经济发展更为迅速，非公有制经济在全市经济总量中占比33.4%。

2001年，长沙积极应对加入世贸组织带来的挑战，抓住发展良机，搞好市场接轨。确立建设区域性现代化中心城市的发展定位，坚持以发展为第一要务，突出实施“兴工强市”战略，加大投资带动力度，巩固和加强农业基础地位，保持第三产业发展优势，加快工业现代化、城市一体化、农业产业化进程，全市实现国内生产总值728.08亿元，按可比价计算增长12.1%，5年间平均递增12.4%。全年完成全社会固定资产投资279.80亿元，增长38.3%，拉动GDP增长7.9个百分点，贡献率为65.3%。2004年，长沙市国内生产总值1133.88亿元，按可比价计算，同比增长15%，增幅比全国快5.5个百分点。2005年是“十五”（2001—2005年）计划的收官之年，长沙工农业发展速度加快、规模加大，经济运行质量和效益整体提高，稳步进入全面协调发展轨道。全年实现地区生产总值1519.9亿元，按2000年可比价计算，年均增长14.8%，五年翻了一番，占全省比重23.3%。5年间，全部工业总产值620亿元/年增加到1300亿元/年，规模工业总产值由334亿元/年增加到955亿元，实现3年翻一番，5年增长近2倍。全年实现农林牧渔业总产值187.13亿元，年均增长5.6%。5年来，通过政策引导、技术支撑和项目扶持，大大促进园区的科技进步，全市已拥有高新技术企业780家，增加了一倍；实现高新技术产品产值590亿元，增长181%。

2006年，全市大力推进新型工业化、新型城市化和农业产业化发展，全年实现地区生产总值1798.98亿元，比上年增长14.8%，增幅比全国快4.1个百分点，比全省快2.7个百分点。第一、二、三产业分别实现增加值123.25亿元、790.96亿元和884.75亿元。2009年，实现地区生产总值3744.76亿元，人均5.66万元。长沙经济总量在长株潭三市中的占比达68%，全社会固定资产投资、社会消费品零售总额、一般预算收入和规模以上工业增加值占全省的比重分别为31.7%、31%、29.1%和27.3%。“十一五”（2006—2010年）期间，长沙人民克服金融风险，战胜冰冻灾害，大力推进新型工业化、农业产业化，全面完成或超额完成“十一五”规划纲要的主要经济指标，成为长沙经济发展最快、城乡面貌变化最大、人民群众受惠最多的五年。2010年，长沙地区生产总值4547.06亿元，5年平均递增15.3%，在全省的占比为28.6%，在全国省会城市排名由第12位上升为第7位；规模工业产值由第15位跃居为第7位。所辖4县（市）全部进入全国县域经济竞争力百强。

2012年，长沙面对各种困难的严峻挑战，始终咬住“稳增长、促和谐、调结构、转方式”不放松，努力增强长沙的经济实力、文化魅力、创新活力、竞争能力，以信息化带动工业化，以服务业提升制造业，以价值链延伸产业链，促进产业的调整优化、转型升级、融合发展，形成战略性新兴产业引领、先进制造业支撑、现代服务业发达的“两型”产业体系，进一步扩大经济规模，加快发展速度，注重经济质量，提高经济效益，实现地区生产总值6399.91亿元，居全国省会城市第7位；与21世纪开端之年的715.34亿元相比，年均增长14.9%。人均GDP为8.99万元，居全国省会城市第3位，2000—2012年年均增长13.6%。GDP总量在全省的占比为28.9%，人均GDP为全省的2.68倍。全市完成工业增加值3051.94亿元，农林牧渔业总产值419.78亿元，实现社会商品零售总额2454.71亿元；与2000年的223.18亿元、116.79亿元、349.30亿元比较，年均分别增长18.3%、5.5%、17.6%。全市非公有制经济实现增加值3914.05亿元，占GDP的比重达61.2%。完成地方财政总收入796.58亿元，完成固定资产投资4011.96亿元。工业增加值、固定资产投资、社会消费品零售总额占全省的比重分别为33.4%、27.5%和31.3%。高科技竞争力居全国省会城市第6位，城市综合竞争力由第24位跃升为第10位，被评为全国科技进步示范城市、国家知识产权示范城市、中国国际竞争力十强城市、中部竞争力最强城市、全国创业先进城市、全国文明城市。

第二节　经济效益

1988年，长沙市在实行以搞活企业为中心的改革中，采取简政放权、减税让利和实行承包经营、转换经营机制等措施，强化企业管理、调整经济结构、推动科技进步、促进产业升级、提高产品质量、拓宽销售网络，企业规模逐步壮大、产值日益攀升、效益不断提高。全年完成全市地区生产总值120.02亿元（1980年不变价，下同），实现工业总产值76.34亿元、农业总产值15.9亿元。全市独立核算工业固定资产原值42.82亿元，实现利税12.67亿元。全年预算内工业企业产值、销售收入、实现利税同步增长，分别比上年增长18.2%、34.6%、31.2%；亏损企业的亏损总额下降22%。全民工业全员劳动生产率1.92万元，增长12.3%，比全省高21.3%。全市完成地方财政收入8.83亿元，增长12.5%，占全省的16.1%。是年，随着农村改革的不断深入，以家庭承包为基础的双层经营新体制逐渐显示出农业发展的潜力，农林牧渔和乡镇企业发挥出更大的生产经营效益。农村社会生产总值58.64亿元；乡镇企业总收入42.09亿元，利税4.11亿元。翌年，长沙工业布局基本建成以城区为主体，以高塘岭、霞凝、捞刀河、水渡河、坪塘、黄花、铜官、椤梨、暮云市等卫星城镇为外围的工业网络，形成以轻纺、机械、电子、食品行业为主体的综合现代工业体系。全市乡镇及以上工业企业3240家，固定资产原值49.72亿元。全市实现工业总产值112.17亿元（现价）。农林牧渔业协调发展，生产效益不断提高，全市实现农村社会生产总值66.92亿元（现价），其中农业总产值39.75亿元。财贸事业贯彻“发展经济、保障供给”的方针，先后对五一路百货商店、韶山路百货大楼、东塘百货大楼、友谊商店、东方日杂大楼等一批商店进行扩建和改造，形成黄兴路、中山路、五一路、蔡锷路4条商业街以及27个区域性的二级商业群、83个工矿居民区的三级商业群、200多个农贸市场和小商品市场，商品销售不断扩大，经营效益有效提升，全市完成社会商品零售总额52.5亿元。对外贸易发展较快，出口商品生产规模逐步扩大，形成粮油、食品、茶叶、土畜产品、烟花鞭炮、工艺品、轻工、纺织等出口生产体系，全市从事出口生产企业250家共20多万人，当年出口收购总额3.5亿多元，出口商品240多种，远销90多个国家。

1991年是执行“八五”（1991—1995年）计划的第一年，全市认真贯彻执行治理整顿、深化改革的方针，工业企业积极开展“质量·品种·效益年”活动，按照市政府《关于进一步搞活工业企业若干问题的通知》要求制定的搞活工业企业的十条措施，各大中型企业认真贯彻执行《中华人民共和国企业法》，实行企业用工、人事、分配制度改革，完善承包责任制，落实经营自主权，提高科技转化率，增强市场竞争力。全市工业生产全面好转，经济效益稳步提高。全年完成工业总产值138.96亿元，其中乡及乡以上工业总产值119.84亿元。生产结构调整力度加大，企业销售收入回升，利税上升，成本下降。市属预算内工业企业全年实现销售收入34.98亿元，利税3.62亿元。全市农业总产值40.75亿元，乡镇企业年产值61.41亿元。全市实现地方财政收入13.13亿元。1992年是思想大解放、改革大突破、经济大发展的一年。长沙市坚持以经济效益为中心，以骨干企业为龙头，以优势产品为拳头，按照专业化、社会化大生产的要求，实施工业“十条龙”规划，使企业逐步走向市场，迈上发展坦途。全年完成工业总产值178.14亿元，较上年增长28.2%，提前8年实现工业产值翻两番的目标。农业实行贸工农一体化和农科教相结合，向农业产业化迈出重要的一步。全年完成农村社会总产值118.95亿元，其中，农业总产值40.95亿元。乡镇企业保持强劲发展势头，完成产值94.67亿元，实现利润5.04亿元，上缴国家税金3.97亿元。1995年，长沙市加大改革开放力度，加速科技成果转化，加强新型工业化和农业产业化，经济建设持续发展，经济效益明显提高，“八五”（1991—1995年）计划顺利实现。全年完成工业总产值407.95亿元，5年增长1.6倍，年均增长21.3%，为“八五”计划的178%；农业总产值完成86.84亿元，5年增长27%，年均增长4.9%，为“八五”计划的109.6%；乡镇企业总产值完成326.8亿元，5年增长1.65倍，年均增长47%。经济发展效益提高，人民生活随之水涨船高。全年农民人均纯收入1737元，比1990年增加1016元；城镇居民人均生活费收入4280元，5年增加2704元。

1996年是“九五”（1996—2000年）计划开局之年，长沙市坚持以经济建设为中心，深化改革，扩大开放，重点实施“53211”（重点发展机械、家电、电子、食品、建材五大支柱产业，扶植发展彩管、冰箱、旺旺食品等30个拳头产品，培育发展20家企业集团，技改投入100亿元以上，实现工业产值翻一番）振兴计划，加大技术改造力度，发展适销对路产品，提升企业经营效益。是年，通过实施“扶优扶强、扭亏增盈”“退二进三、优二兴三”等帮扶措施，全市亏损企业比上年减少20户，亏损面下降16.4个百分点。全市完成工业总产值500.39亿元，农林牧渔业总产值101.14亿元，其中农业50.98亿元。粮食总产量创历史最高水平，达273.72万吨。1999年，采取调整结构、盘活存量，增加投资、扩大增量，狠抓技改、提高质量，拓宽市场、加大销量等切实有效措施，促进全市国民经济稳定增长和社会事业全面发展。完成农林牧渔业总产值114.65亿元，其中农业总产值63.70亿元、林业总产值4.12亿元、牧业总产值41.25亿元、渔业总产值5.58亿元。市政府对国有工业实施一系列加快改革的重大举措，工业生产稳步增长，经济效益整体水平明显提高，完成工业总产值726.18亿元，其中，国有及年销售收入500万元以上非国有工业企业（规模及以上工业）完成工业总产值294.46亿元。全市643家规模以上独立核算工业企业经济效益综合指数为122.50，全员劳动生产率为27702元/人，实现利税总额61.60亿元。全市亏损企业亏损额减少1.36亿元，下降15.54%，盈亏相抵后的利润比上年净增4.81亿元。全年完成乡镇企业总产值918.29亿元，实现利润38.40亿元，上缴税金19.4亿元。

2001年，长沙经济结构调整取得新的进展，经济运行总体质量和效益获得改善，农业以市场需求为导向，实行产供销一体化、种养加“一条龙”。全市完成农林牧渔业总产值124.00亿元。工业经济结构的战略性调整进入实质阶段，高新技术产业保持较快增长，规模以上工业技术开发力度加大，全市独立核算工业企业实现利润22.79亿元，增长28.8%；完成高新技工业总产值101.07亿元，增长28.0%；规模工业经济效益综合指数为143.7。2005年，长沙经济持续发展，经济效益明显提高。全年完成地区生产总值1519.9亿元，五年翻了一番，年均增长14.9%。完成全部工业总产值1300.62亿元，其中规模以上工业企业完成工业总产值955.13亿元，五年增长近两倍，年均增长21%。全市规模以上独立核算工业企业实现利税 156.75 亿元，其中利润 59.85 亿元，比 2001 年的 22.79 亿元增加 37.06 亿元，年均增长 28.05%。规模以上工业经济效益综合指数 186.46%，同比提高 13.05 个百分点。全市有高新技术企业 780 家，产值过亿元的企业 83 家，全年实现高新技术产品总值 592.67 亿元，五年增长 2 倍；创利税 64.49 亿元，比 2000 年增长 74.96%。

“十一五”（2006—2010 年）规划期间，加大对工业的投入，累计达 132.7 亿元，年均增长 45.9%，固定资产总量得到增加、存量得到盘活，产业结构调整加快，技术改造不断推进，新兴产业迅速发展。2006 年，完成农林牧渔业总产值 202.36 亿元，其中农业总产值 103.89 亿元。规模以上工业企业完成工业总产值 1258.16 亿元，完成高新技术工业总产值 474.25 亿元。企业效益水平继续提升，规模以上独立核算工业企业实现利润 87.07 亿元，高新技术工业实现利润 39 亿元，工业经济效益综合指数为 208.25%。建筑业稳定发展，全市具有建筑业资质等级的独立核算企业完成建筑业总产值 717 亿元，实现利税总额 36 亿元。工业向园区集中，产业向园区集聚，园区兴工加快推进新型工业化。2010 年，工业园区获得高速发展，长沙各大园区有规模以上工业企业 768 家，年产值超过亿元的企业 340 家。全市园区共完成规模以上工业总产值 2749.94 亿元，实现增加值 839.93 亿元，实现主营业务收入 2701.72 亿元，完成利税总额 262.52 亿元。全市规模以上工业企业实现增加值 1530.35 亿元，利润 377.02 亿元，上缴税金 509.95 亿元。

2011 年，围绕率先建成“两型社会”和实现全面小康目标任务，突出发展创新型经济和服务型经济，努力提高经济质量和经济效益。全市地区生产总值 5619.33 亿元，在全省的占比为 28.6%，在长株潭三市中的占比为 67.5%。经济实现逆势增长，优势产业集群持续发展，工业经济成为经济发展的主要支撑，总产值突破 7000 亿元。全市规模以上企业经济效益综合指数达 384.1，实现主营业务收入 5761.35 亿元，利润总额 490.09 亿元，利税总额 1128.26 亿元。全市财政总收入 688.95 亿元，其中一般预算收入 425.78 亿元。2012 年，全市积极推进新型工业化、农业产业化和“两型社会”建设，加速经济结构调整，发挥市场机制作用，以消费结构的调整带动需求结构的调整，以技术结构的调整带动产业结构的调整，以资本结构的调整带动组织结构的调整，加快优势产业和新兴产业发展，呈现出经济发展态势良好、经济效益稳步上升的局面。全年实现地区生产总值（GDP）6399.9 亿元，自 21 世纪来年均增长 14.9%。在全国 35 个省会和副省级以上城市中，GDP 的总量排名第 15 位。人均 GDP 为 8.99 万元，12 年来年均增长 13.6%，比全省高 5.64 万元。实现工业总产值 8263.08 亿元。全市规模以上工业经济效益综合指数 385.0，实现主营业务收入 6683.38 亿元，实现利税总额 1257.18 亿元，其中利润总额 523.28 亿元。完成农林牧渔业总产值 419.78 亿元，与 2000 年相比年均增长 5.5%。全市农产品加工企业得到长足发展，已达 7153 家，其中 55 家龙头企业实现销售收入 186.22 亿元，上缴税金 7.87 亿元，净利润 11.88 亿元。全市非公有制经济发展迅速，在 GDP 占比中达 61.2%。全年完成财政总收入 796.58 亿元，其中公共财政预算收入 490.65 亿元。全年城镇居民人均可支配收入 3.10 万元，农民人均纯收入 1.58 万元，比 2000 年的 7530 元和 3005 元，年均分别增长 12.5%和 14.8%。

第二章　经济体制改革

1978年12月18日，中共十一届三中全会开启改革开放的进程。长沙顺应改革开放的大势，开始由点到面，逐步推进改革开放。1979年农村改革先行探索，从划小作业组发展到包产到户，1984年全面推行家庭联产承包责任制，为农业农村发展带来强劲的内生动力。在农村以家庭联产承包责任制取得成功的基础上，1984年6月，长沙市选定湖南日用化工厂等6家企业同时展开厂长（经理）负责制试点，并从1987年起全面推行企业承包经营责任制。在国企改革展开的同时，商业贸易、物资、粮食、供销合作等流通领域的改革也先后展开。与此同时，全市进一步实行简政放权，下放计划管理权限，逐步建立以间接控制为主的宏观调控体系，减少对企业生产计划的干预，使基层和企业有更大的自主权，把企业推向市场。计划管理从传统的抓直接管理、抓实物管理、抓微观管理转向“出大主意、拟大战略、提大规划、抓大项目”上来，加强全社会经济活动的宏观调控，加大全市经济和社会发展战略研究，开展宏观经济预警预测和重大课题调查研究，制定全市国民经济和社会发展中长期规划及相关产业发展专项规划。此后，国企改革放权让利，围绕搞活国有企业的中心任务，在国企改制、国有经济布局结构调整等方面开始积极探索，国企改革路线更加明晰。1993年长沙浦沅工程机械总厂、长沙中意集团股份有限公司等10家企业开始现代企业制度试点，1993年12月，“湘中意”股票在深交所挂牌上市，成为全市首只上市股票。1999年开始以“两个置换”为主要内容的国有企业改革，从2000年开始，出台《长沙市国有企业产权制度改革实施细则》等系列文件，加快推进国有企业公司制和股份制改革，实现国资监管集中统一全覆盖，并积极引入民间资本和战略投资者参与国企重组并购，确立非公经济的市场主体地位。金融改革度势创新，多渠道解决“钱从哪儿来”的问题，提升资本市场直接融资能力，健全银政企长效合作机制，加快金融机构、要素平台、中介机构集聚，综合推动金融改革。2005年，长沙市在全省率先免征农业税和免收乡村统筹提留款，比全国提前一年，还对种粮户进行多项补贴，给农民带来看得见的物质利益。

2010年，长沙的改革进入新的阶段，从局部试点、单项突破，转为综合配套和整体推进，着重解决公共需求与效益的平衡。从打破旧的框框约束，转为以建立新的规则、程序和方式为主，改革向纵深推进。农村土地流转、土地合作经营，极大地解放农业生产力，全面启动农村集体产权制度改革，发展壮大新型村级集体经济，盘活农村资源资产，逐步打通资源变资产、资产变资本、资本变股本的通道。国有企业通过改制，化解困难企业的包袱，实现国有工业企业由单一投资主体向多元投资主体转变，促进国有经济布局和经济结构的合理调整，绝大多数企业重新焕发生机，部分工业和商业企业通过资产重组，实现企业快速做大做强，为形成富有活力的市场主体打下基础，为发展全市非公有制经济腾出空间。同时出台进一步加快发展资本市场若干意见的补充规定，拓展投融资渠道。加大市政、交通、能源等基础设施和优势产业、战略性新兴产业的投资，推进城市地铁、城际轨道、城乡路网等大批重大项目建设速度，加快工程机械、生物医药、新材料、电子信息、烟草食品等高端产业发展，完善城市功能，助推经济、社会等事业全面进步。改革助推经济高速发展，2012年，长沙市全年实现地区生产总值（GDP）

6399.91 亿元，比 1978 年的 16.85 亿元增长 379.82 倍。从份额来看，2012 年长沙市 GDP 总量在全省的占比为 28.9%，人均 GDP 为全省的 2.7 倍，经济总量在长株潭三市中的占比为 67.8%。

第一节 农村经济体制改革

一、家庭联产承包责任制

20 世纪 70 年代末期，实行“队为基础，三级所有”（队指生产队，三级指生产队、生产大队、人民公社）的农村集体经济体制。1978 年中共十一届三中全会后，长沙农村部分生产队采取划分作业组，实行定额记工，小段包工等办法。长沙县黄花公社茶塘大队师古坝生产队，1978 年开始划分劳动小组，实行定额记工和小段包工办法，比上年增产稻谷 4 万多千克（22.6 公顷水田），结束靠借粮度荒的历史。长沙县果园公社有 2 个生产队实行联产记酬的办法（其中一个从 1971 年开始实行）。1979 年，长沙农村开始经济体制改革，由于市、县两级不提倡包产到户，部分生产队实行联产到组，联产到劳的记酬办法，按劳力强弱、技术高低、骨干强弱和居住远近等划分作业组，生产队对作业组实行几统几定的管理办法，长沙县果园公社有 7 个生产队实行联产到组的产量责任制管理办法。年底全市有 2783 个生产队实行联产到组责任制形式，占总队数的 8.84%。有部分生产队实行包产到户或包干到户的办法。如望城县白箬公社五里堆大队杨家湾生产队实行联产到劳，是年稻谷亩产增加 120 多千克。

1980 年，全市基层生产队分队逐渐增多，建立生产责任制的生产队也越来越多，长沙县 1980 年上半年有 94%的生产队建立各种形式的责任制，其中分组联产计酬的 1481 个队，占 29.6%，定额包工的占 64.4%。望城县 3 月份所调查的 15 个大队，实行划组联产记酬的生产队占 34.33%，定额管理的生产队占 65.67%；到 6 月份，全县 6068 个生产队，有 2294 个建立联产计酬生产责任制，占全县的 37.8%，3367 个生产队实行定额包工责任制，占 55.5%。长沙县干杉公社干杉大队 15 个生产队，9 个队实行定额包工，6 个队继续实行分组联产计酬的办法，6 个联产计酬的生产队全部增产增收，其余 9 个队中有 4 个队减产，9 个队人平均收入比联产计酬的 6 个队低 10.43 元。是年年底，全市联产到组的生产队 6250 个，占总队数的 16.82%，联产到劳的 7074 个生产队，占生产队总数的 19.04%，全市包产到户的 50 个生产队，包干到户的 4 个生产队。

1981 年，长沙地区从市到县积极推行专业承包，联产计酬农业生产责任制形式。年初，长沙县制定《长沙县人民公社专业承包联产计酬责任制试行办法》，强行纠正 101 个生产队包产到户的做法，积极推行专业承包联产计酬责任制，将该县五美公社开伏大队西薮生产队的做法向全县推广。该生产队从上年开始搞专业承包联产计酬，粮食增产，社员增收。其做法是：将粮食生产和多种经营分别承包到组、到户、到劳，5 个粮食作业承包组和一个经济作物作业承包组，实行定产、定工、定费用，按产计算工分（即按产计酬）；养猪、养鱼、养牛、烧瓦、手扶拖拉机、打米、榨油、压花都承包到户或劳动力实行定产、定收入、定费用或定纯收入，按产量或纯收入计算劳动报酬。望城县也积极推进专业承包联产计酬办法，将黄金公社金沙大队红旗生产队专业承包、联产计酬责任制办法向全县推介，该队将水稻生产划分三个作业组，烧瓦一个作业组，分别实行定产量、定费用、定工分、定奖罚；养猪、养鱼、养鸭、种黄豆和种油菜承包到户，定产量、定费用，按产量计算工分；将拖拉机、磨豆子、打米、商店、肉店、豆腐店承包到人，定产量、定费用、定收入，按产量或纯收入计算劳动工分；在社队企业工作和外出务工的劳动力，实行按劳动底分的标准交钱记工分的办法。5 月，望城县召开全县四级干部会议，重点讨论和贯彻省、市关于农业生产责任制的会议精神，全县实行专业承包、联产计酬的生产队占 39%；统一经营，联产到劳的队占 2%；小段包工，定额计酬的队占 35%；其他形式的占 20%多。据 5 月份调查茶亭公社生产责任制情况：全社 374 个生产队，专业承包、联产计酬的 78 个，小段包工，定额计酬 219 个，综合分组的 45 个，包产到户和包干到户的 32 个生产队。

1981 年冬，长沙市按照中共湖南省委农村工作会议精神进一步解放思想，提出加强领导，尊重群众意愿，发挥集体和个人两个积极性，推行农业生产责任制，该统的统，该包的包，在选择责任制形式上“大胆领导，不堵不塞，多种形式，群众选择”。各区、县举办公社、大队书记培训班，进一步明确解放思想，清除“左”的影响，统一对承包责任制的认识，不再阻止农民搞包干到户。公社干部集中精力指导农业生产责任制。随后，大部分生产队选择包干到户形式，统一将生产队内的田土按好坏定出产量标准，即标准亩。田亩到户分两种形式，一种是按人头平均包田，主要是人多田少的生产队，另一种田土比较多的队，采取按人头和劳动力各半包田。不管哪种形式，“五保户”不包田，耕牛、农具等生产队的财产，大多折价计算到人，然后分到联户组使用。有一部分生产队则将财产折价联同积累一并计算到人，全部分到户。望城县谷山公社金甲大队第二生产队 15 户，75 人，3.87 公顷水田，1980 年就开始搞包干到户，好田孬田统一折成标准亩，按人头平均承包（“五保户”未包田），耕牛、农具等集体财产统一折价平均分摊到户，耕牛由联户组管理使用。望城县铜官公社花果大队罗家坡生产队 21 户，91 人，7.2 公顷水田根据好坏、远近定产，折成标准亩再按人、劳各半承包到户，耕牛、农具折价人均平分到联户组使用。到 1981 年 12 月 30 日，长沙县、望城县和郊区的 1.3 万个生产队，实行包干到户责任制的 8835 个，占 68.17%，实行包产到户的 600 个生产队，占 4.53%.

1982 年 5 月，全市已完成包干到户的生产队 81%，7 月 85%。对建立责任制问题，长沙市各级领导干部几乎不同程度经历了由不理解到逐步理解的过程，由反对、阻止社员搞包干到户，到尊重群众选择，再到积极推行包干到户责任制形式。1982 年下半年，重点完善包干到户责任制，组织社员签订承包合同。到年底，全市各生产队基本都选择包干到户责任制形式，承包期一般 2~3 年，大多数生产队都与社员签订承包合同，其内容包括责任田和机动田的数量、丘块，上缴的粮食和款项数量。1982 年全市粮食总产量 23.35 亿千克，比 1981 年增产 4.03 亿千克，平均亩产由 1981 年 310 千克提高到 364.5 千克，亩平增加 54.5 千克，增长 21.10%。而此时公社、大队的林、果、渔、茶场等仍保持集体统一经营现状，生产队的茶园果园等一部分仍保持集体统一经营，大部分都承包或平分到户。大部分生产队将集体积累和财产全部作价按人平分到户。1983 年，进一步完善包干到户责任制，市、县经营管理部门及基层党委和政府，积极指导和督促农户签订承包合同。到年底，全市大多数生产队都选择包干到户责任制形式，而且将生产队集体所有的财产、积累、茶园果园及山林等统统平分或承包到户。全市 4.04 万个生产队，选择包干到户的生产队 4.03 万个。承包期 1 年一定（指承包田根据人口变化一年调整一次）的 5045 个生产队，占 12.51%，2~3 年一定的 2.78 万个生产队，占 68.81%，3 年以上一定的 7533 个队，占 18.68%。

刚刚起步的包干到户责任制承包期限比较短。广大农民受过去“左”的影响，怕政策变化，怕包干到户不长久，不敢对土地过多投入，制约农民生产积极性。1984 年中共中央下发一号文件，规定土地承包期应在 15 年以上，生产周期长的开发性项目承包期应当更长一些。从市到县、乡、村、组（1982 年年底后，原来的人民公社、生产大队、生产队分别改为乡、村、村民小组）集中学习中央文件，领会精神，统一认识，将中共中央〔1984〕一号文件和中央书记处农村政策研究室《关于土地承包问题答问》翻印分发到农户。

1984年上半年，长沙市各级党委和政府认真调查，层层试点。全市262个区、乡、镇，在549个村、2435个生产队进行延长土地承包期试点。长沙市委根据上级文件精神和全市试点经验，对延长土地承包期工作作出全面部署。坚持土地承包期15年原则，生产周期长的开发性项目承包期还可以更长一些。坚持“大稳定、小调整”和田、土、山、水统一承包的办法，把田、土、山、水统一规划，有计划、有步骤地进行，原则上不打乱重来，在原承包合同的基础上适当调整续签合同。坚持土地集体所有的原则，社员承包的耕地只有管理权和使用权，所有权仍归集体所有。从实际出发，充分与农民群众协商，根据不同情况采取适合当地的办法，把承包期延长到15年。

全市普遍推行“三定承包方法”，即：一定标准人口。以农业人口为基础，逐户逐年作出15年的人口变化预测，然后将15年的人口数相加再除以15，求出标准人口数。预测人口的原则是测生不测死，测进不测出，测婚不测嫁，即只预测出生和婚进人口数，不预测死亡和嫁出人口数，严格执行国家计划生育政策，男孩在15年内达到25周岁（政策规定晚婚晚育）即预测增加一个婚迁人口和一个生育人口。逐户计算15年内的承包责任田人口，户主签字确认。农户可以少预测或不预测增加人口，但不能多预测承包田人口。据长沙县福临区5个乡的52个村民小组试点统计，共有承包人口7215人，预测增加人口1140人，增加15.81%，共有标准人口数8355人，通过农户自报和协商，最后确定标准人口数8206人，标准人口数比承包人口数多991人，增加13.74%。二定标准产量（标准亩）。将耕地逐丘定产，全部汇总相加得出全组耕地总产量，再除以标准人口总数，即得出人平分包的标准产量，计算到户后，按各户应承包的标准产量落实到丘块。鱼塘、茶园、果园、旱地等逐项比照稻田的经济效益，以稻谷为计算依据定产落实到各承包农户。有些村民小组则逐丘定出稻谷产量后折算成标准亩，而塘、园、土等比照稻田拆成标准亩，办法是以产折价，以价折谷，以谷折亩。三定土地管理制度。土地管理制度中的核心内容是重申土地归集体所有，承包者只有使用权，没有所有权。承包户不准将承包地买卖、出租，不准在自留地和承包田里建房、葬坟、开矿、烧砖瓦和毁田打坯等。荒芜和弃耕的土地，集体有权收回。

长沙县广福乡青洪村郭公塘村民小组，33户，115人，实有耕地8.13公顷，折合标准亩6.88公顷。该组实行包干到户责任制，承包期至1984年年底止，1984年在坚持大稳定小调整的原则下续签承包合同，承包期延长到15年。

1984年年末，全市有3.83万个村民小组，开展延长土地承包期工作，实行“三定承包法”的有2.28万个组，占59.40%，实行“动粮不动田”的7549个组，占19.70%，实行“以增抵减”的2246个组，占5.86%，实行“顺延承包法”的1528个组，占3.99%，其他方法的4232个组，占11.05%。承包耕地的调整，一般都控制在10%以内。对于原承包不合理，群众要求打乱重来的，从实际出发作出调整。浏阳县打乱重来的相对多一点，全县有605个村民小组，占4.7%。

1985年，继续开展延长土地承包期工作，进一步完善农业生产责任制。绝大多数村民小组都选择“三定承包法”，增加15年的预测人口，按标准人口承包耕地，维持15年的稳定。针对遗留问题逐步进行完善。长沙县为完善茶、果、林场责任制，在石门乡进行试点并向全县推介其经验。长沙县谷塘乡除做好大田延长承包期工作外，全乡可养水面270.87公顷，有76处88.67公顷未承包到户，全部落实承包到户，125个村民小组的75个多种经营项目全部承包到户。延长土地承包期的资料以村为单位统一归档立卷，做到有承包合同书，有土地分等定级清册，有人口承包清册，有村民小组各项具体问题处理协议书。望城县大湖乡145户“五保户”184人，原来有73户承包了5.8公顷农田，都改为由组统筹落实到1~2户供应粮食的办法。1985年年末，全市3.70万个村民小组将土地承包合同期限延长到15年，而且都进行15年人口预测，按“三定承包法”的方法做好延包工作。各县、区政府都向承包农户颁发“土地承包证”。以村为单位将各村民小组的承包合同书、土地分等定级清册、承包人口清册、各项具体问题处理决议（协议）书统一收集立卷归档。而随着不断完善承包责任制工作的深入，全市各村民小组都将原集体的耕牛、农具、仓舍等财产统一作价，连同村民小组历年积累按人平分到户，有的按现有人口平分，有的按前5~10年的劳动工分计算到户。至此，村民小组的田、土、山、水、茶、果、园都平分到户或作价承包到户。

1986年，全市对剩余的2100个承包期未延长到15年的村民小组做好完善工作，至年底，全市3.87万个村民小组的土地承包合同全部延长到15年（1999年）。对2300个村民小组在延长土地承包期中的遗留问题进行调整和处理。1989年11月，长沙市农业委员会在郊区大托乡进行完善农村承包合同管理试点工作。主要是处理承包责任制中的一些遗留问题。经过试点工作，全乡补订各类承包合同1347份，修改补充承包合同4805份，完善承包手续21份。在此基础上，乡成立以经营管理站为主体的农村承包合同管理委员会，村成立合同管理小组，并制定农村承包合同管理签订、监证、仲裁与回访等项制度，还按五统一（统一分项立卷、统一标准装订、统一编号、统一管理、统一鉴证）的要求整理承包合同档案。从而进一步稳定和完善农村承包责任制，并为全市全面开展这项工作摸索了经验。

1990年，全市农村开展土地承包合同完善工作，共帮助2887个村民小组完善土地承包合同，调整田土1.61万公顷，完善2.2万处水面的承包合同，帮助1795个茶、果、林场解决责任制不完善的问题。同时还在一些乡村成立合同管理机构，促进全市农村双层经营体制的稳定、完善、健康发展。1991年10月21日至26日，长沙市农业委员会举办第一期农村承包合同仲裁员培训班，参加培训的有县郊和乡镇承包合同仲裁员300人。主要是落实湖南省人民政府关于《农村合作经济承包合同管理办法》的精神，对全市农村承包合同仲裁员进行法规、政策和业务培训，更好地管理农村承包合同，有效地调解和仲裁农村承包合同纠纷。统一颁发“农村承包合同仲裁员证”。

1995年，长沙市出台《关于认真做好农村土地使用制度改革工作的意见》文件，进一步推进土地流转（农户将承包地的使用权转让出去）工作。从1995年11月开始，长沙农村开展发延长土地承包期限（30年）、建立土地流转机制为主要内容的农村土地使用制度改革工作，1996年年底基本结束。全市共有112个乡（镇、办事处）、2819个村、3.75万个组、92.38万农户重新签订土地承包合同，统一颁发“集体土地经营权证书”，并完成合同文书立卷归档工作。在这次土地延包工作中，大多数村、组都是按照“增人不增地，减人不减地”的原则签订承包合同，有42%的村民小组按照“大稳定、小调整”的原则调整土地，重新签订承包合同。农村土地使用制度改革工作完成，进一步稳定土地承包权，明确发包权，搞活土地使用权，更有利于推动全市农业综合开发和土地向适度规模经营方向发展。1996年，浏阳市北盛镇“托田所”（种田大户或合作社替外出务工农民种地）的出现，是全市土地制度改革的新生事物。2001年，农村土地流转制度改革取得重大突破，全市已进行土地流转面积3.33万公顷，其中农户自发流转2万公顷，乡村集体流转1.33万公顷。全年新增花卉苗木、时鲜水果、茶叶、生态旅游开发面积的80%都是通过土地集约流转实现的。到2001年，除涉及城镇规划用地外，其余98.52万农户都签订土地延期承包合同，并重新颁发土地证书，占总农户数的94.66%。至2002年，全市农村土地流转面积达3.64万公顷，涉及21.07万农户，全市有2826户外商、企事业单位和城镇居民租赁土地1.74万公顷。

2004年，继续推进土地流转，全市农户承包地使用权流转面积3.88万公顷，涉及24.6万农户。2006年，全市农村土地流转面积5.73万公顷，其中2.77万公顷，主要是种粮大户和蔬菜等经济作物种植专业合作社的出现，扩大土地流转规模。2008年，随着农业产业化的不断发展，农民专业合作社和农业龙头企业需要土地来生产农产品，而大量农民也外出务工或经商，土地闲置，政府部门不断完善土地流转扶持措施，举办全市土地流转洽谈会，促成农民专业合作社和农业企业以土地流转形式成功对接、有机结合，全市农民专业合作组织发展到491家，农村土地流转面积扩大到11.46万公顷。2010年，印发《长沙市农村土地流转交易暂行规则》，规范土地流转交易，截至2012年，全市农用土地流转面积18.84万公顷，占22%，耕地流转面积7.03万公顷，占25.56%。2012年，各区县（市）重新向农户统一颁发“农村土地承包经营权证”。

二、乡镇企业改革

1982年以前，长沙市公社和大队集体企业（以下简称“社队企业”）人员的劳动报酬不由个人领取，而是由公社或大队划入所在的生产队，作为生产队的收入纳与统一分配，企业人员根据划入生产队的收入换算成劳动工分参与生产队的统一分配。1982年，长沙农村普遍实行包干到户的生产责任制，农村经济步入快速发展轨道。乡镇企业把农业生产责任制的包、定、奖的管理手段引到一些企业生产经营中，推行经济管理改革，普遍实行“五定一奖”的管理模式（定产值、收入、劳动报酬、上缴、利润，超额完成指标任务有奖）。随着农村包干到户的农业生产责任制不断推进，以队为基础、三级所有的农村集体经济发生很大变化，农民不再出“集体工”，可自主择业和自主经营，私营经济快速发展，乡镇企业受到冲击。一些懂经营、会管理的能人不满足于乡镇企业的微薄工资收入而单干。乡镇企业发展到一定规模后需要扩大再生产，而作为出资方的集体无法投入资金，制约了企业的发展。

从20世纪80年代中期开始，为进一步深化生产责任制，对乡镇企业采取签订目标管理责任书，实行厂长任期目标责任制的办法来促进发展。在任期内厂长经营不善，随时有可能调离（仍由乡镇和村任免）；完成目标任务有奖励，超额完成则奖得更多。80年代后期，部分企业实行抵押承包，有些企业也实行大包干，除发放企业人员工资，缴足税金，留足提留以外，负责向乡村交承包费，年初签订合同。也有推行“一包四改”“一包五改”等责任制形式，大多数实行“一包三改”的方式。一包：对乡村集体企业实行经营承包责任制，有集体承包的，实行厂长负责制，有合伙承包的，也有个人承包的；“三改”：即改企业干部由乡村委派为民主选举或招聘，推行厂长（经理）负责制；改企业职工由乡镇村调配为企业招聘制，采取择优录用签订合同；改固定工资制为浮动工资、计件工资制，奖金上不封顶，下不保底。“三改”是长沙市乡镇企业的重大改革，废除干部的终身制和行政任免制，革除沿用多年的工人“铁饭碗”“平均主义”的弊端。1988年，全市8516家乡、村企业，有8146家实行各种形式的经营承包责任制。是年有113家企业实行股份制，入股人数5万多人，集股金额近亿元。这些企业劳动生产率和经济效益都超过全市平均水平一倍以上。

1990年后，对部分小型、微利或亏损的乡村集体企业实行租赁经营，租赁者除向乡村交纳租金外，其企业生产经营和赢亏全由租赁者负责承担。1992年，长沙市郊区东岸乡35家企业，根据以前企业大包干出现包盈不包亏的现象，采取“六定、一挂”的承包方式进行改革。实行“六定”（定生产指标、税收利润、质量、技术改造与安全措施、计划生育、治安管理）“一挂”（工资总额与效益挂钩）责任制后，是年企业总产值和利税分别比上年增长50.1%和46.2%。

为不断完善乡镇企业的经营机制，促进投资主体的多元化，实现生产要素合理配置，长沙市进一步实行乡镇企业产权制度改革，根据“公有制为主体，多种经济成分共同发展”的基本方针，将原先单一投资主体的乡村集体经济改为多元投资主体的混合经济，其主要实现形式是股份合作制。1993年，省乡镇企业局与省体改委联合下发《关于加快发展股份合作制企业的通知》，规定对有一定经济规模、生产正常、经济效益较好的乡村集体企业，主要推行股份合作制改革；对适应于家庭、个体经营或设备简单，经营状况不佳的小企业实行租赁经营或企业兼并；对亏损严重的企业采取动产拍卖、不动产租赁的方式进行重组；对符合条件的企业，则按《中华人民共和国公司法》组建有限公司或股份有限公司。长沙市出台相应政策，是年全市股份制企业发展到 129 家，入股资金 3638 万元，长沙县按照以劳带资，保本保息的办法组织群众入股，有 9 家企业实行股份制，入股资金 1808 万元。1994 年为推进全市乡镇企业进行股份制改造，组织区、县主管乡镇企业负责人到江苏等地参观学习实行股份制的先进经验，是年全市股份制企业发展到 680 家，筹措资金 2.3 亿元。

1995 年年初，湖南省委、省政府改制工作组到望城县的三环颜料有限公司、桐木工程公司和青山锅炉厂进行股份合作制改革试点，拉开长沙市乡镇企业改革序幕。长沙市于 1995 年 7 月出台《关于大力发展股份合作制的意见》。是年 8 月 3 家企业改制试点结束，分别挂牌为“长沙桐木建筑工程公司”“湖南三环颜料集团公司”“湖南长青锅炉发展有限公司”。3 家企业通过改制，减轻了资金包袱，内部环境明显改善，企业经济效益提高。长沙市出台改制工作文件后，成立以市委、市政府主要领导任正、副组长的改制工作领导小组，并选择 8 家不同类型的企业作为改制工作的试点。

1997 年，《中华人民共和国乡镇企业法》正式实施后，乡镇企业步入规范化发展的崭新时期。长沙市把改制作为乡镇企业二次创业的突破口，召开动员会，出台《关于全面推进乡镇企业股份合作制的暂行规定》等一系列政策，建立从市到区、县，到乡镇、企业的改制领导体系和工作班子，专门成立工业改制团乡镇企业分团，并举办改制培训班。各区县（市）制定改制工作方案。全市共有 3198 家企业完成各种形式的改制，占全市乡村集体企业的 52%，其中股份制和股份合作制企业 483 家，租赁经营企业 534 家，抵押承包 1548 家，兼并联合 47 家，出售 131 家，破产 49 家，资产经营责任制企业 266 家，其他形式改制 140 家。全市还组建有限责任公司 80 家，企业集团 7 家。望城县实行彻底卖断、一步到位的出售改制方案，34 家实行出售改制的企业，其产值、销售收入、利润、税金比改制前都有大幅度增长，而且家家盈利。浏阳市成立全省首家县级产权交易中心，发布产权交易信息，一站制办理产权交易证照及手续，有 168 家乡镇企业进行挂牌交易，52 家企业签约拍卖产权，成交额 3057 万元。1998 年，长沙市把乡镇企业改革改制作为重头戏，深层次、大规模地推进以改革产权制度为核心，以资本运营为着力点，以股份合作制为主要形式的改革改制，取得明显成效。全市乡镇企业实行不同形式改制的 5272 家，改制面 87%。通过改制，盘活存量资产 35.13 亿元，吸纳社会资金 10.87 亿元，使乡镇企业资本营运质量得到明显提高。浏阳市率先推行以产权出售为主要形式的改制，成立全省第一家县级产权交易中心。出售企业 104 家，其产值、利润、税金分别比上年增长 40%、23%、28%。长沙县加大骨干企业改制力度，组建湖南桔洲农用运输车集团、望新建筑公司等 5 家股份有限公司。宁乡县乡镇企业改制面 97%。

2000 年，长沙县 20 家年销售额 500 万元以上的乡镇骨干企业完成改制，其中梅花车身厂、干杉汽配厂分别以 750 万元和 540 万元买断产权。宁乡县对 132 家乡村企业重新改制，拍卖产权，改为民营企业。长沙市乡镇企业进入转型阶段，主要是产权、产业、布局、地域发生大变化。产权不再以集体投资为特征，产业由当初的“五小工业”和工、商、建、运、服务业经营转为特色、优势产业，布局由“村村点火，处处冒烟”的独特风景转向集聚式发展，地域上不再有界限，大量外来资本投向农村，大量乡镇企业转入园区或城市甚至国外。截至 2001 年年底，全市乡村集体企业已基本完成以产权制度改革为主要内容的改制任务，基本实现民营化。全市采取破产重组的企业有 532 家，兼并的 235 家。全市乡镇企业组建企业集团33家，股份制企业134家，股份合作制企业2669家。在2803家股份制和股份合作制企业中，有职工18.3万人，资本金总额28.11亿元。经过6年左右时间，基本实现产权制度的改革，过去的乡村集体企业大多变为股份制和股份合作制，产权更明晰，机制更灵活，企业的活力明显增强。

三、农村税费改革

1978年后，推行农村联产承包责任制，农业生产和农村经济出现重大转折，但农民增收缓慢。

1988年，全市农民负担过重问题开始突出。1990年年初，中共中央发出《关于坚决制止乱收费乱罚款和各种摊派的决定》后，向农民收取的“三提五统”（公积金、公益金、管理费三项村提留，教育附加、计划生育费、民兵训练费、民政优抚费、民办交通费五项乡镇统筹）不得超过上年度农民人均纯收入的5%，但有的地方和部门面向农民的各种收费、集资、罚款和摊派现象依然存在。

1996年，长沙市出台《关于认真贯彻落实〈中共中央、国务院关于切实做好减轻农民负担工作的决定〉的意见》，一方面规范农民负担行为，另一方面规定落实农民负担的各项政策。农民应承担的合理负担，实行定项限额收取；乡村统筹提留资金，从1997年起以村为单位按1996年人均纯收入计提，“九五”（1996—2000年）期内不变；乡统筹项目不再分配比例，实行总额控制；规范教育集资，纳入总额控制。

2000年，中共中央、国务院作出实施农村税费改革的重大决策，中共湖南省委、省人民政府根据中共中央、国务院《关于进行农村税费改革试点工作的通知》文件精神，选择长沙县为全省农村税费改革试点县，实行改革探索。

2002年，在长沙县取得农村税费改革试点经验的基础上，长沙市全面启动农村税费改革工作，根据省委、省政府《关于全面推行税费改革的通知》精神，成立农村税费改革领导小组，出台《长沙市农村税费改革实施方案》。改革内容包括：“三取消”，即取消乡统筹费等专门面向农民征收的行政事业性收费和政府性基金、取消农村教育集资、取消屠宰税；“一逐步取消”，即逐步取消统一规定的劳动积累工和义务工；“两调整”，即调整农业税和农业特产税政策；“一改革”，即改革村提留征收和使用办法。清理涉及农村负担的各种收费，核减农业税计税的田土面积，通过“三取消、一逐步取消、两调整、一改革”，清理收费项目和核减计税面积，全市农村税费收入总额2.13亿元，农民人平负担52.21元，比上年89.31元人均减负37.1元，综合平均税率为6.9%。

2003年，全市农村税费改革向纵深推进。进一步核减计税面积，按照“有地有税、有税有地”的原则，全市再次核减因自然灾害、合法征地和农村公益事业占用耕地等减少的计税面积0.33万公顷，核减税额255万元；调低计税常年产量，常年产量最高不超过每亩900千克，山区不超过每亩700千克，全市由原来的每亩平均789千克，调到平均每亩775千克，调低14千克；落实“户户减税”政策，对全市3710户由于种地多而增加负担的农户按省委、省政府的要求进行调减，共调减农业税10.67万元，保证“户户减税”政策落到实处；对农业税社会减免实行先减后征的政策，全市在全面清理核实的基础上，按政策落实1.29万户的社会减免，核减557万元；调整农业特产税征收政策，由原开征的8类48个品目，调减为6个品目，减少42个品目，全市共调减和取消农业特产税2417万元；从上年开始，市级财政每年拿出500万元，并要求各县（市）分别配套500万元，下拨给经费困难的村，用于村干部工资补贴；建立村级公益事业建设的“一事一议”制度，明确议事范围、议事程序、审批权限、征缴管理、决算公布及审计监督等具体管理办法。同时，深化配套改革，分流精减乡镇行政人员（靠农民上交款发工资的），全市分流乡镇行政人员1105人，清退临雇人员707人；撤并中小学160所，分流教师163人，清退临雇人员 723 人。通过多项措施，全年全市农民人平负担比上年减轻 10 元。

2004 年，农村税费改革取得新突破。长沙县、芙蓉区、天心区、岳麓区、开福区、雨花区率先全市全部免征农业税，农业税附加随同正税同步取消。浏阳市、望城县、宁乡县农业税在上年的基础上降低 3 个百分点，农业税附加随正税同步降低。全市农业税调减 11502 万元，取消除烟叶外的农业特产税 1184 万元，两项合计减少 12686 万元，农业税税率降至 2.98%。全市取消农业特产税和免征农业税、降低农业税率后，农民负担仅为 8089 万元，较上年减少 11322 万元，减幅为 57.9%。全市给种粮农户发放粮食直补资金 3058 万元，良种补贴资金 4787 万元，农民第一次享受种粮补贴。是年还争取中央和省财政转移支付资金 9998 万元，乡村经费支出压力得到缓解。

2005 年，长沙市在全省率先免征农业税和免收乡村统筹提留款，比全国提前一年。全市共免征农业税 8090 万元，向农民发放国家粮食直补资金 3809 万元，良种补贴资金 2174 万元，向购买农机的农户发放农机补贴资金 280 万元，全市共向 9.32 万名学生发放贫困补助款 2337 万元。

2006 年 1 月 1 日起，《中华人民共和国农业税条例》废止，全国取消农业税，延续 2600 多年的“皇粮国税”历史正式终结。至此，农民种田不用再缴税，并免除向农民征收的各种费用，农民负担问题从根本上得到解决，而且国家还对种粮户进行多项补贴的反哺，给农民带来看得见的物质利益，极大地调动农民的积极性，又一次解放农村生产力，带动农村生产关系和上层建筑变革，具有划时代的意义，标志着中国农村社会改革进入一个新时代。

第二节　工业企业体制改革

1978 年实施改革开放前，以计划方式配置资源的计划经济体制，越来越暴露出它的弊端，严重束缚企业的发展，突出表现在：企业的生产经营活动按照主管部门计划进行，使企业脱离市场；对企业的投入不足，制约企业的扩大再生产；缺乏竞争，优劣不分，勤懒不分，奖惩不明。为扭转工业企业在计划经济体制下越来越严重的低效率局面，1978 年 12 月中共十一届三中全会以后，长沙市对市属工业企业管理体制进行一系列改革探索。1979 年开始，长沙工业企业开始尝试扩大企业自主权试点。1984 年 6 月，长沙市选定湖南日用化工厂、湖南制药厂、正圆动力配件厂、长沙橡胶厂、长沙变压器厂、长沙美术印刷厂 6 家企业展开厂长（经理）负责制试点，取得良好效果。从 1987 年起全面推行承包经营责任制。是年，全市共有 148 家市、县属预算内工业企业与主管部门签订为期 3 年或 4 年的承包合同，占预算内企业总数的 94.5%。其中，实行“两保一挂”（保技术改造、保上缴利润，实行工资总额与经济效益挂钩）和“上缴利润递增包干”的企业 39 家；“确保上缴利润基数、超收分成”的企业 24 家；“上缴利润基数包干”或“定额上缴”的企业 38 家；“亏损包干”的企业 6 家；“资产经营”“抵押承包”“租赁经营”的企业 41 家。市属 347 家集体所有制工业企业，也有 208 家与主管部门签订为期 3 年的承包合同，占 60%。148 家预算内承包企业当年完成的产值、利润和上缴利税分别比上年增长 20.03%、23.55%和 3.70%。

1988 年，139 家预算内工业企业追加实行“工资总额与经济效益挂钩”办法，进一步完善承包制。同年，市经委还选择 13 家大中型工业企业进行全员风险抵押承包试点，探索承包经营责任制的新形式。试点企业生产经营效果普遍较好，长沙电冰箱厂、湖南日用化工总厂、湖南制药厂等 10 家企业，每年的利税总额都在 1000 万元以上，成为全市的利税大户。

1990年，全市大多数企业首轮承包到期。长沙市成立承包工作领导小组，负责推进第二轮承包工作。针对首轮承包中企业普遍存在"拼设备"、忽视技术改造的短期行为，在调查研究的基础上，对第二轮企业承包的实现形式、合同制订等方面进行完善，增加企业领导班子集团承包，考核资金利润率、国有资产保值增值率等重要内容。到年底，109家市属预算内工业企业落实第二轮承包，占95.6%。其中，"上缴利润基数包干、超收分成"26家，占23.9%；"上缴利润递增包干、超收全留"28家，占25.7%；"利润全额分成"10家，占9.2%；"上缴利润基数包干、超收全留"33家，占30.3%；"亏损（或补贴）包干，减亏分成或全留"2家，占1.7%；"控亏目标管理"10家，占9.2%。有74家企业主动要求将3年承包期延长至4年。1991年，首轮承包到期的集体所有制工业企业，在合理确定承包基数和进一步完善指标考核体系的基础上，也普遍实行多种形式的第二轮承包，为期3年。企业二轮承包到期后没有再延续实行，全市工业管理体制改革转入理顺产权关系、探索建立现代企业制度新阶段。

1992年，按照中共十四大要求，以建立社会主义市场经济体系和产权清晰、权责明确、政企分开、管理科学的现代企业制度作为经济改革目标。1993年长沙浦源工程机械总厂、湖南动力机厂、长沙水泵厂、湖南造漆厂、湖南丽臣实业总公司、长沙中意集团股份有限公司、长沙九芝堂制药厂曙光电子集团公司等10家企业作为省经贸委现代企业制度试点单位，浦源工程机械总厂改制为国有独资的浦源工程机械集团总公司，建立以产权为纽带的母子型集团公司。集团公司法人治理结构按照《中华人民共和国公司法》设董事会、监事会、总经理，各自根据其权责依法行事。随后几年，着眼于搞好整个国有经济，抓大放小，对国有企业实施战略性改组。而对众多中小企业，则通过租赁、出售、兼并、破产等多种方式，使小企业成为自主经营、自负盈亏、自我约束、自我发展的法人实体和市场竞争主体。1993年9月，由原长沙电冰箱厂为龙头组建的长沙中意电器集团股份有限公司，改组为股份有限公司后，获准面向社会募集股金，公开发行普通股6600万股，每股面值1元，发行价2.88元，首募资金1.90亿元。12月，"湘中意"股票在深交所挂牌上市，成为全市首只上市股票。随后几年，长沙国企改革步伐加快，通过定向募集设立的股份制企业逐步增多，先后有"海利化工""华银电力""湘计算机""华升股份""亚华控股""华菱钢铁""九芝堂""中联重科"8只工业类股票在沪、深两地证券交易所上市，首募资金总计35.58亿元。

1993年11月，长沙市电子仪器厂由市中级人民法院宣告破产，开全市国有工业企业破产之先河。1996年9月，长沙市发布《关于企业破产若干规定的通知》，运用中央赋予的"优化资本结构试点"城市相关政策，对一批不能清偿到期债务、资不抵债、无法起死回生的国有企业实施政策性破产。到年底，先后有裕湘纺织厂、市人民织布厂等72家企业进入破产程序。72家企业1995年年末的资产总额为8.19亿元，负债总额为12.66亿元，资产负债率为154.47%。经法院审理，到1996年年底，有39家企业破产终结，转移安置下岗职工2.6万人。翌年，又有25家企业经法院审理后宣告破产终结，共核销呆坏账金额近2亿元。集中力量抓一批骨干大中型国有企业的改革、改组和改造，选定曙光电子管厂、九芝堂制药厂、长沙卷烟厂等15家企业为"扶优扶强"试点企业，成功组建十大企业集团，有70多家企业实施兼并联合。

1996年，长沙入围全国第二批"优化资本结构试点"城市。长沙市成立企业改革发展领导小组，专门协调指导企业改革工作，工业企业改革进入快车道，改革的重点转向产权制度改革。制定深化企业改革的具体方案和配套政策，选择市轻工机械厂、市电缆附件厂、市颜料化工厂等20家中小型国有企业进行改制试点。1997年6月，市轻工机械厂以整体出售方式，买断评估后的企业经营性净资产，以职工出资额作股本金，改制成立长沙市轻工机械有限责任公司。是年，市电缆附件厂、湖南矿用橡胶厂等试点企业均顺利完成改制。以此为契机，长沙市出台《关于发展企业集团若干规定的通知》，鼓励和支持企业通过兼并联合发展企业集团。随后，长沙水泵厂、长沙电机厂、长沙化工机械厂等联合组成长沙通大(集团)有限公司；长沙汽车电器厂、长沙正圆动力配件厂、长沙化油器厂等单位联合组建中汽长沙汽车零部件集团；以湖南造漆厂为主体，联合湖南关西汽车涂料有限公司、珠海科利涂料有限公司等10余家单位组建的湖南湘江涂料集团；中国蓝星总公司与湖南丽臣实业公司实施资产经营一体化联合；乡镇企业长沙新沙机床厂收购破产后的长沙第四机床厂；长沙变压器厂破产终结后通过拍卖，由广东新力集团公司收购；北汽福田集团公司收购湖南华裕发动机制造公司，投资组建长沙车辆厂；长沙啤酒厂与马来西亚外商合资组建湖南金狮啤酒有限公司以后，由长沙啤酒厂兼并长沙酒厂和收购破产后的长沙灯泡厂，通过资产重组，实现企业快速做大做强。

1997年8月，由私人买断后进行股份合作制改造的长沙金龙电缆厂正式挂牌运作。国有小型企业整体出售给个人后，改制又获得成功，标志着长沙中小企业改制工作取得重大突破。

1998年，浏阳市在改制工作中创造性地实施“两个置换”，即：通过产权转让，置换企业性质，解脱企业对政府的依赖关系；通过一次性经济补偿，置换全民职工或集体职工身份，职工重新就业后转变为合同制工人。1999年12月，长沙市出台《关于加快国有企业改革和发展若干问题的意见》，推广浏阳市实施“两个置换”的做法。翌年1月，又制定《长沙市国有企业产权制度改革实施细则》。2000年5月，国有企业长沙通大（集团）有限公司和湘江涂料（集团）公司率先进行“两个置换”。“通大（集团)”由国有独资公司改造为国有股、法人股和职工个人股组成的股份制公司；严格按照法定程序进行职工全民身份置换；公司员工实行招聘上岗，总人数由原来的2234人减至1580人；公司内设机构由原来的40个减至23个。湘江涂料（集团）公司实施股份制改造后，由国有独资转变为国有股占10%、社团法人股占7%、社会法人股占3%、职工个人股占80%的股份制企业；所有员工全部放弃全民职工身份，实行竞聘上岗。2001年，相继有市化油器厂、湖南丽臣实业总公司等67家市属大中型工业企业实施“两个置换”改革，共有15013名职工置换了原有的全民工或集体工身份，企业生产经营保持稳定，改制取得成功。

2002年，长沙市提出3年内基本完成国企改制目标任务。2002—2005年，全市共有61家国有工业企业完成改制，理顺职工劳动关系6.1万人。长沙改制企业户数、置换职工身份人数均占到总量的80%以上，实现3年基本完成市属国有企业改制的目标。2006年6月，国务院国有资产管理委员会在长沙召开“长沙国企改制工作经验交流会”，向全国推介长沙九芝堂、中联重科等5家企业成功改制的经验。2007—2012年，重点解决处于停产、半停产状态，债务包袱沉重，缺乏改制成本的困难企业转机改制问题，提出“创新思路，区分类别，分类操作，稳中求进”的原则，成功化解原长沙化工厂、长沙塑料厂、长沙茶厂等改制企业一批复杂的历史遗留问题，妥善解决特困企业职工的基本生活问题，为企业依法破产作好铺垫。至2012年，长沙化工厂、长沙电表厂、长沙正圆动力配件厂、红旗织布厂、湖南动力机厂、长沙重型机器厂、长沙轴承厂、湖南制药厂、长沙汽车制造总厂、长沙文体用品厂实施政策性破产，长沙高果糖厂、长沙化油器厂、长沙第四纺织厂、麻田磷矿依法实施破产。通过改制，化解了困难企业的包袱，实现国有工业企业由单一投资主体向多元投资主体转变，促进国有经济布局和经济结构的合理调整，绝大多数企业重新焕发生机，2012年实现工业增加值3051.94亿元，同比增长15.7%。不变价工业总产值由2000年的277亿元增长到2012年的8228亿元，增长近29倍。

第三节　流通体制改革

一、商业流通体制改革

1984年10月，中共十二届三中全会作出《关于城市经济体制改革的决定》后，长沙市商业流通体制改革逐步展开，当年湖南省人民政府将省商业厅设在长沙市的百货、纺织、文化、五金、交电、化工6个工业品二级批发站全部下放到长沙市，分别同长沙市相关企业合并，实现省市两级批发机构合二为一，解决机构重叠、条块分割的问题。长沙市着手改革商业企业经营机制，对国有小型零售企业实行“国家所有、集体经营、照章纳税、自负盈亏”的办法，将在国有企业混岗作业的集体职工划出来组成集体企业，按自然门店核算，转为集体经营或租赁经营。1985年，改革商品购销体制，粮食由统购改为合同定购，生猪由派购改为市场收购，蔬菜由“大管小活”改为“放”“管”结合。改革商业经营机构，广泛开展横向经济联合，当年采取工商联营、农商联营、商商联营，跨地区、跨行业、跨所有制的横向联营企业已发展到237家。1987年，长沙市除粮油、彩电、化肥、烟草等少数商品仍实行专卖专营外，其他商品均采取合同定购、自由选购等灵活的购销方式，全市68家大中型商业企业实行承包经营，576家小型商业企业实行租赁经营，44家商业企业采取经理（厂长）负责制，任期目标责任制或任期终结审计制。

1988年，长沙商业企业全面实行以承包经营、租赁经营为主的经营方式改革，全市91家大中型国有商业企业分别采取与财政承包，上缴利润递增包干超收全留等多种形式全部实行承包经营；253家国有小型商业企业有205家实行租赁经营；558家集体商业企业有445家实行集股经营；47家商业行政性管理公司有45家转为自主经营、自负盈亏的经济实体，企业内部配套改革进一步推进，52家大中型国有商业企业在承包中引入竞争机制，面向社会公开招聘经营者。国有商业企业全部实行工资与上缴利税挂钩，分别采取联销、联利的浮动工资、提成工资、计件工资、结构工资等分配形式，把职工个人收入与劳动数量、质量挂钩，充分调动企业和职工的积极性。当年，长沙市国有大中型商业承包企业和国有小型商业租赁企业都实现销售、利润、上缴利税、职工人平收入全面增长。

1992年6月19日，中共长沙市委召开常委（扩大）会议，研究制定加快商业改革、搞活流通的措施，加快建设和发展商品市场，以转变国合商业经营机制为重点，推进经营、价格、用工、分配四放开。至年底长沙市717家商业供销企业全部实行“四放开”改革。全市3068家小型商业供销企业中，有1570家实行国（公）有民营。按照《公司法》的要求，市商业行政性管理公司全部转变为自主经营、自负盈亏的经济实体。1993年，湖南“五一文”实业股份有限公司（以下简称“五一文”）和中山商业集团股份有限公司（以下简称“中山集团”）成立。分别定向募集社会法人股3635万元、5000万元，长沙友谊华侨公司、长沙阿波罗商业城（以下简称“阿波罗商业城”）实行投入产出总承包。年底，全市实现国（公）有民营的国合小型商业企业有2556家。年内对10家企业分别采取联合、兼并，实施资产重组，化解企业债务。长沙针棉纺织品批发公司累计亏损达3800万元，对其拍卖低效运转存量资产，划细核算，偿还债务3100万元。长沙友谊华侨公司跨行业兼并市二轻系统累计亏损200多万元的湘南皮件厂。

1995年，长沙市进一步推动个体、私营商业发展，制定“六放一简”（放开从业人员范围、开办条件、经营范围、经营方式、经营规模和发展比例，简化登记手续）政策，当年个体私营商业、饮食网点达102953个，从业人员225885人。东塘百货大楼、湖南友谊（集团）有限公司（以下简称“友谊集团”）、阿波罗商业城列入全省现代企业制度试点单位。

1996 年，长沙市入围全国优化资本结构试点城市。商业企业改革以此为契机加大力度推进。东塘百货大楼改革为东塘百货股份有限公司，并在深圳公开募股成功上市，成为湖南商业第一股。

1997 年，长沙市流通企业以产权制度改革为突破口，积极推动中小商业国有企业进行股份合作制改革。14 家中小商业国有企业通过兼并、联合改制为 5 家股份合作制企业并挂牌营运，参与改制的职工 1207 人，募集股金 673 万元，股东 984 人，占在职职工人数 81.5%。长沙市调料食品公司机关与公司所辖的 7 家生产、经营企业合并联合改制为长沙市双凤实业有限公司。友谊集团与湖南商厦、阿波罗商城与长沙客运公司顺利实现联合。“五一文”2500 万 A 股成功发行并在深圳上市；长沙市饮食公司以“玉楼东”“又一村”“火宫殿”等名优企业为主体，组建长沙饮食集团公司（以下简称“饮食集团”）。

1998 年，对“友谊”“阿波罗”“通程”3 家现代企业制度试点企业通过省政府验收。“火宫殿”“又一村”“玉楼东”3 家企业完成股份制改造。当年，长沙电脑城等 6 个专业批发市场建成开业。11 月，中日合资平和堂商厦建成开业，成为长沙市零售商业引进的第一家外资企业，至年底，长沙商业流通领域已引进“三资”企业 70 多家，利用外资 3.5 亿美元。

1999 年，长沙市发出《关于加快流通产业改革与发展的通知》，加快国合商业企业产权制度改革步伐，加快推进流通现代化。市蔬菜食品集团以马王堆蔬菜批发交易市场经营性净资产作为主要发起人，吸收其他 4 家法人资本设立马王堆农产品股份有限公司，实现投资主体多元化。当年，长沙市新建开业一批包括废旧物资、理发用品、纸业、土特产、名牌服饰、电脑用品在内的特色专业市场。

2000 年，出台《关于长沙市国合商业企业加快改革实施意见》，以实行“两个置换”（即通过资产转让，置换企业国有、集体性质；通过一次性补偿，置换企业职工全民、集体身份）为重点，全面推进国合商业企业产权制度改革步伐。大型商业企业“友谊”“阿波罗”实施强强联合改制，率先实施两个置换，10 月 27 日，成立湖南友谊阿波罗股份有限公司，由原来国有独资企业改造为国有股相对控股、经营者持大股、职工入股、社会自然人参股的投资主体多元化的股份有限公司。当年长沙市有 49 家国合商业企业实行两个置换，解除企业对政府的依附关系，12070 名职工置换身份，解除职工与原企业的劳动关系。

2001 年，83 家市属商贸企业完成改制，1.56 万多名职工置换身份，走向市场。扩大对外开放，德国麦德龙投资 3000 万美元在“三一大道”四方坪建设的仓储式超市开业。2002— 2007 年，长沙市商业企业改制加快步伐，对改制难度大的企业实行一企一策，逐个突破，共有 426 家企业完成改制，6.73 万名职工与原企业理顺劳动关系。

2007 年，通程集团从单一的国有独资公司改制为国有相对控股、战略投资者和经营层参股的股份制企业。2009 年，友阿集团下属家润多商业股份有限公司 7 月 17 日成功登陆深交所中小板市场，挂牌上市，成为首次公开募股（IPO）重启后第一家上市的湖南企业。

2011 年 2 月，友阿集团以 40036.67 万元完成对中山集团承债式兼并，当年，友阿集团、通程集团分别在省内郴州、怀化投资建设购物中心，实现新的发展。

2012 年，全市实现社会消费品零售总额 2454.71 亿元，占全省比重 31.3%，居全国省会城市第 7 位。从企业投资主体看，内资、港澳台、外资商业企业法人个数分别为 1208 个、24 个、14 个，主营业务收入分别为 2521.55 亿元、60.92 亿元、64.44 亿元；内资企业法人个数及主营业务收入分别占 96.95%、95.26%。全市商品交易市场 331 个，成交额 1607.1 亿元。12 月，全球知名财经媒体《福布斯》中文版在长沙隆重发布2012年中国大陆最佳商业城市排行榜，长沙以第16位的排名荣获“中国大陆最佳商业城市”，连续3年排名中部城市之首，商业体制改革效果显现。

二、粮食管理体制改革

1985年，长沙市粮食收购实行国家统一的合同定购政策。1987年开始实行“三挂钩”政策，即农民交售的合同定购粮与平价化肥、柴油供应和20%的预订金挂钩。

1988年，粮食仍由中央统一管理，长沙市根据中央的方针、政策组织实施，实行“四统一”制度，即：统一征购、统一销售、统一调度、统一库存。粮食作为一种商品，部分纳入商品流通轨道，实行“双轨制”，即统购统销与议购议销。议购粮用于自营外，也依国家计划数转为平价销售，平议差价由政府补贴。平价销售对象为非农业人口，对其口粮供应实行“双凭双定”办法，即凭粮证凭票定量定点供应，行业用粮、军供用粮都按计划供应。

1990年，长沙市执行国务院决定，从秋粮收购开始，粮食合同定购改为国家定购，“三挂钩”政策不变。1991年10月，个体粮商进入粮食流通领域。1992年，全市国有粮食企业出现平价粮食经营多头亏损、盈亏互混、关系不顺、机制不活等弊端，企业争贷款、争补贴，地方政府有责无权，缺乏积极性。为克服上述弊端，推动全市粮食经营管理体制改革，长沙市根据湖南省人民政府批转省体改委等单位《关于深化粮食经营管理体制改革实施方案（试行）的通知》，实行新的粮食经营管理体制，即：平价粮食集中管理，统一经营，政策性亏损一家承担。同时理顺国家与企业的关系，把非经营平价粮油企业推向市场。从5月1日起，全市粮食企业按新体制运行。由长沙市粮食局成立粮油购销总公司，长沙县、望城县、浏阳县、宁乡县、郊区粮食局分别成立粮油购销分公司。从11月1日起，长沙市开放粮油销价，取消非农业人口定量粮油平价供应和农村统销定销粮平价供应，“双凭双定”办法也随之取消。粮食财务由中央统收统支至1992年年底结束。

1993年1月1日国家取消粮食定购任务和对农民“三挂钩”政策后，粮食收购市场放开，价格随行就市。同时允许其他行业与私营企业在工商部门办理经营范围变更后，将粮食零售业务纳入经营范围；经粮食行政管理部门审查，经营条件合格的企业，可向工商行政管理部门申请粮食批发业务。粮食多渠道经营格局开始形成，结束40年粮食经营与管理“四统一”的历史。是年，长沙市粮食局机关分流25%的干部“下海”，开展粮油经营工作，其所属企业也大多成立属下公司进行粮油经营。

1994年，长沙市执行国务院恢复粮食定购政策，各国有粮店恢复凭票凭证供应限价大米。粮食加工企业被允许进入粮食收购市场，自行加工与销售。1995年，实施“米袋子”工程省长负责制和市、县长责任制，各级政府共同负责，共同落实。长沙市政府担负全市粮食供求平衡责任，对全市粮食收购、销售、市场管理等全面负责。是年，湖南省人民政府对长沙市实行“三包一放”政策，即：定购粮收购、销售、调拨包干，一定三年不变，计划总量平衡后的余粮，50%给地方，50%交省。粮食财务体制由省级财政预算下放到市级管理。

1996年，长沙市贯彻国务院《关于粮食部门深化改革实行两线运行的通知》，加强国家和地方政府对粮食市场的宏观调控，稳定粮食市场，全市粮食企业实行两线运行，即：粮食企业政策性业务与商业性业务分开，财务分开，单独核算。市、县（市）粮食局和所属粮库、粮站、军粮供应站为政策性业务单位；市、县（市）所属粮油店、粮油加工、运输企业为商业性经营单位。1998年，长沙市贯彻国务院《关于进一步深化粮食流通体制改革的决定》《当前推动粮食流通改革的意见》，实行“四分开一完善”，即：政企分开、中央与地方责任分开、储备与经营分开、新老账务账目分开，完善粮食价格体系。同时实行“三项政策、一项改革”，即：按保护价收购农民余粮、粮食收储企业实行顺价销售（保本微利）、粮食收购资金封闭运行，加快国有粮食企业自身改革。是年，域内国有粮食企业在职职工1.07万人，其中政策性经营企业（收储企业）职工8431人，商业性经营企业（附营企业）职工2316人。分设后的收储企业仍属市粮食局管理，附营企业由收储企业实行行政代管，粮食财务管理体制由长沙市下放到各县（市），由同级财政管理。

1999年，长沙市根据湖南省人民政府《关于进一步完善粮食流通体制改革政策措施的通知》，开始调整粮食种植结构和保护价收购的品种范围，合理确定收购价格，完善粮食超储补贴，促进顺价销售，加大粮食收购市场的管理力度，处理变质陈化粮食。2000年，根据中共长沙市委员会对全市粮食企业改制提出“收缩战线，产权改革，股份改造，联合发展”的要求，浏阳市粮食局所属14家经营企业率先完成改制任务，实施产权拍卖转让，企业置换国有身份，327名职工置换全民身份（以下简称“两个置换”），开全省粮食企业改制先河。

2001年年底，全市国有粮食企业118家，其中购销企业61家，附营企业57家，职工1.20万人，其中在职职工8265人，离退休人员3750人，下岗分流3026人。2002年3月，长沙市由政府发文授权市粮食局负责全市粮食系统国有资产管理，存量资产处置变现，土地资产拍卖收入全部留给粮食企业，用于安置职工，支付改革成本，全市粮食企业按照“两个置换”的要求，全面推进改革改制。是年，长沙市根据湖南省人民政府《关于进一步深化粮食购销体制改革的通知》，建立市、县（市）两级储备粮10万吨，处理存库老定购粮和保护价收购粮17.8万吨。2003年，全市国有粮食企业解决“三老”问题，即：老粮（改革前库存所有粮食）、老人（改革前职工安置）、老账（改革前按保护价收购的粮食库存所形成贷款占用的利息），至此，全市粮食市场全面放开，企业加快改革改制步伐。

2004年，根据国务院《粮食流通管理条例》《关于进一步深化粮食流通体制改革的意见》，长沙市转换粮食价格机制，全面放开收购与价格市场，建立粮食直补制度和粮食风险基金，实行粮食种子补贴与农机具补贴，2005—2006年两年四项补贴为2.45亿元。2006年，全市有4000多家粮食经营户，600余家个体米厂，100多家粮食批发商，建立以长沙市芙蓉北路国家粮食储备库为轴心的饲料中转与批发市场，建立以高桥、红星、马王堆为主的粮油批发市场，新建、扩建6个中央粮食储备库。中央至县四级粮食储备体系建立。域内国有与民营粮食企业主导粮食流通市场，形成一条粮食生产、收购、储备、加工、销售的产业链。

至2007年3月，全市国有粮食企业以“两个置换”为标志的改革改制全面完成。全行业1.04万名全民职工置换身份，其中，竞聘上岗1832人，内退、协保安置大龄职工1822人，自谋职业、调离、退休6765人。全行业142家独立核算企业，改制重组为40家股份制企业。其间，采取招商引资、债务重组、退城进郊、公开“招、拍、挂”盘活土地资产等形式，共处置资产185宗，筹措改制资金8.09亿元，化解债务1.6亿元，实施重点项目建设15个，投资近10亿元。新增大米精深加工能力20万吨，培育“湖南金霞粮食产业有限公司”等18家国家、省、市级农业产业化龙头企业，构筑以国有粮食改革企业为主导，股份、民营粮食企业为补充的多元化共同发展的格局。2007年以后，域内粮食企业抓住粮食产业链条，开始新一轮发展。至2012年，全市建有湖南金霞、宁乡横市与亮之星、浏阳永安等8家粮食物流园区，国家、省、市级农业产业化龙头企业增至52家。

三、供销合作组织体制改革

1979年开始，中央对城乡商品流通体制和供销社的改革作出诸多政策性规定：取消农产品统派统购制度，变独家经营为多家经营，实行政企分开，扩大企业自主权，供销社恢复和加强“三性”即组织上的群众性、管理上的民主性和经营上的灵活性等。长沙市供销合作组织体制改革主要放在经营机制、管理机制的调整上。

1980 年，供销社的主营行业，由独家经营改为多家经营。1981 年，试行经营承包责任制。1984 年，实行政企分开，扩大企业自主权。供销社开展横向经济联合，与省内外 1000 多家农林牧场、工商企业，以及全国 27 家中心城市的专业公司，建立各种经济协作关系。1986 年，经营承包制改为经营合同制，指标层层分解落实，奖罚兑现。1988 年，79 家集体企业有 41 家小型集体企业实行租赁，38 家实行经营承包。供销社的企业经营形式更加灵活，经济效益显著提高，经济实力不断增强。供销社先后投资 1 亿多元，兴建 109 家经营单位，增加营业面积 31.31 万平方米，改变了供销社偏、小、土的面貌。在恢复和加强“三性”方面，建立社员代表大会制度，与农民的关系更加密切。到 1988 年，共扶持种植、养殖农副产品收购重点户、专业户 1.20 万户，建立经济联合体 959 个。

初期改革中出现多方经营、投机套购、伤害农民利益等问题。大量基建导致企业资产结构失衡，员工增多，企业刚性支出大大增加。

1989 年后，市场经济加速发展，供销社的体制难以适应市场经济的要求，供销社进一步加强机制调整，但整体下滑的趋势难以逆转。1992 年，推行用工、薪酬改革，实行干部聘任制的单位 80 家、全员劳动合同制 41 个、工资全浮动 83 个，涉及职工 2.14 万人。1993 年，有“社有民营”网点 2357 个，占总网点的 75%。1995 年，试行岗位责任工资制，试点全员合同制、集体合同制。推行集约规模经营，实行总经销、总代理商品近 100 个，实现销售 3.6 亿元。这些改革措施使供销社的困难有所缓解。

1997 年，长沙市陆续出台一系列企业产权、人事制度改革的文件，供销社开始实施体制改革。调整机关职能。由自我服务型转变为综合服务型，由封闭半封闭经营管理转变为开放式经营和管理。尝试产权改革。浏阳市供销社公开拍卖部分资产，解决了一些股金、债务和民生问题。但由于未能解决全部职工包括退休人员的问题，群众意见很大。1998 年，浏阳市社在九溪石灰厂、永和供销社、农副果品公司、蜜饯厂等四家企业试点“两个置换”改革。基本做法是，拍卖所有资产，与所有职工解除劳动关系，妥善处理好职工养老保险及老员工问题，企业实施平稳解散。这种方式很快得到方方面面的认可，并被称为“全体起立，彻底改制”，2000 年在县级供销社推行。是年实施产权制度改革的单位 51 户，拍卖资产 1508 宗，资产变现 1.38 亿元，置换职工身份 4897 人。2001 年，市供销社直属企业的改制开始起步。2002 年，农产品、茶叶两公司实行“关门走人”的改制，其他企业实行股份制改造。2003 年，县级供销社除 7 个基层社外，其他企业都完成改制。2004 年，系统改制面达 90%以上。2005 年，推进企业转型升级，企业从商品经营向资产经营、资本运营转变，为农服务从购销服务向综合服务转变。2006 年，建设 1450 个村级农资综合服务站，实行统购分销、集中配送、连锁经营，全市农资价格明显下降，农民投诉大幅降低，中央电视台《新闻联播》进行专题报道。加强“新网工程”建设，努力构建农资、日用工业品、再生资源、烟花爆竹等现代流通网络，农资连锁店 1500 多个，日用品连锁店 100 多家，烟花爆竹连锁店 200 多家。农民专业合作社和农民协会 30 多个，入社和联系农户 2 万多户，从业农民近 5 万人，每年为农创收 3 亿多元。2007 年，企业改制工作全面结束，全系统只有 1600 余人未理顺劳动关系，占职工总数的 7.42%。

这一阶段的改革，给供销社带来积极变化。职工得到妥善安置，经济实力得到提高，经营思维得到解放。改制前，市供销社有资产总额 10 亿元，负债率逾 90%，2007 年年底，全社资产超过 12 亿元，负债率下降到30%以下，全年实现商品销售（营业）收入16.91亿元，是改制之初2000年的1.46倍，实现利润4102.5万元，是2000年的50.4倍。

2007年，市供销社积极拓展经营渠道，利用存量土地，进军房地产业，两个项目开始建设，总建筑面积10万多平方米。2009年，供销社储备农资4.2万多吨，市场份额超过70%，重新成为农资供应主渠道。新增土地40多公顷，推出重点项目4个。2010年，供销社牵头建设的再生资源回收利用网络体系通过国家试点城市验收，获得中央财政3800万元资金支持。4月26日，梦洁公司在深圳证券交易所成功上市，成为长沙市农口系统第一家上市企业。2011年，望城区、浏阳市、宁乡县先后开通“网上电子商务平台”，帮助农民推介农副产品。2012年，全市农资、日用工业品、再生资源、烟花爆竹四大城乡经营网络基本成型，促进供销合作经济全面快速发展。是年，完成商品销售总额48.58亿元，上缴国家税收1.81亿元，达历史最好水平。

四、物资流通体制改革

1979年后，长沙市物资购销突破计划经济管理模式，贯彻实行“计划分配为主，市场调节为辅”的方针，逐步向社会主义市场经济过渡。当年计划分配的统配物资有210种。至1985年，长沙市计划分配的国家统配物资仅剩下钢材、生铁、铜、铝、水泥、硫酸、汽车、煤等23种，其余物资均敞开供应。1986年，国家统配物资的种类和数量继续减少，种类已减至15种，数量大幅下降，钢材减少25.63%、生铁减少32.6%，同时，实行计划内、计划外物资互换，在更广范围内调剂余缺，搞活流通。5月，长沙市钢材市场成立，全市已形成以小吴门物资综合贸易中心为轴心，覆盖建湘路、经武路的机电产品专卖街；以市轻化材料公司为龙头的西湖路化工产品销售一条街；以市建筑材料公司车站南路建材经营部为中心的连接人民东路的建筑装饰材料两条街；以市金属材料公司仓库和市金属回收管理公司为骨干的车站南路金属材料调剂市场。1988年，长沙市物资流通领域呈现国有企业主导，集体、个体私营企业和其他部门共同竞争格局。市物资贸易总公司、物资实业发展总公司等企业实行承包经营，工资总额与经济效益挂钩，企业内部竞争上岗，推行岗位经济责任制，分类分档计酬。

1991年，工业品生产资料价格双轨制逐渐并轨，指令性计划进一步减少，工业企业产品自销急剧增加，个体、私营生产资料经营户与日俱增，长沙物资流通形成新格局。市物资系统企业实行“两放开”“三并举”。“两放开”是：市场放开，先后开办钢材市场、汽车市场和废旧金属市场；工资奖金放开，全系统企业实行工资总额与经济效益挂钩的多种分配形式。“三并举”是：内销外销并举，内外市场一起抓，在抓住长沙市本地购销同时，开展远购远销、大购大销、两头在外业务；计内计外并举，计内物资订到、拿到、供到，计外物资积极组织，尽力保供；主业与他业并举，搞好主业经营同时，积极开拓、延伸与本行业相关的市场，扩大购销渠道。1992年5月，长沙市在国有物资企业实行“经营、价格、用工、分配”四放开改革。1993年10月13日，由长沙市物资总公司、中国人民建设银行长沙市信托投资公司等10家企业共同发起组建的湖南省物资行业首家股份制企业——长沙物资股份有限公司正式成立。1994年9月，市物资局成建制转体为长沙市物资集团总公司，实行自主经营、独立核算、自负盈亏、照章纳税。

1995年，物资交易市场建设加快，长沙市金属材料总公司、建筑材料总公司、机电设备总公司、化工轻工总公司分别投资改造、新建金属材料市场、建筑材料市场、汽车自选市场、化工原料市场，市场面积共计15400平方米；马王堆、望城坡地区已形成建材集中经营区，南湖五金机电大市场建成开业。

1997年，抓住优化资本结构试点和综合配套改革试点契机，推进企业改制，促使企业解困。长沙市物资再生利用资不抵债，资产负债率高达170%，由市物资集团总公司实行承债式兼并，当年，市物资集团总公司对系统内4家“三无”（无资金、无经营场地、无仓库）小型企业和2家“三无”中型企业分别采取托管、停业整顿措施，全系统下岗分流309人。同年，中南汽车大世界、湖南汽车城、四星汽车大市场、金鹰机电大市场等专业市场相继开业。

1999年，因企施策，推进困难企业改制，长沙物资实业发展公司包袱大，债务重，无法正常运转，通过职工入股重新组建长沙同创物资发展有限公司，开辟发展新路，重组后的同创公司与邯郸钢铁集团公司合作，促进经营发展。是年，占地25万平方米，建筑面积21万平方米的大型建材专业市场——红星建筑装饰材料大市场建成开业，发展物流配送。2001年，长沙市化工轻工总公司率先实施两个置换，全员入股改制为凯力化轻有限公司。2002年，长沙市国有物资流通企业改制工作全面开展，经过资产核销，企业化解债务7600多万元，210名职工与企业理顺劳动关系，走向市场，自谋职业。2003年，“凯力”“金属”“储运”“建材”“物贸”5家企业完成改制，成立新的股份制企业；“回收”“实业”“机电”“进出口”“边境贸易”等公司分别采取承债式兼并、破产等不同形式进行改制，做好相关准备工作。2004年，长沙市全面推进国有物资流通企业改制，重点推进市物资集团金属回收公司承债式兼并改制和市机电设备总公司等5家资产缺口大、无成本改制、遗留问题多的困难企业改制工作的顺利开展。至年底，全市14家国有物资流通企业除市物资实业发展总公司因资不抵债暂未改制外，其余企业全面完成改制。1495名职工置换身份，理顺劳动关系，190名职工办理内退协保手续，877名职工一次性领取经济补偿金自谋职业。2007年，长沙市物资改制企业开始相继退出生产资料经营。2008年6月，市物资实业发展总公司在有效化解工商银行债务包袱基础上，顺利改制为长沙市达润金属材料有限责任公司，72名职工全员持股，募股212万元，至此，全市国有物资流通企业改制全部完成。

第四节　宏观调控体制改革

一、计划管理体制改革

1984年10月《中共中央关于经济体制改革的决定》（以下简称《决定》）下发后，长沙市积极进行计划管理体制改革，出台关于简政放权的18条意见，从工业、农业、固定资产投资、物资、流通、价格和劳动工资7个方面下放计划管理权限，扩大企业自主权。1985年4月，根据《决定》精神和国家、省关于计划体制改革的意见，制定《关于改进计划体制的若干意见》，大幅缩小指令性计划，扩大指导性计划，给企业更多的生产经营自主权。如工业产品列入市计划的品种由1984年的517种减少到90种；农产品生产实行指导性计划，由38种减少到30种；对粮食、棉花等21种大宗农产品的收购和调拨下达指导性计划，其他农产品全部放开；建设领域中国家投资、纳入国家信贷计划以及全民自筹基建项目均纳入指令性计划，由国家、省、市审批，将30万元以下的投资项目下放区县审批。是年，全市完成工业总产值60.29亿元，同比增长16.6%；市属预算内工业企业实现利税3.29亿元，同比增长27.2%；农业总产值（按老口径）完成17.96亿元，同比增长14.4%；财政收入6.3亿元，同比增长23%。计划管理体制的初步改革初见成效。

1988年，长沙市继续下放计划管理权限，逐步建立以间接控制为主的宏观调控体系，重点改革投资体制、物资体制和外汇分配体制。在建设领域出台改进基建计划管理的意见，将县（区）建筑面积1000平方米以下的商业网点建设项目、集体企业200万元以下及乡镇企业500万元以下的投资项目下放县

（区）审批。改革对企业的生产经营管理，由企业根据行业发展规划和市场需求自主决策、自行安排生产经营活动，国家只是通过经济手段进行间接调节和引导。对少数关系全局的骨干企业的主要经营活动，政府仍实行必要的直接管理，同时改变传统的指令性管理办法，实行符合发展商品经济要求的新办法。是年，长沙市在年度计划中继续缩小指令性计划和上调任务，扩大指导性计划和市场调节。全市计划安排196种主要工业产品，其中省下达126种（含指令性4种），市安排70种；部分产品产量由国家和省市上调或配套的属指令性计划的35种。对粮油、棉花、烤烟等关系国计民生的少数重要商品继续实行合同定购和国家定购。缩减国家指令性计划分配物资的种类和比重，扩大企业和地方支配物资的自主权。采取措施完善长沙物资贸易中心，进一步搞活生产资料市场，实行开放式经营。加强外汇计划管理，全市留成外汇由市统一安排使用。改革计划管理工作方式，加强全市宏观经济调控，每季度召开全市宏观经济调控会（后改称经济形势分析会），分析经济形势和经济运行中的矛盾、困难，研究制定对策，确保年度经济目标实现。1989年，长沙市年度计划改变传统的计划安排形式，只将经济增长率、固定资产投资总规模、物价总指数、人口自然增长率、社会商品零售总额、外贸收购、财政收入7项指标列为全市宏观调控目标，同时下达工业、农业、内外贸易、投资等具体指标，以保障宏观调控目标的实现。1990年，长沙市在逐步建立健全计划经济与市场调节相结合的经济运行机制中重点搞好计划综合平衡，统筹安排，是年，全市年度计划主要调控目标均只安排增长率计划，而对工、农业主要产品生产计划则作出具体安排；严格控制固定资产投资规模，全市投资计划比上年紧缩22.2%，重点保农村水利设施和城市基础设施建设；控制城市人口增长，将农业人口转非农业人口指标纳入指令性计划管理。这些改革措施的实施，给企业在产、供、销、人、财、物等方面更大的自主权，调动了企业的生产积极性。到1990年，全市实现国民生产总值59.29亿元（按1980年不变价，下同），比1985年增长49.12%，年均增长8.3%；实现财政收入10.29亿元，比1985年增长56.60%，年均增长9.4%。

1992年2月，长沙市进一步放开计划管理权限，减少对企业生产的干预，改革传统的经济考评指标体系，不再以产值速度作为考核工业发展指标，从追求速度效益、规模效益向追求经济效益转变。是年，全市年度计划只下达宏观调控目标，总产值只作为一般统计指标，不作为考核指标。工业产品产量计划严格按照市场需求安排组织生产，对市场需要的短线产品增加生产计划，对库存积压的长线产品压缩生产计划，如对钢材、水泥、农用膜等82种产品增加了计划数量；对库存积压严重的收录机、毛线、毛毯、电视机等44种长线产品压缩了生产计划。进一步下放固定资产投资项目的管理权限，将国有单位自筹、集体单位投资1000万元以下，小区成片开发2000万元以下的投资项目下放区县审批；国有企业500万元以下的生产性及200万元以下非生产性投资项目由企业自主确定。在农产品流通中，完善农产品“放管结合”的购销体制，减少指令性计划，只对粮食、食油、食糖、食盐、农药等9种农产品下达收购调拨计划。物资分配计划进一步减少，继续出台煤炭、原油、有色金属价格并轨措施；物资安排向农业、农机倾斜，指令性计划产品除省、市重点项目外，其余一律不安排物资分配计划。外贸出口计划收购产品18种，比上年减少6种。农业人口转非农业人口指标仍作为指令性计划管理，进一步严格控制规模。

在改革中，长沙市不断探索适应社会主义市场经济要求的新的计划管理方式，突出计划的宏观性、战略性和政策性，计划工作的重点转移到研究战略、制定规划、宏观调控、总量平衡、产业政策、培育市场、重点建设、协调服务等，从传统的抓直接管理、抓实物管理、抓微观管理的旧框框中解脱出来，工作的重心转向抓“四大”即出大主意、拟大战略、提大规划、抓大项目上来，转向抓经济杠杆与综合上来。先后制定全市产业结构调整的政策措施，编制“八五”（1991—1995 年）全市国民经济和社会发展计划，促进全市经济和社会发展计划的实现。但全市计划管理体制改革的深度不够，宏观调控力度、效果均不理想，特别是计划、财政、金融三者之间尚未建立相互协同的机制，此外计划工作在方法上还有待进一步改进和完善。

1996 年，长沙市在加速政府职能转变的同时，按照建立社会主义市场经济的目标，进一步深化计划体制改革，全市简化生产、建设、流通、分配和社会事业等各个领域、各种类型的计划指标，按市场发育的程度，逐步放开资源配置有关产品的计划管理的范围。全市年度计划大幅减少指令性计划，仅安排卷烟、农地膜、铁路客车、黄金 4 种指令性产品产量；而柴油机、汽油机、汽车及汽车底盘、农用车等 42 种指导性计划产品，则根据市场需求努力完成。进一步改革投资体制，逐步建立法人投资和银行信贷投资的风险责任，规范投资主体、投资决策和投资行为，加强全市投资规模和投资结构的宏观调控。1999 年，长沙市在年度计划中以宏观调控主要预期目标取代年度宏观调控目标，只下达增长率，不下达绝对数。加大投资改革的力度，组建两家投资公司作为全市城市建设的举债和担保主体，首次尝试以法人形式投资城市基础设施建设。

2000 年，长沙市大中专毕业生分配、农业人口转非农业人口不再列入计划管理。2004 年，长沙市逐步完善全市宏观调控力度，针对国家实施的一系列宏观调控措施，分析对长沙市的发展构成不可忽视的影响，提出近期着力破解资金、土地、项目三大难题，中期内着力于调整投资、消费、出口三大需求的关系，长远着力于解决体制、结构、增长方式三大深层次问题的对策。是年，长沙市发布《关于发展资本市场的若干意见》《关于投资体制改革的若干意见》，进一步扩大投融资渠道，理顺全市投资管理体制，放开企业投资，放宽社会资本投资领域，完善公共投资行为。2005 年长沙市将“城市空气环境污染指数年均值”列入年度计划宏观调控目标，2006 年将“单位地区生产总值能耗降低率”列入年度预期目标，2007 年将节能、排污、人口增长率作为约束性指标列入年度预期目标，要求确保完成，其他预期目标则要求努力争取实现。2009 年，长沙市在宏观管理中大力推进投融资体制改革，整合全市国有资源，按照现代企业制度的要求，组建政府五大投资集团公司；扩大投融资渠道，拓展债券市场，推进全市重点工程建设。

2012 年，长沙市将地区生产总值、财政总收入、居民消费价格指数、综合能耗及环境保护等 14 项指标作为年度宏观调控预期目标，只下达增长率或控制率，以引导、调控全市国民经济和社会全面发展。在投资领域进一步完善修订《长沙市政府投资建设项目管理办法》，并制定加快发展资本市场的若干补充意见，健全政府投资管理体制，激励全市资本市场更快发展。计划管理体制的一系列改革，提高政府宏观调控能力，在一定程度上完善市场机制，发挥资源配置在市场的作用，推进社会生产力的发展。是年，全市地区生产总值首次突破 6000 亿元，地方财政总收入 796 亿元。

二、投融资体制改革

20 世纪 80 年代以前，长沙市基本建设均由国家财政拨款。国家集中有限的财力、物力推进重点建设。1978 年 12 月，中共十一届三中全会以后，长沙市开始采取措施压缩基本建设规模。1981 年，长沙市基本建设投资和固定资产更新改造资金试行由拨款改为贷款的办法，实行建设资金有偿使用。1984 年 10 月，《中共中央关于经济体制改革的决定》下发后，长沙市制定简政放权 18 条意见，下放部分固定资产投资计划权限。1985 年 4 月，长沙市出台《关于改进计划体制的若干意见》，继续放宽投资管理权限，规定凡国家投资、纳入国家信贷计划以及全民自筹基建控制指标内所安排的建设项目都实行指令性计划，须由国家、省、市计划部门审批；凡生产性单项工程在 30 万元以下和非生产性单项工程总投资在 30 万元以下的建设前期准备项目，由市属主管局（公司）和县、郊、区审批。

1988 年，长沙市提出投资体制的改革，重点是改变用行政手段按条块隶属关系分配投资，决策不承担风险，花钱不承担责任的办法。对于经营性建设的投资，坚持实行有偿使用，并建立严格的投资运用、回收和增值的责任制。1992 年，长沙市先后两次下放固定资产投资和利用外资项目审批权限，将全民自筹生产性 1000 万元以下、全民自筹非生产性 500 万元以下的基建项目，集体投资 1000 万元以下的基建项目，小区成片开发建筑面积 30000 平方米以下、总投资 2000 万元以下的项目，个体投资基建项目，利用外资 500 万美元以下的基建、房地产开发、工业及其他生产性项目下放到县、区审批。全民所有制中一型以上工交企业 500 万元以下生产性基建项目、200 万元以下的非生产性基建项目由企业自行确定审批。捞霞、星沙、望城坡三个开发区单项基建工程 1000 万元以下项目由各县或开发区审批仅需审批后报市备案。

1994 年年初，长沙市提出进一步深化投资体制改革，重点是建立法人投资和银行信贷投资的风险责任，按照不同投资领域划分投资主体和责任范围，规范投资资金的来源和筹资方式，健全对投资规模和投资结构的宏观调控，规范投资主体、投资决策和投资行为。1995 年，按照国家产业政策要求，结合全市经济快速发展的客观需要，长沙市进一步加强和改善以固定资产投资总量与投资结构的宏观调控，强化对资金源头的控制，加大投资结构调整的力度，引导资金投向能源、交通和城市基础设施建设以及广厦（安居）工程等方面，保证重点工程的顺利进行，投资效益亦有所提高。是年全市国有基建和更新改造新增固定资产比上年增长 79.2%，固定资产交付使用率比上年提高 4.2 个百分点。1996 年开始，长沙市加强全社会固定资产投资管理，将私营企业中较大、有影响的建设项目逐步纳入市级审批。1999 年以后，长沙市通过组建投资公司，将长沙市城市建设投资公司和市环路建设公司作为全市城市建设的举债和担保主体，将大量的城市存量资产委托这两家公司打捆经营，进行资本运营，首次尝试以法人的形式投资城市基础设施建设。截至 2002 年上半年，市环路建设公司拥有总资产 57.3 亿元，完成全市路桥工程投资 44 亿元；市城市建设投资公司总资产由原 2.1 亿元扩充到 22 亿元，完成五一大道、湘江大道、芙蓉路等重点建设工程投资 12.3 亿元。投资计划管理体制放开后，激发企业投资热情，加大投资力度，推进全市工业化、城市化和农业产业化进程。但仍存在投资主体特别是政府投资项目主体不明确，投资风险无责任担当，加之融资渠道单一，更多的社会资本难以吸纳投入重点建设，这些都在很大程度上制约全市经济建设和社会的发展。

2004 年 4 月，长沙市颁发《关于发展资本市场的若干意见》，提出“推进金融投资产品创新”“鼓励和支持企业开展信托、集合委托贷款、产权融资”“鼓励和支持企业依法利用发行股票和企业债券等多种渠道进行直接融资”等意见，加快推动融资体制改革。11 月，长沙市贯彻落实《国务院关于投资体制改革的决定》，发布《长沙市人民政府关于投资体制改革的若干意见》，制定《企业投资项目登记备案管理办法》《非经营性政府投资项目代建制实施办法》等相关配套文件，在理顺投资管理体制、放开企业投资、界定公共投资领域、明确投资部门职责、严格公共投资管理、改进公共投资方式等方面都有较大的突破。对不使用政府资金的企业建设项目，一律不再审批，而区别不同情况实行核准制和备案制，按照“谁投资、谁决策、谁收益、谁承担风险”的原则，进一步落实企业投资的主体地位。鼓励非政府投资，放宽社会资本投资领域，鼓励和引导社会资本参与经营性公益事业、基础设施项目建设。政府公共投资的重大建设项目实行投资决策咨询制度和专家评议制度，推行政府投资项目公示制度；实行代建制，完善项目稽查制度和招投标制度，建立项目后评价制度和责任追究制度。长沙市投资体制改革迈出了实质性步伐。2005 年，长沙市积极发展资本市场，建立融资方式多样的投融资体制。2006 年年初，中国人民银行核定“电广传媒”发行企业短期融资券最高 7 亿元，成为长沙发行企业短期融资券的首家企业。是年，全市共有 6 家企业发行企业短期融资券 49 亿元。截至 2007 年全市设立中小企业信用担保公司 23 家，累计为 3363 户中小企业融资担保总额 96.2 亿元。市政府每年组织银行机构和企业开展银企项目对接洽谈，协调指导融资工作，仅 2007 年引导 12 家银行分别与 221 户企业达成协议，融资总额 177.6 亿元。鼓励和支持企业上市融资。2007 年年底止，在长沙市注册的上市公司有 28 家，其中 A 股上市公司 25 家， H 股上市公司 3 家，总资产 1111.4 亿元。是年，3 家企业发行短期融资券 38 亿元。

2009 年，全市 30 家国有投资公司全面清理，逐步组建长沙市城市建设投资集团有限公司、长沙轨道交通投资集团有限公司、长沙市公共资产经营管理有限公司（中心）、长沙市企业国有资产控股集团有限公司、长沙市产业投资控股集团有限公司五大投资集团公司。新成立的政府各投资公司按照现代企业制度的要求，完善公司法人治理结构，规范公司运作机制，成为自主经营、自负盈亏、自我约束、自我发展的企业法人。是年，国际金融危机导致国内经济运行困难，长沙市破解融资难点，积极拓展债券市场。全市有上市公司 32 家；全市直接融资 153.46 亿元。其中，长沙市城建投资公司、市高新产业开发公司共 40 亿企业债券经国家发改委审批，于 2010 年正式发行到位，加快了重点工程建设。2010 年 11 月，长沙市发布《关于进一步发展资本市场的若干意见》，强化支持长沙市资本市场发展的政策措施，从上市费用补贴、降低重组成本、加大资源倾斜力度、协调服务等方面完善对拟上市企业的支持。是年，全市有境内外上市公司 39 家；全市资本市场融资 314.31 亿元，比上年增长 104.82%。2012 年 7 月，在经过两年半试行的基础上，修改、完善并重新印发《长沙市政府投资建设项目管理办法》，在投资决策、项目前期管理、项目建设管理、资金管理、监督检查、责任追究等方面作出明确规定，进一步健全政府投资管理体制。出台进一步加快发展资本市场若干意见的补充规定，拓展投融资渠道。至年底，全市直接融资总额 330.28 亿元。其中发行长沙城投债、长经开债、长建投债、长先导债 4 只企业债券，募集资金 63 亿元，加大市政、交通、能源等基础设施和优势产业、战略性新兴产业的投资，推进城市地铁、城际轨道、城乡路网等大批重大项目建设速度，加快工程机械、生物医药、新材料、电子信息、烟草食品等高端产业发展，完善城市功能，促进社会事业全面进步。

三、财政管理体制改革

20 世纪 80 年代初期，根据国务院关于财政管理体制改革的文件精神，长沙市实施“划分收支、分级包干”的财政管理体制，中央与地方、地方各级之间财政实行“分灶吃饭”，将市级财政包干基数划分为固定收入和调剂收入。固定收入均按 40%的比例分成；调剂收入实行增收和超收两部分均按 20%计算分成。湖南省对长沙市先后实行“定收定支、收支挂钩”“划分收支、分级包干”“总额分成包干”等多种形式的财政包干体制。至 1987 年，长沙市每年财政收入徘徊在 3 亿~5 亿元之间。

1988 年，省对长沙市的财务体制由“总额分成包干”改为“定额上交、递增包干”。递增比例为 8%，一定三年不变。长沙市 1987 年向湖南省上交的财政收入为 4.28 亿元，按新体制年递增 8%的比例计算，1988 年应向省上交 4.63 亿元。市财政核定浏阳县的上解额为 3600 万元，不递增；宁乡县的上解额为 1438 万元，递增包干比例为 7%；长沙县的上解额为 1799 万元，递增包干比例为 8%；望城县的上解额为 1572 万元，递增包干比例为 7%。新的财政体制调动了各方面发展经济的积极性，但也使财政运行陷入不平衡的困难境地，如“两个比重”持续偏低，财政支出急剧增加，地方财政运行中出现擅自减免税收、截留挪用财政收入、花钱大手大脚等问题。

1993 年，在市委、市人大常委会、市政府、市政协机关等 12 家单位年度经费试行“综合定额、一年一度、总额包干、超支不补、结余留用、创收留用”的预算包干办法，然后在市直行政单位铺开。

1994 年，实行分税制财政管理体制改革。省对市的体制基本原则为：统一领导，分级管理、分灶吃饭；新老体制双轨并行，存量不动，增量微调，保地方既得利益。分税制明确市财政收入范围，并实行省级财政对市财政的税收返还和转移支付制度。是年，将行政性收费收入纳入财政预算内管理，实行“收支两条线”，对事业性收费及其他预算外资金实行财政专户储存。

1995 年，对全市行政事业性收费实行“五统一”的集中管理改革：即统一征收范围，统一征收方式，统一管理办法、统一收费票据，统一收费纪律。实行“收支两条线”，纳入预算管理，事业性收费，及其他预算外资金实行“财政专户储存，计划管理，财政审批，银行监督”的办法。通过改革和规范，全市全年纳入预算管理的行政性收费较上年增长 177.80%，专户储存资金较上年增长 77.20%，市本级核定行政事业单位预算外资金顶抵预算拨款 7035 万元，比上年增长 60%。是年，取消“基数加增长”，预算编制方法，实行按单位当前事业任务和行政工作量以及不同开支标准测算的“零基预算法”。

1997 年，对全市行政事业性收费实行统一征管改革。取消执收单位预算外收入过渡户，执收单位只负责开票，缴款人将款项直接缴入收费管理局在银行统一开设的收费专户，采取财政统一票据、单位执收、收费局一站制收费、资金缴存财政、群众民主监督、部门联合稽查的办法，使游离于财政管理之外的预算外资金进入“笼子”。是年，全市地方财政收入为 25.64 亿元，但支出也急剧膨胀，有 28.07 亿元，而其中人员经费与公用经费合计为 24.71 亿元，占财政比重 88.03%。

1998 年，在分税制的基础上，推进建立公共财政体制。因受东南亚金融危机和长沙流域特大洪水双重打击，长沙成为 GDP 增速下调 4 个百分点以上的“重灾区”。是年，实行基建预决算审查改革，对财政性基本建设投（融）资金过程，包括建设项目的概算、预算、结算、竣工决算进行评价和审查，并出具评审结论，以此作为财政安排资金和固定资产交付使用的依据。

2001 年，实行会计委派制度改革，出台《长沙市集中会计核算暂行办法》《长沙市会计委派管理暂行办法》，对 60 家行政单位实行集中核算，对 14 个系统实行会计委派，取消单位的会计机构和银行账户，撤销会计人员。

2004 年，市本级全面推行部门预算改革，对单位的人员经费根据“定编、定额”原则，按标准严格实行工资统发；对单位公用经费实行“分类、分档”严格控制。

2005 年，根据《湖南省人民政府关于完善现行出口退税负担机制的通知》，着手完善现行出口退税负担机制。对历史上欠税退款由中央财政负责偿还，同时建立中央、省与市共同负担的出口退税新机制，出口退税超基数部分中央、省、市按 92.5:2.5:5 的比例负担。长沙市负担的增值税增量部分，按照分享与分担对称的原则确定，增值税地方部分为市级收入的企业，出口退税超基数增量部分由市承担，其他所属区县（市）的企业退税超基数增量部分由区县（市）承担。地方负担部分通过年终结算上解。是年，对政府资产实行“集中配置、分类管理、综合经营、统一处置”的方针，对处置收入实行市财政集中管理。

2007 年，启动市本级 21 家预算单位实行国库集中支付改革试点，构建国库单一账户体系，试点单位预算内资金纳入国库单一账户体系管理，收入直接缴入国库和财政账户，支出经规定的审核机构审核后，将资金通过国库单一账户体系直接支付给收款人。改革先在 21 家试点单位上线运行，并逐步推广实施。

2008年，深化政府采购制度改革。制定《长沙市代理机构工作流程图》等5项措施规定，注册政府代理机构65家，实行代理机构登记备案制，年内财政部门退出政府采购操作，履行政府采购监管。至此，长沙市政府采购监管职能与政府采购代理机构的操作职能实现分离。是年，实行行政事业单位资产产权与使用权分离，按照“统一配置、分类管理、综合经营、集中处置”的办法，归集非经营性不动产物权，授权市机关事务局管理；归集经营性不动产物权，授权长信投资管理公司管理，实行公共资产集约化经营，提高资产营运能力、资产附加值和经营收益。同时，对公共项目资金实行“公开申报、部门审核、专家评审、结果公开、绩效评价”的管理办法。

2010年，根据湖南省委、省政府关于完善财政体制推行“省直管县”改革的精神，长沙市全面推行“省直管县”财政管理体制改革。除市辖区以及长沙县、望城县仍维持省管市州、市州管县市的财政管理体制外，所辖的浏阳市、宁乡县纳入省管范围。长沙市对县（市）财政体制收入划分为：对省直管的浏阳市、宁乡县的财政收入，市级财政不再参与分享；未纳入省直管的长沙县、望城县的财政收入划分范围不变。长沙市对区财政体制收入划分为：将财政收入分为市级独享收入、区级独享收入、市与区共享收入。并明确独享收入税种范围和共享收入税种范围及分享比例。翌年，严格落实财政部将预算外资金纳入预算管理的规定，预算外资金从此成为历史名词。

2012年，逐步完善公共财政基本框架，保障财政职能作用的充分发挥。继续深化预算编制管理，通过实施“制度预算、零基预算、综合预算、绩效预算”的预算管理机制，建立标准定额体系，完善编制流程，加强预算指标管理。推进项目支出预算评审机制，严格执行“先评审、后招标，先评审、后拨款，先评审，后结算”的程序，建立项目安排事前预算评审、事中执行监督、事后绩效评价的体制机制。全年共审查各类预决算项目1139个，评审总金额51.99亿元，核减金额18.02亿元，核减率34.65%。

四、税务体制改革

根据国务院1984年有关税收精神，为调整和完善国家与企业之间的分配关系，调动企业和职工搞好生产经营的积极性，将原工商税按照征税对象划分为产品税、增值税、营业税和盐税，增加资源税、城市维护建设税、房产税、土地使用税和车船使用税，将利改税设置的国有企业所得税和调节税加以改进。是年长沙市工商税制全面改革，由原来适应产品经济的单一税制，转向多税种、多层次、多环节发挥调节作用的复税制；由原来的流转税为主体的税制体系向以流转税和所得税为主体，其他税种相配合的新的税制体系。1988年，长沙市税收由长沙市税务局负责征管，税收分成采取包干制，国家财力偏于分散，制约财政收入合理增长。

1993年，根据国务院《工商税制改革实施方案》，按照统一税法公平税负，简化税制，合理分权，理顺分配关系，强化税收的组织收入和宏观调控功能的原则，逐步建立起具有中国特色的符合社会主义市场经济要求的税收体系。强化流转税和所得税，完善地方税，使各税种的功能充分发挥，以规范化的税制增强税收的聚财和调控功能，使税收收入随着国民经济的发展而持续、稳定增长。

1994年开始实行税制改革：①商品劳务税制改革。改革后的商品劳务税制主要由增值税、消费税和营业税组成，统一适用于内、外资企业，取消对外商投资企业和外国企业征收的工商统一税。②所得税制改革。将国有企业所得税、集体企业所得税、私营企业所得税合并为统一的企业所得税，采用33%的比例税率；将个人所得税、个人收入调节税和城乡个体工商户所得税合并为个人所得税。③资源税制改革。扩大资源税的征收范围，对所有金属矿产品和非金属矿产品征收。④其他税制改革。取消国有企业调节税、集市交易税、牲畜交易税、奖金税、国有企业工资调节税、燃油特别税、工商统一税 等税种，开征土地增值税，将股票交易从印花税目中独立出来，单独开征证券交易税。⑤推进税收征管制度改革。建立科学、严密、规范的税收征管体系，建立纳税人、代理办税机构和税务机关三方相互制约的机制，形成税收法律法规、税款征收税务稽查、税务行政诉讼和复议4条线并重的税收征管新格局，建立以纳税申报和优化服务为基础，以计算机网络为依托，集中征收，重点稽查的征管模式，实现由传统模式向现代税收征管模式的转变。⑥实行分税制财政体制。按税种划分中央和地方的财政收入，将税种划分为中央税地方税中央和地方共享税3类，并相应分设国家税务局和地方税务局两套税务机构，划分两套机构各自的税收征收管理权限。12月，根据国务院发布的《关于实行分税制财政管理体制的决定》，对财政管理体制改革进行部署，从事权与财权相结合的原则出发，明确中央财政支出与地方财政支出的范围，按照税收种类划分中央财政收入与地方财政收入，建立中央对地方的税收返还和转移支付制度，推动中央与地方预算体系建设，实现一级政府一级财政。是年，根据《关于组建长沙市国家、地方两套税务机构的实施方案》，长沙市税务局于9月23日正式分设为长沙市国家税务局、长沙市地方税务局。

分设后的长沙市国家税务局实行垂直管理。长沙市国税系统的机构设置、干部管理、人员编制和经费开支，由市国家税务局统一垂直管理。在机构、编制、经费、领导干部职务的审批等方面按照下管一级的原则，实行垂直管理。长沙市国家税务局主要负责11项税收的征管，即增值税，消费税，中央企业所得税，地方及外资银行及非银行金融企业所得税，证券交易税（待开征），境内外商投资企业和外国企业的各项税收以及外籍人员缴纳的个人所得税（按税种分别入中央税和地方库），缴纳增值税的个体集贸税收，中央税的滞、补、罚收入；按中央税、共享税附征的教育费附加（入地方库）、国家能源交通重点建设基金、国家预算调节基金。

分设后的长沙市地方税务局实行由湖南省地方税务局与地方政府双重管理，以省地方税务局垂直领导为主的体制。长沙市地方税务局人员编制、机构设置、干部管理和经费开支，由省地方税务局实行垂直管理。长沙市地方税务局主要负责15项税费的征收，即营业税、地方企业所得税、个人所得税、城市建设维护税、固定资产投资方向调节税、土地增值税、房产税、城镇土地使用税、屠宰税、资源税、印花税、车船使用税、筵席税、地方税的滞补罚收入、教育费附加。

五、物价管理体制改革

在中共十一届三中全会以后，根据“计划经济为主，市场经济为辅”的原则，围绕全市经济和社会发展的大局，长沙市的价格改革逐步推进。20世纪80年代初，长沙市先后提高主要农产品收购价格，相应调整主要副食品销售价格；提高工业生产资料价格，实行计划内由国家定价，计划外市场调节的“双轨”价格体制。至1988年，价格改革全面铺开，先后放开猪肉、鲜蛋、食糖蔬菜等主要副食品价格，放开名烟名酒价格，放开大部分农产品和工业消费品价格。同时，改革价格行政审批制度，将原有的80项价格审批事项减至14项，减少85%。重新制定《长沙市工业消费品价格管理目录》，对工业消费品价格管理权限、形式和方法作出新的规定，基本实现由企业和市场自主定价，但是随后，由于物价定价权放开过快、品种过多，且物价管理措施滞后，加之投资和消费的扩张及自然灾害的影响，造成市场物价连续大幅上涨，其中1988年涨幅高达24.9%。为控制物价涨势，根据国务院治理整顿方针，1989年，全市物价管理实行稳市场、稳物价的“双稳”目标责任制，将物价控制目标分解下达，层层责任包干。适度收紧物价管理权限，对关系群众生活已放开的主要食品价格采取临时干预措施：猪肉实行政府指导价，面粉、面条等品种控制经营差率，17种早点和15种副食品实行限价，大路蔬菜和淡季、节日期间蔬菜实行零售限价，茶叶、干鲜果、湘莲及摩托车、录像机等商品规定价差率，毛巾、袜子、卫生纸等日常生活用品实行提价申报制。从严控制生产资料价格，化肥、农药和农膜等主要农业生产资料严格执行全省统一作价办法，工业生产资料计划内执行国家定价，计划外控制经营差率或实行行业协调价。

1990 年，为加强农村物价管理，在宁乡县双凫铺成立首家农村物价管理站，承担区域内价格管理、检查和信息统计工作。1991 年，物价基本稳定，取消对 18 种（类）商品价格的临时干预措施，放开 6 种（类）国家知道价商品价格，取消统配水泥价格“双轨制”，恢复工业生产资料自销企业定价。1992 年，放开粮油销售价，取消城镇居民定量供应的平价粮油，放开凭票供应的猪肉价格，改暗补为明补，全年政府补贴由 6150 万元减至 3000 万元；放开生活用煤价格，调高平价液化气销售价；大幅提高煤、电、油、钢材等基础原材料价格；调整医疗、教育等公用事业性收费标准。为进一步扩大企业自主权，全面放开由市管理的农副产品和工业消费品价格，放开照相、淋浴等服务价格，旅馆业由实行国家定价改为国家指导价，允许浮动。由国家和省管理的国家定价商品减少到 61 种（类），放开物价种类已占居民生活消费总额的 98%。

1994 年，除铁路专用钢材仍实行国家定价外，螺纹钢、线材等 10 种钢材产品全部实行国家指导价，允许浮动。随着钢材市场价格大幅下跌，计划内外价格逐渐拉平，钢材“双轨制”价格体制实际终结。1995 年开始，实行公有住房租金改革，分步骤提高公有住房计租值标准。推行住房制度改革，公有住房出售按市场价购买，中低收入的家庭按成本价购买，标准新房（钢筋混凝土结构）成本价每平方米建筑面积 897 元，并给予工龄、现住房折扣。1996 年，随着国有、集体菜店转向经营，完全放开蔬菜价格，随行就市。进一步放开统配水泥价格，全面实行企业定价。1997 年后，安全高效的农药成为市场主流品种，常规农药逐步淘汰，农药价格放开。

1998 年开始，物价总水平连年出现负增长。为扩大需求、促进消费，物价管理由控制物价过快增长转为促进价格合理回升，由抑制过度消费转为促进合理消费，由抑制投资扩张转为促进有效投资，由传统粗线条管理转向依法治理。根据国家和省的部署，改革成品油价格形成机制，零售价由国家定价改为国家指导价，实行浮动；放开化肥零售价，出厂价由国家定价改为国家指导价；取消居民平价液化气供应，实行顺价销售，每年减少财政补贴 1000 余万元；取消和降低商品房建设的部分收费，放开商品房价格，规范物业管理收费；取消和降低一批收费项目和标准，大幅调低 323 种药品价格。同时，依据《中华人民共和国价格法》，制定《长沙市价格听证制度暂行办法》，在全省率先实行价格决策听证。

2000 年，物价管理方式开始由定、调价为主逐步转向“定规则，当裁判”，开展价格服务。同时，全面取消通胀时期的临时价格干预措施，推行价费公示制。

2001 年，实行粮食购销体制改革，价格和市场全面放开，取消粮食订购任务、订购价和最低保护价，由粮食企业自主收购、自主经营、自负盈亏。2004 年，城乡义务教育试行“一费制”，减轻学生家长负担约 2600 万元。

2007 年，为加强物价宏观调控，建立全市价格预警联席会议制度，定期研究和制定物价调控措施，保供应控物价。是年秋季，城乡义务教育全面实行免费入学。2008 年冰雪灾害期间，为稳市场、稳物价，采取对粮油、副食品、成品油等主要商品实行“一日一采价，一日一分析”的跟踪监测，对粮油、禽蛋、肉、牛奶实行调价备案制，对蔬菜控制经营差率等临时物价管理措施。

2009 年，全面放开化肥价格，实行市场调节。下半年，随着经济形势的好转，市政府决定：在国家和省取消和暂停一批行政事业性收费的基础上，再暂停 103 项行政事业性收费，推行部分县级以上医疗机构药品和器材价格网上公示，市城市公园全部实行免费开放。

2010 年，实施水、电、气、油等资源价格及污水、垃圾处理等环保收费改革。推行 54 家政府基层医疗机构试行基本药物“零差率”销售，使药品价格平均下降 51.5%。2011 年，继续加强关系民生的物价监管，设立 247 个价格监测站，对主要食品价格试行调控。6 月，全面推行基层医疗机构基本药物“零差率”销售。

2012 年，推行居民生活用水、用电、用气的价格改革，全面试行水、电、气阶梯式价格，实现部分市场的差别定价。

第五节 金融管理体制改革

一、城市金融体制改革

在计划经济时期，长沙金融业逐步形成高度集中的大一统银行体制。中共十一届三中全会后，人民银行机构逐步恢复。1979 年 8 月起，农业银行长沙市支行、人民保险公司长沙市支公司、中国银行长沙分行先后恢复或分设，农村信用社脱离人民公社而归口农业银行管理。1985 年 1 月，人民银行湖南省长沙分行挂牌成立，专门行使中央银行职能，其经营性业务全部移交给新成立的工商银行长沙市支行。到 1988 年，长沙市形成以人民银行为领导，以国家专业银行为主体，以城市信用社、农村信用社为补充的银行业金融机构体系，并且各专业银行和新型金融机构在业务层面上有一定的交叉，初步形成业务竞争局面。对银行业监管成为人民银行一项重要职责。人民银行长沙分行作为中央银行驻长机构，履行在长沙地区的金融监管职责，金融监管对象包括国家专业银行、股份制银行、城乡信用社、信托投资公司、保险机构、证券机构。

1988 年，人民银行长沙分行牵头建立面向省内外的会员制长沙市资金市场，为长沙企业发展扩充资金渠道来源。随着改革的不断深入，企业融资的另一扇大门——直接融资被逐步打开。长沙证券公司、湖南省证券公司相继成立，证券业成为市场化程度最高的金融行业。1992 年湖南省证券公司开通深交所交易通道，长沙股民第一次实现在家门口买卖股票。1993 年 12 月，长沙本地企业发行的第一只股票“湘中意”登陆深交所，正式上市交易。这时，长沙市金融体系初步形成，由只有银行业逐步扩展到保险、信托投资、证券等领域，金融服务实体经济的作用也逐渐发挥出来。

1994 年及随后几年是金融体制改革的重要节点，金融业实行分业经营、分业管理制度，湖南省先后成立证券业监督管理委员会和保险业监督管理委员会。同时各银行加快商业化改革步伐，政策性业务移交给中国农业发展银行、国家开发银行、中国进出口银行等政策性银行；全市农村信用社与农业银行脱钩，在长沙市农村金融体制改革领导小组的指导下，开始推进农信社体制改革。城市信用社的改革也阔步推进，1997 年 5 月，16 家城市信用社共同组建长沙城市合作银行；1998 年更名为长沙市商业银行（2008 年更名为长沙银行）。“长沙人自己的银行”应运而生，同时也把市场竞争机制引入金融界。长沙银行创建后不断发展、壮大，成为湖南金融业改革创新的一个硕果。长沙银行在全省率先推出 24 小时银行服务、芙蓉卡全国跨行取款零手续费等举措，改变了民众对银行的认知。全市金融机构队伍进一步扩大，招商、兴业、光大、中信等一批股份制银行先后在长沙设立分支机构；太平洋、平安等保险机构纷纷入驻长沙，改变中国人民保险公司一家独大的局面；证券行业开始大规模重组，各大全国性券商和本地券商在长沙市场重新布局。

1999—2000 年，省工商银行、农业银行、中国银行、建设银行四家银行分别向新设立的“华融”

“长城”“信达”“东方”四大资产管理公司的长沙办事处剥离不良资产541.36亿元，为专业银行商业化改革创造了条件。

随着对外开放步伐加快，长沙市开始引进外资银行。1998年1月荷兰万贝银行在长沙设立代表处。2007年9月，汇丰银行（中国）有限公司筹建长沙分行，长沙实现引进外资银行“零”的突破，此后，花旗银行、新韩银行、东亚银行、渣打银行等外资银行先后在长沙设立分行。同时省外商业银行也纷纷来湖南设立分支机构，长沙地方商业银行也走出长沙，在外地设立分支机构、营业网点。至此，一个多层次、广覆盖、差异化的金融机构体系初步形成。至2012年年底，形成银行、保险、证券、期货各业并举，中资、外资金融机构并存，业态完整、功能齐全、运行稳健的金融组织体系。全市共有银行机构35家，有各类银行机构网点2.13万个；证券公司3家，证券营业部169家；保险机构44家，信托公司1家，期货公司4家，期货营业部37家；小额贷款公司51家，融资性担保机构71家，资产管理公司4家，财务公司2家，汽车金融公司1家，第三方支付机构33家。2012年年末，全市银行业金融机构各项存款余额8188.75亿元，是1988年的162倍；各项贷款8800.66亿元，是1988年的123倍。全年实现账面盈利253.43亿元，金融业的自我发展能力显著增强，对国民经济和社会发展的作用持续强化，全市一大批重点建设项目、一大批成长型企业得到金融支持和服务，实现良性运作和快速发展，对推动全市基础设施建设、优化投资环境、提升城市功能发挥重要的支撑作用。

二、农村金融体制改革

1978年实施改革开放以后，长沙市逐步建立起以农业银行、农村信用社为主体，工商银行，邮政储蓄机构等涉农金融机构为补充的农村金融服务体系。在信贷支农方面，农业银行和农村信用社承担主要职能。市农业银行（农业银行长沙市支行）农贷资金主要对接国有、集体农业企业，在县域城镇，农业银行对接国有集体工商企业、个体工商户，与市工商银行（工商银行长沙市支行）在县域的营业网点有业务交叉。在农副产品（主要是粮棉油作物）收购、储存、销售各环节的资金供应中，农业银行与工商银行既有分工也有合作。长沙市各农村信用社主要对接农户经济，在支持县域个体工商户和乡镇企业时与农业银行和工商银行有业务交叉。在农村存款、结算与汇兑方面，农业银行、工商银行、农村信用社、邮政储蓄机构都发挥了各自的作用。

1988年，长沙市农村金融机构开始以提高效益和效率为主要目标的改革。市农业银行（农业银行长沙市支行）推动全市农村信用社进行承包经营责任制改革，首先选择长沙县南托信用社为试点社。取得一定经验后，当年就在10个信用社实行全员承包经营责任制，大部分信用社实行单项承包责任制。1989年，全市实行全员承包经营责任制的信用社已达51个，其余信用社均实行单项承包。1991—1992年，长沙市农村信用社对信用站管理体制进行改革，由一村一站一人改为多村联合建站。每站配备2人以上，实行钱账分管。两年内信用站共减少934个，减少信用站人员283人。在此期间，农村信用社开展以健全“三会”（社员代表大会、理事会和监事会）、增强“三性”（群众性、民主性和灵活性）为内容的改革，旨在恢复农村信用社的合作金融性质。由于此时“三农”（农村、农业和农民）经济正在发生结构上的巨大变化，农业产业链经济开始兴起，农业银行的业务重心开始向城市发展，工商银行也从县域收缩，邮政储蓄被比喻成农村金融市场的“抽水机”，农村信用社也因传统支农信贷比较收益过低而将更多的信贷资金投向非农业领域，一时间“三农”“失血”成了各级政府关注的大问题。农村信用社“恢复合作金融性质”的改革没有进行下去。

1995—1996年，国家对农村金融体制进行重大改革。这次改革，一方面成立中国农业发展银行，农业发展银行湖南省分行营业部承接原来由市农业银行（农业银行长沙市分行）和市工商银行（工商银行长沙市分行）承担的政策性农村金融业务；另一方面成立长沙市农村金融体制改革领导小组和农村金融体制改革领导小组办公室（以下简称“农改办”），领导农村信用社与农业银行脱钩。1999 年，因人民银行机构改革，湖南省“农改办”与长沙市“农改办”合并，合并后的湖南省“农改办”与人民银行长沙中心支行合作金融处合署办公。

进入 21 世纪，“三农”经济继续发生深刻变化，特别是随着土地流转政策的放开，在经济相对发达的长沙地区，小农经济经营模式逐步被规模经济所取代，种养专业大户、农村专业合作社、农业产业链经济大量涌现，新型农村经济对农村金融服务也提出新的要求。过去金融支持“三农”强调“小”，最初设计农村“小额信贷”每笔最高限额只有 3000~5000 元，后来在长沙地区增加到 5 万元，新型农村经济出现后则要求大规模投入，动辄几十万元甚至几百万元，规模小的乡级信用社根本无力支持。2000 年 4 月长沙市农村信用联社成立后，湖南省“农改办”把长沙市农村信用社行业管理职能移交给长沙市农村信用联社。在长沙市农村信用联社领导下，农村信用社开始向农村合作银行和农村商业银行方向改革。在农村信用社改革过程中，部分信用社历史包袱沉重甚至资不抵债，2003 年，中国人民银行以发放专项中央银行票据和专项再贷款两种方式支持农村信用社化解历史包袱，专项票据在兑付之后就成为信用社的自有资金。2005 年浏阳市农村合作银行成立。2008 年长沙市有 7 家农村合作银行挂牌。2010 年，浏阳农村合作银行和长沙岳麓区农村合作银行分别改组为浏阳农村商业银行和长沙先导区农村商业银行。这次改革标志着农村信用社体制改革的方向发生重大转变：改革已由最初恢复“合作金融”的目标的变为建立“农村商业银行”的新目标。2012 年，星沙农村商业银行、宁乡农村商业银行、望城农村商业银行先后成立。

第三章 经济结构

第一节 产业结构与规模

1988 年，长沙市围绕经济建设这个中心，深入进行经济体制改革，产业结构不断调整，产业规模不断扩大，产业质量逐步提升，产业实力日益增强。当年完成国民生产总值 78.96 亿元（现价，下同），三次产业分别实现总产值 19.43 亿元、35.63 亿元和 23.9 亿元，三次产业比重为 24.6:45.1:30.3。实现农林牧渔业总产值 15.9 亿元，工业总产值 76.34 亿元，分别占全省的 9.2%、17.3%。其中，全民、集体和个体工业分别增长 16.7%、21.2%和 83%；轻、重工业产值分别达 41.9 亿元和 34.44 亿元。翌年，在全市工农业总产值中，工业的比重达 83.67%，形成轻纺、机械、电子、食品行业为主体的综合性现代工业体系，拥有乡（含乡）以上工业企业 3240 家，其中大中型企业 89 家，工业总产值占全省的 16.5%。在农村社会生产总值中，种植业产值在全部农业产值中的比重由 71.8%下降到 55.8%，农林牧渔业由 28.2%上升到 44.2%。全市乡镇企业 7.94 万家，从业人员 50.23 万人，乡镇工业占全市乡镇企业产值的 58.6%。

1990 年，长沙通过调整产业结构，壮大产业规模，全年完成工农业总产值 153.18 亿元，其中工业总产值 116.66 亿元。在工业总产值中：轻工业 65.03 亿元、重工业 51.63 亿元。翌年，全市实现社会生产总产值 220.91 亿元（1990 年不变价，下同），其中农业、工业、建筑业、运输邮电业、商业饮食业分别为 40.75 亿元、138.97 亿元、18.35 亿元、7.30 亿元、15.54 亿元。全市工业企业开展“质量·品种·效益年”活动，生产全面回升，经济规模壮大，经济效益提高，轻、重工业协调发展，分别实现产值 78.04 亿元和 60.93 亿元。1992 年，中共十四大召开，极大提振社会经济发展信心，全市完成国民生产总值 120.5 亿元，其中第一、二、三产业增加值为 25.24 亿元、60.48 亿元、34.77 亿元。1994 年，长沙经济体制改革取得重大突破，产业布局和结构调整获得重大进展。三次产业结构由上年的 16%、43.6%、40.4% 调整为 14.2%、44.0%、41.8%。1995 年，召开全市第三产业工作会议，作出《关于加快发展第三产业的决定》，第三产业呈现快速发展的良好势头，产业结构更趋合理。全市三次产业分别实现增加值 45.58 亿元、137.44 亿元、137.39 亿元，所占比重分别为 14.2%、42.9%和 42.9%。全市完成农林牧渔业总产值 86.84 亿元，乡镇企业总产值 329.64 亿元。工业生产继续保持稳步发展，完成总产值 407.95 亿元。在全部工业总产值中，国有工业、集体工业和其他经济类型工业分别完成 138.21 亿元、109.75 亿元和 159.55 亿元，所占比重分别为 33.88%、26.93%、39.19%。

1996 年，产业结构调整力度加大，三次产业增加值分别为 58.38 亿元、170.92 亿元、170.77 亿元，在国内生产总值的比重分别为 14.6%、42.7%和 42.7%，与上年相比较，第一产业略有上升，第二、三产业继续保持齐头并进的发展态势。在乡及乡以上工业总产值中，轻工业产值 177.84 亿元，重工业产值为 144.24 亿元。农村产业结构继续向多种经营转变，全市农村社会总产值 475.1 亿元，其中非农业产值 373.97 亿元。乡镇企业产值 543.48 亿元。长沙高新技术产业发展迅速，第三产业特别是旅游业等现代服务业成为新的经济增长点。是年，接待国内外旅游者 760 万人次，实现总收入 35.66 亿元。翌年，在国内生产总值中，三次产业的比例为 14.2:43.0:42.8。农村产业结构调整步伐加快，非农产业的比重继续提高。全市农村社会总产值 608.28 亿元，其中非农产值 496.83 亿元，非农业产值占农村社会总产值的比重由上年的 78.7%提高到 81.7%。1999 年，全市实现国内生产总值 588.44 亿元，第一、二、三产业增加值分别为 71.33 亿元、251.47 亿元、265.64 亿元，一、二、三产业的比重为 12.1:42.7:45.2。人均 GDP 达到 1.02 万元。2000 年，长沙突出经济结构的战略性调整，发挥高新技术产业的带动作用，工业经济效益整体水平持续上升，实现国内生产总值 656.41 亿元，三次产业的比重为 11.3:40.9:47.8。第一、二产业所占比重分别下降 1.0 个和 0.2 个百分点，第三产业上升 1.2 个百分点。农林牧渔业总产值为 116.78 亿元，其中农林牧渔业的产值分别为 62.80 亿元、4.34 亿元、44.26 亿元、5.38 亿元。乡镇企业总产值 991.19 亿元，实现利税 59.88 亿元。全市完成全部工业总产值 620.49 亿元，规模以上工业总产值 334.24 亿元，其中轻工业产值 175.56 亿元，重工业产值 158.68 亿元。经济结构调整获得成功，经济运行质量显著提高，经济增长态势保持强劲。

2001 年起，长沙实施东引西拓、结构调整、优势带动、环境先导、城市提升战略，推动产业协调发展。全市国内生产总值按可比价计算增长 12.1%，三次产业增加值分别为 78.37 亿元、297.09 亿元、352.62 亿元，所占比重为 10.8:40.8:48.4。农林牧渔业总产值 124.00 亿元，五年间平均递增 5.6%。工业生产稳定增长，完成全部工业总产值 662.51 亿元。在规模以上工业总产值中，一批具有相当竞争力的优强企业带动整个工业发展，以湖南曙光电子集团公司为代表的 12 家企业净增产值 1 亿元以上，实现工业增加值 25.15 亿元。支柱行业的支撑作用增强，烟草加工、电子信息、电子机械及器材制造、化学原料及化学制品制造等五大支柱行业完成工业产值 195.95 亿元，占全市规模以上工业总产值的 52.9%。高新技术产业是拉动全市工业增长的支柱力量，其总产值占规模以上工业总产值的 27.3%。2003 年全市经济总量929.49亿元。第一、二、三产业分别实现增加值83.29亿元、393.67亿元、451.3亿元，其产业结构为8.9:42.5:48.6。规模以上工业企业完成工业总产值533.93亿元，其中轻工业产值242.49亿元，重工业产值291.44亿元。国有工业、集体工业、股份制工业、外商及港澳台投资工业和其他经济类型企业产值分别为126.09亿元、18.67亿元、242.78亿元、108.37亿元、38.02亿元。全市完成高新技术工业总产值176.21亿元，在规模以上工业总产值中的比重已占33%。随着房改的完成，住房需求增加，房地产业推动了相关产业的发展。“十五”（2001—2005年）期间共完成房地产开发投资699.4亿元，以年均52.6%的速度发展。2005年，长沙三次产业分别实现增加值112.59亿元、655.27亿元和752.04亿元，产业比由2000年的11.3:40.9:47.8优化为7.4:43.1:49.5。翌年，全市实现地区生产总值（GDP）1798.96亿元，第一、二、三产业分别实现增加值123.25亿元、774.66亿元、892.75亿元。第三产业的发展规模日益壮大，“三二一”的产业结构格局基本巩固。

2007年，长沙地区生产总值2190.25亿元，五年翻了一番，年均增长15.0%。长沙重点实施兴工强市、创新先导、以城带乡战略，产业发展质量不断优化。充分利用获批国家两型社会建设综合配套改革试验区的契机，持续发展绿色经济，壮大新材料、生物医药、新能源等新兴产业，调整产业结构，提升产业层次。三次产业增加值占国内生产总值的比重为6.3%、45.0%和48.7%。非公有制经济增加值1285.38亿元，占全市生产总值的比重达58.7%。高新技术工业总产值756.15亿元，在全市规模以上工业总产值中所占比重为43.8%。2008年，全国改革开放30周年，长沙抓住“两型社会”建设综合配套改革试验的重大机遇，围绕建设创业之都、宜居城市、幸福家园，基本实现全面小康的目标，地区生产总值达3000.98亿元；工业总产值3230.84亿元，跃居全国省会城市第10位。随着国家实施积极的财政政策和稳健的货币政策，大批基础设施建设推动了对工程机械需求的快速增长，长沙工程机械产业集群规模工业产值达494.07亿元，比上年增长66.6%。翌年，实现地区生产总值（GDP）3744.76亿元，三次产业分别实现增加值179.40亿元、1893.58亿元和1671.78亿元，分别增长6.5%、16.3%和13.9%，三次产业结构调整为4.8:50.6:44.6。长沙GDP在全省的占比为29%，经济总量在长株潭三市中的占比达68%。2010年，全市完成地区生产总值4547.06亿元，第一、二、三产业分别为202.01亿元、2437.03亿元、1908.02亿元，与2000年相比，年均递增15.1%、5.1%、17.9%、14.1%。是年，长沙GDP在全国省会城市中的排位由2005年的第12位上升到第7位。

随着城市的快速发展，长沙先后启动九龙仓、万达开福广场、河西步步高广场一大批大型商业综合体建设，特色商业街、五一商圈、东塘商圈建设，有效推动商贸流通等现代服务业发展。同时，一大批电子商务企业迅速成立，电子商务产业规模不断扩大。2011年，全市GDP总量5619.33亿元，三次产业分别实现增加值243.38亿元、3151.68亿元和2224.27亿元，三次产业结构调整为4.3:56.1:39.6。农业产业化步伐加快，全市农产品加工企业7220家，54家国家级省级龙头企业销售收入166.85亿元。农民专业合作社2302个，参与专业合作社的农户29万户。工业优势产业贡献突出，规模以上工业实现增加值2014.16亿元，其中工程机械、中成药及生物医药、新材料、汽车及零部件等六大产业集群实现增加值897亿元，增长29%。全市重点商务企业达48家，60%的企业开展了电子商务，众多中小企业依托淘宝、天猫、阿里巴巴等开设网店，全市电子商务相关交易总额达700多亿元。高新区、雨花区电子商务产业园、金霞经开区等电子商务集聚区营业额分别达120亿元、140亿元和105.6亿元。2012年，长沙完成地区生产总值（GDP）6399.91亿元，在全国省会和副省级以上35个主要城市中排第15位。三次产业增加值分别为272.31亿元、3592.52亿元、2535.08亿元，其产业结构调整为4.3:56.1:39.6。农林牧渔业增加值 272.31 亿元，其中，农业 158.04 亿元、林业 12.45 亿元、牧业 87.18 亿元、渔业 9.68 亿元、农林牧渔服务业 5 亿元。全市实现工业增加值 3051.94 亿元，在 GDP 的占比中达 47.7%。在规模工业中，国有企业、集体企业、股份合作制企业、股份制企业、外商及港澳台投资企业、其他企业分别实现工业增加值 656.24 亿元、22.51 亿元、15.23 亿元、1321.73 亿元、128.28 亿元、165.63 亿元。全市园区规模以上工业增加值 1302.68 亿元，占全市规模以上工业的 56.4%。全市县域规模以上工业实现增加值 999.94 亿元。全市完成社会商品零售总额 2454.71 亿元，占有全省的 31.3%。全市非公有制经济实现增加值 3914.05 亿元，占 GDP 的比重 61.2%。GDP 在全省所占比重为 28.9%；人均 GDP 为 8.99 万元，为全省的 2.7 倍；经济总量在长株潭三市中的占比为 67.8%。工业增加值、固定资产投资、社会商品零售总额占全省的比重分别为 33.4%、27.5%和 31.3%。长沙的经济，历经多年的科学调整和合理布局，呈现产业结构优化、生产规模扩大、发展速度加快、经济效益提高的大好局面。

第二节 所有制结构

1988 年，随着改革开放的飞速发展，长沙农村继续推行家庭联产承包责任制，土地为集体所有，个人承包经营；工业企业中，国有、集体企业是主体，陆续有联户、个体私营企业诞生，以及外商和港澳台商在长投资兴业。工业产值中，国有、集体和个体企业所占比重分别为 53.2%、43.1%和 3.6%，其发展态势为全民所有制工业增长 16.7%，集体所有制工业增长 21.2%，乡村工业增长 28.1%，个体工业增长 83%。商贸事业繁荣兴旺，全民经济处于领导地位，基本形成以国有经济为主导的多种经济成分、多种流通渠道、多种经营方式的流通格局，各种经济类型商业全面发展。社会商品零售总额中所有制的构成，国有、集体、个体和农民对非农业居民的销售分别为 37%、39.2%、15.8%和 7.8%。全民所有制零售额增长 40.7%、供销合作社零售额增长 33.9%、其他集体所有制零售额增长 20.5%、合营经济零售额增长 15%、个体经营零售额增长 28%、农民对非农业居民零售额增长 39.7%。在多种经济成分中，公有制经济占 85%，个体私营经济占 15%。翌年，国家继续实行计划经济为主、市场调节为辅的经济政策，国民经济的所有制结构未发生大的变化。在工业经济中，全民、集体和其他所有制工业产值分别为 63.74 亿元、43.27 亿元、5.16 亿元，分别占全市工业总产值的 56.82%、38.57%和 4.61%。商贸事业繁荣，全市共有零售商业、饮食服务业网点 6.01 万个，从业人员 17.47 万人，完成商品零售总额 52.50 亿元。对外商贸发展较快，全市共批准利用外资项目 60 个，其中"三资"企业（中外合资企业、中外合作企业和外资企业）25 家。

到 1990 年，按照发展社会主义商品经济的要求，建立计划经济与市场调节相结合的经济运行机制，所有制结构由单一的公有制向以公有制为主体的多种所有制形式转变，形成全民、集体、个体、私营、中外合营、外商独资、股份制等多元化的所有制结构。全市完成工业总产值 86.43 亿元（1980 年不变价，下同），其中，全民所有制工业、集体所有制工业和个体私营等其他类型工业分别完成产值 42.89 亿元、38.87 亿元、4.67 亿元，分别占全市工业总产值的 49.62%、44.74%、5.64%。在各种经济类型的商品零售额中，全民所有制社会商品零总额增长 12.9%，集体所有制单位减少 3.9%，（其中供销社减少 6.1%、各种合营减少 25.4%），个体增长 8.6%。农民对非农业居民零售总额 6.08 亿元，上升 14.2%。全年批准利用外资项目 29 个，其中"三资"企业 12 家，共利用外资合同金额 3441.3 万元。1991 年，计划经济逐步向市场经济转轨，全市个体工商业加速发展，各类市场建设步伐加快，国有和集体经济成分下降、增速放缓，个体私营经济成分上升、增速加快。全民所有制工业、集体所有制工业和其他经济类型工业的产值分别为75.18亿元、56.16亿元和7.63亿元，在全市工业总产值中的占比分别为54.09%、40.41%和5.5%。全市全年完成社会商品零售总额61.52亿元，从各种经济类型的社会商品零售额看，全民所有制单位、集体所有制单位和个体合营商业的零售额分别为23.84亿元、19.74亿元和17.94亿元，其增长速度分别为11.1%、6.8%和15.1%，个体商业增速明显快于其他经济类型增速。1993年，在全部工业总产值中，全民所有制企业、集体所有制企业和其他企业的工业产值分别为90.71亿元、97.40亿元和29.22亿元，分别增长3.4%、28.4%和100.5%。非公有制经济异军突起，新增外资项目567个，外商实际投资比上年增长211%；个体私营企业已发展到8.41万户，年产值6.19亿元。翌年，在全部工业总产值中，国有工业增长4.6%，集体工业减少17.4%，私营和个体工业产值43.29亿元，增长1.2倍。国有、集体、个体私营及其他商业全面发展，他们在社会消费品零售总额中所占的比重分别为30.7%、23.5%和45.8%。个体私营商贸业发展相当迅速，零售额增长78.6%。1995年，全市完成国内生产总值320.41亿元，其中国有、集体等公有制经济259.09亿元，占80.9%；个体私营等非公有制经济61.31亿元，占19.1%。完成工业总产值407.95亿元，其中国有经济占33.8%，集体经济占27%，其他经济占39.2%。在社会消费品零售总额中，国有经济占28.6%，集体经济占19.1%，私营和个体占38.2%，联营经济占0.2%，其他经济占13.9%。长沙远大空调和丰田化工电源进入全国私营企业500强。

1996年，长沙市成立乡镇企业股份合作制工业领导小组，加大乡镇企业改制力度，全市3198家乡镇企业完成各种形式的改制，组建有限责任公司80家、企业集团7家。其中，浏阳市率先推出以产权出售为主要内容的改制形式，成立全省第一家县级产权交易中心，为全省乡镇企业改制提供经验。全市完成工业总产值500.39亿元，其中，国有工业152.66亿元，占30.51%；集体工业117.59亿元，占23.50%；其他经济类型工业230.14亿元，占45.99%。实施“开放强市”战略，全年新批“三资”企业150家。全年实现社会消费品零售总额181.90亿元，其中，国有商业44.75亿元，集体商业30.65亿元，私营和个体商业73.76亿元，其他类型商业32.74亿元。所占比重分别为24.60%、16.85%、40.55%和18.0%，与上年相比，国有和集体商业均呈下降趋势，个体私营和其他类型商业较快、占比增大。翌年，长沙市企业改制进一步深入，市辖4个县（市）全部进入全省乡镇企业十强县（市）。在全部工业总产值中：国有工业产值159.96亿元，增长5.89%；集体工业产值138.75亿元，增长18.48%；个体私营和“三资”企业等其他经济类型工业产值302.09亿元，增长50.2%。在全社会消费品零售总额中，国有商业、集体商业和个体私营等其他类型商业分别为49.67亿元、39.56亿元和115.80亿元，其占比分别为24.23%、19.29%和56.48%，非公有制经济在其中所占比重正在逐步扩大。

1998年，全市完成工业总产值672.01亿元，其中国有经济工业、集体经济工业和个体私营等其他经济类型工业总产值分别为160.77亿元、196.15亿元和315.09亿元。全年国有经济、集体经济、城乡个体经济投资分别增长31.14%、30.12%和35.78%。2000年以公有制为主体的多种经济成分共同发展，全市公有制经济完成产值437亿元，占国内生产总值的比重达66.6%；非公有制经济完成219亿元，占国内生产总值33.4%。在规模以上工业总产值中，国有工业、集体工业、其他经济类型企业工业产值分别为147.39亿元、38.13亿元、148.72亿元。

2001年，全市个体经济处于局部调整状态，私营经济持续保持稳定发展，个体私营经济在全市经济发展中的作用明显上升。个体私营经济在全市GDP中的比重达到35%，成为全市国民经济的重要组成部分。全市规模以上工业增势强劲，一批具有相当竞争能力的优势企业带动整个工业的发展，在全部工业总产值中，国有及年销售收入500万元以上非国有工业企业完成工业总产值370.53亿元，其中国有及国有控股企业完成工业总产值191.30亿元，集体工业34.83亿元，其他经济类型企业214.88亿元。2003年，长沙市经济运行质量稳步提升，经济总量达929.49亿元。全市规模以上工业企业完成总产值533.93亿元，其中，国有工业、集体工业、股份制工业、外商及港澳台投资工业和其他经济类型工业分别完成126.09亿元、18.67亿元、242.78亿元、108.37亿元和38.02亿元。在规模以上工业中，非公有制企业完成工业总产值287.53亿元，所占比重达53.85%。

2005年，长沙坚持以结构调整为主线，优化产业、所有制和投资结构，发展壮大开放型经济和非公有制经济，经济自主增长能力不断加强，国企改革走在全国前列，非公有制经济占全市经济总量比重达50.2%，可与国有、集体经济平分秋色。翌年，市政府发出《关于鼓励支持和引导非公有制经济发展有关问题的通知》，对私营企业、“三资”企业和国有企业一视同仁、平等相待，支持他们公平竞争、有序发展。全年实现地区生产总值（GDP）1798.98亿元，非公有制经济占经济总量的比重达55%。步步高商业连锁股份有限公司、三一集团有限公司等企业入选湖南省私营企业100强。在规模以上工业总产值中，国有和集体企业完成工业增加值117.52亿元，非公有制企业完成工业增加值251.10亿元。全市共有规模以下工业企业和个体户5.05万个、从业人员45.96万人，其中企业6860个、从业人员22.73万人，工业个体户4.36万户、从业人员23.23万人。

2009年，全市非公有制经济实现增加值2180.10亿元，占全市GDP比重达58.2%；非国有经济固定资产投资1749.40亿元，占全市社会固定资产投资的比重达71.6%；私营企业进出口总额24.92亿元，占全市进出口总额的比重为60.5%。2011年，长沙经济实现逆势增长，优势产业集群持续发展，工程机械实现产值1800亿元，三一重工跻身世界上市公司500强。全市地区生产总值5619.33亿元，增长14.5%，非公有制经济实现增加值3425.21亿元，占GDP比重61%。完成规模以上工业增加值2014.16亿元，其中，国有企业、集体企业、股份合作企业、股份制企业、外商及港澳台投资企业以及其他企业分别为561.51亿元、24.86亿元、13.94亿元、1148.39亿元、110.45亿元、155.11亿元。2012年，长沙市经济总量6399.9亿元，居全国省会城市第7位。推进创业之都建设，鼓励支持企业富民，新增企业主体20万户。全市非公有制经济实现增加值3914.05亿元，占GDP的比重61.2%，其从业人员占从业人员总数的60%以上，成为全国创业先进城市。加快新型工业化步伐，加快发展优势产业，国有企业、集体企业、股份合作制企业、股份制企业、外商及港澳台投资企业和其他经济类型企业，在规模以上工业增加值中所占比重分别为28.41%、0.98%、0.66%、57.23%、5.55%、7.17%。长沙市呈现多种所有制经济齐头并进、争相发展的良好态势。

第三节 投资结构与效益

1988年，长沙市为促进经济建设与社会发展，积极筹措资金，加大投资力度，力争投资主体多元、投资来源广泛、投资项目合理、投资效益提高。全市完成固定资产投资12.44亿元。投资来源渠道分别为全民所有制单位完成10.87亿元，集体所有制单位完成1.57亿元；投资项目性质分别为基本建设投资6.41亿元，技术改造投资4.46亿元；从投资用途来看，用于生产性投资7.91亿元，用于道路和住宅等非生产性投资4.53亿元。全年下达技术更新改造项目245个，计划投资3.03亿元，年底竣工投产项目113个，实现投入与产出同步增长，其中的25个重点技改厂家，全年共完成工业产值18.25亿元，比上年净增3.73亿元，占全市工业净增产值的35.7%。是年，对乡镇企业多方筹资2亿多元，集中扶持197个技改项目，增加技术含量，提高产品质量。全市完成乡镇企业总收入42.09亿元，上缴税金1.68亿元，实现利润2.43亿元。在农村重点加强乡村道路硬化工程和供电线路架设等基本建设投入，积极改善农村的交通条件和电网结构。城市基建投资加大，人民路立交桥、五一广场地下通道、人民路、八一路、劳动东路扩改工程先后竣工通车，大大方便市民的快捷出行。翌年，遵照中央治理整顿的方针，对经济过热进行控制，投资规模有所下降。全市完成固定资产投资11.74亿元。在资金紧缩情况下，特别注重投资结构的调整，生产性投资所占比重由上年的43.9%提升到48.5%，非生产性投资所占比重由上年的56.1%调减到51.5%。在压缩一般性项目的同时，仍努力保障湘江银盆岭大桥、第五水厂、煤制气工程等七个重点项目顺利建设，完成年度投资2.14亿元。

1992年，全社会固定资产投资大幅上升，达到26.52亿元，比上年增长82.9%。投资来源主要是全民所有制单位和集体所有制单位，投资额分别为24.75亿元和1.77亿元。投资结构有所调整，工业投资9.44亿元，商业投资2.27亿元；第三产业在投资总额中的所占比例由上年的44.6%上升为62.3%。引进外资投入兴办实业的步伐明显加快，当年实际利用外资5800万美元，比上年增长6.1倍。全年新增固定资产15.9亿元。翌年，市政府为促进经济发展壮大，加强对工业技术改造和产品结构调整。全年投入技改项目193个，投资额14.5亿元，其中80个项目当年竣工投产，新增产值4.8亿元；开发省级重要新产品100项，产值达15亿多元。同时，积极进行招商引资，实际利用外商投资1.8亿美元，新增外资项目567个。1994年，全市固定资产投资51.67亿元，其中国有基本建设投资25.21亿元，国有技术更新改造投资12.26亿元，房地产开发投资12.23亿元。投资产业结构进一步调整，第一、二产业分别完成投资0.14亿元和11.21亿元；第三产业投资40.32亿元，占投资总额的比重达78%。全年新增固定资产26.89亿元。生产能力和效益均有提升，新建商业网点3.11万平方米，新增市内电话自动交换机10.88万门，芙蓉路全线贯通，第二污水处理厂竣工投产，新增城市污水处理能力14万吨/日。1995年是“八五”（1991—1995年）计划的收官之年，长沙在固定资产投资中按照“握紧拳头保重点、集中力量办大事”的方针，坚持“服务基层、服务企业”的原则，在项目安排和资金平衡上，注重向工业、农业、交通、通信等基础产业和基础设施方面的重点项目倾斜，投资结构更趋优化。第一、二、三产业分别投资0.14亿元、20.76亿元、41.11亿元，在投资总额中的占比分别为0.23%、33.48%、57.18%。全年新增固定资产49.37亿元，增长83.6%。固定资产交付使用率为56.4%，项目投产率为41.2%。整个“八五”（1991—1995年）期间，全市国有企业完成技术改造投资58亿元，比“七五”（1986—1990年）期间增长2.4倍，年均增长49.8%，使长沙初步形成一批支柱产业、优势企业、拳头产品。用于交通、通信方面的投资34.94亿元，用于城市供水、供气等公用设施投资24亿元，长沙市民的生产和生活条件得到有效改善。“八五”期间共完成固定资产投资209.3亿元，年均增长30.6%。固定资产投入和产出同步增长，经济发展速度和效益高于全国平均水平，在全国32个特大城市中国内生产总值增长速度居第3位，经济发展综合指标排名第8位。

1996年，长沙列入国家优化资本结构50个试点城市之一。制定《长沙市“优化资本结构”试点方案》，按照优化产业结构和推进技术进步的要求，资金配置优先保障城市基础设施、工业技术改造、农田水利建设。在投资主体上，实行国家、集体、个体一起上的方针，大力拓宽资金来源渠道，充分吸纳国内外资金。在国有基本建设和更新改造投资总额中，中央、省属和市县属项目分别完成投资18.33亿元、14.34亿元、39.09亿元。在投资结构上，做到统筹规划、合理布局、优化配置、平稳增长。全年完成全社会固定资产投资 117.16 亿元，其中固定资产投资总额（扣除农村、私人建房部分）94.71 亿元，第一、二、三产业分别完成投资 0.31 亿元、20.02 亿元、74.38 亿元，在投资总额中的比重分别为 0.33%、21.44%和 78.53%。调整投资结构，突出投资重点，加强工业园区和第三产业快速发展，促进资本结构优化，经济有序增长。1998 年，长沙积极克服国际金融风险和百年一遇洪灾的影响，增加投资、扩大内需，提高对经济的拉动作用。全市完成社会固定资产投资 148.43 亿元。在投资来源上，国有经济投资 94.63 亿元，集体经济投资 12.7 亿元，城乡个体经济投资 27.93 亿元。投资结构进一步调整优化，基础产业投资占比大幅上升。全年农林水利投资 4.29 亿元，交通运输邮电仓储投资 30.74 亿元，城乡基本建设投资 63.51 亿元。1999 年，更加注重投资结构的优化，完成全社会固定资产投资 164.85 亿元，一、二、三产业的投资额分别为 0.35 亿元、17.61 亿元、94.72 亿元，全市新增固定资产 78.15 亿元。2000 年，随着城市品位提升，经济环境改善，投资结构优化，投资效益提高。全市完成社会固定资产投资 202.32 亿元，拉动 GDP 增长 4.2 个百分点，投资贡献率为 37.2%。完成国有经济、集体经济、个体经济和其他类型经济投资分别为 139.49 亿元、15.95 亿元、42.03 亿元、4.85 亿元。用于基本建设投资 72.69 亿元，用于技术改造投资 31.87 亿元。随着城市面貌的改观和购房政策的放宽，房地产投资增长幅度快速上扬，投资额度达 33.02 亿元。全市 30 个重点工程投资 43.09 亿元，占全社会固定资产投资总额的 21.3%，五一大道的拓宽改造，长沙大道、雨花大道和猴子石大桥、第八水厂等相继竣工投入使用。全市新增固定资产 88.34 亿元，新建公路 105.86 千米，改建公路 307.3 千米，新修城市防洪堤 9.15 千米，新架长途电缆 165 千米，新增自来水供水能力 25 万吨/日。广大市民见证长沙的巨变：生态环境优化、居住条件改善、综合功能增强、城市品位提升。

2001 年，长沙完成社会固定资产投资 279.8 亿元。投资对经济的拉动作用明显增强，拉动全市 GDP 增长 7.9 个百分点，贡献率为 65.3%。在扩大内需方针的指导下，以重点工程为龙头的城市基础设施建设进入高投入阶段，投资比例扩大，拉动作用增强。全市城市基建投资 85.92 亿元，占投资总额比重的 30.7%。全市 30 个重点工程完成投资 55.06 亿元，占基建投资额的比重达 44.8%，重点工程对 GDP 增长的贡献率达 12.8%，拉动 GDP 增长 1.6 个百分点。2002 年，市政府抓住入世契机，鼓励各方投资，加强基础设施，扩大生产规模，提高经济效益。全年完成社会固定资产投资 362.31 亿元，其中国有经济及其他投资 291.31 亿元，集体经济投资 17.54 亿元，个体私营经济投资 48.09 亿元。在投资总量较快增长的同时，投资产业结构进一步优化，基建投资所占比重逐步增大，更新改造投资规模扩大，三次产业的投资更趋合理。固定资产投资总额 293.25 亿元，其中第一、二、三次产业投资额分别为 2.54 亿元、54.92 亿元、235.88 亿元；基本建设投资 153.83 亿元、技术改造投资 43.84 亿元、房地产开发投资 81.79 亿元。全年新增固定资产 171.04 亿元，经济效益、社会效益、环境效益普遍提升。2003 年，长沙市为承办全国第五届城市运动会，对体育场馆和道路、电网等基础设施建设投入资金 494.97 亿元，各个工程项目优质完成，“五城会”在长沙成功举行。翌年，完成固定资产投资 668.09 亿元，而民间投资则达 390.12 亿元，占固定资产投资总额的 58.4%。2005 年，为实现“兴工强市”战略目标，全力引进战略投资者，大力推进新型工业化，完成工业投资 164.2 亿元。工业招商到位国内外资金 115 亿元。发展循环经济、培育产业集群、完善产业配套、提升传统产业、壮大科技产业、做强先进创造业。全市在建重大技改项目 481 个，当年竣工 193 个，投产后可新增产值 172 亿元，新增利税 36 亿元。农村改革不断深入，农村经济日趋开放，农业招商引资到位资金达 38.8 亿元，引资项目 364 个。各级政府对农林牧渔业投资 4.62 亿元，农村综合生产能力进一步提高。各项水利工程专项投资 11.6 亿元，新增农田有效灌溉面积 1.6 千公顷，新增节水灌溉面积4千公顷，治理水土流失面积60多平方千米，防洪抗旱能力不断提高。投融资体制改革获得成功，非公有制单位投资成为带动全市投资增长的主要力量，投资达608.83亿元，占全社会固定资产投资的69.1%，大大促进非公有制经济的发展壮大，在全市经济总量中的比重已达50.2%。

2006年是“十一五”（2006—2010年）规划的开局之年，也是长沙市“工业项目年”。全市积极推进新型工业化。工业招商到位外来资金140亿元。完成工业投资208亿元，技术更新改造投入资金就达156.5亿元。投资不断增长，工业日益发展，经济规模壮大，经济效益提高。全年实现规模工业增加值和利税为418.8亿元、207亿元。长沙规模以上工业增加值在全国省会及副省级以上47个中心城市中排名第21位，增速排第15位。非国有单位成为长沙投资增长的重要支撑，全年完成投资798.08亿元，占全社会固定资产投资额的73.23%。2007年完成社会固定资产投资1445.18亿元，其中城镇和农村投资分别为1326.44亿元和118.74亿元。投资结构逐步优化，第一、二、三产业投资分别为9.67亿元、342.15亿元、1093.63亿元。用于工业投资329.63亿元，高新技术产业投资39.27亿元。各级政府专款专用投入各类水利资金11.8亿元，创全市历史之最，完成水利工程3.2万多处，治理病险水库81座。2008年是全国改革开放30周年，经济环境更加改善，产业布局更趋合理，投资规模继续扩大，投资结构日益优化。全年完成社会固定资产投资1873.33亿元，其中农村农业投资161.09亿元，城镇工业投资461.43亿元。投资来源亦发生深刻变化，非国有制单位完成投资1399.89亿元，占全社会固定资产投资总额的74.7%。全年实际使用外资直接投资20.33亿美元，兴办企业项目160个；实际到位省外境内资金286.9亿元，投产项目385个。2010年，完成社会固定资产投资3192.57亿元，其中，第一、二、三产业完成投资为72.49亿元、814.89亿元、2305.19亿元。社会有效投资，壮大生产规模，拉动经济增长，提高经济效益。全年完成地区生产总值4547.06亿元，其中第一、二、三产业增加值分别为202.01亿元、2437.03亿元、1908.02亿元。为加快农业产业化和城乡一体化建设，市政府加大对农村和农业的投入，投资额达282.74亿元，用于农林牧渔业53.11亿元，投资农副食品加工业24.99亿元，对5万多处水利工程专项投资15.9亿元。同时，在城市基础设施建设和房地产开发方面分别投资558.45亿元和684.15亿元。湘江大道、潇湘大道等扩建工程，福元路大桥、湘府路大桥、营盘路过江隧道等重点工程，棚户区、危旧房、筒子楼的改造工程等顺利竣工，污水处理、绿地覆盖、空气质量等指标不断提高。是年，长沙获得“全国绿化模范城市”“国家森林城市”“国家园林城市”“国家卫生城市”“全国畅通工程模范管理城市”“全国十佳休闲宜居城市”，以及联合国“人居环境良好范例奖”“中国十大国际形象最佳城市”等称号。

随着改革开放不断深入，长沙经济健康发展，各项投入持续增长，投资效益水涨船高。2011年固定资产投资3510.24亿元，投资侧重向公共基础设施和民生工程倾斜，完成公共基础设施建设投资614.44亿元，环境和公共设施管理投资267.51亿元，公共管理和居民服务投资37.17亿元，房地产开发和棚户区改造投资1059.4亿元，防洪水利工程投资20亿元，为民办实事投资55.84亿元。市民倍感道路通畅、环境优雅、居住舒适、生活方便。2012年，全市完成社会固定资产投资4011.96亿元。按城乡分，城镇投资3742.32亿元，农村投资269.64亿元。按产业分，第一、二、三产业分别完成投资71.55亿元、1193.6亿元、2746.81亿元。投入增加带动经济发展，第一、二、三产业分别实现增加值272.31亿元、3592.52亿元、2535.08亿元，分别拉动GDP增长0.2个、8个、4.8个百分点，对GDP增长的贡献率分别为1.2%、61.5%、37.3%。在生产性投资中，完成工业投资1162.75亿元，高新技术产业投资233.8亿元；农林牧渔业投资71.55亿元，农副食品加工业38.92亿元，水利专项投资30亿元。持续的巨额资金投入，为长沙经济壮大规模、迅速发展、提高品质、增加效益提供有力支撑。全年实现地区生产总值

(GDP) 6399.91 亿元、工业总产值 3151.94 亿元、农林牧渔业总产值 419.78 亿元、社会商品零售总额 2454.71 亿元、公共财政预算收入 490.65 亿元、城镇居民人均可支配收入 3.10 万元、农民人均纯收入 1.58 万元，与 2000 年相比，年均分别递增 14.9%、23.4%、5.5%、17.6%、26.5%、12.5%、14.8%。长沙经济发展，人民生活改善，满意度不断攀升，幸福感日益增强。

第四节　劳动力与就业结构

1988 年，长沙市贯彻落实中共十三大和十三届三中全会精神，坚持治理整顿与深化改革相结合，国民经济持续稳步发展，全市劳动力结构发生变化，就业人数增长。全市劳动力人口总数 328.41 万人，其中城镇 97.19 万人、乡村 231.22 万人。全社会从业人员 284.35 万人。从业人员按经济类型划分：全民所有制单位职工 55.91 万人，城镇集体所有制单位职工 22 万人，其他所有制单位职工 0.03 万人，城镇个体劳动者 2.79 万人，农村乡镇劳动者 203.62 万人。从业人员的产业分布状况：第一产业 163.82 万人，占 57.60%；第二产业 67.37 万人，占 23.70%；第三产业 53.16 万人，占 18.70%。长沙市两次召开全市劳资工作会议，提出在企业中推行劳动制度改革，重点改革固定工制度，推行合同工制度。年末全民所有制单位有合同工职工 3.09 万人。安置待业人员仍实行劳动力计划管理和资源配置方式，全年需安置城镇待业人员 4.02 万人，安置 2.17 万人。农村改革促进生产力解放，大批农村剩余劳动力转移就业，有近 100 万人往“珠三角”一带沿海地区务工。

1990 年，围绕治理整顿和稳定大局，切实加强社会劳动力统筹管理，千方百计拓宽就业渠道。全市全社会劳动者总数 299.08 万人。从国民经济行业分布来看，其中从事农、林、牧、渔、水利业的有 170.17 万人，占 56.89%；工业、地质勘查业、建筑业 71.41 万人，占 23.88%；交通运输、邮电、商业、教育、文化等 57.50 万人，占 19.33%。按经济类型划分：全民所有制单位职工、集体所有制单位职工、其他各种所有制单位职工、农村劳动者和城镇个体劳动者分别为 59.86 万人、22.44 万人、0.31 万人、213.56 万人和 2.91 万人。贯彻省政府《关于促进乡镇企业持续稳定发展若干政策问题的通知》，长沙市作出《关于进一步支持乡镇企业发展的决定》，大力发展乡镇企业，扩大农村劳动力就业。全市乡镇企业发展到 8.27 万家，就业人数 50.29 万人，占农村乡镇劳动者总数的 23.55%。全市待业率控制在 1.2%以内。是年，开展劳动力资源普查工作。全市劳动力人口共 378.94 万人，其年龄结构为：15~24 岁 117.94 万人，占 31.1%；25~44 岁 170.32 万人，占 45%；45~64 岁 90.68 万人，占 23.9%。劳动力人口中受教育程度状况：小学、文盲、半文盲 164.61 万人，占总人数的 43.44%；初中 139.7 万人，占 45%；高中（中专）54.30 万人，占 17%；大学（专科）20.30 万人，占 6%。

1992 年，贯彻《中华人民共和国企业法》，落实企业自主权，深化用工、分配、人事三项制度改革。全市年末职工总人数 90.22 万人，其中全民所有制企业 65.39 万人，集体所有制企业 24.40 万人，合营企业 0.43 万人。按行业划分：农林牧渔水利业 2.46 万人，工业、地质勘查业、建筑业 38.25 万人，交通运输、邮电通信、商业、教育等 49.51 万人。按区域划分：市区 72.81 万人，县域（长沙县、望城县、浏阳市、宁乡县）17.41 万人。就业乃民生之本。市政府十分关注民生，实行积极的就业政策，为全社会创造充分、平等的就业机会，努力做好就业安置工作。是年，全市新增安置城镇待业人员 2.33 万人，其中安置在全民单位 0.98 万人、集体单位 0.58 万人、其他渠道和临时性安置 0.77 万人。为推动就业，长沙市劳务市场正式对外开放，开展供职求职、劳务输出和技术工人交流服务。全年由市劳动部门向沿海地区输出劳动力 0.65 万人。1994 年贯彻中共中央、国务院《关于加快发展第三产业的决定》，实现产业结构的战略调整，鼓励国有、集体、个人、外商投资兴办第三产业。年末全市职工人数 89.32 万人，其中第三产业职工人数 44.94 万人，占职工总人数的 50.31%。市委、市政府就加快发展个体私营经济，颁布 15 条规定，个体私营经济在第三产业中的交通运输、商贸流通、修理服务等行业发展较快，就业人员增多。年末全市个体私营企业共 11.69 万户，就业人员共 25.98 万人。翌年，召开全市第三产业工作会议，出台《关于加快发展第三产业的决定》，采取一系列措施，对发展第三产业，扩大就业渠道提出明确要求。全社会从业人员 348.11 万人，其中从事第三产业的有 105.75 万人，占全社会从业总人数的 30.38%。全市从业人员就业身份的构成状况：全民、集体所有制单位职工 91.40 万人，占 26%；私营业主、个体户主 15.23 万人，4.38%；私营企业和个体就业人员 21.95 万人，占 6%；乡镇企业就业人员 83.80 万人，占 24.07%；农村从业人员 132.73 万人，占 38.13%；再就业和离退休人员 1.79 万人及其他 1.21 万人，占 0.86%。

1997 年，长沙市召开个体私营经济工作会议，提出进一步落实鼓励发展非公有制经济的政策和措施，大力发展劳动密集型产业，拓宽就业门路，挖掘就业潜力、增加就业机会。全市个体工商户 16.63 万户，就业人员 49.53 万人。私营企业 3727 户，就业人员 4.32 万人。发布《关于进一步实施再就业工程的意见》，出台扶持再就业新的政策措施，安排 1500 万元再就业专项资金，成立再就业服务中心和劳动管理服务站，对下岗职工免费进行劳动技能培训。通过各种渠道，全年分流企业富余职工 5 万余人，安置企业下岗职工 2.5 万人。翌年，在市政府常务会议上研究部署继续实施再就业工程。市级投入 2500 万元作为再就业资金，各区县（市）、乡镇（街道）等单位组建再就业服务中心 432 个，全市国有企业下岗职工基本上进入再就业服务中心。全市分流国企下岗职工 7.76 万人，占国企下岗职工总数的 73.21%。

2000 年，适应新形势下宏观管理决策的需要，开展劳动力人口资源普查。全市劳动力人口 459.95 万人。15~25 岁 111.25 万人，占劳动力人口总数的 24.20%；25~45 岁 223.2 万人，占 48.50%；45~65 岁 125.49 万人，占 27.30%。劳动力人口受教育程度的状况：大专以上 49.45 万人，占 10.80%，比 1990 年提高 4.80%；高中 90.85 万人，占 19.8%，提高 4.80%；初中 193.34 万人，占 42%，减少 3%；小学 122.49 万人，占 26.60%。全社会从业人数 340.82 万人，其产业结构为：第一产业 145.20 万人，占总从业人数的 42.60%；第二产业 85.55 万人，占 25.10%；第三产业 110.10 万人，占 32.30%。召开全市再就业工作会议，发出《关于切实做好国有企业下岗职工再就业工作，加快建设市场就业机制的通知》，决定对国有企业下岗职工，实行加快建立市场就业机制的若干政策措施。通过劳动力市场招聘 6.03 万人就业，并多渠道安置再就业人员 4.64 万人。联合国开发计划署、国际劳工组织、劳动和社会保障部对长沙市就业工作和劳动力市场建设给予充分肯定。2002 年，贯彻落实全省再就业工作会议精神，从改革发展和稳定大局出发，坚持不懈地抓好就业与再就业工作。全市有 7.3 万人通过各种渠道实现就业与再就业，其中下岗职工再就业 3.8 万人，安置“4050”（40~50 岁下岗）人员 0.9 万人。全社会从业人员 341.64 万人，其产业分布状况为：第一产业 140.87 万人，占 41.23%；第二产业 86.38 万人，占 25.28%；第三产业 114.39 万人，占 33.48%。按经济类型划分：国有经济 53.64 万人，集体经济 9.57 万人，私营及个体经济 35.13 万人，其他经济 243.30 万人。

2004 年，继续大力扶持和推进民营经济的发展，全市私营企业和个体工商户共 16.03 万家，就业人员 67.12 万人，占全社会从业人员 18.85%。私营企业和个体工商户全年安置下岗失业人员 8.81 万人。促进农民工进城就业，出台《长沙市灵活就业人员基本医疗保险实施办法》，发布《关于促进农民进城就业意见》，首次将农村劳动力转移就业纳入全市就业整体规划。全市农村劳动力转移培训 3.9 万人，并在上海、深圳等地举办劳务推介洽谈会。是年，全市农村从业人员 208.57 万人，其中转移就业 120.25 万人，占农村从业人员总数的 57.65%。长沙市劳务品牌在全国享有盛誉。翌年，发出《关于进一步做好就业困难对象扶持工作的通知》，切实加强对下岗职工和就业困难对象的劳动技能及创业能力的培训，不断完善就业扶持政策和就业援助制度，开展“再就业援助月”活动，实施以送政策、送岗位、送技能、送服务，落实社保津贴为主题的“四送一落实”活动，消除“零”就业家庭状况。健全城乡就业服务体系；初步形成“劳动者自主择业，市场调节就业，政府促进就业”的就业机制。为促进农民工进城就业，发布《关于改善农民工进城环境的意见》。2003 年至 2005 年三年累计新增城镇就业 25 万人，安排下岗失业人员 13.60 万人，农村劳动力转移就业 231 万人。长沙市就业再就业工作跨入全国先进行列，长沙市劳动保障局连续五年获得“湖南省再就业和两个确保先进单位”。长沙市人民政府被国务院授予“全国再就业工作先进集体”。

在实现“十一五”（2006—2010 年）规划开局的 2006 年，坚持实施“兴工强市”和推进新型工业化战略，第二产业从业人数增加。全社会从业人员 365.18 万人，其中第二产业从业人员 107.49 万人，占 29.43%，比 2001 年提高 6%。从业人员所在单位的经济类型结构：国有经济 42.08 万人，占 11.52%；集体经济单位 5.99 万人，占 1.64%；私营及个体经济单位 84.65 万人，占 23.18%；其他经济单位（联营、股份制、外商投资等）232.46 万人，占 63.66%。与 2001 年比，国有经济单位从业人员占比下降 4.7%，集体经济单位占比下降 1.19%，私营及个体经济单位占比增加 13.78%，其他经济单位下降 7.77%。翌年，以贯彻实施《中华人民共和国就业促进法》为契机，着重抓好各项就业政策的落实，加强就业援助，不断扩大就业、再就业规模。全年新增城镇就业 9.47 万人，下岗人员再就业 3.16 万人，“4050”人员再就业 1.15 万人。零就业家庭实现年底动态清零。长沙市被国务院人社部批准成为全国首批城乡就业统筹试点城市。全市各区县（市）建立人力资源市场，113 个乡镇建立劳动保障服务平台。新增农村劳动力转移就业 6.65 万人，转移就业总人数 73.79 万人。2008 年，出台《关于大力推动创业富民，加快建设创业之都的若干意见》，成立全市推进创业富民工作领导小组，实施创业带动就业战略，建立 30 个创业孵化基地。全市城镇新增就业 10.39 万人，下岗失业人员再就业 3.05 万人；农村新增转移就业 8.15 万人，其中有 5503 户农村贫困家庭实现转移就业。翌年，贯彻落实《关于加快发展服务业的若干意见》，优先发展劳动密集型的信息业、物流业、旅游业等现代服务业，为劳动力就业提供便利条件。劳动力从第一产业向第二、三产业转移的步伐加大。全社会从业人员 408.41 万人，其中第一产业 115.15 万人，占 28%；第二产业 129.45 万人，占 32%；第三产业 163.81 万人，占 40%。从业人员在第三产业比重首次占据第一。在第三产业从业人员中，个体工商户和私营企业从业人数 95.55 万人，占第三产业从业总人数的 58.33%。

2010 年，发布《长沙市统筹城乡就业和社会保障实施办法》，对全市城乡就业与社会保障工作进行具体部署。全社会从业人员 424.07 万人，其中城镇 179.95 万人，乡村 244.12 万人。从业人员在第一产业的有 113.88 万人，占从业人员总数的 34.20%；第二产业 135.78 万人，占 22.70%；第三产业 174.41 万人，占 43.1%。据全市新一轮劳动力普查，全市劳动力人口 545.03 万人，其年龄结构为：15~24 岁的有 134.08 万人，在全市劳动力人口中占 24.60%；25~44 岁的共 238 万人，占 43.70%；45~64 岁 172.95 万人，占 31.70%，比 2000 年提高 4.40%，劳动力人口呈现出高龄化趋势。全市劳动力受教育程度分别为：大专以上 130.64 万人，占 24%；高中 118.42 万人，占 21.70%；初中 215.82 万人，占 39.60%；小学 78.25 万人，占 14.40%。，大专学历以上比 2000 年提高 13.20%，高中学历提高 1.90%，初中学历下降 2.40%。劳动力人口的文化教育程度明显提高。翌年，继续实施创业推动就业的战略，全市创业就业政策和服务体系更加完善。将高校毕业生、农民工、就业困难人员作为重点扶持对象，开展大学生就业服务月、春风行动、民营企业招聘周等活动。投入就业资金 1.82 亿元，直接惠及就业者 10 万多人。加大全面创业培训力度，全年创业培训 2.66 万人，职业培训 18.67 万人。是年，全市新增城镇就业 12.35 万人，下岗失业人员再就业 4 万多人，困难群体就业 1.65 万人，农村转移就业 80.59 万人。长沙市被评为全国创业型城市中期考核优秀城市和国家大学生创业示范基地。

2012 年，继续贯彻落实以“六补两贷一扶持”（职业介绍补贴、职业培训补贴、社会保险补贴、公益性岗位补贴、职业技能鉴定补贴、特定就业政策补贴、小额贷款担保基金和微利项目小额担保贷款贴息，扶持公共就业服务）的就业政策，投放就业资金 2.2 亿元。创建 3 个省级创业孵化基地，102 家创业基地。发挥创业对就业的带动作用。全年新增城镇就业人员 12.48 万人。是年，全市从业人员 447.93 万人，其中国有经济单位 41.28 万人，占 9.22%，比 1988 年下降 10.44%；集体经济单位 3.75 万人，占 0.84%，上升 6.90%；私营及个体经济企业 145.55 万人，占 32.49%，上升 31.51%；联营和股份制等其他经济单位 257.35 万人，占 57.45%，上升 57.42%。随着农业产业化和城乡一体化的健康发展，农村劳动力转移就业的区域结构发生变化，出现在外地从业的农民工回流现象。全年农村转移就业 80.51 万人。农民工在本市范围内就业的占 67%；省内占 10%；省外占 23%。年末城镇登记失业率控制在 2.88%。市民感到安居乐业、生活幸福。长沙市就业服务局被国务院评为“全国就业工作先进单位”。长沙市被国务院授予“全国创业先进城市”。

表 13–3–4–1　　1990 年、2000 年、2010 年长沙市劳动年龄人口年龄结构一览表

年龄组	1990 年		2000 年		2010 年	
	人口数（万人）	占劳动年龄人口的比重（%）	人口数（万人）	占劳动年龄人口的比重（%）	人口数（万人）	占劳动年龄人口的比重（%）
合计	378.94	100.0	459.95	100.0	545.03	100.0
15~25 岁	117.94	31.1	111.25	24.2	134.08	24.6
25~45 岁	170.32	45.0	223.20	48.5	238.00	43.7
45~65 岁	90.68	23.9	125.49	27.3	172.96	31.7

表 13–3–4–2　　2000 年、2010 年长沙市劳动年龄人口受教育程度情况一览表

受教育程度	2000 年		2010 年	
	人口数（万人）	占劳动年龄人口的比重（%）	人口数（万人）	占劳动年龄人口的比重（%）
合计	459.95	100.0	545.03	100.0
未上过学	3.81	0.8	1.91	0.3
小学	122..49	26.6	78.25	14.4
初中	193.34	42.0	215.82	39.6
高中	90.85	19.8	118.42	21.7
大学专科及以上	49.45	10.8	130.64	24.0

第四章　招商引资

长沙市招商引资始于20世纪80年代初。1988年，长沙改善投资环境，鼓励外来投资；采取外商直接投资、对外来料加工和补偿贸易、国际租赁3种方式引进外来资金。是年，新批利用外资合同项目25个，协议利用外资①383.72万美元，实际利用外资208.8万美元。1991年，长沙市新批外商投资企业36家，是对外开放以来全市历年批准的外商投资企业之和。

1992年，长沙被列为内陆开放城市。此后，在扩大对外开放，优化投资环境方面采取一系列重大措施，招商引资步入发展快车道。1993年4月，长沙市招商局成立，对外商投资实行“一个窗口对外、一站式审批、一条龙管理服务”，进一步改善和规范对外商投资的服务和管理，招商引资工作呈现发展速度加快、投资规模扩大、外商独资企业大增的势头。1995年4月19日，长沙市出台《关于进一步加强招商引资工作的意见》，将“开放强市”作为全市经济发展的重大战略之一，成立长沙市外商投资管理委员会，并出台改善投资环境的10项措施。1996年，形成“外宣开路、外事搭桥、外经拓展、外贸导向、外资推进”等五外联动工作格局，对县（区、市）、经济开发园区、市直部门等16家责任单位实行招商引资考核目标责任制，建立起招商引资工作机制。1998年，应对亚洲金融危机的影响，长沙市扩大对内开放，在加大对欧美国家地区资金引进的同时，利用湖南省会城市优势，加大境内资金引进，是年引进省外境内资金6.7亿元。2000年，长沙市招商引资工作度过前两年相对低速发展时期，实现恢复性增长；外商直接投资成为引进外来资金的主要方式，是年新批外商直接项目53个，实际利用外资1.77亿美元。

2001年，长沙市突出引大引强，推进招商引资向招商选资转变，招商引资进入持续高速发展时期。4月，长沙市出台《关于加强招商引资工作，鼓励外商投资的决定》，进一步改善和优化投资环境，是年引进外来资金100.33亿元，其中实际利用外资2.65亿美元，引进市外境内资金78.4亿元。2003年，出台《关于进一步加大招商引资力度和大力发展民营经济的决定》。推进工业制造业招商，探索对基础设施和公用事业建设领域招商。全年引进外来资金275.59亿元，相当于同期长沙市全社会固定资产投资总额的55.67%，其中实际利用外资5.02亿美元，市外境内资金233.87亿元；48家世界500强企业在长沙投资或设立办事机构。

2005年，长沙市出台《关于进一步加强招商引资工作的若干意见》《关于加快引进战略投资者的若干意见》《关于进一步支持湖南省台商投资区的意见》，规范招商引资工作秩序和外商投资审批程序，营造“亲商、安商、富商”的投资环境，促进重大产业项目和战略投资者的引进。是年，长沙市招商引资工作由全面招商向产业招商、引资向选资、一般招商向特色招商、竞争招商向协同招商转变，引进外来资金433亿元，其中实际利用外资9.02亿美元，比上年增长80%，实际利用外资的规模和增幅在中部省会城市均名列第一；市外境内资金358.2亿元。战略投资者对长沙实际投资4.98亿美元，占全市利用外资总额50%以上。

①外资指“境外在华投资”。

2008年，长沙市克服全球金融风暴不利影响，引进外来资金634亿元，其中实际利用外资18.01亿美元，市外境内资金508亿元。是年新批的外商直接投资项目152个，总投资25亿美元，项目平均投资超过1600万美元。其中外商独资项目120个，实际利用外资14.95亿美元，占全市总量的比重分别为78.95%和83%，外商独资已经成为长沙市利用外商直接投资的主要方式。长沙市开发园区成为招商引资的重要载体，开发园区实际利用外资6.15亿美元，引进省外境内资金54.23亿元，分别占全市总量的34.17%和21.78%。

2010年，长沙市招商引资进一步向招商选资转化。新型工业化项目实际利用外资18.24亿美元，占全市总量22.38亿美元的81.5%。围绕汽车及零部件开展的产业招商已显成效。9月30日，比亚迪k9纯电动大巴下线，与之前先后投产的北汽福田、广汽长丰、陕汽集团、众泰汽车等项目促使长沙成为全国首个完整车系制造城市。中国诚通控股集团、北京华远集团、中国华融资产管理公司、绿地集团、中国电子等一批国内战略投资者进入长沙，中联重科、博世汽车、五凌电力、威胜集团、蓝思科技、湘北威尔曼、日立汽车电器、平和堂、麦德龙等企业已成为长沙市相关行业的龙头企业。

2012年，长沙市引进外来资金1147.41亿元，同比增长18.05%。其中实际利用外资29.77亿美元，同比增长14.41%；市外境内资金965.29亿元，同比增长17.73%。利用外资采取外商直接投资方式，在新批的94家外商投资企业中，外商独资企业65家，实际利用外资24.35亿美元，分别占全市新批外商投资企业个数、实际利用外商投资金额的比重为69.15%、81.79%。是年长沙市实际利用外资1500万美元及以上项目33个，省外境内资金到位1亿元及以上项目151个；境外世界500强企业在长沙直接投资企业7家，引进国内战略投资者项目5个。

第一节 招商环境建设

一、鼓励外来投资政策与措施

（一）鼓励外来投资。1988年，长沙市出台政策明确：港澳同胞、台湾同胞、海外侨胞投资者，可以在其投资的企业安排亲属就业；投资数额在5万美元以上者，视投资数多少，允许其亲属一人至数人在长沙市或企业所在地落户。

1993年，长沙市在外商投资企业中开展"出口创汇先进企业"评选活动，调动外商投资企业生产经营积极性。是年，授予湖南长兴印染有限公司等7家企业为"出口创汇先进企业"称号。

1996年，长沙市开展"外商投资先进企业"评选活动，是年评定乐金曙光电子有限公司、伊莱克斯中意（长沙）电冰箱有限公司等8家企业为"1996年度长沙市外商投资先进企业"。同年，湖南华加通讯工程建设有限公司总经理蒂姆·伯纳特（加拿大）、湖南丽臣—奥威实业有限公司总经理陈成良（新加坡）等11位对长沙经济建设有突出贡献的境外人士为"长沙市荣誉市民"称号。

2001年4月5日，长沙市在《关于加强招商引资工作，鼓励外商投资的决定》中明确：外商在长沙投资除按规定享受国家和省制定的优惠政策外，创办生产型企业，可以选择出让或租赁方式使用国有土地，并享受相关优惠；投资数额大的，可以特邀出席长沙市重大庆典和重要会议；作出突出贡献的，可授予"长沙市荣誉市民"称号，并享受相应待遇；投资1000万美元以上或被授予"荣誉市民"的，可申请"在华永久居留资格"；外商及其配偶或子女，凭市招商部门发给的投资证明和卫生部门发给的医疗证书，可在指定的医院优先就医，子女上学享受本市居民同等待遇；持有原居住地驾驶证的，可到公安交通管理部门直接办理驾驶证手续，不再收取除驾驶证工本费以外的其他费用。

2002 年 2 月 16 日，长沙市授予韩国 LG 集团副会长、LG 集团电子株式会社社长具胜平和韩国公民李钟台“长沙市荣誉市民”称号，至此，已有 18 位外籍人士在长沙市获此殊荣。至 2002 年年底，长沙市政府已聘请美国赛贝斯公司亚洲业务拓展副总裁赵炎仁、中国香港美城数码控股有限公司主席刘超沛、中国澳门特别行政区政府经济委员会委员苏树辉、长沙市台商投资企业协会会长周昆钰等来自美国和中国香港、中国澳门、中国台湾地区跨国公司的 8 名高级管理人员担任长沙市对外经济顾问。

2003 年 6 月 23 日，长沙市作出《关于进一步加大招商引资力度和大力发展民营经济的决定》（以下简称《决定》），从放宽投资领域，鼓励兴办企业，参与国有企业改制，实行土地税收优惠，保护知识产权，拓宽融资渠道，加强人才队伍建设，优化发展环境，帮助解决实际问题九个方面出台鼓励外来投资的政策。如降低外资和民营经济的进入门槛，放宽投资领域。《决定》明确：除国家法律法规明令禁止和限制的领域外，其他领域对外资企业全面放开。鼓励外资和民间资本投资道路、地铁、自来水、燃气、污水、垃圾处理等城市基础设施建设项目，并受政府委托实行特许经营，享受国有企业同等优惠政策。放宽对企业注册资本、对投资人资格的限制；放宽企业审批登记条件。大力保护外资企业和民营企业的知识产权。鼓励外资企业和民营企业进行科技创新。对企业研发费用及技术开发费用和从事技术转让、技术服务所得都提出相应的税收优惠政策。保护名牌和鼓励企业创名牌。《决定》明确：凡获得国家工商总局认定的全国驰名商标和国家质监总局认定的中国名牌产品的企业，经申请可以在本市范围内各类行业名称中受到全面保护。新获得全国驰名商标或中国名牌产品的企业，由市政府一次性奖励 100 万元。加强外资企业和民营经济人才队伍建设，支持外资企业和非公企业引进紧缺急需的专业技术人员和管理人员，引进大学本科以上学历的非本市应届毕业生，引进留学人员和外国专家的，分别实施相关配套政策。《决定》明确对外资企业和外地来长企业的专业技术人员实行与本市专业技术人员同等待遇；来长沙市工作满 3 年，且作出突出贡献的外籍专家可以授予“长沙市荣誉市民”称号。外资企业职工可以参加本市组织的各类职业技能培训和技能鉴定，合格者颁发相应等级的国家职业资格证。《决定》提出，加大企业人才开发的资金投入。鼓励外资企业和民营企业设立博士后工作站，对留在长沙市工作的博士后，经办理调入手续，企业应在住房、异地安家等方面予以补助。市政府设立人才资源开发资金，每年安排专款用于企业人才的引进和开发工作。

2004 年 11 月 17 日，《长沙市人民政府聘请商务顾问暂行办法》出台，聘请境外人士为商务顾问，充分发挥境外各界友好人士对长沙市发展外向型经济的促进作用。2005 年 3 月 25 日，《关于进一步加强招商引资工作若干意见》出台，进一步完善对投资者进行奖励政策，明确凡投资落户长沙的市属生产性企业，建成投产后，对市级财政收入产生重大贡献的项目，按其贡献大小给予奖励。

2009 年 4 月 28 日，发布《关于积极抢抓机遇扩大开发合作的政策意见》，要求密切跟踪产业政策调整、产业梯度转移和产业转移升级动向，瞄准世界 500 强、国内外知名企业的战略布局和投资意向，着力引进大公司、大财团和大项目，新设立注册资本 5000 万元以上的工商企业（现代农业、文化、旅游、服务外包企业 2000 万元以上），当年实到建设资金每 1000 万元奖励 10 万元，外资企业通过增资扩股新上生产线、开发新产品的，给予同等相关奖励，市内现有企业与世界 500 强企业或行业龙头企业合作嫁接的，给予嫁接企业 50 万元特别贡献奖。要求创新招商引资方式，充分运用委托招商、以商招商、点对点招商等方式，加大外来资金引进力度。

（二）奖励招商引资。1988 年，长沙市对外商投资项目引进者，按项目外商实际出资额的 1%发给奖金。其中经主管机关确认该项目属于出口型或先进技术型，对项目引进者加发奖金 1000~5000 元。

图 13-4-1-1 2004 年 12 月 21 日，长沙市举行第四批招商引资中介人奖金集中兑现仪式（市商务局供图）

2001 年 4 月 5 日，发布《关于加强招商引资工作，鼓励外商投资的决定》，确定由市财政每年安排 3000 万元作为招商引资中介人奖励资金；按照同年出台的《长沙市招商引资中介人奖励实施办法》的规定，对引荐长沙以外的客商前来投资的有功人员进行奖励。

2003 年 6 月 23 日，出台《关于进一步加大招商引资力度和大力发展民营经济的决定》，对凡引进 100 万元以上的工业项目或农业产业化项目的有功人员进行重奖，按首次接触原则对引进内外资的中介人给予奖励，外资按实际到位资本金的 0.5%进行奖励，境内市外资金按形成固定资产的 0.3%进行奖励，奖金按税收归属由同级财政支出。是年，对 177 个引资项目按税收分级原则核定给予项目中介人奖励 1100 万元。

2004 年，对《长沙市招商引资中介人奖励实施办法》进行修订。10 月 29 日，印发《长沙市招商引资中介人奖励实施办法（修订稿）》，从中介人的认定、奖励标准分类量化、奖励程序规定、中介人奖金支付、奖金领取方式和引进世界 500 强企业投资项目奖励六个方面进行完善，并明确该实施办法适用于 2003 年 1 月 1 日后为长沙引进外来资金的中介人。是年，长沙市对第四批 174 个中介人项目进行奖励，发放市级奖励 763.71 万元，并审定第五批中介人项目 122 个，奖金 1191.27 万元，其中市级奖励奖金 719.74 万元拨付到位。

2005 年 3 月 25 日，《关于进一步加强招商引资工作的若干意见》提出继续完善和实施招商引资中介人奖励制度，确定由市财政安排专项资金作为招商引资中介人奖励资金。对促成长沙市《招商项目册》发布项目及各类重大商务活动签约项目落户长沙的中介人和促成鼓励类重大产业项目、世界 500 强或行业排名靠前的各类特大项目落户长沙的中介人予以奖励。奖励标准依据产业范围和投资规模确定。同年出台的从 2005 年 1 月 1 日起实行的《长沙市招商引资奖励实施办法》对招商引资中介人奖励的范围、程序及奖金来源、领取方式进一步规范明确，同时适当提高奖励标准。是年，审定奖励制造业、基础设施建设、仓储物流业等行业 39 个中介人项目，奖金 591 万元。2006 年，长沙市对 19 个中介人项目实施奖励，发放奖金 591.13 万元。

2007 年 10 月 22 日，对《长沙市招商引资奖励实施办法》进行修改，明确申报中介人奖励的项目必须是市政府鼓励类项目、世界 500 强或行业排名靠前的境外跨国公司投资的项目，并对中介人引进新型工业化内外资项目的奖励标准进行适度调整。

二、优化投资环境

（一）项目审批改革。1992 年 7 月，长沙市获得投资总额在 3000 万美元以内的外资项目审批权和配套的外商投资企业批准证书发放权。随后长沙市即向所辖各区、县下放投资总额在 500 万美元以内的中外合作项目审批权。

1993 年，长沙市简化外商投资项目立项和可行性研究报告的审批环节；减少编制项目建议书和可行性研究报告的内容；确定审批合同、章程的重点；规范和明确生产性和非生产性项目进口设备、物资和出国（境）任务的审批手续和办事程序；根据具体情况制定各类批准文件的标准格式。与其配套，同时编制《外商投资办事指南》，收入外商投资项目审批、企业登记及生产经营管理相关内容，方便外商在长沙投资。简化后，外商投资项目审批时间由过去平均 15 天缩短为 5 天左右。

2003 年 6 月，长沙市放宽企业审批登记条件。内外资企业在注册登记时，除法律、法规规定之外，其他前置审批项目一律取消。对规定的前置审批项目，必须公开办事程序、办证条件，实行“工商受理、抄告相关、并联审批、限时完成”的方式，由有关部门在 3~10 个工作日内办理完毕，除国家和省规定的费用外，其他一律取消。

2007 年 9 月，长沙市启动“重大投资项目审批办事绿色通道”。进入“绿色通道”的项目，审批办事时限必须缩短一半；办事全流程接受企业监督；对审批中部门无正当理由未在承诺时限内办结的项目，实行超时默认制，对不参加企业问题协调联席会议或不接受会议协调处理的部门，实行缺席默认制，由此产生的一切后果由部门承担。是年，通过“绿色通道”，帮助恒基兆达、和记黄埔等战略投资者解决项目推进过程中遇到的问题，保证重大项目的引进及落实。2008 年，长沙市改革审批方式，实施行政审批在线办理试点。引导北辰实业、恩瑞物流等 8 个符合条件的投资项目进入绿色通道办理，至此通道已受理项目 16 个，项目单位反映办事效率明显提高。

2010 年，长沙市进一步深化审批改革，严格执行行政许可在线办理制度，制定《外商投资企业设立审批操作规程》，在外资审批实务中，实施“网上预审”服务，提高企业申报材料的一次通过率，实现业务办结前后不超过 3 天的审批高速。

（二）优化政务服务。1995 年，长沙市实行外商投资收费联合办公会议制度，规范统一对外商投资的各种税外费。7 月 1 日起，实施一站制收费。同年，长沙市外商投诉协调中心成立，是年受理并处理各类投诉 40 余起。

1996 年，长沙市对外商投资企业建立收费登记卡和行政挂牌保护制度。1 月 18 日，发布《关于在外商投资企业建立收费监督（登记）卡等问题的通知》，对收费登记卡、行政挂牌保护和外商投诉处置等问题作出具体规定。4 月，成立长沙市清理和规范外商投资企业税外费工作领导小组，组织专门力量开展清费工作，是年全市撤销已颁布的涉及外商投资企业的税外费文件 14 个，收费项目 20 个，减轻外商投资企业负担 357.42 万元。当年受到湖南省政府行政挂牌保护的有台商投资企业湖南旺旺食品有限公司和外商投资企业乐金曙光电子有限公司；长沙市政府对伊莱克斯中意（长沙）电冰箱有限公司、湖南丽臣—奥威实业有限公司、湖南关西汽车涂料有限公司等 3 家外商投资企业实行行政挂牌保护，并实施收费登记卡制度和收费统一征管办法试点。是年，长沙市实行“外资项目谁审批、谁管理、谁受理投诉、谁负责协调解决矛盾”办法，市外商投诉协调中心全年受理外商投诉 40 余起，协调成功率 60%以上。

1997 年开始，对外商投资企业实行联合年检，方便企业，降低企业办事成本。1999 年 5 月，长沙市成立治理经济发展环境领导小组，公布举报电话，集中力量查处重大案件，清理收费文件，开展治乱减负专项治理。

2001 年 4 月开始，长沙市设立外商投资企业税外费“收费登记卡”，禁止任何单位和个人以任何方式和名义强行向外商投资企业拉广告、赞助、强行征订书报杂志、资料和“搭车”收取其他不正当的费用；设立外商投资企业“检查登记卡”，规定各有关职能部门对外商投资企业的检查，须事先到市招商部门登记，不得同一事项多级、多头进行检查；控制到外商投资企业的参观、学习和考察活动，所有必要安排的此类活动，须与市招商部门衔接，经外商投资企业同意；查封外商的个人财产和对外商进行治安处罚前应通报市招商部门；设立外商投诉举报电话，坚决查处违规违纪案件，以维护外商投资企业的合法权益与正常生产经营秩序。

2003年，长沙市改善对外资和外地到长沙投资的政务服务，对所有来长沙投资项目实行“一站式”服务，特事特办，所有服务性收费全免。长沙市政务服务中心建立全程代理服务中心，对招商投资项目实行全程代理制，对投资1000万元以上的项目，明确专人跟踪落实；对区、县招商引资项目由市全程代理服务中心限时办结。完善外商投诉协调中心职能，建立领导与投资者对话制度、举报制度和投诉受理工作制度，规范投诉受理行为，及时查处侵犯外来投资企业合法权益的行为，全年受理各类外商投诉案件26件，办结24件。建立健全软环境建设的制度体系，实行软环境建设监督员制度，投资服务质量测评制度，严格规范对外资和民营企业的检查行为，把软环境建设列入党政机关和个人政绩考核的范畴，设立软环境评估指标，定期公布评价结果。

2005年，长沙市进一步优化政务服务。加强和完善对项目审批事项的全程代办服务，对重大产业类项目的审批、工商登记、税务登记、国土规划报批、工程报建等环节实现全程免费代办服务，市直各部门和各单位都确定一名招商引资联络员，负责本行业招商基础资料的收集、汇总和招商接待工作，代办本部门招商引资有关手续。建立招商引资责任追究制度。对已通过各部门联审的项目，由于无序竞争或工作不力而导致项目流失的，追究相关单位和个人的责任，并对该单位主要负责人予以通报批评。加强行政效能监察，对涉外企业继续实行“收费登记卡”“检查登记卡”制度，各单位对涉外企业的例行检查，原则上实行网上检查，如特殊情况需上门检查的，需报市招商引资工作领导小组办公室同意后方可实施；凡符合招商引资鼓励政策和规划要求的项目，必须优先服务，及时办理；对超过服务时限办结及乱收费、乱摊派、乱罚款、乱检查、滥检查等危害投资环境的问题，追究有关直接责任人和主管领导的责任。对被投诉并经调查属实的单位，年终不得评为先进单位。由于环境问题造成已落户企业迁出市外的，相关单位给予“黄牌”警告；对造成严重后果和恶劣影响的，除追究直接责任人的责任外，还要严肃追究有关领导的责任。同年，长沙市设立外来投资者投诉服务中心，负责处理外来投资者投诉事宜。2006年，对587家外商和港、澳、台、侨投资企业实施网上联合年检，参检率81%，创历史最高，极大方便企业。

2009年，应对世界金融危机影响，长沙市健全市、区（县）、园区多层次外商投资企业投诉处理机制，在市政务服务中心窗口设立并公开投诉受理电话，及时、有效地处理投诉，全市受理外商投诉协调案件20件，办结20件。如妥善协调解决购宝华银旺和公司股权转让遗留问题，办理为和记黄埔协调公积金合同问题等。2012年，长沙市各年检职能部门紧密配合，完成659家网上申报的外商投资企业年检工作。

（三）服务外来投资企业。1995年，长沙市分别建立由3位主管副市长牵头的基础设施、能源交通、财税资金3支跟踪服务队和项目开发咨询公司，为外商投资提供全方位服务，帮助外商投资企业解决困难和问题。

2003年，长沙市着力解决外来投资企业的实际问题。外来投资企业参与国际市场竞争，积极支持其申报进出口经营权和申请在境外设立分支机构。到长沙投资企业与外商合资、合作设立企业，可享受外商投资企业的同等待遇。到长沙投资企业中持有“暂住证”的人员，因商务往来、经济技术合作、培训考察等需要出国出境，由有关部门按规定及时审批并办理出国出境手续。为外地到长沙投资企业的车辆开辟绿色通道，允许其车辆仍使用当地牌照，并按有关规定办理长沙市区长期通行证，有关规费收取按长沙市车辆对待。鼓励到长沙投资企业购买经营办公用房和职工商品房。一次性购买1000平方米以上（含1000平方米）商品房用于办公、经营的，可减免50%的应纳契税；可按本市有关规定，为职工办理缴纳住房公积金，其职工可按规定申请公积金贷款；其高级管理人员在本市首次购买商品住房，可按其本人上年已缴纳个人所得税数额的50%给予奖励，奖励金额以其实际购房款的三分之一为上限。为到长沙投资企业解决子女就读问题，其高级管理人员的子女在长沙参加高考可与本市考生同等对待；其职工子女可参加长沙市普通高中毕业会考；其在长沙职工子女申请入本市中小学就读，由各级教育行政部门按有关规定就近安排，并积极创造条件，创办与国际接轨的国际学校。重点加快工业园区建设，加快城市基础设施特别是交通、通讯、物流中心和园区内集中供气、供热项目的建设，继续加强各类产品流通市场的建设，为外来投资企业的产品销售提供配套服务。

2004年，长沙市设立外商定点服务机构，确定岳麓山庄、中南大学湘雅三医院、长沙市中心医院、麓山国际实验学校为长沙市首批外商定点服务机构。2005年，长沙市加快金霞保税物流中心、国家级医药产品出口基地建设，推进现代物流和医药产业发展，搭建招商引资新平台。进一步解决到长沙投资外商在居住、医疗、子女入学、入托、社会治安等方面的实际问题，如定点服务机构麓山国际实验学校作为“外商子女就读学校”已安排来自韩国、日本、荷兰、马来西亚等国外商子女32名就读。是年，制定《长沙市外商定点服务机构管理办法（试行）》，对外商定点服务机构的范围、标准、申办和管理作出具体规定。

2009年，长沙市完善外商定点服务工作机制，加强对外商定点服务机构的联系和指导。湘雅三医院进一步完善以院长为组长的“外商医疗保健工作领导小组”，建立起外商应诊专家库，开辟外商医疗保健绿色通道；长沙市中心医院制订“外籍专家诊疗预案”，实行专人陪护就诊；麓山国际学校特设“优秀外籍学生奖”；岳麓山庄为外商增设健身活动室等。

（四）健全招商工作机制。1995年5月23日，长沙市外商投资管理委员会成立，负责协调市直各部门在招商引资工作中的关系，研究解决外商投资企业在筹建、生产、经营过程中带普遍性、全局性的问题。是年，长沙市建立市级领导分工联系重大招商项目制度。1996年，对9个区县（市）、长沙市经济委员会、市财政委员会、市建筑委员会、市农业委员会（以下简称“市农委”）、市乡镇企业局和两个开发园区等16家责任单位实行招商引资考核目标责任制，考核合同利用外资金额、实际到位外资金额、“三来一补”实际到位金额和“三资”企业出口创汇金额等4个指标，是年拿出50万元奖励9家招商引资目标管理先进单位和10家招商引资工作先进单位。

1998年，应对亚洲金融危机，长沙市从6月开始对利用外资重大项目实行统一决策，成立谈判小组，全权负责对外谈判，对外统一口径，统一政策，形成合力，为项目提供全程服务和保障。

2003年，发布《关于在全市实行党政领导干部联系重点招商项目制度的通知》，对50个重大招商项目按条块管理原则细分，明确市级领导、各开发区、各区县（市）、各相关部门主要负责人各负责一个重大项目，并定期通报项目进展情况，是年，这批项目中大部分进入实质性建设。2004年6月16日，为确保招商引资各项指标顺利完成，印发《2004年长沙市招商引资工作考核办法（试行）》，对考核指标界定、指标基分分解、考核计分办法及奖励办法作出明确规定。

2005年，成立长沙市招商引资工作领导小组，由市人民政府市长任组长，明确各级招商工作部门在同级党委、政府的领导下，负责做好本区域内的招商引资工作。是年，设立重点项目协调服务中心，负责重大项目的跟踪和协调，对符合国家、省、市社会经济发展规划的产业投向、投资规模在1000万美元以上或1亿元人民币以上的重大项目建立领导联系制度，每个项目确定一名副市级以上领导联系，由市招商引资工作领导小组办公室确定一名工作人员为重大项目联络员。是年，长沙市完善目标管理考核体系，建立招商引资工作信息通报制度，对各区县（市），各开发园区和市直有关部门按各单位的招商实绩与综合服务情况进行考核，出台《长沙市招商引资奖励实施办法》。是年，高新区管委会等57个单位获招商引资服务奖，奖金173万元。同年，为确保引资项目落地，长沙市实施招商“飞地”政策，对各区县（市）、各开发园区洽谈成功的招商引资项目，因地理位置、规划限制或产业配套等原因，不能在本区域实施的，鼓励到本市其他开发园区或区县（市）落户建设，投产项目所产生的税收的地方留成部分，实现的产、销等经济指标，原则上3年内按引资方与落户方5:5比例进行分配；3年期满后，税收地方留成部分全部留成落户方，完成招商引资目标任务按引资方、落户方5:5的比例分成。同时理顺税收分配体制，加快外资企业税收分成体制改革，凡2004年12月31日以前的企业按原税收分配体制不变，2005年1月1日以后新办的涉外企业（含外商独资、中外合资、中外合作企业），市属的涉外企业税收收入维持不变；凡区引进的涉外企业产生的地方留成部分，收入全额缴入市级，年终结算市全额返还到区。

同年9月28日，召开引进战略投资者工作座谈会，会上印发《长沙市人民政府关于加快引进战略投资者工作的若干意见》。会议要求在“十一五”（2006—2010年）期间，引进10家以上能促进长沙市经济结构调整的重大战略投资者，重点是世界500强和国内大企业；引进30家以上具有发展潜力的战略投资者，促进长沙产业升级。

2006年，长沙市突出项目招商，加强项目的筛选和包装。项目筛选上，从符合国家产业政策和长沙城市建设及支柱产业发展需要，有利于长沙资源优势转化并形成产业链出发，寻找项目，设立项目库；项目发布前，对项目进行严格会审，杜绝以不符合产业政策或有其他问题的项目去招商。项目包装注重专业性和针对性，内容上突出重点，着重回答投资者最关心的问题。按上述要求编印成信息量大、形式美观的项目册。是年在伦敦招商会和中博会上就发放中英文版项目册3500余本，受到中外客商密切关注。长沙市对重点项目实行跟踪服务制度，制定阶段性目标，按期调度，并加大协调、督办力度。对已签约项目，按属地原则落实跟踪责任，确定负责单位和具体负责人，制定进度安排和协调措施，并配备联络员，牵头对签约项目进展情况进行督查，对项目履约率和资金到位率进行综合评定，其结果作为招商引资绩效评定标准之一。

2007年，长沙市开发、包装大项目。对通过会审的项目在履约过程中不得以任何理由阻碍其进展；将通过会审的项目编印成投资指南和招商目录对外发布，提高项目签约门槛，以节约资源，注重质量为原则，招大引强，选择战略合作伙伴。是年，长沙市强化对重点项目和重大节会签约项目调度和跟踪服务力度，对签约项目总体进展情况和项目履约率、资金到位率进行督查和考核评定。对无法履约的项目，要求相关责任单位说明原因。同时，对签约项目分层次逐一建档，内容涉及项目名称、项目所在地、项目单位、现状、项目进展情况及项目履约后运营情况。

2009年，长沙策划、筛选、精包装招商项目139个，分别编印成《2009年长沙重点招商项目推介册》《长沙地产招商推介项目册》对外发布。

第二节　招商方式

一、活动招商

1992 年 9 月 2—14 日，长沙市组团参加湖南省人民政府在香港、深圳两地举办的“92 香港（深圳）对外经贸洽谈会”，签约项目 124 个，总投资 76.69 亿元，利用外资 5.89 亿美元，占全省利用外资总额 18.7%；其中签订合同 78 项，总投资 20.22 亿元，合同利用外资 2.45 亿美元。在项目规模上，签订总投资额 1 亿元以上项目 14 个，利用外资 1000 万美元左右的项目 16 个。在外商投资领域上，第二产业项目明显增加，高新技术项目有新的进展。

从 2000 年起，长沙活动招商日趋活跃。2000 年，长沙市组团参与和主办活动 7 场，签订项目 25 个，合同利用外资 2.44 亿美元。是年 10 月 4—7 日，长沙市首次跨出国门在欧洲丹麦首都哥本哈根主办“2000 年中国（欧洲）经贸洽谈会”，发布招商项目 360 个，利用外资 7800 万美元。

2004 年 11 月 7—9 日，长沙市在香港举办“2004 中国·长沙（香港）投资贸易洽谈会”（以下简称“港洽会”）。市委书记梅克保、市长谭仲池率领由全市各开发园区、各区县（市）和市直各相关部门组成的代表团到达香港。中央驻港联络办、香港特区政府、外交部驻港特派员公署和香港 5 家商会、香港《文汇报》、香港工商各界支持协助，长沙代表团在香港期间开展一系列的拜会、推介、招商、考察活动，实现“全面推介长沙、全力扩大开放、合作共赢发展”的预期目标。在“港洽会”上，长沙市举行《中国长沙商旅手册》首发式，推出 1000 个引资合作项目，签约 46 个，总投资 194.4 亿元，利用外来资金 156.2 亿元。“港洽会”后，香港特区政府驻京办、中国世贸集团、香港和记黄埔地产、广东南方高科数码、上海爱建集团等机构和企业的高层人士相继到访长沙，考察、投资，带动高密度客商回访潮。

2005 年 5 月 31 日，湖南省人民政府在香港举办中国湖南（香港）投资洽谈活动周（以下简称“港洽周”），长沙市代表团由市长谭仲池为团长，各开发园区、各区县（市）及市直相关单位组成 12 个分团，近 300 人参会。长沙市代表团请毕马威华振会计师事务所上海分所策略及商业资讯总监史伟华作长沙投资环境代言人介绍长沙投资环境，将招商项目的设计模型向与会客商展示，改变以往招商过程中只闻其声不见其物的局限，成为“港洽周”的亮点。“港洽周”期间，长沙市签约合同项目 57 个，总投资 190.58 亿元，引进外来资金 148.82 亿元。其中外资合同项目 34 个，总投资 9.32 亿美元，约占湖南省引进外资总额三分之一，外资项目中，投资总额超过3000 万美元的项目 17 个。中国香港和记黄埔地产有限公司、美国嘉吉投资（中国）有限公司、美国百事（中国）投资有限公司等 3 家世界 500 强企业落户长沙。

图 13-4-2-1　2005 年 5 月 31 日，“港洽周”2005 年中国·长沙重大项目推介暨服务业专题招商会上，毕马威公司史伟华先生为长沙市投资环境作说明　（市商务局供图）

2006 年 4 月 24—25 日，长沙市在英国伦敦举办“2006 中国·长沙（伦敦）

重大项目投资贸易洽谈会”。由市委书记梅克保任团长，各区县（市）、各相关部门、企业组成120余人代表团参会。应邀出席洽谈会的有来自英、美、德、荷兰等国和中国香港地区的500余名客商，20余家海内外知名新闻媒体参会报道。洽谈会签约项目30个，其中投资类项目17个，总投资额22.12亿美元，利用外资19.9亿美元；合作类项目11个；贸易类项目2个，成交额604万元，成为长沙市历年来在国外举办的规模最大的经贸招商交流合作活动。9月26—28日，首届中国中部投资贸易博览会（以下简称“中博会”）以“促进中部崛起，成就中国辉煌”为主题在长沙举办，中共中央政治局委员、国务院副总理吴仪出席并宣布开幕。在首届“中博会”期间，长沙市举办投资环境推介、高峰论坛、交流洽谈活动24场，并举办湖南—香港经贸合作交流会，接待中央各部委局、国内22个省份及德国、加拿大、美国等20余个国家的贵宾、客商6500余人次，对接项目300余个，签约项目147个，总投资额915亿元。其中，外资项目48个，总投资68.5亿美元，利用外资55.4亿美元；内资项目99个，总投资367亿元，引进外来投资300亿元。世界500强企业及战略投资者如诺基亚公司、摩托罗拉公司、家乐福有限公司、沃尔玛投资公司、泰格林纸业集团、香港恒基兆业集团、香港周大生投资有限公司等纷纷签约。

2007年4月27日，长沙市在澳大利亚悉尼举办“2007中国·长沙（澳大利亚）重大项目合作洽谈会”，来自澳大利亚、新加坡、马来西亚、新西兰等国家和地区的500余位客商参会。洽谈会上，发布210个投资贸易项目，总投资额200亿美元，签约29个项目，其中投资类项目23个，总投资额23.52亿美元，引进外资20.16亿美元；贸易类项目3个，总成交额1887万美元；合作类项目3个。6月8—12日，第四届泛珠三角洲区域经贸合作洽谈会（以下简称“珠洽会”）在长沙举办。长沙市集中对外发布200余个优势项目，115个项目签约，总投资836亿元，占湖南省签约项目43%，居泛珠三角区域各城市之首。同年9月26—28日，首届湘商大会在长沙举办，来自美国、奥地利、意大利、马来西亚、荷兰、泰国、新加坡等11个国家以及中国香港、澳门、台湾地区客商代表，全国25个省份67家湖南异地商会的特邀嘉宾和湖南14个市、州的代表2600余人参会，长沙市作为承办单位之一和东道主城市，举全市之力策划组织，服务推介，获得丰硕成果。长沙市发布项目200个。18个项目签约，总投资283亿元，引进资金273亿元，其中省级签约项目10个，投资总额61亿元，引进资金59亿元；自行签约8个，投资总额222亿元，引进资金214亿元，资金投向主要集中在制造业和商贸服务业，其中新型工业化项目占签约总数近70%。

2008年6月15—20日，市长张剑飞任团长，组成200人代表团参加湖南省人民政府在上海举办的2008湖南（上海）投资洽谈活动周（以下简称“沪洽周”）。活动周期间，长沙市举办2008长沙承接服务外包暨6项产业集群推介会，200余名客商到会，其中境外世界500强企业6家，商协会21家；对外发布招商项目187个，签约52个项目，总投资额334.09亿元，引进外来资金328.63亿元，其中外资21.05亿美元。在湖南省情推介暨重大项目签约仪式上，长沙市代表团签约13个项目，总投资142亿元。其中外资项目7个，总投资11.85亿美元，内资项目6个，总投资59亿元，投资过亿元项目9个：如6英寸功率芯片制造项目、有色金属高科技科研产业基地项目、长沙航空工业园项目、长沙金霞开发区的国药物流中心项目等。

2009年5月17—21日，“港洽周”在香港举行，市长张剑飞率长沙市代表团参加。除参加省级活动外，长沙市还举办2009中国·长沙（香港）承接产业转移投资恳谈会。“港洽周”期间，长沙签约35个，总投资157.48亿元，引进资金112.19亿元。同年12月4日，在北京召开“长沙市与知名企业合作发展座谈会”。座谈会由市长张剑飞主持，市委书记陈润儿在会上对长沙发展成就和投资优势作全面介绍和推介。全国人大常委会原副委员长蒋正华、商务部、国家发展和改革委员会（以下简称“国家发改委”）、国有资产监督管理委员会（以下简称“国资委”）、工业和信息化部（以下简称“工信部”）等部委负责人，中国建筑股份有限公司、中国轻工集团等知名企业负责人、知名商会代表，跨国公司及世界500强企业驻京代表400余人出席座谈会，会上签约项目13个，投资总额135.12亿元，引进外来资金90.5亿元。

2010年7月22—27日，利用上海世博会带来的机遇，加强与长三角地区经贸合作，大力引进战略投资者，加快推进产业结构调整和社会经济又好又快发展，湖南省人民政府在上海举办2010沪洽周。活动周期间，长沙市引进招商项目37个，总投资277.5亿元，引进资金273.36亿元，影响力较强的项目有世界500强企业联合利华有限公司、德国巴斯夫集团、中国铁建股份有限公司投资建设的项目。投资额较大的项目有大连万达商业地产股份有限公司在开福区投资95亿元建设的“万达商业广场”项目等。

2012年5月18—20日，第七届中博会在长沙举行，中共中央政治局委员、国务院副总理王岐山在湖南国际会展中心宣布开幕，来自73个国家和地区的327个团组、70余家世界500强跨国公司、50余家境外知名商协会、贸促机构、中部地区各省及有关省、区、市和国务院相关部门负责人、墨西哥前总理比森特·福克斯等外国政要应邀出席。第七届中博会以“开放崛起、绿色发展”为主题，突出绿色产业、新能源和节能环保理念，突出中部地区特色，为中外客商搭建经济技术交流与合作平台，推动国际资本和沿海产业向中部转移，实现互利共赢，共同发展。中博会期间，长沙签约项目52个，总投资468.1727亿元，引进资金450.7332亿元，其中外资项目23个，引进资金26.08亿美元；内资项目29个，引进资金284.5亿元。长沙以“当热情东道主、办精彩中博会”为目标，集全市之力，以优质一流的服务承办第七届中博会，并承办、举办“世界华商领袖峰会”“中部六省与跨国公司恳谈会”“战略性新型产业发展论坛”“中国（长沙）物联网应用暨智慧城市论坛”“长沙与央企对接洽谈会”5项活动。长沙依托新闻媒体和各种载体，通过新闻报道、展览展示、社会宣传、网上中博会长沙馆营造出浓厚的“聚焦中博会、展示长沙形象”的良好氛围。7月17日，在北京举办“长沙与中央企业合作发展暨重大项目推介会”，国家国资委、环保部、国家工商总局、国家粮食局等部委局负责人和55家中央企业及3家大型国有企业主要负责人351人应邀出席。推介会上，签约项目22个，总投资额350.9亿元，引进外来资金350.9亿元。是年，长沙市举办市级以上活动招商40场，签约项目74个，总投资824.7亿元，引进资金799.7亿元。

至2012年，长沙市举办市级以上各类活动招商171场，其中组团参与89场，主（承）办82场；境内128场，境外43场。

表13-4-2-1　　1990—2012年长沙市展会招商活动情况一览表　　单位：场

年度	组团参与			主（承）办			合计	其中	
	境内	境外	小计	境内	境外	小计		境内	境外
1990	—	—	—	1	—	1	1	1	—
1991	5	—	5	—	—	—	5	5	—
1992	—	1	1	1	—	1	2	1	1
1993	1	3	4	2	—	2	6	3	3

续表 13-4-2-1

年度	组团参与			主（承）办			合计	其中	
	境内	境外	小计	境内	境外	小计		境内	境外
1994	1	1	2	—	—	—	2	1	1
1995	1	—	1	—	1	1	2	1	1
1996	1	1	2	—	—	—	2	1	1
1997	1	—	1	—	—	—	1	1	—
1998	3	—	3	—	1	1	4	3	1
1999	2	—	2	—	—	—	2	2	—
2000	2	—	2	2	1	3	5	4	1
2001	2	2	4	4	1	5	9	6	3
2002	2	—	2	2	—	2	4	4	—
2003	4	—	4	1	1	2	6	5	1
2004	3	1	4	1	2	3	7	4	3
2005	3	1	4	1	11	12	16	4	12
2006	2	1	3	2	2	4	7	4	3
2007	1	1	2	2	1	3	5	3	2
2008	4	—	4	1	1	2	6	5	1
2009	6	1	7	2	2	4	11	8	3
2010	5	—	5	2	1	3	8	7	1
2011	8	1	9	9	2	11	20	17	3
2012	17	1	18	21	1	22	40	38	2
合 计	74	15	89	54	28	82	171	128	43

二、小分队招商

1996年起，为提高招商效率，长沙市实施由市领导带队组织小分队就重点招商项目上门招商，加强招商针对性，做到有的放矢。是年4月、7月，小分队分别到上海和北京招商，接触拜访海外大公司、大财团驻沪、驻京办事处近600家，达成合作意向项目20余个。

2003年，由市委书记梅克保、市长谭仲池分别带队，在境内外分别拜访世界500强企业和国内知名企业，洽谈重大招商项目，吸引韩国玻壳、美国沃尔玛、瑞典伊莱克斯、中国香港新奥燃气等世界500强企业和北京中科软件、广州美的、上海复兴、青岛啤酒等国内知名企业投资项目落户长沙。

2008年10月19日—11月3日，由市长张剑飞率队到欧美招商，促成法国液化空气和奥特莱斯公司来长沙投资达成意向。

2010年，工业主题招商由3位长沙市级领导率小分队分别到“富士康”“华为”“中兴”“格力”等20余家国内家用电器、电子信息行业龙头企业招商，与“富士康”签订合作框架协议，“格力”确定在长沙投资。

2012 年，长沙市有 11 位市级领导带队分别到国内 9 个城市和地区对 17 个重点项目开展小分队招商，针对格力集团到宁乡经开区收购华良并新建生产基地项目，市委书记陈润儿会见格力集团董事长董明珠，商谈合作事宜，推进该项目进展。市委副书记、常务副市长张迎龙率队到深圳、广州专程拜访同洲电子、广州无线电集团及阳普医疗等重点项目单位，促成广州无线电集团回访长沙并考察长沙高新区投资环境，推动项目进展。

三、网络招商

1998 年，长沙市试行网络招商，通过互联网，查询搜集信息资料，特别是世界 500 强大公司、大财团的资料，充实信息库；利用电子邮件进行交流，在网上洽谈；并与国内外知名网站联系，借助其发布招商项目信息。

2000 年，长沙市加快网络招商步伐，加强与境内外著名投资咨询公司联系和合作，引进德国“麦德龙”公司。10 月，麦德龙国际参股有限公司在长沙市开福区设立“麦德龙”物业管理（长沙）有限公司，总投资 1600 万美元，注册资金 640 万美元，经营仓储式商场。

2003 年，举办“网上招商会”，邀请国际知名财务公司对长沙投资要素进行调查分析，形成中英文版《长沙市投资环境报告》，利用国际化平台在网上进行推介。从此，长沙形成不落幕的网上投资贸易洽谈会。

2008 年后，长沙市依托新建的“投资长沙”英文招商网站平台，突出发布经济社会发展的基础数据和商务服务信息，扩大重点招商项目推介，为外来投资者提供从投资前的决策分析到投资后的经营发展全方位的服务，网络招商进一步推进。

四、以商招商

2000 年，投资环境改善，外商对长沙投资信心增强，推动已经在长沙投资的外商增资扩股，是年投入金额超过 1 亿美元，占全年实际到位外资 60%以上。2001 年，在长沙投资的外商增资扩股，投入资金 1.24 亿美元，占当年实际到位外资 46.88%。

2006 年，围绕发展电子信息产业，长沙隆平高科技园通过已入园企业雄踞科技公司，引进韩国三星电子配套项目。

至 2011 年，长沙市外商投资企业有 364 家企业增资，总增资 74.38 亿美元，合同外资增资 37.18 亿美元。其中 2011 年外商投资企业增资企业 48 家，总投资增资 14.61 亿美元，合同外增资 11.98 亿美元，长沙中联重科股份有限公司总投资增资 4.2 亿美元，合同外增资 2.32 亿美元；九龙仓（长沙）置业有限公司总投资增资 5.95 亿美元，合同外增资 5.95 亿美元。

表 13-4-2-2　　2003—2011 年长沙市外商投资企业增资情况一览表

年度	外商增资企业（个）	总投资增资（万美元）	合同外资增资（万美元）
2003	35	9650.66	9865.83
2004	18	2468.1	2130
2005	37	17803.7	17132.5
2006	51	32726	25720

续表 13-4-2-2

年度	外商增资企业（个）	总投资增资（万美元）	合同外资增资（万美元）
2007	47	280104	27651
2008	43	81095	50130
2009	39	74843	73472
2010	46	99059.79	45882.8
2011	48	146050	119814.27
合计	364	743800.25	371798.4

五、代理招商

2003 年，长沙市开展代理招商，在全球范围内聘请 8 名外经顾问和 734 名商务代理，建立起招商引资代理的国际化网络。是年 9 月，长沙市在德国柏林举行的中国长沙（欧洲）投资贸易洽谈会，即由商务代理安排。

2004 年，长沙市商务代理已发展到 1100 余名，分布在美国、英国、德国、日本、韩国等 25 个国家和地区。他们有的是所在国商贸主管部门负责人，有的是当地商会骨干人员，有的是国际知名企业的投资决策者。长沙专门建立完整的全球商务代理人员电子档案，将长沙对外开放的新政策、招商引资的新项目及时向他们发布，延长长沙市招商引资的手臂。在 5 月“2004 年长沙国际友好经贸合作洽谈会暨韩国周”期间，韩国商务代理金相九一次性引来 10 余位韩国的投资洽谈者。在 11 月“2004 中国·长沙（香港）投资贸易洽谈会上”，香港 30 余位商务代理招来 500 余名港澳重要客商，并促进一批项目当场签约。全球商务代理为长沙介绍的客户近 2000 人次，并有 200 余名境外投资者到长沙实地考察后进行实质性洽谈。

2005 年，长沙市商务代理已发展到 1200 名，其中以商务顾问为核心的重点商务代理 200 余名。

第三节　招商成果

1988 年，长沙市招商引资协议利用外资 383.72 万美元，实际利用外资 208.8 万美元。1991 年协议利用外资增加到 1486.89 万美元，实际利用外资 820 万美元。1991 年以前，外来投资来源地主要是中国香港、澳门、台湾地区和日本、新加坡、泰国、美国等国家，1991 年增加韩国、德国、利比里亚、加拿大、英国 5 个国家。1988—1991 年，外来资金投向服装、鞋类、日用小商品等一般加工项目和餐饮住宿业，产品大部分是出口创汇产品或进口替代品，多数产品填补省内空白。1991 年，长沙市外商投资企业实现总产值 1.35 亿元，上缴税金 500 万余元，出口创汇 1138.69 万美元，占湖南省外商投资企业创汇总额 28.24%，成为长沙出口创汇的生力军。

1992 年，长沙招商引资进入快速发展时期。长沙市批准成立外商投资企业 290 家，总投资 7.54 亿美元，合同利用外资 1.86 亿美元。1993 年，长沙市新批外商投资企业 561 家，总投资 10.3 亿美元，合同利用外资 4.1 亿美元，分别是上年的 1.93 倍、1.37 倍、2.26 倍；资金投入由一般加工项目为主转向第一、二、三产业并举，大、中、小项目并举，投资规模在 500 万美元及以上项目 47 个，其中投资规模在

1000 万美元及以上项目 17 个；外商投资企业总产值突破 10 亿元，出口创汇 4161 万美元。

1994 年，韩国金星社、德国西门子、美国百事可乐、日本日立等跨国大公司进入长沙投资。外商投资在长沙—湘潭高速公路、长沙—益阳高速公路、黄花机场高速公路、湘江南大桥、长沙供水和望城电厂等交通能源基础设施建设上都取得不同程度的进展，利用外资嫁接改造中意电冰箱厂、曙光电子管厂等大中型工业企业力度加大。

1995 年，外商投资长沙农林项目取得实质性进展，泰国正大集团兴办的年产 24 万吨饲料厂及年产 2 万头种猪饲养场，澳大利亚 CSR 公司投资的年产 11 万平方米中密度纤维板厂等项目落户长沙。

1998 年，应对亚洲金融危机影响，长沙市扩大开放，内资外资同时引进，是年实际利用外资 2.21 亿美元，其中欧美地区实际到位外资 9400 万美元，为 1997 年同期的 5 倍。引进省外境内资金 6.7 亿元。外商投资在金融和商业领域实现突破，世界 1000 强大银行之一荷兰万贝银行 5 月 6 日在长沙设立办事处并对外营业，成为湖南省首家外资金融机构；11 月 9 日，中日合资企业湖南平和堂实业有限公司开业，该公司注册资本 5000 万美元，投资总额 9600 万美元，为湖南省首家涉外商业企业和第三产业中最大的外商投资项目。

1999 年，外商和中国港澳台地区投资企业成为长沙经济发展新的增长点，长沙市 500 万元及以上外商和中国港澳台地区投资企业实现工业总产值 32.99 亿元，占全市 500 万元及以上工业企业产值 11.2%。LG 曙光、旺旺集团、光南摩托、关西涂料、金狮啤酒、平和堂商厦等一批外商和中国港澳台地区投资企业成为长沙主要产业的支柱。是年，长沙市外商和中国港澳台地区投资企业实现主营业务（营业）收入 83.63 亿元，同比增长 16.2%，其中销售超亿元的企业 16 家；完成进出口实绩 2.1 亿美元，其中出口创汇 1.2 亿美元；完成涉外税收 5.12 亿元，同比增长 27.4%，其中地方涉外税收 1.4 亿元，同比增长 61%；全年纳税超 1000 万元的企业 11 家；直接从业人员 8 万余人，占全市非农业就业人数 9%。

2000 年，克服亚洲金融危机带来的影响，长沙市招商引资工作实现恢复性增长。长沙新批外商直接投资项目 53 个，合同利用外资 1.11 亿美元，实际到位外资 1.77 亿美元，同比分别增长 1.92%、108.77%、17.37%。资金逐渐投向制造业和交通能源基础设施建设，对推动工业技改、改善长沙投资硬环境建设发挥重要作用。

2001 年，长沙市招商引资进入持续高速发展新时期，长沙引进外来资金 100.33 亿元，其中实际到位外资 2.65 亿美元，市外境内资金 78.1 亿元；外来资金占当年长沙市全社会固定资产投资总额比重 35.86%。外资投向长沙第一、二、三产业的资金分别为 0.03 亿美元、1.26 亿美元、1.36 亿美元，比重分别为 1.13%、47.55%、51.32%；外资投向制造业、房地产业的资金分别为 1.24 亿美元、0.57 亿美元，比重分别为 46.79%、21.51%。

2002 年，引进外来资金 156.2 亿元，同比增长 55.69%，占长沙市全社会固定资产投资总额比重 43.08%，外来资金主要来源于亚洲、中国香港和广东、北京、浙江三省市。是年，实际利用亚洲地区资金 2.27 亿美元，其中香港地区 0.85 亿美元，分别占同年长沙市实际到位外资比重 69.21%、25.91%；广东、北京、浙江三省市实际到位资金分别为 25.67 亿元、11.17 亿元、2.62 亿元，占同年长沙实际到位省外境内资金的比重分别为 44.3%、19.28%、4.52%。全年，长沙市医疗卫生领域对外开放，旺旺医院、湘雅眼科医院等项目实现长沙利用台资和外资的突破，填补湖南省医疗卫生领域利用台资和外资的空白。是年，长沙市引进市外境内资金 129.04 亿元，投向第一、二、三产业资金分别为 5.12 亿元、29.96 亿元、93.96 亿元，所占比重分别为 3.97%、23.22%、72.81%；制造业、房地产业实际到位市外境内资金分别为

16.07 亿元、29，23 亿元，所占比重分别为 12.45%、30.4%，成为利用市外境内资金的两大行业。

2003 年，长沙市基础设施和公益事业建设领域进一步扩大开放，面向国内外投资者推出湘江沿岸整体开发项目。通过招标，长沙市将第四、第五水厂和第一、第二污水处理厂的资产与经营权实行转让和特许经营，引进合资企业长沙新奥燃气有限公司经营管理全市天然气和燃气管网。推进招大引强，是年长沙市实际利用外资 1500 万美元及以上项目 5 个，实际利用外资 1.54 亿美元，占全市实际利用外资比重 30.71%。总投资 1.65 亿美元从事家用影视设备制造的湖南 HEG 电子玻璃有限公司是长沙市实际利用外资最多的项目，实际到位资金 5000 万美元。该项目自 2003 年起的 4 年里实际到位资金 1.79 亿美元。

2004 年，长沙市外商投资企业实现主营业务销售（营业）收入 223.5 亿元，同比增长 26.1%，实现利润 16.8 亿元。同比增长 27.3%，上缴涉外税收 15.1 亿元。销售（营业）收入前 20 名外商投资企业实现销售收入 133.28 亿元；纳税前 20 名外商投资企业纳税 8.45 亿元，占长沙市一般预算收入比重 10.5%；安置就业前 20 名外商投资企业安置就业 1.91 万人，占长沙市职工总数的 2.5%。乐金飞利浦曙光电子有限公司实现销售（营业）收入 59.22 亿万元，纳税 2.97 亿元，安置就业 4305 人，此 3 项实绩在外商投资企业中均排名第一位。

2005 年，长沙市引进外来资金 433 亿元，同比增长 24.6%。其中实际到位外资 9.02 亿美元，同比增长 80%，约占湖南省当年实际到位外资总额 45%，按照商务部可比口径统计，长沙市当年实际到位外资金额居中西部地区省会城市之首，超过武汉和成都；实际到位市外境内资金 358.2 亿元，同比增长 17.1%。引大引强，当年实际利用外资 1500 万美元及以上项目 14 个，到位资金 3.69 亿美元，占全年实际利用外资 40.91%；引进美国时代华纳、美国百事可乐集团、日本 NEC、日本三井、荷兰米塔尔、中国香港和记黄埔 6 家世界 500 强企业落户长沙，是改革开放后长沙引进世界 500 强企业最多的一年。由世界 500 强荷兰米塔尔投资的从事钢延加工的外商投资股份制企业湖南华菱管线股份有限公司实际到位资金 7983 万美元，成为长沙市利用外资最大的项目。市外境内资金 2005 年投向第一、二、三产业资金分别为 10.09 亿元、119.23 亿元、228.85 亿元。分别占当年长沙实际到位市外境内资金的比重 2.82%、33.29%、63.89%，第三产业仍是市外境内资金投资热点。制造业、房地产业利用市外境内资金 2005 年实际到位分别为 100.23 亿元、146.54 亿元，占当年长沙实际到位市外境内资金比重分别为 27.98%、40.91%。2005 年，长沙市外商投资企业实现主营业务（销售）收入 294.3 亿元，同比增长 31.6%；上缴税金 19 亿元，同比增长 25.6%；安置就业 6.65 万人，同比增长 36.1%；累计完成进出口 6.7 亿元，占全市进出口总额 33.43%。

2006 年，长沙市引进省外境内 203.1 亿元，投向第一、二、三产业分别为 4.13 亿元、74.58 亿元、124.39 亿元，分别占 2.03%、36.72%、61.25%；投向制造业、房地产业分别为 65.46 亿元、72.57 亿元，分别占 32.23%和 35.73%。推动经济结构调整。2006 年引进的经营投资与资产管理的中外合资企业湖南湘投国际投资有限公司实际到位外资 4750 万美元，是长沙市实际利用外资最大的项目；且从 2006 年起，持续 5 年追加投资，到位资金 1.88 亿美元。是年，长沙市省外境内资金到位 1 亿元及以上的项目 48 个，到位资金 76.88 亿元，占省外境内资金比重 37.85%；其中，中国华电集团在望城投资的长沙电厂项目到位资金 3.81 亿元，是引进省外境内资金最大的项目。长沙深国投华纳影城有限公司和湖南华菱钢铁集团财务公司相继设立，成为长沙市影视传播和财务公司领域实现外商投资进入的标志。

2008 年，长沙市引进国内 500 强企业、民营 200 强企业、知名上市公司和国内行业龙头企业等国内战略投资者项目 10 个，总投资额 126.16 亿元。其中陕西燎原航空机械公司投资 35 亿元的中航起落架长沙航空园项目实际到位资金 5.54 亿元，为当年利用省外境内资金最大项目，该项目包括随后 4 年追加投资到位资金 19.79 亿元。是年，长沙市引进利用外资最大的项目是湖南华菱钢铁股份有限公司，实际到位外资 1.05 亿美元。2009 年，长沙市引进的省外境内资金到位 1 亿元及以上项目 83 个，到位资金 168.23 亿元，占全市实际到位省外境内资金总额比重 58.64%。其中最大的项目是深圳比亚迪汽车股份有限公司投资的长沙比亚迪汽车有限公司，到位资金 9 亿元。

2010 年，长沙市引进国内战略投资者北京华远集团，其投资的华远—新外滩项目投资总额 80 亿元。同年，长沙市引进的实际利用外资 1500 万美元及以上的项目 58 个，到位资金 14.3 亿美元，占实际利用外资比重 63.9%，其中，五菱电力有限公司项目到位资金 8590 万美元，为实际利用外资最大的项目。2011 年，长沙市外商投资企业销售（营业）收入前 20 名企业实现销售收入 1326.27 亿元；纳税前 20 名企业纳税 35.41 亿元，占全市一般预算收入比重 8.3%；安置就业前 20 名企业安置就业 9.77 万人，占全市职工总数 8.4%，与 2004 年比，销售收入、纳税额、安置就业人数分别为 2004 年的 9.95 倍、4.19 倍和 5.12 倍。是年长沙引进实际利用外资 1500 万美元以上项目 61 个，资金 19.98 亿美元，占长沙市全市实际利用外资比重 76.82%，其中从事房地产开发经营的九龙仓（长沙）置业有限公司当年实际到位资金 2.49 亿美元。

2012 年，长沙市引进外来资金 1147.41 亿元，占全社会固定资产投资总额比重 28.6%，其中实际到位外资 29.77 亿美元，市外境内资金 965.29 亿元。外资来源地已遍布全球各大洲 54 个国家和地区，中国香港地区是长沙市最主要的投资来源地，香港对长沙投入资金 19.28 亿美元，占长沙市利用外资总量 64.76%。省外境内资金来源扩大到除西藏以外的 29 个省、直辖市、自治区，广东、北京、浙江为长沙利用省外境内资金前 3 名，实际到位资金分别为 137.31 亿元、63.43 亿元、50.98 亿元，占长沙市利用省外境内资金比重分别为 30.07%、13.89%、11.16%。

外来资金进入长沙投资的领域扩大到农业产业化、新型工业化、现代服务业所涉及的 18 个行业，主要投向制造业和房地产业。2012 年外资投向制造业和房地产业资金分别为 18.29 亿美元、7.1 亿美元，占实际利用外资比重分别为 61.46%、23.87%；省外境内资金 2012 年投入制造业和房地产业分别为 142.53 亿元、187.74 亿元，占长沙市实际到位省外境内资金比重分别为 31.21%、40.18%。利用外来资金结构进一步优化。

2012 年，长沙市第一、二、三产业利用外资分别为 0.85 亿美元、20.24 亿美元、8.68 亿美元，分别占利用外资比重为 2.85%、67.99%、29.16%，湖南省外境内资金投向长沙市第一、二、三产业资金分别为 7.18 亿元、189.09 亿元、260.43 亿元，所占全市实际到位省外境内资金比重分别为 1.57%、41.4%、57.03%。外来资金投向对推动长沙市三次产业结构由 2001 年 10.8:40.8:48.4 调整为 2012 年 4.3:56.1:39.6 发挥作用。利用外来资金质量进一步提升。霍尼韦尔国际、三菱自动车等 7 家世界 500 强企业在长沙直接投资设立企业，年底止已有 49 家世界 500 强企业在长沙直接投资设立企业。是年，长沙市引进国内战略投资者项目 5 个，总投资 119.5 亿元，其中最大项目是北京中国中建地产有限公司投资的中建梅溪湖项目，投资总额 43.5 亿元。2008—2012 年，引进国内战略投资者项目 33 个，总投资额 468.59 亿元。

2012 年，实际利用外资 1500 万美元及以上项目 33 个，资金总额 15.8 亿美元，占同年长沙市实际利用外资比重 53.07%；实际利用外资最大项目是九龙仓（长沙）置业有限公司，当年资金到位 3.54 亿美元。2003—2012 年，长沙市实际利用外资 1500 万美元及以上项目 315 个，资金总额 92.22 亿美元，占同期长沙市实际利用外资比重56.17%。

2012年长沙市实际到位省外境内资金1亿元及以上项目151个，资金总额321.64亿元，占长沙市实际到位省外境内资金比重70.44%；实际到位省外境内资金最大的项目是长沙比亚迪汽车有限公司，到位资金11.7亿元。该项目从2009年引进到2012年到位资金38.8亿元。2006—2012年，长沙市省外境内资金到位1亿元及以上项目622个，资金总额1235.29亿元，占同期长沙市省外境内资金比重57.84%。

2012年，长沙市规模以上外商及中国港澳台地区投资工业企业实现工业增加值128.28亿元，占长沙市规模以上工业企业工业增加值比重5.6%，外商投资企业累计完成进出口37.22亿美元，占长沙市进出口总额43.7%；全市外商投资企业累计就业人数16.05万人，同比增长32.75%。

表13-4-3-1　　2001—2012年长沙市引进外来资金一览表

年度	引进外来资金				全社会固定资产投资总额（亿元）	外来资金占全社会固定资产投资总额比重（%）
	实际到位外资（亿美元）	实际到位内资（亿元）		合计（亿元）		
		市外境内	其中：省外境内			
2001	2.65	78.1	27.18	100.33	279.8	35.86
2002	3.28	129.04	57.95	156.2	362.57	43.08
2003	5.02	233.87	106.05	275.54	494.97	55.67
2004	5.01	305.9	145.75	347.5	668.09	50.07
2005	9.02	358.2	175.11	433	881.44	49.12
2006	12.03	369.29	203.1	469.14	1089.81	43.05
2007	15.04	435.97	224	556.3	1445.18	38.49
2008	18.01	508	248.99	634	1873.33	33.84
2009	20.33	570.99	286.9	713.1	2441.78	29.2
2010	22.38	668.63	325.26	820	3192.57	25.69
2011	26.01	824.1	390.73	972	3510.24	27.69
2012	29.77	965.29	456.64	1147.41	4011.96	28.6
合计	168.55	5447.68	2647.66	6624.52	20251.74	32.71

表13-4-3-2　　2012年境外世界500强企业在长沙投资企业一览表

序号	企业名称
1	中建（长沙）不二幕墙装饰有限公司
2	湖南英博白沙啤酒有限公司
3	英博雪津（湖南）啤酒有限公司
4	湖南麦当劳（餐厅食品）有限公司

续表 13-4-3-2

序号	企业名称
5	长沙家乐福超市有限公司
6	湖南华菱钢铁股份有限公司
7	麦德龙物业管理（长沙）有限公司
8	和记黄埔地产（长沙望城）有限公司
9	长沙屈臣氏个人用品商店有限公司
10	湖南中粮可口可乐饮料有限公司
11	湖南仁孚海润汽车销售服务有限公司
12	广汽长丰汽车股份有限公司
13	广汽三菱汽车有限公司
14	博世汽车部件（长沙）有限公司
15	湖南金农生物资源股份有限公司
16	长沙百事可乐饮料有限公司
17	长沙 NEC 通讯有限公司
18	长沙华纳深国投影城有限公司
19	康尼格拉（湖南）日用品有限公司
20	五矿建设（湖南）嘉和日盛房地产开发有限公司
21	湖南中润城镇置业有限公司
22	沃尔玛（湖南）百货有限公司
23	沃尔玛（湖南）商业零售有限公司
24	湖南宁乡吉唯信金属粉体有限公司
25	长沙哇哈哈长荣引来有限公司
26	伊莱克斯（长沙）电器有限公司
27	伊莱克斯（中国）电器有限公司
28	湖南瑞翔新材料股份有限公司
29	乐金飞利浦曙光电子有限公司
30	广汽菲亚特汽车有限公司
31	马瑞利汽车零部件（长沙）有限公司
32	住友橡胶（湖南）有限公司
33	长沙卡斯马汽车系统有限公司
34	长沙广汽江森汽车内饰系统有限公司
35	湖南丰田叉车有限公司

续表 13-4-3-2

序号	企业名称
36	华润置地（湖南）有限公司
37	华润怡宝饮料（长沙）有限公司
38	长沙华润燃气有限公司
39	湖南国富通半导体有限公司
40	长沙创芯集成电路有限公司
41	湖南杉杉户田新材料有限公司
42	湖南远大铃木住房设备有限公司
43	湖南华偌科技有限公司
44	戴尔信息技术（湖南）有限公司
45	长沙日立汽车电器有限公司
46	湖南新伦贝谢通讯设备有限公司
47	霍尼韦尔博云航空（湖南）有限公司
48	湖南广汽日邮物流有限公司
49	湖南瀚洋环保科技有限公司

第五章 人民生活

1988 年，长沙城市居民人均可支配收入 1414 元，农村居民人均纯收入 627 元。城市就业者绝大多数为国有和集体职工，就业形式和收入渠道相对单一，工资性收入是最主要的来源；农村居民的家庭经营收入占到总收入的 90%左右。城乡居民消费以温饱型消费为主，城、乡居民恩格尔系数分别为 48.8%和 49.6%，衣着以裁剪、耐用型为主，家庭耐用消费品由“老四件”（手表、自行车、缝纫机和收音机）变为“新六件”（彩色电视机、洗衣机、收录机、电冰箱、电风扇、照相机），形成这一阶段居民家庭耐用品消费热点。居民出行主要靠自行车和城市公交车，通信主要是信件来往，私人电话非常罕见。城市居民住房以单位福利房为主，大部分农村家庭住房多以土木结构和砖瓦结构的平房为主，具有能满足简单的居住和日常生活功能。

1992 年，在邓小平南方谈话以及中共十四大提出建立社会主义市场经济体制的改革目标后，长沙城市居民收入增长迅速，连续 3 年长沙城市居民收入增速突破 20%以上，1993 年增速为 30.8%，创造了长沙城市居民增加收入的一个峰值。随着工业化、城镇化的开始，农村居民有了越来越多的务工机会，工资性收入在这一时期增长飞速，占比大幅提升。1997 年，家用电脑、健身器材、移动电话等消费品开始迅速普及，2001 年左右，家用汽车开始走进普通家庭，消费品的量和质都在快速提升。

2002 年，中共十六大提出全面建设小康社会的奋斗目标后，随着城乡发展战略与引导政策的调整，长沙市城乡居民收入来源不断拓展、收入逐年递增。行政事业单位工资稳步增加，企业全面进行改制，职工工资不断提升，政府不断提高低保人员的低保金。2004 年城市居民人均可支配收入绝对值突破万元大关，2005 年农村居民人均纯收入接近 5000 元，城乡居民消费水平不断提高、消费品质不断升级。居民家庭耐用品消费向小康型发展，消费“现代三件”（电话、空调、家用电脑）已逐渐普及到每个家庭。

2005 年以后，长沙市居民收入渠道不断拓宽。这一时期，城市居民家庭收入格局呈现以工资收入为主的多元化特征，城市居民人均可支配收入增速均保持两位数稳步增长，年均增速 13.9%。而随着农业税的全面废除和中共中央强农惠农富农政策密集出台，农民得到更多实惠，收入持续增长且来源拓宽，年均增速 18.0%，城乡收入差距不断缩小。在收入提高的同时，长沙市城、乡居民消费能力显著增强，消费结构升级，2012 年，城、乡居民恩格尔系数分别为 36.3%和 37.0%，居民饮食质量不断提高，用于非食品消费的开支日益增加，生活水平得到进一步提高，居民的消费跨入更高层次，城市居民满足吃、穿为主的生存型消费需求阶段基本结束，逐步向以发展型和享受型消费的阶段过渡，文教娱投入加大，住房使用面积不断增加，生活条件全方位改善。

到 2012 年，长沙城市居民人均可支配收入为 3.10 万元，与 1988 年相比，年平均增长 13.7%；农村居民人均纯收入 1.58 万元，与 1988 年相比，年均增长 14.4%。居民消费品质的提升逐步代替数量的增加。

第一节 居民收入

一、城市居民收入

1988 年，长沙城市居民家庭户均人口为 3.46 人，平均每一个就业者负担人数 1.76 人，城市居民家庭人均可支配收入为 1414 元，工资性收入是城市居民的主要收入来源，占家庭总收入的 70%以上，包含全民所有制职工工资、集体所有制职工工资、从其他单位得到的收入和其他劳动收入等；经营净收入和财产性收入占比均在 1%左右，转移性收入占比为 20%以上。随着经济的发展，国家多次调整职工工资；企业进行改革，实行浮动工资，增发奖金，发放补贴，城市居民收入逐年增加。1988—1991 年，长沙城市居民收入发展水平一直保持 10%以上的较快增速，年均增速为 11.7%。1991 年，最低收入组和最高收入组收入差距变大，占调查样本 10%最低收入户收入比 1988 年增长 16.6%，年均增速 5.3%，低于长沙市可支配收入本期年均增速，10%最高收入户收入增长 50.6%，年均增速 14.6%，高于本期可支配收入的年均增速。

1992 年，在邓小平南方谈话以及中共十四大提出建立社会主义市场经济体制的改革目标后，长沙进一步扩大和发展市场经济、建立现代企业制度，经济发展增速明显加快，居民收入得到充分增长，连续三年长沙城市居民收入增速突破 20%以上，1993 年增速 30.8%，创造长沙增加居民收入的一个峰值。到 1995 年，长沙城市居民人均可支配收入 4860 元，比 1991 年增长 146.6%，这 4 年间长沙城市居民收入年均增速 25.3%。这一时期，伴随着国家对行政事业单位、企业单位实行工资升级及套改，城市居民工资性收入迅速增加，工资性收入占家庭总收入的比重从 1991 年的 77.9%逐年递增，到 1995 年工资性收入占比 88.1%，成为拉动收入增长的主引擎。1995 年城市居民家庭户均人口为 3.36 人，平均每一就业者负担人数 1.69 人，负担系数比 1991 年略有下降。1995 年占调查样本 10%最低收入户收入比 1991 年增长 153.6%，占调查样本 10%低收入户收入增速为 153.4%，60%中等收入户收入增速为 142.2%，10%高收入户收入增速为 152.4%，10%最高收入户收入增速为 161.2%。

1997 年，长沙市经历了波及全球的亚洲金融风暴，1998 年又遭遇百年不遇的洪涝灾害，也出现机构、体制改革过程中国内一部分人员下岗分流等社会问题，但长沙城市居民收入稳步增长。到 2000 年，长沙城市居民人均可支配收入 7530 元，比 1995 年增长 54.9%，年均增速为 9.2%，增长速度最低 1998 年，为 6.7%。这一时期，工资性收入依然是长沙城市居民收入的主要来源，占比略有下降，2000 年工资性收入占家庭总收入之比为 83.7%，比 1995 年工资性占比下降 4.4 个百分点；财产性收入得到较快发展，财产性收入占比从 1995 年的占比仅为 1.0%，到 2000 年财产性收入占比 3.9%，随着居民家庭收入与财富的增加，长沙城市居民开始有了初步的理财观念，2000 年红利收入人均 37 元，比 1995 年的 13 元增长 182.1%，其他租金收入在 1997 年实现"零"的突破，为人均 21 元，之后几年增长迅猛。到 2000 年，其他租金收入人均 251 元，比 1997 年增长 10.9 倍；这一时期的转移性收入占比维持在 11%左右。2000 年，长沙城市居民家庭户均人口为 3.07 人，平均每一就业者负担人数 1.64 人，负担系数比 1995 年略有下降。2000 年占调查样本 10%最低收入户收入比 1995 年增长 29.9%，占调查样本 10%低收入户收入增速为 39.9%，60%中等收入户收入增速为 62.2%，10%高收入户收入增速为 69.8%，10%最高收入户收入增速为 66.6%，长沙城市居民 10%最低收入户和 10%低收入户的收入增长明显低于其他类别居民收入增幅。

2000 年开始，国家对行政、事业单位在岗职工和离退休人员不断增加工资和养老金，企业进行改革，政府采取多种措施，安置下岗工人再就业，不少"下岗"职工也自谋生路，从事第三产业等经营生产活动。2002 年，中共十六大提出全面建设小康社会的奋斗目标，长沙城市居民收入来源不断拓展，收入逐年递增，行政事业单位工资稳步增加，企业全面进行改制，职工工资不断提升，政府不断提高低保人员的低保金。2004 年，城市居民人均可支配收入绝对值突破万元大关。2005 年，长沙城市居民人均可支配收入 1.24 万元，比 2000 年增长 65.1%，年均增速为 10.6%，当年增速为 12.8%；长沙城市居民收入结构也发生较大变化，收入来源不断拓宽，工资性收入依然是居民可支配收入最主要的来源，但是其占家庭总收入的比重下降较快，2005 年工资性收入占比为 65.9%，比 2000 年工资性占比下降 17.8 个百分点；经营净收入增速增长较快，经营净收入占家庭总收入之比从 2000 年的 0.9%，到 2005 年经营净收入 8.3%，对可支配收入增幅的贡献率 21.1%，已经成为收入增长不可忽视的一环；转移性收入财也得到较快发展，到 2005 年占比 23.7%，比 2000 年的占比 11.4%增加了 12.3 个百分点。到 2005 年，长沙城市居民家庭户均人口为 2.85 人，平均每一就业者负担人数 2.09 人，负担系数比 2000 年有所上升。这一时期，高收入居民家庭收入与低收入居民家庭的收入差距在进一步拉大。2000 年时，10%最高收入居民家庭收入与 10%最低收入居民家庭收入比为 4.6 倍、到 2005 年扩大到 10.0 倍。2005 年占调查样本 10%最低收入户收入比 2000 年不增反降，下降了 4.5%，占调查样本 10%低收入户收入比 2000 年增长 14.2%，60%中等收入户收入增速为 48.4%，10%高收入户收入增速为 82.3%，10%最高收入户收入增速为 108.5%。

2005 年以后，长沙居民收入渠道不断拓宽，收入结构日趋多元化，政府采取各项措施，加大对城市低收入群体的保障力度，不断提高最低工资标准和低保标准，长沙城市居民人均可支配收入增速均保持两位数稳步增长。2012 年，长沙城市居民人均可支配收入 31044 元，比 2005 年增长 149.7%，年均增速为 13.9%。这一时期城市居民家庭收入格局呈现以工资收入为主的多元化特征。是年，工资性收入占家庭总收入的比重为56.7%，虽然占比与2005年相比有所下降，但是工资性收入的增量绝对值远超过其他收入；经营环境的改善使经营性净收入保持较快增长，由于国家在政策上大力扶持私营经济和个体经济发展，积极鼓励下岗失业人员、高校应届毕业生等自主创业，提供小额贷款并给予许多优惠政策，为许多应届毕业生和下岗职工从事家庭个体经营和劳动就业提供了条件。随着个体经营人数增加和经营范围的多元化，2012年经营性净收入占家庭总收入比重达13.6%，比2005年占比8.3%提高了5.3个百分点，对城市居民家庭收入贡献率越来越大；随着城市居民家庭财富的增加，家庭投资理财已经成为许多居民家庭增加收入的一个重要渠道。2012年财产性收入的占比7.0%，比2005年财产性收入占比的2.1%增加了4.9个百分点。2012年，长沙城市居民家庭户均人口为2.91人，平均每一就业者负担人数1.86人。不断加强对收入分配的调节力度，把更多财政用于改善民生、完善保障，低收入居民家庭得到更多的实惠。

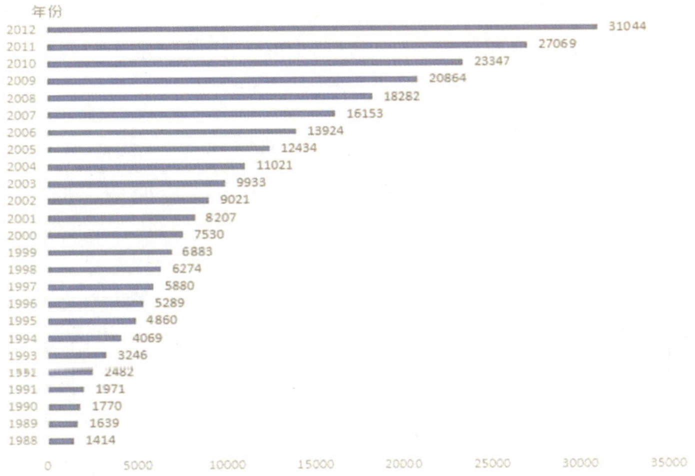

图 13-5-1-1 1988—2012年长沙城市居民人均可支配收入示意图 （单位：元）

二、农村居民收入

1988年，长沙市农村居民全年人均纯收入627元，农村居民总收入主要由集体统一经营收入、家庭经营收入和非生产性收入构成，家庭经营收入是农村居民收入的主要来源，占总收入的90%左右。家庭经营主要以农业和牧业为主，两者收入占经营收入的75%以上。1993年，长沙市农村居民全年纯收入为1119元，家庭户均人口为4.28人，平均每一就业者负担人数1.62人。

表 13-5-1-1　　1988—1993年长沙市农村居民收入情况一览表

年份	纯收入（元）	总收入（元）	集体统一经营收入（元）	家庭经营收入（元）	非生产性收入（元）
1988	627	1023	48	922	53
1989	696	1119	46	1018	55
1990	721	1188	54	1071	63
1991	873	1377	103	1201	73
1992	954	1589	93	1418	78
1993	1119	2119	35	1789	68

1994年以后，长沙农村居民总收入主要由工资性收入、家庭经营性收入、财产性收入和转移性收入构成。随着工业化、城镇化的开始，农村居民有了越来越多的务工机会，1997年农村居民人均纯收入2649元，农村居民人均总收入4212元，其中，工资性收入占农村居民全年总收入的17.0%，家庭经营收入占79.8%，财产性收入占0.8%，转移性收入占2.4%，家庭户均人口为3.98人。工资性收入由1993

年的35元增加到1997年的718元，年均增幅113%；家庭经营收入还是以农业和牧业为主，两者收入占到经营收入的80%左右，这段时间，出现剩余劳动力外出打工，转移性收入由1994年的64元增长到1997年的101元，年均增长16.3%。

进入20世纪90年代后半期，国家改革的重心由农村转向城市，开启中国的城市经济时代。城市化、工业化对农业的冲击加剧，农业税负逐步加重，而农产品价格被压低，农民种粮积极性受挫，农民收入增幅不断放缓，城乡居民收入差距不断扩大，并在新世纪前后达到最高峰，2002年城乡居民收入比从1997年的2.22上升为2.61，2002年，长沙农村居民全年纯收入3462.03元，比1997年增长30.7%，年均增速为6.1%。工资性收入占农村居民全年总收入的28.45%，家庭经营收入占59.44%，财产性收入占2.02%，转移性收入占10.09%。2002年长沙农村居民家庭户均人口为4.0人，平均每一就业者负担人数1.46人。

自21世纪初开始党中央着力调整城乡发展战略与引导政策，中央一号文件的主题再次回到“三农”领域，农业农村的发展进入一个新的历史阶段。2006年，长沙农村居民全年纯收入5653元，比2002年增长63.3%，年均增速为13.0%。其中工资性收入占农村居民全年总收入的32.3%，家庭经营收入占56.7%，财产性收入占3.4%，转移性收入占7.5%。城乡居民收入比为2.46。2006年长沙农村居民家庭户均人口为3.9人，平均每一就业者负担1.37人。第一产业收入占家庭经营收入比为70.7%，第二产业收入占比为9.9%，第三产业收入占比为19.4%。

此后，随着农业税的全面废除和党的强农惠农富农政策密集出台，农民得到更多实惠，生活水平更快提高，农村面貌得到更大改变，农民收入持续增长，城乡居民收入差距不断缩小。2012年，长沙农村居民全年纯收入15763.10元，比2006年增长178.8%，年均增速为18.6%。其中工资性收入占农村居民全年总收入的42.4%，家庭经营收入占44.8%，财产性收入占4.3%，转移性收入占8.5%。城乡居民收入比为1.97。2012年长沙农村居民家庭户均人口为3.8人，平均每一就业者负担1.42人。第一产业收入占家庭经营收入比为59.39%，第二产业收入占比为9.86%，第三产业收入占比为30.74%。

表13-5-1-2　　1994—2012年长沙市农村居民收入情况一览表

年份	纯收入（元）	总收入（元）	工资性收入（元）	经营性收入（元）	财产性收入（元）	转移性收入（元）
1994	1449	2455	322	2044	25	64
1995	1737	2874	436	2321	38	79
1996	2240	3504	585	2778	50	90
1997	2649	4212	718	3359	34	101
1998	2755	—	846	3052	32	103
1999	2853	—	1007	2825	32	178
2000	3005	—	1107	2936	44	471
2001	3218	—	1273	2939	43	424
2002	3462	—	1414	2954	100	502
2003	3746	—	1446	3505	128	492

续表 13-5-1-2

年份	纯收入（元）	总收入（元）	工资性收入（元）	经营性收入（元）	财产性收入（元）	转移性收入（元）
2004	4315	—	1706	4287	187	539
2005	4908	—	2082	4456	280	577
2006	5653	—	2657	4659	283	616
2007	6613	—	3207	5006	320	701
2008	8003	—	3708	6091	407	892
2009	9432	—	4482	6896	532	1013
2010	11206	—	5354	7623	597	1346
2011	13400	—	6784	8845	779	1654
2012	15763	—	8751	9244	891	1762

第二节　居民消费

一、城市居民消费

（一）食品消费。1988 年，长沙市城市居民食品人均消费支出 672.13 元，占消费支出的 48.8%。其中粮食消费支出为 73.52 元，占 10.9%；肉禽蛋及水产品等副食支出 428.85 元，占 63.8%；烟酒茶消费支出为 70.79 元，占 10.53%；其他食品消费支出为 98.97 元，占 14.72%。随着收入水平的提高，居民对食物的需求转向讲究质量和营养，消费观念不断改变，由吃饱转向吃好，高蛋白、高脂肪食品消费不断增长。

1993 年，城市居民食品人均消费支出 1231.77 元，占消费支出的 47.5%。其中粮食消费支出为 133.97 元，占 10.9%；肉禽蛋及水产品支出占 23.4%；油脂类支出占比 5.7%；蔬菜类支出占 12.5%；烟酒茶支出占 7.4%。随着社会的发展，汽水、可乐进入统计范围，1993 年，汽水、可乐人均消费 2.47 元。1998 年，城市居民食品人均消费支出 2373.27 元，占消费支出的 42.5%。其中粮食消费支出为 224.57 元，占 9.5%；肉禽蛋及水产品支出占 22.7%；油脂类支出占比 4.4%；蔬菜类支出占 10.4%；烟酒茶支出占 8.0%。2005 年，城市居民食品人均消费支出 3229.71 元，占消费支出的 33.4%。其中粮食消费支出为 240.85 元，占 7.5%；肉禽蛋及水产品支出占 21.0%；油脂类支出占比 4.2%；蔬菜类支出占 9.7%；烟酒茶支出占

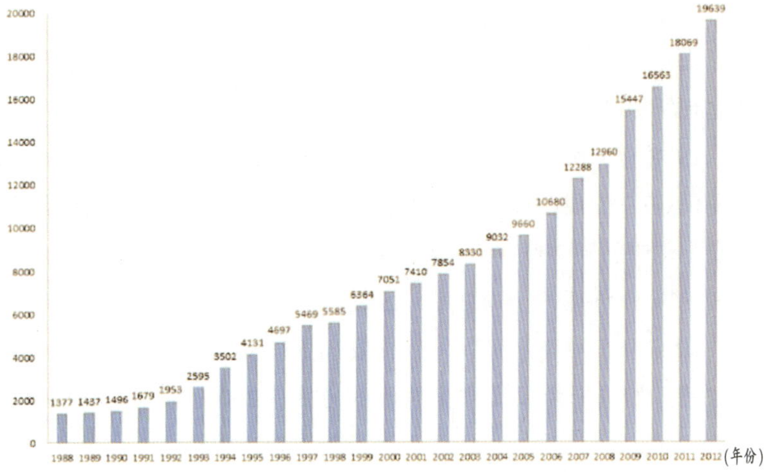

图 13-5-2-1　1988—2012 年长沙城市居民全年人平消费性支出示意图　（单位：元）

3.5%。2009 年，城市居民食品人均消费支出 4987.99 元，占消费支出的 32.3%。其中粮食消费支出为 324.37 元，占 6.5%；肉禽蛋及水产品支出占 22.5%；油脂类支出占比 4.3%；蔬菜类支出占 12.3%；烟酒茶支出占 3.9%。

2012 年，城市居民食品人均消费支出 7128.28 元，占消费支出的 36.3%，相比 1988 年，恩格尔系数下降 12.5 个百分点。其中粮食消费支出为 465.66 元，占 6.5%；肉禽蛋及水产品支出占 19.5%；油脂类支出占比 4.0%；蔬菜类支出占 10.5%；烟酒茶支出占 3.9%；其他食品消费支出占比 55.6%。随着时代的发展，居民的消费观念也在发生变化，食品消费在吃饱的基础上向吃好转化，食品消费向健康、绿色、科学性转变，居民在外饮食支出不断增加，主食品种多样化，副食讲究营养化，主副食品消费结构日趋合理。

（二）衣着消费。1988 年，长沙市城市居民穿着比较单一朴素，可供给消费者选择的类型并不多，城市居民衣着消费支出 173.07 元，占消费支出的 12.6%。随着居民收入的增加，居民衣着消费逐步由低档化单一化走向高档化多样化。各种西装、衬衫、呢大衣、夹克、羽绒服大量上市，款式新颖，色调时尚，高档服装日益增多。

1993 年，城市居民衣着消费支出 385.36 元，占消费支出的 14.9%。1998 年，城市居民衣着消费支出 623.44 元，占消费支出的 11.2%。2005 年，城市居民衣着消费支出 969.53 元，占消费支出的 10.0%。2009 年，城市居民衣着消费支出 1487.31 元，占消费支出的 9.6%。衣着消费支出随着收入水平的提高而相应提高，但衣着支出占比相对比较稳定。各种款式的男女装、皮鞋，西装、夹克、裙装、羊毛衫以及各式各样的鞋袜也很快地流行起来。

2012 年，城市居民衣着消费支出 2253.87 元，占消费支出的 11.5%。衣着消费观念也由过去的裁剪、低档、耐用型向成衣、高中档、美观大方型转变，特别是青年人更加讲究质量、追求时髦，从原来的“一衣多季”向“一季一衣”“一季多衣”转化，穿着打扮更加丰富多彩。

（三）居住消费。1988 年，长沙市城市居民人均居住支出 36.42 元，占消费支出的 2.6%。城市居民的住房以租赁单位或房屋管理部门的房屋居多，当时居住条件并不高，住房不宽敞，房屋设施及质量都较为普通。

1993 年，城市居民人均居住支出 154 元，占消费支出的 5.9%。随着住房制度改革的不断推进，公房占比逐渐降低，长沙市居民家庭住房逐步形成以房改私房产权为主、商品房产权及原有私房为辅的多种形式并存的产权格局。而且随着居民的收入不断增加，普遍改善了居住条件，住房消费支出随之增加，占比有所提高。

1998 年，城市居民人均居住支出 569.29 元，占消费支出的 10.2%。随着城市发展，最直观、最明显的变化是广大居民的居住条件得到进一步改善。大部分居民住上了新房，部分富裕居民已住上庭院式楼房或小别墅。到 2002 年，城市居民住房中租赁公房的占 9.8%，租赁私房的占 1%，拥有房改私房产权的占 84.3%，原有私房产权的占 7.5%，商品房产权占 1.5%。

2005 年，城市居民人均居住支出 851.56 元，占消费支出的 8.8%。随着城市及房地产业的发展，城市居民开始选择商品房作为居住的方式。2009 年，城市居民人均居住支出 1673.08 元，占消费支出的 10.8%。随着经济发展，居住条件不断得到改善。

到 2012 年，全市有 91.6%的居民家庭拥有自主产权的住房，与此同时，越来越多的城镇居民不只拥有一套住房。2012 年城市居民人均居住支出 1815.96 元，占消费支出的 9.2%。家庭厨房燃气化、电气化程度逐年提高，液化气、天然气使用已相当普及，住宅装修也讲究高档、新潮，居住环境更加舒适。

（四）设备用品及服务消费。1988年，长沙市城市居民人均设备用品及服务消费支出246.05元，占消费支出的17.9%。根据城市居民抽样调查显示，每百户家庭耐用消费品拥有量主要如下：洗衣机83台，电冰箱45台，彩色电视机61台，照相机23台，中高档乐器8件。随着居民购买力不断增强和住房条件的不断改善，居民的家庭设备、用品支出逐年增加，消费日趋高档化、名牌化，一些国内外知名品牌越来越受到大众的喜爱，拥有的数量不断增加。

1993年，城市居民人均设备用品及服务消费支出350.65元，占消费支出的13.5%。根据城市居民抽样调查显示，空调器、液化气、电费这三类的消费占设备用品及服务消费支出的比例分别为23.3%、10.3%、9.4%，每百户家庭耐用消费品拥有量主要如下：洗衣机97台，电冰箱86台，彩色电视机91台，照相机30台，空调10台。1998年，城市居民人均设备用品及服务消费支出328.6元，占消费支出的5.9%。根据城市居民抽样调查显示，电费、罐装燃气、影碟机这三类的消费占设备用品及服务消费支出的比例分别为41.8%、25.6%、23.4%，每百户家庭耐用消费品拥有量主要如下：洗衣机101台，电冰箱97台，彩色电视机113台，照相机44台，空调45台。2005年，城市居民人均设备用品及服务消费支出613.96元，占消费支出的6.4%。根据城市居民抽样调查显示，其中耐用消费品支出248.43元，每百户家庭耐用消费品拥有量主要如下：洗衣机101台，电冰箱94台，彩色电视机135台，照相机59台，空调124台，家用电脑49台。2009年，城市居民人均设备用品及服务消费支出1388.59元，占消费支出的9.0%。根据城市居民抽样调查显示，其中耐用消费品支出534.88元，每百户家庭耐用消费品拥有量主要如下：洗衣机97.78台，电冰箱97.28台，彩色电视机121.73台，照相机45.43台，空调140.49台，家用电脑65.68台，淋浴热水器96.05台。

2012年，城市居民人均设备用品及服务消费支出1297.49元，占消费支出的6.6%。根据城市居民抽样调查显示，每百户家庭耐用消费品拥有量主要如下：洗衣机101.4台，电冰箱103台，彩色电视机125.1台，照相机61.8台，计算机96.4台，微波炉75台，空调192.9台。居民消费需求品味逐步提高，高档家用设备不断被广大居民所享用。

（五）交通与通信消费。1988年，长沙市城市居民人均交通与通信消费支出15.27元，占消费支出的1.1%。居民交通主要靠自行车和城市公交车，通信主要是信件来往，个人鲜有私人电话。

1993年，城市居民人均交通与通信消费支出92.51元，占消费支出的3.6%。根据城市居民抽样调查显示，每百户家庭拥有摩托车（助力车）0.5辆，自行车177辆。居民交通主要靠自行车。1998年，城市居民人均交通与通信消费支出381.4元，占消费支出的6.8%。根据城市居民抽样调查显示，每百户家庭拥有摩托车（助力车）14辆，自行车178辆，移动电话3台。居民交通方式开始多样化，移动电话开始出现。2005年，城市居民人均交通与通信消费支出1209.39元，占消费支出的12.5%。根据城市居民抽样调查显示，每百户家庭拥有摩托车（助力车）27辆，自行车58辆，家用汽车4辆，移动电话149台。居民交通方式开始多样化，家用汽车开始进入普通家庭，移动电话逐渐在家庭中普及。2009年，城市居民人均交通与通信消费支出2604.82元，占消费支出的16.9%。根据城市居民抽样调查显示，每百户家庭拥有摩托车（助力车）23.95辆，家用汽车14.57辆，移动电话177.53台。居民交通方式逐渐多样化，家用汽车不断进入普通家庭，移动电话在个人中间已相当普及。

2012年，城市居民人均交通与通信消费支出2950.06元，占消费支出的15.0%。根据城市居民抽样调查显示，每百户家庭拥有摩托车（助力车）25.6辆，家用汽车36.5辆。随着经济的繁荣发展，交通通信设施不断完善，居民拥有手机和电话已比较普遍，越来越多家庭已拥有汽车。居民的交通通信支出也逐年增加且增长迅速。

（六）文化教育娱乐及服务消费。1988 年，长沙市城市居民人均文化教育娱乐及服务消费支出 154.9 元，占消费支出的 11.3%。城市居民生活水平的提高，带来文化教育娱乐方面的消费增加。

1993 年，城市居民人均文化教育娱乐及服务消费支出 216.72 元，占消费支出的 8.4%。1998 年，城市居民人均文化教育娱乐及服务消费支出 878.38 元，占消费支出的 15.7%。2005 年，城市居民人均文化教育娱乐及服务消费支出 1685.7 元，占消费支出的 17.5%。2009 年，城市居民人均文化教育娱乐及服务消费支出 1870.6 元，占消费支出的 12.1%。物质生活不断丰富的同时，日益重视精神生活，重视下一代的培养和自身的再教育，除正常的学习费用外，家长舍得花钱在请家教、学琴、绘画、体育、舞蹈等方面进行智力投资，居民文化教育娱乐及服务消费支出不断上升。同时随着经济的提高，一些健康、有益的大众文化活动广泛开展，文教、娱乐用品及服务支出逐年增加。

2012 年，城市居民人均文化教育娱乐及服务消费支出 2669.97 元，占消费支出的 13.6%。居民精神活动更加丰富，对教育加大投入，外出旅游等不断推动文教娱乐的支出上升，文化娱乐消费更强调“个性化”。

（七）医疗保健消费。1988 年，长沙市城市居民人均医疗保健消费支出 17.29 元，占消费支出的 1.3%。城市居民卫生医疗条件部分得到改善，生病能够得到及时治疗。

1993 年，城市居民人均医疗保健消费支出 63.85 元，占消费支出的 2.7%。1998 年，城市居民人均医疗保健消费支出 203.83 元，占消费支出的 3.6%。2005 年，城市居民人均医疗保健消费支出 788.21 元，占消费支出的 8.2%。随着人们生活质量的普遍提升，对于健康的诉求也在不断升级，医疗保健消费不断增加。同时经济社会的发展，居民医疗保健意识的不断提高，带来相应支出不断增长。

2012 年，城市居民人均医疗保健消费支出 882 元，占消费支出的 4.5%。随着经济发展，城市居民医疗条件不断改善，人们对健康的诉求也在不断升级，居民用于医疗保健的费用不断增加。居民的医疗保健需求从有病治病到无病防身，注重保养养身的转变。

（八）杂项商品及服务消费。1988 年，长沙市城市居民人均杂项商品及服务消费支出 61.51 元，占消费支出的 4.5%。随着居民生活水平的提高，其他消费支出不断增加。

1993 年，城市居民人均杂项商品及服务消费支出 99.9 元，占消费支出的 3.8%。1998 年，城市居民人均杂项商品及服务消费支出 226.3 元，占消费支出的 4.1%。2005 年，城市居民人均杂项商品及服务消费支出 311.78 元，占消费支出的 3.2%。2009 年，城市居民人均杂项商品及服务消费支出 338.19 元，占消费支出的 2.2%。随着经济发展，城市居民消费结构在发生转变，杂项商品及服务消费支出在增加，占比有一定下降。

2012 年，城市居民人均杂项商品及服务消费支出 641.46 元，占消费支出的 3.3%。居民购买的日常用品由低档次不断向高档次发展，美容和个人妆饰消费成为突出人们个性化消费的显著特征，居民其他消费支出费用稳步增加。

二、农村居民消费

（一）食品消费。1988 年，长沙市农村居民用于食品消费的支出仅为 310 元，农村居民收入主要用于食品消费，农村居民对食品的需求属于温饱满足期。随着农村居民收入的增长，农村居民对食品类的消费潜能得到释放，到 1991 年农村居民食品人均消费支出 464 元，比 1988 年增长了 49.6%，对农村居民消费总支出增长贡献率 86.0%。这一时期，农村居民饮食结构比较单一，以主食消费为主，食品消费增量也主要是量上的增加，消费量较多的主要集中在蔬菜、豆制品、猪肉等，食品消费支出占总消费支出的比重程逐年上升趋势，1991 年达到 57.7% 峰值。

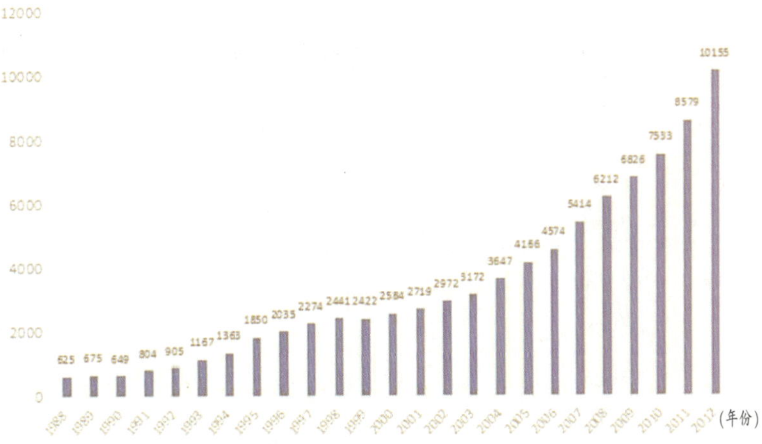

图 13-5-2-2 1988—2012 年长沙农村居民全年人均消费性支出示意图 (单位:元)

1992 年，长沙农村居民人均食品消费支出 503 元，到 1999 年农村居民用于食品的支出人均 1316 元，比 1992 年增长了 1.61 倍。这一时期，长沙农村居民食品结构开始多元化，农村居民对肉类消费的种类不再集中在猪肉，牛羊肉、各类家禽和水产品的消费量有所增加，对干鲜瓜果类的消费量增长较快。1999 年农村居民人均油脂类消费量为 18.6 千克，比 1992 年增长 78.8%；人均干鲜瓜果类消费量 18.1 千克，比 1992 年增长 3.9 倍。1992 年到1999 年期间，长沙农村居民食品消费支出占总消费支出均在 50%以上。

2000 年开始，长沙农村居民恩格尔系数低于 50%，并呈现逐年下降的趋势。2000 年，长沙农村居民人均食品消费支出 1244 元，到 2005 年农村居民用于食品的支出人均 1775.54 元，比 2000 年增长 42.7%，年均增速仅 7.3%，食品消费增幅放缓。这一时期，随着收入水平的提高，农村居民对食物的需求转向讲究质量和营养，由吃饱转向吃好，高蛋白、高脂肪食品消费不断增长。2005 年农村居民粮食人均消费量为 280.5 千克，比 2000 年下降了 12.3%，肉禽及制品人均消费量为 37.1 千克，比 2000 年增长 56.1%；奶及奶制品、水产品人均消费量比 2000 年分别增长 18.9 倍和 56.9%。

2006 年，长沙农村居民恩格尔系数逐步低于 40%，到 2012 年长沙农民居民恩格尔系数为 37.0%，比 2006 年下降了 3 个百分点。2012 年长沙农村居民人均食品消费支出 3756 元，比 2006 年增长 1.1 倍，年均增速 12.7%。这一时期，随着居民收入水平的提高、食品种类的丰富，农村居民食品消费内容更加丰富、消费质量全面提高，居民饮食更加注重营养，主食消费明显减少，膳食结构更趋合理，食品消费品质不断提高。2012 年农村居民粮食人均消费量为 217.98 千克，比 2006 年下降了 24.6%，蔬菜及菜制品人均消费量为 15.79 千克，比 2006 年下降 33.1%；水果类人均消费量 17.4 千克，比 2006 年增长 17.1%。

表 13-5-2-1 1988—2012 年长沙市农村居民恩格尔系数变化情况一览表

年份	恩格尔系数	年份	恩格尔系数
1988	49.6%	2001	45.7%
1989	49.8%	2002	44.5%
1990	54.5%	2003	43.6%
1991	57.7%	2004	43.6%

续表 13-5-2-1

年份	恩格尔系数	年份	恩格尔系数
1992	55.6%	2005	42.6%
1993	55.9%	2006	40.0%
1994	57.4%	2007	39.5%
1995	51.7%	2008	41.7%
1996	54.2%	2009	38.4%
1997	51.4%	2010	37.7%
1998	52.5%	2011	37.8%
1999	54.3%	2012	37.0%
2000	48.1%		

（二）衣着消费。1988 年，长沙农村居民衣着消费人均支出 52 元，农村居民人均购买的棉布、化纤布、呢绒和绸缎合计为 4.46 米，人均购买毛线及毛线织品 0.09 千克，人均购买胶鞋、球鞋 0.72 双，购买皮鞋 0.16 双。1992 年，衣着消费人均支出 57 元，这一期间的衣着消费支出变化不大，年人均消费支出均不超过 60 元，占消费总支出的比重在 7%上下浮动。农村居民对衣着的需求较为简单，主要是保暖御寒，显著特点是“一衣多季”“自制或请裁缝做衣”。

1993 年，长沙农村居民衣着消费人均支出 66 元。到 1999 年，衣着消费人均达 105 元，比 1993 年增长了 59.1%，年均增速 8.0%。随着农村居民收入日趋提升，农村居民对衣着消费不再满足单纯的裁布制衣，慢慢从“做衣”向“购衣”转变，同时衣着的美观和质量越来越影响居民对衣着的消费趋向。

从 2000 年之后，长沙农村居民衣着消费逐年递增，增幅较大，消费支出从 2000 年的人均 115 元，到 2012 年衣着消费人均达 694 元，比 2000 年增长了 5.0 倍，年均增速 16.2%。随着居民收入的增加，居民对衣服的不光要求美观舒适，更加注重服装的质地、款式和色彩的搭配等个性化需求，消费风格凸显，衣服时尚化、个性化和特性化，成为居民消费升级的新亮点。

（三）居住消费。1988 年长沙农村居民住房消费人均 111 元，到 1992 年住房消费人均 113 元，这一时期长沙农村居民家庭对居住消费投入较少，年人均消费支出在 100 元上下浮动。农村居民住房以土木结构和砖瓦结构的平房为主。

从 1993 年到 1999 年，农村居民居住支出增长较快，从人均 177 元增长到 429 元，增长了 1.4 倍，年均增速为 15.9%。随着长沙农村居民收入的增加，居民对住房不再满足于面积和简单的居住功能，而开始追求住房质量和居住环境的整体提升。这一时期，农村居民住房大部分以砖瓦结构为主，也有部分钢筋混凝土结构住房出现，两三层的楼房逐渐成为主流，这时期的房子开始注重装饰，对内外墙及室内家具有了简单的要求。

从 2000 年开始，长沙农村居民居住消费实现较快增长。到 2012 年，人均居住消费 1628 元，比 2000 年增长 2.5 倍，年均增速 11.1%。这个时期，精致的楼房在长沙农村逐渐普及，这种楼房一般外墙有瓷砖，室内地面由水泥变为瓷砖，窗户由木质变为塑钢，房间功能设置接近城市，房内有卧室、客厅、餐厅、卫生间，室内装修以及家具、家电一应俱全。

（四）设备用品及服务消费。1988 年，长沙农村居民日用品及其他（注：1988 年到 1992 年统计口径为“日用品及其他”，从 1993 年开始统计口径调整为“家庭设备用品及服务”）消费人均 94 元，到 1992 年农村居民日用品及其他消费人均 97 元。这一时期，长沙农村居民消费水平不高，家庭主要耐用消费品主要是满足日常生活需要的“老四件”，即手表、缝纫机、收音机、黑白电视机。据调查显示：1992 年每百户农村居民家庭拥有黑白电视机 53 台，比 1988 年增长 83.1%；缝纫机 53 架，比 1988 年增长 11.5%；手表 182.2 只，收音机 30 台，比 1988 年分别下降 2.9%和 38.8%。

1993 年，长沙农村居民家庭设备用品及服务人均消费 71 元。到 2000 年，农村居民家庭设备用品及服务人均消费 124 元，比 1993 年增长 74.1%，年均增长 8.2%。随着农村居民收入的增加，带动长沙农村居民家庭耐用消费品的数量、品种也不断地增加和更新，家庭耐用消费品开始向电气化迈进，家庭耐用消费品由原来的“老四件”变为当时的“新五件”，即：彩色电视机、洗衣机、电冰箱、收录机、电风扇，形成这一时期农村居民家庭耐用品消费热点。2000 年，长沙农村居民家庭平均每百户拥有彩色电视机 51 台，比 1993 年增长 7.9 倍；洗衣机 46 台，比 1993 年增长 3.0 倍；电冰箱 19 台，比 1993 年增长 3.9 倍；收录机 32 台，比 1993 年增长 1.0 倍；电风扇 275.5 台，比 1993 年增长 54.5%。

2001 年，长沙农村居民家庭设备用品及服务人均消费 123 元。到 2006 年，农村居民家庭设备用品及服务人均消费 247 元，比 2001 年增长 101.4%，年均增长 15.0%。随着社会现代化水平进一步提升，农村居民收入水平和生活质量提高，家庭耐用品消费向现代型发展，主要消费“现代三件”，即空调机、热水器、家用计算机。2006 年，长沙农村居民家庭平均每百户拥有空调机 43 台、热水器 40 台、家用计算机 8.4 台，分别比 2001 年增长 5.1 倍、2.6 倍和 8.4 倍。

2007 年，长沙农村居民家庭设备用品及服务人均消费 356 元。到 2012 年，农村居民家庭设备用品及服务人均消费 698 元，比 2007 年增长 95.7%，年均增长 14.4%。随着居民收入不断增长，社会保障等制度的改革以及外部环境的开放，居民的消费跨入更高层次，农村居民家庭耐用消费品逐步向以发展型和享受型消费的阶段过渡，消费热点向个性化、多元化发展。2012 年，长沙农村居民每百户热水器拥有量为 50 台，比 2007 年增长 25.0%；家用电脑 28 台，接入互联网的电脑 22 台，比 2007 年增长 40.0%和 2.1 倍。同时，彩电、洗衣机、电冰箱等耐用消费品也在不断更新换代。科技含量高、款式新、质量好、节能、环保型的现代化耐用消费品频频步入寻常农村居民家庭。

（五）交通与通信消费。1993 年（注：新增农村居民交通与通信类消费支出的统计指标），长沙农村居民交通与通信支出人均 32 元，此后增长较快。到 1999 年，人均 100 元，比 1993 年增长了 2.1 倍，年均增速为 21.0%。这一时期，农村居民出行交通工具主要是自行车和摩托车，1999 年长沙农村居民平均每百户拥有自行车 174 辆，比 1993 年增长 3.5%；摩托车 25.6 辆，比 1993 年增长 15.6 倍。

2000 年长沙农村居民交通与通信人均消费 161 元，到 2005 年为人均消费支出 439 元，比 2000 年增长 1.73 倍，年均增长 22.2%。随着社会的发展，家用汽车、电话机和移动电话逐渐成为农村居民的消费热点，同时这些新的消费热点指标项目也进入统计范围。这个时期长沙农村居民出行骑自行车的有所减少，摩托车慢慢成为出行主流，家用汽车也开始出现在农村居民家庭。家用电话和移动电话在农村家庭开始普及。2005 年，长沙农村居民平均每百户拥有自行车 174 辆，比 2000 年下降了 47.8%；摩托车 77 辆，比 2000 年增长 1.1 倍；家用汽车拥有量 3 辆，比 2000 年增长 7.3 倍；电话机 94 部，比 2000 年增长 1.3 倍；移动电话拥有量 111 部，比 2000 年增长 17.3 倍。

2006—2012 年，长沙农村居民交通与通信支出增长依然保持较快增速，从 2006 年的人均 546 元增长到2012年的人均1591元，增长了1.9倍，年均增速为19.5%。这一时期，随着农村居民收入水平的提高及电子通信、家用汽车价格的下调，移动电话及家用汽车已成为农村居民的消费热点。2012年，长沙农村居民平均每百户拥有家用汽车17辆，比2006年增长了3.3倍；移动电话233部，接入互联网的移动电话39部，比2006年分别增长了44.7%和3.3倍；家用计算机28台，其中接入互联网的计算机22台，比2006年分别增长了2.3倍和5.1倍；固定电话机28部，比2006年下降了71.7%。

（六）文化教育娱乐及服务消费。从1993年开始（注：新增农村居民文化教育娱乐及服务消费支出的统计指标），长沙农村居民文化教育娱乐及服务消费支出增长较快，从1993年的人均110元增长到1999年的人均255元，增长了1.3倍，年均增速为15.0%。这一时期，农村居民文化娱乐生活仍然较为单调，占消费支出的比重偏低。

2000年，长沙农村居民文化教育娱乐及服务人均消费319元。到2005年，为人均消费支出569元，比2000年增长78.2%，年均增长12.3%。这一时期，农村文化教育娱乐及服务消费占总消费支出的占比上升，基本维持在12%左右，表明随着物质生活的改善，农村居民对精神生活要求提高，对自身及子女的文化教育愈加重视，因而这方面消费支出增加。

2006年以后，长沙农村居民文化教育娱乐及服务消费依然保持较快增长，2006年人均589元，到2012年人均876元，增长了48.7%，年均增速为6.8%。随着物质生活水平的提高和农村居民休闲时间的增多，农村居民对教育、文化、娱乐等发展性消费的投入不断加大，农村居民教育观念的不断转变，对子女的教育投资日益重视，使教育文化娱乐消费成为农村居民消费增长的长期热点。

（七）医疗保健消费。从1993年开始（注：新增农村居民医疗保健消费支出的统计指标），长沙农村居民医疗保健消费支出增长较为平缓，从1993年人均40元，1999年增长到人均78元，增长了96.2%，年均增速为11.9%。这一时期，农村居民医疗条件有限，居民医疗保障尚不健全，农村居民大病小治、小病不治现象较为普遍，居民医疗保健支出占总消费支出的占比较小，一直在4%以下。

2000年，长沙农村居民医疗保健人均消费105元。随着农村居民收入的增加和对健康生活的要求逐步提高，加上2003年起新型农村合作医疗制度在长沙农村的推广建立，农村居民居民看病就医较以前更加便利，居民有病看病、无病养生的意识逐步加强，医疗保健支出明显增加。到2005年，为人均消费支出240元，比2000年增长1.3倍，年均增长17.9%。

2006年到2012年期间，农村居民医疗保健人均消费增速较前一时期稍有放缓，依然保持较快增长。2012年医疗保健人均支出681元，比2006年增长1.4倍，年均增速为15.6%。随着长沙基本医保和大病保险保障水平的提高，居民基本医疗保险覆盖全市，其政策效应陆续彰显，居民医疗负担减轻。

（八）杂项商品及服务消费。1993年（注：新增农村居民杂项商品及服务消费支出的统计指标），长沙农村居民杂项商品及服务人均消费支出从少到多，逐年增加。从1993年的人均20元到1999年的也仅有人均32元，年均增速为8.0%。

2000年长沙农村居民杂项商品及服务人均消费55元，到2005年为人均消费支出78元，比2000年增长42.2%，年均增长7.3%。

2006年长沙农村居民杂项商品及服务人均消费90元，到2012年为人均消费支出232元，比2000年增长1.6倍，年均增长17.1%。这一时期，长沙农村居民杂项商品及服务人均消费支出增长较快。

第三节　居民住房

一、城市居民住房

（一）居民住房面积。1988 年，长沙城市居民人均住房使用面积为 11.51 平方米。城市居民家庭中的无房户、拥挤户、不方便户和人均居住面积在 8 平方米以下的占 39.0%。当时，大部分居民解决居住问题主要是依靠租赁单位或房屋管理部门的房屋，普遍住房面积较小。1994 年，城市居民家庭人均住房使用面积 13.22 平方米，人均住房使用面积在 8 平方米以下的为 26%。1998 年住房制度改革之后，长沙市城市居民人均住房使用面积迅速增加，1998 年为 16.66 平方米，2012 年 33.08 平方米，14 年间人均居住面积增加近 1 倍。

（二）居民住房消费支出。1988 年，长沙城市居民人均居住支出 36.42 元，占人平消费性支出的比重为 2.6%。随着住房制度改革逐步深入，以及居民消费水平的提高，居民告别老旧房屋，搬入新房，进行房屋装修、更新硬件设施、添置耐用消费品等，城市居民的居住消费支出逐渐加大。2012 年，长沙城市居民人均居住消费支出 1815.96 元，占人均消费性支出的 9.2%。

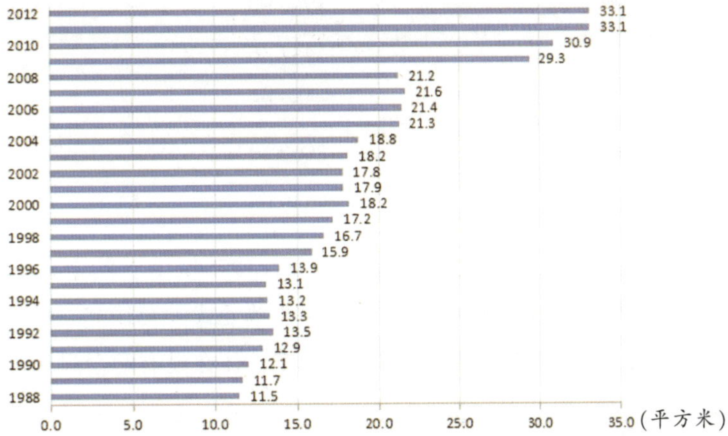

图 13-5-3-1　1988—2012 年长沙城市居民人均住房使用面积示意图

表 13-5-3-1　　1988—2012 年长沙市城市居民家庭居住支出一览表

年份	全年人平消费性支出（元）	居住支出（元）	占比（%）
1988	1376.64	36.42	2.6
1989	1436.52	58.21	4.1
1990	1495.68	62.79	4.2
1991	1679.40	102.03	6.1
1992	1953.48	96.17	4.9
1993	2594.76	154.01	5.9
1994	3502.20	191.03	5.5
1995	4131.00	262.95	6.4
1996	4696.80	326.48	7.0
1997	5469.01	356.62	6.5
1998	5584.51	569.29	10.2
1999	6364.34	661.06	10.4
2000	7050.55	964.47	13.7

续表 13-5-3-1

年份	全年人平消费性支出（元）	居住支出（元）	占比（%）
2001	7410.13	852.51	11.5
2002	7854.24	1035.84	13.2
2003	8330.40	792.00	9.5
2004	9031.60	924.38	10.2
2005	9659.85	851.56	8.8
2006	10679.74	1089.36	10.2
2007	12287.83	1074.84	8.7
2008	12960.00	1388.04	10.7
2009	15447.36	1673.08	10.8
2010	16562.95	1813.19	10.9
2011	18069.10	1700.71	9.4
2012	19639.08	1815.96	9.2

（三）居民住房结构。1994 年，长沙市城市居民中有 11.5%和 11%的居民居住在没有配套设施的楼房和平房中，13%和 40.5%的居民住在单元式配套住宅一居室和两居室的住房中，24%的住户住在三居室及以上的单元式配套住宅。到 2000 年，住在没有配套设施的楼房和平房中的居民下降到 8%和 6.4%，住在两居室的单元式配套住宅的居民占 57%，住在三居室及以上的单元式配套住宅的居民占 24.5%，市民住房条件得到初步改善。2012 年，42.5%和 35.8%的居民住在两居室和三居室的单元式配套住宅，8.2%和 3.6%的居民拥有四居室及以上的单元式配套住宅和家庭单栋配套楼房。

（四）居民房屋产权形式。1988 年，长沙市城市居民的住房以租赁单位或房屋管理部门的房屋居多，产权性质为公房的占 84.5%，租赁私房的占 1%，自有产权住房的占 14.5%。随着住房制度改革的不断深入，公房占比逐渐降低，长沙市居民家庭住房逐步形成以房改私房产权为主、商品房产权及原有私房为辅的多种形式并存的产权格局。2002 年，城市居民住房中租赁公房的占 9.8%，租赁私房的占 1%，拥有房改私房产权的占 84.3%，原有私房产权的占 7.5%，商品房产权占 1.5%。到 2012 年，全市有 91.6%的居民家庭拥有了自主产权的住房，其中，拥有房改私房产权的占 37.6%，拥有商品房产权的占 40.2%，拥有原有私房产权的占 13.8%。与此同时，越来越多的城镇居民不只拥有一套住房，2002 年仅有 3%的居民拥有两处及以上住房，而到 2012 年这一数据上升到 59.1%，其中，48%的居民将房屋出租。

（五）居民住房硬件设施。居民住房硬件设施主要包括住房的卫生设备、取暖设备、燃料使用设备等。1988 年，18.5%的居民没有卫生设备，33.5%的居民使用的是公用卫生设备，46.5%的居民有厕所但是没有浴室。1997 年，6.0%的居民没有卫生设备，13%的居民使用的是公用卫生设备，72%的居民有厕所没有浴室，9%的居民拥有浴室厕所。2012 年，95.6%的居民拥有独立的浴室、厕所，居民的卫生设备得到极大改善。

1988 年，调查的城市居民中还都没有使用任何取暖设备。此后，取暖设备从无到有，从空调到暖气，取暖方式呈现多样化，逐步实现取暖设备的普及。1994 年，有 12.5%的居民开始使用空调进行取暖，2000 年，使用空调取暖的居民 21.5%，使用暖气的居民有 2.5%。2005 年，使用空调取暖的居民首次突破半数，占55.25%。2012年，使用空调取暖的居民有84.9%，使用暖气的居民有2.7%，大部分居民拥有基本的取暖设备。

1988年，居民使用的是液化石油气和煤，使用家庭户数分别占57%和43%。到1992年，使用液化石油气和煤的居民家庭分别占85%和15%。之后，管道煤气开始逐步普及，2000年，13%的居民开始使用管道煤气，而液化石油气的使用者依然占到85.5%。2012年，使用管道煤气的居民上升到57.8%，使用比率超过液化石油气成为城市居民的主要选择。

二、农村居民住房

（一）农村居民的居住面积。1988年长沙市农村居民人均住房使用面积为24.11平方米。农村居民家庭中大多是几代同堂居住，人均住房使用面积不高。

进入20世纪90年代后半期，农村经济快速发展、农民生活水平提高，加之农村居民建房相对城镇居民成本更低以及农村居民落叶归根的思想，农村居住面积持续增加，农村居住条件不断提升。1998年十五届三中全会提出“要坚定不移地贯彻土地承包期再延长三十年的政策”，同时要抓紧制定确保农村土地承包关系长期稳定的法律法规，赋予农民长期而有保障的土地使用权之后，农村居民人均住房使用面积迅速增加，1998年为34.07平方米，2012年为62.57平方米，14年人均居住面积增加近1倍，年均增长2.04平方米。

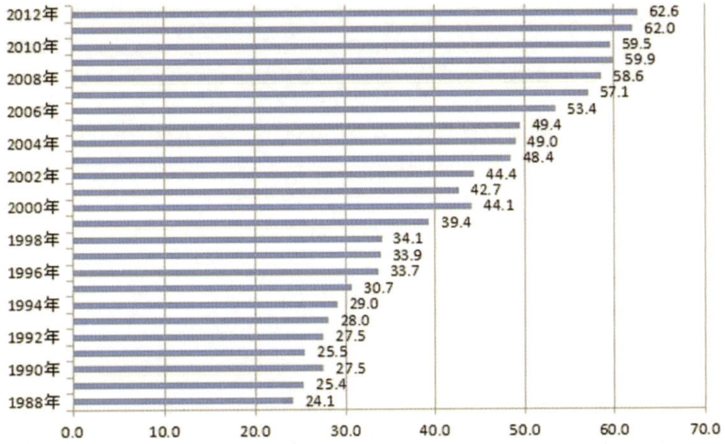

图13-5-3-2　1988—2012年长沙农村居民人均住房使用面积示意图　（单位：平方米）

（二）农村居民住房消费支出。1988年，长沙农村居民人均居住支出111元，占人平消费性支出的比重为17.8%。当时，大部分农村家庭住房多以土木结构和砖瓦结构的平房为主，面积较小仅能满足简单的居住和日常生活功能。后随着家庭联产承包责任制的深入推广，以及中央推出一系列富农、惠农、强农政策，农民的生产积极性得到提升，农村居民收入进一步增长，促进农村居民的居住消费支出，农村居民的住房渐渐过渡到住房大部分以砖瓦结构为主的红砖房，其结构更稳固、实用性更强。从2010年开始，楼房在长沙农村逐渐普及，这种楼房一般外墙有水泥或者瓷砖，房间内功能设置更全面，动静分区更合理，家电装饰更齐全。2012年，长沙农村居民人均居消费支出为1627.53元，占人平消费性支出的16.0%。

表13-5-3-2　1988—2012年长沙市农村居民家庭居住支出一览表

年份	全年人平消费性支出（元）	居住支出（元）	占比（%）
1988	625	111.00	17.8
1989	675	117.41	17.4
1990	649	82.68	12.7

续表 13-5-3-2

年份	全年人平消费性支出（元）	居住支出（元）	占比（%）
1991	804	106.00	13.2
1992	905	113.00	12.5
1993	1167	177.00	15.2
1994	1363	172.00	12.6
1995	1850	398.00	21.5
1996	2035	301.23	14.8
1997	2274	335.55	14.8
1998	2441	420.26	17.2
1999	2422	428.62	17.7
2000	2584	461.45	17.9
2001	2719	517.60	19.0
2002	2972	436.18	14.7
2003	3172	504.59	15.9
2004	3647	549.22	15.1
2005	4166	636.10	15.3
2006	4574	731.67	16.0
2007	5414	920.40	17.0
2008	6212	1008.25	16.2
2009	6826	1096.03	16.1
2010	7533	1371.43	18.2
2011	8579	1539.67	17.9
2012	10155	1627.53	16.0

第十四篇

综合经济管理

本篇编纂人员

钟铁球（主编） 欧阳乐天

本篇撰稿人员

概　述：钟铁球

第一章　计划：胡家友　张　娴　李正云　蒋强勇　陈　娟　周　婷
邓浪舟　吴　慧

第二章　统计：杨启明　王成亮　唐晓军　晏志波　王　浩　扶文武
丁　伟　胡睿懿　胡志伟　熊应祥　万　能　文　英
刘亦彪　夏晓辉　刘　静　曾劲松　孙雪祥　刘　权

第三章　物价：江　虹　胡圣国　张　娴　邓浪舟　周　婷　吴　慧

第四章　质量技术监管：顾树辉　文国安　杨荣华

第五章　审计：夏海军　李宏平　肖　汉　唐朝阳　刘　静　杨光蜀
李　芃　胡文瑛　朱　慧　高飞翔　曾　延　唐仕来
岳柏林　马　锁　张海军

第六章　工商行政管理：唐朝辉　朱国辉　袁　波　龙佩霞　蒋燕芹
王　莉　张　蓉

第七章　国有资产监督管理：徐振祥　王雄文　陈　军　虢海涛

第八章　安全生产监督管理：尹克加　胡　边

第九章　食品药品监督管理：王晃初　周光荣　旷　青

概 述

20 世纪 80 年代，随着改革开放的不断深入，长沙市进一步实行简政放权，综合经济管理部门工作逐步由计划经济管理体系向市场经济管理体系转变。90 年代初，计划管理逐步下放管理权限，开始建立以间接控制为主的宏观调控体系，在全市国民经济和社会发展年度计划中缩小指令性计划，扩大指导性计划和市场调节比重。改革传统的经济考评指标体系，减少对企业生产计划的干预，使基层和企业有更大的自主权，把企业推向市场。把主要精力和重点放在加强全社会经济活动的宏观调控，加大全市经济和社会发展战略研究，开展宏观经济预警预测和重大课题调查研究，制定全市国民经济和社会发展中长期规划及相关产业发展专项规划上，经济综合管理总体逐步实现三大转变：由微观管理向宏观管理转变，由行政指令性管理向指导性、服务性管理转变，由高度集中统管理向多方式的放活管理转变。各项综合经济管理工作实行放开放活与加强监管齐头并进、相互联动。1992 年春，工商、食药监等市场监管理念逐步实现由对狭义市场的监管向对宏观市场监管的转变，工作重点由建设、培育、管理、服务市场逐步向市场监督和行政执法转变。至 1996 年年底，全市私营企业迅速发展到 4439 户，就业 6.54 万人，注册资金 18.4 亿元。1994 年，标准计量围绕“以质量为中心，标准化、计量为基础”的工作方针，开展企业质量管理整顿验收，针对企业的不同情况，实行分类指导，分步引导，分期提高的策略，推进全面质量管理，引导企业进行质量认证、争创质量名牌。

1999 年，为破解国有企业在初入市场经济环境下面临的压力，确保国有资产保值增值，长沙市开始推行以“两个置换”为重点的产权制度改革，通过产权转让置换企业的国有性质；通过一次性补偿置换职工的全民身份。着力把企业从国有独资性质置换出来，把职工从全民固定身份中置换出来，全面推进企业和职工的市场化改造，进而推动社会主义市场经济体制的建立。按照“整合重组一批、发展壮大一批、清理退出一批”的思路推进国企重组，引导国有资本从一般性竞争领域退出，国有资本布局结构逐步向功能性、公益性领域转移，向新兴产业和高新技术产业拓展，向重点国有资本运营平台集中。从 2000 年开始，陆续出台《长沙市国有企业产权制度改革实施细则》等文件，改革试点取得成功之后，国企改革路线更加明晰，全市以迅猛之势推动改革，国企改革的长沙模式在全国引起关注。

进入 21 世纪以后，长沙市综合经济管理围绕管理、监督、服务的宗旨开展工作。消费维权、食品安全监管、流通领域商品质量监管、商标品牌战略和企业信用建设等工作成为新的重点工作。价格管理重点由定调价为主开始转向“定规则、当裁判”，开展价格服务。长沙审计发展日趋成熟，在促进廉政建设、维护财经秩序、服务经济发展等方面发挥重要作用。为减少和杜绝各类安全生产事故，实施安全生产责任制目标管理，实行安全生产事故一票否决。加大对国有投资项目的管理力度，严格实行招标投标制度，实施“工业强市”战略，加快推进“工业化、城市化、农业产业化”建设，大力推动新型工业化建设和标准化建设，开展质量振兴、质量兴市和名牌战略，产品质量和品牌影响力迅速提升，走出一条“兴工强市—名牌建设—产业群建设—品牌城市”的发展之路，2000 年，制定《长沙市质量振兴纲要实施意见》，把质量工作作为全市经济发展的生命线，实施市质量振兴规划。短短几年的时间，长沙市的工业发展、产品质量工作和品牌建设形成井喷效应。2003年，长沙市地区生产总值（GDP）首次突破1000亿元，全省产品质量监督抽查合格率85%以上，主要工业产品质量监督抽查均达到90%。出口商品合格率达99%。2003年9月，长沙市获得全国“质量兴市”先进市称号，至2004年，全市有3种产品评为中国名牌，151种产品评为湖南名牌，52种产品评为长沙名牌，13家企业的产品获“国家免检产品”称号。2004年8月，为加大对国有资产的监督管理，长沙正式组建市人民政府国有资产监督管理委员会（简称“市国资委”），全面履行出资人职责，改变传统国资管理“五龙治水”的局面，在行使指导推进国资及国有企业改革和重组的同时，推进国资监管体制改革及综合配套改革，构筑法规制度、运营平台、中介机构、多元监督四大体系，国企国资改革发展思路更加清晰。

2007年，长沙市进一步推行企业产权制度改革，43户市属首批试点企业的社会职能向当地政府移交，国有企业实行各类形式的改制182户，理顺职工劳动关系13.1万余人。全市国有中小企业通过产权制度改革、股份制改造、战略重组等多种形式，使有限的优势资源向核心企业、核心产品、核心企业家集中。12月，长沙市全面启动资源节约型和环境友好型社会（以下简称“两型社会”）建设综合配套改革工作，大力实施城乡统筹战略、文化推动战略和创新发展战略，加快转变经济发展方式，推进城乡一体化建设，综合经济管理各职能部门的工作重点和要求进行相应调整和改变。2011年年底，启动审计“计划、查证、实施、执行”四项权能分离改革，形成较为完备的长沙审计制度体系。价格诚信建设工作全面推进，全市价格诚信工作收效显著，价格诚信制度体系基本建立。

为适应国民经济和宏观调控的需要，长沙市强化统计管理，形成覆盖全社会的统计调查和资料采集体系，为国民经济和社会发展提供可信数据资料和决策依据。经济监管体系进一步健全，监管手段更加规范化、法制化，监管服务更加全面，保障全市经济社会持续、快速、稳定、健康发展，至2012年年底，长沙拥有各类市场主体46.36万户，注册资本7871.96亿元；商标品牌战略成效显著，全市拥有中国驰名商标91件，湖南省著名商标483件；长沙市企业国有资产管理走上资产监管法制化、资产处置市场化、产权交易程序化轨道。全市实现地区生产总值6399.91亿元，一般预算收入490.65亿元，城市竞争力列全国第10位。

第一章　计　划

20世纪80年代末，长沙市进一步实行简政放权，下放计划管理权限，逐步建立以间接控制为主的宏观调控体系，在全市国民经济和社会发展年度计划中缩小指令性计划和上调任务，扩大指导性计划和市场调节。90年代初，长沙市下放固定资产投资和利用外资项目的审批权限，改革传统的经济考评指标体系，减少对企业生产计划的干预，使基层和企业有更大的自主权，把企业推向市场。90年代中期，按照建立社会主义市场经济的目标，长沙市逐步放开资源配置有关产品的计划管理范围，从传统的“抓直接管理、抓实物管理、抓微观管理”转向“出大主意、拟大战略、提大规划、抓大项目”上来，加强全社会经济活动的宏观调控，加大全市经济和社会发展战略研究，开展宏观经济预警预测和重大课题调查研究，制定全市国民经济和社会发展中长期规划及相关产业发展专项规划，实施“科教兴市”“开放强市”战略，引导全市国民经济和社会事业稳步、健康、持续发展。“九五”（1996—2000年）期间，长沙市围绕城市交通、公路、供水、电力、农业、工业技改、通信等领域重点项目开展前期工作，在项目安排、资金投向和立项审批等方面实施倾斜，争取国家和省的政策、资金扶持。

进入21世纪后，加强对国有投资项目的管理，严格实行招标投标制度，开展重大建设项目稽查，依法监督投资项目建设程序，保障全市重大建设项目在建设速度、工程质量、资金使用等方面达到预期效果。“十五”（2001—2005年）期间，长沙市抓紧实施“工业强市”战略，加快推进工业化、城市化、农业产业化建设。2003年，全市地区生产总值首次超过1000亿元；2005年，全市一般财政收入首次超过100亿元。2007年12月，国家发展和改革委员会批准湖南长株潭城市群为全国“资源节约型和环境友好型社会建设综合配套改革试验区”，长沙市制定实施方案，全面启动资源节约型和环境友好型社会（以下简称“两型社会”）建设综合配套改革工作。“十一五”（2006—2010年）期间及“十二五”（2011—2015年）初期，在推进全市“两型社会”建设和改革中，大力实施城乡统筹战略、文化推动战略和创新发展战略，加快转变经济发展方式，推进城乡一体化建设，取得生态环境建设、资源节约型社会建设、宜居城市建设、“两型”产业体系建设和大河西先导区建设等“两型社会”建设和改革明显成果。2012年，全市实现地区生产总值6399.91亿元，一般预算收入490.65亿元。长沙市城市竞争力列全国第10位，获2012年中国最具幸福感城市最高荣誉奖。

第一节　机　构

一、市级机构

1988年，长沙市计划委员会设办公室、组宣科、综合计划科、工业计划科、农业计划科（与市饲料工业办公室合署办公）、财贸计划科、物资计划科、基建计划科、文劳卫科技计划科、经济协调科、城镇工业科11个科室；1989年5月，设立监察室；1991年7月，设长沙市区街工业办公室，与城镇工业科合署办公。1992年4月，增设重点项目计划科；综合计划科更名为综合研究室，农业计划科更名为农业经济计划科，经济协调科更名为利用外资计划科，文劳卫科技计划科更名为科教文劳卫计划科。1993年3月，利用外资计划科划入市招商局，城镇工业科及市区街工业办公室划归市区街工作委员会。1994年2月，设长沙市第三产业办公室，与物资科合署办公；12月，市委撤销区街工作委员会，设市计委城镇工业计划科。1996年，市计委职能职责进行调整和转变。调整后，核定机关行政编制56名，事业编制3名，设置14个职能科室：办公室、综合科、国土地区科、基本建设科（重点项目科）、农村经济科（长沙市饲料工业办公室）、工业能源交通科（外资利用科）、财政金融贸易科、长沙市第三产业办公室、城镇经济科、社会发展科、物资科（长沙市老旧汽车报废更新办公室）、经济技术协作科、监察室、组织宣传科。

2001年9月，长沙市计划委员会更名为长沙市发展计划委员会。2002年1月，市政府对市发展计划委员会部分职能职责进行调整。调整后，内设机构为办公室、发展规划与地区经济发展处（长沙市招投标指导协调办公室、长株潭经济一体化发展办公室）、国民经济综合处、投资处、工业与高新技术产业发展处（长沙市国民经济动员办公室）、农村经济发展处（以工代赈办公室）、经贸流通与对外经济发展处、第三产业发展办公室、社会发展处、重大项目稽察办公室、信息产业处、人事处12个处室。机关行政编制50名，另实行单列属行政性质编制2名，事业编制3名；长沙市信息化领导小组办公室单列，行政编制6名。

2004年8月，长沙市发展计划委员会更名为长沙市发展和改革委员会（以下简称“市发改委”），内设：办公室、国民经济综合与发展规划处、经济体制改革办公室、投资管理处、招投标管理处（长沙市招投标指导协调办公室）、地区经济处（长沙市长株潭经济一体化办公室）、农村经济处、工业与交通能源处（长沙市国民经济动员办公室）、第三产业处（长沙市第三产业办公室）、财政金融商务处、高新技术产业处、社会发展处、人事教育处13个职能处室。核定行政编制50名，另实行单列，属于行政性质编制2名，事业编制4名；长沙市信息化领导小组办公室行政编制6名。设立长沙市重大项目稽察特派员办公室，为正科级全额拨款事业单位；配置事业编制4名，2006年7月，投资管理处加挂重大项目前期工作办公室；2009年9月，在投资管理处的基础上设立长沙市政府投资项目管理局，核定行政编制10名。2010年2月，设立代建制指导协调处。2011年7月，长沙市人民政府调整市发改委主要职能。调整后市发改委内设办公室、国民经济综合与发展规划处、招标投标处（法规处）、经济体制综合改革处（市国民经济动员办公室）、公共资源交易平台监管处、投资管理局、地区经济和应对气候变化处（市以工代赈办公室）、农村经济处、工业和基础产业处、服务业处、财政金融贸易处、代建管理处、高技术产业处、资源环境处、社会发展处、重大项目稽察特派员办公室、人事教育处17个处室。核定机关行政编制74名、事业编制4名。2012年，内设机构和编制无变化。

1988年12月，成立长沙市信息中心，为市计委二级机构。1993年2月成立长沙市经济建设投资公司。2002年2月成立长沙市宏观经济研究所。2008年7月1日，在原长沙建设工程交易中心的基础上挂牌成立长沙公共资源交易中心，归口市发改委管理。2009年6月成立长沙市“两型社会”建设综合配套改革办公室，归口市发改委管理。2011年7月，市政府将市经济委员会管理的能源管理办公室（市能源执法队）更名为长沙市能源局（市能源执法支队），划入市发改委管理；长沙市信息中心划入长沙市工业和信息化委员会管理。2012年，市发展和改革委员会有长沙市经济建设投资公司、长沙市宏观经济研究所、长沙市公共资源交易中心、长沙市“两型社会”建设综合配套改革办公室、长沙市能源局5家二级机构。

1988—2012年，先后担任长沙市计划委员会、发展计划委员会、发展和改革委员会主要领导职务的有：张渝（女）、颜克初、黄自求（女）、陈勇、罗社辉、李科明、周岳云；其他领导班子成员有：童君绥、王建新、陈松、毛永昌、凌坚、彭振武、陈军、贺双泉、何荣、朱志刚、潘胜强、熊晓青（女）、郭平（女）、曾庆忠、吴新伟、王启玮、胡圣国、杜海霞（女）、吴德峰、张国华、曾红鹰（女）、杨建强、缪晨光。

二、区县（市）机构

1988年，长沙市东区、南区、西区、北区、郊区5区设有计划经济委员会，长沙、望城、浏阳、宁乡4县设有计划委员会。1995年，5区相继撤销计划经济委员会，将计划、统计、物价三部门合并，设立区计划统计物价局；各县（市）计划委员会和物价局合并，成立县（市）计划物价局。1996年7月，长沙市区划调整，设立芙蓉、天心、岳麓、开福、雨花5区计划统计物价局。1998年，除浏阳市外各县计划部门与物价部门分离，设县计划局。2002年，各县计、物再次合并组建县发展计划和物价局。2005年，5区撤销计划统计物价局，设立区发展和改革局（统计部门分离出局）；各县（市）（浏阳市为2008年）更名为县发展和改革局。2012年，区县（市）机构均称区县（市）发展和改革局。

第二节 计划编制与实施

一、国民经济和社会发展战略

（一）科教兴市战略。1991年，长沙市在国民经济和社会发展“八五”（1991—1995年）计划中即提出“科教兴市”的战略发展思路。1994年，长沙市在年度工作计划中提出将“科教兴市”作为全市长远发展战略。直至2005年，长沙提出实施“兴工强市、以城带乡、创新先导、文化推动”4项战略。

1.科技事业。1995年12月，发布《关于实施科教兴市战略，加速长沙科技进步的实施意见》，并在原聘18位高级科技顾问的基础上，增聘袁隆平等4名中国工程院院士为高级科技顾问。1996年开展“长沙科技年”活动。此后，相继制定《长沙市高新技术产业开发区条例》《长沙市技术创新实施方案》《关于进一步加快高新技术产业发展的决定》等一系列推进科技进步、发展高科技的政策法规。1998年，长沙市被科学技术部评为“全国科教兴市先进城市”。科技投入总量逐年递增，1999年科技三项经费比1995年增长近两倍；2000年，设立额度为3000万元的高新技术产业发展引导资金。2000年，在长沙的两院院士25人，专业技术人员22万余人；拥有20个国家级重点实验室，24个省部属重点实验室，7个国家、省级工程技术研究中心；承担国家“863”计划项目176项、国家重点科技攻关项目86项、国家重点新产品项目44项、国家火炬计划项目31项；涌现出银河Ⅲ计算机、克隆神经疾病基因、C/C复合材料、磁悬浮列车、超级杂交水稻等一批居国际先进水平的高新技术。2001年2月，长沙市出台《关于实施高新技术带动战略的决定》。到2005年，全市拥有高新技术企业780家，其中年产值过亿元的83家；全市高新技术产业总产值593亿元，比2000年增长182.38%；高新技术产业园规模以上工业企业产值占全市规模以上工业总产值的42%，对长沙工业增长的贡献率60%。到2005年止，长沙市连续四届被评为“全国科技进步先进城市”。

2.教育事业。1997年，全市提前实现基本普及九年义务教育、基本扫除青壮年文盲的目标。1999年开始，全面启动教育现代化工程。2001年11月，市委、市政府发布《关于贯彻落实〈国务院关于基础教育改革与发展的决定〉的实施意见》，进一步落实基础教育优先发展的战略地位。到2005年，全市有各级各类学校2442所（不含驻长高校），在校学生97.2万人。素质教育水平不断提高，涌现一批在全省、全国享有盛名的素质教育典型。社会力量办学打破政府单一办学的格局，2005年，全市各级各类民办学校、教育机构425所（个），在校学生总量21.4万人。教育经费逐年增长，2005年全市教育投入总量28.1亿元。

（二）开放强市战略。1995年9月，长沙市将“开放强市”确立为此后5年全市国民经济和社会发展战略。1996年，推进“外宣开路、外事搭桥、外经拓展、外贸导向、外资推进”的“五外联动”。5月，召开全市“四外”（外事、外贸、外经、外资）工作会议，全面动员对外开放、招商引资工作，建立区县（市）、开发区和市直战线的工作目标责任制。至1996年年底，全市累计批准各类利用外资项目1693个，合同利用外资15.94亿美元，实际利用外资10.11亿美元。其中，批准成立外商投资企业1504家，合同利用外资13.84亿美元，实际到位外资8.24亿美元。利用外资工作在全国19个中部城市中位居第二位。1997年，改善对外开放、招商引资的外部环境，提高工作效率，实行优质服务。实行对外资企业的联合年审；清理和规范外资企业税外费；加强处理外商投诉工作力度。是年，有30余家国际大公司、大财团到长沙考察。至年底，已有7家排名全球500强的知名大公司在长沙投资兴业。

2000年4月，出台《关于进一步支持外贸出口的决定》，其中的优惠扶持政策为企业进一步开拓市场，扩大出口创造良好发展环境。同年10月上旬，长沙首次跨出国门，在丹麦首都哥本哈根举办“2000年中国长沙（欧洲）经贸洽谈会”，全市有30家企业的9大类25个品种近1000种产品参加展示，出口成交5300万美元；对外发布360个招商引资项目，利用外资7800万美元。实现推介长沙、拓展市场、扩大交往、增进合作的目的。全市招商引资工作经过前两年相对低迷时期后，2000年实现恢复性增长。是年全市新批外商直接投资项目53个，比上年增长2%；新增合同利用外资1.11亿美元，增长109%；实际到位外资1.77亿美元，增长17%。截至2000年，全市批准外商投资企业1836家，合同利用外资22.10亿美元，实际到位外资16.65亿美元。外商一再扩大投资，如韩国LG在长沙投资的一、二期工程基础上，又新增投资2400万美元进行第三期工程建设。在全年到位外资中，已在长沙投资的外商增资扩股金额超过1亿美元。

（三）兴工强市战略。2001年，长沙市提出“兴工强市”发展战略和“高新技术带动”战略。2002年1月，提出把实施“兴工强市”战略，大力推进工业化进程作为经济发展的重中之重来抓，将“深化国有企业改革，大力发展高新技术产业、扶优扶强优势企业和企业集团、着力办好工业园区”列为实施“兴工强市”战略的主要任务。2月，出台《关于加快推进工业化进程的若干意见》，制定《长沙市“十一五”新型工业化发展规划》《长沙市“十一五”循环经济发展规划》等发展工业的政策措施。2002—2005年，全市抓住国家关于中部崛起、长株潭一体化和融入泛珠江三角经济区域的机遇，在加强工业经济综合管理、推进工业结构调整、壮大高科技产业等方面下功夫，确立长沙市十大标志性工程企业，大力推进工业科技创新和品牌建设，提高核心竞争力。2004年全市工业总产值突破1000亿元大关。2005年，全市工业投入164.2亿元，相当于“八五”（1991—1995年）、“九五”（1996—2000年）期间10年技术改造投入的总和。2005年工业总产值1300.6亿元。

2006年开始实施的《长沙市国民经济和社会发展第十一个五年规划纲要》继续将“兴工强市”列为发展中重点实施的四大战略举措之首，把发展工业作为长沙未来较长时期发展的核心问题不动摇，主攻高新技术产业和先进制造业，优化经济结构和产业布局，实现工业经济持续跨越，以工业化带动城市化和农业产业化进程。2007年1月，发布《关于加速推进新型工业化问题的意见》，同时印发《长沙市六大产业集群发展规划纲要》，加大“兴工强市”战略推行的力度。“十一五”（2006—2010年）期间，长沙抓住调整经济结构，转变发展方式这个重点，由大抓工业向抓大工业转移，在市场开拓、要素保障、产业升级、园区招商、项目投入、技术创新6个方面下功夫，保持工业经济率先发展的态势。2010年，全市实现工业增加值2020.7亿元，占全市国民生产总值44%，比2005年提高13.5个百分点；工业总产值5404亿元，其中规模以上企业工业产值4488.5亿元。在全国27个省会城市中，长沙市规模以上工业总产值增速居第二位，总量列前8位。2012年年初，针对国内外经济出现下滑的复杂局面，要求全市按照稳中求进的总基调和率先发展的总要求，采取得力措施，积极推进重点工业项目，全年实现工业投资1147.7亿元，比上年增长22.1%；工业招商到位内外资456.5亿元，比上年增长12%。汽车工业、信息产业中的一批重点新项目迅速投产，扭转工业经济下滑的趋势，全年完成工业总产值8228亿元，比上年增长16%；完成工业增加值3051.9亿元，比上年增长15.7%。

（四）城乡统筹战略。2005年7月，提出重点实施好“以城带乡”战略。2006年9月，提出“城乡统筹战略”，把城市发展和农村发展、城市经济和县域经济、小城镇建设和新农村建设紧密结合起来，实行以城带乡、以工补农，改变城乡二元结构，建立起良性互动，共同发展的新型城乡关系，加快推进城乡一体化。2007年3月，出台《关于大力发展现代农业，扎实推进社会主义新农村建设的意见》。此后两年，又连续出台《关于加快发展现代农业，率先推进城乡经济社会发展一体化的意见》《关于印发〈长沙市推进城乡一体化发展工作纲要〉的通知》。全市按照“城乡统筹”的发展战略，突出促进城乡协调发展，加强新农村建设，增强城市聚集辐射能力，推进城乡一体化建设进程。“十一五”（2006—2010年）期间，全市城乡基础建设投入1800亿元，实施重点工程584项，城市承载功能日益增强，推进城乡一体化发展。“四大片区”“十镇百村”的试点示范取得突破。农村公路通达、电力扩容、饮水安全、环境整治和校舍改造“五大工程”取得成效。

2011年9月，进一步提出实施“城乡统筹战略”，大力推进城乡规划、基础设施、公共服务、产业发展、生态环境和管理体制一体化。是年，营盘路过江隧道，黄花机场新航站楼投入使用，湘江长沙综合枢纽完成一期建设，完成城市和工矿棚户区改造1.59万户，完成17个社区环境综合整治和50条支路街巷提质改造，建成30个社区公园并对市民开放。启动城乡一体化10个示范乡镇、31个示范村建设，花明楼、莲花、大瑶以及关山村、光明村等示范村镇建设成效明显。完成农村电网改造投资5.1亿元，新建、改造农村公路1500千米，解决31.3万人饮水安全问题。2012年7月，召开推进城乡一体化发展工作会议。9月，发布《关于加快中心镇（小城市）建设，推进城乡一体化发展的若干意见》，确定灰汤、大瑶、永安、铜官、暮云作为5个小城市，金井、镇头、流沙河、沿溪、花明楼作为5个中心镇，开慧、乔口、沩山、大围山、莲花作为5个特色镇，用5年的时间，通过政府引导、体制创新、政策扶持等，初步形成一批经济繁荣、社会进步、功能完备、环境优美、集聚能力强、带动效应好、体制机制活、管理水平高的中心镇（小城市），实现城乡互动、共同发展。是年，福元路大桥以及长湘、大浏、浏醴高速建成通车，湘江长沙综合枢纽蓄水通航。完成15个社区环境综合整治和21条支路街巷提质改造，建成21个社区公园。投资3.24亿元改造农村电网，新建、改造农村公路1570千米，完成76座小型病险水库除险加固，新建农村饮水工程50处，解决30万人饮水安全问题。经过3年努力，长沙市全面推进农村污染源整治，初步建成覆盖全市的农村垃圾收集处理体系。铜官、金井、灰汤等重点镇建设取得明显成效。

（五）创新发展战略。2005年7月，提出重点实施“创新先导”战略。创新城市管理体制和机制，突破制约经济社会发展的体制性障碍，创新经营城市理念，有效破解资金短缺难题；深入推进改革，初步形成多元化投融资体制。特别是2008年后，长沙市在“两型社会”建设中，大胆创新突破，在环境保护政策和制度、农村土地管理制度、金融服务和投融资体制、城乡统筹改革、行政管理和科学技术领域都有一系列创新举措，经济和社会发展成效明显。2011年9月，将“创新先导”战略提升为“创新发展”，并作为长沙市经济社会5项发展战略之一。2012年，长沙市创新发展能力继续增强，全社会研发投入143.22亿元，占地区生产总值2.24%；新组建省级工程技术研究中心13家，省级重点实验室4家，市级工程技术研究中心13家，新认定市级科技企业孵化器5家；安排2810万元，支持鼓励各类人才包括领军人才、境外高层次人才、优秀大学生在内的科技人才创新创业；全年获省级以上各类科技成果奖励189项，申请专利1.50万项，授权1.04万项，比上年分别增长14.1%和55.1%；实施引进国际先进适用技术行动计划，引进新型化学固化型无机胶粘剂的研制、锂离子电池电解液安全性解决方案研究等20项国际先进适用技术。全年新增高新技术企业85家，全市高新技术企业总数占全省总数一半以上。高新技术产业总产值4200.7亿元，比上年增长16.1%。

（六）文化推动战略。2005年7月，提出“文化推动”战略。2006年9月，将“文化推动”作为长沙市 4 项发展战略之一。2010 年 1 月，提出实施文化强市战略，加强公共文化服务体系建设，加强历史文化街区（巷、古镇）、历史文化遗存和非物质文化遗产开发和保护，加快文化产业发展。6 月，召开动员大会，全面部署国际文化名城建设战略研究工作，建设国际文化名城的工作逐步推开。是年年底，全市业余群众文艺团队发展到 1087 支，骨干 10 万余人，“百团会演”成为长沙群众文化品牌；全市从事文化产业活动的各类经营单位发展到 5.62 万个；全市文化产业总产出（收入）948.73 亿元，为 2005 年的 3.1 倍；文化产业增加值 453.84 亿元，为 2005 年的 3.1 倍，占全市地区生产总值 10%，文化产业成为长沙经济发展的支柱性产业。在建文化项目 52 个，投资总额 180 亿元。青竹湖文化创意园、梅溪湖国际会展中心、望城县铜官窑国家考古遗址公园、乔口渔都等一批重点文化项目开工或建设顺利，简牍博物馆对外开放，滨江文化园“两馆一厅”主体工程、靖港古镇二期工程竣工。2011 年 12 月，长沙市贯彻中共十七届六中全会通过的《中共中央关于深化文化体制改革 推动社会主义文化大发展大繁荣若干重大问题的决定》和省委加快建设文化强省的会议精神，出台《关于推进国际文化名城建设的意见》（以下简称《意见》）。此后，根据《意见》中建设国际文化名城的 6 个重点任务，努力提升城市文化形象、文化品位、文化实力、文化影响，打造面向世界、带动全省的区域性文化创意中心、传媒咨询中心、数字资源中心和动漫研发中心。

2012 年，长沙市推进文化与科技融合，被中央宣传部、文化部、科技部等五部委认定为全国首批 16 家国家级文化和科技融合示范基地。从 2012 年起，市文化产业引导资金由原每年 2000 万元增加到 1 亿元，新设文化事业发展专项资金，是年安排 2000 万元。芒果传媒、天择传媒、宏梦卡通、山猫卡通、青苹果、快乐购、嘉丽购等文化企业在多方面占据全国第一。全年文化产业总产值 1250 亿元，比上年增长 20%，文化对经济的贡献率居全国省会城市第一方阵。

二、五年规划（计划）与实施

（一）“七五”（1986—1990 年）计划实施情况。1988 年，“七五”（1986—1990 年）计划继续实施，至 1990 年：全市完成社会总产值 129.63 亿元（按 1980 年不变价格，下同）；完成工农业总产值 103.15 亿元；国民生产总值 59.29 亿元；国民收入 50.20 亿元。1986—1990 年累计投资 55.14 亿元；竣工的房屋面积五年累计 762.17 万平方米；1990 年全市预算内财政收入 10.29 亿元，五年累计收入 44.65 亿元；财政支出 6.79 亿元，五年累计支出 26.33 亿元；1990 年全市职工工资总额 17.78 亿元；人均工资 2135 元。

（二）“八五”（1991—1995 年）计划与实施。1989 年，长沙市成立“八五”（1991—1995 年）计划编制领导小组。1990 年 3 月，着手编制长沙市国民经济和社会发展第八个五年计划，1991 年 3 月完成编制工作。1991 年 4 月，《长沙市国民经济和社会发展“八五”计划》批准实施。

“八五”（1991—1995 年）计划提出发挥优势，科教兴市，服务全省，面向全国，在国民经济实力方面达到全国省会城市的中上水平的总体发展思路。计划期内把治理整顿与长远发展结合起来，前两年集中力量搞好治理整顿和总量控制，使国民经济走上良性循环的轨道。期内抓紧调整产品结构和产业结构，优先发展科技教育，发展外向型经济，把提高经济效益放在首位，加强城市基础设施建设，加强社会主义精神文明建设，严格控制人口增长，努力提高人民的物质和文化生活水平。

“八五”（1991—1995 年）计划确定经济和社会发展目标：1995 年国民生产总值 131.5 亿元（均采用 1990 年不变价格计算，下同），比 1990 年增长 34%，年均增长 6%；国民收入 92.5 亿元，比 1990 年增长 27.5%，年均增长 5%；工业总产值 177 亿元，比 1990 年增长 47%，年均增长 8%；农业总产值

45.64亿元，比1990年增长15.9%，年均增长3%；财政收入年均增长5%；社会商品零售总额84亿元，比1990年增长51%，年均增长8.6%；外贸出口收购总额6.26亿元，比1990年增长48.2%，年均增长8.2%；“八五”（1991—1995年）期间全市固定资产投资总规模60亿元；1995年全市总人口590万人，人口自然增长率控制在11‰以内。工业：重点发展汽车及发动机、农业机械、汽车起重机、实验室仪器、电动机、工业锅炉等，电子工业成为全市第一支柱工业。农业：1995年粮食总产量计划275万吨，比1990年增长4.12%；水稻播种面积每年稳定在40.7万公顷以上；肉猪出栏395万头，与1990年基本持平。“八五”（1991—1995年）期间主要建设项目98个，新建石长铁路干线、长沙至湘潭快速公路、张公岭至暮云市107国道、湘江二桥至黄花319国道。“八五”（1991—1995年）期末，将发达国家20世纪70年代末80年代初普遍使用的技术在主要传统产业中初步普及，支柱行业和骨干企业的产品与技术达到发达国家80年代的水平。全市小学入学率100%，城区、农村初中入学率分别100%、80%。

至1995年，全市实现国内生产总值320.41亿元，按同口径比较（下同），为“八五”（1991—1995年）计划的152%，年均增长13.5%。其中第一产业增加值45.58亿元，第二产业增加值137.44亿元，第三产业增加值137.39亿元。完成工业总产值408亿元，为计划的177%，年均增长21.3%；农业总产值86.8亿元，为计划的109.6%，年均增长4.9%；实现社会消费品零售总额160亿元，为计划的205%，年均增长25.5%；财政收入28.75亿元，增长22.8%；进出口总额完成20.17亿美元，年均增长42.5%；全市累计利用外资项目1534个，实际利用外资7.8亿美元，“三资”企业1406家，实际到位外资6.01亿美元。“八五”（1991—1995年）时期，固定资产投资累计完成219亿元，改建319、107国道，新拉通拓宽城内道路56条；城市日供水由50万吨增加到94万吨；城市污水处理由6万吨增加到20万吨。全市小学适龄儿童入学率99.8%，小学升学率96.4%；初中升学率市区100%，农村60%。实施科技开发、成果推广及其他科技计划820项，取得科技成果1200项，其中300项达国内领先和国际先进水平。农民人均年纯收入1737元，为计划的188.8%，年均增长19.2%；居民人均年生活费收入4280元，为计划的142.7%，年均增长22.1%。1995年年末人口总数562.82万人，比计划减少27.18万人；人口自然增长率为4.6‰，比计划降低6.4个千分点。

“八五”（1991—1995年）时期经济社会发展中的主要问题是：农业投入不足，基础设施老化，抗灾能力减弱；工业缺乏支柱产业，企业规模不大，技改投入不足，经济效益差；基础设施特别是能源、交通的“瓶颈”制约仍未缓解，因电力不足影响三分之一的工业生产能力不能发挥；通货膨胀和就业压力大，商品零售物价总水平年平均上涨13.9%。

（三）“九五”（1996—2000年）计划与实施。1994年5月，发布《关于制定国民经济和社会发展“九五”（1996—2000年）计划及到2010年规划的通知》。1995年9月，提出《关于制定长沙市国民经济和社会发展第九个五年计划的建议》。先后召开50余次座谈会，整理分析3万余个数据，筛选重点建设项目243项，采纳有关单位、部门和专家学者意见278条，并对沿海及先进发达地区14个城市进行考察，吸纳精华，对“九五”（1996—2000年）计划修改论证。1996年3月29日，《长沙市国民经济和社会发展“九五”计划和2010年远景目标纲要》批准实施。

“九五”（1996—2000年）计划提出把握“抓住机遇、深化改革、扩大开放、促进发展、保持稳定”的方针，实施“开放强市、科教兴市、流通活市、依法治市”战略，实现经济体制和经济增长方式两个根本性转变，在全面完成现代化建设的第二步战略的同时，实现人均国内生产总值比1980年翻三番的发展思路，到2000年，国内生产总值按现行价格计算640亿元，年均增长14.9%；全部工业总产值857亿元，年均增长18%；农业总产值113亿元，年均增长5.4%。五年累计完成全社会固定资产投资500亿元，年均完成100亿元；利用外资累计25亿美元，实际到位率50%以上。2000年，进出口总额46.5亿美元，年均增长18.2%；社会消费品零售总额320亿元，年均增长14.9%；地方财政总收入37.8亿元，年均增长14.9%；城镇居民年生活费收入8578元，年均增长14.8%；农村居民人均纯收入3450元，年均增长14.7%。“九五”（1996—2000年）计划将巩固发展第一产业在经济结构中的基础地位，建立以机械、电子、家电、食品、建材为重点的五大支柱工业在经济结构中的主导地位，基本确立第三产业在经济结构中的优势地位，围绕信息、生物工程、材料等三大前沿科学的发展，确立高新技术产业在经济结构中的战略地位作为全市产业布局和经济结构调整的主要目标和方向。到2000年，全市国内生产总值三次产业所占比重由14.2:42.9:42.9调整为10:44:46。高新技术产业占全市工业的比重提高到20%以上。“九五”计划将全市基本农田保护面积20万公顷，稳定粮食播种面积42万公顷，总产量稳定在25亿千克以上列为全市农业发展的重点；将发展机械、家电、电子、食品、建材5项支柱产业，扶持发展彩色显像管、冰箱、摩托车等30种拳头产品，培育发展20个企业集团，新增技改投入100亿元实施47家重点骨干企业技术改造列为工业发展的重点。2000年，全部工业总产值比1995年翻一番，达到857亿元。“九五”（1996—2000年）计划还对能源、基础设施、流通、科技、教育、旅游等重点领域进行安排。

至2000年，全市国内生产总值656.24亿元，比1995年增长80.2%，年均增长12.5%，人均总值由1995年的5710元提高到1.13万元；三次产业结构比例为11.6:40.7:47.7。实现地方财政收入35.07亿元，比1995年增长85.4%，年均增长13.1%；五年累计完成全社会固定资产投资752.41亿元，年均增长12.3%，水、电、路、房四大突出矛盾得到缓解。经济体制改革不断深化，社会保障体系初步建立。对外贸易和利用外资有新进展，五年累计进出口总额66.7亿美元，实际利用外资12.61亿美元，比“八五”（1991—1995年）期间增长1.7倍。全市提前三年基本消除青壮年文盲和基本普及九年义务教育。提前四年实现人人享有初级卫生保健目标。人口自然增长率控制在4.17‰以内，城镇人口占总人口比例由1995年的33%上升至38%。文化、体育、电视、新闻出版事业迅速发展。城市居民人均可支配收入7990元，年均增长10.4%；农民人均纯收入3005元，年均增长11.6%。

在“九五”（1996—2000年）计划执行过程中发现一些需要解决的问题，如经济总量不大，整体素质不高，结构不尽合理，非公有制经济比重偏低；传统工业技改步伐不快，支柱产业规模较少；经济外向度不高，有效需求不足，要素市场发育缓慢；社会保障体系不健全，发展环境有待改善等。

（四）“十五”（2001—2005年）计划与实施。1999年6月，成立长沙市国民经济和社会发展“十五”（2001—2005年）计划编制领导小组，启动“十五”计划编制工作。10月，参加国家计委在温岭举办的全国“十五”计划编制研讨学习班。2000年3月，提出关于“十五”计划编制方法和程序的若干意见。在计划编制过程中，先后召开部门、企业、专家等座谈会60余次，整理分析全国、全省“九五”（1996—2000年）计划执行情况和“十五”计划预期目标等横向对比数据，通过建立数学模型对预期目标进行系统测算。到大连、南京、昆明、西安等10个城市进行考察，完成14个专项课题研究任务。建立含288个项目、总投资1075亿元的“十五”计划重大建设项目库，精选总投资为47.13亿美元的对外经济技术合作项目108个。2001年1月8日，《长沙市国民经济和社会发展第十个五年计划纲要》批准实施。

“十五”（2001—2005 年）计划纲要的总体思路是：坚持以发展为主题，以结构调整为主线，继续保持国民经济持续快速增长，全面提高经济增长的质量和效益；以改革开放和科技进步为动力，完善社会主义市场经济体制，在更大范围内和更深程度上参与国际经济合作与竞争；以加快城镇化进程为重点，加强城乡基础设施和生态环境建设，全面提高人民生活水平；以信息化带动工业化，实现国民经济的跨越式发展，为把长沙建成繁荣、开放、文明、秀美的现代化中心城市打下坚实基础。到 2005 年预期国内生产总值年均增长 11%以上，达到 1300 亿元；全社会固定资产投资年均增长 14%，投资率保持在 30%左右；社会消费品零售总额年均增长 12%，达到 540 亿元；进出口总额年均增长 13.4%；五年累计直接利用外资 20 亿美元，年均增长 29%；地方财政收入同口径年均增长 11%以上，达到 60 亿元，人口自然增长率控制在 5‰以内，总人口 625 万，其中市区人口 220 万；城镇化水平 46%以上，实现人口、资源、环境的协调发展；基本普及高中教育，同龄人口接受高等教育的比例提高到 20%；科技进步对经济的贡献率较 2000 年提高 10 个百分点；城市人均可支配收入 1.21 万元，年均增长 9%；农民人均可支配收入 4100 元，年均增长 7%；城镇职工社会保险覆盖率 100%，城镇登记失业率控制在 4%；建成区绿化覆盖面积达 40%，人均公共绿地面积 9 平方米，全市森林覆盖率 52%；城市居民人均住房面积 15 平方米，农村居民人均住房面积 45 平方米。“十五”（2001—2005 年）计划提出在全市实施东引西拓战略、结构调整战略、优势带动战略、环境先导战略和城市提升战略，确保计划完成。

“十五”（2001—2005 年）计划纲要提出长沙市经济和社会发展的主要任务是：发展壮大现代农业，推进农业产业化进程，主要农产品商品率（除粮食外）90%左右，农产品优质率 80%左右；推进农村工业化进程，加快乡镇企业升级转型，引导乡镇企业向工业园区集中，带动农村劳动力向二、三产业转移，农村从事种养业、工业和服务业就业人员的比例调整到 3:2:5；基本建成城市防洪保护圈和农村水利设施。发展壮大先进制造业，电子信息、机械、食品、新材料、生物医药五大支柱产业在工业经济中的比重增加到 80%，全市工业经济总规模比 2000 年翻一番；加大工业技术改造力度，大型企业集团和重点企业在产品质量、工艺技术、装备水平等方面达到世界 20 世纪 90 年代水平。发展壮大高新技术产业，重点发展电子信息产业群、新材料产业群、先进制造业产业群、生物技术产业群，高新技术工业产值占工业总产值比重 40%左右。坚持“科教兴市”，以岳麓山大学城为依托，建立包括高等教育、研究生教育在内的人才教育体系以及高新技术研究、试验开发、应用推广于一体的科技产业化体系和科技服务社会化体系，完善科技中介服务体系建设，促进科技成果向现实生产力转化。按照大市场、大贸易、大流通的格局发展现代流通产业，使长沙形成区域性的物资集散中心、商业信息汇集发布中心、结算中心和会展中心；通过电子商务、网上交易等现代化营销方式以及超市、连锁、配送等新兴流通业态，形成多方位的流通格局和多功能的市场体系。到 2005 年，长沙市建成区规模由 2000 年的 145.18 平方千米扩大到 200 平方千米。基本完成城市二环、三环工程，建设湘江三汊矶大桥、黑石铺大桥，新扩建包括机场高速、湘江大道、潇湘大道、人民西路、劳动西路、芙蓉北路、长沙大道二、三期工程在内的 11 条城市主干道。在构筑现代文化中心、构筑现代信息中心、加快城镇化进程、加强开发区建设、培育要素市场、发展开放型经济、促进人口资源、环境协调发展、提高人民生活质量、深化国有企业改革、发展非公有制经济等方面，分别提出目标要求。

2005 年，全市地区生产总值 1519.9 亿元，比 2000 年翻一番，年均增长 14.8%；地方财政收入 139.38 亿元，年均增长 31.5%；全社会固定资产投资五年累计 2687 亿元，年均增长 34.6%；社会消费品零售总额 743.4 亿元，年均增长 14.7%；三次产业结构调整为 7.4:42.3:50.3。建成区面积由 2000 年的

118.8平方千米扩大到167.7平方千米，市区人口由175万增至208.6万，城市化率53.9%。五年累计完成城市基础设施建设投资529.7亿元，基本形成“一主两次四组团”的城市布局和“六桥三环”的城市交通体系。非公有制经济占地区生产总值的比重由37.5%提高到56%。五年累计利用外资25亿美元，进出口总额105亿美元，分别比“九五”期间增长132.3%和56.6%。高中阶段入学率和高等教育毛入学率分别86.4%和40%。城乡居民人均可支配收入分别达1.24万元和4735元，比2000年增加4904元和1794元；城镇登记失业率4.2%；社会保障体系初步形成。

“十五”（2001—2005年）期间还存在一些有待解决的问题，如经济增长方式没有根本性转变，经济整体素质需进一步提升；产业结构不够合理，工业竞争力和后续支撑力有待增强；“三农”问题和城乡二元结构矛盾仍然比较突出，农村公共产品和公共服务供给不足；市场经济体制还不够完善，政府职能有待进一步转变，经济外向度不高。

（五）“十一五”（2006—2010年）规划与实施。在2004年开始的“十一五”（2006—2010年）规划编制工作中，长沙市第一次将延续50余年的“五年计划”改为“五年规划”。2004年8月，就“十一五”规划课题面向社会公开招标。在规划编制过程中，先后两次到宁波、苏州等全国规划改革试点城市和中、西部典型城市学习先进经验，多次召开省、市人大代表，省内外专家，市政协委员等各类规划座谈会、咨询会，广泛听取和吸收社会各界意见和建议。2005年7月，原则通过长沙市“十一五”规划基本思路；10月，长沙市就“十一五”规划纲要与省长株潭办公室及株洲市、湘潭市衔接协调；12月，就市“十一五”规划纲要编制工作召开新闻发布会，在媒体上公开向社会各界征求规划纲要意见，邀请院士专家评估论证。2006年1月，《长沙市国民经济和社会发展第十一个五年规划纲要》批准实施。

“十一五”（2006—2010年）规划纲要总体思路为：以促进人的全面发展为根本出发点和落脚点，以改革开放和科技进步为动力，牢牢把握中部崛起和长株潭经济一体化的战略机遇，积极调整经济结构和转变经济增长方式，大力推进创新型城市建设，突出提升经济整体实力、运行质量和效益，注重统筹兼顾，加快全面建设小康社会步伐，实现国民经济又好又快发展，社会和谐程度明显提高，为建设繁荣发达、文明和谐、适宜人居的区域性现代化中心城市奠定坚实基础。在发展中重点实施兴工强市战略、创新先导战略、以城带乡战略、文化推动战略。到2010年，地区生产总值年均增长13%左右，经济总量约占全省的28%，人均4万元以上；全社会固定资产投资年均增长15%，五年累计6834亿元；社会消费品零售总额年均增长14%，达1431亿元；地方财政收入年均增长15%，达280亿元；进出口总额年均增长14%，五年累计直接利用外资56亿美元。产业结构优化升级，三次产业结构比例调整为4.9:46.5:48.6；高新技术产业增加值占地区生产总值比重达20%。单位地区生产总值能源消耗降低15%左右。2010年全市总人口650万，城市化率61%。城市居民和农村居民人均可支配收入分别年均增长9%和8%，为1.91万元和6950元。城市空气环境污染指数年均值保持在94以内。

“十一五”（2006—2010年）规划纲要重点：确定全市优化提升、重点开发、适度拓展、限制开发四大类空间开发功能区域；明确工业、农业、服务业三大产业空间布局；构建都市区、卫星城、中心镇为骨架的市域城镇体系。到2010年，都市区城市人口245万，城市建设用地230平方千米；加快建设浏阳、宁乡两个卫星城市，集中支持建设20个左右的重点中心镇。扩建黄花机场，建好武广客运专线长沙段和黎托新客站，完成长沙火车南北货运站迁建工程，建成长株高速、长潭西线高速和湘江生态景观防洪道路，建好霞凝新港二、三期工程、长沙水上客运站、湘江长沙综合枢纽工程。2010年市区道路总里程1900千米，路网密度8千米/平方千米。新建湘江过江通道和5座主城区立交桥。加快华电长沙电厂和黑麋峰抽水蓄能电站建设。对全市产业发展和结构调整作出安排，提出将长沙建设成区域性先进制造业中心。到2010年，全部工业总产值突破3000亿元，工业增加值980亿元。培育优势产业集群，壮大新兴科技产业、传统产业。建设区域性现代服务业中心。建设区域性优质农业中心，发展优质水稻、良种生猪、花卉苗木、蔬菜水果等区域优势农业，加速农业产业化进程，提高农业综合生产能力。建设区域性文化产业中心，2010年，文化产业增加值占地区生产总值比重达10%左右。建设新农村和最佳人居城市，基本完成500个以上村庄整治，建成100个以上小康示范村；城市居民人均住宅建筑面积由2005年的27.2平方米提高到32平方米。在扩大投资和消费需求、体制改革和对外开放、科技、人才和教育、建设和谐社会等方面作出具体安排。

至2010年，全市地区生产总值4547.06亿元，人均67500元，年均增长15.4%；地方财政收入506.3亿元，年均增长29.4%；五年累计全社会固定资产投资1.00万亿元，年均增长29.3%；社会消费品零售总额1812.1亿元，年均增长19.3%；长沙地区生产总值在全国省会城市排名由第12位升到第7位，规模工业总产值由第15位升到第7位。单位地区生产总值综合能耗比2005年下降20%。三次产业结构比调整到4.4:53.6:42.0；全部工业增加值年均增长21.1%，工程机械、汽车及零部件、生物医药、新材料、电子信息、家用电器六大优势产业集群规模工业增加值占全市规模工业的43.4%，长沙成为全国知名的工程机械之都和汽车产业新的增长极；服务业增加值年均增长13.8%；全市应用型科技成果的转化率80%。五年累计投资基础设施1800亿元以上，武广高铁、长沙湘江综合枢纽、黄花机场改扩建等重大项目启动建设或建成运行；进出口总额年均增长17.9%，五年实际利用外商直接投资87.8亿美元。全市森林覆盖率53.4%，城市绿化覆盖率38.5%；新建13座污水处理厂，城市污水处理率90%；城市生活垃圾无害化处理率100%；城市空气质量优良率92.6%。城乡义务教育实现“一费制”全免；市级以上示范性职业院校68所，成为全国职教先进城市之一。城乡居民人均可支配收入分别为2.28万元和1.06万元，年均增长12.9%和17.6%，年均增长率在中部省会城市中排名第一；城镇登记失业率控制在4%以内。获批全国“两型社会”建设综合配套改革试验区，连续3次评为创建全国文明城市先进城市，连续3年获得“中国最具幸福感城市”称号。

图14-1-2-1 2010年12月18日，中共长沙市委十一届十六次全会审议并通过《市委关于制定长沙市国民经济和社会发展第十二个五年规划的建议》 （市发改委供图）

在规划执行过程中也暴露一些困难和问题，如转变经济发展方式的任务繁重，结构性矛盾比较突出；经济社会转型过程矛盾增多，经济体制改革亟待加快；劳动就业、社会保障等社会建设的任务十分繁重，城市功能的提升势在必行等。

（六）“十二五”（2011—2015年）规划与实施。2009年12月，长沙市启动“十二五”（2011—2015年）规划编制工作，并在《长沙晚报》等新闻媒体就“十二五”规划27个重大课题向社会公开招标。2010年，到外地学习规划编制工作经验，并与国家、省发改委对接，召开部门、区县（市）、专家等各类座谈会议 70 次以上，充分论证和研究长沙市“十二五”规划相关问题。11 月，提出《关于制定长沙市国民经济和社会发展第十二个五年规划的建议》。12 月，形成“十二五”规划纲要草案。2011 年 1 月，《长沙市国民经济和社会发展第十二个五年规划纲要》（以下简称《规划纲要》）批准实施。

“十二五”（2011—2015 年）规划纲要的总体思路：全面落实省委“四化两型”（四化：新型工业化、农业现代化、新型城镇化、信息化；两型：资源节约型、环境友好型）战略部署，按照“又好又快、率先发展”的总体要求，以科学发展为主题，以加快转变经济发展方式为主线，以保障和改善民生为根本，以改革开放和自主创新为动力，坚持在发展中促转变，在转变中谋发展，提高城市国际化水平，加快产业高端化进程，推进城乡一体化发展，创新发展“两型”化模式，加强城市法治化管理，率先基本建成“两型”城市和实现全面小康，努力把长沙建设成为具有国际品质、人民引以为豪的创业之都、宜居城市和幸福家园。总体目标是率先全省基本建成“两型”城市和实现全面小康。构建形成推进“两型社会”建设的体制机制，形成符合“两型”要求的内生发展模式。能源及资源利用率显著提升，环境及人居质量显著改善，可持续发展能力显著增强。大河西先导区核心区基本建成，成为全国”两型社会”建设的样板。全市经济、政治、文化、社会、生态建设迈上新台阶，各项经济社会发展指标全面达到小康要求。2015 年人均地区生产总值约 12 万元，社会事业更加繁荣，基本公共服务体系更加完备，人民生活更加殷实幸福。《规划纲要》提出“十二五”（2011—2015 年）期间全市地区生产总值年均增长 13%以上，适当考虑物价因素，2015 年 9000 亿元左右；财政总收入年均增长 15%以上，2015 年 1000 亿元；全社会固定资产投资年均增长 18%，五年累计 2.5 万亿元左右；社会消费品零售总额年均增长 18%以上，2015 年 4500 亿元左右；居民消费价格指数保持全国省会城市平均水平；高新技术产业增加值占地区生产总值 20%，科技进步对经济增长的贡献率 60%以上；进出口总额年均增长 15%以上，五年累计实际利用外商直接投资 180 亿美元；单位地区生产总值能耗和二氧化碳排放量分别降低 16%和 17%，城市空气质量优良率保持 92%以上；城乡居民人均可支配收入分别 4 万元和 2 万元以上；人口自然增长率控制在 5.7‰以内。

“十二五”（2011—2015 年）规划纲要确定全市实施全域功能分区，优化城乡空间布局，即合理划分优化开发、重点开发、限制开发和禁止开发四类主体功能区，建立差异化的政策体系；适度扩大中心城区规模，坚持“沿江建设、跨江发展”，形成“一轴两带、一主七片”（一轴：湘江服务功能轴；两带：北部综合开发带、南部综合开发带；一主：主城区；七片：东部的星马组团、黄興组团，西部的岳麓组团、坪浦组团、高星组团，北部的金霞组团，南部的暮云组团）的城市空间结构；调整优化产业空间布局，总体形成以湘江为轴、以 319 国道为带的大“十字”产业集聚框架。《规划纲要》提出经济和社会发展主要任务：协调拉动消费、投资和出口，推动消费转型升级，重点培育国际文化娱乐之都、国际旅游目的地、中部购物天堂、区域医疗教育中心、区域新能源汽车消费中心等消费品牌，打造芙蓉中央商务区、高铁新城商务中心和大河西滨江片区商务中心等重点消费平台；调整优化投资结构，2015 年民间投资预期占全社会固定资产投资 75%左右；扩大外贸规模，拓展中东、南亚、东欧、拉美、非洲等新兴市场，提高汽车及零部件、工程机械、电子信息、家用电器等产品的出口比重。突出发展战略性新兴产业、先进制造业、现代服务业和现代农业。到 2015 年，战略性新兴产业年销售收入 5000 亿元左右；建成中部地区领先的先进制造业基地，现代服务业增加值占第三产业的比重 55%以上，力争形成高层次的三、二、一产业格局。2015 年，中心城区建设用地面积扩大到 470 平方千米左右，人口 470 万左右，城镇化率 70%。推进城乡规划、基础设施、公共服务、产业发展、生态环境、管理体制“六个一体化”发展，抓好公路畅通、电力扩容、安全用水、环境整治“四大工程”，建立健全以农促工、以城带乡、城乡互动的长效机制。《规划纲要》还在加快“两型社会”建设，增强可持续发展能力；提高自主创新能力，建设国家创新型城市；推进文化发展，建设国际文化名城；加快发展社会事业，切实保障和改善民生；创新社会管理，促进社会和谐稳定；推进综合配套改革试验，完善社会主义市场经济体制等方面提出具体任务。

表 14-1-2-1　　1991—2012 年长沙市国民经济和社会发展主要指标增长速度一览表　　单位：%

指标名称	1991—1995 年	1996—2000 年	2001—2005 年	2006 2010 年	2011—2012 年
年末总人数	0.5	0.7	1.3	0.9	0.8
地区生产总值	13.5	12.5	14.8	15.3	13.8
第一产业	2.1	5.5	5.1	5.1	4.0
第二产业	17.2	13.0	17.5	18.1	16.4
第三产业	15.5	14.3	14.4	13.9	11.3
固定资产投资总额	52.2	12.3	34.5	28.8	23.2
社会消费品零售总额	7.2	13.9	16.3	19.5	16.8
一般预算收入	12.95	13.8	31.5	24.5	24.9
城市居民人均可支配收入	22.1	10.4	10.6	13.4	15.3
农民人均纯收入	19.2	16.0	10.3	18.0	18.6

三、年度计划

1988 年，长沙市按照国家缩小指令性计划，扩大指导性计划和市场调节的要求，对年度计划管理体系进行调整和改进。在年初的全市计划工作会议上发布长沙市 1988 年工业能源生产交通运输能源节约计划、技术改造经济效益计划、农业生产计划、社会商品零售额主要商品购销调拨计划、出口商品供货计划、技术引进计划、利用外资计划、主要物资计划、国家省投资计划、文教卫生广播事业计划、科技 3 项计划 11 个年度计划本子。全市工业产品列入年度计划 196 种，其中省下达 126 种，其中黄金、农地膜、铁路客车、卷烟 4 种产品为指令性计划；市安排 70 种，含由国家和省市上调或配套的列入指令性计划的 35 种。1989 年，全市在计划安排上对农业倾斜，加大投入，农业获得全面丰收，粮食总产量超过 1985 年历史最好水平。1990 年 8 月，长沙市实施农业人口转非农业人口（以下简称“农转非”）和市区人口机械增长的计划管理，下达“农转非”指令性指标，控制“农转非”过快增长。是年，全市“农转非”人数比前 3 年平均数净减少 5833 人，降低 23.7%。1991 年，根据新制定的《长沙市国土规划》，全市年度计划增加土地利用计划，开始对全市建设用地实施计划管控。1994 年，长沙市根据国家深化外贸体制改革的要求，将外贸进口的指令性计划改为指导性计划，放开对外贸易，不再下达外贸出口收购、供货计划。1996 年，长沙市精简年度计划，只下达 1 个计划本子，内含“国民经济和社会发展综合指标”“农村经济”“工业经济”“第三产业增加值”“利用外资”“区街经济”“基本建设”“国土利用”“主要商品收购调拨”“社会事业发展”十大计划。全市只有 46 种产品列入年度计划，无国家指令性计划，仅有彩色显像管被列为国家协调任务。1997年，长沙市将全面推进企业改制作为年度重要计划安排，企业改制取得明显成效。是年，全市年度计划中增加“邮电、交通运输计划”“资源节约和综合利用计划”“重点科技项目计划”。1998年，由于全市农业结构调整和农业产业化进程加快，在安排年度计划时，粮食总产量比上年度调减14.62%、粮食播种面积调减3.15%。1999年，长沙市进一步加强环境保护，增加“环境保护”年度计划。工业产品不列入计划安排，只有14种产品作为年度生产预期安排。2000年，长沙市为控制建设用地规模，下达全市“农用地转为建设用地计划”。2002年，长沙市将实施“工业化、城镇化、农业产业化”列为全市经济社会发展重要计划，实施“兴工强市”战略，工业经济进入全面提速发展阶段。2004年全市地区生产总值1133.88亿元，比上年增长15%，高于预期目标2.8个百分点。2007年开始，长沙市按照“又好又快、率先发展”的总要求安排年度计划，将年度目标分为两类：节能、减排、人口增长计划为约束性目标，必须确保完成；地区生产总值等其他计划均为预期性、导向性目标，应努力争取实现。是年，长沙市地区生产总值2190.23亿元，比上年增长16%，高于年度预期目标3个百分点。2008年，长沙市根据中央精神，实施稳健的财政政策和从紧的货币政策，积极应对年初罕见的冰冻灾害，扎实推进救灾补损等工作，全年地区生产总值突破3000亿元大关，比上年增长15.1%。2010年，长沙市年度计划总基调是“稳增长、调结构、促消费、重民生”，全市在保持经济社会稳步发展的基础上，加大对民生事业投入，完成农村公路建设1800千米，投入农村电网改造3.5亿元，解决45万人饮水安全问题。2012年，长沙市面临国内经济增长下行和物价上涨双重压力，加大改革开放力度，推动产业转型升级，扩大内需，加快城乡建设，着力保障和改善民生，推进“两型社会”建设，全年地区生产总值6399.91亿元，比上年增长13%。

表14–1–2–2　　1988—2012年长沙市国民经济和社会发展主要指标一览表

年份	指标名称												
	年末总人口(万人)	地区生产总值(现价)(亿元)	第一产业(亿元)	第二产业(亿元)	第三产业(亿元)	财政收入(亿元)	固定资产投资额(亿元)	农林牧渔业总产值(现价)(亿元)	工业总产值(现价)(亿元)	社会消费品零售总额(亿元)	城市居民人均可支配收入(元)	农民人均纯收入(元)	人口自然增长率(‰)
1988	534.7	78.96	19.46	35.63	23.9	8.83	12.44	29.91	76.34	48.1	1280	627	9.91
1989	544.5	87.19	21.2	39.38	26.61	10.54	11.74	30.75	83.74	52.5	1465	696	11.84
1990	550.1	101.5	24.38	40.58	36.5	10.29	10.53	36.52	120.1	51.39	1576	721	9.3
1991	553.6	106	23.89	48.78	33.35	13.13	15	36.82	137.2	56.45	1763	873	4.18
1992	555.4	130.9	26.62	62.68	41.55	13.39	26.52	41.95	178.1	64.99	2212	954	0.97
1993	555.4	188.9	30.16	82.38	76.35	17.91	40.9	44.25	217.3	81.93	2880	1119	−0.54
1994	559.4	253.1	35.88	111.3	105.9	14.02	51.67	47.04	268.1	112.7	3612	1449	−0.01
1995	562.8	320.4	45.58	137.4	137.4	18.92	87.6	50.03	314.2	159.9	4280	1737	0.82
1996	567.5	400.1	58.38	170.9	170.8	25.52	117.1	54.24	352.3	181.9	5648	2240	2.14
1997	571.9	482.9	68.73	207.5	206.6	27.72	124	111.5	600.8	205	6232	2649	2.58
1998	576.9	542.9	70.75	234.8	237.3	30.7	148.4	113.8	672	226.5	6649	2755	2.76

续表 14-1-2-2

年份	指标名称												
	年末总人口(万人)	地区生产总值(现价)(亿元)	第一产业(亿元)	第二产业(亿元)	第三产业(亿元)	财政收入(亿元)	固定资产投资额(亿元)	农林牧渔业总产值(现价)(亿元)	工业总产值(现价)(亿元)	社会消费品零售总额(亿元)	城市居民人均可支配收入(元)	农民人均纯收入(元)	人口自然增长率(‰)
1999	582.5	588.4	71.33	251.5	265.6	32.98	164.9	114.7	726.2	255.6	7297	2853	3.06
2000	583.2	656.4	74.11	268.4	313.9	34.45	202.3	116.8	620.5	307.9	7530	3005	3.52
2001	587.1	728.1	78.37	297.1	352.6	42.16	279.8	124	662.5	351.8	8207	3218	3.83
2002	595.5	812.9	79.18	328	405.6	46.07	362.6	128.6	718.3	401.1	9021	3462	2.94
2003	601.8	1077	83.29	444.9	549	59.89	495	137.2	803.5	541.3	9933	3745	1.61
2004	610.4	1297	103.3	541.7	651.7	80.66	668.1	172.1	1006	640.3	11021	4315	3.1
2005	620.9	1520	112.6	642.2	765.2	108.06	881.4	187.1	1301	743.4	12434	4908	4.02
2006	631	1799	123.3	791	884.8	132.8	1090	202.4	1651	865.6	13924	5653	5.11
2007	637.4	2190	138.8	984.8	1067	174.6	1445	231.1	2155	1037	16153	6613	4.22
2008	641.7	3301	172.1	1673	1455	205.6	1873	281.9	3231	1309	18282	8003	5.09
2009	646.8	3745	179.4	1894	1672	246.3	2442	294.6	4000	1523	20864	9432	5.4
2010	650.1	4547	202	2437	1908	314.3	3193	323.6	5404	1812	23347	11206	5.41
2011	656.6	5619	243.4	3152	2224	425.8	3510	387.7	7108	2126	27069	13400	6.88
2012	660.6	6400	272.3	3593	2535	490.7	4012	419.8	8228	2455	31044	15763	6.1

说明：①表内各数采用市统计局按新口径调整数，与正文是年报告数有异；②地区生产总值：1991 年前称国民生产总值，1992 年后称国内生产总值，2004 年起称地区生产总值；③一般预算收入：2002 年前称地方财政收入，2003 年称一般预算收入，2012 年起称公共财政预算收入；④2011 年起，原“全社会固定资产投资额”统计指标改名为“固定资产投资额”，统计起点由 50 万元提高到 500 万元

四、专项规划（纲要）

（一）《长沙市 1988—2020 年国土规划》。《长沙市 1988—2020 年国土规划》（以下简称《国土规划》）包括《长沙市国土综合开发整治规划》及其简本、《长沙区域国土规划》（行业报告集）、《长沙市国土综合开发整治规划项目集》、《长沙市国土综合开发整治规划数据集》、《长沙市国土综合开发整治规划模型集》、《长沙市国土综合开发整治规划图集》6 项软科学成果。1990 年 1 月 5 日，《国土规划》通过省级评审鉴定。

《长沙市国土综合开发整治规划》（以下简称《开发整治规划》）为整个《国土规划》的重点。国土开发整治的总体战略是“依靠科技进步，综合开发资源，搞好区域布局，改善生态环境，优化产业结构，增强省会功能”。总体目标是通过对市域国土的积极开发整治，到 2000 年，使长沙的生态环境有明显的改善，经济跻身于全国大城市的先进行列，人民生活力争达到小康水平。把长沙建设成科技发达、经济繁荣、环境优美、民主文明、有名城特色的多功能的社会主义省会城市。国土开发整治的战略重点：1. 城市防洪工程：2000 年前，堤垸按五十年一遇设防；2000 年后，提高到百年一遇设防。2.治理航道：规

划从城陵矶至株洲的湘江航道进行综合开发治理，达到三级航道标准，1000吨级船舶可从长沙出入长江，直达武汉、重庆、上海三大经济区。3.改造低产田：2000年前，着重改造和整治中低产田，2010年前将全部11万公顷中低产田改造好。4.防治水土流失：沩水河和捞刀河流域作为水土流失治理重点。到2000年完成治理面积1190平方千米，占水土流失面积的43.78%；2020年基本上完成治理任务。5.开发电力：水电重点是浏阳河水能梯度开发和湘江干流的水能开发；“九五”（1996—2000年）期间，力争兴建一座120万千瓦的火电厂。6.综合开发优势矿产资源。此外还对“开发高科技产业”“加强通信、水、路的基础设施建设”“开发旅游资源”及“保护治理三山（大围山、岳麓山、沩山）三水（湘江、浏阳河、沩水河）一城市（长沙）”作出规划要求。在开发整治的战略布局和总体构想上，提出以中心城市长沙为核心，以京广铁路、湘江为主轴，以长石铁路及其东部的延长线和319国道为辅轴，构成本市国土开发和建设总体布局呈“十”字形的基本框架。

《开发整治规划》提出调整土地利用结构，建立土地利用保护区，提高种类土地的质量和利用率等土地的科学利用要求。提出长沙市水资源开发整治的重点是治理沩水，开发湘江和浏阳河水能资源，增加水的利用系数，争取全市有效灌溉面积占总耕地面积的95%，旱涝保收面积占总耕地面积的80%；城市供水能力由42万吨增加到142万吨。

《国土规划》总体目标整治战略重点相继被纳入“八五”（1991—1995年）“九五”（1996—2000年）及“十五”（2001—2005年）计划逐年实施。由于全市人口持续增加，经济快速发展，城市化、工业化进程加快，加速农用地向非农业建设用地的转化，耕地逐年减少，建设用地供需矛盾突出。1996—1999年，全市农用地转为建设用地4297公顷，年均1074.2公顷。同一时期，建设用地总量增加5520公顷，年均增加1380公顷，比“八五”（1991—1995年）期间年均增长30%。仅此4年全市新增建设用地总量已接近《国土规划》20年土地利用的目标。尽管如此，长沙市在这一时期仍着力实施国土整治战略重点。到2000年，全市治理水土流失面积6.20万公顷；农田有效灌溉面积22.42万公顷，占总耕地93%，其中旱涝保收面积19.14万公顷，占耕地78.76%；加固、兴建一线防洪大堤462千米，堤垸防洪标准普遍提高，长善垸、大众垸等一批重点防洪工程投入使用；全市685座水库得到维修和处险；重点河流整治后，流经长沙的主要12条支干流航道里程588千米。2001—2005年，全市实行严格的耕地保护政策，大力开展土地整理复垦，推进生态退耕，五年期间建设占用耕地4533.58公顷，补充耕地5833.87公顷；清理整顿开发园区，撤销各类开发区28个，核减规划面积5400公顷。2005年，全市基本农田保护面积24.8万公顷。21世纪初，长沙城市建设进入快速发展阶段，城市空间布局发生较大变化，《国土规划》已不适应形势发展的需求。2005年，随着《长沙市城市总体规划（2003—2020年）》出台，《国土规划》进入修编。

（二）《长沙市第三产业“九五”发展纲要》。1996年，编制完成《长沙市第三产业“九五”发展纲要》（以下简称《三产纲要》），经批准予以实施。

《三产纲要》提出“九五”（1996—2000年）期间长沙市第三产业发展的主要目标：第三产业的发展速度要高于国内生产总值的发展速度，“九五”（1996—2000年）期间，第三产业增加值平均每年增长16.4%，2000年达到160亿元（1990年不变价）；“九五”期末第三产业的增加值占国内生产总值的比重46%，实现三次产业结构顺序由“二三一”向“三二一”转变；2000年全市第三产业从业人数170万人，年平均增长10%，占全社会劳动者总数的40%左右。“九五”期间全市建立以商品市场和金融市场为主体的市场体系；建立以生产服务和生活服务为主体的社会化综合服务体系；建立健全社会保险事业和社会福利事业共同发展的社会保障体系。

《三产纲要》提出第三产业主要行业发展的目标和任务。商品流通业：建设一批大型专业批发市场，到2000年建成2~3个国家级市场，5~10个省级市场。全市批发市场销售额突破100亿元，其中过10亿元的市场6~8个。发展大商业，将五一广场商业特区建设成营业面积近百万平方米，集商贸、金融、娱乐、餐饮为一体的现代化商业中心。到2000年，全市商业网点15万个，现代化水平大型商厦超过30座，开发建设市区6大商业中心。搞活大流通，将长沙市建设成为中南地区商品流通中心；到2000年，全市社会消费品零售总额320亿元，年均增长14.9%。交通运输业：配合铁道部及省有关部门抓好石长铁路（长沙段）的建设和京广、湘黔铁路（长沙段）的电气化改造工程；加快城市交通网络和公路交通干线建设，以六桥三环构成城市道路网主骨架，重点加快建成一环线，着手开通二环线和绕城线，修建互通式立交桥、非互通式立交桥和江河交叉大中型桥梁30座以上。加速修建长沙至湘潭、株洲、岳阳、常德、浏阳高速或高等级公路，抓好汽车客货运站建设；建设湘江千吨级航道和长沙主枢纽港，增强通江达海能力；抓紧空运港建设，把黄花机场建成大型国际机场。邮电通信业：到2000年，全市城乡电话交换机总容量118.6万门，长途交换机容量12.4万路端，电话机总数90.5万部，城市话机普及率51.6部/百人，移动电话普及率11部/百人，并在全市建成以长沙信息高速公路传输交换平台为主体的18个现代化通信网络；实现全市邮电通信程控化、数字化、立体化、多样化，到2000年，全市邮电业务总量20亿元，年递增20%。旅游业：全市年接待境外游客30万人次以上，年创汇1亿美元以上，旅游业收入80亿元；开发3个岛（月亮岛、橘洲岛、腾飞岛）、3座山（岳麓山、大围山、沩山）、3条线（马王堆至黄花机场休闲度假一条路、坡子街民俗民风民食一条街、湘江风光带）以及宁乡灰汤温泉国际旅游度假区和长沙高科技公园的建设；保护、利用、开发建设长沙历史文化名城旅游圈。《三产纲要》还在金融业、房地产业、农村社会化综合服务体系及其他社会事业等方面提出发展目标和任务。

“九五”（1996—2000年）期间，长沙第三产业在三次产业结构比重中逐年上升，《三产纲要》提出的目标任务超额完成。2000年全市实现第三产业增加值313.9亿元，占国内生产总值的47.7%，比1995年提高4.9个百分点，超额完成“九五”计划预期目标。“九五”期间第三产业对全市经济增长的贡献率53%。第三产业从业人员142.76万人，占全社会从业人员比重39.9%，比1995年提高9.5个百分点。第三产业的快速发展，拉动全市经济增长，扩大就业，促进消费，成为全市经济总量的支柱产业，形成二、三产业齐头并进、共同推动发展的新格局。

（三）《长沙市工业发展纲要》。2001年，长沙提出兴工强市的战略。2002年3月，《长沙市工业发展纲要》（以下简称《工业纲要》）经审议通过。

《工业纲要》提出长沙“十五”期间（2001—2005年）及到2010年工业发展目标。到2005年，工业增加值360亿元（2000年价格，下同），年均增长12%以上，占全市国内生产总值32%以上，其中规模以上工业增加值年均增长14%以上，占全市工业增加值的63%；电子信息、机械制造、烟草食品、新型材料、生物医药5个支柱产业的产值、利税占全市工业70%以上；高新技术产业产值600亿元，年均增长30%左右；市属国有工业企业全部完成“两个置换”，基本建立现代企业制度；工业企业实现经济效益同步增长，工业经济效益综合指数保持在130以上；“十五”（2001—2005年）期间工业企业技术改造累计投入200亿元左右。到2010年，现代企业制度进一步完善，工业发展的质量和效益进一步提高，在全市经济中的主导作用进一步突出，工业增加值占全市经济总量比重的1/3以上。《工业纲要》确立发展高新技术产业，重点支持软件、数字化技术、新材料、中医药、生物工程、光机电一体化、环保技术等领域的研究开发，掌握一批产业关联度大、经济带动力强的关键技术和共性技术；运用高新技术和先进适用技术，加快传统产业的改造升级；引导中小企业提高专业化协作和社会化服务水平，向“专、精、特、新”方向发展，全面放开搞活中小企业；重点培育壮大电子信息、机械制造、烟草食品、新型材料、生物医药5个支柱产业；重点建设高档卷烟、电子信息、汽车、绿色家电、工程机械、新材料、精细化工、生物制药、精品纺织、食品加工10项标志性工程等5个发展方向和重点。“十五”期间，力争投入100亿元，培育形成一批年销售收入过30亿元、50亿元、100亿元的大型企业（集团）。

《工业纲要》明确规划长沙工业发展布局与园区建设，提出以两个国家级开发区为核心，以沿319国道东起浏阳、西至宁乡的黄金工业发展带为主轴，以特色园区、产业基地和配套小区为支点，加快构建“两区一带”长沙工业总体格局；围绕总体布局，突出长沙高新技术产业开发区、长沙经济技术开发区，岳麓山大学科技园、浏阳生物医药园、长沙新港工业园、湖南（望城）高科技食品工业园（台商投资区）、宁乡科技工业园、长沙环保工业园“两区六园”的规划与建设。

2005年，《工业纲要》目标基本实现，全市工业总产值1300.6亿元，工业增加值469亿元，年均增长16.5%，超过《工业纲要》目标。其中规模以上企业工业总产值955亿元、工业增加值320.7亿元、利税156.7亿元。“十五”（2001—2005年）期间全市工业企业技术改造累计投入448亿元，为《工业纲要》目标的两倍多。以越野车、工程机械、溴化锂直燃机空调、冰箱为代表的制造产业，以显示器、数字视听、计算机终端及网络、应用软件为核心的信息产业和以农产品深加工、高档卷烟制造为核心的食品烟草产业成为全市工业3项支柱，在国内外赢取市场份额，形成具有自主知识产权、知名品牌和核心竞争能力的产品和技术。2005年全市工业经济效益综合指数为188.38%，超过《工业纲要》目标。工业园区成为工业集聚发展平台，“两区六园”完成工业总产值534亿元，占全市工业总产值41.1%。2005年，全市工业增加值在地区生产总值占比31.6%，高新技术产业总值590亿元，此两项指标均接近《工业纲要》目标。2010年，全市工业总产值5404亿元；工业增加值2020亿元，占全市地区生产总值比重44%，超过《工业纲要》目标。

（四）《长沙市信息化规划纲要》（2002—2015年）。2002年，就编制《长沙市信息化规划》面向全国科研机构招标。课题组于2003年3月编制完成《长沙市信息化规划纲要》（2002—2015年）（以下简称《信息化纲要》）。是年10月颁布实施。

《信息化纲要》提出长沙市2003—2015年信息化建设总体目标是：信息基础设施达到国内领先水平，信息产业成为全市最重要的支柱产业并在国内具有竞争优势，信息技术在经济社会各个领域得到应用，经济社会运行效率极大提高，将长沙建设成为城市信息化水平位居全国省会城市前列的区域性信息中心城市。到2005年，城市信息化在全国省会城市和计划单列市中达到平均水平以上，信息产业增加值占国内生产总值的13%，建成网络互联互通、光纤主干传输、高速宽带接入的信息网络体系。到2010年，城市信息化水平、信息产业增加值位居全国省会城市和计划单列市前十名，建成高速传输、光纤到户的信息网络，第三代移动通信、数字电视、宽带点播等业务得到广泛应用。到2015年，城市信息化水平、信息产业增加值居全国省会城市和计划单列市前八名，建成与国际最新水平接轨，高速、无缝、全方位接入的集光纤、有线、无线等为一体的高速信息网，信息技术渗透到经济和社会生活的各个层面。

《信息化纲要》在提出政府带动、有序推进、应用主导、市场运作四大战略基础上，规划将信息基础设施、信息技术应用和信息产业发展列为全市信息化建设的3个发展重点。信息基础设施建设的重点在建立“政府调控、市场运作、竞争规范、持续发展”的信息基础设施建设运营体制；设立信息基础设施建设和管理公司，全面负责全市信息基础设施的建设与管理，使信息基础设施建设与信息增值业务相分离；制定全市信息基础设施建设规划；加强互联网数据中心、容灾备份中心、电信多业务智能平台、新型呼叫中心、数字集群电话等新型城市信息基础设施建设；打造基础信息平台，重点建设好城市基础地理数据库、人口数据库、法人单位数据库、宏观经济数据库，为信息技术应用提供载体。信息技术应用的重点是推动高效低成本信息网络的应用和普及，重点是宽带接入网络和无线宽带网的接入，适时推进2.5G等新一代移动通信技术的应用；建设长沙市政务网、长沙市公众信息网和长沙市网控中心，2015年，在政府内部实现信息资源共享的基础上进一步拓展，促进全部行政职能上网；加大企业信息资源开发力度，通过运用信息技术改造生产经营中的关键环节，全面提高企业竞争力；开发、整合教育信息资源，形成教育资源共享体系；发展现代信息技术教育，在中小学普及现代信息技术基础知识；整合政府和社会资源，建立市民便捷有效办理医疗、社保、公积金等个人社会事务的信息服务系统。实现人口、户籍、交通、治安等各个专业系统互联互通，资源共享，逐步建立社会安全保障体系；开发、完善城市规划管理信息系统、城市智能交通系统、城市环境动态检测系统等各种城市公共应用系统，逐步实现城市规划和管理的信息化。建设以虚拟社区工作站为基础的信息服务体系，实现更有效、更便捷、更低成本的社会服务。信息产业发展的重点是按照“链群结合”的发展思路，构建“一链六群”即以数字媒体产业链为核心，包括智能传感、远程教育、智能仪表、终端设备、嵌入式软件和电信服务6个产业群的产业布局，形成龙头企业带动、配套企业协作跟进的发展格局，营造长沙市信息产业的规模效应。

按照《信息化纲要》的规划，长沙加大信息化建设的投入。2005年，长沙市信息基础设施建成功能齐全、覆盖面广的现代化通信网络，跻身全国先进行列。全市重点工商企业应用信息技术的比重占80%左右。国防科学技术大学以“银河”计算机为标志的高性能计算机技术在全国具有一流水平。市政府主要职能部门建成和投入使用局域网。2010年年底，全市固定电话用户208.42万户、移动电话用户780.21万户、国际互联网用户90.78万户；电子信息制造业、光纤产业、软件产业、动漫产业、软件服务外包加速发展；现代化通信网络、规模、技术层次和服务手段等信息基础设施迈上新的台阶，企业应用信息技术向广度和深度推进，38家企业列为省制造业信息化试点示范企业，14家企业列入全省利用信息技术改造和提升传统产业试点，全市48家电子商务重点企业的电子商务交易总额258亿元；建成市政府门户网站，并通过门户网站平台建成29个部门子网站，链接119个所属部门和区县网站，实现部门子网站与政府门户网站的信息资源共享以及软、硬件设备的共享。长沙在2010年度中国政府网站绩效评估中居全国省会城市第7位，居全国330个地市级政府网站第9位。2012年，启动覆盖全市公共场所的无线城市基础设施和4G网络TD–LTE（4G网络的一种模式）试点，推进“光网长沙”“无线长沙”建设，构建完善移动电子政务、公共事业、医疗、教育、金融、旅游、生活服务、消费购物、就业、交通10项信息化应用。推进“天网工程”“智能交通”“数字城管”等重点信息化工程建设，提高长沙市电子政务的总体水平。全市信息产业实现总产值850亿元，电子信息企业1800余家，形成电子信息制造业产业集群。

（五）《湖南浏阳河花木产业带发展规划》（2002—2020年）。2002年7月，省委书记、省人大常委会主任杨正午在浏阳市考察调研，强调要把长沙市的花木产业做大做强，以浏阳市柏加镇为中心建设花木百里走廊万顷基地。长沙提出建设浏阳河花木产业带的设想，明确要做好发展规划。规划编制历时9个月，并经专家论证，完成《湖南浏阳河花木产业带发展规划》（2002—2020年）以及花木产业带林业建设、公路建设、小城镇建设、花木市场建设、园林景观、水利设施建设等10项专题规划。2003年

《湖南浏阳河花木产业带发展规划》7月正式实施。

《湖南浏阳河花木产业带发展规划》（以下简称《花木规划》）规划的浏阳河花木产业带是指以浏阳河流域为主骨架，包括浏阳市柏加镇、镇头镇、普迹镇、枨冲镇、官桥乡和长沙县黄兴镇、跳马乡、江背镇以及雨花区洞井镇9个相邻乡镇的行政辖区。规划区域面积为1191平方千米，产业带自东向西延伸近百千米，形成花木百里走廊、万顷基地。《花木规划》提出总体目标是到2005年，规划区花木种植面积1.3万公顷，花木总产值15亿元，花木产业从业人员9万人，初步形成以柏加为中心，以长沙花木大世界为龙头的花木百里走廊、万顷基地。到2010年，花木种植面积2万公顷，花木总产值30亿元，花木产业从业人员12万人，花农人均年收入8000元，高于同期全市农民人均收入水平。2020年，花木产业成为长沙农业主导产业之一，花木种植面积、总产值和从业人员分别3.3万公顷、100亿元和20万人。《花木规划》确定花木产业带内的功能布局，即把发展花木产业与发展庭院经济、生态旅游和市场建设结合起来，建成布局合理、功能完备、管理高效、规范有序的花木产业体系，形成包括生产科研基地、市场、园林旅游、小城镇建设和配套基础设施建设等各项内容，依靠重大项目支撑，既自成体系，又融为一体的花木产业发展新格局。纳入产业化基地及科研设施建设的主要项目有柏加—镇头精品园、野生植物资源开发利用中心、黄兴—江背公园式基地、跳马乡生态式乡村基地、长沙县名优品种基地、柏加花木科研中心和新优品种繁育基地、长沙县花木科研基地等重大项目建设。

《花木规划》批准实施后，长沙市于2005年在上海举办“浏阳河花木产业带推介会”，以浏阳河花木产业带为龙头，辐射带动全市花木产业发展。当年全市新增花木面积18.67公顷，花木种植面积1.37万公顷，品种500余个，产值10亿元；花木生产经营户3万余户，从业人员11万余人。花木产业成为长沙市林业的主导产业和农民增收的新增长点。“十一五”（2006—2010年）期间，长沙加大浏阳河花木产业带提质工程，重点扶持鲜切花产业，2007—2008年完成鲜切花温控大棚建设面积8万平方米，自产鲜切花本地市场占有率三分之一。2010年，长沙市继续加大花木产业带提质，鲜切花温控大棚稳定在10万平方米。2011年，长沙市依托浏阳河百里花木走廊产业优势，扶持19个项目单位实施花木提质改造工程，推进浏阳柏加片、长沙跳马片基地建设，打造中南地区最大的绿化苗木生产基地和交易中心。到2012年年底，浏阳河花木产业带种植总面积超过1.21万公顷，花木总产值超过30亿元，从业人员15万人；产业带总经营户数2万余户，花木大户800余户，出现经营面积数百亩、年产值数百万至千万元的花木大户。初步形成以浏阳市柏加为中心的浏阳河花木百里走廊、万顷基地。

（六）《长沙市“十二五”国家创新型城市建设总体规划》。2010年，国家发展和改革委员会副主任徐宪平在长沙主持召开“社会管理创新座谈会”。作为国家创新型城市试点的长沙市制定《国家创新型城市建设总体规划》（以下简称《创新规划》）。2011年，《创新规划》通过专家评审，列入长沙市“十二五”（2011—2015年）专项发展规划实施。

《创新规划》将2015年长沙市基本建成创新体系健全、创新要素集聚、创新效率高、综合效益好、引领作用强、辐射范围广的国家创新型城市作为发展目标，并提出基本建成中南科技创新中心、创新驱动发展、“两型社会”建设、提前实现小康社会目标4项具体目标。“基本建成中南科技创新中心”这一目标要求创新投入显著增加，掌握产业关键核心知识产权，科技支撑发展作用显著增强。全社会科技研发经费支出占全市地区生产总值2.5%，40%的大中型工业企业中有科技机构，财政教育经费支出占全市地区生产总值4%。引进150名高端创新创业和管理人才及精英团队。每万人中各类专业技术人员700人。国家重点实验室、国家工程（技术）研究中心、国家工程实验室、国家认定企业技术中心等创新平台数 70 个。全市申请专利数量 12000 件/年，发明专利授权量年均增长 10%以上。“创新驱动发展”这一目标要求全市高新技术工业总产值占规模以上工业总产值比重达 50%；形成 5 个产值超千亿元的支柱产业；现代服务业占全市地区生产总值比重超过 30%，文化创意产业产值 1500 亿元；战略性新兴产业集群产值达 4000 亿元以上；每年新增城镇就业岗位 8 万个。“两型社会”建设则要求全市能源使用效率显著提高，单位地区生产总值能耗年均下降 4%；环境污染得到有效控制，单位地区生产总值二氧化碳排放量下降 17%，二氧化硫排放量下降 8%，城市生活垃圾无害化处理率 100%。“提前实现小康社会目标”则提出到 2015 年全市人均国内生产总值 12 万元，城乡居民人均可支配收入分别为 4 万元和 2 万元。城乡统筹发展取得突破性进展，城市化率 70%，社会事业更加繁荣，城乡教育、卫生等基本公共服务更加均等化，实现普及高中阶段教育和免费中等职业教育。

《创新规划》从集聚核心创新资源、健全城市创新体系、夯实产业技术基础、完善农业科技创新体系 4 个方面重点规划长沙市建成中南科技创新中心；新材料产业、新能源产业、节能环保产业、信息网络产业列为培育发展的战略性新兴产业；装备制造业、汽车产业、电子信息产业、生物产业、烟草产业列为创新发展的重点产业；文化创意及休闲旅游业、现代物流及商务会展业、金融及科技服务业、软件服务及社会服务业列为加快发展的现代服务业。

按照《创新规划》，2011 年，长沙市推进创新型城市建设，新增国家重点实验室、工程技术研究中心 8 家，省级重点实验室、工程技术研究中心 18 家，成立“中国高校技术转移中心长沙联盟”；专利申请 3666 项，获专利授权 1961 项，研发新产品 8061 个，实现新产品产值 482.86 亿元，获国家科技进步一等奖 1 个，国家自然科学奖二等奖 1 个，国家科技发明奖二等奖 3 个；新增驰名商标 10 件，总数居中西部城市首位。长沙市获全国促进城市发展科技奖。2012 年，长沙市进一步增强创新能力，全社会科技研发经费投入 143 亿元，占地区生产总值 2.24%。获得国家科技资金支持项目 300 余个，资金近 6 亿元；获得省科技计划立项支持 1698 个，经费 1.27 亿元。市本级科技发展资金比 2011 年增长 11%，达到 2.98 亿元。新组建长沙市固态存储工程技术研究中心等市级工程技术研究中心 10 家、湖南省数控精密磨床工程技术研究中心等省级工程技术研究中心 13 家、精神病学与精神卫生学湖南省重点实验室等省级重点实验室 4 家，新认定市级科技企业孵化器 5 家。长沙金霞经济开发区、隆平高科技园被评为“湖南省新型工业化产业示范基地”。建立科技创新重点人才数据库，成立长沙市科技人才创业沙龙，搭建人才学术交流、创业互访的新平台。新认定长沙金霞经开区管委会等 56 家单位为长沙市第五批创建创新型单位，湖南望城经济开发区管委会等 106 家通过创新型单位验收。全年获得省级以上各类科技成果奖励 189 项。全市申请专利 1.50 万项，授权 1.04 万项，同比增长 14.1%和 54.9%。引进 20 项国际先进适用技术。新组建湖南省汽车及零部件、长沙市嵌入式系统 2 个产业技术创新战略联盟。引进悉尼科技大学科研合作窗口、哈尔滨工程大学国家技术转移中心长沙工作站 2 个技术转移机构。新增高新技术企业 85 家，全市高新技术企业 820 家，占全省总数一半以上。2012 年，全市高新技术产业总产值 4200 亿元，高新技术产业增加值 1217.6 亿元，比上年增长 16%。

第三节　重大建设项目管理

一、项目审批与调控

1988 年，长沙市市属全民、集体单位基本建设、更新改造投资项目立项及计划安排均由市计划管理部门审批办理。全市国有、集体单位自筹资金1000万元以下生产性项目、300万元以下非生产性项目由市计委立项审批，此限额以上则需转报省计委审批。20世纪90年代初，国家对基本建设审批逐步放权。1992年开始，全市基本建设、更新改造总投资除大、中型项目和限额以上项目，即能源、交通、原材料工业项目在5000万元以上，其他工业项目在3000万元以上的需报省审批外，其余凡符合国家产业发展政策的地方建设项目，只要能自行筹措建设资金、自行平衡建设条件，均由市计委审批。凡符合产业发展政策的外商投资项目，建设和生产经营条件以及外汇收支不需国家和省平衡，产品出口不涉及配额或许可证、投资额1000万美元及以下的，亦由市计委审批。90年代中期，长沙市加强全社会固定资产投资管理，私营企业中较大、有影响的建设项目逐步纳入市计委审批。2004年7月，对于企业不使用政府投资建设的项目一律不再审批，而实行项目核准制和备案制。为加强政府投资项目管理，2009年12月出台《长沙市政府投资建设项目管理办法（试行）》，2012年7月发布《长沙市政府投资建设项目管理办法》，规定政府投资3000万元以上的项目或财政直接拨款200万元以上的项目，由市发改委提出初审意见报市政府批准后批复立项。

长沙市在建设项目立项审批中注意把握国家产业政策发展方向，以此加强宏观经济调控，在国家鼓励发展的产业领域内，引导全市投资，并限制重复建设项目和污染环境、高耗能项目上马。1988—1989年，贯彻中央关于治理整顿、压缩固定资产投资的方针，停建、缓建92个项目，压缩投资8134万元；同时确保长沙湘江北大桥、第五水厂、煤制气工程等重点项目和中小学危房改造项目实施。1991—1995年的“八五”期间，全市固定资产投资始终贯彻“握紧拳头保重点，集中力量办大事”的方针，在项目安排和资金平衡上，注重向农业、能源、交通、通信等基础产业和基础设施的重点项目倾斜。先后完成市内319、107国道的改建，拉通芙蓉路，建成伍家岭等4座立交桥，改造扩建四水厂；长途数字传输网、程控电话交换网等7大现代化通信网初步建成。1998年，项目调控重点向城市交通、公路建设、供水、供电、农业、工业技改、通信领域，特别是水利基础设施建设等全市基础设施重点项目倾斜，全市有16个基础设施项目进入国家和省的笼子。在项目安排、资金投向和立项报批等方面，争取国家和省有关部门的大力支持。2003—2004年，编制完成《2004—2010年长沙市重点综合示范镇项目建设规划》，全市8个镇进入国家小城镇建设笼子，推荐宁乡县列入国家发改委优质粮基地等一大批农业项目，争取国家对农村道路、农村饮水安全、大型灌区节水改造等项目资金，有效地改善农村基础设施条件。2010年，完善项目审批机制，加强项目投资规模论证，对纳入市计划的建设项目实施调控，优化南湖路湘江隧道、湘府路湘江大桥建设等项目，暂缓黑石铺大桥东匝道、红旗路浏阳河大桥、劳动中路改造等项目建设，全年核减投资23亿元。2012年，完成全市项目管理信息系统建设，启动政府投资项目造价估算指标体系建设，出台《长沙市政府投资建设项目管理办法》，严格项目可研评审。全年审批工程可行性研究报告73项，审批金额107.5亿元，政府投资项目审减投资规模16.8亿元，审减率15%。

二、项目前期工作与资金组织

1988年，在市计委增设重点项目办公室，其主要任务是在全市建设项目中筛选对全市国民经济和社会发展有重大影响的项目进行评估，争取国家或省批准立项，并编制项目可行性报告，建立全市重点项目库，争取国家定点和投资。1989年，长沙市抓紧做好煤制气工程和第五自来水厂项目列入省的重点建设计划，争取湘江北大桥、第五自来水厂、煤制气工程等重点项目资金，其中国家资金8750万元、省投资5079万元。下半年，全市建立利用外资项目库，首次入库项目31个，为利用外资项目做好前期准备。是年还完成80万只彩色显像管和10万门程控电话等技术改造项目的可行性论证，完成或部分完成与全市重点工程配套的319国道改线、伍家岭广场改造、浏阳河路扩宽、东风北路和长捞区等建设项目的前期准备工作。1990年，全市抓好七七零厂80万只彩色显像管、10万门程控电话、二纺热电站扩建工程、锦纶二期工程、五水厂二期工程、湘江水电交通枢纽等一批重点项目的前期论证及有关准备工作。完成35项利用外资项目的审批和可行性研究。1991—1995年，从重点建设项目的资金落实、选址、可行性论证、设计和审批等方面做好前期工作和协调服务，一批重点项目进展顺利。争取国家计委、铁道部原则同意长沙市提出的石长铁路"一点两靠"贯通方案，确定在长沙段设宁乡、望城站场，捞刀河设站，并在湘江段龙王庙处修建湘江公路铁路两用桥；长沙电厂项目建议书经国家计委批准列入"八五"(1991—1995年）期间开工；城市外环线、湘江南大桥和第二液化气站栈桥由省计委批准立项。1997年，对城市交通、公路建设、供水、电力、农业、工业技改、通信等领域重点项目在项目安排、资金投向和立项报批等方面实施倾斜，争取国家和省有关部门各类资金4.5亿元，争取外国政府贷款1200万美元。2001年，城市快速轨道的交通项目前期工作开始启动，总投资34亿元的引水及水质环境工程项目由国家计委批准立项。是年，市第一污水处理厂扩建、城市固体废弃物处理场、二环线等83个项目进入国家和省计委的笼子，争取各类资金10亿余元。2002年，编制《长沙市国民经济和社会发展2002—2005年需国家和省支持的重大项目（项目库)》，146个重大项目，专题向省计委汇报衔接，争取垃圾中转站、湘江大道、四方大道、污水处理厂等9个项目进入省计委2003年安排国债投资备选项目库；完成长沙引水及水质环境工程可研和轨道交通OD（起止点）调查，完成天然气工程初设评审，是年长沙市争取各类资金11.40亿元。2004年，面对资金、土地、项目调控力度进一步加大，国债发行规模明显减少的形势，加强联系协调和项目运作，主动向国家和省发改委、财政部、国土资源部等部门汇报，争取国债资金项目89个，到位资金5.55亿元。2007—2010年，长沙市项目前期工作重点倾向能源、交通、高新产业基地、环境治理等，以新材料、新能源、信息服务、生物医药、民用航空航天为主要内容的国家综合性高技术产业基地获批，争取国家首家移动电子商务示范产业园落户长沙高新区；重点策划包装湘江流域重金属污染整治、长沙污水管网、长沙旧城棚户区改造、天然气管网工程等特别重大的项目；湘江长沙综合枢纽、营盘路湘江过江隧道、地铁2号线工程等重大投资项目实现开工建设。2012年，在中央削减预算投资，省里更注重地市平衡的形势下，市发改委抓紧项目的衔接汇报等前期工作，在项目资金的争取上实现重大突破，全年争取各类资金14亿元。向国家发改委申报新一轮地铁规划，地铁3号线可行性研究报告通过评审待国家发改委审批；浏阳市、长沙县、宁乡县初步纳入省通用机场规划；完成协调蒙西铁路过境浏阳并设站工作；做好长株潭城际铁路项目建设的衔接、协调，解决项目建设中的有关难点难题；协调长善垸污水处理厂和沿江防洪道路项目（长沙段）争取世行贷款的前期工作。在争取各类示范试点中，《长沙国家创新型城市建设总体规划》获批；《湖南省长沙市"国家级再制造产业基地"实施方案》通过国家发改委评审，并获得"园区循环化改造示范试点"启动资金2000万元；长沙市作为全省唯一一个城市申报国家第二批餐厨垃圾试点城市实施方案已通过省发改委评审，获得中央预算内投资980万元；浏阳市生猪清洁养殖示范县实施方案通过省发改委评审。

表 14-1-3-1　1996—2012 年长沙市重大建设项目争取中央、省专项资金一览表　单位：万元

年份	项目内容	中央省投资额	备 注
1996	水利建设项目 5 个	省：405	—
	三产引导资金	省：75	—
1997	水利建设	省：260	—
	以工代赈	中央、省共 285	—
1998	城市防洪及水利工程	中央：15730	—
	灾区重建项目 50 个	中央、省共 1000	—
1999	农业农村基础设施、工业、交通、能源等项目 30 个	中央：117500	国债资金
2000	农业农村基础设施、工业、交通、能源等项目 34 个	中央：5610	国债资金
	水利、防洪工程	省：6000	—
	粮库建设	省：2200	—
	农业产业化示范	省：500	—
	教、科、卫事业	省：165	—
	以工代赈	中央、省共 610	—
2001	污水处理、二环线、粮库建设等项目 35 个	中央：12275	国债资金
	农林水利项目 33 个	中央、省共 7643	—
	工业高科技项目 9 个	省：3123	—
	三产引导资金项目 6 个	省：100	—
2002	农业农村基础设施、工业、交通、能源、环保、司法、教科文卫等	中央：60693 中央：867 省：17054 部厅：9160	国债资金中央补助
	以工代赈项目	中央、省：632	—
2003	农业农村基础设施、生态环境建设、工业、能源、交通等	中央：35216	—
	以工代赈项目	中央、省共 735	—
2004	农业农村基础设施工业、交通、能源、环保、司法、文教卫科等 89 项	中央：55500 省：3000	国债资金
2005	农业农村基础设施、工业、交通、能源、环保、司法、文教卫科等	中央：39213 中央：2168 省：70768	国债资金中央预算内
2006	农业农村基础设施、工业、交通、能源、环保、司法、文教卫科等	中央、省合计 42160	—
2007	农业农村基础设施、工业、交通、能源、环保、司法、文教卫科等	中央、省合计 45000	—
2008	农业、农业基础设施建设	中央、省合计 22214	—
	交通、能源项目	中央、省合计 19022	—

续表 14-1-3-1

年份	项目内容	中央省投资额	备 注
2009	农业农村基础设施、工业信息化、服务业、基础设施、保障性住房、社会事业等	中央：80000	中央预算内资金
2010	农业、工业、交通、能源、信息化等	中央、省合计 82000	—
2011	农业、工业、交通、能源、信息化等 145 个项目	中央、省合计 93300	—
2012	湘投金天钛金属等 47 个项目	中央：47300	国家新兴产业振兴资金
	宁乡天宁热电、永和磷肥厂蒸汽系统改造等 60 个项目	中央：41000	国家节能减排财政政策综合示范奖励
	国家级再制造产业基地试点	中央：2000	中央启动资金
	园区循环化改造示范试点	中央：980	中央预算内

三、项目招标投标

2002 年，长沙市由市发展计划委员会负责指导、协调全市招投标活动。是年，长沙市根据国家和省招投标工作文件规定，明确招标范围和条件。凡关系社会公共利益、公众安全的基础设施和公用事业项目、全部或部分使用国有资金投资的项目、国家融资的项目以及使用国际组织或者外国政府贷款、援助资金的项目，其勘察、设计、施工、监理和重要设备、材料采购等事项，以及依照有关法律、法规规定必须招标的政府采购、医药用品采购、国有资产产权转让、国有土地使用权出让等需要招标的事项，必须进行招标。以招商引资、BOT（建设—经营—转让）、BT（建设—移交）、TOT（移交—经营—移交）、PPP（政府和社会资本合作）、特许经营、国家投资补助等形式建设，有合理回报和一定投资回收能力的市政、交通、水利等公益事业和公共基础设施建设项目，以及城市公共场地户外广告位等资源性资产经营活动，都必须采用公开招标形式选择投资、建设、运营的项目法人。政府投资项目代建、物业管理单位等的选择，也纳入招标范畴。

2003 年开始，依据国家招标投标法，严格实施项目招投标方案核准工作，出台《建设项目招标方案核准内部管理办法》，规范项目审批中招投标方案的核准程序。是年共核准项目 160 个，其中公开招标 110 个，邀请招标 50 个。2003—2004 年，长沙市依照国家和省招投标制度对全市招投标活动的行政监督力度逐步加大，市直各部门协调配合，严格把关，招标方案未经核准的建设项目一律不得开展招投标。市纪委监察部门与发改委牵头，建立行政执法检查、投诉处理制度，受理“长沙县现代投资公司装饰工程”“浏阳花炮安全生产信息监控系统工程”等建设项目的举报和投诉，并与省市相关部门一道进行处理。2005 年，长沙县“集中监管、统一执法”，在源头治腐的做法得到省市领导高度认可，先后在全省、全市反腐倡廉治本抓源头工作会议上作为全省全市先进经验进行推介，长沙亦在区县（市）逐步推广。2006 年，针对招投标活动中出现的问题，市发改委加强监管，制止湘江大道中山码头项目擅自变更投资规模的违法招标，叫停秀峰大道等项目未经核准就开展的招标，及时中止并规范整顿高新技术开发公司在招标公告发布过程中的违规操作，提醒和制止有关部门在部分项目招标监管中没有依照法律法规严格把关的行为，依法查实机场高速路项目招标过程中的违法行为和望城县雷锋职业中专实验楼项目招标问题的举报案件。2007 年，长沙市发布《关于进一步优化非国有投资工程建设项目招标核准工作的通知》。

2008年6月，召开全市招投标工作会议，印发《长沙市人民政府办公厅关于进一步加强和规范招标投标监管工作的若干意见》（以下简称《若干意见》）。《若干意见》明确全市招投标工作监管体系和市直各监管部门的职责分工，决定设立同城合一和统一管理的公共资源交易监管平台，规范招投标全过程的各项活动和建立违法违规的责任追究制度。《若干意见》实施后，招标事项核准更规范。没有经过核准招标事项的项目，项目单位不得开展招标投标活动，有关部门不得办理工程规划、施工许可、资金拨付、竣工验收等手续。招标事项一经核准，任何单位和个人不得擅自变更。确需变更的，须报经原核准的发展和改革部门重新核准。是年，设立长沙市公共资源交易中心（以下简称“交易中心”），为全市国有投资工程（含勘察、设计、施工、监理、材料设备）、货物、服务、资源性资产交易等招标投标活动提供场地、信息、咨询及其他相关服务。为确保公共资源交易的公开、公正、公平，2009年，长沙市建立全市统一的跨行业、多门类、大库容的政府评标专家库——湖南省综合评标专家库长沙分库，实现全市所有进入公共资源交易中心交易项目评标专家随机抽取。2009年长沙市开展全市招投标工作专项大检查。针对检查的问题，发出检查情况通报，对相关单位和个人进行处理，并通过《长沙晚报》、政府门户网站等宣传报道，提高当事人依法招投标的意识，及时警示部分违法乱纪的部门和当事人。2010年，成立市公共资源交易监委库管理委员会，出台《长沙市公共资源交易监委库管理暂行办法》，建立由有关行政监督部门人员、人大代表、政协委员和人民监督员组成的全市统一监委库。从4月1日起，凡进入交易中心交易的全部或者部分使用国有资金投资的项目，交易过程的现场监委必须由交易中心在市监委库中随机抽取。是年，全市先后开展对县（市）、区新增中央投资项目的招投标情况督查和抽查以及全市近两年企业国有产权交易专项检查，查处行为最恶劣、性质最严重，手段最典型的围标串标案件“6·7”标书失窃案，并发出《关于长沙新河三角洲片区道路建设二期施工工程围标串标案件参与企业有关情况的通报》。2010年8月，中央政治局常委、中央纪委书记贺国强对长沙成立公共资源交易中心，探索创新反腐倡廉工作的经验予以高度肯定。2010年11月5日，针对政府投资项目在招投标活动中出现的违法违规问题，再次召开全市招投标工作会议，印发《长沙市人民政府办公厅关于规范政府投资项目招标投标行为的实施意见（试行）》，严格规范政府投资项目的公开招标，特殊情形申请邀请招标的，均须报市招标投标领导小组批准，并执行项目招标公告和招标文件在报行政监督部门备案的同时报市政府招标投标办公室的双备案制度。11月10日，全省防治公共资源交易领域腐败创新工作现场会议在长沙召开，中央纪委执法监察室主任傅奎及省市领导出席会议，公共资源交易的“长沙模式”在会上推广。2011年，长沙市相继出台《长沙市公共资源交易招标投标规范化管理实施细则（试行）》等10个配套制度和管理办法，从制度上进一步推进长沙招投标活动形成统一招标投标政策法规、统一公共资源交易平台、统一评标专家库和监委库的“三统一”模式。是年，交易中心共完成交易项目1622宗，交易额183亿元。2012年，全市开展建设工程领域突出问题专项治理工作，检查长沙县、芙蓉区、市国土局等单位建设项目，对招投标中存在的问题，督促相关单位进行整改。交易中心进一步规范交易秩序，推行“阳光交易”，继续保持“零投诉”纪录，全年实现各类交易项目1611宗，交易额243.6亿元，节约资金12.35亿元。

四、项目稽察

2001年，长沙市根据《国家重大建设项目稽察办法》《湖南省重大建设项目稽察办法》的精神，探索和启动重大项目稽察工作，建立国债项目联合稽察会议制度，对高桥大道、环路等11个项目进行联合稽察，并配合审计署在长沙的专项审计。2002年8月，出台《长沙市重大项目稽察办法》（以下简称

《稽察办法》)，决定实行稽察特派员制度，对国家和省、市出资以及列入国家和省计划的大中型建设项目实施监督。《稽察办法》明确市发展计划委员会负责组织和管理全市重大建设项目稽察工作，并在其设立市重大建设项目稽察特派员办公室。2003 年，长沙市加强项目跟踪、管理，指导和检查县乡公路和病险水库国债项目的前期工作及招投标、财务管理、质量监督等，调查区县（市）国债项目。2005 年，配合审计署和省稽察办对浏阳株树桥、宁乡洞庭桥等水库除险加固、县城电网改造等项目进行专项稽察，并围绕落实市政府 8 件实事，重点稽察市废弃物垃圾中转站等国债项目。此阶段稽察中发现项目前期工作未履行法定的建设程序，存在“三边”工程；招标投标程序、时效、评标组织形式不规范；部分财务管理混乱，挪用、挤占资金的问题比较突出；工程质量检测记录不齐，工程监理制度贯彻不到位，合同执行不严格；擅自增加建设内容，突破投资规模；项目建设中经济犯罪现象时有发生等主要问题。对所有检查项目，各级稽察部门通过调查取证，严格按照国家相关法律、规定，写出稽察报告，发出稽察决定，制定解决问题的办法，进行责任追究。

2006 年，长沙市重点对政府投资的湘江大道北段、远大路二期、车站北路中段、霞凝港二期及乡镇卫生院新建改建等工程项目进行监督检查。发现、纠正、督促整改项目建设过程中存在的违法违规、管理混乱、质量低劣等问题，进一步规范重大项目建设的程序。2008—2009 年，在全市开展查找“十大最差工程”，全市政府投资项目自我检查、找差距。对长宁公路立交桥、市引水工程净水厂、刘少奇纪念馆、明德中学新校址等 7 个重点工程开展稽察。2009 年上半年抽查月湖公园、岳麓大道、圭白路、火车站广场改造等 12 个项目。针对稽察中发现的问题，开全国之先河，将一批违规企业和个人在一段时间内逐出长沙市重大项目建设市场，并在《长沙晚报》和市政府门户网站、湖南省招标投标监管网上向全社会通报检查结果。

2010 年，针对新增中央投资项目监管体制不顺畅的情况，出台《长沙市关于进一步加强扩大内需项目监管工作的实施方案》，成立全市扩大内需项目监管领导小组，明确部门职责分工及监管措施，建立市政府及工作部门、区县（市）政府以及项目单位三级责任制和联系网络，及时监控掌握和收集、整理、报告项目情况。4—6 月对全市的扩大内需新增中央投资项目及部门、区县（市）的监管工作进行全面的拉网式检查。通过听汇报、查资料、看现场等方式，检查 9 个区县（市）及高新区、经开区、浏阳生物产业基地和相关部门的自查自纠实施情况，随机抽查 20 个项目。发出检查情况通报 8 份，查办行政违法案件 5 件，其中查处办结重大违法案件 1 件，督办重大违法案件 1 件，一般违法案件 3 件。针对检查中的问题召开全市加强扩大内需项目监管工作大会，将检查情况进行公开通报，并与各参会单位签订《长沙市扩大内需新增中央投资项目监管责任书》，重新明确监管责任及要求。2012 年，长沙市对中央投资的政法基础设施建设、部分工业、农业、卫生、高新技术项目的实施情况进行监督检查；加大对公众举报和投诉的项目和案件的执法力度，召开岳麓区水利项目稽察情况通报大会，对浏阳市文家市、大瑶镇楼面立面改造项目、市轨道交通 2 号线一期工程 40.5 千伏气体绝缘金属封闭开关柜设备采购招标等投诉案件，调查取证，督促相关单位和部门进行整改。

第四节 “两型社会”建设

一、政策法规

2007 年，国家中部崛起战略进入全面实施期，长沙被列为中部 26 个比照实施振兴东北地区老工业基地有关政策的城市之一。是年12月，国家发展和改革委员会批准湖南长（沙）株（洲）（湘）潭城市群为全国“两型社会”建设综合配套改革试验区，长株潭被列为长江中游地区的重点开发区域。长沙市坚持先行先试，探索新型工业化和新型城市化道路，为“两型社会”建设和深化改革开放探索路径，积累经验。2008年6月，长沙市决定将大河西先导区作为长沙“两型社会”建设和改革的试验区，并出台《关于支持长沙大河西先导区建设的若干政策意见》等文件，在规划、项目审批、环境保护、土地管理、金融体制改革、财税、行政管理等方面给予先导区市级经济管理权限的授权和政策优惠。同年9月，实施《长沙市环境保护三年行动计划》。2009年6月，发布《长沙市“两型社会”创建活动实施方案》，提出创建工作的总体要求、创建内容和工作措施，在全市党政机关、学校、企业、村庄等层面开展“两型社会”创建活动。12月，发布《长沙市推进城乡一体化发展工作纲要》，把城市和农村作为一个有机整体，促进城市与农村资源优化配置和转化利用，推动城市与农村之间统筹协调和共同发展。同年，发布《长沙市深入开展全民节能行动实施方案》《长沙市建筑色彩管理规定》《长沙市节能减排综合性工作实施方案》《关于禁止宾馆酒店招待所等场所禁止免费提供一次性日用品的通告》。2010年6月，在《长沙市“两型社会”建设综合配套改革2010年工作要点》中提出加快大河西先导区建设、推进重点领域改革创新、加快构建“两型”产业体系、加强资源节约和环境保护、建设绿色生态宜居城市、加强“两型”文化培育建设、加强改革试验统筹协调7个方面的重点工作。为加强全市工作的协调，建立“两型社会”建设综合配套改革工作联席会议制度。7月，发布《2010年长沙市“两型社会”建设综合配套改革绩效考核评价办法》，全面考核评价各区县（市）政府和市直部门及有关单位的工作绩效。10月，发出开展“两型”示范机关、“两型”示范学校、“两型”示范企业、“两型”示范社区等十大类“两型”示范创建活动通知。同年，发布《长沙市农村土地流转交易暂行规则》《关于促进节约集约用地的通知》。2011年年初，《长沙市国民经济和社会发展第十二个五年规划（纲要）》明确未来五年长沙率先建成“两型”城市的总体目标定位，提出“两型社会”建设和改革的具体目标、任务和措施。6月1日起正式实施《长沙市城市管理条例》，为长沙建设文明、和谐、宜居的“两型社会”提供法律法规支撑。同时从财力上支撑“两型社会”建设。从2008年起，连续5年每年安排5亿元作为先导区投资公司注册资本，将政府性优质企业股权（如长沙银行等以及先导区的部分土地）划转先导区投资公司作为注册资本。2009—2011年安排资金59.3亿元，加快推动大河西先导区配套建设。同时，为推进全市节能减排工作，在2009年、2010年均安排节能专项资金3000万元，保证节能项目的持续投入。2012年，长沙市抓住国家首批节能减排财政政策综合示范城市建设契机，争取中央财政资金4.41亿元；获批财政部现代服务业发展支持试点，争取中央财政专项资金3亿元；梅溪湖片区获批国家绿色生态示范城区，获中央财政支持5000万元。

二、实施方案

（一）总体方案。2008年，开展长沙市“两型社会”建设专题研究，编制《长沙市“两型社会”建设综合配套改革总体方案》《五年行动计划》。2009年，《长沙市“两型社会”综合配套改革实验实施方案》通过专家评审。2010年7月，《长沙市资源节约型和环境友好型社会建设综合配套改革试验实施方案》（以下简称《实施方案》）在全市实施。《实施方案》明确综合配套改革试验要以转变经济发展方式为主题，以推进新型工业化、新型城市化为导向，在关键领域和重点环节率先突破，全面推进综合配套改革，构建形成有利于促进资源节约和环境友好的体制机制，促进经济、社会、生态环境协调发展，为全国“两型社会”建设积累经验、提供示范。在发展模式上，成为全国新型工业化、新型城市化的典范，成为科学发展的先行样板和“两型社会”建设的示范窗口；在城市建设上，打造具有国际品质、人民引以为豪的创业之都、宜居城市、幸福家园；在经济发展上，成为促进中部崛起的发动机之一，打造区域性绿色技术研发中心、区域性高新技术产业聚集地，现代服务业中心、文化创意中心和优质高效农业中心。从2008年开始，经过5年的努力，基本形成促进“两型社会”建设的地方性法规体系，基本形成完善的社会主义市场经济体系，基本形成符合新型工业化、新型城市化要求的内生型发展模式。以人均绿色地区生产总值计算的经济发展指标进入全国先进行列，高新技术产业增加值占地区生产总值比重达16%，单位地区生产总值能耗在2007年基础上降低20%，化学需氧量、二氧化硫排放量在2007年基础上分别下降8%、10%。到2020年，全面建成经济发展、社会发展、生态文明和谐统一的“两型社会”。能源及资源生产率、环境及人居质量、可持续发展能力等达到国内先进水平，全面进入可持续发展的良性循环；以人均绿色地区生产总值计算的经济发展指标达到全国一类地区先进水平。长沙市发展成为经济繁荣发达、空间布局合理，基础设施完善、人居环境优美的现代化生态型城市，引领长株潭城市群实现一体化，带动长株潭地区的经济社会发展水平进入全国先进行列，成为全国“两型社会”建设的样板和典范。《实施方案》提出“两型社会”建设和改革的五项主要任务，即发展“两型”产业，走新型工业化道路；精心打造宜居城市，加快新型城市化进程；加强生态文明建设，提高生态承载能力；加快建设大河西先导区，发挥先行探索和示范作用；增强综合服务功能，带动长株潭城市群建设。综合配套改革试验的重点内容为推进资源节约、环境保护、土地管理、科技创新、财税金融、城乡统筹、对外开放、行政管理8项体制机制改革。

（二）专项改革方案。2010年10月，《长沙市资源节约型和环境友好型社会建设综合配套改革试验实施方案》批准实施后，与此相配套的13个专项改革方案亦编制完成并实施。13个专项改革方案分别是长沙市“两型社会”建设资源节约体制改革、环境保护体制改革、土地管理体制改革、科技创新改革、财税体制改革、金融体制改革、“两型”产业发展改革、城乡建设改革、基础设施共建共享改革、统筹城乡发展改革、劳动和社会保障体制改革、对外开放改革、行政管理体制改革专项方案。专项方案根据总体实施方案的要求，分别作出2009—2020年“两型社会”建设的目标、主要任务、重点发展改革内容、保障措施。

2011年，长沙市“十二五”（2011—2015年）经济社会发展规划纲要和第十二次党代会明确提出长沙市未来五年“率先建成‘两型’城市”的总体目标定位。在《长沙市“两型社会”建设和综合配套改革“十二五”规划》（以下简称“专项规划”）中，进一步深化“两型”城市的内涵，明确建设“两型”城市的具体目标、重点任务和实现途径。专项规划提出的总体目标是到2015年，基本建立完善的社会主义市场经济体制，基本走出新型工业化和新型城市化路子，率先基本建成“两型”城市。并从生态环境、现代要素市场、示范片区建设改革、现代“两型”产业体系、生态宜居城市建设、城乡一体化建设和改革、公共服务水平提升和多元参与社会建设管理，提升对内对外开放水平、行政管理改革、“两型”文化深入渗透10个方面提出具体目标。专项规划还从“全面加快‘两型’重大建设”“纵深推进体制机制改革”“加快推进示范先导片区建设”3个方面提出重点工作任务和保障措施。

三、建设成果

2008年，长沙市制订定环境保护3年行动计划，重点实施以湘江长沙段流域截污治污、污染源退出、城乡垃圾收集处理、面源污染治理和河道整治与生态修复5项工程为内容的生态环境建设。是年，长沙市基本建成岳麓、开福、长善垸、新开铺、花桥、望城、星沙北7大污水处理厂，规划一批乡镇污水处理厂建设；对20余个企业（项目）实施停产治理和限期搬迁，关闭40余家造纸企业，主要污染物减排取得进展。开展生态补偿试点，制定4县（市）跨境河流化学需氧量生态补偿工作方案；在全国省会城市第一个建立环境资源交易平台，完成长沙新城热电厂、长沙环境资源交易所和长沙造纸厂二氧化硫、化学需氧量等污染物指标的交易。实行土地管理改革，在新河三角洲和黎托新城创建节约集约用地新模式，获得国土资源部肯定；实施城乡建设用地增减挂钩政策，推进农村土地综合整理；探索拆迁安置新机制，取消留地安置模式，实施转变土地性质、转变农民身份、被征地农民纳入城镇居民社会保障体系的模式。2008年开始，长沙市设立每年3000万元的节能引导专项资金，在全国首创“节能120”服务中心，推行能源合同管理，构筑全新的节能服务平台；实行新建项目的能耗准入制度和项目节能评审制度。在河西先导区探索大部门管理体制改革，精简行政许可项目，推进并联审批，压缩审批时间；建立全市统一的公共资源交易平台。将商业银行更名为长沙银行，为商业银行区域化及上市做好准备。建成金洲大道、橘子洲风景区等精品工程。

2009年，长沙市加快推进“一江两岸”、城际轨道、城市地铁、芙蓉大道等重大基础设施建设，实施交通疏导工程、平改坡工程、景观街改造建设和社区环境整治、社区公园建设，并取得重要成效。“两型”产业发展带动转型升级，广汽菲亚特汽车有限公司、比亚迪汽车有限公司落户长沙并启动建设，长丰汽车、北汽福田、陕汽重卡等6项整车和零部件体系建设铺开，远大空调有限公司成为上海世博会全球合作伙伴，神州光电彩色太阳能组件通过世博中国馆实现首次规模化应用，远大住宅工业有限公司建成“国家住宅产业化基地”，形成国内唯一完整的住宅工业化体系。长沙高新技术产业开发区成为全国十大创新型园区，长沙经济技术开发区获批国家新型工业化产业示范基地。城市建设、新农村建设、农民安置、开发园区节约集约用地经验向全国推介。长沙市成为国家首批节能与新能源汽车示范推广试点城市，先进电池和储能材料在国内形成优势；率先全国全面推动公共机构温控系统建设，开展“麓谷林语”“太阳星城”等绿色建筑与节能工程试点。单位地区生产总值能耗在中部省会城市中保持最低。推进节水型试点城市建设。在全国省会城市率先实施宾馆酒店禁止免费提供一次性日用品政策。主城区7大污水处理厂和县城污水处理厂全部建成运营，20余个乡镇污水处理厂启动建设，城市生活污水处理率由2008年年初的45%提高到80%以上。开始实施“户分类、村收集、镇中转、县处理”的农村垃圾处置试点。探索农村环保自治模式，黄龙新村、金塘村环保自治经验获得环保部肯定。河西坪塘老工业区有13家高能耗高污染企业退出生产，每年降低能源消耗5万吨标准煤，减少工业粉尘排放1325吨，减少二氧化硫排放2600吨，二氧化硫和化学需氧量排放分别减少11.08%和22.16%。2009年城市空气质量优良率91.23%。制定农村土地流转交易实施细则，成立长沙农村土地流转交易中心。出台“两型社会”示范创建活动实施方案，光明村、关山村“两型”示范村试点建设和靖港古镇、板仓小镇、青竹湖镇等“两型”示范镇建设取得成效。

2010年，长沙市制定“两型社会”建设综合配套改革“1+13”实施方案，总体实施方案经省政府批准实施，13个专项方案完成编制。城市建设、园区开发、农民安置、新农村建设、道路建设5种节地模式继续在全国推介。长沙农村土地进入市场流转有重大突破，岳麓区莲花镇200公顷土地和浏阳林地林木流转中心380公顷林地所有权挂牌交易，激活农村土地资产。研究开发绿色建设标准体系，推广应用太阳能与建筑一体化、雨水收集、中水回用、垃圾分类、地源热泵等绿色技术，建设一批绿色建筑示范项目。通过环保3年行动计划的扎实推进，实施湘江治理5项工程效果明显。启动71家乡镇污水处理厂建设，全市98个乡镇基本建成覆盖全镇（乡）的垃圾收集处理体系，22个乡镇完成集镇环境综合整治，其中 15 个乡镇完成农村垃圾整治、集镇污水处理、规模化生猪养殖污染治理 3 项农村环境综合整治工程。全市城市污水处理率从 2009 年年初的 80%提高到 90%以上，空气质量由 82%提升到 95%。推动“两型”产业发展，淘汰高能耗高污染产业，发展高端产业、绿色经济，工程机械、汽车及零部件等优势产业，电子信息、新材料、生物医药、新能源、节能环保等新兴产业以及金融、物流、研发、文化创意等现代服务业不断发展壮大，加快园区经济集约发展，符合“两型”特征的现代产业体系初步形成。

2011 年，长沙市深入推进城乡统筹改革。推动农村饮水安全、电网改造、公路通达、环境整治、校舍改造“五大工程”建设。抓紧全市 71 家乡镇污水处理厂及配套管网建设，完成乡镇饮用水源保护区 54 个；推进畜禽污染整治和城区畜禽养殖退出工作，农村垃圾收集处置体系基本实现全覆盖，长沙县成为全国首个实现集镇污水处理设施全覆盖的县；完成长沙铬盐厂 42 万吨铬渣解毒工程，淘汰落后产能污染企业 110 家。完成 5 条景观街、17 个社区环境综合整治和 30 个社区公园的建设。是年，长沙市空气质量优良率 93.4%。全市城乡医疗保障率先实现全面并轨。继续深化公共资产管理创新和公共资源交易平台建设，公共资产管理创新经验在全国经济体制改革会议上推介。

2012 年，全市推进节能减排项目建设和管理。完成智能节电综合改造宾馆酒店 109 家，每年节电约 3000 万千瓦时。推行节水型城市建设“新政策”，实行阶梯水价和超定额累进加价的用水收费制度，开展 16 个节水示范工程建设。推进新港、暮云、坪塘等污水处理厂及配套管网建设，在湘江西岸建成截污干管 70 千米，完成湘江长沙段主城区内截污工程，城区污水实现“全截污、全收集”。出台《长沙市境内河流生态补偿办法（试行）》，对浏阳河、捞刀河等跨行政区域河流开始实行断面水质监测，交界断面当月水质指标值超过水质控制目标，上游区县（市）给予下游补偿。长沙市餐厨垃圾无害化处理中心投入使用，每天处理餐厨垃圾 250 吨，实现餐厨垃圾的无害化、减量化和资源化利用。开展排污权有偿使用和交易工作，缴纳初始排污权费用企业 180 家，办理长沙天宁热电有限公司等 26 家企业排污权交易工作。加强长株潭生态绿心保护，严格控制绿心区域项目建设用地，设立保护标志 524 块，清理审查项目 154 个，实施生态效益补偿基金项目。恢复建设洋湖、梅溪湖等 5 个湿地湖泊。推进绿色节能建筑，在梅溪湖等新区全面执行绿色建筑标准，累计完成节能建筑竣工面积 8280 万平方米，形成每年 211 万吨标煤的节能潜力。继续推广节能与新能源汽车，加快公交车更换为新能源与清洁能源车辆和纯电动车的步伐，运营车辆节油率 20%以上。高新技术产业快速发展。电子信息、通信设备、新材料、生物医药、节能环保等产业保持增长，新能源产业开始回升，全市高新技术产业累计实现产值 4200.7 亿元，比上年增长 16%。金融、物流、文化创意等现代服务业继续保持发展态势，获批财政部现代服务业发展支持试点，开展“两型”园区、生态工业园区创建，推进园区循环化改造试点，建设高（多）层厂房和楼宇工业园，健全环保设施，推进园区分布式能源站规划，延伸循环经济产业链。完善湘江河西示范片区基础设施，福元路湘江大桥建成通车、湘府路湘江大桥即将完工、长株潭城际铁路、地铁二号线等工程顺利推进，进一步完善大河西的交通架构。2012 年 5 月，《中国城市竞争力蓝皮书》发布 294 个城市竞争力指数排序，长沙城市竞争力列第 10 名；12 月，长沙获 2012 年中国最具幸福感城市最高荣誉大奖。

表 14-1-4-1　长沙市“两型社会”建设主要目标一览表

指标类别	指标名称	单位	2007 年	2012 年	2020 年
经济发展	人均国内生产总值	元	33711	65000	140000
	人均绿色国内生产总值	—	—	*	**

续表 14-1-4-1

指标类别	指标名称	单位	2007 年	2012 年	2020 年
经济发展	人均财政收入	元	4020.7	8115	22000
	服务业增加值占国内生产总值比重	%	48.7	49	55
	高新技术产业增加值占国内生产总值的比重	%	12.44	16	20
	城镇居民家庭人均全年可支配收入	元	16153	25000	46200
	农村居民家庭人均纯收入	元	6613	12000	23900
	城市化水平	%	60.2	70	80
	恩格尔系数	%	37.2	34.5	30
社会和谐	科教文卫支出占财政总支出的比重	%	22.31	26.5	29
	绿色出行率	%	—	50 以上	90 以上
	社会保险覆盖率	%	—	95	99
	城镇登记失业率	%	3.1	4.5 以内	4.5 以内
	国民预期寿命	年	77.88	78	79.5
科技进步	研究与开发（R&D）支出占国内生产总值的比重	%	1.6	2.2	4
	企业 R&D 支出占全部 R&D 支出的比重	%	68.3	77	85
	科技成果转化率	%	16	25	35
	每万人拥有的科技人员数	人	521	650	800
	每万人申请专利数量	件	7.25	12	20
资源节约	单位建设用地国内生产总值产出	万元/公顷	140.43	265	530
	万元国内生产总值能耗	吨标准煤/万元	0.94	0.75	0.6
	万元国内生产总值水耗	立方米/万元	278	170	120
	人均生活用水	升/日	168	165	160
	单位土地面积国内生产总值投资强度	万元/公顷	12.23	22	35
	工业固体废物综合利用率	%	91	95	99
	可再生能源使用比例	%	3.5	10	15
环境友好	清洁能源占总能源的比例	%	70	85	90
	化学需氧量（COD）排放总量比 2007 年削减	%	—	8	10
	二氧化硫（SO_2）排放总量比 2007 年削减	%	—	10	16
	工业废水达标排放率	%	84.62	90	100

续表 14-1-4-1

指标类别	指标名称	单位	2007 年	2012 年	2020 年
环境友好	工业二氧化硫排放达标率	%	78.4	90	100
	工业烟尘排放达标率	%	78.8	90	100
	工业危险废弃物安全处置率	%	100	100	100
	城市生活垃圾无害化处理率	%	100	100	100
	城市污水集中处理率	%	45.42	82	90
	水功能区达标率	%	70	85	95
	饮用水源保护区水质达标率	%	80.8	95	100
	城市空气质量优良率	%	82.74	84	90
	区域环境噪声达标率	%	84.3	98	100
	森林覆盖率	%	53.6	53.4	53.6
	建成区人均公共绿地面积	平方米/人	8.65	10	13
	环保投资占国内生产总值的比重	%	2.7	3	5

说明：* 为全国先进水平，** 为全国一类地区先进水平

专记　实施长株潭经济一体化

20 世纪 80 年代，长沙市按照省委、省政府关于建立长沙、株洲、湘潭（以下简称“长株潭”）经济区的决定开展前期工作。1985—1986 年，长株潭经济一体化在 5 个方面取得突破性进展。在国内首先实现银行结算票据异地的直接交换和建立同业资金拆借市场；推动跨行政区企业集团的组建和首次异地银团贷款的支持；制订实现三市电话同城化和与全国 30 余个城市的电话直拨工程建设计划；从长株潭城市整体合理布局的高度，研究三市规划修改意见，并进行综合论证；在三市结合部联合建立经济技术开发区的选址工作，并进行初步论证。此后三市还就合作治理环境，特别是湘江严重污染的治理问题进行磋商。

1996 年以后，根据湖南省“九五”（1996—2000 年）计划关于实施“一点一线”优先发展战略（“一点”指长株潭城市群，“一线”指沿京广铁路和京珠高速公路，北起岳阳，经长沙、株洲、湘潭、衡阳，南至郴州 6 市所形成的一条经济走廊），突出以长沙为中心的长株潭城市群的作用，优化资源配置，整合发展优势，形成带动湖南经济发展的核心增长极。2005 年，长沙市在制定“十一五”（2006—2010 年）规划纲要时，与省长株潭办公室及株洲市、湘潭市进行规划的衔接协调，在规划纲要的指导思想中明确提出“要牢牢把握中部崛起和长株潭经济一体化的战略机遇，积极调整经济结构和转变经济增长方式，推进创新型城市建设”。2006 年 6 月，成立长沙市长株潭经济一体化协调领导小组，下设办公室，并牵头承办第一届长株潭党政领导联席会议，确定三市联席会议制度，签署《长株潭

区域合作框架协议》以及工业、科技、环保 3 个专项协议，为三市深化合作奠定基础。2006 年 11 月，省九次党代会报告中提出“3+5”城市群战略，即以长、株、潭三市为中心 1.5 小时通勤为半径，包括岳阳、常德、益阳、娄底、衡阳 5 个直辖市在内的城市聚集区。在原“交通同环、电力同网、金融同城、信息同享、环境同治”的基础上形成“新五同”（交通同网、能源同体、信息同享、生态同建、环境同治）。

2007 年，长沙市按照省委九次党代会提出的“推进长株潭经济一体化工作取得实质性进展”的要求及省政府办公厅《关于 2007 年长株潭经济一体化重点工作职责分工的通知》的任务，加大工作力度，取得积极成效。多次召开长株潭经济一体化协调领导小组会议，制定推进长株潭经济一体化工作的具体目标，并将工作目标和任务细化分解到有关责任单位和责任人。配合做好《长株潭城市群区域规划条例》的草案修改、出台等相关工作，同时开展与条例配套的实施细则修订工作；结合长株潭主体功能区规划编制，做好长沙重点区域的规划工作，为长沙“两型社会”建设找准突破口和着力点。2007 年 1 月三市开通一体化公共交通。8 月，黑麋峰抽水蓄能电站开始下闸蓄水，华电长沙电厂两台机组分别于 10 月和 12 月投产运行，保障长株潭经济圈的用电需求。是年，发布《长沙市公安局关于落实长株潭经济一体化户籍管理制度改革工作的通知》，进一步调整长沙市户口迁移政策，放宽购房入户、亲属投靠等入户政策；制定《长沙市实施〈长株潭环境同治规划〉工作方案》、“《长株潭环境同治规划（2006—2010 年）》实施任务分解表”，两次督促相关部门做好环境同治规划的落实。引水及水质环境工程全线有 45 个标段开工建设，岳麓、开福、花桥、新开铺污水处理厂建设进展顺利。为营造长株潭经济一体化发展环境，长沙市积极推进基础设施建设，2007 年年底，长株高速已完成投资 5 亿元，路基建设完成 50%；芙蓉南路已延伸至暮云镇的伊莱克斯路。2008 年 2 月，覆盖三市的“长沙人民广播电台经济广播”（原融城经济广播）加大长株潭一体化的宣传力度，开通长株潭频道。是年，长沙市轨道交通建设启动。2009 年 6 月长株潭三市长途区号统一为 0731，电话号码升 8 位，长株潭通信一体化步伐加速。9 月，国家发改委批复《长株潭城市群城际轨道交通网规划（2009—2020 年）》，合计里程 760 千米。12 月，京广客运专线武广段、长株高速、芙蓉大道通车。2010 年 3 月，沪昆客运专线长沙至昆明段开工建设；8 月，长株潭地区“三网融合”试点工作启动。2012 年 6 月，长沙大河西先导区和湘潭（九华）经济技术开发区签署战略合作框架协议，长株潭融城取得实质性重大突破。计划通过 2~3 年的建设，实现 2 个示范区在基础设施、产业发展和生态环境建设等方面的融城共建。发布共同推进的项目，大河西先导区南进建设大王山旅游度假区，开工建设坪塘大道南延线、潇湘大道南延线等。是年 10 月，湘江长沙综合枢纽工程实现蓄水通航。年底，湘江河东猴子石大桥南至株洲昭山接 107 国道、全长 21.7 千米的湘江生态经济带沿江防洪道路（长沙段）建成，湘府路湘江大桥即将竣工通车。

长株潭城市群具有明显的区位优势、科技优势和产业优势。2012 年，三市合计实现地区生产总值 9443.62 亿元，占全省经济总量的 42.63%；全社会固定资产投资 6000.39 亿元，占全省的比重为 41.16%：社会消费品零售总额 3450.75 亿元，占全省的比重为 43.56%；公共财政预算收入 710.86 亿元，占全省的比重为 39.89%；实际利用外资 41.45 亿美元，占全省的 56.94%；进出口总值 129.03 亿美元，占全省的 58.81%。

第五节 经济运行监测与课题研究

一、经济运行监测

(一) 经济形势分析。1988年年初，长沙市在改革计划管理方式中建立宏观调控会议制度，逐步加强全市宏观经济走势的预测预警。宏观调控会分析经济形势和经济运行中的矛盾，研究和制定对策。会议原则上每季度进行一次。是年一季度，由于压缩经济过热和“二紧一波动”的制约，全市工业出现较大滑坡。为扭转被动局面，宏观调控会邀请市财政、银行和城区信用社参加，协商解决资金、电力、原材料“三紧”的具体办法。针对全民工业企业困难较大，短时难有增长的状况，4个城区信用社共拿出6000万余元贷款支持一批增长潜力较大的重点区街企业和重点街道，帮助渡过难关。区街工业一季度比上年同期增长39.4%，保持全市经济发展的良好势头。20世纪90年代初，宏观调控会议改名为长沙市经济形势分析研讨会，仍为每季度举行一次，部分重点企业亦被邀请参加。分析会全面及时、准确地把握全市宏观经济运行现状、存在的问题及发展的基本走势，提出对策建议，写出分析报告，为企业生产经营服务。1999—2000年，长沙市进一步建立健全宏观经济形势分析会议制度，要求各相关单位在分析经济运行状况及问题的基础上，重点提出解决问题的措施及建议。为及时综合分析研究经济走势，建立全市宏观经济数据库。2004年二季度全市经济分析会对国家4月份集中推出一系列重大宏观调控措施的背景、手段和目的进行分析，特别是针对有关方面认为“本次宏观调控对长沙影响不大”的观点，从近、中、远三个层面上，分析本次调控对长沙的发展构成不可忽视的影响，提出“近期内着力破解资金、土地、项目三大难题，中期内着力于调整投资、消费、出口三大需求的关系，长远上着力于解决体制、结构、增长方式三大深层次问题”的对策建议。是年，长沙市提前一年实现“十五”(2001—2005年)计划，地区生产总值突破1000亿元，地方财政收入突破100亿元。2007年上半年全市经济形势分析会提出“加大政府对产业发展的引导、加快结构调整”的建议，第三季度经济形势分析报告从产业发展、需求增长、城乡统筹等方面提出的保持全市经济持续快速健康发展等建议。2007年，市发改委被评为全省发改委系统经济监测预测工作先进集体。2008年10月，全市经济形势分析会应对年初历史罕见的冰冻灾害和复杂多变的宏观发展环境，按照中共十七届三中全会提出的“坚定信心，冷静观察，多管齐下，有效应对”的要求，提出树信心、抓项目、增投资、稳房产、强税收的举措，保持全市经济又好又快、率先发展。是年全市地区生产总值突破3000亿元，增长幅度高于预期目标2.1个百分点。2011年7月，长沙市召开上半年经济形势分析会。下半年，全市按照会议精神，抓紧落实各项工作。是年全市实现地区生产总值5619.33亿元，比上年增长14.5%，高于年度预期目标1.5个百分点。2012年7月，在国内面临经济增长下行和物价上涨双重压力下，召开市委十二届四次全体(扩大)会议，分析上半年全市经济发展形势。会议要求全市按照中央关于“稳中求进”的总体要求，坚定信心，着力抓好融资创新、项目建设、工业发展、扩大内需、城市提质、城乡统筹、综合改革、民生改善、环境优化、社会和谐10项重点工作，确保完成和超额完成全年目标任务。是年全市完成地区生产总值6399.91亿元，比上年增长13%；地方财政总收入796.58亿元，比上年增长15.6%。

(二) 专题调研预测。20世纪90年代初，长沙市注重深入实际，深入基层，开展专题调查，了解和把握经济运行中出现的各种新情况、新问题及各种热点、难点问题，进行深层次的研究分析，以制定全市经济和社会发展政策。“八五”(1991—1995年)期间，开展固定资产投资管理、企业产品结构调

图 14-1-5-1 长沙市发布首部“经济社会白皮书”（摄于 2004 年，市发改委供图）

整、区街经济发展、第三产业发展、农村经济发展、财贸金融运行形势等 10 个方面的专题调查，对“八五”（1991—1995 年）期间各年度全市经济运行作出准确的分析预测和政策引导。其中，在研究全市社会商品购买力时，全面预测 1992 年全市社会购买力与商品可供量以及市场发展趋势，为来年做好城乡人民生活和生产资料供应，保持市场商品供应总量的基本平衡提供重要参考。1997 年，针对长沙市工业支柱产业优势不明显、产品特色不突出、经济效益不理想的现状和问题，按照“大工业、大产业、大产品、大企业”的思路，对全市乡及乡以上工业企业进行全面系统的产业结构、产品结构和企业结构的调整调查，重点研究全市各行业（企业）的产品现状、技术装备水平以及发展思路，提出长沙市工业结构调整意见和工业产品发展方向两个方案。此外，开展工业园区建设、“退二进三”、资本市场、社会消费品市场、职业技术教育等十几个专题调查，了解现状，总结经验，提出观点明确、具有较强说服力的专题调研材料，为科学决策和基层企业走向市场参与竞争提供重要依据。1998—1999 年，在贯彻中央关于扩大内需的宏观调控政策中，为确保各年度经济目标增长，对自营出口企业、“三资”企业、海关、金融证券、市直等 20 余个有关部门和单位进行调研，就如何避免和减少东南亚金融危机对全市经济发展的影响，提出 6 个方面的防范措施和意见。在调研分析基础上，1998 年拟定关于适度增加投资规模、扩大消费、确保实现全年经济增长目标的 11 条政策，1999 年拟定启动内需，扩大消费的 14 条政策，均由市委、市政府批转全市实施，对扭转长沙市经济增长趋缓，促进经济平稳发展发挥重要指导作用。2003 年上半年，针对经济运行受“非典”影响出现下滑的严峻形势，提出“三产不足一二产补、外资不足内资补，消费不足投资补”等政策措施，对控制“非典”影响、促进经济增长起到重要作用。2009 年，针对国际金融危机和复杂多变的宏观发展环境，对区县（市）、园区和企业开展调研，形成《当前金融危机对长沙的影响及对策建议》《关于推进新型工业化的几点思考》等调研成果，对全市应对金融危机，推动工业化进程，促进长沙经济快速发展起到重要指导作用。2010 年下半年，全面分析全市经济社会发展状况，根据国际国内宏观经济发展环境，分析预测来年长沙市经济社会发展走势，提出2011 年全市经济社会发展的主要预期目标、指导思想和工作等建议。2011 年，跟踪全市经济运行态势，逐季在经济形势报告中发出监测预警，提出发展思路及解决矛盾的措施建议，确保全市经济社会发展目标实现。2012 年，多次开展大规模专题调研，深入各经济开发园区、企业解情况，到外地考察学习先进经验，形成“一月一调研，一季一分析”的宏观研究监控预警机制，为把握全市经济社会发展态势提供及时、有效服务。

（三）《经济和社会发展报告》（白皮书）。年度《长沙市国民经济和社会发展报告》亦称“经济社会白皮书”，由长沙市发改委主编。为正确把握宏观经济形势，充分掌握市情市力，加强对经济社会发展的总结、分析、监控、展望和预测，为各级领导以及社会提供全面、规范、准确的资料信息和参考依据，2004 年，长沙市发布首部“经济社会白皮书”。年度“白皮书”分别从全市以及各行业、各领域入手全面总结长沙市上年度经济社会发展成果，分析当时宏观形势，提出当年发展思路，主要目标和对策措施，并收录部分重要的政策文件，对比数据和资料。内容全面，信息量大，是研究推动长沙经济社会发展的重要参考工具书。年度“经济社会白皮书”每年一辑，到2012年已出14辑。

（四）《比较与研究》。1996年，按照市委、市政府提出的“跳出长沙看长沙，跳出湖南看长沙”的要求，创办不定期内部发行刊物《比较与研究》，主要刊发长沙经济发展与过去的纵向比较以及与全国和36个大中城市横向比较的研究成果。刊物于2002年更名为《发展研究》，2006年更名为《发展与改革》。

二、重大课题研究

1988年，长沙市转变计划工作职能，加强经济管理和政策的调查研究，先后就基本建设管理、发展区街工业、外汇管理和调剂等开展专项研究，写出研究报告。其中，加强全市外汇管理和改进基本建设计划管理的意见经批准实施。1989年，长沙市根据中央关于产业政策要点和产品结构调整的意见，开展长沙市工业产品结构调整的专题研究，调查全市804家县属以上工业企业和重点区街、乡镇企业的760种产品。在分析研究全市工业现状，确立轻纺、机械、电子、化工、食品5个支柱行业的基础上，提出全市工业产品结构调整的意见。是年5月，长沙市印发《关于调整工业产品结构的若干意见》。年底，全市有653家企业进行产品结构调整，更新产品311个，开发新产品287个，新增产值3亿余元，新增利润5000万余元。1991年，长沙市就搞活大中型企业、社会商品购买力、农村以工代赈等10个专题开展调查研究。1993年9月，长沙市抓紧实施《湖南省“五区一廊”经济社会发展规划》，开展该项课题研究，编制《湖南省“五区一廊”规划长沙市实施计划》，提出长沙市实施湖南省“五区一廊”规划总的思路和发展战略，明确长沙市产业布局的方向和发展重点及其目标，提出相应的政策措施。1994年，长沙市在编制《长沙市国民经济和社会发展“九五”计划及到2000年远景目标纲要》中，开展规划纲要的课题研究，为编制“九五”（1996—2000年）计划提供依据。“九五”（1996—2000年）期间，长沙市将经济社会发展中的问题调研分析逐步提升到经济社会各类热点难点问题深层次的专门课题研究。1998—1999年，针对长沙市第三产业发展仍然处于相对滞后，内部结构不合理，产业化程度较低，市场机制和市场体系不够健全的现状，为进一步调整、优化三产业内部结构，扩大就业，加快发展，对“优化三产业内部结构”“扩大就业与发展三产业”“发展三产业中的新兴行业”等课题开展专题研究，提出结构调整的思路、目标、发展重点以及扩大就业的主要对策措施，为全市第三产业的快速发展、实现全市产业向“三二一”转型提供切实可行的参考意见。在1999年下半年“十五”（2001—2005年）计划编制中，完成“长沙市资源与环境可持续发展研究”“长沙经济社会可持续发展研究”“长沙市第三产业发展研究”3个课题研究；2000年3月又将一批重点课题按指定、委托方式交由各相关单位完成，为长沙市“十五”计划的编制打下基础。是年，长沙市还围绕加强基础设施建设、扩大消费需求、优化提升工业结构、农业可持续发展和区街经济发展、社会事业发展等热点难点问题开展课题研究，提供各类研究报告和分析材料40余篇。2001年，针对影响全局经济发展的重大问题，建立课题研究制度，完成《长沙市城市基础设施建设投资与偿债问题研究报告》《长沙与西安经济发展比较研究》《长沙市工业化战略研究》《长沙市农村土地使用权流转初探》等重大课题的研究报告13篇。2002年，围绕经济结构调整，着力推进“三化”进程，在引导和鼓励民间投资、城市化、工业化、农业产业结构调整等方面有针对性地开展研究，形成具有一定质量和深度的研究报告，为编制《长沙工业发展纲要》《长沙市全面建设小康社会规划纲要》等重要规划提供参考。2004年8月，全市开展“十一五”（2006—2010年）规划课题研究，在《湖南日报》《长沙晚报》发布《长沙市“十一五”规划研究课题招标公告》中，就“长沙市优化城市空间及重大基础设施项目布局研究”“长沙市优化生态环境的目标及实现途径研究”两大课题面向社会公开招标。2005年，围绕促进中部崛起、引进战略投资者、构建和谐社会、发展循环经济等事关全市当时及长远发展的大事，强化战略研究，完成“中部崛起长沙市产业发展优化布局研究”“长沙发展循环经济思路研究”等课题。2007年，针对长沙市近年来经济增长主要依靠投资拉动、后续增长乏力的状况，撰写《关于我市财税支出结构调整与推进产业发展的思考》的调研报告，提出“调整财税支出结构”的决策建议；针对社会普遍关心的教育公平问题，对全市基础教育结构布局深入调研，《合理配置公共资源，促进教育均衡发展》课题报告被国家发改委《社会发展工作》刊发。2008年，委托国家发改委经济研究院体改所开展长沙市“两型社会”建设专题研究，研究成果为编制《长沙市“两型社会”建设综合配套改革总体方案》打下坚实基础。在2009年启动的长沙市“十二五”（2011—2015年）规划编制工作中，就“十二五”期间宏观环境、总体思路、发展目标、城镇化、宜居城市建设、服务业发展、信息化、扩大创业就业、建设新型城市、“两型社会”建设及社会管理等27个课题提交社会各界研究，形成一批具有较高水平的研究成果，为长沙市“十二五”规划编制提供基本思路。2012年，“长沙市核心竞争力研究”“长沙市社会管理创新研究”等重大课题研究成果得到国家行政学校等部门的肯定。

专记　一、大中专毕业生分配

1988年，长沙市根据国家规定，凡按国家任务招收的大、中专学生实行计划分配的体制，凡合格的毕业生，国家均负责安排工作。1989年，省计委、省教委下达长沙市大、中专毕业生分配计划3919人，比上年增加1295人。为加强对毕业生分配工作的领导，长沙市成立大、中专毕业生分配工作领导小组，两名副市长分别任领导小组正、副组长。分配工作贯彻“统筹安排，合理使用”的方针，面向基层、面向生产和教学第一线，面向农村、面向边远地区，优先满足新、扩建单位和重点项目的需要。主要采取按毕业生院校所属行业对口安排和按毕业生来源进行分配。凡分配去乡、镇企业的毕业生，保留全民职工身份，取消见习期，根据其工作能力及表现，工资还可向上浮动1~2级；分配到城镇街道企业的大、中专毕业生可参照执行。在国家经济治理整顿，各部门和地区需要的毕业生人数有所减少的情况下，1989年，长沙市共接收安排大、中专毕业生3723人。

20世纪90年代初，长沙市对统一分配的大中专毕业生仍实行计划管理、计划安排，不鼓励学生自找单位、自谋出路。1991年，湖南省计委、省教委下达长沙市统一分配的大中专毕业生计划4213人，需安置就业的计划内自费生约2000人，而全市各单位申报的需求计划仅1070人。长沙市召开大中专毕业生分配计划衔接会，听取各用人单位的意见，以求做到对毕业生统筹安排、合理使用。经过努力，全年统分毕业生中有4141人报到上班，计划内自费生1100人在长沙市就业。90年代中期，长沙市大中专毕业生分配就业工作供需矛盾十分突出，但分配工作仍坚持“统筹安排、合理使用、加强重点、兼顾一般和面向基层，充实生产、科研、教学第一线以及学以致用、人尽其才”的方针和原则，并逐步做好国家关于毕业生分配就业制度改革“中期方案”的过渡工作。这一时期长沙市毕业生分配工作严格按照招生性质确定分配就业方式，即毕业生原则上仍由国家负责在一定范围内安排就业，实行“供需见面”和一定范围内“双向选择”的办法，落实毕业生分配调配计划。委培生的分配按“谁委培谁用人”的原则，定向培养生按定向合同派遣到定向单位，计划内自费生自主择业，鼓励毕业生到非公有制单位工作。1996年，长沙市在大中专毕业生分配计划总量增加，供求结构失衡，供需矛盾十分突出的情况下，一方面加强统招统分工作，落实分配任务；另一方面，积极培育和建立毕业生就业市场，加强“供需见面”“双向选择”等活动的指导和管理，全年共接收、安排研究生、大中专毕业生6473人。

为适应社会主义市场经济发展的需要，加大大中专毕业生分配制度改革的力度，促进长沙市人才资源的合理配置，推动大中专招生“并轨”改革的进程，1997年4月1日，成立长沙市大中专毕业生就业服务指导中心。“中心”为专门从事全市大中专毕业生就业的宏观指导、咨询、管理的事业性服务机构，隶属于长沙市计划委员会领导，业务上接受省大中专毕业生就业服务中心的指导。在此后的几年中，市大中专毕业生就业指导中心加强毕业生就业观念转变，拓宽就业渠道，在国有企事业单位接受安置较为困难的情况下，加大“三资”企业、民营企业、区街乡镇企业安置工作的力度，1998年毕业生10755人，基本安置完成；1999年毕业生1.2万人，安置1万人；2000年推荐安置1400余人。2001年，按照市政府机构改革、职能调整的精神，长沙市大中专毕业生分配工作由长沙市计划委员会转到长沙市教育局管理，不再列入计划管理。

二、农业人口转非农业人口

长沙市每年有一大批符合国家政策规定，由农业人口转为非农业人口（以下简称“农转非”），并由国家按照市镇粮食供应办法供应居民定量口粮的人员。在较长一段时期，“农转非”工作未能纳入计划管理，加上有十几个部门参与管理“农转非”，审批权分散，缺乏统一协调机构，导致总量上失控。从1987年至1989年三年中，长沙市共解决“农转非”73651人，平均每年24550人，造成财政补贴逐年增加，城市就业、入学、就医难，城市公用设施、住房紧张。根据国务院国发〔1989〕76号和湖南省人民政府湘政发〔1990〕20号文件精神，长沙市于1990年8月发出《关于对“农转非”实行计划管理，严格控制“农转非”过快增长的通知》。8月14日，长沙市召开长沙地区严格控制“农转非”过快增长的工作会议，将“农转非”的多渠道审批，改由长沙市计划委员会统一归口管理。

按实际发生数考核外，纳入计划控制的主要有九类“农转非”人员，即按照国家政策规定批准的从农业人口中招收的全民所有制和县以上城镇集体所有制单位的正式工人，因国家建设征用土地后造成的无地、少地农民，煤矿井下职工的农村家属，“三线”艰苦地区职工的农村家属，落实政策人员，劳改劳教（含检察）管理干部的农村家属，职工、居民的农村家属，专业技术干部的农村家属，经批准从农业人口中录用的国家干部。

“农转非”计划属指令性计划。长沙市对“农转非”实行计划数与计划指标卡双重控制办法。根据省下达给长沙市的各类“农转非”计划，市计委会同公安、粮食部门编制出全市分县、区和分部门的“农转非”计划，报市政府批准后下达。各县、区按市计划分解下达。公安、粮食部门按国家政策规定，在计划指标内负责对“农转非”户口、粮食关系办理审批手续，其他部门及县、区无权审批。计划部门根据公安、粮食部门计划指标卡，公安、粮食部门凭卡落户和供应粮食关系。“农转非”工作纳入正常的计划管理后，1990年全市“农转非”1.87万人，比前三年年平均数净减5833人。1991年，省下达长沙市“农转非”计划7206人，到年底共完成6398人。20世纪90年代末，长沙市城市化建设进程加快，特别是省、市重点建设项目征地的需要，“农转非”人数逐年增多，2000年，全市“农转非”人数达1.9万人。2001年，按照市政府关于机构改革、职能调整的精神，农业人口转非农业人口这一工作由长沙市计划委员会转交长沙市公安局管理。

第二章 统 计

20 世纪 80 年代，长沙市恢复开展统计工作。1993 年，长沙构建“以国民经济核算为龙头”的统计年报工作体系和机制。1996 年，制定《长沙市统计信息自动化系统工程“九五”建设规划》，以周期性普查为基础、以抽样调查为主体，并辅之以重点调查和全面报表的统计方法制度改革全面展开。1998 年，提出构建统计三大体系，即反映市场经济运行和经济增长方式转变的统计指标体系、科学实用的统计调查方法体系、适应宏观经济管理需要的新国民经济核算体系。

2000 年，对各专业、各区县（市）的统计数据质量实施科学评估控制，以国内生产总值（GDP）为核心的统计数据质量评估制度在长沙市实行，长沙统计进入制度创新、科学发展新阶段。同年，《国民经济与社会发展综合数据库》基本建成，社会公众可在“长沙统计信息网”主页上查询相关统计数据。2003 年，启动区域统计改革，全市统计管理体制实现由计划经济下“以条为主、条块结合”向市场经济下“以块为主、条块结合”转型。2004 年，统计年快报全部进入“区域统计”轨道，即各中央、省属、市属国家机关、社会团体、企事业单位（除特殊行业外）由“双轨制”报表（即机关和企事业单位在向所在区县（市）报送报表的同时，仍按原渠道向市报送）进入“单轨制”报表（企事业单位在向所在区县（市）报送报表，不用再向市报送）。采取“五统一、一分开”的形式开展年报工作，即统一制定报表制度、统一印刷报表、统一发送会议通知、统一组织会议、统一讲解制度。是年，开发出新型统计数据管理平台系统——E 站式统计信息综合管理系统。2005 年，长沙市开始探索尝试基层统计“一套表”改革（国家统计局按照“统一设计、统一标准、统一调查单位、统一布置”的原则，系统清理所有针对企业的统计调查报表，统一不同专业报表中相同指标的含义、计算方法、分类标准和统计编码，建立企业一套表统计调查核心指标体系和主要元数据标准，并以此为基础，统一设计企业一套表统计报表制度和分行业统计报表，从而构建起统一规范的企业一套表制度），通过第一次经济普查的 EPRAS 软件平台，进行二次开发，在 2005 年统计年报和 2006 年定期统计报表中推行。2007 年，在湖南省率先开发、建设、启用统计联网直报系统，企业报表直接进入市统计局数据库。2008 年，完成“‘两型社会’统计”和“大河西先导区统计”等统计指标体系的调研，创建长沙市“两型社会监测评价指标体系”。2010 年，以国家实施统计改革创新“四大工程”（基本单位名录库、企业一套表制度、数据采集处理软件系统和联网直报系统等互相联系、共为整体的四大工程。）为契机，建立全市统一完整、适时更新的基本单位名录库，巩固全市联网直报成果，完善企业一套表制度，强化全市统计数据统一管理。2011 年，在全省率先建成“统计电子地理

图 14-2-0-1 2012 年，长沙市统计局荣获全国统计系统先进集体 （市统计局供图）

信息系统”。同年，全国开始实行“企业一套表”联网直报，长沙市联网直报并入全国统计联网直报系统。

2012 年，全国统计联网直报在长沙启动，国家企业一套表制度在长沙全面实行，全市近万家企业通过互联网在国家统一的数据采集和处理平台上报送统计数据。长沙市统计局获全国统计工作先进集体、全国联网直报先进集体荣誉，长沙统计工作在全省统计系统综合评比中连续六年获得第一。

第一节　机　构

一、市级机构

1988 年，市统计局内设办公室、人事教育科、综合科、社会经济研究室、工交科、农业科、财贸科、劳资科、家计科、物质基建科、基建科、法规科 12 个科室；行政编制 45 名。1989 年 9 月，撤销劳动工资统计科，成立社会统计科。1995 年 9 月，市统计局内设办公室，统计法规督查科，工业、交通、能源统计科，农业统计科，固定资产投资统计科，贸易外经统计科，社会统计科，国民经济核算科，综合统计研究室，纪检组（监察室）、人事教育科、机关党支部合署 10 个科室，核定行政编制 47 名，实有 47 名。2002 年 3 月，市统计局内设办公室、政策法规处、农业统计处、工业和交通统计处、固定资产投资统计处、贸易外经统计处、人口和社会科技统计处、国民经济核算处、人事教育处 9 个处室；12 月，人口和社会科技统计处更名为“人口和社会统计处”，加挂“高新科技统计处”的牌子；行政编制 45 名，实有 45 名；离退休人员管理服务编制 1 名，实行单列，属于行政性质，管理人员实行国家公务员制度。后勤事业编制 3 名，实有 2 名。2006 年 7 月，行政编制增至 48 名；11 月，增设服务业统计处、能源统计处，内设机构由 9 个调整为 11 个。2007 年 7 月，行政编制增至 50 名；8 月，综合统计研究室与国民经济核算处分设，局内设机构由 11 个调整为 12 个。2008 年 12 月，行政编制增至 53 名。2009 年 8 月，成立数据管理处，内设机构调整为 13 个。2010 年行政编制增至 56 名。2011 年 4 月，核定机关行政编制为 59 名（含离退休管理服务编制 1 名），实有 55 名，机关后勤事业编制 3 名，实有 1 名。

1988 年，市统计局二级机构及归口管理单位有长沙市电子计算站、中国统计干部电视函授学院湖南分院长沙工作站、长沙市农村经济调查队 3 个正科级机构。1992 年 6 月，长沙市统计事务所成立，为正科级事业单位，经费自筹解决。1997 年 2 月，长沙市统计法规稽查队成立，为正科级事业单位。2002 年 6 月，中国统计干部电视函授学院湖南分院长沙工作站更名为“长沙市统计教育中心”，长沙市电子计算站更名为“长沙市统计普查中心”。2005 年 10 月，“长沙市电子计算站”恢复原名，11 月，成立新的长沙市统计普查中心，为副县级事业单位，人员经费由市财政列支。2009 年 4 月，撤销长沙市统计教育中心，职能调整到市统计法规稽查队，加挂长沙市统计教育中心的牌子；撤销长沙市统计事务所。2012 年，市统计局有市农村经济调查队、市统计普查中心 2 个直属事业单位，有市电子计算站、市统计法规稽查队 2 个归口管理单位。

1988 年，长沙市城市抽样调查队是国家统计局派出机构；1996 年 5 月，更名为“长沙市城市社会经济调查队”，为副处级事业单位，归口长沙市统计局管理。1997 年 3 月，成立长沙市企业调查队；1998 年 7 月，明确为国家统计局直属的、实行国家公务员制度的副处级事业单位。2006 年 11 月，国家统计局湖南调查总队决定撤销长沙市城市社会经济调查队、长沙市企业调查队，设立国家统计局长沙调查队，为正处级机构。2007 年 10 月，国家统计局湖南调查总队对长沙调查队的职能配备、内设机构和人员编制作出规定，内设办公室、综合处、住户调查处、价格调查处、工业调查处、人事教育法规处、产业调查处、监测与专项调查处共8个处室，人员编制40名。国家统计局长沙调查队既是政府统计调查机构，也是统计执法机构，具有依法独立行使统计调查、统计监督的职权，独立向国家统计局湖南调查总队上报调查结果，并对上报调查资料的真实性负责，同时，承担地方政府和部门委托的各项统计调查任务。至2012年，国家统计局长沙调查队机构人员相对稳定。

1988—2012年，先后担任长沙市统计局主要领导职务的有：余天奇、陈军、常胜安（女）、毛永昌、叶恺钦、芮英姿（女）；其他领导班子成员有：周利强（女）、包晓峰、张健敏（女）、龚志坚、张罗先、邹国兴、韦薇（女）、赵安明、胡建中、曹敬波。

二、区县（市）机构

1988年，长沙市浏阳、长沙、宁乡、望城4县均设有统计局，东区、西区、南区、北区和郊区设立区统计局。1993年，浏阳县统计局更名为“浏阳市统计局”。1995年，5区政府在机构改革中先后将计划、统计、物价三个职能部门合并，成为区计划统计物价局。1996年，长沙市区划调整，原各区计划统计物价局先后分别更名为芙蓉区、天心区、开福区、岳麓区、雨花区计划统计物价局。2005年，内5区先后设置统计局，并明确各区统计局为区政府主管全区区域统计和国民经济核算工作的部门管理机构。2011年，长沙市内5区统计局先后由政府部门管理机构调整为政府直属事业单位。2011年，望城县撤县改区，望城县统计局更名为“望城区统计局”。

第二节　统计普查

一、人口普查

1990年，长沙市参加第四次全国人口普查，开展全市人口普查。时点为1990年7月1日零时。全市抽调2.40万名普查员，开展宣传发动和入户登记；对登记表采用自查、互查、指导员复查及组织干部和知情人议查四结合查对核实；普查表经核实后，由普查员对顺序号、数字项和圈填项编码。户数、人口、常住人口户口登记状况、人口自然变动、各民族人口、各种文化程度人口及市镇人口6个指标首先进行手工汇总先行上报，再继续进行计算机汇总。普查结果：长沙市总户数146.72万户，总人口549.07万，人口性别比为108.67（以女性为100，下同）。

2000年，参加第五次全国人口普查，开展全市人口普查。时点为2000年11月1日零时，较上次人口普查增加工作状况、住房状况等26个项目，首次采用长短表调查方法，长表按随机抽取10%户填报，采用光电录入方式进行数据汇总。普查结果：长沙市总户数180.70万户，总人口613.87万，比1990年第四次人口普查增加64.8万，人口性别比为107.87。

2010年，参加第六次全国人口普查，开展全市人口普查。时点为2010年11月1日零时。首次采取在居住地登记原则，首次运用新技术手段，利用国家遥感资料、卫星资料，在电子计算机上生成人口普查地图和小区图。主要调查人口和住户的基本情况，内容包括：性别、年龄、民族、受教育程度、行业、职业、迁移流动、社会保障、婚姻生育、死亡、住房情况等。普查结果：长沙市总户数222.67万户，总人口704.10万，比2000年第五次人口普查增加90.23万，人口性别比为103.42。

二、经济普查

2004年参加第一次全国经济普查，开展全市经济普查。2004年3月8日，长沙市发出《关于认真做好第一次全市经济普查工作的通知》，普查对象是在长沙市境内从事第二产业和第三产业的全部法人单位、产业活动单位和个体工商户。普查的主要内容包括单位标志、从业人员、财务收支、资产状况，以及企业的主要生产经营活动和生产能力，主要原材料和能源消耗及科技开发的投入状况等。普查的标准时点是 2004 年 12 月 31 日，时期资料为 2004 年度。2005 年 1 月 1 日登记，做好数据处理，建立覆盖普查全过程质量控制体系，做好普查数据审核、录入、汇总、上报和质量评估工作，摸清全市经济社会发展基本情况。2006 年，发布《长沙市第一次经济普查主要数据公报》，编印《长沙市第一次经济普查数据集—2004》。普查结果：2004 年年末，长沙市二、三产业法人单位 2.53 万个，产业活动单位 3.29 万个，个体经营户 30.88 万户。依此计算，2004 年长沙市生产总值为 1296.66 亿元，其中，第二产业增加值 541.68 亿元，第三产业增加值 650.38 亿元。

2008 年，参加第二次全国经济普查，开展全市经济普查。标准时点是 2008 年 12 月 31 日，时期资料为 2008 年度。普查扩大能源和水资源消耗的调查范围。由规模以上工业扩大到全部的第二、三产业单位，增加高耗能行业通用设备情况的调查。主要内容包括单位标志、从业人员、财务收支、资产状况以及企业主要生产经营活动和生产能力，主要原材料和能源消耗及科技开发投入状况等指标。2010 年，发布《长沙市第二次经济普查公报》，编发《2008 长沙经济普查年鉴》。普查结果：2008 年年末，全市二、三产业法人单位 3.99 万个，产业活动单位 4.63 万个，个体经营户 60.97 万户。依此计算，2008 年，长沙市生产总值为 3300.71 亿元，其中，第二产业增加值 1673.38 亿元，第三产业增加值 1455.22 亿元。普查结果真实准确地反映全市自第一次经济普查以来经济发展的状况。

三、农业普查

1996 年，参加第一次全国农业普查，开展全市农业普查。对全市农村范围内的全部农村住户、农业生产经营单位、行政村、农村乡镇、非农乡镇企业进行全面查点，首次查清全市农业和农村经营单位的类型、规模；农村从业人员的数量、素质和行业、地域分布；科技人员状况；农业机械和设备的数量结构；非农乡镇企业的类型和规模；乡村的社区环境和基础设施状况；建制镇的规模和社会经济状况。普查结果：1996 年年末，全市从事农业生产经营户 68.99 万户，农业生产经营单位 980 个，从事农业人员 173.01 万人。

2006 年，参加第二次全国农业普查，开展全市农业普查。比第一次普查，减少乡镇企业情况，增加农村外来人口情况、外出人口情况、农村社会保障、农民住房和生活设施、土地承包和流转、农林牧渔服务业、农村社会服务、乡村两级财务和投资、村干部情况以及农业生产经营单位特征等普查内容。标准时点是 2006 年 12 月 31 日，时期资料为 2006 年度。普查结果：2006 年，全市共有农业生产经营户 92.26 万户，农业生产经营单位 1314 个，农业从业人员 123.10 万人。

四、基本单位普查

1996 年，参加第一次全国基本单位普查，开展全市基本单位普查。普查对象为所有的法人单位及法人单位所附属的产业活动单位，其中包括各类企业法人、事业单位法人、机关法人、社团法人和其他法人，以及这些法人所附属的农业、工业、建筑业、交通运输业、批发零售贸易业、餐饮业、服务业、行政事业单位和社会团体等产业活动单位。普查内容主要有单位的经济类型、所属行业、从业人员、企业规模、营业状态等各类单位的基本属性和主要标识。标准时点为 1996 年 12 月 31 日。普查结果：1996 年年末，长沙市共有法人单位 1.74 万个，产业活动单位 2.67 万个。

2001 年，参加第二次全国基本单位普查，开展全市基本单位普查。与第一次普查相比，湖南省将普查范围扩大到个体工业和个体商业，全市在此基础上扩大到个体服务业。普查结果：全市共有法人单位2.16万个，比1996年普查时增加4218个；产业活动单位3.17万个，比1996年增加4992个；全市共有个体经营户18.06万个。

自2004年开始，将基本单位普查纳入经济普查，不再单独开展基本单位普查。

五、工业普查

1995年，长沙市着手准备参加第三次全国工业普查，1996年，实施全市工业企业普查登记。普查的对象为全市境内的全部工业企业和附营工业单位，以1995年为普查年度，以1995年12月31日为普查时点。对乡及乡以上独立核算工业和附营工业单位及年产品销售收入（营业收入）在100万元以上的村办工业、私营工业、合作经营工业、个体工业和生产单位，采取直接发普查表调查的方式。对年产品销售收入（营业收入）不足100万元的村办工业、私营工业、合作经营工业、个体工业和生产单位，不发普查表，采取布置简易卡片的形式收集资料进行汇总。第三次工业普查结果：到1995年年末，全市工业企业和生产单位4.11万个，比1985年增加3.01万个。全部工业总产值365.04亿元，按可比价格计算，比1985年增长5.8倍，年均增长19.4%。

自2004年开始，将工业普查纳入经济普查，不再单独开展工业普查。

第三节 统计资料与统计分析

1988年，开始编印《经济运行月度快报》，内容包括工业、固定资产投资、财政金融、人民生活、物价、农业等月度统计资料；编印《长沙统计提要》，内容包括工农业总产值及农轻重比重、工农业总产值发展速度、主要指标发展速度及占全省的比重、主要指标平均水平等主要经济指标；编辑出版《长沙统计年鉴1988》，内容包括综合、人口劳动工资、工业、农业、物资、交通运输邮电、固定资产投资、城市房产公用事业和环境保护、财贸、物价、科学文化教育、卫生体育、人民生活13个部。是年，首次在《长沙晚报》上发布年度《长沙市国民经济与社会发展统计公报》。

1990年，编发《长沙40年》。1991年，编纂出版《长沙统计志》，《长沙农村经济概况1991》《长沙统计年鉴1991》新增财政、金融、保险部分，外贸部分新增商业、旅游等栏目。1995年，长沙市区县（市）国内生产总值及指数和全国部分省会城市主要经济指标列入年鉴《长沙统计年鉴1995》，首次召开统计专题新闻发布会，向主要新闻媒体公布上年度长沙市国民经济与社会发展情况。1997年，在《长沙统计信息》《长沙统计资料》《长沙城调资料》三大传统期刊的基础上，推出新的统计分析期刊——《决策参考》。是年，编发包括42期《决策参考》在内的各类统计分析期刊148期。1998年，编发《决策参考》等各类统计分析期刊176期。1999年，进行社会经济调研课题公开招标，完成9个调研课题，全年共编发《决策参考》等各类统计分析期刊181期。

2002年，出版《长沙统计电子年鉴（1949—2001年）》。2003年，《长沙统计提要》《长沙统计年鉴》新增全国35个直辖市、省会和副省级城市主要经济指标。2004年，加入全国直辖市、副省级市、省会城市、经济特区及沿海开放城市综合统计信息交流网（简称“深圳网”），利用统计信息交流渠道搜集整理的资料，每年编发包括直辖市（4个）、副省级城市（15个）、省会城市（26个，含10个副省级省会城市，不包括拉萨市、台湾、香港、澳门）在内的《全国35个城市统计对比资料》，每季度编发《全国省会城市横向对比资料》。2005年，编发《腾飞中的新长沙》，加入全国重点城市统计信息交流网

图 14-2-3-1　2006 年 3 月，发布《长沙市 2005 年国民经济和社会发展统计公报》（市统计局供图）

（简称“石家庄网”）。2006 年，编发《2005 年长沙文化产业发展报告》《辉煌“十五”看长沙》，《长沙统计年鉴 2006》由中国统计出版社出版；开始中部省会城市之间的统计信息交流，之后每年编发《中部六个省会城市对比资料》。2008 年，编辑出版《长沙市乡镇街道发展概览 2007 年》《历史性的跨越——改革开放三十年长沙经济社会发展成就辉煌》。

2009 年，编辑出版《星城巨变——建国 60 周年长沙经济社会发展成就辉煌》《2009 年长沙文化产业发展报告》；改版扩容《长沙经济运行月度快报》，新增农村六大产业集群、园区、区县（市）主要经济指标，全省各市州主要经济指标，中部省会城市的主要经济指标，全市用电量、房地产开发与销售、部分重点项目建设、税收完成情况，各金融机构本外币存贷款、税收完成情况、居民生活收支情况，为民办实事考核指标任务完成情况等内容。是年，长沙统计政务公开网页经改版，新网页突出公众获取政府公开信息的实用性、便捷性。2010 年，编辑《长沙统计年鉴》。2011 年，编印《党的光辉耀星城》《历史性的跨越》《长沙体育产业发展报告》。2012 年，编发《科学发展 跨越前行》资料册。

第四节　统计建设与管理

一、信息化建设

1988 年，长沙统计信息化开始起步建设。1990 年，在第四次人口普查中大规模的应用电子计算机处理数据，信息化建设设备初具规模。1995 年，实现国家—省—地（市）的点对点拨号上网。1996 年，长沙市被湖南省统计局列为统计信息自动化建设重点地市，编制《长沙市“九五”统计信息系统自动化建设规划》。1999 年，拟定《长沙市统计信息工程实施方案》，负责国家统计信息工程及其长沙配套工程建设的组织实施与管理工作，与湖南省统计局计算站一起完成国家广域网骨干传输系统长沙节点的工程施工，实现网上向湖南省统计局报送统计报表。2000 年，建立办公自动化系统服务器端运行环境，通过客户端软件实现办公自动化。2001 年，建立独立的千兆以太网，开通计算机网络信息点 100 余个，开发出基于网络、数据库架构的网站平台。2003—2004 年，开发“E 站式统计信息综合管理系统”，完成“长沙统计信息网”“长沙统计服务专网”“长沙统计内网”“E 站式统计信息综合管理系统”的“三网一库”系统建设。2005 年，启动到 9 个区县（市）的广域网工程建设。2007 年，全市 9 个区县市的广域网全面开通。2010 年，按照第二次经济普查的方案要求，启动统计电子地理信息系统建设。2011 年，建成长沙统计电子地理信息系统。2012 年，完成“统计专线 MSTP 网络”线路升级，由 2M 的 SDH 电路升级为 10M 的 MSTP 电路。

二、基层基础建设

1988年，长沙市依照《中华人民共和国统计法》，以统计数字质量为核心，建立健全统计台账、规范统计资料管理等统计基层基础建设。1991—1994年，长沙市各区县（市）乡镇统计站相继建立。1998年，以中共中央办公厅《关于坚决反对和制止在统计上弄虚作假的通知》的下发为标志，以统计台账为核心的基层基础建设工作扎实推进，至2006年，长沙市统计基层基础建设步入法制化和规范化发展时期。

2007年，长沙市出台《关于加强乡镇街道统计工作的意见》，并进行专项督查。省、市、区县（市）共同筹措资金，为全市各乡镇街道配置统计专用计算机，基层统计工作条件总体上得到改善。2008年，提出乡镇街道统计站“六化”工作目标，即统计工作法制化、统计手段现代化、统计管理制度化、统计资料档案化、统计台账电算化、统计人员专业化。2009年，制定《长沙市乡镇街道统计工作规范化标准》，出台纸介质报表管理办法，建立全市统一的企业、乡镇街道统计台账；出台《全市部门统计工作考核评比办法》，对部门统计工作进行量化考核，完善对部门统计信息发布的协调管理，避免“数出多门”现象的发生。同年，对全市9个区县（市）和166个乡镇街道进行统计工作专项督查。规范基层统计行为，促进基层统计工作平衡发展。

2010年，全市统计机构以联网直报为平台，研发和推行网络环境下的市、县、乡三级统计电子台账系统，统计基层基础建设迈上电子信息化新台阶。10月，全省统计电子台账建设现场会与会代表观摩雨花区侯家塘街道、洞井镇统计站电子台账现场演示，长沙市统计基层基础建设的成果和工作经验在全省推广。2011年，着力推进基本单位名录库、企业一套表制度、数据采集处理软件系统和联网直报系统“四大工程”有序实施，全市统计基层基础建设实现重大变革，初步实现从统计数据采集、传输到汇总、加工整个环节的科学化、系统化、网络化，形成比较完善的统计数据质量控制体系。

2012年，修订《关于加强乡镇街道统计工作的意见》，从领导、人员、经费、待遇四个方面切实加强对乡镇、街道统计工作的管理，进一步明确乡镇、街道统计工作的职责和要求，强化对乡镇街道统计工作的考核监管，为基层统计工作顺利开展提供有效保障。

三、法制建设

1988年，制定《统计法规检查暂行规定》，明确法规检查的原则、管辖、程序、结案要求。1989年，长沙市开展全市统计执法情况大检查。全市参加自查的单位包括9个区县、52个市直部门，参加自查总人数达7520人。对912个单位进行抽查，对110个单位进行重点抽查，查处违反统计法规案件123起。此后，统计执法检查成为常规性工作。1994年，开展第二次统计执法大检查，全市立案查处统计违法案件25起。1997年，开展第三次统计执法大检查，立案查处21起。2001年，开展第四次统计执法大检查，立案查处19起。

图14-2-4-1 2010年，在湖南女子学院开展2010年统计法治宣传日活动 （市统计局供图）

2003年，制定《长沙市统计局行政执法责任制度》，明确统计行政机关的执法权限和责任，把统计行政管理工作纳入法制轨道。2004年，开展全市《中华人民共和国统计法》实施情况大检查。2006年，被国家统计局评为全国统计执法先进单位和全国“四五”统计普法宣传教育先进单位。长沙市及各区县（市）每年开展常规性的统计执法检查活动，严肃查处各种统计违法行为，曝光一批典型统计违法单位。如2007年，湖南某汽车贸易公司拒报统计资料被依法查处；某房地产开发公司瞒报统计资料被依法查处五起统计违法案件。通过执法检查和曝光，维护统计工作秩序，保障统计数据质量，树立《中华人民共和国统计法》的权威。

2010年，制定《长沙市统计局行政处罚裁量权基准（试行）》，推进统计法治建设，保障长沙市统计行政机关合理行政；制定和完善《长沙市统计局统计违法案件查处工作制度》，明确案件查处工作遵循的原则，明确统计违法案件查处的管辖权限，明确立案、调查、审理、处理、结案、送达程序要求，明确过错行为责任。2011年，在长沙市五一大道芙蓉广场开展省、市、区、街道四级联动统计法制宣传活动，被国家统计局评为全国“五五”统计普法宣传教育先进单位。2010—2012年连续三年开展统计巡查，巡查对象为9个区县（市）和4家市直部门，全市共执法检查1123家单位，责令整改161家、立案查处77家、行政处罚77家。在相关媒体上曝光典型违法案件21个。

第三章　物价管理

20世纪80年代后期，国家加快价格改革的步伐，实行以放为主的方针。农产品除粮油、食油、烟叶等少数品种外，其余均放开价格，实行市场调节。工业品少数实行国家定价、国家指导价、绝大部分实行企业定价。生产资料计划内由国家定价，计划外实行市场调节。由于放开价格的品种多，且放开后必要的干预措施滞后，加之投资和消费扩张及自然灾害的影响，导致市场供求矛盾突出，引发物价大幅上涨。1985—1989年五年间，全市零售物价总水平平均涨幅13.6%，其中1988年涨幅达24.9%，是新中国成立40余年仅低于1961年28.8%的一年。

为控制物价的涨势，1989年根据国务院的治理整顿方针，全市采取稳市场、稳物价的“双稳”目标责任制，对关系群众生活的食品价格实行零售限价或控制经营环节及差率，加强放开商品的价格管理，严厉打击乱涨价、扰乱市场价格秩序行为。是年三季度后，涨价势头得到控制，全年零售物价总水平比上年下降9.8%。1992年，根据国家和省统一部署，全市先后实施一批重要的价格改革措施，全面放开市管农副产品和工业消费品以及部分服务价格，取消计划外生产资料限价。至年底，国家和省管理的定价商品价格已减少为61种（类）。1994年5月，出台《关于制止价格垄断价格欺诈和牟取暴利的规定》，加大打击哄抬物价，投机渔利的行为。

1998—1999年，市场物价水平出现负增长。对此，从中央到地方均采取扩需求、促消费的政策。围绕这个中心，全市按照国家和省的安排，提高优质稻收购价格和城市供水价格，推行公交车无人售票并调整票价，放开液化气销售价，大幅降低电话初装费和适度调低长途话费，取消每度0.02元市电力资金加价，降低农村电价，大幅调低药品价格。同时，在全省率先实施价格听证制度，先后召开自来水、液化气价格以及公交车票价调整的价格听证会。

2000年后，物价水平总体趋于平稳，价格管理重点由定调价为主开始转向“定规则、当裁判”，开展价格服务，拓宽工作领域。同时，进一步规范价费秩序，全面推行价费公示制，开展价格工作进社区试点。2001年4月25日，全市开通全国统一价格投诉举报热线“12358”。2002年5月，长沙市价格举报中心成立。2004年8月，全省价费公示现场经验交流会在长沙召开，长沙价费公示工作得到肯定。是年秋季开学，全市城乡试行义务教育“一费制”。

2007年，物价总水平在持续几年低位运行后出现较快上涨，针对价格的涨势，全市建立价格预警联席会议制度。抓清费减负，取消和降低生猪生产和流通环节的部分收费，降低108项医疗检查项目的收费标准，在全省率先实行城乡义务教育免费入学。2008年年初，价格上涨压力大，2月居民消费价格指数涨幅6.6%。对此，全市对粮油、副食品、成品油等主要商品价格实行“一日一采价、一日一分析”的跟踪监测，蔬菜、猪肉价格实行差率控制，少数生活必需品实行提价申报制。并先后6次召开价格预警联席会议，提出生猪、粮油、蔬菜储备和供应方案，定点屠宰奖补及减免“两税”政策，蔬菜批发市场减免进场费以及重点扶持蔬菜基地建设等措施，稳定市场、稳定物价。

2009年，物价总水平在连续二年较快上涨后回落，全年居民消费价格指数涨幅为-0.6%。是年3月2日，在国家和省取消和暂停162项行政事业性收费的基础上，长沙市决定再暂停103项行政事业性收费；5月1日起，逐步取消长沙地区范围内的二级公路政府还贷性收费；6月1日起，全市部分旅游景点和公园实行免费开放；8月，9家县级以上医疗机构药品和医用材料价格实行网上公示。2010年，全市义务教育阶段就读公办学校的外来务工人员子女实行“一费制”全免政策，6万余名外来务工人员子女受惠。全市54个政府的基层医疗卫生机构试行基本药物“零差率”销售，价格平均降低51.5%。价格公共服务工作全面铺开，推出靖港古镇、赤岗社区、黄龙新村等价格公共服务品牌，并召开全市价格公共服务现场经验交流会，进一步深入和推广。

2011年，建立低收入群众价格补贴与物价上涨联动机制，对全市城乡约32万困难人员及领取失业保险金的1.4万余人发放临时价格补贴，对城市低保户给予水、电、气、医疗、有线电视和子女上学等方面的价费优惠，确保其生活水平不因物价上涨而降低。2012年，推行水电气价格改革，2月1日起，供水价格由五类简化为三类，居民生活用水实行阶梯水价，非居民生活用水实行超额累进加价；7月1日起，居民生活用电试行阶梯电价，实现细分市场的差别定价；12月1日起居民生活用天然气试行阶梯气价，合理配置气源。是年，价格诚信建设工作全面推进，全市价格诚信工作收效显著，价格诚信制度体系基本建立。

第一节 机构

一、市级机构

1986年12月，长沙市物价局内设办公室、工业品价格科、农产品价格科、物价检查科、非商品收费科、价格信息科。1987年6月，增设政工科。1990年9月，设中共长沙市物价局纪律检查组。1991年3月，增设法制科。4月，增设财务科，并将价格信息科更名为综合信息科。1992年3月，撤销物价检查科，设房地产价格管理科。10月，成立长沙市价格调节基金办公室。1995年4月，增设监察室，与纪检组合署办公。9月，政府机构改革，内设9个科室，分别为办公室、工业品价格管理科、农产品价格管理科、收费管理科、房地产价格管理科、价格调节基金办公室、综合法规科（市场物价稽查科合署)、财务科、纪检组（监察室)、组织人事科与机关党总支合署，局机关行政编制42名。2002年2月，机构改革中内设机构改为处室并进行调整，设8个处（室)，分别为办公室、法规处、商品价格管理处、房地产价格管理处、行政事业性收费管理处、服务价格管理处、价格调节基金办公室、人事教育处，机关党委负责局机关和直属单位的党群工作，纪检、监察机构按有关规定设置，局机关行政编制35名。2006年7月，物价局机关行政编制由35名调整至39名。2011年4月，机构改革，内设8个部门，分别为办公室、法规处、教育和行政事业性收费管理处、电力石油交通和商品价格管理处、房地产价格管理处、医药和服务价格管理处、价格调节基金办公室、人事教育处。机关党委负责局机关和直属单位的党群工作，纪检（监察）机构按有关规定设置。局机关行政编制44名。11月，行政编制增至45名。至2012年未调整。

1984年1月，成立长沙市物价检查所，为市物价局二级机构。2002年5月，增设长沙市价格举报中心。2008年9月，长沙市物价检查所更名为长沙市价格监督检查局。1984年1月，成立湖南省长沙市农产品成本调查队，为市物价局二级机构。1988年9月，更名为湖南省长沙市工农产品成本调查队。1985年7月，成立长沙市价格信息咨询服务所，为市物价局二级机构。1988年8月，长沙市价格咨询服务所更名为长沙市价格咨询研究服务所。1992年3月，长沙市价格咨询研究服务所更名为长沙市价格咨询事务所。1997年8月，长沙市价格咨询事务所更名为长沙市价格事务所，加挂长沙市价格信息中心牌子。2001年11月，长沙市价格事务所更名为长沙市价格认证中心。2003年5月，成立长沙市价格监测中心，为市物价局二级机构。2005年12月，长沙市价格监测中心并入长沙市物价检查所，保留长沙市价格监测中心牌子。

1988—2012年，先后担任长沙市物价局主要领导职务的有：吴梦南（女)、席劲、谢树林、唐志浩、王国群（女)、龚德昌、李继红；其他领导班子成员有：李子超、向玉莲（女)、王红、曹鹰、李光华、李罗生、刘月梅（女)、卞佑明、汤三明、蔡东风、熊景业、刘安瑜、陈志恺、陈建华、郭昊巍（女)、雷光裕。

二、区县（市）机构

1988年，长沙市东区、西区、南区、北区、郊区5区和长沙、望城、浏阳、宁乡4县均设立物价局。1993年，浏阳县物价局更名为浏阳市物价局。同年，南区设立计划统计物价局。1994年，长沙县设立计划物价局。1995年，望城县、浏阳市、宁乡县设立计划物价局。东区、西区、郊区设立计划统计物价局。1996年，长沙市区划调整，原5区更名为芙蓉、岳麓、天心、开福、雨花5区。1997年，开福区设立计划统计物价局。1998年，长沙县、望城县、宁乡县由原计划物价局分设物价局。2001年，长沙县、望城县、浏阳市、宁乡县设立发展计划和物价局。2005年，芙蓉区、天心区、雨花区和长沙县、望城县、浏阳市设立发展和改革局，加挂物价局牌子。2006年，岳麓区设立发展和改革局。2011年，开福区、宁乡县设立发展和改革局，加挂物价局牌子。同年6月，望城县发展和改革局更名为区发展和改革局。至2012年，区县（市）机构未变更。

第二节 物价总水平

1988年前后，物价大幅上涨。其中1988年涨幅24.9%。为控制物价涨势，1989年，全市采取多项稳定物价的措施，至三季度，物价上涨势头得到控制，一些商品价格开始下降，全年零售物价总水平涨幅回落到15.4%，低于全国17.8%和全省18.1%的平均涨幅。1990年全年零售物价指数仅上涨0.2%，低于全国35个大中城市平均涨幅2.2%。1991年5月1日，调整粮油统销价格，对物价影响较大，全年零售物价总水平上涨6.5%。1992年，先后实施一批重要的价格改革措施，价格调整多且力度大，全年零售物价总水平上涨11.8%，但因宏观经济环境宽松，商品供应充裕，市场比较平稳。1993—1994年，经济建设发展速度加快，消费需求扩张，价格调整过多，加之1994年6月特大洪灾影响，多因素引发物价上涨。1995年，全市加强综合调控，全年零售物价总水平上涨14%，比全国、全省平均涨幅分别低0.8%和1.5%。1996—1997年，年零售物价总水平涨幅分别回落到5.4%和0.8%。

1998—1999年，零售物价总水平出现负增长，不少商品价格跌至谷底。2000—2006年，零售物价总水平趋于平稳，其中：2001—2003年负增长，2004—2006年年均涨幅仅0.6%。2007年，零售物价总水平在持续几年低位运行后出现较快上涨，全年涨幅2.3%，其中食品价格上涨较快是推动总水平上涨的主要因素。2008年年初，价格上涨压力大，2月份涨幅达6.6%，至下半年开始回落，全年涨幅3.9%，比全国、全省平均涨幅分别低0.7%和0.8%。2009年，零售物价总水平在连续二年较快上涨后回落，全年涨幅为–2.3%。

2011年，市场物价出现上涨，尤其食品类价格涨幅较大，其中：粮食上涨17.2%，蔬菜上涨8.78%，生猪收购价格创历史新高，全年零售物价总水平涨幅为5.4%。2012年，零售物价总水平涨幅为1.5%，较上年回落3.9个百分点。

表14–3–2–1　　1988—2012年长沙市（市区）物价总指数一览表　　（以上年价格为100）

年份	商品零售价格指数	居民消费价格指数	年份	商品零售价格指数	居民消费价格指数
1988	124.9	123.7	2001	98.2	98.4
1989	115.4	115.8	2002	98.6	99.2
1990	100.2	101.5	2003	99.2	100.9
1991	106.5	106.9	2004	101.3	103.2
1992	111.8	114.0	2005	100.4	101.9
1993	118.4	119.7	2006	101.1	101.1
1994	119.0	123.8	2007	102.3	104.9
1995	114.0	117.1	2008	103.9	105.2
1996	105.4	106.9	2009	97.7	99.4
1997	100.8	103.5	2010	103.8	102.9
1998	98.5	101.2	2011	105.4	105.5
1999	98.4	100.2	2012	101.5	102.3
2000	100.7	101.7			

第三节 农产品价格

一、粮食价格

粮食收购价自1989年调整后，其后几年未作全面调整。销售价从20世纪60年代实行购销同价后，一直未动，购销价格之间差额由国家补贴。

表14-3-3-1　　1991年长沙市粮食统销价格调整一览表　　单位：元/50千克

品种	调前	调后	品种	调前	调后
标二早籼米	14.20	25.00	标准粉面条	27.00	39.00
标一早籼米	15.10	27.00	特二粉面条	31.00	46.00
特制早籼米	16.00	30.00	特一粉面条	36.00	53.00
标二晚籼米	14.20	27.00	强力粉面条	47.00	67.00
标一晚籼米	15.10	29.00	特一粉魔芋面条	41.00	59.00
特制晚籼米	16.00	32.00	特二粉魔芋面条	38.00	52.00
标二粳米	15.10	29.00	特一粉盐碱面条	42.00	60.00
标一粳米	16.00	31.00	特二粉盐碱面条	38.00	52.00
特制粳米	16.90	34.00	特一粉高蛋白面条	48.00	65.00
标二糯米	17.60	32.00	特二粉高蛋白面条	45.00	59.00
标一糯米	18.50	34.00	特二水湿盐碱面	32.00	48.00
特制糯米	19.40	37.00	特一水湿盐碱面	35.00	54.00
标准面粉	17.00	28.00	熟湿米粉	50.00	62.00
特二面粉（七五粉）	20.00	33.00	湿糯米粉	39.00	56.00
特一面粉（富强粉）	23.00	38.00	天心米粉丝	37.00	52.00
强力面粉	30.00	50.00			

1991年5月1日，根据省政府的决定，长沙市提高粮食销售价格。销售价调高后，居民每人每月补贴6元，大中专学生每人每月补贴4元。议价粮实行最高零售限价，标一早籼米每500克0.61元，标一晚籼米每500克0.65元。是年晚稻收购开始，每50千克晚籼稻定购价由22.10元调为23.50元。1992年4月1日，全省适当提高粮食定购价，早、中籼稻每50千克由22.10元调为24.50元，晚籼稻每50千克由23.50元调为27.50元。收购价调整后，长沙市销售价相应调整，并给职工和离退休人员每人每月补贴5元，大中专学生每人每月补贴3元。

表 14-3-3-2　　1992 年长沙市粮食统销价格调整一览表　　单位：元/50 千克

品种	调前	调后	品种	调前	调后
标二早（中）籼米	25.00	36.00	优质早米	55.00	69.00
标一早（中）籼米	27.00	39.00	优质晚米	55.00	73.00
特制早（中）籼米	30.00	43.00	标准面粉	28.00	40.00
标二晚籼米	27.00	40.00	标二面粉	33.00	47.00
标一晚籼米	29.00	43.00	特一面粉	38.00	54.00
特制晚籼米	32.00	47.00	强力面粉	50.00	71.00
标二粳米	29.00	45.00	标准粉面条	39.00	52.00
标一粳米	31.00	48.00	特二粉面条	46.00	61.00
特制粳米	34.00	53.00	特一粉面条	53.00	70.00
标二糯米	32.00	47.00	强力粉面条	67.00	88.00
标一糯米	34.00	50.00	特二粉蛋白面条	56.00	70.00
特制糯米	37.00	54.00	特一粉蛋白面条	63.00	79.00

1992 年 11 月 1 日，全省放开粮油销售价，取消粮油平价供应。1993 年 1 月 1 日，取消粮油定购任务。放开初期，市场粮食价格波动不大，但三季度后上涨较快，晚籼米每 500 克销售价由年初 0.62 元涨至 0.80~0.90 元。为控制价格过快上涨，市政府决定从 1993 年 12 月 1 日起，对粮食销售实行指导价和经营差率控制，国有、集体粮店规定零售指导价，标一早籼米每 500 克 0.75 元，标一晚籼米每 500 克 0.85 元，社会商业和个体商户限定进销差率，早籼米 12%，晚籼米 15%，并不允许同城零售价购进加价销售。

1994 年国务院决定粮食仍实行合同定购，从 6 月 10 日起，每 50 千克收购价早籼稻 46 元，晚籼稻 54 元（均含 2 元价外补贴）。9 月 11 日，执行新的粮食销售价，标一早籼米每 500 克 0.87 元，标一中籼米每 500 克 0.91 元，标一晚籼米每 500 克 0.97 元，居民每人每月定量供应 10 千克，定量以外和集市粮食限定最高零售价，标一早籼米每 500 克 1 元，标一中籼米每 500 克 1.10 元，标一晚籼米每 500 克 1.20 元。1995 年新粮上市起，每 50 千克早、晚籼稻收购分别再增加补贴 4 元、6 元。1996 年，早籼稻每 50 千克调为 65 元，中籼稻每 50 千克调为 68 元，晚籼稻每 50 千克调为 72 元，并取消价外补贴，定购任务以外的粮食收购价随行就市。4 月 1 日，调整市区居民定量口粮销售价，标一早籼米每 500 克调为 1 元，标一晚籼米每 500 克调为 1.20 元。8 月 1 日，标一早籼米每 500 克调为 1.25 元，标一中籼米每 500 克调为 1.30 元，标一晚籼米每 500 克调为 1.35 元。其时，集市晚籼米每 500 克销售价 1.35~1.45 元。1997 年定购粮购、销价均未调整，对定购以外的粮食规定议购保护价，早籼稻每 50 千克 56 元，中籼稻每 50 千克 62 元，晚籼稻每 50 千克 66 元。

1998 年，取消粮食购销价格补贴并实行顺价销售，在进销差率不超过 10%的原则下，由企业按照“购得进，销得出”的原则，自主确定进货渠道，自行定价销售，自行承担经营盈亏。是年，每 50 千克定购粮收购价为早籼稻57元，中籼稻63元，晚籼稻64元，比上年分别下降12.3%、7.4%、11.1%。每50千克保护价为早籼稻50元，中、晚籼稻58元。晚籼米年均销售价每500克1.15元。1999年，在保留定购任务和定购价形式上，定购价和保护价合为综合收购价，早籼稻每50千克51元，晚籼稻每50千克58元。

2001年4月1日，全市粮食购销体制改革，价格和市场全部放开，取消粮食定购任务、定购价和保护价，企业自主收购、自主经营、自负盈亏。至2003年，粮食价格平稳，每50千克晚籼稻收购价56元左右，晚籼米每500克年均销售价1元左右。2004年2月，早、晚籼米每500克销售分别涨至1.35元、1.45元，5月后回落到1.30元、1.35元，晚籼米年均销售价每500克1.32元。

2005年，国家启动粮食最低收购价政策，是年，每50千克最低收购价为早籼稻70元、中、晚籼稻72元。2005—2007年，粮食价格仍较稳定，晚籼米年均销售价每500克分别为1.25元、1.24元、1.37元。

2008年，粮食价格总体平稳。每50千克收购价早籼稻保持在90元，晚籼稻保持在100元，晚籼米年均销售价每500克1.54元。2010年受气候影响晚稻减产，粮食价格小幅上涨，每50千克收购价早籼稻100元、晚籼稻113元，晚籼米年均销售价每500克1.69元。2011年粮食价格涨幅较大，每50千克收购价早籼稻115元、晚籼稻129元。12月，早籼米每500克销售价2.03元、晚籼米每500克销售价2.49元。2012年粮食价格较稳定，每50千克收购价早籼稻126元、晚籼稻131元，晚籼米年均销售价每500克2.49元。

二、食用植物油价格

1988年，茶油定购价每50千克177元，二级菜油定购价每50千克148.40元。至1990年统销价已有连续20余年一直未作调整。1991年1月15日，长沙市议价粮油协调小组调整议价粮油零售限价，茶油每500克3.50元，精菜油每500克2.65元。5月1日根据国家和省统一安排，调高食用植物油统销价，茶油每500克由0.93元调为2.65元，二级菜油每500克由0.82元调为2.08元，一级精菜油每500克由0.93元调为2.54元。

1992年11月1日，全省统一放开粮油销售价格。1993年1月取消粮油定购任务。放开后，市场茶油销售价每500克由3.40元涨至4.20元，上涨23.6%，菜油每500克由2.50元涨至3.50元，上涨40%。为控制价格持续上涨，市政府决定从1993年12月1日起，对粮油价格实行指导价和经营差率控制，国有粮店精菜油每500克零售价3.60元，社会商业和个体商户菜油限定进销差率12%，并不允许同城零售价购进加价销售。1994年，全省统一收购价，每50千克二级菜油330元，浮动幅度10%。12月1日，对居民定量外和集市菜油实行零售限价，一级精菜油每500克4.90元，二级精菜油每500克4.75元。1995年，调整菜油购销价格，二级菜油每50千克由330元调为360元，销地批发价在产地批发价上每500克加0.25元，再顺加8%批零差率制定零售价。

1996年，国务院决定放开食用植物油价格，购销价比上年均有所下降，一级精菜油年均销售价每500克4.30元。其后，食用植物油价格基本稳定，至1998年8月，一级精菜油每500克销售价保持在4.30元。

2000—2002年，市场价格回落，一级精菜油年均销售价每500克分别为3.45元、3.02元、3.18元。2003年上半年开始，食用植物油价格全面上涨，一级精菜油每500克销售价涨至4.50元，年底回落至4.20元，并趋于稳定。2004—2006年，食用植物油价格稳中有降，一级精菜油年均销售价每500克

3.73~4.08 元。2007 年，受原料油和生产成本影响，食用植物油价格涨幅较大，一级精菜油年均销售价每 500 克由上年 3.77 元涨至 5.07 元，至 2008 年涨至 7.04 元，累计涨幅 86.7%。2009 年，一级精菜油年均销售价每 500 克跌至 5.01 元，比上年下降 29%。2010 年 1—8 月，食用植物油价格仍保持低位，9 月开始强势反弹，不同品种涨幅在 8%~18%。2011 年食用植物油价格继续上涨，一级精菜油年均销售价每 500 克 6.74 元。2012 年维持在 6.64 元。

三、生猪（猪肉）价格

1988 年，全市国有肉店实行凭票供应猪肉，居民每人每月 2 千克，零售价每 500 克鲜肉 1.60 元。冻肉 1.40 元。集市实行限价，每 500 克零售价不超过 2.20 元。1991 年，猪源较足，销售平稳，生猪收购价每 50 千克 165 元。8 月 6 日，国有肉店猪肉零售价每 500 克鲜肉由 2.40 元调为 2.60 元、冻肉由 2.00 元调为 2.20 元，集市鲜肉 2.92 元。

1992 年 8 月 1 日，放开凭票供应的猪肉价格，改暗补为明补，职工和城市居民每人每月补贴 10 元。放开后，政府对猪肉的补贴由每年 6150 万元减至 3000 万元，主要用于肉食储备和门店转体。为减少市场猪肉价格的波动，仍根据市场情况制定零售指导价，经营企业参照执行。是年，粮食价格也全面放开，饲料价格上涨，生猪收购价每 50 千克涨至 205 元，猪肉零售价每 500 克涨至 3.40 元，比上年分别上涨 24%，31%。1993 年猪肉价格持续上涨，零售价每 500 克由 3.40 元涨至 4.20 元。

1994 年，受自然灾害影响，猪源不足，生猪收购价每 50 千克由年初 240 元涨至 10 月的 390 元，集市猪肉零售价每 500 克由 4.50 元涨至 5.00 元，城郊接合地区 6.00 元。是年，决定对 60 家门店实行“三定”（定价格水平，定库存储备，定财政补贴），保持每天不少于 1000 头猪肉上市保供应。猪肉零售指导价也先后 4 次调整，每 500 克由 4.20 元调至 5.50 元，集市零售价实行差率控制。

1995 年，生猪价格有所回落，一季度收购价每 50 千克 350 元。是年开始，生猪实行定点屠宰，设 24 个屠宰点，并允许农村基层肉食站“白肉进城”。根据当时生猪价格水平和定点屠宰成本，猪肉零售指导价维持上年水平，国有肉店每 500 克鲜肉 5.50 元，冻肉 5 元，集市零售限价 6.50 元。1996 年，生猪存栏下降，收购价每 50 千克 360~400 元，集市猪肉零售价每 500 克 7~7.50 元。11 月，国有肉店猪肉零售指导价调整为每 500 克鲜肉 6.50 元，冻肉 5.50 元。1997 年，市场供求基本平衡，价格波动不大，生猪收购价每 50 千克 370~430 元，猪肉零售价每 500 克 6.50 元。

1998 年，国务院《生猪屠宰管理条例》实施后，成立长沙市人民政府牲畜屠宰管理领导小组办公室，屠宰点由 24 个整合为 4 个，猪肉日上市量保持 1500~1600 头，基本满足市场需求。其后，随着企业改制的深化，肉食行业经营逐步转向，政府对猪肉补贴也相应减少，价格全面实行市场调节，随行就市。2000—2002 年，猪肉零售价每 500 克分别为 5.75 元、5.95 元、5.83 元。2003—2006 年，生猪收购价每 50 千克 320~400 元，猪肉零售价每 500 克分别为 6.12 元、7.63 元、6.94 元、6.81 元。2007 年，生猪收购价每 50 千克涨至 578 元，猪肉零售价每 500 克涨至 9.92 元。

2008 年年初，受严重冰灾影响，生猪存栏减少，价格一路上涨，3 月每 50 千克收购价 881.50 元，创全年高点，4 月开始回落，至 9 月收购价每 50 千克 520 元，为全年低点，比高点下跌 40%。为应对生猪价格的异常波动，采取临时价格干预措施，对猪肉价格实行批零差率控制和提价申报制，稳市场控物价，全年猪肉零售均价每 500 克 12.71 元。2009—2010 年，生猪收购价每 50 千克分别为 549 元、583 元，猪肉零售价每 500 克分别为 10.30 元、10.50 元，比较稳定。

2011 年，受前两年生猪价格低迷影响，生猪存栏和出栏量下降，猪源减少。2 月开始，收购价连续上涨，9月每50千克达1035元，创历史新高，10月后逐步回落，12月每50千克842元。猪肉零售价每500克最高16.41元、最低13.77元，年均14.30元。2012年，生猪价格较上年有所下降，收购价每50千克741元，猪肉零售价每500克13.25元。11月，通过整合，原望城、五里牌、红星、肉联厂4个屠宰点逐步撤销，湖南现代资源食品有限公司、红星盛业食品有限公司等二家现代化企业为定点屠宰企业，年生产能力达100万头，日上市量保持在1300~1400头，满足市场需求。

四、蔬菜价格

至1988年，国有、集体店蔬菜价格仍实行小管大放、管放结合。重要节日、淡季和突发性自然灾害期，大路菜主要品种和外地调入有价格补贴的品种实行零售限价，1991年5月，限价品种每500克零售价为莴笋0.20元、齐心包菜0.20元、平头包菜0.24元、土豆0.35元、冬瓜0.35元。议价品种控制进销差率：叶类40%、调味类38%、水生类36%、根茎类34%、瓜果类32%，集市价格放开。11月，燕山街、砚瓦池、左家塘、渫湾镇等农贸市场蔬菜主要品种零售价试行挂牌指导，每日依据蔬菜交易市场成交价加上合理差率，并参照先天市场价格水平确定零售指导价，进销差率为叶类50%、根茎类及瓜果类30%~40%、外组菜50%。

1992年，改进蔬菜合同定购保护价实施办法，由保价收购、任务到点到店改为保价存园、估产补价，以需定产。是年，马王堆蔬菜交易市场投入运营，菜源充足，价格较平稳。1994年，受特大洪灾影响，蔬菜价格较上年同期涨31.7%。为平抑市场价格，对国有、集体店冬瓜、青椒、空心菜等品种实行临时指导价，集市实行最高零售限价。是年，根据国务院关于加强居民生活必需品价格监审的规定，蔬菜被列入市价格监审品种。

1996年，长沙市投入40万余元，在十大农贸市场建立市场物价电子群显监管系统，即时发布蔬菜等60余个农产品零售指导价，引导消费。其后几年，随着物价水平回落，国有、集体菜店逐步转向经营，蔬菜价格完全放开，随行就市。1997年8月，部分监测品种每500克零售价为黄瓜0.70元、青椒0.70元、茄子0.80元。1998年8月，黄瓜、茄子、青椒每500克零售价均为1元。至2004年，蔬菜价格仍较平稳，每500克零售价大白菜0.67元、黄瓜1元、青椒1.13元。2005—2007年，价格有所上涨，每500克零售价大白菜1.83元、2.07、1.47元，黄瓜1.40元、1.32元、1.55元，茄子1.55元、1.61元、1.94元，青椒1.57元、1.88元、2.39元。

2008年冰灾期间，蔬菜贵于肉，白菜苔每500克零售价高达7~8元，大蒜每500克零售价最高20余元，价格普遍涨幅大。为稳定菜价，全市采取对蔬菜价格实行控制进销差率，发布市场零售指导价，减免交易市场进场费等多项临时价格干预措施。3月后，随着供应量增加，市场价格逐步回落，至6月每500克零售价为大白菜1.17元、黄瓜1.01元、茄子1.98元、青椒2.02元。

2011年，蔬菜价格频繁波动，1—4月价格大幅上升，比上年同期涨18.3%，5月后回落，5—11月同比涨幅–0.54%，全年市场均价每500克2.98元，较上年涨8.78%。2012年，部分监测品种每500克零售价白菜1.67元、黄瓜2.26元、茄子2.84元、青椒2.98元。

第四节 工业产品价格

一、生活用电价格

1988年照明电价每千瓦时（下同）0.22元。1992年1月，照明电价调为0.2951元。1993年3月，照明电价分为居民生活电价、非居民照明电价。居民生活目录电价0.25元，三峡工程建设基金0.003元，公用事业附加0.02元，合计电价0.273元。1994年4月，目录电价0.25元，三峡工程建设基金调为0.004元、公用事业附加0.02元，增加省重点电力工程基金0.0352元，合计电价0.3092元。1995年2月，目录电价0.25元加分摊0.0193元为0.2693元，三峡工程建设基金0.004元，公用事业附加0.02元，省重点电力工程基金0.0352元，合计电价0.3285元。1996年，目录电价0.2693元上再分摊0.1215元为0.3908元，三峡工程建设基金调至0.007元，公用事业附加0.02元，省重点电力工程基金0.0352元，增加市电力建设资金0.02元，合计电价0.493元。1997年4月，目录电价调为0.45元，三峡工程建设基金调为0.013元，公用事业附加0.02元；省重点电力工程基金0.0352元，省电力基金0.02元、市电力建设资金0.02元，合计电价0.5582元。1998年10月，国家取消违反规定的价外加价，省重点电力工程基金由0.352元降为0.016元，市电力建设资金0.02元取消，合计电价由0.5582元降为0.519元。

1999年12月，居民生活电价调为0.503元（包括目录电价0.45元，三峡工程建设基金0.013元，电建资金0.02元，公用事业附加0.02元）。规定物业管理单位转供电力损耗率，专用变压器供电不超过8%，公用变压器供电不超过6%。

2003年2月，城乡居民生活电价统一为0.548元，城镇低保户每户每月免收6千瓦时电费。2006年7月，居民生活电价调为0.588元。转供电单位加收损耗率为专用变压器供电不超过6%，公用变压器供电不超过4%。城镇低保户每户每月免收电费加至8千瓦时。城乡中小学教学用电（包括食堂、澡堂）执行居民生活电价。

2012年7月1日起，居民生活用电试行阶梯电价。分档电价为第一档不分季节，每户每月用电量180千瓦时及以内，电价0.588元；第二档分季节，每户每月用电量春秋季180~350千瓦时、冬夏季180~450千瓦时，电价在0.588元上加价0.05元；第三档分季节，每户每月用电量春秋季350千瓦时以上，冬夏季450千瓦时以上，电价在0.588元上加价0.30元。

二、自来水价格

1988年，居民生活用水每吨0.15元。1991年1月起，除生活用水外，按用水量每吨开征0.20元污水处理费。1992年，生活用水调为每吨0.20元，并从5月起价外征收城市公用事业附加费10%。1993年1月1日起，为筹措四水厂扩建资金，实行每吨临时加价0.10元，生活用水每吨0.20元调为0.30元，工业、生产用水每吨0.30元调为0.40元，新设商业服务用水每吨0.50元，各类水价另加收10%城市公用事业附加费。1995年1月1日，生活用水每吨0.30元调为0.42元，工业、生产用水每吨0.40元调为0.52元，新设经营性用水每吨0.82元，调后的各类水价每吨含0.02元价格调节基金，另价（不含价格调节基金）外征收10%城市公用事业附加费。1996年6月1日，建水费每吨0.10元调为0.20元。1997年4月1日，生活用水每吨0.42元调为0.53元，工业、生产用水每吨0.52元调为0.63元，经营性用水每吨0.82元调为1.03元，调后的各类水价每吨含0.03元价格调节基金（下同），另价（不含价格调节基金）外征收10%城市公用事业附加费和每吨0.20元建水费。1999年7月20日，居民生活和行政事业用水每吨调为0.87元，工业用水每吨调为0.99元，经营服务用水每吨调为1.48元，特种用水每吨3.33元。2002年7月1日，居民生活和行政事业用水每吨调为1.02元，工业用水每吨调为1.16元，经营服务用水每吨调为1.75元，特种用水每吨调为3.89元。同年12月1日起，污水处理费征收范围扩大到生活用水等各类用水。2003年8月1日起，按每吨0.02元开征水资源费。2004年6月1日，污水处理费征收标准由每吨0.20元调为0.40元。2007年3月1日起，居民生活用水每吨1.21元，行政事业用水每吨

1.21 元，工业用水每吨 1.38 元，经营服务用水每吨 2.20 元，特种用水每吨 4.20 元。同时，污水处理费征收标准调整为生活用水每吨 0.65 元，行政事业用水每吨 0.70 元，工业用水每吨 0.80 元，经营服务用水每吨 1.18 元，特种行业用水每吨 1.28 元。

2012 年 2 月，供水价格简化为居民生活用水、非居民生活用水和特种用水三类，居民生活用水每吨 1.51 元（含引水工程 0.20 元，下同），非居民生活用水每吨 2.37 元，特种用水每吨 5.64 元。同时，实施阶梯式水价，居民生活用水计收方式为家庭四人及以下的用户按户均用水量计价，第一级每户每月基数 15 吨，执行综合水价；第二级每户每月 15~22 吨，超基数部分供水价格加价 50%；第三级每户每月 22 吨以上，超基数部分供水价加价 100%。家庭 5 人及以上的用户按人均用水量计价，第一级每人每月基数 4 吨，执行综合水价；第二级每人每月 4~5 吨，超基数部分供水价格加价 50%；第三级每人每月 5 吨以上，超基数部分供水价格加价 100%。同时，污水处理费征收标准调整为生活用水每吨 0.75 元，非居民生活用水每吨 1.05 元至 1.35 元，特种行业用水每吨 1.38 元。并从 2 月起按每吨 0.30 元开征垃圾处理费。污水处理费、水资源费、垃圾处理费均按实际用水量计征，与供水价格合计为综合水价，一并收取。

表 14-3-4-1　　长沙市城区综合水价一览表（2012 年 2 月 1 日起实行）　　单位：元/立方米

<table>
<tr><th colspan="2" rowspan="2">项目</th><th colspan="3">供水价格</th><th rowspan="2">污水处理费</th><th rowspan="2">水资源费</th><th rowspan="2">垃圾处理费</th><th rowspan="2">综合水价</th></tr>
<tr><th>水价</th><th>引水工程</th><th>合计</th></tr>
<tr><td colspan="2">居民生活用水</td><td>1.31</td><td>0.20</td><td>1.51</td><td>0.75</td><td>0.02</td><td>0.30</td><td>2.58</td></tr>
<tr><td rowspan="3">非居民生活用水</td><td>工业用水</td><td rowspan="3">2.17</td><td rowspan="3">0.20</td><td rowspan="3">2.37</td><td>1.05</td><td rowspan="3">0.02</td><td>0.30</td><td>3.74</td></tr>
<tr><td>行政事业用水</td><td>1.05</td><td>0.64</td><td>4.08</td></tr>
<tr><td>经营服务性用水</td><td>1.35</td><td>0.64</td><td>4.38</td></tr>
<tr><td colspan="2">特种行业用水</td><td>5.44</td><td>0.20</td><td>5.64</td><td>1.38</td><td>0.02</td><td>0.30</td><td>7.35</td></tr>
</table>

三、燃气价格

（一）瓶装液化气。1988 年，平价液化气零售价仍为每千克 0.20 元。1991 年，每瓶（15 千克，下同）平价调至 5 元。1992 年 8 月，每瓶平价调至 15 元，市场价 28.50 元。1995 年 1 月，每瓶平价调至 30 元，市场价 56.80 元。

1999 年 9 月 1 日，取消平价液化气供应，实行顺价销售，按出厂价加运输费和 15%综合差率制定零售价，11—12 月每瓶零售价 50~53 元，2003 年 1—3 月每瓶零售价 65 元。

为保持液化气市场价格基本稳定，2003 年 11 月 1 日起，液化气零售价实行政府指导价，依据作价办法和液化气平均进价制定中准零售价，并允许经营者不超过 3 元浮动。2004 年 8 月每瓶零售价 70 元。2005 年液化气价格不断上涨，为调控市场价格，从 11 月起，计价综合差率由 15%降为 10%，取消 3 元浮动，当月每瓶（14.5 千克，下同）零售价 85 元。2007 年 4 月，计价综合差率调回至 15%。12 月 1 日起，对低保户按每瓶 85 元优惠价供应，每月每户一瓶，上门力资每瓶 3 元。当月每瓶零售价 108 元。2008—2010 年，液化气年均零售价每瓶分别为 109 元、78 元、98 元。2011 年每瓶 115 元，上门力资每瓶由 3 元调为 5 元。2012 年每瓶 118 元。

（二）管道煤气。1992年12月，煤气工程投产送气，居民用气每立方米0.50元，每月超过50立方米部分为0.70元，工业、福利性用气每立方米0.70元，营业性用气每立方米0.80元。1996年7月1日，工业、营业性用气每立方米调至1.70元，福利性用气每立方米调至1.40元。1998年2月1日，居民用气每立方米调至0.80元，每户每月用量超过50立方米部分为1.20元，特困户仍执行每立方米0.50元。2005年，随着天然气入市，煤气逐步退出市场。

（三）管输天然气。2005年7月30日，城区管输天然气点火开通，每立方米到户价为居民用气2.27元、工业用气2.16元、非营业性用气2.40元、营业性用气2.50元。2006年6月1日，每立方米到户价调为居民用气2.36元、工业用气2.28元、非营业用气2.55元、营业用气2.65元。2010年10月，简化气价分类，工业用气、营业性用气、非营业性用气合并为非居民用气，统一调为每立方米3.00元。11月15日，居民用气每立方米调为2.45元。

2012年12月1日，居民用气试行阶梯气价，用户年度购气量600立方米及以下的部分执行每立方米2.45元，年度购气量超出600立方米的部分执行每立方米3元。

四、食盐价格

1988年，省产食盐零售价为每500克0.19元。1989年为0.30元。1993年4月，真空精制盐零售价每500克（散装）由0.26元调为0.42元，5月再调高0.01元。10月实行加碘防伪新包装，零售价每500克0.60元。1993年1月，食盐零售价分城市和农村定价，加碘防伪新包装食盐每500克（小塑袋装）城市0.60元，农村0.62元。1998年12月，食盐采用复合膜包装，加碘食盐零售价每包（500克）0.80元，随后调至1.00元。2002年后，随着市场需求的变化，食盐品牌也多样化，低钠盐每袋（500克）2.50元，强化盐每袋（500克）1.50元，非碘精制盐每袋（500克）0.80元。2005年4月，新生产加工的低塑小包装食盐每500克零售价1.30元，复合营养盐每400克零售价1.80元。至2008年，市场出现多品种食盐，每袋（400克）零售价为海晶食盐1.50元，自然食盐1.30元，泡菜盐1.5元。钙、铁、锌、硒低钠盐1.80元，低塑包装盐1.10元。至2012年，市场食盐品种较多，价格稳定。

五、成品油价格

1988年，70#汽油每吨批发价平价738元、高价988元，0#柴油每吨批发价平价520元、高价783元。1991年3月，70#汽油每吨批发价平价840元、高价1085元，0#柴油每吨批发价平价670元、高价960元，零售加10%差率。汽油品质比率：70#100%、90#110%、93#111%。

1994年，国家改革成品油流通体制，计划内外执行统一价，70#汽油零售价每吨2760元，0#柴油批发价每吨2310元。1997年1月，0#柴油零售价每吨调为2625元。汽油品质比率调整为70#100%、90#105%、93#110%。

1998年6月，国家改革成品油价格形成机制，零售价由政府定价改为指导价，90#汽油零售中准价每吨2645元，0#柴油零售中准价每吨2385元，浮动幅度5%。1999年，汽油标准品由90#含铅调整为90#无铅，品质比率调整为90#100%、93#107%、97#113%。90#无铅汽油零售中准价每吨2900元，0#柴油零售中准价每吨2490元，浮动幅度5%。

2000年后，国内成品油市场与国际市场接轨，成品油价格调整较频繁，2000年共调整九次，至12月，90#汽油零售中准价每吨3690元，0#柴油零售中准价每吨3500元。2001年10月，零售价浮动幅度由5%调为8%。2002年5月4日，90#汽油零售中准价每吨3345元，93#汽油每吨3545元，97#汽油每吨3746元，0#柴油每吨3030元。

2003 年 7 月，普遍无铅汽油停止销售，执行高标准清洁汽油价格，品质比率调整为 90#100%、93#106%、97#112%，90# 汽油最高零售价每吨 3818 元。2006 年开征石油价格调节基金，按每升 0.02 元计入销售价。12 月，90# 清洁汽油零售价每吨 5783 元，0# 柴油零售价每吨 5540 元。

2007 年后，成品油价格随市场波动，但总体价格是逐步上涨。

表 14–3–4–2　　2007—2012 年长沙市成品油市场零售价格一览表　　单位：元/吨

品 名	2007 年	2008 年	2009 年	2010 年	2011 年	2012 年
90# 清洁汽油	5838	7129	7072	7474	9172	7442
93# 清洁汽油	6031	7555	7503	7809	9721	10006
97# 清洁汽油	6478	7980	7925	8708	10270	10571
0# 柴油	5494	6639	6381	6936	8366	8631

六、钢材价格

1988—1990 年，长沙市物资贸易中心计划外钢材价格每吨分别为：直径 6.5 毫米线材 1683 元、2050 元、1980 元，直径 18~24 毫米螺纹钢 1648 元、2050 元、2040 元，1~2 毫米热轧板 1545 元、2800 元、2780 元。

1991 年 7 月 1 日，国家小幅调整部分钢铁产品价格，计划内直径 6.5 毫米普通线材（II 类价格）每吨由 1400 元调为 1430 元。其时，计划外同规格型号线材价格每吨由 1700 元涨至 1810 元，比计划内高出26.6%。

表 14–3–4–3　　1991 年长沙市钢材市场价格一览表

品名	规格型号	单位	价格（元）	
			1991 年 6 月	1991 年 8 月
线材	直径6.5 毫米	吨	1682	1810
圆钢	直径10~20 毫米	吨	1650	1700
螺纹钢	直径16~24 毫米	吨	1705	1830
角钢	2#~6#	吨	1625	1740
热轧板	1 毫米	吨	2200	2560
冷轧板	1 毫米	吨	2800	2780
镀锌板	0.5 毫米	吨	5050	5200

1992 年 2 月，国家调高热轧盘元（高线）出厂价，实行全国一价。7 月 15 日取消钢材全国统一出厂价 I 类价格，统配钢材全部执行 II 类价格。由于国家调高钢材价格，加之市场钢材需求增大，供求紧张，导致计划外钢材价格大幅上涨，7 月市场价格：直径 6.5 毫米线材每吨 2500 元、直径 10~25 毫米圆钢每吨 2400 元、直径 14~28 毫米螺纹钢每吨 2500 元、50 毫米×5 毫米角钢每吨 2300 元、1~2 毫米热轧板每吨 2500 元、0.5 毫米冷轧板每吨 3550 元。1993 年钢材市场销售仍旺，供求紧张，价格继续上涨，1

月上旬直径6.5毫米线材每吨3025元，7月涨至3950元，与上年同期相比上涨58%。

1994年5月20日，除铁路专用钢材仍实行国家定价外，螺纹钢、圆钢、线材、薄板等10种钢材产品实行国家指导价，即由国家规定中准出厂价和浮动幅度，具体为热轧螺纹钢每吨3250元、热轧普碳圆钢每吨3150元、普碳线材3150元（普线）和3250元（高线）、普碳热轧薄板每吨3300元、普碳冷轧薄板每吨4300元、镀锌板（带）每吨4500元，冷轧薄板和镀锌板浮动10%，其他浮动5%。销售价按出厂价加7%综合费率和运杂费制定，多环节批发经营的只能在7%综合费率内倒扣作价。钢材价格实行国家指导价后，市场价格大幅下跌，计划内与计划外价格逐渐持平，一些品种价格低于国家指导价，多年的价格双轨制实际终结。

1995年，钢材市场供求趋于平衡，价格基本稳定。省产直径6.5毫米线材出厂价每吨2750元，工厂自销价每吨2820元。8月4日，市场直径6.5毫米高线（首钢）每吨2880元。1996年1月25日，国家调整部分钢材中准出厂价，螺纹钢、线材、热轧圆钢、热轧中厚板等产品平均每吨降低150元，镀锌板、镀锡板每吨提高1400元。8月，钢材市场价格直径6.5毫米线材每吨2900~2950元、直径8~10毫米盘圆每吨2920~2940元、1.5毫米热轧板每吨4120元、1毫米冷轧板每吨5400元、0.5毫米镀锌板每吨6900元。

1998年后，国家取消钢材、铜、铝等产品指令性计划，实行国家订货，产需衔接。其后几年，钢铁工业发展迅速，钢材市场供大于求，价格连续下跌。1999年直径6.5毫米线材市场价每吨2180元，比1996年下降25.6%。2000年每吨2100元，又比上年下降3.7%。至2001年，随着国家对钢铁工业实行总量控制，供求趋于平衡，价格逐步回升。

表14-3-4-4　　2001—2003年长沙市钢材市场价格一览表　　单位：元/吨

品名	规格型号	价格		
		2001年2月	2002年2月	2003年3月
线材	直径6.5毫米 Q215A、Q235A	2500	2180	2533
圆钢	直径12毫米 Q235	2550	2240	2593
螺纹钢	直径18.22毫米 Q235	2550	2300	2586
角钢	40毫米×40毫米 Q235	2480	2420	2536
热轧板	1毫米 Q235A	3460	3280	4133
冷轧板	1毫米 Q195~Q235	4200	3700	5306
镀锌板	0.5毫米 200克	5300	4960	5760

2004年钢材价格波动大，年初线材每吨涨至4100元，5月大幅回落到3033元，8月又回升至3880元，年底仍是小幅波动。2005年1—3月，钢材价格不断冲高，线材、冷轧板、镀锌板涨幅在5%以上，4—6月价格出现下跌，7—8月小幅回升，但下半年总体是以跌为主，年底比年初市场价格下跌近17%。

2006年之后，钢材市场价格是涨跌互现，变化不大，至2012年线材价格维持在每吨3700元左右。

表 14-3-4-5 2006—2012 年（12 月份）长沙市钢材市场价格一览表 单位：元/吨

品名	2006 年	2007 年	2008 年	2009 年	2010 年	2011 年	2012 年
线材	3180	4650	3755	3726	4750	4480	3710
圆钢	3440	4800	4280	3886	4650	4480	3700
螺纹钢	3150	4820	4076	4003	4980	4520	3810
热薄板	4300	5400	4120	4000	5200	4480	4280
冷薄板	4600	5200	4100	4350	5200	5200	4800
热轧厚板	3850	5120	4110	4300	5120	4450	4150
镀锌板	5900	6100	4970	5700	5980	5850	5350
不锈钢板	30000	33000	25750	19050	21500	17600	16600

七、水泥价格

1988 年，长沙市水泥厂生产的 425# 普通水泥每吨出厂价 139 元。1989 年 7 月，全省统配水泥（散装）出厂价为普通硅酸盐水泥 425# 每吨 83 元，525# 每吨 98 元，每吨纸袋包装费 35 元。1990 年 12 月，普通硅酸盐水泥 425# 市场价每吨 162 元。

1991 年 4 月，国家取消统配水泥价格双轨制，实行计划内外统一出厂价。省统配水泥（散装）出厂价为普通硅酸盐水泥 425# 每吨调为 110 元、525# 每吨调为 125 元，每吨纸袋包装费 35 元、其时，普通硅酸盐水泥 425# 市场价每吨 160~176 元。

1993 年 4 月 1 日起，省统配水泥实行企业定价，国家统配水泥适当调整出厂价，普通硅酸盐（散装）水泥 425# 每吨调为 160 元，其时，普通硅酸盐水泥 425# 市场价每吨 360 元。1994 年，为控制生产资料价格上涨，水泥流通环节实行差率控制，其时，普通硅酸盐水泥 425# 市场价每吨 360 元。1995 年 6 月，普通硅酸盐水泥 425# 市场价每吨 340 元，525# 市场价每吨 430 元。

1996 年 4 月，国家进一步放开统配水泥价格，全面实行企业自主定价。其时，普通硅酸盐水泥市场价 425# 每吨 320 元、525# 每吨 390 元。2001—2003 年（6 月），普通硅酸盐水泥 425# 市场价每吨 315 元、325 元、340 元。

2006 年之后水泥市场价格比较稳定，普通硅酸盐 425# 每吨 330~380 元。2011—2012 年，价格涨幅较大，每吨涨至 420—480 元。

表 14-3-4-6 2006—2012 年长沙市水泥市场价格一览表 单位：元/吨

品名	规格等级	价格						
		2006 年	2007 年	2008 年	2009 年	2010 年	2011 年	2012 年
普通硅酸盐	42.5 强度	331.67	358.26	382.71	344.63	360.56	485.83	420.28
矿渣硅酸盐	42.5 强度	283.13	309.57	371.67	336.54	347.50	472.50	409.44
矿渣硅酸盐	32.5 强度	226.88	272.35	360.83	331.54	342.50	463.19	400.83

八、化肥价格

20 世纪 90 年代，尿素、钾肥等大化肥（大企业生产的主体化肥）价格由省管理，统分部分执行省定销售价，自组部分按省定作价原则计价，碳铵、磷肥等小化肥由企业定价。1992 年，粮、棉、菜挂钩尿素销售价每吨 550 元，专项尿素销售价每吨 800 元，钾肥销售价每吨 660 元，袋装磷肥出厂限价每吨 240 元。1993 年，统配化肥销售价为尿素每吨 800 元、钾肥每吨 660 元，自组部分销售价为尿素每吨 1190 元、钾肥每吨 925 元。1994 年，统配化肥销售价未变，自组化肥定价县、镇两级综合差率规定为 8.5%。市属企业生产的碳铵出厂价每吨 260 元，袋装磷肥出厂价每吨 240 元，并允许浮动 15%，销售价实行综合差率控制，碳铵 9.7%、磷肥 11%。

1995 年，统配化肥销售实行全省统一综合调拨价，零售按统一综合调拨价加合理运杂费和 7.5%综合差率制定销售价，浏阳市、宁乡县尿素每吨 1520 元、钾肥每吨 1320 元，望城县、长沙县、郊区尿素每吨 1500 元、钾肥每吨 1300 元。自组尿素、钾肥零售限价为浏阳市、宁乡县每吨 2080 元、1520 元，望城县、长沙县、郊区每吨 2060 元、1500 元。地产碳铵出厂价每吨 480 元、袋装磷肥出厂价每吨 310 元，并允许浮动 10%。下半年，尿素市场出现供大于求，至 1997 年统配尿素每吨销售价由 1720 元降至 1700 元。1998 年，尿素市场销售继续疲软，每吨销售价跌至 1500 元。

1999 年，化肥出厂价格由政府定价改为政府指导价。省管大化肥出厂价，尿素中准出厂价每吨 1400 元，允许浮动 10%。市管小化肥出厂价，碳铵每吨中准出厂价 420 元，过磷酸钙四级品散装中准出厂价每吨 320 元，钙镁磷肥四级品散装中准出厂价每吨 350~400 元，允许浮动 10%。批发经营差率控制在 12%内，零售放开，由经营单位自定销售价。零售放开后，至 2004 年上半年，价格一直较平稳。下半年，农资，尤其尿素价格持续上涨，为稳定化肥价格，10 月 1 日起，对化肥价格实行干预措施，恢复按进价（含运杂费）加经营差率制定销售价，批发进销差率不超过 2%，零售进零差率不超过 5%。2005 年 3 月起，化肥价格实行政府指导价，大化肥出厂价及经营差率由省定，小化肥出厂价及经营差率由市定。浏阳产碳铵出厂价每吨 470 元，磷肥出厂价每吨 330 元，批发综合差率 2%，直接零售给农户综合差率 7%。2006 年，化肥价格仍实行政府指导价，并适当缩小流通差率，批发由 2%调为 1.5%，零售由 5%调为 4.5%，尿素最高零售限价 1950 元。2008 年，浏阳产磷肥出厂价每吨 610 元，允许浮动 10%。尿素、钾肥经营差率统一为批发进销差率 3%，零售进零差率 4%。

2009 年 1 月 25 日，全面放开化肥价格，出厂价实行市场调节，取消流通环节差率控制和最高销售限价，随行就市。2009—2012 年，市场化肥价格（长沙县、望城县、浏阳市、宁乡县 12 月销售均价）每吨分别为尿素 1750 元、1980 元、2350 元、2290 元，钾肥（进口）3560 元、3230 元、3470 元、3450 元，碳铵 590 元、650 元、730 元、820 元，磷肥 510 元、520 元、580 元、620 元。

九、农药价格

1989 年，省产农药每吨出厂价为 50%钾胺磷乳剂 1.20 万元、80%敌敌畏乳剂 1.12 万元、40%乐果乳剂 1.12 万元。销售价按进价和运杂费加 13%综合差率制定。1991 年 5 月，农药每吨综合销售价为 50%钾铵磷乳剂 1.56 万元、80%敌敌畏乳剂 1.47 万元、40%乐果乳剂 1.40 万元。1992 年，农药每吨综合销售价为 50%钾胺磷乳剂 1.45 万元、80%敌敌畏乳剂 1.56 万元、40%乐果乳剂 1.75 万元。1995 年 3 月，省产 50%钾胺磷乳剂每吨出厂价 1.50 万元，80%敌敌畏乳剂每吨出厂价 1.60 万元，允许浮动 15%。11 月，80%敌敌畏乳剂每吨出厂价调为 1.90 万元。1996 年，80%敌敌畏乳剂每吨出厂价调为 2.20 万元。

1997 年起，农资市场出现供过于求，农药价格从 1996 年的高位一路下滑，一直持续到 1999 年。

表 14-3-4-7　　1996—1999 年长沙市农业生产资料公司农药销售价对比一览表

品名及规格	产地	单位	时间				1999 年与 1996 年对比（%）
			1996 年 5 月	1997 年 5 月	1998 年 5 月	1999 年 5 月	
50%甲胺磷	湖南	元/吨	19890	15558	13150	13106	-34
80%敌敌畏	山东	元/吨	24151	21388	18414	15637	-35
18%杀虫双	湖南	元/吨	3430	3383	3200	2943	-14
井岗霉素水剂	浙江	元/吨	5183	4561	4211	3860	-25

其后，随着农药生产的发展和技术更新，高效、低毒，使用安全的农药成为市场主流品种，一些常规农药有的销售萎缩，有的逐步淘汰，农药价格也相应放开，随行就市。2000 年，市场农药销售价为 80%敌敌畏乳剂每千克 16.14 元，50%钾胺磷乳剂每千克 13.86 元，40%乐果乳剂每千克 15.28 元。

2007—2012 年，市场农药价格（长沙县、望城区、浏阳市、宁乡县 12 月销售均价）分别为 80%敌敌畏乳剂每千克 20.70 元、23.37 元、19.38 元、20.95 元、22.08 元、21.95 元，40%乐果乳剂每千克 19.07 元、21.05 元、19.20 元、20.60 元、21.23 元、23.60 元。

十、农膜价格

1988 年，计划内农地膜出厂价每吨分别为 5300 元、5800 元。1989 年，调为 6400 元、6800 元。1990 年，因原材料价格下降，调低为 6000 元、6400 元。1991 年 4 月 28 日起，恢复为每吨 6400 元、6800 元。销售价按进价加运杂费和 10%综合差率制定。1992 年 11 月，计划内农膜出厂价每吨 6400 元调为 6600 元，地膜每吨 6800 元调为 7000 元。1993 年 3 月，计划外农膜出厂价每吨 7800 元，市农业生产资料公司综合销售价每吨 8787 元。8 月，计划内农膜出厂价每吨 6600 元调为 6800 元，地膜每吨 7000 元调为 7200 元。

1994 年 4 月，计划外膜实行最高限价，农膜出厂价每吨 7400 元，综合销售价每吨 8000 元；地膜出厂价每吨 7600 元，综合销价每吨 8400 元。随后，农膜取消计划内外两种价格，实行统一的国家指导价，中准出厂价为农膜每吨 7800 元，地膜每吨 8100 元，流通环节产销综合差率 10%。1995 年 3 月，农地膜销售价每吨均为 1.05 万元。1996 年后，农膜价格相应下跌，1997—1999 年（3 月），市农业生产资料公司地膜销售价每吨分别为 9910 元、8738 元、7200 元。1999—2002 年，农膜市场货源足，价格较稳定，出厂价每吨 7397~8850 元，销售价每吨 9271 元~1.02 万元。

2007—2012 年，市场农膜价格每吨（长沙县、望城县、浏阳市、宁乡县 12 月销售均价）分别为 1.43 万元、1.58 万元、1.4 万元、1.45 万元、1.57 万元、1.62 万元。

第五节　房产价格

一、公房租售价格

（一）住宅。20 世纪 80 年代，房管部门住宅租金每平方米平均 0.095 元。1992 年 1 月 1 日起，采用百分制办法计租，每 100 分计租值 0.20 元（相当于每平方米 0.20 元左右），并实行新房新租，超面积加租。1994 年 1 月 1 日，每 100 分计租值调为 0.40 元。1995 年 7 月 1 日，《长沙市公有住房租金改革实施办法》实行，旧房及缴交租赁保证金的新房每 100 分计租值为 0.60 元，不缴交租赁保证金的新房每 100 分计租值 0.73~0.81 元。1996 年 7 月 1 日，《长沙市 1996 年度住房制度改革有关规定》实施，公有住房租金实行“一定三年，一次签约，分年实施”的办法，规定各年度每 100 分计租值为：旧房及缴交租赁保证金的新房，1996 年 1.31 元、1997 年 1.83 元、1998 年 2.41 元；不缴交租赁保证金的新房，1996 年 1.44~1.53 元、1997 年 1.96~2.04 元、1998 年 2.54~2.63 元，但实际执行中，考虑到公房租户大多是经济困难家庭，1998—1999 年 6 月每 100 分计租值仍按 1997 年的 1.83 元执行。公有住房出售按市场价购买，中低收入的家庭按成本价购买，标准新房（钢筋混凝土结构）成本价每平方米建筑面积 897 元，并给予工龄、现住房折扣。1999 年 7 月 1 日，每 100 分计租值调为：旧房及缴交租赁保证金的新房 2.07 元，不缴交租赁保证金的新房 2.20 元。至 2012 年未调整。

（二）非住宅。1988 年，非住宅租金平均每平方米为 1.425 元，分四个价区、四类房屋计租。1992 年 11 月，各类各等混合平均租金每平方米为 3.40 元，并按照生产、办公、商业用户实行不同租金标准。

表 14-3-5-1　　1992 年长沙市工业、办公、商业用房租金一览表　　单位：元/平方米（建面）·月

类型			价区 一	二	三	四	五
工业、办公用房	钢筋砼结构		4.10	3.90	3.70	3.50	3.30
	砖混	一等	3.70	3.50	3.30	3.10	2.90
		二等	3.40	3.20	3.00	2.90	2.70
	砖木	一等	3.80	3.60	3.40	3.20	3.00
		二等	3.00	2.80	2.70	2.50	2.40
		三等	2.80	2.70	2.60	2.40	2.30
	简易结构		2.30	2.20	2.10	1.90	1.80
商业用房	钢筋砼结构		7.10	6.60	6.10	5.50	5.00
	砖混	一等	6.40	5.90	5.50	5.00	4.50
		二等	5.80	5.40	5.00	4.50	4.10
	砖木	一等	6.60	6.10	5.60	5.10	4.70
		二等	5.10	4.80	4.40	4.00	3.60
		三等	4.90	4.50	4.20	3.80	3.50
	简易结构		3.90	3.70	3.40	3.10	2.80

1994 年 9 月，省物价局、省建委《关于加强公房租金管理的通知》明确，生产、商业、办公等非住宅租金，按优质、优地、优价原则，由租赁双方协商。1996 年 7 月，长沙市出台《关于调整直管非住宅用房租金标准的意见》，全市实行成本租金或协议租金，对自用经营、工业、办公用房及机关、团体、中小学、幼儿园、文化站馆、福利企业等用房，按成本租金并给予不同幅度的减免；对新建新租、拆迁安置或改建，转租分租或联营承包等用房，实行协议租金，同时将原五个价区调整为六个价区。至 2012 年未调整。

表 14-3-5-2　　1996 年长沙市非住宅成本租金一览表

结构类等		租金（元/平方米·月）
钢筋混凝土结构		10.04
砖混	一　等	9.07
	二　等	8.62
砖木	一　等	9.65
	二　等	7.82
	三　等	6.13
简易结构		3.52

二、商品房价格

1988 年，继续执行《长沙市商品房价格管理暂行办法》，政府统建的“解困房”“解危房”“安置房”实行国家定价，国家机关、企事业单位为职工自建的“福利房”“微利房”实行国家指导价，其他商品房实行市场调节价。1992 年 12 月，《湖南省商品住宅价格管理暂行办法》实施，商品房价格纳入物价管理范围。1993 年，《长沙市商品房价格管理办法》实施，9 月核定“杏花苑”住宅楼每平方米销售价 1648 元。1994 年，“杨家山公寓”每平方米销售价定为 1597 元。1997 年，“通发公寓”“长鑫花园”住宅每平方米销售价分别定为 1667.84 元、1373.86 元。

1999 年商品房价格放开，由企业按成本和供求情况自定。其后，随着建房成本逐年上升，住房需求不断加大，商品房价格也相应上涨，每平方米销售均价为 2003 年 2222 元、2005 年 2539 元、2007 年 3372 元、2009 年 4123 元、2011 年 5989 元、2012 年 5500~6000 元。

三、经济适用房价格

1995 年，长沙市实施“广厦（安居）工程”，组织社会力量，多方筹资，并给予政策优惠，推进安居房建设。依据《湖南省城镇安居住宅价格管理暂行办法》，安居房实行国家定价。“广厦新村”“四方坪”“金霞”等重点小区每平方米销售均价分别定为 950 元、950 元、800 元。

1998 年，对经济适用房每平方米销售均价限定在 1000 元内。1999 年，“德政园”“广厦新村”“新天小区”“南园小区”“金帆小区”等主要经济适用房小区，每平方米销售均价分别定为 1192 元、1068 元、1048 元、1062 元、1159 元。2004 年，经济适用房每平方米销售均价为 1100 元，高标准样板区为 1200 元。2003 年，《湖南省经济适用住房价格管理办法》实施，经济适用房仍实行政府指导价。2006 年 5 月，“航发锦绣家园”每平方米销售价定为 1143 元。2010 年 10 月，“天凯东苑”高层电梯房每平方米销售价定为 2650 元。

四、廉租房租金

2008 年 1 月，《湖南省廉租住房管理办法》规定：廉租房租金实行政府定价，标准由房屋维修费和管理费构成，并与城市低收入家庭的经济承受力相适应。2009 年，长沙市“鄱阳小区”“金麓西岸”“和苑”“橘洲新苑”“麓谷锦和”等小区廉租房租金月每平方米定为 1 元。

五、物业管理收费

1994 年 10 月，长沙市第一家物业管理企业（湖南建湘物业）成立。当时，物管行业刚起步，各物业管理企业和小区个体差异较大，物业管理收费没有统一的规定，普遍住宅月每平方米为0.50~0.70元，电梯房月每平方米为1.00~1.50元。

1996年，省物价局、省建委制定全省城市住宅物业管理服务收费暂行办法，明确物业管理服务收费分别实行政府定价、政府指导价和经营者定价。1998年7月，制定《长沙市城市住宅小区物业管理暂行办法》，物业管理收费由物价部门会同物业管理部门共同管理。1999年6月，核定“德政园”小区物业管理费（试行）月每平方米0.50元，“赤岗冲住宅楼”物业管理费（试行）月每平方米0.40元。2002年8月，《湖南省城市物业管理服务收费管理办法》实施，公共性服务收费实行政府定价，特约性服务收费实行市场调节价。11—12月，核定“仁和家园”小区公共性服务费月每平方米0.50元，“颐美园”小区公共性服务费（电梯住宅）月每平方米1.50元。2004年12月，《湖南省物业服务收费管理实施办法》进一步明确，住宅区公共性物业服务收费实行政府指导价，非住宅物业服务收费实行市场调节价。2004年7月，核定“曙光府邸”小区月每平方米公共性物业服务费普通住宅0.55元，电梯住宅1.50元。2006年4月，核定“颐美现代城”小区公共性物业服务费月每平方米（电梯住宅）1.60元。

2010年6月，实施《湖南省物业服务收费管理办法》，物业管理收费实行统一政策，分级管理。住宅的公共性服务收费实行政府指导价，具体分为管理综合服务，公共区域清洁卫生服务，公共区域秩序维护服务，公共区域绿化养护服务及设施设备运行、保养、维修服务五项，每项分为五级，分项分级的收费基准价由省定期公布，具体实施标准在省定基准价上下30%幅度内，由物价部门会同房产主管部门制定。2011年11月，核定“长大彩虹都”电梯住宅公共性服务费月每平方米1.70元。2012年10月，核定“万科城市花园”电梯住宅服务费月每平方米1.80元。非住宅物业服务收费仍实行市场调节价。

第六节 服务价格

一、公路运输价格

1988年2月，客运运价按车型和路级分类，普通客车每人千米一级线路0.025元，二级线路0.0294元，三级线路0.034元；宽座无空调车每人千米一级线路0.032元、二级线路0.032元、三级线路0.034元；宽座空调车不分路级每人千米0.05元。货运运价按货物和路级分类，普通货物每吨千米一级线路0.19元、二级线路0.22元、三级线路0.26元；特种货物、零担货物不分路级每吨千米0.26元。

1989年12月1日，全省调高客运运价。普通客车每人千米一级线路0.035元、二级线路0.043元、三级线路0.052元；宽座无空调车每人千米一级线路0.042元、二级线路0.049元、三级线路0.058元；宽座空调车不分路级每人千米0.08元。1990年，货运运价提高6.7%。1992年12月1日，普通货物运价每吨千米调为0.46元，特种货物运价每吨千米调为0.60元。1993年2月，公路客运附加费每人千米0.01元调为0.02元。1994年4月起，客运运价每人千米价外加收油补0.015元，人身保险费0.001元，客运附加费仍按0.02元收取。

1996年1月，货运运价除煤、粮、盐等重要物质外其他放开，重要物质运价每吨千米0.50元，允许浮动50%。客运运价由按路级计价改按统一费率计价，除客运附加费外，油补、人身保险费并入运价，普通客车运价每人千米0.07元，普通卧车每人千米0.135元，允许浮动20%。1998年11月，高等级客车每人千米运价为：大型客车高三级0.34元、高二级0.29元、高一级0.25元，中、小型客车高二级0.29元、高一级0.25元，夜班车允许浮动20%。2001年春运期间，对客运实行最高限价，普通客车每人千米白班 0.084 元，夜班 0.098 元，普通卧车白班 0.163 元、夜班 0.189 元。

2003 年 12 月，实施《湖南省汽车旅客运价实施细则》，客运运价实行政府指导价，县内线路客运运价由市管理，省内其他线路客运运价由省管理，运价为座席每人千米 0.084 元、卧铺每人千米 0.135 元，夜班车可上浮 10%，春运及旅游黄金周期间可上浮 20%。2004 年 4 月 20 日，调整县（市）区域内客运运价，中、小型中级客车每人千米 0.20 元，中型普通客车每人千米 0.13 元，中、小型高一级客车每人千米0.25 元，非等级公路上浮 20%，春运及旅游黄金周分别加价为票价 1~5 元的加 1 元、票价 6~10 元的加 2 元、票价 11~15 元的加 3 元、票价 16~20 元的加 4 元、票价 21 元以上的加 5 元。至 2005 年，公路货运价格基本上是承托双方协商。2006 年 1 月，县（市）区域内春运及黄金周期间票价改按上浮 20%执行。5 月起，公路客运向旅客收取燃油附加费，市场 0# 柴油零售价每上涨 500 元（500 元以下不收取）每人千米收取 0.005 元。2007 年 1 月 19 日，取消春运期间客运票价上浮的规定。2008 年 12 月 8 日，取消价外加收的客运附加费。2009 年 2 月 18 日，全省客运运价调整为：高级客车每人千米 0.29 元，中级客车每人千米 0.21 元，普通客车每人千米 0.16 元，卧铺客车加价 20%，价外加收通行费、站务费、燃油附加费。3 月 25 日，县（市）区域内客运运价调整为高级车每人千米 0.29 元、中级车每人千米 0.23 元、普通车每人千米 0.17 元。10 月 20 日，核定长沙至省内地市客运票价。至 2012 年未作调整。

表 14–3–6–1　　2009 年 10 月长沙至省内地市客运票价一览表

线　路	里程（千米）	车型	票价（元）
长西—常德	170	中级客车	46
长西—益阳	80	中级客车	19
长西—张家界	340	中级客车	88
长西—吉首	394	中级客车	103
长南—株洲	46	高级客车	18
长南—湘潭	41	高级客车	12
长南—衡阳	177	中级客车	46
长南—邵阳	223	中级客车	75
长南—郴州	308	高级客车	108
长南—永州	341	高级客车	113
长南—怀化	436	高级客车	147
长南—娄底	148.4	中级客车	38
长株潭—岳阳	170	高级客车	57

二、城市公共交通价格

（一）公交车。1988 年，长沙市公交车主要线路票价由原“五进制”逐步试行一票制，并增设夜班车、专线车、空调车、中巴等多种票价，同时，取消学生月票，原 6 元职工月票改为 18 元职工季票。1990 年 9 月恢复月票，职工月票 9 元，学生月票 6 元。1992 年 9 月，职工月票调为 14 元，学生月票未动。1996 年 1 月，职工月票调为 24 元，特困企业职工月票 20 元，学生月票调为 15 元。1998 年，部分线路取消月票。1999 年，全面实行无人售票和 1 元基本票价，部分长线路实行跨段计价，全程最高 3 元。2001 年，推行 IC 卡，票价九折优惠。2003 年 5 月起，IC 卡替代板式月票。2004 年，高等级客车参运，实行 2 元一票制。市内公交车，老年人、残疾人和军人免票。

（二）客运出租车。20 世纪 80 年代，长沙市客运出租车较少，一般是按里程收费。小车起步价 2.50 元，每千米加 0.50 元。至 90 年代初，客运出租车开始安装计价器，实行打表计价。1993 年 4 月起，营运价格：基价里程 3 千米，分五档车型，起租基价分别为 6 元、7 元、8 元、9 元、10 元，车千米价分别为 1 元、1.40 元、1.60 元、1.80 元、2 元。1999 年 10 月，桑塔纳等高档车型起租基价由 9 元调至 8 元，车千米价仍为 1.80 元。2005 年 8 月调整营运价格，基价里程由 3 千米降为 1 千米，起租基价 3 元，3 千米内每 0.50 千米加 1 元，夜间在相应标准上再加 1 元，车千米价 1.80 元，夜间上浮 20%。2009 年 1 月再次调整营运价格，基价里程由 1 千米调为 2 千米，白天起租基价由 3 元调为 6 元，夜间为 7 元，车千米价 1.80 元，夜间上浮 20%。至 2012 年未调整。

表 14-3-6-2　　1988—2004 年长沙市公交车票价变动情况一览表　　单位：元/人次

时间	公汽（大巴）				中巴		备注
	白天	夜间	专线	空调车	白天	夜间	
1988 年	0.1	—	1	—	—	—	市区七条主要线路试行一票制，其余仍五进制
1989年8月 1 日	0.1	—	0.3	—	—	—	增设专线车票价（用单位机车）
1990年3 月	0.1	0.3	0.3	—	—	—	增设夜班车票价（晚 21 时至次日 5 时）
1990年8月 25日	0.2	0.3	0.3	—	—	—	市内 14 条主要线路试行一票制，其余未动
1990年10 月	0.2	0.3	0.3	—	0.5	0.5	中巴参运票价
1991年12 月	0.2	0.3	0.3	—	0.5	1	中巴夜班加收 0.5 元/人次
1992年2 月	0.3	0.5	0.5	—	0.6	1	中巴每人次加收 0.1 元客运附加费
1992年8 月 15 日	0.3	0.5	0.5	—	0.6	1	铰接车 0.3 元/人次，单机车 0.5 元/人次，晚上 0.5 元/人次
1993年3 月	0.3	0.5	0.5	—	0.8	1.2	中巴每人次加收 0.1 元油料补贴费，0.2 元客运附加费
1994年12 月	0.3	0.5	0.5	—	1	2	中巴票价调整
1995年12月28 日	0.5	1	0.8	2	1	2	不分铰接车和单机车
1997年7 月	0.5	1	0.8	2	1	2	202 车队试行无人售票，1 元/人次
1998年11 月	1	1	1	2	1	2	二路线试行无人售票，1 元/人次
1999年6 月 11 日	1	1	1	2	1	2	全市 47 条实行无人售票的线路，实行一票制
2001年10 月	1	1	1	2	1	2	试行 IC 卡，票价九折优惠

三、医疗服务价格

1988 年，挂牌门诊费（每人次，下同）为主任医师 2 元、副主任医师 1.50 元、主治医师 0.50。注射费（每次，下同）为皮试 0.10 元、肌肉注射 0.10 元、静脉注射（推）0.30 元。

1992年11月，全省调整部分医疗服务收费项目和标准，挂号费（每人次，下同）：普通挂号0.30元，按医院等级分类的三甲0.80元、三乙、二甲0.70元，按技术职称分类的主任医师2元、副主任医师1.50元、主治医师1元。住院费（每床日，下同）：单人间一级医院9元、二级医院7元、三级医院6元；双人间一级医院6元、二级医院5.50元、三级医院4.50元；三人间一级医院5.50元、二级医院5元、三级医院4元；四人间一级医院5元、二级医院4.50元、三级医院3.50元；五人及以上间一级医院4元、二级医院3.50元、三级医院2.50元。注射费：皮试0.30元，皮下注射0.20元，肌肉注射0.20元，静脉注射0.50元。透视费（每次，下同）：一般透视1.50元，心脏透视2元。1995年12月，部分医疗服务收费进行调整，挂号费：普通挂号0.50元，实行分级管理的医院三甲1.20元、三乙、二甲1元，挂牌门诊主任医师3元、副主任医师2.50元、主治医师1.50元。注射费：皮试0.50元，皮下注射0.40元，肌肉注射0.40元，静脉注射0.80元，静脉输液1.20元。检验费（每人次，下同）：血常规1.20元，尿常规1元，大便常规2元。透视费：一般透视3元，心脏透视4元。

1996年，对社会医疗机构经营行为作出规定：各个体诊所必须实行明码标价，医疗服务收费和药品价格必须严格执行全省统一规定，医疗美容、按摩等服务收费实行市场调节价，由经营者报市物价局备案。

1997年，改革医疗服务收费，门诊挂号费不分医院等级统一为0.50元，门诊费：主任医师4.50元、副主任医师3.50元、主治医师2.50元。住院护理费：一级护理3元，二级护理2元，新生儿护理3元，口腔治疗护理3.50元。同时，规范市医疗急救中心收费，实行一次性出车出诊包费制，城区范围内出车费50元、出诊费50元。

2002年，调整和规范医疗服务价格，将医疗服务价格分为四大类：综合医疗服务、医技诊疗、临床诊疗、中医诊疗。挂号费：一、二、三类医院均为0.50元，简易门诊挂号加1元。检查费（每人次）：一、二、三类医院一般医师1.50元，主治医师2.50元，副主任医师5.50元，主任医师7.50元，知名专家50元。体检费（每人次）：一类医院25元，二类医院23元，三类医院20元。床位费：单人间一类医院30元、二类医院25元、三类医院20元；双人间一类医院20元、二类医院18元、三类医院16元；三人间一类医院15元、二类医院13元、三类医院10元；四人以上间一类医院12元、二类医院10元、三类医院8元。注射费：肌肉注射一、二、三类医院均为2元，静脉注射一类医院4元、二、三类医院3元，静脉输液每组一类医院6元、二类医院5元、三类医院5元。同时，建立住院病人费用一日一清单制度，药品集中招标采购制度。

2003年，统一特殊病房床位费标准，套间不超过100元，单人间不超过60元，双人间不超过30元，三人间不超过20元，特殊病房床位数占总床位数的比例为一类医院不超过40%、二类医院不超30%、三类医院不超过20%。其后几年，市属部分医院特殊病房条件进一步提高，床位费也相应调整，市一医院套间160元、单人间90元、双人间40元、三人间35元；市四医院套间140元、单人间80元、双人间35元、三人间30元；市妇幼保健院套间140元、单人间80元、双人间35元、三人间30元。

2007年，规范和降低部分医疗服务项目价格，设立18个常规检验项目套餐，适当降低108个项目价格，修订28个项目的内涵、计价单位和说明，取消7个项目因仪器设备价值、性能不同另加收费用的规定。是年，为规范社区卫生服务站和村卫生室的医疗服务价格行为，社区卫生服务站和村卫生室医疗服务项目价格按省规定三类医院标准的75%执行，并不再收取挂号费、诊查费、体检费。2009年8月1日起，全市29家县级以上医疗机构实行药品和医用材料价格网上公示。2010年，长沙市医疗急救中心急救收费标准为每车次100元（含院前急救费和救护车费）。是年，3个县区的54个基层医疗卫生单位试行基本药物“零差率”销售，药品价格平均下降51.5%。2011年6月20日起，全市基层医疗机构全面实行基本药物“零差率”销售。2012年，全市二类以上公立医院试行临床路径单病种包干收费，自然临产阴道分娩一类医院2800元、二类医院2400元，子宫平滑肌瘤一类医院5800元、二类医院4500元，结节性甲状腺肿一类医院5700元、二类医院5000元，老年性白内障（单眼）一类医院3200元、二类医院3000元，成人腹股沟疝（单侧）一类医院5000元、二类医院3800元。

四、旅游服务价格

（一）旅游线路价格。20世纪90年代初，旅游业处于发展阶段，旅游线路价格基本由旅行社自定。1997年起，为规范旅游价格行为，全省对旅游线路价格作出统一规定。旅游线路价格分为豪华、标准、经济三个等级。是年3月，长沙至省内外旅游线路23条，省内主要有浏阳大围山分别为280元、198元、128元，南岳衡山分别为340元、280元、158元，岳阳君山分别为280元、240元、160元，桃花源分别为284元、228元、140元，张家界索溪峪分别为698元、568元、340元。省外主要有桂林分别为740元、680元、440元，庐山分别为740元、660元、448元，成都、峨眉山、九寨沟分别为3620元、3240元、2280元，广州、深圳、珠海分别为2340元、2200元、1760元，北京分别为1880元、1560元、1100元，杭州、苏州、无锡、南京、上海分别为1860元、1660元、1220元。5月，长沙至省内外旅游线路价格作调整，新增部分旅游线路，国内主要有韶山、花明楼分别为100元、60元、50元，海南分别为2380元、2180元、1980元，西安、华山分别为1760元、1580元、1280元。成都、拉萨豪华等3680元、标准等3380元，兰州、敦煌、吐鲁番、乌鲁木齐为5380元、3860元，哈尔滨、绥芬河、海参崴为6420元、5980元，内蒙古大草原为3680元、3380元，厦门、武夷山为2180元、1880元，南宁、北海、越南边境为1760元、1680元，昆明、西双版纳、大理为4280元、3980元，中国香港3800元，中国澳门2800元，泰国3800元，新加坡、马来西亚、中国香港8360元，欧洲五国3.38万元，澳大利亚1.98万元，美国3.98万元。

6月，部分旅游线路价格适当调整。至1998年3月，长沙至国内外旅游线路49条，其中境外6条。

表14-3-6-3　　1998年3月长沙部分旅游线路价格一览表　　单位：元

线路	豪华	标准	经济	线路	豪华	标准	经济
韶山、花明楼	170	95	75	成都、九寨沟、黄龙、都江堰	3310	2690	2360
武汉、黄鹤楼	395	240	185	福州、泉州、石狮、厦门、鼓浪屿	2780	2320	2160
岳阳洞庭湖	350	240	185	广州、深圳、珠海	1710	1310	920
张家界、索溪峪	1360	1250	1120	海南环岛	2020	1810	1640
张家界、索溪湖、猛洞河	990	590	420	上海、杭州、苏州、南京、无锡	2050	1550	990
浏阳大围山	—	—	128	杭州、宁波、溪口、普陀山、上海	2080	1650	1080
常德桃源	360	205	128	杭州、千岛湖、黄龙、上海	2388	1760	1210
南岳衡山	410	225	178	山西太原、五台山、大寨	2420	1920	1610
张家界、索溪峪、天子山	790	480	320	山东济南、曲阜、青岛、崂山	2960	2380	1950

续表 14-3-6-3

线路	豪华	标准	经济	线路	豪华	标准	经济
湖北神农架	1360	990	668	郑州、洛阳、少林寺	1080	880	590
井冈山、炎帝陵	760	420	280	郑州、洛阳、少林寺、开封、西安	2240	1840	1640
庐山、南昌	1090	710	505	陕北延安、西安、黄帝陵	2290	1860	1510
北京长城	1968	1500	890	桂林	760	580	495
北京、天津	2228	1710	1010	南宁、北海、越南边境	1490	1190	880
北京、承德	2416	1820	1160	南宁、越南河内、谅山	3660	3390	—
北京、北戴河	2558	2020	1260	西安、拉萨、成都	8560	5860	5590
昆明、西双版纳、缅甸	4080	3760	3580	内蒙古大草原	4260	3600	3400
昆明、大理、芒市、缅甸	3880	3440	3280	沈阳、长春、吉林、哈尔滨	4500	4150	3900
昆明、越南河内	3090	2780	2550	兰州、嘉峪关、敦煌、乌鲁木齐、吐鲁番	6750	5460	5300
昆明、黄果树	2490	2220	1860	泰国	4180	—	—
贵阳、黄果树、红枫湖	1650	1480	1210	泰国、中国香港、中国澳门	5880	—	—
重庆、三峡	1590	1180	1060	新加坡、马来西亚、泰国	8280	—	—
成都、乐山、峨眉山、都江堰	2780	2360	2160	新加坡、马来西亚、泰国、中国香港	8980	—	—
成都、峨眉山、乐山、三峡	2950	2250	1850	新加坡、马来西亚、泰国、中国香港、中国澳门	9880	—	—

1998 年 8 月、9 月，旅游线路价格分别作调整。新增大连、旅顺、威海、烟台、蓬莱、青岛三个等级分别为 3750 元、3310 元、3020 元，西安、华山、五台山分别为 1920 元、1620 元、1320 元，郴州浙水漂流分别为 580 元、468 元、380 元，大小三峡、重庆分别为 1480 元、1160 元、980 元。深圳、香港豪华等 3600 元，标准等 3280 元。2000 年 3 月，旅游线路价格由三个等级改为二个等级，取消经济等，并规定各线路的旅游天数和价格。5 月，旅游线路价格恢复三个等级。7 月旅游线路价格再次调整，部分线路实行一票制，其中北京 7 天 1780 元，华东五市 8 天 2280 元，庐山 4 天 880 元，深圳、珠海、广州 6 天 1600 元，成都、拉萨 8 天 6800 元，桂林 4 天 850 元，海南 5 天 1580 元，成都、九寨沟 8 天 3200 元，贵阳、遵义 5 天 1960 元，泰国、中国香港 11 天 4200 元，韩国、中国香港 8 天 8000 元，澳大利亚 9 天 2 万元，欧洲八国 15 天 2.5 万元。9 月，旅游线路价格分为豪华、标准 A、标准 B、经济四个等级。除执行等级线路价格外，部分线路价格也有实行一票制的。至 2001 年 2 月，长沙旅游线路 62 条，其中境外 9 条。

表 14-3-6-4　　2001 年 2 月长沙部分旅游线路价格一览表　　单位：元

线路	天数	豪华	标准	经济	线路	天数	豪华	标准	经济
韶山、花明楼	1	140	100	80	福州、武夷山、鼓浪屿	7	2580	2340	2160
浏阳大围山	2	260	160	145	广州、深圳、珠海	7	1580	1260	920
武汉黄鹤楼	2	395	288	220	华东五市（杭州、苏州、无锡、南京、上海）	8	1720	1540	880
常德桃花源、夹山寺	2	360	260	180	杭州、千岛湖、黄山、上海	8	1840	1650	1020
岳阳洞庭湖	2	350	240	185	山西太原、五台山、大寨	7	1980	1400	1610
南岳衡山	2	360	260	180	山东济南、泰山、曲阜、青岛、崂山	8	2680	1840	—
张家界、索嵊谷	3	600	480	340	大连、青岛、威海、蓬莱	8	3250	2200	2680
张家界、索嵊谷、天子山	4	660	540	368	郑州、少林寺、洛阳	5	2850	1080	590
张家界、索溪湖、猛洞河	5	820	580	450	郑州、洛阳、少林寺、开封、西安	8	2240	1540	880
湘西吉首、凤凰、德夯、芷江	4	780	640	550	陕西延安、西安、黄帝陵	8	2290	1840	1510
桂林、阳朔	4	780	650	490	西安、华山	6	2040	1860	—
海南岛	5	2080	1800	1580	南林、北海、越南边境	6	1660	1320	—
井冈山、炎帝陵	3	460	380	280	北海、南宁、越南芒街、下龙湾、河内	8	2860	2680	2450
庐山、南昌	4	820	680	500	北京、丹东、沈阳、朝鲜平壤	9	4580	4200	—
北京长城	7	1680	1450	880	韩国、中国香港	7	7480	—	—
西藏拉萨、成都、峨眉山、乐山	7	5880	5280	5050	中国香港、中国澳门	5	2900	—	—
内蒙古大草原	7	4260	3600	3400	泰国、中国香港、中国澳门	11	5600	—	—
昆明、大理、丽江	7	3760	3400	3300	泰国、新加坡、马来西亚、中国香港、中国澳门	15	7300	—	—
贵阳、黄果树、红枫湖	5	1600	1420	1200					
重庆三峡	6	1580	1160	1040					
成都、九寨沟、黄龙	6	2880	2600	2200					

2002 年 2 月，长沙旅游线路由 64 条减为 54 条。3 月，调整价格，大多数线路价格上涨。9 月，长沙市内“一日游”散客市场实行定线定价，千年古域历史文化游（雷锋馆、岳麓山风景区、岳麓书院、橘子洲头，贾谊故居、天心阁、白沙古井、清水塘、湘绣博物馆）120 元，璀璨星城古城新姿游（第一师范、白沙古井、天心阁、马王堆汉墓陈列馆、长沙动物园、开福寺、长沙世界之窗）158 元，多情山

水文化风情游（岳麓山风景区、橘子洲头、贾谊故居、民俗村、马王堆汉墓陈列馆、海底世界）168元。

随后几年，旅游线路价格随市场情况变化不断调整。2011年7月，旅游价格实行政府宏观调控下主要由市场形成的机制，其中旅游精品线路、代办服务费实行政府指导价，其他线路价格实行市场调节。9月，长沙至韶山花明楼A线指导价118元，B线指导价128元，C线指导价138元。允许浮动10%。

（二）旅游景点票价。1991年，省博物馆（马王堆汉墓）门票每人次（下同）5元，1992年调为内宾5元、外宾15元，1993年调为内宾15元，外宾30元。是年4月，天心公园门票由0.30元调为0.40元，主阁门票由0.50元调为0.80元。1995年，岳麓书院门票15元。1997年长沙世界之窗建成开放，节日门票70元，平日门票50元。1999年，湖南森林植物园门票10元。2000年，省博物馆门票20元，刘少奇故居门票18元，岳麓书院门票18元，天心阁门票2元，橘子洲头门票2元，烈士公园门票5元。2001年7月，马王堆汉墓陈列馆门票调为20元。2002年省博物馆新馆门票50元，橘洲景区门票6元。2003年，动物园门票20元，市博物馆门票10元，天心阁阁楼门票调为8元，刘少奇纪念馆门票调为25元，海底世界大门票3元，海洋馆门票平日50元、节假日70元。2005年4月，大围山国家森林公园门票由30元调为50元。2006年4月，天心阁阁楼门票调为16元。9月，麓山寺门票调为5元。2007年2月，新民学会旧址门票调为6元，开福寺门票调为10元，胡耀邦故居陈列馆门票25元。7月，简牍博物馆门票35元。8月，市博物馆门票调为15元。12月，秋收起义文家市会师纪念馆门票调为30元。2008年1月，海洋馆门票统一为70元。3月起，省博物馆，刘少奇纪念馆、市博物馆、秋收起文家市会师纪念馆免费开放。

2009年6月1日起，岳麓风景名胜区，天心景区等市城市公园免费开放，动物园对中小学生免费开放。7月，湖南森林植物园门票调为20元。2010年2月1日，新建长沙生态动物园大门票定为45元。2011年1月，海底世界海洋馆，极地馆门票130元。3月，世界之窗门票调为90元。2012年6月，岳麓书院、中国书院博物馆门票50元。12月，天心阁阁楼门票调为32元。

五、中小学学杂费

1988—1990年，小学杂费每生每期（下同）为一至四年级5元、五至六年级6元，初中杂费8元，高中学费20元、杂费10元。各年级代收费按每期书籍、作业本等实际费用核定，逐期有所增加。1991年，小学杂费9元、初中12元。1995年，调整中小学收费项目和收费标准，义务教育阶段分征收和代收两类由省管，非义务教育的高中收费由市制定。1997年，高中收费收回省管，并适当调整学费和杂费标准。1998年，因原定代收费偏高以及文化用品价格下降，调低中小学代收费标准，同时调高高中学费。1999年调高中小学学杂费标准。2003年再次调高高中学费标准。

2004年秋季起，全市试行义务教育“一费制”，标准由杂费、课本费、作业本费和其他费四项组成。2007年秋季开始，全市义务教育阶段实行全免入学，学生只需缴纳少量自愿选择的服务性收费，至2012年未变。

表 14-3-6-5　　1991—2012 年长沙市城区中小学收费（秋季）情况变化一览表　　单位：元/生·学期

年级			1991 年			1995 年			1997 年			1998 年			1999 年			2001 年			2004 年	2007 年			2012 年		
			合计	征收部分	代收部分	合计	征收部分	代收部分	合计	征收部分	代收部分	合计	征收部分	代收部分	合计	征收部分	代收部分	合计	征收部分	代收部分	合计	合计	征收部分	代收部分	合计	征收部分	代收部分
小学	一年级		34	9	24.75	91	47	43.67	156	74.88	81.12	135	76.63	58.37	151	90	61	150	90	60	158	—	—	—	—	—	—
	二年级		34	9	25.07	95	47	48.07	159	75.17	83.83	139	77.98	61.03	153	90	63	150	90	60	157	—	—	—	—	—	—
	三年级		32	9	22.85	104	47	56.71	179	81.56	97.44	153	77.84	35.16	163	90	73	162	90	72	210	—	—	—	—	—	—
	四年级		34	9	25.03	94	47	46.96	184	71.68	112.33	159	77.08	81.92	175	90	85	160	90	70	197	—	—	—	—	—	—
	五年级		38	9	26.47	124	47	77.16	173	70.29	102.71	163	76.73	86.27	179	90	89	163	90	73	200	—	—	—	—	—	—
	六年级		90	9	20.78	124	47	76.49	170	69.59	100.01	159	76.58	82.43	181	90	91	164	90	74	201	—	—	—	—	—	—
初中	一年级		63	12	51.06	157	66	91.01	235	81.79	153.21	217	89.63	127.37	233	110	123	261	110	151	309	—	—	—	—	—	—
	二年级		65	12	53.24	166	66	100.37	257	79.69	177.31	224	86.73	137.27	238	110	128	268	110	158	299	—	—	—	—	—	—
	三年级		71	12	59.20	161	66	95.47	282.11	108.40	173.71	230	88.23	141.77	241	110	131	228	110	118	281	—	—	—	—	—	—
普高	一年级	重点	129	65	63.74	422	315	106.74	618.32	446.60	171.72	810	640	169.95	935	800	135	1167	1000	167	—	1676	1000	675.99	1345	1000	345.20
		一般	119	55	63.74	332	225	106.74	518.32	346.60	171.72	660	490	169.95	785	650	135	967	800	167	—	1476	800	675.99	1145	800	345.20
	二年级	重点	116	65	50.85	400	315	84.49	596.02	447.60	148.42	768	640	127.60	923	800	123	1115	1000	115	—	1428	1000	428.01	1269	1000	269.14
		一般	106	55	50.85	310	225	84.49	496.03	347.60	148.42	618	490	127.60	773	650	123	915	800	115	—	1228	800	428.01	1069	800	269.14
	三年级	重点	116	65	51.25	388	315	72.48	564.10	447.60	116.50	753	640	113.40	881	800	81	1049	1000	49	—	1521	1000	520.78	1024	1000	23.70
		一般	106	55	51.25	298	225	72.48	464.10	347.60	116.50	603	490	113.40	731	650	81	849	800	49	—	1321	800	520.78	824	800	23.70

六、幼儿园收费

20 世纪 90 年代初，公办幼儿园较多，收费由物价部门分级审批。1992 年 9 月，幼儿园收费分为两类，拨付事业经费的每生每月保育费 12 元（日托 9 元）、教育费 18 元，经费自筹的每生每月保育费 12 元（日托 9 元）、教育费 18 元、管理费 20 元。1994 年 8 月，调整市直机关幼儿园收费，每生每月保育费 20 元（日托 10 元）、教育费 10 元、杂费 5 元、医药费 2 元、管理费 30 元（日托 20 元），其他各类幼儿园均按不高于此标准执行。1996 年 9 月，幼儿园试行等级收费，评估计分 108~120 分的为一级幼儿园，96~107 分的为二级幼儿园，72~95 分的为三级幼儿园，不到 71 分的停办整顿。

1998 年后，社会力量办园增多，市场竞争趋强，幼儿园收费随之放开，其后几年，收费逐年上涨并且比较混乱。2006 年 12 月，统一幼儿园收费项目，公办幼儿园保育教育费实行指导性管理，每生每月（日托）省示范园 450 元、市示范园 400 元、标准园 200 元，全托加收不超过 150 元，托儿所（日托）加收不超过 30 元。民办幼儿园保育教育费仍放开，各园自定后报同级价格主管部门备案并公示。2007 年 5 月，增设区示范园保育教育费标准，每生每月（日托）350 元、全托 500 元，托儿所（日托）230 元。2010 年 9 月，公办幼儿园保育教育费指导性标准为每生每月（日托）省示范园 500 元、市示范园 400 元、县级示范园 300 元、标准园 260 元，全托加收不超过 180 元，托儿所（日托）加收不超过 50 元。2012 年 7 月，幼儿园收费项目统一为保育教育费（简称“保教费”，下同）、住宿费和伙食费，公办幼儿园保教费、住宿费实行审批制，民办幼儿园保教费、住宿费实行备案制，伙食费按成本自定标准并报当地物价部门备案。公办幼儿园保教费和住宿费每生每月标准分别为省示范园 600 元、260 元，市示范园 500 元、230 元，县级示范园 400 元、200 元，标准园 350 元、180 元，托儿所保教费加收不超过 50 元。公办幼儿园假期开放，保教费可上浮不超过 20%。

七、有线电视收费

有线电视从 1991 年开始实行收费。是年，全省统一（试行）收费标准为安装开通费每户 200 元，收视维护费每月 4.50 元，企事业单位办公楼收视维护费每月 3.50 元。1995 年 7 月 1 日，安装开通费调为每户 300 元，收视维护费调为每月 8 元。1996 年，收视维护费调为每月 11 元。2002 年 9 月，安装开通费调为每户明线安装 260~300 元，暗线安装 400~450 元，收视维护费每月调为城区 16.50 元、乡镇 15 元。2006 年 5 月 1 日，全省制定有线数字电视收费标准，城区用户收视维护费每月 24.50 元、县城 24 元，非经营性单位用户每月 24.50 元、经营性集团用户上浮 20%计收。安装开通费每户 300 元，已自行安装线路的住宅小区或成栋房屋每户 120 元。过户费每户 10 元。端口迁移费每户不超过 120 元。2009 年 6 月 1 日，取消有线电视报停费、过户费、端口迁移费。

八、车辆停放费

1993 年 6 月 25 日，出台《关于加强我市车辆寄存管理的通知》，全市各车辆寄存场（点）实行明码标价收费。市中心地段临时寄存点计时收费，不分车型每小时 5 元，寄存时间超过 1 小时须转入其他寄存场（点）；按车次收费，每车次（下同）自行车 0.10 元、摩托车 0.50 元、小汽车及 1.5 吨以下机动车 2 元、1.5 吨至 4 吨机动车 3 元、4 吨以上机动车 4 元，重车加收 1 元，拖车按主车 50%计收，过夜车加收 100%。1997 年 12 月 1 日，规定车辆寄存场（点）需办理“经营性收费证”，实行亮证收费。自行车白天 0.20 元，夜间 0.50 元；摩托车白天 1 元，夜间 2 元；轿车、客货两用车、面包车白天 5 元，夜间 10 元；大客车、货车、40 吨以上重车白天 10 元，夜间 15 元；临时占道机动车（4 小时内）10 元。

2006 年 4 月 25 起，机动车停放保管服务收费实行国家定价、国家指导和市场调节价并存。机场、车站、码头、交易会和市政工程附属停车场，道路收费停车场，旅游景点停车场，交通事故和违法车辆指定停车场的收费实行国家定价。城区公共露天停车场，机关事业单位及公益、公用事业单位内设停车场的收费实行政府指导价。住宅小区停车场由经营者与业主委员会在政府指导价内协商收费标准，无业主委员会的报当地价格主管部门确定。商场停车场、商业投资的专业停车场、物流园区和专业市场的停车场的收费实行市场调节价。

2011 年 5 月 30 日，就加强和规范全市机动车停放服务收费管理作出规定，道路停车泊位的机动车停放服务收费实行政府定价。住宅小区、商住楼、停车场、机场、车站、码头和旅游景点停车场，机关事业单位及公益、公用企事业单位的内设停车场，政府兴建的公共停车场，市政工程附属停车场，交通事故、故障、违法车辆指定停车场以及开放式社区及背街小巷停车场（位）停放服务收费，实行政府指导价。商业场所停车场（位），商业投资兴建的专业停车场，向社会开放的企业单位内设停车场停放服务收费，实行市场调节价，由经营者自定。

表 14–3–6–6　　2006 年长沙市道路停车场最高收费标准一览表

类型	计费单位	收费标准
自动收费	每车位	按每 15 分钟计时收费，每 15 分钟 1 元，不足 15 分钟的按 15 分钟收费
	每车位	按次收费，每次 10 元
人工收费	每车位	按小时计时收费，每小时 4 元，不足 1 小时的按 1 小时收费
	每车位	按次收费，每次 10 元

说明：不足 1 小时按 1 小时计算，每次按 12 小时计算

表 14–3–6–7　　2006 年长沙市住宅小区停车场最高收费标准一览表　　单位：元/车

车型 时间 类型	小车			大车			超大型车			摩托车	
	每小时	每次	每月	每小时	每次	每月	每小时	每次	每月	每次	每月
室内	—	5	300	—	10	500	—	15	700	2	60
露天	1	3	100	2	6	200	3	10	300	1	30

说明：不足 1 小时按 1 小时计算，每次按 12 小时计算

表 14–3–6–8　　2011 年长沙市主次干道路面停车收费标准一览表

泊车区域	计费单位	人工值守收费	咪表收费	24 小时最高限价
繁华拥堵区	每车位	按小时计时收费，每小时 6 元，不足 1 小时的按 1 小时收费。按次收费的，按每次 12 元收费（2 小时内），超过 2 小时按每小时 6 元收费	按每 15 分钟计时收费，每 15 分钟 1.5 元，不足 15 分钟的按 15 分钟收费。无交费卡的，按每次 12 元收费（2 小时内），超过 2 小时按每小时 6 元收费	45 元
其他区域	每车位	12 小时内，按小时计时收费，每小时 4 元，不足 1 小时的按 1 小时收费。按次收费的，按每次 8 元收费（2 小时内），超过 2 小时按每小时 4 元收费	按每 15 分钟计时收费，每 15 分钟 1 元，不足 15 分钟的按 15 分钟收费。无交费卡的，按每次 8 元收费（2 小时内），超过 2 小时按每小时 4 元收费	30 元

表 14-3-6-9　　2011 年长沙市公共停车场停放服务收费标准一览表　　单位:元/辆

车型 时间 类型	小车				大车				超大型车				摩托车	
	每小时	每次	按时收费 24 小时限价	每月	每小时	每次	按时收费 24 小时限价	每月	每小时	每次	按时收费 24 小时限价	每月	每次	每月
繁华拥堵区	3	8	20	300	4	12	30	500	5	15	40	700	1	40
其他区域	2	5	15	250	3	10	20	260	4	12	30	350	—	—

说明：不足 1 小时按 1 小时计算，每次按 12 小时计算。进入停车场不超过 15 分钟的免费

表 14-3-6-10　　2011 年长沙市住宅小区停放服务收费标准一览表

<table>
<tr><th>停放地点</th><th>汽车</th><th>电动车</th><td rowspan="5">停留未超过 1 小时不收费。按次停放以 12 小时为一次，12 小时内凭当日票据不另收费</td></tr>
<tr><td rowspan="2">室内停车场</td><td>已购车位：30 元/月·辆</td><td rowspan="2">30 元/月·辆</td></tr>
<tr><td>已租车位：不超过 300 元/月·辆（含物管费 30 元）</td></tr>
<tr><td>室外经核定的停车位</td><td>不超过 90 元/月·辆</td><td>20 元/月·辆</td></tr>
<tr><td>按次停放</td><td>当日 12 小时内收 5 元，超过 12 小时另加收 5 元</td><td>当日 12 小时内收 2 元，超过 12 小时另加收 2 元</td></tr>
</table>

九、城市路桥通行费

1991 年 1 月，湘江一桥（橘子洲大桥）、二桥（银盆岭大桥）开征机动车过桥费。1992 年 7 月 20 日，湘江一、二桥车辆通行费标准进行调整。1998 年 3 月 10 日，湘江一、二桥机动车通行费标准再次调整。1999 年 3 月 1 日起，浏阳河大桥收取车辆通行费。1999 年 11 月 20 日，浏阳河大桥车辆通行费标准调低，并实行月、年票制。2001 年 10 月 1 日起，除省政府规定的免征车辆和城区公交车外，其他城区机动车路桥通行费实行年票制。2005 年 1 月 1 日起，湘江一桥、湘江二桥、猴子石大桥、浏阳河大桥收费站撤销，长沙市城区车辆通行费继续实行年票制，外地车辆由进入城区的收费站（点）代收城市路桥通行费，小车每车次 10 元、大车每车次 20 元，但该代收规定一直未执行。

2012 年 1 月 1 日，城区机动车路桥通行费年票标准调低。

表 14-3-6-11　　1991 年 1 月长沙市机动车过桥费标准一览表

车辆分类	收费标准（元）	
	每车次	月票
摩托车（两轮、边三轮）	1	10
2.5 吨以下各类小货车（包括手扶拖拉机、简易机动车、后三轮摩托车）19 座以下各类小客车（包括小轿车、吉普车、旅行车）	4	80
2.5 吨以上至 5 吨各类货车，19 座以上至 49 座的普通客车	8	160
5 吨以上至 8 吨各类货车，49 座以上客车	12	240
8 吨以上到 16 吨各类车	16	320
16 吨以上至 20 吨各类车	30	—

说明：免票证工本费：汽车 5 元、摩托车 2 元；月票工本费：汽车 1 元，摩托车 0.50 元

表 14-3-6-12　　1992 年 7 月长沙市机动车通行费标准一览表

车辆分类	收费标准（元/车次）
摩托车、机动三轮车（边三轮），手扶拖拉机、简易机动车	1
大中型拖拉机，2.5 吨及以下货车（包括后三轮、小四轮车），19 座及以下的各类小客车（包括小桥车、吉普车、旅行车）	5
2.5 吨以上（不含 2.5 吨）至 5 吨的各类货车，20 座至 49 座的客车	10
5 吨以上（不含 5 吨）至 8 吨的货车，50 座及以上的客车	15
8 吨以上（不含 8 吨）至 16 吨的各类车辆	20
16 吨以上（不含 16 吨）的各类车辆	30

表 14-3-6-13　　1998 年 3 月长沙市机动车通行费标准一览表

车辆分类	收费标准（元）	
	每车次	月票
摩托车（两轮、三轮、边三轮、正三轮）、机动三轮车、手扶拖拉机	2	40
大、中型拖拉机、2.5 吨及以下货车、19 座及以下客车（小轿车、吉普车、旅行车）	10	240
2.5 吨以上至 5 吨货车、20 座至 49 座客车	15	360
5 吨以上至 8 吨货车，50 座及以上客车	20	480
8 吨以上到 16 吨各类车	25	600
16 吨以上各类车辆	35	—

说明：出租车过桥通行费由乘客自理。营运中巴过桥办理月票，乘客不负担通行费。月票工本费 5 元

表 14-3-6-14　　1999 年 3 月长沙市机动车通行费标准一览表

车辆分类	收费标准（元/车次）
摩托车、机动三轮车、手扶拖拉机、简易机动车	2
大中型拖拉机，2.5 吨及以下货车，19 座及以下的客车（包托小轿车、吉普车、旅行车）	10
2.5 吨以上（不含 2.5 吨）至 5 吨货车，20 座至 49 座的客车	15
5 吨以上（不含 5 吨）至 8 吨的货车，50 座及以上的客车	20
8 吨以上（不含 8 吨）至 16 吨各类车	25
16 吨以上（不含 16 吨）各类车	35

表 14-3-6-15　　1999 年 11 月长沙市机动车通行费标准一览表

车辆分类	收费标准（元）		
	每车次	月票	年票
摩托车、机动三轮车、手扶拖拉机、简易机动车	1	40	100
大中型拖拉机，2.5 吨及以下货车，19 座及以下的客车（包括小轿车、吉普车、旅行车）	5	240	600
2.5 吨以上（不含 2.5 吨）至 5 吨货车，20 座至 49 座的客车	10	360	900
5 吨以上（不含 5 吨）至 8 吨的货车，50 座及以上的客车	15	480	1200
8 吨以上（不含 8 吨）至 16 吨各类车	20	600	1500
16 吨以上（不含 16 吨）各类车	30	600	1500

表 14-3-6-16　　2001 年 10 月长沙市长沙市城区车辆通行费年票标准一览表

车辆分类	收费标准（元/车）
摩托车、机动三轮车、手扶拖拉机、简易机动车	60
大中型拖拉机，2.5 吨及以下货车，19 座及以下的客车（包括小轿车、吉普车、旅行车）	840
2.5 吨以上至 5 吨的货车，20 座至 49 座的客车	1100
5 吨以上至 8 吨的货车，50 座及以上的客车	1300
8 吨以上的各类车	1600
出租车（包括客的、货的、客运中巴）	360

表 14-3-6-17　　2012 年 1 月长沙市城区车辆通行费年票标准一览表

车辆分类	收费标准（元/车）
2.5 吨及以下的货车，19 座及以下的客车（包括小轿车、吉普车、旅行车）	600
2.5 吨以上至 5 吨的货车，20 座至 49 座的客车	780
5 吨以上至 8 吨的货车，50 座以上的客车	900
8 吨以上的各类车辆	1140
出租车（包括客的、货的和客运中巴）	240

表 14-3-6-18　　2012 年 1 月望城区、长沙县、浏阳市、宁乡县车辆通行费年票标准一览表

车辆分类	调前收费标准（元/车）	调后收费标准（元/车）
小轿车、吉普车、旅行车、商务车（7 座以下）	490	330
2.5 吨及以下的货车，8 座至 19 座的客车、微型面包车	420	300
2.5 吨以上至 5 吨的货车，20 座至 49 座的客车	550	390
5 吨以上至 8 吨的货车及 50 座以上（含 50 座）的客车	550	390
8 吨以上的各类车辆	550	390
客运中巴	360	240

第七节　行政事业性收费管理

1988 年，实施《湖南省行政事业性收费管理办法》，对全市行政事业性收费进行全面清理整顿，共清理 109 个单位 736 项收费，核发临时收费许可证 450 个，开始实施行政事业性收费许可证制度。1989 年 7—12 月，对首次发放的行政事业性收费许可证实行年度检审，检审单位 328 个，停止收费 14 项，纠正收费项目 75 个，查出违规收费金额 51 万余元。

1990 年制止乱收费、乱罚款和各种摊派，全市共检查单位 1392 个，清理收费 626 项，查出违规收费金额 420 万元，降低收费标准 86 个，取消收费项目 108 个。1991 年 12 月，省物价局、省财政厅发出《关于核发湖南省行政事业性收费项目和收费标准的通知》，进一步明确各部门的收费项目和标准，并要求亮证收费，收入专户储存，专款专用。1992 年，为加强全市建设项目收费管理，成立建设项目收费联合办公室。

1993 年 10 月 1 日，实施《湖南省行政事业性收费管理条例》，全市第三次全面清理行政事业性收费，共检查收费单位 451 个，收费项目 7869 个，年收费额约 3.6 亿元，废止收费文件 421 个，取消收费项目 572 个，查出乱收费金额近 800 万元。

1997 年，成立企业清费治乱减负工作领导小组，设立以纪委、经委、物价、财政等部门联合办公室，对 31 户国有大中型企业下派减负特派员，建立企业税外费登记卡制度，分 8 批向企业发放登记卡一万多套，开展涉企清费治乱工作。2000 年 6—12 月，重新核发行政事业性收费许可证，全市共核发 418 本，核减 59 个收费项目，并建立微机档案。

2001 年，在宁乡县、长沙县试点的基础上，全面推行涉农收费公示制度。至 2002 年共设立各类涉农收费公示牌、公示栏 4586 个，公示率达 100%。

2003 年，全市各行政事业机关、中介服务机构、医疗单位以及公用事业单位全面实行收费公示制，至年底公示面达 100%。是时，重新换发行政事业性收费许可证和服务价格登记证共 421 本，注销 26 本，取消收费 40 项，并将 100 余家行政事业性收费单位的收费项目和标准在《长沙晚报》公布，接受社会监督。2004 年 8 月，全省价费公示现场经验交流会在长沙召开。

其后几年，行政事业性收费管理的主要工作是清费治乱、优化经济发展环境，整顿和规范市场经济秩序。

2008年，全市开展清理涉农价格和收费工作，共检查国土、规划、建设、房地产、检验检疫、殡葬等60个单位。同时，在国家取消100项、省取消和暂停62项收费的基础上，全市再暂停103项行政事业性收费，涉及37个行政单位，为企业和群众减负约8000万元。

2012年，对全市60家行政事业单位、70所教育机构的收费员进行业务培训。

第八节 价格管理

一、价格管理规章

1989年，修订《长沙市工业消费品价格管理目录》，对工业消费品价格管理权限、形式和办法作出新的规定。1990年，全市试行企业定价许可制度，规范企业价格行为。1992年，发布《长沙市副食品价格调节基金管理办法》，对宾旅馆、外地建筑安装企业征收价格调节基金。1993年，制定《长沙市宾馆、招待所、旅店、饭店等级质量收费标准》《长沙市夜总会等级价格标准》和关于加强对饮食服务、文化娱乐行业价格管理的通知，加强对全市服务业价格的管理。同时，制定《长沙市商品房价格管理办法》，规定各类商品房价格的构成和管理形式。制定《长沙市农村电价管理办法》，对农村用电实行分类综合价，并规定最高限价。

1994年5月，制定《关于制止价格垄断、价格欺诈和牟取暴利的规定》，并推出粮食、肉食、蔬菜、饮食查处牟取暴利的实施细则，打击价格违法行为，维护市场正常秩序。制定《长沙市居民基本生活必需品和服务价格监测办法》，对关系民生的商品和服务价格实施监测。9月，制定《长沙市非政府人事部门所属人才交流机构管理暂行办法》，规范社会人才交流机构的收费行为。1997年6月，制定《关于建立健全长沙价格信息系统监测报告制度》。1998年3月，对企业降价销售商品行为实行价格认证制度。7月，制定政府定价、政府指导价商品和服务价格的成本审核办法，对成本审核的范围、程序作出规定。12月，制定《长沙市价格听证制度暂行办法》。

2000年9月，制定《长沙市涉案物估价操作规程》，规范涉案物估价行为。2002年6月，制定《“12358”价格举报工作暂行规定》。2004年7月，制定《长沙市重要商品和服务价格成本监审规定》，进一步落实成本监审制度，严格成本监审程序。2005年3月，制定《长沙市价格鉴证信息报送制度》。7月，印发《长沙市政府价格决策听证办法实施细则》。2006年2月，印发《长沙市价格监测质量监督考核办法》。6月，制定《长沙市物价局新闻发布制度（试行）》《长沙市物价局价格审批、成本监审、价格认证工作规程试行办法》《长沙市政府调定价格成本监审规定》。7月，制定《价格违法案件陈述、申辩工作制度》。8月，发出关于进一步规范涉案物价格鉴证管理工作的通知。

2012年，印发《长沙市物价局民情投诉处理办法》《长沙市价格违法案件举报奖励暂行办法》。

二、价格监督检查

（一）投诉与举报。成立市物价检查所，承担价格投诉与举报工作，接受社会各界对价格违法行为的投诉与举报，进行价格政策咨询服务。

2001年4月25日，全市开通全国统一价格投诉举报热线“12358”。2002年5月，成立长沙市价格举报中心。投入65万元配置设备、建立专用机房、聘用8名专职人员，在全省率先实行“12358”热线电话24小时人工值守。特别在灾期、春运、开学以及重要价格政策调整时期，“12358”热线电话量是日常的几倍甚至上十倍，除投诉与举报外，更多的是价格咨询服务。2008年，结合《中华人民共和国价格法》实施十周年宣传活动，制作《直击“12358”》宣传片。2009年，结合价格服务进万家活动，进一步加大对投诉举报工作的宣传，将“12358”带进社区、农村、医院、学校、企业、景区和市场，使消费者维权意识增强，“12358”热线深入人心。

2011年5月，“12358”价格举报电话开通十周年，全市物价系统开展系列宣传活动，进一步扩大其影响力。8月，实行举报投诉受理与处置分离。2012年市价格举报中心获全省价格举报工作先进集体。“12358”热线开通至2012年，市价格举报中心共受理价格投诉95818次，价格政策咨询92793次，查处投诉案件3025件。

（二）明码标价与价格诚信。1988年，全市继续开展“物价计量信得过”评比活动，16家企业评为“物价计量信得过”先进集体。

1990年2月1日，国家物价局发布《关于商品和收费实行明码标价规定》后，全市全面检查市场明码标价执行情况，处理不规范行为，至年底国有企业明码标价普及率98%。是年，第三次开展“物价计量信得过”活动，中山百货大楼等10家企业被评为最佳单位，长沙儿童用品商店等10家企业被评为先进单位，其中：中山百货大楼被评为全国模范执行物价政策单位、全省最佳单位，南门口副食品大楼被评为全省先进单位。1992年，评选出长沙大厦为全国执行物价计量政策法规优秀单位，中山百货大楼为全省最佳单位，南门口副食品大楼为全省先进单位。

1994年2月28日，国家计委发布《关于商品和服务实行明码标价的规定》后，长沙市于4月10日发布关于商品和服务实行明码标价的公告，确定中山商业大厦、中山路百货大楼、友谊商场、长沙大厦等4单位为明码标价规范化试点单位。全省在长沙市召开现场经验交流会。5月，开展执行物价政策法规最佳单位评选活动，全市近千家单位参与，评选长沙大厦、长沙友谊华侨公司为全国最佳单位，长沙友谊华侨公司、长沙大厦、中山商业大厦、长京1/2次车队为全省最佳单位，南门口副食口大楼为全省先进单位，中山百货大楼等80家单位为市最佳单位。1997年，长沙大厦、友谊集团有限公司和梦洁纺统制品实业公司等58家单位评为长沙市第五届执行物价计量政策法规最佳单位。

2000年10月，贯彻执行国家计委《关于商品和服务实行明码标价的规定》，召开全市动员大会，明确全市明码标价工作目标和重点。发布《进一步规范三个行业明码标价的通知》，推动行业明码标价工作。2001年，确定市三医院、三湘大市场、岳麓山风景区、市电信五一营业厅及黄兴路5个点为全市明码标价示范点，市三医院、三湘市场同时确定为全省明码标价示范单位。其后，随着价格管理形式的变化，使用多年的三色商品标价签逐步改为普通标价签和特种标价签。2002年1月1日，国家计委《禁止价格欺诈行为的规定》实施，明确降价销售商品和提供服务，使用降价标价签。11月，全市第六次开展“价格计量信得过”活动，授予湖南友谊阿波罗股份有限公司等44家单位价格计量信得过的称号。2008年是长沙市文明创建年，7—9月，对火车站、五一路、黄兴路步行街的所有商场、店铺进行七次全面检查，确保明码标价整

图14-3-8-1 2008年指导商家规范明码标价

（市发改委供图）

齐、规范，普及率 100%。2011 年 5 月，按照《长沙市商品房销售明码标价实施办法》，商品房销售实行“一套一标”的明码标价方式。

2011 年，全省启动价格诚信建设活动，深入开展价格诚信建设，维护公平、公正的市场价格秩序。2012 年，全市初步建立 400 份企业诚信档案。5 月，通过自愿报名、综合考评、社会公示，评出 30 家市级价格诚信示范单位，13 家省级价格诚信示范单位。同时，根据政府引导，经营者参与、消费者评价、社会监督的方式，在全市大型商业连锁企业及交通、通信、宾馆、景区等行业开展明码实价示范店、明码实价一条街和明码实价景区等活动，全面推进明码实价工作。

（三）价格检查。1988 年，市场物价大幅上涨，为控制价格涨势，全市强化物价监督检查，严厉查处价格违法行为，全年累计处理价格违法案件 1710 起，罚没金额 634 万元。1989 年，开展物价大检查，全市参加自查单位 2217 个，自查率 100%，重点抽查单位 668 个，抽查率 30%，共查出价格违法金额 538 万元，收缴 175 万元。1991 年开展农村电价检查，重点是长望、浏阳、宁乡 3 个电力局，查出价格违法案件 9 起，违法金额 146 万元，处罚 114 万元。同时，针对查实的问题，电力部门及时整改，对农电实行以乡为单位“五统一”（统一价格、统一收费、统一票据、统一核算、统一电工工资）管理，使农电价格平均每千瓦时下降 0.05 元，全年减轻农民负担 150 万元。1992 年，粮油、猪肉、民用煤价格放开，为稳定市场物价，对全市粮油、肉食、蔬菜等生活必需品价格进行大检查，共检查门店 2000 多家，处罚 19 万元，检查衡器 1000 余件，收缴不合格衡器 250 余件。

1993 年 4 月 4 日，成立市群众物价监督总站，组成 100 余人的群众检查队伍，加强市场物价检查。1994 年，食品价格涨幅较大，3—6 月和 10—12 月全市两次进行市场大检查，对 50 家菜店、60 家肉店、70 家粮店和大型农贸市场跟踪检查，从严查处价格违法行为。1995 年，省政府发出《关于切实加强物价管理严格控制物价上涨的通知》后，全市以影响群众生活的“菜篮子”“米袋子”“火炉子”和农民的“肥袋子”为检查重点，检查门店近万个，处罚 34 万元，清退 6 万元。检查农资、农技、基层供销社 92 个，查出价格违法金额 32.48 万元，处罚 16.38 万元。同时，开展粮食行业价格检查，抽查粮库及经营单位 22 个，查出价格违法金额 386.10 万元，处罚 90.10 万元。是年 2 月，市群众物价监督总站评为全国街道群众监督先进集体。8 月，第三届全市价格监督检查案卷考核评比，长沙县、东区（芙蓉区）、郊区（雨花区）物价检查所分获一、二、三名，市物价检查所参加全省考核评比获第一名。

1996 年，城乡中小学搭车收费、集资变相收费、自定名目乱收费等现象较突出，对此，全市开展城乡中小学收费检查，共检查学校 632 所，其中违反价格政策的 382 所，价格违法金额 892.15 万元，处罚 243.30 万元。12 月，市物价检查所参加第三届全国价格监督检查案卷评比获一等奖。1998 年 11 月 8 日，设立市价格检查所案件审理科，实行价格检查和案件审理分开，进一步保证执法公正。是年，重点开展粮食、电力、药品价格及劳动、教育、税务、医疗收费的专项检查，共查出价格违法案件 994 起，处罚 422.4 万元。同时，针对市场出现的“折扣价”“亏本价”“跳楼价”等低价倾销的价格违法行为，进行反倾销反欺诈的市场大检查，共出动 1800 余人次，检查门店 6500 家。1999 年 3 月，第四届全市价格监督检查案卷考核评比，望城县获一等奖，长沙县、宁乡县获二等奖。是年，为治理经济环境，先后开展交通、石油、电力、医疗、新闻出版、教育等行业价格（收费）专项检查，共查出价格违法案件 1102 起，违法金额 2807.68 万元，处罚 1226.29 万元。

2000 年，开展涉农收费检查，查出擅自收取城镇居民教育附加费 57.30 万元，农网改造多收进户线费 9.76 万元，对农民建房多收款 392 万元，村卫生院和计生服务所乱收费 51 万元。是年，长沙县物价检查所评为全国第一批规范化检查所，长沙市、宁乡县物价检查所评为全省价格监督检查先进集体。2001年，对药品和医疗服务价格进行专项检查，抽查149个单位，查出价格违法金额200万余元。是年，宁乡县、望城县物价检查所评为全国第二批规范化检查所。2002年，先后开展农村电价和农网改造收费、农民建房收费，下岗职工再就业收费，工商和集贸市场收费，机动车和路桥收费以及粮食、烤烟价格等专项检查。同时，为贯彻落实国家计委《关于商品和服务实行明码标价的规定》和《禁止价格欺诈行为的规定》，多次开展以反价格欺诈为重点的市场大检查，抽查商场226家，门店356家，汽车站9家，旅游景点12个。

2003年上半年，突发“非典”疫情，不少商品价格大幅上涨，少数药品经销单位、医院、卫生院以及商场（店）趁机哄抬物价，扰乱市场价格秩序。对此，全市检查药品经销单位2335家，医院和卫生院607家，商场（店）1965家，严厉打击价格违法行为，遏制住药品及相关商品的涨价风。是年，市物价检查所评为全省价格监督检查先进集体。2004年，对市属大、中专和中小学收费进行检查，抽查学校588所，查出价格违法金额1035.39万元，其中清退570.14万元，收缴362.66万元。同时，为贯彻落实对低保户各项价费优惠政策，从4月开始，对生活用水、电、气以及有线电视、医疗服务等方面优惠政策执行情况进行全面的检查落实。2005年，围绕优化经济发展环境，开展教育、医疗、涉农收费和农业生产资料价格专项检查。2006年，开展第七届全市价格监督检查案卷考核评比活动。2007年，对廉租房租金、经济适用房价格进行检查，查出两家资产经营公司将公租房每100分计租值2.07元擅自提到4.14元，价格违法金额370.98万元。是年，市物价检查所参加第八届全省价格监督检查案卷考核评比获优胜单位。

2008年年初，受特大冰雪灾害影响，市场物价上涨，特别春运期间公路客运票价，冰雪期间食品价格，乱涨价现象非常突出。1月，集中力量检查出租车和公路客运票价，查处12家客运企业的158辆营运车，除当场清退多收款外，罚款10.14万元。3月，重点检查超市是否执行政府对食品价格采取的临时干预措施，查出某公司销售食用植物油未执行调价备案制，经查实后罚款20万元，这是首次申请人民法院强制执行的案例。2009年，配合国家、省检查组以优化经济增长环境为重点的涉企收费检查，抽查涉企收费单位64家，实行经济制裁879.50万元。同时，全市开展第八届价格监督检查案卷评查活动。2010年年底至2011年年初，低温雨雪天气持续，粮食、蔬菜价格上涨，全市开展为期三个月的市场价格大检查。2011年3月中旬，爆发食盐抢购风，全市对盐业公司、主要超市、集贸市场食盐价格及库存情况全面检查，查处乱涨价行为6起，罚款2250元，迅速平息涨价风波。同时，针对市场价格欺诈行为投诉增多，加大查处价格欺诈行为的力度，依法查处多家大型超市的价格欺诈行为，收缴罚没款75.47万元，并通过新闻媒体对其中5家超市价格欺诈行为进行曝光。

2012年，全面开展医药价格检查，加强涉农价费监管，查处价格违法金额383.55万元，清退85.20万元，没收293.95万元，罚款48.14万元。

表 14-3-8-1　1991—2012 年长沙市物价检查案件查处情况一览表　单位：万元

年度	查处案件（件）	违法金额	经济制裁		
			清退	没收	罚款
1991	1549	323.47	30.88	292.60	4.59
1992	1029	203.23	54.07	149.16	5.60
1993	588	315.60	100.25	215.35	6.75
1994	1129	572.16	167.23	404.92	7.07
1995	1164	566.27	117.48	374.87	49.52
1996	1904	1926.97	110.45	541.98	36.89
1997	1608	1102.93	433.53	368.43	35.49
1998	944	780.22	154.74	233.24	34.43
1999	1102	2807.68	721.23	468.59	36.47
2000	899	1630.54	400.17	745.46	36.54
2001	812	1627.19	584.61	446.50	62.67
2002	638	2237.05	561.51	519.04	54.67
2003	804	1864.57	703.14	484.62	96.66
2004	308	1920.83	698.20	653.22	32.95
2005	275	2537.82	529.73	1387.93	36.59
2006	247	1419.25	452.63	636.21	54.85
2007	153	2219.84	635.47	569.15	142.33
2008	108	389.61	118.24	218.52	88.55
2009	92	1994.17	138.51	1104.13	37.72
2010	103	861.5	251.57	271.73	70.46
2011	141	6529.60	23.03	6538.39	106.56
2012	67	383.54	85.20	284.94	43.14

三、价格听证

1998 年 12 月 8 日，依据《中华人民共和国价格法》，制定《长沙市价格听证制度暂行办法》，在全省率先实行价格听证制度。1999 年 3 月 25 日，召开出租车牌定向购买方案听证会。随后，又召开自来水、液化气价格及公交车票价调整听证会。2000 年，召开改变城市路桥收费方式和出租车经营权拍卖价格听证会。2002 年，召开自来水价格、污水处理费及出租车营运价格的调整，管道燃气定价听证会。2004 年 8 月 20 日，新建殡仪馆殡葬服务价格听证。2005 年 4 月 15 日，岳麓区风景区票价调整听证。4 月 26 日，开征城市生活垃圾处理收费标准听证。7 月 14 日，发布《长沙市政府价格决策听证办法实施细则》，进一步规范全市价格决策听证行为。7 月 15 日，管道天然气价格调整听证。7 月 21 日，出租车营运价格调整听证。2006 年 12 月 15 日，自来水价格及污水处理费标准调整听证。2008 年 10 月 15 日国家发改委发布《政府制定价格听证办法》后，12月12日，召开客运出租车计价结构调整听证会。2010年7月22日省物价制定《湖南省政府制定价格听证实施办法》后，10月25日，召开城区居民用天然气价格调整听证会。12月10日，城区供水价格调整和开征城市生活垃圾处理费听证。

图 14-3-8-2　2008年12月12日长沙市客运出租车计价结构调整听证会　（市发改委供图）

四、价格调节基金

1992年10月，长沙市成立价格调节基金办公室。11月，发布《长沙市副食品价格调节基金管理办法》，对市区宾旅馆、外地建筑安装单位收取价格调节基金。至1993年，全市（市本级，下同）收取价格调节基金1600万元。1994年，对市区自来水按每吨0.02元开征价格调节基金。全年价格调节基金用于猪肉、鲜蛋价格补贴345万元，蔬菜生产和科研补贴385万元。

1995年，省政府决定在县级以上人民政府建立价格调节基金，并发布《湖南省价格调节基金征收管理实施办法》，规范和完善价格调节基金制度。是年，全市收取价格调节基金1200万元。长沙县、浏阳市开始建立价格调节基金制度。1996年，宾旅馆价格调节基金征收标准由2%调为4%。全年收取价格调节基金1100万元，用于蔬菜、副食品基地建设、肉食储备等方面780万元。1997年，市区自来水价格调节基金征收标准由每吨0.02元调为0.03元。全年收取价格调节基金1130万元，用于黑山羊基地建设、蔬菜大棚等方面600万元。1999年，宾旅馆价格调节基金由税务代征改为物价部门自收。全年用于蔬菜生产和生猪品种改良的价格调节基金约800万元。2000年，全年收取价格调节基金1440万元，用于生猪、禽蛋、水产、蔬菜等“菜篮子”工程1063万元。

2003年，对建设项目中住宅按每平方米5元、非住宅按每平方米6元征收价格调节基金。2004年1月1日，《湖南省价格调节基金征收管理办法》实施后，适当调低宾旅馆、事业性收费和休闲娱乐业价格调节基金的征收标准。是年征收价格调节基金1800万元，用于液化气经营补贴159万元、蔬菜基地建设800万元。2005年，征收价格调节基金2000万元，用于蔬菜基地建设，价格调控措施等方面1210万元，全年征收和使用金额均为历年较高水平。

至2006年，价格调节基金规模保持在3000万元左右。2007年，为缓解猪肉价格上涨的影响，两次对低保家庭发放临时物价补贴576.6万元，受益人数115325人。2008年，因蔬菜、猪肉价格波动较大，故减免蔬菜运输车交易市场进场费，紧急投放价格调节基金3145万元补贴流通环节，促进外地菜调入，确保日成交量在400万千克以上。投放价格调节基金300万元对生猪定点屠宰进行奖励，保证生猪日供应量不少于1600头，稳住市场价格。投放价格调节基金900万元对马王堆、红星两市场蔬菜长途运输实行油料补贴，缓解油价上涨的影响。投放价格调节基金452.2万元用于瓶装液化气专项补贴，避免液化气价格大幅波动。为促进生产保障供应，对13个蔬菜基地投放格调节基金近2000万元，用于基地规模化、产业化、无公害化建设，完善全市蔬菜基地的布局。同时，建立起重要商品的储备制度，组建“基地（种植、养殖）—储备库（国家、集体、个人）—市场集市”相结合的储备体系，建立粮食8万吨、生猪4万头、冻肉1000吨、食油3000吨、面粉5000吨、蔬菜600万千克以上的储备规模，超过国家五部委对全国36个大中城市建立确保市场供应10天以上储备的要求。投入价格调节基金600万余元建设马王堆蔬菜交易市场，使其成为中南最大的蔬菜批发市场，辐射全国400多个县市，年交易额过

40亿元。投入价格调节基金2809万元用于农贸市场提质改造，改善经营环境，促进农产品的流通。

2010年5月17日，全国第六届大中城市价格调节基金工作会议在长沙召开，30个大中城市和全省13个城市的代表参加会议。是年，征收价格调节基金1.01亿元。2011年4月8日，发布“关于对建设项目收取价格调节基金的通知”规定：按住宅每平方米5元、非住宅每平方米6元，省、市重点项目以外的电力、自来水、园林绿化、土石方等项目按工程造价额的0.5‰收取价格调节基金。10月1日，省政府发布《湖南省价格调节基金管理办法》。11月30日，省政府办公厅印发《湖南省价格调节基金征收管理实施细则》。12月1日起，宾旅馆、休闲娱乐业价格调节基金由税务部门代征。是年，征收价格调节基金1.44亿元，并做到零投诉、零减免和足额入库。全年投放4300万元用于“菜篮子”工程建设。

随着价格调节基金规模逐步扩大，其征管工作机制也不断完善。2012年4月20日，成立市价格调节基金征管工作领导小组，建立价格调节基金征收、管理工作联席会议制度，由联席会议研究决定全市价格调节基金征收、使用、管理工作中出现的重大问题。10月23日，印发《长沙市价格调节基金使用管理办法》，进一步规范价格调节基金的使用和管理。是年，征收价格调节基金1.2亿元，用于64个标准化蔬菜基地建设、蔬菜科研等方面3600万元，用于马王堆、红星两市场进场交易费补贴120万元，用于液化气经营补贴198万元。

第九节　价格服务

一、成本调查

1988年9月，市农产品成本调查队更名为市工农产品成本调查队。工作职责从单一的农产品成本调查逐步拓展到工农产品价格成本、服务价格成本及政府财政补贴项目成本等领域。1989年，调整落实常年调查点112户，开展稻谷、生猪、烤烟等28项农产品成本调查，并汇编29种农产品成本资料。1990年，通过对宁乡禽蛋生产情况的调查，提出建立20万蛋鸡基地建议，纳入1991年建设计划并实施。通过对生猪产销情况调查，提出生猪收购实行保护价措施，控制住价格下滑势头，保持市场稳定。是年，重新选定调查点702个，对部分调查点人员进行集中培训。完成国家确定的6项、省定的21项及市安排的10项成本调查任务。对食盐、煤制气的财政补贴进行审核，核减补贴100万余元。

1991年，国家物价局《关于加强成本调查工作的若干问题的通知》要求成本调查以改革和发展为中心，搞好“四个服务”（价格改革、价格调控管理、经济发展、企业经济效益），加强业务基础建设，提高工作水平。是年，开展生猪、大麦、油菜籽等31个品种成本调查，对地产农膜，煤制气的生产成本进行审核。从生猪产销调查情况看，全市出栏生猪380万头，与上年持平，猪肉供应量177万头，比上年增长5.4%，其中城市增长3.6%，农村增长7.1%。收购价每50千克165元，比上年下降3.3%，市场总体平稳。1992年，调查36个企业58个工业品及生猪、鲜、蔬菜、牛奶等产品的生产成本，对计外成品油、尿素、钾肥等生产资料亏损补贴进行审核。1993年，对化肥、农药、液化气及公交票价的成本进行审核。1994年，在全面完成常规成本调查外，对统购统销的粮食购销体制进行深入调查分析，向国家物价局上报建议改革粮食购销体制的调研报告，提出减少定购、派购数量，藏粮于民的建议。

1996年，开展粮食、生猪等23项成本调查。1997年，调整落实调查点9个，调查品种19项。对粮食、生猪、蔬菜及自来水的成本进行审核，审核总成本4亿余元。从对10农户种粮情况调查看，1996年粮食每公顷产11700千克，人均产粮644千克，比上年增加31.3%，因粮食丰收，价格下跌，早籼稻50千克销售价由75元降到60~65元，晚籼稻每50千克销售价由85元降至65~70元，均低于当年国家收购价。1998年，重点对药品成本进行审核，通过对29家药厂276个品种和10家经销商400余个品种的审核，使323种药品价格平均降低50%。是年，制定成本审核办法，明确市工农产品成本调查队负责全市的成本审核工作，审核范围为市管商品价格、公用事业性价格、公益服务性价格的定、调价，需经市上报的商品价格和收费标准的调整或审定及其他涉及价格的成本审核。1999年，召开出租车牌定向购买、自来水、液化气价格和公交票价调整的价格听证会，通过对其成本审核，为政府价格决策提供成本依据。2000年，除对国家和省确定的12种工农产品进行定点调查外，同时对市管理的教育、医疗、物业、经济适用房、公交车、路桥等行业60余家单位经营成本进行审核。

2001年，《湖南省成本调查管理办法》明确调查品种的分工，资料上报的要求，优化整合农产品成本调查网络。同时，依据《湖南省农产品调查考核评比办法》，对农产品成本调查工作实行量化考核。2004年7月，根据国家发展计划委员会《重要商品和服务价格成本监审暂行办法》，制定《长沙市重要商品和服务价格成本监审规定》，进一步落实成本监审制度，严格成本监审程序，加强和规范成本监审工作。是年，针对化肥、农药涨价，农民种粮增产不增收的问题进行专题调查，提出《农民增收减负调查与思考》等8篇调查报告。至2005年，全市有区县（市）农产品成本调查网点16个、调查户135户，涉及粮食、生猪、烤烟、蔬菜、茶叶等15个主要品种，同时，对调查户实行动态管理，适时调整网点，使调查点、面日趋合理，达到国家的要求。

2006年，根据国家发改委《政府制定价格成本监审办法》《湖南省政府制定价格成本监审办法实施细则》，制定《长沙市政府调定价格成本监审规定》，加强和规范成本监审行为，完善价格管理机制。2007年，进行成本审核121项，审核成本总额9.6亿元，其中对水、电、气等垄断行业后续配套工程审核成本2187万元，核减700万余元。

2008年，开展早晚籼稻、生猪、油菜籽、烤烟的成本调查。从早籼稻成本收益调查分析，是年收成较稳定，平均每公顷产量5806.5千克。公顷成本9243.45元，比上年增加1891.35元，公顷产值1.03万元，比上年增加2034.60元，利润1081.35元，比上年增加143.25元。收益增加原因是销售价每50千克由上年73元涨到86元，种粮补贴提高到每公顷780元，比上年增加417.75元。2009年，完成成本监审36项，监审总成本13.87亿元。对自来水价格以及株树桥引水工程、垃圾处理、污水处理等工程的成本进行专题调查。同时，加强成本工作的基础建设，修订《长沙市价格成本监审程序制度》，实行成本审核项目负责制，建立成本监审案卷登记台账、成本监审项目统计表等成本资料库。

2010年，调整定点登记调查户，将登记户调向主产区、主业户、突出代表性。调整市、县（市）分工，定点登记调查以市为主，座谈调查以县（市）为主。全年完成成本监审112项，监审总成本额29.75亿元。2011年完成成本监审358项，监审总成本额42.08亿元。为研究“三农”问题，开展农户种植意向、农户存粮、农资购买计划等专题调查。是年农户种植意向调查表明：粮食种植面积稳中有升，户均种植水稻由上年0.35公顷提高到0.36公顷。粮食生产以调结构为主，普遍种植高中档优质稻种，品种不断优化。粮食生产始终处于首位，长沙县双季稻普及率98%以上，粮食专业合作社30家，粮食种植大户276个，继续保持全国粮食生产大县地位。经济作物受结构影响较大，主要经济作物油菜籽所占种植比例偏低，且出现下降，主要是收益偏低，加工方面缺乏相应的产业支持。2012年，新增稻谷、生猪成本价格指数发布平台的数据调查上报工作，新增稻谷调查点2个，调查员6人，生猪调查点3个，调查员9人，并加强对登记户的培训辅导和督查。全年完成成本监审365项，监审总成本17.83亿元。

表 14-3-9-1　　2007—2012 年长沙市早籼稻成本收益调查一览表　　单位：元/公顷

项 目	2007 年	2008 年	2009 年	2010 年	2011 年	2012 年
产　值	8290.20	10324.80	10101.75	9776.85	11909.85	14587.95
总成本	7352.10	9243.45	10494.15	12482.25	13406.85	15733.50
利　润	938.10	1081.35	-392.40	-2710.40	-1497	-1145.55
成本利润率（%）	12.76	11.70	-3.74	-21.71	-11.17	-7.28

表 14-3-9-2　　2007—2012 年长沙市晚籼稻成本收益调查一览表　　单位：元/公顷

项 目	2007 年	2008 年	2009 年	2010 年	2011 年	2012 年
产值	9674.10	13658.10	12281.50	15347.40	17069.40	18382.05
总成本	7406.70	9012.15	10769.70	13441.65	14728.80	17272.20
利润	2267.40	4645.95	1511.80	1905.75	2340.60	1109.85
成本利润率（%）	30.61	51.55	14.04	14.18	15.89	6.43

表 14-3-9-3　　2007—2012 年长沙市生猪成本收益调查一览表　　单位：元/50 千克

项 目		2007 年	2008 年	2009 年	2010 年	2011 年	2012 年
产值	上半年	576.76	722.44	465.92	446.71	791.45	710.45
	下半年	661.43	593.54	577.73	680.24	881.50	735.58
总成本	上半年	372.89	573.03	466.36	478.48	632.48	694.50
	下半年	450.53	575.83	484.94	517.06	700.99	643.40
利润	上半年	203.87	149.41	19.56	-31.77	158.97	15.95
	下半年	210.90	17.70	92.79	167.18	180.51	92.18
成本利润率（%）	上半年	54.67	26.07	4.38	-6.64	25.13	2.3
	下半年	46.80	3.08	19.14	31.56	25.75	14.33

二、价格评估

1988 年 8 月，市价格咨询服务所更名为市价格咨询研究服务所。1992 年，《湖南省赃物罚没物过期无主物纠纷财物价值估定方法（试行）》（以下简称《"四物"估价方法》）实施，财物评估鉴证工作全面铺开。3 月，市价格咨询研究服务所更名为市价格咨询事务所。全年评估鉴定罚没、盗窃、抵押、清仓物品 189 宗，总值 210 万元。1994 年 10 月，《"四物"估价方法》修订为《湖南省赃物罚没物过期无主物纠纷财物估价办法》，并明确各级物价部门是所辖行政区域内"四物"估价主管部门，价格事务所是评估、鉴证"四物"价格的法定机构，依法出具的估价鉴定文件是审理刑事、民事、行政、经济案件和仲裁价格纠纷的主要依据。1996 年，国家计委《价格事务所工作管理暂行办法》对价格事务所工作加强管理。是年，"四物"估价鉴定 513 宗，总值 1160 万元，并开拓旧机动车交易评估业务。

1997 年 4 月，国家计委等五部门《扣押、追缴、没收物品估价管理办法》规定政府价格部门是扣押、追缴、没收物品估价工作的主管部门，其设立的价格事务所是各级法院、检察院、公安机关指定的扣押、追缴、没收物品估价机构。8月，市价格咨询事务所更名为市价格事务所。随后，取得房地产价格评估资质。1998年12月1日，省政府《湖南省涉案物估价管理办法》对涉案物估价加强管理。是年，以涉案房地产为重点，评估房地产项目128宗，总值5.7亿元；涉案物鉴证366宗，总值1577万元；旧机动车交易评估960台，总值3000万元。1999年8月，国家计委《价格认证管理办法》明确政府价格主管部门是价格认证工作的主管部门，依法设立的价格鉴证机构是受理价格认证的专业机构。价格认证是依法设立的价格鉴证机构接受各类市场主体及公民的委托，对其提供的各类商品（财产）和有偿服务项目价格进行的公证性认定。同年，开拓道路交通事故车物损失评估鉴定工作。

2000年9月5日，国务院《关于规范价格鉴证机构管理意见》明确各级政府价格主管部门设立的价格鉴证机构为国家司法机关指定的专司涉案物品的价格鉴证机构，不再具有社会中介服务职能。各级价格鉴证机构名称统一规范为“价格认证中心”。2001年11月，市价格事务所更名为市价格认证中心，并对《长沙市涉案物估价操作规程》《长沙市道路交通事故车物损失评估鉴证规程》《重大疑难案件价格鉴证合议规定》等工作制度进行修改和完善。是年，办理涉案物鉴证544宗，总值5.4亿元；评估鉴定车物损2920台（次），总值1500万元；旧机动车交易评估665台，总值2300万元。其后，随着中介服务社会化，市场竞争激烈，加之相关的法规仍不够完善，价格评估鉴证工作难度加大。但市价格认证中心评估鉴证工作仍保持稳定，2003年鉴证各类案件423宗，总值5199万元；评估事故车4517台，总值2001万元。同时，开展道路冠名权评估和企业产品认证工作。是年，市价格认证中心评为全国价格鉴证系统先进价格鉴证机构。

2004年3月1日，《湖南省涉案物价格鉴证管理条例》确定政府价格主管部门负责本行政区域内涉案物价格鉴证活动的监督管理，并进一步规范价格评估、鉴证行为。是年，市价格认证中心获得国家发改委颁发的“价格鉴证机构资质证”，省司法厅颁发的“司法鉴定许可证”，并依法成立长沙实成价格事务咨询有限责任公司，从事价格评估社会中介服务、道路交通事故车物损失评估及旧机动车交易评估等业务。2005—2006年，共办理涉案物价格鉴证1170宗，总值7000万元；车物损评估9008台（次），总值3483万元。

2007年，开展价格评估人员执业资格认定和价格评估机构资质认定（以下简称“双认定”）工作，市价格认证中心具体承办“双认定”预审，共受理价格评估机构资质认定预审15家，评估人员资格认定预审65人（至2012年，实际认定机构3家，人员19人）。

2008年，市价格认证中心被国家发改委授予“全国价格认证规范化建设达标单位”，被省价格认证中心评为“全省价格认证先进集体”“双认定”工作先进单位。全年办理涉案物价格鉴证744宗，总值2.44亿元；车物损评估4894台（次），总值2547万元，占到市场份额的85%。2009年，办理各类价格鉴证、认证5048宗，总值1.5亿元。5月，完成6.6万台报废车残值价格认证。是年，价格鉴证基础工作不断加强，全年信息直报案例300余件，获全国36个大中城市信息直报一等奖，全省涉案物价格鉴证案卷管理先进单位和优秀案卷一等奖，1名价格鉴证师当选全国百名资深价格鉴证师。

2010年，办理各类价格鉴证案件6248宗，总值1.405亿元；车物损5260台次，总值3816.85万元；涉案物价格认证988宗，总值1.02亿元。同时，开展涉税财物价格认定工作。2011年，以二手房涉税价格认定工作为重点，稳步推进涉税财物价格认定工作。同时，开拓拆迁，城市道路挖掘修复实时价格认证工作。全年完成各类价格认证37宗，其中有线电视、通信、电力、给排水等拆迁工程价格认证30宗。是年，市价格认证中心被国家发改委认证中心评为“国家价格鉴证信息直报工作先进单位”，被省依法治省领导小组命名为“全省依法办事示范窗口单位”，被省物价局评为“全省涉税财物价格认定工作先进单位”“全省涉案物价格鉴定案卷管理先进单位”。

2012年，完成价格鉴证474宗，总值5143.18万元；车物损评估6278台次，总值4937.7万元；涉税、涉纪财物价格认定50宗，总值3042.09万元；价格认证22宗，总值1868.48万元。市价格认证中心被国家发改委认证中心评为全国先进认证机构，价格鉴证信息直报工作二等奖。

至2012年，市价格认证中心29名人员中拥有价格鉴证师8人、房地产估价师1人、土地估价师1人，资产评估师1人，经济师1人，汽车碰撞评估师6人。获得国家发改委颁发的“价格鉴证机构资质证”、省物价局颁发的“湖南省涉案物价格鉴证资质证”、省司法厅颁发的“司法鉴定许可证”，共受理行政执法机关、司法机关及相关部门和个人委托的各类评估、鉴证、认证案件约10万宗，总价值40余亿元。

三、价格信息

1988年，根据国家物价局关于建立市场物价动态报告制度的通知，建立每月3次上报稳定市场的措施，主要农副产品和工业生产资料市场价格、社会生活费用价格指数和零售物价分类指数的报告制度。1989年，建立价格信息网络户245家，编印《价格指南》34期，至年底发行《价格信息》207期。

1990年，加入全国市场物价动态信息网，提供价格动态信息60篇、情况反映和物价快讯45期，建立物价形势分析报告制度，报送物价统计报表16种。是年1月，《价格信息》改版为《长沙价格咨询》旬刊。1992年，与国家及部分省市价格信息中心建立微机联网，进一步拓宽信息渠道。1994年，建立15种主要食品价格日报，42种生活必需品价格监测及173种重要商品价格月报等制度。同时，制定《长沙市居民生活必需品和服务收费价格监测办法》，并在主要批发市场、集市和商场设立34个价格动态监测点，对170种基本生活必需品和服务价格实施监测。1995年，全市价格信息网络户扩至700家。1996年，建立全国36个大中城市重要商品和服务价格的报送与分析对比制度。

1997年，长沙市被列入全国167个价格监测定点城市，并从7月1日起，承担向国家、省价格信息中心报价任务。同时，为保证价格监测报告制度的实施，制定《长沙市价格信息系统监测报告制度》。1999年，开通“160价格咨询热线”。4月，《长沙价格咨询》改为《长沙价格信息》旬刊。2002年，市价格认证中心评为全国价格监测先进单位，全年上报国家数据1.05万条，上报省数据1369余条，分析预测84篇，发送电子屏信息1.73万条。5月，《长沙价格信息》改扩为《物价工作通讯》《市场价格行情》（月刊）。

2003年6月1日，国家发改委《价格监测规定》实施。7月1日，成立长沙市价格监测中心。这是全省第一家专门从事价格监测和信息服务的财政拨款的事业单位。是年，市价格监测中心评为全国价格监测质量年活动优胜单位。2004年1月，建立全省第一家地市级价格专业网站——星价网，为社会各界提供价格信息2800余条，发展网站会员2000余户。《物价工作通讯》《市场价格行情》改为《长沙价格信息》月刊。同时，建立京广线城市价格监测网络，加强城市间价格监测工作的交流与合作。2005年，市价格监测中心评为全国价格监测工作优秀单位。2006年1月，增发《长沙医疗药品价格信息》月刊。10月1日，《长沙市价格监测规定》实施，进一步明确全市价格监测工作的地位、职能和作用，财政支付监测经费，保证工作顺利开展。至此，全市已有价格监测点126家，其中挂牌点34家。上报的报表由6种增至17种，监测的商品由160个增至400余个，报表周期由旬报、月报扩至日报、周报、月报、季报。

2007年6月，为加强价格预警和应急监测能力，成立长沙市价格监测预警工作小组，并建立价格预警联席会议制度，分析研究重要商品市场价格的变化，提出保障市场供应，稳定物价的措施。2008年上半年，召开6次价格预警联席会议，先后提出生猪、粮油、蔬菜供应储备方案和价格控调措施，确保市场主要副食品正常供应，价格基本稳定。同时，在全市25个大型集贸市场设立大型电子显示屏，发布粮油、蔬菜、猪肉等20类主要副食品的零售参考价，指导市民消费。

2009年，投入70万余元，建成全省物价系统一流的屏蔽保密计算机房，并接入国家金宏工程纵向网。全年向国家价格监测中心、省价格信息中心报送数据4.26万条、分析85篇、动态信息99篇、调研报告15篇。2010年，在每月、每季价格形势分析制度基础上，对关系民生粮油副食品价格实行每周走势分析制度。2011年，确定马王堆蔬菜批发市场等6单位为应急价格监测点，承担应急监测任务。同时，市政府网站“星辰在线”开辟“近日菜篮子”专栏，每周发布市场粮油副食品价格变动情况。是年，《长沙价格信息》改版为《长沙价费视窗》月刊，并成为长沙市价格协会会刊。

2012年，上报国家、省价格监测中心数据3.71万条、动态分析64篇、调查报告15篇、市场粮油价格巡查报告63篇、重要商品分析材料39篇。

第四章 质量技术监管

20世纪80年代开始，计量、标准化工作逐步纳入法制管理轨道。80年代，计量工作的重点是推行法定计量单位，加强计量器具生产和使用环节的管理检定强检计量器具；标准化工作的重点是推动工业企业建立技术标准、工作标准、管理标准，引导企业采用国际标准和国外先进标准，标准化应用领域从工业向农业、服务业延伸。

20世纪90年代，产品质量问题成为社会热点。1994年，确立“以质量为中心，以标准化、计量为基础”的工作方针，开展企业质量管理整顿验收，引导企业进行质量认证、争创质量名牌。至1999年，长沙有59项产品获湖南名牌产品称号，39家企业通过质量体系认证，80%以上的国有企业推行全面质量管理，50%左右的企业开始贯彻GB/T19000-ISO9000（质量管理和质量保证标准系列）系列标准。有930个产品标准备案，42种产品采用国际标准和国外先进标准。强检备案核查企业224家，核查单位的强检受检率100%。技术保障能力增强。

1996年，成立长沙市“打假”协调领导小组，强化产商品质量监督执法工作，打击各种制造、销售伪劣产品的违法行为。1995—1999年，行政执法查处质量、计量、标准化三类违法案件千余起，查获假冒伪劣产品货值金额上亿元。

1999年6月，加强锅炉、压力容器等特种设备的安全监察监督管理职能拓展，在经济发展中更显现重要位置和作用。截至1999年，强检工作计量器具17.66万台件，市产品质量检验所检验项目120余种产品200余个参数，产商品质量监督检验2.82万批次（生产领域5328批次，流通领域2.29万批次）。

进入21世纪，长沙市围绕管理、监督、服务的宗旨开展工作。2000年，制定《长沙市质量振兴纲要实施意见》，实施市质量振兴规划。至2004年，全市有3种产品评为中国名牌，151种产品评为湖南名牌，52 种产品评为长沙名牌，13 家企业的产品获“国家免检产品”。2001 年，开通“长沙质量在线”网站，随后，县（市）相继建立网站。2002 年，建立市质量技术监督局内部局域网，基本实现计算机管理。至 2004 年，市直属技术机构共 6 个（含代管 1 个）。县（市）均建立质量监督检验及计量检定所。

至 2012 年，各区县市全面展开质量兴区（县）市活动。是年，长沙市发布《关于实施标准化战略的意见》，全年新办、换发、年审、注销组织机构代码证逾 6.8 万张，数据质量合格率 90%。加大监管力度，稳步推进计量和认证工作，开展执法打假工作，重点打击危害人民群众生命健康安全的产品，先后开展近 20 个专项整治行动。

第一节　机　构

一、市级机构

长沙市质量技术监督局的前身是长沙市计量管理局和长沙市标准管理局。1988 年，长沙市计量管理局为副县级单位，内设办公室、工业计量科、法制计量科 3 个科室，有编制 100 人（含直属机构的编制数，以下同）；长沙市标准管理局同为副县级单位，内设办公室、标准化一科、标准化二科、质量监督科，编制 20 人。1992 年，长沙市标准管理局新增政策法规科，共 5 个科室，编制增至 32 人。1993 年 6 月，两局合并为“长沙市标准计量局”，仍为副县级事业单位，内设机构调整为办公室、计量管理科、标准管理科、政策法规科、质量监督科，编制数为 132 人。1994 年 11 月，长沙市标准计量局更名为“长沙市技术监督局”，升为正县级事业单位，1995 年 1 月挂牌成立。5 月，明确为市政府职能部门，内设办公室、纪检监察室及机关党委（合署办公）、计划科学技术科、政策法规科、人事教育科、监督管理科、质量管理科（与市质量管理办公室、质量认证办公室、生产许可证办公室合署办公）、标准化管理科、计量管理科等 10 个科室，编制数增至 146 名。1999 年 10 月，质量技术监督系统实行省以下垂直管理，市技术监督局改为由省质量技术监督局管理，编制数增至 203 名。2000 年 3 月，长沙市技术监督局更名为“长沙市质量技术监督局”，成为湖南省质量技术监督局的直属行政机构。6 月，长沙市劳动和社会保障局的特种设备管理职能及其人员编制划入长沙市质监局，增设锅炉压力容器安全监察科，科室增至 11 个，编制增至 257 名。2001 年 6 月，实施机关机构改革，市质量技术监督局内设机构进行调整更名后确定为办公室、计划财务科、法制科、监督科、质量科、标准化科、计量科、锅炉和特种设备安全监察科、人事科、监察室、机关党委 11 个科室，编制数调整为 242 名。2002 年 6 月，长沙市质量技术监督局内设职能“科（室）”改为“处（室）”。2006 年年底，增设食品生产监管处，2008 年，增设认证监督管理处，2011 年，增设离退休人员管理服务处。至 2012 年 12 月，长沙市质量技术监督局内设办公室、法规宣传处、质量管理处、标准化处、计量处、特种设备安全监察处、产品质量监督处、食品生产监管处、认证监督管理处、人事处、计划财务与科技处、离退休人员管理服务处、机关党委、纪检监察室 14 个处室。

1988 年，长沙市计量管理局有长沙市计量管理处试验工厂、长沙市度量衡检定所、长沙市计量测试所、长沙市度量衡检定所修理站 4 个直属机构。1989 年 10 月，长沙市计量管理处试验工厂更名为“长沙市计量仪器仪表研究所”。1991 年 1 月，长沙市标准管理局成立长沙市产品质量检验所。同年 12 月，长沙市计量测试所更名为“长沙市计量测试技术研究所”。1992 年 3 月，长沙市产品质量检验所更名为

“长沙市产品质量监督检验所”。1993年6月，长沙市计量管理局和长沙市标准管理局合并，原两局下属技术机构共5个：长沙市计量仪器仪表研究所、长沙市计量测试技术研究所、长沙市度量衡检定所、长沙市度量衡检定所修理站、长沙市产品质量监督检验所，成建制划归于长沙市标准计量局。1995年5月，长沙市技术监督局新设稽查大队，为自收自支的事业单位，正科级。1997年2月，长沙市度量衡检定所修理站撤销，1998年2月，市计量仪器仪表研究所并入市产品质量监督检验所。2000年3月长沙市质量技术监督局三定方案明确下属机构共4个，分别为长沙市计量测试技术研究所、长沙市度量衡检定所、长沙市产品质量监督检验所、长沙市技术监督局稽查大队。2000年6月，市劳动局“锅炉压力容器检验研究所”“劳动保护监测检验站”划归长沙市质量技术监督局。2001年2月长沙市度量衡检定所并入长沙市计量测试技术研究所。2001年7月，成立“长沙市质量技术监督信息管理所”，为正科级差额拨款事业单位。同时，长沙市计量测试技术研究所更名为“长沙市计量测试检定所”，长沙市产品质量监督检验所更名为“长沙市产商品质量监督检验所”，锅炉压力容器检验研究所更名为“长沙市锅炉压力容器检验所”，劳动保护监测检验站更名为“长沙市特种设备检测中心”，长沙市质量技术监督局稽查大队更名为“长沙市质量技术监督局稽查队”。2002年2月，浏阳花炮检测中心从浏阳市质监局划出，成立副处级省级技术机构“湖南省烟花爆竹产品安全质量监督检测中心”，由市质监局代为管理。2005年4月，市计量测试检定所并入省计量检测研究院。2011年4月，长沙市锅炉压力容器检验所，长沙市特种设备检测中心成建制移交至湖南省质量技术监督局。同年7月，长沙市质监局成立“长沙市蔬菜食品质量安全检测中心”；8月，按省质监局统一模式，稽查队更名为“长沙市质量技术监督局稽查支队”；12月，成立“湖南省汽车摩托车配件质量监督检测中心”。至2012年，长沙市质量技术监督局共有长沙市产商品质量监督检验所、长沙市蔬菜食品质量安全检测中心、湖南省汽车摩托车配件质量监督检测中心3个技术机构，长沙市质量技术监督局稽查支队、长沙市质量技术监督局信息管理所2个直属事业单位，代管“湖南省烟花爆竹产品安全质量监督检测中心”。

2006年年底，设立长沙市质量技术监督局开发区分局（副处级），2009—2011年，市质量技术监督局相继成立长沙市质量技术监督局芙蓉分局和雨花分局、开福分局、天心分局、岳麓分局，均为长沙市质监局的派出机构（正科级）。2011年8月，设立长沙市质量技术监督局经济技术开发区分局（副处级），与长沙县质量技术监督局合署办公；长沙市质量技术监督局开发区分局更名为“长沙市质量技术监督局高新技术产业开发区分局”，加挂“长沙市质量技术监督局岳麓分局”牌子，仍为副处级。2012年年底，长沙市质量技术监督局的派出机构有高新技术产业开发区分局（与岳麓合署办公）、芙蓉、雨花、开福、天心4个。

1988—2012年，先后担任长沙市计量管理局、标准管理局、技术监督局、质量技术监督局主要领导职务的有：周致仁、郭赣清、葛庆松、汤若愚、佘曼云（女）、徐新楚、段方英；其他领导班子成员有：韩孟辉、周洪汉、陈鼎三、朱继明、杨开瑞、陈振球、于秀文（女）、熊立奇、魏子健、文琼山、田建武、王芳斌、张遥奇、刘忠、王浩、李有富、张炼、耿良安。

二、区县（市）机构

1988年年初，长沙、浏阳、宁乡、望城4县分别设立各自的“标准计量管理所”。1988年6月，长沙市郊区标准计量所成立，隶属郊区乡镇企业委员会。7月至9月，长沙、望城、浏阳、宁乡4县及长沙市郊区标准计量所陆续更名为“标准计量局”，均为正科级机构。1994—1995年，宁乡、浏阳、长沙、望城4县（市）标准计量局先后更名为“技术监督局”。因长沙市区划调整，1997年郊区技术监督局并入市技术监督局。2000年，4县（市）技术监督局更名为"县（市）质量技术监督局"，改由长沙市质量技术监督局直管。2011年6月，撤销望城县设立长沙市望城区。2012年，县（市）质量技术监督机构无变化。

第二节　计量管理

一、计量标准和计量检定

1988年，建立80项社会公用计量标准，其中长沙市计量测试所44项，市郊区计量所5项，长沙县计量所5项，望城县计量所5项，浏阳县计量所10项，宁乡县计量所11项，涵盖长度、温度、理化、力学、电磁、时间频率、无线电七大类计量检定项目，构成较完备的量值传递体系，基本满足全市工业、商贸、科研、文教、医疗卫生、环境保护、安全防护的需要。全市强制检定计量器具共6.99万台（件），其中贸易结算5.27万台，医疗卫生6526台，环境监测197台，安全防护1.06万台。强制检定工作由市计量测试所，市衡器检定所承担。

1992—1994年，先后成立燃油加油机、出租车计价器、医疗卫生计量器具管理站，对全市医疗卫生计量器具、加油机、出租车计价器、眼镜制配用计量器具等建立强检档案，采取专项管理。这类计量器具的强检受检率均90%以上。

1998年，新建社会公用标准5项，全市1070家企业单位中，446家企业建立计量室（站），共建立企业最高计量标准32项，对强检计量器具实行年审制度。是年，126家单位通过备案核查。共审核"两标"计量器具（社会公用计量标准，企业最高计量标准）2364台件，"四强"计量器具（强制检定目录内并直接用于贸易结算，安全防护，医疗卫生，环境监测四个方面的工作计量器具）5165台件，审核合格单位强检计量器具受检率100%。是年5月，加强集贸市场计量监督管理严格计量器具周期检定工作，将市场使用频繁的衡器检定周期规定为6个月，对市场在用计量器具受检情况、周检率、合格率输入计算机，为市监督管理提供依据。

1999年，完成强检年度备案核查单位98家，审核"两标"计量器具2156台件，"四强"计量器具3965台件。至2002年，市场计量器具受检率由45%提高到86%。

2005年3月，长沙市计量测试所合并到省计量测试院，长沙市"两标""四强"检定工作由省计量测试院承担。

二、计量许可

1988年，全市89家单位408种计量器具获得制造计量器具许可证，213家杆秤、竹木尺个体户取得木杆秤、竹木尺制造许可证。1994年，对9种计量新产品进行考核，颁发计量器具制造许可证，11种计量器具产品制造许可证复查考核合格。

1995年，淘汰木杆秤、竹木尺，注销制造许可证，取得制造许可证的单位减至36家64种产品。1996年，帮助小型、乡镇企业加强计量工作，开展对中、小型乡镇企业完善计量检测体系确认试点工作，与湖南农垦茶厂进行计量确认试点。经企业申请，湖南农垦茶厂、望城县电力线材厂等6家企业取得计量合格确认证书。1996—1997年，加强对计量器具生产企业的管理，连续两年对制造计量器具许可证到期进行复查换证，有10家企业通过复查换证，2家企业通过考核发证。

1999年，执行国家《制造、修理计量器具许可证监督管理办法》，对长沙市20家生产企业58种计量器具产品进行核对，重新编号和换新的证书。2002—2003 年，制造和修理计量器具企业复查换证和新产品发证共 15 家。至 2004 年，全市注销 6 家单位共 22 种计量器具制造许可证，尚有 15 家单位的 52 种计量产品持有计量器具制造许可证。

2008 年 5 月 1 日起实施新的《制造、修理计量器具许可证监督管理办法》，由省质监局统一管理全省制造、修理计量器具行政许可证工作和计量器具新产品型试批准的受理和发证工作。至 2012 年，全市有 115 家小型企业获得计量合格确认证书，全市有 114 家单位获省质监局核发的制造计量器具许可证。

三、计量监督

1988 年，对全市大中型集贸市场进行计量器具检查，安排 2 次专项行动，出动人员共 98 名，检查 72 家集贸市场，抽查在用字盘秤、台秤、电子秤等共 2100 余名（件），暂扣不合格计量器具 281 台，停用无强制检定标志的计量器具 48 台。1989—1991 年，加强对市场计量器具的检查力度，共出动 740 人次 15 场次市场计量检查，没收不合格计量器具 152 台（件），对 17 家有严重计量违法行为的单位和个人立案查处。1990 年，在大中型集贸市场设置公平秤复秤台共 34 处。

1994 年，上路设点开展出租车计价器检查，对私自改装计价器电器线路作弊，破坏计价器铅封印、无强制检定合格标志等一律暂扣计价器，并作后续处理。经上路设点检查后，出租车计价器周期受检逐年上升。1995 年，加强对市场、生产企业定量包装商品及计量违法行为的行政执法，检查定量包装商品 427 种，抽样检验 861 批次，合格率 81%。同年，进行 2 次市场计量检查，检查商店、固定摊位 2900 余家，检查计量器具 5800 余件，没收作弊计量器具 149 件，处罚经营户 18 家。1996 年，对医疗卫生单位计量检查，检查 11 家医疗单位的计量器具，查封未检定和超检定周期的 “B 超”、分光光度计、血压计等 27 台（件）。

1998 年，查处市场销售的劣质油压表、水温表 1000 余块，假冒上海、长沙等 6 家企业的电表 3000 余块和一批组装假冒电表的零部件，检查 80 家加油站（含县），312 台加油机，其中 45 台不合格，给予现场处罚，检查 30 家集贸市场，检查计量器具 3500 余件，没收破旧字盘秤 13 台。开展全市眼镜店柜的调查，共有 145 家眼镜店、柜，镜片抽样 211 批次，合格率 91%、成镜抽样 137 批次，合格率 76.6%。对不合格镜片，查清进货渠道，依法处理，不合格成镜进行整改并跟踪抽样。1999 年 2 月，全面落实“光明工程”，召开全市眼镜行业整顿分析会，制定《长沙市眼镜经销单位实行定级考核挂牌经营实施方案》，发布《长沙市眼镜经销单位质量保证考核评审细则》，加强对管理制度、验光配镜设备、从业人员技术素质、验光配镜环境条件、产品质量等五个方面的管理，对全市（含县）眼镜店柜数量、地址、经营规模以及从业人员等情况登记造册，取消不具备验光、配镜条件的经营户。

2000 年，开展海鲜称重计量专项检查，在 14 家宾馆、29 家酒楼、3 户海鲜经销店抽查 246 批次海鲜，现场检定计量器具 52 台。宾馆、酒楼的检定合格率 4.17%，海鲜经营户检定合格率 33.3%，对 43 家有计量违法行为的单位进行查处，其中现场查处 27 家，立案查处 16 家，14 家情节严重的新闻曝光。发布《关于加强对长沙市各宾馆酒楼用于贸易结算计量器具实行强制检定的通知》，是年 8 月，进行罐装液化气称重计量检查，对 7 家罐装站、13 家经销店共 19 批次液化石油气抽样检查，批次合格率 21%。2003 年，对全市眼镜经营单位进行专项检查，在用计量设备合格率 80%，责令限期整改并跟踪检查，关门停业 6 家。2004 年 5 月，组成两个检查组，进行眼镜配镜单位整改复查，发现计量设备配备情况为：焦度计配备率 86.5%，验光镜片组配备率 100%，计量设备周期受检率 99%，周期受检合格率 100%，基本达到整改要求。

2005 年，在 15 家大中型集贸市场抽查计量器具 2100 多件，经销商店抽查水表、电能表、煤气表共 5800 余块，对眼镜行业、餐饮业、加油站和粮食市场实施计量检查，查处计量违法案件 215 起，其中立案查处宁乡县 3 家加油站更改加油机电路主板，更换加油机计量齿轮盘等严重违法案件。

2010 年，对本地产定量包装商品净含量抽样检查，抽样 161 批次，对净含量不合格的 4 家生产企业责令整改，抽查 190 批次定量包装商品，合格率 96%。对水表、燃气表、电能表、定量包装商专项检查，查处计量违法案件 39 起。2012 年，抽查市场销售定量包装商品 12 个品种 202 个批次，批次合格率 88.6%，抽查 6 个品种 406 个批次定量包装商品净含量，净含量合格率 93.5%。对全市医用计量器具进行强化管理，实行医疗卫生单位在用强制检定计量器具申报备案制度和计量检定统一检定程序的管理。

四、计量创建工作

1988 年，长沙市计量局评为湖南省贯彻计量法先进单位。1989 年，长沙市接受湖南省推行法定计量单位验收组检查验收，国务院法规局、技术监督总局法规司等领导参加验收检查，获得 90.30 分，一次性验收合格。长沙市成为全国首批提前完成向高法定计量单位过渡，经验收合格的城市。

1990 年，开展各大商城、商店自愿申请“物价计量信得过”单位创建评选工作，授牌 15 家单位“物价计量信得过单位”。1991 年，在商贸系统进一步贯彻落实《计量法》，引导商业企业开展计量管理争先创优。9 月，长沙大厦获国家技术监督局的“全国计量先进单位”称号，省计量局授予韶山路百货大楼、南门口副食大楼、长沙粮油食品店、东塘交易大楼“省计量先进单位”称号。1994 年，长沙 8 家加油站获“省计量信得过单位”。

1996 年，长沙市 13 家单位获得“湖南省计量信得过单位”。1997 年，在商业企业开展“执行物价计量政策法规最佳单位”评选授牌活动。9—10 月，对近百家初审参评企业评比验收，共评出长沙友谊集团、长沙市一医院等 58 家企业为第五届“执行物价计量政策最佳单位”，并进行表彰。

2002 年，开展“价格、计量信得过”活动，成立“双信”工作领导小组及办公室。44 家单位获得长沙市“双信”单位，并授牌向社会公布。全市有 20 家单位获得省“双信”单位。同年，长沙市 20 家单位获得“湖南省物价计量信得过单位”，长沙大厦商城获全国计量先进单位。2003 年，长沙大夏商城获“全国执行物价、计量法规先进单位”。2003 年，全市有 5 家单位获得“省计量信得过单位”。59 家单位获“双信”单位。

2004 年起，取消计量创建工作。

第三节　标准化管理

一、标准的制（修）订和标准备案

1988 年，制定《矿用隔爆型移动变压器》国家标准，并经国家标准总局批准发布。制定农业企业标准 16 个。同年 12 月，停止为企业制订产品企业标准工作，转变为依法管理标准和标准备案工作。1990 年，编写《标准化文明线路标准》手册，共分 4 章 54 条，标准手册在市公交公司 12 路公交汽车线路上试行，促进公交汽车文明行车风尚的发展。

1996 年 6 月，申报“湘研辣椒”农业标准化示范区，制定和完善“湘研辣椒”的制种、栽培管理、储存、加工运输一系列地方标准。1998 年，“湘研辣椒”标准项目通过省级审定批准，承担法国番鸭饲养管理及防疫操作规程的试验和标准编制工作。是年，进行多点试验和农户试养，6 个点试养鸭 800 余羽，孵化推广法国番鸭和杂交鸭 60 万余羽。在总结经验和资料的基础上，编制《法国番鸭（父母代）饲养管理操作规程》和《商品番鸭技术管理规则》两个标准方案。

2001 年，参与起草“湿米粉”标准，报省质监局审批发布为省地方标准。帮助长沙市五星特种养殖有限公司制定“五星中华鳖”企业标准，同年，开福区起草制定 8 个农业规范性标准，其中 6 个为长沙市地方标准，2 个成为湖南省地方标准。2002 年，制定“湖南熟食”省地方标准的工作，并对“五星中华鳖”企业标准通过无公害食品认证验收。9 月，对开福区陈家渡无公害蔬菜示范区进行帮扶，帮助制定符合本地特色的蔬菜技术标准 8 个：蔬菜通用技术规程，黄瓜、豆角、丝瓜、辣椒、藤蕹栽培生产技术，农产品标识，农产品生态茶。2003 年，参与湖南省烟花爆竹产品安全检测中心承担的“烟花爆竹”国家系列标准的制（修）订工作。2007 年，制定“沐浴、足浴、按摩、技术规范”地方标准。截至 2007 年，共办理标准备案 3113 个。

2008 年，参与三一重工、山河智能、亚华乳业等 23 家企业的 69 个企业标准的制（修）定工作，参与指导“百里茶廊”的 2 家茶叶企业制定毛尖茶采摘地方农业标准规范，为企业备案标准 862 个。2009 年，制定“烤烟漂浮育苗技术规程”等 11 项推荐性地方农业标准规范，并经编号发布。制定《长沙市食品质量安全标准化体系建设工作方案》，编制《长沙市食品安全标准目录》。

2011 年，制定《关于湘绣（沙坪产品）地理标志保护产品的若干规定》。牵头启动湘绣湖南省地方标准的制（修）定工作。制定《公共娱乐场所消防安全规范》。2012 年，制定《节约集约用地技术规范》《道路清洁技术规范》《园林绿化技术规范》《市政设施使用技术规范》等。对申报国家级、省级、市级农业标准化示范区，制定市级农业标准化规范 2 项。启动长沙县“罗代黑猪”，宁乡县“流沙河土花猪”地方标准的制（修）定工作，并通过审批发布。至 2012 年，为企业产品标准备案 1815 个，参与《烟花爆竹》国家标准的制（修）定工作，共有 21 个标准经国家质检总局批准发布。2012 年，开展对中小企业标准化战略试点工作，参与制（修）定试点企业承接的国家标准，制（修）定地方标准 3 项。

二、标准的实施

1988 年，全市 917 家企业的 3188 种产品，按标准生产的 2407 种，标准覆盖率为 75.5%，无标生产的占 24.5%。协助企业采用国际标准和国外先进标准（以下简称“双采”）验收合格产品数 19 项。1989 年“双采”验收合格产品为 13 项。

1990 年，制定《长沙市“七五”期间采用国际标准和国外先进标准计划》，有 17 项产品通过“双采”验收合格。是年，落实《企业标准化水平考核管理办法》《企业标准化水平考核暂行规定实施细则》。印发《关于 1990 年企业标准化定级升级计划的通知》，列出机械、冶金、机床、电子、汽车、一轻、二轻、纺织、造纸印刷、烟草、建材、化工、医药、花炮 14 个行业的 100 项重点企业的重点产品上等级数，对全市 28 个企业进行标准化企业上等级验收，其中标准化二级企业 5 个，三级企业 20 个，四级企业 3 个。

1991 年，长沙市有 35 个企业先后通过标准化水平等级评定，达到标准化水平等级二级的企业的有 5 个，达到三级企业的有 30 个。湖南造漆厂通过标准化上等级工作，建立技术标准 19 大类，1337 项，管理标准 2 大类 231 项，工作标准 6 大类 309 项。湖南新生水泥厂建立技术、质量、管理、工作标准 3 大类 784 项，做到产品质量有标准，检测试验有方法，管理有依据，工作有程序，全面提高企业素质。从 1991 年开始，新生水泥厂连续两年实现出厂水泥合格率、包装袋重合格率、水泥均匀性合格率、425

号水泥占有率、出厂水泥安定合格率5个100%，实现利税527万元。

1992年5月，对全市工业产品执行技术标准情况调查，各大、中、小企业填写“企业产品标准调查表”，基本掌握全市企业无标准生产的概况。发布《关于预算内工业企业消灭无标生产的通知》，加强对无标生产企业的督促检查。各工业企业技术监督部门办理“湖南省产品标准化实施证书”的有关手续。通过依法管理，长沙市机床工业公司所属企业消灭无标生产；长沙市冶金机械工业局系统有58种产品通过“双采”验收合格。

产品通过采用国际标准生产给企业带来经济效益，市冶金机械工业局所属企业长沙电表厂以生产电度表为主，因产品结构陈旧，跟不上国际电能表的发展而缺乏竞争力，企业面临停产。该厂认真学习国际电工委员会IEC521标准，参照国际标准制订电能表企业标准，设计研制具有国际水平的电能表，性能全部达到IEC521标准，产品出口量逐年增多，1992年创汇150万余美元，较1989年增加约113万美元，获得较好的经济效益。长沙水泵厂、湖南威胜电子有限公司、远大空调有限公司、湖南金狮啤酒有限公司、长沙湘星企业集团、湖南新生水泥厂等企业，产品通过采用国际标准制造都获得好的经济效益。至1994年，有2872项产品通过“双采”验收。

1995年，凡验收合格的产品、等同采用和等效采用的产品，均由省技监局颁发“采标认可证”“采标标志证”，有1项产品同时颁发两种证书。

1996年，加大对消灭无标生产企业的帮助，到年底，长沙市预算内工业企业消灭无标生产考核率80%。通过“双采”验收获采标认可证书的产品11个，获采标标志证书的产品5个。1997年，确定望城县为消灭无标生产试点县，对其进行标准化工作帮扶，1998年，发布《关于进一步开展消灭无标生产工作的通知》，明确要求望城县第一批达标，浏阳市第二批达标，长沙县第三批达标。

1999年年初，帮助长沙市友谊商业集团服装经营公司开展创建“服务标准化规范化示范单位”的工作，经过一年的努力，该公司在服务标准化方面取得明显效果，经验收评审为“长沙市商业企业服务标准化、规范化示范单位”。同年，抓好消灭无标生产工作，5月份召开专业会议进行部署，对4县（市）全面铺开消灭无标生产的工作，并多次对县（市）进行帮扶和督促检查。11月，望城县150家企业278种产品的标准覆盖率达99.3%，第一个通过验收。2000年7月，浏阳市验收合格，11月和12月，长沙、宁乡两县验收合格。

2001年，“宁乡猪”获批第七批国家级养殖农业标准化示范区项目。2003年，申报国家农业标准化示范区5个，其中浏阳鹤源烟叶种植基地、开福区陈家渡无公害蔬菜基地通过国家级验收，申报省级农业标准化示范区工作2个，有5家企业成为国家和省级农业标准化示范企业。

2004年，长沙市农业标准化工作领导小组成立，新增加2个国家级标准化示范区，加快浏阳市烟叶标准化示范区工作，是年直接为烟农增加收入6300万余元。2005年，国家启动标准化良好行为试点工作，长沙市面向企业，帮助企业编写建立标准化体系，完善产品技术标准，健全管理标准和工作标准。同时，申报新建国家农业标准化示范区2个，省级示范区2个，申报5家农副产品企业为国家和省级标准化示范区。2006年，申报13个省级和市级农业标准化示范区，面积3.53公顷。湖南省忘不服饰有限公司通过AAA级标准化良好行为验收。2007年，增加18个市级农业标准化示范区，2个国家级示范区，完成对浏阳花卉、望城县真人桥蔬菜示范区的验收，对望城县无公害蔬菜标准化示范区的考核验收，通过对湖南省忘不服饰有限公司AAAA级标准化良好行为的验收。2008年，新增加11个农业标准化示范区，其中国家级2个，省级4个，市级5个。

2010年，开福区新河三角洲社区开展服务标准化工作，橘子洲街道开展标准化工作。是年，长沙市13家企业申报标准化行为企业试点。同年，中联重科环卫机械分公司（长沙站）通过AAA级标准化良好行为企业的验收。2011年，开展新河三角洲街道和谐社区国家服务业标准化试点工作。确认标准化良好行为验收试点企业12家，其中1家通过AAA级验收。

2012年，通过标准化良好行为企业试点，通过验收的有5家，其中AAAA级1家，AAA级4家。至2012年，共有142项产品通过"双采"验收，其中有31项产品同时获得采标认可证和采标标志证两种证书。

三、标准信息服务

（一）组织机构代码办理。1990年2月25日，成立长沙市企业、事业单位社会团体统一代码标识制度领导小组，设立长沙市统一代码工作办公室（以下简称"代码办"），全面开展长沙市行政机关、企业事业单位和社会团体的组织机构代码证的办证、年审（变更、换证等）工作。

1990年3月，对全市进行摸底、登记赋码、审核入库（数据库）。至1992年，对全市3.20万个企业、事业单位、社会团体进行数据采取和赋码，完成省代码办下达的数据采集和赋码工作。从1993年4月开始，在赋码的基础上颁发"中华人民共和国组织机构代码证书"。6月4日，在《长沙晚报》上刊登《关于颁发企业、事业单位和社会团体统一代码证书的通告》。6月10日起，按行政区划分，由各级技术监督部门对所辖区内的企业、事业单位和社会团体统一颁发"组织机构代码证"。

1994年，配合国家实施新的税务制度改革，换发新的税务登记时，都要求查验和出示统一组织机构代码证。确定浏阳市为全省验收试点市。5月，在全省代码工作现场会上，浏阳市代码颁证工作通过省标准局的验收。1994年，长沙市共颁证8141个，长沙县颁证575个，望城县颁证625个，浏阳市颁证1121个，宁乡县颁证147个。

1997年，对代码证计算机数据库中的1.36万条数据进行清理和修改，对出现的66个重码进行及时处理。1999年，颁证8000余个，被推荐为全国先进单位。2000年，市代码数据库总数为5.72万个，没有重名重码、错码等现象。2001年11月，开展代码IC卡的试点审核发放工作，两个月时间办理1836张代码IC卡。是年，长沙市（含4县、市）为用户办理代码IC卡共1.72万张，做到有证又有卡，一证一卡。在长沙市政务公开服务中心设立窗口，公开代码办证程序及收费标准，办理代码服务，提高办证效率，申报办证由10天缩短为3天。2002年，落实《湖南省组织机构代码管理办法》，新办、换发代码证7726个，年检代码证3400个，办理IC卡1836个。

2004年2月10日，在《长沙晚报》头版上再次刊登组织机构代码证年检和办理的公告，2月21日，成立市信息所市场管理办公室，开展上门办证服务；采用电脑语音自动拨号系统催办代码证年检。是年新办换发代码证1.40万个，年检代码证1.74万个。11月4日，发布关于加强组织机构代码登记管理的通告，12月，开始建立档案数据库，至2005年11月，档案库数据3.88万条，电子档案库数据1.2万条。2008年，落实《全国组织机构代码管理办法》，派员"走出去"，深入各专业市场办证，全年新办证1.5万个，年检代码证2.1万个，是年，通过省质监局的ISO9001认证工作，推行标准化质量管理，修改、增补各类体系文件9份，新增作业指导书12份。2010年，代码档案数据库共有9.02万条数据，电子扫描档案数据共有17.95万条数据，核对档案数据，查找出错误922处，数据差错率3.34%，及时进行修改。2012年，代码证全年共办理年审5.82万个，变更换证1.67万个，新办证1.96万个，办理IC卡2.81万张。

（二）商品条码管理。1991 年，落实 5 个有关条码的国家标准，配合上级技术监督部门和中国物品编码中心湖南分中心做好全市各企业商品条码的监督管理，推荐、初审和续展工作。长沙市（含 4 县、市）企业申请办理的中国商品条码系统注册的有效成员数共 970 个，全市共有 1500 种商品采用条码。

两年期满后应进行复审。1996 年 12 月，向全市条码系统成员单位发出复审通知，配合省编码中心对长沙市 28 家条码系统成员进行复审。

2000 年，对长沙市具备印制商品条码的印刷企业做好商品条码印刷资格的认证工作，确保商品条码的印刷质量，根据湖南晶鑫科技股份有限公司申请，在该公司建立内部印刷商品条码管理标准共 78 项，编写详细的资料和技术标准，对该公司进行现场评审和条码现场抽样检验。确定该公司具备条码承印资格条件。至 2004 年 8 月，对长沙市 31 家商品条码承印企业进行印刷资格认证。

2007 年，开辟商品条码的监督检查和服务，对条码违法行为开展执法检查。2012 年，对使用不合格的商品条码执法立案 37 起，处罚款到位 8.76 万元，保障商品条码执行国家标准的规范性。

（三）标准情报及服务。1988 年，长沙市共收集国际标准、国家标准、行业标准、省内外企业标准、国内外标准化期刊（册）及各类标准化专著（书）共 1.91 万份（册），接待读者及咨询服务 377 人次，为企业提供复印标准资料 7770 份，与全国 60 余个有关单位建立起标准情报联系。收集 3500 册刊登标准化情报消息和文章的刊物。

1991 年，国内标准馆藏累计数 2.36 万件，全年接待读者 865 人次，向企业提供标准文本 2483 件，承担标准查询检索 430 次，提供资料 2.23 万页。1994 年，收藏技术标准 1102 份，接待提供标准查询 110 余人次，提供标准 604 份，对 166 个强制性国家标准馆藏进行清理。

1999 年，收集国家标准 1700 余册，清理标准 1000 余份，接待查询标准 1247 人次，查阅标准 1100 余个。2001 年，创办《质量信息参考》不定期刊物，提供各类标准化信息 1392 条。在“3·15”期间开通湖南省首家质量技术监督网站“长沙质量在线网”。2002 年建成信息局域网，标准化信息的收集、发布、查询更方便快捷。至 2004 年，共接待社会人士到访和电话查询 900 余人次，提供标准电子文本 700 余件。

2008 年 6 月 18 日，建立“长沙市标准信息服务平台”，2009 年 3 月平台第二期工程立项并实施。2010 年，完成标准有效性确认报告 56 份，为社会提供标准资料 3126 份。2012 年，完成标准信息服务平台资料，为系统提供技术标准情报资料 4213 份。

第四节　质量监督

一、监督检查

1988 年，落实《湖南省产品质量监督管理试行办法》的要求，对长沙地区重点主导产品、名优产品、国家统检产品进行监督抽查，共监督抽查 526 家企业的 733 种产品，924 批次，批次合格率为 90.91%；进行汽车配件、蜂窝煤、涂料、红砖、低压电器等产品的 13 次质量统检工作，汽车配件的合格率仅为 56.1%，低压电器的电器的合格率为 61.2%。查封 50 个低压电器经销单位的 11.76 万件产品要求相关企业进行定期整改。1990 年，加大对生产流通领域商品质量的监督检查力度，对 1853 家企业生产的 1926 个产品进行 3076 批次的监督检验，对 2385 家商店的 1050 种商品进行监督检验，涉及金额共 1793.39 万元。对 212 家因无销售许可证、出售假冒伪劣商品的商店进行罚款处理，罚没款 12.97 万元，监督作技术处理商品货值近百万元，监督销毁商品货值 103 万元。全年对无生产许可证企业、眼镜经销单位、火柴生产厂等单位实施重点检查。发现江西某县火柴厂仍按照老标准生产火柴，存在重大安全隐患，立即查封在长沙市场的老标火柴 2410 件，货值金额 10 万余元。同年，迎接国家技术监督局组织的全国第一次统一抽查，成立市场商品抽查办公室，在全市抽查 13 家商店销售的 10 大类商品 44 个样品，合格 26 个，合格率 59.1%。其中塑料农膜、农药合格率为 100%；水果罐头合格率 33.3%。共查处不合格产品 18 种，罚款 2 万余元，没收轴承 933 套。全年的商品质量监督工作，改变过去“商业只管卖，质量是生产者的事情”的陈旧观念，初步树立“经销者必须对自己所经销的商品负责”的观念，并促使一些商店成立相应的质监机构。

1991 年，在生产领域对 633 家企业的 974 个批次的产品进行监督检验；在流通领域，对 914 家商店的商品进行监督检验，共查出不合格商品货值 244.65 万元。落实国家《关于 1991 年上半年在全国 50 个城市统一抽查部分商品质量的通知》，抽查长沙市东塘百货大楼和长沙交电大楼 2 家国有商店，共抽查 6 种 50 组商品样品，合格 23 组，合格率为 46%，伪劣商品 15 组，占 30%。清退出伪劣商品 30 余箱，挽回损失 10 万余元。同时，进行啤酒统检，合格率 68.57%；眼镜（镜片）统检，合格率 56.6%。推动全市商业企业完善自身质量管理机制，自觉抵制假冒伪劣商品，开展评选“商品质量信得过”单位的活动，中山商业大厦、东塘百货大楼、西园百货商场等 9 家单位成为首批入选授牌单位。

1992 年，长沙市首次实施“市场商品质量监督检验计划”。主要监督检验的商品有：有关人身安全和健康的商品、国家已经实行工业产品生产许可证的产品、用户及消费者投诉较多的商品。国家技术监督局对复混肥进行统检，抽查 8 家企业 8 批次，合格 4 批次，合格率为 50%；对阀门、植物油、眼镜（镜片）进行统检，检查 14 家商店，抽样 26 批次，合格 20 批次，合格率 76.9%，劣质和不合格商品涉及金额 19.67 万元，全部作罚没处理。为进一步规范长沙市产、商品市场，1993 年，发布《关于进一步加强我市境内产、商品质量监督管理的通知》，对全市的产、商品展开抽检，12 月 15 日、16 日两天，重点对商场经销的熟食类制品、食用油、啤酒、室内加热器 4 种商品进行抽查检验，检验熟食类合格率 18.2%，食用油合格率为 50%，室内加热器合格率为 29.4%。在全年的国家统检中，啤酒合格率 77.78%，食用植物油合格率 50%，室内加热器合格率 29.41%，熟肉类制品合格率仅为 18.18%，与全市抽检结果基本一致，均低于全国平均水平。对抽检不合格产品当场作罚没销毁处理，对抽检不合格企业下达整改通知书，责令限期整改，并对严重不合格企业产品进行二次抽检。在二次抽检中市场熟食类产品合格率提升至 69.7%，室内加热器合格率提升至 82.7%。

1995 年，对全市 28 类重要产（商）品进行监督检验，抽查生产企业 374 家，抽检产品 523 批次，合格率为 79.5%，抽检商业企业 1494 家，抽检商品 1709 批次。其中，7 家化肥生产企业为乡镇企业，生产条件简陋，仅 3 家拥有生产许可证，伪劣产品多。经检验，7 家企业产品均不合格，其中，长沙振兴化工厂和长沙县金托化工厂生产的复混肥总养分仅 6%左右。对此，长沙市进行整顿化肥生产秩序、净化化肥营销市场的专题研究。在国家技术监督局的国旗统检中，共检验 5 家商店的 5 批次国旗，合格率仅为 20%。长沙市立即采取措施进行规范，确保国旗使用的严肃性。为规范眼镜市场，制定《长沙市眼镜、镜片质量管理办法》。对眼镜（镜片）、铝压力锅、室内加热器、润肤乳液、全脂加糖奶粉等与人民生活密切相关的 5 类重点商品实行售前质量报检，严把质量安全关。年内，5 类重点商品报检企业 124 个，报检商品 819 批次。对 18 家不按规定办理的商场下达《责令整改书》限期申请报检，并从严实施处罚。售前报检工作转入正常运行。

1999年，按照“监管并举、查帮结合”的后处理思路和《湖南省产（商）品质量监督检查后处理办法》的要求，加大对不合格产品的后处理工作力度，对全国统检中合格率很低的5类市场商品：中低档白酒、熟肉制品、食用植物油、室内加热器、小麦粉，长沙市抽检36家企业经销的63批次样品，合格61批次，合格率96.8%；对省级监督抽查中市内不合格的11家生产企业进行整改复查，复查合格率均为100%；对市级监督抽查中85家不合格产品生产企业中的50家企业进行整改复查，合格率为98.2%；关、停、并、转小水泥厂12家；对产品质量低劣的企业，除让媒体曝光外，还建立“警示制度”“告知办法”，督促其加强自身质量监管，提高质量水平。经过整顿，长沙市产商品质量状况明显好转。在国家技术监督局等4单位对茶叶质量的统一检验中，抽样检验53批次，合格29批次，合格率54.7%，对此，对13家存在质量问题的企业责令整改；在上级技术监督部门对啤酒瓶的市场统检中，抽样14批次，合格7批次，合格率50%。

2000年，进一步加大工作力度，拓宽工作范围。全年进行产、商品抽样检验9000余批次，创历年新高，全市重要工业产品定期检验覆盖面80%以上，市场销售的重要商品的统一抽检覆盖面也超过60%，平均合格率83%。对于抽检中的产商品不合格企业，采取监督与服务并举的模式，加强不合格商品企业的后处理工作，严格执行整改、处罚、曝光、通报、警示、告知、建议等制度，指导帮扶不合格产品生产企业按最新标准进行企业内部质量整顿。是年，50家省、市抽检产品不合格企业复查率100%，复查合格率92%。不合格产品企业整改复查工作初见成效。

2001年，以关系人民群众生命财产安危和国计民生及消费者反映问题较多的产品为重点，合理制订并组织实施生产、流通两大领域的监督检验计划，监督抽查的产、商品170余种，对市场重要商品的抽检覆盖面近76%，对全市重要工业产品的定期监检覆盖面超85%，监督抽验不合格企业整改复查率100%。2002年，重点抽检定量包装商品，抽检6000余批次，对不合格产品企业下达整改通知书，并主动帮助整改工艺流程，规范技术文件，为企业严把质量关。同年，长沙市开始执行国家质检总局下达的烟花爆竹统检任务。连续三年，共检验154家企业263批次产品，合格率93.5%。主要不合格产品涉及烧成率、氯酸钾定性、标识、引线等问题。此后，平均每年对烟花爆竹产品进行专项监督检验。2003年，对全市汽车配件市场进行专项检验，共抽查50家单位经销的汽车轮胎、钢板弹簧、制动软管等12类汽车配件，抽样52批次，合格26批次，合格率50%。对于不合格产品，严格后处理制度，主动帮扶企业整改相关质量问题。

2005年，完成定期抽检1.98万批次，合格率83%，全年抽检产品数量创历史新高，与1123家企业建立技术服务关系，为长沙企业的发展和市民安全消费提供技术支撑。投入150万元开展“绿色康居环保家庭行”大型公益活动，为500户新房装修户提供免费甲醛测试，赢得市民好评。开展“食品专项整治百千万行动”，检验蔬菜近4万批次，将“问题食品”挡在市场之外。严把烟花爆竹安全关，对烟花爆竹原辅料质量进行监管，落实3000万箱烟花爆竹的检测工作，严厉打击用违禁药物生产烟花爆竹的问题。全年烟花爆竹产品质量明显上升，合格率94.8%，“浏阳烟花”被国家质检总局授予国家地理标志保护产品，13家企业生产的烟花爆竹被准许进京燃放。市质监局在2005年被国家质监总局评为“全国质检系统先进集体”。2008年，长沙市首次推行“红黑榜”制度，督促全市生产企业着力提高自身产品质量，强化抽查计划的管理和不合格产品的后处理，全市产品质量抽查合格率稳步上升。是年，北京奥组委指定长沙5家花炮企业为奥运会、残奥会开闭幕式燃放焰火专供企业。为此，对当年奥运专供产品进行100%检验，确保北京奥运烟花产品100%合格。

2009年，严把1000余家烟花爆竹生产企业原辅料进厂关、生产过程控制关、产品出厂检验关，完成烟花爆竹定期检验计划的90.3%。2012年，完成工业产品定期监督检验计划5485批次，将电线电缆、化肥生产企业纳入分类分级监督范畴，建立纸质和电子档案。全年对化肥、建筑钢材、电线电缆等62种产品进行抽查，共抽查1858批次，合格1725批次，抽查合格率92.8%，全市产（商）品质量形式持续好转。

表14-4-4-1　　1988—2012年长沙市产（商）品定期监督检验一览表

年份	生产领域			流通领域
	生产企业（个）	检验（批次）	合格率（%）	检验（批次）
1988	526	924	—	—
1989	264	2478	—	—
1990	1853	3076	—	—
1991	633	974	—	914
1992	658	989	80.1	1733
1993	955	1146	87.8	2160
1994	438	556	76.6	1632
1995	374	523	79.5	1709
1996	669	989	83.0	3200
1997	899	1332	81.6	5460
1998	919	1219	77.1	5673
1999	984	1265	75.6	6821
2000	1457	1902	82.3	7297
2001	1648	2256	80.1	12379
2002	2349	2942	81.0	13500
2003	2623	3137	80.0	16630
2004	3108	4220	80.4	17832
2005	8514	19835	83.0	0
2006	3855	7662	90.5	0
2007	3197	5851	91.7	0
2008	3628	2992	92.5	0
2009	4145	4624	94.4	0
2010	4169	3760	90.2	0
2011	3215	3096	90.1	0
2012	5880	5485	94.8	0

二、打假治劣

1988年，在全市开展查处假冒低压电器的专项行动，共查封50个经销单位、12个仓库，查封假冒产品11.76万件，货值84万元，罚款3万余元，打击制造和经销假冒、伪劣低压电器产品的活动，推进工业产品许可证制度的实施，保护广大消费者的正当利益。1992年，对名酒市场进行执法检查，查处经销假冒名酒的商店59家，查获假酒1.73万瓶，涉案金额80万余元。1993年，查处假冒或以旧充新“东方红–70型”推土机18台，涉案金额100万元；捣毁制造与销售假冒伪劣机床电器产品窝点7处，没收伪劣机床2944台，货值13万元；查获假冒东风牌汽油自卸翻斗车5台，涉及金额40万余元；查获无生产许可证农药、化肥，涉及金额60万余元；检查螺纹钢经销企业35家，不合格的产品货值900万余元。查处不合格商品总货值1262.6万元，其中伪劣商品233万元，执法打假力度增强，严厉打击市场制假售假违法行为。

1994年5月，重点对电池、电线电缆、低压电器、白酒、电度表、电话机、传呼机、计量器具、食用植物油、家用电器、标准件、家具12大类商品进行执法检查，查处不合格商品货值301.83万元，其中伪劣商品货值15.66万元，立案查处大要案件9起。

1995年，开展严厉打击制售假冒伪劣商品违法行为工作，集中力量进行6次大规模的市场“打假”活动，共检查工商企业1494家，集贸市场47个，固定摊点2593个，查获标识不符和假冒伪劣商品1143批次，涉及金额1.32亿元，捣毁制假售假窝点20余个。首次将“打假”触角延伸到楼堂馆所，对室内星级宾馆、酒楼、娱乐场所的商品进行检查，共检查各类商品450批次，总标值93.4万元，查处5个品牌、9个规格的假冒国产名酒和洋酒239瓶，尤以假“酒鬼酒”居多，总标值近6万元。对涉假商家进行严厉处理和整顿，做好后处理工作。是年，召开全市商业企业质量工作会议，布置开展“清柜台”活动。全市24家大中型商业企业自查商品180万余件，货值3亿余元，共查处不合格商品3.6万余件，货值860万元，并且每年举行“清柜台”活动。

1996年4月，成立长沙市“打假”协调领导小组，开始联合省内外部分名牌产品生产企业共同进行专项“打假”。全年共检查商业企业1930家，集贸市场和专业市场32个，检查重点商品38类，被检产商品总标值约2.8亿元，捣毁制假售劣窝点10个。1998年9月，沈阳双喜压力锅制造总公司举报某公司生产假冒“双喜”牌压力锅。由省“打假”办和省质监局牵头，依法对该公司进行联合执法检查，现场查获无标准安全装置的压力锅2.10万只，冒用沈阳双喜公司厂名、厂址的压力锅1.09万只及包装物一批。经调查，该公司在1997年元月至1998年9月共生产不符合国家强制性标准要求的假冒双喜牌压力锅16.46万只，总货值金额1034.7万元。此案是当时全国技术监督系统内排名第二的大要案。全年共检查流通领域商业企业1400余家，检查专业市场20余个，查获假冒伪劣商品涉及金额3000万余元、捣毁各类制、售假窝点34个，立案查处违法案件134起，现场处罚160起。1999年，打响“查市场、保两节”“查农资、保春耕”“查建材、保建设”三大执法“打假”战役，共查处案件429起，立案126起。“假冒广州橡胶轮胎案”及“假冒四川剑南春酒案”影响巨大。假冒广州橡胶轮胎案”查货假冒轮胎8900余条，模具12套，“假冒四川剑南春酒案”查货假酒400件，货值总额57.6万元。

2000年10月，执行国务院召开全国“打假”联合行动电视电话会议精神，召开全市“打假”联合行动再动员大会，签订目标责任书，出台行动实施方案。11—12月，开展“打假”活动728次，检查工商企业3142家，查处违法案件537起，涉案总货值3407.8万元，现场收缴假冒伪劣商品货值金额1307.2万元，端掉制售假冒伪劣产商品窝点、门面154个，涉案货值金额超过50万元的大要案9起。其中 8 家经销商销售假冒名牌电动工具案，是当时全国范围内一次性查获假冒电动工具数量最多、货值最大、假冒名牌最广的案件，合计收缴假冒电动工具计 1.23 万余台，货值 700 万元。

2001 年，将“打假”作为“一号工程”，重点开展对食品、农资、汽配、钢材、饲料、摩托车、土炼油、“黑心棉”、儿童用品、拼装汽车等专项打假战役。元旦、春节期间的百日“打假”联合行动，查处假冒伪劣案件 255 起，捣毁制、售假窝点 36 个，涉及货值 1685 万元。全年查处违法案件 3802 起，立案 1420 起，其中涉案金额 250 万元以上的案件有 47 起；捣毁窝点 127 个；查获假冒伪劣商品标值 1.08 亿元；集中销毁假冒伪劣产商品 58 卡车，2.3 万台（件），标值 725.6 万元。4 月，在雨花区友谊村 20 组一民房内现场查获唐某等用于生产假味精的原料——硫酸镁晶体颗粒 12.5 吨、大量假冒各种品牌味精的包装袋、箱（包括“西湖”“双桥”“大白鲨”“麦穗”等品牌）、封口机、缝合机等设备，查获假冒成品 1.1 吨。8 月 30 日，在雨花区高桥乡火焰村多间民营仓库内查获海带掺砂串案。不法往散装海带中掺入黄沙增重，坑害消费者。现场发现并查扣原料海带 640 吨，其中已掺砂海带 132 吨，涉案金额 163 万元，参与违法人员 24 人，涉及 18 名行政相对人，5 个民营仓库，13 间门面。

2003 年，加大执法力度，对农资、建材、食品、花炮、汽配、地条钢、“非典”防护用品等 18 类产品 12 项大的专项整治、打假行动，全市共查处违法案件 2533 起，其中大要案 182 起，查获假冒伪劣产商品货值金额达 12416 万元，向司法机关移送犯罪嫌疑人 4 名，查处案件数、收缴假劣货品数均创历史新高。

2005 年 3 月，对湖南海燕有机肥料有限公司进行执法检查并抽样送检，查处该公司生产的水稻专用肥 31.65 吨不合格，货值金额 4.18 万元；同时，查处该公司生产的水稻、瓜果专用肥的包装标识不符合强制性国家标准，货值金额 46.67 万元。针对市场制假售假猖獗态势，长沙市有针对性地开展“查两节保市场”“查食品保健康”“查农资保丰收”“查建材保建设”“查汽配保安全”的“五查五保”战役，开展以假化肥、假农药、苏丹红、汽车配件、黑心棉、地条钢、日化产品等专项执法打假活动，市、县两级立案查处质量违法案件 1830 起，涉案货值金额近 5000 万元，端掉黑窝点 67 个。

2007 年，制定长沙市产品质量和食品安全专项整治行动方案，明确农产品、生产加工食品、流通领域食品、餐饮消费、药品、猪肉、涉安产品和进出口产品 8 个领域产品质量安全整治任务和 11 个 100%、1 个 95%的专项整治目标，成立以分管副市长为组长，17 个职能部门为成员单位的整治工作领导小组，负责协调推进全市整治工作开展，通过为期 4 个月的集中整治，检查生产加工企业 1336 家，查处食品及涉及人身健康安全的违法案件 195 起，全市 210 家 10 类重点产品生产企业 100%建立质量档案，专项整治行动通过省政府、国家质检总局和国务院的检查验收。遏制假冒伪劣猖獗势头，强化全民质量安全意识，是年，开展强制认证产品的专项执法。购买一批现代化取证工具，有效解决执法过程中的取证难、固定证据难的问题，提高执法打假工作效率，全年立案查处包括新康门窗经营部无证生产建筑幕墙案、湖南顺天建设集团有限公司无证生产加工铝合金门窗案、不符合强制性标准的解放牌仓栅式货车案在内的质量违法案件 1328 起，打掉制假售劣窝点 72 个。2010 年，共开展 12 个专项执法打假和 2 个重点区域整治（雨花区的糖果、浏阳的复混肥），立案 672 起，查获假冒伪劣产品货值金额 1200 万余元。雨花区的糖果合格率由整治前的 53%提高到 87%，引导 38 家糖果和面粉熟食企业搬进园区进行规范化生产。浏阳共有 4 家复混肥生产企业，抽查 7 个批次，合格 6 批次。

2011 年，开展建材、农资、建筑钢材、电线电缆、消防产品、汽车配件、液化石油气二甲醚等专项执法检查，全年立案 762 起，涉案货值金额 1580 万元，捣毁制假窝点 54 个。开展打击侵犯知识产权和假冒伪劣的“双打”行动，立案299起，涉案货值金额531万元，移送公安部门1起，捣毁窝点10个。2012年，以食品、农资、建材、汽配等为重点产品，扎实推进“双打”“质监利剑行动”。7月，根据广州媒体曝光某品牌婴幼儿奶粉黄曲霉毒素M1超标线索，查明湖南长沙某公司（望城基地）在2011年8月至2012年1月期间生产的13个批次婴儿奶粉黄曲霉毒素M1超标，货值金额775.25万元。同年8月，对某公司生产并销售给长沙奥克斯广场的消防通风管道1万平方米进行抽样送检，检出该产品使用的增强材料系国家明令淘汰的高碱玻璃纤维网格布，判该产品不合格，货值金额67万元。是年共立案853起，涉案货值金额2000万余元，其中，质量违法等综合性立案472起。捣毁窝点116个。移送涉刑案件7起，刑事拘留18人。

三、质量投诉与服务

1988年，受理用户投诉和质量仲裁44起，处理40起。其中南门口百货商场购进长沙市电子器材公司100台杭州“金龙”牌双门双温电冰箱，到仓库抽样5台，经检测，全部不合格，经协商，全部退货，为消费者挽回损失20万余元。1989年，受理投诉举报29起，处理率100%。查处市粮食三仓库议购议销的精菜油用棕榈油与菜籽油混合掺假事件，责成停止销售该产品，罚没全部非法收入，并进行相应罚款。

1994年10月，妥善处理省级主管部门转来的“’94质量万里行”消费者投诉63件。全年处理投诉188件。消费者杨某投诉长沙某摩托车经营公司出售的“豪华兰LX50”型女式摩托车有质量问题。经查证落实后，促使经销单位和消费者调解。1995年“3·15”活动中，在阿波罗商业城、东塘百货大楼、中山商业大厦、长沙大厦、西城商场等地设置5个“现场投诉台”，并在《长沙经济导报》上刊登“投诉卡”，消费者可以随时填卡投诉，多种投诉形式方便消费者维护自身权益。1996年，成立投诉举报办公室，受理和处理投诉306起。1997年“3·15”现场受理投诉121起，当场处理47起。全年共受理投诉298起，为用户、消费者挽回经济损失约70万元。2001年，为使投诉程序化、正规化，编制《举报投诉程序》《上级批转投诉处理结果反馈表》。全市共接待投诉535起，经审定受理502起，受理率93.8%，处理478件（电视机、冰箱、洗衣机57起，鞋类纺织品、家具148起，米、油、乳制品、饮料、酒等128起，汽车、摩托车及配件、木地板等145起），处理率95.2%，解决质量纠纷商品货值达288.52万元，为消费者挽回经济损失98.97万元。

2002年，开通“12365”投诉举报电话，并与省质监局联网，24小时受理投诉举报，同时调整、充实、培训专业人员，对投诉举报随时受理，随时查办。1月8日，消费者栗某使用1994年5月购进的某牌压力锅发生爆炸致亡，经多次与厂方、投诉方协商后圆满解决。3月15日，在全市10个大型商场设立消费者咨询投诉点，现场受理投诉286起。3月23日，安化县一彭姓农民投诉购买长沙县生产的某牌农用车10余天后，因刹车失灵导致翻车事故，当事人找厂家多次协商未果。长沙县质督部门接到投诉后立即找厂家协调，由该生产厂负责赔偿农民损失。4月，消费者左某投诉于2001年12月购某牌热水器，当月30日使用时致使3人一氧化碳中毒，造成一死二伤事故。经调查，发现系未安装烟道，三人连续使用，没及时通风换气所致。经协调，将热水器送天津国家燃气用具质量监督检测中心检验，结果合格，在涉事双方之间进行7次调解，最后达成由厂方一次性补偿用户费用的协议。同年在“查农资、保春耕”，开展“三下乡”服务的活动中，长沙县受理该县阳雀村28户草莓种植户投诉某研究所“速克灵”农药质量案。该28户草莓种植户从某研究所购买141瓶该农药用于草莓治病，由于质量问题，造成58亩草莓减产，经济损失达20万余元。经抽样检验，该农药有效成分含量为零，调解协商后，研究所赔偿农民经济损失 6 万余元。全市全年共受理“12365”热线投诉 171 起，涉及商品总标值 205.4 万元，为消费者挽回经济损失 105.3 万元。

2004 年，全市质监系统共受理投诉举报 1038 起，处理 1002 起，处理率为 97%，为消费者挽回经济损失 380.4 万元。投诉率较高的几类产品为：服装 292 起，手机及电池 187 起，彩电 116 起，室内装饰材料 75 起，汽车及配件 72 起。是年 9 月，张某从长沙某机械厂购 350 型搅拌机使用不到一个月，搅体穿孔漏浆，无法运转，造成施工延误。经调查分析，确认因材质低劣所致，责成厂家全数退回货款 2.5 万元；10 月，长沙县江背七农户购甲基 1605 农药 23 瓶用于水稻治虫，效果不明显。经检测及实地调查，认定农药不合格是导致水稻减产的原因，责成厂家补偿 7 农户 7000 元。

2008 年，共受理投诉举报 1743 起，处理 1665 起，处理率为 95.5%。投诉率较高的有：轻纺产品投诉 412 起，办公、通信产品投诉 256 期，食品投诉 148 起，机电产品投诉 103 起。在“三鹿”毒奶粉事件处理期间，为确保消费者能及时有效进行信息咨询，市“12365”投诉举报中心职工做到双休日在岗、24 小时接听电话，为消费者提供咨询服务 1845 次。7 月，麓山南路供水公司投诉长沙市芙蓉区某塑胶经营部销售伪劣 10 兆帕给水管，2007 年 4 月，供水公司在该塑胶经营部购买该水管并用于“恒基物流园”室外供水和消防管网供水，2008 年上半年出现管道炸裂漏水等严重问题，工人维修 20 余次均不能解决问题，造成严重的经济损失。经过投诉举报中心的多方协调，最终该塑胶经营部同意将伪劣水管全部更换为 PE 给水管件，并承担供水公司耗费的 80%的水管维修费用以及因水管质量问题造成的其他经济损失。此次案件为供水公司挽回经济损失，也树立投诉举报中心良好的窗口形象。

2009 年 3—4 月，对 31 起数码产品投诉 31 起全部进行处理，为消费者挽回一定经济损失。全年共受理投诉 1469 起，解决 1402 起，处理率 95.5%。食品、服饰鞋帽为全年投诉热点。2012 年，共受理投诉举报案件 391 起，处理 352 起，处理率 90%。

表 14-4-4-2　　1988—2012 年长沙市质量投诉举报一览表　　单位：件

年份	受理数量	处理数量	处理率（%）	年份	受理数量	处理数量	处理率（%）
1988	44	40	90.9	2001	502	478	94
1989	29	29	100	2002	457	—	—
1990	70	68	97.1	2003	813	783	96.4
1991	51	51	100	2004	1038	1002	97
1992	34	34	100	2005	2100	1959	93.3
1993	—	—	—	2006	1800	1660	92.2
1994	188	188	100	2007	1795	1756	97.8
1995	—	—	—	2008	1743	1665	95.5
1996	306	306	100	2009	1469	1402	95.5
1997	298	298	100	2010	1244	1244	100
1998	343	311	90.7	2011	1404	1309	93.2
1999	571	542	94.9	2012	391	352	90
2000	430	415	96.5				

第五节 质量管理

一、质量振兴

1988 年，是全市大中型国有企业推行全面质量管理的第三年，全市新评上省优产品 127 种，复评上省优产品 63 种。

1991 年，为贯彻落实国务院关于开展“质量、品种、效益年”活动的指示，保护消费者合法权益，在全市流通领域开展“质量信得过单位”的创建活动。经过企业自查、主管部门择优上报、有关部门及专家检查、评选委员会评审等环节，长沙市国有东塘百货大楼、长沙中山商业大厦等 9 家企业被评为长沙市首批“质量信得过单位”。

1992 年，继续开展“质量信得过单位”的活动，对上年已获荣誉称号的 9 家企业进行复查，现场检查商品 1733 种，质量合格率为 85%以上，符合标准要求。继续对企业本年度产品质量的评审，8 家企业获“质量信得过单位”，对评上的 17 家企业授牌。此外，在浏阳县烟花爆竹生产企业实行“准产证”管理，使烟花爆竹生产企业能领取“爆炸物品运输证”。经过严格的全面考核和产品质量检验，207 家企业的 2020 批次产品符合标准，获得“准产证”。此项工作加强烟花爆竹生产企业的质量管理，提高烟花爆竹产品的销量，得到全国经销部门的认同。

1994 年，评选出“质量信得过单位”33 家，“质量信得过产品”39 个。1995 年召开“长沙市 ’95 产品质量活动颁奖大会”，有 99 家企业的 113 种产品分别获得“质量信得过产品”“质量监督免检产品”“市场公认名牌产品”称号。同时在全市生产、流通领域评选出 33 家“质量信得过单位”。

1996 年，落实国务院颁布《质量振兴纲要》，3 月，成立长沙市质量管理领导小组。制定《长沙市全面整顿企业质量管理验收标准》，自 9 月份起，在全市开展企业质量管理整顿验收工作，到 12 月底，完成企业质量管理和整顿验收 81 家，达到《湖南省工业企业基本规范》要求的有 76 家，达标率为 93.8%。名牌创建工作也有条不紊地展开，下半年，举办“长沙市 1996 年秋季商品交易会暨全国部分名优商品展示会”，确认 42 种市场公认名牌产品、42 种质量监督免检产品、64 种质量信得过产品，并颁发证书，公开向社会和广大消费者推荐。经湖南省名牌产品审定委员会通过，确认长沙鼓风机厂、湖南丽臣实业总公司、长沙卷烟厂等 9 家企业的鼓风机、药物牙膏、精品盖白沙烟等 10 个产品为 1996 年度湖南省名牌产品。

在质量管理取得初步成效的基础上，1998 年，提出“质量兴市”的远大目标，拟定《长沙市质量振兴纲要实施意见》，全面启动质量振兴工程。同年，16 家企业通过质量管理整顿验收；22 家生产企业及事业单位生产的 23 项产品获“湖南省产品质量奖”；16 家企业的毛巾产品、洗衣粉、弹簧床垫等 19 种产品获“湖南名牌”称号。同时，对 33 家化肥、农药产品的生产、经销企业进行生产许可证的检查，确保企业产品生产符合质量要求，引导企业走质量效益型道路。

2000 年 3 月，发布《长沙市质量振兴纲要实施意见》，决定在全市企业中开展“查质量思路、查质量水平、查质量体系、查现场管理、查售后服务”五查活动，确定 30 个“五查”活动联系企业。开展降废减损活动，完成省质监局下达的降废减损 1000 万元的指标。在非公有制企业中全面开展质量整顿验收工作，验收 11 家。积极引导和鼓励企业争创名牌产品，全市 19 个产品获 2000 年度省产品质量奖，17 项产品获湖南名牌。2001 年，成立“长沙市质量兴市筹备办公室”。9 月份，在全市范围内开展质量、计量评价确认活动，共审核217家企业，其中有29家企业被列为创建示范单位。全年帮扶22家企业通过质量管理整顿验收，《中国质量报》以“橘子洲头谱写质检新篇章”为主题，推介长沙市质量工作的做法和经验。同年，全市有22种产品获“湖南产品质量奖”称号，24种产品获“湖南名牌产品奖”称号。95家企业被授予“质量信得过单位”称号、120种产品被确认为“质量信得过产品”、66家工商企业被列为创建示范单位。

2002年3月，为贯彻国务院“从源头抓质量”的工作方针，启动对全市工业企业质量技术状况调查摸底工作，至2004年，全市共调查工业企业11062家，建立企业档案11062份，电脑录入8697家，通过调查摸底，掌握企业产品质量管理的第一手资料。对于存在问题的企业，下达整改通知书468份，落实整改企业203家。2002年，全市的质量振兴工作全面铺开，白沙牌香烟和梦洁牌床上用品获中国名牌；全市4个产品获国家免检产品；27个产品授予“湖南省产品质量奖”称号；长沙卷烟厂和九芝堂制药集团获省政府质量管理奖。此后，各县（市）也相继开展质量兴县（市）活动。

2003年4月开始，在全市开展质量振兴活动，通过4~9年的努力，全面提高社会质量法制意识，提高长沙市质量管理水平，提高产品、工程、服务、环境、农业质量整体水平，使全市整体经济素质基本适应国际经济竞争的要求。培养和扶持本地名牌产品，成立“名牌产品审定委员会”，实施名牌战略，制定和发布《长沙名牌管理（试行）办法》，长沙名牌评选工作常态化。各区县（市）也相继出台质量振兴举措。长沙县政府设立100万元的名牌产品奖励基金，在2003年5月的质量振兴千人动员大会上，对获国家级、省级名牌的企业分别给予20万元、5万元的奖励。远大空调获中国名牌，4种产品获国家免检产品称号，“浏阳花炮”“沙坪湘绣”申报原产地产品保护。34个产品获湖南名牌，11个产品获省产品质量奖。友谊阿波罗商业集团和九芝堂获省质量管理奖。长沙市、浏阳市分别获国家、省“质量兴市先进市”称号。12月19日，召开全市和乡镇企业质量振兴工作总结表彰大会，对以上获得国家、省名牌、认证等及各种奖项的单位进行表彰，并宣布100家乡镇企业被确认为长沙市2003年度“质量信得过企业”。

2004年，开展食品放心工程、产品出厂质检能力评价、质量信誉等级评价、打假保名优等工作，提高企业的质量水平和竞争能力；在全市确定包括LG曙光、九芝堂、威胜电子在内的100家结对帮扶企业，实行负责干部、技术人员与企业“政企结对，帮扶三年”的办法，为企业解决各类大小问题980个。全市新增国家免检产品4个，评选湖南名牌47个；3家企业获省质量管理奖。同年，兑现湖南名牌奖励措施，表彰27家质量振兴工作先进集体。实施质量管理“个十百千工程”，质量技术普查工作共普查企业1850家，培训企业质管、安管人员1060名，整改质量问题企业1121家。2006年，浏阳市被评为“全国质量兴市先进县（市）”。

2007年1月，召开全市质量工作会议，表彰27个单位为“2006年质量振兴工作先进集体”。全年持续加大名牌战略推进力度，推行名牌培育制、名牌阶梯制、名牌奖励制、名牌带动制，袁隆平农业高科技股份有限公司获中国名牌产品称号，29个产品被评为湖南名牌，2家企业获得湖南省质量管理奖，55种产品获长沙名牌。浏阳市质监局被人事部、国家质检总局评为“全国质量工作先进集体”，市质监局局长佘曼云被人事部、国家质检总局评为“全国质量振兴先进个人”。是年，指导企业申办工业产品生产许可证57个，为全市100余家企业培训质量管理人员1200余人次。6月份开始，启动对全市六大产业集群企业质量发展水平的专项调研服务活动，通过对口联系、深入企业、深入基层，了解企业需求，制订短、中、长期服务工作计划，分步帮扶指导，推动企业创牌争优，促进企业质量水平快速提升，撰写《长沙市六大产业集群发展对策研究》的调研报告，对六大产业集群发展提出建设性意见。2008年，“三鹿”奶粉被爆出严重质量问题，国家质检总局取消国家免检产品和中国名牌的评选。

表 14-4-5-1　　2000—2007年长沙市“国家免检产品”及生产企业名单一览表

序号	企业名称	产品名称	品牌	产品品种/规格型号	获证时间
1	伊莱克斯中意（长沙）电冰箱有限公司	电冰箱	伊莱克斯	冷藏冷冻箱	2000年
2	湖南亚华宾佳乐乳业有限公司	婴幼儿配方乳粉	宾佳乐	400克/袋	2001年12月
3	湖南新生水泥厂	水泥	牛力	P.O32.5， P.O42.5	2001年12月
4	湖南丽臣实业有限公司	合成洗衣粉	光辉、丽臣	HL-A350克/袋 600克/袋 1.7千克/袋 2千克/袋	2001年12月
5	长沙凯雪集团有限公司	小麦粉	凯雪	—	2002年7月
6	加加酱业（长沙）有限公司	酱油	加加	250毫升、500毫升、1900毫升	2002年7月
7	长沙经阁实业（集团）有限公司	建筑型材	经阁	铝合金建筑型材	2002年12月
8	长沙振升铝材有限公司	建筑型材	振升	铝合金建筑型材	2002年12月
9	湖南忘不了服饰有限公司	服装	忘不了	—	2003年12月
10	盘中餐粮食食品（长沙）有限公司	食用植物油	盘中餐	食用调和油	2004年12月
11	湖南印山实业集团股份有限公司	水泥	印山台	P.O32.5，P.O42.5	2004年9月
12	湖南星港床具有限公司	家具	星港	床垫	2004年9月
13	长沙威胜电子有限公司	民用计量表	威胜	单、三相电度表	2004年9月
14	湖南地宝龙装饰材料有限公司	强化复合地板	地宝龙	—	2005年
15	湖南康派木业有限公司	强化复合地板	康派、盛保罗	—	2005年
16	长沙欧珀莱木业有限公司	强化复合地板	艾弗林	—	2005年
17	长沙中联重工科技发展股份有限公司	制造工程机械	中联	HBT系列（30-125）拖式混凝土泵	2006年
18	三一重工股份有限公司	制造工程机械	SANY	HBT30、40、50、60、80、90、100、120系列拖式混凝土泵	2006年
19	长沙新振升集团有限公司	建筑型材	振升	阳极氧化、着色型材;电泳涂漆型材	2006年
20	长沙菱格木业有限公司	木地板	天格，双菱	浸渍纸层压木质地板系列	2006年
21	长沙千禧木业有限公司	木地板	金典	强化复合木地板系列	2006年
22	长沙市雨花区宝美耐装饰材料厂	木地板	德伊斯达	浸渍纸层压木质地板（长度600~2400毫米，宽度70~400毫米，厚度8~18毫米）	2006年

续表 14-4-5-1

序号	企业名称	产品名称	品牌	产品品种/规格型号	获证时间
23	长沙远鸿实业有限公司	木地板	远鸿	浸渍纸层压木质地板（长度 600~2400 毫米，宽度 100~600 毫米，厚度 6~18 毫米）	2006 年
24	长沙金龙电缆有限公司	电线电缆	炯龙	普通电线电缆	2006 年
25	湖南梦洁家纺股份有限公司	家纺	梦洁	配套床上用品、被芯、枕芯系列	2006 年
26	湖南丽臣实业有限责任公司	合成洗衣粉、液体洗涤剂	光辉、贝花，马头	WL-A 型 100 克~10 千克，餐具用洗涤剂，洗洁精 300 克~10 千克	2006 年
27	湖南省新生水泥厂	水泥	牛力	PO42.5，32.5	2006 年
28	湖南经阁投资控股集团有限公司	建筑型材	经阁	阳极氧化着色、电泳涂漆、粉末喷涂、氟碳漆喷涂、隔热型材	2006 年
29	湖南昂格木业有限公司	木地板	千柏，惠丽，奥雅，合力佳	浸渍纸层压木质地板系列	200 年
30	湖南东方时装有限公司	服装	圣得西、圣得西·迪夫+图案	西服（含西裤）（5.2 系列，5.4 系列）	2006 年
31	湖南省忘不了服饰有限公司	服装	忘不了	西服（含西裤）（5.2 系列，5.4 系列）	2006 年
32	湖南省晚安家居实业有限公司	床垫	晚安	弹簧软床垫	2007 年
33	长沙河田白石建材有限公司	水泥	白云	普通硅酸盐水泥	2007 年
34	湖南派意特服饰有限公司	西裤	派意特、图案（方形）	西裤	2007 年
35	湖南电力路路通塑业有限公司	塑料管材	路路通	硬聚氯乙烯管材及管件、给水用聚丙烯管材及管件、绝缘电工套管、给水用聚乙烯管材	2007 年
36	长沙丰日电气集团股份有限公司	电池	丰日	铅酸蓄电池	2007 年
37	湖南挺绅服饰有限公司	西裤	挺绅	西裤	2007 年
38	湖南远东服饰有限公司	西裤	远东	西裤	2007 年
39	阿斯派服饰（长沙）有限公司	西裤	阿斯派	西裤	200 年
40	湖南梦洁家纺股份有限公司	床垫	梦洁	弹簧软床垫	2007 年
41	湖南省安泰家具实业有限公司	床垫	安泰	弹簧软床垫	2007 年
42	湖南印山实业集团股份有限公司	水泥	印山台	普通硅酸盐、复合硅酸盐水泥	2007 年
43	伊莱克斯（中国）电器有限公司	电冰箱	伊莱克斯	冷藏冷冻箱	2007 年
44	长沙威胜电子有限公司	民用计量表	威胜	单、三相静止（电子）式电能表	2007 年
45	湖南星港家具有限公司	床垫	星港	弹簧软床垫	2007 年

2010 年，开展“质量提升年”活动，市内 5 区全面实施质量兴区活动，高新区被评为全省唯一的“全国知名品牌创建示范区”。湖南省出台《湖南省省长质量管理奖管理办法》，设立省长质量奖，设企业和个人两类奖项，取代质量管理奖。全年组织 10 家企业参与首届湖南省省长质量奖申报，长沙中联重工科技发展股份有限公司、三一集团有限公司 2 家单位，中国建筑第五工程局有限公司董事长鲁贵卿、远大科技集团总裁张跃、三一重工股份有限公司执行总裁易小刚 3 人获首届湖南省省长质量奖，35 个产品被评为湖南名牌，开福区“沙坪湘绣”地理标志产品保护通过质检总局审批。每季度向市政府呈送质量分析报告，继续推进质量“红黑榜”制度，增加全市产品质量信息透明度。

2012 年 2 月，国务院颁布《质量发展纲要（2011—2020 年）》。4 月，长沙市召开全市质量工作会议，表彰 23 个单位为“质量振兴工作先进单位”。5 月，成立长沙市实施质量强市战略工作领导小组。高新区管委会出台 3 年行动计划，设立“长沙高新区质量奖”，各区县也将质量工作纳入地方政府目标考核体系，完善兑现质量奖励政策和措施。进一步扎实推进名牌战略，方盛制药股份有限公司、山河智能装备股份有限公司、拓维信息系统股份有限公司 3 家企业获 2012 年度湖南省省长质量奖，65 个产品被评为湖南名牌。

表 14-4-5-2　　1996—2012 年湖南名牌和长沙名牌评选情况一览表　　单位：个

奖项＼年份	1996	1997	1998	1999	2000	2001	2002	2003	2004	2005	2006	2007	2008	2009	2010	2011	2012
湖南名牌	10	11	19	19	17	24	29	34	47	38	43	29	48	41	35	60	65
长沙名牌	—	—	—	—	—	—	—	—	52	100	56	55	44	31	55	29	—

说明：长沙名牌于 2004 年首次评选，之后每年评选一次，2012 年未进行评选

表 14-4-5-3　　1997—2012 年湖南省质量奖获奖情况一览表　　单位：个

奖项＼年份	1997	1998	1999	2000	2001	2002	2003	2004	2005	2006	2007	2008	2009	2010	2011	2012
湖南省产品质量奖	25	23	26	19	22	27	11	8	—	—	—	—	—	—	—	—
湖南省质量管理奖	—	—	—	—	—	2	2	3	7	4	2	2	3	—	—	—
湖南省省长质量奖获奖企业	—	—	—	—	—	—	—	—	—	—	—	—	—	2	2	3
湖南省省长质量奖获奖个人	—	—	—	—	—	—	—	—	—	—	—	—	—	3	1	0

二、产品质量认证

1991 年，国务院颁布《中华人民共和国产品质量认证管理条例》后，长沙市开始启动认证工作。

1995 年，全年完成对 19 家质检机构的计量认证复查。

1998 年，贯彻执行国务院《粮食收购条例》，对粮食质量争议作出公正、科学的质量认定，维护供需双方的合法权益，成立长沙市粮食质量争议认定办公室，确保认定粮食质量争议的数据准确可靠，科

学公正，为粮食“敞开收购、顺价销售、封闭运行”顺利进行做好服务工作。全年进行3家计量认证单位到期复查和新发证工作，完成计量单项认证1家。

1999年，加强对法定计量技术机构、授权机构、产品质量检验机构计量认证的监督管理，开展小型乡、镇企业计量合格确认工作。2002年，湖南省花炮质量检测中心和长沙市质检所通过国家质检总局和省质量技术监督局的“二合一”认证，市计量所通过法定计量检测机构的考核验收。同年，对29家质检机构进行计量认证资质检查，完成计量认证复查9家。2003年，湖南省烟花鞭炮质量安全检测中心在全市率先通过国家实验室认可。质检一所三中心通过省质监局“二合一”认证，计量认证复查和新认证评审共13家。

2004年，省汽车摩托车配件质量监督检测中心和市蔬菜食品质量安全检测中心通过加强软件建设，顺利通过国家实验室认可，其检验结果“一家检验、全国通行”。2005年，汽车摩托车配件、烟花鞭炮、食品3个检测中心通过国家实验室认可。经国家质检总局批准，省花检中心筹建国家级检测中心。

2006年，逐步规范车检机构管理，4家车检机构通过省质监局组织的资质认可评审。新建的省玻璃陶瓷制品检测中心和电动车检测中心通过省质监局组织的“二合一”认证。省烟花鞭炮质量安全检测中心通过国家实验室第二次监督评审。2007年，实现技术改革投入和基地建设投入1700万余元，省烟花爆竹质量检测中心新建室外检测基地。计量认证建设工作得到强化，指导企业获取国家计量认证14个。

2007年，指导企业申办3C认证62个，指导30家企业实施ISO9000认证和卓越绩效管理模式。2008年，打击买证卖证、虚假认证等行为，净化认证市场，保证认证质量。为进一步做好全市的认证认可工作，加强强制性认证产品的监督管理。2月，开展全面系统的认证认可工作。经过对ISO9000管理体系认证的宣传，全年新增取得ISO9000管理体系证书的单位有56家。积极与省内主流认证、咨询机构合作沟通，推荐有发展潜力的单位作为开展体系认证的后备单位，并向有关单位宣传ISO14000环境和职业健康安全等认证。

2009年，对长沙市生产强制性认证产品的404家2294个产品建立基本信息库。2010年，继续丰富完善产品信息库，全年对长沙市有效生产强制性认证产品的260家1464个产品及243家获自愿性认证证书的单位建立基本信息数据库。

2011年，召开认证认可现场经验交流会，对体系、自愿性产品和强制性产品的认证监管都制订具体的巡查计划。至年底，完成3家企业的计量检测保证能力认证和6家企业的能源通则合格认可复查工作；对全市取得自愿认证的59家单位进行有机认证、GMP认证、HACCP认证的检查；对287家强制性产品生产企业的1609张有效证书进行巡查；对全市50家单位生产的123批次的50种电动玩具进行强制性产品认证检查；对5家取得有机食品农产品认证证书的单位34种认证产品进行检查；帮扶16家单位取得42个强制性认证产品的认证证书，推荐8家单位开展管理体系认证。针对检查中存在的商品质量不合格问题，对经销单位进行查处。对有机食品农产品认证中存在的严重问题，启动执法程序，开展深入调查，积极净化长沙市认证市场。

2012年，对辖区内300家强制性产品生产企业进行巡查。此外，推动企业开展自愿性认证工作，提高企业自身的管理能力和水平，建立总数近3000家的长沙市自愿性认证（质量管理体系、环境管理体系和职业健康安全管理体系）基本信息数据库。全年共对22家实验室开展首次认定，对21家实验室开展复查换证，对8家实验室开展扩项（其中3个同时进行复查换证），还对8家实验室开展专项监督检查工作，针对检查中发现实验室体系运行与实际工作脱节、实验室资质认定标准变更不及时等问题，组织相关人员和专家进行关于“《质量手册》在实验室资质认定中的作用”的深入理论探讨，并形成书面文章在国家的认证认可工作指导性刊物《中国认证认可》上发表。湖南省烟花鞭炮质量安全检测中心国检中心已通过总局验收，并获得“国家安全生产浏阳烟花爆竹检测检验中心”甲级资质。积极申报工程机械、酒类产品、新材料国检中心，其中酒类产品国检中心分中心已通过初步评审。并对94家各类复查、扩项和新申报的实验室开展资质认定工作。

截至2012年年底，长沙市共对47种产品实施国家强制性产品认证制度，对全市562家企业发放3233张强制性认证证书，全市有效证书的获证企业数为292家，证书数为1744张。此外，自愿性认证工作涉及范围大大拓宽，ISO9001质量管理体系认证、ISO14001环境管理体系认证、OHSAS18000职业健康安全管理体系认证等多个认证体系在社会生活中发挥着越来越重要的作用，共有2493家单位保持质量管理体系证书有效、653家单位保持环境管理体系证书有效。

三、质量宣传

1988年4月，由长沙市标准局和武汉市标准局联合创办的《标准与质量》刊物在全国性期刊评比中获二等奖。1991年，《长沙技术监督》共发行11期，发稿165篇。开展“科技兴湘”活动，深入街巷设置宣传站，向广大市民介绍伪劣商品相关知识，增强消费者自我保护和维权意识。

1993年9月，将《中华人民共和国产品质量法》列入“二五”普法的重要内容并开展全市大规模的质量法知识竞赛，500余家企业事业单位3万余人参加。1996年，《湖南省商品修理、更换、退货责任规定》实施，全市举办30余期宣贯班。与湖南经济电视台联办“3·15”特别节目，现场介绍真假珠宝、真假名酒、真假名牌衬衣等真伪辨别知识。

2000年7月，在《三湘都市报》举办新《中华人民共和国产品质量法》知识竞赛，5000余人参赛；开通“新法”咨询热线；召开有25家知名厂长、经理参加的座谈会，编发《长沙质量技术监督》12期和《长沙市联合打假快讯》21期；举办质量技术监督法律法规及各类专业培训班、学习班98期，促进质量技术监督法律法规的普及和运用。2001年，录制电视节目《城市时代——新世纪 新质量 新生活》。全年开展“质量万里行——长沙行”等一系列以质量为中心的宣传活动。

2003年，先后拍摄《新青年——质量高层论坛》《名牌之路》等专题电视节目，建立“长沙质量在线网站”，并在网站上开辟《每周质检报告》专栏，定期发布《质量信息参考》进行质量相关知识的宣传。2012年2月，开展学习贯彻《质量发展纲要（2011—2020年）》，在宁乡通程温泉大酒店举办卓越绩效评价准则暨质量管理高级研讨学习班，在大型企业中推广卓越绩效标准，积极组织长沙市6家企业参与申报第二届省长质量奖，经过资料初审进入现场评审的有4家，最终3家企业获得2012年度省长质量奖。

第六节　特种设备管理

一、特种设备安全监察

1988年，长沙市全面开展特种设备的检测，共检测各类特种设备855台，查出隐患5100处，对有问题的设备全部下达整改通知单。1989年，全面开展起重机和电梯的监检发证工作，共检验设备1712台，颁发“使用许可证”“合格证”的设备325台，检验桥式起重机和电动葫芦104台，建筑塔吊31台，升降机425台，电梯271台汽车吊11台，查出隐患11080处，对有问题的每台设备都提出整改意见。

1991 年，为重抓锅炉压力容器的安全运行、文明生产，对设置 D<1 吨/小时锅炉房进行综合治理，全市通过治理取得“合格锅炉房”证的 724 家，办理报废手续的 25 家，申请锅炉停用的 67 家，申请锅炉更新的 13 家。1992 年，对全市的锅炉换发新的使用登记证，市锅炉压力容器检验所完成 780 台锅炉定期检验，换发新“锅炉使用登记证”的有 206 台，改建的锅炉房设计图纸审核 156 套，验收新装及移装锅炉 108 台，登记发证的 77 台，参加对望城县青山锅炉厂、新沙生活锅炉厂、长沙生活锅炉厂 3 个 E 级锅炉制造厂资格证的换证审查。

1993 年，对液化石油气储配气站注册登记，发放气体充装许可证，对全市 17 家液化石油气储配站进行充装资格审查，通过验收审查的有 12 家基本具备条件，5 家单位待整改后才能从事充装。1997 年，对长沙市液化石油气公司等 10 个单位储气站的 49 台液化气储罐进行定期检验，取缔长沙市新开铺和东郊两家非法安装和运营的液化石油气充装站，使全市气体充装站的安全状况得到改善。1998—1999 年，对全市 8 家小型和常压热水锅炉制造厂家进行制造资格审查，由省劳动厅颁发制造许可证。

2001 年，成立特种设备普查登记工作领导小组，制定《锅炉压力容器压力管道特种设备安全事故行政责任追究办法（试行）》，在全系统层层推行签订安全责任目标书并开展特种设备普查登记工作。经过两年的工作，完成全市特种设备的普查登记，共检查特种设备使用单位 2735 家，设备 1.37 万台，全部录入电脑，建立长沙市特种设备数据库，发现违规和隐患 4386 起，发出监察意见书、停止运行通知书 2143 份，取缔、销毁报废设备 169 台，安全隐患整治率达 98%，普查登记工作先后通过省质监局和国家质监总局的验收。

2003 年 3 月落实国务院《特种设备安全监察条例》，加大检查力度，检测特种设备 6737 台套，查处违规单位 279 家，对雨花区的高桥、黎托、花桥一带的私营生产单位非法使用的“土锅炉”进行专治整治，对 19 家液化气充装单位进行资格审查，监制液化气瓶标识牌 45 万块，完成气瓶产权转移 40 万只，完成普查登记 50 万只，与 33 家气体充装单位签订安全责任书。

2005 年，对特种设备的分项普查数据建立档案，1.76 万台套特种设备全部纳入动态监管数据库。推行钢瓶产权转移，74 万个在用气瓶全部实现“私有”变“公用”，在用设备定期检验率达 100%。下发整改通知书 211 份。整改隐患 329 处，实现连续五年全市特种设备重大安全事故“零”纪录，做到万台设备事故死亡率控制在 0.5 人以下。

2007 年，全市 2357 家特种设备生产及使用单位签订安全管理责任书。对危化气瓶进行专项整治，实行危化气瓶注册登记，推出“气瓶使用登记证”注册名牌办法，一个气瓶注册一个电子号码，杜绝气瓶标示被篡改或磨掉标识的行为。全市共注册 14.55 万个，发放各类工业气瓶注册名牌 6.41 万个，对市区液化气充装单位的钢瓶实施颜色分色管理，对城区内液化气充装单位从 18 家压缩到 6 家并对 6 家充装单位的钢瓶实行颜色分色管理。建立气瓶动态监管系统，与省特检中心联合开发气瓶安全管理软件，实行动态管理。

2009 年，开展特种设备安全保障工作，共检查使用单位 865 家，设备 2583 台，发现和指出安全问题 573 处，发出安全监察和现场监督检查意见 1156 份。

2012 年，对全年各类特种设备安装维修、改造、质量监督检验率 100%，锅炉定检率为 98%。压力容器定检率为 98%，液化石油气钢瓶定检 12 万只，工业气瓶 2.6 万只，压力管道定检 50 千米，电梯定检率为 98%，超重机械定检率 95%，场（厂）内机动车定检率 80%，游乐设备定检率 100%，发现安全隐患 412 处，下达安全指令书 87 份，报废不合格钢瓶 41034 只，查封取缔违法违规设备 8 台，立案查

表 14-4-6-1　　2000—2012 年长沙市特种设备制造及使用单位数量一览表

特种设备类别	单位＼年份	2000 家	2000 台	2001 家	2001 台	2002 家	2002 台	2003 家	2003 台	2004 家	2004 台	2005 家	2005 台	2006 家	2006 台	2007 家	2007 台	2008 家	2008 台	2009 家	2009 台	2010 家	2010 台	2011 家	2011 台	2012 家	2012 台
锅炉	制造单位	13	450	13	400	13	470	13	430	13	450	13	400	13	380	13	420	13	460	13	490	12	500	11	510	11	520
	使用单位	24	25	58	64	348	441	496	588	586	722	705	859	806	984	949	1187	1034	1318	1171	1496	1272	1620	1407	1813	1604	2129
压力容器（含车用气瓶）	制造单位	24	1835	24	1872	24	1903	24	1825	24	1701	24	1627	24	1731	24	1611	24	1549	24	1403	23	1378	23	1371	23	1299
	使用单位	1	12	4	25	156	511	180	611	214	785	239	936	261	1135	380	1857	435	2520	538	5063	522	8731	763	13271	919	21622
压力管道	制造单位	0	0	0	0	0	0	0	0	0	0	0	0	0	0	0	0	0	0	0	0	0	0	1	30 批	1	10 批
	使用单位	0	0	0	0	0	0	0	0	0	0	1	1	10	10	12	12	16	16	42	52	81	93	113	127	138	157
起重机械	制造单位	0	0	0	0	0	0	0	0	0	0	0	0	0	0	0	0	11	2000	11	3000	13	5000	13	6000	13	8000
	使用单位	0	0	2	5	16	37	48	153	160	629	302	1262	481	1814	685	2872	886	3969	1080	5360	1318	6631	1550	8267	1716	9267
电梯	使用单位	—	—	—	—	325	846	649	2004	1282	4565	1597	6238	1915	8044	2433	11591	2868	15019	3421	19932	2994	24595	4544	29007	5176	33790
客运索道	使用单位	2	2	2	2	2	2	2	2	1	1	1	1	1	1	1	1	1	1	1	1	1	1	1	1	1	1
大型游乐设施	使用单位	—	—	5	13	5	14	7	21	7	28	7	29	7	29	7	29	9	34	10	39	14	56	20	95	23	108
厂（场）内专用机动车辆	使用单位	—	—	—	—	—	—	15	38	67	246	88	368	88	368	88	368	88	368	112	446	141	630	172	802	234	1217
车载气瓶	使用单位	—	—	—	—	—	—	—	—	—	—	—	—	—	—	—	—	—	—	53	2190	90	5293	132	9399	184	16546

处 11 处，整改安全隐患 391 处，解决液化石油气充装站违规掺混“二甲醚”，违规充装改装，翻新报废气瓶及充装使用超过年限的气瓶等问题。对全市 37 家涉及液氨液氯使用单位开展专项检查，将五里牌肉联厂，辉鸿食品有限公司等存在重大隐患的，列为政府挂牌督办项目。对天大锅炉制造有限公司的Ⅰ类和Ⅱ类压力容器进行审核，分别颁发压力容器制造许可证和设计许可证。

二、特种设备作业人员的培训和考核发证

1988 年，长沙市举办各类设备作业人员培训班 46 期，参加培训学习的 2567 人，发放操作证的有 1534 人。在长沙肉类联合加工厂举办 4 期锅炉房综合治理及锅炉房管理人员学习班，400 余人参加学习。

1990 年，加强对特种设备在职职工的岗位培训和定期培训，共举办 51 期学习班，培训学员 2910 人，通过理论考试和实际操作考试合格发证的 2632 人。1991 年，对 4000 余锅炉司炉人员的司炉工操作证每两年进行一次复审，举办三期锅炉压力容器焊工培训班，培训并发证的有 45 人。1992 年，为长沙锅炉厂培训、考试焊工 12 人，认可发证，举办司炉工学习班 1 期，学员 134 人参加培训。为长沙市煤气公司举办 1 期液化石油气槽车押运员取证学习班，23 人参加培训。

1995 年，举办作业人员培训班 5 期，230 人参加培训，开办电梯维修和电梯操作工培训班 5 期，复审班 4 期，8000 余人参加培训。长沙化工机械厂成立锅炉压力容器无损检测人员资格考核委员会，承担锅炉压力容器无损检测Ⅰ级（初级）人员的资格考核工作。1996 年，对 800 余名锅炉司炉人员进行理论培训和复审验照， 经过 4 天的理论培训，800 余人经过考试合格重新颁发新证。1998 年，举办各类作业人员培训班 12 期，培训 975 人，复审考证班 1 期，学员 24 人。至 2000 年，对锅炉司炉工发（换）证 2701 人，锅炉压力容器焊工发证 202 人，气瓶充装人员发证 48 人。

2000 年起，长沙市每年都有计划地开展特种设备专业知识和管理知识的培训，至 2001 年，举办作业人员培训班 129 期，参加培训人员 6472 人，其中锅炉司炉工发证 342 人，换证 4259 人；锅炉压力容器焊工发证 256 人，换证 88 人；电梯（含起重机）发证 140 人，换证 800 人；行车发证 50 人，压力容器发证 115 人，气瓶充装人员发证 48 人。

2002 年 4 月，执行新的《锅炉压力容器、压力管道焊工考试与管理规则》，开始对全市员具备资格的 7 个焊工考试委员会进行重新审查，批准长沙锅炉厂、长沙化工机械厂、湖南新沙锅炉厂、中建五局工业设备安装有限公司 4 个企业焊工考试委员会的资格，取消湖南制药厂、湖南省轻工建设公司、湖南石油化工建设公司 3 个企业焊工考试委员会的资格。同年，办理锅炉司炉工换发证共 2613 人，锅炉压力容器焊工换发证 142 人，电梯工发证 42 人，压力容器发证 53 人。2003 年 1 月起，将全市焊工所持的合格证换发为“锅炉、压力容器、压力管道特种设备操作人员资格证”，重新建档，重新建立基础知识考试试题库。全市先后签发新资格证的有 1683 人。

2004 年，对长沙市机电类安装单位资格许可审查 18 家，举办作业人员培训 7 期，对电梯管理人员考核发证 350 人，对大型游乐设施作业人员办培训班 2 期，考核发证 93 人，对湖南省浦沅起重机厂起重司机专项培训考核发证 300 人，有 454 人换发新的资格证。2005 年，办理新安装锅炉 195 台，开办司炉作业人员培训班 2 期，培训司炉工 160 人，发放锅炉环保宣传资料 500 份，全市共培训各类作业人员 4600 余人，作业人员持证上岗率达 97.5%。2006 年起，每年都通过对特种设备的生产企业和使用单位进行安全大检查的同时，对各类特种设备的作业人员开展进行岗位技术培训，全市特种设备的作业人员都做到持证上岗。至 2012 年，共举办各类岗位培训 465 期，参加培训人员 3.04 万人。

表 14-4-6-2　　2000—2012 年长沙市特种设备作业人员考核发（换）证一览表　　单位：人

项目 \ 数量 \ 年份		2000	2001	2002	2003	2004	2005	2006	2007	2008	2009	2010	2011	2012
锅炉司炉工	发证	139	203	445	170	310	520	570	663	754	836	952	986	1198
	换证	2562	1697	2168	545	—	307	320	456	501	512	623	757	860
锅炉压力容器焊工	发证	202	54	56	162	119	261	325	451	503	557	512	647	756
	换证	—	88	86	318	—	129	158	187	209	247	287	302	327
电梯工	发证	—	140	42	—	703	95	123	151	176	201	257	296	336
	换证	—	800	—	—	—	50	62	77	86	98	103	121	157
起重机械	发证	—	50	—	—	—	750	982	1511	2011	3651	4362	5271	6377
	换证	—	—	—	—	—	326	413	530	621	812	903	980	1098
压力容器	发证	—	115	53	68	134	152	217	317	507	557	602	651	744
气瓶充装人员	发证	48	—	—	—	—	51	57	69	75	83	101	123	179
	换证	—	—	—	270	—	25	27	32	37	41	47	57	63
厂(场)内专用机动车作业人员游乐设施作业人员	发证	—	—	—	—	27	726	1107	1985	2011	2920	3007	4011	4762
	换证	—	—	—	—	93	321	505	703	812	347	960	1320	1692
安全管理人员	发证	—	—	—	150	50	327	411	527	613	326	951	1012	1228
	换证	—	—	—	—	—	185	209	281	303	451	537	726	870

第五章　审　计

1988年，长沙市出台《长沙市国有企业承包经营责任审计暂行规定》，是长沙颁布的第一个关于审计的规范性文件。这期间，财政财务审计，特别是企业财务收支审计处于主导地位，主要目的是维护财经秩序。

20世纪90年代开始，审计监督地位迅速提高，审计监督作用更加凸显。在审计机构、审计制度不断完善的同时，审计业务取得质的突破，同时内部审计、社会审计也得到长足发展。审计监督的重点逐渐转向财政金融、行政事业和固定资产投资审计，既注重查处违纪违法问题，也注重促进规范管理。标志性事件就是1995年10月，成立同级财政预算执行情况领导小组，把财政预算执行情况“同级审”摆在审计工作的首位。

2000年以后，长沙审计发展日趋成熟，在促进廉政建设、维护财经秩序、服务经济发展等方面发挥重要作用。审计机构健全、人员充实，内部审计机构、社会审计机构均实现与政府审计机关的“脱钩”。2001年，长沙市开始实行领导干部经济责任审计工作联席会议制度，对党政主要领导干部实行“凡离必审”。2008年，开展政府投资审计体制改革，对政府投资项目实行审计全覆盖。2011年年底，启动审计“计划、查证、实施、执行”四项权能分离改革，形成较为完备的长沙审计制度体系。

截至2012年，长沙审计已基本形成财政预算执行审计、经济责任审计、政府投资审计“三足鼎立”，金融与社会保障审计、国有资产审计、农业与资源环保审计、行政事业审计、外资审计等专业审计并重的审计业务格局，先后对18354个单位进行审计，查处违纪违规金额300.33亿元，促进增收节支金额58.96亿元，核减投资额114.97亿元，移送案件线索244起，提交审计报告、信息被市级以上党政机关和新闻媒体采用2215篇。长沙市审计局先后获得全国审计系统先进集体、省级文明标兵单位等一系列荣誉。

第一节　机　构

一、市级机构

1988年，市审计局共设一室八科：办公室、人事教育科、工交审计科、商贸审计科、城建审计科、基建审计科、财金审计科、行政事业审计科、城区审计科。1989年，增设综合科、监察室。1990年，设立审计体系科、农林水审计科、金融（外资）审计科，监察室更名为纪检监察（机关总支）室，城区审计科撤销。1993年，审计体系科更名为审计体系法规科、农林水审计科改为农林卫审计科。1996年3月，城建审计科、基建审计科合并为固定资产投资审计科。6月，财金审计科更名为财政审计科。1997年，增设外资运用审计科，原金融（外资）审计科的有关外资的审计职能撤销，农林卫审计科更名为农业审计科。2000年，增设经济责任审计处。

2002年，市审计局内设处室职能进行整合，设办公室、人事教育处、机关党委、监察室、法制处、经济责任审计室、财政审计处、行政事业审计处、经贸审计处、外资运用审计处、农业与资源环保审计处、金融与社会保障审计处、固定资产投资审计处13个职能处（室）。2004年，增设计算机管理处。2005年，增设内部指导审计处，内设处室由14个调整为15个。同年，增设派出机构开发区分局。2007年，设立长沙市领导干部经济责任审计局，与经济责任审计室合署办公。2008年，成立政府投资审计专业局，并将开发区分局、固定资产投资审计处并入。至此，市审计局内设办公室、人事教育处、法制处、机关党委、监察室、财政审计处、行政事业审计处、经贸审计处、农业与资源环保审计处、金融与社会保障审计处、外资运用审计处、经济责任审计局、政府投资审计专业局、计算机管理处、内部指导审计处15个职能处、室（局）。

2011年，对市审计局职责进行较大调整，原市财政局政府投资评审职责划入市审计局，明确不再核查社会审计机构对审计机关审计监督对象以外的单位出具的相关审计报告。2012年年初，人事教育处、法制处、计算机管理处分别更名为人事处、法规处、审计技术处，增设国有资产审计局、审计执行处、审理处。至2012年年底，市审计局内设办公室、法规处、审理处、审计执行处、财政审计处、金融与社会保障审计处、行政事业审计处、国有资产审计局、农业与资源环保审计处、外资运用审计处、经济责任审计局、内部审计指导处、审计技术处、人事处、机关党委、监察室、政府投资审计专业局17个职能处室（局）。

1988—2012年，先后担任长沙市审计局主要领导职务的有：熊科佩、孙文超、彭运兰（女）、张智勇、刘景旺、陈芳辉；其他领导班子成员有：王铁、黄其雄、闵爱诚（女）、张智勇、李志明、段安娜（女）、刘金文（女）、邓国浩、彭保刚、李志明、赵志强、刘柯实、王德芳（女）、关士麟、钟宏杰。

二、区县（市）和乡（镇）级机构

1988年，市审计局下辖长沙、望城、浏阳、宁乡4县和郊区审计局。1990年9月，发布《关于组建内四区审计局的联合通知》；至12月，东区、西区、南区、北区4区审计局先后成立。同年，长沙、望城、浏阳、宁乡4县和郊区人民政府先后成立乡（镇）以经管站为主组成的“合作经济审计站”。

1993年，浏阳县审计局改为浏阳市审计局。1996年，依新行政设置分别成立芙蓉区审计局、天心区审计局、岳麓区审计局、开福区审计局、雨花区审计局。2011年，望城县审计局改为望城区审计局。

至2012年年底，市审计局下辖芙蓉区审计局、天心区审计局、岳麓区审计局、开福区审计局、雨花区审计局、望城区审计局、长沙县审计局、浏阳市审计局、宁乡县审计局。

三、内部审计机构

1988年年初，长沙市共有33个行政、企事业单位建立内部审计机构。1989年3月，市交通局成立审计科，随后市粮食局、市物资局等主管部门相继建立内部审计机构。至1989年12月，全市已有内部审计机构131个，内部审计人员308人。

1994年，一些单位撤并内部审计机构。1995年长沙钢厂、化油器厂等一批大中型企业成立审计机构，部分企业陆续恢复内部审计机构。至1996年年底，市属各行政、企事业单位共有内部审计机构129个，配备内部审计人员542名。

2002年12月长沙市内部审计师协会成立，长沙市内部审计工作开始进入行业管理阶段。之后，因企事业单位改制、机构调整等因素影响，内部审计机构和人员有所减少。至2012年年底，市属各行政、企事业单位共有内部审计机构89个，其中专职机构20个，共配备内部审计人员248名，其中专职87名。

四、社会审计机构

1986年，长沙审计会计咨询服务所成立，归口市审计局行政管理和业务指导。1989年7月，更名为长沙市审计事务所。1992年8月至12月，城内东区、西区、南区、北区审计师事务所和长沙市公信审计事务所先后成立。至1994年年底，长沙市有审计事务所11个。

1995年5月，长沙市社会审计中心成立，为全国省会城市第一家，初步实现社会审计组织的规模经营。该中心成员包括10个市、县（区）审计师事务所成员单位和3个行业办事处，为副县级全民事业单位，归口市审计局管理。1997年长沙市公信审计事务所、长沙市社会审计中心合并为长沙市社会审计中心公信事务所，后更名为长沙市中信会计师事务所。

1999年12月，归口市审计局管理的长沙市中信会计师事务所、长沙市审计师事务所、长沙高新审计师事务所，及归口各区县（市）审计局管理的会计（审计）师事务所，与原单位脱钩，实现“人、财、物”完全分离。长沙市中信会计师事务所、长沙高新审计师事务所合并成立长沙中信高新有限责任会计师事务所。长沙市审计师事务所更名为长沙乐为有限责任会计师事务所。2012年年底，长沙市有会计（审计）师事务所113家。

五、人员队伍

1988年7月，市审计局行政编制101名，实际配备干部79名。1991年，市审计局聘请各民主党派人士8名为特约审计员，建立国家审计监督与各民主党派监督结合的审计监督机制。1992年，市审计局干部职工总人数102人。1996年，市审计局行政编制101名，实际配备干部83名。同年12月，市审计局召开公务员过渡颁证大会，83名在职干部全部过渡为国家公务员，并领取公务员证书。

2002年，行政编制76名、离退休人员管理服务编制1名、机关后勤服务人员编制5名，实有在职干部职工70名。2005年，市审计局行政编制79名。

2006年，市审计局增加行政编制1名。2007年，市审计局增加行政编制8名，增加军转干部行政编制2名。同年年底，市审计局在职干部职工人数93人。2008年，市审计局新增行政编制11名，行政编制增加至98名，实有干部职工102人。2010年，市审计局增加军转安置行政编制1名。2011年，经市编委办核定，市审计局行政编制84名、全额拨款事业编制5名。2012年，经市编委办核定，市审计局行政编制104名，在编在岗102人。

第二节 财政与税收审计

一、财政审计

1988年，重点对各县、区财政决算进行审计，着重审核浏阳县、宁乡县的“赤字”财政。1988年，浏阳县预报财政赤字585.96万元，审计调减赤字84.27万元，并帮助该县积极采取增收节支措施。1989年12月，宁乡县预报财政赤字841万元，审计核减130万元。至1993年，经审计与各方努力，宁乡县财政收入突破亿元大关，实现收支平衡。1993年开始，在总结“赤字”财政决算审计经验的基础上，深化财政决算审计，先后对望城县、郊区、西区1992年度，长沙县、南区1993年度，浏阳市、北区1994年度财政决算进行审计，查出违纪金额5333.67万元，作出收缴财政处理115.15万元。

1996年，财政审计的重心从财政决算审计向同级预算执行及财政财务收支审计转移，落实审计署“账户入手，下审一级，摸清家底，揭露问题，促进管理”的总要求，首次开展同级财政预算执行情况审计，审计涉及 27 个委办局，延伸抽查 80 个单位和企业。通过审计，基本上核实市本级财政预算收支的主要内容，摸清市本级的财政家底，并查处违纪违规金额 7037.19 万元。

1997 年 1—3 月，对市本级 1996 年度财政预算执行情况进行审计，审计涉及市财政局、市地税局及市计委、建委、教委、农办等 20 个委办局，延伸抽查 50 个单位和 27 户企业。揭示财政预算管理方面存在预算收入流转环节多、预算执行法律观念淡薄、税收级次调整不及时、财政部门内控制度不健全等问题，财政体制方面存在税赋不公平、税外规费收缴权分散，税收以缓代免、变相减免既多且乱，预算外收入扩大等问题。审计结束后，召开市本级财政预算执行审计情况审计总结座谈会，积极落实审计整改建议。

1998 年，对市本级及各县、区 1997 年度财政预算执行情况进行审计，查出违规行为金额 11784 万元，揭示违规调整预算 2961 万元、少征预算收入 6629 万元、挖挤上级预算收入 376 万元、违规退库 107 万元、虚列支出 2842 万元等问题，基本核实两级财政 1998 年财政家底，并对 1998 年年终预算调整数、预算收支执行数、年终收支平衡数逐一审查核实。

2001 年，对市本级 2000 年度财政预算执行情况进行审计，揭示预算收入 444.439 万元未及时解缴、预算收入 1398.1 万元节余、市级收入 257.54 万元混入区级金库等问题，审计作出处理将混库收入及长期滞留资金 957.54 万元收缴审计过渡户，统一上缴市财政。

2002 年，在同级财政预算执行审计中，主要揭示预算收入 3463.8 万元和基金预算收入 2311.2 万元未及时解缴、切块资金 518.73 万元未及时拨付、市级收入 56.15 万元混入区级金库、部分拆迁企业违规将职工置换补助金转为私人存款、排污费使用不合规等问题。针对这些问题，审计提出进一步深化综合财政预算改革、细化预算内容、建立更为科学合理的预算管理制度和内控机制等意见。同年，对望城县、浏阳市、开福区、岳麓区 4 个区县（市）的财政决算进行审计，审计作出收缴处理 136 万元。

2004 年开始，财政审计的重心逐步由收支并重向支出审计转变，关注重点由本级支出向关注本级支出和转移支付支出转变。是年，对长沙县、望城县的财政决算审计中，查出违规出借财政资金、采用物质奖励的方式吸引税源等 10 个问题，收缴财政 182 万元；对雨花区的财政决算审计，运用审计的综合情况和数据对财政支出结构及税源管理情况进行审计分析，切实提高审计质量。同时，进一步加强审计调查力度，对长沙市（含 4 县 5 区）2003 年度转移支付教育资金开展专项审计调查，提出优化预算支出结构、制定中小学危房改造工程整体规划等建议。

2007 年 2—5 月，对市本级财政 2006 年度预算执行情况进行审计，重点关注市财政局、市地税局、市高新区等 8 个市直部门单位预算执行情况，揭示土地开发整理项目资金 3.4 亿元未纳入综合财政预算管理，市本级就业再就业资金因无具体项目结余资金 1.2 亿元，土地契税、出让金等征收手续费及奖励性支出 1.07 亿元未纳入部门预算等问题。针对上述问题，责成有关单位进行整改，并提出探索全口径预算管理、创新财政扶持机制、加大社保基金征管力度、完善税收征管考核机制等建议，推动市政府出台《长沙市预算执行情况审计监督实施办法》。长沙市财政预算执行审计进入规范化、制度化的高速发展阶段。

2008 年，对市本级预算编制、调整和决算审核，实现对财政资金的分配、管理、使用和效益情况的全方位监督。同年，根据省审计厅统一布置，开展全市化解农村义务教育“普九”债务行业审计，提出建立化债长效机制，防范新增债务产生；加大农村基础教育投入力度，建立教育债务偿还机制；建立监督机制，确保化债资金安全有效使用等建议，为顺利化解“普九”债务提供依据。

2009年，对市本级预算执行审计组织方式进行改革，把“政府主持集体进点”作为简化审计程序、提升审计权威的重要环节，召开被审计单位主要负责人集体进点会，重点对9家市直单位及其所属二级机构财政资金的管理使用情况进行审计，审计范围从以往部门自身使用的专项资金，扩大到部门能够掌握或参与分配管理的所有财政专项资金。同时，结合市本级预算执行审计，对54家行政事业单位国有资产管理、使用、处置情况进行审计调查，及时反映资产家底不清等突出问题。从9月开始，市纪委牵头，财政、审计等部门参加，对全市67个系统544家行政事业单位的国有资产进行全面清查，推动健全和完善管理机制，防范流失风险。

2010年，建立政府性债务年审制。2011年，对长沙市2010年度市本级财政预算执行情况进行审计，主要审计市级7个部门（单位），对工业、科技、创业富民等专项资金进行审计调查。经审计，及时反映部分单位财政资金未及时上缴、专项资金拨付不及时不规范、项目资金结余过多、资金使用效益偏低等问题，督促相关部门加强整改、完善相关制度。同年，对涉农惠农专项资金使用情况开展审计调查，涉及23个部门的58项涉农惠农专项资金，资金总额达43.9亿元。根据审计反映的问题，财政部门和掌握资金使用权的职能部门完善涉农资金拨付制度，规范资金使用审批程序，推动8.03亿元涉农惠农专项资金全部实行报账制。

2012年，首次采用部门收支预算完整率、预算执行率、“三公”经费支出率等绩效评价指标，开展部门预算执行绩效审计，督促相关部门上缴财政资金1.34亿元、拨付专项资金3.28亿元。截至2012年年底，审计债务相关管理部门、融资主体和项目建设单位62个，涉及债务金额2148.33亿元。出台《关于进一步加强市本级政府性项目融资管理的意见》《长沙市本级政府偿债准备金管理办法》等制度，并率先在湖南省建立政府性债务信息管理体系。

二、税收征管审计

1988年，对某县税务局的征管工作进行审计，抽查8户企业，查处违纪金额7.68亿元，其中漏征所得税2.12万元，漏征能源基金3.03万元，超范围减免所得税2.53万元。1989年，对市税务两分局1988年的税收征管、减免和税收分成进行审计，查出税收征管上有漏洞，偷、漏、欠税情况较多，直接影响财政收入；违反国家税收减免政策，超范围减免；扩大范围、重负计提集贸市场税收分成及多提代征代扣手续费等问题。

1994年1—6月，为调查解新税制对全市工业企业税负的影响，对1994年1月至6月实施新的流转税制的情况继续审计调查。审计表明，新税制设计上体现不挤不让的原则，没有影响国家财政收入，总体上没有增加企业负担。

1997年1—5月，专业审计小组进驻市地税局，并审查芙蓉区、天心区、开福区三个地税分局，揭示税赋不公平；税外规费收缴权分散；税收以缓代免、变相减免既多且乱，人为造成财政收入大量流失；纳税主体缴纳税费的主动性弱化等问题。

2000年1—3月，对市地税局及六个分局、市税侦大队及各区中队进行审计，揭示漏缴税费51.81万元、税侦队办案经费提取制度有待规范等问题，促进规范税收征缴和管理。2001年，对市地税局2000年度税收情况进行审计，审计发现因实行分级财政，5个城区地税分局不同程度的将市级税收混入区库257.5万元。

2005年，对2004年度征收税收各种成本费用开展审计调查，掌握全市各级财政直接支出的税收收入财政成本总体水平，分析长沙市税收征管成本偏高的成因，就发现的问题提出对策和建议，研究解决全市税收成本偏高的问题。

2008—2012 年，连续 4 年对长沙市地方税收征管情况进行审计，并延伸审计部分区地方税务局。通过审计，针对违规提前征收税款、未足额征收税款、未严格执行有关建安项目税收管理政策、人为调节税收收入、混淆入库级次影响市级收入等问题，健全减免税审批制度、优化地方税收税源结构、积极培植长效税源、优化纳税服务。

第三节　行政事业审计

1988 年 8 月，对工交、财政、农业和城建四条战线的 10 个企事业主管局 1987 年的财务收支情况进行审计调查，发现有 4 个局存在滥发奖金、实物和补贴，会议多、差旅多、浪费大，违控购物、乱筹基建资金，将预算外收入化为小团体和个人所有，漏交税款等问题。如对市计委所办的某公司进行审计，查处违纪金额 384 万元，用以修建宿舍和滥发私分等。审计后，除经济处理并通报批评外，经市清理整顿办公室批准，公司撤销。同年，根据群众举报，对市计量局财务收支情况进行审计，查明路某利用既当会计、又管理现金出纳、还兼任局属 5 个基层单位会计工作之机，于 1978—1986 年间采取收入现金不入账、银行提款不入账等手段，累计贪污 3.38 万元。后将其移送司法机关处理，判处有期徒刑 6 年。

1989 年，对长沙市某研究所财务收支进行审计。审计发现，该所于 1984 年 11 月至 1988 年 6 月，用于私分滥发钱物的总金额，相当同期工资支出总额的 4.82 倍。审计后，除经济处理外，市教委免去该所负责人职务。同年，对 944 个单位的工会经费进行审计查证，查出 776 个单位共少缴工会经费 158 万元。至 1989 年年底，行政事业单位定期报送审计对象发展到 45 个，审计覆盖面 87%，推动机关勤俭节约和廉政建设。

1990 年之后，行政事业审计方式方法由定期报送审计为主，改为跟踪审计、行业审计等为主，分类采取不同的审计方法。1990 年，对 10 个市、县级教育主管部门及 74 个大、中、小学、幼儿园、校办工厂的财务收支进行审计，根据资金流向运用跟踪审计，审计总金额 1.13 亿元，查出违纪金额 432.4 万元。

1991 年，对市卫生行业财务收支进行审计，揭示改变业余医疗卫生服务收入的提成办法使分配向个人倾斜、给公费医疗病人滥用自费药品、挪用卫生事业费和业务收入、公款储蓄收取利息、随意提高药品价格和设立小金库等问题，查出违纪金额 405.9 万元。长沙市获全省卫生行业审计第一名。1993 年，对国土、劳动、教育、城建等系统的 250 个行政事业单位进行审计，查出截留财政收入、违控购物、滥发钱财等违纪金额 6111 万元，收缴财政 2299 万元，罚款 20.5 万元。

1994 年 7 月，开展公安系统行业审计，共审计 75 个独立核算和报账单位，查处违纪资金 496 万元、收缴 39.9 万元。针对审计反映的公款私存、物资管理不规范、资金体外循环等问题，印发《关于公安行业审计和今后加强财务管理的意见》，逐条落实审计意见和决定。1995 年，对全市法院系统进行行业审计，审计总金额 7381.84 万元，查出擅自、超标准收取诉讼费，且部分收支体外循环；巧立名目、滥发奖金；擅自减、缓、免诉讼费和违控购物等违纪金额 793.27 万元，收缴财政 52.9 万元。1996 年，对全市检察院系统进行行业审计，查出赃款赃物和罚款未及时上缴财政；挤占、挪用赃款、罚没款；部分赃款赃物和罚款扣押、清退、管理失控；部分赞助款未入账形成账外财产；已发还被害单位名目虚列支出等违纪金额共 228.52 万元，收缴财政 31.16 万元，提出相应强化检察机关制约机制 5 条对策。

1997 年，对 12 家医院财务收支进行行业审计，审计总金额 14799 万元，查出违纪金额共 551.48 万

图 14-5-3-1 2006年10月，审计人员在审计现场对审计资料进行复核 （市审计局供图）

元，收缴财政47.56万元。针对存在乱收费、乱开处方、乱进药品等问题，提出加强医院行业微观管理和宏观调控的5条建议，得到各级卫生主管部门和医院的采纳。2001年，对全市质量技术监督系统1999—2000年财政、财务收支情况进行全面审计，共审计13个单位，审计总金额3721.34万元，查出违纪金额21.87万元，收缴财政4.34万元。

2002年，对教育经费和科技三项经费进行审计调查，揭示教育附加费支出不合理，违反专款专用原则；长沙市科技三项费用投入不足，科技风险投资公司没有发挥其应有的作用等问题。对市中心医院、中医院、市三医院、市四医院、中心血站及市卫生学校进行审计，揭示漏缴税金、坐支现金等问题，并下达审计决定将漏缴税金收缴市财政。

2004年，对全市9所省级重点中学及其民办学校进行审计，并对近三年来财政投入、基本建设、办学行为等情况进行宏观调查，揭示学校负债沉重、政府办学财力有限、教职工待遇资金缺乏、办学条件有待改善等问题，查出违纪金额7473万元，提出审计建议45条。

2005年5月，召开全市行政事业审计工作会议，传达和学习省审计厅有关文件和会议精神。随即，对长沙市物价系统及部分相关收费单位执收执罚情况进行审计和审计调查，调查市本级及区县（市）10个价格行政主管部门，并对139个单位进行延伸审计和审计调查，查出各类违规收费资金3314.2万元，其中物价部门违规审批收费751.5万元、其他部门违规审批收费2.8万元、执收执罚部门原因导致的违规收费2559.9万元。

2006年5—8月，对全市检察系统2005年度财政财务收支情况进行行业审计，揭示违规收取赞助费20万元、挤占专项资金19.6万元、财政预算拨款与上缴扣押赃款返还挂钩金额4801.79万元、固定资产管理不力、未严格执行扣押和冻结款物相关规定等问题，提出保障检察机关各项经费、健全内控制度、加强对扣押和冻结款物管理等审计建议。

2007年，对市广播电视局、长沙晚报社及几家广播电视公司进行审计，揭示固定资产核算不实、超范围计提折旧、欠缴税费、对外投资效益欠佳、会计核算欠规范等问题，提出完善会计基础工作、规范固定资产购置手续、规范对外投资管理等审计建议。2009年，对市广播电视局等7个单位所辖二级机构的财政、财务收支情况进行专项审计调查，涉及单位75家、资金6.71亿元，审计查处机构设置不规范、超范围收费、违规挤占专项资金、超标购置车辆、私设“小金库”、二级机构漏缴税款普遍等问题，提出完善人事编制监督机制、建立国有资产管理新模式等审计建议。

2010年，成立调查组，对全市行政事业单位下属公司设置情况进行摸底调查。审计发现，截至6月底，全市32家行政事业单位有下属公司共85家，主要分布在广电传媒、建设、交通等系统，查出存在机构设置不规范、部分投资存在较大风险、隐瞒国有资产收入、涉嫌侵占国有资产、私设“小金库”、财务管理不规范等问题，形成《关于长沙市行政事业单位下属公司的调查报告》。

2012年，对市3家行政事业单位开展财务收支审计，揭示某单位存在部分仲裁费减免缓交欠规范、应交未交相关税费、固定资产管理不规范等问题；某单位存在账务处理和捐赠物资入账欠规范、未按资金性质设立独立账户、无专职财务人员等问题；某单位存在部分历史遗留问题未解决、借调（用）和聘用人员管理不规范、公用经费支出超标准等问题，促进行政事业单位规范财务管理、提高财政资金的使用效益。

第四节　金融与社会保障审计

一、金融审计

1988年开始，先后对3家银行及1家信托投资公司财务收支进行审计，揭示挤占成本费用、虚列支出、多提固定资产折旧、重提旧货回收手续费、自费工资改革多进成本、部分收入不入账、挪用专款稿基建、漏交能源交通基金和奖金税等问题，促进降低金融风险。

1993年，金融审计的重点从金融机构财务收支，向信贷资金管理、营运及资产、负债、损益过渡。是年3月，集中力量对人民银行系统的信贷资金进行审计，并延伸审计市财政、市工商银行、市建设银行3家的信托投资公司及市人民银行自办的长沙金行、劳服公司等经济实体。全市金融系统成立以行长、经理为组长的清理整顿领导小组12个，办公室（组）32个，抽调清查人员近200人。在各行自查的基础上再重点抽查，并对各行自查自定的整改措施落实情况进行跟踪审计。全市自查和重点抽查出市人民银行与各专业银行超规模发放贷款16.5亿元，违规拆借资金5.1亿元，违规动用信贷资金3.8亿元炒房地产，违规动用信贷资金3.4亿元注入自办经济实体，外流资金3.9亿元。责令各行共收回资金10.08亿元，至年底实际收回4.66亿元，注入经济实体的资金收回1.24亿元。

1994年，对40家金融机构进行审计，重点关注信贷资金投放的真实性、合规性和效益性，促进提高资金使用效益，优化信贷投资结构，促进金融宏观调控措施落实到位。1995年，根据审计署的授权，对长沙市、县的两家银行1994年度资产、负债和损益的真实性进行重点审计，查出国有资产流失40万元，权益不实105万元，损益不实184万元，违纪金额796万元，作出审计处理收缴财政164万元。

2002年4—8月，对某银行湖南省分行营业部3个城区支行和4个县支行2001年度资产、负债、损益情况进行审计。经审计，发现省分行所属7个支行存在个别购销企业挪用回笼贷款、支行银企账账不符、贷款手续不齐、个别贷款企业任意调减库存、部分购销企业历史包袱沉重等问题，并提出强化对收购贷款机构管理和信贷资产管理的审计建议。同年，对长沙市某银行总部及6家支行的资产负债损益进行审计，发现存在应列未列收入1988.98万元、挤占成本费用755.06万元、“账外账”41.89万元等问题。

2004年2—9月，对长沙市长信投资管理公司接管长沙市商业银行股份有限公司8亿元不良资产进行审计。此次送审的不良资产计562户、金额8亿元，审计核减30户、金额3628.65万元。审计发现存在资料不齐全、手续不完善不良资产金额近7亿元；清收措施不力、清收力度不大；内控不严、放贷失查；部分工作人员玩忽职守、严重渎职等问题，并对8亿元不良资产结构进行分析，为市政府决策提供重要参考。

2005年4—7月，对某银行2003年度、2004年度资产、负债及损益进行审计，下达审计决定督促该银行补缴个人所得税151.7万元、补缴印花税18.87万元、补缴房产税79.43万元。2008年7—10月，对某银行2007年度资产、负债及损益进行审计。审计发现，该行银行承兑汇票业务存在违规现象、债务追索和资产处置中个案涉嫌犯罪、违规放贷、贷后管理不严、少代扣代缴个人所得税等问题，提出完善风险贷款的识别和预警信息系统、严格控制国家限制性行业贷款、规范信贷资产管理等审计建议，防范金融风险。

2011 年，对某银行湖南省分行 2010 年度资产负债损益进行审计，将授信管理的规范性和业务发展面临的突出风险作为审计重点，查出贷前和贷后管理存在失误等问题，揭示该行经营管理存在不规范、信贷管理人员责任心不强导致部分业务管理薄弱存在的风险。

2012 年，对某银行 2011 年度信贷资产绩效进行审计调查，查出违规套取贷款、信贷业务管理不规范、贷款收费不规范经营等问题，针对审计指出的问题，总行对有关业务、分支机构和管理环节进行重点整治。对于属于不符合政策规定的问题。长沙银行采纳“加强风险管理、优化资源配置、强化稽核监督”的审计建议，全力清收违规贷款、完善内部管理制度和操作流程、充实信贷管理人员队伍，提高信贷管理能力和信贷资产质量，防范信贷业务风险。

二、社会保障审计

1988 年 7—8 月，对市商品住宅的价格组成与销售进行审计调查。审计发现，截至 1988 年，建设商品住宅的单位 13 个，其中 7 家单位已销售商品住宅面积 22.21 万平方米，每平方米造价 284.80 元、平均售价 392.98 元，个别最高的每平方米售价 711 元，但由于拆迁安置中的不等价交换、材料差异不减成本、建设单位职工奖金和福利挤进成本等所耗费用都摊入售价，形成变相提价，影响商品住宅的销售。

1992 年，对 16 家职工养老保险基金管理机构和 9 家待业保险基金管理机构 1990 年、1991 年的财务收支进行审计，揭示收缴基金缺乏强制性，欠缴 97.39 元，挪用基金 590.74 万元，随意减免 346.55 万元，以借贷方式增值，管理费提取使用不一，管理机构设置与分工弊病甚多，内控制度不严等问题，查出违纪金额 355.68 万元，提出整改意见 26 条。市审计局报送的信息《湖南长沙社保体系初具规模》被国务院办公厅、省政府办公厅采用。

1999 年，对市本级的企业职工养老保险基金采用联动审计方式，对 4 县（市）5 区的企业养老保险基金采取交叉审计的方式进行全面审计，审计总金额 142354.85 万元，查出违纪金额 20242 万元，收缴财政 40.1 万元，归还原资金渠道 7946.4 万元。

2002 年，对市本级和 4 县（市）2001 年度失业保险政策执行和基金的管理、使用情况进行审计，查出部分失业保险金收入未及时转入财政专户、超范围调剂补助支出 256.87 万元、出借基金 99 万元等问题。同时，对 24 家缴费单位的调查发现存在基金收缴困难、欠费严重致使基金支付压力不断增大等问题。

2003 年，对养老保险、失业保险、下岗职工基本生活保障和居民最低生活保障等社会保障资金的专项审计调查发现，存在社保资金收入户存款未及时纳入财政专户管理，未严格执行收支两条线管理，低保资金拨款方式不适应、发放方式比较陈旧等问题。

2005 年开始，对住房公积金进行审计，揭示住房公积金缴存不规范、错列业务开支、擅自动用增值收益存款购买国债、少提住房公积金贷款风险准备金、担保机构业务管理不规范等问题，并提出切实可行的意见和建议，动态掌握住房公积金的资产、负债和基金收支情况，保障住房公积金的健康运行。

2007 年 3—8 月，对长沙市 2006 年度企业职工基本养老保险、城镇职工基本医疗保险、失业保险、工伤保险、生育保险五项基金的情况进行审计。审计社保、财政、税务等经办机构 39 家，延伸调查银行、企业、医院、学校等企事业单位 63 家。审计发现，在政策执行、财务管理、业务管理、基金保障增值、基金管理、内部控制制度等8个方面存在社保资金累计欠费32549.40万元、投保机制不完善等43个问题，摸清长沙市五项保险基金基本情况，为探索建立新型农村养老保险制度提供参考。

2008年5—7月，对市本级2007年度失业保险基金、城镇职工基本医疗保险基金、工伤保险基金进行审计。在对市本级失业保险基金的审计中，揭示基金收入确认不及时、往来清算力度有待加强、失业保险欠费严重致使基金连年出现收支缺口、财务数据和业务数据所反应的欠费情况不一致、漏缴税费等问题；在对市本级城镇职工基本医疗保险基金的审计中，揭示基金征缴管理有待完善、监管力量不适应实际工作的需要、医疗费用结付不及时、医院医疗超标缓付费用返还不及时、统筹基金支付压力大、改制企业协议中的医保金不能按时到位、收入户存款未及时解缴财政专户等问题；在对市本级工伤保险基金的审计中，揭示未按规定实行市级统筹、利息收入记账不及时、储备金制度执行不力等问题。针对审计发现的问题，市工伤保险管理服务局、市失业保险管理服务中心、市医疗保险管理服务中心高度重视，根据审计建议采取有力措施进行整改，确保民生保障基金安全、平稳、良性运行。

2009年7—9月，对长沙3县（市）2007—2008年农业保险资金进行专项审计调查。审计发现，由于农业保险试点推行时间短、农民的保险意识差、宣传引导力度不够等主客观因素的影响，水稻保险现行的“统保统赔”模式（即：乡镇、村代垫保费，保险公司对乡镇、村实施赔付）仍存在较大的问题，善政惠民的政策有待进一步规范和完善。同年12月，对长沙市2008年1月至2009年11月政府投资保障性住房情况进行专项审计调查，重点调查长沙市廉租住房保障资金筹集、管理、使用、项目建设、住房分配和政策执行落实情况，揭示资金未设置专户、资金拨付不及时等问题。

2011年3—4月，对长沙市2008年度、2009年度福利彩票公益金的管理、分配和使用效益进行专项审计调查。审计发现，长沙市2009年、2010年合计收福彩公益金10633.33万元（中央、省指定下拨福彩资助金3206.4万元、长沙市本级7426.93万元），分配10633.33万元，存在部分福彩资助项目分配不合规、基层未实行专户管理和历史遗留问题仍未解决等问题，并要求市民政局进行整改。

2012年开始，社会保障审计更加偏向于监督惠民政策落实，为宏观经济决策服务。2012年2—7月，对芙蓉区、天心区、开福区、望城区、浏阳市的社会保障资金进行审计，摸清社会保障工作的基本情况，指出社会保障资金在筹集、管理、分配和使用等方面存在的问题，督促新增被征地农民社保资金到位1.01亿元，督促904家企业补缴社保资金3590.36万元，清理重复参保1.29万人，追回多享受的社保待遇106.17万元，促进惠民政策落实。

图14-5-4-1 2012年3月2日，审计署社保资金审计组到长沙调研社保资金审计工作 （市审计局供图）

三、救灾物资审计

1992年，对市民政局、红十字会1991年度的救灾资金和物资的收支情况进行审计。审计确认：市民政局接收省、市财政拨给的救灾款190万元、上年结余44万元，234万元；社会捐赠人民币329.07万元、日元12万元、台币50万元、港币1380万元。截至1992年6月底，从上述款中拨给4县

1郊（区）214万元、救灾保险站救灾保险资金20万元，支持常德、大庸、零陵等灾区193.1万元，扶持生产周转金、管理费等支出112.8万元。除日元、台币、港币未动用外，包括利息在内，尚结余24.7万元。价值52.4万元的物资，除1辆汽车、20床毛毯外，已全部转送灾区。市红十字会收到社会捐款和医院义诊捐款，加上年结余，共6.1万元。上交省卫生厅、市民政局防病救灾3.82万元外，其余为救灾医疗队支用。另外，收到台湾红十字会捐赠寒衣7090件，已全部发放到县、区灾民手中。审计认为，救灾款物的管理、分配制度健全，手续完备，到位及时，账目清楚，有效地发挥了救灾资金和物资的使用效果。

1994年开始，连续三年对救灾款物进行跟踪审计，揭示资金未归口管理、转作他用、拨付不及时、投向不合理等问题，确保专款专用。1998年，长江特大洪灾暴发后，开展救灾款物的跟踪审计，从救灾款物的源头，跟踪审计到部门、到单位、到县、到乡镇、到灾民，督促救灾款物及时、足额拨付到灾民手中。

1999年，浏阳市、望城县、芙蓉区等区县（市）对1998年度和1999年度的中国福利彩票救灾募集情况开展专项审计，查出违纪违规金额348.12万元及设置账外账、违规发放奖金、挤占挪用社会福利基金等问题。浏阳市查出浏阳市民政局募捐办副主任孔某等利用募捐购奖品之机，以每辆9600元的价格（实价4750元）购入奖品长动125型摩托车93辆；以每辆399元的价格（实价260元）购入爱斯物变速自行车1540辆，从差价中侵吞国家财产61.78万元。孔某被移送司法机关处理。

2001年，为促进中央平垸行洪、退田还湖、移民建镇，根据省审计厅的安排，对长沙地区2000年6月至2001年5月移民建镇资金进行审计调查，审计资金1233.3万元，查出违纪违规金额40万元，揭示部分资金拨付不及时、配套资金未到位、移民未根除水患之忧、移民安置费不足等问题，促进规范移民建镇资金管理。

2006年11月，对长沙市2006年度救灾款物使用管理情况进行审计调查，查出区县（市）未及时拨付自然灾害救济款62万元、慈善会救灾捐款结存余额较大且比率过高、救济标准过低等问题，促进救灾资金的落实。

2008年5—6月，对2008年抗冰救灾款物进行跟踪审计。截至2008年4月，中央、省、市、区县（市）安排抗冰救灾专项补助资金1.21亿元，市慈善会、市红十字会募集捐赠资金3298万元，市民政局募集棉被1.55万床、军大衣3220件，梦洁公司捐赠踏花被2000床、线毯2000床，市红十字会筹集棉被2200床、棉服82箱、大米135吨。经审计，查出部分抗冰救灾资金下拨不及时、部分冰灾补贴资金使用未到位、救灾款物发放不规范等问题，提出推行募集款物分配、使用公开制度，建立健全救灾款物接受、管理制度等审计建议，促进增强抗灾赈灾应急能力。

第五节 企业审计

1988年，对全市14户重点粮食企业1988年的财务收支进行审计，发现该行业转移截留应上交的粮食差价款、乱挤乱摊成本费用、隐瞒截留各项收入、违反粮食供应政策将平价粮食议价出售非法牟利、漏交各项税费及利用成本结转搞名堂6大违纪问题，查出各类违纪金额600万余元，收缴省市两级财政收入305万元。同年，针对实行第一轮承包的市属预算内企业在责、权、利中出现的行为短期化、留利消费化和资产凝固化问题，对长沙7家企业进行一年一次的承包经营期中审计，促进承包经营责任落实。

对140户国有工业、交通、医药企业承包经营责任执行情况进行审计调查，发现94户全面完成承包经营指标、46户未完成承包指标，揭示合同双方权利和义务不对等、基数确定缺乏科学依据、包盈不包亏、奖励容易处罚难、经营自主权有名无实、集资摊派严重、企业内部以包代管突出、承包前家底不清致责任难以分清等问题。

1989年，首次采取承包经营审计与年度决算审计、财务收支审计、厂长（经理）离任经济责任审计三结合的方法，对10家工业企业的承包经营进行审计，查处违纪金额614.61万元。

1990年，出台《长沙市国有企业承包经营责任审计暂行规定》，决定对企业承包实行“三先三后”(即先审计后签合同、先审计后兑现、先审计后离任）的规定。重点选择20户大中型商业企业作为常年审计单位，对其每年的承包经营情况进行年度兑现审计，承包期满则进行终结审计。1991年，对副食行业24家国有小型企业租赁经营进行审计调查。审计发现，截至1990年年末，24家企业租赁经营4年实现销售8442.6万元，上交营业税220.5万元，实现利润57.8万元，上缴租赁费239.36万元。实现租赁经营与租赁前相比，人均劳效提高50.35%，人均收入提高89.47%，上缴税金增长26.3%，固定资产增加26.3%；但也存在会计核算流于形式、财务监督失去控制、以租赁费取代企业效益、企业缺乏发展后劲等问题。

1992年，对全市大型企业和年平均上交承包利润在100万元以上的40户工商企业进行1991年度的承包兑现审计。经审计发现，40户工商企业利润总额显著增长，技术改造步伐加快，固定资产高速增值，违纪金额明显减少。同年，提出三条增强企业发展后劲的优惠政策，对28户工业企业1991年落实增强后劲政策开展审计调查。审计发现，28户企业中，18户增提技术开发费，金额1415.4万元；10户增提折旧基金，金额663.67万元；7户补充流动资金，金额152.56万元。审计结果表明，企业从财政让利中获得实惠、企业技术开发和改造能力增强、缓解企业自有流动资金紧缺、扭转企业受益分配过分向消费者基金倾斜的局面，但多数企业因承受能力有限，无法享受这三项优惠政策。

1993年开始，围绕推动企业经营机制转换和建立现代企业制度，加强对亏损企业的审计。是年，对11户国有企业资产负债进行审计，查出虚盈实亏单位3个，虚报盈利710.78万元，实际亏损2513.19万元；亏损不实单位7个，虚列亏损9.49万元，少列亏损4527.31万元；盈利不实单位1个，虚报利润102.07万元。1994年2月，对长沙钢厂进行审计，发现该厂在产品和产成品盘亏数量巨大，所属经营部与该厂内部往来账严重不符，查出私设“小金库”金额352.57万元，作出收缴财政170万余元，相关责任人移送纪委、检察院处理。同年，对市属11户中外合资（合作）企业进行审计调查，发现合资企业存在经济效益差、注册资金不能及时到位、中方职工利益得不到保障、资金周转困难等问题。

1995年4月，制定《重点国有企业资产经营责任制和经营者年薪制试行办法》，规定对“扶优扶强”企业试行年审制度，且资产经营者离任一律要依法审计。同年6月5日，长沙市郊区洞井乡副书记谢启光带领审计站人员前往某厂进行审计时，遭经济犯罪嫌疑人邹某用猎枪杀害，随后邹某用猎枪畏罪自杀身亡。6月14日《湖南日报》和6月17日《长沙晚报》分别以《热血贯长虹》《党的好干部谢启光》为题报道谢启光的优秀事迹。7月，湖南省政府授予谢启光革命烈士称号，同时彻底查清并依法处理该厂的经济问题。12月，对长沙某厂进行亏损企业审计，查处该厂在账外集结资金700万余元被以各种名义用空花光的违纪事实。

1996年1月，对14户亏损200万元以上的工商企业进行审计，发现全市亏损企业普遍存在“三乱”(生产经营乱、财政管理乱、职工思想乱)、“三难”（资金运转难、资金增值难、外部环境改善难）的现象。召开全市亏损企业审计专题新闻发布会，提出下一阶段的整改措施。

1998 年，对两家公司进行审计，了解两家企业股份制改革情况，揭示漏缴税费、违规处置专控商品等问题。同时，加大对重点企业的监督力度。对某商业城 1997 年度资产、负债、损益进行审计，揭示该企业管理薄弱环节，分析销售、利润双增长的主要原因，促进企业经营管理上档次、上台阶。对几家商贸企业进行审计，反映企业盈亏不实、虚盈实亏等问题，并分析亏损原因，促进企业扭亏为盈。

2000 年，对某电视机厂进行重点审计，摸清企业家底，揭示弄虚作假、资产盈亏不实以及私设“小金库”问题，查实该企业亏损 1045 万元，企业潜亏 6063 万元。2001—2002 年，对 20 户军转企业审计的遗留问题进行跟踪审计，发现某公司存在重大经济问题，虚报、重报支出高达 391 万元，移送司法部门立案查处。同年，在国有企业下岗职工与事业保险的并轨工作中，对 20 余家企业进行借支联审。

2003 年，对市环路总公司进行审计，摸清环路公司家底，扫除公司重组改制的基础性障碍，并揭露环路公司管理及资金使用存在的严重问题，收回资金 2000 万余元，解除担保 8000 万元。2004 年，对市粮食系统 1998 年 6 月—2004 年 6 月亏损挂账的专项审计调查，就粮食企业新增亏损挂账的原因进行分析，加快粮食流通体制改革进程。同年，开展长沙市湘江化工厂、长沙市运贸公司等市属国有企业和长沙汽车电器集团的破产改制审计工作。

2005 年开始，企业审计重心逐步向国有资产经营管理绩效审计转移。2006 年，加大对重大违纪违规问题的查处力度，查处违纪违规金额 4500 万元，作出审计决定收缴 90 万元。对长沙市邮政系统行业审计发现设立“账外账”、巨额资产未入账造成资产不实、中间业务资金未并表核算导致较大的财务风险等问题，该项目获省审计厅优秀审计项目评比二等奖。

2009 年，重点对全市 13 户国有企业职工解除劳动关系经济补偿金进行专项审计调查，5 户市国有企业政策性破产、依法破产进行清算，30 家政府投资公司和 8 个行业管理办公室国有资产及全市粮食进行大清查。审计揭示原市冶金机械工业局等 14 个单位（含转体公司）未按《中华人民共和国公司法》运作，尚有 31.62 亿元巨额资产仍在表外核算的问题，防止国有资产贬值和流失。同年，首次对长沙市 11 个工业园区可持续发展情况进行专项审计调查，以翔实的数据和事实反映长沙市工业园区的发展状况、取得的成效，特别指出所存在的普遍性、机制性问题，提出推进可持续发展的审计建议，市政府召开常务会议专题研究全市工业园区发展的问题。

2011 年，对先导区管委会及其下属公司、高新区管委会及其下属公司、经开区管委会及其下属公司进行审计或审计调查，揭示 3 个管委会部分支出未细化、基本支出超预算、部分资产与下属公司产权不明晰、低价出让工业用地、往来款未及时清理、应缴未缴个人所得税、下属事业单位无证收费等问题，并全面摸清 3 个管委会下属公司设立及经营状况，揭示低于成本价出让土地、预收账款应计未计收入、未按规定结转收入和损益、部分长期投资效益欠佳、工程管理不规范、未按规定用途使用债务资金、股东变更资产未及时移交等问题。同年，对市环路公司“四路”资产、负债和经营情况进行专项审计核查，确认债务总额 17.82 亿元，核减负债金额 4.67 亿元，核减率 20.77%。

2012 年，对长沙市国有企业国有资产经营管理绩效情况进行专项审计调查，揭示国有股权整体营运效益较低、国有独资工业企业举步艰难、项目资金沉淀、产权管理不到位等突出问题，发挥审计监督预警作用。

第六节　农业与资源环保审计

一、农业审计

1988年，长沙、望城、浏阳、宁乡县和郊区人民政府先后成立各乡镇以经管站为主，吸收乡镇企业办和乡财政所业务人员组成的“合作经济审计站”或“合作经济审计事务所”，并配备专业干部负责业务指导。是年，87个乡镇开展农村审计工作，审计单位98个，查出各种违纪金额88.81万元，追回贪污、挪用款2078万元。

1992年年初，对1991年国家提高城镇居民粮油统销价格情况进行跟踪审计，揭示调价后粮油经营亏损增加3326.52万元，政策性补贴增加1432.10万元；增加地方财政和企业负担1700万元；粮油库存积压增大等问题。对此，审计提出建立优质粮生产基地、成立市县两级粮食购销公司、加快储备粮仓及配套设施建设等建议。

1993年，宁乡县、浏阳市、长沙县等县市建立减轻农民负担审计制度，对乡镇农民负担进行专题审计。1992—1993年期间，浏阳市减轻农民不合理负担600万元，户均20余元。

1995年，对18个单位的农业投入进行审计，揭示农业投入的增长速度低于财政经常性收入的增长速度、农业贷款总额比重偏小、以工代赈资金的管理不健全、挤占挪用农业投入资金的现象较严重等问题。审计总金额近3亿元，查出违纪金额97.3万元，做出处理归还原资金渠道66.68万元，调账27.16万元，收缴财政3.46万元。审计署农业审计司到长沙市检查农业投入审计工作后，给予肯定。

1996年开始，探索大农业审计，农业审计的重点向涉及本地区内农业经济秩序、宏观含量高的热点部门倾斜，重点审计扶贫、农业综合开发、粮食、水利等领域。1996年，对宁乡县、浏阳县1994年、1995年扶持粮棉大县发展经济专项贷款的管理、使用情况进行审计，揭示农业银行执行贷款政策有偏差，截留财政贴息，地方配套资金未及时足额到位等问题，查出违纪金额97.82万元，督促农业银行组织落实贷款97万元。同年6月，先后对市粮油食品总公司第一经营公司和经营部、长沙面粉公司、市第四粮油实业公司进行审计。在市粮油食品总公司第一经营公司的审计中，采用详查和抽查相结合、盘点库存等审计方法，解粮油体制下放后企业的现状，帮助改善粮食企业的经营管理。

1998年，对粮食、水利、移民、国土、农业综合开发等行业开展专项审计。在对长沙、望城、浏阳、宁乡4县（市）1992年4月至1998年5月的粮食财务亏损挂账的审计中，核减粮食财务挂账亏损1106.23万元，查处违纪违规问题资金843.34万元，建议有关部门立案清查，撤换3个严重违法乱纪的粮站站长，开除党籍1人，移送司法机关案件一起。在水利专项资金审计中，对10个市、县（区）水利局、财政局、计委、农办及120余个乡镇、堤垸、水管所进行审计，查处违纪违规金额506.72万元，作为处理收缴财政73.1万元，归还原资金渠道174.21万元。

图14-5-6-1　1997年7月，长沙市审计局农业审计小组对审计发现问题进行讨论　（市审计局供图）

2000年开始，连续两年对农业综合开发资金进行审计，反映滞留资

图 14-5-6-2 2006 年 8 月 14 日，审计人员实地检查粮食收购情况 （市审计局供图）

金、改变资金投向、配套资金不到位、有偿资金收不回、开发贷款未到位等问题。

2002—2012 年，连续十年对农村建设扶贫资金进行专项审计或审计调查，重点审查建设扶贫布点村和城乡一体化示范村扶贫资金的到位、管理和使用情况，揭示扶贫资金到位率不高、建设工程项目管理欠规范、资金收支未按规定纳入专户管理、会计核算不规范、非生产性开支控制不严等普遍性问题，促进建设扶贫资金的落实和安全、高效使用。

二、国土与环保资金审计

2000 年开始，国土与环保资金审计逐渐成为审计的重点，审计结果得到各级党委政府高度重视。对长沙、望城、宁乡、浏阳 4 县（市）环保部门 1998 年、1999 年的排污费的征管用情况进行审计，发现 4 县（市）两年度应征排污费空转现象十分严重，致使大量环保资金流失。其中在某县环保局的审计中，发现该局一名会计从 1997 年 12 月至 2000 年 4 月利用工作职务之便，挪用公款 18.2 万元，移送长沙县纪委后，给予其开除党籍处分。

2001 年，对长沙市国土专项资金进行审计，重点关注 2000 年度、2001 年度国家土地法规、政策执行情况，国土专项资金的征收、管理和使用情况。经审计，揭示国土收入减征、免征、缓征拖欠问题仍较突出，挤占挪用国土资金现象时有发生，财务核算、管理不规范等问题，提出加大历年欠交国土收入的清缴力度、严格执行国土使用权划拨和出让转让政策、强化执法力度等审计建议。

2003 年，就长沙经济技术开发区土地补偿费和补助费的支付、使用和管理情况进行审计调查，提出建设性意见和建议。对市土地整理中心进行审计，发现耕地开垦费的征收减免款较大（减幅达 54%）、重复计提工作经费和管理费等问题。同时，还对市国土部门普遍存在的个人所得税漏征漏缴等问题进行披露，得到相关部门高度重视。2007 年，在预算执行审计中发现，全市土地开发整理项目资金 3.4 亿元没有纳入综合财政预算管理，土地契税、出让金等征收手续费及奖励性支出 1.07 亿元未纳入单位年初部门预算等问题。

2011 年，对市国土局预算执行情况进行审计，查处未按规定及时签订土地出让合同、违规收取地价款及保证金 3525 万元等问题，并核实 2010 年度经政府审批的土地出让收入及相关税费的征管情况。同年，对 2010 年重新报市政府审批的房地产项目税费缴纳情况开展专项审计调查，基本核实 1500 余个商品房预售证中涉及重新报批出让方案的房地产项目相关税费缴纳情况，查出 4 个项目未缴清土地出让金及相关税费就办理商品房预售证的违规事实。

2012 年开始，将资源环保审计作为经济责任审计的重点内容，在宁乡、芙蓉、望城 3 个县（区）委书记和县（区）长同步审计中，首次采用审计、国土、环保三家联审的方式，重点突出资源利用和环境保护，环保部门和国土部门分别派出联审工作组，对县（区）土地开发和资源环保情况进行审计，查出欠缴土地出让金额达 7.22 亿元。落实国土资源部在长沙等 16 个城市开展城市建设用地节约集约利用评价工作的部署，首次对9个区县（市）、9个园区建设用地节约集约利用水平进行审计调查，并依据审计后的数据对全市建设用地节约集约利用水平进行评价，其中达到集约利用等级的9个，占比50%。

第七节 经济责任审计

一、党政领导干部经济责任审计

1988—2000年，经济责任审计以企业领导人员经济责任审计为主，极少涉及党政领导干部。2000年4月，长沙市委、市政府下发《关于认真开展领导干部任期经济责任审计工作的意见》，并将领导干部任期经济责任审计写入第十次党代会的主题报告，明确将其作为干部监督管理的一项制度性措施，拉开长沙市党政领导干部经济责任审计的序幕。

2001年3月，成立长沙市领导干部经济责任审计工作领导小组。是年，对第一批15个市直机关的17名县处级党政主要领导干部进行经济责任审计。审计发现主要存在乱收费、违规出借资金造成损失、基建项目超计划、贷款及抵押物资管理不规范、挪用专项基金和大量资产不入账等问题。

2002年，全市共完成经济责任审计项目137个，其中对19名县处级党政一把手进行审计经济责任审计。查处区县存在的挪用重点工程建设资金、挤占专项发放资金补贴、检察部门普遍存在的违规收取赞助款物、暂扣款物管理不规范、收入不入账等问题。督促市某局返还违法资金300万余元，退还多发钱物；市某办停止乱收费行为，清退资金180万元。芙蓉区查处某局有关领导挪用公款1400万余元，用于个人炒卖土地，贪污100万余元以及套取现金140万余元进行私分的问题，被依法处理。《湖南日报》《长沙晚报》等报道审计情况，在社会上产生较大的震动和影响。2003年，审计署《审计工作通讯》第16期推介长沙市党政领导干部经济责任审计工作的特色。

2003年，对32名县处级党政领导干部进行经济责任审计，包括9名区县法院院长、2名人大评议部门领导干部和2名县长。在法院院长经济责任审计中，对存在的挪用案款、乱收费以及财务管理不规范等问题，在审计中就予以制止，督促纠正，并对共性问题和机制性问题进行汇总分析，及时向上级部门反映，望城等区县加大对政法部门的投入，增加经费预算，从制度上并进一步严明财经纪律，防止相关问题的延续和扩大。

2004年，市领导干部经济责任审计工作领导小组提出，领导干部经济责任审计要当好“三员”，即“党风廉政建设的前沿侦察员，考核领导干部决策能力和管理水平的评判员，经济运行机制和成效的检验员”，为长沙市推动经济责任审计明确定位和方向。同年，对19个区县和市直单位的24名县处级领导干部进行经济责任审计。通过审计，揭示市某委下属单位有关人员变卖百万元计生器械；市某局下属单位土地开发严重向个人倾斜，导致国有资产严重流失；某单位下属机构挪用专项基金弥补工作经费等问题。

2005年，经济责任审计工作经费列入预算，对于企事业单位经济责任审计所需经费，原则上不再由被审计单位负担。同年5月，中央五部委联席会议成员、审计署负责经济责任审计的副司长李树廷到湖南调研，充分肯定长沙市经济责任审计工作的“三员”定位及突破传统审计模式的积极创新。同年，对23个区县和市直单位的39名县处级党政领导干部进行经济责任审计。在对区县和高校的经济责任审计中，重点对土地和项目开发进行审计，查处利益转移、回报严重倾斜的突出问题，为国家挽回经济损失6300万余元，同时首次对区域经济结构进行审计分析，针对房地产收入比重过大问题，提出调整产业结构，实行可持续发展的审计建议。

2006 年，对 19 个区县和市直单位的 27 名县处级党政领导干部进行经济责任审计，重点突出科学发展观和正确绩效观的评价标准，更加注重领导干部经济决策能力和经济管理水平的审计评价，关注经济生活中的新情况和新问题。在区县党政领导干部经济责任审计中，指出目前普遍存在经济高速增长，主要依靠房地产业和基础设施投入拉动，经济结构不尽合理，工业基础相对薄弱，影响经济可持续发展以及社会保障事业方面不到位的问题。在部门党政领导干部经济责任审计中，发现侵占挪用专项资金的问题仍较普遍。有的挪用专项资金用于部门基本建设，有的挤占专项资金用于行政开支，有的动用专项资金违规借贷。主管部门中还不同程度存在对二级机构管理松懈和行业管理监督不力等问题，其中有关部门下属单位有关人员涉嫌经济问题，移交纪检监察部门进行处理。

2007 年，由长沙市委副书记、市长谭仲池担任市领导干部经济责任审计工作领导小组组长。同年，对 20 个区县和市直部门和单位的 31 名县处级党政领导干部进行经济责任审计，并在全省地市一级率先将审计范围扩大到副厅级领导干部。对某法院负责人的任期经济责任审计中，查处该院违规挪用执行案款 3104.25 万元用于基本建设和购车的问题；在对市某行业管理办公室负责人任期经济责任审计进行审计过程中，发现该单位存在违反规定未将破产企业拆迁补偿收入 9112.4 万元实行财政专户储存和“双控”管理，以及应缴未缴国有资产处置收入 990 万元等问题；对市某中学校长、书记的任期经济责任审计中，发现该校在与某公司合资合作办学过程中，其土地置换协议方式可能造成上亿元国有资产流失的问题，审计组指出该问题后，该校积极进行整改，有效防止国有资产的流失。

2008 年，参照省审计厅工作模式，联席会议制度取消，保留市经济责任审计工作领导小组办公室。同年，对 20 个区县和市直单位 33 名党政领导干部进行经济责任审计。对某行政事业单位负责人的经济责任审计，发现该单位违规发放个人贷款 8192 万元和住房公积金归集力度不够的问题；对市某局原党委书记、局长的任期经济责任审计，针对该单位项目资金预算执行刚性不足，下属事业单位无依据收费、原始凭证不合规、会计核算不规范、会计信息失真等问题，提出审计建议，规范行政部门的行政行为；对市某办领导的经济责任审计中，查处该单位以培训、考察名义向其他单位摊派费用 33.55 万元，转入工会账户，全部用于发放职工奖金福利及工会财务管理混乱的问题。至 2008 年年底，全市共对 873 名党政领导干部进行经济责任审计，查出违纪违规金额 2.88 亿元，有关部门及时运用审计成果，撤职、降职、免职 57 人，移交纪检监察和司法机关 43 人。

2010 年，对 24 个区县和市直单位的 37 名党政领导干部进行经济责任审计。特别是集中对市公安局及其下属 11 个分局和支队的领导干部进行经济责任审计，重点关注其涉案财物管理和内控制度建设情况，系统反映基层公安机关涉案财物、特费账户管理不规范、保安公司财务管理混乱、交警后勤服务中心涉嫌商业贿赂、驾驶员考试中心欠收驾校报考费等问题。同年，区县党政领导干部经济基础同步审计的工作经验，在中国审计学会、审计署经济责任审计司共同举办的研讨会上，作典型推荐。

2011 年，制定部门、国有企业、乡镇（街道）、村（社区）党政领导干部经济责任审计分类评价指引，统一和规范全市经济责任审计报告文书格式。对 20 个区县和市直单位的 29 名党政领导干部开展经济责任审计。在对市某委领导干部经济责任审计中，结合工业发展资金专项审计调查，首次实行项目课题化，反映重复和多头安排资金、部分资金使用效率不佳、违规改变工业用地性质和部分企业违规使用专项资金等问题。对相关问题立案调查。

2012 年，对 17 个区县和市直单位的 26 名党政领导干部开展经济责任审计。其中在芙蓉区、望城区、宁乡县等 3 个区县的党政领导干部经济责任审计中，首次实行履职联审，将国土、环保部门列入审计组，分工协作、突出重点。通过审计，责成2个区县收缴土地相关的资金15亿元。在9个区县法院院长的进行经济责任审计中，首次实行审计结果量化划档，通过制定统一审计方案，特别是明确法院工作职能、业务管理审计内容，确保审计质量，设置具体计分评价指标，审计结果直接分值化，并排名划档。各法院根据经济责任审计汇总报告进行整改。

二、企业领导人员经济责任审计

1988年开始，先后对长沙印染厂、长沙机床电器厂、湖南绸厂等单位厂长（经理）的离任进行审计评议。1992年4月，对李斌恺1988年1月1日至1991年12月31日担任湖南橡胶厂厂长期间的经济责任进行审计。承包期内，应实现利润2059万元，应上缴利润1004.65万元。经审计核实，实际实现利润2097.71万元，完成合同的101.88%；实际上缴利润1004.65万元，为合同的100%。李斌恺任厂长期间，该厂实现销售收入51487.43万元，平均每年递增13.44%；实现利税7434.65万元，平均每年递增12.64%；上缴利税6341.57万元，平均每年递增4.5%；职工个人收入由1988年人均2097元，上升到1991年的2946元，平均每年递增12%。

2000年3月，推动企业领导人员经济责任审计进入新的发展阶段。2001年10月，对长沙2个投资公司的原经理开展离任经济责任审计。在某公司原总经理离任经济责任审计中，揭示贷款管理不规范、将应交财政的委托贷款利息收入1985万元列入公司营业收入、抵债物质管理不规范、潜亏因素多且金额大等问题。同年，对浏阳市某厂厂长的经济责任审计，查出多人重大违法问题，个人涉案金额167万元，立案11起，批捕14人，其中副厂长级干部5人、中层干部9人。

2002年，对长沙某客运公司董事长、总经理开展任期经济责任审计，重点审计客运公司1997年4月至2002年3月的资产负债情况，并对建站起近10年的基建账进行清理转账，并实地抽查部分公司(单位)。审计发现，该公司存在账务管理不规范、会计核算重复、施乐楼及公铺楼停业7年造成资源浪费等问题。对长沙市某交通公司总经理龚某某开展任期经济责任审计，发现存在注册资本与账面不符、银行存款与银行对账单不符、欠缴税费2303.85万元、集资利息漏交个人所得税、漏计收入和固定资产等问题。

2004年，对长沙6个公司的6名领导人员开展经济责任审计，重点审计和评价企业的会计信息、资产质量、重大决策、国有资产保值增值、企业领导人员遵纪守法等情况，揭示某公司待处理流动资产损失332.5万元和固定资产损失8948.3万元、某公司账面亏损750万余元等问题。2005年，对长沙市某公司党员书记、经理任期经济责任进行审计，审计发现国有资产量化到人、行业垄断行为依然存在、财务核算和会计管理不规范、部分基本建设投资项目未按规定结算、挤占成本或少计收入4040.32万元、少计应纳税所得额5774.72万元、漏缴企业所得税1905.65万元、未代扣代缴个人所得税65.85万元等问题，并督促该公司进行整改。2006年，对长沙市5家公司的9名领导人员任期经济责任进行审计，揭示财务管理工作薄弱、虚增成本、少计收入、漏缴税费和企业内控制度不健全等问题。如在某公司党委书记、总经理任期经济责任审计中，揭示该公司在企业改制中为降低企业资产转让价格，多提成本费用2160万元，造成账面巨额亏损。

2007年，对市3家公司的3名领导人员任期经济责任进行审计，揭示某公司资产管理欠规范、未实行债转股的资产没有按期收回、存在潜在亏损等问题；某合作社下属公司误列收入、支出超范围、资产未及时入账等问题；某公司贷款还本付息压力大、工程欠款无力支付、土地融资举步艰难、固定资产未按规定入账等问题。2008年，对4家企业的4名领导人员开展经济责任审计，重点关注有无违法违规、重大经济决策失误、经营管理不善造成损失浪费等问题。如在某集团董事长、总经理、党委书记的经济责任审计中，反映对外投资诉讼事项未及时报告备案、违规出借工会资金 120 万元、应缴未缴税费和土地出让金 6543.32 万元等问题。

2010 年，对市某公司原总经理任期经济责任履行情况进行审计，揭示该公司未按合同规定收回站场设施租赁费和建设费 208.88 万元、产权转让收入 6959.68 万元未有效收回、漏缴房产税和营业税及附加 10.26 万元、账务处理不规范等问题。2011 年，集中对政府融资平台、市住建委下属开发公司开展经济责任审计，重点 9 个企业的 10 名领导人员。通过审计，揭示私设“小金库”、变相滥发职工福利、土地收益未如期实现、部分项目低价中标高价结算、外债风险管理不到位、融资成本高等问题。

2012 年，制定《长沙市审计机关党政主要领导干部和国有企业领导人员经济责任审计分类评价操作指引》，进一步规范国有企业领导人员经济责任审计评价，明确规定重点关注企业宏观经济决策的贯彻执行及其效果；重大经济决策制定和执行；企业资产、负债、损益的真实性和增减变动情况和国有资产保值增值情况；内部控制制度的建立和执行情况，风险防范、薪酬管理、股权激励等情况；是否存在内幕交易、利益输送、商业贿赂等问题。

第八节　政府投资审计

1988 年，长沙市根据国务院《关于清理固定资产投资在建项目，压缩投资规模，调整投资结构的通知》，集中对全市上报的停缓建项目中属于已竣工和未开工的 19 个项目进行摸底调查，对地处市区的 17 个省直部门和市属单位的在建、停缓建项目，6 个楼堂馆所项目以及资金来源不正当等问题提出处理意见；对长沙地区投资额为 9260 万元的 92 个停缓建项目进行跟踪审计，对应停未停、应缓未缓的 11 个项目逐个实行查处。1989 年，对批准停建（30 个）、缓建（62 个）投资总额为 9260 万元的工程项目进行跟踪审计，查出 5 个项目投资总额 371 万元，未经批准继续施工；东区建筑工程公司以“固定资产有偿转让”名义，预售给省唱片公司房屋一栋，自筹投资 30 万元，不执行停建通知等问题。1989 年 5 月，省审计局在宁乡县召开全省停缓建项目跟踪审计现场会，长沙市作《以跟踪审计为重点，提高基建审计的透明度》的经验介绍。

1990 年，对国家重点工程长沙糖果厂基建项目进行审计，发现该项目部分概、预算相差悬殊，并查出发生计划外投资 30.4 万元、虚增投资完成额 1508.4 万元、截留就地加价转卖材料差价收入 51 万元及转移收入发放物资、基建借款未专户储存等问题。同年，对长沙地区省、市、县三级金融保险行业投资总额 4667.5 万元、建筑面积 10.1 万平方米的 47 个自筹基建项目进行审计调查，重点审计 16 个项目，查出超计划投资和资金来源不正当、漏交建筑税等违纪金额 973.15 万元，应上缴财政金额 127.93 万元。

1993 年开始，连续三年对电信行业的基建项目进行跟踪审计，重点审查项目资金来源及执行情况、基本建设程序、税费的缴纳等情况。如 1993 年，对市邮电系统 1990—1992 年的固定资产投资项目进行审计，查出漏缴税费 76 万余元，揭示多列支出、将基建资金作为生产利润上交等问题，促进邮电通讯事业的健康发展。

1994 年，结合关于房地产开发情况及国有土地使用权有偿使用收入等情况的审计调查，对全市各专业银行 1994 年及有关年度的基建、房地产开发建设项目进行全面、重点审计，查出应上交国家财政 69.8 万元，建设资金来源不当 7292.8 万元，以收取房租名义转作基建基金 349 万元、违规拆借资金 3.78 亿元等问题。

1995 年开始，固定资产投资审计兴起，将以基本建设项目为主要特征的基本建设项目审计和城市建设项目审计，推向全市范围内所有固定资产投资项目的审计，并建立开工前—在建—竣工决算全过程的审计监督制度。同年 6 月发布《关于对基建（技改）项目预（决）算进行审计监督的实施办法》，明确规定凡造价在 100 万元以上的项目，由国家审计机关或由其委托社会审计机构进行审计验证；造价在 100 万元以下的，由建设单位决定可交由内审计机构审计，也可委托社会审计机构审计。

1996 年 1 月，发布《关于加强我市基本建设计划管理及填报长沙市自筹资金基本建设项目审查表的通知》，规定各建设单位必须经过审计部门签证资金来源，方能申报建设计划，将开工前审计的内涵延伸至对资金源头的控制。1997 年 1 月至 9 月，为认真贯彻落实省委、省政府关于建筑市场专项治理会议和全省建设工程竣工项目专项审计工作会议精神，在全市范围内对竣工工程项目进行专项审计。至 1997 年 9 月，对 244 个项目的资金来源情况进行审计签证，审计总金额 39.31 亿元，有 12 个项目因资金不到位未予通过；对 43 个基本建设项目进行在建财务收支审计，审计总金额 11.5 亿元，查出违纪金额 5879.4 万元，处理收缴入库 970.3 万元；对 1525 个基本建设项目进行预（决）算审计，核算基建工程造价 1.65 亿元。完成专项审计项目 107 个，审计总金额 6.74 亿元，查出各类违纪违规金额 1.62 亿元，审计处理应收缴各类违纪资金 674.47 万元；完成工程决算审计验证项目 107 个，送审金额 4.86 亿元，净核增 70.46 万元，净核减 6208.82 万元，平均核减率 12.8%，为建设单位节省投资 6172.42 万元，向有关执法部门提供案件线索 2 起、涉及 5 人。

1998 年，落实省委、省政府关于开展公路建设工程质量专项整治的部署和省审计厅的安排，对过道绕城线、宁横公路、金开公路、浏大公路进行专项审计，并对环线工程 1995—1997 年的基建财务收支进行审计，审计总投资金额 18.02 亿元，查出违规行为金额 989.36 万元，已收缴财政 107.79 万元。

1999 年，对宁乡中央直属储备粮库建设项目、长沙霞凝国家粮食储备库扩建工程建设项目进行审计，查处违纪违规金额 26.27 万元。在宁乡中央直属储备粮库建设项目审计中，发现存在工程延期、设计漏项、概算不足、多头设计、挤占建库资金等问题；在长沙霞凝国家粮食储备库扩建工程建设项目审计中，发现存在国家资金未及时足额到位、出借建库资金、挤占建库资金以及其他管理问题。是年，对长沙市湘江河道治理工程项目进行审计，发现存在专项资金款未足额到位、少数资金未专户储存、多头开户、部分配套资金来源不合规和挤占挪用专项资金、财务管理欠规范等问题。对市民主党派机关综合楼基建项目及长沙市对外商贸投资公司进行审计，查实叶某等 12 名有关管理人员涉嫌基建经济犯罪的线索。叶某等从 1993 年 11 月—1999 年 4 月，将用收款收据收取的装饰工程收入不入账，金额高达 682.2 万元，通过私自在银行开设的“账外账”户（9 个），将此收入陆续转至账外账中，再用做假账，擅自涂改原始凭证和账本等手段，套取现金 353.24 万元，涉嫌贪污，被移交检察机关侦查核实。

2000 年，对 319 国道浏阳市至东风界公路工程项目进行审计，发现存在违规拆借资金、工程款支出管理不善、管理费随意支出、挤占工程资金、漏缴税费等问题。对五一路改扩建工程、绕城线西南段等实行跟踪审计。5 月，在全市范围内对 1997 年以来总投资额较大的建设项目进行专项稽查，进点稽查单位 53 个、总投资额 19.21 亿元，查出违纪违规金额 2754.31 万元。

2002 年，对 1998 年以来在建或竣工的未经审计机关审计或未经专项稽查的建设项目进行摸底调查，完成专项审计项目 20 个，查处违纪违规金额 1.54 亿元，查处偷漏税费 480.43 万元、超规模超标准投资 1.27 万元、建设资金不落实不合规 362.79 万元、不合规票据 796.21 万元、挤占挪用建设资金 320.03 万元等问题，核减工程造价1831万元，审计收缴入库210.7万元。在对长沙市田汉大剧院基建审计中，查出工程未按规定招投标、施工单位资质不全、工程长期未办理竣工验收手续、设备物资管理混乱、存在白条假发票等严重问题。

2003年，对五一路绿化扩改工程指挥部进行审计，发现该部财务基础工作差，会计核算混乱等问题。对湘江大道的改扩建工程拆迁部的审计，发现拆迁补偿重复报概算56万元、挪用重点资金593万元；工程拆迁户在外过渡大大超过规定的过渡期，增加过渡费成本200万余元等问题。经审计督促整改，挪用资金已归还原渠道263万元。是年，对全市农电网改造实施工程进行全面检查，发现建设程序不到位、招投标基本不合法、工程质量不高等问题，并提出合理审计意见促进整改。

2005年，完成工程结算审计项目61个，审计核减投资额4841.01万元，揭示部分工程项目存在着招投标不规范导致中标价虚高、工程签证弄虚作假、超付工程款致使国有资产流失等问题。对市交通局交通指挥控制中心项目进行全过程跟踪审计，重点对材料采购、设备购进在价格和质量上严格把关，对施工中实际发生的各项变更、签证实行监督。通过跟踪审计，提出合理审计建议，为建设方节约资金近百万元。

2008年，调整政府投资评审体制，整合财政、审计部门投资审计力量，撤销原市财政投资评审中心，成立长沙市政府投资审计专业局，负责政府投资建设项目资金审计。

图14-5-8-1 2008年8月1日，长沙市审计局政府投资审计专业局举行揭牌仪式 （市审计局供图）

图14-5-8-2 2010年10月13日，政府投资审计人员在地铁审计项目现场进行实地勘探 （市审计局供图）

2009年，对引水工程、职教城、长郡中学等33个市重点工程项目开展全过程跟踪审计，审减造价约8000万元，为市财政节约大量建设资金。如在中国建筑工程总公司承建营盘路隧道工程结算审计中，施工单位送审金额为7.70亿元，市政专项指挥部委托中介机构初步审核后确认为7.15亿元，初步审核结果为6.04亿元，在市政专项指挥部初步审核的基础上核减工程造价1.11亿元。通过审计，揭示高报工程造价和套用定额错误的问题比较突出，材料价格、年嘉湖泥浆数量、土方外运与淤泥外运单价、冰灾补偿、设计方案调整损失等的确定有待规范统一等问题。

2011年，印发《长沙市政府投资项目中介机构库管理暂行办法》，明确规定对中介机构按照优胜劣汰的原则实行末位淘汰和“黑名单”退出机制动态管理，加强和规范对承担政府投资项目相关业务中介机构的管理。发布《长沙市政府投资建设项目跟踪审计操作规程》《聘请社会中介机构参与政府投资建设项目审计工作的暂行规定》《聘请专业技术人员参与政府投资建设项目审计工作的暂行规定》等一系列制度，规范政府投资审计人员资格准入、质量控制、时限管理、末位淘汰等制度，加强对中介机构初审服务费用、专家薪酬的管理，为构建覆盖政府投资审计各个环节的“闭合系统”奠定基础。特别是，在制度上确立政府投资建设项目审计“初审、复审、终审”三审审结制，即初审统一购买社会中介机构服务，复审由雇请专家进行审计，终审由公务员审计把关。

2012年，公布《长沙市2011—2014年政府投资项目工程造价咨询中介机构入库名单》，完成政府投资项目工程造价咨询中介机构库建库工作。通过公开招标，确定湖南新泉工程造价咨询有限公司等93家单位作为长沙市2011—2014年长沙市政府投资项目工程造价咨询服务定点单位。同年，采取集中人力、综合处理共性问题等方式，对长沙动物园迁建项目进行审计，建设方报审金额9.27亿元，审计审定4.7亿元，审减4.57亿元，总核减率49%。

第九节　外资运用审计

1988—1989年，市奶类发展项目接受欧洲经济共同体无偿援助奶粉1012吨、黄油338吨，折合人民币932万元。1989年6月，对奶粉项目的资金使用进行审计，发现还原资金被占用和援助物资消化速度慢等问题，提出审计报告后，从体制上改进，并加强管理。

1990年开始，根据审计署和省审计厅的授权，先后参与对世界银行、亚洲银行及外国政府贷款、国外援款项目的审计调查，涉及农业、林业、卫生、教育、水利等行业，并由省审计厅出具审计报告。

2001年9—10月，对长沙市利用外国政府贷款情况开展审计调查。通过审计发现，部分贷款项目因配套资金严重不足、经济效益不理想等原因，以致不能按时还本付息。2007年10月，开展政府外债情况审计调查。通过审计调查，摸清政府外债总体规模及分布情况，查出政府外债项目财务管理基础工作薄弱，可行性研究不充分，个别项目效益欠佳，项目单位偿债风险准备金制度执行不力等问题。

2008年11月，开展世界银行贷款造林项目冰冻灾害债务损失统计数据审计调查，审计总金额2433.16万元，审计核定长沙市世界银行贷款造林项目受灾害面积8431.62公顷，受灾害项目债务总额577.68万元。

至2009年，连续三年对世界银行贷款第九个卫生发展项目——妇幼保健子项目实施审计，查出望城县项目办国内培训费按比例提取，原始单据不合法的问题，引起省卫生厅项目办和省审计厅的高度重视，派出督查小组前往望城县项目办实施督查，落实整改措施，促进项目资金的合理利用，保证项目的顺利实施。

2010年，对长沙地区政府外债实施审计调查，围绕市本级政府外债的借贷、偿还和偿债准备金提取情况三个重要环节，延伸调查市引水公司、市水业公司等相关项目单位。通过审计，摸清主权外债总体规模、结构、投向及管理方式，揭示项目单位财务管理基础工作薄弱、个别项目效益欠佳、可行性研究不充分、项目单位偿债风险准备金制度执行不力、项目配套资金不到位等问题，并提出建立健全政府外债管理体制、严格执行偿债风险准备金管理制度、强化监管的审计建议，有效防范政府外债风险。

至2012年，连续6年对世界银行贷款、英国政府赠款结核病控制项目（卫十）、世界银行贷款农业综合开发项目等实施审计，保证援贷款项目的顺利实施，促进项目资金的合理利用，为维护项目协议和财经法纪发挥重要作用。同年，根据审计署的统一安排，对世界银行贷款长沙县黄兴无公害蔬菜项目、宁乡富硒有机茶项目等5个项目进行公证审计。

第十节 审计管理

一、审计制度建设

1990年发布实施《长沙市国有企业承包经营责任审计暂行规定》，开始对国有企业承包经营责任进行审计评议，规定对企业承包实行先审计后签合同、先审计后兑现、先审计后离任。

1994年5月，发布《长沙市集体经济组织审计工作暂行规定》，首次将集体经济组织审计纳入法制轨道。制定《关于在全市实行审计文书统一规范的几点规定》，规范和统一全市审计机关文书格式。1995年6月，制定《关于对基建（技改）项目预（决）算进行审计监督的实施办法》，明确规定凡造价在100万元以上的项目，由国家审计机关或由其委托社会审计机构进行审计验证；造价在100万元以下的，由建设单位决定可交由内部审计机构审计，也可委托社会审计机构审计。

2002年，制定《审计复核工作规定》，对审计复核程序予以规范化、法制化。同年，进一步完善审计程序，制定《审计项目计划管理实施办法》，实现审计计划、审计查证与审计复核审理相分离；制定《审计结果管理办法（试行）》，明确审计结果公告的情形、内容、程序等内容；制定《审计组长任职资格及津贴的实施办法》，率先在全省审计系统实行审计组长资格控制，实行审计组长任职资格及补贴的实施办法。2003年，制定《关于加强审计项目质量控制的若干实施意见》，对审计执法工作的几个关键控制点作详细规定，确定执行重大事项集体审定制度、审计事项三级复核制度、审计项目质量考核制度和实行优秀项目单项奖励。同时，出台《审计项目质量检查评分表》《优秀项目评比办法》，并将审计项目质量考核列为年终目标管理考核项目，在百分制的考核指标中占据20分，所占分数为各项考核目标之最。在审计项目质量考核的基础上，另对年度完成审计项目的三分之一进行优秀项目单项奖励，按二、三、五的比例评出一、二、三等奖，奖励项目所在审计组。

2005年，制定《审计项目质量检查规定》《长沙市审计机关审计人员执法过错责任追究办法》《审计档案管理规定》，对区县（市）审计机关完成项目质量情况进行检查和评价，实行责任追究制度，进一步规范和加强审计业务档案和审计文书的管理。2006年，制定《长沙市审计机关审计执行管理办法》，重点规范审计执行管理上的职责、管理程序。同年，出台《经济责任审计项目管理办法》，制定职责分工、工作程序、结果运用等一系列工作制度。2007年，发布《长沙市预算执行情况审计监督办法》，规定财政预算执行情况审计的内容和权限，及审计结果的运用方式；在制度层面确立财政预算执行情况审计年审制，为开展财政预算执行审计提供重要依据。

2008年，出台《政府投资审计监督办法》《关于加强审计工作的通知》《关于进一步加强市本级政府性项目融资管理的意见》《关于进一步加强财政管理的若干意见》《长沙市财政公共项目绩效评价实施细则（试行）》等制度，为开展政府投资审计提供基础。同年，制定《党政领导干部任期经济责任审计操作规程》，对经责审计的审计计划、审计实施、审计报告等程序作详尽的、具有可操作性的和针对性的规定。2009年，发布《长沙市政府投资建设项目审计监督办法》，规定政府投资审计的范围，明确项目前期审计、项目决算审计、项目跟踪审计、项目决算审计、项目绩效审计的主要内容，为开展政府投资

图 14-5-10-1　2009 年 12 月 28 日，长沙市审计局获“全国审计系统先进集体”荣誉　　（市审计局供图）

建设项目审计监督提供依据。同年，出台《查处的税收违法资金及罚没收入入库缴库办法的通知》，对依法查出的税收违法资金及罚没收入缴库方式改变，不再缴入审计收缴专户，税款由被审计单位向主管税务机关自行缴纳，应缴财政资金缴入长沙市非税收入管理局非税专户。

2010 年，制定《政府建设项目审计时限的暂行规定》《绩效审计通用操作指南（试行）》《规范行政自由裁量权实施办法》《行政处罚自由裁量基准》等制度，首次将绩效审计纳入年终目标考核内容。是年 4 月，发布《关于认真开展领导干部任期经济责任审计工作的意见》，全面推行领导干部任期经济责任审计工作。2011 年，发布《长沙市政府投资项目中介机构库管理暂行办法》，明确规定对中介机构实行末位淘汰和“黑名单”退出机制动态管理，规范承担政府投资审计项目业务中介机构的管理。制定《审计业务质量检查办法》《关于贯彻落实〈湖南省政府服务规定〉的实施方案》，修改《业务控制规定》并印刷成书，做到每个审计人员人手一本。是年 5 月，制定《关于印发全市审计机关经济责任审计文书格式的通知》，规范经济责任审计文书格式。

2012 年，发布《关于进一步加强经济责任审计工作的实施意见》，进一步加强领导干部经济责任审计。制定《长沙市 2011—2014 年政府投资项目工程造价咨询中介机构入库名单》，完成政府投资项目工程造价咨询中介机构库建库工作；制定《长沙市事业单位法定代表人离任审计暂行办法》，就事业单位法定代表人离任审计作出进一步的规范。

二、审计信息化建设

2005 年 1 月，国家审计信息化系统建设项目“金审工程”现场审计实施系统 2005 版（AO）在长沙开始应用。

图 14-5-10-2　2008 年 8 月，审计人员在审计现场利用计算机技术比对分析审计数据　　（市审计局供图）

2006 年，加强全市审计机关审计信息化工作的领导，有效推进审计信息化进程；制定《长沙市审计信息化建设规划（2006—2010 年）》，明确审计信息化建设的目标；制定《长沙市审计信息化工程一期建设方案》，确定建设一个高效、实用、节约和各项指标适当超前的审计信息化系统，不单独设立机房，把服务器托管在长沙市信息中心。是年，长沙市被省审计厅列入湖南省第一批“金审工程”试点单位，芙蓉区、岳麓区和长沙县被

图 14-5-10-3 2012 年 11 月 16 日，长沙市审计局组织审计人员开展 OA-AO 应用管理培训（市审计局供图）

纳入试点区县，享受中央专项补助。是年 8 月，解决机房建设、人员编制和前期 200 万资金等问题。

2007 年，发布《关于大力推进全市审计信息化的意见》，明确规定 2007 年起市本级运用计算机审计的项目应不少于 100%，区县（市）运用计算机审计的项目应不少于 70%，没有运用计算机审计的项目不得参加优秀审计项目评比；出台《长沙市计算机优秀审计项目单项奖励办法》，将计算机审计率、AO 认证考试通过率以及上报审计署计算机审计 AO 实例、计算机审计专家经验和审计方法篇数等纳入年终目标管理考核。同年，审计管理系统 OA（1 拖 N 版）部署完成，审计现场实施系统（AO）的应用得到全面普及和重点突破，市 70 余个审计项目和区县（市）绝大部分审计项目都运用审计现场实施系统（AO）进行计算机审计，“金审工程”一期建设全部完成。2008 年开始，推广运用审计现场实施系统（AO），在金融、社保、住房公积金、同级审以及经责等审计项目中，采集财务及业务数据、编写 SQL 查询语句，审计效率明显提高。

2010 年，依托电子政务外网，启动审计管理系统（OA）省、市、区（县）三级互联互通工作，为实现各级审计机关无纸化办公、审计现场实施系统（AO）和审计管理系统（OA）交互、审计项目计算机审计管理以及审计业务数据交换等提供安全可靠的保障。是年，省市审计视频会商系统连通。

2011 年，完成区县（市）级审计系统专网互联工作，建成省内第一个依托电子政务外网平台。该平台以市为核心，下联长沙县、望城县、岳麓区、芙蓉区等 4 县 5 区，且运行 VPN 专网结构，为审计系统的关键敏感业务实现安全传输通道的共享，为业务互联互通提供可靠保障，确保审计专网的安全、稳定、可靠运行。

2012 年 7 月，长沙市在全省审计工作座谈会上作《三步推进，重点突破，切实加强审计信息化建设》典型发言，介绍审计信息化建设“重点突破硬件建设关、重点突破推广应用关、重点突破能力提升关”的先进经验和做法。截至 2012 年年底，长沙市有 40 余人获得省计算机审计中级资格，另有 5 人通过审计署计算机审计中级水平考试；全市审计业务人员 90.3%通过 AO 认证考试；《公车使用计算机审计方法》《经济责任审计中对往来款项的审计》等 49 篇 AO 应用实例及计算机审计方法在审计署组织的评比中获奖。

三、审计执法监督管理

1990 年起，落实《行政复议条例》《中华人民共和国行政处罚法》《中华人民共和国国家赔偿法》等法律，对于审计人员的失职违章行为，分别追究刑事责任、民事责任、经济责任和行政责任，加大社会对审计工作监督的力度。1995 年，制定《廉洁从审防止以审谋私的六条规定》《关于实行办事公开制度的决定》，将六项公开办事制度附，以流程图、结构图的形式上墙公布，便于群众监督。

1996 年 8 月，发布《关于建立审计复核审理制度的通知》，全面实施审计复核制度，个别重大审计事件，实行集体定案，审计与处理分离的审理制度。制定《关于统一规范审计文书和审计档案的补充规定》，进一步规范审计执法行为。

2001 年，制定《审计执法责任制度》，将执法责任分为审计责任、审核责任、复核责任、审定责任四种类型。成立执法责任工作领导小组，违反本制度规定的审计执法过错行为，追究有关责任人的法律、行政责任。

2003 年起，对区县（市）开展年度审计工作考核检查。2006 年，制定《长沙市区县（市）审计机关年度考核评比办法》，从审计计划执行、审计质量、审计成效、审计环境建设四个方面确定全新的评价标准，以及考核评比的程序，使年度考核检查常态化、规范化。

2009 年 7 月，实行“三分离”审计管理模式，即按照审计计划、查证执行、审理相分离的审计业务模式。出台《审计业务控制规定》，不仅从审计计划、查证执行、审理全过程控制作出程序性规定，还对计划管理、现场查证、项目审理、执行管理、结果运用、信息安全与保密、审计档案管理、审计复议与诉讼、控制责任与过错责任追究的要求作出全面、具体的规定。该规定的出台标志着长沙审计形成一个较完整的质量控制体系。至 2012 年，全市审计机关未发生错案和定性处理不准的复审、诉讼案件。

四、宣传与教育培训

1988 年，首次开展审计职业理想、职业道德、职业纪律、职业技能的“四职”教育，并开展演讲比赛。长沙、望城、浏阳、宁乡 4 县和郊区先后成立乡（镇）以经营站为主组成的“合作经济审计站”，经审计部门培训考试考核，给 169 人颁发农村经济审计员证书。

1992 年 11 月 22 日，积极参加全国首次审计专业技术资格考试。长沙市 193 人获审计师资格，108 人获助理审计师资格。1993 年，长沙市有 15 人获高级审计师职务任职资格。

1995 年 1 月 14 日，市、区分别召开贯彻《中华人民共和国审计法》座谈会。制作宣传板报在市委大院前的宣传栏内展出 2 个月。1996 年，举办两期《中华人民共和国审计法》培训班，并举办“新会计制度下审计”“新税制”“金融、投资体制改革”等讲座，进行《中华人民共和国行政处罚法》《中华人民共和国国家赔偿法》《中华人民共和国行政诉讼法》《中华人民共和国行政复议条例》培训学习。

2004 年，选派 10 人参加审计署干部培训中心举办的培训，积极探索效益审计、审计质量控制和现代审计技术方法，推动审计管理科学化、审计手段现代化，和审计业务规范化。2005 年 6 月，30 名审计干部参加与湖南大学会计学院联合举办的审计干部脱产培训班。11 月，审计署研制开发《现场审计实施系统》软件试用后，长沙市开办《现场审计实施系统》软件培训班。

2006 年 6 月 1 日，积极贯彻实施新修订的审计法。2008 年 7 月 25 日，开展“创建文明行业争做审计标兵”为主题的岗位练兵知识竞赛。2012 年 9 月，推行《审计实务导师制暂行办法》，19 名审计实务导师与 19 名年轻审计干部结对指导。

表 14-5-10-1　　长沙市审计机关审计成果一览表（1983 年 7 月—2012年12 月）　　金额:万元

审计机关	审计单位（个）	违规金额	应上缴财政金额	应减少财政拨款或补贴金额	应归还原渠道金额	已上缴财政金额	促进增收节支金额	核减投资额	向司法及纪检监察机关移送案件、事项（件）	建议给予党政纪处分（人）	审计工作报告、信息被批示、采用（篇）
长沙市审计局	7604	2466085	74259.35	279765.1	409587.3	70740.55	433921.5	961189	36	39	1056
芙蓉区审计局	565	51130.88	5353.98	1045	1601	3947.39	4107	24622	11	6	22
天心区审计局	398	17572.56	1781.84	58.87	370.68	1398.32	820	17	10	9	36
岳麓区审计局	534	84319.11	3581.95	8375	6999	2585.1	9005	37472	18	9	148
开福区审计局	1133	17083.23	1754.49	25983	537	1683.97	27009	47320	7	22	176
雨花区审计局	703	65018.99	26254.84	410	977.6	25733.6	24409	9653	8	—	86
望城区审计局	1054	27016.21	2583.59	110.78	4750	2269.78	4507.08	76	13	—	174
长沙县审计局	1239	32133.03	6895.39	3211	2475.9	6213.6	4271.68	323	36	8	146
浏阳市审计局	3146	98242.49	6887.13	17878.7	2736.64	6185.5	22022.35	49807	26	11	199
宁乡县审计局	1978	144692.3	5469.8	18441	41597	4751.44	59560.19	19198	79	33	172
合计	18354	3003294	134822.4	355278.5	471632.1	125509.3	589632.8	1149677	244	137	2215

第六章　工商行政管理

1988 年，长沙市投资 2656 万元，建成室内市场 9 个，顶棚市场 96 个，建筑总面积 15.3 万平方米。是年，城乡集市贸易成交额 7.8 亿元，个体户工商户 6.01 万户，就业人数 8.21 万人。在计划经济与市场经济双轨制下，走私贩私、投机倒把、制售假冒伪劣等现象增多。是年，查处走私进口汽车案件 25 起，查处投机倒把案件 420 起。

1992 年春，工商监管理念和职能开始转变，逐步实现由对狭义市场的监管向对宏观市场监管的转变。工作的重点由原来的建设、培育、管理、服务市场逐步向市场监督和行政执法转变。1996 年 9 月，长沙市市场服务中心成立。至 1996 年年底，全市私营企业 4439 户，就业人数 6.54 万人，注册资金 18.4 亿元。1998 年，实施"收支两条线"管理，个体户管理费和市场管理费全部纳入市财政预算管理。

进入 21 世纪后，消费维权、食品安全监管、流通领域商品质量监管、商标品牌战略和企业信用建设等工作成为新的重点工作。2000 年 9 月 15 日，成立"12315"投诉举报中心，开通"12315"热线。2002 年，"白沙""梦洁"商标被国家工商行政管理总局认定为中国驰名商标。

2008 年，落实创业富民政策，采取减免收费、降低市场准入门槛、促进国有企业改制、行政指导、柔性执法等措施，激发市民创业热情。9 月，停征个体工商户管理费、集贸市场管理费、合同"三证"费。2009 年，在年检工作中开始推行"新登记注册企业免检""上门年检""预约年检""绿色通道""网上年检""延时服务"等便民、利民措施。

2012 年，长沙市新增各类市场主体 5.81 万户。至年底，拥有各类市场主体 46.36 万户，注册资本 7871.96 亿元；商标品牌战略成效显著，全市拥有中国驰名商标 91 件，湖南省著名商标 483 件；消费维权力度加大，是年，市工商局"12315"指挥中心受理消费者咨询 7.23 万次，申诉 7275 件，举报 1540 件，为消费者挽回经济损失 1007 万元。"12315"热线自开通至是年年底，共接受消费者咨询 73.80 万次，受理消费者申诉 7.34 万件，举报 1.35 万件，为消费者挽回经济损失 6196.10 万元。

第一节　机　构

一、市级机构

1988 年年底，市工商局内设机构 15 个：人事教育科、经济监督检查科、商标广告管理科、经济合同管理科、个体私营经济管理科、市场管理科、工商企业管理科、财务统计科、老干科、办公室、监察室，经济检查大队、经济仲裁委员会、武汉大学函授站、咨询服务所。1992 年年初，市局机关新设立 3 个正科级内设机构专业市场管理科、市场建设办公室和外商投资企业登记管理科。更改部分机构名称，将原市场管理科更名为市场管理一科；将专业市场管理科更名为市场管理二科（该科下设机动车交易市场、生产资料市场、房地产市场、建筑市场和文化市场 5 个管理所）；将武汉大学工商行政管理专业长沙函授站更名为长沙市工商行政管理局干部培训中心。11 月，长沙市经济检查大队更名为长沙市工商行政管理局稽查大队。1993 年，新设法制科。1996 年，撤销经济仲裁委员会、市场一科、市场二科（另设市场分局，为直属分局），市场建设办公室并入办公室，咨询所并入监察室（与机关党总支合署办公），经济检查科与稽查大队合并为公平交易科。1997 年 4 月，人事教育科更名为组织人事教育科，内设机构 13 个：办公室、组织人事教育科、老干部工作科、纪委（监察室）与机关党总支合署办公、法制科、公平交易管理科、企业注册管理科、外商投资企业注册管理科、个体私营经济监督管理科、商标广告监督管理科、经济合同监督管理科、财务审计科、培训中心。8 月，长沙市工商行政管理局经济信息中心成立。2002 年，市工商局内设科（室）改称处（室），级别不变。新设内设机构 3 个：消费者权益保护处、审计处、后勤服务中心；合并 1 个：企业注册管理科和外商投资企业注册管理科合并成立注册登记分局；拆分 1 个：纪委（监察室）与机关党总支拆分为机关党委和监察室两个内设机构；更名 3 个：公平交易科更名为公平交易分局，个体私营经济监督管理科更名为企业和个体私营经济监管处，老干部工作科更名为离退休人员管理服务办公室。是年，市工商局内设机构 17 个：办公室、政策法规处、财务基建处、商标广告监管处、企业和个体私营经济监管处、消费者权益保护处（“12315”申诉举报指挥中心）、合同监管处、人事教育处、审计处、机关党委、监察室（与纪检组合署办公）、离退休人员管理服务办公室、注册登记分局（外商投资企业注册分局）、公平交易分局（打击传销办公室、经济检查支队）、后勤服务中心、信息中心、培训中心。2004 年，经省工商局批准市工商局增设外商投资企业注册管理处。2007 年，设立“12315”指挥中心。2008 年，撤销后勤服务中心，设立广告监测中心、机关工会。2009 年 2 月，根据国家总局、省局“三定”方案，结合政府工作安排，为便于工作对接，设立食品流通监管处，以食品流通监管处筹备办名称开展工作。2012 年，市工商局内设机构 21 个：人事教育处、财务基建处、政策法规处、企业和个体私营企业经济监管处、商标广告监管处、消费者权益保护处、合同监督管理处、审计处、外商投资企业监管处、食品安全监管处、“12315”指挥中心、培训中心、信息中心、广告监测中心，办公室、纪检监察室、离退休人员管理办公室、注册登记分局、公平交易分局、机关党委、机关工会。

1989 年，市工商局下设两个直属专业分局：科技分局、东塘分局，为正科级单位。1992 年科技分局更名为长沙市工商行政管理局高新技术开发区分局（以下简称“高新分局”）。1996 年 5 月，为适应市场经济发展的需要，成立长沙市工商行政管理局直属市场管理分局（以下简称“市场分局”），市工商局东塘分局更名为长沙市工商行政管理局外地驻长企业监督管理分局（以下简称“外管分局”）。市场分局、外管分局、高新分局均为副处级直属分局。9 月，市工商局为落实国家工商局关于“工商行政管理机关与所办市场尽快脱钩”的精神，经市编委同意成立长沙市市场服务中心，为副处级事业单位，隶属市工商局领导。2000 年 3 月，长沙市市场服务中心的隶属关系改为归口市人民政府财贸工作办公室管理。2002 年，增设长沙市工商行政管理局经济技术开发区分局（以下简称“经开分局”），为副处级直属分局。2012 年，市工商局下设 4 个直属分局：外管分局、高新分局、市场分局、经开分局，级别、名称均未变。

1988—2012 年，先后担任长沙市工商行政管理局主要领导职务的有：钟孝思、左泽民、邬先贵、张雨成、张其术、陈跃文；其他领导班子成员有：缪佐明、邹镇辉、赵聚才、陈桂殊（女）、叶滨辉、李沐、李志兴、黄运礼、唐增荣、欧阳志刚、朱国辉、全惠宪、王浩林、周自立、许柏松、圣洪兴、潘虹、谢辉（女）、谢朝晖。

二、区县机构

1988年，长沙市下辖4县（长沙县、望城县、浏阳县、宁乡县）5区（东区、南区、西区、北区、郊区）均设有工商局。1989年8月，各区工商行政管理局收归市工商行政管理局直接领导，更名为区分局。

1992年3月，长沙市工商行政管理局东区、南区、西区、北区分局分别更名为长沙市东区、南区、西区、北区工商行政管理局，为正科级全民事业性行政管理机构，并由市工商行政管理局直接领导改为长沙市城内4区人民政府领导，业务上接受市工商行政管理局的指导，人员编制仍由市统一管理，其人员经费由市工商行政管理局统筹解决。

1996年7月，根据国务院和省人民政府批准长沙市市辖区行政区划调整方案，长沙市工商行政管理局东区、南区、西区、北区、郊区分局相应更名为长沙市工商行政管理局芙蓉区分局、天心区分局、岳麓区分局、开福区分局、雨花区分局。

1999年，工商系统实行省以下垂直管理。4县（市）工商局和城区五分局由市工商局统一管理，所有经费由省财政统一划拨。

2011年，望城撤县设区，望城县工商局更名为长沙市工商局望城区分局。2012年区县机构没有变化。

三、基层机构

1988年年底，4县共设46个基层工商所，其中，长沙县10个所，望城县8个所，浏阳县15个所，宁乡县13个所。城区设11个市场所。1992年，4县撤区并乡区划调整，4县工商所未作调整。

1996年8月，芙蓉分局下设7个所；天心区分局下设5个所；岳麓区分局下设5个所；开福区分局下设7个所和毛家桥水产蔬菜批发市场管理所；雨花区分局下设6个所。

2002年，4县工商局设立工商所共51个。其中，长沙县工商局11个所，望城县工商局9个所，浏阳市工商局16个所，宁乡县工商局15个所。是年，长沙市工商局及各区分局设立基层工商行政管理所（以下简称“工商所”）共42个。其中，市场规范管理分局8个（专业所）：经纪人管理所、文化市场管理所、机动车交易市场管理所、马王堆蔬菜批发市场管理所、生产资料市场管理所、建筑市场管理所、营运市场管理所、广告管理所。芙蓉分局9个工商所，天心分局5个工商所，岳麓分局5个工商所，开福分局8个工商所，雨花分局7个工商所。

2007年，天心分局增设坪塘钢材市场管理所。雨花分局增设洞井工商所。2008年11月，原望城县工商局坪塘、莲花工商所成建制划入岳麓分局，望城县工商局雷锋工商所成建制划入高新分局。

2012年年底，全市共有7个专业所，100个基层工商所，其中：芙蓉区分局11个，天心区分局8个，岳麓区分局7个，开福区分局9个，雨花区分局11个，长沙县工商局12个，望城县工商局7个，浏阳市工商局16个，宁乡县工商局17个，高新区分局2个。

四、人员队伍

1988年年末，全系统共有干部职工1280人（其中工人229人），中专以上文化程度的402人（其中大专以上189人）。市局机关有干部职工94人（工人5人），中专以上文化程度62人（其中大专以上47人），高中32人。市局正、副局长4人，分局、县局正副局长34人。

1997年，全系统共有干部职工2284人（其中工人978人），中专以上文化程度1195人（其中大专以上737人），市局机关有干部职工160人（工人48人），中专以上文化程度130人（其中大专以上110人），高中23人。市局正、副局长8人，分局、县局正副局长69人。

2002年，工商部门垂直管理后湖南省编办、湖南省工商局核定行政编制1614个，其中机关行政编

128 个，机关全额拨款事业编 147 个，基层工商所行政编 1326 个。

2010 年，长沙工商行政管理系统核定行政编制 1744 个，其中机关行政编 157 个，机关全额拨款事业编 220 个，基层工商所行政编 1367 个。

2012 年，长沙工商行政管理系统共有干部职工 1916 人，研究生以上学历 48 人，本科学历 947 人，大专学历 650 人，中专及中专以下 271 人。市局机关有干部职工 165 人，研究生以上学历 6 人，本科学历 108 人，大专学历 43 人，中专以下 8 人。编制未变。

第二节　工商登记管理

一、内资企业注册登记

1988 年 6 月，落实国务院颁布《中华人民共和国企业法人登记管理条例》，从法律上确认企业法人资格，开始建立和实行企业法人登记管理制度。是年，全市企业总数 2.78 万户（包括登记注册 2.30 万户），其中：工业 9424 户；建筑业 1015 户；交通运输业 539 户；商业 1.28 万户；饮食业 953 户；居民服务业 1185 户；其他 1935 户。

1989 年，对党政机关和党政干部办的各类公司和企业进行清理整顿，60 家公司和 62 家企业按规定全部脱钩；224 名在公司和企业兼职的党政干部，有 11 人辞去机关职务、12 人终止原机关生活待遇后在公司、企业任职，有 200 名干部从公司、企业中退出。对登记为城镇集体企业，但资金来源与财产归属不明的企业进行一次清理甄别。至 1990 年，全市共清理甄别城镇集体企业 1057 户。通过清理甄别，转为私营企业的有 104 户，占清理甄别集体企业总数的 9.8%；转为个体经营的 138 户，占 13.1%；充实条件保留集体企业性质的 608 户，占 57.5%；注销 207 户，占 19.6%。

1994 年，落实《中华人民共和国公司法》《中华人民共和国公司登记管理条例》，对企业进行登记并发放营业执照。是年企业逐步转轨。开展为经济建设、为基层、为群众的活动，支持公司的改制、改造、改组和企业联合、兼并、转轨。1995 年，为企业、个体户上门指导办照、办证 1000 多户次，及时帮助 278 家企业办理设立外销机构手续，为 1101 家企业冠“长沙”“长沙市”名称，预先核定公司名称 1261 户，为内资、外资、私营企业及时办理变更登记 5224 户，接待政策咨询服务 7.5 万人次，提供统计信息服务万余次，开展专项普法活动 356 场次。是年年底，全市企业总数（不含外资企业）50，567 家，其中按《中华人民共和国公司法》规范的有限责任公司 1605 家，企业集团 15 家。1996—1998 年，新登记的有限责任公司分别为 521 户，610 户，712 户，有限责任公司增长逐步加快。

2000 年，全市新核准登记企业 2008 户，其中国有企业 930 户，集体企业 474 户，股份合作制企业 210 户，有限责任公司 394 户；变更登记 2139 户，注销登记 3036 户。是年，办理改制企业登记 98 户，其中组建集团 1 户，改制重新登记为有限责任公司 16 户，股份合作制 62 户，破产登记 6 户，兼并登记 8 户；2001 年办理改制企业 32 户；2002 办理改制企业 42 户。

2002 年，对注册大厅进行重新布置，设立九个受理窗口。公示各种收费标准和办事指南，向社会公开承诺：将名称预先核准的时间由法定的 10 个工作日缩短为 5 个工作日，将办理注册登记的时间由法定的 30 个工作日缩短为 15 个工作日。是年，新核准登记企业 3691 户，其中内资企业 605 户，私营企业 2907 户；办理变更登记 4841 户，其中内资企业 934 户，私营企业 3736 户；办理企业注销登记 308 户，其中内资企业 190 户，私营企业 76 户。

2004年，工商注册登记实行人性化办公。市、区县（市）都设立注册大厅，有条件的单位，将所有审批项目，包括广告经营资格登记、消费者投诉等都集中在注册大厅；条件不够的单位，也将所有审批项目集中在同一楼层，方便经营户办事。注册大厅内，窗口统一，实行零距离无障碍办公。电子显示屏公布行政审批事项、依据、条件、程序及期限、提交材料目录、收费依据及标准等与注册有关的信息，有效提升企业和群众的办事效率。

2006年1月1日，根据新《中华人民共和国公司法》制定《长沙市工商行政管理局公司登记管辖暂行规定（试行）》，结束城区工商分局12年来不能作为公司注册登记机关的历史，首批1.3万余家公司的年检和变更手续下放到城区分局办理。7月，《企业办事预约制度》在注册登记部门统一实施，企业通过电话预约、电子邮件预约、注册大厅登记预约等方式向注册登记部门提出预约申请后，将相应提供上门指导、延长服务时间、专人指导等服务。

2007年7月，落实《中华人民共和国农民专业合作社法》。8月，登记注册全省第一家农民专业合作社——湖南隆平米业种粮专业合作社。是年，全市共登记注册农民专业合作社155户。2008年，规范注册登记工作，完善企业登记数据。从2008年1月4日起，对所属企业统一更换注册号，严格核对企业（个体户）书式档案资料，对与书式档案不符的电子数据进行修改和补录。至6月底，大部分企业换号完毕。

2011年，出台《绿色通道制》《首问责任制》《限时工作制》《疑难许可事项集体讨论制》《独任注册工作制度》，各注册窗口切实加强规范化建设，强化工作人员的服务意识，以“规范、热情、快速”为宗旨，全面推行靠前服务、预约服务、上门服务、跟踪服务等，为市场主体提供零距离对接服务，做到特事特办、急事急办、难事巧办、繁事简办。彻底改变“门难进、脸难看、话难听、事难办”的衙门作风，证照办理提速，名称审核随到随核。全面实行政务公开，将办事制度、收费项目、收费标准、窗口公开承诺书、群众满意度测评表等内容统一予以公示。

至2012年年底，全市共有各类市场主体46.36万户，其中：内资企业1.85万户，私营企业9.65万户，个体工商户34.37万户，农民专业合作社4039户。全市各类市场主体注册资本7871.96亿元，其中内资企业3463.8亿元，私营企业3418.66亿元，个体工商户218.85亿元，农民专业合作社39.12亿元。各类市场主体投资集中在第三产业，注册资本5854.45亿元，占总注册资本7871.96亿元的74.4%。

表14-6-2-1　　2006—2012年长沙市各类市场主体分类发展情况一览表　　单位：户

年度	合计	企业				个体工商户	农民专业合作社
		小计	内资企业	私营企业	外资企业		
2006	224613	59388	20523	37883	982	165225	0
2007	259659	63841	19810	42961	1070	195660	155
2008	297634	75059	20231	53849	979	221276	399
2009	334270	80821	19760	60061	1000	252474	975
2010	376984	89428	19352	69111	965	285887	1669
2011	427762	104541	18832	84835	874	320496	2725
2012	463574	115860	18469	96490	901	343675	4039

说明：1988—2005年相关数据未作统计

表 14-6-2-2　　2006—2012 年长沙市各类市场主体注册资本发展情况一览表　　单位：亿元

年度	合计	企业				个体工商户	农民专业合作社
		小计	内资企业	私营企业	外资企业		
2006	2086.25	2045.87	1136.58	476.62	432.67	40.38	—
2007	2971.15	2923.71	1550.9	882.55	490.26	46.89	0.55
2008	3421.15	3350.9	1780.89	1019.70	550.31	68.60	1.65
2009	3895.73	3801.74	2031.79	1193.67	576.28	86.89	7.10
2010	4520.42	4396.08	2287.57	1518.90	589.61	110.76	13.58
2011	6650.97	6439.31	3167.33	2600.79	617.19	186.67	24.99
2012	7871.96	7613.99	3463.80	3418.66	731.53	218.85	39.12

表 14-6-2-3　　2006—2012 年长沙市各类市场主体注册资本产业分布情况一览表　　单位：亿元

年度	合计	第一产业		第二产业		第三产业	
		注册资本	所占比例	注册资本	所占比例	注册资本	所占比例
2006	2086.25	23.53	1.1%	951.62	45.6%	1111.10	53.3%
2007	2971.15	38.50	1.3%	987.77	33.2%	1944.88	65.5%
2008	3421.15	54.94	1.6%	1068.89	31.2%	2297.32	67.2%
2009	3895.73	77.83	2.0%	989.09	25.4%	2828.81	72.6%
2010	4520.42	94.27	2.1%	998.35	22.1%	3427.80	75.8%
2011	6650.97	104.18	1.6%	1253.38	18.8%	5293.41	79.6%
2012	7871.96	148.70	1.9%	1868.81	23.7%	5854.45	74.4%

二、外商投资企业注册登记

1988 年，长沙市的外资企业较少，由湖南省工商局登记注册。1992 年，长沙市的外商投资企业总数首次达到 100 家，经国家工商总局批复成立市工商局外商投资企业登记管理科。1993 年，注册登记 30 户外资企业。1994 年新核准登记外资企业 72 户。1997 年，推出改进外资企业登记管理工作，实行经营范围、资金、经营方式、经营形式及组织形式“四放开”的举措，依法受理外商投资企业的登记注册，同时取消专项审批和许可证的规定。是年，新核准登记的外资企业为 107 户。

1998 年，为进一步提升外资企业登记管理水平，正确执行国家产业政策，建立重点工作推进机制，按照窗口标准化建设要求，规范前置审批项目、登记注册条件、经营范围的核定方式，有效解决外商投资企业因前置审批项目多、审批时间长导致企业办照难的问题，提升外资企业注册登记的质量。是年，新核准登记外资企业 130 户，全市外资企业总数 579 户。

2002 年，推动外商投资企业设立登记制度与国际惯例接轨。除国家禁止的外商投资项目，对现行外商投资企业设立登记的申报审查材料进行清理，削减不符合市场经济运行规则的材料和证件。进一步简化企业设立登记管理的审查程序和手续，使外商投资者只需在一个窗口办理一次登记，即可完成企业设立的全部手续。是年，新核准登记外资企业 179 户，办理变更登记 171 户，注销 42 户。

2004 年，推出“七不让”“五公开”“三服务”的工作目标，严格执行《首问责任制》《限时办结制》《岗位责任制》《责任追究制》，开通外商投资企业登记注册的绿色通道。2006 年，依法放宽市场准入条件，鼓励私营企业作为股东与外商合作、合资申办企业，合资企业中外商投资不足 25%的，可按内资企业直接登记。至年底，全市外资企业总数为 982 户。

2007 年，对外商投资企业实行“一审一核”制，缩短办理时间，提高工作效率。2008 年，落实“推动创业富民、建设创业之都”的要求，推出、完善并落实“外商投资企业登记管理联络员制度”“延时服务制度”“网上年检”等服务措施。

2012 年，新设立的外资企业共 55 户，企业类型有：中外合资经营、中外合作经营、外商独资等。至年底，全市共有外资企业 901 户，其中：第一产业 20 户，占 2.22%；第二产业 417 户，占 46.28%；第三产业 464 户，占 51.5%。外商投资主要来源于中国香港、中国台湾、美国、英属维尔京群岛、日本、加拿大、新加坡、英国、马来西亚等地。

表 14-6-2-4　　2006—2012 年长沙市外商投资企业产业分布情况一览表　　单位：户

年度	合计	第一产业		第二产业		第三产业	
		户数	所占比例	户数	所占比例	户数	所占比例
2006	982	19	1.9%	547	55.7%	416	42.4%
2007	1070	21	2.0%	586	54.7%	463	43.3%
2008	979	18	1.8%	532	54.4%	429	43.8%
2009	1000	20	2.0%	536	53.6%	444	44.4%
2010	965	20	2.1%	504	52.2%	441	45.7%
2011	874	18	2.1%	427	48.8%	429	49.1%
2012	901	20	2.2%	417	46.3%	464	51.5%

表 14-6-2-5　　2006—2012 年长沙市外商投资企业注册资本产业分布情况一览表　　单位：亿美元

年度	合计	第一产业		第二产业		第三产业	
		注册资本	所占比例	注册资本	所占比例	注册资本	所占比例
2006	63.26	1.29	2.0%	33.99	53.7%	27.98	44.3%
2007	71.72	1.02	1.4%	20.84	29.1%	49.86	69.5%
2008	80.50	2.70	3.4%	39.76	49.3%	38.04	47.3%
2009	84.30	2.90	3.4%	42.20	50.1%	39.20	46.5%
2010	86.20	2.70	3.0%	49.10	57.0%	34.40	40.0%
2011	103.90	1.74	1.6%	52.90	51.0%	49.30	47.4%
2012	113.24	2.01	1.8%	55.10	48.7%	56.14	49.6%

表 14-6-2-6　　2006—2012 年长沙市新设立外商投资企业类型情况一览表　　单位:户

年度	合计	中外合资经营企业		中外合作经营企业		外商独资企业		中外合资股份有限公司		其他企业	
		户数	所占比例	户数	所占比例	户数	所占比例	户数	所占比例	户数	所占比例
2006	129	53	41.1%	10	7.7%	66	51.2%	—	—	—	—
2007	143	44	30.8%	7	4.9%	92	64.3%	—	—	—	—
2008	65	19	29.2%	7	10.8%	39	60.0%	—	—	—	—
2009	56	23	41.0%	2	3.6%	31	55.4%	—	—	—	—
2010	59	31	52.5%	0	0%	27	45.8%	1	1.7%	0	0
2011	75	37	49.3%	2	2.7%	33	44.0%	1	1.3%	2	2.7%
2012	55	28	50.9%	1	1.8%	25	45.5%	1	1.8%	2	2.8%

三、检查监督

（一）年检验照。1988 年，长沙市共有企业 2.78 万户，实检户数 2.21 万户，年检率 79.53%。1989 年，贯彻执行《关于做好企业法人登记注册和换发证照工作的通知》要求，在全市开展换发全国统一的企业法人营业执照、营业执照工作。规定年检换照不再笼统使用“生产资料”“生活资料”“进出口业务”“其他”等非规范性用语，使企业的经营方式与经营范围的内容一致。在全年验照工作中，应参加年检的企业 2.39 万家，实检 2.37 万家，年检率达 99%，1.99 万家换发新营业执照。其中，纠正 1057 家名集体实个体企业的经济性质；为 1.40 万家企业办理变更手续，为 5972 家办理歇业手续，为 5358 家新开企业办理注册登记。

1995 年，对全市范围内中央、省、市、区街的国有、集体、外资、股份、私营企业和个体工商户进行一次全面的证照大检查，从证照管理的角度规范市场主体的经营行为，维护市场秩序。共出动 1.85 万人次，检查各类企业、个体 4.46 万家，其中国有企业 1240 家，集体企业 9438 家，“三资”企业 322 家，私营企业 1950 家，个体 3.16 万户。查处违反工商管理法规的 9860 家，占被检查数的 22%，责令限期整改的 5570 家，占被检查数的 12.5%。没收名不符实的各类印章 636 枚，企业牌匾 382 块，营业执照 714 本，吊销 266 家企业的营业执照，注销 434 户个体私营企业的营业执照，查获假冒伪劣商品货值 304 万元，端掉制假黑窝点 6 个。这次检查共查出无照经营的企业和个体户 3986 户，占被检查数的 8.9%，名集体实个体 2530 家，占被检查数 5.7%，擅自改变登记事项的 4750 户，占被检查数的 10.7%，毁损、涂改、复印营业执照的 456 户，出租、转让执照的 238 户。

1996 年，通过对企业的年检，依法注销 3.42 万户违规企业营业执照，查处企业违法违章行为 2659 起（次），至 2001 年，在企业年检工作中，共注销吊销营业执照 5.09 万户，查处企业违法违章行为 1.14 万起（次）。2002 年起查处逾期年检等违法行为。

2006 年 3 月，落实新的《企业年度检验办法》，对年检的时间作调整，是年，实行书式年检与网上申报年检相结合的年检方式，年检时间放宽，年检手续简化。2008 年，出台《市场退出行为登记管理暂行办法》《企业不按照规定接受年度检验和个体工商户不办理验照手续的处置意见》，对两年以上未参加年检的“名存实亡”企业启动吊销程序，进一步理清经济户口数据、严格市场退出机制。是年，清理吊销企业 6000 户，2009 年，清理吊销企业 5171 户。

2009 年开始逐步“下放事权”，出台《长沙市工商行政管理局关于委托工商所办理企业年检有关事项的通知》《长沙市工商行政管理局年检验照工作督查考评办法》。组织基层各单位参与企业年检的工作人员共 264 人进行培训。推行“新登记注册企业免检”“上门年检”“预约年检”“绿色通道”等便民措施，2010 年，共完成 3.41 万户企业的年检工作，清理吊销企业 1.17 万户，及时清理业务数据库中的“名存实亡”企业。2011 年，清理吊销企业 1.09 万户。

2012 年，集中开展以查处无证无照经营为重点的专项整治行动。共取缔无证无照经营户 9105 户，立案查处 421 户，罚款 163 万元，补办执照 8684 户。是年，清理吊销企业营业执照 2.41 万户。

（二）注册资本监管。1988 年，《中华人民共和国企业法人登记管理条例》颁布实施，企业注册资本成为企业工商登记的一项重要登记事项。1991 年 11 月，制定《集体企业管理暂行办法》，全面核实集体企业注册资本，明确规定集体企业财产应当符合《企业法人登记管理条例》的规定，要求集体所有制企业的集体资产达到注册资本的 50%以上。

1993 年，针对企业出资期限，分类制成表格，要求企业按期出资。对出资期限已到期的，督促企业尽快进资；已进资完毕或部分进资的，要求出具验资报告。是年，共有 8766 户企业在工商部门的督促下完成进资或部分进资，进资 6.3 亿元并出具验资报告。

1995 年 6 月，为完善企业法人登记管理制度，对新设立的企业实行定期检查制度，将企业实收资本尚未达到注册资本限额的，外商投资企业未按合同、章程缴付注册资本的，企业已丧失登记条件未按照规定办理注销登记的 3 类企业纳入定期检查范围，检查企业 1237 户，督促企业进资 1132 户，注销 105户。

1996 年，落实《公司注册资本登记管理暂行规定》，将企业实收资本未达到法律、法规规定的最低限额，企业实收资本虽然达到法律、行政法规规定的最低限额，但与注册资本相差悬殊的企业纳入专项检查范围。对两类公司进行重点规范。是年，共检查企业 3624 户，督促企业按《中华人民共和国公司法》重新登记 673 户，办理变更登记 518 户。

1998 年，把注册资本到位率作为监督管理的重要内容，突出粮食收储企业、粮食批发企业、非银行金融机构、农资经营企业、市场中介组织的注册资金的监督管理。

2003 年，按照“教育为主，行政处罚为辅”的原则，对企业法人的投资主体资格、法定代表人资格、注册资本进行全面复查，将有轻微违规行为但未造成严重后果的市场主体纳入行政整改建议范围，提出整改意见，规定改进期限，并按时跟踪调查，解整改情况。是年，共对注册资金违法行为责令整改 314 起，依据《中华人民共和国公司法》立案查处 82 起，罚款 436 万元。2005 年始，重点查处“两虚一逃”（虚假出资、虚报注册资本、抽逃出资）行为，至 2007 年年底，共立案查处“两虚一逃”违法行为 459 起，罚款 2870 万元，移送司法机关 12 起。

2008 年 5 月 30 日，停止查处“两虚一逃”行为。

（三）企业信用监管。2003 年 10 月，国家出台《关于对企业实行信用分类监管的意见》，“金信工程”启动。2004 年，推动“金信工程”建设，推进市场主体监管制度改革，试行企业分类监管，制定《长沙市工商局经济户口管理办法》《分类分片责任监管办法》。

2007 年始，逐步完善全市市场主体的经济户口管理。开展对 5.94 万户企业和 16.52 万户个体户的数据清理补录工作。各单位按照“谁登记谁录入、谁检查谁录入、谁处罚谁录入、谁主管谁负责”的原则，对企业、个体工商户信用分类监管数据进行一次全面清理和自查。清查出名存实亡的企业 1285 户，个体户 1.44 万户。2009 年，重新划分经济户口网格监管片区，对经济户口相对集中、监管形式复杂的集贸市场、社区等适当设置独立片区，将辖区经济户口（含省、市局登记注册的企业经济户口）全面分发到各网格片区，全面建立经济户口监管书式档案（一户一档）。按照“三定”（即定人、定片、定责）方案，落实市场主体监管责任制和重点行业分类监管制度。2010年，在经济户口网格监管工作中按照创建“五无”监管区（无无照经营、无假冒伪劣、无消费投诉积案、无传销活动、对工商干部无举报）的要求，推行经济户口属地管理，按照一个或多个完整社区、一个或多个完整乡镇重新划分网格监管片区，对经济户口相对集中、监管形式复杂的大型市场、集镇等可适当设置独立片区的原则，全市共设立328个监管片区，全面覆盖长沙市版图。

2011年，出台《长沙市工商行政管理局经济户口普查和查处取缔无照经营专项整治行动方案》和《长沙市工商行政管理局查处取缔无照经营工作考核办法》，对全市38万余户各类市场主体的真实情况进行普查，清查出名存实亡企业3286户，个体户6729户，完善经济户口基础数据。2012年，再次开展对全市43万余户市场主体普查，采集完整的、真实的经济户口基础数据和信用数据，给予补录、修改，补录信息1.47万条次，修改信息2.21万条次，及时清理数据库，并在建立台账和经济户口书式档案中作出标记。

第三节　个体私营经济管理

一、个体工商户及管理

1988年，全市城乡个体工商户6.01万户，从业人员8.21万人。对个体户的管理由各区县（市）按属地管理的原则进行管理、发照。1992年年底，全市共有个体工商户6.56万户，比1991年增长5.1%；从业人员9.40万人，比1991年增长4.9%。从行业来看，从事交通运输的个体户数量出现下降，主要原因是汽油涨价、运输成本提高，竞争加剧以及有的线路禁止中巴营运。随着人们生活水平的提高，需求向高层次发展，饮食业和服装业的个体工商户增长较快，城内4区个体饮食业户数、人数分别比上年增长11.66%和17.57%，经营规模扩大，经营中、高档的个体酒家也逐渐增多；个体服装市场兴旺，全市已形成3个较大的个体服装专业市场（东塘、三角花园、蔡锷北路服装城），总营业面积约1万平方米，经营10大类、1000余个品种。为促进个体经济发展，是年，市工商局及市服装工业公司投资1380万元兴建服装市场，共设1335个摊位，有个体服装专业户1318户、从业人员达4000余人，营业额2.91亿元，上缴税收140万元，上交管理费160万元。

1993年，在核准个体户营业执照时放宽对个体户经营范围的限制，个体劳动者开始涉足文艺、广告、经纪等领域，个体工商户经营规模也明显增大，全市共有个体工商户8.26万户，比上年增长25.9%，从业人员13.26万人，比上年增长41.25%，注册资金4.45亿元，比上年增长37.65%，总产值6.19亿元，营业额16.85亿元，分别比上年增长47.38%、56.02%。是年，宁乡县个体户黄天恩研制发明“天恩热辐灵药疗器”获三项国家专利，其中一项获当代优秀新专利技术传媒展金奖；长沙县个体户马再武研制出公路扫路铲草两用机，使用便利，比手工操作提高工效百倍以上，获国家专利。是年，针对个体户反映强烈的“三乱”（乱收费、乱摊派、乱罚款）现象开展调查，调查表明：全市共有29个部门和单位向八大行业的个体户收费，收费项目多达139种，最多的行业近30种，重复收费、多次收费、超规定收费的乱收、乱摊、乱罚现象严重影响个体经济的发展，一些个体户、私营企业承受不了，就找单位挂靠，名集体、实个体，严重制约个体、私营经济的发展。

1994年3月，长沙市就加快发展全市个体私营经济颁布15条具体规定，进一步放宽政策，拓宽服务领域。简化个体户申报、登记、审批手续，为发展个体和私营经济创造条件。《中华人民共和国公司法》颁布实施后，一部分经营规模较大的个体户转型为公司。至是年年底，长沙市有个体户11.46万户，就业人数2206万人。

1995年以后，许多改制企业职工下岗，长沙市对下岗人员放宽政策，减少审批程序以及少征和免征下岗人员个体管理费等措施，积极扶持下岗人员再就业。1997年雨花分局对再就业人员实行优先办理证照，优先安排经营场地、优先提供咨询服务，免收管理费等优惠政策和服务措施，引导下岗职工开办个体私营企业900余家，安排下岗职工1000余人。岳麓区为解决下岗职工再就业问题，研究制定《放宽简化办照手续二十条措施》，成立清理“三乱”的专门班子，自觉抵制各单位和部门利用工商执照年检搭车收费13项。

2000年，为个体户、私营企业排忧解难近3000起（次），挽回经济损失260万元。通过简化办照手续，帮助近2万余名下岗职工实现再就业。规范个体私营企业行为，清理规范个体户、私营企业档案7.17万户，查处无照经营1164起。

2003年，出台减费措施，免征或少征工商管理费，帮助受“非典”影响受困的企业渡过难关。

2005年1月21日，香港居民张红毅在芙蓉区领到CEPA（内地与香港关于建立更紧密经贸关系）补充协议生效以来的首张由港澳居民在湖南开设的个体工商户营业执照。为方便香港、澳门居民来长投资，在各登记场所设立港澳居民申办个体工商户的绿色通道，提供申请、受理、审批一站式服务，符合条件的当场予以核准登记。

2008年9月，停征个体工商户的管理费，减轻个体工商户的负担，促进个体工商业的发展。至2012年年底，全市共有个体工商户34.37万户，就业人数69.44万人，注册资金218.85亿元。

表14-6-3-1　　1988—2012年部分年度长沙市个体工商户情况一览表

年度＼数据	个体工商户户数（户）	就业人数（人）	注册资金（亿元）
1988	60063	82147	1.60
1989	58793	80598	2.48
1991	62395	89608	3.10
1992	65608	93982	3.23
1993	82603	132753	4.45
1994	114600	226000	10.12
1995	145500	321200	13.67
1996	167500	403400	15.95
2008	221276	507467	68.60
2009	252474	544005	86.89
2010	285887	618596	110.76
2011	320496	688720	186.67
2012	343675	694374	218.85

说明：1997—2007年数据未作统计

二、私营企业及管理

1988 年 9 月，长沙市召开“全市发展私营企业工作会议”。至是年年底，全市登记注册的私营企业共 26 户。至 1989 年年底 925 户。

1991 年 4 月，国家工商总局个体私营经济司负责人调查走访长沙市 17 家私营企业，认为长沙市私营企业在发展生产、活跃市场、解决劳动就业、增加国家财政收入等方面起到公有制经济的补充作用，但存在着名集体实私营和企业负担过重等问题，影响着私营经济正常、健康的发展。为减轻私营企业的负担，长沙市根据《国家高新技术产业开发区高新技术企业认定条件和办法》的规定，安排长沙市东方科学仪器研究所等 14 家私营企业进入高新技术开发区，与区内的全民、集体企业共同享受税、费等优惠政策。

1992 年 10 月，放宽对个体私营企业经营范围、经营方式及从业人员的审批登记，并增强服务，增加办照日期，缩短办照时间，简化办照手续。长沙市个体私营企业协会为私营企业提供信息，组织私营企业产品订货会、展销会 50 余次，推销产品金额达 5000 多万元，另外，对一部分资金周转有困难的私营企业，由协会出面从银行取得低息贷款予以扶持。7 月，成立长沙市私营企业协会互助基金会，保护会员合法权益，为 30 余户私营企业追回货款 30 万余元，挽回直接经济损失 10 万余元。至年底，长沙市私营企业达 1003 户，首次突破千户大关，是年，湖南省蓝天工艺美术有限公司等 8 户私营企业获“重合同守信用”单位。

1993 年，长沙市私营经济走出计划体制的束缚，私营企业的数量迅猛增长。1995 年，长沙远大空调公司、长沙市丰田化工电源实业公司进入全国 500 户大型私营企业之列。远大空调公司 1995 年销售收入达 7.2 亿元，公司研制的高科技产品得到前来视察的全国人大常委会委员长乔石、省委书记王茂林等领导的充分肯定。至 1996 年年底，全市私营企业达 4439 户，比 1992 年增长 3.4 倍，比 1988 年增长 170 倍。就业人数 6.54 万人，比 1988 年增长 263 倍，注册资金达 18.4 亿元。

进入 21 世纪后，出台实施《长沙市个体工商户和私营企业权益保护条例》。一部分私营企业抓住机会，占领市场，迅速脱颖而出，成为各行业的佼佼者。远大空调、三一重工等企业就是典型代表。2001 年年底，长沙市共有私营企业 1.02 万户，注册资金 41.22 亿元，个体私营经济占全市 GDP 的 35%，成为全市国民经济的重要组成部分。2002 年，一方面引导私营企业参与国有、集体企业改制、改组，引导它们通过租赁、购货、兼并、合股、合作经营等手段参与国企改革、壮大自身实力；另一方面引导私营企业研究中国加入 WTO 后的经济形势，学习和掌握 WTO 规则，熟悉国际经济法与商业规则，充分利用加入 WTO 组织后 3~5 年过渡期，深化改革，创新体制、创新管理、加大科技创新和产品升级，努力缩小差距，提高自身的竞争力。至年底，全市私营企业达 1.29 万户，上规模、上档次的私营企业越来越多，注册资本在 100 万~500 万元的 1129 户，500 万~1000 万元的 145 户，1000 万元以上的 65 户。在全省评出的私营企业十大行业“500”强中，长沙市占 215 家，为全省的 43%。

2004 年，推行“先行责令改正”措施，优化企业发展环境。下发责令改正通知书 1446 份，减少罚款 270 万元。

2006 年 3 月 16 日，长沙市首家一人公司成立，法定代表人李嘉领到企业法人营业执照。

2008 年，及时出台创业富民的相关措施，采取降低准入门槛、改制促进、创新服务、减免费用、行政指导、柔性执法等举措，允许出资分期缴纳，允许成立一人公司，允许股权出资、出质等优惠政策，有效地激发全民创业热情，为私营企业的迅速发展、壮大创造良好的条件。是年年底，全市共有私营企业 5.38 万户，从业人员 46.08 万人，注册资本（金）1019.7 亿元，户均注册资本（金）189.4 万元。其中

图 14-6-3-1 2010 年，召开长沙市银企洽谈会（市工商局供图）

注册资本（金）100 万~500 万元的有 9555 户，注册资金 500 万~1000 万元的有 2200 户，注册资本（金）1000 万元以上的有 3190 户。

2011 年，新设立私营企业 1.70 万户。是年年底，全市共有私营企业 8.48 万户，就业人数 78.87 万人，注册资本（金）总额 2600.79 亿元，其中，注册资本（金）1000 万元以上的有 7428 户。在促进经济发展方式加快转变政策的影响下，长沙市的私营企业也加快转型。面对激烈的市场竞争，越来越多的私营企业对高新技术促进产业发展的需求越来越迫切，高新技术产业比重越来越大。部分企业通过招揽人才，组建技术开发中心，自主研发新产品；有的企业则借助科研院所的力量，开发新产品，提高技术含量。2011年，长沙市新设立从事科学研究、技术服务和地质勘查业的公司 3238 户，较 2010 年的 276 户增长 10余倍。

至2012 年年底，全市私营企业总数 9.65 万户。

表 14-6-3-2　　1988—2012 年部分年度长沙地区私营企业情况一览表

年度 \ 数据	个体工商户户数（户）	就业人数（人）	注册资金（亿元）
1988	26	248	—
1989	925	9511	9347
1991	871	8944	10418
1992	1003	13627	13825
1993	1485	20488	30321
1994	2413	33745	77458
1995	3487	53824	132508
1996	4439	65362	184116
2003	20687	—	1499718
2004	23491	254445	2158909
2005	29142	348793	2857987
2006	37883	361752	3515794
2007	42961	397174	4285100
2008	53849	460799	10197000
2009	60061	481062	11937000
2011	84835	788742	26007900
2012	96490	881113	34186600

说明：1988 年注册资金和 2003 年就业人数未作统计

第四节 集市贸易管理

一、集市贸易

至1988年年底，长沙市集贸市场经过10年的建设，投资总额达2656万元（城东区、西区、南区、北区和郊区5区2102万元，长沙县、望城县、浏阳市、宁乡县4县554万元），建成室内市场9个（全部在市区），顶棚市场96个（市区50个，4县46个）；建筑总面积15.30万平方米（市区10.30万平方米，4县5.00万平方米）。市场建设已初具规模。是年，城乡集市贸易成交额已达7.8亿元，其中城区成交额5.2亿元，农村成交额2.6亿元。集市主要副食品上市占市场销售比例：猪肉26.9%，牛肉65.6%，鲜蛋73.9%，家禽90.6%，水产品88.4%，蔬菜65.9%，干鲜果77.6%。有效保证长沙市及周边地区物资地供应，平抑物价。1989年，长沙市投资610.4万元建成12个集贸市场，总建筑面积2.06万平方米；全年城乡集市成交额9.15亿元，比上年增长21.3%，集市零售总额占社会商品零售总额的17.5%。

1990年，加强对市场的规范化管理，促进货畅其流，使集市贸易繁荣兴旺，年成交额达10.16亿元，比上年增长12%，占社会零售总额的18.3%。城市群众消费蔬菜的65%、猪肉的44%、家禽的85%、水产品的93%是从集市购买。全市共投资745万元，新建17个集贸市场，总占地面积5.56万平方米，建筑面积3.69万平方米。其中永久性室内市场有长沙市郊区新开铺、东区燕山街、望城县城关镇城中、城北4个，建筑面积共7229平方米；顶棚市场有长沙市北区北桥、丝茅冲、九尾冲，郊区马王堆、五里牌，望城县丁字镇及县域内7个共13个，总建筑面积2.96万平方米。全市以街设市、以路为集的状况有所好转。望城县高度重视市场建设，采取政府定建、乡镇自建、各方援建的方法，发动全县30余个部门和单位出钱、出力、出物，分工协作，各尽其责，共投资260.5万元，建成市场3个，建筑面积为1.44万平方米。宁乡县按照谁建设、谁受益的原则，动员社会各方兴建集贸市场，由有关单位、村镇和企业共筹资金209万元，新建顶棚市场7个（城关镇2个，龙田、新田、双凫铺、砂子坡、横市各1个），总建筑面积1.28万平方米，走出一条市场建设的新路子。是年年底，全市城乡实有集贸市场229个，总建筑面积18.06万平方米。

1993年，为促进各类市场建设和发展，成立市场建设开发公司，加强对市场建设工作的规划、组织、协调。全市开工新建各类市场48个，总77万平方米，总投资5.08亿元。各类市场商品交易总额达58亿，其中集贸市场成交额22.53亿元。一个以集贸市场为引发点，以专业市场为导向，多层次、多功能市场网络初具雏形。南门口、落棚桥、浏正街等一批室内化市场已竣工；五里牌南湖市场，人民路建材市场、长沙晓辉电器城等一批专业市场向综合化方向发展；生资、文化、机动车交易、车辆营运、房地产、建筑、经纪人事务等专业市场建设正进一步拓宽、加强，成立房地产、经纪人事务、建筑市场管理所，全市城乡有国家级市场2个、省级8个、市级38个。

1994年，根据湖南省《城乡集贸市场管理条例》规定，加强对集贸市场的监督检查。集贸市场实行“谁投资建设、谁所有、谁受益”的原则。受此政策影响，社会资金参与市场建设的热情高涨：企业和乡村自建市场14个，与工商部门联合建设12个。其中郊区湘湖渔场投资1000万余元，先后建成南湖家具城、南湖农贸市场，并对南湖电器市场进行扩建。北区北大桥副食品市场、宁乡副食品和水果市场均为企业单位投资建成。为缓解交通堵塞，根治“脏、乱、差”现象，新建、改建、扩建燕山街、朝阳新村、青园路等13个农贸市场。是年，全市开工市场78处，建筑面积70万平方米。建成开业市场40

个，竣工面积15.68万平方米，完成投资额4704万元，分别比上年增长48%、75%、30%，其中新建市场16个，面积5.19万平方米。

1996年9月，成立长沙市市场服务中心，实行企业化管理，独立核算，自负盈亏，专司市场服务职能，直接管理市场物业，开展多种经营。2000年3月，43个市场完成清产核资工作并移交。

2001年，市场管理职能的重点由培育建设转向监督管理。

二、集市管理

1988年，长沙市共有城乡集贸市场218处，商品成交总额5.44亿元。1989年，对曙光路蔬菜批发市场等一批以路为市、秩序混乱、影响交通和治安，群众反映强烈的集贸市场、小商品市场进行治理整顿，拆除影响市容卫生的东塘、火车站、南阳街、文运街、犁头街、白马巷、落星田7个小商品市场和东塘饮食果品市场，并将场内305个体户分别安排到长沙市交易市场、晓辉百货市场和金天商场，使这些地段的市容卫生和交通秩序有改观。同时，东区还采取措施，坚决取缔138家无证经营户，拆除乱挂篷布摆摊设点25处，改变五一路及沿线街口以路为市的状况。在创建"文明集市"活动中，全市全年投入运转的251个市场中，年终有30个市场被评为市级"文明集市"。

1993年，为确保"畅安工程"，共出动执法人员近8000人次、车辆1700余台次，对30个重点集贸市场、13条主要马路、5个广场、4个入城口进行市容市貌的重点整顿。共查处和纠正违章违法案件及现行违章行为7540起，取缔无照经营、乱摆摊担近万户次，对重点集贸市场进行整修、粉刷和路面平整；整治35处路街市场，收缴一大批无证经营者的工具和物资。东区取缔晓园路非法集市，并整治搬迁堵塞交通的蔡锷中路建筑材料销售一条街；南区拆除碧湘街亭棚摊点103处，还路于民；西区整治五一西路非法水产市场；北区将东风路集贸市场路边摊担全部引进市场内，改变长期以路为市的面貌；郊区将雨花亭地段自发形成的木材市场搬迁至新建的井湾子木材市场，保障107国道的"畅安"。

1995年，新、改、扩建集贸市场59个，建成开业42个，缓解以路为市，以街为集的状况。全市城乡共有集贸市场253个。在集贸市场开展"稳定市场，平抑物价，百日劳动竞赛""创建迎国检""文明市场评选"活动。推行"五清理""五实行""一禁止"，健全市场管理制度，拆除乱搭乱建1989处，取缔无证经营6481户。实行对肉和大路菜的限价管理，平抑物价，稳定社会，繁荣市场，强化管理，顺利通过国检团的检查。

1997年，以创建文明市场示范窗口建设为重点，自筹资金400万余元，建设燕山街、长治路、南门口、新民、望月湖、东风路、王家冲7个农贸市场"文明示范窗口"，并开展十佳优秀市场管理干部评选，"迎春杯"市场管理竞赛，第六届创建文明集市评比和"讲文明，树新风，满意在市场"等一系列活动，促进市场卫生和交易秩序明显好转。年内，创建省级文明市场11个，市级文明市场32个。1998年，以迎"国检"创建文明市场示范窗口建设为重点，自筹资金900万元，建设东塘、红旗区、左家垅、丝茅冲、新塘村、营山、赤新路等7个文明市场示范窗口，并开展第二届"迎春杯"市场管理竞赛。年内，共查获白板肉14吨，捣毁注水肉窝点12处，创建省级文明市场13个，市级文明市场41个。

1999年，加强对全市农贸市场管理，全年共出动执法人员近万人次，查处违法违章行为2450起，取缔无照经营2349户，收缴"白板肉"90吨，取缔私宰点13个。

2001年，对农贸市场的管理重心全面转移到市场监管上面。2002年，市工商系统开展集贸市场整顿，查处违法违章案件1364起，取缔无照经营3240户，移送司法机关处理17人。

2009年，以集贸市场和城乡接合部等为重点区域，对红星、马王堆等重点市场，展开肉制品市场的

图 14-6-4-1 2009 年，展开肉制品市场的专项检查和整治 （市工商局供图）

专项检查和整治，收缴白板肉 4.9 吨、病死猪肉 3.6 吨，查处取缔非法屠宰加工窝点 36 个；对市场农产品质量检测 434 批次，检测品种 1050 种，其中合格的 1040 种，不合格的 10 种，向消费者发布消费警示 35 期，集贸市场的食品安全形势进一步好转。

2010 年，出台《长沙市农贸市场管理办法》。出动执法人员 5100 人次，车辆 232 台次，检查经营户 3921 户，查处无照经营户 11 户，下发监管督办通知书 145 份，立案 8 起，督促建立索证、索票制度经营户 135 家，快速检测肉制品、腊制品、水产品 124 次，收缴白板肉 400 千克、注水牛肉 120 千克，查封不合格腊制品 150 千克，查处销售注水、药物残留水产品 50 千克。

2012 年，开展农贸市场安全隐患大检查。对各农贸市场开展冬、夏两季用电、防火安全大排查，重点检查是否有违章用电、用火的情况，安全出口、疏散通道是否畅通，安全疏散指示标志、应急照明是否完好，消防设施、器材和消防安全标志是否完整好用。共出动执法人员 650 余人次，对全市 150 个农贸市场进行安全隐患排查，督促市场开办者落实管理第一责任人职责，完善消防制度、设施，消除安全隐患。

三、专业市场管理

1988 年前后，随着长沙经济的繁荣和城市的扩张，城市中心小、杂、乱的商业布局开始走向规模化、集约化和专业化的发展道路，各专业市场逐步兴起。

1990 年，在钢材市场、废旧回收市场重新审查企业经营重要工业品生产资料的经营资格，查处违法违章案件 182 起，破盗劫案 13 起；对在歌舞厅游唱的乐队、歌手进行发证管理，全年核发乐队 71 个，歌手证 119 个，加强对文化市场规范管理；成立营运车辆管理办公室，对全市“中巴”等营运车辆开展 15 次专项检查，查处无照经营、人照不符、偷税漏税、偷漏工商管理费、敲诈外地乘客等违法违章案件 40 起。

1991 年，组建营运车辆稽查队。全年上路检查 49 次，检查营运车辆 728 台查扣违章违法营运车辆 191 台（其中大客车 35 台，市内中巴 114 台，城乡中巴 20 台，的士 22 台），责令停业整顿 122 台，查处漫天要价、打骂顾客等违法违章行为 56 起，罚款 1.98 万元。

1992 年，对 60 个汽车生产销售单位经营的 5572 台汽车进行验证盖章；鉴证各类建筑合同 100 份，合同金额 6800 万元；对 65 个在建项目和 5 个装饰工程项目进行检查，发现 38 个项目没有签订合同并予以纠正；为 38 家舞厅、11 家歌厅、17 家音像、300 家电子游戏和桌球厅办理开业登记，查处非法印制印刷刊物 150 种 210 万册，价值 450 万元。维护长沙文化市场健康发展，全市有舞厅 114 家，卡拉 OK 厅 55 家，音像放映点 40 家，电子游戏和桌球厅 300 家，时装模特队 4 家。

1998 年，加强粮食市场监管，全市成立 73 个粮食稽查队，对全市 2030 户粮食经营户进行清理规范，查处非法收购粮食案件 381 起，没收非法收购粮食 610 吨。1999 年，查处非法收购、贩运粮食案件

254 起，没收粮食 9843.5 吨，罚没金额 106.8 万元。是年，收缴非法光盘 2 万张、印刷品 3450 本、音像制品 2557 盒、宣传资料 3267 份。

2001 年，加强对危险化学品市场和网吧监管，查处违法、违章行为 3450 件。2002 年，依法吊销危险化学品经营户 1536 户，取缔无证网吧 174 户。2005 年，依法取缔黑网吧 162 户，扣缴设备 800 件。

2006 年，加强农资市场监管，检查经营种子、化肥、农药等经营户 2800 余户，纠正不规范经营 51 户，取缔无照经营 12 户，查处制售假冒伪劣农资案 74 件，查获违法农资商品 496 吨，为农民挽回经济损失 73 万元。2008 年，加大对农资商品抽检力度，抽样 260 个批次，检出 34 个不合格产品，依法采取措施，严防其流入市场。查办涉农案件 69 起，案值 602.9 万元，收缴不合格农资商品 41.5 吨，为农民挽回损失 313 万元。

2012 年，对改制的文化企业开辟绿色通道、联合办公、上门办照，积极服务经营性文化单位改革，完成《长沙晚报》旗下 3 家非时政报刊社、长沙歌舞剧院、宁乡县电影发行放映公司的转制工作。至年底，市工商局共登记文化产业企业 5220 户，注册资本 66.19 亿元，其中：传统文化产业企业 4795 户，注册资本 59.23 亿元，新兴文化产业企业 425 户，注册资本 6.96 亿元。

第五节 经济秩序维护

一、打击投机倒把

1988 年，全市共查处投机倒把案 420 起，罚没入库金额 454 万元。查处倒卖的主要物资有：钢材 7025 吨，有色金属 3737 吨，汽油、柴油 155 吨，化肥 6539 吨，挽回经济损失 1657 万元。依法查处大要案 17 起，其中倒卖钢材 6098 吨，汽车 35 辆，彩电 76 台，冰箱 1165 台，罚没款 248 万元。

1990—1992 年底，查处投机违法案件 7582 起，其中大要案件 2110 起，产品罚没入库金额 1280 万余元，挽回经济损失 8000 万余元。

此后因政策和经济环境的变化，投机倒把查处成为历史。

二、打击制售假冒伪劣商品

1988 年，全市共查处制造、销售假冒伪劣商品案件 408 起，查出假冒名酒 16583 瓶、假烟 16324 条、假药 750 千克、假化肥 1745 吨、假农药 223 吨。对全市 110 家销售电器产品的商店进行检查，查封并销毁伪劣电器 11.7 万余件，货值达 84 万元。

1993 年，立案查处假冒伪劣商品案件 401 起，捣毁制售假冒伪劣商品窝点 97 个。查获的假冒伪劣物资及商品主要有烟、酒、食品、汽车、自行车、电线、家用电器、服装、鞋类、化妆品、化肥、农药、种子、农膜、饲料、柴油、药品、煤炭等，折合金额近 400 万余元。严重违法构成犯罪的有 14 起案件，其中 17 人被移送司法机关依法处理。

1996 年，开展“公平交易执法年”活动，查处假冒伪劣商品案件 562 起，查获假冒伪劣商品货值 2798 万元，捣毁制假黑窝点 178 个。查获的物资有劣质钢材 606 吨，劣质水泥 5 吨，掺假煤炭 8500 余吨，伪劣化肥 584 吨，劣质农药 26.64 吨，劣质农用地膜 1.22 吨，劣质棉花 80 吨，假冒名酒 10 万余瓶，假冒劣质食品 450 吨，冒牌劣质饮料 8 万余瓶，进口旧服装 1 万余件（套），冒牌电视机 189 台。

2001 年，继续深入开展严厉打击制售假冒伪劣商品违法犯罪活动联合行动，开展以食品、药品、农业生产资料、棉花、拼装汽车为重点的打假行动。全年共查处假冒伪劣案件 1052 起。加强对粮食、农资、成品油、车辆营运等市场的监管，查处各类市场违法违章行为3450起，取缔浏阳永安及长沙县黄花、江背等地的报废汽车拆解市场。

2006年，对种子、化肥、农药等农资市场进行集中整治，累计检查各类农资经营单位2800余家，纠正不规范经营行为51起，取缔无照经营12户，查处制售假冒伪劣农资案74件，查获违法农资商品496吨，为农民挽回经济损失73万元。

2008年，向社会公布一批有较大社会影响的销售假冒伪劣商品案。较典型的有雨花分局查处邓某销售不合格“军酒特供”案。查获无厂名、无厂址、无卫生许可证和生产许可证的假酒6845件，货值57万元。

2011年，严厉打击侵犯知识产权和制售假冒伪劣商品行为，共整治重点区域147处，捣毁制假售假窝点20余个，立案791件，罚没款632.8万元。

2012年，以打击制售假冒卷烟、无照经营卷烟及假冒名酒为重点，加强与烟草部门、茅台、五粮液、泸州老窖、国际洋酒协会等机构和厂家的联系，对全市烟酒批发市场、宾馆、酒吧、KTV以及名烟名酒店开展大规模集中整治，共出动执法人员3495人次，检查烟酒经营户5937户次，检查批发市场、商场超市150余户，查处烟草无证无照经营356户，收缴假冒卷烟1911条，收缴假冒白酒、洋酒937瓶，有效地规范烟酒市场秩序。

三、打击传销和规范直销

20世纪90年代初，一些国外直销公司进入中国。由于中国正处于社会主义市场经济发展初期，市场发展程度较低，有关管理法规不够完善，直销逐步发展成为各种形式的传销活动。一些不法单位和个人打着快速致富的旗号，对传销与传销物品进行虚假宣传，诱骗群众参与，通过发展下线组成封闭网络、购买传销产品收取高额入门费等手段敛财，还有一些人利用传销从事迷信、帮会、价格欺诈、推销假冒伪劣产品等违法犯罪活动。

1994年，坚决取缔擅自开展的多层次传销活动。9月，国家工商总局发布《关于查处多层次传销活动中违法行为的通告》后，开展第一次专项整治工作。1995年9月，部署对传销行为进行第二次专项整治。是年，全市共清理审查多层次传销案9起，其中比较典型的有“麦饭石”传销案、长沙再生贸易有限公司“舒目网”传销案。1996年10月，部署第三次传销专项整治。全年，清理非法多层次传销案件32起。1997年，查处非法传销案件52起，取缔非法传销窝点16个，没收非法传销物品362件，罚没金额260多万元，查获非法传销物品货值1100万元，取缔无照经营的传销企业9家，遣散传销人员两万多人。1998年4月，决定禁止传销经营活动，实行对传销管理“宣传教育，引导转制，打击犯罪，维护秩序，维护稳定”的20字方针。

2006年3月，长沙出现第一家直销企业——雅芳（中国）后，从直销员招聘、培训、计酬和企业产品宣传四个方面进行监督，不定期抽查企业直销员名册、培训资料、产品包装、直销员报酬的有关情况，对违反国务院《直销管理条例》的行为进行行政指导，企业健康有序地发展。是年，查获“深圳阿拉斯加生物科技有限公司”“美国莱克萨斯”“枫林服饰”“山东永春堂保健品有限公司”“莱蒂菲日用品（厦门）有限公司”等传销大案15件，捣毁取缔传销窝点8个，移送司法机关处理5人，劝返、遣散传销人员700余人次，遏制传销活动的蔓延。

2009年，开展“春雷”“百日打传”等大型打击传销专项行动，相继查处“世界通”“假天狮”等大要传销案件。取缔、捣毁传销窝点96个，劝返、遣送传销人员1200余人次，抓获传销头目36人，其中构成犯罪被判处有期徒刑的有 17 人。2011 年，清查遣散传销人员 6000 余人次，捣毁取缔传销窝点 280 个，抓获传销头目和骨干分子 180 余人，冻结非法资金 1000 万余元。

2012 年，长沙市共有雅芳（中国）、安利（中国）、玫琳凯（中国）、绿之韵、宝健（中国）、无限极（中国）、如新（中国）、康宝莱（中国）8 家直销企业。是年，出动执法人员 7826 人次，出动执法车辆 2460 台次，发放宣传资料 5.65 万份，捣毁传销窝点 601 个，遣散传销人员 4011 人，立案查处传销案件 2 起，罚没金额 117 万元。

四、反不正当竞争

1994 年，落实《中华人民共和国反不正当竞争法》。查处各类不正当竞争案件 13 件，罚款 82 万元。1997 年，落实《禁止商业贿赂行为的暂行规定》，查处商业贿赂案件 14 起，违法金额 7200 万元。其中包括省某医药公司特大药品回扣案，没收其非法所得 1087980 元，并处罚款 20 万元。1998 年，查处不正当竞争案件 352 起，其中商业贿赂案 54 起，涉案金额上亿元。仅在查处海口市某医药公司的商业贿赂一案中，罚没款合计 70 万元。

2003 年，查处各类不正当竞争案件 8900 余件（其中案值 100 万元以上的大案 100 余件），涉及商品和服务领域各行业。其中比较典型的案例有：某电信局强制交易案；某银行分行滥收费用、商业贿赂案；竞买人相互串通恶意投标案；某县邮政局限制竞争案等。

2006 年起，在工程建设、产权交易、医药购销、新闻出版、酒类销售等商业贿赂易发、高发领域查处商业贿赂案件，至 2008 年年底，共查处商业贿赂案件 777 件。是年，长沙市工商局被国家总局评为“全国治理商业贿赂先进单位”。

2012 年，立案查处不正当竞争案件 44 件，罚没款金额 363 万元。其中查处商业贿赂案件 16 起；“傍名牌”案件 7 起；虚假宣传案件 9 起；不正当有奖销售 2 起，限制竞争案件 1 起，其他竞争案件 9起。

五、流通领域商品质量监管

2003 年 8 月，长沙市被定为全国商品质量监管制度改革第一批试点城市。制定《长沙市工商系统实施商品准入制度加强流通领域商品质量监管工作实施方案》，确定沃尔玛等 6 个试点企业和高桥、三湘南湖 2 个试点市场，具体落实“十个一”：一套方案；一套班子；一套票、证、账；一个档案室；一个档案员；一个检测室；一个检测员；一台电脑；一套制度；一套经验。2004 年 4 月，全国工商系统关口前移工作座谈会上，称赞“十个一”“充分提体现关口前移工作的要求，比较细化，切合实际，值得推介”，4 月 17 日，《中国工商报》和国家工商总局红盾网头版头条刊载。是年，推行六项制度，即：商品查验登记制度、市场准入备案制度、重要商品准入制度、商品质量检测制度、商品质量信息公示制度、不合格商品退市机制和责任追究制度。同时，督促大型商场、超市加强自检，向企业发出自检通知 106 份，发现 36 种商品不合格；开展专项抽检，检测 13 个品种，83 个样品，合格率 55.4%。

2005 年年初，新一佳、沃尔玛等 38 家大型市场、商场、超市签订《流通领域商品质量目标责任状》，强化经营者的质量责任制度。3 次召开由家润多、新一佳、沃尔玛、家乐福、国美电器等 27 家大型超市、商场负责人参加的商品质量监管工作例会，学习有关法律、法规和有关文件精神，交流工作经验，及时通报各商家的消费者投诉及处理情况，鼓励、引导商家诚信经营。是年，继续推进流通领域商品质量监管的改革，在六项制度的基础上进行细化和分工，建立和完善四项制度，即：市场巡查制度、流通领域商品质量监测制度、不合格商品退市制度、商品质量信息公示制度；各大型市场、超市、商场建立和完善四项制度，即：商品质量查验登记制度、重要商品“场厂挂钩”“场地挂钩”等协议准入制度、不合格商品召回制度、商品质量销售责任制度，统称“八项制度”。“八项制度”的建立和完善，进一步明确经营者和监管者的职责。是年，以农资和食品为重点，对260余个品种的商品进行抽检，检出51个批次的产品为不合格产品，对抽检结果不合格的产品一律要求下柜，退出流通领域。

2006年，严格依法依程序实施商品质量监测工作，以食品和洗浴用品为监测的重点，对腐竹、面条、槟榔、桶装水、月饼等食品和宾馆、娱乐场所的洗浴用品和橄榄油等300余个产品抽检，检出50余个不合格产品，对涉嫌不合格产品采取，立即下柜，就地封存并通知生产企业召回等措施，避免不合格商品再次流入市场。2007年，制订《2007年度商品质量监测年度计划》，抽检291个批次和样品，其中休闲食品31个批次，茶叶10批次，液态奶21批次，饮用水20批次，鲜肉20批次，啤酒瓶10批次，月饼34个批次，鞋子78个批次，床上用品13个批次，厨具10个批次，成品油30个批次，珠宝首饰14个批次，对不合格产品采取下柜、责令生产企业召回和行政处罚等措施。2008年，以食品、汽车配件、建材为重点共抽检562个批次样品，其中包括烘炒食品10组，低速汽车2组，建材8组。2009年，以休闲食品、鸡蛋、鞋类、酒店一次性用品、电动自行车等产品为重点，抽检商品696批次，不合格129批次，开展快速检测18552批次，不合格102批次。查处产品质量不合格案件103件，罚没37.49万元。

2010年4月，根据国家质检总局通报的安全帽和刨花板不合格产品流入市场的有关情况，开展专项清查行动，出动执法人员1100余人次，以劳保用品商店和专业市场为检查的重点，检查经营户467户，没有发现相关产品流入长沙市场。并积极防范，印发如何选购优质板材的宣传资料10000份。8—10月，开展汽车销售行为及汽车配件质量、人造板等建材装修材料甲醛释放量的专项整治行动，以各汽车销售和配件市场、建材市场为整治重点，采取上门检查、抽检产品、发放印发宣传资料、行政约谈，召开行业代表座谈会等方式认真开展对汽车、汽车配件及建材的专项整治行动，共发放宣传资料13500余份，出动执法人员2453人次，检查经营户1654户次，抽检木板29个批次，橱柜7个批次，黏胶剂8个批次，壁纸9个批次，召开由7个汽车销售集团代表和4个汽车配件市场代表以及湖南省汽车商会负责人参加的行业座谈会，查处甲醛释放量严重超标的案件2件，不合格产品案14件，汽配三无产品案1件，虚假宣传案1件，汽车加价销售案1件，汽车销售商业贿赂案1件，现场指导帮助企业建立“服务质量承诺”“不合格产品退市”“进销货台账”等制度110余次，有效地规范汽车及配件和建材行业的经营秩序。

2012年，抽检各类商品189批次，不合格商品46批次，查处产品质量不合格案件41件，罚没18.8万元。

六、食品安全监督管理（详见本篇 第九章 食品药品监督管理 第七节 食品安全监督管理）

第六节 经济合同管理

一、合同监察

1988年，开展合同检查工作，至1992年检查企业5981户次，检查各类经济合同12.61万份，鉴证合同1.33万份，确认无效经济合同1743份，查处利用经济合同违法案件812起，罚没入库116.45万元，为企业挽回经济损失5126.9万元，为企业和群众解决问题908个。1992年，为服务企业发展，帮企业追回货款1303.56万元。如用时20余天到内蒙古、辽宁、吉林三省份6个单位，帮浏阳沙市山田服装厂追回货款43万元，使工厂恢复生产。

1993年9月后，合同管理工作由强调监督管理转向服务。全年共举办“中华人民共和国经济合同法”学习培训班65期，培训企业人员4115人，全市使用合同示范文本的企业达70%。

1996年9月，开展打击合同欺诈的专项活动，共立案查处利用合同进行违法活动的案件810件，涉及合同金额1.91亿元，罚没金额71.33万元，打击合同欺诈行动初见成效。同时，为企业办理动产抵押登记84件，抵押物价值16.5亿元。

1999年3月，长沙市举办法律培训班16期，培训企业人员1060人次；为企业提供法律服务，调解合同纠纷25起，涉及合同金额268.2万元，为企业办理资产抵押登记303件，办理合同三证2042份，鉴证合同282份，合同金额1.75亿元；授予485户企业为“重合同守信用”单位；为打击违法行为，查处合同违法案件218件。

2001年1月，落实《拍卖监督管理暂行办法》，开始对拍卖企业及拍卖活动实施监督管理。2003年10月后，国务院决定取消合同鉴证。

2005年，为破解农业产业化经营的瓶颈，发展大宗农业产品期货市场，推动龙头企业通过订单与广大农户实现有效对接，针对地区之间农业自然环境和农业生产水平的不同情况，进行分类指导，帮助农民与企业签订具有法律效力的合同，加强订单履约监管，严厉打击利用订单的欺诈行为，促进订单农业的发展。2007年，贯彻《中华人民共和国物权法》和国家工商总局《动产抵押登记办法》，把企业、个体工商户、农业生产经营者以现有的以及将有的生产设备、原材料、半成品、产品抵押的纳入动产抵押登记范围；运用企业动产抵押登记职能，帮助国有、私营企业筹措资金、盘活存量资产，增强经济活力。9月，长沙市发布《企业动产抵押物登记公开办事指南》《企业动产抵押物登记实施方案》。2009年，把“自觉服务‘三农’，深入开展合同帮农工作”作为2009年合同监管工作要点，制定合同帮农实施方案。在56个基层工商所设立“合同帮农指导服务站”，帮助65个涉农企业健全合同管理制度。同时，编印2万册涉农合同宣传资料，统一制作农业合同指导服务站牌匾，印制涉农合同示范文本1.5万本，建立合同帮农式台账和登记本等一系列工作。是年，检查涉农企业4904户，签约农户4036户，检查涉农合同8659份，涉农合同金额4.09亿元，调解涉农合同纠纷17起，合同金额388.7万元。

至2012年年底，全市共办理企业拍卖合同备案2920件，现场监督1450次，拍卖确认2461份，主债权金额747.08亿元，办理动产抵押登记2381起，帮助中小企业融资136.4亿元。

二、合同纠纷仲裁

1988年，检查2935户企业的5.99万份经济合同，审结经济合同纠纷案件473起，其中调解277起，裁决22起，确认无效174起，挽回和避免企业经济损失3000万元。

1992年，全市在经济合同管理和仲裁工作中，共审结经济案件1192件。其中，调解仲裁案件988件，合同金额4578万元，争议金额1450万元，确认处理无效合同157件，合同金额2893万元；查处利用经济合同违法案件47件，合同金额480万元。通过案件审理，责成违约方承担违约金44.2万元，赔偿金10.3万元，返还财产128.33万元，赔偿损失7.1万元，为受害企业挽回和避免经济损失2377万元。在清理“三角债”的工作中，为企业追回欠款1013万元。为做好合同管理工作，减少合同纠纷，在监督检查合同时，注意做好事前、事中、事后服务工作，为企业提供法律咨询3000余次，为企业解决疑难问题800余个，提出合理化建议115条，防止合同纠纷83起，使企业避免经济损失2377万元。

1993年，调解仲裁各类经济合同纠纷534起，合同金额2385万元，争议金额1159万元。为企业开展咨询服务和清理债务挽回经济损失 1002 万元。

1995 年 9 月，《中华人民共和国仲裁法》施行后，行政仲裁转向民间仲裁。

三、“重合同、守信用”活动

1988 年年底，为提高企业重合同、守信用的自觉性，长沙市开展首届评选“重合同、守信用”单位活动。经各级主管部门和工商行政管理部门对 891 个提出申请的企业逐个考核验收，由评审小组严格审查，报请长沙市政府批准，评选出 210 家企业为首批“重合同、守信用”单位。这些单位 1987 年度共签订经济合同 53136 份，合同金额 24.8 亿，履约率 100%。1988 年 4 月 9 日，全市召开命名大会，向这些单位颁发“重合同、守信用”牌匾和荣誉证书。

1993 年，在全市继续广泛开展“重合同守信用”单位的评选活动，有 324 家企业获“重合同守信用”单位称号。

1998 年，“长沙市重合同守信用企业协会”成立，标志着长沙市企业信用管理进入一个新阶段。

2001 年 10 月，贯彻湖南省工商局《“重合同、守信用”评定管理办法》，实行企业自愿申报、合同主管机关负责资格审查的办法，采取公开、公平、公正、择优的原则，对符合“重合同、守信用”标准的单位，授予“重合同、守信用”单位称号，并予公告。并对已命名的“重合同、守信用”单位采取日常考查、全面考查或抽查相结合的方式进行监督检查，经过日常考查发现不符合条件的企业审核后，撤销“重合同、守信用”单位称号，并收回牌匾。

2003 年，“重合同、守信用”活动更名为“守合同、重信用”活动。4 月 24 日举办守合同重信用企业合同管理人员法律法规知识培训班，对守合同重信用企业法定代表人和合同管理人员进行合同法律知识培训，重点讲解企业签订合同应注意的事项、企业合同管理，部分企业介绍合同管理经验。

2004 年，长沙市国家级“守合同重信用”单位数量有 27 家，省级、市级“守合同重信用”单位分别为 193 家和 311 家，国家、省、市三级“守合同重信用”单位数量都占到全省三分之一以上。

2006 年，发布《关于深入开展“守合同重信用”活动的若干意见》《湖南省“守合同重信用”企业公示暂行办法》。长沙市贯彻办法的要求，公示企业标准和资格，在推荐上报省、市级“守合同重信用”企业过程中，遵循自愿、公开、公平、公正和非终身制的原则。坚持工商部门组织、企业申报、协会推荐、工商部门向社会公示的程序，把握标准，注重质量，从严把关，杜绝暗箱操作。

图 14-6-6-1　2003—2004 年重合同守信用授牌大会召开　（市工商局供图）

2007 年 5 月 18 日在《长沙晚报》上公布拟公示的 397 家 2006 年度长沙市“守合同重信用”单位名单，并面向社会征求意见。在这些被公示的单位中，被提出异议的有 4 家，经核实后，其中湖南泰禹实业有限公司和长沙市东屯渡建筑公司被举报问题属实，不予公示。最后，在长沙工商红盾信息网上公示湖南湘江涂料集团有限公司等 394 家单位为 2006 年度长沙市“守合同重信用”单位，并于 2007 年 7 月 17 日，向这些单位颁发 2006 年度长沙市“守合同重信用”单位证书，授予 2006 年度长沙市“守合同重信用”

单位牌匾。

2012 年，389 户企业被评为“守合同重信用”单位。

表 14-6-6-1　　1988—2012 年长沙市“重信用守合同”单位评选情况一览表

年度	数量（户）	年度	数量（户）	年度	数量（户）
1988	210	1998	590	2009	381
1990	369	1999	485	2010	443
1991	416	2000	540	2011	440
1993	324	2001	99	2012	389
1996	508	2004	311		
1997	552	2007	331		

第七节　商标管理

一、商标注册

1988 年年底，长沙市共有有效注册商标 1153 件。1990 年，为企业核转商标注册 613 件，至 1990 年年底，长沙市拥有有效注册商标 1374 年。1992 年，核转商标注册 328 件，至 1992 年年末，长沙市拥有有效注册商标1734 件。

1993 年，设立长沙市商标事务所，商标注册工作由核转制转为代理制。商标的申请、转让、续展、补证、变更注册人名义等商标注册事项统一由长沙市商标事务所代理。是年，长沙市共申报商标注册 571 件，续展 162 件，办理服务商标 16 件，全市新增指定商标印刷企业 70 家，长沙市拥有有效注册商标 1974 件。

1994 年，长沙市共申报商标注册 246 件，办理商标续展 23 件，商标变更 90 件，至1994 年年末，全市拥有有效注册商标达 2230 件，至 2001 年年末，长沙市拥有有效注册商标 3422 件。

2002 年 1 月，发布《关于印发〈长沙市商标事务所脱钩改制实施方案〉的通知》，长沙市商标事务所实行自负盈亏，独立核算，商标注册的代理完全走向市场。

至 2012 年年末，长沙市拥有有效注册商标达 5.37 万件。

二、注册商标保护

1988 年，采取规范企业商标使用行为、规范商标印制管理、加大对《商标法》的宣传力度、指导企业自我保护以及依法查处商标侵权和假冒商标等违法案件等措施，认真履行对注册商标的保护职能。

图 14-6-7-1　1990 年，工商干部查获商标侵权洗衣粉及洗发水　　（市工商局供图）

1990年，对定点印刷商标的企业逐个上门宣传、检查，发现违章印制商标案件334起，其中擅自印制他人注册商标标识的59起，没收商标标识42万余张，注销17家不执行商标印制规定企业的商标印制权。查处商标侵权500起，一般违法案件2702起，收缴假冒商标标识940万余件，罚款20.86万元。

1992年，举办由商标使用单位、商标印制单位的相关负责人和管理人员参加的商标法规培训班59场次，发放各类宣传资料2万余份，培训企业负责人和干部2365人次。同年还完成对长沙市有效注册商标的清理工作，开展对全市商标印制企业的检查和对假冒侵权商标案件的查处工作，共查处各类商标违法案件741起，收缴假冒商标标识420万张。

1995年，开展对假冒商标的专项治理，共检查商标定点印制企业134家，查获非法印制商标窝点34个，收缴和清除商标标识132.7万张，查处商标一般违法案件和商标和商标侵权案件794件。1996—1999年，查处商标侵权假冒案件863件，商标一段违法案件1009件，收缴和消除商标标识161.4万张。

2000年7月，市商标事务所运用法律武器，使“正圆”商标阔别2年后重回长沙正圆动力配件厂，为企业挽回上亿元的经济损失。

2002—2003年，查处商标违法案件438件。

2004年，岳麓山、大围山、湘江风光带、浏阳河风光带、黄兴路步行商业街、贾谊故居、火宫殿、沩山8处旅游景点和名胜古迹被岳阳人罗氏兄弟两人抢注为注册商标，注册类别共达39类。国家工商总局商标局在2004年9月28日经初步审定后进入公告程序。如果相关企业和部门不能在2004年12月27日之前提出有效异议，上述长沙的知名旅游品牌将会被人抢注成功，将给长沙旅游带来巨大损失。相关企业和部门针对全市8处旅游景点、名胜古迹被抢注一事反应迅速，积极开展商标自救，保护本土知名品牌。通过及时提出异议，长沙市上述旅游景点和名胜古迹幸免被抢注。是年，长沙市依法严厉查处商标侵权假冒案件，开展打击侵犯“皮尔·卡丹”“蓝猫”“五粮液”“华伦天奴”“派克”“柯达”等国内外知名注册商标的行动，查处商标违法案件133件，收缴和消除侵权商标标识13.7万件。

2005年，通过电视、电台、报刊等新闻媒体公示2004年度侵犯“梦洁”“蓝猫”“华伦天奴”“湘江”“五粮液”“小涂仙”“东信”“奔驰”等十大商标侵权案，同时，以保护驰名、著名商标专用权为重点，查办商标侵权案件465件，收缴侵权商标标识2.72万张。

2007年11月3—6日，第二届商标节在长沙举行，主题为“加强商标保护，促进和谐发展”。共开展五大活动：2007中国商标年会、2007最爱消费者欢迎的商标调查活动、2007中国商标知识大赛、2007中外商标文化博览会和“加强创新保护，促进和谐发展”文艺晚会。商标文化博览会设标准展位1038个，特装展位5000平方米，来自全国各地的1200余家知名企业参展，青岛啤酒、红豆集团、广东雅士利集团、西安杨森、长虹电子、红塔山集团、杭州天堂伞业、广州王老吉等一批知名企业参加。此次展会吸引10万余观众参加，总成交额5亿元。是年，开展注册商标专用权保护行动，立案查处涉嫌侵犯“古太毛尖”“华润”“雕牌”等商标的侵权案件369起。

2008年6月4日和8月30日，北京奥运会奥运圣火和残奥会圣火在长沙传递，长沙市按照《保护奥林匹克标志专有权行动方案》的要求，发布《关于加强奥标保护工作的通知》，对奥运火炬传递沿线的商品市场、商业卖场、宾馆、酒店等经营场所开展24小时巡查，及时制止侵犯奥运商标及标志专用权行为，并依据《奥林匹克保护条例》对涉嫌侵犯奥运标志的行为立案18起，向奥组委发出涉嫌奥标侵权案件的询征函40件。6月17日，为支持四川灾区抗震救灾，恢复生产，开展四川名酒专项整治行动，严查侵犯包括“剑南春”“五粮液”等四川名酒的各类侵权违法行为，共检查门店1315案，查获各类假酒 321 瓶，价值 30 万余元。是年，先后处置涉嫌侵犯“微软”“绝味及图”“童胖子酱板鸭”“香飘飘”“泸州老窖”“郎酒”“宝洁”“上海老街土特产”“人头马”“汰渍”“雕牌”“白猫”“ZIPPO”等注册商标案件，端掉制假、售假窝点 10 个，查获假冒“ZIPPO”打火机 3776 个、假冒“汰渍”“雕牌”“白猫”洗衣粉 3000 余件。

2009 年，对涉嫌侵犯“飞利浦”“亚明”“楚天”“立邦漆”“奔驰”“本田”“丰田”等 28 个商标专用权的专项整治行动，立案查处“天赐宝”农资侵权案。

2010 年，开展世博会标志专项整治行动，驰、著名商标和地理专项整治行动，亚运会标志保护等打击商标侵犯的专项整治行动，出动执法 3100 余人次，检查经营场所 1.3 万余处，发放有关世博会的宣传资料 1.6 万余份，现场纠正违规行为 29 起；立案 53 起，没收假冒侵权物品 9042 件，没收假冒侵权标识 3500 件。

2011 年 11 月，为认真贯彻落实国家领导人在知识产权保护与执法工作电视电话会议上的讲话精神，长沙市开展为期二年（2011—2012 年）的打击侵犯知识产权和制售假冒伪劣商品专项行动。此次行动以保护商标专用权、打击制售假冒伪劣商品、遏制规模性侵犯商标专用权为重点内容；以产品制售集中地、商品集散地、侵犯商标专用权和制售假冒伪劣商品案件高发地为重点整治区域；以商标印刷行业、高新技术产业、农业为重点整治领域；以大宗出口商品、汽车配件、手机、药品、种子、服装、家用电器为重点查处产品；重点查处侵犯驰名商标、著名商标、地理标志、涉外商标专用权的违法行为和“傍名牌”等不正当竞争行为，至 2012 年 12 月，派出执法人员 4.04 万人次，检查市场经营主体 1.40 万余户次，检查批发零售市场，集贸市场等各类市场 281 个，整治重点区域 147 处，捣毁制假售假窝点 93 个，立案 791 件，移送司法机关 3 件。

三、商标战略

（一）驰名商标。1998 年，国家工商总局修订发布《驰名商标认定和管理暂行规定》后，长沙市自 1999 年始，对全市规模较大、知名度较高的企业进行调查摸底，对符合驰名商标的认定条件和保护范围的企业进行指导，至 2001 年年底，共走访企业 130 余家次，提出争创驰名商标的建议和意见 600 余条次。2002 年，“白沙”“梦洁”两件商标被国家工商总局认定为中国驰名商标，此为长沙市最早的中国驰名商标。

2004 年，“九芝堂”“蓝猫”“金六福”“华天”“经阁”先后被认定为中国驰名商标，长沙市的驰名商标数量为 7 件，占全省 12 件驰名商标的 58%。2005—2006 年，“浏阳河”“火宫殿”“隆平高科”“三一”“加加”“圣得西”“忘不了”先后被认定为中国驰名商标；2007—2008 年，先后有“中联”“湘江涂料”“山河智能”“浏阳花炮”“万家丽”“明园”“晚安”“圣保罗”“金井牌”被国家工商总局认定为中国驰名商标，长沙市驰名商标数达 23 件，驰名商标拥有量居中西部省会城市之首。是年，长沙市与深圳、宁波、佛山、苏州、绍兴、温州、泉州、杭州、广州一起被中国品牌研究院评为“中国十大品牌之都”。2009—2010 年，长沙市先后有“威胜及图”“三环及图”等 18 件商标被认定为中国驰名商标，至 2010 年长沙市驰名商标数量达 41 件，驰名拥有量继续移居中西部省会城市之首。

2011 年，长沙市有“湘丰及图”“老百姓”“中意及图”等 25 件商标被认定为中国驰名商标，2012 年，长沙市又有“家润多”“大围山及图”“派意特”等 25 件商标被认定为中国驰名商标，至 2012 年年末，全市的驰名商标拥有量达 91 件，占全省 261 件驰名商标总数的 34.87%，遥遥领先中西部其他省会城市。

（二）著名商标。2001年2月7日，《湖南省著名商标认定与保护办法》实施后，2002年，长沙市有39件商标被认定为湖南省著名商标；2003年，有“长丰”“怡清源”等17个品牌被认定为“湖南省著名商标”；2004年，有“远登”“南山”等61件商标被认定为湖南省著名商标，长沙市著名商标总数达117件，占全省著名商标322件的36%。2005年，长沙市有63件商标被认定为湖南省著名商标，长沙市拥有著名商标共171件，至2007年，长沙市著名商标数量首次200件大类达230件。

2008年，为促进长沙的支柱产业、重点行业及新兴产业的发展，开展与企业一对多、多对一的联系服务活动，并对企业进行行政指导，鼓励、扶植、引导企业树立品牌意识，争创驰名、著名商标。2009年，为认真做好驰名、著名商标的培育工作，出台《积极扶植引导长沙本地企业争创著名、驰名商标的工作方案》《“十二五”商标战略发展规划》《关于进一步推进实施商标战略的意见》等文件，并对长沙市基本具备驰名、著名商标条件的152家企业进行重点培育，按照成熟一批、推荐一批、储备一批的原则，确保驰、著名商标培育工作有计划地稳步推进。

至2012年年底，长沙市拥有湖南省著名商标483件。出动工作人员4685人次，走访企业2860余家，现场审查、指导企业修改驰、著名商标申报材料1.3万余份。

第八节　广告管理

一、户外广告监管

1988年年底，长沙市申请登记的专营、兼营广告及发布、印刷、制作广告的单位共有146户，广告营业额将近2000万元。主要制作经营大型展示牌广告、电子显示屏广告、灯箱广告、霓虹灯广告、汽车车身广告、水上漂流物广告、升空器具、充气物广告、候车亭广告以及张贴、悬挂于楼堂、馆所等设施的户外广告。1991年，对全市的户外广告进行12次大规模的清理整顿，制止违章户外广告4444起，收缴广告牌2339块，洗刷乱张贴的户外98800张。

1994年11月，全国电影金鸡百花奖和国际化城市研讨会在长沙举行前，开展户外广告清理整顿行动，重点清除18条主要马路边的乱张贴2万余张，拆除、收缴不规范广告牌800余块。1996年，为创建国家卫生城市，采取“路上清、上门查”的办法，对32家带有封建迷信色彩的企业招牌，牌匾进行拆除或整改，收缴各类违章违法广告牌743块。

1997年，起草《长沙市户外广告管理实施办法》。1999年1月1日，《长沙市城市户外广告管理条例》颁布实施。

2004年开始，以创建文明城市为契机，以净化、亮化、美化城市为目标，对全市26条主干道和15个主要广场的户外广告进行检查、整顿，与规划、城管等部门一起取缔户外烟草广告，对陈旧、破损、未经审批擅自发布的户外广告和影响市容市貌的户外广告逐一登记造册，并分6期在《长沙晚报》上进行公示，限期拆除。通过几年的集中整治，至2008年，户外广告的“杂、乱、差”现象得到有效控制，城市形象得到有效提升。

随着城市户外广告管理的规范，违法、违规的户外广告开始向城郊和集镇、国道等重要交通干线发展，利用农村村民的自住房屋发布的农村墙体广告开始大规模涌现。为加强对农村墙体广告的监管和规范，2010年，印发《长沙市工商局关于对农村墙体广告开展专项整治行动的工作方案》，并开展专项整治，出动执法人员1100余人次，以省道、国道和集镇为重点，检查墙体1446幅，广告面积4.18万余平方米，立案查处违法案件 7 起，责令改正和停止发布 82 起。

2012 年年初，明确户外广告管理的分工：规划部门管规划，城管部门管设置，工商部门管内容。

二、媒体广告监管

进入 21 世纪后，省会长沙的文化传媒产业迅速崛起，“电视湘军”“传媒湘军”闻名全国乃至全球。2003 年 1 月 25 日，长沙广播电视集团成立，集团下辖新闻频道、政法频道、经贸频道等 9 个电视频道和星沙之声、音乐频道等 4 个广播频道。对市级媒体（含长沙广播电视集团旗下所有频道和长沙晚报等市级媒体）发布的各类商业广告进行监管。对媒体广告的监管的主要措施有：通过对各媒体进行定期式不定期的检查，随机抽取，收看（听）有关广告，对违法、违规广告进行记录并责令停播；督促媒体建立、健全和完善广告审查制度，要求媒体完善广告审查的“三审制”即广告管理员一审，广告负责人二审，媒体总负责人三审，以强化审查责任，加强行业自律、减少违法广告的播出；认真落实广告审查提示制度，对容易出现的违法的广告用语等进行收集、整理，并印制《广告审查提示》送到各媒体手中，帮助它们识别违法广告，并提示它们严格审查；加强日常监测，广告监测中心对各媒体发布的广告，每月发布一次监测情况通报，督促媒体停播和改正违法广告；充分利用“12315”申诉举报网络的信息平台作用，及时发现虚假违法广告，并通过及时处理投诉和举报，提高群众参与对虚假违法广告的监督热情；采取教育与处罚相结合的手段对媒体实施行政处罚。

图 14-6-8-1 2005 年长沙市整治虚假违法广告联席会议（市工商局供图）

2005 年，召开广告联席会议，通报虚假违法广告的情况，分析研究全市广告整治的工作形势，对广告整治工作进行安排、部署。以医疗、药品和保健品广告为整治的重点，开展“打虚假，树诚信”广告专项整治行动。2006 年 7 月，召开媒体广告发布行政告诫会，对市级电视媒体和平面媒体发布违法违规广告进行书面行政告诫，要求各类媒体加强广告审查，自觉抵制虚假违法广告。至 2006 年年底，共监测各类广告 2.42 万条，责令停播（发）虚假广告 503 条，立案查处违法案件178 件。

2008 年 4 月，为加强对市级媒体发布广告的监管，成立广告监测中心，并投资近 200 万元购进当时比较先进的广告监测设备，通过一个月的组装、调试，2008 年 6 月 1 日，广告监测中心向长沙市各类媒体发布第一期违法、违规广告监测通报。广告监测中心能对所监测的媒体节目进行 24 小时不间断监测，可实现对多个广播电台、电视台的广告进行监测，所有节目数据可实现 2 个月以上的保存，重点违法、违规广告可实现 2 年以上的音、视频证据保存。

图 14-6-8-2 2011 年中国长沙国际广告节开幕式（市工商局供图）

2011年，中国国际广告节落户长沙，共举办广告节展览会、广告高峰论坛、广告作品展、“中国长沙广告之夜”焰火晚会四大主体活动。817家知名企业和媒体参加展览会。展览面积达4万平方米，其中特装展62家，标准展755家。吸引包括中央电视台、湖南电视台在内的100余家媒体，盛行传播机构、众益传媒等700余家知名企业参加。

2012年，长沙市的广告经营单位有2060户，比1988年增加13倍，广告营业额突破100亿元。至年底，共监测各类广告累计98.49万条次，检查媒体2180次，送达《广告审查提示》460份，处理广告投诉案件1230件，立案查处媒体违法广告案件160件。

第九节　消费者权益保护

一、健全维权机制

1987年，长沙市消费者协会成立。1988年，各区县先后成立消费者协会和分会。1993年，更名为长沙市消费者委员会，1994年1月1日，《中华人民共和国消费者权益保护法》实施后，消费者维权步入法制化轨道。是年3月，发动有关工商企业800家，设立投诉咨询台80余个，接待咨询20万余人次，现场受理投诉1200余件，发放宣传资料10万份，举办各类学习培训班126次，宣传《消费者权益保护法》，提高群众的维权意识。9月28日，授予中山商业大厦、湖南商场、长沙百货大楼、东塘百货大楼等15家商业企业为“消费者信得过”单位。至年底，设立21部举报电话，在全市建立16个监督站和41个各种消费者保护网络，共受理消费者投诉5000余件，投诉金额400万余元，接受咨询400万人次，为消费者挽回损失390万余元，收到消费者表扬信件1850封，锦旗40余面。至1999年年底，长沙市各级消费者委员会共受理消费者投诉3.4万件，为消费者挽回经济损失2600万元。

2000年9月15日，成立“12315”投诉举报中心，开通“12315”热线，有2条受理线路接听电话。2001年，“12315”热线共接听来电2.66万次，平均每个工作日接听电话115个，其中咨询2.42万件，申诉2129件，举报267件。

2004年，消费者李先生之妻秦某在某超市购买深圳市大森鼎成电气有限公司生产的家用燃气快速热水器一台，因超市安装人员未按照使用说明书要求安装，造成李先生之妻秦某和其女儿在洗澡时双双煤气中毒，7岁的女儿因中毒过深而死亡，其妻秦某经抢救脱离生命危险，但留下严重的后遗症。超市及厂方在责任和赔付方面，因双方意见分歧较大，调解工作几度陷入僵局，为防止事态的扩大，“12315”工作人员做大量的协调工作，多次及时制止双方过激行为的发生。在通过长达三个月的辛勤工作后双方达成调解，超市一次性支付消费者各种费用31.33万元。

2005年1月，为畅通消费者申诉的渠道，“12315”电话受理线路由2条升级至4条，并由电路交换网络传输改为宽带传输。

2007年5月，“12315”指挥中心成立。是年，制定《长沙工商行政管理局“12315”工作机构职责》，建立健全“12315”的受理分流制度、转办督办制度、限时反馈制度、值班制度。建立和完善市、县、所、联络站四级联动的“12315”行政执法网络体系，网络覆盖9个县（市）、区，1088个“12315”联络站。“12315”指挥中心通过信息的分送、督办和整合利用，确保信息横向、纵向分流畅通。

2008年1月，“12315”热线再次升级，由4条线路增至8条。是年，“12315”热线共接听来电9.97万个，平均每个工作日430个。

2010 年，制定《长沙市工商行政管理局“无消费者投诉积案”监管区考核验收细则》，对消费者投诉的处理工作进行规范，确保消费者的诉求能及时反馈，真正实现“有诉必接、有接必办、有办必果”的工作目标。2011 年 3 月 15 日当天“12315”接听来电达到历史峰值 1814 个。

“12315”热线开通至 2012 年 11 月 30 日止，受理来电 82.48 万件，其中咨询 73.80 万件，申诉 7.34 万件，举报 1.35 万件，为消费者挽回经济损失 6196.10 万元。

表 14-6-9-1　　2000—2012 年长沙市消费者咨询、申诉、举报情况一览表

类别 年度	咨询（件）	申诉（件）	举报（件）	为消费者挽回经济损失（万元）
2000	5607	1112	173	36
2001	24226	2129	267	121
2002	39351	3086	751	190
2003	34569	3302	558	424
2004	57794	5180	641	536
2005	61242	7339	842	405
2006	67017	7339	842	344.35
2007	65976	6397	1127	474.36
2008	87777	10162	1752	489.4
2009	73144	5762	1626	431.66
2010	74622	6442	1504	871.99
2011	74318	7871	1522	865.34
2012	72324	7275	1540	1007
合计	737967	73396	13474	6196.1

二、发布消费警示

2004 年 8 月，针对一些旅游公司和旅行社在签旅游合同时条款模糊、报价涵盖的内容不明、格式条款涉嫌蒙骗，存在消费安全隐患。8 月 17 日和 9 月 21 日，在长沙市各平面媒体和广播、电视媒体上发布题为“谨防旅游掉入陷阱”“小心五大旅游陷阱”的消费警示，提醒消费者。

2005 年，以“12315”为信息平台，对消费者申诉举报中涉及的重大消费安全隐患和危害信息进行动态采集、科学评估、紧急处理、快速预警和适时跟踪，共发布消费警示 7 篇次。

2008 年，针对消费者反响强烈的食品、家电、通信产品、保健品等投诉较多、问题较多的商品和服务问题，发布“购清仓电器须三大陷阱”等消费警示 6 篇次，并在电台、电视、报纸等媒体公示，进行宣传，对重大消费安全隐患进行警示。

至 2012 年年底，发布消费警示 42 篇次。

第七章　国有资产监督管理

20 世纪 80 年代末，国有资产所有者职能由各企业主管部门行使。1989 年，长沙市在全省成立国有资产专门管理机构。1995 年，长沙市组建纺织、商业、浦沅集团公司 3 个资产运营机构并予以授权经营。1996 年 3 月，长沙市国有企业清产核资工作完成，第一次摸清全市国有企业的“家底”。

1999 年，长沙市开始推行以“两个置换”（企业国有独资性质的置换、职工全民身份的置换）为重点的产权制度改革，出台《关于加快国有企业改革和发展的若干意见》，选定通大集团、湘江涂料集团和友阿集团 3 个优秀企业进行试点，为全市国企改革探索经验。按照“整合重组一批、发展壮大一批、清理退出一批”的思路推进国企重组，改组或组建若干国有资本运营公司、国有资本投资公司，引导国有资本从一般性竞争领域退出，国有资本布局结构逐步向功能性、公益性领域转移，向新兴产业和高新技术产业拓展，向重点国有资本运营平台集中。

2002 年，长沙市成立产权交易所，实现交易监管职能与平台服务功能相分离。出台《长沙市产权交易管理暂行办法》，建立产权交易的工作流程，推行产权交易入市场制度，实现国家出资企业资产处置、股权转让等产权交易在规范的平台上交易，推动企业国有资产流转。

2004 年 8 月，组建长沙市人民政府国有资产监督管理委员会（以下简称“市国资委”），全面履行出资人职责，在行使指导推进国有及国有企业的改革和重组的同时，推进国资监管体制改革及综合配套改革，着力规范事前重大事项报告监督，事中监事会监督，事后审计考核监督三个环节；构筑法规制度、运营平台、中介机构、多元监督四大体系，国企国资改革发展思路更加清晰。

2005 年，对市工业国有资产经营公司（翌年更名为企业国资公司）和市商业国有资产经营公司进行改组改造。以此作为国企改革、国资监管、打包处置不良债务的操作平台。两家公司作为国有资产出资人的委托代表，积极行使对授权范围内的国有企业进行监管、改制资金调剂、筹措和资产运营等职能，2006 年，两家公司与长城、东方、华融、信达四大资产管理公司签订 7 个债务包的收购协议，化解历史债务 62 亿元，破解一批企业改革和发展的难题，实现银、企、政三赢。

2006 年，长沙国企改革进入体制机制创新阶段，6 月，国务院国资委在长沙组织召开“长沙国有企业改制工作经验交流会”，认为长沙国企改革“走出一条中部地区、中型城市的中小国有企业的成功之路，对全国的国企改革具有典型意义”。是年，对市属国有企业进行功能定位，按照功能类、公共服务类和竞争类实施差异化、有针对性的监管和考核，使监管和考核方式更加精准。同时，分别向出资企业派出董事、监事和账务总监，对国有资产运行实行监督。强化外派人员培训和任用考察，实现从管理企业领导干部向管理产权代表的转变。

2007 年，长沙市推行企业产权制度改革，43 户市属首批试点企业的社会职能向当地政府移交，国有企业实行各类形式的改制 182 户，理顺职工劳动关系 13.1 万余人。全市国有中小企业通过产权制度改革、股份制改造、战略重组等多种形式，使有限的优势资源向核心企业、核心产品、核心企业家集中。九芝堂、通程、友阿等 7 户改制企业上市。通过改革，企业实现投资主体的多元化、资本结构由过去的单一国有资本转变为多元投资主体的混合资本；经营者实现由上级任命到股东选举，由对任命者负责到对全体股东负责的转变。

2009年，着眼于推进现代企业制度的建立和完善，出台《长沙市市属国家出资企业章程的管理办法》，制订公司章程范本，指导企业依法完善公司章程，明确各治理主体的职责权限，健全议事规则、执行监督等工作机制，完善法人治理结构，规范董事会、监事会运作的制度体系基本形成，按照《中华人民共和国公司法》规定设立股东大会、董事会、监事会的39户改制企业，开始由过去“一把手负责制”转变为董事会决策、经理层执行、监事会监督的公司法人治理模式。通过设立股东大会、董事会、监事会和经营班子，形成各司其职、制衡有力的法人治理结构。企业的民主决策、科学决策和法人治理能力得到不断提高。

2011年，长沙市按照“全面覆盖、分类监管、逐步到位、确保增值”的国资监管工作原则，有序推进经营性国有资产统一归口监管全面覆盖。发布《关于进一步加强和改进市国资监管工作的通知》，对全市企业国有资产履行全面监管职责，进一步理顺国资监管体制。

2012年，全市实现监管工作、政策法规、资本经营预算、统计工作全覆盖，长沙市企业国有资产管理走上资产监管法制化、资产处置市场化、产权交易程序化轨道。全市着力培育一批能支撑长沙产业升级、代表长沙形象的大企业集团，国有经济布局结构进一步优化。至年底，全市汇编企业资产总额3228.6亿元，比1996年清产核资查明的235.57亿元增长2993.03亿元，增长1270%；汇编企业平均国有资本保值增值率103.25%。

第一节 机 构

一、市级机构

1989年3月，长沙市设立长沙市国有资产管理处，为长沙市财政局的二级机构。1994年年底，成立长沙市国有资产管理局（以下简称“市国资局”，副县级），隶属市财政局管理，内设办公室、企业管理科、行政事业管理科、产权科、资产评估科，行政编制20名。1996年2月，行政编制增加到25名。2001年9月，市国资局撤销，其职能和人员编制并入财政局。2004年8月，长沙市人民政府国有资产监督管理委员会（以下简称“市国资委”）成立，为市政府直属正县级特设机构，内设办公室（加挂党委办公室牌子）、政策规划处、业绩考核处（加挂经营预算处牌子）、企业改革处（加挂产权管理处牌子）、维护稳定工作办公室、组织宣传处（加挂老干部工作处牌子）、人事处（加挂党委干部处牌子）7个处室，行政编制52名。2005年6月，经营预算处、产权管理处、老干部工作处单独设立，内设机构由7个调整为10个。2011年6月，市国资委内设机构调整为办公室、政策法规处、监督管理一处、监督管理二处、产权管理处、改革改组处、企业发展处、维护稳定工作办公室、组织宣传处、人事处、离退休人员管理服务处、机关党委12个处室，行政编制增至62名，至2012年，市国资委内设机构、行政编制保持不变。

2004年10月，调整市经济委员会管理的市机械行业管理办公室、市汽车电子行业管理办公室、市轻工纺织行业管理办公室、市煤炭建材行业管理办公室、市化工医药管理办公室、市城镇集体工业联社以及原市商业贸易发展局管理的市内贸行业管理办公室、市物资行业管理办公室8个行业（联社）管理办公室的隶属关系，归口市国资委管理。2005年11月，市产权交易中心由市财政局整体移交市国资委管理。2006 年，长沙市产权交易中心更名为管理中心。2009 年，更名为长沙市产权交易管理办公室。2011 年 12 月，经市人民政府批准，市产权交易管理办公室下设的长沙市产权交易所划归市国资委直管。2012 年，市国资委下属机构有：市产权交易管理办室、市产权交易所、市机械行业管理办公室、市汽车电子行业管理办公室、市轻工纺织行业管理办公室、市煤炭建材行业管理办公室、市化工医药管理办公室、市城镇集体工业联社、市内贸行业管理办公室、市物资行业管理办公室。

2004—2012 年，先后担任长沙市人民政府国有资产监督管理委员会主要领导职务的有：罗放良、郭力夫、雍正海、李国莲（女）；其他领导班子成员有：胡珊珞、赵定山、陈军、刘剑锋、周虔（女）、杨能武、刘军、唐鉴明、廖可强、钱军。

二、区县（市）机构

1989 年 4 月至 1991 年，长沙市各区县（市）财政局内都设有专司国有资产管理的机构，但名称不尽相同，长沙县财政局内设资产管理科、宁乡县财政局内设企业产权科、望城区财政局内设企业科等。1992—1996 年，长沙市各区县（市）国有资产管理办公室先后成立。1997 年，长沙市各县（市）国有资产管理办公室更名为国有资产管理局；长沙市“内 5 区”（即芙蓉区、天心区、岳麓区、开福区、雨花区）仍保持国有资产管理办公室的名称不变。2001 年 9 月，全市各区县（市）国有资产管理机构撤销，其职能和人员编制并入各区县（市）财政局。2004 年 9 月至 2005 年，全市各区县（市）先后恢复国有资产管理机构建制，但归属和名称不尽统一，浏阳市、望城县、宁乡县设立国有资产管理局，属财政局二级机构，长沙县设立国有资产监督管理中心，其他区在财政局内设国有资产管理办公室。至 2012 年，各区县（市）机构和名称保持不变。

第二节　国有资产基础管理

一、国有资产监管地方政策法规

20 世纪 80 年代末，长沙市没有专门的地方性国资管理政策法规，国有资产管理由地方财政政策法规调整、规范。从 1994 年年底开始，陆续建立资产统计报告、产权登记、产权变动审批、资产处置上缴、资产评估、资产清查等 20 余项国资管理规章制度，长沙市专门的国资管理政策法规体系雏形初显。

1995 年 8 月，长沙市制定《长沙市国有资产授权经营试行办法》，对授权经营应遵循的原则、授权程序、授权方的职责、资产经营收益管理等方面作明确的规定。

1996 年，长沙市国企改革开始推行，制定《关于发展企业集团若干规定的通知》《长沙市中小型国有工业企业租赁经营试行办法》《长沙市中小型国有工业企业托管经营试行办法》《长沙市中小型国有工业企业出售及拍卖试行办法》等 6 个关于企业改革的文件。是年，制定国有资产管理规章 20 个，其内容涉及国有资产管理基础工作、企业改制中的国资管理、产权监管、收益收缴、国资管理体制改革等方面。

1997—1999 年，出台《关于长沙市中小型国有企业实行股份合作制的暂行规定》《长沙市产权界定工作规则》《长沙市企业产权界定实施细则》《长沙市资产评估行业实行公开拍卖有关问题的通知》《关于改制企业办理产权交割有关问题的通知》《长沙市国有资产管理暂行办法》等 20 余个地方性政策法规文件。

2000 年，开始推行以“两个置换”为重点的产权制度改革，制定《关于加快国有企业改革和发展若干问题的意见》，对全面深化长沙市国有企业改革作出顶层设计和制度性安排。至2004年，先后出台《关于国有企业改革产权制度理顺劳动关系的实施意见》《关于国有企业改革产权制度改革中劳动保障问题的意见》等10余项政策文件，系统完善企业改革的政策依据。

2005年，为推动国企改革，重点解决出资人缺位的问题，出台《长沙市企业资产监督管理暂行办法》《关于加强国有企业改制中核销的资产损失、移交资产及相关负债监督管理的通知》等一系列地方性法规文件，国有资产出资人制度日臻完善。

2006—2008年，结合本市实际，先后制定清产核资制度、改制企业后续资产监管制度、中介机构管理制度、出资人工商登记制度、经营者薪酬制度、经营者约束制度、国有股董事监事财务总监委派制度、法律顾问制度、资金集中统一专户管理制度以及《企业内部审计管理暂行办法》《企业负责人经济责任审计管理暂行办法》《长沙市企业国有资产流失查处办法》《长沙市市属企业国有股权管理暂行办法》等50余项国资监管、产权管理、出资人管理、业绩考核、薪酬管理、责任追究等地方性规章和规范性文件。长沙市国有资产统一监管制度框架初步建立。

2009年开始，长沙市国企改革进入体制创新阶段。着眼于培育合格的市场竞争主体，建立"产权清晰、权责明确、政企分开、管理科学"的现代企业制度，出台《长沙市市属国家出资企业章程的管理办法》，结合企业行业特点、管理架构等实际情况，规范公司章程起草、审批程序，制定公司章程范本，指导企业依法完善公司章程，明确各治理主体的职责权限，依据章程健全会议制度、议事规则、执行监督等相关工作机制，完善公司法人治理结构。翌年，为推进对全市经营性国有资产实行全面监管，统一全市国资监管法规制度，启动《长沙市企业国有资产监督管理办法》起草工作，并完善重大事项报告、资产处置、章程管理、业绩考核、薪酬管理、监事会管理6项国资监管重点制度，全市国资监管工作科学化、制度化的构架和体系逐步形成。

2011年6月，出台《长沙市企业国有资本经营预算试行办法》，7月，出台《关于进一步加强和改进我市国资监管工作的通知》。2012年，出台《长沙市市属国家出资企业重大事项报告管理办法（试行)》，7月，出台《关于加强市属企业国有资产处置管理办法》等一系列地方性政策法规，完善包括预算管理、资金管理、风险管理和其他各项基础管理的制度体系。

2012年，先后制定《长沙市市属国有及国有控股企业负责人经营业绩考核试行办法》《长沙国有企业监事会管理办法》《长沙市国有控股董事、监事和财务总监委派管理制度》等国家出资企业规范性文件。至此，长沙市国资监管法规制度体系框架基本成型。年内，对现有国资监管政策法规制度进行审查、清理和修订工作，至年底，共收集市本级制发的有关国资管理方面的政策法规文件150余件，废止3件，失效11件，重新公布2件。根据清理结果，编印《长沙市国有资产管理文件选编》，印发至全市有关企业、单位。

二、清产核资

20世纪80年代末期，长沙市国有资产管理因条块分割、多头代理、资产清查统计口径不一、方式各异而国有资产底数不清。1990年，长沙市国有资产管理机构根据湖南省国有资产管理局的统一部署，对全市预算内地方国有企业的国有资产占用情况进行调查统计，查明1989年全市预算内地方国有企业占用的资产134.78亿元。资产构成为固定资产（按净值计算）42.72亿元，占总额的29.73%，流动资产87.6亿元，占总额的61.02%，专用资产1.32亿元，占总额9.25%。预算内地方国有企业负债90.52亿元，占经营性资产总额的67.16%。

1993 年 3 月，长沙市开展全国第五次清产核资工作，成立清产核资领导小组及办公室，制定《长沙市清产核资工作实施方案》，清产核资工作的范围是全市国有企业、企业化管理的事业单位。清查的内容包括进行资产清查、产权界定、资产价值重估、资产核实。清产核资工作分资产负债清查、产权界定、资产价值重估、国有资产产权登记、建立健全规章制度，审查验收和工作总结 7 个步骤进行。1 万余名工作人员分到全市 1016 户国有企业全面开展清产核资工作，其中市属企业 740 户，占 72.8%，各区县（市）属企业 276 户，占 27.2%。1994 年，清查的 690 户国有企业，完成资产清查、产权界定、价值重估、资金核实、土地清查和估价等工作，摸清全市大部分国有企业资产存量的规模、结构、分布及其来源构成，同时也摸清企业的资产损失、资金挂账的状况。清查的 690 户企业中，资产总额（清查值）为 161.98 亿元、所有者权益 41.42 亿元，资产负债 120.56 亿元。翌年，新开展近 400 户企业（单位）的资产清查、产权界定、价值重估、资金核实全部完成；对上年开展的 690 户企业（单位）完成资产核实等工作；对 1000 余户企业所使用的土地进行清查和估价，为国有企业消化历史包袱 6.69 亿元。至 1996 年 3 月底，全市国有企业清产核资各项主体工作全面完成。摸清全市国有企业、单位的“家底”，提交全市国有企业清产核资分析报告。查明全市 1016 户企业资产总额 235.57 亿元，负债总额 152.07 亿元，所有者权益 83.50 亿元，资产负债率 64.55%。

1996 年 12 月，开展为期 3 年的城镇集体企业清产核资工作，清查的重点是从城镇集体企业中清理甄别国有企业及国有资产工作。制发《关于重新清理核实城镇集体企业、单位户数的通知》。是年，清查在小范围企业试点。翌年扩大试点范围，在市二轻、供销、信用社系统和 4 县（市）600 户企业展开，约占全市城镇集体企业的 30%。1998 年，清产核资工作全面铺开。年底，城镇集体企业清产核资工作全面完成。通过清理，初步明晰产权关系，从中甄别出国有企业 33 户。是年，长沙市被评为全国城镇集体企业清产核资工作先进单位。

2005 年，对全市 135 户市属国有企业和政府投资公司进行清产核资，内容包括：账务清理、资产清查、价值重估、损溢认定、资产核实、完善制度等。为指导企业、中介机构做好清产核资工作和规范企业内部管理，制定《清产核资工作实施方案》《资料申报有关工作的通知》《土地使用权价值重估操作细则》《清产核资报告审核操作规程》等操作性文件，年内完成 61 户国有企业的清产核资。2006 年，清产核资工作全面完成。135 户市属国有企业（含政府投资公司）经清产核资的资产总额 472.56 亿元，负债 356.34 亿元，所有者权益 116.22 亿元，资产负债率 75.41%。其中：已进行清产核资的 12 户各类政府投资公司资产 316.79 亿元，负债 214.03 亿元，所有者权益 102.76 亿元，资产负债率 67.56%，各类政府投资公司资产总额占企业国有资产总额的 67.04%，占所有者权益总额的 88.42%。

2012 年，全市企业资产总额 3228.6 亿元，负债总额 1746.9 亿元，平均资产负债率 54.11%，净资产总额 1481.7 亿元。

三、国有资产评估

1990 年，长沙市国有资产评估工作开始起步，开展国资评估基础性工作。1991 年，国务院颁布《国有资产评估管理办法》及其实施细则后，长沙市资产评估事业快速发展，到 1994 年，全市完成评估项目 159 项，评估资产账面净值 6.68 亿元，评估资产现值 11.81 亿元，升值 5.13 亿元，升值率 76.84%。1995 年，全市完成国资评估项目 91 个，评估值 20.71 亿元，比账面净值 8.53 亿元增值 12.18 亿元，剔除土地资产不可比因素外，平均增值率 50%以上。

1996 年，长沙市加强评估立项管理，国有资产占有单位需要进行资产评估的，必须按分级管理的要求，到市、区县（市）国资部门立项。至1997年，全市完成国有资产评估项目513个，评估现值108.21亿元，比账面净值72.41亿元增值35.8亿元，增值率49.44%。1998年，出台《关于进一步明确企业法人工商登记时资产评估有关事项的通知》，明确：公司股东（或投资者）以实物、工业产权、非专利技术或土地使用权等非货币形式出资，必须委托评估机构对出资资产进行价值评估。年内全市完成国有资产评估项目792个，评估现值65亿元，增值率51.2%。

1999年，制定《关于进一步提高资产评估执业质量有关问题的通知》，对强化资产评估机构和执业人员的责任、推进资产评估执业质量标准化、严格立项、清查、评估、确认工程程序等作明确规定。全年全市完成评估项目505项，账面净值30.62亿元，评估现值40.09亿元，增值率32.23%。2000年，实行资产评估报告合规性审核。至2001年，长沙市本级资产评估立项256个，合规性审核资产评估报告222个，审核资产评估值61.28亿元。2005年，严把企业改制资产评估核准关，评估程序更加规范。全市共完成资产评估核准项目30个，涉及账面资产总额22.13亿元，负债总额18.84亿元，净资产3.3亿元，在评估报告审核中调增国有净资产0.71亿元。2006—2007年，通过严格审核资产评估报告和资产损失报告，共调增国有资产2.8亿元。2009年，完成企业改制资产评估核准事项16项，下达评估核准备案等批复20份，调增国有资产1.23亿元。2012年，完成资产评估核准备案项目20宗，其中评估核准5宗，评估备案15宗，评估前资产总额4.94亿元，净资产总额1.90亿元。评估后资产总额7.69亿元，增值率55.65%，净资产总额4.65亿元，增值率144.60%。

四、国有资产统计

1988年，长沙市国有资产统计工作按财政部门的统一口径，实行年报和定期报表制度。年度报表中，按照所有制的权属填报。其统计项目主要包括企业基本情况、总产值、净产值、主要产品产量、财务收支等内容。1989年，逐步开展国有资产统计工作，建立以企业财务决算报表为基础、采用间接方式分类收集汇总型数据的国有资产统计报表体系。翌年，统计市本级国有资产143.67亿元。1994年统计市本级国有资产总额161.98亿元。

1995年，全国第五次清产核资工作后，国有资产统计工作在充分借鉴清产核资工作中收集数据的经验和方法的基础上，吸取原有的国有资产统计指标口径、统计分类、报表框架的内容，国家国有资产管理局设计一套新的国有资产年度统计报表，统计方式采取由基层企业直接填报、自下而上层层汇总上报的数据收集方式，以增强统计数据的精确性和权威性，采用先进的计算机数据处理技术，通过对报表各数标识、指标分类检索，可对国有资产营运效益和结构分布等情况进行分析。

1996年，国有资产统计报告制度纳入国家统计体系。长沙市召开统计工作会议，部署建立国有资产统计体系工作。年底，收集到全市2215户占有、使用国有资产的单位的基本数据。全市国有资产总量120亿元，其中，经营性资产78亿元，非经营性资产42亿元，在国有资产总额中，市本级87亿元，占73%，县（市）、区33亿元，占27%。是年，开展国资统计年报考核评比，制发考评办法，突出统计的全面性和准确性。

1997年，国家国有资产管理局对统计报表试行“统一报表”制度，以1996年年报为基础，经过必要的调整、补充和完善，增加产权登记汇总、保值增值考核汇总所需内容，以形成指标口径一致、满足各项业务需要的“基础报表”，初步实现基层各项基础工作数据收集、录入、汇总、使用的规范化，实现“报表统一、一表多用、一次下发、数据共享”的设计目标。是年，根据全市2000余家单位占有（经营）国有资产的基础数据，撰写长沙市国有资产经营分析报告，为强化国有资产管理和国有经济结构调整提

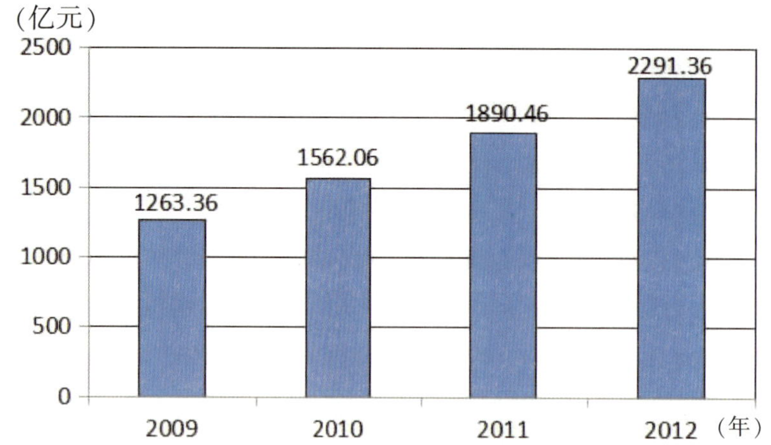

图 14-7-2-1 2009—2012 年市属企业国有资产总额情况

供参考依据，被省国资局评为国有资产统计工作优胜单位。

1998 年，统计显示全市有 2198 户国有统计单位，年末国有资产总额为 142.8 亿元，其中经营性资产 91.8 亿元，非经营性资产 51 亿元。全市 948 户企业资产 351.9 亿元，总负债 251.9 亿元，资产负债率 71.6%，净资产100 亿元。盈利企业 419 户，盈利总额 4.6 亿元，亏损企业 529 户，亏损 13.4 亿元，盈亏两抵，净亏 8.8 亿元。

1999 年起，财政部决定实行“统一报表”后，制发《关于我市编制 1999 年度汇总会计报表有关事项的通知》。针对国资统计年报“三表合一”（国有资产表、产权表、保值增值表）特点，采取集中时间、集中审核等措施，系统地进行年度报表的编制汇总和分析。全年全市国有资产总额 564.2 亿元，负债 393.7 亿元，净资产总额 179.5 亿元。翌年，实行季报监测。对 40 户重点国有企业开展季报监测工作，进行季报分析。

2005 年，建立国有资产统计信息网络，制定《长沙市企业国有资产统计报告办法》等规定，要求所监管企业及时、如实上报以财务信息为主要内容的各种信息、定期公布相关统计信息，动态性地反映国有资产状况及企业运行情况。是年，对监管企业实行财务快报统计报告制度，统计报告的编报采取自下而上、逐户审核、层层汇总方式上报。企业财务快报统计显示，全市 135 户国有企业（含政府投资公司），资产总额 472.56 亿元，负债 356.34 亿元，所有者权益 116.22 亿元，资产负债率 75.41%。

2007 年，出台《长沙市企业国有资产统计报告工作规则》，明确规定：凡占用国有资产的企业，应当按照规定的报表格式和报告内容，按照隶属关系提供国有资产统计报表和国有资产经营情况报告。国有资产统计内容包括：企业的基本信息、账务信息、资产经营信息、经济统计信息；国有资产经营情况报告内容包括：企业资产经营成果、资产处置、收益分配等情况，资产经营中需要报告的重要事项，其他需要报告的信息。统计报表汇总采取合并汇总和叠加汇总方式。年内，市本级 102 户企业实行财务快报，由市国资委所监管的 89 户企业资产总额 167.9 亿元，同比增长 17.9%，实现销售收入 58.2 亿元，同比增长 16.1%，实现利润 2.93 亿元，比上年同期（亏损 2.71 亿元）净增 5.64 亿元。2009 年，纳入市国资委财务快报统计范围的市本级企业 74 户，统计资产总额 182 亿元，同比增长 19.7%；净资产 18.03 亿元，同比增长 44.47%；利润总额 3.14 亿元，增幅高达 603%；净利润 2.42 亿元，上缴税金 3.52 亿元。

2011 年，纳入全市国有资产统计范围的一级企业 179 户，其中市本级 81 户，资产总额 1776 亿元，同比增长 25.16%；净资产总额 683 亿元，同比增长 30.68%；平均资产负债率 65.4%，同比下降 1 个百分点；国有资产保值增值率为 101.65%；实现营业收入 203 亿元，同比增长 42%；实现利润 16.3 亿元，同比增长 12%；上缴税金 11.5 亿元，同比增长 35%。

2012 年，纳入国有资产统计报表范围的一级企业 176 户，其中，市本级监管企业 81 户，非监管企业 95 户。汇编企业资产总额 3228.6 亿元，同比增加 725.76 亿元，增长 29%；负债总额 1746.9 亿元，同比增加 443.88 亿元，增长 34.06%，平均资产负债率 54.11%；净资产总额 1481.7 亿元，同比增加 281.88

亿元，增长 23.49%；累计实现营业利润 8.38 亿元，同比增加 5.73 亿元；汇编企业平均国有资本保值增值率为 103.25%；上缴税金额 19 亿元，同比增加 7 亿元。

表 14–7–2–1 2006—2012 年纳入年度统计范围的企业保值增值率一览表

年 度	保值增值率（%）	年 度	保值增值率（%）
2006	102.84	2010	103.90
2007	103.24	2011	101.65
2008	106.42	2012	103.25
2009	107.88		

五、产权登记

1991 年，长沙市产权登记开始起步，按照《国务院关于加强国有资产管理工作的通知》中的要求，登记分为设立产权登记、占有产权登记、变动产权登记和注销产权登记 4 类，产权登记实行年度检查制度。是年，长沙市产权登记的重点是掌握企业户籍，摸清企业户数，将国有企业产权登记表与企业的资金信用证明统一起来，由产权登记表代替资金信用证明，是企业单位占用国有资产的法律凭证。至 1992 年，全市共登记国有企业单位 498 户，登记国有资产 30.17 亿元；委托登记的部属、省属国有企业事业单位 92 户，国有资产 1.6 亿元。长沙市国有资产的存量及构成情况是：国有企业 671 户，资产占用总额 93.5 亿元，其中企业国有资产 31.5 亿元。企业国有资产存量的构成是：固定基金 22.8 亿元，流动基金 4.4 亿元，专项基金 4.3 亿元。在全市企业国有资产存量中，工业企业占 19.5 亿元，商业企业占 7.5 亿元，分别占国有企业国有资产存量的 61.83%、23.95%；交通、建筑、农业、林业、水利、文化等部门国有资产存量 4.5 亿元，占 14.32%，在国有工业企业的国有资产存量中，机械、化工、轻工、纺织为四大支柱，国有资产存量分别为 8.4 亿元、3.1 亿元、3.8 亿元、1.5 亿元，合计为 16.8 亿元，占国有工业企业国有资产存量的 83.08%。

1994 年 5 月，长沙市完成国有资产登记和综合统计工作。全市办理国有资产产权年检登记 896 户，其中设立产权登记 542 户，占有产权登记 175 户，变动登记 157 户，注销登记 22 户，登记企业资产总额 113.68 亿元，登记国有资产总额 52.46 亿元。

1996 年，长沙市宣传国务院《企业国有资产产权登记管理办法》，发布《关于企业法人国有资产产权登记有关事项的通知》，对产权登记的范围、应提交有关文件资料、办理变动和注销产权手续的情形、产权登记实行年检应提交的文件资料等作明确规定。是年，全市产权登记年检率为 96%。翌年，对产权登记年检工作改革程序、改进作风，发出文件通知、刊登公告、召开会议进行部署，对于产权结构复杂的企业，上门现场审核、录入，提高工作效率。全年，全市企业法人国有资产产权登记年检 977 户，其中市本级 661 户，年检率 95.04%。年内完成企业占有国有资产产权证的发放工作，在企业国有资产产权年度检查的基础上，把好数据核对关、权证填制关，12 月 8 日，举行颁证仪式。1999 年，企业法人产权登记年检率提高到 98.96%。

2000 年，规范产权变动行为，履行产权变动审批职能，办理长沙市经济建设投资有限公司、市房地局等单位股权（资产）抵押审批；办理工商、技监部门资产（产权）上划；办理企业实收资本、注册资本的变动登记等事项。是年，通过产权登记年检显示，全市国有资产总额 564.2 亿元，负债总额 393.7 亿元，净资产总额170.5亿元。

2001年，市本级企业有国有资产产权登记年检780户，资金总额472亿元，负债总额369亿元，国有资产总额103亿元。

2005年，在做好清产核资工作的基础上，及时审办企业国有产权占有、变动和注销登记，全年办理市本级国有资产产权登记165户，变更登记28户。是年8月，长沙市贯彻国务院国资委《关于换发企业国有资产产权登记表证工作的通知》精神，按全国统一电子软件进行统计分析，完成165户的统计分析工作。2006年，发布《关于开展产权登记年度检查的通知》，对各行业管理办公室、政府投资经营公司和国有企业产权登记工作进行全面检查。清理出待办注销产权19户，变动产权登记3户，需补办占有产权登记28户，办理占有产权登记20户。2007年，制定《长沙市企业国有资产产权登记工作细则》，对产权登记程序、占有产权登记、变动产权登记、注销产权登记等作明确规定。年内办理市本级产权登记户数227户（包括一级企业155户，二级企业57户，三级企业15户），其中，占有登记户数202户（其中一级企业139户、二级企业49户、三级企业14户），比上年减少3户。产权变动登记19户（其中一级企业11户、二级企业7户、三级企业1户），比上年增加9户；注销登记6户（其中一级企业5户、二级企业1户），比上年增加3户。

2011年，办理本级产权登记282户，其中占有登记户数219户，变动产权登记户数41户，注销登记户数22户。在产权占有和变动登记的260户中，涉及国有资本119.8亿元，国有法人资本98.54亿元。

2012年，市本级登记国有出资企业总数262户，其中，一级、二级、三级企业户数分别为144户、101户、17户；各层级占用国有资本（国家资本与国有法人资本之和）分别为122.18亿元、84.07亿元、6.16亿元。全年办理国有资产产权占有登记10户、变动产权登记13户、注销产权登记2户。

六、产权界定

20世纪80年代末，在计划经济条件下，长沙市国有资产所有权、企业经营权，产权权属不清，历史遗留问题较多。1995年，长沙市结合清产核资，开始推行产权界定工作，起草有关产权界定的制度、行政法规，组建产权界定工作机构。1996年，长沙市根据国家国资局1995年梧州会议精神，成立市产权界定委员会，制发《关于国有资产产权界定有关问题的通知》，结合长沙产权制度改革中出现的新情况、新问题，制定《长沙市企业产权界定实施细则》，以规范产权界定行为。是年，对长沙市一家集体企业1.4亿元的净资产进行甄别界定，最终全部界定为国有资产，防止国有资产流失。

1997年，长沙市产权界定工作推开。全年界定产权项目78个，界定净资产11.1亿元，其中界定为国有资产6.83亿元。1998年，界定产权项目67个，界定资产4.1亿元，其中国有资产1.06亿元，非国有资产3.04亿元。通过产权界定，产权关系得以明晰，防止产生新的产权纠纷。如长沙市一家公司对300万元的资产提出产权主张，经甄别界定此资产为国有资产。

1999年11月，发布《关于加快国有企业改革和发展若干问题的意见》，对国有资产设置明晰的界线，明确规定“以1984年实行‘拨改贷’时间为界，将1983年年底企业的净资产和1984年1月1日后国家专项拨款形成的资产全部界定为国有资产”。按照这一规定界定后，通大集团进入改制的优良资产为6267万元，其中国有资产为1800万元。是年，全市国资部门共界定产权项目53个，界定资产2.27亿元，其中国有资产6496万元，非国有资产1.62亿元。

2000年，界定市本级产权30项，资产8.56亿元，其中国有资产6.61亿元，集体资产5370万元，其他资产1.41亿元。对长沙市科技开发公司下属的长沙华电研究所的产权纠纷进行广泛的调查取证，经多次召开情况分析会，理清事实，弄清基本情况，维护投资人的合法权益。是年，对湖南湘江涂料集团有限公司改制后6000万元的企业股本结构作出产权界定：国家资本360万元，占总股本的6%；法人资本567.74万元，占总股本的9.46%；个人资本5072.26万元，占总股本的84.54%。改制后未进入企业股本的集体资产为2968.4万元，未进入改制的非经营性资产2109.42万元，未进入改制的土地资产6446.08万元仍为国有资产。

2001年，界定市本级产权40项，资产2.19亿元。至此，全市国有资产产权权属关系进一步明晰。至2012年，汇编企业国有资产总额3470.9亿元，净资产1592.55亿元。

第三节　国有资产营运管理

一、国有资产营运平台

1994年，长沙市开始筹建国有资产营运机构，拟制国有资本营运机构组建方案及管理办法等。1995年，先后组建纺织国资经营公司、商业国资经营公司、浦沅集团公司3个资产营运机构。经营方式为：3个公司作为国有企业投资主体，通过全资投入、控股、参股、合资、合作开发等形式进行经营，确保国有资产保值增值。是年，确认长沙实业集团公司为国有独资公司，注册资本2268万元。

1996年，召开长沙九芝堂（集团）有限公司、长沙通大（集团）有限公司成立新闻发布会，宣布由原长沙水泵厂、长沙电机厂和长沙化工机械厂联合组建长沙通大（集团）有限公司，拥有资产61亿元；由原长沙九芝堂药业集团与长沙神箭制药厂强强联合组建长沙九芝堂（集团）公司，注册资本3亿元，确认两家公司为国有资产投资主体，是资本经营与生产经营相结合的混合型国有控股公司。年内，成立市轨道交通集团、市环线建设开发有限公司，2家公司实行“两个实体、一套人马”的运作模式，轨道交通集团为一级投融资平台，注册资本50亿元。是年，市经济建设投资公司启动运作。翌年，明确市经济建设投资公司是以经营政府基金为主的经济实体和投资主体，是政府的产权代表和出资人，是国有资产的经营主体。

1997年，制定《长沙市国有资本营运机构组建方案》，国有资本营运机构运作初见成效。纺织、商业两个国有资产经营公司进行资产重组，促使资产优化配置；浦沅工程集团有限公司以产权关系为纽带，与彬工公司等企业组建湖南工程机械集团；九芝堂集团公司在与神箭制药总厂强强联合、兼并药材公司后，又与国家兴业投资公司合资。是年，湖南湘江涂料集团有限公司按照国有独资公司组建，依据产权关系经营和管理全资、控股、参股子公司的国有资产，并赋予国有资产投资功能，承担国有资产保值增值责任。翌年，调整完善通大集团公司体制，建立以长沙

图14-7-3-1　2000年6月22日，友谊阿波罗全体身份置换的员工在湖南省军区礼堂参加改制动员大会　（市国资委供图）

水泵厂为核心的母子公司结构，使通大集团公司更具有资本运作、资产重组活力；根据长沙市路桥基础设施建设需要，扩大长沙市环路公司资本运作范围，注入新的路桥资产。1998 年 8 月，成立长沙市城市建设投资开发有限责任公司，注册资本 7.03 亿元，下辖 24 个全资、控股和参股子公司，组织城建资金、投资城建项目、归集城建资源营运城建资本。1999 年，设立长沙市科技风险投资管理有限公司，注册资本 900 万元，公司以股权投资为主，为科技产业发展投融资。是年，湖南丽臣实业有限公司改造为国有独资公司，赋予公司国有资产投资功能，并依据产权关系经营和管理全资、控股、参股子公司的国有资产，承担国有资产保值增值责任。11 月，成立市技术进步投资担保有限公司，注册资本 5000 万元，主要从事技改引导资金投放和中小企业投融资业务。

2000 年，出台《长沙市国有资本营运管理暂行办法》，明确规定市属国有资本营运机构主要通过 3 种方式设立；即符合条件的集团公司通过授权设立；专业经济管理部门或行业性公司通过合并、重组等改造设立；根据资本营运和产业结构调整要求新批设立。是年，成立市排水有限公司，注册资本 2000 万元，承担城市污水处理厂、排渍泵站、排水管网工程融资建设、运营管理及城市污水收费、污水处理技术综合开发等。由长沙友谊（集团）公司和阿波罗商业城进行改制后，成立湖南友谊阿波罗控股股份有限公司（以下简称“友阿公司”），注册资本 8000 万元。由市广播电视局与中信国安信息产业有限公司合资组建长沙国安广播电视宽带网络有限公司，注册资本 1.7 亿元，负责长沙市城区有限广播电视网络的设计、建设、管理和经营。年内，芙蓉区组建城市建设投资公司、宁乡县组建房地产经营公司、岳麓区组建国有资产经营公司。

2002 年，成立长沙市工业资产经营有限公司，明确为国有独资公司，注册资金 3000 万元，功能定位为配合全市国企改革的资本运营机构，企业国有资产的变现收入、国有股权及红利收入、财政“双控”资金、外迁企业国有土地变现扣除搬迁成本后的剩余资产已改制时核销的债务、非国有企业使用的行政划拨土地等，由工业资产经营公司行使所有权。2003 年 6 月，长沙广电数字移动传媒有限公司成立，注册资本 2500 万元，承担经营地面数字电视网络的设计、建造、管理、运营。11 月，长沙房产（集团）有限公司成立，注册资金 3 亿元，下辖 47 家分子公司，主要承担为城市建设综合开发、房地产开发经营、房地产租赁等功能。

2005 年，市自来水公司经整体改制后更名为长沙水业投资管理有限公司，为国有资产投资经营、国有资本的股权管理和实业投资功能的大型国有独资公司，注册资本 5 亿元。4 月，由市燃气总公司改制后新设立市燃气实业有限公司，注册资本 1200 万元。9 月，由市液化石油气总公司改制后成立市石油气发展有限责任公司，为股份制企业，注册资本 1700 万元。年内，为推动国企改革、重点解决出资人缺位的问题，对市工业国资公司（改组改造后更名为企业国资公司）和市商业国资公司进行改组改造。两家公司作为国有资产出资人的委托代表，负责对经市政府授权范围内的全市国有企业行使监管，改制资金调剂、筹措和资产运营等职能，以此作为国企改革、国资监管、打包处置不良债务的操作平台。翌年 6 月，成立长沙市公共交通投资管理有限公司，为国有独资公司，注册资本 1000 万元，主要负责全市公共交通基础设施的投资、建设和经营管理。

2008 年，设立长沙先导投资控股有限公司，注册资本 100 亿元，主要担负先导区内基础设施建设、一级土地开发、“两型”产业投资及资本运作等职能。

截至 2012 年年底，长沙市营运机构有长沙房产（集团）有限公司、市城市建设投资开发集团有限公司、长沙高新控股集团公司、市商业国资公司、市企业国资公司、轨道交通集团有限公司、市环路建设开发有限公司、长沙先导投资控股有限公司、长沙九芝堂集团有限公司、长沙通大集团有限公司等18家营运机构。

二、国有资产授权经营

1994年，长沙市根据《国家试点企业集团国有资产授权经营的实施办法（试行）》精神，开始在国有企业中推行授权经营方式，草拟国有资产授权经营试行办法，试图通过政府授权经营方式来确定企业集团公司与成员企业之间的产权关系，在较短的时间内，以较低的代价实现产权联结，改变国有企业分散经营、竞争力弱的状况。

1995年8月，发布《长沙市国有资产授权经营试行办法》，将企业集团中的成员企业的国有资产统一授权给集团公司（核心企业）经营和管理，建立核心企业与其成员企业之间的产权纽带，增强集团凝聚力和发挥整体优势，形成规模经营，提高国有资产运营效益。11月8日至12月19日，召开国有资产授权经营大会，宣布对市纺织国资经营公司、市商业国资经营公司、湖南浦沅集团公司3家国有企业实行授权经营，授权以上3家国有资产经营公司根据产权关系经营和管理公司范围内的国有资产。年底，市商业国资经营公司对原市商业总公司系统所属13家国有企业以及原副食品局、原市蔬菜局、物资行管办等所属企业全部国有资产、集体资产和中外合资企业中的国有资产部分纳入授权经营范围，注册资金6000万元。

1996年8月28日、9月25日，分别对长沙九芝堂（集团）有限公司、长沙通大（集团）有限公司实行国有资产授权经营。九芝堂有限公司与长沙神箭制药总厂强强联合，组建成九芝堂集团公司，实现低成本扩张，形成规模优势，企业得以快速发展，翌年实现销售收入和上缴利税分别是联合前同期的1.8倍和1.5倍，跨入全国中药行业十强之列，并被湖南省确定为全省7家上市企业之一。

1997年，市经济建设投资公司根据“市经建投要尽快启动，加快运作，千方百计做大做强”的要求，授权经营投资、融资、新产品新技术开发。公司开展参股LG项目有关事项，投入八方小区建设，购置城建大厦等业务。

2000年，湖南长沙友谊阿波罗股份有限公司法人代表胡子敬同意实行融资持股400万元，8年内归还。归还前按银行贷款同期利率计算资产占用费。友阿公司以国有股、职工个人股、经营者及企业外自然人股分别为36.25%、32.5%和31.25%的比例完成从单一国有资本向国家相对控股、投资主体多元化的有限责任公司的重大转变，优化股权结构，提高企业盈利能力。年内，九芝堂集团公司首发新股4000万股，募集资金3.6亿元，并在深圳证券交易所挂牌上市。

2002年，友阿公司改制后，通过管理创新，在实践中摸索出“经营管理一体化”模式，被中国商会列入2002年度中国零售商业十大改革新闻。全年实现销售额20.9亿元，利润额7059万元，上缴税金7087万元。是年，市商业国资公司共有子公司20家，其中全资子公司14家，持股公司5家，参股公司1家，共持有国有股3766.8万股，国有资产总量达5.1亿元，国有资产保值增值实现年递增6.85%。年内，市工业国资公司接管企业由财政部门核销的应收款、滞纳金、报废房屋、设备等不良资产产权10.85亿元，为企业改制成本调剂余缺使用；处置变现国有资产1.9亿元，支付国企改革成本500万元；为9家缺少改制成本的企业支付4100万元。

2003年，长沙房产（集团）有限责任公司，进入集团并授权经营的资产包括直管公房、转让直管公房住宅房改售房后按政策提留的住房维修资金，以及城建制进入集团的市房地产开发公司、市旧城改建开发公司、市房产经营公司、市房屋建筑设计室、市房地产置换担保公司及市5区房产局所属经营性企业等资产，经确认评估资产总额9.16亿元，负债1.4亿元，净资产7.76亿元。是年，九芝堂集团公司实现销售13亿元，利税1.8亿元，利润1亿元，比上年分别增长22.6%、30.4%、42.6%。拥有总资产13亿元，净资产11.1亿元，下辖6个分公司、8家子公司。浦沅集团与中联重科重组并购后，全年完成工业总产值11.76亿元，同比增长35.89%，完成销售收入14.34亿元，同比增长33.73%。市工业经营公司变现土地收入2.12亿元进入“双控”账户，处置变现国资1.9亿元，支付国企改革成本0.85亿元，对国有企业所欠华融、信达、长城、东方四大经营公司不良贷款进行打包处置，受让不良货款5.22亿元，向9家国有企业借出改革成本0.42亿元，最直接地发挥公司的调剂功能，为企业改制创造条件。翌年，市经济建设投资公司总资产由1996年的123万元增至2.4亿元。

2006年，市商业国资公司对国有剩余经营性资产，以国有股的形式投入到改制新设立的10家公司，持股总额为11982万股，同时对国有剩余经营性资产签订回购协议的有3家企业，回购金额3465万元。6月，市企业国资公司联合市商业国资公司，与华融、信达、长城、东方四大资产经营公司签订6个债权包的收购协议，收购债权50余亿元，涉及各类企业266户，解除企业债务27亿元，盘活资产10亿元以上。是年，九芝堂股份有限公司实现产值6.4亿元。湖南湘江涂料集团公司实现工业总产值9.84亿元，销售10.22亿元，同比分别增长15.64%和13.76%。翌年，湘江涂料集团实现工业总产值11.75亿元，产品销售收入11.34亿元，分别比上年增长19.36%和16.48%。

2007年，市企业国资公司授权统一归集和经营全市国企改革过程中的剩余国有资产，直接收购或在企业重组和清收打包债权时以资、以物抵债所回收资产，储备政府收回未纳入改制资产的行政划拨地。年内收回2003年、2006年打包债权资金1.11亿元，实物3092万元，上缴国有资产处置收益1.6亿元，监督企业缴纳土地出让金、契税1.4亿元。是年，长沙锅炉厂、长沙鼓风机厂、长沙客运集团（后更名为湖南龙骧交通发展集团公司）3家企业改制，将资产折股股权（国有）划归市企业国资公司作为注册资金追加，注册资本由3000万元增加到2.86亿元，资产总额6.27亿元。是年，友阿集团进军房地产经营，并通过转让家润多股份，优化股权结构。全年完成销售收入23.8亿元，利润1.42亿元，上缴税金从1.1亿元。市商业国资公司在友阿集团所持有的国有股权成倍增值，每年有10%以上的分红收入。长沙国安广播电视宽带网络公司跨入“年收入过亿元企业”行列。长沙房产（集团）公司实现利润1491.97万元，国有资产总额4.14亿元，国有资产保值增值率101.50%。

2008年，市企业国资公司信达债权打包回购协议获信达总部批准，将中意环路等企业信达债务打包以5730万元的价格回购；将土地2宗共130.41平方千米、房产2宗共3535.71平方米过户到公司名下。投资1000万元参与湖南长沙岳麓中科投资基金，用1000万元的国有资本引来1亿元的民营资本，用1亿元的民营资本撬动10亿元的产业资本。

2009年，长沙先导投资有限公司实现利润1.11亿元，资产总额195.95亿元，净资产77.14亿元，国有资产保值增值率108.85%。长沙水业投资管理公司实现业务收入4.78亿元，利润2335万元，资产总额23.75亿元，净资产6.04亿元，国有资产保值增值率105.87%。市燃气实业公司实现利润6741.48万元，资产总额3.70亿元，净资产2.95亿元，国有资产保值增值率133.63%。市商业国资公司采取债转股形式向长沙大明生态休闲山庄有限公司投入720万元，参股比例为30%，用商业国资公司拥有的蔬菜食品集团公司的720万元债权作为投资转为股权，促进投资功能优化，全年实现利润605.8万元，为年度目标的140%。年底，企业国资公司、商业国资公司按2008年度税后利润的20%实行收益收缴，分别收缴61万元、67万元进入国企改革资金专项账户，实现国有独资公司应缴利润“零”的突破。

2010年，长沙通程实业集团公司实现销售收入30亿元，资产总额33亿元。市企业国资公司持有的12家企业国有股权原始投资3.36亿元，已累计收取国股红利2208.67万元。翌年，市企业国资公司营业收入14.59亿元，利润1亿元，缴纳税金8368万元，租赁收入575万元，租赁收入较上年翻一番。

2012年，全市授权经营企业资产规模保持稳定增长，经营效益稳步提升，涌现一批实力雄厚的国有企业集团，其中城投集团公司资产总额692.71亿元，营业收入16.42亿元，利润总额3.25亿元；轨道交通集团资产总额595.09亿元，上缴税金1.35亿元；先导投资控股有限公司资产总额343.8亿元，营业收入65.2亿元，利润5.64亿元；友阿公司资产总额78.44亿元，营业收入63.99亿元，利润5.25亿元，上缴税金5.29亿元；长沙房产集团资产总额76.56亿元，营业收入10.49亿元，上缴税金2.59亿元；高新控股资产总额204.55亿元，营业13.72亿元，利润2.97亿元；通程实业（集团）有限公司营业收入39.11亿元，利润1.96亿元，上缴税金2.61亿元。

第四节　产权交易管理

一、产权交易平台建设

1998年，长沙市企业产权转让、处置等主要通过运用行政手段实现。1993年，成立长沙市产权交易中心，主要为组织国有资产进场交易；监督产权交易行为；进行国有资产的交割结算，审核交易所的《产权交割鉴证报告》；企业国有资产处置预案的挂牌（交易）公示等。满足国有、集体企业改制涉及资产流动的需要。同时，长沙市建立有直属拍卖行、资产评估事务所，主要为不同所有制企业间发生的兼并、转让、拍卖、破产、参股、租赁、出售等产权交易行为提供信息、咨询、论证、资产评估等系列化中介服务。2002年，长沙县、望城县、浏阳县、宁乡县相继成立专门产权交易管理机构。

2002年，长沙市借鉴外地的成功做法，在已建立产权交易管理机构的基础上分离成立长沙市产权交易所，实现产权交易监管职能与平台服务功能的分离，即裁判员与运动员分离。出台《长沙市产权交易管理暂行办法》，以规范产权交易行为。长沙市初步建立产权交易管理体系和国有产权必须进入产权交易所、禁止场外交易的制度体系。

2004年，长沙市产权交易所网络系统建设得到加强，添置交易大厅电子屏幕和电子显示触摸平台，建立“政策法规”“交易监证”“项目转让”等分类查询系统，并初步实现各类产权交易数据库的对接联网和与全国部分产权交易机构进行友情链接，交易项目陆续上网，产权交易平台效应初显。

2009年，市产权交易所与长沙公共资源交易中心服务平台实现业务流程对接，使国有产权进入产权交易场所征集受让方后，随即进入长沙公共资源交易中心完成招投标交易过程，确保国有产权转让依法、依规、顺利进行。

2012年，长沙市产权交易所添置4台电子触摸查询系统，长沙产权交易专业网站经过整合、完善，接通“中国产权交易报价网”，建立网络竞价室，制定完善网络竞价交易的各项操作文件，其服务功能得到提升，软硬件建设得到加强。解决传统拍卖、招投标交易方式在时间与空间上容易发生的交易双方之间或意向受让方之间或与产权交易中介机构之间的围标、串标等市场违法违规行为，杜绝暗箱操作，提升交易增值率。是年，湖南省人民政府发文批复认定长沙市产权交易所为长沙市唯一合法的综合性产权交易场所，亦是为全市产权交易提供场地、设施和信息等服务的交易平台。

二、产权交易

1996年，长沙毛纺织厂通过承担债务兼并方式，将全部产权并入广东美雅集团股份有限公司，经资产评估立项和确认的全部净资产为6469.27万元（评估基准日：1996年9月30日）的产权由广东雅美占有，办理产权交割手续。1998年，市产权交易中心办理产权14宗，涉及资产3.82亿元。8月7日，组织国有资产处置专场拍卖会，拍卖成交额高于处置底价的20%以上。浏阳市年内完成各类产权交易项目626个，成交额1.71亿元。

2002年，办理产权交割27宗，涉及资产21.26亿元，上缴国家处置收入107万元；杜绝和纠正不合规交易48笔，涉及资产总额1.95亿元，其中国有借用资产未签协议0.50亿元，未明确投资主体的国有资产0.95亿元，纠正其他不合规0.24亿元，应计未计国有资产转让费242.47万元，有效防止国有资产及税费在交易过程中的流失。

2003年8月1日起，根据国务院国资委《企业国有产权转让管理暂行办法》，推行"产权交易入市场"制度，至2004年，共办理产权交割手续110宗，交割资产44.83亿元，纠正不合规交易263笔，涉及金额9.06亿元，其中挖潜性国有资产收益0.49亿元，未明确产权主体的国有资产2.32亿元，调增国有资产4.87亿元，纠正其他不合规交易0.62亿元。

2005年，严把资产评估核准、资产损失处置审批、改制期间净资产变动审计三关，防止国有资产流失。至2006年，共办理交权交割项目73宗，交割资产总额27.66亿元；纠正不合规范交易140起，涉及金额4亿元。

2007年，公开发布和办理拍卖业务备案登记管理33宗，涉及资产1.29亿元。年内办理产权交割50宗，交割资产总额36.91亿元，调增国有资产2.53亿元，纠正不合规交易69笔，涉及资金金额6.87亿元，上缴国有资产处置收益1.62亿元。

2010年，长沙市改制企业国有资产一律进入产权市场公开交易，实现国有资产大幅升值，避免因抵扣的资产升值可能引发的矛盾纠纷。是年，办理国有、集体产权进场拍卖业务备案登记11宗，涉及资产1.28亿元；办理交权交割项目43宗，交割资产总额20.5亿元，纠正不合规交易33笔，涉及资产金额7.87亿元，调增国有净资产0.42亿元，上缴国有资产处置收益7.18亿元。审核办理产权交易凭证33宗，资产评估价值3.10亿元，实际成交价格达6.05亿元，进场交易增值率195%。

2012年，办理国有产权进入市产权交易所交易项目19宗，评估（挂牌）价值1.38亿元，成交1.54亿元，平均增值率为11.6%；办理审核改制企业产权交割12宗，交割资产总额5.27亿元，纠正不合规交易14笔，涉及资产总额0.82亿元，其中调增国有资产净值0.34亿元；敦促上缴国有资产净收益0.43亿元。

表14-7-4-1　　2002—2012年长沙市产权交割鉴证审核情况一览表

年份	办理户数(户)	交割资产总额(万元)	纠正不合规交易(笔)	不合规交易涉及金额(万元)	其中				
					未明确主体金额(万元)	其他不合规金额(万元)	未计税费(万元)	调增国有净资产(万元)	查增国有处置(或上缴)益(万元)
2002	27	212636.32	48	19588.35	9555.30	2470.36	242.47	—	107.00
2003	40	109269.54	85	23450.36	15075.56	4306.34	429.76	2007.87	226.23
2004	70	399092.38	178	67236.40	8147.75	1988.56	3137.51	46742.31	18268.54

续表 14-7-4-1

年份	办理户数(户)	交割资产总额(万元)	纠正不合规交易(笔)	不合规交易涉及金额(万元)	其中				
					未明确主体金额(万元)	其他不合规金额(万元)	未计税费(万元)	调增国有净资产(万元)	查增国有处置(或上缴)益(万元)
2005	30	136887.38	59	18117.45	2112.84	2785.95	3503.65	4745.90	773
2006	43	139744.93	81	21929.36	3089.61	352.74	—	10036.48	—
2007	50	369160.83	69	68782.36	8921.35	18269.58	—	25367.04	16224.30
2008	40	453400	78	86200	7491.36	—	—	27400	30900
2009	45	356900	23	22358.09	932.97	—	—	1817.76	18636.46
2010	43	205031.84	33	78730.34	—	—	—	4240.41	71852.61
2011	22	65367	8	8499.29	—	—	1764	656.22	6974.59
2012	12	5.27	14	8279	—	8279	—	3425	4394
合计	422	250.01	676	42.31	—	3.84	1.33	12.63	16.83

三、国有资产处置

20 世纪 90 年代初期，长沙市国有资产管理关系复杂，产权关系没有理顺，国有资产处置不规范。1994 年年底，初步建立国有资产处置上缴等制度，规范国有资产处置行为。1996 年，长沙市国企改革开始推行，资产处置事项增多，建立资产处置报批制度，要求做到先评估后变动、先报批后处置。全市审批资产处置事项 98 个，涉及资产 5 亿元。

1998 年，长沙市设置资产处置权限，单位价值在 5000 元以上，一次性处置价值在 3 万元以上的必须报批。全市审批资产处置额 9788 万元，其中市本级 4387 万元。是年，市直某部门打算把一笔数额较大的资金转作公司注册资本，经审查认为不符合有关国资管理的规定，没有同意办理。翌年，市直属企业一下属单位擅自处置 600 万元国有资产问题，经调研查明真相，纠正这一违纪违法行为。

2003 年 8 月 1 日起，长沙市全面推行改制企业资产处置预案挂牌公示制度，出台《关于改制企业资产处置公示实施办法》。翌年，制定《关于加强我市国有资产处置管理的意见》《关于加强企事业单位改制国有资产处置收入“双控”管理的补充规定》。年内办理 39 家改制企业资产处置预案挂牌公示手续，涉及资产 31.45 亿元，有 57 户国有资产处置收入 10.45 亿元进入市财政局“双控”账户。

图 14-7-4-1 2010 年 9 月长沙轴承厂整体资产处置现场签约仪式
（市国资委供图）

2005—2006 年，办理本级 41 家改制企业资产处置预案挂牌公示手续，涉及资产 33 亿元。

2007 年，公开发布和办理 23 家改制企业资产处置预案挂牌公示手续，涉及资产17.56亿元。

2009年，改变改制企业资产处置办法，在红旗织布厂政策性破产资产处置中，停止用抵扣职工安置费用的方式进行资产处置，改制企业国有资产一律进入产权市场公开处置，妥善安置企业职工。翌年，处置长重、中意、韶光、轴承等政策性破产企业资产，采取相同方式，坚持公开透明、依法依规的原则，避免因抵扣的资产升值可能引发的不稳定因素，同时也使国有资产大幅升值。

2010年，制定《关于进一步加强国有资产处置管理有关事项的通知》，对国资处置的适用范围、审批权限、处置程序及要求、处置收入管理、监督检查与法律责任作明确规定。至2011年，全市共办理7家改制企业资产预案的挂牌公示手续，涉及资产2.73亿元。

2012年，制定《关于加强市属企业国有资产处置管理办法》，对国资处置的适用范围、原则、情形、程序、审批权限、分类管理作出明确规定。全年办理12家改制企业资产预案的挂牌公示手续，涉及资产5.27亿元。

表14-7-4-2　2003—2012年长沙市改制企业资产处置预案公示一览表

年　份	企业（家）	涉及资产总额（亿元）
2003	11	1.64
2004	39	31.45
2005	22	19.13
2006	19	13.99
2007	23	17.56
2008	9	6.33
2009	5	0.62
2010	1	0.03
2011	6	2.70
2012	12	5.27
合计	147	98.73

四、中介机构管理

1988年，长沙市国有资产评估、审计等中介机构实行政府管理体制，参与国有资产评估、审计等事务由政府指派。

1991年，国务院颁布《国有资产评估管理办法》及其实施细则后，长沙市对参与国有资产评估、审计等机构开始实行政府主管部门管理、行业自律和出资人管理相结合的管理体制。1994年，统一管理参与国有资产评估、财务审计等中介机构。是年，全市资产评估机构发展到10家。

1995—1996年，对资产评估机构及评估师进行整顿，对个别评估机构达不到要求的限期整改、查处假冒工程技术人员签字、虚列评估案例、有意压低评估收费和无评估资格中介机构违章承揽评估业务等非法执业行为4起，取消评估机构所办的不具备条件的3个分支机构，规范评估立项和评估确认行为。是年，输送评估执业人员100人参加省培训班学习，组织首次注册评估师考试，合格率35%，高于全省平均水平。

1997年，根据国家国资局要求，资产评估机构全国实行年检公告制度，全市所属资产评估机构统一在市级报刊予以公告，全市列入公告的资产评估机构有长沙会计事务所等11家。是年，转发《湖南省资产评估机构年检考核暂行办法》的通知，制定1997年市属资产评估机构年检考核计分表（试行）。年底，经考核验收，长沙市房地产评估事务所等5单位获一等奖，宁乡资产评估事务所等2个单位获二等奖，长沙会计师事务所等4个单位获三等奖。

1998年，制定评估机构考核办法，对评估机构实行9个大项33个小项的百分制考核。同时，加大评估队伍建设力度，组织评估人员180人参加省国资局组织的无形资产评估、执业上岗和注册资产评估师的后续培训，完成38名注册资产评估师的注册工作。年内，对评估市场进行整顿，查处非法执业行为4起。

1999年，根据财政部《关于资产评估机构脱钩改制的通知》要求，对市属资产评估机构进行脱钩改制，脱钩改制的核心是评估机构与挂靠单位彻底脱钩，建立与市场经济相适应的评估机构管理体制，形成以注册资产评估师为投资主体、独立承担法律责任的运行机制，使评估机构成为自主经营、自担风险、自我约束、自我发展的社会中介机构。至年底，市属13家资产评估机构人员、财务、职能、名称等与挂靠单位彻底脱钩，并与挂靠单位签订脱钩协议书，在此基础上，按照改制方案进行改制，经验收合格后，重新登记注册并在报刊上公告。

2002年，长沙市产权交易经纪业务活动开始活跃，为规范经纪机构管理，出台《长沙市交权交易经纪业务管理暂行规定》，并对市产权交易中心成员单位推行市场准入制试点。翌年，根据《长沙产权交易管理暂行办法》及实施细则要求，组织产权交易中心第一批19个成员单位的审核、公布，并实行联席办公制度，加强协调和信息沟通。

2004年，提出“规范市场、培育市场”的整体要求，批准7家产权交易中介、经纪机构作为市产权交易中心的成员单位。同时开展产权经纪人的考务培训工作，年内取得一般经纪人（产权经纪）资格证书的人数113人，促进全市产权招商、包装策划、信息发布等产权交易业务的开展。

2005年，印发《选聘审计、资产评估中介机构暂行办法》《关于加强市属国有企业财务审计和资产评估中介服务管理的通知》，将审计、资产评估、经纪等中介服务事项纳入统一管理。按照“公开、公平、公正”的原则，通过发布公告、资格审查、专家评议，择优选聘28家社会中介机构作为中介服务单位，其中提供审计服务的会计师事务所15家，提供资产评估服务的会计师事务所或资产评估公司10家，提供土地估价服务的会计师事务所、资产评估公司或专业的土地估价机构3家。采用出现问题立即淘汰、两年滚动投票等方式防止中介机构不负责任和弄虚作假行为发生。

2006年，长沙市实行产权交易中介服务备案制管理，制定《关于对产权交易拍卖招标机构从事我市国有集体产权中介服务实行备案制度的通知》，实行拍卖、招投标等中介机构进场交易，在产权交易大厅现场操作，做到操作过程的事前、事中、事后全程监督。翌年，出台《中介机构备选库组建及委托服务管理暂行办法》，明确规定：委托单位聘用审计、评估和法律中介机构必须从备选库中选定。中介机构备选库两年选定一次。年内，经过登报公示、自愿报名、资格初审、评委会集中评审等程序，选择31家提供法律服务的律师事务所、42家提供审计服务的会计师事务所、40家提供资产评估服务的会计师事务或资产评估公司、11家土地估价机构进入市国资委中介机构备选库。

2008年，出台《关于进一步加强和规范招标投标监管工作的若干意见》，取消违规的2家拍卖机构和1家招投标机构的成员资格。2010年，制定《关于加强中介机构管理工作的实施意见》，成立中介机构管理工作协调领导小组；中介机构备选库原则上3年重新组建一次。并对强化中介机构服务的管理、考核评价和跟踪监督提出具体要求。年内，按照招投标程序选择20家会计师事务所，20家资产评估事务所、5家土地估价事务所、19家律师事务所组成中介机构备选库。是年，在严格实行“市场准入制”的同时，不断扩大产权交易成员单位队伍，全年共审核批准13家产权中介经纪机构作为市产权交易管理中心的成员单位，其中拍卖机构6家、经纪机构5家，招标机构2家，有77人经资格考试，获得一般经纪人（产权经纪）资格证书。

2012年，出台《长沙市政府投资项目中介机构库管理办法》，按照“统一原则、统一平台、综合监管、资源共享”的方式，组建中介机构库，根据政府采购管理要求，中介机构库数量原则上不得少于30家，以便于库中随机抽取委托中介业务。中介机构库按照优胜劣汰的原则实行末位淘汰和“黑名单”退出机制动态管理。年内完成产权交易库的中介机构组建工作，其中确定38家拍卖机构、21家招投标代理机构。至年底，批准中介机构成员单位47个，取得一般经纪人（产权经纪）资格证书的人数304人，42家资产评估机构取得职业资产评估执业资格，评估师448人。

第五节　国有资产保值增值考核与监管

一、国有资产保值增值考核

1994年，长沙市开始推行国有资产目标管理考核，制定目标管理考核指标，年底进行考核验收。

1995年，实行国有资产保值增值考核，制定《长沙市国有资产保值增值考核和资产经营者年薪制试行办法》，考核以是年实现利润总额（或减亏额）和国有资产保值增值率为考核指标，以净资产收益率、总资产收益率、成本费用利用率、产品（服务）质量和安全事故频率为参考指标。对长沙客运集团、长沙东塘百货大楼等40户企业进行国有资产保值增值考核试点，列入考核的企业国有资产保值增值率要求达到10%以上。1996年，对上年实行国有资产保值增值指标与经营者年薪挂钩的“双扶企业”（扶强扶优）和其他重点国有企业组织考核验收，经营者的年薪根据考核情况实行兑现，除一家企业未达到指标外，其余10%的增值率。是年，对县（市）区国资办1995年度目标管理完成情况进行通报。1997年，修改完善《长沙市国有资产保值增值考核和资产经营者年薪制试行办法》，规定实行国有资产保值增值考核与工资总额和经营者收入双挂钩，把考核面扩展到全市所有国有企业，对完成和超额完成效益指标和国有资产保值增值的企业，按规定提起一定比例的新增效益工资，否则按规定的比例扣减工资基数。批准《长沙市商业国有资产经营公司资产经营责任制和年薪考核办法》。

1998年，聘请中介机构以3年一个考核周期对企业进行审计，逐户考核验收。考核结果，列入首批试点的湘江涂料厂、九芝堂等企业，国有资产保值增值率107%。对考核结果实行兑现，市属4县（市）根据各自的实际情况考核国有资产保值增值。浏阳市选取6户工业企业实行年薪试点，宁乡县国有资产保值增值考核在全县国有企业铺开。

1999年，出台《长沙市国有工业企业经营者年薪制实施意见》，规定经营者的年薪收入由基本年薪和风险收入两部分组成，基本年薪按经营者所在企业由劳动部门认定的上年人均工资的2倍确定，风险收入根据是年国有资产保值增值情况采取分段计算，累加计提办法确定。翌年，14户重点企业实行国有资产保值增值与经营者年薪挂钩，年底，国有资产保值率10%，经营者年薪收入户14.33万元。

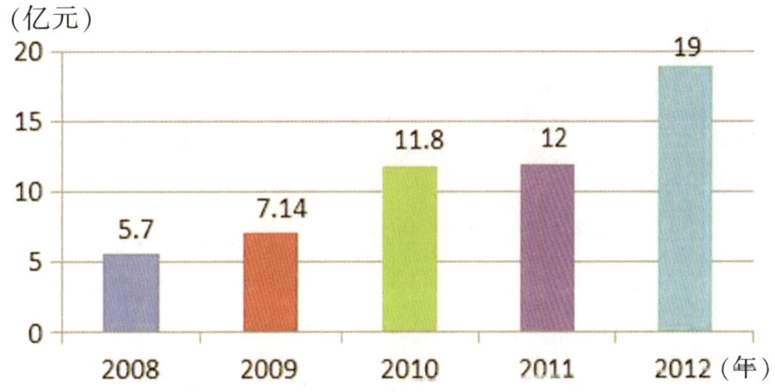

图 14-7-5-1 2008—2012年汇编企业实际上缴税金

2005年，发布《长沙市国有及国有控股企业经营业绩考核暂行办法》《长沙市国有及国有控股企业负责人薪酬管理暂行办法》，年初下达年度考核计划，确定考核目标值，签订经营考核责任书；年中动态跟踪，对指标不达标企业下达预警通知书；年底绩效审计，综合考评，奖惩兑现，档案留存。是年，10户企业被列入考核。此外，还选择市企业国资公司和市商业国资公司作为试点单位，考核监管企业净资产、收益率、利润率、国有资产保值增值等经济指标。将负责人的薪酬与经营业绩挂钩，年终考核兑现。

2006年，启动经营业绩考核和薪酬改革试点，与14家试点企业签订年度经营业绩责任书，针对不同考核主体，实行不同考核指标。对政府投资类企业和公共服务行业企业，重点考核社会效益和经济效益；对正常生产经营的一般竞争类企业，重点考核企业的营业收入、利润总额、国有资产保值增值率等效益指标；对于留守类企业，一般考核工作业绩，如企业遗留问题处理情况、维护一方稳定效果和费用开支情况等。2009年，探索企业业绩考核的新途径，按照“加强监管、突出绩效、分类考核、全面推进”的思路，实施对市水利建设投资管理有限公司、市企业国资公司、市环线建设开发有限公司、长沙新港有限公司、长沙锅炉厂5户企业经营业绩考核，8个行业管理办公室（联社）和市产权交易管理办公室年度目标管理考核。全市国有资产营运呈现稳定发展态势。至2010年年底，列入被考核的企业、单位增至36户。市属103户国家出资企业资产总量1945.5亿元，与5年前406亿元相比，年均增长50%以上；国有资产保值增值稳步增长，从2006年起，5年的国有资产增值率分别为102.84%、103.24%、106.42%、107.88%、103.9%；经考核企业负责人正职年薪30万~40万元的有3家，20万~29万元的有1家、10万~19万元的有5家。

2012年，制定《长沙市市属国有及国有控股企业负责人经营业绩考核试行办法》，对市属国有及国有控股企业负责人实行年度考核与任期考核、考核结果与奖惩相结合的考核制度。年内，列入被考核的企业、单位44户，其中直接考核的21户，委托考核的23户。全市监管企业资产总额2291.36亿元（不含金融企业），同比增长21.21%；净资产921.07亿元，资产负债率54.75%，累计实现营业收入214.74亿元，实现营业利润10亿元，国有资产保值增值率为103.25%，比上年的101.65%提高1.6个百分点；企业负责人正职30万~50万元有4家，20万~29万元有2家，10万~19万元有5家。

表 14-7-5-1　　2012 年度企业负责人经营业绩考核及薪酬兑现情况一览表

企业类型	企业名称	考核分数				薪酬兑现	
		基本指标得分	分类指标得分	评价指标得分	总分	正职年薪（万元）	副职平均年薪（万元）
政府投资类企业	湘江枢纽	66.00	18.73	18.00	102.73	35.28	30
	轨道公司	64.05	20.21	12.00	96.26	29.23	25.72
	城投集团	64.30	19.61	18.50	102.41	39.25	31.4
	水利投	66.25	16.25	18.50	101.00	25.45	20.36
	国资公司	61.17	21.25	18.50	100.92	18.08	13.56
基础设施服务类企业	水业集团	64.87	20.00	18.00	102.87	50.17	35.82
	环路公司	66.21	19.00	17.00	102.21	22.66	18.13
	新港公司	63.14	20.00	16.50	99.64	17.28	13.29
生产经营类企业	长房集团	63.33	20.97	18.00	102.30	54.16	43.33
	化工原料	64.70	20.00	18.00	102.70	17.27	14.25
	锅炉厂	56.62	22.50	18.00	97.12	14.13	10.84
	博翔纺织	59.33	19.00	18.00	96.33	8.17	6.54

二、财务审计与国有资产流失查处

20 世纪 80 年代末，国有资产管理未形成统一的财务审计体系，国有资产账账不符、账外设账现象较为普遍，国有资产流失现象时有发生。1993 年，市国资管理机构对全市从 1990—1993 年国有资产流失情况进行典型调查，查明国有资产流失总额 5 亿元左右。

1995 年，长沙市推行资产经营者年薪收入与职工工资相分离，先审计考核、后结算兑现为原则的经营者年薪制，考核周期为 3 年，按年度结算，由企业提出考核验收申报材料，由审计机关或有审计资格的中介机构对其经营情况审计后组织验收。年内，完成一批国有企业（单位）内部审计。翌年，查处国有资产流失问题成效显著，长沙县查处国有资产流失问题 9 起，涉及金额 255 万元；宁乡县查处 1 起，涉及金额 160 万元；望城县查处 3 起，涉及金额 60 万元。

1997 年，全市各级国资部门加大国有资产流失问题的查处力度，市、区县（市）共查处国有资产流失问题 12 起，涉及资产 380 万余元，有关部门对责任人员进行处理。

1998 年，聘请中介审计机构对满一个 3 年考核周期的企业进行审计。是年，国资部门查处国有资产流失问题 10 起，防止 300 万余元国有资产流失。1999 年，全市国资部门共查处资产流失案件 20 起，涉及资产 1300 万元。宁乡县对国有资产流失案件一查到底，为国家挽回损失 370 万元。

2002 年，对群众举报的长沙市某公司 296 万元的国有资产流失问题进行查处，通过多次召开有关人员座谈会，对公司财务进行审计，查明多笔棉花购销业务人为造成进销倒挂、会计核算失真、人为造假。针对这些问题，公司主管部门对案件进行严肃处理，在公司引起强烈反响。

2004 年，对市国有投资（经营）公司国有资产流失问题进行调查，通过对该公司国有股权的形成情况、国有股权分布状况、国有股权的保值增值情况进行核实，并经审计部门专项调查确认，发现该公司违纪违规金额有 2187 万元。

2005 年，加强国有企业改制期间资产变动审计，年内市属企业申报企业资产 2297.36 万元，经严格审核，调增净额 8122.03 万元，认定国有资产总额增加 6699.15 万元。

2006 年，结合企业业绩考核，全面推行企业财务审计工作，年内完成 102 户企业年报的审计工作，完成 76 户企业工资总额的清算和 46 户企业工资指导线方案的审核。对改制企业资产变动审计率 100%。

2007 年，出台《长沙市企业国有资产流失查处暂行办法》，明确规定国有资产监督管理机构负责企业国有资产流失的查处工作。监察、财政、审计等有关部门应当按照各自职责，配合做好企业国有资产流失的查处工作。年内，纠正不合规交易 69 宗，不合规交易涉及金额 6.87 亿元。是年，制定《长沙市国有及国有控股企业经济责任审计管理暂行办法》，审计工作内容包括：企业负责人任职期间企业经营成果的真实性、企业财务收支核算的合规性、企业资产质量变动状况、企业重大经营决策情况、企业经营绩效变动情况等。年内对 13 家企业年度绩效进行审计，对 56 户企业进行年报审计，开展 3 户企业领导人离任审计，2 户企业专项审计，完成 76 家企业工资总额的清算和 46 户企业工资指导线方案的审核，13 户企业拖欠职工工资的问题得以解决。

2008 年，开展对所属企业工资总额清算和企业工资历史清欠审核工作，完成 12 户企业经营业绩审计项目，对 9 户破产企业法定代表人进行经济责任审计。

2011 年，做好政策性破产企业、环保关闭企业清算审计的审核工作及企业分立的资产负债的审查工作。年内完成湖南动力集团、浏阳磷矿、长沙纺织厂政策性破产清算审计、资产评估报告的审查及评估核准批复。同时，对长沙毛巾集团公司 3 家企业、湖南制药有限公司 3 家子公司的资产负债审计报告和整体资产评估报告进行审查，拟定股权划转协议。

2012 年，强化湖南化学试剂总厂改制期间净资产变动审计，终结最后一家企业破产程序。至此，长沙市连续 8 年对国有企业改制期间净资产变动审计率 100%。

三、国有资产监管方式

1988 年，国有资产管理部门多、职能交叉、自成体系，国有资产监管漏洞较多。1994 年，陆续制定资产收益收缴、产权变动审批、资产处置审核等制度，对国有资产监管工作进行规范。

1996 年，国企改革开始推行，对国资监管工作关口前移，在企业改制前期即进入资产监管，对企业产权转让、资产损失的核销、资产处置等按“出资人审批，资产评估、交易所挂牌公示，进场交易”的程序进行，实行收入“双控”，企业土地处置收入全部进入财政“双控”账户。企业已核销的不良资产，市工业国资公司和市商业国资公司与改制企业签订监管协议。是年，全市国资部门划转资产、调活存量超 10 亿元。

2003 年，长沙市开始推行与改制企业签订国有资产监管协议，授权资产经营公司实施。年内市工业经营公司分别与长沙橡胶厂、长沙啤酒厂等 14 家企业签订国有资产监管协议，对改制企业近 4 亿元已核销资产、待处理资产以及部分负债落实监管措施。翌年，市工业国资公司累计与全市 43 户改制企业签订资产监管协议，协议监管不良资产 6.16 亿元、相关负债 12.52 亿元，移交管理非经营性资产 0.50 亿元，土地 11858 平方米。

2006 年，市企业国资公司（原市工业国资公司）和市商业国资公司与全市 95 户改制企业签订资产监管及移交协议，监管核销资产总额为 8.66 亿元，其中市企业国资公司监管 6.38 亿元，市商业国资公司监管 2.28 亿元；相关负债总额为 23.21 亿元，其中市企业国资公司监管 13.99 亿元，市商业国资公司监管 9.22 亿元；移交资产总额为 0.98 亿元，其中市企业国资公司 314.57 万元，市商业国资公司 9554 万元，有效堵塞国企资产流失的漏洞。

2008 年，2 家市国资公司与 78 户企业签订监管协议。对改制企业资产评估核准率、资产损失审批率、改制期间净资产变动审计率、产权交割审核率、企业产权交易入市场率均 100%，前 3 项共调增国有资产 1.5 亿元。

2010 年，长沙市市属国家出资一级企业 103 户，资产总额 1945.5 亿元，净资产 401.59 亿元，分别由市国资委、市财政局、市住建委、市国土局等 18 个市直部门主管或履行出资人职责，其中市国资委履行出资人职责 48 户，资产总额 706.07 亿元，占 36.29%，净资产 145.26 亿元，占 36.17%。先导区监管企业资产总额 196 亿元，占 10.07%，净资产 77.14 亿元，占 19.21%；市财政局监管企业资产总额 832.39 亿元，占 42.79%，净资产 74.54 亿元，占 18.56%；高新区监管企业资产总额 94.96 亿元，占 4.88%，净资产 62.70 亿元，占 15.61；建委、国土局、交通局等其他主管部门监管企业资产总额 116.08 亿元，占 5.97%，净资产 41.95 亿元，占 10.45%。是年，市企业国资公司累计与 84 家已改制企业签订和完善监管协议，市商业国资公司累计与 57 家企业（包括粮食局系统 5 家企业）签订监管协议。

2011 年，长沙市启动实施国资全面监管工作，逐步推进国资统一归口监管，发布《关于进一步加强和改进我市国资监管工作的通知》，明确“全面覆盖、分类监管、逐步到位、确保增值”的国资监管工作基本原则，成立长沙市国有资产监管工作协调委员会，对国资监管中的重大问题、事项进行研究和决策，授权市国资委代表政府对全市企业国有资产履行全面监管职责，对于少数特殊企业国有资产，由市政府授权市国资委委托其他部门监管。制定《国资监管工作操作流程图》，与 18 个市直主管部门和 93 户长沙市本级国家出资一级企业进行对接，逐户制定工作方案。同时，市国资委对监管企业的章程实行归档管理，清理一批改制企业的无形资产，如老字号商标、特许经营权等。国资监管由单一的有形资产延伸到无形资产监管。

2012 年，出台《关于变更出资人或企业主管部门的通知》等文件，明确第一批 80 户监管企业由国资委实施统一监管，市国资委采取直接监管和委托监管的方式，与原企业主管部门签署《国有股权无偿划转协议》《企业移交协议》《国资委托监管协议》，办理出资人或主管部门工商登记变更手续。对列入移交的 28 户企业理顺监管职责，明确监管方法。第二批 13 户企业化管理的事业单位的监管移交工作也在逐步推进。年内，国资监管重大事项报告、章程管理、资产处置、业绩考核等四项监管制度相继出台，在法律上初步实现全市企业国有资产监管全面覆盖。至年底，全市监管企业资产总额 2291.36 亿元，同比增加 400.95 亿元，增长 21.21%；净资产 1037.24 亿元，同比增加 113.03 亿元，增长 12.23%；实现营业收入 266.2 亿元，同比增加 64.2 亿元，增长 31.78%；实现利润总额 13.9 亿元，同比增长 12.64%；缴纳税金 12.3 亿元。

四、国有资本经营预算管理

2005 年，为真正行使股东权益，内设经营预算机构，明确其职责，主要为负责编制所监管企业国有资本经营预算方案并组织实施，指导所监管企业加强国有资本经营预算和财务管理，负责监缴所监管企业国有资本金收益等。

2008 年，制定《关于试行企业国有资本经营预算管理的意见》，明确规定：市国资委作为一级预算单位；市国资委履行出资人职责的企业（即一级法人企业）作为二级预算单位，以国有资本投入、资本运营和资本收益为主要内容，对国有资本经营专项收入和支出编制预算。

图 14-7-5-2 2011 年 9 月 6 日，长沙市召开市级国有资本经营预算工作会议，贯彻落实《长沙市企业国有资本经营预算试行办法》（市国资委供图）

2009 年，开始试行国有资本经营预算制度，规定资源性和纯营利投资（开发）类企业（公司）按 20%；准公益性投资公司按盈利性资产项目净收益和资源性资产净收益的 20%上缴，作为政府对企业（公司）的再投入，追加投资款项。年内，市企业国资公司和市商业国资公司两户作为试点企业，按 2008 年度税后利润的 20%实行收益收缴，分别收缴 61 万元、67 万元进入国企改革资金专项账户，实现国有独资公司应缴利润“零”的突破。

2011 年，长沙市全面启动国有资本经营预算，发布《长沙市企业国有资本经营预算试行办法》《长沙市企业国有资本经营预算实施方案》，召开全市国有资本经营预算工作会议和业务培训，完成 90 户基层预算单位的收入预测工作。

2012 年，组织基层预算单位完成国有资本经营预算资料编报，科学规划市属企业测算国有资本经营预算收入，编报预算项目支出计划的统一格式和内容。年内，纳入基层预算单位企业共有 90 户，国有资本经营收入预算数 3.11 亿元，决算数 1.69 亿元，完成预算的 54.3%，国有资本经营支出预算数 3.11 亿元，决算数 1.63 亿元，完成预算的 52.28%，结转下年的决算余额 627.59 万元。

第六节 委派管理

1995 年，长沙市开始探索国有企业董事、监事、财务总监外派管理办法。1996 年，根据国务院《国有企业财产监督管理条例》有关规定，制定《长沙市国有企业外派监事会实施办法》。翌年，分别向市属重点出资企业委派监事会成员，并调整中意、通程 2 个上市公司的董事会成员，调整、充实市纺织国有资产经营公司董事会成员，任命长沙市热电发展有限公司董事会成员。

2000 年，根据《长沙市国有资本营运管理暂行办法》的文件精神，拟订《长沙市国有资本营运机构财务总监管理暂行办法》，确定第一批派出财务总监的单位，并向国家出资的重点企业委派董事长。翌年，湖南友谊阿波罗股份有限公司（以下简称“友阿公司”）列入全省第一批推行现代企业制度试点范围。对友阿公司全面实行“经营管理一体化”模式，商品经营部由原来 20 个精简至 9 个，部门经理由 60 人压缩到 18 人，集团公司财会人员由 300 人减至 90 人。友阿公司全面推行现代企业制度，完善企业法人治理结构，设立股东会、董事会、监事会。是年，企业毛利率由原来的 14.3%上升至 18.9%，年利润总额增加 35%。

2003 年，出台《长沙市国有资本营运机构财务总监报告制度暂行规定》《长沙市国有资本营运机构财务总监与总经理联签制度暂行规定》，进一步完善国有资本营运机构总监的工作机制。

2005 年，制定《长沙市人民政府国有资产监督管理委员会向出资企业委派董事、监事、财务总监管理暂行办法》，根据办法，市国资委履行出资人职责，完善对出资企业的法人治理结构，根据企业的不同情况，分别向出资企业派出董事、监事、财务总监，对国有资产运行实行及时有效监督。2006 年，市国资委派出董事、监事 13 人，年内举办改制企业法人治理结构培训班，培训企业干部 486 人。至 2010 年，103 户国有企业出资企业，有 39 户按照“中华人民共和国公司法”规定设立股东会、董事会、监事会，其他企业按照《企业法人登记管理条例》的要求设立内部管理机构。采取公开招考、民主选举、竞争上岗和市场招聘等方式，选拔任用董事、监事、财务总监，共向 53 家市属国有出资企业派出国有股董事 204 名，外派监事 87 名，财务总监等其他高管人员 123 名。

2012 年，市国资委委派董事长的国有独资公司、国有控股公司有 16 家；委派董事的国有参股公司 5 家；委派监事的国有参股公司 12 家。湖南龙骧交通集团是国有参股公司，由市国资委派出监事会主席、监事，确保出资人对企业国有资产运营有效监管，全年公司资产总额由改制时的 8.25 亿元增至 21.9 亿元，营业收入由改制时的 4.8 亿元增至 16.38 亿元。是年，友阿公司资产总额为 78.44 亿元，比改制前的 8.6 亿元增长 9.12 倍。

第七节　国有资产管理体制改革

20 世纪 80 年代末期，长沙市国有资产所有权、政府宏观经济管理权及企业的经营权相互混杂，政资不分、政企不分，国有资产管理职能条块分割、多头管理，国有资产监管处于缺位状态，以致国有企业亏损面大、人员包袱重、处境比较困难。这一期间，政府实行转换企业经营机制的改革，对国有企业采取放权让利、承包制、租赁制等灵活多样的经营方式，但未涉及国有资产产权深层次改革。

1994 年，长沙市成立国有资产管理局，对国有资产实行统一管理，市国资局成立后，开展基础性工作和一些改革，取得一定成绩，但国资管理体制颇具复杂性，“政企分开、政资分开”还没有真正到位，国有资产出资人缺位及多头管理问题仍未真正解决。翌年，清产核资统计表明，全市 1016 户国有企业，全年盈利 2.9 亿元，亏损 6.9 亿元，净亏 4 亿元，资产负债率达到 75%，资不抵债和空壳企业占 78.8%。

1995 年，长沙市参照国家国有资产管理局等 4 部门《关于国有试点企业集团国有资产授权经营的实施办法（试行）》，提出建立具有长沙特色的“宝塔型”的管理体制。出台《长沙市国有资产授权经营试行办法》，明确规定经市人民政府批准，将企业集团中的成员企业的国有资产统一授权给集团公司（核心企业）经营和管理，建立核心企业与其成员企业之间的产权纽带，增强集团凝聚力和发挥整体优势，形成规模经营，确保国有资产保值增值。年内，组建纺织工业公司、商业总公司、浦沅集团公司 3 个资产运营机构并予以授权经营。翌年，扩大国有资产授权经营范围，对九芝堂和通大两个集团公司实行国有资产授权经营。至此，长沙市实行授权经营的资产占全市国有资产总额的 20%。

1996 年，长沙入围全国“优化资本结构试点”城市。以此为契机，出台《关于发展企业集团若干规定的通知》，鼓励和支持企业通过兼并联合发展企业集团。翌年，制定《长沙市国有资本营运机构组建方案》，改组或组建若干国有资本运营公司、国有资本投资公司，以增强资源整合和产业集聚功能。纺织、商业两个国有资产经营公司围绕以兼并破产、股份制改造为重点的资产重组进行运营，促使资产优化配置；浦沅工程集团有限公司以产权关系为纽带，与郴工公司等企业组建湖南工程机械集团；九芝堂集团公司在与神箭制药总厂强强联合、兼并药材公司后，又与国家兴业投资公司合资，全力抓公司上市准备等。

1999 年，出台《关于加快国有企业改革和发展若干问题的意见》，对全市国有经济实行战略性调整与重组，引导国有资本从一般性竞争领域退出，向基础产业、提供重要公共产品和服务的行业转移，向新兴产业和高新技术产业拓展，向支柱产业和优势企业集中。年内，对国有企业实施公司制改造，聚集扩张资本功能，如九芝堂公司上市，友谊、阿波罗股份制改造，对湖南湘江涂料集团有限公司实行战略性调整与重组，对长沙正圆动力配件公司、湖南制药厂等一批企业建立有限责任公司。抓经营公司的组建和运作。这些措施的实施，促进了国有企业新的发展优势的形成。

2000 年，长沙市开始推行以“两个置换”为重点的国企改革，通过产权转让，置换企业的国有性质，解除企业对政府的依赖关系，让企业走向市场；通过一次性补偿，置换职工的全民身份，解除职工对企业的依赖关系，让职工走向市场。试点改革包括资产评估、购股以及量化配股、职工全民身份置换、重建法人治理结构等内容，在通大集团、湘江涂料集团和友阿集团 3 个优秀企业中展开，被称之为“靓女先嫁”。

2002 年 10 月，长沙市开始构建产权交易市场体系，推动企业国有资产有序顺畅流转，出台《长沙市产权交易管理办法》，在已设立产权交易监管机构的基础上，成立长沙市产权交易所，明晰其具体职能职责，实现交易监管职能与平台服务功能相分离。翌年 8 月 1 日起，全面推行“产权交易入市场”制度。年内企业产权交易入市场率均达到 100%。

2003 年，长沙市国企通过兼并重组促进工业经济向支柱产业和优秀企业集中，形成工程机械、信息产品制造业和烟草食品三大优势支柱产业。还促进了企业产权向优秀企业和优秀企业家集中，在已改制的 61 户企业中，企业经营层购买的股份占企业总股本的 10%以上，主要经营者占经营层的 30%~50%，优化了股权结构。

2004 年 8 月，长沙市根据中共十六大确立的“权利、义务和责任相统一，管资产和管人、管事相结合”的国资监管重大原则，组建长沙市人民政府国有资产监督管理委员会，为市人民政府特设机构，依法履行国有资产出资人职责。市国资委的成立，是长沙市第一次在政府机构设置上实现政府公共管理职能与出资人职能的分离，初步解决国有资产出资人缺位及多头管理的问题。

2005 年，变更公司制企业政府出资人，建立“归属清晰、职责明确、保护严格、流转顺畅”的现代产权制度。依照《中华人民共和国公司法》（以下简称《公司法》）等法律法规，组织实施对公司制企业政府出资人工商变更登记工作。全年办理依照《公司法》设立国有股权的公司制企业 32 家，办理依照《企业法人登记条例》设立的国有企业 136 家。年内，对市工业国资公司和市商业国资公司进行改组改造，两家国资公司作为国有资产出资人的委托代表，负责对经市政府授权范围内的全市国有企业行使监管，改制资金调剂、筹措和资产运营等职能，以此作为国企改革、国资监管、打包处置不良债务的操作平台。至此，长沙市 “三个层次” （国资委—营运机构—国有企业）的国有资产管理体制初步建立。

2006 年，由市国资委分别向出资企业派出董事、监事、财务总监，对国有资产运行实行及时有效监督。实现从管理企业领导干部向管理董事、监事等产权代表的转变。是年，启动经营业绩考核和薪酬改革试点，与 14 家试点企业签订年度经营业绩责任书，重点考核所监管企业的净资产收益率、利润总额、国有资产保值增值率等经济指标，将企业负责人薪酬与经营业绩挂钩，年终考核、审计后兑现。翌年，考核全面实施。

2007 年，长沙市推行的企业产权制度改革进入攻坚阶段，理顺劳动关系，分离企业办社会职能，改革产权制度，加大股份制改造力度，实现企业再造。到年底，43户市属首批试点企业的社会职能向当地政府移交，国有企业累计实行各类形式的改制182户，共理顺职工劳动关系13.1万余人，总户数和总人数都达到91%以上。

2009年，长沙市着眼于推进现代企业制度的建立和完善，出台《长沙市市属国家出资企业章程的管理办法》，制订公司章程范本，指导企业依法完善公司章程，明确各治理主体的职责权限，健全议事规则、执行监督等相关工作机制，完善出资企业法人治理结构。第一批80户监管企业（经股权变动为64户）章程全部归档，无一遗漏。同时，14家重要子公司章程也进行归档备案。翌年，长沙市国资监管“四大体系”“三个环节”建设全面推进。即：推进法规制度、运营平台、中介机构、多元监督四大体系；规范重大事项事前监督、监事会事中监督、稽查审计事后监督三个监督环节。全市国资监管工作科学化、制度化的构架和体系逐步形成。

2011年，长沙市进一步理顺国资监管体制，有序推进国资统一归口监管全面覆盖，印发《关于进一步加强和改进我市国资监管工作的通知》，成立长沙市国有资产监管工作协调委员会，由市长担任主任，授权市国资委代表政府对全市企业国有资产履行全面监管职责。制定《国资监管工作操作流程图》，与18个市直主管部门和93户长沙市本级国家出资一级企业进行对接，逐户制定工作方案。翌年，出台《关于变更出资人或企业主管部门的通知》等文件，明确第一批80户监管企业由市国资委实施统一监管，采取直接监管和委托监管的方式，与原企业主管部门签署《国有股权无偿划转协议》《企业移交协议》《国资委托监管协议》，办理出资人或主管部门工商登记变更手续。对列入移交的企业理顺监管职责，明确监管方法。推进第二批13户企业的监管移交工作，推动政府部门与所属企业脱钩，实现政企分开；推动市国资委对全市企业国有资产监管的全面覆盖，实现政资分开。

2012年，全市累计实施国有企业改制267户，其中政策性破产和依法破产37户，兼并14户，关闭11户，理顺劳动关系14.4万余人，改制企业中190户实施股份制改制，组建137户股份制公司。至此，企业产权制度改革任务基本完成。

第八章　安全生产监督管理

市安全生产委员会（以下简称“安委会”）自1985年成立后，对安全生产进行宏观管理，统筹研究、协调、指导全市安全生产重大问题。1990年5月，召开全市安全生产工作会议，贯彻国务院、省颁发的一系列关于工业企业劳动保护监察的法律法规，总结在实际工作中做出的成绩，部署大力降低职工伤亡事故，控制重大恶性事故工作。开展安全生产竞赛活动、安全生产宣传教育培训，建立安全生产检查制度，实施企业升级的安全考核达标。是年，县属以上工厂企业，事故次数下降40%，死亡人数下降30%，重伤人数下降42%。职工劳动条件进一步得到改善，尘毒作业点达标率为60.83%，全市职业安全卫生监察工作被评为全国先进地、市。

1991—1995年，长沙市贯彻国务院“安全第一、预防为主”的工作方针，将安全生产管理体制调整为“企业负责、行业管理、国家监察、群众监督”的格局，明确“企业法人代表是安全生产的第一责任人，要对本企业的安全生产全面负责”。加强《中华人民共和国矿山安全法》《中华人民共和国劳动法》的宣传贯彻力度，开展对各类人员的培训和发证。全市劳动系统在其他部门的积极配合下，还强化对锅炉、压力容器、起重机械、电梯的安全管理，对制造、安装、修理单位普遍进行安全资格认证和定点。由于乡镇企业、私人企业、“三资”企业（中外合资企业、中外合作企业和外资企业）的不断发展，场地设备陈旧，人员素质参差不齐，安全管理制度不健全，也是事故频发的原因之一。为此，1994—1995 年，3 次召开全市安全生产工作大会，明确各级领导要亲手过问处理有关重大安全问题，做到齐抓共管。

1997 年，全面推行安全生产责任制，层层签订责任书。每年例行安全大检查和宣传教育，依法整顿非法小矿山、增加安全项目投入、查处安全事故、加强特种设备管理、坚持使用许可证制度等。2000 年，实行安全生产一票否决。按照“事故原因没有查清不放过，事故责任者没有严肃查处不放过，广大职工没有受到教育不放过，防范措施没有落实不放过”的“四不放过”的原则，实施安全事故追查制度，依法依纪从严从快查处事故。

2005 年 8 月，长沙市开展贯彻实施《中华人民共和国安全生产法》情况的执法检查。把安全生产工作纳入市政府工作报告和全市经济社会发展“十一五”（2005—2010 年）规划，以及科技发展规划；并把培训特种人员 2 万人以上，重大危险源监控率达 90%以上，各类事故总量继续保持平稳态势作为向社会公开承诺的“八件实事”重要内容。是年，全市安监工作机制和监管网络初步形成。浏阳、宁乡等安全生产任务较重的区县（市）设立乡镇、街道安监站。颁布和制定《长沙市安全生产目标管理考核办法》等一系列规范化文件和矿山、危险化学品、烟花爆竹《重大事故应急救援预案》，继续深入开展以煤矿和非煤矿山、危险化学品、民爆器材和烟花爆竹、道路和水上交通、人员密集场所消防安全、建筑施工等为重点的安全生产专项整治，排查整治一批事故隐患；狠抓煤矿、非煤矿山、危险化学品、烟花爆竹等高危行业的安全生产（经营）许可证制度的推进，严格市场准入标准。

2010 年，修改完善《保险条款》等保险合同文书，全面启动全市危险化学品、烟花爆竹、非煤矿山等高危行业生产经营单位安全生产责任保险试点。

2011 年，启动八项监管创新工程：安全生产网格化监督管理、社区安全生产志愿者服务体系、企业标准化建设和安全生产示范创建、三年全民安全生产宣传教育培训工程、矿山安全避险“六大系统”建设、城市工业灾害预防治理机制、安全生产事故防范机制、安全生产计划执法和委托执法监管。同时还加强安全生产的文化建设和队伍建设。全市安全生产形势持续呈现“经济指标逐步上升，事故指标逐步下降”的良好态势。各类事故死亡人数从 2006 年的 592 人，下降到 2011 年的 291 人，下降 50.84%；亿元 GDP 各类事故死亡率从 2006 年的 0.33，下降到 2011 年的 0.052，下降 84.24%；10 万从业人员死亡率从 2006 年的 4.47，下降到 2011 年的 1.32，下降 70.46%；百万吨煤死亡率从 2006 年的 6.89，下降到 2011 年的 0.78，下降 88.67%；万辆车死亡率从 2006 年的 10.13，下降到 2011 年的 2.05，下降 79.76%；安全生产总体状况处于全省和全国的较好水平。

2012 年，监管烟花爆竹、非煤矿山、危险化学品等三大高危行业，以及冶金、建材、机械、轻工、纺织、烟草、商贸服务等企业。执法检查企业由 2011 年的 69 家增加到 200 家。组织“打非治违”（打击非法违法生产经营活动行为）检查组 4166 个，组织检查人员 3.03 万人（次），检查重点企业 1.44 万家（次）。特别是烟花爆竹领域，停产整顿 67 家，经济处罚 28 家，取缔非法窝点 20 家，治安拘留 144 人，刑事拘留 9 人。连续 5 年获国家安监总局“全国安全生产监管监察系统先进集体”“全国安全生产日活动优秀单位”等荣誉。

第一节 机 构

一、市级机构

1988年2月，长沙市安全委员会办公室在市劳动局设立，统一组织、协调、指导全市的安全生产工作。市劳动局设有劳动保护监察科。2001年，将安全生产综合监管职能由市劳动局调整到市经委。2002年11月，长沙市安全生产监督管理局成立，为副县级全民事业单位，核定编制13人。2003年7月，市安监局调整为长沙市政府直属机构，升格为正县级。局内设3个职能科（室）：办公室（加挂宣传教育培训科的牌子）、安全生产监督科、事故调查处理科。2004年8月，市安监局调整为市政府工作部门，加挂长沙市安全生产委员会牌子，在安监处的基础上加挂“生产安全应急救援办公室”的牌子。

2005年，市安监局内设机构由3个调整为6个。分别为办公室、安监一处（危化品安全监督管理处）、安监二处、安监三处（生产安全应急救援办公室）、综合法规处、宣传教育处。

2011年，市安监局内设机构调整为办公室（人事处、安全生产应急管理办公室）、政策法规处（事故调查处）、非煤矿山安全监督管理处、烟花爆竹安全监督管理处、危险化学品安全监督管理处、安全生产协调处宣教培训处、机关党总支、纪检监察室8个处室。

2012年，市安监局内设机构设置未改变。

2002—2012年，先后担任长沙市安全生产监督管理局主要领导职务的有：巩固、文卫红；其他领导班子成员有：梁明孝、赵晓军、李建勋、曹惠民、李志兵、杨友良、张玉玺、刘金泽、钟才发。

二、区县（市）机构

1988年，长沙市所辖区县（市）劳动局设劳动监察科（股），负责辖区内劳动监察和劳动保护工作。

1996年，天心区、雨花区、开福区、岳麓区先后在劳动局设立监察科。

2002年1月，浏阳市成立安全生产监督管理局。12月，望城县成立安全生产监督管理局。2003年，开福区、芙蓉区、宁乡县、长沙县先后成立安全生产监督管理局。2004年6月，雨花区成立安全生产监督管理局，至此，全市9个区县（市）政府均成立安全生产监督管理局。

2011年，望城县撤县改区，望城县安全生产监督管理局改为望城区安全生产监督管理局。2012年，区县（市）安监机构无变化。

三、职工队伍

1988年，全市劳动监察干部由1987年的40人增加到46人，其中监察员40人。

1991年，全市（含4县5区）监察人员94人。1992年后有所减少，1995年市劳动局专职监察人员16人，兼职监察员20人。

2003年8月，市安监局机关编制由13名调整增加到21名。各区县（市）安监局均配备相应的工作人员；乡镇、街道安监站及部分安全生产工作任务较重的社区、村配备安全生产监察员。全市安监系统编制74人。是年，市、县两级安监部门有工作人员145人，乡镇街道和社区、村安全生产监察员600余人。市安委会还组建“市安全生产专家委员会”，从大专院校、科研机构、企事业单位中聘请60余名安全生产专家，为全市安全生产工作提供智力支持。经过专门培训并经考核合格的500余名注册安全监管员，全部配备到生产经营单位的一线岗位。

2005年，市安监局人员编制增加到36名。市县两级安监部门有工作人员150余人，乡镇街道及社区专（兼）职安监员 600 余人。2010 年年底，长沙市安监局在册人数 43 人。全局按 70%的比例计算应纳入行政执法人员，为 30 人。全市安全生产监督管理人员为 414 人。2011 年，市安监局机关行政编制 45 名，事业编制 3 名。全市共有安监工作人员 546 人（其中专职 385 人，兼职 161 人）。2012 年，全市 10 个县级安监局、179 个乡镇（街道）安监站共有 893 名安监执法人员。

第二节　安全生产责任制与行政许可

一、安全生产责任制

1988 年 2 月，长沙市召开全市安全生产动员大会，强调各级主要领导对安全生产工作应负的职责。1990 年，全市（含 5 区 4 县），把安全生产工作纳入经济承包合同，实行目标管理；层层签订合同，严格考核，年终兑现。区县（市）都建立明确具体的岗位责任制和考核制度。开展企业升级安全考核，帮助企业整改达标，对升级企业实行“安全生产一票否决制”。

1996，颁布《长沙市安全生产工作“九五”规划》，全面推行安全生产责任制，层层落实安全生产责任。各级行政一把手和单位法定代表人是第一责任人，对本辖区、本单位的安全生产负全面责任。

1998 年，以签订安全生产目标管理责任书的形式落实安全生产责任制，并实行安全生产风险抵押制制度。

2001 年，把签订目标责任书改为向 9 个区县（市）和 27 个市直部门下达安全生产目标管理责任书，与 32 个重点大中型企业签订安全生产目标管理责任状，严格实行安全生产一票否决制度。

2003 年，明确县级人民政府和市直单位及其负责人的安全生产责任，并签订是年度安全生产目标管理责任书；督促指导各级各部门层层签订安全生产目标管理责任状，直至乡镇、街道、社区、村组及基层生产经营单位。对安全生产目标管理考核进行细化、量化、指标化。对全市安全生产目标管理进行严格、细致的考核，并将考核结果纳入当年年度综合目标管理。

2004 年，进一步健全完善目标管理和控制指标体系。9 个区县（市）和 40 个市直有关部门签订当年度安全生产目标管理责任状，并对省政府下达的事故控制指标进行分解。各区县（市）的 120 个乡镇政府、52 个街道办事处也层层签订责任状。浏阳市明确 35 个花炮督查责任单位的职责。次年，进一步明确市直有关部门和高新区、经开区的安全生产责任。全市将安全生产工作纳入政府的主要工作目标，普遍提高安全生产在综合目标管理考核中所占的分值和比例。

2006 年，建立健全安全生产责任制，实行领导干部分工定点联系安全生产工作的制度。颁发《长沙市安全生产行政问责有关规定》，确定将安全生产“一票否决”“黄牌警告”纳入制度范畴。

2007 年，长沙市改此前签订目标管理责任状为下达安全生产管理目标。具体做法是：根据省政府下达给长沙市的安全生产控制指标，改以前用近三年的平均数下达控制指标为用前几年的指标和实际数进行综合计算的办法，即以 2005 年的数据为依据，使事故控制指标的分解更具科学性。对于目标管理考核指标体系，突出对实际工作效果和重点工作完成情况的考核，突出对执法质量、专项整治、隐患整改、事故查处和重大危险源监管等工作的日常考核，建立健全日常考核登记管理台账和定期情况通报制度。在 2007 年安全生产目标管理考核中，浏阳市人民政府由于在行政区域内发生多起生产安全事故，超过控制指标，被评为不合格单位。

2008年，要求建立风险抵押金和安全生产责任保险双轨道并行的社会化风险防范机制；责任保险工作在危险化学品、烟花爆竹和非煤矿山生产经营单位全面展开。2008年安全生产目标管理考核中，湖南长大建设集团股份有限公司上河国际商业广场项目“4·30”坍塌事故的责任单位被评为不合格（“一票否决”）单位。

2011年，制定《长沙市安全生产督导约谈制度》及落实该制度的责任制和责任追究制，确保各区县(市)、乡镇街道及各生产经营单位的制度措施落实到位。2011年安全生产目标管理考核中，岳麓区人民政府、市公安消防支队被“黄牌警告”。

2012年，通过重新审定指标体系、重新确定考核评价定等办法、重新确定计分评分办法，规范对各区县（市）和市直重点部门安全生产绩效评价内容、规范安全生产工作在乡镇（街道）经济社会发展综合排名中的考核指标等手段。

二、行政许可

1988年6月，抽查浏阳、宁乡15个矿山的17个矿井，重点查办“三证”（营业证、采矿许可证、安全资格证）及矿长安全资格证。对4县1郊在用的700余台锅炉进行检验，对2000余名锅炉工进行验照审核。对2689台压力容器进行发证和验收。1988年起，全面开展起重机械和电梯的监督检查和发证工作，共检查各类设备2271台，查处隐患16120处，发出整改通知2198份，限期整改，并实行复查。

1989年，对全市87家升级企业的职工伤亡指标、安全基础管理和现场安全管理等方面进行全面考评，符合安全条件被批准命名的有84家，3家企业由于不合格被否决。

1990年，全市申报等级的企业61家（其中国家二级企业12家，省级先进企业31家，市级先进企业18家）从安全指标到规章制度，从基础管理到现场管理全部进行全面考核，2家被否决；对已经升级的28家企业进行复查。另外还对部分企业进行安全评价。全市新、改、扩建工程项目33项，对完成初步设计审查的31项提出增补安全卫生项目意见43个，补充资金331.8万元。

1986—1990年期间，全市申报升级企业的158家，全部进行安全考核；其中因管理不善、职工伤亡事故超标被否决的有5家。市属以上企业普遍进行劳动卫生检测，建立企业的劳动保护档案和职业病报告制度。

1991年，以审查矿山基本安全条件为重点，对全市57个乡镇煤矿全面检查，对合格矿颁发“乡镇矿山基本安全条件资格证”。对于43家升级企业，全面进行安全考核，包括安技机构，安全人员的数量、素质、基础管理、现场管理、机电设备的安全性、有毒有害作业的危险程度、伤亡事故指标等方面。全年审批新、改、扩建工程项目40项，审查规划用地或规划许可30项，增加安全设施投入255.85万元；对于22个企业中33个竣工项目进行实地检测和检验。

1992年，以审查乡镇非煤矿山基本安全条件、颁发“安全生产条件合格证”为重点，对全市250个乡镇矿山开展基本条件审查，185家颁发“安全生产条件合格证”。审查非煤矿山158个，占总数的53.4%，发证125个，占总数的42%。同年，全市共进行“三同时”审批项目248项，总投资额为6574.91万元，提出整改意见380余条，增加劳动安全方面投资477.58万元。

1996年，长沙市检验锅炉528台，发证91台，换证34台；检验压力容器321台，注册135台，发证138台；检验起重机械1044台，发放使用许可证601台；对36个单位的避雷设施进行检验。

1999年，全市共审批建设工程劳动保护“三同时”项目37个，竣工验收项目17个；审批发放各类特种设备使用许可证770台；审查矿山安全生产条件7家，建筑施工单位安全资格3家。

2003年，全市共有非煤矿山企业476个（其中露天开采的399个，井下开采的77个）。建立健全非煤矿山“四证”（采矿许可证、矿山安全条件合格证、矿长安全技术业务资格证和工商营业执照）年检制度，严格各种证照的审批发放。当年审核颁发“矿山安全条件合格证”79个，完成非煤矿山安全评估241个。

2004年，全市有危险化学品生产单位137家，经营单位1027家，储存单位3家，剧毒化学品使用单位200余家。有烟花爆竹生产企业1200余家，销售单位1500余家，当年仅240家危险化学品经营单位取得经营许可证。15家烟花爆竹企业取得安全生产许可证。审核颁发非煤矿山安全条件合格证215个、矿长安全资格证420个，完成非煤矿山安全评估489家，占93%。

2005年，全面实施安全生产许可准入制度，规范许可行为。全市1157家烟花爆竹生产企业，受理925家，发证580家，受理率、发证率分别为80%、50.1%；483家非煤矿山企业，受理399家，发证251家，受理率、发证率分别为82.6%、52%。全年审核审查安全生产行政许可1900余项，颁发安全生产（经营）许可证件1200余份。次年，全市应办理安全生产许可证的非煤矿山、危险化学品和烟花爆竹生产单位1804个，其中受理办证申请的1734个。全市取得安全生产许可证的单位数为1595个，安全生产许可证持证率为90.1%。2007年，全市共受理各类行政许可事项7000余件，全部在规定时限内审结；尤其是烟花爆竹、危险化学品和非煤矿山等高危行业的行政许可换证工作全面展开，基本做到“一企一档”。

2009年，将行政许可的平均办结时限比法定许可时限缩短30%，并全部实行窗口集中办理，共对2.13万项行政许可事项完成审查。分10批对当年1月31日以前颁发的1075家“危险化学品经营许可证”进行清理并公告。2010年，对27446项行政许可事项完成审查，加大对许可事项的后续监管力度。

2012年，全市有非煤矿山企业392家，355家领取安全生产许可证；有危险化学品生产经营单位1353家，全部领取安全生产许可证。

第三节　安全生产监管与执法

一、职业安全卫生监管

1988年，共检测210个厂矿企业的劳动环境，对有毒、有害作业（如粉、尘、毒物、噪声、高温等场所）400余个点进行监测，为企业治理职业危害环境提供科学依据。1989年，对216个企业检测粉尘作业点1692个进行检测，超标率66.3%；化学作业危害点3085个，超标率32.7%，物理危害作业点1956个，超标率44.5%。全市企业接触粉尘100.38万人，患尘肺病2584人，占接触粉尘人数的2.5%。对轻工、纺织、电子、二商等200余个企业调查，厂房危房面积48万平方米，在危房内工作的2万余人，存在极大安全隐患。

1990年，对浏阳14个煤矿进行瓦斯等级鉴定，为矿井防瓦斯事故提供科学依据。浏阳县还对以上矿井的粉尘进行一次全面的检测，并督促矿山接尘人员定期体检。1991年，对市内47家企业进行工卫检测，共检测毒物421个点，合格率72%；粉尘305个点，合格率64%，噪声614个点，合格率68%，监测其他物理因素168个。对省日用化工厂、正圆动力机械厂等6家企业“体力劳动强度”“职业性接触毒物危害”“高温作业”“生产性粉尘作业危害程度”进行分级。1993年，通过对多个测试点的测试，进行工种分级，企业高温分级 56 个工种，体力强度分 202 个工种，粉尘分级 212 个工种，毒物分级 92 个工种。次年，市劳动局开展对粉尘、毒物、高温、劳动强度分级，督促 52 家企业有重点、有计划地分级搞好尘毒治理。

2010 年，对全市粉尘与高毒物品企业进行调查摸底。全市共有木制家具制造企业 42 家，企业员工 1125 人，其中接触油漆、胶粘剂作业 143 人，接触粉尘作业 212 人，接触噪声作业 197 人；石棉开采和石棉制品制造企业 4 家，企业员工 70 人，其中接触石棉粉尘作业 9 人；石英砂加工企业 11 家，企业人员 187 人，其中接触粉尘作业 97 人。在全市范围内，开展两次职业病前期和职业健康监护专项检查行动，检查重点包括用人单位可能产生职业病危害的新、扩、改建设项目和技术改造，技术引进项目的职业卫生审核、审查、验收情况，劳动者职业健康监护开展情况，职业健康监护档案建立情况等。共监督检查存在粉尘与高毒物品危害企业 1265 家（次），对未按规定进行职业病危害预控评价、未对接触职业危害员工进行职业健康检查等违法行为的 717 家（次）企业给予行政处罚；取缔非法生产经营单位 1 家。指导、监督粉尘与高毒物品企业加大资金投入，进行高毒物品治理和防护设施改造，对未落实整改措施的企业进行处罚。

2011 年，在全市进行职业病危害普查，存在职业病危害的企业 6000~8000 家，接触职业病危害因素作业人数约 30 万人。全市有 6 大行业属于职业病高危行业，分别是煤矿和石材加工（易致尘肺病）、机械及汽车制造（易致噪声聋、尘肺及苯中毒）、化工（易致急性中毒）、电子五金（易致三氯乙烯中毒）、电池（易致铅、镉中毒）。是年，全市全面铺开职业卫生监管工作，通过开展执法检查，促使近 7000 名接触职业病危害因素的从业人员进行职业卫生检查；完成职业危害申报案企业 1072 家。开展作业场所粉尘和高毒物质危害治理。

2012 年，以职业病危害严重的木质家具制造等行业为重点，深入开展职业病危害专项治理，责令 3 家企业停产整顿，依法取缔非法企业 10 家。全力推动职业病危害因素检测和职业健康监护工作，全市开展职业病危害检测评价企业 502 家；开展职业健康监护企业 1098 家，体检 5.91 万人；职业病危害项目申报企业 2940 家。

二、安全生产执法

1988 年，全市安全生产监督检查是以劳动安全监察为重点。46 名监察人员每人每月下基层 10 天进行现场监察，共排查隐患 2678 处，提出整改意见 395 条。在 3 月到 4 月的安全生产大检查中，纠正“三违”（违章指挥、违规作业和违反劳动纪律）6400 人（次），违章生产罚款 2.8 万余元。1989 年，专门印制“现场监察记录本”，全市（含区、县）41 名监察人员全年现场监察 5495 天次，人平 134 天次；检查 1280 多个企业，查出隐患 3294 次，其中发出“监察命令书”185 份，提出整改意见 464 条，整改 458 条。同年，对市内的 105 个矿山开展现场安监。专管矿山安监的 3 人共下基层 421 次，人平 140 天。全年共开展 3 次矿山安监活动，并对于安全条件差、事故隐患严重的矿山进行重点检查。

1990 年，全市开展三次全面检查整顿，共检查 105 个乡镇矿山，107 个采矿作业面；21 个采矿场，81 个石巷工作面，121 个煤巷掘进工作面。查出隐患 142 处，关闭 45 个非法小煤窑。检查 99 个建筑施工企业，查处隐患 317 处，责令停工 5 个工程项目。全市 4775 台固定式压力容器全部建档。市联合检查组在对宁乡县某煤矿监察中发现，该矿林塘工区 40 水平工作面已深入到该地面的双泉渠道底部，有影响水渠稳定趋势，当即下达停产整改意见书，最后改变原生产设计方案。浏阳县在对该县的烟花爆竹生产厂家进行现场检查监察中，发现隐患 278 处，发出整改通知书 198 份。年内，全市开展两次抽查，检查1900余个单位，查出隐患1.3万处，整改率89%。

1993年，安全生产活动周期间，对重点高层建筑、电力、加油站、长铁部分单位进行检查。抽查27家企事业单位，22个建筑工地、6家矿山，查处并纠正违章作业行为38起，无证上岗的特种作业人员150余人。1996年，对全市85家“三资”企业和民营企业进行劳动安全大检查，查处隐患123处，市政府拨款350万元，帮助企业进行隐患整改。1997年，对“三同时”审批情况、特种作业许可证申办情况、春运安全情况、建筑工地安全防护情况、“三资”企业安全防护情况等8个方面开展专项监察。安全监察员深入工厂、矿山、建筑工地进行现场监察，及时查处事故隐患。黄花机场净空烟囱超高和七宝山硫铁矿庙冲尾矿库2起事故隐患都得到及时整改。

2000年，成立安全生产检查领导小组，检查企业52家，发现隐患49处，提出整改意见40余条。宁乡县重点开展针对乡镇小煤窑各项安全生产专项监察，使小煤窑事故发生率得到有效控制。

2003年，除接受国务院、省政府6次安全生产督查外，先后开展5次全市范围的安全生产大检查。通过监督检查，排查整治事故隐患4346处，下发整改指令书1397份，明确整改责任单位和督促单位的分工，对一时难以整改到位的重点事故隐患也采取严密的监控及应急措施。2004年，制定危险源监控标准，开发使用危险源监控软件。完成危险化学品、烟花爆竹、煤矿、非煤矿、燃气管道、锅炉及压力容器等443处重大危险源的普查建档工作，其中各级安监部门直接监管的410处。2005年，全市各种形式的检查执法活动，检查各类生产经营单位2.66万余家（次），排查整改各类事故隐患2.1万余处，其中整改重大安全事故隐患140余处，下达安全生产行政执法文书1.69万余份，立案查处安全生产违法违规案件70余起，罚款80万余元。开展以危险化学品、烟花爆竹、非煤矿山等为重点的安全专项整治，开展联合执法行动70余次，关闭取缔煤矿和非煤矿山（井）69处；查封取缔非法烟花爆竹生产经营单位139家、危险化学品生产单位10家，捣毁非法烟花爆竹储存点12处、收缴非法烟花爆竹产品8000余件。全面启动重大危险源的普查监控，建立健全重大危险源档案库，明确责任单位和责任人员，重大危险源监控率100%。

2006年，开展以查“三违”和事故隐患为主要内容的和危险化学品生产经营领域的安全专项检查。共检查各类单位1176个，查处各类事故隐患1266条。各级安监部门对于173处重大危险源进行登记建档，关闭14家烟花爆竹生产企业和22家不具备安全生产条件的危化企业。全市共查处各类事故隐患4937条，完成整改4382条，隐患整改率为88.8%。全市共查处重大隐患46条，完成整改31条。2008年，开展安全生产百日督查专项整治行动，重新修改制定烟花爆竹、危险化学品以及非煤矿山等工矿商贸企业专项整治方案，开展煤矿、非煤矿山、危险化学品、烟花爆竹、道路交通、水上交通、交通运输、特种设备、建筑施工、农业机械、水利、电力、消防、旅游等行业（领域）专项整治行动。全市共监督检查生产经营单位1.39万个3.92万次，监督检查覆盖率63.6%。其中分别监督检查非煤矿山、危险化学品、烟花爆竹三个领域的生产经营单位465个2206次、703个3834次、3370个1.83万次，监督检查覆盖率分别达99.8%、99.6%和79.2%。共实施行政处罚301次，责令停产整顿生产经营单位53个，提请关闭生产经营单位4个。拨出300万元专款，用于47处危房安全隐患整改。全市共排查各类事故隐患6.25万处，整改5.76万处，整改率为92%。其中，全市安监部门共排查事故隐患3877处，整改3365处，整改率为86.8%。

2009年，继续开展对煤矿、建筑施工等重点高危行业（领域）的安全生产隐患集中整治。全市共排查各类事故隐患2.21万处，整改2.02万处，整改率为91.4%。摸排重大危险源460个，监控460个，重大危险源的监控率100%。全市企业投入隐患整改资金2184.5万元，各区县（市）投入隐患整改资金1578.8万元，挂牌督办隐患投入整改资金680万元。共监督检查生产经营单位1.34万个，进行行政处罚355次，经济处罚罚款328.78万元，实际收缴罚款230.38万元。在全市三大直管高危行业全面实施安全生产责任保险和安全生产风险抵押金“双轨运行”机制，全市有3702个单位购买安全生产责任险。2010年，全面推广使用行政执法监管软件，进一步规范行政执法行为。全市共检查生产经营单位5901家（次）、行政处罚256次，经济处罚206次，经济处罚288.45万元。开展“打非治违”行动2990次，出动执法人员4.06万人（次），检查企业1.14万家，发现安全生产隐患1.14万处，整改6422处，责令停产整顿生产经营单位427家，关闭生产经营建设单位107家，实施经济处罚626.56万元。长沙市一大批有重大安全隐患问题得到彻底整改并销号。全市投入隐患治理资金4928.1万元，整改隐患1.38万处，整改率94.4%。

2011年，对“打非治违”工作进行全面督查。共开展专项行动1.21万余次，出动执法人员7.44万余人（次），检查企业4.51万家，排查隐患3.25万处，整改3.14万余处，整改率96.7%，责令停产整顿企业1314家，关闭企业501家，抓捕涉嫌犯罪人员92人，实施经济处罚2104.19万元。是年，市、区县（市）政府和公安、安监、国土、交通、质监、住建委、旅游、水务、农机、冶金等部门开展专项整治44项（次），各级财政累计投入隐患整改资金4000万余元，整改各类隐患3100余处。

2012年，实施计划执法“倍增行动”。其中市级检查的企业由上年的69家增加到200家，实际检查129家；各区县（市）检查企业7833家。对生产规模较小和危险性较低的企业依法委托乡（镇、街道）和开发区（工业园区）检查。全市共立案167起，办结160起。加强对重点行业“打非治违”的协调调度和工作的监督检查，部署对危险化学品、非煤矿山、烟花爆竹、冶金、交通运输、建筑施工、消防安全、特种设备等领域的整治重点。共组织“打非治违”检查组1万余个，组织检查人员6万余人（次），检查重点企业2.5万家，责令改正、限期整改、停止违法行为13万余起。通过加强事故隐患源头管理、提高行业准入条件，建立隐患排查与举报机制，设立隐患公示挂牌机制，进一步加大隐患排查治理力度。年内印发隐患督办函26份，全市共排查各类事故隐患1.62万余处，整改1.6万余处，整改率为99%。

第四节　重点领域安全隐患整治

一、非煤矿山

1988年，长沙市有非煤矿山492家，其中尾矿库37座，采石场54个，其他401家。1988—1989年，开展三次大型的监察活动，检查采矿工作面107个，采石场21个，石巷工作面81个，查出隐患142处，发出整改通知书34份。

1996年，取缔11家无证矿山，封闭6家，查出事故隐患12处，发出监察意见通知书6份，处理纠纷100余起。1998年，审查100余家企业的安全生产条件；关闭非法钨铜矿2家、采石场25个，拆除工棚46个。查处矿山安全隐患87处，发出整改通知书46份。

2002年，对全市非煤矿山进行专项整治，关闭95家非法矿山，对安全生产要求不达标的50家勒令停产整顿。2003年，印发《长沙市非煤矿山专项整治工作验收办法》，关闭取缔不具备基本安全生产条件的非煤矿山50个，责令停产整顿的41个，排查整改事故隐患1338处。颁发矿长安全资格证402个，完成非煤矿山安全评估274个。排查整改事故隐患1338处，累计投入整改资金4567万元。2004年，全市关闭取缔不具备安全生产条件的非煤矿井（场）55处，责令停产整顿的非煤矿井（场）38处，2005年，关闭取缔煤矿和非煤矿山（井）69处。

2006年，采取逐个企业上门检查、严管火工产品等办法，督促全市各非煤矿山企业落实各项安全生产措施，特别是对防洪沟渠、采场、排土场、尾矿库等重要场所和部位加强监督检查，严防冒顶、片帮、炮烟中毒、透水淹井、尾矿库垮坝等事故发生。对17家未取得安全生产许可证的非煤矿山企业，立案调查13起，作出关闭决定的11家，函告有关部门吊销证照14个，拆除设备设施35台套，停供火工品、电、水等所需生产资料17家；炸毁、填实矿井井筒3个，平整场地、恢复地貌15处，遣散从业人员218人。

2008年，检查非煤矿山企业425家，发现隐患465处，整改415处，整改率为89.2%。打击非法违法生产经营行为14起。全市非煤矿山456家，全部监督覆盖。2009年，聘请专家指导尾矿库治理，加大尾矿库治理补助资金投入。是年，全市投入尾矿库整治资金9000万余元，23座尾矿库基本整治到位。查处非法开采与越界开采17处，立案查处10家、经济处罚7家，罚款4.1万元；停产停业整顿3家，炸毁20处。

2011年，发布《长沙市深入整顿和规范矿产资源开发秩序工作方案》，重点进行汛期尾矿库的专项检查和整治行动，并积极推进矿山安全避险系统的建设，全市56家地下矿山企业，通信联络系统全面建成，18家企业全面完成“矿山安全六大系统”（监测监控系统、人员定位系统、紧急避险系统、压风自救系统、供水施救系统、通信联络系统）建设。

2012年，对29家非煤矿山开展行政执法检查，下达现场检查记录29份，下达限期整改指令书28份，设立隐患公示挂牌机制，查处事故隐患142处，完成隐患整改75处，累计投入隐患整改资金6453万元。将井下矿山“六大系统”建设任务分解到区县，44家井下矿山全部完成“六大系统”建设。完成非煤矿山企业392家信息录入。

二、危险化学品

1988年，全市有危险化学品生产经营单位1126家。对市区危险化学品生产、经营、储存、运输单位进行全面监督检查，查处安全隐患432处，发出整改通知书342份。1990年，发现新开铺危险化学品仓库有15处重大安全隐患；通过协调全部整改到位。1993年，对全市危险化学 品的10个生产场所、5个仓库进行安全检查，查出安全隐患18处，督促整改14处。1996年，天心区、开福区、望城县、浏阳市对各自辖区的危险化学品进行专项整治，取缔41家火险隐患严重、又无法整改的液化气门店，对16家无证经营、超量储存的油漆店、化工产品店进行封查，责令停业整改。对全市城区范围内2100余家经销、贮存、生产、销售、使用危险化学品的单位全面进行一次清理整治，依法查封196家，取缔84家火灾危险性大、随时有爆炸危险的危险化学品经销单位。

2003年，长沙市有危险化学品生产储存单位137家（主要分布在市区城乡接合部和浏阳市），包装容器生产单位6家，剧毒化学品使用单位200余家，经营单位1027家。通过检查，取消不具备危险化学品运输资质单位698家，不具备危险化学品运输资质车辆976台，排查整治危险化学品事故隐患836处。2007年，关闭无证生产经营单位2家，经济罚款24.78万元。查处危险化学品生产经营企业事故隐患1076处，完成整改1051处，整改率为97. 66%。摸排重点危险源244处，监控重大危险源244处，重大危险源监控率100%，实施行政处罚18次。2008年，印发《长沙2008年度危险化学品专项整治工作方案》。在百日督查中，检查危险化学品经营单位1006家，发现隐患985处，整改946处，整改率为

96%。排查重大危险源299处，控制293处。打击“三无”生产22起。

2010年，全市集中有序地开展五次执法行动，出动执法人员170人，排查证照过期的危险化学品生产经营单位22家，关闭1家，检查剧毒化学品从业单位80家，查处非法储存危险化学品330余吨，经济处罚18万元。2011年，全市有危险化学品生产、经营、储存企业1227家（其中生产87家、经营1130家、储存10家），涉及7大类3800个品种。生产企业分布较多的区县是：浏阳市50家，宁乡县16家、长沙县11家，城区范围内2家，其他县市区8家。是年，市安委会全面推进工业灾害防治，调整全市涉危工业产业布局规划，关闭3家、搬迁1家、退出3家、转产5家。对7家危险化学品经营单位限期完成自动化控制改造，停产整顿2家，行政处罚1家。

2012年，清理在建危险化学品建设项目64处，并搬迁到指定仓库。设立隐患公示挂牌机制，排查危险源60余处，隐患1540处，重大隐患16处。全市134处燃气管道建筑压覆的隐患得到整治，累计投入整治资金4320万元。行政执法40家，责令停产停业整顿3家，提请关闭1家，罚款5万余元。完成危险化学品生产经营企业1353家安全生产信息录入。

三、烟花爆竹

1988年，发布《烟花爆竹安全生产管理暂行办法》的通知，对全市烟花爆竹生产厂家2154家，从业人员50万余。浏阳县市内烟花爆竹集中生产的地方，500余家花炮厂，900余家体户，40万余从业人员。启动长沙市烟花爆竹的安全监管。

1990年，浏阳县取缔200余家不规范的花炮生产个体户，全县900余家烟花爆竹个体户组成200余家联营户。1991年，对烟花爆竹生产企业进行整顿，取缔300余个不具备安全生产条件的小作坊，限期整改253家不符合安全生产标准的企业，关停125家难以整改达标的企业和个体户。1996—1999年，取缔非法生产户1633户，收缴烟花鞭炮8197件、引线48.64万米、原材料3.6万余千克，销毁伪劣产品2185件。

2000年，检查涉爆单位（场所）3100个，整改各种隐患2221处，下达整改通知书6120份，责令停产停业200家，取缔非法厂家146家，查处涉爆案件120起，依法处理涉案人员70名，没收非法生产的烟花爆竹1200件。2003年，全市检查生产经营单位2700余家（生产企业1200余家，销售单位1500余家），对所有企业进行全面停产整顿，查封取缔非法生产经营单位137家，查处事故隐患1934处，收缴非法烟花爆竹1.85万箱、黑火药1.68万千克、亮珠5900千克，捣毁非法生产点12处，召开公开处理涉爆违法人员大会2次，处理违法人员377人。

2004—2007年，浏阳市集中开展烟花爆竹安全专项整治行动，拆除废旧花炮工房963栋，停产整顿花炮企业12家，罚款6万余元；查封取缔非法烟花爆竹生产经营单位139家、捣毁非法烟花爆竹储存点12处、收缴非法烟花爆竹产品8000余件。关闭14家不具备安全生产条件的烟花爆竹生产企业。

2007年，长沙市开展联合打击非法经营烟花爆竹执法行动100余次，取缔非法烟花爆竹储存点9个，取缔关闭无证烟花爆竹经营户27户，依法没收烟花爆竹成品及半成品3000余件。2008年，在浏阳市推行烟花爆竹企业第二次工厂化改造，投入资金7000万余元，对150家烟花爆竹工房进行新、扩、改建，解决C级工房从事裸露药物操作、工房不配套、A级库房不符合要求等影响烟花爆竹行业安全的问题，提升企业本质安全。并推行安全生产电子监控系统建设，确定烟花爆竹企业重点建设单位50家，采取只能监控与巡查相结合，对安全隐患，随时发现、及时治理。2009年，检查烟花爆竹经营单位1341家，发现隐患1899处，责令当场整改1396处；现场检查记录1386份，下达责令改正指令书236

份、强制措施决定书 59 份；立案查处 51 家、经济处罚 20 家，罚款 8 万元；停产停业整顿 30 家；提请吊证 1 家；没收烟花爆竹 5673 件。

2010 年，全市排查证照过期的烟花爆竹生产经营单位 480 家，检查烟花爆竹生产经营单位 3480 家次，发现隐患 9820 处，整改隐患 9400 处，开展打非行动 60 余次，协助查处治安案件 140 起，协助侦破刑事案件 58 起，捣毁非法生产经营窝点 60 个，收缴非法烟花爆竹成品、半成品 4000 余箱，责令停产整改 73 家，取缔非法销售窝点 60 家、非法储存窝点 22 家。

2012 年，全市有烟花爆竹生产企业 1112 家，批发企业 112 家，经营零售网点 2592 家，从业人员 12.5 万余人，年产值 200 余亿元。130 家烟花爆竹企业安装电子监控系统。全年开展两次大型专项整治活动，停产整顿 67 家，经济处罚 28 家，取缔非法窝点 20 家。完成烟花爆竹生产经营企业 1112 家安全生产信息录入。

第五节 事故与救援

一、事故查处

1988 年，全市发生因工死亡事故 93 起，死亡 108 人，重伤 86 人；与上年相比，事故次数上升 42%，死亡人数下降 7.2%。重伤人数上升 56.4%。按行业分：建筑 38 起，死亡 44 人；矿山 24 起，死亡 28 人；其他 31 起，死亡 36 人。通过现场勘察、个别调查、技术鉴定、召开事故分析会，按“三不放过”（在调查、处理事故时，必须坚持事故原因分析不清不放过，事故责任者和群众没有受到教育不放过，没有采取切实可行的防范措施不放过）的原则进行处理。全年处理结案 149 起，行政处分 51 人，刑事处分 20 人，罚款 12.28 万元。1989 年，全市发生伤亡事故 85 起，死亡 96 人。重伤 73 人，其中，某公司中南工大工地 2 名塔吊司机和指挥以及司索工，在塔吊驾驶室打牌，致使塔吊倒塌，造成 1 人死亡、2 人受伤。与上年相比，事故起数下降 8.6%，死亡人数下降 10.2%，重伤人数下降 5.2%。针对 85 起死亡事故，分别进行现场勘查，取得第一手资料。相关责任人 58 人被行政处分，22 人被追究刑事责任。

1991 年，全市发生因工伤亡事故 113 起，死亡 68 人，重伤 67 人。矿山开采、建筑施工、起重机操作重点恶性事故突出。年内发生 100 余起职工伤亡事故，市安监科与检察及有关部门配合，逐一进行现场勘察、拍照、绘图、调查取证、分析原因和明确责任等工作。结案 98 起，受经济处罚 398 人，受行政处分 37 人，追究刑事责任 24 人。1992 年，全市各类矿山发生事故 35 起，死亡 26 人，重伤 25 人。2 月，浏阳县某煤矿 3 名临时工在一工区斗口分渣时，斗中煤矸石、泥水突然坍塌，将 3 人压死。8 月，宁乡县某煤矿 124 米水平煤层自然发火，产生大量一氧化碳，中毒死亡 5 人、中毒 9 人（其中重度 2 人）。针对各类矿山安全事故，全市厂矿共查处“三违”人员 1664 人，进行批评、教育、通报、罚款。共计罚款 4600 元。

1998 年，全市企业共发生伤亡事故 199 起，死亡 107 人，重伤 134 人；事故起数比上年上升 7.6%，死亡人数和重伤人数分别比上年下降 27.7%和 5%。全市在各类生产、经营、公务活动中，共发生死亡事故（包括水上和场内交通事故，不包括道路交通、农机、火灾农电事故）108 起，死亡 167 人。全年查处瞒报事故 6 起，占事故总起数 5.5%，批文结案 38 起，是年结案率 35%。是年，浏阳市文家市村民陈某某非法雇人在家生产花炮引起爆炸，死亡 19 人，伤 28 人，全毁房屋 9 栋。周围直径 500 米以内 300

户房屋受到不同程度的损坏。针对浏阳市花炮生产散、乱、差、科技含量低，以及爆炸事故时有发生等问题，浏阳推进花炮产业升级，取缔近万家非法生产的手工作坊，并制定花炮企业强制性安全生产标准。1999年，全市企业共发生伤亡事故217起，死亡95人，重伤154人，事故数比上年上升9%，死亡人数和重伤人数分别比上年下降11.2%和上升14.9%。此外，各类生产、经营、公务活动中，共发生死亡事故（包括水上和场内交通事故，但不含道路交通、农机、火灾、农电事故）108起，死亡158人，同比分别持平和下降8.4%。其中一次死3人及以上的事故13起，死亡57人。全年查处瞒报事故8起，占事故总数7.4%。批文结案35起，是年，结案率32%。2001年6月，宁乡县连续发生两起因非法生产鞭炮导致爆炸的重大死亡事故。立即责令宁乡县所有鞭炮企业停产整顿，并在全市排查取缔非法作坊1000余个，下达整改通知书6120份，没收非法生产的烟花爆竹1200件。

2003年，全市共发生各类安全事故9694起、死亡813人，受伤6110人。其中一次死亡3人及以上的重大事故14起、死亡54人（其中交通事故9起）。烟花爆竹、煤矿、水上交通发生火灾等行业事故呈上升趋势。一些地方和单位发生伤亡事故后，不按规定报告事故，查处追究不及时，失之宽软，致使事故责任者得不到应有的惩处。2005年，全市共发生各类安全事故4510起、死亡659人、重伤3469人，同比分别下降24%、12%、15%。，长沙市以“四不放过”（事故原因未查清不放过、责任人未处理不放过、整改措施未落实不放过、有关人员未受到教育不放过）原则查处安全生产事故，安全生产事故的报告、救援、调查、处理和责任追究工作程序进一步规范。全市查处生产安全事故85起，罚款80万余元；处理各类人员21人。2006年，全市发生各类安全生产伤亡事故3452起，死亡495人，重伤2559人，直接经济损失3336.6万元，同比分别下降9.9%、8.2%、11.4%和上升2.5%。全年查处生产安全死亡事故75起（含上年未结案，结转到是年的事故19起），结案57起，结案率76%。下达行政执法文书3.38万份，进行行政处罚503次。其中经济处罚394次、罚款209.4万元，实际收缴罚款175.9万元，罚款收缴率为84%。

2007年，全市发生各类安全生产事故3374起，死亡451人，重伤2113人，直接经济损失2934万元，同比分别下降2.65%、9.26%、17.69%和13.49%。全市各级安监部门完成事故调查57起，实际批复结案43期，建议行政处分25人，移送追究刑事责任4人。3月14日，浏阳市某公司在进行叔丁基过氧化氢产品工艺改良扩大试验时，发生反应釜爆炸事故，造成4人死亡，3人受伤，直接经济损失298万元。安监部门对浏阳市生物医药园区管委会等实施“黄牌警告”。年内，浏阳市行政区域内发生1起重大生产安全事故、1起较大非法生产事故和3起生产安全事故，造成26人死亡，10人受伤。给予浏阳市人民政府安全生产目标管理“一票否决”。2008年，全市共发生各类安全生产事故2821起，死亡425人，重伤1693人，直接经济损失3675万元，同比分别下降28.8%、17.7%、31.5%和7.4%。是年，四次召开防范重特大安全事故工作会议。全市共完成事故调查57起，实际批复结案43期，建议行政处分25人，移送追究刑事责任4人。

2010年，全市发生各类事故2790起，死亡287人，重伤1651人，直接经济损失2757.9万元。加强事故查处，对查处工作程序、方法等进行规范。全市安监部门共查处生产安全事故33起，批复结案22起。2012年，全市发生各类事故2012起，死亡194人，受伤1099人，经济损失4118.1万元。同比减少事故352起，减少死亡32人，减少受伤97人。全市生产经营领域事故起数及死亡人数继续呈现平稳下降态势，尤其是非煤矿山、危险化学品、烟花爆竹行业领域的事故起数、死亡人数下降更为明显。

二、应急救援

2003年，发布《长沙市重特大安全事故应急救援预案》，建立起重特大安全事故应急救援指挥系统。组建浏阳市煤矿救援队，为四级资质的救援队伍。2004年，制定《长沙市安全生产应急救援指挥体系建设方案》，修订完善《长沙市重特大安全事故应急救援预案》；相继出台矿山、烟花爆竹、危险化学品等行业安全事故应急预案。成立“长沙市安全生产应急指挥中心”，统一对全市性的安全生产事故进行调度、指挥。2005年，制定《省会城市突发公共事件应急总体预案》等文件，对矿山、危险化学品、烟花爆竹、火灾、道路交通等32个专项应急预案进行调整和修订完善。初步建立由政府、部门、企业组成的应急救援体系。3月，宁乡县喻家坳乡鹞子山煤矿发生突泥事故，6名矿工被困井下。市县两级政府立即启动“重大矿山安全应急救援预案”，及时救出6名被困矿工。

2007年，成立长沙市矿山应急救援指挥机构。4月，宁乡县煤矿救护队由省安监局批准为四级资质的矿山救护队伍。2008年6月，印发《长沙市安监局机关应急救援及特护期突发事件（故）处置调度工作方案》，成立事故应急救援指挥领导小组。并根据省政府下达的安全生产控制指标，建立健全市级矿山应急救援队伍及指挥调度工作机制，于12月5日开展全市性的矿山应急救援演练。同年12月，成立长沙县安全生产救护队，主要负责长沙县非煤矿山、烟花爆竹、危险化学品和建筑施工等领域应急救援工作。2009年，发布《长沙市烟花爆竹事故灾难部门应急救援预案》《长沙市危险化学品事故灾难部门应急救援预案》等文件。6月，在长沙县安沙镇兴隆麻石厂开展事故应急救援演练，参加人员40余人。9月28日，在市公安消防支队的基础上成立长沙市综合应急救援队伍，负责除矿山以外的事故综合救援工作。

2010年，发布《长沙市突发事件总体应急预案》《长沙市安全事故灾难应急预案》《长沙市矿山事故灾难应急预案》《长沙市危险化学品事故灾难部门救援预案》等文件。11月上旬，开展城市供气事故应急救援演练，全市应急救援的实战能力和装备水平进一步提高。2011年，开展12场（次）城市工业灾害应急演练活动，参演人员近千人，观摩群众3万余人。各个区县（市）也分别开展14场各具特色的应急救援演练活动，直接参与人员近2万人。

2012年8月，全市安全生产应急救援指挥调度（监测监控）系统建设工作现场会在宁乡县召开，计划立即着手按区域、重点领域、时段分类建设安全生产应急救援指挥调度系统。至2012年，69个井下矿山安全避险“六大系统”建设基本完成，该建设均由专业公司提供技术服务，大部分企业安装监控系统、通讯联络系统，供水、压风施救在很大程度上得到改善。长沙市应急救援队伍体系以长沙市综合应急救援队伍为主，加上采用松散组合型、协调管理型、隶属管理型等三种形式矿山救援专业队伍，形成“政府主导、部门协调、军地结合、全社会共同参与”的应急救援工作格局。

第六节　宣传教育与培训

一、宣传教育

1988年，长沙市举办2期200余名安技干部参加的安全知识教育学习班；在各企业以开展“百日安全无事故”“事故夺零”“安全对话”“反违章”等安全生产活动，印发各类宣传资料1.82万份，广播宣传68次。放映《红色警告》《废墟上的怒号》等7部安全教育电视录像片225场，印发安全生产宣传资料1.8万余份，广播宣传68次；在《长沙晚报》上发表安全生产稿件11篇，在长沙电视台播放安全生产消息9次。1989年，历时50天举办“安全杯”征文竞赛，15篇获奖作品在报刊发表。举办百家大、中型企业安全与防灾板报展评、展览、评奖。

1991年开始，每年5月开展“安全生产周”活动，内容包括开展一系列有针对性的专题安全生产宣传，各行业主管部门在活动现场悬挂宣传横幅、设宣传主板和咨询台或服务台，派安全宣传车辆巡回广播，营造气氛。开展多场有关安全生产的演讲竞赛，编写安全专刊多期，出黑板报、墙报，通过电视报刊，播出安全生产稿件，出动宣传车辆。一些生产企业单位利用闭路电视播放有关生产、消防方面的安全录像片。1993年开始，全市全民性安全生产宣传教育将重点放在有关行业实体法律、法规的社会性宣传和教育，以及行业基本操作技能、规范及安全常识的普及教育和宣传。至2001年，全市共开安全生产集中宣传活动周25次，投入人力80余万人，投入资金1000余万元，向社会各界发放宣传资料20万余份。

自2002年起，每年的6月份被确定为全国的“安全生产月”。是年，组织每个企业征订15张“安全生产重于泰山”VCD光盘和近400套挂图，以及安全生产法规书籍，加强安全意识教育。2003年，全市设宣传拱门19个，横（条）幅285条，出动宣传车6台，组织腰鼓队40人，印发宣传资料5万余份（套），还通过报刊、电视、广播、宣传栏、知识竞赛等多种形式，广泛深入地宣传国家安全生产法律法规，普及安全常识、倡导安全文化，营造“关爱生命，关注安全”的社会氛围，提高全民的安全生产意识。2004年，在长沙电视台新闻频道创办“安全周报”，每周制作播发安全生产专题节目，在《长沙晚报》开设专栏，定期组稿，对安全生产方针政策、法律法规等进行宣传报道，还通过长沙市安全生产信息网，及时、快捷地报道安全生产工作动态、信息。是年，长沙县知名企业家发出《安全生产倡议书》、企业员工举行安全生产宣誓、安全生产新闻发布会、专题文艺晚会等活动。浏阳市以烟花爆竹安全为中心，设立安全生产宣传一条街，开设“安全天地”电视专栏，举办安全生产违章人员学习班；宁乡县开展多方位的立体宣传，设置电脑写真板报，出动宣传车，进行循环游动宣传；雨花区组织安全生产宣板报到各乡镇、街道巡展和板报评比竞赛。

2005年，开展“安全生产万里行（长沙）”“星城杯”安全管理人员技能竞赛、“社区安全大家乐”等活动。继续在长沙电视台开办《安全周报》等专题节目，在《长沙晚报》开办《安全法制天地》等专栏，在《中国安全生产报》创办“城市安全·走进长沙”专版，主办内部刊物《长沙安全生产信息》，主要栏目有“安监工作”“安监关注”“安监时空”等。长沙市安全生产协会主办不定期内部刊物《协会通讯》，向协会各单位发布安委会通报，进行信息交流。20余家媒体组成的中央新闻采访团对长沙市安全生产工作进行报道，重点推介长沙市安全文化建设的经验。2006年，安排安全短信传递活动，通过移动、联通公司给全市有关市直部门负责人、生产经营单位主要负责人、安全生产管理人员每月发送2条安全提示、祝愿用语短消息；开展以“构建安全生产长效机制，促进长沙经济和谐发展”为主题的安全生产论坛活动；举办长沙市中小学生“人人讲安全、安全为人人”征文比赛活动，有近300所中小学校的4万余名学生参加；开展“星城杯”矿山类安监员技能竞赛活动。

2008年，承办以“隐患治理、防范事故”为主题的“2008年中国安全生产万里行暨湖南安全生产三湘行”大型活动，30余家中央、省、市媒体和省、市80余个部门以及部分企业数万人参加现场宣誓和签名活动，观看文艺表演。现场发放宣传资料4万余册，发放印有“安全生产”字样的文化汗衫、太阳帽和装物袋等纪念品2万件（套）。2010年6月，在市烈士公园举办以“安全发展、预防为主”为主题的“安全生产月”宣传咨询日活动。在全市涉危行业企业开展“三个一”活动（即上好一堂安全教育课、观看一场安全警示片、发放一套安全宣传挂图），并将“三个一”活动开展情况纳入市年度安全生产目标管理考核的重要内容。2011年，开展安全文化“五进”（进企业、进社区、进家庭、进校园、进农村）活动，动员48个单位开展安全生产宣传展板制作比赛，在全市100余家重点企业开展安全生产宣传展板巡展。开展12场（次）城市工业灾害应急演练活动，参演人员近千人，观摩群众3万余人。10个区县（市）也分别开展14场应急救援演练活动，直接参与人员近2万人。

2012年，创办《长沙安监》等安全生产刊物，建立手机短信平台，举办"安全生产宣传万人行"活动，成立万人规模的社区"五老"安全宣讲团、学生"红辣椒"安全宣传队、企业工人安全志愿者、新市民安全宣传联盟会、机关干部安全宣传工作组等宣教队伍。建设安全文化主题街道、主题公园、主题广场，推出社区安全专刊，开展书画摄影展等活动，营造良好安全生产文化氛围。

二、安全培训

1988年，举办3期特种作业人员培训班，培训1965人，发证1326人。举办4期司炉人员学习班，培训司炉工437人，发证361人；举办6期焊工培训班，培训102人；还举办100人水处理化验人员培训，69人考核合格发证。

1991—2002年，举办厂长、经理、技术骨干培训班共49期，培训人员共2567人；举办各类特种作业人员培训班共612期，培训人员共3.54万余人，发证1.63万余人；特种作业人员复审班共219期，培训复审人员1.7万余人。其间，2000年，对1200个特种作业人员进行核发IC卡操作证；2001年，举办危险化学品注册登记培训班1期，培训40人。

2003年，全面推行注册安全监管员制度、安全管理资格准入制度、特种作业人员持证上岗制度。全市共举办生产经营单位负责人、乡镇（街道）安全监督员、注册安全监管员、特种作业人员等安全生产专业培训班89期，培训复审9817人。自2003年起的5年间，共举办生产经营单位负责人、安全管理人员、注册安全监管员、特种作业人员等培训班400余期，培训人员10万余人。2005年，全市共有安监三级培训机构3个，特种工培训机构5个，四级培训机构5个。是年，长沙市安监局作为全省14个市州唯一一个单位代表在全省培训工作会上做经验介绍。

2007年，印发《长沙市农民工安全生产培训工作实施方案》，把对农民工的培训作为当年的重点，共培训农民工17.62万人。对全市特种作业人员考核发证1.53万人，生产经营单位主要负责人安全资格证考核发证726人，安全生产管理人员安全资格证考核发证1158人。2009年，通过多种形式，开展对企业从业人员三级安全教育和安监系统监管执法人员业务技能培训。全市特种作业人员考核发证1.74万人，生产经营单位负责人考核发证627人，安全员考核发证2337人，乡镇安监员考核发证501人。开展为期1个月时间的行政执法素质教育培训班，培训300人。

2010年，加强对企业"三项岗位"人员的安全生产培训，全市安监系统将以往的安全生产收费培训改为免费培训。依法开展安全生产培训教育和考核发证工作，三大直管高危行业企业负责人、安全管理人员持证上岗率达90%。对于特种作业人员考核发证1.60万人，复审8489人；生产经营单位负责人考核发证571人，复审209人；安全员考核发证1450人，复审255人；乡镇安监员考核发证265人。

2012年5月，14名法制工作人员参加省里组织的行政执法培训；6月，先后组织3批共42人参加市法制办主办的行政执法培训。通过培训教育，使全体执法人员熟练地掌握执法数据库和现场检查表的使用，提高执法效率。同年，在长沙县召开全市标准化建设现场会，总结推广先进经验；分行业（领域）举办自评人员培训班21期（次），受训人员3015人。

第七节　法制与标准化建设

一、制订地方性法规

1990—1991 年，颁布《长沙市女职工劳动保护规定实施细则》《长沙市起重机械安全管理暂行办法》《长沙市起重机械安全监督检验通则》《长沙市电梯设备安全管理规定》《长沙市起重机械制造、安装单位、电梯维修单位资质审查和许可证发放管理实施细则》《长沙市乡镇煤矿违反“矿山安全条例”处罚实施细则》《关于临时工安全管理暂行规定》《长沙市基建施工现场安全用电标准化管理十条》《深基槽（坑）土方施工安全十条暂行规定》《长沙市旧建筑物、旧构筑物拆除管理暂行规定》等规定。

1992 年 6 月，制定《长沙地区锅炉压力容器安全监察及检验工作程序》，理顺监察和检验工作关系，明确工作重点，公开办事程序。

2003 年，颁发《长沙市县级人民政府和市直单位安全生产责任规定》，明确规定县级人民政府和市直单位及其负责人的安全生产责任，建立起全市安全生产目标管理责任体系。印发《长沙市安全生产目标管理考核办法》《长沙市安全生产目标管理考核细则》，对安全生产目标管理考核进行细化、量化、指标化。颁发《长沙市重特大安全事故应急救援预案》，建立重特大安全事故应急救援指挥系统。拟定《长沙市安全生产监督管理办法》，印发《长沙市重特大事故隐患监督整改规定》《长沙市安全评价评估管理办法》《长沙市注册安全监管员管理办法》《长沙市安全生产行政执法办法》等一系列规范性文件，对事故隐患排查整治、安全评价评估、安全生产行政执法等工作进行规范。

2005 年，颁布《长沙市安全生产监督管理办法》，这是湖南 14 个市、州政府第一个安全生产地方性政府规章，《中国安全生产报》等中央、省、市媒体对此进行重点报道。

2008 年，重新修订印发《长沙市安全生产行政问责办法》，进一步加大行政问责力度。重新修改印发《长沙市非煤矿山、危险化学品、烟花爆竹行政许可事项实施程序》等法规文件。

2009 年，出台《长沙市安全生产监督管理行政执法办法》《市安监局行政执法职权分解规定》《市安监局规范性文件审查备案办法》《市安监局行政执法案件审理规则》《长沙市安全生产行政执法质量考核评议暂行办法及考核评议标准》《长沙市安全生产行政执法检查规程》《长沙市安全生产违法行为行政处罚阶次制度》以及《安全生产行政执法检查计划、告知、公示制度》《安全生产绩效考核制度》《执法质量考评制度》等一系列制度，为执法程序、案件审理、执法质量考核等提供制度保障。制定首问责任制、服务承诺制、限时办结制以及《行政执法过错责任追究制度》《行政许可过错责任追究制度》等，公布举报投诉电话，设立举报箱，以加强社会监督。

2011 年，印发《长沙市安全生产督导约谈制度》《长沙市安全生产事故隐患排查治理工作制度》。

2012 年 4 月，印发《长沙市烟花爆竹经营流通市场安全管理规定》。8 月，印发《长沙市安全生产示范乡镇（街道）创建管理办法》。12 月，印发《长沙市生产安全事故信息公开办法》。

二、标准示范创建

2005 年，在工矿、商贸、交通建筑施工等企业普遍开展安全生产标准示范反违法、违规、违章的“反三违”活动，选定 39 家市级重点企业作为标准化试点的推广单位。经过近一年的努力，涌现出浏阳七宝山铜锌矿等一批安全标准化示范单位。2006 年，通过对市属国有企业的全面摸底，制定安监系统国有企业分级监管方案。印发《非煤矿山全面推行安全生产标准化工作的通知》等文件，各区县（市）有重点地选择部分企业开展安全质量标准化工作，全面启动创建安全生产示范镇（街道）的活动。11月下旬，对各区县（市）创建“示范乡镇”活动情况进行全面考核和检查。宁乡县历经铺乡、雨花区雨花亭街道、天心区金盆岭街道被评为第一批湖南省安全示范乡镇（街道）。

2009年，印发《长沙市安全示范乡镇（街道）创建方案》等文件，不断完善创建工作制度、目标、重点、方法和内容，明确对口联系单位，实行专人负责；并将该项工作纳入各单位的目标管理和绩效考核之中。当年即有42个乡镇（街道）通过验收（省级7个，市级35个）。印发《长沙市2009年度非煤矿山、危险化学品和烟花爆竹企业安全生产标准化工作方案》，在危险化学品、烟花爆竹、非煤矿山三大高危行业的生产经营单位推行安全生产风险抵押金及安全生产责任保险。经过评比，浏阳市化工有限公司、湖南省以翔化工有限公司等17家高危行业的企业达到市级安全管理标准。2010年，印发《关于2010年安全生产示范乡镇（街道）创建、复查和安全社区（村）创建验收工作有关事项的通知》，定期检查和指导创建活动的开展，并把安全社区创建工作纳入到安全生产目标管理好绩效考核的重要内容，加强创建工作的动态管理，五里牌街道车站北路社区、浏正街街道藩后街社区、东屯渡街道芙蓉社区等100个安全社区达到市级示范标准。至年底，全市有省级安全示范乡镇（街道）12个，市级安全示范乡镇（街道）61个。

2011年，印发《长沙市烟花爆竹生产经营企业安全生产标准化建设实施方案》，引导高危行业企业安全工艺改造，开展烟花爆竹行业“五化”（生产经营集团化、厂房建设标准化、生产流程机械化、危险工序自动化、监测监控电子化）生产的试点工作，是年，浏阳市东达烟花制造有限公司、浏阳市国泰出口花炮厂、长沙逗逗鞭炮厂等企业投资4000万余元，完成礼花弹敷球、烟火药混合、鞭炮自动生产等重点危险工序机械化生产的先行试点任务。雨花区、岳麓区、天心区等均把争创省级安全生产示范城区建设作为文明创建的重要议题进行认真部署。全市创建省市级示范乡镇（街道）80个，其中省级22个。

2012年5月，全市安全化建设现场会在长沙县召开，总结推广先进经验。是年，全市有959家企业通过三级标准化企业评审，首批225家标准化企业授牌。至12月底，全市创建省、市级示范乡镇（街道）116个，其中获得省政府命名表彰的有31个。开福区人民政府、雨花区人民政府被省政府命名表彰为首批“安全生产示范区”。

第九章　食品药品监督管理

长沙对食品、药品的市场监督一直抓得很紧。1989年，监督检查食品经营单位3900余个，销毁不合格米、面、肉制品等25.6吨，取缔非法食品经营691户，责令停业整改537户。1990年，全市分属商业、化工、卫生等部门管理的医药工商企业实行统一管理。1996年，省卫生厅在长沙召开销毁假劣药品现场会，共销毁假劣药品2259种，其中中药饮片18.9吨，西药31.6万瓶（盒），货值560万元；并公布4起制售假劣药品大案。

2001年，取缔无证生产、经营企业130家，查处假劣药品和医疗器械案140起，移交司法机关案件5起，抓获犯罪嫌疑人10人，案值1445万余元，罚没181.4万元，并将东大门市场周边药材经营户68家清理解散或转向经营。2002年，加强药品日常监督，办理假劣药品案件120起，收缴假劣药品 1090 种。对 400 余家医疗单位下发整改通知书，杜绝医疗机构对外违法销售药品行为。2002 年 5 月，对食品生产企业实行加工食品（28 类）质量安全市场准入管理。食品生产企业必须经质量技术监督部门检查审核，取得食品生产许可证（QS 证）方可生产加工食品。

2004 年，按照药品放心工程要求进行摸底调查和地毯式检查，并建立药品、医疗器械的管理相对人档案。开展药品医疗器械监督检查 1.2 万余人次，检查乡镇以上药品生产、经营、使用单位覆盖率 100%。坚持"集中打击与日常监督相结合，重点打击和综合治理相结合"的打假方针，贯彻实施食品药品放心工程，开展药品稽查工作，清理整顿药品生产、经营、使用单位的违法违规行为，及时查处制售假劣药品、医疗器械案件，严厉打击制售假劣药品医疗器械违法犯罪。是年始，全国各种食品安全事故接连发生，从"苏丹红事件"到"问题奶粉事件"，市、区县（市）加强对食品生产加工环节、流通环节的专项整治及日常监管，全市范围内基本形成"党委加强领导、政府负责组织、部门指导协调、各方联合行动、社会各界参与"的齐抓共管工作格局。对食品监管的重点放在整顿食品市场秩序，与人民生活息息相关的粮、肉、蔬菜、水果、奶制品、豆制品、水产品七大类为重点品种，以农村、城乡接合部、各类食品批发市场、食品消费重点场所为重点区域，以种植、加工生产、市场、消费为重点环节，针对老百姓反映强烈的制售假冒伪劣食品违法犯罪行为，在全市范围内进行食品安全综合整治，有效地遏制制售假劣、销售有毒有害食品的行为。经受 2008 年年初发生的冰冻灾害、奥运期间食品安全保障以及问题奶粉处置等突发事件的考验，保障全市食品药品市场稳定，人民群众饮食、用药安全。

至 2012 年，全市连续 12 年未发生源发性药害事件，连续 8 年未发生重大食品安全事件。

第一节 机 构

一、市级机构

1988 年，长沙市医药公司协同市卫生、工商行政部门履行药品监督管理职能。1990 年 1 月，长沙市医药公司更名为长沙市医药管理局。1995 年 2 月，根据市党政机构改革方案，长沙市医药管理局成建制转体后成立长沙市医药总公司（加挂长沙市医药管理局牌子），行使政府医药管理职能。全市分属商业、化工、卫生等部门管理的医药工商企业均划归长沙市医药管理局（总公司）统一管理。1999 年 9 月，撤销长沙市医药管理局，保留长沙市医药总公司，组建长沙市药品监督管理局，为市人民政府工作机构，原卫生局所属的市药检所成建制移交市药品监督管理局。2000 年 5 月，长沙市药品监督管理局设办公室、财务科、政策法规科、药品注册安全监管科、医疗器械科、市场监督科、人事教育科（机关总支、监察室）及药品稽查办公室共 8 个科室。核定机关行政编制 40 名，事业编制 4 名。2002 年 1 月 1 日，全省药品监督管理系统实行垂直管理，长沙市药品监督管理局为省药品监督管理局的直属机构。长沙市药品监督管理局编制总数 52，其中行政编制 35 名，用于稽查的全额拨款事业编制 12 名，机关后勤服务事业编制 4 名，离退休人员管理服务编制 1 名。2004 年 6 月，在长沙市药品监督管理局的基础上组建长沙市食品药品监督管理局，为省食品药品监督管理局的直属机构。市食品药品监督管理局内设机构在原有的 8 个职能科（室）的基础上，增设食品安全监察与协调科。核定机关行政编制 37 名，稽查编制 12 名，离退休人员管理服务编制 1 名。2010 年 7 月，按照国务院文件规定，将原由省食品药品监督管理局垂直管理的市食品药品监督管理局调整为市政府管理工作部门。长沙市食品药品监督管理局为长沙市政府 39 个政府部门之一，局机关行政编 43 名、稽查编 30 名、后勤编 10 名，合计 83 名。2011 年 7

月，市食品药品监管局机关核定行政编制46名（含离退休管理服务行政编制1名），机关后勤服务全额拨款事业编制10名；11月，增加1名行政编制。2011年12月，内设机构在原有8个职能科（室）的基础上，增设保健食品监管处、化妆品处。2012年，机构编制没有变化。

1988年，市药品检验所属市卫生局管理。1988年5月成立长沙市医药职工学校，隶属长沙市医药公司管理，配备事业编制8名；1993年经湖南省教育委员会批准，建立中国药科大学湖南函授站。1994年，设置“长沙市医药职工中等专业学校”。1999年，长沙市医药职工中等专业学校移交长沙市药品监督管理局管理，其业务接受湖南省教委指导和监督。2000年3月，市药品检验所成建制移交给市药品监督管理局，为其直属事业单位。2001年7月，长沙市药品监督管理局成立药品稽查办公室，为市药品监督管理局直属机构。2002年经省、市药品监督管理局推荐，国家药品监督管理局批准同意长沙市医药职工中等专业学校成立湖南省执业药师培训中心。2002年12月5日，撤销长沙市药品检验所建制，原长沙市药品检验所的人、财、物及长沙地区药品检验职能并入省药品检验所。2003年7月成立“长沙市蔬菜食品质量安全检测中心”。2004年6月，药品稽查办公室更名为食品药品监督管理局稽查办公室，为局直属机构。2005年经市政府批准，长沙市医药职工中等专业学校归口长沙市经济委员会（长沙市工业和信息化委员会）管理。2006年7月，市食品药品监督管理局稽查办公室更名为市食品药品监督管理局稽查支队；“长沙市蔬菜食品质量安全检测中心”更改为“长沙市食品质量安全监督检测中心”（简称“市食检中心”）。2008年4月28日，成立“长沙市药品不良反应监测中心”；原设在长沙市第一医院的“长沙地区药品不良反应监测中心”更名为“长沙市药品不良反应监测中心技术部”。2010年5月，设立长沙市药品检验所，归口为长沙市食品药品监督管理局管理的副县级事业单位。2011年7月，长沙市食品药品监督管理局稽查支队更名为长沙市食品药品稽查支队，核定稽查事业编制48名。2012年，长沙市食品药品稽查支队调整为全额拨款事业单位。至2012年年底，共有市药品检验所、市食品质量安全监督检测中心、市药品不良反应监测中心、市食品药品稽查支队4个二级机构。

1988—2012年，先后担任长沙市医药公司、医药管理局、药品监督管理局、食品药品监督管理局主要领导职务的有：王家溪、彭祖禄、黄秀娥（女）、李赤峰、刘异德、黎勇、袁家坤、孙卫东；其他领导班子成员有：曾祥德、余克建、陈双全、邹玉亮、彭家顺、李顺权、王晃初、刘金麟、龙宝柱、易石平、谭志国、钟卫、肖志杰、金雷、陈再旭、王长陵（女）。

二、区县（市）机构

2001年以前，县（市）卫生局药政股和下属的县（市）药品检验所，与县（市）医药管理局（医药总公司）共同监督管理药品质量；市内5区的药品监督管理归口市卫生局与市医药管理局（医药总公司）。2001年6月，将县（市）医药总公司（医药管理局）原承担的药品生产、流通监管职能、机构及人员编制归并，与县（市）药品检验所共同组建县（市）药品监督管理分局，并于2002年1月1日实行省以下垂直管理；市内5区没有成立药品监督管理机构，其药品监督管理归口市药品监督管理局。2004年6月，在原县（市）药品监督管理分局的基础上组建县（市）食品药品监督管理局，为市食品药品监督管理局直属机构。

2010年11月，将实行省以下垂直管理的县（市）食品药品监督管理局调整为县（市）人民政府管理的工作部门，加挂食品安全管理办公室牌子。2011年，市内6区（望城县改为望城区）按照市委、市政府的文件要求，组建区食品安全管理办公室并加挂区食品药品监督管理局的牌子，为各区政府工作部门或直属机构。区食安办（食药监局）内设5个职能科（室），各区食品药品监督管理局均下设食品药品稽查大队（稽查监督中心），为区食品药品监督管理局直属机构。2011 年 11 月，长沙县政府启动行政执法单位改革试点方案，将食药监局、商务局、卫生监督所所辖的药品、餐饮、酒类等行政执法职能及相关执法人员，划拨组建长沙县商务卫生和食品药品执法大队。2012 年，区县（市）食品药品监督管理机构无变化。

第二节　药品安全监督管理

一、药品生产监督管理

1988 年，加强药品生产质量管理，完善质检机构，实行车间半成品检验，不合格的不能流入下道工序；对各药厂考核的 20 个品种，有 18 个为优级品种。1989 年，根据《中华人民共和国药品管理法》要求，对长沙市医药局所属 5 个制药企业开展企业全面整顿，进一步加强药品生产质量管理基础工作。各企业对主要产品均制定高于国家和省定标准的内控标准。企业产品标准覆盖率上升到 97%；湖南制药厂共推行 9 个国家标准。5 个制药企业全面整顿后，均验收合格，颁发“湖南省企业全面整顿合格证”。企业质保体系逐步健全，质量管理基础工作得到加强，优质产品产值率 46.73%。

1991 年，对药品生产企业核发许可证，对药品生产质量进行检测，重点清理整顿非法生产药品行为。1992 年，根据国务院《关于严厉打击生产和经销假冒伪劣商品违法行为的通知》要求，制定宣传发动、自检自查和随机抽样三项措施，检查 169 个药品生产、医疗机构的药品制剂生产质量，检查中西成药 135 万种（次），查处不合格药品制剂 2.2 万种（次）。

1997 年，继续开展药品生产专项整治，销毁伪劣西药成品 3.8 万盒、不合格中药饮片 10 余吨，卫生药政部门立案查处制售假药案件 96 起。11 月，与省药政局联合组织“省会中药饮片质量检查评比”活动。活动采用事先不发通知，由组织者定抽样单位、抽样品种、抽样数量，突击抽样；选定检查评比的中药饮片加工企业和医疗卫生单位共 20 家，抽样品种 20 个。经鉴定评比，长沙市健民药店、长沙市医药器械公司和湖南前进药号分别获得第一名、第二名和第三名。长沙市医药公司群康医药总店、宁乡县中医院加工、使用假中药饮片，被责令限期整改并曝光，假劣药品被依法查处。

2001 年，配合新修订的《中华人民共和国药品管理法》的实施，加强药品包装材料、容器和说明书印制及使用的监督管理，按照国家药品监督管理局《药品包装材料、容器管理办法》，制定《长沙市药品外包装、标签和说明书印制备案管理规定》，对 37 家符合备案规定的药品外包装材料、标签和说明书印制企业进行备案登记。

2002 年，加强对药品生产企业、医疗机构的日常监督管理，发现违法生产和不规范的生产行为，及时堵塞和处理生产过程中的管理漏洞与质量隐患，防止不合格的药品流向市场。日常监督检查包括对药品生产企业的检查、特殊药品的检查、医疗机构制剂的专项检查等。对某工厂无证生产络合碘、某公司不按《药品生产质量管理规范》组织生产且限期整改不力的行为、某医院擅自配制和使用制剂等均进行严肃查处。

2004 年，对管理相对人进行摸底调查和地毯式检查，并对药品生产企业、医疗机构管理相对人建立档案。在药品生产日常监管中，开展对医疗机构制剂、中药饮片厂的生产行为和对未通过 GMP（药品生产质量管理规范）认证的药品生产企业的追踪检查等整治行动。在药品生产和医院制剂中发现的违法违规行为都及时移交药品稽查部门进行严肃处理。

2006 年，规范全市医疗机构制剂的配制和使用，提高医疗机构制剂的质量，制订工作方案，各相关医疗单位上报制剂品种的换号资料，加快医院制剂品种换号工作。通过两个余月的集中整治，完成 649 个医院制剂品种的审查，对于那些组方不合理、疗效不确切的品种予以清退。制定长沙市《医疗机构制剂调剂使用审批程序》，完成 54 个医院制剂品种的调剂审批工作。对全市 9 家药物临床试验机构进行监督检查，确保药物临床试验质量，规范全市临床试验机构 GCP（药物临床试验）的实施。

2007 年，加强药品生产质量安全管理，在辖区内 39 家原料药和制剂药品生产企业中设立药品质量监督联络员制度，定期汇报药品生产批次和质量情况。对高风险性品种生产企业进行驻厂监督，把监管关口往前延伸，进一步强化监管职能作用。全年采取监督抽查、跟踪检查和飞行检查等方式，对全市 58 家涉药生产企业和 20 家非无菌医疗机构制剂室进行现场检查，对 12 家不符合规定的企业下达责令整改通知；定期对 11 家高风险品种生产企业生产和质量管理的各个环节进行季度巡查；按时完成全市 5 家企业 165 个小容量注射剂品种生产工艺、处方的现场核查和资料初审工作。

2009 年，全面启动药品生产企业信用构建与分类监管工作，先后与 47 家药品生产企业签订《长沙市药品生产企业信用构建承诺书》。根据省食品药品监督管理局的统一部署，加大对高风险品种生产全过程安全监管。采取网络监管与现场检查相结合的方式，提升企业在变更控制、偏差处理、质量控制和委托检验等方面的监管力度，在辖区内所有高风险品种企业和特殊药品定点生产企业中率先推行药品质量受权人制度。推进企业的诚信体系建设，全市有 35 家药品生产企业被省食品药品监督管理局评定为信用等级 A 级，其中湖南新汇制药有限公司作为信用构建工作成为全国典型。

2010 年，对全市所有基本药物生产企业进行一次检查，通过检查，促进企业认真把好药品质量关。并率先在高风险品种生产企业和 25 家制剂品种生产企业中推行“药品生产安全监管公示牌”制度，探索药品生产监管的长效机制。为做好基本药品监管工作，创建约谈制度，开展现场业务培训和指导，使企业解到自身问题的严重性，提高药品生产质量意识，保障药品生产质量安全。

2011 年，针对新版 GMP（药品生产质量管理规范）新增章节中所涉及的内容明确风险评估机构、评估程序及内容，并率先在全省制定《长沙市药品生产安全质量风险评估制度》，成立长沙市药品风险评估专家库，聘请 32 名从事药品生产行业的资深人员为专家成员，负责对全市药品生产风险评估提供技术支持，确保评估结果客观、准确。在非安监岗位人员中甄选具有药学及相关专业知识、熟悉药品生产工艺流程和相关法律法规的干部职工，一同参与药品生产质量的安全监管工作，形成 “大安监” 的理念，逐步形成全市范围内对药品生产质量安全齐抓共管的工作态势。

2012 年 4 月，对长沙北山明胶有限公司、长沙正阳药用胶囊有限公司两家重点生产企业先后进行 3 次现场检查；对辖区内 25 家生产和使用明胶与药用空心胶囊的单位进行突击检查，重点检查生产单位的资质、原材料的购进、生产工艺、成品检验等环节。通过突击检查和监督抽样，辖区内无一例药用明胶和空心胶囊铬超标，有效保证胶囊剂生产源头的质量。为是年全国省会城市中唯一没有在生产源头发现问题胶囊的城市。同时，积极采取在线监控、跟踪检查、飞行检查和监督抽查等方式，对全市药品生产企业和医疗机构制剂室实行全覆盖检查，对 22 家不符合规定的企业下达责令整改通知，确保药品生产质量，促进医药生产发展。

二、药品生产行政许可

1988 年，药品监督管理部门和医药管理部门按照《中华人民共和国药品管理法》的规定，把依法核发“药品生产企业合格证”“药品生产企业许可证”作为规范药品生产行为的重要手段，保证药品质量，增进药品疗效。全年有 16 个药品生产企业领取“药品生产企业合格证”“药品生产企业许可证”。

1994 年，对长沙地区各制药厂开展换发“药品生产企业合格证”工作，全市 55 家药品生产企业有 54 家通过省、市医药主管部门的联合验收。经卫生部药典委员会 1998 年筛选确定，长沙九芝堂医药集团公司生产的驴胶补血颗粒冲剂进入中国药典，这是长沙市进入药典的第一个中成药。

2001 年，依法对全市 63 家药品生产企业进行换证验收。经严格掌握标准，51 家验收合格的企业换发“药品生产企业许可证”，5 家验收不合格或自动放弃换证，淘汰一批规模小、效益差、品种单一重复、市场前景差、管理落后的企业。同时，对原有的 24 家医疗机构制剂室换发“医疗机构制剂许可证”，申报换证的 18 家，11 家验收合格，7 家不符合验收换证要求。

2002 年，在对全市药品生产企业进行监督检查的同时，对各企业的 GMP 认证能力、意见和困难进行调查和摸底，写出《关于加快长沙市药品生产企业 GMP 认证的调查与对策》供领导参考；召开全市 40 家药品生产企业主要负责人座谈会议，就药品 GMP 实施情况以及企业目前存在的问题与困难进行面对面的座谈；同时，成立“长沙市加快实施药品 GMP 指导协调小组”。深入生产企业现场指导，帮助企业实施 GMP 改造。是年，全市 46 家待认证企业有 10 家进行 GMP 认证，取得 11 张 GMP 证书（其中一个厂家有两个产品均通过 GMP 认证）。

2003 年，对长沙市辖区内的药品生产企业统一审定生产范围、生产品种、生产地址等许可证应载明的内容。全市共有 55 家药品生产企业按照规定进行换证。神农中药饮片有限公司由于历史原因未取得“药品生产许可证”，该企业积极整改后，通过验收并取得“药品生产许可证”。湖南南光制药有限公司、长沙制药三厂等 6 家企业，针对生产管理中存在的问题进行限期整改和行政处罚，规范药品生产秩序，也通过检查适时进行换证。

2004 年，为加快落实全国所有药品制剂和原料药的生产必须符合 GMP 的要求，长沙市多次召开会议，保质保量全面监督实施 GMP 认证工作。至 2004 年年底，长沙地区共有 33 家药品生产企业通过 GMP 认证，占应通过 GMP 认证企业的 78.6%，未取得药品 GMP 证书的企业和车间按规定停产。

2005 年开始，帮助指导新开办的生产厂家和新增车间或剂型通过 GMP 认证，在监督实施药品 GMP 认证工作中，坚持“软件从严、硬件从实”的认证原则，帮助指导 16 家药品生产企业或车间、剂型第一次通过 GMP 认证，其中 6 家新办企业（包括 2 家医用氧气体生产企业）、2 家企业准认证到期后重新认证、8 家企业的新增车间或剂型通过 GMP 认证。至 2007 年年底，长沙市共有 39 家药品生产企业取得 GMP 证书。同时，根据国家局药品 GMP 飞行检查制度，按照省食药监局《关于开展药品 GMP 飞行检查有关问题的通知》要求，对 3 家药品生产企业进行 GMP 飞行检查；对 3 家药品生产企业新增生产范围进行现场检查；对 1 家药品生产企业变更生产地址进行现场检查。2007 年，对全市 29 家药品生产、研发及有关单位的 458 种药品进行注册现场核查，其中撤回注册申请 38 个；如期完成对 29 家企业委托检验、委托生产的备案初审和 4 家医疗单位 9 个品种的医院制剂调剂。

2008 年，稳步推进新版药品 GMP 认证与实施，对原认证已 5 年的药品生产企业，全部按照新版药品 GMP 规范重新认证。至 2012 年年底，对 38 家药品生产企业和 10 家医疗机构提交的换证申报资料进行审核，并进行现场检查，保证药品生产企业、医疗机构按时换证。完成 14 家药品生产企业的药品 GMP 认证和延期认证，核查基本药物处方工艺 55 个品种，现场检查新药注册工艺 24 个品种。

三、特殊药品监督管理

1988 年，卫生行政部门根据《麻醉药品管理条例细则》的规定，对使用麻醉药品的医疗单位逐个清点，重新登记，全面更换购买手册。经过检查、整顿之后，各地医院确定使用麻醉药品的医生、使用麻醉药品的药剂科（室）普遍做到“专人负责，专柜加锁，专用账册，专用处方，专册登记”。1993年，重新审查核发市县两级医院麻醉药品使用管理许可证件，实行严格的督查整改，落实“五专”措施，确保麻醉药品使用管理安全。

2001年，印发《关于贯彻落实严打整治会议精神，开展麻醉药品和精神药品清查的通知》，开展麻醉药品和精神药品的清查行动。全市共检查麻醉药品、精神药品生产、批发企业及医疗卫生单位137家，对13家（8家省级医院，2家生产企业，3家批发企业）特殊药品管理有一定隐患的单位，逐一下达整改通知。将高桥香料市场非法经营65千克罂粟壳的任某移交司法机关处理；并对湖南省医药公司、长沙三九医药有限公司进行检查、考察、审核，重新核定为二级麻醉药品供应站。还依法对218家医疗机构核发“麻醉药品、一类精神药品购用印鉴卡”，逐一审批麻醉药品针剂年度购用计划。

2002年，对长沙市罂粟壳与二类精神药品经营企业进行定点，确定21家罂粟壳及二类精神药品市内零售定点经营企业、4家县级罂粟壳批发企业，规范罂粟壳和二类精神药品经营渠道。对全市承办“麻醉药品专用卡”的医疗单位进行重新布点，确定长沙市中心医院、湘雅医院等4家办卡医疗机构。

2003年，对二类精神药品批发企业和21家二类精神药品零售企业进行重新定点，对违反特殊药品管理的典型案件分别移交稽查部门进行查处。对开福区医药学会“便民门诊”违法销售使用莎菲片等精神药品进行查处，沙菲片用于吸毒的情况也是全国首报；主犯杨某被判处有期徒刑2年，并处罚金2万元；同时配合卫生行政部门吊销其“医疗机构执业许可证”。9月，吊销违法销售沙菲片给吸贩毒人员药店的“药品经营许可证”。

2004年，为严格防止特殊药品产生流弊，对原长沙制药厂等17家单位价值将近1万元的过期麻醉药品和精神药品进行销毁。对违法销售精神药品的5家批发企业取缔其经营精神药品资格，并对全市所有特殊药品经营、使用单位进行一次地毯式检查，规范特殊药品经营、使用单位的行为。

2005年，开展对长沙东风药业有限公司等7家药品生产企业的精神药品、麻醉药品、易制毒化学品的清理整治行动和91家特殊药品使用单位的现场检查，对有问题的公司下达责令整改通知书。处理群众举报某医院收回麻醉药品未当场销毁事件，督促其当着患者家属的面进行销毁，并责令其及时完善相关规定。对特药管理不严的单位，坚决停止其使用资格。望城县某卫生院在特药管理上存在严重漏洞和缺陷，经查实后，停止其“麻醉药品、第一类精神药品购用印鉴卡”（以下简称“印鉴卡”）使用资格，并通报全市特药使用单位引以为戒。对全市430余人次“麻醉药品专用卡”针剂进行备案；办理5家医疗机构的“印鉴卡”；为79家持有“印鉴卡”的医疗机构办理变更麻醉药品供应，保证麻醉药品的医疗需求。

2006年，为加强特殊药品生产的监督管理，建立重点监管企业信用信息档案，建立特殊药品网上监控系统，采取现场监管和网络监控相结合的办法，对特殊药品的进货、销售、储存、使用的数量以及流向实现信息网络实时监控，确保长沙地区不出现麻醉药品和精神药品的流弊现象。对经营麻醉药品和第一类精神药品的三家批发企业检查4次，对其他21家特殊药品经营企业检查2次，办理邮寄证明25份，确保特殊管理药品未发生流弊。

2008年，北京奥运会期间，做好兴奋剂专项治理工作。对全市17家药品生产企业的25个含兴奋剂成分药品进行全面清查，做到含兴奋剂成分药品都按规定标注“运动员慎用”警示语；组成37个工作小组，对全市3387家化工类非药品生产企业生产或经营蛋白同化制剂、肽类激素进行全面排查，未发现有违法违规行为。

2012年，对全市41家特殊药品生产、经营企业进行信息网络实时监控和现场检查，检查覆盖率100%；同时，加强对全市麻醉药品、精神药品使用单位的日常监督检查，发现麻醉药品、精神药品有管理漏洞进行及时处理，确保长沙地区未出现一例麻醉药品和精神药品的流弊现象。

第三节　药品流通监督管理

一、药品日常监督管理

1988年，全市各级卫生药政、医药部门对药品经营部门开展“企业全面整顿”，清理出伪劣药品8种9.04万元，清理出“三无”（无药政批号、无注册商标、无出厂批号）药品151种261万元，均作退货或销毁处理。1990年，对全市73家药品批发、零售企业进行检查和验收发证工作，发放“药品经营合格证”“药品经营许可证”。对长沙市20个医药零售企业进行药品质量检查评比。省医药管理局授予中华国药局、四怡堂、湖南商药局、滦湾药店等8个企业“质量管理先进企业”称号；授予长沙制药二厂中药传统技术开发药号、中华国药局、湖南商药局、滦湾药店、四怡堂药铺5个单位省医药局“示范药店”称号。

1992年，开展关于严厉打击生产和经销假冒伪劣商品违法行为的宣传活动，各企业进行自检自查。全市成立18个“打假”工作小组和自查小组，共检查药品销售使用单位2800余家，采取随机抽样，抽样检测药品10.5万种（次），自查医药商品10万余批次，查出过期和劣质药品1485批次。1994年，监测1426个基层医疗机构、药品经营企业的药品质量共11万种（次），销毁不合格药品249种（次），货值83万元；取缔违反《中华人民共和国药品管理法》的药品批发、零售企业193个。1997年，开展以清查进药渠道和药品质量为重点，以县以下医疗卫生单位、药品经营企业和个体诊所、药店为主要对象的基层药品质量大检查，检查覆盖率90%以上，共清理销毁伪劣西药成品3.8万盒、不合格中药饮片10余吨。

2001年，长沙市加强药品日常监督。7月初，发布《关于加强社区卫生服务组织、门诊部、诊所药品管理的通知》，并通过联合检查，整治医疗机构对外违法销售药品行为，对400余家医疗单位下发整改通知书。为防止企业间无序竞争、不公平竞争以及各种违法违规行为的发生，开展各类执法检查20余次，出动执法人员3750人次，检查药品经营、使用单位2620家，全年共向稽查部门移交假劣药品案件120起，收缴假劣药品1090种。宁乡县组建4个执法分队，分片包干，责任到人，深入到辖区的所有单位进行地毯式监督检查，查处违法违规的涉药单位695家，其中药品购进记录不全的194家，无药品购进记录的148家，非法渠道购进药品的10家。

2003年4月，成立防治“非典”领导小组，制定工作方案，紧急调拨、储备和投放一批防治“非典”药品，有效缓解全市抗“非典”期间医药器材和消毒剂供应紧张的状况。同时，开展防治“非典”药品质量的专项检查，共查处假劣药品、非法制剂货值30万余元，进一步净化药品市场，确保抗击“非典”期间人民群众用药安全有效。根据省政府和省食品药品监督管理局关于实施药品放心工程工作部署和要求，制定相关指标体系和责任考核体系，明确责任单位和责任人；签订《实施药品放心工程责任书》。以实施药品放心工程为契机，开展对管理相对人的摸底调查和地毯式检查，建立一个比较完备的药品管理相对人档案。全年共出动药品监督检查9859人次，检查乡镇以上药品经营、使用单位3290家，检查覆盖率100%。规范药品经营、使用行为2715次，没收假劣药品580种（次）。

2008年，开展药品市场专项整顿治理行动，集中精力，集中时间，全面排查，全天值守，重点打击，吊销两家企业的“药品经营许可证”，确保药品市场安全，被誉为除奥运主办城市以外做得最好的城市。全年对1856家零售药店进行日常监督检查，下达责令整改通知书401份。

2009年，食品药品监督管理部门积极创新监管思路，努力实现变事后查处为事前预防、变“创伤型”监管为“保健型”服务、变部门独家监管为部门监管与社会监管相结合。根据市内5区无食品药品监管机构、4县（市）乡镇无专职监管人员的现实情况，本着专业监管为主，社会监督为辅的思路，聘请118名药品协管员、740名信息员，将监管力量延伸到街道、社区、村组，实现县（区）、乡（镇、街道）、村（社区、居委会）、组四级药品监管全面覆盖；同时聘请27名特邀执法监督员对药品监督的行政执法行为进行监督。针对甲型H1N1流感疫情的防治，及时制定预案，成立甲型H1N1流感疫情防控领导小组，摸清全市防控甲型H1N1流感的药品的经营和储备情况，加强监管力度，为防控甲型H1N1流感疫情科学决策提供准确资料和药品保障。

2010年，先后组织三期药品零售企业负责人参加的药品安全相关知识培训班，参训人员共1275人，发放有关药品质量管理的法律、法规资料1500余份。采取飞行检查的方式，共检查药品零售企业1144家，责令限期整改的31家，注销或主动停止营业的26家。2011年，以文明创建工作为契机，对全市721家单体药店从进货渠道、税票、药品广告、药师在岗、处方药凭处方销售、中药饮片质量、健康体检、培训等十个方面进行一次地毯式检查，下达责令整改通知书30份，对违法违规的1家零售药店移交稽查部门立案查处。

2012年，在食品药品行业推进诚信体系建设，积极开展从业人员诚信教育培训，药品流通市场共培训76期1.38万人，药品经营企业纳入到行业诚信体系。通过落实药师指纹打卡制度，建立1327人的药学技术人员档案，有效地防止执业药师挂靠兼职，并将其纳入行业诚信体系建设。推行视频监管，不断创新监管手段，引导企业加快推进视频和数字监管对接、设备调试和运行，设计药品经营企业进、存、销数据的上传格式；制定和修订药品经营企业行政许可、GSP认证与跟踪、日常监督、特殊药品和基本药物巡排查方面的诚信评估细则；出台《药品批发（连锁总部）远程视频监管操作规范》，完善和优化药品日常监管手段，提高药品日常监管效率。在处置全国药品“问题胶囊”事件中，及时制定工作方案、安排人员，抽取使用药用明胶、空心胶囊企业的明胶样品19个批次、空心胶囊样品71个批次。对流入全市的2.36万盒“问题胶囊”产品，及时查明问题产品流向，就地封存库存产品，责令召回问题产品，停止销售可疑产品，有效防止“问题胶囊”扩散。

二、药品经营行政许可

1988年，医药管理部门和药政部门基本完成药品经营企业“许可证”的核发工作。在医药管理部门核发“合格证”的同时，全市有700余家药品经营企业（批发、零售）由卫生行政部门发放“许可证”。1990年，对药品经营企业进行检查验收，对验收合格的16家药品批发企业和800余家药品零售企业分别核发（换发）“合格证”“许可证”；依法取缔违反《中华人民共和国药品管理法》的药品批发、零售企业193个。

1995年，随着药品经营体制的转型，大多数企业销售下降，亏损严重，经营举步艰难，医药企业之间展开激烈的市场竞争，企业的硬件建设基本没有投入，经营场所和仓储设施破旧不堪，规章制度流于形式，企业进货渠道混乱，经营管理失控，人员素质下滑，大部分医药企业与1995年前换证时比较都有较大的退步。2000 年，开展药品经营企业的换证验收工作，组成市区 2 个审查组，4 县（市）共 8 个检查组进行交叉检查验收。全市共有 37 家药品批发企业和 1186 家药品零售企业符合换证验收标准；14 家药品批发企业、174 家药品零售企业经检查验收不合格不予换证。换证验收合格率为 83.09%，精简 15.44%。

2001 年，按照国家药品监督管理局 GSP（药品经营质量管理规范）认证验收实施标准，首先帮助九芝堂零售连锁公司和金沙药品零售连锁公司实施 GSP 改造，于 2001 年 5 月底顺利通过 GSP 认证，成为实行跨省连锁经营的药品零售企业；并先后批准金沙药品连锁公司增开连锁门店 16 个，批准九芝堂药品零售连锁公司增开连锁门店 7 个，推动全市药品零售连锁经营企业健康发展。2002 年，长沙市通过 GSP 认证的药品批发企业 2 家，零售门店 37 家。10 月，出台《长沙市开办药品零售企业审批办法》，取消相邻药店距离限制、投资主体资格限制等规定，审批（或初审通过）药品经营许可证（零售）24 家。

2004 年，规范办事程序，提高行政审批透明度。全年共审批新开办药品零售企业 211 个，办理变更零售药店 92 个，咨询开办或变更 400 人次。有长沙康康医药公司等 10 家药品批发企业和老百姓大药房零售连锁等 8 家药品零售连锁企业以及德雅大药房等 126 家药品零售企业先后通过 GSP 认证检查，进一步规范药品流通市场。2005 年，开展对县以下药品零售企业的认证，制定《县以下零售药店 GSP 认证工作方案》，统一标准，分步推进。全市县以下药品零售企业 756 家通过 GSP 认证，对不符合 GSP 认证条件的 276 家县以下药品零售企业予以淘汰出市场。对新开办的药品零售企业和连锁门店严格按照 GSP 的认证条件实施验收。全年，新开办的县以下药品零售企业有 139 家通过 GSP 认证。

2008 年，针对长沙地区药店发展过快过热的实际情况，进一步完善“药品经营许可证”核发条件和程序，从严掌握开办条件：即同一栋楼不得重复开药店、在长沙城区内开办药店应具备两名执业药师或主管药师以上职称的专业人员、外地药师必须出具当地药监部门的证明。通过实行“严进严管”，加强现场检查、考核和验收，对全市 1156 家药品零售企业进行 GSP 认证及跟踪检查，其中，现场检查不合格、限期三个月整改的企业 62 家；共核发“药品经营许可证”331 家，变更 416 次。积极推行药品零售企业分级管理试点，按新标准批准开办药品零售企业 15 家，为全省推行药品零售企业分级管理积累经验。

2010 年，按照《湖南省药品零售企业验收标准（修订）》，依法办理行政许可，有序开展药品经营企业换证工作，对达不到 GSP 认证标准的坚决不予换发药品经营许可证。共检查核发“药品经营许可证”742 家，办理药品零售企业变更 1785 家；完成GSP 认证现场检查 916 家，GSP 认证跟踪检查企业 301家。

2012 年，制定《药品零售企业设置实施细则》，对新开办零售药店都按照新的标准严加控制；严格限制达不到标准的药品连锁企业进行拓展，利用各种时机和场合，积极宣传新的开办规定和要求，使政策规定逐步得到行业内认可和广泛支持。全年共检查核发“药品经营许可证”100 家，变更 353 家，换证 145 家；其中有 50 家药品零售企业因为经营不善或条件达不到要求而注销。

三、药品广告监督管理

2001 年以前，药品广告的审批与管理归省卫生药政、省工商等部门管理。2001 年，新修订的《中华人民共和国药品管理法》实施后，制定药品广告审查有关制度，开展药品销售人员培训。2003 年，市、县每周定期对辖区内电视广告、广播广告进行监播，发现违法药品广告立即提交省工商部门查处。但由于基层监播条件差，人员职责不清，监播工作几乎流于形式。

2007 年，从健全市县两级广告监测网络和加强部门协作机制入手，加大违法广告的曝光和查处力

图 14-9-3-1 21 世纪初，长沙双鹤医药有限责任公司通过药品 GSP 认证，成为全省最大医药批发企业。图为该公司总部（市食药监局供图）

度，规范药品广告市场。全年，提请省工商局查处违法药品广告 128 条。2008 年，新的《药品广告审查办法》《药品广告审查发布标准》实施后，查处违法药品广告 49 条，对 5 家市级媒体广告进行每周 2 次监播，对 4 家媒体下达《责令停止发布违法违规药品广告的函》。

2009 年，开展违法药品广告集中整治行动，对 17 个违规药品广告采取行政强制措施。2010 年 4 月，召开药品广告整治工作会议，长沙市经营广告药品、保健食品、医疗器械等产品的 50 余家业主签订《长沙市药品经营企业（零售）不经营违法、违规广告药品、保健食品、医疗器械等产品承诺书》。对任意扩大产品适应症（功能主治）范围、绝对化夸大药品疗效、严重欺骗和误导消费者的违法广告，一经发现，采取行政强制措施，暂停该产品在辖区内的销售。5 月，发挥湖南移动频道社会监督作用，对全市各药品零售企业执行《关于对部分违法广告药品宣传品种采取强制措施的通知》的情况进行专项检查，其中 5 家药店因违规销售违法广告药品被给予警告，并在全市通报批评。

2011 年，加大对虚假违法药品广告的监测频次，查处违法药品、医疗器械、保健品广告 14 次，涉及各类药品、保健食品、医疗器械等共 109 个品种，并对 4 个药品违法广告提请省食品药品监督管理局采取行政强制措施。全年，结合日常监管和城市文明创建巡查，清理店堂违法药品广告 500 余家，撤除违法药品广告盾牌 1500 余块。

2012 年，健全数字化媒体广告监测系统，督促企业签订《不经营虚假广告药品承诺书》，加强药品广告监测和违法药品广告的查处力度。全年，监测电视频道 8 家、平面媒体 6 家，查处虚假违法药品广告 212 条，其中，73 个药品、医疗器械等品种提请省局采取行政强制措施。对要求采取强制措施的品种，先后开展 2 次专项督查，下达责令整改通知书 10 份，依法立案查处 3 家。

四、药品“两网”建设

2003 年，开展农村药品监督网络和供应网络建设（以下简称农村药品“两网”建设），支持县（市）医药公司改革改制，成立县以下配送站 21 家；支持药品零售连锁企业采取兼并、加盟或新开办的形式到 4 县（市）乡镇设置连锁门店；支持长沙双鹤医药有限责任公司输出资金、输出管理，对长沙（宁乡）玉潭医药有限责任公司进行改制改造；支持金沙、全洲、时代阳光等药品零售连锁企业在农村乡镇设置连锁门店 25 家，逐步淘汰规模小、管理不规范的药品零售企业，促进农村药品销售网络不断完善。

2004 年，成立长沙市“两网”建设领导小组，拨款 15 万元用于农村药品“两网”建设，积极支持相关连锁公司在农村新开办连锁门店。全市农村共开办连锁门店 50 家、单体药店 1100 家，其中乡镇以上涉药单位药品配送覆盖率 91.38%，村级涉药单位药品配送覆盖率 71.95%，借助合作医疗，村卫生室医疗网点，基本实现“乡乡有药店、村村有药柜”的目标。各县（市）还采取基层推荐和“多位一体”（即与计生部门协商，聘请村计生专干担任村级药品信息联络员）等多种方式，在原聘请的 132 名药品协管员基础上，将监督网络由县、乡（镇）一级拓展到村一级；全市共聘请监督员、协管员、联络员、信息员1414名，初步建立一个覆盖全市县、乡、村三级的药品监督网络。浏阳市还建立有奖举报机制，采取以奖代补的办法，调动药品义务监督员的积极性，扩大药监信息渠道，降低日常监管行政成本，提高稽查打假准确性。同时，投入14万元，对县级药检所的设备进行补充配备，使4县（市）药检所设备都能够完成省食品药品监督管理局规定的36个项目的检验；并下发《县级药品检验所药品委托检验工作规程》，使县级药检工作有章可循。

2006年，继续鼓励有实力并通过GSP认证的药品零售连锁公司在乡村设点办店。药品供应网络覆盖全市的122个乡镇和1324个行政村，乡镇以上涉药单位药品配送覆盖率97%，村级涉药单位配送覆盖率95%。9月，再次开会商讨解决“两网”建设的问题。

2008年，探索食品药品安全长效机制，推进农村药品两网建设，组建区县（市）食品药品安全委员会，强化区县（市）政府食品药品安全的管理责任，各乡、镇组建食品药品安全监管站，确保有机制、有制度、有人员、有经费。加强从药人员专业技术和职业道德建设，共举办培训班28期，培训7693人次。通过省食品药品监督管理局现场检查，药品供应、监督网络覆盖率都达到省食药监局“药品监督网覆盖率达95%以上、药品供应进乡镇100%、进行政村85%”的标准。其中，望城县创建“两网”建设示范县工作获得检查组一致好评。2012年年底，全市共聘请药品协管员227名、信息员1664名。六区三县（市）105个乡镇，1163个行政村均建立代购式和直配式相结合的药品供应网络，村级药品供应网点实现全覆盖，降低药品价格，方便群众购药。

五、医药市场监督管理

1990年，按照省政府关于治理整顿医药市场的有关精神，对经营混乱的桥东药材集贸市场进行综合治理，建立药品质量监督岗，陈设700余种中药材样品柜，查处假劣药品210种、7000千克，对有严重违法行为的16家摊商给予处罚。1992年，不少地方借国有商业改制“放开”和开办开发区等名义，盲目放开医药市场，导致医药流通秩序再度出现混乱，国有医药商业主渠道受到严重冲击，假冒伪劣药品充斥市场。成立加强药品管理协调领导小组，全面清理整顿药材贸易市场和药品生产、经营秩序，加强药品生产和经营管理，深入开展打击制售假劣药品的违法犯罪活动。至1995年年底，依法取缔违反《中华人民共和国药品管理法》的药品批发、零售企业193个，关闭中药材市场2个，查处销毁假劣药品1926种、2.2万瓶（盒），中药材1.3万千克。1997年，继续开展医药生产销售市场的专项整治，共销毁伪劣西药成品3.8万盒、不合格中药饮片10余吨，立案查处制售假药案件96起，清理处置非法医药销售商户93家。

1999年，成立纠正医药行业购销不正之风领导小组，对全市医药工业、商业和医药市场进行全面清理整顿，取缔关闭长沙东大门、望城坡及宁乡3个非法药材市场；在规定的时间内，长沙市各工商企业停止向全国各药材市场购、销中成药、西药；限期完成对医药零售门店的所谓联营、出租柜台等经营活动的清理，取缔违规药店1个，关闭无证药店4个，规范医药生产流通秩序，净化医药市场。8月，全国治理整顿医药购销不正之风现场会在长沙召开，国家药品监督管理局局长出席会议并视察中华国药局等单位。

2003年8月，先后三次开展高桥大市场和死灰复燃的东大门市场专项检查，对存在问题的33户经营户，责令限期整改，同时建立高桥香料市场和东大门市场巡查制度，加大监管力度，规范医药市场。

2006年，召开中药材市场整治协调会，部署对中药材市场综合整治专项行动，对反复整顿反复回潮的高桥香料市场、东大门、汽车西站等地非法经营中药材、中药饮片的违法违规行为进行严厉打击，对存在问题的13户经营户，责令限期整改。

2010年，加强对高桥中药材市场监管力度，对制假售假、超范围经营和违法经营等行为进行重点检查和查处，共清查经营门店300余家，抽验品种100余个，对存在违法行为的经营户进行现场教育和查处。2012年，对高桥中药材专业市场中药材经营户及其经营的列入药食同源物品目录的品种实施备案登记管理，全面规范中药材市场经营行为，受到国家食药监局的高度肯定。

第四节　药品检验与不良反应监测

一、药品检验

1988年，全市各级药品检验部门发挥技术监督作用，在开展“企业全面整顿”中，检测20种药品，清理出假劣药品8种。1992年，把药品抽验工作作为强化药品质量监督、严厉打击制假售假劣药品的一个有效手段，把抽验结果作为评价药品生产、经营企业和医疗机构制剂质量的重要依据。全年药品检验所共检验各类药品1485批次，不合格率45.8%。通过严厉打击工作，商业企业进一步严格进货手续和购销管理，有力促进药品质量的提高。1995年，按照省药政部门的部署，开展打击制售假劣药品违法犯罪活动。共检验药品1058种次，其中不合格药品327种次，不合格率31.04%。2001年，完成药品检验3855件，合格率92.2%，检查覆盖面95%以上。对不合格的药品全部由市药品稽查部门依法进行处理。

2002年，加强对药品质量检测，特别对过去各级药品检验所检出的不合格药品和易被假冒的中药材及其饮片、药品经营使用单位从非法渠道购进的药品、在药品广告中夸大疗效、产生误导效果的保健药品等进行重点抽验检测；对医疗单位的自制制剂作为重点抽检的品类；对有过生产、经营假劣药品非法行为的药品生产、经营企业和医疗单位作为抽验重点，品种的抽检覆盖面90%，单位抽检覆盖率100%。全年，检验各类药品2700批次，检出不合格药品515件，不合格率19.1%。抽验全检率91.3%。充分利用抽验发现假劣药品，有效地配合假劣药品的打击行动。

2003年，长沙市由国家和省食品药品监督管理局下达的计划抽验和监督抽验药品检验，每年2000批次左右，抽验不合格率5%左右。2006—2012年，药品监督抽验5581批次，其中不合格864批次。对不合格批次药品及时查处。

二、药品不良反应监测

2002年4月，长沙市召开“省会药品不良反应与合理用药座谈会”，介绍药品不良反应及其危害、不良反应的监测与管理的必要性，让医药工作者和广大人民群众正确解和理解ADR（药品不良反应）监测工作。发布《关于认真开展药品不良反应监测管理的通知》。加强对药品不良反应监测管理的领导，建立和完善药品不良反应监测工作机构，确定责任部门，指定负责人员，认真开展药品不良反应监测工作。全年，长沙市一医院报告42例，长沙市三医院报告12例。

2005年，召开长沙市药品不良反应工作会议，贯彻落实国家食品药品监督管理局新颁布的《药品不良反应报告和监测管理办法》，推进药品不良反应报告和监测工作。全年，市药品不良反应中心共收到药品不良反应报告747份，其中医疗器械可疑不良事件报告4例，为保证人民群众的用药安全有效、监测药物不良反应提供科学实用数据。

2006年，成立长沙、望城、浏阳、宁乡4县（市）药品不良反应监测站，负责各自辖区内药品不良反应收集、整理、上报及相关的宣传、培训工作，将监测网络的触角真正深入到基层，拓展药品不良反应监测的覆盖面，保障药品不良反应监测体系的高效运作。同时，对30家具有代表性的单位开展工作督查，对发现的问题给予现场指导。通过收集、整理、编订全市涉药单位药品不良反应监测专干名册，落实责任，取得明显的效果，全市139家涉医药单位上报有效药品不良反应报告2532份。其中医疗器械不良事件报告16例。湖南省肿瘤医院报告6例可疑医疗器械不良事件，发生不良事件的产品标示为意大利生产的“颅骨固定钛金系统”。经查初步确定该产品未经注册就向市场销售；及时向省食品药品监督管理局汇报，并在全省进行稽查处理。

2008年7月，发布《关于进一步加强长沙市药品不良反应和医疗器械不良事件监测工作的通知》，制定《长沙市药品医疗器械突发性群体不良事件应急预案》，为确保药品不良反应监测工作任务的完成、有效预防、控制和处置药品、医疗器械突发性不良事件及其造成的危害、维护公共安全和社会稳定提供制度保障。11月，3名工作人员参加由国家食药监局举办的“百万公众培训工程”，面向各县（市）级药品不良反应监测工作人员和社区医疗机构药品不良反应监测人员进行药品不良反应知识现场授课。2008年，收集、审核、评价、上报药品不良反应报告2946份，医疗器械不良事件报告78份。

2009年5月，发布《关于在全市医疗机构病历本上加印药品不良反应相关信息的通知》，要求全市辖区内各医疗机构均在病历本上加印药品不良反应及合理用药相关知识专页，专页内容包括药品不良反应、医疗器械不良事件的基本定义、发生药品不良反应后的处理措施以及解药品不良反应相关信息的途径和基本安全用药常识等。全年共收集、审核、评价、上报药品不良反应报告3395份，其中死亡病例报告6份。收集、审核、评价、上报医疗器械不良事件报告140份。接收、录入全市公安、司法、卫生等11家单位提供的药物滥用监测调查表1266份。

2010年，随着国家基本药物制度的全面推行，对于社会公众使用面最广、使用率最高的国家基本药物，以及多用于婴幼儿的疫苗类药品，实施重点监测，通过即时监测，掌握最新情况，及时向辖区内涉药单位提供有效参考依据。5月20日，对全市150余名药品不良反应监测人员进行培训，并制定《长沙市2010年度药品不良反应报告和监测工作能力建设项目实施方案》《长沙市2010年度药品不良反应报告和监测工作目标管理方案》，不断完善和推进全市药品不良反应监测工作，提高监测水平。全年药品不良反应监测中心收集、审核、评价、上报药品不良反应报告2236份。收集、审核、评价、上报医疗器械不良事件报告185份。通过国家药物滥用监测网络信息系统上报调查表1357份。

2011年，发布《长沙市药品不良反应医疗器械不良事件报告和监测实施细则》，要求各区县（市）药品不良反应监测工作领导小组负责本行政区内药品（医疗器械）不良反应（事件）报告和监测工作；各药品（医疗器械）生产、经营及使用单位建立药品（医疗器械）不良反应（事件）监测领导小组，健全药品（医疗器械）不良反应（事件）监测机制、落实专人负责药品（医疗器械）不良反应（事件）的监测评价和报告工作。按照省药品不良反应监测中心要求，长沙作为五个重点地区之一，开展角膜接触镜不良事件监测工作。确定全市10家角膜接触镜经营使用单位为监测哨点单位，授予“角膜接触镜监测哨点单位”牌匾。对全市ADR报告数据及时进行归纳、分析和安全预警，撰写《长沙市角膜接触镜不良事件监测及风险分析评估报告》。国家药品不良反应中心杜晓曦主任对长沙市角膜接触镜哨点单位长沙市仁术眼镜有限公司、长沙毅明眼镜有限公司进行实地考察，对长沙市医疗器械不良事件监测工作给予肯定。10月，针对省级医院上报药品不良反应报告与用药水平和用药数量极不相符的现状，对7家省级医疗机构的分管副院长和药剂科主任进行集体约谈，首次在药品不良反应监测单位启动约谈机制，并对其中 1 家医疗机构下达责令改正通知书。2011 年共收集、审核、评价、上报药品不良反应报告 3428 份，其中死亡病例报告 3 份。收集、审核、评价、上报医疗器械不良事件报告 826 份。接收、录入药物滥用监测调查表 1600 份。

2012 年 5 月 15 日，长沙市召开药品不良反应监测工作会议，将全市药品不良反应、医疗器械不良事件监测工作目标进行分解，发布《2012 年度长沙市药品不良反应和医疗器械不良事件报告与监测工作方案》及《关于进一步加强医疗机构医疗器械不良事件监测工作的通知》，并将此项工作纳入各区县（市）工作考核内容。6 月召开全市化妆品不良反应哨点监测工作会议，部署全市化妆品不良反应监测工作，确定长沙市一医院等 12 家单位为全市化妆品不良反应哨点监测单位，并制定化妆品不良反应网络上报操作步骤指南。市药品不良反应监测中心在药品不良反应监测中发现，标示济南某制药有限责任公司生产的胞磷胆碱钠注射液出现药品不良反应，以及重庆某制药有限公司生产的注射用炎琥宁多个病人出现寒战、面色苍白等不良反应的信息，经对该两个药品进行监督抽样，省食品药品检验研究院检验为“细菌内毒素不符合规定”，遂对该两个药品均进行立案查处。全年，药品不良反应监测中心共收集、审核、评价、上报药品不良反应报告 5628 份，其中严重报告 452 份。收集、审核、评价、上报医疗器械不良事件报告 1019 份，其中严重报告 476 份，Ⅲ类医疗器械不良事件报告 717 份。通过国家药物滥用监测网络信息系统上报调查表 2181 份。长沙市食品药品监督管理局被湖南省食品药品监督管理局评为“2012 年度药品不良反应监测专项评估先进单位”；并在全省药品不良反应监测工作会议上和全省上半年药械监测工作调度会上分别进行经验交流。

第五节　药品稽查与专项整治

一、药品监督稽查

1988 年，长沙市通过监督检查、抽验抽查、接受送检等各种办法，检验药品质量，鉴别真伪优劣。分别采取通报批评、停业整顿、报损销毁等办法，取缔和处理中西伪劣药品。1990 年，查处长沙市某中医技术培训部非法制售假药“圣灵膏”、长沙市某血站非法生产血液制品、长沙某化工厂违法生产谷维素片、某制药厂生产销售劣质硫酸庆大霉素、某制药分厂非法生产阿胶等大案要案，共收缴假劣药品 10 余种，货值 9 万余元。1992 年，按照国务院的通知精神和省药政部门的统一部署，省、市联合行动，对长沙火车站、长沙大厦、长岛国药大楼等 8 家单位非法经营性药的柜台进行突击检查，共查获各种膏丹丸散片液剂性药 17 种，货值近万元。根据《中华人民共和国药品管理法》的规定，没收性药并分别进行行政处罚。

1995 年，深入开展打击制售假劣药品违法犯罪活动。联合对药品生产、经营企业验收核证，开展药品质量大检查，对全市药品生产、经营企业和医院制剂单位检查覆盖率 100%；依法取缔违反《中华人民共和国药品管理法》的药品批发、零售企业 193 个。加强医疗机构使用药品管理，实行医疗机构药品采购月报告制度。同时，加强对各类面向社会开放的医疗机构的用药情况进行清理，凡擅自制配制剂的一律查处。查处 7 家打着科研或联合办医的幌子、非法配制和使用“制剂”的单位。

1996 年，省卫生厅在长沙召开销毁假劣药品现场会，对上半年查获的部分假劣药品进行现场销毁，共销毁伪劣药品 2259 种，其中中药饮片 18.9 吨，西药 31.6 万瓶（盒），货值 560 万元；并公布 4 起制售假劣药品大案：假“人血白蛋白”案、假“妇科千金片”案、假“维肤膏”案和伪造批文、假“克痔液”

图 14-9-5-1 长沙市销毁过期药品、假劣药品和不合格医疗器械 （摄于 2001 年，市食药监局供图）

案。1997 年，立案查处制售假药案件 96 起，清理处置非法医药销售商户 93 家。2000 年，长沙市整顿医疗市场秩序，整改社会医疗机构 200 余家，取缔非法行医点 260 个，没收药品器械价值 52 万元。

2001 年，强化药品监督稽查职能。全年，共受理各类案件 81 起，查处结案 74 件，其中：药品生产企业 19 件，药品经营企业 28 件，医疗使用单位 23 件，其他 4 件。没收假劣药品 116 批次，折合人民币 184.3 万元，销毁 2100 余种，标值 358 万元，罚没金额 51.4 万元，有 3 件案件移送司法机关处理。某公司湖南总代理何某伙同两名涉案人员，租用长沙市一处民房作厂房，购置机器设备，大肆生产假“妈咪爱”散剂；并利用正常渠道大肆销售。对该案查处中依法收缴假“妈咪爱”15 件，制假原料 20 件，制假机器 4 台，标值约 200 万余元，并移送司法机关处理。该案查处后，紧急通知各经营单位立即停止销售“妈咪爱”散剂。假溶栓胶囊案是涉及长沙市、邵阳市、衡阳市、益阳市的一起典型假药案件，共抓获涉案嫌疑人鞠某等 4 人，端掉在邵阳的制假窝点，收缴全部假药和 2 套制假设备。这一团伙还生产假硫酸阿米卡星注射液 90 件，假吗叮啉片 100 余件，复方甘草片 150 件，标值 460 万余元。经群众举报，破获重大制售假“斯奇康注射液”案，查获假药 1.03 万盒、涉案金额 70 万余元，抓获主要犯罪嫌疑人邱某、邓某。

2004 年，贯彻实施食品药品放心工程，全面清理整顿药品生产、经营、使用单位的违法违规行为，查处一批假劣药品、医疗器械案件，全年受理案件 363 起，立案查处 196 起，没收假劣药货值 47.7 万余元，移送司法机关处理 3 人，打掉制假售假黑窝点 4 个，取缔无证生产、经营药品、医疗器械企业 13 个，没收无证生产、经营、使用药品、医疗器械 189 种、货值 43.2 万元。重点查处制售假劣药品的大案要案有：查处任某制售假劣药品案，涉案假劣药品 20 余个品种，涉案金额 10 万余元。查处某公司生产更改生产批号和有效期的驴胶补血颗粒案，涉案 10 批次，依据《中华人民共和国药品管理法》对其作出处罚决定。查处徐某无证经营药品致人死亡案。徐某无证经营中西成药 50 余种、中药饮片 10 余种，货值金额 10 万余元，其经营的复方川羚定喘胶囊致一人死亡。犯罪嫌疑人徐某被移送公安机关处理。

2007 年，全市共出动执法人员 1.46 万人次，检查药品、医疗器械生产、经营使用单位 8283 家次，查处药品、医疗器械违法案件 2337 起，取缔无证经营户 61 家，涉案假劣药品货值 425.24 万元。先后查处 18 家有违规挂靠经营行为的药品批发企业和 10 家存在违法违规行为的美容医疗机构；依法查处某公司销售劣药“注射用头孢拉定”案、某医院使用无产品注册证书医疗器械“维纳丝激光系统”案等有影响的大案要案 10 余起，其中某眼科医院使用无注册证书“人工晶体”案被评为全省药监系统优秀行政处罚案例，受到省食品药品监督管理局的嘉奖，并入选《湖南省食品药品监督管理系统行政执法典型案例汇编》。

2009 年，全市共检查药品医疗器械生产、经营、使用单位 9249 家次；查处药品、医疗器械违法违规案件 1384 起，取缔无证经营户 19 家，捣毁制假窝点 5 个，没收涉案假劣药品货值 387.87 万元。查处某医院使用与注册标准不相符的医疗器械钴60放射系统案，涉案金额90万余元；查处某眼科医院销售无产品注册证的医疗器械人工晶体案，涉案金额12万元；查处假药“肺力咳合剂”案，犯罪嫌疑人依法移交公安机关处理；查处假伟哥系列案件，抓获销售假药嫌疑人23人，涉案金额达340万元；对六类非药品冒充药品的79个品种进行摸底，查处某保健品批发部销售“仲景十二味肾宝丸”等7个品种的非药品冒充药品案。10月29日，开展一次较大规模的过期失效和假劣药械焚烧行动，销毁药械货值748万余元。

2011年，开展违规违法企业法人处理事后约谈。全年共受理群众投诉举报105起，办理一般程序案件59起，简易程序案件33起。依法查处湖南某医药公司销售假冒“雪上一枝蒿”速效止痛搽剂案，货值金额2.45万元；查处某药房销售假冒“波立维”案，货值金额4.71万元；查处某制药企业销售未经检验出厂的克林霉素案，货值金额4.94万元；查处某中医专科门诊使用未经批准研制的制剂案，涉嫌非法配制的内服外用药货值金额5万余元等。2012年，检查食品、药品、化妆品和医疗器械生产、经营使用单位2207家次，立案查处违法违规案件109起，其中一般程序95起，简易程序14起，完成省食药监局交办函55件，外地协查74起，取缔无证经营户1家。依法查处，某公司生产营养成分不符合食品安全标准的“泰尔膳通片”案、某公司出租“药品经营许可证”案、某医疗器械有限公司销售与注册证书限定内容不同的导管导引器械系统案、某药房从无药品经营资格的个人购进“消渴丸”案等有影响的大案要案10余起，其中，“长沙假消渴丸系列案”“长沙假安宫牛黄丸系列案”被评为湖南省2012年度药品稽查打假十大典型案例。

二、药品专项整治

2001年，开展打击制售假冒伪劣药品违法犯罪专项整治行动，取缔无证生产、经营企业130家，共查处假劣药品和医疗器械案140起，移交司法机关案件5起，抓获犯罪嫌疑人10人，案值1445万余元，罚没181.4万元，并将东大门市场周边药材经营户68家清理解散或转向经营。长沙市坡子街有20余家药品批发公司、药店和参茸、保健品店，有形成药品药材经营一条街的趋势，且经营秩序混乱，有的药品零售企业变相批发，药品批发企业设置超市零售药品，有的保健品店未经批准，大量销售西成药和名贵药材，销售假劣药品事件时有发生。5月24日，对长沙市坡子街进行清理整顿，对8家未取得“药品经营企业许可证”的门店，依法予以查封，并收缴违法经营药品63件，价值20.36万元，通过仔细鉴别从中发现假药野山参、高丽参、西洋参片、鹿茸片和劣药白参、西洋参、参须、当归等假劣药材。

2003年3月，开展对医疗器械经营单位的专项稽查，检查医疗器械经营单位30余家，查处各类违法违规案件8起。4月，开展农村药品质量大检查，对农村乡镇医院、卫生院、药店进行一次专项检查，共查处假劣药品、非法制剂货值共30万余元，对可疑品种进行抽检，保证农民用药的安全有效。2004年3月，针对市场上保健品、消毒剂、食品、化妆品等违法宣传药品疗效、功能主治的现象比较普遍，严重扰乱药品市场秩序的情况，开展对非药品冒充药品的保健品、消毒剂的专项检查，查处非药品冒充药品的保健品、消毒剂30余种。6月，对医疗机构制剂、中药饮片厂的生产购销行为、医疗机构氯胺酮注射液的使用及特殊药品的管理进行专项检查，共检查医院14家、中药饮片厂5家。10月，落实药品放心工程，完成对乡镇以上的药品、医疗器械经营、使用单位监督检查覆盖面100%的工作任务，开展药品、医疗器械执法大检查活动，完成对所有乡镇以上药品、医疗器械使用单位的监督检查，共检查医疗机构1065家，检查覆盖率100%，对108家医疗机构下达整改通知。

2006年，齐齐哈尔第二制药厂事件发生后，从5月12日开始，对全市药品生产、经营、使用单位购进、使用药用辅料丙二醇和齐齐哈尔第二制药有限公司生产的所有药品的情况，进行专项监督检查。出动执法车辆264台，出动执法人员528人次，检查药品生产企业36家、药品经营、使用单位83家、医院制剂室6家，查封扣押齐齐哈尔第二制药有限公司生产的“亮菌甲素注射液”1931支以及其他13个品种381盒2.71万支，除湖南尔康制药有限公司生产丙二醇以外，其他单位均未发现购进、生产和使用丙二醇情况。

2010年，扎实开展整顿规范药品、医疗器械市场流通秩序专项治理行动。对全市2000余家药品零售企业进行地毯式的检查。企业上交诚信经营承诺书204份、自查登记表和自查报告139份、企业品种登记表132份，品种总数28.14万个，全市127家药品批发企业报送药品销售人员2368人，核查身份证、上岗证、社保证明齐全且社保由销售人员所在企业购买的1303人；刊发整治简报6期；对在检查中发现问题较多的12家连锁企业负责人实行约谈。

2012年，开展“非药品冒充药品”“互联网非法收售药品”“违法虚假广告”“保健食品违法添加”“化妆品违法使用禁用物质”等专项行动，检查“三品一械”生产、经营和使用企业2000余家，责令整改300余家，受理举报投诉122件，立案41件，没收产品货值70万余元，1起案件移送公安处理。在“毒胶囊”事件爆发后，对长沙本地明胶、药用胶囊生产企业、药品批发公司、零售连锁药店进行专项抽检和巡查，完成生产企业胶囊剂抽检191批，经营企业63批，使用单位25批，279批，使长沙市安全渡过“毒胶囊”风波。

第六节　医疗器械监督管理

一、医疗器械日常监督管理

1988年，开展对医疗器械实施日常监督管理，并开展医疗器械质量评比活动。参与检查评比的医疗卫生单位，都建立相应的管理机构，配备人员，明确职责，建立健全各种管理制度，全面开展清理、建账、建卡、建档工作，做到底子清，情况明，装备有计划，管理有章法。但医疗器械生产、经营企业的管理较混乱，监督也流于形式。

1999年12月28日，国务院颁发《医疗器械监督管理条例》以后，长沙市医疗器械监督管理逐步走上法制化的轨道。

2001年，对全市医疗器械生产经营企业进行全面监督检查。根据国家药品监督管理局《关于2001年打击制售假冒伪劣一次性使用医疗器械工作的意见》，开展一次性无菌医疗器械的执法大检查。共检查生产企业3家、经营企业21家、各级医疗机构37家，清查出不合格产品27箱，查获已经淘汰的一次性输液器、输血器4万余支和人工股骨头10套，价值8万余元，其中某医疗设备贸易有限公司已向省、市、区五家医疗单位销售不合格的GB8368–93型一次性输液器和一次性输血器1.75万支，并查获不合格一次性输液器1.04万支，查处情况在湖南经济电视台和《长沙晚报》进行曝光。开展对非法经营性保健器具的整治行动。在2001年8月15日以前进行调查摸底、登记备案、宣传动员、规劝转向等项工作，8月15日后进行集中打击、取缔查处。开展集中整治行动13次，出动执法人员270余人次，共清查性器具店130家次，收缴假冒避孕套近万盒、性器具500余件、其他药械近百箱。新闻媒体进行大量的报道，使性保健市场得到初步的整治。并根据国家药品监督管理局的有关精神，在“性保健器具经营企业许可证”专项验收细则没有颁布前，确定中华国药局、湖南商药局、湀湾药店、金沙大药房东塘连锁店、金沙大药房梓园连锁店、九芝堂长岛药店等六家药店为定点销售点。2001 年，通过加大行政执法监督，共移交稽查部门查处医疗器械类案件 32 件，对 64 家企业进行处罚，除性器具店外，共取缔无证经营企业 12 家，没收非法医疗器械 96 件。

2003 年，筹建防治“非典”医疗器械应急库，保证防治“非典”医疗器械供应。先后组织体温表 1 万余支，口罩 15 万余个，一次性防护服 7000 余套。同时，开展对“防护服、口罩、消毒剂产品”的专项联合执法检查，查处违法案件 100 余件。2004 年，对管理相对人进行摸底调查和地毯式检查，并建立一个比较完备的医疗器械管理相对人档案。全年检查乡镇以上医疗器械生产、经营、使用单位 1316 家，规范医疗器械生产、经营、使用行为 1086 次，没收假劣医疗器械 232 种次，移交稽查部门查处医疗器械违法案件 792 起，规范医疗器械市场秩序。

2006 年，制定《医疗器械生产经营使用单位日常监督检查方案》，明确将国家及省食品药品监督管理局确定的重点监管产品生产企业、经营植入材料及介入材料的企业、省市级医疗单位作为重点监管单位。全系统以医用氧、避孕套、隐形眼镜为重点，积极开展专项整治，确保消费者用械质量。制定《长沙市医疗器械专项整治工作方案》，召开专项整治工作会议，督促生产经营使用单位进行自查，全年上报自查表及自查报告的生产企业 80 家，经营企业 136 家，使用单位 36 家。全年监督检查医疗器械生产企业 68 家、经营企业 99 家、医疗机构 26 家。与稽查支队联合，共查处医疗器械违法案件 40 起。9 月，对 4 家生产企业，60 家经营企业进行跟踪检查，给 10 家管理不规范的企业下达责令改正通知书，对 13 家擅自降低经营条件、擅自变更等违规的企业进行处罚。

2008 年，发挥医疗器械行业协会的自治自律作用，建立走访、教育、信息通报制度；对 981 家医疗器械生产、经营、使用单位进行全面检查和跟踪检查，移交稽查部门立案查处 27 家，注销“医疗器械生产经营许可证”42 家；对现有的 197 个注册产品的标准进行核查与建档；开展理疗、磁疗产品及隐形眼镜监督检查，共检查相关单位 400 家，下达责令整改通知书 4 家，行政处罚 2 家。

2010 年，通过以医疗器械安全信用体系建设为载体，完善守信激励和失信惩戒机制，实行企业动态管理，将监管重心逐步下移。共完成 700 家医疗器械企业诚信档案建设，评定出 AAA 级企业 30 家，AA 级企业 50 家，A 级企业 333 家，其工作经验被《湖南日报》刊发。对 1046 家医疗器械生产、经营、使用单位进行监督检查并建立监督档案；注销 72 家“医疗器械生产经营许可证”；完成省食药监局交办的 18 批次医疗器械产品国家级抽检任务和 20 批次省级抽检任务。与稽查支队联合查处某医院使用与注册标准不相符的医疗器械钴 60 放射系列案，涉案金额 90 万余元；查处某眼科医院销售无产品注册证的医疗器械人工晶体案，涉案金额 12 万元。

2012 年，对全市 400 余家医疗器械生产、经营、使用单位进行巡查，先后提请省食品药品监督管理局依法吊（注）销 4 批 86 家医疗器械“空壳”公司的“医疗器械经营企业许可证”。完成省食药监局委托的 398 家经营企业、2 家生产企业的现场检查，对市内角膜接触镜经营单位进行专项检查。

二、医疗器械行政许可

2001 年，开始核发医疗器械生产、经营企业许可证工作。经过公告宣传、调查摸底、受理申请、资料审查等过程，严格按照换证程序和模式，把握换证条件和标准，保证许可证核发工作的公平、公正、公开。至年底，全市换发医疗器械生产许可证 42 家、经营许可证 177 家、零售企业 80 家、备案登记 700 家。换发证过程中有 23 家申请企业不在省药监局规定的换证范围，予以筛除，有 31 家企业达不到省药监局制定的细则标准，没有给予换证，取消其经营资格。2002 年，对长沙地区 41 家医疗器械生产企业和120家医疗器械经营企业进行年度验证。其中现场检查医疗器械生产企业38家，经营企业62家；对生产、经营不规范的14家企业下达“限期整改通知书”，对5家违法生产、经营医疗器械的企业进行查处；对不申请年度验证的企业在《药监周刊》上予以公告，并有针对性地调查处理。全市还初审通过医疗器械生产企业许可证7家、医疗器械经营企业许可证37家、医疗器械经营企业备案502家、一次性无菌医疗器械经营企业26家。

2003年，为扶持医疗器械生产企业的发展，对申办医疗器械生产企业，做到资料随到随审随时上报；对于权限内的一类医疗器械生产企业及一类产品的注册，减少办事程序，简化手续；对于特殊产品，开辟绿色通道。全年核发“医疗器械生产企业许可证”5家，核发《医疗器械生产企业备案表》4家，为11家医疗器械生产企业办理一类产品注册33个。并与市场处配合，审批核发《医疗器械经营企业备案表》（零售企业）135家、“医疗器械经营企业许可证”67家，办理各类企业变更46家。2006年，对158家企业申报医疗器械经营企业许可证的申报资料、137家企业的变更资料进行初审；办理一类医疗器械注册25个，变更12个。同时，根据授权对111家医疗器械专营店、隐形眼镜店、兼营医疗器械店核发“医疗器械经营企业许可证”，对3家医疗器械经营企业办理变更。

2008年，规范对医疗器械经营企业开办的管理，全年共核发“医疗器械经营企业许可证”29家，变更161家，办理第一类医疗器械产品注册45个，注册变更2个，报送申办“医疗器械经营许可证”资料128家；完成医疗器械产品抽检工作15批次。2011年，初审“医疗器械经营企业许可证”（批发）申办资料186家，换证资料15家，审查变更资料230家次，完成生产企业质量体系考核11家，现场检查生产、经营企业129家。办理一类医疗器械产品注册144个，核发医疗器械门店“医疗器械经营企业许可证”147家，变更4家；初审“医疗器械经营企业许可证”资料407家，换证资料15家，审查变更资料60家。上报省食药监局注销“医疗器械经营企业许可证”86家。

2012年10月开始，全面行使对“医疗器械经营企业许可证”的核发、换发、变更、补证等许可工作。

第七节　食品安全监督管理

一、食品生产监督管理

1988年，实行食品卫生分级管理，由市卫生防疫站负责35家大型食品生产企业的卫生监管。长沙市食品工业努力调整产品结构，狠抓产品质量，在年年底召开的首届中国食品博览会上，长沙市有123种产品参展，43种产品参评，获得奖牌40块，其中金牌12块、银牌11块、铜牌17块，获金牌数居全省第一。在湖南省食品销售馆最受消费者欢迎的9种食品中，长沙市就占6种，特别是白沙、长沙牌香烟及马王堆牌西汉古酒、白沙液酒很受青睐。

1991年，发布《关于强制执行〈食品标签通用标准〉的通知》，先后13次对食品生产企业进行专项检查，帮助企业整改和完善，使三优（国优、部优、省优）产品企业的食品标签合格率100%，其他食品生产企业标签合格率80%以上。针对长沙市调味品生产中的伪劣假冒酱油和食醋加工的问题，加强抽样检测，全市市场酱油合格率仅为10%，伪劣假冒酱油市场占有率约为70%，严重损害消费者利益，也冲击国有骨干企业优质酱油的生产。通过严格检查和有力打击，食品产品质量进一步提高，全年新创省优以上产品18个，优质产品产值率提高到45%。

1995年，针对市场上从事生猪屠宰、肉食供应摊点较多，严重冲击肉食加工企业的生产，并产生偷漏税收、影响市容卫生、危害人民身体健康等一系列问题，决定自1995年11月15日起，实施生猪“定点屠宰、集中检验、统一纳税、分散经营”，对生猪屠宰的乱象进行治理。1998年以后，在食品生产企业开展ISO（质量管理和质量保证）系列标准宣传工作，引导企业进行产品质量认证。1999年，长沙茶厂通过国家认证机关认证，成为全国首家通过ISO标准认证的精制茶生产企业。2000年8月，《湖南省酒类管理办法》发布实施，成立长沙市酒类产销管理办公室，加强对全市酒类生产的监督检查。

2002年，实行加工食品质量安全市场准入管理。食品生产企业必须经质量技术监督部门检查审核，取得食品生产许可证（QS证）方可生产加工食品。2003年，长沙市大米、小麦粉、食用植物油、酱油、食醋等5类食品的生产企业117家取得QS证；2004年，长沙市肉制品、乳制品、饮料、调味品（糖和味精）、方便面、饼干、罐头、冷冻饮品、速冻面米食品、膨化食品10类食品的26家生产企业取得QS证。

2004年，开展“‘3·15’食品安全宣传周”活动。是年，有57家食品企业获得食品生产许可证。阜阳奶粉、龙口粉丝、广州毒酒等质量安全事件发生后，紧急部署食品安全专项检查，彻查生产加工企业，共立案981起，收缴不合格和劣质食品货值3400万元，公布质量稳定合格的企业名单，与《长沙晚报》联合举办湖南省首届牛奶节。开展婴幼儿食品（乳制品）及豆制品卫生专项整治，收缴芙蓉区某制品厂储存的工业用亚硝酸盐20千克。

2006年，开展辣椒制品和含辣椒食品、夏令食品、熟食及肉制品等8大类食品专项整治行动，共有106家企业的132个单元的食品获得食品生产许可证。2007年，开展生产加工环节食品及涉及人身健康安全的产品质量安全两个专项整治行动。专项整治期间共出动执法车辆3500台次，出动执法人员9000余人次，检查生产加工企业1336家，查处生产加工食品及涉及人身健康安全的产品质量违法案件195起，专项整治行动的各项目标任务全面完成。全年有327家企业的597个单元获得食品生产许可证，累计有757家食品生产加工企业取得食品生产许可证，502家食品生产加工小作坊签订食品安全承诺书；共检查食品生产加工企业2695家次，抽检食品2654批次，完成抽检计划的92.7%，抽检合格率94.7%。

2008年，开展迎奥运食品安全专项整治行动，对45家供奥运赛事城市的食品生产企业进行监督检查。9月“三鹿奶粉”事件发生后，紧急采取行动，对问题产品采取封存、责令召回等果断措施，加强“12365”应急值守工作，派出22名驻厂监管员全面进驻11家企业，对乳制品企业实施从原料进厂验收到成品出厂检验的全过程监管。加强对黎托、东屯渡、浏阳等重点区域和豆制品、米粉、腊制品、熟食、乳制品等重点产品的监管。全年抽检食品3216批次、完成抽检计划的95.5%。长沙市953家获得食品生产许可证的企业100%建档，食品加工小作坊100%签订质量安全承诺书。

2009年，开展潲水油、肉制品、豆制品、湿米粉等十大专项整治行动，进行问题奶粉和假劣食品销毁工作，组织潲水油检测技术研究攻关，完成食品监督抽查（含风险监控）5130批次，全年食品监督抽查合格率为90.2%。提高食品生产准入门槛，采取联营、入园等方法，积极引导食品生产企业和小作坊逐步步入规范化的良性发展轨道。推进社会诚信体系建设，在全市范围内开展“质量企业”活动力推名牌战略，在《长沙晚报》《湖南日报》等媒体开展食品质量“红黑榜”活动，对名牌企业，抽查合格企业、不合格企业进行公告。8月，《中国质量万里行》杂志以《长沙食品安全新形象》为题，对长沙市的食品安全城市建设工作进行专题报道。

2010年，强化源头治理，推行农业标准化生产示范基地建设，严把种养“源头关”。全市建示范基地 67 个，标准化种植面积 135 万亩；鲜活农产品抽检合格率 96.3%，蔬菜农残速测合格率 98.8%以上；完成规模养殖场污染治理 90 万平方米，下拨补助资金 1631.7 万元。全市共捣毁潲水油非法生产窝点 30 余处，查扣潲水油 9 吨，取缔私屠乱宰窝点 50 余处，查扣问题猪肉及肉制品 50 余吨，收缴各类问题酒 10.6 万余瓶，查扣工业盐、工业冰醋酸等非食用物质 4 吨。全年共检查食品生产企业 4120 家（次），下达责令整改通知书 3260 份，收发主体责任落实情况自查表 2000 余份。开展"长沙市食品安全示范企业"评选活动，确认 25 家示范企业作为同行的学习标杆。2010 年 2 月 6 日，长沙市生产加工环节的所有问题奶粉全部销毁完毕，销毁问题奶粉 4018.8 吨。出台《关于严格食品市场准入条件的通知》，严格控制对违法建筑内和生产场地周边环境条件较差企业的食品生产许可，全年换发食品生产许可证 403 张、新发食品生产许可证 245 张。抽检各类食品、食品添加剂及食品相关产品 5463 批次，合格 4921 批次，总批次合格率为 90.08%。2010 年 11 月，开展对长沙市 9 家乳制品生产企业的每周加严监督抽查工作，每周对乳制品企业出厂的产品实施抽检，并向长沙市 3 家婴幼儿乳粉生产企业派出驻厂监督员。全年先后开展蔬菜制品、蜜饯制品、食品添加剂等 10 余个专项检查或整治行动，查处一批有影响的食品质量安全违法案件，与《湖南日报》《长沙晚报》长沙新闻广播合作制作食品安全专题节目 4 期，宣传长沙市食品安全监管工作的各项举措。

2011 年，加强畜禽水产品质量安全日常监测，实行生猪养殖户"瘦肉精"等违法添加物的监管登记备案制度，重点加强"瘦肉精"、三聚氰胺、孔雀石绿等违禁物品的监测。全面启动食品生产企业使用食品添加剂报告制度，规范企业生产行为。全年共检查食品生产加工单位 1.9 万家，责令整改 4620 家，取缔 128 家，查处违法案件 305 起。开展"塑化剂"专项排查，整顿生鲜乳收购行为，对 3 个奶站和 2 个乳制品生产企业的生鲜乳进行监测抽检，合格率 100%。加强对乳制品特别是婴幼儿乳粉生产企业的监督抽查，严格驻厂监督。对全市 9 家乳制品和婴幼儿乳粉生产企业开展 506 批次原料和成品的检测，未发现三聚氰胺超标。长沙市 9 家乳制品及婴幼儿乳粉生产企业全部通过重新审核和国家质监总局的检查验收。清剿乳制品非法生产"黑窝点"，对农村及城乡接合部、城镇临时建筑、出租库房等重点区域进行拉网式排查，全市取缔各类"黑窝点"5 个，收缴物品货值近 11 万元。严厉打击非法制售地沟油、潲水油"黑窝点"，全市共取缔非法提炼地沟油、潲水油的"黑窝点"27 家。严查采购来历不明的食用油或使用地沟油、潲水油加工食品等行为，共检查食用油生产加工单位 266 家，查处违法案件 2 起。严格实施食品质量安全市场准入，全年新发、换发生产许可证 310 张，注销食品生产许可证 248 张，停止对所有违章建筑内已获证企业的过渡换证工作，淘汰不符合条件的换证企业 150 余家，进一步推动长沙市食品生产企业的硬件升级和条件改造，累计完成食品监督抽查（含风险监测）3010 批次，合格率稳定在 90%以上。

2012 年，针对湿米粉中添加焦亚硫酸钠、使用双氧水泡制水发食品、水产品养殖运输过程中添加孔雀石绿等违法行为，开展联动执法，打掉违法犯罪团伙 2 个，抓获犯罪嫌疑人 12 名，查扣牛百叶、毛肚、海参等不合格水发产品 600 余千克，收缴焦亚硫酸钠、过氧化氮、工业烧碱等违法添加物 900 余千克。同时，印发《关于进一步加强湿米粉湿面条生产经营监管的通知》，向社会公示获得食品生产许可证的湿米粉、湿面条生产企业名单，引导经营者和消费者正确选择，理性消费。制定《长沙市水产品凭证入市工作制度》，在城区范围内对外来的多宝鱼、对虾、鲈鱼、鳜鱼、乌鳢等水产品实行凭相关证明资料入市销售制度，水产品抽检合格率得到逐步提升。围绕校园及周边、城乡接合部、"城中村"、仓储物流场所等食品安全隐患突出区域，围绕地方特色食品（湿米粉）、乳制品、肉、油、保健食品、调味品等重点品种，围绕元旦、春节、“五一”、端午节、中秋节、国庆节等重点时段部署开展多次专项整治行动。关停、取缔私屠滥宰窝点 33 个，查扣私宰肉品 1.05 万千克；关停非法炼制、收购地沟油、潲水油的窝点 43 个，查扣地沟油、潲水油 5.08 万千克；关停无证无照加工食品及相关产品的窝点、作坊 473 处，查扣问题食品及相关产品 20.77 万千克，拆除用来从事食品生产的违章建筑 28 处。全年共查办食品安全行政处罚案件 1744 起，罚款 1296 万余元。新发、换发食品生产许可证 299 张，上报注销 371 张。淘汰 200 余家不符合换证条件的企业，引导 55 家企业进入工业园区，进一步推动长沙市食品生产企业的硬件升级和条件改造。2012 年 7 月，成立专案行动组，检查米粉生产企业 8 家，打掉生产不合格米粉犯罪团伙 4 个，摧毁不合格米粉生产线 7 条，抓获涉案人员 21 人，封存制作米粉的原料大米、湿米粉半成品及成品 10 余吨，查扣违法添加物焦亚硫酸钠 1 吨余。全年累计完成 5132 批次的食品及食品添加剂的监督抽样检验，合格 4656 批次，合格率 90.72 %。

二、食品流通监督管理

1988 年，全市清理整顿食品经营单位 1.09 万个，核（换）发卫生许可证 9274 个，覆盖率 85%。1989 年，市卫生防疫站共监督检查食品经营单位 3900 余个，销毁不合格米、面、肉制品等 25.6 吨，取缔非法食品经营 691 户，责令停业整改 537 户。1990 年，监督检查城郊地区食品经营单位 1.6 万户，督促整改问题突出的 6200 户（次），销毁不合格食品 31 吨。1993 年，开展 3 次全市性查处假冒伪劣食品活动，检查食品经营企业 3 万余户，收缴处理不合格食品 5.8 吨，查获假冒伪劣食品 67 种，销毁劣质软管饮料 8 万支、劣质酱油 7000 余瓶；查封伪劣“东宝王”饮料 1700 件，行政处罚 328 户（次）。

2000 年，对市场销售的豆制品添加“吊白块”事件进行专项检查，共检查农贸市场 86 个、商户 967 家，收缴销毁违法掺入“吊白块”的豆笋 1.5 吨。2001 年，检查各类市场、商场 265 家，检查经营户 5630 家，查获伪劣变质饮料、食品 1.58 万件。

2002 年，全市开展为期 3 个月的农贸市场食品卫生专项整治，检查农贸市场 113 个、食品经营企业 6430 户（次），责令限期整改 1330 余户（次），取缔 84 户，销毁不合格食品近 10 吨。2003 年 7 月，开展“潲水油”专项整治行动和节假日市场专项整治行动，出动执法人员 7647 人次，检查商场、超市、市场、酒店、餐馆、食品经营户 1.67 万户次，收缴潲水油 8946 千克，查处过期、伪劣饮料 5280 瓶，调味品 320 瓶，食品 560 千克，粮食制品 652 千克，查处白板肉、注水肉 2384 千克，病害肉、禽等肉制品 1470 千克，端掉贩卖“吊白块”窝点 1 个，查处各类案件 113 件。

2004 年 4 月，“阜阳奶粉事件”曝光后，对奶粉市场进行全面检查，查获不合格、过期奶粉及疑似不合格奶粉 130 余件。5 月 5 日，对全市散装白酒进行专项清查，查获假“二锅头”、假“邵阳大曲”等价值 4 万元的物资。7 月 15 日，开福区执法人员在中山码头巡查时，发现一艘货船上的大米米色发黄，并且有霉味，执法人员立即对货船上的 40 吨大米进行查封并展开调查。据货主杨某交代，她共从洪湖收购由陈化粮加工的陈化米 80 吨，除被查封的陈化米外，另有 24.2 吨流入市场。陈化粮因含致癌毒素，只能定向加工成饮料或工业酒精，人食用后 24 周内可致癌。陈化粮追查专案组出动执法人员近 1000 人，检查基建工地 82 处，大米经营户 1130 家，米粉加工企业 30 家，饮料厂 13 家，经过三天地毯式的清查，将流向市场的 24.2 吨陈化米去向全部查明并收缴，有效制止消费恐慌。开展“红盾旋风”“红盾雷霆”行动，开展食品安全整治。在“红盾旋风”行动中，检查食品经营户 4400 户，取缔无照经营户 133 家，收缴过期、变质等不合格食品 42400 千克，端掉售假仓库 1 个，查获不合格“玉洲”牌饮料、“玉洲”营养早餐奶、健宝奶 AD 钙奶饮料共 4000 件。在“红盾雷霆”整治行动中，没收价值 80 万元的伪劣食品，其中散装酒100千克，腊制品1700千克，熟食、豆腐、红薯粉1300千克，雪花豆、蚕豆、葵花籽1000余千克。2005年2月，在高桥市场查获一起假冒某品牌奶粉案，查获假冒奶粉1040件，案值30万元；查获假冒“加加”味精872件，计8720千克。国内“苏丹红事件”爆发后，开展含苏丹红成份食品的清查工作，向各大市场、商店、超市下发紧急通知，要求各经营主体认真自查、严把食品质量关，迅速将59种不合格食品清除出场，对24种含苏丹红成分食品进行地毯式检查，查获不合格“坛坛乡”1239.52千克，及时进行销毁。各大商场、超市自行下柜含苏丹红食品298.18千克。

2006年，加强食品安全监管的硬件建设，投入100万元，配备食品安全快速检测车和食品安全快速检测箱，提升对食品安全检测快速反应能力和技术含量。开展“红盾风暴”“绿荫行动”、月饼市场整治、地方特色食品专项整治等大规模的食品安全执法行动，积极应对食品安全领域的突发事件，如药水菜、红心蛋等有害食品入侵长沙的突发事件，迅速启动食品安全应急预案。全年共检查各类食品经营户3.46万余户次，查获问题鸭掌300余千克，米粉4000千克，潲水油2000余千克，槟榔180千克，腌熏制品850千克，臭豆腐28千克，不合格奶粉257袋，“三无”月饼300余千克，野山椒11件，剁辣椒29件，其他食品6800余千克。2007年，围绕“农村食品市场整顿年”相继开展“食品安全进万家”“农村食品市场宣传月”“绿荫行动”、食品安全快速检测技能竞赛、夏令食品专项整治、农村食品市场集中整治等行动，检查各类食品经营户2.74万户次，取缔无照食品经营户967户，查处假冒伪劣食品案件137件，查处假冒伪劣食品案值175.98万元，销毁假冒伪劣等不合格食品1.99万千克。在抓好食品市场整治工作的同时，加强对长沙市食品经营主体的规范管理工作，实现县城以上城市的食品市场、超市100%建立食品进货索证索票制度；乡镇、街道、社区食杂店100%建立食品进货台账制度；超市、市场销售的猪肉100%来自定点屠宰，彻底解决乡镇政府所在地及县城以上城市小食杂店、小摊点无照经营问题。

2008年，对四川地区流入的涉嫌滥用添加剂的“罗汉笋”“方竹笋”开展毒竹笋专项检查；对流通环节大米的质量和计量问题开展大米市场专项整治；对“百比佳”有限公司销售的标签违规果冻进行全面清查。在已有“网格化”监管体系的基础上，完善肉禽经营公示制度，更换公示牌3000块；落实市场三级巡查制度，收缴非法肉品8200余千克；加大食品安全监测力度，共检测23批次。全年共出动执法人员4.8万人次，检查经营户14万户次，查处各类假冒伪劣食品案件281件，案值461.37万元，销毁不合格食品15.4吨。共清理下架不合格奶粉2万余千克，问题液态奶8000千克，其他奶制品15万千克，销毁问题奶粉5万余千克，受理消费者有关奶粉的咨询、申诉、举报7687件。

2010年，全市核发“食品流通许可证”1.05万份。红星市场开办者投资160万余元，建立120平方米的农产品检测室，配备现代化的检测设备，对所有进入市场的农副产品进行强制性检测，不合格农副产品一律不准进入市场交易，市场开办者将不合格食品的检测结果每天进行信息公示。全年共开展快速检测2.22万批次，检出涉嫌不合格食品41批次；委托法定检测机构抽检食品421批次，检出不合格食品84批次，依法对外发布食品监测公告8期。先后开展“发光肉”、转基因大米、海南豇豆清查等专项整治行动，出动执法人员3.2万余人次，查获各类假冒伪劣食品4.36万千克，立案查处各类假冒伪劣食品案件452件，案值483万元，罚没235.28万元。全年还开展流通环节乳制品、鲜肉及制品、腌腊制品、食品调味品和食品添加剂、食品标识以及“两节两会”食品安全、校园周边食品安全等各类专项整治24次，共检查食品经营户9.7万余户次，检查批发市场、集贸市场等6800余个次，查获假冒伪劣食品90余吨，查处不符合食品安全标准的食品案件619件，案值360万余元，移送司法机关2件。

2012年，开展早餐食品、豆制品的专项整顿。全面排查城乡接合部、集贸市场等重点区域的临时建筑、出租房屋，取缔无证无照经营窝点14家，收缴物品货值近8万元。严密排查早餐食品、豆制品流通环节，共检查经营单位5168家，查处违法案件22起，移送司法机关2起。

三、餐饮监督管理

1988年，全市发放各类公共场所、餐饮单位卫生许可批件1.1万个，培训从业人员2.6万人。1996年11月，某公司食堂发生一起误食桐油的食物中毒事件，420名职工中毒，市卫生防疫站迅速进行现场处置，经紧急抢救，中毒人员全部脱险。

2001年，检查早餐店327家、中小型及特色餐饮店32家、商场超市200家，对卫生设施设备不全、从业人员未进行体检、餐具消毒不合要求等问题，责令整改，共取缔无证经营79户，行政处罚43户，销毁不合格食品8.1吨。2003年，全市推行食品卫生监督量化分级管理制度，开展创建餐饮食品安全示范社区、示范街活动，推行“阳光厨房”，在食品加工制作间安装视频设备，接受消费者现场监督和卫生监督员视频监控。

2005年，在创建全国文明城市工作中，对城市27条街道的685家餐饮及食品商店进行全面检查指导，督促落实从业人员健康体检及办证，改善卫生设施，执行卫生清洗消毒措施，限期整改卫生问题较多的餐饮单位，并向社会公布85家餐饮单位、集体食堂为“食品卫生A级单位”。

2007年，全市出动卫生监督员4000余人次，监督检查各类餐饮单位2万余个（次），取缔无证经营的餐饮单位854个，行政处罚205个，整顿规范餐饮店、食堂、农村聚餐及农家乐餐饮经营行为，无证餐饮单位查处率100%，食品原料采购索证及台账建立率100%。5月，统一监管集中式消毒餐饮具供应企业，取缔非法企业5个，审批卫生合格的企业18个。2008年，在市内5区创建食品卫生示范街（社区）10个，全面落实餐饮卫生监督量化分级、卫生状况公示及动态监管措施。

2009年6月1日，《中华人民共和国食品安全法》实施后，7月1日召开长沙市餐饮服务监管协调会议，形成机构改革过渡期间《关于全市食品安全综合协调及餐饮服务监管有关问题的会议纪要》，随即向全社会公布。7月10日，启动“餐饮服务许可证”的发放工作。同时，全市进行违法添加非食用物质和滥用食品添加剂问题的专项整治，共检查各类餐饮单位8524家，受理群众投诉举报110起，立案查处严重违法添加行为案件19起。

2010年，开展对农村餐饮的专项整治，共检查各类餐饮单位1.47万个，培训农村厨师5200人，对100人以上集体聚餐实行申报备案制度，监督监测农村集体聚餐1.5万余起，抽样检测食品、餐饮具等2.6万份，紧急处置食品中毒事件15起，救治食物中毒者320人。2010年全市发放餐饮服务许可证1.57万份，临时许可证1.05万份。开展学校食堂的专项整治。对全市1176所学校食堂进行全面检查，确保全市学校食堂100%持证营业。加大对学校、建筑工地食堂及周边餐馆的检查力度，检查餐饮单位6025家，责令整改169家；查处流动摊担1.8万余个，教育处罚710个，有效防止食物中毒事件发生。开展塑料餐盒专项整治，检查餐饮服务企业3000余家，重点检查餐饮企业一次性塑料餐盒进货查验和索证索票制度的落实。对323家存在问题的餐饮服务企业下达责令整改通知书，对个别餐饮服务企业使用未获得生产许可证的一次性塑料餐盒的行为，依法予以处罚。对全市218家建筑工地食堂进行专项整治。对工地食堂从业人员开展培训13次，培训人员1310人。在整治行动中，共下达限期整改通知书108份，对60家由于基础设施差，达不到许可条件和42家新开工的工地食堂进行指导，促使其达到发证要求，使持证率由原来的72.5%提高到100%，责令从业人员限期进行体检，确保工地食堂从业人员持有效健康证率100%。对餐饮企业供应月饼的卫生状况进行专项检查，随机抽取10家餐饮企业11个品牌的样品，经市疾病预防控制中心进行细菌指标检测，检测结果全部合格。按照省食品药品监督管理局开展餐饮服务环节食品安全抽检工作要求，制订抽检工作计划，对全市范围内餐饮企业的食品进行抽样评价，抽检地域覆盖城乡，抽检对象涉及大、中、小型餐饮企业和学校食堂，品种包括熟食、食用油、水产品、蔬菜等，全面完成省食药监局规定的820批次抽检任务，抽查合格率为65.6%。

2012年，针对夏季食物中毒高发的特点，在全市部署开展农村集体聚餐专项整顿，进一步建立健全农村食品安全监管机构、三级信息网络、聚餐申报备案、食品留样等机制和制度。“五一”、中秋节、国庆节等节假日期间共申报备案农村集体聚餐3015起。按照创建全国文明城市工作要求，全年检查餐饮服务、公共场所、生活饮用水单位7.4万个，督促整改2.7万个，立案查处100余起。

四、食品安全综合监管与协调

2004年，进一步摸清全市食品行业的“家底”。全市共有食品（保健品）生产、经营、餐饮企业3.32万家，其中，有证照的生产企业2216家、经营企业1.82万家、餐饮企业6133家。针对食品安全专项整治、食品安全检测资源整合、重大食品安全事故应急、成立食品安全专家组、食品安全信用体系建设、食品安全宣传及信息整合、食品安全状况调查等重大工作进行交流、讨论、研究，出台一系列指导全市食品安全工作的文件，加强对食品安全的综合整治。

2005年，制定《长沙市食品安全专项整治联合行动方案》，在元旦等重要节假日开展专项整治行动。共出动执法检查5700人次，车辆1200余台次，取缔不符合生产经营要求或达不到卫生条件的企业590家，收缴销毁各类不合格食品约45000千克，移送司法机关处理1人。为应对“苏丹红”事件引起的市民恐慌，对食品生产、加工企业进行全面检查，封存涉嫌产品3200余件，抽检产品110批次。

2006年3月，开展“食品安全宣传月”活动，按照打假治劣与宣传教育相结合的原则，对一批消费者投诉意见集中的问题食品进行重点打击，与新闻、报刊媒体紧密配合，开展形式多样的宣传活动，向市民宣传食品安全法律法规、辨别真假食品安全常用知识，受到群众的好评。在整个宣传月活动过程中，共出动执法车辆832台次，执法人员4741人次，检查各类食品经营消费场所6880处，查扣“三无”饮料3424瓶，不合格食品及其原料23.96吨，过期变质米粉1.5吨，过期奶粉106袋，取缔无证照经营食品摊点36处，捣毁制假窝点23处，发出整改意见书25份。1.2万余人上街进行宣传，在全市消费者相对集中的公共场所搭建咨询宣传点31个，发放宣传资料8.1万余份，在各类报刊，新闻媒体上刊登有关食品质量报道80余条次，接受消费者投诉和咨询2794次。按照省食安办的部署，在全市开展清查“东方牌”劣质奶粉行动，重点整治马王堆市场的“药水菜”和西长街被污染水产品问题。对全市包括食品加工厂、批发、零售商店、超市、集贸市场、宾馆、食堂以及小作坊在内的1.98万家单位和企业进行检查，取缔无证生产、加工、经营单位331家，捣毁制假窝点51个，收缴并销毁假冒伪劣、过期变质等不合格食品2.29万千克。2007年，开展食品安全集中联合整治8次，共出动执法人员8100人次，检查餐馆4189家、批发市场、集贸市场112个，经营门店1.43万户，查处制售假冒伪劣食品案件221件、各类食品违法案件247起，查处假冒伪劣食品经营户1700余家，捣毁制假售假窝点78个，无证小作坊77个，取缔无照经营户967户，吊销营业执照132户，收缴各类假冒伪劣食品近40吨，行政处罚21人，移送公安机关处理3人，案值227万元。

2009年，开展打击违法添加非食用物质和滥用食品添加剂的专项整治行动。对全市食品生产、经营和消费各领域、各环节进行全面整治，查处一批违法违规的单位和个人，规范全市食品行业添加食品添加剂的行为。4 月 25 日，国家督查组对专项整治工作进行全面检查，受到高度评价和充分肯定。是年，开展“两岸经贸文化论坛”“全国第十届中学生运动会”等重大活动和国庆节、中秋节等重大节日的食品安全等专项整治行动，长沙市连续四年被省政府评为食品安全先进单位。

2010 年，严厉打击食品安全违法犯罪行为，全市共侦破涉及食品安全刑事案件 22 起，刑事拘留 47 人；捣毁制假窝点 18 处，查处售假门店 65 家，缴获各类假冒食品、名烟名酒、调料品货值 1400 万元，收缴各类假货标识 13 万余套。依法从严查处一批危害巨大、影响恶劣的生产销售有毒有害及假冒伪劣食品的重大案件，有曾某制售伪劣肉制品案、“4·12”特大制售假烟网络案、“6·10”制售假酒网络案、“12·3”特大生产销售病害猪肉案等。与此同时，开展肉类、蔬菜、食用油、酒类、米粉、豆制品等专项治理工作；妥善处理“发光猪肉”、转基因大米、海南毒豇豆、远山问题玉米奶等食品安全事件，未发生重大食品安全事故。通过整治，熟食、米粉、豆制品抽检合格率均提高 20 个百分点。

2011 年，开展水产品肉制品质量安全专项整治。共开展联合执法行动 10 次，排查养殖场 90 个、冷库 83 个、集贸市场 42 个、运输动物和动物产品车辆 113 台，查处无证加工猪皮、猪头肉作坊和私屠滥宰窝点 10 个，收缴白板肉 600 余千克、病死猪肉 2966 千克、生猪 9 头、电渔船 3 艘，罚款人民币 3 万余元。公安部门破获一起非法经营肉制品案，犯罪嫌疑人晏某在未取得定点屠宰资格的情况下，私自开展生猪屠宰且逃避检疫，涉案货值 75 万元，最终晏某获 6 个月有期徒刑并被处 3000 元罚金。开展米粉面条生产经营专项整治，检查米粉、面条生产经营单位 5097 家，责令整改 423 家，警告 21 家，立案 4 起，罚款 1.5 万元。关停不合格的米粉、面条生产经营作坊、窝点 17 个，封存米粉、面条 576.5 千克，收缴生产经营工具 10 套。建立联合办案机制，进一步加大对食品安全违法犯罪行为的打击力度，依法从严查处一批危害巨大、影响恶劣的有毒有害及假冒伪劣食品生产销售的重大案件，有 1 月，查处“1·05”重大制售假酒案，查扣各类假冒品牌酒 10 万余瓶，涉案货值达 500 万元；8 月，侦破“8·20”生产销售有毒有害食品案，缴获有毒有害添加物 140 千克、腐竹和粉丝 43.3 吨，涉案价值总计达 2280 万元；9 月，破获一起制售假食盐案件，查扣假食盐 13.9 吨，抓获犯罪嫌疑人 4 名。全市侦破涉及食品安全的刑事案件 12 起，涉案金额 2500 万元，移送司法部门处理 20 人。

2012 年，建立隐患排查、联合执法、案件移送等工作机制，加强食品安全行政执法部门与公检法的有效衔接，统一归集案源线索，统一查办违法案件，统一拨付办案经费，形成“基层摸排、食安联动、部门查处、司法究责”的案件查办工作模式，确保食品安全刑事案件速移速侦、快诉快处。全年共查办食品安全刑事处罚案件 20 起，刑拘 54 人，批捕 37 人，起诉 51 人。查办的“1·11”生产销售假名酒案，查扣假五粮液、国窖 1573 等假名酒货值近 2000 万余元；查办的“3·26”制售有毒有害水发产品案，查扣问题水发食品、过氧化氢、工业氢氧化钠等 1000 余千克；查处的“7·20”制售有毒有害米粉系列案件，查扣不合格米粉及违法添加物 6 吨。

第八节　保健食品、化妆品监督管理

一、保健食品监督管理

1988 年，对保健食品生产经营单位核（换）发卫生许可证，对全市 100 余家大中型单位进行日常监管。2002 年起，组建市县两级卫生监督机构，承担卫生监督执法职能，行使食品（保健品）卫生行政许可及卫生监督执法。2006 年，抽查全市保健食品生产经营单位 502 家，未发现有违法添加药品的保健品，对无保健食品标识、无批准文号、违规宣传功效的12家单位，当场处罚3家，立案查处9家，收缴非法保健食品330千克、伪劣食品原材料16吨，取缔制假黑窝点29个。

2009年6月，按照《关于开展保健食品基本情况调查和确认工作的通知》要求，用一个月的时间，对全市范围内保健食品批准证书持有者的基本情况及已获批准产品的产品名称、变更转让、生产销售等情况进行全面调查摸底。有21家企业涉及保健食品生产，其中大部分集中在浏阳生物医药工业园、长沙市高新技术开发区等工业园区内，生产各类保健食品50个品种。

2010年，全面开展保健食品生产秩序整顿。通过对21家保健食品生产企业的检查，全市企业证照齐全，基本能按照法律法规的要求组织生产，保证产品质量。对全市21家生产企业和部分保企业建立基本信息档案。开展抽检工作，地域涉及长沙市区和周边县城，企业涉及生产、批发和零售，产品涉及本省和外地的，共抽验保健食品343批次。

2011年，开始推行保健食品经营企业登记制度。为规范市场秩序，维护经营企业和消费者合法权益，发布《关于保健食品经营许可相关事项的通知》，在市法制办进行登记，作为规范性文件下发。2011年7月—2012年12月，共对1775家保健食品经营企业进行许可登记。规范企业经营行为，督促经营企业索取产品生产企业、供货方有效证照和产品批文，建立购进台账、专人管理。建立警示约谈问题企业制度，共约谈企业负责人10人次。受理群众投诉举报20件，对其中的16件及时进行回复，4件进行调查处理。对易添加违禁药物的9类31个品种保健食品进行抽检。对全市21家生产企业进行全面监督检查，切实规范生产行为。

2012年全面开展保健食品专项整治。根据《湖南省2012年保健食品化妆品安全专项整治工作方案》，长沙市发布《2012年保健食品安全监管工作实施方案》，确立全年以药品经营企业、商场超市和保健食品直销企业为重点的专项整治工作方案。全年共处理有关保健食品的群众投诉50起，涉及40个品种。出动执法人员1400余人次，车辆488台次，检查经营企业667家，移交稽查部门立案11起，全部进行行政处罚。7月，对某公司湖南分公司销售的纽崔莱维生素C片标注的净含量低于国家标准的问题进行专项调查，责令企业整改，有效规范保健食品市场秩序。保健食品监管工作连续两年在全省食品药品系统工作会议上作典型发言，并被评为全省一类单位。

二、化妆品监督管理

1989年，国务院《化妆品卫生监督条例》颁布后，开始对化妆品生产经营企业实行卫生行政许可及日常卫生监管，重点进行重金属和微生物等项目的卫生检测。1991年，对全市100余家大中型化妆品生产销售单位进行日常监管。1993年，监督检测化妆品生产销售样品116个，其中理化指标合格率为100%，细菌总数超标率为8.4%。1996年抽样检测102户，采样165个，卫生行政处罚27户，收缴不合格产品1.3万瓶（支）。1997年重点监督检查23个大型商店（化妆品专卖店）的化妆品293种、美容美发店的化妆品50种、特殊化妆品135种，收缴处理100余个无批准文号的产品。2000年，重点检测雨花区高桥大市场6家化妆品销售单位近千个品种，对其中44%无特殊批准文号及46%的过期产品予以收缴处理。2005年进行化妆品卫生专项整治，共检查70余个生产销售单位，抽查54个品种，责令8个单位限期整改。

2011年，加大调查摸底的力度，全面澄清化妆品生产经营状况。并对全市9家化妆品生产企业进行全面监督检查，切实规范其生产行为。

2012年，对全市辖区内化妆品生产经营企业进行普查造册。经过清理，已登记造册的企业有8434

家，其中经营化妆品的药店3773家，已核实并建立企业从业人员档案的化妆品生产企业5家，经营企业546家，产品种数186个。全市共出动执法人员1348人次，执法车辆455台次，检查化妆品生产、经营、使用企业455家次。先后开展美白祛斑产品集中整治、化妆品违法使用禁限用物质专项整治、美容美发店化妆品专项整治、美容医疗机构专项整治、婴幼儿产品专项整治5个大的专项整治工作，做到日常监管和专项检查的有机结合。对33名化妆品监管人员进行为期2天的集中培训。2012年，推进食品药品行业诚信体系建设，有546家化妆品生产经营企业的4350人报名参加诚信体系建设工作，举办18期培训班，丽臣、天龙等化妆品生产厂家，高桥、和瑞、老照壁等美容美发城、批发市场，以及亚韩、爱思特等医疗美容医院共497个企业的从业人员参加培训，参训人数3297人。依据《化妆品生产经营企业索证索票和台账管理规定》《化妆品卫生监督条例》等法规，研究制定《长沙市化妆品经营须知》。各化妆品经营企业开始实行货票同行制度，在销售化妆品时，主动向其经销商提供手续齐全的证照资质、检验报告。在化妆品企业建立健全化妆品索证索票制度和进销货台账制度，禁止采购经营无证企业生产、未取得特殊用途化妆品批件、未取得进口化妆品备案凭证、夸大宣传疗效以及超过保质期限等六大类产品。

第十五篇

财政 税务

本篇编纂人员

钟铁球（主编） 欧阳乐天

本篇撰稿人员

第一章　财政：徐振祥　唐元立　吴金生　严　波　李　旭　徐友军　刘胜涛

第二章　税务：姜　焕　张　纲　钱秀芳　陶佼如　傅　驰　曾　辉　欧耀清

第一章 财 政

1988年，长沙市延续计划经济时代的财政工作思路，省对市主要实行“划分收支、分级包干”的财政体制，全市财政收入8.83亿元，经济基础差、底子薄、欠债多，财政运行十分困难。1993年，全市财政收入虽有所增长，但财政支出也逐渐膨胀，保吃饭、保运转成为财政最重要的工作。

1994年，实行分税制财政体制改革，省对市的体制是统一领导，分级管理、分灶吃饭；新老体制双轨并行，存量不动，增量微调，保地方既得利益。

1995年，对全市行政事业性收费实行集中统一管理，实行“收支两条线”，纳入预算管理。事业性收费及其他预算外资金实行“财政专户储存，计划管理，财政审批，银行监督”的办法。游离于财政管理之外的预算外资金进入“笼子”。

1998年，长沙市对财政体制进行系列改革：将预算内外资金管理有机结合，收入统一征管，支出统筹安排，统一编制综合财政收支预算；对财政性基本建设项目的概算、预算、结算、竣工决算进行评价和审查，并出具评审结论；对行政事业单位所需物料实行政府集中采购，并扩大政府采购范围和规模；对执罚部门的罚没收入实行罚缴分离改革，将罚没收入金额纳入财政预算管理。是年，受东南亚金融危机和长沙流域特大洪水双重打击，长沙成为GDP增速下调4个百分点以上的“重灾区”，阵痛持续到2000年。其间，长沙市地方财政收入徘徊在30亿元左右，基本处于“吃饭财政”状态。

2001年，随着党中央、国务院为应对亚洲金融危机作出的增加投入、扩大内需、实行积极财政政策的效果逐步显现，经济形势不断好转。长沙市提出“一年一个样，三年大变样”的城市建设目标，财政也随之由“吃饭财政”过渡到“建设财政”。是年，在行政事业单位实行会计委派制度改革，对60个单位实行集中核算，对14个系统实行会计委派。

2004年，全市地方财政收入突破100亿元大关，4年新增财力68.96亿元。其间，市级直接用于城市建设的投入34.85亿元，有力促进长沙市城市建设的发展。2005年，长沙市在全省率先免征农业税，比全国提前一年。全市地方财政收入139.38亿元，仅新增收入就接近2000年全市的收入规模，实现高基数上的高增长。不断增长的财政收入为“公共财政”建设提供财力保障。全市建立全面涵盖所有人群的最低生活保障、免费义务教育和基本医疗保障等一系列的社会保障机制和社会公平发展体系，以人为本的“公共财政”框架基本构建。

2007年，长沙市实行国库集中支付改革试点，构建国库单一账户体系，改革先在21家试点单位上线运行，并逐步推广实施。2008年，财政部门退出政府采购操作，履行政府采购监管，实现政府采购监管职能与政府采购代理机构的操作职能分离。按照“统一配置、分类管理、综合经营、集中处置”的办法，实行公共资产集约化经营，提高资产营运能力、资产附加值和经营收益。

2010年，实施财政体制“省直管县”改革，长沙市对县（市）财政体制收入划分为：对省直管的浏阳市、宁乡县的财政收入，市级财政不再参与分享；未纳入省直管的长沙县、望城县的财政收入划分范围不变。是年，实施国库集中支付配套改革，公务卡改革在全市范围铺开；将政府性投资项目资金全面纳入“双控”管理；规范工程项目政府采购程序、限额标准和结算方式，探索行政事业单位服务外包定点模式。2011 年，全市财税收入首次突破千亿元，长沙发展进入财税与经济良性互动的新阶段。

2012 年，财政管理体制不断完善。公共财政预算、国有资本经营预算、政府采购预算、政府性基金预算和社会保障预算组成的财政预算框架不断健全，综合财政预算体系逐步形成。至年底，全市完成公共财政预算收入 490.64 亿元，是 1988 年的 55.56 倍。是年，“双控”软件全面升级，与财政大平台对接，实现管理更科学、信息更准确、支付更便捷、数据更可靠的目标。

第一节 机 构

一、市级机构

1988 年，长沙市财政局内设人事教育科、预算科、行政事业财务科、工交企业财务科、商贸企业财务科、综合计划科、农业财务科、财政监察科、会计事务管理科、办公室，行政编制 125 人。7 月，增设农业税征收管理科，行政编制增至 130 名。1989 年 6 月，增设税收、财务、物价大检查领导小组办公室，配备全民事业编制 3 名。1991 年 7 月，增设纪律检查组。1996 年 6 月，市财政局内设机构重新调整为：办公室、预算科、综合计划科、工业交通科、商业科、对外经济贸易科、文教行政科（加挂长沙市控制社会集团购买力领导小组办公室）、农业科、社会保障科、农业税征收管理科、基本建设科、会计管理科、财政监督科（加挂长沙市政府税收、财务、物价大检查办公室）、人事教育科、纪检组（监察室）和机关党委，行政编制 82 名。1997 年 6 月，办公室加挂法规科的牌子。1998 年 9 月，基本建设科加挂长沙市建设工程预决算审查办公室的牌子。2002 年 7 月，市财政局内设机构重新调整为：办公室、综合规划处（加挂法规处）、预算处（加挂长沙市控制社会集团购买力领导小组办公室）、国库处、行政政法处、教科文处、经济建设处、农业处、社会保障处、企业处、对外经济贸易处、会计处、产权处、统计评价处（加挂长沙市清产核资办公室）、监督检查处（加挂长沙市财政监督检查局）、农业税征收管理局、人事教育处、机关党委和纪检（监察）室，行政编制 80 名。2004 年 10 月，产权处与统计评价处（市清产核资办公室）合并，设立公共资产管理处。2006 年 1 月，农业税征收管理局更名为乡镇财政管理局（加挂市契税耕地占用税征收管理局）。2007 年 4 月，市农村工作领导小组办公室内设机构农业综合开发处（加挂市农业综合开发办公室）划归财政局管理，为市财政局内设机构，行政编制增至 85 名。2008 年 2 月，增设离退休人员人员管理服务办公室。2009 年 6 月，增设绩效评价处。2010 年 6 月，增设债务管理处，行政编制调整为 92 名。2011 年 4 月，内设机构重新调整为：办公室、综合规划处（法规处）、预算处、国库处、行政政法处（市控制社会集团购买力领导小组办公室）、教科文处、经济建设处、农业处、社会保障处、企业处、对外经济贸易处、会计处、财政监督检查局、乡镇财政管理局（市国土收入征收管理局）、资产管理处、农业综合开发办公室（市农业综合开发办公室）、绩效评价处、金融与债务处、人事教育处、离退休人员管理服务处、机关党委和纪检（监察）室，行政编制 123 名。至 2012 年年底，市财政局内设机构和行政编制仍保持不变。

1998 年 8 月，设立长沙市财政局高新技术产业开发区分局（以下简称“高新区”），为市财政局副处级派出机构，由市财政局与高新区实施双重领导。2000 年 11 月，设立长沙市财政局经济技术开发区（以下简称“经开区”）分局，为市财政局派出机构，由经开区与市财政局实行双重领导。2004 年 8 月，撤销市财政局经开区分局。2008 年 7 月，设立长沙市财政局先导区分局，与市财政局高新区分局合署办公。2011 年 4 月，市财政局先导区分局为市财政局副县级派出机构。至 2012 年 12 月，市财政局的派出机构有市财政局高新区分局、市财政局先导区分局。

1988 年，市财政局下设机构有长沙市财政科学研究所、湖南省中华会计函授学校长沙辅导站。是年 5 月，成立长沙市信托投资国库券交易所，为市财政局管理的全民所有制预算外单位。1989 年 3 月，成立长沙市国有资产管理处，为市财政局管理的副县级机构。1990 年，市信托投资国库券交易所更名为长沙市信托投资公司。3 月，设立长沙市会计师事务所，为市财政局管理的全民事业单位。1992 年 11 月，成立长沙市费用征管办公室，为市财政局管理的正科级全民事业单位。1993 年 1 月，成立长沙市拍卖行，为市财政局管理的正科级全民事业单位。6 月，成立长沙市国有资产经营公司，为市国有资产管理处管理的正科级全民事业单位。9 月，成立长沙市产权交易中心，为正科级全民事业单位，归口市国有资产管理处管理。1994 年 1 月，成立长沙市资产评估事务所，在市产权交易中心加挂长沙市资产评估事务所牌子。10 月，成立长沙市国债服务部，归口市财政局管理。12 月，撤销市国有资产管理处，成立国有资产管理局，为市财政局管理的副县级机构。1995 年 3 月，撤销长沙市费用征管办公室，成立长沙市收费管理局，为市财政局管理的副县级全民事业单位。1996 年 7 月，成立长沙市注册会计师协会，为市财政局管理的正科级事业单位。1997 年 11 月，长沙市注册会计师协会调整为长沙市注册会计师协会秘书处。同月，湖南省中华会计函授学校长沙辅导站更名为湖南省中华会计函授学校长沙分校。1999 年 4 月，成立长沙市政府采购中心，归口市财政局管理。9 月，成立长沙市财政统发工资中心，为副县级全民事业单位，归口市财政局管理。2000 年，取消长沙市会计师事务所全民事业编制，脱钩改制为私有独立的中介机构。10 月，成立长沙市会计委派管理中心，隶属市财政局管理。2001 年 9 月，撤销长沙市国有资产管理局，其职能和人员编制并入财政局，其所属事业单位一并划归市财政局。11 月，长沙市信托投资公司与市国有资产经营公司合并，更名为长沙市长信投资管理中心，为市财政局管理的正处级全民事业单位。2002 年 2 月，设立长沙市投资评审中心和长沙市财政局预算审核服务中心。4 月，长沙市产权交易中心由原市国有资产管理局管理划归市财政局管理。11 月，市收费管理局更名为长沙市非税收入管理局。2003 年 5 月，撤销长沙市国债服务部。11 月，长沙市土地储备中心由归口市国土资源局管理调整为归口市财政局管理。12 月，长沙市会计委派中心更名为长沙市国库集中支付核算局。2005 年 11 月，设立长沙市引水工程投资管理中心，为市财政局管理的副县级全民事业单位。12 月，长沙市财政局将长沙市产权交易中心及长沙市拍卖行整体移交至长沙市人民政府国有资产监督管理委员会。2007 年 11 月，长沙市注册会计师协会秘书处更名为长沙市资产评估管理中心。2008 年 6 月，长沙市政府采购中心更名为长沙市政府采购监督管理办公室。2009 年 5 月，成立长沙市财政信息管理中心。12 月，长沙市国库集中支付核算局更名为长沙市国库集中支付局。2012 年 5 月，长沙市政府采购监督管理办公室更名为长沙市政府采购监督管理局。8 月，长沙引水工程投资管理中心由市财政局管理成建制调整至长沙市基础设施建设投资管理中心管理。至 2012 年 12 月，归口市财政局管理的下设机构有：长沙市非税收入管理局、长沙市国库集中支付局、长沙市政府采购监督管理局、长沙市财政统发工资中心、长沙市财政科学研究所、长沙市财政预决算（投资）评审中心、长沙市财政信息管理中心、湖南省中华会计函授学校长沙分校、长沙市资产评估管理中心、长沙市长信投资管理中心。

1988—2012 年，先后担任长沙市财政局主要领导职务的有：俞绍昌、周国璜、杨光荣、姚永春，等；其他领导班子成员有：鲁尧臣、彭萍（女）、陈敬文、程德堃、黄其雄、杨淑辉（女）、杨兴龙、尹森林、杨学成、廖明德、王金煌、杨文质、邱兵东、肖继红（女）、吴金生、蔡学辉（女）、胡岳龙、肖正波、张学峰、宋志元、唐元立、肖文让、李玮玮（女）。

二、区县（市）机构

1988年，长沙市区县（市）财政管理机构有：长沙市东、南、西、北、郊5个城区财政局，长沙、望城、浏阳、宁乡4个县财政局，均隶属各区县人民政府管理。1993年2月，浏阳县撤县设市、浏阳县财政局改名为浏阳市财政局。1996年6月，长沙市区划调整，长沙市东、南、西、北、郊区财政局更名为长沙市芙蓉、天心、岳麓、开福、雨花区财政局。2011年5月，望城县撤县设区，望城县财政局更名为长沙市望城区财政局。至2012年12月，长沙市各区县（市）财政管理机构设置、名称及隶属关系均保持不变。

第二节 财政收入

一、工商税收

1988年，长沙市贯彻国务院《关于严肃税收法纪，加强税收工作的决定》文件精神，开展整顿税收秩序行动，严厉打击偷税漏税等不法行为，促进财政增收。全市工商税收6.97亿元，增收9834万元，其中市本级完成3.97亿元。

1990年，受市场疲软影响，长沙市工商税收下降幅度较大。全市工商税收7.87亿元，为年计划的94.73%，短收4385万元。翌年，市政府召开全市扭亏增盈工作会议，开展“质量、品种、效益年”活动。全市工商税收完成8.82亿元，增收9414万元。

1993年，长沙市加大财源建设力度，扶持重点财源建设单位，促进城乡经济发展。全市工商税收完成14.44亿元。

1994年，实行分税制财政体制，产品税并入增值税，消费税的全部和增值税的75%上划中央，工商税收有所下降。全市完成工商税收8.28亿元。翌年，全市经济形势继续朝着好的方向发展，全市完成工商税收11.20亿元。1996年，长沙市财税改革进一步完善，财源建设力度加大。全市完成工商税收小幅增长至14.75亿万元。

1999年，全市增值税、营业税、个人所得税创造较高增长点，分别为9.52%、15.17%、13.96%。全市工商税收完成20.59亿元。2001年，长沙市所有制结构进一步优化，全市非公有制经济占CDP比重为33.4%，促进财政收入增长。全市工商税收完成27.57亿元。

2003年，长沙市完善收入增长机制，经济发展平台不断拓宽，经济发展环境明显优化。全年工商税收完成38.9亿元，为年预算的99.59%。2006年，落实各项税费优惠政策，促进企业发展和外贸增长方式的转变。市本级工商税收仍实现30.9亿元。是年，完成政府收支分类改革，工商税类目取消，工商税收入分散于单独设置的101类相关税收收入科目中。2007年，全市完成工商税收97.14亿元（按旧的科目统计，下同）。

2010年，长沙市转变经济增长方式，提高经济发展的质量和效益，培育可持续性财源，促进税收增长。全年完成工商税收161.97亿元。

2012年，长沙市围绕增质增量，强化收入征管，突出调优财源结构，逐步提高税收收入占财政一般预算收入的比重，财政持续增收的长效机制基本形成。全年全市完成工商税收255.25亿元，比上年增加41.96亿元，是1988年的36.62倍。

二、企业收入

1988年，长沙市对企业实行经营机制的改革，采取放权让利、承包制、租赁制等多种经营方式，但由于多种因素导致企业效益不景气，全年全市完成国有企业收入6842万元，为年计划的77.5%。翌年，国有企业收入4126万元，为年计划的52.62%。

1995年，长沙市加强宏观调控，深化企业改革，企业技术改造、扭亏增盈工作均取得实效。全年全市完成企业收入8598万元，为年预算的104.45%。1998年，按照中央稳中求进的总体要求，长沙市深化以优化资本结构、抓大放小、组建集团、兼并破产、减员增效、人员分流等为主要内容的企业改造，企业脱贫解困工作取得突破，全市完成企业收入1.18亿元，为年预算的119.68%。翌年，全市完成企业收入1.95亿元，为年预算的137.06%，企业整体效益明显提升。

2000年，长沙市一批高新技术企业迅速扩张，部分传统产业企业在市场竞争中脱颖而出，形成长沙工业骨干企业群，全市规模工业企业呈现产销两旺态势，全市完成企业收入2.76亿元。翌年，工业经济运行继续保持良好态势，全市完成企业收入4.42亿元，比上年增长59.92%。2004年，长沙市国有企业通过改革，促进企业经营机制的转换，工业经济不断提速，全部工业产值的增长速度由2000年的12%，增加到2004年的25%，实现工业经济总量由百亿元级向千亿元级跨越的历史性突破，全年全市完成企业收入5.5亿元。

2006年，长沙市实施“兴工强市”战略，大力发展高新技术产业，提高工业核心竞争力，培育产业集群，形成工业规模效应，工业经济实现总量、效益、投入“三个翻番”。全年市本级完成企业收入5.67亿元。是年，完成政府收支分类改革工作，企业收入科目取消。

三、企业所得税

1988年，按照国家利改税政策，国有大中型企业适用55%的比例税率，国有小型企业适用8级超额累进税率，最低税率为10%，最高税率为55%。是年，全市完成企业所得税收入1.07亿元。1990年后，企业效益不景气，企业所得税逐年下降。至1992年，全市企业所得税下降至7026万元，比1988年下降35%。

1994年，根据国家税制改革的精神，长沙市本着“公平税负、促进平等竞争”原则，取消按企业所有制形式设置所得税办法，实行统一的内资企业所得税制度。企业所得税实行33%比例税率，适当减轻企业税负，调动企业尤其是非公有制企业的积极性。全年全市企业所得税完成1.56亿元，比上年增加7458万元，增长91.86%。

1999年，全市企业效益保持良好的增长势头，非公有制经济类型企业所得税增幅较大。全年全市企业所得税完成2.71亿元。占全市税收收入10.83%。2001年，经过历年财源培植，全市涌现一批税收大户，税收50万元以上企业46家，其中税收100万元以上企业22家。全年全市完成企业所得税4.44亿元。

2007年，长沙市依法依规落实各项税费减免及出口退税政策，促进全市企业的发展和外贸增长方式的转变。同时，通过累计注入2.3亿元资金给市技术进步投资担保公司，为中小企业提供新的融资渠道，促进企业发展。全年全市完成企业所得税9.91亿元。翌年，开展“服务经济建设百日大行动”，推动全市工业经济加速发展，经济运行质量明显提升。全年完成企业所得税14.19亿元。

2011年，长沙市引导和支持重点项目、骨干企业发展，通过拨付工业奖补资金，鼓励企业技术升级改造，提高核心竞争力。规模工业产值保持30%左右增速。全市完成企业所得税29.84亿元，比上年增加 11.30 亿元，增长 60.98%。

2012 年，长沙市集中财力办大事，通过各种优惠政策和措施支持优势产业加快发展，推进新型工业化进程，重点支持反映长沙工业综合实力的工程机械、汽车及零部件、新材料、电子信息，生物医药、新能源等战略性新兴产业。产业格局由一业独大向多点支撑转变，全市战略性新兴产业快速崛起。全年完成企业所得税 39.02 亿元，占全市税收收入的 11.58%，是 1988 年的 36.5 倍。

四、农业税收

1988 年，农业税以征收代金为主，继续征收粮食，纳入合同定购任务以内。长沙市按每 50 千克稻谷 15.59 元的单价计征。全市征收农业税收入 3008.4 万元，为年计划的 102.46%，因自然灾害影响，比上年略有下降。

1989 年，全省农业税计税价格统一调整，均按 22.10 元/50 千克稻谷计算。全市完成农业税收 4055 万元，因提高稻谷收购价格，增收 1042 万元。1992 年，调增农业税征收价，全省统一按照中央对湖南确定的 3 种原粮提价额计算，即由每 50 千克 22.10 元提升为 25.10 元。全年全市完成农业税收 4598 万元，超收 522 万元。1994 年，省政府确定长沙粮食收购价格为一价区，早籼稻每 50 千克 44 元，晚籼稻 52 元。全年全市完成农牧业税和农业特产税 8454 万元。1996 年，农业税征收价格全省统一按早籼稻定购价 65/50 千克稻谷计征，对农户以稻谷任务作为计算单位，以金额作为结算依据。全年全市完成农牧业税和农业特产税 1.44 亿元。

1999 年，在全省范围内统一使用“湖南省农业税完税证”。根据“自行申报、集中征收、微机管理、重点稽查”征管模式，切实改进征管手段。是年，晚籼稻计税价格全省统一执行 58 元/50 千克，中籼稻 53~55 元/50 千克的价格区间内分县（市）执行。全年全市农业税收类完成 2 亿元。

2000 年，根据中共中央、国务院《关于进行农村税费改革试点工作的通知》精神，省委、省政府确定长沙县为全省农村税费改革试点县。通过改革试点，长沙县农民负担人均减少约 30.7 元。是年，全市农业税类完成 1.05 亿元，减免效果显见。

2002 年，长沙市全面启动农村税费改革工作，出台《长沙市农村税费改革实施方案》。通过改革，农民人均减负 42.84 元。全年全市农业税类完成 3.85 亿元，增长 68.51%，主要是契税增长较快，为 1.42 亿元，比上年 6515 万元增长 118.33%，占农业税类收入的 36.88%。翌年，全面推进农村税费改革的配套改革，全市核减因自然灾害、基本建设占地以及农村兴办公益事业等因素减少的计税面积 3333.33 公顷，核减税额 255 万元；全市农业特产税由原开征的八类 48 个品目调整为 6 个品目，调减和取消农业特产税 2417 万元。全市农民人均负担减至 48 元。

2004 年，贯彻《中共中央、国务院关于促进农民增加收入若干政策意见》和国务院《关于做好 2004 年深化农村税费改革试点工作的通知》精神，长沙县、市内 5 区免征农业税，农业税附加随正税同步取消。浏阳市、望城县、宁乡县农业税在 2003 年的基础上降低 3 个百分点，农业税附加随正税同步降低。全年全市农业税类完成 8.22 亿元，是 1988 年的 27.32 倍，主要为契税增长。

2005 年，全市全部免征农业税。

五、非税收入

1988 年，长沙市行政事业单位财务管理自成体系，行政性收费收入和罚没收入未纳入市财政预算管理。全市非税收入主要来源为专款收入和其他收入。全年全市非税收入为 2918 万元。翌年，开征国家预算调节基金收入 5105 万元，全市非税收入 10056 万元。

1995 年，贯彻《湖南省预算外资金管理条例》，长沙市对行政事业性收费实行规范化的集中管理，并将部分行政性收费项目纳入财政预算。全年全市非税收入为 4.24 亿元，其中主要为行政性收费收入、罚没收入和专款收入。

1998 年，长沙市行政性收费项目纳入市财政预算范围逐步扩大，行政性收费和罚没收入增长幅度较大。全年全市完成非税收入 8.36 亿元，其中罚没收入 2.68 亿元、行政性收费收入 2.44 亿元。2003 年，取消各行政事业单位非税收入银行过渡户，并进一步扩大行政事业性收费范围，全市行政性收费收入大幅增长，行政性收费的增加额占一般预算收入增加额的比重为 21.53%。全年全市完成非税收入 12.40 亿元。

2007 年，长沙市推进和完善非税收入征管网络化改革，严格“收支两条线”管理，并一律停止对非税收入和契税的非政策性减免。国土、房产、公安、物价等部门严格执行政策，确保各项收入依法征收和及时入库。全年全市完成非税收入 47.17 亿元，比上年增加 18.23 亿元，增长 62.97%。

2010 年，推行“省直管县”财政体制改革，对部分非税收入项目的分成政策进行调整，调动地方非税征管积极性。全年全市完成非税收入 84.51 亿元。翌年，全市非税收入提高到 134.81 亿元，比上年增加 50.29 亿元，增长 59.51%。

2012 年，长沙市加强对公共资产收入的归口管理，规范国有资产收益监管。创新土地价款征管措施，规范修改宗地容积率及用途比例补缴土地价款的测算办法，确保调容增值收入成为政府收益。出台《市直单位非税收入执收工作考核办法》，严格实施执收目标管理考核。全年全市完成非税收入 153.89 亿元。

六、基金收入

1988 年，长沙市设立有土地使用权有偿使用、农业税附加、教育费附加等多种基金种类。全市基金收入未纳入市财政统一管理。由各征管部门依据有关政策按比例收取，并按比例分成上缴各上级主管部门。因基金征管部门多、管理分散、多头开户，全市未设置基金收入科目且无统一数据。

1997 年，对全市行政事业性收费实行统一征管改革，同时对各类政府性基金纳入预算管理，实行集中收缴。全年全市收取政府性基金收入 2.08 亿元。2002 年，全市完成基金收入增至 5.25 亿元。

2003 年，长沙市政府性基金纳入预算管理的范围逐步扩大。同时，森林植被恢复费、城市基础设施配套费、城市教育费附加与上年有一定幅度的增加，基金收入大幅提升。全年全市完成基金收入 14.20 亿元。

2006 年，出台《长沙市关于加强基金管理的暂行规定》，进一步规范基金管理。是年，全市有各类基金（专款）28 个，其中纳入财政预算管理的 9 个，纳入财政非税管理的 3 个，纳入财政专户管理的 11 个，实行其他管理的 5 个。全市完成基金收入 22.11 亿元。2009 年，长沙市推行各类基金目标管理责任制，全面开展基金监管工作，促进基金收入的增长。全年全市完成基金收入 119.78 亿元。

2011 年，出台《长沙市基金监管实施办法》，进一步明确监管范围、组织领导、管理机构及职责分工和监管要求。同时，对各类基金分别设置考核指标，下达目标责任书，年终实行考核评定。全年全市完成基金收入 249.01 亿元。

2012 年，长沙市突出基金征管重点，强化征收措施，确保基金（专款）收入征管应收尽收。同时，加强账户和存量管理，对基金（专款）资金存量存储管理进行试点，在不改变缴管模式的前提下最大限度的保值增值和保障资金持有人的收益。全年全市完成基金收入 282.79 亿元，是 1997 年的 135.96 倍。

表 15-1-2-1　　1988—2012 年长沙市一般公共预算收入一览表　　单位：万元

年 度	地方一般公共预算收入			上级补助收入	合 计
	税收收入	非税收入	小计		
1988	90013	2918	88337	14987	103324
1989	104155	10056	105440	17003	122443
1990	99557	12093	102888	18425	121313
1991	108572	30559	131343	18816	150159
1992	126751	14744	133902	21825	155727
1993	170657	15856	179071	18673	197744
1994	119554	27968	140154	102389	242543
1995	154662	42383	189180	101315	290495
1996	199583	70149	255191	105162	360353
1997	205905	53507	256384	107438	363822
1998	225363	83634	302665	112921	415586
1999	249828	78912	323660	129774	453434
2000	273539	75694	344491	146384	490875
2001	343031	82729	421620	172772	594392
2002	377947	84285	460682	256116	716798
2003	475499	124011	598930	279943	878873
2004	650028	157107	806555	322297	1128852
2005	863005	218067	1080572	355028	1435600
2006	1038865	289530	1328345	451338	1779683
2007	1273980	471781	1745761	571434	2317195
200	1507682	548017	2055699	730734	2786433
2009	1766211	697089	2463300	917608	3380908
2010	2297675	845161	3142836	1168566	4311402
2011	2909709	1348118	4257827	1336889	5594716
2012	3367544	1538938	4906482	1513068	6419550

说明：1988—2006 年小计与合计两栏中不含政策性亏损补贴数额

第三节　财政支出

一、基本建设支出

1988 年，长沙市严格控制财政支出，压缩基建投资。全年全市基本建设支出 1886.2 万元，主要用于湘江大桥等重点工程建设。翌年，全市基本建设支出3474万元，占全市财政总支出的5.45%。此后，根据中央严格控制基本建设项目及支出的精神，市财政对基本建设支出一直处于低位运行状态。

1995年，财政支出保重点建设，财政部门合理安排和灵活调动资金，确保重点工程建设资金到位。全市基本建设支出1.92亿元。翌年，基本建设支出继续保持增长的势头，全市基本建设支出2.85亿元，占全市总支出的10.43%。1998年，重点控制和减少对楼、堂、馆、所等建设的支出。全市基本建设支出1.75亿元。

2001年，长沙市提出“一年一个样，三年大变样”的城市建设目标，对城市建设投入的力度加大，湘江大桥、贺龙体育中心、芙蓉路改扩建、人民东路、软件新材料基地道路建设等重点工程建设全面推进。全市基本建设支出3.41亿元，比上年增长99.92%，为总支出的6.51%。

2004年，长沙市提出城市建设新“三年大变样”目标，全市安排重点工程建设项目56个，基本建设支出8.08亿元，为总支出的8.03%。

2006年，全市基本建设支出21.98亿元，其中，市本级支出7.98亿元。主要用于消化基本建设的历史欠账，并重点支持二环线北段、三汊矶大桥、火星大道北段、橘子洲风景区、天然气配套、引水工程等重点工程建设。是年，完成政府收支分类改革，收支科目设置作出新的调整，基本建设支出科目取消。2007年，市本级安排城建资金35.94亿元支持重点工程建设。翌年，投入10.1亿元支持“畅通工程”建设，启动和建设湘江过江通道、营盘路隧道、铁路南北站拆建、武广客运及轨道交通等一批重大工程，实施中心城区道路交通疏导工程，打通部分建成区堵头卡口及交通瓶颈。2010年，长沙市投入175亿元资金，加快轨道交通、营盘路过江隧道、湘江综合枢纽等重点基础设施工程建设。

2012年，长沙市投入重点项目建设资金206.24亿元，加快推进事关全市经济社会发展全局的重大基础设施、生态环境、民生工程项目建设。资金投入力度是2007年的5.3倍。至年底，长沙市轨道交通地铁二号线、一号线建设全线贯通，长沙城市格局、交通骨架、基础设施配套得到全面提升。

二、企业挖潜改造支出

1988年，在经济形势十分严峻的情况下，根据“量力而行、尽力而为”的原则，投入1089万元资金支持重点企业挖潜改造，缓解企业资金紧张的压力。翌年，重点企业挖潜改造支出1937万元，占总支出3.04%。

1993年，长沙市按照“保吃饭、保重点、兼顾一般”的原则，安排企业挖潜改造资金5992万元，占总支出的5.35%。翌年，企业挖潜改造支出8494万元，占总支出5.58%。

1997年，长沙市在财政资金调度十分紧张的情况下，组织资金帮助扶持国有企业进行技术改造。市本级企业发展基金由上年的5000万元增加到1.2亿元。重点对乐金曙光彩管、九芝堂集团、通大集团等重点骨干企业加大投入。全市企业挖潜改造支出1.57亿元。2002年，长沙市支持国有企业改革和发展，筹措资金帮助一批国有企业进行技术改造。全市企业挖潜改造资金支出2.45亿元。2004年，支持具有一定的改制条件、有一定的产业发展能力和优势资源的企业开展招商引资工作。全市企业挖潜、改革、改造资金支出3.73亿元。

2006年，全市安排工业项目资金6.55亿元，用于加快企业技术改造和技术进步、支持国有企业改革改制和化解企业债务。同时，通过政策引导、税费减免等方式，吸引社会资金投入工业，支持工业发展。2009年，长沙市安排落实中小企业发展专项资金2亿元、企业富民资金1亿元，支持中小企业发展，并专项安排1000万元用于中小企业贷款贴息，安排1000万元用于对信用担保机构的风险补偿，有效解决中小企业融资难问题。

2010年，长沙市加大重大产业项目扶持力度，安排1.4亿元帮助比亚迪、三一重工、中联重科等项目；安排5.42亿元落实帮扶企业发展；统筹安排1.5亿元支持解决国有企业改制破产缺口资金。2012年，支持发展工程机械、食品烟草和新材料3个千亿元产业，加快汽车及零部件创建千亿元产业步伐，加大对高端装备制造、节能环保、新能源汽车、生物医药、信息网络等战略性新兴产业支持力度，全市共完成5亿元工业、科技专项资金支出，并安排2000万元对拟上市企业进行扶持，促进优势产业加快发展。

三、农林水利事业支出

1988年，长沙市压缩行政经费和基建投资，严格控制社会集团购买力，确保支农资金等项目的投入。全市农业支出7512万元，占全市财政总支出的14.71%。其中农业事业费3484万元，支农资金4028.80万元。在支农支出安排上，重点放在调控农业发展结构，以加速农业生产力的发展。全年直接安排与农业生产相关的支出为2211万元，占全部支农支出63.43%。年内，全市各级还投入支农周转金3682万元，促进农业生产条件的改善。

1992年，长沙市保证对农业事业经费和支农资金的正常投入和合理增长。全市农业支出1.46亿元，比上年增加7954万元，其中农业事业费9615万元，支农资金支出4943万元。1995年，长沙地区发生严重水灾，全市压缩一般性支出，保重点支出、保抗洪救灾资金，筹措2000万元资金投入抗洪救灾，为最大限度降低灾害损失和恢复生产、重建家园提供资金保障。全年全市完成农业支出1.40亿元。是年，市财政增设农业综合开发支出科目，安排农业综合开发经费400万元。1998年，长沙市遭遇1954年以来最为严重的洪涝灾害。全市筹措救灾资金9864万元，安置灾民、抢修水毁工程、防病防疫，开展恢复生产、重建家园工作，把灾害损失降低到最低程度。全年全市共拨付农业资金2.29亿元，占全市财政总支出的6.94%。

2001年，长沙市支持农业发展和农业产业结构调整，支持优质稻、蔬菜、花卉苗木等八大产业的发展。全市投放农业资金3.07亿元。2004年，贯彻中共中央1号文件精神，全市取消除烟叶以外的农业特产税，长沙县和雨花、芙蓉、天心、岳麓、开福5区全面免征农业税，其他县（市）则统一按政策降低3个百分点，全市减少农业税和农业特产税1.31亿元，发放粮食直补资金3061万元，良种补贴资金4787万元。是年，全市农业支出6.67亿元，占全市总支出的6.63%。

2005年，长沙市落实各项惠农政策，率先全省免征农业税，免征农业特产税1.32亿元，省对长沙市的专项转移支出资金1.9亿元；落实对种粮农民实行直接补贴、良种补贴和农机具购置补贴政策，共补贴资金8863万元；落实对产粮大县的财力补助资金3942万元。全年完成农业支出8.43亿元，占全市财政总支出的6.33%。

2008年，长沙市全力支持“三农”发展。全市投入1亿元用于县乡公路建设；投入1.34亿元用于水利建设，重点用于全市病险水库的除险加固、山塘和水渠的维修整治、大中型水库和灌区的续建配套，改善农村生产和生活条件；投入5900万元支持农业龙头企业和示范基地发展，提高农业产业化水平；拨付资金1400万元，解决13.54万农村人口饮水安全问题；安排专项资金1650万元支持开展新型农民科技培训及沼气和新能源建设；投入2.38亿元用于农村环境整治、林业生态圈建设等。全年全市农林水利事业支出17.04亿元。2009年，长沙市加大“三农”投入力度。安排1亿元硬化农村公路1500千米；安排1.39亿元，用于解决18万农村人口饮水安全、113座小型水库的除险加固及山塘清淤扩容等项目；

安排 4400 万元支持百里水产走廊、百里茶廊以及水果基地、特色农业等农业产业化发展；安排 1000 万元新造 2000 公顷油茶林；安排 2200 万元用于沼气工程及生态建设，推进户用沼气和太阳能的使用推广。全年全市农林水利事业支出 21.28 亿元。

2010 年，长沙市保持“三农”资金持续增长。先后投入 5.45 亿元，突出支持农村公路通达、电力扩容、安全饮水、环境整治等“四大工程”建设；安排 7300 万元用于 6000 口山塘清淤扩容、5 座大中型水库除险加固、20 处机电排灌站更新改造、新造 0.38 公顷无性系油茶和农产品加工企业贴息；筹措资金 4.01 亿元落实各项强农惠农政策。全年全市农林水利事业支出 25.56 亿元。

2012 年，全市投放农林水利事业资金 40.03 亿元，是 1988 年的 53.29 倍。

四、科教文卫事业支出

1988 年，科教文卫事业经费为全市确保支出的重点之一。全市科教文卫事业支出 1.49 亿元，占全市财政总支出的 29.14%。其中科学事业费和科技三项费用（新产品试制费、中间试验费和重大科研项目补助费）支出 281 万元，文教卫生事业费 1.46 亿元。

1991 年，全市科教文卫事业费支出 2.08 亿元，占财政总支出的 24.31%。其中，科技三项费用和广播电视事业增支幅度较大，分别为增长 130%、48.54%。1993 年，对公费医疗制度实行改革，重点是清理享受公费医疗范围及人员；取消记账单就医的传统做法，改为凭公费医疗证看病，现金付款，按复写处方审核报销的办法。为支持改革，全市卫生事业费支出 3503 万元。全年全市科教文卫事业费支出 3.13 亿元，占财政总支出的 28.01%。

1996 年，全市科教文卫事业费支出 5.73 亿元，占全市财政总支出 20.93%，其中科技三项费用 2274 万元，增长 105.79%；科学事业费 1753 万元，增长 129.45%；文化事业费支出 1645 万元，增长 106.40%；教育费附加支出 1.16 亿元，增长 37.27%。这些资金的投入，有效改善科教文卫事业条件。

2001 年，全市对科学、教育重点支持力度更大，安排科技三项费用和科学事业费 1.25 亿元；安排教育经费 5.90 亿元。

2003 年，遭遇“非典”疫病灾害，为有效预防和控制“非典”疫情的输入和传播，全市共投入“非典”防治经费 7000 多万元，实现长沙无一例“非典”确诊病人和疑似病例。全市科教文卫事业费支出 15.13 亿元，其中医疗卫生事业费支出 2.16 亿元，比上年增长 40.02%。2006 年，长沙市加大对公共卫生救治中心、疾病预防控制中心，医疗紧急救援体系建设的投入力度，全市医疗卫生事业费支出 5.22 亿元。

2008 年，长沙市推进农村义务教育“普九”债务化解工作，建立健全全市高校和中等职业学校困难家庭学生的财政资助体系，支持中小学学校“健康饮水”工程，全市教育事业费支出 38.87 亿元，占全市科教文卫类支出的 61.87%。全年全市科教文卫事业费支出 62.82 亿元。翌年，继续安排教育事业经费 47.13 亿元，建立和完善义务教育保障机制；全面完成农村义务教育“普九”债务化解工作。2010 年，落实义务教育“一费制”全免等相关政策，推进全市校舍安全工程建设，安排教育事业经费 53.93 亿元。全年全市科教文卫事业费支出 89.56 亿元。

2012 年，全市科教文卫事业支出 171.91 亿元，占全市财政总支出的 27.52%。至年底，全市 5 年中累计安排财政教育支出 296 亿元，支持高校、中职学校、基础教育学校的新建和改扩建，支持落实免费义务教育、经济困难家庭的高中生资助、高校中职学生奖助学金等政策；累计化解农村义务教育其他债务 1.5 亿元；全市 3 年中累计投入 57.39 亿元，稳步推进医药卫生体制改革，率先实现城乡居民医疗保险并轨。

五、行政管理支出

1988 年，长沙市行政管理费分为行政支出和党派团体补助支出。对公用经费中支出弹性较大的会议费、差旅费、业务费、燃料费等，实行收支统一管理、定额定项拨款、超支不补、节余留用。年内，全市严格控制和清理整顿临时机构、控制行政编制，压缩行政经费开支。全年全市行政管理经费开支 4591 万元，占财政总支出的 8.99%。

1992 年，长沙市加强对社会集团购买力的控制和非生产性支出的从严控制。因受物价上涨、人员工龄工资增加、差旅费标准提高等多种政策性增支因素影响，全市行政经费支出 9799 万元，占全市财政总支出的 10.97%。

1993 年，长沙市对部分行政单位年度经费的管理实行综合定额、一年一定、总额包干、超支不补、结余留用、创收留用的办法。包干范围为：人员经费开支的工资、补助工资、职工福利费、主要副食品价格补贴，离退休人员费用，公用经费开支的公务费、设备购置费、修缮费、业务费及其他费用。经费综合的测算方法采取人员经费开支和公用经费开支两部分分开测算。全年全市共支出行政经费 1.14 亿元，占财政总支出的 10.21%。翌年，对文教行政财务管理进行改革，对市 5 区文教行政经费由统一供给改为分级管理。同时对单位实行全面的预算包干办法，包干经费由单位自主安排使用，调动单位当家理财的积极性。改革公费医疗管理办法，实行定点医疗、以医院管理为主，经费开支由国家、单位、个人共同负担一点的办法，公费医疗过快增长的势头得到遏制。

1995 年，实行撤区并乡建镇、简政放权，全市严肃财经纪律，压缩不必要的开支，并对部分行政事业单位按“零基预算法”安排经费预算。全市共支出行政事业经费 2.19 亿元，占财政总支出的 10.14%。1998 年，按照“收入统一征管、支出统筹安排”的原则编制预算。全市共支出行政 3.42 事业经费亿元，占财政总支出的 10.39%。

2001 年，长沙市在深化财政体制改革的同时，支出严格按预算和时间进度拨付，继续严格控制行政事业单位购买小汽车，规范市直机关奖金福利的发放。全市共支出行政事业经费 5.62 亿元，占全市财政总支出的 10.75%。

2004 年，长沙市全面推行部门预算改革，对单位的人员经费根据“定编、定额”原则，按标准严格实行工资统发；对单位公用经费实行“分类、分档”严格控制。全年全市支出行政经费 12.13 亿元，占财政总支出的 12.06%。

2006 年，深化部门预算改革，改进公共项目资金的安排和使用办法，资金使用效益进一步提高。全年全市共支出行政经费 17.36 亿元。是年，稳步推进政府收支分类改革，行政管理支出按新的科目列支。

六、社会保障和就业支出

1988 年，全市共支出城镇青年就业经费 142 万元，主要支出款目为扶持生产周转金、安置费、技术培训费、业务费和其他费用。此后，城镇青年就业经费逐年减少。至 1993 年，全市此项经费支出降至 34 万元。

1994 年，城镇青年就业经费改在“其他支出类”中列支。1997 年，长沙市全面实施城市最低生活保障制度，保障标准为每人每月 120 元，保障对象为月人均收入低于当地最低生活保障标准的非农业户口的城市居民。全市全年享受城市最低生活保障金的居民累计 1.9 万余户、4.2 万人次，发放保障金 217 万元。

1998 年，在政府收支科目中新设“社会保障补助支出”，城镇青年就业经费又改回在“社会保障补助支出”中列支。全市共支出社会保障补助 7948 万元。翌年，财政状况得到改善，全市社会保障补助支出增至 2.24 亿元，占财政总收入 6.17%。2001 年，部分下岗职工进入城市居民最低生活保障范围，全年全市社会保障补助支出 2.94 亿元，占财政总支出 5.61%。

2004 年，建立下岗职工小额贷款担保基金 3000 万元，有效促进下岗职工再就业。全年全市共支出社会保障补助 5.03 亿元。是年，城市居民最低生活保障标准提高，4 县（市）每人每月提高至 150 元，5 城区提高至 200 元。2005 年，正式启动农村最低生活保障，标准为 4 县（市）每人每年 840 元，5 城区每人每年 1200 元。

2006 年，长沙市社会保障经费继续保持高幅增长，全市共支出社会保障补助 8.69 亿元。年内，长沙市筹措资金 2.4 亿元开展做实企业职工基本养老保险个人账户的试点工作。至 2008 年，先后投入资金 4.52 亿元，完成企业职工基本养老保险个人账户做实到 5%的任务。

2009 年，全市支出社会保障补助 39.48 亿元，占财政总支出 12.57%，仍保持两位数的增长。是年，落实各项优惠政策，推进就业创业工作，至 2010 年，先后安排创业富民资金 1 亿元，拨付就业补助资金 1.26 亿元，用于就业、大学生创业和就业困难人员社保补贴、培训补贴、职业技能鉴定补贴等。

2012 年，全市共支出社会保障补助 53.60 亿元，占财政总支出 8.58%。至年底，全市近 5 年累计安排就业再就业资金、创业富民资金 15.22 亿元，建立面向城乡各类劳动者的就业服务和培训体系，扩大就业创业培训范围，有效扶持和促进归国人才、高校毕业生、退役军人、外出务工返乡人员、下岗失业人员及失地农民就业创业。

七、抚恤和社会福利救济支出

1988 年，全市抚恤和社会救济支出 2234 万元。此后，随物价上涨、政策性调整等因素逐年提高抚恤金标准。至 1995 年，全市抚恤和社会救济费支出增至 6530 万元，比 1988 年增长 192.30%。

1997 年，全市共支出抚恤和社会福利救济费 6932 万元。

1998 年，长沙市遭遇百年罕见的特大洪灾，全市有 2.4 万公顷农作物绝收，1.04 万户住房全倒，7.8 万人无家可归。市本级下拨救灾款 5518 万元给予灾后重建补助。是年全市抚恤和社会救济费支出 8339 万元。

2000 年，长沙市率先全省建立优抚对象抚恤补助标准自然增长机制，即优抚对象补助标准随着当地经济发展和人民生活水平的提高而相应提高。调整标准以上年度职工平均工资（农村人均纯收入）同比增长率为参照基数。全市有 2.1 万优抚对象提高抚恤标准。是年，全市共支出抚恤和社会救济费 1.52 亿元，占财政总支出 2.89%。

2004 年，全市支出抚恤和社会救济费 4.03 亿元，占财政总支出的 4.01%。2006 年，全市抚恤和社会救济费支出 6.44 亿元。2007 年，抚恤和社会救济福利费支出科目取消，其经费开支在改革后的政府收支分类体系“社会保障和就业”类相关款目中列支。

表 15-1-3-1　　1988—2012 年长沙市一般公共预算支出一览表　　单位：万元

年 度	一般公共预算支出	上解上级支出	合 计
1988	51050	50227	101277
1989	63707	58270	121977
1990	67891	62762	130653
1991	85647	67040	152687
1992	86542	70689	157231
1993	111884	74628	186512
1994	152093	77227	229320
1995	216021	84036	300057
1996	273809	87254	361063
1997	280728	88869	369597
1998	329659	92558	422217
1999	362715	89939	452654
2000	414336	90975	505311
2001	523252	89972	613224
2002	625493	90722	716215
2003	784168	92428	876596
2004	1005542	102408	1107950
2005	1330503	104170	1434673
2006	1671873	113718	1784491
2007	2181733	127934	2309667
2008	2605584	136000	2741584
2009	3140820	128580	3269400
2010	4033349	173192	4206541
2011	5208876	198758	5407634
2012	6246207	215492	6461699

第四节　财源建设

1988 年，长沙市财源建设重点继续放在企业技术改造上，至 1990 年的 3 年中，市财政累计给一批效益好、潜力大但资金短缺的国有企业投入资金 3592 万元进行技术改造，提高生产能力，并通过多种方式和渠道为企业融资，缓解企业资金周转困难。技改后，市属国有企业新增效益成为财政收入增长的重要因素。

1991年，长沙市为培植财源，允许企业在交纳所得税前，按实现利润的1%补充自有流动资金，对有承受能力的企业按销售收入的1%补充自有流动资金，将工业企业固定资产折旧率提高2~3个百分点；对在资金、原材料方面遇到困难的停工待工企业缓交各项税利，督促企业按销售收入的1%提取技术开发费。市财政还拿出300多万元专项贴息，重点支持企业进行技术改造。是年，在全市范围内开展扭亏增盈活动，全市组织20多个“支帮促”小分队深入亏损大户，在政策上为企业创造宽松环境，在资金上给予必要扶植，在财务管理上加强督促，取得显著成效。其中由市财政局“支帮促”小分队负责联系的工交系统6个亏损企业，全部扭亏或减亏。

1992年，把增加乡镇财政收入作为财源建设的重点，成立市财源建设领导小组及办公室，加强对乡镇财源建设工作的领导。与长沙县果园乡、宁乡县城关镇等6个乡镇签订财政收入过千万元的目标责任书，并积极筹措资金支持乡镇企业技术改造和生产发展，对重点项目实行优惠和奖励政策，增强企业激励和竞争机制。年底，与市财政签订目标责任书的6个乡镇，有5个超过千万元，占全省6个过千万元乡镇的83%。继续大力扶植骨干财源促产增收。为支持大中型企业技术改造，全年共免征能源交通重点建设基金和预算调节基金3000多万元；采取财政信用、预算外资金融通和投放周转金等办法，筹措资金1.28亿元，支持重点困难企业技术改造；对有条件的工业企业试行销售费用大包干，进一步完善工效挂钩办法，支持国有商业企业“四放开”（经营、价格、分配、用工放开），参与股份制企业试点；为支持16户国有大中型企业实行投入产出总承包，财政让利2000万元。全年市属预算内企业亏损额比上年下降34%。

1994年，顺应财税体制的转变，积极探索分税制下财源建设的新路子，取得不少经验。郊区确定“保住一个大头”，突出“三个重点”（确保中央税收稳步增长，突出抓好第三产业、建安企业、高效农业）的财源建设总方针；长沙县狠抓乡镇企业技改，创造全县各乡镇财政收入全部在100万元以上的新成绩；东区、北区坚持“以经济效益论英雄，以财政收入增长评长短”的原则，完善对街道财政考核目标；南区和西区把个体集贸税收作为振兴区街经济新的经济增长点；浏阳市明确财源建设的“三个不动摇”的发展战略，即坚持党政一把手负总责不动摇，坚持财政体制“一定三年”的政策不动摇，坚持奖励兑现和没有完成任务“一票否决”不动摇。是年全市4县（市）1郊全部实现亿元县（市），浏阳市继长沙县之后突破2亿元大关。全市财政收入由1991年的11.49亿元，增加到23.18亿元，3年平均递增26.55%。

1998年，调整财源建设思路、实现财源建设的“四个转变”，即财源建设从直接参与向间接扶持，从资金扶持为主向政策扶持为主，从普遍扶持向择优扶持，从财政资金无偿使用向有偿使用的转变。通过采取资金投放、贴息、垫支、参股、税收返还、奖罚兑现等多种办法和政策引导、资金启动、优质服务、减费减负、严格管理和项目负责等措施，提高财源建设水平。年内，市本级安排和投放财源建设资金1亿元，财政信托为企业发放信贷资金1亿元，重点支持和促进企业技术改造。认真落实中央治乱减负文件规定，对行政事业性收费进行全面清理，全市取消收费项目82个，减轻企业负担约7000万元，为企业创造良好的外部环境。各区县（市）结合本地实际，坚持开放带动战略，发展个体民营经济，扶持高新技术产业发展，实施“奖、贴、退”等鼓励政策，财源建设得到全面加强，促进财政收入增长。全年市本级财政在遇到诸多减收因素的情况下，收入比上年增加1.81亿元；浏阳市、长沙县成为全省仅有的两个财政收入超过4亿元的县（市）。翌年，加大对高新技术产业投入，安排和拨付3000万元高新技术产业风险投资基金；对市政府确定的重点财源建设企业直接投入2000多万元，支持优势企业；加大农业投入，在专项资金安排上突出支持农业结构调整、农业产业化建设、水利基础设施建设及生态体系建设等农业重点工程，全市农业支出比上年增长10.34%，促进农业区域性主导产业的初步形成和科技兴农步伐的加快。

2001年，充分运用财政杠杆，培植地方财源，促进经济发展。全市落实税收优惠政策减免地方税收1.8亿元，帮助4个企业债转股44.10万元，市本级通过土地收入、契税等转股1.42亿元；全市直接投入经济发展资金1.67亿元，重点支持一批国有工业、商业、粮食、外贸企业，高新技术产业和农业的发展，有效发挥财政资金的引导作用。市本级安排3000万元招商引资奖励资金支持全市的招商引资工作，配合有关部门争取国外贷款，全市合同利用国外贷款1.15亿美元。全力支持国企改革，在国资管理、资产核销、四项提留核销和身份置换资金审核等方面开展工作，促进存量资产的优化配置。财源建设多项措施的落实，为全市财政收入增长发挥重要的促进作用。全年全市地方收入和财政总收入分别登上40亿元和60亿元的新台阶。

2004年，加大对支柱产业的支持力度，培植财源。市本级筹措支持工业发展资金4.4亿元，企业挖潜改造资金3.73亿元，全市规模以上工业企业提升技术开发费2.65亿元。积极参与和促进国有企业改革，优化资本结构，盘活现有资产，扩展高新技术产业，改善投资环境。全年规模以上工业企业完成总产值706.06亿元，全市地方财政收入登上100亿新台阶，全市辖内一般预算收入登上200亿新台阶。

2006年，通过政策引导和产业投入来培育壮大主导产业，增加替代财源。用好用足各项财政政策，市本级安排工业项目资金3.26亿元，安排科技发展基金7400万元，用于加快企业技术改造和技术进步，支持国有企业改革改制和化解企业债务，依法依规减免各项税费约11亿元，增强企业的发展后劲；安排拨付各项招商引资资金2830万元，实现出口退税14.51亿元；引进外来资金470亿元。全年实现工业总产值1651亿元，其中，规模工业产值1258亿元。翌年，市本级财政增加工业发展资金6000万元，增加农业项目资金2030万元，为引导社会各方面加大投入，做大做强主导产业，发挥财政“四两拨千斤”的作用。

2008年，全市金融资金投入重点向新兴产业、高新技术产业、支柱产业和优势企业倾斜，促使企业上档次、上规模、上水平，使之成为长沙财源建设的支柱。年内市级投入3000万元用于支持工业园区和产业集群的发展；安排3000万元用于100个重点项目单位技术改造项目贴息；投入2400万元用于对企业本地配套、品牌建设、国家和省级技术中心等奖励；及时兑现对北汽福田、长城信息等企业的优惠政策，支持企业做大做强；落实调煤保电补助资金1500万元，储煤补贴资金1400万元，帮助企业破解发展难题。翌年，安排资金6.34亿元加大对大河西先导区的支持力度；落实中小企业发展专项资金2亿元，创业富民资金1亿元；安排1000万元专项资金用于中小企业贷款贴息；安排1000万元用于对信用担保机构的风险补偿；安排3900万元资金支持农贸市场建设；筹措资金7500万元支持靖港古镇、灰汤温泉、铜官窑遗址等优质旅游产业发展。

2011年，着力转变经济增长方式，优化财源结构。引导和支持重点项目、骨干企业发展，拨付工业奖补资金5000万元，奖补工业经济上台阶、产品配套、技改投资和调煤保电企业等，支持企业技术升级改造，提高核心竞争力；投入中小企业发展资金1.7亿元，落实中小企业技术创新和技术改造，中小企业贷款贴息，担保风险补贴，中小企业服务体系建设等政策，有效降低中小企业融资成本，缓解资金压力；投入科技发展资金2.7亿元，重点支持战略性新兴产业科技进步，中小企业科技成果转化，产学研合作和科技平台建设；支持举办科交会和加快推进中电软件园建设；投入资金1.35亿元，重点支持比亚迪、广汽菲亚特项目建设和经阁铝材、纽曼电子等企业发展；拨付资金1540万元支持现代物流产业、商品零售业及家政服务业发展；拨付创业富民专项资金1亿元，扶持创业富民项目1614个；拨付展会扶持资金227万元，成功举办中国（长沙）国际工程机械配套件博览会、第13届中国连锁店展览会；拨付300万元完善农村流通业，推进新农村服务网络工程和“万村千乡市场工程”。是年，全市财税收入首次突破千亿元，工业经济总量超过7000亿元，其中工程机械、食品烟草、新材料产业3大产业成为千亿元产业，汽车制造、电子信息等产业产值超过500亿元，高新区、经开区双双晋级千亿元。全市工程机械、电子信息等优势产业、重点行业对全市税收增长贡献率90.78%。

2012年，全市财源建设取得新成效。高新技术开发区、经济技术开发区等四大设金库的园区成为长沙市财政收入的重要增长点，其中总量最大的高新技术开发区入库收入59.88亿元。年内全市统筹安排各类重点项目建设资金206.24亿元，筹措工业、科技资金5亿元，支持工程机械、食品烟草和新材料3个千亿元产业和高端装备制造、节能环保、新能源汽车、生物医药、信息网络等战略性新兴产业；安排2000万元资金对拟上市公司进行扶持；支持创建全国节能减排财政政策综合示范城市，获中央补助资金4.41亿元。是年年末，全市完成财政总收入824.54亿元，是1988年的93.37倍。

第五节 财政管理

一、预算管理

1988年，湖南省对长沙市实行“定额上交、递增包干、超收全留”的财政体制，递增比例为8%，一定三年不变。全市本着保上交、保物价补贴、保人员工资、保支农资金和文教科卫事业费，压缩行政经费和基建投资的原则编制预算。翌年，严格按预算执行，坚持“五个控制”，即控制支出进度、控制人员编制、控制外出参观学习、控制会议经费、控制社会集团购买。全市除宁乡县发生财政赤字外，其余都实现收支平衡。

1993年，对部分行政单位年度经费实行综合定额，一年一定、总额包干、超支不补、结余留用、创收留用的预算包干办法，先在市委、市人大常委会、市政府、市政协机关等12家单位试点，然后在市直行政单位铺开。

1994年，按照分税制的财政体制改革要求，财政预算管理原则为转变理财思路，加强财源建设，支持事业单位开展创收活动，推行全额预算单位向差额预算单位转化，差额预算单位向自收自支转化。财政支出在保上缴、保吃饭、保改革、保稳定、保平衡的原则下，支持国有企业改革和其他配套改革，压缩一般性支出、控制投资及消费要求。全年完成财政收入14.01亿元，为预算的124.28%；财政支出15.20亿元，为调整预算的88.30%。1995年，贯彻“有保有压，有增有减”的原则，优化支出结构。对部分行政事业单位改过去实行的“基数加增长”办法为按单位当年事业任务和行政工作量以及不同开支标准测算的“零基预算法”；将单位预算内外收入统一管理，实行统筹预算办法；逐步扩大预算包干范围，完善预算包干办法。翌年，按照“核定计划、分期上缴、年终清理、按实结算”的办法，并对全市行政事业收费全部纳入预算管理，实行“五统一”的规范化集中管理，即统一征收范围、统一征收方式、统一管理办法、统一收费票据、统一收费纪律。

1997年，继续贯彻适度从紧的财政政策和过紧日子的方针，按照“控规模、调结构、保重点、增效益”的要求，加强对财政收支的预算管理，推进行政事业单位收支统管工作，确定科学合理的支出预算，提高资金使用的整体效益。全年全市完成财政收入 27.72 亿元，财政支出 29.93 亿元，基本形成与收入协调增长的趋势。翌年，坚持以收定支、量财办事、确保收支平衡的指导思想，重点进行“五项清理”，即清理大宗支出项目、清理税收返还、清理税收减免文件及事项、对税收级次进行界定、清理预算收入过渡户。1998 年，将预算内外资金管理有机结合，收入统一征管，支出统筹安排，统一编制综合财政预算，确保预算内外资金综合平衡。

2001 年，深化综合财政预算、“收支两条线”和罚缴分离改革、试行部门预算改革，对市检察院等 5 家试点单位进行调查摸底、反复测算标准、制订实施方案、试编部门预算等，为部门预算改革奠定基础。翌年，编制完成市检察院等 5 家单位的部门预算，并通过人大常委会批准。

2004 年，财政改革与管理实现新突破。市本级全面推行部门预算改革，对单位的人员经费根据“定编、定额”原则，按标准严格实行工资统发；对单位公用经费实行“分类、分档”严格控制；加强基建预决算审查，审减资金 24.42 亿元，审减率 30.56%；推行政府公务用车定点刷卡加油、建立专家咨询制度、实行协议供货等，全年累计节减货物、工程和服务类采购金额 3.23 亿元。2005 年，完善综合财政预算改革。扩展部门预算改革，将对一级预算单位公用经费实行“归类、归档”的管理办法扩展到所有二类全额预算单位；对政府资产实行“集中配置、分类管理、综合经营、统一处置”的方针，对处置收入实行市财政集中管理；出台《长沙市市级项目支出预算管理暂行办法》，对部分财政专项资金的使用实行报账制，并对公共项目预算的执行情况进行专项检查。2006 年，稳步推进政府收支分类改革，按照新旧两套科目编制 2006 年预算执行情况和 2007 年部门预算，确保改革的平稳顺利过渡。全市完成一般预算收入 132.83 亿元，为年调整预算的 102.99%；全市完成财政总支出 167.18 亿元，为调整预算的 97.56%。

2008 年，市本级试点预算单位国库集中支付新增 128 家，完善财政资金监管制度，减少财政资金在预算单位的滞留；全面推行财政项目支出公开和绩效评价，提高财政资金使用效益。

2010 年，稳步推进部门预算制度改革，强化资金绩效评价结果与部门预算编制的有效衔接；发布《关于撤销预算单位实体资金账户的通知》，年内撤销 286 家单位费用性存款账户 344 个，资金量 4.07 亿元；率先全省将评审机制拓展到部门预算项目支出，对单位预算项目进行事前评审，全年审减项目资金 2.27 亿元；探索预算管理和资产管理相结合的有效途径，其经验在全国经济体制改革工作会议上交流推介。

2012 年，强化预算编制管理，实施“制度预算、零基预算、综合预算、绩效预算”的预算管理机制，建立标准定额体系，完善编制流程，加强预算指标管理，增强政府预算的完整性、规范性和约束性。强化预算执行管理，建设运行财政应用支撑平台，设置科学合理的指标管理、国库支付、资金监控、银行账户管理等系统模块；市本级采用“E 财部门预算管理”新版系统，逐步建立部门预算项目库及单位基础资料库，指标系统与部门预算系统、国库集中支付系统均实行对接、数据共享。将重大民生专项预算公开范围从上年的 50

图 15-1-5-1 1991 年 11 月，长沙市预算会计学会成立大会召开 （市财政局供图）

项扩大到74项，全年共公开专项预算项目228个，涉及金额41.64亿元。全年全市完成公共财政预算收入490.64亿元，完成公共财政预算支出624.62亿元。

二、非税收入管理

1988年，全市行政事业单位财务管理自成体系，管理分散，一些有条件的单位通过设置“小金库”，截留预算外资金，任意开支的现象常有发生。

1989年，改进预算外资金管理办法。根据财政部《关于做好当前预算外资金管理等项工作的通知》精神，市财政局、中国人民银行长沙市分行、中国工商银行长沙市分行、中国银行长沙市支行等7个单位联合发出《关于事业、行政单位的预算外资金在各银行开设收入和支出两个账户的通知》，对全市各事业、行政单位的预算外资金，实行在市内各银行开设收入和支出两个账户的管理办法。收入账户为银行用来核算立户单位按照国家规定收取的各项预算外的资金收入，每月初将余额上划到市“财政专户”上，只收不付；支出账户用来核算立户单位经市财政局审批的从“财政专户”上拨回的每季度各项费用，只付不收。至年底，全市有49个中央在长单位、119个市级事业行政单位分别在各银行开设收入和支出两个账户，有效控制预算外资金的滥用。

1991年，长沙市设置罚没物资处理专店出台《罚没物资接受处理工作实施细则》，制定高档商品复评制度及罚没物资处理接受清册，选定长沙中山商业大厦为罚没物资处理专店，组织复评工作班子承担对高档罚没物资（单价300元以上）价格进行复议，规范罚没物资处理工作。全年共接受罚没物资8500余件，计变价金额35.37万元，处理7000余件，31.91万元，全部解缴国库。

1994年，根据中央和省市关于加强行政事业性收费等一系列文件精神，市财政部门认真清理各种行政事业性收费，重新界定60多个执收部门的收费项目，明确这些部门的收费项目、收费标准、收费对象、收费性质、使用票据种类、资金管理方式和使用范围等，并拟定市行政性收费管理实施细则，将行政性收费收入纳入财政预算内管理，实行“收支两条线”，对事业性收费及其他预算外资金实行财政专户储存，全市专户储存单位220户，比上年增加27户，专储资金1.9亿元，比上年增加3000万元。

1995年，《湖南省预算外资金管理条例》正式施行。5月，对全市行政事业性收费实行规范化的集中管理，对各种收费实行“五统一”措施：即统一征收范围，统一征收方式，统一管理办法，统一收费票据，统一收费纪律。实行“收支两条线”，纳入预算管理。事业性收费及其他预算外资金实行“财政专户储存，计划管理，财政审批，银行监督”的办法。年内组织开展收费项目的清理工作，共取消126项不合理收费，组织收费资金3000多万元纳入财政统一管理。是年，全市预算外资金8.97亿元，其中行政事业单位收费5.94亿元，市本级核定行政事业单位预算外资金顶抵预算拨款7035万元。

1997年，从6月1日起，对全市行政事业性收费实行统一征管改革。取消执收单位预算外收入过渡户，执收单位只负责开票，缴款人将款项直接缴入收费管理局在银行统一开设的收费专户，对零星、分散不便于集中的行政事业性收费，委托单位代收。采取财政统一票据、单位执收、收费局“一站制”收费、资金缴存财政、群众民主监督、部门联合稽查的办法。市直70多个有收费行为的部门在7月底前全部取消其在银行开设的预算外收入过渡户。出台《关于规范和降低基本建设项目收费的通告》，取消15项建设项目收费，降低25项建设项目收费标准，使基建收费总水平由原来占建安造价的47.5%下降到25%。至2000年，长沙市先后取消29项涉及企业的行政事业性收费项目，取消包括进城落户人口增容费等15项收费和国家财政部、国家计委公布取消的第三批行政事业性收费项目20项。

2001年，贯彻国务院《关于加强预算外资金管理的决定》，加大行政事业性收费和其他预算外资金管理的力度，对1993年以后的收费文件进行清理，共清理收费、罚款收入项目157项，清理各类收费票据45种，停止违规收费票据7种，清理各类资金账户982个，取消收入过渡户87个。是年，在国务院和湖南省大幅度取消收费项目、降低收费标准等减收因素大的情况下，行政事业性收费和其他预算外资金收入仍实现增收。全年市级纳入预算管理的行政性收费和调节基金为1.54亿元，为年度预算的103%，实现财政专户管理的事业性收费及其他预算外资金为4.50亿元，征收政府专项收费3968万元，征收防洪保安资金3000万元，增强政府的宏观调控能力。年内，为规范收费票据管理，遏制“三乱”(乱收费、乱罚款、乱摊派）现象，长沙市票据管理实行“四挂钩、三同步”制度。“四挂钩”即票据供应与“收费许可证”、与强化管理、与财政核算、与月使用量相挂钩；“三同步”即购领新票据与缴销票据同步、缴销收费票据与稽核财政专户资金同步、领用票据与收费文件发布同步。全年共监督销毁已取消收费的票据65313册，发放35万册。

2003年，制定《长沙市非税收入集中收缴操作规程》《长沙市财政票据管理办法》，健全和完善票据印制、保管、购领、核销账目，修改和完善票据电脑软件，建立票据同步的制约机制和收费票据查验制度。年内，取消36项行政事业性收费，对30项收费项目的执收单位进行调整，将16项行政事业性收费转为经营服务性收费。翌年，根据上级有关部门系列文件精神，全市取消植物检疫证书费和畜禽及畜禽产品定期监测等2项收费，免征水土流失防治费等8项收费，取消涉及公安、教育、建设、国土等7个部门20项收费。

2004年，《湖南省非税收入管理条例》颁布施行，长沙市以此为契机，全面推进依法行政、规范非税收入管理，理顺收入分配关系，改革征收方式，强化非税收入征管，全年市本级共征收非税收入17.01亿元（不含国土收入）。翌年，根据上级文件精神，取消59项省立项的行政事业性收费项目和103项中央立项的行政审批收费项目。2006年，全市统一启用“湖南省非税收入一般缴款书”“湖南省非税收入专用收据”，同时组织相关执收单位清理、收缴、废止旧版财政票据。翌年，长沙市非税收入网网站正式开通，全市有200多个执收单位与市非税收入网实现联网。

2009年，根据财政部、中国人民银行印发《关于将按预算外资金管理的全国性及中央部门和单位行政事业性收费纳入预算管理的通知》精神，长沙市决定从1月1日起，将按预算外资金管理的全国性及中央部门和单位行政事业性收费逐步纳入财政预算管理，并将未纳入管理范畴的长沙市信息职业技术学校、长沙市燃气具监督检测中心、长沙市职业技术学院、长沙市军用饮食供应站的所有非税收入纳入“收支两条线”管理；强化报建缴费后置收取的完费通知单制度，杜绝报建费的“跑冒滴漏”；全年市本级共完成非税收入56.50亿元（不含国土收入），实行财政专户管理的事业性收费及其他非税收入18.74亿元。

2010年，根据省委、省政府完善财政体制推行“省直管县”改革的有关规定和省财政厅拟对部分非税收入项目的分成政策进行调整的有关要求，对拟调整方案中的38个收费项目，以上年度收入为基数，准确测算出新体制对全市财政收入的影响，为科学制定新一轮财政体制奠定基础。是年，将市语言文字工作委员会、市体育产业发展中心、市地方海事局3家单位的非税收入纳入“收支两条线”管理。并对全市486家市直单位及社会团体非税收入票据和其他财政票据的购领、使用、核销等情况进行年检，确保票据使用的规范性、严肃性。2011年，将市园林系统各公园的收入包括门票收入及出租、承包游乐设施项目和其他经营性项目的有偿收入全部纳入财政统管，实行“收支两条线”管理，拓宽新的增收渠道。

2012年，不断完善非税收入征管系统功能，按照全省非税收入征管系统数据大集中建设要求，及时清理和调整非税收入基础数据库，适时推进基础数据同步更新，分成收入自动结算、统计报表自动生成等功能，依托现有非税征管系统网络，不断完善系统软件收入会计核算、划缴、对账以及票据核销等模块，实现数据及时上传、信息共享，达到以票管收、票款同步、应收尽收、及时缴库的目的。全年市本级非税收入共完成63.44亿元（不含国土收入及教育费附加，不含先导区），其中纳入公共财政预算收入完成55.6亿元，剔除一次性收入等不可比因素后，非税收入及纳入公共财政预算的非税收入与上年基本持平。

三、国库集中支付管理

1988年，长沙市对行政事业单位的经费按全额管理、差额管理、自收自支、企业化管理4种类型进行管理。各单位均设有会计机构和银行账户，财务管理自成体系，管理分散，财务监督乏力，漏洞较多，国有资产流失现象常有发生。

2000年，在全市实施会计委派制度改革。出台《长沙市会计委派管理暂行办法》《长沙市集中会计核算办法》，正式启动全市会计委派制度改革。实施的具体形式为：向单位委派会计机构负责人和会计主管人员，将单位会计核算工作集中到市会计委派管理机构统一进行，向国有资本营运机构委派财务总监3种。改革按照积极稳妥、分步实施的原则进行。10月，长沙市会计委派管理中心成立，长沙市会计委派制度改革正式实施。2001年，长沙市会计委派制度改革全面铺开。根据单位核算特点、核算业务量不同情况，对市委办公厅、市政府办公厅、市纪委机关等60个单位实行会计集中核算，其财务收支采取“集中管理、统一开户核算”的办法，取消单位的会计机构和银行账户，撤销其会计人员；对市机关事务管理局、市公安局等14个单位委派1名财务科长和1名主办会计；对市长信投资管理中心等10家经营国有资产的政府性投资公司委派财务总监。年内，全市组织开展各集中核算单位和委派会计单位财产及债权债务的清理、移交、归并。是年年底，全市因实行会计委派制度改革，公用经费支出与上年比减少7000万元，节减18.22%，其中市本级60个实行集中会计核算的单位节减支出2400万元，节减19.82%。

2003年，长沙市会计委派制度改革力度进一步加大，将会计委派制度向二级机构延伸，并实行单一账户管理；推行“单位开会、财政结算”的会议费及接待定点改革；将重点工程指挥部管理费纳入会计集中核算，全年全市实行集中会计核算单位发展至109家。翌年，增至136家。

2005年，会计委派制度的实行起到把关守口作用，全市实行集中核算单位138家，资金流量34.1亿元，全年拒付和规范不合理开支472笔，涉及金额2934万元。翌年，集中核算的单位资金流量38.24亿元，拒付和规范不合理开支685笔，涉及金额6726万元。2007年，长沙市正式启动市本级21家预算单位实行国库集中支付改革试点工作，开始构建国库单一账户体系，试点单位预算内资金纳入国库单一账户体系管理，收入直接缴入国库和财政账户，支出经规定的审核机构审核后，将资金通过国库单一账户体系直接支付给收款人。改革先在21家试点单位上线运行，并逐步推广实施。通过公开招标选定8家代理商业银行主办行，并由其提供可供预算单位选择零余额账户开户的网点。年底，21家预算单位预算内资金在网上支付金额1.4亿元，其中直接支付0.69亿元，直接支付比例为50%；授权支付0.70亿元。翌年，集中支付改革预算单位增至149家，共完成直接支付17337笔，金额19.27亿元，占总支付的84%，授权支付划款清算21526笔，金额3.83亿元，占总支付的16%，结存财政存款（指标）6.21亿元。全市各区县（市）国库集中支付改革也全面启动上线。

2008年，制定《长沙市市本级行政事业单位公务卡结算试点方案》《长沙市市本级预算单位公务卡管理办法》等文件，并于12月市本级在8家代理银行中选择12家预算单位启动公务卡结算制度改革试点。翌年，长沙市市本级作为全省综合消费改革试点单位，公务卡结算制度改革全面铺开。全年全市办理公务卡单位339家，办理公务卡1.72万张。

2009年，启动第三批市本级191家国库集中支付制度改革单位上线工作，至年底，实施国库集中支付改革的单位340家，完成集中支付14.28万笔，金额71.02亿元。结存财政存款（指标）12.27亿元。拒付各类不合理开支1445笔，金额0.83亿元。是年，出台《长沙市政府性投资项目管理办法（试行）》，从9月1日起，对政府性投资总额500万元以上的建设项目实施“双控”管理。至年底，对61家单位政府性投资项目资金实行“双控”管理，共开设政府性投资项目资金“双控”账户110个，办理“双控”资金支出1032笔，金额89.03亿元，拒付不符合支付要求的项目资金81笔，金额3.87亿元。2010年，开展预算单位实体资金账户清理、撤销工作。撤销286家单位费用性存款账户344个。

2012年，市本级实施国库集中支付制度改革的预算单位342家，全年总支付242519笔，支付金额93.72亿元，其中直接支付15.53万笔，金额89.52亿元，占总支付的95.52%（超过省财政厅要求不低于85%的比例），授权支付划款清算8.72万笔，金额4.2亿元，占总支付的4.48%。拒付各类违规支付资金5187笔，金额2.29亿元，结存财政存款（指标）4.18亿元。年内，全市公务卡发卡单位累计342家，发卡数量2.02万张，刷卡9.57万笔，刷卡金额3.08亿元，报销金额3.11亿元。长沙市公务卡开卡数、刷卡量居全国省会城市前列，并在全省公务卡培训会上。作经验交流。是年，实现对“双控”管理软件系统全面升级，全市153个单位、633个项目纳入“双控”管理，共开设“双控”账户287个，新增“双控”账户37个；全年累计支付项目资金5574笔，金额128.58亿元，拒付各类违规资金281笔，金额3.38亿元。

四、投资预决算评审管理

1988年，长沙市基本建设财务管理职能由人民银行代为行使。

1997年，根据财政部《关于加强基本建设财务管理若干意见的通知》精神，长沙市加大对基本建设财务管理的力度，对全市规模较大的基本建设项目逐一进行清理，并委托中介机构对部分工程的预、决算进行审核，全年审核项目32个，送审金额1.44亿元，核减金额1075万元。用2个多月的时间对60多个基层单位的基本情况、财务状况、业务范围进行调整摸底，为安排全年预算打下基础。

1998年，长沙市实行基建预决算审查改革，成立长沙市建设工程预决算审查办公室，开启建设工程预决算审查工作，负责对全市财政性基本建设投（融）资全过程（包括建设项目的概算、预算、结算、竣工决算）进行评价和审查，并出具评审结论，以此作为财政安排资金和固定资产交付使用的依据。年内，对市属31个基本建设项目的决算进行审查，审查项目资金4500万元，净审减金额702万元，审减率15.6%。在对市某项重点建设工程进行预算审查时，经多次深入工地了解施工情况，搜集市场建材价格信息，按照定额测算，由施工方编报的6000多万元预算，审核为4000多万元。翌年，颁发《关于加强基本建设预决算管理的通知》，长沙市基建预决算审查工作全面铺开。全年完成基本建设工程竣工决算审查项目138个；审核金额3.45亿元，核减6990万元，核减率20.27%；对9个重点项目实行现场跟踪审查。至2002年，全市累计完成1117个建设项目的预决算及标底审核工作。其中审核概算和标的20亿元，审减5亿元以上；审核预结算项目995个，审核全额17亿元，审减4亿元，平均审减率24%；向建设单位或施工单位提出合理化建议110余条，估算节约造价3亿元；先后对“五城会”场馆、潇湘大道、五家岭立交桥等45个重点工程项目实施现场跟踪审查。

2003年，出台《长沙市财政投资评审管理办法》，基建预决算审查工作进一步加强。全年累计完成

509 个工程概、预（结）算项目的评审，送审金额 39.21 亿元，审定额 25.64 亿元，核减 13.57 亿元，核减率 34.62%；对 38 个重点工程进行跟踪审查，控制工程造价，有效遏制超概现象和违规行为，向建设单位或施工单位提出合理化建议 100 多条，估算节约造价近 5 亿元。翌年，市本级完成基建预、结算审查项目 718 个，项目送审额 79.92 亿元，审定额 55.5 亿元，审减 24.42 亿元，审减率 30.56%。

2005 年，制定新的《项目跟踪评审制度》，监督体系逐步完善。抓住工程造价控制的源头，实施超前防控，参与标底合理性审查、参与合同结算条款会签、协同参与材料定价等，从节约造价角度优化方案，为工程款支付审核把关。12 月，省纪委执法监察室对市评审中心跟踪评审的长沙市固体废弃物处理场 67 个工程建设结算项目进行工程造价鉴定和复核验证，出具鉴定复核报告，全部同意市投资评审中心的结算评审结论。全年共完成财政基本建设概、预、决（结）算项目 1002 个，送审额 130.55 亿元，审定额 102.55 亿元，核减额 28 亿元。翌年，市评审中心被评为“全国财政评审系统先进单位”，选送的《长沙市固体废弃物处理场工程决算报告》被评为“全国财政投资评审系统优秀评审报告”。

2007 年，对全市 23 个重点工程派驻跟踪评审组进行全过程跟踪评审，多次参与新开工项目，尤其是融资建设的 BT 项目的方案论证，提出很多节约投资、优化方案的合理化建议。提前介入项目建设，把该核定和控制的价、费、量都在项目实施工程量清单招投标上限值审定时落实，以遏制“低中高结”“高估冒算”。全年共完成财政基本建设概、预、决（结）算项目 1217 个，项目审查额 138.70 亿元，审定额 122 亿元，核减 16.7 亿元，核减率 12.04%。

2009 年，长沙市率先在全省开展部门预算评审试点工作，全市 45 个市级预算单位接受评审试点。翌年，部门预算评审进一步深化，将评审机制引入项目支出预算管理。编制《长沙市本级 2011 年部门项目支出预算编制指南》，指导预算单位规范编报、细化项目预算。评审选择公安、国土、教育等 30 个部门、197 个预算单位，进行项目支出部门预算评审，评审部门项目支出额占部门项目支出总额的 61.79%。197 个预算单位申报 1349 个专项，金额 32.06 亿元，经筛查后剩下 1205 个项目、金额 24.04 亿元进行实质性评审，经市评审中心评审整合为 1007 个项目，审定总金额 14.71 亿元。审定总金额与部门预算编制时的初始上报数 29.18 亿元对比，核减 14.46 亿元，核减率 49.45%。其中，市评审中心对水利建设投资公司送审的圭塘河综合整治回报用地置换补偿项目 6834 万元进行评审，评审结果为 2045 万元，核减 4818 万元，核减率 70.2%。

2011 年，制定《长沙市财政预决算（投资）评审中心业务指引》《评审工作程序》《工程勘察设计、造价咨询等工程建设其他费用评审操作指南》《工程测量费评审操作指南》《2012 年部门项目支出预算编制指南》等多项评审技术标准、操作指南，简化相关项目评审程序，评审工作制度日臻完善。是年，市本级项目支出部门预算单位增至 74 个部门、111 个核算单位，完成 668 个项目的评审。至此，全市项目支出部门预算评审工作实现市级全覆盖。全年累计完成各类预结（决）算评审项目 1083 个，评审总额 79.18 亿元，核减金额 6.78 亿元。

2012 年，评审范围进一步拓展。长沙市将评审业务引入到工程相关的设计、勘察、监理、测量、可研编制、环境影响评价、工程造价咨询等各类服务费用控制价及结算领域。全年完成 563 个服务费用类控制价及结算的评审，评审总金额 4.79 亿元，核减 0.65 亿元，核减率 13.5%；全年累计完成各类预决算评审项目 1139 个，送审金额为 51.99 亿元，审定金额 33.97 亿元，核减金额 18.01 亿元，核减率为 34.65%。

五、公共资产管理

1988年，行政事业单位资产管理方式是各部门分散管理，财政被动管理。传统的管理模式与行政事业单位国有资产日益壮大的客观形势不相适应，导致政府家底不清、部门苦乐不均，资产使用和运营效益低下、闲置浪费和资产流失现象常有发生。

1990年，根据湖南省国有资产管理局的统一部署，长沙市对全市行政事业单位的国有资产占用情况进行调查。调查结果显示：1989年全市行政事业单位占用的非经营性资产8.89亿元，占资产总额的6.19%。

1992年，长沙市开展非经营性国有资产产权登记工作。统计结果显示：全市共登记行政事业单位5537家，国有资产总额16.3亿元。行政事业单位国有资产主要分布在：文教卫生部门近10亿元，占行政事业单位国有资产存量的61.4%；行政管理部门3.6亿元，占22.1%；科研部门及其他部门2.7亿元，占16.5%。翌年，为摸清全市行政事业单位的家底，进一步理顺产权关系，建立和完善国有资产管理制度，对全市行政事业单位开展财产清查。清查结果显示，市所辖4县（市）、5区及市直行政事业单位2411家，全部资产清查核实为31.47亿元。其中4县（市）为12.68亿元。

1995年，根据《湖南省人民政府关于印发〈湖南省行政事业单位非经营性资产转作经营性资产的暂行规定〉的通知》，对行政事业单位非经营性资产转经营性资产征收占用费，采取边核定基数、边征收的办法，全市共征收资产占用费近400万元，其中市本级入库近200万元。是年，清产核资主体工作结束，期间对447家行政事业单位展开清产核资，完成资产清查、产权界定、价值重估、资金核实、土地清查和估价等工作。通过清产核资，较全面地摸清行政事业单位的资产状况，为资产管理、资产配置打下良好基础。

1996年，对全市范围内的行政事业单位的国有资产进行产权登记并颁发产权登记证。全市共登记并发证的行政事业单位1319户，总资产为54.25亿元，负债14.45亿元，净资产39.8亿元，其中市本级总资产为24.42亿元，负债5.3亿元，净资产19.12亿元。在总资产中固定资产为30.27亿元，占总资产76.06%。翌年，完成对行政事业单位国有资产产权登记进行年度检查，全市行政事业单位产权登记年检1316户，其中市本级319户，年检率100%。

1998年，规范国有资产产权变动行为，主要通过采取资产处置拍卖、资产处置审批、资产处置检查、资产处置协调等手段实行产权变动监管。全年共审批行政事业单位处置资产项目646个，涉及资产总额2703万元，其中市本级280个，资产923万元；行政事业单位非经营性资产转经营性资产项目120个，资产总额6234万元；全年通过资产划转盘活存量资产2亿元；全市查处国有资产流失行为12起，涉及资产380多万元。是年，印发《关于行政事业单位国有资产处置实行公开拍卖的通知》，召开全市行政事业单位国有资产处置实行公开拍卖动员大会，要求行政事业单位国有资产处置以拍卖方式进行，改变过去行政事业单位国有资产处置长期以协议转让这一单一模式，以促进资产合理流动和资产价值的实现。2000年，加大国资监管力度，办理长沙市经济建设投资有限公司、市房地局等单位股权（资产）抵押审批；办理市本级行政事业单位资产处置行为上100起，资产处置金额2700万元；办理党政机关与所办经济实体脱钩的产权界定和登记工作，防止国有资产流失。

2003年，出台《长沙市公共资产处置和核销公示实施办法》，开始启动对公共资产处置和核销进行公示。公共资产处置的公示内容为资产状况、处置依据、处置原因、处置方式、处置价格等情况；资产核销公示内容为核销资产金额、原因、依据、残值估算、监督单位等情况。是年年底，全市独立核算的行政事业单位机构 4741 户，非经营性资产为 101 亿元，占全市国有资产总量 214 亿元的 47%。

2005 年，出台《长沙市公共资产管理暂行规定》，按照市国资委管理企业国有资产，市财政管理行政事业单位资产的职能分工，就市政资产、公用（公益）性资产、政府资源性资产及无形资产管理出现“真空”“缺位”问题，首次提出公共资产的理念。即管理对象不按单位性质而按资产性质，除国资委所属企业国有资产以外的各类国有资产（公共资产）均由财政管理，在一定程度上解决现行国资管理体制中公用（公益）性资产、资源性资产、无形资产管理“缺位”以及财政部门和国资委职能交叉、重复管理问题。年内，对市属行政事业单位资产进行摸底统计，初步建立资产管理数据库，提出“集中配置，分类管理、综合经营、统一处置”的管理思路，完善资产处置程序，并出台相关管理制度，做到有章可循。

2006 年，全面启动行政事业单位资产清查工作。印发《关于开展市属行政事业单位资产清查工作的通知》，选定 15 家中介机构，对截至 2005 年 6 月 30 日的市属行政事业单位资产，用 1 年半的时间，分 3 批进行清查核实，以全面摸清政府公共资产家底，建立政府公共资产数据库，实行公共资产的规范管理。年内，公示处置和核销的资产 146 起，涉及全额 6009.73 万元；审核产权交易鉴定报告并出具交割证明书 100 余份，审核认定交割资产总额近 100 亿元，发现和纠正交易机构未查出的不合规交易 200 余起，涉及资产 3 亿元。翌年，完成行政事业单位资产清查工作，全市 468 户市属行政事业单位资产总额 196.71 亿元（不动产重估后资产总额为 274.97 亿元），负债总额 83.87 亿元，净资产 112.84 亿元（不动产重估后净资产为 191.10 亿元）。

2008 年，搭建公共资产管理（经营）平台，实行行政事业单位资产产权与使用权的分离。坚持资产占用单位使用管理、产权统一平台管理、财政综合及价值管理三结合，着力提高资产的营运能力，提高资产附加值和经营收益。按照“统一配置、分类管理、综合经营、集中处置”的思路，归集非经营性不动产物权、授权市机关事务局管理；归集经营性不动产，授权长信投资管理公司管理，实行公共资产集约化经营。年内有 37 个系统、84 个单位涉及土地 282.15 万平方米、房产 91.38 万平方米、资产总账面约 17.38 亿元的产权移交至市机关事务管理局；有 9.15 万平方米土地、8.53 万平方米房产移交至长信投资公司，全年实现资产各类收入 6485.81 万元，缴库 4584.44 万元，核准行政事业单位产（股）权 12 个，涉及资产 2164 万元。是年，完成全市政府投资公司资产清查工作，截至 6 月 30 日，全市 28 家市属投资公司账面资产总额 668.28 亿元，负债 483.74 亿元，少数股东权益 3.83 亿元，净资产 180.71 亿元。

2009 年，开展行政事业单位经营性资产清查，制定《长沙市行政事业单位经营性资产清查工作实施方案》，成立清查领导小组及办公室，按单位性质、资产用途、收入情况等分类设计资产清查表格，统一检查程序，分 3 个检查组分别对市本级 67 个系统及 26 家独立单位、共 544 户行政事业单位开展经营性资产实地检查。清查结果显示：市本级行政事业单位经营性资产总量 99.14 亿元，其中 10 个行政机关 0.96 亿元，53 个全额拨款事业单位 2.6 亿元，65 个差额拨款单位 40 亿元，116 个自收自支单位 54.37 亿元，12 个经济实体 1.21 亿元。清查中收缴房产证、国土证 10 本，涉及资产账面值 5765.18 万元，都是用于出租的经营性资产，将其集中过户到长信投资公司统一经营管理；督促 37 个单位将办公用房产权移交至市机关事务局，签订使用管理协议书；核查出应缴库的资产收入 2.22 亿元。翌年，在行政事业单位经营性资产清查的基础上，正式启动经营性资产的整改、督缴工作。向需要整改的 63 个系统或独立单位下发整改通知，对清查中发现的 8 类问题进行逐一清理、督促整改和收缴。将有权证的优良资产转投轨道集团；将无权证的经营性资产经营管理权移交至长信投资公司；收缴经营性资产收入 1.05 亿元，收缴国有资产占用费 468.38 万元；对适宜处置变现的资产（股权）进行处置，其中市物价局价格论证中心入股长沙银行金城信用社 31 万法人股，增资至 185.85 亿元。

2011 年，先后出台《长沙市行政事业单位资产管理实施办法》《长沙市基金监管实施办法》《长沙市人民政府办公厅关于市属行政事业单位创办经济实体有关事项的通知》《长沙市本级行政事业单位办公家具和办公设备配置规定（试行）》《长沙市行政事业经营性资产租赁经营办法》等系列法规和规范性文件。年内，行政事业单位资产配置实现规范化管理。根据单位编制人数、机构数、会议室面积等均制订实物费用定额标准，实行资产代码注册管理和预算管理，编录资产代码 50.09 万项，编印《市属行政事业单位实物资产代码目录》，通过配置标准和存量管理，基本实现各单位专有资产按工作性质和特有业务合理均衡配置。启动编制行政事业单位办公资产配置年度预算，纳入编制范围的市本级 344 家行政事业单位申报 2012 年新增办公设备 2.39 万件，稽核数为 3252 件，核减 2.06 万件。节约行政成本和财政资金，提高工作效率。是年，开发建设的资产管理信息系统上线运行，完成预算管理系统、政府采购系统、财务核算系统三大信息管理平台的有效对接，实现资产共享和共用，促进资产总体结构优化。

2012 年，资产管理信息系统从资产“进口”到“出口”各个环节均实现网上标准化流程，资产配置标准及购置、资产出租出借、对外投资、划拨或转让、报废处置等事项均实现网上申报、审批。全年通过网上办理资产业务 182 笔。通过实时查询以及平台调剂功能盘活存量资产，并率先全省建立网上闲置资产供求平台即网上“公物仓”，基本实现资产管理基础工作“无纸化”。是年，督缴资产收入入库 1.35 亿元，处置 166 笔闲置（报废）资产共 1.04 亿元，其中划拨资产 1128 万元，报废资产 9074 万元；全年核准对外投资资产账面值 3475 万元，较评估值 1.34 亿元调增 9881 万元，调增 284%。

六、社会集团购买力控制与政府采购

1988 年，长沙市严格控制社会集团购买力，扩大专控商品范围和集中审批权限，制定征收专控商品附加费的具体办法，落实定点供应单位。

1992 年，贯彻省财政厅、省物价局、省控购办《关于开征控制购买专控商品调节基金的通知》，开始运用征收调节基金的手段，促使一些社会集团在消费上建立自我约束机制，对一些单位购买高档消费品（如小轿车、手机“大哥大”等）起到一定的抑制作用。翌年，全市共征收调节基金 1524.5 万元。

1993 年，长沙市严格执行控购纪律，加大对违控资金的查处力度。全年共检查 394 个单位，查出违控金额 1088.3 万元，其中违控购买小汽车 659 辆，追补缴调节基金 169.16 万元。1997 年，制定关于加强公款购置通信工具、公款出国出境管理等 6 项规定，并在全市党政机关、行政事业单位开展购置小汽车、公款安装私宅电话和公费手机等项目的自查和清查工作。

图 15-1-5-2 1999 年 5 月 7 日，长沙市召开政府采购工作动员大会（市财政局供图）

1999 年，长沙市政府采购中心成立，政府集中采购工作正式启动。市采购中心积极探索符合长沙实际的政府采购模式，扩大政府采购的范围和规模。全年集中采购物料 5248 万元，节约采购资金 610 万元，节减率 11.62%，全市有 140 个行政事业单位

通过政府采购中心采购各种物料。翌年，出台《关于机动车辆定点保险有关事项的通知》《关于对医疗器材、药品、医用材料等实行政府采购有关具体问题的通知》等 17 项规章制度，制定科学合理的招投标程序，政府采购工作形成良好的内、外监督机制。

2001 年，长沙市印发《关于编报政府采购信息统计报表的通知》《关于聘请长沙市政府采购招投标监督员的通知》《关于制定长沙市政府采购招评标纪律的通知》《关于制定长沙市政府采购汽车定点维修监察员职责的通知》等文件。年内，实行公务用车的定点维修和定点保险，推行政府采购招投标监督员制度和车辆定点维修监察员驻厂现场监督模式。至 2002 年，全市通过政府集中采购 17.8 亿元，节减 2.4 亿元，节减率 11.9%；市本级采购货物 7.58 亿元，节减率 12.3%；公务用车定点维修车辆 24326 台次，累计修车金额 3127 万元，直接核减 263 万元。2003 年，推行市级行政事业单位会议及接待定点制度，确定全市会议及接待定点单位 19 家，各定点宾馆、酒店、招待所的平均房价降低 52%，会议室租金平均降低 50%。翌年，政府采购范围和规模不断扩大，推选公务用车定点刷卡加油，建立专家咨询制度，实施协议供货等，全年累计完成货物、工程和服务类采购金额 19.8 万元，节减 3.23 亿元。

2005 年，不断拓展政府采购覆盖面。市本级一级预算单位 91 家，进入政府采购中心办理采购业务的有 89 家，政府采购覆盖面 97.8%；纳入市本级财政统发工资的行政事业单位、社会团体 216 家，其中 208 家实施政府采购，覆盖面 96.3%。全年完成采购金额 22.35 亿元，与采购预算相比，节约资金 3.5 亿元，节约率 13.55%。是年，探索政府采购预算编制办法。出台《关于加强政府采购预算管理工作的通知》等文件，明确 2006 年全面实行政府采购预算。翌年，抓预算编报，探索政府采购预算编制方法，拟定政府采购预算编制方案，制作预算计划申报软件，组织 300 多个行政事业单位专业人员进行政府采购预算培训，规范编报程序，通过培训，绝大部分行政事业单位增强政府采购的超前意识，减少零散采购和无计划采购，控制经费支出。

2006 年，贯彻《中华人民共和国政府采购法》及各项配套法规，不断探索政府采购新模式。实施中央空调定点采购，与远大空调集团签订采购合同 8 个，合同总金额 3545 万元，节约率 26%；实施教育课桌椅、办公家具的定点采购，全年累计采购课桌椅 15 批次，合同金额 1225.3 万元，节约率 13.2%；开展通用设备的协议供货，将协议供货品目由原来的 2 个扩展到 11 个，产品涵盖 11 个品目、37 个品牌、上千个型号，一些产品的协议优惠率 50%以上。全年累计采购货物 3.93 亿元，节约资金 5741 万元，资金节减率为 12.74%。全市全年完成采购金额 23.66 亿元，与采购预算相比，节约资金 3.93 亿元，资金节约率为 14.25%。

2008 年，深化政府采购制度改革，推行管采分离。根据长沙实际，拟定管采分离方案，明确实行管采分享的相关事项，注册政府采购代理机构 65 家，下发《长沙市代理机构工作流程图》《关于加强政府采购代理机构行为规范管理有关问题的通知》等 5 项措施规定，实行代理机构登记备案制，落实代理机构考核制度，促使代理机构规范有序地开展工作。年内，财政部门退出政府采购操作，执行政府采购监管。至此，长沙市政府采购监督管理职能与政府采购代理机构的操作职能实现分离。翌年，开展管采分离的专项检查，对 43 个单位进行重点抽查，共查票据 10 万余张，金额 10 亿多元，针对 30 个存在问题的单位，送达专项整改通知书，督促其限期整改。同时，完善管采分离后的制度，制定《关于进一步加强政府采购监督管理的通知》等 7 个规范性文件，严格采购代理机构的备案、登记工作，完善备案登记的工作流程，初步建立日常管理、跟踪监督与执法检查三位一体的监管工作新机制，实现管采分离后的职能转换。2009 年，自主研发《长沙市政府采购预算计划管理系统》，多次组织全市各行政事业单位对系统的应用进行培训，全市98%以上有政府采购需求的预算单位都编制政府采购预算计划。年内，首次推行长沙市机关事业单位公务出行中介服务定点制度，对公务出省或出国（境）出访、学习培训、考察、招商、会展等活动，通过招投标，确定15家为公务出行中介服务机构；通过招投标确定4家燃料油供应商为特种设备用油定点单位；确定4家规划设计院为规划编制的服务定点单位等。全年完成采购金额30.98亿元，与采购预算相比，节约资金5.79亿元，节约率为15.74%。

2010年，建立政府采购代理机构优胜劣汰机制。与各代理机构负责人统一签订政府采购代理机构承诺书，实行违规超限自动退出。年内，加大对政府采购当事人违法违规行为的查处力度。全年对相关采购人进行19次违规告知；对代理机构进行3次违规告知，1次违规通报，并发出22份整改通知书；没收有违规行为的供应商的投标保证金3次，金额11万元，没收有违规行为的定点加油站履约保证金2.4万元。翌年，根据《长沙市政府采购供应商投诉处理程序》《长沙市政府采购代理机构监督考核办法》，受理有效投诉7起，接到举报和情况反映14起，对代理机构违规通报4家、责令整改2家，对采购单位违规通报3家，查处有违规行为加油站2家，对1家供应商提供虚假材料谋取中标予以处罚并列入不良记录，停止1年参加政府采购活动资格，取消定点接待单位资格2家。

2012年，推进电子化政府采购平台系统建设。为建立资源共享、覆盖全市的信息网络系统，将政府采购过程中涉及的相关人和各个环节纳入同一系统，构建成一个统一的、全流程的电子化政府采购管理平台。同时，以省厅的平台为基础，结合长沙实际，进行系统的二次开发，市本级选择8家一、二级预算单位作为电子化政府采购管理平台系统试点单位和在长沙市备案的30家代理机构，以及28家综合协议供应商一道，于7月9日起上线进行试运行，全市注册试运行采购单位26家，代理机构58家，供应商1122家。是年，率先全省建立政府采购专管员制度，在全市389家单位设立专管员836名，制定政府采购专管员制度，组织4批次836名专管员进行专题培训和考试，考试合格者发给“政府采购专管员证”。至年底，全市共完成采购金额60.99亿元，与采购预算相比，节约资金10.47亿元，节约率14.65%，市本级政府采购招标项目1090个，公开招标项目资金占采购总额的77.82%。

七、会计管理

1988年，长沙市各国有企业、事业单位及收支数额较大、会计业务较多的行政机关单位、团体都设置有财务会计机构，会计人员为行政事业编制，对会计实行单位和财务主管部门双重管理。年内，长沙市在对全民事业单位和县以上单位财会人员颁发“会计证”的基础上，对县以下集体企业的财会人员试行“会计证”管理，全市累计有持证人员1.34万人。

1989年，长沙市按照财政部和湖南省财政厅的部署，开展会计工作达标升级活动，活动按各行业规定的会计基础、财务管理和核算、财经纪律和职业道德等内容，经自检申报、部门预检、达标领导小组考核验收、部（省、市）财政主管部门分级审批的程序进行。至年底，全市经考核验收的达标单位16个，其中升为三级的有12个，升级为二级的有4个。

1992年，全国首次进行会计专业技术资格统考，长沙市报考人数为1.64万人。经统考，全市会计师类及格人数为24%，助理会计师类及格人数为50%，及格率居全省第一。1994年，为加强财会人员管理和队伍建设，市财政局组织力量对全市财会人员进行全面摸底统计。全市有财会人员4.40万人，其中国有单位1.62万人，集体单位2.65万人，其他经济组织1315人。专业技术资格看，有高级会计师132人，占财会人员总数的0.18%；会计师1678人，占8.64%；助理会计师3232人，占26.23%；会计员3860人，占29.89%。从会计电算化情况看，全市接受电算化培训人员1128人，占2.56%。

1998年，全市累计培训各类财会人员20余万人次；颁发“会计证”4万余张；评聘高级会计师150余人，会计师5000余人，助理会计师6000余人；会计员近4000人；颁发会计工作30年荣誉证2000余份，颁发电算会计资格证8269本。1999年，按照《中华人民共和国注册会计师法》的要求和上级财政部门的指示精神，积极推进全市23家会计（审计）师事务所的脱钩改制工作，至年底，市属23家事务所的人员、财务、职能、名称等与挂靠单位彻底脱钩，并与挂靠单位签订脱钩协议书。在此基础上，按照改制方案进行改制。经验收合格后，重新登记注册的11家，并在报刊上公告。翌年，全市会计师事务所参加年检的执业注册会计师有131人，通过年检94人。长沙众信会计师事务所内部管理问题较多，全所注册会计师未通过年检。

2001年，长沙市实施会计委派制度改革，对60个行政单位实行会计集中核算，对14个系统实行会计委派，取消单位的会计机构和银行账户，撤销会计人员。翌年，会计委派制度改革进一步深化，将集中核算制扩大到二级事业单位、重点工程建设指挥部。全市实施改革单位增至898个，共选调委派会计人员和工作人员242人，撤销单位原有银行账户1500多个。2002年，全市参加会议从业资格考试的人员中有2257人获得“会计从业资格证”，有1701人获得“电算会计证”，有1289人取得任职资格证书，其中，869人获得中级任职资格证书，420人获得初级任职资格证书。年内共有1.89万名会计人名参加继续教育培训。

2006年，严把会计资格许可关，全年通过考试有1.06万人取得会计从业资格，1371人取得会计师资格，2361人取得助理会计师资格；组织新会计准则体系培训，培训会计人员2.8万多人；开展会计从业资格专项检查，严格整改措施，102名无证人员调离会计岗位，277人办理调转登记，会计服务市场秩序进一步规范。

2007年，把颁发会计从业资格证、会计代理记账两项行政许可项目的办事程序明细化，对会计从业资格证从考试、核发、调转、注册、变更到遗失补证等工作分别规定操作程序并在网上发布。同时为避免以批代管或只批不管现象，对已审批的代理记账机构基本情况进行专项检查，针对发现的问题责成其整改，并强化对代理记账机构的监管。是年，全市有1.18万人获得“会计从业资格证”4063人获得会计专业技术任职资格证，其中高级158人，中级1260人。初级2645人。

2010年，按照上级统一部署，在全市范围内开展《中华人民共和国会计法》执行情况检查，全市共有4365个单位进行自查，根据自查情况，对809个单位进行重点抽查，并对抽查出的问题进行认真整改。是年全市有6.13万人报考“会计从业资格证”，合格率为39.8%，有1.99万人报考会计专业技术资格，合格3350人，合格率为16.9%，其中中级448人，初级2902人。

图15-1-5-3 会计人员培训 （摄于1998年，市财政局供图）

2011年，开展会计执法检查，重点检查中小企业的会计人员执业及财务情况。宁乡县对涉嫌出具虚假报告的会计人员的从业资格证依法予以吊销。年内，市本级举办继续教育培训班107期153个班，培训2.24万人次；组织财政支农政策培训35次，培训3592人次。严把会计资格许可门槛，全市共核发会计从业资格证5019本，办理调转2939本，注册、变更登记、遗失补办458本；审批会计代理记账机构5家，注销10家。

2012年，全市有5.17万人参加“会计从业资格证”无纸化考试，合格2.23万人，合格率31.7%；有2.76万人参加会计专业技术任职资格考试，合格4662人，其中中级858人，初级3804人；全市有3.76万人参加继续教育培训，其中市本级培训142期，2.34万人次；全市办证4963本、补换证148本、调转2634本，全年新批代理记账机构10家，注销5家。至年底市本级有代理记账机构72家；市直管注册会计师事务所20家，执业人员263人；资产评估机构6家，评估师56人。

八、财政监督检查

1988年，长沙市成立有“税收、财务、物价”三大检查（以下简称“三查”）领导小组并设办公室，专门督促和承担“三查”及其他专项检查工作。年内全市开展的“三查”工作共查出违纪金额4670万元。对行政事业单位收费收据管理和行政执法机关罚没票据管理进行一次清理。是年，长沙市围绕“双增双节”（增产节约、增收节支）开展财政监督监察。对19个乡财政所、77个行政事业单位财务情况进行专项检查，共查出违纪金额352万元，收缴财政170万元。1989年，继续组织开展“三查”工作，检查分自查与重点抽查两个阶段，统一部署，分线进行。全市有1.38万家单位经自查，查出有各类问题的4771家，占参加自查总数的34.47%；重点抽查4221家，查出违纪金额4724万元。

1991年，加强治理“三乱”（乱收费、乱罚款、乱摊派）、执法检查等基础工作。组织对区、乡财政预算收支和事业单位财务工作进行检查，查出违纪金额572.7万元，并进行依法处置，维护财经纪律的严肃性。

1993年，全市“三查”工作取得突破性进展。全市检查户数6.14万户，全部进行自查，查出违纪金额2492万元；重点检查面按国务院要求达到40%，检查2.4万户，查出违纪金额3896万元。

1994年，全市共组织重点检查组501个，参检人数3008人，其中含人大代表、民主党派代表48人。全市重点抽查国有集体企事业单位1.07万户，重点检查的对象是税利大户、外贸企业、新办企业和联合办公的企业，自查交白卷的单位，以及亏损财政补贴大户。检查采取边检查、边处理、边调账、边入库、边建制的方法进行。全市自查户和重点检查户为7.28万户，共查出各项违纪金额1.64亿元。

1996年，出台《关于清理检查预算外资金的实施办法》，对全市的预算外资金进行长达近5个月的清理整顿工作，共查处违纪入库金额600多万元，缴存财政预算金额1852万元，缴存财政专户金额3685万元。接受检查的14个部门、单位的违纪金额在一个星期内全部缴入市财政设立的“清检专户”账户。是年，按照国务院的要求，大力整顿财经秩序，为经济建设创造良好的环境。组织市财政、税务、物价、审计、金融等部门密切协同开展“三大检查”工作，全市共组成777个检查组，参检人员3892人，对全市1.74万个单位进行检查，共查出违纪金额3.41亿元，维护了经济秩序。重点检查46个乡镇财政所及行政事业单位，根据检查中发现的问题，及时作出处理决定，提出整改意见，促进基层财政所工作的规范化。

1997年，继续对预算外资金进行清理检查。市级清理检查预算外资金应自查单位202个，自查202个，自查面100%，自清自查后相关单位上缴财政预算资金610万元，缴存财政专户金额1221万元，对58个有收费行为的单位进行重点检查，共缴存财政预算金额191万元，缴存财政专户金额675万元，处罚违纪入库金额230万元。通过清理、归并，市本级共有77家有收费行为的单位取消在银行开设的收入过渡户。1998年，严肃财金纪律，加大“三查”处置力度。通过对4.39万户行政企业单位、个体工商户进行重点检查，查出违纪金额3.45亿元，经济处罚65人，移送司法机关立案处理5人，受理群众举报25件（次）。年内，对32家重点部门公费配备使用通信工具情况进行专项检查，纠正一批违规购置通信工具和报销话费的问题。是年，为巩固国库集中支付与会计集中核算“两项改革”的成果，对预算外资金进行清理检查。市级清理检查预算外资金应自查单位296个，缴存财政专户金额3200万元。通过重点检查，共缴存财政专户金额2600万元，处罚违纪金额60万元。

1999年，根据全省纠风工作会议精神，对市直单位的行政事业性收费、罚没收入及其他预算外资金进行清理检查。市本级自查单位202个，自清自查后缴存财政专户金额1000多万元。通过重点检查，共查处应缴未缴财政预算金额62万元，应缴未缴财政专户金额1268万元，处罚违纪入库金额142万元。

2001年，根据湖南省财政厅《关于清理检查全省行政事业性收费和政府性基金票据的通知》精神，对全市行政事业性收费和政府性基金票据进行全面检查。在各区县（市）以及市本级各用票单位进行自查的基础上，重点对公安、环保、教育系统等单位进行抽查。通过检查仍有个别单位存在混开、乱开、错开票据现象，甚至有使用“非法票据”和废票的现象，针对存在问题，责成问题单位进行整改。

2003年，印发《关于进一步开展依法理财治税活动的通知》，对全市行政事业单位“收支两条线”情况进行检查，检查分布置安排、自查自纠、重点检查、整改处理4个阶段进行。通过检查，各行政事业单位收费行为规范，未发现乱收费、滥罚款等行为，取消收费和降费的项目得到落实，市级有收费行为的单位在银行的非税收入过渡户全部取消。年内，开展旨在优化经济发展环境的专项整治行动，具体涉及治理向机动车辆乱收费和整顿违规道路收费站点；经济适用房乱收费、教育乱收费的清理检查等工作，清理过期或失效的收费文件和违规私设的银行账户，查验收费许可证和票据购领证。通过整章建制，加强领导，有效规范收费行为，杜绝“三乱”现象发生。同时，为防止吃财政“空饷”现象，定期开展专项检查，至2005年，共清理吃财政“空饷”人员323人，其中市本级55人，均作出严肃处理，有效遏制挤占财政资金行为。

2009年，开展对全市1283家行政事业单位“小金库”进行专项检查治理，重点检查全市各执收单位非税收入票据使用及管理情况。共查处“小金库”77个，涉及金额4348.49万元，收缴“小金库”余额612万元。翌年，配合市纪委组织对部分单位“两节”期间党风廉政建设工作进行检查和“小金库”检查治理。

2010年，开展预算单位实体资金账户清理、撤销工作。全年撤销286家单位费用性存款账户344个，资金量4.07亿元，将140多家集中核算单位的实体资金账户存款余额转入以“长沙市国库集中支付局”名义开设的专户，实行统一管理、集中支付。翌年，继续开展预算单位实体资金账户清理、撤销工作，共撤销301家单位费用性存款账户350个，销户资金3.92亿元。

2011年，对市本级24家重点执收单位和区县（市）的财政票据使用情况、资金是否及时缴库情况进行专项检查，并针对存在的问题，督促执收单位按要求进行整改，确保票据使用规范、资金及时缴库和区县（市）非税分成收入及时划解入库。

2012年，探索财政监督新思路，对市科技局、市城管局开展绩效监督检查，从业务、财务和效益3个方面对两个单位项目资金的绩效情况进行检查和评价，就检查出的问题，提出整改意见，并收缴市科技局下属的生产力中心2011年国有资产投资收益50万元。

第二章 税 务

长沙是湖南重点税源地区。20世纪80年代到90年代初，实行国有企业“利改税”和工商税制的改革以及财政“划分收支、分级包干”。1988年，长沙市税务部门实行“一人进户，各税统管”的专人管理模式，税务干部集征收、管理、稽查权于一身。是年，全市税务部门组织各项收入14.51亿元。1990年开始，长沙市税务部门开始确立以建立自觉上门申报纳税制度和实行征、查分离，增强监督制约机制为基本形式的征管模式。1994年，国家实行分税制财政管理体制，长沙市分设国家税务局和地方税务局两个系统。分税制改革后，长沙市国家税务局实行垂直管理，长沙市地方税务局实行上级地方税务局与地方政府双重管理，以上级地方税务局垂直领导为主的体制。国、地税分设当年，长沙市税务部门组织收入的难度比以往任何一年都要大，但克服一些大中型企业经济效益差、欠税严重、特大洪灾等不利因素后，全市税务部门（含国地税）共组织各项收入38.72亿元，比上年增收9.48亿元。到1997年，长沙市国税系统各项收入首次突破50亿元，全年共组织各项收入50.56亿元；长沙市地税系统各项收入20.97亿元。

1998年，长沙市国家税务局和长沙市地方税务局全面推行征管改革，围绕以“纳税申报和优质服务为基础，以计算机网络为依托，集中征收，重点稽查”的征管改革目标，向内扩展到信息化管理，向外扩大到税务代理中介，并重点突出税务稽查的作用，建立起“申报、代理、稽查”的新三位一体模式。进入千禧年，信息管税和依法治税理念进一步树立。2000年，长沙市地税部门从征管“十率”考核入手，尤其突出登记率、申报率、入库率、滞纳金加收率、处罚率和征管资料完整率等“六率”的考核，同时推进稽查工作由“收入型”向“执法型”转变。2001年，长沙国税部门全面开通运行“金税工程”四个软件子系统，运用先进科技手段强化税收征管，并于2002年成功开发湖南征管系统、数据质量评估系统和税务稽查预警系统，大大提高征管系统运行质量和稽查选案效率。

2002年是纳税信用等级评定的元年，长沙市国税部门评定纳税信誉等级A级企业200户，长沙市地税部门评定纳税信誉等级A级企业111户。2004年，长沙市国税部门与地税部门首次联合开展纳税信用等级评定工作，在全市1.12万户符合评定条件的国、地税部门共同管理的纳税人中，评定纳税信用A级纳税人158户，B级纳税人9536户，C级纳税人1471户，D级纳税人20户。是年，长沙市国税部门收入跨越百亿元大关，全年共完成税收收入113.27亿元，全市国税收入总量占全省的三分之一强。到2006年，长沙市地税部门组织收入总量突破百亿大关，共组织各项收入108.28亿元，收入增幅跃居中部六省省会城市第二位，收入总量和质量都实现大提升，全市地税总收入连续四年保持22%以上增幅。

2008年，长沙国税部门全面推行网上办税服务厅，纳税人办理税务登记、文书申请、领购缴销发票、认证抄报税等都可以通过网上办税系统进行远程办理，既方便纳税人又利于税务管理。2009年，长沙市地税部门进一步推进信息管税，探索建立税源分类管理模式、税源巡查制度，集中18.43万户纳税人和3.48万户房地产项目数据，成功上线“大集中”系统，为全省地税系统大集中推行工作打好基础。2011年，长沙地税实现财税库银横向联网，网上报税、刷卡缴税、通城办税纵深推进，减免税系统实现网上运行。

2012 年，长沙国税部门组织收入突破 700 亿元大关，共组织入库各项收入 725.22 亿元；长沙地税部门组织各项收入突破 400 亿元大关，达到 434.9 亿元。国地税组织收入总量 1160.12 亿元，是 1988 年全市税收收入的 79.95 倍。

第一节 机 构

一、长沙市税务局

（一）内设机构。1988 年，长沙市税务系统在职在编人数 2116 人，其中市局机关在职在编人数 126 人。市局机关设有办公室、人事科、宣教科、流转税科、地方税科、所得税科、征管科、监察科、计会科、促产办、检察室、调研室、税志办、基建办、查私办 15 个内设机构和党团办（局工会）、行政科。

1992 年，新设驻厂员办、老干科、个体科，撤销税志办、基建办、查私办。

1994 年分税制改革前，市局机关设有办公室、人事科、宣教科、流转税科、地方税科、所得税科、征管科、监察科、计会科、促产办、检察室、调研室、老干科、个体科、驻厂员办和党团办（局工会）、行政科、培训中心。

1988—1994 年，担任长沙市税务局主要领导职务的有：伏煌煜；其他领导班子成员有：黄勇、鲁应时、宁顺发、李汉兴、莫金华。

（二）直属机构。1988 年，长沙市税务局恢复直属机构长沙市税务局稽查大队。1992 年，新设直属机构长沙市税务局涉外分局。到 1994 年分税制改革前，共有直属机构 2 个，分别是长沙市税务局稽查大队、长沙市税务局涉外分局。

（三）区县（市）机构。1988 年，长沙市税务局设有长沙市税务局一分局、长沙市税务局二分局、长沙市税务局三分局、长沙市税务局四分局、长沙市税务局五分局、长沙市税务局六分局、长沙市税务局七分局、长沙市税务局八分局、长沙市税务局郊区分局、长沙市税务局长沙县分局、长沙市税务局望城县分局、长沙市税务局浏阳县分局、长沙市税务局宁乡县分局 13 个区县机构。到 1994 年分税制改革前，区县机构未作调整。

（四）基层机构。1988 年年底，长沙税务系统将原属街区主管的税管站收归税务机关主管，成立 15 个税务征收组。1991 年继而将街区征收组升格并扩充为 32 个城市税务所，其中东区 7 个、南区 9 个、西区 9 个、北区 7 个。到 1994 年，长沙市税务局一分局设 6 个税务所、二分局设 5 个税务所、三分局设 5 个税务所、四分局设 4 个税务所、五分局设 4 个税务所、六分局设 5 个税务所、七分局设 4 个税务所、八分局设 3 个税务所、郊区税务局设 5 个税务所、长沙市税务局长沙县分局 10 个税务所、长沙市税务局望城县分局共设 8 个税务所、长沙市税务局浏阳县分局共设 16 个税务所、长沙市税务局宁乡县分局共设 15 个税务所。

二、长沙市国家税务局

（一）内设机构。1994 年 7 月，国地税分设后，长沙市国家税务局市局机关设有办公室、人事教育科（离退休人员管理科）、监察室、税政一科、税政二科、税政三科、征收管理科、税务检查室、法规科、计划财务科 10 个内设机构，和机关党委、行政科。1996 年，人教科分设为人事科、宣传教育科，新设基建科和信息站、物业中心 2 个事业单位。1997 年，市局机关原 16 个内设科室撤并为 10 个。共设有办公室、税政法规科、征收管理科、计划财务科、思想政治工作办公室、人事教育科、监察审计科、稽查局8个内设科室和信息中心、机关服务中心2个事业单位。

2001年，市局机关内设科室调整为办公室、政策法规科、税政一科、税政二科、征收管理科、计划财务科、人事科（离退休干部办公室级别为副科级，由人事科代管）、教育科、监察室9个；设信息中心、机关服务中心、税务师管理中心3个事业单位和机关党委办公室。

2002年，新设进出口税收管理处。同时市局内设科（室）更名为处（室），机构级别保持不变，仍为正科级。

2005年，市局机关重新调整内设机构，设办公室、政策法规处、流转税管理处、所得税管理处、国际税务管理处、进出口税收管理处、征收管理处、计划统计处、财务管理处、人事教育处、监察室11个内设处室；设信息中心、机关服务中心2个事业单位和机关党委办公室、离退休干部办公室、车购税征收管理办公室。

2009年机构大调整，市局机关设办公室、政策法规处、货物和劳务税处、所得税处、收入核算处、纳税服务处（纳税服务中心）、征收管理处、财务管理处、人事处、教育处、监察室、大企业和国际税务管理处、进出口税收管理处13个内设处室；设信息中心、机关服务中心2个事业单位和机关党委办公室、离退休干部处。

2012年，长沙市国税系统在职在编人员2330人，其中市局机关在职在编人员190人。市局机关内设机构未作调整。

1994—2012年，先后担任长沙市国家税务局主要领导职务的有：伏煌煜、周湘安、易晓雄、李文伯；其他领导班子成员有：黄勇、龙岳辉、曹治平、莫金华、李汉兴、王志勇、傅森河、钟继仁、黄卫国、瞿泰伟、凌奇、李国成、李德奇、肖辉（女）、钱秀芳（女）、高晓敏（女）、周方平、楚星灿、黄书惕、黄文龙、王国武、佘凯颂、梁健、马玉霞（女）、刘湘晖（女）、何正华、韩国荣。

（二）直属机构。1994年，国地税分设后，长沙市国家税务局共设有长沙市国家税务局稽查大队、长沙市国家税务局涉外分局2个直属机构。

1995年，长沙市国家税务局稽查大队更名为长沙市国家税务局稽查局。2001年，长沙市国家税务局涉外分局更名为长沙市国家税务局涉外税收管理分局。

1996—2003年，直属机构未发生变动。

2004年，新设长沙市国家税务局车辆购置税征收管理办公室。2005年，直属机构重新调整为长沙市国家税务局稽查局、长沙市国家税务局直属税务分局2个，原涉外税收管理分局调整为长沙市国家税务局直属税务分局，原车辆购置征收管理办公室调整为车辆购置税征收管理分局，新机构承接原单位职能，人员、机构级别、管辖范围基本不变。

2009年，新设长沙市国家税务局第一稽查局、第二稽查局。另有长沙市国家税务局稽查局、直属税务分局、车辆购置税征收管理分局3个直属机构。

2012年，直属机构未作调整。

（三）区县（市）机构。1994年税务机构分设后，长沙市国家税务局设有长沙市国家税务局一分局、长沙市国家税务局二分局、长沙市国家税务局三分局、长沙市国家税务局四分局、长沙市国家税务局五分局、长沙市国家税务局效区分局、长沙县国家税务局、望城县国家税务局、浏阳市国家税务局、宁乡县国家税务局10个区县机构。1996年长沙市国家税务局郊区分局更名为长沙市国家税务局六分局。

2001 年，原区县机构调整为长沙市国家税务局芙蓉分局，长沙市国家税务局天心分局，长沙市国家税务局岳麓分局，长沙市国家税务局开福分局，长沙市国家税务局雨花分局，长沙市国家税务局高新分局，长沙县国家税务局、望城县国家税务局、浏阳市国家税务局、宁乡县国家税务局。

2004 年，长沙市城区国税机构分别更名为长沙市芙蓉区国家税务局，长沙市天心区国家税务局、长沙市岳麓区国家税务局、长沙市开福区国家税务局、长沙市雨花区国家税务局、长沙市高新区国家税务局。

2011 年，因望城县撤县设区，原望城县国家税务局更名为长沙市望城区国家税务局。2012 年，新设立长沙经济技术开发区国家税务局，与长沙县国家税务局合署办公。

（四）基层机构。1994 年机构分设后，长沙国税按管辖区域共设基层税务机构 85 个，长沙市国税局一分局设有 7 个、长沙市国税局二分局设有 10 个、长沙市国税局三分局设有 9 个、长沙市国税局四分局设有 10 个、长沙县国家税务局设有 11 个、望城县国家税务局设有 8 个、浏阳县国家税务局设有 17 个、宁乡县国家税务局设有 13 个。

1996—2008 年，长沙国税系统共设基层机构 36 个，其中长沙市芙蓉区国家税务局 3 个税务分局、长沙市天心区国家税务局 3 个税务分局、长沙市岳麓区国家税务局 4 个税务分局、长沙市开福区国家税务局 4 个税务分局、长沙市雨花区国家税务局 4 个税务分局、长沙县国家税务局 3 个税务分局、望城县国家税务局 3 个税务分局、浏阳市国家税务局 7 个税务分局、宁乡县国家税务局 5 个税务分局。

2009 年，因规范机构设置，长沙市芙蓉区国家税务局新增八一路税务分局，其他基层局派出机构未变。

2012 年，基层局派出机构未作调整。

三、长沙市地方税务局

（一）内设机构。1994 年 10 月，长沙市地方税务局成立，全市地税系统在职在编人员 1321 人，其中市局机关在职在编 121 人。内设机构有：办公室、税政管理一科、税政管理二科、税政管理三科、征收管理科、计划会计科、人事教育科、机关党委、团委、工会和全市地方税务系统工会（与人事教育科合署办公）、监察科（与纪检组合署办公）、税务检察室、公安执勤室。

1996 年，长沙市地方税务局职能配置、内设机构与人员编制进行重新明确，调整为办公室（加挂政策法规科）、税政管理一科、税政管理二科、税政管理三科（加挂集体企业财务科）、征收管理科（加挂发票管理站）、计划会计科、人事教育科、监察科（与纪检组合署办公）、机关党委。6 月，成立机关后勤服务中心；10 月，成立审计科。1997 年，成立思想政治工作科，与机关党委合署办公。

2001 年，根据《关于省以下地方税务系统机构改革的意见》，出台机构改革实施方案，内设行政科（室）8 个：办公室（加挂政策法规科牌子）、税政管理一科、税政管理二科、税政管理三科（加挂集体企业财务管理科牌子）、征收管理科、计划财务科、人事教育科（加挂离退休干部管理科牌子）、思想政治工作科（与机关党委合署办公）。湖南省地方税务局派驻机构 2 个：监察室、审计科。2003 年，市地税局内设科（室）更名为处（室），机构级别保持不变。2004 年，政策法规处与办公室职责分离，单独设立。市局机关内设办公室、政策法规处、税政管理一处、税政管理二处、税政管理三处（集体企业财务管理处）、征收管理处（加挂发票管理所、发票监控中心、“12366”纳税服务中心牌子）、计划财务处、人事教育处（加挂离退休干部管理处牌子）、思想政治工作处（与机关党委合署办公）、监察室、审计处、省级税收管理组、机关后勤服务中心、信息中心、注册税务师管理中心、工会、团委 17 个处室。

2005 年 1 月，增设收费处。

2009 年，长沙市地方税务局进一步进行处室职能调整和整合，市局机关原税政管理一处、税政管理二处、税政管理三处、征收管理处、计划财务处、收费处改为流转税处（国际税收管理处）、财产和行为税处、所得税处、征管和科技发展处（纳税服务处、发票管理处）、收入规划核算处、财务管理处、规费处。

2011 年，按照湖南省地方税务局《关于省以下地方税务系统机构改革有关调整事项的通知》，长沙市地税机构再次改革调整，市局机关内设办公室、政策法规科、流转税科（国际税收管理科）、财产和行为税科、所得税科、规费科、征管和科技发展科（发票管理所）、纳税服务科、收入规划核算科、财务管理科、人事教育科、思想政治工作科（机关党委）、离退休人员管理服务科 13 个行政科（室），湖南省地方税务局派驻长沙市地方税务局监察室及审计科。内设“科”仍沿用“处”，级别保持正科不变。

2012 年，长沙市地税系统在职在编人员 1967 人，其中市局机关在职在编人员 122 人。内设机构未作调整。

1994—2012 年，先后担任长沙市地方税务局主要领导职务的有：鲁应时、伍福元、周纯良、龙晓清；其他领导班子成员有：宁顺发、易宁一、沈博文、陈立安、易世平、陈友谊、王康实、邹志、彭利萍（女）、崔向阳、刘进、曹传生、夏媛媛（女）、易志勋、袁斌、刘云夔、陶佼如、钟奇伟、蒋亚平。

（二）直属机构。1994 年，长沙市地方税务局成立时，设直属行政单位长沙市地方税务局稽查局，设直属事业单位长沙市地方税务局招待所。1996 年，直属行政机构调整为长沙市地方税务局稽查局、长沙市地方税务局涉外税务分局。

2001 年，实行机构改革，设直属行政机构 3 个：长沙市地方税务局省级税收管理组、长沙市地方税务局稽查局、长沙市地方税务局涉外税收征收分局。设直属事业机构 3 个：机关后勤服务中心、计算中心、注册税务师管理中心（与国税合署办公）。

2004 年，机关后勤服务中心、信息中心、注册税务师管理中心调整为内设处室，直属行政机构设长沙市地方税务局稽查局、长沙市地方税务局涉外分局两个。

2011 年直属机构再次调整。设长沙市地方税务局直属局（大企业税收管理局）、长沙市地方税务局稽查局（加挂长沙市地方税务局违法案件举报中心牌子）2 个直属行政机构。设立后勤服务中心、信息中心、注册税务师管理中心（与国税局合署办公）3 个直属事业机构。

2012 年，直属机构未作调整。

（三）区县（市）机构。1994 年 10 月，长沙市地方税务局县市区机构设长沙市地方税务局东区分局、南区分局、西区分局、北区分局、高新技术产业开发区分局、长沙县地方税务局、望城县地方税务局、浏阳市地方税务局、宁乡县地方税务局、长沙市郊区地方税务局。

1996 年 12 月，根据长沙市人民政府《关于调整市辖区行政区划分的通知》，对县市区级地方税务机构的区域范围重新划定，机构设置重新调整，将原来的东区分局、南区分局、西区分局、北区分局、市郊区地方税务局、高新技术产业开发区分局，按长沙市新设立的芙蓉区、天心区、岳麓区、开福区、雨花区和高新技术产业开发区的顺序，相应更名为第一分局、第二分局、第三分局、第四分局、第五分局、第六分局，1997 年 1 月 1 日正式挂牌。

在 2001 年的机构改革中，全市地税系统设置县（市、分）局 10 个，分别为长沙市地方税务局一分局、二分局、三分局、四分局、五分局、六分局、长沙县地方税务局、望城县地方税务局、浏阳市地方税务局、宁乡县地方税务局。2006年，根据长沙市区划调整，原设立的长沙市地方税务局一分局、二分局、三分局、四分局、五分局、六分局，相应更名为长沙市芙蓉区地方税务局、长沙市天心区地方税务局、长沙市岳麓区地方税务局、长沙市开福区地方税务局、长沙市雨花区地方税务局和长沙市高新技术产业开发区地方税务局。

2002年新设长沙市地方税务局经济技术开发区分局，为长沙市地方税务局在经济技术开发区的派出机构。2003年，设立长沙经济技术开发区地方税务局（为副处级单位，与长沙县地方税务局合署办公）。

2011年，经过机构改革，长沙市地税系统设置区县市地方税务局10个，分别是芙蓉区地方税务局、天心地方税务区局、岳麓区地方税务局、开福区地方税务局、雨花区地方税务局、高新技术产业开发区局、经济技术开发区局（长沙县局）、望城县地方税务局、浏阳市地方税务局、宁乡县地方税务局。因望城撤县设区，原望城县地方税务局更名为望城区地方税务局。

2012年，县市区机构未调整。

（四）基层机构。1994年至1995年，长沙市地税系统先后按行政区划设56个农村税务所、45个城市税务所。1997年2月，因城市分局更名，韭菜园税务所等25个税务所相应更名；因城区划调整，侯家塘税务所等13个税务所相应调整；因部分城市办事处和郊区撤销，撤销南大路、北郊2个税务所；因新设办事处和部分城市区域增加农村乡镇，新设立雨花路等5个税务所。

1998年2月，县（市）地方税务局全部撤销农村税务所设征收分局，56个农村税务所改为19个征收分局，同年3月，市内分局45个城市税务所调整合并为27个，后逐渐增加到55个。根据长沙市各区区委、区政府的要求以及城市分局自1998年合并以后的运行情况，2000年重新恢复原城市分局按行政区划设立的税务所建制。2001年机构改革中，调整为税务所42个、征收分局19个。2004年，根据《湖南省地方税务局关于进一步规范各县市区（分）局机构设置的通知》，19个农村征收分局变更名称为税务分局。2006年，县市区地方税务机构更名后，对55个城市分局的税务所相应进行更名。

2011年机构改革后，长沙市地税系统基层机构统一名称为税务分局，全市地税系统共设置税务分局64个，其中芙蓉区地税局8个、天心区地税局8个、岳麓区地税局9个、开福区地税局11个、雨花区地税局7个、望城区地税局3个、高新区地税局2个、长沙县地税局（经开区地税局）6个、浏阳市地税局5个、宁乡县地税局5个。

2012年，基层机构未调整。

第二节　税（费）种

一、增值税

1994年1月1日，长沙市按照国务院发布的《中华人民共和国增值税暂行条例》，全面推行增值税，将征税范围扩大到所有货物（不动产除外）的生产、流通以及加工、修理修配劳务，简并税率，把价内税改为价外税。增值税纳税人分为一般纳税人和小规模纳税人。从事货物生产或提供应税劳务的纳税人年应税销售额在100万元以上的、从事货物批发货零售的纳税人年应税销售额在180万元以上的商业企业，并且会计核算健全，能正确核算进项税额、销项税额和应纳税额的，为一般纳税人，根据不同的税目，按17%、13%和零税率征税。达不到一般纳税人认定标准的增值税纳税人，为小规模纳税人，按5%的征收率征税。一般纳税人销售货物开具增值税专用发票，购进货物可抵扣进项税额，按适用税率计算缴纳税款；小规模纳税人销售货物不得自行开具增值税专用发票，购进货物不抵扣进项税额，按适用征收率计算缴纳税款。增值税销售货物起征点，由原月销售额1000元调整为600~1000元。1994年，增值税征收入库15.52亿元。

1996年，发布《长沙市国税局增值税一般纳税人认定暂行办法》，明确增值税一般纳税人的认定标准、认定权限、认定时限等内容，对增值税纳税人进行分类管理。1998年7月，长沙国税部门执行国家税务总局调整后的增值税征收率，将商业企业小规模纳税人征收率下调为4%。

2003年1月起，长沙市调整增值税起征点，将销售货物和应税劳务起征点分别提高的月销售额2000元和1500元。2004年7月起，长沙市个体工商户的销售货物起征点由月销售额2000元统一提高到5000元、应税劳务起征点月销售额1500元统一提高到3000元。当年共征收增值税42.31亿元。2007年7月1日起，长沙市按照《财政部、国家税务总局关于印发〈中部地区扩大增值税抵扣范围暂行办法〉的通知》规定，对一般纳税人实行固定资产进项税额一次全部予以扣除。从此，长沙地区征收增值税允许一般纳税人对固定资产进项税额予以扣除。当年共征收增值税106.89亿元。2009年1月1日起《中华人民共和国增值税暂行条例》正式施行，明确规定增值税一般纳税人固定资产进项税额可以从销项税额中抵扣。长沙市实现增值税由生产型向消费型的转型。

2012年，长沙市调高增值税起征点，将销售货物、应税劳务的月销售额提高到2万元；按次纳税的，每次（日）销售额提高到500元。全市共有2.4万户纳税人受益，减负约1.2亿元，全年共征收增值税229.51亿元。

二、营业税

1988年，长沙市对难以确定营运额的个体运输户采取定额征收营业税。当年全市营业税共征收入库2.84亿元。

1992年，对于房产管理部门（房产公司）出租商业门面的租金收入，按“服务业—租赁”依5%的税率征收营业税。1993年，将经营商品零售业务的起征点调整为月销售额600~2000元；经营其他业务的起征点调整为月营业额200~800元；从事临时经营的起征点调整为每次（日）营业收入额15~30元。

1994年1月，长沙市按照实施《中华人民共和国有业税暂行条例》及其实施细则，开始征收新的营业税，征收范围为9个税目，即交通运输业、建筑业、金融保险业、邮电通信业、文化体育业、娱乐业、服务业、转让无形资产和销售不动产。税率一般为3%或5%，对娱乐业实行5%~20%的弹性税率。1995年长沙地税部门共征收入库营业税13.19亿元。

2000年，长沙市在全省率先制定私房家居装修营业税征管办法，增加收入600多万元，并与原已形成制度的外地到长沙施工企业委托代征、市内建安业务属地管理等制度形成较为严密完整的建安税收征管体系。2004年7月1日起，长沙市根据个体工商户所在地的不同，营业税起征点分别上调。同年，狠抓建安行业、旅游业、房地产业等重点行业营业税的监控和管理，全年营业税入库37.00亿元。

2008年1月1日起，长沙市不再针对个体工商户所在地加以区分，将营业税起征点统一提高至月营业额3000元。2009年1月，《中华人民共和国有业税暂行条例》施行后，营业税分交通运输业、建筑业、金融保险业、邮电通信业、文化体育业、娱乐业、服务业、转让无形资产、销售不动产9个税目。按比例税率征收，最低税率为3%，最高税率为20%。2011年11月1日起，营业税起征点的幅度再次进行调整：按期缴纳的，为月销售额5000~20000元；按次纳税的，为每次（日）销售额300~500元。

2012年，长沙地区共入库营业税167.5亿元。

三、消费税

1994 年 1 月 1 日，长沙市按《中华人民共和国消费税暂行条例》《中华人民共和国消费税暂行条例实施细则》的规定，开征消费税。选择烟、酒等 11 类消费品在征收增值税的基础上再征收一道消费税。当年共征收入库消费税 8.19 亿元。

1995 年 7 月起，长沙市从事生产加工经营金银首饰、鞭炮、烟火、酒类产品等的个体经营消费者的征税进行一次调整，对于实行“单定”“双定”征收的，统一以原核定的全部经营（收入）额的 50%为消费税的应税收入，依 5%的税率计算应纳消费税额。1996 年，长沙市国家税务局从年初开始通过抓重点行业、重点企业的税收征管，对全市的汽车行业、酒类行业、金银首饰零售企业的消费税进行全面清查，同时加强对个体工商户消费税征收并压缩欠税，消费税收入比 1995 年增收近一倍，完成 16.65 亿元。

1999 年 1 月 1 日起，对含铅汽油按 0.28 元/升的税率征收消费税，无铅汽油仍按 0.20 元/升的税率征收。2001 年 6 月 1 日，国产卷烟与进口卷烟适用不同消费税率，2004 年 3 月 1 日起又统一消费税率。2006 年，按照财政部、国家税务总局相关政策，消费税目由 11 个调整至 14 个，新增高尔夫球及球具、高档手表、游艇、木制一次性筷子、实木地板等税目。增列成品油税目，原汽油、柴油税目作为此税目的两个子目，同时新增石脑油、溶剂油、润滑油、燃烧油、航空煤油 5 个子目。取消“护肤护发品”税目。2007 年，长沙市建立消费税税基审核机制和产品注册登记备案制度，加强对市内消费税收入的分析、管理。2008 年，财政部、国家税务总局对成品油和乘用汽车的消费税进行调整，取消成品油暂按应纳税额的 30%征收消费税的暂时规定后，长沙地区对石脑油、溶剂油、润滑油按每升 0.2 元征收消费税，燃料油按每升 0.1 元征收消费税。将无铅汽油的消费税单位税额由每升 0.2 元提高到每升 1.0 元；将含铅汽油的消费税单位税额由每升 0.28 元提高到每升 1.4 元；将柴油的消费税单位税额由每升 0.1 元提高到每升 0.8 元；将石脑油、溶剂油和润滑油的消费税单位税额由每升 0.2 元提高到每升 1.0 元；将航空煤油和燃料油的消费税单位税额由每升 0.1 元提高到每升 0.8 元。将乘用车消费税按调整后税率征税：气缸容量（排气量，下同）在 1.0 升以下（含 1.0 升）的乘用车，税率由 3%下调至 1%；气缸容量在 3.0 升以上至 4.0 升（含 4.0 升）的乘用车，税率由 15%上调至 25%；气缸容量在 4.0 升以上的乘用车，税率由 20%上调至 40%。

2009 年，长沙市国家税务局对辖区内重要税源的烟草行业税收征管也相应做了调整。从 5 月 1 日起，除烟产品生产环节按调整后计税价格、提高的消费税税率征税外，在卷烟批发环节加征一道从价税，税率为 5%。政策调整后，甲类香烟的消费税从价税率由原来的 45%调整至 56%，乙类香烟由 30%调整至 36%，雪茄烟由 25%调整至 36%。原来的甲乙类香烟划分标准也进行了调整，原来 50 元的分界线上浮至 70 元，即每标准条（200 支）调拨价格在 70 元（不含增值税）以上（含 70 元）的卷烟为甲类卷烟，低于此价格的为乙类卷烟。

2012 年 9 月 27 日，国家税务总局发布《关于催化料、焦化料征收消费税的公告》，明确催化料、焦化料属于燃料油的征收范围，应当征收消费税；11 月 6 日，国家税务总局发布《关于消费税有关政策问题的公告》，再次明确成品油消费税的征税范围，长沙国税部门的消费税征管随即按国家税务总局文件精神做了相应调整。当年共征收入库消费税 334.65 亿元。

四、产品税

1988 年，长沙市继续按要求将纺织品类、日用机械类、日用电器类、电子产品类、其他轻工产品类、建材类、有色金属产品类、其他工业品类产品税改征增值税。至1991年4月，产品税中的工业品只保留86个税目，其余174个税目已改征增值税。1991年共征收入库产品税5.99亿元。

1993年长沙市共征收入库产品税8.18亿元。1994年1月1日起实行新税制，根据《国家税务总局关于流转税新老税制衔接的几个问题的通知》规定，长沙市停止征收产品税。

五、车辆购置税

2001年1月1日，长沙市根据《中华人民共和国车辆购置税暂行条例》开征车辆购置税，取代车辆购置附加费。2001年至2004年期间，长沙市车辆购置税由长沙市交通局负责代征。

2005年1月1日起，车辆购置税由长沙市国家税务局直接征收，税率10%。同年，长沙市共设置4个车辆购置税征收单位，分别位于长沙市城区、望城县、宁乡县、浏阳市。其中位于渫湾镇的“长沙市车辆购置税征收办公室”担负着主要的车购税收征收工作。

2007年，长沙市统一推行新版车辆购置税征管软件，车购税管理进一步规范。2011年，长沙市率先在全省推行车辆购置税委托代征，实现“购车即缴税，缴税即开票”，全年共推广车辆经销企业293户，代征车辆1.28万台，代征税款1.45亿元。

到2012年，车辆购置税委托代征得以全面推行，全年共代征车购税16.09亿元，全年共征收入库车辆购置税24.05亿元，代征率67%。

六、个人所得税

1988年，个人收入调节税适用于中国公民，个人所得税适用于外籍人员。出台《关于在长沙市抓好征收个人收入调节税试点工作的意见》，对城乡个体工商户个人收入调节税收情况开展检查，按照宣传、自查申报和检查三个阶段，共有37193家城乡个体工商户和私营企业进行自查申报，自查申报率96.08%，补报税款278万元。对3.60万家单位进行检查，查补税款1537万元。

1989年6月15日，《长沙市个人收入调节税应税收入审报试行办法》施行。长沙市对城乡个体工商户进行分配的税后利润按20%的税率征收个人收入调节税；对无账可查或采取定期定额征税的个体工商业户，统一按照起应交所得税税额依30%的比例附征个人收入调节税；月所得税额不足30元的个体工商户，暂不附征。对建筑、安装、装饰工程承包人的承包收入，其个人收入调节税的征收，全面实行附征办法，市区统一按承包人工程总收入依0.8%的比例附征个人收入调节税。

1994年1月1日，按新修订的《中华人民共和国个人所得税法》，对外籍人员、中国公民及个体工商业户的个人所得统一征收个人所得税。1994年国、地税分设后，个人所得税主要由地税部门负责征收。1995年，长沙市制定单项个人所得税征管规定，在对全市6000多户负有代扣代缴义务的企事业单位建立代扣代缴关系的基础上，对征收难度较大的特殊行业个人进一步制定单项征管规定。同时组织100多人的专项检查小组对500多户重点行业、单位和个人进行检查。1996年，长沙成为全国个人所得税征管的3个试点城市之一。长沙市在全省率先对民政部门发放福利彩票现场设台征收、对演艺人员实行重点监控检查、对临聘人员开征个人所得税。由于措施得力，全年入库个人所得税突破1亿元。1999年11月起对储蓄存款利息所得征收个人所得税。2000年，长沙市严格落实个人所得税代扣代缴管理办法，地税部门重新签订代扣代缴责任书2万余户，代扣代缴个人所得税同比增长5600万元。2001年，确定1000名高收入者作为个人所得税“双向申报”管理对象，全市全年个人所得税入库5.45亿元，同比增加2.58亿元，增长90.39%。2002年，个人所得税征收继续保持良好增长势头，全年实现6.06亿元。2003年，完善个人所得税代扣代缴办法，长沙市地税部门对国税部门开具临时经营发票应附征的个人所得税委托国税部门代征。加强“双向申报”规范管理，当年“双向申报”人数达到2万人，全市入库个人所得税7.95亿元。

2006年1月起，提高工资薪金所得税前扣除额，将工资薪金所得的扣除额从原800元提高到1600元。2008年3月起，工资薪金所得的扣除额再次从1600元提高到2000元。随着长沙市个人所得税自行申报纳税系统的开发应用，2007年长沙市共有26343户年收入12万元以上的高收入者自行申报补缴税款5526万元，在中部六省省会城市中排名第一。到2008年，高收入者自行申报人数3.19万人。2008年10月9日起，对储蓄存款利息所得暂免征收个人所得税。

2011年9月1日起，将工资薪金个人所得税税前扣除额由2000元提高到3500元，同时将9级超额累进税率调整为7级，取消15%和40%两档税率，扩大3%和10%两个低档税率以及45%最高档税率的适用范围。

2012年，长沙市个人所得税征收56.31亿元。

七、企业所得税

1988年，长沙实行多种企业所得税制，包括中外合资经营企业所得税、外国企业所得税、国有企业所得税、集体企业所得税、私营企业所得税等，全年共征收集体企业所得税8453万元，私营企业所得税6000元。

1994年1月1日起，长沙市执行新的《中华人民共和国企业所得税暂行条例》，对按照国家规定注册登记的国有、集体、私营、联营、股份制企业和事业单位、社会团体的生产经营所得和其他所得征收企业所得税。取消按企业所有制形式设置所得税的办法，将中外合资经营企业所得税与外国企业所得税合并为外商投资企业和外国企业所得税；国有企业所得税与集体企业所得税、私营企业所得税合并，统一征收内资企业所得税。将原33%~35%比例税率及8级超额累进税率并存的税率，统一为33%。同时设优惠税率，年应纳税所得在3万元以下，税率18%；年应纳税所得在3万~10万元（含10万元），税率27%。经国务院批准国家级高新开发区内高新技术企业，暂按15%税率征收。同年，国地税机构分设，长沙市国家税务局负责中央企业、涉外企业、外商投资企业和外国企业所得税征收，长沙市地方税务局负责地方企业的所得税征收。

1996年，长沙市国税部门共征收入库中央企业所得税3.56亿元，长沙市地税部门共征收入库企业所得税1.09亿元。

2000年，长沙市地税部门依照《核定征收企业所得税暂行办法》，确定核定征收单位1976户，有效防止一些企业明亏实盈或做低盈利造成的所得税流失。2001年，长沙开展全市所得税汇算清缴“三促三抓”，优化汇缴质量，全面清理税收优惠到期企业。及时清理外地驻长单位、分支机构等漏征漏管户6000余户，最大限度保护地方财政规模和地税税源不受损失。

2004年，长沙市地税部门加强对文化体育业、院校后勤社会化、医院的所得税管理，严格审批，企业所得税入库6.92亿元，同比增收2252万元。

2006年，长沙市国税部门强化企业所得税和涉外企业所得税的汇算清缴和审批，全年共审批“国产设备投资抵免企业所得税”13项，审批“财产损失税前扣除”20项，审批新办企业减免税37户。2007年，研究开发“房地产开发企业所得税固化结算模式”，统一规范房地产开发企业所得税申报和结算，实现房地产企业税收入库同比翻番。同时大力推行企业所得税核定征收管理，全市核定征收入库税款约8000万元，同比增长26倍，企业所得税亏损面由80%下降到20%。2008年，长沙市国税部门加大房地产开发企业及连续三年亏损企业的核定征收力度，同时对全市所得税税源排名靠前20户重点企业开展重点分析评估，全年入库企业所得税65.09亿元。

2008年1月1日开始，长沙市执行第十届全国人民代表大会第五次会议通过的《中华人民共和国企业所得税法》，对内、外资企业实行统一的企业所得税法。

2012年，长沙市国税部门共征收入库企业所得税136.98亿元，长沙地税部门共征收入库企业所得税31.69亿元。

八、房产税

1988年全市共征收入库房产税1582万元。1994年分税制改革后，房产税由地税部门负责征收。

1995年长沙市开展房产税大清查，将行政事业单位和私人个体作为重点，会同公安、城管、检察院、工商等部门协同作战，将私房出租房产税纳入正常税收征管。当年全市共征收房产税7262万元。1996年，长沙市通过全面掌握和监控全市房产税税源，以普查促征收。1998年，开展房产税欠税的专项清理，重点清理经营性事业单位、企业欠税大户、房屋出租、各类开发区及商品房交易市场。2003年，对辖区内的市场房产税实行税源台账管理，遏制税源流失。2004年，通过对私房出租税收的征管，长沙市共清查私有房产税收纳税户1.3万多户，查补各类税款2100万元。2005年，长沙市取消外商投资企业等涉外单位和外籍人员、港澳居民及台湾同胞有关房产税的特殊规定，所有企业和个人均按房产税的规定执行。

2006年，按照国家税务总局规定，长沙市将以房屋为载体不可随意移动的附属设备和配套设备，如给排水、采暖、消防、中央空调、电气及智能化楼宇设备等，无论在会计核算中是否单独记账与核算，都计入房产原值计征房产税。2009年，开展私房出租税收重点清理，长沙市各区县收效良好，全年私房出租税收取得突破，入库1.5亿元。

2012年，全市共入库房产税12.32亿元，比1995年增加11.6亿元。

九、契税

1988年，长沙市根据湖南省财政厅发布的《关于加强城乡契税征收管理工作的通知》，对房地产交易征收契税。1989年开始，契税改由长沙财政部门征收。但很长一段时期由于房地产交易市场尚未形成，契税征收工作基本处于停顿状态。

2010年9月1日，按照《财政部国家税务总局关于加快落实地方财政耕地占用税和契税征管职能划转工作的通知》要求，长沙市契税征管职能从财政部门划转到地税部门，当年共征收入库契税4.93亿元。

2012年长沙共征收入库契税31.46亿元。

十、车船使用税

1988年，长沙市按照国务院《中华人民共和国车船使用税暂行条例》征收车船使用税，凡在中华人民共和国境内拥有并且使用车船的单位和个人，为车船使用税的纳税义务人，当年共征收入库车船使用税262.8万元。对外商投资企业及外籍个人的车船，仍依照1951年发布的《车船使用牌照税暂行条例》的规定征收车船使用牌照税，形成两种税种同时并存、内外有别的局面。1994年分税制改革后，车船使用税由地税部门负责征收。

2000年，长沙开展车船使用税征管模式改革，长沙市地税三分局在市交警支队车检点设立征收点，税务人员进站征收。2002年，长沙市地税部门与交警支队对车船使用税实行源泉控管。2003年，启用自主开发的车船使用税征收管理系统，成功实现车船使用税的征管系统与长沙交警系统并网，机动车辆在未缴纳车船使用税或未办理车船使用税减免手续之前，不能在交警部门办理车辆年检手续，内5区和长望浏宁4县市的车辆使用税可以采取同城异地的缴纳方法缴纳税款。

2007年1月开始，长沙执行新的《中华人民共和国车船税暂行条例》，原《中华人民共和国车船使用税暂行条例》《车船使用牌照税暂行条例》同时废止。同年，长沙地税部门开始实行车船税自征与保险公司代征相结合的征管办法，入库车船税4500万元。2008年，长沙市车船税征管经验做法被国家税务总局推介，形成依法催缴、全面清理、公共曝光、强制执行的车船税征管模式。

2012年1月起，长沙市依据《中华人民共和国车船税法》，在实现提高原税法法律级次目标的同时，将车船税的征收与乘用车的排气量挂钩，体现鼓励节能减排的导向，当年共征收入库车船税3.39亿元。

十一、土地增值税

1994年1月1日，《中华人民共和国土地增值税暂行条例》开始施行，由地税部门负责征收，纳税义务人是有偿转让国有土地使用权、地上建筑物及附着物并取得收入的单位和个人，税率实行4级超额累进税率。1995年，长沙市土地增值税征收迈出实质性的一步。通过对全市340多家房地产开发企业进行政策培训和地税、建委、国土、房产部门的协作，全年入库土地增值税99万元，土地增值税的征收实现“零”的突破。

2002年，长沙市执行土地增值税预征率1%的规定，对经审核出售的普通标准住宅，在预征时按预征率减半预缴。2004年12月，对房地产开发企业建造的商品房，因分次转让而频繁发生纳税义务，难以在每次转让后申报纳税的，按销售商品房的收入依预征率分月预缴，按季申报，结算税款，项目完工后进行清算。2008年，强化土地增值税预征和清算工作，形成“以加强项目管理为主线，加强政策执行力度为依托，加强服务以配合，积极稳步推进”的管理思路，当年共征收入库土地增值税2.06亿元。

2012年，长沙市率先在全省编印土地增值税业务操作指南，全年入库土地增值税26.41亿元。

十二、城镇土地使用税

1988年9月《中华人民共和国城镇土地使用税暂行条例》颁布，1989年1月长沙市开始征收城镇土地使用税，实行城镇土地使用税的“分级定额”方案，在市区及郊区在0.5~6元税额幅度内制定适用税额标准，共分为9个等级。当年共征收入库城镇土地使用税1830.5万元。

1990年，对邮电部门所属企业暂免征收城镇土地使用税一年，1991年恢复征收。同年，减免税审批发生变化，对于企业单位年申请减免税额在2万元以下的，由长沙市地税局自行审批，其余仍报省局审批。1994年分税制改革后，城镇土地使用税由地税部门负责征收。1995年，全市城镇土地使用税完成入库4673.4万元。

1998年，长沙市对城镇土地使用税的欠税进行专项清理，消灭新欠，压缩陈欠。当年共入库城镇土地使用税5029.9万元。2002年，对市场城镇土地使用税加强征收管理，对辖区内的市场进行全面、彻底的调查，摸清税源，分“自营户税源”“一般户税源”“多次转租户税源”建立税源台账进行管理。当年共入库城镇土地使用税5404万元。

2003年，长沙市政府对市区地段等级税额进行调整，提升繁华街道适用等级税额，对河东地区（处于开发阶段）定为二级的地段前五年按三级征收标准执行。2008年，长沙市对城镇土地使用税地段等级税额标准进行调整，全市土地共分为八级，税额最高10元每平方米，最低1元每平方米。2009年，对纳税人缴纳城镇土地使用税确有困难，年减免税额在10万元以下的（含10万元），由长沙市地方税务局审批；年减免税额在10万元以上的，仍按减免权限上报湖南省地方税务局审批。

2012年，长沙市共征收入库城镇土地使用税8亿元。

十三、资源税

1991年1月开始，长沙市开始征收资源税。当年7月1日起，煤炭生产企业销售的原煤，定额征收资源税。全年共征收入库资源税15.2万元。

1994年1月1日起，长沙市按照《中华人民共和国资源税暂行条例》，将资源税征税范围扩大到原油、天然气、煤炭、其他非金属矿原矿、黑色金属矿原矿、有色金属矿原矿、盐7个税目，取消盐税这个独立的税种，实行新的资源税税制。对《中华人民共和国资源税暂行条例实施细则》中未列举名称的其他非金属矿原矿和其他有色金属原矿（磷矿石、雄黄矿石除外），一律征收资源税，税额统一定为0.5元/吨或立方米。同时，明确资源税由地税部门负责征收。1998年，针对“五小”厂矿（小煤窑、小锰矿、小矽砂矿、小石灰窑、红砖厂）出台资源税管理办法，加强资源税监控。2000年，对湘江河道砂石资源税推行“立足自身，抓住源头、源泉控管”模式，全年征收入库资源税514.2万元。2005年，对砂石资源税实行“源泉控管和代扣代缴相结合”的征管办法，凡在市内开采砂石的单位和个人均为纳税义务人，收购未税砂石的单位和个体户为代扣代缴义务人。

2010年，纳税人享受资源税减免优惠，年减免税额在10万元以下的（含10万元），原则上由长沙市地方税务局审批，并根据效能与便民、监督与责任的原则适当划分审批权限，下放到县市区局审批。年减免税额在10万元以上的，仍按税收减免管理权限上报湖南省地方税务局审批。

2012年，长沙市共征收入库资源税2893万元。

十四、印花税

1988年，根据《印花税暂行条例》及其实施细则，长沙市从10月1日起开征印花税。应税凭证分为5类13目。按比例税率计贴的，分0.03%、0.05%、0.3%、0.5%、1%共5种；按定额税率贴花的，每件贴花5元，由工商银行、工商局、公证处、税务咨询服务公司代售。

1994年税制改革，对涉外企业改征增值税、消费税和营业税后，原包含在工商统一税中的印花税恢复征收。1994年起，证券交易印花税单独统计和管理，在税收统计中，把证券交易印花税以外的印花税称为“其他印花税”。2000年，长沙市共征收入库印花税2503万元。2004年1月，对未按规定建立印花税应税凭证登记簿、拒不提供应税凭证、不按规定期限报送汇总缴纳情况报告的纳税人实行核定征收。核定征税的具体比例，不同行业各有不同。2005年，全市征收印花税2265万元，比2000年增长154%，占地税总收入的2.6%。

2012年，长沙市共征收入库印花税6.59亿元。

十五、城市维护建设税

1988年，长沙市根据《中华人民共和国城市维护建设税暂行条例》《湖南省城市维护建设税实施细则》，依法征收城市维护建设税，市内凡缴纳产品税、增值税、营业税的企业事业单位和个人开征城市维护建设税。当年共征收入库城市维护建设税5045.6万元。

1994年税制改革后，产品税并入消费税，征税对象改为市内凡缴纳增值税、消费税、营业税的单位、个人（不包括外商投资企业、外国企业和进口货物者）；税率实行地区差别比例税率，长沙市区7%、城郊及县城5%、其他地区1%。

2003年，完善城市维护建设税代扣代缴办法，长沙市地税部门对国税部门开具临时经营发票应附征的城市维护建设税委托国税部门代征。2004 年 1 月起长沙市地税部门取消对城建税减免的审批。4 月起，由国税部门对从事临时生产经营并在窗口临时开票征收增值税、消费税的纳税人，代征城市维护建设税。同时明确增值税、消费税、营业税的代扣代缴、代收代缴义务人同时也是城市维护建设税的代扣代缴、代收代缴义务人。2010 年，为支持国家重大水利工程建设，对国家重大水利工程建设基金免征城市维护建设税，当年共征收入库城市维护建设税 20.65 亿元。

2012 年，长沙市共征收入库城市维护建设税 31.93 亿元。

十六、固定资产投资方向调节税

1992 年 1 月 1 日，根据《中华人民共和国固定资产投资方向调节税暂行条例》，长沙市开征固定资产投资方向调节税，共分 14 类，实行 0%、5%、30%的差别税率。同年，长沙市出台《长沙市固定资产投资方向调节税操作规程》，完善征管措施，设置征收台账、投资计划登记账、基建项目送审通知书以及核税台账，加强固定资产投资方向调节税的管理。当年共征收入库固定资产投资方向调节税 1769.6 万元。

1993 年，长沙市进一步完善固定资产投资方向调节税征管制度，确定建委为投资方向调节税的代征单位，并就委托代正实施办法发文，建立起完备可行的代征制度，使该税种征管模式变为代征单位征收与税务部门监督检查相结合的新型方式。该模式投入运作仅两个月，入库税款 1261 万元，占当期累计已核项目的 80%。1994 年分税制改革后，该税种由地税部门负责征收。1997 年，长沙市固定资产投资方向调节税达到 1.58 亿元，为该税种开征期间征收入库数最高的一年。按照国务院规定，长沙市对 2001 年 1 月 1 日起新发生的投资额，暂停征收固定资产投资方向调节税。对 2001 年 1 月 1 日前实际完成的投资额，进行固定资产投资方向调节税应纳税款的结算，并多退少补。2000 年长沙市固定资产投资方向调节税征收入库为 3928.8 万元，2003 年急剧下降到 3 万元。

2004 年后，长沙市固定资产方向调节税再无征收入库。2012 年 11 月 9 日，依照《国务院关于修改和废止部分行政法规的决定》，该税种正式停征。

十七、屠宰税

1988 年，屠宰税由财政部门征收。1993 年 3 月，屠宰税转由税务部门征管，当年共征收入库屠宰税 158.5 万元。

1994 年，屠宰税征管实行行政首长负责制。在征收屠宰税时，单独开具屠宰税票，不再将屠宰税并入增值税等税一起开票缴库。1995 年全年累计入库 1729 万元。1998 年，长沙市明确“五个不准”：不准地税部门参加有关摊派税的会议，不准对有摊派行为的地方发放屠宰税票，不准将摊派上来的款项作屠宰税入库，不准层层增加屠宰税任务，不准将屠宰税任务层层分解到村、组和农户。1999 年，改以往的集中管理为分散管理，实行屠宰税票登记备查制度，减少屠宰税的流失，共入库屠宰税 1628.7 万元。

2002 年，根据《湖南省财政厅、湖南省地方税务局、湖南省农村税费改革领导小组办公室关于取消屠宰税的通知》，长沙取消屠宰环节和收购环节征收的屠宰税，原来各地随屠宰税附征的其他收费项目也一并停征。2002 年共入库屠宰税 79 万元。

十八、教育费附加

1988 年，全市征收教育附加费 812.7 万元。1994 年分税制改革后，教育费附加由地税部门负责征收。从 1994 年 1 月 1 日起，长沙市教育费附加征收率由 2%提高到 3%。国税部门按增值税、消费税附征教育费附加，地税部门按营业税附征教育费附加，当年共征收入库教育费附加 362.2 万元。

2003 年，长沙完善代扣代缴办法，对国税部门开具临时经营发票应附征的教育费附加委托国税部门代征。

2012 年，长沙市共征收入库教育费附加 15.13 亿元，相比 2000 年增长了 6 倍。

十九、防洪保安资金

1995 年 1 月 1 日起，长沙市开始征收防洪保安资金，长沙市国有、集体、股份、联营企业及银行、保险、信托投资、财务公司和城乡信用社缴纳的防洪保安资金，由长沙市地方税务部门按月或者按季代收。

2002 年 1 月 1 日起，长沙市开始执行《湖南省防洪保安资金征收管理办法》，长沙地税部门负责市内实行独立核算的企业和在职职工以及有其他收入的事业和在职职工防洪保安资金的征收。企事业单位缴纳防洪保安资金的上年销售收入或营业收入，以地税部门核实的数额为准。

2010 年 12 月，防洪保安资金征收到期，当年共征收 1.06 亿元。2011 年 9 月，防洪安保资金向水利建设基金平稳过渡。

二十、残疾人就业保障金

2006 年，按照《湖南省人民政府办公厅关于残疾人就业保障金征收有关问题的通知》的规定，由长沙地税部门对未安排残疾人就业和安排残疾人就业达不到本单位在职职工总数 1.5%比例的机关、团体和各类企业、事业单位及其他经济组织征收残疾人就业保障金。当年，开发残疾人就业保障金单项业务软件，征收管理更为严密。此后，全市残疾人就业保障金的征收基本未作调整。

2006—2012 年，长沙市地税部门共代征残疾人就业保障金 3.15 亿元。

二十一、文化事业建设费

1997 年 8 月 1 日，按照《国务院关于进一步完善文化经济政策的若干规定》，长沙市开始在全市范围内对娱乐业、广告业按经营收入的 3%开征文化事业建设费。

1999 年，明确广告代理业务符合《营业税税目注释》关于广告业解释，对纳税人从事广告代理业务征收文化事业建设费。

2001 年，明确对实行“定期定额”征收方式个体娱乐业。广告业缴费人应纳文化事业建设费一律纳入定额总额。

2005 年，全市文化事业建设费收入 4872 万元，完成年计划 127.21%。2010 年，全市文化事业建设费收入 8664 万元。2012 年，全市文化事业建设费收入 1.37 亿元。

第三节　国税征管

一、税收收入

1988 年，由于工业生产进一步发展，工商税收与工业总产值同步增长，加之社会商品零售额大幅增长，长沙市税务部门共组织完成各项收入 14.51 亿元，为年计划的 111.7%，超收数和增长幅度均创历史最高水平。

1991 年，长沙市税务部门共组织各项收入 20.49 亿元，突破 20 亿元大关。1993 年全市共组织各项收入 29.25 亿元，比上年增收 6 亿多元。1994 年国地税分设，长沙市税务部门组织收入的难度比以往任何一年都要大。在 1993 年的高基数上，克服一些大中型企业经济效益差、欠税严重、特大洪灾等不利因素后，全市税务部门（含国地税）共组织各项收入38.72亿元，比上年增收9.48亿元。1996年，长沙市国税系统各项收入突破40亿元大关，达42.39亿元。1997年，长沙市国税系统各项收入首次突破50亿元，全年共组织各项收入50.56亿元。1999年，随着全市经济形势逐步回升，发展速度加快，企业效益提高，长沙市国税部门组织收入64.26亿元。

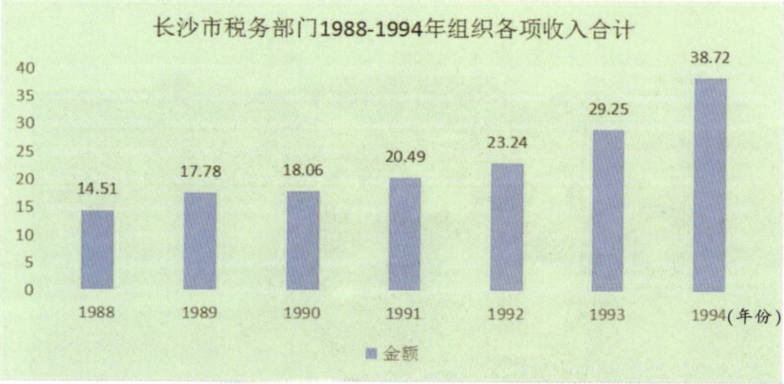

图15-2-3-1 长沙市税务部门1988—1994年组织各项收入合计 （单位：亿元）

2000年，随着全市经济稳定发展和企业景气上升，尤其是高新技术产业和私营经济的快速发展，带动税收的增长。全市国税系统各项收入突破70亿元大关，收入基本上实现良性循环。2004年，全市国税部门组织收入首次跨越百亿大关，全年共完成税收收入113.27亿元，全市国税收入总量占全省的三分之一强。2008年，长沙市国税部门克服冰灾和全球金融危机影响，全年组织各项税收收入375.72亿元，占全省国税收入的53.6%。2009年，又继续克服金融危机和结构性减税政策的不利影响，全年组织各项收入突破400亿元大关，达413.79亿元。2010年，长沙国税部门组织入库税收496.1亿元，收入规模在中部六省省会城市中的排名由2005年的第三位提升到第二位。2011年收入规模继续排名中部六省省会第二，同比增幅排名为中部六省省会城市第一。

图15-2-3-2 长沙市国家税务局1995—2012年组织各项收入合计 （单位：亿元）

说明：2007年起，合并重组后的湖南中烟工业公司应纳的增值税、消费税和企业所得税，由省中烟公司统一缴纳，导致2007年税收大规模攀升

2012年，长沙国税部门组织收入突破700亿元大关，共入库税收725.22亿元，同比增收92.7亿元，收入规模排名全国省会城市第6位。

二、征管模式

1988年，长沙市税务部门实行“一人进户，各税统管”的专人管理模式，税务干部集征收、管理、稽查权于一身。1990年，长沙市在税收征管改革中，确立以建立自觉上门申报纳税制度和实行征、查分离，增强监督制约机制为基本形式的征管模式。至1991年，长沙市13个县（郊）分局、84个税务所，全部实行征管、稽查“两分离”的改革，全面推行“征查分离”“票款分离”“送税上门”等新的征管模式。城区、县城关镇企业送税上门率分别达99%和95%，城市和农村个体工商户送税上门率分别达95%和85%。随着市场经济发展，原有的条块结合按企业经济性质进行税源管辖分工已不适应复杂的新

图 15-2-3-3　20 世纪 90 年代，长沙市税务部门稽查局干部集体行动，堵漏增收　　（市税务局供图）

形势，1993 年 4 月，长沙市将税源管辖模式调整为属地征收，按街道办事处的行政区域确定分局的税源分工管辖范围。1995 年，由长沙市国税局及其二分局具体实施，对先行征管体系和模式进行改革，实行以纳税人自核自缴为主要纳税方式的申报纳税、集中征收方式，建立税务—银行一体化办税服务体系，同时建立严密的稽查监控体系。

1998 年开始，建立以“纳税申报和优质服务为基础，以计算机网络为依托，集中征收，重点稽查”为征管改革目标的“申报、代理、稽查”的新三位一体模式。向内扩展到信息化管理，向外扩大到税务代理中介，并重点突出稽查的作用。至 1999 年，专管员制度完全废除，长沙市国税系统 45.5%的人员从事征收管理，37.5%的人员从事税务稽查，14.4%的人员从事管理后勤服务，2.6%的人员从事税务代理，新三位一体的征管模式基本形成。

2001 年 7 月 1 日，长沙市国税系统全面开通运行“金税工程”四个子系统，运用先进科技手段强化税收征管，并于 2002 年进一步夯实基础。2002 年，成功开发湖南征管系统、数据质量评估系统和税务稽查预警系统，大大提高征管系统运行质量和稽查选案效率。2004 年，全面推行税管员制度，在岗位责任体系中突出税管员责任和过错追究办法，职责分离，相互制约。

2008 年，率先全面推行网上办税服务厅，纳税人办理税务登记、文书申请、领购缴销发票、认证抄报税等都可以通过网上办税系统进行远程办理，得到纳税人和税务机关的普遍欢迎。当年完成网上办税系统 49343 位办税员的网上注册，通过网上办税系统办理各类纳税人办税事项 270.94 万户次。

2010 年，深化征管改革，完善税收分析、纳税评估、税源监控、税务检查“四位一体”的税源管理互动机制，形成“信息采集—预警分析—纳税评估—税务稽查—管评查互动”的税收征管链条，全年通过运行互动机制查补入库税收 6.76 亿元。同时创新发票管控模式，率先在全国推广应用税控收款机，截至 2010 年年底，共推广使用 2.9 万台，税控收款机用户应纳税额比 2006 年增长 38%。

2012 年，长沙市国税部门稳步推进税源专业化管理试点，开展联合式、立体式、交叉式风险识别与纳税评估，上报湖南省国家税务局 3 个评估模型全部获奖，成为全省唯一的全部获奖单位。

三、重点税源管理

1988 年长沙对利税大户加强巡查巡管，及时掌握企业生产、销售和涉税信息，确保税收应收尽收。

1990 年，长沙税务部门对重点税源实行分级管理、包干负责的办法，纳税 100 万元以上的企业由市局负责管理，30 万元以上的企业由分局、县（郊）局负责管理。

1991 年，加强对长沙市大中型企业的征收管理，对长沙卷烟厂、长沙电冰箱厂等 124 户重点税源工商企业，派遣驻厂组，全年实现税金 6.38 亿元。1992 年，调整分级管理范围，由市局掌握年税额 500 万元以上的企业，县、郊、分局负责管理年税收收入占本地税收收入总额 50%以上的企业。

1995 年，重新进行税源管辖分工，以“经营属地征收”为基本原则，进行税收和发票管理。对于城区、郊区、县区之间的结合地段的纳税户，则以其所属的公安部门户政管理范围作为划分依据。

2001 年，强化税源监控和分析预测，推行重点税源监控软件，将全市 61 户年应纳税 500 万元以上的重点户纳入监控对象，专人负责、跟踪管理。2003 年，长沙市国税系统以“纳税规模 100 万元”为界限实行分级管理，规定市区内年纳税在 100 万元以上（含 100 万元）的企业、大型超市及省局要求的必检企业由市局稽查局检查；年纳税 100 万元以下的企业由分局检查，涉外企业、高新企业分别由涉外分局、高新分局检查，4 县（市）企业由县（市）局和县（市）稽查局检查。按照国家税务总局要求，长沙市国税局将上年实际入库“两税”500 万元以上的重点税源企业一律纳入瑞斯达重点税源调查系统监控范围。同时长沙市国税部门以金税工程为依托，对应税规模为 300 万的重点纳税户也纳入专人负责的范围。

2006 年，由于企业纳税规模日益增长，长沙市国税局重新将应税规模 500 万元以上的企业作为直接监控对象，同时还加大对重点行业税源、税负、税收情况调研力度，指导重点税源纳税评估和纳税服务。2008 年，长沙市国税系统建立“一户式”的管理制度，完善纳税人的开户、变更、停业、注销、外出经营等管理工作。对纳税户实行分类管理，根据不同行业和类别企业的特点，确定管理办法，建立分类管理制度。对全年入库税款 100 万元以上的重点税源单位，指定专人负责征管；对全年入库税款 1000 万元以上的特大重点税源，则指派精通业务、熟悉电算会计的专人进行重点税源监控。

至 2012 年，初步建立税源专业化管理模式，同时着手讨论研究全市专业化改革的基本框架和核心内容，探寻全市税源专业化管理发展方向及重点突破点。

图 15-2-3-4 2003 年 7 月 18 日，长沙市打击涉税犯罪宣判处理大会现场（市税务局供图）

四、打击发票违法

1988 年，长沙税务部门对全市发票进行全面清查，全市共查出违章发票 2829513 份，补税罚款 60 多万元。

1994 年，长沙市开展打击增值税专用发票犯罪活动的专项斗争。全市先后端掉 6 个发票犯罪团伙，查获重特大发票犯罪系列案件 37 件，抓获成员 50 人，共收审 35 人，其中依法逮捕 18 人，查获违法犯罪金额近 10 亿元，挽回经济损失 900 余万元，打击了犯罪分子的嚣张气焰，保证新税制的健康运行和平稳过渡，长沙市国家税务局被公安部、最高人民检察院、最高人民法院、国家税务总局评为“全国打击增值税专用发票犯罪活动先进单位”。1995 年，长沙市中级人民法院召开打击利用发票犯罪公开宣判大会，对 2 名犯罪分子判处死刑、4 名犯罪分子判处有期徒刑。

1999 年，长沙市开展用票人自查申报，共有 2.66 万户用票人自查申报，自查面 98%，自查申报有问题的 404 户，共补税 63.88 万元，罚款 13.19 万元；重点检查 6783 户一般纳税人，查出 788 户有违章行为，共补税 190.77 万元，罚款 81.85 万元；重点检查 8149 户小规模纳税人，查出 907 户有违章行为，共补税 112.31 万元，罚款 31 万元。

2001 年 3 月，长沙市国税局联合公安局、省国税局涉外分局，共同打击虚开增值税专用发票专项行动，抽调精干力量对所辖一般纳税人进行“拉网式”排查。稽查部门对排查结果分类，成立稽查、税侦联合办公室，对重大案件及时移交。专项活动历时 3 个月，共排查出稽查对象为 849 户，通过稽查查补增值税及处以罚款 503.28 万元，移送税侦部门 11 起。

2005 年，长沙市国税局再次协同税侦、法院、检察院、工商等部门开展发票打假工作，1—7 月份共对 29 个单位 40 余次的送验发票进行真假鉴定并出具鉴定书，鉴定假发票 2959 份，开具的含税金额共计为 2684 余万元。同年，长沙公安联合国地税稽查部门成立“1·13 案”联合专案组，成功告破一起特大制、贩、售假发票和完税证及诈骗税款的案件，共抓获涉案犯罪嫌疑人 31 人，收缴各类假发票 490513 份，可开具金额高达 3411.7 亿元。

2008 年，长沙市国税局与长沙市公安局税侦支队密切协作，破获“5·07”特大制造、贩卖假发票案，以彭某峰为首的 13 名制假犯罪嫌疑人全部被抓获；收缴国税普通发票 1211 本，计 3.03 万份，可开金额达 53 亿元，票面涉及江苏、浙江等 10 个省份。

2010 年，长沙市国税局向全市 3.84 万户单位纳税人发放《普通发票自查通知》，开展普通发票自查。纳税人共自查出假发票 596 份，金额 787 万元。市国税局针对建筑业、房地产、药品经销等取得普通发票量大的 1896 户纳税人进行重点检查，共查处问题发票 2063 份，金额 5558 万元，查补所得税 60 余万元，调减亏损 1063 万元，罚款 20 余万元，加纳滞纳金 5 万多元。2011 年，长沙市国税局共协助稽查办案 8 起，税警联合办理发票违法案件 23 起，为征管分局处理纳税冲突出警 10 余次，保证检查取证和日常征管工作的顺利开展。

2012 年，长沙市加大对虚假发票“买方市场”整治力度，采取自查与重点抽查相结合的方式，查出使用虚假发票或问题发票的企业单位共 117 家，涉及问题发票 552 份，涉案金额 1007 万元，补税 46.87 万元。

五、税务稽查

1988 年，根据经济发展的需要，长沙市税务部门重建税务稽查大队，规范税收秩序。1990 年全市稽查系统共查补各项收入 2138 万元，其中稽查大队受理案件 134 件，查补各项收入 950 万元。

1991 年，稽查大队与税务监察室全年共受理各类偷抗税案件 335 起，追回税款入库 523.09 万元，立案侦查 60 起，其中大要案 33 起，结案 56 起，协助公安等部门处理抗税案件及其他案件 9 起。稽查大队全年下达税务稽查决定 218 份，共查补各项收入 890 万元。1993 年，税务稽查大队重点查处偷税大案和暴力抗税案件 31 起，查补税款 310 万元。1995 年，长沙市国税稽查局“查补罚”收入 7600 万元。全年共受理各类涉税案件 276 起，追回税款 874.5 万元，追缴罚款 38 万元、赃款 23.5 万元。1997 年，长沙市国税稽查系统共受理各类举报案件 150 余起，检查近 200 户企业，查补税款 4000 万元；同年 6 月，组织全市稽查系统人员近 300 人，开展一个月的交叉检查，检查企业 249 户，查补税款达 5270 多万元。1998 年，全市各级稽查机构共查补税款 2.21 亿元，入库 1.94 亿元，其中，市稽查局入库 2914 万元。1999 年进一步强化税收稽查，以查促管，全年稽查系统共查补税款、滞纳金、罚款 1.93 亿元。

1999 年，按一级稽查模式，长沙国税撤销原稽查局和市内 6 个分局 19 个稽查科室，重新组建长沙市国家税务局稽查局，城市分局不再内设稽查机构。随后，4 县（市）局也全部实行一级稽查模式，各税务所不再另设稽查组。新组建的稽查局，逐步实现收入型稽查向执法型稽查的转变。

2002 年，市稽查局拓宽举报渠道，安装专用举报录音电话，开通举报网站，全年受理各类举报案件 276 起，共计查补税款 352 万元。2003 年，以重大涉税违法案件查处和税收专项检查两个重点，继续完善“一级稽查”模式，加大执法型稽查力度，全市全年共检查纳税户928户，立案查处628户，查补收入总额1.2亿元，入库8408万元，罚款210万元。2005年，市国税局突出重大涉税违法案件查处和税收专项检查两个重点，进一步加强税务稽查工作，全年共检查纳税户133户，立案查处101户，查补税款总额2.24亿元，罚款645万余元，成功查处“1·13特大制、贩、售假发票和完税证及诈骗税款”等一批在全国范围内具有重要影响的案件。

2007年，长沙国税局与长沙市公安局税侦支队密切协作，破获长沙某公司、刘某某等两起重大虚开、代开增值税专用发票案件，抓获犯罪嫌疑人9名，涉及各项税款700多万元。2008年，全市开展互动协作大检查，共计查补各项税收3.40亿元，入库3.20亿元。2009年，市稽查局将大型企业集团税收自查专项活动和年度专项检查结合起来，使得全市9月底共查补入库各类税款21519万元，为全年任务的71.7%。

2009年，长沙市国税稽查局与公安税侦组织精干力量，组成“5·11”案联合办案组，对长沙市某公司虚开增值税专用发票立案侦查，初步查证该公司2008年向其他公司虚开增值税专用发票11份，价税合计108万元，税额15.7万元。同时还查明该公司2006年至2007年，向其他公司虚开增值税专用发票56份，价税合计520万元，税额76万元。2011年，市稽查局充分发挥税务稽查的宣传、惩治和警示效应，利用《湖南日报》《长沙晚报》等媒体，开展典型案件曝光工作，扩展案件查处的社会影响力。共查处企业115户，查补税款1.78亿元。

2012年，积极推行“查前服务”，在稽查正式开展前，视企业规模，提前一周或半个月通知企业负责人和财务主管，告知检查的内容、范围和时限，并对新近出台的相关税收政策法规进行宣传、解释，引导存在行业共性问题的纳税人进行自查自纠，共辅导58户企业自查自纠，查补税款近3000万元。

六、办税服务

1995年，长沙市国税系统开始筹建办税大厅，在城区4个分局建立用于税收征管开票的微机局域网，3个分局建立纳税申报大厅。

1996年，在长沙市国家税务局二分局建立多功能办税服务厅，实现税收集中征收。4县（市））城关征收分局办税服务厅也先后对外运行，并向农村地区辐射。到1997年，长沙市国税系统已建办服务厅（室）22个，装备微机200多台。其中六分局推行电子申报、电子信箱、邮寄申报等多种申报形式，二分局形成以机控人、以人管票、以票管税的格局，被列为全省国税系统五个文明示范窗口之一。

2003年，推行税收征收管理“一站式”服务和增值税纳税申报“一窗式”服务，纳税大厅的窗口整合为“税务登记”“发票管理”“申报征收”“待批文书”四大类，每类窗口把直接面向纳税人的相关业务集中起来办理。同年7月，在各基层局全面推行增值税纳税申报“一窗式”管理，采取“一窗二机二人”管理模式。到2004年，进一步升级为“一窗一人一机”管理模式。2006年，在原有基础上构建“五个一”纳税服务管理平台，即“一窗式受理、一站式办结、一户式查询、一网式管理、一体化监控”。

2007年，出台《长沙市国家税务局关于税务业务审批事项审批时限的规定》，针对纳税人涉税审批事项进行全面清理，大幅压缩65项涉税审批事项法定时限，其中最高提速30倍。2008年，长沙市国税系统完善首问责任、限时服务、预约服务、延时服务和纳税提醒服务等便民举措。2009年，长沙市试点运行POS机刷卡缴税，全面推广网上办税厅，单年使用电子申报方式的各类纳税人4.84万户，网上办税系统注册用户4.93万户，办理各类涉税事项303.5万次。

2010年2月，全市11个国税基层征管局的办税服务厅全面推行“一窗通办”的全职能窗口模式，所有办税服务厅全面配备咨询辅导服务和导税引税服务。窗口职能整合后，全市 11 个办税服务厅由原来的四类共 135 个窗口，调整合并为 66 个“综合服务”类窗口、20 个“发票管理”类窗口。2011 年，在此基础上进一步整合为 51 个“一窗通办”窗口、19 个“综合服务”类窗口、9 个“发票管理”类窗口。

至 2012 年年底，全市共开通自助服务窗口 58 个，综合服务窗口 122 个，并有 11 个单位全面推广实施“一窗通办”。在 2012 年国家税务总局组织的全国 26 个省会城市纳税人满意度调查中，长沙市国税局排名第 11。

七、纳税信用等级

2002 年是纳税信用等级评定的第一年。长沙市经湖南省国税局认定的纳税信誉等级 A 级企业 200 户、审定 B 级企业 3312 户、C 级企业 3347 户。2004 年，长沙市国税局与长沙市地税局首次开展联合评定纳税人信用等级工作，统一内容、标准、方法，在全市 1.12 万户符合评定条件的国、地税部门共同管理的纳税人中，评定纳税信用 A 级纳税人 158 户，B 级纳税人 9536 户，C 级纳税人 1471 户，D 级纳税人 20 户。

2009 年，在 2008 年至 2009 年度纳税信用等级评定工作中，共有 2.33 万户纳税单位参与纳税信用等级评定工作，评出 A 类纳税人 181 户，B 类纳税人 2.05 万户，C 类纳税人 2565 户，D 类纳税人 2 户。

2012 年，牵头开展纳税信用等级评定，评定国地税共管户 60605 户，其中评定 A 级 238 户，占参评户数 0.4%，B 级 49254 户，占实参评户数的 81.3%，C 级 4337 户，占实参评户数的 7.2%，D 级 6776 户，占实参评户数的 11.2%

第四节　地税征管

一、税收收入

1994 年 9 月长沙市地方税务局成立之初面临着税源底子不清、零星分散、易于流失和征管基础薄弱等问题。长沙市地税部门采取摸清税源家底、任务到人、分级管理、加大检查力度，全年累计组织收入 11.06 亿。

1995 年，长沙地税收入组织工作走上正轨。虽然当年国有企业所得税减少近 6000 万，但工商税收超额完成 2 亿。全市共组织各项收入 13.43 亿元，为年计划的 112.95%。1996 年全市地税部门组织收入 19.18 亿元，实现税收 3 年迈出三大步的目标。到 1999 年，长沙市地税系统入库各项收入共计 27.85 亿元，相比 1995 年增加 14.43 亿元，增长了两倍多。

图 15-2-4-1 长沙市地方税务局 1995—2012 年组织各项收入合计（单位：亿元）

进入 2000 年，长沙市地税部门抓早抓紧，均衡入库，收入总量突破 30 亿元大关，达到 30.34 亿元。2003 年，全市共组织各项收入突破 50 亿元大关，达到54.12亿元。2006年，全市地税收入总量突破100亿大关，共组织各项收入108.28亿元，为年计划的110.85%，比上年增收18.71亿元。收入增幅跃居中部六省省会城市第二位，收入总量和质量都实现大提升，全市地税部门总收入连续四年保持22%以上增幅。2008年，长沙地税部门强化房地产、服务娱乐、花炮、烟草、生物制药等行业税负分析，全年组织入库地方各项收入165.32亿元，收入总量在中部六省省会城市中继续位居第二。

2010年，由于契税和耕地占用税划转至地税部门征收，长沙地税组织收入大规模攀升，突破200亿元大关，达到243.7亿元，同比增收47.7亿元。

2011年，全市地税各项总收入突破300亿元大关，达322.4亿元，比上年增收66.9亿元，总量占全省地税收入的36.3%，增幅高于全省1.2个百分点；与中部六省省会城市比，总量稳居第2，增幅仅次于武汉。2012年，全市地税部门组织收入突破400亿元大关，达到434.9亿元，比上年增收80亿余元。

二、征管模式

1995年，是长沙市税务机构分设后地税部门独立运作的第一年，长沙地税建立从税务登记、纳税申报、税款入库到纳税违章处理以及重点税源分级管理制度、减免税管理制度和一系列征收管理制度和规程，建立和完善代征代缴代扣制度。

作为税收征管模式的大胆尝试，长沙市地税局选择东区分局开展申报、代理、稽查三位一体的征管改革试点。对400多家国有、集体企业首批进行自核自缴试点，修订自核自缴纳税程序，搞好计算机程序开发，并于12月份成立大地税务师事务所，在各区（县）设立分所。2000年，大地税务师事务所实行脱钩改制，重新组建长沙大地税务师事务所有限责任公司。

1996年，长沙地税积极争取各级地方党政和有关部门的支持配合，先后与交通、公安、建工、电信、建委、食品、劳动、计划、房管、国土、工商、金融、财政等部门建立代征关系。全市建有数千个代扣代缴单位，覆盖面广，针对性强，代征程序严密，确保税收应缴尽缴。1997年，长沙市地税部门各县（市）、分局都推开征管改革试点工作，地税征管中计算机运用度大大提高，共有8个办税服务厅投入运行，城市分局从1997年5月起全部实现对外开票。农村地税机构撤所设征收分局全面展开，市内分局逐步分设征管和检查两大工作系列。至1998年，4县（市）原56个农村税务所改设为19个征收分局。

1998年征管改革全面推行，围绕“以申报纳税和优化服务为基础，以计算机网络为依托，集中征收，重点稽查”明确征管改革任务，长沙市对地税对征管机构进行调整，压缩50%的税务所，为集中征收和计算机联网打下良好基础。改革分两期工程推进：第一期实现城区一至六分局及市局涉外分局、县局各两个征收分局的集中办税，设立功能较全的办税服务厅，实现计算机局域网络化。第二期在第一期的基础上，进一步规划各办税服务厅，使之更加完善，并实现对各县（市）局余下的11个征收分局设立办税服务厅并使之计算机网络化，实现全系统的办公自动化。

2000年，长沙市地税部门强力推进依法治税，出台《税收执法责任追究规定》，进一步规范征管资料和税收票证管理，加强征管“十率”考核，突出登记率、申报率、入库率、滞纳金加收率、处罚率和征管资料完整率“六率”的考核，狠抓税务登记、申报、月缴、检查、稽查等环节。同时推进稽查工作由“收入型”向“执法型”转变。

2003年5月，国家税务总局出台《纳税评估管理办法（试行）》，长沙市地方税务局二分局作为全省地税系统试点单位，对纳税评估开始实质性探索。第一步，根据掌握的纳税人各类涉税信息，对年纳税额达到一定标准并且核算比较规范的纳税企业建立评估档案，进行人工纳税评估；第二步，在人工评估的基础上，对开展评估较成熟的税种建立评估数学模型，逐步运用信息化手段开展纳税评估。2004年，长沙市地税启用自行整合开发的征管软件，实现征管工作的全面“机控”，从税务登记、发票管理、申报征收、窗口开票、专项征收、票证管理、计会统报表管理、计划进度和重点户管理都实现数据集中、联网管理。同年，与交通银行联合在长沙市地方税务局五分局高桥税务所试行税银联网，推行银行代收税款，实现税银横向联网“零”的突破。

2005年，以科技兴税为导向，长沙市地税开发综合业务软件发票系统、国库联网软件系统，进一步整合征管信息系统，全市有12万户纳税人和37万多台车辆纳入系统管理，管理流程实现“机控”。2007年，长沙市开发房地产税收“一体化”管理系统，对房地产税收实施“委托代征、先税后证、以票管税、项目跟踪”的管理模式，规范房地产税收征管，入库建安房地产税收57.06亿元，同比增长34.92%。同年，开发设计税收管理员工作平台，平台包含工作事项、纳税评估、税源监控、综合管理、绩效考核等8大模块47个子模块，采取工作派单形式流转工作事项，将工作主动推送给税收管理员，实现对纳税人的可视化、精细化管理和对税收管理员工作的量化考核和绩效考核。宁夏、甘肃、河南、江西等地前来学习交流。

2008年，根据税收实践与改革的需要，按照《国家税务总局税收管理员制度（试行）》，长沙地税实现由过去集征、管、查于一身的税收专管员到负责分片、分类管理税源的税收管理员的转变。同年，推行发票税控装置管理，在长沙市开福区地方税务局进行推广试点，安装税控装置558户767台，开出税控发票31146张，开具发票金额1989万元，征收税款130万元，比2007年同期增长28%。2009年，长沙市地税部门推出《2009—2012年税收征管工作规划》，确立信息管税理念，探索建立税源分类管理模式、税源巡查制度，组织征管质量常态化检查，编制长沙市税源分析报告，开展各类岗位技能比武竞赛。进一步突出信息管税，历经10个多月的酝酿准备和50天的攻坚冲刺，迁移184298户纳税人和34775户房地产项目数据，于11月2日成功上线“大集中”系统，为全省地税系统大集中推行工作打好基础。2010年，初步建立专业化税源管理体系。分类管理、税源巡查、纳税评估稳步推进，“三位一体”专业化税源管理体系基本形成，推动“重点税源重点管、一般税源规范管、零散税源社会管”，构建“政府领导、税务主导、部门配合、社会参与、司法保障、信息共享”的综合治税机制。

2011年开始，以“信息管税、科技兴税、综合治税和风险管理”为导向，强化税源分类管理、纳税评估和常态巡查，试行税源管理专业化改革，征管工作逐步由粗放型向集约型转变。建成全省一流计算机硬件系统平台，继续开发完善税管员管理平台、税信通、干部积分管理等7个应用系统。实现财税库银横向联网，网上报税、刷卡缴税、通城办税纵深推进，减免税系统实现网上运行。2012年，长沙市地税深化征管模式改革，探索重点税源重点管、一般税源规范管、零散税源社会管的分类管理模式，探索税源专业化管理，税管员由固定管户转向分类管事。存量房交易纳税评估系统、房产交易系统与大集中征管系统无缝对接上线运行，实现三网互通，确保“先税后证”。

三、重点税源管理

1998年起，长沙市地税开始建立重点税源户征收档案，对重点税源户实行跟踪管理和分级监控，对重点行业统一管理，加强专项检查力度。

2001年，长沙市实行重点税源户分级管理。长沙市地税局重点掌握年纳税额100万元以上的税源户，市内分局重点掌握年纳税税额50万元以上的税源户，县局重点掌握年纳税税额30万元以上的纳税户，对重点税源户建立定期定点下户、跟踪管理的制度，随时掌握其收入税源情况。2002年，长沙市地税对重点税源实施三级管理的模式：税务所、农村税务分局对10万元以上的企业实行专业控管；各基层局对30万元以上的企业实行专人控管；市局对50万元以上的企业加强入库监控。特别对年纳税额在100万元以上的218户重点纳税户每月进行税源分析，随时掌握其产销利税变动情况。

2003年，长沙市地税系统推广适合长沙市税源管理特色的管理软件，对全市226户年纳税100万元以上重点税源企业的入库情况进行监控，其中对全市工业十大标志性工程企业的生产经营和税收情况进行重点监控。2007年，继续强化市局、县市区局、税务分局（城市税务所）的三级监控，市局监控100万元以上的重点税源，各县市区局重点监控50万元以上的税源。全市1630户纳税100万元以上重点税源户入库税收总额占全市的68.25%。2008年，市局、县（市）区局、税务所（税务分局）分别把年纳税额100万元、50万元、10万元以上的企业作为监控重点，全市2029户税额100万元以上的重点企业入库税款95.18亿元，占总额的68.69%。

2010年，在分类管理上突出重点税源重点管的格局，将重点放在全市年纳税50万元以上的重点税源户数占单位纳税人比重3.98%，入库税款占入库总额73.32%的管理上。2011年，围绕税源专业化管理，在分类管理上着力突破重点税源重点化管理，重新调整直属局和各区县（市）局征管范围，直属局管理全市性重点税源，其他区县（市）局设立10个重点税源管理部门，由97名税收管理员对3128户重点税源实行专业化管理。

2012年开始，长沙市地税系统建立重点税源数据直报制度，推动重点税源由县市区局一级监控转向市局、县（市、区）局两级监控。

四、打击发票违法行为

1994年全国开展打击伪造倒卖盗窃发票违法犯罪活动，长沙税务部门检查4000多户企业，15万多张发票，查出较大问题企业500多户，发票3000多张，破获市郊东风服装厂、长沙西区利强工贸公司、三湘海航发票服务公司、宁乡县道林乡发票虚开、代开、非法印制等重大案件，受到最高人民法院、最高人民检察院、公安部、国家税务总局联合嘉奖。

2000年，长沙市税侦队对发票违法行为进行专项打击，抓获涉票犯罪分子24名，刑事拘留17人，送劳教13人，打击力度为地税部门成立以来最大。

2002年7月，长沙市地方税务局稽查局与市公安税侦支队联合行动，捣毁一家在长沙市批发出售假发票的窝点，收缴各类假发票906本，计2万多份，发票票面金额210亿元，挽回税款损失10多亿元。

2007年5月，长沙市地税稽查局和市公安局涉税犯罪侦查支队联合督办虚开货运发票金额近亿元的“3·15”特大贩卖、虚开货运发票专案顺利结束，陈某、黄某江等涉案的20名被告人受到法律的制裁。2008年6月7日，长沙市地税部门与长沙市公安局税侦支队联合行动，在岳麓区一举摧毁以彭某销为首的特大印制假发票团伙，抓获制假、贩卖假发票犯罪嫌疑人13名，及印制工具一批，假发票成品和半成品3万余本，近75万多份，票面最高可开具金额近40亿元，范围涉及湖南、湖北、浙江、河北、安徽、陕西、辽宁、黑龙江、内蒙古、吉林、福建等10多个省、自治区。2010年，长沙市地税系统由稽查局和征管处牵头、各区县（市）局参与，查处违法发票1467份，涉及金额7636万元，挽回税款633万元，行政罚款31万元。

2011年，进一步加大假发票打击力度，鉴定假发票6.20万份；查处337家假发票用户，假发票涉及金额9213万元，补缴税款814万元；成功侦破“2·23”重大制售假发票案，抓获犯罪嫌疑人3名；长沙县局查获一起假发票大案，获公安部通报表扬。市地税局与国税局联合开展发票打假专项工作，企业自查 24798 户，查出假发票 1623 份，涉及金额 859 万元；检查企业 1356 户，其中问题户 216 户，涉及金额 9213 万元，补缴税款 814 万元，内外移接交协查案件 57 户次。

2012 年，在打击假发票行动中，长沙地税部门破获“6·29”特大制造、销售假发票团伙，抓获犯罪嫌疑人 25 名，捣毁制假、存假窝点 8 个，收缴各类假发票 1300 余万份，摧毁了长沙市当时最大的假发票销售网络。

五、税务稽查

1994 年 10 月 21 日，长沙市地方税务局稽查局挂牌成立，成立当年，即在税收大检查中发挥税务检查生力军作用，查补入库各项地税收入 833 万元，超额完成长沙市地税局下达的查补任务。

1997 年，长沙地税全面加强税务稽查工作，稽查局全年查补入库地方各税 3785 万元，税检室受理涉税案件线索 178 起，初查 156 起，查补率 87.7%；立案侦查 3 起，协助公安部门处理抗税违章案件 38 起；查补各税 4569 万余元，入库 2490 余万。到 1999 年，稽查部门检查企业达 919 户，查补各项税费 1.35 亿元，入库 1.22 亿元，完成省局稽查局下达任务的 122.5%。

1999 年，确立和规范选案、稽查、审理、执行四个环节的稽查工作流程，进一步理顺征、管、查的关系。2001 年开始，长沙市各城区分局原稽查科更名为检查科，决定将原来的市局稽查局和城区分局检查科的“二级稽查”体制变为“一级稽查”体制，强化稽查工作职能，规范税收执法。实行“一级稽查”半年时间，共查处税务违法案件 578 起，查处案件总数相比上年同期增长 300%。优化税警协作模式，共同制定《办理涉税案件及维护税收秩序工作协作制度》，对涉税案件的管辖、移送办理、情况沟通等做出明确规定。

2002 年，深入推进“一级稽查”模式，进一步深化稽查体制改革，落实“选案、稽查、审理、执行”四分离的原则，确保“选案的不查案、查案的不审理、审理的不执行”并实行稽查计划制度、自查制度、建议制度等。全市推行一级稽查后，当年共检查纳税户 191 户，查补各税费及滞纳金 3199 万元。2004 年，进行房地产、医药、货物运输、汽车市场四大专项检查，实现专项检查与计划检查、行业解剖、依法治税的“三结合”，查补地方各税 6000 余万元。发挥以查促收、以查促管、以查促廉作用，有针对性地选择资本交易、教育培训、美容连锁、交通运输、中介机构等进行专项检查。

2005 年 8 月，根据湖南省地方税务局《关于进一步加强税务稽查工作的通知》，长沙市地税部门维持“一级稽查”试点单位和非“一级稽查”单位的稽查体制不变，从检查内容、检查对象、检查时限、检查类型，明确界定稽查部门与征管部门的检查职能。

2011 年，在省以下地方税务系统机构改革中，长沙市地方税务局进一步明确“选案、检查、审理、执行”四分离制度，进一步加强全市地税稽查工作的统筹管理。2012 年，成功破获“6·29”特大非法制造、销售假发票团伙案，共抓获犯罪嫌疑人 25 名，捣毁假发票制造窝点 1 个、储存窝点 7 个，收缴制造假发票的假公章 600 余枚，查获用于制造、打印发票设备等一大批作案工具。收缴各类假发票 1300 余万份，其中假地税发票 800 余万份，范围涉及湖南全省及湖北、广东、广西等多个地区。

六、纳税申报

1997 年，依照新的税收征管服务模式，以改革纳税申报为切入点，长沙市地税局全面推行“三自纳税”（即企业自行计算税款、自行填写纳税申报表和税收缴款书、自行到税务部门指定的当地金融机构缴款入库）的管理方式。

1999 年，长沙地税全面实现微机开票服务，设立税收征收台账，对未按期申报纳税的企业，及时进

图 15-2-4-2 2006 年 12 月 28 日，长沙市地税局电子税务开通仪式现场
（市税务局供图）

行催缴，以搞好纳税人“自检自缴”纳税申报为重点，日常征管走上规范化的道路。同年，推行税收电子申报工作，凡实行查账征收方式的城区纳税人，在核算健全、管理规范、纳税意识较强的纳税人中推行电子申报方式进行纳税申报。2003年，对定期定额缴纳税款的地税纯管户年纳营业税额在660元以下、国地税“共管户”年纳税额在300元以下的纳税人实行简易申报、简并征期的“双简”纳税申报管理办法。2006年，全国财税库行横向联网在长沙开通后，全市有27000多纳税户实现网上申报缴税，申报金额18.33亿元，网上扣缴金额18.16亿元。同年正式启动长沙地税电子税务建设，打造全新的长沙电子地税局。2007年，开发设计长沙市电子税务服务系统，方便征纳双方查询、申报。纳税人登录并点击相关栏目，即可完成纳税申报、鉴定发票真伪及相关查询业务。2008年，推出“税款申报、征收、对账、缴库一体化”的银行卡申报缴纳方式，自主开发手机报税子系统和“税信通”短信平台。

2011年，长沙市切实优化信息化应用系统，稳步推进同城通办，共安装POS机209台，推广税控机21643台，居全省第一位。2012年，长沙地税系统实现财税库银横向联网，网上报税、刷卡缴税纵深推进，入库税款比按申报价格计算税款增长56%。

七、办税服务

1994年，长沙市地方税务局刚刚起步，在城区4个分局建立用于税收征管人工开票窗口。

1997年3月，长沙市地方税务局成立“计算机开票领导小组”，所有城市分局办税服务厅从5月1日起均对外实现计算机开票，从纳税申报、填开税票到产生会统账务和报表全部采用计算机管理。1998年，根据《湖南省地方税务局关于办税服务厅建设的若干规定》，对办税服务厅的建设和设置进行规范。2002年，通过《长沙晚报》对外公开10项庄严承诺，在各单位纳税大厅配置诸多便民设施，实行统一着装、亮证上岗；统一办税规程；统一服务用语；统一服务标准和服务质量“四个统一”，实施首问责任制、科所长值班制、局长接待日制等办法。

2003年，长沙市地税系统在浏阳市地方税务局第一征收分局、长沙市地方税务局五分局高桥税务所所辖企业试点应用新的税收征管软件，推行POS机刷卡纳税，用IC卡刷卡纳税户达3500余户。2004年，《长沙市地方税务局办税服务厅管理办法》出台，明确业务窗口设置、岗位工作职责和相关管理规定，纳税大厅实现职责范围、工作权限、工作流程、工作标准、工作措施、管理制度的“六统一”。

2005年，《湖南省地方税务局星级办税服务厅管理办法（试行）》出台后，长沙市开始在全市地税系统开展星级办税服务厅创建工作。其中，长沙市地方税务局一分局办税服务厅、长沙市地方税务局五分局办税服务厅达到省局五星级办税服务厅验收标准；浏阳市地方税务局办税服务厅、长沙市地方税务局六分局办税服务厅达到省局四星级办税服务厅验收标准。2007年，税务登记、纳税申报、税款征收、涉税事项受理等办税事项实现“一站式”完成、“一条龙”服务，全市共受理直接上门申报5.63万户，完成年所得12万元以上个人所得税自行申报、房地产一体化项目、税收管理员平台的上线运行、重大投资项目绿色通道等重头工作，评选出“十佳四星级办税服务员”。全市地税系统有2个办税服务厅、5位办税服务员被湖南省地税局评为“五星级”。2008年，在湖南省地税系统第二届星级办税服务厅评定验收工作中，芙蓉区地方税务局办税服务厅、雨花区地方税务局办税服务厅保持“五星级”，浏阳市地方税务局办税服务厅、高新区地方税务局办税服务厅保持“四星级”，天心区地方税务局办税服务厅、开福区地方税务局办税服务厅、长沙市地方税务局涉外分局办税服务厅晋升“四星级”。

2010年，全市开通银行卡刷卡缴税，城市（含县城）办税服务厅原则上不收现金税款，农村征收分局收取现金税款比例逐步下降，方便纳税人电子缴税，提高了工作效率。当年，成功实现信息管税“三个90%以上”目标：数据采集按项抽查准确率99.9%、网上申报签约率93.8%、POS机刷卡缴税率95.4%。2011年，推行“一次性”告知、“一站式”服务、“一窗式”办结，11个基层办税服务厅全部创税评级。

2012年，深入打造“一厅、一室、一网、一校、一线”5个服务平台，编制全市83个办税服务厅室分布地图和服务手册，并积极探索开发网上办税服务厅，以加快推进同城通办和自助终端办理。

八、纳税信用等级评定

2002年是长沙纳税信誉等级评定工作开展的头一年，长沙市地税局成立纳税信誉等级评审委员会，分宣传发动、组织评定、统一授牌三个阶段具体实施。2003年，依据《纳税信用等级评定管理试行办法》，将纳税信誉等级改为纳税信用等级，并对纳税信用评定的组织实施、管理范围、实施权限和程序等进行全面规范，4月10日，全市首批A级纳税信誉单位授牌仪式在田汉大剧院举行，全市111家单位被授予2001—2002年度A级纳税信誉单位。次年，评定158家A级纳税信用等级单位。2006年，全市共评定2004—2005年度的纳税信用等级单位A级160户、B级1.34万户、C级2434户、D级41户；2008年，全市共评定2006—2007年度A级纳税信用单位175户（含国地税共管户）。2007年长沙市地税将142户A级纳税信誉企业纳入“绿色服务通道”，履行优质服务承诺。

2010年，全市共评定2008—2009年度的A级纳税信用单位219户（含国地税共管户）、B级纳税户2.76万户、C级纳税户1754户、D级纳税户3户。

2011年6月起，长沙市地税部门联合长沙市国税部门、交通银行湖南省分行，在长沙推出“税融通”业务服务，由交通银行湖南省分行根据中小企业纳税信用状况给予其一定授信额度的授信产品，帮助解决中小企业融资难题。全市共有124户中小企业申请“税融通”贷款，审批75户，总授信额度达4.06亿元。

图15-2-4-3 2011年6月15日，长沙市举行“税融通”新闻发布会（市税务局供图）

2012年，长沙市共评定2010—2011年度的A级纳税信用单位261户，88家纳税人作为连续三届“湖南省纳税信用等级A级企业”受到表彰。当年“税融通”审批通过137户企业的贷款申请，总授信额度达9亿元。

九、“12366”服务热线

2004年11月12366纳税服务热线开通。热线具备政策法规咨询、办税指导、发票查询、涉税举报、投诉监督、税收建议、短信提醒、定期回访、局长热线九大功能。2005年，湖南省地税“12366”纳税服务热线推广工作会议在长沙召开，推介长沙“12366”纳税服务热线工作经验。到2007年，“12366”热线共受理咨询16.08万件，移交业务处室疑难问题60多件，编印“12366”服务热线情况反馈12期，实现零投诉和100%的接通率，电子税务点击量突破120万次，相关制度被湖南省地税局组织编印的《纳税服务指南》全部采用，先进做法在全国纳税服务工作会议上予以推介。

2009年，长沙市地税局“12366”热线当年处理税务咨询6.53万个，业务量占全省74%，被授予省级“青年文明号”“巾帼文明岗”。2010年，全年共处理话务8.64万个，回复网站留言781条，保持开通6年零投诉。同年全省“12366”热线进行改革，按照“全省集中、设点长沙”的原则，长沙地税成功整合全省地税系统“12366”服务热线。

2011年4月28日，“12366”热线改造升级，湖南省地方税务局将市州的“12366”纳税服务热线座席全部撤销，实行全省集中，正式开启“全省集中、设点长沙、市州辅助”的热线新模式。

2012年，“12366”热线全年共处理税务咨询14.73万个（其中人工咨询8.01万个，自动语音咨询6.54万个，网上咨询1751个）。累计共处理税务咨询85.18万个（其中人工咨询42.60万个，自动语音咨询41.81万，网上咨询7712个），实现7年零投诉和100%的接通率。

十、税收宣传

1995年，围绕“地方税收与法制”的主题，长沙市地税系统组织开展“税收宣传月”“4月8日”大规模地税咨询日活动，出动宣传车，设置咨询台，悬挂大型标语横幅，印制宣传资料10万余份。在市县电视台播发宣传专题20多期，发放宣传问卷1.5万多份。

1998年，组织“税收征管与依法治国”主题宣传日活动，与湖南省地方税务局组织以税法宣传为主题的“快乐大本营”，组织加强个人所得税征管的系列宣传。全系统举办各种形式的税法专题讲座76期，出动税法宣传车40余台次。2001年，紧扣“诚信纳税，利国利民”的主题，以宣传新《中华人民共和国税收征收管理法》《公民道德实施纲要》为重点，在全市人口密集的五一广场等6个地段，设立大型宣传站点，出动税务干部1000余人，发放宣传资料12万余份，接受咨询3000余人次。

2003年，长沙市地方税务局以“依法诚信纳税，共建小康社会”为主题，在长沙政法频道开设固定性税法宣传栏目《税收、法治与人》，从4月份开始每周六19:30播出，每期节目15分钟，为期一年。2007年，推出十大宣传活动，在全市100多个主要市场、商场、广场送发宣传资料12万份，群发短信450万条，组织5000多名高收入者召开申报缴纳座谈会；设计制作公益广告在长沙电视台播放10天。2008年3月，邀请著名主持人汪涵、王燕，奥运冠军

图15-2-4-4 1994年，长沙市地方税务局召开首次全市地方税收工作会议 （市税务局供图）

龚智超，著名画家何立伟，以及部分知名企业负责人担任个人所得税税收政策义务宣传员，利用名人效应在全社会营造诚信纳税氛围。4 月 17 日，湖南省首个税收教育基地在长沙市一中挂牌，电视主持人汪涵、王燕被湖南省地方税务局、湖南省国家税局聘请为义务税收宣传员。

2010 年，长沙市地方税务局税务卡通形象和长沙市高新区地方税务局动漫短片获国家税务总局二等奖。

为创新办税服务方式，帮助纳税人提高税法知识水平，2010 年，长沙市地方税务局设立纳税人学校。2011 年，在各县市区局和直属局设立 11 所纳税人学校分校，按照“免费办学、自愿参加、分级管理、分层培训”的原则，为纳税人提供形式多样的税收咨询辅导及培训。

第十六篇

金融

本篇编纂人员

钟铁球（主编） 欧阳乐天

本篇撰稿人员

概　述：胡　边

第一章　银行业：周红岩

第二章　保险业：唐永兴　彭澍夫　刘纵波　李晓鹏　廖卓群

第三章　证券期货业：高志红　胡　边

第四章　其他金融活动：徐振祥　袁德高

第五章　金融监管与安全：高志红　胡　边

概 述

1978年12月18日，中共十一届三中全会开启中国改革开放的大门，长沙金融业也顺应大势，开启改革征程。从1979年8月起，农业银行长沙市支行、人民保险公司长沙市支公司、中国银行长沙分行先后恢复或分设，农村信用社脱离人民公社而归口农业银行管理。1985年1月，人民银行湖南省长沙分行挂牌成立，专门行使中央银行职能，其经营性业务全部移交给新成立的工商银行长沙市支行。1988年长沙证券公司、湖南省证券公司成立。至此，长沙市金融业经过10年改革开放，逐步建立以人民银行为领导，工商、农业、中国、建设、交通几大国有银行为主体，农村信用社、城市信用社、邮政储蓄机构、信托投资公司等机构为补充的多元化银行业金融体系。辖区共有各类金融机构746个，其中各类各级银行机构744家，非金融机构2家（长沙市仅有中国人民保险公司长沙市分公司和长沙证券公司）。1988年末，全市银行业各项存款余额50.55亿元，各项贷款71.31亿元，银行在金融和国民经济中发挥的作用越来越突出。商业保险保费收入8840万元。

1992年，湖南省证券公司开通深交所交易通道，长沙股民第一次实现在家门口买卖股票。1993年12月，长沙本土企业发行的第一支股票“湘中意”登陆深交所。长沙市金融体系初步形成，由只有银行业逐步扩展到保险、信托投资、证券等领域，金融服务实体经济的作用逐渐发挥出来。

1995年之后，长沙贯彻落实国务院《关于金融体制改革的决定》文件精神，金融领域一系列重大改革措施相继出台。各银行加快商业化改革步伐，政策性业务移交给新成立的“农发”“国开”“进出口”等政策性银行；工商、农业、中国、建设4大国家专业银行完成向国有商业银行转型的改革，各银行与其所属的证券机构、保险机构脱钩，专门经营银行业务。1995年，长沙金信期货有限公司成立，首开期货业务。1996年8月，长沙市成立农村金融体制改革领导小组和农村金融体制改革领导小组办公室，稳步推进金融体制改革。全市农村信用社与农业银行脱钩，在长沙市农村金融体制改革领导小组的指导下，开始推进农信社体制改革。人民银行则通过对城市信用社改革，在长沙组建城市合作银行。1997年5月，湖南省首家城市商业银行——长沙市商业银行成立（2008年更名为长沙银行）。全市金融机构队伍进一步扩大，招商、兴业、光大、中信等一批股份制银行先后在长沙设立分支机构；太平洋、平安等保险机构纷纷入驻长沙，改变中国人民保险公司一家独大的局面；证券行业开始大规模重组，各大全国性券商和本地券商在长沙市场重新布局。1997年，开始建立银行、证券、保险分业经营、分业监管制度，在金融监管架构上形成一行三会（中国人民银行，中国银监会、中国证监会和中国保监会）体制，在分业监管制度下，人民银行长沙分行于1998年停止对保险业和证券业的监管职责。是年，招商银行、兴业银行、中信实业银行等一批全国性中小商业银行先后在长沙设立分支机构，为长沙市银行业发展注入新活力。1999年，长沙市在全省率先开展创建金融安全区活动，在全市金融机构中推行“四位一体”（央行监管、机构内控、行业自律、社会监督）金融监管体系。

1999—2000年，省工商、农业、中国、建设四家银行分别向新设立的“华融”“长城”“信达”

“东方”四大资产管理公司的长沙办事处剥离不良资产541.36亿元，为专业银行商业化改革创造条件。随着对外开放步伐加快，长沙市开始引进外资银行。省外商业银行纷纷来长沙设立分支机构，长沙地方商业银行也走出长沙，在外地设立分支机构、营业网点，一个与社会主义市场经济体制相适应的多层次、广覆盖、差异化的金融机构体系在长沙形成。

2006年，中国进出口银行湖南省分行成立，成为支持长沙企业“走出去”，提供贸易融资金额最多的银行。2007年随后几年间汇丰银行、美国花旗银行、韩国新韩银行、英国标准渣打银行相继在长沙开设分支机构。同年，阳光产险、人保寿险、中英人寿、国民人寿和合众人寿5家保险公司进驻长沙，全市保费收入35.89亿元。

2009年后，村镇银行、社区银行等新型金融机构开始建立和发展，长沙市多元化银行体系进一步完善。当年，长沙市共有各类金融机构1250个，逐步形成政策性金融、商业性金融、合作金融并存的银行业机构组织体系，长沙区域金融中心初具规模。

2012年，长沙市金融组织体系进一步完备。辖内各类银行机构27家，证券法人机构3家，省级保险公司44家，小额贷款公司19家，获得经营许可证的融资担保机构60家，期货公司4家，信托投资公司1家，汽车融资公司1家，从业人员3万余人。

2012年末，全市银行业各项存款余额8188.75亿元，各项贷款8800.66亿元。全市保险市场有省级分公司44家，经营保险险种3800余种，保费收入123.33亿元。

第一章　银行业

1988年，长沙市金融业经过10年改革开放，逐步建立以中央银行为领导，工商、农业、中国、建设、交通几大国有银行为主体，农村信用社、城市信用社、邮政储蓄机构、信托投资公司等机构为补充的多元化银行业金融体系。随着中央银行制度的建立，“统一计划，划分资金，实贷实存，相互融通”信贷管理体制取代“统收统支”制度。各银行之间的专业分工被逐步打破，竞争局面初步形成。是年年末，全市银行业各项存款50.55亿元，各项贷款71.31亿元，贷款增长远远快于存款增长，银行贷款范围不断扩大，在国民经济中发挥的作用日益突出。

1989年前后，长沙市经济发展处于转型阶段，企业资金周转普遍困难。人民银行长沙分行组织全市银行贯彻执行中央各项宏观调控政策，同时积极调整信贷结构，扶优限劣，保重点、保民生项目，支持产业升级。与此同时，银行业的改革与发展也处于探索阶段。国家专业银行与城市、农村信用社都在积极引入竞争机制，试点承包经营改革。银行传统的结算业务开始从手工操作时代进入电算化、局部网络化、卫星通信时期。

1992年，长沙市兴起股票、债券、社会集资热，同时有大量本地资金流向沿海发达地区，对长沙市金融秩序产生巨大冲击。1993年年底国务院颁布《关于金融体制改革的决定》成为深化金融体制改革的指引。1995—1998年，长沙市银行领域一系列重大改革措施相继出台。各银行加快商业化改革步伐，政策性业务移交给新成立的“农发”“国开”“进出口”等政策性银行；工、农、中、建四大国家专业银行完成向国有商业银行转型的改革。在分业经营制度下，各银行与其所属的证券机构、保险机构脱钩，专门经营银行业务。1996 年 8 月，长沙市成立农村金融体制改革领导小组和农村金融体制改革领导小组办公室；12 月，长沙市各农村信用社正式与市农业银行（农业银行长沙市分行）脱钩。1997 年，长沙市城市商业银行在整合 16 家城市信用社的基础上成立，地方法人金融机构进一步壮大。1997 年，中国金融业开始建立银行、证券、保险分业经营、分业监管制度，在金融监管架构上形成一行三会（中国人民银行，中国银监会、中国证监会和中国保监会）体制，在分业监管制度下，人民银行长沙分行于 1998 年停止对保险业和证券业的监管职责。

从 1998 年起，人民银行停止贷款规模管理，对商业银行实行资产负债比例管理，商业银行需要自求资金平衡，贷款冲动得到有效抑制。1998 年年末，全市银行机构各项存款、各项贷款余额分别为 594.69 亿元、468.9 亿元，存贷款之比为 1:0.79，接近资产负债比率 75%的管理要求。同时，招商银行、兴业银行、中信实业银行等一批全国性中小商业银行先后在长沙设立分支机构，为长沙市银行业发展注入新活力。1999 年开始连续 2 年，省工商、农业、中国、建设四家银行分别向新设立的“华融”“长城”“信达”“东方”四大资产管理公司的长沙办事处剥离不良资产 541.36 亿元，为专业银行商业化改革创造条件。

1999 年中央出台启动消费、拉动内需的政策，消费信贷进入快速发展时期，个人消费贷款逐步成为银行信贷业务的重要支柱，当年全市个人消费贷款余额 5.6 亿元。从 2003 年起，中长期贷款余额 859.68亿元，开始超过短期贷款余额。随后，各商业银行拓宽业务渠道，大力发展财务顾问与咨询、代客户理财等中间业务，到 2004 年，全市商业银行中间业务量快速上升至 5.82 万亿元，实现业务收入 3.11 亿元。

2004 年，金融业全面开放，国内中小型商业银行加快在长沙布局，上海浦发银行、中国民生银行、北京银行、广发银行、华夏银行、南粤银行、渤海银行、东莞银行先后在长沙设立分行。2006 年，中国进出口银行湖南省分行成立，很快就成为支持湖南企业“走出去”，提供贸易融资金额最多的银行。同年，外资银行加快进入长沙的脚步，随后几年间美国花旗银行、韩国新韩银行、香港东亚银行、英国标准渣打银行相继在长沙开设分支机构。为加强对“三农”和小微企业的金融服务，2009 年后，村镇银行、社区银行等新型金融机构开始建立和发展，长沙市多元化银行体系进一步完善。2012 年年末，全市银行业各项存款余额 8188.75 亿元，是 1988 年的 162 倍；各项贷款 8800.66 亿元，是 1988 年的 123 倍。

第一节 机　构

一、中央银行

1988 年，中国人民银行湖南省长沙分行在长沙行使中央银行的职能。1998 年 11 月 20 日，撤销中国人民银行湖南省分行和长沙分行，成立中国人民银行长沙中心支行。撤销国家外汇管理局湖南省分局和长沙分局，成立国家外汇管理局长沙分局（2001 年后改为国家外汇管理局湖南省分局，管理全省外汇业务）。人民银行长沙中心支行下辖浏阳、宁乡和望城 3 个支行和湖南省银行学校，2000 年 8 月，湖南银行学校脱离与人民银行的隶属关系，并入湖南大众传媒学院，归地方管理。至 2012 年年末，机构设置与名称无变化。

二、国有大型商业银行驻长沙机构

（一）中国工商银行股份有限公司湖南省分行营业部。1988年，中国工商银行在长沙设长沙市支行，下属13个办事处、4个县支行、3家公司。1989年，中国工商银行长沙市支行更名为中国工商银行长沙市分行。1992年，工商银行长沙市分行在长沙高新技术产业开发区成立全省首家股份制银行——中国工商银行长沙高新技术产业开发区支行。1998年工商银行湖南省分行营业部、国际业务部和信用卡部与工商银行长沙市分行合并，成立中国工商银行湖南省分行营业部。2005年，中国工商银行湖南省分行营业部更名为中国工商银行股份有限公司湖南省分行营业部。截至2012年年末，机构设置与名称均无变化。

（二）中国农业银行湖南省分行营业部。1988年，中国农业银行在长沙设长沙市支行，下辖4个县支行、一个办事处、一个营业部、一个信息咨询公司、一个信托投资公司。全市5个农村信用联社和237家农村信用社统一由市农业银行管理。1989年，中国农业银行长沙市支行更名为中国农业银行长沙市分行。1998年，农业银行湖南省分行营业部、直属支行、金湘支行、曙光支行、大古支行与长沙市分行合并，成立中国农业银行湖南省分行营业部。截至2012年年末，机构设置与名称无变化。

（三）中国银行湖南省分行。1988年中国银行在长沙设长沙分行。3月，中国银行长沙分行在长沙设立湘江办事处。1989年4月，中国银行湘江办事处更名为中国银行湘江分行，仍为中国银行长沙分行直属二级机构。1992年，中国银行长沙分行升级为中国银行湖南省分行，中国银行湘江分行更名为中国银行长沙市分行。1999年，中国银行省分行与省会城市机构合并，撤销中国银行长沙市分行，原市分行所辖的6个城区支行及望城、浏阳、宁乡3个县支行分别合并为松桂园支行、蔡锷路支行和赤岗支行，直属省分行管理。2001年12月，中国银行长沙芙蓉支行成立。2005年，长沙市东塘、左家塘、星沙、麓谷4个经营性支行上收归省分行直接管理。2008年，中国银行湖南省分行对长沙城区机构及经营管理模式再作调整，将星沙、麓谷2个经营性支行升格为管辖支行；省分行公司业务部向长沙城区支行派驻业务团队，对公司金融、国际结算、资金业务等所有对公业务发展指标整体负责。截至2012年年末，机构设置与名称无变化。

（四）中国建设银行湖南省分行。1988年，中国人民建设银行在长沙有3个处级机构——长沙市中心支行、湖南省铁道专业支行、湖南省电力专业支行。1989年，中国人民建设银行长沙市中心支行更名为中国人民建设银行长沙市分行。1995年，中国人民建设银行更名为中国建设银行。1999年，长沙市分行与省分行合并，在原属长沙市分行的一、二、三、四支行的基础上组建湘江、华兴、芙蓉、河西支行，浏阳支行划归湘江支行管理，宁乡支行与望城支行划归河西支行管理。湖南省铁道专业支行与湖南省电力专业支行分别改名为长沙市铁银支行和长沙市天心支行。省分行国际业务部、房地产信贷部、信用卡部实行“一套人马、两块牌子”，分别对应管辖复兴支行、湘蓉支行和曙光支行。在长沙市的9家支行（部）都直属省分行管理。2004年，中国建设银行由国有独资商业银行改制为国家控股的股份制商业银行。截至2012年年末，机构设置与名称均无变化。

（五）交通银行湖南省分行。1988年5月，交通银行开始在长沙筹备分支机构。1990年4月，交通银行长沙支行正式营业。交通银行长沙支行是长沙市第一家综合性银行，同年6月、7月先后成立证券部和保险业务部。1992年8月3日，交通银行长沙支行改称交通银行长沙分行。1994年8月交通银行将保险业务部移交给太平洋保险公司长沙办事处，1996年4月将证券部转让给海通证券公司。2002年，交通银行长沙分行改为交总行直属分行序列，列为省级金融单位序列。2009年1月，交通银行长沙分行更名为交通银行湖南省分行。截至 2012 年年末，机构设置与名称均无变化。

（六）中国邮政储蓄银行湖南省长沙市分行。2008 年 3 月，成立中国邮政储蓄银行湖南省长沙市分行，属全功能商业银行。截至 2012 年年末，机构设置与名称无变化。

三、全国性中小商业银行驻长沙机构

20 世纪 90 年代中后期，一些区域性的股份制商业银行、城市商业银行开始跨区域向全国发展，其中一部分银行在长沙设立分支机构。

1998 年 6 月，招商银行长沙支行成立开业。2000 年 1 月，招商长沙支行升格为招商总行直属支行。2002 年 9 月，招商长沙支行更名为招商银行长沙分行，升格为招商银行总行一级分行，授权管理招商银行在湖南地区的金融业务。

1998 年 9 月，福建兴业银行长沙分行开始筹建，1999 年 2 月 7 日，正式对外营业。从 2007 年起，兴业长沙分行开始向省会以外市州扩展，先后在株洲、湘潭设立支行。2012 年，兴业长沙分行在长株潭三市设立分支机构 21 家，业务拓展机构 4 个。

1999 年，中国投资银行由国家开发银行整体转售给中国光大银行。当年 3 月，中国光大银行长沙直属支行在整体接收原中国投资银行长沙分行的基础上成立。2000 年 3 月 10 日，原投资行湖南分行营业部改建为光大长沙华强支行。2001 年 3 月 19 日，光大华强支行更名为光大长沙支行，属光大银行的省级直属支行。2002 年 12 月 23 日，光大长沙支行升格为分行。

2000 年 10 月 28 日，中信实业银行长沙分行收购湖南长沙市湘财城市信用社后成立并开业。属中信实业银行总行的一级分行。

2004 年 6 月 18 日浦发银行长沙分行开业。2008 年 9 月，中国民生银行股份有限长沙分行开业。2009 年 9 月 10 日，北京银行长沙分行正式开业。2009 年 10 月，广发银行长沙分行成立。2010 年 4 月，华夏银行股份有限公司长沙分行成立。2010 年 11 月 29 日，湛江市商业银行长沙分行成立。2011 年 9 月，湛江市商业银行正式更名为广东南粤银行股份有限公司。2010 年 12 月 26 日，渤海银行长沙分行于正式对外营业。2010 年 12 月 29 日，东莞银行长沙分行成立。截至 2012 年年末，入驻长沙全国性中小银行机构共 12 家。

四、本地法人银行机构

（一）农村信用合作社与农村合作银行、农村商业银行。1988 年，长沙市共有农村信用社 237 个，分社 55 个。市一级未设联社，各县和市郊农村信用联合社分别接受所在地农业银行支行领导，各信用社分别接收所在乡镇农业银行营业所领导。 1996 年 8 月，长沙市成立农村金融体制改革领导小组和农村金融体制改革领导小组办公室。当年 12 月 9 日，长沙市农村信用社与市农业银行脱钩。农村信用社暂由市农改办领导。2000 年 4 月，长沙市农村信用联社成立。2001 年，长沙市信用联社按行政区划对市内 5 区联社进行分设，撤销长沙市郊区信用联社，成立雨花区、天心区、芙蓉区、开福区、岳麓区 5 家信用联社，将长沙县、望城县联社所管辖的部分信用社按已改变的行政区划，划归内 5 区联社管理。2005 年，浏阳市在原浏阳市农村信用联社和其所辖 41 家农村信用社的基础上组建成立浏阳农村信用合作银行。到 2008 年，长沙市有 7 家农村合作银行挂牌，2 家县级信用联社实现统一法人。2010 年，浏阳农村合作银行和岳麓区农村合作银行分别改组为浏阳农村商业银行和长沙先导区农村商业银行。截至 2012 年年末，星沙农村商业银行、宁乡农村商业银行、望城农村商业银行相继挂牌开业，雨花、天心、芙蓉、开福 4 家农村合作银行均完成清产核资等体制改革的前期准备工作。

（二）城市信用合作社与长沙银行。1988 年，长沙市共有东区、西区、北区、南区、芙蓉、湘联、高教、新丰 8 家城市信用社。1995 年年末，长沙市经人民银行批准共成立城市信用社 17 家，分别是长沙市城市信用联社、东区城市信用社、南区城市信用社、西区城市信用社、北区城市信用社、高教城市信用社、银通城市信用社、湘银城市信用社、湘联城市信用社、华夏城市信用社、金城城市信用社、福兴城市信用社、芙蓉城市信用社、瑞昌城市信用社、荣和城市信用社、汇丰城市信用社以及由湘财实业银行改成的湘财城市信用社。1997 年 4 月 17 家城市信用社除湘财城市信用社外，并入新组建的长沙城市合作银行。湘财城市信用社于 2000 年 10 月被中信实业银行长沙分行收购。

人民银行长沙分行从 1996 年 6 月开始筹备建立商业银行。1997 年 5 月长沙市商业银行正式成立，全名为“长沙市商业银行股份有限公司”成为湖南省首家区域性股份制商业银行。2008 年 9 月，长沙市商业银行更名为“长沙银行股份有限公司”，简称“长沙银行”。随后，长沙银行开启跨区域机构扩张发展模式，先后成立祁阳村镇银行、长沙银行株洲支行、湘西村镇银行、长沙银行常德分行等省内异地机构。2011 年 4 月，长沙银行在省外设立首家分行——长沙银行广州分行。2012 年 12 月，长沙银行成立湖南省首家社区银行——长沙市彭家巷社区银行，这是长沙银行与彭家巷社区联手打造的新型便民银行。

（三）华融湘江银行。2010 年 10 月 12 日，华融湘江银行挂牌成立。华融湘江银行股份有限公司是湖南省委、省政府引入中国华融资产管理股份有限公司，在重组湖南原株洲、湘潭、衡阳、岳阳市商业银行和邵阳市城市信用社的基础上，经中国银监会批准，依法合并新设的一家注册地位于长沙的城市商业银行。截至 2012 年年末，机构设置与名称无变化。

五、政策性银行驻长沙机构

（一）中国农业发展银行湖南省分行营业部。1994 年 5 月，为组建中国农业发展银行在长沙的分支机构，长沙市组建由市人民银行、市农业银行和市工商银行共同组成的业务划转协调领导小组，经过各行对存贷款清理、银行与企业对账等准备工作后，6 月 30 日，对长沙市原由国家专业银行（主要是农业银行和工商银行）办理的国家粮食专项储备、粮棉油收购、调销、加工、扶贫专项贴息和农业综合开发贷款一次性划转给农业发展银行。长沙市农业发展银行业务暂由市农业银行代理。1995 年 4 月，中国农业发展银行湖南省分行营业部成立，承接长沙市农发行全部业务。1996 年，农发行省分行营业部在长沙县、浏阳市、宁乡县、望城县及长沙市天心区、开福区、岳麓区设立 7 个支行。截至 2012 年年末，机构设置与名称无变化。

（二）国家开发银行湖南省分行。1994 年，国家开发银行建立，但没有设立驻长分支机构。1999 年 3 月，投资行湖南分行更名为国家开发银行长沙分行。2002 年国家开发银行长沙分行更名为国家开发银行湖南省分行。2007 年，中央汇金公司向国家开发银行注资 200 亿美元。2008 年 12 月，国家开发银行股份有限公司成立，成为第一家由政策性银行转型而来的商业银行。截至 2012 年年末，机构设置与名称无变化。

（三）中国进出口银行湖南省分行。2006 年 12 月 18 日，中国进出口银行湖南省分行成立，2007 年 1 月 1 日正式对外营业，是中国进出口银行在中部六省设立的第一家营业性分支机构。截至 2012 年年末，机构设置与名称无变化。

六、港资、外资银行

2007 年 4 月 2 日，汇丰银行长沙分行成立，2008 年 2 月 28 日正式对外营业。汇丰银行（中国）有限公司是一家本地注册的外资法人银行，由香港上海汇丰银行有限公司全资拥有。汇丰银行（中国）有限公司长沙分行是由湖南省政府引进的首家外资银行。截至2012年年末，机构设置与名称均无变化。

2011年5月31日，美资花旗银行（中国）有限公司长沙分行获准成立，6月16日举行开业典礼。截至2012年年末，机构设置与名称无变化。

2011年9月6日，新韩银行（中国）有限公司长沙分行获准成立，2011年10月20日新韩银行长沙分行正式开业，截至2012年年末，机构设置与名称无变化。

2012年4月11日，香港东亚银行（中国）有限公司长沙分行获准开业。

2012年7月19日，英国标准渣打银行长沙分行试营业，8月正式开业。

七、其他金融机构

（一）资产管理公司。1999年9月5日，中国信达资产管理股份有限公司湖南省分公司挂牌成立。截至2012年年末，机构设置与名称无变化。

2000年2月，中国长城资产管理股份有限公司湖南分公司在长沙挂牌成立。截至2012年年末，机构设置与名称无变化。

2000年4月，中国东方资产管理股份有限公司湖南省分公司挂牌成立。截至2012年年末，机构设置与名称无变化。

2000年4月27日，中国华融资产管理股份有限公司湖南省分公司挂牌成立。2012年12月7日，公司改制后更名为华融资产湖南分公司。

（二）企业财务公司。1988年8月15日，湖南有色金属企业财务公司成立。1998年5月因1997年度年检不合格，人行湖南省分行责令该公司进行清理整顿。2001年2月公司提出重组方案，但未获通过，有色金属企业财务公司向人行提出停业清算的请求。

2006年11月16日，湖南华菱钢铁集团财务有限公司在长沙开业。

2011年12月22日，湖南高速集团财务有限公司在长沙开业。

（三）汽车金融机构。2010年10月26日，三一汽车金融有限公司开业。截至2012年年末，机构设置与名称无变化。

（四）银联机构。1997年5月，湖南省银行卡服务中心正式成立。1999年1月，湖南省银行卡服务中心与人行长沙中支票据清分中心合并，组成长沙银行电子结算中心，下设银行卡部。2000年12月，银行卡部从长沙银行电子结算中心分离，恢复为湖南省银行卡服务中心。2002年3月，中国银联股份有限公司在上海成立后，湖南省银行卡服务中心于10月并入银联，并更名为中国银联股份有限公司长沙分公司。11月，经省政府批准，银联长沙分公司列入省级金融单位序列。2006年2月13日，中国银联长沙分公司更名为中国银联湖南省分公司。截至2012年年末，机构设置与名称均无变化。

至2012年年底，全市共有银行机构35家，有各类银行机构网点21318个；证券公司3家，证券营业部169家；保险机构44家，信托公司1家，期货公司4家，期货营业部37家；小额贷款公司51家，融资性担保机构71家，资产管理公司4家，财务公司2家，汽车金融公司1家，第三方支付机构33家。

第二节 负债业务及所有者权益

一、单位存款

1988年，全市年末单位存款中企业存款17.48亿元。由于各专业银行之间的业务已允许部分交叉，单位存款市场竞争局面初步形成。从1989年起，部分银行把跨行业吸收单位存款纳入工作计划。如市建设银行本着“尊重业务分工，尽量方便客户”的原则共吸收100多个新单位客户，新增存款1000多万元。随后，各家银行都纷纷利用各自的服务优势吸引单位客户，有的利用其国际结算渠道优势、有的利用其国内结算网点多的优势，有的则以发放贷款来吸引存款，到1992年，专业银行之间传统的业务分工已基本被打破，开户条件放宽，银行与企业实现双向选择。

1993年，长沙市出现企事业单位集资热和投资热，大量资金流向省外沿海地区，一度出现储源分流、存款滑坡。各银行进一步强调“存款立行”的思想，行领导带头参与揽存，全行以吸收存款为中心开展工作，制定奖惩措施，层层落实揽存任务。为提升金融服务水平，1993—1994年间各家银行相继设立国际业务部、证券部、房地产信贷部等机构，补齐功能短板，为单位客户提供全方位服务，1994、1995年新增企业存款分别为26.95亿元和25.67亿元。

1995年，专业银行完成商业化改革，经营机制发生改变，更加注重对低成本资金的筹措。单位存款以活期为主，利息成本较储蓄存款低。市工商银行（工商银行长沙市分行）通过大力发展新兴业务吸收企业存款，1995年新增特约单位90家，安装POS机和止付器各103台，1996年在友华商场、阿波罗商业城等大型商场安装POS机198台、止付器108台，直接把企业的营业收入转变为存款。1996—1997年，市建设银行（建设银行长沙市分行）实行“大筹资”战略，对单位存款采取抓大行业、大企业的“双大”战略，以大带小、全面发展，1997年与10多个大行业、大企业签订银企协议，“双大”客户的存款占企业存款的比重由年初的42%上升到70%左右。同时，市建设银行还利用自身优势大力吸收房改房存款和公积金的归集，保证房改存款的稳定。1998年，市中国银行（中国银行长沙市分行）制定存款工作3年发展规划，对过去揽存考核工作的短期行为和投机做法作出纠正，并调高行长责任目标考核中存款指标所占的比重。

1999—2000年，中央在亚洲经济危机的大背景下出台一系列拉动国内消费与投资的政策，银行贷款特别是基本建设贷款出现“井喷”式增长，企业存款也随之开始加速增长。2000年年末，全市企业存款余额375.55亿元，自1989年以后第一次超过储蓄存款余额（373.22亿元）。

2006年，大量基础设施建设项目在长沙落地或开工，受到长沙市各大商业银行乃至其上级行总部的高度重视，纷纷推出银行—政府、银行—企业深度合作的举措。工商银行开展“项目对接月”活动，积极开拓机构业务市场。农业银行湖南省分行专门指定一位副行长分管营业部推动业务拓展，重点针对高端客户开展营销。当年年末，全市企业存款1119.62亿元，余额第二次超过储蓄存款（1093.04亿元）。单位（企业）存款大幅度增长，对改善银行业盈利状况产生积极影响。当年全市银行机构盈利55.7亿元。此后，单位（企业）存款持续大幅度攀升，超越并不断拉开与储蓄存款的差距。

2012年，全市单位（企业）存款余额5184.68亿元，比储蓄存款多出2180.61亿元，企业存款占各项贷款的比重达到58.91%。

二、个人存款

1988年年末，全市银行业金融机构个人存款（城乡储蓄存款）余额19.6亿元。当年，国家加快物价改革步伐，放开部分商品价格限制，消费品市场抢购风波及长沙，储蓄存款受到明显影响。各专业银行、信用社资金普遍紧张，储蓄存款大幅度波动直接影响到银行信贷资金的投放能力。为稳定储蓄存款，各银行针对居民心理预期推出“保值储蓄”等储种。省、市政府先后召开专门会议，研究支持和奖励金融机构开展揽储活动。各银行、信用社借政策东风大力发展储蓄业务，纷纷实行全员揽储揽存，层层下达承包任务，并开办实物贴水、住房储蓄等新储种。建设银行和中国银行储蓄业务起步较晚，发展速度最快。市建设银行（建设银行长沙市中心支行）当年年末拥有储蓄网点56个，其中当年新增48个。1988年6月份开业的中国银行湘江办事处，在半年之内布局13个储蓄网点。

1989年，全市储蓄存款虽然净增加7.04亿元，但由于同一时期贷款增长过快，贷差仍在扩大，全市资金形势供求严峻，大力揽储仍然是各银行的头等任务。

1990年，长沙市居民大量挤提存款、抢购紧俏商品，各银行业金融机构积极组织存款，通过增设储蓄网点，延长储蓄网点营业时间，增加“保值储蓄”“通知存款”等储蓄品种等措施，吸引居民踊跃储蓄。年末全市银行业金融机构共有分理处、营业所、储蓄所网点438个，比上年新增50个，部分银行开始尝试储蓄业务联网运行。当年7月，市工商银行（工商银行长沙市分行）引进的IBM4381中型计算机投入运行，率先实现在全市范围内各储蓄所联网运行，通存通兑。同年12月，市建设银行二支行本部储蓄所与25个大中城市的50个储蓄所联网开办异地储蓄卡业务。通过多项措施，储蓄存款不仅得到稳定，下半年还开始大幅度增长，到年末，全市储蓄存款42.42亿元。1991年4月后，国家先后3次下调利率，储蓄存款仍持续上升。年末，全市储蓄存款突破50亿元。

1992—1993年，长沙市出现的社会集资热对储蓄存款再度产生冲击。为解决储蓄存款流失问题，国家连续两次调高存款利率，并于1993年7月恢复保值储蓄业务，当年长沙市储蓄存款再创新高，年末余额96.74亿元。各家银行为在储蓄存款市场上争得更多的份额，纷纷利用各自的优势创新储蓄品种，如交通银行（交通银行长沙市分行）利用其综合性银行的特殊定位，把保险元素引入储蓄存款营销，在1993—1994年连续推出两期“有奖有息保险储蓄”，共发行2000万元，不仅被储户认购一空，还带动该行储蓄存款的整体上升。

20世纪90年代中期，国家专业银行向商业银行转轨，存款市场竞争更加激烈。一些不规范的竞争行为出现，甚至愈演愈烈，如高息揽存、贴水存款等不正当竞争行为屡禁不止，未经批准擅自设立储蓄网点的行为时有发生，一些金融机构争设网点、争抢客户的纠纷频频发生。无序竞争局面既扰乱市场，又提高银行业整体经营成本，金融监管部门着手大力整顿储蓄市场秩序，人民银行把金融监管作为央行工作的“重中之重”，市场监管也进一步规范化、常态化。经过严格的监管和规范后，储蓄存款市场的秩序发生好转。

1999年开始，国家为拉动居民消费，大力发展消费信贷，并连续7次降息，储蓄存款持续多年大幅度增长的形势发生转折。从1999年3月起，储蓄存款增幅开始回落，到6月时，储蓄存款余额开始持续减少，其中定期储蓄存款下降得最为严重，6—12月，定期储蓄存款连续6个月下降，累计减少17.53亿元。

2000年之后，各银行先后设立零售业务部、个人金融业务部、个人理财金融服务中心等机构，取消原来功能单一的储蓄部门，为个人客户提供多方位与个性化服务，储蓄存款竞争方式发生改变。各银行业机构在发展零售业务时，采取多种产品组合式营销，如市农业银行（农业银行湖南省分行营业部）在2010年开展的多次营销活动中配合推出“个人自主理财”“西联汇款”“电子银行”等产品，既扩大储源，又增加银行的中间业务收入。部分银行针对个人客户的特点开展个性化服务，如工商银行、交通银行等都对个人存款户进行等级评定，开展有针对性的个性化服务。同时，各银行、农村信用社还注重文化营销，通过举办各类文体活动、社区文化活动以及公益广告，宣传各自的品牌形象和产品特色。

2011年，银行系统开始使用“个人存款”项目取代原来的“城乡储蓄存款”项目，个人存款包括“结构性个人存款”“保证金存款”“储蓄性个人存款”三类。到2012年，长沙市已看不到功能单一的储蓄所，取而代之的是服务多功能的综合性营业网点和大量自助柜员系统。

2012年年末，全市个人存款3004.07亿元，其中储蓄存款2950.53亿元，保证金存款11.86亿元，结构性存款41.68亿元。

三、其他负债

1988年，全国性信贷资金紧张，“全国联行往来资金”“汇兑在途资金”被相互长期占用的情况十分严重。1988—1991年，长沙一直是贷差地区，由人民银行再贷款、拆借资金和占用部分汇差资金解决信贷收支平衡。1991年年末，全市银行业金融机构贷差9.39亿元，同业往来收付轧差后被净占用5.98亿元，人民银行对专业银行再贷款余额15.69亿元，仍不能解决部分专业银行的资金平衡问题。年末，全市银行业金融机构占用“汇兑在途资金”净额2.91亿元。其中市工商银行（工商银行长沙市分行）占用其他行“汇兑在途资金”净额12.04亿元，市建设银行（建设银行长沙市分行）和市建设银行铁道专业支行则分别被其他行占用“汇兑在途资金”净额2.21亿元和7.87亿元。1992年，全市银行业金融机构存贷比由“贷差”转为“存差”，但资金在各银行机构中的分布并不均衡，年末全市银行业金融机构“借入人民银行短期贷款”18.2亿元，“同业资金拆入”9.94亿元，“占用汇兑在途资金”达32.21亿元。

1994年，国家专业银行开始向国有商业银行转轨，资产负债比例管理要求从严，贷款总额一般不能超过存款总额的75%。国有商业银行自律性提高，长时间大量占压汇兑在途资金的现象基本消失。但由于省会长沙的一些重大项目贷款是总行直接下达，不受当地存款规模限制，其资金来源体现在资产负债表“其他负债”中的“系统内往来（来源方）”或“同业往来（来源方）”。导致长沙市整体银行资产负债较高，1994年、1995年贷款占存款的比例分别为76.86%、78.7%，接近政策管理要求。而且1998—2012年这15年中，没有1年低于75%，反而有8年存贷比超过90%，有2年超过100%。2012年年末，市工商银行（省工行营业部）、市中国银行（长沙市辖区内各支行）贷款占存款的比例就分别达到105.4%和107.96%。另外，长沙市有3家吸收存款很少却发放贷款较多的政策性银行机构，其贷款余额往往是其存款余额的多倍。如2012年年末，农业发展银行、中国进出口银行、国家开发银行贷款分别是其存款的6.96倍、130.98倍、7.36倍。贷款多出存款的部分主要由总行划拨资金解决，体现在其他负债中的系统内资金往来项目中。2012年年末，全市银行业金融机构“系统内存放款项”2447.97亿元，其中农发行、进出口行、国开行分别为181亿元、167亿元、1705亿元。

部分商业银行自2004年以后开始办理代客户理财业务。到2011—2012年，代客户理财业务已初具规模，成为银行业金融机构中间业务的重要组成部分。这项业务涉及的资金一般反映在“同业往来”项目中。由于理财产品主要是各家银行的总行开发设计，基层银行只是负责承销，理财资金也大多数归集到总行，因而大部分理财资金余额不会体现在市一级分支机构的资产负债表中，只有地方法人银行机构的资产负债表中才会体现出来。2012年年末，长沙市银行业金融机构同业往来收方与付方资金余额分别为219.26亿元和余额159.85亿元，其中长沙银行为192.24亿元和123.33亿元，分别占全市同业往来收、付方余额的87.68%和77.15%。

四、所有者权益

1988年以前，中国人民银行以及后来成立的国家专业银行对地方分支机构都拨付一定数额的自有资金（又称营运资金）。1988年5月，交通银行筹建长沙支行，中央、地方财政和国有大中型企业共同参股，筹措股本金5000万元。1991年年末，长沙市银行业金融机构共有自有资金5.22亿元，当年结益2.92亿元。

1995年5月《中华人民共和国商业银行法》颁布，商业银行开始编制资产负债表，银行机构的“自有资金”概念被“所有者权益”项目中的“实收资本”取代。当年年末，全市银行业金融机构“所有者权益”9.43亿元，其中“实收资本”10.11亿元，当年结益-3.77亿元。1998年，四大国有商业银行完成股份制改造，其分支机构的报表中均不再体现“实收资本”项目。当年年末，全市银行业金融机构所有者权益6.64亿元，其中实收资本6.31亿元，全部来自地方法人银行业金融机构。

2012年年末，全市各银行机构所有者权益450.56亿元。其中，“实收资本”196.84亿元，“资本公积”14.02亿元，“盈余公积”26.93亿元，“一般风险准备”33.72亿元，“未分配利润”177.42亿元。从“实收资本”一项看，2012年长沙市地方法人银行机构资本实力比1998年壮大30倍，比1991年壮大400倍。

第三节　资产业务

一、短期贷款

（一）工业贷款。1988年国家采取紧缩银根的宏观调控政策。人民银行长沙分行牵头制定《长沙市深化信贷资金管理体制改革意见》《改善人民银行贷款管理办法的意见》，加强贷款规模管理，建立信贷资金监控体系，加大对信贷投放的调控力度。各家银行在从严掌握贷款审批的同时，坚持“区别对待，择优扶持”的原则，“压缩贷款保证重点项目投资”，优先支持符合国家产业政策、经济效益好、产品适销对路的企业和项目的资金需要，确保经济平稳运行。1988年年末，全市金融机构工业贷款20.05亿元，当年新增1.8亿元。

1989—1991年间，由于市场变化太大，大多数原来供不应求的产品突然销售疲软，工业企业资金周转因此普遍困难，部分企业经营亏损甚至停工停产。针对国有企业特别是大中型国有工业企业面临的困局，人民银行长沙分行在继续执行宏观调控政策的同时，组织资金于1989年第4季度向专业银行累计发放短期贷款（再贷款）4亿元，通过专业银行对70家大中型企业发放“启动贷款”，一定程度遏制长沙市工业生产滑坡势头。1990—1991年，长沙市组织金融机构开展对企业“支、帮、促”活动，各家专业银行共派出200多支“支帮促”小分队帮助企业处理积压，盘活信贷资金。1991年全市各家银行共协助工商企业盘活资金存量5.7亿元，超过省行下达的4.47亿元的任务。工业贷款增加额连年创新高，3年间贷款余从1988年年末的20.5亿元猛增至1991年年末的39.52亿元，增幅91.89%，但贷款效果并不理想，由于市场销路不畅，工业企业的产品库存不断增加。

1992年邓小平南方谈话发表后，国家对直接融资有所放开，部分企业通过发行债券、集资券向社会募集资金，一定程度缓解贷款需求压力。1992年年末，长沙市工业贷款余额达到46亿元。1993年，全国经济过热现象再次出现，国家部署整顿金融秩序，加强宏观调控。当年6—12月，全市金融机构收回违规拆借资金5亿元。

1995年，金融体制启动重大改革。各商业银行为支持长沙市深化国企改革、改制与实施“抓大放小”“扶优扶强”战略，市工商银行（工商银行长沙市分行）“集中资金保重点”，1995年年末短期贷款余额比上年新增8.89亿元，其中有4.8亿元用于支持10家“双扶企业”。1996—1997年，市工商银行（工商银行长沙市分行）从稳定大局和盘活贷款存量的长远利益出发，确定24户扭亏有望的企业作为扶贫帮困的重点，与企业签订协议，一厂一策，在发放扭亏贷款的同时，重点帮助企业清理拖欠资金。1996年，共对这些企业增加贷款3875万元，盘活存量贷款7654万元。1998年起，国有商业银行开始实行集约化经营，银行业短期贷款的主要对象从传统的国有大中型工商企业转向国家重点建设项目和民营、“三资”企业以及成功转型的国有企业、上市公司。湖南省移动通信局、创智软件公司、华银电力集团等企业都成为工商银行、农业银行、建设银行重点支持的客户群体。1999年，为了对部分产品有销路、有效益但整体亏损的国有工业企业提供有效支持，长沙市政府出台《关于国有亏损工业企业有销路有效益产品封闭贷款管理实施意见》，长沙市10家企业被纳入封闭贷款支持范围，银行注入贷款1.19亿元，贷款用途与指定产品产销挂钩，禁止挪用。

2000年，市工商银行（工商银行湖南省分行营业部）新增贷款18.6亿元，其中95%投向基础产业、上市公司、高新技术产业和新兴产业。同时，国有商业银行开始对信贷客户按信用等级分类管理。2001年，各商业银行普遍推行授信业务，电力、交通、通信等基础设施建设、房地产项目配套资金和个人消费成为各银行竞争的领域，2002年以后，各银行新增贷款全部投向A级以上客户。在对重点企业的融资方式上，各行也不断创新，如市招商银行（招商银行长沙分行）2003年针对乐金曙光飞利浦电子有限公司、三一重工工业股份有限公司等推出法人账户透支业务。2009年年末，全市金融机构工业贷款余额215.2亿元。2010年后，金融统计口径调整，工业贷款统计口径被取消。按新口径统计，全市银行类金融机构2012年年末“采矿业”“制造业”“电力、燃气及水的生产和供应”3项贷款余额1493.7亿元，占各项贷款总额的17.53%。

（二）商业贷款。1988年年末，全市银行业金融机构商业贷款余额33.27亿元，当年新增3.29亿元。其中国有、集体商业贷款5.87亿元，粮食企业贷款1.46亿元，供销社贷款4.65亿元，外贸企业贷款18.31亿元。

在专业银行体制下，工商银行承担对国有、集体商业企业提供流动资金贷款及小额设备贷款支持的职责。中山路百货大楼、东塘百货大楼、友谊百货大楼、阿波罗商业城都是市工商银行（工商银行长沙市分行）重点扶持的企业。此外，长沙市副食品市场特别是节假日期间的物资供应所需资金也是工商银行（工商银行长沙市分行）信贷支持的重点。专业银行商业化改革后，国有、集体商业贷款领域形成各家银行竞争的局面。

在商业贷款中外贸贷款占比最大，主要是中国银行长沙分行承办全省外贸企业信贷业务。1988年6月中国银行湘江办事处成立后，当年就对长沙市进出口企业发放流动资金贷款3.05亿元。1989年，中国银行湘江办事处升格为中国银行湘江分行，继续加大对长沙外贸出口企业的信贷支持，其中对31家出口创汇企业累计发放流动资金贷款2.93亿元。1992年，中国银行湘江分行改名为“中国银行长沙市分行”，为支持外贸体制改革，信贷政策继续主要向出口创汇企业、进口企业和“三资”企业倾斜，全年累计发放流动资金贷款 9.82 亿元。

粮食贷款主要用于粮食收购及储存，供销社贷款的一部分用于农业生产资料的购销，都属于政策性贷款，1995 年以前由农业银行和工商银行共同承担，1995 年后政策性业务剥离给农业发展银行。

2010 年后，商业贷款统计项目取消。2012 年年末，按新口径统计，全市银行类金融机构“批发和零售业”“住宿和餐饮业”“租赁和商务服务业”3 项贷款余额 497.82 亿元，占各项贷款总额的 5.84%。

（三）农业贷款。市农业银行（农业银行长沙市支行）从 1988 年起，积极调整支农贷款结构，在继续做好传统支农领域（包括支持春耕生产，保证粮食和多种经济作物生产和支持粮食部门收购、储存粮棉油产品）的同时，连续几年加大对城市菜篮子工程的信贷支持。1988 年该行累计发放贷款 3758 万元支持菜篮子工程，支持 16 家国有企业和 123 家集体、个体联营企业建设副食品生产基地。1988 年年末，全市农业贷款余额 1.71 亿元，其中市农业银行（农业银行长沙市支行）0.68 亿元，农村信用社 1.03 亿元。1989 年市农业银行（农业银行长沙市分行）贷款 9100 万元重点支持天心、南开等饲料生产厂家增加饲料生产和引进良种猪、鸡。长沙市各级农村信用社响应中共中央提出“农业要升温”的指示，加强对农业生产的支持，贷款开始回升。1990 年 9 月末全市农户（承包户）贷款余额达到 2.49 亿元，1992 年，市农业银行（农业银行长沙市分行）加大科技贷款投放比重，当年累计发放农业科技贷款 9945 万元，占当年发放农业贷款的比重达 35%。1993 年，受农村合作基金会和储金会冲击，农村信用社储蓄存款下降，信贷资金紧缺。全市农村信用社在信贷投向上采取“保农业，限企业”的措施，加强对农村种养大户的支持，全年农户贷款不降反增，年末农户贷款余额 3.55 亿元。1995 年，市农业银行（农业银行长沙市分行）重点支持产粮大县、蔬菜基地、黑山羊繁殖、养猪养鱼大户的资金需求，累计发放扶持贷款 12.7 亿元。农村信用社继续加大对农业生产的信贷支持，全市新增农户贷款 5.53 亿元，年末余额达到 8.12 亿元。1996 年后，农业银行不再承担粮棉油购销存等政策性业务，农业贷款逐步减少，新增农贷支持的重心转向农业产业化龙头企业和配套产业链企业，1997 年，市农业银行对相关产业累计贷款 2.3 亿元。

针对农业银行、农村信用社信贷投向调整，中小农户贷款难度加大的情况，1999 年，中国人民银行总行出台《农村信用社农户小额信用贷款管理暂行办法》，长沙市各农村信用社在人民银行长沙市中心支行的指导下对全市农户评定信用等级，核发农户小额信用贷款证，并在宁乡、浏阳等地先行试点，极大便利广大农户的资金借贷。2002 年，全市农村信用社共对农户办理贷款证 51.23 万本，共发放信用贷款 11.76 亿元。2004 年，长沙市各农村信用社在继续推行小额贷款证制度及农户联保互保贷款制度的同时，积极探索信贷支持农业产业化的新模式，开始重点支持“龙头企业+基地+农户”的产业和民营经济。2007 年《中华人民共和国农民专业合作社法》正式施行，农业农村形势发生新变化，农民专业合作社、农业产业化经营、集约化经营迅猛发展，“小额信用贷款”已不适应新形势要求，农村信用社开始调整信贷方针，积极与新型“三农”组织相对接。2007 年，长沙市农村信用社农户贷款（含小额信用贷款和联保贷款）余额为 86.52 亿元，涉及农户 40.5 万户，占全市农户总数的 38%。

2012 年年末，全市金融机构“农林牧渔业”贷款余额 67.21 亿元，比 1988 年年末增长 34.37 倍。此外，还有另一个统计口径，即“涉农贷款”，包括银行、信用社通过所有产业对涉农经济的间接贷款投入。按这一口径，全市涉农贷款 1422.95 亿元，其中农村企业贷款 834.28 亿元，农户贷款 344.21 亿元。

（四）乡镇企业贷款。改革开放后，长沙市乡镇企业发展异军突起，市农业银行（农业银行长沙市分行）、农村信用社对乡镇企业给予大力支持。1988 年，尽管国家宏观调控举措已开始实施，银行、信用社资金吃紧，但当年乡镇企业贷款仍有较大幅度的增长。年末全市乡镇企业贷款余额 3.82 亿元。1989 年年末，全市乡镇企业贷款 5.15 亿元。从 1990 年起，由于乡镇企业粗放式发展模式暴露出越来越多的问题，银行、信用社对乡镇企业贷款进行结构调整，重点支持产品有销路、经济效益好、科技含量高的乡镇企业发展。除流动资金贷款外，银行、信用社还对部分企业发放“技术改造、扩大再生产”贷款。1993 年长沙农村信用社对 130 家乡镇企业共发放 1.1 亿元的技术改造贷款。此后，长沙市乡镇企业发展起伏较大，特别此后几年乡镇企业进入升级、改制转型期，大量能耗高、产品技术含量低的企业关停倒闭，严重拖累银行、信用社的信贷资产质量，但银行、信用社对乡镇企业的贷款持续增长，1996 年市农业银行（农业银行长沙市分行）对全市乡镇企业累计发放贷款 6.3 亿元，重点支持“金井制革服装公司”“果园汽车改装厂”“三环公司”“新星集团”“大托建筑公司”等企业。2010 年年末，乡镇企业贷款余额 37.85 亿元。一批脱胎于改制后乡镇企业发展起来的知名品牌、企业和产业，如“超世洋服”“忘不了”“沙坪建筑”“洞井建筑”“浏阳花鞭炮”等在银行、信用社贷款支持下迅速发展壮大。2012 年，由于统计口径变化，“乡镇企业贷款”项目并入“单位普通贷款及透支”项目，“乡镇企业贷款”数据不再单独体现。

（五）建筑企业贷款。1988 年，全市建筑企业的流动资金贷款继续由建设银行提供。年末，全市建筑企业余额为 1.69 亿元，其中市建设银行（建设银行长沙市中心支行）1.56 亿元，其余的贷款由建设银行铁道专业支行和电力专业支行提供。1990 年，由于国家压缩固定资产投资，长沙市各建筑安装企业效益普遍下降，资金周转困难，市建设银行（建设银行长沙市分行）从稳定企业、稳定大局出发，在有限的信贷规模内，对 69 家建安企业发放流动资金周转贷款 1.6 亿元，同时，还协助企业收回工程款 2477 万元，帮助企业渡过难关。20 纪 90 年代中期，全国固定资产投资升温。1996 年，长沙市基本建设贷款首次超过技术改造贷款，建筑安装企业获得较大发展，其流动资金贷款规模随之扩大，当年年末余额 20.64 亿元，比上年年末增长 190.1%。贷款余额 2008 年达到最高峰，当年年末全市建筑企业贷款 68.34 亿元。到 2009 年贷款有所回落，年末为 58.87 亿元。2012 年，“建筑企业贷款”项目并入“单位普通贷款及透支”项目，“建筑企业贷款”数据不再单独体现。

二、中长期贷款

（一）固定资产贷款。1988 年年末，全市银行固定资产贷款 5.9 亿元，主要为基本建设贷款和技术改造贷款。从贷款投向看，主要是支持国有大中型企业技术改造工程和部分能源建设项目。1989—1990 年，国家实施宏观调控政策，压缩基本建设投资，长沙市固定资产贷款增速放缓，固定资产贷款余额维持在 7.1 亿元左右。1991 年上半年，浦沅工程机械总厂引进进口设备，市工商银行（工商银行长沙市分行）一次性发放 7000 万元技术改造贷款为其解决燃眉之急。该行还主动组织长沙市纺织、电冰箱、机械三个行业研究统筹解决产品技术升级问题，安排技术改造贷款 3.44 亿元。1991—1993 年，国民经济发展升温，银行固定资产贷款连续 3 年大幅度增加，1992 年，市工商银行（工商银行长沙市分行）重点支持浏阳氮肥厂、大吉门窗集团、长沙汽车发动机总厂、湘民制药厂等企业的技术改造项目，投入贷款 4.4 亿元。1993 年年末固定资产贷款余额 15.66 亿元。从贷款结构看，依然是新增技术改造贷款居多，基本建设贷款与技术改造贷款余额之比为 0.65:1。这一时期，国内市场供求形势已由卖方市场转向买方市场，大多数国有工业企业面临巨大市场销售压力，技术设备普遍需要升级换代。1993 年，长沙市国有工业企业技改项目资金缺口扩大，市工商银行（工商银行长沙市分行）累计发放技术改造贷款 7.23 亿元。

在国有工业企业进行大规模技术改造的同时，长沙市城市基础设施建设也进入快速发展时期。1993年建设银行（建设银行电力专业支行和长沙市分行）分别对五强溪水电工程和319国道建设项目贷款7.97亿元和2500万元。1996年，全市银行业金融机构固定资产贷款结构发生重大变化，年末基本建设贷款余额27.77亿元，基本建设贷款余额首次超过技术改造贷款余额，两者之比为1.5:1。此后，在国家产业政策引导下长沙市金融机构基本建设贷款逐年猛增，贷款主要对象由工商企业转向能源、交通、城市基础设施建设项目。基本建设贷款不再是建设银行唱独角戏，工商银行、农业银行、中国银行、交通银行、长沙银行（长沙商业银行）等纷纷加入对能源、交通、通信等城市基础设施建设项目信贷支持的行列。长沙银行（长沙商业银行）1999年累计参与21个市属重点建设工程和公益事业投资项目，发放信贷资金3.76亿元。此后，该行在基本建设领域贷款规模不断扩大，成为该行资产业务中的支柱性项目。

1999年年末，全市金融机构基本建设贷款余额突破百亿元，达到103.13亿元。2001年贷款余额再突破二百亿元，达到233亿元。2003年，长沙商业银行推出“重点项目集合委托贷款”，分别于当年3月和11月累计为长沙市霞凝新港、湘江路、人民西路建设，韶山南路和岳麓大道改造5个重点项目融资9.4亿元。项目获得巨大成功，首期发行创造日认购量3.8亿元，占总发行量86.4%的全国纪录。

2008年，全市金融机构基本建设贷款余额1227.64亿元。在城市基础设施建设信贷市场的竞争中，国有大型商业银行发挥全国一盘棋的规模优势，引导大量信贷资金支持长沙市重点工程建设。部分商业银行总行对中标的地方重点建设项目采取直接授信，2008年建设银行总行领导与湖南省委省政府领导直接沟通达成协议，对湖南省43家重点企业综合授信2807亿元，其中直接签约的客户13家，授信金额1940亿元。省中国银行于2009年1月与长沙市政府签订《战略合作协议》，3年内为长沙市重点基础设施项目和重点企业提供150亿元信贷支持，部分大型商业银行驻长分支机构开拓优质信贷市场，集中信贷资源确保重点工程贷款到位。市工商银行（工商银行湖南省分行营业部）2010年重点支持武广客运、省地方铁路、省高速公路网及长沙河西先导区路网、湘江综合枢纽、武广新城等重点工程建设，年内发放城市基础设施建设贷款53亿元。2011年，市中国银行（中国银行长沙辖内各支行）主动调整授信结构，积极支持长沙地区交通基础设施建设，向长沙地铁、过江隧道、武广高铁站等项目授信余额达28亿元。还有部分商业银行总行、省分行加强与地方政府沟通，集中资金支持地方重点工程建设，2012年又对长沙市高速公路行业新增贷款22亿元，对长沙地铁项目授信16.77亿元，其中当年投放4.8亿元。

2012年，长沙市全社会固定资产投资总额4011.95亿元，当年年末全市银行业金融机构固定资产贷款余额3419.09亿元，固定资产贷款占全市固定资产投资额的比重85.22%，比1988年提高37.79个百分点。

（二）政策性贷款。1988年，长沙市粮棉油等农副产品生产、购销、库存、加工各个环节的信贷资金供应由农业银行和工商银行承担。1988年年末，长沙市粮食贷款余额1.46亿元，其中0.85亿元由市农业银行发放，0.61亿元由市工商银行发放。1995年，市农业发展银行（农业发展银行湖南省分行营业部）成立，承接农业银行和工商银行原来承担的涉农政策性贷款24.5亿元，其中粮食贷款20.86亿元。1996年，市农业发展银行（农业发展银行湖南省分行营业部）在与市农业银行（农业银行长沙市分行）业务交接期间由于没有基层支行，政策性贷款业务暂由农业银行代理。1996年年末，农发行在长沙部分县区设立支行后，全面接管长沙市政策性贷款业务。1997年，农发行营业部在夏粮收购期间，向长沙市农村投放粮食收购贷款4.02亿元，占全市收购资金需求的87%。全年累计向69个农产品加工企业发放加工性和开发性贷款2.26亿元。1998年，市农业发展银行（农业发展银行湖南省分行营业部）为保证粮食收购贷款准确到位，实行“封闭运行”模式，对收购资金全程封闭监管，确保资金不被挪用。全年发放粮食收购贷款2.12亿元，完成收购任务。1999年，市农业发展银行（农业发展银行湖南省分行营业部）在继续做好政策性贷款业务的同时，着力健全内控机制、完善信贷管理、改进金融服务，提高政策性贷款的安全与效率。2001年，农发行营业部全面推行仓单管理，制定仓单管理操作实施细则，对粮棉油购销企业的库存商品逐一核实，统一办理库存商品占用贷款的仓单管理手续，并全面落实管库信贷员的责任制度。2003年，粮食收购价格上涨，粮食收购贷款投入的潜在风险上升。针对这一情况，农发行采取双管齐下的方式，一方面直接为收购企业提供贷款，一方面加大对储备企业贷款支持，鼓励储备企业扩大收购，从而分散可能发生的价格风险。由于农副产品收购的业务规模有限，农发行无论是支农潜力还是自身效益都无法发挥出来。2005年，农发行在继续做好政策性信贷支农业务的同时，开始拓宽支农领域，提高自身可持续发展的能力。农发行营业部与长沙市政府签订协议，计划3年内增加100亿元贷款，重点支持一批农产品加工企业。此后3年内，市农业发展银行（农业发展银行湖南省分行营业部）累计发放贷款139.04亿元，余额净增46.91亿元。2008年，市农业发展银行（农业发展银行湖南省分行营业部）在支持非经营性农村基础设施（农村公路、水利设施）贷款业务、支持产业化龙头企业、支持现代农业信贷业务、支持其他商业性储备企业信贷业务、支持物流企业方面有新的突破，业务范围进一步拓展。到2009年，市农业发展银行（农业发展银行湖南省分行营业部）部商业性贷款余额占全部贷款余额的比重达到56%。2012年年末，市农业发展银行（农业发展银行湖南省分行营业部）各项贷款余额131.37亿元，不良贷款实现“双降”，账面盈利大幅度增加。

1994年国家开发银行成立后，尽管暂未成立驻长沙机构，仍通过其他商业银行向湖南重点建设项目发放贷款，重点支持湖南省的电力、交通、农业、化工、煤炭、军工等基础设施、技改项目建设，累计贷款130多亿元。1999年年末在湖南省内的贷款余额101.06亿元。1999年3月，国家开发银行长沙分行成立，从4月份起，国开行在湖南省的信贷业务全部由国开行长沙分行负责。2002年在湖南发放中长期贷款85.19亿元，短期贷款7亿元，年末贷款余额增加77.66亿元。2006年，国开行重点支持湖南省高速公路和电网工程建设，当年新增表内表外贷款329亿元，年末表内贷款余额625亿元，加上表外余额合计达到904亿元。2008年，国开行由政策性银行转变为商业银行，当年年末，国开行在湖南省的贷款余额（表内）868亿元，表外受托管理资产277亿元，其业务不再属于政策性范围。

2006年12月，中国进出口银行湖南省分行成立，发展定位为支持、促进湖南省外向型经济发展，为湖南省企业引进关键设备、进口资源提供出口信贷服务，利用外国政府贷款支持湖南省公共基础设施建设等。2008年，中国进出口银行湖南省分行为湖南22个客户46个项目提供出口信贷36.9亿元，进口信贷23.24亿元，转贷0.8亿元。该行还率先获批世界银行转贷款业务，世界银行节能贷款转贷配套人民币贷款和内河运输贷款余额4.15亿元，实现“零”的突破。该行与全球500多家银行建立代理行关系，做贸易融资业务的优势显著，因而能后来居上，成为长沙市各银行中贸易融资最大的银行。除进出口信贷和贸易融资业务外，中国进出口银行湖南省分行还加大对长沙市优势产业的信贷扶持。2012年该行加大对三一重工、中联重科、三河智能、株洲电力机车等重点企业的信贷支持力度，至年底，机械行业重点企业贷款余额合计67.77亿元。同年，该行还按照“重点园区小企业集群+核心企业配套小企业集群”模式，成立服务小微企业的机构，与湖南国担投资有限责任公司、长沙高新区、浏阳信用投资3家统借统还平台合作，对小微企业贷款33.3亿元（年末余额）。2012年年末，中国进出口银行湖南省分行表内业务余额240.24亿元，其中人民币贷款余额172.89亿元。

（三）个人贷款（含短期与中长期）。1988年年末，全市银行业金融机构个体工商户贷款余额595万元，占各项贷款总额的比重仅为0.08%，其后几年变化不大。1990年和1992年，市建设银行（建设银行长沙市分行）和市工商银行（工商银行长沙市分行）就先后开办住房信贷业务，但当时住房贷款的对象主要是单位购建住房，而不是直接对个人发放的住房贷款。1999年，在国家扩大内需政策的推动下，以住房按揭贷款为主的个人消费信贷开始发力。当年年末全市个人消费贷款余额5.6亿元。在国家政策推动下，个人消费信贷市场成为各银行竞争新领域。1999年，市中国银行（中国银行长沙市辖内各支行）组织开发和推广汽车消费贷款、大额耐用消费品贷款、家居装修贷款、教育助学贷款、国债抵押贷款等消费信贷品种，各项消费贷款余额3.33亿元，比上年同期增加2.34倍。同年，长沙个体私营经济迎来大发展时期，但全市“私营企业及个体贷款”2.39亿元，占各项贷款总额的比重仅0.41%。2000年以后，该项目贷款余额呈一定程度的萎缩。但其他类型消费贷款逐步活跃。2000年，市农业银行（省农业银行营业部）把长沙解放路支行和银行卡部定为主攻汽车、住房、大额耐用消费品信贷市场的机构，全年发放消费贷款1.06亿元，其中汽车消费贷款达0.62亿元。2001年，市工商银行（工商银行湖南省分行营业部）全年在发放1.2亿元住房开发贷款的同时，还发放个人住房贷款5669万元。市建设银行（建设银行长沙各支行）当年新增贷款中近半数是个人消费贷款，余额9.05亿元。2002年，市交通银行（交通银行长沙分行）为争夺私人金融业务，专门开辟个人贷款专区。2003年，市中国银行（中国银行长沙辖内各支行）在长沙机构累计发放消费贷款43.03亿元，当年累计收回32.91亿元，年末余额25.86亿元。成功叙做金鹰城二期圣爵菲斯、同升湖国际山庄、亚华二期香舍花都、枫林绿洲等一批按揭项目。2006年以后，各商业银行之间个人贷款竞争加剧，个人消费贷款进入品牌营销时期，如兴业银行推出“易安居”个人信贷产品，工商银行推出“幸福系列”信贷产品，甚至外资银行也加入个人信贷的品牌营销。个人消费贷款大发展推动长沙消费市场不断升级，拉动长沙消费需求不断增长，同时，消费信贷业务也成为各银行重要的效益增长点。信用卡透支业务也从2001年年末仅3000万元，迅速发展到2010年年末的8.58亿元（余额），是2001年的28.6倍。

2012年年末，全市金融机构个人消费贷款及透支（含短期与中长期）余额1964.16亿元，占各项贷款余额的比重为23.06%。其中个人消费贷款（含短期与中长期）余额1293.84亿元，比1999年年末增长230倍。

三、贸易融资

1994年，外汇体制改革，市中国银行（中国银行长沙市分行）开始提供贸易融资服务。1995年中国银行与487家国外金融机构建立代理关系，为湖南省邮电管理局、湖南旺旺食品有限公司等企业融资1082万美元。市建设银行（建设银行长沙辖内各支行）2001年推出福费廷业务。市交通银行（交通银行长沙分行）2003年和2004年进出口贸易融资分别为2347万美元和5436万美元。2006年中国银行为三一集团开信用证及其他贸易融资业务的余额18357万元。2008年，中国进出口银行湖南省分行开发内保外贷业务，为中联重科全资子公司“中联海外”出具2亿美元融资保函。2009年，中国银行总行在长沙召开中国银行与湖南省“走出去”企业海内外合作研讨会，为湖南企业量身定做“走出去”金融服务方案，2010年年末，市中国银行（中国银行长沙市辖内各支行）贸易融资余额29.47亿元，2011年，中国银行发挥国际化、多元化的优势，与海外联行签订合作协议，为省内企业叙做“代付达”业务近2亿美元。同年，兴业银行长沙分行供应链融资业务累计发生额76.79亿元。2012年市中国银行（中国银行长沙市辖内各支行）为湖南省大型企业累计叙做内保外贷业务7.78亿美元，叙做代付业务3.67亿美元，叙做汇率风险管理业务总额超过52亿美元。

至2012年年底，长沙市各银行开办的贸易融资产品以卖方信贷、进出口押汇和买方信贷为主，涉及“减免保证金开证”“福费廷”“打包贷款”“出口融信达”“汇入汇款融资”“汇入汇款押汇”“内保外贷”“票据保付”“保联壁”“海外代付”“出口信保融资”“融资保函”等多种融资产品，全市金融机构贸易融资余额（含短期与中长期）330.87亿元。

第四节　中间业务

一、结算性中间业务

1988年，中国人民银行总行出台《银行结算办法》，确立以“三票一卡”（汇票、支票、本票和信用卡）为主体的结算体系，并于1989年4月1日起在全国施行。1989年，市工商银行（工商银行长沙市分行）首创“变码印鉴器”通过省级鉴定，“变码印鉴器”是确定会计记账凭证真实性的电子系统。翌年，市工商银行（工商银行长沙市分行）IBM4381中型机开通对公业务后，开始推广“变码印鉴器”。

1989年，人民银行总行着手建设卫星通信专用网，并开发全国电子联行系统。1993年1月3日，长沙加入电子联行系统第四批并网通汇。同年，人民银行长沙分行成立清算中心，专门管理电子联行业务及卫星通信网络系统设备维护工作。9月16日，电子联行正式运行，使各专业银行做到汇划款项与资金清算同步进行。

1993年，长沙各银行根据全国统一安排实行新财务制度，全面实行借贷记账法。1993年9月起，大额汇划款通过人民银行电子联行和营业部办理。至当年年末，人民银行长沙分行通过电子联行共办理转汇1万余笔，金额100亿元；手工联行3600笔，借、贷方金额共计16.3亿元。

1994年，人民银行长沙分行电子联行运行范围扩大，业务量大幅度增长，全年发往账3.81万笔，金额207亿元；收来账4.97万笔，金额251亿元，来往账业务总额进入全国400个卫星小站中的前10名。

1996年，人民银行长沙分行开始推广由省人民银行开发的电子联行“天地对接”系统软件，该系统采取包括国库业务在内的同城清算、异地支付结算与资金清算三位一体模式，是一套完整的城市支付清算系统。随后人民银行长沙分行会计、科技部门全面开通电子联行到县业务，1996年建立浏阳、宁乡2个县支行卫星小站，1997年12月，直接利用长沙地区金融辖网中继数据传送技术，开通望城支行电子联行业务。在人民银行电子联行系统所覆盖的区域内，商业银行系统内50万元以上大额资金汇划业务和跨系统10万元以上资金汇划业务，全部纳入人民银行电子联行处理。1996年9月，人民银行长沙分行要求全市各金融机构大额汇划业务必须通过人民银行清算资金和转汇。

2005—2007年，长沙市网上银行业务迅速发展。市工商银行（工商银行湖南省分行营业部）从2005年开始大力发展网上银行业务，到2007年年末，发展网上银行个人客户29.19万人、企业客户3203户，网银交易额4443.3万元，网银业务收入1170万元，占该行当年中间业务收入的6.2%，网银市场占有率跃居全市第一。

2009年10月，由中国人民银行开发的电子商业汇票系统正式运行。2009年11月，在20个金融机构网点实现电子商业汇票系统上线，招商银行长沙分行办理长沙市第一单电子商业汇票业务。2010年，人民银行长沙中心支行被中国人民银行总行授予推广电子商业汇票系统“突出贡献奖”称号。

2012 年，长沙市大额支付系统往来账业务 1070 万笔 25.497 万亿元；小额支付系 2425.69 万笔，3571 亿元。当年，全市各银行结算性中间业务收入 12.05 亿元，其中国内结算收入 10.49 亿元，国际结算收入 1.56 亿元。在国内结算收入中，来自单位结算的收入 4.8 亿元，来自个人结算的收入 5.68 亿元。

二、银行卡业务

1989 年 9 月，中国银行湘江分行开办长城卡业务，共发行长城信用卡 100 张，其中 39 张为公司卡，61 张为个人卡。此后，银行卡业务迅速推广。1991 年 4 月 1 日，市工商银行（工商银行长沙分行）信用卡部在长沙发行牡丹卡，当年发展特约消费单位 178 个，累计发卡 5480 张。1992 年 10 月 6 日，市建设银行在长沙发行万事达卡，至当年年底发行 1691 张，发展特约商户 49 家。1993 年 7 月，市农业银行（农业银行长沙市分行）在长沙推出金穗卡，1995 年 5 月，交通银行在长沙推出太平洋卡。到 1995 年年末，全市共发卡 5.29 万张。

1997 年 7 月，由人民银行湖南省分行牵头，有 5 家发卡行参加的会员制事业单位——湖南省银行卡网络服务中心成立，长沙市银行卡在市场、业务、运行管理实现联合。1997 年至 2001 年，全国银行卡逐步实现联网通用。2003 年长沙银行（长沙商业银行）发行芙蓉卡，2006 年 5 月，湖南省农村信用社在长沙推出福祥卡，1999 年之后，随着光大银行、兴业银行、招商银行、中信实业银行、民生银行、广发银行、浦东发展银行等股份制商业银行进驻长沙，其银行卡也在长沙发行。

2008 年 6 月，人民银行长沙中心支行出台《关于进一步加快全省银行卡业务发展的意见》。银行中间业务在银行卡平台上进一步拓展。银行卡在商业服务领域全面推广使用的同时，在公共事业缴费领域和与人民群众生活密切相关的支付领域广泛应用，在各级政府的推动下，银联标准的公务卡、农民工银行卡也开始推广。2009 年 1 月，长沙市民卡项目开始启动建设，该卡是兼具单位内部服务、社会公共服务及小额快速支付功能的城市主题金融 IC 卡。2009 年年底，发行首批金融 IC 卡，实现长沙金融 IC 卡发卡和使用“零”的突破，也使长沙市成为全国第一个发行金融 IC 市民卡的城市，共推广应用金融 IC 卡 10 万余张，中国银联湖南分公司负责受理终端布放和改造，投资 1000 万元，终端设备覆盖商场、医院、药店、影院、餐饮、宾馆、便利店等与市民生活息息相关的混业领域，完成 1 万台传统商户终端改造和 5 万台小额支付终端布放，完成全市 6380 台出租车终端改造。

至 2012 年年底，全市各家银行发卡数量 3507 万张，占全省 27.19%。2012 年，全市 POS 机刷卡交易金额 3222 亿元，占全省 50.29%，ATM 跨行取款 444 亿元，占全省 40.3%。

三、投资银行业务

1990 年，市工商银行代理国库券在长沙市的销售任务，各营业网点从 9 月 1 日起开始销售国库券，到当年年末共计销售 3409 万元，承销计划超额完成。1990 年年末，市交通银行（交通银行长沙市支行）利用其可以自营证券业务的优势代株洲冶炼厂、湖南铁合金厂、长沙汽车电器厂、长沙锦纶厂共发行企业债券 5000 万元。1992 年，长沙市经济增长加快，企业发行债券的热情高涨，参与代理企业发债的银行也增多。市农业银行（农业银行长沙市分行）先后代理和担保长沙锦纶厂、长沙旭华仪表厂、长沙果园汽车改装厂发行债券 4606 万元。1992 年，市交通银行（交通银行长沙分行）为长沙锦纶厂二期工程提供国际信息，在协助该厂办理远期外汇交易中为该厂赚取外汇 120 万美元。但各商业银行把财务顾问和咨询作为投行业务发展，还是自 21 世纪开始的。

2001 年，市工商银行（工商银行湖南省分行营业部）大力发展房地产中间业务、财务顾问业务，为房地产客户提供经济金融信息和项目融资策划方案服务，开发对房地产企业的贷款抵押评估、登记、财务报表审计、工程预算、公证、律师见证等中间业务品种，并选择9家国家认可的中介机构代理房地产中间业务。2002年，市建设银行（建设银行长沙市辖内各支行）财务顾问业务实现“零”的突破，当年实现财务顾问收入282万元。长沙银行（长沙市商业银行）也于2002年开办财务顾问业务。市工商银行（工商银行湖南省分行营业部）2003年开始推进企业财务顾问、重组并购顾问等投资银行业务。2005年，市工商银行（工商银行湖南省分行营业部）制定发展中间业务的方针，建立中介机构数据库和协作管理办法，开辟多家上市公司、房地产企业、优秀民营企业财务顾问等多项投资银行业务。2007年，交通银行在公司业务方面重点加强对企业年金、财务顾问与咨询、托管等创新型中间业务的营销。市建设银行（建设银行长沙市辖内各支行）各项投行业务也于2007年全面启动，全年办理保函项目融资4.4亿元。市农业银行（农业银行湖南省分行营业部）对泰宝集团等信贷客户提供财务顾问服务。

2007年，长沙银行（长沙市商业银行）投资银行业务实现“一优两增”的目标，即债券资产总量压缩结构优化，增加票据业务和信贷资产转让业务。在债券业务上积极出售剩余期较短、票息较低的债券22.7亿元，所持债券结构得到优化，在票据业务上既“做量”，也“做价”，提高收益率。在信贷资产转让业务上，完成交易35.24亿元，实现利息收入7670万元。三大业务共创造营运收入10.71亿元，实现盈利2.83亿元。特别是当年《公司债券发行试点办法》出台后，商业银行代理企业发债并承销的业务越做越大。中国银行湖南省分行与总行全球金融市场部联合代理华菱管线、五凌电力等企业发行4期共30亿元短期融资债券，为企业节约利息成本5360万元（与同等数额贷款利息相比）。2011年，兴业银行长沙分行全年承做短期融资券项目5个，金额32亿元。

2012年，投资银行业务已成为长沙市各商业银行中间业务收入占比最高的项目，全年收入12.37亿元，占全部中间业务收入的四分之一强。其中，财务顾问收入9.22亿元占据主导地位，起步最早的债券承销业务反而发展较慢，全年收入仅1.45亿元。

四、代理性中间业务

1988年，长沙部分银行为与客户建立稳定的存款联系，开始为客户办理代发工资业务，随后又逐步把代理业务发展到代收保险、水电费、税费等领域。1992年，长沙市11家城市信用社主动与区街集体、个体企业单位建立多项代理业务。1996年中国银行长沙市分行相继开发出“代收电话费”“代收社会养老保险”“代收高速公路费”等业务，为52个单位1.92万职工办理“代发工资”业务，月发工资520万元，“沉淀”资金1330万元，既方便客户，又增加银行存款。1998年4月，市农业银行（农业银行长沙市分行）代收“金健米业”申购资金，共调动517人，上申购线52条，代收资金534亿元。市建设银行1998年全年代发工资单位677家，涉及工资账户13.85万户，累计发放工资8815万元，代收国税1306万元。

1999年，市工商银行（工商银行湖南省分行营业部）在全省率先推出个人理财业务。采用开放式柜台方式，面对面为客户服务，协助个人客户进行投融资设计。当年该项业务累计接受客户咨询2000余次，办理存款组合14笔，金额253万元；办理各类个人贷款544笔，金额1890万元；开具个人存款证明51笔，金额790万元；办理外币兑换34笔，金额258万美元。2000年，市工商银行（工商银行湖南省分行营业部）中间业务收入实现大幅度增长，其中代理业务增长最快。该行全年新增中间业务品种24个，形成9大类90个品种的中间业务体系，累计实现代理额2800亿元，比上年同期增长103%，实现中间业务收入1827.4万元。代理的品种包括代收固定电话费、人寿保险费、水电费、交通罚款、福利彩票等31个种类。市农业银行（农业银行湖南省分行营业部）2000年开发代理业务品种11个，代理收费

40多亿元。长沙银行（长沙市商业银行）为发展代理业务，积极加强与长沙市企事业单位的合作，先后取得市内财政工资统发、城镇职工医疗保险、会计委派中心、国库业务代理等业务，其中代理医保业务账户13万户，代理保费余额2000多万元；代发财政工资1.5万人，全年累计7000多万元。

2000年以后，各商业银行在代客户理财领域的竞争日趋激烈，各大型商业银行总行纷纷推出大量理财产品，由驻长分支机构组织营销，长沙地方法人银行机构也不断推出自己的理财产品参与竞争。市交通银行（交通银行长沙分行）2002年先后与泰康人寿、国际旅行社、爱尔眼科、湖南移动等8家单位组建“恒通”理财俱乐部，给予高端客户超值服务，当年，该行22个营业网点代销发行华安创新、国泰金鹰、博时价值、融通新蓝筹、上证1860指数、华夏债券6大开放式基金，参与代销的网点、基金的种类，代销金额都创长沙之最。长沙市农村信用联社成立后，也积极开拓中间业务市场，把代理业务推向广大农村。2003年，长沙市农村信用联社发挥点多面广的优势，与各级财政部门、保险公司协调合作，开办代收、代付、代理保险、代发工资等业务，开办的业务品种有10多个，涉及城乡客户7.5万户，金额约10亿元，实现代理人寿保险保费收入2600万元，代理财产保险保费收入450万元。2005年，市交通银行（交通银行长沙分行）紧抓“交银理财”品牌，与湖南省电信公司、长沙市教育局及多家商户联合举办宣传营销活动，并推出“七天理财”“七彩信”“信息公话”等特色理财产品，在客户分层的战略基础上，根据客户的业务结构、需求特征、行业分布及生命周期等要素进行个性化、差异化营销，以争夺高端客户。在“2005湖南金融保险理财服务总评榜”上，交通银行长沙分行获“最具服务意识金融机构奖”，交通银行长沙分行“利得宝”获“最值得投资的外汇理财产品”奖。2006年，市工商银行（工商银行湖南省分行营业部）推出“稳得利”等6项理财产品。作为地方法人机构的长沙银行（长沙市商业银行）利用“主场”优势在理财市场上与大型商业银行展开竞争。2006年，凭借“中小企业银行、政务银行、市民银行”的特色定位，长沙银行（长沙市商业银行）陆续推出一系列基于电子银行和个人理财、增值服务的个性化金融产品，包括“芙蓉贷记卡”“炫车计划”“婚庆喜卡”“医院挂号预约”“芙蓉公务卡”“金芙蓉社区卡”等。2007年，该行又大力开发外汇理财产品，全年累计完成国际业务4906笔，实现业务量3.2亿美元。2008年，该行“金芙蓉”理财产品累计销售12.55亿元。2007年，市建设银行（建设银行长沙市辖内各支行）发行“利得盈”信托理财产品12.25亿元、“乾图理财”产品1亿元。2008年，在继续营销“利得盈”和“乾图理财”两款主打理财产品的同时，又推出“票据盈”“大丰收”等投行理财产品，发行量29.08亿元，当年实现投行收入3700万元。全年销售“利得盈”等个人理财产品158.88亿元，其中为湖南高速、涟钢集团募集资金19.7亿元。2008年，市交通银行（交通银行湖南省分行）以总行理财产品代销和分行自行组盘产品为支点，实现人民币理财产品代售37.47亿元。为适应面对面服务的需要，该行进一步在营业网点实施功能区分，增设低柜区、理财区等营销区域。市工商银行（工商银行湖南省分行营业部）销售个人理财产品61.87亿元，销售法人理财产品40亿元。市农业银行（农业银行湖南省分行营业部）全年实现代客理财和财务顾问收入3444万元。2009年，市中国银行（中国银行长沙市辖内各支行）为加强理财产品营销，建立财富中心、理财室、理财专柜三级财富管理体系，基本上落实“一对一”“一对多”VIP客户维护与专业化服务。全国性中小商业银行驻长机构也是长沙市理财市场的竞争者。兴业银行长沙分行从2009年开始加大理财业务的营销力度，与长沙银行签署“银银平台柜面通”系统合作协议、与株洲商业银行开展银银平台理财产品代销合作，理财中间业务收入来源有效拓宽。2010年，该行全年累计办理机构理财业务52.25亿元，销售个人理财产品30.97亿元，实现中间业务收入1544万元。2011年，市工商银行（工商银行湖南省分行营业部）

把非信贷资产业务营销放在与信贷资产运营同等位置来抓，全年累计完成 9 个委托理财项目，涉及金额 75.8 亿元，完成 2 个物业收益权理财项目，金额 1.95 亿元。市建设银行（建设银行长沙市辖内各支行）将传统的存放同业业务与保本型理财产品相结合，为理财产品的资金运用开辟新渠道。2012 年年末存放同业余额达到 65.53 亿元。

2012 年，全市各商业银行管理性中间业务收入 12.55 亿元，其中理财业务收入 3.98 亿元，居第一位。其次是资产托管及企业年金业务收入 2.28 亿元。代收代付业务起步最早，但全年收入仅 0.63 亿元。

五、担保承诺性中间业务

1988 年 6 月，市工商银行（工商银行长沙市支行）成立长沙市信用担保公司，半年时间，该公司为 365 个借款企业担保贷款 4.6 亿元，实现担保收益 16 万元。1992 年市中国银行（中国银行长沙市分行）开展国际结算业务，对外担保和信用卡融资业务。为曙光电子管厂、省物资大厦提供 3 笔共计 1100 万元的担保业务。1996 年，市建设银行（建设银行长沙市辖内各支行）按照“先评估后贷款”的原则，全年对总投资 31.7 亿元的 42 个项目进行调查评估，经评估对其中 26 个项目提供承诺贷款 6.37 亿元。市建设银行还为客户办理担保、信用证明、资信证明 86 笔，金额 5.7 亿元。

2000 年前后，银行承兑汇票、备用信用证、各类保函等业务开始成为商业银行主要的担保类中间业务。2000 年，市农业银行（农业银行湖南省分行营业部）将承兑、保函、信用证作为新的效益增长点，集中力量开发经营，全年共签发银行承兑汇票 19.32 亿元，累计开具信用证 1667 万美元，出具保函 4373 万元。2003 年，中信实业银行长沙分行为湖南中经贸易公司量身叙做中信实业银行系统内第一笔国际保理业务。

2004 年，全市各商业银行为客户提供担保及承诺金额 383.97 亿元，其中办理银行承兑汇票 214.4 亿元，办理贷款承诺金额 104.87 亿元，开出保函金额 60.87 亿元，实现担保及承诺收入 0.27 亿元。2008 年担保及承诺 654.32 亿元，其中办理银行承兑汇票、贷款承诺和开出保函金额分别为 490.18 亿元、7.38 亿元和 141.95 亿元，除贷款承诺大幅度缩小外，银行承兑汇票和保函的金额都实现翻番，全年实现担保及承诺收入 1.01 亿元。

2009 年 3 月，中国银行业协会保理业务专业委员会成立，相继制定“行业自律公约”“保理业务规范”“信息共享机制”，长沙市各商业银行保理业务快速发展起来。2012 年，全市各商业银行担保性中间业务收入 7.1 亿元。其中承诺业务收入、保函业务收入和保理费收入分别列居前三位，金额分别为 1.82 亿元、1.75 亿元和 1.38 亿元。

第五节　中央银行业务

一、货币发行与管理

（一）现金投放与回笼。1988 年前后，通货膨胀凸显，现金收支增长进一步加快。1988 年长沙市银行系统现金支出 74.17 亿元，增幅 57.78%，现金收入 74.08 亿元，增长 52.14%，收支相抵首次出现净投放格局，净投放 876 万元。随着国家治理经济环境、整顿金融秩序的各项措施相继出台，现金投放回笼重新恢复正常。1989—1991 年三年全市银行系统分别实现现金净回笼 5.37 亿元、8.43 亿元和 7.98 亿元。从 1993 年起，全市现金净回笼跃上 10 亿元台阶，达 15.01 亿元，到 2010 年现金净回笼达到 128.74 亿元。从 2011 年起，人民银行取消现金收支与投放回笼统计报表。

（二）货币清分。1988 年，由于没有专业的销毁场所，人民银行长沙分行对损伤券的销毁都在周边造纸厂进行。1992 年全市投放现金 21.05 亿元，回笼现金 28.66 亿元，其中收回损伤券 3.88 亿元。1992 年 3.88 亿元的人民币损伤券和 7200 万元已兑付的国库券的销毁工作以及 1995 年销毁 9 亿元人民币损伤券 5036 万元已兑付国库券，都是在长沙周边的造纸厂进行的。随着流通中现金存量扩大，人民银行总行要求流通中的货币要保持七成新，大量不符合要求的货币需要收回销毁。为适应这一要求，1998 年人民银行长沙分行在望城支行旁兴建一栋建筑面积 2600 平方米的货币清分中心大楼，总投资 900 万元（包括征地 0.4 公顷），该中心不仅承担长沙地区的现金发行任务，还承担长沙地区和部分周边地区的人民币旧券、残损券的回收与销毁工作。1999 年，人民银行长沙中心支行所属长沙钞票处理中心配置深圳捷佳德现金自动化处理设备有限公司引进德国技术组装生产的 BPS1000 型清分机 12 台套和 OBS–100 型清分压块设备 2 台套。2001 年 8 月，设备全部投入运行。全套设备由计算机控制，有省份自动识别、模式选择、清分计数、自动打捆、联机销毁和报表打印等功能，每秒钟可处理 20 张钞票，12 台套机组年清分能力 50 万捆以上（5 亿张）。2002 年共清分钞票 55.56 万捆，金额 517.85 亿万元；销毁残损券 1033.8 吨，金额 242.67 亿元。2009 年，随着人民银行长沙中心支行在开福区捞刀河镇的新库区建成，望城清分销毁基地撤销，长沙钞票处理中心搬至捞刀河镇新库区。至 2012 年，长沙钞票处理中心一直承担湖南省及湖南省周边部分地区的钞票清分及销毁工作。

（三）现金管理。1988 年，国务院颁发《现金管理条例》，人民银行总行制定《关于现金管理条例的实施细则》，成为各级人民银行履行现金管理职责的法律和政策依据。1988 年，受通货膨胀影响，长沙市现金支出大幅度增加，对当时仍处于卖方市场的长沙市消费品市场形成冲击。为稳定市场，缓解现金供求矛盾，人民银行长沙分行在各专业银行配合下，根据中央政策并结合长沙市具体情况制定《长沙市现金管理实施细则》，各行严格现金支付的柜台审批和柜面把关。1988 年 9 月，人民银行牵头组织开展全市性现金管理大检查，督促有关单位缴回超限额现金库存 47 万元。

1989 年，为控制货币投放，人民银行长沙分行对专业银行城区办事处和县支行一级机构的现金库存限额进行重新核定，规定超过限额的库存现金必须上交人民银行，并对各行（处）现金库存进行检查，恢复 1000 元大额现金支付的审批制度，对多头开户的现象进行整顿。1992 年，长沙市出现经济过热势头，现金支出大量增加，人民银行针对现金投放的新特点，先后组织专业银行开展 4 次全市现金管理大检查，对开户单位超范围使用现金、坐支现金、库存现金超限额等问题给予纠正，一定程度上加快现金回笼速度，减少现金投放。除加强对开户单位的现金管理外，人民银行还加强对各家专业银行库存管理。

1997 年 11 月，人民银行长沙分行根据上级行安排组织开展对长沙市各金融机构的现金管理大检查。在金融机构自查的基础上，人民银行重点抽查 54 家金融机构，占应检单位的 10%以上，检查现金收支业务 6.22 万笔，金额 13.54 亿元，发现大量公款私存、从非基本结算账户支付现金、用非现金支票提取现金，化整为零提现逃避现金审批监督等违规行为。共查处违规业务 2280 笔，金额 9426 万元。通过检查，纠正部分金融机构片面强调服务而忽视监管的问题。1997 年 12 月，人民银行长沙分行发文向全市金融机构通报对部分金融机构违规支付现金行为的处罚情况。1998 年 6 月，人民银行长沙分行组织全市金融机构开展现金管理大检查，重点对各种套现行为及大额提现的登记、审查、报备制度执行情况的检查。针对新时期现金管理的新特点，人民银行加强对证券公司的现金管理检查。

2011 年，国务院修订 1988 年颁布的《中华人民共和国现金管理暂行条例》，删除原条例中单位现金使用范围、现金库存限额、坐支现金、套取现金等条款规定。至 2012 年，现金管理政策无新变化。

二、结算管理

（一）结算制度改革与管理。1988 年，针对改革开放后银行结算中比较突出的“商品交易大量使用现金”“结算在途时间长”的问题，中国人民银行下发《关于颁发“银行结算办法”和“银行结算会计核算手续”的通知》。1988 年 8 月，国务院批转中国人民银行《关于改革银行结算的报告》。新的银行结算办法，采取银行汇票、商业汇票、银行本票、支票、汇总、委托收款 6 种支付工具和结算方式。1989 年年初，长沙市成立由人民银行牵头组织的结算改革领导小组和结算改革办公室，负责宣传推动、培训工作。1997 年 12 月 1 日，《中国人民银行支付结算办法》开始实行。

为贯彻新的结算要求，人民银行长沙分行加大对结算领域的监管力度。针对一些企业为占用客户资金，在托收承付结算中随意拒付，造成结算渠道不畅的问题，1991 年 8 月，人民银行长沙分行为严肃结算纪律、疏通结算渠道，对长沙市工、农、中、建、交及部分城市信用社 13 家银行业金融机构的结算纪律执行情况进行检查， 抽查 1991 年 7 月份 30.74 万笔 199.66 亿元结算业务，共查出违反结算纪律的有 2447 笔，金额 5271 万元。当年 12 月，人民银行长沙分行会计、稽核、纪检监察部门再次对全市各银行、信用社开展结算纪律大检查。检查发现，一些新成立的金融机构结算制度不健全、操作不规范，客观上造成结算渠道阻塞、资金拖欠问题。检查人员对中国银行湘江分行等单位提出整改建议。1993 年，中国人民银行总行会同 5 家专业银行下发《关于整顿结算纪律，扩大转账结算的通知》，要求加强对监管团体企事业单位的现金管理，疏通银行结算渠道，扭转改革开放后现金结算比例上升、转账结算比例下降的局面。人民银行长沙分行及时为营业部增加 6 名业务人员，加强会计、联行力量，确保全市各专业银行大额汇划款项通过人民银行转汇。从 9 月 16 日起，大额汇划款通过人民银行长沙分行电子联行和营业部办理，到年末通过电子联行共办理 1 万余笔，金额 100 亿元；通过手工联行办理 3600 笔，金额 16.3 亿元，使专业银行做到汇划款项与资金清算同步进行。

1995 年，人民银行长沙分行组织人民银行、专业银行 21 人对 17 家金融机构进行结算业务“三不准”情况检查，共检查 22 万笔业务，涉及金额 611 亿元，发现违纪业务 118 笔，金额 2554 万元。

1999 年以后，市人民银行（中国人民银行长沙分行）与省人民银行（中国人民银行湖南省分行）合并成立中国人民银行长沙中心支行，长沙中心支行结算管理工作面向全省，不专门针对长沙辖内金融机构。

（二）结算账户管理。1988 年，人民银行长沙分行根据《银行账户管理办法》，对长沙市新出现的少数单位为逃避银行监督或多争取贷款，在多家银行或信用社多头开户的情况进行监管。1989 年人民银行长沙分行在长沙市工商行政管理局、财政局的配合下，对全市 4.3 万个账户进行清理，清查出属于清理范围的基本账户 2 万多个，其中 20%是多头开户。经过审定，共核销多头账户 6500 个，审定不能开立基本账户的部门账户 340 个。清理中还采取边清账、边核定、边销户、边划转资金的办法，划转资金 8500 万元。1990 年人民银行组织全国范围的结算检查，全面清理“三角债”，共发现和纠正违反结算纪律的行为 5 万笔，金额 5207 万元，对改变结算纪律松弛、秩序混乱的状况起到积极作用。

1991 年 9 月，人民银行长沙分行发出《关于换发开户许可证的通知》，决定对 1991 年 5 月 1 日以前开立的基本账户换发开户许可证。当年共发（换）许可证 4252 户，堵住多头开户 25 户，撤销多头开户 34 户；同时，对各金融机构执行结算纪律的情况开展大检查，对“无理拒付”“延压结算凭证”“大额转汇不按人民银行规定操作”等问题进行重点检查，共检查 38 家金融机构，涉及业务 3.95 万笔，金额 171 亿元，查出违纪业务 568 笔，涉及金额 1.36 亿元。为建立结算监测网络，人民银行长沙分行在长沙市选择20家大中型企业及其开户结算银行作为结算监测点，及时反映结算工作中出现的新问题、新情况。1993年，为配合整顿金融秩序工作，严肃结算纪律，组织力量对辖内金融机构进行两次大型结算纪律检查，先后出动50余人次，检查30家行处。1994年，人民银行长沙分行完善结算举报制度，当年共受理举报和来访近200起，涉及金额3148万元，对结算秩序好转起到重要作用。

1994年11月，人民银行总行新《银行账户管理办法》颁发后，1996年人民银行长沙分行组织8个小组对全市24家银行、信用社分支机构的基本账户管理情况进行检查，对执行基本账户管理制度不严的行处进行通报批评。1997—1998年，人民银行长沙分行为规范辖内各开户单位的基本结算账户管理，对全市各单位账户进行2次集中清理，共清理纠正企业重复开立的基本账户2300多个，其中1998年清理重复开立的基本结算账户1900个。在一定程度上堵住现金管理的漏洞。同时，人民银行长沙分行还不断加强日常结算账户管理，1996年共受理结算举报及来访来电160余起，金额2000多万元，根据举报重点对长沙市湘银、华夏、湘财3家城市信用社进行查处。

2003年，人民银行总行修改《银行账户管理办法》，颁发《人民币银行结算账户管理办法》。2005年6月，中国人民银行建成全国统一的人民币银行结算账户管理系统（以下简称“账户管理系统”），并于2007年4月完成系统二期建设。系统建成后覆盖全国银行业金融机构，各类银行结算账户的开立、变更、撤销均通过账户管理系统处理。业务处理功能包括银行结算账户的开立、变更、撤销、年检、查询、统计、监测等业务。各级人民银行通过从支付系统、同城票据清算系统等存贮有银行结算账户信息的业务系统采集有关账户信息，与账户管理系统存贮的账户信息进行比对，实现对银行结算账户开立、变更、撤销和使用情况的非现场监督管理。

2008年，人民银行长沙中心支行对小额支付系统本票业务功能进行改造，实现湖南省本票业务“零”的突破，全年共办理银行本票业务3531笔，金额7.2亿元。

2009年，人民银行长沙中心支行把改善农村支付环境作为重点，推动农村支付环境省级示范县创建活动，农户一卡通/特色贷款卡/农民工特色卡等特色支付服务推广到51个县。2012年，人民银行长沙中心支行为推进农村支付环境建设，协调湖南省电信公司下调助农取款服务点通信费用，建立助农取款服务管理制度，全年累计在省内发展助农取款服务点4.4万个，村级覆盖率为87.6%。

三、信贷管理

（一）货币政策。1988—1991年，长沙市贷款余额一直大于存款余额，呈“贷差”状态，各银行业金融机构普遍超负荷放贷，资金压力大。大力组织筹集存款不仅成为金融机构的首要任务，也是人民银行的一项重要工作。1992年全市金融机构存款余额143亿元，首次超过贷款余额（140亿元），但存贷比例还远没有达到巴塞尔协议规定的标准，资金形势依然严峻。各金融机构为扩大存款来源，展开激烈竞争，部分金融机构采取违规方式吸收存款，一定程度造成金融秩序的混乱，抬高了银行业金融机构的运营成本。1992—1993年，人民银行长沙分行一方面通过严格稽核与金融监管措施纠正银行间不正当竞争，如擅自调整利率违规吸储等行为，另一方面组织全市金融机构开展储蓄优质文明竞赛活动，2年间先后批准15家机构开展17次有奖储蓄活动，共揽储2.46亿元。

1993年上半年，长沙市罕见地出现存款零增长，储蓄存款净减少2946万元。为此，人民银行长沙分行发挥中央银行管理职能，负责全市整顿金融秩序的领导工作，加强对全市金融系统用信贷资金办实体、炒房地产、投资参股和变相提高利率、绕规模发放贷款等问题进行清查和整顿，还督促各金融机构将违规拆借资金按时归位。1993年下半年，全市金融系统共收回违规拆借资金5亿元，其中人民银行资金市场4000万元。由于大量资金归位，8—12月，全市金融机构新增贷款19.6亿元，比上年同期多增7.5亿元，缓解工商企业资金供求的紧张矛盾，确保长沙市重点工程建设和粮食收购的资金需求。

1994—1995年，在宏观调控过程中，部分国有企业受产业结构调整、产品滞销、资金周转不灵等多重因素影响而陷于困境，为支持大中型国有企业正常生产经营的资金周转需要，人民银行长沙分行和长沙市政府对全市预算内企业进行摸底、排队，要求工商银行等金融机构根据实际情况安排贷款支持，特别是对亏损企业按"扭亏有望""三家抬""破产"三种情况进行分类，分别采取对策。1995年，全市金融机构仅4月、5月两个月就新增工业贷款2.71亿元，其中5000万元发放给亏损企业扭亏。1997年，在长沙市经济结构优化重组过程中，为确保金融资产安全，长沙分行派一名副行长牵头建立全市金融系统维护金融债权联席会议制度，并参加生产企业破产、兼并和职工再就业领导小组。为配合市经委做好1997年度长沙市破产、兼并和职工再就业工作，长沙分行选派专职人员和一名律师参与企业破产清算小组，共参加20多家企业的破产清算和15家企业的减员增效工作，在支持全市经济结构优化的同时，维护银行债权。

1998年，人民银行取消对商业银行的贷款规模控制，货币政策调控方式向间接调控过渡，价格型调控手段的运用逐步加强。1999年，新成立的人民银行长沙中心支行推行主办银行制度，并对部分产品有销路但整体经营亏损的企业发放封闭贷款。长沙实行封闭贷款的企业有10家。这10家企业全年获得封闭贷款1.19亿元，部分企业在当年实现扭亏为盈。年内，人民银行长沙中心支行还举办3次大型银—企座谈会，引导和督促银行业金融机构增加有效信贷投入。为贯彻总行货币政策，人民银行长沙中心支行全年累计办理再贴现9.8亿元，办理短期再贷款81.5亿元。2000年，人民银行长沙中心支行发挥中央银行的职能作用，支持地方经济发展。全年累计办理再贴现37亿元，年末余额15.9亿元。为进一步引导和规范银行业金融机构改善信贷服务，推动金融与经济双赢，2001年年初人民银行长沙中心支行制定下发《关于进一步改善信贷服务和管理，支持和促进地方经济发展的意见》，在第4季度又牵头组织制定《关于金融加大对地方经济支持的若干意见》，提出10条改进银行信贷服务、加大信贷投入的措施。

2002年，人民银行长沙中心支行根据总行的意见和长沙本地实际情况，制定下发《农村信用社信用贷款和信用乡（镇）村（组）创建指导意见》，解决农民贷款难的问题，全年累计发放支农再贷款6.6亿元。

2003年，人民银行长沙中心支行针对社会经济生活中出现的热点、难点问题，先后出台《湖南省下岗失业人员小额担保贷款管理办法》《湖南省国有商业银行国家助学贷款工作年度考评实施意见》、《关于金融支持民营经济发展的实施意见》。为推动这些政策落实到位，支行提出经办"下岗失业人员小额担保贷款"的有关商业银行加快审贷效率的工作建议和"创业培训+信用社区创建+小额担保贷款"的新模式。制定并下发《关于进一步优化信贷结构，防范信贷风险的指导意见》，要求商业银行加大对中小企业和非公有制企业的信贷支持力度。

2008年美国金融危机爆发后，系统性金融风险受到广泛关注。2011—2012年，人民银行长沙中心支行定期召开不同层次的金融形势分析会和信贷专题会，建立法人金融机构信贷投放按日监测制度，对7家明显偏离宏观审慎管理要求的地方法人机构执行准备金动态调整措施，引导其合理把握信贷投放的总量和节奏。

（二）对金融机构贷款。20世纪80年代后期到90年代中期，长沙市大多数国有企业自有资金严重不足，高度依赖银行贷款。而同期银行业金融机构贷款屡屡突破信贷规模限制，需要通过资金拆借和向人民银行借入短期贷款（临时贷款）来解决资金平衡。1991—1993年，人民银行长沙分行累计发放再贷款分别为42亿元、49.6亿元、58.54亿元，分别相当于当年全市金融机构贷款总额的34.9%、35.3%和34.88%。其中部分贷款是定向发放，取得良好效果。如1992年湖南日化总厂等6家重点企业在国企改革的关键时期，由于及时获得人民银行调剂规模的支持，实现产销、利税大幅度增长。

1995年人民银行长沙分行向金融机构累计发放短期融通资金贷款26.65亿元，再贷款年末余额仅为2.54亿元，比1993年年末减少16.35亿元。

1995年以后，中央银行除对金融机构贷款外，还通过再贴现方式支持金融机构资金周转。1995年，人民银行长沙分行办理56笔再贴现业务，为商业银行融资8555万元。1996年继续办理再贴现236笔，金额3.3亿元，办理短期融通资金258笔，累计金额40亿元。1998年，人民银行长沙分行为解决农村信用社与农业银行脱钩后资金不足的问题，对农村信用社发放短期融通资金5笔，累计金额1.9亿元。1998年3月，人民银行长沙分行在整顿金融秩序过程中，为化解湘惠农村信用社支付危机，对其发放再贷款4800万元。此外，国家组建成立的四家金融资产管理公司用于收购四大国有商业银行不良资产的资金中，有一部分来自于人民银行再贷款。当年，人民银行对短期融通资金业务采取收缩策略，长沙分行全年累计发放短期融通资金44笔，金额9.5亿元，均比上年大幅度减少。但再贴现业务652笔，累计金额3.3亿元。再贴现融资成为人民银行分支机构支持地方经济发展的重要途径，2012年年末，全市各商业银行票据贴现融资余额123.78亿元。

人民银行专项贷款最初只限于支持革命老区浏阳的一些工业发展项目。1991年年末专项贷款余额4859万元，共支持45个工业发展项目。其中地方经济开发项目8个，余额1118万元；老少边穷贷款项目35个，余额2691万元。这些贷款为革命老区浏阳扶持一批支柱企业和利税大户。后贷款范围有所扩大，支持重点转向长沙市一批国有大中型企业的技术改造项目。1992年新增和续贷16个专项贷款项目，发放贷款1223万元，同时加大收贷力度，共收回到期贷款923万元。1993年，为支持长沙市国有工业企业转换经营机制和产品技术换代，人民银行长沙分行专项进一步扩大贷款发放规模，全年新增贷款项目20个，贷款金额4115万元。1994年，湖南机床厂、浦沅工程机械总厂、湖南动力机厂、长沙鼓风机厂、长沙汽车发动机厂、长沙汽车电器厂等工业企业“八五”（1991—1995年）时期引进国外先进设备的重大技改项目，对人民银行长沙分行提出专项贷款申请，人民银行长沙分行对企业逐一调查，分别写出项目评估报告，共争取5680万元技改专项贷款。由于专项贷款是人民银行通过专业银行信贷部门向企业间接发放的，在贷款管理上存在脱节和不到位的问题。1995年年末，人民银行专项贷款余额14544万元，其中不良贷款达5767万元，占比40%，在不良贷款中逾期贷款5052万元，呆滞贷款715万元。1996年中国人民银行下发文件，要求各级人民银行对辖内专项贷款项目进行全面清理并完善档案资料整理，不再发放新的贷款，逐步收回原有专项贷款。

（三）利率管理。1988年，长沙各银行存贷款竞争十分激烈，利率大战成为各家金融机构抢占市场的主要方式。擅自降低或提高存贷款利率，不仅扰乱金融市场秩序，而且直接破坏了中央银行货币政策效果。1991年10月，人民银行长沙分行组织召开全市金融机构利率管理工作会议，根据人民银行总行的相关政策制定《长沙市利率检查制度》《利率管理两公开一监督制度》，设立利率监管举报电话和举报箱，并配备专门的利率管理员。1994年，人民银行长沙分行共组织检查40次，被查单位152个，其中组织两次大型利率政策执行情况大检查，被检查的行处60家，纠正违规行为12起。全年共查处违规单位38家，涉储蓄存款911万元，贷款11736万元，发出整改通知书18份，储蓄罚款25万元，贷款罚款45万元。1995年组织检查34次，检查单位228家，查处储蓄存款利率违规510笔，金额705万元，贷款利率违规28笔，金额35万元。1997年，针对利率大战由明转暗，部分金融机构以发纪念品等活动变相提高利率的新情况，人民银行长沙分行加强抽查力度，并根据群众举报线索查处3家违规金融机构，没收尚未发出的揽储纪念品，对违规机构和负责人分别给予罚款、通报批评等处分。1998—1999年人民银行连续三次扩大金融机构贷款利率浮动幅度。为维护利率市场秩序，人民银行长沙分行1998年共组织各种形式利率检查10余次，检查金融机构网点近100个，对存在擅自提高利率揽存行为的机构网点罚款40万元，并责成其上级部门对责任人进行免职处罚。2004年利率市场化改革进入攻坚阶段，人民银行长沙中心支行围绕改革要求，首先于当年建立民间借贷利率水平问卷调查制度，2005年又建立全省市场利率监测体系。2006年，根据人民银行总行的要求，人民银行长沙中心支行进一步完善全省市场利率监测体系，增加动态监测内容，同时，为加强中小金融机构贷款自主定价能力，全年组织相关金融机构专题培训12次，累计培训438人。2010年，湖南省利率报备电子系统上线运行，省内利率监测实现由点监测向全面监测升级。2012年，人民银行长沙中心支行拟订《湖南省法人金融机构利率定价能力评估指引（试行）》，设计评估指标体系和自评问卷，部署各法人银行机构试行，为全面推行地方法人金融机构开展利率定价能力评估工作打下基础。

（四）金融市场管理。1988年，人民银行长沙分行为横向调剂融通资金，用活资金，组织全市金融机构和部分外省金融机构建立会员制长沙市资金市场，全年组织金融机构融通资金15亿元。1990年11月，人民银行长沙分行组织全国部分省市金融机构在长沙召开融资研讨会。副行长缪曼聪和广东佛山、珠海、中山等地的代表分别介绍当地融资情况，会后开展融资业务洽谈，共达成融资意向4.2亿元，其中当场成交1.2亿元。

1991年长沙市资金市场累计成交资金24亿元，其中从武汉、上海、沈阳等地拆入资金5.24亿元，解决长沙市工商银行、中国银行、交通银行集中兑付到期债券的困难。1992年长沙市资金市场网络进一步扩大，全年各家金融机构累计融资额达到100亿元，其中通过人民银行长沙资金市场的拆入拆出资金400笔，共30亿元，其中拆入17亿元，拆出13亿元。在拆入资金中外省资金4.5亿元。400笔拆借业务资金当年归还率达到80%，没有一笔拆借资金逾期。为配合长沙高新技术产业开发区的发展建设，1992年8月人民银行长沙分行批准建立长沙高新技术产业开发区金融市场。1994年5月湖南省融资中心长沙办事处成立，长沙市资金拆借业务转至该办事处管理。1998年人民银行总行发出《关于清理撤销融资中心有关问题的通知》，人民银行长沙分行清收全部逾期拆借资金，并于12月撤销湖南省融资中心长沙办事处。

在资金市场发展的同时，企业债券市场也获得较大发展。1992年人民银行长沙分行按照债券发行审批程序，批准44家企业发行债券，共计4.45亿元。其中15家企业发行内部债券7537万元，10家企业发行短期融资券14345万元，19家企业发行企业债券19590万元。筹集资金全部用于中央和地方“八五”（1991—1995年）计划重点建设项目以及弥补“七五”（1986—1990年）计划在建项目的资金缺口。1996年共审批发行企业债券和短期融资券1.03亿元。2005年5月，人民银行发布《短期融资券管理办法》，短期融资券发行采用备案制，利率由市场决定，不需要银行强制担保。至2012年，金融市场管理政策无重大变化。

四、金融调查

1988年，人民银行长沙分行除完成上级行、上级政府布置的调查研究任务外，还针对经济金融领域出现的热点、难点问题开展调查研究活动，写出相应调查研究报告。并根据汇总和调查资料按月编制《两大计划（综合信贷、现金计划）执行情况》，从金融视角对经济金融形势进行综合分析，为各级领导提供参考。1991年，增加按季编制《经济金融形势分析》。1992—1993年，在全国经济过热的背景下长沙市出现集资热和大量资金流向沿海开放地区。人民银行长沙分行组织人员赴有关金融机构、企事业单位进行调查，动员专业银行的信贷人员和储蓄人员向1000多家企事业单位发出调查问卷，收回有效问卷700多份，最终形成《对长沙市社会集资与资金外流的调查与思考》的报告。该调查报告作为人民银行湖南省分行行长向国务院、人民银行总行的工作汇报材料，受到国务院副总理兼中国人民银行行长朱镕基的表扬。该报告还被中共湖南省机关刊物《学习时报》全文刊发。1993年前后市场供求形势变化，大批国有工业企业产品销路不畅，流动资金普遍紧张，大面积停工停产。1993年5—6月，人民银行长沙分行与长沙市经委组成联合调查组，赴143家预算内工业企业实地调研，写出《关于当前长沙市企业紧张状况及原因的汇报》材料，上报给人民银行湖南省分行，省分行为此专门“戴帽”下达7000万元的再贷款指标给长沙分行，专门用于缓解部分企业的资金周转困难。1993年年末，针对长沙市夜总会娱乐场所快速发展的状况，人民银行长沙分行根据省分行的要求开展专题调查，1994年年初写出《令人困惑的长沙夜总会》，3月25日被人民银行总行内部参阅材料刊载，4月9日在《金融时报》头版刊发此文，引起国务院和省委、省政府领导的高度重视。1997年，湖南省重启长株潭经济一体化战略，人民银行湖南省分行委托长沙分行对长株潭金融一体化问题开展专题研究。长沙分行与湖南省银行学校合作承担研究任务，写出《长株潭区域金融一体化研究》，对长株潭金融一体化建设的可行性和规划提出大胆设想。1998年后，长株潭一体化建设工作进入实施阶段，人民银行长沙分行在湖南省发改委和人民银行湖南省分行的指导下，在可行性研究的基础上起草《长株潭金融一体化实施方案》。1999年，又起草《长株潭金融网络一体化》的规划报告，成为长株潭金融一体化的指导性文件。

长沙中心支行成立后，调查研究工作进一步加强，调研视角由全市转向全省，有不少报告进入中央、省市领导层的视野。1999年，在浏阳金融安全区紧锣密鼓建设并取得初步成效时，人民银行长沙中心支行为推动长沙市乃至全省金融安全区的创建，派出调查小组赴浏阳调研。通过实地调查与认真思考，写出《“浏阳金融现象”的调查与启示》的调查报告，引起湖南省委、省政府的重视。2000年，为解决农民贷款难问题，人民银行长沙中心支行组成调研组实地走访、调查长沙地区4县1郊32个乡镇60多个村12000多家农户和32个农村信用社、60多个信用分社、信用站，写出《农村信用社如何真正成为联系农民的金融纽带》的调查报告，引起高层领导的重视，中共湖南省委、省政府领导和中国人民银行总行领导先后作出批示。在经济体制转轨的阶段，社会信用环境问题十分突出。2001—2002年，人民银行长沙中心支行连续两年对该问题进行深度调研，调研成果在全省引起巨大反响。其中2001年撰写的调查报告《营造良好信用环境是实现经济金融可持续发展的客观要求》，引起省政府主要领导的高度重视。2002年，在进一步调研的基础上，又上报题为《完善信用制度，改善信用环境》的调查报告，对改善社会信用环境问题提出具体构想，部分构想被省政府采纳实施。

五、贷款证制度与征信管理

1993年，人民银行湖南省分行在湖南省推出贷款证管理制度，首先在长沙分行开展试点。1993年7月，长沙分行制定全省第一套《贷款证管理办法》，并研制开发贷款证计算机管理系统。当年年末，全市各家金融机构共发放贷款证6000余本，发证范围主要是国有、集体工商企业，“三资”企业及需要办理贷款业务的机关事业单位。1996年，长沙市私营企业、个体工商企业和个人贷款者也被纳入“贷款证”管理范围。1996年2月人民银行长沙分行出台《长沙个体工商户和个人“贷款证”管理办法》。

1997年，人民银行湖南省分行与长沙分行共同开发出《贷款证管理信息系统》，由发证、年审管理、金融机构台账管理和贷款信息统计分析几个部分组成，形成集贷款证管理、信贷监测、企业信息记录等多种功能于一体的综合系统，该系统首先在长沙试运行。

1999年，人民银行长沙中心支行按要求采用人民银行总行统一推广的“银行信贷登记咨询系统”，替换正在使用的贷款证管理系统。2001年1月8日全省银行信贷登记咨询系统正式联网运行，并开通WEB异地查询和异地企业信息下载。

2004年，人民银行长沙中心支行成立征信管理处，着手企业征信评级工作。2005年，省政府出台《湖南省信用信息管理办法》后，人民银行长沙中心支行充分利用各相关部门的信息资源，实现21个部门网络联通，推动企业资信评级试点取得成效。

2008年，人民银行长沙中心支行组织制定《2008—2010年湖南省社会信用体系建设工作纲要》，并与税务部门沟通协调，建立银税信息共享机制，为全省3.86万户中小企业建立信用档案，在全国率先基本完成中小企业信用建档任务。“三库一网一平台”（三库即人民银行统一管理的企业和个人征信数据库、工商部门管理的企业信用信息基础数据库、公安部门管理的人口基础信息数据库；一网即湖南信用网；一平台即以省政府电子政务外网平台为基础搭建的信用信息数据交换平台）体系建成后，联通20多个部门的信息通道，为22万户企业、2600万名自然人建立信用信息档案。

2009年，人民银行长沙中心支行牵头制定《2009年湖南省社会信用体系建设工作要点》，为长沙市4.6万户企业和135万个有信贷记录的自然人建立信用档案。2009年，人民银行长沙中心支行发布《向社会开放个人信用报告直接查询服务的通告》，鼓励普通老百姓到人民银行查询自己的个人信用报告。个人信用报告逐步成为金融机构发放个人贷款的必要依据。个人征信数据库可以向住房公积金管理中心提供在线直接查询服务，使住房公积金中心对住房公积金贷款的审查时间由原来的30天以上缩短到15天以内。一些地方政府部门还将个人信用记录作为公务员评优的参考依据。2012年，人民银行长沙中心支行与湖南省发改委牵头，以试验园区为重点，推进中小企业信用体系建设，为全省5.26万户中小企业建立信用档案。同时，人民银行长沙中心支行以县域为主体推进农村信用体系建设，在全省范围内为722万农户建立信用档案，为549万农户做了信用评定。

六、外汇管理

1988年，由于长沙市未设外汇管理局，全市外汇管理业务都集中在国家外汇管理局湖南省分局直接办理。1992年10月8日，国家外汇管理局长沙分局成立，各项外汇业务全面铺开，并在较短的时间内完成建档建账工作，为全市422户企业建立完整的手工账和电脑账。当年，长沙外汇管理局成为省外汇调剂中心的会员单位，参与外汇交易活动。由于外汇资源稀缺导致部分大中型企业引进先进技术设备受阻，长沙外管局积极调剂外汇额度，支持大型国企技改需要，1993年下半年调剂外汇4331万美元，支持长沙市电信局、长沙中意电冰箱厂等企业的技改工程。

1993年6月，国家外汇管理局长沙分局针对少数不法分子公开倒汇、套汇活动的情况，联合公安、工商部门在全市开展取缔外汇黑市交易的活动，共出动120余人次，在外汇黑市交易比较猖獗的区域进行重点打击和清扫，共抓获从事违法炒汇人员108人。

1995年，国家外管局长沙分局建立外商投资企业外汇年检制度，由于工作条件限制，检查内容和形式相对简单，主要是合规性检查。1995年7月，外商投资企业外汇买卖被纳入结售汇体系，当年国家外管局长沙分局共为109户外商投资企业办理区分账户。1995年下半年长沙地区出现结售汇不正常现象，部分外汇指定银行的结售汇出现严重逆差，为了能够及时掌握结售汇业务中出现的新情况、新问题，国家外管局长沙分局于当年10月开始对外汇指定银行实行大额售汇即日备案制度，要求各外汇指定银行每天将每笔金额折合为100万美元以上的售汇详细情况列表上报，防止可能出现的逃汇、套汇现象。制度实施后，10月、11月售汇数量明显减少，售汇业务恢复正常。省外汇管理局内刊《湖南外汇管理动态》向全省推介长沙的做法。1997年长沙市共出口创汇11559万美元，为防止外汇流失和出口骗税，外管局长沙分局对辖内所有逾期未核销和逾期未交单的企业进行一次全面清理。

1998年，为做好“三资”企业的年检工作，外管局长沙分局协同长沙市招商局等8个部门对长沙市185个外商投资企业1997年度的外汇业务情况进行年检。1998年3月，实现市外汇管理局与全市各外汇指定银行联网，外汇年检的内容不断丰富，多部门联合年检成为一项经常性、制度性工作。2000年，外管局长沙分局加大监管力度，积极开展经常项目外汇专项检查和中资非国有商业银行结售付汇业务检查工作，分别对1998—1999年出口逾期未核销单笔金额在20万美元以上的前30家企业和信用证项下进口付汇逾期未核销累计最大的前30家企业，以及中资非国有商业银行的结售付汇业务进行全面、细致的检查。在经常项目外汇专项检查中，共清理检查出涉嫌出口逾期未核销的金额2.5亿美元，并对其中39家企业违规行为立案查处，处理涉案金额11787万美元，决定处罚275.6万元。同时，为解决历年来进出口逾期未核销率一直偏高的问题，国家外管局长沙分局对一定时期内违规企业达到一定数量的外汇指定银行建立“警示通报”制度。采取这些措施后，出口收汇核销率提升到98%。

2001年，针对外汇非法交易有所抬头的情况，外管局长沙分局与省市公安部门密切配合，组织行动15次，累计出动警力560多人次，现场抓获外汇黑市交易嫌疑人45名，拘留3人，立案4起，涉嫌犯罪人员17名，涉案金额16多万美元。2001年5月，长沙分局更名为湖南省分局。湖南省分局直接对长沙市外汇业务进行管理。2002年10月，外管局湖南分局与长沙市公安局针对节日期间外汇黑市出现的新情况，开展一次声势浩大的“雷霆行动”，公安部门出动警力17人，警车5台，会同外汇检查人员兵分几路对长沙市主要涉外宾馆、商贸经营场所开展突击检查，现场抓获涉嫌外汇非法交易人员6名，收缴部分可疑交易资金，并在“雷霆行动”的第二阶段通过追踪线索发现两个涉嫌非法交易的团伙，由公安部门立案侦查。经过多方协同反复打击，外汇黑市交易活动明显收敛。

2002年，外管局湖南分局对兴业银行长沙分行、招商银行长沙分行、长沙几家证券机构进行现场检查，发现银行业务经办人员对国家外汇政策执行不严以及结售汇管理程序违规以及证券机构开通B股业务后相应管理措施不到位等问题，均提出整改意见。针对外汇交易中出现地下钱庄洗钱的问题，外管局湖南分局以深挖地下钱庄为主要目标，下发《关于联合打击外汇黑市工作意见》，要求各银行网点切实加强柜台监督和内控管理，认真堵截利用银行柜台从事非法交易的行为。2004年湖南省外管局通过对可疑外汇资金交易的监控、筛选、分析和甄别，对72名交易主体的异常资金流动情况展开核查，发现一条非法外汇交易线索并及时移交给公安机关，破获2起涉案2人、涉案金额30万美元的非法交易案件。

2007年8月起，全国采取经常项目外汇账户限额管理。全年长沙市进出口付汇核销总额45.45亿美元，比上年增长37.73%。

2012年3月，为打击新出现的“网络炒汇”犯罪，外管局湖南省分局根据总行部署，制定通过调查“网络炒汇”总体情况的调查方案，并从收集的涉及“网络炒汇”公司的名单中分析筛选、实地暗访，锁定犯罪目标，最终与长沙市公安局经侦支队联手行动，成功查封取缔长沙振邦投资咨询有限公司及其在长沙、娄底的分公司，查抄其“网络炒汇”资金1380万元，并对其已潜逃法人代表实施网上通缉。

第二章　保险业

1988 年，长沙市保险市场仅有中国人民保险公司长沙市分公司（以下简称“长沙人保”），独家经营财产保险和人身保险业务。经营百余种险种，保费收入 8840 万元。1989 年 3 月 18 日，长沙市人寿保险股份有限公司（以下简称“长沙人寿”）挂牌成立，打破人保长沙市分公司独家经营的局面，公司强化服务意识，当年，为全市 178.9 万人承保各种人身保险，为 3.8 万名集体企业退休职工办理退休费用统筹，还对 74 个经济困难的企业减免或增拨统筹金 69 万元，仅长沙市建筑公司一次就减免 14.69 万元。进入 20 世纪 90 年代，长沙保险市场主体逐步增多，出现多元化格局。1991 年 8 月，交通银行组建成立中国太平洋保险公司长沙代理处。1994 年 9 月 22 日，中国平安保险公司长沙分公司成立，长沙保险市场主体达到 4 家。1996 年 4 月中国太平洋保险公司长沙代理处更名为中国太平洋保险公司长沙分公司，实行产、寿险混合经营。当年全市城乡保险网点发展到 110 个，保险员由 202 人发展到 831 人，初步形成乡镇有保险站、村有保险员、组有协保员的三级代办格局。

2006 年，是长沙保险市场主体增加最多的一年，阳光产险、人保寿险、中英人寿、国民人寿和合众人寿 5 家保险公司进驻长沙，其中的中英人寿和华泰人寿 2 家合资分公司的开业，系长沙外资参股保险公司“零”的突破；平安养老湖南分公司的筹建，系长沙保险业专业经营之始。是年，产险公司发展至 12 家、寿险公司发展至 8 家。

至 2012 年年底，长沙保险市场有省级分公司 44 家。其中，产险公司 21 家，寿险公司 23 家（含两家中外合资保险公司）。经营保险险种 3800 余种；保费收入 123.33 亿元。其中，财产保险业务收入 53.12 亿元，机动车辆保险、企业财产保险、信用保险占据着产险市场的主导地位。人身保险业务收入 70.21 亿元，分红产品、普通寿险、健康险占据着人身险市场的主导地位。

第一节　机　构

一、保险机构

1988 年，长沙市保险市场仅有中国人民保险公司长沙市分公司。1989 年 3 月，长沙市人寿保险股份有限公司成立，该公司是中国人寿保险股份有限公司、长沙市财政局、中国人民保险公司湖南省分公司合资组建的国有股份制保险企业，也是全国地市级范围内第一家专营人寿保险公司。1991 年 8 月，交通银行组建成立中国太平洋保险公司长沙代理处。1994 年 10 月，平安保险长沙分公司成立。1996 年 4 月，中国太平洋保险公司长沙代理处更名为中国太平洋保险公司长沙分公司。1996 年 12 月，人保长沙市分公司进行体制改革，实行产、寿险分业经营，更名为中保财产保险有限公司长沙市分公司。长沙市人寿保险股份有限公司更名为中国人寿保险公司湖南省长沙市分公司。1999 年 6 月，中保财产保险有限公司长沙市分公司重新启用“中国人民保险公司长沙市分公司”名称，专营财产保险业务。中国人寿保险公司湖南省长沙市分公司更名为中国人寿保险公司长沙市分公司。

2000年5月，华安产险湖南分公司成立，2000年11月，中国太平洋保险公司长沙分公司实行产、寿险分业经营。是年12月，太平洋保险公司长沙分公司改制更名为中国太平洋财产保险股份有限公司长沙分公司，下辖9家支公司、9家营销服务部，职工1080人，营销人员800人。2003年2月，平安保险公司分为中国平安人寿保险股份有限公司长沙分公司和中国平安财产保险股份有限公司长沙分公司。2003年7月，长沙人保重组改制，更名为中国人民财产保险股份有限公司长沙市分公司，下辖10个支公司，有员工386人，营销人员450人。9月，中国人寿保险公司长沙市分公司改制更名为中国人寿保险股份有限公司长沙市分公司。2006年，天安、太平、大地、华泰、安邦、中联、阳光、信用、平安养老等产险公司相继在长沙成立机构，2006年中英人寿外资公司进驻。2008年，长沙地区寿险公司发展至16家。2010年12月华泰人寿在长沙成立分支机构（外资）。

至2012年年底，入驻长沙产险公司总计21家，寿险公司共计23家（含外资公司2家）。

二、中介机构

2001年5月，湖南湘财保险代理有限公司批准成立，该公司是长沙市同时也是湖南省第一家保险专业中介机构。2002年，长安代理公司成立。2003年，鸿翔、宇辉、阳光3家保险代理机构相继成立。2003年8月13日湖南省第一家全国性专业保险经纪公司，湖南鼎安保险经纪有限公司经中国保监会批准成立，总部设在长沙，从业人员26人。2003年9月，湖南衡泰保险公估有限公司经中国保监会批准成立，是国内注册资本最大的公估公司。2004年，泰格、华菱、华安3家经纪公司相继成立，2005，长沙育才保险代理公司成立，代理学生平安保险业务，泛华、华康、大童等全国性集团化代理机构在湖南布局设点。2006年年底，共有中介机构49家。其中保险代理公司39家、保险经纪公司6家、保险公估公司4家。保险兼业代理机构2137家，从业人员9.36万人。从2007年开始，实行市场退出机制，至2010年，有21家专业机构退出中介市场。2012年，全市有保险中介机构44家。其中，保险代理公司13家、保险经纪公司9家、保险公估公司5家。外埠法人在湘分支机构17家。保险兼业代理机构9077家，保险营销员16.97万人，其中产险公司营销员1.81万人，寿险公司15.17万人。

附记　保险公司选介

1.中国人民财产保险股份有限公司长沙市分公司（以下简称“长沙产险”）。公司前身为中国人民保险公司长沙市中心支公司，经营财产保险业务和人身保险业务。1988年保费总收入8841.2万元。1989年3月，由于长沙市人寿保险股份有限公司成立，其经营业务由全面办理综合性保险业务转向主营财产保险，代办人身险业务。进入21世纪，经办险种不断增多，服务网络遍布全市城乡。2001年保费收入31492万元，增速在全国33个城市分公司中排名第四位。

2007年，实现保费收入4.23亿元。为28.5万家企事业单位和家庭14.5万台车辆提供近200个险种的服务。至2012年，加大对重要产业、重点工程、重大项目的风险管理和保障，开办车辆保险、工程险、建筑施工企业意外险、信用险、中、小企业保证险、健康险等险种。2012年收入保费11.57亿元，为101万个企业事业单位、个人及车辆提供2638亿元的风险保障，拥有从业人员1208人。

2.中国人寿保险股份有限公司长沙市分公司（以下简称“长沙国寿”）。长沙国寿成立于1989年3月，是由中国人寿保险股份有限公司、长沙市财政局、中国人民保险公司湖南省分公司合资组建的国有股份制保险企业，也是全国地市级范围内第一家专营人寿保险公司。有员工54人。公司主要经营以人为保险对象的各项业务。是年，收入保费7186万元（含保险储金）。公司业务发展迅速，1991年该公司保费收入突破亿元，1993年突破2个亿。1995年根据长沙市政府决定，长沙国寿原经办的社会保险业务全部移交给长沙市社保局，全年保费收入出现较大缺口，仅收入1.11亿元。1998年，保持业务持续、健康发展的强劲势头，共实现保费收入3.66亿元。2001年7月，长沙国寿与国寿湖南省分公司营业部合并，组成新的国寿长沙市分公司，内设团体、个人、郊县三个半公司化的地市级公司。全年保费首次突破5亿元大关，其中分红产品占比高达71%。2012年保费收入超过20亿元，从业人员3730人。

3.中国太平洋财产保险股份有限公司长沙分公司（以下简称“太平洋产险”）。太平洋产险系其下属一级分公司。前身为1988年9月30日设立的长沙交通银行保险部，1994年6月脱离长沙交通银行挂牌中国太平洋保险公司长沙办事处，1996年4月升格为中国太平洋保险长沙分公司，按产、寿险分业经营的要求，2002年1月9日分设成立中国太平洋财产保险股份有限公司长沙分公司。承保境内外的各种财产保险、短期健康保险和意外伤害保险业务。承保业务涉及电力、汽车、机械、化工、电子、水利、建筑、桥梁、公路、航天航空、船舶等各行各业、各个领域。是年，收入保费627万元，2007年保费收入攀升至1.13亿元，2012年8.43亿元，仅机动车辆保险保费收入7.52亿元，占全部业务的89.2%。至2012年年末，从业人员1880人。

表16-2-1-1　　1988—2012年驻长沙市保险公司一览表

公司名称	成立时间	公司办公地址	职工数（人）	
			职工	个人代理人
中国人民财产保险股份有限公司湖南省分公司	1949年11月	长沙市开福区湘雅路167号	4863	5549
中国人寿保险股份有限公司湖南省分公司	1996年7月	长沙市芙蓉区韶山北路178号中国人寿大厦	4330	34706
中国平安财产保险股份有限公司湖南分公司	1994年10月	长沙市开福区芙蓉中路161号新时代广场北栋1楼、3楼	1182	175
中国平安人寿保险股份有限公司湖南分公司	1994年10月	长沙市天心区书院路206号星城书香苑裙楼2~3楼	1190	16883
中国太平洋财产保险股份有限公司湖南分公司	2007年6月	长沙市芙蓉中路二段106号湘豪大厦北楼25~27楼	1080	800
中国太平洋人寿保险股份有限公司湖南分公司	2000年12月	长沙市五一大道389号华美欧大厦1楼，13~14楼	1653	10874
华安财产保险股份有限公司湖南分公司	2000年5月	长沙市五一大道800号中隆国际大厦16楼	405	183
新华人寿保险股份有限公司湖南分公司	2002年3月	长沙市芙蓉区韶山北路139号湖南文化大厦26~27楼	1048	11647
泰康人寿保险股份有限公司湖南分公司	2002年5月	长沙市芙蓉中路三段266号弘林国际大厦5~7楼	846	8206
天安财产保险股份有限公司湖南省分公司	2002年12月	长沙市开福区芙蓉北路五家岭商业中心2~3楼	429	179
太平财产保险有限公司湖南分公司	2004年9月	长沙市韶山北路460号兴盛名座5楼	127	392
中国大地财产保险股份有限公司湖南分公司	2005年4月	长沙市黄土岭187号省地税培训中心21楼	601	647

续表 16-2-1-1

公司名称	成立时间	公司办公地址	职工数(人)	
			职工	个人代理人
中国大地财产保险股份有限公司湖南分公司	2005年4月	长沙市黄土岭187号省地税培训中心21楼	601	647
中华联合财产保险股份有限公司湖南分公司	2005年6月	长沙市雨花区桂花路271号6楼、7楼、9楼、10楼	1084	1964
华泰财产保险有限公司湖南省分公司	2005年6月	长沙市芙蓉中路三段569号湘南商会大厦东塔7楼	100	0
安邦财产保险股份有限公司湖南分公司	2005年11月	长沙市芙蓉中路二段88号定王大厦30楼	233	173
中国人民人寿保险股份有限公司湖南省分公司	2006年7月	长沙市芙蓉中路三段398号新时空大厦1楼、7楼	610	8200
阳光财产保险股份有限公司湖南省分公司	2006年6月	长沙市芙蓉区五一东路235号湘域中央1栋6楼	60	384
中英人寿保险有限公司湖南分公司	2006年9月	长沙市韶山北路159号通程国际大酒店11楼	63	263
农银人寿保险有限公司湖南分公司	2006年9月	长沙市芙蓉中路二段168号一号摩天一号大厦2座29楼	380	2216
合众人寿保险有限公司湖南分公司	2006年12月	长沙市芙蓉中路二段88号定王大厦15楼	400	2070
生命人寿保险有限公司湖南分公司	2007年1月	长沙市芙蓉中路二段200号华侨大厦19~20楼	410	5299
平安养老保险股份有限公司湖南分公司	2007年3月	长沙市劳动中路58号京电大厦19楼	162	0
都邦财产保险股份有限公司湖南分公司	2007年5月	长沙市芙蓉南路一段758号和庄大厦A区一栋506~522室	145	35
中国人寿财产保险股份有限公司湖南省分公司	2007年8月	长沙市韶山北路178号19楼	611	1027
中银保险有限公司湖南分公司	2007年10月	长沙市芙蓉中路一段593号国际大厦19楼	129	51
渤海财产保险股份有限公司湖南分公司	2007年11月	长沙市韶山北路16号维一星城国际701~705室	26	34
民生人寿保险股份有限公司湖南分公司	2007年9月	长沙市雨花西路528号建鸿达现代华都家园27楼	262	1546
中国人民健康保险股份有限公司湖南分公司	2008年2月	长沙市雨花区韶山路256号汇富中心C楼4~5层	291	443
长安责任保险股份有限公司湖南省分公司	2008年4月	长沙市芙蓉中路三段398号新时空大厦8楼	188	207
阳光人寿保险股份有限公司湖南分公司	2008年5月	长沙市芙蓉中路359号佳天国际新城北栋28楼	239	1381
民安财产保险有限公司湖南分公司	2008年12月	长沙市芙蓉区五一大道456号亚大时代大厦20楼	4	65
永诚财产保险股份有限公司湖南分公司	2008年7月	长沙市韶山北路139号文化大厦10楼	116	20
华夏人寿保险股份有限公司湖南分公司	2008年10月	长沙市芙蓉中路三段569号湖南商会大厦西塔23楼	175	772

续表 16-2-1-1

公司名称	成立时间	公司办公地址	职工数(人)	
			职工	个人代理人
幸福人寿保险股份有限公司湖南省分公司	2008 年6月	长沙市芙蓉中路 508-3 号君逸康年大酒店 10~11 楼	180	1064
华泰人寿保险股份有限公司湖南分公司	2010年12月	长沙市五一中路 618 号湖南银华大酒店商务楼 12楼、24 楼	105	791
长城人寿保险股份有限公司湖南分公司	2011 年5月	长沙市天心区芙蓉中路三段 142 号光大发展大厦北座 5 楼	43	116
英大泰和财产保险股份有限公司湖南分公司	2011 年4月	长沙市劳动西路 471 号中天电力大厦 11 楼	234	81
光大永明人寿保险有限公司湖南分公司	2011年12月	长沙市天心区芙蓉中路 142 号光大发展大厦 8 楼	31	38
紫金财产保险股份有限公司湖南分公司	2011年11月	长沙市开福区芙蓉中路 146 号湘农大厦 8 楼	46	60
国华人寿保险股份有限公司湖南分公司	2012 年1月	长沙市天心区芙蓉中路 142 号友阿光大大厦 7 楼	45	74
安邦人寿保险股份有限公司湖南分公司	2011年12月	长沙市芙蓉区芙蓉中路二段 88 号定王大厦 29 楼	102	15
泰康养老保险股份有限公司湖南分公司	2012 年4月	长沙市天心区芙蓉中路二段 266 号弘林国际大厦 7 楼	38	126
中国出口信用保险公司长沙营业管理部	2004 年7 月	长沙市芙蓉中路二段 337 号佳天国际新城北座 11 楼	36	0

第二节　财产保险

一、险种、经营

1988 年，长沙继续开设企业财产、机动车辆、货物运输、家庭财产、农业保险及责任保险等业务，由人保长沙市中心支公司独家经营。是年，开办游艇乘客、公路零担货运、建筑安装、双定保险等 10 项新业务，同时为支持农村发展和社会需要，开办养鸭保险、珍珠蚌养殖等 10 项新涉农业务。首批承保长沙市郊区鸭子 1 万只；承保淡水养殖珍珠及人工繁殖三角帆蚌等科研项目。全年各项保费收入 3222 万元，承保财产保险金额 100 亿元。

1989 年，人保产险开办眼镜膜产品信誉保险、水泥质量责任保险、杂交水稻制种保险等 8 个新产品。1990 年，人保产险与长沙市种子公司合作开办杂交水稻繁殖保险，承保长沙县 V20A 和珍汕 07A 春繁面积 69 公顷。1991 年，开办长效家财保险，两个月发展 30 万份，收保险储金 1361.3 万元。1991 年全市各项财产保险收入 1.64 亿元。1992 年开发“锅炉压力容器”及附加设备保险、黑山羊保险、蔬菜保险等 15 个新险种，收取保费 400 万余元。1994 年 11 月 30 日，长沙人保参加“东方红三号”通信广播卫星发射，保额 4 亿元（长沙人保分保 1500 万元），此保单系长沙市保险公司首次为全国性高科技保险领域开展的承保业务。1995 年后，保险险种增至 100 余种，企业财产、家庭财产、机动车辆、工程保险、货物运输、船舶险、责任险、农业保险、短期健康险成为各家财产保险公司的主要险种，全年全市财产保险保费收入突破 2 亿元大关。1996 年，人保产险首次承办珍贵动物保险。1996 年 7 月，太平洋产险承保湖南江垭水利枢纽工程、建筑安装工程保险及第三者责任险，总保额5.56亿元，开启重大建筑工程保险的先河。1997年8月，长沙人保与神农大酒店签订湖南首张涉外旅游酒店综合保险保单，保额达2.6亿元。10月，太平洋保险承保远大空调有限公司从美国购回的一架塞斯纳桨状525型飞机的机身险、第三责任险、旅客意外伤害险，保额总计为357.4万美元、350万港元，此保单为全省首单航空险。1998年3月，长沙人保承保湘江一、二桥的财产一切险、营业中断险和现金保险，总保额4亿元。1998年，平安产险先后承保湘潭电厂和湘潭钢铁厂企业财产险、机器设备险，保险金额21.3亿元和9.69亿元。由于受亚洲金融危机等因素影响，部分企业效益不好，财产保险保费收入增速放缓，1998年甚至出现负增长。2000年，华安产险承保潭邵高速建筑一切险，收取保费100.6万元，保险金额2.8亿元。是年，长沙陆续开办工程保险、责任保险和信用保险等险种，机动车辆保险成为长沙市财产保险中的第一大险种。2001年，太平洋产险承保湖南省电力公司财产综合险，保险金额20.2亿元；2003年，华安产险承保长沙卷烟厂财产综合险，保险金额17.42亿元；承保普瑞温泉酒店财产综合险，保险金额3.53亿元。2004年，太平洋产险独家承保远大空调有限公司飞机机队航空器综合保险，保额1.6亿元。2005年，出口信用保险承保长江航运集团青山船厂出口荷兰的4条集装箱航建项目的买方违约、履行担保责任险，保额6259.2万美元。2006年，平安产险承保中国俄罗斯特别活动年——俄罗斯张家界天门山特技飞行表演期间的财产险、公众责任险，保险金额2亿元。至2006年年底，长沙产险市场主体增至12家，并陆续推出多种财产保险新险种，全市财产保险保费收入10.65亿元。

2007年，阳光产险开办航空航天保险、核能源保险、集装箱保险等32个险种，收入保费9419万元。长沙人保开展政策性农业保险试点。长沙县有20个乡镇计13730.81公顷水稻参加种植保险，总保额4943万元。浏阳市将全市6.48万公顷水稻统一投保，总保额2.34亿元。是年，人保产险和中华联合产险首次获得承保湖南省政策性农业保险的公司。人保产险开办水稻保险、能繁母猪保险、油菜保险、奶牛保险、森林保险，保险金额323万元。中华联合产险开办水稻、棉花、能繁母猪和公益林4个险种保险，实现保费4.2亿元。国寿产险承保中南大学湘雅医院一切险，保额3.05亿元。2008年，大地产险开办房贷保险业务，收入保费423万元。民安产险承保湘电集团有限公司微特电分公司产品质量保证保险，保险金额7000万元。都邦产险承保湖南益阳发电有限责任公司机器损坏险，保费收入19.65万元。2009年，中银保险相继推出“融货达——存仓货物保险”“国内贸易信用保险”“银泰保——银行抵押物损失保险”等银保新产品。

2010年，阳光产险中标长沙轨道2号线一期工程及长沙市营盘路湘江隧道工程项目内的建筑/安装工程一切险（含三责险），保费超千万元，保险金额3.14亿元，这是该公司成立以后最大非车险保单，也是第一次承保轨道交通类保险项目。平安产险承保长沙轨道2号线一期工程保险，保险金额75亿元。是年，全市收取保费36.09亿元，为历年之最。2011年，大地产险中标长沙市地铁一号线工程建筑/安装工程一切险（含三责险），收取保费727万元。平安产险独家承保赣龙铁路、沪昆铁路工程险，保险金额57亿元。

2012年，全市加大农业保险推进力度，在开展农房、水稻、棉花、能繁母猪、森林火灾等险种基础上，将农业保险服务领域延伸到特种种植和养殖业。全市共为75万户农户承保水稻11.91万公顷，油菜3万公顷，森林20万公顷。2012年财产保险险种1800余种，保费收入53.12亿元。

二、理赔、服务

1988 年，长沙市发生特大火灾、秋汛和频繁的交通事故。保险公司及时查勘施救，及时赔付损失，为灾后重建发挥积极作用。全年处理赔案 1.34 万起，共赔付金额 4287.6 万元。其中长沙造纸厂 8 月 2 日火灾，赔付 42.2 万元。湖南建湘瓷厂 7 月 30 日夜晚注浆车间烧毁，赔付 30.5 万元。货物运输险中全年损案 539 起，其中盗案 362 件，占 67%，共赔付 40 万余元。

1990 年 6 月中旬，长沙地区普降暴雨，保险公司特事特办，简化理赔手续，当场查勘，当场定损，当场赔付，将 210 万元赔款送到 148 家企业和 2256 户受灾群众手中，帮助其迅速恢复生产，重建家园。1990 年年底，长沙人保在市区 300 余家修理厂中考察选定 20 余家，对受损车辆实行定点修理，杜绝“送修满天飞，定损没有边”的混乱现象。1992 年，长沙市灾害和事故频繁，经历两次洪水、四场暴雨和多次火灾，长沙人保实行农村联合共保、风险共担、利益均沾，全年保险公司共决赔案 1.96 万起，赔付 8000 余万元。1993 年 7 月，长沙市连降暴雨成灾，洪水泛滥，全市所辖 9 个区县（市）全部受灾，造成直接经济损失 5.6 亿元。长沙人保组织 300 余人分成 48 个小分队，出动车辆 35 台奔赴灾区第一线进行抗洪救灾和查勘理赔。对 4300 余个投保受灾企业和群众组织经济补偿金额 1300 万余元，使受灾企业和人民群众尽快恢复生产和安定生活。1995 年，财产理赔呈上升态势。6 月，浏阳市、长沙县等地区遭受特大洪灾，多处山洪暴发，直接经济损失 10 余亿元，人保产险全年办理各类赔案 1.95 万起，赔付 9451.2 万元。其中投保单位浏阳市黄金潭造纸厂受损严重，太平洋保险赔付 110.66 万元，平安产险对该厂赔付 2389 万元。6 月 10 日，长沙人保成立事故车辆报价、定损、招标管理中心，规定事故车辆（含“三责”）估损 5000 元以上一律由管理中心定损招标，是年核减不合理费用 186 万元。1996 年 7 月 23 日，宁乡氮肥厂发生爆炸，生产被迫停止，长沙人保打破常规预付 10 万元，后赔付 25.2 万元，还从上海、四川等地请维修工程师帮助维修，使该厂灾后 10 余天就恢复生产。平安保险推出车辆保险“理赔服务承诺制”，对服务时间和结案时间作明文规定。

1998 年 6—7 月，长沙地区先后 4 次普降特大暴雨约 800 毫米，部分地区超过 1000 毫米，湘江、浏阳河、捞刀河、沩水全面超过历史最高水位，给全市造成巨大财产、经济损失。长沙财险公司快速反应，全力以赴投入抗洪救灾，迅速派出 68 个小分队奔赴抗洪前线，向 478 个保户单位发出 1000 余份转移财产通知书，支付施救费 58 万余元，帮助 178 个保户单位转移财产价值 3.4 亿元。支付保险赔款过亿元，赔付率 59.52%，太平洋产险支付保险赔款 1532 万元，赔付率 31.75%，平安产险支付保险赔款 9079 万元，赔付率 83.59%。1999 年长沙人保推出机动车辆理赔服务体系、保险车辆交通事故伤员抢救费担保卡、保险事故车辆免费施救、免费安装汽车玻璃等特别服务项目。2000 年长沙人保和太平洋保险分别设立“95518”“95500”全国统一专线服务电话，为客户提供咨询、查询、理赔、报案、预约、投保、投诉等多项服务。

2000 年 5 月 22 日，中国平安保险长沙市支公司承保的远大空调有限公司一架贝尔 206/P7747 直升机因驾驶员违章飞行，坠落湘江，造成飞机全损，机上人员 2 死 2 伤的重大空难事故，保险当事人双方本着合情、合理以及严格按保险条款办事的原则，达成一致意见，赔款 680 万元。是年，全市财产保险赔款支出 2.28 亿元。

2002 年，平安产险、车险经营实现“三网服务”，即网上投保、网上理赔、网上赔付，提高工作效率。当年人保产险承保的长沙红太阳娱乐城演艺中心发生特大火灾，赔付 1054 万元。2003 年，全市财产保险赔款支出 2.75 亿元，占是年全市产险保费收入的 46.58%。其中机动车辆赔款支出 2.24 亿元，企业财产险赔款支出 2567 万元，货物运输险赔款 1091 万元。

2005 年，长沙地区财产保险赔款支出共付 5.19 亿元。其中企业财产险赔款支出上升 140.52%。当年长沙人保先后推行客户经理制和“理赔无忧——车险快捷”服务承诺，加快理赔速度，提升服务水平。2006 年太平洋产险推行限时查勘、定时结案、按时理赔等理赔制度，建立快速理赔通道。“95500”服务专线坚持电话回访，提供温馨提示，催促客户结案理赔等服务。公司连续两次获中国消费者协会颁发的“3·15”标志服务品牌“证书”。

2008 年，宁乡县鞭炮厂发生爆炸案，平安产险赔付 56 万元。是年，湖南全境发生罕见的雨雪冰冻灾害和汶川大地震，加之国际金融危机爆发，给人民群众和企业财产造成巨大损失。在湘保险公司积极应对，抗灾救灾，认真做好咨询、受理、查勘、定损、理赔等各项工作。长沙人保迅速启动“重大灾害和有重大影响事故”理赔处理应急预案，做到“快抢修、快施救、快查勘、快理赔”，接受客户报案 7302 条，处理赔案 6779 件，支付赔款 5800 万元，充分发挥保险在灾害救助、经济补偿、稳定社会的作用。全市发生赔案 3339 万件，支付赔款 11.85 亿元，其中，企业财产险支付赔款 2.69 亿元；机动车辆险支付赔款 7.06 亿元，农业保险支付赔款 4653 万元。2009 年，全市合计赔付 11.2 亿元，其中企业财产险赔付额 6736 万元，工程保险赔付额 1234 万元，信用保险赔付额 223 万元。2010 年，太平洋产险服务能力大幅提升。移动视频查勘系统全面上线。将所有车险、非车险理赔全面纳入视频远程查勘定损和现场查勘范围，最大限度地提高服务时效和服务水平。

2012 年 2 月，客户刘某在工程机械作业时因发生突发性山体滑坡造成重大损失，平安产险赔付 140 万元。2012 年，财产保险赔付额 25.65 亿元，占是年全市产险保费收入的 49.81%，其中，全年支付农险赔款 3737.16 万元。

表 16–2–2–1　　1988—2012 年长沙地区财产保险业务一览表　　单位：百万元

年份	保费收入	增长率(%)	年份	保费收入	增长率(%)
1988	32.22	36.52	2001	423.18	–11.74
1989	41.60	29.13	2002	501.43	18.49
1990	59.09	42.04	2003	597.77	19.21
1991	77.60	31.32	2004	738.22	23.49
1992	118.19	52.30	2005	896.26	21.4
1993	160.19	35.53	2006	1065.22	18.85
1994	164.65	2.78	2007	1434.28	34.64
1995	204.34	24.10	2008	1763.87	22.97
1996	294.34	44.12	2009	2327.39	31.94
1997	336.00	14.15	2010	3609.03	55.06
1998	323.47	–3.72	2011	4527.25	25.44
1999	626.98	93.82	2012	5312.30	17.34
2000	479.45	–23.53			

第三节 人身保险

一、险种、经营

1988 年，长沙人身保险业务以简易人身保险、双定保险为主，由人保长沙市中心支公司经营。当年，长沙市新开办游艇乘客保险、住院精神病人人身保险、住宿旅客意外和游泳人员意外伤害保险。年末，人身险保费收入 5618 万元。1989 年 3 月 18 日，长沙市人寿保险股份有限公司成立后，统一经营全市寿险业务。是年，全市开办短期人身意外伤害保险，简明人身保险、个人养老金保险、集体职工退休费用社会统筹、独生子女及少儿两全保险、厂长（经理）平安保险等 30 余个险种。其中，厂长（经理）平安保险参保人数 1300 余名。1990 年，长沙人寿相继推出计划生育系列保险、爱子女后备年金保险、乡村干部养老金保险、义务兵人身综合保险、伤病员住院平安保险、民办教师养老金保险等 10 余种保险新产品。1991 年，长沙人保开办“婚姻纪念保险”、金融职工意外伤害保险和烈士公园游乐场人身意外伤害保险，其中游乐场所意外险开办仅 3 个月，投保的游客超过 12 万人次。同年，为参加“湖南省第三届对外经济贸易洽谈会暨 91 国际烟花节”3 万余名国内外客商，办理“特种人身意外伤害保险”“住宿平安保险”，这是域内首次为大型活动提供保险服务。全市启动农村社会养老保险业务，主要对象为村干部、计划生育家庭、民办教师。全市参保人员 3.2 万余人，长沙市于 10 月 12 日召开农村社会养老保险工作经验交流会。

1992 年，长沙人寿配合医疗制度改革推出住院医疗保险、医疗事故及医疗意外保险，至年末，全市共承保 12 万余人，收入保费 540 万元。1993 年该公司相继推出管道煤气用户安全、轮船乘客意外、近视眼手术、有照电工意外伤害保险等 7 个新险种，全市寿险保险收入突破亿元大关，达到 1.2 亿元，全市有 25 万人参加“个人意外伤害保险”，至年底，保险服务扩大到简易人身保险、养老年金、人身意外伤害保险和社会统筹等 4 大系列 52 个险种，累计为全市人民承担各种风险责任 516.4 亿元。

1994 年，长沙人寿推出锅炉工人、公汽乘客、公安干警、环卫职工人身意外伤害保险等 10 个新产品。1995 年太平洋寿险推出步步高增额保险和步步高附加增额养老保险。是年，长沙市场首现保险界与友谊集团联手为顾客提供新的服务方式，即在友谊商店（城）购物满 500 元的顾客免费享受一份保险金额为 5000 元友谊人身保险卡。

1996 年，为第一届亚洲体操（艺术体操）锦标赛提供保险金额为 4000 万元的人身意外伤害保险。是年，借鉴国外先进经营管理经验，建立寿险营销机制。长沙国寿和平安寿险率先开展寿险营销业务，先后成立营销部，招聘寿险营销员，个人营销业务的热销促进寿险业务的快速发展，1996 年年底，太平洋寿险开办福禄寿增额还本养老保险、老来福（97）终身寿险等 10 个新产品。1997 年，用电平安保险、旅游保险、输血保险等新险种，成为新的业务增长点，全市寿险保费升到 2.5 亿元。

1998 年，长沙某私营业主在长沙国寿投保保额 140 万元个人寿险保单。其中 88 红利终身保险 80 万元，附加意外伤害、意外医疗保险各 30 万元，为当年个人投保之最。2000 年后，太平洋寿险陆续推出太平盛世·长发两全保险、众恒团体年金保险 A、B 款等万能型保险产品。

2001 年，分红型保险新保险产品上市，兼业代理异军突起，个人代理业务迅速发展。随着太平洋保险、新华保险、泰康保险公司的相继成立，寿险业快速发展。是年，长沙国寿批量推出千禧理财两全保险等 8 个分红保险新产品。2002 年，太平洋寿险分红型代理产品“红利来”上柜销售，受到市民热捧，首年销售额超过 1.6 亿元。泰康寿险推出世纪英才、世纪长安终身保险和世纪长乐分红保险等 16 个新产品。2002 年，由于个人寿险热销，全市个人代理人总数 4359 人。2002 年年末，全市保费收入 17.39 亿元，其中分红保险保费收入 10.57 亿元。2002—2003 年，新华寿险承保长沙同升湖国际实验学校和中南大学“状元红”保险，承保人数分别为 1443 人、3629 人；保险金额分别为 1.94 亿元、9.1 亿元。2003 年 8 月 18 日，长沙国寿推出国寿鸿鑫两全保险新产品，首日出单 804 万元，创全省业界销售新高；太平洋寿险承保第五届全国城运会人身意外伤害险，为 1.3 万余名运动员、教练员、工作人员及 6000 名观众免赠保额 111 亿元。2004 年，保费收入 20.21 亿元，突破 20 亿元大关。

2005 年，平安寿险承保“超级女生”和拍摄《2005 年超女成长录》的全体演职人员意外伤害及意外医疗保险，保额金额 1251 万元。新华寿险承保浏阳市金刚镇中心学校 5286 名学生平安意外伤害保险，保额 7.13 亿元。

2007 年，长沙人寿开拓“以村统保”的新途径，积极开发办好适合农村特点和消费水平的失地外出务工保险和农民养老金保险等险种，为全市 15 万农村人口提供保额超过 20 亿元的保险保障。同年，合众人寿成立后，推出合众金·长红终身保险 B 款、合众璀璨人生年金保险等 27 个万能型、分红型产品，收入保费 1.1 亿元。2008 年，平安养老承保长沙市韶山南路“上海城”建筑工地意外伤害保险。新华寿险承保长沙理工大学 7500 人学生平安意外伤害险，保额 10.12 亿元。华泰保险承保湖南路桥建设集团广深沿江高速公路 A2 项目的建工一切险，保额 3.05 亿元。2008 年，全市寿险公司 16 家，年末全市人寿保险保费收入 54.23 亿元。2009 年，新华寿险承保黄花国际机场 2.4 万人华顺团体意外伤害保险，保额 24 亿元。2010 年，合众寿险承保长沙教育系统的教师团体意外伤害保险，保额 1 亿余元。寿险销售渠道多样化，在巩固发展原有直销、代销等营销方式的基础上，电话销售、网络销售等新型销售渠道相继出现并迅速发展，消费者购买保险更加便捷。

2011 年，出口信用承保 253 家出口企业，承保金额 17.8 亿美元。2012 年长沙市有经营人寿保险业务的公司 23 家，开办的人身保险险种 2000 余种，全市各项人寿保险保费收入 70.21 亿元，人身险业期末有效保险金额 2.17 万亿元。

二、理赔、服务

1989 年 4 月 14 日，长沙县黄兴镇中学发生手榴弹爆炸事件，22 名学生受伤，共给付保险金 1.45 万元，相当于全镇中小学生所交保费的 1.6 倍。1989—1993 年间，随着保险业务的拓展，全市寿险赔付额快速增长，分别为 124 万元、305 万元、2682 万元、3259 万元、5301 万元。1994 年，南区环卫工人刘某某 11 月 26 日上班时被汽车撞伤，司机逃逸，造成头部、面部软组织挫伤和骨折。该公司及时给付医疗保险金 2615 元，解决用户燃眉之急。

1997—1999 年，寿险赔付额分别为 1.35 亿元、1.66 亿元、1.10 亿元。2000 年 2 月 2 日，全省首例外国人理赔案获长沙国寿赔付。投保人系哈萨克斯坦妇女库孜本巴娃·罗兰，因遭歹徒抢劫头部受重伤，获赔 4 万元意外伤害保险金。进入 21 世纪后，市场主体增多，群众保险意识增强，保险机构增加寿险品种，加快理赔速度。2001 年 12 月 31 日，被保险人吴某（女，25 岁），因交通事故意外死亡。吴某于 4 年前在中国太平洋人寿保险长沙分公司投保 “老来福（97）终身寿险”，经公司派员调查核实后，太平洋寿险长沙分公司根据保险条款向吴某受益人赔付 20 万元保险金，这是该公司 2001 年最大的一起寿险赔案。2002 年，全市共支付赔款 2.82 亿元，赔付率 16.21%。同年 7 月，湘潭某企业王先生、黄先生外出办事遭遇车祸，经抢救无效死亡，平安寿险按照《平安团体意外伤害险》《团体一年定期寿险》规定，分别赔付 56 万元和 50 万元，成为该公司成立后最大寿险赔付案。2003 年春夏之交，全国爆发“非典”疫情，长沙及时推出“非典”保险，设立理赔专线。长沙国寿、平安寿险分别向长沙市疾控中心、长沙市第四医院捐赠价值 880 万元和 1000 万元“非典”保险。

2004 年，全市寿险支付给付金 3.09 亿元，给付率为 15.31%。2005 年，浏阳市双狮坪中学 269 人与应战小学 188 人，因饮水水源被污染而感染“细菌性痢疾”住院，长沙国寿赔付住院治疗费 40.7 万元。年末，全市寿险给付金同比有下降，为 2.46 亿元，给付率 11.94%。

2007 年 8 月 13 日，湘西州凤凰县至贵州铜仁地区大兴机场的二级公路堤溪段在建的长 320 米、宽 12 米、高 42 米、4 跨型沱江石拱大桥，在拆除脚手架时发生坍塌事故，造成 64 人死亡、23 人受伤，中国人寿长沙市分公司迅速派人赶到事故发生地，进行慰问查勘，按照保险条款赔付保险金 400 万余元。是年，全市寿险给付金骤增至 9.98 亿元。2006 年 9 月 21 日，湖南省公安厅谢某在执行公务时被绑匪持枪击中腹部，在送往医院途中因失血过多而牺牲，2007 年 7 月 25 日被湖南省公安厅追认为烈士，太平洋寿险按照《团体人身意外伤害保险》条款赔付 30 万元。是年 5 月 6 日，湖南省公安厅朱某某值班时被潜逃犯人殴打致死，2007 年 7 月 25 日被湖南省人民政府追认为烈士，太平洋寿险给付身故保险金 30 万元。

2008 年年初的南方冰冻灾害、“5·12”汶川大地震发生后，各保险公司开通理赔“绿色通道”，特事特办，开展“爱心保单”销售活动，为长沙赴川救灾的公安干警、医护人员、新闻记者等人员捐助意外伤害保险，为冰冻受灾和地震灾区人民捐款捐物、交纳特别党费。全年，全市寿险给付金回升至 11.48 亿元。其中个人寿险赔款支出 4676 万元，团体寿险支出 5941 万元。2010 年全市寿险给付金额有所下降，为 7.54 亿元。是年 8 月 25 日，太平人寿启动紧急重大事件预案，开通绿色理赔通道，为在伊春客机失事中遇难的 4 名乘客支付身故理赔金 46 万余元。

2011 年，全市支付各类寿险金额 11.65 亿元。2012 年 5 月 19 日，在湖南省炎陵县域内，中铁三局集团第五工程有限公司承建的炎汝高速 13 标八面山隧道内发生爆炸事故，20 人死亡的特大意外事故。泰康养老保险公司第一时间成立事故处理小组火速到达现场，协助当地政府、施工单位、家属处理相关理赔事项和善后事宜，并于 5 月 30 日快速赔付 400 万元，赢得当地媒体、投保单位和受益人的一致好评。6 月 8 日，长沙县客户王某某在钓鱼时不慎将钓竿碰到高压线，当场触电身故，新华人寿按照《吉星高照 A 款两全保险》《团体意外伤害保险》条款规定，给付保险金 18 万元。是年，全市寿险给付金额 13.49 亿元。

表 16-2-3-1　1988—2012 年长沙地区人身保险业务统计一览表　单位：百万元

年份	保费收入	增长率(%)	年份	保费收入	增长率(%)
1988	56.18(含储金)	41.4	2001	951.98	23.68
1989	26.90	-52.11	2002	1739.67	82.72
1990	36.87	37.06	2003	1974.82	13.52
1991	56.37	52.88	2004	2021.62	2.36
1992	79.63	41.26	2005	2062.34	2.01
1993	120.01	50.70	2006	2523.82	22.37
1994	149.98	24.97	2007	3550.53	40.68

续表 16-2-3-1

年份	保费收入	增长率(%)	年份	保费收入	增长率(%)
1995	123.91	-17.38	2008	5423.07	52.74
1996	149.87	20.95	2009	6246.65	15.19
1997	252.91	68.75	2010	6468.84	3.56
1998	365.59	44.55	2011	6795.19	5.04
1999	583.15	59.50	2012	7021.46	3.33
2000	769.68	31.98			

第四节 中介市场

一、代理

2000 年 12 月 13 日，湘财保险代理公司获批筹建全国第一批保险代理公司，2001 年 5 月成立，总部设在长沙。主要承担省内各家保险公司代理销售各种人身保险、财产保险和责任保险产品，代收保险费，理赔协助等专业服务，有员工 31 人。作为新兴行业，开始几年的业务量不大，增长缓慢，此后，中介机构逐渐增加，至 2006 年，全市保险代理机构增至 20 家，拥有从业人员 614 人。是年，代理保费 7.28 亿元，营业收入 3158.62 万元。

2007 年后，市场退出加速，中介代理机构逐年递减。2010 年，全市中介代理机构代理保费 50.19 亿元，营业收入 2.94 亿元。2012 年，全市拥有保险代理机构 19 家，从业人员 1536 人，营业收入 1.56 亿元。

二、经纪

2003 年 8 月 13 日，湖南省第一家全国性专业保险经纪公司湖南鼎安保险经纪有限公司经中国保监会批准成立，总部设在长沙市。2004 年，泰格、华菱、华安 3 家经纪公司相继成立，全市营业收入 878 万元，营业支出 776 万元。

2005 年，经纪公司增至 6 家，经纪保费和佣金收入实现同比增长。2006 年经纪保费 1.83 亿元，佣金收入 3597 万元。2008 年以后，实行退市机制，经纪公司维持在 6 家左右。但经纪保费收入及主营业务收入呈持续增长态势，至 2010 年，经纪保费 4.57 亿元，比 2005 年增长 4.23 倍；佣金收入 7048.8 万元，比 2005 年增长 2.88 倍。2012 年全市拥有保险经纪公司 9 家，外埠保险经纪公司在湘分支机构 14家。

三、公估

2003 年 9 月，湖南衡泰保险公估有限公司经中国保监会批准成立，是国内注册资本最大的公估公司。公司成立后承接的第一个案件为华安财产保险公司委托的湖南常德至张家界高速公路暴雨及洪水损毁案，案件处理赢得保险双方的认可。

至 2006 年长沙市公估机构发展至 4 家。但连续几年公估业务增长缓慢，2006—2009 年业务收入分别为 244 万元、284.47 万元、200.18 万元、354.61 万元，但仍然呈现不稳定的趋势。2010 年结案数为 435 起，增长较多，估损金额为 1.12 亿元，业务收入 319.38 万元。估损金额仅占全省财产险公司赔款总额的 1.32%，作用发挥极为有限，远低于全国平均水平，处于濒临亏损状态。2012 年年底，全市公估机构 5 家，从业人员 42 人，外埠保险公估机构在湘分支机构 2 家。

第三章　证券期货业

20 世纪 80 年代，为推进经济体制改革，促进长沙市经济发展，长沙市开始探索资本运作和资本市场的建设。加强国家重点建设债券、金融债券、民间信用及国库券流通、转让。1988 年 5 月，成立湖南省第一家证券机构——长沙证券公司，主要从事各类债券的发行和交易。1993 年 12 月 20 日，长沙市也是湖南省第一支股票——“湘中意”在深圳证券交易所挂牌上市发行。至 1999 年年底，长沙共有通程控股、华天酒店等 10 只股票在 A 股上市发行。股票交易额由最初的 10 亿元增长到近 50 亿元。这一时期的期货市场由于管理缺失，处于无序状态。

2003 年 4 月，长沙市人民政府金融证券办公室成立，长沙市证券、期货市场在管理上形成政府主导、人民银行专业监管、行业协会自律的管理体制，证券、期货业步入规范化、法制化的发展轨道。2004 年 4 月 26 日，长沙市出台《关于发展资本市场的若干意见》，对证券、期货市场发展提出明确的指导意见。到 2005 年，长沙市上市公司 25 家，拟上市公司有 40 多家。

2006 年，做好拟上市公司培育，促进资本市场发展，在优化环境，完善培育措施，推进企业改制及税收等方面支持企业上市。2007 年，长沙市出台《关于鼓励和扶持企业上市若干政策的通知》，确定每年从注册地在长沙地区的企业中选定 30 家企业进入拟上市企业资源库，对其中 10 家企业进行重点培育。2008 年，出台《长沙市人民政府关于进一步加强企业上市工作的意见》，对各区县（市）下达推动企业上市目标任务。全市确定 60 家企业为长沙市拟上市企业。

2010 年，发布长沙市人民政府《关于进一步发展资本市场的若干意见》，从上市费用补贴，降低重组成本，加大资源倾斜力度，协调力度等方面完善对拟上市企业的支持。2011 年。全市上市公司总数达 44 家，实现直接融资 305.4 亿元，A 股交易量 9945.36 亿元。全市期货交易额 3.81 万亿元，总资产 29.9 亿元，净利润 1454.34 万元。

2012 年，长沙市政府为完善企业上市扶持政策，成立长沙市企业上市工作协调领导小组，提高上市企业前期费用补助标准，解决上市工程中遇到的困难。是年，全市上市企业 49 家，8 家企业进入上市辅导。全市共有方正、湘财、财富 3 家证券法人机构，证券营业部 78 家。共有大有、方正、德盛、金信 4 家期货公司，期货营业部 15 家。证券业总市值 3676.22 亿元，A 股交易量 1.58 万亿元，直接融资 330.28 亿元。全市期货交易累计成交 2.75 万亿元。至 2012 年，全市证券累计开户数为 132.03 万户。

第一节　证　券

一、证券发行

20 世纪 80 年代末，长沙市为有效地调剂和缓解资金供求成立长沙资金市场，利用市场机制，组织资金横向通融，缓解工、农业生产资金供需矛盾。1988 年 5 月 20 日，长沙证券公司经中国人民银行总行批准成立，主要从事各类债券交易，如国库券、企业债券。至年底共办理国库券贴现266万元，买入1076万元，卖出592万元。买入有价证券47万元，卖出21万元。办理债券发行垫款400万元。1989年长沙市开展金融市场整顿，只办理国库券贴现交易，经过整顿保留长沙证券公司。1992年8月，湖南证券在长沙市湘江宾馆开始营业，先后开通深圳和上海证交所上市股票的异地交易。是年，长沙市发行内部债券7567万元，企业短期融资债券1.43亿元，企业建设债券1.95亿元。

1993年，长沙中意电器集团股份有限公司在资产评估基础上，完成企业股份制改申请上市。5月，湖南省人民政府办公厅发出《关于同意长沙市中意电器股份有限公司向社会公开发行股票的批复》，省证券委将中报材料提交中国证监会复审。9月16日，中国证监会发布复审意见书，确定该公司本次向社会公开发行普通股6600万股，每股面值1元，发行价格2.88元，这是长沙市也是湖南省发行的第一支股票。为体现公平、公正、公开原则，采用在规定时间内无限量发行和认购表与随机摇号。12月20日，"湘中意"股票在深圳证券交易所挂牌上市。

1996年8月，湖南海利、华天酒店、通程东百上市发行，9月华银电力上市发行。湖南海利成为第一支在上交所挂牌上市的湘股，通程东百成为湖南第一家商业类上市公司。1997年6月，五一文、湘计算机2只股票上市发行。

1999年3月25日，"中国传媒第一股"电广传媒在深交所挂牌上市。至年底，长沙共有通程控股、华天酒店、ST生物、湖南投资、湖南发展、长城信息、现代投资、物产中拓、电广传媒、华菱钢铁10只股票在A股上市发行。

2000年10月12日，中联重科作为湖南第一家工程机械类上市公司在深交所挂牌上市。12月，"农业高科第一股"隆平高科在深交所挂牌上市。2001—2004年，山河智能、金农生物、亚达科技、巨星建材、长海数码、湘瓷科艺等完成上市辅导，家润多、经阁铝业成功实行股份制改造。

2005年5月，三一重工被列为全国首批股权分置改革四家试点上市公司之一，6月10日，三一重工是全国首家完成股权分置改革的上市公司，成为"中国股改第一股"。12月19日，长沙威胜仪表集团在中国香港主板挂牌，发行新股1.8亿股，募集资金2亿元港币，这是长沙市也是全省第一家全资在境内的境外上市公司，它的成功标志着长沙市企业境外上市取得突破性进展。

2006年12月22日，山河智能股份有限公司在深圳证券交易所挂牌上市，募集资金3.16亿元。是年，全市共有6家企业发行企业短期融资券49亿元。现代投资股份有限公司发行企业债券融资10亿元。12月，市城建投10亿元企业债券通过国家开发银行长沙分行发行。是年，长沙市城建投和现代投资发行企业债券20亿获国务院批准上市发行。

2007年，注册地在长沙市的上市公司共有28家，其中A股上市公司25家，H股上市公司3家。出台《长沙市人民政府关于鼓励和扶持企业上市若干政策的通知》，市政府确定43家企业为长沙市拟上市企业，通过招标邀请财富证券和宏源证券2家证券公司为拟上市企业提供培育服务。是年，华菱管线、五凌水电和三一重工3家企业获准发行企业短期融资券38亿元。

2008年，确定60家企业为长沙市拟上市企业。其中，拓维信息和同心实业2家企业上市发行股票，家润多和博云新材2家企业通过发审会，梦清家纺和湘能电工2家企业已向证监会申报上市材料。是年，中联重科发行公司债11亿元，华天酒店发行公司债4亿元，湖南有色发行公司债20亿元；华菱管线、湖南有色、中联重科和电广传媒共发行短期融资券64亿元。

2009年，博云新材、家润多、梦洁家纺3家企业在中小板上市；爱尔眼科在创业板上市；三一重装在中国香港上市，华盛烟花在加拿大上市。

2010 年 10 月 28 日，中南传媒在上交所挂牌上市。12 月 23 日，中联重科在中国香港发行 H 股，募集资金 150 亿港元，成为湖南首家“A+H”股上市公司。年底全市累计发行地方企业债券 65.8 亿元。是年，全市共有境内外上市公司总市值 3676.2 亿元。

2011 年，水清环保、千山药机、尔康制药等在创业板上市；方正证券、加加集团等分别登陆主板和中小板。方正证券在上交所挂牌上市，成为湖南金融第一股。至此，湖南全市上市公司 43 家，其中 A 股上市公司 36 家，H 股上市公司 4 家，NASDAQ 上市公司 1 家，加拿大、新加坡上市公司各 1 家。开元仪器、泰嘉新材等 6 家企业上市申报材料已获证监会受理。是年全市共有 53 家企业进入省重点上市后备企业名单。

2012 年，全年新增上市公司（含过会企业）5 家。3 月 16 日，“挂面第一股”克明面业在深交所挂牌上市。三诺生物、开元仪器、红宇新材在深圳证券交易所创业板成功上市，湖南发展借壳 ST 金果上市。楚天科技通过中国证监会创业板上市发审会，蓝思科技等 11 家公司等待上市，族兴村料等 8 家公司在湖南省证监局辅导备案。到年底，全市上市公司总数 48 家，其中 A 股 40 家，其他板块上市 8家。

表 16-3-1-1　　1993—2012 年长沙市 A 股上市公司一览表

序号	股票代码	股票名称	上市日期	行业
01	000157.SZ	中联重科	2000 年 10 月 12 日	专用设备
02	000419.SZ	通程控股	1996年8月16日	零售
03	000428.SZ	华天酒店	1996年8月8日	酒店
04	000504.SZ	*ST 生物	1992年12月8日	平面媒体
05	000548.SZ	湖南投资	1993年12月20日	公路铁路
05	000722.SZ	湖南发展	1997年5月22日	电力
07	000748.SZ	长城信息	1997年7月4日	计算机硬件
08	000900.SZ	现代投资	1999年1月28日	公路铁路
09	000906.SZ	物产中拓	1999年7月7日	钢铁
10	000917.SZ	电广传媒	1999年3月25日	广播与电视
11	000932.SZ	华菱钢铁	1999年8月3日	钢铁
12	000989.SZ	九芝堂	2000年6月28日	中药生产
13	000998.SZ	隆平高科	2000年12月11日	农业
14	002097.SZ	山河智能	2006年12月22日	专用设备
15	002155.SZ	湖南黄金	2007年8月16日	贵金属
16	002261.SZ	拓维信息	2008年7月23日	计算机软件
17	002277.SZ	友阿股份	2009年7月17日	零售
18	002297.SZ	博云新材	2009年9月29日	金属非金属新材料
19	002397.SZ	梦洁股份	2010年4月29日	服装家纺

续表 16-3-1-1

序号	股票代码	股票名称	上市日期	行业
20	002452.SZ	长高集团	2010年7月20日	输变电设备
21	002533.SZ	金杯电工	2010年12月31日	输变电设备
22	002650.SZ	加加食品	2012年1月6日	食品
23	300015.SZ	爱尔眼科	2009年10月30日	医疗服务
24	300148.SZ	天舟文化	2010年12月15日	平面媒体
25	300187.SZ	永清环保	2011年3月8日	环保
26	300216.SZ	千山药机	2011年5月11日	医疗器械
27	300267.SZ	尔康制药	2011年9月27日	化学制药
28	300298.SZ	三诺生物	2012年3月19日	医疗器械
29	300338.SZ	开元仪器	2012年7月26日	通用设备
30	300345.SZ	红宇新材	2012年8月1日	通用设备
31	600156.SH	华升股份	1998年5月27日	纺织
32	600390.SH	*ST 金瑞	2001年1月15日	金属非金属新材料
33	600476.SH	湘邮科技	2003年12月10日	计算机软件
34	600478.SH	科力远	2003年9月18日	金属非金属新材料
35	600599.SH	熊猫金控	2001年8月28日	化学制品
36	600731.SH	湖南海利	1996年8月2日	化肥农药
37	600744.SH	华银电力	1996年9月5日	电力
38	600975.SH	新五丰	2004年6月9日	畜牧业
39	601098.SH	中南传媒	2010年10月28日	平面媒体
40	601901.SH	方正证券	2011年8月10日	非银行金融

二、证券交易

1988 年，长沙证券公司办理国库券贴现 266 万元，买入 1076 万元，卖出 592 万元。买入国家重点建设债券、金融债券、芙蓉路建设债券及其他有价证券 47 万元，卖出 21 万元。1989—1991 年，长沙市证券发行种类虽然增多，但主要还是以国债和内部股权证交易为主。1990 年 5 月 1 日，长沙证券公司经一年的清理整顿恢复营业。是年销售国库券 900.89 万元，兑付各年国库券和国家建设证券 1272.18 万元。1991 年 11 月 8 日，中国工商银行长沙市分行成立证券公司，当天发行企业债券 1000 万元，到年底共发行各类债券 2.3 亿元。

1992 年 8 月，在长沙市开通深圳和上海证交所上市股票的异地交易，从此，长沙股民可以在本地进行股票交易。1993 年年底，长沙股民开户数为 1200 户。1994 年年底增加到 2800 户，全年完成股票交易量 16.5 亿元。长沙市代发各种证券 2026.21 万元，其中国库券 657.86 万元，其他有价债券 1368.35 万元。1995 年，全年股民开户数上升至 4500 户，股票交易额 10.04 亿元，实现各项收入 716.5 万元。1996

年，股民开户数 1.4 万多户。全年股票代理交易总额达 41.3 亿元，市 1995 年的 4 倍。1997 年，全年实现代理业务交易量 72.2 亿元。新增股民 3000 户。1998 年，全年公司股票代理交易额为 47.6 亿元，营业收入 4231 万元。

2007 年，全市 A 股上市公司总股本 183.2 亿股，年底总市值 2297.2 亿元， H 股上市公司总股本 83.32 亿股，总市值 214.35 亿元。上市公司总资产 1111.4 亿元，平均净资产 17.25 亿元。证券化率为 105%，全市资本市场总成交金额 1.21 万亿元。2008 年，长沙共有 A 股上市公司 25 家。受全球金融危机影响，是年 A 股受到重创。全市 A 股上市公司总股本 122.46 亿股，总流通市值达 920.46 亿元，总资产达 1438.08 亿元，总收入 1132.99 亿元，净利润总额为 36.01 亿元。截至 12 月底，通过资本市场融资总额 145.89 亿元。至 2010 年，全市证券累计开户 132.03 万户，累计 A 股交易量 1.58 万亿元。2011 年，证券市场累计开户 127.4 万户，A 股交易量 9945.36 亿元，期末托管市值 1214.97 亿元，客户保证金 76.25 亿元。是年方正证券在上证所实现 A 股主板上市，总股本 61 亿股，成为中西部最大的证券公司。

2012 年，全市直接融资金额 300 多个亿，其中首发上市融资 13.75 亿元，定向增发融资 14.11 亿元，公司债券融资 4.5 亿元，短期融资券融资 5 亿元，企业债券融资 63 亿元，定向债融资 15 亿元，中期票据融资 74 亿元，中小企业集合票据融资 3.2 亿元，私募股权融资 5.11 亿元，集合信托和单一计划信托 132.61 亿元。

三、证券机构

1988 年 5 月 20 日，长沙证券公司经中国人民银行总行批准成立，公司由长沙市 6 家银行投资 1200 万元筹建，是湖南省第一家股份制证券公司，是中国证协会第一批会员和上海证券交易所、深圳证券交易所及中国证券交易系统（NETS）会员，公司实行董事会领导下的总经理负责制，独立核算，自负盈亏。在长沙地区设立 7 个证券代办处。

1992 年，湖南省湘财证券营业部成立，这是湘财证券股份有限公司的前身。1994 年 4 月上旬，湖南证券股份公司长沙市证券交易营业部成立。1995 年年底，长沙证券公司下设 3 个办事处。1996 年，湘财证券有限责任公司成立。1997 年国泰君安证券在长沙市设立营业部。1999 年，湘财证券为首家获准为全国性综合类证券公司，并成为首批获准进入全国银行间同业拆借市场的证券公司。

1999 年，长沙证券有限公司设有东塘、五一路、上海路 3 个营业部，长沙商业银行、通程大厦两个客户服务部。2001 年 11 月 12 日，长沙证券有限公司正式取得中国证监会《关于核准长沙证券公司增资扩股并更名的批复》，公司的注册资本全由 5200 万元扩大到 58000 万元，公司名称变更为“恒信证券有限责任公司”。公司从一个地方性经纪类券商一跃成为全国性综合类券商。是年，公司的营业部数量增至 6 个，并在株洲、衡阳、娄底、益阳 4 地设立证券服务部。

2002 年 8 月，财富证券有限责任公司成立。财富证券由原湖南省信托投资公司和湖南省国际信托投资公司整合其证券资产成立，是湖南省唯一的省属国有控股的证券公司。11 月 18 日，恒信证券有限责任公司由长沙市迁至北京市。

2004 年，泰阳证券爆发严重的财务危机，到 2006 年上半年，泰阳证券的多次重组尝试均告失败。下半年，方正集团注资收购泰阳证券。至 2008 年，全市共有证券公司 3 家（财富证类、方正证券、湘财证券），证券分公司 1 家，证券营业部 45 个，证券服务部 9 个。

5 月 12 日，中国证监会正式批准方正证券吸收合并泰阳证券，合并后的方正证券转移长沙市，注册资本为 16.54 亿元。

2009 年 7 月 1 日，国泰君安证券湖南分公司在长沙成立，是湖南最早设立的证券分公司。2010 年 9 月 1 日，方正证券有限责任公司整体变更为股份有限公司，变更后的名称为“方正证券股份有限公司”。

是年，方正证券陆续将业务部门迁往北京，部分机构在长沙办公。

2011 年，全市 3 家证券公司共有营业部 67 家。2012 年，全市共有证券法人机构 3 家，分别是方正、湘财、财富，证券营业部 78 家。

第二节 期 货

一、期货交易

1995 年，长沙金信期货有限公司成立，首开期货业务。金信期货属于国有期货机构，也有正湘行等民营期货机构和外省的如中国中期等期货公司在长沙开展期货交易。期货交易的主要品种有铜、铅、橡胶等工业产品以及小麦、大豆等农产品。初期的长沙期货市场发展无序，法规滞后，规则不全，进入无门槛，品种无限制，甚至连西瓜都进入交易。根据国务院要求，长沙市分别于 1993 年和 1995 年至 1999 年对期货市场进行两次大的清理整顿，整理期间期货交易处于停顿。

1999 年 6 月，国务院颁布《期货交易管理暂行条例》（以下简称《期货暂行条例》），依据《期货暂行条例》，长沙市对期货交易市场进行整顿和撤并，所有从事期货交易的机构须经证监部门批准、许可。只能从事上海期货交易所（以下简称“上期所”）、郑州商品交易所（以下简称“郑商所”）和大连商品交易所（以下简称“大商所”）的产品交易。

2002 年后，长沙期货交易逐步恢复。至 2006 年，有金信、大有、德盛等公司在长沙开展期货业务，代理郑州、大连、上海 3 家交易所的期货产品，年营业额约 2000 万~3000 万元。

2007 年，3 家期货公司主营业务收入 6579.99 万元，净利润 1090.39 万元。期货市场客户保证金 4.07 亿元，总成交量 906.08 万手，总成交额 5257.93 亿元。2008 年，方正期货进入长沙市场。

2009 年 1 月 12 日，金信公司与湖南省粮食行业协会联合郑州商品交易所、上海浦东发展银行在湖南长沙华悦大酒店成功举办“稻谷期货上市推介会”。4 月，郑州商品交易所首批早籼稻指定基准交割库全国共设立 11 家，其中湖南地区 7 家，长沙市 1 家，为湖南金霞粮食产业有限公司。是年，对市内 4 家期货公司及营业部的保证金、净资本、开户实名制、公司治理等问题开展现场检查，实施首席风险官制度，责成整改内整制度、合同管理、会计核算、规范运作等风险隐患。在首次期货公司分类监管评价中，大有期货被评为 B 类公司，方正期货跻身全国 18 家 A 类公司行列，是中部地区唯一的 A 类公司。截至年末，4 家期货公司客户权益合计 17.35 亿元，总成交量 4150.05 万手，累计成交总额 27527.17 亿元，营业利润 4687.44 万元。

2010 年 4 月 16 日，股指期货正式上市交易，中国金融期货交易所、中国期货业协会在湖南共同举办专题推介会。12 月，湖南粮食集团经湖南省政府批准成立，由湖南中心粮食批发市场、长沙霞凝粮库及湖南金霞粮食产业有限公司三家单位整合而成，拥有早籼稻、菜籽油、硬小麦期货交割库，交割规模 25 万吨，为中南地区最大的期货交割库。2011 年 2 月，湖南银华现代农业物流股份有限公司成为湖南地区首家规模化棉花期货交割仓库。3 月，湖南省期货业协会出台《湖南地区期货居间业务自律管理规则》，对居间人进行培训以及资质考试，要求居间人持证上岗。2012 年，4 家期货公司公司客户权益 22.58 亿元，成交量 3169.88 万手，成交额 38094.20 亿元，总资产 29.9 亿元，净利润 1454.34 万元。是年，方正期货筹建设立湖南际丰投资管理有限责任公司，探索期货公司投资风险管理服务业务。

二、期货机构

1995年10月23日，金信期货有限公司在长沙正式成立，注册资本为1.42亿元，是湖南省国资委全资控股的金融平台。

2000年9月30日，金信期货有限公司增资扩股工作完成，注册资本顺利完成从1000万元向3000万元增资。2001年11月30日，金信期货取得大连商品交易所会员资格，2002年2月27日，取得上海期货交易所会员资格，12月11日，取得郑州商品交易所会员资格。

2002年7月，大有期货有限公司在长沙成立，注册资金5.8亿元，是现代投资股份有限公司的全资子公司，是湖南省期货业协会会长单位，是湖南省内规模最大的期货公司。2003年6月3日，注册资本由3038万元人民币变更为6000万元人民币。7月，通过国家信息安全测评华中中心信息安全测评，成为首家通过测评的期货公司。

2005年7月25日，德盛期货经纪有限公司正式取得中国证监会颁发的期货经纪业务许可证，8月1日办理工商登记注册，注册资本3000万元；9月相继取得上海、大连、郑州期货交易所的会员资格和交易席位，10月加入中国期货业协会，11月8日正式开业。

2007年11月9日，金信期货公司成为湖南省首家获得中国证监会金融期货经纪业务资格的公司。

2008年3月，由湖南泰阳期货经纪有限公司吸收合并苏州中辰期货经纪有限公司正式成立方正期货有限公司，是由方正证券控股85%的大型期货公司，公司注册资本2亿元人民币。4月，经中国金融期货交易所批准，大有期货获得中国金融期货交易所交易会员资格，成为省内首家获此资格的期货经纪公司。6月12日，金信期货公司与中国交通银行湖南省分行签订全面合作协议，在全省范围内与交通银行的全部营业网点进行银期合作，7月23日，金信期货公司取得中国金融期货交易所交易会员资格。11月3日，金信期货公司与中国农业银行湖南省分行签订全面合作协议，在全省范围内与农业银行的全部营业网点进行银期合作。2009年1月7日，金信期货长沙金霞营业部领取经营期货业务许可证后正式开业。11月，经中国证监会批复，德盛期货公司获金融期货经纪业务资格，经营范围变更为商品期货经纪、金融期货经纪。

2010年1月6日，金信期货获中国证监会《关于核准湖南金信期货经纪有限公司变更注册资本及股权的批复》，至此，公司顺利完成注册资本金从3000万元向1亿元增资。当月，德盛期货获得中国金融期货交易所交易会员资格，公司会员号为260号。6月11日，方正期货正式获得金融期货业务会员资格，股指期货业务得以顺利启动。公司将通过网点扩增及借助方正证券营业网点，拓展金融期货业务。是年，在长沙市设立营业部。年底，全市共有法人期货机构4家，期货营业部15家。

2011年11月29日，公司名称变更为“金信期货有限公司”，旗下五家营业部也进行相应变更。2012年2月21日，金信期货长沙营业部顺利通过中国证监会湖南监管局的验收，3月23日，长沙营业部领取经营期货业务许可证，正式开业。至年底，长沙市共有大有、方正、德盛、金信期货公司4家、期货营业部15家。

第四章　其他金融活动

第一节　金融信托

一、信托存贷款

1988 年，湖南省信托投资公司长沙分公司（以下简称“长沙分公司”）营运资金突破 1 亿元。财政部门和其他部门委托贷款 6300 万元，占营运资金的三分之二。全年新吸收信托存款 372 万元；累计发放贷款 6507 万元，为上年的 198.32%，重点支持一批政府重点工程建设项目、企业引进新技术及新产品开发项目、老企业技改项目和出口创汇项目。是年，全部贷款到期回收率为 87.57%。全年各项业务收入 381 万元，实现利润 349 万元。翌年，国务院下发《关于进一步清理整顿金融性公司的通知》后，长沙分公司坚持抓清理整顿、促业务发展，在整顿中求生存，全年签订贷款合同 206 个，发放贷款 1.18 亿元，收回贷款 1.01 亿元。

1990 年，在全国性金融机构清理检查中，湖南省信托投资公司长沙分公司更名为“长沙市信托投资公司”（以下简称“公司”），成为长沙市唯一一家非银行性地方金融机构。

1992 年，公司累计发放各项贷款 9757 万元。翌年，公司营运资金 2.4 亿元，实现营业收入 1334 万元，实现利润 1059 万元，累计发放贷款 1.44 亿元。

1994 年，长沙市遭受特大洪灾，公司组织资金 2000 万元，支持堤垸防洪工程建设。2 月，长沙鼓风机厂急需资金赶在汇率调整前购买外汇，引进国外先进设备。公司筹措 500 万元资金，缓解该厂的燃眉之急，避免 180 万元的直接经济损失。公司被评为“1994 年度中国 500 家最大服务业——信托投资业第 278 位”。翌年，公司存款 1.3 亿元。

1997 年，公司各项存款 2.2 亿元；累计发放贷款 2273.3 万元。

1999 年，为防范和化解金融风险，根据国务院关于整顿清理地方信托投资公司的要求，长沙市对公司债权债务进行评估审定：截至 12 月 31 日，公司资产总值为 5.29 亿元，负债总额 3.96 亿元，两抵后所有者权益为 1.33 亿元。公司确定清理方案为：停办存贷款等信托业务，确立新的发展方向，工作重心转移到承担国有资产管理与营运方面。

2001 年，公司对债权债务进行处置，圆满完成清理整顿工作后退出金融领域。11 月，公司与长沙市国有资产经营公司合并，成立长沙市长信投资管理中心（以下简称“管理中心”），承担国有资产管理与营运职能。

二、融资担保

1996 年，公司开启履行政府担保融资平台的职能。是年，公司为环线工程提供 2.5 亿元的资金担保。翌年长沙市与文莱宾仕企业合作建设长沙市第八水厂，公司为该项目提供资金担保 4.5 亿元，确保这一重要合作项目前期工作的顺利进行。

1999 年，公司办理湖南丽臣实业有限公司、体育用品店、蓄电池厂、银光微电子总公司等企业的房地产或机器设备抵押手续；对湖南动力机厂、长沙一袜厂等企业办理抵押手续，抵押贷款额度为5292万元，抵押总额为8651万元。

2003年，管理中心作为国有资产置换平台，以新世纪体育文化中心6个项目的8亿元资产，与长沙市商业银行8亿元的不良资产进行置换，缓解城市基础设施建设资金短缺的矛盾，开长沙市多渠道融资的先河。

2005年，管理中心对外担保资金总额为13.57亿元，涉及担保单位23家。其中，为长沙市城市建设投资开发公司提供担保资金4.45亿元，用于五一路改造工程和蔡锷南路工程等项目建设；为长沙市环线建设开发公司提供担保资金2.78亿元，用于市二环线工程建设贷款；为长沙市水利水电建设公司担保资金1.74亿元，用于长善垸的防洪工程等建设。

2006年，管理中心对外担保资金总额为12.78亿元，涉及担保单位24家。重点为市城市建设投资公司、市环路建设公司、市水利水电建设公司等单位提供融资担保。

2010年，管理中心新增加对外担保资金10亿元，担保总额23亿元。

2011年4月，市编委会议通过长沙市长信投资管理中心变更长沙市公共资产管理中心的事项，管理中心逐渐终止各项经营性业务，转向政府资产管理与营运工作。至2012年年底，管理中心对外担保余额为17.4亿元。

三、债券业务

1988年，根据中国人民银行、财政部关于开放第二批国库券转让市场试点的通知，长沙市被确定为第二批开放国库券转让市场的城市。长沙分公司成立“国库券经营部”，对外办理国库券转让及国家重点债券发行业务，随后在长沙县、望城县增设营业点。是年，管理中心累计买入国库券365万元，卖出180万元，代理发行国家重点建设债券68万元。翌年，发行特种国债1387.5万元。

1992年，公司代理发行企业短期债券2340万元。兑付到期国债160万元，全年公司完成国库券总成交额5407万元。

1993年，公司发行国库券3000万元，发行企业债券1159万元；完成国库券交易1600万元；兑付到期国库券274万元，兑付到期企业债券2714万元，合计兑付额为2988万元。

1996年，公司证券交易累计为2.4亿元。翌年，公司在清理整顿中经营业务转型，逐渐停办债券业务。

四、信托投资

1992年，公司尝试经营投资业务，在星沙开发区购置土地2.8公顷，投资600万元筹建星海房地产开发公司。翌年，创办长沙市财兴实业公司，经营机电产品、五金交电、建材等贸易，随后从上述两家公司中退出经营。

1995年，公司投资1亿元，兴建长信大酒店，并作为公司全资子公司酒店于1997年正式开业。

2002年，管理中心出资50%与市交警支队后勤管理中心合资成立长沙市泊车有限公司，经营咪表泊车业务。翌年2月正式实施咪表开口收费。年底泊车公司实现收入334.3万元，酒店收入53万元。

2004年，由市政府授权，市财政出资，管理中心持有2400万元，与市城建投资公司等5家单位合资组建长沙引水及水质环境有限公司。翌年10月，引水工程全面施工。

2006年，由五凌公司、长沙市政府、湖南省交通厅和湖南省投控股集团共同投资组建湘江长沙综合枢纽工程项目，市政府委托管理中心充当项目的政府出资人，管理中心持有发起投资2000万元，前期投资753万元。

2008年，长沙市分2年出资4亿元，与省共同组建湖南省机场集团股份有限公司，管理中心代政府出资3亿元，并履行政府出资人职能。年内，长信酒店通过市旅游局三星级酒店复核，并取得省市直会议定点接待酒店资格，全年实现营业收入931.38万元；泊车公司实现收入996.50万元。翌年，管理中心代政府出资参股省机场集团的出资和职能划给长沙先导投资公司履行。

2009年，管理中心作为政府出资人，参与湘江长沙综合枢纽工程项目前期的经营管理，后经综合考虑，管理中心从中退出。

2010年，引水工程完成投资38.08亿元，工程实现正式通水，引水效益开始凸现，向城北、星沙地区试供水约2650万吨。翌年，基于整合长沙水务资源，构建长沙大水务投融资平台的战略思考，将长沙引水及水质环境有限责任公司并入长沙水业集团有限公司。根据长沙交通管理需要，管理中心将泊车公司职能及业务全部移交市交警支队停车管理办公室。

2012年，长信大酒店主楼整体招租，实现经营方式的转变。至年底，管理中心长期投资总额为2.55亿元。

第二节 典　当

1988年，随着国家改革开放政策的稳步推进，长沙市博山典当有限责任公司以1500万元注册资金宣布成立，成为中华人民共和国成立后长沙市第一家典当企业。有员工10人，是年典当金额10万元。企业的经营宗旨是“诚信为本，为您解燃眉之急”，主营项目为动产质押典当业务，主要面对中小企业、个体工商户及城乡居民，提供快速便捷的融资渠道、优质专业的典当服务。

1989年，长沙市博山典当有限责任公司确定典当经营的范围为汽车、黄铂金饰品、电脑、数码等物品的质押借款的典当业务。当时国家对典当行的贷款利息没有明确的规定和限制。博山典当行当时的抵押贷款利息为月息8%以上，贷款数额稳步增长，企业不断发展壮大。1990年，长沙市博山典当有限责任公司获批具备国家资历的专业从事动产质押典当、房地产质押典当、评估、咨询服务的规范经营典当企业。1996年，中国人民银行颁布《典当行管理暂行办法》。到年底，长沙市典当行业仍只有博山典当有限责任公司一家。该公司一直以优质完善的服务、合理低廉的收费标准赢得客户的信任。1997年，长沙市银剑典当有限责任公司以注册资金500万元在长沙市白沙路207号成立。

1999年，万事达典当有限责任公司成立，使长沙市的典当业发展到3家，有员工38人，注册资金2500万元。典当行坚持“诚信互利，和谐共赢”的经营理念，面向各种经济实体、中小企业、居民个人提供抵押物品包括房产、商铺、汽车、金银首饰、钻石、手表、名牌箱包、高档数码产品等具有一定价值并可流通的各类资产的典当服务，为急需解决资金的服务对象提供优质便捷的服务。是年典当金额达2.59亿元。2001年6月7日，浏阳市银信典当有限责任公司注册成立。这是县一级第一家典当企业。公司注册资金500万元，有员工6人。主要经营动产质押典当业务、房地产抵押典当业务、限额内绝当物品的变卖、鉴定评估及咨询服务。公司的成立使长沙市典当企业发展到4家，注册资本金3000万元，是年典当金额4.89亿元。

2005年2月，商务部、公安部正式发布《典当管理办法》后，典当行的设立、变更、终止、经营范围、当票、经营规则、鉴定管理、罚则等方面都有了严格规定。长沙市按照《典当管理办法》的要求，开始对典当企业进行年度审查，建立健全典当企业的退出机制。2006年，长沙市典当行业的发展速度进一步加快，湖南通程典当有限责任公司、湖南和易典当有限责任公司、湖南互银典当有限责任公司、长沙市飞达典当有限责任公司、湖南顺兴典当有限责任公司5家典当企业相继成立，注册资金2.27亿元。其中由湖南省首家商业上市公司通程控股股份有限公司以注册资金2亿元成立湖南通程典当有限公司是长沙市注册资金最多的典当企业，服务对象涉及房地产、贸易、加工、医疗、机械等行业，也是湖南省最大的典当行之一。2007年，长沙市按照《典当管理办法》对全市典当企业进行年度审查，对典当企业管理人员和从业人员分别进行培训。2008年，长沙市典当企业发展达到鼎盛时期，全年新批准成立的典当企业13家，注册资本金为1.88亿元。传统典当企业向现代企业转型，一大批典当企业将典当的目光转向动产质押、财产权利质押、房地产抵押、股权质押等业务，为中小企业融资注入新鲜血液。典当规模也日趋增大，到2008年年底全市典当企业为29家，注册资本金总额为5.51亿元，实现典当总额达25亿元。

2009年，长沙市典当行业协会成立，为加强典当行业管理、行业自律、行业协调发挥重要作用。对典当行业的从业人员进行技能培训。是年，全市典当行业为中小企业融资8亿元，个体工商户和公民个人应急抵押贷款所占比重不断提高。2010年，全市典当行发展到46家，注册资本金9.98亿元，从业人员495人。全年完成典当业务12712笔，典当金额30.38亿元，实现营业收入8747.68万元，利润2807.05万元，上缴税金1144.51万元。为规范典当企业发展，长沙市将典当企业的注册资本金起点由3000万元提高到5000万元。使进入典当行业的企业都是具有相当经济实力的集团公司和上市公司。2011年，长沙市加强对典当企业在设立、变更、退出上的规范管理与经营、防控经营风险等方面的监管。对全市52家典当企业进行年度审查，47家评定为A级、5家评定为B级，对评定为B级的责令限期整改。

2012年，商务部依据《典当管理办法》及有关法律法规，制定《典当行业监管规定》，为进一步加强典当业的管理，促进典当业健康持续发展提出具体的管理办法。依据《典当行业监管规定》，长沙市级商务局负责对全市的典当行业的日常监管，重点监控典当企业的合规经营和业务、财务数据真实性，及时防范和纠正违规违法行为，并对申请进入典当行业的企业进行审批、检查和年审，同时对典当行业的从业人员进行职业资格培训，建立典当行业的档案信息系统。全市典当企业发展到57家，其中长沙城区50家，长沙县4家，望城区1家，浏阳市2家。注册资本总金额12.33亿元，全年典当总额达40.64亿元，从业人员685人。其中从事民品典当的企业占全市典当企业的比重不足10%，主要集中在博山、升隆、万事达、联盟等少数典当企业，绝大部分典当企业的典当业务集中在动产质押、财产权利质押、房地产抵押以及股权质押等业务中。典当企业绝大部分选址在长沙市商业繁华地段，主要集中在芙蓉路、韶山路、车站路等地。

表16-4-2-1　　2012年长沙市典当企业明细一览表

序号	机构名称	住所	注册资金（万元）	成立时间（年）
1	长沙市博山典当有限责任公司	长沙市城南中路272号	1500	1988
2	长沙市银剑典当有限责任公司	长沙市白沙路207号	500	1997
3	长沙市万事达典当有限责任公司	长沙市解放中路2号	500	1999
4	浏阳市银信典当有限责任公司	浏阳市浏阳河中路219号	500	2001

续表 16-4-2-1

序号	机 构 名 称	住所	注册资金（万元）	成立时间（年）
5	湖南德源典当有限责任公司	长沙市解放东路 188 号	2000	2005
6	湖南通程典当有限责任公司	长沙市韶山北路 112 号	20000	2006
7	湖南和易典当有限责任公司	长沙市车站南路 471 号	1000	2006
8	湖南互银典当有限责任公司	长沙县星沙镇经贸路 290 号	650	2006
9	长沙市飞达典当有限责任公司	长沙市五一西路 188 号	500	2006
10	湖南顺兴典当有限责任公司	长沙市芙蓉中路三段 350 号	500	2006
11	湖南汇鑫典当有限责任公司	长沙市解放中路 213 号	500	2007
12	湖南中圆典当有限公司	长沙市芙蓉北路 26 号	2000	2007
13	长沙衡利典当有限公司	长沙市雨花区美林街 35 号	1000	2007
14	湖南帮帮帮典当有限责任公司	长沙市朝晖路 496 号	1500	2007
15	湖南兴大业典当有限公司	长沙市远大一路 348 号	2100	2007
16	湖南江弘典当有限公司	长沙市香樟路 778 号	1500	2007
17	湖南中银典当有限责任公司	长沙市芙蓉中路二段 179 号	1000	2008
18	湖南晨瑞典当有限公司	长沙市长沙大道 508 号	1700	2008
19	湖南中正典当有限公司	浏阳市浏阳大道 81 号	1000	2008
20	湖南瑞银典当有限责任公司	长沙市五一大道 235 号	1500	2008
21	湖南鼎汇典当有限公司	长沙县星沙镇开元路 17 号	2000	2008
22	长沙金盛典当有限责任公司	长沙市天心路 74 号	2000	2008
23	湖南元亨通典当有限公司	长沙市韶山南路 259 号	1500	2008
24	湖南融成典当有限公司	长沙市万家丽北路三段 569 号	1000	2008
25	湖南瑞通典当有限责任公司	长沙市芙蓉中路 259 号	1600	2008
26	湖南省金牛典当有限责任公司	长沙市芙蓉中路二段 98 号	1500	2008
27	湖南省方圆典当有限责任公司	长沙市金星大道 398 号	1000	2008
28	湖南升隆典当有限责任公司	长沙市芙蓉南路一段 181 号	2000	2008
29	长沙汇金典当有限公司	长沙市马王堆新桥小区 1 栋	1000	2008
30	湖南昌隆典当有限公司	长沙市五一大道 235 号	1000	2009
31	湖南通达利典当有限公司	长沙市芙蓉中路二段 388 号	1500	2009
32	湖南开尔普典当有限责任公司	长沙市五一大道 766 号	3000	2009
33	长沙中泰创展典当有限责任公司	长沙市劳动中路 589 号	5000	1010
34	湖南晋银典当有限公司	长沙市坪塘农贸市场	1000	2010
35	长沙联盟典当有限公司	长沙市芙蓉路一段 513 号	1000	2010

续表 16-4-2-1

序号	机构名称	住所	注册资金（万元）	成立时间（年）
36	湖南星大典当有限公司	长沙县星沙镇天华中路 122 号	500	2010
37	湖南禧天典当有限公司	长沙市人民东路 46 号	1500	2010
38	湖南融通典当有限公司	长沙市中山路 168 号	3500	2010
39	湖南嘉宇典当有限公司	长沙市芙蓉中路二段 156 号	2000	2010
40	湖南信邦典当有限公司	长沙市雨花区高桥镇五一村	2750	2010
41	湖南黄花典当有限公司	长沙市湘春路 131 号	3000	2010
42	湖南中展典当有限公司	长沙市人民东路 299 号	3000	2010
43	湖南兴业典当有限公司	长沙市韶山路 355 号	3000	2010
44	湖南中财典当有限责任公司	长沙市芙蓉中路三段 426 号	3000	2010
45	湖南长誉典当有限责任公司	长沙市韶山中路 412 号	5000	2010
46	湖南君和典当有限公司	长沙市万家丽中路二段 239 号	5000	2010
47	湖南都乐典当有限公司	长沙市芙蓉中路二段 168 号	1000	2011
48	湖南今日典当有限公司	长沙市蔡锷中路 253 号	2000	2011
49	湖南红星旭日典当有限公司	长沙市中意一路 101 号	8000	2011
50	湖南浦城典当有限责任公司	长沙市湘湖路 85 号	2000	2011
51	湖南烁悦典当有限公司	长沙市万家丽中路二段 68 号	1500	2011
52	湖南正茂典当有限责任公司	长沙市火星镇紫薇路 2 号	1000	2011
53	湖南金鑫典当有限公司	望城区星城镇玫瑰园小区	1500	2012
54	湖南永和典当有限公司	长沙市万家丽中路二 68 号	5000	2012
55	湖南信诺典当有限责任公司	长沙县星沙街道东二路 111 号	500	2012
56	浏阳阜康典当有限责任公司	浏阳市浏阳大道 18 号	1000	2012
57	湖南鑫合盛典当有限责任公司	长沙市万家丽路 68 号	1500	2012

第三节 拍 卖

1993 年 4 月，湖南省拍卖行、长沙拍卖行、湖南省拍卖公司等拍卖企业在长沙市相继成立，成为长沙市最早的拍卖企业。企业注册资金 1300 万元，从业人员 35 人，这些拍卖要从事珠宝玉器、工艺首饰、文物字画、邮票珍藏、机械设备、无形资产等拍卖。按照拍卖成交价向委托方收取佣金，取得收入。1994 年，湖南立凯拍卖有限公司和嘉华拍卖有限公司相继成立，使长沙市的拍卖企业增加到 5 家，注册资金达 1700 万元，从业人员 52 人。

1996 年 12 月，由原国内贸易部和湖南省人民政府联合批准，湖南省国际商品拍卖有限公司在长沙成立，注册资金 1000 万元，是当时湖南省唯一一家国家级拍卖公司，也是湖南省第一家具有由国家文物局颁发的“文物拍卖许可证”的拍卖公司，可承担海关、法院、公安、工商、税务等政府部门追缴、罚没和判决的各类抵债、抵押财产物品的委托拍卖业务。业务范围涉及公物、文物艺术品、房地产、企业产权和无形资产五大类拍卖业务。

1997年1月，《中华人民共和国拍卖法》正式实施后，长沙市根据《中华人民共和国拍卖法》和国务院有关规定，对拍卖市场进行规范化管理。依据“统筹规划、合理布局、严格规范、适度发展”的原则，对拍卖业进行合理布局，鼓励通过改组、联合、兼并和股份制改造，发展一批上规模、上档次的拍卖企业。是年湖南光大拍卖有限公司、湖南城星拍卖有限公司、湖南诚信拍卖有限公司等拍卖企业相继成立，长沙的拍卖企业发展到10家，注册资金3318万元。随着拍卖活动的大规模开展，长沙的拍卖业出现功能齐全的新型拍卖行和以专营某些拍卖标的为特色的拍卖企业。1998年，湖南省昌大拍卖有限公司、金盾拍卖有限公司、东进拍卖有限公司、壹贰叁拍卖有限公司、新世纪拍卖有限公司等相继成立，使长沙的拍卖企业增加到16家，注册资金达4126万元，从业人员为168人，有国家注册拍卖师18人。1999年，湖南省汇通拍卖有限公司、荣银拍卖有限公司成立。

2000年1月，长沙市土地拍卖有限公司正式成立，主要承接长沙市的国有土地使用权的拍卖出让业务。是年，由湖南省国际商品拍卖有限公司组织的湖南电视广告预定拍卖会，拍卖成交额近1亿元，创下国内电视广告预定拍卖的新纪录。其中《湖南日报》《三湘都市报》的部分广告版面发布代理权拍卖会成交额分别为2000多万元和5000多万元，均创新高。2004年，商务部依据《中华人民共和国拍卖法》和相关法律法规的规定，制定《拍卖管理办法》，对拍卖企业的经营行为、拍卖物品、财产及监督管理等进行具体规范。长沙市加强对拍卖企业的清理整顿，初步建立起长沙拍卖企业的档案资料和管理体系。推动拍卖企业的快速健康发展。全市拍卖企业发展到43家，注册资本1.27亿元。拥有国家注册拍卖师69人，具有拍卖资格的从业人员203人，年成交额60多亿元。2005年，按照《中华人民共和国拍卖管理办法》的有关规定，在全市47家拍卖企业中继续开展清理整顿，进一步健全和完善拍卖企业的档案资料。是年，长沙市国家注册拍卖师69人，具有拍卖资格的从业人员203人，企业注册资金1.4564亿元，年成交额68亿元。

2006年，湖南佳事得拍卖有限公司、湖南万源拍卖有限公司、湖南浩鑫拍卖有限公司、湖南华诚拍卖有限公司、湖南美庐新侨拍卖有限公司5家拍卖企业相继成立，注册资金1320万元。2007年，随着互联网的不断发展，网上拍卖形式进入长沙，拍卖企业利用互联网在网站上公开发布将要拍卖的物品、起拍价及增价规则等，竞拍人按规定预交担保金后，坐在电脑前通过网上就可以参加竞拍，通过竞争投标的方式将它出售给价格最高的竞价人。2008年，长沙市通过对全市65家拍卖企业进行年度审查，有6家拍卖企业责令限期整改；有3家为不合格企业，责令关闭；56家拍卖企业为合格经营的企业。

2010年，湖南正华拍卖有限公司、湖南省新大陆拍卖有限公司、湖南上善正德拍卖有限公司、湖南嘉明拍卖有限责任公司等8家典当企业注册成立。长沙市共有拍卖企业78家，注册资本金共计2.358亿元，共组织拍卖场次718场，成交金额5.16亿元，全市共有拍卖师121人，行业从业人员642人。2011年，长沙市加强对全市拍卖企业在设立、变更、退出上的规范管理与经营、防控经营风险等方面的监管。对全市73家拍卖企业进行年度审查工作，64家年审合格，8家不合格，被责令限期整改，1家被注销。

2012年，长沙市对全市84家拍卖企业进行年度检查，通过年检对8家不合格的企业责令限期整改。长沙的拍卖业严格按照《中华人民共和国拍卖法》和商务部《拍卖管理办法》执行。全市共有拍卖企业84家，注册资金2.6268亿元，共有拍卖师136人，从业人员680人，共组织拍卖场次756场，年成交金额128.5亿元。

表 16-4-3-1　　2012 年长沙市拍卖企业基本情况一览表

序号	机构名称	住所	注册资金（万元）	成立时间
1	湖南省拍卖行	长沙市芙蓉南路 118 号	1000	1993 年4 月
2	长沙拍卖行	长沙市芙蓉区浏正街 138 号	200	1993 年4月
3	湖南省拍卖公司	长沙市雨花区芙蓉中路 273 号	100	1993 年5月
4	湖南立凯拍卖有限公司	长沙市芙蓉区建湘南路 38 号	200	1994年11月
5	湖南嘉华拍卖有限公司	长沙市芙蓉中路 218 号	200	1994年11月
6	湖南省佳德拍卖有限公司	长沙市建湘南路 162 号	218	1996 年9月
7	湖南省国际商品拍卖有限公司	长沙市五一大道 345 号	1000	1996年12月
8	湖南光大拍卖有限公司	长沙市岳麓区观沙路 160 号	200	1997 年6月
9	湖南诚信拍卖有限公司	长沙市芙蓉区德政园 5 栋	100	1997 年6月
10	湖南城星拍卖有限公司	长沙市开福区东风路 360 号	100	1997年11月
11	湖南省银剑拍卖有限公司	长沙市城南中路 290 号	208	1998 年3月
12	湖南省昌大拍卖有限公司	长沙市芙蓉区晚报大道时速风标	100	1998 年6月
13	湖南金盾拍卖有限公司	长沙市劳动路 339 号	100	1998 年6月
14	湖南东进拍卖有限公司	长沙市韶山北路 25 号	200	1998 年6月
15	湖南壹贰叁拍卖有限公司	长沙市芙蓉中路兴威名城	100	1998 年9月
16	湖南省新世纪拍卖有限公司	长沙市车站北路 126 号	100	1998年12月
17	湖南汇通拍卖有限公司	长沙市天心区劳动西路 245 号	120	1999 年4月
18	湖南省荣银拍卖有限公司	长沙市建湘南路 162 号	100	1999 年7月
19	长沙市土地拍卖有限公司	长沙市雨花区劳动东路 238 号	100	2000 年1月
20	湖南新时代拍卖有限公司	长沙市芙蓉区湘湖渔场海威大厦	100	2000 年5月
21	湖南省华星拍卖有限公司	长沙市芙蓉中路二段 38 号	100	2000 年8月
22	湖南省经纬拍卖行	长沙市城南中路 328 号	100	2000 年2月
23	湖南盘龙企业拍卖有限责任公司	长沙市天心区南湖路 40 号	1000	2001年
24	湖南赛德拍卖有限公司	长沙市芙蓉中路一段 163 号	500	2001年11月
25	长沙信发拍卖有限公司	长沙经济技术开发区板仓路 199 号	100	2002 年1月
26	长沙市浏河拍卖行	浏阳市浏阳河中路 155 号	100	2002 年6月
27	湖南永达拍卖有限公司	长沙市芙蓉区八一路 20 号	220	2002 年6月
28	湖南龙腾拍卖有限公司	长沙市开福区湘雅路 188 号	500	2002 年8月
29	湖南省兆龙拍卖有限责任公司	长沙市五一广场平和堂商务楼	260	2003 年1月
30	湖南万和拍卖有限公司	长沙市劳动西路 288 号	600	2003年3月
31	湖南财富拍卖有限公司	长沙市湘江大道 208 号	500	2003 年3月

续表 16-4-3-1

序号	机 构 名 称	住所	注册资金（万元）	成立时间
32	湖南飞达拍卖有限公司	长沙市芙蓉中路佳天国际新城	510	2003 年
33	湖南鑫利丰拍卖有限公司	长沙市晚报大道时速风标 1016 号	200	2003 年1 月
34	湖南新资源拍卖有限公司	长沙市五一大道 389 号	1008	2004 年1月
35	湖南省高盛拍卖有限公司	长沙市车站北路万象企业公馆 2706	200	2004 年1月
36	湖南乾丰拍卖有限公司	长沙市迎宾路 23 号迎宾大厦 21 楼	110	2004 年1月
37	湖南天盈拍卖有限公司	长沙市芙蓉中路二段 459 号	110	2004 年3月
38	湖南美雅公平拍卖有限公司	长沙市劳动西路 505 号 5 栋	200	2004年
39	湖南三友拍卖有限公司	长沙市开福区湘春路东宸公寓	200	2004 年9月
40	湖南华鸿拍卖有限公司	长沙市天心区芙蓉中路三段 380 号	200	2004年10月
41	湖南泰达拍卖有限公司	长沙市五一大道 235 号	1000	2004年12月
42	湖南金烨拍卖有限公司	长沙市韶山北路 1 号	200	2004年12月
43	湖南吉德拍卖有限公司	长沙市天心区芙蓉中路二段 200 号	200	2004年11月
44	湖南嘉雨拍卖有限公司	长沙市雨花区梓园路 397 号	200	2005 年1月
45	湖南欣缔源拍卖有限公司	长沙市天心区书院南路 668 号	1000	2005年
46	湖南大为拍卖有限公司	长沙市雨花区韶山北路天龙大酒店	200	2005 年6月
47	湖南鑫盛拍卖有限责任公司	长沙市开福区芙蓉中路一段 466 号	500	2005年12月
48	湖南佳仕得拍卖有限公司	长沙市芙蓉区东二环二段 368 号	500	2006 年6月
49	湖南万源拍卖有限公司	长沙市雨花区韶山中路 752 号	220	2006 年7月
50	湖南浩鑫拍卖有限公司	长沙市芙蓉区韶山北路 216 号	200	2006 年8月
51	湖南华诚拍卖有限公司	长沙市芙蓉中路二段 395 号	200	2006 年8月
52	湖南美庐金侨拍卖有限公司	长沙市劳动西路 209 号	200	2006 年8月
53	湖南公信环宇拍卖有限公司	长沙市晚报大道 267 号	200	2007 年8月
54	湖南兴湘拍卖有限公司	长沙市雨花区劳动东路 79 号	200	2007 年8月
55	湖南鸿鑫拍卖有限公司	长沙市芙蓉区车站北路 228 号	200	2007 年8月
56	湖南三湘拍卖有限责任公司	长沙市开福区东方路 123 号	500	2007 年9月
57	长沙紫东拍卖有限责任公司	浏阳市北正南路 89 号	100	2007年
58	湖南缔升拍卖有限公司	长沙市经济开发区板仓路 1 号	200	2007年
59	湖南深泰丰拍卖有限公司	长沙市天心区劳动西路 289 号	400	2007年12月
60	湖南金源拍卖有限公司	长沙市体院路 245 号	500	2008 年3月

续表 16-4-3-1

序号	机构名称	住所	注册资金(万元)	成立时间
61	湖南天径拍卖有限公司	长沙市开福区三一大道南航大厦	518	2008年5月
62	湖南中科拍卖公司	长沙市劳动中路58号	1000	2008年5月
63	湖南恒信拍卖有限公司	长沙市经开区星沙寿昌路1号	200	2008年5月
64	湖南艺术玩家拍卖有限公司	长沙市开福区金鹰影视文化19楼	200	2008年7月
65	湖南三源拍卖有限公司	长沙市蓉园路6号	200	2008年11月
66	湖南允成拍卖有限公司	长沙市芙蓉区五一大道59号	210	2009年8月
67	长沙山岳拍卖有限责任公司	长沙市芙蓉区解放中路235号	100	2009年9月
68	湖南德恒拍卖有限责任公司	长沙市高新区麓天路11号	200	2009年8月
69	湖南高地拍卖有限公司	长沙市五一大道559号	200	2009年1月
70	湖南金鼎拍卖有限公司	长沙市芙蓉区德政园	200	2010年3月
71	湖南正华拍卖有限公司	长沙市经开区星沙大道325号	100	2010年4月
72	湖南省新大陆拍卖有限公司	长沙市望城区望城大道61号	200	2010年5月
73	湖南上善正德拍卖有限公司	长沙市芙蓉中路195号	1000	2010年6月
74	湖南嘉明拍卖有限责任公司	长沙市晚报大道257号	100	2010年8月
75	湖南雅丰拍卖有限公司	长沙市芙蓉区五一中路399号	1000	2010年8月
76	湖南定音拍卖有限公司	长沙市芙蓉区韶山路1号	200	2010年9月
77	湖南富安德广拍卖有限公司	长沙市解放西路378号	1000	2010年12月
78	湖南军君拍卖有限公司	长沙市天心区芙蓉南路103号	200	2010年12月
79	湖南湘军拍卖有限公司	长沙市韶山南路1号	108	2011年1月
80	湖南佳阳拍卖有限公司	长沙市雨花区汇金路199号	1080	2011年6月
81	湖南省银星拍卖有限公司	长沙市天心区正塘坡路168号	200	2011年6月
82	湖南省鑫鑫拍卖有限公司	长沙市芙蓉区解放中路33号	300	2011年9月
83	湖南晟大拍卖有限公司	长沙市人民东路46号	500	2011年1月
84	湖南中财拍卖有限公司	长沙市芙蓉中路三段426号	500	2012年8月

第五章　金融监管与安全

20 世纪 80 年代开始，长沙市金融市场向多层次、多样化金融模式转变。长沙市加强金融市场的建设和管理，配合人民银行长沙市分行对市内各专业银行和其他金融机构进行监管，确保金融安全。

1988 年，为稳定金融，抑制通货膨胀，作为金融监管主体人民银行长沙分行，改革和完善信贷资金管理体制，制订《深化信贷资金管理体制改革的意见》《改善人民银行贷款管理办法的意见》，建立资金监控体系和各类专业银行按季预测资金和按期分行资金的制度。

1998 年，长沙市各类金融机构由 746 个增加 1588 个（含银行机构和非银行机构）。10 年间因违纪违规撤销、合并约 200 个金融机构，行政处罚 165 个，罚款逾 1000 万元，处理各类违纪违法人员 190 余人，对各类金融机构检查、抽查 500 余次。维护辖内的金融秩序和金融稳定。.

1999 年，长沙市在全省率先开展创建金融安全区活动，在全市金融机构中推行“四位一体”（央行监管、机构内控、行业自律、社会监督）金融监管体系。2000 年，长沙市继续推进金融安全区建设，基于浏阳市试点经验的基础上，在长沙县、望城县开展金融安全区建设。2001 年相继出台制订《长沙辖内银行机构不良货款考核实施意见》《关于进一步加强辖内金融机构中间业务监管的意见》《长沙内金融安全区达标条件评选和管理办法》等法规和政策。

2003 年 4 月，长沙市人民政府金融证券办公室成立后，金融业“分业经营、分业监管”的框架和“一行三会”（中国人民银行、中国银行业监督管理委员会、中国证券监督管理委员会和中国保险监督管理委员会）的金融监管体制逐步建立。2005 年，为开展全市社会信用征信体系建设提高社会诚信水平，制定《长沙市社会信用管理办法（试行）》。为促进全市中小企业信用担保健康稳步发展，制定《关于扶持中小企业信用担保的若干意见》。在继续金融安全区创建的同时，完善辖内金融创安组织网络。2006 年，长沙市建立政府与金融机构联系制度，通过联系协商，及时解决金融业发展中的风险问题，确保辖内金融业的健康、有序的发展。

2007 年，市政府成立长沙市处置非法集资联席会议，强化对非法集资的综合治理，健全工作机制明确工作职责，化解各类金融风险。妥善处理因证券公司关闭和非法集资等金融风险问题，清退资金 5352 万元。2008 年下发《长沙市关于建立守信激励和失信惩戒机制的有关通知》，同时开展“信用乡镇”“信用社区”的创建活动。

2009—2011 年，长沙市金融生态环境不断优化，长沙市信用征信信息系统建成，由政府主导、人民银行推动金融机构和社会各界参与的金融创安工作稳步发展，浏阳市、宁乡县成为省级金融安全区，望城区、长沙县成为市级金融安全区。

2012 年，长沙市开展县域金融生态评估，完成《2011 年度长沙县金融生态评估报告》，辖内望城区、长沙县、宁乡县和浏阳市进行金融创安动态管理。浏阳市和宁乡县继续保持省级金融安全区称号，望城区、长沙县通过省级金融安全区验收。长沙市成为“金融生态良好城市”试点城市，同时在全省金融打非工作综合考评中获得满分。

第一节 机 构

一、市级机构

2003 年 2 月 20 日，成立长沙地方金融证券领导小组办公室（以下简称“金融证券办”），为副县级事业单位，机关全额拨款事业编制 8 名，实有人数 5 人。设金融证券一处和金融证券二处两个处室。

2004 年 8 月 12 日，市金融证券办升格为正县级事业单位。同年 12 月 3 日，确定内设机构为金融证券一处、金融证券二处、综合处 3 个职能机构。

2005 年 3 月 21 日，更名为长沙市人民政府金融证券工作办公室。6 月 28 日，同时加挂长沙信用征信管理办公室的牌子。

2007 年 3 月 21 日，市金融证券办全额拨款事业编制 11 名，机关后勤服务编制 1 名。内设综合处，金最证券一处，金融证券二处，信用征管理处四个处室，年底实有人数 20 名。2008 年 12 月 28 日，将编制由 12 名调整为 14 名，年底实有人数为 21 名。

2011 年 5 月 12 日，长沙市人民政府金融证券工作办公室更名为长沙市人民政府金融工作办公室（长沙市信用征信管理办公室），为市人民政府直属事业单位。机关全额拨款事业编制 17 名，年底实有人数为 23 名。内设机构有综合处、金融监管服务处、资本市场建设处、信用征信管理处 4 个处。

2012 年，核定参公事业编制 16 名，工勤编制 1 名。实有在编人员 14 人。另有聘用制人员 2 人，人才引进人员 1 人。内设机构总数为 5 个，即综合处、金融监管服务处、资本市场建设处、信用征信管理处、小额贷款公司管理处。

2003—2012 年，先后担任长沙市金融（证券）管理机构主要领导职务的有：郑若敖、杨兴龙、李晓斌；其他领导班子成员有：常跃勤、段永松、李建武。

二、区县（市）机构

2007 年 2 月 8 日，长沙市在各区县（市）在政府办公室加挂金融证券办公室牌子。

2007 年 3 月 23 日，长沙市经开区在管委会财政局内设金融证券工作办公室；长沙市高新区在高新区财政分局加挂金融证券办公室牌子；开福区、浏阳市在区（市）财政局加挂牌子，人员内部调剂或兼职。

2011 年 1 月起，各区县（市）金融办相继与原挂靠单位脱离，成为单列机构。至 2012 年无变化。

第二节 金融监管

一、金融机构监管

1988 年，长沙地区新增金融机构 71 个，辖内共有各类金融机构 746 个，金融机构向多层次、多元化、多功能方向发展。1989 年，由于多年的投资膨胀，贷款过多，辖内多家金融机构出现负债经营情况。为此，长沙加强对信贷规模的监控和现金管理，对全市金融机构和保险业务以及企事业单位多头开户等问题进行清理整顿。全年经审批新增金融机构 5 个。

1990 年，为维护金融秩序，清理整顿金融性公司，撤销长沙市信用担保公司，将各中国建设银行、中国工商银行、中国农业银行的 3 家信托投资公司改为办事处。1991 年，全年共审批新成立 4 个储蓄所，撤销 5 个，迁址 11 个，更名 4 个。1992 年，全年共批准设立金融机构 41 个，撤销不合理金融机构 6 个。1994 年，长沙市完成湘财实验银行、湘银实验银行、金鹏实验银行等 3 家实验银行的摘牌、更名工作及信托投资公司的撤并和降格工作，撤销各城市信用社擅自设立的 13 家分支机构，规范“三部一社”（房产信贷部、国际业务部、信托部、农村信用社）的经营行为。

1995 年，对全市 9 家证券机构和信托机构进行检查，发出整改通知 9 份，提出整改意见 36 条，规范非金融机构的业务范围。对全市 37 家商业银行“三部”（房产信贷部、国际业务部、信托部）开展检查，提出撤、并、改方案，规范其经营行为。1996 年，全市金融机构总数为 1425 个，其中银行机构 585 个，非银行机构 840 个。人民银行长沙市分行制定《关于进一步加强金融监管工作的实施意见》，年内共稽查县以上金融机构 102 家，稽核金额 142 亿元。

1997 年年末，共计审批新设金融机构 4 个，机构迁址 32 个，更名 31 个，迁址更名 51 个，换发许可证 83 个；全面清理整全市商业银行储蓄联办、代办机构。年底，办理改为自办所手续的 5 个，办理保留为代办所手续的 4 个；共改建为营业性分支机构 29 个，其中改建为支行 8 个，办事处 8 个，分理处 13 个，撤并“三部”对外营业机构 24 个。全年按规定共对 246 个法人代表或主要负责人进行任职资格调查。11 月 4 日，长沙市各银行机构联合制定“长沙市银行同业公约”，从利率、结算、现金管理等方面作 10 条自律性规定，并将公约内容打印成公告形式 4000 余份，在各金融网点张贴，公告社会，同时设立举报电话，监督各金融机构共同遵守，切实贯彻执行。

1998 年，长沙市共审批金融机构迁址 39 个，更名 21 个，迁址并更名 33 个，撤销 24 个，换证 142 个，补办 16 个，改建 20 个，歇业 22 个，设立 4 个，保险兼业务代理机构 3 个，机构升格 6 个。清理商业银行各类联办、代办机构 27 个。

1999 年，长沙市开始探索“四位一体”（机构内控、行业自律、央行监管、社会监督）的金融监管体系。对辖区内各类金融机构开展年检，重点检查金融机构账户管理，联合公安、工商部门对外汇黑市进行专项打击。长沙市对农村“两会一办”（农村合作基金会、乡镇企业基金会、供销社社员股金服务办）进行清理整顿，长沙地区的 136 家基金会中有 70 家被撤销，有 35 家并入农村信用社。

2000 年 4—7 月，长沙市组织对辖内金融机构贷款质量、盈亏状况、内控制度建设、高管任职资格等内容的真实性检查。共抽查机构 78 个，累计勾对贷款 42309 笔，金额 186.3 亿元，提出整改意见 259 条。8—9 月，组织对 4 家国有商业银行贷款情况检查，共检查支行级机构 48 个，勾对贷款 987 笔，金额 20.3 亿元，发现问题 30 个，提出整改意见 70 条。全年对 11 个金融机构下达整改通知书，查出金融机构违规违法经营行为 9 起，对其中 8 个机构给予经济处罚，对 11 名高管作出纪律处分，其中撤职 5人。

2001 年，制定《长沙辖内银行机构不良贷款考核实施意见》，采取不良贷款比例与余额双向考核，与机构升格、新增业务高管任职资格审核挂钩，并纳入监管人员年度考核。当年，金融机构不良贷款率比上年度下降 7.24%，实现整体盈利。对辖内金融机构 16 名违规违纪高管做出取消任职资格的处理。年底公布第三批黑名单企业。

2002 年，长沙允许金融机构网点设置突破市区限制，取消机构选址预审，全年审批设立机构 17 个，升格 29 个，撤并网点 51 个。全年组织 17 次、192 名拟聘高管人员进行任职资格考试，10 名考试不合格人员被否决；组织辖内 757 名已任农村信用社高管人员进行考试，对 386 名已任银行机构高管人员进行年度考核，对 20 名高管人员实行约见谈话，9 人诫勉谈话，8 人提醒谈话。

2003 年，长沙组织对辖内银行和证券类等 18 个机构上年场外拆借业务进行全面检查，同时对 36 个商业银行执行利率情况进行抽查。查处浏阳市邮政局利率违规问题。对 29 家企业违法外汇核销管理问题进行立案处理，罚款 63 万元。督促长沙市商业银行完善法人治理机构，建立资本金补充机制。

2006 年，全市国有银行、股份制商业银行和众多证券、保险、期货、信托公司等大小金融机构发展 70 多家、初步形成芙蓉中路条街金融服务集聚区。长沙市金融行业率先全国开展金融服务创新综合试点工作。加快金融电子化建设，尝试相关业务的网上申办，提高金融监管的力度。

2009—2010 年，全市各类金融机构新增 20 家，其中银行机构 9 家，保险机构 10 家，汽车金融公司 1 家。重点加强对全市 45 家融资性担保公司的规范和整顿，41 家获得经营许可证。

2012 年年底，长沙市银行机构 27 家，其中法人银行机构总部 2 家（村合作金融机构未计入），即华融湘江银行、长沙银行；证券法人机构 3 家，分别为方正、湘财、财富，证券营业部 78 家；省级保险分公司 43 家，其中财产险公司 21 家，人身保险公司 22 家；小额贷款公司 19 家，另有 6 家已获批复正在筹建；共有超过 60 家融资性担保机构已获得经营许可证；期货公司 4 家，分别为大有、方正、德盛、金信；信托投资公司 1 家，即湖南省信托投资公司；汽车金融公司 1 家，即三一汽车金融有限公司。建立健全市、区（县）两级监管工作网络，完成辖内小额贷款公司和融资性担保机构的风险排查和现场检查，初步建立融资性担保行业业务信息与监管预警系统。芙蓉区、天心区、开福区和雨花区河东 4 区农村合作银行完成清产核资验收。

二、金融市场监管

1988 年，由于国民经济过热，社会总共给与总需求的矛盾扩大，金融业出现货币投放过多，贷款增加较猛，存款下降的情况，为稳定金融，抑制通货膨胀，人民银行长沙分行改革和完善信贷资金管理体制，制定《深化信贷资金管理体制改革的意见》《改善人民银行贷款管理办法的意见》，建立资金监控体系，建立各类专业银行按季预测资金和按期分行资金的制度，各金融机构求着“区别对待，扶优限劣”的原则，合理发放贷款，灵活调动资金。对全地区 34 个金融机构的信贷、利率、结算、信托、邮政储蓄等项目进行 16 次稽核。8 月，对市属 4 家信托投资公司进行全面稽核，查出资本金不落实、存款超范围、固定资产贷款超规模及费用开支不符合规定等 15 个问题，分别采取相应措施，4 家信托公司共补充本金 2540 万元，解决超范围存款 5272 万元，压缩固定资产贷款 3163 万元。

1989 年，人民银行长沙分行对全市 4.3 万个账户进行清理，核销多头开户账户 6500 个，审定不能开立基本账户的部门 340 个。对 24 个经济效益差、属于重复布点的网点或扩大业务范图影响全局的机构进行撤销、合并或责成其退出扩大的业务。对自更改名称的机构，除责令其纠正外，予以通报批评和罚款处理。全年稽核辖内机构资金金额 115 亿元，发出稽核报告 70 篇，作出稽核处理决定 29 次。对违反金融政策问题机构作出严肃处理。中国银行长沙分行营业部等 9 个金融机构 9 月末转移财政性存款共 1.73 亿元，占压国库款 2.9 亿元，被处以罚款 212.1 万元。

1990 年，人民银行长沙分行稽核项目 12 个，稽核金融机构 175 次，查出违规存款 1701 万元，稽核有问题流动资金贷款 17304 万元，违反结算纪律资金 5273 万元。为整治在银行机构多头开户现象，从 5 月 1 日起全市所有开户单位换发新的开户许可证。1992 年，稽查金融机构 93 家，稽查出违规贷款 5875 万、违章贷款 9914 万元、超范围吸收存款 4276 万元、公款转存 9988 万元、违反利率政策 4000 万元、证券业务违规资金 1180 万元。

1993 年，中共中央下发关于加强宏观调控、整顿金融秩序的 6 号文件，长沙市金融系成立以行长为组长的整顿金融领导小组和办公室，对全市金融系统用信贷资金办实体、炒房地产、投资参股，提高或变相提高存贷款利率以及围规模发放贷款的清理整顿工作。6至12月，全市金融系统共收回违规拆出资金5亿元。在人民银行长沙分行的督促监管下，长沙地区农村夏粮收购没有“打白条”，农副产品收购贷款准备充足。

1994年，人民银行长沙分行成立非现场稽核组，与全市40多家县级以上金融机构实现软盘数据对接，初步建立全市县级以上金融机构非现场稽核。9月份，重点抽查9家城市信用社，规范城市信用社的经营行为，严肃金融秩序，为组建城市合作银行打下基础。

1995年，长沙市强化金融监督管理，基本形成“央行监管，社会监督、机构自律”的金融市场监督管理格局。全面实施“351”金融质量工程，即恢复“三铁”（铁账、铁款、铁算盘），提高“三性”（信贷资产的效益性、安全性、流动性），实现“五化”（经营行为规范化、经营管理集约化、业务处理电子化、金融监管法制化、干部队伍“四有”化——有政治素养、有敬业精神、有职业道德、有专业知识），全面提高金融机构队伍素质。历时一个月，对全市9家证券机构和信托机构进行检查，发出整改通知9份，提出整改意见36条，逐步规范非银行金融机构的业务范畴。规范商业银行“三部”（房产信贷部、国际业务部、信托部）经营行为。

1996年，人民银行长沙分行制订《关于进一步加强金融监管工作的实施意见》，调整监管机制，明确各监管部门的基本职责，建立监管例会制度和监管职能部门的沟通制度。严格金融机构的市场准入。严格按照省行下达的指标审批金融机构，做到审批工作资料齐全，手续完备，程序合规，保证区内无越权和违规批设金融机构问题的发生。年内共稽查县以上金融机构102家，稽核金额142亿元。1996年4月1日取消新的储蓄保值补贴，5月1日和8月23日两次下调利率。为保持稳定的金融秩序，共开展各种形式的利率检查20次，检查机构190个，检查存贷款39819笔，金额39亿元。共受理群众来信、来访、举报99次，处罚利率执行违规金融机构26家，罚款66万元，并对违规的金融机构进行通报批评。人民银行长沙分行先后组织人员开展对国有商业银行内控度的专项稽核和对人民银行支行的内部稽核。严格“贷款证”“开户许可证”“经营金融业务许可证”“经营外汇业务许可证”的发放管理。调统部门配备专人负责“贷款证”的管理工作，共检查52家金融机构和861户持证企业，对32家违规金融机构处以罚款23万元。当年，人民银行长沙分行共核发基本存款账户11460户，清理多头开户914户，对违规开立基本存款账户的单位罚款8.4万。年内共换发“经营金融业务许可证”1096个、“法人许可证”253个、“经营保险业务许可证”21个。

1997年，人民银行长沙分行共计开展9个项目的现场稽核和3个项目的稽核调查，查出各类违规金额38.6亿元。全年共开展各种形式的利率检查44次，检查机构502个，检查存款45001笔，金额68468万元，贷款6314笔，金额16383万元，受理群众来信、来访、举报85次，查处违规机构18家。

1998年起，人民银行长沙分行采取“人盯行”的监管制度，即人民银行长沙分行的工作人员对辖内各个银行的经营都有责任人进行监管。至1999年，通过“人盯行”的监管制度，逐步完善“四位一体”（监管方、金融机构、从业者、社会四方融合）的金融监管体系。

2000年，人民银行长沙分行开展长沙辖内金融机构真实性检查工作。共计抽查机构78个，累计勾对贷款42309笔，金额186.3亿元，提出整改意见259条。组织对4家国有商业银行2000年上半年贷款质量真实性情况进行复查，共计复查国有商业银行支行级机构48个，勾对贷款987笔，金额20.3亿元，发现问题30个，提出建议70条。全年共查处金融机构违法违规经营行为9起，对其中8个机构给予经济处罚，建议金融机构对11名高级管理人员或直接责任人作出纪律处分，其中撤职6人。堵住重复开户856户；共检查银行存款账户6778个，处理结算纠纷14起。

2002年，人民银行长沙分行对长沙市商业银行法人治理的监管，调整股权结构，协调解决股权纠纷，开展扩股增资工作。加强对高风险农村信用社的监管，制订防化风险预案，对4家单个风险较大的信用社进行重组合并。

2005年，长沙市加大对非法集资行为的处置。组织市金融证券办、市工商局、市公安局、市司法局、市信访局等有关部门对“长沙中天行房车俱乐部有限公司”涉非法集资1.67亿元进行清理，提出对“中天行”风险处置基本方案、并稳妥处理多次参与集资的群众上访，防止该事件的进一步扩大。12月31日，正式向全市发布《长沙市人民政府关于抵制非法集资和防范投资风险的通告》。

2010年，长沙重点加强对地方法人机构信贷投放总量监管，通过举行监管会谈和下发“提示单”“警告单”等形式，指导银行业机构增强风险意识、落实风险管控措施。

2011年，长沙完成辖内3家银行业法人金融机构、1家省级保险公司、1家法人证券公司的现场评估。完成融资性担保机构规范整顿工作，共有3家公司获担保经营许可。

2012年，长沙批复42家新设银行机构加入人民银行金融服务体系。首次对市内15家银行机构2011年执行人民银行政策情况开展综合评价。组织对辖内186家金融机构开展洗钱风险评估评级，评估范围扩大到证券和保险机构，对全市8家金融机构开展反洗钱现场检查，防范洗钱风险。

三、金融服务管理

1988年，为有效地调剂和缓解资金供求矛盾，人民银行长沙分行在市政府的领导下，与各金融机构商议，成立长沙资金市场，利用市场机制，组织资金横向通融，缓解工、农业生产资金供需矛盾。同时，为提高资金使用的社会效益和清算工作效率，改善服务，开始建立长沙市同城资金清算电子中心，全市52家金融机构结算单位组成同城资金清算网络。为确保计算机处理的准确性，对在长沙市金融机构开户的账号，按交换号、科目号、顺序号、校验位4项内容顺序编列，提高服务效率。1989年3月28日，首场同城清算取得成功。

1993年，外汇市场活跃，价格波动幅度较大，为保证重点用汇，支持经济发展，全市系统从强化市场机制作用入手，促进有限的外资源的合理配置，提高外汇资金的使用效益，保持汇价的基本稳定。全年共筹措外汇资金2220万美元，调剂成交4431万美元，支持如长沙市电信局，中意电器集团等企业用汇急需。

1995年11月，由市人民银行牵头，各金融机构共同参与筹建长沙市票据自动清分系统投入运行，实现同城票据交换的自动化，结束长沙市手工票据交换的历史。为满足清分系统建设的配套要求，还制定出较为完备的《长沙市同城票据交换管理办法》《长沙市同城票据交换会计核算手续》。同时开展票据专递服务，缩短资金在途时间，加快资金周转速度。

1999年，全市实行主办银行制度的企业由1998年的50家增加到134家，主办银行承诺全年为主办企业提供值贷资金75.5亿元，实际提供93.3亿元。长株潭金融一体化取得进展，三市大同城票据交换系统已顺利开通。株洲、湘潭市首批直接大同城票据交换的网点达15个，三市之间银行结算由异地变成同城，结算资金实现当天到账。2000年，全年累计办理再贴现37亿元，年底余额15.9亿元。

2002年，人民银行长沙中心支行贯彻执行货币政策，着力改善金融服务、服务地方经济、金融机构与社会的功能不断增强。全年累计发放短期再贷款22.1亿元，支农再贷款6.6亿元，同时加强对政府专项借款的管理，收回政府专项再贷款 6629 万元。维护大同城交换运行，改善票据专递服务，票据交换网点由 246 个增加到 263 个。银行卡实行长沙、岳阳、益阳、株洲、常德、湘潭、邵阳 7 市跨地区互联网通用，跨行交易成功率有较大提高，业务快速发展 POS 签购额达 9.67 亿元。证券保险、期货、信托公司等大小金融机构共 70 多家，初步形成芙蓉中路条街金融服务集聚区。长沙市金融行业率先全国开展金融服务创新综合试点工作，加快开展金融电子化建设，尝试相关业务的网上申办，提高金融服务的便捷度。

2007 年，长沙市金融业在全国率先开展金融服务创新综合试点。地方金融机构进一步发展壮大，长沙市商业银行积极引进战略投资者实施区域化经营，走上市银行之路。浏阳、岳麓、芙蓉、雨花、望城、天心、开福 7 家现金农村信用社成功改制成为农村合作银行。

2008 年，《长沙区域性金融中心建设规划纲要》《长沙区域性金融中心建设规划》编制完成。金融城项目列为长沙市 2009 年重大项目。引进民生银行在长沙市设立分支机构，引进 7 家保险分支机构（人保健康、长安责任、阳光人寿、永诚保险、民安保险、幸福人、华夏人寿）；第一人寿保险股份有限公司（筹）准备将长沙作为其总部的首选地，并以向中国保监会递交申报材料；提出将市内 5 区农村合作银行组建长沙市农村商业银行的建议；湖南银监局已同意将长沙市列入 2009 年村镇银行试点市。

2010 年，长沙市出台《长沙市市民卡工程建设实施方案》，启动城市金融 IC 卡项目建设。在市内 20 个网点实现商业汇票系统上线。2011 年，长沙市被列为全国首批金融 IC 卡试点城市。长沙辖内有各类银行机构网点 1318 个、从业人员 26769 人。当年，长沙市基本形成政策性金融、商业性金融、合作金融并存的金融服务体系。

2012 年，为加快推进全市统一的一卡通公司的设立，将《长沙市民卡一卡通公司建设方案》报送市政府。

第三节 金融安全

一、金融安全区创建

1999 年年初，长沙市在浏阳市开展金融安全区试点工作，确立各级政府为主体并负责牵头领导，人民银行指导推动，各级金融机构、有关部门和企业共同参与的创建模式。2000 年 3 月底，省政府召开创建金融安全区工作座谈会，会议总结浏阳创建工作的经验和做法，并向全省推介。5 月 10 日，市政府召开长沙金融安全区创建动员大会，成立长沙金融安全区创建活动暨防范化解金融风险领导小组和办公室，实行创建工作责任制。各县（市、区）先后开展创建活动。

2002 年，长沙市出台《关于推进长沙县和市 5 区金融安全区创建工作的意见》。2003 年 4 月，出台《长沙市金融安全创建工作实施方案》，提出创安工作 3 年发展目标，并对创安工作措施和组织领导作出统一部署，各区县（市）相继制定辖区内金融安全创建实施方案。6 月 23 日，长沙市人民政府组织有关部门对浏阳市金融安全区创建工作进行考核验收，授予浏阳市“市级金融安全区”称号。至年底，在全市创安活动中，共组织各类宣传活动 106 次，印发宣传资料 4 万多份，制作宣传横幅 300 多条，举办培训班 50 余次。

2004 年年初，长沙市提出由地方政府、人民银行、银监部门、证监部门和保监部门指导、推动、协调，各级金融机构、有关部门和企业共同参与，宣传、政法部门和社会各界支持配合的新的创安模式。4

月，长沙市又率先出台《关于发展资本市场的若干意见》，将金融安全区创建纳入资本市场发展范畴。

2005 年，制定《长沙市经济（金融、物价等）安全公共事件预案》，按照“定期考核，动态管理”的原则组织金融创安工作考核验收。当年年底，浏阳市被评为“省金融安全区创建工作达标单位”。2006 年 6 月，望城县和宁乡县被授予市级“金融安全区”称号。2007 年，长沙县成功创建市级“金融安企区”，至此，浏阳、宁乡、望城、长沙 4 县（市）全部创建为省级或市级“金融安全区”。

2008 年，出台《长沙市创建省级金融安全区工作方案》，全面提升金融安全区创建活动目标和质量。当年，辖区内无重大金融安全案件和重大保险理赔投诉案件。在浏阳市、长沙县、宁乡县、望城县开展创安工作“回头看”活动。长沙县、宁乡县、望城县继续保持市级“金融安全区”称号，浏阳市继续保持省级“创建金融安全区工作达标单位”称号。

2010 年，宁乡县顺利通过省创安办“省级金融安全区”考核验收。2011 年，长沙市获批开展湖南省“金融生态良好城市”创建试点，成为湖南省三个试点城市之一。2012 年，提出打造“中部地区最佳金融安全区”品牌，加大对各区县（市）创建金融安全区的指导力度和动态管理，通过政策、执法、信用、金融服务等金融环境建设，优化长沙市金融生态环境。

二、社会信用征信体系建设

20 世纪八九十年代，信用管理主要针对企事业单位，并不针对个人，企事业单位通过信用评级获得在银行机构取得贷款资质。

21 世纪初开始，长沙市开始探索社会机构和个人的征信信用体系的建设。2004 年，长沙市充分利用报纸、电台、电视及网络等新闻媒体，以整治社会信用环境、重塑诚实守信形象为重点，从正面树立诚信典型，从反面震慑失信行为。长沙县、浏阳市制定《金融债权管理制度》；长沙县制定《红名单黑名单通报制度》；浏阳市制定《企业信用等级评定办法》，完善《浏阳市“十佳诚实守信企业”“诚实守信企业”评选办法及优惠政策》《浏阳市信用乡、村评定实施细则》，并筹措 160 万元对 70 家诚信企业和 8 个诚信村进行奖励。全市通过社会信用环境整治。2002—2004 年，对 170 余家改制的中小企业所涉及 33 亿元银行贷款进行清理，落实债权人，逐一回收贷款，债权无一落空。

2005 年，长沙市遵循“总体规划、分步实施、互联互通、资源共享”的原则，按照“政府启动、先行试点、稳步推进”的工作步骤，推动全市社会信用征信体系建设工作。6 月 3 日，中共长沙市委、长沙市人民政府召开全市社会信用征信体系建设动员大会，同时成立长沙市社会信用征信体系建设领导小组，组建长沙市信用征信管理办公室，与市政府金融证券办合署办公；6 月 16 日，长沙市委办公厅、长沙市人民政府办公厅印发《关于进一步加强全市信用征信体系建设的通知》《信用信息归集目录》。6 月 19 日，全市金融信用建设工作会议在长沙市会议中心召开，会议总结长沙市金融与信用体系建设工作情况，安排部署长沙市金融及信用体系建设工作任务。7 月 1 日，正式出台实施《长沙市信用征信管理办法（试行）》。长沙市公安局、工商局等机关部门信用数据纳入市基础信用信息库，开通长沙信用征信网站信用征信网络查询服务功能，市金融证券办、市委宣传部、市人事局、市文明办、市征信办共同组织“社会信用征信知识网上竞赛活动”，全市有 5 万多人次参与竞赛活动。

2006 年，长沙市下发《关于进一步加强全市信用征信体系建设工作的通知》，明确对信用采集、使用、管理等要求，建立工作网络。出台《长沙社会信用征信管理办法（试行）》《长沙市社会信用征信体系建设试点工作方案》，启动信用征信数据库建设，开通长沙市信用征信网站，按“政府引导、市场运作”的方式，引进和培育信用征信机构。当年，组织“社会信用征信知识网络竞赛活动”，与《长沙晚报》联合举办“社会信用体系建设”征文活动，组织编写信用征信知识手册。

2007年，长沙市“多库—网路—平台—系统”的信用征信系统建设方案正式确定。开展“信用改变生活”“信用建设示范岗”评比等信用宣传教育活动。长沙县开展信用建设示范县活动，开通企业和个人信用信息查询系统。

2008年，长沙市下发《关于加快建立守信激励和失信惩戒机制有关事项的通知》。完成对35个信用信息归集单位的数据量大小和接口要求的初步调研，有序开展的基础数据采集工作。培育友谊信用评估有限公司，引进深圳鹏元征信有限公司、大公国际资信评估有限公司、上海资信有限公司、湖南远东资信评估有限公司等信用服务机构。2009年，长沙市信用征信信息系统通过验收，系统涵盖市场主体的基本信息、奖励信息和处罚信息，并在长沙信用网（www.jrxyw.com）上开通对外查询窗口。

2010年，在全市范围内启动第二轮信用信息征集工作。印发《关于推广应用征信产品的通知》，明确各相关部门在行使行政职能时使用征信产品；对市信用征信信息系统进行更新维护，以信用征信信息系统为基础，做好清理整顿规范中介机构的相关工作。2011年，为提高企业信用管理水平和风险防范能力，与湖南大学信用研究中心联合举办信用管理师培训班，培训人员达500余人。

2012年，制定《长沙市信用征信管理办法》，促进征信产品的推广应用；探索采取政府购买的形式，邀请相关机构牵头为中小企业开展信用评级服务。

三、防范和化解金融风险

1988年，由于国民经济发展过热，社会总供给与总需求的矛盾扩大，金融业出现货币投放过多，贷款增加较猛，存款下降的情况。为稳定金融，抑制通货膨胀。人民银行长沙分行改革和完善信贷资金管理体系，制定《深化信贷资金管理体制改革的意见》《改善人民银行贷款管理办法的意见》，建立资金监控体系。

1995年，长沙市对8家违规金融机构进行处罚，共罚款40万元；对4家农村信用社名义进城办业务的机构进行严肃处理；对未办好审批手续的商业银行7个、城市信用社9个金融机构，限期整改。认真执行国家利率政策，切实加强利率管理，当年共组织利率查处34次，检查单位达228家，查处储蓄违规510笔，涉及金额705万元，贷款违规28笔，金额35万元，共罚款19.6万元。堵住不合理大额现金支付24笔，金额720万元，对个别城市信用社拆借严重违规问题作出通报批评。全年共发出通报4份，警告20多份。7月份，进行“贷款证”首次年审工作，共审核2295户，收回重复发证183本。共检查贷款业务1305笔，金额20291万元，其中无证贷款122户，处罚11家金融机构，罚款53300元。全年开展的常规稽核和专项稽核共有15次，现场稽核行处128家，现场工作日3863个，稽查金额119亿元，查出违规金额12亿元，处以罚款108万元。

1998年，全年共查处16起金融机构的严重违规行为，共计罚款58.5万元。共计开展各种形式的利率检查10余次，检查违规金融机构近100个，罚款40万元。开展信贷管理大检查、共稽查金融机构158家，稽查金额122.8亿元，查处各类违规金额13.3亿元，对违规机构处以罚款10万元。

2001年，湖南省银行业协会推行“黑名单”制度。长沙市会同省金融债权管理办公室对辖内5家恶意逃废银行债务的企业实施联合制裁，并在《湖南日报》上公开曝光。对长沙辖内欠息200万元以上、时间一年以上的360户企业进行通报。依法行政拘留恶意欠贷欠息人员100多人，强制执行金融欠贷案件285起，清理出国家公务人员拖欠贷款或承担连带责任贷款金额共计5246.48万元，落实责任和还款计划542人、3758.9万元。2002年，长沙市出台对打击逃废银信部门债权的违法行为的《联合制裁办法》，对逃废企业采取“八个一批”措施，即上门催收一批、限期清收一批、依法起诉一批、强制回收一批、打击处理一批、产权过户一批、贷款转据一批、联合制裁一批。长沙市约 20 家企业被列入“黑名单”，公开曝光，对这些企业在开户、信贷、融资、结算、现金、资信等方面予以限制，对非正常欠息、欠贷或负有连带责任的国家公职人员，通过纪委、监察部门下发限期还款通知，财政、司法部门联合进行清收。

2004 年，长沙地区一些公司以高额回报为诱饵进行非法集资，其中以“中天行事件”影响最大。2004 年，市金融办会同有关部门对“中天行”进行资产保全和处置工作，减少集资者的损失，保护人民群众的利益。2005 年，对福森公司、山川公司、菲菲森旺公司、科农公司等以高额回报吸纳公众资金存在的问题进行处置。同年，处置恒信证券、泰阳证券出现的风险，妥善解决通程控股部分股权和市商业银行债权及股权问题；关闭亚洲证券、华夏证券。2007 年，市政府成立由 27 个市直部门组成的长沙市处置非法集资联席会议，强化对非法集资的综合治理。对保全的“中天行”非法集资事件中会员集资款 3972 万元和房产、车辆、土地等资产，并进行 2 次公开拍卖。处置农村“两会一部”遗留问题。

2008 年，长沙市重点开展反洗钱、金融统计支付结算、人民币管理、存款准备金管理、国库、外汇等业务检查，对 14 家违规金融机构实施行政处罚。建立中小法人金融机构的风险监测体系和民间借贷监测体系。

2010 年，长沙市督促湖南欣高彩投资、长沙市宏方生物科技、湖南瑞天实业等非法集资案件的善后处置工作。会同高新区、经开区，各区县（市）和有关成员单位建立信息收集反馈机制。

2011 制定《长沙市金融突发事件应急预案》。针对陆续出现的非法集资事件及金融风险苗头，健全处置非法集资工作机制。全市成立打击和处非法集资工作领导小组。

2012 年，推进银行业不合理收费专项治理行动，取消收费项目 577 项，调整收费项目 155 项，清退违规收费 3900 余万元，挽回资金损失 275.4 万元。处理客户投诉，受理各类信访投诉 401 件，现场快速处理 167 余起。做好“湘江 700”项目、“大成”国际酒店等涉嫌非法集资案件的工作预案、前期调查解及处置工作；开展清理整顿各类交易所 59 家，对“湖南维财”“湖南创新”两家涉嫌变相期货案的处置工作。

长沙市志

长沙市地方志编纂委员会 编

(1988—2012)

第四册

方志出版社
Publishing House of Local Records

目　录
（第四册）

第十七篇　工业

第十八篇 园区经济

第十九篇　商贸　旅游

第十七篇

工　业

本篇编纂人员

曹建英　朱炫光　何玮奇　肖　晟

本篇撰稿人员

第一章　工业综述：谢贵鹏　李醒民　闫高闯　罗水洲　苏卫国

第二章　机械工业：谢贵鹏　李醒民　闫高闯　罗水洲　苏卫国

第三章　冶金工业：谢贵鹏　李醒民　闫高闯　罗水洲　苏卫国

第四章　电子工业：谢贵鹏　李醒民　闫高闯　罗水洲　苏卫国

第五章　食品工业：谢贵鹏　李醒民　闫高闯　罗水洲　苏卫国

第六章　医药工业：谢贵鹏　李醒民　闫高闯　罗水洲　苏卫国

第七章　日用品轻工业：谢贵鹏　李醒民　闫高闯　罗水洲

第八章　纺织 服装工业：谢贵鹏　李醒民　闫高闯　罗水洲

第九章　电力工业：吕华锋　危　菁　肖贻钦　阮　迅　曾　方
龙　莹　刘伏生　郭正平　李书跃　易　亮

第十章　煤炭工业：谢贵鹏　李醒民　闫高闯　罗水洲　苏卫国

第十一章　建材工业：谢贵鹏　李醒民　闫高闯　罗水洲　苏卫国

第十二章　化学工业：谢贵鹏　李醒民　闫高闯　罗水洲　苏卫国

第十三章　烟草工业：廖　劼　黄晓辉　赵　雅　肖汉涛

第十四章　区街工业：鲁素爽　王富英　陈志云　杨　伟　刘科明

第一章　工业综述

第一节　工业管理机构

一、综合管理机构

1988年，长沙市经济委员会机关内设办公室、生产调度科、能源管理科、科学技术科、技术改造科、企业管理科、经营协调科、安全生产科、城乡协调科、质量管理科、交通协调科（与长沙市国防动员委员会交通战备领导小组办公室合署办公）、组织科、干部科、宣传教育科、纪检监察室15个科室。1989年3月，增设外资企业管理科。1991年12月，增设法规科。1993年，安全生产科更名为安全生产设备管理科。1997年2月，增设审计科。1997年10月，成立长沙市铁路专用线管理办公室，与交通协调科、长沙市国防动员委员会交通战备领导小组办公室合署办公。2002年4月，内设机构由18个科室改为15个处室，分别是办公室、经济运行处、改革处、对外经济协作处、投资规划处、技术进步与装备处、企业处（加挂市扭亏增盈领导小组办公室、审计科牌子）、资源电力处、经济法规处、交通协调处（加挂长沙市铁路专用线管理办公室、长沙市交通运输指挥部办公室、长沙市国防动员委员会交通战备办公室牌子）、市场处、宣传教育处、维护稳定工作办公室、人事处、纪检监察室。2006年7月，教育培训处加挂研究室的牌子。2006年10月，资源电力处分设为电力处、环境与资源综合利用处。2007年6月，增设工业产业促进局（对外称长沙市工业产业促进局）。2008年12月，经济法规处更名为综合法规处，研究室并入其中。2010年，设立装备工业处、汽车产业处、材料工业处、食品工业处，挂靠在有关业务处室开展工作。

2010年8月，整合原市经济委员会、市发展和改革委员会承担的市信息化领导小组办公室的职责，成立市工业和信息化委员会，不再保留原市经济委员会和市信息化领导小组。市工业和信息化委员会内设办公室 、综合研究与法规处、经济运行处（加挂市场处牌子）、经济合作处、工业产业促进局（对外称长沙市工业产业促进局）、科技处、中小企业处、节能与资源综合利用处（加挂长沙市履行禁止化学武器公约事务协调领导小组办公室）、工业园区协调指导办公室（对外称长沙市工业园区协调指导办公室）、材料工业处、装备与汽车工业处、食品工业处、电力处、信息化和通信局、人事处、纪检监察室16个机构。至2012年年底，市工业和信息化委员会机构未发生变化。

1988—2012年，先后任长沙市经济委员会、长沙市工业和信息化委员会主任的有：沈子忠、李振高、严凤枝、谢明德、赵跃驷；任副主任的有：杨培钧、陶伯葶、王利安、童艾安、李振高、李斌恺、钱永奎、徐梓干、易金全、肖学胜、李化南、贺自强、罗放良、李爱诚、李金鑫、吴京生、黄杏芝（女）、彭继球、龚振湘、刘志辉、周双恺、许卫华、黄滔、吴宏亮、潘建军、张铁光、万惠明。

二、行业管理机构

1988—1994年，长沙市有市冶金机械工业局、市化学工业局、市一轻工业局、市二轻工业局（下辖市塑料工业公司、市服装缝纫工业公司两个行政性管理公司）、市电子工业局、市纺织工业局、市建筑材料工业局、市煤炭工业局、市医药管理局（市医药工业公司）、市汽车工业公司、市机床工业公司、市造纸印刷工业公司12个工业行业管理机构。其中，汽车、机床、造纸印刷3个工业公司为政府授权的行政性管理机构。以上12个工业局（公司），以及市标准局、市计量局、市烟草专卖局、市食品工业办公室，归口市经委和市工交工委。

1994年8月，长沙市启动新一轮机构改革，市化学工业局、市冶金机械工业局作为市政府的工作机构保持不变；市一轻工业局、市二轻工业局、市电子工业局、市建筑材料工业局、市纺织工业局、市煤炭工业局、市汽车工业公司、市造纸印刷工业公司、市医药工业公司9个部门成建制转为经济实体，均更名为总公司。总公司可从各自实际出发，以生产经营纽带或资产纽带为连接，与有关企业一起组成集团公司。

2003年，撤销市冶金机械工业局、市机床工具工业（集团）公司，成立市机械行业管理办公室；撤销市汽车工业总公司、市电子工业总公司，成立市汽车电子行业管理办公室；撤销市一轻工业总公司、市造纸印刷工业总公司、市纺织工业总公司、市服装缝纫工业公司，成立市轻工纺织行业管理办公室；撤销市煤炭工业总公司、市建筑材料总公司，成立市煤炭建材行业管理办公室；撤销市化学工业局、市医药总公司，成立市化工医药行业管理办公室；撤销市二轻工业总公司、市二轻工业联社，成立市城镇集体工业联社。各行业管理办公室隶属于市经委领导，原12个市属工业局、公司承担的行政职能移交市经委。至2012年，市工业各行业管理机构未变。

三、区县（市）工业管理机构

1988—1996年，长沙市东区、南区、西区、北区4区和郊区，分别设立区工业局。长沙、望城、浏阳、宁乡4县，分别设立县经济委员会。

1996年7月，长沙市撤销东区、南区、西区、北区4区和郊区，设立芙蓉、天心、岳麓、开福、雨花5区，各区均设立区乡镇区街企业局。长沙、浏阳（1993年2月撤县改市）、望城、宁乡4县（市）均设立工业经济（贸易）发展局。

2005年，芙蓉、岳麓、天心、开福、雨花5区和长沙、浏阳、望城、宁乡4县（市）分别设立工业经济局（加挂乡镇企业局牌子）。

2010年8月，芙蓉、岳麓、天心、开福、雨花5区以及长沙、浏阳、望城（2011年7月撤县改区）、宁乡4县（市）的工业管理机构均改为工业和信息化局。至2012年，区县（市）工业管理机构未再变动。

第二节 规模效益

一、生产规模

1988年，长沙市全部工业企业2.57万家，完成总产值94.87亿元（当年价格，下同），占全省工业总量的16.31%。其中，规模以上工业企业2393家，从业人员42.69万人，固定资产净值27.46亿元，总产值79.06亿元。

1989年起，长沙工业系统针对前两年经济过热所产生的问题进行为期3年的治理整顿，主攻方向调整产业结构，限产压库促销，提高经济效益。长沙市经济委员会（以下简称“市经委”）、市直各工业主管局（公司）和市经济监督管理部门，围绕搞活国有大中型企业这个中心，加强协调服务，采取一系列稳定企业、稳定生产的措施，其中包括对长沙水泵厂、长沙电冰箱厂等40家企业实行“双保”（国家保证企业主要生产条件，企业保证完成生产任务），予以重点扶持；组织71个“支、帮、促”服务队下到企业帮助和指导工作；指导面上企业全面落实第二轮承包经营责任制等。全市工业完成固定资产投资17.78亿元，394个项目建成投产。

1991年年末，长沙市域内全部工业企业2.96万家，工业总产值为137.15亿元。其中，规模以上工业企业2619家，从业人员46.14万人，固定资产净值43.71亿元，工业总产值109.74亿元，与1988年相比，企业增加226家，从业人员增加3.45万人，年末固定资产净值、总产值分别增长59%、39%。

1992年，长沙工业领域的改革开放开始形成大力度推进、高速度发展的新局面，全年完成固定资产投资总额9.44亿元，比上年多2.49亿元；各区县新建立产业园区和工业组团10个。长沙客车厂等15家国有大中型企业实行投入产出总承包试点，一定9年不变；新组建“白沙酿酒”“机床工具”“长沙毛巾”等企业集团4个，联合30余家企业协同发展。长沙电冰箱厂改组成立中意电器股份有限公司，并成为全市首家“社会募集、股票上市”企业。是年，全市工业生产取得突破性进展，全部工业总产值180.16亿元。长沙卷烟厂、中意电器股份有限公司等15家企业产值过亿元。

1993年以后，长沙工业领域的改革开放深入向前推进，产业集群有新的发展。长沙市选定15家工业企业进行“扶优扶强”试点；曙光电子管厂、九芝堂制药厂等优势企业通过兼并联合，组建企业集团13个；长沙高新技术产业开发区（以下简称“长沙高新区”）经过近5年建设初具规模，入园企业总数120余家，产业集聚效应明显。

1994年年末，长沙市域内全部工业企业4.14万家，工业总产值315.19亿元。其中，规模以上工业企业3055家，从业人员49万人，固定资产净值70.41亿元，工业总产值230.64亿元，与1991年相比，企业增加436家，从业人员增加2.86万人；年末固定资产净值、总产值分别增长61%、110%。

1995年，长沙市域内全部工业企业4.35万家，工业总产值407.95亿元。是年，长沙规模以上企业统计范围由独立核算企业变更为乡及乡以上独立核算企业，全市规模以上工业企业3355家，从业人员48.15万人，固定资产净值97.12亿元，工业总产值234.46亿元。

1996年，长沙市获批为全国第二批“优化资本结构”试点城市。制定工业企业《优化资本结构试点方案》，出台一系列深化改革、推进技术进步、促进工业生产平稳发展的政策和措施。年内，72家资不抵债、生产难以为继的国有企业实施破产，其中39家企业破产终结；37个重点工业项目进入国家“双加工程”①笼子，LG曙光电子有限公司（以下简称“LG曙光电子”）、湖南光南摩托车有限公司（以下简称“光南摩托”）等重点工业项目竣工投产。

1997年，全市开展“工业年”活动，规模以上工业企业完成固定资产投资20.94亿元，比上年增加3.60亿元。是年，长沙市域内全部工业企业4.82万家，工业总产值600.80亿元。其中规模以上工业企业3360家，从业人员48.36万人，固定资产净值153.05亿元，工业总产值330.26亿元，与1995年相比，企业增加5家，从业人员增加2100人。年末固定资产净值、总产值分别增长58%、41%。

---

①“双加工程”是国家经贸委从1994年开始实施的一项重大政策措施，其内容是：以国家产业政策为依据，以市场需求为导向，明确和选择一批重点行业的技改项目，集中有限资金，加大投资力度，加快改造步伐，滚动投入，连续改造，促进重点行业上水平，扶持和培育一批竞争力较强的“国家队”。首期选定56个重点，以行业为主，由各地区推荐一批重点项目，经国家经贸委确认后，于1994—1996年分批实施。

1998 年，在亚洲金融危机加剧、国内市场需求不足、企业困难面有所扩大的情况下，长沙市扶持高新技术产业和其他有市场、有效益的产品生产，促进产业结构调整。同时出台一系列配套改革措施，力促“抓大放小”各项政策的全面落实。经过不懈努力，全市基本完成国有大中型工业企业 3 年改革与脱困的目标任务，企业改制面和脱困面均达到 70%以上，工业生产总体保持平稳发展。是年，长沙市域内全部工业企业 5.34 万家，工业总产值 672.01 亿元。其中规模以上工业企业 602 家，从业人员 27.43 万人，固定资产净值 158.22 亿元，工业总产值 256.6 亿元。

2001 年起，在“兴工强市”发展战略指导下，全市加速推进新型工业化进程，深化各项改革，招商引资，加快园区建设，调整产业结构和发展企业生产。市属国有工业企业普遍实行“两个置换”改革，企业活力显著增强。县（市）区两级政府为加快工业发展铺路搭台，先后创设台商投资区、宁乡经济技术开发区、浏阳制造产业基地等各具特色的产业园区，吸引更多投资商把资金和项目投向长沙工业。

2004 年，长沙市域内全部工业企业 4.31 万家，总产值 1006.06 亿元。其中规模以上工业企业 1149 家，从业人员 26.96 万人，与 1998 年相比，企业增加 547 家、从业人员减少 4700 人；固定资产净值 241.28 亿元，工业总产值 706.06 亿元，分别比 1998 年增长 52.5%、165.8%。长沙高新区等“两区六园”工业总产值 335.0 亿元，占全市规模以上工业总产值的 43.5%。

2005 年以后，长沙市出台一系列加速推进新型工业化的政策措施，确立继续实施“兴工强市”战略，加速发展工业的具体目标和工作思路。努力创造良好的投资环境，提供优质服务，以吸引更多的外来投资。是年始，德国博世、美国百事、可口可乐、意大利菲亚特、日本三菱汽车、住友株式会社、韩国三星电子、中国五矿、中粮集团、中航工业等世界 500 强企业纷纷把资金投向长沙，产生 20 余个投资总额在 10 亿元以上的特大型工业项目，并带动周边地区、相关产业协同发展。

2008 年，长沙市确定中航飞机起落架、众泰汽车、陕汽长沙环通汽车等 25 个工业项目为全市重点建设工程。

截至 2010 年年底，全市先后有众泰汽车、蓝思科技、科霸汽车动力电池、三一汽车起重机、北汽福田等 9 个特大型工业项目建成投产。是年，长沙市域内全部工业企业 6.94 万家，总产值 5487.74 亿元。其中规模以上工业企业 2617 家，从业人员 53.58 万人，固定资产净值 1136.04 亿元，工业总产值 4571.69 亿元。与 2004 年相比，企业增加 1468 家、从业人员增加 26.62 万人；固定资产净值和工业总产值分别增长 3.71 倍、5.47 倍。

2011 年，长沙市域内全部工业企业 6.35 万家，总产值为 7127.36 亿元。其中规模以上工业企业 2219 家，从业人员 56.89 万人，固定资产净值 1402.21 亿元，总产值 5975.66 亿元；国有及国有控股工业企业 87 家，从业人员 12.03 万人，固定资产净值 670.29 亿元，总产值 1929.36 亿元。

2011—2012 年，长沙工业在招商引资、技术创新、园区发展等方面有新进展，完成固定资产投资 2103.10 亿元，再创历史新高。其 2012 年 6 月竣工投产的广汽菲亚特长沙制造基地一期工程总投资 50 亿元，创长沙工业史上单项建设投资额最高纪录。

2012 年，长沙市域内全部工业企业 6.05 万家，总产值 8263.08 亿元。其中规模以上工业企业 2282 家，从业人员 61.24 万人，分别比上年增加 63 家和 4.36 万人。固定资产净值 1688.60 亿元，总产值 7058.32 亿元，分别比上年增长 20.4%、18.1%；国有及国有控股工业企业 196 家，从业人员 13.62 万人，分别比上年增加 109 家和 1.59 万人；固定资产净值 809.29 亿元，总产值 2458.02 亿元，分别比上年增长 136.63%、62.14%。

表 17-1-2-1　　1988—2012 年长沙市工业经济指标一览表

年份	全部工业企业		规模以上工业企业					
	企业数（家）	总产值（亿元）	企业数（家）	从业人员（万人）	总产值（亿元）	固定资产净值（亿元）	纳税总额（亿元）	利润总额（亿元）
1988	25684	94.87	2393	42.69	79.06	27.46	6.59	6.09
1989	26582	112.17	2703	44.93	92.83	32.28	7.86	6.65
1990	22700	117.70	2693	46.88	95.97	36.07	8.86	2.81
1991	29561	137.15	2619	46.14	109.74	43.71	11.05	3.35
1992	31262	180.16	2458	—	140.14	49.60	13.41	5.04
1993	38000	245.16	2519	—	185.17	—	15.64	6.70
1994	41437	315.19	3055	49.00	230.64	70.41	22.58	3.22
1995	43521	407.95	3355	48.15	234.46	97.12	25.74	5.35
1996	40456	352.33	3031	—	302.85	132.52	33.62	3.64
1997	48236	600.80	3360	48.36	330.26	153.05	44.82	7.65
1998	53427	672.01	602	27.43	265.61	158.22	49.57	9.99
1999	40240	726.18	672	27.15	309.82	175.64	54.08	17.69
2000	30691	620.49	657	24.12	330.16	188.90	57.80	21.18
2001	34964	662.51	744	23.02	370.03	207.63	59.38	24.02
2002	34988	718.31	895	24.08	444.17	229.87	60.42	33.21
2003	36304	803.50	1096	27.66	564.33	241.12	68.77	47.02
2004	43078	1006.06	1149	26.96	706.06	241.28	92.88	56.99
2005	44159	1300.62	1691	32.60	973.37	316.77	113.04	64.03
2006	52424	1650.95	1920	34.86	1271.76	382.05	128.64	95.05
2007	51880	2154.64	2047	35.92	1732.67	411.28	329.20	170.49
2008	72667	3507.48	2091	40.85	2687.74	—	410.97	292.42
2009	73725	4161.81	2527	46.86	3372.86	—	412.26	334.20
2010	69356	5487.74	2617	53.58	4571.69	1136.04	568.51	496.24
2011	63537	7127.36	2219	56.89	5975.66	1402.21	616.65	563.30
2012	60463	8263.08	2282	61.24	7058.32	1688.60	744.67	608.45

二、固定资产投资

1988 年，长沙步入工业史上投资金额最多、投资增速最快的时期。1988—1990 年，全市完成工业固定资产投资 17.03 亿元，占全社会固定资产投资总额的 49.06%。其中，企业技术改造投资完成 8.98 亿元，占工业投资总额的 52.73%。418 个限额以上项目竣工投产，主要分布在机械、电子、纺织 3 个行业。

1991—1996 年，完成工业固定资产投资 56.59 亿元，占全社会固定资产投资总额的 25.73%。其中企业技改投资完成 36.71 亿元，占工业投资总额的 64.87%。实施限额以上技改项目 1043 个，其中竣工投产项目 416 个，初步形成彩管、中意家电、白沙烟业、机械及汽车、纺织服装 5 个拳头产品系列。

1996—2000 年，完成工业固定资产投资 95.23 亿元，占全社会固定资产投资总额的 17.27%。其中企业技改投资完成 64.35 亿元，占工业投资总额的 67.58%。37 个重点项目纳入国家"双加工程"；高新技术产业投资大幅增加，15 个项目列入全省高新技术发展导向资金计划，总投资 26.7 亿元；利用外资成果显著，8 个项目合计利用外资 3.4 亿美元（按 1995 年人民币兑美元汇率中间价计算，约合人民币 28.28 亿元），占同期全市工业投资总额的 29.7%。

2001—2005 年，完成工业固定资产投资 458.22 亿元，占全社会固定资产投资总额的 19.62%。其中企业技改投资完成 301.63 亿元，占工业投资总额的 65.82%。其中，22 家"十大标志性工程"确立龙头企业实现销售收入 178 亿元（2001 年），占全市规模以上工业的 53.9%；实现利税 65.2 亿元，占全市工业的 76.4%；"两区六园"完成固定资产投资 267.14 亿元，为全市工业投资总额的 58.3%。

2006 年加速推进新型工业化后，工业固定资产投资开始出现井喷式增长。2006—2010 年，完成工业固定资产投资 2270.54 亿元，占全社会固定资产投资总额的 25.14%。其中企业技改投资完成 1692.75 亿元，占工业投资总额的 74.55%，为历史同期最高值。全市开工建设的工业项目累计超过 4000 个，其中投资超过 2000 万元的项目 2530 个。

2011—2012 年，完成工业固定资产投资 2103.10 亿元，占全社会固定资产投资总额的 27.96%。其中，企业技改投资完成 1625.05 亿元，占工业投资总额的 77.27%。工业投资主要集中在工程机械、汽车及零部件、生物医药、新材料、电子信息等产业。2012 年，投资额在 2000 万元以上的工业项目 1898 个，完成投资 1162.85 亿元，为 2005 年的 7.08 倍。

表 17-1-2-2　　1988—2012 年长沙工业固定资产投资完成情况一览表

年份	工业投资总额（亿元）	其中：技术改造投资总额（亿元）	占比（%）	竣工投产重点项目（个）	年份	工业投资总额（亿元）	其中：技术改造投资总额（亿元）	占比（%）	竣工投产重点项目（个）
1988	6.20	3.74	60.29	0	2001	30.84	17.06	55.31	5
1989	6.03	2.51	41.57	1	2002	52.82	32.52	61.56	3
1990	4.80	2.73	57.00	8	2003	78.31	51.35	65.58	2
1991	6.95	3.84	55.29	4	2004	132.01	76.82	58.19	6
1992	9.44	5.25	55.63	1	2005	164.24	123.87	75.42	4
1993	10.70	6.24	58.31	4	2006	208.08	155.23	74.60	5
1994	11.01	6.81	61.87	4	2007	307.72	256.72	83.43	3
1995	18.49	14.57	78.78	9	2008	420.75	344.83	81.96	8
1996	17.34	13.60	78.41	7	2009	554.75	395.15	68.10	15
1997	20.94	15.81	75.52	10	2010	779.24	540.82	69.40	10
1998	10.69	7.62	71.31	2	2011	940.35	717.99	76.35	17
1999	16.94	8.69	51.28	1	2012	1162.75	907.06	78.01	15
2000	29.32	18.64	63.57	7					

三、经济效益

1988 年，长沙工业企业继续坚持以提高经济效益为中心，完善各种形式的承包经营责任制，实现产值、利税同步增长。全市规模以上工业企业利税总额为 12.68 亿元，其中，利润总额 6.09 亿元；亏损企业 259 家，企业亏损面 10.82%。

1989 年，全市工业经济效益基本保持稳定，全市规模以上工业企业利税总额为 14.51 亿元，比上年增长 14.43%。其中利润总额 6.65 亿元，比上年增长 9.2%。1990 年，全市工业生产遇到市场疲软、资金紧张等困难，加上产品结构不合理、企业内部管理跟不上等原因，产值虽小有增长，但效益严重下降，全市规模以上工业企业实现利税总额 11.67 亿元，比上年减少 2.73 亿元，降幅为 24.34%。其中利润总额 2.81 亿元，比上年减少 3.84 亿元，降幅为 57.7%。

1991 年起，全市工业系统深化企业改革，开展“质量、品种、效益年”活动，开发新产品，压缩滞销产品生产，经济效益有所提升。是年，长沙市派出 71 个“支、帮、促”服务队，到 40 余个亏损企业开展工作，到年底，派驻“支、帮、促”服务队的 29 家亏损额在 100 万元以上企业，扭亏为盈 7 家，大幅减亏 19 家。全市规模以上工业企业实现利税总额 14.40 亿元，其中利润总额 3.35 亿元，比上年分别增长 23.39%、19.22%。

1992 年，全市工业领域的改革深入向前推进，包括投入产出总承包在内多种经营形式实行，进一步增强企业活力。是年，全市独立核算工业企业实现利税总额 18.45 亿元，比上年增长 28.13%。1993 年，继续保持高增长势头，全市规模以上工业企业实现利税总额 22.34 亿元，其中利润总额 6.70 亿元，均创历史新高。

1994 年，随着企业改革的深入发展，部分国有企业长期积累下来的债务包袱开始集中显现，加上体制机制不活，经营管理不善，不少企业成本增高，亏损增加，利润减少，特别是纺织、化工等行业出现大面积亏损，长沙工业经济效益连年下降，跌入低谷。从是年开始，省、市领导王克英等人分别下到长沙轴承厂、裕湘纺织厂、湖南建湘瓷厂等困难企业蹲点，指导扭亏增盈工作；市政府各有关部门抽调数十名干部组成 28 个“支、帮、促”服务队，到亏损企业实施“重点帮”。1995 年，全市规模以上工业企业实现利税总额 31.09 亿元，比上年增长 39.17%。市属预算内亏损企业的亏损总额 2.71 亿元，纺织行业未能消灭净亏损。1996 年，长沙工业系统扭亏增盈形势依然严峻，企业盈亏相抵后的净利润为 3.64 亿元，比上年减少 1.71 亿元；在市属预算内工业企业中，仍有 24.6%的企业发生亏损，亏损总额为 1.99 亿元。

1997 年，全市以“优化资本结构”城市试点为契机，进一步深化改革，把兼并破产与减员增效、调整结构与转换机制结合起来进行，扭转国有企业亏损增加的势头，实现经济效益全面回升。利用“优化资本结构”城市试点优惠政策，对裕湘纺织厂、长沙灯泡厂等 9 家不能到期清偿债务的市属国有企业实施政策性破产，另外 6 家困难企业实现兼并联合，消灭一批亏损源。湖南橡胶厂等 15 家企业进行减人增效改革试点。在企业主管部门和各专业银行的支持下，对 10 家年利润超千万元的企业建立主办银行制度，支持盈利大户更好更快地发展。把改革与帮困结合起来，重点帮助困难企业协调化解矛盾，及时排忧解难，保证生产的正常进行和稳定发展。是年，全市工业经济效益显著好转，规模以上工业企业盈亏相抵后实现利润 7.65 亿元，比上年增加 1 倍多。

从 1998 年开始，全市开展为期 3 年的国有大中型亏损企业扭亏脱困工作，目标是到 2000 年年底 70%的企业实现扭亏脱困。纺织行业是亏损大户，扭亏脱困的主要方向是减量增值、调整结构、转换机制、减员增效。1998 年 6 月，湖南省纺织行业压锭改造的第一锤在长沙第二纺织印染总厂敲响，淘汰该厂落后棉纺锭 1 万锭。是年，全市 168 家地方国有工业企业亏损总额比上年减少 1.02 亿元，降幅为 22.94%；全市规模以上工业企业盈亏相抵后实现净利润 9.99 亿元，比上年增长 30.59%。1999 年，国有大中型亏损企业扭亏脱困工作继续向前推进，亏损额进一步减少。全市规模以上工业企业盈亏相抵后实现净利润 17.69 亿元，比上年增长 77.08%。

2000 年，湖南人造板厂、长沙锦纶厂等 11 家企业被列入重点脱困企业，每家企业都有一名市领导蹲点，负责抓脱困工作。到年底，全市国有大中型亏损企业中有 70%以上实现扭亏脱困，3 年目标任务基本完成；是年，全市规模以上工业企业实现利税总额 78.98 亿元，其中利润 21.18 亿元，与 1996 年相比，分别增长 111.97%和 481.87%。

2001 年起，“兴工强市”战略得到全面实施，长沙工业投资规模扩大，生产发展迅速，经济效益显著提高，规模以上工业企业的亏损面和亏损额都保持相对稳定，至 2004 年，亏损企业的亏损总额均为 6 亿元左右，而盈利企业，盈利额每年都超过 30 亿元，盈亏相抵后的净利润总额大幅度增长。2005 年，全市规模以上工业企业实现利税总额 177.07 亿元，其中利润总额 64.03 亿元；与 2000 年相比，分别增长 124%和 202%。

2006 年开始，长株潭经济一体化步伐加快，长沙迎来新一轮更大发展机遇。全市工业系统围绕既快又好发展目标，扩大招商引资，加强园区建设，切实做好为重点企业的协调服务，实现生产快速发展，经济效益大幅提高。在全市规模以上工业中，亏损企业亏损额逐年减少，盈利企业利润额逐年增多，企业的纳税总额也是连年增加。2010 年，全市规模以上工业企业实现利税总额 1064.75 亿元，其中利润总额 496.24 亿元；与 2005 年相比，分别增长 5.01 倍和 6.75 倍。

2011 年，长沙工业得益于产业结构调整丰硕成果，尤其是工程机械、汽车及零部件、电子新材料等高新技术产业的高盈利水平，全市规模以上企业实现利税总额 1179.95 亿元，其中利润总额 563.30 亿元，经济效益指标创历史新高。2012 年，全市规模以上企业实现利税总额 1353.12 亿元，其中利润总额 608.45 亿元；与上一年相比，分别增长 14.67%和 8.02%；有 50 家企业实现利税过亿元，其中湖南中烟工业有限责任公司、中联重科股份有限公司（以下简称“中联重科”）、三一集团有限公司（以下简称“三一集团”）的利税总额均超过 100 亿元。

第三节　工业布局

1988 年，长沙工业布局形成以城区为核心，沿京广铁路和湘江两翼由南向北展开的格局，在市区建成区内，初步形成南郊新开铺、黑石铺，东郊树木岭，北郊新河、伍家岭、黑石渡，河西银盆岭、三汊矶等“工业小区”；长沙、望城、浏阳、宁乡 4 县出现一批有一定规模和特色的“工业乡镇”：以农用汽车为特色的果园镇，以日用陶瓷为特色的铜官镇，以花岗石材料为特色的丁字湾镇，以磷矿石产品为特色的永和镇，以烟煤为特色的煤炭坝镇等。

1989—1995 年，长沙工业布局变化不大，工业投资重点是对传统产业进行技术改造，填平补齐。1996 年以后，长沙工业大型投资项目显著增多，向城区以外发展成必然；加上城区改造和扩展、老企业搬迁以及经济发展对产业集群的要求更加紧迫，长沙工业布局逐步进行调整。调整的主要方式是新建一批有规模、有特色的产业园区，吸引外来投资发展符合市场需要的新产业，吸纳老城区需要搬迁出来的优势企业，以实现更好的发展。进入21世纪以后，按照把长沙建设成为“中部地区重要的高新技术产业和先进制造加工基地”的发展方向和注重特色、错位发展的基本原则，按照以湘江为中轴，向河东、河西两翼（即“一体两翼”）发展的战略，全市建设和发展一批国家级、省级、市级和县级经济技术开发区，以及众多的乡镇工业组团，逐步改变原有的以二环线以内老城区为主体，以高塘岭、坪塘、捞刀河、铜官、黄花、暮云等卫星城镇为外围的工业布局。

至2012年年底，长沙工业布局调整为以4个国家级产业园区、10个省级产业园区为主导，20余个县、乡两级工业组团为补充，东、西两大产业集聚区和以湘江走廊为轴线的“一体两翼”新格局。

东部产业集聚区：以长沙经开区、浏阳经开区为核心，包括隆平高科技园、浏阳生物医药园、浏阳产业制造基地、浏阳花炮精品园、星沙产业基地、榔梨工业园、黄花工业园、浏阳大瑶花炮材料制造产业基地在内，总面积58.97平方千米。产业集群以工程机械、汽车及零部件、生物医药、新材料、高科技食品加工、烟花爆竹为主。

西部产业聚集区：以长沙高新区、望城经开区、宁乡经开区为核心，包括岳麓山高科技园（麓谷）、大学科技园、宁乡金洲新区，以及夏铎铺机械、白马桥食品、玉潭华夏等中小企业工业园在内，总面积76.94平方千米。产业集群以电子信息、精密机械制造、食品、药品、新材料为主。

以湘江走廊为轴线的产业经济带：北有金霞经济开发区（含金霞、沙坪、鹅秀、高岭4个工业组团）、铜官循环经济工业基地、丁字工业小区、黄金创业园等，南有雨花工业园（湖南环保工业园）、天心工业园、暮云工业园等，总面积42.55平方千米。产业集群以新能源电动汽车及零部件、通用机械、电力装备、家用电器、环保节能产品、现代物流为主。

2012年年底，长沙建有国家级经济开发区4个（长沙高新技术产业开发区、长沙经济技术开发区、宁乡经济技术开发区和浏阳经济技术开发区）、省级经济开发区10个，实际开发总面积178.46平方千米，拥有规模以上工业企业1000余家，实现工业增加值1302.68亿元，占全市的56.4%。

第四节　工业经济结构

一、产业结构

（一）机械工业。1988年末，长沙机械工业有规模以上企业286家，从业人员7.09万人，完成工业总产值31.76亿元，占全市规模以上工业总产值的27.55%，排名第一位。利税总额1.56亿元，固定资产净值4.33亿元。

1989—1991年，长沙机械工业克服市场疲软、资金紧张等困难，重点发展三湘牌大客车、大中型水泵、双金属锯带等30余种市场畅销产品生产，限制各类杂牌汽车、4吨以下锅炉等5类产品生产。1993年，长沙机械工业在工程机械制造业的引领下，实现快速发展。湖南省浦沅集团有限公司（以下简称“浦沅集团”）“双加工程”一期建设项目竣工投产，并研制出QY-80型汽车起重机，填补国内空白；中联重科股份有限公司（以下简称“中联重科”）创立数年，混凝土泵车生产成一定规模；三一重工股份有限公司（以下简称“三一重工”）也以混凝土输送泵车作为切入点，大规模进入工程机械领域，生产发展迅速。1994年，全市机械制造行业规模以上工业企业1242家，从业人员20.6万人，完成工业总产值93.69亿元，占全市规模以上工业总产值的40.62%。

1995年以后，浦沅集团、中联重科、三一重工等骨干企业依靠技术创新，在与国际著名厂家竞争中不断取得新的进步，市场份额逐渐扩大，整机生产技术和产出能力都得到大幅提升，标志着长沙工程机械制造业开始向高端领域进发。1998 年，浦沅集团实现销售收入 2.39 亿元；三一重工混凝土泵车销售收入超过 2 亿元。1999 年，湖南山河智能机械股份有限公司创立（以下简称“山河智能”），并很快成为工程机械龙头企业之一。

2000 年，全市机械制造行业规模以上工业企业 248 家，从业人员 10.37 万人，由于受东南亚金融危机影响，全年完成工业总产值仅 91.44 亿元，占全市规模以上工业总产值的 27.7%。

2001 年起，长沙机械工业以产业集群为重点加快发展，先后有长沙通大集团有限公司（以下简称“通大集团”）双加二期、北汽福田长沙车辆厂等重点建设项目竣工投产。长丰（集团）有限责任公司（以下简称“长丰集团”）和长沙汽车制造厂合资建设年产 5 万辆越野车生产基地，加速长丰集团将总部转移至长沙步伐。中联重科兼并浦沅集团和湖南机床厂，规模进一步扩大。北汽福田年产 10 万辆轻型卡车生产基地落户长沙。集群发展路子越走越宽广，长沙机械工业从此进入快速发展新阶段。

2005 年，长沙市抓住国家“中部崛起”发展战略的机遇，加大对工程机械、汽车及零部件等重点产业的扶持力度，各项优惠政策从对单个企业倾斜转向对产业集群倾斜，长沙机械工业迎来新的发展机遇。是年，长丰集团一期技改项目提前竣工投产，年产轻型越野车 5 万辆；北汽福田长沙汽车厂年产销汽车 4.3 万辆，比上年增长 82%。

2006 年是长沙市工业项目年，全市机械工业不仅有博世汽车部件（长沙）、美的湖南三湘客车两个大型建设项目竣工投产，还有湘电长沙水泵厂有限公司、长沙电机厂、长沙鼓风机厂、长沙锅炉厂等国有企业，通过改制、改革、改造进入发展的快车道，再加上工程机械三巨头（中联重科、三一集团、山河智能）始终保持着旺盛的增长态势，机械工业产值开始以每年超 100 亿元的速度增长。是年，全市机械制造行业规模以上工业企业 512 家，从业人员 10.74 万人，全年完成工业总产值 452.63 亿元，占全市规模以上工业总产值的 35.6%。

2007 年，长沙组建汽车及零部件等 6 个产业技术联盟，新建长沙装备先进制造技术工程研究中心等 6 个工程研究中心，使机械行业发展进程加快，中联重科等 5 个品牌被认定为“中国驰名商标”。2008 年，受全球金融危机影响，长沙经济受到严重冲击，通用设备制造行业停产、半停产、减产面达到 48.1%。

2009 年是长沙市汽车产业发展年，众泰汽车、北汽福田卡车、梅花汽车等车型被列入“汽车下乡”车型目录，市政府在政策和资金等方面给予重点扶持；比亚迪公司在完成整体收购美的三湘客车公司的同时，决定再投资 30 亿元，在天心区环保科技园建设新能源汽车生产基地；陕汽长沙环通公司德龙重型卡车生产线正式投产，形成新的经济增长点。是年，全市工程机械制造业完成产值 750 亿元，比上年增长 42.83%；汽车制造业完成产值 200.6 亿元，比上年增长 26.1%，成为长沙机械工业最突出的两个亮点。

2010 年开始，长沙机械工业的发展方式由规模扩张向内涵提升转变，在坚守固有市场的同时，大举向高端市场进发。2011 年，长丰集团与广州汽车集团公司深度合作，在长沙建立广汽菲亚特、广汽三菱、广汽长丰 3 个汽车生产基地。中联重科、三一重工开发生产的长臂架及新材料臂架混凝土泵车、大吨位汽车起重机、大型挖掘机等高附加值产品产量大幅提升，这两家企业连续两年被美国《财富》杂志评为 25 家最具创新力的中国公司之一。

2012 年年末，长沙市机械制造行业规模以上工业企业 762 家，从业人员 23.76 万人，完成工业总产值 5079.51 亿元，占全市规模以上工业总产值的 72%。

（二）冶金工业。1988 年，全市冶金工业规模以上工业企业有 172 家，从业人员 2.11 万人，全年实现工业总产值 3.60 亿元，占全市规模以上工业总产值的 4.56%，排名第八位。1991 年，全市冶金企业开展“质量、品种、效益年”活动，生产的冶金产品有轻轨、铁合金中的大部分、钢材、线材、冷拔管中的大部分、锌材、锌锭、电铜、铜精矿等，成为省经济委员会公布的畅销产品。1992 年，国务院赋予生产企业进出口经营权，长沙冶金行业抓住机遇组织生产，全年出口冶金产品 6760 吨。

1994 年，全市冶金工业规模以上工业企业有 248 家，从业人员 1.39 万人，全年生产钢材 5.13 万吨，实现工业总产值 13.57 亿元，占全市规模以上工业总产值的 5.7%。

1995 年，全市着重在理顺产权关系，明确投资主体，规范公司组织管理机构，转换企业经营机制等方面下功夫。1997 年，长沙矿冶研究院先后为国家提供科研成果 552 项，完成国家攻关项目 55 项，获国家专利项 5 项。1998 年，冶金机械系统有 7 家企业建立 CAD 工作站，基本实现丢掉图板搞设计。2000 年，全市以产权结构调整为突破口，引导国有资本从一般性竞争领域退出，向支柱产业和优势企业集中。全年生产钢材 1.84 万吨，铝材 3.28 万吨。是年，全市冶金工业规模以上工业企业有 59 家，从业人员 3.14 万人，实现工业总产值 18.85 亿元，占全市规模以上工业总产值的 5.76%。

2002 年，长沙市提出“推进三化、兴工强市”等一系列重大举措；为推动“十大标志性工程”快速发展，每年拨出 1 亿元资金，对“十大标志性工程”龙头企业予以重点扶持。

2004 年，以湖南博云东方粉末冶金有限公司（以下简称“博云东方”）、湖南晟通科技有限公司（以下简称“晟通科技”）、金瑞新材料科技股份有限公司（以下简称“金瑞新材料”）、长沙经阁实业（集团）有限公司（以下简称“经阁实业”）等制造企业为重点，发展碳材料、合金材料、轻质材料、粉末材料、超硬材料等，逐步拉长产业链条。

2007 年，长沙实施以“六大产业集群”为重点的产业集群推进战略，使金属新材料等产业竞相发展；新建新材料工程研究中心，以此推进金属新材料产业发展。2008 年，初步形成以经阁实业、长沙新振升集团有限公司（以下简称“新振升集团”）为代表的新金属材料产业，成为四大特色产业之一。全年生产钢材 4.35 万吨，铝材 16.20 万吨。是年，全市冶金工业规模以上工业企业有 151 家，从业人员 1.13 万人，总产值 182.11 亿元，占全市规模以上工业总产值的 6.77%。

2009 年，全市实施“百亿企业、千亿集群”工程，重点打造新材料等四大“千亿产业”，重点抓好晟通科技等十大“百亿企业”。是年，金瑞新材料销售额占据同行业第一位，出口在同行业中占到 20%的份额。2010 年，全市形成金属新材料、先进硬质材料、先进储能材料和先进复合材料四大特色优势的新材料产业集群，高品质有色金属材料和高品质铝型材为特色的产业体系。

2012 年，全市坚持创新引领，推动金属新材料产业稳步增长，形成铝锭—铝材、铝箔—铝塑复合板、铝制品零部件及其应用的铝材深加工产业链，以及从稀土金属等合金材料—硬质合金—硬质合金工具的硬质合金产业链，产业结构不断优化，冶金工业成为全市工业经济四大主导产业之一。是年，全市冶金工业有规模以上企业 196 家，从业人员 3.29 万人，完成总产值 622.15 亿元，占全市规模以上工业总产值的 8.81%。

（三）化学工业。1988 年末，长沙化学工业有规模以上企业 109 家，从业人员 1.9 万人，完成产值 4.31 亿元，占全市规模以上工业总产值的 5.52%，排名第四位；固定资产净值 1.44 亿元，实现利税总额 8628 万元。其中，橡胶制品业企业 17 家，产值 1.63 亿元。1989 年，长沙化学工业在治理整顿中调整产业结构，重点发展磷矿石、箭牌立德粉、高档汽车漆、柠檬酸等市场畅销产品，限制无证农药、小磷肥、小油漆生产发展，总体平稳。1991 年年末，长沙化学工业规模以上企业有 114 家，从业人员 1.82 万人，完成产值 8.73 亿元，占全市规模以上工业总产值的 7.96%。

1992 年，湖南造漆厂年产 1 万吨醇酸树脂生产线和年产 2000 吨汽车漆两个技改项目先后竣工投产，产值、利税大幅增长。1993 年 6 月，湖南海利化工股份有限公司（以下简称“海利化工”）以定向募集方式设立，获准面向社会公开发行股票，并通过上海证券交易所上市。该公司以生产高新技术农药和精细化工产品为主，生产农药原药 1170.9 吨，农药制剂和其他精细化工产品 1801 吨；主营业务收入 1.78 亿元，出口创汇 163.4 万美元，实现利润 2483.98 万元。在湖南造漆、海利化工等大中型骨干企业的引领下，长沙化学工业保持平稳发展，但也有部分企业因种种原因出现困难，生产下降。湖南橡胶厂在 1994 年以后受市场、生产工艺、产品档次、资金供应等因素影响，生产下降，连年亏损。湖南磷化工总厂面临资源枯竭问题，改露天开采为地下开采，成本大幅上升，生产经营日益艰难，被迫停产。1995 年，长沙化学工业有规模以上企业有 181 家，完成产值 16.80 亿元，占全市规模以上工业总产值的 7.17%。

1996 年，由于外部环境趋紧，市场竞争激烈，长沙化学工业部分企业生产经营出现困难，停产半停产企业增多。1997 年，长沙石油化学工业规模以上企业完成产值 27.73 亿元，6 成以上集中在湘江涂料、湖南橡胶厂、宁乡石油化工总厂等 8 家骨干企业。

1996—2000 年，全市化学工业新建成投产的重点项目仅有海利化工年产 1500 吨呋喃酚一项，整个行业的发展状况不佳，化学矿采选业、橡胶制品业、化肥制造业等门类生产持续下降。2000 年年末，长沙化学工业规模以上企业有 51 家，从业人员 1.6 万人，完成产值 21.62 亿元，占全市规模以上工业总产值的 6.55%。

2001 年以后，长沙化学工业确立以精细化工为主的产业发展方向，利用长沙高新技术产业开发区和湘江涂料、海利化工等骨干企业的优势，推动整个行业的发展。大部分困难企业通过改革改制，或退出市场，或找到新的出路。湖南磷化工总厂于 2002 年改制成立三友化肥厂，迅速恢复生产。湖南橡胶厂于 2003 年依法实施破产。海利化工在国内农药市场产大于求、农药产品价格持续疲软、原辅材料价格上涨幅度较大的情况下，通过加强管理，降低成本，适时推出新品，取得较好业绩，2003 年实现主营业务收入 3.88 亿元，利润 8940.23 万元。2005 年，长沙化学工业初步形成以精细化工为主，以湘江涂料、海利化工、本安亚大新材料、浏阳市有机化工等龙头企业为支撑的新格局。是年，建有规模以上企业 371 家，完成产值 89.15 亿元，占全市规模以上工业总产值的 9.16%。

2006 年以后，长沙化学工业在部分国有企业退出市场的同时，扩大招商引资，通过望城铜官循环经济工业基地、湖南（宁乡）塑胶工业园等化工关联基地（园区）的建设和发展，调整产业结构，进一步提高精细化工产品的比重，发展高档汽车漆和颜料、生物酶制剂等生物医药中间体及橡胶、塑料、化纤等高分子材料，初步形成产业集群；湘江涂料、海利化工等大企业，实现持续稳定发展。

2012 年年末，长沙化学工业规模以上企业有 491 家，从业人员 8.74 万人，完成产值 583.10 亿元，占全市规模以上工业总产值的 8.26%。

（四）日用品轻工业。1988 年年末，长沙日用品轻工业有规模以上企业 1191 家，完成产值 10.62 亿元，占全市规模以上工业总产值的 12.72%，排名第二位。在全市日用品轻工业中，造纸及印刷业有规模以上企业 138 家，实现工业总产值 2.53 亿元。1989—1991 年，长沙日用品轻工业有 25 种产品被列为扶植重点，中意牌电冰箱、合成洗涤剂、日用陶瓷、出口鞋类等产品生产发展较快，拉动全行业产值实现稳定增长。1991 年，在全市日用品轻工业中，造纸及印刷业有规模以上企业 186 家，实现工业总产值 4.92 亿元。

1992 年以后，长沙日用品轻工业贯彻落实“抓大放小”方针，企业改革不断深化，一批国有企业通过转机建制，实现新的发展。1993 年，长沙电冰箱厂以社会募集方式组建长沙中意电器股份有限公司，获准面向社会公开发行股票并实现在深圳证交所上市。

1994 年，“湘中意”生产电冰箱、空调器、冷柜 34.31 万台，创产值 7.88 亿元，实现利润 5439.5 万元。湖南日用化工总厂完成洗衣粉车间扩建，年产能增至 10 万吨。地处中心城区的日用品轻工业企业实行“优胜劣汰”“退二进三”等多种形式的改革，盘活存量资产，虽然企业数量有所减少，但整个行业的生产基本保持平稳。1995 年，全市日用品轻工业中，造纸及印刷业有规模以上企业 296 家，实现工业总产值 8.38 亿元。

1996 年，中意集团公司因为投资建设无氟电冰箱生产线不利，生产经营出现困难，遂与瑞典伊莱克斯公司达成协议，合资组建伊莱克斯中意（长沙）电冰箱有限公司，开发生产无氟电冰箱，实现小批量生产。1997 年，湖南安塑股份有限公司收购破产后的市塑料三厂，开发生产弹性聚氨酯材料（PU）透气服装革、沙发革，实现快速发展，1998 年产值 1.32 亿元，比上年增长 67.09%。

2000 年，湖南人造板厂改制成立湖南长元人造板股份有限公司并实行“债转股”，完成产品销售收入 1.63 亿元。是年，造纸及印刷业有规模以上企业 44 家，实现工业总产值 11.03 亿元，与 1995 年相比，总产值增长 31.62%。

进入 21 世纪，长沙日用品轻工业结构调整步伐进一步加快，硅酸盐行业知名企业湖南建湘瓷厂、长沙保温瓶厂实行破产；湖南日用化工总厂改制成立湖南丽臣实业有限公司；湖南长元人造板股份有限公司实行“债转股”后摆脱困境，实现良性发展；安塑股份有限公司上市后，实现快速发展，2002 年主营业务收入 2.47 亿元，实现利润 2842.8 万元，分别比上年增长 85.9%和 96.2%；首个花炮集团浏阳金生花炮集团成立，实施“管理创造效益、服务创造价值、诚信创造名牌、合作创造机遇”的发展战略，全行业整体经营状况基本保持较好。2004 年，全行业规模以上企业 363 家，实现工业总产值 70.27 亿元，占全市规模以上工业总产值的 9.95%。

2005 年以后，长沙日用品轻工业加快结构调整步伐，发挥资源和比较优势，发展烟花爆竹、家用电器、日用化工、照明器具、造纸及纸制品、家具、工艺美术品、塑料制品生产，淘汰年产 5 万吨以下化学制浆生产线、年产 1 万吨以下以废纸为原料的制浆生产线、年加工 3 万标张以下制革生产线，取得较好成绩。

2008 年，全行业建有规模以上企业 696 家，实现工业总产值 251.91 亿元。是年，全市日用品轻工业主要产品产量：烟花爆竹 84.78 亿元，占全国总产量的 50%以上；合成洗涤剂 16.70 万吨，香精香料 1299 吨，家用电冰箱 37.02 万台，洗衣机 55.73 万台，碱性锌锰电池 36.66 亿只。

2009 年以后，国际金融危机不断蔓延，全球经济普遍低迷，贸易保护主义抬头，烟花爆竹等行业受到较大影响。长沙日用品轻工业企业积极应对国际经济形势变化，在稳住国内市场的同时，开拓国际市场，生产保持平稳发展。

2012 年，全行业建有规模以上企业 1305 家，实现工业总产值 543.33 亿元，占全市规模以上工业总产值的 7.7%。

（五）食品工业。1988 年年末，长沙食品工业有规模以上企业 243 家，从业人员 1.87 万人，完成产值 4.73 亿元，占全市规模以上工业总产值的 5.98%，排名第六位。全行业有粮油与肉食加工业、饮料制造业、其他食品制造业。其中，粮油与肉食加工业有规模以上企业 86 家，实现工业总产值 3.65 亿元；

饮料制造业有规模以上企业 87 家，实现工业总产值 9893 万元。

1989 年，长沙食品工业由于尚未从根本上解决多头分散管理、体制机制不活的问题，加上遇到市场疲软、资金紧张等困难，生产发展缓慢。1994 年起，长沙食品工业通过工业深化改革、扩大开放，获得较好的发展，经济效益大幅提高。国有企业转换经营机制迈出较大步伐，宁乡酒厂、市牛奶公司、市面粉公司、市酱油厂等企业，通过实行承包、租赁或联营，加强管理，开拓市场，实现产值、利税同步增长。外商投资企业发展迅速，一批规模较大的企业如湖南旺旺食品有限公司（以下简称“湖南旺旺”）、长沙罗莎系列糕点厂等相继建成投产，进一步壮大长沙食品工业实力，并带来食品工业品种的多样化和质量水平的提升。是年，长沙食品工业有规模以上企业 195 家，从业人员 2.0 万人，完成产值 14.83 亿元，占全市规模以上工业总产值的 7.96%。

1996 年后，长沙食品工业的发展基本平稳，规模以上企业的年产值保持在 19 亿元左右；经济效益与生产发展基本同步，年利税总额近 3 亿元。至 2000 年，全市食品工业的投资规模依然不大，竣工投产的大项目仅有湖南进金狮啤酒有限公司（以下简称“金狮啤酒”）扩产 10 万吨啤酒和长沙娃哈哈食品有限公司（以下简称“长沙娃哈哈”）纯净水生产线。是年，长沙食品工业有规模以上企业 60 家，从业人员 1.13 万人，完成产值 19.38 亿元，占全市规模以上工业总产值的 5.87%。

2001 年年初，长沙全家福食品工业有限公司投资 2000 万元，实施年产 1.1 亿盒方便米面改扩建工程，拉开 21 世纪长沙食品工业大规模投资建设的序幕。至 2004 年年底，湖南中粮可口可乐饮料有限公司系列饮料生产线、长沙鸿溢水业科技有限公司等 8 个大中型食品工业项目建成投产。

2005 年后，长沙境内以食品工业为主导的产业园区发展迅速，宁乡经开区食品工业园、望城经开区食品工业园、浏阳两型产业食品园、浏阳生物医药食品科技园、长沙金霞食品工业园建成投产，吸纳规模以上企业近 200 家，带动全市食品工业快速发展。2009 年后，长沙食品工业生产规模持续扩大，新建扩建宁乡亮之星米业有限公司、长沙统一企业有限公司等大中型项目。2010 年，长沙食品工业有规模以上企业 284 家，从业人员 4.08 万人，完成产值 386.32 亿元，占全市规模以上工业总产值的 8.45%。

2011 年以后，城乡居民对食品的消费从普通生活型消费加速向健康型、享受型消费转变，食品消费呈现多样化发展的趋势。是年，长沙市出台《关于加快发展食品产业的指导意见》，将食品工业作为传统支柱产业和构建多点支撑产业发展新格局的重点培育。

至 2012 年年底，长沙食品工业又有一批重点建设项目竣工投产，其中包括湖南红星盛业食品公司肉类加工、盐津铺子食品公司（以下简称“盐津铺子”）豆制品加工生产线、长沙统一企业公司饮料 PET 低温无菌生产线、浏阳河国际名酒城等。2012 年年底，全市食品工业有规模以上企业 254 家，从业人员 4.66 万人，完成产值 527.21 亿元，占全市规模以上工业总产值的 7.47%。

（六）电子工业。1988 年末，长沙电子工业有规模以上企业 27 家，从业人员 1.45 万人，完成产值 5.38 亿元，占全市规模以上工业总产值的 6.8%，排名第五位。1989 年以后，长沙电子工业仍以生产普通消费类电子产品为主，技术含量较高、市场竞争力较强的品种不多，整个行业发展速度不快，经济效益较差。

1994 年，长海视听设备有限公司新建的“语音教学系统”设备生产线、湖南计算机厂（以下简称“湘计算机”）终端产品技改项目竣工投产，为全市电子工业的后续发展创造条件。1995 年，长沙电子工业有规模以上企业 83 家，从业人员 1.47 万人，完成总产值 6.14 亿元，占全市规模以上工业总产值的 2.73%。

1996年，全省最大的中外合资项目LG曙光电子一期彩管工程竣工投产，总投资9.37亿元，设计年产彩色显像管85万只；大型国有投资控股公司湖南电子信息产业集团在长沙成立，为长沙电子工业的快速发展带来的投资不断增多，产业规模壮大，效益显著提高。至2000年，长沙电子工业涌现出“LG曙光电子”“湘计算机”“华冠微电子”“科信电子”等规模较大的高科技企业，实现产业升级。而收音机、录放音机、电视机等传统老产品因质量技术含量不高，竞争力不强，逐步失去市场，不得不停产或大幅减产。2000年年末，长沙电子工业有规模以上企业15家，从业人员1.06万人，完成产值40.66亿元，占全市规模以上工业总产值的12.32%。

2001年以后，长沙电子工业开工建设和竣工投产一批大项目，包括长沙力元新材料股份有限公司(以下简称“力元新材料”)的连续化带状泡沫镍生产线、湘计算机的高级存折打印机生产线和年产40万台金融终端生产服务基地、维用—长城有限公司的挠性印制电路板项目、LG曙光电子的彩色显示管项目、湖南HEG电子公司的玻壳二期工程等。长沙电子工业从此迈向高端化。

2006年，中国电子科技集团公司第四十八研究所开始投巨资建设自己的“一所三园”，打造中国最大太阳能光伏装备研发生产基地，并根据晶硅光伏产业链各个环节关键工艺、设备研发生产的需要，在北京通州建成中科信电子装备有限公司，在长沙建成湖南红太阳光电麓谷科技园和湖南红太阳新能源天心环保科技园，实现太阳能光伏装备生产“零”的突破，并与“神州光电”“科比特新能源”“博云新材料”“杉杉新材”等企业一起，共同构建成一个完整的太阳能光伏装备产业集群。2008年年末，长沙电子工业有规模以上企业35家，从业人员1.05万人，完成产值57.64亿元，占全市规模以上工业总产值的2.14%；全行业亏损2.5亿元。

2009年始，长沙电子工业在发展彩色显示管、彩色显示器、金融终端、太阳能光伏装备的同时，在电子基础材料、先进储能材料等方面开始取得突破。核心企业除长沙市乐金飞利浦曙光电子有限公司(以下简称“乐金飞利浦曙光”)、长沙韶光微电子、长沙长城信息产业股份有限公司（以下简称“长城信息”)、长沙威胜集团有限公司（以下简称“威胜集团”)、湖南国科广电科技有限公司（以下简称“国科广电科技”)、中电科第四十八研究所、力元新材料外，又涌现湖南瑞翔新材料股份有限公司（以下简称“瑞翔新材料”)、长沙蓝思科技有限公司（以下简称“蓝思科技”)、介面光电(湖南)有限公司（以下简称“介面光电（湖南)”)、长沙市宇顺显示技术有限公司（以下简称“宇顺显示”)、湖南纽曼数码科技有限公司（纽曼数码)、长沙创芯集成电路有限公司（以下简称“创芯集成电路”）等骨干企业，在电子电池及先进储能材料、平板显示、太阳能光伏装备、消费类电子整机及电子元器件等领域，开始形成有一定规模的产业集群。

2012年年末，长沙电子工业有规模以上企业47家，从业人员6.52万人，完成产值341.07亿元，占全市规模以上工业总产值的4.83%。

（七）建材工业。1988年年末，长沙建材工业有规模以上企业290家，从业人员4.25万人，完成产值3.93亿元，占全市规模以上工业总产值的5.38%，排名第七位。1989年，长沙建材工业在国家压缩基建规模、资金紧张等因素影响下生产大幅下降，产值比上年减少37.66%。

1990年起，全行业扎实开展增产节约活动，外拓市场，内挖潜力，生产经营状况有所好转。是年，全市26家县以上建材企业实现销售收入1.23亿元，比上年增长20%。1991年，长沙建材工业通过治理整顿、深化改革、转变思路、开拓市场，开始走上一条低消耗、高质量、少投入、多产出的发展道路。是年9月，成立市墙体材料革新领导小组和市墙体材料改革办公室，引导和支持企业发展散装水泥和新型墙体材料生产。

1994年，全市新型墙体材料生产企业发展到44家，新型墙材品种8个，全年生产新型墙体材料折合标准砖1.92亿块，比上年增长34.08%。1995年，长沙建材工业有规模以上企业347家，从业人员5.95万人，产值14.13亿元，占全市规模以上工业总产值的6.03%。

1996年开始，长沙建材工业在“控制总量、调整结构”方针指导下，努力解决企业面临的诸多困难，经济运行总体保持适度增长。1997年，全市建材工业有规模以上企业399家，产值21.24亿元，占全市规模以上工业总产值的7.46%。1998年以后，长沙建材行业围绕深化改革、扭亏脱困开展工作，增加投资搞技改，使生产经营更上层楼。同时，对清理整顿小玻璃厂、小水泥厂，限期实施关闭和淘汰。

至2000年年底，全市关闭小玻璃厂2家、小水泥厂8家，淘汰落后生产线1条。是年，长沙建材工业有规模以上企业64家，从业人员2.49万人，完成产值13.42亿元，占全市规模以上工业总产值的4.06%。

21世纪以后，长沙建材工业继续贯彻落实“控制总量、调整结构、淘汰‘两小’”方针，同时在技术改造、“实改空”（指利用实心黏土砖企业转产混凝土空心砌块、多孔黏土砖）、发展新型墙材、开展资源综合利用等方面不断进行努力，取得一定成绩。2001年，全市墙材以传统产品（砖、瓦、灰、砂、石）独霸天下的局面开始得到有效改变，轻质、节能、环保的新型墙材产品越来越多，特别是装饰装修材料发展较快；内外墙涂料、强化地板的生产发展迅速，市场份额进一步扩大，呈现出挤压同类进口材料的势头；铝塑门窗、钢丝网内墙隔板也得到应用。

2004年年末，长沙建材工业有规模以上企业92家，从业人员2.22万人，完成产值29.15亿元，占全市规模以上工业总产值的4.13%。

2006年，全市新型墙材产量为19.50亿块标准砖，是墙材改革之初（1991年为0.47亿块标准砖）的41.5倍；新型墙材占全部墙材的比例由4.32%提高至65%，每年节能12.09万吨标准煤，节约土地214.5公顷，减少二氧化硫温室气体排放5.74万吨，获得良好的社会环境生态效益。2009年，为贯彻落实《关于公布第一批限期淘汰落后产能企业名单的通知》精神，市水泥厂顺利实行停产关闭，做好资产处置和人员安置等工作，全行业生产保持稳定。

2010年，长沙建材工业规模以上企业产值116.45亿元，占全市规模以上工业总产值的2.59%。

2012年末，长沙建材工业规模以上企业196家，从业人员2.52万人，完成产值275.06亿元，占全市规模以上工业总产值的3.90%。

（八）医药工业。1988年，全市医药工业有规模以上企业14家，从业人员6898人，工业总产值1.94亿元，占全市规模以上工业总产值的2.45%，排名第九位。全年生产中成药1763吨，化学药品（24大类）2883吨。

1991年，长沙市医药行业加快结构调整，为提高企业市场应变能力，鼓励和推进企业在国家政策和法规范围内实行跨行业生产经营，推进新产品开发和名、优、特产品的扩产，优先安排资金和新产品开发所需的原材料。全年开发新产品19项，新产品产值1689.4万元、利税429.44万元，新产品产值率9.8%，新产品获专利3项，获省级优秀新产品1项，获市科技进步奖3项。是年，全市医药加工行业规模以上工业企业15家，从业人员5298人，完成工业总产值2.34亿元，占全市规模以上工业总产值的2.13%。

1992年后，长沙市国有大中型医药企业为适应社会主义市场经济，增强国内外两个市场的竞争实力和应变能力，全行业企业深化改革，贯彻国家“三改一加强”（即改制、改组、改造、加强企业管理）有关精神，探索和创新现代企业制度。

1995 年，湖南制药厂抓住市场机遇，抓重点盈利产品的技术改造，扩大生产规模，工业总产值完成 1.25 亿元，销售收入实际完成 1.45 亿元，全年完成利税 580 万元，在上年亏损 1320 万元的不利形势下，实现扭亏转盈。

1996 年，浏阳设备总厂与浏阳设备二厂实现合并，成立新的总厂；湖南新生命制药厂与民营企业三株公司合资建立有限责任公司，实现企业改制。是年，全市医药加工行业规模以上工业企业 27 家，完成工业总产值 6.07 亿元，占全市规模以上工业总产值的 2%。

到 1997 年，实现投资主体多元化，其中国有股份占 60%，引进个人股 40%。2002 年，长沙医药企业改革改制继续深入推进，长城制药厂与湖南中和制药有限公司走联合兼并之路，成立长沙长城制药有限公司，进行国有产权的置换。

2003 年，全行业以“两个置换”为核心的企业改革取得突破性进展。长沙制药厂通过重组、兼并、破产等形式，完成改制并理顺职工劳动关系。

2004 年，全市医药加工行业规模以上工业企业 42 家，其中亏损企业 11 家，从业人员 7397 人，完成工业总产值 27.05 亿元，占全市规模以上工业总产值的 3.82%。

2006 年，在湖南省优秀技术创新项目评选中，兴嘉生物、中大生物、麓山制药、威尔曼制药、九典制药、华纳大、五福堂、锐信的 8 个项目被评为生物医药类优秀项目，占全省的 80%；2008 年，全市医药工业规模以上企业有 61 家，从业人员 1.13 万人，全年生产中成药 8414 吨，完成工业总产值 92.19 亿元，利税总额 12.22 亿元，固定资产净值 18.18 亿元，与 2004 年相比，总产值增长 2.71 倍。

2010—2012 年，医药企业产值平均都保持 30%以上的增长率，平均盈利率 10%~20%。2012 年年底，全市有规模以上医药生产企业 64 家，从业人员 1.49 万人，完成工业总产值 198.02 亿元，占全市规模以上工业总产值的 2.81%。

(九) 纺织服装工业。1988 年末，长沙纺织服装工业有规模以上企业 153 家，从业人员 4.36 万人，完成产值 6.64 亿元，占全市规模以上工业总产值的 8.40%，排名第三位。1989—1991 年，长沙纺织服装工业在治理整顿中通过调整产品结构，实现平稳发展。1991 年，纺织服装工业规模以上企业实现产值 8.90 亿元，占全市规模以上工业总产值的 7.63%。

1992 年以后，长沙纺织服装行业多数企业受国内市场饱和、外销冷淡、产成品资金占用增多、能源及原材料价格上涨、资金紧张等因素影响，生产出现下降，连年发生亏损。裕湘纺织厂、长沙第二纺织印染总厂、长沙毛纺织厂、湖南绸厂等骨干企业，都由以前的盈利大户变成亏损大户。1994 年，全市纺织服装加工行业规模以上工业企业 316 家，从业人员 5.19 万人，由于受市场疲软等因素影响，完成工业总产值 15.10 亿元，占全市规模以上工业总产值的 6.55%。

1997 年，为帮助企业摆脱困境，维护行业正常发展，对资不抵债的裕湘纺织厂实行破产重组。批准亚洲最大的毛毯生产企业广东美雅集团带资金、带技术、带管理，以承债方式兼并长沙毛纺织厂。对红卫织布厂等 19 家位于老城区的企业实行整体或部分“退二进三”。

1998 年开始，纺织行业率先打响国有大中型亏损企业 3 年扭亏脱困攻坚战，走“淘汰落后、鼓励兼并、规范破产、下岗分流、减员增效”路子。至 2000 年年底，长沙第二纺织印染总厂、裕湘纺织厂等企业，均按计划完成淘汰落后棉纺锭任务。其，国家通过“压锭改造”给予纺织企业一系列优惠政策的效果开始显现，长沙纺织工业生产的被动局面初步得到扭转。2000 年年末，长沙纺织服装工业规模以上企业 64 家，从业人员 2.31 万人，完成产值 17.62 亿元，占全市规模以上工业总产值的 5.34%。

2001 年以后，长沙纺织服装工业以大企业为龙头，通过深化改革，资产重组，取得一定成绩。裕湘纺织厂破产后，重组为长沙银太棉纺有限责任公司；长沙毛巾集团于 2002 年收购破产后的原长沙第二纺织印染总厂、长沙锦纶厂，组建长沙菲菲纺织集团有限公司，形成以毛巾为主、多元发展、集团经营的格局。民营企业发展迅速，长沙巴黎诗纺织服装有限公司、长沙嘉通纺织有限公司、湖南省忘不了服饰有限公司、市茋恩家纺有限公司等，建成投产或扩大生产规模。2005 年末，长沙纺织服装工业有规模以上企业 80 家，完成产值 33.32 亿元，占全市规模以上工业总产值的 3.01%。

2006 年，纺织服装工业纳入“十大标志性工程”，在承接产业转移、促进加工贸易方面给予企业更大支持。至 2012 年年底，长沙银太纺织公司投资设立的炎陵银太纺织有限公司，设计生产规模为纱锭 6.6 万锭、线锭 1 万锭，总投资 1.2 亿元；宁乡金洲新区设立湖南纺织服饰工业园，引进“圣得西”“银太纺织”等大中型企业入驻；圣得西服装集团公司耗资 5 亿余元，建立时尚产业园和湖南省服装缝纫工业设计中心，在业界树立“设计领先”竞争优势。长沙纺织服装工业一批大企业具有优势，发展势头越来越好。是年，长沙纺织服装工业规模以上企业有 69 家，从业人员 1.95 万人，完成产值 135.97 亿元，占全市规模以上工业总产值的 1.93%。

（十）煤炭工业。1988 年，全市煤炭行业有企业 214 家，其中规模以上企业 36 家，从业人员 1.64 万人，实现产值 4056 万元，占全市规模以上工业总产值的 0.51%，排名第十位。1991 年，全市再次开展全面清理乡镇煤矿、整顿煤炭生产秩序工作，先后取缔乱采滥挖小煤窑 214 处次。1992 年，煤价放开后，煤炭行业推行“三项”（劳动、人事、分配）制度改革，各项工作有新的起色：3 家煤矿达到省级质量标准化矿井要求，全市国有煤矿实现第一个“安全年”。是年，全市煤炭行业规模以上企业有 28 家，从业人员 1.70 万人，实现工业总产值 1.78 亿元，占全市规模以上工业总产值的 1.62%。

1993 年，随着煤价放开，煤炭经营企业受到较大冲击，受此影响全市煤炭销量降到 19 万吨，11 家煤炭经营企业亏损 375 万元，职工下岗 586 人。1994 年，全市煤炭系统抓住市场销量回升，价格上扬的有利条件，采取内部挖潜，调整产品结构，开展技术革新，加强领导班子建设等措施，促进煤炭生产，全年生产原煤 256 万吨。1995 年，全市以深化国有企业改革为重点，通过深化企业内部劳动、人事和分配制度三项制度改革，促进原煤生产，全年生产原煤 354 万吨，创全市历年原煤产量之最。

1998 年后，长沙贯彻执行“关井压产”政策，采取强力措施，关闭非法和布局不合理小煤矿 72 处。1999 年，浏阳市 19 家煤矿改制成私有或股份制企业，并根据中央有关“债转股”的政策，分期分批实施“债转股”工作。2000 年，全市煤炭行业规模以上企业有 14 家，从业人员 1.47 万人，受东南亚金融危机影响，实现工业总产值 3.38 亿元，占全市规模以上工业总产值的 1.02%。

2001 年后，全市企业改制工作全面展开，市煤炭总公司先后对 5 家煤矿进行改制；集体企业职工通过集资购买直管公房等，筹集改制资本；继续实施“关井压产”，全市炸毁非法小煤矿、安全生产条件不符合要求和与国有矿争资源的各类小煤矿 40 处。2002 年，全市重点整治污染环境和不具备安全生产资质的 6 类煤矿，关闭 4 个“四证”（采矿证、安全生产许可证、矿长资格证、矿长安全资格证）全无矿井，10 对矿井停产整顿。2006 年，关闭煤矿 15 个，对 44 个煤矿、100 个煤炭经营企业进行年审。是年，全市煤炭行业规模以上企业有 36 家，从业人员 1.97 万人，实现工业总产值 13.23 亿元，占全市规模以上工业总产值的 1.04%。

2009年后，长沙市按照省政府确定的“整顿关闭、整合技改、管理强矿”三步走的战略，采取“以大并小，以优并劣”的原则进行资源整合，先后投入2.1亿元，进行技改扩能和矿井安全避险系统建设。2011年，全市进行资源整合的煤矿有25家，通过联合验收的有20家，技改扩能后29家，煤矿产能299万吨。

2012年，全市全面启动管理升级、技术升级、产业升级3项工程，通过兼并重组，组建产能在30万吨以上的产业集团5家。是年，全市煤炭行业规模以上企业有21家，从业人员1.01万人，实现工业总产值46.81亿元，占全市规模以上工业总产值的0.67%。

（十一）烟草工业。1988年，长沙市内的烟草制品均为机制卷烟，生产企业仅长沙卷烟厂一家，主要生产甲级、乙级、丙级烟6种及少量戊级烟。是年，有员工1846人，卷烟产量29.67万箱，实现工业总产值产值4.53亿元，占全市规模以上工业总产值的0.06%，排名第十一位。

1989年，长沙卷烟厂提出由生产经营型向外向型企业转变的目标，上升为中型一类企业，在中国500家最大工业企业排名中列197位。1991年，兴建年产50万箱的出口烟车间。1994年，长沙卷烟厂提出从外向型企业向跨国集团发展的目标，产品在东南亚、东欧、俄罗斯的覆盖面继续扩大。是年，有员工3115人，卷烟产量64.46万箱，工业总产值28.71亿元，占全市规模以上工业总产值的1.24%。

1995年，长沙卷烟厂实施“名牌战略”，推出针对农村市场的“特制湘烟”和针对中高档市场的“白沙（精品）”。1999年，长沙卷烟厂采用低侧流技术的环保型“金沙”牌卷烟通过行业鉴定，使中国成为世界上第三个掌握该项技术的国家。2000年，长沙卷烟厂实施二次创业，推出“3A·HOT”指导思想和“铸造百年长烟”的目标。成立以长沙卷烟厂为核心，涵盖烟草、药业、物流等六大产业的白沙集团。2001年，有员工2629人，产量128.38万箱，工业总产值120.11亿元，占全市规模以上工业总产值的3.24%。

2004年，按照“联合、兼并、重组、整合”要求，湖南郴州卷烟厂、宁夏吴忠卷烟厂成为长沙卷烟厂分厂。2005年，长沙卷烟厂与菲莫国际签订协议，由白沙集团进行全球销量第一的“万宝路”卷烟在中国的许可生产以及销售。2007年，长沙卷烟厂改制，更名为湖南中烟工业有限责任公司长沙卷烟厂。2010年，长沙卷烟厂获“全国烟草行业企业文化建设先进单位”称号。

2012年，员工2148人，生产卷烟127.79万箱，工业总产值156.02亿元，占全市规模以上工业总产值的0.02%。

（十二）电力工业。1988年，长沙是全国唯一没有大型水电、火电支撑的省会城市，主要电源由长沙域外输入。全市火力发电企业只有长沙发电厂，装机容量0.75万千瓦，另有33家小水电站，水电资源小且分布不平衡，水力发电机组较大的只有黄材水电站，装机容量仅0.47万千瓦。是年，全市发电装机总容量2.67万千瓦，发电量1.43亿千瓦时，从业人员704人，工业总产值1452万元，占全市规模以上工业总产值的0.02%，排名第十二位。

1992年，株树桥水电站投产发电，水力发电装机容量增加到4.45万千瓦；1997年，长沙河西新城热电厂投产发电，余热发电装机容量增加0.9万千瓦。4月，长沙发电厂因设备陈旧老化，停止发电。是年，全市发电企业35家，装机容量5.45万千瓦，发电量1.49亿千瓦时，从业人员780人，工业总产值2659.15万元，占全市规模以上工业总产值的0.001%。

2000年宁乡煤炭坝电站投产发电，火力发电装机容量增加2.4万千瓦。2007年，华电长沙电厂2台60万千瓦机组先后竣工并网发电，境域火力发电装机容量净增120万千瓦。是年，全市发电企业37家，装机容量 132.14 万千瓦，发电量 5.81 亿千瓦时，从业人数 1396 人，工业总产值 1.79 亿元。占全市规模以上工业总产值的 0.005%。

2009 年 8 月和 2010 年 10 月，黑麋峰抽水蓄能电站 4 台 30 万千瓦机组相继投运发电，境域水电装机容量净增 120 万千瓦。

2012 年，全市发电企业 38 家，装机容量 258.92 万千瓦，发电量 56.89 亿千瓦时，从业人数 1765 人，工业总产值 25.02 亿元，占全市规模以上工业总产值的 0.003%。

二、企业结构

（一）所有制形式。1988 年，在全市 2393 家规模以上工业企业中，全民所有制企业 450 家，产值 45.21 亿元，占 53.22%；集体所有制企业 2523 家，产值 36.63 亿元，占 43.12%；外商投资及其他经济类型企业 21 家，产值 3.11 亿元，占 3.66%。

随着改革开放的深入推进，外资、私营、股份制等企业逐年增多，1989 年，全市正式投产的外资企业 16 家。22 岁的长宁化工厂副厂长罗文亮辞去公职，创办宁乡添美服装厂，是长沙市最早建立的私营企业之一。是年，长沙全民所有制工业完成产值 49.90 亿元，占 50.04%；集体所有制工业完成产值 34.15 亿元，占 34.24%；私营、外资等其他类型工业完成产值 15.68 亿元，占 15.72%。

1994 年以后，长沙工业加快实施战略性结构调整，170 余家国有企业通过实施兼并、破产、关闭、重组，从竞争性较强行业中有序退出；集体企业普遍实施“两个置换”改革，转变为股份制、股份合作制或私营企业；各级政府放宽政策，招商引资，股份制企业、外商投资企业不断增加，长沙工业所有制结构发生重大改变。2000 年，在全市 657 家规模以上工业企业中，国有企业 180 家，产值 107.15 亿元，占 32.45%；集体企业 193 家，产值 34.19 亿元，占 10.35%；股份制 117 家，产值 97.85 亿元，占 29.64%；私营企业 101 家，产值 48.30 亿元，占 14.63%；外资企业 66 家，产值 42.69 亿元，占 12.93%。

进入 21 世纪以后，由于有更多国有企业从竞争性较强行业中逐步退出，加上非公有制经济发展迅速，长沙工业企业所有制结构发生重大变化，总的趋势是国有企业所占份额逐步减少，其他经济类型企业所占份额逐步增加，股份制成为最普遍的企业组织形式。2008 年，在全市 2091 家规模以上工业企业中，国有企业 48 家，产值 534.05 亿元，占 18.97%；集体企业 97 家，产值 44.17 亿元，占 1.57%；股份制 1440 家，产值 1604.09 亿元，占 56.98%；私营企业 808 家，产值 213.22 亿元，占 7.57%；外资企业 182 家，产值 419.84 亿元，占 14.91%。

2012 年，长沙市规模以上工业企业 2282 家，工业总产值 7058.32 亿元。其中，国有企业 49 家，产值 1074.77 亿元，占 15.23%；集体企业 50 家，产值 111.63 亿元，占 1.58%；股份制企业 547 家，产值 3216.51 亿元，占 45.57%；私营企业 1513 家，产值 2124.71 亿元，占 30.10%；外资企业 130 家，产值 530.7 亿元，占 7.52%。

（二）隶属关系。1988 年，长沙市 2393 家规模以上工业企业按隶属关系分：中央企业 24 家，产值 7.93 亿元，占 9.33%；省管企业 106 家，产值 9.61 亿元，占 8.16%；市管企业 411 家，产值 55.49 亿元，占 47.14%；区、县、乡（镇）管企业 2403 家，产值 15.61 亿元，占 15.61%；其他企业 50 家，产值 7.20 亿元，占 6.11%。

1989—1995 年，长沙市规模以上工业企业的隶属关系变动不大。1996 年以后，随着国有企业改革不断深入，兼并联合、依法破产、资产重组的力度加大，市管和省管工业企业数量逐年有所减少。1999 年，全市学习推广浏阳市在县、乡两级企业改革中实施“两个置换”的做法，通过改革，一部分市管企业和大部分区县（市）、乡（镇）管工业企业改变其原来的国有或集体所有制形式，转变为民营企业，原行政隶属关系自动解除。

2000年，在全市657家规模以上工业企业中，有中央企业19家，产值75.93亿元，占23.0%；省管和市管企业161个，产值31.22亿元，占9.46%；区县（市）管企业和其他企业477家，产值224.01亿元，占67.54%。

2004年以后，中央企业改革继续深入，湖南省也做出推进省管国有企业改革的重大战略部署，按照改革与国有经济布局、结构调整相结合，与招商引资、央企对接相结合，与企业体制机制创新相结合，与完善政策优化服务相结合的思路强力推进，取得显著成效。2008年，在全市2091家规模以上工业企业中，有中央企业25家，省管企业79家，中央和省管企业产值合计969.10亿元，占34.42%；市管企业100家，区县（市）管企业60家，其他企业1727家，产值合计1846.26亿元，占65.58%。

2009—2012年，中央企业通过强强联合、专业化整合和并购重组，实现国有资本优化配置，企业总数减少4成。省管国有工业企业也通过合并调整，减少户数。2012年，长沙工业系统的中央企业主要有中航飞机起落架公司、湖南航天有限责任公司（航天068基地）、五七一二工业公司、中国电子科技集团公司第四十八研究所、五矿有色金属控股有限公司、中国铁建重工集团有限公司、湖南中烟工业有限责任公司等15家；省管企业主要有中联重科股份有限公司、长丰集团有限责任公司、长城信息产业股份有限公司、省茶业集团股份有限公司、省煤业集团有限公司、省粮食集团有限责任公司等18家。

（三）规模类型。1988年，在全市2393家规模以上工业企业中，有大型企业26家，中型企业44家，小型企业2323家，大、中、小型企业占比分别为1.08%、1.84%和97.08%。大中型企业数量虽少，但产值占比较高。是年，70家大中型企业完成产值27.60亿元，占全市规模以上工业总产值的36.15%。

1989年以后，随着工业投资规模扩大和企业兼并联合发展，企业类型结构也在发生变化。1990年，在全市2693家规模以上工业企业中，大型企业34家，占1.26%；中型企业65家，占2.41%；小型企业2594家，占96.33%。1995年，在全市3355家规模以上工业企业中，有大型企业41家，中型企业75家，小型企业3239家，大中小型企业的占比分别为：1.22%、2.24%和96.54%。

从1998年起，统计口径调整为全部国有及年销售收入500万元以上非国有工业企业（以下简称“规模以上工业”）。2000年，长沙规模以上工业企业657家，其中大型企业44家，中型企业47家，小型企业566家，占比分别为6.70%、7.15%和86.15%；按产值计算，大型企业150.43亿元，占45.00%；中型企业20.06亿元，占6.00%；小型企业163.75亿元，占48.99%。

2004年，在全市1149家规模以上工业企业中，大型企业7家，中型企业106家，小型企业1036家，大中小型企业占比分别为0.61%、9.23%和90.16%。2008年，在全市2091家规模以上工业企业中，有大型企业18家，中型企业173家，小型企业1900家，大中小型企业的占比分别为0.86%、8.27%和90.86%。

从2011年起，规模以上工业企业的起点标准由年营业收入500万元提高到2000万元。2012年，长沙规模以上工业企业2282家，其中大型企业48家、中型企业268家、小型企业1929家，大中小型企业占比分别为2.10%、11.74%和86.16%。实现产值7058.32亿元，其中：316家大中型企业产值4375.69亿元，占全市规模以上工业总产值的61.99%；1929家小型企业产值2682.63亿元，占全市规模以上工业总产值的38.01%。

表 17-1-4-1　长沙工业企业规模结构数量一览表

年份	大型企业		中型企业		小型企业	
	数量（家）	比重（%）	数量（家）	比重（%）	数量（家）	比重（%）
1988	26	1.09	44	1.84	2323	97.07
1990	34	1.26	65	2.41	2594	96.33
1995	41	1.22	75	2.24	3239	96.54
2000	44	6.21	47	6.64	617	87.15
2005	11	0.65	114	6.74	1566	92.61
2010	19	0.73	190	7.26	2408	92.01
2012	48	2.10	268	11.74	1929	86.16

说明：本表统计范围 2000 年以前为全市乡及乡以上独立核算工业企业，2000—2010 年为主营业务收入 500 万元以上独立核算工业企业，2011 年为主营业务收入 2000 万元以上独立核算工业企业

表 17-1-4-2　长沙工业企业规模结构产值一览表

年份	全市工业总产值（亿元）	大中型企业		小型企业	
		产值（亿元）	占比（%）	产值（亿元）	占比（%）
1988	76.34	27.60	36.15	48.74	63.85
1990	86.43	33.22	38.44	53.21	61.56
1995	246.57	88.49	35.89	158.07	64.11
2000	483.67	148.63	30.73	335.03	69.27
2005	1300.62	619.36	47.62	681.26	52.38
2010	5487.74	2819.03	51.36	2668.704	48.64
2012	7058.32	4375.69	61.99	2682.63	38.01

说明：工业总产值 1990 年以前按 1980 年不变价格计算，1995 年、2000 年按 1990 年不变价格计算，2005 年、2010 年按当年价格计算

第五节　企业技术进步

一、技术改造和技术引进

1988—1990 年，长沙工业技术改造（含技术引进，下同）完成投资 8.98 亿元，竣工投产项目 418 个，投资重点以机械、电子、纺织行业为主。机械行业通过技术改造，在长沙水泵厂建成全国最大的水泵试验站，在长沙鼓风机厂建成全国罗茨鼓风机测试中心，在长沙锅炉厂建成中南地区热工测试站；电子行业通过技术改造，重点发展广播电视、通信产品，新增或扩大黑白电视机、彩色电视机、电位器、计算机、匀胶铬版、汽车电路等产品生产能力。纺织行业通过技术改造，初步实现“棉改涤”“窄改宽”“色改花”，引进的喷水织机、气流纺、大圆机等先进设备投产达产，主要产品产量和质量都得到提高。

1990 年，全市纱、印染布、化纤产量分别比 1987 年增长 16.80%、110.67%和 34.83%；中南制药机械二厂从联邦德国引进的 BXSZ1/20 型安瓿洗干灌封联动机组、药用分离机械、贴签机等水针设备生产线正式投产，设计年产小水针机组 220 台，整机性能及主要指标达到国际 20 世纪 80 年代先进水平，可替代进口。

1991 年，全市实施技术改造项目 330 个，完成投资 2.2 亿元，竣工投产项目 89 个，全部达产后每年可新增产值 3.3 亿元，利税 7500 万元。是年 9 月，长沙啤酒厂年产 3 万吨啤酒技改项目竣工投产，总投资 7118 万元，糖化、过滤灌装及检测等主要设备从世界三大啤酒集团之一的德国海宁根啤酒集团引进，工艺技术先进，检测手段齐全，生产啤酒 3500 吨，产品质量达到设计要求。10 月，长沙鼓风机厂引进日本大晃公司风机技术，研制出首台额定转速 730 转/分大型罗茨鼓风机，为批量生产先进的大型罗茨鼓风机奠定基础。

1992—1995 年，长沙工业企业实施技术改造项目 713 个，完成投资 20.86 亿元，竣工投产项目 338 个。被誉为“世界米龙”的台湾旺旺集团与湖南省华湘进出口集团总公司合作，投资 600 万美元在长沙创办湖南旺旺食品有限公司，引进技术生产大米膨化食品，开创长沙食品工业采用高新技术进行生产的新纪元。

1993 年 12 月，长沙纺织厂投资 3946 万元新增 2000 头气流纺技改项目竣工投产，生产效率和产品质量都得到提高。

至 1995 年年底，长沙工业有五大系列产品通过技术改造实现产能倍增：彩管彩电系列——年产大屏幕彩管 85 万~115 万只、大屏幕彩电 50 万台；中意家电系列——年产无氟电冰箱 50 万台、冷柜 10 万台、家用空调 20 万台；白沙产品系列——年产白沙烟 90 万大箱、白沙酒 1 万吨、白沙啤酒 5 万吨、白沙矿泉水 1 万吨；机械汽车系列——年产轻型汽车 3 万辆、大客车 5000 辆、农用运输车 3 万辆、4G15 型和 4G27 型汽油发动机 5 万台、483 型柴油机 3 万台、汽车电器 80 万套；纺织服装系列——年产化纤 7000 吨、棉纱 2 万吨、布 5700 万米、印染布 4000 万米、服装 5000 万件。

1996 年，伊莱克斯中意（长沙）电冰箱有限公司耗资 5144 万美元，从瑞典引进无氟冰箱生产技术，开发出国内首台无氟、节能冰箱，实现新的发展；全市最大中外合资项目 LG 曙光电子彩管一期工程建成投产，设计年产 21~25 英寸彩管 115 万只，总投资 11.62 亿元，创全市工业单项投资金额最高纪录。

1997 年，长沙利用外资对传统产业实行嫁接改造，引进先进技术和设备取得新成果，其中包括光南摩托投资 3975 万美元，年产 20 万辆高档摩托车项目；远大铃木投资 2400 万美元，年产高档卫生洁具 10 万套项目；湘计算机投资 8609 万元，年产 30 万台金融终端项目；金狮啤酒年产 10 万吨啤酒项目等。

1998 年，长沙市 15 个技改项目列入湖南省高新技术发展导向资金计划，总投资 26.70 亿元，安排引导资金 1.25 亿元，LG 曙光、长沙创智科技信息有限公司（以下简称“创智科技”）、湖南长海视听设备有限公司（以下简称“长海视听”）、中联重科、三一重工、力元新材料、湖南美罗银河生化制药有限公司（以下简称“银河生化”）等行业龙头企业均有项目在列。

1999—2000 年，浦沅集团的“双加”工程、长沙汽车电器厂的 40 万套起动器发动机、湖南沐林现代食品有限公司引进挤压型膨化食品生产线等重点技改项目相继竣工投产。

1996—2000 年，长沙工业企业完成技改投资 32 亿元，实施技改项目 113 个，列入国家“双加工程” 37 个。

2001 年，长沙市确立重点发展高档卷烟、电子信息、汽车及零部件、绿色家电、工程机械、新材料、精细化工、生物制药、精品纺织、食品加工“十大标志性工程”，扶持 22 家龙头企业上规模。各龙头企业抓住机遇，多方筹集资金，加快实施技术改造，取得显著成效。

2002 年 4 月，长丰集团长沙工厂年产 5000 辆高档越野车项目顺利投产，同时在星沙开发区购置 59.2 公顷土地启动新一轮技改，11 月又与日本三菱公司签署引进猎豹飞腾汽车技术的协定。2004 年 8 月，长丰汽车制造有限公司长沙工厂建成投产，设计年产轻型越野车 5 万辆，总投资 14.20 亿元，刷新全市工业建设单项投资最高纪录。

2001—2005 年，长沙工业企业完成技术改造投资 301.63 亿元，是前五年技改投资总额的 4.69 倍，再创历史新高。

2006 年以后，长沙工业技术改造投资重点仍然是“十大标志性工程”，但龙头企业的确定，按照实行动态管理、不搞“终身制”的要求有所调整。2007 年年初，长沙市决定增补湖南圣得西服饰有限公司（以下简称“圣得西服饰”）、山河智能、湖南泰尔制药股份有限公司（以下简称“泰尔制药”）、长沙加加集团有限公司（以下简称“加加集团”）、长沙娃哈哈等 11 家企业为“十大标志性工程”龙头企业，另有 4 家龙头企业被调整出局。

2006—2010 年年底，全市开工建设的技改项目超过 4000 个，其中投资额在 2000 万元以上的项目 2530 个，完成技改投资 1692.75 亿元，再创历史同期最高值。竣工投产的重点项目主要有华电长沙电厂、晟通科技、湖南金龙国际铜业有限公司（以下简称“金龙铜业”）、长沙众泰汽车工业有限公司（以下简称“众泰汽车”）、中联重科履带吊车、三一集团汽车起重机产业园、中航飞机起落架、长沙航空工业园、蓝思科技防爆特种玻璃生产基地、陕汽环通汽车生产线等。

2011—2012 年，全市有蓝思科技浏阳生产基地、博云新材碳、碳航空刹车生产线、宇顺电子长沙科技园、红星盛业肉制品加工、山河智能星沙产业基地、湘投金天万吨钛带卷、比亚迪汽车城、广汽菲亚特长沙制造基地等重点技术改造项目竣工投产，完成投资 1625.05 亿元。其中，2012 年实施投资额 2000 万元以上技改项目 1898 个，完成投资 994.20 亿元，比上年增长 26.33%，创历史最高纪录。

二、新产品开发

1988 年，长沙市建立新产品开发基金，对企业实行新产品开发合同管理。是年，全市规模以上工业企业开发新产品 260 余个，新产品产值 5.88 亿元，新产品产值率 8.87%。湖南仪器仪表总厂有 12 种产品填补国内空白，是年又开发新产品 9 种，其中达到国际同类产品 20 世纪 80 年代先进水平的有 3 种。

1989 年起，全市规模以上工业企业新产品开发力度不断加大。湖南日用化工总厂应用新技术，开发生产第二代坚尔齿牙膏、美猴王儿童牙膏等 50 余个新品种，1990 年跻身全国工业 500 家最佳效益企业行列。

1991 年，全市工业企业围绕提高经济效益，确立“科教兴市”战略，开展“质量、品种、效益年”活动，全年开发新产品 304 个，新产品产值 12 亿元，创历史新高。1991—1995 年，开发重要新产品 700 余项，新产品产值 86.86 亿元，新产品产值率 10.62%。部分新产品技术含量较高，达到国家级新产品水平。如浦沅工程机械总厂的汽车起重机，长沙机床厂的大型精加工侧拉床，长沙电机厂的 Y. YR355–630WF 中型化工防腐蚀专用电机，长沙新型含油轴承厂的 FMZ 轴承材料等。长沙水泵厂的大型立式斜流泵、大型卧式中开泵等 8 个系列 33 个品种的新产品，在国际招标中连连中标，产品出口到巴基斯坦、菲律宾、孟加拉、埃及等国家和地区。

1996—2000 年，企业创新体制逐步建立，创新能力进一步增强。1996 年，全市 82.5%的大中型企业建立技术开发机构，35 家大中型企业与中国科学院、北京大学、清华大学等强势科研院所建立合作关系；17 家企业出资、出场地，与 14 所高等院校合作，组建科研开发中心和中试基地。一批科技创新型试点企业和高科技企业每年的研发投入，达到销售收入的3%以上。远大空调有限公司独创20余项专利技术，对产品进行6次重大改进，各项性能达到或超过国际先进水平，国内市场占有率90%。市轻工机械厂是个只有200余人的小厂，每年用于技术开发的费用在70万元以上，占销售收入的6%左右，每年都有新产品问世。长沙化油器厂年均科技开发经费支出120万元，占销售收入的3%以上。长沙水泵厂年均科技开发经费支出780万元，占销售收入的4.3%。全市开发重要新产品800余项，其中省级以上新产品237项，新产品产值率14.11%，比“八五”时期（1991—1995年）提高3.49个百分点。

进入21世纪，在“中部崛起”发展战略引领下，长沙工业特别是高新技术产业高速发展，规模以上工业企业新产品开发数量和新产品产值连年走高。2001—2005年，全市规模以上工业企业开发重要新产品500余项，新产品产值401.52亿元；新产品产值率12.74%。

2006年，126项新产品被评为“长沙市优秀新产品”。湖南中大创远数控装备有限公司自主研制的全球最大的全数控锥齿轮磨齿机YK20100交付客户使用，标志着中国重大装备动力装置制造技术取得重大突破。2007年12月，三一重工股份有限公司的新产品HBT90CH超高压拖泵，在上海环球金融中心施工现场将混凝土泵送至492米施工高度，再次刷新世界纪录。到2010年年底的“十一五”期间(2006—2010年)，全市开发重要新产品6500余项，新产品产值2406.9亿元，新产品产值率18.46%，创历史新高。

2011年，长沙市新设“企业科技创新市长奖”，湖南华曙高科技有限责任公司、蓝思科技股份有限公司、介面光电（湖南）有限公司3家企业获奖。全市规模以上企业开发新产品2193项，新产品产值1130.7亿元，新产品产值率19.0%。中联重科股份有限公司多款新产品取得世界第一或世界领先水平，如全球第一大吨位履带式起重机ZCC3200NP最大起重量3200吨，最大起重力矩8.2万吨米；ZLJ5650THBB80–7RZ型炭纤维臂架泵车，创吉尼斯世界纪录，是全球唯一一款采用6桥通用汽车底盘，7节臂技术，并投入使用的最长炭纤维臂架泵车。长沙锅炉厂有限公司等单位合作研发的生物质循环流化床直燃发电锅炉达到国际先进水平，获得2011年度国家能源科技进步二等奖，被国家列入特种设备节能技术与产品推广目录，在全国推广。

2012年，全市规模以上企业新产品产值1538.9亿元，同比增长36.1%，新产品产值率22.0%。山河智能装备有限公司的“一体化液压潜孔钻机”，被科技部、环保部评为“国家级重点新产品”。湖南华曙高科技有限公司自主研发的国内首台高性能3D激光打印机及其粉末材料，达到世界先进水平，该公司成为全球第三家能够制造激光尼龙烧结设备、第二家能够制造激光烧结尼龙粉末材料企业，是国内在增量制造尖端装备与新材料应用领域取得的重大成果。湖南新亚胜科技发展有限公司自主研发的魔幻舞台系列发光二极管（LED）显示屏，采用高分子纳米技术材料，创新多项结构设计，获“2012中国LED创新产品和技术奖”。中国铁建重工集团有限公司研制的复合式土压平衡盾构机，拥有27项专利，是中国高端工程装备最具影响力的自主品牌之一。

是年，全市规模以上工业企业开发新产品1176个，新产品产值1598.74亿元，同比增长36.1%，新产品产值率22.0%。其中，专用设备制造业新产品184个，新产品产值870.35亿元；交通运输设备制造业新产品121个，新产品产值77.58亿元；通用设备制造业新产品107个，新产品产值25.99亿元；通信设备、计算机及其他电子设备制造业新产品106个，新产品产值371.72亿元；化学原料及化学制品制造业新产品105个，新产品产值11.42亿元；烟草加工业新产品29个，新产品产值241.68亿元。

三、优质名牌产品

1988年，全市工业企业开展“创优夺牌”活动，获得国家银牌奖产品3项、部优质产品奖29项、省优质产品奖 187 项。（1992 年起国家停止优质产品奖评比活动）。至 1991 年年底，获得国家优质产品奖 15 项，部优质产品奖 131 项、省优质产品奖 536 项。1992 年，湖南省始评选湖南名牌产品和产品质量奖。2001—2007 年，长沙工业企业获得“中国名牌产品”称号 10 种（2008 年后，不再开展“中国名牌产品”评选活动）。到 2012 年年底，全市获湖南名牌产品 94 个、湖南省产品质量奖 14 项。

表 17-1-5-1　　1988—1991 年长沙工业企业获国优产品（银质奖）一览表

获奖产品名称	生产企业	获奖年份
华升牌 WH112 型系列微调电位器	湖南电位器总厂	1988
中意牌四星级 185 升双门电冰箱	长沙电冰箱厂	1988
湘飞牌 500-3 型带电作业用屏蔽服	长沙市用电设备安装修造厂	1988
白沙牌白沙液酒（大曲，兼香型）	长沙酒厂	1989
连续挤压铝管	长沙铜铝材厂	1989
AZL-60 型过滤式自救器	湖南省煤矿安全仪器厂	1989
猴王牌一级茉莉花茶	长沙茶厂	1989
浏阳河牌浏阳河小曲（米香型）	浏阳县酒厂	1989
武陵牌 QY-12 型汽车起重机	浦沅工程机械总厂	1990
湘粮牌 MNMP70 型喷风碾米机	湖南省湘粮机械厂	1990
白龙牌水溶性聚乙烯醇甲醛胶粘剂	长沙市建筑涂料总厂	1990
扁鹊牌 84 毫米甲级混合型卷烟	长沙卷烟厂	1990
长发牌 CS492Q-1A 型汽油发动机	长沙汽车发动机总厂	1991
武陵牌 QY16 型汽车起重机	浦沅工程机械总厂	1991
长字牌热交换器用 HSN70-1 黄铜管	长沙铜铝材厂	1991

表 17-1-5-2　　2001—2006 年长沙工业企业入选的“中国名牌产品”一览表

入选产品	注册商标	生产企业	评选年份
卷烟	白沙	长沙卷烟厂	2002
燃气中央空调	远大	远大空调有限公司	2003
卷 烟	白沙	长沙卷烟厂	2005
床上用品	梦洁	湖南梦洁家纺有限公司	2005
混凝土泵车系列	中联	长沙中联重科股份有限公司	2006
混凝土泵车系列	三一	三一重工股份有限公司	2006
溴化锂吸收式冷（热）水机组	远大	远大空调有限公司	2006
酱 油	加加	加加酱业（长沙）有限公司	2006
电度表	威胜	长沙威胜电子有限公司	2006
食用醋	好韵味	长沙好韵味实业发展有限公司	2006

四、技术开发与获奖创新成果

1988年，全市71家大中型工业企业自办技术开发机构40个，从事技术开发的人员总数为1586人。其中具有高中级职称者为690人，占比43.5%。湖南日用化工总厂科研所、长沙汽车电器厂研究所、浦沅工程机械总厂研究所、湖南仪器仪表总厂研究所、建湘瓷厂瓷研所等单位规模较大、实力较强、科技开发成果较显著。湖南海利化工股份有限公司的技术中心是湖南化工研究院，依托这个强大的科技开发力量，1993—2000年，“海利化工”开发科技成果256项，其中获国家和省、部级奖励48项；项目中试成果转化率86.4%。

2001年始，长沙市扶持有条件的企业创建国家级、省级和市级企业技术中心。到2005年，全市125家大中型工业企业自办技术开发机构82个，从事技术开发活动的总人数为7571人。2011年，232家大中型工业企业自办技术开发机构134个，从事技术开发活动的总人数为1.91万人，其中硕士毕业6536人；科技活动经费支出总额为96.80亿元。湖南计算机股份有限公司技术中心在创新中求突破，开发金长城GW510第五代终端、长城蝴蝶网络终端等多种新产品，为国内终端技术的创建和发展做出重大贡献。

至2012年年底，全市工业系统认定国家级企业技术中心13家，省级企业技术中心80家，市级企业技术中心247家。获得国家科技进步奖一等奖3项、二等奖29项、三等奖7项；国家科技发明奖二等奖3项；湖南省科技进步奖一等奖44项、二等奖81项、三等奖198项；湖南省技术发明奖一等奖3项、二等奖4项、三等奖2项；长沙市科技进步奖一等奖88项。

五、知识产权保护

1990年，长沙熔断器厂研发的“新型结构快速熔断器熔体节银新工艺”获得国家专利，成为全市首批拥有国家专利的单位之一。之后，又陆续有中南制药机械二厂的“一种安瓿灌封机活动轨道”、长沙兴湘高新技术研究所的“汽油发动机可燃混合气体化装置”（1994年）、湖南磷化工总厂的“高效节能光热电烤炉”（1999年）获得国家专利。

进入21世纪后，越来越多的企业更加注重商标、专利等知识产权工作。2001年，长沙山河智能工程机械有限公司的发明专利“压桩机的一种夹桩结构”，获得国家知识产权局颁发的中国专利优秀奖，2002年，长沙卷烟厂“白沙”卷烟注册商标，被国家工商行政管理局认定为中国驰名商标。是为长沙工业首个中国驰名商标。2003年，选择中联重科、长沙巨星轻质建材等15个专利工作基础较好、单位领导重视的企事业单位，开展专利试点工作。

到2006年年底，15个试点单位累计申请专利4241件（其中发明专利1724件），占全市专利申请量的40.6%。是年，对546家工业企业调查，全市拥有自主品牌的企业占68.09%，其中申请专利、注册商标、版权登记、形成国家或行业技术标准以及对技术秘密进行内部保护的企业分别占29.96%、41.49%、11.70%、23.23%和47.87%。

2011年，全市工矿企业申请专利（含发明专利、实用新型专利、外观设计专利）7555件，首次超过全市专利申请总量一半，占到57.6%，专利申请量集中在中联重科等10家规模较大、技术水平较高的企业（3367件），占44.57%。

2012年，长沙市专利申请量和授权量分别为1.5万件和1.04万件。其中，工矿企业专利申请量和授权量均呈上升趋势。全市工业企业获认中国驰名商标63个，排名中部省会城市之首。中联重科、三一重工两家企业成为领跑长沙工矿企业专利大户，分别获得国内专利授权量、发明专利申请量和国内专利申请量、发明专利授权量第一名。其中，三一重工集团实行“技术→专利→标准”梯次攀登的知识产权与标准战略，累计申请中国专利6363件，其中发明专利2588件，PCT国际专利申请341件，海外专利189件；获授权专利国内3640件、海外16件，居行业首位。

表 17–1–5–3　　2011年长沙工矿企业国内专利申请量、授权量（前十）一览表

排名	专利申请量排名		专利授权量排名	
	企业名称	申请量（件）	企业名称	授权量（件）
1	中联重科股份有限公司	1317	三一集团有限公司	408
2	三一集团有限公司	848	中联重科股份有限公司	237
3	湖南晟通科技集团有限公司	288	楚天科技股份有限公司	207
4	楚天科技股份有限公司	282	湖南神力实业有限公司	86
5	湖南华强电气有限公司	142	湖南梦洁家纺股份有限公司	85
6	威胜集团有限公司	114	威胜集团有限公司	80
7	湖南梦洁家纺股份有限公司	96	山河智能装备股份有限公司	65
8	山河智能装备股份有限公司	94	中冶长天国际工程有限责任公司	64
9	中铁五新集团公司	94	中铁五新集团公司	64
10	湖南中烟工业有限责任公司	92	湖南千山制药机械股份有限公司	48

表 17–1–5–4　　长沙工业企业中国专利奖获奖项目一览表

专利权人	专利名称	奖项 / 获奖年份
长沙山河智能工程机械有限公司	压桩机的一种夹桩结构	中国专利优秀奖 / 2001
湖南一派数控设备有限公司	异型销孔镗削装置	中国专利优秀奖 / 2004
长沙中圆科技有限公司	针织布基湿聚氨酯皮革加工方法	中国专利优秀奖 / 2004
三一重工股份有限公司	一种静态压传动平地机	中国专利优秀奖 / 2006
湖南湖大瑞来机电有限公司	滑动轴承式电主轴	中国专利优秀奖 / 2009
三一重工股份有限公司	一种混凝土输送泵的节能控制方法	中国专利金奖 / 2010
中南大学、山河智能机械股份有限公司	机电一体化挖掘机及控制方法	中国专利优秀奖 / 2010
三一重工股份有限公司	用于抑制混凝土泵车臂架振动的方法及装置	中国专利金奖 / 2011
三一重工股份有限公司	巷道掘进机	外观专利金奖 / 2011
三一重工股份有限公司	三级配混凝土输送泵	中国专利优秀奖 / 2011
湖南春光九汇现代中药有限公司	中药超微颗粒加工工艺	中国专利优秀奖 / 2011
长沙中联重科股份有限公司	城市道路路缘及路缘石清洗车	中国专利优秀奖 / 2011
湖南万容科技有限公司	废旧电冰箱无害化处理与资源高效回收生产线设备	中国专利优秀奖 / 2012
长沙中联重科股份有限公司	动力单元及其控制方法	中国专利金奖 / 2012
长沙中联重科股份有限公司	起重机	外观专利金奖 / 2012

第六节　工业产品销售

一、国内销售

1988 年，中国经济持续第二年过热，物价上涨过猛。是年，长沙规模以上工业企业产销率为 97.26%。在随后的 3 年治理整顿中，不少企业受市场疲软、银根紧缩等因素影响，销售不畅，产成品大量积压。1989 年，全市规模以上工业企业实现销售产值 83.29 亿元，产销率下降至 89.72%。长沙市总结推广长沙第二纺织印染总厂、长沙变压器厂调整产品结构、开拓市场、搞活销售的经验，印发《关于工商联合、搞活经营、发展地方工业问题的会议纪要》和《开拓市场搞活经营的十条措施》。各行业主管部门和广大企业，普遍采取办展销会、寄销赊销、摆摊设点、送货上门等形式扩大产品销售。1989 年 12 月，市一轻、二轻、纺织、化工等行业组织“工业品下乡”活动，105 家企业先后在望城县、长沙县、邵阳县进行产品展销，在推销产品的同时，也增进对市场需求的了解。

1991 年，针对企业普遍存在产成品、发出商品和应收货款三项资金占用居高不下的问题，长沙市批准 142 家市属预算内工业企业，分别与主管部门签订销售承包合同。各企业普遍对销售人员实行“三包”(包费用、包销售收入、包收回货款)，把责任落实到人，年终一次性考核，奖罚兑现，促进产品销售。是年，市属预算内企业实现产品销售收入 34 亿元，比上年增长 20%。

1992—1993 年，各企业继续狠抓产品销售，全市规模以上工业企业产品销售收入分别为 145.68 亿元和 191.23 亿元，产销率也创造 103.95%和 103.27%的历史最高纪录。

1994 年，在产品结构调整和市场发生较大变化的影响下，长沙工业产品销售有所放缓，产销率大幅下降至 83.17%。1995 年情况有所好转，产销率上升至 96.52%，全年实现产品销售收入 226.30 亿元。1996 年，全市规模以上工业企业完成产品销售收入 252.69 亿元，比上年增长 11.66%，但产销率再次下降，只有 83.44%。

从 1997 年起，长沙工业产品销售逐步恢复正常。不少企业开始转变观念，把销售作为“第一车间”来对待，积累成功经验。湖南造漆厂（1996 年改组成立湖南湘江涂料集团有限公司）在利用好国有商业渠道的同时，开辟产品自销渠道，在省内外 20 余个大中城市设立营销网点 100 余个，是年，产品自销量占总销量的 85%以上，产销率保持在 98%以上。

1998 年以后，产业结构调整成果开始显现，全市工业产品销售状况越来越好，各年产销率均保持在 97%以上。

2004 年，长沙规模以上工业企业完成销售产值 759.49 亿元，产销率 98.64%。2008 年完成销售产值 2780.77 亿元，产销率 98.77%；2012 年完成销售产值 6928.96 亿元，产销率 98.17%。

二、出口

1988 年，长沙工业产品出口值 2.70 亿元（按当年汇率折算约合 7259 万美元），占全市工业产品销售总值的 3.51%。出口产品种类主要为烟花爆竹、日用陶瓷器、工艺品、纺织品、粮油食品、化工医药等；机电产品出口量很少，年出口额仅 310 万美元。

1991 年以后，随着长沙工业产品质量技术水平的不断提高，工业品出口结构和出口方式都发生较大变化。是年，长沙九芝堂（集团）公司与日本星火株式会社签订为期 10 年的补偿贸易出口合同，年出口创汇 130 万美元以上。1996 年，九芝堂（集团）公司获国家授予的自营进出口权，产品出口更加自由和主动。至1996年年底，长沙市归口管理的享有自营进出口权的工业企业50家，实现出口创汇7312万美元。

1998年，全市归口管理的享有自营进出口权的工业企业增至91家，全年出口创汇9674万美元，与1996年相比增长32.30%。出口产品除烟花爆竹、日用陶瓷器等传统产品外，还有各种机电产品。LG曙光电子、振升铝材、维用—长城电路有限公司等高科技、外向型企业，成为全市机电产品出口主力军。1999年，随着国际经济形势逐步好转，全市工业品出口交货值完成19.43亿元（约合2.35亿美元），比上年增长14.31%。其中，机电产品出口7636万美元，高居榜首，与10年前相比增长12.1倍。

2000年，全市工业产品出口额超过100万美元的企业有26家，出口总值2.42亿美元。其中，机电产品出口8457万美元，LG曙光电子有限公司以4335万美元的实绩名列榜首。

进入21世纪，随着长沙高新区、长沙经开区、浏阳生物医药园内一大批骨干企业的崛起，长沙市机电产品、高新技术产品出口迅猛增长。2001年，全市工业产品出口总额10.48亿美元，其中“三资”企业（中外合资经营企业、中外合作经营企业、外商独资经营企业）、乡镇企业、高新技术企业的出口总额分别占37.7%、9.8%和27.4%，机电产品出口总额占30.8%。出口创汇最多的3个企业分别是LG曙光电子（4657万美元）、浏阳花炮股份有限公司（1829万美元）、维用—长城电路有限公司（1226万美元）。2002年，长沙工业产品出口继续保持旺盛增长势头，机电产品出口总额2.35亿美元，比上年增长150.5%；高新技术产品出口总额3400万美元，比上年增长104.8%。

2003年始，长沙工业经济结构调整步伐进一步加快，以三一重工、中联重科、山河智能为代表的工程机械产业蓬勃发展；浏阳生物医药园被商务部确定为国家医药产品出口基地；蓝思科技、杉杉新材、科力远新能源、红太阳新能源等高新技术企业顺利投产达产，推动全市机电产品、高新技术产品出口持续快速增长。受2008年国际金融危机的影响，2009年长沙市工业产品出口额有所下降外，其余各年的出口额均保持较高增长水平。

2012年，长沙机电产品出口总额26.68亿美元，是2002年的11.35倍，年递增率27.5%；高新技术产品出口总额8.99亿美元，是2002年的26.44倍，年递增率38.75%。

第七节 工业综合管理

一、安全管理

（一）安全教育和安全检查。1988年起，长沙市开始举办企业安全技术干部培训班，对全市锅炉、压力容器进行大检查，减少事故隐患。1989年，长沙工业企业事故发生率比上年下降24.5%，职工因工死亡人数、重伤人数分别比上年下降23.1%和30.0%。

1990年始，企业开展创安全合格班组活动，持续多年，收效明显。至1994年5月，全市安全合格班组获得市以上表彰1610个，其中被评为省级安全合格班组617个。1994年8月，针对高温季节事故多发的特点，全市开展为期一个月的安全大检查，查出37家企业潜在的321起安全隐患，督促企业完成整改。是年，全市重大安全事故较上年减少30起，死亡、重伤人数分别减少4人和25人，事故死亡率0.024‰，低于湖南省0.052‰目标管理值指标。

1996年，长沙工业系统开展“安全年”活动，主管工业的副市长带队与岳阳市对口进行“安全年”活动检查。1997年，全市工业企业以三级安全教育为基础，开展多种形式的安全教育培训活动。九芝堂集团公司举办安全运动会；长沙铝厂建立上班安全喊话制度；浦沅集团自制安全教育电视片组织职工观看；长沙卷烟厂组织“安全伴我行”演讲比赛。是年，全市工业企业未发生一起重大工伤事故，职工因工死亡率下降至0.015‰，低于省里的0.052‰考核指标。

2002年6月，长沙市首个“安全生产月”活动全面展开，主题是“安全责任重于泰山”。以后每年6月，都定期开展“安全生产月”活动。至2011年年底，“安全生产月”分别开展“关注安全，关爱生命”“以人为本，安全第一”“安全发展，预防为主”“安全责任，重在落实”等为主题的活动，增强企业和职工的安全意识和安全责任，安全生产形势好转。

2012年6月是全市第11个“安全生产月”，长沙市落实关于国家“一树立、三坚持、三强化”（牢固树立科学发展、安全发展理念，坚持预防为主、坚持落实责任、坚持依法治理，强化科技支撑、强化应急处置、强化基础建设）总体要求，以“实施三年全民安全生产宣传教育培训工程”为重点，工业系统员工开展“安全生产事故警示教育周”“安全生产宣传咨询日”“安全文化周”“安全生产应急预案演练周”等活动，进一步推动安全生产责任制的落实和安全保障能力的提高。是年，长沙市被评为“全国安全生产月先进单位”。

（二）安全生产管理。1988年，长沙电业局继续实施局、车间两级安全稽查制度，及时发现和督促整改安全隐患，同时进行安全教育，加强安全生产培训。到1992年4月13日，创下8年（1985年起）无人员因工死亡事故纪录，分别受到能源部、华中电网局、湖南省电力工业局通电嘉奖。

1993年，长沙市贯彻《中华人民共和国矿山安全法》，举办专题学习班5期，145名企业管理干部参加安全资格培训班学习，1180名相关人员进行《中华人民共和国矿山安全法》普法考试。是年，湖南磷化工总厂在经营面临困难、亏损200万余元的情况下，把安全工作摆在首位，推进现代安全管理方法，全年未发生重大人身死亡、重大设备、火灾、爆炸事故，实现安全工作“三个零”奋斗目标。1997年，全市强化企业安全生产检查，督促七宝山硫铁矿按期完成庙冲尾矿堆积场重大隐患的整改。

2001年，长沙市根据《关于进一步做好关闭小煤矿和煤矿安全生产工作的通知》精神，实现市域内所有非法煤矿全部关闭；炸毁安全生产条件不符合要求及与国有大矿争资源的小煤矿40个；国有矿井范围内，严重超深越界开采的煤矿全部关闭。2004年，矿山安全整治工作由煤矿扩大至非煤矿山，全市关闭取缔不具备基本安全生产条件的非煤矿山55个，责令38个（处）非煤矿山企业和3个煤矿企业停产整顿。

2005年，全市烟花爆竹行业严格实行“三把关”（原辅材料的市场整治关、企业生产过程的标准关、烟花爆竹产品的出厂检验关），制定和推行5项国家强制性标准，烟花爆竹行业质量安全状况明显好转。2007年9月，在非煤矿山、烟花爆竹、危险化学品、机械、轻工、纺织、电力等行业开展隐患排查治理专项行动，排查各类安全生产事故隐患5186处，完成整改4954条，事故隐患整改率95.5%。

2009年，全市进一步开展安全生产专项整治，强化安全生产目标管理，非煤矿山、危险化学品和烟花爆竹生产单位期末持有安全生产许可证单位数分别为422个、94个、1155个，持证率分别为94%、98.9%、98.2%，全年工业领域未发生较大以上级别安全事故，为历年来最好水平。2010年，全市煤矿整顿关闭任务全面完成，关闭不予利用的井筒49处，炸毁非法矿井35处，安全生产形势良好，百万吨煤炭事故死亡率0.95，创历年来最低。

2011年，市工业和信息化委员会成立安全管理工作领导小组，督促各行业各企业严格落实各项安全生产措施，取得显著成效，全年未发生一起重大安全生产事故。

2012年6月，宁乡县南方水泥有限公司、湖南银意烟花制造有限公司等企业，开展安全生产事故应急救援演练，进一步提高企业与各部门应急救援能力。

（三）企业安全生产标准化建设①。2004年，长沙市贯彻《国务院关于进一步加强安全生产工作的决定》精神。2005年，中汽长电股份有限公司、湖南海利化工股份有限公司等48家企业，首次在市内建立和实施安全管理标准化、安全技术标准化、安全装备标准化、环境安全标准化和安全作业标准化。2008年，安全生产标准化创建工作在全市非煤矿山、危险化学品和烟花爆竹3项高危行业全面开展。是年，浏阳市兆山矿业有限公司等15家企业被评为"全市安全生产标准化创建工作先进单位"。

2010年以后，安全生产标准化建设工作推广到全市所有企业。长沙矿业公司宁乡五亩冲煤矿涌水量较大，为根治安全隐患，该矿投资4000万元对设备进行更新改造，完善安全监控、人员定位、通信联络、供水施救、紧急避险、压风自救6项系统，安全生产状况良好，得到国家安监局肯定。2012年6月，按照非煤矿山、烟花爆竹、危险化学品和有色、冶金等工贸行业（领域）安全生产标准化企业评审标准，经过国家、省、市三级组织的评审，长沙市首批被认定为安全生产标准化企业有225家，其中北汽福田长沙汽车厂被评为全市首家安全生产标准化一级企业。

二、企业管理升级活动

1988年，国家经济委员会提出在"七五"期间（1986—1990年）要把提高产品质量、降低物质消耗和增加经济效益作为考核工业企业管理水平的主要指标，划定国家特级企业、国家一级企业、国家二级企业、省（自治区、直辖市）级先进企业四个等级，在全国工业企业开展"抓管理，上等级，全面提高素质"的活动（以下简称"企业管理升级活动"）。湖南省和长沙市分别增设省级预备企业、市级先进企业两个等级。是年，浦沅工程机械总厂、长沙电冰箱厂、长沙卷烟厂被认定为国家二级企业，长沙化工机械厂、湖南造漆厂等22家企业被认定为省级先进企业，长沙纺织厂、市电子仪器二厂等11家企业被认定为省级预备企业。

到1991年年底，全市195家工业企业（含升级后晋级的企业）实现管理水平升级。其中，国家二级企业27家，省级先进企业92家，省级预备企业26家，市级先进企业50家。企业升级活动在一定程度上扭转企业管理工作的滑坡，建立健全各项规章制度。是年，长沙主要工业产品质量稳定提高率94%，优质产品产值率24%，分别比上年提高1.4和3.5个百分点；预算内工业企业实现利润1.06亿元，产品销售税金1.8亿元，分别比上年增长23.6%和25.8%。

1992年，全国性企业管理升级活动宣告结束。

三、质量认证

1993年2月《中华人民共和国产品质量法》颁布以后，长沙市开始组织企业进行质量认证。湖南计算机厂在国家产品质量法颁布实施前取得军工质量体系合格证书，并全面贯彻实施质量管理体系（GB/T19000–ISO9000）系列标准，于1994年12月获得英国国家认证机构认可委员会（NACCB）认证，实现中国计算机行业国外认证"零"的突破。长沙卷烟厂从1993年开始，以国际通用的ISO9002质量管理体系组织生产，追求产品零缺陷，1995年获得英国标准协会（BSIQA）、香港品质保证局（HGQAA）

①是指企业严格按照《中华人民共和国安全生产法》的基本要求和有关行业安全标准、安全技术规程的规定，结合企业自身实际，制定相关安全管理、安全技术、安全装备、安全环境和安全操作标准，并严格组织实施。

和中国商检质量认证中心的国际质量体系认证。1994 年 8 月成立的 LG 曙光电子有限公司，投产两年通过中国电工产品认证委员会（CCEE）和德国电气工程师协会（VDE）安全认证，1997 年 3 月被授予“湖南市场商品质量、服务质量双优企业”称号。

至 1998 年年底，长沙市获得质量体系认证证书工业企业有 11 家。

进入 21 世纪，越来越多的企业开始重视质量认证工作并取得显著成绩，国外认证也开始在部分高新技术企业中得到实现。2001 年 6 月，长沙威胜电子公司获挪威船级社 ISO9000:2000 认证证书。

2005 年 11 月，该公司获得中国质量认证中心（CQC）证书，是同行业中的第一份 CQC 标志证书。2010 年，中联重科 TCT7527–20 等 8 种型号塔式起重机，获得欧盟 CE 认证标志（安全认证标志，被视为制造商打开并进入欧洲市场的护照）；威胜集团 ANSI 系列电能表，获得美国“MET Laboratories”产品质量认证。

至 2012 年年底，长沙市获得 ISO9001 质量体系认证企业有 172 家，产品获得中国强制认证（3C）91 种，药品生产企业获得生产质量管理规范（GMP）认证 35 家，获得外国产品质量认证企业 10 余家。

四、能源节约和资源综合利用

（一）能源节约。20 世纪 80 年代末，长沙市对年耗能 5000 吨标准煤以上的企业开展能量平衡工作，对 100 余家重点企业进行用能监测。通过加强用能监测，督促企业及时整改，帮助企业实现节能。1988 年起，浏阳磷矿、长沙水泵厂、长沙正圆动力配件厂、浦沅工程机械总厂、长沙卷烟厂、曙光电子管厂、长沙汽车电器厂等 10 余家大中型企业开展能量平衡工作。1990 年长沙市重点企业万元产值综合能耗下降到 3.86 吨（1988 年为 4.15 吨）标准煤，3 年节约和少用能源折合标准煤 38.1 万吨，其中节电 2.15 亿千瓦小时。1995 年，全市主要能源消费量 150.39 万吨标准煤，万元产值综合能耗 0.37 吨标准煤。

2000 年，全市主要能源消费量 176.72 万吨标准煤，万元产值综合能耗 0.28 吨标准煤。2005 年，为加强对耗能大户的节能管理，重点对湖南华狮啤酒有限公司、长沙毛巾集团等 15 家耗能大户企业进行综合节能监测，评价企业合理用水、用电、用油、用煤情况，并针对被监测单位的能源利用情况提出改进建议。是年，全市主要能源消费量 467.39 万吨标准煤，万元产值综合能耗 0.36 吨标准煤。

2006 年，长沙市启动“百家企业（单位）节能工程”，首选 50 家年综合能耗 3000 吨标煤以上的工业企业开展试点。晟通科技集团与中南大学合作，完成国家级节能减排重点项目“创元铝业综合节能改造”和“回转窑余热发电节能改造”，年节电 5.45 亿千瓦时，折标准煤 19.03 万吨，成为全国铝电解行业节能工作先进典型。

2007 年，为遏制高耗能行业盲目扩张，合理避开用电高峰，全市分两批对 104 家重点耗电企业实行差别电价，长沙市每年设立 3000 万元节能专项资金，鼓励企业推进节能降耗工作，奖金与实际节能量挂钩，节能率低于 15%的一律不予奖励。

2012 年 11 月，长沙市发布《长沙市重点用能单位节能低碳行动实施方案》，提出 334 个年综合能源消费总量 2000 吨标准煤以上用能单位，“十二五”期间（2011—2015 年）力争实现节约能源 90 万吨标准煤的目标。其中，涵盖工业企业 272 家，国家“万家企业节能低碳行动”在长单位 65 家。对重点用能企业实行分级管理，落实目标责任；组织对能耗限额标准和高耗能落后机电设备（产品）淘汰目录执行情况监督检查，建立健全企业能源管理体系，实行能源利用状况报告制度和能源审计制度。是年，全市主要能源消费量 575.39 万吨标准煤，万元产值综合能耗 0.08 吨标准煤。

（二）资源综合利用。1988 年，湖南人造板厂建成投产，以本省出产的马尾松为原料生产胶合板，是长沙最早开展资源综合利用的企业之一。1994 年 3 月，国家对资源综合利用企业给予税收优惠，同时启动资源综合利用企业认定工作。长沙工业企业因地制宜开展资源综合利用。

到 2001 年年底，市巨星墙体材料厂、市环保炼油厂、市三环颜料公司、湖南人造板厂、市岩棉厂等 20 家企业被认定为资源综合利用企业，这 20 家企业年利用粉煤灰、炉渣、废硫酸渣、废塑料、废铁渣、三剩物、次薪小材等材料 15 万吨，产出蒸压加气混凝土砌块、CBF 蜂巢芯砌块、竹芯砌块、刨花板、细木工板等产品，年综合利用产品产值 5000 万元，享受国家减免税约 500 万元。以后各年又陆续有企业获得资源综合利用认定，2006 年 9 家、2007 年 10 家、2009 年 21 家、2011 年 23 家、2012 年 25家。

至 2012 年年底，长沙市获得资源综合利用认定企业 108 家，年综合利用产品产值 20.52 亿元；综合利用产品产值超过 1000 万元/年企业有 14 家，其中长沙和田白石建材有限公司以 1.96 亿元的业绩高居榜首。

五、企业管理信息化

1989 年，长沙水泵厂对大泵加工车间 15 台大型机床进行数字显示化改造，历时一年，建成省内第一个数显化机加工车间并通过省级验收。该车间机床设备数显化率 73%，整个车间加工效率提高 20%，还提高加工精度，年新增效益 160 万余元。

1990 年 8 月，曙光电子管厂、长沙水泵厂等 6 家企业被选定为全国生产管理信息联网企业。随后，长沙陆续有大中型企业开始采用计算机进行生产管理。1991 年，浦沅工程机械总厂与湖南大学合作，采用数控机床、普通机床与工人工位并存的方法，开发准柔性制造技术获得成功，并通过国家级鉴定。该项技术具有柔性的物流系统和计算机控制系统，投资少，运行可靠，维护简单，被确定为全省“八五”（1991—1995 年）重点新技术推广项目。是年，市湘绣总厂建成电脑绣花生产线并投入使用。

1992 年，市机电一体化研究所成立后，采取上下联动的方法，落实电子信息等新技术推广计划，帮助企业提高生产效率。同年创立的长沙中联重工科技发展股份有限公司，起步之初就引入计算机辅助设计系统（CAD）进行产品设计。1994 年，又引进高性能 SGI 图形工作站和 IDEAS 三维 CAD/CAM/CAE 软件，对产品开发中关键零部件参数化建模、运动干涉检查和主要结构件有限元进行分析，成为全市运用电子信息技术改造和提升产业制造水平典范。是年 5 月，湖南造漆厂建立产成品计算机管理网络，将生产、统计、仓库、销售、财务等数据全部输入计算机，实现全厂数据共享，企业现代化管理迈上新台阶。

1995 年以后，计算机辅助设计及制造技术（CAD/CAM）在大中型企业中得到推广应用。长沙鼓风机厂技术人员利用 CADDSS 软件设计出新产品 RE-200 型罗茨鼓风机。1996 年，市阀门厂运用 CAD、CAE 及网络技术，开发出一套蝶阀 CAD 软件，实现阀门自动快速设计，使产品设计周期由原 1~2 个月缩短到 2~3 天，被评为全国 CAD 应用工程先进单位。1997 年，市科学技术协会、市生产力促进中心等单位联合成立 CAD 技术服务队，重点对湖南动力集团公司、市继电器厂等企业进行 CAD 技术培训和服务，以加快 CAD 技术的推广应用。

1998 年，市冶金机械系统建立 CAD 工作站的企业有 7 家，基本实现丢掉图板搞设计。1999 年，长沙汽车电器厂、湘江涂料等 14 个企业项目作为全市首批运用电子信息技术改造提升传统产业的示范项目，建立项目责任制抓落实，取得较好效果。

2000 年，三一重工在清华同方股份有限公司协助下，开始实施 CIMS（计算机集成制造系统）并取得明显成效，新产品开发由原来平均每 6 个月诞生一个，变为每 30 天就有一个新产品问世，且产品质量较高，可随时满足客户个性化要求。九芝堂集团等企业经过试点运作，开发出一套较完整的计算机管理系统，对企业的财务、进货、销售、库存、合同等进行科学管理，提高工作效率，为企业决策者提供准确、及时的数字依据。

2001 年以后，电子信息等高新技术对传统产业辐射改造进程明显加快。2002 年 6 月，市制造业信息化工程协调领导小组成立，负责协调企业信息化工程中的重大问题，并设立专款支持企业推进企业资源计划（ERP）系统、数据仓库、电子数据交换系统等信息化建设。是年，全市被列为国家制造业信息化工程重大专项承担企业 3 家，被列为湖南省制造业信息化工程承担企业 29 家。

2005 年，中联重科、三一重工、长沙卷烟厂、湘江关西汽车涂料、山河智能、力元新材料、湖南东方时装有限公司（以下简称“东方时装”）、湖南亿利达实业有限公司（以下简称“亿利达”）、新振升集团、长沙一派数控机床有限公司（以下简称“一派数控”）10 家企业，被列为“长沙市制造业信息化工程示范单位”，予以重点扶持和宣传。

2006—2012 年，长沙金龙铸造、加加集团等 14 家企业被列入湖南省利用信息技术改造和提升传统产业试点，受到政府政策扶持，促进产业结构优化和技术水平提高。中联重科开始新一轮信息化改造。到 2012 年年底，基本建成包括数字化产品开发、产品协同研发设计、数字化协同制造、供应链及数字化服务在内的数字化协同创新平台，被工业和信息化部、中国机械工业联合会树为“全国机械行业两化融合标杆企业”。

第二章　机械工业

1988 年，全市国企改革进入经营权与所有权分离阶段，在企业推行厂长公开招聘，在行业内推行风险抵押承包，企业积极性得以发挥。机械行业发展成为全市五大支柱产业之一，全年开发新产品 103 项，完成新产品鉴定 40 项；机床工具行业全年开发新产品 45 个，生产的拉床、液压牛头刨床、锯床，产量分别占全国同类产品的 90%、70%、50%。是年，全市机械制造行业规模以上工业企业 443 家，从业人员 8.55 万人，全年生产汽车 4521 辆，矿山设备 1836 吨，起重设备 1.4 万吨，完成工业总产值 34.05 亿元，占全市工业总产值的 38.1%，利税总额 1.86 亿元，固定资产净值 4.83 亿元。

1989 年，全市形成机械制造等四大支柱工业；通过优化产品结构，开发新产品取得成效：达到国际水平的新产品 6 项，填补国内空白的产品 11 项。1990 年，全市机械行业通过实施“粗变精”“小变大”，促进新产品开发，全年开发新产品 21 项、61 种。20 世纪 90 年代初，全市汽车行业形成以“长沙 130”轻型货车、“万发”轻型客车和汽车底盘三大主导产品及其他汽车配件为辅的产品体系。

1992 年，机械行业投资 1.19 亿元，全年完成省、市新产品鉴定 31 项，出口创汇 550 万余元美元。至 1993 年，机械工业发展成为全市支柱产业，形成工程机械、电工电器、仪器仪表、机床工具等门类齐全，品种较多的工业部门，全年完成工业总产值 51.17 亿元，在全市工业经济中占有较大比重。

1994年，长沙机械行业全年开发新产品95种，经过鉴定的有24项62个品种，其中达到国际水平的6项，填补国内空白的11项，获得省、市以上奖励或成果的26种；受市场疲软等因素影响，除7家企业略有盈利外，亏损企业有27家。是年，全市机械制造行业规模以上工业企业1242家，从业人员20.6万人，全年生产汽车4812辆，矿山设备2431吨，起重设备1.48万吨，完成工业总产值93.69亿元，利税总额2.39亿元，固定资产净值21.57亿元，与1988年相比，企业和人员分别增加1.8倍和1.41倍，产值、利税和资产分别增长1.75倍、53.48%、3.46倍。

1995年，全市机械系统受资金短缺及体制等因素影响，第一次出现全系统亏损，净亏7064万元，亏损企业38家，亏损面和亏损额都是历史之最；全年完成固定资产投资1.47亿元，是历史上投入最多的一年；汽车行业生产的“橘洲”“果园”“芙蓉”三大品牌农用车产销量，占全国农用车市场份额的三分之一。1997年，长沙机械系统全年完成固定资产投入5431万元，完成新产品开发42项。1998年，受东南亚金融危机影响，机械行业生产经营普遍不景气，进入市再就业中心签协议的职工有3400余人。1999年，全市机械行业全年完成部、省级以上技术鉴定的新产品有10项。至2000年的5年间，长沙机械工业总投资54.3亿元，实施24个机械骨干技改项目，技改成为行业快速发展的“加速器”；冶金机械工业局通过抓企业内部改革，实现产销同步增长的工业企业22家，扭转经济效益下滑的势头，并获得恢复性增长。

2000年，全市机械制造行业规模以上工业企业248家，从业人员10.37万人，全年生产汽车1377辆，矿山设备2029吨，起重设备1.02万吨，完成工业总产值91.44亿元，利税总额9.28亿元，固定资产净值51.49亿元，与1994年相比，企业和人员分别减少80.03%和49.66%，产值下降2.4%，利税和资产分别增长2.88倍和1.39倍。

至2003年，长沙实现从轻纺等初级加工业向机电等先进制造业的历史性转变，资源优势由一般产业向支柱产业转变，形成机械制造等三大支柱产业；机械行业通过克服“非典”疫情等干扰，其规模以上工业企业工业总产值比上年增长39.69%，完成企业改制的企业12家，依法实施身份置换的职工1.1万人。2004年，长沙大力发展高新技术产业，做大做强支柱产业；机械制造产业以工程机械和汽车制造业等为核心，重点在新产品研发和产业配套上下功夫。2005年始，长沙依托机械制造等三大支柱产业，狠抓扶优引强，通过对工程机械、汽车等三大优势产业集群的扶植，拉长完善产业链，带动并形成以先进制造业为主体的工程机械、汽车制造等产业集群。

至2006年，长沙工程机械经过多年发展，产业集群初步成型，主要产品有14个品种；市经委推出91个项目参加全省创新项目评选活动，其中获奖机械类项目19个，占全省优秀项目的65.5%。是年，全市机械制造行业规模以上工业企业512家，从业人员10.74万人，全年生产汽车7.17万辆，矿山设备3.97万吨，起重设备1.42万吨，完成工业总产值452.63亿元，利税总额49.41亿元，固定资产净值91.63亿元，与2000年相比，企业和人员分别增加1.06倍和3.57%，产值、利税和资产分别增长3.95倍、4.32倍和77.96%。

2008年，受全球金融危机影响，长沙经济受到严重冲击，通用设备制造行业停产、半停产、减产面48.1%。2009年始，全市推进产业转型升级，重点打造工程机械、汽车及零部件、新材料等四大千亿元产业，积极培育电动汽车、数控机床、精密制造、航空航天、环保节能等战略性新兴产业。至2010年，全市工程机械产业集群完成工业总产值1168.49亿元，成为全省首个产值过千亿元的产业集群，占全市规模以上工业企业总产值四分之一强；汽车产业形成六大整车和三大零部件制造完整的汽车产业体系；机床工具制造行业主要产品有 6 个系列、40 个品种。

2011 年，长沙轨道交通产业初步形成，主要围绕轨道工程基础设施建设和机车配套产品制造为核心来构建。

2012 年，长沙着力培育工程机械等优势产业集群，强力支撑高新技术产业发展，重点支持汽车、先进装备制造、环境保护等重点领域的科技攻关、成果转化和产业化项目，促进产业结构调整和发展方式转变；全市机械系统先后有 50 家企业完成改制工作，理顺职工劳动关系 4.04 万人；工程机械行业作为全市六大支柱产业之首，主要生产 12 个大类、100 余个小类、400 多个型号规格产品，产品品种占全国工程机械的 70%；航空航天产业增幅居各行业之首，实现跨越式发展；环保产业通过逐步发展，渐成规模。是年，全市机械制造行业规模以上工业企业 762 家，从业人员 23.76 万人，全年生产汽车 10.39 万辆，矿山设备 2.26 万吨，起重设备 77.2 万吨，完成工业总产值 5079.51 亿元，占全市工业总产值的近 70%，利税总额 375.9 亿元，固定资产合计 443.76 亿元，与 2006 年相比，企业和人员分别增加 48.83%和 1.21 倍，产值、利税和资产分别增长 10.22 倍、6.61 倍和 3.84 倍。

第一节　工程机械制造

一、生产规模

1988 年，长沙市的工程机械企业主要有湖南浦沅工程机械总厂、长沙起重机厂、南方机械厂等。是年，湖南浦沅工程机械总厂率先进行党政职能分开，推行厂长负责制，精简党政办事机构；通过与上海工程机械厂联营，成为全省首家跨省联营的国有企业。是年，全市工程机械制造行业全年生产起重设备 1.4 万吨。

1989 年，全市针对电力、能源供应紧张的情况，总结推广湖南浦沅工程机械总厂开展的“节约年”活动经验，开展“双增双节”（增产节约、增收节支）活动，取得显著成效。当年该厂实现利税 2219.1 万元，被评为“湖南省节能先进单位”，升级为国家二级企业。1990 年，湖南浦沅工程机械总厂被评为湖南省机械工业工艺管理先进企业。次年，该厂投资 2153 万元，实施总厂搬迁等项目；与湖南大学共同实施的准柔性制造系统通过国家鉴定，获得国家重大科技成果奖，被确定为全省“八五”期间（1991—1995 年）重点新技术推广项目。

20 世纪 90 年代，是长沙工程机械的起步发展阶段。1992 年，詹纯新等 7 人借款 50 万元，成立中联建设机械产业公司，主要从事建筑、能源、环境、交通等工程基础设施建设所需的装备研发和制造。

1993 年，湖南浦沅工程机械总厂兼并长沙空心砖厂，在长沙高新开发区建设工程设备制造基地；全年实现工业总产值 2.56 亿元，出口创汇 150 万美元，拥有固定资产原值 8336 万元，在全国工程机械中排名第 2 位。三一新材料有限公司更名为三一集团有限公司（以下简称“三一集团”），从娄底迁至长沙市，主导产品从单一的焊接材料发展到路面机械、工程机械等品种。1994 年，湖南浦沅工程机械总厂成为全市首家运用电子信息技术改造和提升产业制造水平的企业。

1996 年，湖南飞翼股份有限公司成立，注册资金 1 亿元，位于长沙宁乡县经济开发区，是一家集电机电器、工程机械研发制造及配套于一体的多元化产业公司。1997 年，湖南浦沅工程机械总厂投资 1.58 亿元，实施工程技术改造，还联合省内湖南专用汽车厂等 7 家企业，组建湖南省浦沅工程机械集团，总资产 16.5 亿元，发展成为全省机械行业的龙头企业。是年，长沙联力实业有限公司成立，注册资金 4000

万元，位于长沙市望城区，主要生产工程机械零部件以及机械传动齿轮箱等产品。

1999 年，由建设部长沙建设机械研究院作为主发起人，联合其他 5 家公司，在中联建设机械产业公司的基础上，共同设立中联重科。山河智能成立，以中南大学为技术合作单位，注册资金 100 万，主要生产桩工机械、小型工程机械、凿岩机械等产品。

2000 年，三一集团实施的计算机/现代集成制造系统（CIMS）取得明显成效，新产品开发由原来的 6 个月缩短为 30 天，并且产品质量也得到提高，成为企业发展的“加速器”。中联重科在深圳证券交易所成功上市，公开发行 A 股股票 5000 万股。2001 年，在全市十大支柱产业中，工程机械位居第一位，主要由中联重科、三一集团、湖南省浦沅工程机械集团 3 家企业组成，全年实现产值 30.12 亿元。

2002 年，湖南浦沅工程机械有限责任公司投资 2208 万元，山河智能投资 1365 万元，分别实施技术改造工程。是年，三一集团开发出工程机械新产品——远程监控系统，解决以往设备出现问题时，维修困难等难题。湖南中立工程机械有限公司成立（以下简称“湖南中立”），注册资金 3100 万元，位于长沙市开福区，主要从事各类工程机械、路面机械、环保机械的生产、加工、销售、铸造等。

2003 年，中联重科在兼并湖南机床厂后，与湖南浦沅工程机械有限责任公司完成重组并购（以下简称中联浦沅），开启国内工程机械行业强强联合的帷幕，全年销售收入突破 50 亿元，产值比上年翻番，利润增长 50%，步入大型企业行列。是年，三一集团总投资 1.56 亿元，实施年产 350 台混凝土泵车等 6 个技改项目，这些项目都具有很强的盈利能力、清偿能力和抵抗风险能力，从而步入大型企业行列。长沙盛隆机械有限公司成立（以下简称盛隆机械），位于长沙市宁乡经济技术开发区，主要从事光机电一体化、工程机械、起重机械等的生产和销售。

至 2004 年，全市工程机械经过 12 年连续不间断发展，并且年销售收入平均每年以 50%的速度递增，从而实现跨越式发展，使工程机械工程成为全市六大支柱产业之首，核心企业有中联重科和三一集团。湖南中大机械制造有限责任公司成立，注册资本 3600 万元，位于长沙浏阳高新技术开发区，是一家致力于高科技筑路机械产品研发、制造等于一体的民营企业。是年，全市工程机械制造行业工业企业 80 多家，全年生产起重设备 4242 吨，实现销售收入约为 100 亿元。

2005 年，三一集团总投资 2.6 亿元，实施高等级沥青路面工程机械改扩建工程，确保拖泵、泵车继续保持国内第一品牌地位，湖南飞翼股份有限公司投资 6000 万元，在宁乡经济技术开发区实施飞翼一期建设工程，建设混凝土输送泵生产基地，总建筑面积 3.5 万平方米。2006 年，长沙工程机械产业集群初步成型：共有规模以上工业企业 30 家，主要产品为拖式混凝土泵等 14 个品种，全年完成工业总产值 154 亿元，比上年增长 54%。是年，长沙中韵机械设备制造有限公司投资 6000 万元，在长沙宁乡经济技术开发区，建设工程机械配套生产基地项目。

2007 年，恒天九五重工有限公司成立（以下简称“恒天九五”），注册资金 2.07 亿元，位于长沙经济技术开发区，是国家重点支持的，以设计、生产、销售工程机械等为主业的企业。

2008 年，受全球金融危机影响，在全国工程机械出口受挫的不利形势下，长沙工程机械行业紧抓国内扩大内需机遇，全力开拓国内市场，市场份额在国内占 23%，占全球市场份额的 7.2%。是年，中联重科全年主营业务收入超过 200 亿元。是年，三一集团总投资 118 亿元，在长沙总部开展各项工程项目建设，在宁乡产业园建设世界级汽车起重机生产、研发、试验和营销中心，全年主营业务收入过 200 亿元。是年，全市工程机械制造行业规模以上工业企业 30 家，全年生产起重设备 31.91 万吨，混凝土设备 1.02 万台，铲土运输机械 3492 台，完成工业总产值 750 亿元，与 2004 年相比，产值增长 6.5 倍。

2009 年，中联重科实施大吨位汽车起重机生产基地建设工程，实施的企业风险管理文化建设项目，获得湖南省企业管理现代化创新成果一等奖。三一集团总投资 50 亿元，实施起重机产能 1200 台/年扩建项目工程；在德国投资 1 亿欧元，建设工程机械研发制造基地项目正式签约。是年，湖南飞翼股份有限公司投资 2.2 亿元，实施二期建设工程，项目达产后年产桩工机械 400 台、高铁专用设备 200 台。

2010 年，长沙工程机械产业集群完成工业总产值 1168.49 亿元，是全省首个产值过千亿元的产业集群，成为全市发展速度最快、创新能力最强、市场份额最大、人力资源最集中、国际化水平最高的工业主导产业，共有规模以上主机企业 30 余家，各类配套协作企业 200 余家，从业人员 10.2 万人。是年，三一集团作为全球最大的混凝土机械制造商，被评为中国企业 500 强，A 股总市值首次超过 1000 亿元，成为工程机械行业首家市值过千亿元的上市公司。湖南坤宇重型装备有限公司成立，注册资金 5000 万元，总部位于湖南星沙开发区，是一家从事非开挖设备、桩工、矿山、小型工程机械等的研发、生产、销售的企业。

2011 年，全市工程机械制造产业全年生产起重设备 80.13 万吨，铲土运输机械 3.75 万台，均创有史以来最高产量；实现工业产值 1827 亿元，占全市规模以上工业总产值的四分之一强；其中中联重科和三一集团这两家企业，产值双双超过 800 亿元。是年，中联重科联合其战略投资者，斥资 2.71 亿欧元，收购全球排名第三的混凝土机械制造商—意大利 CIFA 公司 100%的股权；长沙盛泓机械有限公司投资 3 亿元，在长沙宁乡经济技术开发区实施二期项目工程，建设工程机械配套产品，项目达产后新增产值 10 亿元。

2012 年，全国工程机械行业面临需求不足、竞争加剧、成本上升、效益下滑及出口风险增大等严峻形势，长沙作为全球重要的工程机械生产基地，通过进军国际资本市场，增加金融流通，仍保持一定的发展势头；工程机械产业集群发展成为全市四大优势产业集群之首，总量规模约占全国同行业的 3 成，在全国具有重要地位。是年，全市工程机械制造行业规模以上工业企业 112 家，其中主机企业 28 家，配套企业 84 家，全年生产混凝土设备 5.27 万台，创有史以来最高产量；起重设备 77.2 万吨，铲土运输机械 3.61 万台，完成工业总产值 1947 亿元，与 2008 年相比，企业增加 2.73 倍，产值增长 1.6 倍。

二、产品质量

1988 年，长沙工程机械压件厂与长沙建筑机械研究所联合，研制出的 CP20 插装式平衡阀和 YS6 双向液压锁，在全国星火成果展览交易会上获铜牌奖。同年，长沙起重机厂研制的“飞鹰”牌 LD1–5 电动单梁起重机，被评为“部优”产品。湖南浦沅工程机械总厂研制的“武陵”牌直径 6~51 毫米通径高压胶管总成，南方机械厂研制的“长江”牌 XUH–100 型钻机，均被评为“省优”产品。是年，全市工程机械制造行业主要产品有起重机、钻机等机械，多为初级产品，技术含量较低。

1989 年，湖南浦沅工程机械总厂与长沙建筑机械研究所联合研制的 JCD6A 型砼搅拌输送车，获得湖南省科技进步二等奖。

1990 年，湖南浦沅工程机械总厂生产的“雨花”牌 QY16 全液压汽车起重机，被评为“部优”产品；研制的 QY25 汽车起重机，获湖南省科技进步二等奖。该厂生产的“武陵”牌 2 型汽车起重机，长沙汽车电器厂生产的“长沙”牌 QD124F 汽车起动机，分获国家产品质量银质奖和质量奖。1991 年，湖南浦沅工程机械总厂研制的“武陵”牌 QY16 型汽车起重机，获得国家产品质量银质奖。湖南省建材机械厂生产的“金塔”牌 J2350Y 砼搅拌机，被评为“部优”产品。

1992 年，长沙起重机配件厂研制的 ZWZ 系列直流电磁铁块式制动器，在全国科技成果展览交易会上获得金牌奖。长沙市第四机械厂等联合研制的GPS200型惯性双级盘式制动器，在北京国际发明展览会上获得发明金奖。

1994年，湖南浦沅工程机械总厂成功研制出QY50吨汽车起重机，研制的QY16–QY50型汽车起重机专用底盘产品系列、PY5400JQZ50汽车起重机，分获湖南省科技进步一等奖和二等奖。

20世纪90年代中期，湖南浦沅工程机械总厂先后研制的8吨、12吨和16吨汽车吊，均获得国家产品质量银质奖。1996年，长沙起重机厂研制的电动单梁起重机，被评为“部优”产品；生产的QDQ型轻型吊钩桥式双梁起重机，被评为“省优”产品。1997年，中联建设机械产业公司研制的HBT50、HBT60拖式混凝土输送泵，均获得湖南省科技进步一等奖。

1998年，中联建设机械产业公司研制的HBT50型、HBT60型混凝土泵，均获得国家科技进步三等奖和科技部火炬优秀项目二等奖。1999年，湖南省浦沅工程机械集团被认定为省级企业技术中心。2000年，三一集团被认定为省级企业技术中心。

2001年，三一集团研发的世界首台静液压传动平地机通过国家工程机械测试中心的性能检测，标志着中国平地机产品的设计、制造水平，进入世界领先行列；研制的SY5260THB混凝土泵车，获湖南省科技进步二等奖。是年，山河智能研制的压桩机，获中国专利优秀奖。

2002年，三一集团被国家科委认定为重点高新技术企业和国家级企业技术中心。是年，山河智能与中南大学联合研制的多功能静力压桩机获湖南省科技进步一等奖。中联重科研制的YZ18振动压路机，长沙高新区中标实业有限公司研制的混凝土泵车，均获湖南省科技进步二等奖。

2003年，中联重科研发的产品在国内同行业中具有技术领先，主导产品混凝土输送泵，全年获得授权专利9项。中联浦沅研制的第一台六桥底盘百吨汽车起重机成功下线，宣告国内百吨以上大型汽车起重机依赖进口的历史结束。是年，三一研制的LTU90全智能型沥青摊铺机获湖南省科技进步二等奖。同年，中南大学与山河智能联合实施的高性能液压静力压桩机的研制及其产业化项目，获得国家科技进步二等奖。

2004年，三一集团实施的SY系列混凝土泵车技术研究与开发应用项目，获得湖南省科技进步一等奖；生产注册的挖掘机、液压泵商标，被认定为中国驰名商标。2005年，中联重科研制的LR4400沥青路面加热机，获国家科技进步二等奖，被认定为国家级企业技术中心。山河智能研制的产品被评为湖南省优秀新产品，公司被认定为省级企业技术中心。是年，三一集团通过建立博士后科研工作站，实施的混凝土泵送关键技术研究开发与应用项目，获国家科技进步二等奖；开发的静液压传动平地机，获湖南省专利奖金奖；注册的“第1550868号图形”挖掘机、液压泵商标，被认定为中国驰名商标。

2006年，三一集团研制的静态液压传动平地机，获中国专利优秀奖。“三一”牌混凝土泵车系列、“中联”牌混凝土泵车系列，均被认定为中国名牌产品。山河智能研制的一体化液压潜孔钻机，获湖南省科技进步一等奖。

2007年，中联重科注册的“中联”牌混凝土输送泵等2个商标、山河智能注册的“山河智能SUNWARD及图”打桩机等2个商标，均被认定为中国驰名商标。

至2008年，长沙工程机械形成产业链比较完整的工程机械产业集群，享有“中国工程机械之都”的美誉。中联重科生产的城市环卫机械、塔式起重机，国内市场占有率居第一；汽车起重机、混凝土机械，国内市场占有率居第二。三一集团实施的工程机械动力节能技术研究与产业化项目，获湖南省科技进步一等奖。湖南飞翼股份有限公司研制的拥有独立知识产权的高速铁路制梁专用泵，填补国内空白。是年，湖南中大机械制造有限责任公司自主研发的 YZ32 型全液压超重吨位自行式振动压路机、DT1600 型多功能摊铺机，为国内同类产品中最大的压路机和摊铺机，获得 2 项发明专利、15 项实用新型专利，填补多项国内技术空白。

2009 年，中联重科实施的超高压泵送混凝土成套设备及施工技术项目，获中国机械工业科学进步一等奖，解决高强高性能商品混凝土超高层泵送的世界性施工难题，填补世界超高强商品混凝土 C100 的泵送施工空白；实施的大吨位轮式起重机关键技术研究与应用项目，获湖南省科技进步二等奖。山河智能被认定为国家级企业技术中心。是年，三一集团研制的 72 米臂架泵车问鼎吉尼斯世界纪录，实现混凝土泵送技术的又一次跨越；实施的 SM2000 路面铣刨机设备研究开发与应用项目，获得湖南省科技进步二等奖。

2010 年，中联重科以 100.52 亿元的品牌价值，位列全省工程机械首位，跨入全国最具价值品牌百强企业行列；实施的系列履带式起重机关键技术研究与产业化项目获湖南省科技进步一等奖。注册的“中联”等 3 个商标，均被认定为中国驰名商标；生产的“中联 ZOOMLION”牌垃圾车等 8 个产品，均被认定为湖南省名牌产品。

是年，三一集团实施的技术创新平台项目，获国家科技进步二等奖；研制的被誉为“神州第一吊”——SCC4000 型履带起重机，被选中参与智利矿难救援，被认为是“中国制造”崛起的标志；实施的工程机械动力节能技术研究与产业化项目，获湖南省科技进步一等奖；研制的混凝土输送泵节能控制方法，获中国专利奖金奖；实施的 SM2000 路面铣刨机设备研究开发及应用项目，同时获得中国机械工业科学技术二等奖和湖南省科技进步二等奖，该公司和公司执行总裁易小刚，均获得湖南省最高质量荣誉奖——省长质量奖。同年，山河智能在全系列挖掘机等 10 余个领域，成功开发出上百个规格型号，并拥有自主知识产权，跻身世界先进制造企业行列；与中南大学联合研制的机电一体化挖掘机及控制方法，获中国专利优秀奖。湖南长天九五机械有限公司研制的小型多功能液压挖掘机 JV65–7、JV70–7，被评为湖南省名牌产品；注册的 7 类商标，被评为湖南省著名商标。奥盛特重工生产的“osaint 奥盛特”牌旋挖钻机 OTR 系列产品，被评为湖南省名牌产品。

2011 年，全球工程机械产业大会暨 50 强峰会在北京召开，发榜全球工程机械 50 强企业榜单：中联重科、三一重工 2 家企业跻身前十强；中联重科董事长詹纯新，为此获得全球工程机械行业杰出贡献奖。中联重科、三一集团、山河智能等龙头企业，拥有数百项国家专利。中联重科研制的全球最大吨位“中联”牌 ZCC3200NP 履带起重机，在长沙麓谷工业园成功下线，是世界上起重能力最强的移动式起重机，获得专利 20 余项；实施的智能高效环保道路清洁设备关键技术研究与产业化、RT55 越野轮胎起重机研究开发与应用 2 个项目，均获湖南省科技进步二等奖；研制的城市道路路缘及路缘石清洗车，获中国专利优秀奖和湖南省专利奖二等奖；研发的动力单元及其控制方法和起重机，分获中国专利金奖和外观专利金奖；累计获得授权专利 237 项，从而成为全国首批技术创新示范企业、国家火炬计划重点高新技术企业；该公司董事长詹纯新，为此获得湖南省最高质量荣誉奖——省长质量奖；该公司与中铁大桥局共同研制的全球最大上回转 D5200－240 塔式起重机，各项技术性能指标均达到国际领先水平，创造两个“世界第一”：起重力矩最大、综合起重能力最强，并在结构、传动、智能控制三大核心技术上，取得一系列创新成果。

是年，三一集团研制的工程机械智能化核心基础部件与关键技术及其物联网系统，研制的 SAC2200 全地面起重机和三桥 46 米混凝土输送泵车，分获湖南省科技进步一等奖和 2 个二等奖；研发的用于抑制混凝土泵车臂架振动的方法及装置、巷道掘进机、三级配混凝土输送泵，分获中国专利金奖、外观专利金奖和中国专利优秀奖；前者还获得湖南省专利奖一等奖；累计申请获得专利408项，名列全市机械工业授权专利首位。同年，山河智能实施的机电一体化挖掘机及控制方法，获中国专利优秀奖；累计申请获得专利65项；该公司与中南大学联合研制的高性能旋挖钻机及关键技术，获湖南省科技进步一等奖。恒天九五研制的JV150挖掘机，获得多项专利技术。奥盛特重工注册的“osaint及图”商标，被认定为中国驰名商标。

至2012年，工程机械产业规模居全市四大优势产业集群之首，成为全市发展速度快，创新能力强的六大支柱产业之一。工程机械制造行业产品起点高，品种规格全：除农用挖掘机、轮式装载机外，其他工程机械主导产品在长沙均有生产，主要有12大类、100余个小类、400余个型号规格的各种产品，产品品种占全国工程机械品种的70%。不仅规模大，而且创新能力强。中联重科建设公路养护技术国家实验室，不断开发新产品：研制的混凝土泵车超长臂架，获国家技术发明二等奖；研制的5.2万千牛米上回转自升式超大型塔式起重机开发与应用技术，研制的多臂节长臂架混凝土泵车及其关键技术，分获湖南省科技进步一等奖、二等奖；研制的大吨位起重机超长臂架伸缩关键技术，获湖南省技术发明二等奖；自行研制的碳纤维复合材料臂架系列泵车及其关键技术，获评中国机械工业科学技术一等奖和中国专利优秀奖等；该公司先后取得1300余项科研成果，主持制（修）定国家和行业标准307项次，颁布使用的有效标准187项。三一集团，累计获得国家专利2211件，先后推出世界最长臂架86米混凝土泵车，1000吨全地面起重机；研发的超高压混凝土输送泵、世界最大吨位挖掘机等，均属世界领先产品；研发的混凝土泵车超长臂架技术，获得国家技术发明二等奖；该公司副总经理兼院长李翠英被评为湖南省优秀专家。

是年，山河智能研制的一体化液压潜孔钻机，被科技部、环保部授予国家级重点新产品称号；研制的高性能旋挖钻机，获湖南省科技进步一等奖和湖南省省长质量奖；中国铁建重工集团有限公司（以下简称“铁建重工”）研制的复合式土压平衡盾构机获得27项专利，是中国高端工程装备最具影响力的自主品牌之一；研制的复合式土压平衡盾构设备获湖南省科技进步一等奖。恒天九五研制的全球首创的多功能钻机、全球最大吨位1200吨静力压桩机、拥有完全自主产权的河堤打桩机新产品，填补国内乃至国际桩工施工领域的空白。长沙探矿机械厂注册的“长探及图”探物钻机等3个商标，被评为湖南省著名商标。

企业选介

（一）三一集团有限公司。1986年3月，洪源机械厂职工梁稳根等人，共同创建私营企业——涟源市茅塘焊接材料厂。1991年，企业搬进涟源市，更名为三一新材料有限公司。1993年，企业迁至长沙，更名为三一集团，自主研发的PQ190型平地机，经过国家专业部门检测，确认为世界首台静液压平地机，标志着中国平地机产品设计制造水平进入世界领先行列。2003年7月，三一集团在上海证券交易所成功上市。2006年始，投资4.5亿美元，先后在美国等国家，建立研发制造基地或营销网络；在全球100多个国家和地区设立销售分支机构；企业每年将销售收入的5%左右，投入到研发之中，建立起行业最大规模的研发团队；实行“技术→专利→标准”梯次攀登的知识产权与标准战略，使知识产权成为开拓国内外市场的利器。2008—2009年，尽管受到全球金融危机影响，企业仍然保持增长。

2010年，公司成立亚太、拉美等6个国际大区；研制的大型电厂冷凝器的污垢检测技术与清洁智能机器人研制及应用项目，获湖南省科技进步一等奖。2011 年，建成混凝土机械试验检测中心，通过国家实验室认可；制订申报的包括混凝土泵车在内的 5 大类、12 项标准，全部通过认可；自主研发设计出世界最大起重力矩履带起重机 SCC80000TM，首台 GGH22 型干混砂浆运输车等 4 款新产品成功下线。

2012 年，公司研制出世界最长臂架泵车，首台三级配混凝土拖泵、全液压平地机、国内首台 400 吨履带起重机，首台混合动力挖掘机世界钻进最深旋挖钻机等高端产品；亚洲品牌 500 强排行榜中居第 36 位，名列中国工程机械行业第一位，被评为“亚洲十大最具影响力品牌”；累计获得中国驰名商标 4 个，中国名牌产品 1 个；在全球工程机械 50 强榜单中名列第六位。是年，公司从业人员 3.88 万人，实现工业总产值 825.74 亿元，利税总额 91.2 亿元。

（二）中联重科股份有限公司。1992 年，时任长沙建设机械研究院副院长的詹纯新等 7 人，成立中联建设机械产业公司。1998 年，全年获得科研及产品奖 11 项。1999 年，由建设部长沙研究院作为主发起人，联合其他 5 家公司，在中联建设机械产业公司的基础上，共同设立中联重科股份有限公司。2000 年，该公司在深圳证券交易所上市，研制的“中联”牌混凝土布料机等 2 个产品，被科技部列为国家级火炬计划项目。2001—2008 年，企业快速发展，逐步成长为全球化高端装备制造企业；通过将每年销售收入的 5%~7%用于行业前瞻性和核心及共性技术的研究以及新产品的开发，确保企业始终引领行业发展方向；研制的 600 吨履带吊出口，开创中国超大吨位产品出口新纪元。2009 年，公司通过改革、改组、改造，并植入新机制，被国务院国有资产监督管理委员会列为混合所有制体制创新的“样本”，全年完成新产品开发 168 件，为此获首届中国产、学、研合作创新奖。

2010 年，公司提交的 TCT7527-20 等 8 种型号塔式起重机，全部获得欧盟 CE 认证。2011 年，研制的 GWD3000 型干粉搅拌主机空载试验取得成功，结束核心部件“搅拌主机”全靠外购的历史。2012 年，在全球 40 余个国家建有分公司和子公司，在新加坡发行首期 4 亿美元、5 年期美元债券，在国内形成 20 余个工业园区，拥有覆盖全球的完备销售网络和强大服务体系；先后成功研制全球起重能力最大的全地面起重机、最大的履带式和塔式起重机、平头塔机，全球最高的登高平台消防车、全球最大吨位的单钢轮振动压路机等一批世界首创产品；累计获得中国驰名商标 5 个，中国名牌产品 1 个，湖南省著名商标 6 个；承担起国际标准化组织起重机技术委员会秘书处的工作；连续第五次获“金圆桌”最佳董事会奖，在全球工程机械 50 强榜单中名列第七位。是年，公司从业人员 3.17 万名，实现营业收入 900 亿元，利税总额 120 亿元。

（三）山河智能装备股份有限公司。1999 年，山河智能装备股份有限公司成立，前身是长沙山河工程机械有限公司。至 2001 年，通过实施国家高技术研究发展计划（“863”计划）——智能机器人主题产业化基地项目，获得科技部创新基金支持。2003 年，研制的 SWE85 多功能液压挖掘机，获得欧宁“7th BICES”造型与外观质量评比一等奖；逐步发展成为装备制造领域产、学、研一体化的标志性企业。2005 年，生产的小型挖掘机，批量出口到发达国家。2006 年，在深圳上市。2007 年，研制的 SWDM 多功能旋挖钻机，被评为国家重点新产品；研发的挖掘装载机，获美国 IDSA 国际杰出设计大奖金奖。2008—2011 年，研制的小型挖掘机系列产品有 15 个型号，开发的旋挖钻机系列产品有 6 个型号，先后通过意大利 RINA 公司的现场检测，获得 CE 认证；研制的 SWDW（S）系列巷道钻机等 3 个产品，均被认定为国家重点新产品；实施的小型挖掘机柴油机关键技术与产品开发项目，获得国家高技术研究发展计划支持等，从而被认定为国家高技术研究发展计划成果产业化基地。

2012年，拥有全资子公司、控股子公司、参股子公司11家，每年研发投入达到总销售收入的4%以上，先后承担国家级项目10余项；通过历时3年研发，研制的智能挖掘机，填补国内外智能挖掘机的空白，在控制技术方面达到国际领先水平；还研制出系列新产品：160吨桁架式履带起重机、55吨越野轮胎起重机、50吨汽车起重机等；累计获得中国驰名商标2个，湖南著名商标1个。是年，公司从业人员2076人，全年生产各种机械总产量2810台，实现销售收入19.38亿元，税收2.03亿元，固定资产净值4.39亿元。

第二节　运输设备制造

一、汽车及零配件制造

（一）生产规模。至1988年，长沙的汽车及零部件生产在省内、国内具有一定地位，有长沙万发客车厂、长沙正圆动力配件厂等74家企业生产。是年，市汽车工业公司（以下简称汽车公司）为汽车及零部件制造行业的管理机构。同年，长沙汽车电器厂通过引进软件技术，生产的轿车电器占据全国市场半壁江山；兼并市内外13家小型企业后，又联合省内外34家半紧密型或松散型企业，成立长沙汽车电器企业集团，并升级为国家一级计量企业。长沙汽车发动机总厂通过利用好各项利好政策，全年生产492型汽油发动机1.2万台，创历史最好水平。是年，全市汽车及零配件制造行业规模以上工业企业有65家，从业人员1.72万人，全年生产汽车4521辆，汽车配件价值3772万元，活塞120.84万只，活塞环1731万片，完成工业总产值4.27亿元。

1990年，由于受市场疲软等因素影响，汽车公司所属12家企业中，有3家企业出现亏损，亏损额432万元。是年，长沙汽车制造厂研制出CS6600客车，与美国太原贸易公司共同组建合资企业——环宇汽车制造有限公司，第一期总投资2466万美元，主要生产汽车及零部件。

1991年，长沙正圆动力配件厂通过抓产品质量，获得上海大众汽车有限公司颁发的“配套认可书”，全年实现利税1512.7万元，并连续3年实现利税过千万元，被评为全市经济效益最佳企业。湖南电影机械厂因生产化油器而出名，故企业更名为长沙化油器厂。是年，全市汽车及零配件制造行业规模以上工业企业90家，全年生产汽车1735辆，完成工业总产值6.99亿元，利税总额7123万元，固定资产原值2.1亿元，与1988年相比，企业增加21.62%，产值增长63.7%。

1992年，长沙重点抓好机械、汽车等五大产品，通过引进日产轻型汽车3万~5万辆等项目，形成年产万发中巴客车、三湘客车5000辆，农用运输车3万辆，4G15、4G27汽油发动机5万台，483柴油机3万台，汽车电器80万~100万台（套）的生产能力。长沙汽车电器厂与日本日立制作所联合投资1000万美元，主要生产日产系列车型发电机、起动机等产品。长沙人韦耀文筹资40万元，成立长沙汽车钢板弹簧厂，注册资金180万元，位于长沙县黄花镇，主要从事汽车钢板弹簧和汽车零配件的生产和销售等。

1993年，长沙县榔梨汽车车身厂、湖南果园汽车改装厂、长沙芙蓉客车厂等5家乡镇企业，全年均实现产值过亿元；榔梨汽车车身厂利税突破4000万元，成为全省乡镇企业第一利税大户。是年，长沙化油器厂全年完成工业总产值1亿元，利税2000万元，产量在全国50家同行中名列第三，综合效益居第一。长沙汽车制造厂实现工业总产值1.18亿元，销售收入1.2亿元，比上年分别增长38%和36%。

1994年，市汽车公司由行政性公司转体为具有法人资格的全民所有制企业——长沙市汽车工业总公司（以下简称“汽车总公司”），管辖企业12家；全市汽车及零部件制造行业克服市场疲软等困难，全年实现产值过亿元的企业有5家。1995年，全市乡镇车企得到迅速发展：湖南省果园汽车改装厂、湖南省果园交通机械厂、长沙芙蓉汽车制造厂生产的“橘洲”“果园”“芙蓉”三大品牌农用车，产销量占全国农用车市场份额的三分之一，其中芙蓉客车厂生产的“芙蓉”牌中巴，畅销省内外农村客运市场。是年，湖南省三湘客车集团有限公司投资7000万余元，建成具有年产3000辆大、中型客车生产能力的配套完整的客车生产线。

1996年，汽车总公司所辖企业因设备陈旧、产品老化、市场萎缩、资金告罄，先后陷入困境。是年，长沙汽车发动机总厂总投资7155万元，实施年产汽油机2万台项目。七三一九工厂经公司化改制，成立长丰（集团）有限责任公司（以下简称长丰集团），主要从事轻型车生产。

1998年，受东南亚金融危机影响，汽车总公司所辖11家企业，经营形势严峻，四分之三的企业停产。全市汽车制造行业全年生产汽车653辆，比上年931辆下降29.87%，是1988年以来的最低产量；是年，湖南省三湘客车集团有限公司投资5000万元，进行客车专用底盘制造与装配生产线技术改造，项目建成后将形成年产3000台客车专用底盘的生产能力。1999年，北汽福田汽车股份有限公司通过收购湖南华裕发动机制造公司进入长沙，投资组建北汽福田长沙汽车厂（以下简称福田汽车），建设时代金刚、北京威龙等5条生产线，主要生产中、轻型卡车。同年，长丰集团筹资3.2亿元，建成具有国内领先水平的冲压、组焊、涂装、总装生产线与整车检测线，形成年产3万辆整车的生产能力。是年，湖南长沙果福车业有限公司成立，注册资金6.30亿元，位于长沙县果园镇，主要经营各种汽车、农用车型系列配件的加工销售等。

至2000年，长沙商用车生产缺重少轻，品种单一，年产量始终在2000辆上下徘徊。是年，长沙市梅花车身厂改制后，企业更名为湖南同心实业有限公司（以下简称“同心实业”），通过生产适销对路产品，产品逐步覆盖到全国23个省份，还出口到东南亚等地。该公司与湖南大学合资，成立长沙梅花汽车制造有限公司，主要从事各类客车及专用车的生产和销售。

2001年，在全市十大标志性工程中，汽车工程位居第六位，主要由长丰集团和福田汽车组成，全年实现工业总产值9.68亿元；汽车总公司下辖11家企业，由于大部分企业处于停产半停产状态。年初，长丰集团实施以专制胜竞争战略，加强企业经营管理工作；引进日本三菱汽车帕杰罗（PAJERO）轻型越野车生产技术，再投资1.42亿元，与长沙汽车制造厂等洽谈，合资生产6300型轻型越野车项目，组建长沙长丰汽车制造有限公司（以下简称“长丰汽制”），生产“猎豹”越野汽车，使长丰猎豹落户长沙。是年，中汽长电股份有限公司总投资1.95亿元，实施技改扩能工程。中南大学粉末冶金研究所等设立长沙安达制动材料有限公司，投资5725万元，实施国家“九五”（1996—2000年）期间轿车新材料领域——高性能、半金属刹车片2个建设项目。同年，长沙万发客车厂停产。

2002年，长沙重点抓关系全局的长丰汽制、福田汽车等八大重点项目和标志性工程项目。是年，长丰汽制建设的全部生产线调试完毕，首台V63000“猎豹”越野车下线，全年生产汽车1800余台。长沙梅花汽车制造有限公司获得国家客车生产资质，注册“同心”和“同心金象”商标，批量生产校车、专用车和客车等汽车产品。长沙汽车钢板弹簧厂更名为湖南易通汽车配件科技发展有限公司（以下简称易通汽配），发展成为长丰猎豹汽车的配套商，纳入全球八大汽车公司配套厂商之列。同年，湖南博云汽车制动材料有限公司成立，注册资金1.35亿元，位于长沙高新技术产业开发区，是一家专业从事汽车制动材料研制和生产的企业。

2003年，市汽车总公司与长沙市电子工业总公司合并，组建长沙市汽车电子行业管理办公室(以下简称“汽电行办”），履行原有管理职能，所辖的30余家企业，相继进行“两个置换”改革。是年，福田汽车总投资4470万元，实施榘梨厂区年产2万辆轻型卡车和5万辆轻型卡车2项技改项目，逐步发展成为拥有2个厂区，有总装线、整车检测线、涂装线各3条，年产5万辆工程车、5万辆时代轻卡的研发、生产、销售基地。美的集团整体收购湖南省三湘客车集团有限公司，组建美的三湘客车公司，计划投资15亿元，在长沙雨花区购地20公顷，建设三湘客车生产基地。是年，长丰集团全年实现工业总产值63.69亿元，实现销售收入48.58亿元，利税12.06亿元，各项经济技术指标连续4年跃居全国轻型越野汽车生产企业榜首，连续4年进入全国企业500强之列。

2004年7月，长丰集团总部从永州迁入长沙，总投资14.2亿元，在星沙经开区建设年产轻型越野车5万台的“猎豹”越野车生产基地。长沙义和车桥有限公司成立，位于浏阳制造产业基地，主要生产各种车辆前后桥总成、车架总成以及罐体总成；坚持走技术、机制和管理创新之路，成长为南方地区汽车零部件行业自主品牌和自主创新的中坚力量。世界500强企业——德国博世集团投资6950万美元，在长沙成立全资子公司——博世汽车部件（长沙）有限公司（以下简称“博世汽车”），主要从事汽车起动机、发电机等电器的生产。是年，全市汽车及零配件制造行业规模以上工业企业74家，从业人员2.08万人，全年生产汽车4.94万辆，完成工业总产值53.7亿元，利税总额1.82亿元，固定资产净值10.55亿元，与1991年相比，企业减少17.78%，产值和利税分别增长6.68倍和1.56倍。

2005年，长沙客车厂被广东美的集团收购，成立湖南三湘客车集团有限公司美的三湘客车厂。

至2006年，长沙通过招商引资、强强联合、产业配套，为汽车产业发展搭建平台，并初步形成产业集群。是年，长丰集团和福田汽车，凭借企业综合实力，均进入长沙“工业二十强”行列。同心实业与美国AAAC公司经过谈判协商，合作成立同心国际股份有限公司，由此成为全省首家在美国纳斯达克上市的企业，从而被湖南省经委认定为全省汽车车身工程技术研发中心；注册的“同心”商标被认定为湖南省著名商标和名牌产品。湖南晓光汽车模具有限公司投资3.2亿元，在长沙雨花区购地16.13公顷，建设汽车模具产品研发和制造基地；通过与比亚迪股份有限公司（以下简称“比亚迪”）进行全面合作，发展成为全省最大的汽车模具生产中心。湖南华强电气股份有限公司成立（以下简称“华强电气”），注册资金6300万元，位于长沙高新开发区，主要从事汽车变频空调、电动车空调等，以及空调压缩机的生产销售。

2007年，陕西汽车集团有限责任公司与长沙环通机械实业有限公司共同投资，组建陕西汽车集团长沙环通汽车制造有限公司（以下简称“陕汽环通”），主要生产重型自卸车、重型汽车和重型专用汽车。浙江众泰集团投资建设的长沙众泰汽车工业公司（以下简称“众泰汽车”）成立，主要生产入门级家用轿车。

2008年，长沙通过招商引资，先后促成轿车生产基地、汽车起重机生产基地、汽车轮胎、汽车动力电池等一批重大工业项目落户。是年，博世汽车投资9750万美元，实施项目工程建设。美的三湘客车厂由于在基地建设中资金链断裂，导致全面停产，面临转型的困境。由于受全球金融危机影响，全市汽车及零配件制造行业规模以上工业企业104家，其中亏损企业12家；从业人员2.89万人，全年生产汽车8.26万辆，完成工业总产值171.67亿元，利税总额7.67亿元，固定资产净值57.77亿元，与2004年相比，企业和人员分别增加40.54%和38.86%，产值、利税和资产分别增长2.72倍、3.22倍和4.48倍。

2009年始，长沙相继引入比亚迪、广汽菲亚特等知名企业，从而拉长汽车产业链，为未来全市汽车工业发展打下坚实基础；国家推行汽车下乡政策，不仅刺激整车生产，而且带动核心零部件的生产和销售，全年生产汽车10.87万辆，创有史以来最高生产记录。是年，广汽集团与长丰集团达成战略重组协议，为全市未来汽车工业发展打下基础。该公司与意大利菲亚特集团，共同投资40亿元，在长沙星沙开发区建设广汽菲亚特乘用车项目，项目达产后形成约50万辆的产能规模。长丰集团注册的“猎豹”汽车商标，被认定为中国驰名商标；与美国迪默特克公司（DeAmertek corporation，Inc）共同投资，组建湖南丰源迪美科技股份有限公司。众泰汽车总投资10.5亿元，实施年产“梦迪博朗”轿车5万台一期建设项目工程。比亚迪收购美的三湘客车厂后，投资75亿元，在长沙雨花区建设规模4平方千米的新能源汽车和年产80万辆轿车、面包车的生产基地，主要生产纯电动大巴K9、常规能源轿车2类产品。湖南科霸汽车动力电池有限责任公司总投资13.9亿元，实施年产镍氢汽车动力电池能量包1.8万台（套）一期建设工程。是年，陕汽环通投资16亿元，通过实施一期建设项目工程，建成重卡汽车生产线，生产的第一辆陕汽德龙重卡下线，从而宣告湖南不能生产现代重型汽车的历史完结；还生产M8、160、180、230等系列重卡。

2010年，福田汽车总投资32亿元，调整产品结构、发展新能源汽车，项目达产后年产汽车增加20万辆；连续3年出口汽车超过1万台，全年产销汽车9.1万辆，实现销售收入55亿元。该公司和博世汽车、同心实业、长丰集团，均发展成为大型企业。后者为支持广汽集团与日本三菱汽车合作，将持有的全部股权转让给广汽集团，正式退出整车生产。是年，广汽菲亚特汽车有限公司（以下简称“广汽菲亚特”）成立，由广州汽车集团股份有限公司和菲亚特集团汽车股份公司共同投资组建，注册资金18亿元，位于长沙经济技术开发区，主要业务包括乘用车产品的整车、发动机、零部件的研究开发、生产销售。

2011年，广汽菲亚特项目累计投入资金50亿元，实施长沙制造基地一期建设项目，生产具有国际先进水平和意大利特色的中级轿车，项目投产后形成14万台轿车、22万台发动机的生产能力。住友轮胎建设占地38.67公顷的工程，项目全部达产后可年产轮胎1050万条。比亚迪建设的四大生产工程完工，基本具备投产条件；生产的纯电动客车K9，进入批量生产阶段，与智利签订5年供应1000辆客车的订单。

至2012年，长沙汽车及零部件制造产业继续发展壮大，新能源汽车等战略性新兴产业快速崛起；通过引进日本富士通汽车电子项目、许昌远东传动轴等优质企业18家，汽车配套企业3家，从而发展成为全国首个最完整车系制造城市，并成为全市六大支柱产业之一，形成以整车制造企业为核心的产业集群，整车产能约40万辆，发展后劲强劲。是年，比亚迪总投资31.9亿元，实施汽车城项目建设工程，项目达产后形成涵盖纯电动大巴、轿车、电动轿车及相应配套零部件的新能源汽车基地；全年生产销售乘用车1.61万辆，实现产值约11亿元。博世汽车总投资7亿元，建设的新厂和研发中心建成投产，全年实现工业总产值33.9亿元，出口额1.14亿美元。同年，广汽菲亚特实施的长沙制造基地一期工程竣工投产，首款新车“菲翔”问世，填补市里中级轿车生产的空白，为国际同类车型产品的最先进水平；全年生产汽车1.35万辆，实现工业总产值14.6亿元。住友橡胶建设的“邓禄普”牌高档轿车轮胎项目竣工投产，日产轮胎5000条。广汽三菱汽车有限公司挂牌成立，是由广州汽车集团股份有限公司等三方合资组建，生产的首款“劲炫”运动型实用汽车（SUV）下线，全年生产汽车2000辆。湖南博云汽车制动材料有限公司建设5条生产线，全年生产刹车片1600万余元套。

是年，全市汽车及零配件制造行业规模以上工业企业98家，其中整车生产企业10家，零部件生产企业88家；从业人员4.08万人，全年生产汽车10.39万辆，完成工业总产值288.71亿元，利税总额18.73亿元，固定资产合计106.71亿元，与2008年相比，企业和人员分别增加1.41倍和40.88%，产值、利税和资产分别增长68.18%、1.44倍和84.52%。

（二）产品质量。1988年，汽车及零部件行业生产的14个产品获评“省优”，3个产品获评“部优”。是年，长沙汽车制造厂生产的CS－130轻型载重汽车，在全国举办的第二届轻微型汽车万千米质量测试赛中，获得质量可靠金杯奖和综合银杯奖；长沙正圆动力配件厂产品质量监督抽查合格率100%，被评为湖南省质量管理先进企业；生产的“正字”牌95、105系列柴油机活塞环，获得国家银质奖，企业被评为省级先进企业。

1989年，长沙汽车行业在治理整顿中，把调整产品结构、提高产品质量放在首位，全年开发新产品8种，有10个产品被评为“部优”和“省优”。是年，长沙汽车仪表厂生产的产品，质量全部达到国家一等品标准；升级为国家二级企业。长沙正圆动力配件厂生产的“正”字牌75、90系列活塞环，获得机电部质量二等奖。

1990年，长沙正圆动力配件厂研制的“正圆”牌95系列铝活塞，获得机电部质量二等奖；经过与国防科学技术大学合作，联合开发出活塞车削“软靠模”技术，通过国家技术鉴定，填补国内空白，主要技术指标达到国际先进水平。是年，长沙矿山研究院等10家省内单位联合研制的154吨电动轮自卸汽车，其性能、结构、效率，均达到国际先进水平，获得国家科技进步一等奖。

1991年，长沙汽车附件一厂研制的节能新产品——PCV阀，通过环保局认证，是国家环保局在全国强制推行的环保和排气净化新产品。长沙芙蓉汽车制造厂生产的“金芙蓉”牌农用自卸运输车，被评为“部优”产品。长沙汽车发动机总厂研制的“长发”牌CS492Q-1A型汽油发动机，被评为国家产品质量银质奖。

1992年，长沙汽车发动机总厂累计申请专利12项，专利产品产值6400万元，被评为湖南省专利工作先进单位。长沙正圆动力配件有限公司开发的“软靠模”活塞车削加工工艺，被评为国防科技工业委员会技术发明一等奖。国防科学技术大学研制的国内首台汽车自动驾驶系统诞生，达到20世纪80年代后期国际同类车辆自动驾驶的综合技术水平。

1993年，长沙汽车发动机总厂研发的CFAG2发动机，在中国第五届新技术新产品博览会上获得金质奖；运用国外先进技术研制而成的CF4G－27汽油机，主要性能和技术经济指标，均达到国际20世纪80年代末先进水平，获得湖南省科技进步一等奖。

1994年，汽车公司所属企业全年开发新产品10项，其中长沙汽车制造厂自主开发的轻型货车、客车4项新产品，均通过省级鉴定。1995年，长沙高新技术开发区南方电子设备开发公司自主发明的汽车防盗报警装置，在中国国际新技术新产品博览会上获得科技创新金奖。

2000年，国防科学技术大学机电工程与自动化学院，联合研制的第四代无人驾驶汽车问世，中国无人驾驶技术向实用化阶段迈出重要一步，并跻身于世界先进行列。2001年，同心实业实施的汽车覆盖件冲压成型工艺与模具CAD/CAE/CAM一体化技术及装备项目，获得湖南省科技进步一等奖。是年，长丰集团被评为湖南省高新技术企业。

2003年，长丰集团研制的“猎豹”牌系列轻型汽车，获得湖南省科技进步二等奖。2004年，湖大海捷模具工程有限公司研制的高性能汽车覆盖件冲压成型模具快速制造技术，获得国家科技进步一等奖。长丰集团生产的“猎豹”牌系列汽车和汽车座椅，被认定为湖南省名牌产品。

2005年，长沙福田汽车公司生产的长头、平头系列“时代”载货汽车，被认定为湖南省名牌产品。是年，同心实业公司和易通汽配，均被认定为省级企业技术中心。2006年，长丰集团公司和福田汽车、湖南江麓容大车辆传动有限公司，均被认定为省级企业技术中心。是年，华强电气研制的客车空调，获得发明专利。湖南博云汽车制动材料有限公司在国内、外率先提出陶瓷基汽车刹车材料新概念，并成功开发出新型陶瓷基汽车刹车材料，完成刹车片的升级换代，申请国内发明专利 15 项、美国发明专利 3 项，其中获得授权专利 13 项。

2007 年，长沙航空工业中南传动机械厂自主研发的自动离合手动变速器（AMT）发动机，是一种环保节能型新型动力，节油 26%以上。长沙梅花汽车制造有限公司等联合开发出拥有车辆自身主动及被动安全保护及道路智能交通监控系统的智能型校车项目。

至 2008 年，长沙汽车及零部件产业发展成为拥有规模以上工业企业 94 家，具备年产 5 种车型 40 万辆整车生产能力。是年，长沙凯瑞重工机械有限公司研制出全国及亚洲吨位最大的 100 吨抱罐车，通过湖南省科技厅组织的科技成果鉴定，认为居国际领先水平。

2009 年，长沙生产的以比亚迪纯电动大巴 K9、众泰 M300EV 纯电动轿车，为代表的新能源汽车，销往欧美等高端国际市场，使长沙成为全国新能源汽车研发、生产基地。长沙凯瑞重工机械有限公司研制出全国最大吨位——260 吨铁水运输车；研制的液压平板车和抱罐车，各获得 1 项发明专利。是年，湖南晓光汽车模具有限公司被认定为高新技术企业，被中国模具工业协会认定为中国汽车覆盖件模具重点骨干企业。

至 2010 年，全市基本形成六大整车（即轿车，越野车，轻、中、重型载货车，客车，专用车，新能源汽车）和三大零部件（即汽车发动机、汽车电器、汽车车身）制造完整的汽车产业体系。是年，湖南江麓容大车辆传动股份有限公司总投资 4 亿元，实施年产 5 万台无级自动变速器项目。长丰集团注册的“猎豹汽车 LIEBAO”汽车商标，认定为中国驰名商标。丰日电气集团股份有限公司研制的电动汽车，获评发明专利。长沙市胜通汽配科技发展有限公司注册的 12 类产品商标，均被评为湖南省著名商标。湖南博云汽车制动材料有限公司先后开发出 170 余种配套产品，发展成为中国一汽集团等主机厂指定的配套企业。华强电气研制的电驱动客车变频空调，通过在上海世博会上的使用，被授予最佳质量奖。

2011 年，长丰集团生产的“猎豹”牌系列车型汽车，被认定为湖南省名牌产。是年，华强电气自主研发的电动汽车空调压缩机正式投产，结束行业核心部件依赖国外技术的不利局面，在打通产业链的同时，推动新能源客车空调行业整体发展，累计申请专利 142 件。湖南晓光汽车模具有限公司被认定为省级企业技术中心。是年，长沙凯瑞重工机械有限公司研制的国内首台、亚洲最大吨位 BGC100 吨抱罐车产品，标志着中国正式跻身具备研发制造超大吨位、高温钢渣运输特种装备的领域，填补国内空白。

2012 年，长沙胜通汽配科技发展有限公司注册的“胜通及图”2 个商标，湖南万征机械科技有限公司注册的“万征及图形”3 个商标，均被认定为中国驰名商标。陕汽重卡建成重型专用汽车生产基地，年总装重型专用汽车生产能力 2.5 万辆；同时开拓发展其他商用车，带动发展专用车、汽车零部件和其他汽车衍生行业。是年，全市汽车制造行业已形成含六大整车和三大零部件制造的完整汽车产业体系。

二、其他运输设备制造

（一）生产规模。1988 年，全市其他运输设备及产品主要由民用钢质船舶、机车及零配件、航空器件、摩托车、港口运输机械等构成，主要有长沙内燃机配件总厂、长沙重型机器厂等 46 家企业生产。年初，长沙自行车总厂被航空航天工业部南方动力机械公司兼并，更名为长沙摩托车厂。是年，长沙重型机器厂主要生产五大门类，具备年产斗轮堆取料机、铁路客车、内燃机车等机器产品 6000~8000 吨和 1.1 万吨商品铸锻件的生产能力，被列为国家机械行业骨干企业。是年，全市其他运输机械制造行业规模以上工业企业 33 家，从业人员 9000 人，全年生产运输设备 210 吨，民用钢质船舶 3538 吨，完成工业总产值 1.65 亿元。

1989 年，长沙重型机器厂先后推广应用高精度液压、液力耦合器壳体低压铸件、泵轮紧密铸造等新技术，全年生产 YZ22 铁路客车 30 台，内燃小机车 10 台/65 吨，矿山设备 295 吨，锻压设备 32 台/900 吨，实现工业总产值 6031.42 万元。

1990 年，全市船舶制造行业全年生产民用钢质船舶 4589 吨，为 1988 年以来的最高产量。是年，长沙航空工业中南传动机械厂主要生产变速箱、船用和航空齿轮、飞机传动系统等，升级为国家二级企业，被评为省级先进企业。

1991 年，全市其他运输机械制造行业规模以上工业企业 86 家，全年生产运输设备 232 吨，民用钢质船舶 2973 吨，完成工业总产值 3.75 亿元，与 1988 年相比，企业增加 86.96%，产值增长 1.27 倍。

1992 年，为与南方 125 型坐式摩托车龙头产品相配套：长沙化油器厂等企业投资摩托车配件生产。1993 年，长沙摩托车厂投资 4000 万元，按照年产 20 万~30 万辆整车生产能力进行改扩建；研制出豪华型摩托车，在全国同行中居领先地位，从而使产品拥有 6 个型号，全年生产摩托车 8 万辆，产值突破 4 亿，比上年增长 50%；利税 2000 万元，成为全市的利税大户企业；与台湾光阳摩托车公司合资，成立湖南光南摩托车有限公司，主要生产经营摩托车及配件等。

1994 年，长沙摩托车厂生产 125 摩托车 115 万辆，实现工业总产值 6.8 亿元。湖南博云新材料股份有限公司（以下简称“博云新材”）成立，注册资金 3.99 亿元，位于长沙市高新技术产业开发区，主要从事军民用飞机粉末冶金和炭/炭复合材料刹车副、航天炭/炭复合材料产品等产品的研究、开发、生产和销售等。

1995 年，湖南航天磁电有限责任公司成立，注册资金 2.47 亿元，位于长沙望城经济开发区，主要从事开发、生产、销售磁性材料和磁电机与器件等。1997 年，湖南光南摩托车股份有限公司与台湾光阳机车公司合资，成立光南精密机械有限公司，投资 3975 美元，在长沙星沙开发区合资建设年产 20 万辆高档摩托车生产基地。长沙摩托车厂投资 1 亿元，实施技术改造，项目达产后形成年产 40 万辆的生产能力，全市摩托车产能 90 万辆，成为国内重要的摩托车生产基地。

1999 年，湖南金鑫造船厂主要生产采金船、挖沙船、运输船以及各种重金属挖船和机械配件，产品畅销全国各地，出口至 18 个国家和地区。

2001 年，长沙安达制动材料有限公司投资 2700 万元，实施高性能半金属火车刹车片技改项目，项目达产后年产高性能火车无石棉刹车片 50 万片。长沙摩托车厂因投资失误等原因，出现经营困难。2002 年，长沙南车电气设备有限公司成立，注册资金 2500 万元，位于长沙市雨花区，主要经营铁路机车车辆配件、铁路专用设备及器材、配件、城市轨道交通设备等。

2004 年，长沙鑫航机轮刹车有限公司成立，注册资金 2.47 亿元，位于长沙市岳麓区，是专业从事航空机轮、刹车装置和飞机机轮防滑刹车控制系统及附件的生产销售。是年，全市其他运输设备制造行业规模以上工业企业 11 家，从业人员 2356 人，全年生产摩托车 2.87 万辆，完成工业总产值 3.61 亿元，上缴税金及附加 1313 万元，亏损企业亏损额 1.15 亿元，固定资产净值 2.76 亿元，与 1991 年相比，企业减少 87.21%，产值下降 3.7%。

2005 年，湖南劲隆光阳摩托车有限公司全年完成工业总产值 3.01 亿元，比上年 2.1 亿元增长 43.42%。中铁十二局集团第七工程有限公司投资 2855 万元，实施造桥设备技术改造项目。是年，长沙润伟机电科技有限责任公司成立，注册资金2500万元，位于长沙市高新开发区，主要从事交通轨道装备和零部件的开发、生产等业务。湖南中铁五新钢模有限责任公司成立（以下简称“中铁五新”），注册资金3283.68万元，主要从事建筑模板、建筑钢结构、建筑器材的生产、销售等。

2006年，全市摩托车制造行业全年生产摩托车2.4万辆，比上年6.63万辆下降63.77%。是年，中铁轨道系统集团有限公司成立，注册资金5.2亿元，位于长沙县东七路，主要从事铁路道岔、铁路弹条扣件等的生产和销售，次年，试制出第一组高速铁路道岔。湖南铃本环保科技有限公司成立，注册资金8000万元，位于长沙经济技术开发区，主要从事电动摩托车和电动自行车的研发、生产、销售等。

2007年，中铁五新在长沙经开区设立研发中心和办公室，注册成立成都五新路桥设备有限公司、长春中铁五新钢模有限公司等，生产运营形成“南北相辅”格局；产品分别出口到尼日利亚等国，产值首次突破亿元，在行业内位居第二位。是年，湖南铃本环保科技有限公司投资2400万元，在长沙暮云工业园兴建湖南最大的电动车生产基地，生产“乖乖兔”牌电动车。长沙市将长沙重型机器厂列入破产行列，原产业由长沙重型机器制造有限公司承接。中航飞机起落架有限责任公司成立，注册资金2.15亿元，位于长沙望城经济开发区，主要从事军、民用飞机起落架系统、飞行器着陆装置的制造等。

2008年，中航飞机起落架有限责任公司总投资35亿元，在望城经开区征地80公顷，建设长沙航空工业园项目。长沙重型机器制造有限公司引进先进设备，着力提高产品的附加值，全年完成工业总产值8.15亿元。是年，全市其他运输设备制造行业规模以上工业企业16家，从业人员2995人，全年生产摩托车2.16万辆，完成工业总产值6.43亿元，利税总额363万元，固定资产净值2.27亿元，与2004年相比，企业和人员分别增加45.45%和27.12%，产值增长78.21%，资产下降17.72%。

2009年，中航飞机起落架、航空工业园等重大项目开工建设。博云新材A股在深圳证券交易所发行上市，为企业发展注入活力。2010年，铁建重工成功入围长沙工业“三十强”，被授予利税大户企业。是年，博云新材凭借在粉末冶金复合材料领域拥有的强大技术优势，生产的主导产品为：粉末冶金航空刹车盘、炭/炭复合材料航空刹车盘、航天用炭/炭复合材料等，是中国拥有飞机刹车副生产许可证最多的企业，也是中国唯一被国外授权飞机刹车副生产的出口企业。华强电气完成对轨道交通空调技术、生产、市场的整体布局，成功承接北京地铁等业务。湖南湘军通用航空有限公司成立，是湖南首批获准新建的、以生产通用航空设备为主的民营航空企业，注册资金5008万元。长沙重型机械厂实施的政策性破产清算工作终结。

2011年，长沙轨道交通产业，产品销售收入约90亿元。是年，博云新材总投资4亿元，实施年产炭/炭航空刹车盘2万副项目工程。同年，湖南南车西屋轨道交通技术有限公司成立，是由美国西屋(WABTEC)和中国南车株洲时代电气公司，共同投资组建的合资公司，注册资金3250万元，位于长沙市岳麓区，主要从事城市轨道交通车辆设备的生产、批发、零售等。

2012年，日本邮船、日本富士通两家世界500强企业，进驻长沙；湖南光南摩托车有限公司通过发展壮大，成为全市摩托车整车制造行业的知名企业。尼韦尔博云航空系统（湖南）公司投资9800万美元，在长沙高新区举行奠基仪式，成为中国商飞C919大飞机项目机轮和刹车系统的主要生产基地。是年，全市其他运输设备制造行业规模以上工业企业13家，从业人员4460人，全年完成工业总产值31.31亿元，利税总额5.4亿元，固定资产合计11.62亿元，与2008年相比，企业减少18.75%，人员增加48.91%，产值、利税和资产分别增长3.87倍、147.76倍和4.12倍。

（二）产品质量。1988年，长沙重型机器厂生产的“星沙”牌KDQ6025斗轮堆取料机评为“省优”

产品。是年，湖南工程机械厂生产的B173轨键总成，被评为“部优”产品。1989年，中南大学研制的铁路隧道小断面全液压凿岩钻车，获国家科技进步三等奖。1991年，长沙重型机器厂投资1000万元，实施铁路客车工程项目，研制成功煤炭部重点攻关项目防爆低污染齿轨内燃机车；生产的“星沙”牌颚式破碎机，被评为“部优”产品。

1996年，博云新材研制的粉末冶金飞机刹车副材料及其制备方法，获得发明专利。国防科学技术大学研制成功国内首台磁悬浮列车。长沙重型机器厂研制成功新型YZ258型铁路客车。1997年，博云新材创始人黄伯云主持研究的高性能粉末冶金飞机刹车材料制造项目，获得国家技术发明二等奖，被誉为高性能炭/炭航空制动材料制备技术的发明人。1998年，中南大学研制的图—154M飞机国产粉末冶金刹车副（盘）被评为国家科技进步三等奖。

2001年，湖南亚大新材料股份有限公司研制的MT-1A摩托车用紫外光固化阻燃树脂，获得湖南省科技进步二等奖。长沙航空工业中南传动机械厂被认定为省级企业技术中心。

2003年，长沙南车电气设备有限公司研制的相位输出磁电速度传感器，获得实用新型专利，该公司被认定为湖南省高新技术企业。2004年，中南大学与博云新材等单位，联合研制的高性能炭/炭航空制动材料的制备技术，涉及高性能炭/炭刹车材料的研究、开发及产业化项目，打破由美国、英国、法国垄断的国际市场，获得国家技术发明一等奖。

2005年，博云新材研制的炭/炭复合材料航空刹车副产品，在上海国际工业博览会上获得金奖。长沙重型机器制造有限责任公司被认定为省级企业技术中心。2006年，中铁五新自主研发出具有自主知识产权的高速铁路客运专线32米全液压自动箱梁内模。2007年，长沙润伟机电科技有限责任公司研制的机电产品，灵敏度等性能指标达到国际领先水平，成为中国先进的轨道交通装备和成套实验检测设备的生产供应商。

2008年，湖南飞翼股份有限公司研制的高速铁路制梁专用泵，拥有独立自主知识产权，填补国内空白。是年，博云新材被国家发展改革委员会授予高技术产业化成就奖，被认定为湖南省高新技术企业。

2009年，中航飞机起落架有限责任公司先后购进数控设备100余台，全力将其打造成世界一流的飞机起落架专业中心；达成新舟700起落架配套意向，承担中国“大飞机之梦”——C919飞机起落架系统项目，逐步占领产业的高端和制高点。三一集团研发的高速铁路无碴轨道施工关键设备获湖南省科技进步一等奖。是年，中铁轨道系统集团有限公司更名为铁建重工公司，先后开发出铁路电气化接触网格构式钢柱、H形钢柱、钢管支柱系列和硬横跨系列等产品及首组时速350千米42号单开道岔，被认定为省级企业技术中心。湖南铃本环保科技有限公司通过国际质量体系认证，注册的“乖乖兔”牌电动车，被认定为湖南名牌和湖南著名商标。

2010年，铁建重工研制出国内首台HPS30型混凝土喷射台车，试制出首批高锰钢辙叉，研制的盾构机通过内部验收；研发的54组高速道岔在沪杭高铁列车成功试运行，代表着国产最高水平。

2011年，长沙轨道交通产业有60家企业，众多先进产品。是年，山河智能自主开发的单发双座、下单翼轻型运动飞机，是国内第一款具有中国自主知识产权的全复合材料、获准在珠海航展进行高难度表演飞行的国产轻型运动飞机。是年，中铁五新研制的全自动液压箱梁模板成套设备，通过湖南省科技厅组织的技术鉴定，技术水平达到国内领先水平，获得湖南省科技进步二等奖；该公司通过高新技术企业复审，累计申请专利94项，获得授权专利64项，名列轨道交通产业首位。中南大学自主研发的列车结构塑变吸能技术及装置，获得国家技术发明二等奖。铁建重工发展成为集高端轨道装备和重型机械装备研究、设计、制造、施工于一体的大型专业化集团，在湖南等地建立多个制造基地，在长沙等地建立11个研究院，能够为用户提供混凝土和桩工机械、特种施工装备和道岔、电气化制品、钢结构等尖端产品，是全球唯一同时具备盾构和矿山法隧道装备研制能力的专业企业；拥有国内生产能力最大、设备最全、工艺最先进的盾构/隧道掘进机（TBM）专业生产线，世界最先进的道岔、弹条扣件、闸瓦生产线；研制出具有完全自主知识产权的高端盾构/隧道掘进机（TBM）、具有世界领先水平的矿山法隧道机械；研制的HPS3016混凝土喷射机械手、复合式土压平衡盾构设备均被中国施工企业管理协会授予科学技术奖技术创新成果一等奖。年内，湖南丰日电源电气股份有限公司研制的高速列车用电池负极板等3个新产品，均获得发明专利。

2012年，山河智能公司研制的SA60L轻型运动飞机，采用全模具化生产，工艺水平和飞行性能，比肩欧美同类型产品，获中国优秀工业设计金奖，获得授权实用新型专利4项、外观专利1项，在第二届“芙蓉杯”国际工业设计创新大赛上获优秀设计奖。该公司与湘军通用航空有限公正式签约结盟，标志着湖南通用航空全产业链的初步建立，建成从产品研发、制造到运营的完整通用航空产业链。同年，博云新材注册的航空产品商标，被认定为湖南省著名商标；通过实施新材料技术改造项目，列入国家火炬计划重点高新技术企业。中航飞机起落架有限责任公司建成能满足现代飞机起落架研制及批量生产的生产线，拥有国内最强的飞机起落架制造能力和国内先进水平的液压技术优势。湖南丰日电源电气股份有限公司研制的轨道交通用蓄电池箱、轨道交通用卧式阀控密封蓄电池，均获国家专利。铁建重工公司发展成为盾构设备产销量最大的企业，入围中国工程机械制造商“50强”，位列第22位，公司自主研发的复合式土压平衡盾构设备获湖南省科技进步一等奖，该公司被列入国家火炬计划重点高新技术企业，被评为国家级信息化和工业化深度融合示范企业，被认定为国家级企业技术中心。

年内，湖南天能电机制造有限公司注册的“天能及图”马达等3个商标，湖南万征机械科技有限公司注册的“万征及图形”火车零配件等2个商标，湖南长重机器股份有限公司注册的“第3959540号图形”混匀堆取料机等3个商标，均获评中国驰名商标。湖南铃本环保科技有限公司通过实施全新营销管理体系，发展成为湖南省电动车制造行业的领军企业；生产的“乖乖兔”电动车，成为受湖南消费者欢迎的十大电动车品牌和湖南名牌，并获得家电下乡中标品牌。

企业选介

（一）博世汽车部件（长沙）有限公司。2004年11月，世界500强企业——罗伯特·博世公司和博世（中国）投资有限公司，在长沙成立全资子公司——博世汽车部件（长沙）有限公司，注册资金6970万美元，位于长沙经济技术开发区。2007年始，公司一直专注于为中国汽车市场进行研发、生产，并提供有竞争力的高质量产品，还先后成立博世电子驱动事业部、发动机事业部；先后研制出包括：汽车用ABS电机、发动机冷却电机、车窗升降电机、蒸发风机、雨刮电机、汽车雨刮系统、起动机、发电机、起动停止系统等新产品。

至2012年，公司占地面积22.8万平方米，先后投资20亿余元建成新技术中心及新工厂。是年，公司从业人员4200人，全年实现工业总产值33.9亿元，销售收入42.8亿元，纳税4.9亿元，成为全市名副其实的纳税大户企业。

（二）福田汽车长沙汽车厂。1999年，福田汽车股份有限公司通过收购湖南华裕发动机制造公司进入长沙，先后斥资数亿元进行技术改造，建成具有国内领先水平的轻、中、重商用车全系列发展的车身装焊、电泳、涂装、整车生产线及自动化检测线。2002年，企业更名为福田汽车车辆股份有限公司长沙汽车厂，主要从事整车生产。2005年，公司开始向全系列商用车发展。2007年8月，福田汽车建设的节能减排重点试验室落成，为新产品的研发创造有利条件。2008年，企业实施国际化经营战略，着力发展新能源汽车。

2010年，公司自主开发的第一款自卸重卡——福田瑞沃TDX，具备坚实耐用、经济节能和安全时尚等四大特点。至2011年，企业经过多次技术改造，建成国内领先水平的小、轻、中、重型卡车全系列的车身装焊、电泳、涂装、整车生产线及自动化检测线，产能扩大至10万辆；欧曼产品涵盖欧曼EST、欧曼GTL、欧曼ETX三大系列。2012年，公司从业人员近4万人，全年生产汽车6.77万辆，实现整车销售7.5万辆，完成销售收入45亿元。

第三节 机床 工具制造

一、生产规模

1988年，全市机床工具主要有湖南机床厂、长沙机床厂等企业生产。是年，在改革的推动下，机床工具制造行业继续保持稳定增长势头，生产的拉床、液压牛头刨床、锯床等产品，产量分别占全国同类产品的90%、70%、50%；机床工业公司作为管理机构，下辖5家企业。长沙二机床厂生产的“金岭”牌CW6普通车床有5个系列、23种规格产品，产量居全国第二位，品种规格居全国第一位，先后有3种机床出口到美国等国家和地区。是年，全市机床工具制造行业工业企业19家，从业人员7531人，全年生产金属切削机床2833台，锻压设备642台，完成工业总产值5643万元。

1989年，由于受市场疲软等因素影响，全市机床工具制造行业产销呈现下滑趋势，并出现负增长。1990年，全市机床工具制造行业在产品积压，产成品资金滞胀的严重困境中，低速低效运行；各企业把工作重点放在加强市场营销，强化企业管理上。

1991年，长沙及时调整扩大车床等10种名优产品的生产，使其产量均有较大幅度增长。是年，长沙二机床厂投资688万元，湖南机床厂总投资1289万元，分别实施数控车间扩建和双金属锯带及带锯床技改项目。全年开发新产品11个，完成工业总产值2798万元，上缴利税比上年增长78.9%。

1992年，长沙机床工具制造行业工业企业13家，其中国有企业8家，集体企业4家，乡镇企业1家；全年完成技改投资2022万元，比上年增长143.46%；通过加大企业改革力度，全年生产金属切削机床2669台，锻压机械548台，双金属锯带58.55万米，比上年分别增产51.3%、81.3%、1.02倍；完成工业总产值1.71亿元，实现利润1604.8万元，比上年分别增长50.86%、1.52倍；其中湖南机床厂、长沙锻压机床厂，产值分别登上5000万元和1000万元新台阶；长沙机床铸造厂扭转连续3年的亏损局面，实现全行业无亏损企业。

1993年，湖南机床厂通过完善企业经营机制，全年完成工业总产值6027万元，实现利税1005万元，各项指标均创历史最好水平，在国内同行业中位居前10位，入选年度全国500家最大机械工业企业之列。同年，长沙二机床厂引进具有国际先进水平的德国TC2－8K加工中心，使机床加工工艺达到一个新水平，全年实现工业总产值5570万元，获评全市机械系统“明星企业”、全省机械系统目标管理优秀企业。长沙机床有限责任公司全年完成新产品试制项目16个，新产品开发满足市场需要，全年实现利税500万元，成为机床工具行业的利税大户。

1994年，全市机床工具制造行业工业企业13家，从业人员6679人，全年生产金属切削机床1429台，锻压设备338台，由于受能源紧缺等因素影响，完成工业总产值1.25亿元，比上年1.83亿元下降31.83%；利税总额1324.9万元，固定资产净值8784万元，与1988年相比，企业和人员分别减少31.58%和11.31%，产值增长1.23倍。

1995年，长沙机床工具制造行业受市场萧条等因素影响，机床销售量比上年下降67%，利税总额由千万元降到亏损149.8万元，整个机床制造行业产品销售收入比上年下降80%。

1996年，长沙机床工具制造行业面临着市场销售继续萎缩，出口几乎减半的严峻形势，企业因资金短缺，生产难以为继，多家企业处于停产或半停产状态，面临或正在进行破产。

1997年，由于受企业"三角债"等因素影响，机床工具行业出现"二增一减"现象：即企业富余人员比上年增加1/3，下岗职工比上年增加36%，职工收入比上年减少32.5%，其中长沙第四机床厂破产。

1998年，由于受东南亚金融危机影响，全市机床工具制造行业全年生产机床611台，是1988年以来的最低产量。1999年，湖南机床厂总投资2850万元，实施创建大型锯床生产基地项目，项目建成后形成年产锯床1000台。

2000年，全市机床工具制造行业工业企业13家，从业人员3733人，全年生产金属切削机床858台，完成工业总产值8072.2万元，亏损企业亏损比1999年3890.8万元减亏1424.9万元，固定资产净值2.89亿元，与1994年相比，企业数相同，人员减少44.11%，产值下降35.46%，资产增长2.29倍。

2001年，长沙机床工具公司下属企业8家，从业人员3819人，下岗职工2960人。2002年，全市机床工具制造行业克服东南亚金融危机造成的不利影响，全年完成工业总产值1.27亿元，完成销售收入1.23亿元，各项经济指标均超额完成年初制定的工作目标，并扭转全行业亏损的不利局面；机床工具公司所属6家企业改制工作进展顺利，理顺劳动关系2781人，占应理顺关系人员的45%。是年，湖南机床厂由于近年来受多种因素影响，造成连年亏损，累计亏损将近4000万元，企业运转十分艰难，在被中联重科兼并的同时实现改制，并注入发展启动资金。

2003年，组建长沙市机械行业管理办公室（以下简称"机械行办"），履行市机床工具工业公司原有管理职能，不再保留机床工具公司。是年，长沙第二机床厂因资不抵债，企业完成改制后，理顺职工劳动关系1274名；经过资产评估，全部资产由职工自愿出资购买，按《中华人民共和国公司法》成立长沙金岭机床有限责任公司（以下简称"金岭机床"）。湖南泰嘉新材料科技股份有限公司成立（以下简称"泰嘉新材料"），注册资金1.4亿元，位于湖南望城经济开发区，主要从事锯切工具、锯切装备、复合材料的研制、开发与生产等。2004年，民营企业湖南沅江机床有限公司，更名为宇环数控机床股份有限公司（以下简称"宇环数控"），在浏阳制造产业基地购地7.33公顷，实施项目工程建设。湖南中大创远数控装备有限公司成立，位于长沙经济技术开发区，主要从事高档数控齿轮加工机床研发、制造和销售的企业。

2005年，泰嘉新材料投资建设的第一条双金属复合钢带生产线，竣工投产；建设的高速锯切用特种双金属复合钢带项目，列为国家高技术产业化示范工程。是年，长沙机床有限责任公司累计负债2个余亿，长沙机床铸造厂完成股份制改造后，均被湖南友谊阿波罗股份公司承债式兼并。

至2006年，全市机床工具制造行业全部完成企业改制工作。是年，全市机床工具制造行业全年生产金属切削机床1424台，完成工业总产值3.09亿元，与2000年相比，产值增长2.83倍。

2007年11月，湖南合丰数控机床有限公司成立，注册资金1000万元，位于宁乡金洲开发区，主要从事专用数控机床、数控拉削机床的研发、生产等。2009年，湖南大学全资公司——湖大海捷制造技术有限公司改制，更名为湖南海捷精密工业有限公司。

2010年，全市机床工具行业全年生产机床2963台，比上年2759台增长7.39%，创有史以来的最高生产纪录。是年，原湖南机床厂机床部分进行改造，成为一家中外合资的股份制企业，企业更名为湖南湖机国际机床制造有限公司。2011年，长沙机床有限责任公司总投资2.2亿元，实施新厂建设二期工程。

至2012年，长沙改制后的机床工具制造行业成立新公司继续发展的工业企业3家，转入第三产业的工业企业2家，其他6家企业先后退出机床生产领域，仍有11家企业从事机床工具的科研、教育和制造工作，其中有3家企业从事科研教育，8家企业从事机床生产制造。湖南湖机国际机床制造有限公司投资3亿元，在宁乡经济技术开发区建设数控锯切机床和工程机械配套产品生产基地。是年，全市机床工具制造行业工业企业11家，全年生产金属切削机床1661台，完成工业总产值5.29亿元，与2006年相比，产值增长71.2%。

二、产品质量

1988年，长沙机床工具制造行业全年开发新产品45个，其中获得省优以上产品16个：有3个产品获“部优”，6个产品获“省优”；在首届中国机床·工具博览会上，获优秀造型设计奖2个、部颁“春燕”奖5个，有15种产品列入机电工业部公布的替代进口产品名单之中。湖南机床厂研制的GZ4032型自动卧式带锯床、HN－021立式圆锯床，均获湖南省科技进步二等奖。

1989年，市机床工业公司所属企业全年开发新产品21种，其中有6种产品填补国内空白。是年，湖南大学机械电机技术开发部研制的“MK6340/1t坐标微机数控群钻刃，获“火炬杯”优秀项目金牌奖，列入国家火炬计划；湖南机床厂生产的“双A”牌双金属带锯条，被评为“部优”产品；实施的双金属锯带开发与工艺突破项目，获湖南省科技进步二等奖。国防科学技术大学研制的微进给一体化伺服车刀，获国家技术发明四等奖。长沙二机床厂研制的CJK360A型数控车床，被评为 “省优”产品。

1990年，全市机床工具制造行业全年开发新产品21项、61个品种，其中，长沙机床厂研制的上拉式内拉床获湖南省科技进步二等奖；研制的牛头刨床、卧式拉床，均获湖南省机械工业厅质量一等奖。长沙二机床厂自主开发的CS2－054平端面中心孔机床，在第二届全国机床·工具博览会上获“金马”二等奖和“春燕”奖，系20世纪80年代国际先进产品；生产的CJK3coA筒式数控车床，被评为“省优”产品。

1991年，湖南机床厂开发的金刚石带锯切割技术与装备，获机电部“七五”（1986—1990年）工艺成果一等奖；研制的G5132立式带锯床，获湖南省科技进步二等奖；湖大海捷制造技术有限公司研制成功中国第一台数控高速端面外圆磨床。1992年，长沙机床工具行业全年完成新产品开发12项，达到国内先进水平、填补国内空白的有7项；长沙锻压机床厂研制的D51－630毫米数显碾环机，在全国科技成果展览交易会上获评得银牌奖。湖南大学机电工厂研制的MKS8312四坐标数控高速凸轮轴磨床，被评为湖南省科技进步一等奖，达到20世纪80年代中期国际先进水平，被列为国家火炬计划和国家重点推广项目。

1993年，湖南机床厂研制的G40100、G4080大型带锯床问世，是国内生产切割规格最大的带锯床。是年，湖南大学机械系与该校机电工厂联合研制出高速高效低粗糙度磨削与磨床技术，通过部级鉴定，具有20世纪90年代初国际先进水平。1994年，全市机床工业行业全年开发新产品32项，湖大海捷制造技术有限公司研制成功全国第一台七轴五联动拉刀磨床中心。

1995 年，长沙锻压机床厂完成液压板料折弯机、JT21－80 型和 JT21－80B 型压力机的研制，通过省级技术鉴定，主要性能达到国外同类产品先进水平。是年，长沙轴瓦设备厂研制的 TM738 型卧式精密轴瓦镗床，获得湖南省科技进步二等奖。湖大海捷制造技术有限公司研制出全国第一台五轴数控钻尖刃磨床，湖南机床厂研制开发出国内第一台数控电液伺服系统卧式带锯床新产品。

1997 年，湖南大学机电工厂率先研制出数控高速端面外匾磨床和数控高速凸轮轴磨床等新产品，居国际先进和国内领先水平。

1998 年，湖大海捷制造技术有限公司研制出中国第一台 120 米/秒全数控高速凸轮轴磨床、150 米/秒超高速平面磨削实验磨床。2000 年，湖大海捷制造技术有限公司研制出中国第一台 314 米/秒超高速数控平面磨削装备。

2004 年，湖南一派数控设备有限公司研制的异型销孔镗削装置，获专利优秀奖。中南大学研制的 2 型锥齿轮铣齿机床，湖南大学研制的 MK6335A 数控高效钻尖磨床，均获湖南省科技进步二等奖。是年，长沙机床有限责任公司研制的拉力 600 千牛以上的拉床，占据垄断地位，处于世界领先水平。

2005 年，湖大海捷制造技术有限公研制的 CNC8312 数控高速凸轮轴磨床，获湖南省科技进步二等奖。2006 年，长沙作为国内拉床生产基地，供应全国需求量的 90%，主要由长沙机床有限责任公司生产。湖大海捷制造技术有限公司实施的高速精密磨削加工关键技术与系列高档数控磨削装备项目，获国家科技进步二等奖。是年，湖南中大创远数控装备有限公司研制的全球最大的全数控锥齿轮磨齿机 YK20100 交付客户使用，标志着中国重大装备动力装置制造技术取得重大突破；实施的全数控螺旋锥齿轮磨齿机系列化产品的研究与制造项目，获评湖南省科技进步一等奖；研制的全数控螺旋锥齿轮磨齿机，被评为湖南省名牌产品。

2007 年，宇环数控公司研制出 YT 全数控凸轮轴精密专用加工装备，被认定为省级企业技术中心。2008 年，长沙机床有限责任公司自主研发的国内最大立式内拉床成功下线，填补国内大吨位内拉床的空白，达到国际同类型机床的先进水平。是年，湖大海捷制造技术有限公司研制成功中国第一台 160 米/秒超高速数控随动产业化磨床。湖南机床厂研制的 YK1015 数控剐齿机，通过省级鉴定，综合技术水平达到国际同类产品先进水平。

2009 年，湖南中大创远数控装备有限公司注册的“中大创远”牌磨床等 3 个商标，被评为湖南省著名商标。2010 年，全市机床工具制造行业主要产品有 6 个系列、40 个品种，其中专用特殊拉床有 20 个品种。湖南一派数控设备有限公司研制的数控活塞环内外圆仿形立式车床，获中国机械工业科学技术三等奖。长沙机床有限责任公司负责起草拉床、插床、刨床行业使用的 5 项国家标准（GB），23 项国家行业标准（JB）。湖大海捷制造技术有限公司研制成功中国第一台 200 米/秒的数控外圆磨床。

2011 年，金岭机床公司研发出深孔钻镗机床等 6 个新产品，注册的“金岭及图”商标，被认定为湖南省著名商标。是年，长沙机床有限责任公司自主研发数控剐齿机，达到国际同类产品领先水平。宇环数控研制的 YTMCNC8336－16 全数控高速凸轮轴磨床，获湖南省科技进步三等奖，入选科技部国家重点新产品目录。同年，湖南海捷精密工业有限公司研发的凸凹面超高速数控复合磨削关键技术及装备，获得中国机械工业科技技术二等奖；自主开发的 MKG1320 超高速数控外圆磨床，获中国技术市场协会金桥奖和优秀项目奖。

2012 年，长沙机床有限公司与天津大学，联合创立圆柱齿轮剐削理论，通过国家知识产权局审验，成为国内唯一掌握此加工技术的机床企业；该公司运用此技术设计制造的齿轮加工设备—数控剐齿机床正式投产，综合技术水平达到国际同类产品先进水平；生产的拉床系列产品，被评为湖南省名牌产品。湖南湖机国际机床制造有限公司研制的硬质合金圆锯床、高速圆锯床等5个新产品，均填补国内空白。

是年，宇环数控全年开发出5个系列新产品，形成高性能数控磨床九大系列，代表着数控机床的高端产品，发展成为研发生产精密、高效数控系列磨床的重点装备制造企业。该企业通过新产品鉴定16项，获得55项专利，生产的数控机床等3个产品，被认定为湖南省名牌产品。湖南海捷精密工业有限公司研制的CNC8325B凸轮轴高速数控复合磨床，获湖南省科技进步三等奖，成为全国金属切削机床标准化技术委员会成员。长沙一派数控机床有限公司注册的"一派"牌机器和机床，被评为湖南省著名商标。是年，全市机床工具制造行业主要产品有机床、拉床、数控机床、牛头刨床、卧式加工中心、立式加工中心等系列机床产品和锯切系列产品。

第四节　电器电缆制造

一、仪器仪表制造

1988年，全市仪器仪表及其他计量器具主要有长沙电表厂、湖南仪器仪表总厂等企业生产，主要产品有自动化仪表、电工仪器仪表、分析仪器、光学仪器等。是年，全市仪器仪表行业获得的"省优"和"部优"产品有8项。研制的KDY－1矿井地震仪，获评北京博览会金奖；研发的CMH－2煤层厚度探测仪，获评布鲁塞尔第37届世界发明尤里卡外贸大奖；次年获评巴黎第80届世界发明博览会金奖，均列入全国统配煤矿"八五"（1991—1995年）期间重点推广项目。湖南仪器仪表总厂开发出9种新产品，其中微机扭矩仪等3个产品，均通过省级鉴定，其技术性能达到国际同类产品20世纪80年代水平。长沙市湘江仪器仪表厂研制的转矩转速功率仪及传感器，获湖南省科技进步一等奖。是年，全市仪器仪表制造行业规模以上工业企业41家，全年生产电度表97.76万只，水表1.2万只，完成工业总产值9952万元，利税总额1905万元，固定资产净值3675万元。

1989年，全市仪器仪表行业通过调整产品结构，2个产品获得国家产品质量银质奖，4个被评为"省优"产品。是年，中南地质勘探局304大队自行设计研制的HS2－54型定向仪，获机电部科技进步二等奖，在全国第四届发明展览会上获银质奖。湖南仪器仪表总厂自主开发的AEL－200电子分析天平新产品，达到国际水平；研制的转矩转速传感器，被评为"部优"产品。长沙市电子仪器二厂研制的"超飞"牌SP－1B超声波流量计，被评为"部优"产品。湖南仪器仪表总厂投资4177万元，经过5年搬迁，新厂全面竣工投产。

1991年，长沙市湘江仪器厂等共同研发的ZGQ－16型智能高压漆膜连续性试验仪，其性能达到国际20世纪80年代末同类产品水平，获湖南省电子信息技术应用奖。是年，湖南仪器仪表总厂投资2000万元，实施高速离心机技改项目和搬迁生产配套项目；开发的微机扭矩仪、电子分析天平，分获湖南省科技进步三等奖和四等奖；机电部通过评审，认为具备监督检测实验室仪器产品的条件，担负起全国范围内的天平、动力测试、环境试验等仪器的质量监督和检测工作。

1992年，长沙旭华仪表厂推出的KDY－1型矿井地震仪，在全国"七五"（1986—1990年）星火计划暨专利技术展洽谈会上获得金奖；该产品和实施的GJY－1型工程检测仪的研究与开发项目，均获得国家科技进步二等奖。是年，长沙电表厂通过持续开拓市场，产品占据中国大半个市场，畅销东南亚等地区，获得湖南省机电畅销产品奖。湖南威胜集团有限公司（以下简称"威胜集团"）成立，注册资金

4800万元，位于长沙市桐梓坡路，主要生产多功能电子电能表、水表、煤气表等。

1993年，长沙电表厂生产的电度表继续走俏市场，投入3000万元，扩大生产规模，全年实现产值、利润分别为1亿元和1500万元。湖南仪器仪表总厂生产的天平、动力测试仪、离心机在国内具有较高的知名度，利用市场销售看好的行情，扩大生产规模；全年实现产、销、利分别达到1亿元、1.2亿元、1000万元。是年，长沙市电子仪器二厂研制的SP-2系列智能型超声波流量计，获湖南省科技进步二等奖。长沙市电子仪器厂因资不抵债，由市中级人民法院宣告破产，为全市第一家破产的国有工业企业。湖南三德科技股份有限公司成立（以下简称“三德科技”），注册资金7500万元，位于长沙高新技术产业开发区，主要从事通用和专用仪器仪表、干燥设备等设备的制造，推出中国智能汉字量热仪。

1994年，长沙市湘江仪器厂开发的ZDS-00型智能电压试验仪，运用微机自动控制击穿电压试验在国内属首创，通过省级鉴定，达到国际同类产品先进水平；研发的智能电压仪和漆膜连续性试验仪，达到国际先进水平，填补国内低压漆膜连续性试验仪的空白。是年，全市仪器仪表制造行业规模以上工业企业58家，其中亏损企业16家；从业人员7031人，全年生产电度表137.15万只，完成工业总产值2.73亿元，固定资产净值1.34亿元，与1988年相比，企业减少21.62%，产值和资产分别增长1.75倍和2.65倍。

1995年，威胜集团生产的多功能电能表和各种智能化仪器仪表，长沙市湘江仪器厂生产的电子天平，长沙电表厂生产的电度表，在全国都有一定知名度和市场份额。是年，威胜集团先后投资15亿元，实施生产电子式多功能电能表及智能化仪器仪表项目，项目达产后形成年产400万套的生产能力。

1996年，三德科技推出研制的中国第一台无需称水重、量水温的自动量热仪，推动国产量热仪进入自动化发展时代。1998年，威胜集团研制的全电子式多功能三相三线/四线交流电能表，实施的全电子式三相多功能交流电能表及配套产品等4项目列入年度国家火炬计划。湖南仪器仪表总厂累计亏损4014.7万元，因资不抵债，被豪力（中国）公司整体收购。

1999年，国防科学技术大学研制的活塞外轮廓测量仪，获国家科技进步四等奖。

2000年，三德科技自主发明的中国第一台工业自动分析仪，取代“马弗炉+烘箱”的传统工业分析模式；研发出中国第一台炉温上限1600℃的灰熔融性测试仪。湖南仪器仪表总厂研发FC2000D发动机自动测试系统，具有完全自主知识产权，达到国际先进水平，可节能60%~80%。湖南继善高科技有限公司成立，注册资金3880万元，位于长沙市岳麓区，主要从事地球物理探测、工程技术检测、公共安全探测等业务。是年，全市仪器仪表制造业行业规模以上工业企业13家，其中亏损企业7家；从业人员3086人，全年完成工业总产值4.14亿元，利税总额4115万元，固定资产净值2.88亿元，与1994年相比，企业和人员分别减少77.59%和56.11%，产值、利税和资产分别增长51.3%、3.47倍和1.15倍。

2001年，威胜集团建立博士后工作站，每年将营业收入的5%投入到研发和技术创新上，开展产、学、研合作，确保技术和产品领先一步，全年实现工业总产值2.62亿元。

2003年，湖南继善高科技有限公司研制的WSJ-2型多功能均匀伪随机电磁仪，被认定为国家重点新产品。湖南豪意电器有限公司研制生产的智能电表、医用智能仪器等产品，质量和技术在国内均处于领先地位。

2005年4月，开元仪器投资2000万元，实施技术改造项目，形成采、制、化等设备仪器一体化的开发、生产、销售的格局；研制出工业分析仪等系列新产品，产品出口澳大利亚等国家和地区，成为销售收入过亿元企业，实现跨越式发展。是年，威胜集团在香港联合交易所上市，募集资金2.02亿港元；注册的“威胜”牌电度表商标，被评为中国名牌产品。

2006年，湖南继善高科技有限公司在岳麓科技产业园启动产业化基地建设，研制的双道双频激电仪，纳入国家级火炬计划项目；研发的堤坝管涌渗漏检测仪，被认定为国家重点新产品。同年，开元仪器研制的煤质分析仪，被评为湖南省名牌产品，该企业被认定为省级企业技术中心。是年，全市仪器仪表制造行业规模以上工业企业35家，从业人员4999人，全年完成工业总产值19.51亿元，利税总额3.24亿元，固定资产净值5.51亿元，与2000年相比，企业和人员分别增加1.69倍和61.99%，产值、利税和资产分别增长3.72倍、6.87倍和91.46%。

2007年，威胜集团建立湖南省电测仪表工程技术研究中心，被认定为省级企业技术中心。是年，湖南威铭能源科技有限公司与湖南嘉乐房地产开发有限公司投资1亿元，在宁乡经济技术开发区建设水、电、气、热等计量仪表及其管理系统等在内的科技园项目。

2009年，威胜集团总投资6亿元，在长沙麓谷高新技术产业开发区建设建筑面积15万平方米，中国最大、最先进的能源计量与管理产品研发、生产制造基地；注册的“威胜牌及图形”电度表商标，被认定为中国驰名商标；担负制订交流电测量设备标准后，进行深入的理论研究和产品试验验证，成功将行业标准转换成国家标准。三德科技公司生产的“三德”牌煤质分析仪/SD系列，湖南银通科技有限责任公司生产的“银通”牌智能燃气表等3个产品，开元仪器研制的煤质分析仪，均被评为湖南省名牌产品。

2010年，威胜集团建设智能化综合能效管理技术国家地方联合工程研究中心，实施的大型企业综合电气节能关键技术及应用项目，获国家科技进步二等奖；研制的数字电能表检验装置，获湖南省科技进步三等奖，从而获海外高层次人才团队奖、全省加速推进新型工业化二等奖，被认定为国家级企业技术中心；长沙华时捷环保科技发展有限公司生产的“HUASHUIE华时捷科技”牌HSJ系列水质、烟气在线监测仪，被评为湖南省名牌产品。长沙电表厂因亏损严重，依法破产。

2011年，威胜集团形成智能计量产品三大系列，产品出口至10余个国家，全年实现销售收入近30亿元，纳税过亿元。是年，长沙河野电气科技有限公司实施的模拟电路系统测试诊断关键技术及装备项目，获湖南省技术发明二等奖。湖南继善高科技有限公司研制的均匀光谱伪随机资源勘查系统，纳入国家级火炬计划项目；研发出定向强声拒止系统，企业被认定为国家火炬计划重点高新技术企业。开元仪器注册的“5E及图形”测量器械等7个商标，均被认定为中国驰名商标。湖南华诺星空电子技术有限公司研制的超宽带雷达生命探测仪，被评为湖南省自主创新产品，步入中国生命探测仪供应商10强之列。湖南威科电力仪表有限公司生产的“威科”牌单相电子式电能表DDS2102等6个产品，均被评为湖南省名牌产品。三德科技公司注册的“三德”商标，湖南威科电力仪表有限公司注册的“威科”商标，长沙友欣仪器制造有限公司注册的“友欣”商标，湖南湘仪实验室仪器开发有限公司注册的“湘仪及图”商标，均被认定为湖南省著名商标。

2012年，长沙仪器仪表行业走产、学、研联合发展之路，促进发展方式转变。是年，威胜集团建立院士专家工作站，成立研究院，研制出单相费控智能电表等5个系列新产品；创设的“威胜”品牌，获评年度智能水表最具影响力品牌；累计获得专利126项，参与起草国家、行业标准49项，全年生产单相电能表1200万台，三相电能表325万台，终端产品365万台。长沙湘蓝科学仪器股份有限公司先后研制出降水降尘自动采样器、降水自动监测仪等，被认定为高新技术企业。三德科技推出全环保制样除尘系统、燃煤智能化专家管控系统，2年来获得发明专利52项；全年实现销售收入1.64亿元，缴税1361万元，总资产2.38亿元。该公司生产的“三德”牌煤质分析仪，湖南丰汇银佳科技有限公司生产的“融和”牌人民币伪钞鉴别仪，力合科技（湖南）股份有限公司生产的LF水质在线监测分析仪器，湖南银通科技有限责任公司生产的“银通”牌智能燃气表，均被评为湖南省名牌产品。开元仪器在深圳创业板成功上市，募集资金 3.635 亿元；研制的“5E”煤质分析仪，被评为湖南省名牌产品。

是年，全市仪器仪表制造行业主要产品有系列智能型电表、测试仪器、全自动量热仪、元素和工业分析仪、电工仪器仪表等，规模以上工业企业 29 家，从业人员 7576 人，全年完成工业总产值 74.45 亿元，利税总额 12.13 万元，固定资产合计 19.09 亿元，与 2006 年相比，企业减少 17.14%，人员增加 51.55%，产值、利税和资产分别增长 2.82 倍、2.74 倍和 2.46 倍。

二、电器机械及器材制造

1988 年，长沙电器机械及器材主要由有长沙变压器厂、长沙电机厂等企业生产。长沙变压器厂产品质量监督抽查合格率 100%，获评湖南省质量管理先进企业；全年实现工业总产值 2201.61 万元，利润 485.27 万元，成为全市冶金机械系统中人均创利税最高的企业，升级为省级预备企业。望城继电器厂投资 298 万元，实施技术改造项目。

是年，全市电器机械及器材制造行业规模以上工业企业 107 家，从业人员 1.92 万人，全年生产交流电动机 68.97 万千瓦，变压器 63.80 万千伏安，完成工业总产值 1.24 亿元。全市电器机械及器材行业生产的产品获评“部优”和“省优”的有 9 个。湖南电位器总厂研制的 WH112 系列碳膜电位器，获国家产品质量银质奖。长沙变压器厂研制出的 800~1000 千伏安矿用隔爆型移动变电站，达到 20 世纪 80 年代国际先进水平。

1989 年，全市电器机械及器材行业通过调整产品结构，有 5 个产品被评为“省优”。是年，长沙变压器厂特种变压器研究所设计研制的非晶合金铁芯 500 千伏安中频变压器，在全国第四届发明展览会上获评银质奖。湖南仪器仪表总厂微型电机分厂研制的 YY85 单相电容异步电机等 6 个产品和 44ZY 永磁电流电机，均获湖南省科技进步二等奖。长沙市湘南电器设备厂实施的 35 千伏小型化变电站微机处理机和集成电路 WJBX 型四合一集控台，获国家科技进步三等奖。

1990 年，长沙电机厂生产的变极多速节能三相异步电动机，通过长沙市科学技术委员会组织的鉴定，达到或接近国际同类产品先进水平；长沙机床电器厂生产的 3UA5 热过载继电器在全国第二届机床·工具博览会上获评“春燕”奖。湖南电位器总厂生产的“华松”牌低功率电位器，长沙湘江仪器厂研制的 WRP-130 铂铑 10-铂热电耦，均被评为“部优”产品。长沙内燃机配件总厂研制的 135 系列异步电机，被评为“省优”产品。

1991 年，长沙变压器厂研制的 2 型矿用隔爆型移动变电站获湖南省科技进步二等奖；研发的干式变压器，达到国际先进水平。是年，长沙县犁梨防爆电器厂生产的“梨江”牌电容式发爆器，被评为“部优”产品。长沙电机厂生产的 Y180~Y315 系列电机产品，全部创“省优”产品。

1992 年，长沙电控附件总厂成立，注册资金 1500 万元，位于长沙高新开发区，主要从事配电开关控制设备、组合电器和断路器、配电设备的生产等。

1993 年，长沙第二电机厂推行计件工资，促使效益大幅度增长，全员劳动生产率 1.16 万元/人。是年，长沙电机厂投资 1500 万元，实施技改扩能工程；自主开发适销对路的电机产品主要产品有：Y、J、YJS 三大类；全年实现产、销、利分别达到 1 亿、1.3 亿、800 万元，被列入中国 500 家最大电器机械及器材制造企业行列，按利税总额排序，位居 304 位。是年，长沙变压器厂研制的变压器压力释放阀，在中国第五届新技术新产品博览会上获银质奖。

1994 年，全市电器机械及器材制造行业规模以上工业企业 208 家，从业人员 1.25 万人，全年生产交流电动机 71 万千瓦，变压器 61 万千伏安，空气开关 2.33 万件，熔断器 67.26 万只，完成工业总产值 16.53 亿元，与 1988 年相比，企业增加 94.39%，人员减少 35.16%，产值增长 12.33 倍。

1995 年，湖南大学研制的新型平衡变压器，获国家技术发明三等奖。1997 年，长沙机电设备厂全年实现利税 281.8 万元，人均利税 1.66 万元，位列全市机械行业前茅。

1998 年，长沙电机厂投资 2500 万元，实施技术改造工程，项目达产后中小型电机年生产能力达到 120 万千瓦。湖南安力电子开发有限公司自主开发的 BWT 电力全微机综合自动化系统，长沙市电器成套厂研制的 GZDWⅡ电力系统用微机控制直流电源柜，均列入年度国家火炬计划。长沙丰日电气集团有限公司承担的高频开关电源项目，列入国家重点火炬计划。是年，湖南长高高压开关集团股份公司（以下简称“长高集团”）成立，注册资金 5.25 亿元，位于长沙市望城经济技术开发区，主要从事高压开关、组合电器、断路器等电器的生产、销售等。长沙奥托自动化技术有限公司成立，注册资金 1 亿元，位于长沙高新开发区，主要从事软起动器、变频调速器、高低压成套设备的生产和销售等。

1999 年，长沙光源电器成套厂改制后，企业更名为湖南诚源电器股份有限公司。长沙电器开关总厂改制后，更名为长沙电器开关股份公司。是年，长沙变压器厂因资不抵债进行公开拍卖，被广东新力集团公司以 3900 万元整体收购，成立长沙顺特变压器厂。

2000 年，全市机电设备制造行业通过开拓国际市场，全年产品出口额 8457 万美元。是年，全市电器机械及器材制造行业规模以上工业企业 33 家，从业人员 1.19 万人，全年生产交流电动机 35 万千瓦，变压器 124.99 万千伏安，完成工业总产值 27.82 亿元，利税总额 3.24 亿元，固定资产净值 9.61 亿元，与 1994 年相比，企业和人员分别减少 84.13%和 4.8%，产值增长 68.3%。

2001 年，长沙长继电气成套设备有限公司具备年产五大系列、35 种电磁型、静态型、微机型继电器及其装置 12 万台，各种高低压开关柜、控制及继电器保护屏、微机型电气成套设备等 1000 余台（套）的生产能力，通过高新技术企业和高新技术产品认定，发展成为湖南省的“双高”企业。湖南天能电机制造有限公司成立，注册资金 1050 万元，位于长沙县高桥镇，主要从事电动机、机电设备的生产和销售。

2002 年，全市机电设备制造行业通过开拓国际市场，机电产品和高新技术产品出口，分别超过 2 亿美元和 3000 万美元，比上年分别增长 150.5%和 104.8%。是年，长沙丰日电气集团有限公司研制的“丰日”牌系列高频开关直流电源柜，获湖南省质量奖；生产的“丰日”牌 GZG 系列高频开关直流电源柜，被评为湖南省名牌产品。

2003 年，全市电器机械及器材制造行业全年完成更新改造投资 2.56 亿元，为企业发展增添后劲。长沙星特自控设备实业有限公司研制的 WW（S）T“四无”型微机调速器，长沙电力学院与长沙华源电气自动化设备有限公司联合实施的消弧线圈自动调整系统分别获湖南省科技进步一等奖、二等奖。湖南泰通电力科技有限公司实施的变电站高压电力设备绝缘在线监测系统，纳入国家火炬计划。是年，长高集团投资 1 亿元，在长沙望城国家农业科技园区购地 12 公顷，实施企业搬迁扩建工程，项目达产后年产 220 千伏及以下高压开关 8000 组，363~750 千伏超高压隔离开关 600 组。

2004 年，全市电器机械及器材制造行业规模以上工业企业 44 家，从业人员 8894 人，全年生产交流电动机 139.7 万千瓦，变压器 129.7 万千伏安，实现工业总产值 34.52 亿元，利税总额 1.65 亿元，固定资产 6.35 亿元，与 2000 年相比，企业增加 33.33%，人员减少 25.01%，产值增长 24.08%，利税和资产分别下降 49.2%和 33.9%。是年，长沙电机厂有限责任公司自主完成低压电机系列和大型电机的开发设计，试制出 YR900－12 的 6 千伏大型电机，进入中国能设计生产大型电机的企业行列。长沙华源电气自动化设备有限公司研制的消弧线圈自动调整系统，获湖南省科技进步二等奖。

2005 年，全市变压器制造行业全年生产变压器 147.16 万千伏安，为有史以来最高产量记录。2006 年，长高集团建设的新基地竣工，企业实施搬迁并投产，全年实现产值 2.1 亿元，利税总额 4232 万元；次年，实施的二期建设工程完工。是年，湖南博迪电气有限公司研发的电能质量先进控制方法与装备及其工程应用，获国家科技进步二等奖。长高集团研制的 363 千伏、550 千伏户外交流高压隔离开关和接地开关技术，获湖南省科技进步二等奖。

2007 年，长沙电机厂有限责任公司总投资 5.4 亿元，在长沙天心经开区购地 26.4 公顷，建设新生产基地。是年，长沙博立电气有限公司研发的输配电关键技术与装备及其工程应用，获评湖南省科技进步一等奖。长高集团研制的 20 余个低压成套开关设备，获得中国强制性产品认证（3C 认证），企业被认定为省级企业技术中心。

2008 年，全市电器机械及器材制造行业规模以上工业企业 79 家，从业人员 1.56 万人，全年生产交流电动机 210.2 万千瓦，变压器 93.91 万千伏安，实现主营业务收入 110.96 亿元，利税总额 6.21 亿元，与 2004 年相比，企业和人员分别增加 79.55%和 75.5%，产值和利税分别增长 2.21 倍和 2.78 倍。

2009 年，长高集团研发的产品填补国家高压输变电成套设备关键技术的空白。长沙电机厂有限责任公司研制的电铲车配套变频驱动调速异步电动机，各项技术指标达到国际先进。湖南湘超电力科技有限公司实施的智能型无局放调频谐振特高压试验装置研制项目，获湖南省科技进步二等奖。是年，长沙贤盛发电器制造有限公司在长沙天心经开区购地 9.93 公顷，建设新生产基地。长沙贝士德电气科技有限公司成立，注册资金 5000 万元，位于长沙高新技术产业开发区，主要从事电子、通信与自动控制技术和电子产品研发等。

2010 年，长沙电机厂有限责任公司与北京核二院比尼新技术有限公司，签署核级电动机合作开发协议，标志着国内首家核级电动机研发生产基地在长沙天心经开区落户。是年，长沙电机厂有限责任公司的 YCD 型 1E 级系列核电站电动机样机，各项技术指标达到并部分超过国外先进水平；研制出百万、千万级压水堆核电站设备配套 1E 级电动机样机，用于核电站及核工程项目的设备配套；公司被认定为高新技术企业。同年，威胜集团实施的大型企业综合电气节能关键技术及应用项目，获国家科技进步二等奖。

2011 年，长高集团研制的 40.5 千伏系列断路器和融冰型系列高压隔离开关，填补国内高压输变电设备关键技术的空白；注册的“长高及图”商标，被评为湖南省著名商标，集团被认定为国家火炬计划重点高新技术企业。长沙电机厂有限责任公司研制的转子变频调速高压三相异步电动机，获湖南省科技进步三等奖，被认定为省级企业技术中心。长沙电力设备有限公司生产的 10 千伏开关设备，湖南汉龙水电设备有限公司生产的“汉龙”中小型水轮发电机组，长沙市美宇电器有限公司生产的“黑马”牌 12 千伏及以下高低压成套开关设备，湖南梅兰日兰电器有限公司生产的“湖梅”牌小型隔离开关系列等 5 个产品，均被评为湖南省名牌产品。

2012 年，全市机电产品全年出口额 26.68 亿美元；高新技术产品出口额 8.99 亿美元。是年，全市电器机械及器材制造行业规模以上工业企业有 107 家，从业人员 1.92 万人，全年生产交流电动机 311.94 万千瓦，为有史以来最高产量；完成工业总产值 229.72 亿元，与 2008 年相比，企业和人员分别增加 35.44%和 23.15%，产值 1.07 倍。是年，国防科学技术大学等联合研制的大型风力发动机复合材料叶片设计、制备和试验技术，湖南大学与有关单位联合实施的发电机有功与无功控制动态仿真成套设备关键技术与应用，分获湖南省科技进步一等奖和二等奖。长沙理工大学与湖南广信科技股份有限公司，联合研制的超/特高压绝缘纸板，获湖南省技术发明二等奖。长高集团研发的特高压交流输电关键技术、成套设备及工程应用，获国家科技进步特等奖；实施的特高压串补用开关设备和阻尼装置研究项目，获评中国电力科学研究院科技进步一等奖；研制的户外特高压交流隔离开关和户外特高压交流接地开关获湖南省电力科学技术二等奖。

三、电线电缆及其相关产品制造

1988 年，全市从事电线电缆及其相关产品制造主要有长沙电缆附件厂、长沙电控附件总厂等企业，主要产品有电线、电缆及附件和电瓷等。是年，长沙电缆附件厂试制成功机械压接钳，研制出 EICR - 8012 双组份室温固化聚氨酯浇铸树脂胶，达到国外同类产品先进水平，在北京国际发明博览会上，分获国际发明银牌奖和发明专利，均填补国内空白。湖南省电力线路器材厂生产的耐张线夹等 2 个产品，均被评为“部优”产品。长沙电控附件总厂生产的 JH5 系列接线座，被评为“省优”产品。是年，全市电线电缆及其相关产品制造行业规模以上工业企业 21 家，从业人数 3779 人，全年完成工业总产值 5661 万元。

1989 年，长沙电缆附件厂将产品打入国际市场，向澳大利亚等国家和地区出口电力电缆及导线压接钳等产品 35 吨；研制的 200 矿用电缆连接器，填补国内空白。长沙电线厂生产的两款纸包线，均被评为“省优”产品。

1991 年，全市电线电缆及其他制造行业规模以上工业企业 32 家，全年完成工业总产值 1.12 亿元，与 1988 年相比，企业增加 52.38%，产值增长 97.95%。

1992 年，长沙电线厂与长沙互感器厂合并，成立湖南电工器材总厂，实现优势互补。1994 年，长沙电缆附件厂研制的 10 千伏交联电缆热收缩终端，长沙电缆附件技术开发公司研制的 JSD - 3 电缆输送机，均获湖南省科技进步三等奖。1995 年，长沙电控辅件总厂产品主要有接线座等八大类、24 个系列、300 余种规格的电气辅件，研制的卯榫式接线座获评发明专利。

1997 年，毛炯明买断国有综合农场马栏山电视电缆厂，成立长沙金龙电缆厂；次年，改制为长沙金龙电缆有限公司（以下简称“金龙电缆”），主要生产低压电力电缆、高压交联电力电缆、架空绝缘电缆等产品。

1998 年，长沙电缆附件有限责任公司克服金融危机造成的不利影响和冲击，全年完成产品销售收入 2.08 亿元，实现净利润 296 万元。

1999 年，金杯电工股份有限公司（以下简称“金杯电工”）成立，注册资金 5.53 亿元，位于长沙市高新技术产业开发区，主要生产经营加工、制造、销售电线、电缆等产品。

2000 年，金龙电缆注册的“炯龙”牌电力电缆，获评湖南省首批重点保护产品。2001 年，金龙电缆严格按照国标（GB）和国外先进标准组织生产，获湖南省产品质量奖。2002 年，金龙电缆生产的“炯龙”牌电线电缆，被评为湖南省名牌产品。

2003 年，湖南湘能线缆有限公司投资 6000 万元，实施技改扩能项目工程。长沙黄花电线有限公司总投资 2260 万元，实施纳米云母导线技扩能项目工程。2004 年，金杯电工改制为股份有限公司，主导产品为 110 千伏级及以下交联聚乙烯电力电缆、布电线、1000 千伏级以下架空线、特种电缆和电磁线，生产的通信电缆有五大类 1 万余个规格品种的产品。是年，全市电线电缆及其他制造行业规模以上工业企业 11 家，从业人员 1346 人，全年生产电线电缆 7.72 万千米，完成工业总产值 8.93 亿元，利税总额 7703 万元，固定资产净值 1.13 亿元，与 1991 年相比，企业减少 65.63%，产值增长 6.97 倍。

2005 年，金龙电缆拥有生产设备 160 余台（套），专用检测设备 120 余台（套），具备年产各类电线电缆 3 亿元的生产能力，被湖南省产品监督检验所授予电线电缆产品定点检验单位。2006 年，金龙电缆投资10.26 亿元，在长沙望城经济开发区建设生产基地；主要产品品种有电力和架空绝缘等六大类，被认定为国家免检产品；与加拿大朗润集团香港鹏力国际有限公司合资，组建湖南金龙国际铜业有限公司，企业从此步入发展的快车道。是年，长沙电缆附件有限公司被认定为省级企业技术中心。京广线缆集团有限公司成立，注册资金 1 亿元，位于长沙县经济技术开发区，主要从事电线、电缆、电工器材、塑胶材料的制造等。

2007 年，金龙电缆形成铜业、电线电缆、铝业三大产业，企业进入集团化运作新阶段（以下简称“金龙集团”）。长沙电缆附件有限公司总投资 5000 万元，实施开发 500 千伏超高压交联电缆终端项目，建成 500 千伏超高压试验室，项目达产后年增产电缆终端 1000 台、电力电缆附件 7000 台、施工机具及电力工具 30 万件。湖南通宝电缆有限公司成立，注册资金 3400 万元，位于长沙经济技术开发区，主要从事电线、电缆、电工器材等产品的生产和制造。

2008 年，金杯电工自主开发的风力发电及机车车辆用特种橡套电缆项目，列入湖南省“双百”工程；所生产的产品均取得全国工业产品生产许可证和中国强制认证（CCC 认证）；其中电线产品被国家质量委员会授予银质奖；与国防科学技术大学合作实施的倍容量碳纤维复合材料芯铝绞线项目，列入国家高技术研究发展计划；公司发展成为国内领先的输变电重大装备用电磁线制造企业，在全国同行业排名中进入前 20 强。

是年，全市电线电缆及其他制造行业规模以上工业企业 20 家，从业人员 3339 人，全年生产电线电缆 72.19 万千米，实现主营业收入 35.23 亿元，利税总额 2.41 亿元，固定资产净值 3.8 亿元，与 2004 年相比，企业和人员分别增加 81.82%和 1.48 倍，产值、利税和资产分别增长 2.95 倍、2.12 倍和 2.36 倍。

2009 年，长沙电缆附件有限公司总投资 4500 万元，研发的 220 千伏插入式装配型绝缘中间接头、新型 110 千伏交联聚乙烯绝缘电力电缆干式 Y 形分支接头属国内首创；注册的“长缆”牌 110 千伏及以下电缆附件系列产品，被评为湖南省名牌产品。是年，金杯电工注册的“金杯电工”商标，被认定为中国驰名商标。该公司生产的“金杯”牌聚氯乙烯绝缘电缆 BV 系列等 4 型系列产品，长沙汉河创业电缆有限公司生产的“Hanhe 汉河”牌铜芯聚氯乙烯绝缘电线电缆等 4 个产品，均被评为湖南省名牌产品。

同年，金龙集团投资 2 亿元，新建电缆交联车间，建成电线电缆质量安全示范性实验室；与湖南大学等实施产学研联合，增建厂房面积 5 万平方米，项目达产后新增电缆产能价值 25 亿元。湖南湘江电缆有限公司成立，注册资金 1 亿元，位于长沙市天心区暮云镇，主要从事电缆桥架、电线、电缆、光缆及电工器材的制造等。

2010 年，金杯电工推出的股票在中小板成功上市，发展成为大型企业。是年，湖南长沙黄花电线有限公司主要产品有纳米云母导线、漆包绕组线等系列，拥有前者的自主知识产权；建设有多条生产线，形成 5000 吨/年电磁线生产能力。金龙集团发展成为一家集研发、专业制造和销售为一体的高新技术企业，进入湖南省有色金属前三强，跻身长沙市工业前十强第七名。是年，长沙电缆附件有限公司注册的“长缆及图形”商标，被认定为中国驰名商标。湖南长峰电缆有限公司投资 3600 万元，实施研发生产基地建设；主要产品有各种规格的电工圆铜线和、高压交联电缆等 10 余个系列、千余种规格产品，所产电缆最大导体截面 1200 平方毫米。

2011 年，金龙集团投资在望城经开区建设新的电缆生产基地，发展成为集电线电缆新材料、新技术研发，电线电缆生产销售、铜铝材精深加工为一体的国家高新技术企业，基本实现电线电缆上下游产业链的循环；注册的电线、电缆商标，被认定为中国驰名商标；起草制定直流电缆生产技术国家标准，全年实现产值 50 亿元，上缴税收 2 亿元。是年，长沙电缆附件有限公司更名为长缆电工科技股份有限公司，建设国内最大的电缆附件试验检测中心，拥有国内最先进的电缆附件绝缘材料、橡胶成型智能监控、全自动环氧浇注生产线，累计获得专利 39 项，发展成为集研发、生产、销售和服务于一体的高科技企业。同年，湖南省豪意电器有限公司注册的电开关、插座商标，被认定为中国驰名商标。京广线缆集团有限公司注册的电线电缆等 9 类产品商标，被评为湖南省著名商标。

2012 年，金杯电工被列入国家火炬计划重点高新技术企业，被评为国家新型工业化示范项目；长缆电工科技股份有限公司生产的“长缆”牌电线电缆，被评为湖南省名牌产品；公司被列入国家火炬计划重点高新技术企业。京广线缆集团有限公司生产的电线电缆，被评为湖南省名牌产品。湖南长沙黄花电线有限公司被认定为高新技术企业。金龙集团被认定为省级企业技术中心，获全省加速推进新型工业化一等奖。是年，全市电线电缆及其相关产品制造行业规模以上工业企业 107 家，主要产品有各种型号、规格的电线和电缆、云母导线、电缆附件和电工器材等系列产品，全年生产电线电缆 56.58 万千米，完成工业总产值 42.45 亿元，与 2008 年相比，企业增加 4.35 倍，产值增长 20.49%。

第五节　通用机械制造

一、生产规模

1988 年，全市通用机械及其产品主要由内燃机、水泵、鼓风机、阀门、锅炉等通用设备构成。是年，长沙轴承厂全年实现工业总产值 1596.36 万元，利润 130 万余元。张跃、张剑创立远大热工研究所(远大空调有限公司的前身，以下简称“远大空调”)，开始个人创业。是年，全市通用机械制造行业规模以上工业企业 48 家，从业人员 2.27 万人，全年生产内燃机 139.18 万马力，风机 1.26 万台，水泵 1.65 万台，锅炉 257 台，轴承 386.02 万套，完成工业总产值 6019 万元。

1990 年，全市通用器件行业全年生产轴承 537.63 万套，为有史以来的最高产量。是年，长沙轴承厂全年创汇 216 万美元，居全省轴承行业和全市机械行业之首，被湖南省机械工业厅评为出口创汇先进企业。

1991 年，长沙水泵厂总投资 2285 万元，实施大型水电站配套和树脂砂生产线 2 个技改项目，开发出 72KXA 等 17 个水泵新品种。湖南动力机厂投资 1000 万元，均实施技改扩能工程。长沙新型含油轴承厂实行“公有私营”，成为长沙市第一个实行租赁经营的试点企业，形成含油轴承 10 万件的生产能力。

1992 年，长沙以长沙轴承厂为核心，组建长沙万通集团公司，成立变速传动轴承分厂，生产的产品主要出口到美、欧等 20 余个国家和地区，全年创汇 470 万余美元，成为全市的创汇大户企业。是年，湖南省动力机厂先后投入技改资金 969 万元，试制出 6105FB 低污染防爆柴油机，填补国内空白；该厂在国家例行的年度汽车产品质量监督检查中，生产的柴油机质量名列全国第一。远大空调研制出中国首台直燃式中央空调主机，全部按国际标准和国外先进标准组织生产，确保产品质量和性能一流。长沙深湘通用机器有限公司成立，注册资金 3200 万元，位于长沙高新开发区，主要从事通用设备的研究、开发、生产、销售及安装等。

1993 年，全市鼓风机制造行业全年生产风机 2.50 万台，是有史以来的最高产量；长沙水泵厂、南区工业泵总厂、长沙锅炉厂、长沙阀门厂等克服市场疲软等因素制约，均实现利润过百万元。是年，长沙水泵厂投资3000万元，引进美国I－R公司的先进技术，研发出3型立式斜流泵，全年实现产值、利润分别达到1.2亿元和1700万元，列入中国500家最大机械工业企业行列，按利税总额排序居206位。同年，湖南动力机厂总投资1.09亿元，实施铸造车间环保配套设施改造和HD6105Q新型车用柴油机扩建技改2个项目，并进行技术改造，项目达产后年产HD6105系列柴油机3万台、六缸防爆柴油机750台。

1994年，受市场疲软等影响，全市通用机械行业除长沙水泵厂、长沙鼓风厂、长沙阀门厂等企业略有盈利外，其余企业全部出现亏损，企业处于停产半停产。是年，长沙鼓风机厂投入技改资金3600万元，实施技改扩建工程，项目达产后形成年产5000台风机的生产能力；全年实现工业总产值1亿元，利税1767万元，名列全市机械行业前茅。长沙水泵厂总投资1235万元，从日本日立制作所引进冷凝泵技术软件、工艺等，实施技改工程，全年实现工业总产值1.7亿元，利税总额1398万元。湖南省动力机厂全年生产柴油机1.25万台，实现销售收入2.42亿元，利税总额7700万余元，占冶金机械局利税总额的50%，成为全市的利税大户企业。

是年，全市通用机械制造行业规模以上工业企业276家，从业人员3.54万人，全年生产水泵1.73万台，产量达到新高；内燃机193万马力，风机2.28台，锅炉275台，轴承248.22万套，完成工业总产值24.03亿元，利税总额8528万元，固定资产净值7.58亿元，与1988年相比，企业和人员分别增加4.75倍和56.07%，产值增长38.93倍。

1995年，长沙水泵厂通过实施“八五”期间（1991—1995年）技术改造，生产的电站循环泵占国内市场份额约80%，经济规模和效益均居全国同行业的前5位；通过调整产品结构，全年实现工业总产值达到1.9亿元。湖南华裕发动机制造有限公司总投资9200万元，实施年产轻型柴油机1.5万台建设项目。同年，湖南长悦机械设备有限公司生产的产品，质量完全符合引进日本技术产品的要求，创造出较好的经济效益，全年实现利润690万元，出口创汇23万美元。远大空调总投资2100万元（含外汇250万美元），实施的第二期扩建工程开工，项目达产后将形成3000台空调的生产能力；全年实现销售收入7.2亿元，从而实现跨越式发展。湖南动力机厂总投资1.19亿元，建设改造HD6105柴油机加工车间；凭借企业综合实力，入选年度中国工业企业综合评价最优500家企业名单，位列第104位，被认定为全国大中型骨干企业。

1996年，长沙阀门厂实施为期3年的第一轮“租赁经营”，全年利税总额达到456.6万元，实现人均利税过万元。是年，远大空调总投资1500万美元，在长沙高新区岳麓山科技园实施项目工程建设。湖南亿利达实业有限公司成立，注册资金2600万元，位于长沙市雨花区，主要从事锅炉的生产和安装等工作。1997年，远大空调全面推行国际质量保证体系，一次性通过ISO9001质量体系认证，产品由此获得走向国际市场的通行证；通过开发适销对路新产品，市场占有份额逐年扩大。湖南动力机厂总投资1.39亿元，实施年产3万台HD6105柴油机技改项目。是年，长沙轴承厂、长沙标准件总厂大幅亏损。长沙同大水泵实业有限公司成立，注册资金5050万元，位于长沙高新开发区，主要从事水泵及配件、风机及配件的制造、销售及相关技术服务。

1998年，湖南动力机厂陷入困境。湖南泵阀制造有限公司成立，注册资金7500万元，位于长沙市雨花区，主要从事水泵、液力阀、管力阀、旋球阀、多功能阀等的生产和销售。

1999年，长沙市阀门厂通过实施第二轮租赁经营，全年完成工业总产值3609万元，实现利润275万元，人均年收入1.17万元，人均利税过万元，综合经济指标位居全国低压阀门行业第一位。是年，远大空调通过开发新产品，积极占领非电空调市场，全年实现工业总产值12.82亿元，利税3.2亿元。长沙中联泵业有限公司成立，注册资金5180万元，主要从事泵、阀门、压缩机及类似机械、机电设备的制造等。

2000年，全市通用机械行业在改革的推动下，扭转7年来经济效益下滑的势头，获得恢复性增长。远大空调4年间独创20余项专利技术，先后对产品进行6次重大改进，使各项性能达到或超过国际先进水平；全年生产非电空调4.83万台，国内非电空调市场占有率90%。长沙阀门厂生产的蝶阀，被湖南省经贸委、省质量技术监督局授予湖南省产品质量奖；投资405万元，扩大自主开发设计的液控蝶阀、金属硬密封蝶阀的生产规模。是年，全市通用机械制造行业规模以上工业企业46家，从业人员2.27万人，全年生产内燃机51.72万马力，空调3.47万台，水泵4200台，风机2200台，工业锅炉1426吨，轴承98.22万套，完成工业总产值11.44亿元，利税总额66万元，固定资产净值13.25亿元，与1994年相比，企业和人员分别减少83.33%和35.93%，产值、利税分别下降52.4%、99.23%，资产增长74.89%。

2001年年初，长沙水泵厂投资8013万元，实施环保设备产品国家债券项目，项目建成后将成为国内大型和特大型泵的技术中心；全年完成工业总产值1.85亿元。是年，远大空调投资1.1亿元实施户式燃气中央空调项目。

2002年，长沙锅炉厂投资1938万元，实施企业搬迁重建技术改造项目，对现有生产工艺流程进行技术改造。

2004年，长沙天鹅工业泵有限公司总投资1212万元，对WLZ无泄漏自吸泵技改生产线实施技术改造，项目达产后年新增工业泵1.59万台。长沙水泵厂有限公司与湘潭电机股份有限公司联合组建湖南湘电长沙水泵有限公司（以下简称“湘电长泵”）。

2005年，湖南亿利达实业有限公司总投资2800万元，实施技术改扩能项目。2006年，美国沃茨工业集团在全资收购原长沙阀门厂后，决定在2年内向公司注资3500万美元，在长沙望城建设占地9.33公顷的新厂区，将其打造成世界最大的大型蝶阀制造基地。湘电长泵投资4.1亿元，实施搬迁战略，在长沙麓谷高新区和宁乡经开区，建设机装试验和铸造基地，项目达产后年产各类中、大型水泵5000台。是年，全市通用机械制造行业规模以上工业企业154家，从业人员2.35万人，全年生产水泵7900台，风机7900台，工业锅炉2847吨，完成工业总产值74.18亿元，利税总额7.77亿元，固定资产净值18.89亿元，与2000年相比，企业和人员分别增加2.35倍和3.86%，产值、利税、资产分别增长5.48倍、1175.73倍、42.57%。

2008年，受全球金融危机影响，长沙通用设备制造行业停产、半停产、减产面达到48.1%。是年，远大空调投资1亿元，实施技改项目；自主研发出X型非电中央空调，达到国际领先水平；生产的溴化锂吸收式空调，市场份额居全球第一；溴化锂吸收式冷温水机，占全球同类产品市场份额的20%；全年实现工业总产值28.25亿元，成为全市利税过亿元企业。长沙天鹅工业泵股份有限公司在长沙天心经开区购地1.83公顷，扩建工业泵生产、研发、销售基地。湖南天宏泵业制造有限公司成立，注册资金5000万元，位于浏阳高新技术产业开发区永和路，主要生产泵、阀门、压缩机及类似机械制造。

2009年，全市机械制造行业中远大空调、湘电长泵、长沙鼓风机厂有限责任公司、长沙重型机器制造有限公司在各自领域，凭借企业综合实力，保持市场份额的相对稳定，均取得利税过2000万元的佳绩，较好地维持企业的经营效益。是年，长沙市湘桥风机制造有限公司投资2500万元，在宁乡高新区购地1.86公顷，建设风机生产线1条。

2010年，远大空调生产的中央空调在世界博览会250余个场馆中，实现连续6个月安全运行“零故障”，该公司总裁张跃为此获得湖南省最高质量荣誉奖——省长质量奖。2011年，全市锅炉制造行业全年生产锅炉 5.44 万吨，创有史以来最高产量纪录。

2012 年，湖南搏浪沙水工机械有限公司主要生产水工机械、泵站配套设备、水电设备等，全年实现利税过亿元，成为全市的利税大户企业。长沙同大水泵实业有限公司获评“两型”企业创建示范企业。是年，全市通用机械制造行业规模以上工业企业 190 家，从业人员 3.33 万人，全年生产水泵 9000 台，风机 2.44 万台，工业锅炉 1.12 万吨，实现工业总产值 315.42 亿元，利税总额 38.2 亿元，固定资产合计 61.05 亿元，与 2006 年相比，企业和人员分别增加 23.38%和 41.45%，产值和利税分别增长 3.25 倍和 3.92倍。

二、产品质量

1988 年，全市通用机械制造行业全年完成新产品鉴定 40 项，有 4 个产品获评“部优”，15 个产品获评“省优”。是年，湖南省动力机厂研发的 X4105FB 防爆低污染柴油机获湖南省科技进步二等奖。长沙水泵厂研制出 69APMA 大型立式斜流泵，获国家技术开发优秀成果奖；长沙正圆动力配件厂生产的“正字”牌 95、105 系列柴油机活塞环，获国家产品质量银质奖。

1989 年，长沙矿山冶金研究院与长沙熔断器厂联合研制成功 FMZ 重负荷代青铜烧结铁基含油轴承材料及制品，在国家举办的首届“火炬杯”高新技术及产品展评会上获优秀产品金牌奖，填补国内空白。是年，长沙水泵厂投资 450 万元，研制的年产 52 万吨二氧化碳气提法尿素装置机械设备，获国家科技进步一等奖；研制的国内最大的 88LKE×E－18 立式斜流泵和 72TKXA－16 可调斜流泵，达到 20 世纪 80 年代国际先进水平；生产的“长风”牌 4 个大型立式单级单吸离心泵，均被评为“部优”产品。长沙内燃机配件总厂生产的“雨花”牌 4a2Q 汽油机曲轴，获国家产品质量银牌奖；生产的 492Q 汽油机曲轴，被评为“省优”产品。

1990 年，长沙鼓风机厂生产的“连心”牌 L24282 型罗茨鼓风机，被评为“部优”产品。1991 年，湖南大学自主研发的沸腾燃烧装置，获国家技术发明四等奖。

1992 年，长沙轴承厂研制的变速传动轴承，在全国科技成果展览交易会上获金牌奖。在全国“七五”（1986—1990 年）星火计划暨专利技术展洽谈会上，长沙阀门厂研制的对夹式金属电（手）动硬密封蝶阀，长沙市特种工业泵厂研制的 BF 耐腐蚀非金属泵，均获金奖；长沙试压泵厂研制的 ZD1－SY 双缸电动试压泵获银奖。是年，长沙鼓风机厂研制的 RE－200VT 型高负压罗茨鼓风机，可逆行负压达-7600 毫米水柱，主要性能指标达到国外同类产品先进水平。同年，长沙阀门厂研制的液控蝶阀、对夹式金属硬密封阀，均获发明专利。年内，长沙水泵厂研制的立式斜流泵系列产品，被评为“七五”湖南省机械工业十大科技成果之一；生产的 2 型水泵，均被评为“省优”产品。

1993 年，湖南动力机厂开发的 HD6105Q 柴油机，各项性能指标均达到 90 年代初国际先进水平；研制的 6105－1A 型车用柴油机获湖南省科技进步一等奖和省科委科技成果二等奖。是年，远大空调研制的 ZXZV 型直燃式溴化锂冷温水机组，通过湖南省科委主持的技术鉴定，填补国内空白，获国家科技进步二等奖，其主要性能指标达到国际先进水平，是一种可替代氟利昂制冷系统的新型空调系统。年内，长沙鼓风机厂自主开发出 R－G 型、R－D 型系列风机，其中 RE 型、RC 型罗茨鼓风机，获湖南省科技进步二等奖。1994 年，湖南省动力机厂总投资 7000 万余元，研制出 ZQ 直喷增压柴油机，达到国际先进水平；与上海内燃机研究所，联合研制的 6100ZQ 型增压柴油机，接近 20 世纪 90 年代初的国际水平。远大空调研制的直燃机技术，获第二十二届日内瓦国际发明金奖。是年，长沙市惠湘机电技术研究所承担的 OC3/7 单螺杆空气压缩机研制成功，是一种填补国内空白的高技术产品，其主机技术接近国际先进水平。长沙内燃机配件总厂自主开发的电泵，获发明专利。

1995 年，长沙鼓风机厂通过实施滚动技改，研制的罗茨风机在全国技术领先；承担的 RE－200VT 型高负压罗茨鼓风机性能达到国际同类产品水平。长沙内燃机配件总厂研制成功浮式电动水泵，获评国家专利。是年，远大空调研制的 V 型直燃机，主要技术性能指标达到国际先进水平；投资建成具有世界领先水平的全球第一条直燃机流水生产线，被列入国家火炬计划重点项目；研制的 ZXZ－V 直燃机溴化锂冷温水机，获湖南省科技进步一等奖，从而成长为全球直燃机产销量最大、技术水平最高的企业。同年，长沙阀门厂研制的 4350D941H 金属硬密封电动通风切换阀获国家机械科技成果二等奖。

1996 年，远大空调研制出远大 V 型直燃机等系列新产品，用 2 年时间，缩短与世界先进水平近 30 年的差距；研制的 ZXZ－V 型直燃式溴化锂冷温水机，获国家科技进步二等奖，发展成为世界知名的直燃机生产厂商。是年，长沙鼓风机厂自主研发的 R 系列罗茨风机，被评为“省优”和湖南省名牌产品及中国新产品、新技术博览会金奖；该产品和 TS 系列罗茨风机，均被评为“部优”产品。长沙水泵厂研制的 20 万~30 万千瓦电站用立式大型斜流泵，被评为“省优”产品。1997 年，长沙鼓风机厂研制的 RE－200VT 型高负压罗茨鼓风机，获湖南省科技进步二等奖。长沙水泵厂研制的立式斜流海水循环泵，获湖南省科技进步二等奖。

1998 年，远大空调研制的直燃溴化锂吸收式冷温水机，获科技部火炬优秀项目一等奖。长沙深湘通用机器有限公司研制的高效节能柱磨机，被科技部等 6 部委认定为国家重点新产品。

2000 年，长沙电机厂总投资 2800 万元，实施开发水电泵技改项目；研制的大、中型潜污（水）电泵，集电机、水泵于一体，是一种新型取代传统轴流（混流）泵机组的更新换代机电合一新产品。是年，长沙锅炉厂研制的双翼烟道式螺纹烟管锅炉，长沙市阀门厂研制的蝶阀等产品，均获得湖南省产品质量奖。

2001 年，湖南亿利达实业有限公司研制的“亿利达”牌智能化热水锅炉（燃油、燃气型），获湖南省科技进步三等奖，公司被认定为国家重点高新技术企业。2002 年，湖南亿利达实业有限公司累计申请专利 36 项，多项产品先后列入国家火炬计划项目，被评为国家重点新产品。长沙市佳能制泵有限公司生产的“佳能”牌系列立式多极消防泵，获湖南省产品质量奖。

2003 年，远大空调公司研制的燃气中央空调，被评为中国名牌产品。长沙深湘通用机器有限公司公司研制的高效节能柱磨机，在第九十五届中国国际新技术新产品博览会暨第九十五届湖南省新技术新产品交易会中获金奖。

2004 年，湖南亿利达实业有限公司主要生产三大系列、100 余个规格的定型产品，研制的智能化中央供热机组、节能锅炉、网络控制系统等，其技术水平达到国际先进水平。

2005 年，远大空调建立博士后科研工作站，公司研制的利用发电余热直接提供制冷、制热或卫生热水的新技术，获湖南省科技进步一等奖，注册的“远大”商标，被认定为中国驰名商标。长沙鼓风机厂有限责任公司被认定为省级企业技术中心。同年，长沙电机厂有限责任公司总投资 1000 万元，实施高压中、大型潜水电泵生产技术改造项目，研发取代传统轴流（混流）泵机组的机电合一新产品。2006 年，远大空调研制的溴化锂吸收式冷（热）水机组，被评为中国名牌产品，被认定为国家级企业技术中心。湖南亿利达实业有限公司累计获得 43 项拥有自主知识产权的专利技术，被认定为省级技术中心；研制的 5 项产品列为国家重点新产品，其中有 4 项产品列入国家火炬计划，在行业内处于领先地位。

2007 年，湖南搏浪沙水工机械有限公司研制的节能型全自动止回装置，获水利部“大禹奖”二等奖；次年，被水利部纳入“948”计划重点推广项目和先进实用技术重点推广产品。

2008 年，湘电长泵产品形成 41 个系列、847 个品种、2403 个规格；注册的“C.B”产品标识，被评为湖南省消费者信得过品牌；生产的立式斜流泵，被评为湖南省名牌产品和“省优”产品。是年，长沙赛尔机泵有限公司总投资1.2亿元研制的径、混流式“全可控涡”三元叶轮设计方法及其流型，具有完全自主知识产权，居国际领先水平，被评为国家科技发明三等奖；生产的三元叶轮离心压缩机，被评为湖南省名牌产品。同年，湖南亿利达实业注册的“亿利达”牌商标，被认定为湖南省著名商标。长沙天鹅工业泵有限公司研制的垂直吸水无泄漏立式自吸泵、立式单级双吸离心泵，均获实用新型专利，累计获得专利13项。

2009年，长沙鼓风机有限责任公司专门研制生产的高效能S系列罗茨鼓风机，达到国际先进水平。2010年，长沙湘风鼓风机制造有限公司自主研发的新型高效罗茨风机，获流体机械奖金奖；研制的高压输送罗茨鼓风机、罗茨鼓风机等，获得5项以上实用新型专利和相关的知识产权，被认定为高新技术企业。长沙佳能通用泵业有限公司生产的“昌佳”牌多级离心泵（D、DG、DF、MD（P）型），被认定为湖南省名牌产品。

2011年，长沙锅炉厂有限责任公司等联合研制的物质循环流化床直燃发电锅炉，达到国际先进水平，获国家能源科技进步二等奖，被国家列入特种设备节能技术与产品推广目录；长沙锅炉厂有限责任公司通过在节能环保、新能源领域不断创新，整体实力进入全国锅炉行业前十。是年，长沙天鹅工业泵股份有限公司实施的大型高性能水泵多学科综合技术研究与开发项目，获湖南省科技进步二等奖。湖南亿利达实业有限公司注册的电热和煤气锅炉商标，被认定为中国驰名商标。湖南耐普泵业有限公司注册的“nep”牌7类产品商标，长沙深湘通用机器有限公司注册的“深湘及图”商标，均被认定为湖南省著名商标。湘电长泵生产的“C.B”牌立式斜流泵（全系列），被评为湖南省名牌产品。

2012年，湘电长泵作为国内水泵行业五大重点骨干企业之一，拥有全国最大的水泵测试中心；公司被认定为省级企业技术中心。长沙天鹅工业泵股份有限公司是中国泵业骨干企业，累计获得专利30余项，主要产品有离心泵等7个系列。湖南天宏泵业制造有限公司生产的水泵有30个系列、69个品种、2188个规格。同年，湖南耐普泵业有限公司被认定为高新技术企业。长沙锅炉厂有限责任公司被认定为省级企业技术中心。长沙深湘通用机器有限公司累计获评国际专利5项、国家专利35项；注册的“深湘”牌商标，被评为湖南省著名商标。年内，长沙鼓风机有限责任公司作为中国罗茨鼓风机技术开发能力最强、生产规模最大、产品品种最全的企业，拥有国内规模最大的罗茨鼓风机测试中心，被认定为高新技术企业。是年，全市通用机械制造行业所生产的产品形成系列化：水泵系列、鼓风机系列、非电空调系列、阀门系列、锅炉系列，通用器件系列等。

企业选介

远大空调有限公司。1988年，张跃、张剑兄弟俩创立远大热工研究所。1989年，他们研制成功国内首台无压热水锅炉，掀起中国供暖行业一场历史性变革。1996年，成功开发出远大Ⅵ型直燃机，研制出溴冷机电话联网监控系统，建成全球最大的10个台位的溴冷机整机试验台，获国家科技进步二等奖。1997年，全年生产的中央空调主机，销售额全国排名第一。1998—2000年，先后取得UL、SGS、CE等认证，产品开始进入欧美高端市场。2002年，成长为中国最具国际竞争力的16家企业之一，发展成为全球生产规模最大的非电空调专业生产厂家。2003—2009年，独创超小型燃气空调，攻克吸收式空调小型化世界性难题，首创全球双能空调；开发成功2万~1000万大卡型“一体化空调”，开创“利用发电废热直接提供制冷、制热或卫生热水的技术”，获湖南省科学技术进步一等奖。

2011 年，该公司开发的环保节能型空调新产品，得到国际社会的认可和好评，总裁张跃为此被联合国环境署授予“地球卫士”奖，这是全国获此殊荣的唯一企业和个人。至 2012 年，公司占地面积 1 平方千米，立足于非电中央空调领域的高新技术攻关，使中国的绿色空调领域始终处于国际领先水平，成为全球唯一一机三用（制冷、制热和卫生热水）的非电空调的设计制造者，拥有 100 余项非电空调专利技术，全部产品拥有自主核心知识产权，并连续 18 年实现上缴利税过亿元；联合国秘书长在“里约+20”大会上，明确把远大空调作为唯一节能案例向全球推介，从而使“远大”非电空调享誉全球。是年，公司从业人员 1074 人，全年完成工业总产值 29.46 亿元，利税总额 10.35 亿元，固定资产净值 6.35 亿元。

第六节　专用机械制造

一、生产规模

1988 年，全市专用机械及产品主要由纺织、食品、农用、冶金、制药和化工机械等构成，全市专用机械制造行业规模以上工业企业 40 家，全年生产矿山设备 1836 吨，农用车近万辆，完成工业总产值 1.73 亿元。

1990 年，湖南凯天环保科技股份有限公司成立，位于长沙市经济开发区，主要生产经营尾气处理装置、空气净化成套设备、脱硫除尘设备、环保设备加工等。1992 年，全市农机制造行业全年生产小型拖拉机 695 台，比上年 375 台增长 85.33%。

1994 年，全市专用机械制造行业规模以上工业企业 106 家，其中亏损企业 32 家；从业人员 2.33 万人，全年生产矿山设备 2431 吨，小型拖拉机 1482 台，完成工业总产值 7.34 亿元，产品销售税金及附加 900 万元，亏损企业亏损 5634 万元，固定资产净值 2.36 亿元，与 1988 年相比，企业增加 1.65 倍，产值增长 3.25 倍。

1995 年，全市农机制造行业通过资源整合，全年生产小型拖拉机 2164 台，比上年增长 40.02%，为有史以来最高产量。

1996 年，长沙轻工机械厂通过深化企业改革，全年完成产值 1000 万元，实现利润 176 万元，连续 6 年保持人均利税过万元，进入全国轻工机械行业最佳经济效益百强企业行列。是年，湖南省果园汽车改装厂与英属维京群岛华商集团国际有限公司共同总投资 4860 万元，合资生产经营农用运输车系列产品，项目达产后形成年产“橘洲”牌农用系列运输车 3 万辆的能力。湖南广义科技有限公司成立，注册资金 800 万元，位于长沙市天心区南托街道，主要从事粉末、环保、冶金、矿山设备的生产和销售等。湖南麓南脱硫除尘设备有限公司成立，注册资金 3500 万元，位于长沙国家高新技术产业开发区，是主要从事大气污染治理的环保企业。

1997 年，长沙轻工机械厂由职工出资买断国有经营性净资产，改制为长沙轻工机械有限责任公司，成为全市第一家改制企业，全年实现利税 288 万元，人均创利税 1.52 万元，位列全市机械行业前茅。湖南湘牛环保实业有限公司成立，注册资金 5000 万元，位于长沙高新开发区，主要从事固体废物处理处置工程、物理污染防治工程（噪声）等业务。力合科技（湖南）股份有限公司成立，注册资金 6000 万元，位于长沙国家高新技术产业开发区，是一家专业从事水质在线监测分析仪器生产、销售的企业。

1999 年，湖南橘洲农用运输车（集团）有限公司通过苦练内功，挖潜增效，全年实现利税超 1000 万元，成为全市的利税大户企业。

2000 年，长沙凯瑞重工机械有限公司成立，位于长沙麓谷高新技术开发区，主要从事罐车、吊斗车、液压平板运输车、矿用车辆等生产。长沙华时捷环保科技发展有限公司成立，注册资金 1500 万元，位于长沙高新开发区，主要从事环保、仪器仪表等设备的生产和制造。是年，全市专用设备制造行业规模以上工业企业 32 家，从业人员 1.29 万人；全年生产矿山设备 2029 吨，与上年 6673 吨相比下降 69.59%；小型拖拉机 110 台，比上年 140 台下降 21.43%，产量呈萎缩之势；完成工业总产值 14.59 亿元，利税总额 3.27 亿元，固定净值 6.56 亿元，与 1994 年相比，企业和人员分别减少 69.81%和 44.77%，产值和资产分别增长 98.75%和 1.78 倍。

2001 年，湖南电梯厂总投资 3844 万元，实施迁址新建项目，项目达产后年产电梯达到 500 台。是年，长沙普惠环保机械有限公司成立，注册资金 2389 万元，位于长沙高新开发区，主要从事生活垃圾处置设备的研发、生产和处置技术开发等，推出普惠 PL1Z 型集装箱式垃圾中转站。湖南三锦节能环保科技有限公司成立，注册资金 5000 万元，位于长沙经济技术开发区，经营范围包括其他通用设备制造业、照明灯具、灯用电器附件等。

2002 年，长沙市德邦环保工程技术有限公司成立，注册资金 2000 万元，位于长沙市雨花区，是一家从事废水、环保设备、节能环保产品的生产和销售等。

2003 年，全市专用机械制造行业全年完成更新改造投资 8.2 亿元，为企业发展增添后劲。是年，湖南晶鑫科技股份有限公司总投资 1847 万元，实施软包装生产线技术改造。湖南正大轻科机械有限公司成立，注册资金 2666.67 万元，位于长沙市雨花区，主要从事浆板机、造纸机、涂布机及其他制浆造纸成套设备的生产制造等。

2004 年，长沙中联消防机械有限公司成立（以下简称“中联消防”），为中联重科控股的中外合资企业，注册资金 4492.7 万元，位于长沙市望城区腾飞路，主要从事各类消防装备的设计、制造、销售、维修等。2005 年，湖南加清环保设备有限公司经过发展，业务涵盖减排和节能两大领域，总投资 2990 万元，实施现代环保设备技术改造工程。

2006 年，长沙中京机械有限公司投资 4000 万元，长沙中粮机械有限公司投资 3000 万元，长沙众惠机械有限公司投资 2000 万元，分别在长沙宁乡经济技术开发区，建设建筑机械、环卫机械、粮食机械及煤炭机械生产基地。是年，全市专用设备制造行业规模以上工业企业 78 家，从业人员 3.41 万人，全年生产矿山设备 3.97 万吨，完成工业总产值 189.86 亿元，利税总额 26.13 亿元，固定资产净值 36.54 亿元，与 2000 年相比，企业和人员分别增加 1.44 倍和 1.65 倍，产值、利税、资产分别增长 12.01 倍、6.99 倍、4.57 倍。

2008 年，湖南加清环保设备有限公司投资 5 亿元，建设环保设备制造中心。2009 年，湖南加清环保设备有限公司在钢铁、冶炼行业脱硫技术及设施运营上，位居全国第一；投资 2 亿元实施技改工程，列入湖南省“双百”工程计划，从而加快企业发展步伐。2011 年，湖南加清环保设备有限公司组建省级环保技术中心，在钢铁烧结机脱硫等五大领域，取得突破进展；登陆深圳证券交易所，成为环保行业唯一的上市公司。

2012 年，力合科技（湖南）股份有限公司总投资 1200 万元，实施固定污染源烟气排放在线监测设备生产线改造工程，项目建成后年新增销售收入 6000 万元；作为国内水质在线监测设备的主要供应商，在地表水饮用水源地、河流断面承建大型水质自动监测站 250 余个，是国内采用自主品牌最多的厂家之一，用户遍布全国 200 余个地市，形成国内环保监测仪器行业中覆盖面最广的销售和服务网络。湖南泰兴达纸品包装有限公司总投资 8000 万元，松德机械（湖南）有限公司投资 8 亿元，分别实施一期建设和生产基地建设工程。同年，湖南麓南脱硫脱硝科技有限公司被认定为高新技术企业。湖南三锦节能环保科技有限公司建设全国最大的节能减排装备生产基地。是年，全市专用机械制造行业规模以上工业企业 136 家，从业人员 12.17 万人，全年生产矿山设备 2.26 万吨，实现工业总产值 2025.38 亿元，利税总额 259.18 亿元，固定资产合计 239.96 亿元，与 2006 年相比，企业和人员分别增加 74.36% 和 2.57 倍，产值、利税和资产分别增长 9.67 倍、8.92 倍和 5.58 倍。

二、产品质量

1988 年，全市专用机械制造行业通过抓产品质量，全年有 10 个产品被评为“省优”产品。是年，长沙化工机械厂研制的 Φ600 绕板式氨合成塔（包括内件），被评为“部优”产品；与湖南省化肥公司联合研制的 Φ600 节能折流式氨合成塔内件，获湖南省科技进步一等奖，被化学工业部确认为合成工段 10 项技改项目之一，并列为节能项目在全国范围推广。

1989 年，湖南省果园汽车改装厂研制的“桔州”牌 J2－120 农用车，长沙县果园交通机械厂研制的“果园”牌 GY120 农用车，均获国家产品质量银牌奖。是年，长沙轻工机械厂研制的“嚼”牌 B－FK－N 型酒瓶封口机，长沙捞刀河刀剪厂研制的“捞刀河”牌服装剪，均被评为“省优”产品。1990 年，电子工业部第四十八研究所研制的 LC4－700Kev 高能离子注入机、镀膜机，均获国家科技进步二等奖。长沙县清洗设备厂研制的 ZQX－1、2 型机械零件清洗机，获湖南省科技进步二等奖。是年，湖南省湘粮机械厂研制的“湘粮”牌 MNMP70 型喷风碾米机和 LM24 - 2C 砻谷机，均获国家产品质量银质奖；生产的“温尔康”牌 MNMF－15 喷风碾米机，被评为“部优”产品。

1991 年，长沙农机行业生产的农机产品：拖内配件、农用三轮车、耕田机、小型农机具、盘式拖拉机等，均列入湖南省经济委员会公布的 177 种畅销产品之中。1992 年，湖南省湘粮机械厂研制的 MLNT15/15A 型成套碾米设备，在全国科技成果展览交易会上获金牌。长沙新技术创业服务中心研制的 A 型机械抹灰机在全国“七五”星火计划暨专利技术展洽谈会上获银奖。湖南大学机电工厂胡惜时主持开发的 W150 型和 W150B 型微滤机，获机电部科技进步二等奖和湖南省第三届“科技兴湘”奖。

1994 年，湖南省湘粮机械厂研制的 MLNJ15/15A 型成套碾米设备获湖南省科技进步二等奖。是年，长沙仪器厂开发的密码电脑防盗门锁，获得发明专利。1995 年，长沙金星清洗厂多功能清洁机清洗头装置，通过湖南省技术鉴定，获中国国际新技术新产品博览会科技创新金奖，1996 年获发明专利。1997 年，由长沙市粮油机械厂牵头，湖南省粮油科学研究所等共同研制的 XJG26X1－100 型码头吸粮机，通过国家贸易部主持的技术鉴定，主要性能指标达到或超过 20 世纪 90 年代中期国际同类产品先进水平，填补国内空白。

1999 年，湖南佳宇环保设备有限公司自行研制、开发的“佳宇”牌系列高效脱硫、除尘设备，被列入国家火炬计划项目，被国家环保总局评为环境保护认定产品和重点环境保护实用技术，并列入国家重点环境保护推广项目、被国家 5 个部委评为国家重点新产品；为此国家发展和改革委员会投资 1.2 亿元，将该装置产业化示范工程列入高新技术产业化重大专题项目。同年，国防科学技术大学与湖南东美科技发展有限公司联合研制的模糊智能鉴伪点钞机，电子工业部第四十八研究所研制的 LC-11 型砷化镓专用强流离子注入机，分获国家技术发明二等奖和三等奖。湖南磷化工总厂研制的高效节能光热电烤炉，获得发明专利。

2004 年，湖南广义科技有限公司先后开发出广义磨 GY、GL、GM、GYLM、GYQM 等系列产品，获得专利 13 项；研制的广义磨产品，被评为国家重点新产品，发展成为专业从事粉磨设备研究、生产和销售的科技型民营企业。2005 年，长沙正忠科技发展有限公司开创国内煤炭系统井下架空索道运输设备专业化生产的先河，拥有矿山索道安全、设计、制造、安装等 18 项国家专利和自主知识产权，是煤炭部行业标准 T/T873 - 2000 和国家标准及 GB/T25652 - 2010 的起草者。

2007 年，湖南永清环保股份有限公司发展成为国内第一家专业生产火电厂烟气脱硫成套设备，湖南省第一家具备污水处理成套设备生产能力的大型企业，从而被认定为省级企业技术中心和高新技术企业。长沙锐思粮食机械有限公司设计制造的绿色营养胚芽米生产设备，获发明专利。2008 年，湖南长城信息金融设备有限公司研制的 PR2E/PR3 型高级存折打印机，被评为湖南省名牌产品。中联消防推出首个量产产品——消防烘干装置，居国内领先水平，获实用新型专利，完全替代进口。

2009 年，湖南佳宇环保设备有限公司研制的复式脱硫除尘设备，获发明专利。湖南长城信息金融设备有限公司研制的金融自助服务设备/BST/PZ 系统，被评为湖南省名牌产品。是年，长沙正忠科技发展有限公司与中南大学联合研发生产的猴车能在煤炭企业、矿山巷道坡度小于 35 度的各种巷道里安装运行，是中国最大的猴车生产基地。

2010 年，湖南佳宇环保设备有限公司研制的复式脱硫除尘设备，获发明专利。湖南清之源环保科技有限公司自主研发的二氧化氯发生器、行车式吸泥机、溶气泵式气浮设备、干式曝气机、自动清渣回转式格栅机、紫外线除臭装置、高浓度异丙醇废水预处理设备等获得国家专利。是年，湖南凯天环保科技股份有限公司研制的空气净化设备，湖南长天九五机械有限公司研制的瓦楞纸板包装机 1.8M/2.2M 系列，均被评为湖南省名牌产品。

2011 年，长沙长泰机械股份有限公司研制的印刷用预涂感光平版生产线的自动收版装置，获得发明专利，公司被认定为省级企业技术中心；注册的“CHAINT”商标，被认定为湖南省著名商标。湖南省神六机械制造有限公司生产的装备机械，被认定为湖南省名牌产品。长沙普惠环保机械有限公司自主研发的垂直预压（立体式）垃圾中转站成套设备，列入科技部创新基金项目。是年，湖南佳宇环保设备有限公司研制的气动分流喷淋脱硫设备，获发明专利。湖南纽曼数码科技有限公司注册的 Newsmy 计算机外围设备等 3 个商标，均被认定为中国驰名商标。当年，湖南三锦节能环保科技有限公司被认定为湖南省高新技术企业。湖南飞翼股份有限公司被认定为省级企业技术中心。

2012 年，长沙长泰机械股份有限公司自主研发的自动生产线封孔液温度控制系统、自动生产线的节能冷却系统和自动生产线铝版裁切调平装置等，均获得专利证书，被认定为省级企业技术中心。湖南永清环保股份有限公司自主创新多项关键技术，并成功进行科技成果转化，发展成为国内拥有烟气脱硝技术完全自主知识产权的企业；具备与烟气脱硫脱硝、布袋除尘、建设项目环境影响评价业务相关的全部资质，从而承担起湖南省内 60%以上的二氧化硫减排任务。湖南广义科技有限公司研制的旋锥磨，获得实用新型专利。年内，湖南佳宇环保设备有限公司生产的高效脱硫、脱硝、除尘设备，发展成为成熟的系列产品，是国内大气污染防治及工业废（污）水治理领域，集科研、生产、工程于一体的高科技综合环保骨干企业，产品遍布全国大部分省市自治区。长沙普惠环保机械有限公司研制的垂直预压式（立体式）生活垃圾中转站，列入住房和城乡建设部年度科技示范推广项目。是年，全市专用机械制造行业主要产品有轻纺、农机、冶金、制药、化工、环保等系列机械，其中环保行业主要产品有节能减排、脱硫脱硝、污染防治、除烟除尘、废金属和废水处理、在线检测等。

第七节　金属制品制造

1988 年，全市金属制品生产企业主要有长沙市金属材料加工厂、长沙金属制品总厂等 200 家，主要产品为工具、铁丝、钢丝、建筑用金属制品等。中南工大粉冶厂研制的 YJ 凿岩用硬质合金钎片，被评为“部优”产品。长沙散热器厂研制并推出的 TZ 采暖散热器，在国内居领先水平，在全国星火计划成果展交会上获金奖；生产的椭圆翅片管采暖散热器，被评为“省优”产品。是年，全市金属制品加工行业规模以上工业企业 157 家，从业人员 1.49 万人，全年生产钢丝 1.88 万吨，铁丝 1.22 万吨，完成工业总产值 2.29 亿元，利税总额 3040 万元，固定资产净值 5030 万元。

1989 年，全市金属制品行业通过调整产品结构，生产的 3 个产品被评为“部优”，4 个产品被评为“省优”。是年，长沙散热器厂与湖南省能源研究所联合研制的 TZ 型椭圆翅片管采暖散热器，获国家星火科技三等奖，主要技术性能达到国内先进水平。中南大学研制成功 ZCX–1 型手持式气动修磨机和 JRM - 1 型人造金刚石磨头，主要技术指标达到国际同类产品水平，填补国内潜孔锯齿钻头修磨技术的空白。

1990 年，长沙工具厂生产的“长沙”牌手用钢锯条，获国家产品质量奖。同年，长沙凤凰激光设备有限公司研制的低阶模 CO2 大功率激光器，在全国第五届发明博览会上获国家发明奖。1991 年，长沙金属制品总厂生产的产品连续 5 年被评为“省优”产品。长沙湈湾机械厂生产的“警龙”牌两门金属文件柜，获评“部优”产品。1992 年，长沙市教育金属制品厂研制的二片式马口铁拉伸罐，在哈尔滨市举办的全国科技成果展览交易会上获银牌奖。

1993 年，长沙市铰键厂试制成功 HGJ 系列氢氧气焊割（电焊）机，在中国第五届新技术新产品博览会上获银质奖。1994 年，长沙金属制品总厂投入技改资金 2526 万元，用以开发新产品并提高产品质量。是年，全市金属制品加工行业规模以上工业企业 184 家，其中亏损企业 40 家；从业人员 1.58 万人，全年生产铁丝 7844 吨，完成工业总产值 6.94 亿元，利税总额 60 万元，固定资产净值 1.26 亿元，与 1988 年相比，企业和人员分别增加 17.2%和 6.19%，产值和资产分别增长 1.02 倍和 1.5 倍，利税下降 98.03%。

1995 年，长沙矿山研究院等研制生产的球齿钎头系列产品获国家级科技进步三等奖。同年 7 月，湖南红宇耐磨新材料股份有限公司成立，注册资金 4.41 亿元，位于长沙市金洲新区，主要从事磨球、磨段、辊类耐磨件及各种耐磨新材料等业务。1998 年，长沙重型机器厂实施的大型集装箱免开检测系统传送分系统，列入“双加”项目；研制的海关用大型集装箱检测系统传送装置，填补国内空白。1999 年，长沙黑金刚实业有限公司成立，注册资金 2000 万元，位于长沙市望城区，主要从事凿岩机械、风动工具和超硬材料生产和销售的民营企业。

2000 年，湖南飞碟新材料有限责任公司成立（以下简称“飞碟新材”），注册资金 1.2 亿元，位于长沙市左家塘，主要产品有超硬材料及制品、铜铅双金属轴瓦材料、机械产品三大系列产品。是年，全市金属制品加工行业规模以上工业企业 19 家，其中亏损企业 6 家；从业人员 2.27 万人，全年完成工业总产值 3.61 亿元，利税总额 1795.7 万元，固定资产净值 6729 万元，与 1994 年相比，企业减少 89.67%，人员增加 43.47%，利税增长 28.93 倍，产值和资产分别下降 47.93%和 46.39%。

2001 年，金瑞新材料有限责任公司上市，募集资金 5.81 亿元；建立博士后科研工作站，发展成为国内电子基础材料、超硬材料研究开发和生产的基地，通过科技部和中国科学院主持的高新技术企业认定，成为国家火炬计划重点高新技术企业。2002 年，长沙天和钻具机械有限公司成立，注册资金 4285 万元，位于长沙宁乡金洲新区，经营范围包括矿山机械制造等。

2003年，长沙金属制品加工行业全年完成更新改造投资3.16亿元，比上年5615万元增长4.64倍。是年，金瑞新材料总投资1.79亿元，实施大吨位大腔体合成人造金刚石技术改造等3个技改项目，增加1条金刚石复合刃钻头、金刚石切割片及金刚石磨料磨具生产线。湖南大学与长沙凤凰激光设备有限公司，联合研制的桁架式折叠准封离型切割与焊接用1千瓦级二氧化碳激光器，获湖南省科技进步一等奖。同年，湖南中野高科技特种材料有限公司成立，注册资金4000万元，位于长沙望城经济开发区，主要从事新型应用材料、酚醛泡沫复合材料等的研究开发、生产和销售。湖南金峰金属构件有限公司成立，注册资金3550万元，位于长沙市雨花区，主要从事消防设施工程、脚手架的设计、建筑模板、钢结构的制造等。

2004年，长沙东屋机电有限责任公司实施的新型压力钢管伸缩节，获湖南省科技进步二等奖。是年，全市金属制品加工行业规模以上工业企业31家，从业人员3146人，全年生产铁丝5111吨，完成工业总产值7.08亿元，利税总额3528.1万元，固定资产净值1.16亿元，与2000年相比，企业增加63.16%，人员减少86.11%，产值、利税、资产分别增长96.04%、96.47%、72.16%。

2005年，长沙力元新材料股份有限公司研制的组合式物理气象沉淀技术生产多孔金属的方法和设备，获湖南省专利奖金奖。湖南红宇耐磨新材料股份有限公司研制的铬锰钨系抗磨铸铁，获得发明专利，利用该项技术生产的铬锰钨抗磨铸铁磨球、磨段及专用设备铸件，产品性能处于国际领先水平。

2007年，在金属新材料领域，主要以高品质有色金属材料、硬质合金刀具等生产为主，拥有金瑞新材料、泰嘉新材料、飞碟新材等规模以上工业企业70多家。是年，湖南英才科技有限公司研制的“纳菲尔”钨合金电镀工艺，同时获国家机械工业科技进步一等奖和湖南省科技进步二等奖，其工艺及其制成品，均处于国际领先地位，获得8项专利许可，被列为国家环境保护实用技术产品推广A类项目和重点新产品，公司被国家认定为从事金属功能材料研发、生产的现代化高新技术企业。沙天和钻具机械有限公司研发的深孔凿岩潜孔钻头和超大口径空气锤，具有国际一流水平。

2008年，湖南英才科技有限公司生产的系列钨合金抽油泵、油管、套管、螺杆钻具等50余种高新技术产品，均达到国际领先水平；研制的“纳菲尔”钨基非晶态合金技术水平处于国际先进水平，是国家环保局A类推广项目和国家重点新产品。是年，长沙中南凯大粉末冶金有限公司的Y系列和G系列硬质合金，第四次被评为湖南省名牌产品；注册的“凯宇”牌商标，被评为湖南省著名商标；自主制取的新型矿山凿岩硬质合金，获湖南省科技进步奖；公司被认定为湖南省高新技术企业。湖南红宇耐磨新材料股份有限公司总投资3亿元，长沙百川超硬材料工具有限公司投资3000万元，分别建设高合金耐磨铸件生产线9条和金刚石绳锯及金刚石锯机械生产基地。是年，全市金属制品加工行业规模以上工业企业58家，从业人员8150人，全年生产铁丝3816吨，实现主营业收入58.63亿元，利税总额4.89亿元，固定资产净值6.53亿元，与2004年相比，企业和人员分别增加87.1%和1.59倍，产值、利税和资产分别增长7.28倍、12.86倍和30.63倍。

2009年，国防科学技术大学机电工程与自动化学院研制的纳米精度高效光学抛光数字化装备与技术，获湖南省科技进步一等奖。长沙天和钻具机械有限公司研制的提钻反吹渣装置、新型潜孔冲击器，获评实用新型专利，填补国内空白，被科技部列入科技型中小企业技术创新基金支持企业。湖南有色集团拥有的硬质合金生产能力超过9000吨/年，是世界上以产量计最大的硬质合金生产商；注册的“钻石”牌商标，被认定为中国驰名商标。湖南省精密量具工业有限公司投资1.2亿元，在长沙宁乡金洲新区征地6.67公顷建立新厂。

2011年，长沙依托湖南红宇耐磨新材料股份有限公司，组建湖南省高效球磨机及耐磨材料工程技术研究中心。长沙黑金刚实业有限公司、湖南新宇金属制品公司、湖南纳菲尔新材料科技股份有限公司，均被认定为高新技术企业。长沙湘牛实业有限公司投自主研发成功焊烟净化机，处于国际先进水平。湖南红宇耐磨新材料股份有限公司建立院士工作站，公司被认定为省级企业技术中心。

2012年，湖南红宇耐磨新材料股份有限公司在深圳证券交易所上市，募集资金3.74亿元；实施二期扩建工程，主导产品为铬锰钨系抗磨铸铁磨球和台阶形筒体节能衬板，发展成为国内耐磨铸件行业技术实力最强的企业之一。长沙通石达机械制造有限公司研制的可同时使用多条绳锯的组合绳锯机等4个产品，均获实用新型专利。是年，湖南华曙高科技有限公司研制的国内首台高性能三维（3D）激光打印机及其粉末材料，达到世界先进水平。国防科学技术大学研制的超精密光学零件可控柔体抛光技术与装备，获国家技术发明二等奖。长沙永凯科技设备有限公司拥有国内先进的表面处理技术、金属挤压及钣金加工能力；研制的平板显示玻璃基板抛光机，获实用新型专利。三一重工实施的集装箱装卸成套设备关键技术研究及产业化项目，湖南湖大三佳车辆技术装备有限公司实施的移动式半导体激光强化与修复汽车模具的装备与工艺项目，分获湖南省科技进步一等奖和二等奖。是年，全市金属制品加工行业规模以上工业企业72家，从业人员1.01万人，主要产品有：结构性金属制品、切割工具及制品、金属丝绳及其制品、金刚石等系列高端产品，全年完成工业总产值154.27亿元，利税总额18.73亿元，固定资产合计21.31亿元，与2008年相比，企业和人员分别增加24.14%和23.56%，产值、利税和资产分别增长1.63倍、2.83倍和2.26倍。

第三章 冶金工业

1988年，全市企业各项制度改革进一步深化，在企业推行厂（矿）长公开招聘，在行业内相继推行风险抵押承包，选择长沙铜制品厂等30家集体企业，试行泛股份制，企业积极性得以调动；通过调整产品结构，一批产品质量好、产品适销对路的企业调整生产组织，扩大经营规模，普遍增产增收。新建企业1家，全行业获得“部优”产品2个、“省优”产品3个、湖南省科技进步奖5个。是年，全市冶金工业规模以上企业31家，从业人员1.11万人，全年生产钢材4.37万吨，铝材8646吨，完成工业总产值2.74亿元，利税总额2936万元，固定资产净值8294万元。

1989年，长沙选择部分国有大中型企业进行投入产出总承包试点，通过优化产品结构，新产品开发取得成效。在中华人民共和国科学技术委员会举办的首届“火炬杯”高新技术及产品展评会上，冶金行业参赛项目获奖2个；1991年，湖南省经济体制改革委员会对全省11个行业的436种主要工业产品的市场销售情况进行调查，长沙钢铁行业生产的轻轨、生铁等，列入畅销产品177种之列。1992年，国务院赋予生产企业进出口经营权，全市冶金行业抓住机遇，全力组织生产和外销，全年出口冶金产品6760吨。

1989—1994年，全行业新建企业8家；新项目或技改投资总额1.15亿元，实施项目7个；获得国家科技进步奖7个、湖南省科技进步奖3个，“部优”产品4个，“省优”产品2个。是年，全市冶金工业规模以上企业64家，从业人员1.39万人，全年生产钢材5.13万吨，完成工业总产值8.16亿元，固定资产净值2.75亿元，受市场疲软等因素影响，全行业亏损总额1620万元，与1988年相比，企业增加33家，从业人员增加2698人，产值和资产分别增长1.98倍和2.32倍。

1995年，全市着重在理顺产权关系、明确投资主体、规范公司组织管理机构、转换企业经营机制等方面下功夫。市冶金机械局所属3家冶金企业，通过转换企业经营机制，全年完成产值1.14亿元，比上年增长95.51%。

1996年后，国家对资不抵债的大中型国企实行政策性破产，助其有序退出；长沙根据国家产业政策和全市工业发展规划，确定扶植发展钢、铝材等30个拳头产品。1998年，根据《国家重点技术开发指南》，有色金属开发重点有建筑幕墙用铝合金板材、空调器用高精度、电磁铸轧低针孔度双零铝箔、高效高精轧制技术等；黑色金属发展方向为生产低合金钢，开发重点为汽车钢板、硬线盘条及重轨等。

1999年，根据中央有关“债转股”（国家组建金融资产管理公司，收购银行的不良资产，把原来银行与企业间的债权、债务关系，转变为金融资产管理公司与企业间的股权、产权关系）的政策，市经委向银行申请债转股金额14.2亿元，分期分批对湖南飞碟超硬材料厂等6家企业试点。

1995—2000年，全行业新建企业12家；新项目或技改投资总额1.15亿元，实施项目7个；获得国家科技进步奖7个、湖南省科技进步奖3个，“部优”产品4个，“省优”产品2个。是年，长沙出台“两个置换”改革文件，实施淘汰落后中小型冶金企业政策，长钢集团被列为国家第二批关停并转小钢铁企业范围，全年仅生产钢2444吨、铝51吨，分别比上年减少39.91%和99.19%。是年，因规模以上企业统计范围由乡及乡以上独立核算企业变更为国有及年销售收入500万元以上企业，全市冶金工业规模以上企业20家，从业人员7244人，全年生产钢及钢材1.84万吨，铝材3.28万吨，完成工业总产值15.24亿元，利税总额3433万元，固定资产净值7.58亿元。

2001年，长沙提出“推进三化、兴工强市”，实施经济跨越式发展的战略决策，先后出台《工业十大标志性工程的实施意见》和重点民营企业、“小巨人”企业扶植政策等，推动企业发展。全行业生产10种有色金属2.87万吨、钢材2.53万吨。在全市十大标志性工程中金属材料工程位居第七位，全年完成工业总产值9.35亿元，按可比价格增长42.98%。

2003年，在长沙党政机构改革中，冶金机械工业局撤销，成立机械行业管理办公室；市科技局投入200万元，实施设计数字化、生产过程数字化、制造装备数字化、管理数字化和企业数字化5个主题；市知识产权局选择长沙巨星轻质建材公司等15家企业，开展专利试点工作。

2001—2004年，全行业新建企业5家；新项目或技改投资总额5.64亿元，实施项目11个；获得国家技术发明奖2个、科技进步奖7个、专利13项、中国驰名商标2个，省科技进步奖2个。是年，全市冶金加工业规模以上企业35家，从业人员7717人，全年生产钢材3.03万吨，铝材7.38万吨，完成工业总产值34.91亿元，利税总额1.91亿元，固定资产净值11.72亿元，与2000年相比，企业增加15家，从业人员增加473人，产值、利税和资产分别增长1.29倍、4.55倍和54.71%。

2005年后，长沙抓住中部崛起、长株潭一体化和融入泛珠江三角经济区域的机遇，围绕兴工强市战略目标，依托新材料等支柱产业，狠抓扶优引强，增强企业发展后劲；通过优化工业结构、发展优势产业集群、促进循环经济、转变经济增长方式上求突破。

2006年，从“创新项目库”中精选出91个技术创新项目，参加全省优秀技术创新项目评选活动，其中华天铝业、湖南中野高科技特种材料有限公司2家企业项目，囊括湖南省建材类优秀技术创新项目；冶金行业推选的铜铝材、金龙铸造，分别被评为湖南省冶金类优秀技术创新项目。

2007年，长沙实施以“六大产业”集群为重点的产业集群推进战略，使金属新材料等产业竞相发展；在金属材料领域，主要以高品质有色金属材料等生产为主，拥有晟通科技集团有限公司（以下简称“晟通科技”）、湖南博云东方粉末冶金有限公司（以下简称“博云东方”）等工业企业70余家。

2008年，全市有色金属加工产业有20家，完成工业总产值88.4亿元，主要有色金属产品为铝型材、铝箔、铜杆等，初步形成以经阁铝业、新振升集团为代表的金属材料产业，成为长沙四大特色产业之一。

2005—2008年，全行业新建企业8家；新项目或技改投资总额70.84亿元，实施项目15个；获得国家科技进步奖2个，湖南省科技奖7个、省著名商标2个。是年，全市冶金工业规模以上企业92家，从业人员1.13万人，全年生产钢材4.35万吨，铝材16.20万吨，完成工业总产值123.48亿元，利税总额8.78亿元，与2004年相比，企业增加57家，从业人员增加3616人，产值、利税和资产分别增长2.54倍、3.61倍。

2009年始，长沙实施“百亿企业、千亿集群”工程，重点打造新材料等四大千亿元产业，注重抓好晟通科技等十大百亿元企业，培育新材料等战略性新兴产业；以“稳增长、调结构、转方式、促升级”为根本任务，实施由大抓工业向抓大工业转移的发展战略，在市场开拓、要素保障、产业升级、园区招商、项目投入、技术创新六个方面下功夫，形成高品质有色金属材料和高品质铝型材为特色的产业体系，在新型铝材等领域具有较强竞争力。

2009—2012年，全行业新建企业2家；新项目或技改投资总额90.87亿元，实施项目12个；获得国家科技进步奖5个、发明专利12个、中国驰名商标6个，湖南省科技进步奖9个、省名牌产品10个、省著名商标2个。是年，全市冶金工业规模以上企业124家，从业人员2.28万人，全年生产钢材9.86万吨，铝材91.10万吨，完成工业总产值467.88亿元，利税总额42.2亿元，固定资产合计69.90亿元，与2008年相比，企业增加16家，从业人员增加3939人，产值和利税分别增长81.55%、-0.01%。

表17-3-0-1　　1988—2012年长沙市冶金工业主要经济指标及产品一览表

年份	企业数（家）	从业人数（人）	钢材产量（吨）	铝材产量（吨）	总产值（万元）	利税总额（万元）	固定资产净值（万元）
1988	31	11215	43718	8646	27429	2936	8294
1989	33	10131	45421	8888	19895	4190	9671
1990	33	12001	55428	7201	29776	4677	13460
1991	27	10069	70333	—	45075	3931	13946
1992	33	—	73471	—	52082	5075	15643
1993	64	—	66500	—	79110	6786	—
1994	64	13913	51265	—	81658	利润-1620	27507
1995	66	—	19849	13282	80270	利润-3330	38509
1996	52	—	32534	12140	97508	利润-3734	52136
1997	78	13554	32626	15334	121952	2449	64505
1998	18	8765	43045	22578	103694	利润-2089	74075

续表 17-3-0-1

年份	企业数（家）	从业人数（人）	钢材产量（吨）	铝材产量（吨）	总产值（万元）	利税总额（万元）	固定资产净值（万元）
1999	21	8365	33982	25156	119544	3950	77121
2000	20	7244	18449	32826	152405	3433	75779
2001	18	6497	25318	41522	170115	8755	86720
2002	22	6332	31755	49711.55	158678	2292	92472
2003	33	7627	31534.2	58896.38	234694	12597	97599
2004	35	7717	30332.6	73770.61	349103	19062	117241
2005	66	8569	37369.0	89356	528209	46649	116205
2006	79	9181	28074.8	124077	686467	66470	135830
2007	88	10564	20841	157263	929076	165360	141127
2008	92	11333	43532	162018	1234767	87842	—
2009	116	16201	54855	239361	1805753	243819	—
2010	108	18879	94218	503739	2577147	423029	445145
2011	96	23400	85270	754335	3602198	345966	525014
2012	124	22818	98586	911020	4678799	422001	699007

说明：1.表内所列企业，均为规模以上工业企业；2.所列数据资料，均出自《长沙统计年鉴》

第一节　黑色金属

1988年，全市黑色金属产品主要由长沙钢厂、湖南七宝山硫铁矿等企业生产，主要产品有钢、钢材、铁、锰等。为克服能源紧张等困难，长沙深化企业内部各项制度改革，在企业推行厂（矿）长公开招聘，在行业内相继推行风险抵押承包，广泛开展群众性创优夺牌活动，企业积极性得以调动；通过调整产品结构，一批产品质量好、产品适销对路的企业，调整生产组织，扩大经营规模，实现钢材、钢丝、线材等产品的增产增收。湖南七宝山硫铁矿利用资源，走横向联合、综合利用、多种经营、深度加工路子，完成工业总产值1080万元，为全年计划的140%，实现利润116.74万元，创历史最好水平，利税总额346.9万元，比核定基数高出两倍。

长沙莲湖铸铁制品厂生产的灰铁盖板和铸态球墨铸铁系列产品，通过ISO9002质量体系认证，成为湖南省铸铁行业首家通过认证企业。长沙铸铁制品厂生产的“宝石花”牌等52种规格井盖板系列产品，出口到欧洲交货额244.55万元。是年，长沙矿冶研究院与冷水江铁焦总厂联合开发的炼铁生产计算机辅助管理软件包，湖南省冶金材料研究所自主研制的RWC耐磨耐腐铸铁，均获湖南省科技进步三等奖；长沙钢厂生产的“正圆”牌直径8毫米普碳钢热轧圆盘条，长沙玛钢件一厂生产的铸铁管子零件，长沙铸铁制品厂生产的“宝石”牌罗马井盖板，均被评为“省优”产品；是年，全市钢铁加工业规模以上企业7家，从业人员3139人，全年生产钢3.46万吨，钢材4.37万吨，钢制品9.24万吨，铁矿石（实物量）800吨，完成工业总产值6652万元，利税总额577万元，固定资产净值2112万元。

1989年，湖南省七宝山硫铁矿经国家和省两级财政共同投资5000万余元，建成年生产能力25万吨的国有中一型采选一体化企业，全年产值与利税同步增长，成为全市实现利润比上年增长的12家企业之一。长沙铸造厂将技改项目投资由95万元调整到210万元，适当调整生产工艺及设备，以生产多种国外市场需要产品。全市冶金行业13家企业参加国家科委举办的首届“火炬杯”高新技术及产品展评会中，长沙湘星集团公司与长沙矿冶研究院，联合研制的不锈钢纤维，获“火炬杯”优秀项目金牌奖，并列入国家火炬计划；长沙金属纤维厂自主研制的不锈钢纤维，填补国内空白，在年初获全国新技术开发优秀成果奖后，又获“火炬杯”高新技术产品展评会优秀项目奖；冶金部长沙矿山冶金研究院和长沙熔断器厂研制的FMZ重负荷代青铜烧结铁基含油轴承材料及制品，获国家首届“火炬杯”优秀产品奖。长沙冶金机械厂生产的轧臼壁、破碎壁、齿板等高锰钢系列产品，出口到英国、美国等国家和地区，全年完成工业总产值2347万元。

是年，长沙钢厂钢窗分厂生产的“正圆”牌32系列实腹钢门窗，被评为“省优”产品。湖南大学自主研制的新型耐热铸铁6米焦炉护炉设备，获国家星火科技二等奖。

1990年，长沙钢厂拥有炼钢、轨钢、焊管、铸造、金属门窗等装备生产线，通过抓现场和经营管理，取得显著成效，全年完成工业总产值4475万元，比上年3353万元增长33.46%。长沙铸铁制品厂和长沙莲湖铸铁制品厂通过开拓国际市场，生产的铸铁制品，出口交货额1553万元，首次突破千万元大关。长沙市湘星集团公司自主研制的不锈钢纤维及其制品，在北京举办的全国首届科技成果展览会上，获“金箭”金奖。长沙铸钢厂被长沙鼓风机厂兼并。长沙铸铁制品厂生产的“畅日”牌铸铁井盖板系列，被评为“部优”产品。

1991年，湖南省对11个行业436种主要工业产品市场销售情况进行调查，长沙钢铁行业生产的轻轨、生铁、直径18~22毫米的螺纹钢、钢坯中的大部分、铁合金中的大部分、钢材、1寸以下焊管等，列入177种畅销产品之列。是年，长沙钢厂生产经营呈现产销两旺局面，全年实现工业总产值1亿元，产品销售收入1.12亿元，成为冶金系统首家、全市15家产销收入逾亿元企业之一，全市7家利税过500万元企业之一。同年，湖南省冶金材料研究所自主研制的高强韧性工模具钢LM1和LM2，获国家技术发明四等奖。湖南大学与长沙县黄花铸造厂，联合研制出熔铝铸铁坩埚新型材质（HOGG－1），获湖南省科技进步三等奖。长沙玛钢件一厂生产的“双箭”牌DG15–100可锻铸铁镀锌管路连接件，被评为“部优”产品。

1992年，湖南七宝山硫铁矿对销售部门实行定产品销售数量、定销售收入、定货款回收期限、定人员、费用大包干的“四定一包”责任制，取得较好效果，全员劳动生产率年人均1.65万元，全年完成工业总产值2670.84万元，利税总额302.88万元，职工人均年收入由上年的3095元增长到3755元。是年，长沙钢厂通过抓生产经营管理，全年生产线材5万吨，钢窗4.15万立方米，为历年最高产量，并成为全市利税大户，被评为长沙市最佳效益企业。长沙铸钢件厂投资415万元，实施铸钢专业化技改项目。

1993年，全市冶金行业国有企业实行定员定编，实施岗位技能工资，调动职工生产积极性，全年生产钢5.19万吨，比上年4.88万吨增产6.27%，为有史以来最高产量。长沙金龙铸造实业有限公司成立（以下简称“金龙铸造”），注册资金5400万元，位于长沙县金井镇，主要从事铸铁件、建筑材料、燃气灶具、鞋类的生产和销售。是年，长沙钢厂投资1340万余元，对2号10吨电弧炉子进行技术改造，变电站配备2台2万千伏安变压器；生产的“正圆”牌直径8米/米（盘圆）和32米/米实腹钢窗系列产品，均获评“省优”产品；全年实现产、销、利分别达到1.5亿元、2亿元、800万元，成为全市税利过千万的 5 家企业之一。同年，湖南七宝山硫铁矿为改变后勤及机关人员严重超编的现状，实行内部退休制度，全矿办理内退手续的职工有 72 名，管理人员和工人各占一半。

1994 年，市政府为适应商品经济发展，挖掘人才智力资源，鼓励人才横向交流，推动企业发展，全年生产钢 3.57 万吨，比上年增长 68.72%。长沙钢厂克服市场疲软等困难，全年生产钢锭 2.29 万吨，线材 4.33 万吨，钢窗 3.19 万立方米，焊管 3235 吨。长沙铸铁制品厂克服企业“三角债”等不利影响，通过积极组织生产，出口产品交货额 4182 万元，创历史纪录，成为冶金行业的佼佼者。长沙县犁重型压件厂通过加强企业生产经营管理，全年实现利税 1370 万元，成为全市的利税大户企业之一。金龙铸造自主研制出具有自主知识产权的“金龙”牌铸态球墨铸铁防盗、防冲击井盖。湖南省七宝山硫铁矿更名为湖南省七宝山矿业总公司（以下简称“七宝山矿业”）。长沙铸造厂受资金短缺等因素影响，被列为长沙市特困企业，职工下岗 80%。是年，由于受能源紧缺、资金匮乏等因素影响，全市钢铁加工业规模以上企业 16 家，其中亏损企业 5 家；从业人员 3447 人，全年生产钢 3.57 万吨，钢材 5.16 万吨，完成工业总产值 2.09 亿元，上缴税金及附加 568 万元，亏损 1115 万元，固定资产净值 3034 万元，与 1988 年相比，企业增加 9 家，从业人员增加 408 人，产值和资产分别增长 2.14 倍和 43.66%。

1995 年，七宝山矿业全方位对企业进行综合整顿，企业基础工作薄弱，整体效能低下状况得以改善，全年生产硫精矿标量 7.78 万吨，比上年增长 91.9%，实现销售收入 4201 万元，比上年 1721 万元增长 1.44 倍，利税总额 556 万元，甩掉连续两年亏损帽子，被授予长沙市扭亏增盈先进单位。是年，长沙钢厂由于指令性（原）燃材料逐步减少，加之受企业规模、环境保护、交通运输等诸多因素制约，企业开始出现亏损。

1996 年始，长沙钢铁行业重点开发低合金钢；钢铁行业受市场疲软影响，全年生产钢 1.86 万吨，比 1995 年 2.26 万吨减产 17.8%；硫铁矿 1.2 万吨。是年，长沙钢厂为扭转严重亏损局面，以全部注册资金与长沙市人武轧钢厂合资，组建成立长沙钢铁（集团）有限公司（以下简称“长钢集团”）。七宝山矿业与加拿大吉平投资有限公司联合开发铁帽矿、黑锰土矿和原生矿，由加方提供资金、技术，矿方提供资源和土地使用权，成立湖南加湘矿业开发有限公司，加方投资 83.5 万美元，对铁帽矿和黑锰土矿进行勘探，是年，完成勘查工程钻探 2500 米。长沙铸铁制品厂通过开拓国际市场，全年出口交货额 3445 万元，实现工业总产值 3887 万元，利税总额 248 万元。长沙莲湖铸铁制品厂通过抓生产经营管理，全年实现产值 3790 万元，出口交货额 1972 万元，利税总额 369 万元。长沙南方冶金机械轧辊厂更名为长沙杨子冶金实业有限公司，注册资金 6000 万元，位于长沙市雨花区，主要从事冶金机械轧辊、合金钢的生产、销售，金属材料研究试验开发和应用等。

1997 年，湖南华菱钢铁集团有限责任公司（以下简称“华菱钢铁”）成立，注册资金 10.52 亿元，由湖南三大钢铁企业——湘钢、涟钢、衡钢联合组建的大型企业集团，位于长沙市芙蓉中路，主业钢铁产品覆盖宽厚板、冷热轧薄板、无缝钢管、线棒材等。长钢集团被列为全省 100 家现代企业制度试点企业和省长联系点企业；该集团通过深化企业内部劳动、人事和分配制度改革，建立现代企业制度，转换企业经营机制等，促进生产经营工作，全年盈利 130.1 万元，获评全市年度利税过 500 万元企业、工业生产先进企业和扭亏增盈企业。长沙莲湖铸铁制品厂通过开拓国际市场，生产的井盖板 99%销往欧洲，全年出口交货额 1488 万元，实现利税 223 万元。是年，七宝山矿业在外部环境趋紧，市场竞争加剧困难条件下，通过加强企业生产经营管理，全年完成产值 3000 万元以上，实现生产经营稳步增长。长沙重型机器厂、涟源宏盛建材公司与深圳龙岗华斌实业有限公司三方合资，组建长沙华盛带钢有限公司，位于长沙重型机器厂厂区内，实行独立核算，主要生产经营冷轧硅钢卷带和冷轧普钢卷带。宁乡县黄材铸钢厂申请企业破产。

1998 年，根据《国家重点技术开发指南》，长沙把钢铁工业发展方向定位为生产低合金钢，重点开发汽车钢板，包括汽车车身用高强度深冲冷轧薄板和超深冲冷轧薄板、涂镀层钢板、高强度热轧钢板等；建筑用钢，包括高层建筑用钢板、只型钢、硬线盘条和重轨。是年，湖南特种金属材料厂通过扩大产品出口，全年出口创汇 210 万美元，被评为长沙市出口创汇先进单位。金龙铸造通过提升产品质量，获得自营出口权，生产的“金龙”牌井盖，销往欧、美等国家。

1999 年，长钢集团与湘东铁矿矿务局合资，成立湖南斯普菱特种钢丝有限公司，主要从事生产、销售特种弹簧钢丝、管桩钢筋及其他特殊钢丝。华菱钢铁推出华菱管线股票，在深圳证券交易所首发上市，融资 10.86 亿元，为企业发展注入活力。长沙矿山研究院实施的硬质料压入装置——提高高炉寿命的新工艺与新设备综合技术研究项目，获国家科技进步三等奖。

2000 年，按照国家实施的淘汰落后中小型冶金企业政策，长钢集团被列为国家第二批关停并转小钢铁范围；受此影响，长沙钢铁行业全年生产钢 2444 吨，比上年减少 39.91%。是年，金龙铸造生产检测设备齐全，拥有完善的质量管理体系，通过 ISO9001 质量体系和欧盟 SGS 认证。长沙铸铁制品厂因经营管理不善，生产设备未及时更新改造，造成经济效益下滑，被迫租赁给他人经营。

是年，因规模以上企业统计范围由乡及乡以上独立核算企业变更为国有及年销售收入 500 万元以上企业，全市钢铁加工业规模以上企业 4 家（不含集团及公司在外地企业，下同），从业人员 1286 人，全年生产钢 2444 吨，钢材 1.85 万吨，完成工业总产值 4631 万元，亏损 398 万元，固定资产净值 6597 万元，与 1994 年相比，企业减少 12 家，从业人员减少 2161 人，产值和资产分别增长 4.78 倍和 1.17 倍。

2001 年，长沙钢铁行业生产钢 803.84 吨，比上年减产 67.12%，产量呈萎缩之势。是年，长沙莲湖铸铁制品厂通过内抓管理，外抓销售，全年实现出口交货总额 3003 万元。长钢集团完成企业改制，全员理顺劳动关系 2192 人，并调整产业结构，实施“退二进三”（产品没有市场，或者濒于破产的中小型国有企业从第二产业中退出来，从事第三产业）总体开发战略。长沙杨子冶金实业有限公司更名为湖南杨子冶金实业有限公司（以下简称“杨子冶金”）。

2002 年，长沙莲湖铸铁制品厂通过加强企业经营管理，全年实现工业总产值 3470 万元，利润总额 306 万元。长沙启派特钢实业有限公司，全年完成工业总产值 1618 万元，亏损 116 万元。七宝山矿业因资源枯竭等原因亏损严重，列入全市 19 户特困企业之一。

2003 年，七宝山矿业对矿上资产进行全面清理，通过债转股，成为全市工业系统首家改制企业。金龙铸造实施的球墨铸铁井盖项目，列入湖南省火炬计划，被认定为湖南省高新技术企业。

2004 年，金龙铸造从意大利埃姆福（IMF）公司引进一条全自动化生产线，成为国内最先进的专业铸造生产线，具备年产铸件 2 万吨生产能力，被中国中小企业对外合作协调中心和长沙市人民政府联合授予长沙工业铸造基地称号，成为长沙市六大出口基地之一和创汇大户，并列入湖南省首批重点支持的“小巨人”企业；生产注册的“金龙”牌铸件商标，被认定为湖南省著名商标。是年，因规模以上企业统计范围由独立核算企业变更为乡及乡以上独立核算企业，全市钢铁加工业规模以上企业 10 家，从业人员 866 人，全年生产钢材 3.03 万吨，完成工业总产值 2.96 亿元，利税总额 1131.1 万元，固定资产净值 4416.2 万元，与 2000 年相比，企业增加 6 家，从业人员减少 420 人，产值增长 4.02 倍，资产下降 56.18%。

2005年，湖南华清博大耐磨铸钢有限公司成立，注册资金1000万元，位于长沙市星沙开发区，总投资1.22亿元，与清华大学合作，实施的新型贝氏体耐磨铸钢创新项目，列入长沙市企业重点技术创新项目。长沙精鑫铸造有限责任公司成立，由长沙鼓风机厂有限责任公司（占股份的51%）与望城县白箬机械厂（占股份的49%）共同出资组建，注册资金1000万元，建设铸件生产基地，投资674万余元，实施年产8000吨铸件生产线建设项目。湖南恩瑞钢铁有限公司成立，注册资金1000万元，总部设在长沙金霞开发区。湖南湘电长泵铸造有限公司投资1亿元，在宁乡经济技术开发区建设年产1.64万吨铸件生产基地。七宝山矿业通过深化改革，面向原七宝山硫铁矿职工和当地村民融资2000万元，组建湖南博隆矿业开发有限公司，开发矿产资源，完成前期投资1100余万元，项目进入试生产阶段，安置失业人员180余人就业。

2006年，在全省优秀技术创新项目评选活动中，长沙冶金行业推选的铜铝材、金龙铸造，分别被评为湖南省冶金类优秀技术创新项目。七宝山矿业通过招商引资，联合组建宝鑫、宏鑫、博隆公司，形成“一矿三公司”的经济发展格局；通过开发矿产资源，全年完成产值6400余万元，获得收益1490万元，清欠原1500余名职工的工资及内欠资金。

2008年，全市钢铁加工行业生产的钢材产品主要有：铁道用钢材、大型型钢、钢筋、线材（盘条）、冷轧薄板、无缝钢管、焊接钢管。杨子冶金总投资9.71亿元，建设年产10万吨轧辊生产线，实施年产50万吨特种合金钢技改项目2个。中冶长天总投资15亿元，分三期建设的中冶长天科技园工程开工建设，项目占地40.67公顷，其中一期工程建设冶炼专用设备生产制造基地。是年，全市钢铁加工业规模以上企业33家，从业人员2378人，全年生产钢材4.35万吨，实现主营业务收入15.51亿元，利税总额2.08亿元，固定资产净值4.21亿元，与2004年相比，企业增加22家，从业人员增加1512人，产值、利税和资产分别增长4.24倍、17.39倍和8.57倍。

2009年，长沙矿冶研究院有限责任公司通过国有资产无偿划转方式，整体并入中国五矿集团公司，成为五矿集团旗下的全资子企业。湖南特种金属材料厂投资在长沙金洲开发区新建生产基地，通过抓产品质量，获得自营进出口权，成为湖南出入境检验检疫局的一类出口产品生产企业。杨子冶金开发出多项新产品，申报实用新型专利4项、发明专利2项；其中实施的亚半高速钢轧辊及其处理工艺项目，获评发明专利；研制的铸造用活动支撑，可替代进口轧辊，获实用新型专利。长沙中清耐磨材料科技有限公司自主研制的铬—钨—稀土—硼系空冷中高碳贝氏体钢及其制备方法，属合金钢技术领域，是一种空冷自硬的高强耐磨钢，被学术界及工业界称之为“21世纪新材料”，产品性能优异，强度硬度高，整体硬化，强韧性好，技术处于国际领先水平，获发明专利。是年，金龙铸造针对沥青路面，自主研制的新型防盗、防响、防跳动沥青路面型铸态球墨铸铁井盖，技术水平居国际领先，获发明专利；注册的“第1123485号图形”污水井盖商标，被认定为中国驰名商标。长沙市麻田硫铁矿破产终结。

2010年，全市钢铁加工行业生产钢9.42万吨，比上年5.49万吨增产71.76%，为有史以来最高产量。中冶长天设立博士后科研工作站，为引进交叉学科高端技术人才搭建平台；注册的“中冶长天及图形”商标，被认定为中国驰名商标。中南大学等单位，联合研制的大型链篦机——回转窑赤铁矿养化球团生产的关键技术开发和应用项目，获国家科技进步二等奖。华菱钢铁实施的以信息整合为手段、推进集团业务协同化项目，提高企业信息化管理水平，获湖南省企业管理现代化创新成果二等奖，公司与中南大学等单位，联合实施的铁矿石烧结工艺整体优化的关键技术及其应用项目，获湖南省科技进步二等奖，公司董事长李效伟被评为全国优秀企业家。

2011年，中冶长天拥有采矿、选矿、烧结、球团和直接还原等核心技术，建设国家钢铁烧结球团装备系统工程技术研究中心，成为钢铁烧结球团领域一流的研究开发实验及中试检测基地、技术工程化产业化基地、应用研究基地。同年，长沙矿冶研究院有限责任公司等单位，联合实施的国产铁精矿提铁降硅（杂）的系统研究项目，获国家科技进步二等奖。

2012年，中冶长天自主研发的煤基高温热固结链篦机——回转窑（一步法）直接还原铁工艺，率先在全球实现工业化生产，具备建设年产30万吨规模直接还原铁工程的能力；研制出液压封环冷机新产品，累计获得国家和省部级各类奖项300余项；其中国家级金质奖4项、银质奖12项、铜质奖8项，拥有专利和专有技术200余项。湖南恩瑞钢铁有限公司投资建设的钢材加工中心投入使用，建成钢材加工生产线6条，结束湖南30毫米以上板材要到外省加工历史。

是年，全市钢铁加工业规模以上企业51家，从业人员1.00万人，主要产品有钢材、无缝钢管、钢筋、合金钢、轧辊等系列产品，全年生产钢材9.86万吨，为有史以来最高产量；完成工业总产值68.86亿元，利税总额6.73亿元，固定资产合计16.30亿元，与2008年相比，企业增加18家，从业人员增加7648人，产值、利税和资产分别增长3.44倍、2.24倍和3.87倍。

第二节　有色金属

1988年，全市有色金属制品主要由长沙铜铝材厂、长沙铝厂、长沙冶金机械厂等企业生产，主要产品有铝、铝材、锌、铜、铜杆、铅等。

为推动企业改革，长沙实施全员风险抵押承包，选择长沙铜制品厂等30家集体企业试行泛股份制，调动企业生产积极性；调整产品结构迈出较大步伐，一批产品质量好、产品适销对路的企业，调整生产组织，扩大经营规模，铝锭等产品增产增收。长沙市麻田磷矿投资1000万元，实施移地转产金属镁技术改造工程，项目达产后形成年产金属镁400吨。长沙有色金属加工厂和长沙金属压延厂合并，成立长沙铜铝材厂，下设铜熔铸、铜加工、铝板材、铝带材、锌材等车间7个；从美国引进康风连续挤压机，在消化吸收基础上，对工艺和模具进行实验研究，自主研制出连续挤压铝管，质量达到20世纪80年代国际同类产品先进水平，获湖南省科技进步二等奖，研制的Hsn70–1冷凝管、Hph59–1B铅黄铜控制管，均获评“部优”产品，全年销售铝管432吨，完成产值942万元，实现利税267万元；该厂生产的黑钨精矿、白钨精矿，T2控制管、锌饼，长沙市合丰化工厂生产的工业醋酸铅，均被评为“省优”产品。湖南稀土金属材料研究所自主实施的宽温镀铬添加剂及其应用工艺研究项目，获湖南省科技进步二等奖。湖南有色集团研究所与株洲硬质合金厂联合实施的钨渣综合利用研究项目，长沙矿冶研究院与长沙铝厂联合开发的DN86–01型燃油炉窑电脑控制系统，分别获湖南省科技进步三等奖、四等奖。颜氏节能研究所民营企业家颜孟秋，发明的节能快速熔铝炉及颜氏燃烧器，每吨油料低于60千克，节约资金100~150元，在北京国际发明展览会上获金奖；该所与长沙县沙坪节能设备厂联合推出的颜氏油料燃烧器、颜氏快速熔铝炉，在湖南省举办的首届星火计划成果展交会上获星火科技奖。长沙第一卷闸门厂生产的“盾”牌手动铝合金卷闸门，被评为“部优”产品。

是年，全市有色金属加工业规模以上企业24家，从业人员8076人，全年生产铝3539吨，铝材8646（吨），硫酸铝9057（吨），锌8674吨，铜材2161吨，红矾钠6182吨，钨精矿（折合量）2183吨，铅5109吨，完成工业总产值2.08亿元，利税总额2359万元，固定资产净值6182万元。

1989年，湖南省冶金材料研究所与益阳精密铸造厂，联合研制的TT–1型锑铜合金材料，产品性能超过进口材料水平，适应于散热器行业，获“火炬杯”优秀项目奖。湖南省分析测试研究所自主实施的一类痕量稀土显色剂及其应用项目，湖南稀土金属材料研究所自主实施的高纯钪的研制项目，中南大学自主研制的铝型材模具制作，均获国家科技进步三等奖。长沙铜铝材厂自主研制的“猴王”牌连续挤压铝管，获国家优质产品银牌奖；生产的“长字”牌铅拉制黄铜管，被评为“部优”产品，全年实现工业总产值1.12亿元，比1988年7936万元增长41.47%。长沙铝制品二厂生产的“圆”牌洗白铝壶，被评为“省优”产品。

1990年，全市有色金属加工业全年生产10种有色金属1.07万吨。是年，长沙朝阳彩色照相制版投资建成花纹轧辊铝板生产线，试生产的产品质量达到技术要求。长沙铝厂主要产品有铜、铝、锌及其合金管、棒、型、板、带材、钨精矿，铝型材装饰，有939种规格型号；通过开展创优夺牌活动，加强生产组织和管理，促进企业发展，全年完成产值6016万元，比上年4317万元增长39.36%。长沙铜铝材厂为满足市场需要，投资建设铜冷凝管生产线，项目达产后年产能3000吨。长沙市铝制品一厂被中国机械设备进出口总公司湖南公司兼并，债权债务由湖南公司承担。

1991年，长沙中南凯大粉末冶金有限公司成立，隶属于中南大学粉末冶金研究院，由中南大学粉末冶金工程中心有限公司控股，经营范围包括硬质合金及粉末冶金制品的研究、开发、生产、销售等。中南大学粉末冶金研究所研究发明的多级雾化—快速凝固法制取微细铝粉专利技术，在长沙市岳麓化工厂实现转让投产，形成年产300吨多规格微细铝粉的生产能力，采用该专利技术，在冷却速度、粉末粒度、杂质含量及安全性能等方面，均优于原生产工艺，产品质量全部达到规定要求，活性铝含量达97.5%~98.5%。长沙矿冶研究院自主实施的包钢现流程铌冶炼工艺及产品开发与应用项目，中南大学与长沙铜铝材厂联合实施的软铝加工新工艺新设备（连续挤压）的研究项目，分别获国家科技进步一等奖和三等奖。长沙锌厂自主研制的直接法氧化锌，被评为“部优”产品。长沙铜铝材厂通过加强企业生产经营管理，产值1.30亿元，成为冶金行业的佼佼者。

1992年，国务院赋予生产企业进出口经营权，全市冶金行业抓住机遇组织生产和外销，全年出口冶金产品6760吨。长沙铜铝材厂与香港三湘集团合资，组建湖南光远铜管有限公司，注册资金1232.3万元，位于长沙市航空路，主要生产各种铜、铝管、紫铜盘管、铜合金冷凝管和其他有色金属产品。是年，中南工业大学与有关单位合作，实施的锂盐阳极糊节能技术项目和地下矿连续开采工艺技术和装备的研究项目，年创造经济效益在3500万元以上，均获国家科技进步一等奖。同年，长沙市花纹铝板厂自主研制出装饰轧花铝板新产品。

1993年，长沙振升集团有限公司成立，注册资金2.7亿元，位于长沙高新技术产业开发区，从事铝锭、民用建筑铝型材和工业型材、配件生产。长沙市花纹铝板厂自主研制的装饰轧花铝板新产品，获湖南省科技进步三等奖。

1994年后，随着国企改革不断深入，全市企业间横向联合和跨行业、地区的兼并日益增多；国家实行紧缩银根财政政策，银行提高贷款利息，企业面临的市场竞争环境加剧。是年，湖南振升铝材有限公司成立（以下简称“振升铝材”），是由香港振升投资发展有限公司在中国大陆投资兴建的合资企业，注册资金7000万元，位于长沙市芙蓉区，主要生产销售各种铝合金型管棒材、铝合金板材、空调多孔铝扁管、铝箔等。湖南华天铝业有限公司成立（以下简称“华天铝业”），注册资金1145万美元，从事高档建筑装饰材料研究开发与生产。湖南博云东方粉末冶金有限公司成立（博云东方），注册资金6000万元，位于长沙市高新技术产业开发区，从事研究、开发、生产、销售航空、汽车、火车等刹车材料、硬质合金、超硬材料等粉末冶金材料及设备。长沙五金铝制品总厂投资400万元，实施铝质电力电容器外壳技改工程，达产后产品品种由3种增加到16种。长沙锌厂通过开展“转机制、抓管理，练内功，增效益”的活动，促进企业发展，全年完成产值1.45亿元，利税总额1180万元，成为全市27家利税过1000万元企业之一。长沙铬盐厂实施的铬盐生产过程中硫酸氢钠废液综合利用新技术，获湖南省科技进步三等奖。是年，受能源紧缺、市场疲软、资金匮乏等因素影响，全市有色金属加工业规模以上企业48家，其中亏损企业13家；从业人员1.05万人，全年生产铝6331吨，锌1.84万吨，铜材2268吨，完成工业总产值6.07亿元，亏损505万元，固定资产净值2.45亿元，与1988年相比，企业增加24家，从业人员增加2390人，产值和资产分别增长1.92倍和2.96倍。

1995年，长沙众兴铝业有限公司成立，是一家股份制民营企业，位于长沙经济技术开发区，主要生产3层覆合铝合金板、带、箔等产品。湖南光远铜管有限公司总投资2.3亿元，实施湖南省“八五”期间（1991—1995年）重点技改项目——铜盘管生产线开工建设，项目达产后年产能4000吨。长沙市洪塘冶炼厂通过加强企业生产经营管理，全年生产锌锭9720吨，精锌85吨，氧化锌529吨，完成产值2749万元，利税总额97.31万元。

1996年，湖南经阁投资控股集团有限公司成立（以下简称“经阁集团”），注册资金3.5亿元，位于长沙市望城坡经济开发区，主要生产经营高档磨砂铝型材和镜面不锈钢型材等产品。优美科富虹（湖南）锌业有限公司投资500万美元，采用国外先进技术装备，在长沙望城经开区建设占地2公顷的锌粉生产线，项目达产后年产1万吨超细高级锌粉。长沙振升集团有限公司引入ISO9002国际质量体系并通过认证后，促进产品质量提高，生产的产品获评湖南省产品质量监督免检资格。湖南省莱特尔实业公司以承担债权债务的方式，兼并长沙线材制品厂。是年，全市有色金属加工行业通过克服企业“三角债”等困难，生产铜精矿825.47吨，精制硫酸铝7739.49吨，精铝制品82.97吨。

1997年，湖南宁乡吉维信金属粉体有限公司成立，注册资金7796.55万元，位于长沙宁乡经济技术开发区，主要从事铝粉及铝合金粉的生产和销售等，作为一家生产微细球形铝粉的企业，引进中科院研究的高科技成果——氮气雾化法微细球形生产技术，建成规模为年产4000吨的微细球形生产线。长沙有色金属压铸厂投资2980万元，实施引进压模等关键设备技术改造工程，项目达产后新增产值8750万元。湖南省益湘铝业有限公司通过加强企业经营管理，利税总额达796.4万元，成为冶金行业的排头兵。湖南浏阳锌厂通过加强产品质量管理，获得自营进出口权，全年利税694.0万元，名列全市冶金行业第二位。经阁集团通过抓生产和销售环节，实现利税463.9万元，人均税利1.1万元，人均税利位列全市冶金行业之首。1998年，长沙有色金属开发重点为：建筑幕墙用铝合金板材、空调器用高精度、电磁铸轧低针孔度双零铝箔、高效高精轧制技术等；重点扶持十大产品，并支持发展铜铝型材等一批地方名牌产品。长沙铜铝材有限公司成立，注册资金1.06亿元，位于长沙市航空路，主要生产铜、铝材及其制品、冶金加工设备、有色金属材料及制品等。长沙铝型材厂成立，经营范围包括铝、铜型材、装饰材料的制造、加工等。长沙振升集团有限公司通过ISO9001国际质量体系认证，并与国内“幕墙之王”——武汉凌云集团共同组建上海凌云振升股份有限公司。是年，湖南稀土金属材料研究所自主研制的抗破碎贮氢材料，列入“八五”期间国家科技攻关项目，属国内外首创，居国际同类材料领先水平，获国家技术发明二等奖。中南大学实施的图-154M飞机国产粉末冶金刹车副（盘）研究与开发项目，获国家科技进步三等奖。

1999 年，长沙安达制动材料有限公司成立，注册资金 9800 万元，位于长沙市开福区，主要从事摩擦材料制品、粉末冶金制品的研制、开发、生产、销售等。长沙锌厂列入长沙实施“债转股”试点；振升铝材自主研制的铝合金推拉窗，获评实用新型专利。

2000 年，浏阳市宝鑫矿业开发有限公司成立，由湖南七宝山硫铁矿下岗职工自筹资金 265 万元，买断严重亏损的浏阳市宝东矿业开发有限公司，与湖南省七宝山矿业总公司联合组建，法人代表、总经理卜建辉，拥有年采选铁帽金银矿 7 万吨的生产能力，其技术达到国内同行业中上水平，全年实现销售收入 480 万元，上缴税金 75 万元，归还职工股本 132 万元，安置七宝山硫铁矿下岗职工 168 人。湖南英捷高科技有限责任公司成立，注册资金 6127.85 万元，位于长沙市高新区，主要从事粉末注射成形产品以及其他粉末冶金深加工产品等。长沙锌厂投资 3000 万元，实施锌冶炼系统“电收尘”“油改气”“煤改气”治污综合改造项目。长沙振升集团有限公司在上海证券交易所发行 B 股，为企业发展增添后劲。

是年，因规模以上企业统计范围由乡及乡以上独立核算企业变更为国有及年销售收入 500 万元以上企业，全市有色金属加工业规模以上企业 16 家，从业人员 5958 人，全年生产铝 51 吨，铝材 3.28 万吨，锌 3.16 万吨，铜材 6634 吨，完成工业总产值 14.78 亿元，利税总额 3831 万元，固定资产净值 6.92 亿元，与 1994 年相比，企业减少 32 家，从业人员减少 4058 人，产值和资产分别增长 1.43 倍、1.83 倍。

2001 年，全行业生产 10 种有色金属 2.87 万吨，铝材 4.15 万吨，线材 2.53 万吨，粉末冶金制品 152 吨。是年，长沙伟晖高科技新材料有限公司（以下简称“伟晖新材料”）注册成立，位于长沙高新技术开发区，主要从事有色金属和稀有材料及其二元和多元化合物的生产和销售。经阁实业完成工业总产值 4.2 亿元，按可比价格增长 21.97%。长沙铜铝材厂通过深化企业改革，加强生产经营管理，全年完成工业总产值 2.08 亿元，比上年 1.66 亿元增长 25.19%。长沙铜铝材厂通过深化企业改革，加强生产经营管理，全年完成工业总产值 2.08 亿元，比上年 1.66 亿元增长 25.19%。浏阳市宝鑫矿业开发有限公司开采的七宝山矿井被淹后，开展生产自救，精心组织铁帽金矿的开采，并改进选、冶技术，将选矿工艺由池浸全面转为堆浸，通过引进先进的“火法与湿法相结合”的金银冶炼技术，使回收率与质量大幅度提高，黄金、白银的浸出率明显提高，超过国内堆浸法的平均回收率水平，是年，完成采矿总量 9 万吨，仅白银的回收就增加收入 20 万元，全年完成工业产值 1431 万元，上缴税金 150 万余元，全部还清职工的股金 265 万元，解除职工的后顾之忧。长沙中南凯大粉末冶金有限公司通过 ISO9000 质量管理体系认证，依托建设有粉末冶金国家重点实验室、粉末冶金国家工程研究中心、轻质高强结构材料国防科技重点实验室等，进行新产品研发，被认定为高新技术企业。

2002 年，全市有色金属加工行业克服东南亚金融危机造成的不利影响，全年生产铜材 1.25 万吨，比上年 8891 吨增长 40.68%，创历年来最高纪录。是年，长沙锌业有限责任公司投资 1.15 亿元，实施超细高活性锌粉产业化项目。长沙振升集团有限公司引进德国瓦格纳公司静电粉末喷涂生产线、日本千代田产业株式会社高分子电泳生产线，企业装备技术水平得到显著提高，发展成为现代化企业集团。中南大学实施的铝带坯电磁场、铸轧装备与技术项目，获国家技术发明二等奖。长沙矿山研究院实施的难采难选低品位铜矿地下溶浸工艺研究设计及工程化实践项目，与长沙有色冶金设计研究院联合实施的大厂高铟锌精矿锌铟冶炼工艺及铟高新技术产品开发项目，均获国家科技进步二等奖。湖南有色集团研究院有限公司实施的硫酸烧渣综合利用研究项目，获国家有色金属工业科技进步一等奖。

2003 年，全市有色金属冶炼及压延加工行业全年完成更新改造投资 7280 万元，比上年 800 万元增长 8.1 倍。湖南晟通科技集团有限公司（以下简称“晟通科技”）成立，系大型股份制企业，注册资金

1.56亿元，位于长沙市望城经济技术开发区，主要从事新材料、新能源的研发与生产，以双零箔、空调箔、铝箔坯料、铝工业型材为主导产品。经阁集团与湖南省电力公司所属湖南联城科技开发有限公司等5家企业，投资组建经阁铝业科技股份有限公司，总投资7.5亿元，兴建年产6万吨高档建筑铝合金型材项目第一期工程，项目占地33.33公顷。是年，长沙新阳光铝业有限公司总投资300万元（含外汇20万美元），引进350吨全自动镁合金成型机一台及配套设备，实施镁合金工艺技术改造项目。湖南宁乡吉维信金属粉体有限公司投资1200万元，实施年产2500吨微细球形铝粉技改工程，年新增铝粉2500吨生产能力。长沙海大铝业有限公司投资6000万元，在长沙宁乡经济技术开发区建设年产1万吨新型铝材生产基地。经阁实业投资1.8亿元，实施技术改造和新产品研发项目，注册的"经阁KINGLE"节能铝、门窗幕墙商标，被认定为中国驰名商标。长沙矿山研究院等单位联合研制的金属矿床无废害开发技术，获国家科技进步二等奖。湖南有色集团研究院有限公司实施的总废水处理后净化水回用及水质稳定实验研究项目，获国家有色金属工业科学技术二等奖。长沙振升集团有限公司引进美国亚松（AZON）公司注胶式隔热断桥生产线，通过ISO14001国际环保体系认证，产品获得国家质量免检资格。长沙铝厂和长沙铅厂，因排放物污染大而停产。

2004年，全市有色金属加工行业全年生产铜材3.13万吨，比上年2.02万吨增产54.78%，达到历史新高；铝材7.38万吨，比上年5.89万吨增产25.25%，创历年来最高产量。湖南有色金属控股集团有限公司（以下简称"湖南有色集团"）成立，注册资金14.93亿元，位于长沙市天心区。长沙振升集团有限公司完成工业总产值7.09亿元，比上年5.12亿元增长38.47%，实现利税过1000万元，成为长沙市纳税大户。湖南华天铝业有限公司注册的"华天"铝塑复合板、铝合金天花板商标，被认定为中国驰名商标。

同年，长沙业翔科技发展有限公司实施的现场总线型智能模糊控制系统，及其在有色金属工业窑炉的应用项目，获评湖南省科技进步二等奖。湖南中大业翔科技有限公司建设的5万吨化学品氧化铝生产线建成投产。湖南广义科技有限公司开发出广义磨：GY、GL、GM、GYLM、GYQM等系列产品，获国家专利13项，自主研制的广义磨产品，被评为国家重点新产品。湖南稀土金属材料研究所更名为湖南稀土金属材料研究院，隶属湖南有色集团工业总公司。是年，全市有色金属加工业规模以上企业25家，从业人员6851人，全年生产铝材7.38万吨，锌5415吨，铜材3.13万吨，完成工业总产值31.95亿元，利税总额1.97亿元，固定资产净值11.28亿元，与2000年相比，企业增加9家，从业人员增加893人，产值、利税、资产分别增长1.16倍、4.15倍、63.08%。

2005年，长沙海大铝业有限公司投资2.5亿元，实施年产铝型材2万吨技改项目。广西东方锑化工有限公司与长沙烨星电子有限公司联合，共同投资3000万元，在长沙宁乡经济技术开发区建设年产3000吨特种锑白和年产500吨胶体五氧化二锑生产基地。湖南有色集团研究院有限公司与湖南大学等单位，联合实施的有色金属工业重金属废水重复利用技术研究项目，获国家科技进步二等奖和湖南省科技进步一等奖。中南大学等单位联合实施的铝合金铸轧新技术与设备研制项目，获湖南省科技进步一等奖。长沙万佳铝材有限公司全年实现工业总产值1.52亿元，比上年1.03亿元增长48.6%。长沙矿冶研究院有限责任公司开发出覆钴氧化型氢氧化镍产品，占据国内同类产品市场份额的60%，并打入日本、韩国等国际高端市场。长沙众兴铝业有限公司通过抓产品质量，通过ISO9001-2000质量管理体系认证。长沙铝厂因环境污染严重依法关闭破产。

2006年，全市有色金属加工业生产锌830吨，比上年3793吨减产78.12%，产量呈萎缩之势。是年，湖南顶立科技有限公司（以下简称"顶立科技"）成立，注册资金2661万元，位于长沙经济技术开发区，投资1500万元，实施新材料及其特种热工装备研究开发与生产。长沙金龙电缆有限公司与加拿大朗润集团香港鹏力国际有限公司合资，组建湖南金龙国际铜业有限公司（以下简称“金龙铜业”），注册资金6000万元，位于望城经开区。湖南稀土新材料有限责任公司投资4亿元，在长沙张公岭征地6.67公顷，实施产业化基地项目建设，生产荧光粉、荧光新管等产品。经阁集团实施的隔热铝型材的研制项目，纳入国家高新技术研究发展计划研究课题，并列入国家重点科技火炬计划。新振升集团通过高新企业认证；实施网络深度开发战略，开发1000余家乡镇分销商，成为全市利税过亿元的15家企业之一。湖南有色金属研究院有限公司实施的综合回收伴生铜资源研究项目，长沙矿山研究院与中南大学等单位联合实施的金属矿深井开采关键技术研究项目，分别获得湖南省科技进步一等奖和二等奖。湖南有色集团在香港上市，募集12.9亿港元；在香港与堪帕斯资源有限公司（澳大利亚上市公司）签订1200万股股票收购协议，合作开发该公司在澳大利亚北领地等地的有色金属资源。长沙冶金机械厂、长沙铝厂先后破产后，理顺劳动关系1284人。

2007年，湖南湘投金天钛金属股份有限公司成立，注册资金3.13亿元，位于长沙市高新技术产业开发区，从事钛及钛合金等稀有金属、金属复合材料及设备的研发、生产和销售。新振升集团瞄准“绿色、低碳、节能”新产品，实施“双品牌”（“振开”“金刚”）运作，成立湖南金刚铝材有限公司（以下简称“金刚铝材”）、上海新振升铝材有限公司两家分公司。主要产品包括铝型材系列门窗系列及优质建筑门窗、幕墙配件，是年，产值增长150%，幅度创纪录。

同年，博云东方总投资3亿元，实施科技产业园项目建设，项目占地13.33公顷，为研发创新与生产搭建平台。湖南稀土金属材料研究院有限责任公司投资1.65亿元，在长沙隆平高科技园区购地5.44公顷，建设有稀土镁合金、稀土铝合金及特种合金生产线，发展成为集科、工、贸于一体的新型科技型企业。金龙铜业总投资10.26亿元，在长沙望城经开区建设全省最大的铜业生产基地，首期工程竣工投产。湖南恒佳铝业有限公司投资2.07亿元，在长沙宁乡经济技术开发区建设1.5万吨铝管及150万台蒸发器生产基地。湖南雅城新材料发展有限公司投资9000万元，在长沙宁乡经济技术开发区建设年产2000吨四氧化三钴生产基地。长沙高新技术产业开发区英才科技有限公司实施的“纳菲尔”钨合金电镀技术研发与应用项目，获湖南省科技进步二等奖。

至2008年，全市有色金属深加工行业有规模以上工业企业20家，主要有色金属产品为铝型材、铝箔、铜杆等，全年完成产值88.4亿元。是年，湖南邦普循环科技有限公司成立，注册资金6000万元，位于长沙市金洲新区，主要从事新材料、电池及新能源的研发、生产，总投资2亿元，实施一期建设工程—湿法冶金生产基地建设。晟通科技投资20.96亿元，实施25万吨/年高精板带箔项目，全年主营业务收入超过50亿元，成为全市冶金行业销售收入超过50亿元的2家企业之一。金龙铜业投资1.62亿元，实施年产3万吨光亮铝杆生产线一期建设项目，注册的“炯龙及图与英文”商标，被认定为湖南省著名商标。中南大学与湖南卓聚新材料有限公司联合实施的神舟系列飞船和卫星蜂窝结构用高端铝合金材料及制备技术项目，获湖南省科技进步一等奖。湖南大学与中南大学等联合实施的轻合金热变形、挤压加工关键技术及在工程中的应用项目，长沙矿山研究院等单位联合开发的复杂多金属矿节能零排型开采成套技术，均获湖南省科技进步二等奖。湖南飞碟新材料有限责任公司（以下简称“飞碟新材”）实施的磷青铜双金属材料开发项目，中南大学实施的给予计算机仿真的工业窑炉节能技术开发与应用项目，均被评为湖南省科技进步三等奖。

同年，长沙麻田磷矿和长沙铬盐厂，实施政策性破产。是年，全市有色金属加工业规模以上企业 59 家，其中亏损企业 6 家；从业人员 8955 人，全年生产铝材 16.20 万吨，实现主营业收入 107.96 亿元，利税总额 6.70 亿元，与 2004 年相比，企业增加 34 家，从业人员增加 2104 人，产值、利税和资产分别增长 2.38 倍、2.40 倍。

2009 年，湖南华曙高科技有限责任公司成立，注册资金 5750 万元，位于长沙高新技术产业开发区，从事选择性激光烧结（SLS）设备制造、材料研发生产和加工。长沙隆泰微波热工有限公司总投资 1.5 亿元，在长沙隆平高科技园区购地 2.67 公顷，实施工业微波窑炉装备研发制造基地建设项目。湖南宁乡吉唯信金属粉体有限公司被日本东洋铝业株式会社收购后，投资 3 亿元，在长沙宁乡经济技术开发区购地 9.33 公顷，建设微细球形铝粉项目生产基地。新振升集团生产的“振升”牌铝型材，被建设部鉴定为国内领先产品和中国 100 家最具发展潜力品牌，成为国内铝型材行业质量达标推荐产品与建筑及装饰五金行业名牌产品，居全国建筑铝型材“十强”企业第 8 位，全年营业收入近 27 亿元，位列湖南省百强企业 50 强。湖南湘联科技有限公司生产的铝合金卷闸门窗系列，被认定为湖南省名牌产品。湖南有色金属研究院有限公司自主实施的复杂铜、铅、锌高效选矿分离技术及应用项目，获国家科技进步一等奖。

2010 年，湖南有色集团总投资 36 亿元，在长沙望城经开区建设有色金属深加工产业化基地。长沙恒翔机电成套设备有限公司投资 3500 万元，在长沙隆平高科技园区购地 1.15 公顷，建设磁近溅射用高纯镍基靶材产业化基地。湖南顺泰新材料有限公司投资 1 亿元，在长沙宁乡经济技术开发区，建设年产 3000 吨钨酸钠精深加工生产基地。湘投金天总投资 8.5 亿元，实施钛带开卷等工艺流程研究创新项目，先后轧出中国第一卷大盘重宽幅热轧和冷轧钛带卷，填补国内空白；自主研制出中国第一根具有自主知识产权的钛焊管，被誉为国内钛工业发展的里程碑。新振升集团通过强化生产经营管理，实现产量、销量、利税等指标大幅度增长，获长沙工业“十大”突出贡献企业、长沙工业“三十强”（位居第六名）、年利税过亿元企业三个大奖；注册的“振升 ZHENGSHENG 及图形”金属建筑材料商标，被认定为中国驰名商标。晟通科技总投资 25 亿元，实施年产 10 万吨工业用铝挤压材项目。

是年，湖南邦普循环科技有限公司实施的无皂化萃取分离钴和镍溶液中杂质方法，获国家专利。长沙矿山研究院有限责任公司实施的极破碎顶板复杂层控型矿床采矿方法多元化协同强化开采技术，获湖南省科技进步三等奖。湘南学院实施的稀土配合物的热化学研究项目，获湖南省自然科学三等奖。顶立科技自主研制出国内最大矩形真空脱脂烧结多功能炉研，注册的商标被认定为湖南省著名商标。

2011 年，全市生产铝材 75.43 万吨，比上年 50.37 万吨增长 49.8%。晟通科技全年实现产值首次突破 100 亿元，成为全市第 4 家产值达百亿元的企业。新振升集团投资 4.5 亿元，实施布棋汨罗战略，建设年产 10 万吨铝型材生产基地。湘投金天投资 14.5 亿元，实施年产 1 万吨钛带卷项目。宁乡吉唯信金属粉体有限公司投资 1.5 亿元，实施年产微细球形铝粉 1.2 万吨项目。金龙铜业产值首次突破 50 亿元，上缴税收 2.15 亿元，成为全市的利税大户。中南大学实施的冶钨资源深度开发应用关键技术项目，与长沙有色冶金设计研究院等联合实施的铅高效清洁冶金及资源循环利用关键技术与产业化项目，分别获得国家科技进步一等奖和二等奖。湖南英才科技有限公司实施的高耐磨性、高耐腐蚀性、环保型钨合金电泳技术研发及应用项目，获国家科技发明二等奖。湖南海纳新材料有限公司实施的全氯循环法高效利用难处理氧化矿制设备高性能镍钴材料项目，获评湖南省技术发明一等奖。长沙仲腾金属材料科技有限公司实施的汽车用新型铝镁合金开发、先进挤压成型技术及应用项目，长沙矿冶研究院实施的往复式双箱稀土永磁高梯度磁分离机研制与应用项目，均获湖南省科技进步三等奖。湖南泰山热工装备有限公司注册的“泰模王”商标，被认定为湖南省著名商标。顶立科技自主研制的高空高真空微波实验炉、脱蜡炉用脱蜡回收装置、微波烧结设备，均获国家专利。长沙有色冶金设计研究院通过改制，更名为长沙有色冶金设计研究院有限公司。

2012年，湖南中冶长天重工科技有限公司成立，注册资金5000万元，位于长沙市麓松路，经营范围包括冶金、环保节能等设备及相关配件的研发、设计、制造与销售。优美科富虹实施搬迁重建工程，在长沙望城经济开发区建设2.5万吨/年涂料锌基料项目。经阁集团投资7000万元，与中航集团航空材料研究院合作，生产航空、航天、军工用铝合金型材，全年完成销售量2.5万吨，完成工业总产值30亿元。湖南万容科技股份有限公司实现年回收再生铜、铝等有色金属5万吨，金、银等稀贵金属1000吨，非金属材料20万吨，全年产值突破50亿元。

湖南稀土金属材料研究院有限责任公司建设的风力发电机用高性能钕铁硼永磁材料项目投产，具备年产1000吨高性能钕铁硼永磁的生产能力，全年实现利税过亿元，成为长沙的利税大户。晟通科技实施的新型阴极结构铝电解槽高效节能技术创新项目，获得中央财政科技成果转化项目补助资金800万元；注册的“SNTO”铝箔、铝锭商标，被评为中国驰名商标；全年实现工业总产值136亿元，比上年增长36%。新振升集团注册的“金钢门窗”铝合金门窗商标，被评为中国驰名商标。博云东方与中南大学，联合实施的高耐磨高制动粉末冶金摩擦材料的研制与产业化项目；长沙仲腾金属材料科技有限公司与广汽长丰等，联合实施的汽车用新型铝镁合金开发、先进挤压成型技术及应用项目，均获湖南省科技进步一等奖。顶立科技自主研制的真空脱脂烧结淬火多功能炉和真空脱脂烧结淬火多功能炉，均获湖南省科技进步三等奖。湖南广义科技有限公司自主研制的旋锥磨，获得实用新型专利。湘投金天通过欧盟产品认证，被认定为省级企业技术中心和高新技术企业。湖南有色集团研究院有限公司实施的基于量子化学原理的高品质钴酸锂研究与应用项目，获国家有色金属工业科学技术进步三等奖。

长沙重型冶金机械有限公司自主研制的新型冶金炉用自动高压排气装置、自动液压式长水口机械手、新型球磨机进料装置、新型球磨机排料装置等，均获实用新型专利。湖南稀土技术开发有限公司自主研制的钛白废水中钪钛的回收方法，获发明专利。长沙恒佳铝业有限公司生产的金属铝，湖南湘联科技有限公司生产的“湘联”牌建筑外窗、铝合金卷闸门、窗系列，均被认定为湖南省名牌产品。

是年，全市有色金属加工行业产品主要有铝型材、铝合金、铝箔、铜材、铜杆、铜线、冶金设备等系列，规模以上工业企业73家，从业人员1.28万人，全年生产铝材91.1万吨，创有史以来最高产量；完成工业总产值399.02亿元，利税总额35.47亿元，固定资产合计53.60亿元，与2008年相比，企业增加14家，从业人员增加3837人，产值和利税分别增长2.70倍和4.29倍。

企业选介

（一）长沙振升集团有限公司。长沙振升集团有限公司1993年成立，注册资金2.7亿元，位于长沙高新技术产业开发区隆平高科技园内，经营范围为建筑材料、工业铝型材、高端成品门窗、铝制品、五金配件、机械模具、各类门窗、货框货架的生产、加工及销售。是年，投资总额4.5亿元，成为湖南首家专业研发、生产铝型材系列产品的大型现代化企业。2001年、从日本千代田株式会社及德国瓦格纳公司引进代表国际最先进的电泳涂漆生产线和粉末喷涂生产线，并按国际先进标准严格组织生产，产品各项指标高于日本同类企业产品标准，达到国际先进水平。2010年，振升跻身“全国铝业十强企业”，被评为“长沙工业十大突出贡献企业（第五名）”“长沙工业三十强（第六名）”“利税过亿元企业”。产品在湖南市场份额占60%。

2012年，振升铝材汨罗基地一期项目成功竣工试产，第一批铝型材产品下线，实现产能8万吨，年利税2亿元，成为中国中部最大的铝型材生产基地、全国循环经济示范企业。产品销量跃入中国中部市场销量第一，入选国家高技术研究发展计划等重点科技攻关项目。2012年年底，集团有从业人员807人，拥有固定资产3.42亿万元，是年实现利税总额4371万元，主营业务收入1.12亿万元，产量6万吨。

经过近20年发展，长沙振升集团有限公司下设湖南振升节能门窗幕墙有限公司、振升配件有限公司，以及长沙、岳阳、汨罗3个主要生产基地。企业先后获得中国铝建筑型材20强、中国民营企业制造业500强、湖南省质量管理奖、湖南省产品质量奖、湖南百强民营企业第19位；产品获国家产品质量（方圆）认证、电泳涂漆型材产品获国标五星级产品认证、ISO9001国际质量管理体系认证、ISO14001国际环境管理体系认证；中国驰名商标、中国建筑铝材行业标志性品牌，品牌价值69.33亿元位居“中国最有价值500强品牌”。

（二）晟通科技集团有限公司。2003年成立，注册资金1.56亿元，位于望城经济技术开发区。2004年铝箔车间建成投产，填补湖南作为有色金属之乡，无大型铝工业的空白。2006年，成立湖南首个铝加工工程技术研究中心，专题进行新产品研发。2007—2009年，通过与中南大学合作，先后完成国家级节能减排重点项目—创元铝业综合节能改造和回转窑余热发电节能改造，发展成为全国铝电解行业节能工作先进典型。2010年，选定轨道交通材料、散热器、电器机壳等为主打产品；依托集团完整的产业链，整合国内外优势资源，研究开发出铝合金轻量化厢车、罐车等新产品，建成交通部铝车示范基地。至2012年，建有长沙精深加工产业园、常德原材料产业园、五强科技园3个园区，拥有被国家认定的企业技术中心和国家检测中心（实验室），湖南省铝业发展工程技术研究中心，累计申请专利288项，名列冶金行业首位。拥有中国工程院院士、享受国家特殊津贴专家等各种专业领域精英组成的研发团队，承担国家高技术研究发展计划等国家、省、部委以及市场急需的数十个技术产品开发项目，取得节能减排、产品改进、研发创新的成果，并迅速转化为生产力，取得良好的社会经济效益，产值位居中国企业500强第407位，发展成为国内具有影响力的铝产品研发制造商和轻量化材料供应商。是年，公司从业人员5000人，实现工业总产值136亿元，纳税6545万元，成为全市屈指可数的产值过百亿元的企业之一，步入大型企业行列。

（三）湖南金龙国际铜业有限公司。2006年9月创建，注册资金6000万元，位于望城经济技术开发区。2007年，被湖南省政府列入“双百”工程企业范围，被长沙市政府列入“六大支柱产业”——金属材料工程的龙头企业、43家拟上市企业。至2009年，公司与美国空气化工AP公司建立合作关系，引进世界先进的纯氧燃烧技术，拥有先进的光谱、金相、电气和物理性能等成套试验设备200多台（套），有小试、中试及部分产品批量生产的生产线及成套设备500余台（套），被评为湖南省有色金属工业保增长、调结构、增效益“十佳”企业。

2010年，成立长沙市铜铝材精深加工工程技术研究中心，为新产品研发奠定了坚实基础。2011年，通过优化再生电工用光亮铜杆工艺能量系统，确保综合能耗远低于国家标准，节能率30%；通过运用标准化分拣体系及专业化鉴定技术，精炼铜纯度超过欧洲环保铜检测标准，实现电缆的主材料循环，发展成为一家从事再生资源—循环经济—精深加工—高科产品为一体的全产业链的实体企业，推动企业实现跨越式发展。至2012年，公司下设6家全资子公司，发展成为中部地区有影响力、有竞争力、产品链齐备的铜铝精深加工企业之一，随着研发实力显著增强，被认定为国家级高新技术企业，被评为长沙市技术创新先进单位；公司自投产以来，产量每年以100%的速度递增，连续多年成为全市的纳税大户。是年，公司全年实现营业收入达到创纪录的60亿元，纳税2.7亿元，总资产7.26亿元。

第四章　电子工业

第一节　生产规模

1988年，长沙电子工业初步形成有一定规模的产业体系，成为全市工业的一个重要支柱。主要生产门类有：雷达与通信设备、广播电视设备、计算机及外围设备、电子元器件、电子专用材料等。湖南电视机厂、湖南电位器总厂、曙光电子管厂3家企业开展“特厂”试点，长沙市无线电五厂试行泛股份制，15家企业推行风险抵押承包、工资利税挂钩、开办企业内部银行和优化劳动组合等多项措施。全年出口各类电子产品近1000万件，创汇195万美元。元月，湖南广播设备厂从美国迪斯公司引进的一条塑料表面喷涂生产线开工生产，生产线从进料、喷涂、烘烤到出成品全部自动化，可年产电视机、收录机壳50万件。4月，国家计划委员会批准在长沙曙光电子管厂改建一条年产100万只18英寸、20英寸彩色显像管生产线。湖南电视机厂完成工业总产值和产品销售收入均超两亿元，利税超2000万元，生产电视机累计超100万台，所有产品全部实现优质。湖南电位器总厂是国内首家从日本松下电器公司引进，具有世界先进水平碳膜电位器成套设备和专有技术企业，被电子工业部确定为彩电国产化提供电位器配套的5个重点企业之一。

是年，长沙电子工业有规模以上企业27家，从业人员1.45万人，固定资产净值1.74亿元；完成工业产值5.38亿元，利税总额6028万元。全市主要产品产量：电子元件7145.73万只、电子管339.01万只、半导体分立器件40.34万只、集成电路45.42万块、钨丝2030.2万米、钼丝4441.8万米、杜镁丝2.01亿米、钨杆5364.8千克、钼杆2012.8千克、匀胶铬版12万块、石英玻璃及制品1.07万千克，黑白电视机23.73万台、彩色电视机6.49万台、收录机20.39万部。

1989年，长沙消费类电子产品生产遭遇市场疲软、资金紧张等严重困难，加上自身产品结构不合理、全市配套的电子元器件质量欠佳等原因，全行业发展速度趋缓，经济效益下降。部分企业由于历史包袱沉重，产品缺乏竞争力，出现资金断流、产品积压、亏损严重。湖南计算机厂在生产9台微型计算机之后，转产为国内主流微型计算机配套的GW-220汉字终端，是年生产销售1.3万台，约占国内市场份额50%，创产值8000万余元。湖南通信设备总厂在长沙成立，下设益阳、望城、常德、株洲4个分厂，同时对产品进行更新换代，开发生产ZM206Ⅵ型宽带环路载波机、ZM206V型双向自动拨号环路载波机和ZM207Ⅲ型15路环路载波机，以及HJ978Ⅲ型纵横自动电话交换机、SJDⅡ型全电子交换机。市无线电四厂拥有一条从国外引进的多功能电子电话机生产线，专业生产华迪牌HD300系列按键式电话机，产能20万部/年，并取得邮电部颁发的进网证，是年，实现工业产值2006万元，利税总额56万元。

1990年后，随着国有企业体制改革不断深化和投资环境改善，长沙电子工业得到一定发展。湖南计算机厂与新加坡 MFS 科技有限公司合资，组建湖南维胜科技有限公司，在长沙经开区成立，总投资 3980 万美元，专业生产高精密多层印制电路板（PCB），经营范围包括生产印刷电路板、电子器件、印刷板设备和其他电子外围设备，电路板装配。曙光电子管厂实现产品销售收入 8021 万元，在全国电子工业企业排名中居第 103 位。长沙银河计算机技术发展中心银河超级微型机、901 电脑图文排印系统开发成功，作为水平较高的高技术产品，呈现良好的市场前景。是年，全市生产学习机 1000 台，之后没有再生产学习机。

1991 年，全行业技术改造项目 9 项，总投资 1267 万元，其中年内竣工 2 项，完成投资 467 万元；开发新产品 22 项，批量投产 15 项，新产品产值 8919 万元。是年，湖南计算机厂划归机电部中国长城计算机集团公司管理。长沙韶光电工厂改制成立长沙韶光微电子总公司，年产半导体集成电路 9 万块。以生产半导体收音机为主的市无线电厂被迫全面停产。

1992 年，湖南电视机厂在消化国外同类机种先进技术基础上，自行设计、自主开发出 SFC64–4 彩色电视机，主要技术指标达到国外同类机种水平，不仅填补湖南大屏幕彩电空白，而且为国内大屏幕彩电研发与生产开创先例；承担的省、市重点工程——770 彩色显像管项目开工建设，总投资概算 7.5 亿元，设计年产 64 厘米彩管 60 万只、54 厘米彩管 40 万只，年创产值 10 亿元、利税 3.5 亿元，至年底完成投资 1.03 亿元。长沙开元仪器股份有限公司成立，主要生产经营煤质采选、化验等全套电子测量仪器，是国内煤质检测领域技术水平最先进、产品品种最齐全的专业生产厂。

1993 年，曙光电子管厂为拓展市场发展空间，改组成立曙光电子有限公司，下属“曙光工模机械厂”“曙光钨钼材料厂”“曙光电子枪厂”“曙光动力公司”“曙光气体公司”等多家子企业；并与韩国 LG 电子公司合资 7 亿元，建立彩色显像管生产企业，是中韩建交以来在长沙最大合资项目，为长沙电子工业大发展带来新希望。湖南电视机厂自行设计、制造、安装 274–1 型大屏幕彩电生产线，全套生产流程采用 PC 控制，可生产 64 厘米、71 厘米、73 厘米大屏幕彩电，并被对外经贸部批准自营进出口业务，成为湖南省电子行业中第一家取得自营进出口权的企业。长沙长海视听设备有限公司成立，注册资金 500 万元，主要生产经营教学用语音电子设备。7 月，以生产黑白电视机、收录机为主的湖南广播设备厂因产品滞销，连年亏损，生产难以为继，被湖南天心实业总公司兼并，从此退出电子工业；10 月，以生产中低档收录机、收音机为主的长沙市方群无线电厂因连续多年发生亏损，资不抵债，依法实施破产。

1994 年，长沙按照省政府关于“把发展电子工业放在突出位置，使之成为促进生产结构现代化的带头产业，集中力量开发微电子产品、计算机和通信设备方面的新产品，努力发展消费类电子产品”指示精神，扩大对外开放，积极招商引资，加强技术改造，调整产业结构，重点发展计算机应用终端、彩色显像管等技术含量较高的产品生产。市电子工业局转体为长沙市电子工业总公司。内设行业管理办公室，原隶属长沙市电子工业局的全部企事业单位仍隶属转体后的长沙市电子工业总公司，同时对全市其他行业的各级电子企事业单位实施大行业规划和管理。全行业完成基本建设和技改投资 5000 万余元，主要项目有：曙光彩管工程、电子材料厂的石英玻璃及其制品扩建工程等 14 项，其中当年竣工 3 项。湖南计算机厂取得多项质量技术成果，跻身于国家“三金”工程（1993 年由中央政府主导的以政府信息化为特征的系统工程，重点是建设信息化的基础设施，为重点行业和部门传输数据和信息，“三金”即：金桥、金关、金卡），进入税控设备领域，被选定为定点生产计税收款机的牵头单位和生产基地；全面贯彻实施 GB/T19000–ISO9000 系列标准，取得英国 NACCB 认证证书，实现中国计算机行业和湖南省国外认证“零”的突破；该厂与日本 CUROM 公司、意大利 SAREMA 公司合作，联合国内 4 家企业组建的“中中联合、中外合资”企业——意中希诺达公司在长沙挂牌成立，专业生产计税收款机，其中湖南计算机厂控股（占38%）。3月，湖南曙光电子公司与韩国金星社合作创办的湖南金星曙光电子有限公司合同签字仪式，在北京人民大会堂举行，湖南金星曙光电子有限公司总投资1.3亿美元，注册资本为总投资的40%，董事长由中方担任，总经理为韩方担任，共同开发生产彩色显像管，项目设计年生产能力为85万只彩色显像管，创产值11亿元左右、利税2.5亿元，其制造技术起点高，设备自动化程度高，具有20世纪90年代世界先进水平，是韩国金星社在中国最大合资项目。5月，宁乡银河电子有限公司成立，专业生产各种有机介质电容器。6月，湖南航天珠江仪器厂改制为湖南航天卫星通信科技有限公司，注册资本5000万元，公司承接原厂卫星应用天线和电子产品研制生产的所有技术、设备、厂房、人员和市场资源，除生产军用雷达外，还生产卫星通信/电视天线、DVB-S/C/T机顶盒、CATV宽带网络设备、GPS等300余种规格型号卫星应用通信设备。国家计划委员会确定由曙光电子集团公司与韩国LG电子公司合资兴办LG曙光电子有限公司，实施彩色显像管一期工程建设，总投资11.62亿元，设计年产21英寸、25英寸彩管115万只。是年，长沙电子工业规模以上企业58家，从业人员1.54万人，固定资产净值2.28亿元，完成工业总产值7.21亿元，实现利税总额1669万元，与1988年相比，企业增加21家，从业人员增加836人，固定资产净值、总产值和利税总额分别增长31.2%、34.07%、-72.3%，全行业有17家亏损，亏损面近30%，亏损额3276万元，致使电子工业亏损2323万元。主要产品产量：电子束管364.59万只、集成电路28万块、电子元件5927万只。

1995年，湖南计算机厂终端设备技改工程、长海视听“语音教学系统设备”建设工程先后竣工投产，拉开长沙电子工业产业升级序幕。湖南计算机厂生产各类终端设备5万台，实现产值2.34亿元，出口交货值2434万元，产销量连续四年居全国同行业第一位；该厂与美国数字设备公司联手技术合作，率先采用2万门超大规模0.8微米工艺专用集成电路（ASIC）芯片，产品性能和可靠性大幅提高，整机处理速度为国内同类产品4倍；在北京举行的第五次国内外计算机厂商及产品信誉评议会上，长城系列终端产品获金奖。5月，国防科学技术大学与香港伟确投资（集团）有限公司合资，组建银河（湖南）计算机系统有限公司，在长沙高新区“银河计算机城”建设奠基，主要用于银河Ⅲ型计算机等微电子、机电一体化项目开发；“银河计算机城”建设总投资1.65亿元，第一期投资5000万元，“银河城”以银河高计算机为龙头，以国防科学技术大学高科技产品为依托，建设有特色的高科技产业群体。长沙太阳人电子有限公司成立，专业生产液晶显示器。湖南航天磁电有限责任公司成立，注册资本1.2亿元，主要生产经营航天磁牌铁氧体电机磁、铁氧体扬声器磁、黏结钕铁硼磁、烧结钕铁硼磁四大类磁性材料，隶属于中国航天科工集团068基地。是年，市电子材料厂完成产值800万元，全员劳动生产率2.20万元，成为全市电子工业中型骨干企业。是年，规模以上企业统计范围由独立核算企业变更为乡及乡以上独立核算企业，长沙电子工业有规模以上企业83家（其中亏损企业28家），从业人员1.47万人，固定资产净值2.23亿元；完成工业产值6.14亿元，上缴税金807万元，全行业亏损1244万元。主要产品产量：电子元件2.09万只、电子束管（显像管）21.63万只、集成电路31万块。

1996年，随着一些建设与技改项目竣工投产，长沙电子产品制造业生产规模逐步扩大。是年，全行业基本建设、技术改造、招商引资和新产品开发，主要集中在曙光电子、湖南计算机厂、LG曙光电子公司和中国联通长沙分公司。是年，全行业开发新产品彩色显像管、中西文显示终端、彩色字符图形终端等10余项，新产品产值占全行业总产值的49%。湖南计算机厂完成技改投资1602万元，该厂与美国DEC公司合作，开发出新一代终端产品——“蝴蝶”网络终端。曙光电子有限公司一期工程竣工投产，总投资13.1亿元，设计年产21英寸、25英寸彩色显像管85万只。湖南电视机厂生产彩色电视机1.10万台，黑白电视机13.82万台，实现产值1.20亿元。LG曙光电子有限公司一期彩色显像管主体工程建成投产，主要设备从韩国引进，是年，产出彩管52.7万只，产值4.52亿元，占全市电子工业总产值的58.9%，成为省内最大的电子元器件生产企业。

湖南省最大的中外合资企业LG曙光电子有限公司竣工投产与大型国有投资控股公司湖南电子信息产业集团成立，为长沙电子工业的发展带来一个前所未有的机遇，投资显著增多，产业迅速壮大。湖南电子信息产业集团通过投资控股或参股，以长沙为中心先后建设彩色显像管、彩色显示管、显示器整机、流媒体服务器、高精度匀胶铬版、2.5代彩色滤光片等重点项目，从而使长沙电子工业总体规模迅速扩大，涌现出“LG曙光”“湘计算机”“华冠微电子”“科信电子”等规模较大的高科技企业，带动整个产业转型升级。湖南省康普通信技术有限责任公司在望城县成立，注册资本5000万元，专业从事通信接配线设备生产和安装，包括通信物理连接总配线架（MDF）、光纤配线架（ODF）、数字配线架（DDF）、综合设备机架、一体化机房等产品的生产与施工维护；通信电源维护，包括提供铅酸蓄电池、低压配电设备、开关电源、防雷设备及其维护，公司及其所有产品，均通过ISO9001–2000质量管理体系及产品质量认证，并拥有泰尔认证中心颁发的“泰尔产品认证证书”，产品广泛应用于中国电信、中国网通、中国移动、中国联通、中国铁通等通信运营商和广电、电力、石油、银行及国防通信等行业。长沙韶光电子总公司承担的国家“八五”（1991—1995年）重点项目——5~7英寸匀胶射铬版研制成功，使中国硬面光掩膜材料技术跃上一个新台阶。同期，在产业转型过程中，一些传统老产品如：收音机、收录机、电视机等，因质量技术含量不高，竞争力不强，逐步失去市场，生产这些产品的一批老企业，包括规模较大的湖南电视机厂在内，都不得不大幅减产或停产。

1997年，中韩合资企业湖南乐金曙光一期扩产工程竣工投产，比计划提前3个月，扩产后具备年产21英寸和25英寸彩色显像管250万只能力。曙光电子集团有限公司在长沙市挂牌成立，公司是一家拥有10亿余元资产的国有独资大型企业，具有投资功能，为湖南省和长沙市合办的电子行业的支柱和龙头企业，是全国电子行业百强之一，是年，公司完成工业总产值18.4亿元、利税总额1.2亿元，分别占全省电子行业总产值的54%和利税总额的50%。LG曙光电子彩色显像管工程扩建竣工投产，随之又投资12.36亿元进行扩建，增设彩管生产线两条，一条为设计年产38厘米、44厘米彩管150万只，另一条为设计年产74厘米、84厘米中分辨率大屏幕彩管60万只，产品先后通过中国电工产品认证（CCE）和德国电气工程师协会（VDE）、英国标准协会（BSI）、美国保险商试验所（UL）、加拿大标准协会（CSA）、日本质量保证协会（JQA）的安全认证，除国内销售外，还出口到东南亚、日本等国家和地区。国防科学技术大学研制的“银河–Ⅲ”并行巨型计算机在北京通过国家鉴定，该机采用分布式共享存储结构，面向大型科学与工程计算和大规模数据处理，基本字长64位，峰值性能为130亿次，有多项技术居国内领先，综合技术达到国际先进水平。湖南计算机厂改制成立湖南计算机股份有限公司，获准面向社会公开发行股票，首募资金2.64亿元，并于7月初在深圳证券交易所挂牌上市，所募资金全部用于扩大再生产；该厂顺利通过GJB/Z9001和ISO9001军用、民品质量管理体系认证。12月，“湘计算机”总投资9555万元的“双加项目”一期工程竣工投产，主要设备和技术分别从美国、德国引进，设计年产金融终端30万台。是年，长沙电子工业有规模以上企业70家，比1995年减少13家，从业人员15705人，比1995年增加1005人，是年，完成工业产值20.80亿元，固定资产净值14.24亿元；与1995年相比，分别增长2.39倍、5.38倍；经济效益大幅提高，利税总额1.91亿元，实现在上一年全行业亏损基础上扭亏为盈。主要产品产量：电子束管（显像管）177.77 万只、集成电路 15.19 万块、电子元件 3704.9 万只。

1998 年，长沙曙光华松电子有限公司彩色显像管偏转线圈项目投产，总投资 2000 万元，设计年产各种彩色显像管偏转线圈 120 万只，产值 2 亿元以上。“湘计算机”完成技改投资 2577 万元，当年生产各种终端设备 8.65 万台，实现销售收入 5.02 亿元。是年，全市规模以上企业统计范围由乡及乡以上独立核算企业变更为国有及年销售收入 500 万元以上企业，长沙电子工业有规模以上企业 16 家，从业人员 1.21 万人，固定资产净值 17.99 亿元；当年完成工业产值 25.73 亿元，利税总额 3.47 万元。1999 年，全国电子百强企业评选揭晓，长沙市的 LG 曙光电子以 16.1375 亿元的销售额排在第 39 位。湖南航天天达电子有限公司成立，该公司承接原湖南航天珠江仪器厂所有电子及有线电视技术、设备和厂房，产品由单一的放大器，发展到生产邻频调制器、供电器、分支分配器、光接收机等。“湘计算机”网络终端技术改造项目竣工投产，完成投资 2640 万元，主要设备和技术从美国引进，设计年产网络终端 6 万台，进一步奠定其在终端设备领域全国强势企业地位。是年始，“湘计算机”实施“3+5”战略，走上“一业为主、多元发展”之路，即在大力发展 GW 系列终端、蝴蝶网络终端、信息终端 3 个主导产品的同时，开发生产非终端产品 5 个，获评“全国推行全面质量管理先进企业”。国防科学技术大学银河计算机产业公司改制成立湖南丰汇银佳科技有限公司，注册资本 2180 万元，从事点验钞机、清分机，及其他产品的研发、生产和销售，主要用于金融、医疗、电力、邮政等行业。LG 曙光电子生产彩管 333.21 万只，实现工业总产值 35 亿元，利税总额 2.8 亿元，入选全国电子工业百强企业榜单。湖南华冠电子有限公司大规模集成电路微封装生产线建成投产，总投资 2.39 亿元，设计年产封装测试 5200 万块。长沙市整流器厂因企业停产多年，企业困难重重，5 月 14 日由法院裁定破产，由长沙湘星实业有限公司整体收购，整体接收，全员安置。湖南电视机厂在激烈的市场竞争条件下，产销量逐年下降以致发生严重亏损，生产彩色电视机 2800 台后申请实施破产。

2000 年，长海视听设备有限公司更名为长海数码科技发展股份有限公司。湖南航天环宇通信科技股份有限公司在长沙高新区注册成立，注册资本 6600 万元，主要从事卫星通信产品、微波器件、精密复合材料成型模具等设计、制造和服务，产品涉及高端微波通信产品、地面卫星通信与雷达产品、航空航天精密结构、航空航天复合材料制件及其成型装备。湖南航天信息有限公司在长沙成立，注册资本 1000 万元，主要从事计算机软件、计算机系统集成、工业自动化控制设备的开发与销售，设计年产值 2 亿元。长沙威胜电子有限公司成立，专业生产电子三相电能表、单相电能表、电能质量监测和控制装置等产品。以湖南省邮电科学研究所为改制主体，由省邮政局作为主发起人，联合中国速递服务公司、江西赣粤高速公路股份有限公司、湖南新时代通信网络股份有限公司、易思博网络系统（深圳）有限公司、上海爱建进出口有限公司、湖南移动通信器材有限公司、湖南凯祥通信设备有限公司，在长沙设立湘邮科技股份有限公司（以下简称“湘邮科技”），注册资本 6825 万元，主要从事计算机软件开发及系统集成、邮政函件设备的研发、制造和销售。长沙韶光电工厂改制为长沙韶光微电子总公司；曙光电子集团有限公司鉴于北京电子管厂停产，全球仅俄罗斯和捷克两个国家有能力生产拇指管，重新启动拇指管生产，从产品选型、研发、设备模具夹具的制造、产品试制、技术工人培训等各个方面举全公司之力予以支持，当年实现拇指管产销量 22 万只，填补国内即将出现的供应断层。在国家经济贸易委员会、国家技术监督局、中国质量管理协会在京联合举办的全国质量工作大会上，“湘计算机”被评为“全国推行全面质量管理先进企业”，公司总裁杨德泉被评为“全国优秀质量管理推进者“、公司全质办主任吴俊杰被评为“全国优秀质量管理工作者”，为全国计算机行业和湖南长沙电子行业唯一获此殊荣的企业。国防科学技术大学教授金士尧等自行设计研制的国家重大科研成果——第四代“银河”高性能仿真计算机系统，是世界最先进的仿真计算机系统之一，可应用于航空、航天、电力、核能、国防建设、交通运输等众多要领域和行业。9月，中美合资企业湖南海天电子有限公司开始建厂，主要生产电子频率控制器等系列微电子产品，项目总投资2800万元。湘计算机具有40万台终端设备能力，成为国内最大的互联网技术（IT）专业设备制造商，其金融终端市场占有率35%，名列全国同行业第一，存折打印机市场占有率全国第二。是年，长沙电子工业有规模以上企业15家，比1998年减少1家，从业人员1.06万人，比1998年减少1480人；当年完成工业产值40.66亿元，固定资产净值32.42亿元，利税总额4.75亿元，与1998年相比，分别增长58.03%、80.26%、37.08%。主要产品产量：电子束管（显像管）371.18万只、集成电路9万块、电子元件1138.62万只、终端显示设备10.22万台。

2001年始，长沙电子工业瞄准市场畅销的高技术产品扩大投资，陆续开工建设和竣工投产一批重点项目，其中包括：湘计算机的高级存折打印机生产线和年产40万台金融终端生产服务基地，维用-长城有限公司的挠性印制电路板项目，乐金飞利浦曙光的彩色显示管项目，湖南HEG电子公司的玻壳二期工程等。这些项目的竣工投产，不仅使长沙电子工业总体规模进一步扩大，经济效益大幅度提高，而且诞生出一批技术水平较高的新产品，标志着长沙电子工业开始迈向中高端化生产。湖南先步信息股份有限公司在长沙成立，其前身为湖南计算机股份有限公司自动化事业部，注册资本3000万元，主要从事工业自动化和装备智能化产品的研发、生产、销售和服务，开发出可用于工程机械、新能源汽车的智能控制器，可用于电厂辅助车间、冶金冶炼过程的控制系统等新产品。同年，“湘计算机”研制的超大规模集成电路显示终端ASIC-700，获“九五”（1996—2000年）国家重点科技攻关优秀科技成果奖。湖南瑞翔新材料股份有限公司在长沙经开区成立，注册资本2.1亿元，专业从事锂离子电池正极材料研发、生产和销售。湖南星城石墨科技股份有限公司在宁乡高新区成立，注册资本6400万元，主要从事锂离子电池负极材料的研发、生产和销售，产品覆盖动力（电动汽车、储能）、消费电子类（软包、圆柱、方壳）等锂离子电池领域。是年，湖南电视机厂破产案经法院审理后宣告破产终结，这个有30年历史为国家做出重大贡献的国有企业从此不复存在。

2002年2月，湖南长海控股集团有限公司成立，下辖长海数码科技发展股份有限公司、长海科技发展有限公司、长沙经济技术开发区长海视听设备有限公司和湖南君瑞投资置业有限公司，公司集语音教学设备技术研发、产品开发、系统集成应用于一体，实现更大发展。威胜集团子公司湖南威科电力仪表有限公司成立并落户岳麓区，注册资本1亿港元，主要从事电子智能表系列产品及其他电子通信设备配套产品的研发、生产和销售。长沙亚胜开发实业有限公司成立，注册资金1699万元，专业从事发光二极管（LED）应用产品研发、生产和销售；长沙众益电子电器有限公司成立，注册资金500万元，主要生产变流器及变流器用水冷电抗器、风冷电抗器等电子元器件。韩国LG电子与荷兰飞利浦公司对双方海外CRT事业进行资产合并、重组，更名为乐金飞利浦曙光电子有限公司。国有独资企业曙光电子集团公司通过“债转股”，转变为国有控股多元化股份公司，有员工4309人，固定资产原值40.99亿元。是年，生产彩色显像管561万只、彩色显示器159万只，实现总产值37.70亿元、利税总额2.48亿元。

2003年，龙盛科技电子产业基地入驻天心经开区，占地2.67公顷，总投资2亿元，总建筑面积为5万余平方米。长沙韶光微电子总公司旗下的匀胶铬版专业分厂进行改制，重组为长沙韶光铬版有限公司，注册资本1000万元，主要生产经营2~4英寸精密匀胶铬版、复印光刻版，新公司继承老韶光人精益求精、质量第一的传统，开发生产水平更高的产品，从瑞士和德国全套引进世界最先进的匀胶铬版生产线，构建 100 级洁净厂房，掌握蒸发和溅射两种匀胶铬版的生产工艺，拥有自主知识产权和 6 项实用新型专利，被认定为国家级高新技术产业企业，其产品从原有的 2~4 英寸蒸发铬版，扩展到 2~20 英寸各种规格的蒸发和溅射铬版，还开发生产出复印光刻版系列新品种。湖南海纳新材料有限公司在宁乡经开区成立，注册资本 4400 万元，主要从事电路板、电子控制器的生产。11 月，湖南杉杉新材料有限公司成立，注册资金 4.47 亿元，为国内最大的锂离子电池材料综合供应商—宁波杉杉股份有限公司投资控股的子公司，主导产品包括钴酸锂、锰酸锂、镍钴二元系、镍钴锰三元系 4 个大系，涉及 40 余个型号，可广泛应用于手机、笔记本电脑、数码相机等便携式资讯设备领域，电动汽车等电动交通工具领域，以及其他大型动力电源、二次充电、储能领域。

2004 年，湘邮科技与瑞士 FRAMA 公司合作，引进瑞士生产工艺和技术生产 COPOTE 系列数字邮资机。长沙伟盈通讯技术有限公司在隆平高科技园成立，注册资本 600 万美元，主要经营通信终端设备、移动通信终端设备、通信传输设备及计算机产品的开发和系统服务。湖南凯杰科技有限责任公司在长沙经济开发区成立，是一家由长城信息与新加坡联钢科技有限公司，共同投资建立的合资企业，拥有从英国、美国、日本及韩国等引进的先进设备，专业生产挠性电路板（FPCB）及印制电路板（PCB），用于通信、电脑、汽车、机械设备、精密仪器等行业。9 月，长沙桦丰电子有限公司在宁乡经开区成立，注册资本 2980 万元，主要从事电路板、电子控制器的生产。长沙韶光微电子总公司集成电路分厂进行改制后，引进资金成立长沙韶光半导体有限公司，注册资本 2040.82 万元，主营集成电路设计、制造和封装，具有年产 100 万块集成电路的能力，是军用电子元器件定点生产企业。湖南计算机股份有限公司完成工业产值 4.81 亿元，占长沙计算机及外围设备制造业产值 80%。瑞翔新材料生产的视窗防护玻璃，是一种应用于手机、平板电脑、笔记本电脑、桌上电脑、数码相机、播放器、全球定位系统（GPS）导航仪、汽车仪表的高科技产品，当年利税总额过亿元，受到市政府表彰。是年，长沙电子工业有规模以上企业 25 家，从业人员 1.25 万人，固定资产净值 46.72 亿元，与 2000 年相比，企业增加 15 家、从业人员增加 1908 人、固定资产净值增长 44.11%；当年完成工业产值 67.35 亿元，利税总额 7.40 亿元，与 2000 年相比，产值、利税总额分别增长 65.64%、55.79%。主要产品产量：电子束管（显像管）654.84 万只、集成电路 6.25 万块、终端显示设备 9.88 万台、有线电视网络传输设备 7500 台、数字有线电视机顶盒 5.10 万台、扬声器 2430 个、视频（视像）监视器 186 台。卫星通信设备 11.80 万台，电子计算机 175 台、显示器 67.65 万台、输出设备 9.91 万台、存储设备 166 台。

2005 年起，长沙电子工业在大力发展彩色显示管、彩色显示器、金融终端的同时，在电子基础材料、电子电池等方面取得新突破。长城集团利用资本优势，集合品牌支持和内部资源优势，全面收编湖南计算机股份有限公司，企业更名为长城信息产业股份有限公司，股票名称由“湘计算机”更名为“长城信息”。湖南国科广电科技有限公司在隆平高科技园成立，注册资本 2500 万元，一期工程投资 10 亿元，主要从事通信设备研究、开发，设计年产有线数字电视双向机顶盒 30 万台、卫星电视接收转发设备 30 万套、手机和电视芯片 100 万片。湘邮科技与瑞士 FRAMA 公司联合研发、生产数字喷墨式邮资机，成为亚洲唯一的系列数字邮资机生产基地。

2006 年 7 月，湖南国科广电科技有限公司一期工程建成投产，当年实现产值 4051 万元。长沙镁镁科技有限公司在长沙经开区成立，占地 14.72 公顷，注册资本 7000 万美元，主要研发与生产邮电混合汽车电池，高性能管式电动叉车电池，新型胶体电池，高效环保卷绕式电池及太阳能阀控式高容量铅酸蓄电池等产品。是年，湖南华诺星空电子技术有限公司在长沙高新区成立，注册资本 1500 万元，主要从事超宽带雷达、智能天线、系统集成等通信产品研发、生产与销售。深圳市蓝思科技股份有限公司投资人周群飞，看好高端显示屏触控玻璃面板产业发展前景和内地良好投资环境，注册资本6000万美元投资浏阳，设立蓝思科技（湖南）有限公司，是国内首家通过自主研发将触控玻璃面板应用，到高端消费类电子产品显示屏上的集团型企业，结束以往高端消费类电子产品显示屏长期依赖胶片或有机玻璃的历史，主要生产0.60~0.80毫米厚、3~21英寸规格的智能手机和平板电脑功能玻璃面板，改变全市电子专用材料制造业规模小、水平低局面。

中电科第四十八研究所加快自主创新和结构调整，实施“以军为本、以民为主的国际化和以装备为本、以产品为主的产业化”新战略，延伸产业链，拓展市场空间，在加强和确保光伏设备制造主业的同时，大力发展光伏设备下游产品，布局自己的“一所三园”，即：第四十八研究所本部及旗下的北京中科信电子装备有限公司通州科技园、湖南红太阳新能源科技有限公司长沙天心环保科技园、湖南红太阳光电科技有限公司长沙麓谷科技园。其中，湖南红太阳新能源科技有限公司占地12.73公顷，总投资4亿元；与湖南神州光电能源有限公司、湖南科比特新能源科技股份有限公司、湖南杉杉新材料有限公司等企业一起，共同构建成一个完整的太阳能光伏装备产业集群，走在中国光伏设备制造业的前列。中韩合资湖南鑫基旺电子有限公司进驻隆平高科技园，注册资本4000万元，成套引进韩国三星电子手机零部件生产设备与技术、韩国GRT产品高端技术及生产设备、保护膜生产设备与技术等，主要生产手机零部件导光板、显示屏、保护膜等，并筹备生产手机电视、视频播放器（MP4）等电子产品整机。

湘邮科技自主研发成功COPOTE系列信封打印机，通过国家邮政局组织的检测和验收，获准投入邮政使用并进行生产。至此，该公司拥有数字邮资机、信封打印机系列及工业介质打印系统三大类产品，邮资机、信封打印机年产能1万台。湖南丰汇银佳科技有限公司成功推出纸币清分机。“长城信息”实现营业收入5.88亿元，首次进入湖南100强企业排行榜，列第八十四位。长沙亚胜实业有限公司实现增资扩股，更名为湖南新亚胜科技发展有限公司，并在开福区金霞经济开发区建立光电产业园，设计年产发光二极管（LED）显示屏、发光二极管（LED）照明灯具，总产值3亿元。曙光电子集团拇指管产销量突破100万只。省电子信息产业集团继投资1.6亿元建成匀胶铬版生产线以后，又投资4亿元，建设彩色滤光片生产线。

2007年以后，长沙电子工业又有一批新企业成立与核心企业陆续建成投产，其中包括“瑞翔新材”“蓝思科技”“介面光电（湖南）”“宇顺显示技术”“纽曼数码科技”“创芯集成电路”等。从此，长沙电子工业在电子电池及先进储能材料、平板显示器件、太阳能光伏装备、触控屏玻璃面板、消费类电子整机及电子元器件等领域，均开始形成有一定规模的产业集群。是年，湖南锦润智能科技有限公司在长沙高新区成立，注册资本2965万元，是一家专业从事工业无线电遥控系统、工业物联网及通信系统设计、研发、生产和销售的高新技术企业。湖南纽曼数码科技有限公司在长沙经开区成立，注册资本2500万元。经营范围包括电子产品及配件、计算机应用电子设备、电子快译通、电子记事本、电子词典等电子设备制造；长沙牧泰莱电路技术有限公司成立，注册资本3000万元，专业从事高密度多层印制板、特种板、样板的制造。湖南雅城新材料发展有限公司在宁乡经济开发区成立，总占地面积8公顷，注册资金3088万元，主营锂电池正极材料的研发、生产、销售。“长城信息”启动金融整合工作，在长沙经开区成立长城信息金融设备有限责任公司，占地18.33公顷，注册资本3.5亿元，专业从事金融电子设备的研发、生产、销售和服务，开发出客户柜员机/终端、读写类设备、存折打印机、现金类自助终端、非现金类自助终端等新产品。湖南航天环宇通信科技股份有限公司的卫星通信产品，运用于中国首次月球探测工程“嫦娥一号”上，该公司被评为首次探月工程“突出贡献单位”。威胜电子实现营业收入

5.66亿元，首次进入湖南100强企业排行榜，列第八十九位。

2008年，长沙光伏产业基地在长沙高新区麓谷举行奠基仪式。湖南神州光电能源有限公司成立，专业从事晶体硅材料加工、晶体硅太阳能电池片及组件的研发、制造和销售，具备500兆瓦光伏组件生产能力；组件产品获国际国内多家权威机构认证，包括中国金太阳、美国保险商试验所（UL）等机构。更引人注目的是，湖南红太阳新能源科技有限公司一期工程100兆瓦晶体硅太阳能电池片项目建成投产，实现营业收入10.09亿元；紧接着实施二期工程，增建一条100兆瓦晶体硅太阳能电池片生产线。3月，湖南辰泰电子信息技术有限公司在长沙高新区成立，注册资本3000万元，主要从事金融领域电子机具设备研发、生产、销售与服务，开发生产的银行金融机具新产品。7月，长沙瑞良电子有限公司成立，主要生产经营电脑连接线系列、聚氯乙烯（PVC）电线等电子元器件。9月，湖南泰合志恒科技有限公司在长沙经开区成立，注册资本1000万元，专业从事广播电视、智能监控产品集成电路的设计、生产与销售。湖南邦普在长沙高新区成立，注册资本6000万元，总占地面积13万平方米，是国内最大的废旧锂电池资源化回收处理和高端电池材料生产的国家级高新技术企业。长沙电子专用材料制造业在“科力远新能源”“蓝思科技”“航天磁电”“杉杉户田新材料”等骨干企业引领下，实现快速发展。湖南杉杉新材料有限公司拥有年产4500吨锂电池正极材料规模，当年完成产值6.8亿元，比上年增长47.4%。是年，全市电子工业规模以上企业35家，从业人员1.05万人，固定资产净值11.51亿元，与2004年相比，企业增加10家、从业人员减少2049人；受全球金融危机影响，长沙经济受到强烈冲击，全年完成产值57.64亿元，比2004年下降16.85%，全行业亏损2.50亿元，为全市工业第二亏损行业。主要产品产量：电子束管469.83万只、集成电路8.8万块、卫星电视接收转发设备7.01万台、电视接收机顶盒4.86万台、显示器3.82万台、打印机6.65万台、彩色显像管469.83万只、光电子器件146.49万只、液晶显示模组146.49万套。

2009年7月，共建长沙国家软件产业基地合作协议签约仪式和长城电脑湖南下线仪式同时举行，副省长陈肇雄、中国电子信息产业集团董事总经理刘烈宏、市长张剑飞共同为长沙国家软件产业基地中电园区第一个基桩培土奠基。是年，湖南兆丰光电科技有限公司在长沙成立，专业从事大功率发光二极管研发、制造与应用，教学设备的生产与销售，设计年产3528片式发光二极管1000万只、语言教学设备1000套。湖南源科高新技术有限公司在长沙高新技术产业开发区成立，注册资金9000万元，专业从事固态存储系列产品（硬盘）研发、制造与销售，设计年产固态硬盘20万片；公司依托国防科学技术大学10余年的基础研究，以高性能固态硬盘为起点，丰富固态存储相关产品，开发生产固态硬盘（SSD）、电力驱动（E–Drive）速盘、运行存储（Run Storage）等系列固态存储产品，可应用于军事装备、工业控制、商业服务器、嵌入式计算机、个人计算机等领域，技术性能达到国内领先、国际先进水平。湖南新亚胜科技发展有限公司公司在金霞组团开工建设，规划用地2.2公顷，建筑面积3.25万平方米，总投资1.5亿元，其中一期项目总投资1.03亿元，包括厂房、技术研发中心、实验楼和仓库。湖南大华新能源有限公司在宁乡县成立，注册资本1000万元，主要致力于锂离子电池正极材料及其相关产品研发、生产和销售，主要产品有钴酸锂、锰酸锂、锂镍锰钴氧（三元）、磷酸铁锂等。长沙高新区与中国移动通信集团湖南有限公司签署协议，中国移动电子商务产品创新基地落户高新区。

湖南邦普废旧锂电池资源化回收处理和高端电池材料项目投产。是年，回收处理废旧电池总量超过6000吨、年生产镍钴锰氢氧化物（三元前驱体）、氯化钴等8000余吨。蓝思科技（湖南）股份有限公司在浏阳国家生物产业基地建成投产，所产高品质、大尺寸电子触控屏玻璃面板可与手机、平板电脑、笔记本电脑等配套，完成产品销售收入8.9亿元，超过“科力远新能源”成为行业新的龙头企业；完成对“昆山蓝思”“深圳蓝思旺”“深圳蓝思”3家公司重组，投资990万美元在香港设立蓝思国际（香港）有限公司，投资300万美元在浏阳市设立湖南三维玻璃科技有限公司（主营玻璃压铸成型生产及产品自销）。湖南杉杉新材料有限公司与日本户田工业、伊藤忠商社实现合资重组，更名为湖南杉杉户田新材料有限公司。长沙韶光微电子总公司经过改制，将主要优质资产分离出去，组建成3个新企业实现再生产，剩余资产不足以维持，实施政策性破产。湖南红太阳新能源科技有限公司，营业收入总额15.28亿元，首次进入湖南100强企业排行榜，列全省第75位。湖南乐金曙光因电子信息产业内部结构问题几年滑坡而破产。

2010年3月，湖南红太阳光电科技有限公司建成投产，主营光伏设备制造，并将生产链延伸至拉晶、铸锭、切片、电池片生产、组件封装、应用产品和新型储能材料等方面。是年，中电科第四十八研究所本部及所属企业有从业人员3280人，资产总额33.90亿元，全年完成主营业务收入45.40亿元，上缴税金6226万元，实现跳跃式发展。湖南神州光电能源有限公司按照上海世博会有限公司中国馆项目部要求，生产出2800块透光型“高效率彩色双玻组件”太阳能电池板，并在建筑物上的首次应用。由于电真空显示器基本上被液晶电子显示器所取代，乐金飞利浦曙光产品销售受阻，迅速走向没落，于年初全面停产，经省政府批准外资撤出；生产彩管玻屏的外资企业湖南HEG电子玻璃有限公司同步关闭，退出市场。11月，长沙韶光微电子总公司破产案经市中级人民法院审理后，裁定破产终结。

2011年，“蓝思科技”增加投资扩大生产后，带动全行业产值、效益出现井喷式增长，一批以企业、高校为主体的高层次研发中心，部分制约行业发展的关键和共性技术取得突破。介面光电（湖南）有限公司一期工程竣工投产，总投资9000万美元，主要生产经营手机用、平板电脑用触控屏。新亚胜青竹湖光电产业园建成投产，一期工程完成投资6000万元，新建厂房面积1.8万平方米，拥有3条发光二极管（LED）显示屏生产线和2条发光二极管（LED）照明灯具生产线。总投资5亿元建设的宇顺电子科技园有两家企业同时投产，一家是长沙宇顺，主要生产经营中小尺寸薄膜晶体管液晶显示器（TFT-LCD）模组和超扭曲向列型液晶显示器（STN-LCD），设计年产薄膜晶体管液晶显示器（TFT-LCD）模组2112万块，超扭曲向列型液晶显示器（STN-LCD）54万块，另一家是长沙宇顺触控技术有限责任公司（深圳宇顺电子公司的全资子公司），主要生产触摸屏（TP），设计月产60万片电容式触摸屏（TP）模组，同时配套有黄光线3条、蚀刻线2条、氧化铟锡（ITO）镀膜线1条。妙盛动力科技有限公司在宁乡经开区成立，注册资金5000万元，是一家集科研、开发、生产、销售锂离子电源、电池于一体的高新技术企业。蓝思科技主营业务收入（不含市域以外其他子公司）111.63亿元，进出口总额22.8亿美元，与上年相比分别增长93.42%和61.49%，创造长沙工业发展史上一个奇迹。

中电科第四十八研究所推出自制多线切割机和多晶硅锭炉，使国内光伏设备全部实现国产化。同年5月，由市场研究机构（VLSI Research）发布的光伏设备制造商排名显示，第四十八研究所营业收入总额2.95亿美元，力压瑞典某知名设备制造厂商，居“2010年度全球十大光伏设备制造商”第九位，成为首个跻身光伏装备制造业全球十强的中国企业，首次打破该项排名长期由欧美设备制造大企业一统江山的格局。该所先后自主研发成功扩散炉、等离子体增强化学的气相沉积法（PECVD）、刻蚀机、铸锭炉等太阳能光伏关键设备，实现从单一设备发展到单台设备与工艺结合，成长为国内最大的太阳能光伏设备制造与供应商。湖南源科高新技术有限公司登陆汉诺威国际消费电子信息及通讯博览会（CeBIT）消费类电子产品博览会，向全球发布13款最新产品，其中作为全球首次出现的一款具有防失密、可远程销毁功能的新产品也在汉诺威国际消费电子信息及通信博览会（CeBIT）博览会上亮相，使中国品牌在国际固态存储市场同样能够拥有一席之地。是年，规模以上企业统计范围由国有及年销售收入500万元以上企业变更为国有及年销售收入2000万元以上企业，全市电子工业规模以上企业39家，从业人员4.35万人，全年完成产值218.75亿元，利税总额32.41亿元。

2012年，湖南华诺星空电子技术有限公司投资1亿元建立的研发生产基地竣工投产，设计年产生命探测仪1000台、毫米波雷达5万台。6月，介面光电（湖南）有限公司二期工程开始建设，总投资预计1亿美元，二期工程建成后，该公司将形成年产3.84亿片触控屏的能力，成为全球最大触控屏生产厂商。长沙耐威通信科技有限公司成立，专业从事北斗卫星导航设备整机研发和芯片研制，是国内少数几个掌握该项目核心技术企业之一。

至年底，长沙电子信息制造业产业集群形成，代表企业有中电科第四十八研究所、纽曼数码、长城信息、蓝思科技、威胜电子、宇顺电子、介面光电、创芯科技、国科广电、湖南航天卫星通信科技有限公司（以下简称“航天卫通”）、湖南新亚胜光电股份有限公司、长沙华能自控集团有限公司等。其中，“蓝思科技”发展为能够生产0.4~2.0毫米厚、3~22英寸规格的智能手机与平板电脑触控玻璃面板、触控模组、摄像模组及各种增透镜片，拥有全球顶级型企业索尼、东芝、夏普、三星电子、苹果电脑、亚马逊、诺基亚、摩托罗拉、惠普、华为等知名客户群，获得很高的社会效益和经济效益，是全国电子行业品种、质量、盈利水平最高的企业之一；中电科第四十八研究所主要产品年生产能力达到：各类大型电子专用装备6000套、完整太阳能光伏设备系统1500兆瓦、高档磁性材料1万吨、完整新型储能材料5000吨、特种传感器1万支、绝缘衬底上的硅（SOI）材料5万片、氮化钒添加剂5000吨，其自主研发的光伏设备国内市场占有率80%左右，该所全年整体主营业务收入72亿元，上缴税金突破1亿元。长城信息产业股份有限公司主营业务收入14.96亿元，湖南纽曼数码科技有限公司总产值6.21亿元，湖南国科广电科技有限公司总产值6.0亿元。湖南湘邮科技股份有限公司主营业务收入3.54亿元。

是年，全市电子工业有规模以上企业47家，从业人员6.52万人，分别比2011年年增加58家、2.17万人；当年完成工业总产值341.07亿元，利税总额36.67亿元，分别比2011年增长55.92%、13.16%；创历史最高纪录。电子束管产品生产7.06万只、终端显示设备生产9.88万台。卫星电视接收转发设备生产7.01万台、电视接收机顶盒4.86万台、显示器2.76万台、打印机5.17万台、彩色显像管469.83万只、光电子器件7890万只、印制电路板84.18万平方米、液晶显示模组146.49万套。

第二节　产品质量

1988年，长沙电子产品大致分广播电视设备、雷达与通信设备、计算机及外围设备、电子元器件、电子专用材料5个大类。其中，广播电视设备品种主要有黑白电视机、彩色电视机、半导体收音机、立体声和单声道收录机、电视全频道宽带放大器、混合器、滤波器、分配器、电视接收天线、单双排键电子琴、低音扬声器、交流稳压电源、交流稳压器，电子管、半导体分立器件、集成电路、电子元件等；计算机及外围设备品种主要有：通用计算机、学习机、多种图形显示终端、汉字智能终端、少量学习机等；电子元器件品种主要有电位器、电容器、电感器件、变压器、电声器件、电子管、电子枪、黑白显像管、液晶显示器、荧光数码管、半导体集成电路、电子测量仪器；电子专用材料主要有电真空材料、半导体材料和石英玻璃等，品种主要有：钨丝、钼丝、杜镁丝、钨杆、钼杆、匀胶铬版、石英玻璃管、反应管、蒸馏器等。

是年，全市电子产品获国家机电部生产许可证有4项，开发新产品22项，获部科技进步一等奖10项、获省优秀新产品奖7项；产品质量在“国优”“省优”“论证”3个方面实现“零”的突破，优质产品产值占全部工业总产值的52.3%。WH112碳膜电位器首次在全国同类产品评比中夺得银牌，并在全国同行业首次通过国际电工委员会电子元器件质量评定体系（IECQ）质量论证。湖南电位器总厂生产的WH112系列碳膜电位器，获国际电工委员会电子元器件质量评定体系（IECQ）质量体系证书，并获1988年度国家银质奖章。湖南电视机厂的韶峰牌SFC46–1型彩色电视机，被评为“部优”产品；市无线电厂的潇湘牌SL8702双卡收录机，市无线电四厂的芙蓉牌FR–8501收录机，被评为“省优”产品；湖南广播设备厂的芙蓉牌FR8622收录机，获湖南省用户满意奖。湖南计算机厂生产的长城牌GW220–CT字符终端，采用先进的门阵技术，在分时操作系统（UNIX）、交换机外存储器交换（XENIX）系统和视频监控平台软件（VMS）等多用户操作系统中，能确保汉字的完整性，可与长城286、386，浪潮0530、0540，东海0530、0540，VAX系列，太极2220、2230，IBM–PC/XT等多种机器联结，其终端获全国计算机国产化成果二等奖。长沙生产的曙光电子管厂的曙光牌44SX1B黑白显像管，在全国行业质量评比中获一等奖。集体所有制的长沙市电声器材厂，在国内200多家扬声器厂家激烈竞争中，以质取胜，严把产品质量关，所产达美牌YD103–7扬声器被评为“省优”产品，并获“湖南省出口商品质量保证合格企业”称号。曙光电子管厂是国内最大的电真空材料生产企业之一，所产电真空材料质量稳定，曙光牌杜镁丝、钼丝，先后被评为“省优”和“部优”产品。长沙韶光电工厂生产的4英寸、2.5英寸匀胶铬版，具有较高的感光灵敏度、高分辨率、低缺陷密度、耐磨性好、易清洁处理、使用寿命长等特点，被应用于液晶显示器（LCD）、印制电路板（PCB）、等离子显示器（PDP）等产品的掩膜版制作，为国内集成电路普遍推广5微米技术、采用4英寸硅片工艺提供可能。市电子材料厂是机械电子工业部定点生产石英玻璃专业厂，有一套完善的管理制度和质量控制手段，产品质量一直较好，当年在全国石英玻璃产品质量行业检测评比中，生产的石英玻璃器皿获第一名、电熔石英玻璃管获第二名、气炼石英玻璃管获第三名；主导产品WYQ型透明石英玻璃卧式亚沸蒸馏器和高压透明石英玻璃反应管，被评为“省优”产品。

1989年，全市电子行业开展创建受控生产线活动，并继续开展提高产品质量、创先争优活动，取得较好成绩。广播电视制造各企业生产的每一道工序、每一个工位处于严格受控状态。湖南电视机厂、湖南广播设备厂率先建立4条质量受控生产线。湖南计算机厂长城牌GW220–CT字符终端，采用先进的门阵技术，获全国计算机国产化成果二等奖；生产的人长城牌GW220–CT字符终端，采用先进门阵技术，在分时操作系统（UNIX）、交换机外存储器交换（XENIX）系统和视频监控平台软件（VMS）等多用户操作系统中，确保汉字的完整性，可与长城286、386，浪潮0530、0540，东海0530、0540，VAX系列，太极2220、2230，IBM–PC/XT等多种机器联结。湖南电视机厂试制成功VF–710型录放像机并批量投产，填补省内生产录放像机的空白。市电子仪器三厂在厂长陈铭权带领下，完善产品系列，狠抓产品质量，生产的大众牌DZ型全频道电视电缆分配系统，在全省共用天线质量评比中获一等奖。

是年，湖南电视机厂的韶峰牌SF44–SU3型黑白电视机、湖南广播设备厂的芙蓉牌FR–700E双卡立体声收录机、市江东无线电厂的梨江牌8080型收录机用电源变压器、湖南电位器总厂的华松牌EVTTOA/T3Z预调合成碳膜电位器、长沙县江东无线电厂的梨江牌8080型收录机电源变压器，被评为“省优”产品。

1990年，湖南计算机厂承担的国家“七五”（1986—1990年）科技攻关项目，“GW–220中西文终端国产化”“长岛2011光栅扫描高分辨彩色图形显示终端”“图形图象工作站”，先后通过部级技术鉴定；该厂为北京第十一届亚运会提供的186台终端设备全部运行正常，受到亚运会组委会好评。长沙市电子研究所以副研究员段发伟、任绪秀为首的科技人员，从解剖消化进口产品入手，研制成功国家计委“八五”（1991—1995年）重点企业技术开发项目注塑机微机控制系统，填补国内一项空白。湖南维胜科技有限公司开发出高精密多层印制电路板（PCB），并通过美国保险商试验所（UL）认证、ISO9001质量体系认证，90%以上的产品自营出口。宁乡无线电器材厂试制出无感箔式电容器、CL12涤纶电容器，技术指标均超过部颁标准，大部分指标达到国内先进水平，获湖南省优秀新产品奖。湖南电视机厂的韶峰牌SF35–IU3型黑白电视机、曙光电子管厂的曙光牌35SXIB黑白显像管、湖南电位器总厂的华松牌WH16 (EVH) 低功率电位器和韶光微电子总公司的韶光牌SGZ05摩托车整流调节器，获评“省优”产品。6月，湖南广播设备厂生产的芙蓉牌收录机，获得中国妇女儿童用品40年博览会银奖。长沙市电子研究所开发出注塑机微机控制系统，长沙银河计算机技术发展中心开发出银河超级微型机、901电脑图文排印系统。

1991年，长沙电子工业系统为提高干部职工的质量意识，组织质量大检查，全系统注册的质量控制小组（QC）171个，获部级优秀质量控制小组（QC）称号2个。是年，全行业开发新产品22个，其中被评为部、省级优秀新产品9个、技术开发项目填补国内空白8项。湖南计算机厂研制成功的“光栅扫描高分辨率彩色图形显示终端”，被评为国家重大优秀成果奖，长岛牌WBY微电脑变码印鉴器，被评为“部优”产品，HHX–23汉字终端，获机电部行业评比一等奖。湖南电视机厂参与完成的8801和8903彩电机芯获机电部科技进步二等奖。长沙市电子仪器二厂生产的SP–2型智能超声波流量计、湖南计算机厂生产的WBY变码印鉴器，被评为“部优”产品。湖南长岛电路有限公司开发出多层印制电路板，产品质量符合IPC、MIL标准，并取得美国保险商试验所（UL）认证，填补湖南省多层印制电路板生产的空白。望城县继电器厂试制搓合式交流接触器成功，获第二届国家专利及新技术新产品展览会金奖。10月，湖南电位器总厂生产的WH112系列碳膜电位器，在北京举行的首届中国国际电子贸易博览会上获金质奖章，该产品通过国家质量监督机构0.5×10^{-6}的可靠性考核，主要性能和技术指标达到国际先进水平，获国家银质奖。

1992年，国防科学技术大学研制的“银河–Ⅱ”10亿次巨型计算机在长沙通过国家鉴定，填补国内大型科学工程计算和大规模数据处理的并行巨型计算机空白。长沙开元仪器股份有限公司开发出5E自动量热仪、5E元素分析仪、5E电脑测硫仪、5E红外快速煤质分析仪、5E工业分析仪等系列新品种。国防科学技术大学研制出“银河–Ⅱ”10亿次巨型计算机，湖南电视机厂自行设计、自主开发出SFC64–4彩色电视机。随着HEG电子蓝思科技等企业建立，长沙电子专用材料制造业新增磁性材料、锂电池材料、镍氢电池材料、动力电池材料、溅射匀胶铬版、玻壳、光电子材料、视窗防护玻璃等新品种。在新材料中，泡沫镍是制造镉—镍电池、氢—镍电池的最佳电极材料之一。

1993年，全市电子工业以科技为先导，以质量为主线，推进技术进步，全行业开发新产品18个，其中通过部级鉴定5个、省级鉴定9个，新产品产值率40.8%。主要产品包括8个大类20余个品种，其中投资类产品有电子计算机及其显示终端等外部设备、超声波流量计、稳压电源、电力控制器和变流设备等；消费类电子产品有彩色和黑白电视机、收录机、音响设备、有线电视系统、扩大机等；元件类产品有电真空器件（电子管、显像管）、集成电路、炭膜电位器、电容器、电阻器、扬声器、各类变压器等；材料、通信和应用电子产品类有电真空材料、钧胶铬板、石英玻璃、传真机和保安监视系统等。湖南计算机厂开发出GW410字符终端、I–I–1000图形终端、3477中文工作站、11–241和VT340加固终端新产品 5 个，通过部级鉴定并投入小批量生产。湖南电视机厂开发出新产品 SFC64-4 大屏幕彩电、画中画彩电，填补省内空白，促进企业生产逐步好转，连续 3 年产值都超过 1.5 亿元，生产的韶峰牌 SF44-501、SF35-10 黑白电视机，均被评为湖南省电子行业质量信得过产品。长沙韶光微电子总公司开发生产出一系列集成电路新品种，包括标准生存时间值（TTL）电路、场效应管（MOS）电路、数字电路、模拟电路、模数转换电路、储存器与寄存器电路、专用电路及混合电路等。

1994 年，全年全行业开发新产品 40 余个，其中通过省、部级鉴定 15 个，新产品产值 4 亿余元。湖南计算机厂与美国 DEC 公司合作开发的 GWol0 终端（ASIC)，性能达到国际先进水平，研制出长城 GW220H 中西文显示终端，也达到国际先进水平，被授予“全国质量效益型企业”称号。宁乡银河电子有限公司开发生产出聚丙烯膜介质电容器、箔式聚丙烯膜介质电容器两种新产品。

1995 年，长沙电子工业主要产品按行业产品 7 个大类、20 余个品种、300 余个型号规格，其中全省独有或在全国具有竞争力的主要电子产品有各类字符、图形终端、彩色显像管、黑白显像管、彩色显示器、炭膜电位器、玻璃釉电位器、扬声器、电真空器件、液晶显示器件、中小规模电路、微型计算机及其软件、电量计量控制器、超声波流量计、电真空材料、单层和多层印刷电路板、计税收款机、石英材料及其制品、语音教学设备等。曙光电子管厂设计定型 300B、5AR4、6L6WGB、300BC、KT94 等电子管新产品，其中“曙光金龙”300B 电子管，获英国女王授权签发的质量荣誉证书。曙光电子管厂的曙光牌 44SXIB、35SXIB 黑白显像管、市电子仪器三厂的大众牌 DZ 系列放大器、市共用电视设备厂的天强牌 TQF4030 宽带放大器，被评为湖南省电子行业质量信得过产品。湖南计算机厂开发出金长城牌 GW510 中西文字符显示终端。

在省电子工业局、省用户委员会和省电子质量协会评选年度湖南省电子行业质量信得过产品中，长沙市入选 6 个：湖南电视机厂生产的韶峰牌 SF44-501、SF35-10 黑白电视机，长沙曙光电子集团公司生产的曙光牌 44SXIB、35SX1B 黑白显像管，长沙市电子仪器三厂生产的大众牌 DZ 系列放大器，长沙市共用电视设备厂生产的天强牌 TQF4030 宽带放大器。12 月，在石家庄召开的 9011 工程联合鉴定会上，电子部第四十八所承担的 9011 工程“钟罩式高温浇结炉”“亚微米电子束曝光机”“砷化镓专用离子注入机”“GaAsVPE 设备”，分别通过设计定型和技术鉴定。其中，“钟罩式高温烧结炉”达到国际 20 世纪 90 年代初期水平，为国家军用电子元器件研制和生产提供先进装备；“GaAsVPE 设备”其炉体设计及控制设计新颖，属国内领先水平，可与法国 ASM 公司 1989 年的产品媲美；亚微米电子束曝光机和砷化镓专用离子注入机技术难度大，前者处国内领先地位，后者填补国内空白。

1996 年 5 月，LG 曙光电子有限公司一期工程竣工投产，长沙始有彩色显像管生产，品种有：38 厘米、44 厘米、74 厘米、84 厘米中分辨率大屏幕彩管。全行业开发新产品有 21 英寸、25 英寸、29 英寸彩色显像管，中西文显示终端，彩色字符图形终端等 10 余个，新产品产值占全行业总产值的 49%。湖南计算机厂开发出新一代终端产品——“蝴蝶”网络终端，长城 GW510、GW220H 中西文显示终端，获国家级新产品证书。长海视听成功开发出系列语言学习设备、多媒体应用与计算机辅助教学设备、教育电子工程系列设备等。长沙韶光电子总公司的 5~7 英寸匀胶射铬版研制成功，其中“4009”铬版被认定为国家级新产品。

1997 年，第四十八研究所研制的 I-C11 型砷化镓专用强流离子注入机等 5 项科研成果，通过电子工业部组织的设计定型鉴定，3 项填补国内空白，2 项达国内先进水平，其中，国产第一台 LC11 型砷化镓强流离子注入机，是国家“八五”（1991—1995 年）攻关项目“9011 工程”中最大的一台机器，是大功率微波器件制造工艺的关键设备之一；其主要技术性能指标达到20世纪80年代中期国际先进水平，填补国内空白；RA17-26×2000×30/UM型20米全自动高温陶瓷推板窑是中国自行研制的第一台温度达到1700℃、窑长20米的高温推板窑，其主要性能达到20世纪90年代初从国外进口同类窑炉的技术水平，可以替代进口产品。长海视听开发出月光宝盒互联网学习机、数码影音播放器、移动多媒体广播设备等新产品，经济效益显著提高，全年实现利税总额2929万元。国防科学技术大学研制出“银河-Ⅲ”并行巨型计算机，多项技术居国内领先，综合技术达到国际先进水平。

1998年，LG曙光电子有限公司顺利通过ISO9002质量体系认证。长沙力元新材料有限公司自主知识产权的连续化带状泡沫镍问世，是国家级重点新产品，各项性能指标达到国际先进水平。湖南计算机厂通过GJB/Z9001和ISO9001军用、民品质量管理体系认证。

1999年，“湘计算机”开发出PR2打印机、HGG168出租车税控计价器、HGG188加油机税控计量器、MODEM视频会议系统等非终端产品5个，被评为“全国推行全面质量管理先进企业”。2000年，全市电子工业主要产品有12大类，30余个品种，400余个型号规格，其中具有市场竞争优势的主要电子产品有各类字符、图形终端、计税收款机、双层和多层印刷电路版、彩色显像管、玻璃釉、电位器、扬声器、电真空器件、液体显示器件、中小规模集成电路、卫星地面接收天线系统、超声波流量计、视听教学设备、电量计量控制器、电真空材料、石英材料及制品等。国防科学技术大学教授金士尧等自行设计研制的国家重大科研成果——第四代“银河”高性能仿真计算机系统通过国家鉴定，填补国内高科技领域的一项空白，是世界最先进的仿真计算机系统之一，可应用于航空、航天、电力、核能、国防建设、交通运输等众多要领域和行业。长沙广播电视设备制造业通过深化改革和结构调整，彻底淘汰电视机、收音机、收录机等市场滞销产品生产，开始转向生产新型广播电视设备。

进入21世纪，长沙电子元器件制造业在品种、质量方面都有新的发展与进步，新增电子芯片、智能燃气IC卡表、智能电表、固态硬盘、发光二极管（LED）显示屏、发光二极管（LED）照明灯具、触控屏等产品品种。

2001年，长沙太阳人电子有限公司获得液晶显示器行业“全国用户产品质量满意，售后服务满意十佳企业”荣誉。湖南先步信息股份有限公司开发出可用于工程机械、新能源汽车的智能控制器，可用于电厂辅助车间、冶金冶炼过程的控制系统等新产品。“湘计算机”研制的超大规模集成电路显示终端ASIC-700，获“九五”（1996—2000年）国家重点科技攻关优秀科技成果奖。

2003年，长沙韶光铬版有限公司，产品从原有2~4英寸蒸发铬版，扩展到2~20英寸各种规格的蒸发和溅射铬版，还开发出复印光刻版系列新品种。

2004年，长海视听的“LONGSEA”商标，获评湖南省著名商标。湖南HEG电子玻璃有限公司开发出17英寸全平面彩色显像管玻屏，21英寸、25英寸、29英寸全平面彩色显像管玻壳，其中17英寸全平面彩色显像管玻屏填补国内空白，21英寸、25英寸、29英寸全平面彩色像管玻壳在质量和技术上处于国际领先地位。

2005年以后，随着国科广电、纽曼数码的建成投产，长沙集成电路生产新增多媒体标准信道解调芯片新品种。长沙广播电视设备品种新增有线数字电视双向机顶盒、卫星电视接收转发设备、消费类数码产品等，质量比较稳定。纽曼数码通过国际标准化组织ISO9001质量体系认证。

2006年，湘邮科技自主研发COPOTE系列信封打印机。2007年，长城信息开发出客户柜员机/终端、读写类设备、存折打印机、现金类自助终端、非现金类自助终端等新产品，生产的税控收款机，获评湖南名牌产品。

2008年，长沙韶光半导体有限公司取得广州“赛宝”认证中心颁发的军工质量体系认证证书；长沙牧泰莱电路技术有限公司开发出多层板、高频板、金属基（芯）板、平面绕组板等印制电路板新品种。新亚胜的太阳能无线发光二极管（LED）信息显示屏获评为国家重点新产品。国科广电研制出国内首颗90纳米工艺的移动多媒体广播行业标准（CMMB）信道解调芯片ALT1100，并服务于北京奥运会。湖南辰泰电子信息技术有限公司开发生产出银行现钞清分自动处理系统、小型清分机、中型清分机、环保工作台、柜员现金清点机、柜员现金取款机、柜员现金循环机等金融机具新产品，拥有自主知识产权，并通过ISO9001质量管理体系认证。

2009年，湖南华诺星空电子技术有限公司通过ISO9001:2008质量管理体系认证，并研制出国内第一台“超宽带雷达生命探测仪”。湖南源科高新技术有限公司开发出固态硬盘（SSD）、电力驱动（E-Drive）速盘、运行存储（Run Storage等系列固态存储产品。国科广电推出符合第二代直播卫星标准的信道解调芯片GK5109，采用90纳米工艺制造，研发出基于该芯片的二代接收机方案。2010年，湖南泰合志恒科技有限公司在广播电视芯片（GK5109）基础上，推出增强型解调芯片（GK5109S），进一步提高接收性能并降低功耗。2010年又推出芯片（GK6105S），其中央处理器（CPU）主频达到260兆赫，双路TSD解复用接口可以同时支持直播卫星信号与地面数字国标的输入。湖南神州光电能源有限公司按照上海世博会有限公司中国馆项目部的要求，生产出2800块透光型“高效率彩色双玻组件”太阳能电池板。湘邮科技开发出系列具有完全自主技术的成熟产品，包括高速邮资机（DHSP）、全球定位系统（GPS）车载终端、微软操作系统（Windows）终端、计算机操作系统（Linux）安全终端和一体化终端等。国科广电推出的大众消费产品箭鱼V系列固态硬盘，获得美国知名博客网站推特（Twitter）颁发的最佳购买（Best to Buy）大奖。长沙亚明电子科技发展有限公司的【亚明】+图形商标，被评为湖南省著名商标。

2011年，国防科学技术大学研制出“天河一号”千万亿次高性能计算机，应用于国家超级计算天津中心、长沙中心，迈入国际先进行列。中电科第四十八研究所推出自制多线切割机和多晶硅锭炉，先后自主研发成功清洗机、扩散炉、等离子体增强化学的气相沉积（PECVD）、刻蚀机、高低温烧结炉、单晶炉、铸锭炉等太阳能光伏关键设备，并推出自制多线切割机和多晶硅锭炉。新亚胜开发出第一代“魔幻舞台”发光二极管（LED）显示产品。是年，湖南纽曼数码科技有限公司产品商标“newsmy”获中国驰名商标。

2012年，长沙韶光半导体有限公司全面实施GJB9001B-2009标准，通过由中国认监委授权、专业从事第三方认证机构“赛宝”认证中心综合评议和扩大加换版现场审核。湖南泰合志恒科技有限公司成为全省首家通过工业和信息化部认定的集成电路设计企业，GK6105S广播电视芯片获得中国集成电路产业促进大会暨第七届“中国芯”最具潜质奖。是年年底，长沙电子产品大致分广播电视设备、雷达与通信设备、计算机及外围设备、电子元器件、电子专用材料、太阳能光伏设备6个大类。其中：广播电视设备主要品种有卫星电视接收转发设备、电视接收机顶盒、有线电视网络传输设备、视频（视像）监视器、消费类数码等；雷达与通信设备主要品种有数字喷墨式邮资机、数字邮资机、信封打印机系列、工业介质打印系统、超宽带雷达生命探测仪、高速邮资机（DHSP）、全球定位系统（GPS）车载终端、微软操作系统（Windows）终端、计算机操作系统（Linux）安全终端和一体化终端等、北斗卫星导航设备、微波雷达等；计算机及外围设备主要品种有智能控制器、集成电路显示终端、柜员机/终端、读写类设备、存折打印机、现金类自助终端、非现金类自助终端、税控收款机、多种固态硬盘等；电子元器件主要品种有：手机用与平板电脑用触控屏、液晶显示器、印制电路板、STN–LCD 显示屏、TFT–LCD 模组、信道解调芯片等；电子专用材料主要品种有：杜镁丝、钼丝、钼杆、钨杆、匀胶铬版、泡沫镍和金属材料、钴酸锂、锰酸锂、锂镍锰钴氧（三元）、磷酸铁锂、触控玻璃面板等；太阳能光伏设备主要品种有各类大型电子专用装备、多种太阳能光伏设备、高档磁性材料、完整新型储能材料、特种传感器、绝缘衬底上的硅（SOI）材料、氮化钒添加剂等。

表 17–4–2–1　　1988—2012 年长沙市规模以上电子工业经济指标一览表

年份	企业数（家）	从业人员（人）	总产值（万元）	固定资产净值（万元）	利税总额（万元）
1988	27	14524	53771	17400	6028
1989	31	18543	61715	20121	4680
1990	37	15557	53564	18940	2195
1991	43	15945	52502	22502	1416
1992	41	—	42550	24080	813
1993	58	—	57500	21300	1588
1994	58	15360	72090	22829	–2323（利润）
1995	83	14700	61443	22313	–1244（利润）
1996	77	—	110321	49625	–4802（利润）
1997	70	15705	208003	142418	19109
1998	16	12102	257289	179847	34651
1999	14	12188	346706	199924	46231
2000	15	10622	406600	324200	47500
2001	19	10441	441433	362068	38886
2002	20	10959	533532	420115	54966
2003	21	12331	613971	467984	72052
2004	25	12530	673500	467200	74000
2005	27	11626	623473	521274	37814
2006	30	10929	618688	559825	10771
2007	34	11486	678973	183572	13982
2008	35	10481	576358	—	–24961（利润）
2009	40	15843	640078	—	78619
2010	44	9048	496009	115147	61311
2011	39	43500	2187526	—	324063
2012	47	65154	3410700	—	366718

企业选介

（一）蓝思科技股份有限公司。 位于长沙国家生物产业基地。2003 年 7 月始建，主要投资人为周群飞。2006 年 12 月，以注册资本 6000 万美元投资于湖南浏阳市，设立蓝思科技（湖南）有限公司。2007 年成为美国苹果电脑公司的供应商。2011 年 6 月，蓝思科技（湖南）有限公司整体变更为蓝思科技股份有限公司，注册资本 6.06 亿元，开始大规模发展高端显示屏触控玻璃面板生产。2012 年，占地 30 公顷、投资 18.7 亿元的大尺寸触控功能玻璃面板建设项目基本建成。是年末，蓝思科技股份有限公司有员工 5.64 万人，固定资产原值 57.80 亿元，全年主营业务收入 111.63 亿元（其中出口占 98.52%），实现利税总额 24.06 亿元。成为长沙电子行业的龙头企业，为苹果电脑、三星电子、摩托罗拉、索尼、东芝、夏普、惠普、亚马逊、诺基亚、华为等国际知名企业提供配套服务。

（二）中国电子科技集团公司第四十八研究所。 1964 年成立，位于长沙。国家级微电子、太阳能电池、光电材料、电力电子、磁性材料专用设备的研发及生产专业机构。国内主要半导体设备供应基地、最大的太阳能电池制造和电子工业窑炉供应基地、应变式薄膜压力传感器国家高新技术产业化示范工程基地。拥有一流的设计及加工手段，为科技部授牌的全国计算机辅助设计（CAD）应用工程示范单位。是一家集产、学、研、企、军于一体的国内唯一以“三束”（电子束、离子束、分子束）微细加工新工艺技术为主、军民两用型电子专用装备研究所。2006 年 9 月，根据晶硅光伏产业链中各环节关键工艺设备研发生产的需要，开始自筹资金 5 亿元，引入战略投资资金 8 亿元，建设自己的“一所三园”（中电科第四十八所本部及旗下的北京中科信电子装备有限公司通州科技园、湖南红太阳新能源科技有限公司天心环保科技园和湖南红太阳光电科技有限公司麓谷科技园）。2007 年，中电科第四十八所实现销售收入总额 5.02 亿元，利税总额 5666 万元。至 2010 年，投资兴建的湖南红太阳新能源科技有限公司和湖南红太阳光电科技有限公司先后竣工投产，形成以太阳能电池片制造、组件封装为支撑基础，以太阳能发电设备生产为核心，以应用促发展的产业化基地，并取得巨大的社会效益和经济效益。是年实现营业收入总额 45.40 亿元，上缴税金 6226 万元。2012 年，实现营业收入总额 72 亿元，上缴税金 1 亿余元。

（三）湖南红太阳新能源科技有限公司。 位于天心经开区。2008 年 8 月成立，从业人员 1100 余人，以新能源产品研发、制造、销售与技术服务为主的高新技术企业。由唐景庭（中电科第四十八所所长）率先提出发展湖南太阳能光伏产业的计划设想，中电集团第四十八所投资兴建，项目被列入省“双百工程”，占地 12.73 公顷，总投资 4 亿元，建设 200 兆瓦晶体硅太阳能光伏产业链和光伏产业研发大楼，重点开发太阳能发电系统。晶体硅太阳能电池组件封装生产实现产业化、规模化，产品涵盖 125 单多晶组件、156 单多晶组件和柔性组件、抗数字电视（PID）组件、双玻组件等。

2009 年，公司光伏产业 4 条 25 兆瓦太阳能电池片生产线建成投产。拥有一支电站工程总承包（EPC）专业人才队伍，具备电力工程施工总承包资质和机电安装专业承包资质，可为大型地面电站、分布式电站、家用小系统等各类电站项目提供申报、设计、建设和运维等“一站式”服务，被认定为省高新技术企业和省级企业技术中心。光伏电站工程总承包（EPC）和光伏组件，具有自主知识产权的核心技术，产品技术水平居国内同行业前列，产值规模位列市工业前十强。在光伏电站方面，作为国内起步最早的专业光伏系统集成服务商之一，在业内具有较高知名度。是年，唐景庭获全国“五一”劳动模范奖章。

2010 年，实现销售收入 45.63 亿元，上缴税收 2302 万元，实现利润 3.2 亿元。2012 年，新研制终端应用产品，开发国内市场，投入 2.27 亿元，新上一条 100 兆瓦全自动太阳能电池组件生产线运营。太阳能光伏产业示范产品销售给内蒙古80兆瓦时大型地面光伏电站、长沙麓谷科技园12.82兆瓦时光伏并网发电示范工程（金太阳工程）、北京市光机电一体化产业园15兆瓦时光伏并网发电示范工程、湖南粮食集团10兆瓦时光伏并网发电示范工程（金太阳工程）、蓝思科技5兆瓦时分布式光伏电站、顶立科技630.72千瓦时光伏发电工程等。太阳能发电系统开发项目效益为年平均发电量约961万千瓦时，可节约标准煤约3460吨，减排二氧化碳8624吨。是年，公司有员工1700余人，固定资产总值4亿元，实现销售收入55.01亿元，上缴税金5435万元，实现利润9322万元。

（四）长城信息产业股份有限公司。位于长沙高新技术产业开发区。1988年，有职工688人，固定资产原值1214万元，是年，产出HHX-23汉字终端3821台、863-2工业图形终端82台，总产值3406万元。1997年6月，改制成立湖南计算机股份有限公司（中国长城计算机集团公司控股），获准面向社会公开发行股票4500万股，首募资金2.64亿元。1998年，公司资产总额10.16亿元，职工总数901人，终端设备产能30万台/年，全年生产各种终端设备8.7万台，销售收入5.02亿元，主营出口创汇502万美元，利税总额6288万元。2000年，投资近2亿元，建成国内最大的金融终端生产服务基地，具备年产40万台各类终端的能力。是年，在全国质量工作大会上，获"全面推行全面质量管理先进企业"称号，总裁杨德泉获"全国优秀质量管理推进者"称号，全质办主任吴俊杰获得"全国优秀质量管理工作者"称号。

2005年，更名为长城信息产业股份有限公司，股票名称由"湘计算机"更名为"长城信息"。2007年，在长沙经济技术开发区成立长城信息金融设备有限责任公司，注册资本1.5亿元，主要从事金融电子设备的研发、生产、销售和服务。2008年，企业加快实施"两个转变"（由产品制造到制造与信息服务融合发展的转变、从产业链中低端到中高端转变），实现产业升级。2012年，公司总资产23.59亿元，营业收入总额15.02亿元，净利润6723.75万元。

（五）湖南湘邮科技股份有限公司。位于长沙高新技术产业开发区。2000年10月，以湖南省邮电科学研究所作为改制主体，由湖南省邮政局作为主发起人，联合中国速递服务公司、江西赣粤高速公路股份有限公司、湖南新时代通信网络股份有限公司、易思博网络系统（深圳）有限公司、上海爱建进出口有限公司、湖南移动通信器材有限公司（后更名湖南中移鼎讯通信有限公司）、湖南省凯祥通信设备有限公司共同发起，设立湖南湘邮科技股份有限公司。是邮政行业的一家上市公司，是全国邮政系统重点科研和技术支撑单位、"国家规划布局内重点软件企业"。主要从事计算机软件开发、系统集成、通信设备研制、建筑规划设计、计算机产品代理等业务，拥有信息产业部颁发的"系统集成二级资格证书"和建设部认定的"国家通信设计甲级资质"。

2003年11月，公司发行人民币普通股（A股）3500万股，在上海证券交易所挂牌上市。2005年，公司与瑞士FRAMA公司联合研发、生产数字喷墨式邮资机，年产1万台，主要有COPOTE系列邮资机产品、信封打印机系列产品及工业介质打印系统3类产品，成为"中国邮政第一股"。

2012年，先后建立以北京、成都、长沙、南宁、广州、上海、福建、香港为中心，覆盖周边地区，面向全国的服务网络体系，技术和市场遍及邮政、通信、金融、政府、教育、公用事业及社区服务等领域；承建"中国邮政集邮业务管理系统""全国邮资机管理系统""邮政综合业务平台""邮易购电子商务平台""财政非税收入管理系统"等颇具影响的大型系统。设有全国邮政系统"博士后工作站"，负责全国邮政技术的支撑。先后获部、省科技成果奖项目12个、优秀设计奖48个，进入国家高技术研究发展计划项目2个，有自主知识产权产品49个，其中软件产品27个，硬件产品14个，研发产品8

个。先后被认定为“国家火炬计划软件产业基地长沙软件园骨干企业”“国家规划布局内重点软件企业”；获湖南省“高新技术企业认定证书”“软件企业认定证书”，并获ISO9001-2008版质量体系认证证书、“国家通信设计甲级资质”、“计算机信息系统集成一级资质”证书等。

2012年，公司占地面积3.33公顷，总建筑面积2.72万平方米，在岗员工390人，拥有本科及大专以上学历的323人，其中硕士及以上学历23人。当年公司营业收入3.54亿元。

第五章 食品工业

1988年年末，长沙食品工业有规模以上企业有243家，从业人员1.88万人，年末固定资产净值1.64亿元，全年完成产值4.73亿元，实现利税总额5148万元。全行业有粮油与肉食加工业、饮料制造业、其他食品制造业三大类，主要产品产量：大米26.24万吨、面粉4.65万吨、食用植物油3646吨，饮料酒4.17万吨，加工茶叶1.55万吨。全市食品行业开发新品种55个，通过部、省、市三级鉴定的新产品8个；被评为省优产品14个、部优产品8个。全市食品行业基建和技术改造项目22个(其中1987年结转3个，1988年新开工19个)，总计投入资金1.2亿元，项目竣工通过验收18个。

1989年，长沙食品工业由于尚未从根本上解决多头分散管理、体制机制不活问题，加上遇到市场疲软、资金紧张等困难，生产发展缓慢。1990年年初，为帮助食品企业解决市场疲软、资金紧张、开工不足、效益下降的困难，出台《长沙市食品工业调整开发意见》。8月，召开全市食品工业调整开发经验交流会，推广先进典型。全年开展春秋两季和湖南省首届名优特新食品看样订货会，帮助食品企业开拓市场、沟通信息。宣传贯彻《中华人民共和国食品卫生法》和《食品标签通用标准》，实施标准化法规、培训企业质量管理人员、打击和查处伪劣假冒食品。是年，全市食品工业开发新产品20余种，新创省优食品13个，优质产品产值率占食品工业总产值30%以上。

1991年，开展“质量、品种、效益年”活动。全市食品企业开发出速冻水饺、玉米粥等新产品100多种，形成批量生产80余种，新创省优以上产品18个，优质产品产值率达45%以上；市属食品企业技术改造立项28个，投入资金2000万元，实施22个。1993年，继续实施“四白打天下”（即重点发展白沙烟、白沙液酒、白沙啤酒、白沙矿泉水）的战略，“四白”系列产品迅速发展。

1994年起，长沙食品工业深化改革、扩大开放，获得较好的发展，经济效益大幅提高。宁乡酒厂、市牛奶公司、市面粉公司、市酱油厂等企业，通过实行承包、租赁或联营，加强管理，开拓市场，实现产值、利税同步增长。是年，长沙食品工业规模以上企业有195家，从业人员2万人，固定资产净值5.61亿元，当年完成产值14.83亿元，利税总额1.19亿元。与1988年相比，企业减少48家、从业人员增加1239人、固定资产净值增长2.42倍、产值和利税分别增长2.14倍、1.31倍。全市主要产品产量：大米29万吨、面粉3万吨、食用植物油1682吨，饮料酒4.53万吨。

1995年，全市食品市场经过多年的放开经营，初步形成多渠道、多品牌竞争格局，非公有制企业、个体户生产量持续上升，国有、集体企业的生产量进一步下降，全市粮油加工业有规模以上企业92家(其中亏损企业29家)。是年，规模以上企业统计范围由独立核算企业变更为乡及乡以上独立核算企业，长沙食品工业规模以上企业有214家，固定资产净值6.43亿元，当年完成产值18.66亿元，利润2.63

亿元。

1996年，全市21家国有、集体屠宰及肉类加工企业开工率仅47.6%。1997年，长沙食品工业有规模以上企业有211家，从业人员2.06万人，固定资产净值9.84亿元，是年，完成产值18.16亿元，利税总额2.29亿元。与1995年相比，企业减少33家、固定资产净值增长52.96%、产值下降2.75%。主要产品生产7.12万吨（其中，白酒1.24万吨、啤酒5.88万吨），瓶（桶）装饮用水7.85万吨，精制茶7607.08吨。

1998年，长沙盛湘米业公司、长沙惠龙食品有限公司、长沙口口香实业有限公司成立。娃哈哈集团长沙饮料厂建成投产，全年生产瓶装饮用水6000万瓶，约占全市瓶装水生产总量的2/3左右。是年，规模以上企业统计范围由乡及乡以上独立核算企业变更为国有及年销售收入500万元以上企业，长沙食品工业规模以上企业有56家，固定资产净值7.62亿元，是年，完成产值15.20亿元，利税总额1.24亿元。1999年和2000年，全市食品工业新建企业6家。2001—2004年，先后有8个大中型食品工业项目建成投产。2004年，长沙食品工业规模以上企业有100家，从业人员1.61万人，固定资产净值16.66亿元，全年完成产值57.99亿元，利税总额4.84亿元。与1998年相比，企业增加44家，从业人员增加2402人，固定资产净值、产值、利税总额分别增长1.19倍、2.62倍、2.89倍。主要产品大米小麦粉加工45.55万吨、饮料酒11.55万吨、乳制品2.21万吨、软饮料32.89万吨、精制茶2.260万吨，各种调味品4.91万吨；糕点7.64万吨。

2005年后，长沙以食品工业为主导的产业园区发展迅速，先后有宁乡经开区食品工业园、望城经开区食品工业园、浏阳两型产业食品园、浏阳生物医药食品科技园、长沙金霞食品工业园建成投产，吸纳规模以上企业近200家，实现产业配套、集群发展。2006年，全行业被列入长沙市高新技术前50名企业4家、工业20强2家，工业利税总额过亿元企业1家、过5000万元企业4家、过1000万元企业13家。2009年，长沙食品工业发展速度加快，生产规模持续扩大，新建扩建宁乡亮之星米业有限公司、长沙统一企业有限公司、长沙惠龙食品有限公司、湖南省美津园粮油食品有限公司浏阳油脂工厂等大中型项目。

2010年，全市食品工业规模以上企业有284家，从业人员4.08万人，固定资产净值69.53亿元，全年完成产值368.32亿元，利税总额53.19亿元。与2004年相比，企业增加184家，从业人员增加2.47万人，固定资产净值、产值、利税总额分别增长3.17倍、5.7倍、9.99倍。主要产品产量：食用植物油5.65万吨，乳制品5.11万吨、酱油2.21万吨、饮料酒3.41亿升、软饮料232.47万吨，瓶（桶）装饮用水193.46万吨、含乳饮料39.01万吨。

2011年，食品工业建成投产企业有宁乡县亮之星米业有限公司、湖南红星盛业食品股份有限公司、长沙统一企业有限公司。食品行业被列入长沙高新技术前50名企业2家、工业30强3家，工业利税总额过亿元企业6家。是年，规模以上企业统计范围由国有及年销售收入500万元以上企业变更为国有及年销售收入2000万元以上企业，全市食品工业规模以上企业242家，从业人员4.06万人，固定资产净值69.73亿元，完成产值430.04亿元，利税总额47.99亿元。

2012年，浏阳河酒业发展有限公司年产白酒3万吨一期工程竣工投入试产。被列入长沙高新技术前50名企业2家，工业利税总额过亿元企业3家。是年，全市食品工业规模以上企业有254家，从业人员4.66万人，固定资产净值83.47亿元，完成产值527.21亿元，利税总额55.53亿元。与2011年相比，企业增加8家，从业人员增加6007人；固定资产净值、产值、利税总额分别增长

19.71%、22.60%、15.70%。主要产品产量：小麦粉1.01万吨，大米122.46万吨，食用植物油12.25万吨，冷鲜肉13.63万吨，糕点4.01万吨，乳制品9.03万吨，调味品3.75万吨，罐头2.53万吨，饮料酒7.54万千升，软饮料207.2万吨，冷冻饮品7.73万吨，精制茶5.31万吨。

表17-5-0-1　　1988—2012年长沙市食品工业规模以上企业经济指标一览表

年份	企业数（家）	从业人员（人）	总产值（万元）	固定资产净值（万元）	利税总额（万元）
1988	243	18753	47293	16392	5148
1989	227	20031	40505	19326	4754
1990	221	19719	44028	21935	982
1991	214	19279	75129	28425	3359
1992	185	—	75433	30640	3506
1993	152	—	91108	40712	3481
1994	195	19992	148267	56104	11895
1995	214	—	186624	64300	26251
1996	185	—	183293	83956	19276
1997	211	20613	181629	98353	22897
1998	56	13674	152046	76212	12437
1999	56	12344	175820	99178	24917
2000	60	11278	193772	103646	27926
2001	62	11635	240324	113821	31351
2002	80	13891	303557	149847	30333
2003	90	15538	365358	155059	44188
2004	100	16076	549937	166600	48370
2005	170	25337	898566	215409	62426
2006	—	25049	1279918	236752	194106
2007	207	26021	1675531	296972	243555
2008	212	28202	2340700	296877	231988
2009	274	36007	2891088	—	427500
2010	284	40786	3683151	695291	531935
2011	242	40600	4300375	697296	479910
2012	254	46607	5272076	834719	555237

说明：1988—1992年数据含食品制造业，1988—1996年为利润总额

第一节 粮油与肉食加工业

一、生产规模

1988年末，长沙市粮油与肉食加工业有规模以上企业86家，全年实现工业总产值3.65亿元。其中，粮油加工企业76家，完成产值1.97亿元。主要产品加工产量：大米26.24万吨、面粉4.65万吨、面条1.56万吨、食用植物油7370吨。规模较大的企业主要有：市粮食局所属三大粮库大米厂，长沙、望城、浏阳、宁乡4县的城关米厂，市面粉厂、市油脂化工厂等。全市屠宰与肉类加工业有规模以上企业10家，实现工业总产值1.68亿元。规模较大的国有企业主要有长沙肉类联合加工厂、长沙冷冻加工厂、长沙五里牌冷冻厂、望城县肉类联合加工厂等，全年生产冻猪肉10万吨、畜肉制品3000吨、动物油脂8000吨。是年，长沙肉联厂收宰生猪36万头，加工外销分割肉1777吨，实现工业产值6855万元，利税总额606万元。

1989年后，长沙粮油与肉食加工业生产发展速度平缓，新建、扩建的企业不多。受市场疲软、资金紧张等因素影响，全市屠宰及肉类加工业仅完成产值1.62亿元，比上年下降3.53%，其中，长沙肉联厂减少4154万元，降幅60%，此后，生产低迷状况持续多年。

1990年，市面粉厂年产3.5万吨面粉加工生产自动线扩建项目竣工投产，是国内第一条自行设计、建造的面粉生产线，具有先进水平，可一次同时生产出3个以上不同等级面粉。望城城关镇肉类联合加工厂建成投产，被定为湖南省外贸公司生产出口猪肉分割基地，全年加工分割肉1500吨，创产值1500万元，利税195万元。生产面粉5.46万吨，比上年增长8.8%；大米23.45万吨，下降3.57%；面条1.29万吨，下降12.83%；食用植物油6318吨，下降7.54%。

1991年，长沙市国有粮油加工企业指令性加工计划大幅度减少，开始调整产品结构，扩大运用新工艺、新技术，开发新产品，开展自营加工（议价购进原粮，议价销往省内外市场）与代农加工，全年代农加工粮食2.65万吨。全市大米、面粉加工略有增长，但食用植物油生产受到进口棕榈油的冲击，年产量下降至3600吨。是年，市粮食局所属大米、面粉和油脂加企业40家，加工大米21.85万吨、面粉5.76万吨、面条1.13万吨、豆粉117吨、豆奶350吨、食用植物油2109吨，实现总产值1.29亿元。

1993年，市油脂化工厂更名为市植物油总厂，扩展原料来源，努力增加生产，植物油精炼2.50万吨/年。1994年，长沙肉联厂虽拥有生猪屠宰90万头能力，但实际屠宰量只有11.1万头，产值仅完成4494万元；一批县乡肉食加工企业生产经营困难重重，或停产或关闭，全市仅加工冻畜肉6237吨、畜肉2615吨。是年，长沙市粮油与肉食加工有规模以上企业67家，全年实现工业总产值5.25亿元，利润-740万元。全市粮油加工大米29万吨、米制品660吨、面粉3万吨、面条2398吨、食用植物油1682吨。

1995年后，全市肉食市场经过多年放开经营，初步形成多渠道、多品牌竞争格局，非公有制企业、个体户的生产量持续上升，国有、集体企业的生产量进一步下降，是年，全市粮油加工业有规模以上企业92家（其中亏损企业29家）。规模以上企业统计范围由独立核算企业变更为乡及乡以上独立核算企业，长沙市粮油与肉食加工有规模以上企业92家，全年实现工业总产值12.06亿元，利润2.43亿元。

1996年，全市21家国有、集体屠宰及肉类加工企业开工率仅47.6%，是年，加工生产肉制品6193吨，创产值1.85亿元。其中3家规模较大的国有企业长沙肉联厂、宁乡肉类食品加工总厂、长沙五里牌肉联厂的开工率分别只有42.7%、50%和10.1%，而中外合资企业湖南金兴食品有限公司开工率100%。

1997年，长沙市粮油与肉食加工有规模以上企业85家，比1995年减少7家，生产经营与效益大幅下降，全年实现工业总产值6.74亿元，利润924万元，与1995年相比，工业总产值下降44.1%。

1998年11月，长沙盛湘米业公司成立（后改制成立湖南盛湘粮食购销集团有限公司），大米加工能力10万吨/年。长沙大米加工企业有36家，年生产能力46.8万吨；精炼油生产企业1家，年生产能力1.5万吨；面粉生产企业2家，年生产能力8万吨；面条生产工企业1家，年生产能力1万吨。长沙口口香实业有限公司在长沙县㮾梨工业园成立，是国内最早致力于包装酱鸭研发、生产与销售民营企业，注册资本1000万元，员工300余人。是年，规模以上企业统计范围由乡及乡以上独立核算企业变更为国有及年销售收入500万元以上企业，长沙市粮油与肉食加工有规模以上企业23家，全年实现工业总产值4.47亿元，利润1702万元。

1999年9月，湖南长城肠衣有限公司在宁乡科技工业园区成立，注册资金880万元，专业加工猪、羊、牛盐渍肠衣，出口俄罗斯、波兰、美国、南非、欧盟等国家和地区，年出口量3万桶，产值1亿余元，创汇1200万美元。长沙市粮油与肉食加工有规模以上企业24家。是年，实现工业总产值4.38亿元，利税总额383万元。

2000年，湖南光阳粮食购销公司从英国、德国和中国香港地区引进大米加工生产线，进行普通大米、精米等加工，加工普通大米、精米各1万吨，用当地优质无公害稻谷为原料，生产“湘隆”牌香丝米，达到优质、安全、营养、无公害的国家标准。湖南泰松肠衣食品有限公司建成投产，主营盐渍天然猪肠衣、蛋白肠衣加工业务，年产量6500吨，产品主要出口到欧盟和北美。是年，长沙市粮油与肉食加工有规模以上企业25家，全年实现工业总产值3.93亿元，加工食用植物油682吨。

2001年年初，长沙全家福食品工业有限公司投资2000万元，实施年产1.1亿盒方便米面改扩建工程，公司占地3.33公顷。投资3000万元湖南派派食品有限公司竣工投产，为入园企业中建设时间最短、速度最快的食品企业。湖南沐沐现代食品有限公司在望城县建成投产，有从业人员348人，从瑞士和法国引进两条生产线，以五谷杂粮为原料，生产早餐系列产品。6月，由省粮油食品进出口集团有限公司为主发起人，联合香港五丰行有限公司等法人单位，组建湖南新五丰股份有限公司，集种猪、商品猪、屠宰、冷链、物流、冷鲜肉品加工及销售于一体，生猪屠宰能力60万余头/年。是年，大型国有企业长沙肉类联合加工厂，实施“两个置换”改革，国有资本有序退出。

2002年10月，唐人神集团出资收购原长沙肉联厂部分资产，成立长沙唐人神肉类加工有限公司，主营畜禽屠宰、肉品初加工，注册资本1333万元。

2004年，湖南中大生物科技有限公司投入3000万元在隆平高科技园征地，新建膨化料生产线，形成年生产12万吨、年产值3亿元生产规模。中国雨润食品产业集团收购原长沙肉联厂剩余部分资产，设立长沙福润食品有限责任公司，主营腊肉制品、休闲肉制品加工及冷储物流，拥有3万吨冷库规模，固定资产2亿元。是年，宁乡县冷冻库改制后成立宁乡县宁韶冷冻厂，集生猪屠宰、冷鲜肉分割、猪副产品精加工为一体，设计屠宰加工生猪30万头/年，可一次性贮存5000吨成品。

2001—2004年，长沙市先后有长沙县优之农产品开发有限公司、长沙湘丰金薯食品有限公司、香港盘中餐粮油食品（长沙）有限公司大米精加工生产线、湖南卫红米业有限公司、长沙尚海农业科技有限责任公司、宁乡县亮之星米业有限公司技改、长沙南泥湾食品厂等一批粮油食品加工企业（项目）建成投产。

2004年年末，长沙市粮油与肉食加工有规模以上企业49家，全年实现工业总产值21.34亿元，利税总额7299万元。与1999年相比，企业增加25家，工业总产值增长3.87倍，利税总额增长18.06倍。

主要产品产量：大米 41.78 万吨、小麦粉 3.77 万吨、食用植物油 3.46 万吨、淀粉及淀粉制品 8424 吨、米制半成品 50 吨、面制品 4021 吨、速冻米面食品 4353 吨，鲜冷藏肉 3669 吨、鲜牛肉 165 吨、冻肉 1667 吨、冻牛肉 146 吨，动物肠衣 7499 吨、熟肉制品 1.05 万吨。

2005 年，湖南省流沙河花猪生态牧业股份有限公司成立，逐步发展成为集“流沙河花猪”保种、养殖、屠宰、肉制品深加工及销售于一体的农业产业化龙头企业。在此后几年中，长沙粮油与肉食加工业生产规模进一步扩大，先后有长沙福满多食品有限公司、湖南多多面业有限公司、长沙丁家岭大米精加工样板厂、浏阳市永安红旗大米深加工合资米厂、宁乡县毛家嘴大米深加工中心等一批重点项目建成投产。长沙凯雪集团有限公司捆绑长沙面粉公司，成立长沙凯雪粮油食品有限公司，以面粉加工、贸易为主导，集粮油、食品、储备和第三产业于一体，具备年加工面粉 12 万吨、面条 1 万吨的生产能力。

2006 年 8 月，宁乡县大地肉类制品有限公司成立，资产总额 5000 余万元，主营生猪屠宰加工、冷鲜肉和冻肉销售。

2008 年，长沙市粮油与肉食加工有规模以上企业 106 家，全年实现工业总产值 98.10 亿元，利税总额 7.83 万元。与 2004 年相比，企业增加 57 家，工业总产值增长 3.60 倍，利税总额增长 9.73 倍。主要产品加工大米 41.48 万吨、小麦粉 3.93 万吨、大豆精制油 1804 吨、花生精制油 3.44 万吨、菜籽精制油 1.11 万吨、淀粉及淀粉制品 1.93 万吨、米制半成品 1.49 万吨、速冻米面食品 1800 吨。鲜冷藏肉 5974 吨、冻肉 4057 吨、熟肉制品 2.12 万吨。

2009 年起，长沙粮油与肉食加工集团化发展步伐明显加快，带动全行业生产持续高速增长。是年 3 月，湖南乐福来有限公司在宁乡经济开发区成立，主要从事西式肉类食品深加工及冷冻食品制造，注册资本 2050 万元。5 月，湖南现代资源农业科技有限公司一期工程竣工，2010 年二期工程开建，总投资 7.5 亿元，集生猪屠宰、肉制品加工、冷藏、种猪养殖于一体，设计年屠宰生猪量 200 万头，是全省首家完全按照欧盟标准设计和建设的现代化肉类联合加工厂。

2010 年 12 月，湖南金霞粮食产业有限公司、湖南粮食中心批发市场、霞凝国家粮食储备库 3 家国有企业整合成立湖南粮食集团，集粮油加工、储备、物流、商贸等于一体，资产总额 40 亿元。是年，长沙市粮油与肉食加工有规模以上企业 159 家，实现工业总产值 178.07 亿元，利税总额 20.40 亿元。与 2008 年相比，企业增加 53 家，工业总产值增长 81.52%，利税总额增长 1.61 倍。全年加工食用植物油 5.65 万吨。

2011 年，宁乡县亮之星米业有限公司精米加工生产线建成投产，设计年加工大米 5.2 万吨。7 月，湖南红星盛业食品股份有限公司年屠宰生猪 200 万头的生产线建成投产，总投资 5.60 亿元。11 月，湖南粮食集团有限公司收购郴州裕湘公司，长沙的面条加工在域外发展，年生产能力 3.5 万吨。是年，泰松肠衣食品有限公司实现进出口总额 1.05 亿美元，列全省外贸加工企业进出口总额第四名。长沙市粮油食品加工制造业全年完成产品加工总量 312.8 万吨，产值 129.5 亿元。是年，规模以上企业统计范围由国有及年销售收入 500 万元以上企业变更为国有及年销售收入 2000 万元以上企业，长沙市粮油与肉食加工有规模以上企业 137 家，实现工业总产值 226.72 亿元，利税总额 19.99 亿元。

2012 年 1 月，长沙远扬食品有限公司在望城区成立，资产总额 2560 万元，主要以新鲜牛肉、羊肉、鸡蛋、鸭蛋、鹌鹑蛋、刁子鱼等农副产品为原料，生产七味牌牛肉串、羊肉串、鸡蛋、鸭蛋、鹌鹑蛋、小根鱼等真空包装熟食，进入沃尔玛、步步高、新一佳等大型超市销售。湖南美津园粮油食品有限公司在浏阳市两型产业园建成全国一流的现代化油脂加工基地，拥有现代化标准厂房、先进油脂精炼生产线和成熟低温冷榨技术生产纯茶籽油，年产量2.6万吨，产值3.90亿元。湖南旺旺食品公司新增投资20亿元、土地57公顷新建产区，年生产能力60亿元。

是年，长沙市粮油与肉食加工有规模以上企业138家，实现工业总产值287.26亿元，利税总额25.51亿元。与2011年相比，企业增加1家，工业总产值增长26.71%，利税总额增长27.61%。主要产品产量：小麦粉1.01万吨，大米122.46万吨，食用植物油12.25万吨，冷鲜肉13.63万吨。

表17-5-1-1　　1988—2012年长沙市粮油与肉食加工业规模以上企业经济指标一览表

年份	企业数（家）	从业人员（人）	总产值（万元）	固定资产净值（万元）	利税总额（万元）
1988	156	13781	37400	12216	5148
1989	154	14162	30736	14684	4754
1990	151	14543	34208	17471	980
1991	150	14521	60770	19381	3359
1992	136	—	52245	19615	3506
1993	60	—	31589	17078	3481
1994	67	8396	52544	23530	11895
1995	92	—	120571	33563	26291
1996	81	—	59825	32360	-2754
1997	85	6740	66403	37140	924
1998	23	4309	44732	27681	1702
1999	24	3738	43839	30271	383
2000	25	3101	39292	34167	766
2001	27	3198	55719	36739	2181
2002	38	4286	106757	39443	4510
2003	44	4650	133964	42829	6009
2004	49	5236	213375	42832	7299
2005	81	7909	323774	66820	16280
2006	102	9512	488349	82605	59303
2007	104	9629	736082	111014	87166
2008	106	10653	981000	296877	78283
2009	150	15288	1391956	—	141383
2010	159	17722	1780723	262016	203998
2011	137	17300	2267160	307981	199920
2012	138	19460	2872644	349565	255121

说明：1988—1992年数据含食品制造业，1988—1998年为利润总额

二、产品质量

1988年，长沙市有粮油加工和屠宰与肉类加工。粮油收购、储存、加工、销售均实行计划管理，价格由国家确定，但也有很少一部分粮油食品实行议价。国有粮油加工企业拥有较先进的生产设备，在粮食加工中，清理系统采用初清、高频振动筛、去石机及风选除尘；在碾米系统采用胶辊砻谷机、谷糙分离机（筛）、碾米机等。加工品种主要有早籼米、晚籼米、粳米、糯米、豆粉、米粉、面粉、面条、米糠油、菜籽油、茶油、葵花籽油、玉米油等，质量基本保持稳定。长沙县槊梨大米厂的早籼稻特级米，获评为"省优"产品。是年，长沙市屠宰与肉类加工业4家国有企业生产经营状况良好。规模最大的长沙肉类联合加工厂集生猪屠宰、肉制品加工及冷藏、速冻食品、饮料生产于一体，所产杜鹃花牌系列肉制品、盐水火腿、灌肠、火腿肠、腊肉、香肠、肉松、肉脯等除供应内地市场外，同时销往香港和澳门地区。

1989年，市粮油食品厂的枫叶牌特一粉面条，被评为"部优"产品；市面粉厂的凯雪牌特制二等面粉、长沙肉类联合加工厂的芙蓉肠和红肠，被评为"省优"产品。

1990年，制定全市粮油工业产品质量管理奖罚条例，加强对粮油产品质量的检查工作，抽检粮油食品7批次88个品种，有64个品种经检验合格，合格率72.7%；加工出口大米1.24万吨，全部通过商检并出口。市面粉厂、湘粮机械厂、宁乡县城关米厂3家企业晋升为省级先进企业，市粮二库米厂、粮三库米厂、市面粉厂等8家企业晋升为省级预备企业。市面粉厂的凯雪牌特制一等粉、市向阳食品饮料厂的希望牌淮山米粉、市乳品罐头厂的宾佳乐牌淮山米粉，被评为"省优"产品。长沙肠衣厂的地球牌猪肠衣，被评为"部优"产品。

1991年，市速冻食品厂建成投产，主要生产速冻水饺、速冻馄饨等，填补域内食品加工业一项空白。是年，市粮油食品总公司的枫叶牌特一级粉面条、宁乡县城关米厂的标一晚稻粳米、市向阳食品饮料厂的希望牌淮山米粉，被评为"部优"产品；市粮油食品厂的枫叶牌特一级粉银丝面条、市面粉公司的特制二等面粉、长沙粮二库的晚籼特等米，被评为"省优"产品。

1992年，粮油购销体制改革全面展开，产品价格逐步放开。由于定量计划供应的减少，国有粮油企业调整产品结构，新增各种精制米、菜籽油、芝麻油、花生油、豆油的生产，以适应市场的需求。是年起，屠宰与加工行业每年投资200万元实施一项小型技改项目，先后开发肉罐头、软包装方便快餐肉制品、脂肪酸、脂肪酶、明胶制品、猪副产品精加工等品种。

20世纪90年代中期以后，全市肉类产品市场的消费需求发生变化，小包装肉类制成品销量逐渐增多，市场竞争更加激烈。

1996年，市面粉公司的凯雪牌系列面粉被评为湖南名牌产品。1997年，长沙肉联厂的杜鹃花牌湖南腊肉，被评为湖南名牌产品。1998年，国内最早致力于包装酱鸭研发生产的企业长沙口口香实业公司，口口香牌酱辣鸭系列产品畅销，占据沃尔玛、家乐福、大润发、家润多、步步高等大型超市包装类酱鸭产品销售份额第一位。1999年，市面粉公司加工的凯雪牌挂面、长沙盛湘实业公司的盛湘牌优质米，获湖南省产品质量奖。

2000年，湖南长鸿实业有限公司生产的"黄金园"牌湘粉丝系列产品，被评为湖南省第二届农业博览会金奖、湖南省十大品牌产品（农产品），湖南光阳粮食购销公司生产"湘隆"牌香丝米，获湖南省农业博览会银奖。湖南泰松肠衣食品公司建成投产，按照欧盟的卫生标准生产，并通过ISO19000质量体系和食品安全控制体系（HACCP）认证，所产盐渍天然猪肠衣、蛋白肠衣全部出口。

2001年起，长沙粮油与肉食加工业通过产品升级换代和研发，新品种显著增多，质量进一步提高。

是年，湖南光阳粮食购销公司生产的“湘隆”牌香丝米，获湖南省无公害农产品证书，并在湖南省第四届农业博览会上获金奖。

2002年，长沙凯雪集团（原市面粉公司）、盛湘集团、市植物油总公司等9家企业，首批通过国家食品质量标准认证（QS）；盛湘牌大米、星香牌大米、帅牌菜籽油、食用调和油、山茶籽调和油、花生调和油6个产品，获得国家绿色食品认证证书。

2003年，湖南人人家味业有限公司在浏阳市成立，生产销售营养麦片、藕粉等速溶食品；长沙湘丰金薯食品有限公司建成投产，主要生产精白红薯淀粉和水晶粉丝；市植物油总公司开发出帅牌精炼色拉油。

2004年，为加强粮油食品安全管理，开展“放心粮油”工作上台阶活动，各直属企业签订粮油食品安全工作责任书；各县（市）成立粮食质量安全监管协调领导小组，建立监管机制，落实工作责任。是年，盘中餐粮油食品（长沙）有限公司的食用调和油，获批为国家免检产品。

2005年8月，总投资1000万美元的长沙福满多食品有限公司建成投产，专业生产康师傅开心桶、经典袋、劲爽、香爆脆等系列方便面，月产量120万箱，填补长沙食品工业一项空白。是年，长沙凯雪集团公司的凯雪牌系列面粉和面条，被评为湖南名牌产品。

2006年，盘中餐粮油食品（长沙）公司的食用调和油，再次获批为国家免检产品；盛湘粮食购销集团有限公司的盛湘牌大米、中储粮宁乡仓库的万家春牌大米、长沙霞凝国家粮食储备库的霞凝牌大米，被评为湖南名牌产品。

2007年，市粮食管理部门组织开展粮食质量安全专项整治，先后对湖南金霞粮食产业有限公司及长沙、望城、浏阳、宁乡4县（市）12家粮油生产企业进行质量安全抽查，粮油食品合格率96%以上。是年，湖南多多面业有限公司成立，生产多润牌保健、营养、精品三大系列几十个挂面品种，其中保健系列的绞股蓝面、枸杞子面、黄芪面、红薯面，不仅营养丰富，同时具有保健功能，上市后受到消费者的欢迎。2007年，公司与世界上最大的肠衣加工贸易商之一荷兰VION N.V.公司联手，在长沙经济技术开发区投资建设生产基地，年加工能力增至6500吨。

2009年投产的湖南乐福来有限公司，全套引进欧洲最先进的肉类食品加工技术和设备，聘请法国、德国的知名肉类食品专家，研发和生产目前国际流行的低温肉类制品，开发生产多种肉制品、预包装食品及速冻食品。

至2012年，长沙粮油与肉食加工企业陆续推出一批档次较高的新品种，其中较著名的有市美津园粮油食品有限公司的精炼茶籽油、菜籽油、调和油和礼品油，长沙县优之农公司的茉莉香米，尚海农业科技有限责任公司的发芽红糙米，盛湘集团的湘江牌红米、康泰米，隆平米业高科技股份有限公司的发芽红米，金霞粮食公司的沁园春牌生态米等，营养与口感的兼备，价格虽都比较高，但销路比较好。是年，湖南泰松肠衣食品公司获得国际食品安全（IFS）认证及英国零售商协会（BRC）认证；湖南省流沙河花猪生态牧业股份有限公司的“流沙河”牌猪肉食品，被认定为中国驰名商标；湖南乐福来有限公司的法式脆皮肠、香辣熏烤鸡腿、茶熏鹅风味鸭肉3种预包装食品，获中国中部（湖南）国际农博会金奖。

1988—2012年，长沙市食品加工业获中国驰名商标3个、部优质产品奖5个、省优质产品奖9个、省名牌产品奖7个、省产品质量奖2个。

第二节 饮料制造业

一、生产规模

1988年，长沙市饮料制造业有规模以上企业87家，当年实现工业总产值9893万元，利润1357万元，产品分饮料酒、软饮料、精制茶加三大类。其中。饮料酒制造业有规模以上企业27家，是年，生产饮料酒4.17万吨（白酒2.07万吨、啤酒1.92万吨），规模较大的企业主要有：长沙酒厂，白酒年产能1万吨；长沙啤酒厂，啤酒年产能3万吨；浏阳县酒厂，白酒年产能5000吨；宁乡县酒厂，葡萄酒年产能5000吨；软饮料制造业有规模以上企业9家，其中生产规模相对较大的企业有3家：市饮料厂、市天然果汁饮料厂和长沙冷冻加工厂（兼产）。精制茶加工业有规模以上企业45家，年加工茶叶1.55万吨，产精制茶7687吨。其中长沙茶厂的生产规模最大，年加工和收购红碎茶1.05万吨，产品主要供外贸出口。

1989年起，长沙饮料制造业遭遇市场疲软、资金紧张等严重困难，企业普遍减产，销售量逐年下降。至1991年，长沙饮料制造业生产有所发展，但总体规模依然不大。长沙精制茶加工业连续3年发展较快，1991年的产量2.36万吨，创历史新高。

1992年，长沙酒厂白沙液酒技改项目竣工投产，年新增产能白沙液酒850吨、白沙醇酒400吨。市食品一厂投资600万元，对原冰淇淋生产设备进行改造，新增立式冷热缸4台、冷藏车1台、活动冷库4台，冰淇淋生产量比上年增长2倍。是年，湖南国龙食品工业公司成立，主要生产红标花生奶、咖啡、八宝粥等饮品。受市场、体制机制等因素的影响，全市精制茶产量开始下降。

1993年，长沙市实施“四白”产品（即白沙烟、白沙液酒、白沙啤酒、白沙矿泉水）发展计划，全市“四白”产品的产值和利税均比上年增长20%以上。长沙啤酒厂充分挖掘设备潜力，连续4年实现产品销售收入和利税总额每年以50%的速度增长。饮料酒行业有规模以上企业10家，有生产设备100余台（套），企业规模普遍较小。

1994年，长沙市饮料制造业有规模以上企业41家，全年实现工业总产值2.85亿元，与1988年相比，企业减少46家，工业总产值增长1.88倍，效益大幅下降，利润150万元，比1988年下降89%。全市精制茶产量1.52万吨，与1991年相比减少8400吨。其中，长沙茶厂产茶3095吨，只及生产能力的6成左右。全市软饮料主要产品产量：矿泉水269吨，冰淇淋、雪糕、果汁等饮料2658吨；生产饮料酒4.53万吨（其中：白酒1.75万吨、啤酒2.79万吨）。

1995年，长沙啤酒厂与马来西亚金狮集团签订协议，共同投资2.4亿元建立湖南金狮啤酒有限公司，设计年产啤酒10万吨。是年，规模以上企业统计范围由独立核算企业变更为乡及乡以上独立核算企业，长沙市饮料制造业有规模以上企业60家，当年实现工业总产值3.71亿元，利润–407万元。全市生产饮料酒6.35万吨，其中白酒1.32万吨、啤酒5.02万吨，实现总产值3.7亿元；与1988年相比，总产量增长52.28%，总产值增长2倍；各种软饮料6.35万吨。

1996年始，长沙饮料制造业国企改革取得重大突破，长沙啤酒厂与长沙酒厂联合组建长沙酒业集团，收购破产后的长沙灯泡厂，引进外资1.5亿元，追加投资1.3亿元，扩建啤酒生产线，形成年产15万吨的能力。湖南省茶叶研究所实验工厂改制成立湖南天牌茶业有限公司，主要从事高桥银峰、湘波绿、湘波绿毛尖等绿茶的生产、贸易与科技研究；长沙云游茶业有限公司在望城县成立，主要生产云游牌毛尖、绿茶。湖南省怡清源茶业有限公司在长沙市芙蓉区高新技术产业开发区成立，注册资本2476.5万元，公司集茶叶科研、茶园基地建设、茶叶生产、加工、销售、茶文化传播于一体。

1997年，长沙市饮料制造业有规模以上企业49家，当年实现工业总产值4.07亿元，与1995年相比，企业减少11家，工业总产值增长9.73%，效益大幅增长，利税总额实现4520万元。全市生产饮料酒7.12万吨（其中：白酒1.24万吨、啤酒5.88万吨），制茶7607.08吨。

1998年，湖南金狮啤酒有限公司投资640万美元，实施一期啤酒生产线扩建，新增啤酒产能10万吨/年，销售收入1.21亿元。浏阳河酒厂实施产销分离战略，成立浏阳河酒业公司，率先与五粮液集团携手结盟，开启中国白酒品牌合作营销新时代。

这年起，长沙饮料酒制造业生产结构发生重大改变，白酒产量大幅减少，啤酒产量显著增多。3月，娃哈哈集团长沙饮料厂建成投产，全年生产瓶装饮用水6000万瓶，约占全市瓶装水生产总量的三分之二，桶装饮用水供水3万余户。是年，长沙县脱甲茶厂改制后，更名为湘丰茶厂。是年，规模以上企业统计范围由乡及乡以上独立核算企业变更为国有及年销售收入500万元以上企业，长沙市食品制造业有规模以上企业11家，全年实现工业总产值3.37亿元，利税总额2347万元。

1999年，湖南中商集团入主浏阳市酒厂，改制更名为浏阳市名河酒业有限责任公司，在原有白酒产能5000吨/年基础上，扩建一条生产线，使年产能达到1万吨。长沙千壶客酒业有限公司成立，注册资金500万元，主要生产经营千壶客牌保健酒、糯米酒、黄酒及“湘米烧”米酒等。3月，长沙美怡乐食品有限公司建成投产，设计年产冰淇淋等饮料和速冻食品5万吨，总投资超过6000万元。

是年，杭州娃哈哈饮料有限公司、新加坡金加投资有限公司与湖南对外建设总公司共同投资，设立杭州娃哈哈集团长沙有限责任公司，落户长沙经济技术开发区，斥资2亿元兴建长沙娃哈哈饮料有限公司和长沙娃哈哈食品有限公司，主营瓶（桶）装饮用水、碳酸饮料、蛋白饮料、果汁及蔬菜汁饮料、茶饮料等。宁乡县全民茶厂成立，主要生产红碎茶，全年实现销售收入1605万元；长沙茶厂投资1000万元进行技术改造，新增精制茶产能700吨/年。

2000年8月，长沙白沙液酒厂矿泉水分厂成立，主营桶装和瓶装矿泉水的生产与销售，年产量1万吨。湖南大旺食品有限公司成立，至此，旺旺集团湖南总厂旗下的3家子公司——湖南旺旺、长沙旺旺和湖南大旺，均设有饮料制造厂。全市软饮料制造业有规模以上企业5家，矿泉水、纯净水的生产形成一定规模，年瓶（桶）装饮用水产量7.85万吨。湖南省长沙县金井茶厂改制为湖南金井茶业有限公司，拥有厂房2.61万平方米，茶园面积3.5万亩，良种茶无性繁殖基地150亩，公司下辖加工厂2个、分场3个、工区8个，年加工能力5000吨。是年，全市饮料制造业规模以上企业有10家，全年实现总产值7.73亿元，利税总额1.64亿元，与1998年相比，企业减少1家，总产值增长1.29倍，利税总额增长近6倍，主要产品产量：白酒300吨，啤酒6.02万吨。

2001年以后，长沙饮料制造业新建企业显著增多，生产规模进一步扩大。是年6月，中粮可口可乐饮料有限公司在长沙投资兴建湖南中粮可口可乐饮料有限公司，坐落于长沙经济技术开发区，占地面积7公顷，初期总投资2000万美元（约合人民币1.66亿元），后续追加生产和设备投资3.8亿元人民币。主要设备从德国引进，拥有省内最大规模瓶装饮料生产线，也是省内现代化程度最高的软饮料生产合资企业，软饮料总产能达1.02亿标准箱/年。

是年，湖南鸿大茶叶有限公司在长沙县高桥镇成立，主要生产经营高桥牌工夫红茶、红碎茶、绿茶、花茶、乌龙茶及特种茶，公司自有良种茶种植基地4500亩，合同利用茶园1.38万亩，加工厂房面积8800平方米，各类加工设备238台（套），加工能力为5000吨/年。宁乡县八溪茶厂改制成立长沙沩山茶业有限公司，拥有生态茶园基地 1.2 万亩，厂房 2 万余平方米，集绿茶、黄茶、红茶、黑茶、乌龙茶生产加工、销售、科研、茶文化和生态旅游开发于一体，年产沩山牌黑茶 1500 余吨、名优茶 500 余吨。

2002 年，长沙国猿猕猴桃科技开发有限责任公司成立，建成年产 400 吨猕猴桃酒生产线，全年生产 200 吨，产品大量出口，由于消费者对猕猴桃营养价值的认识提高，猕猴桃酒比葡萄酒更受欢迎，市场容量不断扩大。6 月，长沙天冰冷饮有限公司在暮云工业园建立，占地面积约 4 万平方米，拥有多条自动化流水生产线，主营冰淇淋的生产与销售，旺季员工有 600 余人，月产雪帝牌冰淇淋 8 万余箱。长沙九峰山矿泉水有限公司在望城县成立，专业从事九峰山优质山泉水惜字塔牌矿泉水的生产与销售。湖南省青翠源茶业有限公司在宁乡建立，主要生产经营黑茶。长沙湘君茶业有限公司落户开福区捞刀河大明工业园，集产品的研发、生产、销售于一体，占地面积 2.8 万平方米，建筑面积 5000 平方米，建有全自动化保健茶生产线 6 条和易拉罐凉茶生产线 1 条。

2003 年，长沙鸿溢水业科技有限公司成立，专业从事天然饮用水、矿泉水、自然活性水、果汁饮料研发和销售，设计日产桶装饮用水 1 万桶，瓶装饮用水 10 万瓶。湖南金狮酒业集团更名为湖南华狮啤酒有限公司。

2004 年 8 月，青岛啤酒（长沙）有限公司一期工程在宁乡经开区建成投产，公司占地面积 21.4 公顷，注册资本 6800 万元，设计年产啤酒 5 万吨。10 月，湖南华狮啤酒有限公司被比利时英博啤酒集团以 1820 万美元整体收购，成为外商独资企业，更名为湖南英博白沙啤酒有限公司，通过设备改造、填平补齐，啤酒产能增至 15 万吨/年，白沙系列啤酒品种有 30 余种。是年，湖南怡清源茶业有限公司在隆平高科技园成立，建立茶艺展示中心和茶叶精加工厂。湖南长沙娃哈哈饮料有限公司、湖南华狮啤酒有限公司，利税总额过 5000 万元；长沙娃哈哈长荣饮料有限公司，利税总额过 1000 万元；湖南长沙娃哈哈饮料有限公司、湖南中粮可口可乐饮料有限公司，进入全市高新技术企业前 50 名。

是年，长沙饮料制造业规模以上企业有 24 家，实现工业总产值 19.16 亿元，利税总额 3.33 亿元，与 2000 年相比，企业增加 14 家，总产值增长 1.48 倍，利税总额增长 1.03 倍。主要产品生产饮料酒 11.55 万吨，其中白酒 800 吨、啤酒 11.47 万吨；软饮料总产量 32.89 万吨，其中碳酸饮料 12.06 万吨、瓶（桶）装饮用水 18.68 万吨、含乳饮料 2.05 万吨；精制茶产量 2.60 万吨。

2005 年 4 月，长沙茶厂整体改制后，由企业员工和中国茶叶股份有限公司共同出资入股，成立湖南猴王茶业有限公司，资产总额 2 亿元，年加工和销售各类茶叶近 2 万吨。5 月，长沙县印山麻姑井黄酒酿造厂成立，生产糯米黄酒、果酒及谷酒。7 月，长沙引进百事可乐饮料有限公司（以下简称“长沙百事可乐”）食品饮料项目，投资 1.3 亿元，拥有 3 条碳酸饮料生产线和 1 条非碳酸饮料生产线，设计年产“百事可乐”“七喜”“美年达”“百事轻怡”等碳酸饮料及“果缤纷”“佳得乐”“冰纯水”等非碳酸饮料 3000 万标箱。是年，长沙娃哈哈有限公司在长沙经开区建成投产 3 家分公司，形成饮用水、营养快线等五大系列产品。

2006 年，湖南省茶业集团股份有限公司在隆平高科技园成立，集茶叶科研、种植、加工、销售、茶文化传播于一体，是一个专业制茶、全产业链经营的国家级农业产业化重点龙头企业；湘丰茶厂改制成立湖南湘丰茶业有限公司，斥巨资聘请国内外专家根据“湘丰”绿茶的品质特征，设计制造炒青绿茶全自动生产线和绿茶精制、包装生产线，产能大幅提高。11 月，湖南中商集团和浏阳河酒业公司斥巨资分 3 期建设浏阳河名酒城，打造中南地区最大白酒生产基地。

2007 年，长沙娃哈哈有限公司引进罐装食品和碳酸饮料生产线项目在长沙开工建设，总投资 2 亿元。怡清源茶业有限公司投巨资在安化县建立怡清源黑茶厂，集茶叶科研、茶园基地建设、茶叶加工、销售及茶文化传播于一体。

2008年3月，湖南旺顺食品科技有限公司在望城县成立，主要为全国500强企业华润集团合作生产怡宝牌纯净水，年产能2500万箱，产值约7亿元。6月，由比利时英博啤酒集团投资建设的英博雪津(湖南)啤酒有限公司（一期）投入试生产，设计年产百威牌、雪津牌系列啤酒10万吨，实现产值1.4亿元。是年，长沙饮料制造业有规模以上企业47家，全年实现总产值48.31亿元，利税总额9.08亿元，与2004年相比，企业数增加23家，总产值增长1.52倍，利税总额增长1.73倍。生产饮料酒1.16亿升，其中白酒886.3万升、啤酒1.06亿升；软饮料232.47万吨，其中碳酸饮料39.01万吨、瓶（桶）装饮用水193.46万吨、含乳饮料39.01万吨；精制茶产量5.22万吨。

2009年以后，长沙饮料制造业保持平稳发展。是年，湖南长沙美怡乐食品有限公司在宁乡经开区成立，注册资本4700万元，经营范围包括生产冷冻饮品（冰淇淋、雪糕、雪泥、冰棍、甜味冰、食用冰）。是年，制茶业受气候条件影响，茶园减产，精制茶产量徘徊在5万吨左右，但得益于省茶叶集团巨大生产规模，销售收入总额仍有增长。

2010年6月，湖南英博白沙啤酒有限公司更名为百威英博（湖南）啤酒有限公司，投资5亿元建设新厂，啤酒产能增至30万吨/年。长沙湘君茶业有限公司更名为湖南天天清茶业有限公司，生产规模扩大。长沙统一企业有限公司落户长沙沙坪，注册资本1700万美元，产品有茶系列、果汁系列、奶茶系列、雅哈咖啡系列饮品等；生产基地项目一期规划用地10.89公顷，投资5亿元，建设2条饮料线，二期规划用地11.26公顷，投资5500万美元，主要建设饮料（含方便面）生产线及相关配套设施，2011年11月饮料线建成投产，主营果汁及蔬菜汁饮料、茶饮料和其他软饮料的生产与销售，年产量2600万箱，产值4亿元。

是年，长沙娃哈哈有限公司所属6家分公司完成产值15.98亿元，居全市软饮料制造企业之首。是年，长沙饮料制造业有规模以上企业61家，当年实现总产值95.59亿元，利税总额17.29亿元，与2008年相比，企业数增加16家，总产值增长97.87%，利税总额增长90.29%。生产饮料酒3.41亿升，其中啤酒3.32亿升；软饮料232.47万吨，其中碳酸饮料39.01万吨、瓶（桶）装饮用水193.46万吨、含乳饮料39.01万吨。其中规模最大的湖南中粮可口可乐饮料有限公司产值8.07亿元，占27.49%；精制茶产量5.22万吨。

2011年，浏阳河酒业发展有限公司引进湖南高新创投集团、中金国际、上海宝聿等投资机构10亿余元战略资本，打造大型白酒生产基地浏阳河酿酒生态园，设计年产白酒10万吨。2012年9月，年产白酒3万吨的一期工程竣工投入试产。是年，规模以上企业统计范围由国有及年销售收入500万元以上企业变更为国有及年销售收入2000万元以上企业，长沙市饮料制造业有规模以上企业50家，当年实现工业总产值86.89亿元，利税总额12.12亿元。

2012年，长沙饮料酒制造业有规模以上企业16家，全年工业总产值实现10亿元，百威英博（湖南）啤酒有限公司产值6.54亿元，列全市饮料酒生产企业之首。软饮料制造业有规模以上企业17家。茶叶加工有规模以上企业22家，工业总产值突破50亿元，创历史新高。省茶业集团股份有限公司销售收入总额35.83亿元，高居榜首；湖南湘丰茶业有限公司销售收入总额7.80亿元，居第二位；湖南天天清茶业有限公司销售收入总额4.91亿元，居第三位。

是年，长沙饮料制造业有规模以上企业55家，全年工业总产值实现112.62亿元，利税总额12.59

亿元。与 2011 年相比，企业数增加 5 家，总产值增长 29.61%，利税总额增长，3.84%。主要产品产量：饮料酒 7543.3 万升，其中啤酒 6776.8 万升、白酒 591.8 万升；软饮料 207.2 万吨，冷冻饮品 7.73 万吨，精制茶 5.31 万吨。

表 17–5–2–1　　1988—2012 年长沙市饮料制造业规模以上企业经济指标一览表

年份	企业数(家)	从业人员(人)	总产值(万元)	固定资产净值(万元)	利税总额(万元)
1988	87	4972	9893	4176	1357
1989	73	5869	9769	4642	508
1990	70	5176	9820	4464	533
1991	64	4758	14359	9044	668
1992	49	—	23188	11025	1502
1993	33	—	30433	11815	1959
1994	41	4019	28459	9539	150
1995	60	—	37126	17819	–407
1996	46	—	38988	19200	1572
1997	49	4460	40738	18050	4520
1998	11	3092	33721	19444	2347
1999	12	3766	38568	17910	4947
2000	10	3495	77294	36994	16383
2001	12	3371	97812	42664	20165
2002	19	4200	107506	76843	16134
2003	22	5318	154464	72736	33405
2004	24	5942	191592	81965	33259
2005	34	5028	198149	79328	19532
2006	41	6065	284895	93709	45817
2007	45	6816	370883	113757	55668
2008	47	8231	483106	—	90840
2009	58	9614	705651	—	137378
2010	61	10642	955925	259360	172857
2011	50	10600	868944	214552	121236
2012	55	12239	1126245	274992	125893

说明：1988—1996 年为利润总额

二、产品质量

1988年，长沙饮料制造企业生产的品种有饮料酒、软饮料、制茶业三类。其中，饮料酒品种主要有白酒、啤酒和葡萄酒。长沙酒厂的白沙牌低度白沙液和白沙液酒、浏阳县酒厂的浏阳河牌低度浏阳小曲和浏阳河小曲酒、宁乡县酿酒厂的花明楼牌甜红葡萄酒、长沙啤酒厂的白沙井牌12度淡色啤酒，被评为“省优”产品。全市软饮料生产仅有2家国有企业，即市饮料厂和市天然果汁饮料厂。品种主要有刺梨、橘子、葡萄等水果原汁，汽水、白沙可乐等碳酸饮料，冰淇淋、绿豆沙等冷冻饮品，以及矿泉水、纯净水等。制茶业主要有红碎茶、绿茶、茉莉花茶、乌龙减肥茶4类，产品获得“国优”银质奖1项（长沙县金井茶厂的红碎茶一号）。长沙茶厂主攻茉莉花茶，把选择茶胚的方向定在湘南、湘西的大山区，在桑植县五道水高山区找到蛋白质、氨基酸含量较高，无农药残毒、色泽乌润、香高叶浓的优质茶，接着又在长沙县㮾梨镇建起优质茉莉花供应基地，并摸索总结出一套该厂独有的茉莉花茶窨制工艺，产品名声大振，当年实现销售收入4443万元，净盈利126万元。宁乡县酒厂的花明楼牌甜红葡萄酒，被评为“省优”产品。

1989年，长沙酒厂的白沙牌白沙液（大曲酒，兼香型54度）、浏阳县酒厂的浏阳河牌浏阳河小曲酒(米香型，57度、50度、38度)，获“国优”银质奖产品，是长沙饮料酒产品获得的最高质量荣誉。长沙高果糖厂的咖啡饮露、长沙酒厂的白沙可乐、长沙天然果汁饮料厂的云麓牌刺梨汽水，被评为“省优”产品。长沙茶厂生产的猴王牌一级茉莉花茶，获国家银牌奖、外贸部出口优质产品奖。

1990年，宁乡县酿酒厂的花明楼牌半甜红葡萄酒被评为“省优”产品。长沙县金井茶厂的红碎茶一号，再次获“国优”产品银质奖；湖南省网岭园艺场的天心阁牌茉莉花茶，被评为“部优”产品；长沙县茶叶公司花茶厂的花王牌一级茉莉花茶，被评为“省优”产品。

进入20世纪90年代，市场竞争更加激烈，长沙饮料制造企业通过推行现代化管理，开发适合市场需要的新产品，并利用临街、临路、临广场的地段形成商业网点，扩大产品销售。

1991年，长沙啤酒厂开发的新产品白沙干啤，采用优质进口麦芽为原料，高发酵度优良酵母，香型酒花精酿而成，翌年又推出高档产品白沙扎啤，受到消费者欢迎和喜爱。长沙酒厂依托“白沙液酒”这一名牌，开发新的产品品种，在“国优”银奖产品54度白沙液酒基础上，又开发生产54度特级、46度、39度白沙液酒，还推出高档“豪园”白酒、54度和28度“海盗”酒、“利口利福”开胃白酒和开胃啤酒等新产品。长沙酒厂的白沙液酒、浏阳酒厂的浏阳河牌浏阳河小曲，被评为“省优”产品。

1994年，“白沙液酒”在香港国际博览会上获特别金奖，在德国慕尼黑国际酒类博览会上获金奖。是年，“白沙液酒”产量达1992吨，创历史最高纪录。长沙高果糖厂的咖啡饮露、市天然果汁饮料厂的云麓牌刺梨汽水，被评为“省优”产品。长沙茶厂的猴王牌一级茉莉花茶，被评为湖南名牌产品。

1995年，国家重新修订并颁发《食品标签通用标准》，长沙啤酒厂所产白沙系列啤酒，全部贴上经国家技术监督局确认并颁发证书的国际标准标签，是湖南省食品行业首家使用ISO采标标志的企业。10月，长沙旺旺食品有限公司饮料厂建成投产，拥有奶茶、凉茶、冰红茶、冰绿茶、苹果汽水、冰淇淋汽水等品种，改善长沙软饮料制造业的品种结构。

1996年始，长沙饮料制造业在新产品开发、质量认证、争创名牌等方面不断取得新成绩。湖南金狮啤酒公司的白沙井牌系列啤酒、长沙白沙液酒厂的白沙牌白沙液酒，湖南怡清源茶业有限公司除生产绿茶、花茶外，新增乌龙茶、黑茶等品种。省农垦茶厂的雄狮牌茉莉花茶，被评为湖南名牌产品。1997年，长沙茶厂的猴王牌茉莉花茶和凤嘴牌茉莉花茶，双双获得国家绿色食品认证，翌年茉莉花茶全部被认定为湖南名牌产品。

1999 年，浏阳市酒厂改制成立浏阳市名河酒业有限责任公司，开发生产浏阳河牌三星酒、柔和 50 年名河酒等新品种。长沙茶厂开发生产速溶茶、冰茶等新产品，该厂以及省农垦茶厂按照 ISO9000 标准，制定 ISO9000 质量管理和质量保证体系，并通过国家认证机关的认证，成为国内首批通过 ISO9000 标准认证的茶叶加工企业；省茶叶果品总公司大自然牌茉莉花茶，获省优产品质量奖。

2000 年，湘丰茶厂被确定为中国科学院有机茶示范基地，“湘丰”绿茶获国家颁发的“绿色食品证书”。5 月，湖南吉公酒业饮料有限公司成立，专业生产国公酒、鹿龟酒、人参酒、十全大补酒、风湿酒、三蛇酒、天麻酒、海马龟蛇酒、枸杞酒等药酒和保健酒。6 月，湖南大旺食品有限公司饮料厂建成投产，生产奶茶、凉茶、冰红茶、冰绿茶、苹果汽水、冰淇淋汽水等。8 月，《湖南省酒类管理办法》发布实施，长沙市成立市酒类产销管理办公室，与市食品行业管理办公室合署办公，加强对全市酒类生产经营的监督检查。是年，湖南金狮啤酒有限公司为适应市场需求，开发生产适合高消费群体的白沙牌纯生王啤酒、适合低醇化口味消费者群体的白沙牌金世纪啤酒、黑米啤酒等新产品，在激烈的市场竞争中赢得广大消费者喜爱。长沙茶厂投资 1500 万元从日本和美国引进全自动称量包装设备，建成智能控制，集茶叶拼配、除杂、称量、包装于一体的立体式全封闭加工生产线，改变茶叶靠手工称量、包装历史，提高产品科技含量和品牌形象。

2001 年，湖南华狮啤酒有限公司开发出新产品黑米啤酒；长沙啤酒厂开发出新产品力源绿啤和白沙液特曲。湖南中粮可口可乐饮料有限公司在长沙经济技术开发区兴建，拥有省内最大规模瓶装饮料生产线，也是省内现代化程度最高的软饮料生产合资企业，产品品种主要有可口可乐、雪碧、芬达、健怡可乐、醒目（多口味）等瓶装碳酸型汽水；果汁型饮料“酷儿”，纯净水“水森活”，茶饮料“雀巢”等瓶装非碳酸型饮料。

2001 年和 2002 年，湖南绿晨乳业有限公司、湖南中粮可口可乐饮料有限公司先后建成投产，为长沙软饮料增添可乐、雪碧、芬达系列碳酸饮料，草莓、荔枝、橙子系列饮料，醒目（多口味）汽水、雀巢茶等新品种。长沙域内先后有湖南鸿大茶叶有限公司、长沙沩山茶业有限公司、湖南浏阳河银峰茶业有限公司、湖南湘丰茶业有限公司等规模较大、技术先进的制茶企业成立，开发生产一批高档茶叶新品种。其中产销量较大的有湘丰牌绿茶，浏阳河牌碧螺春、银峰、绿茶、低氟砖茶，金鼎山牌银毫、乌龙茶、珠茶，怡清源牌辅助降血脂茶、通便茶等。产品多以绿色环保生态为理念，采用一流设备和技术进行生产，均通过 ISO9001 质量体系认证，并且具有绿色食品标志。

2002 年，湘丰茶厂“湘丰”绿茶通过 ISO9001 国际质量管理体系认证。浏阳市名河酒厂名河牌系列白酒通过 ISO9001-2000 国际质量体系认证，并被评为湖南名牌产品，公司生产的名河牌系列白沙酒，获湖南省质量奖产品。省农垦茶厂的雄狮牌茉莉花茶系列，获评湖南名牌产品；金井茶厂的产品获得瑞士生态市场研究所（IMO）有机茶认证证书，产品质量全面达到欧盟标准，开始出口到欧盟、美国和日本。望城县龙王茶叶有限公司生产的“云游”毛尖茶，获湖南省第七届湘茶杯金奖。湖南长沙湘君茶业有限公司生产的“天天清大茶”被卫生部批准为保健食品，为国内唯一批准具有护肝和通便双重功效的保健茶。

2003 年，建成投产的长沙鸿溢水业科技有限公司分别从美国、奥地利引进水质处理设备和 DDN 活化系统，水源取自大山深处，生产过程实现全封闭式自动化。湘丰茶厂的“湘丰”绿茶通过“有机茶认证”。2004 年 8 月，青岛啤酒（长沙）有限公司在宁乡经开区建成投产，长沙啤酒品种新增青岛牌欢动优质2000啤酒、山水啤酒等。是年，长沙县长春茶厂的金鼎山牌系列、湖南鸿大茶叶有限公司的高桥牌银毫茶叶，被认定为湖南名牌产品。5月，湘丰茶厂与中科院亚热带研究所、长沙县人民政府签订合作，建立“中国科学院亚热带农业生态研究所农业环境与农产品安全（湘丰）试验站”，走上“院—县—企”合作之路，成为中科院农业高新技术展示平台和试验示范基地。11月，“湘丰”商标被评为湖南省著名商标。

2005年，长沙县印山麻姑井黄酒酿造厂成立，开发生产糯米黄酒，品种有黄中王、黄中玉、黄中乐、黄中梅4种。浏阳河酒业有限公司的白酒商标“浏阳河及图”，燕京啤酒（长沙）有限公司生产的“燕京”牌啤酒，被评为中国驰名商标；湖南华狮啤酒有限公司的白沙井牌系列啤酒，被评为湖南名牌产品。2月，长沙天冰冷饮有限公司通过湖南省冷饮行业QS认证；2006年12月，该公司的雪帝牌冰淇淋商标被评为湖南省著名商标。

是年9月，湘丰牌白露毛尖获“第三届中国国际茶叶博览会金奖”。长沙百事可乐饮料有限公司开发生产新品种有百事可乐、七喜、美年达、百事轻怡等碳酸饮料，果缤纷、佳得乐等果汁饮料，以及冰纯水等。长沙县金井茶厂的金井牌绿茶，湖南怡清源茶业有限公司的怡清源牌毛尖、绿茶和花茶，长沙县金井镇湘丰茶厂的富甲牌绿茶、红碎茶，被评为湖南名牌产品。同年，湖南猴王茶业有限公司，在全省首家获得食品质量标准（QS）认证茶叶加工企业，并两年后获得食品安全管理体系认证（HACCP）。2007年12月，怡清源茶业“怡清源”商标被认定为“中国驰名商标”。

2008年7月，百威英博（湖南）啤酒有限公司扩建投产后，开发出哈尔滨牌系列啤酒、雪津牌系列啤酒。是年，长沙湘君茶业有限公司的新产品天天清凉茶批量投放市场；长沙县金井茶厂的金井JINJINGPAI及图，被认定为中国驰名商标。湖南金农生物资源股份有限公司的茶叶功能成分提制新技术及产业化项目，获国家科技进步二等奖。

2009年，湖南省茶业集团股份有限公司的君山JUNSHAN及图，被认定为中国驰名商标。2010年，宁乡亮之星米业有限公司与台湾高粱酒业集团合作，开始生产台湾高粱酒。湖南猴王茶业有限公司的“猴王”商标，被认定为中国驰名商标。

2011年，湖南湘丰茶业有限公司的“湘丰金典绿茶”商标及图形、湘益XIANGYI及图，湖南省茶业集团股份有限公司的古丈毛尖及图，被评为中国驰名商标；浏阳河银峰茶业公司的“淳箭”商标，被认定为湖南省著名商标。长沙统一企业有限公司一期工程竣工投产后，开发生产多款果汁、蔬菜汁饮料，有鲜橙多、蜜桃多、葡萄多、芒果多等不同口味及不同规格、不同包装形式的品种。

2012年，长沙生产的饮料酒产品主要有白酒、啤酒、黄酒、果酒、药酒5大类60余种，质量良好。湖南湘丰茶业有限公司的湘益XIANGYI及图，被评为中国驰名商标。是年，《中国茶叶企业产品品牌价值排行榜》发布的数据显示：长沙精制茶产品品牌价值在8亿元以上，湖南猴王茶业有限公司的“猴王”品牌价值5.19亿元，列第八位；湖南怡清源茶业有限公司的“怡清源”品牌价值1.56亿元，列第四十五位。

至2012年的25年间，全市饮料制造业获中国驰名商标9个、省著名商标3个，“国优”产品银质奖5个、国家科技进步二等奖1个，部优质产品奖1个、省优质产品奖17个、省名牌产品奖18个。

企业选介

（一）湖南湘丰茶业有限公司。其前身为创建于1978年的乡镇企业长沙县脱甲茶厂，依托当地资源加工生产绿茶。由于经营管理不善，产品销售不畅，到1995年累计亏损80万元，企业濒临倒闭。1996年，青年企业家汤宇承包该厂，企业更名为长沙县金井镇湘丰茶厂，有职工百余人，主要生产绿茶。在厂长汤宇的带领下，经过几年努力，企业逐步转危为安并得到发展。1999年，湘丰茶厂实施“两个置换”改革，汤宇等人出资买断工厂产权，开始发展绿色有机茶种植与加工，至2000年，发展茶园2200亩，承包茶园2000亩，茶叶种植基地辐射长沙县金井、双江、白沙等8个乡镇以及浏阳、汨罗、平江3县12个乡镇，带动近5万农户种茶增收。湘丰茶厂被确定为中国科学院有机茶示范基地，“湘丰”绿茶获国家颁发的“绿色食品证书”。2002年，“湘丰”绿茶通过ISO9001国际质量管理体系认证。2003年，“湘丰”绿茶通过“有机茶认证”，并成立长沙湘丰金薯食品有限公司，发展多种经营。2004年4月，收购长沙县金井粮油实业有限公司，成立长沙湘丰星香粮油购销有限公司；5月，湘丰茶厂与中科院亚热带研究所、长沙县人民政府签订合作，建立“中国科学院亚热带农业生态研究所农业环境与农产品安全（湘丰）试验站”，走上“院—县—企”合作之路，成为中科院农业高新技术展示平台和试验示范基地；11月，“湘丰”商标被评为湖南省著名商标。2005年，湘丰茶厂首次实现产值过亿元。2006年3月实行股份制改造，注册成立湖南湘丰茶业有限公司，汤宇任董事长。是年9月，湘丰牌白露毛尖获由商务部外贸发展事务局、中国土产畜产进出口总公司等单位举办的“第三届中国国际茶叶博览会金奖”。2007年，公司斥巨资聘请国内外专家根据“湘丰绿茶”的品质特征，设计制造全国首条炒青绿茶全自动生产线和绿茶精制、包装生产线。2008年，公司收购长沙县博旺机械厂，成立湘丰茶叶机械有限公司。经过多年的努力，“湘丰茶业”发展成为拥有茶业、薯业、米业、奶牛养殖业四大门类，资产总额5000万余元的企业集团。“湘丰绿茶”以其香高、味醇、色绿、形美的特色畅销国内外，多次获得国内、国际大奖。企业和汤宇本人，也多次获得国家和省、市、县多项荣誉和奖励。2010年，公司实现营业收入总额3.50亿元、利税总额3800万元，董事长汤宇获评“全国劳动模范”。2011年，“湘丰金典绿茶”及图形，被评为中国驰名商标。2012年末，“湘丰茶业”有员工1100余人，茶园基地20万亩，全年精制茶产量2万余吨，产值7.80亿元，出口创汇1000万余元美元。

（二）湖南中粮可口可乐饮料有限公司。始建于2001年6月，由中粮可口可乐饮料有限公司投资兴建，坐落于长沙经济技术开发区，占地面积7公顷，初期总投资2000万美元（约合人民币1.66亿元），后续追加生产和设备投资3.8亿元人民币。主要设备从德国引进，拥有省内最大规模瓶装饮料生产线，也是省内现代化程度最高的软饮料生产合资企业。软饮料总产能1.02亿标准箱/年。产品品种主要有可口可乐、雪碧、芬达、健怡可乐、醒目（多口味）等瓶装碳酸型汽水；果汁型饮料“酷儿”，纯净水“水森活”，茶饮料“雀巢”等瓶装非碳酸型饮料。2008年年末，从业人员1200余人，全年实现销售收入8.07亿元，上缴税金4704万元。2012年年末，有从业人员1500人，全年实现销售收入16.73亿元，与2008年相比增长107.31%。

第三节 其他食品加工业

一、生产规模

1988年，长沙市其他食品加工业乳制品生产有市乳品罐头厂（又名市牛奶公司）1家，生产宾佳乐牌全脂奶粉和酸奶，生产乳制品722吨，实现产值968万元；调味品发酵食品制造业有规模以上企业30

家，实现工业总产值3026万元。全年生产酱油6520吨、酱腌菜1662吨；糖果、糕点、罐头等规模以上企业59家，实现工业总产值6821万元，主要产品罐头生产2451吨。规模最大的是市糖果饼干厂，从业人员415人，各种产品总产量669吨，创产值141.3万元。

1989年，全市食品制造业生产有所发展，但由于企业规模普遍偏小，产品竞争能力不强，个别国有企业投资不准，产品滞销，生产经营出现困难。为改变行业竞争能力不强局面，10月，国家投资建设的长沙酱油厂新厂竣工投产，设计年产酱油6000吨，是中南5省酱油生产样板企业，集生产、科研、检测于一体。

1990年起，受市场供求关系变化、原料来源出现困难等因素影响，全市食品制造业生产呈逐年下降趋势。是年7月，市糖果饼干厂耗资250万元，从意大利引进饼干生产线，新增产能3500吨/年，技术水平达到国内一流。12月，长沙高果糖厂建成投产，主要生产设备和工艺技术从比利时和美国引进，以玉米为原料生产高果糖，设计年产F–42果糖2万吨、F–55果糖1.85万吨、食用淀粉1万吨、精玉米油1500吨、玉米蛋白粉3500吨。

1991年，长沙县罐头厂在生产中实行“三严”（原料严格把关、加工严格操作、包装严格标准）质量管理制度，生产出口蘑菇罐头2700吨，创产值1870万元、利税50万元，分别比上年增长59.1%、83.3%和11%；创汇300万美元，被市政府授予出口创汇先进单位称号。

1992年，投产6年的国有企业长沙巧克力食品厂，因产品销路不畅、连年亏损，被迫停产。是年7月，台湾旺旺食品集团公司与湖南华湘进出口集团公司签订合作协议，在望城县城关镇创办大型企业湖南旺旺食品有限公司，投资600万美元开始建厂，引进国外和台湾地区高科技食品加工设备，以大米为原料生产米果、豆果等膨化食品和休闲食品，成为长沙域内该行业首个规模较大的台资企业。市乳品罐头厂进行技术改造，新增一条奶粉生产线，1993年投产。

1993年3月，台资企业长沙罗莎系列糕点厂（后改名为罗莎食品有限公司）成立，拥有国际上20世纪90年代最先进的糕点设备和制造技术，主营国际流行口味的蛋糕、面包、西点、月饼、粽类、糖果、饮品等。是年，国有企业长沙酱厂因生产经营不景气，连年亏损，资不抵债，被迫停产，12月被湖南造漆厂有偿兼并。

1994年1月，湖南旺旺食品公司一期工程米果厂建成投产，创产值2.54亿元、利税总额1.20亿元，是市域内首家产值、利税双过亿的非国有食品生产企业。是年，投产不久的长沙高果糖厂遇到产品销路难以拓展的问题，向知名饮料生产企业推介果糖，企业因担心成本升高、产品口感变化谢绝，加上果糖出口无优势，产品销售受阻，陷入生产越多亏损越多困境，被迫停产。是年，长沙市其他食品加工业有规模以上企业87家，实现工业总产值6.73亿元，利润1.05亿元。主要产品产量：糖果418吨、糕点2406吨、罐头2425吨。

1995年，由于本地畜牧业落后，奶源不足，乳制品加工业生产发展缓慢，长沙乳制品年产量只有1000吨。是年，规模以上企业统计范围由独立核算企业变更为乡及乡以上独立核算企业，长沙市其他食品加工业有规模以上企业62家，实现工业总产值2.89亿元，利润–486万元。全市酱油产量1900吨，仅为生产能力的两成左右。湖南旺旺食品公司二期工程豆果厂建成投产，实现产值6.70亿元，利税总额3.09亿元，跻身全国“三资”（中外合资经营企业、中外合作经营企业、外商独资经营企业）企业100强。在“旺旺”“罗莎”等非国有企业快速发展的同时，国有企业市食品一厂、长沙高果糖厂因历史包袱沉重、产品销路不畅、亏损严重等原因，1996年后停产。

1996年8月，港资企业加加酱业（长沙）有限公司（后改名为加加食品集团股份有限公司）在宁乡经开区成立，注册资本11.52亿元，专业生产加加牌系列酱油、食醋、味精、鸡精、调味料等，设备一流，技术先进，是一家集研发、生产、营销于一体的大型调味品企业，年产能10万吨，以后又增资扩建，实现产能翻番。9月，长沙旺旺饮料厂建成投产，产品产量为9865吨，产值5.60亿元，利税总额2.13亿元，其中利润1.66亿元。

1997年始，长沙食品制造业生产小有发展。湖南华越食品有限公司成立，注册资金500万元，主要生产经营华越牌风味豆豉系列和华越满堂红牌酱腌菜系列食品，畅销全国各地。12月，长沙旺旺包装厂建成投产。至此，湖南旺旺食品公司拥有米果生产线2条、豆果生产线3条、饮料生产线2条、休闲食品线2条、吸吸冻生产线4条、利乐包生产线4条，包装生产线1条，旺旺、旺仔、浪味、珍旺、老翁5大系列20余个品种的产品行销全国，部分产品出口到东南亚地区，深得消费者好评。

是年，长沙市其他食品加工业有规模以上企业77家，全年实现工业总产值7.45亿元，利税总额1.75亿元。与1995年相比，企业增加15家，工业总产值增长1.58倍，经济效益大幅提高，并实现扭亏增盈。

1998年，市乳品罐头厂为谋求新发展，改制为市宾佳乐乳业有限公司，但因受制于奶源不足，规模难以扩展。湖南旺旺食品公司创总产值5.2亿元，上缴税金4474万元，获评为“全国高科技百强企业”和“中国500家最大外商投资企业”。农业产业化龙头企业长沙惠龙食品有限公司在长沙县金井镇成立，主要生产糕点类和炒货类产品。是年，规模以上企业统计范围由乡及乡以上独立核算企业变更为国有及年销售收入500万元以上企业。长沙市其他食品加工业有规模以上企业22家，当年实现工业总产值7.36亿元，利税总额1.18亿元。

1999年3月，长沙仁仔下饭菜食品有限公司在雨花区跳马镇成立，注册资金700万元，主营仁仔牌豆制品、酱腌菜、畜禽鱼类腊味食品的生产与销售；湖南台杰食品有限公司在望城县成立，主要生产月饼馅料和巧克力，年总产能1万吨。

2000年6月，湖南大旺食品有限公司成立。至此，台湾旺旺集团在长沙拥有3家全资子公司，资产总额9070万美元，成为长沙最大的食品生产企业。是年，长沙市其他食品加工业有规模以上企业25家，实现工业总产值7.72亿元，利税总额1.08亿元。与1998年相比，企业增加3家，工业总产值增长3.62%，利税总额下降8.60%。全市生产糕点481.57吨、乳制品842吨。

进入21世纪，长沙乳制品生产出现转机，发展速度显著加快。

2001年，长沙华日生化实业有限公司建成投产，设计年产食品赖氨酸3000吨。3月，国有南山牧场改制后成立湖南南山食品有限公司落户捞刀河镇，拥有3个控股子公司和3个分公司，注册资本3500万元，成为全市规模最大的乳制品企业，主要生产奶粉和葡萄糖。6月，湖南绿晨乳业有限公司在长沙经开区成立，注册资本200万元，主要经营牛奶制品、豆奶制品及糕点生产与销售。9月，投资3000万元的湖南派派食品有限公司的食品工业基地在望城建成投产，年生产液态奶517.7吨，该公司与上海光明乳业股份有限公司合资成立湖南光明派派乳品有限公司，主营派派鲜奶、酸奶等乳制品及豆制品的加工生产与销售，2002年发展成为湖南较大的液态奶生产加工企业，年总产1708吨，创产值5049万元。湖南亚林食品有限公司成立，主要生产和销售亚林牌瓜子、花生、青豆、玉米等焙炒食品，注册资本5000万元。占地3.33公顷；湖南省人人家味业有限公司成立，工商注册资金800万元，主要生产和销售沙琪玛、蛋卷、饼干、芝麻糊、营养麦片、豆奶粉等产品。

2002 年，长沙玉和醋厂改制后成立长沙玉和酿造有限公司，迁址长沙县榔梨镇，斥资 1000 余万元，建成占地面积 3.53 公顷生产基地，设计年产玉和牌白醋 5000 吨。

2003 年 1 月，湖南嗑得响食品有限公司在浏阳生物医药工业园成立，注册资本 601 万元，专业从事葵花籽、南瓜子、西瓜子、蚕豆、花生、玉米、红薯等炒货食品的生产与销售。9 月，由澳大利亚澳优乳品有限公司、长沙新大新集团有限公司共同投资，在长沙设立澳优乳业（中国）有限公司，位于长沙望城高科技食品工业园，占地面积 10 公顷，主营婴幼儿配方奶粉及辅食的研发、生产与销售，注册资本 6863.38 万元。10 月，湖南亚华种业股份有限公司收购长沙市宾佳乐乳业有限公司，成立湖南亚华乳业有限公司，投资 1 亿元进行一期工程扩建，集乳制品生产、加工、销售、科研于一体，拥有“南山”“宾佳乐”两大品牌系列乳制品，年产值 5 亿元。湖南大旺食品有限公司，利税总额过 5000 万元；长沙旺旺食品有限公司，利税总额过 1000 万元；湖南大旺食品有限公司、长沙旺旺食品有限公司、湖南旺旺食品有限公司、湖南中粮可口可乐饮料有限公司、湖南沐林现代食品有限公司，进入全市高新技术企业前 50 名。

是年，长沙市其他食品加工业有规模以上企业 27 家，当年实现工业总产值 14.50 亿元，利税总额 7812 万元。与 2000 年相比，企业增加 2 家，工业总产值增长 87.82%，利税总额下降 37.95%。全市生产糕点 7.64 万吨、饼干 2.52 万吨、膨化食品 6256 吨、焙烤咸脆食品 6760 吨、糖果 2.02 万吨、巧克力 2.86 万吨、罐头 3205 吨、方便食品 8424 吨、乳制品 2.21 万吨、酱油 4.17 万吨、味精 5455 吨。

2005 年，由香港盐津铺子（国际）食品有限公司投资设立的湖南盐津铺子食品有限公司在浏阳经济技术开发区建成投产，注册资本 9300 万元，主要生产和销售盐津铺子牌和满口香牌凉果蜜饯、风味豆干、糕点等高档时尚健康的休闲系列食品。12 月，长沙娃哈哈乳品有限公司成立，主营含乳饮品、植物蛋白饮料的制造与销售。

是年，湖南旺旺食品有限公司和加加集团进入全市工业销售收入 20 强；湖南旺旺食品有限公司利税总额过亿元；长沙娃哈哈食品有限公司、湖南南山食品有限公司等 4 家企业，利税总额过 1000 万元；湖南旺旺食品有限公司、湖南大旺食品有限公司、湖南亚华乳业有限公司，进入全市高新技术企业前 50名。

2006 年，湖南亚华乳业有限公司乳制品销售收入突破 15 亿元，其奶粉产量占湖南省奶粉行业的 70%以上，列全国乳制品加工业销售收入前五强。是年 6 月，湖南湖湘贡食品有限公司在望城县成立，主要生产经营蛋、肉、豆等小包装休闲食品，年产值 5000 万余元。

2007 年，为使中国传统特产浏阳豆豉的生产改变脏、乱、差现状，长沙市对有一定规模的企业帮扶整改，关停不具备生产条件的小作坊。经过整合，浏阳豆豉生产企业由未正式纳入生产许可证管理以前的 42 家，整合为 12 家，整个行业的生产经营逐步走向规范化，年产值 4000 万元。是年 3 月，长沙娃哈哈恒枫食品有限公司成立，主要生产八宝粥罐头及其他果汁罐头。9 月，省内最大乳制品生产基地在开福区开工建设，该项目属湖南南山食品有限公司所有，总投资 1.99 亿元，设计年产各类乳制品 10 万吨。

2008 年，湖南亚林食品有限公司在长沙经济技术开发区榔梨工业园新建的厂房、仓库竣工，形成日加工焙炒坚果 170 吨能力。

是年，长沙市其他食品加工业有规模以上企业 59 家，全年实现工业总产值 59.42 亿元，利税总额 6.29 亿元。与 2004 年相比，企业与经济效益大幅增长，其中：企业增加 32 家，工业总产值增长 3.1 倍，利税总额增长 7.05 倍。全市主要产品产量：糕点 923.4 吨、膨化食品 1.03 万吨、焙炒坚果及果仁 99.40 万吨、水果罐头 2305 吨，方便食品 1.67 万吨，酱油 9913 吨、复合调味品 213.54 万吨。

2009 年以后，长沙食品制造业发展速度加快。是年，湖南亚林食品有限公司焙炒坚果产量 5000 吨，创销售收入 9500 万元；长沙惠龙食品有限公司新建厂房面积 1.20 万平方米，扩大糕点类、炒货类食品生产能力；长沙福满多食品有限公司生产稳定发展，年产值上升至 1.5 亿元。加加食品集团股份有限公司通过实施大规模资产扩张，发展成为拥有长沙加加食品有限公司、盘中餐粮油食品（长沙）有限公司、郑州加加味业有限公司、加加食品集团（阆中）有限公司 4 家全资子公司，总资产 18.6 亿元的大型食品制造企业，引领调味品发酵食品制造业快速发展。8 月，湖南南山食品有限公司开福区生产基地建成投产，设计年产特色奶粉 10 万吨，至此，该公司拥有“南仔”“子怡”“名健”3 个奶粉品牌，成为省内规模最大的乳制品生产企业，产品销售网络遍布全国 10 余个省份，2010 年销售额 1.3 亿元，实现利润 1200 万元。

2010 年，长沙牙痒痒食品有限公司在望城县成立，资产总额 4500 万元，主要生产加工豆制品、东江鱼、蜜饯、炒货等休闲食品。10 月 8 日，由望城高科技食品工业园区自主培育的首家上市公司澳优乳业在香港联合交易所上市。

是年，长沙市其他食品加工业有规模以上企业 64 家，实现工业总产值 94.65 亿元，利税总额 15.51 亿元。与 2008 年相比，企业增加 5 家，工业总产值增长 59.30，利税总额增长 1.47 倍。全年生产乳制品 5.11 万吨、酱油 2.21 万吨、糕点 2979 吨。

2011 年 5 月，湖南亚华乳业有限公司二期工程竣工投产，设计年产包装配方奶粉 5 万吨，总投资 1.68 亿元。长沙洽洽食品有限公司在宁乡经开区成立，注册资本 3.4 亿元，经营范围包括水果和坚果、饼干及其他焙烤食品制造、食品添加剂制造。7 月，湖南盐津铺子食品有限公司投资 5000 万元，建设国内技术水平最高的豆制品生产线竣工投产，其休闲食品营销网络遍布全国各地，产品销售收入逾 4 亿元，利税总额 6000 余万元。“澳优乳业”出资 1600 万欧元收购荷兰海普诺凯乳业集团 51%股份，成为荷兰第二大奶粉生产加工商和最大有机奶粉生产商。

是年，规模以上企业统计范围由国有及年销售收入 500 万元以上企业变更为国有及年销售收入 2000 万元以上企业，长沙市其他食品加工业有规模以上企业 55 家，实现工业总产值 116.43 亿元，利税总额 15.88 亿元。

2012 年，加加食品集团股份有限公司获准面向社会公开发行股票 4000 万股，首募资金 12 亿元，1 月，在深圳证券交易所中小板挂牌上市，被誉为“国内酱油第一股”，公司实现产值 16.72 亿元，利税总额 3.5 亿元，综合经济实力居国内调味品发酵食品制造业前列。

湖南欧比佳营养食品有限公司投资 1.2 亿元，征地 8 公顷在望城经济技术开发区建设生产基地，生产高端婴幼儿食品，年生产能力 20 亿元。湖南旺旺食品公司新增投资 20 亿元，新增土地 57 公顷新建产区，年生产能力 60 亿元。罗莎食品有限公司斥资 1000 万元新建的蛋糕厂在望城区工业园竣工投产，生产能力大幅提升，“罗莎蛋糕”发展至湖南、四川、湖北、江西、云南等省 16 个大中城市，拥有 200 余家连锁店。8 月，长沙统一企业有限公司方便面线建成投产。加加食品集团股份有限公司产值 16.72 亿元，居全市调味品发酵食品制造企业之首；澳优乳业（中国）有限公司以营业收入 13.51 亿元、利润 3.26 亿元的业绩，居长沙乳制品生产企业之首。旺旺集团湖南总厂创产值 11.84 亿元，居本行业企业之首；湖南亚林食品有限公司焙炒坚果产量突破 2 万吨，实现销售收入近 4 亿元，进一步确立其全国炒货行业排名前三的地位。

是年，长沙市其他食品加工业有规模以上企业 61 家，实现工业总产值 127.32 亿元，利税总额 17.42 亿元。与 2011 年相比，企业增加 6 家，工业总产值增长 9.4%，利税总额增长 9.8%。主要生产糕点 4.01 万吨，乳制品 9.03 万吨，调味品 3.75 万吨，罐头 2.53 万吨，保健食品 2350 吨。

表17-5-3-1　　1993—2012 年长沙市其他食品加工业规模以上企业经济指标一览表

年份	企业数（家）	从业人员（人）	总产值（万元）	固定资产净值（万元）	利税总额（万元）
1993	59	—	29086	11819	1086
1994	87	7577	67264	23035	10529
1995	62	—	28927	12918	-486
1996	58	—	84480	32396	19156
1997	77	9413	74488	43163	17453
1998	22	6273	73593	29087	11792
1999	20	4840	93413	50997	19587
2000	25	4682	77186	32485	10777
2001	23	5066	86793	34418	9005
2002	23	5405	89294	33561	9689
2003	24	5570	76930	39494	4774
2004	27	4898	144970	41803	7812
2005	55	12400	376643	69261	26614
2006	57	9472	506674	60438	88986
2007	58	9576	568566	72201	100721
2008	59	9318	594154	—	62865
2009	66	11105	793481	—	148739
2010	64	12422	946503	173915	155080
2011	55	12700	1164271	174763	158754
2012	61	14908	1273187	210162	174223

说明：1993—1996 年为利润总额

二、产品质量

1988 年，长沙食品制造业生产的产品有乳制品、调味品发酵食品、糖果（糕点、罐头）3 类。其中，乳制品品种有袋装全脂奶粉、瓶装鲜牛奶和酸奶，质量符合国家标准；调味品发酵食品有酱油、食醋、豆豉、味精、酱腌菜等；糖果、糕点、罐头及其他食品品种较多，糖果有蜡纸硬糖、花生糖、水果糖、话梅糖、巧克力酥心糖、圆柱形奶糖、麻仁奶糖、高粱饴、薄荷糖和巧克力等；糕点分本式、广式两大类，本式品种有蛋饼、法饼、回饼、麻花、蛋糕、交切、寸金、麻枣、雪枣、酥糖、元宵、粽子和月饼，广式品种有广月饼、广桃酥和广蛋卷等；时令食品有云片糕、清凉糕、薄荷糕、灯芯糕、绿豆糕、玉露霜等；蜜饯品种有红绿丝、冬瓜糖、糖姜片、乔饼、话梅、金橘饼等；罐头品种有：橘子罐头和蘑菇罐头；食糖品种有白砂糖、红糖、片糖、饴糖等。

是年，本地奶源不足，市乳品罐头厂的乳制品生产只能维持现状，品种只有 3 个。长沙调味品制造业有 8 家国有企业，主要品种酱油和食醋仍以散装为主，瓶装的很少；豆豉、味精则普遍采用纸质小包装；酱腌菜开始采用复合塑料真空包装，形成系列小品种，从根本上改变酱腌菜用大坛包装传统局面，并为酱腌菜向低盐、低糖、高档方面发展开辟一条新路。长沙市糖果、糕点、罐头等食品制造业有国有企业 22 家。

全年实现产品销售收入 4359 万元、利润总额 191 万元。市食品一厂金鸟牌奶油话梅糖、奶油咖啡糖、巧克力酥心糖和麻仁奶糖，市调料酿造厂开福寺牌辣酱、长沙酱品厂金秋牌蒜仁辣酱、浏阳县蔬菜公司粉酱厂乐意牌浏阳豆豉，获评“部优”产品；长沙巧克力食品厂的乐力美牌奶油巧克力、威化巧克力和市食品罐头厂的船牌 850 克鲜蘑菇罐头、市乳品罐头厂的宾佳乐牌酸奶、全脂奶粉，市豆制品三厂的桔洲牌窠心豆豉，被评为“省优”产品；宾佳乐牌全脂奶粉获中国首届食品博览会银质奖。

1989 年始，长沙生产的调味品品种增加，质量也有所提高。是年，长沙酱油厂开发生产新产品原汁酱油，同时扩大麦豆牌高级酱油、白鹤泉牌酱油王等高档酱油品种生产，1990 年，开发生产四特酱油、桂花牌 9 度米醋、番茄辣酱、油淋辣酱等新产品 7 个。该厂双凤牌一级酱油，再次被评为“部优”产品。

1990 年，长沙高果糖厂建成投产，主要以玉米为原料加工生产 F–42 果糖、F–55 果糖及副产品，填补长沙市淀粉糖生产空白。市食品一厂从国外引进饼干生产线，新增饼干生产，该厂生产的白脱乳脂糖、市副食品公司九如斋食品厂的梅林干、市桃花食品厂的麓峰牌糖桔饼、市蜜饯厂的津美牌蜜饯（芒果、金桔饼、话姜王）、浏阳县食杂果品公司蜜饯厂的龙珠牌金桔饼等 8 个产品，被评为“省优”产品。市酱品厂的金秋牌椒油辣酱、市调料酿造厂的开福寺牌多味萝卜条、浏阳县素食菜厂的道吾山牌什锦素食菜，均被评为“部优”产品。

1991 年，长沙市玉和醋厂的桃花牌玉醋、长沙市酱品厂的金秋牌香油红尖椒等 11 个产品，被评为“省优”产品。1992 年，浏阳市一品香食品总厂开发出原汁窠豆豉、原汁豆豉、美味豆豉、姜汁豆豉、麻辣豆豉等系列新品种。是年，由于市场疲软、资金紧张、伪劣假冒产品充斥市场等多种原因，国有企业经济效益下滑严重，普遍由盈利为亏损。市蔬菜局所属企业优质酱油的生产能力为 1.3 万吨/年，但年产销量只有 3189 吨，仅为生产能力的 24.5%。

1993 年，长沙市食品制造业产品品种开始增多，质量水平有较大的提升。湖南旺旺食品公司新增米果系列产品生产，品种有雪饼、仙贝、浪味仙、烧米饼、大礼包、小馒头、煎卷、香蛋等。长沙罗莎食品公司在湖南市场率先推出植物鲜奶油蛋糕。是年，经抽样检测，长沙市场上酱油合格率仅为 10%，伪劣假冒酱油市场占有率约为 70%。

1995 年以后，长沙通过加强市场监管和行政执法，打击伪劣假冒产品的生产和销售，全市食品市场环境逐步好转，食品制造企业的经营状况逐步恢复正常。是年，“旺旺”系列米果食品被评为湖南名牌产品。1997 年，长沙旺旺豆果厂建成投产后，新增“旺旺”煎豆、好豆、香酥豆、豆干、回味豆等系列食品生产。市宾佳乐乳业有限公司的宾佳乐牌奶粉，被评为湖南名牌产品。长沙市双凤实业有限公司的双凤牌一级酱油，获湖南省产品质量奖。

1998 年，湖南派派食品有限公司进入长沙高新区，依托湖南农业大学的科技优势，运用分子生物学及现代微生物育种等高技术手段，实现腊八豆工业化生产，所产派仔牌腊八豆（袋装），既保留传统腊八豆的口感，又独具特色，有辣香味、腊肉味、腊鱼味等 5 个品种，并通过 ISO9001–2000 质量管理体系认证，产品销路较好。

1999 年 9 月，长沙市开展为期 10 天的月饼生产和销售市场监督抽查，27 家月饼生产企业产品抽查批次合格率 91.1%，与 1998 年相比提高 17.2 个百分点。

进入 21 世纪，长沙食品制造业发展势头越来越好，产品质量不断提高，品种显著增多。

2001 年，湖南南山食品有限公司落户长沙，生产南仔奶粉和子怡牌奶粉；湖南绿晨乳业有限公司竣工投产，生产绿晨牌纯鲜牛奶、加钙甜鲜奶和各种口味的搅拌型乳酸菌奶。2002 年，湖南光明派派乳品有限公司拥有“光明”“派派”两大产品品牌，50 余种保鲜奶等 10 余种常温奶，生产的派派牌奶品系列产品，被评为“省优”产品。

2003 年，湖南人人家味业有限公司成立，主要生产经营麦片、黑芝麻糊、藕粉等方便食品。湖南嗑得响食品有限公司开发生产出原味葵花籽、五香葵花籽、兰花豆、玉带豆、花生米等系列炒货食品。长沙简四毛食品有限公司的简四毛牌系列熟食，被评为湖南名牌产品。

2004 年，南山食品有限公司的“南仔”商标，被评为湖南省著名商标；“南仔”奶粉、“子怡”奶粉被评为湖南名牌产品和“中国质量万里行”优秀产品。是年 1 月 1 日起，国家在酱油和醋等 5 类食品行业中实行食品质量安全市场准入制度，产品进入市场必须贴有食品质量标准（QS）标志，杜绝无证食品流入市场。加加酱业（长沙）有限公司的“加加”牌味精、长沙好韵味实业发展有限公司的好韵味牌 300 克装风味豆豉、长沙友文食品有限公司的友文牌食用槟榔，被评为湖南名牌产品。是年，“澳优乳业”针对早产儿与低重奶粉特点，推出中国市场第一款上市销售的早产儿配方奶粉。

2005 年，湖南亚华宾佳乐乳业有限公司的婴幼儿配方乳粉，获准为国家免检产品。7 月，模拟母乳的营养与免疫特点，推出中国市场第一款营养免疫配方奶粉——金装优选配方奶粉。加加食品集团公司获湖南省质量管理奖。是年，湖南派派食品有限公司通过食品安全管理体系认证（HACCP）；湖南亚林食品有限公司亚林牌焙炒坚果，被评为湖南名牌产品。

2006 年，澳优乳业（中国）有限公司推出中国市场分段最细、免疫强化配方奶粉——能力多配方奶粉，公司以生产高品质、高附加值的“澳优”乳制品定位，加强和改善从“牧场到工厂、研发到验证、品牌到销售”全过程的经营管理，通过质量管理体系 ISO9001、食品安全控制体系（HACCP）、生产质量管理规范（GMP）、诚信管理体系认证，被认定为国家高新技术企业，使“澳优”乳制品经营业绩连续 100%的复合增长。

是年，湖南亚华控股集团股份有限公司的宾佳乐牌液态奶系列产品、南仔牌乳制品系列，长沙友文食品有限公司的小龙王牌食用槟榔，获评为湖南名牌产品。加加集团（长沙）有限公司的“加加”牌酱油、长沙好韵味实业发展有限公司的好韵味牌食醋，获中国名牌产品称号；“加加及图”亦被评为中国驰名商标。

2007 年，湖南省人人家食品有限公司所有产品通过食品安全（QS）认证，同时通过 ISO9001:2000 和食品安全控制体系（HACCP）认证。

2008 年，中国首批质检合格的奶粉生产企业之一澳优乳业（中国）有限公司产销量保持稳定增长，公司在中国婴幼儿奶粉市场的份额上升2.3%，在进口奶粉品牌中排名第五。是年，湖南省明园蜂业有限公司的蜂蜜、食用蜂王浆商标“明园MINGYUAN及图”被认定为中国驰名商标。湖南派派食品有限公司的派仔牌商标获评湖南省著名商标，派仔牌腊八豆被评为“湖南十大特色食品”之一。2009年，加加食品集团公司根据全国各地区不同需求，研发出独有的红烧酱油、特制酱油、酒店专用酱油、面条鲜酱油等80余个新品种，投放市场后受到消费者的喜爱，翌年实现销售收入13.6亿元、利税总额1.69亿元；澳优乳业（中国）有限公司“澳优牌婴儿奶粉”被认定为中国驰名商标，9月“澳优乳业”实现在香港联合交易所上市；湖南省人人家食品有限公司注册商标被认定为湖南省著名商标；长沙市仁仔下饭菜食品有限公司的“仁仔”“下饭菜”系列产品，被评为湖南名牌产品。

2010年，湖南亚林食品有限公司“亚林牌焙炒坚果”被认定为中国驰名商标；罗莎食品有限公司的“罗莎月饼”被认定为湖南省著名商标；盐津铺子食品股份有限公司获得湖南省著名商标。2011年，湖南华越食品有限公司的“豆渣多菌种多阶段发酵及其系列调味品技术开发”成果，获国家发明专利；盐津铺子食品股份有限公司获得中国驰名商标荣誉。

2012年3月，澳优乳业（中国）有限公司与北京大学医学部签订10年“产学研”战略合作协议，联合成立“北大澳优母婴营养研究中心”，组建权威专家团队，开展母乳基础研究、配方研究、临床验证及全国性科普教育活动。6月，结合母乳渗透压研究成果，推出面向三、四线市场的新产品美纳多乳粉。9月，盐津铺子食品有限公司的“盐津铺子”，获评为中国驰名商标。湖南省人人家食品有限公司被授予“湖南省农产品加工质量安全奖”，并被国家工商总局评定为“中国驰名商标”。至2012年的25年间，全市食品制造业获中国驰名商标7个、省著名商标3个、部优质产品奖11个、省优质产品奖24个、省名牌产品奖19个。

企业选介

（一）澳优乳业（中国）有限公司。2003年9月，由澳大利亚澳优乳品有限公司、长沙新大新集团有限公司共同投资设立。公司位于长沙望城高科技食品工业园，占地面积10公顷，建筑面积1.5万平方米，包括10万级生产质量管理规范（GMP）生产车间、先进的化验室、设施完善的产品研发室、配套的仓库和办公大楼，主营婴幼儿配方奶粉及辅食的研发、生产与销售，注册资本6863.38万元。2004年，“澳优乳业”针对早产儿与低重奶粉特点，推出中国市场第一款上市销售的早产儿配方奶粉。2005年7月，模拟母乳的营养与免疫特点，推出中国市场第一款营养免疫配方奶粉——金装优选配方奶粉。2006年9月，针对0~3岁婴幼儿脑部发育、内脏发育、骨骼发育阶段特点，推出中国市场分段最细、免疫强化配方奶粉——能力多配方奶粉。是年始，“澳优乳业”先后通过质量管理体系ISO9001、食品安全控制体系（HACCP）、药品生产质量管理规范（GMP）、诚信管理体系认证，被认定为国家高新技术企业，其业绩连续3年保持100%复合增长，营业收入和净利润年均增长率分别达107.9%和143.9%。2009年9月，“澳优乳业”实现在香港联合交易所主板上市，首募资金12.0亿港元，是内地第一家在港上市的婴幼儿乳制品企业。是年，“澳优乳业”实现营业收入总额6.24亿元，净利润1.82亿元。2010年，“澳优”品牌获得中国驰名商标称号。2011年3月，“澳优乳业”出资1600万欧元收购荷兰海普诺凯乳业集团51%的股份，成为这家有110余年乳业历史企业的控股股东，荷兰第二大奶粉生产加工商和最大有机奶粉生产商。2012年，澳优乳业（中国）有限公司实现营业收入13.51亿元、利润3.26亿元。

（二）旺旺集团湖南总厂。1992 年 7 月，台湾旺旺食品集团公司与湖南华湘进出口集团公司合作，在望城县创办湖南旺旺食品有限公司，注册资本 3300 万美元，下设米果厂、豆果厂、饮料厂、包装厂，是旺旺集团投资大陆的第一家企业。1994 年 1 月，一期工程旺旺米果厂建成投产，创产值 2.54 亿元、利税总额1.20 亿元。1995 年，完成产值 5.60 亿元，利税总额 1.52 亿元，是全市首家也是唯一一家利税过亿元的非国有食品工业企业。

1996 年 9 月，二期工程长沙旺旺饮料厂建成投产。是年末，有员工 1200 人，固定资产净值 1.73 亿元，产品产量 9865 吨，产值 5.60 亿元，利税总额 2.13 亿元，其中利润 1.66 亿元。1997 年 2 月，三期工程长沙旺豆果厂建成投产。1997 年 12 月，四期工程长沙旺旺包装厂建成投产。至此，公司拥有米果生产线 2 条、豆果生产线 3 条、饮料生产线 2 条、休闲食品线 2 条、吸吸冻生产线 4 条、利乐包生产线 4 条，包装生产线 1 条，旺旺、旺仔、浪味、珍旺、老翁 5 大系列 20 余个品种的产品行销全国，部分产品出口到东南亚地区，深得消费者好评。

1998 年，公司总产值 5.2 亿元，上缴税金 4474 万元，并获评“全国高科技百强企业”。2000 年，湖南大旺食品有限公司在长沙成立，是一家独资公司。2012 年，旺旺集团从业人员 1500 人，完成产值 12.87 亿元，利税总额 1.73 亿元。其中，长沙旺旺食品有限公司产值 5.25 亿元，湖南大旺食品有限公司产值 3.90 亿元，固定资产净值 2.14 亿元。

（三）盐津铺子食品股份有限公司。位于国家级浏阳经开区内，2005 年成立。为一家专业从事食品科研、生产、加工、销售于一体的综合型企业，产品包括休闲豆制品、凉果蜜饯、坚果炒货、休闲素食、休闲肉制品、糕点制品等“盐津铺子”系列产品。2009 年，公司被评为湖南省农业产业化龙头企业，2010 年，公司获得湖南省著名商标，并创建坚果炒货厂。

2011 年，公司获得中国驰名商标荣誉，素食、糕点厂的相继新建，成为休闲食品领域产品涵盖最广、综合实力最强的企业。

2012 年，销售渠道的下沉与区域精细化管理，进一步提升品牌的核心竞争力。经过多年的发展，公司在原料配方、生产工艺、技术设备、质量标准、产品质量、品牌信誉方面达到行业领先水平。以“直营商主导、经销跟随”的营销网络发展理念，以点带面，形成多层次、广覆盖、高效率的立体营销网络，销售区域覆盖全国 31 个省、自治区和直辖市，已经成为沃尔玛、家乐福、麦德龙、大润发等跨国超大型连锁超市，以及华润万家、步步高、人人乐、天虹百货、中百等国内知名连锁商超的核心供应商，是国内最具影响力、产品品类较为齐全的小品类休闲食品生产与销售企业之一。

2012 年，公司建有蜜饯厂、豆制品厂、肉制品厂、炒货厂、华夫饼厂 5 个分厂，有员工 2556 人；固定资产净值 1.15 亿元，各种产品总产量 1.10 万吨，实现产值 5.52 亿元，缴纳税金 4845 万元，实现利润 2667 万元。公司董事长兼总经理张学武是第十三届全国人大代表、十二届全国工商联执委，湖南省十二届工商联副主席、第十二届湖南省人大代表，2011 年被评为“湖南省优秀非公经济企业家”，2011 年和 2012 年分别被第九届、第十届中国食品安全年会评为“全国食品安全管理先进个人”。

（四）加加食品集团股份有限公司。位于宁乡经开区，占地面积 28 公顷，公司前身是香港加加集团（长沙）有限公司，1996 年始建，1997 年投产，是一家集研发、生产、营销于一体的大型调味食品上市企业，1997—2004 年，销售额、利税以 20%~40%的高速度递增，创利税近 2 亿元。2005 年后，公司基于对调味品行业消费环境、消费趋势的研究和预测，提出“炒菜用老抽，凉拌用生抽”的概念，向内陆消费者普及酱油使用常识，在酱油行业掀起二次革命。2006 年，总投资 1.2 亿元的北方生产基地——加加酱业（郑州）有限公司正式投产。2009年，加加集团召开面条鲜上市新闻发布会。2010年，西进扩张，收购王中王，落户阆中，成立加加食品阆中分公司，实现在国内南、北方以及西南地区，建立大型酱油生产基地的战略布局。

2012年1月6日，公司登陆A股资本市场，被誉为“中国酱油第一股”。2012年，拥有长沙加加食品销售有限公司、盘中餐粮油食品（长沙）有限公司、郑州加加味业有限公司、加加食品集团（阆中）有限公司、深圳前海加宴贸易有限公司5家全资子公司。公司实施以“加加”系列酱油为主导，食醋、鸡精、味精、伴餐食品和食用植物油等多品类协同发展、共用营销渠道的经营战略。陆续在全国各地发展近1200家总经销商，结合“互联网+食品”的新型商业模式，形成以湖南长沙、河南新郑、四川阆中三大生产基地为中心，辐射全国的销售网络。是年，公司总资产18.6亿元，从业人员1808人，全年完成产值17亿元，利税总额3.5亿元，固定资产净值1.75亿元，综合经济实力居国内调味品发酵食品制造业前列。

第六章　医药工业

第一节　生产规模

1988年，全市医药加工业规模以上企业有14家，从业人员5697人。长沙的中药主要由长沙中药一厂、长沙制药二厂等企业生产，生产中成药11种剂型；西药主要由湖南制药厂、长沙市东风制药厂等企业生产，生物医药主要有长沙制药二厂、长沙生化制药厂等企业生产，医疗器械企业主要有长沙市人民医疗器械厂、湖南省医疗器械厂等。其中长沙中药一厂作为全国重点中药厂之一，在全市首批实行全员风险抵押的承包。市医药管理局下辖3家中成药制造企业，全年完成技改投资501万元。长沙市东风制药厂项目投资248万元，实施胶囊车间技改项目。湖南制药厂投资131.25万元，实施分厂乐胃片车间技改项目，生产的咖啡因、磺胺嘧啶、次硝酸铋达到国际先进标准，茶碱、氨茶碱、磺胺脒等5个产品达到国际标准；全年实现利税超过1000万元，成为全市的利税大户，获评省级先进企业。长沙制药二厂投资86万元，实施卡介苗素注射液生产技术改造项目，新建卡介苗素注射液生产线，注射液产量由年产30万盒扩大到60万盒。湖南省医疗器械厂投资450万元，租赁进口设备来料加工，生产乳胶检查手套，形成年产6000万只乳胶检查手套能力。湖南乳胶制品厂首批生产的一次性乳胶检查手套50万只，各项技术指标均达到美国材料实验协会（ASTM）标准，并试销美国。是年，全行业生产中成药1763吨、化学药品2883吨、葡萄糖1862吨、针剂1.14亿支、片剂21.97亿片，完成工业总产值1.56亿元，利税总额3027万元，固定资产净值4329万元。

1989年，全行业新成立企业1个；总投资1920万元，实施新项目或技改项目1个。长沙进行产品质量检查，主要产品抽检合格率99.2%，质量稳定率100%。湖南五福堂生物科技开发有限公司成立（以下简称“五福堂”），位于长沙浏阳市捞刀河上游，是一家集毒蛇养殖、中药材培植加工、生物工程开发于一体的企业。中南制药机械二厂投资1920万元，从联邦德国引进BXSZ1/29型安瓿洗干灌封联动机组、药用分离机械、贴签机等生产线，通过国家验收，达到国际20世纪80年代先进水平，可替代进口产品。是年，全行业生产中成药1469吨、化学药品2708吨、葡萄糖1703吨、针剂1.16亿支、片剂23.61亿片。

1990年，全市医药行业新成立企业2个；总投资500万元，实施新项目或技改项目1个。全行业在深化企业内部改革中，有9家全民所有制商业企业进行第二轮承包经营。是年，全行业以市场需求调整产品结构，将市场上畅销的六味地黄丸、驴胶补血冲剂等中成药，按需调增3.72%~195%，羚翘解毒丸、人参蜂王浆等市场上滞销的产品，调减39.62%~223.5%。湖南继蒙制药有限公司成立（以下简称“继蒙制药”），位于浏阳市生物医药园，总投资5078万元，其中固定资产投资4120万元，主导产品生产国内外第一个用于治疗丙型肝炎的中药新药松栀丸。长沙中药一厂投资500万元进行技术改造，发展肝炎系列药物和片剂、冲剂、口服液3个骨干剂型，全年生产药品6.77万瓶（盒），仅肝炎系列药实现产值977万元，比上年增长167.7%，获湖南省质量管理奖。湖南制药厂甲醇钠质量控制（QC）小组获评国家优秀，企业实现利税总额1225.6万元，成为全市10家利税过千万元的企业之一，获评省级文明先进单位。是年，全行业生产中成药1457吨、化学药品2387吨、葡萄糖1313吨、针剂1.06亿支、片剂20.30亿片。

1991年，全行业新成立企业1个；总投资2490万元，实施新项目或技改项目1个。湖南康普制药有限公司成立（以下简称“康普制药”），位于长沙市开福区湘春路，是湖南省首家中外合资制药企业，主要从事医药生产与销售。长沙中药一厂全年实现工业总产值3224.7万元，提前3个月完成全年生产经营计划。浏阳医药设备厂通过扩大适销产品生产，产值由上年的697万跃升到2002万元，首次突破千万元大关。湖南省第一个国家重点实验室——医学遗传学国家重点实验室，在长沙建成并通过国家验收。是年，全市医药加工业规模以上企业15家，从业人员6975人，全年生产中成药1864吨、化学药品（24大类）2485吨、葡萄糖1462吨、针剂1.07、片剂15.59亿片，完成工业总产值2.34亿元，利税总额2716万元，固定资产净值7610万元，与1988年相比，企业增加1家，人员增加1287人，产值和资产分别增长50%和75.79%，利税下降16.22%。

1992年始，长沙医药工业随着国有企业体制改革深化和投资环境改善，投资力度不断加大，新建企业逐渐增多，新成立企业2个；总投资17622万元，实施新项目或技改项目21个，竣工投产5个，全年完成工业总产值3.55亿元，比上年增长51.71%，提前8年实现工业总产值翻两番的奋斗目标。长沙海凭医疗设备有限公司成立（以下简称“长沙海凭”），隶属于海凭集团，注册资金1850万元，位于长沙市高新区，主要从事一类、二类医疗器械的生产和研发等。湖南麓山天然植物制药有限公司成立（以下简称“麓山制药”），位于湖南浏阳生物医药园，投资5000万元，主要从事各类天然植物提取物、中成药制剂以及保健食品的开发、生产和经营，拥有自主的进出口权。湖南制药厂投资4622万元，引进意大利生产技术，对青霉素G钾原料工艺生产线进行改造，达产后年产30吨原料药。长沙市中药一厂更名为长沙九芝堂制药厂，全年实现利税1187.7万元，首次突破千万元大关。

是年，全行业生产中成药2745吨、化学药品2175吨。1993年，全行业新成立企业2个；全市西药行业投资2743万元，完成基本建设项目9个。全市医药系统在企业改制中，进行岗位技能工资、结构工资、计件工资及多种形式分配制度改革的有19家，进行机构和人事制度改革有9家，推行全员风险抵押有5家。湖南湘雅制药有限公司成立（以下简称“湘雅制药”），由香港中富企业有限公司与湖南湘雅集团有限公司合资兴建，注册资金2922.5万元，位于长沙市岳麓区，是一家集研发、生产、销售为一体的药品生产企业。长沙九芝堂制药厂被湖南省经贸委选定为建立现代企业制度的试点单位，通过实施“三项”（劳动、人事、分配）制度改革，成为全市首家达标的医药现代管理企业；该厂与美国合作，组建长圣药业公司，主要生产颗粒剂、片剂和口服液三大剂型，产品主要出口到美、日、韩等国，全年出口创汇 122 万美元；通过开发治疗肝炎的系列新药，全年实现产值 1.13 亿元，利税 1700 万余元，进入全市工业利税大户“十强”之列。湖南天龙制药有限公司作为国家皮肤外用药生产、研发的企业，建有年产 1000 万支乳膏剂生产车间、4500 万粒固体制剂规模车间和 200 万支化妆品生产车间；拥有“槐花”牌曲味新乳膏、消肿痔疮胶囊等 5 个上市产品。是年，全行业生产中成药 3051 吨、化学药品 1826 吨。

1994 年，市医药管理局转体为长沙市医药总公司（以下简称“医药总公司”），成为经济实体，仍行使医药管理职能。是年，全行业新成立企业 3 个。湖南宏生堂制药有限公司成立（以下简称“宏生堂制药”），注册资金 187 万元，位于长沙市香樟路，主要生产经营中药、天然植物制品等。湖南安邦制药有限公司成立（以下简称“安邦制药”），注册资金 2400 万元，位于浏阳经济技术开发区，主要从事中成药、中药提取物、保健食品的生产研发、中药饮片加工等。湖南新生命制药厂成立（以下简称“新生命制药”），是由长沙天心公司投资创办的一家国有制药企业，主要生产经营药品和保健品等。长沙九芝堂制药厂改制并更名为长沙九芝堂药业集团公司（以下简称“九芝堂集团”），全年实现工业总产值 7768 万元，出口创汇 138 万美元，利税总额 1756 万元，连续 4 年被列为全国医药制造业经济效益“百强”企业之一。长沙制药二厂更名为长沙神箭制药厂。

是年，长沙制药厂被深圳佳和房地产开发有限公司兼并后，注入生产启动资金 1000 万元，企业恢复生产。长沙东风制药厂等 6 家企业实现扭亏，扭亏面 67%。是年，全市医药加工业规模以上企业 19 家，从业人员 7786 人，全年生产中成药 3809 吨、化学药品（24 大类）1508 吨、针剂 1.01 亿支、片剂 14.45 亿片，完成工业总产值 3.83 亿元，利税总额仅 496 万元，固定资产净值 8846 万元，与 1991 年相比，企业增加 4 家，人员增加 811 人，产值和资产分别增长 64%和 16%。

1995 年，全市医药行业新成立企业 2 个；总投资 6751 万元，实施新项目或技改项目 11 个，全年生产中成药 5432 吨，完成工业总产值 2.10 亿元，比 1994 年增长 41%，是近年来增幅最快的一年。市医药总公司与深圳三九药业有限公司，共同出资 3564 万元组建长沙三九医药有限公司 (以下简称“三九医药”)，从事中药材、中药饮片、中成药生产。湖南金沙药业股份有限公司成立 (以下简称“金沙药业”)，位于长沙市高新开发区麓谷工业园，从事医药研究、开发生产与销售。长沙九芝堂药业集团公司作为长沙市“双扶”试点企业，投资 3000 万余元，建设国家中医药肝炎系列药重点技改项目。湖南制药厂投入 60 万余元更新关键设备，增产止血敏、妥布霉素等适销产品，完成产值 1.25 亿元，实现由上年亏损 1320 万元到盈利 13 万元的转变。湖南制药厂实施千吨级咖啡因扩产改造等 4 项基建工程，竣工投入使用。受市场疲软，企业“三角债”（企业之间拖欠货款所形成的连锁债务关系）等因素影响，全行业企业亏损有 14 家，亏损金额 1185.88 万元，其中通过开展扭亏增盈活动，有 3 家企业实现扭亏。

是年，规模以上企业统计范围由独立核算企业变更为乡及乡以上独立核算企业，全市医药加工业规模以上企业 38 家，全年生产中成药 5342 吨、化学药品（24 大类）1871 吨、针剂 1.48 亿支、片剂 7.67 亿片、生产制药机械 867.3 吨，完成工业总产值 4.51 亿元，利税总额仅 532 万元，固定资产净值 1.09 亿元。

1996 年，国家对生物药物领域不断加大投资和政策扶持力度，加上在国内庞大市场的需求拉动下，长沙的生物药物产业逐渐形成，生产规模不断扩大。继蒙制药开发的治疗丙肝药物——松栀丸，泰尔制药研制的毒药“安君宁”，玄夏制药研发的脱瘾胶囊，均列入国家“九五”期间（1996—2000 年）国家高技术研究发展计划攻关项目。长沙医药工业新成立企业5个；总投资8200万元，实施新项目或技改项目4个。长沙市泰宝制药有限公司（以下简称“泰宝制药”）成立，位于长沙韶山路，主要生产经营片剂、冲剂、胶囊剂、外用消毒剂的生产及销售等。湘北威尔曼制药股份有限公司成立（以下简称“威尔曼制药”），位于浏阳生物医药工业园，主要从事粉针剂、片剂、原料药的生产和销售。湖南守护神制药有限公司（以下简称“守护神制药”）成立，注册资金1000万元，位于浏阳市经济技术开发区，主要医药从事片剂、硬胶囊剂、颗粒剂生产。哈药慈航制药股份有限公司成立（以下简称“哈药慈航”），注册资金4691.11万元。长沙九芝堂药业集团公司和长沙神箭制药厂，实施强强联合，改组为有限公司，为国有独资公司，拥有总资产3亿元，从业人员1600人，形成规模优势；全年实现产值1.47亿元，占全市中成药产值的83.7%，实现利税3277万元，成为长沙利税过千万元的利税大户。

同年，湖南湘雅制药有限公司建成投产，主要生产剂型为片剂、胶囊剂、颗粒剂。湖南制药厂自主开发的固定化酰化酸，产品质量的各项指标处于国内领先水平，全年实现产值1.43亿元，占全市化学药品工业总产值的57.9%。湖南鹜马制药有限公司总投资8200万元，实施年产颗粒剂100吨、片剂600亿片、胶囊200亿粒、口服液300万支建设项目。湖南新生命制药厂与民营企业三株公司结盟，组建湖南三株新生命制药有限责任公司。浏阳医药设备厂与浏阳医药设备二厂合并，成立湖南浏阳医药设备总厂。是年，全行业生产中成药4008吨、化学药品（24大类）3264吨、针剂1.13亿支、片剂15.08亿片。

1997年，长沙医药工业进入发展快车道，全行业新成立企业5个；总投资5600万元，实施新项目或技改项目3个。长沙市把企业改制作为企业改革重点，实施为期3年的中小企业改制工作；围绕支柱产业和名优拳头产品，以市场和产业政策为导向，以资本为纽带，以优势企业为核心，采取收购、公司制改造、控股、参股、兼并、联合、资产划转等形式，支持大集团、大公司发展，发挥支柱产业优势。湖南迪诺制药有限公司（以下简称“迪诺制药”）成立，注册资金1350万元，位于浏阳生物医药工业园，从事医药、原料药研发、生产与销售。

湖南九芝堂斯奇生物制药有限公司成立（以下简称“九芝堂斯奇”），位于浏阳生物医药工业园，主要产品斯奇康（学名为卡介菌多糖核酸注射液），在国内同类产品中处主导地位，市场份额占70%。湖南美罗银河生化制药有限公司成立（以下简称“美罗银河”），位于浏阳生物医药工业园，注册资金1000万元，主要生产冻干粉针剂。九芝堂集团以无形资产出资，实施低成本扩张，从国家开发投资兴业有限公司引进资金5100万元，改制成为股份制企业；加强产品外销，全年出口创汇130万美元，跨入全国中药行业“十强”之列。广东惠州唐龙实业集团公司兼并湘民制药厂，并注入资金1000万元，组建湖南大唐湘民制药有限公司。广州市白云山正清医药集团以承担债权债务的方式，兼并湘卫制药厂。

湖南浏阳医药设备总厂投资500万元，实施一次性血袋生产线和微型心电图仪2个新建项目。长沙东风制药厂实施产权制度改革，更名为长沙东风药业有限公司（以下简称“东风药业”），从职工中募集股金99.6万元，员工持股后调动职工的生产积极性，全年实现产值1108万元，上缴利税59万元。湖南浏阳医药设备总厂投资500万元，实施一次性血袋生产线和微型心电图仪新建项目，投产后新增产值3200万元。是年，全市医药加工业规模以上企业25家，从业人员6714人，全年生产中成药5558吨，化学原料药2649吨，针剂1.11亿支，片剂16.51亿片；完成工业总产值5.82亿元，利税总额4231万元，固定资产净值2.54亿元，与1995年相比，企业减少13家，产值、利税、资产分别增长29%、6.95倍、1.32倍。

1998年，全市医药行业面对亚洲金融危机加剧、国内市场需求不足、企业困难面有所扩大的情况下，大力发展高新技术产业和其他有市场、有效益的产品生产。全市医药行业新成立企业3个。

长沙天康生物制品有限公司成立（以下简称“天康生物”），主要生产“王中华”骨宝和骨钙蛋白口服液、系列保健食品等。湖南泰尔制药有限公司成立（以下简称“泰尔制药”），注册资金9000万元，位于浏阳生物医药工业园，经营范围包括生产、销售丸剂（浓缩丸，含中药提取）等产品。湖南王中华生物技术有限公司成立（以下简称“王中华生物”），位于长沙市隆平高科技园，主要生产经营保健食品等。九芝堂集团研制的驴胶补血颗粒冲剂，进入中国药典，成为长沙市进入药典的第一个中药制造企业。迪诺制药在长沙浏阳建设新厂区，主要生产片剂、胶囊剂、颗粒剂。深圳佳和房地产开发有限公司与长沙制药厂解除兼并关系。

是年，全市规模以上企业统计范围由乡及乡以上独立核算企业变更为国有及年销售收入500万元以上企业，长沙医药加工业有规模以上企业15家，从业人员6116人，固定资产净值3.06亿元；完成工业产值5.95亿元，利税总额6543万元；全行业生产中成药4999吨、化学药品（24大类）1156吨。

1999年，长沙市药品监督管理局成立，行使全市药品生产与销售监督职能；医药行业实行政企分离，以医药总公司国有资本为主，设立长沙市医药有限责任公司，其中国有股份占60%、个人股占40%。通过引进社会资本和民营资本，进入医药经济领域，加大医药技改投入和产品结构调整力度，率先引进泰尔制药、威尔曼制药等医药企业；引导湖南省医药工业研究所的科研人员创业办药厂，徐燕创办华纳大药厂、曾建国创办春光九汇、魏祥符创办守护神制药等，促进医药行业发展。全行业新成立企业2个；总投资7169万元，实施新项目或技改项目4个。

是年，全洲药业集团有限公司成立（以下简称“全洲药业”），注册资金6908万元，位于长沙市雨花区，主要从事医药研发与生产。湖南景达生物工程有限公司成立（以下简称“景达生物”），注册资金4543万元，位于长沙高新开发区隆平科技园，经营范围包括生物原料的研究与开发、医用生物技术、生物材料开发与应用。九芝堂集团通过改制更名为九芝堂股份，总股本为8862万股；通过加强企业硬件建设，开发出一套较完整的计算机管理系统，提高企业信息化管理水平。康普制药完成股份制改造，全年产值3986万元，比上年增长155%，获评湖南省医药行业“十佳三强”企业。宏生堂制药总投资4986万元，实施标准化中药提取物工业生产线建设。泰宝制药全资收购常德汉寿县龙阳制药厂，投资1080万元，新建厂房4700平方米。

是年，三九医药有限公司与三九企业集团等5家公司，发起组建三九医药股份制公司（以下简称“三九医药”），并通过省级药品经营质量管理规范（GSP）达标认证。健民制药厂整体出售给亚大集团，组建湖南亚大制药公司，投资600万元进行技术改造制剂车间，达到生产质量管理规范（GMP）标准。原浏阳河制药厂、康乐制药厂，整体出售给民营企业，成立新的股份制公司。长沙胶囊有限公司利用混合贷款503万美元，从加拿大进口自动化生产设备，与山西省余涉县安生胶囊有限公司达成协议，使不良资产转化为可利用的优良资产。长沙海凭引进德国技术，改进原根据中医理论研制生产的电脑骨伤愈合仪，使之集5种输出模式、99种处方、红外药导及液晶显示于一体，改变国内同类产品治疗模式单一的现状。长沙正中药机厂改制，更名为湖南正中制药机械有限公司（以下简称“正中药机”）。是年，全行业生产中成药4626吨、化学药品（24大类）1398吨。

2000年，全市民营医药企业全年实现产值3.9亿元，首次超过国有企业，占全市医药行业工业总产值的55%以上，成为医药工业发展的主要力量。浏阳生物医药园区有十几家制药企业及科研机构入园，项目总投资7亿余元，不仅为医药工业企业产值利润的大幅度增长起到促进作用，还为全省“十五”

(2001—2005年）期间医药工业大发展奠定基础。

是年，全行业新成立企业8个；总投资9976万元，实施新项目或技改项目2个。湖南中达骜马制药有限责任公司成立（以下简称“中达骜马制药”），注册资金8800万元，位于长沙国家高新技术开发区，主要生产经营中成药等产品。湖南康源制药有限公司成立（以下简称“康源制药”），注册资金6500万元，位于浏阳经济技术开发区，主要从事化学药品研发与制造。湖南金泰制药有限公司成立（以下简称“金泰制药”），注册资金3648万元，位于浏阳经济技术开发区，主要从事化学药品制剂、化学药品原料药的制造与研发。湖南农大动物药业有限公司成立（以下简称“农大动物药业”），注册资金1000万元，位于浏阳生物医药工业园，主要从事动物药品、疫苗、生物制品的生产和销售等。

湖南加农正和生物技术有限公司成立（以下简称“加农正和”），是一家从事动物保护产品研究、开发、生产、销售和服务的企业。长沙锐信机械制造有限公司成立（以下简称“锐信机械”），注册资金800万元，位于浏阳生物医药工业园，主要从事制药机械、包装机械及备品配件的生产和销售等。湖南千山制药机械股份有限公司成立（以下简称“千山药机”），注册资金5000万元，位于长沙经济技术开发区，主要从事制药机械、包装机械等系列产品研制、销售。

楚天科技股份有限公司成立（以下简称“楚天科技”），总部位于长沙市中央商务区（CBD）的新世纪大厦，生产基地坐落于宁乡经开区，是一家主要从事制药装备研发、生产与销售的企业。湖南天龙制药有限公司（以下简称“天龙制药”）迁入望城县经济开发区，投资建设新生产基地，发展成为一家主要从事皮肤外用制剂和中成药的研制、开发、生产、销售为一体的民营科技型企业。

九芝堂股份和三九医药在深圳证券交易所挂牌上市，其中九芝堂股份发行流通股4000万股，募集资金3.6亿元。康普制药成立省级企业技术中心，被认定为湖南省高新技术企业。安邦制药投资7000万元，在浏阳生物医药园建设占地面积4.6万平方米、建筑面积1万平方米。九芝堂斯奇投资2976.44万元，实施年产2500万支卡介菌多糖核酸注射液技改工程。正中制药机械完成工业总产值6219万元，比上年5273万元增长17.94%。迪诺制药新建软膏、V钾车间和原料车间进行改造，通过生产质量管理规范（GMP）认证。长沙市人民医疗器械厂在东南亚金融危机的影响下，停业关闭，列入“摘牌清算”之列。

是年，全市医药加工业规模以上企业17家，从业人员6573人，全行业生产中成药6155吨、化学药品（24大类）786吨。完成工业总产值7.62亿元，利税总额1.48亿元，固定资产净值3.96亿元，与1998年相比，企业增加2家，从业人员增加457人，产值、利税、资产分别增长28%、125%、29%。

2001年后，长沙医药工业在全市“推进‘三化’进程、实施‘兴工强市’战略”指引下，瞄准市场畅销的高技术产品扩大投资，陆续开工建设新项目和技改项目，全行业新成立企业5个；总投资1.56亿元，实施新项目或技改项目5个。在全市十大支柱产业中，生物医药产业位居第十位，主要由九芝堂股份、守护神制药、麓山制药、美罗银河等骨干企业。全行业实现工业总产值8.42亿元，按可比价格累计增长41.65%。

是年，湖南春光九汇现代中药有限公司（以下简称“春光九汇”）成立，注册资金1715万元，位于长沙浏阳经济技术开发区，是一家集中药材规范化种植、中药标准提取物及中成药制剂研究开发和生产经营为主的外向型企业。湖南华纳大药厂股份有限公司成立（以下简称“华纳大药厂”），注册资金7030万元，位于浏阳生物医药工业园，主要从事中药饮片加工、中成药生产、中药材种植等业务。湖南玄夏制药有限公司成立（以下简称“玄夏制药”），位于浏阳生物医药工业园，是一家以研制中药戒毒产品为主的现代企业。长沙双鹤医药有限责任公司成立（以下简称“双鹤医药”），位于长沙高新区麓谷大道，注册资金 8222 万元，从事医药产品开发、分销、配送业务。

康普制药总投资 9700 万元，分 3 期建设汉寿新生产基地，建设的现代化固体制剂与小容量水针剂生产车间、中药提取与化学药原料合成车间，均通过国家药品生产质量管理规范（GMP）认证。金沙药业的所有制剂车间一次性整体通过国家生产质量管理规范（GMP）认证，被认定为中国骨伤科药品定点生产企业。迪诺制药投资 3000 余万元，建设一个固体制剂车间和一个小水针剂车间以及相配套的有关设施。中南大学湘雅医学院人类生殖工程研究室联合中国医学科学院等，组建湖南省干细胞工程技术研究中心。王中华生物生产的王中华骨宝和骨钙蛋白口服液及胶囊系列产品，被科技部列为国家重点新产品和国家科技重点攻关计划。东风药业完成股份合作改制总投资 1853 万元，将生产基地整体搬迁至浏阳生物医药园，形成年产糖浆剂 260 万瓶、胶囊剂 2.5 亿粒、片剂 2.3 亿片、颗粒剂 5200 万包能力。

湖南制药厂改制成民营企业，更名为湖南制药有限公司，总投资 1021 万元，实施固体制剂生产质量管理规范（GMP）技术改造工程，形成年产片剂 10 亿片、胶囊剂 6000 万粒、颗粒剂 3000 万袋的生产能力。是年，全行业生产中成药 5529 吨、化学药品（24 大类）701 吨。

2002 年，全市企业改制工作继续推进，医药总公司所属企业进行改制的有 14 家，解除职工劳动合同 4272 人。全行业新成立企业 7 个；总投资 3.69 亿元，实施新项目或技改项目 3 个。三诺生物传感股份有限公司成立（以下简称“三诺生物”），位于长沙高新技术产业开发区，利用生物传感技术研发与生产医药产品。湖南福来格生物技术有限公司成立（以下简称“福来格生物”），注册资金 1000 万元，位于长沙市经开区，从事生物酶制剂、生物催化产品研发、生产与销售。湖南方盛制药股份有限公司成立（以下简称“方盛制药”），注册资金 4.37 亿元，位于长沙高新技术开发区，主要生产和经营酊剂、原料药等。湖南惠霖生命科技有限公司成立（以下简称“惠霖生命科技”），注册资金 2776 万元，位于长沙高新技术开发区，经营范围包括生命科技、干细胞技术的研究、开发、咨询服务等。长城制药厂与湖南中和制药有限公司，联合成立长沙长城制药有限公司（以下简称“长城制药”）。长沙市新中制药机械有限公司成立（以下简称“新中药机”），位于长沙市雨花区，注册资金 1500 万元，主营制药专用设备制造。

湖南新汇制药股份有限公司在收购原国有破产企业——湖南省湘民制药厂的基础上成立长城制药，主要生产经营中药材、中药饮片、原料药等。威尔曼制药投资 3.58 亿元，在浏阳生物医药工业园兴建大型抗生素生产基地。九芝堂斯奇实施的卡介菌多糖核酸注射液技改项目竣工投产，年新增销售收入 1.26 亿元。湖南德康制药有限公司（以下简称“德康制药”）投资 950 万元，实施生产质量管理规范（GMP）技术改造项目，年新增产值 5000 万元，被市政府纳入“小巨人”企业。

安邦制药生产基地拥有片剂、胶囊、颗粒剂、抗生素及食品生产 5 条生产线，整体通过国家生产质量管理规范（GMP）认证，装备水平居国内领先水平。湖南维康制药有限公司（以下简称“维康制药”）建设的固体制剂生产线，建成并投入使用，具备年产片剂 10 亿片、胶囊剂 10 万粒、颗粒剂 5000 万袋的生产能力。迪诺制药通过生产质量管理规范（GMP）认证，新建项目投产后形成片剂 3 亿片/年，胶囊 5000 万粒/年，小容量注射剂 100 万支/年的生产能力。

威尔曼制药投资 3.58 亿元，在浏阳兴建大型抗生素生产基地，注射剂由原年产能 300 万支提高到年产 1.5 亿支，全年创利税过亿元，成为全市的利税大户企业，跨入中国医药行业百强之列，名列全国医药行业第七十二位。湖南新生命制药投资 100 万元实施技术改造；王中华生物获卫生部国产保健食品批准证书。是年，全行业生产中成药 7181 吨、化学药品（24 大类）368 吨。

2003 年，长沙市化工局和医药总公司撤销，成立化工医药行业办公室管理（以下简称“化医行办”），履行医药行业管理职能。全行业新成立企业3个；总投资4.30亿元，实施新项目或技改项目8个，为医药行业大发展增添后劲。湖南尔康制药股份有限公司成立（以下简称“尔康制药”），注册资金20.57亿元，位于浏阳经济开发区，主要从事化学药品原料药、制剂、医药辅料、药用胶囊等生产。湖南绿之韵生物工程有限公司成立（以下简称“绿之韵生物”），注册资金200万元，位于长沙市雨花区，主要从事生产、销售银杏螺旋藻胶囊、绿之韵胶囊等。

湖南一特电子医用工程股份有限公司成立（以下简称“湖南一特”），注册资金3200万元，位于长沙高新开发区，主要从事医药、医疗器材、医疗器械及智能产品等的生产与制造。春光九汇依托湖南省中医药研究院等，组织有关药学、医学专家，研制出中药超微饮片，国内首创并具有自主知识产权，开创中药行业的新纪元，被国家发展和改革委员会确认为中药超微饮片高技术产业化示范工程。涌金集团控股九芝堂股份，增发新股5100万股，募集资金5.1亿元，公司总股本为2.18亿股，全年完成工业总产值5.6亿元，比上年增长25%，成为长沙市工业“二十强”企业。

楚天科技投资5800万元，建设的占地16公顷的楚天科技园开工建设。长沙迪科生物科技有限公司投资3000万元，在长沙芙蓉科技工业园购地16.5公顷的科技园开工建设。哈药慈航联合中国中医研究院等，共同组建中药复方药物开发国家工程研究中心，列入国家高技术产业发展计划。湖南省济世科技咨询有限公司投资1亿元，实施的新药品——曾氏安泰口服液项目，被列入长沙市企业重点技术创新项目计划。泰宝制药投入1000万余元，实施固定制剂车间和液体制剂车间改造项目，通过生产质量管理规范（GMP）认证。

湖南新汇制药股份有限公司（以下简称“新汇制药”）投资近亿元，实施生产质量管理规范（GMP）改造，建成前处理、固体制剂、液体制剂、中药饮片4个车间和现代化综合科研大楼等。长沙市医药有限责任公司改制，更名为长沙恒生医药有限公司（以下简称“恒生医药”）。湖南维康制药有限公司更名为湖南九典制药有限公司（以下简称“九典制药”），位于浏阳经济技术开发区，主要从事中医药、植物提取物和中药饮片加工等业务。华纳大药厂投资2000万余元，在浏阳建设年产片剂2亿片、胶囊2亿粒、颗粒剂5000万包和原料药500吨的生产车间。湖南祥尔生物工程有限公司投资2900万元，实施年产50万瓶祥尔生物宝贝营养软胶囊技改工程。

湖南中大生物技术有限公司投资7000万元，在长沙芙蓉科技工业园购地5.33公顷，进行项目建设。湖南省济世科技咨询有限公司投资1亿元，实施曾氏安泰口服液技术创新项目，列入年度长沙市企业重点技术创新项目计划。千山药机自主研发的国内第一条非聚氯乙烯（PVC）膜软袋大输液自动生产线，填补国内空白。中南制药机械一厂通过重组改制，成立长沙新中制药机械有限公司，企业整体搬迁至长沙。是年，全行业生产中成药8068吨、化学药品（24大类）473吨。

2004年，长沙发展高新技术产业，重点抓生物医药等三大高新科技产业；全市医药工业是近年来运行情况较好的一年，全行业新成立企业1个；总投资1.59亿元，实施新项目或技改项目8个，全年出口医药产品42.47吨，价值1069.5万美元。是年，湖南宏灏生物医药有限公司成立（以下简称“宏灏生物”），注册资金7400万元，位于浏阳生物医药工业园，全年总投资260万元（含外汇30.5万美元），实施年产5万片高血压个体化药物、治疗基因诊断芯片建设项目。九芝堂股份投资3030万元（含外汇10.2万美元），实施引进高效液相色谱仪系统技术改造项目，全年完成工业总产值6.54亿元，比上年增长16.8%，入选长沙工业“二十强”。

麓山制药投资5000万元，在浏阳生物医药园建成新基地，主要生产片剂、胶囊、颗粒剂和保健食品。长沙瑞泰医药塑料包装有限公司投资2000万元，在宁乡经济技术开发区，建设年产5000万套医药塑料包装生产线。农大动物药业被北京伟嘉集团整体收购后，更名为湖南加农正和生物技术有限公司（以下简称加农正和），投资2000万元进行兽药生产质量管理规范（GMP）改造；湖南天龙投资983万元，实施三子强肾胶囊生产线技术改造项目，新建一条年产5000万粒胶囊生产线，并通过国家药监局GMP验收。长沙正阳药用胶囊有限公司总投资580万元，建设胶囊生产线8条，新增空心胶囊20亿粒。湖南益康生物高科技有限公司实施的高产优质北虫草子实体生产技术研究项目，通过湖南省科技厅组织的科技成果鉴定。五福堂实施的保健酒项目，列入湖南省火炬计划项目。湖南制药有限公司通过招商引资，开发四方水果农贸市场，停止医药产品生产；威尔曼制药总体搬迁至浏阳生物医药园；长沙制药厂破产终结。

是年，全市生物药物制造业规模以上企业5家，从业人员388人，全年完成工业总产值2.56亿元，利税总额5975万元，固定资产净值9817万元。全年生产化学原料药313吨、中成药7642.67吨。

2005年始，长沙围绕兴工强市战略目标，依托支柱产业扶优引强，生物药物行业发展速度加快，增强企业发展后劲。2001—2005年，浏阳生物医药园累计注册企业143家，被商务部确定为国家医药出口基地。2005年，湖南美可达生物资源股份有限公司成立（以下简称“美可达生物”），注册资金810万元，位于浏阳生物医药园。湖南省三力实业有限公司成立（以下简称“三力实业”），其前身为湖南省浏阳市医用仪具厂，主要由浏阳市三力医用科技发展有限公司等企业实体组成。长沙天康生物制品有限公司投资3600万元，在长沙隆平高科技园建设现代化生产工厂。九芝堂股份完成工业、商业的战略整合，设立博士后科研工作站，注册的“九芝堂”补肾固齿丸，被评为中国最具文化价值品牌。迪诺制药自主研发的阿奇霉素干混悬剂新产品，获准国药批号；全年实现销售1.2亿元，创利润1200万元。

康普制药建设的占地5万余平方米的生产基地竣工，拥有符合生产质量管理规范（GMP）标准的现代化固体制剂与小容量水针生产车间、冻干粉针生产线，配备有美国PE公司生产的高效液相、气相色谱仪等设备，并建立严格的质量保证监控体系。周宏灏院士领衔的研发团队，自主研制的针对高血压病的个体化药物——治疗基因检测芯片试剂盒，为世界首创，技术水平国际领先。

哈药慈航董事长段燕文联合国际生命科学领域优秀华人青年科学家，发起组建组合生物合成与天然产物药物湖南省工程研究中心，列入湖南国家生物产业基地项目计划。惠霖生命科技和湖南高新创业投资集团有限公司，共同出资组建湖南光琇高新生命科技有限公司（以下简称“湖南光琇”）。

是年，全行业新成立企业2个；总投资3600万元，实施新项目或技改项目1个。全市医药加工业规模以上企业52家，其中亏损企业11家；从业人员8730人，全年生产中成药6016吨，完成工业总产值37.66亿元，利税总额5.27亿元，固定资产净值16.15亿元，与2000年相比，企业增加35家，从业人员增加2157人，产值、利税、资产分别增长3.94倍、2.57倍、3.07倍。

2006年，全行业新成立企业3个；总投资5.53亿元，实施新项目或技改项目8个。长沙推出兴嘉生物、中大生物、五福堂等企业建设与改造项目8个，获评全省生物医药类优秀项目。浏阳生物医药工业园被批准为国家生物产业基地，园区生物医药产值连续多年占全省医药工业总产值的1/3以上，拥有生物医药企业83家，其中48家通过认证，医药科研类企业36家，保健品企业10家，生物农业企业16家，成为全国医药企业和生产质量管理规范（GMP）药企最集中的开发区。

湖南有色凯铂生物药业有限公司成立（以下简称“有色凯铂”），位于浏阳经济技术开发区，是湖南有色金属控股集团有限公司控股的子公司，从事化学合成原料药和中间体的研发与生产。人类干细胞国家工程研究中心总投资1.09亿元，先后完成人类胚胎干细胞生产质量管理规范（GMP）、胎盘及其附属组织公共干细胞库药物非临床研究质量管理规范（GLP）等实验室建设。福来格投资1亿元，在浏阳生物医药园建立湖南宝利士生物技术有限公司，厂区占地6.67公顷。九典制药投资4268万元，实施抗感染新药地红霉素项目，列入长沙市企业重点技术创新项目计划；建设的原料药（奥硝唑、塞克硝唑）生产线投产，年产能提高到奥硝唑100吨、塞克硝唑50吨。

新中药机投资3200万元，在长沙雨花经济开发区建设研发生产基地。楚天科技实施的年产300套BXSZ1/20新型高速安瓿洗烘灌封联动机组项目，获得湖南省技术改造项目补助资金35万元，是年，产销额突破2亿元，利税首次突破5000万元大关。湖南诺德生物科技有限公司总投资2000万元，实施年产青蒿素15吨项目。九典制药总投资1893万元，实施的现代蒙药抗生素——协日嘎四味汤胶囊技术创新项目，列入长沙市企业重点技术创新项目计划，并被认定为省级企业技术中心；全年实现产值过亿元，利税过1000万元。

康普制药更名为康普药业股份有限公司（以下简称“康普药业”），被认定为市级企业技术中心；全年完成销售收入1.2亿元，利税总额3000万元，被评为全市的利税大户企业。兴嘉生物建设的生产基地和研发中心在浏阳生物医药园落成，成立子公司——长沙兴加生物技术有限公司。湖南嘉彩药业有限公司更名为湖南方盛堂制药有限公司（以下简称“方盛堂制药”）；景达生物设立博士后科研工作站，申报国家生物工程技术研究中心。是年，全行业生产中成药5788吨。

2007年，长沙通过实施“双百”工程，加快企业自主创新步伐，推进新型产业快速发展，企业自主创新能力、装备技术水平和产品科技含量大幅提高。是年，全行业新成立企业2个；总投资2.30亿元，实施新项目或技改项目2个。

长沙佳视医疗器械有限公司成立，注册资金2000万元，位于长沙浏阳经开区，主要生产经营一类、二类和三类医疗器械等。大邦（湖南）生物制药有限公司成立（以下简称“大邦生物”），注册资金1961.66万元，位于长沙高新技术产业开发区，主要从事医药生物活性产品、药物中间体、原料和药物制剂的开发、生产和销售。恒生医药投资2亿元，兴建湖南省“双百”项目工程——中药产业现代化基地。东风药业完成投资近3000万元，在浏阳建成的总面积3.64万平方米现代化制药基地，全部通过生产质量管理规范（GMP）认证；全年收入1.3亿余元，实现利税1040余万元，成为长沙西药行业成功改制的一面旗帜。

三力实业投资建设的占地8.8万平方米新研发生产基地，竣工投入使用，拥有5条从韩国进口的全自动生产线，全面通过欧盟CE指令认证和中国医疗器械质量认证（CMD）。九芝堂股份全年实现产值7.8亿元，利税2亿余元，被《医药经济报》评为中国制药工业“百强”企业。迪诺制药全年实现产值2.7亿元，利税过千万元，被长沙市评为利税大户。福来格组建湖南省医药工业用酶工程技术研发中心，被湖南省科技厅认定为高新技术企业。九芝堂股份、康普药业均被认定为省级企业技术中心。

千山药机建成国内首创吹瓶、洗灌封一体机聚丙烯（PP）塑料瓶大输液自动生产线，实现生产过程全封闭、洁净无菌、自动化生产；研制出SRD7500非聚氯乙烯（PVC）膜软袋大输液自动生产线，生产速度7500袋/小时，为国内最高水平，被认定为省级企业技术中心。汇一药机自主研发成功二合一高速非聚氯乙烯（PVC）膜软袋大输液系列自动生产线。是年，全行业生产中成药7229吨，尔康制药自主研发的复方甘草片投入生产，湖南制药有限公司实施政策性破产。

2008年，长沙医药行业实施高端原料药重大专项，支持新药的开发，重点支持生物减肥药、生物饲料和生物兽药等生物技术产业化、医药检测平台建设。当年，全行业新成立企业 3 个；总投资 2.90 亿元，实施新项目或技改项目 21 个。湖南圣湘生物科技有限公司成立（以下简称“圣湘生物”），位于长沙高新技术产业开发区，注册资金 3000 万元，主要从事临床生物诊断试剂、仪器、新药的研发与生产。湖南普道医药技术有限公司成立（以下简称“普道药技”），注册资金 2000 万元，位于长沙高新开发区，主要从事食品科学技术、植物提取物、药品、生物制品研发。

景达生物联合军事科学医学院基础医学研究所等 4 家单位，组建免疫诊断试剂国家工程实验室（湖南基地）；投资 2000 万元，建设染色体工程、细胞工程、单倍体工程和分子细胞工程研发平台 4 个。楚天科技总投资 1.6 亿元，建设的楚天科技工业园二期项目工程，列入湖南省“双百”工程。迪诺制药总投资 5200 万元，实施复方双氯酚酸钠注射液、奥利司他胶囊等 8 个重点技术创新项目。汇一药机投资 2000 万元，从美国进口哈斯数控加工中心等一流生产加工设备；与中南大学联合，共同组建汇一现代药机研制中心；与国防科学技术大学联合，共同实施大输液检测项目——自动灯检机。九典制药总投资 1820 万元，实施的利拉萘酯的研制、左羟丙哌嗪及系列制剂和克林霉素磷酸酯片等技术创新项目 3 个，均列入年度长沙市企业重点技术创新项目计划。

九芝堂蝉联长沙工业“二十强”，并入围“健康中国 2008 中国药品品牌榜”，公司董事长余克建获评“改革开放 30 年湖南杰出贡献人物”和“湖南杰出贡献人物·十大企业领袖称号”。迪诺制药完成股份制改造，成为民营企业，全年完成产值 3.6 亿元，比上年增长 35.6%。威尔曼制药实施的奥利司他项目，获得长沙市科技计划重点项目资助，并取得成果转化项目认定证书，成为公司的主导产品，全年实现产值 4.01 亿元，比上年增长 58.9%。

千山药机自主研发出 16 针高速玻璃安瓿注射剂自动生产线，生产速度 4.6 万支/小时，成为国内制药装备行业的龙头企业。三九医药生产的“999”牌系列产品，品牌价值位居国内制药行业榜首；核心产品有三九胃泰、999 感冒灵、999 皮炎平、正天丸、参附注射液、新泰林（注射用五水头孢唑啉钠）等，单品种年销售收入均超过亿元，其中“999”牌感冒灵系列产品超过 8 亿元、“999”牌皮炎平近 5 亿元。三力实业通过 ISO9001 质量管理体系认证，发展成为全省医疗器械生产在线监管的示范企业，被认定为湖南省高新技术企业。

是年，全市生物药物制造业规模以上企业 8 家，从业人员 1490 人，全年完成工业总产值 12.33 亿元，利税总额 2.37 亿元，固定资产净值 1.61 亿元，与 2004 年相比，企业增加 3 家，从业人员增加 2.84 倍，产值、利税、资产分别增长 3.82 倍、3.09 倍、64.29%。全年生产中成药 7886 吨，生产片剂 1.58 亿片，

2009 年始，长沙医药工业在推进产业转型升级引领下，发展先进制造业，积极培育精密制造、生物医药等，并重点发展生物医药。是年，全行业新成立企业 2 个；总投资 3.96 亿元，实施新项目或技改项目 19 个。长沙海润生物技术有限公司成立（以下简称“海润生物”），注册资金 1158 万元，位于湖南麓谷国际医疗器械产业园内，主要从事银离子抗菌医用敷料、生物凝胶敷料等产品研制和生产。湖南比扬医疗科技有限公司成立（以下简称“湖南比扬科技”），注册资金 3048 万元，位于长沙岳麓高新区，以经营医疗器械为主，涉及家用电子类、医疗电子类等。三力实业投资 1.5 亿元，建设设备先进的采血器生产、科研基地，拥有符合生产质量管理规范（GMP）标准的 10 万级净化车间 1 万余平方米。

湖南天劲制药有限公司总投资 1.2 亿元，实施强骨生血口服液生产线建设项目。九典制药总投资 6405 万元，实施的氯沙坦钾研制、双天补肾口服液研制等技术创新项目 3 个，均列入年度长沙市企业重点技术创新项目计划。迪诺制药总投资 4190 万元，实施盐酸氨溴索注射液、硫酸异帕米星原料+注射

液、甲磺酸培氟沙星注射液、丙酸氟替卡松乳膏、吉法酯+片、茶碱氨溴索+片剂+胶囊+口服液、氯雷他定片、阿莫西林克拉维酸钾分散片等13个技术创新项目，均列入长沙市企业重点技术创新项目计划。普道药技总投资2000万元，实施的复方左愈胶囊研制技术创新项目，列入年度长沙市企业重点技术创新项目计划。

康普药业采用广东易飞公司研发的企业资源计划（ERP）管理系统，经过5年磨合，形成以企业资源计划（ERP）系统为主轴，其他多种辅助性信息平台综合应用的信息化管理系统，实现由粗放管理向精细化管理的转变，年销售收入实现2亿元，利税总额3000万余元。

威尔曼制药自主研制的国家一类创新药物——注射用头噻肟钠舒巴坦钠，获得国家食品药品监督管理局颁发的新药证书和生产批件，是湖南省近10年首个获批的国家一类新药，全年实现产值5.2亿元，比上年增长30%。双鹤医药跻身全国化学制剂制造行业效益“十佳”行列，位列第七位。迪诺制药自主研发的埃坡霉素B注射液菌株发酵技术研究项目，列入湖南省战略新兴产业科技攻关重大项目，填补国内原创抗肿瘤药物的市场空白。千山药机实施的全自动智能灯检机项目，列入国家高技术研究发展计划。是年，全行业生产中成药8429吨。

2010年，长沙生物医药产业以浏阳生物医药园区为核心区，聚集在浏阳生物医药园、长沙高新区、开福区、暮云工业园等专业园区，成为中国中部地区第一个国家级产业基地，入园企业有120余家，全年实现工业总产值171亿元，占全省生物医药产业的40%，缴纳财政税收5.2亿元，形成全省生物医药产业发展的核心区；全年引进项目26个，招商引资到位资金21亿元，完成固定资产投入43.5亿元，园区核心企业九芝堂股份、九典制药等，位居全省医药工业“十强”行列。

全行业总投资4.36亿元，实施新项目或技改项目32个。赛法特（长沙）生物技术有限公司总投资2亿元，建设蛋白质工程研究中心和深加工生产线。湖南天劲制药有限公司总投资1.2亿元，实施强骨生血口服液生产线技改项目。泰尔制药总投资6406万元，实施成长“金维”牌多维营养素片、优质蛋白粉、钙镁D咀嚼片、衍年骨晶片等10个项目，均列入年度长沙市企业重点技术创新项目计划；承担中国“十一五”期间（2006—2010年）重大科技支撑项目，并成为世界卫生组织（WHO）在中国的科研课题合作者。九典制药总投资4650万元，实施熊胆牛黄胶囊、康心复脉颗粒、降脂消斑片、镇眩通络胶囊等技术创新项目9个，均列入年度长沙市企业重点技术创新项目计划。

华纳大药厂投资580万元，实施恩替卡韦原料及制剂、西沙必利原料、前列安通胶囊、肾炎四味胶囊、银杏叶片分散片等11个重点技术创新项目，列入年度长沙市企业重点技术创新项目计划。佳信佰集团收购王中华生物70%的股权，企业更名为湖南佳信佰生物技术有限公司。圣湘生物在长沙高新技术产业开发区启动科技产业园建设工程，项目占地2.5公顷，依托自主开发的“磁珠法”“一步法”“自动化”三大技术平台，实施病毒性肝炎、结核、禽流感、手足口病和多种性病病原体等领域研发，通过高新技术企业认定，并获评为湖南省18家示范性医药企业之一。千山药机组建博士后科研工作站，实施的高速医药灌装自动化生产线智能灯检机项目，列入国家火炬计划。中一药机开发的新产品有七大系列、80余个品种，被认定为湖南省高新技术企业。九芝堂股份被科技部认定为国家火炬计划重点高新技术企业。三九医药变更为华润三九医药股份有限公司（以下简称“华润三九”），收购黄石、南昌、淮北等地的制药企业，扩大生产规模。长沙市博泰生物科技有限公司推出的博泰生物股票，在德国法兰克福上市。恒生医药被广药集团收购。

是年，全市医药加工业规模以上企业71家，从业人员1.83万人，完成工业总产值133.69亿元，利税总额27.65亿元，固定资产合计26.96亿元，与2005年相比，企业和从业人员分别增加19家和9612人，产值、利税、固定资产分别增长2.46倍、4.25倍、3.45倍。

2011年，长沙生物医药产业形成现代中药创新及特色中药、高端原料药及制剂、抗肿瘤药物、药用辅料、生物诊断试剂、疫苗、动物保健药产业。是年，全行业总投资3.95亿元，实施新项目或技改项目21个。德邦（湖南）生物医药有限公司总投资2亿元，实施天然植物提取物迷迭香酸（多酚）、熊果酸项目。普道药技投资9710万元，实施康心复律颗粒、熊胆牛黄胶囊、降脂消斑片等技术创新项目，列入年度长沙市企业重点技术创新项目计划。九典制药总投资3770万元，实施磺酸帕珠沙星及制剂、军素系列制剂、加替环合酯、胃康宁颗粒、琥珀酸亚铁蛋白及系列制剂的研制等重点技术创新项目16个。湖南美可达生物资源股份有限公司总投资6000万元，建设的兽药生产质量管理规范（GMP）车间通过验收。

九芝堂股份驴胶补血颗粒、斯奇康、浓缩丸系列年销售额过亿元，裸花紫株片、乙肝宁颗粒等销售额过千万元，企业综合经济实力在湖南省医药行业排名第一，在全国医药上市公司中排名前“二十强”。华润三九通过实施外延式发展，全年实现营业收入55.25亿元，比上年增长26.58%。迪诺制药完成工业总产值达5亿元，上缴税收1128万元，成为全市的利税大户企业。尔康制药上市，成为长沙药用辅料第一家上市企业。千山药机通过上市发行股票，募集资金4.65亿元。三力实业实施的惰性胶开发与产业化项目，被列入湖南省科技计划项目和长沙市科技计划重点项目，产品销售网点遍及全国各地，出口至亚、欧、美等洲的30余个国家，市场占有率居亚洲同行业首位。方盛制药获得湖南省心脑血管药物工程技术研究中心资质，发展成为国家火炬计划重点高新技术企业。尔康制药上市，进入创业板指数样板股，注册资金增加到2.39亿元，成为长沙药用辅料第一家上市企业。

是年，长沙市规模以上企业统计范围由国有及年销售收入500万元以上企业变更为国有及年销售收入2000万元以上企业，全市医药加工业规模以上企业62家，从业人员1.44万人，完成工业总产值151.80亿元，利税总额26.21亿元，固定资产27.55亿元。

2012年，全行业总投资3.51亿元，实施新项目或技改项目31个。重点支持生物与新医药、先进装备制造等重点领域的科技攻关、成果转化和产业化项目，培育新医药优势产业集群发展，生物医药产业快速崛起，全行业规模以上工业总产值增速高出全市平均增速12.1个百分点。浏阳生物医药工业园全年实现工业总产值375亿元，比上年252亿元增长48.81%；新引进项目21个，总投资114亿元，为历年之最。

湖南明康中锦医疗科技发展有限公司创建并投产。金沙药业总投资1.2亿元，实施科技园项目工程建设，其中接骨七厘片生产线技术改造项目，获湖南省中小企业发展专项资金420万元。佳信佰生物总投资1.2亿元，实施二期建设工程。九典制药收购湖南大拇指生物药业有限公司，投资8010万元，实施复方左愈制剂、氟比洛芬巴布贴、布洛芬及系列制剂、依托度酸及系列制剂等13个重点技术创新项目。华纳大药厂投资1630万元，实施西沙必利原料、磷酸二氢钠与氢二钠原料等重点技术创新项目15个。康宝莱蕾硕（湖南）天然产物有限公司总投资1500万美元，实施一期建设项目。三诺生物在深圳证券交易所创业板上市，募集资金5.8亿元。

九芝堂股份综合经济实力在全省医药行业排名第一位，在全国医药上市公司中排名“二十强”之列，被认定为国家创新型试点企业、国家中医药管理局重点学科建设单位，获得湖南省最高质量奖—省长质量奖。安邦制药研发的银黄清肺胶囊，列入长沙市科技技术重大专项——中药创新关键技术研究及产业化项目，进入国家药监局非处方药（OTC）甲类品种，纳入国家医药产业“十二五”（2011—2015年）规划重要项目。迪诺制药自主研发的“诺福素”，获得国家“十二五”重大专项支持；研制的奥利司他胶囊，获得国药准字批件；被认定为湖南省高新技术企业；通过实施生物与新医药技术改造项目，列入国家火炬计划重点高新技术企业。

东风药业针对原材料成本大幅上升的困难，实施竞争上岗，压缩用工 40%，通过狠抓节能降耗工作，开展劳动竞赛，全年实现销售收入 1.8 亿元，利税总额 800 万元。尔康制药进入创业板指数样板股，注册资金增加到 2.39 亿元，入选国家火炬计划重点高新技术企业。景达生物实施的血吸虫病疫苗项目，列入国家高技术研究发展计划和“十二五”科技攻关计划；实施的基因重组葡激酶试剂盒项目，列入国家科技部“火炬计划”；实施的丙肝抗原检测项目，列入国家“十二五”科技攻关计划。

长沙医疗器械制造业形成一定规模，规模较大的有千山药机、中一药机、楚天科技、汇一药机、三力实业等。其中，千山药机先后研制开发出具有国际先进水平的高新技术产品百余种，制订起草 5 项行业标准；三力实业拥有先进的人体静脉血样采集容器生产线 11 条，形成一次性使用自动静脉采血器完整的生产链，年生产能力达 6 亿多支，发展成为亚洲规模较大、产品种类齐全、质量有保证的一次性使用自动静脉采血器专业生产、销售基地。

是年，全市医药加工业规模以上企业 64 家，从业人员 1.49 万人，全年完成工业总产值 198.02 亿元，利税总额 21.46 亿元，固定资产合计 30.79 亿元，与上一年相比，企业增加 2 家，从业人员增加 500 人，产值、利税、资产分别增长 30.45%、-18.12%、11.89%。

表 17-6-1-1　　1988—2012 年长沙市医药工业经济指标一览表

年份	企业数（家）	从业人数（人）	工业总产值（万元）	固定资产净值（万元）	利税总额（万元）
1988	14	5697	15558	4329	3207
1989	15	6252	14801	5056	2503
1990	17	5220	23814	6292	2098
1991	15	6915	23352	7610	2716
1992	17	—	25530	8058	3311
1993	20	—	33586	11484	3186
1994	19	7786	38326	8846	496
1995	38	—	45111	10925	532
1996	27	—	60677	16828	600
1997	25	6714	58214	25380	4231
1998	15	6116	59525	30613	6543
1999	15	6412	68932	33958	8690
2000	17	6573	76170	39641	14753
2001	23	6147	91278	56604	15608

续表 17-6-1-1

年份	企业数（家）	从业人数（人）	工业总产值（万元）	固定资产净值（万元）	利税总额（万元）
2002	30	6667	134962	86476	23153
2003	38	7276	192161	103090	34527
2004	42	7397	266303	88196	43794
2005	52	8730	376623	161537	52691
2006	59	10302	517588	167557	67719
2007	60	10854	689463	193614	107743
2008	61	11298	921872	—	122150
2009	66	13492	1176769	—	192988
2010	71	18342	1336903	269568	276468
2011	62	14400	1517998	275480	262063
2012	64	14920	1980238	307889	214570

第二节 产品质量

长沙市医药工业发展面较广，有中药、西药、新兴生物药品以及医疗用材料及器械制造，但都缺乏高科技产品和新产品。其中中药行业初步形成中药工业体系，在新产品开发、质量、工艺设备、技术改造等方面也有一定的基础。中药主要产品有益龄精、参蜂王浆、药酒、当归膏、八味地黄丸等系列；西药主要产品有维生素C片、葡萄糖注射液、氨基己酸、磺胺脒等系列；生物药物发展较为滞后，主要产品只有卡介苗、鱼肝油等。医疗器械产品有43种，其中主要产品有电焊钳、干燥箱、器械柜等，获奖产品有折叠式送药车、节育环等3种。是年，全市中药行业研制新产品15个，被评为“部优”产品1个、“省优”产品12个、湖南省科技进步三等奖1个。长沙中药一厂生产的产品有12个剂型100余个品种，其中被评为“省优”产品6个，生产的“芝”牌益龄精，被授予湖南省科技进步四等奖；与日本星火产业株式会社联合开发出补中益气丸、八味地黄丸、乙肝宁等新产品6个。长沙马王堆制药厂生产的“马王堆”牌西汉古酒，被湖南省医药管理局评为最佳产品。

湖南制药厂生产的“湘药”牌止血敏（化学原料药）、维生素C片、葡萄糖注射液，湘江制药厂生产的“湘江”牌眩晕停片，长沙制药二厂生产的“湘”牌卡介菌素注射液、鹿茸精注射液，均被评为“省优”产品。长沙生化制药厂生产的“常松”牌胃蛋白酶（复），被评为“部优”产品。长沙市人民医疗器械厂与湖南省马王堆疗养院，联合研制的新产品–YLJ微机控制心理音乐治疗机，填补国内这一领域内的空白，获湖南省科技进步三等奖；生产的“礼花”牌电焊钳与长沙仪器仪表厂生产的101–2A恒温干燥箱、湖南仪器仪表总厂生产的HY35型箱体式全防护软X射线机，均被评为“省优”产品。长沙制药厂生产的“长药”牌鲜橙汁鱼肝油，获评湖南省最佳医药产品。湖南医科大学与长沙铁道学院联合研制的HC–ICHA脑内血肿消除仪，被评为北京国际发明展览会银奖。湖南中医学院与新化保健食品厂，联合研制并推出的多维蛋白花及“神农”强身饮料寿而康，在湖南省举办的首届星火计划成果展交会上获星火科技奖。

1989年，全市医药主要产品抽检合格率99.2%，质量稳定率100%；湖南省成立质量管理评审组，对长沙中药一厂和长沙制药二厂等3家企业的质量管理工作进行全面评审，长沙中药一厂获质量管理奖，宁乡县药材公司中药饮片厂炮制的饮片，获全省行业质量第一名。长沙制药二厂坚持把好药品的进货、加工炮制、配药核对关，确保药品质量合格率、配方成功率均在99%以上，被中国药材公司评为药品质量先进单位。是年，全行业开发新产品16个，获“部优”产品5个、“省优”产品10个。全市生产西药产品有化学原料药37种、针剂32种、片剂84种，以及数十种酊水糖浆。湖南制药厂研制的“湘药”牌氨茶碱，获评“部优”产品；生产的“湘药”牌茶碱和无味红霉素、甲氧黄氨嘧啶，均获评“省优”产品。长沙保健制药厂生产的宝宝康，被评为“省优”产品，并在中国妇女儿童用品40年博览会上获评铜牌奖。

是年，长沙市人民医疗器械厂自主研制的G581－500A、G3Sl－300A两种电焊钳，在轻工业部对全国各企业生产的医用电焊钳进行质量评比中获全国第一；该厂生产的折叠式送药车、电焊钳，长沙生化制药机械厂生产的PDZ平板冷冻机，均被评为“省优”产品。湖南医科大学附属医院副教授秦天森自主发明出腰椎穿刺测压系列装置，诊断水平处于国内领先地位。长沙市口腔医院郑建明自主发明的牙颌畸形矫正丝与副簧的连接工艺，在全国第四届发明展览会上获铜牌奖。

1990年，全市医药行业研发出新品种91个，获湖南省科技进步三等奖1个。其中，中药新品种54个（含中成药17个），开发出的驴胶补血冲剂、齐敦果酸等系列新药品，形成一批市场急需的治疗肝炎、心血管疾病等质量好、疗效高的拳头产品。

长沙中药一厂自主研制出肝炎系列新药——葫芦素片、乙肝宁冲剂等中成药。西药行业研制开发出新品种32个，开发的咖啡因等系列新药，成为治疗抗癌等质量好、疗效高的拳头产品。医疗器械制造行业研制开发新产品5个，长沙光学仪器厂自主实施的增光（增视）美容镜的研制及临床应用项目，获湖南省科技进步三等奖。长沙保健制药厂生产的宝宝康，在中国妇女儿童用品40年博览会获铜牌奖。

1991年，全市开发新产品26个，获湖南省科技进步三等奖1个、“部优”产品1个。其中，长沙中药一厂研制成功补中益气浸膏丸等新产品6个，全部出口到日本，创汇170万余元。西药行业开发出胆茶碱、乙酰螺旋霉素片、银解地平片、硫酸小诺霉素注射液等19个。湖南制药厂生产的“湘药”牌无味红霉素，被评为“部优”产品，全年实现产值1亿元。长沙光学仪器厂自主实施的增光（增视）美容镜的研制及临床应用项目，获评湖南省科技进步三等奖。湖南省浏阳市医用仪具厂在国内率先将自主研发的第一支采血器，推向医院临床使用。

1992年，全市医药行业开发新产品18个，获评湖南省科技进步二等奖2个、湖南省科技进步三等奖4个，获国家专利2个。西药企业开发出烟浪丁（尼可地尔）、丙羟茶碱、小儿咳感敏冲剂等新产品9个。

湖南制药厂自主开发的头孢克罗，填补国内新一代口服高效低毒半合成头孢类品种的空白。长沙九芝堂制药厂全年研制出新产品4个，实施的乙肝宁冲剂治疗慢性乙型肝炎实验与临床研究项目，获湖南省科技进步二等奖，列入湖南省首批高新技术重大项目开发计划。长沙制药二厂片剂车间改造工程竣工，开发出国家级三类新药结肠宁，自主研制的健胃愈疡片，在北京国际发明展览会上获国家级新药银奖。中南制药机械二厂自主开发的BXSZ1/20型安瓿洗烘灌封联动机组，获国家科技进步三等奖，DGZ8口服液灌轧机，获湖南省科技进步二等奖。1993年，全市开发出新产品7个，创产值6493万元。长沙制药二厂与湖南医科大学中西医结合研究所联合，实施的健胃愈疡片治疗消化性溃疡临床研究项目，获评湖南省科技进步二等奖。湖南天龙制药有限公司生产维肤膏和三子强肾胶囊，均获发明专利。通过开展群众性质量管理活动，获省级以上优秀质量控制小组（QC）称号7个，其中长沙九芝堂制药厂乙肝宁QC小组，获湖南省一级优秀QC小组和国家中医药局优秀QC小组称号。湖南仪器仪表总厂自主研制的生化分析离心机，获全国火炬计划优秀奖。

1994年始，长沙市医药行业开发新产品26个，获国家专利2个。其中，西药行业开发出萘普生片、盐酸二甲双胍片、速效伤风胶囊等新产品17个。生物药物行业研制出甘草甜素薄膜片、天添营养油、日不落强力抗衰片等新产品5个。九芝堂药业集团全年开发新产品3个，新产品产值占全年工业总产值的70%以上，被湖南省授予科技成果推广综合试点示范企业。湖南天龙制药有限公司研制推出的“槐花”牌维肤膏，获全国星火计划成果金奖、美国国际发明专利金奖、国家新产品奖。中南制药机械二厂自主研制的安瓿灌封机活动轨道新产品，获国家专利。

1995年，全行业开发西药新产品16个。1996年，长沙确定发展的30个拳头产品中，对中成药、原料药给予重点扶植，医药行业全年开发新产品9个。

1997年，全行业开发新产品1个，获湖南省产品质量奖1个。湖南制药厂自主开发的固定化酰化酸，产品质量的各项指标处于国内领先水平。湖南天龙制药有限公司生产的“槐花”牌维肤膏，获湖南省产品质量奖。

1998年始，长沙医药工业重点发展生物制药，开发新产品4个。九芝堂集团自主开发出治疗肝炎用药肝纤素和治疗偏瘫的偏瘫灵新产品，研制的驴胶补血颗粒冲剂，进入中国药典。九芝堂斯奇自主研发出抗病素针剂思齐康，是湖南省首批生产的狂犬疫苗。金沙药业自主开发出“中理”牌接骨七厘片，获湖南省产品质量奖。湖南制药厂自主开发的治疗精神性疾病的药物吗氯呗铵，填补国内空白；东风制药开发出治疗心血疾病的康尔心胶囊和维康胶囊等。

1999年，全行业获国家科技进步二等奖1个、湖南省名牌产品2个、科技进步奖2个。湖南医科大学实施的人体细胞遗传学技术的推广和应用项目，获国家科技进步二等奖。九芝堂股份生产的“神箭”牌驴胶补血冲剂、“芝”牌乙肝宁冲剂，均被评为湖南省名牌产品。湖南省卫生防疫站与长沙市第五医院，联合实施的高效液相色谱法应用抗结核药物学的研究项目，获湖南省科技进步三等奖。湖南天龙制药有限公司开发的“槐花”牌维肤膏，被评为湖南省科技进步奖和名牌产品。

2001年，全行业开发新产品1个，获湖南省著名商标1个、名牌产品1个、科技进步三等奖1个。九芝堂股份注册的“九芝堂”商标，被认定为湖南省著名商标。泰宝制药自主开发的小建中颗粒，被列入国家二级中药保护品种。长沙天康生物制品有限公司自主开发的“王中华”骨钙蛋白口服液，产品国内首创，达到国内领先水平，获评香港（中华）发明专利技术博览会金奖和中华专利技术发展成就奖。长沙慈航药物研究所研制的新型含碘消毒药物获湖南省科技进步三等奖。宏生堂制药的中药提取物、湖南中达鸳马制药有限公司、泰宝制药，均通过国家药品生产质量管理规范（GMP）认证。

2002年，全行业开发新产品2个，获发明专利1个、湖南省科技进步二等奖1个。九芝堂股份通过抓产品质量和新产品研发，获湖南省首届质量管理奖，并被认定为湖南省重点高新技术企业。湖南天济草堂制药股份有限公司自主研发出灯盏花素片、女宝胶囊、益肝灵片新产品。长沙天康生物制品有限公司研制的王中华骨钙蛋白口服液，均获国家专利，被科技部列为年度国家重点新产品和国家科技重点攻关计划。湖南英捷高科技有限责任公司自主研发的不锈钢医疗器械异形件的粉末注射成形技术，获湖南省科技进步二等奖。安邦制药生产基地拥有片剂、胶囊、颗粒剂、抗生素及食品生产5条生产线和中药提取、固体制剂、药品包装、西药制剂、食品生产五大车间，通过国家生产质量管理规范（GMP）。2003

年，全行业获发明专利 2 个，湖南省科技进步一等奖 1 个，湖南省科技进步三等奖 1 个，开发新产品 1 个。安邦制药自主研发的宫环养血颗粒，获湖南省科技进步三等奖；该产品和银黄清肺胶囊，均纳入国家火炬项目计划。福来格生物通过 ISO9001 质量管理体系认证，自主研制的 D–氨基酸氧化酶的制备方法、戊二酰–7–氨基头孢烷酸酰化酶提取纯化方法，均获实用新型专利，被选为湖南省专项引导资金重点扶持的高新技术企业。春光九汇依托湖南省中医药研究院等，研制出中药超微饮片，获湖南省科技进步一等奖。

2004 年后，长沙医药工业为增强市场竞争力，实施名牌战略，名牌与优质产品不断增多。是年，全行业被认定为中国驰名商标 1 个，湖南省著名商标 1 个，获发明专利 2 个、湖南省科技进步二等奖 1 个、湖南省科技进步三等奖 2 个。九芝堂股份生产注册的“九芝堂及图”商标，被认定为中国驰名商标。湖南嘉彩药业有限公司自主开发的妇科止带胶囊，湘雅制药自主研制的主导产品“美尔瑞”牌益脉康片，均获发明专利。九典制药实施的地红霉素原料药及肠溶片产业化项目，获湖南省科技进步三等奖，被科技部认定为国家重点新产品。王中华生物生产的王中华骨宝和骨钙蛋白口服液产品，被评为湖南省消费者信得过品牌和诚信品牌、湖南省农业产业化龙头企业，列入国家星火计划，注册的商标被认定为湖南省著名商标。湖南大学与湖南华源医疗设备有限公司，联合研制的人体深部无损伤热疗机，获湖南省科技进步三等奖。

2005 年，全行业开发新产品 6 个，获发明专利 3 个、湖南省科技进步三等奖 1 个。春光九汇自主开发的中药超微颗粒加工工艺，获发明专利，并申请国际专利。九典制药自主研制的最新一代抗生素大环内酯类抗生素新药地红霉素，属国内首家生产，填补国内空白，技术处于国际先进水平，拥有完全自主知识产权；研发的国家级新药奥硝唑原料药及分散片，获湖南省科技进步三等奖。守护神制药先后自主开发出盆炎净片、愈伤灵胶囊、三七丹参片、降脂减肥片、新生化颗粒等新产品；五福堂投资 1800 万元，自主研制出无极精品商务保健酒。楚天科技建设的 SRD3000 型软袋大输液生产线成功下线，自主研制的液体灌封机、新型液体灌装机，均获发明专利。长沙博童生物科技有限公司开发出胶体金免疫层析全定量分析仪，其中，周宏灏领衔的研发团队，自主研制的针对高血压病的个体化药物治疗基因检测芯片试剂盒，为世界首创，技术水平处于国际领先地位。九芝堂股份注册的“九芝堂”补肾固齿丸，被评为中国最具文化价值品牌。

2006 年，全行业研发新产品 3 个，获发明专利 6 个；被认定为湖南省著名商标 1 个，获国家科技进步二等奖 1 个、湖南省科技进步二等奖 1 个、湖南省科技进步三等奖 1 个。九芝堂股份自主开发的丹膝颗粒，获国家药品监督管理局颁发的新药证书；注册的“九芝堂”补肾固齿丸商标，被商务部认定为“中华老字号”。康普制药开发的石韦胶囊、舒筋活血胶囊，九典制药现代蒙药抗生素协日嘎四味汤胶囊技术创新项目，福来格生物自主研发的 D–氨基酸氧化酶提取纯化方法、7–氨基头孢烷酸的结晶方法，九典制药运用现代中药提取技术和制剂技术，均获发明专利。迪诺制药建成小容量注射液、新建干混悬剂生产线，并对软膏/乳膏车间、原料车间进行改扩建，形成胃肠类、皮肤类、妇科类、心脑血管类、抗生素类、健康养生类、肝胆类为主的产品组合；其中迪诺洛克奥美拉唑肠溶胶囊，进入全国同品种的前三强。

在全省优秀技术创新项目评选活动中，长沙西药行业推出的威尔曼制药、华纳大药厂等项目，被评为医药类优秀项目。长沙蓝马生物饲料有限公司实施的酵母菌与乳酸菌共培生产益生素技术研究及产品开发项目，获湖南省科技进步三等奖。千山药机研发出具有国际领先技术的旋转式吹瓶机、塑料瓶吹瓶洗灌封一体机、7500 瓶/分钟的软袋大输液自动生产线；推出“一模双腔”旋转式吹瓶机，主要性能指标达国际先进水平；与长沙轻工机械有限公司等单位，联合实施的高速灌装生产线智能检测分拣成套装备研制及其推广应用项目，获国家科技进步二等奖。

2007 年，随着新型产业快速发展，企业自主创新能力、产品科技含量与质量大幅提高。全行业研发新产品 2 个，获发明专利 2 个；被认定为湖南省著名商标 1 个，湖南省高新技术产品 2 个，获湖南省科技进步二等奖 1 个。九典制药自主研发的抗菌消炎的中药组合物及其制备方法，获发明专利；注册的“九典”商标，被湖南省工商局认定为湖南省著名商标。安邦制药自主研发的银黄清肺胶囊，开发的宫环养血颗粒，均被评为湖南省高新技术产品。迪诺制药成功研发出国内独家以野生灵芝和野生蚂蚁为君药的原生中药——蚁灵口服液。加农正和自主研制的兽用复方白毛藤注射剂，获国家发明专利；实施的从药用植物中提取免疫增强剂和抗病毒新药研究项目，列入长沙市技术创新项目。绿之韵生物生产的系列产品在国内通过保健食品生产质量管理规范（GMP）认证、药品生产质量管理规范（GMP）认证等 5 项国际权威认证，被评为全国质量管理全面达标优秀单位、中国知名保健（食）品“十佳品牌”。三力实业建设通过欧盟 CE 指令认证和中国医疗器械质量认证（CMD）。

2008 年，全行业获发明专利 3 个，被认定为湖南省著名商标 3 个，获湖南省科技进步三等奖 4 个、湖南省名牌产 1 个。九芝堂传统中药文化被国务院正式公布为第二批国家级非物质文化遗产保护目录；生产的驴胶补血颗粒，获国家知识产权局授权技术发明专利。九典制药自主研发的治疗脾胃不和、用于开胃健脾的药物，获得发明专利。迪诺制药自主开发的补肝肾的中药制剂及其制备方法，获得国家发明专利，注册的“迪诺洛克”商标，被认定为湖南省著名商标。湖南省中医药研究院与紫光古汉集团股份有限公司联合研发的古汉益康源（古汉养生源）片，长沙赢润生物技术有限公司研发的超纯总 RNA 快速提取系统，景达生物与军事医学科学院基础医学研究所联合研发的丙型肝炎病毒核心抗原酶联免疫诊断试剂盒，均获湖南省科技进步三等奖。迪诺制药研发的泮托拉唑钠肠溶胶囊、丙戊酰胺，先后获得国药批号，自主开发的补肝肾的中药制剂及其制备方法，获得发明专利，注册的“迪诺洛克”商标，被认定为湖南省著名商标，三九医药自主开发的皮肤外用药 999 皮炎平软膏，入围“健康中国?2008 中国药品品牌榜”。

2009 年，全市医药行业获国家科技进步二等奖 3 个、湖南省科技进步一等奖 1 个、湖南省科技进步二等奖 2 个、三等奖 4 个，被认定为中国驰名商标 2 个，湖南省著名商标 1 个，湖南省名牌产品 2 个，获发明专利 3 个，开发新产品 3 个。

春光九汇实施的中药超微粉体关键技术的研究与产业化项目，均获国家科技进步二等奖。人类干细胞国家工程研究中心自主研发的新的 HER2/neu 基因改造的树突细胞疫苗，获发明专利。九典制药研发的手性外周镇咳新药左羟丙哌嗪及系列制剂，获湖南省科技进步三等奖。哈药慈航与长沙慈航药物研究所有限公司联合研发的抗癌中药化癥回生口服液获湖南省科技进步二等奖。威尔曼制药自主研制的具有自主知识产权的国家一类创新药物——注射用头噻肟钠舒巴坦钠，获得国家食品药品监督管理局颁发的新药证书和生产批件，是湖南省近 10 年首个获批的国家一类新药，研发的手性外周镇咳新药——左羟丙哌嗪及系列制剂，获湖南省科技进步三等奖。有色凯铂自主研发的帕拉米韦，成为湖南历史上首个国家 1.1 类新药，并成为国家抗禽流感的唯一治疗性药物；实施的新型头孢菌素类抗生素中间体——7-苯乙酰胺基-3-氯甲基头孢烷酸对甲氧基苄酯（GCLE）生产新工艺项目，获湖南省科技进步三等奖。

惠霖生命科技自主研发的细胞因子的组合物及其用途、人类胚胎干细胞无饲养细胞培养体系培养基及培养方法，泰尔制药自主研制的具有戒毒作用的中药及其制备工艺、银杏叶提取物的制备工艺等项目，均获评发明专利。守护神制药生产的“守护神”牌抑菌液、“百艾”牌洗液，均被认定为中国驰名商标。康源制药注册的商标，被认定为湖南省著名商标。湘雅制药研发出“美尔瑞”牌血塞通片和健胃愈疡颗粒，公司被认定为湖南省高新技术企业。美可达生物自主研制的博落回新兽药，取得国内第一个国家二类中兽药新药证书，也是全国第一个中兽药药物饲料添加剂新产品。方盛制药生产的“金蓓贝”牌小儿化痰止咳颗粒、小儿喜食咀嚼片，均被评为湖南省名牌产品。

2010 年，全市医药行业获湖南省科技进步一等奖 1 个、二等奖 1 个、三等奖 4 个，被认定为中国驰名商标 3 个，湖南省著名商标 2 个，湖南省名牌产品 2 个，获发明专利 3 个，开发新产品 2 个。湖南汉森制药股份有限公司与湖南中医药大学联合研发的四磨汤，湖南省药品检验所与湖南恒伟药业有限公司等联合研发的血络通胶囊，分获湖南省科技进步一等奖、三等奖。九典制药实施的抗感染新药——塞克硝唑及系列制剂产业化项目，获湖南省科技进步二等奖，并自主开发出国家二类新药——西尼地平及胶囊。威尔曼制药自主开发的新型抗耐药菌复方制剂（注射用头孢噻肟钠巴坦钠），获湖南省科技进步三等奖。楚天科技注册的“楚天”商标，被认定为中国驰名商标。方盛制药生产的生产的“金蓓贝”牌小儿复方四维亚铁散，获得湖南省名牌产品称号，并获省长质量奖。三诺生物注册的“三诺”牌商标，被认定为中国驰名商标。湖南天龙制药有限公司注册的“槐花 HUAIHUA 及图”商标，被评为湖南省著名商标。五福堂注册的商标和产品，被认定为湖南省著名商标和名牌产品。湖南益康生物高科技有限公司自主开发的降血脂新药——虫草素，获发明专利，并开发出虫草酒系列、虫草胶囊系列、虫草复方胶囊系列富含虫草素系列产品。安邦制药自主研发的银黄清肺胶囊，康普药业自主研制出“康普”牌奥美拉唑肠溶胶囊、“喜来乐”牌补肾益寿片，均获评发明专利。千山药机自主研制的聚丙烯（PP）输液瓶拉伸吹塑成型机，被评为国家重点新产品。

2011 年，金沙药业研发的连知解毒胶囊获湖南省技术发明三等奖，注册的“中理”人用药商标，被认定为中国驰名商标。千山药机自主研制的带双胶塞的大输液软袋、瓶包装用压合式组合盖，均获湖南省专利；生产注册的“注射剂生产设备”商标，被认定为中国驰名商标。方盛制药注册的“方盛”商标，被认定为中国驰名商标。新汇制药注册的“新汇及图”商标、麓山制药注册的“麓山”商标，均被认定为湖南省著名商标。开发的银杏叶胶囊，三诺生物生产的“三诺”牌血糖仪 SXT-1 型、安稳型、安准型，长沙高新技术产业开发区爱威科技实业有限公司生产的“AVE 爱威科技”牌 AVE-76 系列尿液有形成分分析仪，均被评为湖南省名牌产品。新中药机自主研制开发出蒸馏水机、纯蒸汽发生器、配料罐、双效蒸发器等新产品。东风药业开发出“金维康”牌多维元素胶囊、熊胆丸、浓维磷糖浆、四物膏等产品，畅销日本及东南亚各国。

2012 年，被认定为中国驰名商标 1 个，湖南省著名商标 6 个，获湖南省科技进步奖 8 个，发明专利 7 个，湖南省名牌产 6 个。湖南光琇自主开发的低毒性人胚胎干细胞玻璃化冷冻液以及使用该冻存的方法、新的 HER2/neu 基因改造的树突细胞疫苗，拥有自主知识产权，获得发明专利；九芝堂股份研发的连知解毒胶囊、连知抗感胶囊，安邦制药研发的协日嘎四味汤胶囊，惠霖生物自主实施的珍稀药用真菌资源化利用关键技术及产业化项目，湖南五指峰生化有限公司自主实施的畜禽细菌性疫病防治兽药制剂新技术研究与应用项目，圣湘生物开发的智能高灵敏度 HBV 核酸检测试剂盒，均获湖南省科技进步三等奖。三诺生物注册的“王中华”牌非医用营养液、非医用营养粉商标，被认定为中国驰名商标。康普药业注册的“新快康”商标，长沙中岸生物药业有限公司注册的“中岸生物及 SINOLAND”禽畜疫苗商标，均被评为湖南省著名商标。湖南一特自主研制的医院病床患者使用的数字呼叫装置、全数字医用传呼系统、中心制氧远程监控系统，均获发明专利；注册的“一特+英文及图形”商标，被评为湖南省著名商标。湘雅制药注册的“美尔瑞”商标，被湖南省认定为著名商标；生产的“美尔福”牌血塞通片，获评湖南省名牌产品。方盛制药生产的“金蓓贝”牌小儿喜食咀嚼片、小儿化痰止咳颗粒和“方盛”牌藤黄健骨片，均被评为湖南省名牌产品。

是年，全市中药主要产品有驴胶补血颗粒、浓缩丸系列产品、连知解毒胶囊、中药超微饮片、口服液、松栀丸等系列高端中药产品；西药主要产品有帕拉米韦、甲磺酸帕珠沙星、胶体果胶铋、泮托啦唑钠、普卢利沙星、左羟丙哌嗪、左旋奥硝唑、替米沙坦，等高端原料药；药用辅料有硝酸银、无水碳酸钠、弱蛋白银等35个国内独家品种；还有片剂、糖浆、颗粒、膏剂、散剂、胶囊、软膏等系列产品；生物医药主要品种有药物类有生殖健康用药系列产品、病毒性药物系列产品、抗肿瘤药系列产品、保健系列产品、虫草系列产品等，生物检测类产品有血糖仪、试条等系列，医用材料产品有敷料、软膏、喷剂等系列产品；医疗器械主要产品有输液瓶拉伸吹塑成型机、洗烘灌封联动生产线、吹瓶机、塑料瓶吹瓶洗灌封一体机、血液分离离心机、呼吸机、采血器、血糖仪、医疗器具、药品包装盒及各类液体药物包装机械设备等。

第七章　日用品轻工业

1988年，全市日用品轻工业制造业有造纸、印刷、日用陶瓷、化学日用品、家用电器、塑料制品、工艺美术制品、文化体育用品、家具等种类众多，建有规模以上企业1191家，实现工业总产值10.62亿元。主要产品产量：花炮157.13万箱、电视机30.22万台、收录机20.39万台、家用电冰箱12.52万台、机制纸及纸板5.67万吨、合成洗涤剂2.15万吨、肥皂2.26万吨、牙膏6013万支、火柴17.01万件、陶瓷制品5396万件、搪瓷制品2526吨、玻璃制品1.90万吨、塑料制品1.45万吨、自行车5.34万辆、剪刀13.90万把、菜刀64.39万把。

1989年始，长沙市针对前两年经济过热所产生的问题，进行为期3年治理整顿，调整产业结构，限产压库促销，提高经济效益。围绕搞活国有大中型企业这个中心，加强协调服务，采取一系列稳定企业、稳定生产措施，对长沙电冰箱厂等40家企业实行“双保”（国家保证企业主要生产条件，企业保证完成生产任务），予以重点扶持；指导企业全面落实第二轮承包经营责任制，并组织“支、帮、促”服务队到企业帮助和指导工作，全市造纸行业由单一企业承包经营，发展成多形式、多层次承包并举，发展比较平稳。家用电器行业在调整产业结构中，以长沙电冰箱厂为主体，中意电器集团公司集团成员由36家扩展到46家，并在泰国和阿联酋设立分部，逐步走向多元化生产与跨国经营。

1990年，长沙市造纸印刷公司管理的市属14家印刷企业总投资1061万元，引进先进生产设备，生产效益明显提高，每万元投资额产生利税平均2.48万元，高于县属企业5100元；全市包装减损指标实际完成687.33万元，为下达减损指标的102.58%，超额完成省下达的包装减损指标。

1991年，长沙市纸箱厂纸张利用率由81%上升到82.8%，废品率从8%下降到1.5%，为企业降低成本30万元。

1993年，长沙市加快改革步伐，以增强企业活力为中心，采取一系列措施，推动日用品轻工业发展。全市家用电冰箱年产量上升到32万台，日用陶瓷上升到6758万件；造纸及纸制品业66家（亏损企业22家），实现工业总产值2.37亿元，利税总额14万元；印刷业153家（亏损企业31家），实现工业总产值4.29亿元，利税总额1833万元。

1994年，企业改革进一步深化，全市在推行承包经营的同时，引入乡镇企业经营机制。长沙湘建造纸厂整体出租给浏阳市黄金塘纸厂，天伦造纸厂1760纸机租赁给香港南大纸业集团，宁乡农民企业家承租长沙造纸厂。是年，全行业规模以上企业405家，全年实现工业总产值17.36亿元。主要生产机制纸及纸板13.02万吨、日用陶瓷器5158万件、电视机17.50万台、家用电冰箱21.83万台、合成洗涤剂4.44万吨、肥皂2.09万吨。

1995年以后，企业第二轮承包先后到期，为促进企业持续稳定发展，在国企中实行国有资产保值、增值、厂长年薪制和任期目标制为主要内容的经营责任制。是年，规模以上企业统计范围由独立核算企业变更为乡及乡以上独立核算企业，全市造纸印刷行业规模以上企业有296家，实现工业总产值8.38亿元。1996年，长沙市以获批全国第二批“优化资本结构”试点为契机，市政府制定工业企业《优化资本结构试点方案》，出台深化改革、推进技术进步、促进工业生产平稳发展的政策和措施。

1997年始，长沙市开展“工业年”活动。1998年，在亚洲金融危机加剧、国内市场需求不足、企业困难面有所扩大情况下，市政府出台一系列配套改革措施，全面落实“抓大放小”各项政策，促进工业生产发展；经委等有关部门采取措施，依势调整产业结构，扶持高新技术产业和其他有市场、有效益的产品生产。是年，造纸印刷行业实现工业总产值16.67亿元，比1995年增长近一倍，1998年，规模以上企业统计范围由乡及乡以上独立核算企业变更为国有及年销售收入500万元以上企业。

2001年，市造纸印刷总公司所属企业破产1家，进行公司制改造8家，完成和基本完成6家，占公司企业总数40%。全行业规模以上企业862家，实现工业总产值40.52亿元。全年生产机制纸及纸板2.91万吨、日用陶瓷器1.15亿件、家用电冰箱44.54万台、合成洗涤剂7.13万吨、肥皂7912吨。

2003年，长沙以科学发展观为指导，落实国家宏观调控政策，日用品轻工行业进入良性发展阶段。造纸及纸制品业实现工业总产值19.15亿元，利税总额3.49亿元。湖南金沙利彩色印刷有限公司，利税总额首次过亿元，成为长沙市工业20强、高新技术产值前50名企业；全行业利税过1000万元企业4家，利税过500万元企业8家。

2004年，电冰箱、造纸及纸制品工业、印刷业、机制纸及纸板业的产值、产量均大幅上升，其中电冰箱年产量31.67万台，创下历史新高。长沙市开始生产洗衣机，全年生产9.23万台。全行业利税总额过亿元企业1家、过1000万元企业5家、过500万元企业4家。是年，全行业规模以上企业363家，实现工业总产值70.27亿元，与2001年相比，企业减少499家，工业总产值增长73.42%。主要产品产量：机制纸及纸板12.84万吨、纸制品12.85万吨、印刷品374.79万令、各种烟花爆竹220.11万箱、日用塑料制品26.66万吨、家具22.35万件、日用陶瓷2.15万件、合成洗涤剂9.05万吨、肥（香）皂生产5991吨、火柴12.26万件。

2005年始，长沙市遵循市场经济原则，继续加快改革开放，各种产品产量稳步提高。达浒艺术焰火燃放集团和官渡烟花集团成立，浏阳花炮集团化、规模化生产经营进一步提高，全行业实现销售收入37.52亿元、税收6.5亿元。受国内国际两个市场不利因素影响，家用电冰箱产量起伏较大，市场份额越来越小，生产电冰箱55.54万台，比上年减少10.14%。全市生产洗衣机18.39万台。

2005—2008年，在全市工业排行榜中，长沙高新技术产品产值前50名有3家次、利税总额过亿元企业3家次、过5000万元企业6家次、利税总额过1000万元企业56家次。

2008年，全行业建有规模以上企业696家，实现工业总产值251.91亿元。与2004年相比，企业增加333家，工业总产值增长2.58倍。主要产品生产：机制纸及纸板43.87万吨、印刷品1095.99万令、日用陶瓷制品3.51万件、家用电冰箱37.02万台、合成洗涤剂16.70万吨、肥皂5474吨、家用洗衣机55.73万台、烟花爆竹948.45万箱、日用塑料制品6.65万吨。

2009年，受金融危机的影响，日用品行业出现困难，家用电冰箱产量仅15.64万台，比上年减少1.37倍。湖南省金沙利彩色印刷有限公司、湖南省浏阳金生花炮有限公司，利税总额超亿元。

2010年，日用品行业回暖，家用电冰箱年产量达到31.31万台、洗衣机75.53万台、日用陶瓷15.30亿件；造纸印刷行业工业总产值104.88亿元。

2011年，受国际国内形势影响，经济下行压力加大，企业生产经营困难加重，日化品工业市场经济又出现疲软。被列入长沙利税总额过亿元企业3家、高新技术前50名企业1家。是年，规模以上企业统计范围由国有及年销售收入500万元以上企业变更为国有及年销售收入2000万元以上企业。

2012年，湖南金沙利彩色印刷有限公司和湖南省浏阳金生花炮集团，连续四年利税总额过亿元。是年，全行业建有规模以上企业1305家，实现工业总产值543.33亿元。全年生产机制纸及纸板26.71万吨、印刷品182.28万令、家用电冰箱16.5万台、合成洗涤剂15.20万吨、家用洗衣机37.65万台、日用塑料制品1.48万吨。

第一节　造纸及纸制品

1988年，全市造纸及纸制品行业独立核算企业67家，从业人员7361人，实现工业总产值1.25亿元，利税总额1015万元，固定资产净值4828万元，生产机制纸及纸板5.67万吨。主要产品有机制纸及纸板，包括白板纸、有光纸、书写纸、单面胶版印刷纸、防潮纸、箱板纸、绉纹卫生纸、卫生巾纸、瓦楞纸等多种。长沙市造印公司管理天伦造纸厂、长沙造纸厂、湘建造纸厂以及县办浏阳县造纸厂、望城县造纸厂和望城县油毡厂6家造纸企业，从业人员2727人，固定资产净值2345.2万元，完成工业总产值2786.9万元，销售收入3689万元，利税总额292.9万元，其中利润75.5万元。望城县坪塘造纸厂“双兔牌”瓦楞纸，被评为“省优”产品。

1989年，长沙市造纸及纸制品业由单一企业承包经营，发展成多形式、多层次承包并举，生产比较平稳。望城县造纸厂是一家以生产本色包装纸为主的专业造纸厂家，新生产条纹柏油纸及条纹柏油原纸，通过省轻工业厅鉴定，各项质量指标均达到QB829–82标准。条纹柏油纸分平板和卷筒两种，每平方米定量95±6克，具有颜色深绿、透湿度小、耐破、耐热、包装灵活、防潮性能强等特点，适应于香烟、花炮的内包装和机械小件包装、生活用品包装等。天伦造纸厂是长沙市建厂最早的8个国有企业之一，由于生产效益连年下降，成为全市“特困户”，并于10月停产。

是年，长沙造纸厂投资106万元，新增1575短长圆网机一台；湘建造纸厂投资90.8万元，新增1575圆网机一台，第二年投产70%，新增产值200万元、利税25万元。宁乡县造纸厂沩江B级皱纹卫生纸获评“省优”产品。

1991年，长沙市根据中央搞活大中型企业指示精神，调拨资金帮助停产和困难企业启动生产。天伦造纸厂恢复生产，生产白板纸300吨、卫生纸1200吨，实现工业总产值175万元，企业开始出现新生机。望城坪塘造纸厂二号普通瓦楞原纸，被评为1991年“部优”产品。9月，在湖南省第三届对外经济贸易洽谈会上，天伦造纸厂和湘建造纸厂的7个系列79种规格产品与国外客商见面，卫生纸等产品受到外商好评。

1992年，天伦造纸厂投资500万元，引进上海江南造纸厂1760纸机和先进技术，同时与该厂联营开发晒图原纸、电脑打字纸、静电复印纸，减亏101万元。2月，长沙江南纸箱厂更名为长沙造纸包装总厂。长沙造纸厂连续6年亏损，亏损额525万元，负债720万元，在企业十分困难的情况下，精简机构4个，裁减人员73人，改善原材料结构，改传统化学芦浆为进口废纸木浆作为箱板纸面浆，实行全员销售并拓宽销售渠道，实现销售收入520万元，亏损16万元，比1991年减亏117万元。

1993年，造纸公司直属企业长沙造纸厂、湘建造纸厂、天伦造纸厂，由于资金紧张，经营管理不善，改革滞后，生产经营运转不畅。10月，天伦造纸厂破产，并被湖南裕邦产业发展有限公司整体收购，退出造纸市场。是年，全市造纸及纸制品业66家规模以上企业有22家亏损，实现工业总产值2.37亿元，上缴税金1401万元，亏损企业亏损额1986万元。

1994年，湘建造纸厂在停产9个月之后，引进乡镇企业管理机制，以车间为单位实行分块承租，自筹资金启动生产，实现整体搞活。是年，全行业独立核算企业187家，从业人员1.04万人；实现工业总产值3.25亿元，利税总额346万元，固定资产净值6742万元。与1988年相比，企业增加120家，总产值增长1.61倍、利税总额下降65.9%、固定资产增长39.64%。生产机制纸及纸板13.02万吨。

1995年，规模以上企业统计范围由独立核算企业变更为乡及乡以上独立核算企业，全行业独立核算企业106家（其中亏损企业33家），实现工业总产值4.24亿元，利税总额326万元，固定资产净值1.19亿元。

1996年，长沙市针对企业经营不景气，采取多种措施并制定减亏目标，促使造纸行业逐渐回暖，全行业比上年减亏95.5万元，完成市委、市政府下达的控亏、减亏任务。市造纸印刷总公司完成工业总产值6331万元，实现销售产值8409万元。浏阳县造纸厂被列入长沙市升级企业名单。天伦造纸厂在开发和稳定双重压力下，内引外联，将闲置多年1个仓库和2个车间，分别租赁给外来两个企业，安置该厂近百名职工，使企业新增收入。

1997年，全行业独立核算企业123家，从业人员14545人；实现工业总产值7.51亿元，利税总额4898万元，固定资产净值1.31亿元。与1995年相比，企业增加17家，总产值增长76.84%、利税总额增长14.02倍、固定资产增长9.8%。生产机制纸及纸板10.21万吨。

1998年，亚洲金融危机加剧，国内市场需求不足，再加洪水灾害的影响，造纸行业受到冲击，产量下降。是年，规模以上企业统计范围由乡及乡以上独立核算企业变更为国有及年销售收入500万元以上企业，全市造纸行业规模以上企业19家，总产值3.32亿元，利税总额989万元，固定资产净值7750万元。

1999年，浏阳市黄金谭造纸厂张立明租赁长沙油毡厂原纸厂，投入资金400万元改造原纸生产线，新建卷筒纸、挂面纸、烟巾纸3条生产线。

至2000年年底，市造纸印刷总公司所属企业破产1家，进行公司制改造8家，占总公司所属企业总数的40%，下岗职工1172人，占47%，置换职工身份500人，占20%。是年，全市生产机制纸及纸板 2.91 万吨。

2004 年，全行业规模以上企业 43 家，比 1998 年增加 24 家，从业人员 4329 人；当年完成总产值 7.00 亿元、利税总额 7190 万元、固定资产净值 2.04 亿元，与 1998 年相比，分别增长 1.10 倍、6.27 倍、1.63 倍。主要产品机制纸及纸板生产 9.54 万吨。

2007 年后，随着长沙城市建设需求，市轻纺办管理停产的长沙造纸厂和湘建造纸厂两厂纳入拆迁腾地范围，处置设备、厂房、土地资源、妥善安置下岗职工。2008 年，全市生产机制纸及纸板 22.77 万吨。

2010 年以后，造纸行业通过调整经济结构，转变发展方式，连续 3 年全行业产值、产量都明显上升。2011 年，规模以上企业统计范围由国有及年销售收入 500 万元以上企业变更为国有及年销售收入 2000 万元以上企业，全行业规模以上企业 70 家，从业人员 7800 人；全年实现总产值 61.46 亿元、利税总额 6.38 亿元、固定资产 10.26 亿元。

2012 年，市轻纺办管理的 3 家造纸企业全部退出造纸市场，县乡镇造纸企业继续平稳发展。是年，全行业规模以上企业 69 家，从业人员 9143 人；全年实现总产值 74.67 亿元、利税总额 7.11 亿元、固定资产 9.76 亿元，与 2011 年相比，分别增长 215%、11.41%、–5.13%。机制纸及纸板产量 26.71 万吨。

表 17–7–1–1　　1988—2012 年长沙市造纸业规模以上企业经济指标一览表

年份	企业数（家）	从业人员（人）	总产值（万元）	固定资产净值（万元）	利税总额（万元）
1988	67	7361	12470	4828	1015
1989	71	7936	15130	5241	1167
1990	71	8156	15683	5619	1382
1991	64	7994	18916	6028	1175
1992	63	—	21635	5966	1471
1993	66	—	23735	9595	14
1994	187	10421	32495	6742	346
1995	106	—	42444	11920	326
1996	105	—	71223	9499	1454
1997	123	14545	75057	13086	4898
1998	19	2882	33233	7750	989
1999	27	3594	33386	11476	1574
2000	26	3417	37563	10705	1889
2001	32	3313	37193	11306	1685
2002	39	4013	38818	16104	2317
2003	41	4351	52755	15031	5013
2004	43	4329	69954	20415	7190
2005	74	6474	123135	27163	15803

续表 17-7-1-1

年份	企业数（家）	从业人员（人）	总产值（万元）	固定资产净值（万元）	利税总额（万元）
2006	77	6759	145404	17237	31322
2007	78	7019	196687	45654	22698
2008	79	7653	273507	129149	29780
2009	81	8695	386147	—	45629
2010	80	8749	481575	80726	60934
2011	70	7800	614566	102588	63812
2012	69	9143	746740	97582	71092

第二节　印刷　装潢

1988 年，长沙印刷包装行业企业 930 家。其中规模以上企业 71 家，从业人员 8929 人，完成产值 1.28 亿元，利税总额 1777 万元，固定资产净值 6654 万元。主要产品有书刊、报纸、画册、图片、包装装潢及文化纸品等。是年，长沙美术印刷厂生产的凹印包装装潢产品平版装潢、瓷器招贴印刷品被评为“省优”产品，精美糖果包装盒，采用折光印刷新工艺，具有造型优美，印刷质量精湛特点，被评为全国包装工业“部优”产品。

1989 年，长沙市造印行业通过加大投资，引进新技术、新设备，产品质量明显提高。望城县湘江印刷厂先后投资 2600 万元进行技术改造，新上轮转机、电脑照排、双面胶印、四色胶印和塑料彩印生产线。是年，长沙市江南纸箱厂中国茶叶纸箱被评为“省优”产品。8 月，中南地区年度包装印刷产品质量评比会在长沙举行，全市共参评产品 113 件，被评为优秀产品 49 件，占送样产品总数的 43%。其中，长沙市花纸印刷厂的 1843#、1247# 瓷器贴花纸，分别获同类产品第一、二名，长沙美术印刷厂 45 头餐具招贴获评第二名，湘绣包装盒、精美糖果包装盒分别获凸印产品第二、三名。大会推荐长沙市花纸印刷厂、长沙美术印刷厂、长沙市彩色印刷厂等单位的 9 件产品，参加全国行业优质产品评比。在武汉举办的第三届中南地区“中南银里奖”包装装潢设计展览会上，长沙参展包装装潢产品 724 件，其中长沙市包装技术协会罗斯旦设计的“浏阳豆豉”一套二盒系列包装获“银星奖”。

1990 年，长沙印刷行业为增强市场竞争能力，开展技术革新，投资引进先进技术与设备，提高生产效率，经济效益明显提高。长沙市造印公司管理的 14 户印刷企业总投资 1061 万元，引进先进生产设备，提高生产效率。其中，长沙美术印刷厂投资 450 万元，引进西德四色胶印机和电分机，凸印机 5 台；花纸印刷厂投资 300 万元，引进日本高档陶瓷贴花纸设备丝网机；人民印刷厂投资 245 万元引进电脑表格纸印刷配套设备；岳麓印刷厂投资 7 万元，新增四开胶印机一台；长沙彩色印刷厂投资 59 万元，购置四色机制版配套设备和双色胶印机。当年包装业减亏指标 670 万元，完成 687.33 万元。全市商品包装节约纸 663.5 吨，节约木材 3824 立方米，节约塑料 8.85 吨，节约工时 65 万小时，销售增收 313.54 万元，节约其他费用 219.54 万元。中美合资华南彩色印刷有限公司引进 80 年代先进印刷设备，运用现代科学管理方法，采用新工艺、新材料，产品质量达到国际先进水平，该公司员工 54 名，全年完成产值 1061 万元，实现利润 187 万元，年人均劳动生产率 19.6 万元，人均创利 3.44 万元。

人民印刷厂与国防科学技术大学合作，开发账表表格电脑划线新工艺，运用电脑制作账表，取代传统锌线、铅字排版方法，提高工效5倍多，新工艺在全国同行业帐簿印刷中处于领先地位。长沙美术印刷厂凯娜餐具招贴、湖南出口商品包装厂431310N拳击手套纸包装箱、长沙市纸箱厂鲜鸡蛋箱，被评为“省优”产品，长沙江南纸箱厂中意（185升）冰箱包装箱，被评为全国29个包装工业优质产品之一，长沙市纸箱厂的出口瓦楞纸箱，长沙友谊纸箱厂生产的“韶峰SFC51–4彩电包装箱”，被评为“部优”产品。11月，中国包装技术协会、中国包装总公司、中国国际贸易促进会，联合举办CIP90国际包装展览会暨中国包装十年成果展览会，长沙纸箱厂鲜鸡蛋包装箱、长沙美术印刷厂精美糖果盒、长沙巨力胶带厂巨力牌橡胶型压敏胶带纸获金奖，长沙纸箱厂45头出口瓷器包装箱、江南纸箱厂0201型茶叶包装箱、长沙酱品厂金秋牌蒜仁辣酱和麻辣鲜酱包装箱、浏阳县城关出口花炮厂红灯牌“17/8×5/8”大地花开包装箱、长沙酒厂白沙液酒包装箱获银奖。在法国巴黎举办的国际包装评比中，长沙市包装技术协会设计委员会委员，青年设计师孙新华、赵世平设计的“商酒”和“土酒”包装箱，获最高奖“世界之星”奖，是长沙市包装行业首次在国际评比中获得的唯一大奖。

1991年，长沙市纸箱厂莺歌C47–4彩电包装箱和鲜鸡蛋瓦楞纸箱、长沙友谊纸箱厂韶峰SFC51–4彩电包装箱，获评包装工业“部优”产品。市工商银行服务队进驻花纸印刷厂，协助企业盘活资金和开发市场，由1990年亏损133.4万元到当年盈利146.2万元。9月，在湖南省第三届对外经济贸易洽谈会上，长沙参加企业7家，合资和引进5个项目：花纸印刷厂与香港京冠贸易公司合资生产高档用瓷彩绘项目、与香港意图制作公司合资经营小膜花纸出口项目，美术印刷厂与台湾永东实业有限公司合资经营湘和彩印纸出口项目，人民印刷厂引进新加坡塑面账夹设备项目。合资总金额700万美元，其中直接利用港、台资金350万余元美元。为提高企业管理水平，保证包装产品质量，全市包装行业开展生产许可证发放，经中国包装总公司和全国工业产品生产许可证办公室审批，湖南强力集装袋有限公司的柔性集装袋包装产品，第一批获得生产许可证。人民印刷厂攻关票据印刷技术，开发出防伪荧光油墨印刷品和防涂改油墨印刷品并通过省级鉴定，开发的无炭多联电脑复写打印纸，将微机应用于账表票据画线制版，质量功效提高5倍。市造纸印刷公司工艺美术师罗斯旦设计的浏阳豆豉包装盒，获第三届中南地区“中南星”银奖，并同获第三届湖南省银、铜奖各1项。

1992年，湖南金沙利彩色印刷有限公司在长沙经开区成立，注册资本1000万美元，主要经营卷烟包装，彩色包装，广告印刷。是年，长沙纸箱厂鲜鸡蛋瓦楞纸箱、获评“部优”产品。

1993年，全市印刷行业有各种形式生产企业2100余家，其中造印公司直属企业12家，其余均为新闻、机关、厂矿附属企业和区、县集体及个体企业；包装行业有纸、木、玻璃、金属、塑料包装企业100余家，其中市直属企业2家，其余属市一轻、二轻、包装、塑料系统和3县1市郊。长沙市造纸印刷工业总公司投资1110万元，完成技术改造项目6项、基建项目3项。是年，“中国名茶”包装获第五届中南地区“中南星”金奖，“辣酱系列”获银奖。

1994年1月，湖南金沙利彩印有限公司（以下简称“金沙利彩印”）彩印项目在长沙经开区建设，总投资2.1亿元。文华印刷厂、彩色印刷厂等单位部分设备实行公有私营或抵押承包，独立核算，定额上交，使一小部分闲置设备和将要淘汰设备发挥效益。人民印刷厂参照同行业先进水平，重新修订胶印、凸印、电脑打印纸和防伪印刷品质量标准，并实行科室、车间、机台层层承包，成品出厂合格率100%。是年，全行业规模以上企业187家，从业人员1.51万人；实现产值6.11亿元，利税总额1596万元，固定资产净值1.61亿元。与1988年相比，产值、利税总额、固定资产净值分别增长3.77倍、–11.34%、

143%。

1995 年，“沩山毛尖茶”包装盒获第六届中南地区“中南星”优秀设计奖，“沩山毛尖茶”“桂州卫生纸”包装，分获第六届湖南省设计大奖赛银、铜奖。是年，规模以上企业统计范围由独立核算企业变更为乡及乡以上独立核算企业，全市印刷行业规模以上企业 190 家（其中亏损企业有 54 家），实现产值 4.13 亿元，上缴税金 312 万元，全行业亏损 683 万元，固定资产净值 2.17 亿元。

1996 年，长沙印刷行业采取多种措施，狠抓扭亏增盈，减亏效果明显，全行业比上年减亏 45 万元，完成市委、市政府下达的控亏、减亏任务。花纸印刷厂比上年减亏 102 万元，综合经济指标从原来在全国同行业中排名第四位跃居第二位。人民印刷厂在市场竞争激烈和银行定点业务大量流失情况下，全年完成工业总产值 1509 万元，创利润 211.9 万元，成为全市印刷行业龙头骨干企业。湘中印刷厂利用地处城市中心优势发展第三产业，实现工业总产值 370 万元，销售收入 420 万元，上缴税金 15 万元，被评为长沙造纸印刷行业内扭亏增盈先进单位。

1997 年，长沙美术印刷厂获长沙市优秀管理企业。湘中印刷厂、彩色印刷厂、三湘印刷厂把机台出租给本厂职工，由职工自筹资金，承揽业务启动生产；永光印刷厂、永新印刷厂、朝晖印刷厂利用闲置厂房或租赁或合资，新办加工企业 3 个；人民印刷厂、文华印刷厂、湘中印刷厂、伟华印刷厂、岳麓印刷厂等企业利用地处城市中心优势，“退二进三”搞开发，取得较好效益，其中湘中印刷厂工业总产值 370 万元，销售收入 420 万元，上缴税金 15 万元，被评为长沙造纸印刷行业内扭亏增盈先进单位。是年，全行业规模以上企业 227 家，从业人员 1.21 万人；当年实现工业总产值 9.16 亿元、固定资产净值 4.37 亿元，与 1995 年相比，分别增长 121%、20.9%；实现利税总额 1.11 亿元，与 1995 年相比，实现扭亏为盈。

1998 年，亚洲金融危机加剧，国内市场需求不足，再加洪水灾害影响，造印行业受到冲击，印刷业产值由 9.16 亿元（1997 年）降至 5.73 亿元。长沙市加强对市造印行业加强生产许可管理，采取多种形式对包装印刷行业宣传，组织长沙地区部分包装企业参加第六届国际包装展览，引进先进印刷设备与技术，减缓生产下滑速度。望城县出口包装有限公司获得 ISO9001:2000 国际质量体系认证，成为湖南出入境检验检疫站定点生产木制出口包装的唯一专业厂家。是年，规模以上企业统计范围由乡及乡以上独立核算企业变更为国有及年销售收入 500 万元以上企业，全行业规模以上工业企业 21 家，从业人员 6404 人；实现工业总产值 5.73 亿元、利税总额 1.75 亿元、固定资产净值 3.74 亿元。

1999 年，长沙美术印刷厂投入 460 万元，添置北大方正电脑、海德堡对开 4 色印刷机、新上冷式复合塑料包装印刷新工艺；湖南华新包装厂引进德国罗兰大全张双色胶印机；花纸厂投入 10 余万元购置电脑制版设备；人民印刷厂投入 140 万元，新增电脑及单、双色威海滨田印刷机和切纸机各一台；长沙市彩印厂投资 49 万元，购置四色机制版配套设备和双色胶印机。长沙市人民印刷厂，淘汰一批旧设备，投资百万余元新增日本宾田机、计算机照排、八色电脑机等关键印刷设备，提高产品档次和质量。望城县印刷厂投入 1236.5 万元进行技术改造，完成铅排向激光照排转变，完成产值 1521 万元。

2000 年，长沙银腾塑印包装有限公司在宁乡经开区成立，注册资本 1500 万元，是一家专业从事软包装生产型企业，经营范围包装装潢印刷品印刷。2001 年，湖南新华印刷集团落户望城，在园区建设湖南出版科技产业园，占地 16 公顷。长沙美术印刷厂、人民印刷厂两企业利用城市级差地价和城市拆迁收入进行设备技术改造，两家企业累计技改投入资金 2000 万余元，人民印刷厂通过引进新设备，其电脑打印用纸成为全省同类产品科技含量最高的产品之一；美术印刷厂通过技术改造，其生产能力和产品档次均居全市同行业先进水平。望城湘江印刷厂以1818万元整体出售给原厂长杨国良经营，由集体企业改制为民营企业。是年，长沙人民印刷厂改制为长沙市人民印刷有限公司，注册资本651万元；长沙美术印刷厂改制为长沙美术印刷有限公司。

2002年，长沙美术印刷有限公司投资900万余元，购置BP胶印机、晒版机和引进日本小森对开四色机；市人民印刷有限公司斥资80余万元，添置票证双层分切机等设备，增强企业发展后劲。

2003年，湖南金沙利彩色印刷有限公司，获长沙市高新技术产品产值前50名企业。2004年11月，建设历时4年的湖南天闻新华印务公司印务中心在望城经济开发区竣工投产，占地16公顷，拥有固定资产10亿余元，从业人员1600余人，其中专业技术人员448人，从事书刊印刷及装潢。湖南金沙利彩色印刷有限公司，利税总额首次过亿元，成为长沙市工业20强高新技术产值前50名企业。湖南新华印刷集团有限责任公司、长沙市人民印刷有限公司利税总额过1000万元。

是年，全行业规模以上工业企业31家，从业人员5310人；实现工业总产值14.98亿元、利税总额3.28亿元、固定资产净值6.88亿元，与1998年相比，分别增长161%、87.39%、83.75%。

2005年，湖南金沙利彩色印刷有限公司，利税总额过亿元；长沙星沙包装有限公司、长沙银都印务有限公司、长沙市人民印刷有限公司，利税总额过1000万元。

2006年，市人民印刷有限公司投资2500万余元，先后引进日本BF–4000系列八色商用表格轮转印刷机、国际领先水平的美国喷墨系统多层票据轮转印刷线，成为湖南唯一拥有三条喷墨印刷生产线企业；通过引进先进设备和技术，长沙印刷票证系列产品达到全国先进水平。是年，湖南金沙利彩印有限公司，成为长沙市工业20强企业；湖南新华印刷集团有限责任公司，成为长沙高新技术产品产值前50名企业；湖南新华印刷集团有限责任公司、长沙凯诺包装材料有限公司、湖南飞翔制品有限责任公司、长沙健峰彩印实业有限公司、湖南人民印务有限公司、长沙星沙包装材料有限公司，利税均超过1000万元。

2007年4月，长沙超峰印刷有限公司在宁乡高新区成立，注册资本500万元，经营范围包括出版物、包装装潢等印刷品印刷。是年，湖南新华印刷集团有限责任公司、宁乡振邦食品包装有限公司、长沙银腾塑印包装有限公司等8家企业，利税过1000万元。

2008年，湖南运发包装实业有限公司投资1.2亿元，在望城园区创办食品包装基地投产，全年实现产值9327万元。湖南新华印刷集团有限责任公司、长沙银腾塑印包装有限公司、湖南人民印务有限公司等12家企业，利税总额超过5000万元。是年，全行业规模以上工业企业50家，从业人员6816人；实现工业总产值36.98亿元、利税总额5.90亿元，与2004年相比，分别增长147%、80.11%。

2009年，湖南天闻新华印务有限公司获中华印刷大奖优秀奖，公司董事长潘晓山获第十一届毕昇印刷奖"优秀新人奖"、湖南省新闻出版行业第二批技术领导人才称号。

2010年后，长沙市通过调整经济结构，转变发展方式，造印行业产值、效益明显上升。

2011年，望城经济开发区历时5年建设的长沙市永生彩印有限公司投产，公司占地3.5公顷，总建筑面积1.7万平方米，固定资产1.6亿元，员工350人，全年实现产值5150万元、利税386万元。是年，规模以上企业统计范围由国有及年销售收入500万元以上企业变更为国有及年销售收入2000万元以上企业，全行业规模以上企业43家，从业人员6800人；全年实现总产值65.67亿元、利税总额8.76亿元、固定资产净值13.86亿元。

2012年，台湾统一实业股份有限公司投资11亿元，在望城园区建设包装项目基地，设计年产值15亿元。长沙美术印刷有限公司主攻湖南省外贸装潢印刷品市场，承担长沙市外贸装潢印刷任务的70%以上；湖南人民印务有限公司主攻湖南票据印刷市场，成为湖南省（市）税务局、湖南省财政厅及各大银行有价票据定点印刷企业，开发出8个系列420余个品种，成为全省同类产品科技含量最高的拳头产品，占领长沙票据印刷全部市场并覆盖全省。湖南天闻新华印务有限公司被新闻出版署评选为全国首批“印刷复印示范企业”，在全国印刷行业首次信用等级评定中，获得“AAA”级最高信用资质。湖南金沙利彩色印刷有限公司连续9年利税总额过亿元，均受到市委、市政府表彰。是年，全行业规模以上企业55家，从业人员8568人；实现总产值89.64亿元、利税总额11.03亿元、固定资产净值17.49亿元，与上一年相比，分别增长36.5%、25.87%、26.16%。

表 17-7-2-1　　1988—2012 年长沙市印刷装潢业规模以上企业经济指标一览表

年份	企业数（家）	从业人员（人）	总产值（万元）	固定资产净值（万元）	利税总额（万元）
1988	71	8929	12820	6654	1777
1989	115	11044	21813	9066	2172
1990	124	12583	22715	10547	1788
1991	122	11944	30312	11106	2535
1992	115	—	34190	11454	2662
1993	153	—	42937	17199	1833
1994	187	15076	61113	16153	1596
1995	190	—	41340	21722	-683（利润）
1996	170	—	71513	26262	561
1997	227	12081	91601	43719	11059
1998	21	6404	57308	37440	17477
1999	19	6054	53169	43483	12888
2000	18	5265	72753	43148	23284
2001	19	5188	87758	45204	29010
2002	27	5207	124401	43148	26799
2003	31	5354	138756	49486	29930
2004	31	5310	149803	68796	32751
2005	38	6133	191006	58313	34491
2006	41	5839	229368	81684	45508
2007	48	6562	302760	105068	52793
2008	50	6816	369846	—	58989
2009	55	6785	447877	75454	75454
2010	58	7440	564244	183223	96863
2011	43	6800	656718	138601	87599
2012	55	8568	896420	174864	110264

企业选介

湖南人民印务有限公司。前身系长沙人民印刷厂，始建于1956年，集体所有制企业。占地6000平方米，建筑面积1.62万平方米。主要生产经国家工商注册的“金录牌”系列会计账表、凭证、联单、票据和电脑打印票据8个系列420余个品种。主要设备138台（套）。1992年，该厂与港商合资创建湖南茂源纸品有限公司。1997年，被列为改制试点企业。2001年1月改制，注册为“长沙市人民印刷有限公司”，注册资本651万元。2005年年初，公司搬迁至麓谷工业园区，占地3.33公顷，建筑面积3.1万平方米。2006年6月，更名为“湖南人民印务有限公司”，注册资本1000万元。2003—2006年，公司投入2000万元进行技术创新和设备改造，先后引进国际领先水平的喷墨系统和国内领先水平的多层票据印刷先进设备，全面主攻湖南票据印刷市场，成为湖南省（市）税务局、湖南省财政厅及各大银行的有价票据定点印刷企业。2005—2009年，公司通过国际标准化组织（ISO）认证、环境管理体系认证和职业健康安全体系认证。2012年，公司从业人员304人，总资产7964万元，实现工业总产值4710万元，销售收入5271万元，利税总额1137万元。

第三节　烟花鞭炮

长沙制造烟花鞭炮历史悠久且驰名中外，其中浏阳是长沙市烟花鞭炮主产地。1988年，全市建有鞭炮制造企业593家，生产花炮157.13万箱，实现产值1.71亿元，产品有2200余个品种。知名企业有浏阳城关出口花炮厂、浏阳县达浒出口花炮厂、浏阳县城西出口花炮厂、浏阳县大圣出口花炮厂等。花炮工艺美术大师曾培敢发明的花炮产品“大地花开”几十年长盛不衰。浏阳花炮以产品优良和花色品种多样走出国门，主要出口美国、德国、日本、瑞士和挪威，所占份额一直为世界第一位。浏阳城关出口花炮厂红灯牌“百花园”烟花、红灯牌0168A天女散花烟花、红灯牌“花烛”烟花，浏阳县牛石出口花炮厂红灯牌0341奥林匹克火炬烟花、浏阳县达浒出口花炮厂花桥牌仙鹤献宝烟花、浏阳县城西出口花炮厂0121红梅映雪烟花、浏阳县大圣出口花炮厂红灯牌0889天宫乐烟花，被评为“省优”产品。

1989年始，全市花炮生产虽然遇到资金不足、原材料价高不下、企业费用增加、市场竞争激烈等困难，但仍生产鞭炮烟花170.02万箱，实现产值1.97亿元。其中：出口企业生产110.28万箱，实现产值1.03亿元；内销企业生产59.74万箱，实现产值9381.9万元。浏阳县城关出口厂、县出口厂、文家市出口厂年产值均过1000万元。1990年，连心出口烟花厂连心牌“采莲”烟花、金刚出口花炮厂红灯牌“蜡梅报春”烟花、城关出口花炮厂红灯牌“富士之樱”烟花，被评为“部优”产品，出口礼花厂的金麟银葵烟花被评为“省优”产品。

20世纪90年代，随着科技进步与发展，浏阳烟花出现电子点火头，烟花燃放由电脑控制、电子、遥控点火，使现代烟花、焰火燃放更加安全，表演形式也更加艳丽、丰富多彩。

1991年，浏阳市举办“浏阳花炮节”，此后两年举行一届，浏阳花炮在国内外知名度不断提高。1992年，浏阳生产花炮200万箱，产值4亿元，品种2000余个。

1995年，浏阳市城关出口花炮厂红灯牌“大地开花”烟花，被评为湖南省名牌产品。是年，全行业大力发展股份制企业、私营企业，并取得明显成效，浏阳花炮企业全部改为民营企业。为加强安全管理，建立花炮安全网络与宏观管理调控体系，各花炮主产乡镇和企业按规定配备专职安全员，实行持证上岗，定期培训，基本形成市与乡镇、乡镇与村、村与组、职能部门与企业、乡镇与联村干部、组与村民等六级互联互保安全责任网络，全市花炮生产事故发生率、伤亡人数和经济损失大幅度下降，没有出现重大安全事故。是年4月6日，浏阳被授予“中国烟花之乡”称号。

1998年始，花炮行业通过产权置换，现代化、标准化工厂改造，为建立现代工业迈出坚实一步。是年，浏阳花炮节更名为浏阳国际花炮节，并跻身中国十大节庆行列。

2001年，长沙市建有花炮企业744家，实现产值20亿元。产品分两大系列13个大类，4309个花色品种。

2002年，浏阳取得巴西16千米尼罗伊跨海大桥大型焰火燃放项目审批，并投资100万美元在巴西征购土地66.67公顷，兴建鞭炮烟花生产基地，浏阳成为全球最大的花炮产业基地。

2003年始，花炮进入集团化、规模化运作。从金生烟花集团成立以后，东信、光远飞鹰、福祥、文化山、万乐、吉腾、河口7家花炮集团相继成立。

2004年，长沙市建有规模以上焰火制品生产企业209家，实现产值21.4亿元。与2001年相比，企业减少500余家，总产值增长7%。生产各种烟花爆竹220.11万箱。浏阳市枨冲镇金生烟花制造有限责任公司，利税过1000万元；浏阳市庆泰出口花炮厂、浏阳市银达利出口花炮厂、浏阳市东宇烟花制作有限公司等9家企业，利税过500万元。

2005年，达浒艺术焰火燃放集团和官渡烟花集团成立，浏阳花炮集团化、规模化生产经营进一步提高，全行业实现销售收入37.52亿元、税收6.5亿元。湖南浏阳金生花炮集团、浏阳市庆泰出口烟花有限公司，利税过1000万元；浏阳市永华出口花炮厂、浏阳市颐和隆烟花制造有限公司、浏阳市颐和隆烟花制造有限公司4家企业，利税过500万元。

2006年5月，花炮制作技艺经国务院批准列入第一批国家级非物质文化遗产名录。7月，湖南省培育产业集群规划研讨会在浏阳市召开，浏阳花炮产业集群被列入全省50个重点扶持发展产业集群。2007年，湖南浏阳金生花炮集团，利税过5000万元；浏阳市官渡烟花集团有限公司、浏阳市东信烟花集团有限公司、浏阳信业烟花有限公司等7家企业，利税过1000万元。

2008年，浏阳花炮产业经历冰灾、“2·14”三水港口粤通烟花仓库爆炸，“3·13”黄埔花炮运输车辆爆炸，原材料、工资、运费价格大幅上涨，金融危机等困难。花炮生产经营企业攻坚克难，确保花炮产业稳健发展，各大银行对花炮产业新增贷款5亿元，花炮出口退税由5%提高到13%，使出口花炮企业赢得新的发展机遇。3月，浏阳花炮标准检验所、标准制定委员会和标准审定委员会成立。湖南烟花爆竹产品安全质量监督检测中心全年制定烟花爆竹产品、原辅材料、检验方法国家标准9项，其中获“中国标准创新贡献奖”二等奖2项、三等奖2项。《烟花爆竹劳动技术规程》国家标准、《烟花爆竹安全与质量》国际标准研究两个课题成为国家公益性科研项目。浏阳国际花炮节获“改革开放30周年影响中国节庆产业进程30节”，成为中国最具影响力的节会活动之一，浏阳烟花爆竹总会会长徐强国获“改革开放30周年影响中国节庆产业进程30人”称号。东信烟花集团、熊猫烟花集团，获得北京奥运会开幕式焰火燃放权，焰火燃放设立73个燃放阵地，品种1200余个12万发，燃放时长10多分钟，覆盖面积100余平方千米。

是年，长沙市有浏阳市大瑶棠花出口花炮厂、宁乡县双凫铺镇鞭炮厂、宁乡县靳鑫烟花鞭炮厂等利税超1000万元企业16家。全市规模以上焰火制品生产企业412家，实现产值90.98亿元，创税7.59亿元，与2004年相比，企业增加203家，产值增长3.55倍。生产各种烟花爆竹948.45万箱。

2009年，长沙市实现花炮销售额（含焰火燃放）80.32亿元，其中出口22.98亿元，花炮产业创税

9.06亿元。是年5月，浏阳市庆典烟花制造燃放有限公司设计的长42米、高28米世界最大焰火国旗在市体育中心挑战吉尼斯纪录。6月，湖南华盛烟花有限公司以“浏阳花炮”为名称，在加拿大多伦多证券交易所创业板上市，成为国内首家在北美上市的烟花企业，11月，2009（第三届）中国商标节在青岛国际会展中心开幕，“浏阳花炮”获中国烟花爆竹行业中唯一“2009最具竞争力地理标志商标”称号。湖南省浏阳金生花炮集团利税总额过亿元。

2010年，熊猫、东信等企业联合出资6266万元，收购东信烟花51%股权，实现优势互补。是年，全市研发改良新产品5000余个，专利申请150余件。在首届湖南花炮新产品评比大赛中，浏阳参赛企业包揽全部金奖。浏阳花炮全年实现花炮产业产值91.81亿元，其中出口销售24.15亿元，创税9.72亿元。

2011年，长沙市对橘子洲焰火比赛投入400万元，培训各类高级管理人员、质检员、焰火操作员、文化创意人员等1万余名。全市获得花炮专利352个，其中环保无引线组合烟花获国家专利21个。在湖南省第二届花炮新产品评比大赛入选参赛产品中，浏阳产品占总数80%，并包揽特别金奖和金奖。“多彩浏阳河”“烟花姑娘”“千手观音”等动漫烟花创造出新的吉尼斯纪录，音乐焰火燃放技术成果获得长沙市科技成果转化奖。在2011年地理标志保护与发展交流暨第二次全国地理标志调研报告发布会上，浏阳花炮以808.62亿地标当量，在全国地理标志中排名第五，与茅台酒、五粮液等一起入选全国首批地理标志综合价值指数五星级地理标志。在2011年第二届“中国文化品牌价值排行榜”评选活动中，“浏阳花炮”文化品牌价值1028.17亿元，位居全国第七，也是湖南省唯一进入前十位的文化名片。浏阳国际花炮节获2011年度中国“十大物产类节庆”奖。

2012年，全行业换发安全生产许可证226家，通过标准化企业评估验收760家。推进企业安全生产标准化建设，全年投入建设与技术改造资金5亿余元，通过更新先进新设备和新技术的应用，提高现代化生产能力。全自动组合烟花流水线实现全程电脑控制，实现花炮手工生产向机械化生产转变。安全自动化烟花引线生产成套设备通过省级评审，“新型环保烟花外筒及制造技术研究与应用”项目通过省级科技成果鉴定。全年获花炮专利200余件项，研发和改良安全环保、富有文化创意新产品1000余个，新增中国驰名商标2个、湖南省著名商标10个。“浏阳花炮”地理标志获“入世十年”湖南省知识产权事业最具影响力事件之一、2012品牌中国金谱奖——花炮行业最佳品牌形象奖。湖南省浏阳金生花炮集团连续4年利税总额过亿元。是年，全市烟花爆竹企业1024家，花炮产业实现总产值172.8亿元（其中出口销售24.56亿元），创税10.66亿元。产品有九大类3000余个品种，产能占全国70%。

企业选介

（一）东信烟花集团公司。1996年成立于浏阳市沿溪镇，中国烟花爆竹协会会长单位，国家级非物质文化遗产（浏阳花炮制作技艺）传承与发展基地。2004年，组建为东信烟花集团，注册资金1.12亿元，占地500公顷。下辖总厂、制药分厂、研究院、金桔分厂，另有通标机械、中奇烟花、丽泰烟花、和信股份、东安分公司、东洋贸易、东信置业7个具有独立法人资格的子公司。集团公司具有甲级大型焰火燃放资质，取得2008年北京奥林匹克运动会和残疾人奥运会的开幕式、闭幕式，2009年国庆60周年北京天安门庆典，2010年上海世界博览会，2010年广州亚运会等500余场国内外大型活动的烟花供应和焰火燃放权。

公司设有省级企业技术中心，承担并完成“十一五”（2006—2010年）国家重大科技支撑项目。“东信”商标获“中国驰名商标”“湖南省著名商标”“湖南省国际知名品牌”称号，“东信”烟花产品被评为“湖南省名牌产品”。公司率先在行业内获得ISO9000质量管理体系认证，被评为湖南省信用等级AAA级企业、“世界花炮产业十大最具影响力企业”、“中国轻工业工艺美术十强企业”、“中国花炮百强（十佳）企业”、“高新技术企业”。

公司通过自主创新，先后开发大型音乐焰火燃放控制系统、烟火药自动混合机、全自动化礼花弹敷球机等40余个新产品、新技术，焰火燃放控制系统，获得湖南省科技进步三等奖和长沙市科技进步一等奖，烟火药自动混合机获国家安监总局的第五届安全生产科技成果奖二等奖。主要生产喷花类、旋转类、升空类、吐珠类、小礼花类、礼花弹类、架子烟花、爆竹类、组合烟花9类3000余个品种，产品畅销全国各省市，远销亚洲、美洲、欧洲、非洲等国家和地区。2012年，公司有员工1600人，其中，高级开发人才26人，生产技术人才220人，安全燃放技术人才280人，管理人才290人，具备高级职称7人，中级职称18人，实现产值3.22元、税收2266.08万元、固定资产净值7396.36万元。

（二）金生花炮集团公司。始创于1976年。2003年7月18日，以浏阳市金生红鹰烟花制造有限公司为龙头，组建浏阳市首家花炮集团——湖南浏阳金生花炮集团有限公司，成为中国花炮行业的领军者。总部位于浏阳市人民中路，生产基地位于浏阳西区。2001年，在第十三届澳门国际烟花比赛中夺冠，2006年，在西班牙举行的国际烟花大赛中夺冠。2007年，被列为湖南省经委“十一五”培育发展“50”个产业集群“100”个核心企业之一（烟花鞭炮界唯一企业），被认定为“中华老字号”企业。是年产、销量3亿元，创汇1000万余美元。获“2007年度长沙市利税过5000万元企业”“2007年度长沙市优秀小巨人”“2007年度长沙市企业技术中心”等荣誉，先后获得“中华人民共和国地理标志产品保护单位”（烟花界第一个被保护的企业）、“湖南省公益形象示范单位”、“出口创汇奖”、“出口贡献奖”、“技术创新奖”、“金融诚信单位”等荣誉和奖项。2008年，被评为“中国焰火燃放最具影响力企业”。2011年，公司注册商标“金生”，被商务部列入保护与促进的中华老字号名录，改写长沙市乃至全国花炮行业没有老字号的历史。是年3月，代表中国参加第二届菲律宾国际烟花焰火大赛获冠军。

公司将贸易、生产、燃放融为一体，实现电脑网络化、生产机械化、厂房标准化、管理规范化、公司规模化集团。主营礼花弹、盆花、鞭炮、火箭、喷花、烛光、冷光、玩具系列烟花鞭炮1000余个品种，年销售额过亿元，产品通过ISO9001国际质量管理体系认证，畅销美国、加拿大、俄罗斯、中东国家、东南亚等20余个国家和地区。公司具有A级焰火燃放资质，先后在海内外成功燃放400余场次。2011年，产品销出8.7亿元，利税过亿元，创外汇2000万余美元。2012年，下辖6个分厂，注册总资本5688万元。生产基地面积120万平方米，员工2000余人，其中，管理人员180余人、专业技术人员60余人，成为浏阳自产、自销大型烟花的重点基地，中国最大的花炮生产、经营、焰火燃放企业集团之一。

第四节 家用电器

1988年，长沙市生产的家用电器，种类繁多且应用范围广。按产品功能、用途大致分为：制冷电器、空调器、清洁电器、厨房电器、电暖器具、整容保健电器、声像电器等。是年，长沙电冰箱厂在实行目标管理中，突出质量管理，成立全面质量管理委员会，设立厂长领导下的全面质量管理办公室，各车间配备专职或兼职质量管理员，建立质量控制（QC）小组22个，形成全面质量管理网络；举办全面质量管理知识培训班8期，受训人数500余人，职工的质量意识得到加强；完善以质量否决权为主体的经济责任制，建立健全各类人员岗位质量职责制 148 条，制定产品整机标准 10 种，零部件标准 32 种，原材料及工艺工装标准 44 种。同时，投资 200 万元，建立国内一流的电冰箱测试检验中心，实现生产过程计量测试手段微机化；对原材料实行严格的检验，经分析化验合格方能进入生产车间，对关键工位设立质量控制点 11 个，并试行质量保证金办法，产品质量稳定，电冰箱合格品率 100%，被评为湖南省质量管理先进单位。生产的“中意牌”BCD185A 双门电冰箱，获得国家银质奖章和全国工业产品创汇“金龙腾飞”银质奖。湖南电视机厂总产值和销售收入均超 2 亿元，利税总额超 2000 万元，生产电视机 100 万台，所有产品全部实现优质，首次获全省质量管理奖。长沙市无线电厂的潇湘牌 SL8072 双卡收录机，获评“省优”产品。全市家用电器行业主要生产电视机 30.2 万台、家用电冰箱 12.52 万台、收录机 20.39 万台、电风扇 1.3 万部、灯泡 955 万只。

1989 年，外引内联取得新进展。在调整产业结构中，成立以长沙电冰箱厂为主体，以名优电器产品为龙头，工、贸、科研等 36 家单位参加的中意电器集团公司，并在泰国和阿联酋设立分部，逐步走向多元化生产与跨国经营，集团主体长沙电冰箱厂完成总产值 2.11 亿元，实现利税 8170 万元，分别比上年增长 26.59%和 13.35%。

1990 年，中意集团开发新产品 3 个，新增产值 6203.29 万元，其主体长沙电冰箱厂与长沙铝制品二厂投资 750 万元，联合建设生产冷冻柜项目，被评为“长沙市‘七五’质量十佳企业”“部质量管理企业”，生产的中意 BCD215 双门电冰箱，获评“省优”产品。6 月，中意电器集团公司长沙冷柜厂破土动工，项目投资总额 750 万元，设计生产能力为单班年产冷柜 3 万台。9 月，中意集团新组建的长沙金属家具门窗集团公司成立，并立项投资 2000 万元进行技改。湖南电视机厂在国家紧缩银根、资金困难、市场疲软形势下，调整产品结构，实现产销两旺，产品出口阿联酋、巴基斯坦、马达加斯加等国，创汇 73.4 万美元，实现销售收入 1.58 亿元，在全国电子行业排第 51 位，被列入全国百家重点电子企业行列，并获国家二级企业称号；生产的韶峰牌黑白电视机获评“省优”产品；试制出 VF-710 型录放像机，填补湖南不能生产录放像机空白。湖南广播设备厂生产的芙蓉牌收录机，在中国妇女儿童用品 40 年博览会上获银奖。是年，长沙市家用电器行业生产电视机 39.45 万台、电冰箱 16.4 万台、收录机 14.44 万台。

1991 年，全市在企业管理改革中，推行厂长（经理）负责制和承包经营责任制，实行投入产出总承包试点，家用冰箱等产量上升。2 月，中意电器集团公司长沙冷柜厂主要项目建成并投入试生产，4 月开始小批量正式生产，全年生产冷柜 5263 台，生产的“中意”牌 BD-120、BD-140 卧式冷冻柜，各项技术指标经国家日用电器质量监督检验中心测试，全部符合国家标准并通过省级鉴定，其中 BD-120 型冷柜被获评“省优”产品。5 月，中意电器集团公司长沙电冰箱厂顺应市场需求，推出新一代电子净化电冰箱，具有极强的除臭、灭菌、防霉、消毒功能，并通过省级鉴定。该厂全年实现产值 3.1 亿元，利税超过 1000 万元。在中意集团公司订货会上，该厂又推出 BD-140、BD-200 这 2 个规格、5 个品种新型冷柜，一次订货 5 万台。

是年，中意集团公司与香港三湘实业有限公司合资兴建湖南中意冷气设备有限公司，投资近亿元，引进年产 20 万台空调生产线，设计年产值 8 亿元。长沙电冰箱厂的 BCD182 电冰箱，湖南电视机厂的邵峰牌 SF47-5 彩电、SF44-7 黑白电视机、SF35-1U 黑白电视机，获评“省优”产品。全市主要产品产量为：电视机 24.11 万台、家用电冰箱 14.15 万台、收录机 4.03 万台、电风扇 4.18 万部。

1992 年，长沙电冰箱厂在阿联酋分厂建成投产，生产冰箱 2567 台，创汇 60 万美元；在巴基斯坦兴建年产 5 万台电冰箱分厂，在香港兴办中意集团捷业股份有限公司，在深圳和绥芬河建立中意发展有限公司。是年，生产电冰箱25.4万台，其中出口7009台，销售收入3.9亿元。湖南中意冷气设备有限公司，第一批分体壁挂式空调在全国十大城市投放，填补湖南不能生产分体壁挂式空调空白。长沙冷柜厂生产冷柜3.06万台，创产值4700万元，比上年增长190%，利税411万元，比上年增长370%。生产的"中意牌"冷柜，被评为"省优"产品。湖南电视机厂自行设计、自主开发出SFC64–4大屏幕彩色电视机，主要指标达到国外同类机种水平，被机电部指定率先在全国批量生产，不仅填补湖南不能生产大屏幕彩电空白，而且为国内大屏幕彩电科研与生产开创先例。中意电器集团投资4亿元，加速中意出口产生产基地和小家电生产基地建设，开发家电系列新产品，集团实现工业总产值5亿元，利润总额7000万元，连续3年进入全国500家最大工业企业行列，成为全国家电生产大型重点骨干企业、全国名优电冰箱生产"五强"企业之一。

1993年，长沙家电行业以科技为先导，以质量为主线，大力推进技术进步，产品质量明显提高，全年开发新产品18个，其中通过部级鉴定5个、省级鉴定9个；新产品产值率40.8%，优质产品产值率53.9%，质量控制小组（QC）成果获部级或省级奖励8项。湖南电视机厂获自营进出口权，为湖南同行业第一家；自行设计、制造、安装Z74–1型大屏幕彩电生产线体，总长1025米，可容210个工位，为生产64厘米、71厘米、73厘米大屏幕彩电创造条件。长沙灯泡厂累计亏损1500万余元，9月1日被迫停产。

是年，长沙市家用电器行业生产电视机27.87万台、电冰箱32万台、收录机1.06万台、电风扇3700台、电灯泡794.82万只。

1994年，中意电器集团公司实现利税7043万元，生产电冰箱25.09万台、冷柜5.49万台，被列入长沙市工业产值过亿企业。长沙冷柜厂用8个月时间安装一条冷柜生产线，形成年产各种冷柜100万台能力，品种由单一的BD–120型，扩展到BD–118、BD–140、BD–170、BD–220等9个规格系列产品，固定资产原值增加到1300万元，年税利增至1500万元，成为长沙市利税大户之一。

1995年，长沙市二轻工业总公司与长沙冷柜厂共同成立商业冷柜开发办公室，与德国欧业集团公司签订合资开发商业冷柜项目意向书，长沙冷柜厂利用原有生产设备、工程技术人员和工艺，相继开发出适销对路的BCD981豪华型家用冷藏冷冻箱、BCD258L双温双卧式冷藏冷冻箱，该厂有8个规格的产品通过"双采"验收，投放市场后受到用户的欢迎，全年冷柜生产6.96万台，实现产值1.14亿元，利税总额2232万元，其中利润1228万元，厂长谢明志被评为湖南省优秀企业家。该厂推出的BCD–258双温控卧式冷藏冷冻箱和BD–98豪华家用型冷柜，获得国家专利。同时投资291万元，对钣金、喷粉和发泡等生产线进行技术改造，生产能力提高到单班年产14万台。长沙中意集团股份有限公司通过5年实施名牌战略，产品相继辐射到中东和东南亚地区以及东欧各国。"中意"冰箱在津巴布韦的市场占有率为40%，销往乌兹别克斯坦400台，销往意大利2000台，创外汇600万余元美元；并与全球最大的家电制造商——瑞典伊莱克斯家电公司签订项目，引进外资3600万美元，合资组建伊莱克斯中意（长沙）电冰箱有限公司，通过中瑞双方技术、管理、资金等方面合作，进一步增强长沙中意电器集团公司实力及产品市场竞争力。是年，长沙市开始生产空调，全年生产2.42万台。

1996年，长沙家用电器行业主要生产电视机8.81万台、扩录机1.17万台、扬声器18.25万支、电冰箱3.72万台、电风扇8.76万台、电灯泡91.75万只，空调1.14万台。

1997年，利用国内国际两个市场、两种资源实现生产要素优化配置组合，家电行业出现复苏，并依势调整产品结构。是年，全市电视机生产15.63万台。其中，彩电4100台，比上年下降62.7%；黑白电视机15.22万台，比上年增长近1倍。

1998年，家用冰箱和空调产量与产值上升明显，电风扇、电灯泡停产。长沙电冰箱厂晋升为国家二级企业，中意集团与长沙路桥公司优资置换，全年实现工业总产值3.84亿元。是年，家用电器行业生产电视机4000台后停产，此后不再生产电视机。

2000年，全市生产家用电冰箱44.54万台、空调3.47万台。

2004年，长沙市开始生产洗衣机。是年，全行业规模以上企业6家，实现总产值10.95亿元。制造各种家用电器72.71万台，其中家用电冰箱61.17万台、洗衣机1.56万台、空气清新装置2.64万台、电热水及加热器2.98万台。

2005年始，受国内国际两个市场不利因素影响，家用电冰箱产量起伏较大，市场份额越来越小。是年，全市生产洗衣机18.39万台，电冰箱55.54万台，比上年减少10.14%。

2007年，湖南华良（中意）电器实业有限公司独家享有“中意”商标（冰箱，洗衣机、小家电）使用权，公司主要产品为洗衣机，实现产值3亿元。是年，全市家电行业有规模以上企业11家，主要产品产量：电冰箱36.39万台、家用洗衣机61.94万台。

2008年，全市家用电器企业重点聚集在长沙经济技术开发区，主要企业有伊莱克斯电器公司，年生产能力洗衣机50万台、冰箱130万台，实现工业总产值5.09亿元；华良（中意）电器公司为中南地区最大的冰箱、洗衣机生产和出口企业，实现工业总产值4.25亿元，生产的“中意牌”洗衣机、冰箱，获得“湖南省著名商标”“中国驰名商标”。中意冰箱获国家第二轮“家电下乡品牌”。是年，全行业规模以上企业8家，实现工业总产值19.13亿元，与2004年相比，企业增加2家、工业总产值增长76.64%。制造各种家用电器93.19万台，其中：电冰箱17.02万台、洗衣机55.73万台、空气清新装置4412台。

2009年，全市生产家用电器产品主要有华良电器的家用电冰箱、洗衣机以及画佳集团的GRT数字电视机等产品。远大空调有限公司生产的溴化锂吸收式空调居全球第一，溴化锂吸收式冷温水机占全球同类产品市场份额的20%，开发带有空气净化功能的中央空调末端产品。是年，全市生产冰箱25万台、洗衣机40万余台。

2010年，远大非电空调经受全球中央空调行业最大压力测试，在面积最大、人流最多、天气最热、建筑形态最复杂的世博会250余个场馆中，实现连续6个月运行“零故障”，并减碳排放7.3万吨，为世博成功举办做出贡献，公司全年实现销售收入33亿元、利税1.4亿元。湖南华良电器实业公司整体收购伊莱克斯（中国）电器有限公司后，经过快速发展，成为中南地区最大的冰箱、洗衣机生产和出口企业，全年实现销售收入5.35亿元，利润3398万元。

是年，长沙家用电器行业规模以上企业10家，实现产值47.90亿元、规模工业增加值13.47亿元。2011年5月，华良电器实业公司生产完二批家电下乡产品后，由于产品缺乏创新，市场份额所占比重下降，关闭老厂生产线。2012年，全行业规模以上企业8家，工业总产值6.98亿元，与2008年相比，工业总产值减少63.5%。制造各种家用电器57.23万台，其中电冰箱16.5万台，洗衣机产量37.19万台。

第五节　其他轻工业日用品

1988年，长沙日用品轻工业制造除造纸、印刷、烟花鞭炮和家用电器外，其他还有日用陶瓷、日化用品、日用塑料制品、工艺美术制品、文化体育用品、家具等种类众多，有规模以上企业460家，从业人员6.8万人，完成工业总产值6.38亿元。主要生产合成洗涤剂2.15万吨，肥皂2.26万吨，牙膏6013

万支，火柴 17.01 万件，陶瓷制品 5396 万件，日用搪瓷制品 2526 吨，日用玻璃制品 1.90 万吨，塑料制品 1.45 万吨，自行车 5.34 万辆，剪刀 13.90 万把，菜刀 64.39 万把。

是年，湖南日用化工总厂获轻工业全面质量管理奖，被省政府命名为“省级先进企业”，马头牌洗衣皂是具有 50 余年历史的老字号产品，在全国质量评比中多次评为一类产品和优秀产品。长沙化妆品厂与省人民医院、中南工业大学联合开发的毛发再生精、蛋白护发素等新产品，部分产品试销美国、日本。在全市 5 月、9 月发生的两次商品抢购风中，各企业努力增加肥皂、火柴等日用品生产，并优先供应国有商业批发网点和县区供销系统，稳定市场，平抑物价。铜官陶瓷总公司生产炻瓷 2061 万件，其中出口 1303 万件，销往美国、西德、加拿大、澳大利亚等 20 余个国家和地区；白鳍豚牌铜美 45 头西餐具、芝麻点艺术釉白炻器、银燕 15 头咖啡具，被评为“省优”产品；陶都 40 头白炻器餐具等两种产品，被评为全国轻工业优秀出口产品。

湖南省建湘瓷厂具有 30 余年陶瓷出口历史，原以盘类、单件为主，主要销售东南亚和一些发展中国家，生产的“海鸥”“明珠”“前奏曲”等牌号系列西餐具和咖啡具、茶具等，销往美国、加拿大、英国等 40 余个国家和地区；“海鸥”等日用瓷，多次被评为国优、部优和省优产品；该厂与省陶瓷研究所联合研制的节能、高效、长寿命碳化硅匣钵，填补国内一项空白，被评为省级先进企业。3 月，湖南建湘瓷厂自营进出口贸易成为全国陶瓷行业外贸体制改革的第一家自营进出口贸易企业。湖南乳胶制品厂生产的一次性乳胶检查手套首批 50 万只，各项技术指标均达到美国材料实验协会（ASTM）标准并试销美国市场。长沙民族乐器厂试行泛股份制，在原材料大幅度提价和费用增加情况下，产值利税分别比上年上升 11%和 5%。是年，长沙市塑料三厂的新芽牌中型聚乙烯吹塑农膜，获评“部优”产品；湖南省建湘瓷厂的前奏曲西餐具、湖南日用化工厂的雅丽牌青春香皂、长沙市塑料厂的无毒聚氯乙烯特级包装膜等 14 个产品，获评“省优”产品。

1989 年，长沙日用化工行业开发“金宝”高级复合皂、茶皂素香波、增白洗衣粉、低泡洗衣粉等新品种 9 个。湖南日用化工总厂 3 次调整产品结构，压缩库存较多的牙膏、香皂等产量，增加适销的洗衣皂、洗衣粉、厨房洗涤剂等产量。该厂为完成调整计划，开展增产节约、增收节支等劳动竞赛活动，连续组织 9 个高产月，全年完成工业总产值 1.02 亿元，实现利税 2191 万元，人均劳动生产率 6.1 万元，实现产值、利税、劳动生产率同步增长，被命名为省级文明建设先进单位、湖南省全面质量管理奖，被授予国家二级企业。市陶瓷公司面对市场疲软压力，以市场为导向，多次对产品进行适应性调整，增产一批适应农村市场中低档产品和小产品，发展一批名优适销产品，全市日用陶瓷业呈上升趋势发展。

长沙搪瓷厂为加强横向经济联系，开拓企业原材料和产品市场，在珠海成立华源有限公司，经营搪瓷制品、轻工产品及其所需原材料，以及国家政策允许的进出口业务。铜官陶瓷总公司二厂新建一座 18.8 米隧道窑，年底竣工投产，增加设备 16 台（套），改造危房 4744 平方米，形成年产白炻器 1300 万件能力，当年新增出口 380 万件，新增产值 360 万元、利税 92 万元；总公司完成工业总产值 3425 万元，实现利税 370 万元，生产陶瓷产品 5557 万件，出口陶瓷合格率比上年提高 6.44 个百分点。长沙民政福利工厂投资 100 万元，实施技改续建项目，建成后缝纫机机针年产量由 100 万包增加到 400 万包，年产值由 43 万元增加到 200 万元。是年，全市其他日用品轻工业类，获评“省优”产品 9 个。

1990 年，长沙市一轻工业公司对产品进行适应性调整后，新增一批适应农村市场的中低档产品和小产品，主要有长沙药物牙膏等 18 种产品，按归口的 30 种产品产量与上年比较，有合成洗涤剂、牙膏等 17 种产品增长，新增主要产品年产能力洗涤剂 4000 吨、牙膏 1500 万支等。铜官陶瓷总公司研制出精细铁炻器，除具有白炻器性能外，制作工艺采取成品坯胎抛光，上外线及内釉衬托胎体新工艺，其明珠系列海鸥 45 头西餐具，获全国轻工业优秀产品金奖，全年生产 1500 万件，创汇 600 万余元美元，平均 1.6 天有一种新产品问世，新产品产值占公司全年总产值 38%；在 9 月举行的全省陶瓷行业新产品评比会上，获奖产品 23 种，获奖总数在同行业 25 家企业中居榜首；随后又有 3 种新产品在景德镇首届国际陶瓷艺术节上获奖。该公司所属七厂，粗陶细作试制成功并投产电热砂锅，其质量超过南朝鲜样品，日本客商一次订购 3 万套，首次打入陶瓷出口大国之称日本市场。是年，铜官陶瓷总公司研究所的白鳍豚精细铁炻器 15 头咖啡具、长沙火柴厂的湖南牌 MG–I 日用安全火柴，被评为“部优”产品。湖南日用化工厂的马头牌 A 型洗衣皂和长沙药物牙膏，被评为“省优”产品。

1991 年，湖南日用化工总厂与香港台易化学科技实业公司联合研制、开发的“一匙丽”超浓缩洗衣粉项目，实现当年立项当年建成投产，经湖南省日化产品质量检测站、广州市日化产品质量检测站抽检，各项主要性能指标均达到 QBS10–85I 类标准，去污指数在 1.4 以上，超过日本花王公司“洁霸”浓缩洗衣粉洗涤效果，经轻工业部技术鉴定，洗涤效果达到国内先进水平，获北京第二届国际博览会铜奖，畅销北京、上海、广州、西安等大中城市，并批量出口，新增产值 425 万元，实现利税 47 万元。是年，二轻系统开发省级以上重点新产品 20 项，完成年计划的 153.85%，地、市级新产品 66 项，为年计划的 132%。铜官陶瓷总公司白鳍豚牌芝麻釉白炻器、长沙红湘日用化工厂的蕾蕾香脂，被评为“省优”产品。全市主要产品产量：合成洗涤剂 3.00 万吨，肥皂 2.25 万吨，牙膏 6164 万支，火柴 24.02 万件，日用陶瓷制品 5509 万件，日用搪瓷制品 2171 吨，日用玻璃制品 1109 吨，日用塑料制品 1.45 万吨，自行车 5.32 万辆，剪刀 56.61 万把，菜刀 68.87 万把。

1992 年，长沙保温瓶总厂与港商组建湘龙保温容器玻璃器皿有限公司，总投资 46 万美元，年产保温瓶、瓶胆及玻璃器皿 120 万个。长沙搪瓷厂与台商组建湖南桑尼搪瓷不锈钢制品有限公司，总投资 250 万美元，年产搪瓷与不锈钢制品 400 万件。铜官陶瓷总公司二厂与香港环球贸易公司签订 60 万元补偿贸易合同，销售该厂炽瓷产品。

1993 年，湖南日用化工总厂更名为湖南丽臣实业总公司，下辖企业 7 家，拥员工 2500 余人，其中各类专业技术人员 500 余人，固定资产 1.03 亿元，公司启用新名称后，湖南日用化工总厂作为第二名称保留，公司产品“一匙丽”洗衣粉全年销售 1719 吨，在国内贸易部组织评比中，获 1993 年全国畅销国产商品“金桥奖”。9 月，中外合资企业湖南丽丹芬化妆品有限公司开业，系湖南丽臣实业总公司与美国丽丹芬化妆品有限公司香港分公司合资兴办，专门从事国际级系列化妆品生产企业，拥有从国外引进的化妆品生产以及全套塑料制品与丝网印刷等先进设备，设计年产值 5000 万元以上；主要产品有各种具有不同功能的高级洗发乳、洗面奶、沐浴液、美容护肤类膏霜及各类塑胶制品等；其产品配方、生产工艺、检测手段均达到 20 世纪 90 年代国内先进水平。全市陶瓷制品企业生产各种陶瓷制品产量 6758 万件，完成工业总产值 9244 万元，实现销售收入 1.01 亿元，上缴税金 598.6 万元，亏损 865 万元。

1994 年 11 月，湖南丽臣实业总公司与英国奥布莱·威尔逊有限公司新加坡亚太分公司合资创办湖南丽臣·奥威实业有限公司，总投资 491.5 万美元，双方各占 50%；公司董事会中外双方各 3 人组成，丽臣实业总公司总经理唐祖益兼任董事长，公司主要生产日化表面活性剂和重垢液体洗涤剂，产品自产自销。

是年，铜官陶瓷总公司亏损超过 200 万元，为改变亏损局面，公司进行解体经营与明晰产权，进行第二次创业，将总公司经营近 40 年的集中资产权，分别划给下属企业，使其在具有法人地位的同时，又具有法人资产权，破除公司“大锅饭”弊端。长沙灯泡厂由市工商银行贷款 360 万元，市财政贴息半年，恢复生产，中共长沙市委、市政府派出工作组，协助制订恢复生产计划。丽臣实业总公司 5 万吨洗衣粉生产线、铜官陶瓷总公司铁炻器改造、保温瓶总厂窑炉改建项目等竣工投产。铜官陶瓷总公司开发出窑炉余热专利技术，湖南丽臣实业总公司的洗涤剂、青青洗发精、BS12、琥珀酸酯，长沙保温瓶厂的 2 升杠杆式气压保温瓶，获长沙市科技进步奖。是年，全市其他轻工业日用品制造有规模以上企业 243 家，从业人员 1.78 万人；完成工业总产值 8 亿元，比 1988 年增长 25.39%。主要产品产量：火柴 19.34 万件，日用陶瓷制品 6315 万件，日用搪瓷制品 1246 吨，日用塑料制品 1.53 万吨，剪刀 51 万把，菜刀70 万把，精铝制品 311 吨。

1995 年，丽臣实业总公司投资 6000 万余元，从意大利引进年产 5 万吨合成洗衣粉生产线投产，是年生产洗衣粉 4.01 万吨，实现产值 2.51 亿元，。是年，陶瓷生产遭遇寒冬，企业生产困难重重。铜官陶瓷总公司因资金紧缺、电力紧张、成本猛增，相继有一厂、四厂、墙地砖厂、八厂、研究所停产关闭，成为长沙市 18 家特困企业之一。为摆脱困境，公司向社会发租，在原七厂承租试点基础上，相继有一厂、墙地砖厂、八厂、研究所被承租，承租人带入资金近 300 万元，保证企业生产正常运转。一厂原出口率徘徊在 40%左右，年底在 60%以上。湖南铜官星光炻瓷厂亏损 222 万元，生产无法启动，工人下岗失业，企业一蹶不振，经过市、县领导协调和农行扶持帮助，全厂上下艰苦努力，避免停产关闭。

1996 年，长沙金属文具厂股份合作制改造完成，长沙塑料厂、长沙塑料三厂、长沙玻璃制镜厂破产重组，长沙搪瓷厂、长沙灯头厂、长沙灯泡厂破产。

1997 年，铜官陶瓷总公司走“分体经营、分灶吃饭、分路突围、分块搞活”和“改革脱贫、管理增效”发展路子，通过理顺公司与工厂关系进行“分灶吃饭”、因厂施策与分类指导、重点扶持，所属 17 家企业完成工业总产值 1897 万元，陶瓷总产 1456 万件，自营出口创汇 164 万美元，分别比上年增长 7.72%、9.80%和 42.6%。10 月，长沙华红实业有限公司生产的中国红瓷器问世，该瓷器颜色鲜艳、发色均匀、能耐 1200℃高温，被称誉为“中国红”，简称“红瓷”。湖南丽臣实业总公司实行公司制改造，建立现代企业制度；长沙搪瓷厂、长沙灯头厂、长沙玩具厂、长沙捞刀河刀剪厂实行股份合作制。长沙市玻璃制镜厂破产重组，长沙塑料三厂、长沙市塑料厂 2 个企业破产被收购。

1998 年，丽臣实业总公司总投资 2992 万元年产 3 万吨浓缩洗衣粉项目投产，先进生产线的建成和技术提升，洗衣粉质量提高，产量成倍增长。铜官陶瓷总公司全面调整产品结构，重点研制高质量精品炻器，开发 79 套 401 件新产品，新产品产值 1400 万元；其下属星光炻器厂开发的“四无”高精度炻器系列产品，美国“水牛”公司新增年订货 300 万件；下属星光瓷厂抑制亏损，4 个月盈利 100 万元，成为铜官陶瓷总公司第一个开始脱困企业。湖南省铜官海旭炻瓷厂投资 500 万元，购买原望城茶亭镇耐火材料厂，改建成湖南省铜官海旭炻瓷有限公司，生产釉上彩、釉下彩等系列产品，400 余个品种，全年生产 178 万件，创产值 385 万元、利税 56 万元。

1999 年，随着市场经济逐步建立，乡镇企业和个体生产户大量涌现，行业竞争日趋激烈。湖南省建湘瓷厂截至底累计亏损 3833 万元，资产负债率 97.3%。铜官陶瓷总公司原有 3 个厂实行租赁经营，在总结经验基础上，完善并实行第二轮租赁经营，扩大两个厂，安置下岗职工。湖南铜官星光瓷厂强化标准化管理，通过 ISO9002 认证，为扩大产品出口奠定基础。是年，长沙陶瓷制品年产量 1.42 亿件，达到 20 世纪 90 年代顶峰。

2000 年，全市陶瓷行业逐渐萎缩。建湘瓷厂被迫全面停产，退出陶瓷生产市场。为使企业走出困境，长沙市出台《关于加快置换困难国有企业性质和全民职工身份的通知》，由于思想观念的守旧和改革发展形式不相适应，推进“两个置换”工作与市委、市政府要求有较大差距，行业不稳定因素增大等因素，日用陶瓷发展总体呈现产量下滑，全市生产日用陶瓷1.15亿件，比1999年下降23.47%。是年，全市其他轻工业日用品制造有规模以上企业28家，完成工业总产值7.14亿元。全市生产合成洗涤剂5.85万吨，肥皂9105.03吨，牙膏2642.08万支，火柴14.91万件。

进入21世纪，全市通过调整产品结构，大力发展日用化工原料生产。

2001年，丽臣公司投资1500余万元引进意大利3T/H新型表面活性剂技术及设备，除满足本公司生产配套外，远销国内80余家日化企业，通过引进先进技术和生产设备，建设生产新基地，使表面活性剂质量显著提高，产量稳定成倍增长。湖南陶瓷总公司投资38万元，建起一座电烧烤花窑，月烤花量60万件，出口合格率98%，全年出口产品581万件，创外汇212万美元；投入350万元，新建一条液化气辊道窑，新增产值200万元并于次年投产，完成工业总产值1709万元，出口量581万件，销售收入1480万元，实现利税234.73万元，创外汇212万美元。是年，生产日用塑料制品8200吨，家具22.35万件，日用陶瓷制品7732万件，合成洗涤剂9.05万吨，肥（香）皂生产5991吨，火柴12.26万件。

2002年，湖南丽臣实业有限责任公司完成重油系统改造，合洗一厂扩产、中和系统技改，合洗二厂扩产技术改造，肥皂分厂炼油改造。同年长沙停止生产火柴。湖南铜官星光炻瓷厂投资24万元，新建气烧梭式窑两座，用于浆产品中大件烧制，特别是大鱼盘，合格率提高14个百分点，增强产品配套能力，全年向美国福次公司、THC公司出口系列产品，创汇280万美元；该厂的白炻瓷和无光釉获得省轻工厅优秀新产品奖，白炻瓷器获得首届国际博览会银奖及轻工部、外贸部创汇产品银质奖；为谋求一条“减员增效、增效解困、解困求生”发展之路，抓住劳动合同到期终止契机，依法对全公司1984年以后进厂的1263名劳动合同制工人（占职工总人数的21%）合同到期后终止劳动关系。随着“长沙铜官窑”历史文化考古开发与利用，长沙铜官陶瓷产品成国家标志性产品，铜官陶瓷老厂建成“陶艺村”，陶文化得到传承和发展。是年，全市有日用陶瓷生产企业5家，生产日用陶瓷2.15亿件。

2003年，湖南丽臣实业有限责任公司实现由国有到职工持股的公司制转换，在岗职工人数减少到944人，完成产值4.89亿元，实现利税2210万元，全员劳动生产率由2000年的13.92万元/人上升到2003年的33.89万元/人，增长143%。

2004年，全市其他轻工业日用品制造有规模以上企业74家；工业总产值15.95亿元，比2000年增长1.23倍。主要生产合成洗涤剂8.10万吨，肥（香）皂6761吨，牙膏1300万支、日用陶瓷4509万件、各种塑料制品4.94万吨、家具22.65万件。

2005年，长沙锦东瓷业有限公司在隆平高科技园成立，注册资本5000万元，主营陶瓷制品生产、加工与技术研发。湖南铜光星光炻瓷厂投产的微电脑控制燃气式快速烧成高温辊道窑技改项目竣工。湖南海旭实业集团有限公司炻瓷餐具生产线技改项目竣工达产，购制球磨机、链干机、滚压成型机、皮带运输线等国产设备90台（套），年新增产值1520万元、利税400万元。

2007年，长沙大红陶瓷发展有限公司成为长沙市利税过1000万元企业。丽臣公司自筹资金1.2亿元，在长沙经开区新建3万平方米厂房，实现当年开工、当年投产、当年创效，公司全年完成产销值12.2亿元，比上年增长20%，实现利税6200万元，比上年增长17%，获得“全国轻工行业先进集体”称号。

2008年，丽臣实业产品光辉洗衣粉、贝花和马头洗洁精，被授予“国家免检产品”称号，光辉洗衣粉被授予“全国用户满意产品”称号；铜官窑陶瓷技艺入选第二批省级非物质文化遗产名录。是年，全市其他轻工业日用品制造有规模以上企业147家；工业总产值77.45亿元，比2004年增长3.86倍。主要产品产量：合成洗涤剂16.70万吨、肥（香）皂5474吨、各种陶瓷3.5万件、家具67.57万件，日用塑料制品，9.16万吨。

2010年3月，长沙锦东瓷业有限公司的“锦东”商标，被认定为“湖南省著名商标”，为全国首个中国红瓷省级著名商标。丽臣实业公司开发的宾馆清洁用品，全年生产6.34万桶。

2011年，因铜官陶瓷总公司地处望城铜官镇，管理上与望城区铜官镇存在许多不和谐情况，制约企业的发展。为整合资源与理顺管理关系，该公司移交望城区管理。是年，全市其他轻工业日用品制造有规模以上企业133家，实现工业总产值160.35亿元。

2012年，铜官陶瓷烧制技艺传承人800人，拥有国家级省级工艺美术师10余位。湖南丽臣实业成为宝洁、安利、强生、高露洁、雅芳等驰名跨国公司和国内著名企业长期战略合作伙伴。是年，全市其他轻工业日用品制造有规模以上企业149家；实现工业总产值199.24亿元，比上年增长24.26%。主要产品产量：合成洗涤剂15.20万吨、肥（香）皂2116吨、各种塑料制品12.95万吨，家具141.56万件。

企业选介

湖南丽臣实业股份有限公司。前身是湖南日用化工厂，1985年更名为湖南日用化工总厂，1993年更名为湖南丽臣实业总公司，总部位于长沙市开福区。1997年实施现代企业制度试点，更名为湖南丽臣实业有限公司，同年获自营进出权。2010年完成股份制改造，企业更名为湖南丽臣实业股份有限公司。公司下设湖南日用化学研究所。公司先后被评为“湖南百强企业”“湖南制造业50强”“长沙工业三十强”“长沙市利税过亿元企业”。同时被授予“全国轻工行业先进集体”“湖南省轻工行业先进集体”“湖南省创新型企业”“湖南省纳税信用A级单位”“湖南省质量信用AAA级企业”“湖南省诚信建设示范单位”“长沙工业十大突出贡献企业”称号。公司是中国洗涤用品工业协会副理事长单位，湖南省轻工业联合会副会长单位。2001年，公司通过ISO9001质量管理体系认证和ISO14001环境管理体系认证。表面活性剂两大系列产品通过欧盟REACH预注册审核。公司拥有良好的客户资源，与宝洁、安利、强生、雅芳等驰名跨国公司和国内著名企业建立长期战略合作关系。同时通过跨国公司全球采购，公司产品出口到北美、南美、东南亚地区。

公司是国内表面活性剂、家庭系列、宾馆系列、洗涤用品的专业生产企业。拥有奥威、丽臣、光辉、马头、贝花、一匙丽等注册商标，奥威、光辉、马头、一匙丽被评为“湖南省著名商标”，奥威牌十二烷基醚硫酸钠和商业洗衣机用多功能洗衣液，被评为“湖南省高新技术产品”。2012年，奥威商标被认定为“中国驰名商标”。是年，公司占地28.66公顷，拥有3处生产基地，在岗员工838人，离退休人员1349人，完成工业总产值13.8亿元，实现利税总额1.10亿元。拥有国家发明专利6项，实用新型专利3项；公司被湖南省科技厅、省财政厅、省国家税务局、省地方税务局认定为“湖南省高新技术企业”。

第八章　纺织　服装工业

1988年，全市纺织服装工业形成棉纺织、毛纺织、麻纺织、针织、印染、复制、丝绸、化纤、混纺、服装、制帽、纺织机械与器材十大门类的大纺织格局，成为全省重要的纺织工业生产基地，也是长沙工业四大支柱产业之一；面对设备老化严峻形势，长沙以搞活企业为中心，以改革企业经营机制为重点，探索“两权”（所有权与经营权）分离，实现以改革促发展，全年开发新产品24个，其中拉舍尔毛毯、克力科等品种，填补省内空白。是年，全市纺织服装加工行业规模以上工业企业77家，从业人员3.55万人，全年生产棉纱1.07万吨，布4929万米，服装1276.32万件，完成工业总产值5.87亿元，利税总额7046万元，固定资产净值4.26亿元。

1989年，长沙逐步形成轻纺、机械等四大支柱工业，纺织服装行业全年开发34种纯棉、化纤产品，新花型、新款式达350个，其中有12个产品在全省纺织工业产品评比中，获评开发奖；有6套服装在全省“芙蓉”杯服装设计大奖赛上，获评设计奖；针织生产企业在原料、资金和市场等方面，都遇到前所未有的困难。至1990年的5年间，市纺织工业局所属企业累计投资1.67亿元，引进项目6个，完成技术改造和基建项目72项；全市纺织服装行业当年开发新产品32个，其中有5个产品在全国苎麻新产品展销会上，分别获金杯奖和开发创新奖；纺织行业因纺棉供应不足50%，导致单织、复制企业，因原料供应不足而陷入困境，全年亏损2996万元，出现历史上从未有过的全行业亏损，亏损企业28家。至1991年，长沙经过3年治理整顿，纺织行业经济过热的势头得到控制，混乱的经济秩序得到治理。1992年，长沙实施工业“十条龙”发展规划，重点抓好纺织服装等五大系列产品，使纺织服装行业形成年产化纤7000吨~1万吨、棉纱2万吨、成衣5000万件的生产能力。至1993年，全市纺织工业形成棉纺、毛纺、麻纺、丝绸、化纤、印染、纺织机械、纺织器材以及各种服装等，门类齐全的纺织工业体系；纺织服装行业由于技术装备落后，除5家企业盈利外，其余企业全部亏损。1994年，全市纺织服装加工行业规模以上工业企业217家，从业人员4.83万人，由于受市场疲软等因素影响，全年生产纱线1.62万吨，布4257万米，服装1374万件，完成工业总产值12.69亿元，产品销售税金及附加1278万元，亏损企业亏损总额2.81亿元，固定资产净值4.18亿元，与1988年相比，企业和人员分别增加1.82倍和36.06%，产值增长1.16倍，资产下降1.88%。

至1995年的5年间，纺织总公司所属企业累计完成投资8828万元，完成技改项目16个。是年，纺织服装行业全年生产化纤7000吨、棉纱2万吨、布5700万米、印染布4000万米、成衣5000万件，初步形成全市五大拳头产品之一；民营纺织服装工业发展迅速。1996年，全市纺织服装行业处于严重亏损状态，其中纺织工业总公司7年来累计亏损7.5亿元，全行业停产、半停产企业24家；投资1.67亿元，完成技改项目72项，引进外资2996.5万元，开发新产品68个。1997年，长沙成立全省第一家行业再就业服务中心，担负起全市纺织系统下岗职工分流安置工作；纺织服装行业全面开展创建名牌活动。1998年，全市纺织服装行业全年淘汰落后棉纺4.2万锭，企业用压锭补偿资金，进行产品结构调整、技术改造和减员分流工作。至20世纪90年代末，全市针织生产企业先后停产，退出市场；集体纺织服装企业逐渐萎缩；纺织总公司所辖14家企业，先后退出服装市场；纺织系统通过连年实施技术改造项目，产品结构得到调整，市场竞争力得到加强；民营家纺、服饰企业发展迅猛，先后涌现“忘不了”“圣得西”等一大批知名品牌，“梦洁”“多喜爱”家纺、床上用品、服装花色品种千余种以上，成为长沙经济发展的一大亮点。2000年，全市纺织服装行业投资1252万元，完成技术改造项目39个，从而使毛巾、印染布、纱、锦纶丝形成拳头产品。是年，全市纺织服装加工行业规模以上工业企业46家，从业人员1.79万人，由于受东南亚金融危机影响，全年生产纱线1.71万吨，布1597.68万米，服装555.18万件，完成工业总产值13.05亿元，利税总额3671.8万元，固定资产净值5.53亿元，与1994年相比，企业和人员分别减少78.8%和62.94%，产值和资产分别增长2.84%和32.3%。

2001年，在全市十大标志性工程中精品纺织工程位居第九位，主要由湖南梦洁家纺有限公司（以下简称梦洁家纺）、长沙毛巾集团公司（以下简称毛巾集团）等企业组成，全年完成工业总产值3772万元。2002年，纺织工业总公司投入技改资金9040万元，全年完成工业总产值6.62亿元，赢利160万元，扭转全行业亏损的被动局面。至2003年，民营企业异军突起，成为纺织服装工业的中坚力量；全市纺织服装、服饰行业全年投资5990万元，实施更新改造项目；通过连续实施一系列技改项目，改变纺织服装行业生产设备陈旧的现状。2004年，全市纺织、服装行业投资3628万元，实施技改项目7个；纺织总公司所属服装企业全部停产，退出服装市场。2006年，全市纺织服装加工行业规模以上工业企业72家，从业人员1.89万人，全年生产纱线2.93万吨，布172万米，服装2363万件，完成工业产值42.43亿元，利税总额4.79亿元，固定资产净值7.65亿元，与2000年相比，企业和人员分别增加56.52%和5.59%，产值、利税和资产分别增长2.25倍、11.95倍和38.34%。

2007年，东方时装和忘不了服饰，均升格为全市十大支柱产业——精品纺织工程的龙头企业。2010年，湖南富丽真金家纺有限公司注册的“富丽真金”商标，湖南派意特服饰有限公司注册的“派意特”牌商标，均被认定为中国驰名商标。2011年，梦洁家纺累计申请专利96项，获得授权专利85项；长沙市欧林雅家纺有限公司注册的“欧林雅OLY”商标，多喜爱家饰注册的“多喜爱Dohia及图”床上用品，均被认定为中国驰名商标。2012年，长沙全面启动管理升级、技术升级、产业升级三大工程，推动纺织服装工业提档升级和发展方式转变；利用信息技术改造提升纺织服装工业，打造“智慧产业”。是年，全市纺织服装加工行业规模以上工业企业53家，从业人员1.62万人，全年生产纱线5.14万吨，布964万米，服装4033万件，完成工业产值106.68亿元，利税总额11.19亿元，固定资产合计20.66亿元，与2006年相比，企业和人员分别减少26.39%和14.29%，产值、利税和资产分别增长1.51倍、1.34倍和1.7倍。

第一节　纺织业

一、生产规模

1988年，全市纺织产品主要有长沙纺织厂、长沙毛巾厂、长沙印染厂等80家企业生产，其中床上用品及其他复制产品生产企业6家；主要产品有纱线、布、印染布、毛巾、化纤、床单、丝、毛毯等，全市纺织行业共有各种纺织主机3867台（套），其中具有20世纪80年代国际先进水平的仅占3.88%，具有国内先进水平的占7.24%，多数企业的设备新度系数不到4，属活力弱类型，役龄超过25年，急需改造和更新的设备占到34%，需淘汰落后的棉纺锭近5万枚；面对生产设备落后的严峻形势，纺织行业在探索“两权”分离，实行各种经济责任制的同时，选择长沙纺织厂作为市政府批准的试办“特厂”，将长沙纺织器材厂等11家企业列为纺织行业首批管理现代化试点企业，享受到一系列优惠政策，从而调动了企业的生产积极性。在全市25种主要产品中，除毛线、丝制品受原料紧缺制约，产量比上年降低外，其他产品产量增长较大，尤以床单、印染布、手帕、毛巾、毛毯等产品增长显著；市纺织工业局为纺织服装行业的管理机构。是年，湖南绸厂拥有丝织机428台，印染机35台（套），织造生产能力500万米/年，印染生产能力1000万米/年，丝绸服装加工能力50万件/年，是全省规模最大的丝绸、织造、印染、制衣联合企业。长沙光华织布厂投资211.31万元，实施技术改造项目，将衬胶水带由90万米扩大至180万米，手帕由500万条扩大至1000万条。长沙第四纺织厂具备生产棉纱1500吨的生产能力。同年，长沙毛涤纶织染厂兼并长沙第二纺织厂，成立长沙第二纺织印染总厂，实现生产要素的优化组合，从而形成纱、布、染加工配套一体化，全年实现利税1040万元。长沙第三纺织厂和长沙市第一织带厂合并，厂名仍为长沙第三纺织厂，拥有生产棉纱1500吨的生产能力。当年，长沙毛纺织厂遇到羊毛紧缺、涨价等困难，采取回毛加工回用，通过攻关用国产原料替代进口原料，开辟出精纺生产新路子，全年生产拉舍尔毛毯12万条，比上年增长一倍，利税总额1203万元，比上年增长8.62%，居全省同行业之首。长沙印染厂通过精简机构，优化劳动组合，实行动态待业，全年实现利润9.5万元。湖南华升集团有限公司（以下简称华升集团）成立，是湖南省国资委出资的国有独资企业，主要从事麻纺织物加工，纺织品、面料、服装服饰的生产、销售等业务。是年，全市纺织加工行业规模以上工业企业73家，从业人员3.43万人，全年生产纱线1.07万吨，布4929万米，印染布2768万米，毛巾2111万条，化纤802吨，床单150万条，完成工业总产值4.79亿元，利税总额7045万元，固定资产净值4.26亿元。

1989年，全市纺织行业有计划、有步骤地组织开展以抓管理、上等级为主要内容的企业升级活动，促进了企业发展；长沙的机织原白坯布主要供应印染加工行业，生产坯布的企业主要是长沙纺织厂；长沙的印染产品主要有印染布、蓝印花布、纯棉色布、涤棉印染布等产品；夏布是以麻为原料编制而成的布，其工艺流程主要为打麻、绩麻、浆纱、织布、漂染五大工序；毛巾主要生产企业有2家，其中长沙毛巾厂具有年产4000万条毛巾的产能，产品品种有“菲菲”牌、“天明”牌印花、喷花、提花等毛巾；带类产品有扁带、帆布裤带、阻燃消防水带等15种，全市全年生产线带系列产品110万米。从下半年开始，全市纺织行业遇到生产原料紧缺和市场竞争加剧等困难，市纺织工业局所属企业通过加强生产组织，总结推广长沙第二纺织印染总厂强化销售、开发新产品的经验，制订出《开拓市场搞活经营的十条措施》。全年出口产值1.26亿元，首次突破亿元大关。是年，长沙第二纺织印染总厂通过对销售体制进行改革，实行供与销分开，建立省内联营柜和省外调拨站、经营部，与各地商业单位建立业务关系，推介产品并发展横向联合，积极开发个体市场；实行金额承包责任制，以每个销售人员的承包销售收入到账额计算工资、奖金和销售费用，从而促进产品销售，全年实现销售收入8602万元。长沙手帕厂主要生产“鹰”牌、“鹅”牌印花手帕、42支26厘米K7001儿童印花手帕，全年出口手帕619.95万条，占总产量的37%。长沙纺织器材厂主要生产织布机配件、软麻机、联合机、给油机等，全年生产各种设备46台/150吨。长沙纺织器材厂主要生产边管等产品，全年生产边管50万支、木制配件12万件、钢筘5万米、钢丝综5500万支。长沙第三纺织厂投资475万元，实施挖潜配套1万棉纱锭技改项目。长沙毛毯厂投资556万元，实施新增年产30万条毛毯技改项目。长沙市荣昌绣品厂通过加强企业生产经营管理，全年实现工业总产值超过1000万元。当年，长沙纺织厂主要生产单面和双面咔叽、灯芯绒坯布、华达呢纯棉细布等产品，年产量400万米，跨入大型企业行列，全年实现税利总额1133.1万元，成为全市十家利税过千万的企业之一，被评为省级先进企业，升级为国家二级企业；该厂与澳门南光国际贸易公司、香港宁恒公司合资，成立南湘毛纺织有限公司，注册资金150万美元，位于长沙市河西茶子山，投资230万美元，其中利用外资60万美元，以加工毛纺、化纤原料为主，项目达产后年产3000吨腈纶毛条，是全市纺织行业投资额最大的“三资”企业。年内，长沙帆布厂更名为长沙帆布总厂，长沙市国有东屯渡农场长南麻纺厂更名为长沙市长南麻纺厂。

至1990年的5年间，市纺织工业局累计投资1.67亿元，引进项目6个，用汇1096万美元，完成技术改造和基建项目72项，先后从德国、日本等8个国家和地区，引进设备125台（套），更新棉纺锭3000枚，布机25台。全市工业企业普遍推行厂长（经理）负责制和承包经营责任制，广泛开展企业升级活动，健全各项规章制度，加强各项基础管理工作；市企业管理指导委员会和经委，把抓好企业现场管理列入重要议事日程，下大气力抓已升级企业（特别是国家级企业）的现场管理；全市纺织行业需要纺棉1.1万吨，实际供应不足50%，导致单织、复制企业因原料供应不足陷入困境，全行业15种主要产品产量，比上年有不同程度增长的只有棉纱、印染布、服装、涤纶混纺布4种，其余11种比上年均有下降；再加上原材料和能源提价，导致成本价格与产品价格倒挂，全年亏损2996万元，出现历史上从未有过的全行业亏损，亏损企业28家。纺织工业局所属各企业在国内市场疲软，竞争激烈的情况下，通过拓展外销渠道，增加产品出口，全系统出口交货总值1.45亿元，比上年增长15.28%，居全省纺织行业之首。全市化纤产品主要有涤纶短纤维和锦纶长丝，全年生产短纤维377吨，其中涤纶289吨、丙纶88吨，化纤914吨；全市印染行业拥有固定资产1.07亿元，有5条印染生产线，年印染能力达5500万米。是年，长沙纺织厂在第一轮承包期间，通过推行经济责任制，实施在厂长统一领导下，建立生产、技术、成本、后勤管理系统，提高了企业管理水平，促进了企业发展，全年实现利税1133.1万元，比上年增长17%，再次被评为省级先进企业。长沙光华织造厂通过开展企业管理上等级工作，推动消防水带生产，全年生产消防水带118.79万米，获评长沙市先进企业。长沙印染厂主要产品有纯棉布、绒布、印花布等产品，年印染能力达3500万米。长沙毛毯厂生产有腈纶提花毛毯、纯毛毯等，产品规格品种齐全，拥有固定资产707万元，具备年产40万条腈纶毛毯的生产能力。同年，长沙锦纶厂总投资1.35亿元，实施的一期建设项目建成投产，是湖南省“七五”时期（1986—1990年）重点建设工程之一，建成规模达1万吨的锦纶长丝和浸胶帘子布生产线，全套工艺设备和技术是从瑞士伊文达公司（Inveta）和联邦德国巴马格公司（Barmag）引进，采用连续融熔、聚合、萃取、干燥新工艺，全年生产锦纶-6长丝2000吨；兼并长沙市医疗器械厂。长沙毛巾厂与长沙二毛巾厂，共生产毛巾1181万条，其中出口75.37万条。长沙毛纺织厂主要生产拉舍尔毛毯、精纺呢绒和毛线，全年生产毛毯60万条，精纺呢绒110万米，毛线2000吨。当年，浏阳北盛丝绸厂通过加强生产组织，全年生产丝10.03吨，丝织品58万米。长沙帆布厂具有全年生产300万米帆布的生产能力。长沙红卫织布厂主要生产纱呢、线呢、涤麻布、棉麻布等产品。长沙人民织布厂主要生产二六元青贡呢、人字呢、色织棉麻布等产品。长沙手帕厂全年生产手帕1741.73万条，长沙光华织布厂全年生产手帕90.62万条，这2家企业全年共出口手帕977.8万条。长沙红旗织布厂主要生产麻棉交织布，其中“春秋”牌彩格绒布，为湖南省出口服装面料。长沙市第二纺织印染总厂兼并长沙毛涤纶印染厂。

1991年，长沙纺织行业经过3年治理整顿，经济过热的势头得到控制，混乱的经济秩序得到治理；纺织工业局等有关部门，大力协助纺织企业清理“三角债”，全年化解企业债务1.3亿元；该局转变工作作风，由过去行政干预的“管”字当头，逐步向做好行业规则、协调、服务等宏观调控职能转换，促进了企业发展；全市纺织行业工业企业 85 家，其中纤维原料初步加工行业工业企业 2 家，棉纺织行业工业企业 52 家，毛纺织行业工业企业 3 家，麻纺织行业工业企业 2 家，丝绢纺织行业工业企业 4 家；标准局在全市组织开展标准化等级评定工作，全年共评出长沙毛纺织厂、长沙光华织造厂等 9 家企业，为市标准化三级企业。是年，长沙纺织厂在劳动、人事、分配三项制度改革中，通过推行岗位技能工资改革，促进了企业发展，全年完成产值 1.02 亿元，名列纺织行业前茅。长沙光华织造厂主要生产消防水带、手帕、运输带芯和坯布，一直重视产品质量管理，确保产品质量稳定，取得较好的经济效益，被评为长沙市先进企业，成为公安部认定的唯一水带供应企业；兼并亏损严重的长沙市第一织带厂。同年，长沙毛巾厂作为全省规模最大的毛巾专业生产厂家，由于放松企业管理，成为市工交系统第一亏损大户，厂长被免职，企业停产整顿。长沙印染厂与香港荣成公司合资，成立长荣印染服装有限公司，注册资金 80 万美元，双方各占 50%，投资 99.8 万美元，实施年产印染布 600 万米项目建设。长沙第二纺织印染总厂与香港华兴行合资，成立长兴印染有限公司，注册资金 95.4 万美元，其中外资 28.6 万美元，占 30%，投资 95.4 万美元，建设年产各类印染布 12.8 万米项目。

1992 年，全行业完成技改投资 3628 万元，通过建立达产承包激励机制，技改步伐加快，全年完成技改竣工项目 16 个。加大改革力度与扭亏增盈，在推进第二轮承包的基础上，长沙纺织厂等 15 家企业进行投入产出总承包试点，长沙毛巾厂、长沙人民织布厂等 21 家企业进行“三项”制度改革的试点。长沙第三纺织厂、长沙床单厂、长沙红旗织布厂等单位，将分厂推向市场，实行独立核算，自负盈亏的分厂（车间）共计有 27 个，当年全行业亏损 2035.6 万元，比上年 4751.2 万元减亏 57.42%。是年，长沙锦纶厂投资 9675 万元，实施二期扩建工程，项目达产后年产锦纶民用长丝 4000 吨。长沙毛巾厂和长沙二毛巾厂共同出资，组建毛巾集团，系国有中二型企业，拥有固定资产原值 2261 万元，毛巾织机 332 台，国产平幅洗涤机生产线 4 条，毛巾产能达到 1 亿条；其中，印花毛巾生产量居全国之首，主要产品有“双利”和“菲菲”牌系列毛巾，共有六大系列、1600 多个花色品种，畅销国内外市场。当年，长沙红旗织布厂与香港环保实业公司合资，投资 210 万美元，其中中方占 75%，外方占 25%，引进台湾产金鸡 420 型剑杆织机 30 台，建设年产 192 万米各种牛仔布项目。长沙纺织器材厂因生产经营困难，被湖南汽车集团有限公司兼并，退出纺织器材生产市场。

1993 年，全市纺织行业因设备老化，新产品开发滞后，不能适应市场需求，再加上受市场疲软，企业“三角债”等因素影响，除 5 家企业盈利外，其余企业全部亏损，亏损面达 84.69%；为应对严峻形势，企业采取多种形式，大力发展第三产业：长沙第三纺织厂、长沙毛毯厂，将闲置的厂房及配套设施租给外商；长沙第二纺织印染总厂、长沙红卫织布厂、长沙第四纺织厂等企业，推倒围墙，兴建市场；全行业共兴办多种经营实体 212 个，其中第三产业占 84 个，从业人员近 7000 人，占全系统职工总人数的 22%。是年，长沙床单厂、长沙毛巾厂等企业，通过逐级分解扭亏指标，加强企业生产经营管理，实现扭亏为盈。长沙毛毯厂累计亏损 398.8 万元，扭亏无望，实行关闭，退出毛毯生产市场。年末，长沙锦纶厂总投资 9425 万元，从瑞士和德国引进 2 条具有 90 年代世界水平的锦纶长丝生产线，实施的二期建设工程完工，年生产能力由 2000 吨增长到 4000 吨，自建厂之日起，就全额负债建设和负债经营，开始出现亏损。

1994 年，市纺织工业局转为经济实体——市纺织工业总公司（以下简称纺织总公司），将原设的 14 个科室调整为“三部一室”，即政工部、管理部、财务部、办公室。全市纺织系统为扭转企业亏损严重的局面，开展“转机制、抓管理、练内功、增效益”活动。长沙第二纺织印染总厂和长沙锦纶厂，通过开展转机制、抓管理活动，产值分别实现1.28亿元和1亿元。长沙市人民织布厂、长沙第三纺织厂、长沙裕湘纺织总厂、长沙第一制线厂等11家企业，通过开展练内功、增效益活动，比上年都有较大幅度的减亏。是年，长沙红旗织布厂等企业，调整内部生产组织，形成分厂之间既是服务关系，又是买卖关系的内部市场机制，达到了分块搞活、盘活整体的目的。湖南绸厂引进资金，进行房地产开发，厂内兴办8家公司，发展第三产业，使80%的职工分流。长沙立新织布厂、长沙人民织布厂等企业，实行半紧密型联合，既实现资金、生产计划、接单、原材料统一调度，又分开核算，生产经营均呈现好的发展势头。同年，毛巾集团将生产基地集中在毛巾一厂，将位于市中心的原毛巾二厂，用来合资搞物业开发。长沙第三纺织厂通过发展第三产业，开始扭亏。长沙印染厂5年间，累计亏损3482万元，资产负债率达140.6%。是年，全市纺织加工行业规模以上工业企业73家，其中亏损企业35家；从业人员3.22万人，由于受市场疲软，企业“三角债”等因素影响，全年生产纱线1.62万吨，布4257万米，印染布1498万米，毛毯28万条，化纤2950吨，毛巾767万条，床单61万件，丝织品91万米，完成工业总产值8.21亿元，产品销售税金及附加723万元，亏损企业亏损总额2.54亿元，固定资产净值3.28亿元，与1988年相比，企业持平，人员减少5.92%，产值增长71.47%，资产下降22.94%。

1995年，市委、市政府推出深化国有企业改革的重大举措，实施以国有资产授权经营为突破口的综合配套改革，成立长沙市纺织国有资产经营公司，在纺织系统内实施以优势产品为龙头，以产权关系为纽带，以城区土地置换资金为支撑，产品结构由中低档向高档转移，行业结构由传统纺织向多元产业转移的总体方针。是年，长沙第二纺织印染总厂通过开展学“邯钢、安塑”活动，加大企业生产经营管理力度，全年生产纱线3327.15吨，中长坯布523.11万米。湖南绸厂通过进行企业改革，促进了企业发展，全年生产丝绸37万米。浏阳北盛丝绸厂通过抓生产组织，全年生产丝37万米。同年，长沙床单厂通过苦练内功，全年生产床单29万条。长沙光华织布厂向管理要效率，全年生产消防水带100万米。

1996年，纺织行业实施优化资本结构方案，推进以增资、改造、分类、破产，为主要内容的优化资本结构试点工作全面铺开；轻纺行业深化改革，实施扶优扶强发展战略，促进了行业发展，全年生产丝织品24.6万米，毛毯29.71万条，抽纱刺绣价值2767.26万元，完成工业总产值6.64亿元，比上年减亏37.19%，扭亏取得显著成效。是年，以毛巾集团为核心，打造纺织行业的“航空母舰”；该集团以实施“双加”技改项目为契机，投资2000多万元，对毛巾一厂实施技改，使企业生产能力得到显著提升；对毛巾二厂实施搬迁，利用繁华地段，与香港振升投资有限公司合资，兴建天都大厦，拥有房地产面积4.5万平方米，使集团总资产达到1亿余元，成为初具规模的大型企业集团。长沙第三纺织厂以厂房、设备作投资，与香港超颖公司（以现金作投资），组建合资企业——长沙三兴纺织有限公司，当年生产纱线1007吨，完成产值1537万元，实现利润90万元，成为纺织系统近年来兴办的较为成功的合资企业。长沙第二纺织印染总厂引入成本管理机制，将成本指标分解到分厂、车间、班组，并建立相应的激励机制和严格的考核制度，当年完成市里下达的减亏目标。在原长沙纺织厂的基础上，成立银太公司。当年，由于受餐巾纸影响，长沙手帕厂和长沙光华织布厂，出现产品成本与销售价格倒挂，导致资金短缺，生产处于半停产状态。长沙毛巾厂依法破产后，由毛巾集团整体接收，进行全员安置。长沙色织厂成立，位于长沙市开福寺路，注册资金50万元，拥有宽幅布机350台及配套的印染整套设备，年设计生产能力为400万米。湖南富丽真金家纺有限公司是台湾富丽寝具有限公司创立的全资子公司，注册资金1600万元，位于长沙浏阳产业园，是一家常年从事中、高档床上用品生产和销售的企业。年末，纺织工业总公司所属企业累计亏损7.5亿元；全市纺织行业停产、半停产企业有24家，其中长沙裕湘纺织厂、长沙人民织布厂等企业，进入破产程序。

1997年，市委、市政府把企业改制作为企业改革重点，实施为期3年的中小企业改制工作；全市纺织行业以开展“工业年”活动契机，选择有条件的企业进行股份制改革试点；纺织系统成立全省第一家行业再就业服务中心，担负起纺织系统下岗职工分流安置任务；全市以纺织行业为突破口，不断深化以优化资本结构、抓大放小、组建集团、兼并破产、减员增效、人员分流等为主要内容的企业改革，全面推进国有企业的脱贫解困工作，努力实现“两个根本性”转变；通过全力抓扭亏增盈工作，全系统比上年减少亏损3330万元。是年，毛巾集团、银太公司等企业，通过转换企业机制，盈利总额182万元。长沙兴望印染有限公司通过抓产品质量，获得自营进出口权，全年出口创汇678.3万美元。长沙第二纺织印染总厂被列为减员增效试点企业后，当年下岗分流603人，通过抓成本管理，挖潜降耗，全年盈利69万元。长沙市梦洁绗缝制品实业公司投资1223万元（含外汇75万美元），实施引进关键设备技改工程，项目达产后年新增多件套、冬鸟被、豪华枕芯等21.6万套。当年，长沙第三纺织厂改制，由职工出资、员工持股，成立长沙白沙纱业有限公司。长沙毛纺织厂经济效益连年滑坡，亏损严重，被广东美雅集团实施承担全部债权债务和全员安置职工的兼并后，先后投入技术改造及流动资金近7000万元，并使其主导产品——拉舍尔毛毯的生产能力扩大一倍，当年实现扭亏为盈。年内，湖南绸厂生产20万米丝绸后，依法破产，进行资产重组，更名为长沙天鹿实业发展有限公司，退出丝绸生产。长沙裕湘纺织厂破产，并由银太公司接收。长沙纺织机械厂破产，由深圳合利华公司接受，经过资产重组，更名为长沙市合利华实业有限公司。

1998年，长沙纺织行业贯彻国务院关于纺织工业深化改革、调整结构、解困扭亏的指导思想。长沙第二纺织印染总厂淘汰1万锭落后棉纺锭，长沙第四纺织厂淘汰1万锭，银太公司淘汰2.2万锭，这些企业用压锭补偿资金，进行产品结构调整、技术改造和减员分流，为企业全面改革、解困创造条件。是年，长沙色织厂通过对位于市中心的厂房进行合作开发，实现一业为主，多元经营；兼并长沙立新织布厂。银太公司利用压锭资金和有关政策，进行产品结构调整和减员分流，为建立现代企业制度创造条件。华升集团在上交所上市交易，公开发行8500万股A股，为企业发展增添后劲。长沙兴望印染有限公司通过扩大产品出口，获评长沙市出口创汇先进单位。长沙印染厂破产，由长沙荣安实业发展有限公司接收。长沙红卫织布厂破产，经过资产重组，成立长沙协裕有限公司。浏阳北盛丝绸厂停产。1999年，长沙床单厂投入技改资金300多万元，用于产品结构调整；长沙锦纶厂投资300万作余元，更新4台（套）新型电机；长沙第三纺厂投资110万元，增添电子清纱器等设备，完善2万锭的纺纱生产线。银太公司通过持续开展企业内部改革，精简机构，压缩人员，控制费用，全年盈利16.4万元，实现扭亏增盈。长沙兴望印染有限公司通过积极开发国外市场，全年出口创汇1243万美元。同年，长沙手帕厂、长沙光华织布厂全面停产，至此长沙手帕、线带生产退出市场。多喜爱成立，注册资金2000万元，是一家集研发、设计、生产、营销于一体的综合型家纺企业。

2000年，市委、市政府出台“两个置换”文件，进行企业改革；通过开展招商引资活动，引进长沙爱斯达家居有限公司和长沙凤凰居家用品厂，主要生产床上用品系列产品。当年，市纺织工业总公司所属企事业单位33家，从业人员1.88万人，其中事业单位2家，国有企业12家，集体企业12家，股份制企业7家；通过克服东南亚金融危机造成的不利影响，在纺织10个主要产品产量中，有9个大幅增长，全年完成工业总产值6.02亿元，比上年增长14.36%。同年，毛巾集团通过ISO9001质量管理体系认证，产品出口到美国、日本、东南亚等30多个国家和地区，全实现销售收入1.8亿元，利税1200万元，出口创汇1200万美元，成为全市利税大户和出口创汇大户企业。长沙名品实业有限公司成立，注册资金2000万元，位于长沙高新开发区，主要从事床上用品的生产、销售。是年，全市纺织加工行业规模以上工业企业23家，其中亏损企业10家，从业人员1.19人，全年生产纱线1.71万吨，布1597.68万米，印染布2749万米，毛巾3985.38万条，化纤4166吨，完成工业总产值8.86亿元，利税总额1457.1万元，固定资产净值4.26亿元，与1994年相比，企业和人员分别减少68.49%和63.22%，产值和资产分别增长7.89%和29.78%。

2001年，在全市十大标志性工程中，精品纺织工程位居第九位，主要由梦洁家纺、毛巾集团等知名企业组成。当年，全市纺织系统投入技改资金4000万余元，完成一系列关键设备的更新和技术改造：其中：毛巾集团投资3200万元，引进先进的箭杆提花织机等设备，新增棉纺锭5000枚；梦洁家纺为推进名牌战略，投资360万元（含外汇40万美元），实施引进飞梭刺纺设备，提高产品质量和档次，从而增强了新产品的开发能力。以长沙毛巾集团为龙头，重组长沙第二纺织印染总厂和长沙锦纶厂的优良资产，组建长沙纺织集团公司。同年，长沙锦纶厂累计亏损5.05亿元，负债总额5.61亿元，依法实施破产，退出化纤产品生产。长沙毛纺织厂因产品销售不畅而停产，长沙毛线生产由此停止。2002年，国家经贸委发布淘汰落后生产能力、工艺和产品的目录，湖南省据此出台淘汰违反国家有关法律法规、生产方式落后、环境污染严重和能源消耗高的落后生产能力、工艺和产品目录，涉及纺织、石化等10个行业。是年，毛巾集团收购长沙第二纺织印染总厂和长沙锦纶厂，组建新的毛巾集团公司，形成完整的产业链，拥有国际先进水平的电磁棒印花生产线、国产印花生产线18条，清钢联汽流纺、环锭纺8万锭，资产总额近5亿元，公司下设菲菲毛巾厂、天明房地产公司等六大成员企业，还有菲菲织造公司配套的外坯巾加工厂。当年，长沙白沙纱业公司完成对长沙第三纺织厂的收购；长沙麻纺织厂划归长沙市纺织工业总公司管理并停产，盘活土地13.4公顷，企业改制后退出麻纺织产品的生产。年底止，全市先后有长沙锦纶厂、长沙裕湘纺织厂、人民织布厂等多家企业破产，分流下岗职工2.83万人，其中停薪留职2206人，内部退养1328人，自谋职业759人，解除终止合同关系2591人，置换职工身份6840人，当年出再就业服务中心的940人，转岗培训1000人次，社会再就业260人。

2003年，长沙进行机构改革，撤销市纺织工业总公司，设立轻工纺织行业管理办公室（以下简称轻纺行办），履行原市纺织工业总公司管理职能；在纺织行业深化产权制度改革，实行“两个置换”改革，将企业和职工推向市场。列入全市国有企业改制计划的长沙床单厂、长沙第四纺织厂、长沙色织厂，集体企业有长沙立新织布厂、长沙羊毛衫厂等企业，基本完成改制。随着城区扩建，银太公司等骨干纺织企业，整体搬迁至县郊工业园，在异地建新厂。是年，毛巾集团通过采取多项措施，开展创建名牌活动，全年实现销售收入3.85亿元，利税1465万元，发展成为纺织行业的利税大户企业。华升集团通过开拓国际市场，实现出口创汇6800万多美元，被评为全国自营出口先进生产企业。

2004年，全市工业企业通过改制和深化企业改革，为建立产权清晰、权责明确、政企分开、管理科学的现代企业制度打下基础。当年，全市纺织、服装行业投资3628万元，实施技改项目7个；通过开拓国际市场，全年出口纱线、织物及制品，价值5823.77万美元。是年，长沙床单厂改制，全体职工出资61万元，买断企业资产，成立股份制公司，企业更名为长沙床单工贸有限公司，退出床单生产，从事贸易经营和物业管理。银太公司因经营业务增加土地开发项目，企业更名为长沙银太置业有限公司。美雅集团长沙毛纺织厂与广东美雅集团股份有限公司解除兼并关系，企业更名为长沙毛纺织厂。2005年，全市纺织行业通过深化企业改革，全力组织生产，全年生产毛巾1.02亿条，化纤4485吨，均为历史最高产量。2006年，毛巾集团垫资50万元，注册成立长沙中洲家纺有限公司，并实施分块改制，所属纺织印染厂和锦纶厂从集团分离出来，实行单独经营，分别更名为长沙博翔纺织厂和长沙锦尚家纺公司。是年，全市纺织加工行业规模以上工业企业37家，从业人员1.12万人，全年生产纱线2.93万吨，布172万米，印染布1828万米，毛巾8448万件，化纤2190吨，完成工业总产值20.49亿元，利税总额1.63亿元，固定资产净值4.65亿元，与2000年相比，企业增加60.87%，人员减少5.58%，产值、利税和资产分别增长1.31倍、10.16倍和9.32%。

2007年，银太公司经过4次增资扩股后，总股本达到3500万元，企业3680名职工个人持股2678.4万元，占76.53%；工会社团法人股821.6万元，占23.47%。2008年，为推动循环经济建设，长沙实施清洁生产示范试点、企业外迁等五大工程，毛巾集团列入限期整治企业名单，实施环保关闭后，企业更名为长沙菲菲家纺有限公司，设立全资子公司——湖南菲菲毛巾有限公司注册成立（以下简称菲菲毛巾集团），投资8000万元，在湘阴工业园购地16公顷，建设"菲菲"牌毛巾生产新基地。是年，梦洁家纺总投资5.28亿元，实施梦洁工业园技术改造项目，新建10万平方米的生产车间及仓储中心，新增套件、床垫沙发及芯被类生产线4条。长沙红旗织布厂和长沙第四纺织厂，实施政策性破产。2009年，银太公司投资1.5亿元，在炎陵、宁乡工业园建新生产基地，建设精梳生产线2条，新增纺锭3.5万枚，自动落筒机10台，发展成为拥有12万锭的大型纺纱生产企业。长沙博翔纺织厂总投资1.79亿元，在望城工业园建设新厂，采用国内先进的纺织设备，形成年产8000吨化纤混纺纱线、800万米化纤混纺布的生产规模。是年，梦洁家纺成立电子商务部，借助以天猫商城为主的电商平台，扩大产品销售，仅旗舰店全年就完成产品销售额3781.69万元，在全国行业排名第32位，公司董事长、总经理姜天武，获评湖南省优秀企业家。

2010年，长沙提出"一个转变三个结合"帮扶思路，工作重点由"扶优解困保生存"向"提质增效促发展"转变，帮扶对象与技术改造"三百工程"相结合，与中小企业"三百之星"相结合，筛选60个产业项目和120户重点企业作为"两帮两促"帮扶对象。是年，梦洁家纺在中小板成功上市，募集资金7.65亿元，为企业发展增添后劲。长沙华庆纤维制品有限公司主要生产纤维制品、服装、床上用品等，投资3000万元，在隆平高科技园区购地1.27公顷，建设高科技纤维制品生产销售基地。同年，长沙手帕厂、长沙帆布厂等企业，完成股份制改造。长沙毛纺厂因亏损严重，依法破产。2011年，银太公司在企业搬迁的情况下，通过抓生产经营管理，全年实现产值3亿元，比上年增长72.3%。菲菲毛巾集团面对原材料大幅涨价，抓节能降耗，开发产品新花色，并开拓经营思路，确保内、外销同步发展，产品外销到俄罗斯、智利、乌克兰、印度、日本等国，全年生产毛巾3400万条，实现产值3.4亿元，比上年增长3倍。

至2012年，全市纺织行业通过开展招商引资，利用外资6997万美元，拥有"三资"企业15家；通过对长沙锦纶厂等企业实施破产，使轻纺行业形成优胜劣汰竞争机制，促进纺织行业发展；全市毛巾生产仅剩毛巾集团1家企业，其余11家企业先后退出市场；印染布和化纤产品先后停产。同年4月，菲菲毛巾集团完成前期厂房建设，建设的湘阴生产基地注重环保投入，通过湖南省环保厅进行的"三同时"验收；拥有先进剑杆织机110台，有5条印花生产线；生产的"菲菲"牌毛巾品种多样，品质优良，有各种规格的中高档浴巾、面巾、方巾、枕巾、毛巾被、毛巾睡衣六大系列500余个花色品种；款式多样，有平织、割线、螺旋、缎档、素色、彩条、绣花、印花等，尤以全刮底割绒印花浴巾风格独具，年生产能力达到700万条浴巾，安置200人就业，全年完成产值1.05亿元，出口创汇800万美元，实现利润198.88万元。当年，长沙博翔纺织厂在搬迁重建中，生产纱线2069.05吨，布357.44万米，完成工业总产值2958.8万元，亏损1390.7万元。是年，全市纺织加工行业规模以上工业企业26家，从业人员6628人，全年生产纱线5.14万吨，布964万米，毛巾2704万件，完成工业总产值47.41亿元，利税总额5.39亿元，固定资产合计11.35亿元，与2006年相比，企业和人员分别减少29.73%和40.78%，产值、利税和资产分别增长1.31倍、2.32倍和1.44倍。

二、产品质量

1988年，全市纺织行业开发新产品24个，全行业评选出“部优”产品1个、“省优”产品9个。长沙毛巾二厂开发的割绒印花毛巾被，长沙第二纺织印染总厂开发的克力科、爵士呢衣料，长沙光华织造厂自主研制的高强运输整体带芯，均填补了省内空白；苧麻纺织品开发成果显著，有14个产品获评部、省级开发奖；引进喷水织机、气流纺、大圆机等先进设备和染整设备，发展毛、麻、丝、化纤以及锦纶丝等原料生产。是年，湖南轻工研究所与汨罗纺织印染厂，联合开发的MZ、MWZ维纶织物防水剂，获评湖南省科技进步四等奖。长沙光华织布厂历时5年，研制的消防水带，填补省内一项空白，具有耐压、耐磨、使用寿命长等优点。当年，长沙毛纺厂、长沙毛毯厂、湖南绸厂、长沙麻纺织厂等企业，主要生产各种规格的真丝、交织、化纤、仿真丝等系列产品40多个，其中龙凤被面、交织羽纱、交织软缎被面、缎被花绉弹涤绸、真丝双绉丝锦床单等产品，因质量一流，远销欧、美市场，全年生产绸缎440万米。长沙床单厂主要生产麻棉丝光印花床单，品种有：6尺满地凤球、6尺满地石菊、宽幅麻棉（R20/C80）大提花装饰床单等，出口床单有K47077、6尺素凤K47094、素凤连枕套、K47078等产品，全部采用布面丝光和活性印花，产品远销世界五大洲的30余个国家和地区，年出口量在30万~80万条之间。是年，全市纺织行业主要产品有纯棉纱、棉涤纱、棉维纱、棉胶纱、麻纱线，布、印染布、粘胶亚麻交织布、帆布、帘子布、夏布，丝绸、毛纺、麻纺、毛巾、床单、被褥、毛毯等系列产品。

1989年，长沙纺织行业根据市场行情和纺织原料的变化，开发出T/12（66/34）32S/1三合一色纺纱、T/R纱、T/R（90/10）21S/1特种纤维纱，使纺纱产品由单一的纯棉产品进入棉混纺和纯化纤多品种时代；产品结构得到初步调整，以麻代棉开发苎麻产品获得成功，全年生产麻棉纱67吨，麻棉布532万米；为适应国际市场上纺织品种花色更新快的特点，开发出割绒锻、绣花高档毛巾、麻棉色织布等一批新产品，使产品竞争能力得到提高，除保持原有的市场份额外，还远销苏联、东欧等国。当年，全市开发生产34种纯棉、化纤新潮产品，新花型、新款式有350个，在全省纺织工业产品评比中获开发奖12个；全行业新产品率达6.5%，优质产品率达13.5%，全年完成出口创汇1.26亿元，比上年增长39.9%。是年，望城县无纺布厂通过研发，自主研制成功无纺布水泥包装袋。长沙红旗织布厂投资40多万美元，从英国引进一套浴比松式筒子染色机生产线，使精炼、染色、漂洗、烘干等各道工序一次性完成，填补省内空白。浏阳县麻纺厂投资543.5万元，在实施苎麻成服技术改造项目的同时，还实施5000锭短纺技改项目。是年，全行业获评“部优”产品2个、“省优”产品7个。

1990年，全市纺织行业实施棉改涤、窄改宽、色改花战略，全力发展毛、涤、化纤和以麻代棉产品，全年开发苎麻纺织新产品8个，其中，麻棉丝光印花床单、宽幅麻棉（R20/C80）大提花装饰床单、麻晴中长花呢，在全国苎麻新产品展销会上，分别获金杯奖和开发创新奖；纺织行业开发生产的纯棉、化纤新潮产品有38个，新花型、新款式达170个，其中长沙红旗织布厂开发的麻棉交织布，长沙第二纺织印染总厂开发的提花夏婵绸，长沙印染厂开发的13/13精梳涤棉印花布，湖南绸厂开发的148厘米丝棉绸等 14 个产品，均被评为“行优”产品；纺织行业通过引进喷水织机、气流纺、大圆机等先进生产设备，开发出大提花麻棉装饰床单、丝棉床单、麦司林等系列新产品。长沙光华织造厂自主研制的阻燃消防水带，长沙第三针织厂开发的阻燃整体运输带芯，市纺织研究所开发的抗电磁波布料等，均通过省级新产品鉴定。湖南绸厂生产的真丝双绉、丝绵床单，远销欧美和日本市场，全年生产丝绸 305 万米，上缴利税 6000 万余元。长沙床单厂全年生产床单 75 万条，出口 36.3 万条。长沙二毛巾厂开发出贴花、绣花、印花等五大类 6 个品种毛巾，其中割绒品种获得全国旅游产品重点生产企业合格证书，全年生产毛巾 1100 万条。是年，全行业获得“部优”产品 2 个、“省优”产品 12 个。1991 年，湖南省经委对全省 11 个行业的 436 种主要工业产品的市场销售情况进行调查，其中长沙纺织行业生产的涤纶长丝、涤纶短纤、维纶组织、丙纶短纤、汗背、涤棉印花布，均列入 177 种畅销产品之中。长沙第二纺织印染总厂，开发的“麦司林”产品，具有亚麻感强等特点，可作春、夏、秋男女西装、时装、裤料、裙料的面料，获评“省优”产品，被天津商会、消费者协会等，推选为首选商品，从而促进了产品销售，全年实现产值 1.4 亿元，成为纺织行业的佼佼者。同年，工艺美术大师李元善设计的“黑叶花”“金猴”等 8 个手帕新花型产品、“相思蝶”床单，在全国第九届纺织复制、装饰配套产品花型图案大奖赛中，获一等奖 1 个，二等奖 2 个，三等奖 6 个，占全省送评获奖产品的 90%。长沙手帕厂开发的织格手帕，获评“省优”产品。长沙绒布厂生产的“松柏”牌灯芯绒、丝光绒等产品，长沙红旗织布厂生产的麻棉交织布、“春秋”牌彩格绒布，均为湖南省出口服装面料。

1992 年始，长沙实施工业“十条龙”发展规划，以拳头产品——苎麻纺织品等 10 个产品为龙头，以大中型企业为依托，从整机到零部件进行成龙配套开发改造，涉及的龙头企业有 30 家；工业重点抓好纺织服装等五大系列产品。当年，长沙锦纶厂自主研制出 30D/10F、70D/24F 锦纶弹丝、弹力丝。1993 年，长沙毛纺厂开发出单层双面拉舍尔毛毯。1995 年，长沙床单厂生产的床单，毛巾集团生产的毛巾，在全国举办的同行业室内纺织装饰配套产品和全刮底印花浴巾大奖赛活动中，均获评产品质量银质奖。1996 年，全市纺织行业全年开发新产品 68 个，其中，银太公司开发的 100 支高支纱，长沙第二纺织印染总厂开发的印染装饰布，均填补湖南省空白。是年，毛巾集团开发出 52 个新品种、新花色，通过调整产品结构，成为全市纺织行业为数不多的盈利企业。华升集团组建研发、生产、销售、服务的完整经营体系，形成涵盖脱胶、纺纱、织布、印染、服装家纺制造的完整产业链；通过抓产品质量，获得自营出口权，为产品出口奠定基础。

1997 年，全市纺织行业采取措施，全面开展创建名牌活动。毛巾集团强化产品质量管理，通过 ISO9001 质量管理体系认证，生产的“菲菲”牌全刮底割绒印花浴巾，获评湖南省产品质量奖，成为中国质检总局出口货物免检产品，被中国质量管理协会授予全国用户满意产品；生产的浴巾，被认定为湖南省名牌产品，实现全市纺织系统创建名牌产品“零”的突破；该公司总经理曾嵘，被评为湖南省优秀企业家。是年，长沙第三纺织厂通过全面开展产品质量整顿活动，加强产品质量管理，生产的 21s 腈纶纱，获湖南省产品质量奖。长荣印染服装有限公司和长兴印染有限公司，通过抓产品质量，积极开拓国外市场，产品出口创汇 281.5 万美元，这两家企业连续 2 年，均被市政府授予出口创汇先进企业。长沙兴望印染有限公司通过严把产品质量关，获得自营进出口权，全年出口创汇 678.3 万美元。1998 年后，长沙纺织工业开发重点：棉、涤棉印染整条生产线的关键设备及相关工艺技术，合成纤维织物印染关键整套设备及配套工艺技术；关键设备开发包括：高效短流程退煮漂机、连续轧染机及热熔染色机、间歇式染色机、平网、圆网印花机、热定型机、精炼机、起皱机及碱减量机等；锦纶开发重点：有色纤维、抗细菌纤维、异形纤维、碳化纤维、细旦和超细旦纤维。是年，在全国毛巾纺织业协会组织的企业综合评定中，毛巾集团获产品设计、花色品种、毛巾产销量增幅、市场份额和综合实力5个第一，成为全国家用纺织品行业协会副理事长单位。至1999年，长沙民营纺织企业发展迅猛，先后涌现“梦洁”家纺、“多喜爱”家纺、床上用品、服装花色品种千余种以上，成为长沙经济发展的一大亮点。是年，毛巾集团先后投入3000万余元，安装14套电子清纱器和空气连接器，使70%的生产设备达到国际先进水平，生产的毛巾产品，连续3年获评湖南省产品质量奖，被中国质量管理协会认定为全国用户满意产品。银太公司投入195万元，增添空气连接器、电子清纱器等设备，解决了影响产品质量的薄弱环节。

2000年，全市纺织行业通过实施系列技改项目，使毛巾、印染布、纱、锦纶，丝形成拳头产品。是年，华升集团作为国家苎麻面料产品开发基地，建成湖南省苎麻纺织工程技术研究中心；每年对技术创新的研发投入，约占年销售收入的5%以上，使企业在技术创新、产品开发、市场开拓、企业管理等方面，长期处于行业前列，被认定为国家级企业技术中心。多喜爱家纺开始拓展中国市场，分别在各个城市设立授权经销网点；通过抓产品质量，确保生产的产品质量过硬，获得欧洲纺织权威机构的认证，为产品出口创造了条件。2001年，毛巾集团将湖南省棉花科学研究所研制开发成功的彩色棉品系列产品，通过实施技改工程，实现产业化，开始生产高档出口毛巾；还与湖南省苎麻研究所合作，首创以生物处理技术，解决天然彩色棉的无污染退浆，并保持天然彩色棉毛巾柔软舒适。2002年，梦洁家纺通过严把产品质量关，生产注册的“梦洁”床上用品商标，被认定为中国驰名商标。2003年，长沙光华织带厂通过抓产品质量，获得国家强制性产品认证证书。2004年，多喜爱家纺研制并推出的参赛产品，在香港举办的国际新技术新产品博览会上，获花布技术产品博览会金奖，成为中国家用纺织品行业协会的会员单位。长沙名品实业有限公司通过ISO9001:2000国际质量管理体系认证，生产的“故园”牌系列床上用品，获评湖南名牌产品，并成为世界500强——美国沃尔玛超市系统的供应商。是年，湖南省浏阳市建辉纺织有限公司生产注册的“公牛”牌沙滩浴巾，被评为长沙市名牌产品。湖南省长沙市爱晚亭家纺用品有限公司严格按照ISO国际质量体系标准组织生产，产品在中央电视台《上榜品牌》栏目中播出后，被指定为《玫瑰之约》栏目的专用产品。

2005年，梦洁家纺生产注册的“梦洁”床上用品，被认定为中国名牌；随着凭借研发实力显著增强，被认定为省级技术中心。华升集团完成企业改制重组后，实现制度创新、设备更新改造、产品升级换代，步入发展快车道；实施的生态纤维精细化加工技术研究及产品开发项目，获评湖南省科技进步二等奖。2006年，梦洁家纺生产的产品经国家质量监督检验检疫总局审查，梦洁品牌符合《产品免于质量监督检查管理办法》规定，批准免检，促进了产品销售，成为全市利税过5000万元企业之一。湖南富丽真金家纺有限公司主要产品有套件、床单、被套、枕芯、被芯、凉席、凉被、蚊帐等数百个品种，开发的动物抱抱枕，获国家专利。是年，长沙名品实业有限公司生产注册的“故园”牌商标，被认定为湖南省著名商标。湖南省长沙市爱晚亭家纺用品有限公司凭借一流产品质量，获中国质量万里行——中国质量信誉之星称号，并被湖南省纤维检验局授予AAA级质量保证能力资格企业。

2007年始，长沙通过实施“双百”工程，加快了企业自主创新步伐，对催生新型产业起到重要促进作用，使企业自主创新能力、装备技术水平和产品科技含量大幅提高。是年，华升集团持续加大研发投入，推动了新产品研发工作，全年开发出新品种八大系列400余个型号：高支麻维布、亚麻混纺纱线和色织布、高支色纺纱、机械竹节弹力布、苎麻牛仔布等新产品，其中自主研制开发的VEGA系列高速纺织品数码喷射印花系统，获国家技术发明二等奖；实施的特高支优质细薄苎麻织物面料技术研究项目，获中国纺织工业协会科技进步一等奖；开发的300公支纯苎麻织物，为国内首创；研发的超高支纯麻爽丽绸，获湖南省科技进步二等奖。同年，多喜爱家饰生产注册的“多喜爱 Dohia 及图形”床上用品商标，被认定为中国驰名商标。长沙名品实业有限公司生产的“故园”牌床上用品，被泛珠三角区域妇女最喜爱产品展览会组委会评定为妇女最喜爱产品，并成为“步步高”“大润发”超市系统的供应商。

2008年，多喜爱家饰通过抓产品质量，通过IS09001质量认证，并被认定为高新技术企业。华升集团实施的苎麻纺织印染深加工工艺技术研究项目，列入“十一五”期间（2006—2010年）国家重大科技项目之一；凭借企业综合实力和生产规模，获评中国纺织服装企业竞争力500强和中国麻纺行业竞争力10强企业；生产的主导产品“雪松”牌苎麻产品，具有较高的知名度，畅销欧、美、日、韩及国内市场。2009年，长沙推进产业转型升级，大力发展先进制造业。梦洁家纺投资600万元，实施新产品研发重点技术创新项目，着力开发含棉大套件系列、中式套件、欧式套件，保健枕芯、小布艺家纺、儿童宝贝家纺等八大类新产品。华升集团通过持续抓产品质量，注册的“金爽”“雪松”“洞庭”品牌，均被认定为湖南省名牌产品；其中，“金爽”牌被湖南省出口名牌评选委员会评为湖南省出口名牌；连续多年自营出口近1亿美元，多次被评为全国自营出口先进生产企业。

2010年，长沙工业系统以调整经济结构、转变发展方式为重点，在市场开拓、要素保障、产业升级、园区招商、项目投入、技术创新6个方面下功夫。是年，湖南富丽真金家纺有限公司从原、辅材料的采购开始把住质量关，出厂所有产品受湖南省技术监督局检验、国家局抽检，达到合格标准后方允许出厂，从而保证了产品质量；注册的“富丽真金”商标，被认定为中国驰名商标。华升集团注册的“雪松及图”商标，被认定为中国驰名商标；依托“十一五”期间国家科技支撑计划重大项目——苎麻纺织印染深加工工艺技术研究攻关项目的实施，承担国家“十一五”期间科技支撑计划—高档超高支苎麻面料加工关键技术项目；通过科技攻关和新技术应用，解决了超高支苎麻面料生产技术难题，成功开发出高档超高支苎麻新产品，技术含量较高，填补国内空白，居国际领先水平。当年，多喜爱家饰作为全国卫生产业企业管理协会抗菌产业分会理事单位，凭借研发和行业优势，负责主持制定《含银抗菌溶液》行业标准。长沙名品实业有限公司累计投资3.11亿元，添置并拥有自动梳棉机，全自动封包封袋机，断布、裁剪、电脑刺绣、程控绗缝、全自动封边、工业缝纫等先进机械设备，发展成为湖南省大型家纺产品生产基地；将“故园”品牌升级为“金色故园”，生产的床上用品（配套）获评湖南省名牌产品。

2011年，长沙依托长沙市欧林雅家纺有限责任公司，组建长沙市生态环保型竹纤维精密加工工程技术研究中心。是年，长沙市欧林雅家纺有限责任公司自主开发的欧林雅竹纤维产品，获第六届中国竹文化节金奖；随着研发实力显著增强，被认定为高新技术企业认证；通过抓产品质量，注册的“欧林雅”商标，被认定为湖南省著名商标；生产注册的“欧林雅 OLY”纺织织物、纺织品洗脸巾、床单（纺织品）商标，被认定为中国驰名商标。梦洁家纺通过不断加大研发投入，持续开展研发创新工作，累计申请专利96项，获得授权专利85项，专利拥有量位列全市纺织行业首位。同年，多喜爱家饰实施的纳米银无机抗菌织物的研究与开发项目，获湖南省科技进步二等奖；生产的“多喜爱（Dohia）”纳米银抗菌棉麻织物及其床上用品，被评为湖南省名牌产品；生产注册的“多喜爱 Dohia 及图”商标，被认定为中国驰名商标。菲菲毛巾集团加大研发投入，不断开发产品新花色；生产的“菲菲”牌毛巾，获得湖南省商业厅和湖南省国际知名品牌认证委员会颁发的湖南省国际知名品牌证书。

2012年，长沙全面启动管理升级、技术升级、产业升级三大工程，推动纺织工业提档升级和发展方式的转变，促进了产业结构的调整；随着纺织工业的发展壮大，彻底扭转只能生产初级产品和产品附加值低的现状，发展成为长沙工业的重要组成部分。华升集团形成涵盖脱胶、纺纱、织布、印染、服装、家纺制造完整的产业链，组建研发、生产、销售、服务完整的经营体系；拥有5万长纺锭、3万短纺锭、2.5万台织布机，年生产能力为脱胶原麻1.6万吨，纯苎麻、亚麻、大麻纱（4.5N~60N）1.9万吨，坯布400万米，印染布240万米；主要生产经营苎麻、亚麻、大麻纺织品及麻棉服装系产品，其中85%以上为外销，畅销50多个国家和地区，并享有很高的声誉；其苎麻加工生产能力和年出口量，均占全国同行业的50%以上，位居全国首位；拥有“DT.AAA”牌苎麻纱等品牌产品，并连续多年在全国麻纺行业创造品质第一、市场占有率第一、实现利税总额第一的佳绩，发展成为国家512家重点企业和湖南省国资委管理的11家重点之一。湖南省长沙市爱晚亭家纺用品有限公司作为一家集研发、设计、生产、销售于一体的家用纺织品企业，主要生产床上用品、窗帘、布艺类产品、其他家用纺织制成品等，随着研发实力显著增强，被认定为高新技术企业。长沙名品实业有限公司作为一家集床上用品设计、生产、销售于一体的民营企业，拥有三大名牌：名品世家、故园、美逸居，涵盖床上用品高、中、低三个层次的系列产品；其中，故园品牌是湖南省城乡居民日常居家首选品牌，被评为女性最喜爱产品，产品销售至湖北等多个省份。银太公司投巨资，实施7万锭清梳联合机、紧密纺纱机棉纺技术改造升级项目，提高产品质量，并扩大生产规模。是年，全市纺织行业主要产品有纱线、布、苎麻、亚麻、被褥、蚕丝被、床单、床罩、枕芯、毛巾、毛巾被、毛毯等系列产品。至2012年的25年中，全市纺织行业共获得中国驰名商标6个，湖南省著名商标2个。

企业选介

（一）长沙银太集团有限公司。前身是民国32年（1943）建成的三湘股份有限公司。民国34年（1945）更名为长沙裕湘纺织厂。1966年更名为长沙纺织厂。至1989年，发展成为长沙重要的坯布生产企业，产品主要供应印染加工行业，年产量达400万米，跨入大型纺织企业行列。1996年，更名为长沙银太纺织有限公司，次年破产。1998年，企业进行资产重组，完成股份合作制改造。2001年，企业加大内部改革和改制力度，实施“两个置换”和“三项”制度改革，逐步建立起一套适应市场经济发展的运行机制。2002年，引进进口的空气连接器等先进设备，全面实施技术改造，提升企业装备技术水平，提高产品质量和产品附加值。

2003年，公司投资2.3亿元，在炎陵县革命老区建设分厂。至2006年，企业投资近5亿元，置地24公顷，实施的一期工程建设初见成效，开始生产紧密竹节纱、紧密平纱、紧赛竹节纱、紧赛平纱等市场急需的新产品，形成年产各类高品质、高附加值棉纱2万吨的生产能力。2009—2011年，公司总投资近3亿元，建设的二期工程竣工投产，发展成为一家集纺纱、织布、针织、服饰、房地产开发于一体的大型综合股份制企业集团。至2012年，公司通过实施系列扩建工程，拥有8万环纺锭、1200头气流纺、322台织布机；还从意大利进口纺织机械自动落筒机等先进设备，具有年产纱线1.4万吨，针织内衣1000万套，纬编布300吨，高档服装400万件的生产能力；拥有“巨龙”牌纱线和“银太”牌内衣两大品牌，发展成为一家以纺纱、服装生产销售业务为主、兼及棉花收购及加工、房地产开发等综合业务的集团公司。是年，公司从业人员2000人，全年生产坯布1000万米，棉纱2.54万吨，完成工业总产值5.59亿元，利税总额2056万元。

（二）湖南梦洁家纺有限公司。1956年3月，国家对长沙原弹棉制被业进行社会主义改造，企业转为公私合营的湖南省弹棉厂。1968年更名为长沙市电机制棉厂。1986年更名为长沙被服厂，1988

年3月，企业生产的精梳棉絮，在全省同行业评比中名列第一名；生产注册的“梦思”牌棉絮商标，被评为“部优”产品。1990年，公司创建“梦洁”品牌，并在行业内率先导入CI策划。90年代初，家纺市场呈现消费升级趋势，公司高起点引进全套套被生产新设备，由棉被单一产品，向踏花被系列产品的升级。1994年更名为长沙市梦洁絎缝制品实业公司。1997年，公司与市棉麻土产公司实行分立，企业通过改革和在全体员工的共同努力下，当年首次实现产值和销售收入均突破亿元大关，并消化企业债务479.2万元。

1999年11月更名为长沙市梦洁家纺有限责任公司。2000年1月，企业通过改制，变更为湖南梦洁家纺有限公司，职工出资2400万元，购买个人股；同时，实施多品牌发展战略，推出“寐”品牌及“梦洁床垫”产品。进入21世纪，公司通过引进世界一流的全系列深加工工艺设备，迅速实现制造工艺升级换代和产品高附加值，并逐步发展成为行业标杆企业。至2012年，生产经营产品计九大类300多个品种，发展成为国内最大的居饰用品专业生产基地，拥有的“梦洁”系列产品，连续多年被评为最畅销国产商品“金桥奖”、消费者信得过产品等荣誉称号。为持续提高产品附加值，公司集聚国内外顶级设计精英10余名，在上海、意大利米兰、法国巴黎，建立研发中心，创建行业内首家省级技术中心；累计获得国家专利560余项，版权450余项。是年，公司全年实现销售收入12亿元，利税总额1.6万元，成为全市的利税大户企业。

第二节 服装 服饰业

1988年，全市服装、服饰产品主要有长沙衬衫厂、长沙九龙服装厂、长沙内衣分厂、长沙新湘服装厂、长沙制帽厂等100家企业生产；设计生产服装、服饰产品300余种，其中呢毛料西装、中式高级时装、衬衫、春秋衫、冬服、童服、制帽等，款式新颖，别具一格。全市针织品生产企业5家，产品主要有袜子、内衣、针织外衣（含纱毛绳衣、尼纶衫、弹力衫、腈纶衫、麻棉毛衫）、涤纶经纬编面料和其他针织品（含手套、帽子、围巾、袖筒、领箍、披领）等。是年，服装企业从市二轻公司划归市纺织工业局管理，全市纺织服装、服饰行业形成以服装为龙头的大纺织格局；国企改革进入经营权与所有权分离阶段，纺织行业在探索“两权”分离，实行各种经济责任制的同时，为推动企业改革，选择长沙制帽厂等11家企业，列为服装、服饰行业首批管理现代化试点企业；在全市25种主要产品中，除毛线、丝制品受原料紧缺制约，产量比上年降低外，其他产品产量增长较大，尤以化纤袜、内衣、服装等产品增长显著。当年，全行业有3个产品被评为“部优”、15个产品被评为“省优”。长沙市纺织研究所开发的超压带电操作服等品种，填补省内空白。长沙九龙服装厂在全面继承传统工艺的同时，改进领型、衣袖制作工艺，生产的中式高档时装，尤以旗袍、驼毛袄著名。长沙用电设备修造厂生产的“湘飞”牌带电作业屏蔽服，获得国家产品质量银质奖。长沙针织厂投资121.2万元，实施提质扩容技改项目，年产量增至800万双。长沙九龙服饰厂生产的高档西装、中山装、便服、男女呢大衣，畅销港澳、欧美等地区。长沙纺织厂投巨资，实施的年产100万件T恤衫技改项目，取得显著成效，被命名为省级预备企业。长沙衬衫厂在产品畅销的情况下，进一步在质量和花色品种上做文章，建立严格的质量检验制度和多渠道信息网络，使消费者的最新需求及时反馈到厂内，每年生产的衬衫品种达20多个；在全省衬衫评比中再次获评一等奖，并在有150余家衬衫厂参加的全国衬衫评比中，名列前茅。是年，全市服装、服饰加工行业规模以上工业企业80家，从业人员9361人，全年制作服装1276.32万件，汗衫背心581万件，卫生衫裤 85 万件，各类袜子 1009 万双，完成工业总产值 1.09 亿元。

1989 年，全市国企改革持续推进，着力推行优化组合、减员增效工作；企业围绕抓管理、上等级为主要内容的企业升级活动。在全省“芙蓉杯”服装设计大奖赛上，长沙有 6 套服装获设计奖。从下半年开始，针织生产企业在原料、资金和市场等方面，都遇到前所未有的困难。是年，长沙纺织厂生产的晴麻 T 恤衫，质地手感好，受到消费者喜爱，因产品适销促进销售，获评省级先进企业。长沙羊毛衫厂全年生产腈纶毛衫袜 15 万件，腈纶围巾 40 万条，出口麻棉衫 12 万件，创汇 50 万美元。长沙第三针织厂主要生产涤纶转印花套裙衫、涤纶双罗高领拉条男套衫、涤纶交织春秋袜；生产的麻棉竹节衫等产品，出口到欧美等国。长沙新湘服装厂生产的“湘苗”牌衬衫，有呢毛、化纤、纯棉等面料，具有缝制精细，领型设计新、样式多、衣身线条轮廓鲜明等特色。长沙童服厂生产的花色童服产品，有火箭童装、嵌条童服、海涤夹克衫等产品，以式样新颖，图案别致而著称。区（街）企业长沙文艺服装厂和长沙立新童装厂，通过加强企业生产经营管理，全年实现工业产值均超过 500 万元。年内，长沙个体裁缝师傅罗美元，在宁乡创办长沙第一家民营服饰企业——长沙顺发服饰厂。罗文亮辞职下海，成立湖南添美服装厂，投资从日本引进 2 条西裤和休闲西装生产线，开始从事西裤加工业务，开创西裤规模化生产的先河。长沙龙竹妇女服装有限公司成立，是全市新成立的外商投资的 10 家企业之一，注册资金 54 万元，位于长沙市劳动西路，主要生产各类服装及产品自销。

1990 年，市纺织工业局从强化质量管理入手，开展“抓四率、攻五关、升档达标”活动，使全行业主要产品质量提高 90%；服装行业全部实行厂长负责制，激发了企业活力，全年开发新产品 25 个，新产品被评为“行优”产品有 14 个，其中麻腈绣花女衫、腈麻针织 T 恤衫等，在全国苎麻新产品展销会上，分别获金杯奖和开发创新奖；全行业评选出“部优”产品 8 个、“省优”产品 10 个。是年，长沙制帽厂自主开发出贝雷帽、翘顶（平顶）大檐帽，长沙衬衫厂自主开发出涤棉衬衫，长沙市第一服装厂自主开发出腈棉男、女成人防寒服与丝绸女裙套衫等，提高了一部分服装产品的市场应变能力；在国内市场疲软，竞争激烈的情况下，服装系统各企业通过拓展外销渠道，增加产品出口，全系统全年出口交货总值 1.45 亿元，比上年增长 15.28%，居全省服装行业之首。长沙纺织厂开发的“桂花”牌 14tex 精漂汗衫背心，获国家产品质量奖。长沙衬衫厂严格按国标 GB335－81 服饰型号系列标准组织生产，生产的“称心”牌和“火炬”牌男式衬衫，受到消费者青睐；承接加拿大曼哈顿公司经销的世界名牌“皇家珍藏”牌高档衬衫生产业务后，引进恒温、恒压、恒速黏合机，并与这家公司建立起长期的合作关系，在管理上建立三级质量管理网络体系，保证产品质量，全年生产高档衬衣 18 万件，合格率 99.9%，创利税 51 万元。长沙第一服装厂主要生产男女成人防寒服、丝绸女裙套衫、太空服、滑雪服、教练服等，生产的全棉格绒衬衫，被誉为名牌产品，远销欧、美 30 多个国家和地区。当年，长沙第三针织厂主要生产涤纶转印花套裙衫、双罗高领拉条男套衫、交织春秋袜等产品，全年生产 20 万件。长沙羊毛衫厂通过加强生产组织，全年生产腈纶毛衫袜 15 万件、腈纶围巾 40 万条，两家企业的产品出口到美国、日本等国家和地区。长沙内衣分厂主要生产汗衫、背心、厚绒拉链球衫、全棉罗纹领文化衫等产品；其中内衣产品远销至欧、亚、非。长沙华美服装厂经过 4 年发展，拥有职工 1100 余人，生产的一批童装参展中国妇女儿童用品 40 年博览会，其中流行长套、迎宾套裙和“向阳”牌童服，获奖牌 3 块，生产的童服进入第十一届亚运会购物中心，获“天马”奖杯，全年完成产值 1065 万元，利税总额 56.4 万元。长沙经编厂投资 148 万元，实施内衣生产线填平补齐部分设备的技改工程，项目投产后年新增绒类套装 12 万套，当年生产文化衫 138 万件。

1991年，全市服装加工行业工业企业148家，其中针织品企业21家，服装制造企业121家，制帽企业6家。通过广泛开展质量、品种、效益年活动，促进了企业发展。长沙培罗蒙服装公司生产的“丽”牌毛料中山装、男式夹克衫，长沙制帽厂生产的运动帽等3个产品，均获评“部优”产品。长沙东风服装厂生产的夹克衫，长沙九龙服装厂生产的男、女西装套服，均被评为“省优”产品。是年，长沙市服装工业公司投资850万元，兴建的长沙服装城建成开业，是一个集商业、工业、加工服务和对外贸易为一体的综合经济体，也是长沙市服装行业发展外向型经济的主要窗口。长沙服装一厂投资102万元，实施完善服装精加工设备技术改造项目，自主开发出三杠镶色、一衣两用服装，被评为省级先进企业；该厂与日本小泉株式会社合资，成立湖南长泉服装有限公司，注册资金27.8万美元，投资27.8万美元（其中外资5.56万美元），实施年产18万件成衣原辅料项目建设。同年，长沙第一针织厂拥有针织机240台，主要生产双色编弹力袜和各种织物锦丝袜、薄型高中统袜等产品，全年完成产值700多万元。长沙第三针织厂投资实施开发麻棉涤针织产品技改工程，项目投产后年产各类麻棉涤针织产品90吨。长沙针织厂投资200万元（含外汇14万美元），实施引进双针筒织袜机及配套设备技改项目，向中、高档袜类发展。长沙经编厂全年完成工业总产值470万元，利税总额80万元。当年，长沙市立新童装厂通过加强企业经营管理，取得一流业绩，被评为省级先进企业。湖南广播设备厂与香港美达实业公司合资，组建湖南美蓉制衣实业有限公司开工建设，总投资50万美元，其中中方占60%，外方占40%，主要生产各式服装和服装制品，产品全部外销。长沙市天剑服饰有限公司成立，注册资金600万元，位于长沙望城县，主要生产销售“天剑”牌西服、西裤。

1992年，全市重点抓好纺织服装等五大系列产品，服装行业形成5000万件成衣生产能力；服装行业全年完成技改投资3628万元，通过建立达产承包激励机制，技改步伐得到加快，全年完成技改竣工项目16个；举办长沙服装文艺节，促成内销订货成交额1.1亿元，外销签订合同、意向、协议书50份，外贸成交额778万美元，引进投资1.59亿美元。是年，长沙经编厂更名为长沙针织制衣总厂；湖南添美服装厂更名为湖南省长沙市东方制衣厂，并试产男西裤。长沙羊毛针织服装厂成立，由市郊岳麓制鞋总厂、湖南省华湘有限公司、长沙羊毛衫厂，3家企业联合组建，是一家集纺织企业产品优势，外贸公司营销优势，乡、工、贸相结合的企业，从而救活了严重亏损的长沙羊毛衫厂。至1993年，全市服装行业由于技术装备落后，受市场疲软，能源紧缺，企业“三角债”等因素影响，除5家企业盈利外，其余全部亏损，亏损面84.69%，长沙第一针织厂、长沙针织厂，因亏损严重，先后停产关闭。长沙第二衬衫厂因城建拆迁，企业消亡。长沙第六服装厂因资不抵债，企业被注销。

1994年，纺织工业总公司所属工业企业有13家，除长沙东风服装厂、长沙九龙服装厂略有盈利外，其他企业全部亏损，亏损面为77%。为扭转企业严重亏损的局面，全市服装、服饰行业以抓好产品出口、开发适应内销的新款式和新潮服装为重点，全年开发新潮服装品种400余个，其中长沙衬衣厂自主开发出男式衬衫和内胆保暖棉衫等新品种7个；为搞好扭亏增盈工作，长沙市新湘服装厂、长沙制帽厂等企业，利用厂房临街、临路、临巷的优势，以自营、联营、租赁等形式，发展第三产业。是年，长沙顺发服饰厂生产的“忘不了”牌男西裤市场走俏，自主开发出“忘不了”系列高档女西裤；湖南省长沙市东方制衣厂注册“圣得西”商标；长沙第三针织厂更名为长沙明达实业发展有限公司。同年11月，市委、市政府为搞活纺织服装行业，成立纺织国有资产经营有限责任公司，管辖16家国有纺织服装企业、市属集体企业和中外合资企业中的国有资产；实施综合配套改革措施，整体转向，“退二进三”。是年，全市服装、服饰加工业规模以上企业144家，其中亏损30家；从业人员1.34万人，全年制作服装1374万件，汗衫背心 293.94 万件，卫生衫裤 223.12 万件，袜子 374 万双，丝织品 48 万条，完成工业总产值 4.47 亿元，产品销售税金及附加 423 万元，亏损企业亏损总额 1825 万元，固定资产净值 9006 万元，与 1988 年相比，企业和人员分别增加 80%和 42.68%，产值增长 3.12 倍。

1995 年始，长沙市委、市政府相继推出一项深化国有企业改革的重大举措，实施以国有资产授权经营为突破口的综合配套改革措施。是年，湖南华湘集团公司兼并长沙新湘服装厂和长沙九龙服饰厂。长沙超世实业有限公司成立，注册资金 1038 万元，位于长沙中意一路，主要生产经营服装、鞋帽、服饰等。1996 年，全市服装、服饰行业全年生产各类袜子 108 万双，比上年 275 万双减产 60.73%，产量呈萎缩之势。是年，湖南博雅服装厂完成产值 4585 万元，利税总额 61 万元。东山德缝茂针织厂全年完成产值 259 万元，出口交货额 190 万元。长沙超世实业有限公司完成产值 3514 万元，实现建厂开门红。同年，长沙市东风服装工贸公司改制为有限责任公司，总股本为 237.8 万元，其中个人持股 179.2 万元。长沙针织袜厂和长沙针织厂破产后进行合并，筹资 253 万元，成立长沙一袜厂。

1997 年，市委、市政府把企业改制作为企业改革重点，实施为期 3 年的中小企业改制工作，市轻纺行业选择有条件的企业进行股份制改革试点，逐步建立现代企业制度。长沙衬衫厂作为股份合作制改革试点单位，设立总股本 211.2 万元，募集个人股金 158.4 万元，工会集体股金 52.8 万元，改制后成立长沙金汇服装有限公司。长沙东风服装厂、长沙市三纺厂、长沙市第四服装厂先后改制，分别通过职工出资，内部职工持股，成立长沙东风服装有限公司、长沙白沙纱业有限公司、长沙骑越制衣有限公司，这 3 家企业共募集个人股金 185 万元，职工人均认股 3000 元。是年，湖南长泉服装有限公司通过建立现代企业制度，促进了企业发展，全年创汇 276.82 万美元。长沙超世实业有限公司通过严把产品质量关，通过美国摩迪国际有限公司和中国进出口商品质量认证中心的质量体系认证审核，为产品出口创造条件。湖南朝日五内衣有限公司成立，由日本朝日株式会社投资建设，注册资金 375 万美元，位于长沙市雨花区，主要生产各式针织内衣、服装、玩偶、玩偶服饰等工艺品。同年，长沙顺发服饰厂更名为忘不了服饰；湖南省长沙市东方制衣厂更名为东方时装，长沙明达实业发展有限公司停产，退出纺织服装市场。

1998 年，东方时装生产的“圣得西”牌服饰，成为中国消费者协会推荐产品，促进了产品销售；通过加强企业生产经营管理，人均销售收入 60 万元，居全省同行业之首。湖南长泉服装有限公司、湖南朝日五内衣有限公司、湖南湘泉服装有限公司，通过开拓国际市场，扩大服装出口，均获评长沙市出口创汇先进单位。长沙市中豪服饰实业有限公司成立，注册资金 101 万元，位于长沙市育英街，主要从事服装、鞋帽的生产和销售等。20 世纪 90 年代末，受市场疲软和东南亚金融危机影响，长沙针织生产企业先后停产，退出市场；集体服装企业逐渐萎缩；纺织总公司所辖 14 家企业，因生产设备老化，亏损严重，先后退出服装市场：有的办第三产业，有的出租厂房，有的被兼并。同一时期，民营服装、服饰企业发展迅猛，先后涌现“超世”“天剑”“派力斯”“圣得西”“忘不了”等一大批知名服装企业和品牌，服装花色品种有千余种，成为长沙服装工业的一大亮点。是年，忘不了服饰收购 2 家国有企业，启动第一期技改扩建工程；制作的男、女西裤和衬衫，均符合国家 GB/T2666–93、GB26660–89 标准和国外JISL4028、JISL4117 先进标准的要求，率先获得国家和湖南省技术监督局颁发的采用国际先进标准标志证书和采用国际先进标准认可证，其产品被评为湖南名牌产品。长沙市中豪服饰实业有限公司投资 124.5万元（含外汇 15 万美元），引进意大利西装后道工序整烫设备 6 台，项目达产后年西装生产能力达到 2 万套。

2000 年，忘不了服饰主要生产“忘不了”牌男式西服、系列高档女西裤、商务男装等产品，具备年产 500 万件（套）的生产能力，产品出口到 40 余个国家和地区，全年生产服装 1315 万件；投资 2000

万元（含外汇15万美元），实施引进高级整烫设备技改项目。同年，长沙市天剑服饰有限公司投资2500万元，在井湾子繁华路段修建一座集商场、休闲和工厂于一体的综合大楼。长沙金汇服装有限公司、长沙制帽厂等企业，通过加强企业生产经营管理工作，实现大幅减亏。是年，全市服装、服饰加工业规模以上企业23家，其中亏损6家；从业人员6036人，全年制作服装555.18万件，完成工业总产值4.12亿元，利税总额2214.7万元，固定资产净值1.28亿元，与1994年相比，企业和人员分别减少71.25%和54.81%，产值下降6.13%，资产增长41.62%。

2001年，全市服装、服饰行业克服东南亚金融危机造成的不利影响，全年生产服装1334.13万件，比上年增长1.40倍；其中梭织服装608.78万件、西服及西服套装5.70万件、衬衫25.03万件、针织服装721.23万件。2002年，长沙市委、市政府先后出台《工业十大标志性工程的实施意见》和重点民营企业、“小巨人”企业扶植政策，围绕兴工强市战略目标，确定精品纺织等十大标志性工程，决定每年拿出1亿元作为标志性工程龙头企业重点项目的引导资金，为龙头企业的加快发展提供了有力支持。是年，长沙市天剑服饰有限公司全年完成产值2983万元，利税总额120万元，拥有固定资产891万元。东山德逢茂针织厂全年完成产值1230万元，利税总额63万元，拥有固定资产69万元。长沙市婷舒服饰有限公司全年完成产值587万元，利税总额53万元，拥有固定资产47万元。同年，忘不了服饰通过与国内高等院校和设计公司合作，中国设计师协会一批顶级专家张紧达、吴海燕、计文波等，为企业提供时尚元素；导入ERP系统，实现少纸化办公和网络化管理；引进服装辅助设计CAD系统，建立工作站；注册的“忘不了”西服、西裤，再次卫冕湖南名牌产品；公司董事长罗美元当选湖南省第十届人大代表。

2003年，全市服装、服饰行业投资5990万元，实施更新改造项目，为企业发展增添了后劲；市科技局投入200万元，用于制造业信息化工程专项资金，在轻纺服装等行业，实施设计、生产过程、制造装备、管理和企业数字化建设。东方时装引进美国格博服装CAD系统等，自主开发出办公管理系统等，基本实现企业管理信息化，为企业快速发展打下基础。香港超世集团总投资1亿元，在长沙天心经开区建设湖南省最大的高档西服生产基地——超世洋服工业园，占地面积12公顷，项目全部投产后西服生产能力将达到每年100万套、衬衫100万件或皮具30万套。同年，湖南省服装工业有限责任公司总投资5亿元，在长沙天心经开区建设中国湖南服装科技工业园，规划用地146.7公顷，实施为期3年的项目建设，建设湘服多功能展示中心及湘服科技中心，园区集服饰展示与品牌推介、科技研究与发展、产品交易、国际贸易、物流配送及服装会所于一体。忘不了服饰通过中国质量管理评审中心（COC）ISO9001:2000国际质量管理体系认证，投资建设的忘不了科技发展园第二期工程全面开工建设。当年，湖南派意特服饰有限公司通过与英国杜尼国际集团合作，推出以高档西装为主的“杜尼·派意特”精品服饰系列，成功实现由国内品牌向国际品牌的提升。

2004年，全市服装、服饰行业投资3628万元，实施技改项目7个；通过开拓国际市场，全年出口服装及衣着附件，价值2821.99万美元；纺织总公司管理的服装企业全部停产，退出服装市场。是年，忘不了服饰通过ISO14001与环境管理体系认证，在建设科技发展园第二期工程的同时，增加投资150万元（含外汇15万美元），引进高级成衣整烫设备，对生产线进行技术改造；生产的“忘不了”牌西服，成为湖南省首批国家生态纤维制品，获湖南省质量管理奖；公司董事长、总经理罗美元，被评为长沙市首届“十大女杰”和湖南省优秀企业家。同年，湖南派意特服饰有限公司针对全球纺织品配额即将取消的机遇，大力实施国际化战略，依靠先进的设计理念、精湛的工艺水平和严格的交货时限，产品打入美国、德国、意大利、日本等国际市场，并与众多国际著名服饰品牌企业，建立战略合作伙伴关系。长沙第六服装厂、长沙制帽厂等4家企业，基本完成改制，共理顺劳动关系1414人。当年，长沙针织制衣总厂因道路拓改和棚改项目建设需要，实施整体拆迁。长沙必富制衣有限公司成立，注册资金100万元，位于长沙天心经开区，主要从事服装、鞋帽、纺织品、羽毛制品的生产、销售等。2005年，市委、市政府对销售收入、利税总额大幅增长，在技术创新、管理创新等方面，都取得突出成效的东方时装、忘不了服饰等12户"小巨人"企业进行表彰。是年，东方时装为服装研发、构建设计领先优势，陆续与意大利、英国、日本、韩国设计团队签约，研发能力随着得到提高，被认定为湖南省高新技术企业。长沙天剑服饰有限公司，生产注册的"天剑"牌男女西服商标，被认定为湖南省著名商标。湖南金鹰服饰集团有限公司在长沙挂牌成立。

2006年，忘不了服饰生产的"忘不了"牌西服、西裤，被评为全国用户满意产品，列入年度中国"十佳品牌"推介榜和国家标准化良好行为试点企业，注册的"忘不了"商标，被认定为中国驰名商标；建立产学研合作机制，按销售收入提取3%~5%为科研经费，研发实力随之得到加强，被认定为市级企业技术中心，公司董事长罗美元被评为全国"三八"红旗手。东方时装实施的"小巨人"计划——圣得西改扩建工程，获湖南省技术改造项目补助资金20万元；随着研发创新实力显著增强，被认定为省级企业技术中心和市级企业技术中心；生产注册的"圣得西SUNDANCE"西裤商标，被认定为中国驰名商标。同年，长沙天剑服饰有限公司通过生产适销产品，全年完成工业总产值3500万元；长沙凯丰制衣有限公司通过加强企业经营管理，成为长沙利税过百万的企业之一。湖南欧林雅服饰有限责任公司成立，注册资金2000万元，位于长沙市雨花区，是专业生产、销售竹纤维睡衣、内衣裤、袜子、毛巾等产品。是年，全市服装、服饰加工业规模以上企业35家，从业人员7718人，全年制作服装2363万件，完成工业总产值21.94亿元，利税总额3.16亿元，固定资产净值3.00亿元，与2000年相比，企业和人员分别增加52.17%和27.87%，产值、利税、资产分别增长4.22倍、13.28倍、1.35倍。

2007年，忘不了服饰投资1.3亿元，进行第三期技术改造扩建工程，并启动BSERP项目，提质扩容，步入全国纺织服装行业销售收入、销售利润率、利润总额"百强"企业行列。东方时装自主开发的"跨越梦想"正装系列产品和单经单纬轻薄型毛织物产品，被评为"市优"产品。这2家企业凭借具有行业领先、品牌显著、经济效益突出、科技含量高等优势，均升格为全市十大支柱产业——精品纺织工程的龙头企业。是年，湖南朝日五内衣有限公司投资4000万元，在长沙雨花区建设的一期工程，项目占地2.53公顷，投产后年产出口各类针织内衣800万件（套）。2008年，全市服装、服饰行业全年生产服装4253万件，其中针织服装1487万件：针织内衣1220万件、针织T恤衫96万件、化学纤维针织T恤衫96万件、针织休闲衫类服装7万件、针织衬衫164万件；梭织服装2824万件：西服套装1766万件、衬衫191万件、裤522万件、裙8万件、婴儿服装及衣着附件294万件、运动类服装1万件。是年，忘不了服饰被认定为省级企业技术中心，并获湖南省质量管理奖和全国"三八"红旗集体称号，发展成为中国服装协会第五届常务理事单位、湖南省农产品（纺织类）深加工产业化龙头企业。同年，湖南派意特服饰有限公司注册的"派"牌商标，被认定为湖南省著名商标；总投资1亿元，在望城经开区购地4.67公顷，建设服饰工业园，建筑面积4万平方米，建设10条世界顶级西服吊挂生产线，项目达产后年产高档西服100万套、团体服装300万套、各类服装400万套。

2009年，东方时装总投资逾5亿元，建设的圣得西时尚产业园一期工程投入使用，企业自主开发的夹克旅行衣获国家专利，公司董事长罗文亮，被评为湖南省优秀企业家。是年，湖南派意特服饰有限公司通过ISO9001:2008质量管理体系、ISO14001环境管理体系认证；被国际知名的意大利高级洋服定制品牌——帝·凯利澳，指定其为亚太地区唯一的代理商，并成为帝·凯利澳高级洋服生产制造基地。2010年，忘不了服饰发展成为公安部99式人民警察服装C常服、单服（裙子）定点生产企业；在全国男西服套装行业产品质量检测中，被评为“优等品”，步入中国职业装“十大”领衔品牌之列；全年实现利税过亿元，成为长沙市的利税大户企业。是年，湖南派意特服饰有限公司建设的新厂建成投产，注册的“派意特”牌商标，被认定为中国驰名商标；企业从业人员800人，全年实现产值2.31亿元。长沙市欧林雅家纺有限公司专业研发、生产、销售竹纤维睡衣、内衣裤、袜子、毛巾等产品，形成五大系列、400余个品种、2000余种规格的产品体系。同年，湖南金鹰服饰集团有限公司经过几年发展，拥有“金鹰·露斯卡”服饰、“KWK”男装、“露丝卡”家纺3个品牌；投资引进美国木纤维专利，拥有国内独家木纤维服饰制作技术；生产的木纤维产品低碳环保，具有吸水、柔滑、抗菌除臭等功能，并在当年上海举办的世博会上成功亮相。华升集团设立华升服饰股份有限公司，创设“华升·自然家族”品牌，涉足服饰服装行业。湖南派力斯集团有限公司成立，位于长沙市建湘南路，主要生产经营制服和工作服。长沙康德服装有限公司成立，注册资金500万元，位于长沙天心经开区，主要从事服装、鞋帽、纺织品、羽毛制品、皮革制品的生产、销售等。

2011年，全市产业融合引领转型升级，推进产品向智能化和高端化发展。是年，东方时装率先全面应用ERP企业资源管理系统，打造出“圣得西”国际商务装品牌、“圣奥威斯”职业装专家品牌以及私人定制品牌，其中“圣得西”国际商务装获国家免检产品、中国纺织服装“十大品牌”称号，公司自主开发的上袖挡边拉筒获国家专利，发展成为全市利税过亿元的企业。忘不了服饰通过加强企业经营管理，被评为长沙市管理升级示范性企业；同时，收购超世洋服，并发展成为全市利税过亿元的企业。湖南派意特服饰有限公司拥有专业的形象设计、款式设计、工艺研发队伍，常年聘请国际顶尖服饰设计大师负责工艺技术管理、产品开发和版型研究工作；通过内抓管理外抓销售，全年出口创汇近千万美元。湖南金鹰服饰集团有限公司提出全国首个“林纺一体化”概念，开创湖南纺织行业阳光生产“旅游工厂”先河；成立专门远红外线服饰技术研究机构，研发的防风、防雨、蓄热、透湿气的抗冻保暖服，受到消费者喜爱，公司董事长、总经理陈晓荣获评湖南省优秀企业家。银太公司投入4000万元，新建一栋8000平方米成衣车间，新增自动剪线、电脑衣车JUKL缝纫系列、日本自动拉幅设备，项目达产后年产高档服装400万件，发展成为集纺织、织布、成衣制作为一体的集团公司。

2012年，长沙全面启动管理升级、技术升级、产业升级三大工程，利用信息技术改造提升传统产业，重点在装备制造、纺织服装等进行试点示范，打造“智慧产业”。忘不了服饰建设的中型服装企业快速反应系统（MTM），提高了柔性化生产能力和工艺控制精度。是年，湖南派意特服饰有限公司成立中国时尚职业装技术研发中心、长沙市时尚职业装工程技术中心，拥有设计师、版型师、工艺师等研发人员48人；生产注册的“派意特”服装商标，被认定为湖南省著名商标；实施的无黏合衬西服流水线项目，获得湖南省中小企业发展专项资金25万元。湖南华升服饰股份有限公司全年生产销售职业装面料50万米，亚麻家纺产品2万套，全年实现销售收入2700万元，利税500万元。湖南金鹰服饰集团利用长沙毛巾锦纶厂场地，改造兴建金鹰时尚服饰产业园；整合林业、纺织行业相关优势资源，打造国内最大的木浆纤维服饰生产基地和国际唯一的木质纤维素纤维完整的产业链；全年完成产值近20亿元，利税总额1.58亿元，发展成为全市的利税大户企业。当年，湖南东湘源服饰有限公司成立，注册资金1亿元，位于长沙宁乡高新区，主要从事生产加工、制造毛织及针织服装制品。长沙制帽厂、长沙立新童服厂等中小企业，先后完成股份制改造；长沙内衣分厂停产。是年，全市服装、服饰加工业规模以上企业27家，从业人员9623人，主要产品有：西装、职业装、中式高级时装、衬衫、春秋衫、裤装、裙装、童服、运动装、帽子等系列产品，主要知名品牌有“超世”“天剑”“派力斯”“忘不了”“圣得西”等，全年制作服装4033万件，完成工业总产值59.27亿元，利税总额5.8亿元，固定资产合计9.31亿元，与2006年相比，企业减少22.85%，人员增加24.68%，产值、利税和资产分别增长1.70倍、83.32%和2.1倍。至2012年的25年中，全市服装、服饰加工业共获得中国驰名商标3个，湖南省著名商标3个。

企业选介

湖南省忘不了服饰有限公司。1989年，罗美元创办长沙顺发服饰厂。1993年，企业注册“忘不了”服饰商标。1997年，企业进行公司制改造，更名为忘不了服饰，实施企业·商标·产品“三位一体”的品牌发展战略。1998年，公司收购宁乡两家国有企业后，采用国际标准组织生产服装，突出面料的前期预缩处理工艺；增设精裁、清剪、验片工序，实行100%检验制度，从而实现精益生产，确保产品质量。2000年，公司建设的忘不了科技发展园第一期工程竣工投产，为新产品研发搭建平台。2001年，公司通过英国URS认证机构ISO9001:2000国际质量管理体系认证，注册的“忘不了”商标，获评为湖南省著名商标，被农业部授予全国乡镇企业创名牌重点企业。2002年，企业导入ERP系统，实现无纸化办公和网络化管理，引进服装辅助设计CAD系统，从而夯实了企业发展的基础。2003年，公司投资4000万元，实施的“忘不了”科技发展园二期工程开工建设，建筑面积1.5万平方米。

2004年，公司获得湖南省质量管理奖，开创服装行业质量管理获奖先河；生产的“忘不了”牌西服，成为湖南省首批国家生态纤维制品。2005年，公司列入国家标准化试点企业，产品获评全国用户满意产品。2006年，公司凭借研发和企业综合实力，跨入全国服饰行业“双百强”企业行列。2009年，忘不了服饰实施的OA协同办公管理系统平台正式启用，提高了信息化管理水平；开发的多功能夹克、金属纤维服装产品，被认定为升级换代新产品；随着企业综合实力的显著增强，跨入中国纺织服装企业竞争力500强企业之列，位居第73位。2012年，公司投资1亿元，将用3年时间，完成第四期技术改造工程；累计取得实用新型专利14项、设计专利33项以及软件著作权3个；参与并完成多项国家行业技术标准的起草和修改工作，发展成为全国服饰标准化技术委员会成员单位，中国服装协会常务理事单位等。是年，公司完成工业总产值3.9亿元，利税总额过亿元，成为全市的利税大户企业。

第九章　电力工业

1988年8月，长沙电业局被国务院企业管理委员会授予“国家二级企业”称号。翌年，全国早期知名带电作业专家、长沙电业局科研所主任柏克寒，由于其推动带电作业在湖南省范围兴起的特殊贡献，被授予“全国劳动模范”称号。

1989—1991年，根据国务院《电力工业管理体制改革方案》“政企分开、省为实体、联合电网、统一调度、集资办电”的原则，长沙电力建设共投资2.11亿元，完成新建、改建和扩建项目220个，220千伏树木岭变电站和220千伏天顶变电站投运，长沙电网形成三足鼎立的220千伏外环供电网架，从根本上提高了供电可靠性。微波远动通信系统的全面投入运行，结束靠电话调度电力的历史，长沙电业局被能源部定为华中网局第一批电力调度自动化实用化达标单位。1992 年，国家经贸委确定长沙电业局为全国大二型企业。是年长沙电业局上缴利税 1.42 亿元；总发电量 1.36 亿千瓦时；工业总产值 6.41 亿元，占全市工业总产值 5.52%；从业人数 5091 人。工业总产值、上缴税金和从业人数分别比 1988 年增加 181.14%、444.43%、7.25%；总发电量减少 5%。

1994 年，长沙电业局被电力工业部授予全国供电企业第一批“安全文明生产达标企业”。1995 年，长沙县成为全省首个实现农村电气化的县。1996 年，长沙市将电网建设项目纳入重点工程，当年完成电力建设投资 2.5 亿元，新增主变容量 37.6 万千伏安，新建 110 千伏及以上线路 52.4 千米，10 千伏配电线路 195.56 千米，新增配电容量 5.3 万千伏安，供电状况有较好改观；电力生产实现连续 14 年无人员生产重伤及以上事故和连续 15 年无重大设备事故安全纪录。1997 年，市场经济的变革使工业生产运行进入最困难之时，长沙市有 72 户企业破产，冶金机械、纺织等行业生产处于半停产或停产状态，生产用电量急剧下降，电力供应出现供大于求现象。是年 4 月，具有 100 多年历史的长沙发电厂因设备陈旧、煤耗高而停机退运。当年总发电量 1.49 亿千瓦时，工业总产值 18.87 亿元，占全市工业总产值 3.14%；上缴税金 1.14 亿元，从业人数 6560 人。总发电量、工业总产值、从业人数分别比 1992 年增加 9.41%、194.38%、28.85%；上缴税金比 1992 年减少 19.86%。

1998 年，长沙被确定为全国城乡电网改造重点城市，电网建设发展迅速，城区配电网大规模更新改造，长沙电网发生根本性改变，形成以 500 千伏为主供电源、220 千伏为地区网架、110 千伏为市区主网的格局。湖南第一条电力光纤开通，建成国内领先的大型电网调度实时监控系统，长沙电网管理手段不断提升，电网质量大大提高，城区 10 座 110 千伏变电站实现无人值班，为电网安全、稳定、经济运行提供保障。1999 年，省内第一座 110 千伏全室内无人值班变电站东塘变电站投运。印发《关于切实做好农村电力“两改一同价”工作的通知》，至 2000 年 3 年共投入 4.6 亿元进行农村电网建设、改造和农电管理体制改革，年底农电体制改革基本完成，全市 171 个乡（镇）电管站完成并站，建立 74 个供电所，精减农电人员 1542 人。农村居民生活电价由网改前的平均 0.79 元/千瓦时下降到 0.548 元/千瓦时，实现城乡用电同网同价。是年，有 35 千伏及以上变电站 78 座、主变 121 台，总容量 376.35 万千伏安，输电线路 2456.54 千米，配电线路 9503.135 千米，10 千伏及以上电缆 488.27 千米；全市最高负荷 113.47 万千瓦，日供电量达 2305 万千瓦时，电网运行稳定，不拉闸限电目标实现。湖南省授予长沙电业局“文明单位”称号。2001 年，中南地区首座全地下 110 千伏建湘变电站投运，11 月长沙市第一座 500 千伏沙坪变电站送电。

2002 年长沙电业局由企事合一的单位转变为纯经营性企业。投资 2.5 亿元建设的全国单条最长电缆隧道——全长 12.6 千米的芙蓉路电缆隧道投产。长沙电业局获中央精神文明委授予的“全国文明行业示范点”及国家电力公司授予的“全国一流供电企业”和“双文明单位”称号。是年总发电量 2.46 亿千瓦时、工业总产值 30.04 亿元，占长沙市工业总产值 3.83%、上缴税金 1.68 亿元、从业人数 6252 人。总发电量、工业总产值、上缴税金分别比 1997 年增加 64.9%、56.02%、59.19%、47.83%，从业人数减少 4.7%。2003 年，长沙电业局获“全国模范职工之家”和全国第八届“职工职业道德建设先进单位”荣誉。2004 年长沙电业局获“全国五一劳动奖状”，城南供电局女员工李列娜战胜疾病，以坚强毅力爱岗敬业、拼搏奋进，为电力事业做出突出贡献，被授予“全国劳动模范”称号。2005 年，中央精神文明建设指导委员会授予长沙电业局“全国文明单位”。

2006 年，长沙被列入国家电网公司电网建设改造重点城市，共投资 18 亿元完成新建、改建 110

千伏至500千伏变电站7座。2007年，长沙电力建设进入加速发展时期，电网建设总投资28.3亿元，华中电网容量最大的500千伏星城变电站投运，220千伏网络由单环变为双环，供电能力增加1倍，实现500千伏、220千伏网络多个电源点供电，网络安全性显著提高，220千伏主网供电能力明显增强，极大地提高了电网的稳定性。同年，华电集团公司投资50.9亿元兴建的湖南省最大燃煤火力发电厂——华电长沙电厂并网发电，装机容量120万千瓦，结束长沙电网无大电源历史。当年域内总发电量5.81亿千瓦时，工业总产值95.11亿元，占全市工业总产值的4.41%；上缴税金1.42亿元、从业人数7110人。总发电量、工业总产值、从业人数分别比2002年增加136.25%、216.61%、13.72%；上缴税金减少15.3%。

2008年年初，长沙经受历史罕见的冰冻灾害，电力设施遭受巨大损毁，电网接近崩溃边缘，电网安全运行面临严峻挑战。电力员工顽强拼搏战胜特大冰灾，长沙电业局被湖南省国家电网公司、华中电网公司分别授予“抗冰救灾先进集体”和“抗灾救灾恢复重建功勋集体”荣誉称号；在抗冰保网最前沿做出贡献的现场指挥员、线路管理所所长彭国泉被授予“全国五一劳动奖章”和“全国劳动模范”称号。2010年10月，总投资35亿元的黑麋峰抽水蓄能电站4台机组全部投运，装机容量120万千瓦，使长沙这个省内最大的用电负荷中心电源总装机容量大幅增加。长沙电业局被全国总工会、国家安全生产监督管理总局授予“全国‘安康杯’竞赛活动示范企业”和“全国‘安康杯’竞赛活动优胜企业”称号。

2012年年底，长沙供电实现安全生产3398天最长纪录，城市综合电压合格率、城网供电可靠率、农网供电可靠率分别达99.979%、99.9786%和99.9245%，优质供电居省内第一，长沙电业局获国家能源局授予的“全国供电可靠性金牌企业”称号。长沙电网规模：35千伏至500千伏变电站共169座，主变322台，总容量2052.78万千伏安；输电线路279条，总长3576.84千米（架空线路3361.99千米，电缆线路214.85千米）；10千伏配电线路1610条，长度1.82万千米（其中电缆线路3081.5千米），配电变压器总容量1571.3万千伏安。发电企业117家（其中大型火、水电各1家，余热发电6家，小水、火电站109座），发电量56.89亿千瓦时，完成工业总产值174.08亿元，占全市工业总产值的2.1%，上缴税金3.36亿元，电力工业从业人数7649人。总发电量、工业总产值、上缴税金、从业人数分别比2007年增加879.48%、83.03%、136.54%、6.74%。

第一节　机　构

一、市级机构

1988年，长沙电力机构名称为“湖南省电力工业局长沙电业局”。局本部由原科室制管理改为部室管理体制，设置的部门有：局办公室、生产管理部、经济管理部、用电管理部、电网发展部、多种经营部、政治工作部、人事部、经济保卫部、教育培训中心（机关直属中心）。1993年，更名为“湖南省长沙电业局”。

2007年3月，长沙电业局更名为“湖南省电力公司长沙电业局”。机关部室为：局办公室、人力资源部、计划财务部、电网发展部、安监保卫部、电力营销部、农电管理部、综合产业部、党委工作部、审计室、离退休办公室、工会办公室。2009年12月，长沙电业局对机关本部进行机构调整，调整后的部门名称：办公室、思想政治工作部、财务资产部、安全监察部、营销部、农电工作部、离退休工作部、发展策划部、基建部、监察部、人力资源部、审计部、生产技术部、工会办公室、营销稽查部、新闻中心。2012 年，企业名称未变，部室管理格局未变，增设新建住宅供电设施建设项目部。

1988—2012 年，先后担任湖南省电力工业局长沙电业局、湖南省电力公司长沙电业局主要领导职务的有：丁中智、高平安、刘美观、罗检仔、杨新法、曹立逊、李志坚、谢国兴、胡岳勋、胡岳勋、王周祥、周宗发；其他班子成员有：郭应明、张国增、黄迪威、常双宪、张岳新、曾明星、邹昆山、刘夏清、叶新俊、漆铭钧、苏跃、李荣、张孝军、罗立平、赵嶷、汪少辉、彭京仁、周玉清、任铁平、车红卫、贺华、章伯涛、任岳安、王健、邹启祥、冯朝、杨泽洲等。

二、区县（市）二级机构

1988 年，长沙市区、县（市）二级电力机构有：用电管理所（管理城区及市郊区的用电业务）、长望电力局、宁乡电力局、浏阳电力局。1991 年 2 月 10 日，撤销长望电力局，成立长沙县电力局、望城电力局。1998 年 8 月 6 日，长沙电业局用电管理所撤销，成立城南供电局、城西供电局、城北供电局。2003 年 3 月，成立城东供电局，供电营业范围为原城南供电局管辖的沿芙蓉路、新中路、韶山南路以西区域。2009 年 10 月，长沙大河西先导区成立，原望城县行政范围内的坪塘镇、含浦镇、莲花镇、雨敞坪镇划分到岳麓区，雷锋镇由高新区托管，其相关电力业务移交城西供电局管理。2012 年，长沙市区县（市）二级电力管理机构未发生变化。

第二节　电源建设

1988 年，长沙是全国唯一没有大型水电、火电支撑的省会城市，主要电源来源于外省、外市。火力发电企业只有长沙发电厂，装机容量 0.75 万千瓦；另有 33 家小水电站，水电资源小且分布不平衡，水力发电机组较大的黄材水电站，装机容量仅 0.47 万千瓦。是年，域内火力发电和水力发电装机总容量 2.67 万千瓦，发电量 1.43 亿千瓦时，从业人员 704 人，工业总产值 1452 万元，利税 66.5 万元。

1992 年，株树桥水电站投产发电，水力发电装机容量增加到 4.45 万千瓦；1997 年，长沙河西新城热电厂投产发电，余热发电装机容量增加 0.9 万千瓦；同年 4 月，长沙发电厂因设备陈旧老化，停止发电。当年全市装机容量 5.45 万千瓦、发电量 1.49 亿千瓦时、从业人员 780 人、工业总产值 2659.15 万元、利税 77.45 万元。装机容量、发电量、从业人数、工业总产值、利税分别比 1988 年增加 104.1%、3.9%、10.8%、83.1%、16.5%。

2000 年宁乡煤炭坝电厂投产发电，火力发电装机容量增加 2.4 万千瓦。当年，发电装机容量 8 万千瓦、发电量 2.17 亿千瓦时、从业人数 880 人、工业总产值 3265.8 万元、利税 103.85 万元。装机容量、发电量、从业人数、工业总产值、利税比 1997 年增加 46.8%、45.2%、12.8%、22.8%、34.1%。

2007 年华电长沙电厂 2 台 60 万千瓦机组先后竣工并网发电，域内火力发电装机容量净增 120 万千瓦。是年装机容量 132.14 万千瓦、发电量 5.81 亿千瓦时、从业人数 1396 人、工业总产值 1.79 亿元、利税 436.85 万元。装机容量、发电量、从业人数、工业总产值、利税分别比 2000 年增加 1551.7%、168.3%、58.6%、447.4%、320.6%。

2009 年 8 月和 2010 年 10 月，黑麋峰抽水蓄能电站 4 台 30 万千瓦机组相继投运发电，域内水电装机容量净增 120 万千瓦。2012 年长沙地区发电装机容量 258.92 万千瓦，发电量 56.89 亿千瓦时、从业人数 1765 人、工业总产值 25.02 亿元、利税 756.73 万元。装机容量、发电量、从业人数、工业总产值、利税分别比 2007 年增加 95.9%、879.5%、26.4%、1299.5%、73.2%。

一、火力发电

（一）长沙发电厂。1988年，长沙发电厂装机2台，容量7500千瓦。由于机组陈旧老化，因当时电力供应紧张，原决定退役的机组继续维持发电，当年发电量4908万千瓦时。1996年发电量3551万千瓦时。1997年4月4日停止发电。

（二）宁乡煤炭坝电厂。1998年，宁乡煤炭坝电厂开工建设，投资4500万元，2000年6月份并网发电，发电机组2台，总容量2.4万千瓦，每台1.2万千瓦，并网电压110千伏。供本单位使用后多余电量送入电网，当年发电量为2303.68万千瓦时；2010年发电量1.25亿千瓦时。煤炭坝能源公司属于市内资源枯竭性困难煤炭采掘企业，于2011年7月停机关闭。

（三）华电长沙发电有限公司。华电长沙发电有限公司是中国华电集团公司全资投资建设的大型火力发电企业，于2003年10月成立，位于湖南省长沙市望城县。2005年12月开工建设，装机容量2×60万千瓦，工程总投资50.9亿元（其中环保投资占工程总投资21.6%），是国内首批、华电首台、湖南首家燃煤脱硫、脱硝发电企业。1号机组通过两回22千米线路接至威灵220千伏变电站；2号机组以发电机—变压器—线路组单元接线接入沙坪500千伏变电站。2007年10月23日，1号机组暨脱硫、脱硝装置通过168小时试运后转入商业运营；12月25日，2号机组暨脱硫、脱硝装置通过168小时试运后转入商业运营，实现当年“双投”目标。是年发电量2.69亿千瓦时，工业总产值8634.86万元，税收172.7万元，成为湖南省主力发电企业之一。2008年公司获中国华电集团公司授予的“抗冰救灾先进集体”。2010年公司机组利用小时实现省内60万机组第一，供电煤耗下降15.23克/千瓦时。当年发电量54.01亿千瓦时，完成利润117万元，实现首次盈利。2011年，发电量73.05亿千瓦时，创历史最高，完成利润1757万元。2012年发电量52.73亿千瓦时，从业人员330人，工业总产值22.87亿元，税收2099.23万元，公司被中国华电集团公司评为“五星级发电企业”。

表17-9-2-1　　2007—2012年华电长沙发电有限公司主要经济指标一览表

年份	发电量（万千瓦时）	综合供电煤耗（克/千瓦时）	综合厂用电率（%）	工业总产值（万元）	利润总额（万元）
2007	26879	345.46	7.15	8634.86	-2525.92
2008	394900	338.75	6.68	126670	-39508
2009	494666	326.77	6.23	172673	-9528
2010	540148	312.06	6.22	189563.06	117.02
2011	730538	313.5	6.04	274729.84	1744.76
2012	527308	309.69	6.12	228699.13	13114.77

二、水力发电

（一）黄材水电站。黄材水电站又名青洋湖电站，位于湘江一级支流沩水上游，是湖南省修建最早的大Ⅱ型综合水利工程之一，也为当时全国著名的3大土坝工程之一，国家投资330万元建设，总装机4720千瓦（2×1560+1600千瓦），并网电压35千伏，1988年发电量1288万千瓦时。2012年发电量606.07万千瓦时、从业人数56人、工业总产值181.82万元、税收5.45万元。

（二）株树桥水电站。株树桥水库建于浏阳小溪河下游，该电站投资8845万元，1986年10月破土兴建，水电站为厂房坝后式，电站设计水头58米，单机引水流量16.5立方米/秒，装机三台，是长沙地区装机容量最大的水电站，总装机容量为2.4万千瓦（3×8000千瓦）。设计年发电量7260万千瓦时，并网电压110千伏。1号、2号、3号机组先后于1991年7月、9月及翌年5月投产发电，因来水情况不同，电站的上网电量波动较大。1992年发电量726万千瓦时，2012年发电量6485.77万千瓦时，从业人数180人，工业总产值1480万元，税收44.4万元。

（三）黑麋峰抽水蓄能电站。黑麋峰抽水蓄能电站位于湖南省长沙市望城县域内，距市区25千米，紧邻湖南电网负荷中心。2005年5月一期工程获国家发改委核准后主体工程开工，工程总投资约35亿元。黑麋峰抽水蓄能电站枢纽工程主要包括上水库、下水库、输水系统和发电系统。2009年8月，1号机组投产发电；2010年1月，2号机组投产发电；9月、10月，3号、4号机组相继投产发电。全站4台30万千瓦可逆式水轮发电机组，总装机容量120万千瓦，设计年发电量16.06亿千瓦时，年抽水耗用低谷电量21.41亿千瓦时。电站建成后解决湖南电网的安全经济运行和湖南电网调峰、填谷及长沙市无紧急事故备用电源支撑问题。减少常规水电站全年弃水电量5.4亿千瓦时，降低火电调峰率11.33%，提高火电装机年利用小时342小时，减少年发电标准煤耗23.2万吨，减少二氧化碳排放60.78万吨。2011年发电量6846.66万千瓦时，2012年发电量2.14亿千瓦时。从业人数150人、工业总产值8030.02万元，税收240.9万元。

（四）其他小水电。1988年，丁家湾电站投运，装机容量0.04万千瓦，至年底长沙市小水电站33座、装机容量2.67万千瓦、发电量8432.65万千瓦时、从业人员526人、工业总产值1468万元、税收46.5万元。1991年，新埠头、鲤鱼墩、磨刀坑、永丰，田坪、四清坝，冬塘电站、兴龙电站、泉丰、车元电站相继投运，改造达浒、大圣、华胜、道源电站。2000年年底全市有小水电45座、装机容量8万千瓦、发电量1.69亿千瓦时、从业人员595人、工业总产值4224.53万元、税收126.74万元。2001年，在中国水利部大力发展农村小水电精神指导下，在保护生态和农民利益前提下，充分利用本地水利资源，发展地方经济，解决农村电力短缺难题，加快农村电气化建设，大力开发小水电。先后有68座水电站相继投运，改造15座水电站。至2012底长沙市有水电站109座、装机容量18.92万千瓦、发电量22914.84万千瓦时、从业人员763人、工业总产值6874.45万元、税收206.23万元。

三、余热发电

（一）长沙新城热电厂。1997年12月，隶属于长沙毛涤纶厂的新城热电厂投运，投资150万元，装机0.6万+0.3万千瓦，10千伏并网，是年发电量123.5万千瓦时，2004年发电量829.8万千瓦时，2005年发电量229.2万千瓦时。2006年1月由于企业破产，该电厂停机退运。

（二）宁乡南方水泥余热电站。2010年宁乡南方水泥余热电站投运，投资8000万元，安装汽轮发电机组1台，容量1.5万千瓦，月均发电150万千瓦时供给本单位，自发自用无上网电量。2012年发电量1980.65万千瓦时，从业人数87人，工业总产值79.23万元、税收0.24万元。

（三）浏阳宏宇热电厂。2010年12月浏阳宏宇热电厂投运，投资2.5亿元，装机容量1.5万+1.2万千瓦，大瑶变电站35千伏并网，2011年发电量3478.44万千瓦时，2012年发电量3089.98万千瓦时，从业人数46人，工业总产值988.79万元，税收29.66万元。

（四）宁乡天宁热电厂。2011年4月，宁乡天宁热电厂投运，投资3.05亿元，装机容量1.5万+0.6万千瓦，木佳变电站110千伏并网，2011年发电量1654.6万千瓦时。2012年发电量3629.77万千瓦时，从业人数102人，工业总产值1161.53万元，税收34.85万元。

四、垃圾发电

2004年10月，惠民沼气发电有限公司与长沙市城市管理局签订《长沙市固体废弃物处理场沼气资源开发利用合作合同》，成立惠明沼气发电厂。经长沙市发展计划委员会批复，根据当时长沙市桥驿固体废弃物填埋垃圾可产沼气量，充分考虑后续发展需要，规划项目总占地1.33公顷，总投资1.4亿元，分期10年投入建设，使用期限为35年，设计装机容量1.4万千瓦。2005年10月惠明沼气发电厂投运，该厂位于长沙市望城县桥驿镇，装机2×1024千瓦。2008年新增957千瓦发电机2台；2009年新增1064千瓦发电机2台，2012年新增2000千瓦发电机1台。总装机容量达8090千瓦，通过丁矿变电站35千伏并网。2012年发电量5171.37万千瓦时，从业人数30人，工业总产值3000万元，税收15万元。

表17-9-2-2　1988—2012年长沙市电源装机容量情况一览表　单位：万千瓦

年份	总计	水电	火电	余热发电	垃圾发电
1988	2.67	1.92	0.75	—	—
1989	2.67	1.92	0.75	—	—
1990	2.67	1.92	0.75	—	—
1991	2.72	1.97	0.75	—	—
1992	5.20	4.45	0.75	—	—
1993	5.25	4.50	0.75	—	—
1994	5.27	4.52	0.75	—	—
1995	5.27	4.52	0.75	—	—
1996	5.30	4.55	0.75	—	—
1997	5.45	4.55	—	0.90	—
1998	5.45	4.55	—	0.90	—
1999	5.45	4.55	—	0.90	—
2000	8.00	4.70	2.40	0.90	—
2001	8.12	4.82	2.40	0.90	—
2002	8.22	4.92	2.40	0.90	—
2003	8.56	5.26	2.40	0.90	—
2004	10.11	6.81	2.40	0.90	—
2005	10.76	7.26	2.40	0.90	0.20
2006	11.53	8.03	2.40	0.90	0.20
2007	132.14	9.54	122.40	—	0.20
2008	133.48	10.68	122.40	—	0.40
2009	253.96	130.95	122.40	—	0.61
2010	258.41	131.00	122.40	4.20	0.81
2011	260.84	131.33	122.40	6.30	0.81
2012	258.92	131.81	120.00	6.30	0.81

表 17-9-2-3 1988—2012 年长沙市发电量情况一览表 单位：万千瓦时

年份	总计	水电	火电	余热发电	垃圾发电
1988	14344.56	9436.56	4908.00	—	—
1989	14874.32	10003.32	4871.00	—	—
1990	13708.75	8432.65	5276.10	—	—
1991	14110.11	8986.36	5123.75	—	—
1992	13626.70	10056.89	3569.81	—	—
1993	16103.51	10818.83	5284.68	—	—
1994	14692.97	9856.00	4836.97	—	—
1995	14616.90	11065.90	3551.00	—	—
1996	13215.65	12570.65	645.00	—	—
1997	14908.53	14590.03	195.00	123.50	—
1998	17640.20	14018.20	—	3622.00	—
1999	17817.10	16624.90	—	1192.20	—
2000	30591.92	16898.12	11245.30	2448.50	—
2001	21796.99	10817.86	8720.48	2258.65	—
2002	24583.77	13806.56	7500.16	3277.05	—
2003	25927.81	14560.45	8492.36	2875.00	—
2004	37872.05	16771.40	18573.73	2526.92	—
2005	35583.46	17323.68	17921.89	229.20	108.69
2006	36272.17	16400.00	18567.40	21.82	1282.95
2007	58079.94	10950.70	45797.97	—	1331.27
2008	423565.87	16344.88	405115.58	—	2105.41
2009	530951.50	15508.28	512662.28	—	2780.94
2010	581924.76	22455.77	552645.42	3393.14	3430.43
2011	768410.57	20103.35	736498.33	7920.10	3888.79
2012	568883.36	32236.81	527308.00	4167.18	5171.37

第三节 电网建设

一、500 千伏电网

（一）500 千伏线路。1988 年 6 月，湖南首条从葛洲坝经常德岗市至株洲云田的 500 千伏输电线路岗云线投运，线路全长 404.12 千米，是国内首条全线采用钢化玻璃绝缘子的线路，是三峡电站、河南、江西等地的外省电力入湘的主要通道之一，湖南电网从此步入“大电网、高电压”行列。长沙电业局负责益阳桃江修山至株洲云田136.98千米线路运行维护工作，至此长沙有了第一条500千伏电力线路。该段共364基杆塔，其中除14基为水泥杆外，其余全部为铁塔。

2001年11月复沙1线（益阳复兴变电站至长沙沙坪变电站）投运；同年12月沙云线（沙坪变电站至株洲云田变电站）投运。2004年3月复沙2线投运。2006年6月昆沙1回线（岳阳昆山变电站至沙坪变电站）投运；是年7月岗艾线、艾云线投运（常德岗市变电站至长沙艾家冲变电站、艾家冲变电站至云田变电站）；同年11月复艾1、2回线投运。2007年艾云线、沙云线退运改造；是年9月星云线（长沙星城变电站至云田变电站）、沙星1回线投运；12月华沙线（长沙华电电厂至沙坪变电站）投运。2008年1月艾鹤1、2回线（艾家冲变电站至湘潭鹤岭变电站）投运。2009年6月黑沙线（长沙黑麋峰抽水蓄能电站至沙坪变电站）投运。2010年12月古星1回线（株洲古亭变电站至星城变电站）投运。

2012年年底，全市有500千伏输电架空线路13条，线路全长804.66千米。

（二）500千伏变电站

1.沙坪变电站。2001年11月，长沙第一座500千伏沙坪变电站投运，该站位于长沙市开福区捞刀河镇双湖村，占地7.21公顷，是三峡水电站电力外送配套输变电工程之一，总投资2亿元，新建的1号主变750兆伏安，担负着对捞刀河、黎托、榔梨等供电区供电重任，是长沙电网的重要组成部分，它的投产送电，使三峡水电站的电力电量在长沙电网 消纳，为电网提供了强有力的电源支撑，同时加强了湘西北地区（电源丰富）与受端系统 （长、潭、株湖南省负荷中心）的电气联系，缓解了220千伏输送通道的压力，为向长沙电网输送更多的电力资源创造了条件。2004年3月扩建，2号主变750兆伏安投运，增强了长沙电网电量下载能力，有效防止了变电站及输电线路过载，提高了电网安全稳定运行水平，尤其是对长沙电网的电压起重要支撑作用。其500千伏进出线6回，220千伏出线12回，无功补偿容量：电力电容器4×60兆乏，电抗器6×45兆乏。

2.艾家冲变电站。该站位于望城县白箬铺镇龙塘村，占地9.83公顷，是湖南省电力公司自行投资的大型建设项目，总投资2.8亿元。2006年7月，3号主变750兆伏安投运；2007年5月，2号主变750兆伏安投运。它的投产送电，满足了长沙市负荷增长尤其是河西地区负荷增长的需要，加强了受端系统电网结构，进一步使三峡电力电量在长沙电网 消纳，缓解了沙坪变电站下网压力，使长沙电网更加合理，提高了电网的电压和稳定水平。其500千伏进出线5回，220千伏出线8回，无功补偿容量：电力电容器4×60兆乏，电抗器4×60兆乏。

3.星城变电站。该站位于长沙县黄兴镇打卦岭村，占地3.96公顷，总投资4.6亿元，是湖南省电力建设史上投资最多、规模最大、线路最长的输变电工程，配电装置首次采用国内最先进的户外式HGIS组合电器设备，与常规变电站相比，用地节约三分之二以上。该变电站2007年9月，1号、4号主变2×1000兆伏安投运，是华中电网容量最大的500千伏变电站，它的投产送电让长沙电网供电能力增加1倍，使长沙电网告别受端电网卡脖子的现象，同时避免了大负荷的长距离输送，与周边电网的联系更加紧密，实现500千伏网络多个电源点的供电状况，长沙电网由单环变为双环，电网的安全性得到显著提高。其500千伏进出线3回，220千伏出线7回，无功补偿容量：电力电容器4×60兆乏，电抗器3×60兆乏。

2012年年底长沙市有500千伏变电站3座，主变6台，容量5000兆伏安。

二、220千伏电网

（一）220千伏变电站

1.榘梨变电站。1979年7月，1号、2号主变2×120兆伏安投运；2009年6月改扩建，1号、2号主变2×180兆伏安投运。220千伏进出线5回，110千伏出线9回，10千伏出线13回，无功补偿容量8×6兆乏。

2.树木岭变电站。树木岭变电站由110千伏变电站投资3450万元就地升压改扩建为220千伏变电站，首次使220千伏变电站进入市区，提高了长沙地区电网的供电可靠性。1990年6月，1号主变120兆伏安投运。1994年7月，2号主变120兆伏安投运（扩建）；1995年9月，更换2号主变180兆伏安投运；1996年7月，更换1号主变180兆伏安投运。220千伏进出线2回，110千伏出线5回，10千伏出线21回，无功补偿容量8×8.4兆乏。

3.天顶变电站。1991年8月，1号、2号主变2×120兆伏安投运，该工程投资4000万元；2001年7月，3号主变120兆伏安投运（扩建）。220千伏进出线6回，110千伏出线9回，10千伏出线2回，无功补偿容量8×6.6兆乏。

4.集里变电站。1996年8月，1号主变120兆伏安投运。该站系长沙市1996年重点工程，投资近亿元。作为浏阳第一座220千伏变电站，它的投运增强了长沙220千伏电网结构，促进了浏阳市的经济发展。1999年8月，2号主变120兆伏安投运（扩建）。220千伏进出线3回，110千伏出线8回，10千伏出线15回，无功补偿容量6×7.2兆乏。

5.玉潭变电站。该站是宁乡第一座220千伏变电站，投资6400万元，它的投运使长沙220千伏电网结构得到改善，基本上解决了长沙电网220千伏主变过载问题，缓解了因220千伏树木岭变电站主变负荷过重带来的电压稳定问题，完善了宁乡电网结构，降低了网损。1997年11月，1号主变120兆伏安投运；1999年7月，2号主变120兆伏安投运（扩建）。220千伏进出线3回，110千伏出线7回，10千伏出线10回，无功补偿容量6×7.2兆乏。

6.捞刀河变电站。1999年10月，1号主变180兆伏安投运；2000年11月，2号主变180兆伏安投运（扩建）。它的投运解决了长沙市北部无220千伏电源点的问题，对金霞开发区、京广电气化铁路的建设具有重要作用。220千伏进出线8回，110千伏出线10回，10千伏出线2回，无功补偿容量8×6兆乏。

7.芙蓉变电站。2003年5月，1号、2号、3号主变3×180兆伏安投运。该站地处长沙市城区中心的白沙路、建湘路、人民路交汇处，是当时省内投资最大（总投资超6亿元，纳入世界银行湖南电力发展项目贷款）、占地面积最小、全室内、全电缆、隧道最长的220千伏输变电工程；变电站深入城市负荷中心，可直接向城市中心10千伏用户供电，为城区110千伏变电站的布点提供电源支撑，强化了城区110千伏网架结构，改善了周边的负荷分配，为缓解长沙城区供电的紧张形势，保证电网高负荷期间的安全起关键性作用。220千伏进出线2回，110千伏出线7回，10千伏出线34回，无功补偿容量电力电容器12×7.2兆乏，电抗器9×10兆乏。

8.红星变电站。2003年12月，1号、2号主变2×180兆伏安投运；是长沙城区南部电网的重要电源点，为改善城区南部110千伏电网结构和长沙大道沿线变电站的建设创造良好条件；2010年6月，3号主变180兆伏安投运（扩建）。220千伏进出线6回，110千伏出线10回，10千伏出线24回，无功补偿容量电力电容器9×7.2兆乏，电抗器6×5兆乏。

9.黎托变电站。2004年7月，1号、2号主变2×180兆伏安投运；增强城区220千伏主变供电能力和抵御事故能力，缓解捞刀河、树木岭变电站的过载局面；2008年7月，3号主变180兆伏安投运（扩建）。220千伏进出线2回，110千伏出线9回，10千伏出线26回，无功补偿容量电力电容器12×7.2兆乏，电抗器8×4兆乏。

10.杨高变电站。2005年4月，1号、2号主变2×180兆伏安投运。220千伏进出线2回，110千伏出线8回，10千伏出线20回，无功补偿容量10×6兆乏。

11.学士桥变电站。2006年1月，1号、2号主变2×180兆伏安投运。220千伏进出线4回，110千伏出线6回，10千伏出线12回，无功补偿容量8×7.2兆乏。

12.向阳变电站。2007年5月，1号主变120兆伏安投运。220千伏进出线4回，110千伏出线6回，10千伏出线6回，无功补偿容量电容器3×7.2兆乏，电抗器2×5+2×10兆乏。

13.丛塘变电站。2007年6月，1号主变180兆伏安投运；2008年9月，2号主变180兆伏安投运（扩建）。220千伏进出线4回，110千伏出线9回，10千伏出线9回，无功补偿容量电容器8×7.2兆乏。

14.楠竹塘变电站。2007年7月，1号主变180兆伏安投运。220千伏进出线4回，110千伏出线7回，10千伏出线8回，无功补偿容量：电容器4×7.5兆乏，电抗器10兆乏。

15.威灵变电站。2007年9月，1号主变180兆伏安投运。220千伏进出线8回，110千伏出线3回，10千伏出线9回，无功补偿容量：电容器4×7.2兆乏，电抗器2×10兆乏。

16.楚沩变电站。2010年7月，1号主变180兆伏安投运；2011年6月，2号主变180兆伏安投运（扩建）。220千伏进出线2回，110千伏出线5回，10千伏出线1回，无功补偿容量电容器4×7.2+3×8兆乏。

17.延农变电站。该站位于长沙市河西高新开发区，是大河西先导区的重要电源点，为其提供强有力的电力能源支撑。2010年12月，1号主变180兆伏安投运；2011年12月，2号主变180兆伏安投运（扩建）。220千伏进出线4回，110千伏出线6回，10千伏出线10回，无功补偿容量电容器6×10兆乏。

18.余家湾变电站。2011年10月，1号、2号主变2×240兆伏安投运。220千伏进出线2回，110千伏出线6回，10千伏出线2回，无功补偿容量电容器8×8.4兆乏，电抗器3×10兆乏。

19.浦沅变电站。2011年6月，1号主变240兆伏安投运；2011年10月，3号主变240兆伏安投运。220千伏进出线2回，110千伏出线8回，10千伏出线5回，无功补偿容量电容器6×10兆乏，电抗器6×10兆乏。

20.淮川变电站。2011年12月，1号主变180兆伏安投运。220千伏进出线2回，110千伏出线5回，10千伏暂无出线，无功补偿容量电容器8×8兆乏。

21.林海变电站。该站位于长沙市雨花区黎托乡边山村，是长沙第一个220千伏智能化变电站，变电站采用先进、可靠、集成、低碳的智能设备，支持自动控制、状态监测、智能调节等高级功能的实现；同时对设备工作状态进行及时、有效的监测，发现设备运行中的缺陷，减少供电过程中的突发性事故，提高电网安全性、可靠性和资源优化配置能力。站区总占地面积1.17公顷，站内设备采用集约化配置，使占地面积由常规的2公顷节省到低于0.53公顷。该站承担长沙市东南部的供电任务，缓解长沙电网的供需矛盾，满足用电负荷高速发展的需要，改善电网结构，有效提高电网供电可靠性。2012年12月，1号、2号主变2×180兆伏安投运。220千伏进出线5回，110千伏出线2回，10千伏暂无出线，无功补偿容量电容器6×8兆乏，电抗器2×10兆乏。

22.晟通变（用户）。2007年8月，1号、2号主变2×63兆伏安投运；2011年8月1号、2号主变2×

20 兆伏安投运（更换）。220 千伏进线 2 回，10 千伏出线 14 回，无功补偿容量电容器 2×6+2×5 兆乏。

23.边山牵引变（用户）。2009 年 10 月，1 号、2 号、3 号、4 号主变 4×40 兆伏安，5 号、6 号主变 2×12.5 兆伏安投运。220 千伏进线 2 回。

2012 年年底长沙市有 220 千伏变电站 23 座，主变 50 台，容量 7545 兆伏安。

（二）220 千伏线路。1988 年年初，长沙市 220 千伏线路仅有 5 条（巴槊线、毛槊1、2 线、云槊1、2 线）。1988—2000 年新扩改建 220 千伏线路 19 条。2001—2005 年新扩改建 220 千伏线路 23 条。2006—2012 年新扩改建 220 千伏线路 59 条。

2012 年年底，长沙市有 220 千伏输电线路 60 条（其中架空加电缆混合线路 6 条，纯电缆线路 2 条），全长 1126.1 千米（其中电缆线路 27.82 千米）。

表 17–9–3–1　　长沙市 2012 年年底 220 千伏线路基本情况一览表

序号	线路名称	起止杆号	起止地点	导线型号	长度（千米）	投运时间	附注
1	沙捞 1 线	1~022	沙坪—捞刀河	2×LGJ–300/40	6.35	2001年11 月	—
2	沙捞 2 线	1~023	沙坪—捞刀河	2×LGJ–300/40	6.36	2001年11月	—
3	沙槊1 线	1~068	沙坪—槊梨	2×LGJ–300/40	22.75	2002 年5 月	—
4	沙槊2 线	1~068	沙坪—槊梨	2×LGJ–300/40	22.75	2002 年5 月	—
5	沙黎 1 线	1~083	沙坪—黎托	2×JL/LB20A–300/40 JL/LB20A–300/40	27.60	2004 年7 月	电缆加架空
6	沙黎 2 线	1~083	沙坪—黎托	2×JL/LB20A–300/40JL/ LB20A–300/40	27.58	2004 年7 月	电缆加架空
7	沙杨 1 线	1~044	沙坪—杨高	JL/LB20A–300/40	14.38	2005 年4 月	—
8	沙杨 2 线	1~044	沙坪—杨高	JL/LB20A–300/40	14.38	2005 年4 月	—
9	沙汉线	1~075	沙坪—汉昌	LGJ–400/50	23.53	2006 年6 月	与岳阳共管
10	沙丛 1 线	1~120	沙坪—丛塘	LGJ–400/50	35.63	2007 年8 月	—
11	沙丛 2 线	1~114	沙坪—丛塘	LGJ–400/50	33.71	2007 年8 月	—
12	沙文线	1~070	沙坪—文里	LGJ–400/50 LGJQ–400	22.68	2008年11 月	与岳阳共管
13	艾学 1 线	1~037	艾家冲—学仕	2×LGJ–630/45	13.31	2006 年7 月	—
14	艾学 2 线	1~037	艾家冲—学仕	2×LGJ–630/45	13.31	2006 年7 月	—
15	艾向线	1~214	艾家冲—向阳	2×LGJ–400/50	57.46	2007 年5 月	—
16	艾楠 1 线	1~064	艾家冲—楠竹塘	2×LGJ–400/50	18.27	2007 年7 月	—
17	艾楠 2 线	1~063	艾家冲—楠竹塘	2×LGJ–400/50	18.19	2007 年7 月	—
18	艾楚线	1~045	艾家冲—楚沩	LGJ–400/50	12.74	2010 年7 月	—
19	艾延 1 线	1~048	艾家冲—延农	2×LGJ–630/45	13.31	2010年12 月	—

续表 17-9-3-1

序号	线路名称	起止杆号	起止地点	导线型号	长度（千米）	投运时间	附注
20	艾延 2 线	1~048	艾家冲—延农	2×LGJ-630/45	13.31	2010年12 月	—
21	星椝1 线	1~024	星城—椝梨	2×LGJ-630/3.73+2×LGJ-300/8.889	12.62	2007 年9 月	—
22	星椝2 线	1~024	星城—椝梨	2×LGJ-630/3.73+2×LGJ-300/8.889	12.62	2007 年9 月	—
23	星树 2 线	1~046	星城—树木岭	2×LGJ-630/45 2×LGJ-240LGJ-400/50 LGJQ400	15.09	2007 年9 月	电缆加架空
24	星芙 2 线	1~059	星城—芙蓉	2×JL/LB20A-300/40	22.87	2008 年4 月	电缆加架空
25	星芙 1 线	1~059	星城—芙蓉	2×JL/LB20A-300/40	22.88	2008 年4 月	电缆加架空
26	星林 1 线	1~041	星城—林海	2×LGJ-630/45 2×LGJ-300/25	11.31	2012年12 月	—
27	星林 2 线	1~041	星城—林海	2×LGJ-630/45 2×LGJ-300/25	11.31	2012年12 月	—
28	天玉线	1~176	天顶—玉潭	LGJ-400/50 JXRL/FH-230/ 332XLGJ-400/50	50.17	1997年11 月	—
29	威天 2 线	1~059	威灵—天顶	2×LGJ-300/40 LGJJ-400 ACSR-400/50	17.48	2007 年9 月	—
30	威天 1 线	1~057	威灵—天顶	2×LGJ-300/40 LGJQ-400（1） LGJJ-400 ACSR-400/50	17.11	2007 年9 月	—
31	延天 1 线	1~032	延农—天顶	2×LGJ-630/45	5.09	2010年12 月	—
32	延天 2 线	1~032	延农—天顶	2×LGJ-630/45	5.09	2010年12 月	—
33	云树线	1~088	云田—树木岭	LGJQ-400（1） LGJ-400/50	27.00	2009年11 月	电缆加架空
34	椝边线	1~051	椝梨—边山	LGJ-400/50	12.25	2009年10 月	—
35	威捞 2 线	1~053	威灵—捞刀河	2×LGJ-300/502×LGJ-300/40	13.35	2007 年9 月	—
36	威捞 1 线	1~050	威灵—捞刀河	2×LGJ-300/502×LGJ-300/40	13.24	2007 年9 月	—
37	威捞 3 线	1~051	威灵—捞刀河	2×LGJ-300/40 LGJQ-400 LGJ-400/50	12.53	2007 年9 月	—
38	袁捞 1 线	051~161	袁家铺—捞刀河	LGJ-400/50 LGJQ-400（1）	31.27	2006 年3月	与岳阳共管

续表 17-9-3-1

序号	线路名称	起止杆号	起止地点	导线型号	长度（千米）	投运时间	附注
39	捞余 1 线	1~058	捞刀河—余家湾	JL/GIA-630/45	10.41	2011年10月	—
40	捞余 2 线	1~058	捞刀河—余家湾	JL/GIA-630/45	10.41	2011年10月	—
41	云红 2 线	1~078	云田—红星	2×LGJ-300/25	24.58	2003年12月	—
42	云红 1 线	1~078	云田—红星	2×LGJ-300/25	24.61	2003年12月	—
43	红浦 1 线	—	红星—浦沅	YJLW03-1600	5.21	2011 年6月	纯电缆线路
44	红浦 2 线	—	红星—浦沅	YJLW03-1600	5.20	2011 年6月	纯电缆线路
45	学响 2 线	1~091	学士—响水坝	LGJ-400/50	29.43	2006 年1月	—
46	学响 1 线	1~095	学仕—响水坝	LGJ-400/50 LGJQ-400（1）	29.65	2006 年1月	—
47	楠晟 1 线	—	楠竹塘—晟通	LGJ-400	1.97	2007 年8月	用户线路
48	楠晟 2 线	—	楠竹塘—晟通	LGJ-400	1.97	2007 年8月	用户线路
49	华威 1 线	1~063	华能电厂—威灵	2×LGJ630/45	18.01	2007 年9月	—
50	华威 2 线	1~063	华能电厂—威灵	2×LGJ630/45	18.01	2007年10月	—
51	袁威线	049~121	袁家铺—威灵	LGJQ-400 (1) LGJ-400/50 2×LGJ-300/40	21.52	2007年11月	与岳阳共管
52	楚玉线	1~045	楚沩—玉潭	LGJ-400/50	12.74	2010 年7月	—
53	丛集 1 线	1~0115	丛塘—集里	LGJ-400/50	37.47	2007 年8月	—
54	丛集 2 线	1~124	丛塘—集里	AFSZ-400/52 2×JL/G1A-400/50AFSZ-400/52	39.53	2011年11月	—
55	淮集线	1~020	淮川—集里	2×JL/GIA-400/50LGJ-400/50	6.22	2011年12月	—
56	向玉线	1~112	向阳—玉潭	2×LGJ-400/50	34.83	2007年12月	—
57	云淮线	1~187	云田—淮川	LGJ-400/502×JL/GIA-400/50	53.48	2011年12月	—
58	林红 I 线	1~031	林海—红星	2×LGJ-630/45 2×LGJ-300/25	7.65	2012年12月	—
59	林红 II 线	1~031	林海—红星	2×LGJ-630/45 2×LGJ-300/25	7.65	2012年12月	—
60	林边线	1~007	林海—边山	LGJ-400/50JL/G1A-400/50	1.48	2012年12 月	—

三、110千伏电网

（一）110千伏变电站。1988年年初长沙主导供电网络是110千伏电网，当时长沙110千伏电网有18个变电站：河东有树木岭、中岭、新开铺、窑岭、上大垄、三角洲、雨花亭、井湾子、书院路变电站；河西有学士桥、石岭塘变电站；浏阳有浏阳、永和变电站；宁乡县有煤炭坝（用户）、宁乡变电站；望城县有高塘岭、乔口、坪塘变电站。1988—1995年新建黄花、南托、栗山牌、新安、长沙钢厂（用户）、石段、跃进氮肥厂（用户）、古港8座变电站；扩建窑岭，浏阳、上大垅、高塘岭、栗山牌、坪塘、三角洲、浏阳城关8座变电站。1996年是长沙市以加快电力基础设施为主要内容的“光明行动”第一年，长沙电力建设史上投资最大、步伐最快、收获最多，至2000年新建板仓、黄材、沙市、七七〇（用户）、桐梓坡、马王堆、洞阳、花明楼、靖港、东塘、桃花、广电、望城坡、江背、乐金（用户）、大瑶、猴子石、黑石渡、安沙19座变电站；扩建新开铺、上大垅、书院路变、雨花亭、井湾子、坪塘、广电变、中岭变电站8座，长沙的供电状况有较好改观。2001年长沙被列入国家电网公司31个电网建设改造的重点城市之一，电网发展空间更加广阔。至2005年新建建湘、镇头、桂花园、桥头驿牵引（用户）、大托铺牵引（用户）、双凫铺、文体、湘湖、体育新城、雷锋、赤黄、木佳、玻电（用户）、新星水泥厂（用户）、金沙、火焰、松雅河、新星水泥厂（用户）、印山（用户）、黑麋峰（用户）、郭亮、历经铺22座变电站；扩建雨花亭、黑石渡、桃花、乐金（用户）、井湾子、板仓、黄材、赤黄、新安、望城坡、建湘、洞阳、宁乡、古港、窑岭、高塘岭16座变电站。2006—2012年新建岳麓山、霞凝、兆山水泥厂（用户）、灰汤、仙姑岭、太平水泥厂（用户）、关口、金刚、烟厂、枫林、水渡河、茶子山、木莲冲、明月、路口、环保、罗家嘴、合丰、长泵（用户）、夏铎铺、凤亭、农大、蓝思科技（用户）、仁寿、曾家冲、跳马、城郊热电厂（用户）、藕塘、鹤鸣、梅溪湖、比亚迪（用户）、青城（用户）、凉塘三一（用户）、航空港（用户）、佳园变、惠农、起落架（用户）、住友（用户）、西湖山变、蕉桥（用户）40座变电站；扩建大瑶、靖港、江背、双凫铺、镇头、沙市、江背、中岭、石岭塘、金沙、木佳、花明楼、桂花园、雷锋、历经铺、安沙、环保、坪塘、洞阳、石岭塘、三角洲、浏阳、花明楼、煤炭坝（用户）、乐金（用户）、宁乡、广电、南托、栗山牌、黑石渡、高塘岭31座变电站。

2012年年底，长沙市有110千伏变电站81座，主变155台，容量6537.5兆伏安；110千伏用户变电站21座，主变33台，容量975.3兆伏安。

（二）110千伏线路。1988年年初，长沙市110千伏线路有23条：白井树线、榘上线、榘窑线、榘中线、榘树雨线、榘树线、树窑上中线、树新长线、新雨线、响学线、学长线、学石线、石高线、乔湘线、长乔线、乔高线、中洲线、学坪线、毛宁线、毛煤线、龙煤线、株浏线、浏永线，线路全长553.05千米。1988—1995年，新建榘黄线、浏黄线、宁栗线、栗灰线、榘新线、天石线、石洲线、天宁线、中氮线、天学新线10条；改扩建白南线、南井线、树井南线、树雨线、树窑上中线、树新长线、天高线、天石学线、毛煤灰线、栗煤线、石浏线、石黄线、毛灰线、响坪线、学坪1线、2线、龙浏线、树长线、榘新中线、榘窑钢线、浏古永线、天学长线22条。1996—2000年，新建集古线、集浏线、钢七线、树窑七马线、玉花线、天桐线、雨东1回、2回、捞中线、捞中洲线、榘广线、板乐线、榘江线、天望线、天望学线、集大线、玉黄煤线、捞广线、捞黑马树线、捞黑上线、捞安线21条；改扩建新板线、榘板线、板中线、天学书线、玉栗线、玉宁线、响坪马线、集沙洞线、洞石线、树雨书线、树雨新线、靖乔线、高靖线、捞氮板线、龙黄煤线、集沙石线、桂浏线、树马上中线、天石桐线、天桃书线、天桃学新线、天桃学猴新线、树雨猴书线23条。2001—2005年，新建集浏镇线、江镇线、捞桂建1线、

2线、中桥线、安桥线、榘乐线、玉木线、芙文赤红1线、芙文赤2线、芙建线、榘玻线、红大线、江印线、黎窑1线、2线、玉历线、靖郭线、郭黑线19条；改扩建玉双线、双黄线、红猴书线、红新线、树雨红1线、2线、捞黑马黎1线、2线、黎火体树1线、2线、黎榘湘上线、洞沙线、天桃学猴大新线、树雨大猴书线、天雷线、雷宁线、雷木宁线、捞桂建芙1线、2线、榘湘上线、捞黑湘上线、捞黑马体树线、树体窑马线、芙文赤红2线 、板玻乐线、天金高线、雷新木宁线、榘松板线28条。2006—2012年，新建双灰线、树井线、石兆线、窑七线、树井仙线1线、2线、丛沙线、坪太线、集关线、芙窑1线、2线、楠金线、向灰线、集金线、杨路线、丛路线、威郭线、黎榘线、红环南线，红环线、榘农合黎线、榘农合线、木城线、大金线、玉仁线、双仁线、延曾1线、2线、延青线、杨凉线、明航线、丛航线、丛惠路线、路惠线、楠藕1线、2线、楠起线、天梅线、学桃梅线、延佳线、丛蓝1线、2线、淮西线、集西线、沙蕉线46条；改扩建 杨1线、2线、杨玻线、杨松板线、中霞线、捞霞桥线、向双线、向黄1线、2线、向煤栗玉线、丛石线、丛洞线、桃岳学2线、学猴大新线、天桃岳学1线、学书线、楠金天线、楠高线、集关洞线、威安线、 威桥线、向煤栗玉线、丛江线、丛镇线、榘明线、明江线、天茶线、楠金茶线、芙文赤木红1线、2线、夏木宁线，雷夏新历线、天岳桃书线、天岳桃坪新线、树雨烟红1线、2线、天望枫1线、2线、捞水板线、捞黑水马黎线、捞霞桥桂线、学罗猴大新线、学罗书线、树仙井红1线、2线、天望长枫线、杨松1线、2线、杨板线、树仙跳井红线、树仙跳比井红线、楚历线、楚新线、雷夏线、楚夏线、楚木宁线、楚花线、捞凤桂建芙2线、捞霞桥凤桂线、集关蓝洞线、农合黎1线、2线、石洲线、集浏城镇线、集浏城线、榘住黄线、天望枫长延线、天望枫延线、芙文赤浦1线、2线、浦木红1线、2线，向双仁线、学岳线、天桃岳线，淮金线，淮大线、淮镇线、集淮线、余桂线、捞凤余1线、2线，捞霞桥凤余线，余桂建芙1线、2线、树雨烟浦1线、2线、浦红线、楠高靖线89条。

2012年年底，长沙市有110千伏输电架空线路138条（其中纯架空线路74条、架空加电缆混合线路49条、纯电缆线路15条）；线路全长1389.76千米（其中电缆线路187.02千米）。

四、35千伏电网

（一）35千伏变电站。1988年年初，长沙市有35千伏变电站25座，主变42台，容量154.15兆伏安；1988—1995年，新建沩山、流沙河、跳马、古港、莲花、福临、水渡河、五美、果园、北山、金井、官渡、东门、丰裕变电站14座；改扩建龙田、铜官、历经铺、北山、马王堆、南田坪变电站6座。1996—2000年，新建高坪、乔口、老粮仓、道林、春华、长坪变电站6座。2001—2005年，新建石牛坪、张坊、开慧、密印变电站4座；改扩建大托、龙田、白箬、莲花、高桥、官渡、南田坪、密印、双江口、七宝山、普迹、仙人、东门变电站13座。为优化城市供电网络，改善电网运行结构，降低变电站运行成本，提高运行的效益性和可靠性，长沙市城区最后一个35千伏大托铺变电站于2008年退运，至2012年，新建资福、大桥、涌泉山、朱良桥、格塘、早田、青山桥变电站7座；改扩建五美、丁矿、流沙河、老粮仓、北山、福临、牛车台、文市、沩山、张坊、七宝山、普迹、春华、果园、枨冲、长坪、莲花、乌山、开慧、东门、官渡、石牛坪、高坪、白箬、茶亭、南田坪、道林、密印、高桥、乔口、莲花、大桥、青山桥变电站33座。2012年年底，长沙市有35千伏变电站41座，主变78台，容量470兆伏安。

（二）35千伏线路。1988年年初，长沙市35千伏线路有44条，全长600.3千米。至1995年，新建树跳线、沩龙线、黄果线、高金线，永官线、官东线、石丰线7条。改扩建学箬莲线、黄冶仙线、黄五仙线、南跳线、南空线、安北线、永七1线7条。1996—2005年，新建高坪线、安双线、江五线、花道线、文坪线、沙丰线6条；改扩建黄水线、黄沩线、黄老线、黄流线、老灰线、黄小蜜线、安北中线、大长线、大文线、雷箬线、雷莲线、镇牛线、永官张线、花南线、镇普线、大石线、郭丁线、郭乔靖线18条。2006—2012年，新建雷乌线、栗涌线、双大涌线、灰资线、浏栎线、宁朱线、朱江线、郭茶线、格塘线、沙早线10条；改扩建历江线、宁江线、路高线、路春线、黄春线、高大金线、普牛栎线、郭乔线、乔口线、惠大线、仁坝线、坝南线、流青线、青田龙线、安福线、开福线、惠开线、惠高线、西长大线、西栎北线、永古高线21条。2012年年底，长沙市有35千伏输电架空线路62条，线路全长873.94千米。

五、10千伏配电网

1988年年初，长沙市10千伏线路有263条、2294.85千米。当年配电网络共投资700万余元完成23个建设项目，新增线路43.67千米，净增配电变压器容量2.75兆伏安。1989年，配电网络新建改造10千伏线路35.8千米，电缆16.4千米，低压线路19.9千米，配电变压器补点20台。完成学院线、湖医线、北站线、金盆线的改造。1990年，新架10千伏线路3.7千米，改造18.4千米，新建电缆线路16.6千米，新增公用变压器10台、容量2.45兆伏安。1991年，电力建设步伐加快，10千伏配电网有较大程度改善，5年间新增架空和电缆线路42条共186.62千米，新增变压器59台，新增容量14.65兆伏安。1995年，电力需求增大，长沙市和电力企业不断加大投入，新增10千伏架空线路及电缆205条，共583.74千米。

1998年，长沙作为全国城乡电网改造重点城市，配电网建设步入新阶段，城区配电网络大规模更新改造，至2000年，共新增、改造配电线路215条，6594.52千米。是年底，长沙有架空和电缆配电线路9503.14千米，城市供电"瓶颈"得到缓解，供电可靠性和供电质量显著提高。

2003年，城区配网建设配合市政道路建设，完成府后路、韶山北路、劳动西路、湘江大道、东风路高架桥、新建西路、芙蓉南路、东塘立交桥等杆线的迁移和架空线下地，路段电缆化改造实施，提升了城市品位和配网电缆化水平。"十一五"期间（2006—2010年），配网建设与主网同步、超前发展，建设技改并举，完成10千伏及以下电网投资37.3亿元，投资规模相当于前30年长沙配网投资的总和。至2008年年底，域内有10千伏公用配电主干线路1249条，总长1.29万千米；城区10千伏主网电力电缆线路2294条，总长1058.88千米；10千伏配电变压器26612台，总容量10174.28兆伏安。2010年，长沙配网得到长足发展，全年城乡配网建设投资5.29亿元，城乡配网改造全部完成。

2012年年底，长沙市有10千伏配电线路1610条，全长1.82万千米（其中电缆线路3081.5千米），配电变压器总容量15713兆伏安。

第四节 电网调度

一、调度机构

长沙地区电网调度（简称地调）是全市电网运行、监控、操作和事故处理的指挥机构。1988年，电网调度分地调、县调两级。地调设在长沙电业局调度管理所，代号101。下设4个县调：长沙县电网调度，代号104；浏阳电网调度，代号105；望城电网调度，代号106；宁乡电网调度，代号107。2000年1月，成立长沙城区配网调度，代号102。2009年3月，按照湖南省电力公司要求，调度机构实行"大班组改革”，调度管理所分为调度、通信、自动化三大专业。

2012 年，国家电网公司管理方式改变，调度管理所更名为国网长沙供电公司电力调度控制中心，将通信专业划出，分设调度、自动化两个专业。下设综合、调度控制、运行方式计划、继电保护、自动化 5 个管理室和地区调度、地区监控、配网调控、自动化运维、配网抢修指挥 5 个生产班，有员工 76 人。下辖 4 个县级电力调度控制中心，有员工 39 人。

二、调度范围

1988 年，长沙地调（101）担负长沙市 110 千伏及以下线路、变电站的运行监控、调度操作和事故处理。4 个县调（104、105、106、107）管辖各自县域内 35 千伏及以下电网设备的运行操作和事故处理。地调和县调对域内输、供、配电进行调度，形成稳定的调度体系。当电网发生事故，频率下降到 49.5 赫兹时，地调立即按电网事故限电序位表切除部分负荷。接到省电网调度（简称省调，代号 001）事故压负荷命令，地调立即按电网事故限电序位表切除部分负荷，并汇报省调。特殊原因需要保电的线路，地（县）调提前汇报省（地）调，申请暂时取消限电或提早送电。县调根据电网频率下降情况，配合地调按电网事故限电序位表，主动切除所辖范围内的部分负荷；在接到省调临时压负荷通知后，地调立即通知各县调限制负荷或直接按超供电能力序位表切除部分负荷；当地区系统发生事故或设备过温过载时，地调通过方式调整转换负荷，并通知县调限制相应地区的超用负荷或直接按超电网供电能力序位表切除部分负荷。

1990 年，长沙电网 110 千伏网络结构逐步完善，地调负责编制年度、季度、日运行方式，发挥电网输、变、配电设备能力，保证电能质量，实现电网安全和经济运行。

1996 年，地调负荷室增设停电信息查询台（设自动和人工查询功能）和停电信息查询员，负责接受长沙城区停电信息的来电咨询。负荷员针对每日的停电安排绘制停电范围，录入停电信息查询系统，设停电信息人工送达服务，对重要用户送达停电通知单。1997 年，地调负荷员开展短期负荷预测工作，实施日考核月结算，对地区的负荷数据进行统计，按供需状况编写拉闸限电序位表。

1999 年，长沙电网有 220 千伏变电站 6 座，110 千伏变电站 35 座。地调管辖 220 千伏变电站的 110 千伏及 10 千伏母线设备、城区 110 千伏及以下设备和 110 千伏县电网之间的联络线。2000 年，随着变电站无人值班改造工作的推进及省调 220 千伏变电站调度权力下放，地调管辖范围扩大。配网调度负责管辖长沙城区 10 千伏的配电网络调度。2002 年，220 千伏变电站主变由地调调度，并作为省调许可调度设备。2003 年 5 月，220 千伏芙蓉变电站投产，地调开始对 220 千伏终端变电站及 220 千伏线路的调度管辖。2009 年，地调负荷室由独立班组合并到运行方式班。停电信息受理工作转至国家电网服务热线 95598，负荷员只负责停电信息发布。

2012 年，地区调度管辖全市 110 千伏~220 千伏电网调度；县调管辖各自域内 35 千伏及 10 千伏电网调度；配网调度管辖长沙城区 10 千伏电网调度。

三、调度安全

1988 年，调度操作执行“操作票制度”。

20 世纪 90 年代，全市电网扩大、电压等级升高，对系统电压、频率的要求提高。省调规定 220 千伏电压考核点母线电压曲线，地调规定 110 千伏电压考核点母线电压曲线，通过集中监视，自动控制调压及人工干预等手段，确保电压在合格范围内。变电站和发电厂都安装了低频、低电压减载等自动装置，在系统频率波动时，适当切除部分负荷，确保系统频率正常、电网安全。

2008 年 1—2 月，长沙电网遭受自中华人民共和国有气象记录以来时间最长、范围最广、强度最大的冰冻灾害，1000 多条线路覆冰严重，造成线路跳闸、倒杆、断线。7 个 500 千伏电源仅剩 2 个，12 条 500 千伏线路仅 1 条运行，供电负荷锐降至 80 万千瓦，不到正常需求的 30%。地调合理调度，指挥正确，千方百计保证了长沙人民生活用电。

2012 年 12 月 31 日，长沙电网实现安全运行 6706 天，是省内地调系统安全纪录较长单位之一。

四、调度通信

1988 年，全市电网调度通信方式沿用有线通信（人工交换机）、电力载波通信和邮电部门电话通信。1989 年引进 SR100 一点多址数字微波通讯设备和纵横制动总机。1993 年引进 SR500 一点多址数字微波设备，并将一点多址数字微波延伸至长、望、浏、宁四县电力系统。1994 年 10 月，建 20–20LH 型交换机 1 台，容量 1000 门。1996 年，建成长沙市第一条电力通信 SDH 光链路：长沙—树木岭—榔梨 155M 光路，有 DXC、SAN 两种型号。光传输网络规模不断扩大，覆盖长沙、树木岭、榔梨、天顶、新安、三角洲等变电站。1997 年，新建 20–20LH 交换机 1 台，实现双机运行。1998 年，建立会议电视系统。

2001 年 2 月，将原 20–20LH 交换机改造成 20–20LX 型交换机，容量增至 5000 门。加上长沙县调、望城县调、宁乡县调各有 20–20MAP 型交换机 1 台，容量各 500 门，浏阳县调有 20–20LH 型交换机 1 台，容量 1000 门，形成以地调为核心的程控交换网（2M 数字中继组网）。地调和四县调的程控交换机均为行政、调度合一使用。是年，随着长沙市第一座 500 千伏沙坪变电站的投运，数字载波已应用于 220 千伏及以上变电站，为线路保护提供通道。

2004 年，长沙电网建成全省规模最大的 SDH 光纤通信网，地调通过图像监控系统对城区 110 千伏变电站进行实时监控。同年，主干环网升级为 622Mb/秒，采用通道保护方式，监控延伸至芙蓉路电缆隧道。2005 年，先后投运 20–20LH 型交换机 1 台，容量 1000 门、20–20MAP 型交换机 1 台，容量 500 门；后又新增加 1 台容量 1000 门的 20–20LH 型交换机，组成调度交换专用网，实现调度、行政交换网分开。同时接入湖南省调专用交换机，与艾家冲、星城、沙坪 500 千伏变电站组成长沙调度交换网，将地调、配调、监控、通调、负荷、变电站等调度台全部割接至调度网。2006 年，为满足日益增长的营销、信息数据通信需求，建立 2.5G MSTP 传送网， MSTP 系统有 1660SM、1662SMC、1642EM 三种型号，主干传输速率为 2.5Gb/秒，设 13 个站点，构成 2.5G 多环网，覆盖 110 千伏及以上变电站。2007 年后，MSTP 传送网逐年增加至 44 套、63 套、72 套、82 套、105 套、111 套。

2009 年，长沙电网建成第二代会议电视系统，并入湖南省电力公司会议电视系统，同时延伸至 4 县调。2010 年，投运 MSTP 光传输系统第一期，用于 35 千伏变电站和供电所的光纤通信，该系统由 OMS1260、OMS1240、OMS870、OMS860、OMS846 五种型号，主干传输速率 622Mb/秒，按城区和四县区域通信网络布局分别组网。后续建二期、三期，共投运 103 套设备。是年，长沙电网应急通信系统建成投运，建岳麓山中继站一个，无线移动通信设备一套；还建成动力环境集中监控系统 2 套，该系统可对通信站点通信电源和机房环境及空调工作状态进行监控和遥控，覆盖 8 个 220 千伏变电站和乌山微波站。2011 年新建一套动力环境集中监控系统，通信接口采用 2Mb/秒，接入站点 10 个。同年，载波通信退出运行。

2012 年，湖南省首个配网自动化通信系统在长沙麓谷建成投运，该系统有无线和光纤两套系统，无线系统采用 MCWILL SDMA 系统， 有天顶、望城坡、麓谷 3 个基站，覆盖 198 个无线终端。光纤系统采用无源光网络（EPON)，覆盖 78 个配电终端。是年，建立动力环境集中监控系统站点 53 个。

五、调度自动化

1988年，长沙电网在石岭塘、坪塘、井湾子3个110千伏变电站安装WTZY-62型微机远动装置和DTS-131小型计算机，用于电网调度。该系统可实时对变电站设备的各种保护、预告信号和数据信息准确直观采集，并可远方控制，有利电网事故分析处理，保证电网安全运行。后自行研发新型接口设备，使原来只控制3个110千伏变电站扩大到8个。小型计算机除在线监控应用外，先后安装了3套微机系统（Crmcmc、8位机，IBM-PC／XT、16位机，ZD-2000、8位机）应用于企业管理。1990年长沙电网调度自动化系统实现达部标，位居湖南省电力系统前列。

1995年，长沙电网应用通信自动化技术，开始逐步实施变电站无人值班改造工程。1998年，CC-2000调度自动化系统建成投运，长沙电网通信站率先在省内实现全部无人值班。城区8座110千伏变电站完成无人值班改造，新建桐梓坡、马王堆两座110千伏无人值班综合自动化变电站。1999年，扩充无人值班图像监视、联结MIS系统和配调系统的功能，同时加快县调自动化系统实用化达标工作，长沙电网调度成为全省首个所辖县调自动化系统全部实现实用化达标单位。2002年8月，全省第一个电网监控中心——长沙地区电网监控中心投入运行。监控中心主要承担主网220千伏和城区110千伏无人值班变电站设备的远方运行监视工作，并负责220千伏无人值班变电站设备的遥控、遥调工作。监控中心在技术上充分运用调度自动化系统、调度信息管理系统和图像监视系统等先进手段，使监控人员能够及时掌握电网运行方式和设备工作状态，为判断各种事故和异常提供可靠的依据。2003年，CC-2000系统全面升级。

2005年年初，地区电网在县调系统安装DF8002系统。8月，长沙县、浏阳、望城县电网调度自动化系统全部建成投运，提高了调度管理水平，为电力商业化运营和电网减员增效打下基础。年底，有97座35千伏及以上变电站实现无人值班，无人值班率96%。同时建立主网及城网无人值班变电站监控中心，对设备进行远方实时监控和断路器的远方遥控操作；组建长沙城区及4县维操队12个，承担无人值班变电站的运行维护和现场操作。

2008年，宁乡县调IES600自动化系统投运；12月，OPEN-3000调度自动化系统投运，为电网的安全、经济、可靠运行提供科学手段，长沙地调从经验型管网过渡到分析型科学管网。因现有的系统与国家智能电网建设、智能调度技术在数据交互能力、智能变电站接入等方面的不足，需进行自动化主站软件升级和地县调度一体化。2010年，地调EMS系统地县一体化改造完成，覆盖长沙地调及长沙县、望城、浏阳市、宁乡四县调，满足地调和县调的业务需求。是年，按照国家电监会和国家电网公司要求，建立与信息管理系统网络完全物理隔离的调度数据专用网络，地区调度数据网络分三层网络结构：核心层、汇聚层、接入层。其中包括：1个核心节点，为地调自动化机房；4个汇聚节点，分别为长沙县调、望城县调、浏阳县调、宁乡县调。2011年年底，长沙配网调度自动化系统——麓谷配电自动化系统建成。

2012年，完成OPEN3000自动化系统地县一体化改造，长沙电网调度自动化系统和光缆通道在国内处于领先地位，无人值班实现"五遥"——遥调、遥控、遥测、遥信、遥视。

第五节　用　电

一、生产用电

1988年，长沙无本地支撑电源，能源供应缺口大，电力供应最紧张时全市仅有100余家重要用户分配到用电负荷，80%的市属企业无生产用电指标或供4天停3天，许多企业只能用高价柴油发电维持生产，供需矛盾相当突出。电力的严重短缺，对工、农业生产用电影响很大。为缓解电力供需矛盾，长沙市经济委员会（简称经委）的三电（计划用电、节约用电、安全用电）办公室（简称“三电办”），由经委副主任担任主任，长沙电业局用电部负责人任副主任。“三电办”常设办事机构在长沙电业局用电部，负责用电指标分配、计划用电职责；下设14个线路管理委员会，按线路对用户用电进行管理。当年生产用电18132户，占总用户数的22.5%；生产用电量15.02亿千瓦时，占总用电量的78.89%。

1989年，电力部门和市三电办从技术上落实节约用电、计划用电措施，筹集资金在专线供电的工矿企业安装电力定量器及相应设备，分线分片实施负荷控制。1993年，电网运行峰谷差日益加大，为促进用户削峰填谷，域内推行不同时段、不同价格的分时电价政策，运用经济杠杆调节负荷及用电量，全市241家用户安装峰谷电能计量表304台，实行分时电价，促使用户多用低谷电量；采取逐级承包形式与4100余家用户签订承包协议，按月、季进行电力电量指标计划分配和调整，实现谁超限谁的原则。是年，全市总用电户85138户，生产用电户19184户，占总用户数的22.5%；全市总用电量28.2962亿千瓦时，生产用电量20.36亿千瓦时，占总用电量的71.95%。

1995年，全市电力供需矛盾加剧，高峰用电时段，域内3座220千伏和部分110千伏变电站严重过载，经常被迫大面积拉闸限电；而用电低谷时段电力又用不出去，为充分发挥价格杠杆作用，削峰填谷，缓解电力供需矛盾，根据省物价局《关于全面推进分谷分时电价的通知》，域内电网执行四费率分时电价（尖峰时段18:00—22:00；高峰时段7:00—11:00，15:00—18:00；平段11:00—15:00，22:00—23:00；低谷时段23:00—次日7:00。电价分为平段、尖峰、高峰、低谷四种价格。平段按规定电价执行，在平段电价的基础上，尖峰电价提高60%，高峰电价提高40%，低谷电价降低65%）。是年，企业拖欠电费现象严重，累计欠费达3046.5万元，巨额欠费严重影响省电网对长沙电网电力指标分配和长沙电力建设发展，制约电力投资环境。同年，域内电网加速农电网络建设和农电设备改造，抗旱排渍用电保证率达100%，全面完成农电“三为”（为农业、为农民、为农村经济）服务工作，长沙电网实现村村通电。

1996年，为更科学有效地做好计划用电、节约用电，实行电力负荷控制到户，执行“不超不限”“谁超限谁”的原则，在部分生产用户安装682台负荷控制装置，对其用电情况进行实时监控，拉闸限电率明显降低。是年，生产用电26.06亿千瓦时。根据市物价局和长沙电业局《关于安排1996年度农村分类到户电价的通知》，为农民减轻负担，从8月份起执行农村到户电价，非、普工业：0.5053元/千瓦时；农业生产：0.3723元/千瓦时；非贫困县农业排灌：0.3323元/千瓦时；贫困县农业排灌：0.1876元/千瓦时。

1997年，是长沙电费欠费最严重的一年，用户欠费持续上升，电费回收困难成为困扰电力企业的难题，新欠电费2.4亿元，加上陈欠0.42亿元，累计欠费2.82亿元，居全省前列，严重影响企业发展和国家财政收入入库。多种原因导致众多企业处于停产、半停产状态。市属76户工业企业中，有51户全停产，其中停产5年以上的有30余户，半停产的15户，企业负债累累，举步维艰。电力供应出现前所未有的供大于求现象，至1999年社会用电量连续3年增长缓慢。电力部门采用合理的电价机制调整政策，取消省重点建设资金加价，停止超计划用电加价，对部分大用户实行丰水期优惠电价等一系列积极有效用电措施开拓电力市场。

2000年，受国家经济政策宽松和改革提速形势影响，大多数国有亏损企业改制脱困，民营中小企业快速成长，经济形势好转，电力市场逐渐复苏。为适应市场形势，对大型工业企业执行超电量优惠电价，对电锅炉、电空调电价实行优惠措施，对供电营业收费项目进行清理和规范。

2003年，长沙市出现持续干旱、高温，水电出力严重不足，火电缺煤出力减少，电网最高负荷达

167.5 万千瓦、最高日用电量 3269.79 万千瓦时。7 月 23 日开始，长沙电网被迫重新实施计划用电、拉闸限电。冬季因煤炭库存下降，导致更为严峻的缺电困境，市经委与电力部门从 11 月 30 日起实行分片供电方案：49 家重点用户优先保电，包括省、市党政机关办公、交通客运部门（机场、车站、电气化铁路）、重点大型医院、自来水厂、省市重点新闻媒体、重点通信电信部门、重大活动及会议临时保电场所；重要工业用户定时停电；欠费用户先行停、限电；其余企业、事业单位和居民区均实行供电 3 天停电 1 天的办法；关闭所有亮化设施，路灯照明减半使用。全年拉闸限电 7134 次，最大限度地保障居民生活用电。2005 年，经农网和县城电网改造后，域内农村电网结构得到很大改善和加强，输配电能力和电能质量显著提高，农村电价降低，售电量明显增加。当年生产用电户 3.87 万户，占全市总用户数的 10.3%，用电量 64.14 亿千瓦时，占总用电量的 43.9%。

2008 年，长沙电网经受了年初的冰冻灾害和电煤缺少出现的供电紧张考验。电力部门制定有序用电应急方案，采取有序供电、调煤保电、节约用电三大举措，各类保电超过 200 次，涉及线路 300 余条次。在城网台区改造工作中，专变计量装置改造 4803 户，实现所有专变计量装置远方抄表。2010 年，域内工业用电量同步上升，南方、印山台、河田白石等大型水泥企业电量增长突出，发展迅速的还有蓝思科技、武广铁路和晟通科技等大用户，对电量增长起积极作用。当年生产用户 6.62 万户，占全市总用户数的 9.8%，用电量 109 亿千瓦时，占总用电量的 67.9%。2011 年，域内经济结构转型升级，在实施招商引资，推动经济发展的大环境下，虽然农业用电量有所下降，但工业用电量保持明显的上升趋势，生产用电量达 125.13 亿千瓦时，比上年增长 14.8%，创历史最高增长幅度。全市电费回收实现从目标控制到过程控制的转变，非现金缴费方式比例大幅度上升，开展反窃查违专项行动，补收电费及违约金 419 万元，有效维护了用电秩序和企业利益。

2012 年，随着经济“缓中趋稳、稳中有进”的发展，社会用电量呈现平稳增长态势。当年生产用电户 7.22 万户，占全市总用户数的 2.5%；用电量 137.36 亿千瓦时，占总用电量的 67.99%。

二、生活用电

1988 年，全市生活用电 6.59 万户，占总用户数的 81.89%，生活用电量 3.08 亿千瓦时，占总用电量的 17%，年人均生活用电量为 57.66 千瓦时。1991 年，有 47 个无电村实现通电。与工商银行电脑联机实现划拨电费，在全国电力行业位于领先水平。

1993 年，人民生活水平迅速提高，家用电器进入寻常百姓家，空调容量剧增到 9.3 万千瓦，生活用电量大幅度增长，用电结构发生变化。为减少用电纠纷、方便居民用电，开始实施“一户一表”工程，全市有 3000 多原集体电表用户改装分户电表，结束了一栋宿舍、一个单元共一块总表的历史。同年，5 万余居民用户与市工商银行电脑联机实行电费储蓄缴费。当年生活用电 6.82 万户，占总用户数的 80.1%，用电量 7.93 亿千瓦时，占总用电量的 28%。1994 年，长沙、望城两县实现村村通电。1995 年，开发电费管理系统，全市所有用户的电费实行计算机管理，电费收取电脑化管理代替人工作业。长沙市郊区实现村村通电，家用电器进入农家，生活用电明显增长。是年，人均生活用电量 169.2 千瓦时，比 1988 年增长 193.44%。

1997 年，加快居民“一户一表”和 IC 卡预付费电表的推广和安装，执行新的电价政策，停收居民空调一次性收费，鼓励居民用电。农村开展“两改一同价”工作（改造农村电网、改革农电体制、实现城乡同网同价），重新核算农村到户电价，使农村平均电价下降，真正为农民减负。1999 年，取消经营性照明加价，对 10 千伏供电的经营性用电实行峰谷电价等电价机制调整政策，空调负荷增加到 20 万余千瓦，居民生活用电和商业用电市场快速发展，用电量增加。居民“一户一表”增加2.40万户，单相IC卡预付费表增加4.25万户。2000年，将长沙船舶厂、湖南绸厂等22家特困企业的生产用电与宿舍区生活用电实施“两电分离”，让9096户居民生活用电得到保证。当年全市生活用电14.06万户，占总用户数的83.1%，用电量13.65亿千瓦时，占总用电量的28.43%;年人均生活用电量为234.07千瓦时，比1995年增长38.34%。

2001年，对供电营业收费项目进行清理和规范，严格执行电价优惠政策，取消居民生活用电增容贴费，拉动电力消费。2002年年底农电体制改革基本完成，改造后的农村电网，彻底改变了农村电网结构薄弱、用电管理秩序混乱、农民电费不堪重负的状况。农村居民用电到户电价降幅0.142~0.252元/千瓦时，长沙市天心、雨花、芙蓉、岳麓、开福5区在全省率先实现农村用电“同网同价”目标。长沙市㮾梨等10个农村供电所被国家电网授予“农电示范窗口”。是年，城区居民生活用电超30万户，其中IC卡预付费表超过10万块。供电企业创新服务手段：先后与建设银行、交通银行实现银企合作，委托银行实时代扣城区储蓄电费，实现城区用户可在城区银行的任意营业网点缴纳电费；与交通银行实现自助“缴费通”购电、缴费、查询等业务，用户可以不受时间、地域限制，就近24小时购电或缴费；流动“爱心售电服务车”在全省推广。长沙电业局开发的“预付费电能表及售电管理系统”获湖南省科学技术成果奖。2005年，完成城区809台公用变压器台区及12.39万块“一户一表”电表改造，为生活用电量的增长提供良好条件。实施两电分离企业51个，新装户表2.77万块。2006年8月31日，宁乡县花明楼镇芙蓉村一深山坳最后三户农家通电，全市实现“户户通电”。2007年，开通300个电费交纳点和80个IC卡购电点，业务涉及四大银行、邮政及其他金融机构，为用户提供5种以上交费方式，缴费更加方便、快捷。2008年改造供电台区1586个，更换改造“一户一表”20.84万块，电网供电能力、供电质量和供电可靠率提高，生活用电量增长加快。2009年，电力部门执行《长沙市新建住宅供电设施建设管理办法》，开始实施“专改公”（专用变压器供电改为公用变压器供电）为民办实事工程。此前，长沙市已建住宅小区近1000个，其中80%小区是“专变”供电，涉及住户超过100万人。两种供电模式，居民得到的待遇各不相同：“公变”用户是按照国家物价部门核定的到户电价，到供电营业站购电；而“专变”用户是到小区物业代收点购电，费用高出核定电价，多数小区电价提高到每千瓦时0.65元以上，有的甚至每千瓦时高达1.1元。“专变”供电除了电费高，发生故障难以及时修复外，还存在小区物业拖欠电费或卷走电费现象，导致涉电纠纷时有发生。“专改公”后，小区供电设施的后期维护维修费用不再由业主承担，物业6%电费代收服务费取消，减轻了用户负担，木莲花苑是第一个完成“专改公”的小区，每户电费下降6%以上。当年完成“专改公”小区40个，惠及小区3万住户。是年，全国第一个集中式预付费实时电费平台在长沙县星沙投入运行，实现低压客户抄表数据自动采集。电力部门连续三年开展“春风行动”，向长沙城区、农村低保、“五保户”赠送用电优惠卡（每卡年免电费96千瓦时）45万张，总价值超2540万元。

2011年，生活用电户表全部实现远方抄表。通过短信平台发送提示，提醒用户电费用缴情况，通过停送电系统远程“零延时”复电。与交通银行等金融机构合作提供自助缴费服务，新增1400余处缴费点，实现“十分钟缴费圈”。

2012年，与支付宝公司合作开通网上缴费新方式，居民用户离柜缴费比例56.47%。为促进资源节约和环境友好“两型”社会建设，引导居民合理用电、节约用电，按省物价局《湖南省物价局关于我省居民生活用电试行阶梯电价的通知》，7月20日起，对城乡居民生活用电户试行阶梯电价。长沙电业局被国家电力监管委员会评为湖南省唯一的“居民用电服务质量监管专项行动”先进单位。当年生活用电量66.68亿千瓦时，占总用电量的32.68%，生活用电263.66万户，占总用户数的92%，居民人均年用电1009.43千瓦时，比2000年增长331.25%。

表17-9-5-1　　1988—2012年长沙市社会用电量一览表

年度	用电总量（万千瓦时）	增长率（%）	生产用电（万千瓦时）	生活用电	
				用电量（万千瓦时）	年人均用电量（千瓦时）
1988	181000	—	150171	30829	57.66
1989	190400	5.19	156261	34139	62.7
1990	209124	9.83	169725	39399	71.63
1991	226903	8.5	169202	57701	104.24
1992	249900	10.14	176880	73020	131.48
1993	282962	13.23	203632	79330	142.83
1994	316129	11.72	251639	64490	115.28
1995	347000	9.77	251771	95229	169.2
1996	367000	5.76	260570	106430	187.53
1997	379000	3.27	276670	102330	178.93
1998	391068	3.18	279614	111454	193.2
1999	418301	6.96	308706	109595	188.16
2000	480160	14.79	343653	136507	234.07
2001	529409	10.26	385728	143681	244.73
2002	591319	11.69	355670	235649	395.74
2003	696000	17.7	335700	360300	598.74
2004	722087	3.75	445450	276637	453.22
2005	923856	27.94	641398	282458	454.9
2006	1039585	12.53	694491	345094	546.9
2007	1153430	10.95	784676	368754	578.57
2008	1265685	9.7	839066	426619	664.79
2009	1414653	11.77	850066	564587	872.85
2010	1603152	13.57	1090030	513122	789.27
2011	1838972	14.7	1251337	587635	894.94
2012	2040474	10.96	1373628	666846	1009.43

第六节　安全生产

一、发电企业安全生产

1988年，域内火力发电主要管理工作由发电企业承担。是年长沙发电厂进行全面整顿，厂部机构调整，安全监察股设安监股长1名、电气专责安监员1名、热动专责1名、汽机专责兼劳动保护管理1名。建立厂二级安全网，开展全员安全教育培训，安全检查、互查和“反事故演习”活动。1990年和1991年接受长沙电业局《电力安全工作规程》（以下简称《安规》）四项验收检查，合格率分别达87%和89%（合格标准为85%）。1996年锅炉、汽机、发电机事故率为0。截至1997年4月3日，电厂安全运行3380天，因机组陈旧老化，4月4日长沙发电厂停止发电。

2006年6月，华电长沙发电有限公司根据中国华电集团公司《电力生产安全监督规定》的要求，成立安全监察部。2007年，建立健全三级安全监督网络。2009年8月，将安全管理制度汇编（含《安全生产工作奖惩规定》《安全隐患排查治理工作管理规定》《环保设备（设施）安全监督管理规定》《二类障碍、异常、未遂、考核实施细则》《安全生产工作考核细则》《外委单位反违章管理实施细则》等54项规章制度）发至基层班组。2011年，参照中国华电集团公司新修订的制度，对安全管理、生产管理方面的规章制度进行清理和修编。

公司安全环境部根据安全生产状况，制定年度安全教育和培训计划，对各级管理人员、生产人员、特殊工种、新入厂员工进行安全生产教育；春、秋季安全大检查，统一进行《安规》考试；开展消防器材、应急急救（心肺复苏、创伤机修）等技能取证培训考试。加强对外委单位及外包项目单位施工人员的培训与管控，共培训考试3512人次。开展液氨泄漏、输煤皮带着火、江边泵房水淹防汛及通勤车火灾事故逃生、消防灭火应急演练。到2012年12月31日，公司安全生产1895天。

二、供电企业安全生产

（一）变电站运行安全生产。1988年，变电运行安全生产的目标是保命、保网、保主设备，重点是不发生误操作事故和人员责任事故，减少一般设备事故，企业的变电运行安全生产稳定。1989年，编制槊梨变电站现场运行规程。执行电气设备反事故技术措施，推广和应用新的测试方法和手段，完成110千伏互感器加装膨胀器工作，110千伏及以上少油开关加装防雨帽工作。

1991年所有变电站老设备改造，加装备自投闭锁装置、小车开关柜增加隔板爬距、加装消弧线圈。1993年，为防止设备污闪和过电压，保护电网安全，110千伏变电站进行盐密度、接地电阻检测，污染严重的户外设备更换成防污型瓷瓶；10千伏电缆出线的变电站，增加电力电抗器，消除过电压对电网安全运行的威胁。当年，更换部分变电站10千伏出线的小车开关30台。变电站高压室部分封闭，加装空调控制环境温度。1994年，运用红外线测温仪对变电设备监视，全年没有发生由于高温、高负荷引起的设备烧坏。是年，220千伏天顶、槊梨变电站装设工业监控电视，为少人值班创造条件。1995年，全部220千伏变电站和部分110千伏变电站，应用微机防误技术、微机故障录波技术和微机保护。是年，对石岭塘变电站10千伏开关柜、110千伏新安变电站的微机集控装置、220千伏槊梨变电站隔离开关、天顶变电站端子箱等存在隐患的设备进行改造；根据创建一流供电企业的要求，首座110千伏三角洲变电站实现无人值班。1996年，投入200万余元，对变电站10千伏非正常跳闸开关进行更换，提高设备健康水平；投入400万余元，将部分变电站220千伏少油断路器更换成六氟化硫断路器、对部分变电站

110 千伏、220 千伏刀闸改造。1998 年 4 月，城区 14 个变电站实现无人值班，组建两个变电站维护操作队；6 月，在湖南省电力公司“千项操作无差错班站竞赛”中，220 千伏天顶、集里变电站分获一、二等奖；11 月，天顶变电站参加省公司“220 千伏变电站同工种安全竞赛”获第一名。1999 年，执行湖南省电力公司《安全生产考核条例》《安全生产执行“违章就下岗”实施细则》，加大重奖重罚的力度，对 52 人因为违反“安全工作规程”中的有关规定而执行下岗处理。是年，对部分变电站 10 千伏断路器进行无油化改造，10 千伏断路器无油化率 56.3%；为 17 个 110 千伏变电站电缆夹层配置灭火机 195 台。

2000 年，所有 110 千伏变电站实行无人值班，集控式微机防误装置安装到位。同年，执行《关于强化安全管理的具体措施》《防止误操作事故措施》《实施倒闸操作摄像监督的规定》，从技术手段上加大对倒闸操作现场的监督力度。为六个 220 千伏变电站、两个维操队及长、望、浏、宁 4 县局的城关变电站配备便携式小型摄像机，对电气倒闸操作的步骤及要求进行全过程摄像监督。是年，配合“安全生产周”和“安全日活动”，印发《典型事故汇编》《安全知识问卷》至每个生产班组，将《安全生产工作规定》分发到每一位员工。组织大型变电安全技术比武，以赛促学推动全员培训、规范操作，加深员工对《电力安全工作规程》及有关规章制度的熟悉和理解。2001 年，执行省电力公司新的检修管理模式——安全状态检修。2002 年，开展安全性评价和危险点预控工作，修编变电站现场运行规程，执行《各级人员现场把关制度》，开展“双票”（工作票、操作票）整顿活动，发布《关于加强操作票审票工作通知》，加大变电站双票评审和操作现场稽查考核。改造马王堆变电站直流系统，对东塘变电站保护装置频繁误动进行分析和处理，解决建湘变电站的防尘。是年，长沙市主网及城网无人值班变电站监控中心建成并投入运行。2003 年，500 千伏沙坪变电站参加网、省公司变电站安全竞赛，获湖南省电力公司第一名、华中电网公司第三名；在湖南省电力公司 220 千伏变电站竞赛中，天顶和集里、捞刀河变电站分别获第一名和第二名。2004 年，员工杨金民的《变电站倒闸操作票防误系统控制平台》研究成果，被湖南省总工会、湖南省科学技术厅、湖南省经济委员会、湖南省劳动和社会保障厅、湖南省知识产权局联合授予全省“十大科技成果奖”。2005 年，执行湖南电力公司《有关防误操作、防误调度制度（措施）汇编》《标准化作业指导书》《电力安全工作规程执行规定》组织技术问答 1658 人次、现场考问 2689 人次、事故预想 1652 人次、反事故演习 645 人次、技术讲课 2483 人次。2007 年，沙坪变电站参加国家电网公司 500 千伏变电站劳动竞赛，获“500 千伏级劳动竞赛红旗站”奖牌；10 月，沙坪变电站又获“华中电网公司 500 千伏级劳动竞赛优胜站”称号。2008 年 9 月电力设备检修管理模式由计划性检修变更为状态检修。是年，长沙电网 35 千伏、110 千伏、220 千伏变电站全部实现无人值班，由 13 个变电维操队分担变电站的运行维护工作。2010 年，制定《变电专业防误触电工作实施方案》，通过实行倒闸操作摄像监督和严格现场把关等标准化管理，杜绝无票操作、无人监护操作、越项操作等严重违章行为，有效防止因人员违章造成的误操作事故。同时通过防误装置的技术更新和运行维护管理，从设备的性能上防范人员的误操作发生。2012 年年底，域内所有变电站都处于安全运行状态。

输电线路运行安全生产。1988 年，域内输电线路遍及城区及所属 4 县，部分线路还延伸至湘潭、株洲、益阳、桃江、岳阳域内。35 千伏及以上线路每月正常巡视一次。6 月长沙地区第一条 500 千伏线路岗云线送电，当年开展 500 千伏线路带电作业，带电更换 500 千伏直线单片和整串绝缘子、带电更换 500 千伏耐张单片绝缘子，多送电量 500 万千瓦时。长沙电业局《输电线路内爆式压接管》项目，获湖南省科学技术研究成果奖。1989 年，长沙电业局输电所《输电线路更换 500 千伏直接单片和整串绝缘子以及锥形伸缩检测杆》项目，获湖南省科学技术研究成果奖。

1991年，制定500千伏线路防舞动措施。对35千伏、110千伏、220千伏线路杆基，新刷杆号950基，新编杆号3100基，砍伐危及线路安全的树竹42358株，巡线107条。1993年针对冬季电力线路覆冰情况，制定防冻融冰规程；针对电力线路雷击跳闸频繁的问题，制定提高线路绝缘水平，装设管型避雷器，配置自动重合闸等措施，有效减少雷击跳闸概率，提高供电可靠水平。是年更换接地引线335根、改善不合格接地电阻372基、更换不合格绝缘子576片、砍伐危及线路安全的树竹18231株，保证输电线路安全运行。当年，35千伏至500千伏线路带电作业共39次，多供电量872万千瓦时。1994年第1、2季度，以防雷迎峰为主要内容的安全生产大检查，共抽查工作票78份，人员抽考40人，发现线路缺陷13处，后全部整改合格；是年12月，组织防冻融冰演习。1996年，输电线路带电作业45次，多送电量1004万千瓦时；更换零值绝缘子598片；处理线路故障17处；安装线路故障指示器51个。1998年，开展10千伏线路带电作业技术培训，56人次参训。是年，坚持对输电线路挂巡线考核牌，提高巡线到位率。1999年，对输电线路运行中的劣质悬式绝缘子全部更换；城区污染严重的输电线路的绝缘子全部更换为防污闪能力强的高分子合成绝缘子；110千伏以上老旧输电线路改塔升塔。

2000年，购置进口10千伏带电作业车，开启长沙市配网带电作业。10千伏线路带电作业对提高用户供电可靠性作用显著，全年10千伏带电作业98次，多供电量168万千瓦时。2002年，改善地网287基、更换锈蚀引线434基、更换架空地线11千米、更换锈蚀拉线、拉棒及金具607基、更换零值及不合格绝缘子3450片，铁塔防腐处理54基，逐年的设备改造和更新，线路责任事故得到有效控制。是年，10千伏线路带电作业305次，多送电量560万千瓦时。2003年，按国家电网公司统一模式，开展年度三大安全检查（防雷迎峰、防暑度夏、防冻融冰），抽考职工75人次、查出线路缺陷及隐患12处，经整改全部合格；是年巡线135条次。2004年，对照《输电网安全性评价》标准，结合实际开展输电网安全性评价，将危险点的控制作为安全监察的主要内容，严格落实危险点控制卡制度，督促职工养成安全防范习惯。2005年，增加输电线路杆塔反光警示牌，输电线路安全保障有提高。2008年，顽强战胜年初的特大冰灾，累计排除35千伏及以上线路故障168条次，恢复10千伏线路444条、10千伏线路恢复供电率100%，最大限度地减少灾害损失，保证全市供电，避免省会城市“黑启动”，受到省政府和国家电网公司表彰。2009年，“带电更换110千伏、220千伏输电线路插花绝缘子悬垂串作业方法及工具研制”项目，获全国电力职工技术成果奖。2011年，新技术、新设备不断用于输电线路，输电线路故障率逐年下降，非人员及设备责任故障次数逐年减少。2012年，在10千伏黑石线603号杆至604号杆间，开展10千伏电缆线路旁路作业，实现湖南省电力系统首次不停电检修电缆分支箱。至年底，35千伏及以上输电线路处于安全运行中。

（三）电力设施的社会安全保护。长沙电业局担负全市的供电任务，所属变电站分布广，输变电设施多，电力线路长，供电负荷重，给电力设施保护带来一定的难度。域内多次发生电力设施破坏事件，严重影响工农业生产和人民生活。1988年11月21日成立“长沙市公安局电力分局”，加强电力系统治安防范能力，适应电力生产和建设的需要，重点保护电力设施，并履行内部治安、消防安全、交通安全等职能、配合有关部门抓好反窃电工作。1996年，电力分局破获盗窃电力器材案四起，侦破窃电案五起。1998年，投资19万元，采用新型防火涂料对调度大楼进行防火处理。2000年，公安执法权划归社会，电力分局撤销，设经济保卫部。2004年，妥善处理多起外力破坏电力设施事件，维护企业权益；清理整顿电力线路寄挂物工作，保证电力线路走廊的安全。2010年2月17日，国务院发布《关于加强电力设施保护工作的通知》，对进一步加强电力设施保护、切实保障电力安全提出明确要求。长沙市成立电力设施保护领导小组，各乡镇建立相应工作机构。2012 年电力设施保护归属安全监察部管理。

（四）农电安全生产管理。1988 年，农电安全生产管理工作由地方政府负责，分乡、村两级管理的模式。乡（镇）设农电管理站，由乡镇政府负责管理，业务上归口当地电业部门管理。乡（镇）农电管理站设置 4~5 名农电员，配备正副站长各 1 人，站长由乡（镇）负责人兼任、副站长由乡（镇）政府推荐。农电管理站负责配合县电工管理委员会对区域内农电员的管理，承担供电范围内的低压业扩工程施工，及安全用电的宣传、管理和违章用电处理，配合政府解决有关用电纠纷，配合有关部门对电气事故进行调查处理。1993 年，4 县（市）5 区 136 个乡（镇）共设置 171 个农电管理站。根据能源部《乡电管站管理办法》，县（市）电力局设置农电管理办公室，负责对全县农电管理员、村电工进行安全生产管理和指导。1995 年，全市按城区供电局、县电力局设立 8 个农电总站，各乡（镇）成立农电管理站。形成农电管理办公室抓农电总站、农电总站抓乡（镇）电管站、乡（镇）电管站抓村管电小组的四级农电安全生产管理体系。1999 年 8 月，长沙市 171 个乡（镇）电管站撤并，组建 74 个农村供电营业所，建立内部安全生产管理制度和考核细则，县（市）电力局安全监察员对农村供电所人员进行各类业务技术及安全知识培训，组织“安规”考试，严格执行《电力安全工作规程》等列规章制度，全面实行工作票、操作票制度，农电队伍安全意识、安全生产能力得到加强。2000 年，县（市）电力局对农村供电营业所所长、工作票负责人、安全员进行安全知识培训和触电急救知识培训。根据季节特点，所有农村供电所开展“防雷迎峰”“防暑度夏”“防冻融冰”和贯彻安规的四项基本要求为主要内容的安全大检查。实施防止人身触电的技术保障措施，完善漏电保护器规范化管理，漏电保护器的安装、投运、合格率均为 100%。2005 年农电总站配备安监员，农村供电营业所设安全员，班组设兼职安全员，建立安全责任体系。是年，所有供电所通过“安规四项标准”验收，农电安全管理工作实现常态化。2007 年 12 月，县农电总站撤销，成立 8 个农电服务有限责任公司，并对农村供电营业所进行缩编。2009 年 10 月，根据国家电网《关于推行农村供电所作业组织专业化的指导意见》要求，完成农村供电所撤并整合工作，组建 48 个中心供电所和 3 个配网队，管辖 153 个乡镇，1421 个行政村，供电用户 130 万户。农村供电所按照大班组改革要求，统一设置综合班、用电计量班、配电班、营业班、台区班 5 个班组，实现专业化整合和集中管理，安全生产管理全面规范。

2012 年年底，撤销农电工作部和各县局的农电服务公司，成立长沙星辰农电工程服务有限责任公司，各县局成立相应的分公司。由于城区供电局撤销，原城区供电局管辖的农村供电所的管理职能交长沙星辰农电工程服务有限责任公司城区农电分公司，48 个农村供电所安全局面稳定。

表 17-9-6-1　　1988—2012 长沙供电安全运行无事故记录一览表

年份	累计安全记录（天）	年内实现连续安全运行天数（天）	年内实现百日安全期（个）	年份	累计安全记录（天）	年内实现连续安全运行天数（天）	年内实现百日安全期（个）
1988	243	243	2	1992	跨年 293	171	1
1989	跨年 453	221	2	1993	跨年 310	226	2
1990	跨年 400	92	0	1994	跨年 414	122	1
1991	跨年 286	277	2	1995	跨年 289	209	2

续表 17-9-6-1

年份	累计安全记录（天）	年内实现连续安全运行天数（天）	年内实现百日安全期（个）	年份	累计安全记录（天）	年内实现连续安全运行天数（天）	年内实现百日安全期（个）
1996	跨年 274	235	2	2005	跨年 841	365	3
1997	跨年 195	210	2	2006	跨年 1206	365	3
1998	跨年 345	318	3	2007	跨年 1571	365	3
1999	跨年 482	233	2	2008	跨年 1937	366	3
2000	跨年 552	190	1	2009	跨年 2302	365	3
2001	跨年 554	365	3	2010	跨年 2667	365	3
2002	跨年 919	365	3	2011	跨年 3032	365	3
2003	跨年 1175	256	2	2012	跨年 3398	366	3
2004	跨年 476	366	3				

附记　2008 年长沙电力员工抗冰保网

2008 年 1 月 13 日，湖南省会长沙迎来第一场雪。此后，气温持续走低，阴雨、雾雪、冰冻一起袭来，导致电网输变电设施大面积覆冰。1 月 20 日，益阳复兴变电站至长沙沙坪变电站的 500 千伏线路因覆冰严重，停止运行。随后，长沙电网与湘潭、岳阳、娄底、益阳等多个电源点失去联系，7 个 500 千伏电源只剩下 2 个，12 条 500 千伏线路仅维持运行 1 条、停运 11 条。35 千伏及以上主网，累计发生跳闸 178 条次、倒（断）杆塔及变形 171 基、断线等故障 109 处，其中以 220 千伏线路损失最重，共发生跳闸 85 次，倒（断）杆塔及变形 93 基、断线等故障 53 处，49 条“省级输电动脉”220 千伏线路有 10 条被迫停运；10 千伏配网累计发生跳闸 362 次、事故 389 次，倒杆 1840 根，配变等设施损坏 901 台，停电村 2376 个；0.4 千伏低压网络，累计发生倒杆 61084 根；配电网断线超过 5 万处。长沙电网运行最艰难时，1000 多条线路覆冰严重，500 千伏电源及线路几乎停运，仅靠 220 千伏电源支撑，短短 5 个小时，4 座 220 千伏变电站先后发生全停事故，供电负荷锐减 50%；情况最严重时，10 分钟内，长沙电网最大可用电力负荷下降 100 万千瓦，可用供电负荷不到正常需求的 30%，浏阳市、宁乡县多次中断供电，望城县、城区河西地区相继告急，长沙电网全面告急！调度中心每天发出的电网调度指令达到五六百条。

面对突如其来的凶猛特大自然灾害，长沙供电企业众志成城、紧急动员、奋起抗冰保网。自 1 月 20 日起，长沙电业局迅速成立电力抢修、物资供应、车辆调度、后勤保障、有序供电、综合协调、工作督查、宣传报道 8 个工作小组，同时集结 4000 余人的抢险队伍奔赴各冰情严重的现场，分主网、农配网、低压 3 个不同电压等级实施抗冰攻坚。在企业领导班子的统一指挥下，所有单位、所有人员、所有力量服从抗冰保网工作指挥、听从抗冰保网工作调遣、服务抗冰保网工作需要，大家自觉行动、广泛参与、紧密配合、竭尽所能，形成强大合力，使长沙电网恢复工作迅速、高效开展。广大电力员工日夜奋战，冒风险斗严寒，不畏艰难战冰冻保供电，克服难以想象的困难，顽强战胜了特大冰灾。主网部分累计排除35千伏及以上线路故障168条次，恢复10千伏及以上线路444条、变电站40座、行政村1088个，10千伏线路恢复供电率100%，低压线路恢复供电率99%，台区恢复供电率100%，最大限度地减少灾害损失，最大限度地保证全市供电，全面实现长沙市保居民生活、保重点单位的供电要求。

春节来临，长沙电业局全体员工没有休息，他们在抗冰抢险一线中度过，在零下10多度的野外爬冰卧雪、重建电网，在除夕之夜确保长沙市家家户户灯火通明。长沙电业局荣获“湖南省抗冰救灾先进集体”“国家电网救灾抗灾恢复重建功勋集体”“长沙市抗冰救灾模范集体”称号，局长罗检仔被评为“湖南省抗冰救灾模范”，近300名员工受到各级嘉奖。

第十章　煤炭工业

1988年，改革开放和社会主义市场经济发展，为全市煤炭工业发展提供机遇，从而形成国有、集体、个体煤矿共同发展的格局；担负全市煤炭产、供、销管理机构——长沙市煤炭公司管辖15家煤炭企业，针对乡镇煤矿乱采滥挖的现象，进行全面清理整顿；在煤炭企业引入竞争机制，促进企业发展：煤机厂7项经济指标均比上年大幅度增长，张家冲煤矿实现扭亏为盈，文家市煤矿全年生产原煤7.7万多吨。是年，全市煤炭行业有企业214家，其中独立核算企业有36家，从业人员1.64万人，当年生产原煤214.44万吨，实现工业总产值4056万元，利税总额1412万元，固定资产净值5498万元。

1989年，全市有各类煤矿240家，其中有193家无证煤矿，这其中自然通风矿井有150家，由于矿山基础设施薄弱，供电设施简陋，为煤矿安全生产埋下隐患。1990年，提出搞好现场管理8条标准，加强煤炭企业井下现场管理。1991年，全市再次全面清理乡镇煤矿、整顿煤炭生产秩序工作，先后取缔乱采滥挖小煤窑214处次。是年，全市煤炭行业（独立核算工业企业）有35家，从业人员1.62万人，当年生产原煤212.22万吨，实现工业总产值1.39亿元，利税总额848万元，固定资产净值8636万元，与1988年相比，企业、从业人员和产量基本持平，产值和固定资产净值分别增长2.42倍和57.08%，利税下降39.94%。

1992年，煤价放开调动了企业生产积极性，使各项工作有新的起色：有3家煤矿达到省级质量标准化矿井要求，全市国有煤矿实现第一个“安全年”。1993年，煤价放开使煤炭经营企业受到较大冲击，11家煤炭经营企业亏损375万元。1994年，煤炭系统采取内部挖潜等一系列措施，促进煤炭生产，全年生产原煤256万吨。1995年，长沙以深化国有企业改革为重点，通过深化企业内部劳动、人事和分配制度“三项”制度改革，促进了原煤生产，全年生产原煤354万吨，是全市历年来原煤产量最高的一年；全年发生死亡事故46起，死亡60人，事故次数和死亡人数均为历史上最为突出的一年。1996年，国家对资不抵债的大中型国企实行政策性破产，助其有序退出市场。是年，全市煤炭行业（乡及乡以上独立核算工业企业）有43家，从业人员2.19万人，生产原煤336.58万吨，当年实现工业总产值5.35亿元，利税总额4516万元，固定资产净值2.74亿元，与1992年相比，企业和从业人员分别增加22.86%和34.91%，产量、产值、利税、固定资产净值分别增长58.6%、2.86倍、4.33倍、1.18倍。

1997 年，关闭 11 家非法煤矿，炸封 50 余个非法小煤窑等举措，使非法开采、乱采滥挖、超层越界现象得到遏制；把企业改制作为企业改革重点，实施为期 3 年的中小企业改制工作。1998 年后，长沙贯彻执行国务院“关井压产”政策，关闭非法和布局不合理小煤矿 72 处。1999 年，浏阳市有 19 家煤矿改制成私有或股份制企业。2000 年，出台“两个置换”改革措施。2001 年后，全市继续实施“关井压产”，全市炸毁各类小煤矿 40 处。是年，全市煤炭行业（国有独立核算及年销售收入 500 万以上工业企业）有 14 家，从业人员 1.47 万人，由于受东南亚金融危机影响，全年仅生产原煤 165.87 万吨，实现工业总产值 3.38 亿元，利税总额 4396.5 万元，固定资产净值 2.25 亿元，与 1996 年相比，企业和从业人员分别减少 67.44%和 32.64%，产量、产值、利税、固定资产净值分别下降 50.72%、36.7%、3.65%、17.88%。

2002 年，全市重点整治污染环境和不具备安全生产资质的 6 类煤矿，关闭 4 家“四证”全无矿井，先后有 10 对矿井被停产整顿。2004 年，全市列入改制范围的煤矿有 4 家，至此煤炭行业完成企业改制工作。2005 年，长沙市对 54 家非国有煤矿的股金进行全面清理，为矿井关闭扫清障碍。2006 年，长沙采取果断措施，关闭 15 家煤矿，及时对 44 家煤矿、100 家煤炭经营企业进行年审，着力规范约束煤炭企业的生产行为。是年，全市煤炭行业（国有及年销售收入 500 万以上非国有工业企业）有 36 家，从业人员 1.97 万人，当年生产原煤 330.38 吨，实现工业总产值 13.23 亿元，利税总额 2.98 亿元，固定资产净值 4.35 亿元，与 2001 年相比，企业和从业人员分别增加 1.57 倍和 33.6%，产量、产值、利税、固定资产净值分别增长 99.18%、2.91 倍、5.79 倍、93.33%。

2007 年，全市按照上级“一揽子”解决小煤矿问题的方案，关闭煤矿 12 家，整合煤矿 11 家；对煤炭企业“三证”（采矿许可证、安全生产许可证、煤炭生产许可证）实行年审制。2009 年后，长沙采取“以大并小，以优并劣”的原则进行资源整合，先后投入 2.1 亿元，进行技改扩能和矿井安全避险系统建设。2011 年，全市进行资源整合的煤矿有 25 家，技改扩能后 29 家煤矿产能达到 299 万吨。2012 年，全市煤炭企业通过兼并重组，组建产能在 30 万吨以上的产业集团 5 家；通过持续开展矿井质量标准化建设，夯实了安全生产基础，百万吨死亡率降至 0.32。是年，全市煤炭行业（规模以上企业）有 21 家，从业人员 10123 人，当年生产原煤 627.07 万吨，实现工业总产值 46.81 亿元，利税总额 7.41 亿元，固定资产合计 5.54 亿元，与 2006 年相比，企业和人员分别减少 41.67%和 48.56%，产量、产值、利税分别增长 89.8%、2.54 倍、1.49 倍。

第一节　原煤生产

1988 年，全市原煤主要有煤炭坝煤矿等 214 家煤炭企业生产，其中有独立核算企业 36 家，从业人数 1.64 万人，煤炭品种有工业烟煤、无烟煤、石煤。当年，全市煤炭企业引入竞争机制，特别是公司煤机厂和浏阳张家冲、文家市煤矿，通过公开招聘厂（矿）长，新厂（矿）长上任后狠抓企业管理，层层实行内部承包，挖掘内部潜力，使企业发生显著变化：煤机厂 7 项经济指标均比上年大幅度增长；张家冲煤矿由死变活，实现产量增长，三量增加，扭亏为盈，全年生产原煤 3.9 万吨，超年计划 55.52%；文家市煤矿生产原煤 7.7 万余吨，超年计划 28%，盈利 60 万元。是年，全市煤炭行业（独立核算工业企业）全年生产原煤 214.44 万吨，百万吨死亡率为 8.96，高于 8.6 的省控制指标。

1989 年，全市煤炭生产和煤炭经营持续稳定发展，经济效益和社会效益较好，煤炭行业全年生产原煤231万吨，比上年增长7.72%。是年，张家冲煤矿加强生产经营管理，利润达到60.6万元，创建矿以来最高水平；文家市煤矿投资369.2万元，大力开展质量标准化建设，建成全省第一个省级质量标准化矿井，加强企业经营管理，全年实现利润106.4万元，成为全市第一家利润超百万元的煤矿；宁乡县因煤炭资源储量丰富，被列为湖南省煤炭生产基地。1990年，全市煤炭企业深化改革，完善经济承包责任制，层层落实目标管理，狠抓安全生产，推动技术进步，促进了煤炭生产持续稳定发展，全年生产原煤240万吨，比上年增长3.9%。是年，省属煤炭坝煤矿五亩冲矿投资1454万元，实施湖南省煤炭系统重点建设项目—矿井扩改工程竣工投产，年原煤生产能力由45万吨增加到60万吨，成为全省提升产能最大的现代化矿井。1991年8月，经市委、市政府同意，长沙市煤炭公司加挂长沙市煤炭局的牌子。是年，全市煤炭行业（独立核算工业企业）全年生产原煤212.22万吨，与1988年相比，产量基本持平。

1992年，全市煤炭行业在煤价放开后，开始由计划经济向市场经济转变，激发了企业活力，安全生产创历史最好水平：市煤炭公司生产原煤154.2万吨，完成开拓进尺4567米，三量基本平衡，原煤销售收入4445.92万元，全市国有煤矿实现第一个“安全年”，乡镇煤矿杜绝重大事故，百万吨死亡率为9.18；是年，全市矿井质量标准化建设工作取得进展：市属澄潭江煤矿、宁乡双凫铺煤矿达到省级质量标准化矿井要求，浏阳文家市煤矿恢复标准化矿井称号。1993年后，随着煤炭价格放开，给煤炭经营企业带来较大冲击，全市国有煤矿有2家亏损、1家盈利，全年盈亏相抵仍亏损311万元；为在市场竞争中求生存，企业重点进行人员分流、兴办经济实体和清退临时工的工作，开辟67个经营项目，范围涉及商业、房地产开发、广告、娱乐和餐饮服务等，全年实现销售收入3100万元，安排职工1314人；乡镇煤矿经济效益有所提高：大成桥乡煤矿全年完成工业总产值1900万元，实现利润310万元，被评为全国乡镇企业综合实力“五百佳”企业。是年，市属澄潭江煤矿、宁乡双凫铺矿继续保持省级标准化矿井称号，宁乡贺家湾煤矿、双龙煤矿达到省级标准化矿井标准。1994年，全市煤炭行业利用市场销量回升，价格上扬的有利条件，采取内部挖潜，调整产品结构，开展技术革新，加强领导班子建设等一系列措施，促进了煤炭生产，全年生产原煤256万吨，比上年238.45万吨增长7.36%；市煤炭公司转体为煤炭工业总公司，成为具有独立法人的经济实体，科室由19个精简到7个，同时履行部分行政职能。是年，市属澄潭江煤矿、宁乡双凫铺煤矿和贺家湾煤矿，继续保持省级质量标准化矿井称号；贺家湾煤矿因安全生产经营工作搞得好，被评为全国和全省煤炭系统先进集体；煤炭坝煤矿作为全市首批10家现代企业制度试点单位之一，次年改制为湖南省煤炭坝能源有限公司。

1995年，全市着重在理顺产权关系，明确投资主体，规范公司组织管理机构，转换企业经营机制等方面下功夫；通过深化企业内部劳动、人事和分配制度“三项”制度改革，促进了原煤生产，全年生产原煤354万吨，比上年净增98万吨，是全市建矿以来原煤产量最高的一年，乡镇煤矿全部盈利，国有煤矿全部扭亏为盈；全年发生死亡事故46起，死亡60人，比上年多发生23起事故，多死亡30人，增幅为50%，事故次数和死亡人数，均为历史上最为突出的一年。是年，煤炭坝煤矿通过转换企业经营机制，全年生产原煤92.82万吨，比上年多产13.82万吨，增幅达17.49%；该矿湘煤36队采煤工、技师朱伯权，出勤最多，并立足岗位做奉献，荣获全国劳动模范称号。澄潭江煤矿狠抓现场管理，全年生产原煤11.56万吨，年产值1700余万元，销售收入1546万元，均为建矿以来最好的一年；文家市煤矿已累计亏损118万元，矿领导班子调整后，大胆推行“三项”制度改革，实现扭亏为盈；大成桥四矿先后投资100余万元，进行安全基础设施建设，在质量标准化矿井建设中取得六个第一，连续4年保持省级标准化矿井称号。

1996年后，国家对资不抵债的大中型国企实行政策性破产，助其有序退出市场，鼓励和支持企业集团的组建；按照“流通活市”的方针，毛家桥煤栈停止接卸煤炭，将煤坪改建成占地2.26公顷的水果、水产、蔬菜批发市场；南煤栈办起占地1.2万平方米、全省第一家旧货市场和农贸市场。是年，大成桥三矿通过狠抓经营管理工作，成为全市煤炭系统首家利税过500万元的企业；市属澄潭江煤矿生产原煤10.94万吨，完成计划的104.2%；张家冲煤矿经勘探，查明资源枯竭后矿井关闭。全市煤炭行业（乡及乡以上独立核算工业企业）全年生产原煤336.58万吨，与1991年相比，产量增长58.6%。

1997年后，贯彻执行国务院关于国有企业兼并和职工再就业的通知精神，认真落实“关井压产”政策；长沙市把企业改制作为企业改革重点，实施为期3年的中小企业改制工作；受煤炭市场疲软，企业“三角债”等困难影响，全市煤炭行业全年生产原煤212.63万吨，同比下降36.83%；自煤炭价格放开后，导致煤炭经营企业连年亏损，下岗职工586人。1998年，长沙市继续贯彻执行《中华人民共和国煤炭法》和“关井压产”政策，采取果断措施，关闭非法与布局不合理煤矿72处，压减煤炭产量92万吨；浏阳市企业改制工作向乡镇煤矿延伸，先后有7家煤矿进行改制。1999年，浏阳市有19家煤矿改制成私有或民营股份制企业；重点煤矿技术改造工作全面推进：澄潭江–110水平井底车场已完工，文家市煤矿–14水平排水工程改造已竣工，贺家湾煤矿新井筒建成投产，长凤煤矿高压下井，消除淹井安全隐患。全市共有国有和乡镇煤矿60家，其中省属国有煤矿1家（宁乡煤炭坝煤矿）、市属国有煤矿1家（澄潭江煤矿）、县属国有煤矿1家（文家市煤矿）、乡镇煤矿57家；在57个乡镇煤矿中，位于宁乡县的有22家，位于浏阳市的有34家，位于望城县的有1家。

2000年后，长沙市出台“两个置换”改革措施，国有企业和职工通过置换身份，理顺劳动关系并推动国企改革，市属企业参照执行；依法对煤炭经营市场进行清理整顿，严格限制非法煤炭进入市场，促进“关井压产”工作。是年，由于受东南亚金融危机影响，全市煤炭行业全年生产原煤198.06万吨，比上年307.85万吨下降35.66%。2001年，市煤炭工业总公司先后对1家国有煤矿、4家集体煤矿进行改制；集体企业通过职工集资购买直管公房等，改变企业“无资金、无房屋、无场地”的状况；该公司将企业长期使用的房屋、土地等资产，无偿划拨给困难企业作为改制成本，有效促进企业改制工作；全市乡镇煤矿全年生产原煤132.4万吨，比上年减产17.88万吨，减产幅度达12%。减产原因是坚决关闭不符合安全生产条件的小煤矿。是年，煤炭坝能源有限公司改制为长沙矿业集团有限责任公司。是年，全市国有煤炭行业（独立核算及年销售收入500万元以上工业企业）生产原煤165.87万吨，是1988年以来的最低年产量，与1996年相比，产量下降50.72%。

2003年，长沙市煤炭工业局与长沙市建筑材料工业局合并，组建长沙市煤炭建材行业管理办公室后，对煤炭行业加大安全生产监管力度，层层签订安全生产目标管理责任书，促进了行业平稳发展，全年行管办所辖煤炭企业生产原煤137.17万吨，其中市属澄潭江煤矿生产6.2万吨，浏阳市文家市煤矿生产7.3万吨，同比增长18%。是年，长沙矿业集团有限责任公司全面进行企业内部改革，全年完成工业总产值2.27亿元，该公司董事长、总经理罗瑞锋被评为湖南省优秀企业家。2004年，企业改制工作全面展开，有4家乡镇集体煤矿列入改制范围。是年，煤炭坝煤矿总投资2162万元，对五亩冲、西峰仑、竹山3个矿井排水系统进行改造建设、改革支护设备；澄潭江、文家市、贺家湾、大深坡等13家煤矿，根据治理整顿要求，对矿井提升、运输、通风、排水、防火等进行改造。

2005年，全市煤矿经过持续开展治理整顿，进行资源整合和改造，有各类煤炭企业56家；按照省政府3年内关闭不具备安全生产条件、淘汰落后产能煤矿27家的“一揽子”解决方案，对公职人员特别是领导干部投资入股小煤矿进行清查，对 54 家非国有煤矿股金进行全面清理，为关闭小煤矿扫清障碍。浏阳市澄潭江镇平安煤矿实现连续安全生产 6176 天，创造安全生产奇迹。2006 年，长沙采取严厉措施，关闭 15 家煤矿；进行一年一度煤炭生产许可证年审的煤矿 44 家，认真进行煤矿生产能力核定和瓦斯等级鉴定工作，着力规范约束煤炭企业的生产行为。是年，全市煤炭行业（国有及年销售收入 500 万以上非国有工业企业）全年生产原煤 330.38 吨，比上年 297.35 万吨增长 11.11%，与 2001 年相比，产量增长 99.18%

2007 年，出台《长沙市煤矿关闭整合方案》，关闭煤矿 12 家，完成省里下达的矿井关闭任务；整合煤矿 11 家；对煤炭企业“三证”实行年检审核制，全市 29 家保留煤矿通过“三证”年审的有 27 家；通过对矿山进行持续不断的安全治理整顿，强化安全生产管理，取得一定成效，全年发生死亡事故 10 起，死亡 11 人，百万吨死亡率下降到 5。2008 年，全市煤炭行业年检工作有序进行，先后完成生产许可证年检的煤矿有 29 对；对 29 家煤矿进行瓦斯等级鉴定和二氧化碳测定，对煤炭经营资格证进行审验的有 114 家，注销不符合经营条件或经营不规范的企业 16 家，对申报煤炭经营资格证的 26 家企业进行审查，办理新证的企业有 23 家；由于受全球金融危机影响，国内经济普遍下滑，保留煤矿煤炭滞销，导致库存激增，造成部分矿井停产放假。年末，长沙矿业集团因长期亏损，实施破产；次年，由湖南黑金时代股份公司和广东中铁物资公司兼并，组建湖南黑金时代·长沙矿业有限公司，职工由原 1.14 万人精减到 3500 人，辖五亩冲、西峰仑及湘东公司共计 5 家原煤生产单位和机厂、救护大队等 6 个经营单位，年产能达 104 万吨。2009 年后，全市保留煤矿按照“以大并小，以优并劣”的原则，进行资源整合；整合后煤炭企业有 29 家，年原煤生产能力由原来的 92 万吨提高到 195 万吨；投入 2.1 亿元，对矿井进行技改扩能和“六项”安全避险系统建设；煤炭经营企业通过年检的有 121 家，被注销的不合格企业有 5 家。

2010 年，全市进行资源（资产）整合、技改扩能的煤矿 25 家，除因采矿许可证延续有问题的 3 家矿井，未完成技改扩能外，其余提交技改扩能验收申请的 22 家，其中通过湖南煤监局湘潭分局和市煤监局联合验收的 20 家。以目标管理为抓手，以制度建设和机制建设为着力点，在全市构建煤矿安全目标责以任体系，推动安全生产工作，全年生产原煤 419.69 万吨，比上年 340.37 万吨增长 23.3%；安全生产形势持续好转，百万吨死亡率为 0.95，创历年来最低。2011 年，长沙按照省政府下达的“三个一”（一套生产系统，一个法人主体，一个采矿权人）标准，进行资源整合和技改扩能，先后整合矿井 26 对；经资源整合和技改扩能后，全市 34 家煤矿的原煤生产能力 299 万吨；全面推进矿井质量标准化建设工作，完成 3 条生命线紧急避险系统建设 7100 米，改造新建巷道 6500 米，建设正规采煤工作面 5 个，建成安全监控系统并联网使用，全年生产原煤 511.51 万吨，比上年净增 91.82 万吨。

2012 年，全市煤炭行业按照“总量控制，产能稳定，优化结构，提升水平”的原则，通过兼并重组，组建 5 个产能在 30 万吨以上的煤炭产业集团；通过持续开展矿井质量标准化建设，使矿井质量标准化建设水平迈上一个新台阶：达到省一级标准的煤矿有 2 家，二级标准的有 4 家，三级标准的有 26 家；全市累计探明煤炭资源储量 1.79 亿吨，其中保有资源量 9390.06 万吨；煤炭品种为：工业烟煤 4637.2 万吨，无烟煤 4752.82 万吨，石煤 314.8 万吨；同年 6 月，澄潭江、集镇煤矿、罗家冲煤矿等 7 家煤矿，组建的浏阳市澄潭江矿业公司挂牌成立，年设计生产能力为 45 万吨。是年，全市煤炭行业（规模以上工业企业）全年生产原煤 627.07 万吨，创有史以来最高产量，与 2006 年相比，产量增长 89.8%。

第二节　煤炭开采

一、井巷布置

全市煤矿主要由斜井、立井、平硐（大巷）和联络巷构成矿井通风、运输、生产系统。一般一对矿井主井安装有绞车，用于提升煤炭；副井用于提升人员、矿建材料及矿井通风。矿井巷道一般由斜井（或立井）巷道、通风运输巷道和回采巷道3种构成。煤矿斜井或立井是从地面到回采水平地段的巷道；通风运输巷道是回采水平到采区的巷道；采区由轨道运输、人行及总回风巷构成，运输斜巷及总回风巷布置于底板岩层中，沿走向运输，大巷内每500米，布置一个两巷联通川（联通巷道），然后在两个上山之间布置5个石门进入煤层，由此布置采煤工作面，回采工作面一般由回风巷及运输巷构成。

二、开拓与掘进

全市煤矿的立井、斜井、通风、运输大巷和井底车场等永久性大巷，均采用开拓方式掘进作业来完成。20世纪80年代末和90年代初，市、县国有煤矿和有证乡镇煤矿，配备有煤电钻，采用煤电钻打眼；而小煤窑均采用手锤、钢钎打孔。爆破作业采用煤矿专用安全炸药、毫秒雷管、放炮器放炮。2000年后，全市矿井巷道开掘时，采用激光导向仪定位，实施光面爆破新技术。2010年后，全市实行远距离遥控定向爆破新技术。至2012年，在全市34家煤矿中，采用斜井开拓的有24家、立井开拓的有6家、平硐（暗斜井）开拓的有4家；市、县国有煤矿和有证乡镇煤矿，煤巷掘进一般采用爆破落煤方式，其生产工艺流程为：准备—打眼—装药—爆破—通风—装运煤（岩）—支护。开拓作业方式，与其大同小异。

三、采掘机械化

1990年，煤炭坝煤矿在五亩冲矿井，率先使用掘进机。1994年，市属澄潭江煤矿、浏阳县属文家市煤矿、张家冲煤矿，用煤电钻打眼放炮，仍采用人工攉煤的方式采煤。2010年，全市煤炭行业全面实施技改扩能工程，先后建设正规工作面5个，改革采煤方法5个。是年，煤炭坝煤矿投资1000余万元，购置大型综采机（配套整体顶梁链式悬挂液压支架，一次采全高工艺），实现机械化开采。2011年，澄潭江煤矿吴家冲煤矿购进MEl.2煤电钻、YT26型凿岩机、220装岩机，实现了采掘装岩（煤）机械化。至2012年，全市建成采煤机械化工作面28个，有5对矿井实现综采机械化；建成机械化掘进工作面53条，有690条巷道实现岩巷机装，有537巷道实现采区内机械化运输，全市采掘机械化率达到30%。

四、矿山支护

20世纪80年代末，全市矿山斜井、通风、运输大巷和在岩巷开拓的永久性大巷，一般使用砖、石料砌碹或锚喷等方式，进行永久性支护；采区轨道、人行和总回风巷及局部掘进工作面巷道，采用工字钢或U形钢架棚支护；一般煤矿，采面支护都采用坑木。1995年，宁乡县乡镇煤矿——长凤煤矿第一个使用金属支护。随后，摩擦金属支架、兀形梁、U形钢及单柱液压支柱，在国有煤矿和乡镇煤矿中逐步推广使用。2005年，煤炭坝煤矿投资2162万元，在采煤工作面采用单体液压支柱进行支护。2009年，贺家湾煤矿投入大量资金，进行矿井支护改革，矿井大巷采用砌碹支护，掘进工作面采用锚喷支护，采煤工作面使用单体液压支柱配兀型梁支护，使回采率达到95%。至2012年，全市煤炭行业采用锚喷支护的掘进工作面有9个，在21个正规回采工作面中采用单体液压支柱支护有5个，仍有11家煤矿因煤层赋存和地质原因，采用坑木支护。

五、回采工艺

1988 年，全市煤矿采煤方法因煤层构造不同而异，所有煤矿都采用旱采，主要采煤方式有壁式（长壁和短壁）和柱式采煤方法。20 世纪 90 年代，大部分乡镇煤矿和小煤窑采用巷道式掘进，也称“巷采”，而无证小煤窑普遍采用斧砍锤敲的人工方法回采。采用长壁式采煤方式的有煤炭坝伍亩冲矿、贺家湾煤矿、大成桥、长凤煤矿，采用短壁式采煤方法的有市属澄潭江煤矿、双狮岭煤矿、张家冲煤矿，其生产工艺流程一般为：手镐落煤—攉煤—拖（运）煤—架棚—回柱—放顶。伴随着矿井质量标准化建设，采面采用单体液压支柱支护，使用机械运输的正规长壁式、伪俯柔性掩护支架、倒台阶采煤法等先进采煤工艺得到推广应用。至 2012 年，全市建成正规回采工作面 21 个，仍有 11 家煤矿因煤层赋存和地质原因，采用巷道式掘进回采。

六、矿井通风

1988 年，全市内矿井通风方式大多为中央并列式或对角式。1989 年，在全市 240 家煤矿中，有 150 家煤矿为自然通风，乡镇煤矿中使用主扇通风的只有 3 家，使用局扇通风的煤矿有 25 家，使用鼓风机通风方式的有 16 家，使用其他机械通风方式的有 20 家。由于矿井通风设施简陋，导致煤矿瓦斯事故、窒息死亡事故频发。1994 年，湖南省在矿井质量标准化验收时，把通风系统作为采煤、掘进、机电运输、巷道维护、地面建设（澡堂建设）及管理质量标准化等八项考核内容之一，促使各矿高度重视通风工作。至 2002 年，长沙所有煤矿消除自然通风，安装主扇并建有两个安全出口。2004 年起，对所有矿井瓦斯涌出量和风量进行检测鉴定，实行以风定产，必须达标。2009 年，全市要求每个保留煤矿都要建有专用回风井。2010 年，全市实施技改扩能工程，新增主通风机 27 台，新增局扇 35 台，新购自救器 2200 个。2011 年，宁乡大成桥煤矿在技改中采用 FBCE–6–N013B 型矿用隔爆轴流式风机 2 台，井上风机房内设置风量、负压、温度等测量仪表及其安全报警装置。至 2012 年，全市所有矿井通风设施全部达标。

七、矿井排水

1988 年，浏阳市有证乡镇煤矿大都涌水量为 10~50 吨/小时，涌水量小的乡镇煤矿、个体小煤窑涌水量 10~30 吨/小时，大都无排水设施，主要是建防水闸墙进行防水。20 世纪 80 年代末，全市矿井排水主要是在井下建立中央水仓，设置泵房，安装水泵，敷设管道进行排水。1994 年后，随着矿井开采水平延伸，矿井涌水量增加，全市煤矿井下水仓容量增加，水泵功率加大，敷设水管直径增粗。2005 年，贺家湾煤矿根据–190 米水平涌水量及排水高度，选用 3D500–57×3 型水泵 10 台，沿暗斜井敷设排水管 2 趟，管径为 X480×9 无缝钢管。2010 年，长沙实施技改扩能工程，矿井新增排水能力 1500 立方/小时。2011 年，澄潭江煤矿排水系统由 4 级排水改建成二级排水。至 2012 年，全市每个煤矿都建有完善的排水系统，并将排水系统与灭火防尘系统管网合并使用。

八、矿井提升

1988 年，在全市 241 家煤矿中，有 50 家煤矿采用机械提升，其余煤矿都是人工入升井。1991 年，市属澄潭江煤矿第一个建成架空人车，解决职工徒步 4 千米上下井体力消耗的困扰。2009 年，长沙要求凡矿井垂直高度超过 50 米的，都要装备提升设备、架空人车或罐笼。是年，浏阳市八房坡煤矿对新采用的斜井提升“一坡三挡”新设备加以改进，自主研发电动控制的下部挡车器，发挥出新设备应有的安全保障作用。2010 年，全市实施技改扩能工程，新铺轨道 9500 米，新增人车 9 台，更新绞车 32 台，矿井提升运输基础设施得到加强。至 2012 年，全市所有矿井提升全部实现机械化。

九、矿井运输

20世纪80年代末，全市国有煤矿井下运输采用人工推矿车，采区运输采用皮带运输机，采掘工作面采用刮板运输机；小煤窑大多是靠人挑肩扛推拉，运输煤炭和矿建材料。2001年后，国有煤矿使用S32、S40系列配套电机功率7.S千瓦~15千瓦，电瓶机车和架线式电机车代替人工推矿车。2002年后，全市加强井下运输系统建设，大巷运输基本采用电机车，采区中巷一般采用矿车轨道运输，采掘工作面使用刮板运输机，倾斜及急倾斜煤层采用搪瓷溜槽自动溜煤。2008年后，电瓶机车由大功率防爆型柴油机车代替。2012年，各煤矿井下运输均采用矿车运输，地面都修有公路与省道或国道相通，地面运输大部分是汽车。

十、供电与照明

20世纪80年代末至90年代中期，由于全市供电处于紧张状况，煤矿供电设施简陋；因单回路供电，煤矿又无发电设备，线路常常因超负荷运行，跳闸停电现象经常发生。1990年，贺家湾煤矿因雷击变电站停电，矿井被淹停产达半年之久。至2003年，在矿井“五消灭”（消灭独眼井、消灭自然通风、消灭明火明电照明、消灭明火明电放炮、消灭明刀闸开关）中，无电矿井被全部取缔；井下供电线路使用绝缘电缆，开关全部更换成防爆开关，采用低压照明。2005年后，全市煤矿大多解决双回路供电问题，没有双回路供电的都安装有柴油发电机组，配备有自动转接启动装置；一般矿井有变压器3台；供电设备实行“三专两闭锁”。2010年，长沙技改扩能工程，更新电缆4100米，新购防爆开关500台、变压器45台、防爆接线盒320个，从而夯实了矿井供电照明的基础设施。2012年，全市各煤矿供电与照明设备设施配套齐全。

第三节 煤矿安全生产

一、安全监管

20世纪80年代开始，全市煤炭行业全面贯彻中央和国务院提出的“发动群众办矿采煤”的方针，至1988年，煤炭行业逐步形成国有、集体、个体煤矿共同发展的格局。担负全市煤炭产、供、销管理机构——长沙市煤炭公司管辖15家煤炭企业。浏阳县张家冲煤矿一贯重视安全生产，采掘队均与矿部签订安全生产责任合同书，定期进行安全培训，成立以矿长为主的安全检查队，实行专职专管，购置防瓦斯、水、冒顶、火等设备，增强抗灾能力，实现连续4年安全生产，被评为湖南省安全生产先进单位。1989年，全市从事煤炭生产的各类煤矿240家，其中无证煤矿193家；在无证煤矿中自然通风矿井占150家；其中7家无电矿井用火把照明。由于煤矿安全基础设施薄弱，供电设备简陋，给煤矿安全生产埋下重大隐患。至1990年年底，全市煤炭行业3年内发生安全事故84起，死亡97人，其中较大死亡事故4起，死亡13人，百万吨死亡率为14.15。

1991年，全市煤炭管理部门全面清理乡镇煤矿，整顿煤炭生产秩序工作，对符合开采条件的煤矿重新颁发“采矿许可证”，凡不符合条件的限期整改，整改后仍达不到技术要求的予以关闭，先后取缔乱采滥挖小煤窑214处次。1992—1995年，全市贯彻落实“安全第一、预防为主、综合治理”方针，安全管理的重点抓“一通三防”（通风、防火、防透水、防冒顶），着力消除较大事故。每年开展4次安全大检查，对与国有煤矿有资源纠纷的33家小煤窑进行调解，保证小煤窑退界开采。对存在重大透水事故威胁的贺家湾、文家市煤矿进行防水技术改造，着力提升矿井防灾抗灾能力。后因小煤窑乱采滥挖，煤矿管理力量削弱，煤矿承包人重产量、重效益、忽视安全，大批农民工未经培训上岗，酿成煤矿安全事故多发。至 1995 年年底的 5 年间，全市煤炭行业发生事故 125 起，死亡 157 人，其中较大事故 8 起，死亡 31 人，百万吨死亡率为 11.99。

1996 年，针对上年安全生产大滑坡的形势，市煤炭工业总公司与浏阳、宁乡两县和国有煤矿签订安全生产目标责任书，进行年度考核并奖罚。《中华人民共和国煤炭法》颁布实施后，全市依法加强煤炭开采管理，煤炭开采实行《煤矿生产许可证制度》，凭采矿证申领“煤炭生产许可证”（以下简称“两证”）；召开安全生产经验交流会，举办矿长学习班，加强煤矿职工岗前培训。1997 年后，全市认真贯彻执行“关井压产”政策，依法对矿区进行治理整顿，重点整治矿井“五消灭”，取缔独眼井，督促自然通风矿井改为机械通风，矿灯、低压照明代替明火照明，着力消除安全隐患；省、市、县采取 4 次联合行动，关闭 11 个非法煤矿，炸封 50 多个小煤窑。1998 年，湖南省煤炭坝煤矿实现首个“安全年”。1999 年，根据省政府要求，长沙重点治理“两证”不全、非法办矿、违法开采、超深越界、乱采滥挖、严重危害大矿安全、安全生产条件不具备或事故多发的各类小煤窑，全年关闭非法开采和布局不合理小煤矿 72 处。2000 年，长沙通过持续开展“关井压产”和治理整顿工作，使保留煤矿减少到 52 家；以遏制和减少重特大安全事故为重点，强化“安全为天”和依法监督与管理，不断加大安全生产监管力度，全年关闭各类小煤矿 40 处，实施停产整顿小煤矿 40 处，投入整改资金 800 万元。是年，澄潭江煤矿通过加强安全生产管理，实现连续 4 年安全生产。至年底的 5 年间，全市煤炭行业发生死亡事故 132 起，死亡 150 人，其中较大死亡事故 6 起，死亡 18 人，百万吨死亡率为 11.33。

2001—2002 年，长沙依法取缔污染环境和不具备安全生产资质的六类煤矿，专项整治做到“五个到位”，着重加强对采矿许可证、煤炭生产许可证、矿长资格证、矿长安全资格证（俗称“四证”）进行检查和验照，有力地促进了“关井压产”工作，全年取缔“双证”全无煤矿 31 处，对检查出不具备安全生产条件但持有双证的 23 家煤矿下达停产整改书；关闭严重超深越界开采的合法乡镇煤矿 7 家，炸毁非法小煤矿、安全生产条件不符合要求的各类矿井 40 处。2003 年，全市继续深化煤矿安全专项整治工作，着力抓好各煤矿安全生产条件验收工作；继续加大“打非”力度，全年炸毁矿井 16 处。

2004 年，按照国务院关于安全生产的特别规定，长沙对所有煤矿瓦斯涌出量和风量进行检测，凡风量不足矿井，必须停产整顿，更换主扇；凡属自然通风矿井，全部改为机械通风；建立安全隐患市长督办令，和安全生产行政问责制，出台《煤矿应急救援预案》，加大安全生产监管力度。2005 年，加大专项治理整顿力度，对检查中发现的非法生产、挂靠井、一证多井、风井出煤现象，严肃追究乡镇领导责任；宁乡县鹞子山煤矿发生泥石流突发事故后，全市及时组织开展安全大检查，努力做到防患于未然。至 2005 年年底的 5 年间，全市煤炭管理部门通过深入开展综合安全治理，使安全生产形势逐渐好转，煤炭行业累计发生安全事故 87 起，死亡 100 人，其中较大事故 2 起，死亡 6 人，百万吨死亡率为 9.21。

2006 年，长沙出台《全市煤矿安全生产隐患排查治理工作方案》，着重开展“一通三防、防治水、顶板管理”三项安全专项治理活动，重点解决矿井通风能力、通风系统改造、局部通风管理和安全监控问题；各级监管部门采取突击检查、专项检查、交叉检查等方式，全面加强安全动态监管，对检查出来的隐患和问题建立跟踪机制，督促企业整改到位。2008 年，全市继续采取措施，巩固矿井治理整顿成果，防止被关闭煤矿死灰复燃；宁乡县筹措资金 2000 万元，保留煤矿筹措 1000 万元，对被关闭和资源整合煤矿所欠发职工工资和农赔补偿等问题，进行善后处置。2009 年后，按照省政府确定的“整顿关闭、整合技改、管理强矿”三步走的战略目标，全市加大治理整顿关闭力度，加快整合技改步伐；按照“四不放过”原则，建立事故煤矿约谈制度；重点打击“八类”违法生产行为，着重检查矿领导带班下井制度和煤矿“三项人员”持证上岗制度；全年进行事故煤矿约谈3次，“约谈”机制对煤企触动大，推动安全生产工作；有29家煤矿通过生产许可证年检，26家整合煤矿完成采矿许可证调整的有19家，取得采矿许可证的有14家。2010年，按照省政府关于煤矿整顿关闭“六条标准”的总体部署，采取市、县、乡三级联动机制和4次集中行动，关闭多年应关未关煤矿9家、和不予利用的井筒49个，炸毁非法矿井35处，完成煤矿整顿关闭任务；督促整改安全隐患2069条，对2处重大安全隐患实行挂牌督办；重点治理“三违”（违章指挥、违章作业、违反劳动纪律）行为，促进了煤矿安全生产工作，至是年年底的5年间，全市煤炭系统通过加大安全投入和监管力度，实现安全生产形势的根本好转：累计发生安全事故58起，死亡64人，杜绝了较大死亡事故，百万吨死亡率为3.56。

2011年，全市先后开展煤矿防治水专项检查、集中执法检查，检查矿井25对，下达整改处理书15份，立案查处7矿次，暂扣安全生产许可证1矿次，责令停产整顿1矿次等；全市全年发生死亡事故4起，死亡4人，百万吨死亡率为0.78。2012年，全市按照“谁主管，谁负责”和“一岗双责”原则，分解落实煤炭企业安全目标责任；加强煤矿安全监管工作，全年组织执法检查及明察暗访109矿次，排查整改安全隐患431条；全年培训特种作业人员308人，举办煤矿安全教育专项培训1600人次。是年，长沙市矿业有限公司和澄潭江煤矿，实现连续3年和4年安全生产无事故。至年底，全市发生安全事故2起，百万吨死亡率为0.32，创历史最好水平。

二、灾害防治

（一）冒顶防治。1988年后，长沙各煤矿地质构造复杂，因断层、溶洞较多，造成煤层顶板易破碎，导致冒顶事故多发。1992年3月，为预防顶板事故，出台《长沙市“顶板管理”会战方案》，要求煤炭企业领导干部：采掘工作面要现场交接班，作业前要敲帮问顶；巷道实行定期维修制度；采区技术人员现场跟班等制度。2006年，全市制定出台《顶板管理硬性规定》，强调企业法人是顶板管理第一责任人，各级各部门实行分工负责制；全面推行残采、复采工作面实行前探梁支护；并规定使用液压支柱、金属摩擦支柱的技术标准和注意事项，同时发挥老工人对新工人的传、帮、带作用，及时识别顶板事故发生前的预兆。2007—2012年，全市大力开展“一通三防、防治水、顶板管理”三项安全专项整治活动，全力推动顶板管理工作，有效防治了顶板事故。至2012年年底的25年间，全市煤炭行业（未包括省属煤炭坝煤矿）共发生死亡事故417起，死亡496人，其中死于顶板事故的有275人，占死亡总人数的55.44%。

（二）瓦斯防治。1988年后，全市煤炭行业因通风设施简陋，造成瓦斯事故时有发生。1995年1月，宁乡县金民煤矿（非法井）因放炮引起瓦斯爆炸事故，一次死亡6人。至1997年的5年间，全市因瓦斯原因，造成较大事故6起，死亡23人，分别占全市同期较大死亡事故起数与人数的30%和33.8%。1998年，宁乡县煤矿配备瓦斯自救器2500台。为防止瓦斯燃烧或爆炸，全市加强安全管理，狠抓矿井“五消灭”。2000年，市煤炭工业总公司制定防治瓦斯规定：“六不准”，进行瓦斯专项治理。至2003年，全市自然通风矿井全部改为机械通风，设备由小功率局扇改，为每矿配备2台地面大功率主扇；所有矿井配备有矿井专用光学甲烷检测仪，高、中、微速风表，规定矿长、技术负责人、采掘队（班）长、特种技术人员下井时，必须带甲烷报警检测仪，所有下井人员带便携式自救器；坚持“一炮三检”制度。2004年起，全市加大安全投入，从吨煤提取的10元安全费用，全部用于瓦斯治理工作；提取10.5元维筒费，主要用于矿井安全综合治理工作。至2006年，全市瓦斯监控系统安装到位的煤矿有29家。2009—2012年，全市所有煤矿都建有专用回风井（巷），建立瓦斯自动监控报警、断电系统；严格执行“先抽后采、监测监控、以风定产”安全生产方针，煤炭系统再没有发生过重大瓦斯事故。

（三）水患防治。1988年后，宁乡县和浏阳市所辖煤矿，多次因水患发生较大死亡事故。1991年，宁乡县双狮岭煤矿发生透水事故，矿井涌水量6698立方米/时，吨煤排水电费高达77元，安全生产受到严重威胁，矿井被迫关闭时，仍有可采储量109.4万吨。为防治“透水”事故，全市煤炭行业经过多年实践摸索，总结出“防、堵、疏、排、截”综合治理水患5种方法，掌握当工作面变得潮湿、顶板滴水淋水、岩石膨胀、矿压增大出现底鼓、片帮冒顶、支架受压变形、有水叫声、煤层挂汗挂红、工作面有害气体增加等透水征兆和规律。2000年，宁乡县长凤煤矿投资200万元，建防水排水及供电设施（高压下井），解决了淹井的威胁。2004年后，全市开展防治水专项治理活动，举办防治水培训学习班；煤炭坝煤矿技改工程的重点是防治水患。

2006年后，全市深入开展“一通三防、防治水、顶板管理”三项安全专项整治活动，重点解决矿井排水系统问题，摸清各煤矿水文地质情况及老崆塌陷的分布情况，为矿井防治水奠定了基础。至2012年，各煤矿聘请专家对矿区水文地质情况进行调查，绘制《矿井综合水文地质图》和矿井涌水量观测台账等，并在图纸上标注积水线、探水线、警戒线；水患严重的矿井，都建有大功率排水系统，组建防治水专业队伍，配备物探设备和大功率钻机；坚持“有疑必探、先探后掘、先治后采”制度；落实远距离放炮制度；发现透水预兆，及时按避灾路线撤离；在每年雨季来临前，全面开展水患排查工作。至年末，全市煤炭系统25年间，因透水事故，死亡25人，占较大事故死亡总人数的5%，居第4位。

（四）火灾防治。1988年后，全市煤炭行业井下火灾事故一是外因引起，二是煤层自燃引发，全市有13家煤矿，存在着煤层自燃现象。为防治火灾事故，各煤矿采取严禁火源下井，购置防爆电器设备等措施，防治外因火灾；针对煤层自燃现象，采取给回采煤层注水等办法进行防治。宁乡县乡镇煤矿采用注浆灭火方法，成功消除煤层自燃火区。1998年5月，宁乡县大成桥三矿四石门位置煤层自燃引发火灾，造成一氧化碳中毒，死亡3人，中毒12人。2004—2012年，澄潭江、文家市、贺家湾等煤矿，先后实施技改工程，主要是防灭火、通风和除尘改造：煤巷砌碹或锚喷；对已采盘区即时封闭；加强通风管理，为通风机安装反风设施；定期组织职工，进行消防知识教育和防治火灾演习等，来提高矿井防治火灾的能力。

（五）煤尘防治。1988年后，全市有煤尘爆炸危险性矿井20对。1991年，文家市煤矿投入32万元，用于通风防尘工程，建设抽风机房、储水池、过滤池，安装通风除尘设备19台。各矿防治煤尘的主要方法是：洒水、冲尘、给煤层注水、喷雾、清扫和劳动保护等措施。煤炭行业采取给在采煤工作面煤层注水，在采掘工作面采用湿式打眼，放炮时使用水炮泥，从源头上控制煤尘产生；在破碎、皮带运输机转接机头处安装洒水喷雾装置；对煤巷、运输巷、车场浮尘及时清扫或冲尘；加强矿井通风，入井员工配戴防尘口罩等劳保用品；煤矿定期组织职工去医院进行体检，发现职业病及时医治。至2012年，全市通过采取综合防治煤尘措施，既夯实了矿井安全生产的基础，还使职工患职业硅肺病的概率逐年下降。

（六）综合安全管理。1988年后，长沙市采取综合安全管理措施，全力确保矿井的安全生产。2005年始，全市煤炭行业注重瓦斯监测监控报警系统和入井人员定位系统建设。2008后，全市加大安全投入，各煤矿大力建设安全避险“六大系统”：即瓦斯监控报警系统、压风自救系统、入井人员定位系统、供水施救系统、通信联络系统和紧急避险系统，着力提高矿井防灾抗灾能力和综合安全管理水平。2010年，长沙矿业公司宁乡五亩冲煤矿涌水量较大，为根治安全隐患，投资4000万元，对设备进行更新改造，完善安全监控、人员定位、通讯联络、供水施救、紧急避险、压风自救6大系统，从而夯实了矿井安全生产基础。2011年，湖南煤矿安全装备有限公司为提升矿山防灾抗灾能力，实施的矿山井下人员安全监控与无线定位系统研究及应用项目，获湖南省科技进步三等奖。至2012年年底，全市井下瓦斯监测报警系统和井下人员定位系统已全部建成，矿井综合安全管理能力得到提升。是年，文家市煤矿通过井上电子监控屏幕，能够实时监控到井下各采区总回风巷、各采掘工作面的瓦斯浓度；当井下瓦斯超限时，瓦斯监测报警系统会自动报警，并切断生产电源。

三、安全教育与培训

1988年，全市煤炭系统只有少数企业，重视安全教育与培训工作。1993年，全市先后举办5期矿长专题学习班，共有145名矿长参加矿长安全资格培训学习。2002年后，长沙建立强制安全培训制度，加强煤矿用工管理；矿长和特种作业人员未取得安全资格证书，均不得任职和上岗作业；从业人员未经培训合格，不得入井。望城县天顶关煤矿将《岗位责任制》人手一册，经常开展查思想、查隐患、找教训、订措施的安全教育活动，对全矿干部职工进行岗前培训，提高职工技术素质；采取以老带新办法，使其具有独立操作及观察各种事故预兆的能力；矿领导坚持每年下井250天，现场组织安全生产；每个生产小组配一个专职安全员，每天一次小检查，发现隐患及时整改，采取综合措施抓安全保安全。到2003年，创造连续安全生产18年无事故的奇迹，多次被评为安全生产先进单位。

2008年，全市煤炭行业培训力度加大，全年采取各种培训形式，共组织矿长、安全生产管理人员、特殊工种、全员培训4000余人次，通过持续开展培训，职工队伍素质得到提高。2010年，全市建立健全市、县（市）、乡镇煤矿三级安全教育培训机构，全面开展安全技能培训，全年培训管理和安全监管人员232人次，特种作业人员847人次，煤矿其他从业人员1.64万人次，培训教育面达100%，通过加大培训力度，使“三项岗位”人员持证上岗率达98%。至2012年年底，全市通过持续开展安全培训，“三项岗位”持证上岗率达100%；各煤矿通过持续开展安全技术培训工作，使从业人员综合安全技术素质显著提高，“三违”行为随之减少，安全事故明显降低。

四、矿山救护

1988年后，全市煤炭行业有3支专业救护队。其中，宁乡县救护队有专职队员14人，兼职22人；浏阳市救护队有专职队员7人，兼职队员21人；长沙矿业有限公司救护大队被湖南省安全监督管理局认定为湖南省矿业救援长沙基地，全队在编40人。2005年3月，宁乡县鹞子山煤矿发生“3·13”突泥事故，井下17米深的巷道内数百立方米的泥石流奔涌而出，堵塞了与西石门连接的80米巷道和井口，6名矿工被困井下58小时。宁乡县煤矿救护队与长沙矿业有限责任公司救护大队联合施救，经过2天3夜的努力，把被困人员成功抢救出井，无一人伤亡。至2012年年底，3支救护队自组建以来，先后参加抢险救灾2084次，救出被困人员598人，遇难人员250人。

第十一章 建材工业

第一节 生产规模

1988年，全市建材工业通过深化企业内部改革，狠抓技术进步，调整产品结构，增强企业竞争能力，促进生产的发展。长沙市玻纤总厂兼并长沙建筑饰面材料厂，并承担其债权债务，实行统一管理和经营，该厂在企业内部经济承包后，研制的玻璃钢冷却塔，涂塑窗纱等新产品，在全国玻璃纤维行业生产不景气的情况下，盈利77万元，上缴税金80.6万元，人均实现利税2264元。全市列入目标管理考核的20家预算内企业，完成销售收入8800万元，实现利税1520万元，优质产品产值1341.25万元，新产品产值370.84万元，出口创汇25万美元。全市建材行业共完成技术改造投资1366万元，竣工项目投产4个；企业利用自有资金小改小革配套项目15项，新增产值316.8万元，新增利税107.96万元。其中：浏阳县水泥厂总投资203.5万元，完善年产4.4万吨水泥生产能力的技术改造，双狮岭煤矿水泥厂590万元进行技术改造。市水泥厂投资299万元，增建一座2.5×10米塔式机立窑，改造了水泥库、散装库、包装机车间、原料库、生料磨及其配套设施，改造危房1524平方米，生产规模由9.8万吨增加到14.8万吨，新增产值419万元，利润141.7万元。望城县石灰厂为扩大开采范围，实现开采和破碎施工机械化，投资206万元，征地2.1公顷，新增设备60台（套），形成年产石灰石30万吨的能力，新增产值60万元，利税25万元。长沙县捞刀河镇汉回村投资80多万元，新建18门轮窑红砖厂。长沙油毡厂推出的250#油毡等新产品形成批量生产。是年，全市建筑材料工业建有规模以上企业290家、从业人员4.25万人、当年创产值3.93亿元、年末固定资产净值2.04亿元、利税总额5066万元；全市主要产品水泥全市生产74.37万吨、砖15.36亿块、瓦5.47亿片、人造板1.64万立方米。

1989年，国家压缩基建与信贷规模，全市水泥工业发展放缓。湖南省新生水泥厂承包大庸水泥厂后，通过加强基础管理，建立健全各种规章制度，扭转企业的亏损局面，当年实现利税97万元。浏阳县水泥厂为完善4.4万吨水泥技改项目，投资268.5万元，新建10千伏配电室200平方米，生料系统新配微机1台。长沙县捞刀河镇汉回村红砖厂由于质量没有过关，加之国家基建压缩，该厂生产经营陷入困境，市政府同有关单位组织专家赴实地考察，提出可行性意见，第四季度汉回村红砖厂坯厂扩大一倍，质量有了明显提高。长沙市石棉制品厂为满足市场需要，投资81万元，新增1580毫米×1308毫米成张机，B1500毫米平板硫化机各1台，环保、劳保及其他配套设施6台（套），新增产值272万元、利税150万元。长沙市建筑饰面材料厂更名为长沙市石棉水泥制品厂。长沙玻璃纤维总厂对全国各地使用复合材料的专业厂家的发展趋势进行调查，获得新信息60余项，开发新型复合材料——云母玻纤增强聚丙烯，与玻纤增强聚丙烯比较，每吨可降低成本496元，并解决原材料不足矛盾，产值、销售收入、利税分别比1988年增长16.48%、14.25%、19.1%。在全市全面开展企业升级中，长沙玻璃纤维总厂、长沙县和田水泥厂晋升为国家二级企业。1990年，国家压缩基建规模、建材市场疲软、资金紧缺，建材企业出现停产半停产的状态。当年关闭长沙县玻璃厂，全行业产品积压成品资金达1637万元，带来极大的困难，市、县建材主管部门分别组成建材市场管理办公室，落实有关搞活经营的政策、规定，组织交流会、对市场调查、走访用户、宣传产品、实行销售承包等措施，产品销售走出低谷。长沙石棉制品厂建成年产500吨石棉橡胶板生产线，长沙玻璃纤维总厂研制玻璃纤维增强聚丙烯，并开发了增强玻璃纱、玻璃布。是年8月，长沙市水泥厂引进武汉工业大学技术专利，开发研制高铁早强水泥，年底试制成功，年产量7万吨，产值达1225万元。全市建材系统推广长沙油毡厂通过小改小革实现节能降耗的经验，各企业抓紧节能降耗工作，市玻纤总厂根据本厂实际，采取了过硬措施，产量、质量大幅度提高，原丝台日产量130.85千克，比1989年提高19%；吨纱油耗474千克、电耗379千瓦/小时、铂金消耗0.97克，分别比1989年下降32.9%、2.4倍、46.4%，指标低于国家二级企业的消耗指标；同时根据国外市场信息，开发石膏增强玻纤纱，通过代理商向新加坡试销30余吨，创汇15万余元，根据国内各地用户对增强聚丙烯性能的需求调整配方，增加了不同色彩的阻燃型、高抗冲型的增强聚丙烯系列产品，使之应用更广，新增产值61.37万元。长沙坩埚厂在市政府、人寿保险公司及其他企业的帮助下，筹集资金65万元（含物资）易地改造，建成年产200万件坩埚生产线。

1991年，长沙市建材材料工业局成建制转为经济实体，转变为长沙市建筑材料工业总公司。市建材工业系统以销售为突破口，猛攻产品积压和企业亏损两大堡垒，摆脱了建材工业市场疲软、生产滑坡的局面，工业生产稳步回升。长沙新型建筑材料总厂投资1700万元，从日本东纺株式会社引进全市建材行业第一个最大项目——岩棉保温管套生产线；长沙市水泥厂引进武汉工业大学技术研制高铁早强水泥试制成功，当年该厂完成工业总产值1084.97万元，超过年计划50.7%，实现销售收入788.91万元，实现利润121万元，实现了扭亏增盈，获长沙市建材工业1991年度扭亏增盈先进企业。长沙玻璃纤维总厂新增一条年产156万米的涂塑窗纱生产线、一条玻纤增强石膏纱生产线，当年完成工业总产值1219.5万元、销售收入1460万元、实现利税203.1万元，连续保持国家二级计量单位称号，被批准为国家二级企业。全市建材工业当年完成技改投资902万元，竣工投产的技改项目3项，开发新产品4个，其中填补省内空白2个，填补中南区的空白1个；新产品产值达1739.98万元，新增利税296.21万元。是年4月，湖南省政府确定长沙市为墙改工作试点市，长沙市发布《关于加快发展新型墙体材料的通知》《关于印发〈长沙市鼓励发展新型墙体材料的规定〉的通知》，成立市墙体材料改革领导小组，并完善墙材革新的政策立法工作。长沙墙体材料厂投资2300万元，从波兰引进蒸压空心灰砂砖生产线，设计能力为年产9130万块空心灰砂砖，12月投入试生产100万块砖，是全国生产规模最大的蒸压空心灰砂砖生产线。原料主要取自湘江的河砂，无须用煤烧窑，改变了千百年来烧砖用泥占土毁田的历史，同时对改善工人的劳动条件、提高企业的经济效益、保护国土、保护环境、节能利废和疏通湘江河道起到重要作用。湖南建湘瓷厂被长沙市政府表彰为全市节能先进单位。是年，全市建筑材料工业建有规模以上企业273家，从业人员4.12万人，分别比1988年减少17家、1335人；当年实现总产值5.14亿元、利税总额5770万元、年末固定资产年末净值2.41亿元，与1988年相比，分别增长30.75%、13.90%、18.36%；主要产品水泥生产209万吨、人造板6.40万立方米。

1992年始，全市建材工业通过技术改造，生产设备更新，淘汰落后产能，经济结构产生变化，从人力劳动强度型逐步转为机械半自动和自动化型发展。建材行业改革进入经营权与所有权分离，出台《关于在我市部分大中型工业企业实行投入产出总承包的实施意见》《关于转换市属集体企业经营机制的试点意见》。在扭亏增盈工作中，对100万元以上亏损大户，派出28支帮促服务队现场办公，帮助企业解决困难。全年直属企业完成技改投资900万元，竣工投产项目9个。市水泥厂新建的8.8万吨水泥生产线当年投资当年见效。长沙市花岗石公司在计划经济向市场经济转变时，遇到重重困难，企业连年亏损，被列为特困企业，年初派工作组进驻进行指导帮助，跳出亏损圈并月月盈利，年底被市政府授予“扭亏为盈先进企业”称号。长沙石棉制品厂新建一条年产500吨石棉橡胶板生产线，增加产值400万元、利润40万元，汽油回收装置使120#溶剂汽油（生产石棉橡胶板的主要原料之一）回收率由18%上升至65%，节约成本20万元以上，当年实现产值1.23亿元，成为长沙市大型一档企业。1993年，市水泥厂投资400多万元，9个月完成破碎车间及其配套设施的建设，在建材行业首创当年建成、当年还贷的技术改造先进典型，使该厂水泥生产能力由原年产7万~8万吨，提高到15万吨，当生产水泥9.21万吨，实现产值1611万元、销售收入2127.7万元、利润220万元，创建厂历史最高水平。1994年，全市完成技改项目l5项，其中县属以上10家水泥企业投入技改资金7000万余元，经过技改，全市共生产水泥209.4万吨，创历史最高纪录。长沙市新型墙体材料办公室，拨、贷放新型墙材专项用费108.5万元，实施新型墙材科研和技改项目10个，新开发新型墙材品种2个（GRC轻质隔板、石膏空心条板新产品），使长沙市新型墙材品种由上年的6个增至8个，年末各种新型墙体材料生产企业发展到44家，主要产品实心黏土砖生产21.37亿标块，生产新型墙体材料折合1.92亿块标准砖，占全年墙材生产总量的8.24%；使用建筑面积58.38万平方米，占开工总面积的17.63%；通过生产、推广应用新型墙体材料，节地7.89公顷、节能2.27万吨标准煤、利用工业废渣7171.53吨。长沙市东区科委、计经委和长沙市有机玻璃厂共同筹资100万元，与广东番禺防火塑料制品厂联营开办“长沙湘粤防火塑料制品厂”建成投产，年生产能力500吨。是年，全市建筑材料工业建有规模以上企业327家、从业人员4.75万人，与1991年相比，分别增加54家、6300人；当年实现总产值12.51亿元、利税总额6375万元、年末固定资产净值4.56亿元，与1991年相比，分别增长144%、10.49%、89%；全市主要产品水泥生产209万吨、人造板6.40万立方米。

1995年，宁乡县水泥二厂通过技术改造，水泥产量比上年增长58.9%；省新生水泥厂通过技术改造，水泥产量比上年增长36.1%。长沙市花岗石公司是生产花岗石产品的唯一市直属国有老企业，产品遍布全国各地，受计划经济转变市场经济制约，企业经营困难重重，11月，长沙市中级人民法院依法裁定长沙市花岗石公司破产，成为长沙市首家破产试点企业。当年全市新型墙体材料共生产2.9亿块标准砖，占墙材总量的11.32%，可节约土地15.8公顷，节约标准煤2018吨。是年，规模以上企业统计范围由独立核算企业变更为乡及乡以上独立核算企业，全市建筑材料工业建有规模以上企业347家、从业人员5.95万人、实现总产值14.13亿元、利税总额2873万元、年末固定资产净值6.80亿元，主要产品水泥生产248万吨、砖21.50亿块、瓦1433万片、人造板6.10万立方米。1996年，市水泥制管厂与市国资局、劳动局、经委、财政局签订国有资产保值增值考核责任书，成为市属建材企业第一家试行国有资产保值增值考核和经管者年薪制的企业；全市多数建材企业推行了全员劳动合同制和集体合同办法。长沙环宇石英砂有限公司，完成工业总产值600万元，实现销售收入784万元，实现利润79.3万元，员工年平均收入9800元，在全市建材企业中最高。铜官陶瓷公司8个分厂出租5个，使生产迅速恢复，一季度亏损额由上年的470万余元下降到11万元，拖欠职工5个月的工资全部补发，促进了企业稳定。长沙玻璃总厂研制成功600吨方型逆流式冷却塔，该产品的问世，填补了省内的空白，在全国同类产品中具有领先水平。长沙水泥制品厂被评为全市扭亏增盈企业，宁乡县大华瓷厂被评为全市工业生产先进企业。湖南省新生水泥厂、长沙市水泥制管厂、望城县水泥厂、宁乡县贺石桥水泥厂被评为全市工业生产先进企业。长沙市水泥厂、宁乡县水泥一厂、望城县水泥厂、宁乡县双狮岭水泥厂4家企业，进入了全省建材行业50强行列。

1997年，全市水泥工业克服市场需求平淡、资金供应紧张等不利因素的影响，保持了持续、健康发展，水泥生产凸现回升。为了集中力量，大力扶植20种重点产品加速发展，建立银行贷款增量与企业经营质量挂钩的约束机制，湖南人造板厂被确定为长沙市重点产品生产企业实行主办银行制度企业。长沙市新型墙体材料开发总公司总投资1147万元，引进韩国混凝土制品生产线竣工投产，年创产值1000万元，利税370万元，形成年产陶粒砌块3万立方米、混凝土空心砌块2.6万立方米，彩色混凝土路面砖10万平方米的能力。湖南省建湘瓷厂完成总产值5267万元，实现销售收入5933万元，实现利润81万元，实现扭亏为盈。在全市企业改制工作中，市建材总公司派出工作组，经过对企业的调查研究和反复征求各方面意见，以及协调政府各部门的工作，长沙市水泥制管厂改制为长沙市水泥制管有限责任公司。全行业存在的主要问题是经济效益差，停产半停产企业多，其中10家直属企业中全面停产3家、半停产2家，总负债额达8340万元，历史遗留下来的潜亏仍在加大，部分企业管理不善，改革力度不大，全行业整体亏损较大。湖南人造板厂完成工业总产值（1990年价）6753万元，实现销售收入9008万元，亏损总额2721万元。是年，全市建筑材料工业建有规模以上企业399家、从业人员5.20万人，与1995年相比，企业增加52家、从业人员减少7507人；实现总产值21.24亿元、年末固定资产净值10.23亿元、利税总额4072万元，与1995年相比，分别增长50.3%、50.5%、41.7%。全市主要产品水泥生产283.8万吨、砖26.73亿块、瓦2420万片、人造板3.56万立方米。

1998年，全市水泥生产企业面对产品供过于求，价格下跌，不少企业相继压产、停产。为使企业尽快摆脱困境，宁乡水泥一厂、双狮岭水泥厂等6家企业实行租赁经营，浏阳市水泥厂实行抵押风险，长沙市水泥厂和长沙玻璃纤维总厂实行分厂承包经营，取得明显效果。长沙玻璃纤维总厂对分厂实行目标成本管理，吨纱综合物耗降低592元；浏阳东区水泥厂实行目标责任承包后，对生产全过程进行控制管理，降低了生产成本；长沙市水泥厂对销售部门全额承包，以到账货款计提收入，全年货款回收率98%，企业减亏196万元。按照国家产业政策，全市关闭2万吨以下小水泥企业5家。是年，规模以上企业统计范围由乡及乡以上独立核算企业变更为国有及年销售收入500万元以上企业，全市建材工业建有规模以上企业54家（其中亏损29家，亏损总额5646万元）、从业人员2.67万人、实现总产值11.45亿元、固定资产净值8.37亿元、利润总额–4754万元，出现全行业亏损。1999年，围绕企业改革、扭亏增盈、行业发展，长沙坩埚厂整体出售，浏阳市水泥厂整体拍卖，实现“两个置换”，新组建的浏阳河水泥股份有限公司，推行目标成本管理、厉行节约、改革工艺布置、提高服务质量、减少销售费用、加强内部管理，在新的机制下扭亏，当年实现利润40万元。通过企业改革，全市规模以上工业企业，亏损额降至1798万元，比上年减亏2956万元，其中市、县直属企业减亏620.4万元。2000年，依照国务院《关于工业产品生产许可证试行办法》和国家经贸委《关于公布第一批严重污染环境的淘汰工艺与设备名录的通知》，长沙市印发《关于清理整顿小玻璃小水泥和小钢铁的通知》，全市关闭小玻璃厂2家、小水泥厂17家，淘汰落后产能生产线1条。全市规模以上工业企业亏损额降至347万元，比上年减亏1451万元。长沙汇克涂料有限公司在隆平高科技园成立，建有1万余平方米的高标准现代化生产基地，标准实验室、五条生产线，年产涂料近1万吨、保温材料近2万吨，产品涵盖11大系列、上百种型号规格，广泛应用于各种系统的内外墙保温工程、外墙涂装工程，地坪涂装、特殊家装、艺术涂装、墙材粘接、泥子勾缝等工程项目。湖南人造板厂在国有大中型骨干企业初步建立现代企业制度中，被湖南省经济贸易委员会确定为建立现代企业制度重点单位。是年，全市建筑材料工业建有规模以上企业64家、从业人员2.49

万人，与1998年相比，企业增加10家、从业人员减少1754人；当年实现总产值13.42亿元、固定资产净值9.50亿元、利税总额7860万元，与1998年相比，分别增长17%、3%、715%；全市主要产品水泥生产309.03万吨、人造板9.73万立方米。

2001年，全市企业改制突破性进展，长沙水泥制管厂被湖南新外滩投资有限公司承债式兼并，县属企业整体拍卖方式竞标，宁乡水泥三厂和望城县水泥厂整体拍卖，依法有偿解除劳动关系2300多人。长沙县印山集团年产30万吨高标号旋窑水泥点火生产；湖南省新生水泥厂投入270万元，建立省内第一座30万立方米商品混凝土搅拌站投入使用，为承揽城市建设工程需要，投资320万元进行技术改造，添置高性能施工设备，引进德国普茨迈斯特公司的37.10米混凝土汽车泵，新增产值1500万元，新增利税120万元，进入全市利税过500万元企业行列。湖南铜官陶瓷总公司在十分困难的情况下，投入350万元，新建一条液化气辊道窑并于次年投产，新增产值200万元，同年开发美国福次公司的系列产品，创汇280万美元。公司生产建筑琉璃制品，富有传统特色。有黄、绿、蓝多种釉色，生产的屋脊、飞禽走兽栩栩如生，艺术性高，适应古雅高档建筑。该公司开发的景点琉璃制品“风景这边独好”在南京花博会上获一等奖。随着“长沙铜官窑”历史文化考古的开发与利用，长沙铜官陶瓷产品成国家标志性产品，建筑琉璃制品以出口为主，生产能力2000万件，畅销国内外，铜官陶瓷老厂房建成湖南的“陶艺村”。浏阳市永安水泥厂被评为长沙市工业生产先进企业。建材行业生产经营稳中有升，内外墙涂料、强化地板市场占有份额迅速扩大，呈现出挤压同类进口材料势头，全市规模以上工业企业利润实现1768万元，实现了扭亏增盈。2002年，为提高市场竞争力和满足市场不断发展的需要，长沙石棉水泥制品厂1.8公顷土地全部划归芙蓉区工业园做整装厂房；石材有限公司采取集中资金补偿，解除64名不适合本企业工作劳动合同制人员资费。湖南新光工程有限公司，自筹资金1138万元（含外汇96万美元），对砂石料生产系统进行技术改造，引进一条国外先进砂石料加工生产线，与配套国内设备，生产能力由350吨/小时天然骨料，提高到500吨/小时的人工骨料，新增利税300万元。

2003年5月，长沙市煤炭工业总公司、长沙市建筑材料总公司撤销，组建长沙市煤炭建材行业管理办公室。当年全市建材行业完成改制企业4家，启动改制企业2家，理顺职工劳动关系670人。5月14日，长沙玻璃纤维总厂依法破产。长沙水泥制品厂为摆脱困境，盘活企业存量资产，理顺职工劳动关系，接受长沙佳阳房地产公司承债式兼并。天心经开区引进韶峰水泥集团入驻；浏阳市龙洞水泥厂为适应市场的需求提高产品质量，降低生产成本，加强环境保护，投资1760万元对破碎系统关键设备、电力系统及散装系统进行改造，增加关键设备50台（套），新增产值700万元、利税50万元。2004年，世界经济加快复苏，国内经济发展有望持续，中央提出要“稳定政策，适度调整”，坚持扩大内需，为工业发展带来契机。全市工业主要行业实施目标调控，建材工业开展“控制总量，调整结构”和清理整顿“小水泥”工作，引导企业大力发展新型干法水泥生产，开拓国内外两个市场，贯彻落实国家经贸委《水泥企业质量管理规程》等三个行业规章和《水泥包装袋新标准》。兆山水泥集团在宁乡投资1.8亿元，兴建年产200万吨的干法旋窑水泥生产线。湖南省新生水泥厂、宁乡县第二水泥有限公司，成为利税过1000万元企业。是年，全市建筑材料工业建有规模以上企业92家、从业人员2.22万人，与2000年相比，企业增加28家、从业人员减少2692人；当年实现总产值29.15亿元、年末固定资产净值20.47亿元、利税总额2.40亿元，与2000年相比，分别增长117%、115%、201%；全市主要产品产量：水泥熟料158.7万吨、水泥485万吨、商品混凝土69.55万立方米、砖2.81亿块、天然石材13.18万平方米、人造板5.84万立方米。

2005年，全市在企业改制中，按照“成熟一个，操作一个”原则，完成市墙体材料厂承债式兼并方案及理顺劳动关系方案论证；市石棉水泥制品厂处置优良资产、理顺职工劳动关系论证，并与隆平高科技园签订合同。随着经济建设的高速发展，资源与能源相对短缺，国家出台“禁止和限制实心黏土砖使用”的保护资源和能源专项政策，长沙市逐步推行低层建筑向高层建筑发展、非节能建筑向节能建筑发展，推动建筑结构体系由低层砖木、砖混结构向高层框架轻板、配筋混凝土砌块砌体剪力墙、钢结构轻板等结构体系转变，一些轻质新型墙材产品如混凝土砌块、各种空心多孔轻质条板、烧结空心砖等得到较好发展。兆山新星集团湖南水泥有限公司成为全市利税过1000万元企业。2006年，中国建材集团、中材集团分别与省政府签署《战略合作框架协议》，中国建材集团重组韶峰水泥集团，建立湖南南方水泥有限公司。马克菲尔（长沙）新型支档科技开发有限公司在宁乡经开区成立，注册资本6695万港元，经营范围为双绞合金属材料网面、合成材料网面及其制成的支档和防护产品及相关生产设备及配件的生产及销售。是年，浏阳市龙洞水泥厂获第一批技术改造项目补助资金20万元，用于年产400万吨高标号水泥生产线技术改造。兆山新星集团湖南水泥有限公司成为全市利税过1000万元企业。市墙体材料厂被湖南百鑫达投资置业有限公司兼并，6月签订兼并合同，完成人员安置工作，理顺劳动关系212人。依据国家《新型墙体材料目录》和《产业政策结构调整指导目录》相关规定，结合长沙市建材资源储量和墙材产业发展的实际情况，制定《长沙市新型墙体材料目录（试行）》，规定从生产规模、利废、新型墙体材料非黏土砖、建筑砌块、建筑板材，共5类21种新型墙体材料质量标准。当年，全市生产19.50亿块标砖，新型墙材占全部墙材的比例由4.32%提高至65%，节约土地214.5公顷，节能12.09万吨标煤，减少二氧化硫污染气体3000吨和二氧化硫温室气体5.44万吨。

2007年，南方集团长沙坪塘水泥有限公司投资2.4亿元，新建年产200万吨干法旋窑水泥生产线，实现产值1.45亿元，新就业人员200人。当年全市生产水泥1014.54万吨。长沙市新型墙体材料遵循新型墙材产业走技术进步、节约资源与能源、保护环境之路，在禁止黏土实心砖、推广新型墙体材料基础上，进一步开展对已有墙材企业综合利废、节能、减排及上档次、成规模的技术改造，新墙材总量达20.1亿块标砖，占全部墙材比重达68.6%，应用面积提高至700万平方米，产品的热物理性能普遍提高，7%的新型墙体材料转化为节能型材料，通过新墙材推广和节能建筑兴建，全市节地221公顷，节能12.46万吨标煤，减少二氧化硫排放3115吨，减少温室气体排放5.61万吨。湖南思为科技公司成立并入园长沙市天心工业园区，主营业务为横孔连锁保温型混凝土空心砌块的研发、生产和销售。生产基地位于园区，产品辐射长、株、潭，建4条生产线投产，年产5000万块保温空心砌块，折合建筑面积3000万平方米。湖南五强产业集团股份有限公司门窗彩色未增塑聚乙烯型材、新型彩色喷射混凝土（砂浆）的研制、新型高强复合材料井盖的研制，3个技术创新项目列入年度长沙市企业重点技术创新项目计划。长沙坪塘水泥有限公司、湖南省新生水泥厂、望城麓山水泥有限责任公司、兆山新星集团湖南浏阳水泥有限公司、湖南五强产业集团股份有限公司、长沙河田白石建材有限公司被列为长沙市中型企业。是年，全市建筑材料工业建有规模以上企业184家、从业人员2.84万人，与2004年相比，分别增加92家、6223人；当年实现总产值90.40亿元、年末固定资产净值32.39亿元、利税总额10.69亿元，与2004年相比，分别增长346%、210%、334%。全市主要产品水泥生产1014.54万吨、人造板25878立方米。

2008年，长沙按照《湖南省关于加快全省水泥工业结构调整促进水泥工业发展的指导意见》，加快发展新型干法水泥，支持鼓励企业进行联合、重组、改制，促进产业集约化，引进战略投资者，加大资本运营力度；支持鼓励本省大企业和省外资本投资、收购、参股、控股，推行资源综合利用，加快淘汰落后生产工艺，在年初遭受百年不遇的冰灾，全省大部分水泥企业不同程度的停产情况下，全市仍生产水泥1112.69万吨，有6家水泥企业进入全省50强。是年7月，兆山水泥被中国建筑材料集团有限公司旗下的湖南南方水泥集团有限公司全资收购，更名为湖南浏阳南方水泥有限公司。12月，长沙市成立市水泥厂关闭工作指导协调小组，长沙市水泥厂被列入环保关闭。长沙顺达水泥有限公司、湖南江盛新型建筑材料有限公司、长沙坪塘水泥有限公司、湖南印山实业集团印山台水泥有限公司、湖南省望城县丁字湾石材公司成为长沙市利税过5000万元企业。望城麓山水泥有限责任公司、长沙牛力混凝土厂、湖南省新生水泥厂、长沙坪塘水泥有限公司、兆山新星集团湖南兆星混凝土有限公司、兆山新星集团湖南浏阳水泥有限公司、湖南铜官星光炻瓷厂、湖南省铜官陶瓷总公司、长沙市潇湘玻璃实业有限公司，被确定为长沙市中型企业。

2009年，市水泥厂适应“两型社会”建设需要，按照“二参照、一平台、一奖励”的模式实施环保关闭，整体协调处理企业资产，筹措安置资金，化解企业债务，平稳关闭到位；原花岗石公司退休人员医保、工伤、抚恤问题，石材公司供电问题得到处理或解决，市石棉制品厂拆迁改制全面完成，全员理顺职工劳动关系。原长沙玻璃纤维总厂留守组，依法、依规、依程序处置遗留的铂铑合金。11月，湖南中建五局混凝土有限公司成立，主要从事商品混凝土生产、特种混凝土开发、外加剂生产，并提供混凝土设备租赁和混凝土质量咨询。是年，全市有水泥企业36家，其中国有5家，全年生产水泥1100万吨。2010年，为进一步加强对全市中小企业的指导、服务，促进中小企业发展，设立长沙市中小企业局。湖南思为科技公司产品“横孔连锁保温型混凝土空心砌块”综合技术，经省建设厅科技成果鉴定委员会鉴定达到国际先进水平，获“湖南省科技进步一等奖”，该公司低碳建筑节能的新型墙体材料，获省建设厅“科技成果推广证书”、省节能新墙办颁发的“湖南省新型墙体材料产品认定证书”及市节能新墙办颁发的“长沙市节能备案证书”。湖南宝利沥青有限公司在望城经开区成立，注册资本6000万元，经营范围为沥青混合物制造、沥青附属材料的研发。是年，全市建筑材料工业规模以上企业234家、从业人员4.93万人，与2007年相比，分别增加50家、从业人员2.08万人；当年实现工业总产值216.38亿元、固定资产净值66.61亿元、利税总额35.30亿元，与2007年相比，分别增长139%、106%、230%；全市主要产品水泥生产1462万吨、人造板2.59万立方米。

2011年，涌现以巨星建材等为代表的通过高新适用技术改造传统产业的建筑材料企业。是年，规模以上企业统计范围由国有及年销售收入500万元以上企业变更为国有及年销售收入2000万元以上企业，全市建材工业建有规模以上企业193家、从业人员2.64万人、当年实现工业总产值222.03亿元、固定资产53.78亿元、利税总额26.40亿元。其中：国有及国有控股以上工业企业8家、从业人员3000人、实现总产值23.66亿元、固定资产10.37亿元、利税总额4.15亿元。2012年，全市建材工业主要产品既有水泥等传统材料，又有高分子新型材料，形成从玻璃纤维、高分子材料、新型建材、陶瓷、轻质楼盖材料、保温材料的新型建材产业链。传统材料以本地市场为主，新型建材已逐步向省外扩张。是年，全市建筑材料工业建有规模以上企业196家、从业人员2.52万人，与2011年相比，企业增加3家、从业人员减少1200人；当年实现工业总产值275.06亿元、固定资产60.23亿元、利税总额34.08亿元，与2011年相比，分别增长24%、12%、29%；全市建材工业主要产品产量：水泥生产1319万吨、商品混凝土480.89万立方米、硅酸盐水泥熟料873.82万吨、水泥预制构件1387万立方米、耐火材料制品47.55万吨、涂料、平板玻璃163万箱、钢化玻璃201.7万平方米、夹层玻璃14.5万平方米、中空141.6万平方米、砖86.63亿块，石墨与碳素制品1583吨。

表 17-11-1-1　　1988—2012 年长沙市规模以上建材工业企业经济指标一览表

年份	企业数（家）	从业人员（人）	总产值（万元）	固定资产净值（万元）	利税总额（万元）
1988	290	42509	39290	20424	5066
1989	288	41823	42249	22342	3950
1990	274	40209	43571	22973	3423
1991	273	41174	51370	24137	5770
1992	250	—	66889	28519	9666
1993	222	—	97970	—	10694
1994	327	47474	125100	45606	6375
1995	347	59524	141310	67977	2873
1996	361	—	198054	85686	7396
1997	399	52017	212396	102317	4072
1998	54	26664	114505	92240	964
1999	72	29727	137132	99950	5994
2000	64	24910	134150	95012	7860
2001	68	22747	142021	103354	8857
2002	81	21585	171415	117535	12168
2003	90	23162	217694	122732	18765
2004	92	22218	291548	204725	23957
2005	141	25468	425371	213619	33403
2006	167	27299	595220	268354	56047
2007	184	28441	903985	323889	106931
2008	187	30126	—	—	114145
2009	228	28858	—	—	143169
2010	234	49263	2163808	666083	353014
2011	193	26400	2220349	537802	264020
2012	196	25207	2750642	602261	340768

说明：表中数据来源于《长沙统计年鉴》；“—”为《长沙统计年鉴》无数据

第二节　产品质量

1988 年，长沙市建材工业产品有墙体材料、水泥、水泥制品、日用玻璃制品、玻璃纤维、玻璃纤维制品、玻璃钢及制品、花岗石材、石棉制品、建筑涂料、防水材料、坩埚等 12 大类 300 多个品种。在全市质量管理评比中，望城县获长沙市质量管理先进企业。长沙油毡厂推出的 250# 油毡等新产品形成批量生产，长沙市玻璃纤维总厂生产的45s/Z商品纱，被评为全国玻璃纤维行业优质产品。长沙建筑涂料总厂生产的白龙牌106内墙涂料和801建筑胶、长沙油毡厂生产的长岛牌油毡原纸，获湖南省优质产品奖。望城县太平水泥厂品太平牌425#普通硅酸盐水泥获得部优产品奖，长沙县河田石灰水泥厂生产的白石牌425#普通水泥、长沙县石门乡水泥厂生产的跳马牌425#普通硅酸盐水泥，获省优产品奖。长沙市玻纤总厂兼并长沙建筑饰面材料厂后，集中精力抓产品质量，生产的45s/Z商品纱获全国玻璃纤维行业评比第三名，并获得优质产品称号，研制的玻璃钢冷却塔，涂塑窗纱等新产品，以其优良的质量赢得了用户的好评，生产的金牛牌玻纤增强聚丙烯，获省优产品奖。长沙建筑涂料总厂生产的白龙牌106内墙涂料和801建筑胶、长沙油毡厂生产的长岛牌油毡原纸，获湖南省优质产品奖。

1989年，湖南省新生水泥厂承包大庸水泥厂后，委派5名管理、技术人员，通过加强基础管理，建立健全各种规章制度，产品质量超过了建厂以来的最高水平。长沙市建材行业在工业系统开展质量管理达标和企业升级活动中，列入考核的15个主要产品，质量稳定提高率达到86.7%，质量监督抽查合格率为100%的产品有10个。在全省建材行业质量管理评比中，长沙玻璃纤维总厂、长沙油毡厂被评为全面质量管理达标企业，同时长沙玻璃纤维总厂被评为全省建材行业全面质量管理先进企业。全市开发新产品5个，长沙市河田水泥厂生产的425#普通硅酸盐水泥，获部优产品奖。当年，全行业获省优产品奖8个，其中县属以上企业有5个、乡镇企业有3个。望城县水泥厂生产的矿渣425R普通水泥、长沙县生产的金峰牌425#硅酸盐水泥，获省优产品奖。长沙市和田水泥厂获湖南省先进工业企业称号，该厂生产的425#普通硅酸盐水泥获部优产品奖，晋升为国家二级企业。宁乡县平瓦厂生产的烧结普通砖，获部优产品奖，长沙市郊区建材厂石灰分厂生产的芙蓉牌生石灰粉、长沙县干杉乡一机砖厂生产的烧结普通砖、望城县石灰厂生产的云贝牌生石灰粉，获省优产品奖。长沙市水泥厂引进武汉工业大学技术专利，开发研制高铁早强水泥，该水泥对原燃材料适应性强，易烧易磨，窑台时产量提高19%，磨台时提高12%，熟料标准煤耗下降13.7%，水泥综合电耗下降9%，填补了省内空白。长沙玻璃纤维总厂研制出云母玻璃纤维增强聚丙烯，并开发了石膏增强玻璃纱，生产的金牛牌中碱玻纤纱221×2和金牛牌CWR240中碱无捻玻纤布、长沙油毡厂生产的湘江牌250克石油沥青油毡，获省优产品奖。

1990年，长沙市郊区建材厂石灰分厂生产的芙蓉牌生石灰粉，获部优产品奖。长沙玻璃纤维总厂生产的道金牛牌无碱玻璃纤维增强聚丙烯，获部优质产品奖。长沙建筑涂料总厂生产的白龙牌801建筑胶，获国家银牌产品奖。长沙油毡厂生产的长岛350克/平方米油毡、湖南人造板厂生产的华威双贴面刨花板，获省优产品奖。1991年，市政府成立建材产品质量管理领导小组，制定以实现6个100%为目标的水泥产品质量三年实施规划，组织全行业职工参加全面质量管理学习，开展岗位技术练兵比武活动，各种水泥产品合格率均达到100%。市水泥制管厂把好质量检验关，坚持奖惩兑现，使产品合格率稳定在98%以上，超过省级标准，在省质监部门组织的下水管闭水试验中，该厂受检产品全部合格。长沙墙体材料厂从波兰引进蒸压空心灰砂砖生产线，空心率达20%~25%，产品抗震强度优于黏土实心砖。市水泥厂获长沙市建材工业1991年度扭亏增盈先进企业。长沙天山水泥厂生产的金屏牌425#普通硅酸盐水泥，获部优产品奖。

1992年，全行业列入考核的14种建材产品，有13种质量上升，其中玻纤纱、玻纤布、聚丙烯合格率100%，保持省、部优产品质量标准。1993年，列入全市考核的15项产品指标有12项质量比上年提高，其中预应力管合格率84.3%、普管合格率98.7%、电杆合格率94.36%、预应力管合格率87.14%、灰砂砖合格率96.62%、商品纱一等品率99.1%，玻纤布合格率、聚丙烯合格率、出厂水泥合格率均为

100%。1994 年，望城县水泥厂、宁乡县水泥一厂等 4 家企业进入全省建材行业质量管理 50 强。当年，全市完成技改项目 l5 项，开发新产品 2 个，获科技新产品奖 1 项；湖南人造板厂生产的体威牌双贴面刨花板、长沙市油毡厂生产的长岛牌油毡原纸和湘江牌 350# 石油沥青纸胎粉面油毡，分获部优产品奖；湖南人造板厂生产的华威牌 1220 毫米×2440 毫米×16 毫米刨花板、酚醛胶合板、脲醛胶合板，获省优产品奖。永和磷肥厂利用硫酸烧渣制作免烧砖，经市城建科研所检验，免烧砖强度、抗震、抗压、抗折等质量指标均达到国家建材标准。市石棉制品厂从长春聘请专业技术人员培训操作工，提高职工操作技能，使石棉橡板合格率由 93.32%提高到 99%。长沙湘粤防火塑料制品厂主要产品“防火塑料电线套管、槽板系列产品”取得国家专利权，消防部门指定推广使用的产品。

1995 年，湖南省华中水泥厂的华中牌 525# 普通硅酸盐水泥等 6 个产品，获湖南省名牌产品。湖南人造板厂生产的华威牌渐变结构平压刨花板，被评为湖南名牌产品。1996 年，长沙市水泥厂、宁乡县水泥一厂，宁乡县双狮岭水泥厂等 3 家企业，进入了全省建材行业质量管理 50 强行列。浏阳市水泥厂通过了生产许可证复查。湖南人造板厂在企业现代化管理中，获“财务信息网络管理系统”“加强成本管理，提高经济效益”“现代企业管理模式”“深化劳动、人事、分配三项制度改革适应工厂持续发展”三等优秀成果奖。1997 年，长沙市新型墙体材料开发总公司总投资 1147 万元，引进韩国混凝土制品生产线竣工投产，陶粒轻质混凝土砌块、陶粒板材、彩色路面砖具有高强、保温、隔热，防渗等特点，市场前景广阔，是国家推广的新型墙体材料，填补省内无陶粒轻质混凝土砌块、陶粒板材的空白。1998 年，全市 4 家水泥厂进入湖南省质量 50 强行列。浏阳东区水泥厂对生产全过程进行控制管理，质量上升和成本下降；湖南省新生水泥厂生产的“牛力牌”水泥和混凝土，用于广电中心、湘江一桥、湘江二拆、长益高速公路等重点工程的建设项目，连续几年被中共湖南省委和省政府、中共长沙市委和市政府授予“产品质量免检单位”。

2002 年，按照国家关于《室内装饰装修材料有害物质限量》的 10 项强制性标准，中美牌内墙面漆等获国家安全环保型室内装饰装修涂料产品推荐证书，被推荐为全国首批安全环保型室内装饰装修涂料产品。2007 年，全市进行水泥企业行检行评工作，共完成 41 家符合条件的企业进行了水泥质量监督检查。望城县铜官丰绿琉璃瓦厂生产的灰色无光琉璃瓦，获 2007 年度长沙市优秀新产品奖。2008 年，全市共组织水泥生产企业化验人员培训 222 人次，完成水泥化验室认证 45 家，通过化验室认证 43 家。湖南省立信建材实业有限公司生产的空腹小密肋楼盖、长沙市永安加气混凝土有限公司生产的蒸压加气混凝土砌块，被评为市优新产品。长沙归一建村科技有限公司生产的高强耐水轻质石膏基复合生态墙板(GEB)，获 2008 年度国家级重点新产品。2009 年，长沙市有水泥企业 36 家通过化验室认证。湖南浏阳南方水泥有限公司建筑材料，获湖南省名牌产品。2012 年，全市建材工业产品有水泥、硅酸盐水泥熟料、预应力混凝土桩、商品混凝土等。

附记　一、长沙市散装水泥推广应用

长沙市散装水泥推广应用始于 1986 年，是年年底，长沙市成立发展散装水泥工作领导小组，领导小组成员由市政府主管工业的领导兼头，由计委、建委、经委、财政、物价、乡镇企业局、建材工业公司（局）等有关部门的领导组成，下设办公室（设市建材工业公司内）。1987 年长沙市政府下发《加快发展我市散装水泥的意见》，散装水泥推广应用工作纳入全市经济政策的调控和指导。

1988年后，长沙市按照国家、省散装水泥政策，通过扶持水泥产业技术改造、支持散装水泥重点项目，发展预拌混凝土，向农村推广使用散装水泥等措施，全面推动散装水泥推广应用工作。长沙碧螺建材有限公司通过扶持改造其散装水泥设备、设施，散装水泥率（散装水泥销售量与水泥生产量的比率）由40%提高到70%；扶持培育的长沙县“农村散装水泥中转及混凝土搅拌系统”项目，是一个集水泥制品厂直接使用、对农村销售混凝土、砂浆和散装水泥于一体的先进农村推散示范点，被省散装水泥办公室冠以“长沙模式”在全省加以推广。通过科研补助的形式与相关科研院校合作，研究和编制出《预拌混凝土生产与施工技术规程》《长沙市预拌砂浆生产与应用技术规程》，经住建部备案、省住建厅批准为湖南省工程建设地方标准；《预拌混凝土裂缝技术研究》被评为“湖南省科技进步二等奖”。1996年，为加强散装水泥专项资金征收和管理，出台《长沙市散装水泥专项资金征收暂行办法》，转发省财政厅《湖南省散装水泥专项资金管理实施办法》的通知。到2000年，由于水泥生产结构不合理，水泥企业数量多、规模小，长沙市散装水泥推广应用进展极其缓慢，散装水泥率还不到全市总产量的10%（散装水泥量31万吨）。

进入21世纪后，随着水泥生产、使用结构的调整，新型干法回转窑水泥产量的增加、企业规模的扩大，市内限制现场搅拌混凝土政策的实施，市、县散装水泥管理机构职能逐步发挥，发展散装水泥政策进一步深入、落实，长沙市散装水泥推广应用进入高速发展期。2004年，为加快散装水泥和预拌混凝土推广应用，市政府办公厅印发《长沙市建设工程使用预拌混凝土管理规定》。到2005年，全市推广散装水泥205万吨，占全市总产量的38.18%。2009年，“农村散装水泥中转及混凝土搅拌系统”被省经信委认定为“湖南省新产品”。2010年，长沙市发布《长沙市散装水泥专项资金使用管理办法》和《长沙市散装水泥专项资金返退办法》，进一步规范散装水泥专项资金管理。2010年，全市推广散装水泥720万吨，占全市总产量的49.25%。2012年，全市水泥生产企业（含水泥粉磨企业）18家，水泥生产总量1318万吨，年散装水泥供应量768万吨，散装水泥率达到58%，高于全国（54%）、全省（52%）平均水平。长沙市推广散装水泥工作在全省起到示范带头作用，市散装水泥办公室被国家散装水泥主管部门（商务部）授予“‘十五’期间全国发展散装水泥先进单位”，连续多年获得全省散装水泥工作目标管理特等奖或一等奖。

长沙市散装水泥推广应用获得良好经济、社会和环保效益。按“节能减排”综合指标测算，每生产和使用1万吨散装水泥可节省包装纸60吨，折合优质木材330立方米；综合节能折合标准煤230吨，减少粉尘排放量100吨，减少二氧化碳排放量600吨，减少二氧化硫排放量2吨，实现综合经济效益45万元。全市散装水泥推广应用工作从开始至2012年，长沙市散装水泥供应量4927万吨，节约优质木材162.60万立方米、综合节能折合标准煤113.32万吨，减少粉尘排放量49.27万吨，减少二氧化碳排放量295.62万吨，减少二氧化硫排放量9854吨，实现综合经济效益22.17亿元。

二、长沙市新型墙体材料推广

1989年，长沙市开始启动墙材推广工作，调研全市墙材现状。1991年，长沙市出台《关于加快发展新型墙体材料的通知》，成立“长沙市发展新型墙体材料领导小组”和“长沙市新型墙体材料办公室”（简称“市墙办”），隶属长沙市建筑材料工业局。为推动全市新型墙体材料发展，长沙市出台《关于加快发展新型墙体材料的通知》《关于印发〈长沙市鼓励发展新型墙体材料的规定〉的通知》；1993年，长沙市发展新型墙体材料领导小组印发《长沙市新型墙体材料发展基金返退暂行办法》，规定建设工程使用节能新墙材的数量达60%（含）以上，要按使用比例返退新型墙体材料发展基金。1999年，长沙市发布《关于加强新型墙体材料生产管理和限制黏土实心砖生产使用的若干规定》，对规范市场，狠抓产品质量，框架结构和禁用实心黏土砖提出具体要求。

2001年，长沙市新型墙体材料办公室组织12个符合技改要求的实心黏土砖厂进行技术改造，通过编制讲义，组织厂长培训"实改空"技术，通过设备筛选、原料泥破碎实验、调置晾坯棚等措施，生产出大批量、高质量的黏土多孔砖和黏土空心砖。2002年，长沙市明确禁止使用实心黏土砖的范围及时间规定等相关要求。2003年，为规范技术标准，由长沙市参与制定的《混凝土空心砖砌体结构暂行技术规程》，湖南省建设厅发布并试行；长沙市发布《配筋混凝土砌块砌体剪力墙结构技术措施》《长沙地区混凝土空心砖砌体房屋构造图集》。2004年，长沙市友仁页岩空心砖厂建设一条一次码烧的22门轮窑生产线（即一次码垛、干燥和烧成在同一窑室外内进行），年产2200万块矩形页岩烧结多孔砖，填补长沙空白。

2005年，长沙市发布《砂加气混凝土砌块砌筑与抹灰施工技术导则》《混凝土多孔砖砌筑施工技术导则》《烧结节能型模数砌筑施工技术导则》。2006年，由长沙市参与制订的《混凝土多孔砖建筑技术规程》，由湖南省建设厅发布实施。2007年，市政府办公厅印发《关于进一步推进墙体材料革新和推广节能建筑的实施意见》，提出全面禁止使用黏土实心砖，大力发展和应用新型墙材，明确浏阳市和长沙县2008年年底前完成禁止使用实心黏土砖，望城县和宁乡县2010年前完成。2008年，市财政局和市经委联合颁发《新型墙体材料专项基金返退管理办法》，规定黏土空心制品作为限制类墙材，不再享受墙改基金返退优惠政策。是年，全市黏土砖厂转产页岩烧结空心（多孔）砖技术改造8家。

2009年1月5日，市建委发布《框架结构填充PK混凝土小型空心砌块标准图集》，由长沙市参与制订的《陶粒混凝土小型空心砌块与陶粒混凝土砖建筑技术规程》《轻骨料混凝土多孔砖建筑技术规程》，并由湖南省建设厅发布实施。是年，长乐建材有限公司投资的湖南省产能最大的年产50万立方米蒸压砂加气砼砌块生产线，在长沙县暮云镇建成投产。2010年，由长沙市制定的《多排孔陶粒混土保温砌块建筑构造（非承重）》《多排孔陶粒混土保温砌块建筑构造（承重）》，由湖南省建设厅发布。

2010年始，全市新型墙体材料推广力度加大，修订原《长沙市新型墙体材料专项基金返退办法》；《长沙市四县（市）墙材革新工作目标管理考核办法（试行）》，启动县（市）墙材革新工作考核机制，首次将墙材革新工作相关指标和任务分解到县（市）；规定2010年8月1日起，长沙市墙改基金征收标准按建筑面积10元/平方米；印发《关于进一步加强禁止使用黏土实心砖工作的通知》，强调各建设单位为主体在禁实推新工作中的责任。是年，中南地区最大烧结页岩空心砖生产企业——长沙县春华鹰宏环保建材有限公司投产运行，该企业投资4500多万元，在长沙县春华镇花园新村建成一条年产1.2亿块标砖的全自动化生产线，产品包括页岩烧结多孔砖、空心砖、自保温隔热和隔音薄壁砖。

2011年，长沙市出台《长沙市新型墙体材料专项基金生产项目补贴实施细则》，从基金补贴来源、范围、条件、程序、监管方面都作了具体规定，确保基金科学、合理、有效使用；发布《关于进一步加强蒸压加气混凝土砌块质量管理的通知》《关于评选2011年长沙市新型墙材生产示范企业的通知》《关于印发〈长沙市新型墙体材料认定备案实施细则〉的通知》。是年，长沙县春华鹰宏环保建材有限公司等7家企业，被评选为2011年长沙市新型墙材生产示范企业。经过法制办审查按规范性文件印发公布实施。长沙市首家轨道渣土综合利用试点企业——长沙县黄花镇木马机砖厂，利用轨道渣土试点生产的页岩（轨道渣土）烧结多孔砖，通过省墙改办授权的法定检测机构的检测，产品符合国家标准要求，获得“湖南省新型墙材认定证书”。2012年，长沙市轨道渣土综合利用示范企业——长沙县木马机砖厂轨道工程渣土综合利用项目，通过住建委相关部门参与的联合验收。

经过20余年的努力，长沙市新型墙材推广经历“禁止使用实心黏土砖，到开展黏土砖企业的实改空技术改造，逐步发展到改变产品原料黏土为页岩，再到限制黏土制品的生产和应用，鼓励利用工业废渣生产新型墙材，扶持企业开拓创新，研发轻质、环保、隔热保温的新型节能新墙材产品的发展历程”。产品由低端的圆形孔黏土烧结多孔砖、矩形孔错位页岩烧结多孔砖、混凝土多孔砖、蒸压灰砂砖等发展到现在的砖、板、块、混凝土预制构件等种类，产品类别齐全，高附加值品种较多。到2012年，全市新墙材认定企业71家，新墙材年总生产能力30亿标砖左右，新型墙材应用比例由1991年的2.3%提升到2012年的84.78%。市墙改办先后获国家有关部、局和省墙改办荣誉21项。

第十二章　化学工业

第一节　生产规模

1988年，长沙市化学工业建有规模以上企业109家，从业人员1.90万人，全年完成工业总产值4.31亿元，实现利税总额8628万元，固定资产净值1.44亿元。长沙市化学工业基本上属于加工型，所需基本原材料除少量硫铁矿、磷矿和硫酸外，其他如烧碱、纯碱、盐酸、橡胶、合成胶等，均需从外地购进；部分企业的装备水平和工艺水平还较落后，生产过程的“三废”（废气、废水、废渣）综合治理和产品深加工能力的优势不够，后劲不足，精细化工产品比重小。化学工业大致分为化学肥料制造业、无机化工产品制造业、有机化工产品制造业、橡胶制品制造业等九大类。主要产品产量：润滑油1.33万吨、硫酸9.34万吨、合成氨5.58万吨、化肥（100%）7.84万吨、化学农药（原药）288吨、电石（折合量）4700吨、油漆1.39万吨、塑料299吨、保险粉1048吨、红矾钠6182吨、硫酸铝9057吨、硫酸锰5950吨、立德粉1.37万吨、硼砂2681吨、各种车辆内外胎103.61万条。在化工产品中，占湖南优势的产品53个，其中独家产品33个；有22家企业的27种产品出口，其中常出口产品16种；硫酸锰、立德粉、胶鞋出口已有近30年的历史，远销欧、美等70多个国家和地区。长沙化工厂硫酸锰年产能力8000吨，占全省年产硫酸锰总产量的80%。湖南试剂厂年产碳酸锰586吨，占当年全省碳酸锰总产量的三分之一，并拓展销售渠道开始部分销往日本；乡镇企业迅速发展，长沙县黄兴镇新增几家化工企业，生产市场畅销产品硫酸锰，长沙县湘欧化工厂新建的年产100吨七水硫酸锌装置正式投产。长沙最大的涂料生产企业湖南造漆厂，当年完成工业总产值6465万元，利税1831万元，生产漆类涂料1.39万吨，产量占全省的70%，其中生产酚醛树脂漆7453吨，占当年长沙涂料总产量的37.9%，居全市15大类漆的第一位。长沙颜料化工厂年产3600吨的氧化锌车间建成投产，生产98%、99%、99.5%三种规格的氧化锌。被称为“化学工业之母”的硫酸产量最高。长沙生产硫酸的企业共3家，拥有年产11万吨的能力，其中长沙化工厂生产4.05万吨，湖南省永和磷肥厂生产3.44万吨。长沙湘岳化工厂是长沙域内焦亚硫酸钠、亚硫酸钠和保险粉最大的生产厂家，全年共生产焦亚硫酸钠8354吨、亚硫酸钠1341吨；生产的亚硫酸钠产品的二氧化硫含量，一级品在96%以上，二级品不低于93%，畅销国内市场，并有部分出口东南亚地区，湖南磷化工总厂当年生产黄磷1936吨，占全省黄磷总产量的34%，生产85%磷酸1064吨、60%磷酸5020吨，合计产量占当年全省磷酸总产量的29.3%，产品主要销给省内及广东、江西、福建等省区，并有少量出口。长沙橡胶厂是湖南最大的人畜力车（以下简称：力车）内、外胎专业生产厂家，年综合生产能力为200万套，是年生产力车外胎100万条、内胎202万条。

1989年，随着承包责任制的推进，企业活力逐渐增强。湖南省永和磷肥厂投资118万元，将硫酸三系统由一转一吸流程改为较先进的两转两吸流程，该工程于5月8日竣工并一次试车成功，生产能力提高13%，硫的利用率由89.6%提高到94.89%，一年可增产硫酸3300余吨，节约成本费21万余元，可增加产值100万元、利润近30万元，并减轻了二氧化硫尾气对环境的污染。湖南造漆厂总投资440万元，引进粉末涂料软件技术实验设备及生产设备，在已有粉末涂料生产的基础上，利用国外先进技术和设备，发展多品种粉末涂料和扩大生产能力，增强企业的竞争力；引进了环氧、聚酯、环氧一聚酯、丙烯酸、聚氨酯、环氧酚醛、聚酰胺7类生产、实验设备，其技术、设备具有国外80年代水平，年新增生产能力为800吨、销售收额2560万元、利税520万元。长沙化工厂的硫酸锰车间经多次技术改造，开始大规模批量生产工业硫酸锰，年产能力8000吨，产量占全省年产硫酸锰总产量的80%以上。湖南磷化工总厂开始少量生产食品磷酸供应国内市场，用于调味料、罐头、清凉饮料的酸味剂，其质量得到市场广泛认可。长沙市湘江化工厂的主要产品硫酸铝生产线技术改造后，年产能力达到1.3万吨。浏阳市化工厂所产的浏阳河牌硝酸钾含量在99%以上，曾两度获湖南省优质产品，产品主销本省，该厂的氯酸钾车间，几经扩建年产能力达5000吨，当年产3893吨。是年，长沙湘岳化工厂无机化工产品出口额突破千万元大关，成为长沙市化工行业出口最好的企业。湖南橡胶厂在全省大、中型化工企业目标竞赛中获得第一名，全年产值过亿元，实现利润1571万元，成为长沙利税大户。湖南工业橡胶制品厂雨衣产量比上年减少6.4万套，新产品杂件和养殖靴由于先天投入不足，自制设备简陋，质量难达标而试产停顿；该厂从半成品胶布销售上打开缺口，当年直销胶布8万米，实现销售收入513万元，利润10万元。

1990年，长沙市化学工业企业历经三年改革，承包经营责任制取代过去简单的放权让利，第一轮承包的22家企业到期，按承包指标考核完成和接近完成的企业有14家，并继续与主管部门签订了第二轮承包合同。至此，企业推行承包经营责任制的不完善之处也已显露，承包期的短期行为，造成不少企业采取拼设备的办法，掠夺性地利用资源；而所有者的缺位，所有权未能约束住经营权，又造成经营者滥用经营自主权谋取私利或小集体利益，进而造成部分企业国有资产随承包周期变化不增反降。为支持农业生产的发展，发挥化肥生产企业的积极性，国家税务局下发《关于对小化肥、农用塑料薄膜、农药产品在一九九〇年内继续免税的通知》。年末，全市化肥生产企业发展至23家，主要生产的化肥品种有10个。是年，域内省化肥工业公司组织研制的增效碳铵，经初步肥效试验示范，取得一定的增产效果。为推广增效碳铵，省计划委员会和省石化厅在全省13家企业生产推广，长沙及时调整产品结构，促进了全市增效碳铵化肥生产，1—5月共产实物肥13.4万吨，为年计划51.6%，提前一个月实现时间过半完成任务过半。但销售市场发生变化，旺季不旺，从3月份起开始积压，到5月份积压约1.8万吨。长沙湘岳化工厂生产的保险粉因原材料价格逐年上涨加上工艺落后，翌年仅生产保险粉183吨后停产，长沙域内不再有企业生产保险粉。是年，长沙市湘江化工厂生产硫酸铝1.11万吨，占当年全省硫酸铝总产量的32%，产品主要供应长沙、株洲、湘潭等附近地、市，少量销往外省。湖南造漆厂从沈阳油漆厂间接引进的汽车涂料生产技术正式投产，生产阴极电泳底漆，修补漆、面漆、中涂层4个产品，全年共产243吨，主要供应于柳州微型车、重庆长安等国内12家汽车制造厂。

1991年，海湾战争的爆发，致使化肥进出口遇到困难，加重化肥生产企业的压力。全市化肥生产企业审时度势，实施“厂农挂钩、直供到户”的做法，初步保证了化肥生产和销售的基本稳定。随着湖南省合成洗涤剂生产的发展，三聚磷酸钠等化学原料产品不能满足市场需求，长沙市岳麓化工厂利用现有设施及多余场地，对三聚磷酸钠及热法制酸进行技术改造，热法磷酸由4000吨扩大到8000吨，当年生产三聚磷酸钠6101吨、磷酸三钠1537吨、磷酸氢二钠1174吨，年创利税总额371万元，经济效益创历史最佳，被评为全国效益五百强和化工部、湖南省效益百强单位；并投资180万元，进行二步法生产三聚磷酸钠及热法制酸技术改造项目，投产后年新增三聚磷酸钠7040吨、热法磷酸4000吨，可新增产值2200万元，税收180万元，利润125万元。长沙橡胶厂全年生产力车内外胎339.5万条，出口力车内外胎173.58万条，出口量为全国同行业第二位。长沙市岳麓化工厂年产50吨食品级磷酸二氢钠和年产100吨食品磷酸氢二钠装置，通过省石化厅、省卫生厅审批，取得食品用化工产品生产许可证。

1992年，随着市场经济发展，矛盾日趋突出，多数企业生产经营遭遇困境。在省、市有关部门支持下，经长沙市人民政府批准，将湖南试剂厂与长沙有机化工厂合并成立湖南化学试剂总厂，进行集体企业带全民企业、小厂带大厂、转换企业体制的有益尝试，并进行投入产出总承包，与长沙市政府签订了5年承包合同。湖南亚大新材料科技股份有限公司成立，注册资本1680万元，主营紫外光固化树脂（含油墨）及其系列产品的研制、生产、销售和技术服务，年生产规模达1万吨。湖南工业橡胶制品厂生产和销售虽然稳定，但出现了利润下降，雨衣产量从15万套降到9万套，为打开销路，降价出售导致销售成本逐年增加，亏损从3万元增加到11万元。当年，湖南省浏阳磷矿更名为湖南磷化工总厂，由于磷矿石资源储量逐年减少，企业主动调整产品结构，走矿化结合的道路。湖南造漆厂进入全国化工系统利税总额前100名企业。

1993年，湖南磷化工总厂利用原投资建造而因故未能上马的2万吨硅肥生产设备，改建为年产5万吨普钙生产线，并对磷肥生产线进行技术升级，当年生产磷肥2698吨。6月，长沙食品添加剂厂关闭，为搞活企业，该厂职工自筹资金，开发适销对路的新产品。11月，经市经委批准，在原长沙食品添加剂厂的基础上成立湖南生物化工厂，主要生产柠檬酸钠、乳酸、赤霉素等，其中柠檬酸钠产品质量达到国家标准，远销欧美及东南亚国家。是年，湖南造漆厂从德国引进先进的醇酸树脂生产装置，年产能力扩大到1.5万吨，被评为国家级现场管理先进单位、湖南省大中型百强企业、湖南省大中型工业企业经济活力百强企业。坪塘氧化铁颜料厂获“湖南省综合实力经济百强”称号和“中国乡镇企业500佳”称号。长沙市湘岳化工厂生产的岳峰牌无水亚硫酸钠因市场变故而停产，该厂向泰国出口年产4000吨的焦亚硫酸钠成套技术设备，派出工程技术人员到泰国安装调试和指导生产，一次试车成功，得到中外人士的赞誉。同年，湖南磷化工总厂新建年产4万吨硫酸生产线投产，当年生产硫酸5083吨。湖南橡胶厂完成了1000万双出口鞋第一期工程，当年出口胶鞋共计310万双，市场反应较好。湖南矿用橡胶厂因主产品阻燃输送带和导风筒面临内部成本升高，外部市场疲软的双重压力，经济效益出现大滑坡，且连年亏损。宁乡石油化工总厂与日本东棉株式会社、磐田株式会社合资2500万元，其中日方1100万元，兴建年产万吨柠檬酸项目，由日本提供技术和主要设备，合作采用补偿贸易方式，合作期10年。宁乡石油化工总厂建成全国最大的柠檬酸钠基地，年产柠檬酸钠2500吨，90%供应出口。是年，全行业106家企业中有25家亏损，亏损面占23%，全行业共亏损275万元，出现五年来全行业首次亏损。

1994年，湖南化工研究院发起组建科技股份制企业——湖南海利化工股份有限公司（以下简称：海利股份）。宁乡石油化工总厂完成工业总产值1.24亿元，实现利税1880万元，出口创汇1400万美元，为全国化工企业75家出口创汇先进企业之一，被化工部授予“出口先进企业”称号，该厂的柠檬酸系列产品90%以上供出口，远销美国、德国、加拿大、日本、东南亚等20余个国家和地区；其柠檬酸产量、质量、出口创汇、利税连续5年居全国同行业第一位。湖南造漆厂完成利税总额2031万元，其中利润1014.47万元，进入中国500家最佳经济效益工业企业，成为中国100家最大化工企业和化工系统利税总额前100名企业。坪塘氧化铁颜料厂的氧化铁颜料系列生产能力2万吨，为亚洲第一位。湖南生物化工厂因环保问题被迫全面停产关闭。全行业规模以上企业155家，出现亏损44家，亏损面占28%，亏损额3506万元，全行业盈利企业利润与亏损企业亏损额相抵后，全行业利润仅85万元。是年，全市化学工业共有规模以上企业155家、从业人员2.69万人，与1988年相比，分别增加46家、7853人；当年完成工业总产值14.22亿元、固定资产年末净值5.25亿元、利税总额1311万元，与1988年相比，分别增长2.3倍、2.64倍、-85%。主要产品产量：润滑油1.54万吨、硫酸11.61万吨、合成氨7万吨、化肥（100%）8.61万吨、化学农药（原药）937吨、电石（折合量）1.12万吨、油漆1.75万吨、塑料268吨、红矾钠7219吨、硫酸铝1.01万吨、硫酸锰3301吨、立德粉6904吨、硼砂507吨、各种车辆内外胎128万条。

1995年，化学工业企业发展和改革步伐逐渐加快。化肥行业开始出现产销两旺的好形势，全市有7家化肥生产企业当年的生产、销售均实现大幅度的增长，增幅为67.3%，最高的达到130%。湖南省永和磷肥厂氮磷钾复合肥创历史最高产量达1.17万吨。湖南磷化工总厂投资1869万元的磷酸一铵改造工程，完成验收并试车成功，形成具有年产磷铵3万吨的能力。湖南造漆厂被列为湖南省52家现代企业制度改革试点企业之一，企业实行全员劳动合同制，长期困扰企业的两种用工（全民与集体）制度终结；该厂和日本关西涂料株式会社合资成立湖南（湘江）关西汽车涂料有限公司，为集团最大的控股子公司，是国内最齐全的汽车原厂漆（OEM）供应商，为中国一汽集团、东风集团、长安集团、奇瑞汽车、吉利汽车、庆铃汽车、江铃汽车、广州/武汉本田、中国/广州丰田、东南汽车、上海通用、上海大众、北汽福田、长丰汽车等国内近30家知名汽车制造商提供服务，拥有汽车底漆、中涂、面漆涂装线近60条。颜料化工厂抓住立德粉市场转旺的有利时机，全年实现利润212万元，从亏损大户变为盈利大户。是年，全行业实现扭亏为盈的企业6家，实现利润4080万元，实现了全行业扭亏为盈。宁乡石油化工总厂年产万吨精品柠檬酸生产线正式投产，是国内首条起点高、规模大、质量好的精品柠檬酸生产线。湖南省永和磷肥厂投资500万元进行硫酸三系统技术改造，由年产2万吨硫酸扩至年产4万吨规模，项目建成后全厂硫酸的年生产能力达5万吨。长沙市岳麓化工厂生产的三聚磷酸钠每吨生产成本由效益最佳年份三年前的3048元增加至4200元。坪塘氧化铁颜料厂经股份制改造，组建湖南三环颜料有限公司。湖南橡胶厂获长沙海关授牌“保税工厂”，该厂利用其海关保税工厂的有利条件，进口橡胶1600吨，自营出口胶鞋500万双，创汇700万美元。湖南乳胶制品厂生产乳胶制品112.2吨，工业手套30.2万双，检查手套157.2万只。是年，规模以上企业统计范围由独立核算企业变更为乡及乡以上独立核算企业，全市化学工业有规模以上企业181家、完成工业总产值16.80亿元、固定资产年末净值5.81亿元、利税总额4080万元。

1996年开始，企业改革不断深入，以产权制度改革为重点的企业改制建制工作在市属化工企业全面推进。湖南矿用橡胶厂积极对外开拓市场，抢占市场制高点，全年产值超1800万元，利润过100万元，是建厂以来生产和效益最好的一年，也是改革成效最大的一年。当年海利股份在上海证交所上市。浏阳市氮肥厂投资1100多万元，通过对设备中修和年度大修，顺利完成合成氨系统的技术改造，使合成氨年生产能力达到6万吨，提高了产品产量，全年完成工业总产值5000万元。长沙县跃进氮肥厂将老化、落后的合成氨生产设备更新后，经济效益明显提高，全年完成工业总产值3000万元。长沙市湘岳化工厂“岳峰牌”无水亚硫酸钠停产后，根据市场需求进行产品结构调整，将重心转移到所生产的“云峰牌”焦亚硫酸钠上，全年产量达1.89万吨，成为省内最大的焦亚硫酸钠生产企业。湖南橡胶厂针对国内市场销售不畅的情况，调整产品结构，扩大胶鞋出口业务，全年生产胶鞋1259.87万双，出口各种胶鞋417万双，实现出口创汇达到500万美元。长沙化工厂通过改革承包机制，实行垂直管理，狠抓生产、质量与节能降耗，实现工业总产值1876万元，利税235万元，其中利润62.6万元，扭转连续六年亏损局面。湖南磷化工总厂的主要产品黄磷，达到最高产量3100吨。长沙市岳麓化工厂的主要产品三聚磷酸钠年产值达历史最高值1.04万吨，但亏损额巨大，年亏损281万元。宁乡石油化工总厂由于管理粗放，加之原材料涨价，产品销价逐年回落等，企业生产经营出现了严重亏损，到年底累计亏损达5000万元。湖南生物化工厂资不抵债，成为市属化工企业首家依法破产关闭企业。

1997年，受亚洲金融危机冲击，国内市场有效需求不足，通货紧缩趋势明显，全市企业开工不足，下岗职工增多等，各项指标的完成出现连年下降，陷入在低谷徘徊的困境。面对极为严峻的形势，化工局党委积极采取有效措施，精心组织指导生产，提出“因厂制宜，一厂一策”的改革措施，湖南省永和磷肥厂、湖南矿用橡胶厂，作为长沙市股份合作制试点改制企业，以职工出资向市政府买断评估后的企业经营性净资产，完成股份合作制试点改制，初步建立现代企业制度，初步遏制住了生产滑坡的局面。6月6日，长沙遭受持续10余个小时降雨量350毫米特大暴雨袭击，湖南磷化工总厂6个分支单位围墙被冲垮、设备受淹，生产瘫痪，直接经济损失600余万元。6月，以湖南造漆厂为主体改组为湖南湘江涂料集团有限公司，拥有自营进出口权，科、工、贸一体化，跨行业、跨地区的大型企业，总资产3亿元，年产涂料能力4.5万吨，产值、销售收入均近3亿元，利税4000万元；主要生产经营各种涂料醇酸树脂、聚酯树脂、环氧树脂和金属包装等；集团公司下设分公司和全资子公司10余个，并拥有湖南关西汽车涂料有限公司、珠科利涂料有限公司、深圳利众化工贸易公司、长沙利众实业有限公司等全资子公司和控股公司及参股公司；企业自主研发了“湘江牌”系列建筑涂料产品，该公司当年完成产值2.2亿元，利税总额4048万元，其中利润2700万元。是年，全市生产各种漆类涂料2.6万吨，其中湖南湘江涂料集团有限公司占近70%；全市共生产颜料2.8万吨，其中湖南三环颜料有限公司占39%。9月，宁乡石化总厂投资400万元进行柠檬酸钠生产线改造竣工投产，生产出第一批无水柠檬酸，填补了省内空白，生产线年产能力5000吨，年产值将增加5000余万元。是年，湖南三环颜料公司投资300多万元，增加氧化铁黄生产新设备，新增生产能力2000吨，氧化铁系列产品突破万吨大关，达到1.01万吨，产值增至420.15万元，实现利润248万元，其高档氧化铁彩色颜料精加工技术项目，被列为国家科委“九五”星火计划。湖南工业橡胶制品厂资金周转出现较大困难，胶布销售量骤减，处于半停工状态。湖南矿用橡胶厂作为长沙市股份合作制试点改制企业之一，改制为湖南矿用橡胶有限责任公司，初步建立现代企业制度。长沙市岳麓化工厂停产磷酸三钠和磷酸氢二钠，少量生产三聚磷酸钠，但仍面临巨额亏损的局面，两年后企业全面停产。是年，全市化学工业有规模以上企业180家、从业人员2.54万人，比1995年减少6家；当年完成工业总产值24.52亿元、固定资产年末净值9.82亿元、利税总额1.60亿元，与1995年相比，分别增长46%、67%、2.91倍。

1998年始，受东南亚金融危机的冲击等外部经济环境影响，企业生产出现低迷，资金短缺，开工不足，效益下滑等重重困难，多数企业处于停产半停产状态，湖南磷化工总厂、湖南省古港磷肥厂、长沙铬盐厂等一批老国有大、中型企业都相继停工，将场地、设备等对外租赁。长沙市湘岳化工厂自力改制组建为长沙市湘岳化工有限责任公司。湖南工业橡胶制品厂销售收入减少到190万元，亏损20多万元，企业领导疲于筹措工资，维护一方稳定，职工以各种形式下岗自谋职业，进入托管中心总人数达118人，占职工总人数的50%。伴随着人们生活水平的提高，出行交通方式的改变，市场对力车胎的需求逐年下降，全市仅生产自行车内胎13.4万条，长沙橡胶厂因无以维计正常运转而被迫停产。随着进口化肥及高浓度化肥进入市场，国内磷肥原料价格大幅上涨，产品销售价格难以提高，化肥生产企业遭遇寒冬，长沙化工厂普钙生产车间转由个体合伙租赁承包经营，下半年湖南省古港磷肥厂因亏损严重被迫全面停产。宁乡石油化工总厂部分职工自愿募集205万元，并贷款1000万元，买断该厂精品柠檬酸生产线，组建为长沙华日生化实业有限公司。是年12月，华日公司买断宁乡石油化工总厂柠檬酸系列产品有效资产，组建了湖南银海石油化工有限公司。湖南磷化工总厂由于露采磷矿石资源基本枯竭，企业因债务沉重停产，该厂在10年中累计生产黄磷2.53万吨，生产60%和85%磷酸3.68万吨，生产食品磷酸4264吨。是年，湖南三环颜料有限公司共销售各种颜料1.37万吨，创汇210万余美元，并获得自营进出口权；翌年该公司被认定为湖南省“高新技术企业”。是年，全市规模以上企业统计范围由乡及乡以上独立核算企业变更为国有及年销售收入500万元以上企业，全市化学工业有规模以上企业54家、从业人员2.04万人，完成工业总产值20.37亿元、固定资产年末净值10亿元、利税总额1.14亿元。

1999年，宁乡石油化工总厂共生产柠檬酸系列产品1.82万吨，实现工业总产值1.41亿元，利税721万元，并实现纯利润44万元，使企业起死回生，扭转了柠檬酸生产连续四年严重亏损局面。浏阳市化工厂新上1条年产氯酸钾5000吨的生产线，产品质量符合国家一级标准，畅销国内花炮及火柴制造行业，并有部分销往日本和欧美等国家和地区；其年产1500吨高氯酸钾生产装置，产品质量达国内先进水平，符合外贸部门出口商品检验标准。长沙铬盐厂红矾钠产量1.08万吨，该厂是长沙地区生产铬酸酐和红钒钠最大的企业，具有年产3000吨铬酸酐7000吨红钒钠的能力，当年铬酸酐产量也创历史纪录为4349.4吨，完成产值9213.7万元，该厂所产红钒钠60%自用作生产铬酐的原料，其余供应市场，主销省内各地，部分销往外省或供外贸出口，但受市场经济的影响加上金融危机发生连年亏损，资金极为短缺，无法维持正常生产，将红矾钠、铬酐生产线以出租给长沙鑫飞铬盐有限公司（后更名为昊晟铬盐有限公司）经营五年时间。长沙市湘岳化工有限责任公司通过ISO9000质量体系认证，获得自营进出口权。氮肥品种之一的氨水因肥效低、易挥发、难贮运等缺点，长沙农村逐渐淘汰使用氨水，长沙大部分企业停产氨水，全市当年仅生产氨水3339吨。湖南省永和磷肥厂所生产“浏阳河牌”过磷酸钙，被评为首届湖南省名牌产品，污染物排放经省环保局验收达到国家标准，但受市场变化因素影响，该企业生产经营状况也出现严重滑坡，处于停产半停产状态。湖南磷化工总厂的磷酸一铵生产线，由于产量上不去，是年5月份被迫停产。湖南橡胶厂生产汽车外胎7.45万条，内胎4656条，因销售不畅于翌年停产。

2000年，全市化工行业开展实现党中央、国务院提出的“三年两大目标”攻坚战，克服化工市场低迷、技改投入不足等困难，遏制住全行业连续三年生产滑坡的局面，并开始走出低谷。湖南造漆厂作为省改革试点企业，按照《中华人民共和国公司法》由全民所有制企业改组为国有独资公司，更名为湖南湘江涂料集团有限公司，由国有独资公司改组为产权主体多元化的有限责任公司，建立了完善的法人治理机构，在行业内率先进行“两个置换”（职工身份置换、企业产权置换），置换全民职工身份1010人，全员实行竞聘上岗，全年完成工业总产值2.88亿元，占化工全系统产值的49.5%，支撑了全局生产的半壁江山。湖南省七宝山硫铁矿1000多名下岗职工开展生产自救，自发融资265万元与矿方合作组建股份制黄金生产企业（浏阳市宝鑫矿业开发有限公司），当年试生产就获较好经济效益。9月，经湖南省人民政府批准，由湖南化工研究院整体转制组建成立湖南海利高新技术产业集团有限公司，为国有独资企业。湖南湘江涂料集团有限公司由国有独资公司改制为产权多元化的有限责任公司。乳胶制品国内市场竞争激烈，湖南乳胶制品厂的乳胶制品产量急骤下滑，全年仅生产乳胶制品12.57吨，工业手套21万双，检查手套22.2万只。是年，全市橡胶制品业有企业10家，完成工业总产值1.80亿元，与1996年相比，总产值下降120%。全市主要无机化工产品油漆生产2.02万吨、化学试剂1457.49吨、油墨445吨、立德粉1.53万吨，其中立德粉获准为出口免检产品。各种化学肥料5.27万吨，其中氮肥2.62万吨、磷肥2.65万吨。无机化工主要产品硫酸生产10.92万吨，红钒钠生产1.26万吨。

2001年，国内外市场颜料转旺，为满足市场需求，长沙县仙人市乡、浏阳市达浒乡等乡镇化工厂，建成年产总量超千吨的立德粉或钛白粉生产线均陆续投入生产。长沙颜料化工厂全年完成产值4816万元，实现利润128万元。是年6月，湖南明辰生化科技有限公司投资的万吨氟涂料生产基地开工建设，注册资本1000万元，主要生产氟涂料。湖南湘江涂料集团有限公司将选矿工艺由池浸改为堆浸，引进先进的“火法与湿法相结合”金银冶炼技术，回收率和质量大幅提高，全年完成工业总产值1431万元，并全部还清职工股金。化工行业在生产过程中，产生的“三废”（废渣、废水、废气）对环境影响较大，如生产硫酸锰的过程中，大量的锰泥废渣、废水污染损毁大片农田，造成当地村民生活饮用水困难，从而引起当地及上级政府部门的高度关注。长沙县生产硫酸锰的乡镇化工厂先后全部关停。长沙石油厂因连年亏损，润滑油脂相关产品停产。湖南磷化工总厂随着市场经济发展，企业经营难度越来越大，包袱沉重而无法维持正常运转，为盘活企业有效资产，将过磷酸钙生产线租赁承包给个人生产经营。湖南乳胶厂将原有的乳胶产品生产车间外迁至河西三汊矶，租用岳麓化工厂闲置的车间继续生产，确保传统乳胶产品的市场占有率；原产品异地生产搬迁后，更新部分生产设备，并改进技术和工艺，建立新的生产线，提高产品质量和工效，当年生产乳胶手套19.5万双，指套18万只。是年，全市橡胶制品业主要产品之一的胶鞋仅生产311万双，加之市场需求不旺，面临逐年减产的局面。

2002年，湖南湘江涂料集团有限公司在抓好主导产品汽车漆生产销售的同时，还对建筑涂料、家具漆、重防腐涂料等市场销路看好的产品，扩大生产规模，当年完成工业总产值2.88亿元，占全市化工行业系统产值的49.5%。湖南三环颜料有限公司为填补国内同行业产品空白，扩大产品产量和深加工能力，投资2932万元进行技术改造和扩大生产规模，建设年产3万吨氧化铁颜料和1万吨超细氧化铁颜料项目，全部建成投产后，可年增产值1亿元，利税4000万元；当年该厂氧化铁颜料产量2.11万吨，其生产的氧化铁红获化工部优质产品第一名，产品销往国内31个省份，并出口36个国家和地区。是年，长沙橡胶厂、长沙颜料化工厂两企业依法破产后，分别改制重组为新的股份制民营企业；湖南工业橡胶制品厂改制组建为长沙湘江雨衣制品有限公司，湖南省七宝山硫铁矿下岗与失业并轨改制，理顺职工劳动关系1508名。地处长沙市新河三角洲的长沙化工厂硫酸锰车间也因环保问题关闭停产，该厂的三氯异氰脲酸类生产装置从建成投产到2002年停产的七年间，累计生产1300吨。至此，长沙市域内生产的助剂类品种仅剩食品添加剂。

2003年，市化工医药行业管理办公室的成立，并加快化工行业企业改制建制工作的步伐，按照“因企制宜，一企一策”的原则，11家企业相继完成改制建制工作，使化工行业焕发生机。先后有全国“勤俭办企业”五面红旗之一的大型国有企业湖南橡胶厂政策性破产关闭，长沙市湘江化工厂依法破产，长沙橡胶厂、湖南矿用橡胶公司先后完成企业改制；湖南工业橡胶制品厂改制重组为新的股份制公司——长沙湘江雨衣制品有限责任公司，改制后的新公司将土地转让，租场地办公，委托加工生产雨衣销售，艰难运行。12 月，湖南乳胶制品厂经职代会审议通过企业改制，自力改制重组为长沙天福乳胶有限公司。经浏阳市人民法院裁定，湖南省古港磷肥厂依法破产，该厂部分原企业职工募集 300 万元资金，注册成立长沙古港化工实业有限公司。湖南湘江涂料集团有限责任公司获长沙工业二十强称号。湖南关西汽车涂料有限公司再度与日方合资，新注册成立湘江关西涂料有限公司，总投资 1500 万美元，新建年产能 3 万吨环保型高档汽车涂料生产项目。同年，湖南振邦氟涂料有限公司投资亿元，在宁乡建成亚洲最大的水性环保型氟碳涂料生产基地，创中国氟碳涂料第一品牌。

2004 年，长沙市岳麓化工厂改制为长沙市延星化工有限责任公司。宁乡县众鑫塑胶有限公司在宁乡经开区成立，注册资本 4.7 亿元，主要经营塑胶制品等。长沙铬盐厂由于铬酐生产带来大量的工业废弃物，给湘江流域造成污染关闭停产后依法破产。是年，全市化学工业共有规模以上企业 254 家、从业人员 54125 人，与 1998 年相比，分别增加 200 家、3.37 万人；当年完成工业总产值 56.65 亿元、固定资产净值 19.34 亿元、实现利税 9.17 亿元，与 1998 年相比，分别增长 1.78 倍、93.16%、7.07 倍。全行业主要产品产量：合成氨 2.81 万吨、各种化肥（100%）3.79 万吨、化学农药（原药）8394 吨、油漆 4.62 万吨。

2005 年，湖南利洁生物集团股份有限公司在宁乡经开区成立，注册资本 7776.96 万元，占地 5.73 公顷，建筑面积 1.4 万平方米，主要从事生物医药，化工原料，催化剂及医药中间体的开发和生产经营，主产 3，5–二甲基苯胺、3，5–二甲基苯酚、4–氯–3，5–二甲基苯酚、3，4，4–三氯均二苯脲。湖南矿用橡胶有限责任公司生产输送带 3.94 万平方米，产量比上年增长 48%，实现工业总产值 728 万元，销售收入达到 807 万元。长沙天福乳胶有限公司销售收入 644.8 万元，盈利 51.99 万元。湖南省永和磷肥厂投资新建年产量 1 万吨硫酸铝生产线，当年硫酸铝达到最高产量 6377 吨，并成功开发出高纯硫酸（即精品酸），年产能力达 8000 吨。12 月，长沙化工厂因市政府重点工程“两馆一厅”建设需要，整体拆迁腾地而破产关闭，地处岳麓区三汊矶的长沙锌厂也因城建改造的需要而关闭，至此，在市区内生产硫酸等含污染的化工产品的历史画上句号。湖南湘江涂料集团有限责任公司以全资收购的形式将郑州双塔涂料有限公司纳入旗下，使集团公司成为中国涂料业最具规模和实力的企业之一，是年，集团获得自营进出口权、被评为省化工优秀企业。

2006 年，全市生产颜料已达到 5 万吨，产量比 1997 年增长 56%，是近年增长速度较快的一年。9 月，湖南松井新材料有限公司在宁乡经开区成立，注册资本 5970 万元，是一家集涂料研发、生产、销售为一体的高新技术企业，主要生产 PVD 涂料、塑胶涂料、金属烤漆涂料、油墨、汽车部件涂料、水性涂料六大系列，广泛应用于手机、笔记本电脑、数码相机、汽车零部件、穿戴式产品等领域。湖南湘江涂料集团有限责任公司，投入新产品生产 8 个，增强企业市场竞争力，全年实现工业总产值 9.84 亿元，销售收入 10.22 亿元，比上一年分别增长 15.64%、13.76%，获湖南省质量、环境管理体系运行优秀企业。湖南矿用橡胶有限责任公司将科技创新融入技术改造中，投入资金 100 万元，在上年完成“涂刮法自动线”基础上，新上一条“挤出法自动生产线”并投入生产，结束公司不能生产橡胶面输送带的历史。是年，全市化肥生产逐渐萎缩，全市仅生产合成氨 3.27 万吨，氮肥（折纯）2.41 万吨，磷肥 1.57 万吨，2007 年氮肥全部停产，长沙市不再有企业生产氮肥类化学肥料。湖南橡胶厂全面停产。

2007 年 4 月，神塑科技有限公司长沙市高新区成立，是一家集塑胶管道系列产品的生产、研发、销售、技术咨询与技术服务于一体的高新技术企业，注册资金 1.5 亿元。公司产品包括 PE、PVC、PPR、玻璃钢管道系统等四大系列，其中 PE 系列产品有 PE 给排水管材管件、PE 燃气管材管件、HDPE 双壁波纹管、HDPE 钢带增强螺旋波纹管；PVC 系列产品有 PVC–U 给水、排水管材管件、PVC–U 阻缘电工套管、PVC–U 埋地式通信套管、PVC–U 路灯套管；PP–R 冷热水管材管件；电缆用玻璃钢保护套管；PVC–C 埋地式高压电力电缆套管及配件等 2000 多个规格型号。长沙天卓塑胶有限公司在望城经开区成立，注册资本 1.01 亿元，经营范围包括塑料板、管、型材、其他塑料制品、压力管道及配件的制造。

2008 年，湖南湘江涂料集团有限责任公司获省高新技术企业，湖南百强企业，“湘江油漆”获中国驰名商标，常温快速固化厚浆型汽车专用聚脲弹性涂料等 3 个产品，被认定为湖南省高新技术产品。4 月，湖南中财化学建材有限公司在宁乡经开区成立，注册资本 1.35 亿元，经营范围包括塑胶制品及配件、塑胶制品原料、机械、模具、建筑装潢材料的制造、销售。7 月，长沙族兴金属颜料有限公司在宁乡成立，注册资本 9700 万元，主要生产经营金属铝颜料（铝银浆、铝银粉）、精细化工产品、化工原料、铝制品。长沙天福乳胶有限公司因乳胶涨价，管理滞后，设备陈旧，销售收入锐减至 225 万元，全年亏损 4.2 万元。湖南矿用橡胶有限责任公司全面停产。全市有橡胶制品企业 8 家，完成工业总产值 5.16 亿元，与 2004 年相比，总产值增长 2.60 倍。是年，启动或完成政策性破产企业 2 家、依法破产关闭企业改制 3 家。至此，市属 25 家化工企业完成改制或理顺职工劳动关系 24 家，下余 1 家无资产集体企业未改制，待政府救助安置。湖南三环颜料有限公司退出坪塘老工业基地，总投资近 2 亿元，将企业整体搬迁入驻望城铜官循环经济工业园，建成年产 6 万吨氧化铁系列颜料的生产线，成为国内同行业新型现代化企业，也是中国氧化铁行业标志示范企业，在全国同行业中综合实力居首位。长沙天福乳胶有限公司乳胶生产区因政府拆迁，以 280 万元将生产设备、产品品牌转让给浏阳市洞阳镇白园社区。湖南化学试剂总厂由长沙市中级人民法院立案裁定宣告破产。是年，全市共有有机化工产品制造业 37 家，完成工业总产值 39.82 亿元。是年，全行业产值、销售收入、利润、税收四大指标达行业最好水平。当年完成工业总产值 162.89 亿元、利税总额 22.01 亿元。全行业主要产品产量：硫酸 2.65 万吨、化肥（100%）2.19 万吨、化学农药（原药）1.02 万吨、油漆 7.45 万吨、建筑涂料 5426 吨、颜料 4.98 万吨。

2009 年，湖南湘江涂料集团有限公司保持了长沙工业 30 强地位，被评为长沙工业十大突出贡献企业，获最具影响力湘商企业称号。3 月，中美合资湖南鸿海新材料有限公司在宁乡经开区成立，注册资本 1000 万元，是一家专业从事特殊化学品研发，生产、销售一体化的科工贸高科技实体企业，主要生产塑胶漆、真空镀膜涂料和电子保护涂料等。湖南省永和磷肥厂运转良好，生产销售均保持平稳增长，该企业有职工 206 人，其中专业技术人员 62 人，当年完成工业总产值 5279 万元，固定资产原值 2861 万元，其产品主要销往长沙地区，部分销往江西、安徽、湖北等省。长沙古港化工实业有限公司由于招商、腾地，磷肥停产。2010 年后，深入开展“创先争优”活动，化工行业连续保持 23%以上的平稳增长。湖南湘江涂料集团有限责任公司获中国石油和化工行业知名品牌。8 月，住友橡胶（住友橡胶工业株式会社是世界六大轮胎生产商之一）在长沙设立其在中国的第二家工厂——住友橡胶（湖南）有限公司选址落户经开区星沙产业基地落户，设计年产 1000 万条子午线轮胎，产值 30 亿元，一期总投资 3 亿美元，占地 40 公顷，解决劳动力就业 2600 人，次年 7 月投产，长沙成为住友橡胶在中国最大的生产基地。是年，全市化学工业共有规模以上企业 558 家，从业人员 8.45 万人，与 2004 年相比，分别增加 304 家、3.04 万人；当年完成工业总产值 375.80 亿元、固定资产 51.30 亿元、利税总额 57.56 亿元、与 2004 年相比，分别增长 5.63 倍、1.65 倍、5.28 倍。

2011年，湖南磷化工总厂破产三年后，重组为湖南恒晟磷化工有限责任公司。是年，规模以上企业统计范围由国有及年销售收入500万元以上企业变更为国有及年销售收入2000万元以上企业，全市化学工业共有规模以上企业494家、从业人员7.93万人，完成工业总产值472.17亿元、固定资产72.19亿元、实现利税55.81亿元。2012年4月，长沙市湘岳化工有限责任公司投资80万元开发出高纯硫酸（即精品酸）项目，仅用4个月时间完成了从工艺设计、土建施工、设备选型、安装调试生产工作，生产能力年产8000吨；5月份投资300万元，自行设计、施工、安装调试生产能力年1.5万吨聚氯化铝项目，历时6个月投产。长沙市湘岳化工厂焦亚硫酸钠年产能力达6万吨，总资产过亿元，在全国焦亚硫酸钠行业中产量排名第二，湖南省排名第一。湖南关西汽车涂料有限公司投资1.2亿元，在湘江关西建成年产8000吨的环保型水性汽车漆年底投产，对接工程机械，开发耐磨聚脲弹性涂料，占领了全国皮卡车用漆80%市场。住友橡胶（湖南）有限公司，新建年产1050万条子午线橡胶轮胎生产线，设计年产值30亿元、税收1.4亿元。湖南三环颜料有限公司建成年产6万吨氧化铁颜料生产线，成为国内同行业新型现代化企业。湖南湘江涂料集团有限公司、博隆矿业开发有限公司等10家股份公司制、民营或混合所有制、重组新生企业成为市属化工行业生力军。全行业工业总产值持续10年保持20%以上的快速增长，其中湘江涂料集团年产值近20亿元，利税总额达1.71亿元，跻身长沙工业20强，成为长沙工业的支柱型产业。是年，全市化学工业共有规模以上企业491家、从业人员8.74万人，与2011年相比，企业减少3家、从业人员增加8096人。其中研究与开发人员3739人、专业技术人员4215人；当年完成工业总产值583.10亿元、固定资产72.31亿元、利税总额66.91亿元，与2011年相比，分别增长23.5%、0.2%、19.89%。主要产品产量：化肥（100%）1.83万吨、化学农药（原药）1.75万吨、油漆2.63万吨、涂料2.63万吨。

表17-12-1-1　　1988—2012年长沙市化学工业规模以上企业经济指标一览表

年份	企业数（家）	从业人数（人）	工业总产值（万元）	固定资产净值（万元）	利税总额（万元）
1988	109	19019	43065	14416	8628
1989	117	19209	43436	17086	8781
1990	118	19132	46058	19251	9247
1991	114	—	87324	29521	11564
1992	109	—	104239	32536	11940
1993	106	—	114190	40730	5276
1994	155	26872	142170	52482	1311
1995	181	—	167986	58103	4080
1996	146	—	222602	81923	8330
1997	180	25395	245161	98186	15969
1998	54	20398	203708	100138	11362
1999	57	18767	221829	114444	17213
2000	51	16275	216204	104211	21402
2001	54	15331	237784	120053	21092
2002	49	11307	227141	123769	25251

续表 17-12-1-1

年份	企业数（家）	从业人数（人）	工业总产值（万元）	固定资产净值（万元）	利税总额（万元）
2003	247	57969	459048	165854	77470
2004	254	54125	566490	193423	91668
2005	371	69129	891475	231901	121093
2006	412	73200	1188627	278331	174358
2007	459	69699	1590393	262132	213355
2008	452	72293	2140334	—	228999
2009	546	78701	2736229	—	360123
2010	558	84525	3757960	512978	575574
2011	494	79300	4721746	721903	558058
2012	491	87396	5831047	723103	669062

说明：表中资料来源于《长沙统计年鉴》；“—”为统计年鉴没有显示数据

表 17-12-1-2　　1988—2012 年长沙市化学工业主要产品产量一览表

年份	硫酸(万吨)	化肥(万吨)	农药(吨)	油漆(万吨)	涂料(吨)	轮胎外胎(万条)
1988	9.34	7.84	288	1.39	—	11.03
1989	8.37	6.92	394	1.35	—	11.08
1990	7.61	6.81	431	1.36	—	11.73
1991	8.31	7.61	459	1.50	—	13.02
1992	8.31	8.24	611	1.80	—	15.21
1993	8.58	7.63	587	1.73	—	17.38
1994	11.61	8.61	937	1.75	—	16.00
1995	12.58	13.42	1351	1.95	—	12.94
1996	14.29	11.42	1160	2.33	—	15.88
1997	14.42	10.35	2211	2.64	—	13.78
1998	13.27	8.44	3227	1.64	—	16.25
1999	11.5	8.19	3960	1.76	—	7.45
2000	10.92	5.27	4467	2.02	—	—
2001	10.37	5.12	5132	2.58	—	—
2002	7.33	3.09	6006	2.44	—	—
2003	—	2.56	6313	2.98	—	—
2004	5.17	3.97	8394	4.62	4005	—
2005	5.01	2.00	8622	4.92	4600	—
2006	3.67	3.98	9670	6.45	6060	—

续表 17-12-1-2

年份	硫酸（万吨）	化肥（万吨）	农药（吨）	油漆（万吨）	涂料（吨）	轮胎外胎（万条）
2007	2.65	2.19	10222	7.45	5426	—
2008	5.14	2.89	10574	9.97	5394	—
2009	4.70	2.05	10108	11.44	35440	—
2010	—	3.16	12659	13.93	44550	—
2011	—	4.29	12229	16.03	160285	—
2012	—	1.83	17524	26.34	263385	—

说明：表中资料来源于《长沙统计年鉴》；“—”为统计年鉴没有显示数据

第二节　产品质量

1988年，长沙已初步形成包括化学肥料、无机化工、有机化工、涂料颜料、橡胶制品等门类较齐的化工产品体系。其中：无机化工产品57种，主要产品有硫酸、焦亚硫酸钠、硫酸铝、碳酸锰、红矾钠等25种。有机化学产品有各种涂料、颜料、环氧树脂、酚醛树脂、丙烯酸树脂、油墨、立德粉、油酸和脂肪酸、硫酸二甲酯、甲醇钠等，其中涂料产品有15个种类、200多个品种、800余个花色，分为传统涂料（油漆）、合成树脂涂料（俗称高档漆）、汽车涂料、新型建筑涂料和油墨五大类。化学肥料有氮肥、磷肥、混配肥、液体肥4类，品种有碳酸氢铵、合成氨、氨水、普通过磷酸钙（普钙）、钙镁磷肥。橡胶制品业的主要产品有胶鞋、汽车轮胎、自行车胎等11大类，8500多种花色品种，其中新工艺鞋、化学鞋、鞋用PVC粒料、橡胶平板、阻燃运输带、乳胶制品、导风筒、胶质矿帽、汽车油封、防毒军用手套、防毒面具等为全省独家产品；再生胶、胶辊、杂件、力车胎、胶布、压敏胶带、压力圈为全省总产量的75%左右。其他化工产品助剂种类有增塑剂、食品添加剂、三氯异氰脲酸等，其中增塑剂的种类主要是烷基磺酸苯酯（简称石油酯）和邻苯二甲酸二辛酯（简称二辛酯）。润滑油脂类有润滑油、润滑酯、软麻油3大类，30多个品种，50多个规格。食品添加剂类有糖精钠、柠檬酸、乳酸、类可可脂等。全市化学工业国优、部优和省优产品有135个。其中当年新增“部优”“省优”产品13个（“部优”2个，“省优”产品11个）。长沙化工厂生产的硫酸锰、宁乡县的“花明牌”柠檬酸，被评为“部优”产品。湖南催化剂厂生产的B108催化剂通过部级鉴定，其低温活性和正压强度都达到国内先进水平，其工艺属国内首创，获国家科委授予的科学进步奖和“省优”产品。湖南造漆厂生产的湘江牌磁化铁棕酚醛防锈漆、湘江牌黑磁化铁醇酸车辆面漆、湘江牌墨绿环氧烘干黑板漆，均被评为“省优”产品。长沙湘岳化工厂产品焦亚硫酸钠被评为“省优”产品；生产的亚硫酸钠产品的二氧化硫含量，一级品在96%以上，二级品不低于93%，其岳峰牌无水亚硫酸钠被评为“省优”产品，长沙市岳麓化工厂是原轻工部在湖南省定点生产三聚磷酸钠的唯一厂家，生产的“全球牌”三聚磷酸钠被评为“省优”产品。湖南乳胶制品厂是全国12家乳胶企业之一，系湖南省唯一生产乳胶制品企业，主要生产耐酸耐碱、防毒劳保手套、医疗卫生手术手套、输血胶管、检查手套、军工手套，各种汽车、摩托车、自行车、民用家具等和多种海绵制品，其蝴蝶牌手套被评为“省优”产品。长沙湘岳化工厂是长沙域内焦亚硫酸钠、亚硫酸钠和保险粉最大的生产厂家，生产的磷酸被评为“省优”产品。长沙油墨厂产品有油型、水性型、树脂型、亮光快干型及胶印、轮转、誊写、铅印、彩色油墨与调墨油、油墨助剂等14个系列，150个品种。湖南省资江氮肥厂、湖南省化工研究所研发的“菌毒敌”高效禽兽消毒剂，获省科技进步二等奖。长沙颜料化工厂生产98%、99%、99.5%三种规格的氧化锌，产品质量达到出口标准，其B311立德粉被评为“省优”产品，B312获省科技进步三等奖。浏阳县有机化工厂研制的阻燃剂，获湖南省星火科技奖。湖南橡胶厂有各种汽车、拖拉机、摩托车胎等9个品种10多个规格。

1989年，全行业获国家银牌奖产品1个、“部优”产品3个、“省优”产品11个。长沙市化工研究所研制的荔枝保鲜剂，通过化工部鉴定，为国内首创。该所联合湖南催化剂厂和南京化学工业公司研究院联合研制的B–114型中变催化剂，是化工部列入科研计划的项目，具有含硫低、机械强度高、使用寿命长、增产节能等特点，主要性能达到国外同类产品水平，为国内首创，于1月18日通过化工部科技司鉴定，翌年在国家首届科技贷款成果会上获金箭银奖。长沙石油化工厂和中国石油化工科学研究院，联合开发的新型极压复合铝基润滑酯，通过中国石化总公司技术开发部组织的鉴定，新型润滑酯采用环状三异丙基三氧铝为皂化剂，直接皂化制酯的先进工艺，填补国内润滑酯中一项空白。同年，宁乡县石油化工总厂采用英国皇家药典标准生产的柠檬酸，在全国轻工业博览会上获银质奖。12月15日，湖南矿用橡胶厂研制的煤矿用阻燃导风筒，通过湖南省经委、省石油化工厅组织的鉴定，填补省内空白。长沙建筑涂料总厂生产的“白龙牌”801建筑胶，被评为国家银牌奖产品。湖南橡胶厂试制成一种具有绝缘耐油等多功能的轻型劳动保护鞋，并通过省级技术鉴定，该产品由引进意大利设备生产，邦材采用化纤、棉纤、人造麂皮绒，底材采用改性PVC粒料及注塑工艺技术，经测试拉伸强度达9.27毫巴，拉断伸长率达390%，耐油重量变化率为—0.72%，加热减量为2.99%，耐电压5000伏，与再生胶均被评为“部优”产品。浏阳磷矿生产的黄磷，获评“部优”产品。湖南造漆厂生产的C04–2中绿、获评“省优”产品，其中E/P–1各色环氧树酯粉末涂料，获湖南省科技进步二等奖。湖南矿用橡胶厂生产的“乌金牌”煤矿用阻燃输送带，被评为“省优”产品。长沙橡胶厂是省内唯一生产橡胶平板的专业厂家，生产橡胶平板规格有厚度2~40毫米、宽度1米，该厂研制成的时规齿带通过鉴定；经长沙汽车发动机总厂在CS475汽车发动机上试验，行程达4.2万千米以上，可替代进口产品节省外汇。

1990年，全行业获“部优”产品6个、“省优”产品11个。湖南造漆厂研制出的8811焰火引线清漆、A04–14各色氨基静电烘干漆和X–19氨基静电漆稀释剂，该厂的铁红环氧酯底漆与湖南橡胶厂生产的女式雨鞋、坪塘氧化铁颜料厂生产的氧化铁红，被评为“部优”产品。长沙湘岳化工厂与化学工业部天津化工研究院，负责起草国家“GB9005–88工业无水亚硫酸钠标准”，获湖南省科学技术进步奖、科技成果三等奖、国家标准局科技进步四等奖。长沙化工厂所产无敌牌工业硫酸锰，荣获国家经委授予的优质产品银牌奖，并打入国际市场，产品80%~90%销往欧洲、美洲、澳大利亚、日本等国家和地区，10%~20%供应国内市场。长沙石油厂研制的汽车通用锂基润滑酯通过省级鉴定，年产能力超8000吨以上，该产品经北京石油化工科学院检测，各项指标全部达到国标GB–5671–85汽车通用锂基酯技术要求。长沙化工研究所研制出B–14型中变催化剂，通过化工部鉴定，具有含硫低、机械强度高、使用寿命长、增产节能特点，主要性能达到国外同类产品水平。湖南矿用橡胶厂是煤炭部和化工部定点生产胶布导风筒的主要厂家之一，生产导风筒有20多年的历史，也是长沙市唯一生产导风筒企业，该厂研制成功的改性PVC型、橡塑型、橡胶型三类阻燃导风管，规格从直径200毫米至直径1200毫米等10种，具有阻燃防静电的性能，产品经煤炭科学研究院重庆研究所检验，经、纬向扯断强度，撕裂力、酒精喷灯有焰燃烧、表面电阻等物理性能和安全性能，均达到国内煤矿用正压风筒标准要求，且居国内同类产品先进水平，填补省内空白。

1991年，全行业获国家发明奖1个、“部优”产品4个、“省优”产品9个。湖南化工研究所研制的“甲基异氰酸酯制作方法”，获国家发明奖。湖南造漆厂生产的HO6-2各色硝基外用磁漆、长沙岳麓化工厂的磷酸三钠、长沙油墨厂的“湘江牌”20型胶印树脂油墨、长沙海天化工厂的“海天牌”GR耐水快干乳胶，均被评为“部优”产品。长沙橡胶厂根据市场需要开发众多新产品，形成软边、直边和勾边力车胎三大系列20个品种，彩色胎有7种颜色，双色彩胎、越野登山车胎、沙地车胎、六层加重车胎等，新产品产量占全厂力车胎总产量的71.97%，新产品产值率达58.87%，产品主销省内，部分自行车胎销往法国、美国、墨西哥、阿联酋、巴拿马、厄瓜多尔及哥伦比亚等国，出口量位居全国同行业第二位。长沙市岳麓化工厂生产的磷酸二氢钠和磷酸氢二钠，可作食品品质改良剂、PH调节剂和膨松剂等，填补湖南省食品添加剂中此类产品的空白。长沙湘江化工厂三羟基聚醚树脂项目建成投产，可替代进口产品，填补长沙同类产品空白。1992年，长沙化工研究所研制出RP-防腐涂料，以氯磺化聚乙烯橡胶、改性橡胶和改性树脂为漆基的复合配方，经湖南省涂料监测站分析测试与应用，性能优于氯磺化聚乙烯防腐涂料；并与湖南省山区综合技术开发研究中心和铁道部木材防腐厂，联合研制出BM型水溶性木材防腐剂，经湖南省科委鉴定，具有国内先进水平。湖南省机械研究所研发的“热镀锌锅炉防腐涂料”，获国家科技发明奖；湖南农药厂、长沙市化工研究所研发的“年产100吨杀菌剂百菌清原粉”，获湖南省科技进步二等奖；浏阳县有机化工厂研制的“FR-15阻燃增塑剂”，获湖南省科技进步三等奖。1993年，湖南造漆厂从德国引进先进的醇酸树脂生产装置，主要生产汽车涂料，试制成自泳漆、厚膜电泳漆、轿车面漆，其中HS-88阴极电泳漆获省科技进步二等奖，翌年获省石化厅科技进步一等奖。长沙化工厂研制出氟硅酸镁，经过湖南省质量监测站监测，各项质量指标均符合要求，其中氟硅酸镁含量达99.1%。

1994年，长沙石油厂与中国石油化工科学研究院合作，研制出SY3000合成汽车制动液，8月通过市级鉴定；该产品是醇型汽车制动液的换代产品，经交通部汽车运输行业能源监测中心检测及一汽汽车材料研究所试验证明，其各项质量指标符合GB10830-89标准，达到美联邦DOT3质量水平，在国内同类产品中处领先地位。湖南造漆厂研发的“MA-01各色氨基醇酸烘干汽车漆”，获湖南省科技进步奖。1997年，宁乡石油化工总厂研发的废渣生产柠檬酸钾新工艺，获湖南省科技进步三等奖。1998年，浏阳市化工厂退休职工袁寿南研制出一种新型无毒包装薄膜，其独特配方国内尚无二例，获国家专利，专利号98112640.5；长沙市化工研究所研制出SEL防结露漆；长沙石油厂开发研制出聚脲基润滑脂，质量达到国内同类产品先进水平。湖南三环颜料公司生产的氧化铁红、铁黑、铁黄等铁系颜料，拥有60多种不同规格型号，其中三环牌H101铁红继续保持部优称号，G313铁黄被指定为国家标准标样提供单位，722铁黑着色力高于国际标准20%，新产品“中国红”为国际采标单位并获国家专利权。长沙石油厂开发研制的聚脲基润滑酯，质量达到国内同类产品先进水平，可替代进口产品，而出厂价格不到同类进口产品价格的20%，12月15日通过湖南省科委鉴定。

1999年，湖南省永和磷肥厂生产的“浏阳河牌”过磷酸钙，被评为首届湖南省名牌产品。湖南湘江涂料集团有限公司研究开发的“中美牌”系列高档内外墙墙漆，于4月2日通过湖南省科委组织的鉴定，填补省内空白，经湖南省化工涂料质量监督授权站检测，各指标均优于国家标准，综合性能与国外同类产品相当。2000年，湖南海利高新技术产业集团有限公司“海利”注册商标，获“中国驰名商标”，“海利”牌氨基甲酸酯类系列农药获“湖南省名牌产品”，其独家生产的国家级新产品“残杀威”，产品纯度达99%，具世界领先水平，获国家科技进步二等奖，通过ISO9002质量认证体系，产品获得进入国际市场通行证。2月，湖南湘江涂料集团有限公司研制的“KP高加工性卷材涂料”，经湖南省化工涂料质量监督授权站检测，主要性能指标达到国内同类产品领先水平；该公司通过改进 HB–48B 中漆生产技术，提高了产品性能；新开发出 SOFX–5100pp 塑料保险杠用底漆、水泥耐磨地板漆等一批新产品，改变了产品结构，填补了省内空白；12 月，通过 ISO9001 质量体系认证，被评为湖南省质量管理先进单位。

2001 年，湖南关西汽车涂料有限公司取得适用汽车涂料行业的 QS–9000 质量体系认证，成为上海大众汽车公司的配套供应商，首次拥有欧美系车客户。湖南亚大新材料科技股份有限公司研发的“MT–1A 摩托车紫外光固化阻燃树酯”，获湖南省科技进步二等奖。同年，浏阳县有机化工有限公司生产的“方锐达”牌颗粒型八溴醚（OBE）阻燃剂，经省科委认定，填补国内化工产品一项空白，质量达到国外同类产品水平，技术达到国内同类产品领先水平，获湖南省产品质量奖，翌年获湖南省乡镇企业名牌产品奖、浏阳市名牌产品。湖南矿用橡胶有限责任公司产品“鹰牌”系列阻燃输送带和导风筒，获得“安全标志准用证”。湖南三环颜料有限公司“三环牌”氧化铁红、氧化铁黄系列产品，被评为湖南省名牌产品；“三环牌”商标被评为湖南省著名商标。

2002 年，长沙市湘岳化工厂生产的云峰牌焦亚硫酸钠，获湖南省产品质量奖，产品主销本省及周边省、市，40%出口东南亚地区。浏阳市龙泉氮肥有限责任公司生产的“淮川牌”农用碳酸氢铵，获湖南省产品质量奖。湖南三环颜料有限公司生产的“三环牌”氧化铁红、氧化铁黄颜料，被湖南名牌产品审定委员会、湖南省质量技术监督局评为湖南名牌产品；生产的氧化铁红获“部优”产品。湖南湘江涂料集团有限公司的“湘江牌”胶玉磁漆、醇酸漆、聚酯漆和“中美牌”内墙面漆等四大系列产品，获国家安全环保型室内装饰装修涂料推荐证书，被联合推荐为全国首批安全环保型室内装饰装修涂料产品；生产的乳胶漆、聚酯家具漆，获湖南省产品质量奖；其合资企业湖南关西公司生产的汽车阴极电泳底漆，获湖南省名牌产品。2004 年，长沙湘江防腐涂料有限公司开发的水性无机硅酸锌涂料、双组常温固化水性环氧重防腐蚀涂料等专用涂料，具有国际先进水平，填补国内空白。湖南化工研究院、湖南海利化工股份有限公司研发的“甲基嘧啶磷原油技术”，获湖南省科技进步二等奖。

2005 年，湖南湘江涂料集团有限公司为满足建筑领域、汽车制造领域对涂料防腐、耐磨防滑、耐水、美观等性能日益提高的需求，确保销售市场的占领和扩大，开发出环保型聚脲弹性涂料，具有耐紫外、耐冲击等性能。湖南化工研究院、湖南海利化工股份有限公司联合的“高品质化学二氧化锰技术研究与开发”，获湖南省科技进步三等奖。2006 年，长沙市湘岳化工有限责任公司被评为“湖南食品卫生等级 A 级生产单位”，其食品添加剂取得“全国工业产品生产许可证”，“云峰”商标连续三次被省工商局授予“湖南省著名商标”。2007 年，湖南湘江涂料集团有限公司自主研发的“湘江牌”系列建筑涂料，获得中国环境标志产品认证。2008 年，湖南湘江涂料集团有限公司试制成的 PVDF 氟碳涂料，获长沙市优秀新产品，集团获湖南省质量管理奖、湖南省自主创新示范单位称号。湖南化工研究院、国家农药创新工程技术研究中心，联合开发的“玉嘧磺隆合成研究技术”，获湖南省科技进步三等奖。2009 年后，湖南湘江涂料集团有限公司相继试制成丙烯酸防水涂料、大巴涂料、无苯羟基丙烯酸树酯等涂料。湖南大学的“涂料工业清洁生产工艺和发放”，获国家技术发明奖。湖南海利化工股份有限公司与国家农药创新工程技术研究中心，联合开发的“混丁烯法合成邻仲丁基酚”，获湖南省科技进步三等奖。

2010 年，湖南神力实业有限公司研制的“5 分钟室温快速固化环氧胶粘剂”、湖南以翔化工有限公司的“高效环保型交联剂 BIPB 工业化技术与开发”，获湖南省科技进步三等奖。2012 年，湖南化工研究院、湖南松源化工有限公司、湖南神力铃胶粘剂制造有限公司，成为长沙市高新技术企业。湖南省钾及伴生物工程技术研究中心，在化工部长沙设计研究院建立。是年，全行业获湖南省科技进步二等奖有：

湖南化工研究院、湖南海利化工股份有限公司联合的“氨基酸保护剂 FMOC-OSU 中试及生产”，湖南化工研究院、湖南海利化工股份有限公司、湖南达洁科技有限公司，联合开发的“氯代苯基异氰酸酯”，湖南化工研究院承担的“中国农药发展战略研究”。

企业选介

（一）湖南湘江涂料集团有限公司。位于长沙市开福区，前身为1950年4月成立的湖南造漆厂。1988年，被评为省级先进企业。1990年，被评为国家二级企业、湖南省优秀企业。1991年，进入全国500家最佳经济效益工业企业、被评为全国化工经济效益最佳企业。1992年，进入全国化工系统利税总额前100名企业。1993年，被评为国家级现场管理先进单位，湖南省大中型百强企业，湖南省大中型工业企业经济活力百强企业。1995年2月，和日本关西涂料株式会社合资成立湖南（湘江）关西汽车涂料有限公司，为集团最大的控股子公司，是国内最齐全的汽车原厂漆（OEM）供应商，为中国一汽集团、东风集团、长安集团、奇瑞汽车、吉利汽车、庆铃汽车、江铃汽车、广州/武汉本田、中国/广州丰田、东南汽车、上海通用、上海大众、北汽福田、长丰汽车等国内近30家知名汽车制造商提供服务，拥有汽车底漆、中涂、面漆涂装线近60条。1996年，获湖南省“八五”管理优秀企业称号。1997年，湖南造漆厂改制为国有独资公司，并更名为湖南湘江涂料集团有限公司；获得全国化工对外开放先进单位和湖南省优秀企业。2000年，由国有独资公司改制为产权多元化的有限责任公司。2003年，被评为湖南省消费者信得过单位。2006年，被评为湖南省质量、环境管理体系运行优秀企业。2007年，被评为湖南省高新技术企业、湖南百强企业、中国驰名商标。2008年，获湖南省质量管理奖、湖南省自主创新示范单位称号。2009年，获最具影响力湘商企业称号。2010年，获中国石油和化工行业知名品牌。

2010年，集团公司拥有完备的涂料研发、生产、物流、销售及质保体系，建有省级涂料技术和质检中心，装备先进的涂料生产线均从日本、德国、瑞士、意大利等国引进。涂料产品涵盖国家标准18大类，品种花色多达1000余个，广泛用于汽车、机械制造、建筑装饰、军工、特种涂装领域。集团全面通过ISO9001质量管理体系认证、ISO14001环境管理体系认证、3C标志认证、C标志计量标准认证。“湘江”牌是湖南名牌、湖南著名商标、中国十大工业涂料品牌。涂料年生产能力15万吨，年销售额过20亿元。2010年至2012年连续三年获得长沙市人民政府颁发的长沙工业三十强。2012年，有职工1416人，完成总产值19.73亿元，涂料销售收入19.66亿元，利税1.71亿元，固定资产原值4.47亿元。全部产品产量9.92万吨，其中汽车涂料产量超过5万吨。

（二）湖南海利高新技术产业集团有限公司。位于长沙高新区。其前身是湖南化工研究院1994年发起组建科技股份制企业——湖南海利化工股份有限公司（1996年在上海证交所上市），2000年9月1日经湖南省人民政府批准，由湖南化工研究院整体转制组建成立湖南海利高新技术产业集团有限公司，为国有独资企业。公司生产的氨基甲酸酯类农药在全国同类市场中占主导地位。氨基甲酸酯类农药1997年被列入“国家重点鼓励发展的产业、产品和技术目录”。氨基甲酸酯类农药在国外已开发出70余个品种，而国内仅开发出10余个，产量也仅占全国总产量的10%左右。拥有氨基甲酸酯类农药、烷基酚产品、光气化产品和其他精细化工产品四大系列50余个品种，总生产能力约4.2万吨，主导产品克百威、残杀威、甲萘威、呋喃酚、灭多威等在国内外拥有较高的市场占有率。

2012年，海利集团为湖南省属重点国有独资企业、国家创新型企业、湖南省十强高新技术企业、中国农药企业前十强、中国化工企业500强。“海利”注册商标为“中国驰名商标”，“海利”牌氨基甲酸酯类系列农药为“湖南省名牌产品”。公司建有国家级科研开发基地3个、国家级创新平台1个、省级工程中心1个和省级重点实验室2个；拥有联合博士点3个、硕士点5个，科研水平和技术成果居全国同行业先进水平。公司共有员工2549人，其中大专以上1078人，本科及以上471人；各类专业技术人员618人，其中有高级及以上专业技术职务的139人。海利集团下属子公司研究院、海利股份以及下属生产企业海利株洲公司、海利贵溪公司、海利常德公司均被认定为高新技术企业。有总资产21亿元，完成工业总产值15.32亿元，营业收入11.98亿元，实现利税4610万元，荣获“2012年中国农药行业百强（第19位）”。

第十三章　烟草工业

1988年，长沙市内的烟草制品均为机制卷烟，烟草工业特指卷烟工业，生产企业仅长沙卷烟厂一家，隶属湖南省烟草公司（湖南省烟草专卖局），由中国烟草总公司（国家烟草专卖局，简称国家局）统一管理。1988年8月，长沙卷烟厂通过国家二级企业验收，为烟草行业第5家。12月，该厂“五要素全方位优化”管理模式获行业企业管理现代化成果一等奖。是年，有员工1846人，卷烟产量29.67万箱，销售收入4.53亿元，利税2.82亿元，人均利税15.28万元，固定资产净值3679万元。为突破国内生产限制、顺应卷烟出口的行业要求，长沙卷烟厂谋求进入海外市场，与长沙烟草分公司（长沙市烟草专卖局）、湖南省侨汇公司联营，将嘴“白沙”、嘴“长沙”卷烟作为侨汇烟设点供应，创汇712.13万美元。

1989年，长沙卷烟厂提出由生产经营型向外向型企业转变的目标。4月，在春季广交会上实现卷烟出口。同年，上升为中型一类企业，被评为国家一级计量单位，在中国500家最大工业企业排名中列197位，为长沙市第一家。厂长肖寿松因大胆改革创新、不断推动管理现代化，将工厂从濒临倒闭发展成行业先进企业的成绩，被国务院授予全国劳动模范称号。1991年，长沙卷烟厂出口卷烟10.71万箱，成为全国出口烟最大基地。同年，兴建年产50万箱的出口烟车间。1992年，在国内卷烟市场饱和的背景下，长沙卷烟厂提出“内让兄弟企业，外争国际市场”的经营战略。与港商签订协议，以卷烟的海外代理权换取后者价值8500万美元、具有20世纪90年代国际先进水平的生产设备。1993年，在东欧、东南亚部分国家建立销售公司，被国家统计局等单位评为全国质量效益型先进企业。1994年，长沙卷烟厂提出从外向型企业向跨国集团发展的目标，产品在东南亚、东欧、俄罗斯的覆盖面继续扩大。是年，有员工3115人，卷烟产量64.46万箱，实现销售收入26.44亿元，利税15.69亿元，人均利税53.99万元，固定资产净值9.64亿元。收入、人均利税、固定资产净值分别为1988年的5.8倍、3.5倍、26.2倍。

1995年，长沙卷烟厂实施“名牌战略”，推出针对农村市场的“特制湘烟”和针对中高档市场的“白沙（精品）”。企业一次性通过ISO9000国际质量标准体系国内外认证，为行业首家。在“中国的脊梁——国有企业500强”中排100位，烟草行业第三位，湖南省第一位。1996年，获1995年度全国10家优秀企业“金马奖”，被中国质量管理协会评为“推行全面质量管理先进企业”。

1997 年，受内外环境因素和国家出口烟政策调整影响，长沙卷烟厂实行“由国外转向国内”的战略转移，海外公司相继放弃，重新规划产业布局。在企业内部开展以“功能资源优化”为目标的基础管理改革，各部室、车间管理水平得到提升，六车间被评为“全国烟草行业管理样板车间”。1998 年，继续深化改革，提出科研、市场、质量、成本“四个轮子一起转”的发展思路。是年，被纳入国务院首批派驻稽查特派员的 20 个国有骨干企业。1999 年 4 月，长沙卷烟厂采用低侧流技术的环保型“金沙”牌卷烟通过行业鉴定，使中国成为世界上第三个掌握该项技术的国家。是年，有员工 3073 人，卷烟产量 83.99 万箱，销售收入 63.5 亿元，利税 45.5 亿元，人均利税 144.59 万元，固定资产净值 16.46 亿元。收入、人均利税、固定资产净值分别为 1994 年的 2.4 倍、2.6 倍、1.7 倍。

2000 年，长沙卷烟厂提出二次创业口号，推出“铸造百年长烟”的目标。突出品牌发展意识，集中资源开展“白沙”品牌运营。11 月，成立以长沙卷烟厂为核心企业，涵盖烟草、药业、物流、金融投资、纵向多元化、后勤物业服务等六大产业的白沙集团。是年，产能突破 100 万箱，进入大一型企业行列。同年，制丝车间技术员陈彤新被国务院授予全国劳动模范称号。2002 年，行业首款主打绿色烟草理念的环保型卷烟“白沙（和）”上市，并陆续推出“和”系列产品进军高端市场。是年，纳税 45 亿元，列中国纳税排名榜第六，“白沙”卷烟居全国卷烟单牌号销量第一。

2003 年，国家烟草专卖局启动“工商分离”重大改革。4 月，湖南中烟工业公司组建，长沙卷烟厂改隶湖南中烟工业公司。是年，长沙卷烟厂与石家庄、郴州等烟厂开展品牌合作生产。作为湖南省“十五技改”项目的长沙卷烟厂联合工房破土动工。2004 年，根据“联合、兼并、重组、整合”的行业要求，湖南郴州卷烟厂、宁夏吴忠卷烟厂成为长沙卷烟厂分厂。2005 年 6 月 9 日，白沙集团与河北中烟工业公司各持股 50%的河北白沙烟草有限责任公司挂牌，为行业第一家以名优品牌合作为纽带的战略重组。12 月 21 日，长沙卷烟厂与菲莫国际签订协议，由白沙集团进行全球销量第一的“万宝路”卷烟在中国的许可生产以及销售。

2006 年 10 月，根据行业管理体制改革要求，湖南中烟工业公司与长沙卷烟厂、常德卷烟厂合并重组。新的湖南中烟工业公司（以下简称公司）为唯一法人实体，两家卷烟厂被取消法人资格，成为公司下属生产点。公司与卷烟厂按母分公司管理，实行统一的会计政策、核算办法和财务管理制度，长沙卷烟厂科研所、原烟部、销售经理部相关职能和人员整体上划公司。根据国家局做精做强烟草主业的发展战略，长沙卷烟厂以“打造国际一流的行业样板工厂”为目标，开始对原白沙集团各第三产业进行清退。是年，全厂占地面积 72.33 公顷（主厂区面积 34.06 公顷），年生产能力 150 万箱，员工 2629 人，自产卷烟 128.38 万箱，销售收入 120.11 亿元，利税 87.13 亿元，人均利税 331.42 万元，固定资产净值 17.73 亿元。收入、人均利税、固定资产净值分别为 1999 年的 1.89 倍、2.29 倍、1.08 倍。

2007 年，长沙卷烟厂启动管理进步工作，优化各部门职能定位、规范与公司的流程接口。11 月，长沙卷烟厂随公司改制更名为湖南中烟工业有限责任公司长沙卷烟厂。2010 年，长沙卷烟厂获中国烟草总公司授予的“全国烟草行业企业文化建设先进单位”称号。2012 年 4 月，企业获得“全国烟草行业卷烟工厂标兵单位”称号。年底，启动重大设备技术升级，计划引进具有国际先进水平的超高速设备替代长役龄中速机。是年，主厂区占地面积 32.77 万平方米，大托、圭塘、吉首仓库用地 43.65 万平方米。年生产能力 150 万箱。员工 2148 人，生产卷烟 127.79 万箱，固定资产净值 22.41 亿元，按调拨价和产量折算收入为 156.02 亿元。收入、固定资产净值分别为 2006 年的 1.29 倍、1.26 倍。

第一节　卷烟生产

一、原辅料采购

（一）原料采购。卷烟生产的原料为原烟（经烘烤、晾晒等方式处理后的烟叶）。1988 年，长沙卷烟厂在本市的烟叶生产基地主要在浏阳县，省内的烟叶收购以湘南和湘西为主，省外则在四川、贵州、山东、河南、广东、云南、湖北、福建、黑龙江、吉林、辽宁等地建立一批较可靠的收购渠道和基地。为发展优质烟叶生产，提升烟叶品质，长沙卷烟厂科技人员开展科学种烟，建立优质烟叶基地，从选择品种、育苗施肥，病、虫、草综合防治，到烤烟气候生态等诸方面进行科研试验与攻关活动。与桂阳县签订优质烟叶种植合同，派技术人员到浏阳县烟叶基地蹲点指导，种植优质烤烟。1991 年起，长沙卷烟厂的优质烟叶生产基地从桂阳县转到永兴县，建立起点高要求高的烟叶种植基地，均达到预期目的。1992 年，又与芷江县签订建立优质烟叶种植基地合同，将重点从永兴转向芷江。还相继在湘潭、邵阳、株洲等县建立优质烟叶基地。

1992 年，随着企业产品结构的调整，对中上等优质烟叶的需求进一步增长。长沙卷烟厂采取“生产扶持、技术指导、优胜劣汰”措施，调进烟叶 2.75 万吨，其中 80%以上是中上等烟叶。省外调进主要是从贵州、四川、东北、陕西、广东、湖北等地共调拨 1.50 万吨。1993 年，长沙卷烟厂又从省内、省外调进 3.10 万吨烟叶，较好地满足了生产配方需要。1994 年，先后消化和处理进不了配方的下低次烟叶 1.40 万吨。1995 年，长沙卷烟厂实行“优质优价（扶持），劣质不调，宁缺毋滥，积极替代”等措施，制定“立足省内、主攻四川、稳定贵东、进攻鄂西，灵活多变、遵纪守法”的烟叶收购策略及有关价格政策和奖励措施。在省内调拨量只有 0.90 万吨的情况下，省外调进量达 2.78 万吨，全年共收购烟叶 3.08 万吨，上等烟占 55%，中等烟占 40%。1996 年，与龙山县实行厂县挂钩，合作建立龙山主料烟基地。

1997 年，长沙卷烟厂根据企业长远发展的需求，在烟叶基地建设和烟叶调拨体制改革方面迈出较大步伐。11 月，在浏阳推行“三位一体”（浏阳市政府、长沙卷烟厂、浏阳市烟草公司）的紧密型烟叶基地模式，通过建立三方利益共同体的方式，保障了基地烟叶种植水平的提升和烟厂优质原料供应的稳定，该模式受到国家局高度肯定并在全行业推广。同年，长沙卷烟厂在省内形成以龙山、永顺、桑植、浏阳为代表的烟叶长期基地，在省外建立以四川黔江，贵州毕节、遵义，福建龙岩、三明为代表的稳定的烟叶分供方，采取“巩固基地、择优调拨、计划控制”等策略，全年共计调拨 3.40 万吨（其中省外 1.86 万吨）。1998 年，长沙卷烟厂进一步加大对基地建设的投入，厂技术中心在浏阳基地成立行业第一家烟叶科技研究所，并作为中国烟草农业试验站的试验基地，大力推广新技术，提升烟叶生产水平。同年，实行预检制调拨和封闭式检验，使烟叶等级合格率平均达 80%。当年从省内调进烟叶 1.44 万吨（其中基地烟占 90%），从省外调进 2.22 万吨（其中 80%以上来自稳定的烟叶供方），年末烟叶库存量达 5.50 万吨。烟叶的等级合格率和结构进一步提高。

1999 年，与湘西、土家族、苗族、自治州合资（长沙卷烟厂占 90%股份）在被关停的乾州卷烟厂基础上兴建吉首打叶复烤厂，为工厂复烤烟叶的供应提供保障。年内，长沙卷烟厂收购烟叶 4.25 万吨，打叶复烤 1.15 万吨。烟叶全部经过自然醇化后投入使用，暂停人工发酵。在烟叶投料前，加强虫害、杂物的控制，组织人员进行烟叶精选，保证了卷烟原料的质量。

2001 年，湖南第一个烟叶品牌“鹤源”在浏阳烟叶基地问世。经过 3 年建设，浏阳基地的烟叶产量和质量大幅提升，其上等烟叶达到国外优质烟叶水平。成为长沙卷烟厂“白沙”品牌卷烟优质主料烟的重要来源。2006年，长沙卷烟厂在湖南、贵州、重庆、四川、湖北5省份与省烟草公司、基地分公司、县公司共同打造“品牌导向型原料基地”。提出以品牌为导向、以技术为支撑，突出基地烟叶特色，促进原料基地与品牌的共同发展。此后，原料工作整体收归公司。

（二）辅料采购。辅料包括盘纸、商标纸、铝箔、透明纸、丝束、香精香料、糖料、添加剂等。1988年，长沙卷烟厂实行供应人员物资供应信息汇报制和原辅材料使用信息反馈制，及时了解市场供需行情和各类物资生产厂家质量情况及烟厂生产适用情况，迅速、准确地做出辅料选型定点工作。同时实施辅料进厂严格检验制度，对短斤少两和不合格产品坚持采取索赔和退货。1991年，辅料供应由紧俏转为滞销，长沙卷烟厂采用定点生产厂家物资计划供应办法，用完后付款，保持最佳储备，减少积压资金。1992年在物资部设立了财务组，在厂财务部的指导下结算货款。1993年，运用小型机BPCS系统对采购和仓储实行计算机控制，计划、合同、到货、库存、付款情况都可通过小型机BPCS系统进行即时的控制和查询。从1994年开始，在物资采购方面建立并 推行一整套质量管理程序，使从供应商评审、合同审计、进货检验，到物资的搬运和储存都处于受控状态。从1995年开始加大进口材料国产化的力度，逐步实现成型纸、铝箔纸、水松纸、拉线、透明薄膜和部分丝束的国产化，仅1年就为企业节约资金3300万余元。1997年，为加强进货检验环节，提高物资供应合格率，充实检验员队伍，专门成立检验班。1998年设置专职价格信息员，使价格管理步入良性循环，有力地控制辅料成本。1999年，在辅料计划管理上基本上实现程序化、标准化、科学化、数据化。先后实现卷烟纸、白卡纸、收缩膜烟箱用纸的国产化，拓宽供应商的选择面。2000年，以PQSC (即价格、质量、服务、信誉) 为指导原则，对供应商进行评审。开发和运用“计算机成本控制系统”，实行“辅料质量问题张榜公布制”，并对进口卷烟纸和进口丝束的质量问题，积极向外商索赔。

2005年，确立“多点生产，集中采购，统一调拨”的工作思路。同时通过推行辅料原纸国产化，节约成本4067.53万元。10月辅料进货检验开始进行免检制探索，确立湖南金沙利彩印有限公司等四家单位为质量免检试点单位。2006年合并重组后，辅料采购在公司授权下，采取比价采购和招标采购等方式进行。2008年，制订《基于招投标、比价采购、业务谈判管理规定》，规范采购流程。启用湖南中烟公司物资采购管理信息系统电子商务平台开展网上采购。2010年，根据公司辅料换版要求，严格控制换版中的风险点，完成白沙系列9个牌号27项辅料的改版工作。2012年，根据行业要求对所有物资采购项目的采购方式进行讨论、申报，对《物资采购管理程序》《采购价格管理流程》等文件进行修订与完善。

二、生产工艺

（一）发酵与醇化。1988年，长沙卷烟厂烟叶醇化采取发酵室人工发酵的方式，年发酵烟叶9500吨左右。烟叶发酵周期4~5天左右，甲乙级卷烟投料烟叶全部发酵，对高档、出口卷烟所用烟叶在发酵工艺上实施特殊管理。1992年，长沙卷烟厂在大托烟叶库区建新发酵室，为单层钢筋混凝土装配结构。发酵室共22间，发酵设计量为1.5万吨/年，发酵室利用空调箱对室内空气补充、排出、升温、降温、加湿等。发酵时，温湿度采用数字仪表在现场和控制室显示，进、出烟叶采用机械运输。1993年进行工艺调试，年底开始进行烟叶发酵，主要采取整包发酵和挂杆发酵。1997年，为适应科研的要求，对发酵室进行了一系列的特殊发酵实验。1998年对发酵室进行技术改造。2001年，发酵室发酵量3万吨/年，实现远程控制、计算机监控温湿度等技术。每间发酵室内具有个独立空气循环系统和操作控制系统，在室外管路上和空调箱上的新风口、回风口、排风口、一次加热器蒸汽出口、二次加热器蒸汽出口、干蒸汽加湿器进汽处安装电动调节阀，以及送风机、水泵、排风机都在控制室内集中操作，每间发酵室配备一套温湿度控制仪表，可在控制室内测得室内温湿度和烟包温度。同时，发酵室配备一套计算机监控系统，可同时对所有发酵间进行24小时监控。

2001年下半年开始，人工发酵逐步被自然醇化与洞库贮藏醇化方式替代，还原原料自然醇化效果，保障原料品质稳定性。2005年开始进行片烟密封降氧贮存试验，实验过程验证长期处于低氧状态对于醇化效果存在一定影响，技术研发中心对氧气浓度创新采取调节方式，逐步形成气调存贮法标准并在部分原料上使用。自然醇化与洞库贮藏醇化方式沿用至2012年未变。

(二) 制丝与储丝

1.制丝生产。1988年2月，长沙卷烟厂引进的英国原装莱格（LEGG）制丝正式整线投产，生产能力为3000千克/小时，年制叶能力为30万箱。1989年，将原来的老旧制丝设备改造配套组成一条国产制丝线。报废原来的打叶机储叶柜和除尘器，购置1台2500~3000千克/小时立式打叶机、储叶柜，配置两台螺旋蒸梗机，8台YS11五刀切丝机，年生产能力为10万箱，专门生产乙级和丙级卷烟。1993年6月，从意大利引进的一条500千克/小时科马斯（COMAS）膨胀烟丝线，1994年投入生产。

1994年，长沙卷烟厂出口烟车间建成。当年5月，从意大利引进的生产能力为5000千克/小时的全套科马斯（COMAS）制丝线投产使用，整线由叶片处理线、烟梗处理线、全叶打叶线、烟丝处理线和白肋烟线5个部分组成，还包括4个单层贮丝柜、6个双层贮丝柜、5个机械送丝房，电控部分有自动控制和数据采集的功能。制成的烟丝通过皮带输送到贮丝房，通过小车再送到卷接机台。完成从制丝、贮丝、卷烟送丝全套自动化连续作业。这条线烟梗丝膨化效果好，打叶机的各项指标都达到或超过国家标准，是当时国内同行业最先进的一条线。随着新线的投产，1994年9月，国产制丝线正式停止生产，并于1995年1月全线拆除。1996年，在国产线原址上，安装一条德国豪尼（HUANI）公司产的300千克/小时的实验制丝线，专供科研实验、小型试制用。

1997年，长沙卷烟厂运行达10年之久的英国莱格制丝线退役，引进一条仿科马斯的国产制丝线，称科马斯二线。2月开始进行旧设备的拆除、新设备的安装、调试，6月正式投产。项目总投资5400万余元，生产能力由原来的3000千克/小时提高到5000千克/小时。

2003年，联合工房一期兴建2条8000千克/小时的进口科马斯制丝线，统称联合工房制丝线，生产能力为100万箱。2005年，该线竣工投产，同时，运行8年的国产科马斯线停产。此后至2012年，制丝生产线未发生变化。

2.烟丝储存。1988年，长沙卷烟厂烟丝的储存是烟丝经烘炒加香后用人工装桶储存，再用人工送到卷接机台。1989年，购进12台（套）储丝柜，并配置当时比较先进的控制系统，送丝部分购进2套小车送丝系统，分别于1992年和1994年投产使用，可储存烟丝近5万千克，实现烟丝从储丝柜到卷烟机风送喂丝台的机械化自动输送。同时改进工艺流程，提高产品质量，方便生产的调度和衔接。1995年，又对该储丝楼进行改造，将小车送丝系统和控制系统改为意大利的设备，改进后的设备更加稳定可靠，能将烟丝直接送到卷烟机。2000年6月，购置国产双层对顶储丝柜4组共8台，使储丝能力由9万千克提高到17万千克。2004年，联合工房一期新增40个储丝柜、7个预混柜、4个混丝柜，以满足工房100万箱卷烟的生产。此后至2012年，储丝工序无变化。

3.薄片生产。烟草薄片是将在烟草及卷烟加工过程中形成的碎叶和烟末经过一定的制造工艺形成薄片，制成烟丝。用薄片作为卷烟的填充物，可降低烟支的焦油含量，节约原材料，提高经济效益。1989

年4月，长沙卷烟厂向湖南省烟草公司提交关于申请引进烟草薄片生产线设备的项目建议书。是年8月，省计委、省经委批复，同意引进年产1000吨的烟草薄片生产线一条，新建薄片车间6000平方米。项目总投资2992万元。1992年1月，从瑞士TMCI公司引进300千克/小时的稠浆法烟草薄片线。该线由干区、浆区、成型区三部分组成。在设备调试过程中，长沙卷烟厂按自己的设计进行了多次配方试验和工艺试验，并有针对性地进行一系列改善薄片吸味、色泽和其他物理性能配方试验和工艺试验，薄片质量已近似烤烟中三级烟叶，满足配方要求。加入薄片的卷烟，烟气焦油含量下降3%。设备从1995年正式投产至2012年，经过技术人员的进一步技术改造和攻关，运转效率和稳定性不断提高，每年停台时间不超过10小时。

（三）卷制与接嘴

1.卷烟机。长沙卷烟厂从“七五”计划开始大规模引进国外先进的卷接生产设备。1988年，长沙卷烟厂有国产卷烟机54台，进口英国卷烟机8台，分别为生产能力2000~2500支/分的MK8/MAIII卷烟机、生产能力为5000支/分的MK9–5卷接机。1989年成立四车间，安装原有的国产综合式卷烟机，生产无嘴“岳麓山”丙级烟，1990年综合式卷烟机减少到38台。引进英国6500支/分的长城机和德国7000支/分钟的PROTOS70卷接机。卷制和接嘴一次完成，而且使用激光打孔、碳素嘴棒和高透气卷烟盘纸，降低烟支焦油含量。1992年，长沙卷烟厂先后引进各种型号卷接机18台（套）。1994年，取消四车间建制，全部淘汰YJ14、YJ13、YB13B等国产卷接包设备。10月从德国引进18台（套）PROTOS70卷接设备，安装在新建的出口烟车间。1996年，长沙卷烟厂将卷接包设备统一机型，将卷接机种统一为PROTOS70机型。同时把其余机型的设备全部对外出售。到1999年，长沙卷烟厂有PROTOS70卷接机30台。2002年，长沙卷烟厂引进1台8500支/分的PROTOS1–8进口高速卷接机。2005年引进第2台PROTOS1–8和2台国产中速机ZJ17。2006年，开始引进16000支/分PROTOS2–2进口超高速卷接机。此后中速机型略有增减。至2012年，有卷接机38台，其中27台PROTOS70、7台ZJ17、2台PROTOS2–2、2台PROTOS1–8。

2.嘴棒成型。1988年，有滤嘴成型机4台。1990年，引进PMSN滤嘴成型机2台，年生产嘴棒21亿支，嘴烟所需嘴棒能够全部自给。1994年5月，增购英国PMSN成型机组8台，德国嘴棒发射机14台。至此，成型车间有10台进口PMSN和4台国产仿KDF2嘴棒成型机，14台嘴棒发射机，嘴棒生产能力均为每分钟400米，能满足100万箱的嘴烟生产。工艺流程为嘴棒成型、嘴棒贮存、嘴棒发射，嘴棒通过发射装置直接发射到卷接机台。2006年，成型车间引进4台国产ZL26成型机，并开始引进6000支/分的KDF4国产超高速成型机。2011年，淘汰PMSN成型机。2012年，共18台成型设备，为3台国产KDF2，4台国产ZL26，11台国产KDF4。

（四）包装与装封箱

1.包装机。1988年，长沙卷烟厂有国产包装机22台，进口包装机4台，包括意大利S6000型包装机（每分钟包装300包）、CDX18000型软盒包装机（每分钟400包，包装形式为横包）、英国HIP58000型小包硬盒翻盖包装机。1990年，有各型进口包装机6台，原有国产半自动包装机保留16台。1992年，有各型进口包装机14台。1994年，一次性引进包装设备18台，安装在新建成的出口烟车间内，其中有意大利GDX1软盒包装机8台，GDX2硬盒翻盖包装机10台，同时实现从卷接到小盒、条盒的工艺过程自动化，淘汰全部国产包装设备。1996年，包装设备全部统一为GD系列（1台S6000型包装机闲置）。1999年，长沙卷烟厂有GD包装机30台，其中GDX1软包机12台（套），GDX2硬包机18台

(套)。2001 年，为生产宽版“白沙（精品)”卷烟，引进德国 FOCKE350D 异型包装机 1 台。2002 年后，随 PROTOS1-8、ZJ17、PROTOS2-2 卷接机配套引进 GDX2、ZB45、FOCKE701（1000 包/分的进口超高速包装机）等机型。此后各机型略有增减。至 2012 年，有包装机 38 台，为 7 台 GDX1、19 台 GDX2、8 台 ZB45、2 台 FOCKE701、1 台 ZB25、1 台 SB6000。

2.装封箱及辅联设备。1988 年，长沙卷烟厂有封箱机输送带 2 套，可实现从烟支包装到小箱入库的流水线操作。1998 年 8 月，从意大利 PRB 公司引进的 4 台装封箱机经过两年的调试，正式在出口烟车间投入使用。它不需要人工捡条，每台包装机上安装爬坡机，条烟通过爬坡机送上输送皮带，通过皮带输送到装箱机进行装箱和封箱，速度为每分钟 4 件箱，每台包装机可减少 2 名捡条工。1999 年 1 月，成品输送线投产使用，它通过皮带输送将成品烟箱直接送到成品库指定楼层，入库后由人工码堆。装封箱机和成品输送线的投产，改变传统的人工操作和运输方式，减轻工人的劳动强度，降低生产成本，提高工作效率。同时，也标志着从制丝、送丝、卷制、接嘴、包装到成品装箱、入库的卷烟生产全过程的自动化。2008 年，联合工房二期建设完成，新工房将卷烟生产的所有工序集中于一个空间内，除各种生产设备外，还包括柔性烟丝风送喂丝机（10 台 SF133B、4 台 SF131B)、YP13 装封箱机（10 台)、ZJ-YF/YP 全自动条烟输送系统、辅料库 AGV 自动送料系统、NTM TR400 废烟支处理机等辅助设备，使生产全过程的自动化程度达到同期国际一流水平。此类设备至 2012 年无变化。

三、生产规模

1988 年，长沙卷烟厂生产组织分一、二、三车间和成型车间，实行两班制生产。主要生产甲级烟“白沙”“长沙”，乙级烟“湘烟”“大庆”，丙级烟“浏阳河”“岳麓山”及少量戊级烟。有员工 1846 人，产量 29.66 万箱，产值 4.53 亿元，人均劳动生产率 24.54 万元/人。

1989 年，增设四车间。1991 年，采用工业视频系统对生产和安全进行监控。同年，使用电脑处理生产计划，对制丝车间和储丝楼下达。1992 年年底，长沙卷烟厂仅生产“白沙”“长沙”“湘烟”“扁鹊”4 种内销牌号，以及出口卷烟“得乐”“南沙”“多柔”3 个牌号。1993 年，长沙卷烟厂供需矛盾十分突出。由于设备产能不足，生产线实行目标管理重奖，调动员工日夜奋战才完成生产目标。1994 年，长沙卷烟厂出口烟生产车间建成投产。同年，BPCS 系统（即制造计划与控制系统）投入使用，并对生产车间建制进行重组，撤销四车间，此后不再生产无过滤嘴卷烟。原二、三车间重组为新二车间，出口烟车间新成立五车间、六车间，成型车间改称七车间。是年，有员工 3115 人，产量 64.46 万箱，产值 28.71 亿元，人均劳动生产率 92.17 万元/人。

1995 年，卷烟等级标准修改为按调拨价分类，企业全年生产一类烟 11 万余箱，占总产量 17%左右，二类烟 13 万箱，占 21%左右，三类烟 40 万余箱，占 62%左右。1997 年，一类烟占总产量的比例上升至 57%，二类烟占 20.4%，三类烟约占 22.6%，并逐渐向“白沙”品牌集中。是年，“湘烟”停止生产。1998 年，对白沙、长沙等大路产品实行“定车间、定机台、定时间”，对于特种烟、高档烟则视交货期灵活安排，将以往各品牌阶段式生产模式变为各品牌连续生产，大力提升台班产量、降低生产成本。1999 年，长沙卷烟厂有员工 3073 人，产量 83.99 万箱，产值 63.77 亿元，人均劳动生产率 207.52 万元/人。

2001 年，一、五车间合并组成制丝车间，二、六车间合并组成卷包车间，七车间复名成型车间。2006 年，实行卷包翻三班、制丝翻两班的“3+2”生产模式（制丝一线单班生产)。是年，有员工 2629 人，产量 128.38 万箱，产值 120.11 亿元，人均劳动生产率 456.87 万元/人。

2007年，成型车间并入卷包车间，联合工房制丝线的储丝间并入卷包车间。2008年，联合工房二期竣工，完成设备搬迁。2009年，针对新的设备布局和组织变化，实行“大工序、全流程、全时段、全天候”的工艺管理和生产计划“集中下达、轮班管控”的现场管理模式。2010年，随着联合工房生产运行的稳定，对各品牌生产布局进行优化，进一步减轻制丝线员工劳动强度，实现正常双休制。2011年，“卷烟生产加工精细化”针对“白沙（和天下）”产量的提升，对特制烟手工线（特指和天下条盒的包装线，为手工包装）实行两班制运行。2012年2月，联合工房产能进一步释放，卷包原三班模式改为“小三班”模式，制丝车间等部门做配套调整。完成特制烟手工线场地搬迁，“白沙（和天下）”产能实现倍增。是年，有员工2148人，产量127.79万箱，产值156.02亿元，人均劳动生产率726.35万元/人。

表17-13-1-1　　1988—2012年长沙卷烟厂卷烟产量一览表

年份	产量（箱）	年份	产量（箱）	年份	产量（箱）
1988	296656	1997	726585	2006	1283825
1989	326343	1998	807484	2007	1325275
1990	360990	1999	839937	2008	1277706
1991	409035	2000	871328	2009	1302359
1992	430085	2001	921237	2010	1280348
1993	513237	2002	973809	2011	1217656
1994	644606	2003	1044579	2012	1277984
1995	718390	2004	1074442		
1996	870251	2005	1262681		

说明：1.以上数据仅长沙本部，不含郴州、吴忠分厂及合作点数据；2.卷烟产量的单位曾用过“箱”和“大箱”等表述形式，以上均统一为“箱”，1箱的标准规格为5万支、250条卷烟

第二节　卷烟销售

在烟草专卖体制之下，卷烟销售分为工业企业的卷烟销售和商业企业（烟草公司，即烟草专卖局）的卷烟流通两类，本章记述的为前者，至2006年11月销售权收归湖南中烟工业公司为止。

一、国内营销

1988年，长沙卷烟厂的营销方式主要是通过参加湖南省烟草公司召开的订货会，与本省市、县两级烟草公司签订供货合同。在省外，参加全国订货会，与全国烟草商业企业签订合同，按合同供货。由于长沙卷烟厂厂长肖寿松兼任长沙烟草专卖局局长，工商企业结合相对紧密，所以长沙卷烟厂以专卖为依托，在稳固长沙本地市场（占95%左右）的基础上，积极疏通省内外渠道，理顺购销关系，收集商情信息。组织科室人员和生产一线骨干与市烟草公司人员一同到省内外摆摊设点，推介产品，召开各种类型的评吸会，并实践边缘渗透销售理论，进入广东、福建市场。

1990年，长沙卷烟厂提出“内让兄弟企业，外争国际市场”的方针，国内市场的开拓一度趋缓，在确保出口烟的基础上，以保证市民计划烟、满足商业公司销售、完善售后服务为主。1992年，随着中国

烟草总公司“限产压库，促销增盈”和放开烟价两大政策颁布，国内市场竞争趋于激烈。长沙卷烟厂根据市场行情，多方研讨，调整营销策略。在稳定原有市场的同时，提出“南烟北调”的决策，重点开拓东北、西北、华北等卷烟销量大于本地产量的地区，产品进入吉林、辽宁、河北、甘肃、新疆、西藏等新市场。1994 年，长沙卷烟厂根据国家烟草专卖局“重庆会议”关于深化卷烟流通体制改革，建设全国卷烟销售网络的精神，探索卷烟销售市场建设发展的途径，开始网建工作的探索。同时，在工商联合的基础上，全面实施“南烟北调”。在全厂公开招聘 10 名思想、业务素质较高的营销员，从各部门选派 20 多名骨干深入各目标市场进行调查和新产品推介。在“三北（东北、华北、西北）”市场投放“南沙”烟，在大连、唐山等地受到消费者热捧，在安徽、山东、青海和西藏实现销售“零”的突破。

1995 年年初，随着新车间产能开始释放，长沙卷烟厂加大国内市场开拓力度，实施“名牌战略”，提出在全国建立 1000 个基层目标市场（千点布局）的任务。2 月，在对全国市场进行摸底调查的基础上，实施卷烟销售分片负责制，将国内市场分为 8 个片区：东北、江西、湖北、西北、华北、华东、南方、省内。各片区销售人员负责对所辖区域加强调查研究，找准目标市场；加强与当地烟草公司沟通，发掘新市场。分销区主任实行竞争上岗，责权利挂钩的目标责任制。3 月，长沙卷烟厂在烟草商业企业中实行营销代理制，邀请湖南省、长沙市、长沙县、株洲市、湘潭市、岳阳市、岳阳县 7 家烟草公司作为产品销售代理公司，工商携手、共同开发省外市场。是年底，省外客户从 147 个发展到 959 个，基本实现千点布局。省内，在 14 个地区建立 303 个以“质量监督员”为中心的质量延伸服务网络，开展服务式营销。同时，对内规范营销团队管理，强化营销决策科学性、规范化，加大营销人员的专业培训，实施“岗位招聘制”“末位淘汰制”等。营销团队逐渐走向专业化。

1996 年，以“白沙（精品）“上市为契机，在省内选择 28 家有较好基础的县、市公司作为“白沙（精品）”的网点单位；在山西省建立 80 家产品专卖店（柜），并分 17 个组对全国 9 个省区 39 个重点市场进行“白沙（精品）”的布点工作。1997 年，发动营销人员开展“百日网建”活动，在省外 2 个重点市场建立 1.44 万个零售网点，在省内建立起 1.34 万个产品专供点。省内 117 家烟草公司全部进入长沙卷烟厂所有品牌的销售网络。该厂拨款 1300 万元，配备计算机 650 台，提供给网络单位使用。1997 年 11 月，长沙卷烟厂在全国交易会上正式推出网络建设“动态管理”，将竞争机制引入网建工作，在省外 8 个片区的 1022 家客户单位中选出 270 家作为入网单位，按照“市场竞争不等式原则”，积极开展对经销公司和网点单位的评价，将评价结果与计划指标相结合，充分发挥产品优势，调动烟草公司积极性。实现市场管理由“以产品被动适应市场需求”向“以主动方式创造产品生产环境和良好的效益”转变。在全行业经济效益整体滑坡的形势下，实现长沙卷烟厂产品的市场份额和价格走势的强劲增长。特别是“白沙（精品）”销售 12 万箱，比 1996 年增长 50%。

1998 年，全国卷烟市场疲软，卷烟就地倒卖严重，流通渠道混乱。长沙卷烟厂逐步调整营销策略，加强对渠道的整合和直接干预。1999 年 1 月，取消历时 4 年多的省外业务代理制。与湖南省烟草公司和长沙市公司联合成立卷烟调拨站，变产品的多家代理为调拨站独家专营，确保“一个龙头放水，一个渠道流通”。同时，成立白沙运输有限公司，控制物流通道，将产品直接送达目标市场，防止了个体户的截流。是年，与市公司一起，先后分 5 批抽调 360 名访销员开赴省内外市场，进行市场访销，送货上门，加强与客户的沟通，初步理顺产品流通秩序。网点建设方面，开发“专卖店模块”计算机软件，强化动态管理的效果。省外网点增加到 2.33 万个。

2000 年，长沙卷烟厂提出建设服务营销体系的目标，在吸取国外先进市场经营理念的基础上，开始试行品牌经理制。成立“白沙（银世界）”“喜长沙”“金沙”3个品牌小组。各小组做好本品牌的产品推介、消费反映、营销动向、市场预测等工作，并将信息综合反馈至生产环节，建立起市场与生产相协调的互动机制。同时，提出“鹤舞白沙，我心飞翔”的品牌理念，推动企业文化宣传工作服务于市场营销，开展赞助“白沙杯”金鹰电视艺术节等各种商业活动，扩大品牌影响力。2001年，营销中心成立后，白沙集团以“研产销统一于市场”为目标，优化企业结构和业务流程，加大服务市场的速度和质量，变经销商上门提货为主动送货，实行营销代表首问制。2002年，启用白沙网站电子商务平台，发货情况不再由业务员电话通知，烟草公司只需要登录平台即可查询货物配送的进度。是年，白沙销量位列全国卷烟单品牌第一，“白沙”商标被国家工商总局认定为中国驰名商标，“白沙”品牌被国家质量监督检验检疫总局确定为中国名牌，在中国烟草总公司“全国大中型城市卷烟品牌竞争力调查”中排名行业第一。

2003年，白沙集团在全国搭建大销区平台，并开始进军华东市场，以“白沙（精品）”为主打产品，在“中华”烟和“利群”烟之间价位的市场进行突破，在浙江市场销售1万箱。2004年，白沙系列品牌建设继续推进，珍品“白沙”、“白沙（黑和）”进入24个省份，精品二代进入30个省份，完成高端品牌的布局工作。并组建800呼叫中心，规范内部制度，加强宣传推介和客户服务。9月，白沙集团邀请奥运冠军刘翔作为白沙文化形象代言人，11月，成立以刘翔为名誉董事长的湖南白沙公益基金会，以环保和公益活动为载体扩大品牌影响力。是年，在国家局发布的名优品牌竞争力分析报告中，“白沙”品牌的市场影响力与市场占有能力均居全国首位，并入选世界品牌实验室“中国500最具价值品牌”。2005年，白沙集团获“2004年度中国企业营销创新奖”，白沙营销团队《成功营销》杂志举办的“中国营销25年激荡史”活动中入选“中国营销团队25强”。2006年，长沙卷烟厂所产卷烟上交湖南中烟工业公司销售。

二、卷烟出口

1988年，长沙卷烟厂与长沙烟草分公司（长沙市烟草专卖局）、湖南省侨汇公司联营，将嘴“白沙”嘴“长沙”卷烟作为侨汇烟设点供应，按国家牌价收取50%侨汇券、兑换券，创汇712.13万美元。同时，派销售人员参加广州出口商品交易会，开始卷烟直接出口的探索。由于不是广交会正式代表，主要采取在会场外摆地摊的方式请国外客商评吸卷烟、推介产品，与国外客商建立商务联系。1989年，厂技术专家黄中华牵头对各出口型卷烟在外观质量、焦油、糖碱比、香气等方面进行改造。年内，出口2.32万箱，创汇1102.09万美元，包括“多柔”和“白沙”等品牌。1990年，长沙卷烟厂扩大出口，订单超5万箱，获广交会正式会员资格，产品主要销往东南亚等地区。1991年，长沙卷烟厂尝试直接出口，派销售人员到苏联、东欧市场宣传“得乐”等新产品，是年出口10.7万箱，成为中国烟草最大出口烟基地。1992年，厂长肖寿松带队到俄罗斯推销产品，成立销售公司，“白沙”“长沙”牌香烟打入东南亚市场，“多柔”牌香烟销往俄罗斯、芬兰、罗马尼亚等国。是年，卷烟出口量增至14.6万箱，创汇6880万美元，其中“白沙”烟出口11.6万箱，居全国卷烟单品牌出口量第一。1993年，出口烟新品NISE（南沙）烟正式在海外市场上市，长沙卷烟厂在东欧、东南亚部分国家和地区相继建立起销售公司。1994年，长沙卷烟厂产品在东南亚、东欧、俄罗斯的覆盖面进一步扩大。NISE香烟在东南亚与万宝路等世界一线品牌竞争，取得柬埔寨市场第一的地位。1995年，世界名牌消费协会评定“白沙”“南沙”“得乐”三品牌为世界名牌。1996年，长沙卷烟厂出口28.9万箱，创汇1.13亿美元，其中“白沙”品牌占27.1万箱，继续居全国单品牌出口量第一。主要产品有“白沙”“南沙”“多柔”等。

1997年，企业战略调整，停止对外直接出口，各海外公司相继放弃。2001年白沙集团成立后，NISE（南沙）烟的出口得到一定程度恢复，但至2006年销售权上交湖南中烟工业公司前，海外市场主要通过外商代理间接出口，年均出口量不到 1 万箱。

表 17-13-2-1　　1988—2006 年长沙卷烟厂卷烟销量、利税一览表

年份	销量(箱)	销售收入(亿元)	利税(亿元)	年份	销量(箱)	销售收入(亿元)	利税(亿元)
1988	29.76	4.53	2.82	1993	51.14	17.73	9.32
1989	32.65	6.54	4.27	1994	64.38	26.45	15.69
1990	36.11	7.72	4.59	1995	71.55	29.48	16.77
1991	40.94	9.49	6.03	1996	87.21	46.20	25.75
1992	42.94	13.95	7.63	1997	72.87	42.70	33.22
1998	80.78	61.40	42.33	2003	115.32	90.90	57.34
1999	84.00	63.56	45.47	2004	117.07	106.47	73.62
2000	87.08	67.65	48.70	2005	125.81	115.25	80.48
2001	92.14	72.65	51.38	2006	128.38	120.11	87.13
2002	96.48	78.80	52.84				

说明：以上数据仅长沙本部，不含郴州、吴忠分厂及合作点数据

表 17-13-2-2　　1988—2012 年长沙卷烟厂出口卷烟及创汇一览表

年份	出口量（万箱）	出口创汇（万美元）	年份	出口量（万箱）	出口创汇（万美元）
1988	1.24	712	2001	0.19	71
1989	2.32	1103	2002	0.26	96
1990	5.38	2082	2003	0.61	190
1991	10.71	4420	2004	0.28	104
1992	14.6	6880	2005	0.27	192
1993	13.05	6739	2006	0.88	522
1994	21.4	10400	2007	0.73	—
1995	18.65	8582	2008	0.93	—
1996	28.99	11274	2009	1.44	—
1997	2.07	723	2010	1.48	—
1998	0.19	73	2011	1.77	—
1999	0.13	48	2012	2.04	—
2000	0.12	52			

第三节　产品研发

1988 年，长沙卷烟厂科研所负责卷烟配方、生产工艺研究和新产品开发，分老产品改造小组和新产品开发小组。1993 年，工艺科部分职能并入科研所，成立科研开发中心，下设产品设计室、香精香料研究室、仪器分析室、工艺研究室、装潢设计室、原烟研究室、科技信息室。厂长肖寿松兼任开发中心主

任，添置具有90年代国际先进水平的分析检测仪器，从名牌院校引进大学毕业生充实科研队伍。1995年，引进一条中试科研生产线。1997年，科研开发中心与品质部、工程技术部合并为技术中心，形成“大科研”格局。9月，技术中心被中国烟草总公司确认为行业级技术中心，挂牌“中国烟草长沙技术中心”，为玉溪、上海之后的第三家。1999年，科研开发中心复名科研所。2000年5月，长沙卷烟厂技术中心被国家经贸委、财政部、国家税务总局、海关总署确认为“国家级企业技术中心”，7月，人事部批准的行业第一家企业博士后科研工作站在长沙卷烟厂挂牌。2001年，白沙集团调整机构设置，技术中心辖科研所和质检站（原品质部）。该技术中心基本形成集烟草开发研究、工程技改、设备管理、信息管理、知识产权保护等职能于一体的技术创新体系。2004年，长沙卷烟厂成为全球最高级别烟草科技组织CORESTA（国际烟草科学研究合作中心）第三家中国会员，也为唯一企业会员（另两家会员单位为中国烟草总公司和郑州烟草研究院）。

2006年11月，科研所包括产品研发在内的职能和人员整体划归湖南中烟工业公司。其时有员工290人，其中高级专家8人、博士研究生5人。科研实验场所建筑面积3200平方米，拥有完善的实验设备和一条中试科研生产线。成果方面，至2006年的18年间，科研所完成“创新工艺（制丝）”“薄荷加香技术研制”“低焦油、低危害卷烟的研制”“低侧流烟气卷烟的研制”“低焦油低一氧化碳卷烟的研制”等重大课题研究，获国家科学技术进步二等奖1项，申请专利109项，其中发明专利35项，国际发明专利2项。

一、烤烟型“白沙”系列

“白沙”是长沙卷烟厂占主导的卷烟牌号，诞生于1975年。1990年，湖南省科学技术委员会、省烟草公司提出长沙卷烟厂研究改革高档烟配方结构的科研课题。该厂根据烟叶化学成分平衡与吸味相关性原理，研究配方技术，改进烟叶结构比例，拓宽烟叶等级使用面，优化“白沙”的配方，有效利用库存烟叶，同时采用国外先进的新技术降低产品的有害成分，在生产过程中对糖香辅料、制作工艺作了改进。卷烟焦油含量每支下降2~3毫克。烟叶配方改进项目于1992年通过省级技术鉴定。1993年3月，获湖南省烟草公司科技进步特等奖。

1995年，长沙卷烟厂科研人员开展“烟丝降焦添加剂的研究”，开发出一种促进卷烟燃烧，提高卷烟燃烧温度的烟丝降焦添加剂。结果表明当烟丝降焦剂用量从1.50%提高到4%时，其降低焦油的百分比也从6%提高到14%。而且该方法有别于物理降焦，可避免人为对烟气的稀释，能真正减少人体对焦油的净摄入量。运用该成果研制成功“白沙（精品)”，将焦油量控制在15毫克/支以下。该产品属浓香型卷烟，定位在中、高档水平，是省内较早推出的高档卷烟品牌。1998年，厂科研所承担的“烟叶致香物分析及机理研究”项目获得进展，对“白沙（精品)”进行内在品质的提升，增加产品的科技含量和高附加值。

1999年9月，通过应用新技术、新材料不断减轻卷烟对人体的危害，利用高科技低侧流技术，推出环保型“白沙（精品)”。对比原“白沙（精品）”，侧流烟气降低60%以上，其高科技含量和独特的风格赢得了消费者的赞誉。

2000年5月，长沙卷烟厂对卷烟品牌进行系统整合，根据市场需求开发出“白沙（银世界）”中高档卷烟，产品采用上等烟叶原料和高级烟用香料，精细加工而成，品质进一步提高，对人体危害进一步减少，焦油含量15毫克/支。

2000年12月18日，开发“绿色卷烟”，研究低焦油、低危害卷烟和混合型卷烟的成果——烤烟型“白沙（金世纪）”。该产品由长沙卷烟厂具有几十年调香经验的首席调香师和首席叶组配方师主理配方，运用最新科研成果，烟叶人工精选，采用最先进的生产工艺封闭式单独生产。焦油含量低于15毫克/支。

2001年，根据国家烟草专卖局总体要求，长沙卷烟厂通过配方和工艺设计的不断调整和优化，实现白沙全系列产品焦油含量控制在15毫克以下，降焦后产品内质稳定，市场反映平稳，创行业最好水平。

2003年9月，在继承“白沙（精品）”风格的基础上，开发出精品二代“白沙”新产品，口味和包装有较大提升。2003年11月，推出“白沙（珍品）”，受到消费者欢迎。2004年6月，进一步推出高档卷烟“白沙（极品）”。

二、烤烟型“白沙（和）”系列

“白沙（和）”虽然从属于白沙品牌，实际上与白沙的定位和品牌内涵完全不同，是作为一个全新高端品牌研制。2000年，长沙卷烟厂启动低一氧化碳、低焦油卷烟研究项目。以催化技术为核心，利用催化剂的选择性和高效性，选择性的除去一氧化碳。2002年8月，项目研制出国内第一款主打“绿色烟草”理念的高端卷烟“白沙（和）”。该卷烟采用的“1010特色配方”将焦油和一氧化碳含量均降至10毫克以下。此外，白沙（和）的烟叶精选自然醇化两年以上的“鹤源”牌优质烟叶，并由资深配方师选叶、配料、品香。该卷烟也为第一支主打中国传统文化概念的卷烟，定位商务和高端客户。2003年1月，该产品通过国家局组织的成果鉴定，认为“技术成果属国内首创，并在行业内具有积极的示范引导作用”。同年，根据青海市场的需求，推出“白沙（蓝盖和）”卷烟和“白沙（黑和）”卷烟。2005年8月，推出白沙（紫和）香烟，该香烟采用喜庆色包装，口味上进一步突出“和”系列的“醇、香、甜”。12月19日，作为“和”系列最高端（零售价1000元/条）的产品白沙（和天下）在长沙市六家指定商场柜台上市。这款手工精选用料、专用生产线生产、包装大气、由微软提供防伪技术支持的卷烟产品，上市半日即售罄。2006年1月12日，“和”系列新品“白沙（极品和）”上市。该产品首次将超线技术核心工艺应用于香烟，特殊印刷使包装具有浮雕感。

三、其他烤烟型卷烟

（一）“长沙”牌卷烟。该卷烟是长沙卷烟厂“七五”期间（1986—1990年）“龙头”产品之一。科研所根据市场需求对“长沙”卷烟不断进行技术改造。1992年，卷烟焦油含量每支下降2~3毫克。烟叶配方改进项目通过了技术鉴定。1993年3月，获湖南省烟草公司科技进步特等奖。1999年9月又推出新款“长沙（盖）”，其包装和配方在原有“长沙”的基础上进行了很大改进，焦油含量18毫克，烟碱含量1.0毫克。2000年5月，推出翻盖“喜长沙”卷烟。具有“白沙”系列的柔和风格，采用红色外包装，寓意祥和典雅，适合喜庆场合。2002年以后，“长沙”牌卷烟逐渐停止生产。

（二）“金沙”牌卷烟。1996年，长沙卷烟厂科研人员运用课题研究成果启动《低焦油烤烟型金沙烟的研制》项目。1997年，项目获得成功，同年8月29日，通过国家烟草专卖局鉴定，成为国内唯一的烤烟型、低焦油的卷烟品牌。该项目有效降低主流烟气中40%自由基，同时使主流烟气中的微量元素硒含量提高140%，并将焦油控制在12毫克/支以下，提高卷烟安全性能；具有良好的社会效益和经济效益。1999年4月，长沙卷烟厂环保“金沙”烟的研制项目在综合运用卷烟最新加工技术和卷烟新材料上有所突破，其主要性能是使产品侧流烟气降低60%左右，使中国成为继美国和日本两个国家之后第3个拥有此项技术的国家。1999年4月26日，该项目通过国家烟草专卖局组织的技术鉴定，它对吸烟与健康、吸烟与环保起到一定的积极作用，填补国内空白，达到国际同类研究先进水平。此后又推出中焦油环保“金沙”。10月，在中国香港举办的世界烟草博览会上，环保型系列卷烟受到众多厂商、销售公司和消费者关注，是评吸最多的品牌之一。

（三）“J”牌卷烟。1992年6月，长沙卷烟厂科研所黄中华、刘建福等利用科研所内现代化检测设备，剖析东南亚市场畅销的香烟，根据其产品的内在成分，采用新的烟叶选择思路，通过科学配方，辅以加香加料，仿制出焦油含量低、符合东南亚消费者口味的“J”牌香烟，为烟厂积压的不适用烟叶找到出路。

（四）特制“湘烟”。1995年2月，科研人员在“烤烟的调制机理及应用研究”项目中，摸索出一套对不同部位烟叶进行烘烤的工艺流程。3月，运用生物生化高科技成果，开发出价格在20元/条的特制“湘烟”。

四、混合型、薄荷型卷烟

1993年2月，长沙卷烟厂科研人员对“梅拉德反应”进行深入细致的研究，尤其是在“梅拉德反应”产物的适用性和预期性生产方面进行深入分析和研究，在白肋烟的处理工艺上做出新的突破。通过简单易得的原料合成出高香气质的“梅拉德”产物，并通过加香应用于生产。

1994年1月，长沙卷烟厂科研人员通过科学分析、研究混合型卷烟“万宝路”与长沙卷烟厂“多柔”在烟气上的差别，有针对性地添加香精香料，使长沙卷烟厂的混合型卷烟的质量与风格得到提高。

1995年2月，长沙卷烟厂科研人员进行“薄荷脑微胶囊应用技术研究”，主要应用于薄荷烟生产，使得薄荷烟留香时间大为加长，且释放均匀。

2000年6月，长沙卷烟厂技术人员将潜香物质及薄荷香精应用在出口薄荷“南沙”牌香中，效果明显，给薄荷烟增加新的技术含量。

第四节 企业管理

一、基础管理与信息化

1988年，长沙卷烟厂实施“人才、信息、决策、开发、管理”五要素全方位优化和“一长三师”的管理模式。“五要素”全方位优化是以方针目标为主导，运用多种现代化管理方法对企业进行管理优化。“一长三师”指厂长领导下的总经济师、总工程师、总会计师负责制。同时，初步应用计算机于企业管理，企业管理科微机室引进由湖南电子研究所开发的CYCMIS系统，全厂主要科室实现数据处理计算机化，建立“3+网络”局域网系统，既能适应内部管理需要，又能与外部进行信息交流。

1989年，网络扩展到生产车间，服务器升级为3COMPLAS服务器，并进行二次开发。包括销售、供应、原烟、财务、生产、设备、能源、标准计量、档集资料、质量、劳动工资、组织人事12个子系统，23个工作用户。该系统成为烟草行业首家MIS系统。此外，建立与生产及安全相关的电视监控系统，引进程控交换机电话系统、工业闭路视频系统、无线和有线通信系统及计算机系统，用电脑对物流、行为流进行监控，管理生产和安全。同年，成立档案信息中心，对内部档案信息进行规范、标准化管理，对外部信息资源进行开发，先后与国家信息中心等30余个信息单位连通。1991年，长沙卷烟厂通过中国烟草总公司验收，被评为档案管理国家一级企业。同年，微机室独立为计算机中心，负责计算机开发应用，推进企业管理信息化。

1993年2月，开展科室机构改革，全厂45个科室合并成31个，精简机构，重新理清职能职责。为实现管理手段与国际惯例接轨，引进小型机BPCS系统（制造计算与控制系统）。BPCS软件模块有主生产计划、物资需求计划、能力需求计划、制造数据管理、车间控制、采购、订单处理、发票处理、销售分析、总账、应收账、应付账、现金管理、多币制管理14个。在SSA公司技术人员指导下，通过原型测试，选择5个相对独立的模块实施。1994年，在试点实施基础上，结合ISO9000标准，在企业管理部、生产部、销售经理部、物资经理部、科研中心等主要部室和5大生产车间全面实施BPCS软件的"销售""制造""财务"三大系统14个模块，并根据各部门需求对各模块进行第二次开发、补充查询及报表功能。在此基础上开发厂长查询系统，全厂数据信息实现集成共享。1995年1月，新、旧系统切换，BPCS全面投入运行。此后，陆续开发计量管理软件、人力资源管理和培训系统、备件管理信息系统、设备管理信息系统、技术中心信息管理系统、工艺质量控制子系统、专卖店销售管理系统、生产管理信息系统、办公自动化管理系统等。

1997年，开展以"功能资源优化"为主题的改革，全厂近80个不同岗位用于竞争交流。同时，实施BST–CIMS工程。BST–C1MS工程包括：决策支持分系统（DSS）、管理信息分系统（MIS）、产品设计分系统（PDS）、生产自动化分系统（MAS）和质量控制分系统，以成本控制和生产自动化为重点。该系统通过信息集成，保证企业产品开发、市场营销、生产组织、高层决策和内部管理的高效，从整体与系统的角度充分发挥企业生产经营中人、技术、管理、资金等生产要素的运行效率，有机地集成企业的信息流、物流、资金流，使企业的综合管理上升到一个新台阶。

1998年，继续深化"功能资源优化"，实行"BPCS软件ISO9000化""ISO9000功能扩大化"和"建立厂内信息高速公路"三部曲，构建"以市场为中心、以科研为龙头；在内部市场以质量为中心，以成本为核心"的"四个轮子一起转"的管理模式。1999年3月，BST–CIMS工程被列为国家"863" CIMS应用示范工程。

2000年，企业在融会"市场、科技、质量、成本四轮驱动"理论基础上，提出"3A·HOT"指导思想和"铸造百年长烟"的目标。"3A"即增强3个能力：学习、凝聚、创新能力；"HOT"即坚持7个原则：人性化设计、有序、沟通、培训、简明快捷、业绩导向、"团队+四个轮子"原则，为企业发展提出新的定位和要求。2001年，推行"简单管理"，将企业从以往的职能管理转变为流程和价值管理，实施战略、计划、预算联动。为理顺企业业务流程，实施BPR/REP项目，将以往相对孤立的各管理系统进行整合完善，建立统一的管理信息系统。2003年，白沙集团的简单管理理论被审定为第十届国家级企业管理现代化创新成果一等奖。

2006年，按流程管理思想，实行制度文件参数化改造。对企业主价值链各流程进行识别与剖析，确定各流程节点的关键控制点，通过对关键节点相关因素的分析、研究，形成《产品实现过程关键控制节点一览表》，制定管理控制参数和定额。2007年，对合并重组后的企业组织机构进行重新设计与调整，全厂26个部门调整为18个。2008年，完成以"管理集成、流程化运作、联动管理、结果管控、PDCA持续改进"为建设要点的长沙卷烟厂度量指标系统建设。2010年，从生产点的定位出发，推出NC系统（业务系统集中平台），逐步替代ERP系统。2011年，完成卷包成型SPC、设备工程信息系统、企业数字管控平台、联合工房数据采集项目、MES（制造执行系统）等信息化项目验收。建立起以生产管理为中心的内部生产制造信息体系、以业务运转及外部对接为基础的企业运营信息体系、以企业数字化管控系统为核心的管控及评价体系等三大信息系统。2012年，以管理进步为目标，推进精细化管理。集约9家兄弟烟厂资源，推进国家局"卷烟生产加工精细化"专题工作，取得阶段性成果。

二、人力资源开发

1988年，长沙卷烟厂有职工总人数1846人，其中工人1325人，管理人员230人，工程技术人员45人，其他为辅助和服务人员。为适应企业快速发展的需要，长沙卷烟厂自1986年以来开始大批录用大中专毕业生，优化员工结构，1988年引进大中专毕业生76人。1989—1990年，一度实行将新招工人全部送到技工学校进行两年专门培训再上岗的制度。

1993 年，劳资科、组织科、职教科合并为人力资源开发部，负责人员调配、工资管理、干部考核、职称评定和教育培训。针对引进的卷包机组，选送 42 人到国外生产厂家培训，在厂内对 103 名具有丰富经验的车间技术工人进行培训。选派 9 人到合肥经济学院学习卷烟工艺。1994 年，对政工部副部长、人资部副部长、营销业务员进行招聘。通过竞选上岗，在全厂形成竞争机制，特别是营销业务员的选拔，通过专业知识和外语的笔试、面试，层层选拔，选送 14 人到湖南大学国际商学院脱产培训 1 个月，选派 7 人到国外开拓市场。1995 年，组织全厂 80 名中层干部和 45 名后备人员分两期在湖南省经济干部管理学院参加“现代企业管理”培训。是年，职工总数 3269 人，其中大中专毕业生为 975 人，工程技术人员 451 人，职工文化水平整体提高。

1996 年，按照国家烟草专卖局要求，长沙卷烟厂开始控制人员引进，减员 34 人，内退 98 人，新进员工 73 人。是年，选派 8 名后备人员参加国际工商管理硕士（MBA）培训班。在全厂范围内进行中层干部大交流，采取面对面访谈、背靠背评议、主管领导评议、自评等方式对全厂 88 名中层干部进行全面评价，交流 52 人，竞争上岗 6 人，提拔上岗 10 人。1997 年，企业与荷兰马斯特里赫特管理学院及湖南省经济管理干部学院合作共同举办 MBA 培训班，选拔 30 名中青年后备人员在职学习。1998 年，实行厂内职工“退一进一”政策，出台内退管理规定，全面实行招聘制度，新聘年轻干部 5 人，解聘 4 人，横向交流 5 人。经多年实践，长沙卷烟厂以干部岗位交流为突破口，形成有特色的竞争机制，在干部使用上体现“公开、公平、竞争、择优”的原则。

1999 年，对全厂中层以上干部和后备人员 147 人培训“集团公司管理”和“项目管理”。2000 年 8 月，为企业二次创业储备人才，组织了“职业经理人”招聘工作，80 人参加书面案例测试、面试，11 人入选。2001 年，根据企业发展的要求，在全厂选拔中层干部，全厂职工可报名参加竞争。在职中层干部全部处于待岗状态，然后根据企业公布的中层岗位，个人报名，写出述职报告，经专家组听取述职评议、组织人事部门考察合格后，报党委审查，厂长聘任。原任落聘 23 人，新竞争上岗 76 人。是年，企业总人数为 3238 人，其中主业在岗 2698 人，多元化产业在岗 316 人，内退 224 人。有硕士 17 人，大专、大学学历 981 人，中专学历 238 人，高中和技校毕业生 1232 人。50 岁以上 278 人，40 岁以下 2068 人。职工队伍呈现知识化、年轻化。2002 年 1 月，厂长在职代会上提出培养“以此为生、精于此道”的职业化人才的目标，将培训职能从人资部独立出来，成立白沙管理发展学院。2003 年，新的人资机制开始实施，新机制包括“五条跑道（技术、营销、管理、能工巧匠、行政）”的晋升机制、“四类专家（技术、营销、管理以及能工巧匠）”的培训机制和突出“三个一线（营销、科研、生产）”的分配机制。2005 年，统筹集团人力资源，从郴州分厂选拔营销、科研基地栽培、原烟、对外合作人员进行储备和交流。

2006 年，湖南中烟工业公司成立，长沙卷烟厂为公司输送 381 人，本厂在职员工数下降为 2200 人（含郴州烟厂交流人员 53 人）。2007 年实施中层干部竞聘，对 48 个中层岗位进行公开选拔、竞争上岗。2008 年，启动用工分配制度改革，按管理类、专业技术类、生产操作类和业务类四个类别完成任职资格评价、完善工资绩效机制。2009 年，为缓解生产操作工短缺，对外招聘生产操作工 80 名；面向后勤服务等多元化产业开展岗位竞聘，55 名员工回主业工作。2010 年，因全厂中层聘任期满，开展全体中层管理人员的竞争上岗工作。同时，根据直接用工招聘的实施，逐步引导劳务派遣用工平稳退出。2011 年，开展外派多元化企业员工回归主业工作。外派员工成建制划入多元化产业管理办公室编制；外派员工可根据用工需求，自愿选择参加主业岗位的竞聘。2012 年，劳务派遣员工全部退出，统一全厂绩效评价周期、规范评价方式、强化绩效沟通，实行新的绩效积分制规则和薪酬绩效联动机制。

1988—2012 年，先后担任长沙卷烟厂厂长、党委书记的有肖寿松、范康君等。

三、职业健康与安全生产

1988 年，长沙卷烟厂保卫科挂牌长沙市公安局南区分局赤岗冲派出所，定编 9 人，业务上受公安局指导，组织管理由工厂负责。保卫科下辖一个经济民警中队，编制 51 人，负责工厂要害部位、重要目标的守卫，防止盗窃、火灾、爆炸等治安灾害事故的发生。全厂以防火为重点，建立起治安、消防责任制度，确立各部门、车间第一责任人为首的安全生产责任体系，并将安全工作纳入全厂目标管理，任务和指标落实到个人。建立专职消防队伍，配备消防汽车和消防指挥小车。新建仓库按《建筑设计防火规范》对电源线实行预埋或设立电缆专线，6 层以上高层建筑安装自动消防装置。同年，首次对制丝线进行粉尘、噪声检测，均达标。

1989 年，开始用微机进行安全环保管理，建立劳动保护用品档案和工伤事故档案，组织对进口设备的放射装置进行检测，避免放射线对人体的伤害。同年，实行在每周调度会上进行安全检查通报的制度，保证隐患及时整改。1990 年，投资 330 万元建立集报警、录音、录像为一体的治安保卫视频监控系统，实行 24 小时集中监控值班。配置公安警车 1 辆、公安摩托 4 辆、无线对讲机 15 台、防盗报警器 15 台。1991 年，安全工作以保卫科的反内盗工作和消防安全工作为主，健全全厂治保工作网络，对重点要害部位强化防范措施，完善企业义务消防队，组织模拟演练。1992 年，劳安科和保卫科联合开展安全预防管理，深入生产一线排查隐患，纠正员工违章行为，打击企业存在的各种不正之风。

1993 年，打击偷盗烟草专卖品和纠正厂内风气、制止违章操作。1994 年，企业经警中队扩编为大队，有合同制经济民警 105 人。企业拨款 100 万元配置三轮摩托 8 辆、警用“三菱”吉普 2 辆，为部室干警配置对讲机 l7 台，寻呼机 22 台。拨款 3700 万元改建工业视频程控系统和安保控制系统。消防系统的自控和监控能力达到省市企业先进水平。投资 800 万余元对全厂噪声实行综合治理，包括柴油发电机、空压机房、锅炉房、冷冻站房、车间空调系统、除尘系统、出口烟车间等噪声源。同年，实行安全风险抵押金制度，企业逐级签订安全责任状。1998 年，开展《中华人民共和国消防法》的宣贯落实，并结合“企业管理年”活动，规范安全基础管理工作。投入 50 万元资金，购置红外热像仪 2 套，对全厂电气线路进行检查、整改。同年，湖南省公安厅授予长沙卷烟厂 1997 年度全省治安模范单位、1998 年度重点联系厂矿安全工作先进单位等荣誉。同年，因公安系统整顿，厂内派出所撤销。1999 年，长沙卷烟厂在湖南省第三届企业专职消防运动会上获团体总分第二名。

2000 年，进一步落实安全生产责任制，以制度规范安全管理行为。投入 300 万余元采用膈声屏技术对车间噪声进行进一步治理。2001 年，劳动保护和环境保护方面的职责划入工程技术部。2002—2004 年，结合《中华人民共和国安全生产法》的颁布，安全管理进一步正规化。健全各项制度、强化安全检查、定期开展以消防安全为主的各类活动和竞赛。2005 年，启动 GB/T28001 职业健康安全管理体系建设。完善文件制度 64 份。开展全员危险源辨识和风险评价活动，辨识二级以上危险源 838 项。制定管理方案 14 个，建立《应急准备和应急响应》体制，对各应急预案组织培训和演练。同年，根据湖南省公安厅文件精神，厂经济民警改制成护卫大队。2006 年，根据国家烟草专卖局要求组建内部专卖管理监督办公室，聘任专卖内管办主任，配备 3 名专卖内管干部，制定内部专卖管理实施办法。合并重组后，安全保卫部增加法律事务职能，更名安保法规部。

2007 年，按照湖南中烟工业公司“二标合一（ISO9000 和 GB/T28001）”要求，将职业健康安全管理体系作为安全管理的主导模式，在全厂范围内推行。2008 年，完成大托消控机房整体搬迁。对因冰灾造成的大托办公楼消防管网破损进行修复。12 月，全厂淘汰含放射源设备。2010 年，开展“遏制‘三违’行为，提升安防能力”的企业课题，通过完善管理制度，强化考核，开展安全警示教育等手段，集中整治员工“三违”行为。2011 年，在长沙市公安消防支队组织的消防“四个能力”建设活动工作推进阶段性达标验收中获好评，并获 2010 年度全市内保系统安全保卫工作示范单位称号，记集体三等功。2012 年，根据湖南中烟工业公司《安全生产标准化建设实施方案》，分阶段开展对标普查和管理改进，强化安全精细化管理，提升安全防控水平。10 月，通过湖南省安监局评审，达到安全生产标准化二级达标企业标准。

第十四章　区街工业

区街工业与乡镇企业一样，是在社会主义计划经济向市场经济过渡阶段的一种以集体所有制为主的工业经济形态。到 21 世纪初，随着市场经济体制的不断完善，区街工业企业逐步改制为股份合作制或股份制企业。

第一节　芙蓉区区街工业

一、所有制形式

20 世纪 80—90 年代，芙蓉区（东区）区街工业先后由区计划经济委员会、区经济贸易局、区乡镇区街企业局领导和管理；各街道、乡镇分别设街道工业管理办公室、乡镇经济管理办公室对街道、居委会和乡镇、村办工业实施管理。1988 年，东区有集体所有制工业企业 149 家（其中，区属大集体企业 16 家），职工 6631 人，工业产值 1.08 亿元。1993 年，东区制定《关于促进区街集体经济加速发展的若干奖励规定》，调动区街、居委会发展集体工业的积极性，到 1994 年年底全区集体所有制工业企业发展到 156 家，其中，大集体企业 20 家、街办小集体企业 69 家、居委会办小集体企业 67 家；职工 7130 人；工业产值 3.06 亿元。1996 年 7 月，长沙市实施区划调整后，新设置的芙蓉区区街工业达到鼎盛时期。当年全区集体所有制工业（含乡镇工业）企业 277 家，其中，区属大集体企业 20 家；街办小集体企业 41 家，居委会办小集体企业 59 家；乡镇办集体企业 43 家，村办集体企业 114 家。全区工业企业职工 1.14 万人，工业产值 9.44 亿元。

1997 年起，成立芙蓉区企业体制改革工作领导小组，抽调 30 名干部，组成 10 个企业改制工作检查组，对 11 个街道、乡、场、镇进行督导。芙蓉区企业改制以产权机制改革为重点，以股份合作制及股份制为主要形式，经过试点，全面推行。一批“挂靠”企业逐年摘掉“集体”企业红帽子，重新变更登记为私营企业；长沙经阁集团、长沙亚大高分子化工厂、长沙振升铝材公司更是先行改制成股份有限公司，企业活力增强，1997 年产值均超过 1 亿元。至 2001 年，全区 65 家集体企业，完成改制的 47 家，占 72%，其中，改制成股份合作制的 12 家、改制成股份制的 11 家、被兼并的 6 家、出售的 15 家、实行破产的3家。18家企业因职工安置困难和资产处置方面存在较大矛盾未实行改制。到2003年，18家未进行改制的企业已有12家初步具备改制条件，相继进入改制过程。

二、行业构成

20世纪80年代末，东区工业为机械、电器、服装、鞋帽、工艺美术、塑料制品、印刷、化工、交通配件、医药、文体用品等17个行业。1990年起，东区实施工业结构调整，对产品销路不畅、高耗低质的企业实行关、停、并、转，推进适销对路主导行业的技术改造和新产品开发，1995年，形成电气机械及器材制造业、有色金属压延加工业、印刷业、服装鞋帽制造业、金属制品加工业5大主导行业，工业产值2.87亿元，占全区工业总产值的68.34%。“九五”计划（1996—2000年）期间，芙蓉区按照国家产业发展政策，加快工业结构调整步伐，扶持有较强市场竞争力的优势企业，发展一批传统和短缺产品生产，推进优势行业上档次、上规模。1997年，全区工业逐渐形成建材、化工、电子电气、服装鞋帽和机械电器5大主导行业，工业产值7.85亿元，占全区工业总产值的55.6%。

（一）建材。20世纪90年代初，东区建材工业企业主要有韭菜园街道的长沙钢窗厂、朝阳街道的长沙保温材料厂、文艺路街道的长沙长征软木砖厂。1993年，长沙铝型材厂建成投产，东区建材工业开始形成规模。1995年，东区建材工业企业7家，固定资产原值1372万元，产值8182万元，利润113万元，分别占全区工业产值、利润的19.4%和10.1%。主要产品铝型材3500吨、钢门窗80吨、水曲柳装饰板1362立方米。1996年，长沙市实行区划调整后，全区建筑材料生产规模进一步扩大。1997年，芙蓉区建材工业企业15家，职工1522人，固定资产原值2.61亿元，工业产值3.29亿元。主要企业有长沙铝型材厂、湖南振升铝材有限公司、长沙金天装饰木制品厂、长沙市三湘镀膜玻璃有限公司等，主要产品铝型材1.13万吨、玻璃及其制品31万平方米、黏土红砖3950万块、塑钢门窗83万平方米。“九五”计划期间，芙蓉区加大对新型建筑材料开发和生产的扶持力度，长沙经阁集团、湖南振升铝材有限公司分别投入1570万元和3500万元，进行技术改造，引进德国、瑞士、日本等国家先进设备。长沙经阁集团成为国内大型铝型材生产基地之一，经阁铝型材、振升铝材均获中国驰名商标。

（二）化工。1988年，东区有长沙健民制药厂、东区石油加工厂、东升有机玻璃制品厂及几家小型塑料加工厂等10家涉及化工品生产的企业，产值773万元，占全区工业总产值的5.3%。主要产品有维生素冲剂、维磷补汁、小儿止咳糖浆、硫酸锌片剂、再生油、各类有机玻璃制品、酚醛塑料制品。1992年，长沙亚大高分子化工厂开发的新产品紫外光固化树脂涂料投产，长沙健民制药厂、东区石油加工厂通过技术改造，扩大生产能力，居委会塑料加工业也得到发展。1995年，东区化工企业14家，产值3911万元，占全区工业总产值的9.3%。1996年起，芙蓉区城区内各街道、居委会的小型塑料制品厂因污染环境而逐步转产，长沙防火涂料厂、长沙黏合剂厂、东岸乡西龙助剂厂等乡镇化工企业也逐年压缩生产规模。长沙亚大高分子化工厂通过对长沙健民制药厂实施兼并，成立湖南亚大高分子化工厂有限公司，加大技术改造的力度，陆续开发紫外光固化树脂涂料系列产品，其研发程度达国际同行业先进水平，被列入国家科委火炬计划，1999年，工业产值突破1亿元。2000年，芙蓉区化工企业8家，固定资产值1050万元，工业产值1.33亿元，占全区工业总产值的5%。主要产品紫外光固化树脂涂料2115吨、建筑涂料359吨、黏合剂502吨、塑料制品356吨。

（三）电子电气。1988年，东区生产电子电气产品的有都正街街道的湘南电气设备厂、长沙共用天线厂和文艺路街道识字里居委会的长沙共用电视设备厂，主要产品有110千伏变电站微机电气集控装置和电视传输器材，固定资产净值20万元，产值472万元、利润41.7万元。20世纪90年代初，企业按市场需求大力发展新产品，长沙先锋教学仪器厂、长沙开关厂、长沙日新电器成套厂、长沙起动开关厂等企业转产自动化仪器成套设备、逆变电源等电子电气产品。1995 年，东区电子电气生产企业发展到 8 家，工业产值 1771 万元，占全区工业总产值的 4.2%。“九五”计划期间，芙蓉区重点发展电子电气生产，2000 年，生产企业 8 家，职工 450 人，固定资产 725 万元，工业产值 2378 万元。主要产品有电站分散分布式自动化系统、教学实验室总电源、电视传输器材、灯具等。

（四）服装鞋帽。1990 年，东区有服装鞋帽生产企业 9 家，固定资产 185 万元，产值 1840 万元，利润 129 万元，分别占全区工业产值和利润的 12.6%与 13.5%，生产服装 75 万件、皮鞋 26.3 万双。20 世纪 90 年代初，服装、皮鞋市场需求旺盛。部分企业转向服装、鞋帽项目生产。1995 年，东区服装生产企业由 1990 年的 5 家发展到 14 家，皮鞋制造企业由 4 家发展到 8 家。新开办的有长沙荣昌鞋厂、长沙六一童鞋厂、长沙远东服装厂等。全行业固定资产值 883 万元，产值 5851 万元，占全区工业产值的 13.9%，生产服装 104 万件（条）、皮鞋 183 万双。1996 年起，因城市建设拆迁和市场竞争激烈，芙蓉区部分服装鞋帽生产企业关闭或转产。而长沙远东服装厂、长沙荣昌鞋厂等企业通过技术改造，扩大生产品种，打开市场销路，形成一定生产规模。其中，“远东西服”为中国驰名商标。2000 年，全区有服装鞋帽企业 9 家，产值 2700 万元。

（五）机械电器。1990 年，东区有机械电器生产企业 27 家，固定资产值 848 万元，占全区工业固定资产总值的 28.2%，产值 4025 万元，占全区工业总产值的 27.6%。主要产品有档圈、打气筒、自行车脚蹬、手闸、高压射流清洗机、电焊机、高低压配电控制设备、汽车倒车报警器、消声除尘设备、电炉等。1990—1995 年，东区机械电器生产企业由 27 家增加到 31 家，固定资产 1979 万元，占全区工业固定资产的 21.6%，比 1990 年增长 133%；产值 8563 万元，占全区工业产值的 20.4%，比 1990 年增长 112.7%。开发了不烫手电焊钳、防卸螺母、电缆桥架、罗茨鼓风机等一批适销对路产品。1996 年，长沙市实行区划调整，芙蓉区机械电器行业实力进一步增强，东方建筑机械厂、长沙搅拌机厂、长沙汽车电器锻压件厂等一批乡镇企业成为芙蓉区机械行业骨干企业。2000 年，芙蓉区机械电器行生产企业 27 家，产值 1.3 亿元，占全区工业总产值的 4.9%。主要产品搅拌机 612 台、压面机 548 台、和面机 484 台、挡圈 4.6 万个、防卸螺母 108.7 万件、电焊钳 7.2 万件。

三、经济效益

20 世纪 80 年代，东区区街工业企业发挥小型多样、灵活多变的特点，扩大企业自主权，全面实行企业经济承包责任制，工业生产迅速发展。1988 年，全区区街工业实现工业总产值 1.08 亿元，销售收入 1.02 亿元，利润 1079 万元，上缴税金 728 万元，企业固定资产原值 1664 万元，149 家企业有职工 6631 人。80 年代末 90 年代初，受国内市场疲软，经济滑坡的影响，东区工业发展速度回落，产品销售不畅，经济效益下降。经过 3 年治理整顿，结构调整，加快新产品开发，推进重点企业技术改造，大力发展居委会工业，工业生产逐年上升。1992 年以后，全区加快改革步伐，转换企业经营机制，扩大适销对路产品生产能力，长沙铝型材厂、湘南电气设备厂、长沙亚大高分子化工厂等骨干企业拉动东区工业的增长。1993 年，全区实现工业总产值 25617 万元、销售收入 23115 万元、利润 1642 万元，上缴税金 1548 万元，固定资产原值增到 5497 万元。但到 1995 年，受宏观环境影响，区街企业资金紧缺，企业生产成本增加，加之因城市建设发展的需要，部分企业被拆迁或停产，东区工业发展又面临暂时困难。当年全区工业总产值 4.21 亿元，销售收入 3.21 亿元、利润 1468 万元、上缴税金 1105 万元，工业利润、税金分别比 1993 年降低 10.6%和 2.9%。1996 年 7 月，长沙市实行区划调整后，乡镇工业成为新设置的芙蓉区工业一支生力军。1997 年，全区 141 家乡及乡以上工业企业总产值 11.71 亿元、销售收入 9.27 亿元、实现利润 2723 万元，职工人数 9235 人。20 世纪 90 年代后期，芙蓉区积极推进区街、乡镇工业企业改制，扶持优势企业，加快工业结构调整。到 2000 年，全区乡及乡以上工业企业总产值 17.70 亿元，销售收入 14.90 亿元，实现利润 5107 万元。此后，芙蓉区加快工业园区建设，加大招商引资，芙蓉区工业进入园区工业发展新阶段。

企业选介

（一）长沙市湘南电气设备厂。1985 年建厂，厂址初设建湘南路 204 号，20 世纪 90 年代中期迁东屯渡农场荷花园。高新技术企业，主要产品 WJBX 四合一集控台——农村变电站微机集控系统于 1988年获国家科技三等奖。1997 年，企业固定资产 603 万元，职工 365 人，年产值 2532 万元。2005 年 8 月，由长沙市三和房地产开发公司兼并，成其湘南电气设备厂分公司。

（二）长沙市花纹铝板厂。1984 年成立，原名长沙市朝阳照相制版厂，设唯物岭四方塘 1 号。高新技术企业，主要产品铝合金装饰轧花板填补国内空白，获长沙市 1991 年科技进步奖，同年初列入国家火炬计划。1997 年，企业固定资产 320 万元，职工 81 人，年产值 802 万元。1999 年，企业改制为和捷实业有限公司。

第二节　天心区区街工业

一、所有制形式

1988—2007 年，天心区（南区）区直工业先后由南区计划经济委员会、南区经济贸易局、天心区乡镇区街企业局、天心区经济贸易局、区工业经济局领导和管理，街委工业由街道（镇）、乡、场设立相应的经济办、企业办或服务公司、工业公司管理和服务，是计划经济向市场经济发展、区街集体企业向民营企业转体的改革发展时期。

20 世纪 80 年代，长沙市先后制定《区工业局与区属工厂、街工业办经营承包条件（试行）》《关于搞活经济、扩大企业自主权试行办法》《关于经济体制改革若干问题的决定》《关于进一步放开搞活区街集体经济的若干规定》等文件，两次推行经济承包责任制。第一轮推行经济承包责任制，74 家区属企业有 66 家实行经济承包。第二轮经济承包责任制起步于 1987 年，长沙工业泵厂等企业在实行第二轮经济承包后，冲破原来只在奖金上做文章、不敢逾越工资级别的局限，分别采取计件工资、工资含量大包干等制度，打破“大锅饭”分配制度。经历第二轮承包责任制后，天心区工业呈现发展良好势头。

1988 年，全区有集体工业企业 144 家，其中区直属企业（以下简称“区直”）13 家，街委企业 49 家，服务公司 82 家，实现全部工业总产值 1.04 亿元，为 1987 年的 1.5 倍，被誉为“湖南城区工业小区之首”。年产值 100 万元以上的区街委企业企业 16 家，生产定型产品 93 种，部分服装、绣品、工业泵等产品出口。是年井湾子工业基地占地面积 22.6 公顷，集聚长沙压力机厂、长沙消声器厂、长沙工业泵厂、长沙除尘器厂、长沙锅炉水处理设备厂、长沙高压开关厂，拥有从业职工 3605 人，其中工程技术人员 700 余人。长沙散热器厂产值过千万、利税过 300 万元，长沙工业泵厂利润过百万元。

1989 年 3 月 1 日，全省区街工业现场经验交流会在长沙散热器厂召开，长沙散热器厂被授予湖南省区街企业先进单位称号。1989 年，制定《长沙市南区集体所有制工业企业承包经营责任制实施条例》，以7章28条具体阐述继续放宽、放开、放活分配，在健全企业承包运行机制同时，鼓励企业横向联合，合理兼并，优化资源配置。是年，各街道服务公司撤销。

1992年，南区作出建立工业园区、注重人才引进、加大科技投入、多方筹集资金、完善优惠政策等决策，确保3年内区街工业超常规发展。1993年，区集体工业企业131家，其中区直14家、街道100家、其他17家。1994年，3家私营工业企业出现。4月，成立区经济体制改革办公室。1995年，区工业由区经济贸易局主管，南区再次成为长沙市重要工业基地。1996年区乡镇企业局主管区工业，6月制定《关于贯彻全省“经济体制改革”和“深化小型企业改革”两会精神实施意见》，进行第三轮改革，这一阶段承包责任制是企业改制的主要内容，股份制试行工作有布置但并未实行。1996年，区划调整，坡子街、学院街、大托镇、园艺场、畜牧农场等单位划入天心区，井湾子等4个街道划入雨花区。随后部分工业企业调整产业结构，向外拓展领域，确立“工业立区”的指导思想，将发展重心南移，在南部新城区建设工业园区，实施改革推动、开放带动、科技驱动、三产联动战略，调整产业结构，放开搞活区街企业，全区工业开始逐步回升，有区工业企业172户。

1997年4月4日，天心区以放开放活小型企业的精神为指针，围绕转换经营机制建立现代企业制度，以产权制度改革为突破口，对企业实施股份合作制或股份制改造。第一步为街属企业改制。改制的操作主体为各街道办事处，按照一厂一策的原则，采取资产重组、拍卖、租赁经营、破产等形式，在兼顾国家、集体、个人三者利益，确保企业资产不流失的基础上全面推进改制。长沙卷闸门厂作为全区改制先行企业于4月8日正式挂牌，改为股份合作式企业。是年，全区区街工业企业116户（均为集体企业），实际完成改制企业86户，其中，实行股份合作制的企业54户，募集资金1000万余元（无国企），实现股份制企业2户，募集资金9000万余元，出售企业14户，破产企业13户，兼并企业2个，“退二进三”的企业1个。1998年，工业企业183家。1999年，工业企业161家，其中区直企业18家、街委企业4家、其他49家；私营企业52家。5月，长沙市制定《关于进一步深化改革，转换企业经营机制的意见》，提出企业要进一步解放思想，建立产权明晰、权责明确、政企分开、管理科学的现代企业制度。作出《关于进一步加快区街工业和乡镇企业发展的决定》，成立区街工业和乡镇企业领导小组，加快区街工业发展。至2001年，街属企业以股份合作式为主要形式改制完成。第二步为区直集体企业改制。2001年6月，长沙市出台《推进和深化天心区区直集体企业改制》等文件，按照“一厂一策、重点突破、分步实施，全面展开”的方针，分别采取兼并、买断、联营、资产重组、股份合作制等不同方式实施改制。2002年5月9日，区直企业体制改革工作指导小组成立。2006年年底，长沙高压开关厂、长沙消声器厂、长沙除尘设备厂、长沙水处理设备厂、长沙散热器厂、长沙压力机床厂、长沙灯具公司、长沙华湘塑料制品厂、长沙电镀技术开发公司、长沙第一水泵厂完成改制，长沙工业泵总厂于2007年上半年完成改制。改制后的企业，建立多样化的按劳分配新机制，增强企业活力。长沙锅炉水处理设备厂推行“内部市场化”配置，重新定编、定岗、定薪，建立职工流动档案，公开招聘，竞争上岗；长沙高压开关有限公司采取年薪制；长沙工业泵厂采取风险抵押承包制；长沙散热器厂采取效益提成制；长沙水处理设备厂采取岗薪制，调动积极性，2006年，长沙高压开关厂改为股份制有限公司后，实现产值1.05亿元，利税1700万元，作为国内生产高压开关电器的骨干企业和“双高认证”的民营高科技企业，释放更大的活力。区属企业在改制过程中采取的是人员安置和产权置换同步，理顺职工劳动关系，解决养老保险问题。

二、行业结构

1988年，南区工业有机械工业、电器机械、金属制品、印刷、服装等26个行业，生产工业泵、散热器、皮鞋、塑料制品等500余种产品。1996年，经过企业产业结构调整，非金属矿物制品、电子通讯、建筑材料、交通运输设备等行业得到较快发展。1997年，有规模工业12家，主要产品有工业泵、高压开关、散热器、消声器、燃气灶、锅炉水位表、服装、皮鞋等，形成一定规模的高低压电器、精细化工、泵业、服装产业。2003年，区街工业总产值19.96亿元，其中规模工业企业40家。区规模工业名列全市5区4县（市）之首，研制、开发220千伏高压隔离开关、甲基柏木酮、多级立式离心泵、微机自控直流电源柜等名优产品。

（一）机械、电器业。机械工业是区属工业的主要产业，1988年，全区有机械电器制造业56家，职工4683人，完成工业总产值3012万元，主要产品有水泵、散热器、除尘器、高低压电器开关等。1997年，有机械电器制造业企业98家，职工3453人，完成工业总产值1.45亿元。2000年，有机械电器制造业企业125家，完成工业总产值8.95亿元，实现增加值1.61亿元。2001年、2002年分别有机械电器制造业企业138家、145家，完成工业总产值分别为10.15亿元、13.48亿元。占全区工业总产值的四分之三。机械电器行业发展得益于长沙高压开关有限公司、长沙楚天包装有限公司的迅速发展。

（二）金属制品业。金属制品业是区属工业的传统产业，1988年，全区有金属制品业企业38家，职工1080人，完成工业总产值5780万元，主要产品有厨具、防火卷闸门厂、防盗门窗。1996年，区划调整后有金属制品业企业26家，职工760人，完成工业总产值2300万元；1999年，有企业32家，职工950人，完成工业总产值4860万元，占全区工业4.2%。代表企业有安德门业公司、东方厨具厂等。

（三）建筑材料业。1988年，全区有建筑材料业企业20家，职工650人，完成工业总产值260万元，主要产品有砂石、拉丝等。1996年全区有建材企业43家，职工980人，完成工业总产值9500万元。2000年，有企业72家，职工2100人，完成工业总产值1.68亿元，主要产品有机制砖、预制件、砂石等，主要企业有大托机砖厂、红卫砂石矿等。2002年，有企业48家，职工1250人，完成工业总产值1.8亿元，主要产品有结构钢、预制件、砂石等，主要企业有黄合型材、东风型材等。

（四）家具、服饰业。1988年，全区有家具、服装企业12家，职工320人，完成工业总产值1800万元，1996年区划调整后，全区有企业18家，职工450人，完成工业总产值3400万元，2000年，有企业26家，职工670人，完成工业总产值6200万元，主要家具品牌有新浪、大富豪等，主要服装品牌有博雅、豪雕等，2002年，有职工820人，完成工业总产值8600万元，主要企业有超世服装企业、风景缘服饰等。

（五）印刷业。1988年，全区有印刷纸制品、塑料业企业15家，职工320人，完成工业总产值1600万元，主要产品有科技塑料制品、印刷品、信封等。1996年，全区有企业18家，职工380人，完成工业总产值2100万元。2000年，有企业26家，职工650人，完成工业总产值3200万元，2002年，拥有企业32家，职工780人，完成工业总产值5500万元。

三、经济效益

1988年，南区区街工业实现工业总产值1.04亿元，其中规模工业总产值4238万元。1995年，实现工业总产值5.94亿元，其中规模工业1.58亿元。1996年，实现工业总产值6.31亿元，其中规模工业12户，完成规模工业产值7710万元。

1998年后，天心区着力引导高新技术企业发展，高新技术增强企业的核心竞争力，提升了企业发展速度。东方厨具设备实业公司开发的高效节能液化炉市场需求量近亿元、申特空调设备公司生产的自动排污过滤器系自己设计制造的国家专利产品、长沙钢丝厂、华星自控等成为科技型企业。2000年新增先锋塑料厂、湘泰海绵厂、楚天医用机械包装厂过千万元企业。

2001年，天心区以质量效益为中心，加大对规模企业的扶持、指导、协调与服务。突出抓好高压开关厂、南方自动化设备厂、长沙防火设备厂、顶立新材料工程中心扶持，发展规模经济、实现规模效益。是年，全区工业产销率衔接水平提高、工业企业经济效益提高，工业产成品库存降低、工业企业亏损率降低。高压开关厂产值从1000万余元（1998年）到6000万余元（2000年），再到2001年过亿元，几年实现跳跃式发展。

2002年年末，全区工业总产值17.98亿元，实现工业增加值3亿余元。其中，全区12家区直集体企业职工总人数3049人，总资产1.65亿元，总负债15.75亿元；土地面积19.9万平方米，房产建筑面积10.5万平方米。

此后，天心区加快天心环保工业园区建设，加大招商引资，天心区工业进入发展新阶段。

企业选介

（一）长沙高压开关有限公司。原名长沙高压开关厂，始建于1965年，位于井奎路169号，主要产品为系列高压隔离开关，1997年12月完成内部股份制改造，更名为长沙高压开关有限公司。为国内生产高压开关电器的骨干企业和通过“双高认证”的民营高科技企业，列入长沙市20家重点扶持民营工业企业和湖南省100户“小巨人”企业。公司2002年实现工业产值10500万元，利税1700万元。主要生产220千伏及以下高压开关和363~750千伏超高压隔离开关。2003年有职工389人，固定资产原值2060万元。公司于2003年始在宁乡建设生产基地。

（二）长沙市防火装备厂（原长沙市卷闸门厂）。始建于1968年，是国内起步最早生产门窗系列产品的专业厂家，1997年改制为私有企业。2003年有固定资产800万元，工业总产值2000万元，工厂占地面积0.67公顷，生产厂房面积近万平方米，被评为“湖南省十强消防企业”“省级重合同守信用单位”，“吉登”牌防火门窗系列产品多次被评为“消费者信得过品牌”，其中双帘双轨特级防火卷帘获国家专利。

表17-14-2-1　　1988—2003年天心区（南区）区街工业经济效益一览表

年份	企业数（家）	职工人数（人）	工业总产值（万元）	工业增加值（万元）	利润总额（万元）	利税总额（万元）	其中规模以上工业企业	
							总产值(万元)	企业数（家）
1988	146	8104	10392	3446	—	1257	4238	—
1989	159	8606	12404	3891	1257	1702	—	—
1990	165	9102	13257	4388	1156	1547	—	—
1991	143	9266	15230	4933	919	1751	—	—
1992	136	9819	19917	5985	1088	2092	—	—
1993	131	9483	30250	12798	1225	2722	—	—

续表 17-14-2-1

年份	企业数（家）	职工人数（人）	工业总产值（万元）	工业增加值（万元）	利润总额（万元）	利税总额（万元）	其中规模以上工业企业	
							总产值(万元)	企业数（家）
1994	148	10640	42648	15445	1406	3897	—	—
1995	143	10041	59449	17834	1427	4583	15849	—
1996	172	8831	63085	18926	1485	4125	7710	—
1997	176	10376	88083	21727	1817	62353	23030	12
1998	183	5545	112949	22137	2344.7	—	28562	21
1999	213	5999	122095	25577	3115	—	28711	18
2000	207	5392	141954	28360	3995.3	—	40458	23
2001	414	2352	158266	30286	—	—	52897	29
2002	—	—	179493	30033	—	—	76423	—
2003	—	—	199579	37393	—	—	104600	40

表 17-14-2-2　　天心区工业企业（区直企业）改制情况一览表

企业名称	厂址	建厂时间（年）	主要产品	职工人数（人）	工业产值（万元）	固定资产（万元）	改制时间	改制形式	改制或兼并后企业名称
芙蓉工艺服装厂	劳动中路98号	1977	系列服装	127	280	340	1997年9月	—	—
长沙高压开关厂	井奎路169号	1965	系列高压隔离开关	547	2180	1480	1997年12月	内部股份制改造	长沙高压开关有限公司
长沙消声器厂	井奎路171号	1965	系列消音设备	226	680	550	2000年8月	内部股份制改造	长沙智诚环保有限公司
长沙除尘设备厂	井奎路166号	1965	系列除尘设备	287	720	640	1999年12月	承债式兼并	湖南鸿畅实业有限公司
长沙精制茶厂	砂子塘	1978	系列袋装泡茶	26	70	45	2004年10月	破产改制	无
湖南华湘塑料厂	灵官渡57号	1965	系列塑料中空制品	125	420	226	2003年9月	内部股份制改造	长沙华湘塑料有限公司
长沙水处理设备厂	井奎路47号	1965	锅炉辅机及水处理设备	361	216	960	2004年10月	—	—
长沙散热器厂	井奎路91号	1964	散热器等系列产品	340	520	986	2004年1月	—	—
第一水泵厂	下殷冲1号	1986	系列水泵制品	121	243	450	2004年8月	—	—
长沙压力机床厂	井奎路21号	1966	系列剪板机折弯机等	176	380	406	2006年10月	—	—

续表 17-14-2-2

企业名称	厂址	建厂时间（年）	主要产品	职工人数（人）	工业产值（万元）	固定资产（万元）	改制时间	改制形式	改制或兼并后企业名称
长沙市灯具公司	天心里 1 号	1968	系列灯具产品	82	180	480	2006年12月	承债式兼并	长沙华湘塑料有限公司
长沙工业泵总厂	井奎路 28 号	1965	系列水泵制品	866	1500	2800	2007年6月	破产改制	无
长沙铸管配件厂	下股冲	1986	1993 年变更为第一水泵厂	120	309.6	216.6	2004年8月	—	—

表 17-14-2-3　天心区街道工业企业改制情况一览表（企业）

企业名称	厂址	建厂时间	主要产品	职工人数（人）	固定资产（万元）	总产值（万元）	改制形式	改制时间（年）	改制后或兼并后名称
长沙天然香料厂	股家冲	1989 年	香料	27	300	2000	私有	1998	—
长沙冲剪机床厂	豹子岭	20 世纪 60 年代	机床	59	350	600	股份制	1999	—
长沙锅炉配件厂	南大十字岭	20 世纪 60 年代	锅炉配件	65	260	1100	股份制	1997	—
长沙南方自动化电器厂	书院路	1986 年	低压配电屏	85	360	1200	私有	1997	—
长沙卷闸门厂	书院路	20 世纪 60 年代	防火卷闸门	78	420	1100	私有	1997	长沙市防火卷闸门厂
湖南金龙送水器厂	芙蓉南路政干校内	1987 年	高楼送水器	48	150	1080	私有	1997	—
湖南电器成套厂	书院路	20 世纪 70 年代	低压配电屏	35	180	980	私有	1997	—
长沙新兴食品机械厂	灵官渡	20 世纪 60 年代	食品机械	70	110	850	私有	1997	—
长乐华工厂	豹子岭	不详	化工产品	58	41	420	撤并	1999	—
大托印刷厂	豹子岭	不详	印刷品	65	52	700	撤并	1999	—
大托机械厂	新开铺路	不详	农机配件	51	82	300	撤并	1999	—
乐佳化工厂	韶山路	不详	化工产品	21	16	170	撤并	1999	—
轻质墙板厂	机场路	不详	装饰材料	35	21	400	撤并	1999	—
湖南金龙送水器厂	芙蓉南路政干校内	1987 年	高楼送水器	48	150	1080	私有	1997	—
湖南电器成套厂	书院路	20 世纪 70 年代	低压配电屏	35	180	980	私有	1997	—

续表 17-14-2-3

企业名称	厂址	建厂时间	主要产品	职工人数（人）	固定资产（万元）	总产值（万元）	改制形式	改制时间（年）	改制后或兼并后名称
长沙新兴食品机械厂	灵官渡	20世纪60年代	食品机械	70	110	850	私有	1997	—
长乐华工厂	豹子岭	不详	化工产品	58	41	420	撤并	1999	—
大托印刷厂	豹子岭	不详	印刷品	65	52	700	撤并	1999	—
大托机械厂	新开铺路	不详	农机配件	51	82	300	撤并	1999	—
乐佳化工厂	韶山路	不详	化工产品	21	16	170	撤并	1999	—
轻质墙板厂	机场路	不详	装饰材料	35	21	400	撤并	1999	—
长沙前进电器厂	金盆岭	20世纪60年代	起重电器	120	360	1100	撤并	2003	—
南区自行车配件厂	原胜利路	20世纪60年代	电控设备、灯具	50	100	1095	私有	1989	华星自控设备厂
星火电器开关厂	粟茂巷	20世纪60年代	电器开关	30	60	125	出让	1997	改为餐饮
亚新电器厂	县正街	不详	灯具	15	10	27	出让	1997	—
星沙玻纤橡胶厂	星沙	不详	橡胶制品	28	20	64	挂靠企业	—	—
星火彩色印刷厂	黄兴南路	20世纪60年代	印刷品	61	70	420	私有	1989	—
湘晖机械厂	县正街	20世纪60年代	机械零配件	25	15	34	私有	1997	—
新向五金家具厂	欲敏里	20世纪70年代	烤火炉	60	30	370.8	私有	1997	—
立新机械厂	青园路	20世纪70年代	机械配件	31	25	205.34	撤并	1999	—
畜牧电镀厂	青园路	20世纪70年代	电镀产品	19	11	18.3	撤并	1999	—
牡丹印刷厂	友谊路	20世纪70年代	印刷品	10	8	16.7	撤并	—	—
中意木工厂	新开铺	不详	家具	15	4	375	撤并	1999	—
楚才玻璃钢厂	友谊路	不详	玻璃钢制品	26	19	282	撤并	1999	—
泛贸缝纫机厂	青园路	不详	缝纫配件机	65	95	482.4	撤并	1999	—
正达家具厂	友谊路	不详	家具	14	9.8	160.5	撤并	1999	—

续表 17-14-2-3

企业名称	厂址	建厂时间	主要产品	职工人数（人）	固定资产（万元）	总产值（万元）	改制形式	改制时间（年）	改制后或兼并后名称
长沙市前进电器厂	金盆岭	20世纪60年代	起重电器	120	159	1000	撤并	2007	—
长沙水泥钢摸厂	新开铺	20世纪60年代	水泥钢摸制品	43	95	220	股份制	1999	—
长沙市新开橡胶厂	豹子岭	20世纪70年代	橡胶制品	19	10	120	私有	1999	—
长沙制种玻璃钢厂	豹子岭	不详	玻璃钢制品	25	33	560	挂靠企业	1999	—
轴瓦设备厂	新开铺	不详	机械配件	70	149.9	763	撤并	1999	—
天心机械厂	书院南路	不详	机械配件	54	28.1	658	撤并	1999	—
晨光机械厂	书院南路	不详	机械配件	56	37.5	475	撤并	1999	—
新开铺包装厂	新开铺	不详	纸盒	47	185.6	395	撤并	1999	—
新开机械厂	新开铺	不详	机械配件	65	268.11	510	撤并	1999	—
东风机电设备厂	新开铺	不详	电器设备	22	8.01	18.5	撤并	1999	—
美华印刷厂	新中路	不详	印刷品	35	9.9	375	撤并	1999	—
拉丝制钉厂	新中路	不详	铁钉	26	20.24	110	撤并	1999	—
珍珠岩厂	新中路	不详	保湿材料	41	67.33	161	撤并	1999	—
兴凯家具厂	新开铺	不详	家具	18	31.15	38	撤并	1999	—
湘虹印刷厂	新开铺	不详	印刷品	31	18.68	205	撤并	1999	—
雨花防盗门厂	新中路	不详	防盗门	11	1.85	32	撤并	1999	—
向群塑料厂	坡子街	不详	塑料制品	61	30.8	89	撤并	1999	—
机电教学仪器厂	黎家坡	不详	教学仪器	49	9.1	55	撤并	1999	—
红湘服装厂	坡子街	不详	服装	24	22	16	撤并	1999	—
大托矿石粉厂	韶山路	不详	石膏粉	32	32	400	撤并	1999	—

表 17-14-2-4　　1988—1997 年天心区区街工业经济效益指标一览表

指标	1988年	1989年	1990年	1991年	1992年	1993年	1994年	1995年	1996年	1997年
工业产品销售率（%）	—	—	—	—	93.47	91.43	87.26	90.72	89.31	98.7
资金利税率（%）	32	24	19.6	17.7	12.33	11.82	11.50	11.68	10.01	13.26
成本费用利税率（%）	23	16	17.4	16.2	8.00	6.60	4.53	3.35	3.5	3.8

续表 17-14-2-4

指标	1988 年	1989 年	1990 年	1991 年	1992 年	1993 年	1994 年	1995 年	1996 年	1997 年
工业增加值率（%）	—	—	—	—	31.78	42.31	36.22	30.0	30.0	24.5
全员劳动生产率（元/人）	12478	14330	13770	16907	6592	13053	14921	18890	20057	22172
流动资金周转率（天 %）	121	148	174	176	252	1.47	1.52	1.81	1.83	1.94
经济效益综合指数（%）	—	—	—	—	94.61	103.72	99.7	109.15	108.53	119.94
库存产品可供销售天数(天)	—	—	—	—	—	91	67	41	59	62
百元固定资产原值实现产值(元)	322	318	279	286.8	319	348	315	315	271	501

表 17-14-2-5　　1988—1997 年天心区工业总产值行业分布完成情况一览表　　单位：万元

行业	1988 年	1989 年	1990 年	1991 年	1992 年	1993 年	1994 年	1995 年	1996 年	1997 年
食品业	228	250	208	269	328	242.6	67.2	—	—	—
饮料业	—	—	20	20	29	50.0	877.5	870.4	620.2	185.2
纺织业	23	31	25	4	—	—	—	—	—	—
缝纫业	394	518	470	817	1167	1210.5	2610.9	4600.5	6913.3	3838.3
皮革制造	355	389	291	236	246	457.6	441.0	294.1	164.2	416.6
家具制造	137	67	264	271	50	—	846.8	1026.9	4140.6	2323.7
纸制品业	61	56	110	91	50	169.8	180.6	482.4	478.2	550.4
印刷业	112	128	156	228	457	765.9	2299.9	1044.5	2600	5202.4
文化用品	228	429	175	158	271	248.8	103.2	35.8	46	—
工艺美术	784	611	321	446	528	577.8	489.9	798.0	—	—
化工	104	339	728	1782	1135	832.9	1221.3	4018.6	2804.2	3078.4
橡胶制品	189	149	72	219	200	913.6	712.2	739.9	1175.1	1048.6
塑料制品	515	564	484	627	808	895.8	881.5	1949.3	2198.3	5120.8
建材制品	64	71	97	123	127	60.2	—	—	—	—
金属制品	2047	2269	2762	2428	2858	5570.5	5366.2	10492.1	10655.4	12437.5
机械工业	3012	3387	3449	3957	5803	9306.7	8812.7	14541.9	11697.2	14479.5
交运设备	263	501	704	831	2057	3234.5	4510.5	6141.9	3104.9	12287.3
电器机械	1482	1936	2183	2252	3435	5632.1	13117.6	10765.8	8777	13255.2
电子通讯	42	55	240	241	185	—	—	—	660	1671.0
仪器仪表	105	71	56	37	32	42.8	—	—	—	—

续表 17-14-2-5

行业	1988 年	1989 年	1990 年	1991 年	1992 年	1993 年	1994 年	1995 年	1996 年	1997 年
非金属制品	—	—	—	—	—	—	—	1444.2	4736.4	8008.2
采掘业	—	—	—	—	—	—	—	—	1424.4	2024.6
专用设备	—	—	—	—	—	—	—	—	—	1824.3
其他工业	247	594	442	191	152	37.0	109	202.7	890	331.0
合计	10392	12404	13257	15230	19917	30250	42648	59449	63085	88083

第三节　岳麓区区街工业

一、改革发展进程

1988—2002 年，岳麓区（西区）区街工业相继由区计划经济委员会、区经济贸易局、区乡镇区街企业局、区经济贸易局领导和管理。街、乡、镇、场设立相应的工业管理部门，长沙市区划调整前，街道办事处均设工业公司，主管街、委工业；区划调整后，街、乡、镇、场均设经济办公室，主管经济工作，是计划经济向市场经济发展、区街集体企业向民营企业转体的改革发展时期。

1988 年，西区区街工业企业均系集体所有制小型企业，共有 179 家，其中区属区管 9 家和区属街管 25 家企业为大集体企业，其他 145 家为小集体企业，年末职工总人数 7012 人。是年 1 月，根据中央、省、市文件精神，西区对工业企业推行“企业经营承包责任制”，全区有 77 家企业分别与主管部门签订抵押、责任、租赁承包合同，第一轮承包启动。1990 年，第一轮承包期满，承包企业实现工业总产值 8424 万元，利润 412.9 万元，税金 426 万元。与 1988 年比，产值、利润、税收分别增长 13%、11%、10%。通过承包，完善厂长负责制和企业内部责任制，初步建立人事聘用制，使区街工业企业在国民经济通货膨胀期间保持平衡发展。

1991—1993 年，第二轮承包中，全区有 88 家企业与主管部门签订承包合同，合同内容进一步完善，对实现利润、产品更新、职工工资等方面提出明确规定。1993 年，西区完成工业产值、利润、税金分别比 1990 年增长 61.3%、71.0%和 49.5%。

1994 年，区街工业企业进入第三轮承包。全区有 176 家企业分别以股份合作、公有私营、效益承包和目标管理承包等形式，与企业主管部门签订承包合同。在第三轮承包中，区主管部门注重职能转变，政企分开，侧重执行政策、任务包干、指导服务，把对企业管理的具体操作，分解到街道工业公司。各街道工业公司依据本街企业实际，制定“企业承包实施细则”，推动街道工业公司职能转换。主管部门转变职能，实施宏观管理，企业自主权加大，生产能力增强，生产规模扩大，工业企业增加。1995 年年末，全区集体所有制工业企业发展到 219 家。其中区直属工业企业 16 家，均为大集体企业；区属街管大集体企业 71 家，小集体企业 30 家；居委会企业 97 家，均为小集体企业；校办集体企业 5 家，为小集体企业。1996 年长沙市区划调整，划出集体工业企业 91 家，留下 128 家；划入乡、场集体企业 107 家，村办集体企业 86 家。1996 年年末，岳麓区共有集体所有制工业企业 321 家，固定资产年均余额由 1995 年的 3971 万元增加到 6161 万元，职工人数由 1995 年的 6860 人增加到 10356 人。

1997 年开始，以产权制度改革为重点的企业改制在岳麓区全面推进，集体企业向民营企业转体。区成立企业改制团，抽调100名干部，编成14个指导组，下到各街、乡、场和重点企业，指导、落实企业改制，严把方案审定、资产评估、产权界定、产权转让和资料归档五关，坚持企业改制与转变政府职能、与依法行政、与健全社保制度相结合。岳麓区各集体所有制企业，按照企业改制的九种形式：整体兼并、股份合作、新老分离、以租养人、以拆就改、先卖后股、内部竞卖、资产量化、破产处理，因企施策，全部实施改制。长沙湘中印刷机械厂自发组织股东，实现股份合作，明晰产权，安置职工，给企业带来生机；长沙工程液压件厂将新厂房用于还债，老厂资产内部兑卖，用于安置职工；长沙红旗仪器厂由长沙湖低电器公司整体兼并；长沙橡胶机械厂通过职工大会，职工按厂龄、工龄打分，资产量化到人，企业与职工解除劳动关系，变更企业性质，完成企业改制；长沙曙光塑料套管厂在改制中，用于职工养老保险、失业保险、职工安置、残疾职工医疗费补贴等费用共计130万元。至2000年年末，全区281家企业完成改制工作，改制比例87.5%。

2001—2002年，针对40家未改制企业的实际情况，拟定改制方案，对无法进行改制的特困企业给予政策支持。采取对特困企业减免土地转让金及契税、减免企业贷款利息、减免税收、减轻企业投保负担等优惠政策，共减免企业贷款利息900万元、税收200万元，减轻社保负担1000万元。2002年年末，岳麓区共有316家集体所有制工业企业完成改制工作，改制面98.5%，余下5家在2004年前完成改制。至此，区街集体所有制工业成为历史。民营、国有及国有控股的规模及规模以上工业蓬勃发展。

二、行业结构

1988—1995年，西区工业有21个行业，1996年区划调整，河东91家街、委企业划归天心区和开福区管理，行业相对减少。1996—2002年，岳麓区工业，通过产品结构调整，初具行业规模。按工业主要行业划分，有机械制造、锅炉制造、水泥设备、印刷设备、电子电器、仪器仪表、汽车配件、金属制品、塑料制品、橡胶制品、皮革制品、食品、家具、化工、建材、服装、制鞋、印刷18个行业。

（一）机械制造。1988—1995年，西区街办机械制造企业有10家，主要生产印刷专用设备、铜铁铸件、减速机、切纸机、炼胶机、硫化机、压延机及与生产配套的其他设备，以及民用机械产品，其中混合少齿差星轮减速机、搓合式交流接触器被列入湖南省火炬计划，FS机立窑、DS型组合式高效选粉机获国际金奖。1995年产值6091万元，占西区工业总产值19.9%。

1996年区划调整，划入乡镇机械制造企业3家，划出2家。1997年，岳麓区机械制造企业有11家，职工1520人，工业产值9741万元。主要企业有长沙橡胶机械厂、湘中印刷机械厂、兴华印刷机械厂、铸造机械厂、新征机械厂、水泥机械厂、溁湾机械厂、湘竹机械厂、工程液压件厂、江南起重设备厂、金龙机械厂。

（二）橡塑制品。西区橡塑制品企业有7家，其中区属区管1家，街办5家、校办1家。即：曙光塑料套管厂、自强塑料包装厂、永红橡胶制品厂、向群塑料厂、飞跃塑料厂、湘江橡塑五金制品厂、溁湾塑料制品厂。主要产品橡胶鞋底、橡胶铁心轮、塑料套管、塑料洗衣板、包装袋、聚乙烯制品，以及与电冰箱、电视机配套的橡塑制品。1995年产值1450万元，销售1120万元，利润92万元。

1996年区划调整，学院街永红橡胶制品厂、坡子街向群塑料厂2家划归天心区管理，如意街自强塑料包装厂划归开福区管理。留下4家企业在改制中发展，1997年工业产值950万元，利润70万元。1998年，曙光塑料套管厂、麓山南路飞岳塑料厂、溁湾路塑料制品厂相继改制为民营企业。2000年，湘江橡塑五金制品厂改制为民营企业。

（三）锅炉制造。1995年前，西区没有锅炉制造企业。1996年区划调整，划入2家。岳麓山乡丰顺垸堤委会办的新沙锅炉厂和天顶乡青山村办的青山锅炉厂。主要产品有燃煤、燃油、燃气、电热等锅炉及锅炉辅机等，其中 DZL-6 单锅筒纵式装链条炉排锅炉获长沙市科技进步奖。

（四）服装、制鞋。1995 年，区、街、委办服装、制鞋厂 21 家，职工 1527 人。主要企业有八角亭服装厂、赤球缝纫厂、橘洲服装厂、福胜皮鞋厂、麓南运动鞋厂、金龙皮鞋厂等。主要产品有各类男女服装、童装，女性内衣，各类男女皮鞋、布鞋、运动鞋等，1995 年完成产值 1566 万元，利润 141 万元，税 72 万元。

（五）汽车配件。1988—1995 年，西区有汽车配件厂 4 家。长沙汽车车轮厂、长沙汽车弹簧厂、大庆闪光器厂、银岭汽车配件厂。主要生产汽车挺杆、汽车推杆、汽车钢圈、楔、轴、各种汽车弹簧、汽车闪光器等配件产品，1995 年产值 1050 万元，利润 62 万元。1996 年区划调整，大庆闪光器厂划归开福区。留下 3 家企业，至 2002 年相继改制，银岭汽车配件厂改制为民营企业，汽车车轮厂、汽车弹簧厂改制后拆散。

（六）电子、仪表。1995 年前，西区从事电子、仪表开发和生产的企业有光明电器厂、红旗仪器厂、电感元件厂、远红外线元件厂、麓山电子元件厂、长沙电子电器厂 6 家，职工 472 人。主要生产 18 个系列传感器，5 个系列二次仪表，各种线圈、中频变电器、电子管中周等电子产品，年产值 1200 万元。1996 年区划调整，电感元件厂、远红外线元件厂、电子电器厂 3 家企业分别划归天心区和开福区。划入 3 家，职工人数，产值基本平衡。至 2000 年，上述企业全部改制为民营企业。

（七）建材工业。1995 年前，西区建材工业只有长沙建筑涂料厂、湘江镀膜玻璃公司 2 家，职工 178 人。主要生产镀膜玻璃及其制品，内墙涂料、建筑胶、色胶、乳胶漆及其配套设备。其中湘江镀膜玻璃公司生产的热反射系列镀膜玻璃获 ’95 中国国际新产品、新技术博览会金奖。1996 年区划调整，划入建材企业 1 家，湖南坪塘南方水泥有限公司，以生产水泥为主。

（八）化学工业。1988—1995 年，西区有红湘、向阳、长枫 3 家日用化工企业，生产日用化妆品、洗涤剂、太古油、电池硫酸、饲料添加剂等产品。年产值 700 万元。1996 年区划调整，划出红湘、向阳 2 家，划入长沙望岳化工厂 1 家。

三、经济效益

1988—1990 年，国家加强宏观调控，出台紧缩基本建设投资，紧缩银根政策。工业企业面临资金短缺，原材料涨价，市场疲软的困难，企业生产经营、经济效益滑坡。1990 年，全区 189 家（区、街办 112 家，委办 77 家）工业企业中亏损企业 22 家，亏损额 218 万元，工业总产值 1.19 亿元，利润 617 万元。与 1989 年同期比，工业总产值增长 11.9%，利润下降 24.34%。存在的问题是：工业企业设备陈旧、产品款式老化、结构不合理、市场竞争力差，生产技术相对落后，经济效益较低，百元产值利润从 1985 年的 16.25 元下降到 1990 年的 9.32 元。

1991—1995 年，进入“八五”计划时期，随着国家经济形势趋好和经济政策调整，企业第二轮承包责任制结束，进入第三轮承包。西区工业实现产值、销售、上缴税金同步增长。1995 年，完成工业总产值 3.06 亿元（现行价），比 1990 年增长 162%，年均递增 21.3%；实现工业销售收入 2.12 亿元，增长 147%，年均递增 19.8%。上缴税金 913.7 万元。工业主要产品产量大幅度提高，印刷工业专用设备、塑料制品、水泥设备、汽车配件、日用灯具的产量分别由 1990 年的 625 吨、295 吨、49 吨、313 万元、3.2 万只增加到 880 吨、598 吨、500 吨、678 万元、8.5 万只。

1996 年长沙市区划调整后，岳麓区集体工业企业增加到 321 家，工业总产值（不变价）、利润总额、实交税金、职工年均工资分别由1995年的3.06亿元、454.6万元、913.7万元、3494元增加到4.45亿元、1120万元、1082万元、4690元。1997年，按照《中共中央国务院关于转发农业部〈关于我国乡镇企业情况和今后改革发展意见的报告〉的通知》要求，狠抓企业改制，招商引资和工业园区规划建设，是年9月观沙岭工业园举行开园仪式。1988—1997年，岳麓区区街工业企业年均安置就业人员7955人，其中安置“四残”人员（包括盲、聋、哑和肢体残疾人员）97人，劳改劳教释放人员21人。

1997年开始，岳麓区集体工业企业进行改制。1998年，东方红工业园、西城科技园相继开园，全区工业进入发展新阶段。改制使体制激活，效益增长，职工收入增加。2002年，岳麓区工业总产值20.95亿元，上缴税金4992万元，职工年均工资1.82万元，分别为1996年的2.1倍、2.4倍、3.9倍。

企业选介

（一）湖南省新沙锅炉有限公司。由岳麓山乡丰顺垸堤委会建于1983年，原名湖南新沙锅炉厂，地址靳江村丰顺垸。建厂初期，主要生产锅炉辅机和配件，1983年完成销售收入16.8万元。1987年征地建厂房9000平方米，开发、试制锅炉产品，有立式、卧式两种。1988年，产品通过鉴定后，成批生产标准锅炉，成为国家定点设计制造A级锅炉的专业厂家。1990—2005年，成功研制开发生产WNSI、DZG系列锅炉，相继获得国家A级锅炉制造许可证、BR1级压力容器制造许可证、C级锅炉安装许可证，并通过ISO9001:2000国际质量管理体系认证。2002年，因拆迁，厂址搬至麓山南路尾烟坡，占地30000平方米，固定资产5000万元，职工162人，其中专业技术人员、质量管理人员占职工总数的50%。2004年，该厂改制为民营企业，湖南新沙锅炉厂更名为湖南省新沙锅炉有限公司，是年完成销售收入2500万元，创利税180万元。2005年，公司总经理曾石祥被评为湖南省劳动模范。2012年完成销售收入6000万元，上缴税金300万元。

公司主要生产燃煤锅炉、燃油锅炉、燃气锅炉、电热锅炉、热载体锅炉、循环流化床锅炉、各类压力容器及锅炉辅机等，有8大系列140余个品种，年生产能力1000蒸吨以上。产品畅销全国30个省份，远销朝鲜、缅甸、泰国、南非等10余个国家。

（二）长沙青山锅炉厂。1972年创办，原名青山冷作厂，始由5名职工，几把铁锤，一台焊机起家，主要加工农机、矿车、煤矿用锅炉。1980年，企业开始标准锅炉的设计、制造与安装，生产逐步发展。1984—1988年，LHG0·13T/H、LSS0·35T/H、LSG0·35T/H锅炉相继通过国家、省级鉴定后，青山锅炉厂成为国家定点生产锅炉厂家。1988年，企业完成产值315万元，实现利润41万元，固定资产800万元，职工95人。厂长李罗生被评为长沙市劳动模范。1989年5月，青山锅炉厂与长沙锅炉厂（国有）签约联营，生产2吨以下立式水管双层固定炉排锅炉和卧式链条往复炉排锅炉3个系列。1993年，产值1092万元，利税179万元。为发展需要，企业投入1000万元，征地46200平方米。1996年，3200平方米新厂房竣工。是年，青山锅炉厂完成产值2000万元，利税120万元，职工240人，固定资产2000万元。1998年，青山锅炉厂改制为股份制民营企业。

（三）麓南运动鞋厂。建于1983年，厂址设麓山南路曾家坡1号。主要生产运动鞋和各类男、女皮鞋，有4大系列，20多个品种。运动鞋畅销国内外，皮鞋产品款式新、品种多、更新快，深受用户喜爱。1997年产值240万元，利润17万元。1999年，拆迁、改制为民营企业。

（四）长沙汽车车轮厂。建于1971年，原名橘洲汽车配件厂，厂址设橘子洲102号。建厂初期，加工汽车传动轴螺丝、骑马夹螺丝等产品。1977年开发NJ-130型汽车挺杆，BJ-212型汽车推杆等产品。1988年，与沈阳双马汽车制造厂合作，开设分厂，1991年，更名为长沙汽车车轮厂。主要产品有汽车钢圈、汽车挺杆、汽车推杆，其中五十铃汽车钢圈被批准为国家级新产品列入国家级重点试产计划。该厂具有月产BJ-130钢圈2500套，年产汽车挺杆15万件、汽车推杆3000套的生产能力，产品畅销省内外。1995年，长沙汽车车轮厂在观沙岭工业基地征地1.33万平方米，建厂房6000平方米，总资产1120万元。1997年产值423.3万元，利润5.1万元。2001年改制后拆散。

（五）长沙建筑涂料厂。建于1974年，厂址设沿江大道17号。有职工128人，资产总计112万元。主要产品有106、803内墙涂料、107建筑胶、801色胶、内墙乳胶漆5种及砂磨机、滚花机、搅拌机等10种涂料机具。“白龙牌”106内墙涂料、801建筑涂料多次被评为湖南省优质产品。1998—1999年，因诸多原因，企业生产经营下滑，利润负增长。2000年10月改制，拆迁后停产。

（六）湖南坪塘南方水泥有限公司。位于岳麓区坪塘镇，总资产6.2亿元。公司有新型干法旋窑水泥生产线两条，具有日产2500吨熟料，年产200万吨水泥的生产能力。公司余热电站是省内水泥行业最早投入运行的环保节能项目，提前完成“十一五”节能目标。2012年产值6亿元，利税5000万元。

（七）长沙望岳化工厂。是望岳乡创办的企业，厂址设望岳乡七里营，主要生产气体净化剂。1996年，该厂与湖北化工研究所合作开发的EF-2型（T303）氧化铁精脱硫剂，为高新科技专利产品。1997年产值1000万元，利税100万元。2000年改制为民营企业。

表17-14-3-1　　1988—2002年岳麓区（西区）区街工业基本情况一览表

年度	企业合计（家）	区办企业（家）	街（乡）委（村）办（家）	年均固定资产余额（万元）	年均职工（人）	职工年均工资（元）	工业总产值（不变价）（万元）	利润总额（万元）	实交税金（万元）
1988	179	9	170	1875	7012	1519	8623	715	426
1989	179	9	170	1991	7118	1697	10646	822	492
1990	189	9	180	2182	7116	1871	11899	617	666
1991	194	9	185	2462	7520	1735	12911	747	580
1992	203	7	196	2609	8000	1875	15169	959	733
1993	208	7	201	2749	7632	2256	19192	1055	996
1994	212	9	203	3176	7690	2911	22619	551	935
1995	219	16	203	3971	6860	3494	30625	454.6	913.7
1996	321	16	305	6161	10356	4690	44520	1120	1082
1997	319	16	303	6143	10247	5247	44517	1276	966
1998	211	14	197	4810	7722	5758	34712	1051	743
1999	172	12	160	4117	6315	6973	29112	887	677
2000	94	6	88	3244	3512	7621	17920	564	470
2001	35	2	33	2059	1189	13127	8512	245	251
2002	5	–	5	1461	272	18190	1668	109	72

表 17-14-3-2　　1997 年岳麓区区直属工业企业基本情况一览表

企业名称	厂址	建厂时间（年）	占地面积（平方米）	建筑面积（平方米）	在职职工（人）	退休职工（人）	资产总计（万元）	工业产值（万元）	销售收入（万元）	利润（万元）	增值税及附加（万元）
长沙橡胶机械厂	橘子洲125号	1965	2000	1200	87	57	640	263.8	237.8	−6.8	12.9
湘中印刷机械厂	湘春路119号	1970	563	3553	81	68	380	677.3	401.1	0	26.0
长沙水泥机械厂	通泰街107号	1965	8667	3800	68	45	831	494.9	456.8	10.2	12.1
兴华印刷机械厂	永兴街9号	1962	700	2000	91	108	639	415.1	377.3	0.1	21.7
长沙铸造机械厂	吉祥巷50号	1965	1500	2000	67	54	593	268.4	317.5	22.2	15.5
长沙湘竹机械厂	朝阳巷23号	1964	441.2	714.5	26	23	223	311.5	294.1	15.7	9.1
长沙汽车车轮厂	橘子洲102号	1971	4600	6000	75	29	1120	423.3	380.4	5.1	0.5
曙光塑料套管厂	南墙湾66号	1965	400	1600	46	31	185.6	401.9	341.5	4.1	17.2
长沙建筑涂料厂	沿江大道17号	1974	420	1350	67	61	112	37.5	10.8	−2.9	0
长沙红旗仪器厂	坡子街204号	1969	3000	3600	67	44	109	67.6	49.3	−8.3	7.6
长沙滦湾机械厂	滦湾路33号	1965	420	740	54	17	133	75.4	72.4	−15.2	7.8
华光机床配件厂	麓南路147号	1983	217.9	301.4	23	3	227	102.2	79.4	6.6	9.6
长沙汽车弹簧厂	中山西路8号	1965	2000	2000	75	64	376	72.6	52.8	−2.2	6.1
长沙光明电器厂	福庆街37号	1970	1580	700	37	35	127	86.3	82.2	1.2	4.6
长沙工程液压件厂	银盆岭32号	1965	3233	1200	63	41	393	101.5	95.1	1	7.8
长沙西利隆食品厂	窑坡山	1984	1866	2200	110	55	356	180.1	159.1	14.8	—

表 17-14-3-3　　岳麓区区直属工业企业改制情况一览表

企业名称	企业性质	改制方法	改制形式	完成年份	改制后名称
长沙橡胶机械厂	大集体	职工大会定方案，资产量化到人，变更企业性质	资产量化	2001	长沙橡胶机械厂
湘中印刷机械厂	大集体	组织股东，股份合作，明晰产权，安置职工	股份合作	2001	湘中印刷机械厂
长沙水泥机械厂	大集体	审定方案，资产评估，产权转让，安置职工	资产量化	2002	解散

续表 17-14-3-3

企业名称	企业性质	改制方法	改制形式	完成年份	改制后名称
兴华印刷机械厂	大集体	审定方案，资产评估，产权界定，安置职工	内部兑卖	1999	兴华印刷机械厂
长沙铸造机械厂	大集体	审定方案，资产评估，产权界定，安置职工	内部兑卖	1999	长沙铸造机械厂
长沙湘竹机械厂	大集体	审定方案，资产评估，资产量化到人，安置职工	资产量化	1998	解散
长沙汽车车轮厂	大集体	资产量化到人，企业与职工解除劳动关系，安置职工	资产量化	2001	解散
曙光塑料套管厂	大集体	审定方案，资产评估，产权转让，安置职工	资产量化	1998	长沙塑料制品厂
长沙建筑涂料厂	大集体	审定方案，资产评估，拆迁补偿，安置职工	以拆就改	2000	解散
长沙红旗仪器厂	大集体	审定方案，资产评估，产权转让，安置职工	整体兼并	1999	长沙湖低电器公司
长沙溁湾机械厂	大集体	企业拆迁，政策补偿，安置职工	以拆就改	2000	解散
华光机床配件厂	大集体	个人买断，参股人注入资金，安置职工	股份合作	2000	华光机床配件厂
长沙汽车弹簧厂	大集体	审定方案，资产评估，产权转让，安置职工	资产量化	2002	解散
长沙光明电器厂	大集体	职工大会，审定方案，房屋出租，安置职工	以租养人	2000	长沙光明电器厂
工程液压件厂	大集体	新厂资产还债，老厂资产内部兑卖，安置职工	内部兑卖	2000	长沙工程液压件厂
西利隆食品厂	大集体	审定方案，资产评估，拆迁补偿，安置职工	以拆就改	2000	解散

表 17-14-3-4　　1992—1997 年岳麓区区街工业科技成果项目一览表

年份	获奖项目	完成单位	获奖等级
1992	五十铃汽车钢圈	长沙汽车车轮厂	被批准为国家级新产品列入国家级重点试产计划
1992	搓合式交流接触器	长沙新征机械厂	列入湖南省火炬计划
1992	混合少齿差星轮减速机	长沙橡胶机械厂	列入湖南省火炬计划
1992	半导体体测温仪	长沙九九科技研究所	被长沙市科委批准为高新技术产品进入市高新技术产业开发区
1992	无损伤桩基工程动态检测装置	长沙九九科技研究所	被长沙市科委批准为高新技术产品进入市高新技术产业开发区
1993	SZD 型组合式电吸尘器	长沙水泥机械厂	获湖南省电子技术应用成果推广三等奖，长沙市科技进步二等奖
1993	AMIII 型保安门	长沙新建五金厂	长沙市科技进步三等奖
1994	利用废塑料生产汽油、柴油	长沙“三胞”实业公司石化炼油厂	长沙市科技进步二等奖
1994	LFR 系列燃烧器	长沙中兴产品研究所	长沙市科技进步四等奖
1995	热反射系列镀膜玻璃	湘江镀膜玻璃公司	’95 中国国际新产品、新技术博览会金奖
1995	FS 机立窑	长沙水泥机械厂	’95 中国国际新产品、新技术博览会金奖
1997	DS 型组合式高效选粉机	长沙水泥机械厂	全国（HN）新产品、新技术交易会科技创新金奖

第四节 开福区区街工业

一、改革发展历程

1988 年，北区有 151 家区街集体所有制小型工业企业，其中区管大集体企业 18 家（含区直属企业 10 家），街道管企业 133 家。完成年产值 10224 万元，销售 9047 万元，利润 1000 万元，税收 512 万元。是年，在企业实行企业经营承包责任制，区街工业企业分别与主管部门签订抵押、责任、租赁承包合同，承包面达 96%。年末产值 100 万元以上的企业由上年的 16 家增加到 20 家，过 200 万元的企业由上年的 7 家增加到 10 家。其中，康乐制药厂年产值过 1000 万元，巨力胶带厂过 5000 万元。1989 年，区、街道、居委会办集体企业 332 个，共有职工 10902 人。全区工业产值比上年增长 22.7%，居全市 4 个城区第二位。1990 年，承包期满，全区实现工业产值 1.4 亿元，利润 1068 万元。产值突破千万元的街道办事处有 5 个。其中，清水塘街道办事处产值 2008.7 万元，成为长沙市产值、销售过 2000 万元的五个街道之一。产值过百万元的企业增加到 27 个。区重点骨干企业产值总值达 7409.3 万元，占全区工业总产值的 51.6%。

1991 年，北区 182 家工业企业先后再次与主管部门签订承包合同。1993 年承包到期。全区完成工业总产值、利润、税收分别比第一轮承包增长 15%、5%和 9%。1994 年，区工业主管部门转变职能，由各街道工业公司根据本街道企业的实际，制定“企业承包实施细则”，与企业签订第三轮承包合同。企业自主经营权扩大，技改和新产品研发投入增加，新办企业增多，全年完成产值 3.06 亿元，利润 1935 万元，税收 638 万元。1995 年全区集体所有制企业发展到 253 家，其中区直属大集体企业 10 家，区属街道管大集体企业 10 家，小集体企业 30 家，居委会办企业 190 家，校办集体企业 13 家。集体所有制工业企业发展的同时，私营和个体工业企业分别发展到 23 家和 54 家，个体和私营工商户 7771 户，从业人员 1.97 万人，总产值 7244 万元。全年区集体所有制企业产值 4.19 亿元，其中，长沙机电设备厂利润 119.5 万元，是全区工业企业利润唯一过百万元的厂家；产值 500 万~1000 万元的企业有华南交通机械配件厂、康乐制药厂、中南电工器材厂、湘江口罩厂、东风汽车电器厂、长沙机电设备厂、星火电器厂；产值过 1000 万元的工业企业有长沙光明童装厂、华泰电缆厂、东风汽车仪表厂。

1996 年，长沙市行政区划调整，撤销北区，成立开福区，划入乡、镇、场办集体企业 39 家，村办企业 11 家。长沙市出台《关于进一步开放搞活区街集体企业的意见》《集体企业出售及拍卖试行办法》，对区 32 家重点骨干企业制订改制方案。长沙机电设备厂、长城电器开关厂、潇湘瓶盖厂等 30 余家企业改制取得进展。年末，开福区共有集体所有制工业企业 303 家，固定资产 9200 万元，职工 9797 人。

1997 年，成立“开福区企业改制领导小组”，对区直属 22 家企业，街道属 74 家企业，乡镇场办 50 家企业，进行股份制、股份合作制改制。1998 年，鼓励区、街、委办工业“退二进三”（退出第二产业，进军第三产业），加快经济开发区和民营科技工业园建设，企业改制由重点突破向整体推进。区街乡镇企业整体出售 27 家，破产 8 家，股份合作制 16 家，股份制 18 家，兼并 5 家。改制后的金龙电缆厂、中南电工器材厂等一批企业出现勃勃生机。1999 年，开福区新增私营个体企业 2350 户，其中私营企业 64 家。集体所有制企业改制 126 家。

2000 年，全区区街工业改制面达 90%以上，2002 年，先锋出口包装厂、长沙变压器三厂、洪山机械厂、东风汽车电器厂完成改制。2004 年清水塘街道管理的长沙华南交通机械厂整体出售实施产权制度改革。至此，开福区集体所有制的区街工业基本终结，完成由计划经济向市场经济的转变。

二、行业结构

1988 年，区办工业企业 8 家，街道办工业企业 68 家，居委会办工业企业 75 家。其中轻工业企业 120 家，重工业企业 31 家。1989 年主要产品产量：输送机械 180 吨、起重机械 7.27 吨、电风扇 6900 台，橡胶型压敏胶纸带 107.2 万卷，湘劳 I 型尼龙口罩 22.37 万个，服装 108.71 万件，电动多用绞肉机获部优，YMJ 型电冰箱里胆蒸发器衬板填补国内一项空白，光明童装工业公司推出新品种 300 余种，平均每天有 1 个新品种投放市场，年产值 1000.9 万元。1992 年区工业总产值 2.12 亿元。1995 年，区集体所有制工业企业 253 家，占全区工业企业的 76.6%，私营工业企业 23 家，占 7%，个体工业企业 54 家，占 16%。轻工业产值 2968 万元，重工业产值 6343 万元。1996 年区工业有 24 个大类，150 余个中小类行业。全区工业企业总数 1238 个（含私营和个体工业企业），其中街道、乡及以上工业企业 269 个（轻工业企业 141 个，重工业企业 128 个）。工业总产值 13.49 亿元，街、乡及以上 12.70 亿元。其中轻工业 6.49 亿元，重工业 6.22 亿元。区街工业产值 5.94 亿元，销售 4.32 亿元，乡镇工业产值 7.55 亿元。主要产品有汽车配件、电器、服装、刺绣工艺品、劳动保护用品、电线电缆、中药制品等。

（一）汽车配件、电器。生产汽车仪表、电器的厂家主要有东风汽车仪表厂、东风汽车电器厂、中南电工器材厂、机电设备厂、变压器三厂、广播器材厂等。1988 年，东风汽车仪表厂和东风汽车电器厂生产汽车仪表、起动机电枢和开关，完成年产值 411.97 万元，销售 364.32 万元，利润 72.26 万元，分别为上年的 153%、178%和 216%。1989 年机电设备厂生产 DJQ–21 型多用绞切肉机获国家劳动部年度优秀新产品证书，产品销往全国 15 个省份和美国、澳大利亚等 5 个国家。1993 年开发的新产品有汽车用发电机，分电器、电抗器五十铃、尼桑汽车仪表。伍家岭街道兴办长城电器二厂，新河街道兴办汽车覆盖件厂。中南电工器材厂生产 K–930 功率放大器，销售 5000 台，在武汉全国电子产品展销会上被中国电子器材总公司订货 200 台；东风汽车电器厂等厂家，开发 1237、252K 起动机，新增产值 330 万元；广播器材厂开发节能微型电焊机、电抗器，并形成生产线；东风汽车仪表厂主导产品 EQ2B 仪表总成 1—6 月生产 3090 台，BZ107 型轻型汽车仪表总成列入省重点新产品计划，仿五十铃、尼桑汽车仪表通过省级鉴定，填补了省一项空白。1995 年，深化区街企业改革和配套改革，完成工业总产值 4.48 亿元，销售 3.44 亿元，实现工业利润 1797 万元。新产品开发和技改科技贷款 444 万元，开发新产品 35 项。华泰电缆厂完成产值 2200 万元，东风汽车仪表厂、东风汽车电器厂和广播器材厂年产值达 1995 万元。1997 年区汽车配件产值 5756 万元。是年，中南电工器材厂整体出售，由区集体所有制企业转为私营企业。1998 年，变压器三厂出售，转型汽车电器厂政策性破产。

（二）轻工、纺织。生产服装、劳保用品、湘绣以及印刷包装的企业主要有：区兴办的湘江口罩厂、北站路街道百善台居委会兴办的前进服装厂、上大垅街道兴办的光明童装厂、巨力胶带厂以及沙坪湘绣厂、红星彩色印刷装印厂、环球印刷包装厂、长征纸箱厂。前进服装厂面向农村设计 170 余种近 400 个规格服装投放市场，产品畅销 11 个省市。1985 年生产服装 15 万件。生产湘绣的企业以沙坪湘绣厂为龙头。1988 年生产绣花被面 1426 条，画片 3.12 亿页，条屏 2655 堂，绣衣 11.97 万件，机绣面 1.67 万件，产品 80%出口。1987—1989 年，完成产值 250 万元、500 万元、636 万元。1989 年光明童装厂工业产值过千万元，利润过百万元，是北区产值破千万元大关的首家街办企业。“方园牌”系列防尘口罩由国家定点生产防尘口罩的专业厂家湘江口罩厂生产，品种齐全，分简易、复式两大类 10 余个品种，产品符合国家 GB–62626–92 标准，是全国劳保工业企业协会推荐优质产品。“湘劳一型尼龙”口罩被国家劳动部评为优质产品，销往全国 20 余个省市。1992 年 1—11 月生产各类防尘口罩 227.9 万个。1993 年开发新产品帆布手套，简易卫生口罩，年产值超千万元，万应防护用品厂采用最新特制涂料试制湘劳四型口罩通过省级鉴定，湘劳五型防雾口罩为国内首创。为毛主席纪念堂贵宾厅绣制规格 500 厘米×140 厘米湘绣珍品《韶山》，为邓小平九十寿辰绣制规格 120 厘米×80 厘米湘绣珍品《我们的总设计师》，为中共十四大绣制大型湘绣精品《百鸟朝凤》。1999 年为中国赴南极中山站考察队绣制规格 150 厘米×90 厘米湘绣珍品《孙中山先生》。

三、经济效益

1988 年，北区成为全省三个工业产值过亿元的城区之一。区街工业总产值 1.02 亿元，实现工业利润 1000 万元，分别比年计划增长 27.8%、25.66%，其中，5 个街道工业总产值突破 1000 万元。全区居委会新办企业 14 家，服务业 24 家，增加产值 137.4 万元。1990 年，区街企业科技投入 335 万元，其中区投资 100 万元，投入产出比为 1:9。有 9 项产品通过省、市级技术鉴定，有 26 项新产品投入批量生产，新增产值 1200 万元。北站路街道新能源节能设备厂研制的 YSPJ–15 型液化气钢瓶节能装置获国家专利，光明童装厂白兔太空服系列中一个品种在中国妇女儿童 40 年博览会上获金奖。

1991 年，区开展“质量、品种、效益年”活动。1992 年，完成工业总产值 2.12 亿元，工业销售 1.72 亿元，利润 1428.1 万元，其中重工业产值 9950.4 万元，销售 7481.4 万元。1994 年原材料价格上扬，资金严重短缺，企业成本攀升。通过转换经营机制，大力推进股份制，继续扩大开放，内联外引，依靠科技上产品、上项目、上规模、扶植重点骨干企业，全年完成工业总产值 3.70 亿元，销售 2.94 亿元，利润 1678.7 万元，分别比上年增长 21.14%、22.16%和 3.06%。

1995 年，全区工业固定资产净值 5450 万元，自有资金 6000 万元，负债包括银行贷款 8000 万元，企业用于周转金只有 3400 万元，因资金而停产半停产企业占全区企业 20%，但全区仍完成工业总产值 4.49 亿元，销售 3.44 亿元。其中长沙机电设备厂完成年产值 885 万元，销售 864 万元。产值过 1000 万元的企业有长沙光明童装工业公司、长沙华泰电线电缆厂、长沙东风汽车仪表厂；产值 500 万~1000 万元的企业有长沙华南交通机械厂、长沙制药康乐厂、长沙湘江口罩厂、长沙东风汽车电器厂和长沙机电设备厂。

表 17–14–4–1　　1995 年北区重点工业企业产销利润一览表　　单位：万元

企业名称	产值	销售	利润
光明童装厂	1297	838	0.12
华南交通机构配件厂	630.6	438.5	28.6
金属建材厂	300.2	236.1	12.9
起重机械运输厂	339.8	215.2	10.3
湘中五金厂	109.19	96.63	5.78
起重机械配件厂	352.94	239.1	0.58
星火电器厂	585	566	9.9
通用减速机厂	218	255	12.7
斯里胶板厂	239.48	219	6.6

续表 17-14-4-1

企业名称	产值	销售	利润
巨力胶带厂	101.24	129.13	-4.91
华泰电缆厂	1539.12	2111.29	88.62
康乐制药厂	782	511	77
中南电工器材厂	550	349	22
湘江口罩厂	905	595	38
东风汽车仪表厂	1204	718	68
东风汽车电器厂	558	558	41
广播器材厂	864	885	119.5
光明电力配件厂	376	299	31
前进服装工业公司	—	—	—

1996年，全区共有企业2313个，其中区街企业298个，乡镇企业2015个，区街工业产值5.94亿元。乡镇工业产值7.55亿元。乡镇企业在建筑、建材、湘绣、仪器仪表、彩印、包装等领域具有明显行业优势。1997年，全区共有乡、镇、区、街道直属企业146家，其中区直属企业22家，街道直属企业74家，乡、镇场办企业50家。全年技改立项11项，投入资金75万元，街道、乡镇和企业自筹项目13项，投入资金1500多万元，工业生产稳步增长，建筑建材、彩印包装、仪器仪表、电线电缆、机电设备产业产品和集团优势初步显现。全年工业总产值18.9亿元，其中区街工业完成7.4亿元，乡镇工业完成5.3亿元。1999年区街集体所有制工业企业改制126家。2002年改制基本完成。

四、企业

1988年区、街有企业151家。其中康乐制药厂完成产值1500万元，销售1312万元，成为湖南省辖6市几千个区街企业中第一个产值、销售双过千万元的企业。1989年，清水塘街道办事处企业产值2008.7万元，是长沙市产值、销售过2000万元的五个街道之一，产值过1000万元的企业有2家，产值过100万元的企业增加到271家。1990年全区共有独立核算的区、街道居委会办集体企业2211家，职工8042人，过产值2000万元的街道办事处有3个。1991年，区、街、委办集体工业企业2431家，职工9255人。北站路、上大垅两个街道和区企业局属企业产值均超过3000万元，年产值过600万元的企业31家，过300万元的企业101家，上100万元的企业291家。光明童装厂全年产值1763.8万元，实现利润206.2万元，经济效益居全省服装行业榜首。长沙东风汽车仪表厂研制成功东风ZB表，被评为省优产品，五十铃汽车仪表和汽车电子显示仪年产值607.37万元。1993年，黑石渡街道华泰电线电缆厂实行股份制经营。1996年，望麓园街道办事处有街属企业6个，挂靠企业80余家，工业年产值4209万元，民主东街街道企业有湖南电机厂、汽车零件厂、跃丰汽车修理厂、巨力胶带厂、长岛日用品厂，全年工业产值4190万元，伍家岭街道有工业企业200余家，有机械、电器、化工建材、塑料、食品、服装等行业，全年工业产值4516万元。历经三轮多种形式的经营承包，随着改革的深入，区街委集体所有制企业进入产权制度改革。重点抓好以高岭建筑总公司为龙头的建筑集团，以沙坪湘绣厂为龙头的湘绣集团，以东风汽车仪表厂为龙头的汽配集团，鼓励集团公司跨行业、跨地区兼并、托管城区企业，实现规模经营，区企业改革重点是区直、街道乡镇办直属集体企业。1997年，共完成企业改制42家，其中集体出售13家，破产7家，施行股份制和股份合作制22家。通过破产、出售、兼并、股份合作制改革，区街集体所有制工业企业逐步走向终结，区多种所有制形式的工业蓬勃发展。1999年区街工业总产值达7.73亿元，利润9000万元，税收990万元。

表17-14-4-2　　1999年开福区重点工业企业一览表

企业名称	企业名称
1.长沙市光明童装厂	11.长沙市巨力胶带厂
2.长沙市东风汽车仪表厂	12.长沙市前进服装厂
3.长沙市湘江口罩厂	13.长沙市华泰电线电缆厂
4.长沙市康乐制药厂	14.长沙市金属材料厂
5.长沙市华南交通机械厂	15.长沙市中南电工器材厂
6.长沙市机电设备厂	16.长沙市湘中五金厂
7.长沙市星火电器厂	17.长沙市广播器材厂
8.长沙市斯里胶板厂	18.长沙市起重机械配件厂
9.长沙市起重运输机械厂	19.长沙市通用减速机厂
10.长沙市光明电力配件厂	20.长沙市东风汽车电器厂

企业选介

长沙沙坪湘绣厂。湘绣历史悠久，主要产地长沙市开福区沙坪和长沙县北山。1986年，艾玉琪贷款20万元，在沙坪街86号租房6间，建长沙沙坪湘绣厂，招收26名工人，聘请20余位老艺人传帮带，年底完成产值36万元。1987年工厂实行厂长目标管理，建新房2400平方米，厂内职工发展到170人，年产值250万元。1993年10月成功注册金球牌商标。绣制的精品《伟人毛泽东》《中国第二次载人航天飞行标志》《中国航天员中心标志》和中国民间吉祥物湘绣《福》搭载“神六”翱翔太空，前3件绣品被中国航天博物馆永久收藏。2000年绣制规格201厘米×124厘米湘绣极品《开国大典》。2002年长沙沙坪湘绣厂改制为长沙沙坪金球湘绣有限公司。绣制创世界吉尼斯之最的巨型精雕精绣双面座屏《湘江北去》《迎客松》。是年，沙坪湘绣厂改制，当年产值5000万元。2008年9月，30多家湘绣企业，200幅湘绣精品参加首届沙坪湘绣作品大奖赛，金球牌《伟人毛泽东》获金奖。2010年长沙沙坪金球湘绣有限公司完成工业产值6.69亿元。

第五节　雨花区区街工业

郊区（雨花区的前身）工业包括乡镇企业、区直工业、校办工业、商办工业和民办工业。乡镇工业是全区工业的主体，但乡镇村以下工业企业大部分规模不大，不具稳定性。1988年，全区有工业企业1521家，工业产值4.92亿元，占全区社会总产值49%。1992年，企业呈现高速增长的态势，在加快乡镇工业发展的同时，大力发展个体、私营企业和“三资”企业。工业产值完成12.87亿元，比1991年增长51.01%。1993年，加大企业固定资产投资，新、扩、改项目213项，工业企业项目占72.8%。1995

年，乡、镇、场完成工业产值38.43亿元，占全区工业总产值的98.4%。乡镇场工业企业基本形成以非金属矿采选及加工、服装制造、皮革制品、化工、有色金属冶炼及加工、金属制品、机械加工等行业为主的格局。1996年，雨花区有工业企业516家，完成工业产值15.67亿元，占区街、乡镇企业总产值53.33%。1997年，有区街乡镇工业企业302家，从业人员9607人，完成工业总产值10.49亿元，占区社会总产值47%，区直单位、街道、乡村比重为1.8:5.7:92.5。是年，针对全区工业企业少，无规模、无定型产品、名牌产品少、科技含量低的状况，作出关于加强企业内部管理、提高企业效益的重大决策，长沙市出台《关于进一步加速经济发展的决定》，调整产业结构和产品结构，转换企业机制，对区街乡镇集体企业进行产权制度的改革。同时，强化"大开放带动大发展"观念，加大招商引资力度，建立工业园区，扶植规模企业，壮大支柱产业，提高企业竞争力。到2000年，全区集体工业企业已全面实施改制，民营工业成为全区工业的支柱，工业企业955家，较1997年增加653家。2001年，全区实现工业总产值12.72亿元。2002年，全区实现工业总产出1.59亿元，规模年产值或销售收入500万元以上工业企业30家占33%。

一、改革发展历程

（一）区直工业。区直工业都属集体所有制。1988年，有华中印刷厂、上海喜临门食品一分厂、湘岳帽服厂、长沙羽绒制品厂、长沙水玻璃厂、长沙家用化学品厂、长沙铅笔厂、长沙环保锅炉辅机厂、湘中耐火材料厂9家企业，职工1188人。主要产品有糕点、糖果、服装（帽子）、耐火砖、铅笔、水玻璃、建筑扣件、环保锅炉辅机、洗发水、羽绒制品等。1987年，长沙环保锅炉辅机厂首先实行租赁承包经营；1988年，其他8个区直工业企业相继实行厂内招标资产抵押承包，区直工业企业均有较大的发展，销售收入2086.9万元，比上年增长18.5%。1992年，环保锅炉辅机厂自资产抵押承包后生产不景气，企业亏欠银行贷款180万余元，由湖南省建三公司兼并。1993年，湘岳帽服厂、长沙家用化学品厂因严重亏损停产。1994年，长沙羽绒厂停产。1995年，长沙湘中耐火材料厂因老产品库存积压，开发新产品未形成市场，企业出现亏损，该厂土地出售给海南华凯公司开发房地产，在职职工167人进行一次性安置，解除劳动关系，101名退休职工自愿一次性结算退休工资；未参与改制的29名职工组建湘中冷轧带肋钢筋厂。长沙市家用工业品公司因芙蓉路建设和区治建设拆迁，公司土地、财产整体出售，一次性以退职处理方式安置19人，次年将公司在伍家岭的仓库卖给长沙市人事局，在职职工32人进行一次性安置，解除劳动关系。1996年，长沙喜临门食品厂被湖南省金环进出口公司兼并。1999年，长沙铅笔厂被湖南省三湘客车集团有限公司兼并。2000年，长沙羽绒制品厂实施企业破产。2004年，长沙家用化学品厂依法破产，由三和房地产开发公司收购。长沙湘中冷轧带肋钢筋厂出售给长沙基础基建公司。华中印刷厂停产。2006年，长沙水玻璃厂由中房集团湖南城建开发公司兼并。2010年，湘岳制帽服装厂由长沙市楠鑫房地产开发有限公司实施兼并。至此，雨花区直工业全部改制。

（二）乡镇企业。1987年，郊区在乡镇企业推行以"六包一挂一加强"（包生产经营和任务、包税收、包企业提留、包产品质量、包固定资产和流动资金的增值、包计划生育，实行工资总额同经济效益挂钩，加强企业社会主义精神文明建设）为主的多种形式承包经营责任制。是年，乡镇企业全面开展第一轮承包工作，承包期一般为3年。1988年，郊区乡（场）办工业企业195家，职工1.23万人，工业产值1.27亿元，占全区工业企业总产值41.6%。1989年，调整产业结构，扶植发展重点企业，增强企业竞争能力。1990年，面对治理整顿的形势，克服消极因素，进一步优化结构，搞活经营，强化管理。乡（场）工业企业197家，实现产值1.89亿元，占全区工业企业总产值的29.1%。1990年年底，坚持"三先三后”（先审计后承包、先审计后兑现、先审计后终结）的原则，采用除本分成，定产值利润超利分成，七定七奖七罚七考核和保值包干上缴四种较规范的承包模式，对乡、村两级企业进行新一轮承包。1992 年，以产权制度为核心的企业改革正式起步，在企业中试行经营机制转换。1994 年，大托建筑公司、晓园饭店、大托桂井铝制品厂等 13 家企业进行股份合作制改造，新建立东岸铝合金门窗附件厂、洞井桃阳矽砂矿、黎托侯照新型建筑材料厂等 6 家股份制企业。大托建筑公司是全市建安企业中首家进行股份合作制改组的企业，其经验在全市推介。是年，推行产权制度改革的企业共吸收个人资本金 1880 万元。望岳和岳麓山乡、西湖渔场、东方红农场和东屯渡农场等单位的企业积极推行公有私营、租赁私营的经营机制改革。岳麓山乡枫林商场改革前每年上缴利润仅 4 万元，实行租赁经营后，每年上缴利润可达 40 万余元。1995 年，全区 800 余家区、乡、村集体企业，实行股份合作制或具备股份合作制雏形的 200 余家，公有私营的 360 余家、租赁经营承包的 110 余家，其余的也都完善经营承包责任制。

1996 年，雨花区加大对乡镇企业改制工作的力度。雨花制药厂实行托管经营，年上交 45 万元。洞井鸿开大酒店由原来集体经营改为租赁经营后，承租方投资 100 余万元装修改造酒店，实现集体企业资产保值增值。1997 年，高桥火焰村村民严格按股份合作制章程投资入股 380 万元组建“长沙市建材市场”，开创全区规范股份制企业的先河。是年，248 家乡镇区街企业实现改制的企业 216 家，其中：实行集体承包经营 39 家，租赁经营 66 家，股份合作制 26 家，公有私营 45 家，其他形式 40 家，改制面达 87%。1998 年，制定《关于企业产权制度改革的若干规定》，对企业产权改革的资本、人员问题等予以明确规定。洞井建筑公司改组为股份制有限公司，招募个人资本金 700 余万元，实现年产值 1.5 亿元，实缴税金 671 万元。是年，全区实现企业改制 142 家，其中：股份合作制 7 家，破产企业 1 家，兼并企业 3 家，引资企业 2 家，“退二进三”的企业 12 家，资产经营责任制 7 家，股份制 1 家，出售企业 7 家，托管经营 4 家，租赁 45 家，承包 53 家。这次企业改制总共募集股金 2247 万元。1999 年，雨花建材总厂进行股份制改造，组建湖南雨花建筑材料有限责任公司。乡镇区街集体企业全部进入改制的实施阶段，集体企业清产核资，改制企业完善管理，办证手续和挂靠企业全面实行脱钩，清理工作同时进行。2000 年，区街集体企业精益皮鞋厂和蓄电池服务部（属左家塘街道）和乡镇企业雨花建筑公司、合丰化工厂因特殊情况未进行改制外，乡镇区街企业已基本实现改制。

（三）村办工业。1988 年，郊区村办工业企业 435 家，职工 2.17 万人，工业产值 2.01 亿元，占区乡镇工业企业总产值 45.8%。1989 年，村办工业企业 405 家，职工 1.27 万人，工业产值 2.28 亿元，占乡镇工业企业总产值 40.7%。是年，因市场竞争淘汰，陆续有 30 家企业关停并转。1991 年，从税收、信贷、招商、用地等方面扶植经济薄弱村，发展村办工业。1993 年，全区形成积极对外开放、积极发展经济的局面，良好外部环境带动了村办企业较快发展。有村办工业企业 443 家、职工 2.61 万人、工业总产值 8.94 亿元，占乡镇工业企业总产值 53%。1995 年，村办工业企业总产值完成 15.44 亿元，占乡镇工业企业总产值 22.77%。1997 年后，在全区乡镇企业产权制度改革中，大多数村办企业的所有制性质发生根本变化。2000 年年底，村（社区）集体企业均转型为多种形式的民营企业或股份制企业。

二、行业结构

（一）冶金铸造业。1988 年，郊区冶金铸造业有长沙铸铁制品厂、长沙莲湖铸铁制品厂、洪塘冶炼厂、华发铸造厂等 9 家企业，从业人员 749 人。主要产品有：井盖板、锌锭、铸件、金属压延品，年总产值 1144.46 万元。长沙铸铁制品厂是省预备级企业，生产的“宝石花”牌等 52 种规格系列井盖板系省优产品，出口欧洲交货额 244.55 万元。长沙莲湖铸铁制品厂生产的灰铁盖板和铸态球墨铸铁系列产品通过ISO9002质量体系认证，成为湖南省铸铁行业的第一家认证厂家。1995年，冶金铸造企业增至13家，从业人员1811人，年产值1.98亿元，占区工业总产值5.53%。洪塘冶炼厂生产锌锭9720吨，精锌85吨，氧化锌529吨，年产值2749万元，利税为97.31万元。

1996年，雨花区冶金铸造企业有长沙铸铁制品厂、长沙莲湖铸铁制品厂，洪塘冶炼厂等6个企业，年产值1.32亿元，占区工业总产值9.69%。长沙铸铁制品厂年产值3887万元，出口交货额3445元，实现利税248万元，长沙莲湖铸铁制品厂年产值3790万元，出口交货额1972万元，实现利税369万元。1997年，长沙莲湖铸铁制品厂生产的井盖板99%销往英国和欧洲，出口交货额1488万元，实现利税223万元。2000年，长沙铸铁制品厂因经营管理和生产设备未及时更新改造，生产下滑，被迫租赁给他人经营。2002年，因市场竞争和国家产业调整，冶金铸造业仅剩长沙莲湖铸铁制品厂和洪塘镀锌厂2家企业，从业人员326人，年产值3655万元，企业增加值1445万元，占区工业总产值1%。同比增长13.7%，实现销售产值4.04亿元，产销率达98.20%。2005年，莲湖铸铁制品厂（列入机械制造行业）实现总产值5.18亿元，同比增长25.9%，实现销售产值5.07亿元，产销率达97.80%。2010年，莲湖铸铁制品厂实现总产值2.14亿元，同比增长24.0%，实现营业收入17.9亿元，同比增长27.1%。

（二）机电机械制造业。1988年，郊区有机电机械制造企业137家，从业人员6605人。主要生产企业：友谊机床厂、东屯渡农场建筑机械厂、左家垅锅炉附件厂、自然童车厂。主要产品：生活锅炉及辅机、建筑机械、动力配件、童车，年产值7846万元，占区工业总产值15.93%。1989年，新沙生活锅炉厂经湖南省劳动厅考核批准正式定为湖南省E级锅炉厂家，生产10余种不同规格型号的生活锅炉，成品合格率达100%。1993年，机电机械制造企业增至148家，从业人员8558人，主要产品：压力容器、生活锅炉、机械加工成品、水泵。年产值3.36亿元，占区工业总产值15.31%。1995年，机电机械行业发展迅猛，年产值增至5.79亿元，占区工业总产值14.82%。年产值200万元以上的企业24家，年产值达千万元以上的企业有洞井桃花南方辊轧机械厂、新合亚光电器厂、东屯渡建筑机械厂、新开机械厂。

1996年，雨花区机电机械企业只有41家，从业人员1738人。主要企业有黎托通用水泵厂、井塘造纸机械厂、火焰金威交通机械厂等。年产值13029万元，占区工业总产值9.57%。1998年，企业减至23家，从业人员1025人，年产值5107万元，占区工业总产值4.52%。亿利达实业有限公司自行研制的系列智能化供热机组、智能换热机组、智能化热水锅炉率先在国内同行业中实现无人化管理。产品智能化中央供热效率达90%以上，获“湖南省科技新产品”证书。实现年产值2400万元、利税144万元。1999年，亿利达实业有限公司被认定为“省高新技术企业”，年产值3450万元，企业增加值672万元、利税218万元。2001年，有机电机械制造企业19家，从业人员1006人。有亿利达实业有限公司、正大加热器厂、亚太汽车科技有限公司、冰箱冲压机厂、万和塑料门窗等达到规模企业标准。长沙启派特钢实业有限公司生产的“启派”牌防盗门，产销率100%，连续两年获湖南省“名优特推荐产品”和“消费者信得过产品”。2002年，有机电机械制造企业6家，从业人员783人，年产值1.09亿元，企业增加值4676万元，占区工业总产值7.16%。

2005年，雨花区机械制造行业规模工业企业（含莲湖铸铁制品厂）36家，实现总产值22.07亿元，销售产值达到22.31亿元，平均产销率达100.38%。2006年，雨花区有机械加工行业规模以上工业企业28家，工程机械行业规模以上工业企业5家，家电行业规模以上工业企业5家。机械加工行业实现总产值6.87亿元，同比增长14.5%。2012年，雨花区机械行业（不含汽车及汽车零部件企业）规模以上工业企业36家，实现产值75.01亿元。电力及配套行业规模以上工业企业14家，实现产值32.37亿元。机械行业企业中产值最高的是湖南长重机器股份有限责任公司，达到9.98亿元，湖南长重机器股份有限责任公司、湖南亿利达实业有限公司、湖南杨子冶金实业有限公司和湖南艾格森科技有限公司等5家企业产值过4亿元。电力及配套行业企业中，金杯电工股份有限公司实现产值30.97亿元，湖南通用电力设备有限公司产值过4亿元。

（三）医（制）药业。1988年，郊区制药业有雨花制药厂和长沙第三制药厂2家企业，年产值502万元，占区工业总产值1.0%。其中雨花制药厂生产小儿感冒冲剂139吨，胶囊124万粒，爱奈尔感冒片1410万片，年产值471万元。1993年，有雨花制药厂、长沙第三制药厂、岳麓天然植物制药有限公司、莲湖医用氧厂等6家企业，从业人员454人。主要产品：小儿感冒冲剂、感冒片、银杏浸膏粉、医用氧。年产值3326万元，占区工业总产值1.52%。岳麓天然植物制药有限公司的产品出口欧美市场。1995年，有制造企业5家，从业人员341人，企业年产值2590万元。其中：雨花制药厂243万元，长沙第三制药厂460万元，岳麓天然植物有限公司892万元，莲湖医用氧厂953万元。

1996年，雨花区医（制）药业有雨花制药厂和莲湖医用氧厂2家企业，从业人员103人，年产值1525万元。雨花制药厂生产冬虫夏草胶囊395万粒，鱼腥草片2883万片，尼群地平片669万片。莲湖医用氧厂生产医用氧40万瓶，占领长沙市医用氧的大部分市场。1997年，雨花制药厂改制为泰宝制药有限公司。是年，宏生堂药业有限公司在雨花亭街道井塘村投产。3家企业全年生产医用氧12.08万瓶，肝泰宝1082万粒，灵芝胶囊3.42万瓶，小建中冲剂21万袋，小儿退热灵253万支。2001年，宏生堂药业公司的中草药提取物、泰宝制药公司均获得了国家药品生产GMP证书，泰宝制药公司生产的小建中颗粒被国家药品监督管理局列入国家二级中药保护品种。2005年，雨花区共有医药类规模工业企业3家，分别是长沙市雨花区利尔化工有限公司、长沙泰宝制药有限公司和湖南金沙药业股份有限公司，共实现总产值1.7亿元，其中，湖南金沙药业股份有限公司产值突破1亿元。2006年，医药类规模工业企业4家，共实现产值3.63亿元。新增湖南全洲医药食品物流有限公司和湘佳医疗2家（利尔化工有限公司不在统计之列）。2012年，雨花区医药行业规模以上工业企业有湖南金沙药业股份有限公司和湖南安信医用高分子材料有限公司2家，共实现产值4.61亿元。

（四）纺织服装工业

1.纺织业。1988年，郊区有纺织企业13家，从业人员1294人，织布有建新、新联和白田织布厂，针织有岳麓针织内衣厂、茶山毛巾厂、岳麓线带厂。主要产品：帆布、各色布料。年产值1822万元，占区工业总产值3.7%。1989年，新增纺织企业5家，从业人员增至1973人，完成年产值2310万元，占区工业总产值3.8%。1991—1995年，纺织业因规模小，设备落后，企业逐年减少。1996年，雨花区有白田织布厂、湖南博远皮革制品有限公司和东山德缝茂针织厂3家企业，从业人员305人，完成年产值5824万元，占区工业总产值4.2%，出口交货额3187万元。2000年，新引进长沙爱斯达家居有限公司和长沙凤凰居家用品厂，主要生产床上用品系列产品。2001年，有湖南博远皮革制品有限公司、东山德缝茂针织厂、东风皮件厂、长沙凤凰居家用品厂、星港床具有限公司和长城缝纫有限公司6家企业，从业人员676人，年产值1.08亿元，占区工业总产值8.4%，出口交货额2853万元。其中星港床具有限公司积极采用国际上最新的工艺水平，全过程质量检测，年产床垫400万个。2002年，有纺织企业5家，从业人员513人，年产值9229万元，占区工业总产值18.3%，出口交货额2901万元。

2.服装业。1988年，郊区服装业有岳麓山内衣厂、枫林服装厂、黎托服装厂、长沙综合服装厂、石马服装厂等37家企业。主要产品有：睡袍、童服、成人服，年产量30.04万件，工业产值1375.64万元，占区工业总产值2.7%。1995年，服装企业减至13家，从业人员减少到981人，主要企业：枫林、观沙、博雅、东城、城东，正兰服装厂和超世实业有限公司。全年加工服装125万件。1996年，雨花区有超世实业有限公司、博雅服装厂、丽人制衣有限公司、胜利服装厂、粟塘服装厂5家企业，从业人员508人，全年加工服装3063万件，完成工业产值9000万元，占区工业总产值6.6%。其中超世实业男装超世洋服、博雅洋格服装在湖南市场形成品牌，年产值分别为3514万元、4585万元。1997年6月，超世实业公司通过美国摩迪国际有限公司和中国进出口商品质量认证中心的质量体系认证审核。2001年，雨花区服装行业规模企业有超世实业有限公司、天剑制衣公司、博雅服装厂、诗燕实业公司等企业，在省内市场形成“天剑”“超世”“洋格”“瀚牌”“诗燕”5家知名品牌，创年产值4444万元。2012年，雨花区纺织服装业规模以上工业企业4家，实现产值6.28亿元。产值过亿元的企业有长沙市天剑服饰有限公司、和湖南朝日五内衣有限公司2家，湖南万安达集团长兴实业有限公司产值突破6000万元。

（五）烟草食品行业。1988年，郊区食品加工业有企业53家，从业人员2987人。主要企业：长沙综合食品厂、五星湘粉厂、桃花蜜饯厂。主要产品：粮食及饲料加工、饮料制造、湘粉等。年产值3895.42万元，占工业总产值7.9%。1989年起，企业逐步减少，1995年企业仅剩13家，从业人员693人，主要企业有园艺淀粉厂、先锋淀粉厂、岳麓食品厂，主要产品为淀粉、食品、面条，年产值2376万元，仅占区工业总产值1.1%。

1996年，雨花区的食品加工业有长沙粟塘食品加工厂和揭西粤成饼有限公司2家企业，从业人员42人，年产值453万元，占区工业总产值0.3%。1998年，有湖南众城沁氏福食品有限公司、揭西粤成饼有限公司和大地食品厂等3家企业，从业人员148人，年产值1156万元，占区工业总产值1%。1999年，麦香实业公司在洞井建成投产，生产蛋糕类食品畅销长沙各大超市。2000年，食品行业发展较快，有89家企业。小食品加工企业进入农户，在高桥和红星大市场周边迅速发展，但是规模不大，档次不高，大部分是小作坊加工。年行业总产值6238万元，税金135万元，形成市场品牌有正旺食品有限公司、简四毛熟食和“老干妈”调味品。2005年，雨花区拥有食品行业规模以上工业企业7家，实现总产值5.26亿元。是年，长沙卷烟厂实现产值116.06亿元，较2004年增长8.0%，产销率达99.81%，实现利润总额17.61亿元，较上年增长40.9%。2012年，雨花区食品行业规模以上工业企业9家，实现总产值41.68亿元。其中，湖南红星盛业食品股份有限公司产值过19亿元，湖南红星冷冻食品有限公司产值过16亿元。产值过亿元的企业还有湖南鼎龙生物科技有限公司和长沙市新德天实业有限公司2家。是年，雨花区烟草行业规模以上工业企业2家，湖南中烟工业有限责任公司长沙卷烟厂实现产值154.22亿元，湖南长沙华信铝箔复合纸有限公司产值过5000万元。

（六）建材业。郊区建材工业是采选和加工（包括非金属矿制品）两大类，主要产品为水泥、石灰、红砖、矽砂、河砂和卵石等。1988年，有企业65家，其中乡办23家、村办43家，从业人员4360人，主要企业有区建材总厂、洞井矽砂矿、洞井二机砖厂和披塘预制厂，年产值4352.47万元，占区工业总产值的8.8%，年产红砖1.18亿块、水泥预制构件1500立方米、矽砂1124万吨、水泥1.41万吨、石灰3.14万吨。是年，中国建筑材料工业协会进行质量行检查评比中，郊区建材总厂生产的石灰获“产品质量优良单位”。1995年，有企业72家，除区建材总厂外，多为矽砂矿和机砖厂。从业人员4730人，主要产品为水泥19873吨，红砖2.03亿块，水泥构件2万吨，年产值1.67亿元，占全区工业总产值4.28%。

1996年，雨花区有建材企业31家，从业人员1688人，主要企业有区建材总厂、洞井矽砂矿、白田机砖厂、和平机砖一、二厂等，全年生产水泥2.03万吨，石灰6.10万吨，红砖2.20亿块，水泥预制件3804万立方米，年产值6475万元，占区工业总产值4.75%。1998—2002年，因矽砂采选和机制红砖生产对生态环境破坏性较大，污染严重，采取限制和关停措施，全区建材企业逐年减少。2002年，全区只有企业12家，从业人员704人，年产值1562万元，占区工业总产值1%。全年生产红砖1.33亿块、预制构件1876万立方米。2012年，全区建材业规模以上工业企业3家，实现产值2.54亿元，其中，中湖南高强混凝土有限公司产值突破1亿元，湖南顺强混凝土有限公司和长沙市三湘特种玻璃厂产值过6000万元。

（七）其他行业。郊区乡村工业还有化学工业、塑料制品工业、纸制品（包装）业、制鞋工业、工艺美术、印刷、线材生产等。1988年，郊区其他工业共有160家企业，年产值7817.69万元，其中制鞋业年产值2341.58万元，化工业1011万元，塑料制品工业1688万元，纸制品（包装）业2604.74万元。化学工业主要企业为合丰化工厂、东岸黏合剂厂、莲湖乙炔厂、望岳化工厂和披塘树脂厂。塑料制品工业主要企业为川河泡沫塑料厂、川河注塑厂、马王堆泡沫塑料厂和岳麓塑料厂，主要产品为泡沫包装、编织袋、果菜盒、农用薄膜。纸制品（包装）业主要企业有友谊纸箱厂、先锋纸箱厂、西龙纸箱厂，主要产品为纸制包装箱。1995年，有117家企业，年产值6.16亿元。化工企业29家，从业人员1293人，年产值1.06亿元，主要企业为福安锑化公司、莲湖乙炔厂、望岳化工厂、东屯渡涂料厂、延风化学试剂厂。塑料制品工业11家企业，从业人员630人，完成年产值4889万元。纸制品（包装）业有企业21家，从业人员1939人，年产值1.07亿元，出口交货额1900万元，占区出口总交货额3.9%。

1996年，雨花区其他工业有31家企业，年产值1.99亿余元。化工行业有合丰化工厂、红星精细化工厂和莲湖乙炔厂等5家企业，从业人员247人，主要产品为醋酸铅、树脂胶、太古油，年产值2948万元。塑料制品加工有川河泡沫塑料厂、桃花宏发塑料厂、潭阳精工塑料厂和井塘塑料制品厂等5家企业，从业人员362人，主要产品为冰箱塑料制品、汽车内膜。完成年产值5752万元，人均产值15.8万元。纸制品（包装）业有企业8家，从业人员458人。主要企业为友谊纸箱厂、红星纸箱厂、莲湖纸制品厂。主要产品为纸制包装箱，年产值1836万元。2001年，其他工业企业21家，化工行业有企业7家，从业人员243人，主要企业为长沙利尔化工有限公司，莲湖乙炔厂、长沙红宏有限公司和湘和硫酸锌厂，产值1434万元，占区工业总产值1.1%。塑料制品业有川河泡沫塑料厂、万和塑料建材有限公司、庐山实业公司、长沙红宏包装有限公司和湘佳医用有限公司5家企业，实现年产值4562万元，占区工业总产值3.5%，主要产品有塑料制品和PVC薄膜。纸制品（包装）业有企业4家，从业人员208人，主要企业为友谊纸箱厂、红星纸箱厂、红岩包装有限公司、桃花纸制品厂。

三、经济效益

1989年，调整产业结构，扶植发展重点企业，增强企业竞争能力。1990年，面对治理整顿的形势，克服消极因素，进一步优化结构，搞活经营，强化管理。乡（场）工业企业197家，实现产值1.89亿元，占全区工业企业总产值的29.1%。1991年，开展“品种、质量、效益年”活动，乡镇工业总产值完成计划的113.3%，比1990年增长28.8%。1993年，突出发展联营、合资企业，兴办联营企业7家，与外商合资企业2家。乡镇企业超常规、跳跃式发展，乡（场）办工业企业198家，职工1.52万人，总产值5.41亿元，比1992年增长25%。1995年，乡（场）办工业企业175家，职工1.36万人，总产值9.75亿元，占区工业企业产值25.3%。

1996年，雨花区区街工业企业只有54家，乡镇（含村级）工业企业462家，职工1.21万人，企业总产值15.67亿元，企业增加值3.53亿元。1998年，深入贯彻江泽民视察浙江乡镇企业讲话和全市企业会议精神，树立“经济第一，企业至上”的经济思想，加快乡镇企业发展引导。年底，区街工业企业64家、乡镇（含村级）工业企业850家，职工1.15万人，企业总产值14.14亿元，企业增加值3亿元。2001年，坚持以市场为导向，以质量效益为中心，151家区街工业企业实现总产值1.28亿元、企业增加值2686万元。乡镇（含村级）工业企业865家，从业人员1.03万人，实现企业产值7.43亿元、企业增加值2.53亿元，产值和利润均比往年有所提高。

2003年乡镇规模工业企业实现产值7.3亿元，增长46%；累计产品销售率为99.42%，是历年来增长最高的。其中重工业增长速度一路高走，磐吉奥、启派特纲、新中制药机械分别实现产值4350万元、3380万元、3060万元，分别增长101%、109%、54.5%。名牌食品骨干企业增长强劲，简四毛公司、正旺食品公司分别实现总产值1071万元、1145万元，分别增长36.8%、20.4%。2003年乡镇企业完成固定资产投入13.67亿元，增长86.1%；技术改造投入3.7亿元，增长16倍。2004年，雨花区完成乡镇企业总产值45.17亿元，同比增长15.83%；完成乡镇企业增加值13.07亿元，同比增长15.05%；完成乡镇工业总产值14.83亿元，同比增长44.09%；完成出口交货额1.47亿元，同比增长33.03%；完成利润总额1.19亿元，同比增长14.43%；完成实交税金1.68亿元，同比增长12.51%。2004年，乡镇工业累计实现增加值4.17亿元，同比增长44.3%；其中乡镇规模工业完成总产值10.8亿元，同比增长46.7%；完成规模工业增加值2.91亿元，同比增长50.78%；产销率99.35%。实现利税1.05亿元，增长64.06%。全年新增500万元以上的规模企业13家，其中新增农产品加工规模企业4家（过2000万元的1家，过亿元的加工企业1家）。

第十八篇

园区经济

本篇编纂人员

曹建英（主编）　朱炫光　何玮奇　肖　晟

本篇撰稿人员

概　述　曹建英

第一章　长沙高新技术产业开发区：杨金林　罗缅顺　黄国亮　李欣　李倩倩

第二章　长沙经济技术开发区：范丁贵　余佳友　朱立华　刘新桂

第三章　长沙大河西先导区：何振翔　彭开发

第四章　宁乡经济开发区：谢喜阳

第五章　浏阳经济开发区：王卫国　彭开发　胡晓江

第六章　望城经济开发区：杨文耀　李富强　刘效艺　邓月婵　陈柄丞　陈超

第七章　长沙高新区隆平高科技园：王勇　何巍　罗萍　周密

第八章　金霞经济开发区：黄雁青　彭开发　胡双玲

第九章　长沙雨花经济开发区：何巍　王健　刘超超

第十章　天心经济开发区：张瑞　何巍　郑娜　陈智　欧阳伟　谭敏

第十一章　湖南暮云经济开发区：陈秋萍　唐敏

第十二章　浏阳制造产业基地：李艳玲　蒋子君　袁村平

第十三章　宁乡金洲新区工业集中区：郑旗　苏继桃　姜伟　任永霞　邵宝胜　柴建

第十四章　岳麓科技产业园：姚寿主　刘东晓　李国斌　刘铁钢　徐玢　王应根　彭炳炎

概 述

1988年，湖南省提出“科技兴湘”发展战略，酝酿筹建长沙科技试验区。是年10月，经国务院批准，长沙科技开发试验区（长沙高新区前身）成立。1989年长沙科技开发试验区高新技术企业发展到80家，总产值907.9万元，技工贸总收入8212万元。但此时的高新技术企业规模都不大，且长沙科技开发试验区还没有自己的产业基地。企业分布于河西区、城中区（又名政策区）、长沙东郊小区（星沙一带）。1991年3月，长沙科技开发试验区经国务院批准为国家级高新技术产业开发区，为全国首批27个国家级高新区之一；9月正式更名为长沙高新技术产业开发区，正式设立自己的产业基地——岳麓山科技园（后又称麓谷）。此时长沙高新区形成“一区一园”的格局。

1992年4月，长沙县决定利用长沙高新区的效应，筹建星沙开发区。同年6月，长沙市决定在长沙城北设立经济开发区，12月获湖南省体制改革委员会的同意，成立长沙捞霞经济开发区；长沙星沙开发区获得省、市人民政府的批准，12月正式成立。1994年，长沙捞霞经济开发区更名为长沙市经济开发区。同年，长沙星沙开发区更名为长沙经济技术开发区，并明确为全省重点开发区。1996年5月，长沙市经济开发区被确定为省级重点开发区。12月，浏阳市委、市政府作出设立浏阳工业园的决策，园区选址于浏阳市西北部，规划园区范围地跨洞阳、北盛、永安、蕉溪4镇的部分区域，洞阳镇设为园区核心区。

1997年4月，经国家科委批准：在芙蓉区东岸乡马坡岭建立马坡岭农业高科技园，属长沙高新区的农业高科技园；长沙经开区建立长沙国家高新技术产业开发区星沙高科技工业园。6月芙蓉区决定在东岸乡张公岭村建立芙蓉工业小区。8月被省乡镇经委批准为省级乡镇工业的小区。年内，经国家科委批准，长沙高新区实行“一区四园”管理体制，即城中政策区、岳麓高科技园、星沙工业园、马坡岭农业高科技园（后更名为隆平高科技园）、远大高科技园。其中岳麓高科技园为长沙高新区核心园区。是年，长沙高新区有企业253家，实现技工贸总收入77.98亿元，工业总产值69.94亿元、税收5.06亿元。

1998年1月，浏阳工业园经湖南省政府批准为省级开发区并正式命名为浏阳工业小区。2月，宁乡县决定建立宁乡县民营经济工业园。1999年，长沙县决定建立暮云工业园。2000年2月，国务院批准长沙经济技术开发区为国家级经济技术开发区。7月，望城县委县政府决定在望城县高塘岭镇设立湖南高科技食品基地。同年，宁乡民营经济工业园更名为宁乡科技工业园。2001年3月，湖南高科技食品基地和望城台商投资区经省政府批准设立为省级开发区，9月经国家科技部批准设立湖南望城国家农业科技园。同年，宁乡科技工业园更名为宁乡经济技术开发区。浏阳工业小区经湖南省发展计划委员会批准，更名为湖南浏阳生物医药园。

2002年7月，省政府批准长沙市雨花区关于建立一个以生产环保科技产品的工业园区——湖南环保科技产业园的请求，并将湖南环保科技园列入省级开发区。9月，长沙市批准天心区关于建立天心环保工业园的请求。同年12月，省政府批准将天心环保工业园列入湖南环保科技产业园和省级工业园系列。年内，望城县决定在“含浦组团”成立长沙含浦科教产业园。同年，宁乡经济技术开发区获批成为省级开发区，更名为湖南宁乡经济技术开发区。2003年，浏阳市决定在永安镇靠近浏阳生物园建立浏阳工业新区现代产业制造园。同年5月，长沙市将马坡岭农业科技园与芙蓉工业区合并，组成长沙高新区隆平高科技园。2005年，宁乡县决定设立金州新区开发区。2006年1月，经长沙市政府批准，国家发展和改革委员会审核通过，长沙市经济开发区更名为长沙金霞经济开发区。2006年7月，望城高科技食品基地、望城台商投资区、望城农业科技园“三园合一”，更名为望城经济开发区。至是年止，长沙市已有国家级和省级开发区13个，开发区总规划面积322.78平方千米；规模以上企业1975家；技工贸总收入1421.17亿元；工业总产值1173.54亿元；税收总额56.46亿元。

2007年12月，根据国务院批准长株潭（长沙、株洲、湘潭）城市群和武汉城市群为全国资源节约型和环境友好型社会（简称“两型社会”），建设综合配套改革实验区的批复，市委、市政府经过广泛调研和多次会议研究，作出“跳出老城区、打造先导区、设大河西”的战略决策，并决定建立大河西先导区（简称先导区）。

2008年4月，大河西先导区成立。大河西先导规划区域是湘江以西的岳麓区全域，望城县和宁乡县的部分乡镇及望城经济开发区、宁乡经济开发区、宁乡金州工业新区、含浦科教产业园之全部区域。总面积约1200平方千米。同年，长沙市决定将长沙市含浦科教产业园成建制划归岳麓区，并更名为长沙岳麓科技产业园。

2010年，宁乡经济开发区晋升为国家级经济技术开发区更名为宁乡经济技术开发区。2012年3月，浏阳生物园经国务院办公厅批准为国家级经济技术开发区，更名为浏阳经济技术开发区。同年，天心环保工业园更名为天心经济开发区。湖南环保科技产业园更名为雨花经济开发区，长沙岳麓科技产业园经省政府批准，改名为岳麓工业集中区。

至2012年年底，长沙市区已有长沙高新区、长沙经济开发区、宁乡经济技术开发区、浏阳经济技术开发区4个国家级开发区，一个“两型社会”综合配套改革实验区及9个省级开发区。14个开发区的规划面积为1573.39平方千米；规模以上企业3328家；2012年技工贸总收入6920.37亿元；工业总产值6115.12亿元，工业总产值占全市工业总产值的74.03%；税收总额324.43亿元。

14个开发区的设立，不仅使长沙的工业总产值比1988年增加89.27倍，而且形成机械工业（工程机械、汽车先进装备机械）、冶金工业（新材料为主的有色冶金工业）、化学工业、日用品轻工业、食品工业5大支柱产业。5大支柱产业以高新技术企业为支撑，2012年高新技术企业占产值占全市规模工业总产值的81.9%。这些高新技术企业将为长沙工业经济的发展提供强劲的发展动力。

第一章　长沙国家高新技术产业开发区

1988年10月，经国务院批准，长沙科技开发试验区（长沙高新区前身）成立。1989年，长沙科技开发试验区新技术企业发展到80家。1990年，完成总产值907.9万元，实现总收入8212万元。区内的高新技术产业规模不大，分别分布在河西区、市中区和东郊小区，没有自主的产业基地。

1991年3月，经国务院批准为国家级高新技术产业开发区，为全国首批27个国家级高新区之一。9月，更名为长沙高新技术产业开发区，长沙高新技术产业开发区办公室成立。规划面积为18.6平方千米，由河东城中区14.6平方千米的政策区和岳麓山科技园4平方千米两部分组成。长沙高新区“一区一园”格局形成，开始有自主产业基地和直管规模产业。在政策扶持下，园区加大招商引资力度，吸引外资投资办厂。是年，园区共有63家企业，从业人员2329人，主要产业有工程机械、软件制造、生物医药等。全年实现总收入1.18亿元，总产值1.21亿元，出口创汇2万美元，上缴税金400万元。

1992年，在湘江西岸茅坡建设岳麓山科技园，并开始利用经贸会招商。1993年，对岳麓山科技园火炬城建设进行详细规划，4平方千米土地面积分三期工程建设，并开始利用高交会招商。1994年，中共长沙高新技术产业开发区委员会成立。1995年，长沙高新技术产业开发区办公室更名为长沙高新技术产业开发区管理委员会。1996年，对投资企业、大专院校及科研院所等在高新区兴办企业、进出口货物、高新技术开发等多个方面明确优惠政策。中联建设机械产业公司等一批科研院所在高新区完成改制。长沙高新区获得全国先进高新区称号。1997年，长沙高新区进入“多园统筹、优势互补、快速发展、带动辐射”的阶段。经国家科委批准，实行“一区四园”管理，即由岳麓山高科技园、星沙工业高科技园、马坡岭农业高科技园（后更名为隆平农业高科技园）、远大高科技园和市内政策区组成，岳麓山高科技园为长沙高新区直管的核心园区。是年，长沙高新区加快岳麓山高科技园望城坡产业基地规划建设，在4平方千米的规划基础上向西扩展3平方千米，原市区政策区减为3.6平方千米，总面积仍保持18.6平方千米不变①。是年，共有253家企业，从业人员2.56万人。全年实现总收入77.98亿元，总产值69.94亿元，分别比1991年增长6508%、5680%，出口创汇0.59亿美元，实缴税收5.06亿元，财政收入0.98亿元。

1998年，长沙市政府将望城坡区域长益高速公路以南、外环线以东、雷锋大道以西、319国道以北范围内约5平方千米的土地规划为岳麓山科技园产业发展基地。报科技部批准，定点为“国家软件产业园和国家新材料成果转化及产业化基地”，被正式命名为“麓谷”。长沙高新区开始规划建设“麓谷”。1999年，对望城坡产业基地（麓谷一期）进行规划，规划总面积480.3公顷，主导产业为信息软件和

①1997年长沙高新区调整规划“一区四园”后，明确岳麓山高科技园为核心直管，其他园区仍按1997年前科技部确定的规划范围，各园区自行开发管理，在统计口径上，仅原规划范围内产生的产值及税收等相关数据报长沙高新区归口。

新材料，同时还有生物医药、光机电一体化等领域科技成果转化产业。是年，首次策划组织全区40余家软件企业在中国香港召开长沙软件基地招商恳谈会。2000年，共引进项目14个，总投资98645万元，投资额5000万元以上的项目8个。2001年，对麓谷二期进行规划，建设主要路网骨架和绿化系统。2002年，大力推进园区基础设施建设，全年投资规模超过高新区前十年建设投资的总和。2003年，基本形成6.2平方千米的开发框架，高新区综合服务大楼、软件中心大楼和中心区广场全面竣工，党工委、管委会机关及驻区机构整体搬迁至新办公楼办公。同年，在国家科技部对全国高新区技术创新能力评估中，长沙高新区排名第6位。2004年，加快园区建设，对麓谷二期规划进行整合，规划总用地面积438.13公顷，功能定位为核心服务区，发展先进制造业、软件开发、生物制药、新材料等高新技术产业。引进重大项目18个，其中投资上5000万元的13个，总投资约23.74亿元。2004年，全年实现总收入505.57亿元，总产值461.78亿元，工业总产值105.7亿元，出口创汇4.54亿美元，实缴税收23.45亿元，财政收入5.64亿元。比1997年分别增长548%、560%、669%、363%、476%。其中，岳麓山高科技园完成总收入275亿元，总产值221亿元，工业总产值9.2亿元。

2005年，长沙高新区转向以麓谷园区建设为主的管理模式，由建设专业产业基地向建设科技产业新城过渡。启动麓谷三期规划建设，总用地面积10.4公顷，规划为“一心、两轴、三带、五片区”①。

2006年，望城县雷锋镇的荷叶坝和黄金乡的金南、华龙3个建制村划归东方红镇管理，由高新区托管共建。长沙高新区面积为43.29平方千米，核心直管园区岳麓山高科技园区面积为36.38平方千米。2007年，“科交会”落户长沙高新区，由高新区承办。引进投资上5000万元的重大项目7个，总投资约22.8亿元。全区总收入突破1000亿元大关，其中岳麓山高科技园实现总收入突破500亿元。长沙高新区被科技部火炬中心确定为全国创新型科技园区试点园区，获批国家移动电子商务示范园区。2008年，望城坡工业园和雷锋镇划归高新区托管。其中，望城坡工业园6.56平方千米，雷锋镇60.2平方千米。长沙高新区面积拓展到110平方千米，核心直管岳麓山高科技园区面积为103.14平方千米。是年，园区共有756家企业，从业人员14.78万人。全年实现总收入1250亿元，总产值1112.1亿元，工业总产值423.8亿元，出口创汇11.9亿美元，实缴税收47.5亿元，财政总收入21.09亿元。比2004年分别增长147%、141%、301%、162%、103%、274%。其中，岳麓山高科技园共有574家企业，从业人员7.83万人。完成总收入648.7亿元，比2004年增长136%，总产值534.9亿元，比2004年增长142%，工业总产值325.9亿元，比2004年增长3442%，出口创汇5.6亿美元，实缴税收34亿元。

2009年，长沙高新区引进重大项目19个，其中投资上5000万元的18个，总投资约81.65亿元。2010年，对“麓谷新区”（麓谷四、五、六期）进行规划调整，规划总面积为27.73平方千米，规划为“一心两带四轴多组团”。是年，岳麓山高科技园区总收入突破千亿元大关。2011年，长沙高新区初步形成先进装备制造、电子信息、新材料、新能源与节能环保、生物医药、现代服务业六大主导产业集群。2012年，长沙高新区引进重大项目40余个，其中投资上5000万元的25个，总投资约

①2005年，国土资源部《第一批落实四至范围的开发区公告》再次公告长沙高新区“一区四园”规划面积为17.335平方千米，即市内政策区（3.6平方千米）、岳麓山高科技园（麓谷、新塘工业园、火炬城）（6.43平方千米）、隆平农业高科技园（东片、西片）（2.44平方千米）及远大高科技园（0.865平方千米），总面积13.335平方千米。公告将星沙工业高科技园（4平方千米）从长沙高新技术产业开发区中划出，但规划总面积17.335未核减。

102.15 亿元。共有企业 825 家，从业人员 19.48 万人。全年实现总收入 2901.9 亿元，总产值 2716.1 亿元，工业总产值1238.9 亿元，出口创汇 13.3 亿美元，实缴税收 151.5 亿元，财政总收入 60.37 亿元。比 2008 年分别增长 132%、144%、192%、12%、219%、186%。其中岳麓山高科技区共有企业 643 家，从业人员 12.18 万人。总收入 1611.8 亿元，总产值 1433.2 亿元，工业总产值 1160.4 亿元，出口创汇 9.3 亿美元，实缴税收 86.8 亿元。比 2008 年分别增长 148%、168%、256%、66%、155%。

2012 年，长沙高新区综合经济实力位居国内高新区第 16 位，中部第 2 位，获批国内首家环境服务业试点园区，工业总产值占全区总收入的 93%以上，是国家级湘江新区产业核心，也为长沙市经济发展提供重要支撑。

第一节 机 构

一、中共长沙高新技术产业开发区工委

1988 年 8 月，长沙科技开发试验区办公室成立，其党组织关系由长沙市科委、科协党组代管。1991 年 9 月，长沙科技开发试验区办公室更名为长沙高新技术产业开发区办公室，其党组织关系隶属中共长沙市委科学技术工作委员会。1994 年 7 月 13 日，经市委组织部批准，中共长沙高新技术产业开发区委员会成立，隶属中共长沙市委科学技术工作委员会。下设办公室、组织部、宣传部，负责开发区机关及进区单位、企业的党务工作。1998 年，中共长沙高新技术产业开发区工作委员会（简称“园区工委”）成立。明确园区工委为中共长沙市委的派出机构，与管委会合署办公，负责对全市高新技术产业实行归口管理，对岳麓山高科技园、星沙工业高科技园、马坡岭农业高科技园、远大高科技园和市内政策区实行宏观管理和业务指导，设党工委书记 1 名，管委会主任 1 名；副主任（正处级）2 名，纪检组组长（正处级）1 名；副处级领导职数 6 名。

2003 年 12 月 29—30 日，园区党工委搬迁至新址麓谷大道 668 号长沙高新区综合服务大楼。2008 年 6 月，中共长沙望城坡经济开发区工作委员会由岳麓区委派出机构调整为长沙高新区党工委所属的二级机构（正县级），人员参照《中华人民共和国公务员法》管理。2009 年，长沙高新区直属事业单位相继成立，长沙高新区党工委在各事业单位组建党总支或党支部。

至 2012 年，中共长沙高新技术产业开发区工作委员会设有办公室、组织部、宣传部、统战部、纪律检查委员会，下辖基层党组织 490 个，其中党（工）委 22 个、党总支 8 个，共有党员 8024 名。

1994—2012 年，先后担任中共长沙高新技术产业开发区委员会、中共长沙高新技术产业开发区工作委员会主要领导职务的有：陈松、易宇欣、周里冰、柳冠群、彭可平、谭杭生、罗社辉。其他领导班子成员有：张行、黄德湘、张德安、邓自力、宁枫、刘琳、莫一平、张宏亮、邓自力、郭力夫、陈志红、陈大庆、詹立明、甘其斌、周意龙。

二、长沙高新技术产业开发区管理委员会

1990 年 7 月，成立长沙科技开发试验区管理委员会，明确长沙科技开发试验区办公室为长沙科技开发试验区管委会的办事机构，负责科技开发试验区的日常工作。

1991 年 9 月，长沙科技开发试验区办公室更名为长沙高新技术产业开发区办公室。1995 年 4 月，长沙高新技术产业开发区办公室更名为长沙高新技术产业开发区管理委员会（简称“长沙高新区管委

会”），明确长沙高新区管委会为长沙市人民政府的派出机构，并保留湖南省长沙高新技术产业开发区领导小组办公室的牌子。9月，长沙高新区管委会搬迁到桐梓坡C4组团新址。

1998年1月，明确长沙高新区管委会为长沙市人民政府的派出机构，为副市级单位。

2003年12月29—30日，长沙高新区管委会由桐梓坡C4组团搬迁至新址麓谷大道668号长沙高新区综合服务大楼。

至2012年，长沙高新技术产业开发区管理委员会共有22个内设局（室）：党政办公室（宣传部），人大政协联络工作办公室，组织人事局（统战部），经济发展局（知识产权局），招商合作局（商务局），规划建设房产局，安全生产监督管理局，城管环保局，社会事业局，社会管理综合治理局，农村工作局，纪检监察审计局，资产管理局，政策法规局（法制办公室），统计局，人力资源和社会保障局，基本建设办公室，教育局，政务服务中心，机关党委，土地储备分中心，征地办公室（征收办公室）。

1988—2012年，先后担任长沙科技开发试验区办公室、长沙高新区办公室、长沙高新区管委会主要领导职务的有：易希文、罗特、陈松、柳冠群、罗社辉。

第二节　园区规划

一、总体规划

1989年6月，长沙科技开发试验区组织制订《长沙科技开发试验区发展规划》，规划提出试验区的布局设想和实施步骤。

1991年12月3日，国家科委发文确定：长沙高新技术产业开发区由河东城中区14.6平方千米的政策区和岳麓山科技园4平方千米两部分组成，总有效面积18.6平方千米。城中区部分，北至浏阳河路，南至井湾子，东至德雅路、东风路、迎宾路、曙光路、韶山路、西至芙蓉路、青园路；岳麓山部分，包括长沙高新区自行开发的0.6平方千米和园内高等院校、科研院所开发建设的0.3平方千米及在319国道以北拓展3.03平方千米，北至319国道，难至中南矿冶学院南界，东至溁湾路、潇湘路，西至白鹤嘴路、岳麓山东侧。长沙高新区“一区一园”格局正式形成。

1993年，委托长沙规划设计院编制完成《岳麓山科技园火炬城建设详细规划》。4平方千米土地面积，按“统一规划，分步实施”原则，分三期工程建设。

1997年，长沙高新区调整规划为“一区四园”，即长沙高新区由城中政策区和岳麓山高科技园、星沙工业高科技园、马坡岭农业高科技园、远大高科技园组成。4月21日，市委市政府决定加快岳麓山科技园望城坡产业基地规划建设，在原4平方千米的规划基础上向西扩展3平方千米，使岳麓山高科技园，有效面积为7平方千米，具体区域界线为：东起银杉路、溁银路，西至区外环线，南起长宁公路、龙王港路，北至长益高速公路，苦竹坳—张家冲。岳麓山科技园的集中建设从六沟垅、茅坡、南冲一带转向望城坡。同年10月，省人民政府办公厅下发《关于长沙高新技术产业开发区有关问题的批复》，同意调整后长沙高新区总规划面积仍保持18.6平方千米不变，具体区域范围如下：（1）岳麓山高科技园：东起银三路、荣银路，西至区外环线，南起长宁公路、龙王港路，北至长益高速路、张家冲；规划面积7平方千米。（2）星沙工业高科技园：东起区东环线，西至区西环线，南起梨江路，北至319国道、蒸湘路；规划面积4平方千米。（3）马坡岭农业高科技园：东起省畜牧所边界，西至107国道，南起浏阳河，北至长浏公路；规划面积3平方千米。（4）远大高科技园：东起黄泥扣子，西至长桥，起吴家岭，北至长浏公路；规划面积 1 平方千米。原市内政策区调减为 3.6 平方千米。

1998 年 4 月 6 日，长沙市政府第 8 次常务会议决定将望城坡区域长益高速公路以南、外环线以东、雷锋大道以西、319 国道以北范围内约 5 平方千米的土地，作为高新技术产业的发展用地，规划为岳麓山高科技园产业发展基地。同年 6 月，报科技部批准，定点为“国家软件产业园和国家新材料成果转化及产业化基地”，被正式命名为“麓谷”。

1999 年，经湖南省和长沙市政府批准，在岳麓山高科技园扩大规划 23 平方千米建设麓谷产业园区，范围东起雷锋东大道，北接长常高速公路，南至龙王港，西接市绕城线。此后长沙高新区管委会决定不再编制园区建设总体规划，而是随着园区面积的增大和园区建设的发展，编制麓谷分期规划与专项规划。同年 3 月，委托长沙市规划设计院完成《望城坡产业基地控制性详规》（麓谷一期）。规划望城坡高新产业基地总面积 480.3 公顷，总人口 2 万人。主导产业为信息软件和新材料，同时还有生物医药、光机电一体化等其他领域科技成果转化产业。产业基地主要功能为高新技术产业生产、科研、信息交流、成果展示中心，为高新技术产业和高级人才服务的相关配套设施、居住小区和社会服务中心。基地中心区体现管理服务功能，如行政管理、商务金融、文化及信息交流和新产品成果展示等。

2003 年 12 月 31 日，市委常委第十届第 117 次会议决策扩大高新区岳麓山高科技园（含火炬城、英才园、新塘小区和麓谷）规划控制范围，由市与望城县规划部门实行严格的规划控制与管理。为保障高新区近期建设需要，由市规划、国土部门在城市总体规划和土地利用规划中调整 5 平方千米以上，作为高新区近期建设用地。

2004 年，市委、市政府《关于加快长沙高新技术产业开发区建设与发展的意见》明确高新区岳麓山高科技园规划控制范围，近期规划用地面积为 42 平方千米，远期规划用地面积为 80 平方千米，包括望城县雷锋镇的荷叶坝、雷锋、真人桥、桥头、同心、黄花塘、马头、石塘、双凤、平安 10 个行政村和黄金乡的金桥、龙塘、明华、三益、国徽 5 个行政村。同时，对高新区先期实施的区域范围涉及全部镇、村实行“委托管理”的共建模式，划归高新区托管。同年 7 月，委托长沙规划设计院对《麓谷二期控制性详细规划》①进行整合。《麓谷二期控制性详细规划整合》规划范围为东至麓枫路、南至枫林三路、西至麓云路，北至长常高速公路南辅道，规划总用地面积 438.13 公顷，全部为城市建设用地。功能定位为麓谷科技园的核心服务区，发展先进制造业、软件开发、生物制药、新材料等高新技术产业，适当布置配套服务设施。

2005 年 4 月，委托长沙市规划设计院完成《麓谷三期控制性详细规划》。范围东起麓云路与二期用地相连，西到国道绕城公路，北至长常高速公路，南临长宁路（枫林三路），总用地面积 1035 公顷。规划为“一心、两轴、三带、五片区”。一心：园区次中心。依托桐梓坡路向西发展，以东方红路为南向主入口，并向北发展，集两路交会处形成科技园的次中心，将三期用地内的较大型建筑项目如宾馆、饭店、超市等布置于此。二轴：南北两条景观绿轴。科园路两侧各留 20 米宽绿化带构成、保留东方红路 50~80 米不等的绿化带，构成园区的主要景观轴。三带：三道自然山体林带。保存规划片区中天然的林地山峰，自然形成三道绿廊贯穿南北。五片区：以规划主干道及主要用地的性质自然划分——桐梓坡路以北片，规划为工业和科研设计为主的产业片区；桐梓坡路至枫林三路、东方红路西侧，规划为生活

①2001 年编制完成，麓谷二期的主要路网骨架和绿化系统已按照规划建成，但是随着开发区招商工作的进展，进区单位用地性质和用地要求和原规划差距较大。

居住及农民安置片区；桐梓坡路至枫林三路、东方红路至麓松路，园区次中心，以及居民生活居住及村民安置为主的居住片区；桐梓坡路至麓泉路、麓松路至麓云路，规划为工业为主的产业片区；麓泉路至枫林三路、麓松路至麓云路，规划为高等院校为主的高教用地片区。

同年11月，国土资源部《第一批落实四至范围的开发区公告》再次公告长沙高新区面积为13.33平方千米，即市内政策区（3.6平方千米）、岳麓山高科技园（麓谷、新塘工业园、火炬城）（6.43平方千米）、隆平农业高科技园（东片、西片）（2.44平方千米）及远大高科技园（0.865平方千米）。此次公告将星沙工业高科技园（4平方千米）从长沙高新技术产业开发区中划出，但规划总面积17.33平方千米未核减。

2006年，根据市政府《关于将望城县雷锋镇和黄金乡部分行政区域划归岳麓区东方红镇管辖的通知》，把望城县雷锋镇的荷叶坝和黄金乡的金南、华龙3个建制村划归东方红镇管理，由高新区托管共建，调整后，东方红镇辖3个建制村、5个社区居委会，总面积29.95平方千米。长沙高新区面积43.29平方千米，核心直管岳麓山高科技园区面积36.38平方千米。

2007年，长沙大河西先导区成立，长沙高新区纳入其辖区，长沙高新区园区基础设施建设规划纳入大河西先导区编制的基础设施建设规划中。同年，长沙高新区委托长沙规划设计院编制麓谷四期、麓谷五期控制性详细规划。“麓谷四期”规划范围位于麓谷新区东南侧，用地主要由工业用地组成。“麓谷五期”规划范围为东方红镇金南村、华龙村和荷叶坝村，总用地面积16平方千米。该控规位于麓谷新区北侧，规划用地性质主要由工业、科研设计、居住用地组成。“麓谷五期”是麓谷新区的主要组成部分。

2008年，望城坡工业园和雷锋镇划归高新区托管。其中，望城坡工业园6.56平方千米，雷锋镇60.2平方千米。长沙高新区面积拓展到110平方千米，核心直管岳麓山高科技园区面积为103.14平方千米。同年，委托长沙规划设计院进行“麓谷六期”控制性详细规划的编制。

2010年3月，从东方红镇析置麓谷街道办事处，辖有8个社区，辖区总面积20.8平方千米。长沙高新区托管区域增到东方红镇、雷锋镇和麓谷街道办事处。11月编制完成《长沙高新技术产业开发区“麓谷新区”控制性详细规划》重新调整麓谷园区定位，将麓谷新区打造成为以高新技术产业为突出特色的城市区）。规划范围为：北至望城县县界，东至绕城高速公路，南至长宁路，西至真人桥村界，规划范围包括雷锋镇的雷锋村、桥头铺村、真人桥村3个村，东方红镇华龙村、金南村、荷叶坝村和长庆社区的用地。规划总面积为27.73平方千米。麓谷新区功能定位为产业新城区、“两型社会”试验区、长沙大河西先导区起步区核心区、麓谷高科技产业园扩展区。规划采用“一心两带四轴多组团”的高度集约化、生态化、开放式城市空间发展结构。“一心”指以雷锋镇现有配套设施为基础，结合望雷路两厢及杨梅塘配套组团，形成麓谷新区的“人”字形配套服务中心。“两带”指以银杏山庄为基础，建成具有乡村特色的旅游度假公园；以雷锋河为契机，重点发展体育休闲、园艺博览及商务娱乐等城市功能，形成区域内一条别具特色的复合型绿带。“四轴”分别为望雷大道综合发展轴、长常高速（岳麓大道西延线）重点发展轴、金洲大道创新轴、枫林三路优化发展轴。“多组团”为真人桥生态组团、金南产业组团、荷叶坝产业组团、华龙产业组团、桥头铺产业组团、长庆产业组团、综合配套组团。

至2012年，长沙高新区面积未变，仍为110平方千米，核心直管岳麓山高科技园区面积为103.14平方千米。

二、专项规划

（一）土地利用规划。1999 年 7 月，麓谷一期规划用地 480.3 公顷，工业用地布局分为电子信息、光机电一体化、生物医药、新材料四大产业及其他高新科技产业项目，采取用地使用形式相对集中布局的形式，严格环境保护，绝不允许污染产业进入。科研实验用地布局分布在桐梓坡路两厢地段，对高新技术项目进行研究，培养高新技术的“种子企业”。仓储用地依据工业类型性质，在厂区内结合工业厂房布局设置，原则上临近出入交通方便的地方。居住用地分为两类，第一类中的高级住宅用地，布置在秀峰公共绿地的西南面，第一类中的小康型住宅，布置在雷锋西大道与老长宁公路的西北角；第二类居住用地相对集中在长宁公路的北面。绿化用地保留现状雷锋西大道西侧、桐梓坡路与新城路交叉口西北侧的自然植被和山地风貌，作为产业基地的大型生态绿地；在生活居住用地内设置居住区级的小游园。产业基地绿化率达 45%以上。

2004 年 12 月，麓谷二期规划总面积 438.13 公顷。区内主要用地性质为工业用地，主要界定为先进制造业、软件开发、生物制药、新材料等高新技术产业，广泛分布在除中心区以外的区域内，为开发区事业单位服务的公共设施用地主要布置在中心区内。所有村民生活安置用地均规划在枫林三路以南。区内规划天顶乡村民生产安置用地，面积 6.39 公顷，位于 C–04、C–07、C–12、C–13、C–22 地块内。

2005 年 4 月明确麓谷三期规划总面积 1035 公顷，用地规划采用“一心、两轴、三带、五片区”的功能结构形式。其中，工业用地布置在规划区北部与西部，入园企业主要界定为生物制药、新材料以及光机电一体化等高科技企业，用地面积 243.30 公顷。居住用地采用一类居住用地和二类居住用地（含村民安置）两种类型布置：一类居住用地布置在保留山体的两侧，用地面积为 30.82 公顷；二类居住用地主要布置在东方红路两侧、桐梓坡路北侧以及麓泉路南侧，用地面积为 194.34 公顷。公共设施用地 216.22 公顷。绿地面积共 283.53 公顷。

2010 年 11 月明确“麓谷新区”规划用地面积 27.73 平方千米，规划为“一心、两带、四轴、多组团”的高度集约化、生态化、开放式城市空间发展结构。其中，规划工业用地为 656.40 公顷，布局与麓谷信息产业园布局保持一致，产业布局以规划的绿带为介质。教育科研用地与工业用地配套设置，紧靠区内自然生态优美的地段布置，为企业提供研发孵化基地，规划用地面积 196.97 公顷。居住用地集中布置，便于形成居住区规模，节省成本，规划用地 407.01 公顷。商业金融用地面积为 139.00 公顷。商业金融用地沿雷高路、枫林三路和金洲大道布置，另在各产业园区布置 2~3.33 公顷商业用地，规划面积为 139 公顷。仓储用地，用地面积为 21.67 公顷，市政设施用地面积 28.69 公顷，规划绿地面积 251.62 公顷。此后至 2012 年未再有新的土地利用规划。

（二）道路交通规划。1999 年 7 月，麓谷一期规划产业基地道路系统结合望城坡开发区路网骨架和地形，布置为方格道路系统。东西方向的主干道为桐梓坡路和老长宁公路，南北向的主干道为雷锋西大道和新城路。

2004 年 12 月，麓谷二期规划对外交通作出调整：麓谷二期南侧枫林三路同时担负长宁公路的交通功能，沿路应避免布置吸引大量人流的公共建筑。对城市交通作出调整：取消矿冶研究院工业园内支路、中联重科工业业内支路、中科北斗内支路、长重机器内支路、长海科技与中高压开关厂内南北向支路、麓谷雅园东侧支路、中科软件园内支路等 7 条支路，调整麓虹路（麓泉路—桐梓坡路段）作为中联重科和长重机器内部道路，保留城市应急通道和市政管线通道；麓虹路（麓泉路—桐梓坡路段）向东调至科力丰地界东侧，相应缩短麓天路西；麓泉路两侧各增加 10 米绿化带；高天路拓宽至 26 米，两侧各规划

10米绿化带；长川路拓宽至30米；支路四、七、八调整道路中线，支路三、五改弧形道路为直线形道路。规划地铁二号线经枫林路至汽车西站，其线路占地在枫林路绿化带内解决，枫林路与麓谷大道交叉口北侧应预留地铁车站用地。

2005年4月，麓谷三期用地控制性详细规划，长常高速公路、绕城公路以及枫林三路环绕麓谷三期，通过立交连接贯通，形成园区的对外交通网络。麓谷三期内设置横向主干路桐梓坡路、枫林三路，纵向主干路东方红路、麓云路。主干路红线宽度为46米。长延路、长川路、麓泉路为东西向次干路；东丰路、东庆路、麓松路为南北向次干路，次干路红线宽度26~38米。支路12~16米。

2010年10月，麓谷新区规划岳麓大道西延线（长常高速公路）在麓谷新区范围内东西向通过。该路宽27米，绿线控制100米，两侧设置辅道与城市路网相联系。岳麓大道西延线与绕城高速、黄桥大道形成互通式立交。绕城高速从麓谷新区东部边缘南北向通过，主与岳麓大道西延线、金洲大道、枫林三路形成互通式立交，与麓延路、长延路、长川路形成不互通立交。城市交通路网规划主干道形成三横三纵网格形式。三横为黄金大道，金洲大道、枫林三路；三纵为黄桥大道，望雷大道，雷高路。规划次干道四横五纵，起到对主干道的补充作用。四横为麓延路、长川路、长延路和山杏路；五纵为许龙路，电科路、雷锋河路、真桥路和雷公路。规划支路整体采取方格网形式布置，局部随地形自由环形布置。

（三）给排水设施规划。1999年7月，麓谷一期规划明确每天总用水量为20000吨，由长沙市第四水厂供水，供水水平管由桐梓坡路接入，基地内供水管网联成环状。排水体制采用雨污合流制，每天污水总量为14167吨，基地污水经望城坡经济开发区一片西干渠、五片东干渠，流入金星路截污干管后进入望城坡污水处理厂，基地内不设污水处理厂。

2004年12月，麓谷二期明确供水规划从桐梓坡路和长宁公路的输水主管输入，在小区内形成环线供水网。南北以麓枫路、麓谷大道、麓云路的给水管为主干管，东西以麓天路、桐梓坡路、长川路、麓泉路、咸嘉湖路、枫林三路的给水管为主干管。排水体制采用完全分流制。根据河西排水专项规划和高科技分区规划，分为三个水系：西干渠水系（原秀峰路）、麓谷大道（原高新路）水系、麓云路（原麓谷路）水系。设置条横贯南北向的排水主干管（渠） 3条。根据排水分区，污水系统按排水分区的原则，沿麓云路、麓谷大道和麓枫路设置三条污水主干管，往南流入望城坡污水提升泵站。

2005年4月，麓谷三期规划给水水源取自枫林三路及桐梓坡路等；综合用水量800升/人·天；给水管网布置成环网，120米保护范围内设置室外消火栓。排水采用分流制，污水按综合用水量的100%计算。

2010年11月，麓谷新区规划从金洲大道桐，枫林三路和岳麓大道辅道分别引入长沙市自来水公司管径600、管径500的给水干管作为主要供水水源，在金洲大道桐、枫林三路、岳麓大道辅道、山杏路、长川路、长延路、红叶路、麓延路、黄桥大道、许龙路、望雷大道、雷高路等路分别设通径600、通径500和通径400的给水主干管，将规划区内的给水管网布置成环状，给水管布置在规划道路的西北侧，给水管每120米的范围内设置地上式消火栓一座。明确采用雨污分流制排水体制。

（四）配套设施规划。1999年7月，麓谷一期规划停车场用地在基地进出口，中心区、公共绿地及商业集中区附近安排规模不等的社会停车场。沿桐梓坡路两厢布置金融、商务、保险、写字楼、科技产品贸易中心；在主中心广场南面布置行政管理中心；在秀峰公共绿地西北角布置文化娱乐用地。明确产业基地电力负荷36959千瓦，10千瓦系统采用环网接线，局部线路走廊受限制地区采用电缆，其余均采用架空绝缘线。基地规划市话容量20000门，采用综合通信接入网，设电信汇接局一个。

2004年12月，麓谷二期公共服务设施按照居住小区配套布置，主要包括小学、托幼、居委会、文化活动站、门诊部、派出所、储蓄所、天然气储配站、公共厕所、垃圾站等，其他设施如加油站、公交枢纽站和中学等均在外围布置，为麓谷二期服务。规划位于E–10地块的环二路停车场，位于E–15地块的环一路停车场。规划位于F–08地块的麓谷小学，30班规模；位于B–05地块的中科幼儿园，4班规模，用地在中科软件园内统一考虑；位于C–10地块的麓谷一幼儿园，16班规模。规划门诊部一处，文化活动站两处，居委会两处；天顶乡派出所；储蓄所一处；天然气储备站一处。未规划居住区级以上体育设施。预测最高电力计算负荷为6.18万千瓦，于枫林路北侧规划预留110千伏高压走廊，整个10千伏系统采用环网接线，10千伏电力电缆管沟均沿市政道路的西、北侧设置。规划预测电话数量达3.1928万门，将设置1座电信分局、1个电信模块局、4个邮政所。麓谷二期燃气用量为427万立方米/年，将设置天然气储备站一座，占地4.36公顷，所有燃气管道均埋地敷设。

2005年4月，麓谷三期拟将虹桥小学改为虹桥中学（56班），川塘小学扩大为30班，另结合居住用地就近设置绿城学校一所（小学带初中48班）科技小学一所（36班），托幼五所（2所12班，3所9班）。规划中学4所，小学8所；设置3处大型娱乐休闲设施，在居住小区中还设置一些小区级活动中心、文化站点青少年活动中心、会所等设施；设置2处体育场地；在园区内根据服务半径设置3处医院设施。预测最高电力负荷为8.59万千瓦，规划设置2座110千伏变电站、1座220千伏主电站；规划10千伏系统采用环网接线。规划预测电话数量为4.41万门；设置4个模块局、5个邮政所，附设与附近单体建筑物内。规划设置一处公交管理站，集公交车首发及管理为一体，规划新增加油站1所，保留原加油站1处。

2010年11月，麓谷新区结合居住用地，在人流较集中的区域设置两处体育用地，为居民提供锻炼休闲场所。在金洲大道南侧设置一处设施比较完善的麓谷医院（二级），在龙骧集团北面预留专科医院用地，另根据服务半径集合居住用地设置卫生服务中心。规划中学4所，小学8所；设置3处大型娱乐休闲设施，在居住小区中还设置一些小区级活动中心、文化站点青少年活动中心、会所等设施。规划公交线路走向应与主要客流方向一致，线路网密度按2.5~3千米/平方千米控制，规划建议在雷高路、金洲大道、望雷大道、黄桥大道、枫林三路设置公交专用道，形成公交环路。

（五）生态环境保护规划。1999年，麓谷一期规划合理确定产业基地的中心区、生活区和公共绿地的布局，将产业基地与周边用地和道路充分集合，完备市政基础配套设施，保护生态环境。规划绿化用地为保留现状雷锋西大道、桐梓坡路与新城路交叉口西北侧的自然植被和山地风貌，作为产业基地的大型生态绿地；在生活居住用地内设置居住区级的小游园。产业基地绿化率达45%以上。

2004年12月，麓谷二期明确水环境保护规划，区内限制用水量大的企业进驻，所有工业企业用水必须先自行处理达标排放，水处理设施不完善的企业禁止开工生产，严禁随意填埋、侵占、改变规划。明确噪声环境保护规划，工业区噪声控制标准为：昼间65分贝，夜间55分贝。明确固体废弃物处理规划，提高工业废弃物综合利用率，危险固体废弃物必须建立专门的处置设施集中处理，严禁外排。生活垃圾送至各垃圾收集站后，统一由运输车送至区外的垃圾中转站处理，区内不设置垃圾中转站和填埋场。

2005年4月，麓谷三期规划公共绿地及防护绿地两类，面积共283.53公顷，占总用地27.4%，其中公共绿地40.96公顷，防护绿地242.57公顷。

2010年11月，麓谷新区规划绿地以两带、五线、数点的形式开放性地呈现在园区之内。规划绿地面积251.62公顷，占城市建设用地11.58%。其中公共绿177.68公顷，占城市建设用地8.18%。人均公共绿地11.85平方米。规划保留用地中高差较大的山体以及较大面积的水面，本用地面积为599.77公顷，占总用地21.63%。

第三节 基础设施建设

一、道路建设

1998年，岳麓大道通车。岳麓大道为高新区东西方向主干道，由原长益高速配套工程修建，双向4车道，全长3.8千米，路段原西起长张高速收费站，东至银盆岭大桥引桥。2000年，以道路为主的各项基础配套设施快速推进实施，启动建设振兴路、秀峰路、桐梓坡路、雷锋西大道、咸家湖路等五条城市干道的部分路段，建设麓谷产业基地内支道、辅道。全年新建道路4000余米，箱涵桥一座，与道路相配套的基他管线，总投资1.9亿元。2001年，为连接梅溪湖、长沙高新区管委会及信息产业园区，麓谷大道开工建设，通过望青路、尖山路与雷锋大道衔接，为高新区南北向主干道。2002年，长沙高新区修建金洲大道，彻底打通园区的交通瓶颈，纵贯东西方向，串连园区主要产业组团，联系园区新区与主城区、河西岳麓组团及宁乡县。

2003年，岳麓大道开始第一次拓改，2004年7月1日竣工通车。全线由双向4车道改为8车道，两侧附带绿化带和专用公共汽车道；同年，麓谷大道建成通车，麓谷大道全长2.6千米，投资1.8亿元。次干道长川路在麓谷四期、五期、六期、七期范围内路段先后开工建设，全长4.8千米，投资总额2.16亿元。2005年，完成麓谷四期内金洲大道桐梓坡路路段建设，次干道麓松路开工建设。2006年金洲大道桐梓坡路路段全面建成通车。次干道麓松路全面建成通车，全长5.2千米，总投资额2.81亿元。2007年续建完成麓谷六期内的金洲大道桐梓坡路710米路基工程，并修建东方红路3.28千米。2008年，金洲大道桐梓坡西延线及其穿越绕城线工程竣工通车。次干道长延路东庆路至绕城高速段开工建设。

2009年，岳麓大道第二次拓展，向西延伸13.6千米，总投资7.7亿元。东方红路南段开工建设，全长3.341千米。同年10月，设计修建黄桥大道，连接金星组团北部、金桥枢纽及雷锋湖组团。第一段工程为黄桥大道中段，北起岳麓大道，向南分别与金洲大道、枫林路相交，止于龙王港路，全长10.7千米，其中望城区境内4.3千米，岳麓区境内6.4千米，工程造价为4.8亿元。次干道麓松路西延线建成通车，总投资6900万元。次干道长延路东庆路至绕城高速段建成，长度为3.4千米，总投资额1.33亿元。

2010年，高新区南北向贯通性主要道路望雷大道开始动工，望雷大道由雷锋湖连接麓谷新区、金桥枢纽，全长4.58千米，使枫林西路、金洲大道和岳麓大道所在区域连成一体。望雷大道规划南起长沙高新区梅溪湖西延线，北至望城区。同年9月，黄桥大道第二段工程开工，为南段，雨九线至龙王港路，途经莲花与雷锋镇，道路全长6.23千米，路面宽度50米，工程投资2.9亿元。同年12月，黄桥大道第三段工程开工，为北段，南起岳麓大道北至雷锋北大道，全长16.23千米，工程投资12亿元。南连梅溪湖、长沙高新区管委会，最北端与望城区马桥河路相接的雷高路工程启动建设，总投资2.465亿元。次干道长兴路开工建设，总长1.3千米，总投资额5850万元。

2011年，规范铺装已建岳麓大道、金洲大道、黄桥大道的人行道和盲道，东方红路南段竣工通车。金洲大道全长6.7千米麓谷大道全长2.6千米，总投资1900万元。同年7月，黄桥大道第一段工程全面竣工通车。同年12月，东方红北路全线竣工通车。2012年6月，东方红中路完成路面改造工程。2012年上半年东方红路全线完工。东方红路为长沙高新区南北主要通道，串联梅溪湖、配套综合区、新能源产业园区与信息产业园区。北起望城区黄金大道，南接梅溪湖路，长沙高新区内全长约7千米，整条道路全长约9千米。次干道长延路东庆路绕城高速以西段开工建设，规范铺装已建咸嘉湖路的人行道和盲道，长兴路、旺龙路南路竣工通车，旺龙路全长 1.2 千米，总投资 4680 万元；咸嘉湖路长 2.5 千米，分为麓云路至麓谷大道路段、麓谷大道至西二环两段，总投资 1.3 亿元。东西走向的青山路全线竣工通车，青山路全长 4 千米，共计投资 2.76 亿元。雷锋西大道（麓景路）连接岳麓大道至枫林路，全长 1.8 千米，总投资额 1.24 亿元。

截至 2012 年，长沙高新区共建成 7 条主干道、8 条次干道及 40 余条规模较小的支路，形成高新区道路基础设施建设的框架。

二、供水设施建设

长沙高新区供水设施建设均由长沙供水有限公司统一规划、建设。长沙市第四水厂为长沙高新区的供水单位，位于岳麓山高科技园东侧。

1997 年，完成新塘小区银双路下水管道 500 米，岳华路与银双路交会处改自来水管道 130 米。2008 年，桐梓坡路 12 千米长的第二条供水主管道建成通水。2000 年，开展拉通桐梓坡路从雷锋东道至雷锋西道路段（湘仪厂区内 800 米）的工程项目，以满足园区企业，尤其是新材料产业生产用水。长沙市自来水公司敷设金洲大道、枫林三路、岳麓大道 3 条市政给水管，作为长沙高新区的供水水源引入长沙高新区内。新敷供水主干管线 11845 米，支干管线 9605 米。

2001—2005 年，园区完成自来水管道改造。从桐梓坡路主管、长宁公路主管引入水源，在麓谷三期区内敷设管道，形成环网。南北以麓枫路、麓谷大道、麓云路的给水管为主干管，东西以麓天路、桐梓坡路、长川路、麓泉路、咸嘉湖路、枫林三路的给水管为主干管。麓谷二期内管网担负着向长常高速路以北的青山片区，麓云路以西的麓谷三期和以南的麓谷四期供水。2005 年，信息产业园内建设尖山加压泵站，供水能力 3 万吨/日，泵站主要对地形标高 70 米以上区域供水进行二次加压。

2006 年，麓谷五期“三横一纵”主干道路 8596 米自来水管道敷设完成；铺设临时用水管道 1500 余米，为麓谷五期 20 余家入园企业供水。2008 年，桐梓坡路 12 千米长的第二条供水主管道建成通水。2009 年敷设高宁路长 0.7 千米的供水线路。麓谷六期、七期自来水供水管道沿新建道路同期敷设。2010 年敷设桐梓坡路长 4.2 千米的供水线路，敷设麓谷大道长 2.55 千米的供水线路，敷设金洲大道长 2.25 千米的供水线路和东方红路长 3.5 千米的供水线路。2011 年 5 月，敷设东方红路长 1.4 千米的供水线路；9 月敷设雷高路长 11.2 千米的供水线路；10 月敷设望雷大道长 4.58 千米的供水线路。2012 年 9 月，敷设长虹路长 0.54 千米的供水线路；敷设麓松路长 4.7 千米的供水线路。①

三、排水排污设施建设

长沙高新区排水排污设施建设均由长沙供水有限公司统一规划、建设，排水管网随园区道路分期建设，在敷设供水管道同时敷设等量排水管道。1994 年，建设排渍泵站一座，上水管 1600 米，建成下水道 4815 米。1995 年，完成火炬城上下水工程、英才园上下水工程。1997 年，为使火炬城免除渍水危害，进行火炬城下水管通竣，同时在排渍泵站新增安装一台排水机组。至 2000 年，园区新敷设排水主干管线 11845 米，支干管线 9605 米，建西干渠水系（原秀峰路）、麓谷大道水系（原高新路）和麓云路水系（原麓谷路）3 个排水系统。麓云路水系汇水面积 255 公顷，麓谷大道汇水面积 194 公顷，西干渠水系汇水面积 1418 公顷。

① 高新区供水设施建设均由长沙供水有限公司统一规划、建设，建设完成后交由高新区使用，故高新区没有相关投资统计数据。

2002—2007年，随金洲大道分期敷设沿线排污管网。2007年，敷设东方红路沿线排污管网。2008年，岳麓污水处理厂为高新区提供污水处理服务。麓谷新区利用长沙高新区排水系统中的龙王港集污干管、沿湘江集污总管，通过园区内的排水系统与上述管网衔接，实施雨水收集和污水排放，污水排入岳麓污水处理厂。麓云路、麓谷大道、麓枫路设置3条污水主干管道，往南自流入望城坡污水提升泵站。污水管线敷设于道路的东南向，所有工业污水和生活污水由污水管网汇集至污水厂集中处理，达标排放。

2010年以后，实行雨污分流，长沙高新区范围内工业和生活污水采取就近排入方式，分别排入岳麓污水处理厂、望城区白箬铺镇白若污水处理厂、望城污水处理厂。雨水直接排入龙王港或湘江。2011年，建成雷高路、枫林三路、龙旺港西沿线以北区域排污管网。2012年，建成枫林路以南、三环路以东区域污水排放管网，麓谷建成区污水排放全部排入岳麓污水处理厂。同年，开工建设三环路以西、岳麓大道以南、龙旺港西沿线以北区域的排污管网，信息产业园内污水、雨污水管道随道路建设一并完成，主要沿岳麓大道、青山路、望青路、尖山路、东方红路敷设。①

四、供电设施建设

长沙高新区供电设施均由湖南省电力有限公司长沙供电分公司统一规划、建设。1994年，开发110千伏专用变电站一座，分区开闭所，配电间11座，电力电线路2980米。至1995年，园区内电网新建主线路11.845千米，支线路9.605。

1997年，新塘小区安装10千伏电力线路1200米和一台630千伏安变压器及配备设备。新塘小区基础设施建设日趋完善，同时完成火炬城等3个10千伏电力开闭所土建工程。1999年，全面完成火炬城的供配电工程，英才园、魏家坡的部分供配电工程；完成华能公司的建设用地的施工水电，保证该企业建设项目的顺利实施。至2000年，岳麓山科技园建成110千伏变电站3座，10千伏~220千伏的黄花塘变电站1座，可供双电源；信息产业园建成曾家冲变电站、延农变电站。麓谷二、三期区域，新建黄花变电站，电压等级110千伏；新建分区开闭所、配电间11座，电力电缆线路2.98千米。

2002年，建设110千伏的雷锋变电站。2006年，建成11万伏的望南变电站，信息产业园东南角建成10千伏~110千伏的麓南变电站。2009年，长沙高新区主要依托天顶220千伏变电站供电，另有110千伏公用变电站3座，即望城坡变电站、枫林变电站和雷锋变电站；用户专用变电站1座，即湘电长泵用户变电站。长沙高新区电网共有10千伏配变817台，配变总容量404.29兆伏安；其中公变192台，容量76.06兆伏安。2010年，长沙高新区麓谷220千伏变电站和110千伏金南变电站建成投产。其中，金南变电站位于长沙市东方红镇金南村长沙高新区麓谷信息产业园，占地面积0.355公顷，是湖南省首个110千伏智能化变电站，是国家电网公司第一批新建110千伏智能化变电站试点工程。至2010年，电网新建主线路11.845千米，支线路9.605千米，新建分区开闭所、配电间11座，电力电缆线路2.980千米。②

五、供气设施建设

长沙高新区供水设施建设均由长沙新奥燃气有限公司统一规划、建设。1991—1995年，建有石油液

①高新区排水排污设施建设均由长沙供水有限公司统一规划、建设，建设完成后交由高新区使用，故高新区没有相关投资统计数据。

②高新区供电设施均由国网湖南省电力有限公司长沙供电分公司统一规划、建设，建设完成后交由高新区使用，故高新区没有相关投资统计数据。

化气站1座，敷设输气干管4千米。1996—2000年，敷设石油液化气主干管3.5千米。2004年下半年，国家“西气东输”工程入湘，高新区建设天然气门站，接收上游中石油分输站的来气，建设1条管径315毫米中压燃气管道，从河西储配站调压站引出，沿桐梓坡路引出至雷高路。

2006年，麓谷五期“三横一纵”主干道路8.596千米燃气管道建设竣工。至2010年，建设沿黄桥大道1条次高压燃气管道，沿岳麓大道1条次高压燃气管道，连接河西储配站调压站。麓谷新区设置调压站用地2处，设置加气母站1处，设置加气子站2处，设置闸阀室1处。新奥燃气管道敷设到长沙高新区每个小区和企事业单位，工商企业和社区居民开始使用天然气。

2012年，高新区敷设次高压燃气管道、中压燃气管道共300千米。截至2012年，高新区拥有燃气居民用户13万户，拥有工商企业用户300余家，燃气管网敷设覆盖率达到100%。①

六、教育设施建设

2004年8月，原岳麓区东方红镇由长沙高新区托管②，随之划入虹桥小学、延风中学、长沙市工商职业中专学校③3所学校，近100名教师和1000余名学生。长沙高新区开始行使教育管理职能。2006年，望城县黄金乡的金桥、明华、南塘3所学校划归长沙高新区。2008年，望城县雷锋镇由长沙高新区托管，并移交雷锋小学、桥头小学、平安小学、坪山小学、推山小学、枫树小学、真人桥小学、和平小学8所学校。由长沙市教育局投资，交由高新区管理的长沙市麓谷中心小学投入使用。全年教育投入达2745万元。

2009年，长沙高新区共投入教育资金6348万元。其中，用于偏远薄弱学校校舍维修改造和办学条件改善达150余万元。2010年，长沙高新区共投入教育建设资金2.06亿元，其中，投入1.5亿元建设延风中学新校区，与师大附中合作办学，更名为师大附中高新实验中学。投资4770万扩建雷锋小学。投资500余万建设长沙高新工程职业技术学校实训大楼、学生公寓、运动场馆，改造食堂。投资200余万元改造平安、坪山等8所农村学校食堂。投资100余万元完善全区15所中小学道路交通标志等。2011年，长沙高新区共投入教育建设资金740万元，加固推山小学校舍，建设和馨园幼儿园。由保利麓谷小区配套建设的九年一贯制明德麓谷学校同年建设完成并开学，投资额2547.91万元。2012年，长沙高新区共投入教育建设资金达1亿元，其中2000万元用于多所学校设施设备配置，260余万元用于公办学校配备学生用车15辆，100万元用于高新区校安工程，60万元用于明德麓谷学校电力增容工程，57万元用于推山小学与坪山小学教学楼改造。

至2012年，长沙高新区范围内有中学2所：湖南师大附中高新实验中学、九年一贯制明德麓谷学校；中专1所：长沙市高新技术工程学校；小学14所：麓谷中心小学、明德麓谷学校小学部、明华小学、桥头小学、枫树小学、平安小学、坪山小学、虹桥小学、南塘小学、雷锋小学、真人桥小学、推山小学、金桥小学、和平小学；公办幼儿园1所：和馨园幼儿园。全区中小学专任教师622人，学历合格率100%。

---

①高新区供气设施建设均由长沙新奥燃气有限公司统一规划、建设，建设完成后交由高新区使用，故高新区没有相关统计数据。

② 托管乡镇以前，高新区无教育职能。2004—2008年间高新区内学校由高新区社会事业局、岳麓区教育局共同管理。

③2006年更名为长沙高新工程职业技术学校。

七、绿化

1991—1996年，园区绿化投资3540万元，种植行道树7990株。2000年，长沙高新区建设总公司建成岳麓山科技园主干道路一环路、桐梓坡路、银双路、白鹤路两侧人行道绿化带。至2003年，园区绿化投资2100万元，种植行道树3291株。

2005年，长沙高新区建设总公司与湖南农业大学合资成立麓谷景观园林有限公司，建设麓谷一至四期建设范围内的主次干道路的绿化工程。新建7条园区道路两侧绿化带，新植绕城线30米宽防护绿化带，以及岳麓大道北侧防护绿地。对麓谷五至七期建设范围内的各主次干道路人行道、绿化带、隔离带等进行绿化。麓景路、雷高路至黄桥大道、雷高路、麓松路、东方红路、桐梓坡路道路两侧共植行道树20504棵，梅溪湖路西延线两侧植20米宽绿化带。2009年，建成望青路东侧12米绿化带。2010年，麓星路、长农路、长虹路共植行道树2288棵。2011年，枫林路景观改造完成。

2012年，长沙高新区管委会将“三年造绿”主题融入“美丽麓谷”建设中，先后对长沙高新区内所建成道路两侧的绿化带、中央隔离带、和路口进行提质改造。“美丽麓谷”建设共投资近3亿元，包含“两纵三横”林荫大道工程（含岳麓大道）、信息产业园行道树提质工程和雷锋镇黄花塘周边绿化提质改造工程等，绿化提质面积为42万平方米。长沙高新区道路绿化面积350.28公顷、绿化率38.5%，基本形成“城在林中、路在绿中、人在景中”生态长沙高新区。

八、办公用房建设

2002年3月，软件中心大厦开工建设，2003年5月竣工，占地1.61万平方米，建筑面积2.36万平方米，包括1栋6层大楼。同年5月，管委会综合大楼开工建设，总投资1.19亿元，占地面积9.84公顷，建筑面积3.56万平方米，大楼高49.8米，共12层。2003年5月外环境配套工程开始建设，建筑面积2.5万平方米，12月综合大楼竣工。大楼内有办公室120间，中型会议室2间，300平方米展示厅2个。管委会办公大楼获湖南省建设协会最高奖“芙蓉”奖。

2008年8月，麓谷信息港开工建设，2010年8月竣工。麓谷信息港项目占地2.57万平方米，建筑面积约10万平方米，总投资额约4亿元。项目有超过110米的2座高楼，成为长沙高新区的标志性建筑。

2011年3月，长沙高新区创业大厦开工建设，由长沙高新技术产业开发总公司投资3.66亿元，总建筑面积约为6.67万平方米，兴建一幢办公楼，设有地下室。

2012年，长沙生产力促进中心建成1、2号楼，建筑面积1.66万平方米；创业服务中心厂房面积1.29万平方米；1号、2号孵化楼工程面积1.28万平方米。

第四节　招商引资

一、招商政策与措施

1991年，长沙高新区按照“一统三分”（统一管理、分税、分利、分产值）和“既筑巢引凤、又引凤筑巢”的原则，采取面向“三大”（省内大中型企业、大专院校、大科研院所）、发展“两外”（外资企业和外地企业）的策略，吸引外资到高新区投资办厂。经市政府有关部门批准，长沙高新区新型含油轴承厂大胆转换运行机制，实行“公有私营”机制，成为长沙市第一个实行租赁经营的试点企业。同年，长沙高新区组织参加在加拿大多伦多举行的中国新技术产品博览会、在北京举行的首届国际和平周“中国科技之光”展览，开始利用展会招商。1992年9月，长沙高新区组团到中国香港参加湖南—香港经贸洽谈会，开始利用经贸会招商。

1993 年 8 月，长沙高新区组团参加在北京举行的中国火炬计划实施五周年成果暨高新技术产品展交会，开始利用高交会招商。同年出台《长沙高新技术产业开发区进出口暂行管理条例（试行）》，对开发区认定的出口型企业，减按 10%税率征收所得税。对外商到区企业开展来料加工、来件装配业务所需进口的生产用车辆，免征进口关税，开展补偿贸易所需进口的机械设备，免征进口关税。

1995 年，市委常委扩大会议在长沙高新区召开，会议决定园区引进大项目，发展大产业。对购买园区住房的用户实行免征部分城市增容费、解决城市户口等优惠政策，积极吸引人才、项目进园，采取经济的和行政的办法引导市区企业新上项目和改造项目入园。1996 年，颁布《长沙高新技术产业开发区条例》，对高新区内投资企业、大专院校及科研院所等在高新区兴办企业，以及进出口货物、高新技术开发等多个方面明确优惠政策。一批科研院所在高新区完成改制。

1997 年，长沙高新区管委会开通招商信息国际互联网，在一级网域名中国商业网注册“长沙高新区招商网网址”。2000 年，长沙高新区招商网站建立，在雅虎、百度等搜索引擎上登录，建立项目库、客户库、信息库，精选一批以电子信息、新材料为主的招商项目，编制符合国际商务规范的计划书，开始网络招商。

2001 年 11 月，长沙高新区管委会支持科研院所改制及高新技术产业化，决定高新区与改制科研院所联合，重点引进和扶持一批科研院所入园兴办企业。建设部长沙建筑机械研究院、湖南省化工院、湖南农科院、长沙矿冶研究院、湖南省邮电科学研究所分别在园区创办企业“中联机械产业公司”（后更名为中联重科股份有限公司）、“湖南海利”、“隆平高科”、“金瑞科技”、“湘邮科技”。同时，长沙高新区实施火炬计划项目，鼓励发展民营高科技企业，重点扶持中联重科、海利化工、长沙远大空调实业有限公司、长沙创智软件有限公司等本土高科技企业，带动园区产业的发展。

2002 年，制定《长沙高新技术产业开发区招商代理管理暂行办法》《长沙高新区聘请招商顾问的暂行办法》，开始代理招商，委托境内外法人、经济组织、相关机构和自然人为高新区对外推介项目、对内引进资金的行为。制定《长沙高新区麓谷园区招商引资奖励办法》，设立招商引资奖励资金。规定凡为高新区麓谷引荐注册资金在 1000 万元人民币以上的内资企业，或到位资金在 100 万美元以上的港澳台和外商投资企业，或固定资产投资在 3000 万元人民币以上的企业引荐人，除享受国家和省、市制定的奖励政策外，还可获得按实际到位资金 8‰、6‰、4‰、2‰计算奖金。

2005 年，制定《长沙高新技术产业开发区重大项目招商引资责任追究暂行办法》和《长沙高新区麓谷园区招商引资中介人奖励暂行办法》，对重大项目招商及落户过程中，不履行或不正确履行工作职责，损害投资环境，导致项目流失或造成其他重大损失的行为进行责任追究，对引荐内外资到麓谷购地、注册经营的中介人进行奖励。2007 年，科交会落户长沙高新区，由高新区承办。2008 年，制定《鼓励引进龙头企业、推进技术创新、壮大产业集群的若干规定》，规定凡在长沙高新区麓谷科技新城取得项目用地，从事电子信息、装备制造、新材料行业生产经营的企业，享受固定资产投资总额一定比例的产业发展配套资金支持。

2010 年 12 月，长沙高新区专门的招商网站进入测试阶段，并于 2011 年 2 月正式运行，长沙高新区招商合作局专门配置网上招商专员。

二、招商成果

1991 年，长沙高新区着力引进高新技术企业。1992 年，引进长沙建设机械研究院，在高新区创办院属产业实体中联建设机械产业公司。引进长沙银河计算机技术发展中心的“银河超级微型机”项目，年产值达4500万元。引进长沙远大空调公司的直燃式溴化锂冷温水机项目。长沙高新技术产业开发总公司与中国香港科鸿公司签订合资意向开发“STN超扭曲液晶产品”项目，总投资1110万美元。全年，引进外资企业26家，协议利用外资2140万美元，开发项目30余项。

1993年，湖南威胜电子有限公司在长沙高新技术产业开发区火炬城购地1.79公顷，兴建研发大楼。1995年，引进高新技术企业62家，引进和开发高新技术项目65个；全年引进外商投资企业12家，项目总投资1.6亿美元，合同利用外资3852万美元。1996年，引进外商投资企业10家，开发项目13个，协议利用外资2528万美元，到位资金2315万美元。其中，远大空调有限公司与日本铃本技术股份公司、日本贝尔技术贸易股份公司在长沙高新区合资兴办湖南远大铃木住房设备有限公司，开展“新型家用设施成型技术及产品”项目，项目总投资为1500万美元，公司注册资本为1000万美元。热电厂项目同美国热电公司合资，总投资6000余万美元。1999年，率全区40余家软件企业首次策划在中国香港成功组织长沙软件基地招商恳谈会。共发布招商项目130余项，签订合同、协议及合资合同意向5个，合同协议投资总额9000余万美元。是年，新批高新技术企业69家，开发高新技术项目76项，投资总额达10亿元。全区共审批外商投资企业15家，开发高新技术项目12项、全年合同外资2700万美元，实际到位5100万美元。其中，华自公司在火炬城购地0.8公顷，兴建“电力电气设备生产基地”。湖南省邮电科学研究院在长沙高新区望城坡产业基地A–01地块开发湘邮科技计算机软件系列开发项目，投资额7000万元。国讯网络公司引进中国香港汇亚基金集团5000万港币，合资进行网上学习、网上医疗系列软件产品开发。2000年，共引进项目14个，总投资9.86亿元，投资额5000万元以上的项目8个，总投资8.71亿元。其中，引进金瑞新材料科技股份有限公司新材料项目，投资额4亿元。金瑞新材料科技股份公司，购工业用地15.8公顷，建设新材料系列项目。湖南丰汇银佳科技股份有限公司投资银河科技园项目，投资额9000万元。湖南五强产业集团股份有限公司投资五强科技园项目，投资额7500万元。中国农业科学院麻类研究所投资麻业研究、种子开发项目，投资额5485万元。园区全年完成合同外资5343万美元，实际到位外资5994万美元。

2001年，共引进项目5个，总投资2.53亿元，投资额5000万元以上的项目2个，总投资22000万元。晶源电子科技有限责任公司投资新材料项目，投资额1.5亿元。湖南中和制药有限公司投资生物制药项目，投资额7000万元。新入区的企业中，注册资金过亿元的2家，5000万元以上的7家。其中，天一银河、湘财信息、斯伦贝谢等企业落户火炬城；麓谷产业基地全年有22家企业购地入园，湖南三辰公司、中盾公司、银辰网信、湖南信息产业集团、新宇科技等企业进入园区发展。园区全年引进内资企业210家（落户火炬城企业153家），注册资金14.8亿元，引进境内市外境内资金约6.17亿元；引进外资企业12家，合同利用外资7624万美元，比1992年增长265%，实际到位外资1.09亿美元。

2002年，引进项目15个，总投资7.16亿元，投资额5000万元以上的项目4个，总投资46300万元。其中，湖南长远锂科有限公司投资新材料项目，投资额1.23亿元。长沙软件园有限公司投资软件产业项目，投资额1.2亿元。三辰集团有限公司（湖南三辰影库卡通节目发展有限公司）投资三辰数字卡通城项目，投资额1.2亿元。全年审批入区企业249家（落户火炬城企业15家），引进市外境内资金13.61亿元，引进“三资”企业18家，合同利用外资1.82亿美元，实际到位外资1.26亿美元。

2003年，共引进项目25个，总投资41.43亿元，投资额5000万元以上的项目16个，总投资39.05亿元。其中，湖南科力远新能源股份有限公司（湖南科力丰新能源有限公司）投资铅布铅酸电池项目，投资额 5 亿元。湖南成城精密科技有限公司、大陶精密科技（香港）股份有限公司、湖南大陶精密科技有限公司投资光纤插芯及连接器和肿瘤热疗设备项目，投资额 5 亿元。中联重科股份有限公司(长沙中联重工科技发展股份有限公司）投资中联重科麓谷科技园项目，投资额 3.6 亿元。湖南平高开关有限公司(湖南中高压开关电器有限公司）投资高、中、低压开关电器生产项目，投资额 1.2 亿元。湖南电子信息产业集团有限公司投资公司总部项目，生产均胶铬板、晶园再生彩色显示器整机等，投资额8200 万元。湖南路路通塑业股份有限公司（湖南电力路路通塑业有限公司）投资新型 PVC、PE 管道项目，投资额 5000 万元。中铁五局集团电务工程有限责任公司投资铁路电气化改造项目，投资额 5000 万元。是年，长沙高新区完成市外境内资金 18.9 亿元，比 2001 年增长 207%，合同利用外资 2.79 亿美元，比 2001 年增长 266%，实际到位外资 1.71 亿美元，比 2001 年增长 56%。

2004 年，引进重大项目 18 个，其中投资上 5000 万元的 13 个，总投资约 23.74 亿元。其中，湖南麓谷科技孵化器有限公司投资建设麓谷国际工业园，总投资 5 亿元；湖南湘电长沙水泵有限公司投资建设水泵生产项目，总投资 3 亿元；湖南杉杉能源科技股份有限公司在麓谷购地，投资建设年产 2500 吨锂离子电池正极系列材料项目，总投资 2 亿元；长缆电工科技股份有限公司投资建设高压电缆附件及合成橡胶特种制品生产基地，总投资 1.8 亿元；华润湖南医药有限公司整体搬迁至高新区，总投资 1.7 亿元；湖南梦洁家访股份有限公司投资建设梦洁家纺工业园，总投资 1.6 亿元；拓维信息系统股份有限公司投资建设信息技术产品研发、生产基地，总投资 1 亿元。与中国香港金熔有限公司合作投资的长沙金港物流投资项目签约。国内唯一获准城市轨道中日合资项目——湖南湘电东洋电气有限公司落户长沙高新区岳麓山高科技园。是年，岳麓山高科技园引进大小企业近 300 家，总注册资金 29 亿元，其中完成市外境内资金形成固定资产 11 亿元；实际到位外资 5794 万美元。

2005 年，引进重大项目 18 个，其中投资上 5000 万元的 13 个，总投资约 23.74 亿元。其中，湖南博云汽车制动材料有限公司投资建设环保型、高性能汽车刹车片产业化项目，总投资 2.5 亿元；湖南博云新材料股份有限公司投资建设炭复合技术产业化项目，总投资 1.5 亿元；世界 500 强企业长沙日立公司首次投资和落户麓谷，总投资 1.4 亿元；湖南光琇高新生命科技有限公司投资建设干细胞产业基地，总投资 1.4 亿元。长沙高新区成为全省开发区中唯一获得“全省利用外资工作先进单位”和“全省内联引资工作先进单位”两项荣誉的园区。是年，长沙高新区完成市外境内资金形成固定资产 12.6 亿元，引进合同外资 2.7 亿美元，到位外资 8463 万美元。

2006 年，引进重大项目 41 个，其中投资上 5000 万元的 30 个，总投资约 56.55 亿元。其中，中冶长天国际工程有限责任公司投资建设中冶长天重工冶炼专用设备生产基地，总投资 5 亿元；威胜集团有限公司投资建设威胜电力仪表项目，总投资 3.6 亿元；湖南有色重型机器有限责任公司投资建设高压水射流技术研发及装备制造基地矿山、冶金、工程机械设备研发及制造基地项目，总投资 3 亿元；湖南安淳高新技术有限公司投资建设生物提取、设备制造、催化剂生产项目，总投资 2 亿元；长沙麓谷信息港项目落户园区，总投资 2 亿元；长沙远大住宅工业集团股份有限公司投资建设住宅产业化基地研发中心和主材生产中心，总投资 2 亿元；华自科技股份有限公司投资建设总部及电力电气设备等各类产品生产基地，总投资 1.5 亿元；江南机器集团（湖南）麓谷高新技术开发有限公司在园区成立江南技术中心，总投资 1 亿元；金杯电工股份有限公司投资建设公司总部大楼及电线电缆检测中心及高分子材料生产基地，总投资 1 亿元。是年，长沙高新区引进注册企业 300 余家，购地项目 32 个，中国水利水电集团、深圳赛格集团以及行业领先企业博云新材、神舟科技、联想神州数码、湖南有色重型机械、江南机器等一批具有影响的企业入园。入园外资企业 19 家，其中长沙高新区与西班牙青年企业家协会达成在麓谷共同建设西班牙工业园的协议；世界 500 强企业诺基亚公司、摩托罗拉公司与国内企业以合资合作形式加盟麓谷；全球最大的风险投资基金之一的美国红杉资本注资 750 万美元，与宏梦卡通联手组建宏梦数码湖南有限公司；全球最大的工业地产商普洛斯投资 3000 万美元在麓谷投资物流工业园；韩国 JMC 株式会社、德国阳光公司等项目入园。长沙高新区完成到位市外境内资金形成固定资产 17.45 亿元，合同利用外资 2.1 亿美元，到位外资超过 1 亿美元。

2007 年，引进重大项目 7 个，其中投资上 5000 万元的 7 个，总投资约 22.8 亿元。其中，长沙市宇顺显示技术有限公司投资建设液晶显示器生产基地及基于 5G 智能终端应用的触摸显示模组关键技术研发及应用中心，总投资 4.3 亿元；湖南紫光测控有限公司投资建设紫光测控科技园，总投资 1 亿元。金天钛业、远大住工、中冶长天、宇顺电子等一批重大优势项目落户麓谷。世界 500 强企业 IT 巨头美国思科公司在长沙高新区注册成立思科中国长沙分公司。岳麓山高科技园区引进市外境内资金 15.9 亿元，总额名列全省开发区第一；引进购地项目 28 个，其中产业购地项目 21 个，总投资达 60 余亿元。长沙高新区完成到位省外境内资金 12.2 亿元，市外境内资金形成固定资产 15.9 亿元，引进合同外资 2.5 亿美元，到位外资 1.21 亿美元。

2008 年，引进重大项目 13 个，其中投资上 5000 万元的 11 个，总投资约 46.27 亿元。其中，湖南湘投金天钛金属股份有限公司投资建设高性能钛板带项目，总投资 10 亿元；湖南神州光电能源有限公司投资建设神州新能源产业示范园，总投资 5 亿元；九芝堂股份有限公司投资建设九芝堂科技园（一期）项目，总投资 3 亿元；湖南奥盛特重工科技有限公司投资建设旋挖钻机等桩工机械生产项目，总投资 2.16 亿元；金杯电工股份有限公司投资建设电缆生产基地，总投资 2 亿元。是年，长沙高新区完成到位省外境内资金 13 亿元，到位市外境内资金形成固定资产投资 18.2 亿元，比 2003 年减少 4%；合同利用外资 2.45 亿美元，比 2003 年减少 14%；实际到位外资 1.35 亿美元，比 2003 年减少 26%。

2009 年，引进重大项目 19 个，其中投资上 5000 万元的 18 个，总投资约 81.65 亿元。其中，长沙中电软件园有限公司投资建设长沙国家软件基地（中电软件园一期）项目，总投资 30 亿元；湖南红太阳光电科技有限公司投资建设太阳能光伏产业项目，总投资 14 亿元；中国移动通信集团湖南有限公司投资建设移动电子商务应用创新基地，总投资 7.6 亿元；湖南省力宇燃气动力有限公司投资建设力宇燃气动力科技园，总投资 6.5 亿元；湖南益丰医药有限公司投资建设益丰科技园，总投资 2 亿元；长沙威胜能源产业技术有限公司投资建设威胜电子税控、水表、生物工程生产基地，总投资 1.6 亿元；金杯电工股份有限公司投资建设总部及新型电缆生产基地，总投资 1.5 亿元；湖南金沙药业有限责任公司投资建设金沙药业科技园，总投资 1.2 亿元；长沙怡亚通供应链有限公司投资建设怡亚通中西部供应链整合基地，总投资 1 亿元；湖南方盛制药有限公司投资建设方盛制药研发生产基地，总投资 1 亿元；华自科技股份有限公司投资建设电力电气设备生产基地，总投资 1 亿元；三诺生物传感股份有限公司投资建设三诺科技园，总投资 6000 万元。爱立信、美国空气化工 2 个世界 500 强企业入园投资建厂。是年，新注册入区企业 527 家，其中注册资本过 1000 万元的 62 家，过亿元的 8 家；完成到位省外境内资金 15.56 亿元，到位市外境内资金形成固定资产投资 25.2 亿元，合同利用外资数据缺失，实际引进到位外资 1.53 亿美元。

2010 年，引进重大项目 35 个，其中投资上 5000 万元的 31 个，总投资约 121.36 亿元。其中，中联重科股份有限公司投资建设中联重科麓谷第二工业园（一期），总投资 50 亿元；长沙麓谷实业投资有限公司投资的麓谷企业广场项目总投资8亿元；湖南有色金属研究院在园区建设有色智汇产业园，总投资6.6亿元；长沙市云海通讯设备有限公司投资建设云海通讯长沙生产基地，总投资3亿元；湖南德康制药股份有限公司投资建设德康科技园，总投资2.5亿元；湖南天济草堂制药股份有限公司将公司整体搬迁至高新区，总投资2.5亿元；湖南航天环宇通信科技股份有限公司投资建设环宇科技园，总投资1.8亿元；湖南圣湘生物科技有限公司投资建设检测试剂盒生产基地，总投资1亿元；力合科技（湖南）股份有限公司投资建设水质在线检测仪器仪表基地，总投资1亿元；湖南科创信息技术股份有限公司投资建设科创信息园，总投资7000万元。引进富士康、霍尼韦尔、戴尔公司三个世界500强企业。是年，新注册企业727家，其中注册资本1000万元以上的100家，1亿元以上的10家。长沙高新区完成到位省外境内资金18亿元，到位市外境内资金形成固定资产投资26亿元，全年引进合同外资3.2亿美元，实际到位外资1.7亿美元。

2011年，引进重大项目28个，其中投资上5000万元的22个，总投资约107.51亿元。其中，湖南麓谷置业有限公司投资建设麓谷国际工业园二期（金导园一期），总投资30亿元；长沙晚报报业集团投资建设长沙晚报报业集团麓谷文化产业基地，总投资8亿元；湖南麓谷国际医疗器械产业园有限公司投资建设麓谷国际医疗器械产业园，总投资5亿元；湖南科瑞鸿泰医药有限公司投资建设科瑞鸿泰医药科技园，总投资4.8亿元；湖南科瑞鸿泰医药有限公司投资建设科瑞鸿泰医药科技园，总投资4.8亿元；湖南多喜爱家纺股份有限公司投资建设多喜爱生产基地，总投资2.5亿元。在三产招商中，两家五星级酒店、大型超市华润万家、汽车世界落户麓谷，中兴通讯长沙基地等14个重点项目投资过3亿元。美国戴尔公司成立的独资分公司戴尔信息技术（湖南）有限公司完成在长沙高新区注册。引进世界500强企业数占全省的40%。是年，长沙高新区完成到位省外境内资金21余亿元，市外境内资金形成固定资产投资32亿元，合同利用外资4.19亿美元，实际到位外资约2.05亿美元。

2012年，引进重大项目40余个，其中投资上5000万元的25个，总投资约102.15亿元。其中，湖南省曾氏企业有限公司投资建设曾氏生物医药园，总投资20亿元；三诺生物传感股份有限公司投资建设三诺生物科技园（扩建），总投资8亿元；霍尼韦尔博云航空系统投资建设C919机轮刹车系统生产基地，总投资6亿元；长沙鑫航机轮刹车有限公司投资建设鑫航机轮刹车生产研制基地（一期），总投资3.2亿元；长沙奥托机械股份有限公司投资建设奥托印刷机械设备生产基地，总投资1.4亿元；湖南华宽通科技股份有限公司投资建设华宽通科技设备生产基地，总投资1亿元；创智和宇信息技术股份有限公司投资建设创智和宇信息产业基地，总投资8000万元；哈药慈航制药股份有限公司投资建设哈药慈航医药产业基地，总投资8000万元；湖南家辉遗传专科医院投资建设湖南家辉遗传专科医院项目，总投资5000万元。是年，长沙高新区岳麓山高科技园区新增注册企业905家，注册资本5000万元以上的企业18家；签约购地项目30个，合同总投资80余亿元，经营性土地签约金额达22亿元。完成到位省外境内资金24.8亿元，比2008年增长91%，市外境内资金形成固定资产37亿元，比2008年增长36%。合同利用外资数据缺失，实际到位外资2.4亿美元，比2008年增长78%。

第五节　技术与人才引进

一、技术引进

1992年，引进银河超级微型机、银河调频发射机、人造金刚石、图文排印系统、新型含油轴承材料、直燃式溴化锂冷温水机。引进“植物抗寒剂”（系国家自然科学基金重大项目成果，居世界领先水平），并于10月正式大批量投入生产。1996年，引进长沙威胜电子有限公司“电能表类计量产品研发生产”项目，与国外电力仪表设备企业合作。引进新型家用设施成型技术及产品、湘邮科技计算机软件系列开发项目。

2000年，引进金瑞新材料科技股份有限公司新材料项目，麻业研究、种子开发项目。2001年，引进湖南中和制药有限公司生物制药项目。2003年，湖南科力远新能源股份有限公司铅布铅酸电池项目、光纤插芯及连接器和肿瘤热疗设备项目，湖南平高开关有限公司（湖南中高压开关电器有限公司）高、中、低压开关电器生产项目，湖南路路通塑业股份有限公司（湖南电力路路通塑业有限公司）新型PVC、PE管道项目。引进的湖南安淳高新技术有限公司“合成气醇烃化精制新工艺及应用技术”获得“国家级科技进步奖”二等奖。2004年，引进中冶长天国际工程有限责任公司“大型钢铁集团烧结工程设计和技术应用”项目，湖南杉杉能源科技股份公司“锂离子电池正极系列材料”项目，长缆电工科技股份有限公司“高压电缆附件及合成橡胶特种制品”项目，拓维信息系统股份有限公司信息技术产品。引进湖南博云新材料股份有限公司的“高性能炭/炭航空制动材料制备技术”获“国家级技术发明奖”一等奖，项目带头人为黄伯云（男，中共党员，粉末冶金专家）。湖南安力电子开发有限公司的“智能图像信息处理方法及其在工业系统中的应用”获“国家级科技进步奖”二等奖。

2005年，引进湖南博云汽车制动材料有限公司环保型、高性能汽车刹车片产业化项目，湖南博云新材料股份有限公司炭复合技术产业化项目。引进以中国生殖工程创始人之一的卢光琇为项目带头人的湖南光琇高新生命科技有限公司干细胞项目。2006年，引进威胜集团有限公司的威胜电力仪表项目、威胜集团有限公司电力仪表项目，湖南安淳高新技术有限公司生物提取、设备制造、催化剂生产项目，华自科技股份有限公司电力电气设备项目，金杯电工股份有限公司电线电缆检测中心及高分子材料生产项目。引进湖南继善科技有限公司的“均匀广谱伪随电磁法理论及应用”项目获“国家级技术发明奖”二等奖。2007年，引进长沙市宇顺显示技术有限公司“基于5G智能终端应用的触摸显示模组关键技术”，湖南海捷制造技术有限公司的“高速精密磨削加工关键技术与系列高档数控磨削装备”项目。2008年，引进湖南创越电子科技有限公司“导航定位系统信号处理集成电路芯片设计及用户终端高技术产业化示范工程”项目，项目主要建设北斗信号处理集成电路芯片及各型谱终端产品生产线及相关配套设施，形成年产20万片北斗信号处理集成电路芯片和3万台卫星导航终端的生产能力。引进湖南湘投金天钛金属股份有限公司高性能钛板带项目，湖南奥盛特重工科技有限公司旋挖钻机等重工机械生产项目。引进长沙绿叶生物科技有限公司的“畜禽氨磷代谢调控及其安全型饲料配制关键技术研究应用”项目、湖南金农生物资源股份有限公司的“茶叶功能成分提制新技术及产业化”项目、化工部长沙设计研究院的“年产100万吨钾肥生产技术开发及产业化”项目、岳阳华强电力电子有限公司（转至湖南华强产业化生产）的“纯电动客车关键技术及在公交系统中的应用”项目均获“国家级科技进步”二等奖。是年，高新区被评为2008年长沙市创建创新型园区，中联重科等8家单位被评为长沙市创建创新型企业，安淳科技等6家企业通过湖南省第二批创新型试点初审。绿铱环保等7个项目被认定为2008年长沙市第一批科技成果转化项目，江麓容大等3个项目获得2008年长沙市产学研合作奖，中联重科获得2008年长沙科技成果转化奖。

2009年，引进湖南红太阳光电科技有限公司投资建设太阳能光伏产业项目，湖南方盛制药有限公司制药研发项目。引进湖南春光九汇现代中药有限公司的“中药超微粉体关键技术的研究及产业化”项目、湖南科力远新能源股份有限公司的“化学镀镍动态控制技术及应用”项目、湘电集团有限公司的“大型水电站泵高效运行优化控制与成套自动化装置及工程应用”项目均获“国家级科技进步奖”二等奖。2010 年，引进湖南圣湘生物科技有限公司检测试剂盒项目，力合科技（湖南）股份有限公司水质在线检测仪器仪表项目。引进威胜集团有限公司、长沙华能自控集团有限公司、长沙博立电气有限公司的“大型企业综合电气节能关键技术及应用”项目获“国家级科技进步奖”二等奖。引进的长沙中联重工科技发展股份有限公司“超高压泵送混凝土成套设备及施工技术”项目均获“中国机械工业科学进步奖”一等奖。2011 年，引进长沙金码高科技实业有限公司的混凝土桥梁服役性能与剩余寿命评估方法及应用获得“国家科技进步奖”二等奖。引进湖南英才科技有限公司的高耐磨性、高耐蚀性、环保型钨合金电镀技术研发及应用获“国家技术发明奖”二等奖，项目带头人为高晖。

2012 年，引进湖南华曙高科技有限责任公司“高性能选择性激光烧结智能装备及材料技术开发与产业化”项目，项目通过对 SLS 设备的关键技术进行创新开发，自主打造出国内首款具有国际领先水平的高性能 SLS 装备。项目完全实施后将实现年产激光烧结设备 300 台、烧结粉末材料 600 吨，总产值突破 10 亿元。引进霍尼韦尔博云航空系统 C919 机轮刹车系统项目、长沙奥托机械股份有限公司奥托印刷机械设备项目、湖南华宽通科技股份有限公司华宽通科技设备生产项目。引进湖南湘能电气自动化有限公司的基于广域电压行波的复杂电网故障精确定位技术及应用项目获“国家级技术发明奖”二等奖。全年有 324 个项目获得国家和省、市立项支持。

二、人才引进

1992 年 3 月，长沙高新区领导小组会议，研究加快高新区建设办法和措施，原则同意开发区人员聘任（用）制改革试验。同年 5 月，长沙市政府批复《长沙高新技术产业开发区办公室、总公司员工聘任（用）制实施方案》等，明确开发区在用工制度上，实行双向选择，平等竞争，优胜劣汰，实行员工的聘用制和合同制。同年 5 月，长沙高新区办公室总公司组织人事招聘考试，录用高学历高职称专业人才 48 名。9 月，开发区在长沙市人才市场设 7 个摊位招聘人才，发出人才需求表 1500 份，申请应聘的各类人才 4000 余人，企业共招聘大中专毕业人才 200 余人。

1993 年 3 月，远大公司总经理张剑在“中国首届科技人才交流洽谈会”上招聘 23 名计算机、企业管理、制冷专业的归国留学生。在中国科技人才交流洽谈上招聘留学生是湖南的第一家，省长陈邦柱赞扬张剑在引进人才方面带好头。6 月，长沙高新技术产业开发区人才交流中心面向社会举行第三次大规模的人才招聘，招聘人才 300 余人。7 月，园区 39 家企业聘用中级以上职称人员 200 余名。1994 年，长沙高新区与市委组织部合作成立全国第一家“高级人才事务所”，建立全国第一个高级人才库，储备各类人才信息达 5000 余条，与国内大部分省市建立高级人才信息共享系统。开展引智工作，为企业引进博士人才 50 余名，高级专业技术职称人员 1000 余人。

长沙高新区采取企业工资标准和工资形式全部放开的办法，制定“以劳动为主要依托，以经济效益为基础的符合不同职业特定，体现各种能力效果的灵活多样、弹性化”的收入分配机制。高新区还打破常规，对一些成绩突出，技术、业务水平高的员工，在职称评定中不受资历、年龄、级别的限制，对 20 余名员工进行破格晋升，不拘一格选人才。高新区人事部门注重对博士、海外归国留学人员的引进，创造良好的机会和环境，增强吸引高级人才的条件。

截至 1996 年，长沙高新区从业人员为 1.6 万人，从事高新技术研制开发、生产、管理的人员占 80%；博士硕士研究生人才有 967 人，大专以上人员占 73%；有高级专业技术职称的 1000 余人。

1999 年，长沙高新区成立工程系列和经济系列职评会，对符合国家、省技术晋升条件的（即有学历和资历者）人员对号解决。对于因学历、资历等原因，不能进国家“笼子”而又有真才实学人才则实行内聘，享受同样的工资和福利待遇。2000 年，成立长沙高新区人才服务中心，人才市场开业并举办首届中高级人才招聘会。

2001 年长沙高新区人才服务中心建立的长沙高新区人才网开通。2002 年，成立长沙留学人员创业园，为科技部、人事部、教育部和国家外专局共同审批确定的首批“国家留学人员创业园”，创业园促进科技成果转化、产业化，为初创型、中小型高新技术企业提供创新创业综合服务。长江学者谭成忠、赴美访问学者阳志清、李勋等 30 余名留学人员和博士携带科研成果到创业园创办高新技术企业。

截至 2005 年，长沙高新区先后建立 15 家博士后科研工作站，招收 28 名博士后研究人员，完成 30 余项科研项目。专业技术人员中高级人才比例逐渐增大。长沙高新区从业人员 11 万人，通过引进，全区专业技术人才数量迅速增加，2005 年共计 3.4 万人。其中，高级职称 5632 人，中级职称 1.3 万人，博士、硕士 3198 人。

2006 年，出台《关于进一步加强长沙高新区博士后科研工作站管理与服务工作的意见》，对企业博士后站存在的困难和问题给予协调解决。2007 年，出台《长沙高新区对科技创新专家、优秀企业家、优秀科技人才给予奖励的实施办法（暂行）》，设立有突出贡献的创新专家奖、优秀企业家奖和优秀科技人才奖，每年度进行表彰奖励，并实施配套的购房奖励政策。2008 年，制定“创新 30 条”优惠政策，支持创新企业、创新人才、创业投资，出台《长沙高新区博士后科技创新资金管理办法》，设立博士后科技创新专项资金，博士后科研工作总站及 15 家高新技术企业博士后站面向海内外招聘，共有 9 名博士后、13 名博士、67 名硕士与企业签约。长沙高新区引进大学毕业生 3650 人，各类专业技术人员和管理人员 1580 名，引进到位 7 名产业经济、规划管理、环境监测等岗位的博士、硕士毕业生。

2009 年，制定《长沙高新区关于进一步加强人才工作的意见》《长沙高新区“3151”人才计划实施意见》，明确长沙高新区人才工作领导小组及联席会议制度，在人才引进方面进行系统规划。当年，长沙高新区入选湖南省“百人计划”共 32 人。2010 年，制定实施《长沙高新区人才创新创业奖励办法（暂行）》，设立突出贡献的创新专家奖、优秀企业家奖、优秀科技人才奖和优秀海外归国高层次人才奖等人才奖项，以吸引科技领军人才进区创办企业，鼓励留学人员和大学生进区创新创业。是年，借“科交会”举办之机，高新区承办“海外创新创业人才论坛”，利用市承接产业转移深圳推介会机会，与美中高层次人才交流协会洽谈并正式签订协议，累计引进来自美国、加拿大、日本、法国等 17 个国家和地区的高层次人才 200 余人。

截至 2010 年，长沙高新区总从业人员 17.99 万人。其中，高级职称 6188 人，中级职称 1.7 万人，博士 735 人，硕士 5121 人。

2011 年，入选“国家海外高层次人才创新创业基地”，为湖南省第一家国家级海外高层次人才创新创业基地；举行第九届全国博士生学术年会暨高端人才推介会，全年累计引进留学人员近 1000 名，其中海外创业人才 200 余名。

2012 年，制定《长沙高新区“十二五”人才发展规划》《长沙高新区关于进一步加强人才工作的若干意见》等文件，重点安排 2 亿元人才发展专项资金，对引进的海内外高层次人才或团队给予最多 1500 万元经费支持；对科技领军人才创业最高给予 100 万元启动资金支持；对博士后重大科技攻关项目最高给予 100 万元资助。率先设立省内第一个区级高层次人才服务窗口，为人才提供子女就学、出入境落户、海关通关、医疗保险等方面的“一站式”“一条龙”“一窗口”服务。园区拥有企业博士后工作机构 22 个。

截至 2012 年，长沙高新区拥有各类企业 5000 余家，从业人员 20 万人，其中本科以上学历人员 5.7 万人，科技研发人才 4.3 万人，具有中高级职称人才 2.3 万人，引进海外人才 1 万余名，拥有中国科学院、中国工程院“两院院士”9 名，长江学者 8 名，入选各级人才计划 130 人，海外创业人才 200 余名，建有企业博士后工作机构 22 个。

第六节　入园产业

一、产业规模

1988 年 10 月，长沙科技开发试验区成立，首批核准的高新企业 41 家。园区没有自主的产业基地，区内的高新技术产业不仅规模小，而且都分布在市内各政策区，产值少。1990 年，共有 67 家企业，总产值 0.95 亿元。1991 年 9 月，长沙科技开发试验区更名为长沙高新区，随即开始规划岳麓山高科技园集中区，才有自主产业基地和直管规模产业。长沙高新区着力引进高新技术企业。是年，园区共有 63 家企业，从业人员 2329 人，主要产业有工程机械、软件制造、生物医药等。实现总收入 1.18 亿元，总产值 1.21 亿元，利润总额 0.12 亿元，上缴税金 0.04 亿元。

1992 年，在长沙湘江西岸茅坡建设岳麓山高科技园，在政策扶持下，加大招商引资的力度。引进长沙建设机械研究院，在高新区创办院属产业实体中联建设机械产业公司。引进长沙银河计算机技术发展中心、长沙远大空调公司等。是年，入驻企业 160 家，从业人员 6693 人。实现总收入 3.37 亿元，上缴税金 0.1 亿元。1993 年，引进湖南威胜电子有限公司等企业。1995 年，企业发展至 221 家，利润总额达 3.6 亿元。

至 1997 年，长沙高新区共有 253 家企业，从业人员 25577 人，总收入 77.98 亿元，比 1991 年增长 6508%；总产值 69.94 亿元，比 1997 年增长 5680%；利润总额 8.05 亿元，比 1991 年增长 6608%；实缴税收 5.06 亿元，比 1997 年增长 12550%。

1998 年，园区入驻企业共有 367 家，从业人员 38979 人，主要产业有工程机械、生物医药、软件信息、生物医药、新材料。其中长沙高新区软件园获批国家软件产业基地，软件信息、动漫游戏等在行业内领先。全年实现总收入 119.3 亿元，利润总额 11.58 亿元，上缴税金 5.54 亿元。1999 年，新批高新技术企业 69 家，包括华自公司，湖南省邮电科学研究院等。2000 年，引进金瑞新材料科技股份有限公司、湖南丰汇银佳科技股份有限公司等。2001 年，引进天一银河、湘财信息、斯伦贝谢、湖南三辰公司、中盾公司、银辰网信、湖南信息产业集团、新宇科技等企业。2002 年，审批入园 249 家企业。2003 年，岳麓山科技园引进新增注册企业 294 家，引进湖南科力远、大陶科技、湘电股份等 28 家企业。

2004 年，随着岳麓山科技园的高速建设和迅速扩大，电子信息、先进装备制造，新材料、新能源、生物医药等产业做大做强。岳麓山高科技园引进大小企业近 300 家，包括杉新材料公司、湖南拓维信息股份有限公司、长缆电工科技股份有限公司、湖南梦洁家纺有限公司。是年，长沙高新区“一区四园”共有 742 家企业，从业人员 99245 人，总收入 505.57 亿元，比 1997 年增长 548%；总产值 461.78 亿元，比 1997 年增长 560%；利润总额 36.39 亿元，比 1997 年增长 352%；实缴税收 23.45 亿元，比 1997 年增长 363%。其中，岳麓山高科技园总收入 275 亿元，总产值 221 亿元。

2005年，长沙高新区产业总值稳定增长。随着麓谷园区的高速建设和迅速扩大，电子信息、先进装备制造，新材料、新能源、生物医药等产业做大做强，开始出现过亿元企业。博云炭/炭航空制动材料项目（国家科技进步一等奖）、惠霖干细胞项目、世界500强企业长沙日立汽车电器等入岳麓山高科技园购地。是年，长沙高新区入驻企业707家，从业人员112009人，实现总收入632.12亿元，销售收入达到519.4611亿元，上缴税金26.992亿元。2006年，中国水利水电集团、深圳赛格集团以及行业领先企业博云新材、神舟科技、联想神州数码、湖南有色重型机械、江南机器等一批具有影响的企业落户岳麓山高科技园。产值大幅增值，过亿元企业突破100家。长沙高新区“一区四园”共有701家企业，从业人员120828人，实现总收入790.8亿元，总产值690亿元，利润总额33.7亿元，上缴税金33.7亿元。其中，岳麓山高科技园企业家数584家，从业人员76221人，完现总收入469.6亿元，总产值357亿元，利润总额23.8亿元，上缴税金18.6亿元①。2007年，金天钛业、远大住工、中冶长天、宇顺电子等一批重大优势项目落户岳麓山高科技园。引进长沙高新区“一区四园”总收入首次突破千亿元，岳麓山高科技园总收入突破500亿元。“一区四园”入驻企业703家，从业人员134252人，实现总收入1000.6亿元，总产值890.5亿元，利润总额53.2亿元，上缴税金38.9亿元。其中，岳麓山高科技园企业家数523家，从业人员73142人，实现总收入535.6亿元，总产值421.7亿元，利润总额40亿元，上缴税金23.5亿元。

2008年，方正证券、神州光电、奥盛特等重大项目落户岳麓山高科技园。受金融危机影响，长沙高新企业产业总值增速放缓。“一区四园”共有756家企业，从业人员147829人，总收入1250亿元，比2004年增长147%；总产值1112.1亿元，比2004年增长141%；利润总额53.4亿元，比2004年增长47%；实缴税收47.5亿元，比2004年增长103%。其中，岳麓山高科技园共有574家企业，从业人员78318人，总收入648.7亿元，比2004年增长136%；总产值534.9亿元，比2004年增长142%；利润总额30.8亿元，实缴税收34亿元。

2009年，爱立信、美国空气化工2个世界500强企业入园投资建厂。产业集群化程度提高，以工程机械为重点的先进装备产业进一步拓展，新材料产业、电子信息产业发展壮大，生物医药产业持续稳步发展，光伏等新能源及节能环保产业快速发展。“一区四园”入驻企业720家，从业人员164552人，实现总收入1500.5亿元，上缴税金67亿元。其中，岳麓山高科技园企业家数517家，从业人员87281人，总收入770.5亿元，总产值520亿元，上缴税金33.7亿元。过10亿元企业突破20家。

2010年，“一区四园”入驻企业725家，从业人员179892人，实现总收入1841.8亿元，上缴税金89.9亿元。其中，岳麓山高科技园区企业家数522家，从业人员98469人，完现总收入1088.8亿元，突破千亿元大关，总产值730亿元，上缴税金52.3亿元。2011年，两家五星级酒店、大型超市华润万家、汽车世界落户岳麓山高科技园。长沙高新区规模以上工业总产值突破千亿大关，以中联重科为代表的9家“长沙工业三十强”企业完成产值937.1亿元，46家企业产值超亿元，其中9家企业超10亿元。产业经济效益增长强劲，高新区入库税收过千万元企业达到27家，其中，岳麓山高科技园入库税收过千万元企业就达到21家，有7家企业税收过5000万元，税收过亿元企业2家，中联重科税收超过20亿元。长沙高新区“一区四园”入驻企业810家，从业人员184645人，实现总收入2513.9亿元，上缴税金121.5亿元。其中，岳麓山高科技园区企业家数667家，从业人员106791人，总收入1515.3亿元、上缴税金61亿元。

①1997年，长沙高新区划分“一区四园”，但未做企业家、从业人员等分区的统计。2006年，长沙高新区开始单独做岳麓山高科技园区企业家、从业人员等数据统计。

2012年，规模工业生产快速增长，重点产业集群龙头企业拉动作用突出，在110家重点企业中，以中联重科为代表的20家“长沙工业三十强”企业完成产值为937.1亿元，55家企业产值超亿元，比上年同期增加9家过亿元企业。产业经济效益增长强劲，岳麓山高科技园入库税收过千万元企业达到26家，其中中联、九芝堂、威胜等7家企业税收过5千万元；税收过亿元企业达到1家。是年，长沙高新区“一区四园”入驻企业企业825家，从业人员194792人，实现总收入2901.9亿元，比2008年增长132%；总产值2716.1亿元，比2008年增长144%；利润总额217.0亿元，比2008年增长306%；上缴税金151.2亿元，比2008年增长218%。其中，岳麓山高科技园区企业家数643家，从业人员121836人，总收入1611.8亿元，比2008年增长148%；总产值1433.2亿元，比2008年增长168%；利润总额140.7亿元，比2008增长357%；上缴税金86.8亿元，比2008年增长155%。

表18-1-6-1　　1989—2012年长沙高新区“一区四园”产业规模一览表

年份	企业数（家）	从业人数（人）	技工贸总收入（亿元）	税收收入（亿元）
1989	65	1924	1.63	0.03
1990	67	2255	0.82	0.04
1991	63	2329	1.18	0.04
1992	160	6693	3.37	0.1
1993	196	7531	8.41	0.1
1994	214	10300	13.24	0.49
1995	221	12701	23.87	1.4
1996	195	17488	33.63	2.61
1997	253	25577	77.98	5.06
1998	367	38979	119.3	5.54
1999	406	47490	153.12	7.81
2000	469	51973	203.49	10.31
2001	582	63715	246.81	14.17
2002	662	73448	321.91	17.4
2003	732	89188	403.92	20.84
2004	742	99245	505.57	23.45
2005	707	112009	632.12	26.99
2006	701	120828	790.8	33.7
2007	703	134252	1000.6	38.9
2008	756	147829	1250.0	47.5
2009	720	164552	1500.5	67.0
2010	725	179892	1841.8	89.9
2011	810	184645	2513.9	121.5
2012	825	194792	2901.9	151.5

表 18-1-6-2　　2006—2012 年岳麓山高科技园区产业规模一览表

年份	指标	企业数(家)	从业人数(人)	技工贸总收入(亿元)	上缴税金(亿元)
2006	数值	584	76221	469.6	18.6
	占一区四园比重	83.30%	63.10%	59.40%	55.20%
2007	数值	523	73142	535.2	23.5
	占一区四园比重	74.40%	54.50%	53.50%	60.60%
2008	数值	574	78318	648.7	34
	占一区四园比重	75.90%	53.00%	51.90%	71.60%
2009	数值	517	87281	770.5	33.7
	占一区四园比重	71.80%	53.00%	51.40%	50.20%
2010	数值	552	98469	1088.8	52.3
	占一区四园比重	76.10%	54.70%	59.10%	58.20%
2011	数值	667	106791	1515.3	61
	占一区四园比重	82.40%	57.80%	60.30%	50.20%
2012	数值	643	121836	1611.8	86.8
	占一区四园比重	77.90%	62.60%	55.50%	57.30%

表 18-1-6-3　　2006—2012 年长沙高新区一区四园企业规模发展状况一览表

企业数（家）	2006 年	2007 年	2008 年	2009 年	2010 年	2011 年	2012 年
企业总数	701	703	756	720	725	810	825
过 2000 万元的企业数	226	252	267	283	310	299	342
过亿元的企业数	101	123	129	132	144	131	159
过 10 亿元的企业数	16	19	18	21	24	25	30
纳税过百万元的企业数	192	213	209	244	244	259	308
高新技术企业数	656	669	254	263	366	473	504
其中：营业收入过 30 亿元的企业数	4	6	5	6	5	7	7

二、产业结构

（一）先进装备制造产业。1989 年，进入长沙科技开发试验区的装备制造企业 4 家。1990 年，入区的装备制造企业增至 22 家。

1995 年，先后有远大空调实业公司、中意集团股份有限公司、长沙汽车发动机总厂、湖南仪器仪表总厂、省农机所技术实业公司、长沙内燃机研究所、长沙重型机器研究所、湖南动力机厂、华奥内燃机实业公司、中联建筑机械产业公司等先进制造技术企业 45 家落户长沙高新区，长沙高新区的先进制造产业企业增至 67 家，占比 16.4%。

2001—2005 年，重点发展远大空调、三一重工、中联建机、湘能科技、成胜电子、佳宇环保、华星宇传感器等企业，投资研发新产品，扩大生产规模，组建产业集团，做大做强。总收入分别为36.0、51.6、84.4、158.7和198.6亿元。2005年，先进装备制造产业总收入占比34%。

2006年，重点发展远大空调、三一重工、中联建机、湘能科技、威胜电子、佳宇环保、华星宇传感器等企业，投资研发新产品，扩大生产规模，组建产业集团，做大做强。长沙高新区先进制造业总收入214亿元。岳麓山高科技园区先进制造产业企业18家，占比17%；总产值90.83亿元，占比44%；实现税收3.2亿元，占比39%。

2006—2010年，形成以中联重科、山河智能、三一重工为龙头，环集湖南有色重机、中冶长天、奥盛特重工、金岭机床、长沙机床、金杯电工、成胜集团、华能自控、湘电水泵、长沙水泵、奔动力、力宇燃气、安淳高新等高新技术企业，以工程机械为特色，冶金矿山、精密机床、电力和电站装备以及汽车零部件等多行业共同发展的先进装备制造产业，规模工业总产值占高新区工业总产值的70%。2010年，长沙高新区先进制造产业产值945.1亿元，占比56%。岳麓山高科技园区先进制造产业规模工业企业29家，占比22.7%；总产值556亿元，占比76.1%；实现税收24.2亿元，占比74.5%。

2011年，长沙高新区先进制造产业总收入1757.6亿元，占比69.9%。岳麓山高科技园区先进装备制造产业规模工业企业24家，占比24%；全年总产值868亿元，占双79.8%；总收入923.7亿元，占比36.7%；实现税收29.8亿元，占比77.8%。

2012年，先进装备制造产业形成以工程机械产业为特色，涵盖新能源与环保设备、高压输送电设备、精密机床、大型水泵设备等高端装备设备行业，同时形成企业群体。先后完成多项重大科研课题，负责制（修）订国家行业标准，主持多项国家“九五”“十五”“863”等重大装备开发、科技攻关课题和专项。长沙高新区建设成国际一流的先进装备制造产业集群。是年，长沙高新区先进装备制造产业产值达到1200亿元，占比67.1%。岳麓山高科技园区先进装备制造产业企业数25家，占比22.7%。；全年总产值986.8亿元，占比79.7%；总收入983%，占比33.9%；实现税收34.6亿元，占比76.7%。

企业选介

（一）中联重科股份有限公司。（详见第十七篇 工业 第二章 机械工业 第一节 工程机械制造）

（二）湘电长沙水泵厂有限公司。湘电长沙水泵厂有限公司由长沙水泵厂有限公司改制而成，2009年整体搬迁入园，占地面积13.33公顷，投资总额约6亿元。拥有完备的技术、装备、生产能力及管理体系，拥有全国最大的水泵测试中心，一流的铸造、加工、装配、试验能力。研制的核电AP1000余热排出泵、火电百万千瓦机组海水循环泵、高效节能中开泵等多个项目通过国家级鉴定，LKXA.B.C型立式斜流泵、XJ型中开泵、百万千瓦级核电站混凝土蜗壳泵等新产品获得国际流体展会金奖；WNB系列挖泥船泵、A.B.C型立式多级凝结泵分获银奖。百万千瓦级核电站海水循环泵双相不锈钢叶轮技术取得突破，获国家科学技术进步二等奖。2012年，产品形成50余个系列、1000余个品种、2500余种规格，遍及能源、石化、环保等领域，畅销全国并远销50余个国家和地区。注册资金2亿元，资产净值3.45亿元，产值7.03亿元，税收2600万元，从业人数1738人。

（二）软件与电子信息产业。1990年，进入长沙科技开发试验区的电子信息企业27家。长沙银河计算机技术发展中心银河超级微型机、901电脑图文排印系统开发成功，作为水平较高的高技术产品，呈现良好的市场前景。

1991—1995 年，先后有湖南电子信息产业集团、威胜电子有限公司、湖南计算机厂、长沙联通公司、银河计算机产业公司、维用—长城电路有限公司等 95 家企业落户长沙高新区。1995 年，国防科技大学银河（湖南）计算机系统有限公司在高新区奠基，主要用于银河Ⅲ型计算机等微电子、机电一体化项目开发。是年，长沙高新区有电子信息企业 162 家，占园区企业的 36.8%。

1996 年，依托国防科大、湖南大学，在嵌入式软件及设备制造上优势突出，相继成立软件研发企业 100 余家，产品达 200 余个。长城信息、威胜集团、湖南金码、银佳科技、安力电子、中杰、湘邮、长远电子、中芯、天银信息等重点企业在金融、税控、教育、通信、电力、军工等领域占领先地位。1997 年，创智集团被国家科技部批准为“创智软件园”，成为中国四大软件园之一。1999 年，首次推出蓝猫、淘气等卡通形象。2000 年，东方卡通与若干战略投资者合作，成立湖南三辰影库动漫节目发展有限公司，推出系列动画片《蓝猫淘气 3000 问》。是年，中软国际承接日本市场软件外包业务，软件企业首次打入国际市场。

2001—2005 年， LG 曙光、创智科技、斯伦贝谢、湘邮科技、国讯网络、长海集团、银河信息、苏博泰克、中杰科技、拓维信息、创发邮电通信、银佳科技等企业得以重点发展，研发新产品，扩大生产规模，组建产业集团，电子信息产业跃居四大支柱产业之首。2005 年，长沙高新区入园软件与电子信息企业达到 400 余家，占园区总企业数的 50%以上，电子信息产业总收入 198.6 亿元，占比 31.4%。其中岳麓山高科技园规模以上电子信息类企业数 37 家，在园区规模以上企业数 37%，产值 29.75 亿元。

2006 年，强力推进软件产业基地建设，基础网络、软件公共应用开发、质量保障和软件评测、教育培训等 8 大公共技术平台开放运营，聚集全市 90% 以上的软件企业进入基地发展，微软、IBM、印度 NIIT 等国际知名企业已成为软件园及园内骨干企业的合作伙伴。中国香港康隆公司投资 4000 万美元，建设 15 万平方米麓谷信息港暨软件园二期工程，引进一批知名软件企业入驻信息港聚集发展。软件企业的聚集发展，带动电子信息制造业的蓬勃兴起，省电子信息产业集团继投资 1.6 亿元建成匀胶铬版生产线以后，又投资 4 亿元，建设彩色滤光片生产线；威胜电子募集资金 2 亿港元，在麓谷兴建智能仪表工业园。同年，三辰卡通、金鹰两个基地动画生产企业分列全国基地的第一、第八名，其产品总数 16297 分钟动画占全国基地动画总数的 32%。2007 年， “红杉资本”这一全球最大风险投资基金增资宏梦卡通，加大对其衍生品的开发和销售渠道整合的投资。2008 年，高新区软件产业销售收入 22.86 亿元，位列全国软件园第四名。形成以移动湖南公司、拓维信息系统有限公司为龙头，以摩托罗拉长沙技术中心、诺基亚（湖南华诺）、湖南银联等知名企业为支撑的移动电子商务产业集群。同年，三辰卡通集团出资 4000 万元，国家出资 2400 万元，搭建湖南动漫公共服务平台。2009 年，长沙中电软件园举行奠基仪式。是年，软件及服务外包企业发展到 50 家，产值 2.5 亿元，其中，重点企业有佩罗、中软国际、宏梦、三辰、山猫、湖南科创、长沙牛耳等 16 家。2010 年，中国首个手机动漫技术服务平台在长沙高新区启动，国家出资 1200 万元，拓维信息公司出资 3000 万元。依托国家软件产业基地，以智能仪表、计算机终端设备研发制造为代表，形成以长沙软件园、长沙信息产业园、中电软件园和麓谷信息港为核心的电子信息和软件产业集群，聚集有威胜集团、长城信息等数十家骨干企业以及摩托罗拉长沙技术中心、诺基亚湖南华诺等数家世界一流企业，电子信息和软件产业总收入达 180 亿元，位列中部各省第一。威胜集团有限公司获“国家级企业技术中心”。是年，长沙高新区软件与电子信息产业总产值 185 亿元，占比 11%。岳麓山高科技园区规模以上软件与电子信息产业 46 家，占比 35.9%；总产值 57.2 亿元，占 7.8%；税收 2 亿元，占比 6.2%。

2011年7月21日，中电软件园开园。是年，统计口径变更，长沙高新区电子信息产业总产值226亿元，占比10%。岳麓山高科技园电子信息产业规模工业总产值增加到61.6亿元，占比降至5.6%，实现总收入168.6亿元，占比6.7%。2012年11月18日，创业基地开工建设。12月12日，辰泰科技园奠基。是年，园区初步形成应用软件、集成电路、数字视听设备、网络产品等相关新一代信息技术产业群，聚集22家集成电路企业，12家新型显示器企业，105家消费类电子整机企业，62家数字视听企业，161家网络通信设备企业，116家仪器仪表企业，452家应用软件业企业，其中有400余家企业通过双软认证，9家企业通过科技部骨干企业认证，7家企业成功上市。长沙高新区电子信息产业总产值298.6亿元，占比11%。岳麓山高科技园区规模以上电子信息类企业44家，占比40%，总产值105.4亿元，占比8.5%；实现总收入185.9亿元，占比6.4%；税收3.5亿元，占比7.8%。

企业选介

（一）湖南威胜集团有限公司。2009年，湖南威胜集团有限公司入园，投资总额6亿元，占地30.67公顷，建筑面积15万平方米，是中国最大及最先进的能源计量与管理产品研发、生产制造基地之一。主导的电力计量高端产品国内市场占有率超过20%，为国内第一。先后获批建立湖南省电测仪表工程技术研究中心、国家级企业技术中心、智能化综合能效管理技术国家地方联合工程研究中心，并于2012年5月集团成立威胜“院士专家工作站”。2012年9月，集团与西门子在中国成立智能计量合资公司。2012年，集团连续第五年被评为“中国最佳雇主企业”，共取得72项电表产品专利、33项流体产品专利、19项数据采集终端产品专利、2项能效服务专利，产品出口至10多个国家和地区，实现产能为：年产单相电能表1200万台、三相电能表325万台、终端产品365万台。注册资金4.5亿元，总产值32.01亿元，资产净值26.13亿元，税收2.18亿元，从业人数3166人。

（二）长城信息产业股份有限公司。（详见第十七篇 工业 第四章 电子工业 企业选介）

（三）新材料产业。1989年，长沙科技开发试验区有7家新材料企业。至1995年，相继入园的新材料企业有湖南高分子材料企业集团、湖南硬材料企业集团、航天金刚石工业公司、华兴高分子材料有限公司、亚太高分子化工有限公司、新冶科技开发公司等34家。1995年，园区有新材料产业46家，占比11.3%。

2001—2005年，长沙高新区从新材料产业中筛选出金瑞新材料、力元新材料、三环电源、水口山矿务局新材料分公司、湖南投资高科技院、远大铃木住房设备、海利化工、亚大高分子等企业重点发展。新材料产业技工贸总收入分别是33.5亿元、41.5亿元、63.1亿元、95.7亿元和116.2亿元。2005年，以园区相关企业提供标准厂房、政府全额补贴租金的方式，引进具有国际领先水平的神舟科技镍氢动力电池研发生产项目；杉杉科技投资2.1亿元开发钴酸锂产业化技术，年产值可达到5亿多元，杉杉科技与中南大学达成合作意向，投资2亿元建设锂离子动力电池生产基地。是年，新材料产业总收入占比18.4%。

2006—2010年，以杉杉新材、科力远、金瑞科技、博云新材、博云东方、海容新材、湘投金天、金云铁业等企业为龙头，以先进电池材料、高性能结构材料和先进复合材料为特色的新材料产业集群规模稳步增长。2010年，长沙高新区新材料产业总产值287.1亿元，占比17%。岳麓山高科技园区规模以上新材料企业29家，占27%，总产值53.43亿元，占比26%；税收3.2亿元，占比10%。

2011年，长沙高新区新材料产业总产值214.1亿元，占比9%。岳麓山高科技园区新材料类规模工业企业减到23家，总产值84.6亿元，占五大支柱产业的比重为7.8%。至2012年，长沙高新区内汇集中南大学、湖南大学、长沙矿冶院、湖南有色院、湖南化工院、湖南科技开发院等一批新材料教学、科研单位，建立粉末冶金国家重点实验室、粉末冶金国家工程中心、储能材料国家工程中心、教育部电池材料工程中心等研发结构，拥有10多名中国科学院和中国工程院院士，约100多名学术带头人及专家，3000多名硕士、博士、高级工程师、教授等专业技术人员。成为国内一流的新材料领域的技术研发中心和产业集聚区。2012年，长沙高新区新材料产业总产值273.1亿元，占比10%。岳麓山高科技园规模以上新材料企业25家，占比22.7%；总产值96.5亿元，占比7.8%；税收3.7亿元，占比8.2%。

企业选介

（一）湖南杉杉新材料有限公司。2003年，湖南杉杉新材料有限公司入园，注册资金4.47亿元，是由有锂电池全产业链，国内最大的锂离子电池材料综合供应商——宁波杉杉股份有限公司投资控股的子公司。2005年，入选湖南省第一批高新技术企业，2006年确立国内规模最大的锂离子电池正极材料制造商的行业领先地位。2007年，中国钴酸锂产量约为6706吨，公司产品占国内市场份额的40%以上，稳稳占据全国第一、世界第三的锂离子电池正极材料生产商地位，各项经济技术指标在全省同行业中处于领先水平，带动湖南本地的上下游相关企业产生效益。2010年，引进世界500强企业伊藤忠商事株式会社及具有全球技术领先的正极材料制造商“日本户田工业株式会社”投资参股，更名为“湖南杉杉户田新材料有限公司”，拥有年产5000吨锂电正极材料的生产规模，实现正极材料销售收入6.1亿元，利税5200余万元。2012年，具备年产13000吨的新型锂离子电池正极材料的生产规模。至2012年，公司拥有国家发明专利17项。注册资金5.79亿元，产值7.02亿元，资产净值2亿元，税收1.43亿元，共有员工330人。

（二）湖南博云新材料股份有限公司。2004年，湖南博云新材料股份有限公司入园。公司由中南大学粉末冶金研究所改制而成，由中国工程院院士、原中南大学校长、博士生导师黄伯云教授创建，汇聚国内顶尖的粉末冶金复合材料专家团队。旗下有四家子公司，并与Honeywell联合成立霍尼韦尔博云航空系统（湖南）有限公司，为国产大型客机C919提供机轮刹车系统。2009年9月，博云新材A股在深交所发行上市。公司形成具有完全自主知识产权的产品系列，建立完整的质量管理体系，通过ISO9001-2000质量管理体系和GJB9001A-2001质量管理体系认证。产品涉及航空、航天、铁路、汽车、冶金、化工等领域。多种机型航空刹车副已广泛应用于军民用飞机上，部分产品还出口东南亚、俄罗斯等独联体国家。自主研发的多种型号炭/炭复合材料喷管，已成功应用于航天飞行器上。2012年，公司注册资金1.35亿元，资产净值6.25亿元，产值1.14亿元，税收1800万元，共有员工263人。

（四）生物医药产业。1989年，长沙科技开发试验区有3家生物工程企业，1990年增至7家。1991—1995年，骛马制药有限公司、珠海金沙（湖南）制药有限公司、海利化工股份有限公司、中和制药有限公司、湖南药业公司、湖南新生命制药厂、金农天然植物制品实业有限公司、长生实业有限公司等生物医药企业41家相继落户长沙高新区。1995年，生物医药产业高新技术企业增至51家，占比12.5%。

2001—2005年，高新区在生物医药产业中筛选出亚华种业、隆平科技、湘雅集团、九芝堂科技、麓山天然、麓谷生物、银河生化制药、德康制药等企业，重点发展，培大育强。生物医药产业技工贸总收入分别是 36.2 亿元、48.7 亿元、73 亿元、82.2 亿元、87.3 亿元。2005 年，长沙高新区生物医药产业总产值 87.3 亿元，占比 13.8%。

2006—2010 年，以中成药为主导的生物医药产业体系初步形成，聚集有九芝堂、方盛制药、金沙制药、天劲制药、中和制药、德康制药等多家规模企业和双鹤医药、康尔佳等大型医药物流企业，光琇高科的干细胞研究、生殖技术和生物遗传基因工程技术全国领先，产业发展潜力颇大。医疗器械、诊断试剂发展速度快，形成有圣湘生物科技、三诺生物传感等拥有专利技术的代表性企业。以医药企业搬迁改造、扩张升级为契机，打造生物医药产业集群。九芝堂、双鹤、惠霖干细胞、中和、泰宝、德康、方盛等批年产值上亿元的医药企业聚集麓谷，已成为全省成药研发生产和物流配送的核心基地。2010 年，长沙高新区生物医药产业总产值 169.5 亿元。岳麓山高科技园区规模以上生物医药企业 20 家，占比 15.6%；总产值 40.6 亿元，占比 5.6%；税收 2.7 亿元，占比 8.4%。

2011 年，长沙高新区生物医药产业总产值 166.5 亿元。岳麓山高科技园区生物医药产业规模工业企业减少至 16 家，实现总产值 42.3 亿元，占比降低为 3.9%，上缴税金 2.7 亿元。2012 年，长沙高新区生物医药产业，形成九芝堂、康尔佳、双鹤医药、三诺生物、光琇高新、大邦生物等企业为代表的生物医药产业集群，初步形成生物医药（服务产业）、生物农业（资源产业）、生物能源、生物环保相结合的产业体系。中南大学生物科学与技术学院、医学遗传学国家重点实验室、光琇高新等在干细胞诊疗、基因诊疗、遗传病诊疗方面处于全国领先水平，中信湘雅生殖与遗传专科医院全国知名，并与国际一流企业建立战略联盟和合作关系，正逐步由研发走向医疗服务、基因工程药物的产业化道路，着力打造国内一流的生物医药产业专业园。是年，长沙高新区生物芍药产业总产值 203.7 亿元。岳麓山高科技园区规模以上生物医药类企业 16 家，占比 14.5%；总产值 50.2 亿元，占比 4.1%；税收 3.3 亿元，占比 8.2%。

（五）新能源与环保产业。1989 年，6 家高效节能企业进入长沙科技开发试验区。1990 年，入园环保企业 1 家，节能企业 3 家。

2007 年，湖南光伏产业开始起步，杉杉新材、晶鑫动力电池、科力远等 48 所等新能源企业相继落户长沙高新区，其中 48 所生产硅锭铸造、硅片制造及组件装备，其生产的设备占国产设备的 70%，并投资建设湖南红太阳光电科技有限公司麓谷科技园，建成国内最大的年产 1000 台（套）光伏装备的总装厂房、光伏装备升级换代及新产品研发实验平台、光伏产业链整线交钥匙工程示范平台和光伏产业链各环节大规模生产验证平台。

2008 年，重点引进和扶持红太阳光电科技、潇湘神光和神州光电等一批龙头企业，以太阳能光伏产业为主导的新能源产业快速发展。科力远集团的 LED 及蓄电池已经形成规模，湖南赛瑞新能源半导体太阳能材料研究开发、半导体多（单）晶硅的研究开发、生产和硅材料加工提纯，常熟远东的双结非晶硅薄膜太阳能电池生产，四明光伏多晶硅太阳能生产，湖南光伏能源发展有限公司研制光伏并网发电系统、太阳能绿色光源、并网光伏发电系统，长沙高新区太阳能光伏产业链形成基本雏形。同年，省人民政府认定的长沙光伏产业基地落户高新区，并在中国（长沙）科技成果转化交易会上正式授牌。此外，中联环卫、节能、永清环保、力合科技、华时捷、华强电气、佳宇环保和麓南环保等一批以环保机械设备制造、节能减排技术研发、污染源在线临测、洁净产品生产和资源综合开发利用为主的节能环保企业聚集发展，建立省级环保产业示范园。

2010 年 4 月，长沙高新区获批湖南省首个环保产业示范园区，在政府购买服务、区域环境综合服务方面在全国进行先行先试。园区节能环保产业规模迅速扩大，已成为中南地区环境产业的聚集地、装备制造和环境服务业的战略高地。2010 年，长沙高新区共有各类节能环保企业 200 多家，其中，上市企业 3 家，高新技术企业 30 多家，规模以上企业 70 家。从业人员近 10000 人。有国家级、省级技术中心各 1 个。近 4 年产值每年增长 20% 以上。2011 年，长沙高新区岳麓山高科技园区新能源产业规模工业企业 3 家，占总企业数的 0.3%，实现工业总产值 32.3 亿元，占比 3%。

到 2012 年，长沙高新区聚集科力远、杉杉新材、金鹰电源、美特新材料、晶科电池、科力丰新能源、盟力新材料、神州光电和潇湘神光、科霸动力电池等重点企业为代表的湖南新能源产业企业，突出发展太阳能光伏产业，初步形成多晶硅产业链。是年，长沙高新区新能源与环保产业总收入 344.6 亿元，占比 11.9%。岳麓山高科技园新能源与环保产业总收入 265 亿元，占比 9.1%[①]。

企业选介

（一）湖南红太阳光电科技有限公司。2010 年，湖南红太阳光电科技有限公司入园，注册资金 500 万元。项目建设用地 23.54 公顷，计划总投资约为 14 亿元，总建筑面积为 22.74 万平方米，是湖南省、长沙市重点工程和“双百”工程。公司建立具有自主知识产权的晶体硅太阳能电池工艺生产线，打造晶体硅太阳能光伏产业链，建成国内最具水平、规模和影响力的太阳能光伏产业化基地。2012 年，公司注册资金3.28 亿元，实现工业总产值 21 亿元，资产净值 2.34 亿元，税收 3400 万元，从业人数 1114 人。

（二）中冶长天国际工程有限责任公司。2003 年，中冶长天国际工程有限责任公司入园，注册资金 6.77 亿元，前身为中冶集团长沙冶金设计研究总院。公司集工程咨询、工程设计、技术研发、装备制造、工程总承包和项目管理为一体，拥有采矿、选矿、烧结、球团和直接还原等方面的核心技术。公司以“六个第一”享誉全国钢铁业界，即烧结工程及成套装备业绩居世界第一，承担的烧结项目世界最大，完成的大型氧化球团工程设计项目国内第一个，承担的球团项目世界最大，总承包的冶金矿山项目国内最大，主编的烧结和球团工程设计国家标准国内第一部。产品和服务遍及国内宝钢、鞍钢、武钢、攀钢等各大钢铁企业，承担过巴西、印度、沙特、印尼、日本、澳大利亚等 10 多个国家的工程设计和总承包业务。2012 年，从业人员 1200 余人，其中高级职称 389 人，中国工程设计大师 1 名，享受政府特殊津贴的专家 26 名，中国冶金科工集团公司首席专家 2 名，在职教授级高级工程师 82 名，各类注册工程师 262 人。

第七节　经济效益

1989—1990 年，为长沙科技开发试验区阶段，产业总值相对较少，没有产业基地。园区每年度分别完成高新技术总产值 0.81 亿元、0.95 亿元。

1991 年，长沙科技开发试验区正式更名为长沙高新区，并开始规划产业基地，步入快速、规范化发展道路。是年，长沙高新区共有 63 家企业，从业人员 2329 人，总收入 1.18 亿元，总产值 1.21 亿元，人均劳动生产率 5.07 万元/人，实缴税收 0.04 亿元，人均纳税率 0.17 万元/人，地均产值 6.8 万元/公顷。

1992—1997 年，长沙高新区产业总值每年稳定增长，每年分别完成高新技术总产值 3.53 亿元、7.49

①因统计口径变动，新能源与环保产业数据部分年度、部分数据缺失。

亿元、13.26 亿元、25.38 亿元、37.39 亿元、69.94 亿元。

1997 年，长沙高新区共有 253 家企业，从业人员 25577 人，总收入 77.98 亿元，总产值 69.94 亿元，人均劳动生产率 30.49 万元/人，比 1991 年 5.07 万元/人增长 501%。实缴税收 5.06 亿元，人均纳税率 1.98 万元/人，比 1991 年 0.17 万元/人增长 1065%，地均产值 44.89 万元/公顷，比 1991 年 6.8 万元/公顷增长 560%。

1998 年，长沙高新区产业"一区四园"总值首次突破百亿元，达 106.78 亿元。1999—2002 年，总产值分别为 139.77 亿元、175.3 亿元、218.81 亿元、277 亿元。2003 年，长沙高新区"一区四园"总收入 403 亿元，增长 25.5%；总产值 352 亿元，增长 26.7%；上缴税金 20 亿元，增长 15%；实现利润 31 亿元，增长 20%；一般财政收入 1.96 亿元，增长 15%；出口创汇 2.5 亿美元，增长 17%。其中，岳麓山高科技园总收入 233 亿元、总产值 196 亿元、利润 15.1 亿元、税收 11.2 亿元。2004 年，长沙高新区总收入 503 亿元、总产值 461.78 亿元，其中，岳麓山高科技园总收入 275 亿元、总产值 221 亿元，增长 20%。

2004 年，长沙高新区"一区四园"共有 742 家企业，从业人员 99245 人，总收入 505.57 亿元，总产值 461.78 亿元，人均劳动生产率 50.94 万元/人，比 1997 年 30.49 万元/人增长 67%。实缴税收 23.45 亿元，人均纳税率 2.36 万元/人，比 1997 年人均纳税率 1.98 万元/人增长 19%。地均产值 294.93 万元/公顷，比 1997 年 44.89 万元/公顷增长 557%。其中，岳麓山高科技园总收入 275 亿元，总产值 221 亿元。

2005 年，长沙高新区"一区四园"总收入 630 亿元、总产值 552.77 亿元，均比上年增长 25%，其中岳麓山高科技园总收入 345 亿元、总产值 286 亿元、工业企业销售收入 171.7 亿元，分别增长 25% 以上。2006 年，长沙高新区"一区四园"总收入 790 亿元、总产值 690 亿元，其中岳麓山高科技园总收入 430 亿元、总产值 360 亿元，均同比增长 25% 以上。是年，长沙高新区过亿元企业突破 100 家。2007 年，长沙高新区总收入 1000.6 亿元，首次突破千亿元，总产值 890.5 亿元。其中岳麓山高科技园总收入突破 500 亿元，总产值 450 亿元，均比上年增长 25% 以上；规模工业增加值比上年增长 35%，高出长沙市增速 9%。

2008 年，长沙高新区"一区四园"有 756 家企业，从业人员 14.78 万人，总收入 1250 亿元，总产值 1112.1 亿元，人均劳动生产率 84.56 万元/人，比 2004 年 50.94 万元/人增长 66%。实缴税收 47.5 亿元，人均纳税率 3.21 万元/人，比 2004 年 2.36 万元/人增长 36%。地均产值 1084.67 万元/公顷，比 2004 年 294.93 万元/公顷增长 268%。其中，岳麓山高科技园共有 574 家企业，从业人员 78318 人，总收入 648.7 亿元，总产值 534.9 亿元，人均劳动生产率 82.83 万元/人，实缴税收 34 亿元，人均纳税率 4.34 万元/人。

2009 年，长沙高新区"一区四园"总收入 1500 亿元、总产值 1362.3 亿元，其中岳麓山高科技园完成总收入 752 亿元、总产值 660 亿元，均增长 20%；规模工业总产值 520 亿元，增长 25%。2010 年，长沙高新区"一区四园"总收入 1800 亿元，总产值 1687.8 亿元。其中麓谷园区总收入突破 1000 亿，是 2005 年的 3 倍，年均增长 23%；总产值 900 亿元，同比 2005 年年均增长 27%；规模以上企业完成工业产值 730 亿元，是 2005 年的 4.6 倍，年均增长 33%。2011 年，长沙高新区"一区四园"总收入 2513.9 亿元、总产值 2378.9 亿元，其中麓谷园区总产值 1433.2 亿元。

2012 年，长沙高新区"一区四园"共有企业 825 家，人业人数 194792 人，总收入 2901.9 亿元，总产值 2716.1 亿元，人均劳动生产率 148.97 万元/人，比 2008 年 84.56 万元/人增长 76%。实缴税收 151.5 亿元，人均纳税 7.78 万元/人，比 2008 年 3.21 万元/人增长 142%。地均产值 3254.69 万元/公顷，比 2008

年 1084.67 万元/公顷增长 200%。其中岳麓山高科技区共有企业 643 家，从业人员 121836 人，总收入 1611.8 亿元，总产值 1433.2 亿元，人均劳动生产率 132.29 万元/人，比 2008 年 82.83 万元/人增长 60%。实缴税收 86.8 亿元，人均纳税率 7.12 万元/人，比 2008 年 4.34 万元/人增长 64%。①

表 18-1-7-1　　1989—2012 年长沙高新区主要经济指标情况一览表

年份	企业数（家）	总收入（亿元）	销售收入（亿元）	总产值（亿元）	利润总额（亿元）	上缴税金（亿元）	出口创汇（亿美元）	研发投入（亿元）	从业人员（人）
1989	65	0.63	0.54	0.81	0.08	0.03	0.005	—	1924
1990	67	0.82	0.63	0.95	0.08	0.036	0.00016	—	2255
1991	63	1.18	0.81	1.21	0.12	0.04	0.0002	0.097	2329
1992	160	3.37	2.73	3.53	0.36	0.1	0.017	0.24	6693
1993	196	8.41	4.82	7.49	1.02	0.1	0.021	0.46	7531
1994	214	13.24	8.35	13.26	1.6	0.49	0.089	0.38	10300
1995	221	23.87	19.39	25.38	3.62	1.4	0.075	0.39	12701
1996	195	33.63	28.36	37.39	3.45	2.61	0.31	0.56	17488
1997	253	77.98	63.39	69.94	8.05	5.06	0.59	1.64	25577
1998	367	119.3	99.02	106.78	11.58	5.54	0.72	2.41	38979
1999	406	153.12	105.86	139.77	17.91	7.81	0.77	6.26	47490
2000	469	203.49	150.33	175.3	19.87	10.31	1.1	11.26	51973
2001	582	246.81	202.17	218.81	19.61	14.17	1.43	7.26	63715
2002	662	321.91	260.89	277	25.89	17.4	2.24	13.28	73448
2003	732	403.92	334.88	352.19	29.91	20.84	2.54	14.14	89188
2004	742	505.57	443	461.78	36.39	23.45	4.54	11.38	99245
2005	707	632.12	519.46	552.77	25.7	26.99	5.57	13.1	112009
2006	701	790.8	711.1	690.0	33.7	33.7	6.5	21.4	120828
2007	703	1000.6	933.8	890.5	53.2	38.9	8.6	25.5	134252
2008	756	1250.0	1069.9	1112.1	53.4	47.5	11.9	30.3	147829
2009	720	1500.5	1413.4	1362.3	95.8	67.0	8.7	35.9	164552
2010	725	1841.8	1546.3	1687.8	135.6	89.9	6.4	48.2	179892
2011	810	2513.9	2176.9	2378.9	202.3	121.5	9.4	71.0	184645
2012	825	2901.9	2654.5	2716.1	217.0	151.5	13.3	85.4	194792
总计	—	14548.87	12750.53	13282.06	996.24	686.38	84.82	400.56	—

①岳麓山高科技园因在不断扩大面积、不断建设中，统计局未能提供确切的地均产值。

表 18-1-7-2　　2006—2012 年岳麓山高科技园区主要经济指标情况一览表

年份	指标	企业数（家）	总收入（亿元）	销售收入（亿元）	总产值（亿元）	利润总额（亿元）	上缴税金（亿元）	出口创汇（亿美元）	研发投入（亿元）	从业人员（人）
2006	数值	584	469.6	431.7	357	23.8	18.6	2.3	11.1	76221
	占“一区四园”比重	83.30%	59.40%	60.70%	51.70%	70.80%	55.20%	35.40%	51.90%	63.10%
2007	数值	523	535.2	480.7	421.7	40	23.5	4.5	16	73142
	占“一区四园”比重	74.40%	53.50%	51.50%	47.40%	75.20%	60.60%	52.00%	62.60%	54.50%
2008	数值	574	648.7	543.1	534.9	30.8	34	5.6	17.5	78318
	占“一区四园”比重	75.90%	51.90%	50.80%	48.10%	57.70%	71.60%	47.30%	57.70%	53.00%
2009	数值	517	770.5	714	634.3	41.9	33.7	5.2	19.4	87281
	占“一区四园”比重	71.80%	51.40%	50.50%	46.60%	43.70%	50.20%	59.20%	54.10%	53.00%
2010	数值	552	1088.8	999.6	907.1	84.6	52.3	4.6	27.3	98469
	占“一区四园”比重	76.10%	59.10%	64.70%	53.70%	62.40%	58.20%	71.30%	56.70%	54.70%
2011	数值	667	1515.3	1410.7	1286.1	108.7	61	6.4	38.8	106791
	占“一区四园”比重	82.40%	60.30%	64.80%	54.10%	53.70%	50.20%	68.20%	54.60%	57.80%
2012	数值	643	1611.8	1513.7	1433.2	140.7	86.8	9.3	48.5	121836
	占“一区四园”比重	77.90%	55.50%	57.00%	52.80%	64.90%	57.30%	69.70%	56.80%	62.60%

第二章　长沙经济技术开发区

长沙经济技术开发区（其前身长沙星沙开发区）位于长沙市东郊星沙镇，地处长（沙）株（州）潭（湘潭）都市经济圈以及“全国‘资源节约型、环境友好型’社会建设综合配套改革实验区”的核心地带，是按照国务院“以工业项目为主、吸收外资为主、出口为主和致力于发展高新技术的方针”建立起来的新型开发开放区。

1992 年 4 月，长沙县作出关于建设长沙星沙开发区的战略决策，并开始筹建工作，规划面积为 20 平方千米。是年 7 月和 12 月，相继获得市、省政府批准。1993 年 7 月，湖南省决定在长沙星沙开发区规划范围内设立“湖南省星沙特别招商区”，实行两块牌子（特别招商区、星沙开发区）、一套人马、统一运作的方式，由长沙县负责日常工作。是年，引进的第一家入区独资企业德国麦克潘特（湖南）工具有限公司（以下简称“麦克潘特”）建成投产。1994 年 3 月，长沙星沙开发区更名为长沙经济技术开发区（以下简称“长沙经开区”），并明确为全省重点开发区。至 1994 年，共引进 23 家大中型工业企业入区投资建厂。1995年，区内有8家企业建成投产，从业人数1800人，实现工业总产值5.06亿元，实现利税4500万元。1997年4月，国家科委批准长沙经开区建立长沙国家高新技术产业开发区星沙高科技工业园，以加快园区招商引资和高新技术产业发展步伐。

1998年，长沙经开区进行总体规划修编，修编后规划控制面积为38.60平方千米。至1999年，长沙经开区共引进企业85家，形成以先进制造、电子信息、新型材料、印刷包装、生物工程和饮料食品六大产业格局，从业人数达1.10万人。1999年，园区实现工业总产值25.12亿元，实现税收1.78亿元。

2000年2月，国务院批准长沙经开区为国家级经济技术开发区。是年10月，湖南省机构编制委员会文件明确中共长沙经济技术开发区工作委员会、长沙经济技术开发区管理委员会分别为中共长沙市委、长沙市人民政府的派出机构、合署办公，为副市级单位。2002年，长沙经开区、长沙县结合长沙市城市总体规划修编，提出扩容提质方案，长沙经开区（县城）总体规划更名为长沙星沙分区规划，规划用地面积为60平方千米，其中长沙经开区工业用地30平方千米。2004年，园区已有企业317家。其中三资企业82家，从业人员3.68万人，实现工业总产值208.88亿元，实现税收10.79亿元，入园企业、从业人数、工业总产值、税收分别比1999年增长273%、235%、732%、506%。

2005年，长沙经开区拥有外商及港澳台投资的规模以上独立核算工业企业42家，占全部规模工业企业的50.60%。是年7月，湖南省授予长沙经开区“发展非公有制经济优秀开发园区”称号。2006年，长沙经开区加大招商引资力度，全年引进项目70个。是年10月，在第一届中国中部投资贸易博览会上被湖南省人民政府授予“优秀组织奖”。2007年12月，长沙经开区被国家知识产权局授予“国家知识产权试点园区”。2008年5月，长沙经开区被评为“国家知识产权试点示范工作先进集体”。2009年4月，长沙经开区（长沙县）城市管理与市容环境建设项目获国家住房和城乡建设部“中国人居环境范例奖”。2010年1月，长沙经开区被国家工业和信息化部评为首批“国家新型工业化产业示范基地(装备制造·工程机械)”。2011年11月，长沙县《长沙县城乡规划委员会关于研究长沙经济技术开发区拓展用地问题会议纪要》明确长沙经开区建设面积由38.60平方千米增加至100.59平方千米。2012年，长沙经开区已建成面积32.60平方千米，有投产企业949家，其中规模以上企业109家，上市公司20家，世界500强企业27家，规模以上外资企业93家，从业人员12.82万人，形成以工程机械、汽车零部件为主导，电子信息、新材料、食品饮料、印刷包装为补充的产业发展格局。全年实现工业总产值1315.20亿元。其中工程机械产业987.90亿元，占75.11%；汽车及零部件产业113.40亿元，占8.60%；电子信息产业56.30亿元，占4.28%；其他产业157.60亿元，占11.98%，实现税收85.28亿元，入园企业、从业人数、工业总产值、税收分别比2004年增长199%、248%、530%、690%。2012年，长沙经开区被湖南省评为“全省加速推进新型工业化一等奖”。

第一节 机 构

1992年2月，成立长沙星沙开发区工程建设指挥部，由长沙县委、县人民政府直接领导。

1994年5月，长沙星沙开发区更名为长沙经济技术开发区（省级重点）。成立中共长沙经济技术开发区委员会和长沙经济技术开发区管理委员会，实行省、市、县三级共建共管，以县为主的管理体制。长沙经济技术开发区管理委员会设立7个部（即招商部、工程建设部、市政建设部、银信计财部、拆迁安置部、市场建设部、保卫部），仍保留两室（即办公室、总工室）。人事管理仍归口县组织、人事部门。

2000 年 2 月，长沙经开区晋升国家级经济技术开发区。是年 12 月，设立中共长沙经济技术开发区工作委员会和长沙经济技术开发区管理委员会，分别为中共长沙市委和市人民政府派出机构，为副市级单位。实行长沙市与长沙县两级共管，以长沙市管理为主的行政管理体制。经开区党工委、管委会内设四个局（室）（即办公室、经贸发展局、建设发展局、社会发展局），均为副处级机构。

2003 年 7 月，根据长沙经开区建设和发展的实际情况，市委同意将长沙经开区的管理体制由“市县共管，以市为主”调整为“由长沙市委托长沙县管理为主”的管理体制。

至 2012 年 12 月，经开区党工委、管委会机关设置副处级内设机构 8 个（即办公室、人力资源与社会保障局、党群工作局、招商合作局、产业环保局、财政局、建设发展局、社会事业局），正科级内设机构 2 个（即经济研究室、总值班室）；群团组织 1 个（经开区总工会），为正处级机构；直属企事业单位 11 个（即机关（政务）服务中心、投资评审中心、政府采购与招投标办公室、创业服务中心、人才交流中心、征地拆迁办公室、拆迁事务所、技术服务中心、长沙经开区水质净化工程有限公司、长沙星沙供水工程有限公司、长沙经开区工程建设开发有限公司）；市县派驻机构 13 个（即长沙市国土资源局经开区分局、长沙市城乡规划局经开区分局、长沙市工商行政管理局经开区分局、长沙市质量技术监督局经开区分局、长沙经开区消防大队、长沙经开区国家税务局、长沙经开区地方税务局、长沙经开区安全生产监督管理局、新安派出所、泉塘派出所、长沙经开区交警新安支队、长沙经开区职务犯罪预防检察室、长沙经开区法庭）。

1994—2012 年，先后担任长沙经济技术开发区主要领导职务的有：周庆炎、汤定一、彭可平、易宇欣、李振萼、文树勋、杨光荣、杨懿文、李科明。

第二节　园区规划

一、总体规划

1992 年 6 月，长沙星沙开发区工程建设指挥部邀请湖南大学土木建筑设计院承担开发区近期规划 14 平方千米，前期开发 4 平方千米的规划设计任务。规划区域位于长沙县望新乡域内 107 国道以东、新 319 国道两侧，北至捞刀河，南抵长沙县与市区交界线，东至黄韩公路以东 1000 米处的丘陵地区。初编规划的规模是：远期规划用地 20 平方千米，近期规划用地 14 平方千米，总人口 10 万人，人均用地 120~150 平方米。

经过六年实践证明，原规划已不能适应开发区（县城）建设与发展的需要。1998 年 4 月，长沙经开区、长沙县启动长沙经开区（县城）规划修编工作。规划修编的控制用地为 38.60 平方千米，规划期限 1998—2015 年。

修编后的长沙经开区规划从 4 个方面进行调整：发展方向定位由向西改为向东，利用东部山地、丘陵，减少占用耕地面积，利用原基础设施，使近期、远期规划紧密结合，联成一体；原规划的东北部分及腾飞岛作为建设用地需占用耕地 211.50 公顷、水面 53 公顷，不符合国家土地政策，修编的规划将其调整为高效农业区，作为长沙市和星沙城区重要的“菜篮子”基地；在原规划范围内调整出 5 处公园绿地；星沙对外交通道路系统作出重大调整，在北向月形山处设置一座互通立交桥，解决星沙和马泉组团与京珠高速公路连接的问题。

2002 年，长沙经开区、长沙县提出扩容提质方案，把长沙经开区（县城）做大、做强、做优。规划用地面积为 60 平方千米，其中长沙经开区工业用地 30 平方千米。结合长沙市城市总体规划的修编，长沙经开区（县城）总体规划更名为长沙星沙分区规划。

2009 年，长沙市着手组织修编《长沙市城市总体规划（2003—2020）》，长沙经开区做好与长沙市总体规划的有机衔接，抢抓长沙市新一轮城市总体规划修编的契机，将开发区面积扩至 100.59 平方千米，列入全市重点开发的主体功能区，纳入长沙市新一轮城市总体规划范围并加快完成控制性详细规划编制，为园区未来发展提供足够的发展空间。园区空间拓展的基本取向为：北拓、东进、南延。按照 100.59 平方千米园区规划要求，加快园区道路网建设，实现园区与星沙、榔梨、黄花产业基地的对接。争取市、区地铁、城际轻轨建设延伸至长沙经开区，超前规划设计城市主干道立交、互通平台，争取市、区公交网延伸和覆盖园区，实现与长沙主城区、长株潭综合城市圈有机融合。

2011 年 11 月，《长沙县城乡规划委员会关于研究长沙经开区拓展用地问题会议纪要》明确在黄花工业园 3 平方千米基础上，沿新远大路向西拓展 5 平方千米，榔梨工业园在原 6.99 平方千米的基础上向东拓 6.30 平方千米，星沙配套产业基地在原 15 平方千米的基础上向北拓至滨湖路东延线，向东拓至春华 25.70 平方千米。长沙经开区开发建设面积由 38.60 平方千米增加至 100.59 平方千米。2012 年总体规划无变化。

二、专业规划

（一）用地规划。1992 年 9 月，按照长沙星沙开发区总体规划要求编制用地规划。安排下列 7 个方面的用地：高科技用地 133.33 公顷，工业用地 100 公顷，房地产开发用地 66.66 公顷，商业网点用地 100 公顷，文化娱乐旅游区用地 53.33 公顷，党政机关办公用地 133.33 公顷（为新县治用地），转户安置区用地 33.33 公顷。党政机关、转户安置、房地产开发用地不得临近 107、319 两条国道，其他用地按国家有关规定和地形、地貌合理安排。此后，未再编制专门的用地规划（其他专业规划也同样只在 1992 年有过编制，此后未再编制）。

（二）道路交通规划。1992 年 9 月，按照长沙星沙开发区总体规划要求编制道路交通规划。要求道路交通布局合理，主次分明，成方块形。规划园区内主次干道共 28 条，计 60 千米。南北干道与 107 国道基本平行，东西主路与 319 国道平行，构成纵横交错的道路格局，使园区从东到西、由南向北依次串起工业、经贸、商住、行政、文教、体育、娱乐等中心。规划区内 107 国道按 120 米宽度设计，319 国道按 100 米宽度设计；规划区内主干道按 80 米预留，次干道按国家规范设计。

（三）环境总体规划。1992 年 9 月，按照长沙星沙开发区总体规划要求编制环境总体规划。充分保留自然环境，利用自然地形，引入山水风光，使绿化和水面网与行政设施、文教设施、体育娱乐设施、商住区共同构成灵活的绿化轴，成为市民自由支配时空的活动网络。沿经贸区和生活区分界的一条环形冲沟所形成的绿化带与北端的松雅河遥相呼应。南部保留部分有特色的古建筑，以此为中心所形成的公园和绿化区，与周围的工业区、商住区配套。

（四）电信规划。1992 年 9 月，按照长沙星沙开发区总体规划要求编制电信规划。京汉广光纤电缆与长浏光纤电缆交会于开发区，并留有两个光端点，可提供 4 万门程控电话的容量。规划在区内东及南北主干道交会处的东南角建星沙邮电大楼。程控电话局负责长沙县内电话的汇接，长沙市邮电局及马坡岭模块局至该局均采用光纤电缆传输。区内按商业、工业、行政管理、游乐及远期发展 5 大区分别设置 5 个邮电所。

（五）电力规划。1992年9月，按照长沙星沙开发区总体规划要求编制电力规划。省网220千伏线路二回、110千伏线路一回由西向东贯穿开发区。为最大限度减少高压线走廊，拟将上述三回线路沿东西向区内干道方向调直改建。区内拟设星沙南、星沙北、星沙东3座110千伏或220千伏变电站，近期由省网引入110千伏电源。在陈家新屋处建110千伏星沙南变电站，负责开发区一期工程的供电，其余二座变电站视开发区的经济发展适时修建，以保证电力充足、供电可靠。10千伏配电网将按功能片区设置公用小区配电站，供电半径在3千米以内。

（六）供水规划。1992年9月，按照长沙星沙开发区总体规划要求编制供水规划。规划分两期建两个水厂，一期工程在捞刀河建一个供水5万吨/日水厂；二期工程在浏阳河建一个供水15万吨/日水厂。要求南北两个水厂管网配套，根据需要同时安排预留调节地和加压站的位置。

（七）园林规划。1992年9月，按照长沙星沙开发区总体规划要求编制园林规划。园林绿化要显示民族特色，与发展旅游业相结合，公园与街景和绿化相结合，综合统筹安排。初步设计北端以松雅河为中心，建设大型绿化带，中间以杉星庙为中心，建一个有地方特色的园林公园。以城市道路绿化为基础，在保留星沙原来的山水园林自然风光的同时，以星沙大道、东四路、东六路、东八路、漓湘路、盼盼路为骨架，构建西接世界之窗，东至长株高速，北接松雅河、滨湖林带，南接机场高速的点、线、面相结合的呈网状的有机绿化系统。

（八）供热规划。1992年9月，按照长沙星沙开发区总体规划要求编制供热规划。开发区的集中供热系统，按东西向主干道分为南区和北区，分别设置锅炉房1座，主要担负该区的热交换站的用气。热交换站按小区分别设置。小区采用热水采暖系统，采暖管网采用地沟敷设形式。锅炉房至热交换站之间蒸汽管均采用地沟敷设。整个集中供热管网均采用岩棉制品进行。

（九）供气规划。1992年9月，按照长沙星沙开发区总体规划要求编制供气规划。以开发区杉星村为核心，建立集中供气网。

（十）污水排放规划。1992年9月，按照长沙星沙开发区总体规划要求编制污水排放规划。污水排放主要分为南北两个排放口，同时安排两个污水处理站站址。污水经过处理后，北部排放到捞刀河，南部按自然流向排放到浏阳河，采用污水、雨水分流制。以东西向主干道为分水线，北区雨水排入捞刀河，污水排入107国道边2万吨污水处理厂内，经处理后排入捞刀河；南区雨水排入浏阳河，污水经107国道西南东山嘴处排入3万吨污水处理厂处理后，再向浏阳河排放。

（十一）农田水利规划。1992年9月，按照长沙星沙开发区总体规划要求编制农田水利规划。由长沙县水利局负责编制，在总体规划中要安排地下管网。

（十二）建筑布局规划。1992年9月，按照长沙星沙开发区总体规划要求编制建筑布局规划。建筑布局要有民族特色，要有全国第一流的设想，要有开发区或县城的标志性建筑。

第三节　基础设施建设

一、供水

1992年9月，长沙星沙开发区在望新乡土桥村社仓打井取水。1994年3月，建成社仓地下水厂。该工程总投资850万元，供水量达3万吨/日。

1995年8月，长沙经开区在星沙大道北端与滨湖路交会处西北角建设星沙地表水厂。至2004年5

月，一、二、三期工程全部完成，总投资1.30亿元，设计供水能力20万吨/日。当年实际供水能力是16万吨/日。

2009年，协助长沙市兴建廖家祠堂水厂。该水厂位于东十路与西冲路交会处东南角，水厂水源取自浏阳株树桥水库，规划供水总规模60万吨/日。当年实际供水能力是2万吨/日。

2012年，社仓地下水厂供水4.10万吨/日，星沙地表水厂供水16万吨/日，廖家祠堂水厂供水2万吨/日，3座水厂供水合计已达22万吨/日。供水普及率98%，水质综合合格率保持在99.90%以上。供水范围东到东十二路，西至万家丽北路，南到人民东路，北至安沙镇，供水覆盖面积61.80平方千米，供水网络连接700余家企事业单位及1.44万户居民用户。

二、排水

1992—2004年，园区内全部采取雨污合流制排水。排水管涵建设采用钢筋混凝土管、钢筋砼箱涵、麻石拱涵等几种形式。修建箱涵1.13万米，麻石拱涵1803米，2米管道3358米，铺设地下排水管线30万余米，总投资3.30亿元。

2005—2012年，因地制宜采取合流制排水和分流制排水相结合的排水方式。解决星沙中部片区和经开区新区排水问题。星沙中部片区：合流制排水区面积21.70平方千米，分流制排水区面积1.61平方千米。建成排水管线13.3万米，其中合流管4.86万米，污水管6800米，雨水管7000米。经开区新区：全部采用分流制排水。截至2012年，共建设污水管3.85万米，雨水管涵5.75万米，总投资3.50亿元。

三、道路

1992年7月，星沙开发区道路工程部对规划道路进行勘查测量。9月20日，施工单位进场施工。是年年底，9条道路基本成型，总长31千米。

1993—2007年，完成京珠高速公路在月形山的匝道联接线，实现星沙与区外的107国道、京珠高速、319国道、长永高速等主要道路的连接，形成西联市区、北通星港城、东抵黄花机场、南及株洲、湘潭的开放性立体交通网络。

2008—2012年，修建蓝田路，漓湘路东延线接远大路，长永高速南北辅道，楠竹园路，人民东路东延大元路，檀木路，黄兴大道南延线等道路，实现园区与星沙、㮾梨、黄花产业基地对接，并争取市、区地铁、城际轻轨向园区延伸，使市、区公交网覆盖园区，实现长沙主城区、长株潭生活城市圈有机融合。以漓湘路、盼盼路、远大路、映霞路、人民东路、大元路为横轴，星沙大道、东四路、东六路、黄兴大道、东十路、东十一路为纵轴，形成纵横交错的道路网络。截至2012年的20年间，园区建成主干道13条，总长81.29千米，次干道27条，总长71.45千米，总投资10.93亿元。

四、桥梁

1993年7月，修建板仓路跨线桥，全长60米，路幅宽度20米。是年10月，修建天华路跨线桥，全长70米，路幅宽度30米；星沙大道跨线桥，全长80米，路幅宽度80米；武塘路跨线桥，全长60米，路幅宽度16米。

1997年8月，修建星沙收费站跨线桥，全长400米，路幅宽度20米。

2001年7月，修建广汽物流跨线桥，全长75米，路幅宽度8米。

2003年5月，修建开元路跨线桥，全长100米，路幅宽度60米。

2004年5月，修建星沙大道立交桥，全长80米，路幅宽度80米。是年7月，修建漓湘路跨线桥，全长650米，路幅宽度18米。是年10月，修建东四路立交桥，全长300米，路幅宽度25米。

2010年，修建东六路梨江河跨线桥，全长60米，路幅宽度32米。

2012年2月，修建蓝思科技人行天桥，全长52米，路幅宽度4米。是年5月，修建人民东路黄兴大道跨线桥，全长230米，路幅宽度25米；人民东路东十路跨线桥，全长53.50米，路幅宽度43米；人民东路东十一路跨线桥，全长213.50米，路幅宽度25米。截至2012年的20年间，共修建13座跨线桥，总长2.25千米；2座立交桥，总长0.82千米；1座人行天桥，长0.05千米。桥梁总长度3.12千米，总投资10.14亿元。

五、电力

1993—1995年，拉通新安变至望新的电源。整修10千伏电网工程，将望新线、东长线、水捞线改道，更换电杆。规范原斜跨区内的一回220千伏和两回110千伏的高压线路走向。

1996年6月，建设星沙南变电站。2004年12月，建设星沙北变电站。2008年12月，建设星沙西变电站。2011年12月，建设星沙东变电站。2012年，建设星沙中110千伏、220千伏变电站。截至2012年的20年间，共投资3.30亿元，建设110千伏变电站5个，220千伏变电站1座。改造漓湘路、天华路等40千米线路，改架空线路为电缆下地敷设，新建配网线路60余条，新增电缆220千米，环网柜、分接箱180余台。

六、燃气

1998年，长沙经开区与深圳招商石化有限公司和广州阳光燃气有限公司合资成立长沙招商燃气有限公司。2002年，法国道达尔燃气公司加入经营燃气，由深圳招商石化有限公司将持股的85%转让50%给法国道达尔燃气公司。2004年，长沙经济技术开发有限公司以1520万元收购法国道达尔燃气公司和深圳招商石化有限公司两家所占85%的股权。安装直径200毫米主干管3000米，建设瓶装集中供气站3个，负责园区企业、单位和居民的生产、生活供气。是年7月，长沙经开区引进长沙新奥燃气有限公司，该公司注册资本3000万元，长沙经济技术开发有限公司出资450万元，股份比例15%。敷设中压干管176.70千米，年均供气量达7282万立方米，在区内建有门站一个，门站接受天然气设计能力为6.5万标立方米/时。

2011年12月，建立设计输气能力为30万立方米/时的新门站。

2012年6月，储气能力为1200万标方的LNG储罐在区内建成投产，在天然气应急供应状况下能保证长沙市居民用户10天的用气需求。截至2012年的14年间，燃气管网投资共2.54亿元，敷设中压干管238千米，日最大供气量40万立方米，在用居民用户8.81万户，在用工商户472家。供气覆盖长沙经开区和长沙县城及周边黄花、㮾梨、干杉、黄兴、暮云、跳马等镇街。

七、配套设施建设

（一）安居工程。1992年8月，杉星安置房动工建设。1993年10月，灰埠安置房动工建设。1994年，板桥安置房动工建设。三处安置工程均在开工两年后竣工，共计16栋，766套，总建筑面积54645.15平方米，总投资3539.70万元。

2003—2007年，灰埠安置小区、板桥安置小区、泉塘二期安置小区、丁家安置小区先后动工建设并交付使用。2010—2012年，华湘安置小区、泉塘三期安置小区、龙华安置小区先后动工建设并交付使用。截至2012年的20年间，采取分片建安置小区的方式安置拆迁户，共建设7个安置小区。总建筑面积100.86万平方米，总投资1.15亿元。

（二）办公大楼。1992年10月，长沙星沙开发区工程建设指挥部在107国道旁兴建办公大楼，1993

年7月，建成投入使用。该大楼为四合院砖混结构，分上下两层，面积1500平方米，总造价180万元。1999年12月，因修建京珠高速公路而被拆除。2000年1月，管委会租用国防科技大学银河大厦办公。

2002年11月，管委会招商服务中心奠基，该中心坐落在星沙大道和三一路交会处的东北角，占地14.47公顷。招商服务中心分为招商服务楼（行政楼、综合楼）、专家楼、宿舍区和景观山体4个部分，总投资2.44亿元，2004年建成投入使用。2004年12月26日，管委会搬至招商服务中心行政楼办公，此后再未搬迁过。

（三）职工之家。2011年3月，长沙经开区将职工之家建设纳入“十二五”规划，提供10.46公顷土地、4亿余元建设资金。2012年1月，成立“职工之家”项目建设领导小组，完成概念性设计方案招标，完善概念设计方案和投资估算，办理规划用地许可证、国土证、环保审批等报建手续。

（四）园区展示馆。2012年7月，园区展示馆开建，总投资1032万元，是年12月20日，园区展示馆开馆。展馆面积2000余平方米，利用现代声光电等技术手段，运用沙盘、文字、图片、三维模型、多媒体视频、触摸屏等表现手法，形式新颖地展示了长沙经开区建设和发展的全过程。

八、环保与绿化

（一）环保。1992年8月，在板仓北路建设1号垃圾站和水冲式公厕，在已建成城区街道设置果皮箱。2001年11月，建设固体废弃物处理场。2003年6月，固体废弃物处理场投入使用，总投资3600万元。该处理场位于长沙县安沙镇汉山村，距长沙经开区35千米，占地14.70公顷，填埋量为246万立方米，预计可使用30至35年。

2003年6月，建成星沙污水处理厂。该厂一期工程设计日处理规模8万吨，投资9987万元。2008年7月，星沙污水处理厂扩建工程动工，设计日处理规模4万吨，2008年12月竣工投入使用，投资9096万元。2009年4月，动工建设城北污水处理厂，2009年11月通水试运行，设计日处理规模7万吨，投资3.4亿元。2009年8月，动工建设城南污水处理厂，2010年6月通水试运行，日处理规模7万吨，投资1.58亿元。星沙污水处理厂、城北污水处理厂和城南污水处理厂占地面积17.83公顷，总设计污水处理能力26万吨/日，实际处理能力21万吨/日，服务面积98.15平方千米，服务人口93万余人。

截至2012年，园区投资7.89亿元，建设垃圾站48个，公厕46座，设置果皮箱2908只，建设污水处理厂3家，固体废弃物处理场1座，园区垃圾收集处理实现全覆盖。

（二）绿化。1995年，星沙文化公园开工建设，该公园占地面积40万平方米，投资2000万元。1998年，兴建电力走廊公园，该公园占地面积2万平方米，投资120万元。2000年，兴建通程商业绿化广场，绿化面积6万平方米，2004年建成投入使用，投资2000万元。2011年，兴建泉塘公园，该公园占地面积3.33万平方米，2012年竣工，投资1000万元。截至2012年，共兴建公园4座，面积51.29万平方米，总投资5120万元。完成天华路、板仓路、星沙大道、319南北辅道、金华路、潇湘路、开元路、望仙路、东四路至东十路等主干道道路高标准绿化和园区已建成道路的绿化。

至2012年，入区单位和企业厂房及居住区绿化率40%以上，区内有107个单位被评为省、市级园林单位。

第四节 招商引资

一、招商政策及措施

1992年7月，长沙市《关于同意建设长沙星沙开发区的批复》：同意长沙县建设长沙星沙开发区。要求开发区建成长沙乡镇企业城，并大力发展个体私营工商业和第三产业。长沙县制定《关于兴建长沙星沙开发区有关优惠政策的规定》，明确在开发区兴办的内资、内联企业、“三资”企业除一律享受国家有关税收优惠政策外，根据具体情况免征投资方向调节税和所得税5年、10年。1993年7月，根据湖南省《关于设立湖南省星沙特别招商区的通知》精神，长沙星沙开发区和湖南星沙特别招商区实行“两块牌子、一套人马、统一运作”的方式，特别招商区内所有企业按15%征收生产经营所得税。国家鼓励发展的新兴产业，经区管委会批准可减免生产经营所得税。项目建设中，除国家明文规定的收费外，招商区免缴其他一切收费。长沙经开区初创时期，主要任务是加快开发区的基础设施建设，以增强招商引资的吸引力。招商措施是：科学规划，合理布局，以软补硬，优化环境，以诚招商，为入区企业提供优质服务。1993年10月，光南摩托车股份有限公司（以下简称“光南摩托”）在开发区征用20公顷土地，从合同签订到征地拆迁、土地平整，仅用5个月时间。在项目审批、立项、注册、税务登记等方面的工作中，长沙经开区派专人负责，以小时计算办事速度，视客商的事为自己的事。光南摩托的注册、湖南大众汽车有限公司的税务登记等都是用细致、周到的服务，赢得客商的称赞和放心。1994年，国家银根收紧，全国“开发区热”降温，招商引资遇到项目洽谈成功难、引进资金到位难的“两难”困扰。长沙经开区多方联动，采取走出去“找米下锅”请进来热情待客、不断改善投资“软”“硬”环境等措施，终于迎来是年5月光南摩托一批配套厂家来区考察洽谈，1995年7月，湖南大众汽车有限公司奠基，1996年3月广州阳光实业集团与长沙经开区联合经营管道燃气项目举行签字仪式的喜人局面。

1997年，长沙经开区基础设施日臻完善，投资环境得到很大改善，充分运用报纸、杂志、电台、电视台等多种媒体宣传报道长沙经开区的优美环境、优惠政策、优质服务、优秀企业，营造良好的招商引资氛围。1998年7月，长沙经开区制定《关于鼓励国内外投资者入区投资兴业若干政策的规定》，明确对所有入区企业单位，实施“一条龙”服务“一站式”审批的办事程序。

2000年2月，《国务院办公厅关于湖南长沙经开区的复函》同意长沙经开区为国家级经济技术开发区，实行现行的国家级经济技术开发区的政策。长沙经开区被国务院批准为国家级经济技术开发区后，“品牌效应”得到提升。招商措施是注重产业、瞄准项目、引进大户，并通过参会参展、办会办展等多种形式拓宽招商途径。同时，长沙经开区改变过去单纯依靠管委会、经贸发展局招商的办法，通过做大做强主导产业，形成区内产业的聚集效应，开辟以商招商的新途径。引进长丰集团，为园区先进制造技术产业群中又增加一个新的亮点。LG曙光是区内电子信息产业中的龙头企业，其高速增长的势头吸引了韩国的相关投资者，促进韩资工业园的正式签约，湖南HEG落户星沙，直接投资1.65亿美元。维用长城首期工程投产以后，发展势头良好，外资股东马上追加2000万美元投入二期工程建设。至2004年，世界500强企业中有9家在长沙经开区拓展。

2005年，园区产业结构向集群化发展，工程机械产业异军突起。在打造“世界工程机械之都”“中国汽车产业集群新版块”的总体目标下，注重产业链招商、以商招商、小分队招商，大力引进工程机械、汽车及其零部件企业、电子信息企业。引进广汽菲亚特、广汽三菱、北汽福田长沙二期、山河工业城、上汽大众、蓝思科技、创芯集成电路等大项目，同时引进长沙卡斯马汽车系统有限公司、广州电装有限公司长沙分公司、马瑞利汽车零部件（长沙）有限公司等10余家关键零部件企业。为园区打造工程机械、汽车及其零部件、电子信息三大千亿元产业集群打下坚实基础。进一步转变招商引资模式，注重园区集约用地，加大承接产业转移，切实发挥标准厂房招商引资作用。2006年，长沙经开区制定《关于加快工业经济发展的奖励办法》，全面实施“科技兴工、产业兴区”发展战略。鼓励企业做大、做强，设立工业发展“台阶奖”“科技奖”“品牌奖”“税收贡献奖”。

2008年3月，长沙经开区制定《关于加快工程机械、汽车及零部件产业发展的若干意见》，对入区工程机械、汽车及零部件产业企业在用地、税收等方面予以扶持，鼓励和吸引工程机械、汽车及零部件企业向园区聚集。2010年7月，长沙经开区制定《关于加快工程机械、汽车制造等主导产业发展的若干意见》，对增值税或营业税税赋率达到销售收入4%以上且总额不低于200万元新落户工程机械或汽车主机企业，符合产业发展需要、产品列入《县区汽车零部件和工程机械零部件重点发展产品指导目录》、增值税或营业税税赋率达到销售收入4%以上且总额不低于100万元的新落户配套企业，从投产年度起3年内企业缴纳税收的区、县级所得部分，第1年按80%、第2年按60%、第3年按50%的比例奖励给企业。2012年6月，长沙经开区制定《关于贯彻〈中共湖南省委湖南省人民政府关于进一步扩大开放加快发展开放型经济的决定〉的若干意见》，对战略投资者、战略性新兴产业以及世界500强、跨国公司等企业投资设立的研发中心、检测中心等鼓励类外来投资项目，优先保障用地，其地价在基准地价基础上可下浮30%。对积极协助长沙经开区引进战略投资者有突出贡献的中介机构或个人，在项目落成后，除享受长沙市招商引资中介人奖励外，管委会另外奖励10万元。

二、招商成果

1993年，长沙经开区引进第一家入区独资企业麦克潘特。1994年1月，引进湖南金沙利彩印有限公司（以下简称“金沙利彩印”）彩印项目，总投资2.1亿元。11月，引进光南摩托摩托车生产项目，投资3900万美元，同时还引进三一集团、湖南预用力钢丝总厂、华天铝业等一批工业企业。1995年，引进湖南大众汽车有限公司和长沙纸箱厂整体搬迁项目。1996年，引进湘江关西汽车涂料项目，投资1474万美元。1997年，引进长沙娃哈哈饮料生产项目，投资4.30亿元。1998年2月，引进LG曙光增资扩建项目，投资9787万美元。1999年，引进日本隆志以及由杭州娃哈哈集团与法国达能集团、省对外建设总公司合资兴办的娃哈哈“非常可乐”等项目。至1999年7年间，长沙经开区共引进企业85家，其中“三资”企业39家，引进合同外资2.59亿美元，到位外资1.90亿美元，市外境内资金43.07亿元。

2000年5月，引进赛西传感应变式薄膜压力传感器项目，投资5700万元。7月，引进长沙星沙包装有限公司皮具箱包市场项目，投资600万元。9月，引进湖南永泰房地产开发有限公司商品房开发项目，投资3600万元，同时引进湖南创力汽车服务有限公司“创力汽车城”项目，投资4000万元。全年引进企业27个，引进合同外资1.55亿美元，到位外资1.11亿美元，市外境内资金3.46亿元。

2001年6月，引进中粮可口可乐食品饮料项目，投资1.3亿元。8月，引进长沙探矿机械厂项目，投资3500万元。9月，引进山河智能股份有限公司工业项目，投资1亿元。全年引进企业30家，引进合同外资0.47亿美元，到位外资0.78亿美元，市外境内资金4.12亿元。

2002年2月，引进千山药机，投资2000万美元。7月，引进湖南长丰汽车制造股份有限公司汽车及零部件扩建项目，投资14亿元。全年引进企业40家，引进合同外资1.38亿美元，到位外资1.14亿美元，市外境内资金6.12亿元。

2003年6月，引进湖南HEG彩色显像管及玻壳项目，投资9亿元。11月，引进长沙威重化工机械有限公司化工机械项目，投资1.966亿元。全年引进企业63家，引进合同外资1.8亿美元，到位外资1.2亿美元，市外境内资金7.23亿元。

2004年5月，引进北汽福田汽车（长沙）汽车厂汽车制造工业项目，投资4800万元。12月，引进博世汽车工业用地项目，投资5亿元。全年引进企业72家，引进合同外资1.72亿美元，到位外资1.01亿美元，市外境内资金9.06亿元。

2005年7月，引进长沙百事可乐饮料有限公司（以下简称“长沙百事可乐”）食品饮料项目，投资1.3亿元。9月，引进赛普尔物联网产业研发中心自动化工程设备项目，投资4000万元。全年引进企业62家，引进合同外资1.95亿美元，到位外资1.34亿美元，市外境内资金12.02亿元。至2005年13年间，长沙经开区共引进企业379家，其中“三资”企业94家，引进合同外资11.46亿元，到位外资8.48亿元，市外境内资金85.08亿元，分别比前7年增长346%、141%、342%、346%、97.54%。

2006年，引进镁镁科技有限公司（以下简称“镁镁科技”）生产能源电池工业项目，投资3亿元。全年引进企业70家，引进合同外资1.15亿美元，到位外资1亿美元，市外境内资金9.43亿元。

2007年1月，引进恒天九五重工有限公司（以下简称“恒天九五”）包装机械、工程机械制造工业项目，投资8000万元。4月，引进娃哈哈罐装食品和碳酸饮料生产线项目，总投资2亿元。9月，引进中国电子信息产业集团长城信息星沙科技园二期项目，总投资3亿元。全年引进企业91家，引进合同外资2.51亿美元，到位外资1.31亿美元，市外境内资金11.36亿元。

2008年2月，引进德国博世现代化物流中心项目，占地1万平方米，总投资430万欧元。全年引进企业64家，引进合同外资2.31亿美元，到位外资1.55亿美元，市外境内资金14.53亿元。

2009年，引进广汽菲亚特汽车及零部件项目，投资42亿元。引进三锦节能产业园项目，投资1.038亿元。全年引进企业97家，引进合同外资2.8亿美元，到位外资1.75亿美元，市外境内资金16.01亿元。

2010年7月，引进山河智能股份有限公司“山河工业城”项目，同时引进长沙创芯集成电路有限公司6英寸晶圆生产线项目，投资9亿元。8月，引进湖南湘联科技股份有限公司（以下简称“湘联科技”）户外卷帘及管状电机的生产项目，投资8000万元。10月，引进长丰集团与美国迪美科技集团联手打造的“丰源迪美汽车电子产业园”汽车电子产业化建设项目，投资4亿元。全年引进企业93家，引进合同外资3.35亿美元，到位外资1.92亿美元，市外境内资金19.21亿元。至2010年18年间，长沙经开区共引进企业794家，其中“三资”企业154家，引进合同外资23.58亿元，到位外资16.01亿元，市外境内资金155.62亿元，分别比前13年增长109%、63.83%、106%、88.80%、82.91%。

2011年12月，引进中联重科履带式起重机生产及工程起重机再制造建设项目，投资13.662亿元，同时引进投资15亿元的中部智谷工业园项目。全年引进企业140家，引进合同外资4.15亿美元，到位外资2.23亿美元，市外境内资金24.81亿元。

2012年，引进恒泰液压科技公司、经沣建材、威能新材料、住友橡胶、美国康宝莱国际股份公司全球首个原料基地以及占地14公顷、投资10亿元的首个工业地产企业梦工厂项目。全年引进企业15家，引进合同外资5.08亿美元，到位外资2.71亿美元，市外境内资金31亿元。至2012年20年间，长沙经开区共引进企业949家，其中“三资”企业173家，引进合同外资32.81亿元，到位外资20.95亿元，市外境内资金211.43亿元，分别比前18年增长19.52%、12.34%、39.14%、30.86%、35.86%。

第五节　技术与人才引进

一、科技引进

1994 年，引进乐金飞利浦曙光电子有限公司（以下简称“LG 曙光”）彩色显像管和彩色显示管实用高新技术。是年 11 月，引进三一集团有限公司（以下简称“三一集团”）工程机械科研制造技术。三一集团是国家高新技术研究发展计划（863 计划）机群智能化工程机械项目的主要承担单位，主导产品为混凝土机械、挖掘机械、履带起重机械、桩工机械、煤炭机械等高新技术品牌，其中混凝土机械是世界第一品牌。1995 年，引进湖南湘江关西涂料厂（以下简称“湘江关西”）合成树脂、无铅阴极电泳底漆、溶剂型中面漆、水性涂料、3CIB 涂料生产等高新技术。是年 11 月，引进湖南光阳精机有限公司（以下简称“光阳精机”）具有世界领先水平的电脑控制及检测系统，生产豪迈等国际知名品牌摩托车。引进麦克潘特电动钻头生产技术。1996 年，引进湖南华天铝业有限公司（以下简称“华天铝业”）铝塑复合板、铝合金天花板生产技术，该技术属于国家级高新技术。

1997 年 4 月，长沙经开区被国家科委批准为长沙国家高新技术产业开发区星沙高科技工业园，引进高新技术企业和高新技术的力度进一步加大。1998 年 6 月，引进日本隆志（湖南）高新技术开发有限公司（以下简称“日本隆志”）计算机、信息系统硬软件开发技术，环保监测技术、生物工程技术及生产实用新型科学技术。是年，引进长沙远大空调有限公司（以下简称“远大空调”）非电中央空调、空气净化机等系列产品研发、生产技术；引进湖南长海控股集团有限公司（以下简称“长海集团”）现代化教育装备科研生产项目，该项目涵盖语言学习系统、计算机及多媒体教学网、多媒体电教室及双向 CATY、系统集成及教育软件、文仪教具等五大类 25 个产品，全方位覆盖现代高科技教育装备领域。1999 年 8 月，引进山河智能装备集团（以下简称“山河智能”）。该企业是一家产、学、研相结合的先进制造企业，被列为国家“863”计划成果产业化基地之一，以小型挖桩机为切入点，研发履带、轮式等多型产品，获得“863”计划支持及多项科技奖励。至 1999 年 6 年间，园区共引进科学技术 195 项。

2000 年，引进湖南瑞翔新材料股份有限公司（以下简称“瑞翔新材料”）高新电子产品、电子产品制造、软件和系统集成板块、锂离子电池材料等 8 项高新技术。引进赛西传感技术有限公司（以下简称“赛西传感”）高新电子产品开发生产技术。2001 年，引进湖南华天光电惯导技术有限公司（以下简称“华天光电”）精密机械加工生产线、精密光学加工生产线、总成装配与惯导系统集成生产线等 7 项高新科技。该公司研制的产品系国防科大 30 余年科研攻关成果，属于高技术、高附加值产品，涵盖冶金、光学、化学、材料精密铸造、自动控制与计算机技术等领域。是年 6 月，引进中粮可口可乐饮料（湖南）公司（以下简称“中粮可口可乐”）碳酸饮料研发生产技术。2002 年，引进湖南千山制药机械股份有限公司（以下简称“千山药机”）制药机械研发制造技术。该公司是中国制药装备行业龙头企业，通过科技创新不断提升中国制药装备技术水平，承担国家火炬计划 2 项、国家“863”计划 1 项、国家重点新产品计划 1 项、财政部重大产业化专项 1 项、湖南省重大科技攻关项目 3 项，起草并制订行业标准 3 项。

2003 年 2 月，引进湖南 HEG 电子玻璃有限公司（以下简称“湖南 HEG”）彩色显像管、彩色显示管用玻屏、玻璃配套等 5 项高新科技。2004 年，引进维用长城电路有限公司（以下简称“维用长城”）厚铜多层印刷电路板制造技术；引进长沙业翔科技发展有限公司（以下简称“业翔科技”）现场总线智能模糊控制系统，及其在有色金属工业窑炉的应用技术；引进长沙力元新材料有限责任公司（以下简称

"力元新材料")电镀废水回用技术研究等。2005年，引进博世汽车部件（长沙）有限公司（以下简称"博世汽车"）汽车电子驱动和起动机/发电机6项实用高新技术。引进湖南中大创远数控装备有限公司（以下简称"中大创远"）全数控螺旋锥齿轮磨齿轮YK2050/YK2050A科学技术。瑞翔新材料引进中南大学高密度高电压平台锂离子电池正极材料钴酸锂技术。长沙科星纳米工程技术有限公司（以下简称"科星纳米"）引进高强度耐磨钛合金和超级耐磨铝合金纳米制品国家新材料高新技术。引进长沙三锦锅炉厨具有限公司、长沙飞尔特科技有限公司、长沙湘普防爆车辆有限公司、长沙经开区旭通科技有限公司、长沙永凯科技设备有限公司、湖南中南高创烟草科技有限公司等高新技术企业共26项科学制造技术。至2005年5年间，共引进科学技术820项。2005年科技部火炬高技术产业开发中心认定长沙经开区首批高新技术企业45家。

2006年，在"中国中部投资贸易博览会"上，引进镁镁电池、长丰集团有限责任公司（以下简称"长丰集团"）汽油发动机、泰格林纸业、山河智能航空制造等8项高新技术。是年，新增国家级企业技术中心1个，省级工程技术研究中心1个，省级企业技术中心4个，市级企业技术中心7个。园区90%以上的企业建立技术中心。长沙经开区分别与国防科技大学、中南大学、湖南大学签订战略合作关系协议，促进和鼓励企业与大专院校、科研院所建立稳定的合作关系，引进更多高新技术。瑞翔新材料、山河智能、华天光电、长丰集团等企业利用院所和大学的智力资源、科研成果得到快速发展。是年，长沙经开区被评为长沙市2006年度科技进步目标考核一等奖。2007年，引进中国铁建重工集团有限公司（以下简称"铁建重工"）盾构/TBM专业生产线。该集团自主研制的具有完全知识产权的高端盾构/TBM广泛应用在城市地铁工程；自主研制的具有世界领先水平的矿山法隧道机械服务于中国高铁施工现场；拥有世界先进的道岔、弹条扣件、闸瓦生产线。引进长沙开元仪器有限公司（以下简称"开元仪器"）5E红外测氢仪高新技术。引进娃哈哈（长沙）公司（以下简称"长沙娃哈哈"）罐装食品和碳酸饮料高新技术生产线。

2008年，在"湖南—上海投资贸易洽谈周"上，引进"6英寸功率芯片制造"技术。引进湖南万容科技有限公司废印制电路板环保处理及资源回收自动化生产线、废印制电路板物理回收技术与设备。引进众泰汽车汽车整车发动机和变速箱等关键零配件研发制造及DOBLO电动汽车研发生产技术。2009年，在"第三届湘商大会"上，引进广汽菲亚特汽车有限公司（以下简称"广汽菲亚特"）乘用车产品的整车、发动机、零部件研发、制造技术；引进长沙胜通汽配科技发展有限公司汽车钢板弹簧淬火、回火工艺技术；引进明和灯光设备有限公司（以下简称"明和光电"）安全节能型舞台LED智能摇头灯生产技术；引进湖南长天包装机械有限公司高速宽幅多层多功能瓦楞纸板机生产技术。2010年，组织园区企业参加"2010中国（长沙）科技成果转化交易会"，引进工业气体生产等24项科学技术；引进长沙一派数控设备有限公司ECK1514A数控活塞环内外圆仿型立式车床等生产技术。

2011年1月，引进蓝思科技（长沙）有限公司（以下简称"蓝思科技"）智能手机和平板电脑功能玻璃面板等生产技术。蓝思科技拥有一个国际化的工程技术研发团队，具备从模具设计、制作到设备研发、加工、组装及产品规模生产的技术。引进中联重科工程起重机分公司（以下简称"中联工起"）汽车起重机、履带式起重机、特种车辆等工程机械科研制造技术。引进湖南长城信息金融设备有限责任公司（以下简称"长城信息"）PH240024针打印头生产技术。2012年，引进长沙熙迈机械制造有限公司（以下简称"熙迈机械"）熙迈缸体缸盖自动清洗自动监控测量系列生产技术、长沙安瑞电器有限公司（以下简称"安瑞电器"）线束夹实用新型科技等15项先进生产技术；引进明和光电影视演艺LED高清电子显示屏等生产技术。引进湖南经沣高新建材公司（以下简称“经沣建材”）、湖南威能新材料科技有限公司（以下简称“威能新材料”）高新建材生产技术。引进住友橡胶（湖南）有限公司（以下简称“住友橡胶”）轮胎生产技术。至2012年的7年间，共引进先进生产科学技术910项。国家科技部火炬高技术产业开发中心认定高新技术企业34家。

二、人才引进

1993年7月，湖南省《关于设立湖南省星沙特别招商区的通知》，明确特别招商区（星沙开发区）管委会设立人才交流机构，向招商区（开发区）提供工程技术人员、管理人员、熟练技术工人及劳务服务，负责解决这些人员的档案管理等问题。区内员工的养老、医疗和待业保险等由管委会按国家有关规定办理。1994年5月，长沙经开区公开招聘高级工程技术人员15人，技术管理和设计人员7人，施工技术人员5人，涉外经济人员1人。28名专业技术人员均具有高级工程师、副教授以上职称，其中22人具有大学以上学历，6人具有大专学历。是年8月，LG曙光引进享受国务院特殊津贴专家1人，引进国内外研发科技人才14人（其中韩国籍8人），工程师108人，高级技工118人，引进人才中有博士2人，硕士36人，大专以上学历180人；三一重工引进享受国务院特殊津贴专家1人，高级工程师35人，工程师150人，高级技工171人。1995年，湘江关西引进专家2人，高级工程师25人，其中外籍高级工程师8人，工程师80人，高级技工40人。1996年，华天铝业引进专家6人，高级工程师16人，各类工程技术人员220人。1997—1998年，日本隆志、远大空调、长海集团落户长沙经开区。3家企业共引进专家18人，其中日本籍专家6人，高级技术人才160人，各门类中级技术人才400余人。1999年，山河智能引进享受国务院特殊津贴专家3人，高级工程师28人，专业技术人员200人。2000年，瑞翔新材料引进专家2人，高级工程师10人，各类工程技术人员92人；三一重工引进享受国务院特殊津贴专家2人，研究员5人，高级工程师22人，工程师21人，高级技工76人；赛西传感引进中级技术人员12人。至2000年的7年间，长沙经开区共引进人才2066人。其中专家40人（享受国务院津贴专家12人），高级工程师325人，工程师712人，高级技工989人。

2001年，华天光电引进高级工程师6人，工程师30人，高级技工36人；中粮可口可乐引进高级技术人员22人，工程师42人，高级技工30人。2002年，千山药机引进专家2人，高级工程师9人，专职研发人员80人，中级技术职称人员180人。2003年4月，主办星沙首届人才交流会。13家企业共招聘员工800余人，其中专家、研究员21人，高级工程师64人，工程师260人，高级技工400人。2004年7月，长沙经开区成立人才交流服务中心，致力于搭平台、拓渠道，系统开展各类人才引进服务。是年，维用长城引进高级工程师2人；力元新材料引进高级工程师22人，工程技术人员70人；业翔科技引进高级工程师12人。2005年，组织4家园区企业参加全国国家级经济技术开发区高校毕业生网络招聘会，组织5家园区企业参加长沙财经高等专科学校毕业生供需见面会，组织2家园区企业参加中国国际高新技术成果交易会招聘会，组织10家企业参加“崛起的湖南”大型人才招聘会，共引进人才906人。其中，博世汽车引进专家4人，高级工程师122人，工程师120人，高级技工158人。科星纳米引进高级研发人员9人，工程师110人，高级技工128人。山河智能扩建山河工业城项目，引进享受国务院特殊津贴专家2人，高级工程师140余人，工程师190人，高级技工230人。是年6月，创建长沙经开区人才网，注册企业481家，浏览量达16.20万余次，日点击率近600次。编印《长沙经开区人才交流服务中心服务指南》，对人事代理、人才中介、人才培训、人才网等服务项目和服务程序进行介绍，为人才和用人单位提供规范化全方位服务。至2005年12年间，长沙经开区共引进人才4671人。其中专家82人（享受国务院津贴专家18人），高级工程师724人，工程师1544人，高级技工2321人，分别比前7年增长126%、105%、123%、117%、135%。

2006年，组织14家园区企业参加全国国家级经济技术开发区高校毕业生网络招聘会，组织19家园区企业参加“湖南长沙冬季大型人才交流会暨2007届毕业生供需见面会”，组织7家园区企业参加“湖南大学2007届毕业生供需见面会”，组织5家园区企业参加“湖南农业大学2007届毕业生供需见面会”，举办“长沙星沙人才交流会”，共引进各类专业技术人员6056人，其中引进专家30人，高级工程师129人，工程师400人，高级技工980人。2007年3月18日，长沙经开区人才市场挂牌成立，举办首场大型公益性人才招聘会。采取定期举办公益性现场招聘会、校园毕业生供需见面会、企业专场招聘会、网络招聘会等形式，大力为园区企业吸纳人才。先后组织11家园区企业参加全国国家级经济技术开发区高校毕业生网络招聘会，分别组织7家、14家园区企业到湖南农业大学、湖南师范大学参加“毕业生供需见面会”。是年，铁建重工引进专家4人，高级工程师38人，工程师180人，高级技工340人；长沙娃哈哈引进研发人员18人，工程师20人，高级技工72人；三一集团引进高级工程师6人，工程师10人，高级技工32人。2008年9月，长沙经开区出台《关于鼓励企业引进高层次人才的暂行办法》。明确对企业从长沙市行政区域外新引进到园区企业工作的高层次人才给予购房补贴、薪酬奖励、保障服务等奖励，最高奖励可达100万元。是年，组织园区企业参加湖南师范大学、湖南商学院、长沙学院的“毕业生供需见面会”，组织23家园区企业参加全国国家级经济技术开发区高校毕业生网络招聘会。广汽菲亚特引进国内外专家15人，高级工程师60人，工程师220人，高级技工400人。北汽福田汽车（长沙）汽车厂引进专家7人，高级工程师30人，工程师60人，高级技工194人。众泰汽车引进专家4人，高级工程师17人，各门类中级技术人员87人。2009年，共举办各类招聘会32场次。组织7家园区企业参加全国国家级经济技术开发区高校毕业生网络招聘会。引进专家8人，高级工程师33人，工程师330人，高级技工420人。落实推进人才奖励工作，三一集团蒋向阳、瑞翔新材料池田一崇入选2009年度长沙市第一批“313”计划之列，获得奖励100万元/人。2010年，共举办才聚星沙招聘会20场次，组织22家园区企业参加全国国家级经济技术开发区高校毕业生网络招聘会，市“进重点大学、揽万名英才”招聘活动。湖南凯天环保科技股份有限公司（以下简称“凯天环保”）引进专家1人，高级工程师6人；山河智能引进专家12人，研究员4人；千山药机引进高级工程师7人；瑞翔新材料、广汽三菱汽车有限公司（以下简称“广汽三菱”）、湖南亚华种业有限公司等6个企业共引进高级工程师42人，工程师440人，高级技工790人。2011年，出台《国家级长沙经济技术开发区“十二五”人才发展规划》，明确加强人才市场建设，实施人才培养工程，落实高层次人才引进机制。是年，引进北京大学、同济大学等全国一流高校博士3人、硕士4人。贯彻落实园区《关于鼓励企业引进高层次人才的暂行办法》，表彰奖励三一集团和铁建重工的6名高层次人才；积极组织企业申报国家、省、市各类人才奖励，园区4人获市“313计划”奖励、4家单位获省级引智项目奖励、6家单位获市级引智项目奖励。千山药机通过博士后科研工作站的审批，成为全国制药装备行业首个博士后工作站。全年举办人才交流会41场，引进享受国务院特殊津贴专家7人，高级工程师66人，工程师1200人，高级技工1038人。2012年6月，制定《关于贯彻〈中共湖南省委 湖南省人民政府关于进一步扩大开放加快发展开放型经济的决定〉的若干意见》，明确大力引进高端人才，在区内首次购房、购车给予个人所得税奖励，金额为购房、购车之日起个人三年内所缴纳的个人所得税的区县实得部分；对引进的海外高端创业型人才，可以免费2年提供100平方米公寓、200平方米实验室或工作场所；经区评审合格的科研项目，可先期借支300万~500万元使用 1~2 年。是年，蓝思科技引进研发专家 11 人，高级工程师 9 人，工程师 80 人，高级技工 130 人。中联工起、住友橡胶、经沣建材、威能新材料、长城信息、熙迈机械、安瑞电器、明和光电、上汽大众等企业举办招聘活动 14 场，引进各类人才 1850 人。是年，共青团北京大学委员会“青年就业见习实践基地”在长沙经开区挂牌。扶持铁建重工获批省博士后科研流动站协作研发中心。全年新增博士后工作站 1 家。6 家企业获得省市引智项目奖励，落实 11 名高层次人才引进奖励 110 万余元。至 2012 年的 19 年间，长沙经开区共引进人才 13626 人。其中专家 199 人（享受国务院津贴专家 26 人），高级工程师 1377 人，工程师 4904 人，高级技工 7234 人，分别比前 12 年增长 192%、143%、90.19%、218%、212%。

第六节　入园产业

一、产业规模

1993 年，长沙经开区引进第一家企业麦克潘特入区投资建厂。1994 年，三一集团、LG 曙光落户长沙经开区。已有 23 家中外大中型工业企业入区开建，其中开业投产的 3 家。是年，园区工业总产值实现零的突破。

1995 年，麦克潘特、湖南预应力钢丝总厂、三一集团、金沙利彩印等 8 家企业，共计完成工业总产值 5.06 亿元，园区产业规模初步形成。

1996—1999 年 4 年间，长沙经开区引进企业 54 家，项目门类多且实力较强，产业规模逐步扩大。其中有山河智能、力元新材料等大中型高新技术企业。1999 年，全区有企业 85 家，从业人数 1.10 万人，实现工业总产值 25.12 亿元，税收 1.78 亿元。

2000 年，国务院批准长沙经开区为国家级经开区，长沙经开区步入快速发展时期，园区工业企业项目由比较零散到相对集中，由一般产业向高新技术产业发展，引进维用长城、瑞翔新材料、赛西传感等高新技术企业，高新技术产值 25.86 亿元，工业总产值快速增长，产业规模逐渐扩大。年内园区企业完成工业总产值 36.04 亿元，工业销售收入 46 亿元。初步形成先进制造、电子信息、新材料、印刷包装、生物工程和食品饮料 6 大产业。其中，LG 曙光、三一重工、光南摩托、金沙利彩印、长沙娃哈哈、湖南长海数码科技发展股份有限公司（以下简称“长海数码”）6 家企业产值过亿元。

2001 年，引进中粮可口可乐，长沙探矿机械厂等企业。全区有企业 115 家，从业人数 13987 人，实现工业总产值 50.08 亿元，税收 2.89 亿元，分别比 1999 年增长 35%、27%、99%和 62%。

2002 年，引进湖南长丰汽车制造股份有限公司、湖南 HEG。园区有规模以上工业企业 59 家，工业总产值 91.20 亿元。年产值过亿元企业 12 家，总产值共计 77.87 亿元，占区内工业总产值的 85.38%，其中，LG 曙光 37.70 亿元，三一重工 16.86 亿元，长丰集团 4.79 亿元，金沙利彩印 4.46 亿元，长海数码 3.93 亿元。区内经济密度每平方千米 2.80 亿元，人均 GDP7.98 万元，全员劳动生产率达 30.20 万元。

2003—2006 年的 4 年间，长沙经开区引进博世汽车、镁镁科技、长沙百事可乐饮料、长沙威重化工机械等项目，共引进企业 267 家，产业集群效应凸现，产业规模不断做大。

2007 年，引进娃哈哈罐装食品和碳酸饮料生产线项目、中国电子信息产业集团长城信息星沙科技园二期项目，园区工业企业规模增大，特别是工程机械产业规模迅速扩大、汽车及零部件等产业亦同时发展壮大。全区有企业 540 家，从业人数 64539 人，实现工业总产值 402.46 亿元，税收 19.20 亿元，分别比 2001 年增长 290%、361%、704%、564%。

2008—2011 年 4 年间，长沙经开区先后引进德国博世现代化物流中心项目、广汽菲亚特、山河智能股份有限公司“山河工业城”项目、恒天九五、湘联科技、赛普尔物联网产业研发中心、长沙创芯集成电路有限公司以及投资 15 亿元的中部智谷工业园等项目。共引进企业 394 家，进一步巩固壮大工程机械、汽车制造等支柱产业，加快发展电子信息产业，培育发展现代服务业。

2012 年，引进三锦节能产业园、住友橡胶、美国康宝莱国际股份公司等知名企业。全区有企业 949 家，从业人数 128157 人，实现工业总产值 1315.20 亿元，税收 85.28 亿元，分别比 2007 年增长 75.74%、99%、227%、344%。年产值过亿元企业 51 家，其中三一集团总产值突破 800 亿元，中联工起产值过 100 亿元。109 家入区规模以上工业企业完成工业总产值 1311.10 亿元。至此，园区工业企业形成以工程机械、汽车及零部件为主导，电子信息、新材料、食品饮料、印刷包装为补充的产业发展规模。

表 18-2-6-1　　1999—2012 年长沙经开区基本经济情况一览表

年份	企业数（家）	从业人数（人）	产值（亿元）	税额（亿元）
1995	38	1800	5.06	0.45（利税）
1996	47	3600	27.7	2.77（利税）
1997	58	5850	38.5	3.8（利税）
1998	69	8460	38.74	4.82（利税）
1999	85	11000	42.3	1.78
2000	112	12056	45.96	2.56
2001	142	13987	50.08	2.89
2002	182	17508	91.20	7.8
2003	245	25415	156.34	11.07
2004	317	36781	208.88	10.79
2005	379	39758	264.21	11.91
2006	449	52814	302.32	14.5
2007	540	64539	402.46	19.20
2008	604	75163	519.74	26.8
2009	701	83117	631.02	35.01
2010	794	103114	915.25	50.08
2011	934	125642	1248.81	70.18
2012	949	128157	1315.18	85.28

说明：1992 年开发区成立，1993—1994 年开发区没有统计经济数据

二、产业结构

（一）工程机械制造业。1994 年，三一集团在长沙经开区注册，此后相继引进一批机械制造企业，形成以三一重工为龙头等企业的工程机械产业。随后又有铁建重工等一批先进的工程机械制造企业入驻，

产业规模不断壮大，主要产品为混凝土输送泵、隧道岩石挖掘机、静力压桩机、汽车起重机等，以其国际领先的产品质量，在国内市场中名列前茅。1999 年，引进山河智能等工程机械制造企业，工程机械制造实现产值 4.22 亿元，占园区工业总产值的 16.70%。2000 年实现产值 8 亿元，占园区工业总产值 22.20%。2001 年，长沙探矿机械厂落户园区。此后，中联工起并购重组入区，三一重工、山河智能等大中型机械制造企业逐年扩大生产规模，增加从业人员，产业产值逐步增多。2005 年实现产值 80 亿元，占园区工业总产值的 30.30%。2010 年，先后引进湖南星邦重工有限公司、山河智能股份有限公司“山河工业城”项目、恒天九五等工程机械制造项目，园区工程机械项目从业人员 55253 人，实现产值 646 亿元，占园区工业总产值的 70.60%。2012 年，熙迈机械等工程机械制造企业落户长沙经开区，以三一重工、中联工起、山河智能等为龙头的工程机械制造企业规模空前扩展，工程机械产业从业人数 70915 人，完成产值 987.90 亿元，占园区规模工业总产值的 75.11%。

（二）汽车制造及零部件。1994—1999 年的 6 年间，从三一汽车制造有限公司落户星沙到北汽福田汽车（长沙）汽车厂引进，长沙经开区汽车制造及零部件产业逐步形成。1999 年实现产值 2.01 亿元，占园区工业总产值的 8%。2001 年 11 月，长沙长丰汽车有限责任公司注册成立。随着博世汽车、众泰控股集团有限公司、广汽菲亚特、住友橡胶等汽车企业相继入驻，长沙经开区已拥有长沙市 5 大主机厂中的 4 家，其中汽车产出台量约占全市七成，广汽菲亚特的菲翔、广汽三菱的新劲炫等先后成为长沙工业的新亮点，并带动其周边 15 千米范围内汽车产业迅猛发展，聚集配套企业 100 余家，形成从零部件到整车生产的完整产业链。2005 年完成产值 49.70 亿元，占园区工业总值的 16.40%。2010 年，相继引进多家整车企业和关键零部件企业，广汽菲亚特项目总投资达 50 亿元，设计年生产能力 30 万辆，产品一直供不应求，为长沙经开区打造“中国汽车产业集群新版块”增添了强大的后劲。同时，广汽菲亚特还带动大批与之配套的中小项目。全年实现产值 104 亿元，占园区工业总产值的 11.30%。2012 年，汽车制造及零部件产业实现工业总产值 113.40 亿元，占园区规模工业总产值的 8.60%。

（三）电子信息产业。1994 年，大型合资电子企业 LG 曙光落户星沙后，相继引进开元仪器、远大集团、纽曼科技等电子信息企业，促成长沙经开区电子信息产业快速发展，成为园区主导产业之一。1999 年，引进日本隆志、长海集团，实现产值 3.30 亿元，占园区工业总产值的 13%。2000 年，引进赛西传感、维用长城等电子信息企业。2001 年，引进华天光电、长城信息金融设备。2003 年，引进湖南 HEG。2004 年，引进湖南维胜科技有限公司和明和灯光设备有限公司，实现产值 65 亿元，占全区工业总产值的 32%。全区工业总产值过亿元的 25 家企业中，电子信息产业 4 家，占 16%。LG 曙光，2004 年实现工业产值 52.90 亿元，占全区工业总产值的 25.50%；实现税收 2.20 亿元，占全区实际税收的 19.80%。由于电子信息产业内部结构问题，导致电子信息产业出现滑坡，至 2009 年，LG 曙光、湖南 HEG 等企业相继破产，电子信息产业进入低谷。2010 年，随着长沙经开区调整产业结构系列政策的帮扶，电子信息产业逐步走出低谷，2011 年年底，蓝思科技入驻长沙经开区，从租用、改造原 LG 曙光工厂到投产，仅用 6 个月。2012 年，园区有电子信息企业 35 家，实现规模工业总产值 56.30 亿元，占园区年产值的 4.28%，是省内电子信息产业重要生产园区。

（四）新材料产业。1995 年，湘江关西涂料入驻，奠定长沙经开区新材料产业的基础。1999 年，引进力元新材料，实现产值 1434 万元，占园区工业总产值的 0.57%。2000 年，引进瑞翔新材料等大中型高新技术企业。2002 年，又相继引进湖南南方搏云新材料有限责任公司（以下简称“南方博云新材料”）、科星纳米等新材料企业。2004 年，引进湖南柯盛新材料有限公司、天盛控股集团等新材料企业，新材料产业成为长沙经开区新培育的优势产业之一。2005 年实现产值 8.56 亿元，占园区工业总产值的 3.24%。2006 年，引进镁镁科技。2010 年实现产值 25.18 亿元，占园区工业总产值的 2.75%。新材料产业以先进储能材料为主，汇集湖南科力远新能源股份有限公司、瑞翔新材料、镁镁电池有限公司等国内外知名企业。泡沫镍、锂离子电池材料等产品在全球均有较高的市场占有率。另外如湘江关西、科星纳米的高档颜料、高档涂料，天盛控股集团的双金属复合带锯条，南方博云新材料的碳/碳复合材料等产品也获得较高的行业信誉度。新材料产业的主要特点是企业创新能力强，该产业 10 家规模工业企业中 8 家为高新技术企业，形成两院院士领军的研发团队，拥有较强的产品研发能力。2012 年，10 家新材料企业实现规模工业总产值 27.80 亿元，占区内工业总产值的 2.11%。

（五）食品饮料产业。1994 年，长沙味康食品厂开建，随后喜悦来食品有限公司落户星沙。1999 年，长沙娃哈哈在长沙经开区注册，长沙经开区食品饮料产业已初具规模。1999 年实现产值 1.24 亿元，占园区工业总产值的 4.93%。随着中粮可口可乐、长沙百事可乐及湖南泰松肠衣有限公司等一批食品饮料公司相继入驻长沙经开区，饮料市场覆盖了整个中南地区。2005 年，食品饮料产业实现产值 9.58 亿元，占园区工业总产值的 3.60%。2011 年，长沙娃哈哈、中粮可口可乐年产值突破 10 亿元，长沙百事可乐、恒枫食品有限公司年产值达到 5 亿元。2012 年，食品饮料产业实现工业总产值 28.30 亿元，占长沙经开区规模工业总产值的 2.15%。

三、投资结构

1992 年长沙经开区建区后，随着招商引资和产业发展政策的不断优化以及园区环境的不断改善，入区企业逐步增加，各种经济成分企业不断涌入，产业不断壮大。1992—2000 年的 8 年间，长沙经开区共引进企业 112 家，其中外资企业 43 家，内资企业 66 家。

2000 年，园区实现工业总产值 36.04 亿元，其中外资企业产值 13.07 亿元，占总产值 36.27%，内资企业产值 22.97 亿元，占总产值 63.73%。实现税收 2.56 亿元，其中外资企业税收 0.81 亿元，占总税收 31.64%，内资企业税收 1.75 亿元，占总税收 68.36%。出口创汇 5117 万美元，其中外资企业出口创汇 155 万美元，占总出口创汇 3.03%，内资企业出口创汇 4962 万美元，占总出口创汇的 96.97%。

2005 年，园区拥有企业 379 家，其中外资企业 94 家，占 24.80%，内资企业 285 家，占 75.20%。完成工业总产值 264.21 亿元，其中外资企业产值 127.68 亿元，占总产值 48.33%，内资企业产值 136.53 亿元，占总产值 51.67%。完成税收 11.91 亿元，其中外资企业税收 5.57 亿元，占总税收 46.77%，内资企业税收 6.34 亿元，占总税收 53.23%。出口创汇 16029 万美元，其中外资企业出口创汇 6296 万美元，占总出口创汇 39.27%，内资企业出口创汇 9733 万美元，占总出口创汇 60.72%。

2010 年，园区拥有企业 794 家，其中外资企业 150 家，占 18.89%，内资企业 644 家，占 81.11%。完成工业总产值 915.25 亿元，其中外资企业产值 116.77 亿元，占总产值 12.76%，内资企业产值 798.48 亿元，占总产值 87.24%。完成税收 35.01 亿元，其中外资企业税收 3.80 亿元，占总税收 10.85%，内资企业税收 31.21 亿元，占总税收 89.15%。出口创汇 56956 万美元，其中外资企业出口创汇 17398 万美元，占总出口创汇 30.55%，内资企业出口创汇 39558 万美元，占总出口创汇 69.45%。

2012 年，园区拥有企业 949 家，其中外资企业 173 家，占 18.23%，内资企业 776 家，占 81.77%。完成工业总产值 1315.18 亿元，其中外资企业产值 164.45 亿元，占总产值 12.50%，内资企业产值 1150.73 亿元，占总产值 87.50%。完成税收 85.28 亿元，其中外资企业税收 6.09 亿元，占总税收 7.14%，内资企业税收 79.19 亿元，占总税收 92.86%。出口创汇 72070 万美元，其中外资企业出口创汇 23092 万美元，占总出口创汇 32.04%，内资企业出口创汇 48978 万美元，占总出口创汇 67.86%。

第七节　经济效益

一、国内生产产值

1992—1998 年，长沙经开区经济数据没有单独统计。1999 年，园区实现国内生产总值 12.63 亿元，2004 年为 102.32 亿元，比 1999 年增长 710%。2009 年为 334.13 亿元，比 2004 年增长 226%。2012 年为 557.11 亿元，比 2009 年增长 66.73%。

二、地均产出率

1999 年园区建成面积 4 平方千米，工业总产值为 42.30 亿元，地均产出率为 10.57 亿元/平方千米。2004 年，园区建成面积为 7.20 平方千米，工业总产值为 210.10 亿元，地均产出率为 29.16 亿元/平方千米，比 1999 年增长 175.88%。2012 年，园区建成面积 32.60 平方千米，工业总产值为 1315.20 亿元，地均产出率为 40.34 亿元/平方千米，比 2004 年增长 38.34%。

三、人均劳动生产率

1999 年园区人均劳动生产率为 3.76 万元。2004 年为 17.35 万元，比 1999 年增长 361%。2009 年为 27.77 万元，比 2004 年增长 60%。2012 年为 32.92 万元，比 2009 年增长 18.50%。

四、人均纳税额

1999 年园区从业人员 1.10 万人，实现税收 0.78 亿元，人均纳税额 0.71 万元。2004 年园区从业人员 3.68 万人，实现税收 10.80 亿元，人均纳税额 2.93 万元，比 1999 年增长 80.86%。2009 年园区从业人员 8.31 万人，实现税收 35.01 亿元，人均纳税额 4.21 万元，比 2004 年增长 43.68%。2012 年园区从业人员 12.81 万人，实现税收 85.28 亿元，人均纳税额 6.65 万元，比 2009 年增长 57.95%。

五、财政收入

1997—1999 年 3 年间，长沙经开区年税收总额分别为 0.33 亿元、0.57 亿元和 0.78 亿元。2000 年，税收总额增加到 2.59 亿元，比 1999 年增长 232%。2004 年 3 月，设立国家金库长沙经开区国库，是年实现税收 10.85 亿元，比 2000 年增长 319%。2009 年，实现税收 35.01 亿元，比 2004 年增长 223%。2012 年，长沙经开区税收总额 85.28 亿元，比 2009 年增长 144%。

附记　产业基地

2009 年 8 月，长沙县出台《关于星沙、㮾梨及黄花产业基地委托长沙经开区管理的方案》，依法授权长沙经开区有关职能部门，按照统一发展规划、统一开发建设、统一产业布局、统一优惠政策、统一招商引资、统一环境治理、统一管理服务的“七统一”模式实行管理。

1.星沙产业基地。前身为星沙工业配套产业基地，2006 年 3 月设立，规划总面积为 40.82 平方千米。在整体规划区内，开元东路以南为工业用地，重点发展汽车零部件、工程机械、电子信息、新型材料、生物医药等产业。开元东路以北以经营性用地为主，重点发展总部经济、金融投资、教育培训、工业信息服务、现代物流、住宅、商贸服务、休闲娱乐等第三产业，为基地提供配套服务。

2012 年实现工业总产值 5.60 亿元，完成到位内资 5.86 亿元，外资 7000 万美元。至 2012 年累计引进企业达 39 家，引进项目总投资超过 200 亿元。

2. 暞梨产业基地。原名暞梨工业园，2001 年 12 月 26 日挂牌成立，规划控制面积 13.29 平方千米。暞梨产业基地以汽车零部件生产和工程机械制造为主导产业，有汽车配件企业 76 家，以北汽福田汽车（长沙）汽车厂为龙头，本土的湖南长沙平头汽车车身制造厂、长沙波隆机械制造有限公司等企业与十几家国内大中型汽车制造企业形成长期配套。工程机械制造企业主要为三一重工、中联工起和山河智能等企业配套。

2012 年，暞梨产业基地完成工业总产值 54.60 亿元，其中规模以上企业总产值为 42.50 亿元，完成工业固定资产投资 28.70 亿元，实现招商引资到位资金 8745 万元，其中市外境内资金 4000 万元。

3. 黄花产业基地。原名黄花产业园，创立于 2001 年，总体发展规划 8 平方千米。基地已有各类企业（项目）88 个，其中新引进企业（项目）77 个。已形成以印刷包装、汽车配件、机械加工和塑胶模具、精细加工与新型建材等为支柱的产业集群。

2012 年，黄花产业基地实现工业总产值 47 亿元，上缴税收 6207 万元，完成固定资产投资 9.20 亿元，引进市外境内资金 7.70 亿元，完成到位外资 100 万美元。

第三章　长沙大河西先导区

长沙大河西先导区以 2014 年 6 月 9 日省政府批复更名为湘江新区为标志，其历史使命圆满完成。本章为完整记述其历史，下限延至 2014 年。

2007 年 12 月，长沙市作出“跳出老城区，打造先导区，建设大河西”的战略抉择，并决定设立长沙大河西先导区（简称先导区）。长沙市成立由省委常委、市委书记陈润儿任组长的先导区建设领导小组，启动设区筹备工作。2008 年 6 月 10 日，中共长沙大河西先导区工作委员会（以下简称“党工委”）和长沙大河西先导区管理委员会（以下简称“管委会”）挂牌成立，为市委、市政府派出机构。12 月，明确先导区为长株潭城市群资源节约型和环境友好型社会建设综合配套改革试验区的核心示范区。至年底，开工建设的城市基础设施项目 96 个，完成总投资 100 亿元。

2009 年起，城市基础设施等建设全面铺开。是年，重点建设潇湘大道、黄桥大道、东方红路、梅溪湖湖泊工程和洋湖湿地公园一期等 18 个重点项目，政府性年度总投资 30.2 亿元；全年，先导区范围内开工建设的骨干道路、片区路网、园区路网 80 余条，总里程近 200 千米，竣工 63 条，建成通车里程 130 千米；同时修建、改建桥梁 40 余座。全年新注册入园企业 670 余家，各类在建项目 127 个，新开工项目 53 个，竣工投产项目 59 个。先导区范围内（包括长沙高新技术产业开发区、望城经济开发区、宁乡经济开发区、宁乡高新区、长沙市岳麓科技产业园，下同）实现地区生产总值 948.13 亿元；完成财政总收入 47.26 亿元。

2010 年，建设洋湖再生水厂及中水回用工程一期工程、坪塘大道、洋湖 110 千伏变电站、雅河和白莱湖水利治理等 41 个重点项目，其中，投资 5000 万元以上的项目 33 个，完成投资 161 亿元。至年底，先导区范围内实现地区生产总值 1153.8 亿元，财政总收入 162.13 亿元，其中，管委会财政总收入61.91亿元。

2011年，投资建设大河西综合交通枢纽工程及配套工程等交通工程项目32个，水、电、气、通信等公共配套项目10个；市民广场、桃花岭景区公园、龙王港和靳江河流域等生态环境建设项目23个，全年完成项目投资55亿元。全年新竣工重大产业项目87个，其中投资过100亿元的项目1个，投资过20亿元的项目2个，过10亿元的项目5个；新引进重大产业项目83个；新引进高新技术企业108家，其中注册资本过亿元的21家，过10亿元的2家，过100亿元的1家。是年年底，先导区范围内实现地区生产总值1689.03亿元；完成财政总收入108.89亿元。

2012年，重点建设东方红中学、骑川小学、洋湖中学、梅岭公园、施家港水上公园和梅溪湖保障性住房等77个重点项目。先导区范围内全年实现地区生产总值1952.62亿元；完成财政收入118.48亿元。

2013年，重点建设梅溪湖国际文化艺术中心、梅溪湖师大附中、坪塘监狱整体搬迁新建工程、文正书院、三环线下地工程和湘江西岸堤防整治工程等96个重点项目工程，政府年度总投资180.62亿元。先导区范围内全年实现地区生产总值2249.12亿元，完成财政总收入423.14亿元，其中，管委会完成财政总收入193.10亿元。

2014年，重点建设大河西综合交通枢纽、湘江枢纽库区长沙城区段截污工程、巴溪洲水上公园、桐溪港水系、洋湖城市中心广场及一期D区景观工程、红桥中学、坪塘北片区保障性住房和洋湖湿地生态旅游配套服务中心等150个项目工程，政府年度总投资160.81亿元。全年先导区范围内实现地区生产总值2488.28亿元，完成财政总收入279.39亿元。

2007—2014年，河西城区建成“六纵八横”的城市主线道路（南北向的六纵分别为潇湘大道、坪塘大道、雷锋大道、黄桥大道、望城大道和京珠西线；东西向的八横为含浦路、学士联络线加长花灰韶线含浦段、龙王港路、枫林西路、金洲大道、普瑞路西延线、岳麓大道西段和咸嘉湖路）。完成滨江片区以金融商贸为中心、梅溪湖片区以国际交流为平台、洋湖片区以湿地保护生态旅游为主题的建设，使长沙湘江西岸建成百万城市人口的承载能力，先导区被环保部列为“全国生态文明建设试验区”。

第一节 机 构

2008年，大河西先导区实行职能统一的大部门体制，设置5个职能部门，即综合管理部、国土规划部、项目建设部、投融资部、纪工委（监察室）；1个副县级事业单位，即土地储备（交易）中心；部分派驻单位，主要包括财政分局、环保、气象、消防、质量安全监督等单位；出资设立（或受托监管）1个国有独资公司，为长沙先导投资控股有限公司。是年，经市编委批准管委会行政编制50名，事业编制20名，实有行政编制工作人员20人。2009年4月，批准成立先导区综合行政执法支队（副县级事业单位），增加事业编制20名，实有行政编制工作人员49人，事业编制工作人员28人，雇员27人。2009—2012年，还分别出资设立了长沙梅溪湖实业有限公司、长沙先导土地开发建设有限公司、长沙先导公共设施投资建设有限公司3个国有独资公司。2012年3月，批准设立规划展示馆（正科级事业单位），批准规划展示馆事业编制3名，行政执法支队增加事业编制2名，实有行政编制工作人员51人，事业编制工作人员33人，雇员72人。2013年，批准政执法支队与土地储备（交易）中心各增加事业编制1名。至2014年，先导区管委会有行政编制50名，事业编制47名，实有行政编制工作人员46人，事业编制工作人员42人，雇员115人。

2015年4月8日，国务院正式批复设立湖南湘江新区，长沙大河西先导区更名为湖南湘江新区，成为中部地区首个国家级新区。

2008—2014年，先后担任大河西先导区主要领导职务的有：谢建辉、胡衡华；其他领导班子成员有：刘继雄、陈鲁青、凌勤杰、李爱诚、文雄、谈文昌、夏艳兰（女）。

表18-3-1-1　2008—2014年先导区编制和人员情况一览表

年份	核定编制（人）			实有人数（人）				
	行政编	事业编	合计	行政编	事业编	雇员	退休	合计
2008	50(成立大河西先导区管委会,编制50)	20（2008年6月成立事业单位土地储备中心，编制20）	70	20	—	—		20
2009	50	40（2009年4月成立综合行政执法支队，增加编制20）	90	49	28	27		104
2010	50	40	90	47	28	41		116
2011	50	40	90	50	29	66		145
2012	50	45（2012年3月成立规划展示馆，增编制3；执法支队新增编制2）	95	51	33	72		156
2013	50	47（执法支队增编制1，土储中心增编制1）	97	53	38	93		184
2014	50	47	97	46	42	115		203

第二节　区域规划

一、总体规划

2008年4月，成立大河西先导区，先导区规划区域是湘江以西的岳麓区、高新区全域，望城县的雨敞坪镇、乌山镇、黄金乡、白箬铺镇、高塘岭镇、星城镇、雷锋镇、含浦镇、莲花镇、坪塘镇，宁乡县的玉潭镇、城郊乡、金洲乡、历经铺乡、夏铎铺镇，总面积约1200平方千米。按照建设“两型社会”综合配套改革实验区的先导区，建设的核心区是黄桥大道以东，岳麓区，高新区，望城县的黄金乡、高塘岭镇、星城镇，总面积约570平方千米。同时，根据《长沙大河西先导区基本生态控制线规划》，实行城市规划、土地利用规划和环境保护及建设规划的“三规合一”，在全区1200平方千米的区域内，按照城市自然生态系统和环境承载力，划定禁建区和限建区，将湿地、山林、基本农田保护区、水源涵养区、生态廊道和绿地等要素合理布局。先导区建设发展的总体规划是实行分期实施，滚动开发，新建与改造并行，保护与开发并重的策略。

先导区整个开发建设规划分三个阶段，2008—2012年，起步区规划面积230平方千米，重点建设的区域是岳麓区的梅溪湖周边地区、岳麓山周边地区、滨江新城、洋湖新城、坪塘片，总面积109平方千米；先期推进起步区的建设具体区域是滨江新城、梅溪湖国际新城、洋湖新城、岳麓山周边地区、雷锋镇、坪塘、含浦。其中，滨江新城以建设中心商务区为核心，重点发展商贸、金融等现代服务业；梅溪湖国际新城重点建设对外开放平台；洋湖新城重点进行环境整治和生态治理，导入总部经济产业；雷锋、含浦以生产服务业发展为主；岳麓山大学城周边地区、坪塘工业老镇通过创造性的再开发利用，建成各具特色的旅游、商业等项目。园区及产业层面，支持产业链延长与链接技术开发以及循环经济技术集成应用，鼓励工业、农业园区生态化建设、改造，探索、实践不同的发展模式。主要干道的建设规划，包括金洲大道、潇湘大道（二环线以南）、坪塘大道、含浦大道、长花灰韶（含浦段）、雷锋大道（改造）、枫林路（改造）等。完成重要市政设施项目建设，包括二水厂扩容及至雷锋镇主输水管、雷锋配水厂、宁乡水厂（扩容）、岳麓污水处理厂（扩容）、宁乡污水处理厂、起步区内的变电站。基础设施骨架基本形成，重点地区基本覆盖。

2013—2020 年，继续推进先导区滨江带，以及向以高塘岭、星城、玉潭、白箬铺 4 个片区为主的其他组团拓展，使 4 个区域基础设施完善，生态环境整治基本达到要求。产业拓展规划，望城县的高塘岭及星城片区以高科技食品、生物工程、生物医药、机械工程、软件开发等为主；宁乡县的玉潭镇以食品加工、精细加工及信息产业为主；白箬铺镇以机械加工、建材及新材料产业为主。应用先进适用技术，促进企业、产业之间的资源耦合与利用，建立生态产业网络，最大限度地实现再生资源的梯次利用和资源合理配置，并减少最终废物排放，推动以循环经济生产模式发展高新技术产业、改造传统产业，利用科技推动地区产业结构优化和升级。基础设施建设在启动期设施建设基础上，推进城市轻轨系统的建设，深化和细化内部道路体系，供水厂、污水处理厂、220 千伏变电站等重要基础设施建设完成，主要电力、水力和通信管网系统基本铺设实现全区域覆盖。

二、专项规划

（一）路网建设规划。大河西先导区综合交通系统发展规划为：依托先导区，构建西北向益阳、常德，西南向娄底、邵阳综合交通轴，以及岳阳和湘潭南北通道，形成城市群区域综合交通枢纽；加强湘江两岸的联系，打造跨江的东西轨道交通主轴；增加跨江道路通道规模；大力推进公路与城际轨道建设，与区域、长沙主城区交通体系统筹发展；改扩建汽车西站，构建多元化的公共交通服务体系；2015 年前完成先导区域内“六纵八横”公路交通网。

（二）水网建设规划。先导区供水水源选择是以湘江作为主要水源，以沩水为辅助水源，两者结合确保本区域内具备足够的采水量。经测算先导区高峰期总用水量 280 万吨/日。扩建长沙二水厂满足含浦、坪塘片的用水需求并输送部分水量至雷锋、白箬片；扩建长沙四水厂，启动雷锋配水厂的一期建设。远期要建设的是完成长沙二水厂的扩建和雷锋配水厂的建设。对于先导区范围内的分散居民，维持自备供水方式，远期逐步过渡到城市自来水系统供给。先导区排水规划是总体实行分流制，部分老城区（岳麓区滨湾镇片、望城县高塘岭镇和宁乡县城）近期采用截流式合流制，其他区域采用完全分流制。远景规划是区内全部采用完全分流制，共分五大纳污区：岳麓纳污区、望城纳污区、白箬纳污区、宁乡纳污区、坪塘纳污区。每个纳污区分别建设污水处理厂；莲花和雨敞坪设置小型污水处理站。先导区污水处理厂总设计规模 149 万吨/日，总控制用地面积 249 公顷。其中，岳麓污水处理厂的规模 50 万吨/日，控制用地面积 70.6 公顷。望城污水处理厂设计规模 32 万吨/日，控制用地面积 53.5 公顷。白箬污水处理厂设计规模 23 万吨/日，控制用地面积 29.3 公顷。宁乡污水处理厂设计规模 22 万吨/日，控制用地面积 40.1 公顷。洋湖再生水厂先期设计规模 4 万吨/日，中期设计规模 12 万吨/日，控制用地面积 7.6 公顷。近期规划是新建区、新建项目按照分流制建设排水系统。老城区，逐步完成分流制改造。管网覆盖率 70%以上，污水处理率 70%以上。污水处理厂建成二级处理深度。远期规划是雨污分流，城区及集镇管网覆盖率 100%，生活污水处理率 100%，工业废水处理率 100%。污水处理厂达到二级生化处理深度，部分达到回用水深度。

（三）电力建设规划。根据预测，先导区用电负荷418万千瓦，按用户端节能12%考虑，则规划区负荷368万千瓦，降低负荷50万千瓦。依据负荷预测结果，500千伏负荷平衡：需要新增2座500千伏变电站作电源支撑点，一座为英雄岭变电站，方便组网的城郊，另一座为新田变电站，容量均为2×1000兆伏安。同时考虑到大河西远景发展，在宁乡域内预留500千伏变电站1座，所有500千伏变电站均设于建设用地以外的城郊。500千伏变电站控制用地10公顷。220千伏负荷平衡，规划区内需要220千伏变电容量6624兆伏安，需对现有4座220千伏变电站扩容，同时增加220千伏变电站9座。每座控制用地3公顷。

（四）片区开发规划。2008年起，规划依次开发建设梅溪湖片区、滨江新城片区、洋湖垸片区和大王山片区。梅溪湖片区规划面积38平方千米，按照“两型社会”理念和“未来河西城市中心”的定位开发建设，用3年左右的时间建好会展中心、会议中心、五星级酒店、写字楼等项目，使其初步成为对外开放的平台、国际会议会展中心、金融后援基地和文化旅游新区。重点建设项目为国际会议中心、领事馆区、五星级酒店等。在完成梅溪湖国际新城一期发展建设的基础上，再启动梅溪湖国际新城二期核心区1103公顷的开发建设，使城市配套功能更加完善。洋湖新城片区规划面积13.38平方千米，集中开发建设面积11.9平方千米，功能定位为酒店、办公、商业于一体的总部经济基地，配套服务的生态湿地景区以及绿色生态宜居区，重点建设项目包括城市湿地公园、总部经济区和生活宜居区等。滨江核心区定位为金融商务区，重点建设项目包括金融中心、西岸商业旅游景观带等。大王山（坪塘）片区控规面积31.0平方千米。功能定位是将坪塘传统工业区规划为再生改造、生态修复和污染治理的示范区，特色旅游休闲服务产业和高新技术产业的城市综合新区；角色定位是建成具有综合服务功能的城市新区。

（五）产业规划。先导区的产业发展规划为“三区三带”：“三区”即高新产业区，以长沙高新技术产业开发区为基础，重点发展先进制造、新材料、电子信息、生物、新能源和节能环保等产业，建设出口加工基地（保税区）、服务外包基地、新材料产业基地、软件产业基地等；现代农业和农产品精深加工区，以望城国家农业科技园区和食品工业基地为基础，沿西三环线以外区域，重点发展现代农业、农产品精深加工项目，建设和完善农业科技示范基地；现代服务区，以滨江新城为主体，以建设中心商务区为核心，重点发展商务、商贸、金融、总部经济，布局国际连锁商业街、中央公园、高尚商务楼宇等。“三带”即西岸创新创业带，沿湘江西岸对接湘潭、株洲；人文生态旅游带，东起岳麓山，西至沩水河一线；金洲配套产业带，以金洲大道为骨架，以金州开发区为载体，以承接产业转移为重点，沿两厢进行布局。依据“三区三带”的产业布局，对以工业制造、加工为主轴的长沙高新技术产业开发区、以现代农产品精深加工为主轴的望城国家农业科技园区和以宁乡金洲配套产业带负有协调与宏观管理职能；先导区管委会直接管理的洋湖片区、滨江片区、梅溪湖片区、大王山片区是以增量房产业，提升商务、商贸、金融、总部经济、文化、旅游等现代服务业为主来布局。

第三节　基础设施建设

一、路网建设

先导区的路网建设是以“六纵八横”为主线，其他辅次道路为支线，从而构成适应大河西新城发展的承载能力。2008年起全面推进金洲大道、潇湘大道、枫林西路、潇湘南大道、雷锋大道、学士联络线、岳麓大道、含浦大道8条河西地区的重点骨干道路建设，其中，金洲大道全长25.32千米，总投资

3.98亿元，是年年底建成通车。枫林西路，道路拓改工程从汽车西站至雷锋镇全长6000米；潇湘南大道（第一段）北起猴子石大桥，南至黑石铺大桥全长4500米；学士联络线全长3500米，路幅27.5米，总投资2.2亿元。2009年6月雷锋大道竣工通车，10月枫林西路、潇湘南大道、学士联络线建成通车。2010年建设辅次道路16条，总长22.56千米，桥梁6座。至11月底，先导区规划区范围内竣工通车的骨干道路有潇湘南大道一段、潇湘中路、雷锋大道、望城大道、金洲大道、枫林西路一二段、学士联络线、岳麓大道西延线8条，投资总额40亿元，通车里程50余千米。处于建设中的骨干道路有坪塘大道、黄桥大道车里程第一段、黄桥大道第二段、梅溪湖路、东方红路、潇湘南大道二期、莲坪大道、洋湖大道、含浦大道第三段、咸嘉湖路拓改工程、望雷大道等12条，投资总额约48亿元，总长约57千米。2011年开建的骨干道路有枫林西路第三段、梅溪湖路西延线、黄桥大道第三段、潇湘大道南延线、巡抚路、新学士路、坪塘大道南延线、含浦大道第一段8条，投资总额约38亿元，总长约71千米。至2014年，新竣工道路110条，通车里程400千米，其中28条主、干道路通车里程178千米，总投资126亿元。以“六纵八横”为骨架的14条主干道及其80余条支干道将共同构成大河西完备的道路交通综合系统。

二、水电气信设施建设

2008年起，先导区着手改变长沙市河西地区水电配套设施较滞后的局面，按照河西发展规划在城区快速扩展的同时做好水电配套建设。在实施路网建设的过程中同时做好水、电、气、通信等建设，实现路通、水通、电通。为提升供水承载力先后扩建市二水厂及四水厂，新建雷锋配水厂；扩建岳麓污水处理厂、望城污水处理厂，建设坪塘污水处理厂。至2014年扩建、新建供水厂5个，新增日供水能力55万吨，污水处理项目6个，日污水处理能力55万吨。电力项目8个，包括梅溪变电站、龙王变电站、麓谷变电站，电负荷1000兆瓦，达到180万人城市人口的承载能力。供气项目1个，即先导区供气环网。信息工程项目1个，即数字梅溪湖工程。

三、教育卫生设施建设

2008年起，长沙河西新城区在不断拓展，商居楼盘不断增多，居住人口日益增长，教育与卫生设施不能满足快速增长人口的需求。2009年年初，先导区采用教育、卫生单位和企业等多方参与的办法提速教育卫生设施建设。同年4月，先导区组织相关人员赴北京中加学校考察，7月湖南大学与加拿大纽宾士域省教育部达成意向在湖南创建“湖南中加学校”。2010年6月25日，湖南中加学校获得湖南省教育厅正式批准，由湖南大学与加拿大纽宾士域省教育部和加拿大加皇国际教育集团联合在长沙创办，2010年12月4日，湖南中加学校校区建设工程在长沙大河西先导区洋湖片区奠基，学校校址位于长沙大河西先导区，占地面积12公顷。建设投资人民币3亿元，2011年9月建成并投入使用。这是湖南省第一所中外合作办学的高中学校，也为湖南省唯一一所能授予学生中外双学籍和双文凭的国际性高中学校。

2012年3月开工建设的银盆岭小学，总建筑面积为2.93万平方米，总投资约为1.13亿元，规划42个班级，2012年12月全部完工，2013年9月投入使用。

2014年3月28日开工建设的骑川小学（后更名为岳麓区实验小学西校区）。项目总投资8895.59万元（不含征地拆迁费），总用地面积2.88公顷，总建筑面积2.43万平方米。办学规模48个班。9月开始建设的川塘小学（后更名长沙市实验小学梅溪湖学校），总投资为8400万元，总用地面积约3.27公顷，总建筑面积约为2.72万平方米。红桥中学位于坪塘大道与督抚路交界处东南角，总建筑面积6.84万平方米，项目投资额造价1.81亿。坪塘中学位于坪塘大道与连江路交会处，总建筑面积7.40万平方米。办学层次为高级中学，项目投资2.4亿。

2014年7月开工建设的长郡滨江中学，项目总用地面积7.01公顷，净用地面积5.85公顷，总投资约为2.18亿元，开设班级72个。

2014年，湖南妇女儿童医院由湖南省妇幼保健院与湖南老百姓医药投资管理有限公司合作创建，位于洋湖湿地南面，濒临潭州大道，占地8.87公顷，规划总建筑面积40万平方米，计划总投资25亿元，分三期建设，规划床位1500张。

至2014年年末，先导区在核心区域的教育卫生设施建设总投资超过100亿元。湖南中加学校、长郡梅溪湖中学、银盆岭小学、岳麓区实验小学、湖南师大附中梅溪湖中学、周南梅溪湖实验中学、梅溪湖博才小学、洋湖博才小学8所中小学建成开学。在建中小学25所，在建的医院5所。先导区成为全省优质教育资源最为密集的区域。

第四节 片区开发

一、梅溪湖片区

2008年之前梅溪湖是一片低洼的水浸田。2009年2月，先导区成立梅溪湖片区开发建设指挥部，全面启动梅溪湖片区的开发和建设，并联合建筑事务所（KPF）完成梅溪湖国际服务与科技创新城（梅溪湖国际新城）初步规划。9月，梅溪湖国际新城（一期）开发面积14.8平方千米的控制性规划获批。梅溪湖国际新城东临二环线，西至黄桥大道，南接桃花岭、象鼻窝，北靠枫林路，总规划面积约38平方千米，规划定位为“国家级绿色低碳示范新区”和“长沙新城中心”，主体功能定位为国际服务、科技创新和医疗健康城，由梅溪湖投资（长沙）有限公司负责开发建设。梅溪湖建设从“退田还湖”着手，从湖泊岸线填筑开始，建成一个200公顷水面的湖泊。至2010年梅溪湖范围内3000余户村民整体搬迁，拆迁腾地约1066.67公顷，拆除房屋4079栋、建筑面积121.3万平方米，完成拆迁腾地任务总量的98.5%；梅溪湖综合利用湖泊工程完成湖底清淤、岛屿填筑和岸线土石方工程，完成水利项目和农业结构调整、湖泊及河道综合整治项目等用地约246.7公顷；梅溪湖路、东方红路基本完成路基填筑和排水工程。

2012年10月开工建设梅溪湖国际文化艺术中心，由英国扎哈·哈迪德团队设计，梅溪湖国际文化艺术中心位于梅溪湖新城核心区域。总用地面积10公顷，总建筑面积12.5万平方米，总投资28亿元，包括4.8万平方米的大剧院和4.5万平方米的艺术馆两大主体功能，是湖南省规模最大、功能最全的文化艺术中心。项目先后取得国家专利10项，荣获中国钢结构金奖、“龙图杯”全国BIM大赛一等奖。

至2014年，梅溪湖片区完成土地出让215.07公顷，总投资500亿元，新建道路25条，通车里程40千米；片区保障性住宅项目共用地22.83公顷，建筑面积79.34万平方米，其中住宅36栋，房屋6184套，面积62.28万平方米；进驻片区的单位有中冶长天科研设计中心、景嘉微电子科研生产基地、中化化肥、奥雅设计等；有金茂、中建、万科、中海、晟通、佳兆业、卓越等20余家知名地产业在片区内开发建设。片区规划引进建设的28所中小学校，已有长郡、师大附中、周南、长沙市一中、雅礼、麓山国际、岳麓区实验小学、长沙市实验小学、博才小学等名校建成开学。落户片区的有20万平米的金茂广场（豪华精选酒店、5星写字楼、商业广场）、70万平方米的步步高梅溪新天地、5万平方米的梅溪湖创新中心、中建梅溪湖中心环湖商业街等项目基本建成，片区第一批高端商业商务配套完成。梅溪湖国际新城先后获得首批“全国绿色生态示范城区”首批“国家智慧城市创建试点城区”和“2014年中国人居环境范例奖”。

二、滨江片区

2008年起，启动滨江新城建设。滨江新城规划面积6.7平方千米，位于湘江以西，银杉路以东，潇湘嘴以北，北二环以南，是先导区核心区域内的一个片区，是“湘江西岸现代服务业走廊”的核心，主要承担金融商务、文化旅游等功能。

至2014年，滨江新城建设中完成集体土地征拆、国有土地征拆共500.80公顷，房屋征拆100.3万平方米，住户5698户；新建片区道路10条，通车里程20千米；片区内潇湘风光带二期景观工程和茶山公园等景观工程建设，开发面积27.3万平方米，总投资为2亿元；引进世茂、奥克斯、民生银行、南山等知名企业。容纳就业人口约35万人，居住人口约16万人。

三、洋湖片区

2008年，启动洋湖新城片区建设，片区定位为以集酒店、办公、商业于一体的总部经济基地，配套服务的生态湿地景区以及绿色宜居社区。洋湖新城位于长沙西南方，三面环水，东临湘江，西临靳江河，北依岳麓山，长沙南二环线与南三环线围合。片区规划面积13.38平方千米，集中开发建设面积11.9平方千米，净开发用地318.67公顷，净用地综合容积率2.66；片区规划人口约15万。

2010年7月，启动湿地公园建设，拆迁腾地708.2公顷。

2013年9月，洋湖湿地景区被评为国家AAAA级旅游景区。

至2014年，洋湖片区累计完成投资约320亿元，建成道路通车里程20.7千米，在建道路17条，通过猴子石大桥、湘府大桥、黑石铺大桥3条过江通道与河东对接；建设480公顷洋湖湿地公园、完成洋湖段湘江风光带、雅河景观、靳江河景观、城市绿廊等一系列生态项目建设，打造出“城在景中”的生态景象，洋湖新城整体获得“2014年国家人居环境范例奖”。

四、大王山片区

大王山片区东起巴溪洲，西至长潭西线，北起三环线和靳江河，南接万家丽路；片区规划面积39.36平方千米，其中，首期开发区约27平方千米（巴溪大道以北），计划总投资800亿元。

2011年6月启动片区建设，片区建设的定位是融合历史、时尚、影视、创意、休闲度假娱乐于一体的湖南省首个特大创新型综合旅游度假区，致力打造世界旅游目的地。至2014年，片区内巴溪洲水上乐园和文正书院已建成并投入使用。

第五节　经济规模与产业结构

一、经济规模

2008年先导区成立后，管委会的工作重心是解决城市基础设施建设，提升城市承载力，为入区企业提供良好的生产、生活环境，为区域经济发展不断提供坚实的基础。

2009年，以强化直辖区域城市基础设施建设为主责，协调指导区域内的岳麓区、高新区、宁乡经开区、望城经开区和宁乡高新区的经济发展。是年年底，先导区范围内实现地区生产总值948.13亿元，技工贸总收入1259.19亿元、利润总额70.87亿元，上缴税金总额52.35亿元。

2010年，先导区管委会直辖区域内城区建设、生态环境等日益改观，入驻的工业企业、商业服务企业、金融企业也相继运转。是年入驻的企业有：坐落于长沙市岳麓区湘江西岸一线沿江地段的渔人码头，位于长沙市岳麓大道的世茂希尔顿酒店，奥克斯地产集团打造的大规模商业综合体奥克斯广场及入驻该广场的华润万家、平和堂百货等大型连锁超市，民生银行湖南总部等。是年年末，先导区范围内各类大小企业 1416 家，从业人数 14.76 万人，地区生产总值 1153.8 亿元，实现技工贸总收入 1756.4 亿元、利润总额 136.71 亿元，上缴税金总额 69.43 亿元。

2011 年，先导区管委会直管区域内入驻保利地产联手万科地产共同打造的保利西海岸，柏宁酒店集团投资建设洋湖柏宁酒店、柏宁地王广场，湖南贵发投资置业有限公司建设的鼎衡大厦，步步高集团投资建设步步高·梅溪新天地等。是年年末，先导区范围内有企业 1850 家，从业人数 19.66 万人，地区生产总值 1689.03 亿元，实现技工贸总收入 2733.46 亿元，利润总额 180.28 亿元，上缴税金总额 93.44 亿元 。

2012 年，入驻先导区管委会直辖区域的企业有上海浦东发展银行股份有限公司、楷林（长沙）置业有限公司打造的高端（LEED）写字楼集群楷林国际大厦等。是年年末，先导区范围内有企业 2655 个，从业人数 20.76 万人，地区生产总值 1952.62 亿元，实现技工贸总收入 3401.41 亿元，利润总额 196.68 亿元，上缴税金总额 107.44 亿元。

2013 年，入驻先导区管委会直辖区域内的有广发银行湖南省级银行总部、国美控股打造的首个购物中心湘江玖号等。是年年末，先导区范围内有企业个数 4697 个，从业人数 24.39 万人，地区生产总值 2249.12 亿元，实现技工贸总收入 4113.67 亿元，利润总额 196.14 亿元，上缴税金总额 130.23 亿元。

2014 年，先导区直辖范围内巴溪洲水上乐园建成运营，湘江欢乐城、湘军文化园开工建设等。是年末，先导区范围内有企业 5680 个，从业人数 25.31 万人，地区生产总值 2488.28 亿元，实现技工贸总收入 4742.10 亿元，利润总额 195.95 亿元，上缴税金总额 136.7 亿元。

二、产业结构

（一）第二产业。2008 年，先导区管委会指导、协调辖区内的长沙高新技术产业开发区发展先进制造、新材料、电子信息、生物、新能源和节能环保等工业企业；指导、协调辖区内的望城经济开发区以现代农产品精深加工企业的发展；指导、协调辖区内的宁乡经济开发区配套产业的提质与拓展。2010 年年末，先导区范围内工业企业 716 家，占先导区范围内企业总个数的 49.27%，工业企业从业 118632 人，占企业总人数的 78.28%，实现工业总产值 1610.45 亿元，占技工贸总收入的 91.69 %。

2011 年起，先导区范围内入驻的工业企业不断扩展，经济规模不断壮大，工业总产值逐年提高。至 2014 年，先导区范围内 4 年间分别有工业企业 1075 家、1472 家、1855 家、2166 家，工业企业数分别占先导区范围内企业个数的 57.49%、55.44%、39.49%、38.13%；工业企业从业 13.77 万人、16.92 万人、17.95 万人、19.14 万人，分别占从业人数的 70.01%、81.53%、73.59%、75.64%；实现工业总产值 2184.61 亿元、2639.58 亿元、3149.52 亿元、2976.11 亿元，分别占技工贸总收入的 78.88%、76.64%、75.48%、60.30%。

（二）第三产业。2008 年起，先导区管委会按照产业规划在直辖区域内主要引进和发展的是金融、商贸、酒店、旅游、文化娱乐和房产等第三产业。建设以国际性服务平台与文化旅游为特色梅溪湖片区，以金融、商贸为主的滨江片区，以总部经济与旅游为主的洋湖片区，以文化娱乐与旅游为主的大王山片区。

2010 年，先导区管委会在继续补强基础设施建设的同时引进金融和现代服务等企业。是年年底，先导区范围内有金融、商贸、酒店、旅游、文化娱乐和房产等企业 737 家，占先导区范围内企业数的 50.73%；企业从业人数 3.29 万人，占先导区范围内从业人数 21.72%；实现经营收入 145.95 亿元，占先导区范围内技工贸总收入的 8.31%。

2011 年，先导区管委会继续引导三产企业在区域内投资发展。是年年底，先导区范围内有金融、商贸、酒店、旅游、文化娱乐和房产等企业 775 家，占先导区范围内企业个数的 42.51%，企业从业人数 5.89 万余人，占先导区范围内从业人数的 29.99%；实现经营收入 548.85 亿元，占先导区范围内技工贸总收入的 20.08%。

2012 年，先导区范围内有金融、商贸、酒店、旅游、文化娱乐和房产等企业数 1183 家，占先导区范围内企业数的 44.56%；企业从业人数 3.83 万人，占先导区范围内从业人数的 18.47%；实现经营收入 761.83 亿元，占先导区范围内技工贸总收入的 22.40%。

2013 年，先导区范围内有金融、商贸、酒店、旅游、文化娱乐和房产等企业数 2842 家，占先导区范围内企业个数的 60.51%；企业从业人数 6.44 万人，占先导区范围内从业人数的 26.41%；实现经营收入 964.15 亿元，占先导区范围内技工贸总收入的 23.44%。

2014 年，先导区管委会引进由湖南凤巢游艇俱乐部有限公司建设的凤巢游艇码头俱乐部，巴溪洲水上乐园，湘军文化园，恒大童世界等。是年年底，先导区范围内有金融、商贸、酒店、旅游、文化娱乐和房产等企业数 3514 家，占先导区范围内企业数的 61.87%；企业从业人数 6.17 万人，占先导区范围内从业人数的 24.36%；实现经营收入 1765.99 亿元，占先导区范围内技工贸总收入的 37.24%。

至 2014 年，先导区区域范围内三产业迅速发展，金融、商贸、酒店、旅游、文化娱乐和房产等企业个数从 2010 年的 737 家增到 2014 年的 3514 家，增加到 4.7 倍，占先导区范围内企业数的 61.87%；从业人数从 2010 年的 3.29 万人增加到 2014 年的 6.17 万人，增加到 1.87 倍，占先导区范围内从业人数的 24.36%；经营收入从 2010 年的 145.95 亿元增加到 1765.99 亿元，增加到 12.10 倍，占先导区范围内技工贸总收入的 37.24%。

表 18-3-5-1　　2010—2014 年先导区产业规模情况一览表

年份	企业数（家）	从业人数（人）	技工贸总收入（亿元）	上缴税金（亿元）	利润总额（亿元）
2010	1435	151554	1756.40	69.43	136.71
2011	1850	196604	2733.46	93.44	180.28
2012	2655	207559	3401.41	107.12	196.68
2013	4697	243880	4113.67	130.23	196.14
2014	5680	253112	4742.10	136.71	195.95
合计	—	—	16747.04	536.93	905.76

说明：数据来源于《湖南开发区年鉴》中长沙高新区、宁乡经开区、望城经开区数据与宁乡高新区、岳麓科技产业园报来的数据之和

第六节　管理与服务

一、管理体制

2008 年，先导区成立之初，实行的是市建设领导小组协调领导下的管委会负责制。中共先导区工作

委员会和先导区管理委员会作为市委、市政府派出机构具体负责区内经济管理事务。先导区党工委、管委会“两块牌子、一套人马”，各部部长、纪工委书记兼任党工委委员，同时为管委会主任办公会成员，先导区下设“四部一委”，即综合管理部、国土规划部、项目建设部、投融资部（先导投资公司）和纪工委，实行“大部制”。对省、市两级授予的经济管理权限，集中由“四部”组织实施。先导区管委会对于辖区内“两区两县”则实行只对重大经济事务行使管理权，创立“五统一分”运行机制。“五统”即负责统一制定先导区“两型社会”建设综合配套改革政策和实施方案；统一制定先导区经济社会发展和城乡建设规划，并负责组织实施和管理；统一先导区土地开发利用管理、审批和利用工作；统一先导区的产业布局与环境整治和项目准入；统一先导区重大项目策划与建设。“一分”就是辖区内各区、县人民政府、高新区管委会分别负责组织实施。

二、事权划分

2008 年，长沙市发布《关于明确长沙大河西先导区规划区域范围内事权划分有关问题的通知》明确先导区管委会、高新区管委会、岳麓区、望城区、宁乡县的事权划分：先导区党工委、管委会履行市级经济管理权限，管事不管人、管大不管小、管经济事务不管社会事务，集中力量抓建设，不影响和削弱属地政府和园区的管理权限；高新区和岳麓区国土、规划、建设、环保等部门涉及市级审批的事项，报先导区管委会审批；望城县和宁乡县在先导区规划区域内的项目准入、用地指标和规划总平面审查由先导区管委会负责。至 2014 年，先导区管委会按照这些要求对先导区范围内的岳麓区、高新区管委会、望城区、宁乡县进行管理。

三、审批制度

2008 年，先导区按照市政府授予的行政审批权，先导区范围内原由市级行政部门审批的 44 项行政许可改由先导区管委会直接审批终结。这对转变政府职能、减少行政审批事项、优化行政审批流程起到实质性作用，同时，也开起第一轮行政审批制度改革的序幕。先导区管委会对近一年对行政许可审批工作的总结和论证，制定《先导区行政审批流程改革试行方案》。

2009 年，建立支持先导区开展行政审批体制改革厅际联席会议制度。由监察厅牵头，不定期召开由 12 个部门（省监察厅、省发改委、省国土资源厅、省建设厅、省水利厅、省农业厅、省林业厅、省环保厅等）分管行政审批工作的负责人参加的联席会议，及时研究解决先导区行政审批改革中遇到的困难和问题；同时根据《长沙市委市政府关于支持大河西先导区建设若干政策意见》，先导区管委可行使市级经济管理权限和省人民政府授予的经济管理权限，先导区内所有市级审批事项均授权先导区管委会办结。长沙市政府也明确，先导区规划区域内原由市发改委、市国土资源局、市建委市规划局、市农业局、市林业局、市房地局、市园林局、市环保局等 12 部门实施的 45 项行政许可项目，委托先导区管委会直接审批，并由先导区启用上述 12 部门的“2 号公章”（先导区管委会持有上述 12 部门用于行政审批印章，但标明 2 号字样），先导区运用“2 号公章”审批的行政许可的批件与上述 12 部门审批的行政许可批件具有同等法律效力。是年 7 月正式实施《长沙大河西先导区建设项目审批改革试行方案》及其配套方案。通过第二轮行政审批制度改革，达到“集中、公开、高效、优质、廉洁”，按照“小政府、大社会”的要求。是年，先导区投入 80 万元，启动网上审批和电子监察系统开发，历时半年软件开发完毕，11 月 19 日正式开通。系统包括窗口受理、业务审批、业务查询、业务监控、业务销毁、网上公示等主要内容。年底，先导区政务窗口接卷 2476 宗，发件 1256 件，做到零差错和零投诉。

2010 年，先导区推行第三轮行政审批制度改革，再度整合审批职能，实施“五原则”为基层单位服务，即设立一个专门政务窗口，统一受理，统一发件的集中原则；行政许可工作流程、申报条件、许可时限等内容全部公开的原则；利用“大部门”办公平台的优势，整合、并联各审批环节，大幅压缩审批总时限，健全效能考核机制达到高效原则；技术性审批环节实行市场化、中介化实现优质原则；推行要素审查制度，对非审查要素一律不列入审查范围，使审批总时限在原来的基础上平均缩短65%以上，其中，招拍挂用地建设项目按过去传统审批流程最长时限要220天，经改革后压缩为42天。

2012年，实施第四轮行政审批制度改革，再行精简审批流程，将招标补充公告备案及招标答疑备案合并审批，取消项目的合同备案，行政审批时限较法定审批时限和市级审批时限大大缩减，部分业务即来即办，极大的便利相对人。下放审批权限，相关行政审批由局主要负责人向分管负责人授权、分管负责人向处室授权，进一步压缩审批环节，直接提升效能，同时，授权政务中心进行预售及施工许可制证、公开招标中标通知书备案及工程量清单和上限值备案等业务，相关业务做到即来即办，进一步提升审批效率。优化审批服务，坚持“行政审批不过夜”原则，满足条件马上办，重点项目跟踪办。

至2014年，先导区认真履行省市赋予的行政审批权，主动开展行政审批改革，经过四轮行政审批制度改革，使审批时限缩短，审批效率提升，得到行政审批相对人的满意，行政审批实现零投诉。

四、项目建设管理

2008年，先导区履行先行先试创新使命，对项目建设管理实施体制改革，在基本建设领域推行项目法人制、代建制、“三审制”等，并重点强化了招投标管理，实施了项目建设管理考评奖惩制度。

2011年开始，建立政府投资项目施工单位和监理单位履约情况考核考评奖惩激励机制。

2014年年初，按照《电子招标投标办法》的规定和要求，率先在全市试点并推行政府投资项目施工类电子化招投标工作，并编制印发《先导区政府投资项目施工电子化招标投标实施细则（试行）》。2014年下半年，启动监理类项目的电子化招投标。先导区政府投资项目的施工和监理全面实现电子化招投标，施工和监理招标文件均统一采用格式化文本。

五、土地管理与服务

2008年，先导区成立时内设机构就设有国土规划部，负责先导区的土地管理与服务工作，并下设有土地储备（交易）中心。并按照先导区所有用地均由土储中心统一征收转让、统一储备、统一安置补偿、统一供应土地的原则；同时，建立健全生态保护机制，制定和公布先导区产业导向名录，明确优先发展、限制发展和禁止发展的产业，使土地能够合理使用。

2009年，开展第一期地籍建库方面的基础工作，对坪塘、含浦、雷锋3镇的地籍建库，坪塘镇4个村的地籍建库工作由市测绘行业管理办公室进行内业检测。

2011年，开展第二期地籍建库，为坪塘镇狮峰山、花扎街、长塘、红桥4村的地籍建库。是年，共挂牌土地21宗、近133.33公顷土地，成交16宗共87.94公顷，成交金额58.68亿元，完成可支配收益15.5亿元。

2012年，先导区开展第三期地籍建库，对梅溪湖片区和洋湖垸片区开展地形地籍测量、调查、建库。是年，共计完成经营性用地出让约197.07公顷，成交金额约153亿元，管委会完成土地收入34亿元。

2013年，开展第四期地籍建库，对坪塘片区开展地形地籍测量、调查、建库。建库范围约29平方千米，除规划水域面积外约25.82平方千米，是年，先导区完成划拨供地项目54宗，划拨总面积319.78公顷，使全区基础设施、公共服务设施、民生工程等用地得到较好的保障。完成土地挂牌出让共44宗，出让土地面积224.54公顷，土地收入211.89亿元（含溢价），实现土地纯收入超过40亿元。

2014年，继续开展土地确权试点，坪塘片区集体土地使用权确权工作已先后完成地形图测绘、地籍调查试点（新合村）、其他行政村的使用权调查、野外权属调查、所有权属调查、地块地图制作及面积量算等工作，数据库建设基本完成。是年完成挂牌出让成交21宗地，其中，高新区2宗地，岳麓区4宗地，湘江新区直接投资片区范围内15宗地，挂牌出让土地面积161.5公顷，挂牌成交总额121.14亿元。

第四章　宁乡经济技术开发区

宁乡经济技术开发区（简称宁乡经开区）位于湖南省长沙市宁乡县城区东北部，扼守长沙市西大门，是国家级新区湖南湘江新区的组成部分。

1997年，宁乡县委、县政府提出“民营立县”发展思路。1998年2月，宁乡县人民政府出台《宁乡县人民政府关于建设民营经济工业园（无费区）的决定》。3月，宁乡县规划管理局编制《宁乡县民营经济工业园规划》，规划工业园面积6平方千米，分两期建设，一期建设2.1平方千米。6月，长沙市人民政府向湖南省人民政府请示将宁乡县民营经济工业园（无费区）列为省重点工程。

1999年，宁乡县民营经济工业园（无费区）完成3000万元基础设施建设，加加酱油等5个企业开工建设。当年部分企业竣工投产，实现技工贸总收入1.21亿元、税收164万元。2000年3月，宁乡县民营经济工业园更名为宁乡科技工业园。是年，8个企业正式入园，楚天科技等6个规模企业投产，完成总投入1.4亿元，实现技工贸总收入1.61万元、税收207万元。

2001年2月，宁乡经济技术开发区建设投资有限公司成立，属国有独资有限责任公司，注册资本为2000万元。12月，宁乡县科技工业园更名为宁乡经济技术开发区，规划区面积扩充到10平方千米。园区“四横两纵”道路骨架网络建设全面拉开。当年入园企业达15个，实现技工贸总收入6.05亿元、税收207万元。

2002年10月，宁乡经开区获批省级开发区，更名为湖南宁乡经济技术开发区，管委会下辖公司相应更名为宁乡经济技术开发区建设投资有限公司。当年入园企业增至21个。实现技工贸总收入7.74亿元、税收2588万元。与1999年相比，分别增长540%、1478%。

2003年1月，宁乡经开区被授予“全国乡镇企业科技园”。3月，经国家经贸委批准在园区设立“中国中小企业科技园”，是全国第一家用“中国”冠名的县域中小企业科技园。当年入园企业28个，拥有加加酱油、中国台湾宏全国际、中南散热器等规模企业16个，实现技工贸总收入9.83亿元、税收3282万元。

2004年11月，宁乡经开区被评为“首届湖南十大投资诚信安全区”。中国台湾宏全国际、青岛啤酒、新源氨基酸等7个项目相继投产。当年入园企业36个，实现技工贸总收入12.94亿元、税收4295万元。

2005年3月，宁乡经开区第一次机构升格，党工委、管委会明确为正处级单位，为宁乡县委、县政府派出机构。8月，园区制定《宁乡经济技术开发区“十一五”发展规划》，规划面积调整至30平方千米。园区实施“以区带园”产业运作模式，主体园区之外专辟六个工业园区，以高新产业和国家鼓励的转移产业为导向，逐步形成食品、机电、新材料新能源三大主导产业。当年投产规模企业达47个。当年实现技工贸总收入14.4亿元、税收4725万元。

2006年，宁乡经开区顺利通过国家发改委、国土资源部、原建设部联合开展的省级开发区清理整顿，成为审核保留后的省级开发区，更名为湖南宁乡经济开发区。当年园区投产企业达54个，实现技工贸总收入16.98亿元、税收7394万元。

2007年7月，被评为“湖南省和谐劳动关系示范工业园区”；8月，被评为“全国模范劳动关系和谐工业园”。当年园区企业达85家，实现技工贸总收入42.42亿元、税收8742万元。

2008年5月，宁乡经开区被湖南省人民政府批准为全省第一批循环经济试点园区。当年园区企业达98家。当年园区实现技工贸总收入68.32亿元、税收1.34亿元。

2009年，宁乡经开区引进法国乐福来、美怡乐、蓝田再生等55个项目，合同引资55亿元，其中投资过亿元项目12个，引进外资5407万美元。当年园区企业109家，实现技工贸总收入116.92亿元、税收2.13亿元。同年，园区着手进行房地产开发建设，宏亿置业开发建设假日摩纳哥商品房项目，建筑面积为7.32万平方米。3月，怡宁新村安置房开始建设，共建住房6栋228套，建筑面积为25347平方米。

2010年11月11日，宁乡经开区晋升国家级经济技术开发区，更名为宁乡经济技术开发区。是年，园区被评为全国首家“中国食品工业示范园区”“湖南十大最具投资价值产业园区”，有企业125家，实现技工贸总收入166.41亿元、税收2.76亿元。

2011年，宁乡经开区动工建设项目达59个，累计完成投资66亿元；引进固定资产投资5000万元以上项目25个，其中亿元以上项目14个，合同引资60亿元。当年园区企业达152家，实现技工贸总收入219.27亿元、税收4.6亿元。同年，园区被评为“湖南省文明单位”“湖南省节约集约用地先进单位”。

2012年，宁乡经开区有规模以上企业188个。完成技工贸总收入347.77亿元、税收达5.03亿元。同年，园区被评为湖南省首批“两型”示范园区，并被国家发改委、财政部确定为国家循环化改造示范试点单位。

第一节 机 构

一、中共宁乡经济技术开发区工作委员会

1999年9月，成立中共宁乡民营经济工业园党组。2000年3月，宁乡民营经济工业园更名为宁乡科技工业园，撤销中共宁乡民营经济工业园党组，成立中共宁乡科技工业园党组。2001年12月，宁乡县科技工业园更名为宁乡县经济技术开发区。同时，宁乡县委决定撤销中共宁乡县科技工业园党组，成立中共宁乡县经济技术开发区委员会。

2002年11月，宁乡经济技术开发区经省政府批准为省级开发区，更名为湖南宁乡经济技术开发区。2004年9月，长沙市机构编制委员会确认宁乡经开区党工委为中共宁乡县委派出机构，与管委会合署办公，正处级单位。2010年11月11日，国务院办公厅正式批复，同意宁乡经开区升级为国家级经济技术开发区，定名为宁乡经济技术开发区，实行现行国家级经济技术开发区政策。2012年3月20日，湖南

省机构编制委员会明确中共宁乡经济技术开发区工作委员会、宁乡经济技术开发区管理委员会分别为湖南省委、省政府派出机构，委托长沙市委、市政府管理。宁乡经开区党工委、管委会合署办公，为副厅级机构。

二、宁乡经济技术开发区管理委员会

1998年2月，宁乡县政府办公室印发《宁乡县人民政府办公室关于成立民营经济工业园（无费区）》管理办公室的通知》，办公室下设征地拆迁组、招商引资组、基础设施规划建设管理组、后勤服务组。办公室在民营经济领导小组领导下开展工作。办公室设县检察院机关。2000年3月，民营经济工业园更名为宁乡科技工业园。同年，宁乡县人民政府决定成立宁乡县科技工业园建设投资开发有限公司，注册资本为1000万元。公司按照“政企分开、市场运作、营建并举、偿债增投、滚动发展”原则，实行独立核算、自主经营、自负盈亏运行机制。2001年12月，宁乡科技工业园更名为宁乡经济技术开发区。2002年10月，宁乡经济技术开发区获批为省级开发区。2004年9月，长沙市机构编制委员会确认宁乡经开区党工委、管委会分别为宁乡县委、县政府派出机构，合署办公，正处级单位。2006年6月，宁乡经开区顺利通过国家发改委、国土资源部、建设部联合开展的省级开发区清理整顿，成为审核保留后的省级开发区，并更名为湖南宁乡经济开发区。2007年，宁乡经开区成为湖南省唯一“全国模范劳动关系和谐工业园区”。2008年，成为湖南省首批“循环经济试点园区”。2009年，成为全国唯一“中小企业信用体系建设示范园”、全省唯一“两型”试点园区。2010年，成为全国唯一“中国食品工业示范园区”和“湖南十大最具投资价值产业园区”。

2010年11月11日，宁乡经开区成功晋级国家级经开区，并更名为宁乡经济技术开发区。2011年成为长沙市首家“平安园区”，被评为湖南省文明单位、湖南省节约集约用地先进单位。2012年3月20日，湖南省机构编制委员会发文，明确中共宁乡经济技术开发区工作委员会、宁乡经济技术开发区管理委员会，分别为湖南省委、省政府派出机构，委托长沙市委、市政府管理。宁乡经开区党工委、管委会合署办公，为副厅级机构。核定行政编制55名，其中党工委书记、管委会主任（均为副厅级）各1名，副书记（正处级）1名，副主任（正处级）2名。

1999—2012年，先后担任宁乡经济技术开发区主要领导的有：李云龙、刘润乾、郭力夫、戴中亚、刘永红、陈海波、黎春秋；领导班子成员有：罗俊文、黄仕军、刘辉、高旻玲（女）、梁应武、王子进、袁钊、喻锦东、陈海波、张君来。

第二节　园区规划

一、总体规划

1998年2月，中共宁乡县委、县政府决定在县城玉潭镇北侧、石长铁路宁乡站与一环东路之间的地段，即城郊乡木佳村建设宁乡县民营经济工业园（无费区）。3月，宁乡县规划管理局编制《宁乡县民营经济工业园规划》，工业园规划在宁乡县城火车站站前路以南、县城一环路以北、宁朱公路以东、通站大道以西，南接县城，总用地面积6平方千米，居住地人口为4182人。规划目标是创建一个具有高水平县城人文景观区和一座民营工业的现代化新城。园区以工业用地为主，吸收无污染或少污染的高科技项目入园。

2001年3月，宁乡县委、县政府决定将园区规划面积调整至10平方千米。根据县委、县政府决定

和《宁乡县城总体规划（2000—2020年）》，园区聘请国家甲级规划设计单位——北京土人景观与建筑规划设计研究院，编制《宁乡经济技术开发区首期10平方千米控制性详细规划》。规划适用于宁乡经开区石长铁路以南、沩水以北、宁乡大道以东、东升路以西范围内（下称“规划区”）各地块和各类建设的土地使用，各类建筑物、构筑物的新建及改扩建等城市建设管理。规划目标为调整规划区用地布局，合理组织道路系统和绿地系统，协调工业区建设与生态环境保护的关系，加强与职能相适应的公共服务设施和市政基础设施的配套建设，塑造功能结构合理、环境宜人、充满活力的现代化新城区形象。功能定位为科技型、生态型、综合型经济技术开发区，居住地人口为2.77万人。根据规划区的空间形态和自身条件，布局形成“三纵、四横、五片区”的空间结构。“三纵”即以宁乡大道、玉城路、创业大道为轴线的园区主要发展轴；“四横”即以三环东路、站前路、二环东路、一环东路为发展轴线带动每个片区发展；“五片区”即以加加酱油等龙头企业为主的食品工业区，以工程机械制造为主的机械工业区，以科技含量高的新材料企业为主的新材料工业区，以园区管委会、公园、村民安置、企业配套住宅为主的综合配套区，以火车客运站为中心的工业园配套服务区。规划2001年10月完成，于2003年8月通过专家评审。

2006年8月，园区制定《宁乡经济技术开发区“十一五”发展规划》。“十一五”期间（2006—2010年），园区总体规划扩容至40平方千米，规划区适用于檀双路以南、沩水以北、宁乡大道以东、沩水以西，居住地人口为21686人。总体规划区内水、电、路、通信、宽带网络、有线电视、天然气、排污管网等基础设施实现“八通”；规划空间布局以长常高速公路、国道319线为交通依托，“强壮一体，扩充一翼”，“一体”即宁乡经开区主体，“一翼”指向东冀拓展。根据“十一五”初期长常高速公路在全民乡（金洲镇）境内新增出口以及宁乡县城与长沙高新区之间新建金洲大道的情况，主体园区规划为跨过沩江，连接金洲大道，并利用国道319线拓改契机，把金洲新区、历经铺服饰产业园、夏铎铺机械制造产业园统一起来，整体园区形成“一区带六园”发展格局。“一区”即宁乡经开区；“六园”即设立“区中园”：中小企业园（玉潭镇为投资主体）、纸业园（城郊乡为投资主体）、服饰工业园（历经铺乡为投资主体）、机械工业园（夏铎铺镇为投资主体）、食品工业园（白马桥乡为投资主体）、制造工业园。根据“十一五”期间（2006—2010年）园区结构性布局调整规划，园区继续遵循“科技型、生态型、综合型”发展思路，重点发展机电、食品加工、新材料、服饰鞋业四大产业；同时，大力发展循环经济，构建园区经济、环境、社会效益多赢的发展格局，实现经济增长方式的根本性转变。

2011年，园区委托湖南省规协城乡规划设计咨询有限公司，编制《国家级宁乡经济技术开发区发展控制规划》，2012年5月完成规划编制。规划定位为以全面创建“两型”示范园区为方向，当好改革开放先行区、体制机制创新区、现代产业集聚区、先进文化引领区、和谐发展示范区，实现功能综合化、布局混合化、发展内生化，加快打造开放度高、竞争力强、生态优美、环境和谐、经济发展、科技创新的现代工业新城。规划区总用地规模为57.25平方千米，涉及城郊乡、双江口镇、菁华铺乡，形成“一圈两村三带四园五基地”的空间结构，“一圈”即轻轨商圈；“两村”即怡宁新村、旺宁新村（湖南省保障性住房示范村）；“三带”即宁乡大道生态宜居示范带、沩江西岸高新技术产业带、金洲西线农副产品精深加工示范带；“四园”即蓝月谷高新技术产业园、菁华河都市观光农业示范园、尚峰尚水文化体育公园、姑嫂树山公园；“五基地”即再制造产业基地、高新技术孵化基地、生态农业产业基地、安全食品基地、住宅产业化基地。综合考虑园区“十二五”发展规划、产业集群建设、产业关联及设施共享等因素，开发时序分为现状建成区、近期开发区、中期开发区和远期开发区。现状建成区包括火车站以南、蓝月谷路以西、沩水以北区域，面积约为14.22平方千米；近期建设区为长常高速以南、石长铁路以西、长冲路以东区域及循环经济产业区，面积约为14.88平方千米；中期建设区为车站路以北、石长铁路以东区域和长常高速公路以北、宁乡大道以东（不含循环产业园）区域及长冲路以西与永佳路以北围合区域，面积约为19.58平方千米；远期建设区主要集中在园区西部，包括长常高速以北、永佳路以南区域，面积约为8.57平方千米。规划人口规模为25万人。

二、专项规划

（一）土地利用规划。2001年，《宁乡经济技术开发区首期10平方千米控制性详细规划》规划用地规模580.32公顷，全部为建设用地，其中工业用地298.89公顷，占建设用地51.49%；居住用地68.76公顷，占建设用地11.85%；公共设施用地32.45公顷，占建设用地5.59%；市政公用设施用地6.33公顷，占建设用地1.09%；仓储用地28.2公顷，占建设用地4.86%；对外交通用地10.85公顷，占建设用地1.87%；绿地38.15公顷，占建设用地6.57%；特殊用地17.71公顷，占建设用地3.05%；道路广场用地84.93公顷，占建设用地14.64%。规划区地块划分坚持控制引导原则，杜绝用地不兼容使用，尽可能保证地块性质单一，基本地块原则不跨越用地产权或使用权边界，不超越片区界线，并结合城市“道路红线、绿地绿线”等专业规划要求，按城市道路或者自然河流划分为5个片区、58个街坊、81个地块。

2012年，《国家级宁乡经济技术开发区发展控制规划》规划总用地规模为57.25平方千米，用地主要为居住用地、公共管理与公共服务用地、商业服务设施用地、工业用地、仓储用地、道路与交通设施用地、绿地与广场用地共7大类，建设用地5390.15公顷，占规划总用地94.14%，其中工业用地2503.47公顷，占建设用地46.45%；居住用地1042.73公顷，占建设用地19.35%；公共管理与公共服务用地172.35公顷，占建设用地3.2%；商业服务设施用地104.82公顷，占建设用地1.94%；物流仓储用地93.87公顷，占建设用地1.74%；道路与交通设施用地572.59公顷，占建设用地10.62%；绿地与广场用地829.89公顷，占建设用地15.4%；公用设施用地70.43公顷，占建设用地1.31%。

（二）道路交通规划。1998年，《宁乡县民营经济工业园规划》规划园区道路成格网状布局，主要交通干道为40米宽宁朱路、通站大道和一环东路，主要街道为30米宽站前路、二环路和三环路，同时规划24米宽次干道5条、12米宽支道12条。

2001年，《宁乡经济技术开发区首期10平方千米控制性详细规划》规划“四横两纵”道路骨架网络。“四横”即站前路（长2044米、宽40米）、一环东路（长1423米、宽40米）、二环东路（长1931米、宽40米）、三环东路（长1878米、宽30米），“两纵”即宁乡大道（长4037米、宽60米）、创业大道（长1909米、宽40米）。同时，规划玉城路、新康路、中湘路、兴业路、东升路、黄金路6条24米宽次干道和13条18米宽支路；设置公共停车场1处，总用地面积1.27公顷，可提供标准停车位423个；设置加油站2个，其中创业加油站用地0.59公顷、张联公路西侧入口加油站用地0.55公顷；按照500~800米的距离沿主干路设置港湾式停靠站。

2006年，《宁乡经济技术开发区“十一五”发展规划》规划以宁乡大道、创业大道、金洲大道、国道319线、高速公路全民乡（金洲镇）出口与国道319线连接为骨架主要道路交通网络，2006年开始建设沩水大桥和创业大道，延伸至沩水，逐步建设一环东路（长2470米、宽40米）、二环东路（长10180米、宽60米）、三环东路（长3420米、宽42米）、创业大道（长5100米、宽60米）、车站路（长3122米、宽30米）、创新路（长2036米、宽24米）、兴业路（长1461米、宽24米）、东升路（长2579米、宽24米）。

2010年，《宁乡经济技术开发区“十二五”发展规划》规划跨越沩水的蓝月谷大桥和城双快速干线、永佳路、蓝月谷路、茶亭寺路等园区主次干道。

2012年，《国家级宁乡经济技术开发区发展控制规划》规划“五横五纵”的道路方格网结构，“五横”即檀白路、檀金路、金洲西线、永佳路、二环东路；“五纵”即邦宁路、花明北路、宁乡大道、发展路、茶亭寺路，建设快速路2条、主干道11条、次干道12条。设置6个集中地面生态式停车场，规划面积为4.22公顷；结合城市广场建设地下停车场2个，地下停车场面积为1.82公顷，提供标准停车位3164个。

（三）供水设施规划。园区扩建宁乡三水厂、四水厂及雷锋水厂，配套完善自来水管网建设，水源为沩水河和黄材水库，确保园区工业用水充足、畅通。

（四）排水排污设施规划。2001年，《宁乡经济技术开发区首期10平方千米控制性详细规划》明确提出园区道路排水体制采用雨、污分流制。规划在沩水下游建设污水处理厂，日处理污水能力15万吨，截污干管总长55千米。

（五）供电设施规划。2004年，园区配合宁乡县电业局编制输变电工业规划，规划110千伏及以上电网建设以湖南省电网为主网，以500千伏宁乡变为支撑，以220千伏玉潭变电站（现状）—宁乡东变电站（现状）—金洲变电站—经开变电站双环网为骨干网，以承接配送通畅的11千伏—10千伏为配网的区域性现代化电网，满足园区经济发展和人民生活需求。

（六）供气（汽）设施规划。园区规划与华燊燃气、新奥燃气合作，投资建设天然气储备站，建设完善天然气管网。与深圳天合欣能源有限公司合作，投资兴建天宁热电厂，年供热蒸汽100万吨。

（七）配套设施规划。1998年，园区规划建设医院2所、中小学5所、公厕和垃圾中转站各8处，设立火车站邮电所，增加程控电话5000门。

2001年，园区明确规划区公共配套设施以2.6万人规模为基础进行综合配套。规划管委会行政办公设施1处，设置居委会（社区服务中心）4处，规划图书馆、影剧院、会议中心各1处，规划综合医院1所、社区卫生服务站3处，规划建设外贸职业技术学校，扩大城郊中学、三联小学规模，规划幼儿园4所。

2012年，园区规划布置中学7所、小学15所、幼儿园24所；建设综合医院7所、社区卫生站24处，配置文化活动站26处，设置街道办事处8个、派出所15个、居委会23个，程控电话达35.11万门，创建邮政支局7个、邮政所12个，规划公共厕所83个、中级垃圾转运站收集点5个、50台环卫车辆、基础环卫设施机构9个。

（八）绿地系统规划。1998年，《宁乡县民营经济工业园规划》规划站前路与通站大道东南侧山头为公共绿化用地，各项建设用地绿化率不少于30%。

2001年，《宁乡经济技术开发区首期10平方千米控制性详细规划》明确绿化规划原则，即河道绿化与集中绿化相结合，以绿地系统规划为基础，与城市水系资源紧密结合形成清晰完整的绿化体系；绿地系统应符合多元化要求，以生态型、自然型、文化型、功能型等多型制相结合；开辟沿河风光带，形成休闲游憩场所，结合居住设置中心公园，形成开放空间体系。同时，明确绿化规划指标，即居住区用地绿地率不低于30%，中小学、托幼绿地率不低于25%；多层厂房绿地率不大于20%；公共绿地中绿地率应大于70%。绿地系统由滨水绿地、道路绿化带和公共绿地三部分组成，结构为“一带、两水、七廊”，即以沩水为主体滨水风光带，以沿南干渠、黄材灌区两侧布置公共绿地，以中心公园、火车站和两个街头绿地形成的城市绿化节点，以创业大道、玉城路、环线等形成七条道路带。

2012 年，《国家级宁乡经济技术开发区发展控制规划》规划绿地面积 829.89 公顷，人均公共绿地面积 17.27 平方米。规划防护绿地面积 390.25 公顷。规划绿地系统以城市绿楔为主要内容、综合河网水系做滨河绿地，与居住区绿化连接成为网状的绿地步行系统；沿沩水布置公共绿地，形成沩水风光带；沿南干渠、黄材灌区两侧布置公共绿地，与水结合形成绿廊。规划构建“六横五纵多点”11 条主要绿色景观通廊和公用节点景观，“六横”即檀白路、檀金路、金洲西线、永佳路、车站路、二环东路，“五纵”即长邦路、宁乡大道、创业大道、发展路、蓝月谷路；“多点”即在绿化面积较宽地段重点设计，形成馥源公园、东风公园、牛垄山公园、姑嫂树山森林公园、菁华河景观中心、金洲湖休闲产业区等。规划滨河绿地按宽度 10~150 米控制，根据具体河道的不同进行岸线设计和绿化。规划主要道路两厢防护绿带宽 10~20 米；规划长常高速公路、石长铁路设置防护绿带，以密植乔木为主，绿带宽 50 米。

第三节　基础设施建设

一、道路建设

1998 年，园区车站路动工修建。车站路东起宁乡火车站，西接宁乡大道，全长 1540 米，路宽 40 米，总投资 2926 万元，当年竣工通车。2001 年，修建兴业路。兴业路东起创业大道，西接宁乡大道，全长 1606 米，路宽 24 米，总投资 1300 万元。2002—2003 年，修建创业大道、创新路、东升北路、三环东路、金洲大道，总长 10200 米，总投资 14575 万元。2004 年，修建发展路（金洲大道—车站路）、车站路（火车站—发展路），总长 2662 米，总投资 3520 万元。2005 年，修建金洲大道（发展路—金洲大桥）、三环东路（东升路—发展路），总长 2332 米，总投资 9647 万元。2006 年，修建发展南路、东升南路，总长 1375 米，总投资 1237 万元。2007 年，修建经远路、志远路、谐园南路，总长 1650 米，总投资 1144 万元。2008 年，新建车站路（发展路—梅双公路），总长 2662 米，路宽 40 米，沥青混凝土路面，总投资 5016 万元。2009 年，新建新康路、谐园路、三环东路（发展路—谐园路），总长 3454 米，总投资 4906 万元。2010 年，修建船形山路、永佳路、谐园北路，总长 5390 米，总投资 8283 万元。2011—2012 年，修建蓝月谷路、永佳路连接线、兴园路，总长 3300 米，总投资 2750 万元；提质改造宁乡大道，总长 3600 米，路宽 65 米，总投资 12000 万元。

至 2012 年，园区形成“五横五纵”道路方格网新格局，建设快速路 2 条、主干道 11 条、次干道 12 条，道路建设总长 38569 米，总投资 67300 万元。

二、供水设施建设

1998 年，园区企业、居民和建设单位均由（长沙）中国水务集团有限公司（前身为宁乡自来水公司，2007 年改制）供水。2000 年，园区建成日供水 5200 吨自来水加压站。通过“南水北调”方式，进一步提升供水能力。但随园区建设步伐加快，规模不断扩张，入区企业逐步增多，特别是用水量较大的青岛啤酒投产后，园区企业供水日趋紧张。2006—2008 年，沿二环东路、三环东路、车站路三条东延线和发展路铺设供水管网，总长 12270 米。2009 年，完成经远路、新康路、谐园路供水管网铺设，总长 3400 米。2010 年，完成一环路、东升路、发展路供水管网铺设，总长 3400 米。2011—2012 年，完成蓝月谷路、永佳路连接线、兴园路供水管网铺设。供水管道基本采用外径 200~600 毫米砼管或球管，管道沿道路埋设，覆土深度由外部荷载、给水强度及管线交叉情况确定，一般道路为 0.8~1.0 米，人行道下为 0.6~0.8 米。

至2012年，建成宁乡第四水厂、园区自来水加压站等，完成21条道路38.6千米自来水供水管道配套设施建设，并供水入户至园区企业、居民住宅小区。

三、排水排污设施建设

1998年，铺设车站路污水管网1540米。

2001年，铺设兴业路1606米污水管网。2002年，铺设创业大道等污水管网3190米。2003—2005年，铺设创新路、东升北路、三环东路（宁乡大道—东升路）、金洲大道（牛广场—发展路）、（金洲大道—车站路）、车站路（火车站—发展路）、金洲大道（发展路—金洲大桥）、三环东路（东升路—发展路）等污水管网10824米。2006—2008年，投资495.67万元，铺设发展南路、东升南路、经远路、志远路、谐园南路、车站路（发展路—梅双公路）等污水管网5665米。2009—2012年，投资3177.94万元，铺设新康路、谐园路、三环东路（发展路—谐园路）船形山路、永佳路、谐园北路、蓝月谷路、永佳路联络线、兴园路、一环东路提质、发展北路、宁乡大道提质和园区南侧排水接污工程等污水管网12844米。

至2012年，园区基本实现雨污分流排水体制，污水集中排放至污水干管，后排放至园区东部的污水处理厂进行集中处理，处理污水规模为8万立方米/天。

四、供电设施建设

1998年，110千伏宁乡东变电站（木佳变电站）为园区主要供电设施，供电负荷为31500千伏安。2010年，启动通益变电站（220千伏）建设，完成天玉线220千伏高压线改造，沩水河道至沙河干渠下架空。2011年，完成天玉线220千伏高压改造，从沙河干渠至宁乡大道，约6千米。2012年，完成楚木宁线从谐园路、三环路至茶亭寺路110千伏高压改造，约1千米。2012年，通益变电站投产运行。

至2012年，园区总投资2965万元，完成220千伏公用线路2条，线路总长度5.7千米；拥有110千伏公用线路4条，线路总长度14.4千米。

五、供气（汽）设施建设

（一）燃气设施建设。2002年，华燊燃气与宁乡经开区签订投资合同。投资2100万元建设城市燃气管网，其中华燊燃气宁乡供气站主体工程于当年11月开始施工，2003年1月竣工。2006年，常德华油与华燊燃气建立合作关系，共同投资建设宁乡城区燃气管道。2011年，宁乡县政府与新奥燃气签订《宁乡经济技术开发区、金洲新区管道燃气项目建设经营框架协议书》，宁乡县政府授权新奥燃气作为规划区域内唯一经营管道燃气业主单位。6月，宁乡经开区与新奥燃气签订《宁乡天然气利用工程项目合同书》，新奥燃气投资1.5亿元在经开区建设天然气储备站。

至2012年，新奥燃气工程累计投资近3亿元，完成次高压管线、燃气干管、天然气门站、液化天然气（LNG）储配站、次高压调压站等设施，供气居民客户6万户、工商企业200余个，日供气规模10余万立方米。

（二）蒸汽设施建设。1998—2006年，园区企业均利用自备锅炉解决所需蒸汽，既浪费资源，又不利环保。为发展循环经济，有效解决园区企业集中供热问题，2007年9月，宁乡经开区与深圳天合欣签订《投资建设宁乡经济开发区热电厂项目合同书》。2008年4月，天宁热电厂启动建设。该厂位于园区发展路与新康路交汇处东南侧，占地13.33公顷，供汽平均半径为8千米，最长距离达14千米，供热范围200平方千米；配置3台75吨循环流化床锅炉、1台C15兆瓦抽凝汽轮发电机组、1台B7.5背压汽轮发电机组；设计年供电量1.5亿千瓦时，年供热蒸汽达100万吨。2010年6月，天宁热电厂二炉一机建成投产。2011年4—7月，一炉一机建成投产。

至2012年，建成总长近20千米的供汽管网，日供汽量约2000吨，全面覆盖园区用热企业。

六、绿地系统建设

2005年，投资78.39万元，完成创业大道绿化。2006年，投资42.62万元，完成二环东路绿化。2007年，投资161.73万元，完成东升路、二环东路及零星绿化。2008年，投资460.89万元，完成兴业路、创新路、发展路、三环东路K0+000~K1+443左侧绿化和创业大道、二环东路绿化改造提质。2009年，投资521.78万元，完成车站路、创新路、发展路、东升路、兴业路、新康路绿化。2011年，投资1143.88万元，完成创业大道南段绿化改造、发展南路绿化修复、二环东路绿化提质改造、蓝月谷路绿化等。2012年，投资1403.43万元，完成车站路、创新路绿化提质改造和茶亭寺路、一环东路、兴园路绿化。

至2012年，园区总投资1.65亿元，按照整体控规的绿地指标进行建设，形成由公园绿地和防护绿地组成的园区绿地系统，控规绿地指标完成率达65%，绿地建设面积达55公顷。

第四节　招商引资

一、招商政策

2001年7月，园区制定《宁乡科技工业园管委会有关奖励决定》，明确按宁乡县政府招商引资政策，将到位资金的6‰奖给引资人和招商引资项目相关人员。2003年，园区实行弹性地价政策，根据项目投资规模和达产效益，对土地出让价格确定基数，弹性浮动，保证优价土地向优势项目倾斜。2004年1月，园区建立项目工程、招商引资责任联系制度，明确项目工程责任人承担所联系项目的手续办理和协调服务，负责召集项目协调会，通报项目情况，提出需要解决的问题并分解到相应的职能科室，加强跟踪落实。2006年2月，园区决定对招商引资实行单项奖励，半年考核一次内设局室完成管委会下达的招商引资目标任务情况。2007年6月，为吸引机电企业落户，园区制定《宁乡经济开发区机电产业项目招商引资优惠政策实施办法》，明确项目准入门槛：项目必须符合国家产业发展政策，优先引进发展政策鼓励类项目；鼓励类项目投资总额必须在1000万元以上；所有企业均须达到二类以上环保标准；项目可享受国家、省、市、县等文件规定的优惠政策；根据投资额度将项目分成四类，企业根据项目分类可分别享受园区不同优惠政策。

2008年，园区建立项目准入机制，严格准入条件，明确“五个不签”原则，即投资规模小的不签、达不到投资强度的不签、项目年度内不能实现投入的不签、环保达不到要求的不签、科技含量不高的不签。2009年2月，园区制定《招商引资中介人和有功人员奖励实施办法》，规定引进资金在园区新办工业企业的，符合环保、法规和有关产业政策的项目达到相应标准可以享受中介人和有功人员奖励。9月，制定《宁乡经济开发区总部经济（楼宇经济）项目招商引资优惠政策实施办法》，鼓励国内外投资者在园区设立总部或分支机构，明确对总部经济项目在正式取得税务登记证后，年实际缴纳工商税收总额（不含建安营业税及出口退税，固定资产抵扣的增值税等实际减、免、退税收）达到20万以上的给予财政扶持，由区级财政以产业扶持名义，按照当年缴纳税收总额园区留成部分若干比例奖励给项目单位用于扩大经营。

2011年2月，制定《项目工程建设考核奖励实施办法》，明确对凡在宁乡经开区辖区内有基建投入，且能按与管委会签订的合同条款如期履约的新建、续建、技扩改项目工程建设实行考核奖励，奖励对象为项目业主单位、项目建设现场责任人，并有严格的考核和奖励标准。5月，出台《引进扶持战略项目优惠政策实施办法》，明确具有资金、技术、管理、市场、人才、品牌优势，能促进开发区产业发展和结构升级，极大的增强开发区经济实力和产业影响的项目为战略项目，如世界500强企业、中国500强企业、国内行业前三名企业、固定资产投资在3亿元以上或年税收贡献在5000万元以上的企业等，由这类企业直接投资、符合开发区项目准入条件、注册成企业独立法人的工业项目。开发区财政单列战略项目扶持资金，对这些企业在税收、科研、融资、境内外成功上市等方面具有重要贡献的战略项目进行奖励补贴。同时，出台《招商引资项目优惠政策实施办法》，明确支持项目享受国家、省、市、县等扶持产业发展和鼓励投资的相应优惠政策；支持项目享受《宁乡经济技术开发区工商税收入库专项奖励办法》《宁乡经济技术开发区2011年度项目工程建设考核奖励实施办法》等优惠政策；项目涉及的各项行政事业性收费按现行有效的宁乡县同一收费文件核定的收费项目、收费标准就低不就高的原则执行；服务性收费协调减免。

二、招商成果

1998年3月，宁乡县民营经济工业园（无费区）开园。12月，园区引进四川托普建设中国西部软件园湖南分园，投资1亿元，建设托普信息工业园。1999年，园区引进加加酱业，投资1亿元，建设年产3万吨酱油生产线基地，生产加加酱油、盘中餐等系列产品。振邦氟涂料投资1.69亿元，建设年产1万吨氟涂料生产基地，生产振邦氟涂料等产品。全年引进企业6个，引进资金3.95亿元。2000年，园区引进楚天科技，投资5000万元，成立长沙楚天包装机械有限公司（楚天科技前身），生产医药包装机械等产品。全年引进企业5个，引进资金2亿元。2001年，园区引进中南散热器，投资3000万元，建设散热器生产线基地，生产SFV9和SS4散热器。全年引进企业5个，引进资金2.4亿元。

2002年，园区引进中国台湾宏全国际（一期），投资2000万美元，建设宏全食品生产基地，生产统一牌果汁、茶饮料、机能性饮料等食品。

2003年，园区引进飞翼电器，至2009年累计投资1.4亿元，建设飞翼电器生产基地，生产建筑工程机械、矿山机械等产品。引进青岛啤酒，投资1.5亿元，建设青岛啤酒生产基地，生产各种型号青岛啤酒等产品。引进三博士，投资6000万元，建设快速电热水器及智能高效精密过滤器生产基地，生产快速电热器等产品。引进海大铝业，投资6000万元，建设新型铝材生产基地，生产新型铝材等产品。引进拜特生物，投资5000万元，建设兽药生产基地，生产兽药等产品。全年引进企业7个，引进资金2.6亿元。

2004年，引进新源氨基酸，投资4500万元，建设氨基酸高效肥和氨基酸肥料活性剂生产基地，生产氨基酸高效肥和氨基酸肥料活性剂等产品。引进海纳新材料，至2009年累计投资1.8亿元，建设年产20000平方米纳米陶瓷无机膜生产线基地，生产纳米陶瓷无机膜等产品。全年引进企业8个，到位合同资金2.12亿元。

2005年，园区引进湘电长泵，投资1亿元，建设年产16350吨铸件生产基地，生产铸件等产品。引进利洁生物，投资8500万元，建设年产4000吨康洁新TCC和3000吨利尔洁PCMX生产基地，生产康洁新、利尔洁等产品。引进烨星锑业，投资3000万元，建设年产3000吨特种锑白和年产500吨胶体五氧化二锑生产基地，生产特种锑白和胶体五氧化二锑等产品。全年引进企业7个，到位合同资金3.5亿元。

2006年，园区引进搏浪沙，投资1亿元，建设宁乡标准厂房工程基地。引进松井新材料（一期），投资3000万元，建设年产4000吨UV涂料生产基地，生产UV涂料等产品。引进圣华科技，投资8000万元，建设新型混凝土节水保湿养护膜生产基地。引进协力液压，投资8000万元，建设液压油缸生产基地，生产液压油缸等产品。全年引进企业16家，到位合同资金45亿元。

2007年，园区引进雅城新材料，投资9000万元，建设年产2000吨四氧化三钴生产基地，生产雅城四氧化三钴等产品。引进盛泓机械，投资1亿元，建设生产基地，生产混凝土机械等产品。引进凯瑞重工，投资1.2亿元，建设年产300台大型冶金物流运输设备生产线基地，生产冶金物流运输设备等产品。引进恒佳铝业，投资2.06亿元，建设15000吨铝管及150万台生产基地，生产铝管、蒸发器 等产品。引进天宁热电，投资2亿元，建设宁乡经开区热电厂。全年引进企业14个，到位合同资金18亿元。

2008年，园区引进中财化建，投资5亿元，占地28.73公顷，建设集团中部基地，生产管道化学建材、模具、通用机械等产品。引进长沙巨星，投资3亿元，占地26.67公顷，建设高新技术产业基地，整合国家知识产权培训中心、博士流动站。引进恒源包装，投资1.5亿元，建设10万吨包装纸业生产基地，生产包装纸等产品。引进易达塑业，投资1亿元，建设PVC、PE管材生产基地，生产PVC、PE管材等产品。全年引进企业32个，到位合同资金37.3亿元，其中到位外资6080万美元。

2009年，园区引进法国乐福来，投资3亿元，建设乐福来火腿肠、肉类精深加工、水产品加工生产基地，生产火腿肠等产品。引进美怡乐，投资1亿元，建设冷冻食品生产基地，生产美怡乐冰淇淋等产品。引进聚力催化剂，投资1.5亿，建设年产10000吨重油催化剂生产基地，生产催化剂等产品。引进梓先新材料，投资6000万元，建设高分子新型表面涂覆材料生产基地，生产高分子新型表面涂覆材料等产品。全年引进企业55个，到位合同资金55亿元、外资5400余万美元，过亿元项目12个。2010年，园区引进远大住工，投资10亿元，建设远大核心制造基地。引进加加食品集团，投资10亿元，建设加加食品工业园，生产30万吨高品质酱油。引进格力电器绿色再生资源、盛世欣兴，总投资3亿元，建设废弃电器电子产品回收处理基地和区域性销售、仓储、物流中心。引进意大利马克菲尔（二期），投资1.5亿元，建设新型支挡材料生产基地，生产支档护坡材料等产品。引进新文象环保，投资2亿元，建设环保碳基材料生产基地，生产碳基材料等产品。引进全球第三大金属颜料企业——日本东洋，投资5亿元，收购吉唯信公司，建设世界一流锂电池材料生产基地。引进顺泰新材料，投资1亿元，建设年产3000吨钨酸钠精深加工生产基地，生产钨酸钠等产品。全年引进企业21个，到位合同资金50.83亿元，其中亿元以上项目8个，10亿元以上项目（远大住工、加加食品产业园）2个。2011年，园区引进联塑集团，投资15亿元，建设现代建材生产基地，生产建筑塑料管材、塑钢门窗等产品。引进迎春钢板仓，投资1亿元，建设机电产品配套加工生产基地，生产钢板仓等产品。引进洽洽食品，投资4亿元，建设华南生产基地，生产洽洽瓜子等产品。引进小洋人乳业，投资5亿元，建设华南生产基地，生产妙恋、小洋人等产品。引进阿瑞食品，投资2亿元，建设湖南综合生产基地，生产“绝味”列系卤制熟食、豆制品等休闲食品。引进尚品彩印，投资1亿元，建设包装印刷生产基地。引进新奥燃气，投资1.5亿元，建设管道燃气生产、输配和销售基地。全年引进企业39个，到位合同资金60亿元，其中5000万元以上项目25个，亿元以上项目14个。

2012年，园区引进华润怡宝，投资5亿元，建设华中饮料生产基地，生产“怡宝”“麒麟”“零帕”等饮料。引进皇室食品，投资5亿元，建设全国运营总部及食品综合生产基地，生产皇室等产品。引进中联重科，投资5亿元，建立宁乡生产基地，生产混凝土输送泵等产品。引进松德机械，投资8亿元，建设松德湖南生产基地，生产包装机械等产品。引进湖机国际，投资3亿元，建设数控锯切机床和工程机械配套产品生产基地，生产数控机床等产品。引进中岩建材，投资1亿元，建设特种工程材料中南生产基地，生产特种工程材料等产品。引进爽洁卫生用品，投资6亿元，建设孕婴童用品生产基地，生产纸尿裤、卫生巾等产品。引进银腾塑印，投资2亿元，建设塑印包装生产基地，生产印刷等产品。引进固松文化用品，投资1.5亿元，建设绿色印刷文化产业基地，生产笔记本、记事本等产品。全年引进企业28个，到位合同资金80亿元，其中亿元以上项目19个，10亿元以上项目2个。华润怡宝、中联重科、中国建材等世界五百强、国内百强企业入驻园区。

至2012年，园区共引进企业220个，引进县外资金300亿元、外资20亿元。

第五节　技术与人才引进

一、技术引进

1999年，园区引进加加酱油增香酵母菌提升酱油风味技术和采用具有高蛋白转化率、利用率的酱油生产方法。引进振邦氟涂料FEVEF氟树脂、氟碳漆专利技术体系，氟涂料被广泛应用于奥运主场馆鸟巢、杭州湾大桥、三峡工程、西气东输等国家重点工程。

2000年，园区引进楚天科技智能制造技术，主要用于医疗器械设备制造。

2002年，园区引进中国台湾宏全国际食品包装项目压模、注塑等高新技术，生产PE塑料防盗瓶盖、PET塑料瓶胚、热灌装用PET瓶等高新技术产品。

2003年，园区引进青岛啤酒先进酿造技术生产高、中、低不同档次青岛啤酒。引进飞翼电器矿山尾矿及采空区安全、环保治理技术和矿山地质、水文地质探测技术。引进拜特生物“动保”技术，建成高标准兽药GMP生产线。

2004年，园区引进海纳新材料液相合成—热分解技术，该公司与中南大学、香港科技大学等院校进行科技合作，生产四氧化三钴、三元前驱体、氢氧化钴等高新产品。2005年，园区引进海大铝业国际先进铝型材生产设备技术，该公司是湖南最大粉末喷涂铝型材生产基地和特大型幕墙生产基地。

2006年，园区引进松井新材料UV固化技术，成功应用于汽车和消费类电子产品领域。2007年，园区引进盛泓机械混凝土搅拌站（楼）核心部件研发制造技术。引进雅城新材料锂电池正极材料研发、生产技术，生产“雅城”牌四氧化三钴等湖南省名优产品。

2008年，园区引进中财化建钙锌化环保、产品节能、产品节水、抗老化、多层共挤、抗菌等多项高新技术。引进百川超硬金刚石绳锯专利技术，“通石达”被评为湖南省著名商标。2009年，园区引进梓先新材料高分子新型表面涂覆材料生产技术，广泛应用于防锈漆、涂料等领域。

2010年，园区引进意大利马克菲尔新型支挡材料技术，广泛用于水利航运工程、交通工程、市政工程、抗洪抢险工程、海岸防护工程、侵蚀防护工程等领域。引进新文象环保卡颂技术，广泛应用于卡颂智能壁材等领域。引进倍康卫生用品高强吸水性复合芯体材料制备技术，广泛应用于纸尿裤等卫生用品领域，获20余项国家专利。引进吉唯信高压氮气雾化和离心分级技术，广泛应用于微细球形铝粉等领域。引进远大住工装配式建筑技术，生产预制组装式混凝土构件。

2011年，园区引进小洋人先进制造技术，生产“妙恋”“小洋人”等中国驰名商标食品。引进联塑科技挤出机、注塑机全自动混料供料技术，广泛应用于PVC排水管、PVC给水管、PPR双色给水管等领域。引进阿瑞食品先进工艺技术，导入卤制蒸煮设备，实施全程可控的冷链系统，生产“绝味”等中国驰名商标食品。

2012年，园区引进中岩建材检测环保型聚羧酸高性能超缓释母液技术，自主研发的环保型聚羧酸系高性能减水剂进入长沙市科技计划。引进中国饮料工业十强企业、国家质监和卫生饮用纯净水国家标准的主要发起和起草单位之——华润怡宝先进生产技术，生产“怡宝”等中国最具竞争力品牌纯净水。

至2012年，园区拥有高新企业25个，引进各类先进生产技术2500余项，其中授权发明专利142项，申报国家、省、市各项科技项目分别为21项、53项、85项。

二、人才引进

2002年，宁乡经开区实施食品、机电、新材料和现代服务业“3+1”产业布局，面向全国引进专业技术人才20人，其中专家3人，博士生1人，硕士生2人。

2008年，园区配合宁乡县委“5127”人才引进工程，面向国内外各院校引进各类专业人才30余人，其中博士生3人，硕士生12人，重点大学本科生2人。积极探索政府雇员制，公开招聘专业技术人才25人。

2010年，园区实行“赛场选马”，面向全社会展开科级干部和工作人员全员竞聘，新（重）聘县内外优秀人才17人，重聘原工作人员55人。

2011年，园区实行重奖科技创新创业领军人才机制，从资金扶持、住房安排、家属就业、子女入学等方面重点倾斜，引进各类创新创业人才200人。

1998—2012年，14年间园区各企业高度重视人才梯队建设，视人才为发展第一要素，采用优惠政策，广辟多种渠道，引才重才惜才。楚天科技是湖南省双高企业、知识产权示范企业，拥有400余人技术研发团队。百川超硬拥有科研人员58人、外部合作专家2人，享受国家津贴1人。搏浪沙拥有科研人员15人。松井新材料拥有研发人员77人，其中博士生9人、硕士生14人；中高级技术人才18人、外聘专家4人。飞翼电器拥有科研人员130余人，其中外部合作专家30人、享受国家津贴8人、博士生2人、硕士生8人。

至2012年，园区拥有各类专业管理人才600余人、专业技术人才逾4000人，其中外部合作专家38人，博士生32人，硕士生125人，学科带头人10人，享受国务院专家津贴9人。

第六节　入园产业

一、产业规模

1999年，园区引进加加酱油、振邦氟涂料、吉唯信等企业6家，产品有酱油、味精、鸡精、醋、植物油、铝粉加工、氟碳涂料、水性涂料等。从业人员852人，实现工业总产值7752万元，实现税收164万元。2000年，园区引进楚天科技、圣华节水、华日制药3家，产品增加有新型可控高分子吸收材料、原料药等。引进楚天科技，建立楚天医疗器械生产基地，累计有企业8家，从业人员828人，其中工业总产值9850万元，实现税收207万元。2001年，园区引进中南散热器等7家，产品增加有塑钢门窗、通信管材（PVC管）、液压油缸等。累计有企业15家，从业人员1019人，实现工业总产值9.62亿元，实现税收207万元。

2002年，园区引进中国台湾宏全国际、长城型材、众鑫塑胶等企业6家，产品增加有塑料、加工饮料、通信设备等。中国台湾宏全国际投资2000万美元，拥有统一牌果汁、茶饮料等名牌产品。累计有企业21家，从业人员1352人，实现工业总产值12.32亿元，实现税收2588万元。

2003年，园区引进青岛啤酒、拜特生物、海大铝业、飞翼电器、三博士等企业7家，产品增加有啤酒、灭毒威、消毒剂、四氧化钴、机械产品等。青岛啤酒投资1.5亿元，拥有青岛啤酒等名牌产品。飞翼电器投资5000万元。累计有企业28家，从业人员1588人，实现工业总产值15.63亿元，实现税收3282万元。2004年，园区引进海纳新材料、新源氨基酸、三友新材料、钜泰机电等企业8家，产品增加有锂电池、机电、高效肥料、精细化工、再生纸等。海纳新材料投资8000万元。新源氨基酸投资4500万元。累计有企业36家，从业人员1982人，实现工业总产值20.46亿元，实现税收4295万元。

2005年，园区引进湘电长泵、利洁生物、恒升石化、烨星锑业、盛海生物等企业11家，产品增加有泵、锑白、防霉剂、润滑油、润滑脂、抗氧化剂、塑料制品等。湘电长泵投资1亿元。利洁生物投资8500万元。累计有企业47家，从业人员2018人，实现工业总产值23.18亿元，实现税收4725万元。

2006年，园区引进搏浪沙、圣华科技、协力液压、松井新材料、佳飞新材料、中韵机械、中粮机械等企业7家，产品增加有高纯一氧化锰、铸钢件、铝制品、液压机、减速机、有色金属等。搏浪沙投资1亿元。中韵机械投资6000万元。圣华科技投资8000万元。协力液压投资8000万元。累计有企业54家，从业人员2368人，实现工业总产值27.02亿元，实现税收7394万元。2007年，园区引进盛泓机械、凯瑞重工、雅城新材料、恒佳铝业、东宜粉末、清河重工、飞高电机等企业31家，产品增加有气膜熄焦添加剂、电子化工产品、铝板带、铝型材、阀门、泵、水工机械、液压油缸、电子产品、电子元器件、电路板、高低压成套设备及控制设备、电工材料等。盛泓机械投资1亿元。恒佳铝业投资2.06亿元。凯瑞重工投资1.2亿元。累计有企业85家，从业人员4814人，实现工业总产值67.88亿元，实现税收8742万元。

2008年，园区引进中财化建、百川超硬、长沙巨星、建益新材料、神宇新材料、易达塑业、三友建材、恒源包装等企业13家，产品增加有氢氧化钴、塑料管材、型材、橡胶制品、机械制品、金属材料、化工制品、石灰和石膏、无纺布、土工材料、防水材料、专业特种风机、钣金结构件、环保水车、汽车用各种有色金属毛坯件、玩具电机及相关配套产品、蒸汽生产、混凝土机械、石材机械、机电产品、机械配件铝粉加工等。中财集团投资5亿元。恒源包装投资1.5亿元。易达塑业投资1亿元。累计有企业98家，从业人员7258人，实现工业总产值108.59亿元，实现税收1.34亿元。

2009年，园区引进法国乐福来、美怡乐、扬翔饲料、梓先新材料、聚力催化剂、蓝田再生等企业11家，产品增加有火腿肠、冰激凌食品、饲料，高端、新型、特种高分子表面涂覆材料，渣油催化剂，塑胶，结构件，建筑防水防腐材料，机械设备，粉末冶金制品，磁性材料制品，五金制品，泵，压缩机，阀门等。法国乐福来投资3亿元。蓝田再生投资1.5亿元。聚力催化剂投资1.5亿元。累计有企业109家，从业人员12252人，实现工业总产值197.43亿元，实现税收21362万元。2010年，园区引进远大住工、东洋铝业、新文象环保、顺泰钨业、意大利马克菲尔、倍康卫生用品、湘玻节能等企业16家，产品增加有旋轮磨、工程机械配套产品、QL型滚珠联轴器系列产品、钨酸钠、环保工艺品、电子紫外线涂料、工业住宅、玻璃深加工产品、金属电镀产品等。远大住工投资10亿元。加加食品集团投资10亿元。新文象环保投资2亿元。意大利马克菲尔投资1.5亿元。累计有企业125家，从业人员14217人，实现工业总产值265.42亿元，实现税收2.76亿元。

2011年，园区引进洽洽食品、阿瑞食品、小洋人、联塑集团、盛世欣兴、迎春钢板仓、新奥燃气、康能电机、尚品彩印、德金人防等企业27家，产品增加有葵花子、薯片、肉制品、含乳饮料、瓦楞纸板、纸箱、黏合剂、人防工程、兽药、塑料板、管、型材、冶金机械等。盛世欣兴投资1.5亿元。洽洽食品投资4亿元。小洋人投资5亿元。阿瑞食品投资2亿元。联塑集团投资15亿元。迎春钢板仓投资1亿元。累计有企业152家，从业人员17489人，实现工业总产值353.8亿元，实现税收4.6亿元。

2012年，园区引进中联重科、湖机国际、皇室食品、爽洁卫生用品、银腾塑印、固松文化用品、松德机械、盛泓机械（二期）、松井新材料、隆盛塑业、新中岩新材料等企业36家，产品增加有饮料、膨化芯材、包装装潢印刷品、智能机器人、钢板仓、液压机部件、汽车改造和路面养护机械、LED（发光二极管）景观灯、LED路灯、LED庭院灯、混凝土等。中联重科投资5亿元。湖机国际投资3亿元。皇室食品投资5亿元。爽洁卫生用品投资6亿元。累计有企业188家，从业人员26161人，实现工业总产值560.08亿元，实现税收5.03亿元。

二、产业结构

（一）食品饮料产业。1999年，园区引进第一家企业即加加酱油，至2005年，先后引进中国台湾宏全国际、青岛啤酒、盛海生物等10家食品饮料生产企业，经开区食品饮料产业初具规模。当年，从业人员585人，产值达7.05亿元，占园区生产总值30.4%。

2006年，经开区确定食品产业为重点培养主导产业，食品产业逐步形成功能定位明确、主导产业明晰、特色优势明显的产业体系。当年投产食品饮料企业13家，从业人达698人，产值达7.88亿元，占园区生产总值29.2%。2007年，食品饮料投产企业达22家，从业人员1088人，产值达19.65亿元，占园区生产总值28.9%。2008年，投产食品饮料企业25家，从业人员1956人，产值达26.88亿元，占园区生产总值24.8%。

2009年，食品饮料产业加速发展。加加集团当年产值达8亿元，同比增长67%，新开发的“面条鲜”产品，深受市场的热情追捧。青岛啤酒产值达1.3亿元，同比增长34.4%。中国台湾宏全国际新上可乐生产线，总产值5.4亿元，同比增长30%。后又引进法国乐福来食品、美怡乐食品等知名企业，投产食品饮料企业28家，从业人员2753人，产值达42.57亿元，占园区生产总值21.6%。2010年，总投资10亿元的加加食品产业园动工建设，洽洽食品、青岛啤酒纯生线等项目签约上马。当年，投产食品饮料企业30家，从业人员3259人，产值达50.18亿元，占园区生产总值18.9%，并成功获批全国首个“中国食品工业示范园区”。当年编制园区“十二五”发展规划，规划经开区以创建全国首家“安全食品示范园区”为战略目标，以液态食品、休闲食品、功能性食品、绿色生态农产品为发展重点，加快食品饮料专业片区的打造，以蓝月谷食品饮料产业园为载体，打造安全食品示范区；以玉屏山科技城、妙盛国际孵化港为载体，打造食品企业孵化、研发中心；以农科园为载体，打造休闲农业、绿色农产品加工、仓储、物流中心；以宁乡大道东侧、车站路两厢为载体，打造宁乡安全食品城；以双江口长兴新区为载体，打造农副产品批发城，努力形成比较优势明显、产业布局合理、产品结构优化、品牌效应突出的现代食品产业体系。

2011年1月，引进阿瑞食品，项目总投资4亿元，占地16公顷，主要生产休闲食品。9月，引进小洋人乳业，项目总投资5亿元，占地6公顷。当年投产食品饮料企业45家，从业人员3684人，产值达72.12亿元，占园区生产总值20.4%。

2012年1月，加加食品集团股份有限公司正式在深交所中小板挂牌上市。8月，总投资15亿元的华润怡宝饮料宁乡生产基地正式落户宁乡经开区。至2012年，园区拥有食品饮料企业63家，规模以上食品饮料企业24家，其中知名品牌企业10人，从业人员5024人，食品饮料产业产值达105亿元，占园区工业总产值18.7%。园区初步形成液态食品、休闲食品、肉类制品、调味品四大产业集群，形成以加加集团为龙头的调味品；以华润怡宝饮料、青岛啤酒、中国台湾宏全、洋河酒业为代表的液态食品；以广东美怡乐、洽洽食品集团为代表的休闲食品；以北京现代资源集团、法国乐福来、长城肠衣为代表的肉类制品等四大优势产业格局。

（二）机电产业。1998—2002年，园区先后引进中南散热器、楚天科技等8家机电生产企业，为园区机电产业发展奠定基础。2002年，机电产业从业人员483人，产值达3.88亿元，占园区生产总值31.5%。

2003年，园区引进飞翼集团投资5000万元矿山机械生产基地、三博士投资6000万元快速电热水器生产基地等项目，园区投产机电企业达11家，从业人员525人，产值达5.27亿元，占园区生产总值33.7%。2004年，园区引进投资4000万元桦丰电子、佳图节能等机电项目，园区投产机电企业达13家，从业人员672人，产值达6.87亿元，占园区生产总值33.6%。2005年，园区明确“六大主导产业”定位，突出食品、机电、服饰、新材料四大重点产业，当年引进湘电长泵投资1亿元，建设年产16350吨铸件生产基地等项目，园区投产机电企业达15家，从业人员697人，产值达7.87亿元，占园区生产总值34.0%。

2006年，园区引进宇城液压、协力液压、中京机械、中粮机械、恒利重工、中韵机械、众惠机械、盛隆机械等11家工程机械以及配套项目，总投资5亿元，园区投产机电企业达17家，从业人员785人，产值达8.75亿元，占园区生产总值32.4%。2007年，园区进一步明确机电、食品、新材料为园区主导产业。机电产业中工程机械的优势尤为突出。当年引进机电生产企业有鼎立传动、谐园机电、飞高机电、容大机电、航天志诚、清河重工、兴隆精工、盛泓机械、巨泰机电、凯瑞重工等。园区投产机电企业达26家，从业人员1845人，产值达20.44亿元，占园区生产总值30.1%。

2008年，飞翼集团坚持差异化发展思路，主攻高性能铁路制梁泵，产值、利税增长幅度达70%，并被评为湖南省高新技术企业。三博士电器列入长沙市科技计划项目。园区投产机电企业达29家，从业人员2423人，产值达35.25亿元，占园区生产总值32.5%。2009年，园区引进投资1亿元长沙大河西机电原材料市场等建设项目。当年，投产机电企业达32家，从业人员4024人，产值达67.24亿元，占园区生产总值34.1%。2010年，园区引进投资6000万元湘路机械等项目。园区投产机电企业达38家，从业人员4587人，产值达91.75亿元，占园区生产总值34.6%。2011年，园区引进投资4000万元人防工程防护设备生产基地、投资4亿元飞翼创新科技园、投资1.5亿元格力电器销售中心、投资1亿元迎春钢板仓机电产品配套加工生产基地、投资6000万元康能机电生产基地等建设项目，园区投产机电企业达41家，从业人员5658人，产值达115.88亿元，占园区生产总值32.8%。

2012年，园区引进投资5亿元松井新材料（二期）国家级工程技术研究中心、投资3亿元盛泓机械（二期）、投资3亿元湖机国际总部生产基地、投资5亿元中联重科生产基地、投资8亿元松德机械湖南生产基地等建设项目。1998—2012年，作为园区支柱产业的机电产业是宁乡经开区战略性新兴产业发展的主要组成部分，主攻方向为机械装备及零部件制造、智能家电和再制造三大领域。园区机电产业的快速集聚式发展，形成一批具有核心竞争能力的骨干企业。中联重科开发的机制砂系统设备拥有强大的技术优势和广阔的市场前景；飞翼电器自主研发的高速铁路制梁专用混凝土输送泵获得6项国家专利，填补国内空白，公司集中创新出“充填工艺+充填成套装备”的整体方案，形成包括矿山膏体充填系统等八大矿山环保装备，技术达到国际先进水平。一批与主业配套的零部件企业迅速成长。盛泓机械的产品与中联重科等大型企业形成配套；协力液压成为国内最大的混凝土泵送机械主油缸生产厂家，是中联重科、宇通重工、北汽福田等企业的指定供应商。园区是省、市政府明确的唯一一家电产业园区，拥有格力电器、晶弘冰箱等一批知名企业。园区初步形成以混凝土输送泵和高铁制梁泵为代表的工程机械再制造，以空调、冰箱、洗衣机为代表的家电再制造，以液压杆件为代表的汽车零部件再制造，以及机床再制造、药械再制造为主导的五大再制造产业集群。

至 2012 年，园区机电产业投产企业达 45 家，从业人员 8812 人，产值达 185 亿元，占园区工业总产值 33.1%。

（三）新材料产业。1999 年，园区引进振邦氟涂料，该公司是大连振邦投资 1 亿元，建设年产 10000 吨氟涂料生产基地，基地占地 20 公顷，是亚洲最大的水性涂料生产基地。2002 年，引进众鑫塑胶投资 600 万元塑胶产品生产基地、长城型材投资 500 万元绿色塑钢型材生产基地等 3 个项目。2003 年，园区引进海大铝业投资 6000 万元新型铝材生产基地等 2 个项目。当年，园区新材料产业生产企业达 6 家，从业人员 393 人，产值达 3.79 亿元，占园区工业总产值 30.7%。

2004 年，园区引进海纳新材料，投资 8000 万元建设年产 20000 平方米纳米陶瓷无机膜生产基地。2005 年，宁乡经开区以新材料产业确立为园区四大支柱产业之一。当年，引进烨星锑业投资 3000 万元年产 3000 吨特种锑白和年产 500 吨胶体五氧化二锑生产基地、利洁生物投资 8500 万元年产 4000 吨康洁新和年产 3000 吨利尔洁生产基地、恒升石化投资 3000 万元润滑油脂生产基地、盛海生物投资 6000 万元柠檬酸和赖氨酸生产基地等项目。园区新材料产业企业达 10 家，从业人员 547 人，产值达 6.48 亿元，占园区工业总产值 31.7%。

2006 年，园区引进意大利马克菲尔（一期），是意大利奥夫施尼.意大利马克菲尔集团在华投资的第一家集设计与生产于一体的企业，支挡产品广泛应用于水利、航道、桥梁、港口、公路、铁路、地质灾害处理等领域。引进圣华科技投资 8000 万元新型混凝土节水保湿膜生产基地、佳飞新材料年产 10000 吨高纯一氧化锰生产基地、松井新材料（一期）投资 3000 万元年产 4000 吨 UVtu 涂料生产基地等项目。2007 年，园区引进博凯源塑胶投资 2000 万元年产 3000 吨塑胶片生产基地、东宜冶金投资 3000 万元年产 1000 吨粉末冶金件生产基地、雅城新材料投资 9000 万元年产 2000 吨四氧化三钴生产基地、鸿宇表面处理投资 3000 万元金属和非金属表面处理项目生产基地等项目。园区新材料产业企业达 27 家，从业人员 1474 人，产值达 23.74 亿元，占园区工业总产值 35%。

2008 年，园区引进易达塑业投资 1 亿元建设 PVC、PE 管材生产基地，中财化建投资 5 亿元年产 60000 吨塑料管材、型材生产线及配套机械、模具生产基地，三友塑料投资 6000 万元年产 10000 吨塑料型材生产基地，建益新材料投资 4000 万元新型无纺布、土工材料、防水材料生产基地，百川超硬投资 3000 万元金刚石锯生产基地，神宇新材料投资 4000 万元建筑防水防腐材料生产基地等项目。2009 年，聚力催化剂落户园区，投资 1.5 亿元建设年产 10000 吨重油催化剂生产基地。梓先新材料投资 6000 万元在园区建设高分子新型表面涂覆材料生产基地。园区新材料产业企业达 37 家，从业人员 3835 人，产值达 73.29 亿元，占园区工业总产值 37.1%。

2010 年，园区引进日本东洋铝业，投资 3 亿元，收购吉唯信公司，新购土地 9.33 公顷，建设球形铝粉生产基地。新文象环保投资 2 亿元，建设环保碳基材料生产基地。顺泰新材料投资 1 亿元，建设年产 3000 吨钨酸钠精深加工生产基地。意大利马克菲尔（二期）投资 1.5 亿元，建设新型支挡材料生产基地。远大住工投资 10 亿元，建设远大核心制造基地。2011 年，联塑集团投资 15 亿元，建设塑料管材及塑钢门窗等现代建材生产基地。松井新材料（二期）投资 4 亿元，建设年产 6000 吨高分子材料及国家级工程技术研究中心。园区新材料产业企业达 49 家，从业人员 5485 人，产值达 132.55 亿元，占园区工业总产值 37.5%。

2012 年，园区引进中岩建材投资 1 亿元，建设特种工程材料中南生产基地。爽洁卫生用品投资 6 亿元，建设孕婴童用品生产基地。园区累计有新材料企业 61 家，包括中国领先大型建材家居产业集团的联塑集团、中财化建，全球高端消费品涂料领域领导者松井新材料，中国住宅产业化事业开创者远大住工，世界级电池正极材料前驱体供应商雅城新材料，世界微细球形铝粉生产领军企业吉唯信，全球土木与环境技术领域系统方案权威提供解决者意大利马克菲尔，湖南最大粉末喷涂铝型材、特大型幕墙生产基地海大铝业，国际金刚石绳锯组锯机领导品牌百川超硬等近 40 家知名企业，其中 50%以上是高新技术企业。

至 2012 年，累计从业人员 8852 人，产值达 198.58 亿元，占园区工业总产值 34.5%。

（四）其他工业及现代服务业。1999 年，园区引进恒丰实业，投资 5000 万元，建设鞋服生产基地。引进凯迪鞋业，投资 5000 万元，建设鞋服技术开发及产品生产基地。引进长城肠衣，投资 1500 万元，建设盐渍肠衣精加工生产基地。宁乡自来水公司投资 1000 万元，建设园区自来水加压站。2003 年 10 月，宁乡永佳物业管理有限公司成立，这是一家具有国家一级资质的物业管理企业，注册资金 500 万元，经营物业管理、资产租赁经营、园林绿化、园区保洁、文印广告、后勤服务等业务。当年，园区投产其他工业企业 4 家，从业人员 150 人，实现技工贸总收入 1.01 亿元，占园区工业总产值 6.5%。

2004 年，宁乡自来水公司投资 5000 万元，在园区建设宁乡县四水厂。引进湘军置业投资 1700 万元，建设标准厂房项目。2005 年，园区引进鑫丰实业，投资 3000 万元，在园区建设家具生产基地。2006 年，园区引进佳奇物流，投资 1000 万元建设佳奇物流园。引进正源地产，投资 40 亿元，在园区建设灰汤温泉度假村。投资 400 万元，在东升路建设园区商贸服务区。当年，园区投产其他工业企业达 7 家，从业人员 274 人，实现技工贸总收入 1.33 亿元，占园区工业总产值 4.9%。

2007 年，园区引进天宁热电建设热电厂，天宁热电项目是湖南省第一个园区集中供热工程，是建设长株潭资源节约、环境友好“两型社会”的实践项目。引进湖南嘉乐房地产开发有限公司，公司投资 1 亿元建设威铭科技园。引进假日摩纳哥项目，由长沙宏亿置业有限公司投资 1 亿元进行房地产开发。引进长沙瑞达置业有限公司，该公司投资 2 亿元建设经开区怡宁新村水平安置住宅（一期）项目。引进弘源房地产开发有限公司，投资 2 亿元建设房地产商住开发项目。2008 年，湖南奇景园林建设发展有限公司成立，这是宁乡经济技术开发区扶持失地农民创业的鼓励型企业，是一家集生产、经营、休闲为一体的多元化绿色企业。引进湖南妙盛企业孵化港有限公司，投资 3 亿元建设长沙巨星高新技术产业基地。当年，实现技工贸收入 7.68 亿元，占园区工业总产值 7.1%。

2009 年，园区引进方尊置业，投资 6000 万元建设怡宁综合商场。当年，实现技工贸总收入 14.33 亿元，占园区工业总产值 7.3%。2010 年，园区引进源山冷链物流，投资 25000 万元建设长沙大河西先导区现代物流园。2011 年，园区引进春城置业，投资 1.5 亿元建设姑嫂树山公园综合开发项目。引进新奥燃气，公司从事管道燃气生产、输配和销售。当年，园区投产其他工业企业 17 家、现代服务企业 2 家，从业人员 2149 人，实现技工贸总收入 20.38 亿元，占园区工业总产值 7.5%。

2012 年，园区引进蓝月谷集团、美之信置业等多家现代服务企业。当年，园区投产其他工业企业 19 家、现代服务企业 3 家，从业人员 3474 人，实现技工贸总收入 76.86 亿元，占园区工业总产值

13.7%。

第七节 经济效益

1998 年 2 月，宁乡民营经济工业园（无费区）成立，当年开始招商引资开发建设。

1999 年，园区引进各类企业 6 家，从业人员 544 人，总产值 7752 万元。人均劳动生产率为 14.25 万元/人，地均产值率为 0.37 万元/公顷，上缴税收 164 万元，人均纳税 0.21 万元/人。2000 年，园区累计有各类企业 8 家，从业人员 828 人，总产值 9850 万元。人均劳动生产率为 11.9 万元/人，地均产值率为 0.65 万元/公顷，上缴税收 207 万元，人均纳税 0.25 万元/人。2001 年，园区累计有各类企业 15 家，从业人员 1019 人，总产值 9.62 亿元。人均劳动生产率为 94.44 万元/人，地均产值率为 1.23 万元/公顷，上缴税收 207 万元，人均纳税 0.98 万元/人。

2002 年，园区累计有各类企业 21 家，从业人员 1352 人，总产值 12.33 亿元。人均劳动生产率为 91.18 万元/人，地均产值率为 1.28 万元/公顷，上缴税收 2588 万元，人均纳税 1.91 万元/人。与 2001 年相比，分别增长 3.5%、4.25%、28%、94.9%。

2003 年，园区累计有各类企业 28 家，从业人员 1588 人，总产值 15.63 亿元。人均劳动生产率为 98.42 万元/人，地均产值率为 1.38 万元/公顷，上缴税收 3282 万元，人均纳税 2.07 万元/人。2004 年，园区累计有各类企业 36 家，从业人员 1982 人，总产值 20.46 亿元。人均劳动生产率为 103.2 万元/人，地均产值率为 1.69 万元/公顷，上缴税收 4295 万元，人均纳税 2.17 万元/人。

2005 年，园区累计有各类企业 47 家，从业人员 2018 人，总产值 23.18 亿元。人均劳动生产率为 114.82 万元/人，地均产值率为 1.81 万元/公顷，上缴税收 4725 万元，人均纳税 2.34 万元/人。与 2004 年相比，分别增长 11.3%、7.14%、9.9%、7.8%。

2006 年，园区累计有各类企业 54 家，从业人员 2368 人，总产值 27.02 亿元。人均劳动生产率为 114.09 万元/人，地均产值率为 1.84 万元/公顷，上缴税收 7394 万元，人均纳税 3.12 万元/人。2007 年，园区累计有各类企业 85 家，从业人员 4814 人，总产值 67.88 亿元。人均劳动生产率为 141.01 万元/人，地均产值率为 4.27 万元/公顷，上缴税收 8742 万元，人均纳税 31.82 万元/人。

2008 年，园区累计有各类企业 98 家，从业人员 7258 人，总产值 108.58 亿元。人均劳动生产率为 149.61 万元/人，地均产值率为 6.26 万元/公顷，上缴税收 1.34 亿元，人均纳税 1.85 万元/人。与 2007 年相比，分别增长 6.1%、46.77%、53.7%、1.6%。

2009 年，园区累计有各类企业 109 家，从业人员 12252 人，总产值 197.42 亿元。人均劳动生产率为 161.14 万元/人，地均产值率为 10.87 万元/公顷，上缴税收 21362 万元，人均纳税 1.74 万元/人。2010 年，园区累计有各类企业 125 家，从业人员 14217 人，总产值 265.41 亿元。人均劳动生产率为 186.69 万元/人，地均产值率为 14.13 万元/公顷，上缴税收 2.76 亿元，人均纳税 1.94 万元/人。

2011 年，园区累计有各类企业 152 家，从业人员 17489 人，总产值 353.80 亿元。人均劳动生产率为 202.30 万元/人，地均产值率为 16.6 万元/公顷，上缴税收 4.6 亿元，人均纳税 2.63 万元/人。与 2010 年相比，分别增长 8.4%、17.43%、66.9%、35.6%。

2012 年，园区累计有各类企业 188 家，从业人员 26161 人，总产值 560.08 亿元。人均劳动生产率为 214.09 万元/人，地均产值率为 23.51 万元/公顷，上缴税收 5.03 亿元，人均纳税 1.92 万元/人。

第五章 浏阳经济技术开发区

20 世纪 90 年代后期，浏阳市委、市政府作出建设浏阳市工业园的决策，以实现“跳出老城，呼应长沙，发展西北，以园兴市”的战略构想。1997 年 1 月 1 日，浏阳工业园建设指挥部在浏阳城区集里桥金沙北路（原浏阳市第一水泥电杆制品厂）挂牌成立，浏阳市委副书记李中琪兼任指挥长，开始谋划工业园的建设。是年 4 月建设指挥部搬迁至浏阳市养路费征稽所（租借场地办公）。7 月，浏阳市政府委托机械工业部第八设计研究院编制浏阳市工业园总体规划（规划简称为“八院版规划”），规划面积 7.8 平方千米。1998 年 1 月 10 日，浏阳工业园经湖南省政府批准为省级开发区，并正式命名为“浏阳市工业小区”。是年 9 月成立浏阳市工业小区管理委员会（简称工业小区管委会），为正科级单位。长沙市委、市政府和浏阳市委、市政府明确“园区以医药工业产业为发展方向，以生态智能为园区建设为基调”的方针，执行“整体规划、分步实施、项目带动、滚动发展”的开发原则。工业小区根据发展需要对原规划进行调整，委托上海同济规划设计院重新修编，由原规划面积 7.8 平方千米扩展到 13.4 平方千米。1999 年，浏阳市委、市政府将转让 319 国道浏永高等级公路经营权所得的余额 1600 万元投放到工业小区作为启动资金。2000 年，湖南省机构编制委员会办公室发文，浏阳工业小区管委会由正科级升为正县级机构。2 月，湖南省委副书记、省长储波来园区召开省长办公会，会中决定从省长基金中拨付 2000 万元支持园区发展。全年实现技工贸总收入近 3 亿元，实现财政收入 0.25 亿元。1997—2000 年底的 4 年间，累计完成固定资产投资近 2 亿元，完成宽 24~42 米的园区公路建设 1.91 万米，入驻企业 35 家。

2001 年，湖南省发展计划委员会批准浏阳工业小区更名为湖南浏阳生物医药园，并成立浏阳生物医药园管委会。园区产业发展方向明确，以生物医药为园区主要产业。2002 年，大连美罗药业、哈药集团、九芝堂等生物医药企业相继入驻园区。2003 年，园区继续加强招商引资的力度，先后派员参加北京科博会、天津药交会、西安中西部投资洽谈会、东莞保健品博览会、欧交会、成都新药会等招商活动，为园区新签入园项目 20 个，协议引资 10 亿元，到位资金 5.6 亿元。2004 年，园区成立湖南海川医药贸易有限公司，投资 180 万元建设所需硬件，取得“药品经营许可证”并对外营业，医药贸易全面启动，为园区医药企业提供便利。2005 年，以园区为核心申报的长沙国家医药进出口基地通过国家商务部认定，园区医药企业办理进出口业务更加快捷。园区鼓励企业开展科技创新，对先进企业进行表彰并发放奖金，湖南斯奇生物制药有限公司获得 400 万元重奖。全年实现技工贸总收入 35 亿元，实现财政收入 1.52 亿元，比 2000 年分别增加 1066%、508%。至年底的 5 年间，园区新增入驻企业 108 家，共完成固定资产投资 26.24 亿元，新修园区公路 1.44 万米。

2006 年，园区支持以科技创新促进企业发展，建设创新型科技平台。湖南省、长沙市共拨专项科技资金 1100 万元支持园区建设实验动物中心。园区在加强生物医药企业建设的同时强化电子信息企业的引入，先后有蓝思科技股份有限公司、湖南利尔电子材料有限公司和中国台湾介面光电有限公司等电子产品企业入驻。2010 年，园区支持企业兼并重组，上市公司重庆莱美制药收购康源制药、湖南老百姓大药房有限公司重组安邦制药、浙江万邦德药业收购麓山制药、明瑞制药收购正汰制药、华泽制药收购玄夏制药、深圳嘉信达收购康尼格拉。至年底，园区累计入驻企业 289 家。全年实现技工贸总收入 207.33 亿元，实现财政收入 5.18 亿元，完成固定资产投资 43.5 亿元；比 2005 年技工贸总收入、财政收入、固定资产投资分别增加 492.37%、240.79%、360.81%。5 年间，新增入驻企业共 146 家，完成固定资产投资共 131.08 亿元，新修园区公路 1.06 万米。

2011 年，园区企业的实力和品牌影响力进一步增强，永清环保和尔康制药先后在深圳证券交易所上市，蓝思科技、盐津铺子、湘北威尔曼、九典 4 家企业进入上市冲刺阶段；“绿之韵”“盐津铺子”被新批为中国驰名商标。2012 年 3 月，浏阳生物医药园经国务院办公厅批准为国家级经济技术开发区，定名为浏阳经济技术开发区，正式进入国家级经开区序列。园区抢抓沿海地区产业转移的机遇，努力做好招商引资，新入驻的生物医药企业 6 家，电子信息企业 3 家，健康食品企业 4 家，使电子信息产业集群不断巩固的同时实现生物医药和健康食品三大产业同步增长。至年底，园区累计入驻企业 392 家。全年实现技工贸总收入 432.74 亿元，实现财政收入 12.5 亿元，完成固定资产投资 76.13 亿元；比 2010 年技工贸总收入、财政收入、固定资产投资分别增加 108.72%、141.31%、75.01%。2 年间，新增入驻企业共 103 家，完成固定资产投资共 132.39 亿元，新修园区公路 1077 米。

第一节　机　构

一、中共浏阳经开区工委

1999 年 6 月，成立浏阳工业园党组，与园区管委会合署办公。2000 年 12 月，工业园由正科级升格为正县级机构。2001 年 3 月，成立中共浏阳工业园工作委员会。是年，长沙市发布《关于中共浏阳市工业园工作委员会、浏阳市工业园管理委员会职能配置、内设机构和人员编制规定的通知》，明确浏阳市工业园党工委为中共浏阳市委派出机构。2007 年，成立中共长沙国家生物产业基地工作委员会。为加强浏阳市委对园区的领导，2009 年起，由浏阳市委书记易佳良兼任园区党工委书记，浏阳市市长兼任党工委副书记。2011 年，长沙市委常委、浏阳市委书记钟刚兼任党工委副书记。

二、园区行政机构

1997 年 1 月 1 日，浏阳市工业园建设指挥部在浏阳城区集里桥金沙北路（原浏阳市第一水泥电杆制品厂）挂牌成立，与 319 国道浏永高等级公路建设指挥部合署办公；指挥部为临时性协调领导机构。指挥部下设 1 室 3 部 1 科（办公室、工程部、财务部、征地拆迁部、安全保卫科）。1998 年 1 月 10 日，湖南省发展计划委员会发文，同意在浏阳市浏永开发区范围内建设工业小区，使用“浏阳工业小区”名称。2 月 10 日，调整园区建设指挥部领导成员，9 月 1 日，设立浏阳市工业园管理委员会，定为正科级单位，属浏阳市人民政府的派出机构。建园之初，由于没有建设办公楼，园区管理机构的办公场所先后经过 5 次搬家，均为租房办公。12 月 25 日，在浏阳市政府常务会议上对政府班子成员分工进行调整。1999 年 6 月成立浏阳市工业园管委会并健全相关内设机构，园区管委会正式搬迁至园区，租借洞阳乡政府办公楼二楼办公；同时撤销工业园建设指挥部，其职能由园区管委会履行。11 月 18 日，坐落在康宁路的园区管委会办公楼启动建设，2000 年 11 月 18 日园区管委会办公楼投入使用。

2001 年 1 月 4 日，长沙市发布《关于中共浏阳市工业园工作委员会、浏阳市工业园管理委员会职能配置、内设机构和人员编制规定的通知》，实行“小机构、大服务、高效率、少层次”和“精简、统一、效能”的原则配备相关机构；同时，明确园区管委会为浏阳市人民政府派出机构，正县级单位。管委会内设机构为办公室、经济贸易发展局、建设发展局、社会发展局，4个内设机构均为正科级。9月23日，为突出生物医药专业园区的特色，根据湖南省发展计划委员会的批复精神，浏阳市工业园对外使用“湖南浏阳生物医药园区”的名称，但编制部门并未进行相应的名称变更，在浏阳市范围内同时使用“浏阳市工业园管理委员会”和“湖南浏阳生物医药园区管理委员会”两个名称。

2005年，为提速园区的发展，成立湖南省长沙国家生物产业基地建设领导小组，长沙市市长谭仲池兼任领导小组组长。2006年10月，国家发改委下发《关于认定长沙国家生物产业基地的批复》，认定湖南浏阳生物医药园区为国家级生物产业基地，定名为长沙国家生物产业基地。

2008年4月1日，设立“长沙国家生物产业基地管理委员会”，但机构的行政级别仍为正县级行政机构。2011年，长沙国家生物产业基地管理委员和湖南浏阳生物医药园管理委员会合署办公，一个机构，两块牌子，为浏阳市政府派出机构，对园区经济技术开发和建设进行归口管理。

2012年3月2日，国务院办公厅下发《关于湖南省浏阳生物医药园升级为国家经济技术开发区的复函》文件，园区定名为浏阳经济技术开发区，享受国家级经开区的现行相关政策，自此成为长沙市第4个国家级开发区。但由于机构编制手续办理延后，并未及时成立浏阳经济技术开发区相应的管理机构，而是沿用原长沙国家生物产业基地管委会的机构。机构的行政级别仍为正县级行政机构。

2001—2012年，先后担任浏阳经济开发区主要领导职务的有：易佳良、钟刚等；其他领导班子成员有：周金文、梁仲、曹立军、周剀、袁朝晖、邓益阳、邹先瑜、罗其胜、伍建明。

第二节 园区规划

一、总体规划

1996年年底，浏阳市委、市政府作出设立浏阳工业园的决策，园区选址于浏阳市西北部，规划园区范围地跨洞阳、北盛、永安、蕉溪4镇的部分区域，洞阳镇设为园区核心区。1997年7月，浏阳市政府委托机械工业部第八设计研究院编制浏阳市工业小区总体规划（称为“八院版规划”），规划面积7.8平方千米。

1998年3月，浏阳市工业小区为将园区做大做强以及现有发展的实际情况，原“八院版规划”无法满足园区需求，浏阳市政府决定先由浏阳市规划设计院编制初步方案，中机国际规划设计院进行方案优化后，聘请上海同济大学城市规划设计院对浏阳市工业小区原总体规划进行调整修订（简称同济版规划），形成浏阳市工业小区新的总体规划。规划控制面积扩展为13.4平方千米，区域包括东起洞阳镇官贵村，南至洞阳镇老屋村，西至洞阳河，北至捞刀河。规划按功能划分为六区二中心：高效农业加工区、生物医药工业区、信息电子工业区、化工机电工业区、欧式风格城市观光区，山水民俗旅游度假区和工业科研中心、农业科研中心。1999年，湖南省建委（湖南省建设厅）批复同意“同济版规划”方案，批复规模一期开发面积8.98平方千米；国土部核准国土用地规模为7.87平方千米，319国道以南按远景发展用地控制。

2002年，浏阳市委、市政府基于浏阳生物医药园良好的发展势头，为全力推动“兴工强市”战略，提出在永安镇区东侧开发以制造产业为主的工业基地，同时在永安镇至洞阳镇一带构筑以医药业及制造业为主的工业新城。是年，决定编制浏阳市工业新城（包含浏阳生物医药园）总体规划方案，2003年，浏阳市政府再次委托上海同济城市规划设计院编制浏阳工业新城总体规划（本次规划期限确定为15年，近期为2010年，远期为2020年，远景考虑2020年以后）。规划沿319国道两厢进行布局，打造占地60平方千米的浏永经济走廊，适当扩大浏阳生物医药园的发展空间，规划称为“工业新城规划初级版”。是年8月，召开第二轮方案评审后，因国家宏观政策调整，对开发区进行清理整顿，工业新城（区）未经省政府批准通过，规划编制工作也就暂时搁置停办。2005年6月，浏阳市规划设计院应市政府要求，继续完成工业新城总规编制工作。完善后的总体规划于2006年3月通过市委、市政府及省市专家的评审。根据城市现有用地拓展空间及自然地理条件，确定工业新城规划的结构为“一心，两翼，两轴，五带”。

“一心”——在工业新城的中心部位，319国道以北，沿洞阳河东西两侧规划一个公共服务中心区，在中心区布置市级公共服务设施，并以该区为中心辐射东西两大片区，形成工业新城的城市主要中心。

“两翼”——制造产业西片区和生物医药东片区。东片区以正在建设的生物医药园为核心，西片区以制造产业基地为依托。在西部永安镇及东部现状工业园管委会处布置区级公共服务设施，以满足东西两片区居民日常生活需求。

“两轴”——以319国道为整个工业新城的东西发展主轴线。近期319国道既是连接长沙至浏阳的主要交通干道，同时，它又把工业新城内各个园区有机串联起来。远期319国道是联系长沙及浏阳方向的主要道路，同时又是新城联系东西两区的快速城市道路，沿319国道两侧的绿化景观是体现工业新城的生态景观轴。纬二路属工业新城内部重要的公共活动轴，近期新城发展主要沿纬二路进行，尤其是重大公共设施基本沿纬二路两厢分布，同时纬二路也是新城内路幅最宽的一条道路。因此，纬二路是城市近期发展的重要轴线。

“五带”——规划工业新城为具有山水园林城市生态特征的城市工业城市。因此，结合现状捞刀河以及洞阳河两条较大水系及汇入捞刀河4条小水系，保护农田，在新城区的东部、中部和西部沿洞阳河等水系形成五条纵向和北部沿捞刀河形成横向的生态绿化带。功能分区：中心区，完善和增强片区的行政、商贸等功能，是公共设施最集中的地区；制造产业片区、生物医药片区：以工业用地为主，辅以片区居住、商贸等配套功能；北盛组团：以居住、工业生产、交通功能于一体的综合组团；丰裕西部组团：以居住用地为主的组团。

至2012年，园区仍以319国道为主轴进行开发建设和产业布局，园区规划面积13.4平方千米。

二、专项规划

（一）道路交通规划。2006年3月批准的规划中，规划建立以快速路、主干路为骨架，方格网为主，自由放射式为辅的路网结构，整个道路系统分为快速路、主干路、次干路和支路4个等级，其中，主干路有西环线、新河路、永安大道、西经三路、西经四路、西经五路、西经六路、西经七路、西经八路、环园西路、东经五路、东经三路、东经一路、环园东路、东三路、东外环、滨河路、纬三路、纬二路、南一路、南二路、北外环、南外环；次干路有永一路、永安西路、市场路、西经二路、西经四路、西经4.5路、西经8.5路、西经9路、东经四路、纬四路、南2.5路；支路有西经5.5路、

西经6.5路、南三路等。规划道路红线宽度主干路按30~60米控制，道路间距为900~1500米；次干路按20~36米控制，道路间距为400~800米；支路20米以下，支路间距200~500米。规划道路及广场用地面积为942.48公顷，占城市建设总用地比例的15.90%。

（二）绿化（地）规划。2006年3月完善后的总体规划中明确，规划工业新城绿地系统主要由捞刀河、洞阳河及其四条支流的滨河绿带和公园、街头绿地等公共绿地以及生产防护绿地等组成，并且以洞阳河为界，形成东西两个大型生态圈。

公共绿地将规划建设永安公园、罗家公园、株陵公园、苏家湾公园、鲤鱼塘公园、山茅坡公园、圣灵寺公园、公文庙公园等 8 个城市公园以及捞刀河、洞阳河风光带以及株陵河、新建河等绿化带，同时在各个居住区的内部合理规划小游园及街头绿地，并且和道路的绿化带相结合，形成完整的公共绿地系统。

生产防护绿地主要包括 319 国道、城市外环线、工业区与生活区之间的防护绿化带，宽度控制在 20~50 米之间。

结合永安镇区、洞阳镇区的改造，使居住小区绿地率不低 35%，并在生活区内按小于 500 米服务半径布置街头绿地和小游园。新建公共建筑、医疗卫生、幼儿园、大专院校、科研部门等单位绿地率控制为 30%~50%，中小学为 35%~40%，机关企事业单位 30%~50%，新建工厂为 20%~40%，有污染源的单位要建设 50 米以上的防护林带。

至 2020 年（规划期末）绿地面积为 1143.59 公顷，占城市建设用地比例 19.29 %

（三）给排水（污）工程规划。规划城市水源以地表水为主，主要以捞刀河及株树桥引水工程接线为主要来源，适当考虑地下水开采。预测城市总用水量为 53.63 万立方米/日。

浏阳工业新城给水管道沿市政道路敷设，形成环状管网布局。规划新建二水厂，使之供水能力 47.65 万立方米/日（株树桥水库至长沙的供水系统截留用水），水厂占地 9 公顷。

污水排放，规划实行雨污分流体制，浏阳市工业新城污水分为制造产业基地区和生物医药区两部分，制造产业基地区污水经干管收集后，沿捞刀河敷设截流干管，送至制造产业基地污水处理厂。生物医药园区污水由各污水干管收集后，汇入沿洞阳河敷设的截流干管，送至生物医药园区污水处理厂。对于有特殊污染的企业需自设污水处理设施，达到相关排放标准后排至污水管。预测各排水系统的污水排放量，生活污水排放量按生活用量的 80%计，工业废水量按用水量的 90%计，城区生活污水和工业废水排放量为 43.52 万立方米/日。规划扩建生物医药园污水处理厂，规划为 20 万立方米/日；新建 1 座污水处理厂，位置在永安镇区以西捞刀河边，规模为 25 万立方米/日。

（四）供电工程规划。预测浏阳工业新城 2020 年（规划期末）城区用电总负荷将为 8.2 万千瓦。规划期内新建 220 千伏变电站 2 个，新建 110 千伏变电站 2 个，并保留现状 110 千伏永安变和洞阳变。城区内规划 110 千伏线路一般按架空线路考虑。走廊宽度为 15~25 米，线路中心距建筑物的水平距离不小于 20 米，线路通过绿化带的宽度不小于 3.5 米。220 千伏高压走廊宽度为 30~40 米。城市中心区 10 千伏线路全部采用电缆线路。局部采用架空线路时，其线路中心距建筑物的水平距离不得小于 4.0 米。

（五）产业规划。2008 年 1 月，园区管委会制定《长沙国家生物产业基地（湖南浏阳生物医药园区）“十一五”期间重点产业发展规划》，这也是园区第一个产业规划。规划确定园区的发展目标为：现代中药和生物医药两大产业的产业化水平居国内先进，部分领域处于国际领先地位；园区的整体规模居省内开发区前三位，科技水平居第一位。到 2010 年，完成工业生产总产值 150 亿元，完成利税 20 亿元。其中，产值超 30 亿元的企业 1 家，产值超 10 亿元的企业 3 家，产值超 5 亿元的企业 6 家以上。

2011 年 6 月，园区管委会制订《长沙国家生物产业基地“十二五”规划纲要》。规划确定 2011—2015 年园区“依托五大功能分区、贯彻四项基本统筹、培育三大产业集群、实现两大跨越提升、打造一个国际社区”。确保区内生产总值、工业增加值、外贸出口、财政收入、固定资产投资、实际引进资金等主要经济指标每年 35%以上的速度递增。争取 2015 年工业总产值 1000 亿元，占浏阳市经济总量的比重超过 50%，其中，电子信息产值超过 500 亿元，占长沙市电子信息产业产值比重超过 60%；生物医药产值超过 300 亿元，占湖南省生物医药产业产值比重超过 60%；食品及其他配套产业产值超过 200 亿元。

第三节　基础设施建设

一、公路建设

1998年，开工建设的园区道路有3条，第一条园区道路环园东路（后改名绿之韵路），全长3022米，路宽24米。随后又启动建设经一线（后改名健康大道），全长3000米，路宽42米；纬二线（康平路），全长4921米，路宽42米。3条道路均于1999年竣工通车。

2000年，启动康宁路、银杏路、丁香路建设，其中，康宁路全长4975米，路宽24米，2001年全部竣工通车。

2001年起，园区启动健安大道、健寿大道、康成路、康万路、康天路、康里路、康鹏路等7条道路建设。至2006年，7条道路全部竣工通车，总长14.83千米，路宽在42~18米之间。

2007年，蓝思科技签约入园，园区及时将康宁路、康平路向东进行延伸，并建设蓝思二路、灵圣寺路，完善蓝思科技周边的道路布局，使蓝思科技迅速落地、建设、生产。是年，启动建设康翼路，全长1772米，路宽18米。

2008年起，园区先后新建湘台路、盛世路、柳冲路、利通路、南翔路、牛泸路。6条道路总长7729米，路宽32~24米；其中，湘台路、盛世路2010年年底前竣工通车，通车里程2780米。

至2012年，园区共完成主、次干道21条道路建设，道路总长42.69千米，直接总投资约12.8亿元。基本形成“六横五纵”的道路体系，“六横”：绿之韵路、康翼路、康宁路、康平路、康天路、康万路；“五纵”：健安大道、健康大道、健寿大道、康成路、康里康路。

二、供水设施建设

1998年11月，浏阳市工业园自来水厂奠基开工，取水地址于捞刀河北盛段泸渚湾，水厂占地面积3.11公顷。设计日供水能力为6万立方米，总投资2400万元。第一期工程建设规模为日供水2万立方米。2000年12月，浏阳市工业园自来水厂建成投入使用，供水规模为2万立方米/日。

2010年9月，浏阳市工业园投资3000万元对自来水厂进行二期扩建，2011年3月扩建工程竣工并投入运行，日供水增加2万立方米。二期扩建工程竣工后园区管委会申请立项，自来水厂再次扩建，扩建规模为日增供水4万立方米，项目总投资5000万元，是年7月启动三期扩建，2012年6月，三期扩建工程竣工并运行，园区自来水厂供水能力增加到8万立方米/日，服务人口8万人，平均日供水量4.1万立方米。

至2012年，共完成供水管网建设35千米。园区自来水厂在完成2次扩建基础上根据《国家生活饮用水卫生标准》改扩建水质检测化验室，增置紫外分光光度计、超纯水机、微生物培养箱、浊度仪等设备，确保水厂供水水质。

三、排（污）水设施建设

建园之初，没有建设污水处理厂，污水处理实行生物降解。2002年11月，浏阳生物医药园污水处理工程有限公司成立，污水处理厂的建设提上议事日程。同年，启动污水处理厂建设，选址在园区西园的东北角、捞刀河园区段的下游河畔，污水处理厂占地面积6.13公顷，一期由北京市环境科学院设计，采用改良型SBR生物处理工艺，建设规模1.0万立方米/天，总投资2200万元。2005年8月通过湖南省环保局竣工验收并投入使用，出水水质达到《城镇污水处理厂污染物排放标准》（GB18918-2002）中一级 B 标准。

2009 年，实施污水处理厂二期扩建工程，二期建设规模为 1.0 万立方米/天，总投资 2300 万元。2011 年 9 月通过湖南省环境保护厅竣工验收并投入使用，出水水质符合《城镇污水处理厂污染物排放标准》中一级 B 标准。

2011 年，园区污水处理厂三期扩建工程总投资 1.2 亿元，建设规模为 3.5 万立方米/天；2012 年 6 月，污水处理厂三期扩建工程开工建设。

至 2012 年年末，园区污水处理厂处理规模 2.0 万立方米。三期扩建工程处于施工过程中，次年建设竣工污水处理能力为 5.5 万立方米/天，处理总纳污面积 19.34 平方千米。

四、供电设施建设

1996 年建园之初，园区依靠农村电网供电，但不能满足企业需求，影响入园企业发展。1997 年，浏阳市政府投资在园区建设洞阳 110 千伏变电站，总投资 1300 万元，占地面积 2.67 公顷，作为园区的专用变电站。为保证园区日益增长的用电需求，变电站建后实施 3 次扩容，增设电力线路，其后， 2000 年洞阳 110 千伏变电站新出 10 千伏线路两回供健康大道两厢企业用电，单回全长 7 千米，共计 14 千米；2002 年洞阳 110 千伏变电站新出一回 10 千伏电力电缆供西园企业用电，线路全长 3.5 千米；2005 年，洞阳 110 千伏变电站又新出一条 10 千伏线路到西园，线路长度为 5.0 千米。2007 年，随着用电大户蓝思科技的入驻，园区的电力供应紧张。2008 年，蓝思科技一期在园区建成投产，用电负荷激增，为缓解供电压力，园区先从永安丛塘 220 千伏变电站新架两回 10 千伏线路到园区，再由洞阳变电站先后新出东扩Ⅰ、Ⅱ、Ⅲ、Ⅴ、Ⅵ、Ⅶ回 10 千伏电力线路到蓝思科技，线路长度为 48 千米。2009 年再将洞阳 110 千伏变电站其中一台 20 兆伏主变扩容到 50 兆伏，并铺设 10 千伏电缆 6 条到蓝思科技新材料车间，线路长度 8.4 千米。2011 年 3 月 19 日，湖南省委常委、长沙市委书记陈润儿来园区现场办公，解决蓝思科技不断增长的用电需求，决定参照长沙市大河西先导区合作建设、管理的模式，将园区电力网络建设纳入全省电力网络投资建设计划，按城市标准进行建设。由长沙市政府、浏阳市政府、长沙国家生物产业基地管委会、长沙市电力局共同投资 6000 万元，建设蓝思科技 110 千伏专用变电站，装机容量为 100 兆伏。

至 2012 年，园区总装机容量 151.2 兆伏安，总用电负荷 98.5 兆瓦，电力线路总长 156.8 千米。

五、绿化园林建设

浏阳市工业小区的园林绿化遵循自身的景观定位和环境要求，实施“园中有林，林中有厂，园区有路，路旁有树”的绿化理念，使绿化与美化、山体与水体、人工环境与自然环境有机结合。2001 年，园区管委会启动办公楼前的紫星广场绿化建设，采用开放式设计，拆围墙、造绿地，绿化主要为热带树种加四季常青的美国二号草皮，总建设面积 2 万平方米。 2002 年紫星广场绿化建设竣工并投入使用，成为园区员工和市民休闲的场所。 园区除建设绿化广场和厂房有围的绿化外，主要是园区道路旁、河堤上带状绿化。 在路旁、堤岸的绿化中，树种的选择呈多样性，有香樟、杜英、景烈白兰、桂花、雪松、红花继木、杜鹃、石楠等 ，道路竣工后绿化也随之完成。至 2012 年，园区完成绿化面积 50.24 万平方米。

第四节　招商引资

一、招商引资政策与措施

1997 年园区成立后，按照浏阳市《关于招商引资优惠政策的若干规定》实施招商引资工作，是园区招商引资中执行的第一个规范性文件。1998 年，浏阳工业园采取新闻发布、广告宣传、媒体推介等措施营造招商氛围，通过《浏阳日报》、浏阳电视台、《湖南日报》、湖南卫视等媒体发布园区开发建设的新闻。与民航（湖南）南方广告装潢公司签订合同，在长沙—中国香港、长沙—泰国两条线路登机牌刊登宣传工业园的广告，提高工业园的知名度，增强招商引资力度。出台《关于浏阳工业园鼓励扶持高新技术产业发展的若干规定》，规定中将土地费用、行政事业性收费、税费等实施优惠。1999 年 4 月，园区实施浏阳市政府印发的《关于招商引资优惠政策的若干规定》和浏阳市政府 8 月印发的《招商引资优惠政策补充规定》，补充规定中明确浏阳市工业园的生产性项目涉及市本级收取的行政事业收费一律免缴。全年接待来自福建、湖北、江西及本省耒阳、宁乡、常德、汨罗等地的客商 56 批 800 余人次。

2001 年 10 月 13 日，园区组团参加中国第三届高新技术成果交易会，“高交会”上，联合国工业发展组织（UNIDO）与长沙市政府共建“中国浏阳国际医药产业园”在高交会展馆举行签约仪式，参加签约、授牌仪式的有湖南省副省长贺同新、长沙市市长谭仲池、长沙市副市长胡进安。2004 年 7 月 28 日，园区组织相关人员参加温州经贸洽谈会，并设立“浏阳（温州）招商联络办事处”，实施招商引资窗口前移。

2005 年，园区根据“浏阳（温州）招商联络办事处”的实践经验，为增强招商引资工作的针对性，决定前移招商引资窗口，在北京、上海、深圳等一线城市设立招商办事处。各驻招商办事处人员走访当地政府、厂矿企业搜集投资信息。园区组建临时性招商小分队，领导带队，几个人一组，前往各地“敲门”招商。园区采用引导实力雄厚的大企业或上市公司，对园区的小微企业或产能过剩企业进行兼并重组，如老百姓大药房收购安邦制药、浙江万邦德收购麓山制药、重庆莱美收购康源制药、兴湘投资收购九汇现代中药、广州南新系收购有色凯铂药业、天泰永隆收购东风制药等。是年 10 月，园区承办中医药界首次祭祀始祖神农暨第一届炎帝神农中药发展论坛，论坛以“共祭始祖神农，同创中药盛业”为主题，欧洲中药商会、泰国中药协会、加拿大中药商会、现代中医药国际协会、中国香港中成药商会、广州市医药行业协会等有关负责人 200 余人参加活动。2006 年 10 月，园区又承办第二届炎帝神农中药发展论坛。两次活动的举办，加深中医药企业对浏阳生物医药园的解，提升园区在行业的影响力。

2007 年 6 月，园区管委会制定并颁布《湖南浏阳生物医药园区招商引资中介奖励办法》。办法规定，引进世界 500 强企业来园区投资的，按首期实际固定资产投资额的 8‰一次性奖励给中介人；引进境外资金到园区投资的，按首期实际到位资金的 6‰一次性奖励给中介人；引进长沙市外境内资金到园区投资的，按首期实际到位固定资产投资总额的 5‰一次性奖励给中介人；引进长沙市内资金到园区投资的，按首期到位固定资产投资总额的 4‰一次性奖励给中介人。是年 11 月 14 日，园区招商代表团在美国举行“2007 长沙美国生物医药投资说明会”。投资说明会上，达成初步合作意向的有生物诊断试剂、医疗器械等 9 个项目。

2008 年 3 月 2 日至 4 日，园区管委会组织汉方、博童、安信、景达 4 家园区生物技术企业专程参加在伦敦举行的“中英生物交流周”活动，就中英生物诊断试剂的合作与英国有关科研机构、企业进行充分交流并达成部分合作意向。是年 7 月，园区组团参加在深圳举行的“2008 年湖南（深圳）承接沿海产业转移招商活动周”活动。

2009 年 7 月，为推动全员招商，园区管委会制定《招商引资内部奖励办法》。

2010 年，长沙市发布《关于鼓励引进龙头企业、壮大产业集群的若干意见》《关于鼓励和扶持企业上市的通知》《关于鼓励园区企业加速发展的若干意见》等文件，着重于对已入园企业的扶持，同时也能策动意向企业投资园区的信心。

2012 年 4 月，根据园区社会配套不足、城市化功能不全的实际，园区管委会制定并颁布《促进第三产业发展的暂行规定》，鼓励大型商场、大型超市、品牌连锁店入驻园区；鼓励投资建设五星级酒店、名校、二甲医院；鼓励商务楼宇对外招商；鼓励金融服务业、旅游业、现代物流业入园经营。是年 8 月，为促进电子、食品中小企业的发展，抓好配套服务，园区管委会对电子产业投资在 2 亿元以下、食品企业投资在 5000 万元以下的可直接进入标准厂房，开发商给予优惠政策支持。是年 11 月 16 日，园区首次以国家级浏阳经济技术开发区的名义参加第十四届中国国际高新技术成果交易会，并在深圳卡尔顿酒店举办生物医药、电子信息专场招商推介会，来自国内外的 200 余名客商出席。

至 2012 年年末，园区在执行浏阳市《关于招商引资优惠政策的若干规定》等一系列招商引资规定的同时，也相继制定并颁布《湖南浏阳生物医药园区招商引资中介奖励办法》等具体规定。园区实施招商引资形式主要有中介招商、项目孵化招商、会展招商、产业链招商、办事处招商、兼并重组招商、小分队招商等。

二、招商成果

1996 年建园之初，园区并无明晰的产业导向，招商引资亦无目标性。1997 年，园区引进长沙市金球农贸有限公司的粉丝加工项目，项目总投资 3820 万元，占地面积 21.33 公顷。引进湖南迪诺制药有限公司，公司占地面积 3.65 公顷，建筑面积 1.97 万平方米。1998 年，园区引进湖南泰尔制药股份有限公司，公司坐落于经开区泰尔路 16 号，占地面积 1.89 公顷，建筑面积 1.95 万平方米。引进湖南豫园生物科技有限公司，公司占地面积 6.50 公顷，建筑面积 5.97 万平方米。全年洽谈项目 40 余个，正式签订合同 7 个，合同投资额 3 亿元。

1999 年，园区抓住国家对医药企业实施 GMP 认证，大部分医药企业需提质改造方可认证的契机，园区利用靠近长沙市区但土地资源较为丰富、土地价格较为便宜的优势，面向长沙等地需要异地搬迁改造的医药企业进行招商，从而引进泰尔制药、守护神制药、斯奇生物制药、威尔曼制药等医药企业，4 家医药企业投入首批资金约 1.2 亿元。同时引导湖南省医药工业研究所的科研人员“下海”办药厂，为科研人员“下海”创业提供平台，其中，湖南省医药工业研究所科研人员徐燕创办华纳大药厂、曾建国创办九汇现代中药、朱志宏创办九典制药、魏祥符创办守护神制药等。引进义生堂医药公司，公司为泰国百年老字号，是园区引进的首家全额外资企业，投资 150 万美元建成年产 50 万支“止痛剂”的生产线。

2000 年，园区引进湖南康源制药有限公司，该公司投资 3000 万元在园区建厂生产。引进的中关村北京国联诚辉医药有限公司、维神医药有限公司、国康医药有限公司与园区正式签约入园投资建厂，3 家企业拟征地 9.33 公顷，计划投资 6500 万元。

2001 年，湖南华纳大药厂有限公司启动建设，园区共引进湖南九典制药股份有限公司、湖南斯奇生物制药有限公、湖南春光九汇现代中药有限公司、引进湖南明瑞制药有限公司等 10 家企业，协议投资资金 6 亿元，其中到位资金 2 亿元。

2002 年，园区共引进长沙然原医用蛋白线有限公司、湖南天博微生物研究所、湖南天博环保有限公司、中国台湾华茂科技有限公司、浏阳方来包装有限公司、湖南益康生物高科技有限公司、上海安信生物技术有限公司、湖南莱博科技有限公司、湖南巨星智能机器有限公司、湖南奇异生物科技有限公司、浏阳河中药饮片有限公司和中外合资威特药业有限公司等 12 家，项目总投资 5.6 亿元；达成入园意向项目 15个。

2003 年，园区引进湖南尔康制药股份有限公司、绿之韵生物工程集团有限公司、威特（湖南）药业有限公司、湖南九道湾食品有限公司、中美合资维优新材料公司等企业20家，园区与加拿大亚太阳光环保公司达成初步意向，全年协议引资10亿元，引进到位资金5.6亿元。

2004年，园区引进永清环保股份有限公司，公司占地面积6公顷，建筑面积6万平方米。引进湖南阳光新材料有限公司，占地面积1.2公顷，建筑面积5921平方米。引进加清环保（现代制造）、沙东钢结构（现代制造）、伟嘉生物（兽药）、绿之韵生物（化妆品）等。全年引进企业、项目30个，合同引资16.72亿元，到位资金6.4亿元。

2005年，园区引进盐津铺子食品股份有限公司、引进长沙福满多食品有限公司、引进湖南爱康新型建材有限公司，引进广州香雪制药股份有的公司、引进上海厚生堂有限公司等。全年引进企业32家，完成合同引资20亿元，其中合同外资5700万美元；实际到位外资2400万美元，到位境内资金10.5亿元。

2006年，园区引进蓝思科技股份有限公司，入驻蓝思科技园，科技园占地面积93.33公顷，建筑面积120万平方米。引进湖南利尔电子材料有限公司，入驻蓝思科技园，占地面积2.93公顷，建筑面积2.2万平方米。引进湖南天地恒一制药有限公司、引进永和阳光（湖南）生物科技有限公司、引进湖南美可达生物资源有限公司等。全年引进项目20个，完成合同外资5078万美元，到位外资1350美元；引进境内资金10.5亿元。

2007年，园区引进湖南欧亚生物有限公司，公司入驻在长沙国家生物产业基地，占地面积2.01公顷。6月，JAF生命科学有限公司、加拿大玛特科国际有限公司、中外合资鑫达金属材料有限公司、上海豫园生物工程有限公司、福州豪峰食品有限公司、河南爱普集团有限公司、湖南凯铂药业有限公司、湖南三清药业有限公司、湖南正清制药集团股份有限公司等企业分别与园区签订投资协议，总投资10.03亿元和外资8500万美元。7月，园区与温州科尔达医药公司、杭州平和安康医药公司、上海广域3个项目签约，总投资1.5亿元。全年，引进境内外到位资金15.5亿元，其中到位外资3512万美元。

2008年，园区引进湖南利尔电路板有限公司，入驻蓝思科技园，占地面积5.67公顷，建筑面积1.12万平方米。是年6月，由园区协办的第二届中国生物产业大会在长沙举行，会间园区引进加拿大流感疫苗、Lgy抗体生产项目等，协议引资47亿元。7月，园区组团参加在深圳举行的“2008年湖南（深圳）承接沿海产业转移招商活动周”活动中，引进项目5个、引资70.8亿元；在签约的5个项目中，湖南“9+2”科技园为“园中园”项目，规划面积5平方千米，总投资50亿元；有3个项目签约进入“园中园”，其中，有中国香港蓝思科技有限公司建设诺基亚、摩托罗拉手机视窗生产基地，东莞利尔电子新材料有限公司建设LED生产基地和手机芯片生产基地，湖南阳光新材料有限公司建设手机、汽车内饰的高分子环保涂料生产基地。11月，由长沙温州商会与长沙国家生物产业基地共建的长沙温州食品工业园项目在长沙举行签约仪式。长沙温州食品工业园落户园区西园，占地7.87公顷，第一期分别入驻的企业有长沙金爱丽食品有限公司、长沙味远红芳食品有限公司、湖南天味食品配料有限公司、长沙市金磨坊食品厂、长沙市陈龙食品厂、长沙怡和村食品有限公司6家企业，主要从事休闲食品及食品配料生产，总投资3亿元。全年，引进项目18个，其中，投资10亿元以上项目2个，投资1亿元以上项目6个；引进到位资金17亿元，其中到位外资4209万美元。

2009年，园区引进金泰制药、介面光电、武汉顶津食品有限公司长沙生产分公司、湖南方锐达科技有限公司等重大项目18个，其中，引进的武汉顶津食品有限公司长沙生产分公司，公司占地面积1.39公顷，建筑面积1.38万平方米。引进的湖南方锐达科技有限公司，公司占地面积4.79公顷。全年，招商引进到位资金19亿元，其中，引进市外境内资金12.11亿元，境外资金4850万美元。

2010年，园区引进长沙普济生物科技股份有限公司、引进湖南圆通药业有限公司、引进湖南达美程智能科技股份有限公司等。园区除产业项目的招商以外，还侧重城市化配套招商，先后引进北京中信地产、厦门源昌地产、广东宜华地产和药膳养生城商业地产等项目。全年，实现招商引资到位资金21亿元，其中，到位外资5100万美元，省外境内到位资金6.5亿元。

2011年，园区引进西班牙水晶公司投资5亿元建设年产值20亿元的甾体生产基地、海南海灵制药公司、深圳海普瑞公司、上海唯高实业有限公司、加拿大ZemeFast公司、中国台湾介面光电二期高端云计算生产基地、江苏宏泰电子有限公司、东莞霖辉电子有限公司等。全年招商引资到位资金26.46亿元，其中到位省外境内资金8.80亿元，到位外资6100万美元。

2012年，园区引进湖南坛坛香食品有限公司，占地面积1.96公顷，建筑面积2.62万平方米。是年11月，由湖南省政府主办，湖南省商务厅、长沙市政府和浏阳经开区管委会共同承办的湖南生物医药和电子信息产业招商推介会在深圳卡尔顿酒店举行，签约项目5个，分别是：江苏正大天晴药业股份有限公司投资的肝炎药和心血管药制剂生产基地、中国香港格尼纳投资集团投资的联合财富工业地产项目、中国香港朵特国际物流有限公司投资建设的综合物流园及手机核心配件生产基地、潇湘生物产业投资基金、五星级洞天国际大酒店等，项目总投资40.6亿元。全年，招商引资到位资金27亿元，其中，到位省外境内资金10亿元，到位外资7400万美元。.

至2012年，园区累计引进各类企业392家，并引进工商银行、中国银行、农商银行、邮储银行、建设银行等银信机构。

第五节　技术与人才引进

一、技术引进

1998年，园区引进湖南泰尔制药股份有限公司的“安君宁”生产技术，安君宁是用于戒毒的领导产品，是国家重点科技攻关项目。引进湖南豫园生物科技有限公司的农用微生物研究与微生物肥料生产技术，实施自主选育菌种并实现规模化应用、生产微生物肥料。1999年，引进义生堂医药公司的“止痛剂”的生产技术，公司为泰国百年老字号，年产50万支。2000年，园区引进湖南康源制药有限公司的非PVC软袋输液生产技术和PP塑料瓶输液生产技术。

2001年，园区引进湖南华纳大药厂有限公司的化学原料、化学药物制剂、中药制剂等生产技术。引进湖南斯奇生物制药有限公司的卡介苗多糖核酸注射液生产技术，卡介苗多糖核酸注射液能预防和治疗慢性支气管炎、哮喘和调节人体免疫失衡功能，产品具有自主知识产权的生物制品；是年，引进斯奇生物制药有限公司的斯奇康注射液生产技术，后生产的斯奇康注射液被湖南省科技厅定为“高新技术产品”并评为“高新技术企业”。引进湖南春光九汇现代中药有限公司的中药超微饮片、中药提取物等生产技术，产品通过国家GMP标准验收合格。引进湖南明瑞制药有限公司的头孢类药物生产技术，年生产片剂5亿片、胶囊剂1亿粒、口服液3000万支。引进湖南华纳大药厂有限公司、湖南九典制药有限公司等企业的左奥硝唑、莫大菲尼、阿德福韦酯等药物生产技术，产品获临床批件，属国家1类新药。

2002年，园区引进湖南奇异生物科技有限公司的特色植物资源提取及产品开发技术，生产奇异美系列高档植物化妆品、奇异素和葵哥系列保健品；生产猕猴桃籽油、牡丹籽油、杜仲籽油等植物油。

2004年，园区引进永清环保股份有限公司的大气治理、环境修复、环保热电、固废处理、垃圾发电等科学技术。引进湖南阳光新材料有限公司的高性能紫外光固化涂料生产技术，年生产能力 3000 吨，产品应用于电子、地板、家具、塑料、汽车等行业。2005 年，园区引进湖南爱康新型建材有限公司的 PP-R、PE、PVC 等挤出生产技术，节能高效注塑、节能暖通设备生产技术。

2006 年，园区引进蓝思科技股份有限公司的显示屏功能玻璃面板生产技术。引进湖南天地恒一制药有限公司的口服固体制剂、无菌制剂、肿瘤制剂、中药提取等生产技术。引进永和阳光（湖南）生物科技有限公司的体外诊断试剂和医学检验仪器生产技术，主要产品有生化试剂、全自动生化分析仪、全自动糖化血红蛋白分析仪和 POCT 检测试剂等。引进湖南美可达生物资源有限公司的植物源性动物保健品和动物营养品添加剂生产技术，产品有血根碱、白藜芦醇、博落回提取物、厚朴提取物等为原料的兽药和饲料添加剂。

2008 年，园区引进湖南利尔电路板有限公司的高精密双面及多层印刷电路板生产技术，包括 LCD、HDI、BGA 盲埋孔特性阻抗控制电路板及 SMT 贴片等的生产。引进中国香港蓝思科技有限公司的诺基亚、摩托罗拉手机视窗生产技术，东莞利尔电子新材料有限公司的 LED 和手机芯片生产技术，湖南阳光新材料有限公司的手机、汽车内饰高分子环保涂料生产技术，加拿大流感疫苗、Lgy 抗体生产技术等。2009 年，园区引进湖南方锐达科技有限公司的溴系阻燃剂、交联剂 TAIC 和无味硫化剂 BIPB 等生产技术。引进湘北威尔曼制药有限公司的“注射用头孢噻肟钠舒巴坦钠”生产技术。是年研发的产品获得批准，属国家 1 类新药。湖南迪诺制药有限公司的抗肿瘤药物埃坡霉素生产技术，属 B 1 类新药并获生产批文。湖南有色铠铂生物药业有限公司的“帕拉米韦” 生产技术，生产的药品成为湖南历史上首个国家 1·1 类新药并成为国家抗禽流感的唯一治疗性药物。湖南春光九汇现代中药有限公司研发的“中药超微颗粒”生产技术并获国家科委颁布的科技进步二等奖，湖南以翔科技有限公司的“涂料工业清洁生产工艺和方法”获国家科委颁发的科技发明二等奖。

2010 年，园区引进长沙普济生物科技股份有限公司的氨基酸类表面活性剂生产技术，主要产品有月桂、椰油、肉豆蔻三大系列的氨基酸表面活性剂。引进湖南圆通药业有限公司的黄酮类药物橙皮甙、地奥司明系列，芦丁、曲克芦丁系列等生产技术。引进湖南达美程智能科技股份有限公司的 3D 立体技术。2011 年，园区引进湖南尔康湘药制药有限公司的复方甘草片和注射用磺苄西林纳生产技术。2012 年，园区引进中国香港朵特国际物流有限公司的手机核心配件生产技术。至 2012 年止，园区共引进新技术 1663 项。

二、人才引进

1997 年起，园区引进的企业技术含量不高，高技术、高学历人员很少，至 1998 年仍以生产工人为主体。

1999 年，随着一些高科技企业落户园区，高科技人才也随进入园区，有湖南省医药工业研究所科研人员徐燕创办华纳大药厂、曾建国创办九汇现代中药、朱志宏创办九典制药、魏祥符创办守护神制药等。园区为使引进的人才安心留在园区，是年起，先后制定《促进企业人才扎根园区的实施办法》《关于鼓励企业引进外国专家暂行办法》等规定，通过薪资补贴、购房补贴等多途径刺激并引导企业主动出击、按需引进。2000 年，园区举办人才招聘会，招聘大专以上学历 35 人，其中具有高级专业技术职称者 3 人，中级职称者 18 人。2001 年，园区成立人才交流服务中心，发布人才供求信息，提供人才咨询服务，举办人才交流会，帮助园区企业引进人才。至年底，园区共引进高级工以上专业人才 138 名，其中，博士毕业生 28 人，院士 2 人，高级专业技术职称者 3 人，中级职称者 18 人，高级技师 10 名，中级技师 30 名。

2002 年，园区创建“湖南浏阳留学人员创业园”，湖南省人大常委会副主任谢佑卿为“湖南浏阳留学人员创业园”授牌，成为海外留学人员回国来园创业平台。2003 年，园区将袁隆平、何继善、夏家辉等院士和张阳德教授等专家的科技产业化项目纳入计划中，聘任上述 3 位院士和张阳德等专家教授为项目顾问。2006 年，园区建有国家级科研机构 5 家，省级工程技术研究中心、企业技术中心等科研机构 23 家，市级企业技术中心等市级研机构 40 余家，成为引进各类高端人才的重要载体。是年年底，园区累计共有高级专业技术职称者 73 人，其中院士（顾问）3 名；中级职称者 318 人，高级技师 130 余名，中级技师 850 余名。

2008 年起，园区主动引进专业人力资源管理公司、专业人才中介机构，鼓励其为园区吸引人才及项目；另外，园区为企业拓宽人才引进渠道，通过项目引才、平台引才、人才引才等多渠道、多方式加大对园区人才的补充。推动“人才安心工程”，对人才在科研用房、科研经费、安居出行、子女入学等方面给予政策倾斜。2010 年，园区留学人员创业园开始修建专家公寓楼及专家休闲中心，为引进的专家提供贴心的服务，也为后期人才引进创造条件。至 2012 年，园区共引进高级专业技术职称 128 人（其中院士 3 人），中级专业技术职称 926 人，高级技师 260 余名，中级技师 1700 余名；具有博士学位的 132 人。

第六节　入园产业

一、产业规模

1997 年，园区有圣典集团、丰田电源等项目建成投产。1998 年，湖南泰尔制药股份有限公司、湖南豫园生物科技有限公司、长城制药等医药项目和迪卡彩印、晓清环保项目落户园区，并选址定点，相继开工建设。1999 年，先后有泰尔制药、守护神制药、斯奇生物制药、威尔曼制药、华纳大药厂、九汇现代中药、九典制药等医药企业落户园区。年底，累计落户企业 26 家，从业人数 1370 人，工业总产值 1.71 亿元。

2000 年起，先后落户园区的企业有湖南康源制药有限公司、湖南明瑞制药有限公司、湖南奇异生物科技有限公司、威特（湖南）药业有限公司、绿之韵生物工程集团有限公司、湖南九道湾食品有限公司等。其中，投产的入园企业湖南斯奇生物制药有限公司生产的生物制剂“斯奇康”完成年销售收入 8328 万元。2003 年，园区新增投产企业 8 家，新增开工建设企业 13 家。是年实现工业总值 11.40 亿。入驻企业生产的医药类产品有卡介苗多糖核酸注射液、中药超微饮片、头孢类药物等；各类型药用辅料 118 种。2004 年，落户园区的企业有永清环保股份有限公司、湖南阳光新材料有限公司、沙东钢结构（现代制造）、伟嘉生物（兽药）、绿之韵生物（化妆品）等企业 29 家。从事的业务有大气治理、环境修复、环保热电、固废处理、垃圾发电、环境咨询等；生产的产品有高性能紫外光固化涂料，年生产能力 3000 吨，以及化妆品、兽药等。全年园区实现工业总产值 20 亿元，比 1999 年增加 18.3 亿元，增长 1076.47%；技工贸总收入 23.5 亿元，上缴税收 0.46 亿元，园区从业人数 4178 人。

2005 年，湖南爱康新型建材有限公司落户园区，其生产的产品有 PP–R 给水管道、地源热泵管道、同层排水管道系统、虹吸雨水管道系统、静音排水管道系统等。园区共有各类企业 143 家，从业人数 9000 人；全年实现工业总产值 24.30 亿元，实现技工贸总收入 35 亿元，上缴税收 0.68 亿元。2006 年，入驻园区的企业有蓝思科技股份有限公司、湖南利尔电子材料有限公司、湖南天地恒一制药有限公司、永和阳光（湖南）生物科技有限公司、湖南美可达生物资源有限公司等 31 家；生产的产品有显示屏功能玻璃面板、肿瘤用药中的片剂、胶囊剂、无菌粉针和冻干粉针、生化试剂、全自动生化分析仪、全自动糖化血红蛋白分析仪和POCT检测试剂等。园区共有企业174家，从业人数10432人；全年工业总产值44.41亿元，实现技工贸总收入62.82亿元，上缴税收1.22亿元。2007年，入驻的企业有湖南欧亚生物有限公司、JAF生命科学有限公司、加拿大玛特科国际有限公司、中外合资鑫达金属材料有限公司、上海豫园生物工程有限公司、福州豪峰食品有限公司、河南爱普集团有限公司、湖南凯铂药业有限公司、湖南三清药业有限公司、湖南正清制药集团股份有限公司等25家。有各类企业累计199家，从业人数11720人，全年工业总产值70.50亿元，实现技工贸总收入91.04亿元，上缴税收1.77亿元；与2004年比较企业个数、从业人数、工业总产值、技工贸总收入和上缴税收分别增长74.56%、180.52%、252.50%、287.40%和284.78%。

2008年，入驻园区的企业有湖南利尔电路板有限公司、长沙温州食品工业园、长沙金爱丽食品有限公司、长沙味远红芳食品有限公司、湖南天味食品配料有限公司、长沙市金磨坊食品厂、长沙市陈龙食品厂、长沙怡和村食品有限公司等企业22家。生产的产品有高精密双面及多层印刷电路板（包括LCD、HDI、BGA盲埋孔特性阻抗控制电路板及SMT贴片等），月产各种高精密电路板4万平方米；有手机芯片、高分子环保涂料、流感疫苗Lgy抗体；长沙温州食品工业园生产的休闲食品及食品配料等。有各类企业221家，从业人数14978人；全年工业总产值100.68亿元，实现技工贸总收入114.14亿元，上缴税收2.21亿元。2009年，落户园区的企业有金泰制药、中国台湾介面光电有限公司、武汉顶津食品有限公司长沙生产分公司、湖南方锐达科技有限公司等28家，生产经营溴系阻燃剂、交联剂TAIC和无味硫化剂BIPB等产品。累计入驻企业249家，园区从业人数18237人；全年工业总产值131.00亿元，实现技工贸总收入153.58亿元，上缴税收2.98亿元。2010年，落户园区有长沙普济生物科技股份有限公司、湖南圆通药业有限公司、湖南达美程智能科技股份有限公司、北京中信地产、厦门源昌地产、广东宜华地产和药膳养生城商业地产等40家企业。生产的产品有氨基酸类表面活性剂（月桂、椰油、肉豆蔻三大系列）、黄酮类药物橙皮甙、地奥司明系列，芦丁、曲克芦丁系列、数字印刷等。原入驻蓝思科技是长沙市重点培育的十大百亿企业之一，当年实现产值37亿元，随着蓝思科技的陆续投产，园区经济规模增长明显。通过对原有企业的兼并重组，实现引大引强的目的，年内先后有6家企业兼并重组获得成功，分别是：上市公司重庆莱美制药收购康源制药、湖南老百姓大药房有限公司重组安邦制药、浙江万邦德药业收购麓山制药、明瑞制药收购正汰制药、华泽制药收购玄夏制药、深圳嘉信达收购康尼格拉。园区累计落户企业289家，企业从业人数33618人。全年工业总产值170.00亿元，实现技工贸总收入207.33亿元，上缴税收4.02亿元。2011年，落户园区的企业有湖南尔康湘药制药有限公司、泰和生物技术（北京）有限公司、上海莱崔尔生物工程有限公司、江苏宏泰高分子材料有限公司等56家。主要生产复方甘草片和注射用磺苄西林钠。蓝思科技进出口额占长沙市的56%、湖南省的20%，超过三一重工跃居全省企业第一。是年3月8日，永清环保在深交所A股上市。园区累计落户企业345家，从业人数41217人。全年工业总产值252.00亿元，实现技工贸总收入315.62亿元，上缴税收6.93亿元。2012年，落户园区的企业有湖南坛坛香食品有限公司、江苏正大天晴药业股份有限公司投资的肝炎药和心血管药制剂生产基地、中国香港格尼纳投资集团投资、中国香港朵特国际物流有限公司、潇湘生物产业投资基金、五星级洞天国际大酒店等47家企业。主要从事工业地产项目、综合物流园项目，手机核心配件生产等。蓝思科技实现出口交货值70.35亿元，继续排名全省企业进出口额第一。园区累计落户企业392家，从业人数52080人。全年工业总产值375.00亿元，实现技工贸总收入432.74亿元，上缴税收10.7亿元；

与2007年比较企业个数、从业人数、工业总产、技工贸总收入、上缴税收分别增长96.98%、443.52%、431.91%、375.33%、373.48%。

表 18-5-6-1　　1999—2012年浏阳经开区产业规模一览表

年份	技工贸总收入（亿元）	落户企业（家）	从业人数（人）	工业总产值（亿元）	上缴税收（亿元）
1999	—	26	1370	1.71	—
2000	—	35	1863	2.35	—
2001	—	48	2550	3.31	—
2002	—	59	3108	6.00	—
2003	—	85	3720	11.40	—
2004	23.50	114	4178	20.00	0.46
2005	35.00	143	9000	24.30	0.68
2006	62.82	174	10432	51.00	1.22
2007	91.04	199	11720	70.50	1.77
2008	114.14	221	14978	100.68	2.21
2009	153.58	249	18237	131.00	2.98
2010	207.33	289	33618	170.00	4.02
2011	315.62	345	41217	252.00	6.93
2012	432.74	392	63700	375.00	10.70

二、产业结构

（一）第二产业。1997年，园区产业发展定位并未明晰，入园产业呈现多样化，有农产品加工，有电源电器，有印刷和医药等多类型产业。1999年，园区根据国家实施医药企业GMP认证，企业需改造提质的时机，初步确定园区以生物医药为主导产业，建设医药专业园区，走差异化发展之路。经过努力，有11家医药企业落户园区，形成以湖南尔康制药股份有限公司、湘北威尔曼制药有限公司、湖南九芝堂斯奇生物工程有限公司、湖南华纳大药厂有限公司、湖南九典制药有限公司、湖南迪诺制药有限公司、湖南九汇现代中药有限公司、湖南康源制药有限公司、湖南老百姓安邦制药有限公司为代表的生物医药产业集群。2001年，园区有医药企业21家，年销售收入4亿元；国家级医药实验室2家。入园企业中有国家级新药59个，其中一类新药3个。2003年，园区有麓山、东风、迪博、银桥、百佳等医药企业通过国家GMP认证，有康源、正太金琥、华纳大、迪诺、玄夏等5家药厂申报GMP认证。全年实现工业产值8.16亿元。2004年，正太金琥、尔康、迪诺3家医药企业通过GMP认证，申报GMP认证的有星辉、天博、威特和长沙制药三厂4家医药企业。是年，医药生产企业GMP认证接近尾声，园区领导及时调整工业思路，依托和发挥多年来形成的医药品牌优势，拓展产业领域，引入沙东钢结构公司（现在制造）、盐津铺子公司（食品加工）、伟嘉公司（兽药生产）、绿之韵（化妆品生产）等企业。全年实现工业总产值16.86亿元。2005年，实现工业总产值28.2亿元，园区有工业企业95家，占园区企业总数的

66.43%，其中医药类企业52家，占园区企业总数的36.36%；工业企业从业人数5877人，占园区从业人数65.30%；工业产品销售收入23亿元，占园区技工贸总收入的65.71%。

2006年，园区抓住沿海省份产业转移的机遇，提出“双核”发展思路，即在发展生物医药的同时发展电子信息产业。是年，深圳蓝思科技入驻园区，在园区设立蓝思科技（湖南）有限公司。园区有工业企业105家，实现工业总产值62.82亿元。2007年，园区主动推动生物医药企业实行强强联合、强弱并购等措施，使企业的发展稳步上升，中国香港崇裕国际投资2000万美元收购玄夏制药，中国香港远东铝业投资2000万美元组建中外合资鑫达材料公司，中国香港蓝思科技投资4亿元建设国内最大的手机视窗生产基地，中国香港盐津铺子进行二期扩建。年底，落户园区的工业企业108个，实现工业总产值70.5亿元。2008年，入园工业企业再度扩容扩张，蓝思科技（香港）有限公司二期投资10亿元建设诺基亚手机视窗生产基地，基地年产值50亿元，容纳1.2万人就业；东莞利尔电子新材料有限公司投资2亿元建设手机芯片生产基地；阳光新材料有限公司投资1.2亿元建设紫外光手机固化涂料生产基地。年底，园区累计工业企业116家，全年实现工业总产值100.68亿元。2009年，落户园区的珠海金泰制药投资3.8亿元建设中南地区最大的抗肿瘤药物生产基地；湖南有色凯铂药业二期投资2.8亿元建设帕拉米韦抗流感用药生产基地；佰利达投资8000万元建设大分子生产基地。全年实现工业总产值131亿元。2010年，园区管委会参与、协调企业兼并重组，推动园区企业做大做强从而实现长期发展的便捷通道，重庆莱美制药（上市公司）以1.7亿元收购园区企业康源制药，并增资5亿元在园区建设符合美国FDA标准的制药厂；湖南老百姓大药房有限公司重组园区企业安邦制药；明瑞制药收购园区企业正太制药；深圳嘉信达药包材公司收购园区企业康尼格拉公司；中国香港科兴生物制品公司并购继蒙制药公司。是年，园区实现工业总产值170亿元，累计工业企业218家，占园区企业总数的75.43%，工业企业从业人数22418人，占园区从业人数的66.68%；全年实现工业产品销售收入165.53亿元，占技工贸总收入的79.83%。

2011年，园区企业的实力和品牌影响力进一步增强，永清环保和尔康制药先后分别在深圳证券交易所成功上市；蓝思科技、盐津铺子、湘北威尔曼、九典4家企业进入上市冲刺阶段。年内新建成投产的项目有蓝思科技（三期）、介面电光（一期）、盐津铺子豆干生产厂、赛法特科技、亿龙食品、九道湾食品、金泰制药、顺泰生物、联华环保、湘药（二期）、九典制药（二期）、华纳大制药（二期）16个项目。全年园区实现工业总产值252亿元。2012年，蓝思科技、湘北威尔曼制药、兴嘉生物3家企业进入中国证监会上市审批程序。宝利士、普济生物等15个新项目建成投产；威尔曼制药银河厂、尔康制药（三期）等20个项目开工建设。园区累计工业企业230家，占园区企业总数的58.67%；园区工业企业从业人数51889人，占园区从业人数的81.45%；全年实现工业总产值375.00亿元，完成工业产品销售收入351.86亿元，占园区技工贸总收入的81.31%。

（二）商贸物流餐饮服务业。1997年，在一片荒丘野岭上建立起来的浏阳工业园，基本没有商贸物流餐饮服务业，在产业结构中商贸物流餐饮服务业几乎为零。1999年8月，园区首期生活服务区建设方案出台，选址康平路以南，占地面积15.33公顷。2001年2月，园区电信大楼开工建设，大楼设计6层，建筑面积2234平方米。2002年，投资建设的商贸步行街即湘水街投入使用，入驻商贸餐饮服务经营户21家，形成园区商贸服务中心。全年园区商贸餐饮服务经营户39户。2003年，园区投资451万元建设幸福泉公园，投资788.88万元建设商贸步行街二期工程，建设以中南医药物流中心为主的中央商务区，园区与海虹控股、海南新世通、天津太平洋等公司合办医药物流中心。2004年，园区的湖南海川医药贸易有限公司完成仓库、营业厅、冷库等硬件建设，取得“药品经营许可证”并正式对外营业。2005年，园区第一家正规性酒店——绿之韵大酒店开工建设，其中，酒店中的贵宾楼年底开业运营；武汉东方诚信担保公司投资1亿元建设中南物流中心。年底，园区商贸物流餐饮服务企业48家，占园区企业家数的33.57%；从业人数3123人，占园区从业人数的34.7%；全年商贸物流餐饮服务业实现经营收入12亿元，占园区技工贸总收入的34.29%。

2006年，落户园区的湖南省工伤康复医院开业运营；苏格兰皇家银行联合资本网络亚洲有限公司首期投资4000万美元，对园区内5家制药企业实施国际化改造。全年商贸物流餐饮服务业实现经营收入19.32亿元。2008年，在长沙举行的“第二届中国生物产业大会”期间，园区与开发银行、工商银行达成银团合作项目；园区出台促进第三产业发展的政策意见，新创办新农村好地方、九洲会所等较高档次休闲场所。全年商贸物流餐饮服务业实现经营收入26.64亿元。2009年，园区创建的全国工业旅游示范点通过省旅游局验收，成为长沙地区唯一的全国工业旅游示范点；争取中国银行在蓝思科技公司安装柜员机一台，工商银行园区分理处扩容营业面积，邮政银行在商贸街安装柜员机一台，市农村合作银行在园区设立支行。全年商贸物流餐饮服务业实现经营收入38.58亿元。2010年，园区稳步推进城市化建设，重建灵圣寺（药王庙）增加旅游景点，建设药膳养生城提高市民生活质量，改善供电设施，供电能力由4万千伏安增加至20万千伏安。园区有商贸物流餐饮服务业企业71家，占园区企业总数的24.57%；从业人数1.2万人，占园区企业从业人数的33.32%；全年商贸物流餐饮服务业实现营业收入41.8亿元，占园区技工贸总收入的20.17%。

2011年起，园区继续提升城市化水平，促进商贸物流餐饮服务业发展，建设东润万象城、豫园广场等多个大型城市商贸综合体。投资3.5亿元建成长郡浏阳实验学校，投资3亿元建成金阳文化艺术中心，幸福泉市民公园、仲景公园开门迎宾，经开区汽车站开业运营，五星级酒店开工建设。2012年，园区先后出台《支持园区企业参与商业综合开发的有关政策》《促进第三产业发展的暂行规定》等，鼓励园区第三产业发展。华强公司投资12亿元建设粤港城商业综合体，豫园公司投资10亿元建设豫园广场城市综合体项目，洞天公司投资6亿元建设五星级酒店项目。步步高、家润多、肯德基、麦当劳、餐谋天下、君逸山水酒店等和横店影视城落户园区。至年年末，园区商贸物流餐饮服务业企业162家，占园区企业总家数的41.33%；从业人数1.18万人，占园区从业总人数的18.54%；全年商贸物流餐饮服务业实现经营收入80.88亿元，占园区技工贸总收入的18.69%。

第七节　经济效益

1997—1998年，园区主要精力放在规划设计和征地拆迁的前期工作，为创造良好的经济效益打下基础。1999年，随着开发建设的推进和入园企业的不断增加，园区经济效益有明显改观，是年实现财政总收入1800万元。2001年，入驻园区企业中建成投产的有13家，全年销售收入7.5亿元，实现财政总收入0.33亿元。2002年，园区新增6家企业建成投产，新开工进行土建工程的项目9个，进行平地工程的项目8个。全年实现技工贸总收入11.40亿元，实现财政总收入0.38亿元。2003年，新增投产企业8家，新开工建设企业13家。园区实现财政收入0.75亿元。2004年，园区新增建成投产企业16家，主体工程完工企业5家，新开工建设企业14家。全年完成技工贸总收入23亿元，完成人均劳动生产率55.05万元，地均产值率171.64万元/公顷；上缴税额0.46亿元，人均纳税额1.10万元；园区实现财政总收入

1.01 亿元。2005 年，园区新建投产企业 20 家，其中，由美国 500 强 SPX 公司投资的加清环保、康师傅集团都是当年开工，当年投产，当年见效。是年 12 月 29 日，园区隆重举行科技创新表彰大会，表彰斯奇、泰尔、丰日、九典、华纳大 5 家科技创新先进企业，其中，重奖湖南斯奇生物制药有限公司 400 万元，公司自主研发的主导产品“斯奇康”注射液 6 年来累计创税 1.03 亿元，成为湖南创税最高的单一药品和中南地区经济效益最佳的生物疫苗产品。全年园区实现技工贸总收入 35 亿元，人均劳动生产率 38.89 万元； 地均产值率 261.19 万元/公顷；上缴税收 0.68 亿元，人均纳税率 0.76 万元；实现财政收入 1.52 亿元。

2006 年，全年园区实现技工贸总收入 62.82 亿元，人均劳动生产率 60.22 万元， 地均产值率 468.81 万元/公顷；上缴税收 1.22 亿元，人均纳税额 1.17 万元；实现财政收入 2.06 亿元。2007 年，湖南湘药制药（原湖南制药）投资 1.6 亿元在园区建设的原料药和年产 2000 吨咖啡因项目顺利投产。全年园区完成技工贸总收入 91.04 亿元，人均劳动生产率 77.68 万元， 地均产值率 679.40 万元/公顷；上缴税额 1.77 亿元，人均纳税额 1.51 万元；实现财政收入 2.64 亿元。2008 年园区呈现企业产销两旺，财税快速增长局面，涌现年税收过 3000 万元的企业 1 家（九芝堂斯奇），过 2000 万元的企业 3 家（泰尔、日丰、永清环保），过 1000 万元的企业 2 家（中油管道、开发投资公司），过 500 万元的企业 7 家（迪诺、福满多、康源、九典、腾飞、尔康、绿之韵）。全年园区实现技工贸总收入 114.14 亿元，人均劳动生产率 76.21 万元， 地均产值率 851.79 万元/公顷；上缴税额 2.21 亿元，人均纳税额 1.48 万元；实现财政收入 3.31 亿元。2009 年，建成投产企业 7 家（利尔、豫园、神力、嗑得响、博童、伟嘉、阳光新材料），新增税收过 4000 万元企业 1 家，过 2000 万元企业 1 家，过 1000 万元企业 1 家，过 500 万元企业 4 家，过 100 万元企业 5 家。全年园区实现技工贸总收入 153.58 亿元，人均劳动生产率 84.21 万元， 地均产值率 1146.12 万元/公顷；上缴税额 2.98 亿元，人均纳税额 1.63 万元；实现财政收入 4 亿元； 与 2005 年比较技工贸总收入、人均劳动生产率、地均产值率、人均纳税额和财政收入分别增长 338.8%、116.53%、388.81%、114.47%、163.16%。

2010 年，蓝思科技陆续投产，实现年产值 37 亿元，实现税收 5700 万元，成为园区及浏阳市的纳税冠军企业；威示曼制药实现税收 5100 万元，另有 9 家企业税收纳税过 1000 万元。全年园区实现技工贸总收入 207.33 亿元，人均劳动生产率为 61.67 万元，地均产值率 1547.24 万元/公顷；上缴税额 4.02 亿元，人均纳税额 1.20 万元；实现财政收入 5.18 亿元。2011 年，园区新建投产项目 16 家，分别是蓝思科技（三期）、介面电光（一期）、盐津铺子豆干生产厂、金泰制药、赛法特科技、亿龙食品、明瑞（二期）、九道湾食品、顺泰生物、联华环保、向东海食品、湘药制药（二期）、九典（二期）、华纳大（二期）等。有永请环保、尔康制药等 2 家企业在深圳证券交易所成功上市。蓝思科技年交税过 2 亿元，尔康制药、威尔曼制药交税过 6000 万元，另有 13 家企业交税过 1000 万元。全年园区实现技工贸总收入 315.62 亿元，人均劳动生产率 76.58 万元，地均产值率 2355.37 万元/公顷；上缴税额 6.93 亿元，人均纳税额 1.68 万元；实现财政收入 8.32 亿元。2012 年，园区经济总量快速增长，财政税收破 10 亿元大关。全年新增税收过 4 亿元企业 1 家（蓝思科技）新增税收过 5000 万元企业 3 家，新增税收过 1000 万元企业 16 家，新增税收过 500 万元企业 4 家，税收过 100 万元的企业 59 家。全年园区实现技工贸总收入 432.74 亿元，人均劳动生产率为 67.93 万元，地均产值率 3229.40 万元/公顷；上缴税额 10.70 亿元，人均纳税额 1.68 万元；实现财政收入 12.50 亿元；与 2009 年比较技工贸总收入、人均劳动生产率、地均产值率、人均纳税额和财政收入分别增长 181.77%、-19.33%、108.72%、3.07%、212.5%。

第六章 望城经济开发区

望城经济技术开发区（下简称园区）位于望城区中南部，东以雷锋大道为界与望城区滨水新区毗邻，南与长沙高新区接壤，西至黄桥大道，北起高塘岭街道宝粮路，占地60平方千米。

2000年7月，根据中共望城县委确定“工业兴县、园区兴工”的发展方针，在县治高塘岭镇仁和村及周边征地拆迁，开路平地，创办省内首家高科技食品工业基地。2001年3月27日，湖南省高科技食品基地和县城南部的台商投资区经湖南省人民政府批准设立为省级开发区，享受长沙国家高新技术产业开发区的优惠政策。2001年9月，经国家科技部批准，望城农业科技园为国家一级农业科技园并更名为湖南望城国家农业科技园区，是湖南省唯一的国家级农业科技园区，也为全国第一批21个“国家农业科技园区（试点）”之一。“三家园区”坚持“产业立园、项目兴园、创新强园”的发展理念，实现企业集聚、产业集群发展。2001年，湖南省高科技食品工业基地和湖南省台商投资区内引进国内外大小企业20余家，投资过亿元项目12个。形成食品医药、有色金属、商贸物流、航天航空四大主导产业。至2002年，湖南省高科技食品工业基地和台商投资区开发近4平方千米，进驻中外投资企业17家；农业科技园区建成核心区面积466.67公顷，完成投资18.5亿元。当年，“三家园区”企业累计28家，完成企工贸总收入17.4亿元，实现税收收入0.7亿元，实现规模工业总产值14.6亿元。基础设施建设全面铺开。

2006年7月，望城高科技食品工业基地、台商投资区、农业科技园“三园合一”，更名为“湖南望城经济开发区”。三园统一实行各项优惠政策，经济效益和社会效益逐步凸现。2007年，园区企业累计156家，完成企工贸总收入104.8亿元，实现税收收入2.5亿元，实现规模工业总产值87.3亿元。比2002年分别增长457%，502%，257%，454%。各项经济指标均与全省长沙市之外其他地级市开发区指标处于同一水平。

2009年，依托“长三角”“珠三角”两大经济圈西进、北上的枢纽地位和长株潭一体化核心区位优势，园区发展谋求总体实力升级，建成区面积12平方千米。是年，经科技部统一验收，望城农业科技园区综合指数在全国38个国家级农业科技园区中排名第六，再次确定为国家农业科技园区。2009年1月，成立铜官循环经济工业基地，为长株潭“两型社会”综合配套改革的重点产业园区。2010年，园区成立10周年。按照“环境友好、资源节约”的“两型”要求，经开区的总体发展规划扩充到60平方千米，实现与麓谷的无缝对接，为园区的后续发展提供发展空间。在此基础上，编制有色金属精深加工和现代商贸物流两个产业规划。经开区对外影响力提高，成为“望城名片”，入选“湖南十大最具投资价值产业园区”。围绕“产业立园、科技强园、生态建园、和谐兴园”的发展思路，形成食品医药、有色材料深加工和先进制造、印刷包装、现代农业四大主导产业集群。形成特色鲜明、功能齐全、配套完善的“一区多园”格局。是年，园区企业累计347家，完成企工贸总收入244.0亿元，实现税收收入6.6亿元，实现规模工业总产值206.2亿元。与2007年比，分别增长122.4%，132.8%，164.0%，136.2%。

2011 年，园区借望城撤县设区机遇，确定“打造千亿级、进军国家队”目标，突破发展要素瓶颈制约，实现“十二五”（2011—2015 年）的良好开局。同时，为聚集发展新动能，联合高等院校和科研机构，构建科技创新平台，全年技改投入 75 亿元，增加 24.9 亿元，增长 49.7%；获长沙市 2011 年度科技进步目标考核一等奖。跻身首批“湖南省知识产权工作试点园区”。

至 2012 年，园区实现与长沙市城市总体规划无缝对接，面积扩大到的 60 平方千米，成为长沙市总体规划中综合交通枢纽中心。基础设施累计投资 60 亿元，修建道路里程逾百千米。园区有次干道和支路共 29 条，总长度超过 170 余千米；沟通省会长沙市及区域内的公交车线路共 31 条，“六纵六横”的交通网络基本成型；供水、排污、供电、供气、通信等建设完备；砂子塘新世博学校建成投入使用，集购物、休闲、娱乐于一体的环球奥特莱斯购物公园开业，绿地香树花城、奥莱小镇、中航山水蓝天、晟通城等一批楼盘相继建成，开通 6 条公交线路，园区生产生活配套设施日趋完善，承载功能全面提升。园区拥有全球最大的铝轮毂生产企业——中信戴卡，全球著名的电子专业制造服务供应商——伟创力集团，全球最大的铝箔生产基地——晟通集团，全球最高登高平台消防车专业生产企业——中联消防，全国唯一的飞机起落架生产基地——中航起，全国最大的羊奶粉生产企业——澳优乳业，全国最大的高压隔离开关专业生产企业——长高集团，全国最大的双金属带锯条生产企业——泰嘉新材。拥有 145 家规模以上企业，45 家世界 500 强企业、境内外上市公司。园区有工业 601 家，完成企工贸总收入 472 亿元，实现税收收入 11.0 亿元，实现规模工业总产值 400 亿元。与 2010 年比，分别增长 73.2%，93.4%，66.7%，94.0%。财政总收入突破 20 亿元，财政贡献率 52%。获“长沙市创新园区”称号。

第一节 机 构

2000 年 7 月 13 日，湖南省人民政府批复同意在望城建立湖南省高科技食品工业基地，属省级开发区系列。2001 年 2 月 22 日，望城县明确基地的管理体制，在高科技食品工业基地设立中共望城县湖南高科技食品工业基地工作委员会。

2001 年 9 月 3 日，科技部批复湖南望城国家农业科技园区为湖南唯一获批的国家农业科技园区。2001 年 10 月 16 日，望城县编制委员会通知成立湖南望城国家农业科技园区管理委员会，定编 15 人。与此同时，中共望城县委发文通知成立中共望城国家农业科技园区工作委员会领导园区工作。

2003 年 8 月 28 日，湖南省编制委员会办公室明确湖南省高科技食品工业基地管委会为正处级机构。2004 年 2 月 19 日，长沙市编委通知将湖南省高科技食品工业基地、湖南省台商投资区、湖南望城国家农业科技园区整合，实行“三块牌子、一个班子、一套人马”的管理体制。高科技园区党工委、升格为正处级机构，仍为县委派出机构，内设 5 个局（室）均为正科级机构，共核定开发区专项编制 20 名。受市、县两级授权，统一领导园区的开发、建设及相关的社会事业的全面工作 2006 年 1 月 26 日，国家发展和改革委员会公告，将湖南省高科技食品工业基地（湖南省台商投资区、湖南望城国家农业科技园区）更名为“湖南望城经济开发区”，成立中国共产党望城经开区工作委员会。

2012 年 12 月 25 日，望城经开区党工委《关于调整党工委管委会领导班子成员分工的通知》，进一步明确班子成员的工作职责。

2004—2012年，先后担任望城经济开发区主要领导职务的有：熊泽南、邱俊杰、徐志刚、张权、吴皓；其他领导班子成员有：陈勇、谭平安、余梅香（女）、浣望民、刘彪、李彦波、李小平。

第二节 园区规划

一、总体规划

2000年4月，根据《望城县县城总体规划》，用地选址县城高塘岭镇东南角，总面积6.33平方千米。同年，望城县确立“融城强县”发展战略，制定“工业兴县、园区兴工、以工拓城、产业建镇、调整兴农、龙头带动、多点对接、分而活之”等一系列发展方针，确定“建设省会大郊区、跻身全省三强县”的阶段性奋斗目标。2001年3月，对县域工业园区发展进行总体布局规划，县城东南设湖南省高科技食品工业基地、湖南省台商投资区。同年4月，望城县编制《湖南省台商投资开发区控制性详细规划》，园区位于县城南部，规划总用地面积5平方千米。2002年5月，编制《湖南望城国家农业科技园区总体规划（2002—2005）》，规划范围包括雷锋大道两旁高塘岭镇、星城镇、黄金镇所辖8个行政村，核心总面积966.67公顷。

2005年，湖南省高科技食品工业基地秉持“高起点、高科技、高效益、现代化、生态化，体现经济效益与社会效益相统一”开发宗旨，聘请专家组为基地提升科技水平，为投资者初步打造各种条件相对优惠的投资乐园。

2006年，“三园合一”成立湖南望城经济开发区，园区扩容提质，园区管委会聘请复旦大学专家，对组织编制《湖南省望城经开区总体规划（2005—2020）》，用地范围涉及高塘岭镇、星城镇两大板块，以高塘岭板块工业用地为主，总用地32.34平方千米。

2009年4月，望城国家农业科技园区聘请省委政研室领导牵头，组织有关专家对园区功能定位、产业规划、优惠政策和可持续发展等方面进行专题研究，形成《园区建设及可持续发展研究报告》。5月，园区聘请湖南农业大学和长沙中规设计公司专家完善《国家农业科技园区总体规划》，规划总面积5.80万公顷，其中核心区4667公顷，示范区1.33万公顷，辐射区4万公顷，重点打造大众垸现代农业综合示范区，加强园区建设。

2010年，在《湖南省望城经开区总体规划》基础上，扩容提质，编制《湖南省望城经开区总体规划（2010—2030）》，规划范围包括高塘岭、星城镇、黄金乡19个行政村（社区），规划总用地59.69平方千米。2011年，把握长沙市土地利用总体规划调整契机，在发展控制规划范围内新增建设用地规划面积600余公顷。

2012年，完成园区南北两片60平方千米的控制性详细规划；与长沙市城市总体规划、长沙市土地利用规划实现无缝对接、融合，按“两型社会”的要求科学谋划宜业宜居的现代化工业新城蓝图。

二、专项规划

（一）土地利用规划。1999年12月编制的《望城县县城总体规划（1999—2020）》中，土地利用选址望城县县城东南部，共分为三个区块：区块一，用地0.96平方千米；区块二，用地4.23平方千米；区块三，用地1.13平方千米。用地总面积6.33平方千米。区块之间用地性质无明显区别。

2004年，编制《湖南望城经济开发区总体规划（2005—2020）》。范围涉及高塘岭镇和星城镇两大板块，其中又以高塘岭板块工业用地为主。规划范围面积32.34平方千米。高塘岭板块工业用地29.07平方千米，东以雷锋大道和马桥河路为界；南从雷高路邓家坡处，沿 X 坐标 30500 线（北京坐标系）至三环线，沿三环线接雷锋大道；西以郭亮路接雷高路为界；北由高乔大道接望城大道、宝粮路、莲湖路至旺旺路。星城镇板块工业用地 3.27 平方千米。分为两小片，其中湖南出版集团基地规划用地 3.14 平方千米。

2010 年，委托澳大利亚爱德嘉·皮诺塔事务所、长沙泰源建筑设计有限公司编制《湖南望城经济开发区发展控制规划（2010—2030 年）》。规划总用地 59.69 平方千米，其中城市建设用地 43.97 平方千米，占规划总用地的 73.67%。规划建设用地 5267.17 公顷，其中，居住用地 671.21 公顷、占 15.26%，公共设施用地 765.69 公顷、占 17.42%，工业仓储用地 2529.62 公顷、占 37.75%，道路广场绿地用地 1300.65 公顷、占 29.57%。

（二）基础设施规划。2001 年，湖南省台商投资区规划总用地 5 平方千米，雷锋大道规划控制 60 米路幅，规划修缮“三横三纵”的道路骨架，依次为旺旺路、金星路、站南大道，郭亮路、望城大道、雷锋大道。

2005 年，规划园区道路网近似网格形式，主干道道路网分布为“四横五纵”，即在“三横三纵”分别增加星城大道，楠木冲路、马桥河路。规划道路宽度主干道 30~60 米，次干道 24~30 米，支线道 12~20 米。规划望城水厂扩建到日供水 15 万立方米，水厂控制建设用地 8.7 公顷，供水管道形成环状管网布局。规划完善城区排水系统，建立污水处理厂，工程设计规模为日处理 18 万立方米。电网规划发展电压等级，35 千伏为控制发展电压等级，对容载比、主接线、变电站、高压电力线路进行规划。

2010 年，道路系统工程规划分为快速路、主干道、次干道、支路四级，其中快速路、主干道形成“七横六纵”，即“七横”为旺旺路、北横线、金星路、普瑞大道、月亮岛西路、银星路、黄金大道，“六纵”为黄桥大道、郭亮路、望城大道 、马桥河路、长沙市三环线、雷锋大道。规划道路宽度快速路 30 米，主干道 30~60 米，次干道 24~30 米，支线道 12~20 米。供水系统规划修编为望城水厂最大日供水量 56 万立方米，新增两处自来水加压站——桂芳加压站、乌山加压站。电力工程对电源和电力高压走廊规划进行调整，规划新建 2 座 110 千伏变电站和 2 座 35 千伏变电站。

2012 年，统筹布局与先导区、麓谷高新区的主干路网，统一规划市政管网。

（三）环保景观规划。2005 年，对园区环境保护、绿地系统及景观制定规划。主要以旺旺路、金星路、站南大道，郭亮路、望城大道、雷锋大道、星城大道，楠木冲路和马桥河路进行绿化亮化，其次对其交叉广场进行修整，重点打造东马广场、马桥河广场和园区标志广场，对马桥河清淤改造。

2007 年 10 月 6 日，国家环保总局副局长李干杰实地察看开发建设以及环境保护方面的工作，要求环保建设要重视综合环境的保护，做到同时规划，同时建设，同时使用；青山绿水的生态环境是望城经济开发区独特的优势，一定要珍视和保护好，不能单纯为经济的发展而给子孙后代留下遗憾。此后，园区对环境保护、绿地景观规划逐步调整，升级规划建设。

2009 年开始，为确保区域内的生态自然环境，望城经开区范围内对城市空间和用地界线实行“三区”“四线”管制。城市空间分为禁建区、限建区和适建区。禁建区 1597.4 公顷，占规划总用地的 21.3%。主要包括区域内各类水体、滨河生态保护区、保护林地和高压走廊，禁止任何城镇建设。限建区 1140.9 公顷，占规划总用地的 15.2%。主要包括沟谷、居民点分布区、自然保护区的控建区、人文景观保护区、一般农田用地区、山林果园绿化区和重要生态廊道区等，禁止建设污染水质的工业生产设施。适建区 4775 公顷，占规划总用地的 63.5%。主要指规划范围内可建设和改造的地块，以保证城市的各项生产、生活功能。对用地界线实行“绿线”“蓝线”“黄线”“紫线”四线管制。“绿线”管制用地

1584.02 公顷，“绿线”内用地不得改作他用，不得违反法律法规、强制性标准以及批准了的规划进行开发建设。蓝线管制用地 114.72 公顷，“蓝线”内禁止擅自填埋、占用水域，不得进行影响水系安全的爆破、采石、取土等活动，禁止擅自建设各类排污设施以及进行其他对园区水系保护构成破坏的活动。黄线管制用地 56.52 公顷，“黄线”内不得进行大规模的城市建设。“紫线”管制用地 7.48 公顷；紫线内进行新建或者改建各类建筑物、构筑物或其他设施，必须取得许可。

2010 年，园区生态环境保护规划确定，域内水质达到国家三类标准，灌溉沟渠按国家标准一类管理；大气质量按国家标准二类区控制；城市居住区、行政文化区噪声值控制在 54 分贝 A 声级以下；工业废水处理率 100%；垃圾无害化处理 100%。环境卫生保护规划确定，到 2030 年，实现“垃圾收集容积化、粪便收集管道化、环卫作业机械化、废弃物处理无害化、环境卫生管理科学化”目标，城市垃圾无害化处理近期达 70%、远期达 90%，特种垃圾和工业有害废弃物的无害化处理近期达 100%，生活垃圾容积化收集近期达 90%、远期达 100%，道路清扫机械化、半机械化近期达 80%以上。绿地系统规划确定为“两区、两带、三轴”绿地系统格局。“两区”为神仙塘公园和园区南边生态农业园，“两带”为中部生态农业带和马桥河风光带，“三轴”为望城大道、雷锋大道和金星大道所形成的绿化景观带。景观规划确定为“一环、两轴、多节点”的景观系统格局。“一环”为马桥河、黄金河、月亮河及滨江风光带构成，“两轴”为望城大道、雷锋大道与其他主要干道交叉口形成的标志性广场构成的景观轴，“多节点”为园区周边的乌山森林公园、洗心禅寺、观音岩水库、龙湖高尔夫球场等组成的自然人文景观节点。

2012 年，编制完成北斗星航空航天主题公园规划和同心路、金星路、航空路绿化亮化设计等。

（四）产业规划。2000 年，雷锋大道沿线引进中联工业园、华星宇传感基地、湖南省出版科技产业园、长沙印刷科技工业园。湖南旺旺食品有限公司投资建厂后，湖南富虹锌业有限公司、湖南坤源塑化有限公司等知名企业相继落户望城。随着派派奶业、沐林食品、光阳米业相继落望城，与旺旺集团组成农产品加工企业群。望城县依据这种集成和集约优势，决定创办湖南高科技食品工业基地，以进一步发挥其磁场效应。2000 年 7 月，湖南高科技食品工业基地得到省人民政府批准，并纳入市高新技术产业开发区体系，规划开发面积 5 平方千米。同月，委托长沙市规划设计院对湖南省高科技食品工业基地进行详细规划。分为粮食农副产品深加工区、肉制品加工区、保健食品与现代 生物食品生产区、果蔬深加工区、乳制品及水产品加工区 5 个区域。基地接纳与食品和食品加工有关的其他项目，包括调味品、食品添加剂和食品加工机械、从事与食品业密切相关的软件开发以及网上销售等。根据台商投资大陆不断升温的趋势，同年 12 月，决定设立湖南台商投资区，园区位于县城南部，规划总用地面积 5 平方千米。2001 年，在湖南省台商投资区内辟出 100~200 公顷土地，建设湘台工业城，作为湖南省台商投资区的先导区。湖南省台商投资区致力于吸引以台资为主，技术含量较高、经营理念先进、市场前景良好的食品加工、新型建材、精细化工、生物医药、电子信息、机电一体化等境内外企业，打造台商集中区和台资示范区。

2001 年 2 月，完成华星宇传感科技园规划。5 月，湖南出版科技园完成规划设计，规划由深圳建筑设计研究总院和广州美术学院共同设计，按照“造型别致、搭配合理、布局和谐、整体优美”的原则，为投资客商打造高新技术产业平台。湖南省高科技食品基地和台商投资区总规划面积 10 平方千米。

2002 年 3 月 20 日，湖南望城国家农业科技园区总体规划通过专家评审。规划湖南望城国家农业科技园区分核心区、示范区和辐射区三个圈层。核心区位于长沙至望城交通主干道——雷锋大道两侧，面积966.67公顷，包括“优质种苗区、农产品加工区、无公害粮菜区、高效养殖区”四个功能区和一个科技培训及综合服务中心，示范区、辐射区分别环绕核心6个乡镇、13个乡镇，面积分别为0.6万公顷、3万公顷。2004年，湖南省食品工业基地和湖南省台商投资区按照“专业立园、特色立园”的总体思路，突出发展食品工业，重点引进台资企业，规划开发面积20平方千米。

2005年，《湖南省望城经开区总体规划》中对产业作总体布局。长沙四环线以北为高科技食品工业基地和集居住、商业、办公、教育等功能于一体的综合功能区，马桥河以西、石长铁路北侧为工业、仓储物流和配套居住为主的工业新区；马桥河以西、石长铁路南侧为以工业、仓储物流为主的工业新城；马桥河以东为以行政办公、文化、商业、居住为主的县城中心区；园区东南部马桥河与长沙市三环线之间为高效农业区；星城镇板块为出版科技园区。

2010年10月12日，有色金属精深加工产业化基地挂牌。基地规划面积约10平方千米，计划2013年达到总投资30亿元、产能100亿元的规模，到“十二五”末（2020年）达到有色金属精深加工产业总值500亿元的规模。

2010年，园区范围内按照现状及产业集群构想进行布局，北横线以北巩固原有食品加工业，金星大道与北横线之间布局有色金属精深加工产业，星月路以南、普瑞大道以北、马桥河以西布局先进制造业，沿石长铁路两厢布局仓储物流产业，普瑞大道以南、马桥河以西、望城大道以东布局商贸及配套产业，普瑞大道以南、雷高路以西布局低碳产业，黄金河与黄金大道之间是以铁路黄金站为中心的商务会议中心。

2012年，统筹布局与先导区、麓谷高新区协调布局产业项目，规划建设现代化工业新城蓝图。

第三节 基础设施建设

一、水电路建设

2000年，投资310万元建设站前路货运通道，共移动土石方8万余立方米。此外，投资550万元，硬化车站大道2千米，铺设给、排水管道1600米。2001年，筹集资金2亿元，拉通车站大道、旺旺西路、迎宾大道等10余条园区交通要道，加强对省高科技食品工业基地和台商投资区的基础设施建设，形成园内“四纵六横”的道路骨架。

2002年7月，投入1919万元，加大园区水电路等基础设施建设。启动中联工业园和华星宇传感基地的主要交通干道和全长5千米的黄金大道工程建设，推进中联工业园和华星宇传感基地建设，并兴建火车站至雷锋大道全长4.3千米、路幅54米双向六车道的站前路东段，年底，完成土方工程。省高科技食品工业基地和省台商投资区内，投资1.92亿元，新建日供水能力15万吨的自来水厂。至年底，湖南望城国家农业科技园区投资1.1亿元，新修、拉通、硬化园区纵横6条主干道路，完善供排水网等基础设施。

2003年，积极争取开行贷款和国债资金，加大对园区水电路等基础设施建设投入。投入3143万元，比上年增加1224万元，增长63.8%。2004年，再投入4386万元。两年内投资中6500万元用于完善望城国家农科园核心区基础设施和配套设施，硬化核心区主干道1.06万米，整修完善项目区主干道路1.20万米，修建排灌沟渠5500米，修复和架设电力专线1.25万米，对项目的抗旱排渍设施进行升级改造。

2005—2006年，园区推进基础设施建设升级，水、电、路完成总投资4.4亿元，使园区供水、排水管道等地下设施基本敷设就绪，变电站、电力线路基本新建配套，道路骨架基本形成。6.33平方千米建成区域内基础配套设施全面完善。完成旺旺路、金星大道（园区段）改造工程，完成台商投资区内同兴大道、马桥河路、银杏路、桃园路、丹桂路、金穗路的硬化和配套设施建设，新建和改造路网总长 15 千米。园区 22 万伏楠竹塘变电站、金沙变电站相继投入使用，建立水电绿色通道。修建中型桥 1 座、中型涵洞 3 座。完成新区给排水、电力专线铺设排水管道 1.2 万米，移架电信线路 2 万余米，拆迁电力线路 3 万余米，高压电缆入地铺设 3000 余米、架设 2900 余米。2008 年，园区普瑞西路、马桥河南路竣工通车，新增通车里程 6.2 千米。园区 22 万伏变电站投入使用，新架设万伏线路 8 千米，铺设自来水管道 8.5 千米。

2009—2010 年，投入道路、水、电等基础设施建设资金 15 亿元，园区基础设施建设全面推进，全年建设政府性重点基础设施为主的投资项目共 5 个，先导区联络线、石长铁路增建二线重点工程开始建设；望城大道南延线一期、赤岗路竣工通车。2012 年，赤岗路西延线、同心路提质改造工程竣工；马桥河路南延线、金星西路提质改造等项目加快实施。2012 年 8 月 24 日，望城水厂完成二期改造扩建工程，日供水能力 10 万立方米，实际运行最高日用水量约 8.2 万立方米。2012 年 9 月 6 日，雷锋大道、金星大道、普瑞大道“三路”提质改造通车。

截至 2012 年，园区投入近 50 亿元，共建成区域内及望城区域经园区道路主干道 11 条，总长 120 千米，其中黄桥大道和长沙市三环线为过域公路，形成“六纵五横”的路网结构。“六纵”：由西往东依次为黄桥大道、雷高公路、望城大道、马桥河路、长沙市三环线、雷锋大道（接雷锋北大道）。“五横”：由北往南依次为旺旺路（含旺旺东路、旺旺中路、旺旺西路）、金星路、普瑞路（含普瑞东路、中路）、银星路、黄金大道。其余园区内的次干道和支路共 18 条，总长 50 余千米。

二、配套设施建设

2001—2002 年，累计投资 2.40 亿元，开展园区各项配套设施建设。省高科技食品工业基地和省台商投资区内新建园区电视网、电信网等基础配套设施。建设现代化农业示范园 8 公顷，大棚温室 5 个，新建大棚 1.10 万平方米。是年，先后召开中顺集团工业用气厂与南方大学有关安 全问题协调会、中顺集团工业用气厂搬迁问题协调会、银星路（出版基地段）建设协调 会、格塘水库千龙湖项目开发建设协调会等会议，解决企业建设和生产中的安全环保问题。

2003—2004 年，园区为项目提供用地，投入近 8000 万元，移动土石方近 150 万立方米，护砌近 10 万立方米，平整项目用地 26.67 公顷。

2005 年，受国家及省有关部门资金支持，投入 800 万元，园区完成 3 个大型网站及局域网的建设，是年 6 月 10 日开通。

2006 年 11 月，新华联燃气天然气工程通过两年建设，实现点火通气，望城成为全省首家通天然气的县级城市。同年，投入 1.1 亿元，平整土地 80 公顷，移动土石方 170 万立方米。

2008 年 2 月，开建望城污水处理厂，次年 6 月通过环保验收。纳污范围 72 平方千米，第一期工程日处理污水 4 万吨。

2009 年，园区多方筹措开发建设资金 2.57 亿元，完成经开区投资服务中心和金星大道提质改造工程，园区形象得到改观，项目承载能力提升；平整项目用地，移动土石方 105 万立方米。

2011 年，马桥河西纳污管道工程基本竣工。2012 年，园区内砂子塘小学建成开学。

三、绿化亮化

2000 年 10 月，用资 60 万元，雷锋大道采用高效高压钠灯完成亮化 9858 米。

2001 年 9 月，设立湖南望城国家农业科技园区，进行无公害农产品生产，开展生态环境建设，利用生态农业技术，有效处理加工业、养殖业等产生的污染物，推动周边地区的农业生态环境建设，形成良性的生态循环。种植业除具有传统生产效益，同时使环境得到绿化美化，形成现代旅游观光农业。完善 167 公顷的核心精品园，扩大种养示范区 100 公顷，绿化、亮化核心区道路 6500 米。

2003 年，由此前每年亮化 1 条道路，为年内先后亮化金穗路、华林路、仁和路、泰嘉路、唯罗克路等 5 条路，共 7319 米，用资 40 万元。

2004 年，园区一环范围内，对生产防护绿地、公共绿地、道路景观绿地、节点景观绿地全面开始成规模绿化美化，2005—2006 年，投资 1300 万元，完成园区骨干道路的美化、绿化、亮化工程，铺砌路沿石 1.8 万米，安装路灯 950 余盏，绿化面积 5 万平方米。2006 年起，园区的绿化工程与园区的项目开发建设基本同步进行，以后又逐年增补、完善。

2012 年，光明乳业重视节能减排，加强环保基础设施改造，成为园区第一家主动申报“清洁生产”环评项目的企业；澳优乳业在狠抓生产经营的同时，把节能降耗工作放在突出位置，被评为“两型示范企业”及“绿色企业”；天龙制药重视环境建设，被评为长沙市“花园式”单位。

截至 2012 年，园区综合绿化、亮化总投资 7.8 亿元。绿地总面积 1593.6 公顷，占总用地的 26.5%。其中生产防护绿地占地 390.14 公顷，公共绿地占地 1046.05 公顷，道路景观绿地占地 38.56 公顷，多节点景观绿地占地 119.44 公顷。完成金星路、雷锋大道、望城大道、旺旺东路、旺旺中路、马桥河路（北段）、普瑞东路等 6 条主干道，同心路、唯罗克路等 15 条次干道、支路的景观工程。绿化工程实施中，严格保护马桥河、黄金河及滨河空间，形成“一环、多轴、多节点”的景观系统格局。“一环”是指由马桥河、黄金河和月亮河三条水系及滨河风光带构成的绿色景观环；“多轴”是指多条主干道绿色景观轴，和主干道交叉口所形成的标识性休闲广场，如希望广场、雷锋文化广场和图腾广场、奥特莱斯广场、竹文化广场、啤酒广场等。先后有 19 条道路得到亮化，总长 54.43 千米。

第四节　招商引资

一、招商政策与措施

2000 年起，利用节会平台招商引资。按照产业定位和招商目标有计划地筹办专题招商会，通过举行新闻发布会，参加投资贸易洽谈会、交易会，组织来望城考察等形式，组织招商活动。

2001 年，采取以商招商的方式，通过入驻望城经开区的企业、商户，推介新的企业落户园区。制定《党工委、管委会领导联系重点企业制度》，发挥企业招商资源优势，每年召开两次园区重点企业负责人招商座谈会，收集招商信息和工作建议。旺旺集团湖南总厂推介台资企业湖南坤源塑化有限公司进驻望城经开区。此后以同样的方式推介长沙天卓塑胶有限公司、万家乐热能科技有限公司与园区签约。

2002 年为望城县“招商引资年”。强化招商责任，招商手段不断创新。窗口招商、节会招商、网络招商等方式得到广泛运用。

2004 年，出台《望城县招商引资政策汇编》，筛选 10 个精品项目向外推介；聘请招商中介，全年发展 100 名全球商务总代理。同时，借助宣传媒体助推招商引资。邀请《湖南日报》、湖南卫视、湖南经视等省内主流媒体 30 余名记者到园区专题采访报道。省内主要纸质媒体，均以“专版宣传”“特别报道”“记者专访”“记者撰文”“经开区供稿”等多种形式对园区予以报道。当年，重奖招商引资先进个人，重点表彰2人，资金2万~3万元。

2006年，为保证入园招商引资项目的质量和水平，制定相关《招商引资项目入园审查制度》，以后随着园区的发展，项目审查制度不断完善，确立招商引资的原则。

2008年，参照和执行《中华人民共和国税收征收管理法》《中华人民共和国企业所得税法》《中华人民共和国企业所得税法实施条例》，对国家需要重点扶持的高新技术企业，减按15%的税率征收企业所得税。

2009年，在《望城县招商引资优惠办法》中明确规定，对新引进工业、农业产业化、第三产业项目（不含房地产项目），根据纳税额、企业规模、完成固定投资、企业性质与企业安排就业情况、企业入驻不新征建设用地、企业技术改造升级等情况，自项目签约之日起的3~4年内，逐年按企业实际缴纳税收县级所得部分的40%~60%给予奖励扶持。制定《望城县招商引资中介人和信息提供人奖励办法》，明确奖励办法、奖励申报流程等规定。

2010年，成立招商引资入园项目领导小组，加大招商力度。同时，为优化园区招商引资的环境，强化对财政投资工程建设的管理，参照和执行财政部、湖南省规划建设法规，制定《财政投资工程建设管理办法》。

2011—2012年，招商政策重在产业提质，建立健全招商引资项目评估体系，完善前置审查和招商合同集体决策制度，引进项目数量、质量创历史新高。

二、招商成果

招商政策和措施的推行，望城引进项目的数量逐年增加。2000—2006年，通过举行新闻发布会，参加投资贸易洽谈会、交易会，组织来望城考察等形式，组织招商活动12次，签约项目78个。累计引进企业95家，引进资金155亿余元。2007年，在“第四届泛珠三角区域合作与发展论坛暨经贸洽谈会”上，共签约项目13个，签约资金178.15亿元，创历年新高。2008年，参加省人民政府组织的“沪洽周”活动，签约长沙航天工业园、有色控股、金龙铜业二期3个大型工业项目，签约资金70余亿元。同年10月，举办广东湖南商会企业望城行活动，来自广东70余名有关领导和企业家参加活动，企业家考察园区的基础设施建设以及部分重点企业，园区粤湘工业园、湖南望城创业中心、湖南亚太电极制造、珠海丽拓医疗器械4个项目签约，签约投资金额16亿元。2009年10月29日，长沙安全食品创业基地（望城）专题招商推介会上，有500余家食品企业参会，湖南民生食品、法国GIE公司卡斯特酒业、安化黑茶、冷链食品物流、湖南乐乐健电子菜谱仪、德茂隆食品、佳家福食品、食品基地标准厂房建设、柯柯农业科技有限责任公司9个项目签约，签约金额7.76亿元。2009年，通过招商奖励政策，引进湖南航天磁电有限责任公司入驻园区航空产业园，引进中国台湾统一实业有限公司入驻园区。2009年，引入项目投资42.78亿元。招商引资工作的推进，多家工商项目入驻园区，为各类学校毕业生、社会人员及园区被征地农民和闲散劳动力提供就业平台。2011年，引进项目34个，引进项目资金110亿元。其中有浙江物产、航天信息等4家世界500强和中国100强企业；有恒飞电缆、长高新材、省塑料研究所、韩国SJM汽配、联智桥隧等10余家税收过千万的企业。引进投资20亿元规划建设42万平方米标准厂房的金荣科技园。

通过招商引资，园区产业转型升级。淘汰劳动力密集型、科技含量不高的企业，资源节约型、环境友好型、科技含量高、规模较大的企业相继落户。园区逐步形成有色材料精深加工、食品加工、现代商贸物流、电子信息四大产业集群。截至2012年，园区共引进规模企业145家，引进资金795.9亿元。其中，晟通科技集团公司首次投资 28 亿元，湖南金龙集团有限公司首期投资 10.26 亿元，中航飞机起落架有限责任公司完成投资 35 亿元，湖南高星物流园总投资 103 亿元，奥特莱斯环球折扣购物中心投资 50亿元。

第五节 技术与人才引进

一、技术引进

2000 年 4 月 30 日，湖南出版集团在星城镇征用土地 40 余公顷，建设科技含量高的出版科技园，主要进行出版领域的计算机软件和数码的研究开发。

2001—2003 年，湖南望城国家农业科技园区实施由科技部批准立项的“奶牛无公害饲草生产与加工综合配套技术研究”等 3 个部级项目。引进新华印刷集团先进的现代印刷技术。引进澳优乳业先进的牛羊奶粉生产技术。

2004 年 1 月，湖南新汇制药有限公司投产，当年即进行“浓缩型猴头健胃药的制备工艺”“滋肾健脑液及制备工艺”两个项目的研发。同年，引进晟通科技集团有限公司的先进铝箔生产技术和铝金属深加工技术，拥有专利 300 余项。2006 年，引进湖南海星高科动力电池有限公司的先进动力电池生产技术。同年，引进英博雪津啤酒有限公司的啤酒生产技术，引进金化集团的铜深加工技术。同年，新汇制药有限公司被评为首个市级技术中心。2007 年，亚华乳业和长高集团分别被评为省级企业技术中心。同年，引进中航飞机起落架有限责任公司的飞机起落架生产技术研发，拥有飞机起落架工程技术中心。

2007 年，长高集团研制的“550 千伏超高压接地开关”获长沙市科技进步二等奖。2008 年，引进中联重科股份有限公司先进工程机械析研发与生产技术及先进消防机械生产技术。长高集团再建省级企业技术中心 1 个，新汇制药建立“长沙市药用菌丝体工程技术中心”。2009 年，嘉泰新材研发的“GKT608 数控硬质合金卧式圆锯床”长高集团研发的“GWTC-252-800 三柱水平翻转式系列隔离开关”分别获长沙市科技进步三等奖。湖南金龙集团有限公司获批国家电线电缆质量安全示范性实验室，建有院士专家工作站。同年，引进纳菲尔科技股份有限公司和湖南有色铍业特材有限公司的锌、钼、锆、铋、铍等有色金属生产加工技术。

2010 年，澳优乳业有限公司重点引进“添加分泌型球蛋白 a 的婴幼儿配方奶粉及其制备方法”“一种含胡萝卜到的婴幼儿配方奶粉及其制备方法”两个项目的研发，并获得专利授权。湖南晟通科技集团有限公司引进“喷淋塔的喷淋阀控制系统”“铝箔退火工艺”“铝及铝合金用精炼剂的制备方法”等 5 个项目的科研攻关。引进中联重科股份有限公司建成中联重科工业园。旗下子公司中旺公司持续加大科研投入 700 万余元，引进国内顶尖技术专家，成立专门项目组。是年，泰嘉新材研发的“高速锯切用双金属带锯条淬回火一体化生产线”研究成果获长沙市科技进步二等奖。

企业科技的引进，提升了园区的整体科研实力和科技水平。2010 年，园区被评为“湖南省十大最具投资价值产业园区”。同年，省科技厅为园区“湖南省有色金属新材料精深加工高新技术产业化基地”授牌。

2011 年，引进亚华乳业“奶牛植物性生理与营养调控及优质奶制品开发“项目研究成果获湖南省科技进步三等奖；金龙电缆研发的“高阻燃环保、消防型电缆”获长沙市科技进步二等奖。是年，引进高新技术企业长沙众城石油化工有限责任公司科研项目“海洋石油钻井平台配套润滑材料的研制及产业化”被确定为湖南省科技计划项目，“风力必电机轴承润滑脂的开发”为长沙市科技计划项目。

2012年，中联消防机械有限公司DG113项目，被列为“十二五”国家科技支撑项目。湖南长高集团与湖南大学电器与信息工程学院成立博士生科研基地，合作开展的“特高压交流输电关键技术、成套设备及工程应用”“特高压串补用开关设备和阻尼装置研制”两大项目，经3年攻关获得成功，成果分别获得国家科学技术进步特等奖和一等奖。同年，新汇制药有限公司创新胃药“猴头健胃灵片产业化”被列为国家火炬计划，“食药真菌猴头菌培养物的新型固体发酵技术及产业化示范”被列入“十二五”农业领域“国家星火计划”。引进路凯（湖南）科技有限公司科技攻关项目“功能性寡糖氨基酸饲料添加剂的研究与产业化”，被列为长沙市科技项目，与中科院联合开发新饲料添加剂“精氨酸生素”产品。湖南丹维生物科技有限公司与湖南农业大学建立技术合作关系，引进研发的“微生态制剂”项目新产品在省内大中型养猪场试验。技术的推广被列入湖南省养殖主推技术。引进中航飞机起落架有限责任公司有在研重点项目12项。引进湖南湘仪试验室仪器开发有限公司研究开发出国内最高转速的H2500R–2高速冷冻离心机。引进沙天映机械制造有限公司完成某歼击机制氧系统、燃油系统、动静压系统试验车三大试验；大型运输机飞机装配生产试验项目。引进阀科技（长沙）阀门有限公司科技创新项目“高水头大口径水轮机进水双密封液控蝶阀”及“活塞式调节阀”研制通过省级科技成果鉴定。引进湖南省高新技术企业湖南联智桥隧技术有限公司研制的“桥梁预应力智能张拉与压浆控制及远程监控系统”高新技术。湖南纳菲尔新材料科技股份有限公司新引进研发的“高耐磨、耐腐蚀性、环保型钨合金电镀技术研发及应用”获国家技术发明二等奖；金龙电缆引进研发的“用切项连续生产铝包铜管的工艺研发及应用”获长沙市科技进步二等奖；中联重科集团长沙中联消防机械有限公司引进研制的YT53云梯消防车、75千瓦大功率照明消防车均获得中国消防协会科技奖二等奖。

截至2012年，园区引进高新技术企业29家，共引进650余项科学技术和先进生产技术。其中，在国内外领先的有119项，获得国家奖励有7项，获待业和省部级奖励有30项，获得市级奖励10项。

二、人才引进

2000年7月，湖南省政府批准在望城成立湖南省高科技食品工业基地后，坚持“高起点、高科技、高效益，现代化、生态化，充分体现经济效益与社会效益相统一”的开发宗旨，聘请湖南省食品工业处副处长刘于林、副研究员成映波等5人组成专家组，指导各企业开展科研工作，为基地企业不断输入高科技要素。

2001年10月31日，望城县作出《县委、县政府关于成立望城农业科技园区专家委员会并聘请袁隆平等15位专家为高级顾问的决定》，明确专家委员会的职能是：制定科学规划，依靠科学支撑，引进科技项目，实施科学管理，搞好科技培训。2002年，引进各类科研和技术推广人员480人，其中高级职称122人，中级职称282人。

2004年，随着园区的整合、发展，推进多元化产业发展战略和产业结构升级，设立科技进步奖、优秀人才奖，激励企业引进优秀的创业创新领军人才、先进技术研发人才、高级管理人才、专业技术骨干人才，采取国内招聘与海外招聘相结合、专题会议招聘与网上招聘相结合的方式选拔引进人才。园区企业的科技创新能力和水平快速提升，科研团队逐年壮大。至2006年，望城经开区企业拥有科技研发人员561人，专业技术人员3193人；2010年科研人员达到1195人，专业技术人员达到4461人；2012年科研人员为1274人，专业技术人员4804人。

2010年6月12日，推进管理人才人事制度改革，公开招聘政府雇员13名，参考的235人中，研究生学历或中级以上职称人员占半数以上，高级职称10余人。是年，园区有科研人员1195人，专业技术人员 4461 人。2011 年 5 月，引进 10 名政府雇员，其中博士 1 人，硕士研究生 7 名。

2012 年，采取编内组织安排与编外竞聘相结合的人才管理模式，园区党工委、管委会领导班子成员和管理人员队伍得到优化，本科以上学历占 75%以上，其中博士研究生 1 人，硕士研究生 26 人，年龄结构趋于年轻化，领导班子和管理人员平均年龄约 35 岁，中层以上干部平均年龄为 42 岁。至 2012 年，园区企业共引进科研人员为 981 人，专业技术人员 4804 人。科技研发人员中，有院士 3 人，享受国务院津贴的专家 9 人，教授、研究员 24 人，高级工程师 130 人，其他高级职称人才 126 人，一般科研人员 696 人。在园区就业的人员中，拥有研究生学历的 394 人，大学本科学历的 2015 人。

第六节　入园产业

一、产值规模

2002 年，省高科技食品工业基地和台商投资区新开工项目 11 个，注册企业共 28 家，从业人员 6900 人，技工贸总收 17.4 亿元，完成税收 0.7 亿元。其中规模企业 10 家，产值 14.6 亿元。2004 年，成立经济园区管委会后，“三园”注册企业共 64 家，从业人员 9982 人，其中规模企业 26 家，新增规模企业 15 家。技工贸总收 30.0 亿元，完成税收 1.0 亿元。产值 22.0 亿元。

2005 年，晟通科技、湘仪检测设备、晶建仪器仪表、大北农、海麓经贸、华鑫实业等 11 个项目动工建设，远航生物、步步为赢、华源电器、菱格木业、众城石化、中吉科技、省动物药厂、邦德利建材、云阳乳胶、高压开关厂 10 家企业竣工投产。年底，入园企业 91 家，从业人员 1.5 万人，其中规模工业企业 37 家。技工贸总收 40.6 亿元，完成税收 1.5 亿元。其中规模工业产值 28.2 亿元。

2006 年 1 月，湖南省高科技食品工业基地被农业部确认为“全国农产品加工示范园区”。7 月，园区“三园合一”升格为湖南省望城经济开发区。当年，园区引进湖南金龙国际铜业有限公司、英博雪津（湖南）啤酒有限公司等 20 家企业，合同引进资金 37.37 亿元，其中外资 6530 万美元；安置劳动力 1080 名，其中安置失地农民 225 名。是年，旺旺公司利税过亿元，为全市 10 强企业之一；在全市 131 家利税过 5000 万元企业中，园区内有新奥燃气、亚华乳业、英博啤酒、中粮可乐、新华印刷、大北农、澳优乳业、长高集团、优美科富虹锌业、三环集团等 10 家企业。全年园区注册企业共 116 家，从业人员 2.08 万人，其中规模企业 45 家。技工贸总收 64.2 亿元，完成税收 2.1 亿元。其中规模企业产值 48.6 亿元。

2007—2008 年，先后有长沙航空工业园、中联重科工业基地园、湖南高星（钢铁）物流园、黄金创业园动工建设，有湖南海星高科动力电池有限公司、湖南美特新材料科技有限公司、湖南交泰建材有限公司、湖南伊思丽珍珠有限公司、湖南派意特服饰有限公司、湖南湖湘贡食品有限公司、长沙唐人神湘大骆驼饲料有限公司、山水蓝天房地产等企业和项目在园区落户投产。

至 2009 年，园区累计引进企业 1260 余家，从业人员 3.2 万人。其中规模企业 88 家。是年，技工贸总收 180.0 亿元，完成税收 4.6 亿元。其中规模企业产值 151.0 亿元。园区产业集群逐步形成。形成食品医药、新材料加工、先进制造和现代服务业、现代农业五大产区。形成以旺旺食品、亚华乳业、澳优乳品、百威英博、天龙制药等为代表的食品医药产业集群，以晟通科技、金龙铜业、湖南有色控股、泰嘉新材等为代表的新材料加工产业集群，以中航飞机起落架、长高集团等为代表的先进制造产业集群，以新闻出版科技园、报业文化城、高星物流园等为代表的现代服务产业集群，以韩国希杰集团、大北农集团、中国台湾大成、省优质果茶良种繁育场、长沙泓远水产等农业科技项目为代表形成现代农业产业群。

2012年，园区企业通过完善管理、自主创新、人才引进、战略合作等一系列有效措施，发展活力和核心竞争力增强。涌现一批财税贡献大的企业。晟通科技加速从传统制造业向研发创新型多元化发展转型，销售收入150亿元；金龙集团及时调整结构、不断完善管理、积极开拓市场，年产值突破80亿元、年税收2.0亿元；澳优乳业完成对荷兰海普诺凯乳业集团全资收购，年产值11.26亿元；旺旺集团抓节能降耗和食品安全，在国内食品企业中保持标杆形象，经济效益攀升，上缴利税1.7亿元；众城石化为客户量身定做润滑油产品，连续三年保持每年10%的增速，年产值1.45亿元；百威英博、泰嘉新材、奥特莱斯、长高集团、天闻印务等企业年上缴税收都超过1000万元。

2012年，园区注册企业601家，从业人员7.8万人，技工贸总收472亿元，完成税收11.0亿元。11年中，年平均增长分别为35.9%，39.2%，39.1%，31.7%。其中规模企业145家，产值400亿元。园区企业中，有中联重科、晟通集团、金龙国际进入全市工业10强。在全市域内45家利税大户中，园区内有晟通集团、湖南旺旺、金龙铜业、新奥燃气、华电集团等5家利税过亿元。

表18-6-6-1 望城经开区产业规模情况一览表

年份	企业数（家）	从业人员数（人）	技工贸总收入（亿元）	税收收入（亿元）	规模企业数（家）	规模企业总产值（亿元）
2002	28	6900	17.4	0.7	8	14.6
2003	39	7611	18.7	0.8	11	16.0
2004	64	9982	30.0	1.0	26	22.0
2005	91	15000	40.6	1.5	37	28.2
2006	116	20800	64.2	2.1	45	48.6
2007	156	25000	104.8	2.5	65	87.3
2008	195	28000	135.0	3.7	74	125.3
2009	260	32000	180.0	4.6	88	151.0
2010	347	50700	244.0	6.6	95	206.2
2011	419	62800	370.0	8.1	122	312.0
2012	601	78000	472.0	11.0	145	400.0

二、产业结构

（一）农业。2002年，园区从事种植业的企业增至7家，员工240人，总投资规模1.20亿元，面积170公顷，主要种植无公害水稻、蔬菜及牧草，并带动全县无公害粮菜种植2.80万公顷。从事养殖业的企业新增长沙泓远水产有限公司、湖南湘云生物科技有限公司。全年，有农业企业13家，从业人员2070人，产值1.1亿元，销售收入1.2亿元，上缴税收700万元，分别占园区企业的48.0%，从业人员的31.0%，技工贸收入的13.1%，上缴税收的10.0%。

2008年，从事种植业企业增至16家，有员工980人，投资规模4.8亿元，面积186公顷。新增湖南隆平高科等农业企业。是年，园区从事养殖业企业增至15家，从事养殖的人员增至2250人，高效养殖区面积增至132公顷，养殖户人均年增收3885元。其中，生产饲料的规模企业有湖南大北农农业科技有限公司、湖南大成科技饲料有限公司、希杰（长沙）饲料有限公司、长沙唐人神湘大骆驼饲料有限公司。全年，有农业企业31家，从业人员3230人，销售收入17.9亿元，上缴税收3510万元，分别占园区企业的48.0%，从业人员的11.5%，技工贸收入的13.1%，上缴税收的10.0%。

现代农业产业在上规模的同时，科技水平不断提升。2009年7月3日，农科园与中国农业大学签订科技战略合作协议，开创中国农业大学在长江以南与县级建立院（校）地科技战略合作的先河。8月，中国农业大学与园区企业——长沙都遨生态农业研发有限公司建立院（校）企合作关系，共建研究生教育教学创新实践基地。2011年11月，农业园区管委会被科技部授予“十一五”国家星火计划工作执行优秀团队奖”。2012年，继续鼓励和支持企业不断加大对农业科技的投入力度，从纵向和横向上提升投入的效果，发挥科技对农业生产效益的引领支撑作用。全年企业科技投入总额9334万元，其中科技研发投入3691万元，用于技术改造投入2015万元。

截至2012年，整个园区出口创汇额1936万美元，实现农民年人均纯收入1.65万元。形成农产品加工、优质种苗、无公害粮菜种植、高效养殖及现代都市休闲农业等产业聚焦发展的格局。有农业企业95家，从业人员12250人，销售收入60.0亿元，上缴税收1.23元，分别占园区企业的48.0%，从业人员的31.0%，技工贸收入的13.1%，上缴税收的10.0%。

（二）工业产业

1.食品医药产业 2002年，亚华乳业望城工业园入驻园区，望城奶业生产形成规模。至2002年，园区从事食品工业投资规模17.6亿元，主要生产奶制品、豆制品、糕点制品、罐头、熟食等120余个品种，年技工贸总收入7.5亿元。至年底，园区从事生物医药产业的企业增至4家，主要生产蛇胆川贝枇杷膏、维肤膏、九味 肝泰胶囊3大类产品，年技工贸总收入1.5亿元。全年，入驻食品医药工业共8家，从业人员2870人，技工贸总收入8.35亿元，上缴税收3640万元。分别占园区企业的29.1%，从业人员的41.6%，技工贸收入的48.0%，上缴税的52.0%。

2004年1月，新汇制药有限公司投产，当年产值5900万元，完成利税1800万余元。2004年，湖南远航生物科技有限公司签约望城经开区，生产化妆、保健品。2005年1月，湖南康寿制药有限公司建成投产，当年产值4680万元。

2006年，旺旺在全市20强企业中排名第八，属全市16家利税过亿元企业之一。

2006年，百威英博（湖南）啤酒有限公司在园区投资建厂，2008年建成投产，年产值4100万元。成为望城第一家有商标注册的酒类生产厂家。

是年，入驻食品医药工业共47家，从业人员8200人，技工贸总收入40.9亿元，上缴税收1.15亿元。分别占园区企业的24.2%，从业人员的29.3%，技工贸收入的30.3%，上缴税收的31.0%。

2010年10月8日，由园区自主培育的首家上市公司澳优乳业在中国香港联合交易所上市。在上市首日澳优股票表现活跃，全日成交量2.6亿股，报收于港币5.10元，较每股港币4元的招股价上涨27.5%。当日成交额为12亿港币。多家食品企业在原有基础上扩大生产。2011年，亚华乳业在全国乳业不景气的大环境下，不断创新，寻求突破，5万吨干粉生产线投产，加速发展。2012年，湖南旺旺食品公司新增投资20亿元，新增土地57公顷，新建产区，年生产能力60亿元。同年，湖南欧比佳营养食品有限公司投资1.2亿元，征地8公顷在园区建设生产基地，生产高端婴幼儿食品，年生产能力20亿元。

截至2012年，从事食品生物医药企业增至29家，主要产品有膨化食品、传统农产品、乳制品、啤酒、熟食、生物制药、天然绿色功能添加剂、兽药、鱼药和饮料添加剂，医疗食品设备和配套耗材以及临床诊断试剂。其中乳制品生产份额占湖南省的80%以上。全年，入驻食品医药工业共76家，从业人员1.56万人，技工贸总收入58.8亿元，上缴税收1.45亿元。分别占园区企业的12.6%，从业人员的20.2%，技工贸收入的12.3%，上缴税收的13.2%。

2.金属化工机电工业 2002年，园区从事金属化工机电的企业增至6家，有员工1890人，技工贸总收入6.77亿元，上缴税收2660万元。分别占园区企业的22.9%，从业人员的27.4%，技工贸收入的38.9%，上缴税收的38.0%。

2003年，先后有湖南长高高压开关集团有限公司、长沙众城石化有限公司、湖南泰嘉新材料科技股份有限公司落户园区。2004年10月，晟通科技集团有限公司落户园区。为一家多元化发展特大型民营企业，主要生产铝箔、空调箔、双零铝箔，包括年产25万吨精铝箔带、年产15万吨交通型铝型材、铝合金加工生产及现代物流、房产服务、电商贸易等横向多元化延伸企业。晟通长沙精深加工产业园占地109.34公顷，项目投资28亿元，投产后有员工7000人，是园区投资规模最大的民营企业。

2005—2006年，先后有唯罗克纺织印染机械有限公司、湖南泰山热工材料装备有限公司、湖南云阳乳胶科技实业有限公司、长沙天卓塑胶有限公司、湖南海星高科动力电池有限公司、湖南金龙国际铜业有限公司等在园区建厂。其中，湖南金龙国际铜业有限公司项目总投资10.26亿元，用地18.13公顷，从事再生资源循环、再生有色金属回收利用的产业。下辖金龙电缆、金龙铜业、金龙铝业、金龙投资、金龙金属制品、金龙再生资源等6家公司，属湖南省首批循环经济试点示范大型企业。

2007年，两家国有股份为主的大型企业入驻园区。7月，中航飞机起落架有限责任公司在经开区征地80公顷、投资35亿元，建设飞机起落架项目。规划建筑面积51.6万平方米，共投入各类设备2194台（套），主要从事军民用飞机起落架系统、飞行器着陆装置及液压附件、航空密封件、全机附件及地面设备的研发、设计、制造、试验及售后服务。公司陆续承担国家全系列军机起落架系统，大型水陆两栖飞机、蛟龙600、通用海鸥300、小鹰500、教练机、无人机和大飞机C919起落架系统项目。2008年，部分车间建成投产，当年实现产值52.2亿元。同年，中联重科工业园动工建设，设有四家机械研发分公司，当年实现产值1.8亿元。中联重科消防机械有限公司生产53米云梯为国产救援最高消防车，ZM75大功率举高照明车为国内照明性能最强大的照明消防车。

随着晟通科技集团有限公司、湖南金龙国际铜业有限公司的入驻，有色金属产业成为园区集团发展的主导产业之一。2008年，湖南美特新材料科技有限公司和其他从事锂电池开发企业，入驻园区有色金属产业园。是年，从事园区从事金属化工机电的企业增至41家，有员工2940人，技工贸总收入65.2亿元，上缴税收1.8亿元。分别占园区企业的21.2%，从业人员的10.5%，技工贸收入的48.3%，上缴税收的49%。

2009年，湖南纳菲尔新材料科技股份有限公司和湖南有色铍业特村有限公司等企业入驻望城经开区，主要从事钨、钼、锆、铋、铍金属的生产加工。纳菲尔新材料是国内唯一具有完全自主知识产权的钨合金表面处理的加工企业。当年投产。至2010年，园区拥有有色金属材料加工企业18家，规模以上企业完成工业总产值94.60亿元，占园区工业总产值的46%，其中新产品产值完成27.40亿元。在规模以上工业企业总产值中，晟通科技集团完成产值55.80亿元，金龙国际铜业有限公司完成产值29.60亿元。

截至2012年，园区有新材料企业37家，其中高新技术企业11家；从业7600余人。拥有晟通科技国家企业技术中心、国家金属矿产资源综合利用研究中心、中南大学—晟通研究院等13家省级以上研发机构，高新技术产品占基地总产值90%以上，三环颜料、坤源塑化被评为中国驰名商标，规模以上企业完成工业总产值268亿元，占园区工业总产值的67.0%。截至2012年，园区从事金属化工机电的企业增至185家，有员工1.72万人；当年技工贸总收入305亿元，上缴税收7.15亿元。分别占园区企业的30.8%，从业人员的22.0%；技工贸收入的64.6%，上缴税收的65.0%。

（三）其他产业。2002年9月，湖南旺旺食品有限公司独资成立湖南真旺塑料包装有限公司，年生产能力1.5亿元。

2004年，晟通科技有限公司征地15.75公顷，建设商住房地产，以商住房形式解决员工住宅问题，同时向外销售。

2006年7月，湖南运发包装实业有限公司投资1.2亿元，在园区创办食品包装基地，随后，长沙市永生彩印有限公司在园区建厂。3家包装企业在业内形成集团优势。是年，投资额在全市前50强的园区房地产企业有玫瑰园（排名第二）、和记黄埔。是年，晟通科技有限公司下设名为“五六联盟”电商物流有限公司，注册资本1亿元，从业人员900人，仓储总面积10万平方米，系湖南最大的钢结构单体仓库。

2008年5月，黄金创业园置业有限公司投资1亿元，在园区征地7.91公顷，建立高新技术产业创新创业基地。2011年9月，湖南金荣集团有限公司投资20亿元，征地50公顷，在园区打造产权式大型科技产业园区。是年，湖南高星（钢铁）物流园项目落户园区，为《长沙市现代物流业发展规划》（2011—2020）规划五大物流园之一，同时也为省发改委核准的大型钢铁产业集群项目。项目建设用地134.67公顷，总投资103亿元。至此，仓储物流业在园区形成规模。是年，从事园区从事印刷包装、物流、文化服务及地产业等其他产业的企业有170家，有员工1.26万人，技工贸总收入11.0亿元，上缴税收3400万元。分别占园区企业的38.7%，从业人员的45.1%，技工贸收入的8.1%，上缴税收的9.2%。

2009年年底，湘南医学高等专科学校附设第一医院开业，医院开设临床医技科室22个，正规病床500余张，配备医护人员300余人。

2009年2月，奥特莱斯环球折扣购物中心落户园区。2010年，一期工程竣工投入运营，荟萃500余家世界名牌。2010年，金桥国际商贸城签约望城经开区。商贸区建筑面积980万平方米，仓储面积520平方米。

2012年，中国台湾统一实业股份有限公司投资11亿元，建设统实包装项目基地，年产能15亿元。至2012年，湖南高星（钢铁）物流园投入运营。相继还有湖南华瑞物流公司、湖南兆星物流公司、湖南绿网物流有限公司、湖南锦星物流有限公司普洛斯（长沙望城）城市配送中心相继入驻园区，形成工贸、商贸物流产业集群。

截至2012年，园区内有有工业地产项目4个，房地产先后有山水蓝天、天园地芳、奥特莱斯、桂芳佳园、熙庭原著、高星物流、星城公馆房地产项目入驻园区，实际用地面积168.73公顷。投资额在全市前50强的园区房地产企业有华润集团、佳兆集团、富基公司、勤诚达集团、绿地集团。有印刷包装企业10家。有文化服务产业9家，其中含生物克隆、纳米技术、电子出版、光电产品和企业文化展示、音像电影等。是年，从事园区从事印刷包装、物流、文化服务及地产业等其他产业的企业有245家，有员工3.28万人，技工贸总收入43.4亿元，上缴税收1.17亿元。分别占园区企业的40.8%，从业人员的42.1%，技工贸收入的9.2%，上缴税收的10.6%。

企业选介

（一）晟通科技集团有限公司。（详见本志第十七篇 工业 第三章 冶金工业第二节 有色金属 企业选介）

（二）湖南金龙国际铜业有限公司。（详见本志第十七篇 工业 第三章 冶金工业第二节 有色金属 企业选介）

（三）中航飞机起落架有限责任公司。2007年10月18日，中航飞机起落架有限责任公司签约落户望城。公司由陕西燎原航空机械制造公司和湖南湘陵机械厂进行专业化整合重组、联合华融资产、中南大学等股东成立。公司是中航工业唯一的飞机起落架专业化企业，是国家重点保留军品科研生产单位。

公司在望城经济园区建设航空工业园，投资35亿元，征地80公顷。2008年开工建设，当年部分车间投产，实现产值52.2亿元。2010年7月29日，坐落在望城经开区的中航飞机起落架专业化产业基地一期主体工程竣工。一期工程项目投资10亿元，含国际合作区、特种产业区、工程技术中心3个子项目，竣工项目包括3.9万平方米的国际合作厂房、1.9万平方米热处理和表面处理厂房。生产启动后，公司陆续承担国家全系列军机起落架系统、ARJ21转色、大型水陆两栖飞机、蛟龙600、通用海鸥300、小鹰500、教练机、无人机等起落架项目。2009年，中国大飞机C919起落架系统项目于落户公司。

2012年年底，公司航空主业资产上市重组工作完成，航空主业板块更名为“中航飞机股份有限公司长沙起落架分公司”。是年，中航飞机起落架生产同时，加大项目建设，一期工程累计完成投资7.63亿元。公司净资产10亿元，拥有员工4000人，年产值近200亿元。

（四）旺旺集团湖南总厂。（详见本志第十七篇 工业 第五章 食品工业 第三节其他食品加工业 企业选介）

（五）澳优乳业（中国）有限公司。（详见本志第十七篇 工业 第五章 食品工业 第三节其他食品加工业 企业选介）

（六）湖南天闻新华印务有限公司。2001年，湖南新华印刷集团落户望城，在园区建设湖南出版科技产业园。产业园内主企为天闻新华印务公司印务中心，占地16公顷，拥有固定资产10亿余元。2003年4月，公司动工建设；2004年11月，竣工投产。有从业人员1600余人，其中专业技术人员448人，从事书刊印刷及装潢。2005年，产值4.97亿元、销售收入4.95亿元、利税3821万元。

天闻新华印务公司拥有多台技术先进的柯达CTP直接制版机，两台报业CTP和北大方正畅流、柯达印能捷两套数字化流程软件，配以高档海德堡3900、3400滚筒扫描仪和rewaissance网点扫描仪，3台高档大幅面激光照排机、大幅面彩喷及数码打样机等国内外一流设备。彩印设备拥有多台国际一流的胶印轮转机和20余台海德堡、高宝、罗兰小森等平版四色、五色、八色胶印机。书刊印刷拥有15台国内一流的多色和单色高速胶印轮转机、12台对开双面单色胶印机，报刊印刷和印后工序均拥有国内外一流的设备，已实现生产网络化、数字化流程管理。

2012年，公司净资产6.8亿元，有从业人员1600人，其中专业技术人员448人，年产值10.03亿元，年技工贸总收入20亿元，上缴税0.5亿元。

第七节　经济效益

2000 年后，湖南省高科技食品工业基地、湖南省台商投资区、湖南望城国家农业科技园区先后设立，促进了望城农业产业结构调整，许多农民因此脱贫致富。常年解决 4000~5000 名劳动力就业。2002 年，湖南省高科技食品工业基地、湖南省望城国家农业科技园区和湖南省台商投资区内企业共完成工业总产值 17.4 亿元。

园区的开发建设，使高新技术创新水平提升，城市化进程加快。2003 年，园区有规模工业企业 11 家，规模工业从业人员 0.3 万人，实现产值 16.0 亿元，人均劳动生产率为 52 万元/人，每公顷土地产值 400 万元，上缴税收 0.8 亿元。是年，望城县城镇建成面积 47.3 平方千米，居住城镇人口 22.4 万人，城市化率 31.7%。

2006 年，园区有规模工业企业 45 家，规模工业从业人员 0.8 万人，实现产值 48.6 亿元，人均劳动生产率为 60 万元/人，每公顷土地产值 810 万元，上缴税收 2.1 亿元。是年，高新技术产品产值在全市企业排名前 50 名的园区企业，有优美科富虹锌业、新奥燃气、湖南大旺、新华印刷、亚华乳业、湖南旺旺、长高开关 7 家企业。

2009 年，园区有规模工业企业 88 家，规模工业从业人员 1.7 万人，实现产值 151.0 亿元，人均劳动生产率为 87 万元/人，每公顷土地产值 1258.3 万元，创财政收入 8.3 亿元，上缴税收 4.6 亿元。

2012 年，园区有规模工业企业 145 家，规模工业从业人员 3.2 万人，实现产值 400.0 亿元；人均劳动生产率为 125 万元/人，是 2003 年的 2.4 倍；每公顷土地产值 666.7 万元，是 2003 年的 1.67 倍；创财政收入 20.0 亿元；上缴税收 11.0 亿元，是 2003 年的近 14 倍。望城城镇建成面积 86.5 平方千米，比 2003 年扩大 82.9%；居住城镇人口 32.0 万人，城市化率 58.0%。科技活动新产品产值 48.2 亿元，占园区规模工业总产值的 12%，是 2006 年的 6 倍。

附记　托管单位

1.铜官循环经济工业基地

建置区域。2008 年 3 月，铜官循环经济工业基地管委会开始组建，定名“长沙化工产业基地管理委员会”，为望城县委、望城县人民政府的派出机构。6 月，经报请长沙市委、长沙市正式批准同意将“长沙化工产业基地”更名为“湖南望城经济开发区铜官循环经济工业基地”（以下简称“铜官基地”）。7 月，长沙市发改委批准铜官基地整体立项，同意办理事业单位法人登记手续。12 月，长沙市将铜官基地列入长沙市规划建设的三大产业基地之一。2009 年 1 月，湖南省发改委批准同意立项。铜官循环经济工业基地为望城县委、望城县人民政府派出机构，内设办公室、产业发展和社会事务处、招商合作处、投融资管理处、规划建设工程管理处，有工作人员 59 人。

铜官基地地处长沙市望城区北，跨铜官、东城、茶亭三镇，西濒湘江，北临湘阴县界，南接京珠高速西线，东抵芙蓉北路（原长湘公路），距长沙市政府 38 千米，距望城经济技术开发区 11 千米，距麓山高校区 48 千米，距黄花机场、长沙高铁南站 50 分钟车程，位于长株潭 1 小时经济圈内。铜官基地交通便利，东有芙蓉北路（原长湘公路）直达长沙、湘阴，南有京珠高速西线从基地穿过，在基地范围内设有两个互通，西有湘江深水航道铜官综合码头和新开发建设的 2000 吨级深水码头泊位，可直通长江、达武汉、上海、重庆，中有长沙电厂铁路专线与京广线、石长线、湘黔线相连，为基地企业货物进出，特别是仓储物流业的发展开辟了通道，形成铁路入园连港的独特优势。

规划布局。铜官基地规划控制面积为158.7平方千米，涉及铜官镇、东城镇和茶亭镇，用地面积为34.39平方千米；近期用地面积12.7平方千米，涉及铜官镇花石村、华城村和东城镇的慎家桥社区。一期开发核心区为4.5平方千米，重点发展新材料、新医药产业。产业布局按照一厂、两片、五区空间结构规划。一厂是指：华电长沙电厂；两片是指电厂西、北、东部长条形地带规划为工业片区。电厂南部临湘江及沿铁路地带规划为仓储物流片区；五区是指长沙电厂西北部、花果路以西212.49公顷的精细化工产业区，长沙电厂北部、花果路和发展大道之间143.23公顷的新型建筑材料产业区，发展大道以东、花石路以北124.28公顷以工程机械制造业为主的综合产业区，长沙电厂南部靠近老城区、临湘江一线，结合铜官综合码头、湘江深水码头及铁路场站75.28公顷的仓储物流区，基地东南部、原铜官陶瓷公司产业基地的陶瓷产业区。

基础设施建设。2009年3月24日，中国建设银行湖南省分行向基地贷款5000万元，为基地基础设施建设提供启动资金。5月18日，基地两条主干道铜官大道、白杨路动工建设，次年硬化通车。2010年，污水处理厂、热能工程、花实路、花果路开始建设。3月，铜官自来水厂向基地企业供水，日供工业用水1万吨的供水工程已建成投产，日供5万吨自来水工程已于2012年投入使用。2010年10月，位于铜官的望城第二污水处理厂开工建设，总规模为日处理污水9万立方米。2011年，第一期日处理污水3万立方米工程竣工投产。污水处理管道长47千米，采用CASS污水处理工艺，出水水质为国家一级B标准。第二期现装机容量120万千瓦的湖南华电长沙发电厂可直接向基地企业供电。自建的110千伏宝雍变电站，投入使用，12千米双回万伏电力线路与“两路”及入园连接线工程实施配套建设。宽带网络、通讯、有线电视已覆盖整个基地范围。2011年5月，基地热网工程建成投运，长沙电厂正式开闸向湖南三环颜料有限公司等企业供热。该热网工程项目以华电长沙电厂余热为热源，利用电厂蒸气管道向基地企业集中供热，热源温度310℃，供汽能力达500吨/小时，为基地企业提供了充足的清洁环保能源。铜官基地燃气供应充足，新奥燃气公司在基地范围内布有多个LNG站点，管道覆盖全域。

产业。铜官基地遵照“循环经济，资源节约，生态环保”的发展理念。以生态、环保、低碳、循环为产业发展方向，依托华电长沙电厂为基地能源开始建设，引进企业，发展产业。2005年，湖南华电长沙发电有限公司在望城县铜官镇西北角紧临湘江航道深水码头区、铜官大道以北、花果路以东、石龙路以南、发展大道以西，征地111.17公顷，一期用地79.46公顷，投资130亿元，建设5000兆瓦规模火电厂。2007年年底，一期工程2×600万千瓦机组投产送电，为铜官基地的组建和招商引资、产业发展奠定清洁的能源基础。

2008年7月，望城经开区铜官基地立成后，引进的首家企业系湖南三环颜料有限公司。该公司投资1500万元，占地7公顷，有从业人员326人，主要生产氧化铁系列涂料及油漆用系列、建材用系列等颜料产品，有4大系列60个品种，建设规模为年产6万吨氧化铁系列颜料生产线。公司产品畅销全国，同时远销欧美、中东和东南亚30余个国家和地区。2009年8月，湖南三环颜料有限公司搬迁至铜官基地投产，利用长沙电厂余热蒸气，年生产氧化铁颜料3.8万吨，实现年产值2亿元，完成税收900万元，年节约原煤3.6万吨。是年，铜官基地共引进企业5家，总投资为3.6亿元。

2010年6月2日，望城首家产权式工业地产项目“新雅创业园标准厂房”项目落户基地。项目总投资5.5亿元，占地13.33公顷。

2011年11月18日，中石油长沙储备库项目在铜官基地正式动工建设。该项目投资8亿元，占地31.66公顷，油库容量40万立方米，为国家北油南调重点建设工程兰（州）—(州)—长（沙）管道配套项目，可实现年产值328亿元，完成税收1330万元。是年，铜官基地引进首个工业地产项目，湖南新雅投资开发建设有限公司，该公司在基地建设新雅创业园，投资5.5亿元，征地14.66公顷，建设9万平方米标准厂房，可容纳百余家中小企业入驻，实现土地集约式开发，极大地提高了土地利用率。

2011年，华电长沙电厂下属公司 湖南长源投资有限公司建成投产，向基地企业提供蒸气热能，既解决了长沙电厂余热出路，又为基地企业提供了清洁能源，节约了原煤和电、燃气，年产值3.7亿元，创税收160万元。

2012年，盈成油脂长沙工业园在铜官基地动工建设，占地13.33公顷，投资5亿元，利用双低菜籽和膨化米胚压榨食用油，具备年处理10万吨菜籽和20万吨膨化米胚的加工能力，年营业收入可达15亿元，可完成税收2000万元。其中，金驰能源材料有限公司，长沙巨星轻质建材股份有限公司和湖南大藏虫草生物工程有限公司落户铜官基地，同时开始建设。金驰能源材料有限公司投资3.9亿元，征地7.07公顷，主要生产电动汽车动力1万吨/年电池正极材料，包括氢氧化镍和锰酸锂（镍锰钴）多元氧化物等产品，年产值12.6亿元，可完成税收4400万元，提供600个就业岗位。长沙巨星轻质建材股份有限公司，投资5亿元，征地14.67公顷，利用电厂粉煤灰为主要原料，生产软质墙板和现浇混凝土成孔芯膜系列产品，年产值达10亿元，年创税收3000万元，同时可提供500个就业岗位。湖南大藏虫草生物工程有限公司，投资1.6亿元，征用土地6.5公顷办厂，生产虫草类系列产品，年产值2.4亿元，可完成税收3400万元。全年铜官基地规模工业实现工业总产值31.5亿元（其中华电长沙电厂完成21.49亿元），实现财政收入1.34亿元，完成国地两税1.35亿元。

2.乌山创业富民基地

建置沿革。2008年12月，望城县乌山镇根据自身近城（县城）近区（望城经开区）优势，为发展镇域经济，决定以乌山镇工业小区为基础，成立乌山创业富民基地。12月28日，望城县批准同意乌山镇设立创业富民基地。2009年2月，确定该基地重点发展中、小型企业，重点引进机械制造加工项目，将基地建成为望城经济开发区的配套产业园，归属乌山镇政府管理。

区域交通。乌山创业富民基地位于高乌大道两厢，在望城区以西，紧邻望城经济技术开发区西北角，东靠高塘岭街道和喻家坡街道，西邻京珠西线和白箬铺镇，南与黄金园街道和高新技术开发区的廖家坪街道相连，北临八曲河。该基地规划面积2.5平方千米（约250.2公顷），包括双丰村、乌山村、双兴村3个村。创业富民基地交通便捷，高乌大道、黄桥大道、旺旺西路将基地与主城区紧密联结，东有金星路、雷锋大道、雷高公路、潇湘北大道直达长沙，南有金洲大道、长常高速、319国道直通常德，西有京珠高速西线，中有许龙线、金星路直达基地，长沙市四环的黄桥大道南北穿越，石长铁路从南侧穿过，实现基地与长沙主城区和望城经开区无缝对接，全域纳入长株潭“两型社会”综合配套改革实验核心区，是长沙大河西先导区重点建设的五大核心板块之一。

基础设施。乌山创业富民基地，开发效应明显，基础设施完善。2005年，高乌大道拓宽至36米，两厢多为小丘陵岗地，地基基础牢固，房屋相对稀少，人口密度不大，农田占有比例不高，开发投资较少，适宜于建设用地。作为开发用地，符合产业发展理念，有利于中小企业的入驻与发展。2011年，高乌大道再次拓宽至42米；区自来水厂的供水管网随路延伸，解决了沿线供水问题；电力部门的二回

10千伏电力线路随路架设，沿线用电方便。同年，乌山镇投资1000万元，启动创业富民基地的污水处理厂建设，沿路2000米排污管道建成。2012年，新奥燃气管网进入创业富民基地，创业富民基地自建的110千伏变电站投入使用，污水处理厂建成投入运行。

产业。2009年，望城县批准乌山创业富民基地一期用地12.31公顷，主要解决长沙黑金刚实业有限公司、长沙联力实业有限公司等5个项目落户的一期工程用地问题。下半年，批准的二期用地13.94公顷，主要解决长沙五轴传动机械有限公司、长沙昊博机械设备有限公司、长沙市海宇门窗有限公司等项目入驻用地问题。长沙黑金刚实业有限公司是专业从事凿岩机械和风动工具研究制造的著名民营企业，也为乌山创业富民基地成立后首家入驻的企业。该公司投资2亿元，征地10.13公顷，当年动工建设，同时借用原高塘岭镇仁和村老厂房生产。是年，实现产值1.92亿元，上缴税收370万元。首批入驻的企业还有长沙联力实业有限公司。投资1.8亿元，征地9.6公顷建厂。这是一家从事军用和民用机械产品生产的新型企业，主要生产工程类车辆及其他机械齿轮、变速箱、轴类、盘类等零部件和电动车减速器、工程类钢结构件、油泵、传动箱、驱动桥等部件，与三一重工、中联重科、六一八厂、二〇一所等众多大型企业建立了长期稳定的合作关系。该公司当年完成1万平方米厂房建设，完成一期工程的75%。是年，乌山创业富民基地落户的项目共10个，投资额为4.13亿元。其中，投资过千万元的项目7个，当年动工建设的项目5个。2009年，创业富民基地实现工业总产值4.2亿元，其中规模工业产值2.11亿元，规模工业税金400万元，同比增长11.11%，全年完成工业投资2.1亿元。

2011年，长沙黑金刚、长沙联力实业，湖南亚泰电器等5家企业实现投产，乌山创业富民基地实现工业产值10.8亿元，完成税收2000万元，解决劳动力就业1200人。

2012年，乌山创业富民基地新增用地20公顷，累计引进项目18个，长沙浩基电力设备有限公司、望城联谊机械制造有限公司、长沙五轴传动有限公司、长沙海宇门窗有限公司、长沙昊博机械设备有限公司等8家企业投产，全年实现工业总产值15亿元，完成税收2000万元，解决劳动力就业2000人。

第七章　长沙高新区隆平高科技园

1997年4月28日，国家科委批准建立马坡岭农业高科技园（以下简称“园区”），属长沙高新区“一区四园”中的农业科技园，位于长沙芙蓉区东岸乡马坡岭一带。6月18日，芙蓉区组建芙蓉工业小区（以下简称“芙蓉工业区”）建设分指挥部。芙蓉工业区位于芙蓉区东岸乡张公岭村蒋家塘一带。8月，芙蓉工业区被批准为“省级乡镇工业小区”。全年园区择优招商49家。1998年5月，园区推出农业科技技术项目100个对外招商，招商引进9家企业入园，引资1120万元。11月，组织参加“1998”中西部经贸洽谈会和陕西杨凌第五届全国农业科技博览会，园区2项农业科技成果获全国农博会“后稷”金像奖。1999年2月，芙蓉工业区启动东岸路等5条道路立项。4月，园区川河水厂立项，计划投资1.6亿元。园区基础建设起步。全年工业区建设投资1740万元。2000年，园区动工修建科教路，投资2000万元。10月，园区更名为隆平农业高科技园。全年实现技工贸总收入6.6亿元，其中工业总产值0.7亿元，实现税收657万元。2001年4月，园区稀土农用系列产品产业化开发被评为“国家高新技术产业化示范工程”。芙蓉工业区完成土地开发74公顷。2002年11月，芙蓉工业区被农业部评为“全国乡镇企业科技园区”。至2002年，园区建设进展迟缓，无大项目引进，未形成主导产业，特色不鲜明，一直没有形成整体开发的态势。究其原因，主要是体制不顺，基础设施建设滞后，致使园内资源未能有效利用。

2003年11月，隆平农业高科技园与芙蓉工业区合并，由省、市、区共建，以区为主，行政上受芙蓉区领导，业务上受长沙高新区指导。园区位于东岸乡的马坡岭、张公岭等13个村范围，规划面积18平方千米。12月，园区更名为长沙高新区隆平高科技园。2004年，坚持“规划立园、项目兴园”的发展思路，着力打造“全省农业高科技成果的孵化基地、农业高新技术产业化的示范基地、农业高新技术人才的培训基地”。在产业定位方面，确定“以工业化带动农业产业化，发展高新技术特色项目和优势产业”，把农业高新技术产业招商放在园区发展的首要位置。全年招商引进企业21家，企业累计105家，园区实现技工贸总收入21.15亿元，完成工业总产值9.2亿元，实现税收3500万元，比2000年分别增长220%、12倍和4倍。

2005年，依托隆平品牌优势，加速推进园区基础设施建设。至年底，完成6条道路建设，投资4亿元，通车里程3.78千米，路网基本成型。2006年，园区以“工业项目年”活动为契机，紧盯“六园”之首，推进“具有特色的精品园区，打造富有活力的现代新城”建设进程。全年园区实现从项目招商向产业招商的转变，新引进企业36家，其中投资过1亿元的项目5家，引进世界500强企业入园投资2家，实现14个项目年内开工、如期竣工投产；初步形成现代农业、新材料、生物技术、电子信息4大优势产业。2007年，园区建设隆平火炬创业中心科技孵化项目，构建30万平方米的高层标准工业厂房，发展楼宇工业。2008年，园区围绕四大主导产业集群发展，引进战略投资者，实施优势带动。为企业开通“受理不出隆平园、办理不出高新区”的服务，在建项目的报建和投产项目手续年内基本办结，园区隆平杂交水稻国际大厦等项目投入使用，10余家重点企业竣工投产。全年实现技工贸总收入130.2亿元，其中完成工业总产值115.4亿元，实现税收1.11亿元，比2004年分别增长516%、11.5倍和217%。园区跻身省级园区产值过百亿元行列。2009年，园区被评为“全国农产品加工创业基地”。2010年，园区与湖南农大开展园校合作、与省科技研究院合作共建“湖南省留学人员创业园”与省科技厅打造隆平火炬创业中心孵化基地，构建3个科技成果转化服务平台，推进产学研结合。2011年，园区抓“提质转型升级”，推进“二次创业”，构建环境污染小、资源消耗低的“两型”产业体系。年底，园区被评为省“新型工业化产业示范园区”。

2012年，园区突出以3个创业孵化平台招商，招商引进31家企业孵化，促进现代服务业的快速发展，形成园区新的经济增长点。是年，园区被评为省“服务外包示范基地”。全年实现技工贸总收入362亿元，实现工业总产值268亿元，实现税收2.9亿元，比2008年分别增长178%、132%和162%。连续5年实现高速增长。园区工业总产值占芙蓉区工业总产值342亿元的78%，连续5年工业总产值跻身省级工业园区前10名，单位面积投入产出居全省开发区前茅。

至2012年，园区控规土地面积18平方千米（其中省农科院、湖南农大等13个入园单位占地面积12.88平方千米），园区征用土地2.80平方千米，实际开发土地面积15.68平方千米占87%。园区累计引进企业318家。其中世界500强企业3家，上市企业3家，国家级农业产业化企业5家。完成固定资产投资累计231.73亿元，引进省外到位资金累计152.13亿元，引进到位外资累计5.79亿美元。共完成主次道路建设37条，通车总里程88.98千米，道路两侧实施绿化、亮化工程，完成37条路网水、电、气、通信、排水排污综合管网配套设施建设，总投资32亿元。园区依靠人才战略、依靠科技进步，坚持走“隆平特色”的都市工业园区之路，建立国家级工程实验室1个、国家级技术中心4个，获发明专利162件，获国家科技进步二等奖2项。

第一节 机 构

一、中共长沙高新区隆平高科技园党工委

1997年4月至2003年，园区和芙蓉工业区未成立中共党的工作委员会。2004年4月，成立中共长沙高新区隆平高科技园工作委员会（以下简称“园区党工委”）。5月，设立党的纪律检查委员会，明确设纪工委书记1名（正科级）。8月，胡托金任纪工委书记。2005年7月，刘林平任园区党工委书记。9月，阳林艳（女）任纪工委书记。2006年7月，园区党工委由副县级升格为正县级。纪工委书记升格为副县级。2008年1月，汤季平任纪工委书记。至2012年年底，园区党工委共管辖基层党支部39个，其中在非公有制企业建立党支部37个；有中共党员453名。

二、长沙高新区隆平高科技园管委会

1997年4月，马坡岭农业高科技园成立，属长沙高新区的“一区四园”之一。6月，芙蓉工业小区建设分指挥部成立。1998年5月，马坡岭农业高科技园管理办公室挂牌运作。园区管理办公室下设综合部、招商发展部、规划建设部、财务部4个部门。9月，芙蓉区科技工业小区建设指挥部成立，下设综合管理部、用地管理部、招商管理部、规划建设部，统一负责工业小区整体规划、招商引资、拆迁补偿等工作。1999年3月，成立园区管委会。由省政府副秘书长欧阳斌任管委会主任（兼），省农科院党委书记左连生任管委会常务副主任（兼），省农办副主任陈吉芳、湖南农大副校长章怀云、省科委副主任、长沙高新区主任4人任管委会副主任，省农科院、湖南农大、中科院长沙农业现代化所、芙蓉区政府、长沙农校、省畜牧兽医研究所、省机电工程学校、省信息工程学校、省植保站等9个单位10位负责人任委员，负责园区的建设和规划管理工作。2000年10月，园区更名“隆平农业高科技园”。园区管委会更名为隆平农业高科技园管委会。2002年3月，成立芙蓉工业区管委会，管委会下设综合管理、用地管理、招商管理、建设管理4个部。12月，园区与芙蓉工业区合并组建隆平高科技园，行政级别为副县级。原2个管委会成员职务撤销。

2004年5月，隆平高科技园管委会成立，下设办公室、招商合作局、产业发展局、建设发展局、社会事务局5个局室，另设财政分局，为芙蓉区财政局的派出机构，均为正科级机构。2006年7月，园区管委会升格为正县级。截至2012年年底，园区管委会在职干部职工65人；内设机构为办公室、招商合作局、经济贸易局、规划建设局、社会发展局和区财政局派驻机构财政分局6个局（室），均为正科级机构。

2004—2012年，先后担任隆平高科技园主要领导的有：刘林平、李明权、王曙光；其他领导班子成员有：张文岳、李明权、师大学、胡托金、王曙光、阳林艳（女）、曾理、汤季平、吴清斌、易鹰。

第二节 园区规划

一、总体规划

1997年7月，修编《长沙高新区马坡岭农业高科技园建设发展规划（1998—2010年）》。园区位于长沙芙蓉区东岸乡马坡岭一带，东起省畜牧兽医研究所，西至107国道，南濒浏阳河，北至319国道，

规划总用地面积 13.35 平方千米，首期规划建设面积 3 平方千米。功能分五区：农业高新技术科工贸产业开发区（包含省农科院的 13 个研究所综合大厦、袁隆平种业大厦、湘研大厦、湘园花卉大厦）、农业高新技术示范区（分水稻、特种水产、旱土作物、茶叶 4 个区）、农业实验示范区、生活居住服务公益设施区和农业休闲观赏活动区。园区确立以“发展高科技，实现产业化”为指针，把“优质种苗工程”放在突出地位，走生物技术与常规技术、核技术、光电技术结合之路，定向制造新作物与超高品种，使农科教、产学研、农工贸紧密结合。将园区建设成为中国南方农业高新技术产业示范园。园区是“杂交水稻之父”院士袁隆平的研究基地，是湖南省农业科研创新、开发示范、信息培训、重点发展的现代化示范园区。园区规划纵向科教路和横向隆平路两条主轴，形成城市一体化的农业科技产业城，把农业科研与教学、实验与示范、产业化经济、农业休闲与观赏、生活与服务 5 个功能区串联起来，形成一个内涵丰富、功能齐全、各具特色的“五区”结构形态。人口规划总规模控制在 9 万人（含流动人口）。1998 年 8 月，修编《芙蓉科技工业区控制性详细规划》，位于芙蓉区东岸乡张公岭村的蒋家塘一带。北以东岸路为界、南以张冲路和高家坡路为界、西以 107 国道东辅道为界、东以长冲路和长星路为界，总用地面积 3.1 平方千米，首期开发面积 74 公顷。分 2 期开发将张公岭村山坡开发改造成工业小区。1999 年 9 月，园区发展规划获市批准执行。2003 年 12 月，园区与芙蓉工业区合并组建新的隆平高科技园。

2004 年 7 月，修编《隆平高科技园控制性详细规划》，园区位于芙蓉区东岸乡张公岭、新安、合平等 8 村地域范围，四至东起长㮾路，西至浏阳河，南起捞刀河滨河北路，北至马泉大道范围内。占地面积 22.14 平方千米，开发面积 18 平方千米。功能定位为集工业、农业、科技、商贸为一体的高科技园。规划人口总规模控制在 13.1 万人（含 3.1 万名大专院校学生）。规划结构总体概括为“二带、两心、三轴、五区”。“二带”，浏阳河风光带、京珠高速公路及高速铁路绿化带；“两心”，隆平科教中心、东岸商贸中心；“三轴”，远大路城市综合功能发展轴、人民东路延长线产业发展轴、星沙大道—红旗路教育科研发展轴。“五区”，东岸安置区、隆平综合贸易区、隆平马坡岭工业区、白竹坡配套服务区、隆平东湖工业区。2005—2012 年，园区控规规划未修编变化。

二、专项规划

（一）土地利用规划。1997 年 7 月，园区用地规模控制 400 公顷，用地布局划分 5 个功能区。其中：农业高新技术科学技术区用地面积 50 公顷；农业产业化经济区用地面积 50 公顷；农业高新技术实验示范区用地面积 175 公顷；生活居住服务公益设施区用地面积 50 公顷；仿农休闲观赏活动区用地面积 75 公顷。1998 年 8 月，芙蓉工业区用地规模控制 74 公顷，建高新技术产业工业小区。

2004 年 8 月，园区控制性详规的用地规模控制总用地 18 平方千米。其中：城市建设用地面积 1635.45 公顷，占总用地比例 90.86%；耕地 158.28 公顷，占总用地比例 8.79%；林地 6.27 公顷，占总用地比例 0.35%。在城市建设用地中，公共服务设施用地面积 434.21 公顷（其中含 96.32 公顷村民生产安置用地）；居住用地 367.46 地公顷（含农民生活安置用地 107.7 公顷）；工业用地面积 299.5 公顷；仓储用地面积 2.09 公顷；对外交通用地面积 57.22 公顷；道路广场用地面积 374.18 公顷（其中道路用地面积 362.36 公顷）；市政设施用地面积 40.32 公顷；绿化规划面积 225.02 公顷（其中公共绿化面积为 189.85 公顷）。2005—2012 年，土地利用规划未修编变化。

（二）道路交通规划。1997 年 7 月，根据城市道路规划布局要求，结合园区现状道路和自然条件，道路等级分为四级:主干路、次干路、支路、田园路。规划道路总长 55.69 千米。其中主干路为“三横三纵”，“三横”为东西向的远大路、隆平路、裕园路，“三纵”南北贯穿的科教路、红旗路、湘研路；路幅宽为 36 米，道路长 15.6 千米。规划次干路为“三纵二横”，“三纵”即南北向的望龙路、合平路、长?路；“二横”东西向的红园路、滨湖路，路幅宽 26 米，道路长 17.91 千米。规划支路路幅宽 20 米，道路长 12.18 千米。田园路主要解决农业生产运输、农业机械交通及科学实验、技术推广示范等机耕道和便道，道路宽 6~7 米，道路长约 10 千米以上。规划道路主干网密度为 1.17 千米/平方千米，次干道网密度为 3.42 千米/平方千米。园区路网与长沙星沙开发区联网。1998 年 8 月，芙蓉工业区规划道路为“三纵三横”。“三纵”是京珠辅道、长星路、长冲路，“三横”是东岸路、高家坡路、张冲路。规划建设 107 国道加宽和东岸路等 6 条道路，路幅宽 26~36 米，次干道路幅宽 10~15 米，道路全长约 6 千米。2004 年 7 月，园区规划城市交通道路广场用地 374.18 公顷，占城市建设用地的 18.25%。路网结构规划“三横三纵”的路网基本格局。即东西向有：志宏路—高家坡路、远大路、人民东路延长线；南北向的双杨路、星沙大道—红旗路、长榘路。京珠高速公路长 3.57 千米，控制宽度 60 米；高速铁路 3.77 千米，控制宽度 100 米。确立“三横三纵”的路网基本格局。道路网密度为 4.7 千米/平方千米，其中主干路网密度 1.01 千米/平方千米，次干路网密度 1.29 千米/平方千米，支路网密度 2.49 千米/平方千米，主要道路路幅宽≥60 米有京珠高速公路、星沙大道、远大路、红旗路、长榘路 5 条。路幅宽≥46 米的有隆平路、高家坡路、人民东路延长线 3 条。路幅宽≥36 米的有双杨路等。2005—2012 年，园区道路交通规划未修编变化。

（三）供水规划。1997 年 7 月，园区按农业产业每 1 亿元产值耗水 2000 立方米/日、生活用水人均 250 千克/日测算，预计近期产业用水 8000 立方米/日，生活和实验室用水 1800 立方米/日；远期分别为 2 万立方米/日和 2500 立方米/日。近期生活和实验室用水由马燕坪东西井等 4 个自掏井供应，日产水量 1500 立方米。生产用水靠浏阳河和水库山塘，远期生产生活用水待市政川河工程建设引水。供水规划在浏阳河新建设市九水厂 1 座，按日供水量 4 万立方米建设。园区用水由城市自来水厂供给，园区设高位水池一座。规划用水量综合指标为 1 立方米/人·日。供水管网呈环状和树枝状相结合的形式布置。园区供水水量采取按人均综合用水指标法计算，根据长沙市综合用水指标 750 千克/人·日，园区人口发展规模 9 万人，则总用水量为每日 9 万吨。园区供水由规划的长沙市自来水第九水厂供给，园区规划在红园路以北东北角标高为 69.4 米的高地设容量为 5000 立方米的高位水池一座。规划供水管网从远大路敷设的城市供水干管接入管径 1100 毫米的供水主管，敷设沿科教路，再沿规划道路网敷设支管，按照不同的用地性质，在园区内形成环状与树枝状相结合的供水管网系统。园区农业灌溉用水从浏阳河抽水经灌溉渠流入农田进行灌溉。规划本着节水原则，推广农业灌溉节水技术，达到节水灌溉的目的，形成一个完整的农业灌溉网络系统。

2004 年 7 月，修编园区供水规划，园区规划人均综合用水指标为 750 千克/人·日，规划人口 13.1 万人，规划区域高峰日用水量为 9830 立方米。园区自来水由第一、第三水厂联合供给。规划从远大路、人民东路上引出市政给水干管作为园区的供水水源，为满足辖区的用水要求，规划至少有 2 条管径 800 毫米的供水干管引入。园区内规划的供水管网布置成环状，供水管沿规划道路的西、北侧布置。供水管网供水压力最低不小于 0.1 兆帕。供水管网规划从远大路和人民东路分别引入管径 800 毫米、600 毫米的供水干管作为园区内的主要供水水源，在主次干道分别敷设管径 800 毫米、600 毫米的供水主干管。2005—2012 年，园区供水规划未修编变化。

（四）排水排污规划。1997 年 7 月，园区排水系统为雨污合流，排雨水系统与园区各单位的生活、生产污水各自就近排入自然冲沟和水塘，汇集于姚托渠、六里港、排渍渠 3 条排水渠排入浏阳河。园区排雨、污水规划采用雨污分流制，根据地形走向，将雨水直接排入红旗水库和乌雀塘等水域；综合规划生活和工业污水，近期规划在泉坝垅水库旁建1个污水处理站，日处理污水1万立方米。污水经处理达标排入浏阳河或用于农田灌溉。园区由东北而西南走向修1条污水主排管，排水系统主要沿新修道路侧敷设排污管道，并对老排水排污管渠进行维护与改建。规划排雨水系统 保留3条排水渠道。根据园区地形地貌及规划用地布局，以姚托渠为界将园区分为2个排水分区。姚托渠以东为高水位区，且规划用地主要是农业生产。规划将该区域的雨水集中姚托渠后直接排入浏阳河；农田的水仍经自然冲沟流入姚托渠。其他少量居住、公建用地的雨、污水由规划排水管道收集后排入姚托渠。规划该区域的污水由排水管道接纳后分别排入六里港和排渍渠，然后进入污水处理厂进行处理，达到排放标准后排入浏阳河。规划园区建日处理7万立方米污水处理厂一座。占地面积5~8公顷，污水处理厂位置设在园区西南角。污水量按用水量的90%计算，并减除姚托渠以东区域的居住公建用地的污水，则污水量为7.4万立方米，规划污水处理厂达到Ⅰ级处理标准。

2004年7月，修编排雨污水规划，园区属于杨家湾污水处理厂、马泉污水处理厂、花桥污水处理厂纳污区范围。排水体制采用雨、污分流制排水。园区污水量按规划人口平均日污水量标准为450升/人·日计算，每天污水量7.08万立方米/日，其中1.61万立方米/日进入杨家湾污水处理厂、0.61万立方米/日进入马泉污水处理厂、4.86万立方米/日进入花桥污水处理厂。污水管沿规划道路的东南侧布置，污水管规格直径300~1000毫米。园区内进入花桥污水处理厂的污水由于要跨过浏阳河，因此需设提升泵站，污水泵站最大秒流量787.5升/秒，控制用地面积为6600平方米。园区整体地形自东北向西南倾斜，所有雨水均汇入浏阳河。根据道路规划及自然地形变化情况， 园区分为5个小的汇水分区， 一区总汇水面积706.06公顷、二区总汇水面积601.86公顷，地形以平地为主，用低排方式。三区总汇水面积390.86公顷、四区总汇水面积534.76公顷、五区总汇水面积100.67公顷，地形地势较高，用高排方式。园区范围内雨污水管网沿规划道路中线布置管道。排雨、污水规划原则按管线最短，埋深最浅的原则，最大限度地将收集的雨污水用重力流的方式分别送入浏阳河与污水处理厂，尽量避免机械提升，以减少经常性的运行、管理、维护费用。排雨水系统在规划区域中标高低出浏阳河百年一遇洪水水位的地面，其规划雨水排放采用自排与泵站强排相结合的模式；对地势较高区域，其规划雨水排放采用重力自流排入浏阳河。雨水管网沿规划道路西北侧布设管道。2010年5月，园区总部工业园雨、污分流排水管网项目方案设计招标，项目采用委托邀请招标方式。2011年1月，园区修编《隆平高科技园张公岭工业园区道路雨污分流管网规划》。道路雨污分流工程规划项目，东至新安路、南至隆园一路、西至京珠辅道、北至园区与长沙经开区交汇界线，纳污面积1.2平方千米。包括京珠高速公路辅道9条道路的雨污分流工程修编。雨污分流工程按排污规模1.5万立方米/天。2012年5月，修编的《隆平高科技园张公岭工业园区道路雨污分流管网规划》通过评审，同意将园区张公岭工业区的污水管道由原接马泉污水处理厂改道接入杨家湾污水处理厂，并明确园区的截污范围。

（五）供电规划。1997年7月，园区电力现状由二回10千伏线路供电，总用电量为1146万千瓦时，最大负荷功率3600千瓦。人均227千瓦时/人·年。园区根据新安变现有容量为31500千伏安，规划扩建一台50000千伏安主变1座。中、低压配电网规划，园区的“杂交水稻中心”“原子能钴室”“水稻研究所”等重要的不能停电的研究、试验场所，医院手术室，用电负荷等级为二类，采用双电源供电。对此，园区内规划2个10千伏高压开闭所，以增加10千伏出线回路，并提供双电源。园区内所有电力线路沿道路西、北侧敷设。电力规划新建110千伏安变电站1座。近期规划从110千伏新安变电站不同母线分别出两回10千伏线路供园区用电。1999年7月，园区修编《马坡岭农业高科技园1999—2020年电力发展与建设规划》。2003 年 12 月，园区与芙蓉工业区合并，供电电网实行统一规划管理。2004 年 7 月，园区修编供电规划：近期保留 220 千伏长芙线架空线路走廊，高压走廊控制边线为高压杆塔中心线各外延 20 米。近期规划 500 千伏长沙东至 220 千伏大元开关站的 5 回 220 千伏线路沿长?路架设。分别留出 30 米和 40 米高压走廊。保留 110 千伏架空线路走廊，规划红线范围内每条 110 千伏架空线路走廊宽度均为 25 米。规划架空线路的杆塔中心线离规划建筑的距离为 15 米。规划 220 千伏变农大变电站，其规划控制用地 1 公顷；规划 220 千伏大元开关站；将现有 110 千伏广电变电站扩容，另规划 110 千伏变电站 4 处。园区内 10 千伏接线采用单环网结线、双环网结线和直通式备用电缆网结线相结合的方式，10 千伏线路均为下地暗敷（穿 PVC167 管），沿道路西、北侧敷设。其中人民东路等 3 条道路沿两侧布置。2005—2012 年，园区电力规划未修编变化。

（六）燃气规划。1997 年 7 月，园区供气规划，由于园区离煤制气厂较远，与液化气供给进行综合经济比较后，故规划园区气源为液化石油气。园区规划人口为 9 万人，规划气化率为 100%，供应户数约 3 万户计算，输送半径 2 千米。园区规划一个混气站，用管道埋地输送液化气至全园区约 3 万用户及各需气的建筑物。混气站气源来自市液化气第一储配站。园区首期混气站工程，先在混气站规划地建气化站，待用户增加到一定程度，再在原气化站的基础上，增加设备投资，改建成混气站。规划输配管网由混气站至用户的液化气采用无缝钢管埋地，沿道路东南侧敷设。2004 年 7 月，园区修编供气规划，规划期内采用天然气。园区规划一处燃气汽车加气站。规划燃气加气站 1 座， 位于 C–28 地块。园区所有燃气管道均下地暗敷，所有市政主次干道均设置燃气管道，沿道路的东、南侧敷设，其中红旗路、远大路、人民东路沿道路两侧布置。2005—2012 年，园区燃气规划未修编变化。

（七） 电信综合设施规划。1997 年 7 月，园区根据用地规划和规划期人口规模，以及考虑到园区内有 1 所大学、4 所中专等 5 所学校的学生宿舍都将在每个寝室安装电话（采用校园卡），对此，市话普及率按 80 部/百人测算， 园区规划电话 7.2 万部。为减少电缆线路的长度，满足园区市话大规模扩容，规划在园区中心地段设一个电信分局，交换机容量 9 万门；另在用户集中处设 2 个模块局，其中包括原农科院内一个用人工局改制的模块局，每个模块局容量为 1 万门，设在公建中（包括综合楼）。市话网规划，由分局至模块局采用光缆，由模块局至用户为市话电缆，光缆和市话电缆均采用穿混凝土管道，沿道路东南侧敷设。2004 年 7 月，园区修编邮政电信综合规划，将现有的马坡岭电信模块局， 扩容升级为分局并扩容，规划 9 处电信模块局。规划马坡岭邮政支局 1 处，规划 9 处邮政所。园区内所有信息管线均采用弱电共沟，所有信息管道均下地暗敷，所有主次干道设置信息管道，信息管道沿道路东、南侧暗敷，其中红旗路、远大路、人民东路沿道路两侧布置。2005—2012 年，园区邮政电信综合规划未修编变化。

（八）绿化规划。1997 年 7 月，园区绿地系统规划由风格别致的自然山体、雕塑花坛、路边林带、屋周花草林木、公园果园竹山等组成，一、二级道路两侧要设置 5 米以上绿化带，种树植草相结合，切实保护好古树名木和现有竹林。园林绿化主要建设仿农休闲憩园区，京珠高速公路侧绿化带按不小于 30 米控制。高压走廊按 220 千伏线路两侧留 15 米、110 千伏线路两侧留 10 米作绿带控制。园区绿地规划以公园、街头绿地、带状绿地等多种形式布置。主要设有东湖公园、东岸公园、白竹坡公园等 6 个公园及远大路、红旗路、人民东路延长线、志宏路两厢绿地。绿地面积 225.02 公顷，占城市建设用地的 10.98%，其中公共绿地面积 189.85 公顷，占城市建设用地的 9.26%，人均公共绿地面积 14.84 平方米。绿地其建筑密度须控制在 10%以下，绿地率≥35%。2004 年 7 月，修编《隆平高科技园控制性详细规划》，园区规划中绿地面积为 227.15 公顷，占城市建设用地 14.56%，人均绿地 17.47 平方米/人。其中生产防护绿地 38.18 公顷，公共绿地 188.97 公顷。规划公园 5 个，小游园 2 个，面积 78.91 公顷。规划以人民东路延长线、红旗路和远大路两厢绿带为骨架，以浏阳河风光带为依托，强调东湖水面景观与浏阳河风光带的渗透与融合，保证景观的连续性。构成“一环”“一面”“两带”“四线”“多点”的绿色系统。“一环”，即以张冲路、新安路、合平路、滨河路围合而成的环状生态圈。“一面”，由高产试验田和东湖水面组成，形成一个大型的生态景观面。“两带”，即浏阳河风光带、京珠高速公路与高速铁路绿化隔离带；“四线”，即志宏路两厢 10 米绿带、远大路两厢 10 米绿带、人民东路延长线两厢 10 米绿带和红旗路两厢 10 米绿带；“多点”，即规划的各种用地性质中的绿地与公园，确保人工环境和自然环境的融洽和谐，并通过道路系统将景观轴线串联各开敞空间，在主要交通交叉口地段设置重要的景观节点，以雕塑、小品、景观灌木造景加强地域感，最终达到提升城市品位的特点。2005—2012 年，园区绿化规划未修编变化。

第三节　基础设施建设

一 道路建设

1999 年，启动芙蓉工业区高家坡路等 5 条道路路幅红线内的拆迁征地和道路设计与立项。工业区全年道路建设投资 1740 万元。2000 年，园区动工修建科教路，道路全长 3.15 千米，宽 36 米，年底，科教路北段 1.2 千米建成，工程投资 2000 万元。2001 年，工业区 5 条道路启动建设，道路全长 3397 米，计划投资 4200 万元。11 月，园区亚大路开工建设，道路全长 810 米。2002 年 2 月，亚大路竣工通车，核定投资 149 万元。启动科教路南段建设，计划投资 3000 万元，修建红园路，全长 3 千米，先期投资 1000 万元。10 月，工业区完成 107 国道加宽改造，全长 880 米，投资 586 万元。11 月，园区支路一竣工通车，修建道路长 607 米，投资约 93 万元。12 月，京珠高速公路辅道启动施工，投资 142 万元。2003 年 7 月，京珠高速辅道道路竣工通车，高家坡路路长 821 米完工，核定投资 267 万元。年底，科教路南段和红园路建成通车。全年修建道路 6 条，完成竣工道路 3 条，投入建设资金 885 万元。2004 年 6 月，完成东岸路等 2 条道路硬化 790 米。8 月，完成办理人民东路园区段延长线立项手续，全长 2682 米，计划投资 1 亿元。11 月，红旗路园区段 2.6 千米道路完工。全年开工修建红旗路等道路 6 条，路长约 4.6 千米；完成东岸路等 3 条道路的修建，路长约 3.8 千米，投入建设资金 1.5 亿元。2005 年 6 月，人民东路延长线Ⅰ期道路等 4 条道路竣工通车。至 2005 年，园区建成 12 条主次干道，形成 2 纵 4 横的路网，纵横面积 2 平方千米，通车路程 16.71 千米，完成投资 6.5 亿元，路网基本成型，交通条件得到改善。

2006 年 5 月，园区申请增加人民东路延长线至湖南农大北校门，道路长 600 米。10 月，园区张冲路延长线竣工验收通车，道路长 430 米，投资约 360 万元。2007 年 10 月，长星路开工建设，路长 2.2 千米。年底，新修的纬九路竣工通车，道路长 550 米，投资 350 万元，并与远大路贯通。2008 年 6 月，隆园支路一至四路开工建设，道路全长 796 米，计划投资 800 万元。2010 年 1 月，京珠高速公路辅道从远大路至盼盼路启动建设，道路长 2 千米。5 月，启动惠农路（原名科教路）Ⅰ期工程建设，道路长 1575 米，项目总投资 2948 万元，Ⅰ期工程建设投资 548.56 万元。2012 年，园区启动合平路、泉坝路、红农路建设。

截至 2012 年，园区共建成主次干道 37 条，通车总里程 88.98 千米，总投资约 18 亿元。形成主次干道“三纵三横”路网，与相邻的长沙县、长沙经开区道路联网，路网四通八达，交通便捷。

二、供水设施建设

1999年4月，园区川河水厂立项，规模为供水20万吨/日，计划总投资1.6亿元。5月，芙蓉工业区完成远大一路供水管道改造的设计。2000年5月，工业区供水管网改造，敷设管道全长2100米。7月，敷设高家坡路主供水管道1340米，投资150万元。远大一路供水主管改造项目开工建设，敷设从紫薇路至东屯渡桥西管径800毫米的水管至工业区。2001年3月，启动开通工业区给水工程，该工程在东岸路原直径500毫米管线上开管口连接湾头500~300毫米管道1处，敷设管径300毫米球墨铸铁管880米至工业园区，安装管径300毫米闸门2座，管径100毫米闸门9座，敷设管径100毫米的球墨铸铁管45米接通园区已敷设的管径100毫米管网供水至各企业用户。2002年8月，工业区工程建设指挥部供水工程建设动工，接水敷设直径400毫米管道780米、管径300毫米管道1630米、管径200毫米管道1167米、管径150毫米管道738米，投资21.51万元。10月，园区敷设长星路供水管道长900米。2003年2月，工业区京珠高速辅道供水管网验收合格正式启用，日供水量达2万立方米。8月，完成东岸路等6条道路供水管道敷设，敷设管道长3520米，总投资215.13万元。

2004年6月，完成张冲路、长冲路道路供水管道铺设，共铺设450米，解决燕京啤酒（长沙）公司用水。9月，申请市自来公司连接人民东路自来水管，沿京珠高速辅道接管径600毫米的管道到园区，解决园区及芙蓉区东片供水问题。2005年7月，沿京珠辅道铺设一条给水管，建设一个供水加压站，投资11.92万元。10月，园区对自来水工程再次进行加压改造，建一座加压泵站，投入资金1000万元，使自来水水压从2千克/平方厘米上升到4.2千克/平方厘米，日供水量由不足1500立方米上升到6000立方米。全年对高家坡路等4条道路供水管道改造施工，敷设管道3.2千米，投资157万元。2006年5月，启动敷设人民东路延长线的市政供水管线，解决供水入园区湖南农大和周边单位。7月，园区启动长星路南段供水管线敷设，投资13.2万元。8月，园区纬九路供水管道施工，敷设管道580米，投资25万元。

2007年5月，园区东岸路供水加压泵站工程竣工。7月，东岸路接入中科本安供水主管延伸工程300米完工验收。2009年，园区铺设节水管线2000米。2010年，园区投资5000万元，继续对供水管网改造和水压改造，使日供水量超10万立方米。2012年，园区启动合平路、泉坝路、红农路供水管道建设。截至2012年，园区完成37条道路供水管道敷设，供水管道长约95千米，沿线建有供给水加压泵站6座，总投资约3.6亿元。

三、排水排污设施建设

2001年2月，芙蓉工业区启动新安村油塘泄洪渠下水管道排雨水工程建设，投资63.15万元。3月，工业区内及长星路东支路、西支路的雨污排水管网启动施工，全长3.2千米。6月，芙蓉工业区主排水渠改造工程全长6千米，投资48万元；支排水渠改造工程全长5千米，投资30万元。12月9日，工业区污水处理工程1万吨/日工业废水集中处理回收项目立项，征地1公顷，投资1600万元。2002年4月，工业区京珠辅道排水沟和支路1排水沟施工。6月，工业区长星路排水沟施工，敷设管道长880米。9月，对高家坡路敷设雨、污排水管道，采用管径1000毫米、800毫米的管道，各敷设管道长860米。2003年，园区2条主、次干道敷设雨水、排污管道，工程投资22万元。对园区内排洪渠道进行明渠改暗渠改造施工，投资160万元。工业区的主排水管管道敷设完工，投资526.35万元。12月，完成工业区东岸路等6条道路主排水、排污管道敷设，全长3450千米，投资138万元。2004年1月，园区产业一区、新安村安置房二期雨、污排水改造工程开工，原雨、污排水工程全长340米，管道改造全长350米，投资7.84万余元。6月，完成张冲路等2条道路排水管线铺设450米。8月，申请将园区污水纳入杨家湾污水处理厂处理。

2005年4月，长冲路Ⅰ标段排水、排污工程竣工，敷设管径300管道220米，投资62.91万元。长冲路Ⅱ标段排水、排污工程开工，敷设管道260米，投资65.32万元。2006年7月，启动敷设人民东路延长线的排水、排污工程施工。11月，园区纬九路排水、排污工程管道施工，投资220万元。2007年5月，在长星路东侧敷设直径1000毫米钢混凝排污管1640米。7月，东岸路入中科本安污水主管延伸工程300米完工验收。2009年，园区对杨家湾撇洪渠进行整治改造。渠长2426米，投资4000万元，构筑排水排渍安全屏障。2010年5月，园区启动雨污分流系统改造工程，园区原部分道路均采用雨污合流，污水沿合流管道排入罗溪港排水渠，最终排入浏阳河。2011年5月，园区完成工业区一期道路雨污分流工程建设项目立项，包括京珠高速公路辅道等9条道路的雨污分流工程，纳污面积1.2平方千米。管道总长2560米，项目总投资1482.49万元。2012年2月，园区严格执行长沙市雨、污水排放分流制规定，启动张公岭工业园组团排水管网的雨、污水分流制改造工程，增加埋设一条污水处理专用管道，投资1500万元。5月，园区张公岭工业区2.16平方千米污水走向调整进入杨家湾污水处理厂。截至2012年，园区完成37条道路排雨、污水管道各铺设长约90.5千米，投资约3.5亿元，与配套的排渍泵站、撇洪渠和3个污水处理厂连通。

四、供电设施建设

1997年7月，园区有供电10千伏变压器34台，总量1000千伏安。1999年年底，园区在农业产业经济区建设1座10千伏高压电开闭所，附设一个低压配电站，投资800万元。2000年7月，芙蓉工业区建设1座10万伏高压电开闭所单回线路，投资110万元。是年，申请省电业局将园区电力规划纳入全省农村电网改造计划，并请求安排资金800万元，进行园区核心区10千伏线路配网和低压配电间设施建设。2001年2月，园区从新安变电站拉一条10千伏线路，满足园区近期用电需求。12月，敷设亚大路的输电管线820米。2002年6月，工业区建成总装机容量为1万千伏安的主开关站，由新安变电站引入，分5条2000千伏安容量线路引入各企业的变配电设施供电。8月，工业区敷设长星路电力电缆管道900米。11月，工业区对从新安变电站、板仓变电站引入双电源进线10千伏开闭所的电气设备进行安装，投资760万元。2003年3月，启动从新安变电站架设1条专线至芙蓉工业区，立杆数60杆，投资6.79万元。7月，工业区10千伏电力配电系统开闭所（配电房）全部竣工。敷设电缆沟管线长1060.1米，工程核定投资21.47万元。年底，园区高家坡路、京珠辅道等6条道路电力电缆敷设完工；全长3.8千米，沿线建电力开闭所1座，共投资110万元。2004年，园区和芙蓉工业区电网并网管理，有变压器155台。6月，完成长冲路等2条道路的电力管线敷设，同时启动东岸路北向延长线电缆沟施工，敷设管道管线总长376米。全年电力建设改造投资3000万元。2005年11月，启动园区1处开闭所北开关站建设，安装1台400千伏安杆上变压器，敷设10千伏电力电缆1条，长400米，投资18.6万元。2006年7月，启动敷设人民东路延长线的电力管线，解决供电线路进入湖南农大和周边单位。10月，园区纬九路电缆管线工程施工，敷设管线600米，投资32万元。园区东岸路东端延长线敷设电力管线工程竣工。

2007年4月，园区区域二号地块基建用变压器低压杆线安装工程，从原有高压电杆敷设一条线缆至长星路与张冲路交会处，投资14.2万元。7月，园区一块23.8公顷用地中的敷设一条1000米电缆杆式高压电路验收送电，低压基建配电线路全部完成，为园区3家企业送电。2009年，园区启动建设110千伏的农大变电站。同时，在长星路与隆园三路交汇处建设10千伏的高压开闭所（北开关站）；在园内高家坡路与隆园四路交汇处建造10千伏高压开闭所（南开关站）；增加10千伏出线回路，提供双电源。

2010 年 4 月，园区人民东路韶山线及东湖线 10 千伏杆线迁移完工，经审核工程投资额 129.45 万元，比原报价投资节约 50.76 万元。2011 年，园区 11 万伏农大变电站安装两台 50 兆伏安主变压器，用电负荷量 46.13 兆瓦。同时对配套电网增建 3 个 10 千伏高压开闭所。加上原有的南北 2 个开关站，共 5 个高压开闭所，连接 160 余台变压器。截至 2012 年，园区完成 37 条道路供电电缆敷设，电缆管线长约 98 千米，架设高压供电线路共 9 条，总投资约 2.2 亿元，覆盖全园企事业单位和用户。

五、供气设施建设

1997—2001 年，园区和芙蓉工业区均未实现管道供气，所有教学科研单位和入园企业使用瓶装液化石油气或其他燃料，园区无供、换气点。2002 年 10 月，芙蓉工业区燃气工程启动管网设计，管材采用直缝电阻焊钢管，钢管均加保护，强度试验压力为 0.6 兆帕。2003 年，芙蓉工业区的高家坡路京珠辅道等 6 条道路的燃气工程管线全部敷设完工，全长 880 米，投资 45 万元。2004 年 5 月，完成铺设张冲路、长冲路燃气管道约 420 米（各 210 米）。是年，园区启动在远大路北侧、双杨路与京浏路交汇处建燃气加气站，占地 3000 平方米。2005 年，园区接通天然气管道至部分企事业单位，开始使用天然气。2006 年 5 月，启动敷设人民东路延长线的燃气管道，解决燃气管道进入湖南农大和周边单位。9 月，园区启动敷设长星路南段道路的燃气管线 350 米。2007 年 1 月，园区纬九路燃气管道工程施工，投资约 23 万元。2010 年 6 月，启动惠农路（原名科教路）燃气管道敷设，管道长约 1580 米，项目投资 48.5 万元。2011 年，营盘东路延长线园区段燃气管道启动施工。2012 年，园区启动合平路、泉坝路、红农路燃气管道敷设。截至 2012 年，园区供气管网工程完成 37 条道路的管道敷设，管道长约 92 千米，总投资 1.3 亿元；输送天然气至全园居民用户及用气的各企事业单位的建筑物。

六、电信设施建设

1998 年 9 月，芙蓉工业区完成电信施工设计。2000 年 10 月，工业区完成高家坡路通讯电缆敷设 1350 米，投资 30 万元。2002 年 3 月，敷设京珠辅道电信移动通信线路 6 孔 PVC 管道长 2100 米，投资 18.9 万元。工业区从亚大路布放各程式电信邮电综合通信电缆 4038 米，投资 26 万元。2003 年 8 月，工业区动工敷设从远大一路、京珠高速公路东侧 1 条综合通信管道，按 500 门电话布线及小灵通无线市话项目，投资约 10 万元。10 月，工业区启动建设通信网（电话、宽带），敷设通信管道、电话线路至各单位企业，建设无线市话网，优惠使用 500 门集团电话号码。年底，长星路等 6 条道路电信通信工程管线敷设全部完工； 全长 3.85 千米，投资 39.09 万元。2004 年 6 月，完成铺设张冲路、长冲路电信通信管线 460 米。2005 年，园区对原电信分局至电信模块局再到用户的通信网络进行调整改建，电信分局至电信模块局敷设光缆，电信模块局至用户敷设市话电缆。2006 年 9 月，园区启动长星路南段道路的电信通信管线 520 米敷设，投资 15 万元。10 月，园区纬九路电信移动通信管线工程施工，敷设管线 1200 米，投资 32 万元。2007 年，园区启动电子网络的建设，开发设计管委会机关办公自动化系统，采取邀标征集 5 家网络信息公司投标，长沙艾控网络科技公司中标。10 月，园区第一代网络系统完成调试并投入运行。2008 年，园区管委会局域网与上级机关和园区企事业单位的网上联通，全部实现网上传输，非密级文件、信息等采用电子化公文处理。2009 年，园区网络系统更新换代，选择北京易华录科技信息公司，完成网络升级改造。10 月，第二代办公自动化系统上线运行。2010 年，长沙移动分公司在园区范围的京珠高速东辅道、湖南稀土设计院附近及远大路以南等多处建立 4G 基站，4G 网络覆盖全园区，园区通信更便捷。2012 年，园区投入信息化建设资金 180 万余元。至 2012 年，园区完成 37 条主次道路邮政电信网络综合管线敷设，综合管线分项目各长约 95 千米，总投资约 1.8 亿元。

七、绿化

2002年12月，芙蓉工业区京珠辅道东侧绿化工程施工，绿化面积4780平方米，总投资23.9万元。2003年，对京珠高速公路辅道等道路的绿化带施工，投入绿化林带资金38.14万元。2004年3月，园区在东岸路等3条道路沿线开展绿化植树造林活动。2005年，园区完成人民东路延长线一期道路4.28千米及京珠高速辅道等6条道路绿化面积约4万平方米。2006年9月，对长星路、东岸路绿化工程验收，核定实际投资55.7万元。完成高家坡路等3条道路的绿化，投资62万元。11月，园区启动长星路道路植树植花草绿化工程建设，绿化面积1980平方米，投资39.6万元。高家坡路鑫基旺段绿化带建设项目投资8万元。2007年5月，园区雄天路道路两侧绿化带建设施工，进行植树栽花，绿化面积1600平方米，投资12万元。园区预审核纬九路等2条道路绿化工程投资，施工报价82.18万元，预审核减投资16.69万元，核定投资65.49万元。全年园区共对6条道路进行沿线绿化带改造建设，绿化面积3500平方米，投入资金约56.53万元。2008年，园区进行远大路拓改绿化、亮化施工。2010年10月，启动惠农路绿化建设，绿化面积约4500平方米，项目投资48.5万元。2011年3月，营盘东路延长线园区段绿化工程启动施工。2012年，园区启动合平路等3条道路绿化建设。

截至2012年，园区完成37条道路绿化，道路绿化带以乔木灌木、花木草皮相结合，人行道树以四季青香樟树为主。道路绿化总面积约35万平方米；园区注重原生态保护，完成东湖等6个生态环境公园及居民小区绿化，总投资约1.6亿元。

第四节　招商引资

一、招商政策与措施

1997—2002年，园区执行国家税法有关规定和长沙高新区的优惠政策，对园内高新技术企业，按照15%的税率征收所得税，新办的高新技术企业免征所得税两年。2003年3月，制定《关于优化园区服务环境为入园企业提供优质保护服务的制度》，实行开放式经营、封闭式管理，对入园企业办理工商、税务手续等实行“一站式”服务；对外来投资者的人员入户、子女入托入学等给予优惠及提供便利。12月，执行芙蓉区《关于加速经济发展奖励办法》，明确奖励对象为工业园区发展经济作出贡献的企业单位、法定代表人、行政事业单位、社会团体、民间组织及个人。至2003年，园区改善招商硬环境，加快基础设施建设。采取宣传推介招商、节会招商、上门招商，通过“走出去、请进来”“筑巢引凤”，学习先进园区经验，改进服务，优化环境，以诚招商，实施“为投资者服务，让投资者盈利”的招商措施。

2004年，执行芙蓉区《关于隆平高科技园建设和发展问题的会议纪要》精神，明确对工商注册、税务登记落户在园区的高新技术企业比照长沙高新区的优惠政策，对企业实行“免二减三”（外资先进企业经营期10年以上的，两年免征、延长三年减半征收企业所得税）的优惠政策，对在园区注册登记的非高新技术企业和落户科技创业中心的企业，达到缴纳区级税收2003年度基数的前提下超收的，园区给予税收区级留成部分一定比例的奖励。2005年，执行芙蓉区有关招商引资文件精神，园区及入园企业的土地出让金和契税按50%缴纳，50%挂账。国土、规划、建设、环保等手续由芙蓉区受理审核，报长沙高新区审定，再上报市直部门审批，享受长沙高新区企业优惠政策待遇。2007年，园区企业可享受芙蓉区的奖励政策，如“企业创品牌奖”支持鼓励企业创品牌，对获得湖南省著名商标、湖南省名牌产品的企业一次性奖励5万元。至2008年，园区采取以商招商、中介招商、网络招商等多种招商方式，坚持招大引强、培新育小相结合的措施，引进大项目、大企业，发展总部经济并建设高层工业厂房，招引扶持小项目、小企业进入高层标准化厂房。

2010年，园区制定《关于经济发展的奖励扶持办法》，采取措施明确对新落户的工业企业（含物流企业）当年实缴税收园区实得部分20万元以上，按实得的20%奖励；原有工业企业当年纳税总额比上年增长10%以上且实缴税收园区实得部分30万元以上，按实得的10%奖励。对非工业企业（不含总部企业）当年纳税总额比上年增长10%以上且实缴税收园区实得部分50万元以上，按实得的10%奖励；对总部企业的工商税务关系在园区，生产、经营、销售全部在外的工商企业，当年纳税总额50万元以上且比上年增长10%以上的，按实得的20%奖励。当年被纳入新增规模以上工业企业的，一次性给予1万元奖励。凡创业中心（平台）入驻企业符合条件的，从入驻之日起可享受租金补贴一年，补贴不超过10万元；工业企业（含物流企业）租赁面积500平方米以内的，补贴标准2元/平方米·月；租赁面积500~2000平方米以内的，补贴标准3元/平方米·月:租赁面积2000平方米（含）以上的，补贴标准为4元/平方米·月；非工业企业租赁面积200平方米以上，且完成园区实得区级税收5万元（含）以上的，按其实际租赁面积补贴，标准为2元/平方米·月。创业中心（平台）专项扶持资金经园区认定的创业中心（平台）（含自主招商入驻企业和平台自身），当年实缴税收园区实得部分300万元以上的，给予30万元平台专项扶持资金；500万元（含）以上的，给予50万元平台专项扶持资金。2011年，制定《隆平高科技园“十二五”发展规划》，明确措施对现代农业等5个主导产业的重点建设项目，园区管委会安排年度发展专项扶持资金总额不低于300万元。是年，遵照省政府《关于印发〈加快发展开放型经济的若干政策措施〉的通知》精神，园区采取措施促进3个服务外包企业发展，园区将服务外包企业作为吸收和利用外资的新增长点，设立创业富民专项资金，支持大学生、留学生等高端人才在园区创业。2012年，执行省政府《加快发展开放型经济的若干政策措施》精神，明确经省科技、财政及税务部门联合认定的高新技术企业，对市科技局会同相关部门认定的技术先进型服务企业，按15%税率征企业所得税。对园内新办集成电路设计企业和符合条件的软件企业，经认定后，自获利年度起，享受企业所得税“两免三减半”优惠政策。园区对6户新办认定的高新技术企业上报享受税收减免政采，对32户高新技术企业上报继续享受税收“两免三减半”优惠政策。至2012年，在招商引资中严格按照园区产业导向引进项目，明确措施招引科技含量高、能源消耗低、环境污染小、创新能力强、品牌特色优、产业链条长、投入产出大、经济效益好的新型工业化企业。

二、招商引资成果

1997年7月，园区成立时原有农业工商企业134家，从中择优首批招商引进园区营运的企业48家。10月，湖南亚大高分子化工厂签约入园，引进投资2000万元。全年招商引进企业49家。1998年5月，园区推出农业经济技术合作项目100个对外招商，共接待前来商谈的商家和企业50余家约200人次，商谈投资项目30余项，意向投资4亿元。全年招商引进9家企业入园，共引入到位省外境内资金1120万元。1999年2月，湖南亚大新材料公司签约入芙蓉工业区，征地面积3.1公顷，引进投资2亿元。全年引进2家企业入园，共引入位省外境内资金2.3亿元。2000年8月，工业区与湖南豪意电器公司签约，引进投资8000万元。全年招商引进各类企业4家，引入省外境内资金1.2亿元；完成固定资产投资1亿元。2001年4月，中国香港伟盈电子公司签订协议入工业区，征地6.67公顷，引入外资2500万美元。兴办多媒体电话研发生产销售基地项目。11月，工业区与长沙经阁铝业集团签约，征地17.48公顷余，引入投资1.5亿元。全年园区招商共引进入园企业10家，引进到位外资2500万美元。2002年1月，芙蓉工业区与长沙迪科生物基因科技公司签约，征地 7.94 余公顷，引进投资 1500 万元，建设生物基因生产基地。4 月，工业区与长沙华厦电力成套设备公司签约，引进投资 590 万元，建设电力器材生产基地。全年园区招商共引进企业 4 家入驻工业区。2003 年 4 月，工业区与长沙志宏科技公司签约，引进投资 1000 万元，建设塑胶生产基地。10 月，工业区与燕京啤酒（长沙）公司签约，引进投资 1.5 亿元。全年园区招商引进企业 6 个，引进省外境内资金 4.6 亿元。至 2003 年，园区累计招商引进企业 84 家，其中农业高科技园企业 65 家，芙蓉工业区企业 19 家。2004 年 3 月，园区与湖南景达生物公司签约，征地面积 4.4 公顷，引进投资 8000 万元，建景达中美医学诊断中心 4 月，园区在“2004 长沙·芙蓉区（温州）经贸交流暨投资说明会”上，引进长沙伟盈通讯公司投资 3000 万美元。与湖南明园蜂业公司签约，引进投资 2000 万元，建设蜂蜜产品生产加工厂及科研所。招商会合同引资 9 亿元，实际到位资金 5.8 亿元。7 月，与长沙大红陶瓷公司签约，引进投资 1 亿元，建红陶瓷工艺基地。8 月，与湖南中科本安新材料公司签约入园，引进投资 1 亿元。建导电聚苯胺生产基地。全年园区招商引进各类企业 21 家，引进到位外资 3000 万美元；完成到位省外境内资金 10.4 亿元， 比 2000 年增长 767%；完成固定资产投入 10.2 亿元，比 2000 年增长 9 倍。

2005 年 5 月，园区与湖南农标普瑞纳（长沙）公司签约，征地面积 2.55 余公顷，引进投资 5600 万元，建畜禽水产饲料加工生产项目。6 月，园区与湖南国科广电科技公司签约，征地 5 公顷，引进投资 10 亿元，建无线数字电视产业项目。2006 年 4 月，园区与湖南金丹科技公司签约，征地约 1.65 公顷，引进投资 1 亿元，建金丹科技创业孵化大厦。6 月，园区与湖南稀土有限公司签约，征地 5.44 公顷，引进投资 1.65 亿元，建稀土材料产业化基地项目。12 月，园区与长沙恒翔机电成套设备公司签约，引进投资 3500 万元，建磁近溅射用高纯镍基靶材产业化基地。全年招商企业入园 37 家，投资过 1 亿元的项目 5 个，引进世界 500 强企业入园投资 2 家。2007 年 3 月，招商引进新振升集团，引进投资 4.5 亿元。8 月，园区与省茶叶公司签订协议， “湘茶高科技产业园”项目落户园区。占地 3.55 公顷， 引进投资 1.93 亿元。2008 年 3 月，与大汉集团的国际陶瓷建材物流中心项目签约，引进投资 1.5 亿元。全年招商引进各类企业 15 家，引进到位外资 0.5 亿美元，比 2004 年增长 67%；完成到位省外境内资金 40 亿元，比 2004 年增长 285%；完成固定资产投入 22.4 亿元，比 2004 年增长 120%。

2009 年 11 月，园区与隆平农业高科技公司签约，征地 2 公顷，引进投资 8000 万元，建隆平高科总部基地项目。全年招商入园企业 23 家，共引入省外境内资金 7.12 亿元。2010 年 5 月，与苏宁电器湖南管理总部项目签约， 征地约 14.2 公顷，总投资 12 亿元。建立集采购结算、电子商务、物流配送、服务为一体的多功能中心基地。12 月，三湘南湖物流园项目入驻园区，征地约 23.33 公顷，分两期开发，首期开发面积约 14 公顷。是年，组织湖南稀土研究院、省茶业公司，明园蜂业、怡清源等 5 家企业项目对外招商， 引进项目签约资金 2.2 亿元。全年招商引进各类企业（项目）19 家，完成实际到位外资 6600 万美元。 2011 年 5 月，招商引进琴海数码项目，引进投资 1.5 亿元。10 月，园区与湖南隆科植保科技公司签约，租赁入驻省稀土研究所，注册资金 1000 万元，建农作物植保项目。2012 年 5 月，园区与长沙金业新能源科技公司签约，引进投资 1 亿元。全年招商引进各类企业 31 家，引进到位外资 0.9 亿美元，比 2008 年增长 80%；完成到位省外境内资金 15 亿元，比 2008 年下降 63%；完成固定资产投入 32 亿元，比 2008 年增长 43%。

截至 2012 年，园区招商共引进企业 318 家；企业征地面积 208.45 公顷。实现到位外资累计 5.79 亿美元，实现省外境内到位资金累计 152.13 亿元，完成固定资产投入累计 231.73 亿元。

第五节　技术与人才引进

一、科学技术引进

1998年，园区引进省农科院、国家杂交水稻研究工程中心的两系杂交水稻选育、高产优质抗性好的新组合——早S/D34、香125S/D68、两系杂交高粱新组合——萌芽S-1、鱼类细胞遗传、辣椒育种和油菜育种等农业高新技术，特别是由工程院院士袁隆平研究的两系杂交水稻种子用于农业大面积推广示范。1999年4月，引进湖南天泉生态科技公司的复合无土基质草毯的科研、生产高新农业技术，在草业，林业，花卉的科研和生产领域内填补省内多项空白，被列为省火炬计划项目和省高新技术产品。是年，园区引进省农科院稀土中心的“高效农用稀土复合剂产业化开发”高新技术，项目开发得到国家计委的重点支持。2000年3月，引进省农科院土壤肥料研究所的农业高新技术项目“土肥系列——控释肥料”，具有肥料效率高的特点，一次性施用可满足作物全生育期需肥要求。科研成果得到国家农业部立项扶持经费120万元。11月，引进湖南亚大新材料科技公司“紫外光固化涂料”环保型高新技术，建立生产紫外光固化涂料厂房。2001年5月，引进湖南兴湘科技开发公司的环保型硫酸钾复合肥、尿基复合肥系列农业高新生产技术，公司研究开发的环保型复合肥料”产品适于水稻、油菜、棉花等20余种农作物，被评为“湖南农民满意肥”。10月，引进湖南农威科技公司的“高效配方稀土复合剂”等高新技术，其高效配方稀土复合剂产业化获国家计委重点产业化示范工程项目认证。2002年，引进湖南金农天然资源制品公司的“儿茶素”为主的生物提取物高新农业技术，产品用于农业产业化开发。2003年4月，引进湖南中大生物科技公司“饲用复合酶制剂”高新农业技术，并将项目成果申报市重点推广，获市科技资金5万元。11月，引进经阁铝业“隔热节能复合结构铝型材产业化”重点科技攻关技术，属省火炬计划项目。

2004年4月，引进省怡清源茶业公司研制开发的“怡清源”牌核心产品“野针王”“野针毛尖”“野针绿茶”等高新农产品生产技术。5月，引进省畜牧兽医研究所重点科研攻关项目“耐热耐湿高产奶牛选育与快速扩繁研究”；引进中科院亚热带农业生态研究所“双季稻早稀稳产栽培法”的高新农业技术，帮助申报获市科技成果奖励5万元。8月，引进省明园蜂业公司的“无公害蜂产品保鲜”“蜂蜜低温浓缩工艺”“蜂蜜结晶调控”等高新农业技术。2005年，引进美国嘉吉集团的饲料工业生产高新技术项目，在园区注册成立“农标普瑞纳（长沙）饲料公司。2006年，引进湖南光大牧业科技公司的“HM——强效微生物制剂”科研开发和生产高新农业技术，该产品主要用于畜禽养殖的生物化工、饲料生产、动物医药等方面，被列入国家发改委重大科技推广项目。是年，引进湖南胜必达种业研究所水稻育种的高新技术项目，独创“水稻分子育种新技术——DNA浸胚法”，创新运用花粉管通道法，培育超级优质稻品种，既克服常规育种的生殖障碍，缩短育种时间，又避免水稻转基因产生有毒物质引起的质疑。该公司选育出高产水稻湘早籼43号，通过省品种审定，并在全省大面积推广，一季加再生稻亩产900千克左右。2007年，引进新振升集团铝型材“高分子电泳材料”高新技术项目，建铝合金幕墙生产厂房，其铝合金幕墙等产品获“国家免检产品”。2009年，引进省茶业公司研制开发的“黑茶降脂”“黑茶减肥胶囊”等茶叶深加工高新技术项目。2011年，引进省稀土院稀土新能源公司的“风电用高性能钕铁硼永磁材料”高新技术。截至2012年，园区累计引进科学技术（含高新先进生产技术）项目215项。

二、人才引进

1998年，引进入园区的省农科院有科技人才798人，其中工程院院士2人，具有研究员、副研究员等高级专业技术职称的人才有261人，有助理研究员、工程师等中级专业技术人才373人。其他科技人才162人。2000年6月，引进湖南农业生产力促进中心有科技人才20人，其中高级技术人员8人，中级技术人员12人。11月，引进亚大高分子化工厂科技人才86人，其中高级职称技术人才11人，中级职称技术人才75人。2001年，园区引进有湖南农大、中科院长沙农业现代化研究所、国家杂交水稻工程技术研究中心等13家单位的人才，有在职专业技术职称科技人才2755人，其中中国工程院院士2人，正高级专业技术人才102人（其中研究员47人，教授55人），副高级专业技术人才668人（其中副研究员284人，副教授384人），中级专业技术人才1983人。2004年8月，引进省蚕桑科研所“国家桑蚕改良中心长沙分中心”项目专业技术人才26人，其中高级职称17人，中级职称9人。至年底，园区引进有国家工程院院士3人，享受国务院津贴的各类研究人员123人。

2006年，园区引进省水稻研究所研究员13人（二级研究员4人），副研究员34人，4人享受国务院特殊津贴。2009年，引进豪丹生物科技公司高级职称科技人才3人，中级职称科技人才6人。2010年12月，引进湖南湘梁农业科技公司专家教授和高级职称级科技人才17人，中级职称科技人才21人。公司外聘专家和企业自主研发人才组成的研发团队，有专家教授级人才6人。2011年，引进湖南胜必达种业民营农科所的16位知名专家、教授专家团队，分别从省农科院、湖南农大、省农业厅、中科院亚热带农业生态研究所等单位聘用。其中，享受国务院特殊津贴专家2人，博士2人，研究员（教授）4人。截至2012年，园区共引进各类技术岗位人才5328人。其中有国家工程院院士袁隆平、刘筠、官春云、印遇龙4人，享受国务院津贴的各类研究员135人，博士生导师183人；教授级以上的高级研究员人才188人；副教授级以上的高级技术岗位人才935人；高级专业技师类人才752人，中级职称技术岗位人才1975人，其他专业技术岗位技师级以上人才1156人。

第六节　入园产业

一、产业规模

1997年7月，园区首批从原农业工商企业中择优引进入园营运的企业48家。全年入园企业49家，主要产品有畜禽动物品种、稻粮种子商品、农药化肥、农产品饮料食品、畜禽水产饲料、农业机械等。1998年，园区内省农科院的国家杂交水稻工程技术中心、省水稻研究所研制的两系杂交油菜有7个新组合，其中96002品种在张家界慈利县试种，平均亩产132千克，比中油821品种增产7.2%。园区农业科技开发收入1800万元，农化产品创利润600万元。全年入园企业9家，累计58家，从业职工人数2315人，主要产品种类有杂交水稻、玉米、高粱、油菜、大豆等农作物种子种苗和饲料、农用肥料等。实现技工贸总收入3.4亿元；上缴税收103万元。1999年1月，园区创建袁隆平农业高科技股份有限公司（简称“隆平高科公司”）。该公司在园内主要研究是以杂交水稻为主的新组合、新品种及种子包装、苗木脱毒和快速繁殖技术。主要生产杂交稻种、湘研辣椒种子、双低油菜种子等产品。4月，湖南天泉生态科技公司在园区成立，该公司建成农业产业化基地66.67公顷，是集林、草、花卉的科研、生产、销售于一体的高新农业技术企业，全年实现产值5000万元。11月，湖南亚大高分子化工厂的紫外光固化树脂涂料项目建成投产，新建5000吨/年生产车间1个，投产后产值规模1亿元，利税2000万元。年底，湖南农大动物药业公司在园区注册成立，重点生产和经营兽药及兽药原料药等。全年入园企业2家，累计60家，从业人员2407人。

2000年，“隆平高科公司”上市，从证券市场 融资7亿元，全年实现经营总收入1.7亿元。公司经营范围拓展到全国和国外东南亚地区的30余个国家和地区。11月，湖南亚大新材料科技公司投产，主要生产紫外光固化涂料，投产后年产值规模15亿元，利税3亿元。全年入园企业4家，累计64家，从业人员2716人，投产后主要产品种类有硫酸钾复合肥、尿基复合肥、麦草素、螺旋藻胶囊、紫外光固化涂料等产品等。实现技工贸总收入6.6亿元；其中完成工业总产值0.7亿元。2001年8月，长沙健峰彩印实业公司进场施工。项目总建筑面积由原5000平方米调增至1万平方米，总投资额由原800万元调增至1600万元。全年入园企业10家，累计74家，投产后主要产品是高纯度儿茶素、甲壳素、魔芋精粉、保健品、派派酸奶等产品。2002年5月，飞翔纸品公司立项进场施工，投资1260万元，主要开发生产纸袋、纸制餐具和包装纸制品等，投产后年生产规模能力1亿元，利税2000万元。12月，长沙迪科生物基因科技园开工建设， 建筑面积1.91万平方米，项目总投资4310万元。形成年产高纯度医用葛根提取物——葛根素10吨的生产能力及医药产品、药物基因制品的生产研制和销售，年产值规模10亿元，利税1亿元。全年入园企业4家，从业人员3822人，投产后主要产品是葛根素、医药产品、药物基因制品、纸制餐具和包装纸制品等。

2003年7月，湖南豪意电器有限公司投产，主要生产智能电表、医用智能电器等电器产品。年产值规模2亿元，利税2000万元。9月，经阁铝材开工建设，主要生产高档铝型材，产品有节能内开外倒隔热门窗、节能推拉窗、节能外开窗及3种独特装饰艺术门窗等21个系列高档门窗产品。年产值规模15亿元，利税1亿元。全年入园企业6家，累计84家，投产后主要产品是铝型材料、电表、医用电器、饲料添加剂预混合料及生物酶等。2004年5月，园区天康生物制品公司农产品深加工食品工程建厂项目批准立项，建筑面积4784平方米，投资规模1000万元。园区雄踞科技实业建成投产，主要生产GRC轻质墙板、GRC空心薄壁管、GRC装饰构件等产品。6月，园区燕京啤酒（长沙）公司第一期生产基地启动施工。分二期建成年产10万吨的生产基地，全面投产后预计实现产值10亿元。8月，园区湖南中大生物科技公司投产，是一家主要从事动物营养与饲料加工、畜禽生产、保健技术研发、生物发酵工程研发的企业，公司被列入省农业产业化“131”工程项目，公司自主研制的“高活性浓缩复合酶制剂的研发与应用”项目通过省科技厅成果鉴定，处于国内领先水平，年内实现产值约1亿元。全年入园企业21家，累计105家，主要形成现代农业、新材料和生物工程产业，从业人员5258人，投产后主要产品是燕京牌啤酒、高活性浓缩复合酶制剂、GRC系列（轻质墙板、空心薄壁管、装饰构件）等。全年实现技工贸总收入21.15亿元，完成工业总产值9.2亿元，比2000年分别增长220%和12倍。

2005年5月，湖南景达生物公司入园施工，该公司全面投产后年产值规模超过10亿元。10月，美国嘉吉（农标普瑞纳）公司进场施工，完成3.33公顷的土地平场，投产后年生产能力12万吨畜禽饲料。12月，园区新开工建设的企业有大红陶瓷等7家企业，新投产和在建企业全部投产后，预计年产值规模60亿元。全年入园企业40家，投产后主要产品是农用稀土、系列多元活性配方微肥、稀土微肥复合剂以及新型肥料、兽药制剂和农机具、农产品涉及蜂蜜、蜂胶乳化剂、高档名茶、保健品、调味料等10余种。2006年3月，园区中大生物科技公司竣工投产，主要产品有复合预混料、膨化颗粒料、年产5000吨“高活性浓缩复合历酶”生产线，形成年产值3.6亿元生产规模。6月，美国嘉吉（农标普瑞纳）公司在园区投产。11月，韩国三星（鑫基旺）在园区厂房建成，并进行设备安装调试。国科广电一期开工建设，投资 10 亿元，填补湖南省国家级数字电视产业化基地的空白。年内竣工投产项目 4 个。新开工建设项目 4 个。全年入园企业 37 家，累计 182 家，投产后主要产品是卫视发射机、接收机、手机电视芯片、汞电聚苯胺产品、生物基因、稀有金属制品、抗丙肝试剂等。2007 年，隆平杂交水稻国际大厦中心项目动工建设，首期投资规模 1 亿元，建筑面积 3 万平方米。是年，新振升集团在园区投资 4.5 亿元，建国内一流的从铝棒熔铸、模具制造到型材挤压、表面处理的完整生产体系并配套完整的环保处理生产线，年生产能力达 3 万吨。全年入园企业 11 家，累计 193 家，从业人员 8021 人，投产后主要产品是杂交水稻种、高分子电泳材料、三星手机核心零件、喷胶棉、无胶棉、热工微波、高档铝型材等。2008 年 6 月，湖南特种稀土系列新材料研发平台项目正式动工兴建。全年入园企业 15 家，累计 208 家，园区形成现代农业、新材料、电子信息、生物技术四大优势产业。从业人员 9165 人，投产后主要产品有治疗贫血药物、防盲治盲药品、微生物饲料研发产品、荧光光粉、荧光新管等。实现技工贸总收入 130.2 亿元，完成工业总产值 115.4 亿元，比 2004 年分别增长 516%和 11.5 倍。

2009 年 7 月， 湘茶高科技产业园项目科研楼主体完工；注册资本 5897 万元。该项目集茶叶科技、茶叶精深加工销售、茶文化传播于一体，属国内一流技术； 其茶叶提取物属于世界一流技术。全年入园企业 23 家，累计 231 家，投产后主要产品是瓷器瓷品、红瓷饰品、畜禽良种、农作物种子、草毯、苗木、品牌茶叶等。2010 年年底，园区长沙赛维能源科技公司软包装锂离子电池项目投产，入驻豪丹生物科技创业园， 总投资额 3 亿元，建有 4 条涂布线和 6 条装备线， 投产后年产能效益 3 亿元。全年入园企业 19 家，累计 250 家，从业人员 12007 人，投产后主要产品增加有环保高能电极、电芯、电池材料、通信电缆附件等。2011 年 3 月，苏宁电器——湖南管理总部项目入园开工建设，总建筑面积约 20 万平方米，是集采购结算、电子商务、物流配送服务一体的多功能中心基地。8 月，稀土新能源风电用高性能钕铁硼永磁材料项目新建生产厂房等 1 万平方米，新增生产设备 5800 万元，建成后具备年产 1000 吨风力发电机用高性能钕铁硼永磁材料产品的能力。11 月，湘茶高科技产业园项目完成投资 2.1 亿元，精加工车间投入生产，深加工车间进入试生产阶段， 翌年全面投入运营。全年入园企业 37 家，投产后主要产品增加有钕铁硼磁材料、高效兽药、植物保护、生物肥、菌类生物等。

2012 年 8 月，湖南特种稀土系列新材料研发平台项目的稀土金属生产车间等竣工验收并投入使用；科研楼等完成工程建设。全年入园企业 31 家，园区企业总数 318 家，其中工业企业 226 家，非工业企业 92 家；主要形成现代农业、新材料、生物技术、电子信息、现代服务业 5 个产业，从业人员 15005 人，主要产品种类有 LED 路灯、避雷针、高聚光发电系统用品、农作物种子、臻溪牌金毛猴湘茶红、黑茶系列等。园区全年实现技工贸总收入 362 亿元，完成工业总产值 268 亿元，比 2008 年分别增长 178%和132%。

表 18-7-6-1　　1998—2012 年隆平高科技园产业规模一览表

年份	企业数（家）	从业人员数（人）	技工贸收入（亿元）	税收收入（万元）
1998	58	2315	3.4	103
1999	2	2407	4.5	155
2000	4	2716	6.6	657
2001	10	3216	8.4	910

续表 18-7-6-1

年份	企业数（家）	从业人员数（人）	技工贸收入（亿元）	税收收入（万元）
2002	4	3822	11.95	1043
2003	6	4387	18.1	1439
2004	21	5258	21.15	3500
2005	40	6025	57.9	9010
2006	37	6923	75.9	10100
2007	11	8021	105.1	10250
2008	15	9165	130.2	11090
2009	23	10860	165.5	14692
2010	19	12007	208	23149
2011	37	13262	245	26195
2012	31	15005	362	29025
合计	318	—	1423.7	141318

二、产业结构

（一）现代农业。1997年7月，园区从辖区范围的农业科技工商企业134家中，首批引入营运的企业48家，生产经营业务主要涉及有粮食果蔬、畜禽水产动物种业、农药化肥饲料、茶叶饮品、食品保健商品、农机产品等10余类，园区初步建立园区现代农业产业的雏形。1998年5月，园区把辖区现代农业高科技产业优先发展项目编印成宣传小册子对外招商，共分九大类100个项目。其中：农业高科技信息产业类2项、种子种苗产业类21项、农化产品产业类16项、农产品加工产业类39项、动物营养产业类6项、动物养殖产业类4项、名优花卉产业类3项、新特兽药产业类3项、农用机电产业类6项。1999年，园区利用院士袁隆平的名人地位和杂交水稻品牌优势，创建隆平农业高科公司。该公司主要生产杂交稻种、湘研辣椒种子、双低油菜种子等种子覆盖中国南方各省，并进入东南亚30余个国家和地区。

2000年，湖南兴湘科技开发公司在园区成立，是省农科院下属土壤肥料研究所创办的集科工贸于一体的农业高新技术企业。该公司研究开发国内第一条“环保型控释肥料生产线”，年生产能力10万吨。全年园区现代农业实现销售收入5.9亿元，实现税收567万元。2001年10月，湖南农威科技公司落户园区，注册资金3508万元，主要从事农用稀土、系列多元活性配方微肥等新型肥料产品的研制、生产和推广应用，由隆平高科技公司、省稀土农用研究中心等4家单位投资，拥有年产1万吨高效配方稀土复合剂和系列多元活性配方微肥的自动化生产设备，化验仪器先进。是年，长沙兴农科技公司研发的稀土农用系列产品产业化开发工程，被评为“国家高新技术产业化示范工程”。

2003年，园区内有农业高新技术企业54家。其中，隆平农业高科公司被农业部评为中国种业50强之一。公司“农平”“湘研”商标被评为“湖南省著名商标”，公司连续两年被评为省“消费者信得过”单位，通过ISO 9001国际质量体系认证。2004年4月，省明园蜂业公司在园区投资3000万元建设基地包括全国首家GMP终端产品加工厂房、蜂产品研究所和蜂产品检测中心，全年实现销售收入近1亿元，实现利税约100万元。6月，长沙农得利科技开发公司建立的5000~1万吨腐殖酸、氨基酸叶面肥生产基地立项。怡清源茶业公司投产，全年实现销售收入7800万，上缴税金500万元。至年底，园区入园涉农企业总数63家，占园区企业总数105家的60%；全年园区现代农业产业实现收入12.3亿元，占园区技工贸总收入21.15亿元的58%。实现税收1820万元，占税收总收入3500万元的52%。

2005年，入园企业总数145家。其中现代农业企业50家，入驻有隆平高科、明园蜂业、怡清源茶业、隆平种业、光大牧业等企业均具有一定生产规模。是年，园区被国家农业部批准为“全国农产品加工示范基地”。2006年1月，隆平农业高科公司获“第一批全国农产品加工示范企业——粮食加工企业”称号，获“全国农产品加工企业技术创新机构”称号。是年，怡清源茶业公司在园区投资6000万元建茶艺馆、茶叶深加工基地，公司核心产品怡清源“野针王”“野针毛尖”“野针绿茶”，主导产品“怡清源毛尖茶”“怡清源绿茶”经中国绿色食品发展中心审核，认定为绿色食品。2007年，国家主席胡锦涛将湖南怡清源茶业公司研发生产的“野针王”绿茶作为国礼赠送俄罗斯总统普京。财政部投资参股1500万元支持省怡清源公司的农业综合开发产业化重点项目，建设中国黑茶加工中心。该项目是湖南省唯一由财政部投资参股的建设项目。是年，园区中大生物科技的“菌株选育”获国家科技进步二等奖。

2008年，农得利科技公司受到科技部、财政部的重点支持，该公司“新型水稻生长平衡调控剂研制与开发”经科技部立项，其科技成果转化内容全部通过专家验收。得到中国工程院院士袁隆平等知名专家的肯定。至年底，园区入园涉农企业总数66家，占园区企业总数208家的32%；全年园区现代农业产业实现收入33.8亿元，占园区技工贸总收入130.2亿元的26%。实现税收2550.7万元，占税收总收入1.11亿元的23%。2010年9月，由怡清源研发生产的野尖原叶茯茶获第七届中国国际（北京）茶业博览会金奖。长沙绿叶集团的“畜禽安全型饲料配比”关键技术研究与应用项目获“国家科技进步二等奖”；隆平农业高科公司被评为市“创新型企业”。园区被评为“全国农产品加工创业基地”。2011年10月，湘茶高科技产业园项目完成投资2.1亿元，其精加工车间投产；深加工车间进入试产。隆平种业公司、省茶业公司被评为市利税过亿元企业，长沙坛坛香调料食品公司获区“行业纳税状元奖”。

至2012年年底，园区入园企业累计318家，其中涉农企业75家，占园区企业总数的24%；全年园区现代农业产业实现收入97.72亿元，占园区技工贸总收入362亿元的27%。实现税收6269万元，占税收总收入2.90亿元的21.6%。

企业选介

袁隆平农业高科技股份有限公司。1999年，由省农科院、湖南杂交水稻研究中心、湖南省水稻研究所、湖南省蔬菜研究所、国家工程院院士袁隆平等发起成立袁隆平农业高科技股份有限公司，并由袁隆平担任名誉董事长。2000年12月，隆平农业高科在深圳证券交易所上市，股票名称为“隆平高科”。隆平高科上市第一年度就从证券市场融资7亿元，创主营业务收入1.15亿元。2004年，长沙新大新集团受让大股东省农科院全部国有股权。全年实现销售收入9.88亿元，实现上市公司净利润0.87亿元，实现税收3162万元。2007年，公司收购亚华种业。以“推动种业进步，造福世界人民”为使命，以成为“世界优秀的种业公司”为愿景，在中国种业信用明星企业中排名第一。公司以杂交水稻、杂交玉米、杂交蔬菜种业为核心业务，拥有完整的科研、生产、加工销售和服务体系，是中国首批“育繁推一体化”种业企业之一，杂交水稻种子市场份额全球第一，杂交玉米种子位列全国第一军团，杂交辣椒种子推广面积全国第一，在黄瓜种子方面被誉为中国第一品牌。公司有湖南隆平种业、安徽隆平高科种业、天津德瑞特种业、湖南亚华种子、四川隆平高科种业、世兴科技创业投资、新疆隆平高科红安种业、湖南隆平高科种业科研院、湖南省田然农业综合9个子公司。2008年，实现销售收入10.81亿元，比2004年增长9%，实现上市公司净利润1亿元，比2004年增长15%。实现税收3568万元，比2004年增长13%。2012年，公司拥有固定资产净值5.65亿元，有员工1570人。实现销售收入17.05亿元，比2008年增长57.7%，实现上市公司净利润1.71亿元，比2008年增长71%。实现税收5637万元，比2008年增长58%。

（二）新材料产业。1997年10月，园区引进湖南亚大高分子化工厂入园。1999年2月，引进湖南亚大新材料科技公司入园，企业是较大型的紫外光固化树脂材料生产厂商，生产40余个系列80余个品种的紫外光固化树脂涂料和紫外光固化树脂印刷油墨产品。3月，引进湖南湘江涂料集团入园投资，是全市十大标志性工业企业中的2家，工业区初步形成新型建筑材料支柱企业生产规模。2000年，芙蓉工业区全年实现新材料产值0.7亿元，实现税收95万元。

2001年11月，湖南经阁铝业科技公司被引进入园。长沙华建混凝土公司引进入园，是生产建筑材料的高新技术企业。2003年3月，园区引进中国台湾三星五金股份公司等合资企业入园投资，组成以经阁铝业公司高档铝型材、不锈钢型材，华建混凝土公司商品混凝土，潇湘玻璃公司特种玻璃制品以及自动化建筑工程设备材料等产品为主的新型建材行业，形成年产值40亿元的生产规模。2004年，园区引进中科本安新材料公司，促成中科本安兼并湖南亚大新材料公司，组建湖南本安亚大新材料公司。至年底，园区入园新材料企业总数17家，占园区企业总数的105家16%。全年园区新材料产业实现收入4.23亿元，占园区技工贸总收入21.15亿元的20%。实现税收910万元，占园区税收总收入3500万元的26%。2005年12月，引进长沙汇克涂料公司落户，投资1500万元，建设的新型环保涂料生产销售基地。年底，经阁铝业的“经阁铝型材”获中国驰名商标。是年，园区中科本安新材料公司投产，技改投资385万元；该公司全年实现工业总产值1.5亿元，销售收入1.2亿元。

2006年5月，引进由湖南稀土金属材料研究院投资1.65亿元，建设稀土金属材料产业化基地。11月，长沙隆泰微波热工公司入园投资8000万元，建设工业微波高温加热材料研发制造基地。12月，长沙恒翔机电成套设备公司落户园区，投资3500万元，建设磁近溅射用高纯镍基靶材产业化基地。2007年，长沙新振升铝材公司入园，投资4.5亿元，建年生产能力3万吨的“高分子电泳材料”生产线。公司为长沙市100强企业，是国内同行业首批获得“国家免检产品”的企业。

2008年6月，园区引进大汉控股集团投资建设大汉建材城基地。至年底，园区入园新材料企业总数62家，占园区企业总数的208家30%。全年园区新材料产业实现收入45.6亿元，占园区技工贸总收入130.2亿元的35%。实现税收3881.5万元，占园区税收总收入1.11亿元的35%。2010年5月，引进普天天籁防雷科技公司、金刚铝材公司。11月，长沙锦东瓷业公司投资1亿元、购地约2.47公顷，建设中国红瓷综合文化产业园。2011年，引进长丰汽车沙发长沙分公司等12户新材料企业。年底，新振升集团公司纳税4000万元、利税过1亿元位列“长沙工业30强”。园区被评为“省新型工业化产业（新材料）示范基地”“市推进新型工业化红旗单位”。

2012年3月，湖南稀土金属材料研究院公司年产1000吨风力发电机用高性能钕铁硼磁材料项目投产。年底利税过1亿元。至年底，园区企业总数318家，新材料企业71家，占园区企业总数的22%。

全年园区新材料产业实现收入107.2亿元，占园区技工贸总收入362亿元的29.6%。实现税收9288万元，占税收总收入2.90亿元的32%。

（三）生物工程产业。2002年1月，长沙迪科生物科技公司入园，投资3000万元，建药物基因制品生产厂房，是一家专门从事生物基因药品研制开发生产的企业。2003年5月，芙蓉工业区引进湖南中大生物技术公司，投资7000万元，建生产生物酶厂区，该公司是生产经营生物制药产品的高新技术企业。至年底，园区以迪科生物科技和中大生物技术为基础，逐步形成以生物制药、生物基因制品等产品为主的生物工程产业。2004年3月，湖南景达生物公司入园，该公司在园区注册成立博康生物医药研究所和湖南绿十字景达生地原料公司。4月，引进天康生物公司落户，该公司是一家专门从事保健食品的研发、生产与销售为一体的高新技术企业，该公司的“王中华”商标获湖南省著名商标。至年底，入园生物工程企业总数14家，占园区企业总数105家的13%。全年生物工程产业实现收入2.5亿元，占园区技工贸总收入21.15亿元的12%。实现税收420万元，占园区税收总收入3500万元的12%。

2005年，景达生物再投资8000万元，在园区创建省科研成果转化中心、景达中美医学诊断中心和生产丙型肝炎病毒核心抗原诊断酶联免疫试剂的厂房车间。是年，天康生物公司的健康养生生物制品生产基地建成投产。年底，园区生物工程产业实现产值4113万元。2006年5月，爱尔眼科医院集团公司总部在园区成立，公司使用国际一流的眼科技术与管理方法，是国内规模较大的矫治近视、防盲治盲的眼科医疗机构。爱尔眼科医院是中国首家IPO上市医疗机构，“爱尔”获首家医疗行业中国驰名商标。2007年，引进长沙艾瑞生物技术公司、长沙藏谷生物科技公司、长沙力嘉生物技术公司等生物工程企业入园。2008年，引进湖南斯莱克景达生物、长沙花仙子公司等生物企业入园。至年底，入园生物工程企业总数32家，占园区企业总数208家的15%。全年生物工程产业实现收入20.8亿元，占园区技工贸总收入130.2亿元的16%。实现税收1663.5万元，占园区税收总收入1.11亿元的15%。

2009年，园区在中国（长沙）科技成果转化交易会上，藏谷生物等企业与知名高校签约，签约金额2.6亿元。景达生物国家级工程技术中心建设全面完工，景达生物和王中华生物被评为市创新型企业，王中华生物科技获市“科技成果转化奖”。2010年，引进豪丹生物科技公司入园，园区生物工程产业实现产值16.74亿元。2011年，引进长沙绿叶生物科技、金苹果生物科技公司等5家企业入园。其中以绿叶生物、金苹果为代表的生物工程产业效益增速快，市场份额不断扩大，成为园区生物工程产业经济的重要支撑。

2012年，引进长沙维登生物制品、德昌生物科技、欧瑞兹生物科技公司等入园。截至年底，园区企业总数达318家，其中生物工程企业59家，占园区企业总数的19%。全年生物工程产业实现收入53.12亿元，占园区技工贸总收入362亿元的14.7%。实现税收4644万元，占园区税收总收入2.90亿元的16%。

（四）电子信息产业。2000年8月，芙蓉工业区引进豪意电器公司，投资8000万元，建电子仪表仪器产品生产厂房。2001年，引进湖南雅科通讯器材公司，投资200万元，建通信电缆附件产品销售点。2002年，引进湖南华厦电力成套设备公司，投资3000万元，建电子电控、电缆产品生产销售基地。引进湖南万达信息产业（集团）公司，投资2800万元，建计算机软件产品销售维修基地。2003年，引进长沙新蓝电脑公司，投资4000万元，建计算机软件产品销售维修基地。引进长沙时运电脑有限公司，投资4000万元，建计算机电脑产品销售基地。2004年，园区引进伟盈电子公司，投资1.2亿元，建电子通信产品生产销售基地。至2004年年底，园区引入伟盈电子等12家电子信息企业，占园区企业总数105家的11%。全年园区电子信息产业实现收入2.12亿元，占园区技工贸总收入21.15亿元的10%。实现税收350万元，占园区税收总收入3500万元的10%。

2006 年 3 月，园区引进湖南国科广电科技公司的数字电视的产业化第一期工程项目按期开工，承担国家直播卫星广播系统从芯片到接收机等关键设备的研发和生产。2007 年 3 月，国科广电电视产业化项目投产，该公司自主设计开发中国第一个 90 纳米工艺的 CMMB 标准手机电视芯片；研发的 CNNB 地面增补转发器、信道调制器等设备已投入商用，还设计出符合国家标准的用于直播卫星接收机的调节芯片，产品批量投入市场。5 月，韩国三星电子公司（鑫基旺）项目竣工投产，生产三星手机核心零件。2008 年年底，入园电子信息企业总数 37 家，占园区企业总数 208 家的 18%。全年园区电子信息产业实现收入 23.5 亿元，占园区技工贸总收入 130.2 亿元的 18%。实现税收 2328.9 万元，占园区税收总收入 1.11 亿元的 21%。

2009 年，园区引进湖南三友电器公司、捷诚车载电子信息公司，投资 7000 万元建车载电子信息工程项目。2010 年，园区引进苏宁电器股份公司湖南总部，年底，国科广电被认定为市级技术中心。2011 年 11 月，园区引进湖南琴海数码公司，是一家集缩微数字一体化加工的档案信息化管理企业，公司研发的“缩微数字一体化技术”具有完全自主知识产权，其研发的缩微数字一体化拍摄机拥有多项国家专利。全年引进电子信息企业 5 家。

2012 年 8 月，湖南琴海数码公司与国家档案局科技研究所合作，共同研发的“缩微数字一体化工作站”通过国家档案局专家的鉴定，获国内首创、国际领先。全年园区引进 3 家电子商务企业，投资 1.3 亿元，建设电子商务基地。至年底，园区企业总数 318 家，其中电子信息企业 65 家，占园区企业总数的 20%。全年园区电子信息产业实现收入 65.2 亿元，占园区技工贸总收入 362 亿元的 18%。实现税收 5486 万元，占园区税收总收入 2.90 亿元的 18.9%。

（五）现代服务业。2004 年，引进曙光物流企业。2005 年，曙光物流建成投产。同年，园区隆平火炬创业中心下设的金丹科技创业、豪丹创业、广发隆平创业 3 大创业服务平台立项。2005 年 12 月，长沙行知教学实验室设备实业公司入园，投资 2000 万元，建设国家教育部南方教学实验室研究服务基地。2006 年，金丹科技创业大厦开工，总投资 2.8 亿元，总建筑面积 1 万平方米，分两期建设 A、B 两栋科技孵化高层标准工业厂房。是年，湖南豪丹科技创业服务平台开工建设，投资 8000 万元，用地面积约 5.33 公顷，总建筑面积 15.7 万平方米。2007 年，广发隆平创业服务中心项目开工建设，总投资 1.5 亿元，建筑面积 6 万平方米，打造园区隆平火炬创业中心的专业孵化器，为中小企业提供创业平台和公共服务平台，工程分三期。一期工程约 1.84 公顷。是年，豪丹科技创业服务平台项目竣工投入使用。2008 年年底，入园现代服务业企业共 11 家，占园区企业总数 208 家的 5%；全年园区现代服务业完成收入 6.5 亿元，占园区技工贸总收入 130.2 亿元的 5%。实现税收 665.4 万元，占园区税收总收入 1.11 亿元的 6%。

2009 年 5 月，广发隆平创业服务中心项目一期投入使用，完成建设企业孵化楼、标准厂房及相关配套设施 5 栋，引进 20 余家规模以上工业企业和 30 余家总部企业入驻，厂房出租率 100%，全年实现产值 5 亿余元，缴纳税收约 1000 万元。9 月，中国香港时代国际投资公司入园，投资 28 亿元，建隆平总部工业园。2010 年 2 月。金丹科技创业大厦一期 A 栋建成并投入使用，并入驻南方大宗农产品交易所等 30 家企业，全年缴纳税收超 1000 万元。12 月，广发隆平创业中心二期工程开工建设，总建筑面积 2.5 万平方米。年底，广发隆平创业公司被为认定“省高新技术中介企业”。2011 年，广发隆平二期标准厂房竣工投入使用，三期“长沙现代服务业产业园”建设项目开工，建筑面积 35 万平方米。金丹科技创业大厦二期 B 栋主体完工投入使用，40 余家企业入驻。年底，现代物流产业入驻有 30 余家。大汉物流总经理贺京生、星沙物流原总经理姜向林被评为全国物流行业劳动模范。星沙物流公司被评为全市现代物流十强企业之一。

至2012年年底，园区现代服务业企业共48家，占园区企业总数的15.1%；全年园区现代服务业完成收入38.76亿元，占园区技工贸总收入362亿元的10.7%。实现税收3338万元，占园区税收总收入2.90亿元的11.5%。

第七节 经济效益

1997年7月，园区位于芙蓉区东岸乡的张公岭、马坡岭等5村地域内，用地总规模13.35平方千米，约1335公顷，开始招商引资。1998年，园区有各类企业58家，从业人员2315人，实现技工贸收入3.4亿元，人均劳动生产率14.69万元/人，地均产值率为25.47万元/公顷。缴纳税收103万元，人均纳税率0.04万元/人。

2000年，园区有各类企业64家，从业人员2716人，实现人均劳动生产率24万元/人；实现地均产值率49.44万元/公顷；实现人均纳税率0.24万元/人。2002年，园区有各类企业78家，从业人员3822人，实现技工贸收入8.9亿元，人均劳动生产率23.29万元/人，地均产值率为66.67万元/公顷。上缴税收1043万元，人均纳税率0.27万元/人。2004年，园区建设用地总规模18平方千米，约1800公顷。有各类企业105家，从业人员5258人，实现人均劳动生产率40万元/人，比2000年增长67%；实现地均产值率为117.5万元/公顷，比2000年增长138%；实现人均纳税率0.67万元/人，比2000年增长179%。完成财政收入6829万元。2005年，园区有各类企业145家，从业人员6025人，实现技工贸收入57.9亿元，人均劳动生产率96.1万元/人，地均产值率为321.67万元/公顷。上缴税收9010万元，人均纳税率1.5万元/人。2008年，有各类企业共208家，从业人员9165人，实现人均劳动生产率142万元/人，比2004年增长253%；实现地均产值率723万元/公顷，比2004年增长516%；实现人均纳税率1.21万元/人，比2004年增长81%。完成财政收入1.49亿元，比2004年增长118%。

2010年，园区有各类企业250家，从业人员12007人，实现技工贸收入208亿元，人均劳动生产率为173.23万元/人，地均产值率约1155.56万元/公顷，上缴税收2.31亿元，人均纳税率1.93万元/人，完成财政收入5447万元。2011年，园区有各类企业287家，从业人员1.33万人，实现技工贸收入245亿元，人均劳动生产率185万元/人，地均产值率1361万元/公顷。上缴税收2.62亿元，人均纳税率1.98万元/人。2012年，园区有各类企业318家，从业人员1.5万人，实现人均劳动生产率241万元/人，比2008年增长70%；实现地均产值率为2011万元/公顷，比2008年增长178%；实现人均纳税率1.93万元/人，比2008年增长60%。完成财政收入6425万元，比2008年下降57%，下降原因是园区土地开发基本完成，土地开发收入比2008年减少1亿元。

第八章 金霞经济开发区

1992年6月，长沙市决定在长沙城北设立经济开发区，12月，湖南省体制改革委员会发布《关于建立长沙捞霞经济开发区的批复》，同意成立长沙捞霞经济开发区（简称捞霞经开区），属市级开发区，辖凤亭、鹅秀、金霞三个组团，规划面积33.5平方千米。

长沙捞霞经开区位于长沙市开福区北部，南起捞刀河、北至沙河、东连长青路、西临湘江。功能定位为长沙市大中型、重型工业与能源基地和水陆联运中转港、物流仓储基地、风景旅游胜地。1993年4月，成立长沙捞霞经开区开发建设总公司。公司为中一型企业，实行董事会领导下总经理负责制的管理体制。12月，捞霞经开区成立管委会，与捞霞经济开发区开发建设总公司实行“二块牌子、一套人马”，合署办公。是年，启动金霞大道（后更名为芙蓉北路）建设，为园区投资建设的首条道路。1994年9月，长沙捞霞经济开发区更名为长沙市经济开发区。1996年5月，长沙市经济开发区确立为省级重点开发区，功能定位为大宗物资集散中转和承接市区内退出的二产业。2000年，金霞大道全线拉通，为园区其他基础设施建设提供便利，为招商引资创造基本条件。2005年，在强化基础设施建设的同时开展招商引资，引入长沙金霞保税物流中心并启动建设。全年，园区引进项目3个，入驻企业累计10家；引进外资524万美元，引进省外境内资金5.5亿元；实现技工贸总收入4.8亿元，实现利税0.24亿元。至年底，园区13年内累计完成固定资产投资29.5亿元，其中，基础设施投资18.6亿元。

2006年1月，长沙市经济开发区更名为长沙金霞经济开发区（简称“金霞经开区”），功能定位主要为物流、商贸和物流运输基地。是年，增编高岭组团，规划面积调整为34.96平方千米。园区基础设施建设中，开工建设的城市干道3条。引进长沙重型机器制造有限公司、长沙新港、中国台湾统一、武汉佳海、中石化长沙公司、湘之杰物流等加工、物流企业；金霞保税中心、省民政厅福彩中心和湘雅泰和医院等医药单位，全年入驻企事业单位21家，累计入园企事业单位31家。开工建设城市主次干道3条。是年，金霞经开区完成固定资产投资6.2亿元，其中，基础设施建设投资3.6亿元；全年实现技工贸总收入5.9亿元，实现利税0.3亿元。

2007年，园区基础设施建设提速，特别是园区路网建设，芙蓉北路（南段）拓改工程完成，兴联西路建成通车；秀峰大道、创远路、龙福路和芙蓉北路（北段）拓改修建。引进湖南杏林物流有限公司、湖南大业食品有限公司、中国兆山新星集团有限公司等物流企业，园区累计入园企业46个。全年引进省内境外资金2.8亿元；开工建设的城市主次干道6条，竣工通车7条。全年完成固定资产投资15.07亿元；全年实现技工贸总收入16.80亿元，实现利税1.56亿元。2008年，开工建设城市主次干道4条，竣工通车1条。引进国药控股湖南有限公司、湖南南山食品有限公司等，入园企业累计55家。全年引进省外境内资金1.5亿元；完成固定资产投资30.08亿元；实现技工贸总收入61.57亿元，实现利税5.82亿元，分别比2005年增加1182.71%与2325%。

2009年，引入湖南省顺风动力设备有限公司总部及销售服务中心、湖南新亚胜科技发展有限公司的LED产业基地、湖南山河实业责任有限公司等企业。是年，成立沙坪工业组团，园区规划面积调整为52.22平方千米。全年入园企业12家，累计入驻企业67家。开工建设的城市主次干道3条，竣工通车道路6条。全年引进外资8650万美元，省外境内资金7.01亿元；完成固定资产投资42.00亿元；园区技工贸总收入81.21亿元，实现利税总额8.06亿元。2010年，引进长沙统一企业、湖南省新能源石油股份有限公司、东风商用车服务中心、湖南山河实业有限责任公司、长沙新时代医药有限公司、长沙佳海房地产开发有限公司等企业12家，累计入园企业79家。开工建设城市主次干道1条，竣工通车道路2条。全年引进外资5976万美元，省外境内资金9.14亿元；完成固定资产投资55亿元；全年实现技工贸总收入112.88亿元，实现利税额11.25亿元。

2011年，引进长沙罗莎台北豆浆生产配送基地项目、长沙普菲克生物科技生产基地项目、湘之杰现代物流中心项目、畅达物流基地、卓尔发展（武汉）有限公司等11家企业，累计入园企业90家。开工建设城市主次干道 4 条，竣工通车道路 3 条。全年引进外资 6120 万美元，省外境内资金 9.14 亿元；完成固定资产投资 55.00 亿元；园区技工贸总收入 121.94 亿元，实现利税总额 13.35 亿元。2012 年，引进湖南九州通现代医药物流中心、中国金霞现货交易平台项目、长沙统一企业生产基地扩建项目、罗莎蛋糕生产配送基地项目等 26 个；累计入驻企业 116 家。开工建设城市主次干道 7 条，竣工通车道路 2 条。全年引进外资 8950 万美元，省外境内资金 12.78 亿元；完成固定资产投资 44.87 亿元；实现技工贸总收入 181.53 亿元，实现税金总额 15.40 亿元，分别比 2008 增加 194.84%与 164.60%。

至 2012 年，园区建有城市主次干道 30 条，通车里程 55.72 千米；开通城市公交线路 17 条。新建三级医院 1 所；高级中学 2 所，初级中学 2 所，九年一贯制学校 1 所；公园 2 座。入园 47 家物流企业，其中 AAAAA 级 10 家，AAAA 级 6 家。2012 年货物吞吐量 1718 万吨，比 2008 年增加 1496 万吨。货物吞吐量占长沙市生产性物流的 70%。园区被中国物流和采购联合会授予“常务理事单位”“中国物流实验基地”“中国物流示范基地”“优秀会员单位”等称号。

第一节 机 构

一、中共经开区党工委

1994 年 9 月，长沙捞霞经济开发区更名为长沙市经济开发区，1995 年成立中共长沙市经济开发区委员会（简称党工委），魏建超任党工委书记。长沙市委发布《关于长沙市市级党政机关机构设置的通知》，明确中共长沙市经济开发区党工委为市委派出机构。

1997 年，长沙市委办公室发布《关于理顺长沙市经济开发区管理体制的通知》，明确经开区党工委不再作为市委派出机构，调整隶属于开福区委领导，仍属正县级机构。经开区隶属关系调整后，党工委与开福区新港镇委员会合署办公，实行领导交叉任职的管理体制。

2001 年，中共长沙市经济开发区委会员恢复为中共长沙市委的派出机构，委托中共长沙市环路建设总公司党委管理。

2006 年，长沙市经济开发区更名为长沙金霞经济开发区，中共长沙市委发文《关于〈进一步理顺长沙市经济开发区管理体制的方案〉的通知》，经开区党工委更名为长沙金霞经济开发区工作委员会，调整为中共长沙市开福区委的派出机构，隶属开福区委领导。至 2012 年，中共长沙金霞经济开发区工作委员会，为中共长沙市开福区委的派出机构，隶属开福区委领导。

二、经开区管理委员会

1992 年，长沙市决定在长沙城北成立长沙捞霞经济开发区，启动经开区人员编制、开发政策、建设用地、审批手续及经开区规划等前期工作。长沙捞霞经济开发区是由长沙市政府直接管理的市级经开区。经开区领导小组下设领导小组办公室，是经开区领导小组的执行机构，代表市政府对开发区若干重大问题作出建议和处理，对开发区行政企事业单位实施领导、管理、协调、服务。

1993 年，经开区设开发建设指挥部，下设办公室、征地拆迁办公室、工程科、给排水工程科、电力工程科、通信工程科、质量安全科、预决算科、物资器材科。

1994 年 9 月，长沙捞霞经济开发区更名为长沙市经济开发区。1995 年，根据长沙市委发布的《关于长沙市市级党政机关机构设置的通知》，明确长沙市经济开发区管委会为市政府派出机构。

1997 年，长沙市委办公室发布《关于理顺长沙市经济开发区管理体制的通知》，明确开发区管理委员会不再作为市政府派出机构，调整隶属于开福区领导，管委会仍属正县级机构。开发区隶属关系调整后，开发区管委会与开福区新港镇人民政府合署办公，实行领导交叉任职的行政管理体制。

2001 年 10 月，长沙市经济开发区管委会恢复为市政府派出机构，调整为委托长沙市环路建设总公司管理。

2006 年，根据中共长沙市委《关于〈进一步理顺长沙市经济开发区管理体制的方案〉的通知》，长沙市经济开发区更名为长沙金霞经济开发区，与长沙市环路总公司彻底分离，调整为长沙市开福区派出机构，隶属开福区政府领导。至 2012 年，金霞经开区仍隶属开福区领导。

管委会内设机构有：办公室，负责经开区各党政局、室上传下达与制度改革创新、宣传、科教文卫等工作；工务局，负责经开区规划编制与调整、投资建设项目的各项工作及基础设施建设工作；招商合作局，负责经开区招商引资及各项项目的引进、洽谈、接待、订约、审核宣传推广工作；建设局，负责经开区工程项目及附带工程的建设和施工工作；产业发展局，负责经开区产业发展各项工作、科技工作、项目环境保护工作、重大项目申报等工作；财政分局，负责经开区财政管理、财务管理、项目资金管理及税务等工作；社会事务局，负责经开区内所有项目的征地拆迁协调服务工作；全程代理服务中心，负责经开区国土管理、消防、林业的管理和手续办理工作、清理闲置土地、重点项目报建等工作。

1994—2012 年，先后担任长沙市经济开发区、长沙金霞经济开发区的主要领导职务的有：魏建超、姚智醇、沈裕谋、姚智醇、张毅、王三稳、袁政国；其他领导班子成员有：梁宗仁、王颂交、甘为民、颜琦、阎家卓、陈蒲生、易新宇、李剑刚、周桂林、浣俊懿。

第二节　园区规划

一、总体规划

1992 年，根据建设长沙市城北的思路，将园区定位为大中型工业、交通能源基地和以科技为主，旅游、商业、贸易、金融并举的工贸综合开发区。是年，指定长沙市规划设计院为捞霞经开区设计总体规划。园区管辖金霞、鹅秀、凤亭 3 个组团，规划总用地 33.50 平方千米，规划人口容量 23 万人。

1993 年，国务院以 1 号函在批准《长沙市 2010 年城市总体规划》中明确指出：“长沙市要有控制地发展东西两翼，近期要重点开发北部捞霞地区。”长沙市按照国务院的批复确定捞霞经开区为长沙城区工业外迁基地，交通联运中心，北大门货运中心和仓储基地，辅以文化、旅游、商贸的综合性新型经济特区。

1998 年 5 月 7 日，湖南省人民政府批准开发区总体规划，主要功能定位为大宗物资集散中转和承接长沙市区退出的第二产业，1999 年 3 月，凤亭组团（10.65 平方千米）划归开福区金霞路街道办事处（后更名为芙蓉北路街道办事处），开发区所辖 3 个组团缩减为 2 个。

2002 年，高岭组团纳入开发区管辖并编制控规，园区管辖金霞、鹅秀、高岭 3 个组团，规划面积调整为 34.96 平方千米。

2009 年 2 月，长沙市批准成立沙坪工业组团，编制组团控制性规划，开发区行政区划调整为金霞、沙坪、鹅秀、高岭 4 个组团，规划面积调整为 52.22 平方千米，其中金霞组团 10.87 平方千米、沙坪组团 17.26 平方千米、鹅秀组团 11.98 平方千米、高岭组团 12.1 平方千米，主要功能定位分别为现代物流、都市工业基地、宜居和商贸。至2012年园区行政区划未再调整，全区规划面积52.22平方千米。

二、组团规划

（一）凤亭组团。1993年，委托长沙金湘设计有限公司编制《凤亭组团控制性详细规划》。凤亭组团位于浏阳河以北，捞刀河以南，湘江以东，京广铁路以西，东接长沙市南北主干道芙蓉北路，总面积10.65平方千米，人口规模6.15万人，功能定位为居住生活区。凤亭组团自1993年起由长沙金霞开发建设有限公司开发建设。1999年3月，凤亭组团由长沙市经开区划归开福区金霞路街道办事处。

（二）鹅秀组团。1998年，委托湖南大学设计研究院编制《鹅秀组团控制性详细规划》，2000年批准实施。由于开发区建设的加快、政策的调整、招商引资项目的需要以及解决村民“两安用地”的矛盾，现实建设与发展同原规划发生较大的变化。2004年，再次委托湖南大学设计研究院进行规划编制，规划范围东起京广路，西至湘江，南临捞刀河，北达绕城公路，规划人口规模14.0万人，规划总用地11.98平方千米。鹅秀组团规划定位为长沙市经济开发区的中心组团，构筑一个以生活居住、商贸、办公、休闲旅游等多功能相结合的综合型区域。根据用地的自然特征、规划功能定位和路网格局，形成“一带二心三区五片”的功能结构形式。“一带”即湘江风光带，“二心”即鹅羊山和秀峰山两颗“绿心”，“三区”即规划功能定位的居住、商贸和公共服务，“五片”即以主干道为分隔而形成的鹅羊片区、湘粤片区、荷竹片区、兴联片区和戴家河片区。

（三）高岭组团。2002年11月，委托长沙市建筑设计院有限责任公司编制《高岭组团控制性详细规划》，2005年批准实施。组团总规划面积12.11平方千米，规划范围北至绕城公路，东临中青路（捞霞联络道），南抵北二环线，西靠京广铁路正线，总人口7万人。功能定位为“金霞物流中心”次中心高岭物流商贸中心，重点发展物流商贸，形成集仓储、配送、批发、贸易、展览、运输、信息、研发等为一体的大型综合物流基地。规划构建“一带三轴二园区”的城市功能结构。“一带”即水域绿化带，太平垸保留水域北起绕城高速，向南过二环线流入捞刀河，两厢各控制绿化带0.3千米，靠近京广铁路处百年一遇洪水淹没区控制范围变宽，形成一条有缩有放、自然优美的生态防护林带。“三轴”即货运交通轴、综合性发展轴和绿化景观轴。捞刀河路纵贯组团南北，北接青竹湖镇太阳山路，成为园区的货运交通干线，承担物资集散功能；兴联路纵贯组团东西，向西联系鹅秀组团，向东接中青路（捞霞联络道），两厢的商贸金融、行政办公用地，形成一条配套齐全的综合性功能轴线；彭家巷路向北可上枫树湾公园，向南可达楚家湖公园，且串联各街头绿地，是一条景观丰富的绿化轴。“二园区”即物流商贸区和生态居住区，湘坪路以西大部分用地划为物流商贸用地。

（四）金霞组团。2005年4月，委托长沙市规划设计院有限责任公司编制《金霞组团控制性详细规划》。规划范围东起京广铁路、西至湘江、南至绕城线、北达沙河范围，规划总用地10.87平方千米，总体功能定位为全省的物流中心，以仓储、港口和物资交换为主的水陆联运中心。突出物流中心的城市功能，考虑本区规划目标，按照分期建设和城市经营的建设模式，将整个金霞组团划分为港口区、仓储区、铁路货场区、商业贸易办公区和生活区。港口区：霞凝港长约3800米，纵深宽500~750米，占地约2.20平方千米（包括其配套用地，如仓储），规划1000~1300吨级泊位，与捞霞铁路枢纽、公路货运协调建设，形成大型水陆联运中心与物流中心。在现港区一期工程南侧及北侧规划港区发展备用地，港区及其备用地的布局及详细规划遵照《长沙港口主枢纽总体布局规划》，在规划中新港大道两侧的用地参照港区的客流与货物码头分布加以布置。仓储区：仓储区沿新港大道东侧布置，基本分布于龙翔路以西和金盆大道两厢的大面积区域。既利于为港区服务，又利于从港区的铁路专用线上接驳仓储铁路专用线，便于大运量物资的集散，汤家湖与铁路专用线相隔300米以上，避免铁路岔口对主干道汤家湖路的干扰。铁路货场区：专指靠近京广铁路的500万吨铁路综合性货场用地，包括铁路货运站场及其周边的堆场用地，毗邻霞凝车站，便于利用铁路专用线进行大运量的物资集散。商业贸易办公区：在芙蓉北路两厢、新安路以北，彩霞路以南的地段，以及新港大道以西，青竹湖大道延伸线的港口区内，以商业贸易和行政办公为主，布置粮油批发市场、生产资料交换等大型市场，以及商品展销中心、商务中心、办公信息平台、海关商检等，突出组团物流中心地位。生活区：生活区分南北两片，主要指村民生活安置用地和城市居住用地及其配套的生活服务设施用地。南片生活区指主要布置于青竹湖大道以南，港成路以北的大片居住及其配套用地，分为东西两片，即以新安寺村村民安置为主和以植基村村民生活安置为主的生活用地。布置批发零售商店和文化娱乐设施等，规划一所医院，居住区内规划东西两个公园以及相应的中小学托幼用地；北片生活区指汤家湖路立交桥以南，彩霞路以北，沿芙蓉北路两厢以金霞村和金盆丘村村民生活安置为主的生活居住及配套设施用地，规划相应的中小学托幼等用地。2012年，委托长沙市建筑设计院有限责任公司开展金霞组团控规编制提升工作，对金霞组团控规进行详细修改与完善。

（五）沙坪组团。2009年10月，委托长沙市建筑设计院有限责任公司编制《沙坪工业组团控制性详细规划》。规划范围西起中青路，东至长青公路（含沙坪湘绣老街），南起北绕城线，北至规划中的北横线，规划总用地面积17.26平方千米，人口10.5万人。按照“两型社会”的建设要求，发挥长沙金霞经济开发区“靠港、靠站、临市”的区位优势，发展以专用设备制造为主的先进制造业以及特种新型材料业，发展高端服务业、广告创意产业，将沙坪工业组团打造成“两型”台资示范园和现代生态宜居城。采用“一核、三心、五区、七园”功能分区。“一核”即沿青竹湖路、围绕荷叶驼山形成集商务、办公、酒店、研发、商业、休闲等功能于一体的复合型核心。“三心”即布置在交通发达、风景优美地段的总部办公中心、商贸旅游中心、研发培训中心。“五区”即分布在自然环境好、交通方便、配套齐全地段的五大生态居住区。“七园”即分布在地势平坦、交通便捷地段的七大工业园。

第三节　基础设施建设

一、路网建设

（一）公路建设。1993年7月，破土动工建设金霞大道（后更名为芙蓉北路）。金霞大道是园区投资建设的首条园区主干道，全长9.62千米，宽60米，规划总投资3.2亿元。1995年5月动工建设的长沙二环线，为长沙市中心城区主干道，由西向东分别经三汊矶大桥、金霞立交、芙蓉路立交、彭家巷立交至中岭立交止，全长约9.2千米，其中，贯穿金霞开发区部分长约4.84千米，路段随三汊矶大桥的建成而贯通。金霞大道在建设过程中由于懂行的工程技术人员少，质量管理监管不严，加之参加的施工队伍多等诸多因素，道路在修修停停，停停修修中历时6年未竣工，至1999年，经省科学技术咨询中心专家组检测，定为不合格工程；重新对施工质量和数量复测与审计后核减工程款2500万余元。2000年7月，金霞大道恢复开工建设，年底，金霞大道全线贯通，累计总投资3.28亿元。2007年，对芙蓉北路（南段）实施提质改造，全长677米，宽60米，总投资1.77亿元。是年，园区开工建设兴联西路，全长1524.63米，宽46米，总投资9768.4万元；秀峰大道全长1072米，宽80米，总投资9035.4万元；芙蓉北路（北段）拓改全长2830米，宽60米，总投资15094.94万元。是年底，芙蓉北路（南段）和兴联西路竣工通车。

2008年，开工建设主干道路彩霞路，全长1240米，宽30米，总投资3033.55万元。是年10月芙蓉北路（北段）拓改工程竣工通车。2009年，开工建设主干道路有：兴联东路，全长3970米，宽46米，总投资1.90亿元；冯蔡西路，全长1225米，宽46米；植基南路，全长8603.9米，宽26米；高冲西路，全长1328米，宽32米；湘江大道北段，全长4450米，宽33米。秀峰大道竣工通车。2010年，开工建设广胜路，全长2364米，宽32米，总投资4394.15万元；湘江大道北段竣工通车。2011年，开工建设：湘捞西路，全长1237米，宽46米，总投资32162.73万元；柏槽路，全长485.36米，宽36米，总投资1160万元；彩霞路、冯蔡西路、高冲西路、植基南路、广胜路竣工通车。2012年，开工建设：鹅秀路，全长250.1米，宽36米，总投资783万元；茶园路，全长530.8米，宽16米，总投资1236万元。湘捞西路和柏槽路竣工通车。

至2012年，20年内经开区建设的园区主次道路共30条，总长度55.72千米，其中，路宽36米以上的10条，分别为芙蓉北路南段、芙蓉北路北段、兴联西路、秀峰大道、兴联东路、湘江大道、冯蔡西路西段、湘捞西路、柏曹路、鹅秀路。投资总额15.87亿元。

表18–8–3–1　　长沙金霞经开区主干道（路宽36米以上）建设一览表

道路名称	路长（米）	路宽（米）	建设起止年份	投资金额（万元）
芙蓉北路南段	6800	60	2006—2007	17683.09
芙蓉北路北段	2830	60	2007—2007	15094.94
兴联西路	1525	46	2006—2007	9768.40
秀峰大道	1072	80	2006—2007	9035.40
兴联东路	3970	46	2007—2009	19015.32
冯蔡西路西段	1225	46	2008—2009	5962.16
湘江大道	4450	46	2008—2009	32162.73
湘捞西路	1237.58	46	2009—2011	5625
柏曹路	485.36	36	2010—2011	1160
鹅秀路	250	36	2011—2011	783

（二）铁路建设。2010年6月，湖南金霞粮食产业有限公司在园区内开工建设铁路专用线（以下简称金霞粮食专用线），全长约4.2千米，专用线耗资约1.13亿元，拥有3股道，站台货棚约2.55万平方米，货位268个，日装卸能力3000吨。2012年6月2日全线开通运营。湖南金霞粮食专用线成为“北粮南运”铁路散粮运输试点线路接卸点。同时预留有长沙新港、恩瑞物流两家铁路专线。

二、港口建设

2001年12月，动工建设长沙新港。港口位于开发区西侧，湘江东岸。新港岸线长度1500米。港区建设包括江岸、进港道路、铁路专线等。是年，一期建设工程开工，一期建设占地21.3公顷，总投资2.44亿元，主要建设4个千吨级码头泊位，功能定位以集装箱为主，港口2003年7月实现试营运。2005年1月动工建设二期工程，二期占地19.7公顷，总投资2.26亿元，主要建设4个千吨级泊位，功能定位以杂货为主，同时兼顾集装箱运输。2006年9月实现试营运。2010年12月港口建设三期工程举行奠基仪式，工程占地26.87公顷，计划投资7.05亿元，港口建设设计有千吨级（兼顾2千吨级）泊位14个，工作船泊位1个（三期工程在建中）。

2011年12月，长沙新港水运口岸通过验收。至2012年，长沙新港相继开通韩国、日本、美国、欧洲、澳洲、南美洲、非洲和地中海等水路运输线。

三、供水排（污）水设施建设

（一）供水。1993年，投资近500万元对原有机化工厂闲置的自备水厂实施改建提质，改建后由原日产水600立方米提高到日产水2万立方米，为经开区的生产生活用水提供保障。1995年，经开区与市自来水公司联系，由长沙市第五水厂提供供水，第五水厂位于开福区新河路91号，湘江为第一水源，株树桥水库为备用水源。第五水厂产水30万立方米/日，平均压力0.46兆帕，泵轴高34.36米。为满足园内高层建筑供水需要，在兴联路和中青路西北角建成自来水加压泵站，泵站用地面积5000平方米，对地形标高50米以上区域进行二次供水加压，服务范围约5.7平方千米，供水规模4万立方米/日。

至2012年，园区建有自来水加压泵站，共铺设自来水干线水管11.2千米，年生活用水60.34万立方米，居民自来水普普及率52.3%。园区内的长沙市第六水厂在建。

（二）污水排放。2008年建成大明污水处理站。该站位于沙坪组团大明路与自民路交叉口东南角，处理能力1000吨/日，总投资800万元，主要处理大明工业园污水及大明村居民的生活污水。

2009年9月，开工建设新港污水处理厂，处理厂位于园区金霞组团西北部，沙河南岸，湘江大道东侧，处理能力5万吨/日，总投资39883.94万元。

2010年建成青竹湖污水处理站。该站位于青竹湖组团星月路与南一路交叉口西南侧，处理能力3000吨/日，主要处理青竹湖组团生活污水。园区有沙坪污水提升泵站，位于青环路和绕城高速西北角处，规模1.5万吨/天，将沙坪组团污水提升后输送至新港污水处理厂进行处理。

至2012年，经开区有污水处理厂1座，处理能力5万吨/日；污水处理站2座，处理能力4000吨/日。另有雨水泵站4座，分别是楚家湖（又名桃花港）泵站，戴家河泵站，漆家湖泵站，跃进垸泵站，承担雨水排渍功能。累计总投资8.58亿元。

四、供电设施建设

经开区先期供电是利用20世纪90年代建成的凤亭组团110千伏变电站，变电站占地面积约0.33公顷，总投资1600万元。1998年后，园区用电量日益增加。为解决电力需求，园区与市电力公司合作，增建变电站。2000年建成的捞刀河变电站，占地面积1.62公顷，总投8750万元。2006年，引入高岭变电站建设，占地面积1.33公顷，总投资4500万元。2011年建成新港变电站。该站占地面积0.43公顷，总投资2000万元。至2012年，长沙金霞经济开发区有220千伏变电站（所）1座，110千伏变电站（所）2座。其中，捞刀河镇220千伏及以上变电站（所）1座，主变压器2台，总容量360兆伏安，过域1220千伏，高压输电线路8条，总长度42千米，最大供电负荷270兆瓦；捞刀河镇110千伏变电站1座（中岭变），主变电器2台，总容量81.5兆伏安，最大供电负荷38.45兆瓦，域内110千伏输电线10条，总长度约35千米；新港镇110千伏及以上变电站（所）1座，主变压器2台，总容量100兆伏安，高压输电线路2条，总长度13.16千米，最大供电负荷42.76兆瓦。累计总投资1.90亿元。

五、公共服务设施建设

（一）医院建设。2006年，长沙泰和医院入驻经开区，由湖南泰和医院管理有限公司投资建立，医院占地面积8.4公顷，建筑面积25万平方米，投资5.8亿元。医院坐落于园区兴联村，南接北二环，北靠鹅羊山，毗邻秀峰公园，西望湘江水，北接湘阴、岳阳等地，交通便利，是治病疗养的场所。2010年，完成首期建设的医疗综合楼、住院楼、生活设施楼等主体工程，建筑面积9万平方米。医院首期设置床位1000张，集医疗、科研、教学、疗养、康复于一体的大型综合医院。同年，获国家卫生部和湖南省卫生厅批准为三级综合医院，2011年1月，泰和医院与中南大学湘雅医院签订托管协议，交由湘雅医院全面托管20年，双方共同组建医院管理委员会。是年10月，医院开业营运。至2012年，医院拥有心脑血管疾病、老年病康复、肿瘤类疾病、微创医学四大特色专科。医院后期建设发展预留用地3.67公顷。

（二）公园建设

1.太阳山森林公园　长沙城北的一个开放性公园，公园位于长沙金霞经开区青竹湖，太阳山森林公园规划面积5平方千米。2006年启动一期开发建设，开发面积40万平方米，投资2000万元，主要建设入口广场和配套设施、广场周边生态山林和绿化植被的栽种。2007年，投资2000万元，启动二期建设，继续实施植被养护，同时，修建登山游道、环湖游道、景观亭和观景平台等。2008年，公园建设成集资源保护、开发、建设于一体的城市森林公园，森林覆盖率90%。

2.秀峰山公园　2007年，秀峰山公园动工建设。公园地处芙蓉北路与二环线交会处东北角，占地40余公顷，最高峰海拔0.13千米，最大高程差90.8米。公园以金霞景观塔为中心，布局文化活动、生态山林、休闲游戏、儿童娱乐、园务管理5个功能区。投资3200万元，建有金霞邀月、塔映山青、登铭环秀、竹隐清源、双桥拱月、平湖飞舟、林荫童趣、枕水悠居8个景观点。另外，园内有雪松、杨树等大乔木，迎春、黄杨、红继木等花灌木，青草坪。公园内绿化用地面积8公顷，植被覆盖率90%。2011年1月开园迎客。

第四节　招商引资

一、招商政策与措施

（一）招商政策。1992年10月，根据长沙市《关于长沙捞霞经济开发区若干政策的规定》（下称“若干政策”），在土地方面：经开区管委会以土地使用权折合出让金作为投资或作为股份入股，外商投资企业取得的土地使用权，原则上一次性缴纳出让金，如投资者确有困难，不能一次性交纳，可签订合同按期交纳。土地使用权最长为70年。在税收方面：明确入驻经开区的内、外资企业，一律实行15%的所得税率。企业从投产之日起工业企业免征所得税5年，商业企业免征所得税3年。生产性外商投资企业10年内免征地方所得税和其他地方税，非生产性外商投资企业免征地方所得税和其他地方税5年。所获利润在经开区再投资经营期不少于5年的，退还其再投资部分已缴纳的所得税的40%的税款。

1995年，发布《关于维护开发建设正常施工程序的通知》，支持开发区建设，支持入驻企业建设。

1996年，颁布《关于奖励引进资金、项目者的暂行办法》。2001年，按照长沙市《关于加强招商引资工作鼓励外商投资的决定》，实施奖励招商引资中介人、优惠外来投资者，维护外商投资企业的合法权益和正常生产经营秩序。2007年5月，出台《长沙金霞经济开发区管理制度》，对招商引资管理作出具有较强的针对性、实用性和可操作性的规定。2009年1月，制定《长沙金霞开发区2009年度产业发展扶植和奖励办法》，对新办工业和物流企业在投产当年实缴园区税收50万元以上，且逐年增幅超过20%的，前三年分别按其年实缴园区税收超规定增幅以上部分的50%、40%、30%给予企业资金扶植。对物流和工业企业年实缴园区税收 50 万~100 万元、101 万~200 万元、201 万~400 万元、401 万~600 万元、601 万~1000 万元、1000 万元以上，分别给予企业该年度 5 万元、10 万元、20 万元、40 万元、60 万元、100 万元奖励；对建安、商贸企业和餐饮、娱乐、酒店等其他服务性企业年实缴园区税收 50 万元、100 万元、200 万元、300 万元以上，分别给予 3 万元、5 万元、10 万元、15 万元的奖励。是年 10 月，按照《长沙市开福区产业扶植及招商引资奖励办法》，对省级企业技术中心、工程技术中心的企业，给予 10 万元扶持，对国家级企业技术中心、工程技术中心的企业，给予 50 万元扶持。获得国家驰名商标的产品、国家级名牌、省级著名商标、省级名牌产品的企业，分别给予企业 30 万元、15 万元、5 万元、2 万元奖励。对获得"特级建安企业""一级建安企业"资质证书的建安企业，分别给予企业 15 万元、10 万元奖励。获得"中国建筑工程鲁班奖"的建安企业，给予 20 万元奖励。凡首次进入国家物流企业前 100 强的物流企业，给予 20 万元奖励；凡首次获得"国家 AAAA"资质证书、"国家 AAAAA"资质证书的物流企业，分别给予 30 万元、50 万元奖励。

2011 年 5 月，按照《长沙市开福区招商引资及产业扶植奖励办法》，对年度实缴区级税收大于或等于 100 万元、200 万元、400 万元、600 万元、1000 万元的入驻企业，分别给予 5 万元、10 万元、20 万元、30 万元、50 万元的奖励。企业新设立国家级、省级重点（工程）实验室，一次性分别给予 30 万元、10 万元奖励；企业新设立国家级、省级工程技术研究中心（技术中心），一次性分别给予 20 万元、5 万元奖励。凡经申报备案的技术改造项目，新增投资额在 300 万元以上的，在技改项目投产当年按新增投资额的 3%给予企业奖励。

（二）招商措施。1992 年 10 月 20 日，在'92 长沙服装艺术节"期间召开新闻发布会，报告经开区发展规划，投资环境和建设长沙城北的信心和决心。1993 年 3 月 30 日，开信息发布会，邀请省、市电视台，长沙晚报等媒体报道发布会的相关信息。1999 年 6 月 10 日，举办"兴国利侨"活动，扩大对外影响，吸引侨胞来园投资创业，同时，"湖南长沙华侨投资城"在园区挂牌成立，美国加州湖南同乡会会长刘宗浩、爱尔兰华侨华人协会会长鲍绍钧、名誉会长陈敏琪等华人企业家应邀参加。

2002 年 8 月，参加长沙（昆明）产品展销会，推出鹅羊山公园综合开发、金霞工业园、物流配送中心、霞凝港口配套项目等 6 个项目吸引到会客商。是年 10 月 28 日，在开福区投资合作洽谈会暨市经开区招商发布会上，发布招商项目 188 个，其中，主推项目有环保科技产业、金霞大道两厢地块招商项目、秀峰商贸城、广厦园、公园、鹅羊山居住区、开福区民营科技园、自来水厂、第六水厂等项目。2008 年 6 月，园区参加"2008 湖南（上海）投资洽谈活动周"；9 月，参加"2008 长沙（深圳）承接产业转移发展加工贸易恳谈会"。

2009 年 3 月，邀请由瑞士日内瓦州经济发展署牵头，瑞士信诺德投资管理公司和瑞联控股公司组织的 13 人商务考察团来区考察，并参观长沙新港码头和在建中的长沙火车北站；7 月，赴广州、深圳就中介招商工作与长沙市政府驻深圳办事处、中国招商投资网、广东湖南商会进行工作对接。2010 年 7 月，就引进深圳华南城长沙项目与对方进行高层对接。

园区还通过门户网站、电视、报纸等媒体，发布园区重点招商项目，宣传园区文化。同时，积极联系省市区商务系统网站、政府门户网站、大众网络媒体等平台发布招商信息、包装项目、经济动态等。2012 年，园区门户网站全面改造升级，升级后的门户网站重点打造招商板块，定期发布招商引资项目。

20 年来，经开区实施节会招商、走出去招商、请进来招商以及媒体招商等措施，招商引资效果明显，特别是后 10 年，园区基础建设的日趋完善，投资环境的日益改进，为招商引资跨上新台阶。

二、招商引资成果

1995 年，引进水陆联运的长沙联运物流有限公司总部项目。1999 年，湖南电信智能集团正式落户园区。2001 年，引进金沙湘绣项目。2003 年，引进恩瑞集团的恩瑞国际园和湖南粮食集团的粮食批发物流类项目。2004 年，引进湖南投资集团有限公司的湖南投资综合类项目。2005 年，引进湖南粮食集团有限公司的粮食一仓库项目、长沙金垅冷藏食品物流有限公司的冷藏物流项目和广东宏光实业有限公司的宏光物流项目。全年，经开区实际到位外资 524 万美元，引进省外境内资金 5.5 亿元。至年底园区累计入驻企业 10 个。

2006 年，引进长沙重型机器制造有限公司、长沙联运物流有限公司、湖南恩瑞物流配送中心等 21 家企业。其中，长沙重型机器制造有限公司总投资 5.91 亿元，主要建设生产基地、码头和铁路专用线，规划用地 33.33 万平方米，建设面积 8 万平方米。公司是一家集生产散装物料输送设备、通用配件、冶金设备、重型装备制造和物流仓储业五大门类的综合性公司。2007 年，园区引进湖南省杏林物流有限公司、湖南粮食批发中心市场、湖南长沙霞凝国家粮食储备库、湖南大业食品有限公司、中国·兆山新星集团有限公司等 15 家企业。其中，湖南大业食品有限公司的西式餐饮原料配送基地项目投资 3000 万元，建设生产车间、冷冻仓储、干货仓储等，建筑面积 3800 平方米；设计有烘焙、西式快餐、饮品、西餐四大体系 3000 个原料品种。全年，园区引进实际到位外资 4004 万美元，引进省外境内资金 4.00 亿元。

2008 年，引进国药控股湖南有限公司、湖南南山食品有限公司等 11 家企业，其中，国药控股湖南有限公司是中国医药集团在湖南设立的中央医药流通企业，主营业务为化学药制剂、抗生素、中成药、生化药品、生物制品、疫苗、医疗器械、医药物流、供应链服务等。投入建设资金 1.2 亿元，占地面积 3 万平方米，库存容量 20 万箱，日吞吐量 6 万箱，日处理客户订单 8000 行，设计规模年销售 100 亿元。公司与全球 2000 余家知名医药企业建立战略合作伙伴关系，经营品种 2 万余个，并与中国医药集团共享近 5 万个产品品牌。公司的“医药智慧供应链管理平台”被评为湖南知名品牌。全年，园区引进省外境内资金 1.5 亿元。2009 年，园区引进湖南省顺风动力设备有限公司、湖南新亚胜科技发展有限公司、湖南富马科食品工程技术有限公司、湖南山河实业有限责任公司等 12 家企业。其中，湖南新亚胜科技发展有限公司下辖两个全资子公司，湖南绿启能源有限公司、深圳星亚胜科技有限公司及一个合资分公司新加坡 YESTECH-MATTA（S）LEDDISPLAYLLP 公司，并在北京、上海、成都等地设立办事处。湖南绿启能源有限公司选址金霞组团，总投资 1.5 亿元，规划用地 2.23 万平方米，建筑面积 3.25 万平方米。项目一期总投资 1.03 亿元，包括厂房、技术研发中心、实验楼和仓库。公司主要从事 LED 应用电子产品（包括 LED 显示屏系列、LED 照明系列、LED 控制系统等）的研发、生产及销售，年产值达 1.16 亿元。项目二期主要建设省级 LED 光电研发中心。全年，园区实际到位外资 8650 万美元，引进省外境内资金 7.01 亿元。

2010 年，园区引进长沙统一企业、湖南省新能源石油股份有限公司、东风商用车服务中心、湖南山河实业有限责任公司、长沙新时代医药有限公司、长沙佳海房地产开发有限公司、湖南中联生物技术有限公司的“健力肽研发生产”项目、湖南现代物流职业技术学院的“基于物联网应用的药品冷链物流智能化系统开发”项目等 12 家企业。其中，长沙统一企业有限公司（台湾统一企业集团的一个子公司），选址沙坪工业组团中青路 1301 号，总投资 5 亿元，项目一期规划用地 14.05 万平方米，建设 2 条饮料线、4 条方便面线、原物料仓库和员工倒班宿舍。项目二期规划用地 11.26 万平方米，主要扩建饮料、方便面生产线及相关配套设施。公司产品有茶系列、果汁系列、奶茶系列、雅哈咖啡系列、来一桶系列、统一100系列、巧面馆系列、汤达人、小当家、小浣熊休闲食品等，计划年产值30亿元。全年，园区实际到位外资5976万美元，引进省外境内资金9.135亿元。2011年，园区引进长沙罗莎食品有限公司的豆浆生产配送基地项目、长沙普菲克生物科技生产基地项目、湘之杰现代物流中心项目、畅达物流基地、卓尔发展（武汉）有限公司和中联生物饲料添加剂综合生产研发基地等11家企业。其中，湘之杰.现代物流中心项目包括物流中心和物流总部及综合配套服务中心面个板块，总占地面积40万平方米，总建筑面积35万平方米，总投资16.5亿元。建设湘江专用码头、铁路专用线、露天堆场、室内仓库、加工车间和综合配套服务中心等。发展电子商务、物流仓储、代理采购、加工配送及金融服务，并规划引入物联网技术带动区域内业态提升。全年，园区实际引入外资6120万美元，省外境内资金9.14亿元。2012年，引进湖南九州通现代医药物流中心、中国金霞现货交易平台项目、长沙统一企业生产基地扩建项目和罗莎蛋糕生产配送基地项目等26家企业。引进外资实际到位8950万美元，引进省外境内资金12.78亿元。

至2012年年底，园区的企业和项目累计150余家，其中，入驻金霞经开区的世界500强企业有中国石油化工集团公司、中国中铁股份有限公司、国药控股股份有限公司和中粮集团有限公司4家；中央企业有中国石油化工集团公司、中国中铁股份有限公司、国药控股股份有限公司、中粮集团有限公司和中国国际建设发展集团有限公司5家；上市公司有中国石油化工集团公司、中国中铁股份有限公司、国药控股股份有限公司、中国国际建设发展集团有限公司、中国远洋运输（集团）总公司、卓尔发展（长沙）有限公司、湖南九州通医药有限公司和长沙统一企业有限公司8家。入驻的物流企业47家，其中，AAAAA级物流企业有国药控股湖南有限公司（总部）、湖南粮食集团有限责任公司（总部）、湖南湘通物流有限公司（分支机构，下同）、湖南九州通医药有限公司、湖南德邦物流有限公司、大汉物流股份有限公司、中国铁路物资集团有限公司、中国五矿发展股份有限公司、湖南中远国际货运有限公司和中国石油天然气运公司10家；AAAA级6家；湖南省的前十强有7家；另有普洛斯、恩瑞、湘之杰、卓尔等知名物流企业先后入驻，形成能源、粮食、医药、钢贸四大“百亿级”物流板块。

第五节　技术与人才引进

一、技术引进

1999年，湖南电信智能集团落户园区，该集团拥有先进电子智能技术。2005年，引进长沙金垅冷藏食品物流技术。2006年，引进湖南长沙重型机器股份有限公司，公司是一家专业制造重型机器产品的大型企业，具有先进的散状物料运输设备、港口设备，冶金、矿山机器制造技术；公司是中国重型机械工业协会理事单位，斗轮堆取料机行业标准制定成员单位之一，通过ISO9001质量体系认证和国家计量标准考核认证，具有国家机电安装工程施工总承包二级资质；公司技术中心是湖南省级技术中心，具有冶金、重型非标设备设计研发经验，取得多项发明和实用新型专利。是年，强化金霞湘绣城的建设发展，引导驻城企业传承、挖掘湘绣传统工艺与生产技术。

2007年，湖南粮食批发中心市场落户园区，引进高效电子商务、先进物流、检测认证等新技术。2008年，引进国药控股长沙物流中心项目，随之引入自动立体仓库存储、全自动拣货、红外线遥感温控技术；运用RFID无线射频识别技术、条形码技术，电子订货、销售网点实时动态补货技术、电子数据交换与增值网络、中央自动恒温冷却、RF手持终端等现代化的物流技术。2009年，新亚胜LED产业基地项目落户园区，引进 LED 显示屏生产、LED 照明生产、LED 控制系统生产技术。举办“2009 中国（长沙）现代物流与新型工业化高峰论坛”，为实现物流和工业企业科技成果推广转化提供平台。引进湖南青苹果数据中心有限公司的多语言数据库检索、数据质量控制和版式重构技术。

2010 年，引进湖南中联生物技术有限公司的“健力肽研发生产”技术，园区国药控股湖南有限公司引进湖南现代物流职业技术学院的“基于物联网应用的药品冷链物流智能化系统开发”科技项目。引进中国台湾统一企业的现代食品和饮料生产技术。是年，湖南金霞现代物流园向中国物流与采购联合会申报“中国物流示范基地”，10 月 26 日获得批准并授牌。引进湖南中立工程机械有限公司的生产流程数控化、机械化和仿形化技术，运用 CAD/CAPP/CAM 现代化的设计制造技术和无损质量检测技术。

2011 年，引进普菲克综合生产研发中心项目，从而使饲料添加剂、功能性能量与蛋白原料、动物保健品等产品的开发与生产的高新技术落户园区，该项技术是国内一流的生物工程技术研发和国内领先水平的生物发酵生产标准。2012 年，引进科技签约项目 10 个，其中，广州奥熠电子科技有限公司的赛伦电子纸生产技术；湖南富马科食品工程技术有限公司与国家粮食局科学研究院共同开展的“FMHE 高扭矩双螺杆挤压机系列产品研制与开发”科技项目荣膺国家科学技术进步二等奖；引进长沙普奇电子有限公司的超深度遥感金属探测仪生产技术；长沙紫荊花涂料有限公司的真石漆和多彩花岗岩漆技术；新亚胜的“魔幻舞台”LED 显示屏生产技术，“魔幻舞台”LED 显示屏具有“轻、薄、快、奇、省”的特点，在伦敦奥运会期间亮相于奥运会场馆。是年，园区与湖南大学等高校进行产学研合作，共完成“打造长沙千亿商贸物流产业园可行性分析”“医药物流产业集群发展路径分析”等产业发展科研课题。

至 2012 年，园区累计引进冷藏食品物流技术、冶金、矿山机器制造技术、RFID 无线射频识别技术、LED 显示屏生产技术、药品冷链物流智能化技术、FMHE 高扭矩双螺杆挤压机生产技术等先进科学技术与湘绣生产过程中的“垒针”“三字针”“太阳针”等先进生产工艺 148 个。

二、人才引进

2003 年，引进宏吉、创远、中坤置业等多家房地产项目，引进道路工程师、土建工程师、工程管理人员等专业人才 8 名，缓解基础建设中专业技术人才奇缺的问题。2004 年，为配合粮食集团项目落地，引进规划建设、建筑设计专业人才 12 名。至 2005 年，累计引进本科毕业生 1000 余人，硕士毕业生 60 余人，博士毕业生 4 人。

2006 年，引进长沙重型机器有限责任公司。该公司拥有高、中级工程技术人员 200 余人，形成强大的重型非标设备研发设计团队，2007 年，发布《关于印发〈长沙金霞经济开发区专业技术人员招聘工作实施细则〉的通知》，明确加强并规范技术人员的引进。是年，引进中国台湾统一、中石化长沙分公司、国药控股湖南等企业入驻，引进本科毕业生 185 人，硕士学历以上人才 256 人，引进 467 名从事医药行业的技术人才，其中从事医疗研究开发的高级技术人才 100 余人。2008 年，引进长沙泰和医院，首期建设基本完成开启人才引进工作，引进高级专业技术职称人才 31 人，中级专业技术职称 63 人，根据医院业务发展的需要随后继续引进医药人才，高级专业技术职称人才增至 57 人，中级专业技术职称增至 86人。

2009 年，引进新亚胜，顺风动力等企业，引进中级技师 150 余人。2010 年，长沙统一、山河实业、中联生物等企业入驻，引进相关专业人才，拓展各种引才通道，扩大引才的基数，园区人才得到很大的提升，有本科学历人数 8567 人，硕士人 842 人，博士人数 42 人，引进生物研究团队 146 人。2012 年 7 月，发布《关于印发〈长沙金霞经济开发区“十二五”人才兴园战略实施办法（试行）〉的通知》，进一步规范园区人才引进和人才使用，人才结构进一步优化。至 2012 年，本科毕业从业人数增至 9886 人，硕士毕业生人数增至956人，博士毕业生人数65人。共引进各类技术岗位人才3341人，其中，高级专业技术职称人才115人，中级专业技术职称1219人，中级技师326人，医药行业、物流行业、新能源新材料行业技术人员321人。

第六节　入园产业

一、产业规模

1992年，园区成立之初，长沙城北基础设施差，投资环境欠缺，难以得到企业和企业家的青睐。通过开展基础设施建设，改善投资环境，招商引资活力提升。至1998年的7年间，相继引进嘉年华·景阳光项目、怡宏公司项目、骏利项目、天依实业项目、水木华麓项目等房地产项目。1999年，湖南电信智能集团正式落户金霞经开区，也为经开区除房地产业外的首家落户企业。

2003年，湖南粮食集团有限公司、恩瑞集团有限公司，中欣·楚天逸品、创远·湘江壹号、中坤领秀峰、极目楚天等项目入驻。2004年，湖南省民政厅住宅项目、湖南投资集团股份有限公司入驻。2005年，长沙金垅冷藏食品物流有限公司、广东宏光实业有限公司入驻。是年年末，入园企业达10家，从业人数2970人；实现技工贸总收入4.80亿元，实现利税0.24亿元。

2006年，长沙重型机器制造有限公司、长沙新港、保税中心、武汉佳海、长沙创远置业有限公司、中石化长沙公司、湘雅泰和医院、国药控股湖南公司、省民政厅福彩中心、湘之杰物流等21家企业落户园区。是年起入驻园区的企业逐步增加，园区的统计资料也逐步完善。年底入园企业累计31家，从业人数2586人；技工贸总收入5.9亿元，实现利税0.3亿元。2007年，湖南省杏林物流有限公司、湖南大业食品有限公司、中国兆山新星集团有限公司等15个企业落户园区。是年底，入园企业累计46家，从业人数4321人，技工贸总收入16.8亿元，实现利税1.56亿元。2008年，国药控股湖南有限公司、湖南南山食品有限公司等11家企业落户园区。年底，入园企业累计55家，从业人数6524人，技工贸总收入61.57亿元，实现利税5.82亿元。2009年，湖南省顺风动力设备有限公司、湖南新亚胜科技发展有限公司、湖南富马科食品工程技术有限公司、湖南山河实业有限责任公司等12家企业落户园区。年底，入园企业累计67家，从业人数8932人，技工贸总收入81.21亿元，实现利税8.06亿元。

2010年，长沙统一企业、湖南省新能源石油股份有限公司、东风商用车服务中心、湖南山河实业有限责任公司、长沙新时代医药有限公司、长沙佳海房地产开发有限公司等12家企业落户园区。年底，入园企业累计79家，从业人数1.16万人，技工贸总收入112.88亿元。实现利税11.25亿元。2011年，长沙罗莎台北豆浆生产配送基地项目、长沙普菲克生物科技生产基地项目、湘之杰现代物流中心项目、畅达物流基地、卓尔发展（武汉）有限公司等11家企业落户园区。入园企业累计90个，从业人数1.19万余人，技工贸总收入121.94亿元，税收收入13.35亿元。2012年，湖南九州通现代医药物流中心、中国金霞现货交易平台项目、长沙统一企业生产基地扩建项目、罗莎蛋糕生产配送基地项目等26个企业落户园区。驻区企业累计116家，从业人数1.29万余人，技工贸总收入181.53亿元，税收收入15.4亿元。

表 18-8-6-1　　2006—2012 年金霞经开区产业规模一览表

年份	企业数（家）	从业人数（人）	技工贸总收入（亿元）	实现利税（亿元）
2006	31	2586	5.90	0.3
2007	46	4321	16.80	1.56
2008	55	6524	61.57	5.82
2009	67	8932	81.21	8.06
2010	79	11580	112.88	11.25
2011	90	11963	121.94	13.35
2012	116	12968	181.53	15.4
合计	—	—	581.82	55.74

说明：表中数据 2009 年起采用《湖南开发区年鉴》中金霞经开区的数据

二、产业结构

（一）第二产业。1993 年，园区虽然开展较多的招商引资活动，引入的主要是房地产业、物流企业和商贸服务等项目，至 2005 年，工业企业甚微。

2006 年，入驻园区的湖南长沙重型机器股份有限公司，并启动生产基地建设。是年，累计入驻园区的工业企业 11 个，企业从业人数 1180 人，占园区从业人数 45.63%；实现产品销售收入 2.69 亿元，占园区技工贸总收入 5.90 亿元的 45.60%；实现利税 0.14 亿元，占园区实现利税 0.3 亿元的 46.67%。

2007 年起，先后入驻园区的工业企业有湖南富马科食品工程技术有限公司、湖南南山食品有限公司、湖南至诚机械有限公司、湖南新亚胜科技发展有限公司、湖南顺天混凝土有限公司、湖南天拓重工机械有限公司、湖南仁和环保科技有限公司、兆山新星集团湖南兆星混凝土有限公司、长沙通发通用机械厂、长沙中巨机械有限公司、长沙中普工程机械有限公司、湖南大顺和新型建材有限公司、长沙湘伍重工机械有限公司、长沙利永纸制品包装有限公司、长沙飞达建筑机械有限公司、湖南益工工程机械有限公司、长沙金龙电缆有限公司、长沙湘穗化工机械厂、长沙中雄精工机械有限责任公司、湖南中立工程机械有限公司、湖南长元人造板股份有限公司等；其中，湖南新亚胜科技发展有限公司项目一期总投资 1.03 亿元，包括厂房、技术研发中心、实验楼和仓库，公司主要从事 LED 应用电子产品（包括 LED 显示屏系列、LED 照明系列、LED 控制系统等）的研发、生产及销售，年产值达 1.16 亿元。项目二期主要建设省级 LED 光电研发中心。至 2010 年年末，入驻的工业企业 56 个，从业人数 9235 人，占园区从业人数的 79.75%；全年园区工业总产值 92.67 亿元，占技工贸总收入的 82.10%；实现利税 9.23 亿元，占园区利税的 82%。

2011 年起，新增工业企业有长沙成新实业有限公司、长沙容超金属材料有限公司、湖南锦新混凝土集团有限公司、湖南中立工程机械有限公司、湖南至诚机械有限公司、湖南中建五局混凝土有限公司、长沙宇明汽车电器厂、长沙统一企业有限公司、湖南金鼎交通构件有限公司、长沙桑尼重工机械有限公司、湖南地宝龙装饰材料有限公司等；其中，长沙统一企业有限公司投资 5500 万美元，主要建设饮料、方便面生产线及相关配套设施，产品有茶系列、果汁系列、奶茶系列、雅哈咖啡系列、来一桶系列、统一100系列、巧面馆系列、汤达人、小当家、小浣熊休闲食品等，计划年产值30亿元。至2012年年末，入园企业70家，从业人数10253人，占园区从业人数的79.06%；工业总产值141.09亿元，占技工贸收入的77.72%；实现利税12.01亿元，占园区实现利税的77.98%。

企业选介

湖南长沙重型机器股份有限公司。2006年，湖南长沙重型机器股份有限公司入驻金霞经开区，是金霞经开区承接主城区老旧工业企业任务的首家企业。公司主要建有生产基地、码头和铁路专用线，规划用地33.33万平方米，建设面积8万平方米，总投资5.91亿元。公司是一家集散装物料输送设备、通用配件、冶金设备、重型装备制造和物流仓储业五大门类的综合性公司。2012年，实现总产值11亿元，利润1.5亿元。

（二）第三产业。长沙金霞经开区按照发展规划和功能定位，现代物流业是重点发展产业之一，包括能源物流、医药物流和粮食物流。

2002年1月，在园区成立湖湘文化艺术品大市场，是中南地区最大的古玩艺术品集散地，是湖南省旅游局购物定点市场，占地总面积7.2万平方米，营业面积3万余平方米，有500余商铺，可容纳2000余个摊位。其古玩步行街有2000余平方米的摊位遮雨棚、500余个停车位，以及配套的办公室和生产加工用房。入驻市场的单位有湖南省书法家协会公务员书法委员会、湖南省女书法家协会、湖南致公画院、湖南省开元博物馆、湖南省收藏协会、湖南卫视艺术玩家栏目、北京东方艺术拍卖有限公司、中国《逸画刊》编辑部、逸画廊、颐心卢、跃德画廊、跃德工艺画框厂、黎明电脑雕刻研究所、赵雄、古代雕刻艺术馆、长沙市湖湘文化交流协会、长沙市收藏协会、长沙市钱币协会、铜官窑工艺品工场等117家古玩商铺和画廊。

2003年，湖南粮食集团有限公司入驻园区，公司总投资20亿元，拥有铁路专用线及湘江岸线，按粮食现代物流中心功能要求规划分为铁路物流、批发交易、港口物流加工3个片区。六大功能分区：铁路物流、港口物流、临港加工、商贸会展、粮油交易、配套服务。铁路、水路、公路、航空等运输体系，形成一体化货运枢纽，规划年主营业务收入29亿元。是年，恩瑞国际物流园项目和长沙新港项目入驻园区。2004年，中国石化湖南长沙石油分公司落户金霞经济开发区，年输送量为600万吨。2005年，园区引进长沙金垅冷藏食品物流有限公司、广东宏光实业有限公司等。2006年，园区三产业企业20个，从业人数1406人，占园区从业人数的54.37%；主营收入3.21亿元，占园区技工贸总收入的54.40%；实现利税0.16亿元，占园区利税总额的53.33%。

2007年，湖南杏林建材码头及货物集散中心落户园区。2008年，国药控股有限责任公司落户金霞经济开发区。2009年，长沙金霞海关保税物流中心正式封关运行；沙评湘绣园启动湘绣博物馆建设。2010年，长沙联运物流有限公司、湖南长沙新港有限责任公司、中石化湖南长沙石油分公司、湖南长沙霞凝国家粮食储备库、湖南金霞粮食产业有限公司、湖南省顺风动力设备有限责任公司（公司总部与销售服务中心）、国药控股湖南有限公司、长沙畅通物流有限公司、长沙润安仓储有限公司等物流企业入驻；湖南粮食中心批发市场、沙坪湘绣博物馆开馆迎客等商贸旅游服务业入驻。是年年末，金霞经开区物流商贸服务业等三产业企业23个，从业2345人，占园区从业总人数的20.25%；园区物流商贸服务等三产业完成主营业务收入20.21亿元，占园区技工贸总收入的17.91%；实现利税2.02亿元，占园区利税总额的 17.96%。

2011 年起，新增物流商贸服务企业有：湖南中远国际货运有限公司、湖南益捷国际货运代理有限公司、湖南大业食品有限公司、湖南畅达物流有限公司、湖南省新源石油股份有限公司、长沙新时代医药有限公司、湖南省杏林物流有限公司、湖南德邦物流股份有限公司、湖南恩瑞物流配送有限公司等。至 2012 年年末，园区有物流商贸服务等三产企业 46 个，从业人数达 2715 人，占园区从业人数的 20.94%；物流商贸服务等三产业主营业务收入 40.44 亿元，占技工贸总收入的 22.28%；实现利税 3.39 亿元，占园区利税总额的 22.01%。

附记　一、长沙金霞海关保税物流中心

2005 年，申报建设长沙金霞海关保税物流中心，2008 年获得批准建设，2009 年 4 月通过国家验收，8 月长沙金霞海关保税物流中心封关运行。开展进口保税、出口退税、“一日游”等主流业务，引进“优传保税区发展模式”，拓展恒温恒湿仓储、进口葡萄酒展示交易等业务，业务覆盖全省，服务进出口加工贸易企业达 260 余家。中心入驻的物流、贸易及相关配套企业 20 家。中心业务范围已覆盖全省及部分周边地区，主要包括蓝思科技、介面光电、富士康、创芯科技、三一重工、中联重科、威胜电子等大中型企业，中心进出口商品主要包括机械设备、电子芯片、精密仪器、红酒、奶粉、橄榄油、矿石、木材等近 3000 种。2009—2012 年，中心累计报送 6363 票（其中“一日游”2074 票），总货运量 16.4 万吨，总货值约 11.45 亿美元，海关征收关税约 2.53 亿元人民币。

二、国药控股湖南有限公司

2006 年，园区引进的国药控股湖南有限公司是中国医药集团在湖南设立的中央医药流通企业，主营业务为化学药制剂、抗生素、中成药、生化药品、生物制品、疫苗、医疗器械、医药物流、供应链服务等。2009 年项目开工建设，投入建设资金 1.5 亿元，占地面积 30000 平方米，库存容量 20 万箱，日吞吐量 6 万箱，日处理客户订单 8000 单，设计规模年销售 100 亿元。2011 年 2 月建成并投入运营，公司与全球 2000 余家知名医药企业建立战略合作伙伴关系，经营品种 20000 余个，并与中国医药集团共享近 50000 个产品品牌。2012 年，公司完成主营业务收入 41.9 亿元，利润 4.43 亿元，实现税金 3300 万元。是年，公司“医药智慧供应链管理平台”被评为 2012 年湖南知名品牌。

第七节　经济效益

1992 年，金霞经开区成立初期，多渠道筹集资金，实施的重点是城市基础设施建设，至 2005 年，长沙城北略显城市氛围。2006 年，园区有各类企业 31 家，从业人员 2586 人，实现技工贸收入 5.90 亿元，人均劳动生产率 22.82 万元/人，地均产值率为 16.88 万元/公顷，实现利税 3000 万元，人均实现利税 1.16 万元/人，全年园区实现财政收入 8000 万元。

2007 年，园区有各类企业 46 家，从业人员 4321 人，实现技工贸收入 16.80 亿元，实现利税 1.56 亿

元，实现财政收入 1.7 亿元。2008 年，园区有各类企业共 55 家，从业人员 6524 人，实现技工贸收入 61.57 亿元，实现利税 5.82 亿元，实现财政收入 2.02 亿元。2009 年，园区规划面积 5222 公顷，主要功能定位为现代物流、商贸和都市工业基地。园区有各类企业共 67 家，从业人员 8932 人，实现技工贸收入 81.21 亿元，技工贸收入比 2006 年增长 1276.44%；人均劳动生产率为 90.92 万元，比 2006 年增长 298.42%；地均产值率 155.52 万元/公顷，比 2006 年增长 821.32%；实现利税 8.06 亿元，比 2006 年增长 2586.67%；人均实现利税 9.02 万元/人，比 2006 年人均利税增长 677.59%；实现财政收入 3.53 亿元，比 2006 年增长 341.25%。

2010 年，园区有各类企业共 79 家，从业人员 11580 人，实现技工贸收入 112.88 亿元，实现利税 11.25 亿元，实现财政收入 7 亿元。2011 年，园区有各类企业共 90 个，从业人员 11963 人，实现技工贸收入 121.94 亿元，实现利税 13.35 亿元，实现财政收入 8.00 亿元。2012 年，园区有各类企业共 116 家，从业人员 12968 人，实现技工贸收入 181.53 亿元，比 2009 年增长 123.53%；人均劳动生产率 139.98 万元，比 2009 年增长 53.96%；地均产值 347.63 万元/公顷，比 2009 年增长 123.53%；实现利税 15.40 亿元，比 2009 年增长 91.07%；人均实现利税 11.88 万元/人，比 2009 年增长 31.71%；实现财政收入 10.18 亿元，比 2009 年增长 188.39%。

表 18-8-7-1　　2006—2012 年金霞经开区经济效益一览表　　单位：万元

年份	实现利税总额	人均劳动生产值	地均产值（每公顷）	人均实现利税
2006	3000	22.82	16.88	1.16
2007	15600	38.88	48.05	3.61
2008	58200	94.37	176.12	8.98
2009	80600	90.92	155.52	9.02
2010	112500	97.48	216.16	9.72
2011	133500	101.93	233.51	11.16
2012	154000	139.98	347.63	11.88

第九章　长沙雨花经济开发区

2002 年 7 月 31 日，省政府下达《关于同意建设湖南环保科技产业园并列入省级开发区系列的批复》，湖南环保科技产业园正式成立。产业园规划面积 15.2 平方千米，是由雨花区政府投资兴建的省级工业园区。是年，成为全市 10 家示范性乡镇工业园区之一和“二区六园”的主打园区。2003 年 6 月，依照园区总体规划的要求，把握园区产业布局和功能分区，突出核心区 3 平方千米开发。首个基础设施工程——火星大道园区段交付使用，项目投资 2.1 亿元。把招商引资作为盘活园区、发展园区的第一要务，创新招商手段，突出重点招引大型、龙头项目入园，成功引进三湘美的客车基地等大型项目。做好农民的“两安”工作，主动为桃阳、金井两村搞好“两安”用地规划。支付征地拆迁资金 6302 万元，占全年投资支付总额的65%。确保122.07公顷建设用地顺利征用。12月，国家环保总局授予园区“全国环保科技示范园区”“生态与环保持续发展贡献奖”。是年，园区引进规模企业11家，合同引进省外境内资金20亿元。2004年，策划推出世纪环保中心、核心区高科技工业园、精密机械加工基地、环保节能产业基地等10大项目库进行招商，引进项目7个，合同引进资金3.5亿元。通过协调，实现3家企业投产，5家企业启动建设。是年，成为省政府重点调度的20个园区之一。

2005年，产业园结合“十一五”规划的制定，确定工业新城的整体定位及高度专业化园区的工业定位。园区招商引进项目5个，到位外资1.38亿美元，实际到位省外境内资金48亿元，固定资产投入8.6亿元，完成技工贸总收入6.1亿元，实缴税收2158万元。2006年，全年园区新增通车里程7.5千米，形成“三纵三横”的路网小闭环。2007年，引进湖南中烟总部基地、深圳宏发标准厂房等标志性项目，全年新增投产项目20个。

2008年，园区科技创新投入5000万元，建成3个省级技术创新中心，3个市级技术创新中心；引进高新技术企业共15家。是年，形成6平方千米的城市基础设施规模，共完成固定资产投资56亿元，建成“五横五纵”主次路网24千米。整体实现北上绕城高速、南下暮云、东过京珠高速、西连天心区的交通格局，区位优势日趋彰显。2009年7月，进比亚迪汽车4平方千米、年产80万辆的轿车生产基地建设项目，投资规模超60亿元，建成后将成为全省最大的新能源汽车产业基地。

2010年，园区东片控规经市政府及省“两型”办原则同意，东片控制性规划初步成果通过市规划委专家评审，园区面积拓展到23.07平方千米。全年帮助园区企业实现融资2.1亿元。实现技工贸总收入110.53亿元，比2005年增长18倍；完成税收21087万元，比2005年增长877%。

2012年3月，省政府办对全省开发园区统一规范命名，湖南环保科技产业园改名为长沙雨花经济开发区。是年，园区实现技工贸经济总量208.92亿元，比2005年6.1亿元增长约33.2倍，以年增长率65.8%的速度递增；其中工业总产值实现180.38亿元，比2005年6.1亿元增长约28.6倍，以年增长率62%的速度递增。实现税收收入4.01亿元，比2005年2158万元增长约17.6倍，以年增长率51.89%的速度递增；企业人均劳动生产率56.69万元/人，比2005年14.19万元/人增长3倍；地均产值率为1374.47万元/公顷，比2005年40.13万元/公顷增长33.2倍；企业人均纳税率1.09万元/人，比2005年0.51万元/人增长114%。连续12年实现高速增长；工业总产值占全区工业总产值的43%。实现GDP值72亿元，人均实现GDP值约14.4万元。

2002—2012年，园区可供实际控规土地开发面积23.07平方千米，已开发土地面积17平方千米占73.7%。共引进企业312家，其中：新能源汽车及汽车零部件企业24家，机械制造企业80家，环保节能企业15家，工业地产企业126家，商贸服务企业及其他产业企业67家。园区共实现到位外资23.24亿美元，实现省外境内到位资金725.68亿多元，园区完成固定资产总投资271.49亿元，建成“五纵五横”的路网框架，共完成主次道路34条（段），通车总里程40.14千米，总投资约14.6亿元。共完成34条（段）路网供水、供电、排水排污、电信通信网络综合管网等配套设施建设合计约320千米，总投资12.36亿元。

第一节 机 构

一、中共长沙雨花经济开发区工作委员会

2003年6月，成立中共湖南环保科技产业园工作委员会（简称“党工委”），园区党工委由书记1名、副书记1名、委员5名组成。隶属中共雨花区委领导和管理。2005年6月，园区党工委升格为中共雨花区委副县级派出机构。

2011年4月，市编委明确园区党工委书记、管委会主任各1人高配为正县级。2012年3月，省政府办对全省开发园区统一规范命名，改为长沙雨花经济开发区。随后，中共雨花区工业园党工委更名为中共长沙雨花经开区工委，升格为正县级，作为长沙市委派出机构，与雨花经开区管委会合署办公，委托雨花区委管理。7月，省编委对雨花经开区机构编制予以明确，核定党工委书记1名（为正处级），副书记兼纪工委书记1名（为副处级）。

二、长沙雨花经济开发区管委会

2002年4月，长沙市雨花区决定成立湖南环保科技产业园建设指挥部，9月，湖南环保科技产业园管理委员会成立（简称“园区管委会”），为区政府直属事业单位，核定编制20人，实行企业化管理。12月，明确园区管委会为区政府直属正科级事业单位。2005年4月，园区管委会被批准为副县级机构。2006年，国家对开发区清理整顿后园区予以保留，被国家发改委命名为长沙雨花工业园区。2011年12月，园区更名为长沙雨花区工业园。2012年3月，省政府办对全省开发园区进行统一规范命名，园区更名为长沙雨花经济开发区（以下简称“经开区”），雨花经开区管委会为市政府的派出机构，与园区党工委合署办公，为正县级机构，委托雨花区委、区政府代管。7月，省编委关于雨花经开区机构编制有关事项明确，核定管委会主任1名（为正处级），副主任2名（为副处级）。委托雨花区政府管理。至2012年年底，园区管委会核定编制35名，在职干部职工33人；内设机构办公室、招商合作局、经济发展局、规划建设局、工务局、社会事务局等6个局（室），均为正科级机构。

2003—2012年，先后担任湖南环保科技产业园、长沙雨花经济开发区主要领导职务的有：黄树松、龚景顺、李范坤、郭四军；其他领导班子成员有：莫树民、喻新义、李范坤、余伟军、邹霞、陈怀柏、肖向东、邓波、任壮岳、易卫红、李国庆、张良友、周宏、张昱、刘硕平、严忠正、李逾之、刘庄、张建。

第二节 园区规划

一、总体规划

2002年7月，省政府同意在长沙市雨花区洞井镇桃阳、白田、洪塘、金井、鄱阳5村地域内建设湖南环保科技产业园（以下简称“园区”）。园区南与长沙县界接壤，北至长沙市绕城高速线，东至京港高速公路，西至天心区行政界，占地面积15.2平方千米（含东片4.41平方千米），首期开发6平方千米。园区管委会委托长沙市规划设计院修编《湖南环保科技产业园控制性详细规划》（西片）。明确生态优先原则，保护并合理利用山林水体，创造园区良好的自然生态与人文环境。以环保节能工业为主导，实现集科研、制造、生态农业、休闲旅游于一体的产业链，使其成为雨花区乃至长沙市新的经济增长极。2004年1月，《湖南环保科技产业园控制性详细规划》实施。

2007 年，由园区委托长沙城市规划设计咨询公司编修《湖南环保科技产业园控制性详细规划》（东片），构建“一城、两廊、两带、三区”的功能格局。“一城”即汽车产业基地集汽车零部件到汽车整装及相关物流、零售配套于一体的新能源汽车产业城；“两廊”即沿京港澳高速和沿武广、沪昆高铁线规划的防护绿色廊道；“两带”即沿圭塘河布置的绿化带和沿绕城高速线布置的环城林带；“三区”即同升湖周边高尚生态居住区、新兴村居住小区和东南部为工业区服务配套的高档商务体育休闲区。2009 年 2 月，对《湖南环保科技产业园控制性详细规划》（东片）修编作出评估报告。

2010 年 5 月，修编《湖南环保科技产业园控制性详细规划》（新西片），本次修编重点主要鉴于园区原控规西片中的京珠高速公路以东 4.13 平方千米拉入东片扩规控规中修编，在已建规划路网、绿地主导功能构思基本保持不变的前提下进行修改补充。园区西片四至定界，确定园区西片面积 10.79 平方千米。其中规划城市建设用地面积 996.56 公顷。人口规模：规划二类居住用地 141.17 公顷，依据长沙市《城市居住区规划设计规范》（2002 年版），园区西片规划人口规模确定为 7.8 万人。8 月，湖南省长株潭“两型社会”建设办原则同意园区东片控制性规划方案。2011 年，园区东片四至定界，确定园区东片面积 12.28 平方千米，其中城市建设用地 10.58 平方千米。

2012 年，园区总规划区域包括京港澳高速公路以西、以东两片区，园区用地面积规模由原来的 15.2 平方千米扩大至 23.07 平方千米，总人口规模 15 万人。四至范围，北至长沙市绕城线，东至雨花区洞井镇的牛头村边界，南至与长沙县界接壤，西至与天心区相邻。规划以比亚迪新型能源汽车生产为主导，集相关配套产业、科研、高端服务于一体的新型工业园区，长株潭“两型社会”建设的核心区，创新型“绿心”的重要组成部分。规划构筑“一心、两带、两园、两楔、三区、四组团”的总体功能布局。“一心”是以环保大道和火星大道交接的绿化广场为中心，形成园区管理中心和园区配套的公共设施中心；“两带”是沿绕城规划的环城林带和沿京港澳高速公路规划的防护林带；“两园”即利用清泉寺和周边自然山水植被规划以生态、旅游、休闲为主的主体公园和利用保留的植被的规划研发公园；“两楔”即花卉展示基地和保留山体主体公园构成东西纵向楔形绿地；“三区”即东、西、南三个居住小区，作为工业区的配套、农民的安置以及少量的房地产开发；“四组团”即围绕火星大道规划四个环保工业基地，将工业用地化整为零，有利于分期建设。

二、专项规划

（一）土地利用规划。2002 年 7 月，园区西片土地控规总用地面积 1079 公顷。工业用地规划面积 210.8 公顷，占总用地面积的 19.54%，用地布局是沿主要交通干道形成四个规模不等的工业园小区。居住用地规划面积 141.17 公顷，占总用地面积的 13.08%，其中含村民安置地 36.3 公顷。公共设施规划用地面积 182.13 公顷，占总用地面积的 16.88%，其中含教育科研用地 56.80 公顷。市政设施规划用地 4.12 公顷，占总用地面积的 0.38%。仓储用地规划用地 33.97 公顷，占总用地面积 3.15%。集仓储、加工、运输于一体，形成长株潭新型物资运营流通的格局。2007 年，园区扩区拓园制定东片用地规划 1228.17 公顷，其中城市建设用地 1058.16 公顷（包括工业用地规划 252.76 公顷、居住用地规划 271.11 公顷、公共设施用地 110.46 公顷、绿地用地 267.69 公顷、对外交通用地规划 36.84 公顷、道路广场用地规划面积 93.93 公顷、市政公用设施规划用地 25.37 公顷），水域及其他用地为 170.01 公顷，占总用地的 13.84%。各地块的建筑密度容积率、建筑限高按地块控制规定的最高限度进行控制，不得超过绿地率、后退道路红线距离为地块控制指标规定的最小值。2010 年 5 月，园区修编控规（新西片）依市城市规划技术规定，土地开发强度涉及建筑容量和环境容量、交通负荷能力和功能需要等多方面的因素，按低强度、中强度、高强度建设区三类划分。城市建设用地面积 996.56 公顷。其中工业用地规划 331.19 公顷（含比亚迪用地 156 公顷），形成四个环境不等的工业组团；居住用地规划 168.52 公顷，人均居住用地 21.60 平方米/人；公共设施用地规划 148.54 公顷；道路广场规划用地为 161.5 公顷；其他建设用地 186.81 公顷。2011—2012 年，土地利用规划未修编变化。

（二）道路交通规划。2002 年 7 月，根据长沙市总体规划路网，结合园区西片控规和现有地形地貌，规划路网呈方格网加自由式布置，以新韶山路、火星路、京港澳高速公路“三纵”和绕城高速路、环保路、振华路“三横”为路网主骨架，考虑到火星路的交通性，其两厢分设辅道以减少其支路对火星路开口，避免区域内部交通对外部交通的干扰。次干道间距按 300~400 米不等，工业用地和物流基地路网相对较密，而居住、科研、主题公园用地路网则相对较稀。道路广场用地面积 188.26 公顷，占总用地面积 17.45%。规划社会停车场 4 处，用地面积 7.39 公顷，主要布置在工业用地园区中心、主题公园人口等物流、人员密集的地方。公交线路规划主要沿火星路、金海路、环保路设置。2007 年，修编东片道路交通规划，对外交通规划用地 36.84 公顷，道路广场用地规划面积 93.93 公顷，人均道路广场用地 13 平方米，其中社会停车场用地 2.52 公顷；规划主次道路 10 条。对外交通主要通往火车站，武广高铁站、沪昆高铁站、机场、京港澳高速和绕城高速，每边缘线控制宽度各 80 米，以跨线桥、隧道和路堤、路堑形式通过本区域，城市道路均下穿武广、沪昆高铁并保障净高≥8 米。对外交通有绕城高速和京港澳高速公路，其中绕城高速红线宽 46 米，绿线宽度 86 米，京港澳高速公路红线宽度 27.5 米，绿线宽度 100 米。城市交通按城市道路等级分为四级，即快速路、主干路、次干路与支路。路网结构规划纵向为新田路、同升湖路及红旗路，横向为时代阳光大道、环保路、振华路为骨架形成“三纵三横”的路网结构。路网密度 4.37 千米/平方千米。社会公共停车场（库）用地 2.52 公顷，各类项目机动车车位按标准配置车位数（个）。2010 年，园区修编西片对外交通线路有绕城高速、京港澳高速公路，总长度 11 千米。城市交通道路等级划分为三级，即主干路，红线宽度 40 米及以上；次干路，红线宽度 26~40 米；支路，红线宽度 7~24 米。道路路网密度 6.7 千米/平方千米。除京港澳高速公路与绕城线相交处设置李家塘互通式立交桥外，与其余城市道路如环保大道等均为分离式相交。绕城线为联系城市间的快速路，规划范围内除在正大路、联盟路设有互通式立交外，其余城市道路均下穿绕城高速。规划范围内其他主干路与次干路、次干路与次干路以及与支路均采用平交，道路交叉口局部拓宽。对外交通规划用地 16.47 公顷。为节约集约土地，规划拟在金井公园、中心公园及大型公园建地下停车场，保障停车位总量不变。2011—2012 年，园区道路交通规划未修编变化。

（三）供水规划。2002 年 7 月，园区供水规划根据规划面积 10.79 平方千米，首期规划人口 4 万人，根据长沙市总体供水规划，综合用水量标准取 800 升/人·日（含城市居民生活用水、工业用水、公共设施用水、市政道路浇洒、绿化浇洒、消防用水及管网漏损、不可预计水量）预算，得出综合总用水量为 3 万立方米/日，最大小时用水量为 2133 立方米。主要以第八水厂为水源，分别从老韶山路和火星大道引水。为供水的安全可靠，管网布置采用环状网布置，在新韶山路等主干道南北向两侧布管、敷设 2 根管径 600、管径 400 主管，在环保路等主干道东西向敷设管径 600 的主管，次干道等道路干管按 500~800 米的间距敷设，供水管线沿道路的西、北方向敷设，各节点处用阀门控制，以利检修。2007 年，园区编制东片控规，东片供水按规划人口 7.2 万人测算，城市单位人口最高日综合用水量标准为 750 升/人，最高日用水量 10 万吨/日。供水主要由市一、三、五、八水厂联合供水。供水管网布置成环状，管道沿规划道路西、北侧布置。2010 年 5 月，园区修编新西片给水工程规划，西片供水按规划人口 7.8 万人测算，原则是在满足用户水量水压的前提下，根据《长沙市给水工程专业规划》，确定修编西片规划区的最大日用水量为10万立方米/日。主要水源以市第三、八水厂为水源，从新韶山路和万家丽路引水。供水加压泵站的选址，位于万家丽路与花卉路西南角园区管委会南侧，服务范围为环保路以南、万家丽路以东、金井路—振华路以西、以北所围成的范围内，服务面积2.42平方千米。2011—2012年，园区给水规划未修编变化。

（四）排水排污规划。2002年7月，园区排雨水体系规划是根据总体规划采用完全分流制。按管线最短、埋深最浅的原则，最大限度地将收集的雨水用重力流分别送入天然水体处，尽量避免用机械提升，以减少经常性的运行、管理、维护费用；原则上采用就近排放，坡度尽量与地面坡度保持一致。排污水总体规划采用完全分流制，最大限度地将收集的污水用重力分区分别送入污水处理厂处理。排雨、污水系统分3个区，雨、污水干管分别敷设，一区汇集金井路为中心的247公顷雨、污水；二区汇集火星路为中心两侧小区的290公顷雨、污水，三区汇集以圭白路为中心的361公顷的雨、污水；其雨水以该区域汇至圭塘河；污水进入截污干管。京港澳高速公路以东敷设两条方涵收集本区域东西和南面的雨水660公顷，再汇入圭塘河支流。各工矿企业污废水必须经过处理达到排放标准后再排入城市污水管道。污水主干管管网分别沿金井路、火星路、圭白路设置，其中金井路干管往东与火星路干管汇集后再经绕城线底部（沿原有渠道边）流至圭塘河南面的截污干管，而圭白路干管则直接汇往圭塘河北面截污干管，以使整个区域污水能全部收集至花桥污水处理厂。2007年，东片排雨水规划采用雨水分流制，充分利用地形，高水高排、低水低排、就近排放的原则，雨水排入圭塘河中。雨水管网管道原则上沿道路中心线布置，考虑到圭塘河自南向北穿越整个区域，在雨水管道布置时，采用将地面雨水就近分散排入自然水体。东片污水管网其污水管道沿道路东、南侧布设，东片区内污水主要流向是由东向西，由南往北自流进入位于京港澳高速两侧的污水提升泵站。结合近远期建设的规划，近期园区西片及东片的污水均接入花桥污水处理厂，远期再进行截流进入环科园污水厂。2010年5月，修编新西片排雨污水系统规划参照《城市排水工程规划规范》，雨、污水仍按3个区排放，一区汇集花仙路为中心的328公顷雨、污水，污水汇集量2.59万立方米/日，污水主干管采用管径600钢筋混凝土管道。二区汇集以万家丽路为中心的两侧283公顷雨、污水，汇集污水量为2.23万立方米/日。三区汇集该区域以内圭塘河两侧的403公顷雨、污水，污水汇集量3万立方米/日，以及转输园区东片的832公顷污水，污水量5.9万立方米/日，污水直接经圭白路汇入圭塘河南、北两侧的截污干管。污水管网近期其主干管分别沿花仙路、万家丽路（两侧）、圭塘河（两侧）设置，其中花仙路干管往北再向东与万家丽路干管汇集后再经绕城线（沿原有渠道边）流至圭塘河南面的截污干管，而圭白路干管则直接汇往圭塘河南、北两侧截污干管，以使整个区域污水近期能全部收集至花桥污水处理厂。远期将环科园片的污水在绕城高速以南截断，沿绕城高速往东至京港澳高速交叉处，再会合园区东片污水，经位于京港澳高速西侧的污水提升泵站进入环保园污水厂。远期该污水泵站的容量为15.5万立方米/日（总污水量16万立方米/日减去同升湖污水处理厂能处理的0.5万立方米/日）。污水排放根据规划在东片区内新建一个环科园污水处理厂，将园区西片、东片的污水处理达标后排入圭塘河；污水处理厂设在圭塘河以南武广高铁防护绿地以东，规划规模为15.5万立方米/日。2011—2012年，园区排水排污规划未修编变化。

（五）供电规划。2002年7月，园区供电规划是根据西片区规划区域内总用地1079公顷内不同的用地性质，采用分类用电综合指标。首期开发10千伏电源取自井湾子、南托、大托3个变电站。为保障园区区域内电力负荷不受限制，规划在仙姑岭路与环保路交叉口的东北角设置一座110/10千伏变电站，其主变容量为 30×50 兆伏安，3 台主变分期投入。首期投入一台 50 兆伏安主变，中、远期再投入另外 2 台。电源首期取自芙蓉南 220 千伏变电站，远期取自规划中的白田变 220/110 千伏变电站供电。同时，在园区规划区北侧离绕城线 1 千米处，火星路边设置同升变电站，中、远期从同升变电站共同承担园区规划区内负荷，满足园区供电。10 千伏电力线路均采用电缆沿电缆沟穿聚录乙烯（PVC）管埋地敷设，10 千伏开闭所主进线系统采用环网接线，出线采用放射式或链接式。电力线路沿道路的西、北侧敷设。2007 年，东片供电规划根据预测用电负荷设置 110 千伏变电站 2 座，即新兴变，容量 3×50 兆伏安，汽车城专变，容量 3×50 兆伏安，附设于项目用地内。设置 220 千伏变电站 1 座，即白田变，容量 3×180 兆伏安，白田变需要出 10 千伏线路对规划区供电。近期保留现有云树线单杆单回 220 千伏高压架空走廊，远期拆除。近期保留现有云红线单杆双回 220 千伏高压架空走廊，远期拆除，规划白田变—云田变、白田变—城南变 220 千伏线路各 2 回，该 4 回线路共走廊架设。2010 年 5 月，园区新西片修编电力系统规划，根据规划区的用地性质及电力负荷指标，预测用电负荷，园区内设 110 千伏变电站 3 座，即比亚迪专变 1 座，位于环保路与圭白路东北角，容量 2×50 兆安伏，仙姑岭变，容量 3×50 伏安，高塘变，容量 3×50 伏安。高压走廊，保留树仙跳井红线单杆双回 110 千伏变压架空走廊，远期将该线路接入城南变，沿万家丽路预留变压架空线走廊，规划月塘变—比亚迪转变—城南变单杆双回 110 千伏高压架空走廊，沿京港澳高速公路东侧隔离带预留高压架空线走廊，规划白田变—高塘变单杆双回 110 千伏高压架空走廊，沿京港澳高速公路西侧隔离预留高压架空线走廊。2011—2012 年，园区电力规划未修编变化。

（六）燃气规划。2002 年 7 月，园区范围内燃气规划近期气源采用为液化石油气，远期采用天然气。园区燃气消耗量，根据市《城镇燃气设计规范》（GB50028–93）口径计算，每年燃气消耗量约 9808.4×104 兆焦，每小时最大消耗量约 3.784×104 兆焦。园区内燃气管网（管道标准 0.2~0.4 兆帕）采用环状布置。园区境内道路两侧均敷设燃气管道，交叉路口敷设横向管道，使用管径 160~300 燃气管道。近期燃气干管由新韶山路、金井路接入，在区域内设置燃气减压站一座。园区内新韶山路等主干道设置管径 300、管径 250 的燃气管，金井路等其他所有主次干管均设置管径 200 的燃气管，所有燃气管道均沿道路的东、南侧敷设。2007 年，园区东片燃气规划用气量，包含居住、公建、其他用户总用气量为 4771 万立方米/年。规划区内采用管道天然气，在天然气供应的区域采用瓶装液化石油气供应。规划瓶装液化石油气供应站 2 处；规划加气站 1 处。2010 年 5 月，园区新西片修编燃气规划，规划预测园区总用气量为 5340 万吨/年。规划区采用管道天然气，因天然气气源紧张，各入园企业可采用其他清洁燃料。园区内规划高、中压调压站 1 处，加气站 1 处。2011—2012 年，园区燃气规划未修编变化。

（七）邮政电信综合规划。2002 年 7 月，园区邮政电信规划范围内规划电话总数量达 3.88 万台，人口按 4 万人计，电话普及率为 97%。规划区内采用综合通信宽带接入网，以满足通信信号的传输。园区内设置 1 座电信分局（作为端局），1 座邮政分局，同时设置 3 个模块局，模块局、宽带网光节点机房、邮政所均附设于单体建筑物内。2007 年，园区东片电信邮政规划固定电话用户 10.63 万线，需电话交换机容量 11.81 万门。保留同升湖山庄的移动通信站。电信光结点每 2000~5000 用户设置电信光节点 1 处。规划邮政所 3 处。2010 年 5 月，园区新西片修编邮政电信工程规划按园区用地指标和人口，确定园区固定电话用户指标 9.64 万线，考虑到放号率为 90%，则需电话交换机容量为 10.70 万门。根据长沙市总体规划，设置邮政电信等合建的通信分局 1 处。规划移动通信站 8 处。电信光节点每 2000~5000 用户设置电信光节点 1 处。规划邮政所 2 处。所有弱电线路均为共管（沟）暗敷设，沿道路东、南侧设置综合管道。2011—2012 年，园区邮政电信综合规划未修编变化。

(八) 绿化规划。2002 年 7 月，园区城市绿地规划面积 161.96 公顷，其中防护绿地面积 64.21 公顷，防护绿地主要是沿京港澳高速公路、火星路、新韶山路等道路绿化用地。公共绿地面积 97.75 公顷。公共绿地主要是结合山体植被规划的市级、区级居住区和公园。生态绿地规划面积 156.59 公顷，主要包括环城林带和花卉基地。环城林带主要指沿绕城线南侧根据山形地势所规划 100~200 米不等的生态林带，作为构筑城市一江一圈生态保护的主体框架的一部分。花卉基地位于圭塘河两侧形成集花卉种植展示、销售、旅游、休闲于一体的生态农业基地。2007 年，园区编修东片控规规划，园区东片绿地系统规划 267.69 公顷，人均绿地 37.18 平方米，其中公共绿地 176.37 公顷，人均公共绿地 24.50 平方米。防护绿地 91.32 公顷，主要为京港澳高速公路、绕城高速、武广及沪昆高速铁路两侧的防护绿带。规划绿地用地采用“点、线、面”相结合形成层次丰富的绿地系统。2010 年 5 月，按新西片修编绿地用地绿地规划面积 186.99 公顷，人均绿地 23.97 平方米/人，其中公共绿地面积 121.87 公顷，人均公共绿地面积 15.62 平方米，符合国家城市园林绿化标准。防护绿地面积 65.12 公顷，主要沿京港澳高速公路、万家丽路、环保路等道路两厢布置。绿地系统规划采用“点、线、面”相结合将城市绿地、生态绿地融为一体。“点”为规划区域内保留仙姑岭休闲公园、金井、白田公园等空间。“线”是以绕城高速、京港澳高速防护林带，环保路、汇金路、万家丽路绿化带形成的防护绿地。“面”指依托清泉寺生态旅游公园、托子冲公园自然山体形成的楔形景观绿地。2011—2012 年，园区绿化规划未修编变化。

第三节　基础设施建设

一、道路建设

2002 年 12 月，火星南路园区段奠基，全长 2.53 千米，总投资 2.1 亿元。是园区启动的首个大型基础设施建设项目，系城市Ⅰ级主干道，路幅宽 66 米，是园区道路贯穿南北向的主轴线，对外交通的主要通道。2003 年 10 月，新兴路启动建设，道路里程长 1035 米，路幅宽 30 米，计划总投资 708 万元。2004 年 3 月，新兴路一期竣工通车。10 月，火星大道全线通车。11 月，环保大道园区段开工建设，西起长沙大道，东至京珠高速，全长 5363 米，园区段长 3465.91 米，路幅宽 46 米，总投资 1.8 亿元。是园区道路的东西向对外交通的主要通道。12 月，振华路立项， 途经洞井镇金井、桃阳、联盟 3 村。2005 年 9 月，振华路一期开工建设，西起新韶山路，东至圭白路，全长 2853.27 米，路幅宽 30 米，计划总投资 6500 万元。10 月，环保大道园区Ⅱ标段竣工通车。11 月，园区花卉路立项，东起圭白路，西至万家丽路，全长 1.5 千米，总投资 4000 万元。新兴路西延长线交通主干道全线启动建设，该路长 700 米，年内完成路基、三合料等施工，共完成投资约 120 万元。

2006 年 6 月，园区金园路启动建设。8 月，启动金井路立项，路段长 240 米，路幅宽 16 米，工程造价 100 万元。2007 年 7 月，万家丽路—绕城高速公路互通立交桥开工建设，该互通桥工程建设主要包括立交桥 A、B、C、D 等 4 匝道及雀园路工程。8 月，环保大道下穿京港澳高速顶涵破土动工。全年开工建设道路 5 条，新兴路、金井路等路段竣工通车，完成路网建设新增道路 8.6 千米，投资 2.59 亿元。2008 年 7 月，仙姑岭路启动施工；白洪路改道建设由园区负责拉通支路四，并完成原白洪路与支路四、圭白路对接，替代白洪路。10 月，万家丽路全线竣工通车，园区段工程总造价 2300 万元。至年底，园区形成 6 平方千米的城市道路基础设施规模，建成“五横五纵”主次路网 24 千米。整体实现北上绕城高速、南下暮云、东过京珠高速、西连天心区的交通格局，进一步提升园区的交通优势和区位优势。

2009年4月，启动金园路施工，园区南北向次干道。路幅宽30米，全长2520米，总投资8224万元。全年完成路网“两纵”（兴安路，仙姑岭路）“一横”（花卉路）道路建设，园区通车里程共32千米，投资约10亿元。2010年7月，兴安路竣工通车，全长2892米。10月，花卉路西段竣工通车；振华路西段、圭白路南、北段全面铺开建设；园区东片10条道路启动设计。2011年4月，环保大道全线通车。8月，致函市轨道交通集团，请求支持将地铁5号线工程南延约2.4千米至园区环保大道。是年，新田路更名为比亚迪路，原比亚迪路更名为振东路。全面启动并完成环保大道延长线、比亚迪路等5条道路前期建设。

截至2012年，历经10年的道路建设，园区道路基础设施建设形成“五纵五横”框架，建成道路34条（段）和万家丽路与绕城高速公路建互通公交站1座、在环保路、振华路、比亚迪路汽车城项目一期用地内、东七路下穿京港澳高速公路中建框架结构地道桥3座。总里程40.14千米，总投资14.6亿元。

二、供水

2002年9月，火星大道Ⅱ期工程开工典礼在雨花区木莲冲广场举行，并启动供水管道工程建设。2003年4月，火星大道园区段全线建设中，园区指挥部从韶山路管网引自来水到园区的供水工程。因市第三、第八自来水厂距园区路程远，水到火星大道园区段时水压变小，不能满足园区的供水需要，在火星大道园区段与花卉路相交路口西南角启动建设加压泵房一间，占地面积20平方米，建设泵房15平方米，安装4台30千瓦机组，投资60万元。10月，火星大道园区段2.2千米的供水管线Ⅰ标段敷设完工，道路双侧敷设管径400球墨铸铁管。2004年1月，韶山路管网的自来水成功引接至火星大道园区段Ⅰ标段，并试压成功。7月，新兴路铺设1200米供水管道，全部竣工并通水。12月，火星大道园区段供水管网建成投入使用，解决火星大道园区段沿线入园第一批企业的供水问题。环保大道供水管线施工，在环保路东西向北侧敷设管径400的水管，在南侧敷设管径1000的主管；支管按500~800米的间距敷设。是年，园区帮扶在建的亿利达、新中制药与市自来水公司协调，供水管道接入2家企业。2005年5月，启动花卉路供水管道施工，在西侧敷设管径400的管道720米。12月，完成振华路Ⅰ期道路的供水管道敷设，在西侧敷设710米，投资约200万元。2006年，园区在万家丽路（原火星大道）与花卉路相交路口西南角所建供水加压泵房投入使用，供水加压泵房埋管及配套设施工程投资152万元。2007年，金海西支路供水管线启动施工，敷设管径400的管道360米，该项目预算投资90万元。至年底，共完成“五纵五横”10条路网供水管道施工，投资约8000万元。2008年，园区支路四、支路五供水预埋管道启动施工，敷设管径400的管道850米。2009年2月，振华路供水管道全线贯通。12月，兴安路启动供水管道敷设，使用管径400的管道3000米，预算投资750万元。2010年，进行兴安路供水管道施工，全长2892米。2011年，园区在万家丽路与花卉路西南角，位于园区西片4号地，投资扩建供水加压泵站，总投资1679万元，建筑面积593平方米。加压泵站清水池有效容积3600立方米；采用3台型号为30590B的S型系列单级双吸卧式离心泵，近期最高日最高时设计流量1233立方米/小时和远期最高日最高时设计流量1458立方米/小时，水泵的扬程65.11米，清水池进水采用1根管径600毫米焊接钢管从泵站东侧（万家丽路西侧）接至清水池；经过ClO_2补氯、水泵加压后，出水通过1根管径500焊接钢管从泵站东侧接至万家丽路连接市政给水管网，整体改善园区自来水供水压力不足的问题。园区给水管网采用环状网布置，给水管线沿道路的西、北向敷设。2012年年底，供水加压泵站投入使用，服务面积242平方千米。截至2012年，园区共完成34条（段）道路供水管道敷设计42.37千米，总投资3.8亿元。

三、排水排污

2002年9月，园区启动火星大道Ⅱ期园区段工程雨、污排水管线图纸设计，排水系统采取雨、污分流制排放模式。污水管网与雨水管网各成体系。2003年10月，火星大道2.2千米的主排雨水管铺设完毕。11月，新兴路道路南起金井路，东至桩号为K4+423.01处的相交支路敷设雨水管排水排至圭塘河。2004年2月，新兴路预埋雨、污排水管线启动施工，至环保大道的雨水主干管2米×2米钢筋混凝土管道，箱涵长约227米，污水管管径0.4~0.5米，沿地形分别汇入花仙路和火星大道污水干管，污水管总长2395米。4月，火星大道完成雨、污水排水管道6396米敷设，共完成投资0.55亿元。8月，金海路—绕城线污水主干管管径为2根0.6米，汇集两侧污水，坡度0.3%，2根干管沿火星大道、金海路至花仙路后沿绕城线南侧向东与花仙路污水汇集至火星大道南侧，流至圭塘河南侧的截污干管，污水干管管道长4526米。12月，环保大道4670米雨、污排水管道（涵）施工。

2005年年底，花卉路污水管管径为0.4~0.6米，沿地形分别敷设汇入花仙路、万家丽路（原名火星路）和圭塘河污水干管，污水管总长5280米。2006年8月，对正大路临时雨水排水改造。正大路污水管管径0.4米，沿地形分别汇入花卉路、环保大道、振华路污水管，污水管管道长2370米。是年，汇金路—京港澳高速污水管沿道路南北侧，污水管管径0.4~0.5米，沿地形分别汇入花仙路、万家丽路和圭塘河污水干管，管道长8630米。2007年6月，花仙路污水主干管管径0.6米，坡度为0.3%，干管沿花仙路从仙岭路开始至绕城线南侧，沿绕城线南侧至万家丽路西侧，与万家丽路污水管网汇合，污水干管管道长3037米。11月，完成花卉路排水工程建设。新兴路Ⅱ标段排雨水管线全部完工。2008年，金海路污水管沿地形敷设分别汇入新兴路、环保大道和万家丽路污水管，污水管管道长2150米。2009年，建设兴安路排污工程，污水管采用管径0.4米的钢筋混凝土管道，沿地形分别汇入花卉路、新兴路和环保大道污水管，污水管管道长2780米。2010年6月，振华路污水管管径0.4米，沿地形分别汇入花仙路、万家丽路和圭塘河污水干管，污水管管道长3300米。是年，协调督促5户企业建设和完善污水处理设施，通过市有关部门执法检查。2011年，园区请市"两帮两促"领导小组协调圭白路工程指挥部解决汛期圭塘河雨水排水问题。

2012年5月，为比亚迪新厂区铺设专用排污水管道，将污水处理达国家Ⅰ级排放标准后引至花桥污水处理厂总排水口。11月，为减轻花桥污水处理厂的负荷，在园区范围内建污水处理厂，解决园区范围内污水的处理、收集，该项目建设纳入"十二五"规划，园区启动征地拆迁及环评编制，征地面积13.67公顷，计划投资9.3亿元。是年，园区东片12.28平方千米道路建设处于前期设计手续办理之中，未启动建设完整的雨污水排放设施，只是利用原有的明渠、沟河，依地形、地势、重力流排至原排水系统中。截至2012年年底，园区基本完成西片3个区域雨水排放系统建设，箱涵长1.9千米；建成的主要污水管道10条，管道总长36.62千米。园区完成34条（段）道路敷设的雨水、污水排水管道全长共计90.78千米，管径≥0.3米的管道长71.84千米，管径<0.3米的管道长18.94千米，总投资2.8亿元。

四、供电

2002年7月，根据电力专项规划的负荷指标，园区西片用电负荷为24.3千瓦，容量为486兆伏安110千伏的变压站。2003年9月，园区供电初步确定以110千伏单电源方式，从井湾子变电站110千伏森林线路接入园区。10月，完成火星大道2.2千米的电力埋管敷设CPVC管，电缆管线Ⅰ标段铺设完工，进入Ⅱ标段铺设，电力投资122万元。12月，园区110千伏配电工程启动建设，将区域内的树木岭—仙姑岭—跳马乡—洞井镇的单杆双回110千伏的高压输电线接入城南变电站，沿火星路预留的高压架空输电线输电到园区内。新立电杆 16 基，新放绝缘导线 10.4 千米，安装保护设备 1 套及相应的接地网线敷设，总投资 48 万元。2004 年 12 月，万家丽路电缆管线敷设建成投入使用，解决万家丽路沿线入园第一批企业亿利达、美的客车等供电的问题。2005 年 5 月，110 千伏变电站启动设计选址，建设规模：变电容量终期 3×50 兆伏安，投资 2500 万元。2006 年 3 月，万家丽路电力埋管及配电设施工程核定投资 424.6 万元。12 月，园区 110 千伏变电站进行设备安装、调试。年底，建设仙姑岭变电站、三湘美的汽车城变电站。2007 年，园区建成仙姑岭专项变电站 1 座投入使用；该变电站位于环保路和仙姑岭路东北角，容量 2×50 兆伏安，输电线路为洞井变电站—仙姑岭变电站—跳马乡变电站的 110 千伏的单杆双网路架空线路。11 月，园区雨南供电所建成投入使用。2009 年，比亚迪专项变电站建于环保路与圭河路东北角，专门为比亚迪汽车城项目供电，容量 2×50 兆伏安。2010 年 8 月，完成职教城 1~8 号栋供电 10 千伏供电线及高压配电盘柜的全部安装，并通过验收、具备送电条件。10 月，比亚迪 110 千伏变电站工程完工。2011 年，园区月塘变电站建成，容量 2×50 兆伏安，输电线路为月塘变电站、比亚迪变电站 110 千伏单杆双回路架空线路。2012 年 2 月，园区太阳能光电建筑集中示范项目并入电网。

五、供气

2002 年 7 月，园区所用燃气气源，由市燃气公司统一供给，管道由火星路城市中压（0.2~0.4 兆帕）燃气管网接入。2003 年 10 月，火星大道 2.2 千米燃气管线Ⅰ标段敷设完，进入Ⅱ标段敷设。2004 年 4 月，火星大道完成敷设燃气管 6390 米。12 月，环保大道燃气管线施工，敷设燃气管道总长约 4700 米。2005 年，与新奥燃气对接，园区企业用气主管接通至红线边。全年共完成 3 条道路共 1450 米燃气管道敷设。2006 年，万家丽路、环保大道供气埋管及配套设施工程投资 152 万元。2007 年 2 月，汇金路燃气管道施工进入验收，全程敷设 1350 米。2008 年 8 月，园区选址位于桃阳村 17 号地建设 1 座液化气加气站。全年共完成黄谷路等 4 条道路共 5350 米燃气管道敷设。2009 年 12 月，职教城路Ⅱ期燃气管道 420 米交付使用。2010 年，完成创业中心燃气工程的建设。全年共完成 3 条道路共 3.8 千米燃气管道敷设，并投入使用。2011 年，启动新兴路等 3 条道路燃气管道工程建设，管道长 4.8 千米。2012 年 12 月，振华路东延线敷设燃气管道 3200 米竣工验收。全年共敷设 5 条道路共 5650 米燃气管道。截至 2012 年，共完成园区“五纵五横”34 条（段）路网敷设长度 43.5 千米燃气管道等配套设施建设，总投资 1.3 亿元。

六、邮政电信综合管线

2003 年，火星大道 2.2 千米邮政电信管线敷设施工。2004 年 2 月，新兴路邮政电信综合管线敷设完工。2005 年，在园区建立 ADSL 宽带加压站，并引进光缆建设，企业网上交易速度加快。2006 年，敷设万家丽路、环保大道邮政电信综合管线各 4500 米。2007 年 2 月，汇金路电信综合管线管道施工进入验收，全程敷设各 1350 米。2008 年，共完成金海路等 4 条道路综合管线共 21 千米敷设。2009 年 12 月，职教城路二期敷设邮政电信综合管线 1.8 千米交付使用。2010 年，共完成 3 条道路共 6.5 千米综合管线敷设，并投入使用。2011 年，新兴路等 3 条道路邮政电信综合管线工程启动建设。2012 年，振华路东延线敷设邮政电信综合管线 6.2 千米竣工验收。全年共敷设 5 条道路共 15.65 千米综合管线。截至 2012 年，园区建移动通信站 30 处，沿道路分布建有小型通信光节点等。共完成 34 条道路网综合管线等的敷设，全长 143.5 千米，总投资 2 亿元。

七、绿化

2002 年 7 月，园区采用单位、小区、道路、公园融为一体的绿化体制，形成多层次的绿化系统。2004 年，启动火星大道绿化、亮化等相关配套设施工程建设，计划投资 0.35 亿元。2005 年，园区环保大道两侧绿化工程开工建设。2006年3月，完成火星大道、环保大道两侧绿化工程建设，绿化面积3.38万平方米。2009年，完成花卉路绿化建设。2010年，绕城线绿化带建设开工。2011年，园区制定200家企业1万棵树的五年植树计划，首次种树3000株，还园区青山绿水，实现工业和绿色和谐共存。2012年3月，园区10周年庆暨雨花区义务植树节千人植树活动在园区北侧绕城高速防护林带举行，1200名干部职工参加活动。30余家企业共认领树苗400棵，栽种后分别挂上认领企业的牌子，并负责日常培植；园区千名志愿者在绕城高速公路绿化带共同植下“雷锋号志愿者树”；长沙商贸旅游职业技术学院102名新疆籍学员和在校部分汉族学生共同植下一片象征着深厚情谊的“民族友谊林”。是年，园区在完成绕城高速公路7千米长的防护林带绿化后，又启动京珠、武广、沪昆等高速干线绿化林带的建设。

截至2012年，园区道路绿化主要对园区的“五纵五横”34条（段）道路绿化进行建设。万家丽路绿化带宽10米，两厢机动车与非机动车之间绿化带宽6米，道路两厢控制绿化带宽17米；环保路两厢机动车与非机动车之间绿化带宽3米，道路控制绿化带宽10米；汇金路两厢之间绿化带宽3米，道路两厢控制绿化带宽10米。园区次干道、支道建人行道为主的绿化带。道路中间绿化带以乔木、灌木、地被植物相结合，人行道树以四季青香樟树为主。园区道路绿化总面积15.05万平方米，总投资1.2亿元。

第四节　招商引资

一、招商政策与措施

园区系省级城区工业开发区，不能享受国家级、省级经济开发区改革体系优惠政策，自主权有限，政策空间相对狭小，招商政策只能依据国家、省、市相关政策执行。2002年7月，为应对政策洼地效应不明显的劣势，园区执行雨花区制定的《关于招商引资的奖励办法》《关于加速经济发展的奖励办法》《关于进一步加快环保科技产业园建设的办法（试行）》3个文件精神。规定3年内园区的区级税收全额返还产业园用于基础设施建设和园区滚动发展。允许采用以地回报，土地入股等多种融资方式吸纳社会资本入园进行基础设施建设。凡经批准的园区规划用地中工业项目用地，可按协议出让。9月，湖南环保科技产业园等10家工业园区被列为全市乡镇工业示范园区，并实行动态管理。园区成立管理机构，切实加强对园区招商引资和入园企业管理与服务。2003年3月，园区制定《招商引资奖励办法》，明确按招商引资到位资金的2‰奖励（区内企业除外），融资（包括国债）按到位资金的5‰奖励，争取政府各类扶植资金按5%奖励，协税按入库的5%奖励。是年，执行省政府《关于进一步加快乡镇工业园区建设的通知》及有关文件精神，明确经税务机关批准，园区内各类生产性企业，可参照省级高新技术开发区和经济技术开发区内的同类企业，享受有关税收政策优惠待遇。

2004年，执行区政府《关于加速经济发展奖励办法》，明确对年产值3000万元以上且实缴区财政税收30万元以上的工业企业，给予3万元的奖励，对年实缴区财政税收50万元以上的工业企业，按照当年实缴区财政税收的10%奖给企业；对年实缴区财政税收200万元、400万元和600万元以上的其他企业，分别给予6万元、12万元和20万元的奖励，用于企业生产发展。2008年，制定《加快园区发展奖励办法》，适用范围、考核奖励对象为园区招商入园企业及有关个人；项目建设贡献奖评奖范围为园区建设项目；税收贡献奖、就业贡献奖、经济指标贡献奖、技术创新奖评奖范围为纳入园区当年统计范围的企业。2010年，执行区政府促进园区招商引资及园区开发建设的特殊优惠政策：如税收增幅奖、规模奖、新办工业企业税收奖、工业固定资产投入奖、守信用企业奖、信贷扶植奖、技术创新奖、名牌产品奖、人才兴业奖等。2012年2月，执行区政府《关于促进产业高端化的扶植奖励办法（试行）》，明确产业高端化主要是指现代服务业、高新技术产业、战略性新型产业、新型工业的高端发展，重点引进企业总部、品牌企业的高端项目，重点建设商务楼宇、城市综合体、特色街市等高端载体，重点培育电子商务、金融保险、物流、中介、服务外包等生产性现代服务业和星级酒店、餐饮娱乐、现代商贸等生活性现代服务业，扶植奖励对象是符合规定条件的园区范围内的企业或有关单位和个人。

二、招商引资成果

2002年5月，园区与长沙华柔卫生用品厂签约，引资280万元。项目主要内容是生产“筱健”牌卫生纸。8月，在市内举办的“长沙—昆明经贸交易会”上，长沙莲湖医用氧气厂和长高高科特种气体厂签约入园，合同引资200万元。项目主要生产医用氧气和医用气体设备。10月，湖南亿利达实业公司落户园区。征地9.13余公顷，合同引资8120万元。其热泵及中央冷热水机组技术项目在国内属领先。全年园区完成到位省外境内资金8600万元，完成固定资产投入2.1万元。2003年3月 园区在市“环保科技成果交易会”上，招商项目4个，其中兴马电力实业GRC机制轻型墙板项目，征地3.2公顷，引资1500万元。10月 在深圳举办的全国“高新技术合作交流会”上，招商签约项目5个，签约引资金额16.5亿元。特别是广东美的企业集团正式与湖南三湘客车集团“联姻”，选址园区，首期用地20公顷，引进投资1.09亿元，建设全省最大的客车生产基地。11月，长泰输送包装设备落户园区，征地面积7.47公顷。合同引资3490万元。是年，园区招商引进项目11个，签约资金达21亿元。全年实际完成到位外资0.58亿美元；完成到位省外境内资金26.69亿元，完成固定资产投入3.5亿元。2004年7月，湖南朝日五内衣公司项目签约入园，是园区的第一家外资独资企业，合同引进资金1.7亿元。全年招商引进项目9个，合同引资5.2亿元。

2005年，园区招商引进项目5个，完成到位外资1.38亿美元，完成到位省外境内资金48亿元，完成固定资产投入8.6亿元。2006年6月，园区与湖南晓光汽车模具签约落户，占地16.13公顷，首期引入投资3.2亿元，成功引进汽车模具项目。9月，深圳农产品公司开发建设长沙农产品物流中心项目签约入园，引入投资5亿元。全年招商引进项目17个，引进到位外资1.81亿美元；完成到位省外境内资金51.45亿元。2007年10月，市政府研究决定湖南中烟工业公司总部基地落户园区。园区在标志性项目的引进上实现突破，引进全省最大的利税企业——湖南中烟工业公司总部基地项目。该项目占地66.07公顷，引资额强度达20亿元。11月，园区与深圳宏发集团签订战略合作协议，引进全省最大的标准工业厂房开发项目，总面积60万平方米，引入投资11亿元。该项目将提高园区土地集约利用程度，聚集一批“高、精、清”都市环保型企业，为园区承接东南沿海产业转移提供好的承载平台。全年招商引进项目20个，引进到位外资2.18亿美元。2008年7月，武汉东湖高新集团工业地产—长沙标准厂房项目签约入园。该项目位于园区核心区1号、8号地，占地面积15.85公顷。该公司是一家拥有17年工业地产开发经验的上市公司，拟建长沙国际企业中心，引进项目投资6亿元，标志园区引大引强、引进战略投资者取得突破。年内共引进项目11个。全年引进到位外资2.6亿美元，比2005年增长88%；完成到位省外境内资金72.6亿元，比2005年增长约51%；完成固定资产投入17.1亿元，比2005年增长99%。至2008年，园区累计引进项目79个，其中工业项目69个，引资额295.68亿元。

2009年7月，园区与比亚迪汽车企业签订战略合作协议，促成比亚迪汽车企业全部收购美的客车公司资产，生产“比亚迪”新能源电动客车。规划用地4平方千米、年产80万辆汽车生产基地，项目总投资超过60亿元，成为全省规模最大的汽车产业项目。全年招商共引进各类型企业60家，引进到位外资

2.92 亿美元；完成到位省外境内资金 83.5 亿元。2010 年 1 月，克明面业项目入园，属高新技术企业。3 月，湖南价格信息市场项目经省发改委批准立项，落户园区建设。该市场是国家发改委“金宏工程”“金价工程”重要组成部分，为国家发改委中国南方价格信息数据处理枢纽。6 月，引进特变电工研发设计销售中心项目，占地 5.34 公顷，总投资 3 亿元。至 2010 年年底，园区招商引进各类项目累计 220 个，累计引资额 476.28 亿元。

2011 年，园区东区工业项目开始招商。与博瑞医药、唐智科技顺利签约。园区商业综合体项目招商，拟在万家丽路两厢建设一个用地 42.3 公顷，集购物、旅游、休闲、娱乐等多功能为一体的商贸旅游地和辐射全国的超大型游乐式购物中心，吸引加拿大三五集团、华润地产、绿地集团、凯德置业、世茂集团等国内外多家顶级商业地产开发商前来考察洽谈。全年招商共引进各类企业产业项目 50 个，引进到位外资 3.74 亿美元；完成到位省外境内资金 116.4 亿元，完成固定资产投入 59 亿元。

2012 年，招商引进各类中小型企业 42 家，引进到位外资 4.2 亿美元，比 2008 年增长 62%；完成到位省外境内资金 133 亿元， 比 2008 年增长 83%；完成固定资产投入 59.92 亿元，比 2008 年增长 250%。至 2012 年，园区招商共引进企业累计 312 家，其中规模以上工业企业 60 家（中外合资企业 1 家，集体企业 4 家，民营企业 55 家），征地面积 1420.04 公顷。累计实现到位外资 23.24 亿美元，实现省外境内到位资金 725.68 亿元，累计完成固定资产投入 271.49 亿元。

第五节　技术与人才引进

一、技术引进

2002 年 12 月，引进湖南亿利达实业清洁燃料锅炉、三类压力窗口、热泵及中央冷热水机组等高新技术落户园区，是集研发、设计、制造，服务于一体的国家级高新技术企业。2003 年 3 月，引进正大轻科机械的现代造纸机械最优通风干燥技术，是国内最早生产纸机通风干燥设备的企业。从事造纸机械最优通风干燥技术研究、开发和应用，率先开发的生产纸机密闭，高速热风扬克式气罩、TAD 缸穿透式干燥系统、高速宽幅涂布机及涂布热风干燥系统、特种纸机生产线、热风干燥箱及浆板热风干燥系统等多项填补国内空白的先进生产技术。4 月，湖南湘能线缆 110 千伏及以下交联聚乙烯电缆高新技术、兴马电力实业 GRC 机制轻型墙板等高新技术被引进园区。9 月，长沙新中制药机械热压式蒸馏水机、多效蒸馏水机、反渗透装置、高品质注射剂配料系统、中药提取浓缩成套设备、脂肪乳（氨基酸）输液洗灌封生产线技术落户园区。10 月，广东美的企业集团与湖南三湘客车集团“联姻”，选址园区建设全省最大的新能源客车生产基地。2004 年 7 月，园区引进雨花虹德精工公司的矿山、冶金、工程机械等设备用的正齿轮、斜齿轮、非标齿轮等系列产品生产及非标设备制造高新技术，具有多项发明专利。西湖电线电缆公司的交联电缆、控制电缆、架空电缆、矿用电缆、通信电缆等系列先进生产技术引进园区，属高新技术产品，全部通过中国质量认证中心 3C 产品认证、全国工业生产许可证、ISO9001:2000 体系认证。

2005 年，引进长沙科达建设机械制造的建筑机械、隧道及矿山机械类高新科技生产技术入园，该公司隧道施工机械产品主要有混凝土喷浆机、混凝土布料机、拖式混凝土泵，矿山机械产品主要有全系列液压潜孔钻机等，建筑机械产品以塔式起重机、施工升降机及配套件全部通过 ISO9001 认证。产品在建筑机械、矿山及隧道机械行业中具有领先地位。2006 年，引进三湘特种玻璃公司具有高科技、高智能、高质量的省内最大的水平钢化玻璃生产线和加工光伏玻璃连续炉钢化玻璃生产线，是全省唯一一家品种齐全的特种玻璃深加工生产企业。6月，晓光汽车模具公司落户园区，主要掌握生产汽车大中型盖件模具，检具、装焊夹具及汽车零部件的高新技术产业，使用UG、CATU等CAD/TAM软件、AUTOFORM/DYNAFORM等CAE软件，模具生产全部实现计算机辅助设计和制造。2007年8月，引进湖南先步信息技术入园，该公司从事电力、冶金冶炼工业自动化及相关产品的研发、生产、销售和服务，系省高新技术企业、省重点软件企业。10月，引进亿利达实业天体空热气源热泵热水机组生产线、天体空气源热水机组同能源管理高新专利技术。

2008年，长沙百固标准件签约入园，该公司是省高新技术企业，主要掌握制造异型螺丝的先进生产技术。12月，引进南车电气公司的轨道交通及电传动领域专业传感器、测量仪器设备、电子控制装置等核心生产技术，通过国家新的高新技术企业认证。2009年7月，园区与比亚迪公司签订战略合作协议，引进集研究、开发、生产、销售为一体的新能源汽车技术，该公司掌握纯电动大巴、轿车、电动轿车及相应配套零部件的核心技术，拥有自制装备、技术创新的能力。2010年，引进长沙正忠科技公司矿山索道安全、设计、制造、安装高新技术入园，公司创办人、高级工程师张立忠研究开发出国内煤炭系统井下架空索道运输设备专业化生产成果，是煤炭部行业标准T/T873-2000《煤矿架空乘人装置技术条件》和国家标准JB21008-2007《地下矿用架空索道安全要求》《地下矿用架空索道设计规范》（GB/T25652-2010）的起草人。是国内一家获得煤安标志，且种类最齐全的矿山架空索道（俗称猴车）生产企业，公司拥有18项国家专利和自主知识产权。引进湖南清之源环保科技入园，该企业自主研发并获取专利的主营设备有人工湿地预处理设备、利用人工湿地模块的污水处理设备、生活污水生化一体化设备、高浓度异丙醇废水预处理设备、高浓度异丙醇废水治理技术、光伏废水处理及循环利用技术、国家级创新基金支持技术等重点高新技术。引进湖南普斯赛特光电科技项目，该公司从事节能LED光电产品的研发、制造与应用技术，属“新能源与高效节能技术”的高新技术企业。园区获市“省级园区年度科技进步目标考核管理一等奖”。

2011年，克明面业引进入园，该公司专注于中高端挂面的研发、生产及销售，商家重视产品质量安全，采用获得10余项国家专利的制面设备和高新生产工艺，荣获“省农产品加工质量安全奖”“全国绿色食品示范企业”“国家科学技术进步二等奖”等奖项。是年，重点引进高新技术产业项目3个，即比亚迪节能和新能源汽车项目、晓光汽车模具大型车身外覆盖件模具与冲压零部件技改项目、东湖高新长沙国际企业中心标准化厂房项目。2012年10月，园区引进月儿太阳能光伏产业技术。12月，引进长沙日晶电器科技技术，生产高低压成套设备。至2012年，园区累计引进科学技术（含高新先进生产技术）项目165项。

二、人才引进

2003年，园区根据需要及时招聘引进道路工程师、土建工程师等专业技术人员2名，缓解园区机关内专业技术人才奇缺的压力。2005年9月，园区引进长沙机床厂工程技术人才435人，其中高级技术人才44人。长沙科达建设机械制造市级技术中心引进博士人才2人，从事建设机械的高新技术研发；引进研究生以上的高级研发人才20余人。

2006年1月，园区聘请长沙理工大学经济学教授朱锡庆、省汽车协会副会长马湘滨任园区顾问，聘期1年。6月，引进晓光汽车模具公司具有从业经验丰富的专家和高级技工管理团队，其中，汽车模具研发设计高级专家2人，高级工程技术研发制造团队人才150人，中级以上技术岗位制造技师人才350人。8月，园区聘请中组部人才局专家处处长罗梅健、北京市工业促进局信息产业处处长梁胜、华友世纪通讯公司董事长向松祚、清华大学汽车系教授周明等任园区顾问，聘期 1 年。是年，长沙市新中制药机械引进中、高级工程技术人员 39 人。

2007 年，引进长沙贝尔环保洁能设备公司的高、中级专业技术人员 29 人。2008 年，长沙正忠科技公司引进高级以上技师人才 18 人，专家顾问级人才 4 人，高级职称专业技术研发人员 7 人，中级职称 22 人，其硕士以上学历科研人才 15 人，博士人才 1 人。2009 年 5 月，园区开展企业科研经营管理人才引进和储备需求信息调查活动。园区共引进各类人才 1625 人，其中享受国务院津贴的专家 2 人，高级研究员、高级工程师、注册会计师等人才 132 人；其他高级技术岗位人才 81 人；高级专业技师类人才 95 人，中级技术岗位人才 1315 人。2010 年 1 月，在职教城为比亚迪公司培训输送具备中级电工、焊工及技师人才 50 人。10 月，园区引进会计师、预决算师、房地产开发、汽车、环保专业技术人才各 1 名。是年，引进清之源环保科技公司高级以上技师人才 26 人，专家顾问级人才 5 人，高级职称专业技术研发人才 16 人，其中硕士以上学历科研人才 3 人。是年，园区机关有研究生及以上人才 1 人，中级技术职称人才 5 人。

2011 年，制定《长沙雨花工业园区鼓励自主创新办法》。明确鼓励各类高级科研人才入园创业，激励科研人员带领团队进行创新。明确对引进副总工程师及高级职称以上人才，前 3 年给予奖励。园区有科技人才 2800 余人，其中拥有中、高级职称的岗位科技人才约 1000 人。

2012 年，组织园区 300 家次企业免费参加 50 场招聘会，特别是为比亚迪量身打造招聘方案，进行专场校园招聘，为其引进岗位人才缺口近 200 个。为支持园区汽车专业人才培养储备，园区在资金十分紧张的情况下仍拿出 60 余万元，在长沙汽车工业学校设立教育奖励基金。年底，金杯电工股份公司引进高级工程技术研究级人才 3 人，高级技术专业人才 7 人，中级职称技术岗位人才 22 人，中级以上技师类人才 35 人。截至 2012 年，据统计，园区共引进各类技术岗位人才 2948 人。其中享受国务院津贴的各类研究员 3 人，教授级以上的高级研究员人才 6 人；其他高级技术岗位人才 86 人；高级专业技师类人才 175 人，中级技术岗位人才 1165 人，汽车制造及其他专业技术岗位技师人才 1513 人。

第六节　入园产业

一、产业规模

2002 年 8 月，办理长沙华柔卫生用品厂立项审批，建一条“筱健”牌卫生纸包装生产线，建筑面积 3100 平方米，投资规模 280 万元。9 月，启动长沙莲湖医用氧气厂基础建设，建筑面积 3600 平方米，计划投资规模 200 万元。建设医用氧气和特种气体生产车间。10 月，启动湖南亿利达实业公司的中央空调生产项目报批，建筑面积 2.82 万平方米，项目投资 8120 万元。建成后规模达年产中央空调机组 4000 台、商用模块式空调机组 2000 台、末端产品 5 万套。全年入园企业 3 家，主要是环保节能产业，从业人员 120 人，投产后主要产品是“筱健”牌卫生纸系列、医用氧气、一体化中央空调机组和商用模块式空调机组等。2003 年 5 月，湖南湘能线缆有限公司 110 千伏及以下交联聚乙烯电缆生产项目立项，占地 1 公顷，建筑面积 10 万平方米，固定资产投资 6000 万元。11 月，莲湖医用氧气厂第一家投产。12 月，长泰输送包装设备公司启动建设，投资规模 3490 万元，推出的造纸输送设备、造纸包装设备、家电生产设备、专机系统等产品，其综合技术达到国内领先和国际先进水平，具有自主知识产权。建成后规模生产主营业务收入 5000 万元，税收约 300 万元。全年入园工业企业 14 家，主要产品种类有交联聚乙烯电缆、GRC机制轻型墙板、造纸输送（包装）设备、家电生产设备、专机系统等。实现技工贸总收入500万元；利税总额45万元。

2004年2月，美的三湘客车集团有限公司客车生产基地项目立项，占地60公顷，首期建筑面积6.72万平方米，预算投资规模15亿元，是全省最大的客车生产基地，投产后规模达到具有1万台客车整车和专用底盘制造能力。3月，正大轻科钢结构厂房施工，建设“造纸通风及热回收设备开发与生产”车间。投产后年主营业务收入规模1亿元，利税过1000万元。9月，湖南湘能线缆二期启动建设，主要生产裸铝线和高分子材料。全年引进工业企业9家，园区企业总数达26家，主要产品种类有汽车零配件、机械类、裸铝线和高分子材料、造纸通风及热回收设备TAD缸穿透式干燥系统、高速宽幅涂布机及涂布热风干燥系统、新月型卫生纸机、热风干燥箱及浆板热风干燥等。

2005年9月，长沙市新中制药机械启动建设。该公司集设计、制造制药机械和化工设备于一体。全年入园工业企业5家，园区企业累计31家。从业人员4300人，主要产品种类有工业用传感器件、电子控制装置、计算机软件、机械系统集成、制药机械和化工设备等；实现技工贸总收入6.1亿元，利税总额0.6亿元。至2005年，形成亿利达环保节能产业、长泰输送机械制造业、美的三湘汽车制造业为主体的工业产业园区雏形。

2006年5月，金杯电工股份公司开工建设，该公司是全省大型的电线电缆生产企业，总资产22亿元。8月，办理湖南晓光汽车模具落户手续，占地16.13公顷，第一期投资3.2亿元，主要从事汽车模具产品研发和制造。该项目的引进是园区主导产业规模及战略投资招商新的重大突破，投产后年产值规模逾2亿元。10月，三湘美的客车长沙新生产基地建成投产。是年，园区新增湘能电工、金海钢结构、新中制药机械、长泰输送包装设备及常乐彩钢等12个项目建成投产或试生产。全年入园工业企业17家，主要产品种类有电力电缆、布电线、千伏级以下架空线、特种电缆和电磁线、汽车模具产品等。

2007年8月，引进湖南朝日五内衣公司建成投产，由日本朝日株式会社投资建设，是园区的一家外资独资公司，征地2.53公顷，投资4000万元，建筑面积2万平方米。拥有国际先进水平的各种缝纫及配套设备400余台（套），从事针织内衣生产、销售、出口。公司拥有国际先进水平的各种缝纫设备和配套设备360台。投产后年生产出口各类针织内衣800万件（套），年产值和销售规模额2亿美元，出口创汇800万美元，安排就业人员约1000人。9月，长沙南车电气设备公司签约入园建设，该公司是铁道部机车重要配件定点生产厂家，主要从事轨道交通及电传动领域专业传感器、测量仪器设备、电子控制装置等产品的研发、生产、销售及服务。10月，先步科技产业基地建设启动，主要从事电力、冶金冶炼工业自动化及相关产品的研发、生产、销售和售后服务。全年入园工业企业20家，主要产品种类增加有测量仪器设备、电子控制装置、钢化玻璃、火电厂辅助车间控制系统、冶金冶炼过程控制系统、SSPCU智能控制器等。

2008年4月，园区获批长沙市工业标准厂房开发建设试点园区。园区与武汉东湖高新集团签订开发标准厂房项目。该项目位于园区核心区1号、8号地。8月，长沙国际企业中心标准化厂房项目启动建设，由东湖高新集团投资兴建。占地11.8公顷，总投资6亿元，建筑面积24万平方米，工业地产新兴产业进入园区。全年入园工业企业11家，从业人员8617人，主要产品种类有标准件螺栓、螺母、异型螺丝、建筑机械、隧道及矿山机械类等。全年实现技工贸总收入53.6亿元，实现税收4423万元。

2009年7月，比亚迪汽车项目立项。9月，长沙国际企业中心8号地主体建设完工，建筑面积8万平方米，工业地产开始预售。晓光汽车覆盖件金属薄板冲压项目为湖南晓光汽车模具二期项目，该项目设备选购确定，并签订主要设备的采购合同。11月，比亚迪汽车城一期完成166.67余公顷的土石方平整，进入厂房桩基施工，比亚迪汽车城项目以超常规速度高速推进，一期项目进入全面建设阶段。比亚迪建设三大生产基地、汽车城配套项目启动等，总投资 26 亿元。投产后比亚迪汽车生产规模逐步达到年产 40 万辆轿车，5000 辆电动大巴及 1 万台底盘的能力。全年入园工业企业 60 家，企业累计 139 家。主要产品种类增加有比亚迪轿车，电动大巴及底盘、汽车覆盖件金属薄板等。

2010 年，湖南清之源环保科技公司在园区成立，注册资金 3000 万元，是一家集科研开发、设计施工、生产制造、销售运营、售后服务于一体的科技创新型环保企业。8 月，比亚迪二期开工建设，项目包括设计年产能力 120 万台整车组装车间及约 90%的零部件生产基地。全年入园工业企业 81 家（标准厂房企业 42 家），累计有各类企业 220 家，其中工业企业 183 个，非工业企业 37 个。从业人员 15482 人，主要产品种类有人与湿地模块的污水处理设备、生活污水生化一体化处理设备、二氧化氯发生器、行车式吸泥机、溶气泵式气浮设备、节能 LED、光电 LED 灯系列、隧道灯等。全年园区实现地区生产产总值 50 亿元；实现技工贸总收入 110.53 亿元，上缴税收 2.11 亿元。

2011 年 3 月，办理克明面业项目工程报建手续。6 月，引进特变电工研发设计销售中心项目入园，征地 5.33 公顷，总投资 3 亿元。该企业是全国输变电行业的龙头企业，全国最大的电子铝箔新材料基地和大型太阳能光伏系统集成商，排名世界 500 强第 495 位，中国企业 500 强第 388 位，先后荣获“中国工业大奖”“中国驰名商标”“中国知识产权百强企业”。是年，省重点产业建设项目 3 个，分别是比亚迪节能和新能源汽车项目、晓光汽车模具公司的大型车身外覆盖件模具与冲压零部件项目、东湖高新长沙国际企业中心标准化厂房项目。并成功申报成为省财政厅认定的特色产业聚集区；晓光、正大、长泰、南车等企业被列为 2011 年特色产业项目上报省财政厅。年底，园区企业总数达 270 家。主要产品种类有“陈克明”牌营养、强力挂面系列、24 千伏高压电气成套设备、10 千伏高压电气成套设备、YB 系列预装式变电站、电缆分支箱、开关站、低压电气成套设备等。全年实现 GDP（地区生产总值）60 亿元。

2012 年 10 月，园区光伏企业月儿太阳能产品出口尼泊尔国。12 月，长沙日晶电器科技开发公司启动建设，建筑面积 3.8 万平方米，总投资 8000 万元。全年入园工业企业 42 个，园区企业累计 312 个，其中工业企业 255 个（纳入规模以上工业企业 66 家、高新技术企业 19 家、出口型企业 5 家、其他 165 家）；非工业企业 57 个；从业人员 36854 人，主要产品种类有车身外覆盖件模具与冲压零部件、隔声罩、风机及除尘器系列。全年实现 GDP（地区生产总值）72 亿元；实现技工贸总收入 208.92 亿元，其中工业总产值 180.38 亿元；上缴税收 4.01 亿多元；完成工业投资 36 亿元。

表 18-9-6-1　　2002—2012 年雨花经开区产业规模一览表

年份	企业数（家）	从业人数（人）	技工贸总收入（亿元）	税收收入（万元）
2002	3	120	—	—
2003	14	856	0.05	14
2004	9	1635	1.10	788
2005	5	4300	6.10	2158
2006	17	5218	12.40	3789
2007	20	6575	24.60	2340

续表 18-9-6-1

年份	企业数（家）	从业人数（人）	技工贸总收入（亿元）	税收收入（万元）
2008	11	8617	53.60	4423
2009	60	10823	69.50	8577
2010	81	15482	110.53	21087
2011	50	22457	174.95	35167
2012	32	36854	208.92	40126
合计	312	—	661.75	118469

二、产业结构

（一）新能源汽车及汽车零部件产业。2003 年 3 月，三湘客车集团落户园区，由广东美的汽车集团重组析置而来。2004 年，美的集团“三湘美的”汽车工业园项目一期工程动工建设。首期建设用地 20 公顷，预算总投资 15 亿元，引进汽车产业入园，建设全省最大的客车生产基地。2006 年 6 月，湖南晓光汽车模具公司落户园区，该公司主要生产汽车模具产品。汽车模具项目由中科院院士、湖南大学校长钟志华领衔技术支撑，并与中国 500 强企业北京比亚迪汽车制造公司签订战略合作协议，与比亚迪在技术、市场等方面进行全面合作。拥有先进的汽车模具加工设备。使用 UG/CATIA、CAD/CAM、AVTOFRM/DYMFORM、CAF 等软件，模具生产实现斗复机辅助设计和制造，产品销往国内外各大汽车制造厂商。8 月，美的客车生产基地投产试运行。园区初步形成美的汽车生产及晓光汽车模具零部件产业。2007 年 1 月，园区设立汽车零部配件配套园，在园区控规中地块中选取 33.34 公顷用地，建设汽车零部配件配套园。有百固标准件公司等 9 家汽车零部配件企业签约。2008 年，美的客车长沙工业基地因资金链断导致停产，基地面临转型，园区赴深圳邀请比亚迪汽车商洽谈收购美的三湘客车事宜。至年底，园区新能源汽车及汽车零部件企业累计 13 家，占园区企业 79 家的 16%。全年实现工业产值约 8.5 亿元，占园区技工贸总收入 53.6 亿元的 16%，占园区工业总产值 51.2 亿元的 16.6%；实现税收 973 万元，占园区税收总收入 4423 万元的 22%。

2009 年 7 月，比亚迪汽车正式签约入园发展，比亚迪汽车公司是一家集开发、生产、销售为一体的新能源汽车企业，掌握整车及零部件的核心技术，拥有自制零部件和整车装备的能力。公司研制的纯电动客车不消耗石油资源，是低能耗，零排放的绿色节能产品。2010 年 9 月，比亚迪电动客车 K9 在长沙基地下线，形成月产 100 台纯电动客车的能力，产品销售欧洲、南美、北美、中东、东南亚等多个地区。2011 年，长沙比亚迪汽车城建成，投产项目有电动大巴进入批量生产阶段，完成出厂 209 辆；轿车项目一期 53 栋建筑开工建设 42 栋，竣工 31 栋，四大工艺厂房具备投产条件，发动机、压缩机等零部件厂房进入试产阶段，建成投产 F0 小排量汽油机轿车 M6、思悦小轿车。12 月，国家发改委完成对比亚迪轿车项目核准审批，公司着手组织启动投产。2012 年，围绕比亚迪项目，园区召集晓光模具、百固标准件等相关企业，召开汽车行业配套对接会，实现园区企业内部的配合和协作。创全制造公司为湖南本土最大的汽车传动类产品供应商；伟力汽车电器是汽车风扇供应商；海福来制造厂主要生产各款汽车点火线圈；中道汽车卧具座椅厂是一家以生产汽车座椅、机械加工以及生产卧铺车内装备的专业生产厂家；百固标准件公司提供各类车用标准件。针对比亚迪汽车生产模式由“垂直整合”逐步向零部件外配的调整，园区围绕比亚迪汽车做好上下游产业链的招商引资，发展与比亚迪配套的总部型生产性服务业，加快引进配套企业，形成汽车产业集群。园区以比亚迪为龙头的汽车产业支撑作用逐步凸显。5月，园区龙头项目比亚迪轿车6B新车投产并实现新车下线。9月，资质通过工信部审核批准。至年底，完成2万台轿车和260台电动大巴的生产，实现212辆电动大巴的产销量，产值4.4亿元；销售小轿车1.6万辆，实现产值4亿元；共实现产值约8.4亿元的。比亚迪乘用车按照每月8000台的产量，规模逐步扩大。年底，园区新能源汽车及汽车零部件企业累计24家，占园区企业312家的7.7%，全年实现工业产值约25.3亿元，比2008年增长237%，占园区技工贸总收入208.92亿元的12%，占园区工业总产值180.38亿元的14%；实现税收8483万元，比2008年增长772%，占园区税收总收入40126万元的21%。

（二）机械制造产业。2003年，建园初期产业布局是打造中小型机械制造业企业集约节约用地平台，投资建设先进精密机械制造加工园区，使中小型企业低成本入园发展。正大轻科机械是第一家入园机械企业，位于园区机械制造加工区，从事造纸机械技术研究、开发和应用。2005年， 正忠科技发展公司入园，是专业化生产矿山架空索道装置及其配件的企业。注册资本2200万元，公司开创国内煤炭系统井下架空索道运输设备专业化生产的先河，是中南林业科技大学的产学研基地。9月，园区引进长沙机床厂。该厂具有90余年的制造历史，系机电部重点大型骨干企业之一。企业有固定资产1.61亿元；主要生产拉床、中头刨床、高精度组合机床，自动冲减折弯机床，液压联合冲剪床、插床。全自动卧式带锯床及其制造自动流水生产线，产品畅销40余个国家。是年，引进长泰机械股份启动施工，注册资金5600万元。公司业务为智能制造成套装备的研发、制造、销售与服务，主要包括造纸工具智能装备和工业机器人应用系统及其他行业自动化流水生产线。产品主要用于造纸行业和轨道交通行业。2007年，正忠科技公司与中南林科大学合作共建索道工程技术研发中心，具有全面的产品设计、技术研发和检验检测能力。8月，长沙科达建设机械制造公司入园，主要生产建筑机械、隧道及矿山机械类产品，其中隧道施工机械主要有混凝土喷浆机、混凝土布料机、拖式混凝土泵，矿山机械类产品主要有全系列液压潜孔钻机等，建筑机械以塔式起重机、施工升降机及配套件为主。产品分为六大系列，品种规格多达60余种。产品出口阿联酋、苏丹、哈萨克斯坦、俄罗斯、美国等20余个国家。2008年，园区通过建立创新公共服务平台，逐步整合园区内机械制造产业自愿重组，帮助入园企业做大做强。泓达科技、新日域制造等生产企业相继入驻园区，这些机械制造企业大部分为中小企业，多为三一、中联等工程机械龙头企业配套生产零部件，园区逐渐形成机械制造产业的聚集区。机械制造业成长为园区主导产业之一。年底，园区机械制造业累计入园企业42家，占园区企业79家的53%，全年实现工业产值29.5亿元，占园区技工贸总收入的55%，占园区工业总产值的57.6%；实现税收2654万元，占园区税收总收入4423万元的60%。

2009年，园区五星重工机械项目投产。2012年，园区机械制造业入园企业累计80家，占园区企业312家的26%，实现工业产值95.48亿元，比2008年增长224%，占园区技工贸总收入的46%，占园区工业总产值的53%；实现税收1.88亿元，比2008年增长6倍，占园区税收总收入的47%。

（三）环保节能产业。2002年10月，湖南亿利达实业是园区引进的第一家环保节能重点企业。公司从事清洁锅炉、压力容器、热泵及中央冷热水机组的研发制造。2003年12月，新日域投资公司（香港）与园区签约入园。2005年，北京京通集团公司等环保节能项目入园。亿利达实业公司建成投产，公司制造的8000台（套）空调产品销往全国各地，特别是中央空调成全国空调主导产品，产销两旺。全年引进环保项目3个，园区环保产业实现总收入500余万元。2006年，园区新世纪环保科技创业中心项目备案。2007年，园区引进长沙贝尔环保洁能设备公司，公司以生产噪声控制设备、除尘设备、换热器、散热器等产品，风机及重油素环保产品为公司的主导产品。有固定资产5000万元，年生产能力为150套各类环保设备，年产值7000万元，产品主要应用于钢铁冶炼、化工工业与民用建筑行业。2008年，园区引进环保节能产业以环保设备制造为主。年底，园区累计入驻环保节能企业10家，占园区企业79家的13%，全年实现工业产值8.5亿元，占园区技工贸总收入的16%，占园区工业总产值的16.6%。实现税收437万元，占园区税收总收入的10%。

2009年，西姆西环保新材料、普天科比特环保、奇思环保公司等5家环保节能企业相继入园，产品涉及领域主要用于环境污染治理、防治污染技术和环保治理工程资源综合利用等。2010年，园区引进湖南清之源环保科技企业，公司主要生产技术设备有人工湿地预处理设备、生活污水净化一体设备、二氧化氯发生器、行车式吸泥机、溶气泵式气浮设备、干式曝气机、自动清洁回转式格栅机、紫外线除臭装置、高浓度异丙醇废水处理设备等，产品主要用于环境污染治理、防治技术行业。2012年，共入驻环保节能企业累计25家，占园区企业312家的8%，实现工业产值35亿元，比2008年增长312%，占园区技工贸总收入的17%，占园区工业总产值的19%。实现税收3693万元，比2008年增长745%，占园区税收总收入的9%。

（四）工业地产业。2006年始，为高新技术中小型企业创造入园发展的优质环境，工业地产是解决土地供需矛盾，集约节约用地，推动产业升级的一个重要平台，园区开始试水建设初级形态的工业地产标准厂房——创业中心大楼。2007年，成功引进东湖高新投资建设标准厂房，推动长沙市标准厂房建设的相关政策出台，正式开启全市标准厂房建设的新时代。先后引进东湖高新、九泰置业、南庭投资、东湖和庭、德永置业5个工业地产开发商，主要开发工业标准厂房及总部基地类项目。2008年，武汉东湖高新集团入园开发工业地产，开发全省首个可预售、按揭、产权分割的国际企业中心。规划建设40万平方米的标准工业厂房，可聚集中小企业400家。年底，园区工业地产业入驻企业共4家，占园区企业79家的5%。全年实现工业产值4.7亿元，占园区技工贸总收入的9%，占园区工业总产值51.2亿元的9.2%；实现税收162万元，占园区税收总收入的4%。

2009年，国际企业中心完成项目一、二期标准厂房项目开发建筑面积约10万平方米。三期、四期标准厂房项目启动建设，净用地面积5.54公顷，标准厂房项目预销售十分火爆，中小企业争相入驻，全年有40家中小企业购买厂房。2010年，长沙国际企业中心标准厂房项目三期完工、四期建设进入最后阶段。招商共引入企业投产40家。2012年3月，湖南钟爱一生食品生产标准厂房项目办理审定手续，投资5000万元建设标准厂房项目，建筑面积2.8万平方米，容积率2.47，建筑密度35%，配套用地面积控制在7%以内。至年底，园区投入工业地产土地开发面积17.34公顷，建筑面积40万平方米，租赁或购买厂房企业共126家，投产企业120家，其中引进高新技术中小型企业106家，投产80家，园区工业地产业入驻企业共126家，占园区企业312家的40%。全年实现工业产值25亿元，比2008年增长432%，占园区技工贸总收入的12%，占园区工业总产值的14%。实现税收5120万元，比2008年增长30倍，占园区税收总收入的13%。

（五）其他产业。2005年始，朝日五内衣公司由日本朝日株式会社投资启动建设，是园区引进第一家外资独资企业。6月，湖南九芝堂项目入园。2006年7月，长沙市轲泰食品有限公司项目入园。9月，深圳农产品公司开发建设长沙农产品物流中心项目签约入园。2007年8月，朝日五内衣厂建成投产，从事针织内衣生产、销售、出口。年生产出口各类针织内衣800万件（套）。10月，引进全省最大的利税企业湖南中烟工业公司总部基地项目入园。主要产品为“和天下”“芙蓉王”“白沙”品牌系列卷烟，产品畅销国内外。隶属国家烟草专卖局（中国烟草总公司）。2008 年，朝日五内衣全年产值和销售额 1.5 亿元，出口创汇 800 万美元。至年底，共入驻其他非工业产业项目共 10 个，占园区企业 79 家的 13%。园区其他产业实现技工贸收入 2.4 亿元，占园区技工贸总收入的 4%；实现税收 199 万元，占园区税收总收入的 4%。

2009 年，长沙咿呀实业入驻，全年销售收入额过 4 亿元。2010 年，共引进非工业项目 37 个，长沙咿呀实业销售收入突破 6 亿元。引进出口型企业 2 家，加上朝日五内衣公司共 3 家出口型企业，全年完成出口交货值 3.85 亿元。2011 年 5 月，克明面业股份签约入园，位于园区 22 号地块，属面条制品生产的高新技术企业。全年获批外商直接投资项目 4 个，实际到位外商直接投资金额 8675 万美元，完成出口交货值 4.21 亿元。长沙咿呀实业销售收入 9 亿余元。2012 年 3 月，克明面业公司在深圳证券交易所挂牌上市，创始人陈克明从事挂面生产研究，经过 20 余年的奋力拼搏，发展成为国内挂面行业领先的民营食品高科技企业。至年底，共入驻其他非工业产业项目共 57 个，占园区企业 312 家的 18.3%。园区其他产业实现技工贸收入 28.14 亿元，比 2008 年增长 11 倍，占园区技工贸总收入的 13%；实现税收 4032 万元，比 2008 年增长 19 倍，占园区税收总收入的 10%。

企业选介

长沙市比亚迪汽车有限公司。2009 年 7 月 25 日，比亚迪长沙汽车城项目签约入园，计划建设面积 4 平方千米，建成后年产 80 万辆的轿车生产基地。8 月，长沙市比亚迪汽车有限公司成立，是一家集研究、开发、生产、销售为一体的新能源汽车企业，掌握整车及零部件的核心技术，拥有自制装备、技术创新的能力。公司位于园区万家丽路的核心位置。并整体收购美的客车生产电动大巴和底盘生产线，在园区完成投资近 30 亿元，通过兼并重组形成涵盖纯电动大巴、轿车、电动轿车及相应配套零部件的新能源汽车基地，成为全省最大的新能源汽车产业项目。2010 年 10 月，实现新车下线。该企业获市“技术改造先进企业”，被认定为“市级企业技术中心”。全年实现产值 2.13 亿元，上缴税收 600.86 万元，实现利润 1605.56 万元。2011 年 5 月，比亚迪纯电动客车 K9 获得生产公告并纳入《节能与新能源汽车示范推广应用工程推荐车型目录》，享受国家新能源汽车推广补贴。2012 年 3 月，比亚迪电动大巴新能源汽车、比亚迪储能电站等获批国家新型工业化示范项目。年底，公司占地面积约 400 公顷，有员工 8285 人，固定资产总值 60 亿元。实现产值 8.5 亿元，比 2010 年增长约 3 倍；上缴税收 2103 万元，比 2010 年增长 2.5 倍；实现利润 5780 万元，比 2010 年增长 2.6 倍。

第七节　经济效益

2002 年，引进各类企业 3 家入园开发建设。2003 年，园区引进各类企业 17 家，从业人员 856 人，实现工业总产值 500 万元，人均劳动生产率 0.58 万元/人；地均产值率为 0.33 万元/公顷；上缴税收 14 万元，人均纳税率 0.02 万元/人。完成财政收入 514 万元。2005 年，园区有各类企业 31 家，从业人员 4300 人，实现工业总产值 6.1 亿元，人均劳动生产率 14.19 万元/人，地均产值率为 40.13 万元/公顷。上缴税收 2158 万元，人均纳税率 0.51 万元/人。完成财政收入 1357 万元。2006 年，园区有各类企业共 48 家，从业人员 5218 人，实现工业总产值 12.4 亿元，人均劳动生产率为 23.76 万元/人；地均产值率为

81.58 万元/公顷；上缴税收 3789 万元，人均纳税率 0.73 万元/人。完成财政收入 2369 万元。

2008 年，有各类企业共 79 家，从业人员 8617 人，实现技工贸收入 53.6 亿元，其中工业总产值 51.2 万元；人均劳动生产率 62.2 万元/人。地均产值率为 336.84 万元/公顷。上缴税收 4423 万元。人均纳税率 0.51 万元/人。完成财政收入 5811 万元。2010 年，园区有各类企业共 220 家，从业人员 1.55 万人，实现技工贸收入 110.53 亿元；其中工业总产值 94.67 万元，人均劳动生产率为 71.39 万元/人，地均产值率为 727.17 万元/公顷，上缴税收 2.11 亿元，人均纳税率 1.36 万元/人，完成财政收入 6.56 亿元。

至 2012 年，园区建设用地总规模 23.07 平方千米。有各类企业共 312 家，从业人员 3.69 万人，实现技工贸收入 208.92 亿元，其中工业总产值 180.38 万元；人均劳动生产率 56.69 万元/人；地均产值率为 1374.47 万元/公顷；上缴税收 4.01 亿元，人均纳税率 1.09 万元/人；完成财政收入 12.43 亿元。

第十章　天心经济开发区

天心经济开发区紧邻省政府驻地，地处长沙株洲湘潭三市交汇位置，是国家批准的长株潭“两型社会”建设试验区融城核心。绕城高速、京珠高速傍园而过，距武广高铁和黄花机场均只有 20 分钟车程，交通便利。

2002 年 8 月，天心区委、区政府发布《关于加快天心环保工业园建设的试行办法》。9 月，市委、市政府批复同意在市绕城线以南、韶山路两侧、火星大道以北，规划建设湖南天心环保工业园（以下简称“园区”）项目立项，占地 5.83 平方千米，规划为“一心四区”。园区正式挂牌成立。12 月，省政府批准园区列入湖南环保科技产业园，晋升省级工业园区。园区建设启动，先后接待前来考察的商家和企业 40 余家，对 16 家重点项目到户考察；到深圳参加全国高新技术成果交易会，开展招商活动。2003 年，开工建设道路 3 条，引进 12 家中小企业项目，征地 44.33 公顷。实现技工贸总收入 1 亿元，规模工业总产值 0.85 亿元；利税总额 0.15 亿元，上缴税收 600 万元；固定资产投资总额 2.11 亿元。

2004 年，在控规整体原则下，完善规划，明确目标定位，以市场为导向，以高新技术和环保型工业为特征，全力打造“精品、实力、效益”园区，打造自然生态与人文环境和谐统一型示范性生态经济园。年内共引进入园项目 18 个、协议投资额 84 亿元，5 亿元投入项目建设。在引进大项目和标志性项目上取得突破，中信深圳集团、长沙电机厂等 5 家大型内资企业入园开发建设。2005 年 10 月，在省政府提出通过整合资源、市场在内经济要素一体化建设，提高以长沙为核心的长株潭城市群核心竞争力和综合实力后，园区借力抓紧办结 9 个项目用地手续。引进企业 5 家，启动并加快环保大道等 3 条主干道建设。全年实现技工贸总收入 10.32 亿元，比 2003 年增长 932%；其中规模工业总产值 6.91 亿元，比 2003 年增长 713%；利税总额 1.58 亿元，比 2003 年增长 953%；其中上缴税收 2955.55 万元，比 2003 年增长 399%；固定资产投资总额 4.74 亿元，比 2003 年增长 125%。

2006 年，成立入园项目引进清理再约定机构，严把项目引进关，招商引进重点项目 5 个；规范项目用地合同，共办结项目用地手续 14 个，总用地面积 69.13 公顷。2007 年，全年完成科技创新项目 5 个，大托 110 千伏变电站正式运营。2008 年，园区采取“定位、定向、定点”招商方式，引进奥特莱斯等企业 5 家；支持 10 个电子电机、工程机械等项目做大做强。全年实现到位外资 1.5 亿元，到位市外境内资金形成固定资产投资 3 亿元，完成省外到位资金 5600 万元。全年实现技工贸总收入 47.75 亿元，比 2005 年增长 362%；其中规模工业总产值 44.62 亿元，比 2005 年增长 546%；利税总额 4.43 亿元，比 2005 年增长 180%；其中上缴税收 1.79 亿元，比 2005 年增长 498%；固定资产投资总额 9.98 亿元，比 2005 年增长 111%。

2009 年，组织 16 家有融资需求企业参加“银企融资对接洽谈会”，获贷款融资 2 亿元，帮助企业获得各级扶持资金 1.15 亿元，在省级园区中排名第一。2010 年，加速推进长沙电机厂二期续建、奥特莱斯等主体工程项目完工。获省“新型工业化目标管理考核二等奖”。2011 年，加挂“长沙天心两型产业示范园区”牌子。按“园区当城区建、项目当景点建”要求，对 29 个项目明确服务责任人，形成招商与服务的良好互动机制，共入驻注册企业 70 家。被省政府授予“湖南省非公有制经济服务先进单位”。

2012 年，园区更名为天心经济开发区。紧紧围绕区“南拓西接、扩容提质”发展战略，以“服务百日行动”为抓手，协同中电集团第 48 所调整思路，新研制终端应用产品获国家“金太阳”工程较大份额。全年实现技工贸收入 173.63 亿元，比 2003 年 1 亿元增长 173 倍，以年均 177%的速度递增；其中规模工业总产值实现 165.84 亿元，比 2003 年 0.85 亿元增长 195 倍，以年均 180%的速度递增。企业人均劳动生产率 159 万元/人，比 2003 年 7.32 万元/人增长 21 倍；地均产值率为 2977.14 万元/公顷，比 2003 年 17.15 万元/公顷增长 173 倍。实现利税 11.41 亿元，比 2003 年 0.15 亿元增长 75 倍，以年均 163%的速度递增。其中 2012 年税收收入实现 3.82 亿元，比 2003 年 0.06 亿元增长 63 倍，以年均 158%的速度递增；企业人均纳税率 3.5 万元/人，比 2003 年 0.62 万元/人增长 465%。经济总量 169 亿元，比 2005 年 5 亿元增长 32.8 倍，连续 7 年实现高速增长，工业产值占全区工业 60%以上，成为天心区工业的重要支撑。

至 2012 年，园区可供实际控规土地开发面积 4.48 平方千米，开发土地面积 3.28 平方千米，占 73.2%。共引进企业 78 家，其中：工业企业 49 家，商贸物流饮食服务企业 29 家。共实现合同外资 2.15 亿美元，实现到位外资 1.1 亿美元，实现省外境内到位资金 25.75 亿多元，省外境内资金形成固定资产投资 35.7 亿多元，实现固定资产总投资 94.43 亿元。基础设施建设共完成主次道路 13 条，占地面积约 40 公顷，总里程 12.71 千米，投资 3.66 亿元。共完成 13 条路网水、电、电信综合管网等配套设施建设约 10.5 万米，总投资约 1.8 亿元。

第一节 机 构

一、中共长沙天心经济开发区工委

2003 年 3 月 7 日，中共天心区委决定，成立中共天心区环保工业园工作委员会（简称“园区工委），曹健任书记（兼），副书记 1 人，委员 3 人。明确园区工委为区委的派出机构，与园区管委会合署办公，“两块牌子、一套人马”。2005 年 4 月，园区工委被市委批准为副处级正式机构。7 月，经中共天心区委批准，成立中共天心环保工业园纪检委。2006 年，园区党工委新班子调整到位。3 月，召开机关全体党员大会，选举产生中共园区机关支部。胡伏林任支部书记，支部委员 3 人。5 月，园区工会成立。2007 年 8 月，园区妇联组织成立。共青团园区机关支部成立。2008 年 11 月，天心环保工业园更名为天心工业园。随园区更名，区委决定成立中共天心工业园工委。2009 年年底，在全市领导班子正职等次年度评比中，园区工委书记师大学获一等奖。2011 年 4 月，根据长沙市《关于长沙天心工业园管委会（两型）主要领导高配为正县级的通知》精神，园区工委书记师大学高配为正县级。2012 年 3 月，经省政府批准，长沙天心工业园更名为长沙天心经济开发区（以下简称“经开区”），随后，成立中共天心经开区工委，下辖 1 个机关党支部和 17 个企业基层党支部 1 个企业党总支。

二、长沙天心经济开发区管委会

2002 年 8 月，天心区委、区政府同意成立天心环保工业园管委会。杨建国任管委会主任，常务副主任 1 人，副主任 2 人。园区管委会是区委、区政府授权的派出机构。2003 年 3 月，召开园区管委会领导班子调整工作会议，陈志恺任管委会主任，杨建国任园区顾问。3 月 31 日，园区管委会下设办公室、招商经营部、征拆建设部。2005 年 4 月，园区管委会被长沙市批准为副处级正式机构，为区政府派出机构。园区内设办公室、招商合作局、规划建设局、财政分局（为区财政局的派出机构，副科级单位）、产业发展局、社会事务局六个机构。撤销拆迁建设部，征拆职能并入规划建设局；招商经营部更名为招商合作局。2006 年，执行市政府《关于进一步理顺长沙市经济开发区管理体制的方案》，园区管理体制进一步得到明确。2008 年 10 月，园区从区检察院四楼整体搬迁至中意二路 139 号办公楼办公。11 月，天心环保工业园管委会更名为天心工业园区管委会。2011 年 4 月 长沙市决定天心工业园区加挂“长沙天心‘两型’产业示范园”牌子。2012 年 3 月，经省政府批准，天心工业园管委会更名为长沙天心经济开发区（简称“经开区”）管委会。内设机构有办公室、财政分局、产业发展局、规划建设局、招商合作局、社会事务局、纪检监察室 7 个局（室）。

2002—2012 年，先后在天心经开区担任主要领导职务的有：杨建国、曹健、陈志恺、张玉玺、彭泽南、师大学；其他领导班子成员有：陈志恺、胡伏林、彭泽南、肖时昴、阎伟奇、黄柏文、翁开明、鲁志高、余宏卿、邓志平、胡浩、黄会、刘科宁、谭雄伟、罗青、方婉人（女）。

第二节　园区规划

一、总体规划

2002 年 9 月，天心区制定发布《长沙市天心区工业发展纲要》，明确提出建设好一个新型环保工业园，产业结构突出机械电机、服装家具、环保设备、食品加工等优势产业，发展无污染、科技含量高、附加值高的新产业。9 月 30 日，长沙市批准同意在市绕城线以南、新韶山路以西、火星大道以北，辖天心区大托镇先锋村、新路村范围部分用地，规划建设湖南天心环保工业园项目。园区总体规划占地 5.83 平方千米，土地总面积 583.21 公顷，开发用地规模面积 448 公顷；规划为“一心四区”（“一心”是指长沙大道和环保大道交汇处园区管理服务中心由园区管委会、办公区、商业服务区、医院、宾馆和大型绿化广场等构成；“四区”即名牌服饰产业园区、环保科技产业园区、休闲娱乐区、高尚住宅区）。功能定位以工业开发为主体，集办公、商贸金融、居住、生态休闲等多功能于一体的复合型工业园区。园区规划区人口规模：原居住总人口 6034 人（其中农业人口 5808 人，非农业人口 226 人），规划区域控制人口规模为 5.4 万人。规划项目计划总投资 17.2 亿元。项目用地分期开发，首期开发建设用地 1.33 万公顷，范围是园区内韶山路以东及长沙大道延长线两侧，投资 5.5 亿元，实行“一次性规划、整体布局、功能分区、分期实施、综合开发、滚动发展”模式。11 月，委托湖南方园建筑工程设计事务所完成设计《湖南天心环保工业园控制性详细规划》。2003 年 3 月，《湖南天心环保工业园控制性详细规划》获市规划委最终审定通过。

2004年，园区规划目标定位以高新技术和环保型工业为特征，以电子信息、机械电器、服装加工产业为龙头，以现代制造业为支撑，以楼宇、总部经济相配套，打造“精品、实力、效益”园区，科学规划园区发展构图。8月，长沙市发布《关于天心区城市建设工作有关问题的会议纪要》，将园区内某商业用地性质调整为商住两用；将大托铺某地块商住两用地建筑限高调整降至40米。“长沙设计之都”是长株潭中央商务休闲区重要组成部分。因天心经开区是设计之都五个板块之总部园——“长株潭中央商务休闲区”责任编修单位，2012年，全力推进“长株潭中央商务休闲区”规划编制，收集规划基础资料，拟定《长株潭中央商务休闲区规划建设方案（草案）》，提交市规划委审核。总体定位是紧紧围绕打造“旅游强省”“旅游强市”战略决策，依托长株潭核心区域优势，以天心区为载体，重点发展现代金融、设计文创、信息服务、休闲旅游等产业，打造“宜政、宜业、宜居、宜游”的长株潭中央商务休闲中心。总体布局为“一心”（全域休闲中心：划分天心阁综合休闲片区、省府综合休闲片区、解放垸综合休闲片区）、“两带”（湘江东岸综合发展带——湘江外滩、芙蓉中路商务休闲带——长株潭华尔街）、“三板块”（北部长沙老城板块——历史文化名城，中部省府新区板块——省府高地湖湘之心、南部“两型”园区板块——“两型”发展设计之心）。

二、专项规划

（一）土地利用规划。2002年9月，园区位于天心区大托镇南部，规划面积583.21公顷，用地结构及功能布局是根据园区现状土地利用情况和各功能区之间的关系，结合市政总体发展目标，园区用地布局地块划分为“一心两园三片”（“一心”指长沙大道与环保大道交汇形成管理服务中心。“两园”指由长沙大道、火星路及中意路围合形成名牌服饰产业园和在长沙大道以东、火星路以北及环保大道以南形成环保科技产业园。“三片”指环保大道以北、中意路以东形成以居住、商贸、休闲为特征的功能片；中意路以西、书院路以南以居住、商贸为主的功能片；火星路南以高尚居住为特色的功能片）共六个功能分区。用地功能布局原则是以工业用地为主，合理安排居住用地及村民安置用地，完善其周边地区基础设施建设，在园区干道和重要景观节点配套商业和公共设施，并保护园区保留山体绿化及大面积水域等生态绿地。2003年4月，调整园区港子河治理专项规划设计，不改变原有河道走向，只对河道进行整治，节约河道改造建设资金；不影响长沙大道和园区排水，能节约用地1.33公顷。2004年，经国土资源部审核，园区四至定界，确定园区开发用地规模面积448公顷（其中仓储用地85.47公顷，商服用地79.53公顷，道路、绿化、公共设施用地136.67公顷，实际可用来项目开发建设用地146.33公顷）。4月，天心区决定在书院南路拓改工程40公顷回报用地基础上，征用园区韶山路东侧土地9.67公顷，共49.67公顷用于建设化工产品交易市场，同意采取合作开发模式建设南大门大市场。2011年，开始对港子河利用整治规划，在友阿奥特莱斯、中信城市广场、中信文化广场、兴威商业广场等项目范围内对河道以箱涵式（箱涵净空尺寸不得小于宽12米，高4米）覆盖，下面箱涵泄洪，上面纳入项目建设用地，一举多得。2012年，土地利用规划未编修变化。

（二）道路交通规划。2002年9月，园区规划道路主次干道有20条，总里程约22千米。区域内道路由3条城市主干道（长沙大道、韶山路、火星大道）和4条园区主干道及13条园区次干道构成。道路系统功能构成及等级划分为园区道路系统由城市主干路（宽60米）、园区主干路（宽46米、宽36米）及园区次干路（宽30米、宽26米、宽20米）三级组成，园区内以环保大道（46米）、四条园区主干道（36米）形成方框网的园区主干道骨架，园区主干道与城市主干道间距控制在800米左右。在园区主干道结构基础上，规划道路红线宽度26米（即26米次干道道路横断面划分为道路红线车行道双向16米，人行道单向5米）、30米（即30米宽次干道的横断面划分为道路红线车行道双向16米，人行道单边7米）的园区次干道，次干道与园区主干道的距离控制在400米左右。园区次干道与园区主干道围合成形成400米×400米的方格地块。园区支路根据地块开发建设具体要求确定。园区路网结构概括为以城市主干路长沙大道和火星大道“丁”字交叉为骨架，其他道路相互交叉呈方格网状的结构系统。 主要交叉口形式及其用地控制范围（园区内除长沙大道与中意路相交按立交形式控制预留用地外）其他所有交叉口全部采用平面交叉口形式；园区道路与城市主干路相交全部采用展宽式交叉口形式，利用色灯控制组织交通；园区道路间的相交根据实际要求分别采用展宽式交叉口色灯控制形式、环岛形式及简单平面交叉口形式组织园区内部交通。道路及广场控制点竖向控制要求园区规划区各级道路纵向坡度控制范围如下：城市主干路为0.22%~2.2%；园区主干路为0.13%~3.2%；园区次干路为0.07%~3.5%。各级道路横坡控制在1%~2%之间，纵坡较小的道路可适当增加横坡坡度，以便排水。道路相关技术指标：园区城市主干路网密度1.15千米/平方千米，园区主干路网密度1.32千米/平方千米，园区次干路网密度2.06千米/平方千米。2004年8月，因园区内长沙大道、环保大道二主干道标高的变更，故对其相应道路和两厢用地标高作适当调整编修，并在相应道路施工时具体调整。2007年10月，对托子冲路建设项目可行性研究报告进行审核同意，西起芙蓉路（原长沙大道），东至万家丽路（原火星路），全路程长1.5千米，路幅宽30米，占地约5.4公顷，双向4车道，车速40千米/小时， 荷载等级（构造物为城–B级， 路面为B22–100）， 预算投资4600万余元。2011年，规划港子河改造后，环保大道上游段河道宽度不小于12米。新电路与环保大道之间的港子河整治纳入中信酒店群项目，由中信公司负责设计施工。2012年，道路交通规划未变化。

（三）配套设施规划。2002年9月，明确园区配套设施建设要适用居民基本居住生活需求；按经济、合理、有效的利用土地和空间，满足居民日常生活需要，创造方便、舒适、安全、优美的居住生活环境。园区规划根据用地指标及性质，对供水排水、供电供气等进行规划，确定其最大日用水量为9.19万立方米/日。2003年，园区规划确定居民最大燃气消耗量1113×104兆焦/年或2.12×104兆焦/小时；工业企业最大燃气消耗量2200×104兆焦/年或0.75×104兆焦/小时；商业燃气消耗量1930×104兆焦/年或2.12×104兆焦/小时。园区范围内规划3所小学，其中：新路小学和先锋小学2所小学改扩建，规划新建区青园中信小学，分别位于地块2–12号、1–14和6–05号地块内，3所小学共占地面积4公顷，学校办班规模最小可容纳12个班、最大可容纳24个班，可招学生600~1200余名。园区范围内规划建一所医院，位于地块3–24号，占地面积1.64公顷，约300个床位。规划建体育中心一处，位于地块4–04号，占地面积4.6公顷。园区规划在西南部、中意路东侧的3–27号地块内设置公交始末站一处，占地面积1.52公顷。规划在窑坡山地块西北端设置地铁和公交换乘设施用地。共设置轨道交通站场2处，分别位于地块2–02号和3–01号地块内。园区公交停车港、公交停车站台布置方式为沿人行道设置，公交车停靠时占用一车行道。公交站距离为500~800米。园区共规划设置公共停车场五处，分别位于地块2–05号、3–07号、3–14号、3–29号和4–05号地块，每处停车场面积在0.7~2.2公顷范围内，共占地5.4公顷，地面可供停车位1600台。

2004年8月，对南港子河调整按原状保留（即次干道十至韶山路现排水桥涵口），不在韶山路新增排水桥涵，以利园区南片排水系统完整和畅通。对市电业局规划在园区启动110千伏变电站建设， 选址定在环保大道以南， 长沙大道以东， 园区控规中4–02号地块东北角。至2012年，配套设施规划未编修变化。

（四）绿地系统规划。2002 年 9 月，明确绿化规划原则（园区所建居住区绿化在设计时必须符合道路绿化、居住区绿化规定，交通干道要和绿化隔离带合一，形成绿色交通走廊，组团之间形成适当宽度的绿化生态隔离区，严格控制组团间绿化隔离带）。园区绿化采用点（指各小广场和四个生态居住区中各庭院绿地）、线（指环保大道与万家丽路两侧宽 2 米宽绿化带）、面（指大面积草坪，主要设置绿化广场、生态公园）相结合，成片布置绿化。绿化树林配置遵循对比原则（高低搭配、点面结合形成一个立体绿化系统，在每个片区工业用地内设置公共绿化带和集中绿地、在居住组团中结合公共服务用地设置居住区公园、共同组成园区的公共绿地系统）。园区绿地系统由公共绿地和防护绿地组成，绿地规划面积共计 80.62 公顷，占园区用地的 14.02%，其中公共绿地为 54.53 公顷，防护绿地为 26.09 公顷，区域内任何地块绿地率不低于 35%。

2011 年，规划港子河改造后，绿化广场内的河道整治纳入绿化广场规划设计中，环保大道上游港子河两岸，规划为生态绿化带，以种栽乔木为主，辅之园林建筑小品。河堤岸规划建设采用建园林休闲式绿化带，保持两岸水土不流失。2012 年，绿化规划未变化。

第三节　基础设施建设

一、道路建设

2002 年，通过园区的长沙大道第四段建设工程于年底前开工。2003 年 9 月，园区次干道三（北起新路建材厂，南至新路村甘塘冲）立项，道路里程长 1548 米，路幅宽 30 米，计划投资约 980 万元。11 月，园区新岭路（次干道十）一期工程拉通毛路、泥结石碎石路面完工。2004 年，园区主干道——长沙大道延长线建成通车。环保大道西段开工建设，西起大托铺机场口，东至暮云镇南托，里程全长 2037 米，路幅宽 46 米，预计总投资约 1.2 亿元；新岭路开工修建，西起 107 国道，东至暮云镇南托地界，里程全长 1630 米，路幅宽 30 米，预计总投资约 3000 万元，年内完成路面硬化工程，实现竣工验收。新电路（干道二）启动建设，36 米宽的路幅年内基本成型。新梅路开工，主修道路基础工程。2005 年，环保大道西段 46 米宽路幅建设成型，完成工程量约 3000 万元。2006 年 9 月，环保大道西段实现竣工通车。12 月，新电路东段完成四合料摊铺，实现竣工通车；新电路西段完成道路建设方案设计。2007 年，果子园北路、新电西路相继竣工通车，总里程长 1.8 千米，总投资 5935 万元。港子河路、圫子冲路完成施工图设计。2008 年 10 月，环保大道东延长线、新谷路、全面开工建设。园区实现 6 条道路开工建设，总里程长 4.8 千米，总投资 1.2 亿元。新梅路进行道路硬化工程建设，于年底完工且全线贯通。2009 年，环保大道东延线、新谷路等道路竣工通车，圫子冲路完成 380 米地基建设，逐步拉通路网形成园区道路概貌。2010 年，基本完成新谷路等四条道路的建设。总里程为 2.81 千米，累计完成工程投资约 2.5 亿元。完成港子河路原地貌测量、单价调查和施工前期准备；完成新兰路、新园路、机场二街和机场三街道路标底编制且投入开工建设。2011 年，新岭路二期完成用地红线办理、施工图设计和拆迁腾地，累计投资约 2000 万元。

截至 2012 年，建成道路 13 条（段），总里程 12.71 千米，投资 3.66 亿元。园区道路基础建设框架已基本形成，对加快园区发展、扩大招商引资和方便企业及居民生产生活起到积极作用。

二、供水设施建设

2002 年年底，园区供水、用水管网由中意路通过给水主干管接至辖区内，按近期、远期建设而铺设，远期与暮云镇水厂供水主干管连通。区域内采用环状供水管网，管径采用管材外径 DN200–DN800，管道沿道路埋设；覆土深度由外部荷载、给水管强度及管线交叉情况确定，一般街道为 0.8~1.0 米，人行道下 0.6~0.8 米，管道材质选用给水承压铸铁管道。沿主要干道，间距 120 米处布置 SS–100 供水消火栓一个。2003 年，长沙大道 2 千米自来水管道铺设。2005 年，环保大道 2 千米自来水管道全部完工。2006 年，中意路 2000 米自来水管道建设竣工。2009 年，新电路（中意路—芙蓉路）1 千米自来水管道铺设完工。至 2012 年，共完成园区 13 条路网计 13.5 千米自来水供水管道配套设施建设并实现送水入户至相关企业、居民住宅小区。

三、排水排污设施建设

2002 年底，雨水及污水排放工程是针对工程现状，园区区域的雨水及污水工程采用雨水、污水分流，依地形、地势重力流至现有的明渠、沟河等；园区管网布置是根据自然地形、地貌划分、排水流域使雨水分区排放，雨水管渠采用暗管、暗渠及盖板明渠相结合的方式，尽量利用地形，就近重力排水。雨水管道采用钢筋混凝土管道，与污水管道同步建设。2003—2004 年，先后建设完成长沙大道、中意二路污水管网，实现与暮云污水处理厂的对接。2005 年，环保大道雨水排水 2 千米、污水排污管道 2 千米米管道全部预埋，仅剩穿过长沙大道的 60 余米污水管未连接；至 2006 年完工。2007 年 10 月，新电路 1.6 千米雨水排水管道及 1.6 千米排污水管道建成。2008 年，新梅路雨水排水管道各 300 米和 350 米排污水管道建成。2009 年，托子冲路、新谷路完成雨水排水和 2.7 千米排污管道铺设。2011 年，完成机场三街道路 480 米雨水排水管道和 480 米排污水管道铺设。截至 2012 年，园区共完成 13 条路网计 17.58 千米雨水排水、17.58 千米污水排水分设管道配套设施建设并与相关企业、居民住宅小区接通，形成园区道路雨水、污水排水配套管网基础设施工程。

表 18–10–3–1　　2003—2012 年天心经开区雨污管网建设情况一览表

序号	道路名称	污水管网建设长度(米)	雨水管网建设长度(米)	建成时间
1	长沙大道（中意路—万家丽路）	2800	2800	2003 年
2	新岭路（芙蓉路—新兰路）	1200	1200	2004 年
3	环保大道西段	2000	2000	2006 年
4	中意路（芙蓉路—新岭路）	2800	2800	
5	新电路（芙蓉路—理工大学）	1600	1600	2007 年
6	果子园路（新谷路—环保大道）	900	900	
7	新梅路（中意路—次干道十四）	300	300	2008 年
8	新电路（中意路—芙蓉路）	1200	1200	2009 年
9	新谷路	1750	1750	2011 年
10	环保大道东延长线	650	650	
11	托子冲路（芙蓉路—果子园路）	1000	1000	
12	次干道十四	900	900	
13	机场三街	480	480	

四、供电设施建设

2003年，园区规划区域外西北侧有大托35千伏变电站，供电负荷8000千伏安。2004年，市电业局制定《长沙市2005—2010年输变电工程规划》，规划大托变电站改造提升为2×31.5兆伏安；规划区外树木岭—井湾子110千伏变电站，建设规模LGJ–240/8，井湾子变电站规划负荷容量1×31.5兆伏安；在规划区内有三条正在运行的10千伏高压配电线：一条伊莱克斯冰箱厂专线、二条长沙卷烟厂专线、三条碳酸钙厂专线。是年，园区根据用地性质确定其用电指标，测算出规划区内的用电负荷1.8×105千瓦，综合同时使用系数0.45，有功功率0.8×105千瓦。考虑在园区辖区内，环保大道和长沙大道交叉处规划一座110千伏的变电站，装机容量4×105千伏安，用于提供园区内远期的用电负荷；近期用电由大托变电站提供。与市电业局协商达成意向，签订110千伏变电站建设合同，6700万元的投资由市电业局承担，全面解决整个天心区南片和园区用电难问题。2007年，大托110千伏变电站运营。园区根据负荷测算及负荷分布情况，安装10千伏供电系统；供电线路敷设均作电缆沟槽敷设电信、邮政设施，以生产、仓储、居住一体的完备体系。2008—2012年，园区内供电负荷未增减。

五、供气设施建设

2002年年底，园区所用燃气气源，由市燃气公司统一供给，管道由中意路绕城交叉处和火星路城市中压（0.2~0.4兆帕）燃气管网接入。园区燃气消耗量，根据市《城镇燃气设计规范》（GB50028–93）口径计算，每年燃气消耗量约9808.4×104兆焦，每小时最大消耗量约3.784×104兆焦。园区内燃气管网（管道标准0.2~0.4兆帕）采用环状布置，区域内，根据情况设若干个面积约24平方米燃气调压站，中压燃气经调压站调压后，进入低压（0.005兆帕）燃气管网，然后接至用户，计量后供用户使用。低压燃气管网采用环状布置与树枝状布置相结合。中压燃气管道和低压燃气管道采用无缝钢管直接埋地敷设，管道考虑加强防腐和防静电接地措施。2003年，新岭路燃气管道在建设中；火星路燃气管道启动建设。2005年，环保大道2000米燃气管道已全部预埋。2007年10月，新电路1800米燃气管道建成。2008年，新梅路燃气管道300米建成。2009年，托子冲路完成燃气管道铺设。2010年，完成机场三街道路燃气管道480米铺设。至2012年12月，共完成园区13条路网计16.8千米燃气管道等配套设施建设并与相关企业、居民住宅小区接通。

六、其他综合管线

（一）电信。2002年年底，园区采用直接接入市政电信网的方式布置电信网络，电信线网指标选取：住宅80平方米/对线，工业250平方米/对线，仓储200平方米/对线，公共设施80平方米/对线。2003年，新岭路电信管道管线在建设中；火星路燃气管道启动建设。2004年，新梅路、新电路（干道二）2800米电信管道管线启动施工。2005年，环保大道2000米电信管线全部预埋。2007年10月，新电路1800米电信管道管线建成。2008年，新梅路电信管道管线300米建成。2010年，完成机场三街道路电信管道管线480米铺设。至2012年12月，共完成园区13条路网计18.8千米电信管道网线等配套设施建设并与相关企业、居民住宅小区接通。

（二）邮政。2004年始，根据邮政设施服务半径的要求，园区确定在火星路西侧3–12号地块建设电信分局、邮政分局各1处，占地2.08公顷，园区内共设邮政所6处。至2012年，6处邮政所由邮政部门投资建设或租赁使用。

（三）有线电视。2002年年底，园区采用有线电视和多媒体传输城市有线电视网络的全部频道、信号和信息。2003年，建设新岭路有线电视管线；启动火星路有线电视管线建设。2005年，建设环保大道2千米有线电视管线。2007年10月，新电路1800米有线电视管线建成。2009年，建设托子冲路、次干道十四有线电视管线。2010年，建设机场三街道路有线电视管线480米。至2012年12月，共完成园区13条路网计21千米有线电视管线等配套设施建设并与居民住宅小区接通。

七、公共服务设施建设

（一）公交站建设。2002年8月至2009年，园区内未设公交停靠站。2010年始，园区与市经委、市交通局等部门联系，解决园区人员出行难问题。召开园区交通问题现场办公会，专题研究园区道路开口、交通标识不明、公交车不通等问题，得到妥善解决。公交站场的分布和用地规模，园区在西南部、中意路东侧的3–27号地块内建公交始末站一处，占地面积1.52公顷。2012年，在窑坡山地块西北端设置地铁和公交换乘设施用地。共建设轨道（地铁中信广场站、城铁先锋站）交通站场2处，分别位于地块2–02号和3–01号地块内。

（二）学校。2002年8月，园区范围内规划3所小学，其中新路小学和先锋小学2所小学为新路村和先锋村原有小学且使用。新路小学校占地面积0.63公顷，校园建筑面积2000平方米。先锋小学经62年办学历程，发展成一所全日制完全小学，有6个教学班213名学生。因长沙大道建设，先锋小学从长沙大道与韶山路交界处校址搬迁至先锋村托子冲组过渡，过渡场地简陋，占地面积0.43公顷，建筑面积1800平方米。2003年，新路小学有6个教学班100余名学生。9月，因招商引资需要，对涉及新路村小学选址地在园区控规地中进行等面积、同性质置换，将新路小学选址调整至2–14号地块最南端位置。2004年，先锋小学新选校址开始建设，位于园区托子冲路与果子园路交汇处，北临新谷路，南抵环保西路。学校建设占地面积2公顷，总建筑面积8800平方米，投资5000万元，计划办学规模24个班，学生人数约1200人。将建成一所环境优美、设施一流的现代化学校。2011年8月18日，园区青园中信小学奠基仪式举行。该校位于园区中意二路218号，由湖南中信控股公司投资1亿元，占地面积1.73公顷，可容纳24个教学班级，可招收1200名学生。2012年，中信小学项目进行主体工程施工，累计实现投资约2800万元。9月，先锋小学租借湘府中学办公楼办学，进入临时过渡阶段。截至2012年，先锋小学有8个教学班400余名学生，新路小学有7个教学班360名学生。

（三）公共停车场建设。2003年，园区共设置公共停车场五处，分别位于地块2–05号、3–07号、3–14号、3–29号和4–05号地块，面积在0.7~2.2公顷范围内并筹备建设。2006年，开始中信广场公共停车场建设。截至2012年，已建成中信广场、奥特莱斯公共停车场两处，约2000余个停车位。

八、绿化建设

2002年9月至2012年12月，园区严格按整体控规的绿地指标进行建设，形成由公共绿地和防护绿地组成园区绿地系统，完成公共绿地面积占控规绿地指标的约70%约56公顷，占园区开发用地的15.3%，其中公共绿地37.88公顷，防护绿地18.12公顷。完成绿地建设95.67公顷，投资近2亿元。

截至2012年年底，园区基础设施建设共完成主次道路13条，占地面积40公顷，总里程12.71千米，投资3.66亿元。共完成园区13条路网雨水、污水排水管道、供电（弱电、强电）、供水、燃气管道、电信通信综合管网等配套设施建设约10.5万米，总投资1.8亿元。

第四节　招商引资

一、招商政策与措施

2002年10月，制定《湖南天心环保工业园入园企业优惠政策》，明确实行优惠共享制，园区企业享受省级经济开发区和市“两区六园”优惠政策；凡经批准的园区规划用地中工业项目用地，实行优惠供地，以最优惠的价格供地，不承担园区基础设施建设费用及减免的部分费用；园区申请区财政每年预算安排的工业企业挖潜改造资金和科技奖励经费的50%捆绑使用，用于扶持入园重点工业企业发展；对入园投资规模大、发展后劲足的重点企业、重点项目优先解决用地，实行一企一议，保障重点项目顺利实施；园区内区级行政性收费全免，其他区级规费的收缴（税金除外）公开收费种类和标准，实行收费卡制度，原则上按规定的最低限度50%收取，实行由园区一家统一征收，上缴财政；园区企业招商引资奖励参照天心区招商引资奖励办法执行，园区另给予适当奖励。12月，湖南天心环保工业园列入湖南环保科技产业园，享受有关优惠政策。并执行《关于天心区鼓励外商投资的若干规定》精神，对新引进年缴区级税收50万元以上工业企业、实行3年内由税务部门按实征收，每年由区财政按实缴区级税收收入一定比例（第一年为总额的30%，第二年20%，第三年10%）奖励，投入企业用于技术改造、扩大规模。对新引进年缴区级税收80万元以上的三产企业，实行3年内由税务部门按实征收，每年由区财政按实缴区级税收一定比例（第一年为总额的20%，第二年15%，第三年10%）奖励，投入企业用于扩大生产规模。2003年，严格执行各级优惠政策，采取纳税奖励、新办企业奖励、引资奖励、引企奖励、创优创新奖励等多种方式和渠道，吸引投资者来园区投资创业。2005年，执行开心区《关于促进经济发展的奖励办法》精神，对新办工业企业，当年实缴区级所得30万元以上的，实行三年内由税务部门按实征收，每年由园区财政按区级所得的一定比例投入企业用于技术改造、扩大规模。

2008年，执行天心区制定的招商引资优惠政策。对园区内工商企业、餐饮娱乐服务企业、建安企业、房地产开发企业、以整栋楼宇内企业（对楼宇产权所有人或经营者）给予奖励，凡年度实缴税收园区区级所得40万、50万、100万、500万元以上纳税贡献的，按6%、5%、4%、3%、5%给予奖励。园区内工矿商贸企业、餐饮娱乐服务企业、建安企业、房地产开发企业、楼宇企业年度纳税区级所得150万、200万、400万、800万、1000万元以上，在纳税贡献奖励范围内，再增加2%的奖励。凡新办（新注册）规模工业、商贸服务业、餐饮娱乐业企业（不含更名、股份等形式变更的），开业后三年内按实缴税收区级所得的40%、30%、20%给予奖励。

2009年，园区加大招商引资力度，出台《关于天心创业园内展示厅、办公楼及标准厂房招商优惠办法》。企业根据自身需要可不整层租赁，但租赁面积原则上不低于50平方米。园区代办或协助企业办理入园注册；入驻企业连续三年享受园区优惠政策的基础上同时享受省、市、区（除税收优惠政策外）相关优惠政策。未达到园区规定的区级税收标准的仅享受省、市、区有关优惠政策，不享受园区级的税收优惠政策；为企业入园优先解决企业发展用地。

2011年，执行天心区《关于促进区域经济发展奖励办法》，适用范围为扶植或奖励对象为园区辖区内企业、单位或个人，要求企业税收关系必须在园区。2012年，执行《长沙市天心区促进区域经济发展奖励办法》，设税收增长奖：对文化创意企业年度实缴税收区级所得50万元以上，且年度实缴税收区级所得较上年增长达到30%（含）以上，按区级所得增量部分给予50%奖励。除房地产开发企业、建安企业、文化创意企业外的园区企业年度实缴税收区级所得100万元以上，且年度实缴税收区级所得较上年增长达到30%（含）以上，按区级所得增量部分给予10%奖励。设总部企业入驻奖：对世界500强企业中国总部、区域性总部及国内100强企业总部、区域性总部注册入驻园区，且自建或购置办公用房面积2000平方米以上，按300元/平方米标准给予购房补助，最高不超过300万元。若奖励金额高于受奖企业当年实缴税收区级所得，可分年兑现，兑现期不超过三年，每年兑现奖金以当年实缴税收区级所得为限。

二、招商引资成果

2003年7—9月，招商引进天鹅工业泵项目签约入园，项目占地4.03公顷，投资5000万元，总建筑面积4万平方米。龙盛科技电子产业基地签约入园，占地2.67公顷，总投资2亿元，总建筑面积5万余平方米。三远钢结构签约入园，占地4公顷多，固定资产2138万元，一期投资5000万元，二期投资2000万元，厂房建筑面积2.5万平方米。12月，贤盛发机电设备市场项目签约入园，位于中意一路1199号，占地面积约9.93公顷，总投资1.5亿元，总建筑面积9.52万平方米（其中机电设备核心交易市场建筑面积3.4万平方米）。园区全年完成到位省外境内资金1000万元，完成到位省外境内资金形成固定资产投资1200万元，完成固定资产投入2.11亿元。2004年6月，招商引进长沙电机厂搬迁项目签约入园，项目占地26.4公顷，投资4亿元，总建筑面积7.5万平方米。11月，中信新城签约入园，总投资约100亿元，占地面积145.87公顷，总建筑面积200万平方米。园区全年引进招商项目16个，开发土地面积100万平方米。全年完成到位省外境内合同资金1800万元，完成到位省外境内资金形成固定资产投资2100万元，完成固定资产投入3.69亿元。2005年6月17日，长庆机电科教签约入园，占地1.47公顷多，投资约2300万元，总建筑面积6600平方米。钢龙钢结构厂签约入园，占地0.8公顷多，投资约1500万元，总建筑面积3800平方米。园区全年完成合同外资500万美元，完成到位外资280万美元；完成到位省外境内资金3000万元，比2003年增长200%；完成到位省外境内资金形成固定资产投资5040万元，比2003年增长320%；完成固定资产投入4.74亿元，比2003年增长125%。

2006年，招商引进的中信新城项目，是全市引进规模最大、投资额最多的综合型商贸项目之一，列入2006年度省、市重点工程项目。重点引进天鹅工业泵二期等20个项目。全年完成合同外资1285万美元，到位外资570万美元，到位省外境内资金5500万元，完成到位省外境内资金形成固定资产投资1.05亿元，完成固定资产投入6.04亿元。2007年，招商引进湖南思为科技公司入园，占地面积10公顷，总投资3亿元。9月，在“2007中国（厦门）投资洽谈会”上与日本东宇公司投资的友阿—奥特莱斯购物广场项目签约。全年实现到位外资1168万美元，实现合同外资1625万美元，到位省外境内资金1亿元；省外境内资金形成固定资产投入2.33亿元，完成固定资产投入7.14亿元。

2008年3月，引进友阿—奥特莱斯项目入园建设，位于市芙蓉南路与107国道交汇处，占地17.33公顷，总投资4亿元，建筑面积17.2万平方米。7月，五田医药物流签约入园，位于园区内新电路与新梅路交界处。占地面积3.33公顷，总投资1.5亿元，建筑面积5.24万平方米。8月，红太阳新能源科技成立，促成中电集团第48研究所投资50亿元建设光伏产业基地重大项目落户园区，占地12.73公顷，总投资4亿元。全年实现合同外资1926万美元，比2005年增长285%；实现到位外资1327万美元，比2005年增长374%；到位省外境内资金2亿元，比2005年增长567%；省外境内资金形成固定资产投入4亿多元，比2005年增长693%；完成固定资产投入9.98亿元，比2005年增长111%。

2009年，园区利用优惠招商政策，吸引大量客商到园区投资洽谈，全年接待客商100余批次600人，发布项目15个，引进和新注册内资企业11个，新批外资项目2个，实现合同外资2600万美元，实现到位外资1675万美元，实现省外境内到位资金3.2亿元，省外境内资金形成固定资产投资5.2亿元，完成固定资产投入7.34亿元。2010年，招商引进翔鹅节能技术项目签约入园，占地0.67公顷，总投资6000万元，总建筑面积约5500平方米，10月，宇航科技项目入园，占地1.2公顷，总投资1亿元，总建筑面积约2.3万平方米，建设公司总部及科技型工业产品的研发和生产基地。全年实现合同外资3900万美元，到位外资1705万美元，实际到位省外境内资金5.13亿元，省外境内资金形成固定资产投入6.15亿元，完成固定资产投入14.31亿元。2011年，园区组织3次小分队招商活动，赴北京、上海、江浙等地开展产业论证，共接待客商70批次共260人次，主动上门对接项目12个，共签约项目14个。园区入驻注册企业已达70家，“飞地”企业40家，产值1000万元以上企业6家。是年，实现合同外资4700万美元，实现到位外资2050万美元，实现省外境内到位资金6.03亿多元，省外境内资金形成固定资产投资7.07亿元，完成固定资产投入16.53亿元。

2012年，园区协同中电集团48研究所调整思路，通过引进配套企业，形成太阳能光伏、储能材料等产业集聚效应。参加第七届中国中部投资贸易博览会、长沙与中央企业合作发展暨重大项目推介会、“2012科交会”天心区北京央企对接会及驻京企业长沙行活动等，开展各类招商活动，其中进入中博会上签约项目2个，央企对接会上签约项目1个。新入驻注册企业8家。年内先后与中科院长沙育成中心、省建筑设计院总部搬迁等10家企业总部项目进行洽谈，在经开区工业地产试点项目启动后落户。全年实现合同外资5000万美元，比2008年增长160%；实现到位外资2300万美元，比2008年增长73%；实现省外境内到位资金7.2亿元，比2008年增长260%；省外境内资金形成固定资产投资9.06亿元，比2008年增长127%；完成固定资产投入22.55亿元，比2008年增长126%。

园区创建一个超世创业园，至2012年共招商注册企业近百家，经营范围包括房地产开发、服装生产、机动车修理、五金加工、化妆品销售、药品制作与销售、实验动物繁殖、养殖及技术咨询服务、家电销售、液压机械制造等方面。签约重大合同项目33个，项目总投资127.6亿元。

截至2012年，园区招商引进企业78个，征地328公顷。累计实现合同外资2.15亿美元，实现到位外资1.1亿美元，实现省外境内到位资金25.75亿元，省外境内资金形成固定资产投资35.7亿元。累计完成固定资产投入94.43亿元。

第五节　技术与人才引进

一、技术引进

2003年5月，引进中电集团第48研究所一项外燃式氢氧合成氧化装置实用新型技术。引进该所以离子注入机为主的半导体集中电路装备技术的研发与创新和主持国家863计划集中电器制造装备重大专项——100纳米大角度离子注入机项目的科研技术攻关和产业化项目。2004年，引进天鹅工业泵的WLZ无泄漏立式自吸泵新产品；引进长沙四通管业用高新技术制造的钢筋混凝土管道。引进长沙电机厂属于全国电机行业高、精、尖技术。2005年，引进的中电集团第48研究所“湖南太阳能光伏产业链”项目被列入省“双百工程”（100项重点工业建设项目，100项重点技术改造项目）。

2006年，引进长沙防火装备厂防火各类门窗（特级防火卷帘门、钢质防盗门）、消防系列产品（场致发光疏散标志灯）等国家级高新技术。2007年，制定《天心环保工业园创新型园区发展规划》，实施园区引进科技创新专项资金项目管理，重点支持高新技术和科学技术的引进，形成具有较强市场竞争力产品的科技项目。是年，开展“院校园区行”活动，与清华大学、西华大学、湖南大学等院校协调联系，引进科技成果转化为生产力并实现投产的有四项，分别是长庆机电科教仪器公司引进清华大学精密仪器与机械学系“模具教学多媒体软件”“机械基础试验虚拟软件系统”项目进行转化和投产；长沙天鹅工业泵引进西华大学水机教研室“衬胶石灰石浆液循环泵”高效节能泵生产技术项目进行转化和投产；长沙三远钢结构厂引进湖南大学设计院“交错桁架结构体系改造工程项目”进行转化和投产。

2008 年，参加“2008 中国（长沙）科技成果转化交易会”，签约引进长沙孚德调味品公司食品调味科技项目，湖南红太阳新能源引进江西佳辉光电子公司太阳能电池片组件封装技术、单多晶组件生产技术；园区企业与名牌高校和科研院所开展科技成果转化活动，全年引进开发产学研科技项目 30 个，其中长沙电机厂 7 个、天鹅工业泵厂 1 个、长庆机电科教 2 个、红太阳新能源 5 个、长沙孚德调味品公司 1 个、三远钢结构 4 个、其他 10 个。

2009 年，在长沙“2009 科交会”上，长沙电机厂引进上海电科电机科技公司高效率三相异步电动机（IE2 标准）、超高效率三相异步电动机（IE3 标准）技术开发，长沙北极熊节能环保公司引进长沙理工大学可再生能源开发技术、新能源及节能技术，引进中电集团第 48 研究所 100 兆瓦太阳能新能源电池生产及节能技术等科技项目 5 项。2010 年，参加“2010 中国（长沙）科技成果转化交易会”。园区企业约 200 人次参会参展；红太阳新能源、天鹅工业泵、长沙电机厂、北极熊和长庆机电科教等 5 家企业进行产品实物参展；签约引进 10 个科技项目，其中红太阳新能源引进中电 48 所光伏新材料与太阳能新能源工程技术，长沙电机厂引进上海电器科研所中、低压电机 H 级绝缘结构防热老化技术、电机电子信息技术、风机、水泵、压缩机专用高效率和变频三相异步电动机技术开发，北极熊公司引进湖南城建职院高新节能环保技术改造传统产业，长沙华建液压器材引进不锈钢波纹管件成型机生产技术等进行现场签约，全年共引进 14 家企业高新科技项目。

2011 年，引进高新技术企业 3 家。组织专家对园区引进科技产业方向和未来发展进行研讨、问诊把脉。推动中电集团 48 所引进长沙理工大学电子科研项目开展战略合作；协助长沙电机厂引进北京核二院核电技术开展核级电机研发生产技术；帮助天鹅工业泵引进湖南科技大学“叶片泵的非设计工况及其优化设计”软件开发生产技术、引进中国农业大学螺旋流恒压泵的系列开发技术；长庆机电科教引进中南大学齿轮传动强度综合实验台教学仪器制造技术、引进清华、北大等院校泵系列及教学仪器科研项目。湖南红太阳新能源科技引进 120 兆瓦晶硅太阳能电池片生产技术。是年，引进湖南思为科技开发的新型墙体应用技术获“湖南省科技进步一等奖”；中电集团 48 研究所新能源光伏产品获“市科技进步一等奖”。2012 年，推动湖南思为科技引进湖南大学节能环保材料科研项目签订产学研合作协议；协助长沙全程数字机电科技公司引进长沙理工大学、湖南工程学院机电科研项目，签约成为两院校产学研合作基地；引进中国兴业太阳能技术控股公司科技项目，签订产业合作协议；特别是引进中科院湖南第一个院地合作项目——长沙中科院文化创意与科技产业研究院落户园区。长沙翔鹅节能技术引进泵及系统节能测试生产技术，湖南红太阳新能源科技引进 10 兆瓦地面电站项目——太阳能光伏系统组件、LED、储能材料研制生产技术、10 兆瓦光伏电站装备生产技术。是年，中电集团第 48 研究所获长沙市“技术改造先进企业”。

二、人才引进

2002 年 10 月，制定《湖南天心环保工业园入园企业优惠政策》，明确实行户籍管理开放制，对园区内投资者和园区企业引进的各类人才，在园区内有固定工作、有合法住所，管委会负责协助申办长沙市户口，其子女入学、入托、区内学校、幼儿园优先给予安排，并免收入学的借读费等额外费用；实行突出业绩奖励制：对有突出贡献的厂长、经理，在政治待遇、社会荣誉及物质等方面给予支持、奖励。2005年，完善分配激励机制，鼓励企业实行年薪制、技术和管理等要素入股、突出贡献人员股权期权奖励等多元分配方式，探索建立人才资本产权制度，通过知识产权和技术作价入股、人才资本入股等方式，促进人才资本及科研成果有偿转移。2006年，制定《湖南天心环保工业园区2006—2010年人才规划》，明确“十一五”期间（2006—2010年），通过招聘、培训等多种机制引进中高级人才，人才总量目标5000人，人才与人口密度比1:0.85；人才职称结构目标为高级以上职称应在人才总量中占5%左右、中级以上职称应在人才总量中占45%左右、初级以上职称应在人才总量中占50%左右；人才产业结构目标为增强第三产业人才数量，改进第二产业人才技能，提高第二、三产业人才素质；人才职业结构目标为行政管理人才比例下降，专业技术和经营管理人才数量提高。2007年，防火装备厂引进研发科技人才24人，其中归国留学科技人才1人，高级工程师1人，外聘高级专家顾问3人。三远钢结构有员工180人，其中引进科技研发人员35人（钢结构博士级研发人员2名），引进工程技术人员58人（高级工程师6名）。2008年，长沙电机厂高薪引进高级工程师3人，电机制造技术专家5人。至此，该厂共引进电机制造技术专家及工程师102人（其中高级工程师12人、博士生2人、外聘研发专家6人，其他研发工程师以上级82人）。2009年，长沙节能环保技术公司，引进新产品研发人员27人（研究员1人，教授、博士生导师级3人，教授4人，高级工程师7人；其他中级职称岗位人才12人）。8月，对天鹅工业泵、包装材料厂、长沙电机厂三家企业进行人才摸底调查，有职工1322人。其中引进各类技术岗位人才339人（高级技术职称岗位人才43人、中级87人、初级209人）。

2010年，园区对规模以上企业13家开展人才调研，共引进各类高级职称技术人员233人（其中拥有研究生以上学历114人），引进各类技术特长的中级以上技术岗位人员500余人。2011年，园区企业53家，员工5200余人，引进工程技术岗位人员252人，其中有中级以上技术职称岗位人才167人，高级以上技术职称岗位人才85人。2012年，湖南红太阳新能源科技拥有员工1200余人，其中引进科技研发人员388人（研究员级高级人才13人、高级工程师44人、其他中级技术职称岗位以上人才342人）。长沙全程数字机电科技公司，研究覆盖应用电子、测控技术与仪器、市场营销等。引进专业研发团队9人；按技术职称岗位分（高级工程师3人、中级会计师1人、工程师5人）。据统计，园区共引进享受国务院津贴的各类研究员、教授级的高级人才4人；其他高级技术岗位人才218人；中级技术岗位人才1092人，其他专业技术岗位技师人才2183人。

第六节　入园产业

一、产业规模

2002年9月，园区产业以市场为导向，以高新技术和环保型工业为特征，以电子信息、机械电器、服装加工产业为龙头，以现代制造业为支撑，以商贸服务业相配套，明确园区产业定位，合理配置资源；突出工业项目对固定资产投资的拉动作用。2003年，园区引进楚天包装机械、新兴电器控制设备、天鹅工业泵、三远钢结构、塑峰塑料实业、湘服工业园、龙盛电子科技、华宇工程机械、韶峰水泥集团等企业12家，并办理入园国土手续；其中工业企业8个，从业人员1365人，主要产品种类有电器、工程机械类、服装品牌销售类等。实现技工贸总收入1亿元；其中规模工业总产值8500万元；利税总额1500

万元，其中上缴税收600万元。

2004年，园区引进长沙电机厂、华宇工程机械、贤盛发电器制造、宁波先锋电器、中信城市广场、怀其皮革集团、丽爱迪尔科技、长沙必富制衣、岳迩投资、友欣实业等企业10家，有企业22家，其中工业企业16家，从业人员2085人，主要产品种类规模增加有电机系列产品变频调速三相异步电动机、3千伏、6千伏、10千伏内反馈调速三相异步电动机、中型户外防腐电动机、防爆电机、交流电机等产品、液压与气动传动、机械设计与创新、机械制造技术基础、模具设计与制造、汽车结构与测控等实验设备产品系列等。实现技工贸总收入4亿元；其中规模工业总产值2.95亿元%；利税总额6000万元，其中上缴税收2100万元。

2005年，园区引进长庆机电科教、钢龙钢结构等企业2家，共有企业24家，其中工业企业18家，从业人员2964人，主要产品种类规模增加有轻、重钢架构建筑，钢丝网架结构建筑，钢檩条，钢承楼板，集成式活动房等。实现技工贸总收入10.32亿元，比2003年增长932%；其中规模工业总产值6.91亿元，比2003年增长713%；利税总额1.58亿元，比2003年增长953%；其中上缴税收2955.55万元，比2003年增长399%。2006年，园区引进防火装备厂、（康尔佳医药、益丰医药、双舟医药）物流等企业5家，有企业29家，其中工业企业21家，从业人员3852人，主要产品种类规模增加有医用器械、药品保健品等。实现技工贸总收入15.65亿元，其中规模工业总产值11.79亿元；利税总额2.35亿元，其中上缴税收8218万元。2007年，园区引进思为科技、湖南中烟公司大托烟醇化仓储物流、东宇（长沙）食品、新源厨具设备、新画佳光电子等企业5家，有企业34家，其中工业企业28家，有从业人员5131人，主要产品种类规模增加有工程机械、重型机械等，实现技工贸总收入28.53亿元，其中规模工业总产值23.63亿元；利税总额2.83亿元，其中上缴税收1.23亿元。

2008年，以产业集聚为重点，优化产业结构，将优惠政策向技术和产业倾斜，支持优势产业发展；突出培育科技含量高、具有环保特色和优势，对区域经济发展起带动作用的支柱产业，培育和壮大以机械电器制造、电子信息、楼宇经济、光伏产业为重点税源型、环保型项目；按照“效益优先、适度超前、集约经营”的原则，淘汰占地多、投资少、效益差的项目，突出具有总部经济性质和“三无”（无烟尘、无废水、无污水）工业项目。提高项目入园门槛，加强对引进项目筛选，严格限制高耗能、高耗水、高污染项目，鼓励发展资源消耗低、附加值高的服务产业和高新技术产业。园区引进红太阳新能源科技、友阿奥特莱斯、五田医药物流园、时代自控电器、君建科达模具厂企业5家，有企业39家，其中工业企业31家，从业人员有6722人，主要产品种类规模新增有新能源光伏组件、具备500兆瓦太阳能光伏组件等产品涵盖125单多晶组件、156单多晶组件和柔性组件、抗PID组件、双玻组件等。是年，实现技工贸总收入47.75亿元，比2005年增长362%；其中规模工业总产值44.62亿元，比2005年增长546%；利税总额4.43亿元，比2005年增长180%；其中上缴税收1.79亿元，比2005年增长498%。

2009年，园区引进华建液压机制、众源汽修、康德服装、湖南娃哈哈桶装水、仙都辣酱食品、普瑞康制药、东创试验动物科技、梧桐贸易、凌峰安全技术咨询服务、省建筑设计院总部等企业11家，有企业50家，其中工业企业40家，从业人员6816人，主要产品种类规模新增有抽芯式高效节能立式斜流泵产品20余个系列，辣酱食品、生物技术等系列。实现技工贸总收入57.61亿元，其中规模工业总产值56.71亿元；利税总额2.35亿元，其中上缴税收2.41亿元。2010年，按照“产业集群联动、环境人居和谐”的思路，发展重点为“2+1”优势产业（即发展新能源光伏产业、电站装备业和现代商贸物流业）。园区引进翔鹅节能技术、市金鹰进口汽车修理、印美彩印企业3家，有企业53家，其中工业企业43家，从业人员有 8062 人，主要产品种类规模新增有低碳建筑节能的新型墙体材料、横孔连锁保温型混凝土空心砌块、新型节能泵阀、汽车零配件、彩色印刷品等。实现技工贸总收入 136.44 亿元，其中规模工业总产值 114.51 亿元；利税总额 7.78 亿元，其中上缴税收 1.63 亿元。

2011 年，园区引进融城时代酒店、华建投资、麓兴生物科技、斯埃建材、三和研磨、市湘能滤油机制造、天钰医疗器械、新环境房地产经纪、（中信、先富、市鑫福、市先锋）物业管理等企业 17 家，有企业 70 家，其中工业企业 45 家，从业人员 8354 人，主要产品种类规模有研磨系列、生物制品系列及餐饮配套服务等 230 多个品牌产品。实现技工贸总收入 154.89 亿元，其中规模工业总产值 130 亿元；利税总额 9.78 亿元，其中上缴税收 2.41 亿元。

2012 年，园区产业转型以发展总部经济、楼宇经济，引进中科院长沙育成中心、市电力局、移动公司长沙总部基地、金荣天心创意产业园、麦德龙、卡普包装、威晟标识企业 8 家，有企业 78 家，其中工业企业 49 家，从业人员有 10916 人，主要产品种类规模增加有电站装备系列、通信器材、包装材料等。形成以中电集团 48 研究所为龙头的太阳能光伏产业，以天鹅工业泵、长沙电机厂为龙头的电站装备业，以中信城市广场、友阿—奥特莱斯、五田医药物流为龙头的商贸物流饮食服务业。全年实现技工贸总收入 173.63 亿元，比 2008 年增长 263%；其中规模工业总产值 146.64 亿元，比 2008 年增长 229%；利税总额 11.41 亿元，比 2008 年增长 158%；其中上缴税收 3.82 亿元，比 2008 年增长 113%。

表 18–10–6–1　　2003—2012 年天心经开区规模企业经济统计一览表

年份	企业数（家）	从业人数（人）	技工贸总收入（亿元）	税收收入（亿元）
2003	12	1365	1	0.06
2004	22	2085	4	0.21
2005	24	2964	10.32	0.3
2006	29	3852	15.65	0.82
2007	34	5131	28.53	1.23
2008	39	6722	47.75	1.79
2009	50	6816	57.61	2.41
2010	53	8062	136.44	1.63
2011	70	8354	154.89	2.41
2012	78	10916	173.63	3.82
合计	—	—	629.82	14.68

二、产业结构

（一）工业　2003 年 7 月，天鹅工业泵入园建设。该公司是一家省高新技术企业，是从事各类工业泵的研发、生产、经营和服务为一体的综合企业基地。9 月，三远钢结构公司入园施工。该公司是专业从事建筑钢结构开发、设计、制造、生产、安装为一体的现代专业化企业。厂房建筑面积 2.5 万平方米，一期建两条轻钢生产线、一条重钢生产线、一条网架生产线。二期对厂房和生产线进行改、扩建，重点生产开发钢结构高端产品为主。拥有大小生产工艺设备 300 余台（套）。公司设有技术中心进行科研开发，是省内最大的钢结构制造安装企业、最具专业水平和最有代表性钢结构企业之一，是中国钢结构协会会员单位，是省内最早通过 ISO9001 质量体系认证的钢结构公司，具有专项钢结构二级资质。公司产品主要有轻、重钢架构建筑（刚性框架、连续梁、空腹式框架、倾斜单一梁），钢丝网架结构建筑，钢檩条，压型彩色涂层钢板，钢承楼板，集成式活动房（集成箱式、标准可拆式活动房——通过中国建材绿色产品认证）。园区有企业 12 家，其中工业企业 10 家，占比重 83%，从业人数 936 人，占园区从业人数 1365 的 69%。全年工业企业实现销售收入 0.85 亿元，占园区技工贸总收入 1 亿元的 85%，上缴税收 485 万元，占园区税收 600 万元的 81%。

2004 年 6 月，长沙电机厂入园。公司有 60 年专业研发生产电机（泵）历史，是中国最大的 500 家电机机械及器材制造企业之一。主要产品有变频调速、反馈调速三相异步电动机，潜污系列潜水电泵，中型户外防腐电动机、防爆电机、交流电机等产品，属电机高、精、尖技术。2005 年，中电集团第 48 研究所攻克难关，实现中国集中电器制造核心装备技术从 500 纳米至 100 纳米的五代跨越。6 月，长庆机电科教入园，该公司为从事高等院校机械学科实验教学设备研发与生产的民营高新技术企业，形成液压与气动传动、机械设计与创新、机械制造技术基础、模具设计与制造、汽车结构与测控等教学实验设备产品系列，畅销全国各大专院校，并出口泰国、新加坡、斯里兰卡等国家。公司与清华大学机械与精密仪器系建立战略合作伙伴关系，通过 ISO9001:2000 质量管理体系认证和美国 ANAB 认证，获得 23 项国家专利。园区有企业 24 家，其中工业企业 18 家，占比重 75%，从业人数 1922 人，占园区从业人数 2964 人的 65%。全年工业企业实现销售收入 8.25 亿元，占园区技工贸总收入 10.32 亿元的 80%，上缴税收 2546.2 万元，占园区税收 2995.55 万元的 85%。

2006 年，长庆机电科教获中国市场监测中心颁发的“中国教学专用仪器十大著名品牌”“中国教学专用仪器制造业 10 强企业”证书。2007 年 3 月，湖南思为科技公司成立并入园，主营业务为横孔连锁保温型混凝土空心砌块的研发、生产和销售。生产基地位于园区，产品辐射长、株、潭，建 4 条生产线投产，年产 5000 万块保温空心砌块，折合建筑面积 3000 万平方米。2008 年 8 月，湖南红太阳新能源科技在园区注册成立，是中电科技集团第 48 研究所全资子公司。该公司开展新能源光伏组件生产、研发工作，具备 500 兆瓦光伏组件生产能力。组件产品优质、高效，获得国际国内多家权威机构认证，包括中国金太阳、欧洲 TUV/CE、美国 UL、英国 MCS 等机构。园区有企业 39 家，其中工业企业 31 家，占比重 79.5%，从业人数 4846 人，占园区从业人数 6722 人的 72%。全年工业企业实现销售收入 39.55 亿元，占园区技工贸总收入 47.75 亿元的 83%，上缴税收 1.47 亿元，占园区税收 1.79 亿元的 82%

2009 年 6 月，长庆机电科教项目实现竣工投产和新址生产，全年完成产值 1.37 亿元，利税 2427 万元。2010 年，湖南思为科技公司产品“横孔连锁保温型混凝土空心砌块”综合技术经省建设厅科技成果鉴定委员会鉴定达到国际先进水平，获“湖南省科技进步一等奖”，该公司低碳建筑节能的新型墙体材料，获省建设厅“科技成果推广证书”，省节能新墙办颁发的“湖南省新型墙体材料产品认定证书”及市节能新墙办颁发的“长沙市节能备案证书”。产品在湖南华凌钢铁集团总部工地广泛使用，赢得用户及施工单位一致好评。是年，长沙翔鹅节能技术公司入园，该企业是从事电机拖动系统节能技术与节能产品研发、生产并按国际合同能源管理模式（EMC）提供节能服务的高新技术企业。是国家发改委、财政部第一批备案专业节能服务企业。12 月，天鹅工业泵研究的“聚醚醚酮泵用耐磨复合材料开发与应用”，被省科技厅评为“湖南省科学技术进步三等奖”，公司大型水泵检测中心被授予“省机械工业流体机械产品质量监督检测站”牌匾。自主开发首创的管道系统和水工结构设计，为国内首创，有效解决各种大型水泵的汽蚀性能测试问题，填补国内泵行业空白。

2012 年，协同中电集团 48 研究所调整思路，新研制终端应用产品，开发国内市场，获得国家“金太阳”工程较大份额；投入 2.27 亿元，新上一条 100 兆瓦全自动太阳能电池组件生产线运营。太阳能光伏产业示范产品销售给内蒙古 80 兆瓦时大型地面光伏电站、长沙麓谷科技园 12.82 兆瓦时光伏并网发电示范工程（金太阳工程）、北京市光机电一体化产业园 15 兆瓦时光伏并网发电示范工程、湖南粮食集团 10 兆瓦时光伏并网发电示范工程（金太阳工程）、蓝思科技 5 兆瓦时分布式光伏电站、顶立科技 630.72 千瓦时光伏发电工程等。园区有企业 78 家，其中工业企业 49 家，占比重 62.8%。从业人数 8797 人，占园区从业人数 10916 人的 81%。全年工业企业实现销售收入 146.64 亿元，占园区技工贸总收入 173.63 亿元的 84.5%。新能源太阳能光伏产业全年实现产值 55.01 亿元，占园区工业总产值 146.64 亿元的 37.5%；实现利润 0.93 亿元，占园区总利润 7.59 亿元的 12%；上缴税收 0.54 亿元，占园区税收 3.82 亿元的 14%；成为园区重要支柱产业之一。园区工程机械业完成产值 35.56 亿元，占园区工业总产值 146.64 亿元的 24%；实现利润 1.83 亿元，占园区总利润 7.59 亿元的 24%；上缴税收约 0.85 亿元，占园区税收 3.82 亿元的 22%。电气电机制造业完成产值 53.35 亿元，占园区工业总产值 146.64 亿元的 36%；实现利润 1.98 亿元，占园区总利润 7.59 亿元的 26%；上缴税收约 1.08 亿元，占园区税收 3.82 亿元的 28%。

企业选介

（一）长沙天鹅工业泵股份有限公司。2003 年 7 月，长沙天鹅工业泵入园，是从事不锈钢多级泵类的生产和销售企业。2006 年，该企业二期扩建工程占地 5.63 公顷，建成投产。全年完成产值 1.78 亿元，实现利税 3478 万元。该厂在“十一五”期间（2006—2010 年），企业每年技术创新研发投入占企业销售收入比重 6%以上，与高等院校、科研院所建立长期稳定的合作关系，开发新产品、新材料，完善设计工艺技术，保证水泵综合性能不断提升。2008 年，实现销售收入 1.62 亿元，上缴税收 518 万元，实现利润 2010 万元。2012 年，厂区面积 20.8 万平方米，注册资本 4.28 亿元，总资产 1.35 亿元，有员工 680 余人，其中各类工程技术人才 240 余人。有 26 个泵产品系列，2160 个规格，业已建成一个集各类工业泵的研制、生产、经营和服务为一体的综合企业基地。实现销售收入 20331 万元，比 2008 年增长 26%；上缴税收 646 万元，比 2008 年增长 25%；实现利润 2332 万元，比 2008 年增长 16%。

（二）长沙电机厂。2004 年 6 月，长沙电机厂生产基地与园区签约入园，12 月，经改制，成立长沙电机厂有限责任公司，企业性质由国有变成股份制企业，是全国电机行业协会副理事长单位，是国家电机行业大型骨干企业。2006 年该厂实现产值 3.01 亿元，完成产量 157 万千瓦，综合实力位居全国电机行业前 10 名。2007 年 10 月，长沙电机厂举行新厂迁建园区工程奠基仪式，标志新厂搬迁项目正式启动建设。2008 年，该厂实现销售收入 3.70 亿元，上缴税收 783 万元，实现利润 2869 万元。2010 年，该厂新厂整体搬迁入园。实现销售收入 3.67 亿元，上缴税收 889 万元，实现利润-820 万元。2012 年，该厂占地面积 21 万平方米，注册资本 1602.5 万元，企业固定资产总值 5.2 亿元，有员工 1300 余人。实现销售收入 4.01 亿元，比 2008 年增长 8%；上缴税收 1662 万元，比 2008 年增长 112%；实现利润-2043 万元，比 2008 年下降 171%，主要是受原材料成本增加影响。

（三）湖南红太阳新能源科技有限公司。2008 年 8 月，该公司注册成立，从业人数 1100 余人，是以新能源产品研发、制造、销售与技术服务为主的高新技术企业，主产新能源光伏产业项目，是唐景庭

（任中电科技第48所所长）率先提出发展湖南太阳能光伏产业的计划设想，由中电集团第48所投资兴建"湖南太阳能光伏产业链"项目被列入省"双百工程"，占地12.73公顷，总投资4亿元，建设200兆瓦晶体硅太阳能光伏产业链和光伏产业研发大楼，重点开发太阳能发电系统。晶体硅太阳能电池组件封装生产实现产业化、规模化，产品涵盖125单多晶组件、156单多晶组件和柔性组件、抗PID组件、双玻组件等。实现销售收入10.12亿元，上缴税收1003万元，实现利润6630万元。2009年，该公司二期光伏产业4条25兆瓦太阳能电池片生产线建成投产。被认定为省高新技术企业和省级企业技术中心。主要从事光伏电站EPC和光伏组件供应两大业务，具有自主知识产权的核心技术，产品技术水平居国内同行业前列，产值规模位列市工业前十强。是年，唐景庭获全国"五一"劳动模范奖章。2010年，实现销售收入45.63亿元，上缴税收2302万元，实现利润3.2亿元。2012年，太阳能发电系统开发项目效益为年平均发电量约961万千瓦时，可节约标准煤约3460吨，减排二氧化碳8624吨。是年，公司有员工1700余人，固定资产总值4亿元。全年实现销售收入55.01亿元，比2008年增长443%；上缴税收5435万元，比2008年增长442%；实现利润9322万元，比2008年增长41%。

（二）商贸物流饮食服务业。2003年，园区有企业12家，其中商贸物流饮食服务业企业2家，占比重17%，从业人数429人，占园区从业人数1365人的31%。全年商贸物流饮食服务业企业实现销售收入0.15亿元，占园区技工贸总收入1亿元的15%，上缴税收115万元，占园区税收600万元的19%。2004年始，园区在市芙蓉南路和中意路两厢规划建设中信城市广场购物中心和地铁商业街等项目，总投资约35亿元，建筑面积约80万平方米。2005年，园区有企业24家，其中商贸物流饮食服务业企业6家，占比重25%，从业人数1042人，占园区从业人数2964人的35%。全年商贸物流饮食服务业企业实现销售收入2.07亿元，占园区技工贸总收入10.32亿元的20%，上缴税收449.35万元，占园区税收2995.55万元的15%。

2006年，园区引进康尔佳、益丰、双舟等医药物流企业3家，主营中西药品、医用器械、保健品等。2007年3月，为引进湖南友阿集团"生态商业广场"项目，邀湖南友阿集团总裁胡子敬到园区实地考察，明确表态在该地块建设湖南友阿集团"生态商业广场"项目，按奥特莱斯模式打造湖南的"世界品牌折扣店"。是年，园区引进湖南中烟公司大托库区仓储物流、餐谋天下中信新城酒店、中信物业管理等14家商贸物流服务业企业。2008年3月，友阿奥特莱斯购物公园入园。是一个以国际品牌专卖店为载体，集购物、休闲、旅游为一体的现代商业购物公园。园区引进五田医药物流企业，有5个物流项目，以医药物流为主，其中1个仓储型物流项目，4个医药物流项目。总投资18亿元，总建筑面积约53.5万平方米。是年园区有企业39家，其中商贸物流饮食服务业企业8家，占比重20.5%，从业人数1876人，占园区从业人数6722人的28%。全年商贸物流饮食服务业企业实现销售收入8.2亿元，占园区技工贸总收入47.75亿元的17%，上缴税收0.32亿元，占园区税收1.79亿元的18%。

2011年，引进融城时代酒店，餐谋天下中信新城店。是年，五田医药物流园建成运营，且有湖南五田医药公司和省医药公司入驻，实现营业收入4亿元。2012年，园区以引进中信城市广场，友阿奥特莱斯购物中心为主的二大支柱商贸服务业，形成一个国际一流水准型"长株潭融城中央商务区"，拉动长株潭一体化区域商贸经济产业整体升级，成为长沙新城市名片。全年有企业78家，其中商贸物流饮食服务业企业29家，占比重37.2%；从业人数2119人，占园区从业人数10916人的19%。商贸物流饮食服务业实现销售收入26.99亿元，占园区技工贸总收入173.63亿元的15.5%。其中，仓储物流业实现营业收入 10 亿元，占商贸物流饮食服务业销售收入 26.99 亿元的 37%；实现利润 0.9 亿元，占园区总利润 7.59 亿元的 12%；上缴税收约 0.27 亿元，占园区税收 3.82 亿元的 7%。饮食服务业全年实现销售收入 3 亿元，占商贸物流饮食服务业销售收入 26.99 亿元的 11%；实现利润约 0.2 亿元，占总利润 7.59 亿元的 2.6%；上缴税收约 0.18 亿元，占园区税收 3.82 亿元的 5%。园区商贸业实现销售收入 13.5 亿元，占商贸物流饮食服务业销售收入 26.99 亿元的 50%；实现利润 1.09 亿元，占总利润 7.59 亿元的 14%；上缴税收约 0.75 亿元，占园区税收 3.82 亿元的 19%。

项目选介

（一）长沙中信新城。2004 年 11 月，长沙中信新城综合体项目是由中信集团公司投资建设。占地面积 146 万平方米，总建筑面积 200 万平方米，总投资约 100 亿元。由中信城市广场、文化广场、凯旋蓝岸花园、融城中央公园和绿色生态企业家会所等功能组团组成，是一个集购物、文化、休闲、娱乐、酒店、商务办公、总部经济和高尚居住于一体的国际一流水准的“长株潭融城中央商务区”高档商业业态。2007 年，中信新城建商品房 3050 套，计 35 万平方米，实现技工贸收入 1.8 亿元。2008 年，中信新城开发园区 1 号地块建高层商品房 1974 套计 14.3 万平方米，在园区 3 号地块建高层商品房 585 套计 9.9 万平方米，实现技工贸收入 2.52 亿元，上缴税收 1386 万余元。2012 年，中信新城凯旋蓝岸花园建设，由 5 栋高层商品房 876 套、公寓 824 套和一条 12 栋 2~3 层的西班牙风情商业街商铺 300 套组成，建筑面积 22.1 万平方米，全年实现技工贸收入 4.25 亿元，比 2008 年增长 69%；上缴税收 2357 万余元，比 2008 年增长 70%。

（二）友阿奥特莱斯购物公园。2008 年 3 月，友阿奥特莱斯购物公园项目由湖南友谊阿波罗商业股份公司投资兴建，位于市芙蓉南路与 107 国道交汇处，项目占地 17.33 公顷，总投资 4 亿元，建筑面积 17 万平方米，其中商铺面积 10 万平方米，拥有独立店铺 400 余间，可容纳品牌 500 余个，同时拥有 6000 平方米的电影院和 1.2 万平方米巨型儿童天地，更有长沙最大室内游乐中心、大型游乐项目、健身中心，还配置有 2000 个车位的大型停车场。是中南地区最大的奥特莱斯，长株潭城市群中心地标建筑，是以国际国内名品折扣中心与休闲游乐公园双重概念相结合的购物公园；多功能设施于一体的休闲中心，内有简洁明快的步行街道、宽敞大气的休闲广场（业态汇聚吃、喝、玩、乐、购）。2011 年 1 月，该购物公园运营。全年实现技工贸收入 2 亿元。2012 年，该购物公园有固定资产原值 4.57 亿元，固定资产净值4.37 亿元，在职员工 1397 人；实现技工贸收入 5 亿元，占园区商贸物流饮食服务业销售收入 26.99 亿元的 18.5%，年销售收入与 2011 年同期相比增长 150%，实现税收 2435 万元，占园区税收 3.82 亿元的6%。

（三）湖南五田医药物流中心。2008 年 7 月，湖南五田医药物流中心由湖南五田实业集团投资建设，位于园区内新电路与新梅路交界处。占地面积 3.33 公顷，总投资 1.5 亿元，建筑面积 5.24 万平方米。其中，物流中心仓库面积 3.6 万平方米，用于货物存储。严格按国家《药品经营质量管理规范》要求建造，达到医药行业药品无尘存放要求，还配备 24 小时恒温中央空调和冷库，物流中心南、西面分设两条通道和停车区域，办公楼建筑面积 8600 平方米，设有客用电梯、消防楼梯及信息处理中心、会议室等配套设施。该项目是湖南规模最大、配套齐全、设施设备先进的医药物流中心。2011 年，该物流建成运营，全年实现技工贸收入 4 亿元，上缴税收 983 万元。2012 年，该物流中心有固定资产原值 1.57 亿元，固定资产净值 1.37 亿元，在职员工 149 人；实现技工贸收入 5.6 亿元，与 2011 年同期相比增长率 40%，占园区商贸物流饮食服务业销售收入 26.99 亿元的 21%；实现税收 1500 万元，与 2011 年同期相比增长 52%。

第七节 经济效益

2002 年 9 月，园区开始招商引资开发建设。2003 年，园区引进各类企业 12 家，从业人员 1365 人，实现技工贸收入 1 亿元，人均劳动生产率 7.32 万元/人；地均产值率 17.15 万元/公顷；上缴税收 600 万元，人均纳税率 0.44 万元/人。2004 年，园区有各类企业共 22 家，从业人员 2085 人，实现技工贸收入 4 亿元，人均劳动生产率 19.18 万元/人。地均产值率 68.58 万元/公顷；上缴税收 2100 万元，人均纳税率 1 万元/人。2005 年，园区有各类企业共 24 家，从业人员 2964 人，实现技工贸收入 10.32 亿元，人均劳动生产率 34.82 万元/人，比 2003 年 7.32 元/人增长 376%。地均产值率 176.95 万元/公顷，比 2003 年 17.15 万元/公顷增长 932%。上缴税收 2995.55 万元，比 2003 年 600 万元增长 399%；人均纳税率 1.01 万元/人，比 2003 年 0.44 万元/人增长 130%。2005 年前园区财政收入未统计。

2006 年，园区有各类企业共 29 家，从业人员 3852 人，实现技工贸收入 15.65 亿元，人均劳动生产率 40.63 万元/人；地均产值率 268.34 万元/公顷；上缴税收 8218 万元，人均纳税率 2.13 万元/人。园区财政收入 4038.7 万元。2007 年，园区有各类企业共 34 家，从业人员 5131 人，实现技工贸收入 28.53 亿元，人均劳动生产率 55.6 万元/人；地均产值率 489.19 万元/公顷；上缴税收 12338.4 万元，人均纳税率 2.4 万元/人。园区财政收入 4289.03 万元。2008 年，园区有各类企业共 39 家，从业人员 6722 人，实现技工贸收入 47.75 亿元，人均劳动生产率 71.04 万元/人，比 2005 年 34.82 万元/人增长 104%。地均产值率 818.74 万元/公顷，比 2005 年 176.95 万元/公顷增长 363%。上缴税收 17890 万元，比 2005 年 2995.55 万元增长 504%。人均纳税率 2.66 万元/人，比 2005 年 1.01 万元/人增长 163%；园区财政收入 5345.56 万元。

2009 年，园区有各类企业共 50 家，从业人员 6816 人，实现技工贸收入 57.61 亿元，人均劳动生产率 84.52 万元/人；地均产值率 987.81 万元/公顷；上缴税收 24120 万元；人均纳税率 3.54 万元/人；财政收入 6284.8 万元。2010 年，园区有各类企业共 53 家，从业人员 8062 人，实现技工贸收入 136.44 亿元，人均劳动生产率 169.24 万元/人；地均产值率 2339.47 万元/公顷；上缴税收 1.63 亿元；人均纳税率 2.02 万元/人。园区财政收入 5043.83 万元。2011 年，园区有各类企业共 70 家，从业人员 8354 人，实现技工贸收入 154.89 亿元，人均劳动生产率 185.41 万元/人；地均产值率 2655.82 万元/公顷；上缴税收 24088 万元，人均纳税率 2.88 万元/人；园区财政收入 4992.13 万元。2012 年，园区有各类企业共 78 家，从业人员 10916 人，实现技工贸收入 173.63 亿元，人均劳动生产率 159.06 万元/人，比 2008 年 71.04 万元/人增长 124%。地均产值率 2977.14 万元/公顷，比 2008 年 818.74 万元/公顷增长 264%。上缴税收 3.82 亿元，比 2008 年 1.79 万元增长 113%。人均纳税率 3.5 万元/人，比 2008 年 2.66 万元/人增长 32%；园区财政收入 6886.56 万元，比 2008 年 5345.56 万元增长 29%。

第十一章　暮云经济开发区

暮云经济开发区地处长沙、株洲、湘潭三市交界的中心地带，西临湘江，与湘潭县九华乡、望城县坪塘镇隔河相望；北依省政府；东与跳马乡接壤；南与湘潭市昭山乡毗连；东南与株洲为伴。

1999年，长沙县委、政府依托湖南省委、省政府提出的长株潭经济一体化发展战略，开发暮云，建“暮云工业园”，属于县级园区。8月，暮云镇党委、镇政府成立“暮云工业园建设指挥部”。

2000年7月，暮云工业园破土动工兴建，修建南湖路，引导产业从国道沿线向东发展。2001年，暮云工业园正式成立。

2002年，暮云镇党委、镇政府决定以南托岭为中心，从107国道向东进行片区开发，先期目标开发1.8平方千米。园区实现技工贸总收入1.37亿元，税收总额0.139亿元，企业个数累计12家，被评国家农业部“全国乡镇企业科技园区”。

2003年，暮云镇加大基础设施建设的力度，修建伊莱克斯大道、暮云大道，暮云工业园面积扩大到3.8平方千米，企业累计29家，实现技工贸总收入2.65亿元，规模工业总产值2.25亿元，税收总额0.27亿元，完成固定资产投资2亿元。

2004年，暮云工业园提出“建设107国道以东，京珠高速以西，三环线以南、四环线以北的30平方千米经济发展核心区——暮云新城”的思路，突出基础设施建设，当年规模10平方千米。投入资金19亿元，其中3.5亿元用于园区路网、供水网、电力网、电信网、多媒体宽带网、生态网等网络基础设施建设，15.5亿元用于项目投入。园区引进长沙磐吉奥拉线工业有限公司。暮云工业园企业累计54个。

2005年，长沙暮云工业园跻身省级工业园行列。2006年，根据湖南省人民政府《关于设湖南长沙暮云工业园区等开发区的批复》，园区被国家发改委、湖南省人民政府批准为省级开发区，暮云工业园管委会、暮云镇政府，采取“一套人马、两块牌子”，“镇园合一”管理运作模式。

2007年，暮云镇党委、镇政府抓住长株潭经济一体化、省府南迁和市区基础设施南延的机遇，做大做强暮云工业园。完善30平方千米总体规划修编。暮云工业园面积增至17平方千米。暮云工业园坚持“以工业项目吸引外资为主，致力于发展高新技术，打造一流园区”的方针，引进的大型项目有长沙理工大学、长沙生态动物园、长沙礼恩派软轴公司、长沙锻压机床有限公司。初步形成塑胶、汽车配件、机械制造、食品加工、建筑材料五大支柱产业。至2007年年底，暮云工业园企业累计119家，技工贸总收入16.50亿元，规模工业总产值11.3亿元，税收总额1.25亿元，社会固定资产投入16.81亿元，与2003年相比分别增长522.64%、402%、373%、740%。

2008年8月，暮云工业园投资2.28亿元建设全长3千米的万家丽路暮云段通车。全长9.53千米的湘江风光带防洪大堤建成。暮云镇政府确立南部以暮云工业园为主要发展目标，重点发展工业企业；中部以生态动物园为中心，沿芙蓉南路两厢发展房地产、生态旅游和第三产业；北部以长沙理工大学为中心，沿万家丽路两厢发展科技、教育事业的新格局。加大招商引资工作力度，至2009年，园区引进京湘电器、铃本科技、长乐建材、华成换热、东方电控、亘盛门窗、大圆环保、长盈建材等企业和青苹果数据城、韦东建材、雄风玻璃、长沙暮云（国际）汽车城、巨龙建材、金翔铜业、志高建材、振威包装、西湖安置区物流公司、九州通物流公司、西湖电缆、广空汽修、康博达科技、湘雅医药科技、新兴通信市场等项目，暮云工业园企业累计144家。

2010年，暮云工业园紧紧围绕“崛起打造”战略，坚持加快发展、创新发展、科学发展，优化园区投资环境，提升产业科技含量，加快拓镇融城步伐，将暮云打造成长株潭核心区的旅游、商贸、会展与生活服务中心。园区引进向维彩印、四通管材、宝成建材等企业，暮云工业园有企业219家。

2012年，暮云工业园企业累计172家，技工贸总收入106.5亿元，规模工业总产值39.8亿元，税收总额8.31亿元，完成全社会固定资产投资总额51亿元。与2007年比，分别增长545%、252%、565%、203%。至2012年，共投入资金20亿元，修建园区道路及市区道路延长线总长48.55千米，整修10千米的沿江风光带。2012年12月，暮云工业园总面积拓展到30平方千米。12月26日，根据《湖南省人民政府关于部分省级开发区更名的通知》，“暮云工业园”更名为“暮云经济开发区”。面积为64.96平方千米。总人口15万人。园区共有国家级试验室1个，省级企业技术中心1个，市级企业技术中心3个，高新技术企业5家，市级小巨人企业4家，创建“两型企业”示范单位2个，引进、开发、转化科技成果150余项、申请专利110余项，20余家企业掌握关键核心技术或创建知名品牌。

第一节 机 构

一、中共暮云工业园党工委

2001年8月，暮云工业园成立。暮云镇南大门建设指挥部成立，所有的工作人员都由镇党委统一抽调和安排，党员干部的党组织关系仍在原单位。2004年10月，中共长沙县委员会批准成立中共暮云工业园企业工作委员会，设书记1人，副书记1人，委员3人。2006年，国家发改委、湖南省人民政府批准暮云工业园为省级开发区，成立暮云工业园管委会，暮云镇政府与暮云工业园管委会，采取“一套人马、两块牌子”“镇园合一”的管理运作模式，园区党工委新班子调整到位。同年3月，园区召开机关全体党员大会，选举产生中共园区机关支部。同年12月，设立中共暮云经济开发区工作委员会。2012年12月，经湖南省人民政府批准，暮云工业园区正式更名为湖南长沙暮云经济开发区。随后，成立中共暮云经开区党工委，下辖1个机关党支部和18个企业基层党支部、1个企业党总支。

二、暮云工业园管理委员会

2006年4月，根据湖南省人民政府《关于设定湖南长沙暮云工业园区等开发区的批复》，批准同意成立暮云工业园管委会，下设暮云工业园办公室、暮云工业园规划建设局、暮云工业园招商合作局、暮云工业园产业发展局、暮云工业园社会事务局。2012年3月，长沙暮云工业园正式更名为湖南暮云经济开发区。

2001—2012年，先后在暮云工业园、暮云经开区担任主要领导职务的有：陈雄伟、文先进、杨忠文、彭军其、彭正球、黄勇。

第二节 园区规划

一、总体规划

1999年2月，长沙县委、县政府依托湖南省委、省政府有关推动长株潭经济一体化的决定建立暮云工业园。先期开发区面积为1.8平方千米，以南托岭为主线，沿107国道向东发展。1999年9月，长沙县委、政府下发《暮云工业园发展纲要》，暮云镇政府委托湖南大学城市规划设计研究院，根据《暮云工业园发展纲要》编制完成第一次暮云工业园城镇总体规划，明确提出：暮云工业园规模为8平方千米，人口7.5万人；规划结构为“一线三组团”，即以107国道为发展轴线，连接北部综合组团、中部产业组团和南部旅游组团；经济发展以现有大中型企业为依托，以度假休闲和商务度假式房地产业为辅，建设成为长株潭中心区新的经济增长点。2001年，长沙市发展规划中，有长沙市规划设计研究院编制的《长沙市暮云片分区规划（2001—2020）》，将大托乡和暮云工业园作为长沙市的一个城市片区纳入长沙市城市用地发展范围。规划暮云工业园内的城市用地面积为15平方千米，人口为8.3万人。

2001年6月，配合长沙市发展规划，暮云镇政府委托湖南大学城市规划设计研究院承担对暮云工业园规划的30平方千米、一期开发7.8平方千米的三年规划设计任务。范围以南托岭为中心，东接芙蓉南路，西抵107国道，北与牛角塘村接邻，南到暮云新村地区。

2005年暮云镇政府又委托湖南大学城市规划设计研究院对规划进行修订：暮云工业园近期用地规模15平方千米，东接芙蓉南路，西抵沿江大道，北与大托先锋村接邻，南到暮云新村的地区。总人口8.3万人，人均用地361.45平方米，远期规划用地30平方千米。

暮云工业园利用现有政策、区位、交通等优势，优化基础设施建设，全方位带动工业园社会经济的发展，提高区域经济在大区域中的地位。长株潭融城核心区暮云工业园的建设到了最关键阶段，2008年暮云镇政府又一次委托湖南大学城市规划设计研究院对规划进行修订。规模是：规划30平方千米，暮云工业园四至规划为：西临湘江，与湘潭县九华乡、望城县坪塘镇隔河相望；北依省政府；东与跳马乡接壤；南与湘潭市昭山乡毗连。总人口10.3万人。以塑胶、建材为主，引进机械制造、汽车配件等产业，打造优势产业集群。

暮云工业园利用长株潭融城核心的区位优势，保持经济持续、快速发展，实现园区经济规模、增长方式和发展效益的突破，加快城乡一体化和新型城镇化建设，2012年，暮云镇政府委托湖南大学城市规划设计研究院对规划进行了第五次修订，面积为64.96平方千米。西临湘江，与湘潭县九华乡、望城县坪塘镇隔河相望；北接长沙市天心区、雨花区；东与跳马乡接壤；南与湘潭市昭山乡毗连；东南与株洲为伴。总人口15万人。

二、专项规划

（一）土地利用规划。2001年6月，暮云工业园规划面积7.8平方千米。范围以南托岭为中心，东接芙蓉南路，西抵107国道，北与牛角塘村接邻，南到暮云新村的地区。

2008年，暮云工业园面积规划为30平方千米，四至规划为：西临湘江，与湘潭县九华乡、望城县坪塘镇隔河相望；北依省政府；东与跳马乡接壤；南与湘潭市昭山乡毗连。

2009年7月，暮云工业园土地规划总面积64.06平方千米。农业用地规划总面积36.86平方千米，建设用地规划总面积19.84平方千米（城镇村及工矿用地6.21平方千米、农村居民点6.55平方千米、独立工矿用地4.26平方千米、其他用地0.03平方千米、交通用地1.53平方千米、水利设施用地1.26平方千米，分别占土地总面积的9.7%、10.22%、6.65%、0.05%、2.38%、1.96%；未利用规划地总面积7.36平方千米，占土地总面积11.50%。

2010年，暮云工业园土地规划总面积64.38平方千米。农业用地规划总面积28.75平方千米，占土地总面积的44.88%；建设用地规划总面积28.73平方千米（城镇用地14.10平方千米、农村居民用地5.38平方千米、独立工矿用地6.67平方千米、其他用地0.03平方千米、交通用地1.26平方千米、水利设施用地1.29平方千米，分别占土地总面积的22%、8.39%、10.41%、0.04%、1.96%、2.02%），占土地总面积的44.35%；未利用规划地总面积6.9平方千米，占土地总面积10.78%。

2012年，暮云工业园规划面积为64.96平方千米，辖区行政村11个，万家丽路以南、107国道东、南横线以北和京珠高速以东作为暮云城市发展的主要用地。建设用地规划面积37.6平方千米，占总面积的57.89%，依托现有暮云工业园的道路网骨架向东、向南、向北发展，与北面长沙城区发展相衔接。在暮云工业园芙蓉南路北面形成大型居住组团，东面形成商贸旅游服务区、南面形成交通物流区。

（二）道路交通规划。2002年，暮云工业园规划道路主次干道共有2条（107国道、南湖大道），道路系统功能构成及等级划分为园区道路系统由城市主干路（宽60米）、园区主干路（宽36米）成“丁”字状分布在南托岭中心地带。道路系统功能构成及等级划分为园区道路系统由城市主干路（宽60米）、园区主干路（宽46米、宽36米）及园区次干路（宽30米、宽26米、宽20米）三级组成，园区主干道与城市主干道间距控制在800米左右。在园区主干道结构基础上，规划道路红线宽度26米（即26米次干道道路横断面划分为道路红线车行道双向16米，人行道单向5米）、30米（即30米宽次干道的横断面划分为道路红线车行道双向16米，人行道单边7米）的园区次干道，次干道与园区主干道的距离控制在400米左右。园区次干道与园区主干道围合成形成400米×400米的方格地块。

2007年12月，园区规划建成万家丽路暮云段、芙蓉南路暮云段，实现与市区的全面接轨。

2012年，园区道路交通规划已经定型：为四纵五横。四纵为：由西向东起为107国道、长沙大道、莲华大道、韶山南路。五横为：由北向南为高云路、西湖路、伊莱克斯大道、莲华大道、新塘路。城镇道路分城市主干路、城市次干路、支路三个级别。红线宽度分别为60米、36米、26米，干路、支路间距分别为800米、500米。城镇道路密度为6.0千米/平方千米。

（三）给排水系统规划。2002年7月，三兴村机井建成，直接供应暮云经开区。2004年12月，工业园用水由第八自来水厂水源供应，从书院路、老韶山路、万家丽路分别引入直径300毫米、直径600毫米（2根）、直径400毫米（2根）市政给水干管的供应。2005年，规划在三兴村建一座暮云自来水厂作为规划预留备用，水厂规模为20万立方米/日，规划用地面积18公顷，其取水头部设于污水排放口上游400米处，2009年一期建成。2010年，规划距暮云水厂约1.55千米处建成暮云污水处理厂。园区污水排放依重力自流，沿京广线的污水主干管输送至暮云污水处理厂处理。暮云污水处理厂处理规模为18万立方米/日，规划控制用地面积15.12公顷。在规划雨水系统时贯彻高水高排、低水低排的原则，以地面标高38.30米（湘江百年一遇洪水位38.27米）划分高低区分界线，高区雨水采用就近自排进入湘江或圭塘河，低区雨水排放采用自排与泵站强排相结合的模式。

（四）绿地系统规划。2002年1月，园区明确绿化规划原则：园区所建居住区绿化必须符合道路绿化、居住区绿化规定，交通干道要和绿化隔离带合一，形成绿色交通走廊，组团之间形成适当宽度的绿化生态隔离区，各地块标段在满足控制指标所规定的绿地率指标同时，应尽可能增加绿化面积。园区绿化采用点（指各小广场和五个生态居住区中各庭院绿地）、线（指南湖大道与伊莱克斯大道两侧宽2米宽绿化带)、面（指大面积草坪，主要设置绿化广场、生态公园）相结合，成片布置绿化。绿化树林配置遵循对比原则（高低搭配、点面结合形成一个立体绿化系统）。园区内所有道路均按规划道路断面配置行道树和绿化隔离设施。道路两旁突出工业园特色，植常绿乔木杜英、樟树等。在每个片区工业用地内设置公共绿化带和集中绿地、在居住组团中结合公共服务用地设置居住区公园、共同组成园区的公共绿地系统。公共绿地的设置尽量做到均匀分布，除保留、调整已建成的公共绿地外，也增加一些地形平坦，适合老年人和儿童活动的绿地；行政村设置适当的小型公共绿地，人均指标 1~2 平方米；道路绿化用地占到道路用地的 15%~25%；利用山地（做好山塘、水渠、植被的利用和保护工作，避免大填大挖现象出现)、河流、生产防护绿地、农业生态区设置隔离绿带；干道防护绿带；河网防护绿带；高压线防护走廊绿带；单位内部绿化；机关学校医院等单位内部绿地（不低于占地 30%），暮云工业园厂矿企业多，地形开阔。利用这一优势，形成苗木为主的生产绿化区。介于特别地块地域独有地形和自然山林水体条件，开发建设时须保障山林水体展示空间，在相应视线范围内要避免大体量人工建筑或构筑物对山体的遮挡。各设施场地建设要求与周边自然地形地貌有机结合。

绿地指标控制，园区绿地系统由公共绿地和防护绿地、生产绿地组成，绿地规划面积共计 2051 公顷，占园区用地的 31.55%，绿地系统和生态保护面积约 166.69 公顷，其中公园绿地 152.89 公顷，人均公园绿地面积 10.4 平方米，生产绿地为 1947.55 公顷（高云、暮云、许桥、南托的花木基地)。

2012 年，对暮云段的湘江东岸规划改造后，建湘江风光带。以种栽乔木为主，辅之园林建筑小品。河堤岸规划建设采用建园林休闲式绿化带，保持两岸水土不流失。利于休闲观光。

（五）配供电系统规划。园区的用电负荷为 46.24 亿千瓦。区域内现有 110 千伏南托变电站，其现状容量为 1×31.5 兆伏安+1×2 兆伏安，规划将南托变电站扩容，规划终端容量为 3×50 兆伏安，规划控制用地 3330 平方米。园内规划一处 220 千伏变电站， 220 千伏暮云变电站规划终端容量 2×180 兆伏安，其规划控制用地为每处 3 公顷。110 千伏树井南线改道沿万家丽路西北侧，107 国道东侧架空敷设，须留出 20 米宽高压走廊。园区内 220 千伏线路沿南横线北面绿化带架空敷设。

（六）电信系统规划。园区规划 2 处电信分局，每处电信分局规划控制用地 6667 平方米。另规划 3 处电信模块局，每处电信模块局规划控制用地 667 平方米。

（七）配套设施规划。公共设施及商住区设施规划：公共设施按国家标准统筹安排，新建学校 10 所（中学 3 所，小学 7 所)、医院一所以及其他公共设施。沿芙蓉南路设置高级商住区及别墅区，利用水面和绿化区域，集中设置与工业及高科技工业园相配套住宅组团。

广场和停车场：规划镇区建三处休闲集会广场（9.42 公顷)，结合城镇具体功能区块，在主要的公共建筑前布置专用广场，用地一般为 0.05 万~0.1 万平方米不等。规划镇区规划道路广场用地面积 379.56 公顷，占城市建设用地的 14.15%，人均占用面积 17.65 平方米/人。社会停车场规划根据交通源的分布与交通流向，在城镇布置两处社会停车场，分别位于 107 国道与万家丽路交会西南角（5.40 公顷）和 107 国道与莲华大道交叉口东北角（1.36 公顷)。其他小型停车场结合各类设施布置。

第三节　基础设施建设

一、道路建设

2001 年 8 月，投资 600 万的南湖路动工兴建，里程长 1 千米，路面宽 36 米，道路两边是商贸区，从107国道向东延伸，和107国道成“丁”字状分布在南托岭的正中心。2002年1月竣工，暮云工业园的建设拉开序幕。2002年，规划建设南湖大道延伸线，全路程长2千米，路幅宽36米，占地约7.2公顷，双向4车道，车速40千米/小时，投资6000余万元。同年12月竣工。

2003年9月开工兴建伊莱克斯大道，全路程长2.14千米，路幅宽70米，占地约14.4公顷，双向6车道，车速50千米/小时，投资1.2亿元。2004年12月完工。

2006年，投资6.79亿元。修建园区主干路暮云大道全路程长2千米，路幅宽60米，双向6车道，修建园区次干路南湖路、西湖路、高云路10千米的园区道路，路幅均为宽36米，双向4车道。

2007年12月，投资2.28亿元全长3千米的万家丽路暮云段、总投资9000万元的芙蓉南路南延线开工，投资3.35亿元全长4.6千米的芙蓉南路暮云段已建成通车，实现与市区的全面接轨。

2008年1月，投资3.5亿元，启动高云路一期、东环路东延线、东三线二期、东四线二期、湘湖路建设；启动全长9.53千米的湘江风光带防洪大堤建设。2009年6月，园区内路网骨架基本形成，四条新城市主干道与107国道一起将暮云工业园全面融入城区。2009年，基础设施建设投资3亿元，有芙蓉南路延长线、芙蓉大道、暮云大道北段、东环路南延线等道路工程在建；启动建设西湖路、北环路、东三线延长线等道路。2010年12月，项目全部完工。

2012年，通过BT模式招标投资3亿元，启动新韶山南路、月塘路、西湖路三条城市主干道建设；调资300万元，改建兴马、三兴村近6千米的村级道路；烟草物流园北延线于2012年11月开工建设。至2012年年底，园区基础设施建设共完成主次道路14条，占地面积45公顷，总里程21.6千米，投资16.32亿元。共完成园区14条路网雨水、污水排水管道、供电（弱电、强电）、供水、燃气管道、电信通信综合管网等配套设施建设约11.31万米，总投资1.94亿元。

二、供水设施建设

2002年，园区供水、用水管网由园区水井三兴村机井通过给水主干管接至辖区内，与暮云镇水厂供水主干管连通。园区采用枝状管网与环状管网相结合的形式。中心地区布置成环状管网，边缘和郊区布置成枝状管网，给水管沿规划道路的西、北侧布置。2003年，园区完成南湖大道、伊莱克斯大道2000米自来水管道铺设。2005年，园区利用原第八自来水厂水源供应，从书院路、老韶山路、万家丽路分别引入管径300毫米、管径600毫米（2根）、管径400毫米（2根）市政给水干管的供应。2006年，暮云大道2000米自来水管道全部完工，南湖路、西湖路、高云路共8千米的自来水管道铺设完毕。2008年，园区完成高云路一期、东环路东延线、东三线二期、东四线二期、湘湖路自来水管道铺设。2009年，园区完成芙蓉南路延长线、芙蓉大道、暮云大道北段、东环路南延线、西湖路、北环路、东三线延长线等道路自来水管道铺设。2009年，园区投资1.5亿元，在三兴村动工兴建一座日供水量为20万吨的暮云自来水公司，用地面积18公顷，取水头部设于污水排放口上游400米处，于2010年12月完工。至2012年12月，园区投入资金2亿元，共完成园区14条路网，计21600米自来水供水管道配套设施建设，实现送水入户至相关企业、居民住宅小区。

三、排水排污设施建设

2002年，南湖大道修建，雨水排水2000米、污水排污管道2000米管道全部安装到位。2003年，南湖大道、伊莱克斯大道2000米雨水排水、污水排污管道铺设。2006年12月，暮云大道2000米雨水排水、污水排污管道铺设全部预埋，南湖路、西湖路、高云路共8千米的雨水排水、污水排污管道铺设完毕。2008年，完成高云路一期、东环路东延线、东三线二期、东四线二期、湘湖路雨水排水、污水排污管道铺设。2009 年，完成芙蓉南路延长线、芙蓉大道、暮云大道北段、东环路南延线、西湖路、北环路、东三线延长线等道路雨水排水、污水排污管道铺设。

2010 年，园区投资 1 亿元，建暮云污水处理厂。位于汇水区下游的非洪水淹没区，地址三兴村，距离暮云水厂约 1.55 千米。暮云污水处理厂处理规模为 18 万立方米/日，园区污水排放依重力自流，沿京广线的污水主干管输送至暮云污水处理厂处理，污水量为 17.2×0.8=13.76 万立方米/日。园区高区雨水采用就近自排进入湘江或圭塘河，低区雨水排放采用自排与泵站强排相结合的模式。

至 2012 年，园区共建成九个排水分区，分区雨水通过雨水管渠收集后，排入黄金港、莲河港、丰城港、南塘港与黎塘港，然后排入湘江。从而有效的保护山林、公共绿地、居住环境。工业园在湘江边建成五个泵站：莲河村泵站、尧塘村泵站、南托村泵站、新港村泵站、中心港泵站，全部雨水经过高排系统排入湘江。

四、供电设施建设

2002 年，暮云片区范围内只有一座 110 千伏变电站（南托变电站），装机容量 50000 千伏变压器 1 台，31500 千伏变压器 1 台，共计容量 8.15 万千伏。10 千伏出线 18 条，变压器装机容量 279065 兆伏安，35 千伏出线 1 条（专供空军 19 厂），暮云工业园的总用电负荷为 46.24 亿千瓦。2006 年，雨花环保工业园 110 千伏仙姑岭变电站扩容后解决万家丽路、芙蓉南路、高云路沿线地区用电问题。2007 年 12 月，大托 110 千伏变电站正式运营。园区根据负荷测算及负荷分布情况，安装为 10 千伏供电系统。2010 年，园区投资 4000 万元，新建一座占地约 2.67 公顷的 220 兆伏安变电站，满足了暮云工业园用电需求。2010—2012 年，园区内供电负荷无增减。

五、供气设施建设

2002 年，暮云工业园内居民用气采用液化石油气，由位于工业园花园岭上的四普液化气站供应。2004 年 12 月，107 国道和南湖路 2000 米燃气管道铺设完工。2005 年工业园采用天然气。由市燃气公司统一供给，管道由中意路绕城交叉处和万家丽路城市中压（0.2~0.4 兆帕）燃气管网接入。园区内所有燃气管道均下地暗敷，所有市政主次干道均设置燃气管道，沿道路的东、南侧敷设。燃气管道按输送天然气的标准设置。燃气管网（0.2~0.4 兆帕）采用环状布置，根据现场情况设若干个面积约 24 平方米的燃气调压站，中压燃气经调压站调压后，进入低压（0.005 兆帕）燃气管网，然后接至用户，2006 年，南湖大道、伊莱克斯大道、暮云大道燃气管道管线启动施工。2007 年南湖路、西湖路、高云路共 8 千米的燃气管道铺设完成。2008 年，高云路、东环路东延线、东三线二期、东四线二期、湘湖路燃气管道铺设完工。2009 年，芙蓉南路延长线、芙蓉大道、暮云大道北段、东环路南延线、西湖路、北环路、东三线延长线燃气管道铺设完工。至 2012 年 12 月，共完成园区 14 条路网计 21600 米燃气管道等配套设施建设并与相关企业、居民住宅小区接通。大型楼盘、107 沿线社区居民都用上价廉物美的新奥燃气。

六、其他综合管线

（一）电信。2002 年年底，园区采用直接接入市政电信网的方式布置电信网络，电信线网指标选取：住宅为 80 平方米/对线，工业为 250 平方米/对线，仓储为 200 平方米/对线，公共设施为 80 平方米/对线。2004 年 12 月，107 国道和南湖路 2000 米电信管线全部预埋。2005 年南湖大道、伊莱克斯大道、暮云大道 2000 米电信管线启动施工。2007 年南湖路、西湖路、高云路共 8 千米电信管线铺设完成。2008 年，高云路、东环路东延线、东三线二期、东四线二期、湘湖路电信管线铺设完工。2009 年，芙蓉南路延长线、芙蓉大道、暮云大道北段、东环路南延线、西湖路、北环路、东三线延长线电信管线铺设完工。至 2012 年 12 月，共完成园区 14 条路网，共计 21600 米电信管线等配套设施建设，并与相关企业、居民住宅小区接通。

（二）邮政。2002 年始，根据邮政设施服务半径的要求，园区确定在 107 国道西侧南托岭、丰城地块建设电信分局、邮政分局各 1 处，占地 4.8 公顷，园区内共设邮政所 2 处。至 2012 年，2 处邮政所由邮政部门投资建设或租赁使用。

（三）有线电视。2002 年年底，园区采用有线电视和多媒体传输城市有线电视网络的全部频道、信号和信息，南托岭商贸区的有线电视管线建成。商贸区的住户全部用上有线电视。2003 年，建设 107 国道有线电视管线；启动伊莱克斯大道有线电视管线建设。2004 年，启动建设南湖路延长线 2000 米有线电视管线。2005 年，建设暮云大道 2000 米有线电视管线，覆盖莲华安置区和南塘安置区。2007 年南湖路、西湖路、高云路共 8 千米有线电视管线建成。2008 年，高云路、东环路东延线、东三线、东四线、湘湖路有线电视管线建成。2009 年，启动芙蓉南路延长线、芙蓉大道、暮云大道北段、东环路南延线、西湖路、北环路、东三线延长线有线电视管线建设。至 2012 年 12 月，共完成园区 14 条路网计 21600 米有线电视管线等配套设施建设并与居民住宅小区接通。

七、公共服务设施建设

（一）公交站建设。公交站：2002—2003 年，107 国道沿线只有牛角塘、南托岭、花园岭、暮云市 4 个公交停靠站。2004 年，芙蓉南路贯通，动物园公交站建成。2005 年，从新路村至长沙生态动物园的 134 区间线。建成经过暮云工业园的站点有 7 个。2006 年湘潭专线通至暮云市，暮云公交站面积至 2.58 公顷。长朱潭 101 路在暮云建有 7 处站点。2007 年，从长沙东塘至株洲中心汽车站长株潭 202 路，新增站点 3 个。2008 年，209 路专线始发站随着长沙理工大学云塘校区建成成为最热闹、最繁忙的公交站。2012 年 8 月开通 125 路，新建停靠暮云工业园的站点有 11 个。从劳动广场至新路村的 134 路，建成的站点有 7 个。六条交通线路把暮云工业园和市区连接起来，四通八达的交通网络，方便居民出行，加强了和外界的沟通，给园区人的上学、就医、商贸、旅游提供便利的条件，加快工业园和长沙市区的对接。

（二）学校建设。2002 年暮云暮云工业园有 1 所中学、8 所小学，有阳光幼儿园、小星星幼儿园等 10 所幼稚园；由职业高中长沙民政学院南院、湖南第二轻工业学校、水电八局技校、明照日本语中等技术学校，形成幼教、普教、职教、高教四位一体的教育格局。随着暮云经开区面积的不断扩大，入住人口增多，2004 年，在高云片区第一期征地 106.67 公顷，修建一所以工为主，理、管、经、文、法、艺等多学科协调发展的省属重点大学，长沙理工大学云塘校区。位于长沙城市主干道万家丽路北面、新韶山南路（也叫汇金路）西面，环保大道南面，2008 年年初建成，学校占地面积 208.6 公顷，校舍总建筑面积 117 万平方米，固定资产总值 26.45 亿元。学校有全日制在校本科生 2.3 万余人，博士、硕士研究生 5000 余人，专任教师 1969 人。

2005 年，在东临芙蓉南路、西近 107 国道、北靠伊莱克斯大道，处于长株潭三市交界处，投资 3000 余万元，新建南塘小学，占地约 1.89 公顷，校舍面积 6540 平方米。学校有教学班19 个，教师 50 人，学生 950 人。2010 年，雅礼教育集团与怡海集团投资 1 亿元共同创办长沙市怡雅中学。是雅礼教育集团内唯一的一所民办中学，怡雅中学位于长沙市芙蓉南路与万家丽南路交汇处的怡海星城内，占地面积 6.13 公顷。全校教职工 132 人，其中专任教师 81 人，研究生以上学历占 48%，特级教师 2 人，高级教师 6 人，一级教师 40 人。学生 500 余人。学校设有初中部、高中部和 SAT 国际课程中心。实现小班教学。至 2012 年年底，辖区共有 1 所大学、3 所中等专业学校、2 所初中、9 所小学、10 所幼稚园。

（三）公共停车场、广场建设。2006 年，园区分别在 107 国道与万家丽路交会西南角（5.40 公顷）和 107 国道与莲华大道交叉口东北角（1.36 公顷）建成两处社会停车场，其他小型停车场结合当地各类设施布置建成。

2008 年，园区建成北塘村广场。2009 年南托岭社区广场、华月湖社区广场完工。至 2012 年 12 月，暮云工业园在商贸旅游组团、产业组团共建成三处休闲集会广场（共 9.42 公顷）。

八、绿化建设

2002—2012 年，园区总投资 3 亿元，相继建成“三带、一区、十园、六廊”的城市生态绿地系统。“三带”即湘江生态带，将沿湘江东岸控制约 80~180 米（含 20 米景观道）宽作为绿化风光带，牛角塘生态带和南横线沪昆高铁生态带；“一区”即沿湘江、京广铁路以西，将打造南托垸高效生态观光农业区（沿湘江、京广铁路以西，打造了南托垸高效生态观光农业区）；“十园”即新建 10 个较大的城市公园；“六廊”即打造京广铁路线隔离带、长株潭城际铁路隔离带、港子河生态绿化带、芙蓉南路绿化带、万家丽路绿化带、伊莱克斯大道绿化带 6 大绿廊。整个绿地规划面积约 166.69 公顷，其中公园绿地 152.89 公顷，人均公园绿地面积 10.4 平方米。

第四节　招商引资

一、招商政策与措施

2002 年 1 月，暮云工业园制定《湖南暮云工业园入园企业优惠政策》：外商投资企业依法以出让和转让方式取得土地使用权的最高年限为：居住用地 70 年；工业用地和教育、科研、文化、卫生、体育其他综合用地 50 年；商业、旅游、娱乐业用地 40 年。出口技术先进产品的企业免交土地使用费 5~10 年，期满后 5 年内按国家规定标准减半计收。园区内区级行政性收费全免，其他区级规费的收缴（税金除外）原则上按规定的最低限度 50%收取，实行由园区一家统一征收，上缴财政；园区企业招商引资奖励参照长沙经开区招商引资奖励办法执行，园区另给予适当奖励。明确实行优惠共享制，在园区工业用地中，开办企业的，以最优惠的价格供地，不承担园区基础设施建设费用；对新引进年缴税收 50 万元以上工业企业，实行 3 年内由税务部门按实征收，每年由暮云工业园财政按实缴税收收入一定比例（第一年为总额的 30%，第二年 20%，第三年 10%）奖励，投入企业用于技术改造、扩大规模。对新引进年缴税收 80 万元以上的“三产”企业，实行 3 年内由税务部门按实征收，每年由工业园财政按实缴区级税收一定比例（第一年为总额的 20%，第二年 15%，第三年 10%）奖励，投入企业用于扩大生产规模。

2003 年，园区严格执行各级优惠政策，采取纳税奖励、新办企业奖励、引资奖励、引企奖励、创优创新奖励等多种方式和渠道，吸引投资者来园区投资创业。2005 年，新办投资企业年产值收入超过 1000 万元的，所得税实行减半征收；对新增增值税的地方收益部分，实行部分返还，鼓励企业用于扩大生产。新引进企业所创地方税收的 1%~2%奖给企业法人，纳税过 1000 万元的给予重奖。

2005 年，园区执行县政府《关于促进经济发展的奖励办法》精神，对新办工业企业，当年实缴县级所得 30 万元以上的，实行三年内由税务部门按实征收，每年由园区财政按县级所得的一定比例投入企业用于技术改造、扩大规模。

2008 年，园区执行县政府制定的招商引资优惠政策。对园区内工商企业、餐饮娱乐服务企业、建安企业、房地产开发企业、以整栋楼宇内企业（对楼宇产权所有人或经营者）给予奖励和税收优惠。

2009 年，园区加大招商引资力度，出台《关于暮云工业园内展示厅、办公楼及标准厂房招商优惠办法》。企业租赁面积原则上不低于 50 平方米。园区代办或协助企业办理入园注册；入驻企业连续三年享受园区优惠政策的基础上同时享受省、市、区（除税收优惠政策外）相关优惠政策。未达到园区规定的县级税收标准的仅享受省、市、有关优惠政策，不享受园区级的税收优惠政策；为企业入园优先解决企业发展用地。

2011 年，园区制定并实施《暮云工业园关于加快现代服务业发展的若干优惠政策》：外商投资的高新技术企业，经营期在 10 年以上的，从获利年度起，第一年和第二年免征企业所得税，第三年至第八年减半征收企业所得税，以后按 15%的税率征收；技术服务性收入，免征所得税；外商投资的高新技术企业，免缴场地使用费及中方职工物价补贴费。

2012 年，园区制定并实施《暮云工业园外商投资企业优惠政策》：外商投资企业实行税收优惠，生产性外商投资企业经营期在 10 年以上的免征地方税 10 年，非生产性外商投资企业经营期在 10 年以上的免征地方税 5 年。外商投资在 3000 万元以上、回收投资时间长的项目，能源、交通、港口建设项目，报国家税务总局批准后，减按 15%的税率征收企业所得税；对生产性外商投资企业，经营期 10 年以上的，从开始获利的年度起，第一年、第二年免征企业所得税，第三年至第五年减半征收企业所得税。上述减免期过后，先进技术企业，可以延长三年减半缴纳企业所得税；产品出口企业，凡当年企业出口产品产值占到当年企业产品产值 70%以上的，可以按照现行税率减半缴纳企业所得税；制定《暮云工业园促进区域经济发展奖励办法》，设税收增长奖，按企业纳税额的多少给予不同奖励。

二、招商成果

1999 年 10 月，园区引进亚太实业有限公司，该公司专业从事“客车、公共交通及轨道交通”内饰的设计研发、生产制造和销售，总投资共计 1 亿元。同时引进长沙华成换热设备有限公司项目，总投资 8000 余万元，是一家化学镀生产线，废水处理设备，废气处理设备的专业生产厂家和供应商。

2001 年，园区引进长沙市亘晟门窗有限公司，该公司是一家具有工程专业承包一级资质，集研发、设计、生产、安装、售后服务于一体的大型现代化门窗幕墙企业。总投资 3200 万元。

2002 年，园区引进总建筑面积为 7250.97 平方米、投资达 2 亿元的中南大学湘雅二医院康保中心项目。引进长沙博盛塑胶制品有限公司项目，总投资 2000 余万元。引进湖南省煤炭厅安全生产局项目。2002 年共引进企业 12 家，引进外资 200 万美元，投资 1.8 亿元。

2003 年 9 月，园区引进伊莱克斯中国生产基地项目，投资共计 2 亿元。10 月，引进占地 33.33 公顷、投资共计 3 亿元的长沙野生生态动物园项目；11 月，引进磐吉奥拉线公司。2003 年共引进企业 29 家，引进外资 200 万元，投资 2 亿元。

2004 年 1 月，园区引进第一期投资 10 亿元的长沙理工大学云塘校区项目。9 月，引进投资共计 30 亿元香港庄士集团复合地产开发项目和投资共计 1 亿元的湖南湘江电缆有限公司项目。园区累计引进企业 54 家，引进外资 4988 万美元，投资 54.97 亿元。

2005 年，园区引进湖南志高混凝土有限公司湖南湘江管桩有限公司等项目，累计引进企业 66 家，引进外资 2611.4 万美元，投资 49.32 亿元 。

2006 年，园区引进投资共计 1 亿元的湖南顶立科技有限公司项目，累计引进企业 95 家，引进外资 500 万美元，投资 12 亿元。

2007 年，园区引进湖南橘郡城镇置业有限公司地产、湖南财信达人投资实业有限公司“湘君府”项目，投资共计10亿元；2月，引进湖南辉鹏投资有限公司项目，投资共计2亿。7月，引进宝成、京湘电器、湖南广义科技项目，投资共计3亿元。12月底，引进嘉和日盛地产项目。引进项目总计111个，引进外资4998万美元。

2008年4月，园区引进德泽苑、湖南怡海三湘房地产开发公司的怡海星城地产、长沙博宇房地产开发有限公司的“蝶彩翠谷”、湖南省气象局的“气象佳园”项目，投资共计20亿元，引进项目共127个，引进外资2500万美元投资38亿元。

2009年，园区引进总投资40亿元的长株潭烟草物流园，引进项目总计144个，引进外资3000万美元，投资58.7亿元。

2010年11月，园区引进湖南省最大的LED产业恒锐企业“恒锐光电科技园”项目，随着投资2亿元、商业面积3万平方米的高云国际家居建材广场建成，该项目引进国内外知名品牌百余个、经营客商200家，引进“长沙市彭记坊食品有限公司”，总投资1.2亿元。园区引进项目总计219个，引进外资5998万美元，投资76.65亿元。

2011年，园区引进深圳福中福集团“幸福庄园”项目，第一期投资4亿元，引进南方博云新材料公司C/C复合材料生产项目，投资2亿元，集研发、生产、办公于一体的节能环保型工业基地新兴科技产业园项目。园区投资引进项目总计228个，引进外资3000万美元元，共计投资30亿元。

2012年，园区引进湖南远航控股集团投资开发的长沙远航企业广场项目，引进项目总计231个，引进外资6500万美元，投资36亿元。

至2012年的14年间，园区共引进项目1369个，引进项目资金342亿元，境外资金3.09亿美元。

第五节　技术与人才引进

一、技术引进

1999年10月，亚太实业有限公司，引进德国Krauss Maffei研发的顶级发泡系统设备及客车内饰生产技术，成为“世界客车内饰研发、生产基地”。2003年，磐吉奥拉线公司引进美国企业leggett&platt公司和加拿大pangeo公司先进技术和设备，生产汽车零部件。主要产品有各种汽车控制拉索，产品全部出口，是美国“通用”“福特”“克莱斯勒”三大汽车巨头的一级供应商。

2004年，引进湖南湘江电缆有限公司的现代化电缆生产线技术和检测设备。

2006年，湖南志高混凝土有限公司，引进三一重工4条进口生产线、40多台混凝土运输车和3台汽车泵送设备，混凝土年生产能力100万立方米。公司采取计算机远程网络信息管理系统、GPS卫星定位系统等高科技手段，实现了即时数据传输，建立了科学、高效、安全运转的现代化管理平台，实现了技术研发、试验与生产应用的无缝链接。

2006年，引进湖南顶立科技有限公司的热工装备及新材料领域的重大关键核心技术，它有专利120余项，其中发明专利40余项，荣获国家、省部级科技进步奖8项；16个项目通过科技成果鉴定，其中1项为“国际领先水平”，9项“国际先进”，1项“填补国内空白”。公司的碳纤维复合材料、高性能粉末冶金材料、真空热处理装备制造及金属基3D打印材料及部件制造技术均为国内领先，并且具有较强的国际竞争力。

2007年，园内长沙宝成建材有限公司引进德国工艺先进的“蒸压砂加气混凝土砌块自动化生产技术”，能生产高强度、轻质、保温隔热、防火隔音、环保多功能的加气混凝土砌块。2008 年，园内长沙市亘晟门窗有限公司引进欧洲标准化生产技术和先进生产设备，引进德国叶鲁全套铝合金门窗生产设备，生产工艺达到国际领先水平。2009 年，园内顶立科技与博云新材、中航工业、霍尼韦尔、中南大学等国内知名企业和院校合作，成立湖南省高性能 C/C 复合材料产学研用战略合作平台；引进湖南华曙高科有限责任公司先进的 3D 打印技术，开发出球形钛粉等金属基 3D 打印材料，其产品生产技术和相关的装备均具有国际先进水平。

至 2012 年的 10 年间，暮云工业园共共计引进、开发、转化科技成果等先进技术 150 余项、申请专利 110 余项，20 余家企业掌握关键核心技术或创建知名品牌。

二、人才引进

2004 年，暮云工业园区加强人才的培养和引进，制定并实施《关于引进高级人才的政策规定（暂行）》《高级人才证书管理办法》，明确规定实行户籍管理开放制，对园区内投资者和园区企业引进的各类人才，在园区内有固定工作、有合法住所，管委会负责协助申办长沙市户口，其子女入学、入托、区内学校、幼儿园优先给予安排，并免收入学的借读费等额外费用；2005 年，工业园制定并实施《关于高级人才享受购房补贴资格的暂行规定》，从户口、住房、创业资金、创业条件等方面给予最大的优惠和支持。对有杰出贡献的创业者和高级人才购买住房给予每套 10 万元的补贴；对到园区科研工作站工作的博士，每年给予 5 万元的研发经费补助，由其自主支配；对为暮云工业园建设发展做出积极贡献的各类人才，给予专项奖励。至 2005 年 12 月，园区引进具有大专以上学历人员有 1100 人。暮云工业园的人才政策，吸引大批创新创业人才聚集，人才高地的效应日益凸现。顶立科技公司先后聘用 35 位国内外知名的专家顾问，其中享受国务院特殊津贴专家 5 名，国家二级教授 3 名，引进美国科学工程院院士萧东山博士、前法国 ECM 公司技术总监马卫东等国家高端人才，又成立公司专家委员会，聘请国内一流的粉末冶金、碳材料、新能源材料领域的专家教授共 35 人。2008 年，制定并实施《关于鼓励企业引进高层次人才的暂行办法》，对引进的高层次人才，最高给予 100 万元的补贴。根据《办法》，还设立“工业发展台阶奖”“科技创新奖”“产业品牌奖”等奖励基金。出台《鼓励与促进大学生自主创业》的政策，拿出 200 万元加强人才服务工作，其中 100 万元作为人力资源工作的专项经费，免费为园区企业进行人才招聘、人才培训等；另外 100 万元是针对长沙市委、市政府关于“进重点大学、引万名英才”活动的专项经费，主要用于“211 工程”学校的人才引进。

为鼓励人才科技攻关，园区设立科技人才发展基金，鼓励企业和科技人员进行科技创新。至 2012 年，园区共吸引各类人才 6000 余名，其中，享受国务院特殊津贴人员 5 人，泰山学者 2 人，省有突出贡献的中青年专家 3 人，省首席技师 2 人。教授级高级工程师 15 人，副教授级高级工程师和研究人员共 232 人，高级技工 468 人。建有博士后科研工作站 1 处，成为全市科技人才工作的典范。制定出台一系列科技扶持政策，设立科技发展资金，已先后有 40 余家企业百余个项目获得扶持资金 2000 万元。

第六节　入园产业

一、产业规模

2002 年，长沙博盛塑胶制品有限公司、长沙天冰冷饮有限公司等项目正式建成运营。园区企业 12 家，从业人员 969 人，实现技工贸总收入 1.37 亿元，规模工业生产总值 0.7 亿元。税收总额 0.14 亿元，荣获农业部“全国乡镇企业科技园区”称号。

2003 年，伊莱克斯中国生产基地、长沙磐吉奥拉线公司等项目正式建成运营。园区企业共 29 家，从业人员 1560 人，实现技工贸总收入 2.65 亿元，规模工业总产值 1.25 亿元，税收总额 0.27 亿元，完成固定资产投资 2 亿。

2004 年，香港庄士集团复合地产开发、湖南湘江电缆有限公司等项目正式建成运营。园区企业 54 家，从业人员 3961 人，实现技工贸总收入 3.56 亿元，规模工业总产值 2.25 亿元，全年税收总额 0.31 亿元，全年社会固定资产投入 3.8 亿元。

2005 年，湖南志高混凝土有限公司、湖南湘江管桩有限公司等项目正式建成运营。园区企业 69 家，从业人员 5610 人，实现技工贸总收入 4.7 亿元，规模工业总产值 3.21 亿元，全年税收总额 0.4 亿元，完成社会固定资产总额 6.6 亿元。

2006 年，湖南顶立科技有限公司项目正式建成运营。园区被国家发改委、湖南省人民政府批准为省级开发区，暮云工业园管委会、暮云镇政府，采取“一套人马、两块牌子”，“镇园合一”管理运作模式。园区拥有企业 95 家，从业人员 14456 人，实现技工贸总收入 8.7 亿元，规模工业总产值 5.48 亿元，全年税收总额 0.69 亿元。经开区固定资产投资 10 亿元。

2007 年，长沙理工大学、长沙生态动物园、长沙礼恩派软轴公司、长沙锻压机床有限公司、湖南橘郡地产、湖南财信达人“湘君府”、湖南辉鹏地产、宝成建材、京湘电器、湖南广义科技有限公司、嘉和日盛地产等项目建成运营，园区企业累计 119 家，从业人员 17118 人，初步形成塑胶、汽车配件、机械制造、食品加工、建筑材料五大支柱产业。至 2007 年年底，园区技工贸总收入 16.50 亿元，规模工业总产值 11.3 亿元，税收总额 1.25 亿元，社会固定资产投入 16.81 亿元，与 2003 年相比分别增长 522.64%、402%、373%、740%。

2008 年，京湘电器、铃本科技、长乐建材、华成换热、东方电控、亘盛门窗、大圆环保、长盈建材等项目建成运营。园区企业共计 127 家，从业人员 17488 人，实现技工贸总收入 52.18 亿元，规模工业总产值 23.48 亿元，全年税收总额 2.35 亿元。经开区固定资产投资 23.7 亿元。

2009 年，青苹果数据城、韦东建材、雄风玻璃、长沙暮云（国际）汽车城、巨龙建材、金翔铜业、志高建材、振威包装、西湖安置区物流公司、九州通物流公司、西湖电缆、广空汽修、康博达科技、湘雅医药科技、新兴通信市场、德泽苑、湖南怡海星城地产、长沙博宇“蝶彩翠谷”、湖南省气象局“气象佳园”、长株潭烟草物流园等项目建成运营。园区企业共计 144 家，从业人员 18120 人，实现技工贸总收入 62.4 亿元，规模工业总产值 26.42 亿元，全年税收总额 3.27 亿元。完成社会固定资产总额 31.12 亿元。

2010 年，向维彩印、四通管材、恒锐光电科技园、高云国际家居建材广场、长沙市彭记坊食品有限公司等项目正式建成运营。园区企业共计 219 家，从业人员 19600 人，实现技工贸总收入 75.5 亿元，规模工业总产值 29.17 亿元，全年税收总额 5.96 亿元。完成社会固定资产总额 41 亿元。

2011 年，深圳福中福集团“幸福庄园”、南方博云新材料公司碳—碳复合材料生产、节能环保型工业基地新兴科技产业园等项目正式建成运营。园区企业共计 228 家，从业人员 21560 人，实现技工贸总收入 91 亿元，规模工业总产值 34.22 亿元，全年税收总额 7.17 亿元，园区完成社会固定资产总额 46.13 亿元。

2012 年，凯通商贸综合体、中龙大厦、长沙远航企业广场等项目正式建成运营。园区企业共计 231 家，从业人数 23716 人，技工贸总收入 106.5 亿元，比 2007 年增长 545%；规模工业总产值 39.8 亿元，比 2007 年增长 252%；税收总额 8.31 亿元，比 2007 增长 565%；完成全社会固定资产投资总额 51 亿元。比 2007 年增长 203%。

表 18-11-6-1　　2002—2012 年暮云经开区产业规模一览表

年份	企业数（家）	从业人数（人）	技工贸总收入（亿元）	税收收入（亿元）
2002	12	969	1.37	0.14
2003	29	1560	2.65	0.27
2004	54	3961	3.56	0.31
2005	69	5610	4.7	0.4
2006	95	14456	8.7	0.69
2007	119	17118	16.5	1.25
2008	127	17488	52.18	2.35
2009	144	18120	62.4	3.27
2010	219	19600	75.5	5.96
2011	228	21560	91	7.17
2012	231	23716	106.5	8.31

二、产业结构

（一）工业。2002 年，园区投产工业企业 4 家，工业园区企业共计 10 家，占所有企业比重 83%，从业人员 851 人，占园区从业人员 969 人的 87.8%。全年工业企业实现销售收入 1.14 亿元，占园区技工贸总收入 1.37 亿元的 82.87%，上缴税收 0.12 亿元，占园区税收 0.14 亿元的 82.88%。

2003 年，园区投产磐吉奥工业有限公司等工业企业 6 家，工业企业 22 家，占所有企业比重 75.86%，从业人员 1283 人，占园区从业人员 1560 人的 82.22%。全年工业企业实现销售收入 2.31 亿元，占园区技工贸总收入 2.65 亿元的 87.06%，上缴税收 0.13 亿元，占园区税收 0.27 亿元的 48.39%。

2006 年，园区工业企业 48 家，占比 50.52%，从业人员 7281 人，占园区从业人员 14456 人的 50.36%。全年工业企业实现销售收入 5.85 亿元，占园区技工贸总收入 8.7 亿元的 67.25%，上缴税收 0.47 亿元，占园区税收 0.69 亿元的 67.24%。

2009 年，园区引进韦东建材、雄风玻璃、长沙暮云（国际）汽车城等项目。园区共有企业 144 家，其中工业企业 84 家，占比 58.33%，从业人员 9158 人，占园区从业人员 18120 人的 50.54%。全年工业企业实现销售收入 36.89 亿元，占园区技工贸总收入 62.4 亿元的 59.12%，上缴税收 1.94 亿元，占园区税收 3.27 亿元的 59.33%。

2011 年，园区引进并投产南方博云新材料公司碳—碳复合材料生产项目、节能环保型工业基地新兴科技产业园项目。项目占地 15.33 公顷，总建筑面积 35 万平方米。建成后能实现年产值 80 亿元、年创税收 3 亿元。2012 年，园区引进并投产工业企业 24 家，共有工业企业 163 家，占全部企业比重 70.56%，从业人员 11968 人，占园区从业人员 23716 人的 50.46%。全年工业企业实现销售收入 48.78 亿元，占园区技工贸总收入 106.5 亿元的 45.8%，上缴税收 3.94 亿元，占园区税收 8.31 亿元的 47.41%。

（二）商贸服务。2002 年引进的中南大学湘雅二医院康保中心是湖南省机构设置最齐全、健检质量最高的专业健康管理机构之一，占地面积近2000平方米，中心拥有内科、外科、妇科、眼科、口腔科、耳鼻喉科、彩超室、心电图室、X光室等检诊室，与医院病人检查完全分隔。拥有世界上最先进的西门子S-2000型彩色B超机、最先进的数码X光机、经颅多普勒、骨密度仪、动脉硬化检测仪、人体成分分析仪、动态心电图机、动态血压、肺功能等先进仪器设备。中心为全民提供全方位的健康管理，包括健康教育、健康体检、健康咨询、健康危险因素干预、便捷就医（就诊绿色通道）以及涉外健检等服务。2002年，园区共有企业12家，其中商贸物流饮食服务业企业2家，占比17%，从业人员118人，占园区从业人员969人的12.2%。全年商贸物流饮食服务业企业实现销售收入0.24亿元，占园区技工贸总收入1.37亿元的17.13%，上缴税收0.02亿元，占园区税收0.14亿元的17.12%。

2003年，园区引进占地100公顷、投资3亿元的长沙野生生态动物园项目。毗邻芙蓉南路和长沙市绕城高速，傍依长株潭城际铁路动物园车站。长沙生态动物园共分为步行圈养区、车行放养区、科普教育区、生态景观区、休闲娱乐区、后勤服务区，建有动物笼舍区和驯化场37个，饲养动物300余种类、约5000只（羽）。长沙生态动物园是湖南省唯一一家经国家林业总局和农业部批准发证，能引进饲养一类、二类水陆野生动物的公益性、事业性的专业野生动物饲养和展示单位，是百姓旅游、中小学科普教育基地。2003年，园区共有企业29家，其中商贸物流饮食服务业企业7家，占比24.14%，从业人员277人，占园区从业人员1560人的17.78%。全年商贸物流饮食服务业企业实现销售收入0.34亿元，占园区技工贸总收入2.65亿元的12.94%，上缴税收0.14亿元，占园区税收0.27亿元的51.61%。

2006年，有中国五矿长沙暮云项目、湖南财信达人投资实业有限公司御邦项目入驻。园区有企业95家，其中商贸物流饮食服务业企业47家，占比49.48%，从业人员7175人，占园区从业人员14456人的49.64%。全年商贸物流饮食服务业企业实现销售收入2.85亿元，占园区技工贸总收入8.7亿元的32.75%，上缴税收0.23亿元，占园区税收0.69亿元的32.76%。

2007年，引进投资共计10亿元的湖南橘郡城镇置业有限公司地产、湖南财信达人投资实业有限公司“湘君府”项目，引进投资2亿元的湖南辉鹏投资有限公司项目，投资3亿元的湖南广义科技有限公司嘉和日盛地产项目。2008年，引进德泽苑、湖南怡海三湘房地产开发公司的怡海星城地产、长沙博宇房地产开发有限公司的“蝶彩翠谷”、湖南省气象局的“气象佳园”项目。投资共计20亿元。2007年共引进项目127个，引进外资2500万元，投资38亿元。2009年，园区引进西湖安置区物流公司、九州通物流公司、青苹果数据城、康博达科技、湘雅医药科技、新兴通信市场；引进德泽苑、湖南怡海三湘房地产开发公司的怡海星城地产项目、长沙博宇房地产开发有限公司的“蝶彩翠谷”，引进总投资40亿元的长株潭烟草物流园，长株潭烟草物流园项目总建筑面积27万平方米，是我省和国家烟草专卖局重点工程。辐射到长株潭8县（市）15区的5.4万卷烟零售户，物流中心配送能力达到120万箱/年。2009年，园区有企业144家，其中商贸物流饮食服务业企业60家，占比41.67%，从业人员8962人，占园区从业人员18120人的49.46%。全年商贸物流饮食服务业实现销售收入26.25亿元，占园区技工贸总收入64.2亿元的40.88%，上缴税收1.33亿元，占园区税收3.27亿元的40.67%。

2010年，随着投资2亿元、商业面积3万平方米的高云国际家居建材广场建成，该项目引进国内外知名品牌百余个、经营客商200家。2011年，园区引进深圳福中福集团“幸福庄园”项目，2012年，园区引进凯通商贸综合体、中龙大厦、长沙远航企业广场项目。长沙远航企业广场位于长株潭金三角的核心区——长沙市天心区伊莱克斯大道18号。东临城市主干道芙蓉南路，南临伊莱克斯大道，扼守城际轻轨口，3小时无缝对接珠三角、长三角，成为长沙暮云新城创新产业聚集高地、“四化两型”融合高地和生产服务高地，占地面积 5.33 公顷，组成包括两栋国际级写字楼、四栋 9 层生态立体产业楼、一栋企业创意中心和一栋行政服务中心，总建筑面积 18 万平方米，总投资 5 亿多元，建设成集办公、科研、生产服务、商务配套于一体的高新产业发展平台，可引进 300 余家企业入驻，可新增就业岗位 6000 余个。囊括科研、生产、商务办公、金融服务、咨询服务、星级酒店、商务休闲以及企业管理培训等多种业态，为入驻企业精心提供全方位的配套和服务，其生态、集约、和谐规划理念打破了传统的产业地产模式，缔造了产业地产新标准。2012 年，园区有企业 231 家，其中商贸物流饮食服务业企业 68 家，占比 29.44%，从业人员 11748 人，占园区从业人员 23716 人的 49.54%。全年商贸物流饮食服务业实现销售收入 57.72 亿元，占园区技工贸总收入 106.5 亿元的 54.2%，上缴税收 4.37 亿元，占园区税收 8.31 亿元的 52.59%。

第七节 经济效益

2002 年，暮云工业园范围是东接芙蓉南路，西抵 107 国道，北与牛角塘村接邻，南到暮云新村的地区。占地面积 1.8 平方千米。园区规划土地总面积 180 公顷，引进企业 12 家，从业人员 969 人。实现技工贸收入 1.37 亿元。人均劳动生产率 14.14 万元/人；地均产值率为 76.11 万元/公顷；税收总额 1400 万元。人均纳税率 1.43 万元/人。

2003 年，工业园面积 3.8 平方千米，园区规划土地总面积 380 公顷，企业 29 家，从业人员 1560 人，实现技工贸收入 2.65 亿元。人均劳动生产率 16.99 万元/人；地均产值率为 69.74 万元/公顷；税收总额 2700 万元，人均纳税率 1.7 万元/人。

2004 年，园区规划土地总面积 380 公顷，暮云工业园企业 54 家，从业人员 3961 人，实现技工贸收入 3.56 亿元，人均劳动生产率 8.99 万元/人；地均产值率为 93.68 万元/公顷；全年税收总额 3100 万元，人均纳税率 0.77 万元/人。

2005 年，暮云工业园规划面积 10 平方千米。园区规划土地总面积 1000 公顷；暮云工业园有企业 69 家，从业人员 5610 人，实现技工贸收入 4.7 亿元，人均劳动生产率 8.38 万元/人；地均产值率为 47 万元/公顷；全年税收总额 4000 万元。人均纳税率 0.71 万元/人。2005 年前园区财政收入未统计。

2006 年，暮云工业园面积 15 平方千米，园区规划土地总面积 1500 公顷；企业 95 家，从业人员 14456 人，暮云工业园实现技工贸总收入 8.7 亿元，人均劳动生产率 6.02 万元/人；地均产值率为 58 万元/公顷；全年税收总额 0.7 亿元。人均纳税率 0.48 万元/人。园区财政收入 1.02 万元。

2007 年，企业 119 家，从业人员 17118 人，全年实现技工贸总收入 16.50 亿元，人均劳动生产率 9.64 万元/人；地均产值率为 110 万元/公顷；全年税收总额 1.25 亿元。人均纳税率 0.73 万元/人，园区财政收入 1.85 亿元。

2008 年，工业园面积规划为 30 平方千米，园区规划土地总面积 3000 公顷；企业 127 家，从业人数 16488 人；全年实现技工贸总收入 52.18 亿元，人均劳动生产率 31.65 万元/人；地均产值率为 173.93 万元/公顷；全年税收总额 2.35 亿元，人均纳税率 1.43 万元/人，园区财政收入 3.45 亿元。

2009 年，暮云工业园企业 144 家，从业人员 18120 人，2009 实现技工贸总收入 62.4 亿元，人均劳动生产率 34.44 万元/人；地均产值率为 208 万元/公顷；全年税收总额 3.27 亿元，人均纳税率 1.81 万元/人，园区财政收入 4.33 亿元。

2010年，暮云工业园企业219家，从业人员19600人，2010技工贸总收入75.5亿元，人均劳动生产率38.52万元/人；地均产值率为251.67万元/公顷；全年税收总额5.96亿元，人均纳税率3.04万元/人，园区财政收入8.91亿元。

2011年，暮云工业园企业228家，从业人员21560人，2011实现技工贸总收入91亿元。人均劳动生产率42.21万元/人；地均产值率为303.33万元/公顷；全年税收总额7.17亿元，人均纳税率3.33万元/人，园区财政收入13.17亿元。

2012年，暮云工业园企业231家，从业人数23716人，2012实现技工贸总收入106.5亿元，人均劳动生产率44.91万元/人；地均产值率为355万元/公顷；全年税收总额8.3147亿元，人均纳税率3.51万元/人。相比2008年，人均劳动生产率增长41.16%，地均产值率增长95.59%，人均纳税率增长154.35%，园区财政收入15.21亿元。

第十二章　浏阳制造产业基地

浏阳市永安镇紧邻长沙市城区东部，交通发达，受长沙工程机械产业的辐射带动，至20世纪80年代，已形成一个汽车零部件产业集聚地。2003年，浏阳市委、市政府从全市经济宏观发展的需要出发，抓住沿海企业内迁的机遇，利用永安镇的区位优势和汽车零部件制造的产业优势，决定设立“浏阳制造产业基地”。3月，成立产业基地指挥部，全面统筹园区的开发建设工作，工作实施机构与永安镇政府合二为一，即为“园镇一体”工作机制。6月中旬，聘请上海同济大学规划设计院进行总体规划，编制《永安镇总体规划（2003—2020)》，绘制建设发展蓝图。园区快速进入起步阶段。2003年，征地面积达133公顷，基础设施投入近8000万元，完成三条主干道（总长5千米）的基础工程。基地已与33家（含原基地企业）企业正式签约，招商企业签约用地144公顷，合同引资9.09亿元。2004年，以“小城镇、大城建”为发展理念，全年共征地近266.7公顷。制造基地全年完成基础设施投入1.5亿元，启动6.3千米的主干道建设，完成新城区与老城区的对接，迅速实现城镇扩容提质。引进长沙德邦工程制造有限责任公司等企业14家，入园企业合同引资14亿元，到位资金6亿元。

2005年，继续致力于加强基础设施建设，贯彻“筑巢引凤”的工作思路，为工业经济的发展创造基础条件。全年投入建设资金4.8亿元，用于园区基础建设，共硬化道路75428平方米。是年，已开发园区2.8平方千米内路、水、电等均已畅通，配套建设趋于完善，主干道全部完成绿化和亮化，保证路路相通、供水相连、电力相接、绿化成带，“三纵三横”基础构架已成形。全年签约项目13个，协议引进企业44家，协议引资25亿元，到位资金8.2亿元。至是年年底，园区技工贸总收入12.17亿元，有各类企业59家，总产值12.41亿元，上缴税收3858万元，其中工业企业45家，工业总产值10.06亿元，企业员工976人。规模工业企业28家，总产值6.86亿元。

2006年，基础建设有序推进，园区发展骨架逐步拉开。全年投入2.1亿元用于主干道道路延伸、土地平整、亮化硬化绿化等基础建设。通过3年多的建设，园区东西延伸、南北拓展基本框架已经定位。是年，浏阳工业新区现代制造产业基地被确立为长沙市副县级事业单位，行政级别的确立，解决园区发展壮大的体制性障碍。2007年，随着入驻园企业的不断增多，管委会组织修订编制《浏阳制造产业基地总体规划（2003—2020年）》。持续拉开园镇构架，加速基础设施建设，投入1.5亿元推进主干道路延伸、道路硬化、铺设管道、土地平整等基础设施建设。年内，有11家企业在建，有10家企业即将进场开工，形成以汽车零部件、工程机械为核心的现代制造业集群。年内，申报长沙市级技术创新项目8个，引进高新技术企业3家，基地高新技术企业达到10家。全年签约引进项目14个，合同引资19.14亿元，到位资金10亿元。是年，被长沙市政府列为汽车零部件专业园区。

2008年，浏阳制造产业基地和永安镇实行相对分离，以体制的理顺推动工作的顺利开展。全年投入8250万元用于基础建设，实现建成区内主干道的相互连通，构建“一大环两小环”的园区道路网架。全年引进项目15个，合同引资10.8亿元，其中省外到位工业投资资金5亿元，市外境内资金形成固定投资8亿元，完成外资1300万美元。全年完成固定资产投资13.5亿元，其中工业投资12.67亿元。完成技术改造投资10.21亿元。截至2008年年底，已开发的6平方千米内实现道路三纵三横，水电畅通、绿化亮化，制造产业园区的雏形基本形成。园区不断发展和壮大工程机械、汽车配件、金属、建筑材料及烟辅材料五大产业集群。是年，园区技工贸总收入33.96亿元，比2005年增长179.1%；有企业98家，企业总产值36.59亿元、上缴税收18037万元，比2005年分别增长195%、367.5%；其中工业企业建成投产企业78家，总产值34.91亿元，总产值比2005年增长245.6%，企业员工2024人；规模工业企业54家，产值31.81亿元，比2005年增长363.7%，其中产值过亿元的工业企业有10家。

2009年，采取政府回购、引进重组等形式和“腾笼换鸟”的方式对发展质量欠佳、土地闲置未用的企业进行置换，推进企业二次招商，引入湖南宇环同心数控机床有限公司等5家企业从事再制造生产，取得良好的经济效益和社会效益。12月被工业和信息化部确立为全国机电产品再制造集聚试点园区。2010年，园区委托长沙市规划设计院编制《湖南浏阳制造产业基地总体规划（2010—2030年）》，规划明确园区总规划面积36.64平方千米。出台《关于加速推进新型工业化进程的若干规定》，签约新引进4家再制造企业。工业经济提质增速，实现产值过亿元企业25家，税收过千万元企业5家。2011年，围绕汽车及零部件、机械制造等主导产业，推动扶持政策向重点产业倾斜，全面融入长沙工程机械制造与汽车制造产业体系，将制造产业基地建设成国家级机电产品再制造示范基地。园区省级高新技术企业达20家，亿元企业总数35家，税收过千万元企业8家。

2012年，路网建设基本实现四横九纵大环线交通路网。着力引进和培育一批龙头企业，其中亿元企业达36家。园区获批湖南省工业集中区，由长沙市级园区晋升为省级园区，成为湖南省直接支持发展的重点园区。年底，长沙（浏阳，宁乡）再制造产业基地获批“国家再制造示范基地”，成为全省乃至全国再制造产业发展的标杆。至2012年年底，园区可供实际控规土地开发面积36.64平方千米，已开发土地面积8.5平方千米，占比23.2%。是年，园区技工贸总收入165.84亿元，比2008年增长388.3%；有企业169家，企业总产值146.7亿元、上缴税收35725万元，比2008年分别增长227.1%、98.1%。其中工业企业126家，工业企业总产值141.39亿元，总产值比2008年增长305.01%；企业员工5230人；规模工业企业81家，产值133.83亿元，产值比2008年增长320.69%。初步形成形成先进机械制造产业、汽车及零部件二大主导产业和正在不断发展壮大的再制造业及金属、化工、生活消费品、家具等其他辅助产业。

第一节 机 构

一、浏阳制造产业基地指挥部

为加快浏阳制造产业基地发展，2003 年 3 月 28 日，浏阳市委决定成立浏阳制造产业基地指挥部，为临时机构，接受中共浏阳市委的领导。指挥部为工作统筹机构，下设指挥长办公室、行政综合科、招商科、项目服务科、征地拆迁科、规划建设科，工作人员以永安镇政府人员为主，并从市直相关关部门及其他乡镇抽调干部职工 30 人组成。采取“以园带镇、以镇促园、园镇一体”的发展模式，园镇合署办公，即“一套人马、两块牌子”。指挥部在建园初期，主要负责主持决策各项重大事务和重大事件，统筹园区的开发建设工作。2006 年 8 月 8 日，中共浏阳市委批复成立中国共产党浏阳制造产业基地工作委员会。党工委主要负责主持和处理园区党务及各项事务和重大事件，为中共浏阳市委的派出机构。2006 年 9 月，浏阳制造产业基地指挥部终止履职。

二、中共浏阳制造产业基地党工委

2006 年 8 月 8 日，中共浏阳市委批复成立中国共产党浏阳制造产业基地工作委员会，其职责是贯彻执行党的各项方针、政策、决议、决定，领导园区全面工作。12 月，园区党工委升格副县级单位，为市委派出机构。2007 年 9 月，召开机关全体党员大会，选举产生中国共产党浏阳制造产业基地工作委员会机关支部委员会。2010 年，根据中共浏阳市委、市人民政府授权，园区党工委主要职责是贯彻执行党和国家有关发展开发区的方针政策；研究制定和组织实施园区的具体管理规定和改革措施，探索园区改革和发展的新路子、新模式；开展有关政策、法规的宣传教育工作，检查督促各项政策、法规的贯彻执行党工委建立园区党群综合信息部，织组实施党建、党务工作，承办长沙市委、市政府及浏阳市委、市政府交办的其他工作。

三、浏阳制造产业基地管理委员会

2004 年 12 月 25 日，浏阳市委、市政府批准成立湖南浏阳制造产业基地管理委员会（简称园区管委会）为市政府直属事业单位，核定编制 23 人，实行企业化管理，并与永安镇人民政府合署办公，办公设在永安镇政府大楼。管委会是市委、市政府授权的派出机构，对园区实行统一领导和管理，依法制定和公布园区内行政管理制度，制定园区经济和社会发展规划，土地开发利用规划，负责园区范围内土地规划、征收、开发和建设，负责园区产业发展，招商引资，帮助入园企业办理用地手续和相关证件，费税征收、劳动、人事、社保等等管理工作，协助党工委（指挥部）工作；承办市委市政府交办的其他工作。2006 年 12 月，管委会为浏阳市人民政府直属副县级事业单位，接受长沙及浏阳市委、市人民政府双重管理。2008 年，园区与永安镇政府相分离，人、财、物各自独立管理，解除与永安镇人民政府合署办公，实行园区管委会独立的办事机构，内设“一办四局”，即办公室、财政局、经济发展局、规划建设管理局、社会事业发展局。下设二级机构两个——浏阳现代制造园产业建设投资开发有限公司、浏阳鼎盛投资有限公司。

2010 年 7 月，园区在浏阳市“四园”考核中经济增幅名列前茅。8 月，园区管委会选址在永兴西路新建园区管理办公大楼，2011 年，从永安镇人民政府整体搬迁新区办公楼，并举行搬迁仪式。12 月，园区获批省级园区，名为浏阳工业集中区，与浏阳制造产业基地混合使用。

2003—2012 年，先后担任浏阳制造产业基地主要领导职务的有：黎健、涂向阳、孙进、黄阳、周耀辉、寻院豪；其他领导班子成员有：王隆礼、暨朝腾、陈清、周高梓、肖柏林、孔祥全、赵志武、李建、周树成、余慧佳、刘来宏、蓢正红（女）。

第二节　园区规划

一、总体规划

2003年6月，园区指挥部牵头组织上海同济大学规划设计院编制《永安镇总体规划（2003—2020）》。规划编制总方针是以浏永公路为主轴，浏阳经济技术开区为载体，以永安镇为依托，用3~5年时间，全力打造一个产业优势明显，城市功能设施配套齐全，生态环境优美的现代制造新城。确定近期（2006年）人口规模为3万人左右，中期（2010年）为5万人左右，远期（2020年）为10.4万人左右，规划永安镇总体规划面积为12.5平方千米（含集镇），东至浏阳市工业新城，南至金阳大道，西与长沙县接壤，北至捞刀河，东南与浏阳经济技术开发区相邻，近期控规开发4.5平方千米。

《永安镇总体规划（2003—2020）》确定制造产业基地位于工业新区东部，为加快东部开发建设，适应企业的发展需求。2005年4月，浏阳市规划设计院编制《湖南省浏阳市制造产业基地东区控制性详细规划》，规划面积2.59平方千米。浏阳市将制造产业基地东区功能定位为以制造产业为龙头，带动资本密集型和技术型相结合的优势产业发展，成为促进地方经济、社会、环境全面协调发展的生态型制造产业基地。2006年8月，浏阳市规划设计院编制《湖南省浏阳市制造产业基地西区（永安镇区）控制性详细规划》，规划面积3.17平方千米。

2007年，园区管委会确定总体规划调整与修编，由浏阳市规划设计院编制《浏阳制造产业基地总体规划（2003—2020）》，规划用地面积30平方千米。人口规模：2010年控制在5万人左右，2020年控制在13万人左右；用地规模：2010年控制在12平方千米以内，2020年控制在30平方千米以内。四至范围：东至（原经八路），西至长沙县界，南至芦塘路（原南三路），北至芦塘组团北环路。是年10月，获浏阳市人民政府的批复，批复明确浏阳制造产业基地是浏阳工业新城的有机组成部分。

2010年，园区管委会委托长沙市规划设计院有限责任公司编制《湖南浏阳制造产业基地总体规划（2010—2030）》。方案明确规划区范围：东至经九路（永裕路）、南临长沙县界、西至西环路、北靠捞刀河。总面积36.64平方千米。近期（2015年）城镇人口规模3.7万人，建设用地10.67平方千米；远期（2030年）城镇人口规模7.7万人、建设用地20.96平方千米。2011年5月，浏阳市通过《湖南林业（长沙）家具产业园永安基地控制性详细规划》，规划建设用地总面积1.89平方千米。6月，浏阳市将《浏阳市永安镇西区控制性详细规划》《湖南浏阳制造产业基地东区控制性详细规划》两个已编制的控规优化整合为《湖南浏阳制造产业基地西北片区控制性详细规划》《湖南浏阳制造产业基地东北片区控制性详细规划》并付诸实施。

2011年12月，浏阳市出台《湖南浏阳制造产业基地南片区控制性详细规划》，规划范围为东临经九路（永裕路），西至新河路，南到兆山水泥，北至319国道。总用地面积约12.72平方千米，人口规模6万人。基于园区发展较快，捞刀河南片的主城区用地指标日渐紧张。2011年，浏阳市规划设计院接受委托，启动永盛组团北片区控制性详细规划的编制工作。2012年该规划在编制之中。

二、专项规划

（一）土地利用规划。2005年4月，浏阳市规划设计院编制《湖南省浏阳市制造产业基地东区控制性详细规划》，规划总用地为259.62公顷。规划区主要用地比例：工业用地面积为104.5公顷，占建设总用地的40.24%，居住及公共设施用地面积为73.8公顷，绿地16.5公顷，道路广场51.8公顷。空间结构：规划形成“一带二轴三片区”的结构。2006年8月决定在制造产业基地西部，永安镇区开发建设规划区，规划总用地为317公顷。规划区主要用地比例：居住用地面积为135.27公顷，用地占建设总用地的42.67%；公共设施用地55.2公顷；市政设施用地1.6公顷；绿地37.4公顷；道路广场用地77.2公顷。2011年6月湖南浏阳制造产业基地西北片区规划建设用地规模为549公顷。2011年11月南区规划，本次规划城市建设用地面积约为1185.93公顷。2012年土地规划没有变化。

（二）道路交通。2005年4月，浏阳市规划设计院编制《湖南省浏阳市制造产业基地东区控制性详细规划》。规划区内用取较为均匀、规则的网格状布局形式，便于保证各块工业用地的完整和开发的操作管理。道路分为主干道、次干道、支路三个等级。主干道道路设计车速为40~60千米/小时，道路红线宽度28~50米，有纬二路、纬三路、经五路、经六路、经七路。次干道道路设计车速为30~40千米/小时，道路红线宽度18~20米，有北辅路、纬1.5路、纬2.5路、经5.5路、经6.5路。支路道路设计车速30千米/小时以下，道路红线宽度14米。规划区在纬二路北侧布置1处社会停车场，总占地约为1.27公顷。

2006年8月，西片区道路规划切合永安镇区特点。规划主干道有西延伸的纬二路、纬三路、纬四路，还有永安西路、光明路。规划次干道有延伸的北辅路，纬1.5路、纬2.5，市场路道路，经1.5路。支路道路设计车速30千米/时以下，道路红线宽度7~16米。规划区共布置6处社会停车场，总占地约为1.27公顷。

2011年11月南区规划，连通浏阳与长沙的319国道位于片区北侧，为组团提供良好的对外交通条件，远期将作为城市快速路。片区路网结构道路等级体系由城市快速路、主干路、次干路、支路四个等级组成。城市快速路319国道，主干路规划道路包括南环路、南二路、经一南路、永安大道、经四路、经五路、经七路7条，主干路总长20.07千米。次干路包括北辅路、南三路、南一路、兆山路、经二路、建新中路、经4.5路、经6.5路8条，次干路总长18.44千米。支路包括民生路、龙井路、荷华路、南1.5路、建新北路、建新南路、建设路、株陵路、三源路等，支路总长6.68千米。规划区内道路交叉口基本采用平交，用信号灯进行管理，个别采用全互通式立交。该规划使南区形成“三横五纵”的道路网格局。

（三）供水规划。2005年4月，东区详细控规规划，用水量指标和预测规划不考虑工业开采地下水，采用自备水源，规划考虑工业循环用水和分质供水。预计规划区总用水量为22389立方米/日。给水工程规划：规划给水干管接自规划区北部永安水厂管网。2006年8月决定在制造产业基地西部，永安镇区开发建设规划区，规划考虑现有水厂供水。预计规划区总用水量为23829立方米/日。2011年6月湖南浏阳制造产业基地西北片区地形图及有关资料规划，规划该片区最高用水量为6.98万立方米/日，平均用水量为5.45万立方米/日。水源本片区供水以市政自来水为水源，由永安水厂和生物产业基地水厂供水，水质、水量能基本保证。给水管网规划区采用统一给水系统，呈环状布置。2011年11月，南区规划，本片区供水以市政自来水为水源，由永安水厂和洞阳水厂供水，水质、水量能基本保证。永安水厂规划供水规模为1.5万立方米/日，洞阳水厂规划供水规模为12万立方米/日。本规划区内的给水管网呈环状布置。

（四）排水排污规划。2003年，永安镇区排水排污系统，采用雨污合流方式，直接排入捞刀河，造成水域污染。2005年4月，东区详细控制性规划，污水系统规划采用雨污分流排水方式。根据规划区的地形条件以及污水总干管和拟建污水处理厂的位置，规划区内污水干管采用平行式管网布局。汇集各区域污水至污水主干管，自南向北，自东向西，最后由拟建的污水处理厂处理后排放。规划区雨水经管道汇集后排入水渠。2006年8月，决定在制造产业基地西区部，永安镇区开发建设规划区，规划区内污水干管采用平行式管网布局，汇集各区域污水至污水主干管，自南向北，自东向西，最后送污水至拟建的污水处理厂处理后排放。区域的雨水经管道汇集后排入水渠。2007年10月，园区委托浏阳市规划设计院编制《浏阳市制造产业基地排水专项规划（2007—2020）》。污水规划范围为北至捞刀河、南至南三路、西至永安镇区、东至经8.5路，规划总纳污水面积32.24平方千米；规划雨水收集系统范围共48.74平方千米。

随着基地迅速发展，工业废水以及生活污水对捞刀河污染日益严重，污水处理厂的规划建设已迫在眉睫。2007年，湖南省建筑设计院完成《永安镇污水处理厂工程可行性研究报告》，规划在制造基地的西北角、捞刀河南岸建一座污水处理厂。2008年3月，湖南省发展和改革委员会同意建设浏阳市永安镇污水处理厂工程。工程规划污水处理总规模为6万吨/日，污水收集面积规划为30平方千米。2011年6月湖南浏阳制造产业基地西北片区依据《浏阳市制造产业基地排水专项规划（2007—2020）》，该规划区采用雨污分流的排水体制。污水截污干管主要沿礼耕河、株陵河、新河两侧各敷设一根。污水主干管主要沿捞刀河敷设。在经过新河、株陵河、礼耕河时，为减小其埋深，考虑采用倒虹管方式从河底穿过。倒虹管的设计严格按照规范进行，并要求严格做好平时的维护和检修工作。雨水主干管主要沿纬二路、纬三路及捞刀河路敷设，最后排至礼耕河排渍泵站和株陵河排渍泵站，通过泵站排入捞刀河。2011年11月，南区规划，要求充分利用污水回用系统，大型的工矿企业必须提高用水重复率，重复利用率应达到80%以上，并提倡使用回用水。

（五）供电规划。2004年，兆山新星集团湖南浏阳水泥有限公司落户园区，这家水泥生产企业能源需求量大，规划建兆山110千伏变电站，作为该公司生产专用变电站。

2005年4月，东部片区详规，规划配电采用10千伏。供电电源从永安镇北部石塅110千伏变电站，引入10千伏电力线作为该规划区供电电源。配电网架结构方式，采用双回路供电的环网形式。2005年，由于浏阳生物医药园电力需求，浏阳制造产业基地发展需要，规划在两园区之间建丛塘220千伏变电站。2008年，浏阳市规划设计院编制《浏阳现代制造产业基地供电工程专项规划（2008—2020）》。2011年11月，南区规划电源从220千伏丛塘变引入电源，同时规划新建一座荷花110千伏产业园变电站供该规划区用电需要。2012年8月，园区组织湖南省电力勘测设计院编制《湖南浏阳制造产业基地电网规划报告》。规划范围为园区所辖区域，即西至西环路，北靠捞刀河，东至永裕路，南临长沙县，总面积36.64平方千米。电压范围为220千伏、110千伏、10千伏及以下电网。电力规划保留兆山专变，规划110千伏石磤变扩容至3×50兆伏安。制造业片区新增一座110千伏产业园变电站，在荷华片区设置一座110千伏荷华变电站。

（六）燃气工程。2005年4月，东部详细控规规划，预测规划区总用气量达到1.14万立方米/日。初期所有管道设施建设，均考虑与天然气接轨。燃气干管沿区内主要道路布置，沿北辅线、经七路铺设，引入规划区中。2006年8月，规划永安镇区总用气量达到1.14万立方米/日。规划燃气系统与天然气接轨。2008年11月，长沙新奥燃气有限公司正式委托河北新地燃气热力工程技术有限公司承担浏阳市制造产业基地及永安镇天然气利用工程可行性研究报告的编制工作。确定气源来自长沙门站到黄花工业园正在建设中的燃气次高压管道，采用忠武线天然气，该管线距离永安镇仅8千米。该工程编制范围为浏阳市制造产业基地及永安镇、浏阳市以及制造产业工业园和浏阳市医药工业园区之间的中心区，同时考虑与浏阳市医药工业园区的天然气管道衔接。近期建设高中压调压站一座。中、远期各建设压缩天然气(CNG)加气站一座。制造工业园新建输气主干管道建设规模：近期总计42千米，中期总计46千米，远期总计39千米。中压输气管网干线环状布置，合理确定环网密度，环内管网采用枝状布置。浏阳制造产业工业园及永安镇天然气利用工程规划，一次规划，分期实施。2011年6月湖南浏阳制造产业基地西北片区地形图及有关资料规划，燃气气源现状无燃气，远期规划主要采用忠武线延伸进行供气。根据计算，该区近期燃气用量为17809.42标准立方米/日。2011年11月，南区规划，上游气源主要采用忠武线延伸进行供气。根据计算，该区燃气用量近期为12539标准立方米/日。

（七）邮电电信网络。2003年，邮电电信没有系统规划。2005年4月，东部详细控规规划，大力发展数据通信业务。规划无线广播电视覆盖率达100%，有线广播电视覆盖率达100%，规划建成一个既通电视，又能传递高速数据的宽带多媒体信息网络。同时，加快发展无线通信。2006年8月，决定在制造产业基地西北部，永安镇区开发建设电信网络规划区，大力发展数据通信业务。

为满足现代化家庭及现代办公入网及可视电话等功能，同时满足现代高速信息传输。2011年6月，湖南浏阳制造产业基地西北片区规划，采用综合通信宽带接入网，接入网考虑与国际、国家信息高速公路的互联，以满足语音、数据、图像的传输。规划设置电信分局、邮政支局各一个。11月，南区规划。电信规划规划区需要装机容量5.61万门；为满足本规划区内的邮政包裹通信业务需求，本次规划共设置邮政所1处。

2012年8月，园区依据信息工程规划，新增1处电信局（作汇接局），同时增设3个电信模块局。邮政规划除保留现状邮政局所外，另规划3处邮政所。

（八）园林绿化。2005年4月，东区详细控规规划，规划绿地面积16.5公顷，规划景观及居住区绿地率不低于35%，主干道绿地率不低于20%，次干道绿地率不低于15%，工业企业绿地率不低于30%，医院、机关团体、文化设施绿地率不低于35%。2006年8月决定在制造产业基地西北部，永安镇区开发建设规划区，规划绿地面积37.4公顷。居住区绿地率不低于35%，主干道绿地率不低于20%，次干道绿地率不低于15%，医院、机关团体、文化设施绿地率不低于35%。

2011年6月，湖南浏阳制造产业基地西北片区规划，规划绿地总面积55.89公顷，占规划总面积的10.18%。11月南区规划，规划绿地面积为104.35公顷，其中公共绿地29.86公顷，防护绿地75.11公顷。2012年，未有新的绿化规划。

第三节　基础设施建设

一、道路

2003年，现代制造园产业基地核心区第一期工程全面铺开，基地内交通路网采用环状与网状有机结合，投入近8000万元，完成共计5千米长的经四路、纬二线、北辅线土方工程。礼荷公路全面启动，丰裕林场段村道修缮完工，万家、荷华、集中、梓江、里仁等村的部分村道实现硬化，总长达14.1千米，在建项目总长约15千米。2004年，融资近1亿元，新修总长5千米的经四路、纬二路、北辅线一期工程。并启动6.3千米的主干道建设。2005年，投入4.8亿元，共硬化道路75428平方米，主干道全部完成绿化和亮化。至是年年底，新城区2.8平方千米内道路畅通，“三纵三横”基础构架已成形。

2006年，基础建设有序推进，园区构架逐步拉开。全年投入2.1亿元用于基础建设，硬化道路1.2

万平方米。园区主干道经3.5路修建至纬三路，经4路北延工程在建。2007年，拉开园镇构架，投入1.5亿元推进基础设施建设，硬化道路2.8万平方米，完成路基3050米，完成土石方150万立方米。截至2008年年底，一期开发6平方千米内实现道路“三纵三横”。

2009年，硬化道路1.77万平方米，完成路基2180米。2010年，全年投入5500余万元用于推进基础建设，完成经四路北延、纬1.5路东延、三源国际主干道硬化，完成经2.5路北延和经3.5路北延等道路建设。年底，连接工业新城制造产业基地和长沙国家生物产业基地的主干道纬二路，以及连接319国道与纬二路的经八路举行开工典礼，园区成园面积拓展达8平方千米。2011年，新建道路3267米。形成“七纵四横”的交通格局。2012年，道路建设共完成纬三路东延、西接，经四路南延，经七路，北辅路，纬1.5路5条道路硬化2.8万平方米。至2012年年底，园区成园面积拓展达8.5平方千米，园区已建道路总长21.8千米，总投资20.79亿元。东西走向的道路四条：开元大道、纬二路、纬三路、北辅路；南北走向的道路九条：新河路、经一路、经二路、永安大道、经四路、经五路、经六路、经七路、经八路，基本实现四横九纵大环线交通路网。

二、供水设施

2003年，供水管网建设由园区指挥部根据园区建设进程的需要，与永安供水公司分片逐段签订相应的施工合同依次进行建设。因园区企业用水量激增，从永安供水厂新铺设至园区管道1520米，解决入园企业用水。2004年，争取国家开发银行投资5200万元用于永安供水项目建设，铺设北辅路主管，同时，增加一台75千瓦发电机组，新建一座日配水量9000吨的增压泵房。2005年，增设一台55千瓦电机水泵和一台加氧机。

2007年，建设一体化水处理设施一套，永安供水厂达到供水规模1.5万吨/日。完成株树桥引水工程永安段至园区供水工程建设。2008年新增两套一体化水渠设备和一台加矾混合器，将供水能力提升8000吨水/日，同时铺设永和路（永阳—永泰）和永阳路（永和—坪头）的主管共5.7千米。2009年，完成制水场地的净化、绿化工程，扩建提水泵房，增加两套75千瓦潜水泵，将提水能力提升到13000吨水/日。2010年，全年完成纬二路（株陵河至经2.5路）、百宜、农旺、中钢、华京等多个供水管线建设项目，共计完成供水管网建设约1088米。

至2012年年底，已建成供水主管网36千米，10年间共投入供水设施建设资金1.98亿元。

三、排水排污设施

2003年9月，园区对雨水及污水排放现状进行改造，对永安镇区雨污合流排水方式实行改造，实施污水截流，要求新建生产区必须实行雨污分流的排水体制，依地形、地势分别在行政生活区和生产区埋设管道318米，明沟水系实行硬化工程1229米。2005年2月，新建污水处理池2500立方米。是年，完成永福、永阳、永和、永镇、鼎盛等五道路两端二期排水工程建设10264米。2006年完成永裕、永泰、永星、大安、丰裕北等道路排水工程总长8650米。2006年6月，园区管委会选址里仁村建污水处理厂，与湖南恒凯环保科技投资有限公司签订《永安镇污水处理厂建设—运营—移交（BOT）合同》。

2007年，园区铺设排水排污主干道管道6100米。2008年3月，湖南省发展和改革委员会同意建设浏阳市永安镇污水处理厂工程，工程规划总规模为6万吨/日，分二期完成。一期建设规模为2万吨/日，主要建设内容包括厂区污水处理构筑物和设备，城市雨水、生活用水及污水收集系统工程以及其他附属辅助工程等，截污主干管按设计总规模一次建成。二期将考虑建新河、株陵河、礼耕河三个纳污区雨水、生活污水及其生产废水纳入污水处理厂一并处理。一期工程总投资概算为1.52亿元，资金来源为业主自筹和银行贷款。12 月 25 日成立普通合伙企业浏阳市永安镇污水处理厂。是年，完成经四路与经三路北延线，纬三路一期与福星路线共铺设排水排污管道 1.43 万米。2009 年 8 月，永安污水处理厂破土动工，工程总占地面积 6.89 万平方米。一期建设厂区投资 2909.05 万元；主管网建设 6800 米，投资额 4760 万元；共计投资 7669.05 万元，占总投资的 50.37%。12 月，完成坪头北、永明、礼耕等三道路三期排水工程建设 2260 米。2010 年，全面完成并验收污水管线三个标段和株陵、礼耕两河排污支管共 6700 米的管线建设，实现企业的排污口与园区的污水支管全部对接。2011 年 5 月 3 日—8 月 3 日，一期污水处理厂工程试运行。是年，铺装完成污水主干管线共 24.71 千米。园区各企业的雨水、污水管道均分别接入相邻道路的雨水、污水管道，东西两片各道路的雨水管道分别就近通向礼耕河、株陵河，经两河注入捞刀河。企业废水经污水处理厂后排入污水管。2012 年 10 月 18 日，浏阳市环境保护局明确，污水处理厂项目经长沙环境保护职业技术学院、湖南省环保监测中心站监测，结果均达到国家规定的相关标准，同意该项目通过建设项目竣工环境保护设施阶段性验收。同年，新建永福等 7 条道路污水排放管道工程建设 2371 米，总投资 9127 万元。至 2012 年年底，园区建有污水处理厂一座，有雨水排水、污水排水管网 75.39 千米，10 年间园区共投入排水排污设施建设资金 2.83 亿元。

四、供电设施

2003 年，永安镇区和新建园区都依靠永安石墩变电站（110 千伏）供电，年供电量 325.12 万千瓦时。随着入园企业的迅速增加，用电需求量大幅增长，2005 年，园区牵头组织永安供电所先后为园区新架 10 千伏供电线路 4 条、线路总长度 69.76 千米，安装配电变压器 143 台、容量为 76.38 兆伏安（企业专用变压器 111 台、容量为 66.91 兆伏安，主供园区路灯照明和企业基建临时用电；公用变压器共 32 台，容量为 9.47 兆伏安）。是年，兆山 110 千伏变电站建成投入运行，主供兆山水泥生产。2007 年，园区新建的 220 千伏丛塘变电站投入运行。2008—2009 年，架设电线 6700 米。2010 年，全年完成黄花机场、纬二路、纬三路和株陵河等 3000 余米的电力线路架设工程，满足永安镇区和园区用电需求。至 2012 年年底，园区有 1 座 220 千伏丛塘变电站，容量为 1.8 兆伏安；2 座 110 千伏石墩变电站、兆山变电站，容量为 1.2 兆伏安。有 220 千伏线路 1 条，共计 9 千米；110 千伏线路 11 条，共计 79.6 千米；10 千伏线路 56 条，共计 368.7 千米。10 年间共投入供电设施建设资金 4.1 亿元。

五、供气设施

2003—2008 年，永安镇区与部分园区企业使用灌装煤气。2009 年 1 月，长沙新奥燃气有限公司成立浏阳分公司，并与园区签订协议，管网从星沙引入园区，一期工程完成投资 8000 万元，共建管网 44 千米，设计日供气 48 万立方米。2010 年，新奥燃气管道全面启动建设，基础项目迅速推进，完成纬二路、纬三路、北辅路等燃气管道铺设。2011 年，园区新建道路所有预留天然气管道拉线工程展开，全年铺设天然气管网 68 千米，“长气入园”工程顺利完成，基地日供气量最高可达 20 万立方米。4 月 1 日正式供气，日供气约 1.5 万立方米，园区燃气供应得到有力保障。至 2012 年年底，园区建有天然气调阀站 1 座，有天然气管网 112 千米，共投入建设资金 1.36 亿元。

六、电信邮政设施建设

2003 年，随着园区基础设施建设推进，通信、广电等基础设施建设明显加快，全镇固定电话装机数达 1 万门，入户率 70%，有线电视入户率达 20%。中国移动浏阳分公司、中国联通浏阳分公司、中国电信浏阳分公司在园区启动管道、杆线及基站建设。加大永安镇范围内的信息覆盖和项目服务，在园区建 2G/4G 通信基站 16 个，铺设管道超过 36 千米，杆路 2 万皮长千米，建设光纤宽带端口 2.4 万个，基础通信设施总投资金额0.16亿元，有可供数据传输的互联网专线、数据专线及物联网；有可供广告宣传的视频彩铃、云MAS短信平台；有可供办公的集团固话、云视讯、移动办公云、移动OA、和密话、和对讲；并拥有新型信息化技术IDC、移动云（云安防、云存储、云主机）等几十种信息化产品。浏阳市国安广电宽带网络有限责任公司在园区启动广播电视主干管道及网络建设，布置“天网”视频监控点。2004年，中国电信浏阳分公司建立户外机房，装机容量1024门，ADSL容量96户。2008年圆通速递公司在园区创建永安营业部，开启园区有快递运营的历史。

2012年年底，园区有邮政所7个，快递公司13家，建成2G/4G通信基站56个，铺设管道超过89千米，杆路万皮长8.6千米，建设光纤宽带端口6.4万个，广播电视主干管道及网络线路162千米，“天网”视频监控点位362个。10年间，基础通信设施总投资金额0.82亿元。

七、环境绿化

2003—2004年，要求各企业、各单位用地必须按浏阳市园林管理部门要求实施绿化。2006年，完成礼耕河、株陵河和道路两旁的绿化。绿化成型面积为23.6万平方米，绿化品种主要有香樟、桂花树、红檵木等等。2007年，绿化7.5万平方米。2009年，园区规划局接手永福路、永阳路、鼎盛路、永和路、永镇路、大安路等路段16万余平方米的绿化维护工作。2010年，共完成福星路、北辅路的绿化。2011年，新增绿化面积1.89万平方米。2012年，完成绿化建设面积约1.8万平方米。至2012年的10年间，完成绿化建设面积约50万平方米，投入绿化资金1939万元。

第四节　招商引资

一、政策与措施

2003年5月，浏阳制造产业基地指挥部出台《关于招商引资工作的有关规定》，园区设立招商引资科，下设招商一部、二部、三部。三部分区域展开招商，对招商引资工作有重大贡献的人员按照到位资金的比例给予奖励。出台招商引资政策与措施，运用国家、省、市及园区的各项优惠政策，采取税收减免、土地款补贴、租赁补贴、中介人奖励等多种方式和渠道，吸引投资者来园区投资兴业。优化政务服务环境，凡入园企业项目立项等有关手续均由产业园项目服务部全程代理一条龙服务，并确保进园区投资建设开发者应享受的全部优惠政策的兑现。2005年，贯彻落实《浏阳市人民政府关于进一步鼓励外来投资的决定》《浏阳市招商引资奖励办法》等文件，招商引资工作做到“一个小组监督、一次会议协调、一位领导跟踪、一条热线服务、一个窗口受理、‘一站式’收费、一本册管理、一张卡通行”的全程服务。是年，园区成立招商引资工作协调小组，入园企业成立外来投资企业协会。2006年2月17日，园区召开“税收奖励政策工作会议”，明确招商引资相关政策。会议决定“对引进企业（所得税）实行前两年全免，后三年减半的优惠政策”。对公司经营性项目具体奖励标准为：市外引进的增值税其他地方收入部分全部返还给纳税企业或奖励给引进个人；市外引进的在园区注册登记的企业或公司所得税免征，增值税其地方收入返还部分全部奖励给纳税企业或引进人。2009年，贯彻落实《浏阳市招商引资中介人奖励办法》的通知，对投资500万元以上，且完成工商注册和税务登记的制造业类工业项目，根据其投资规模、项目贡献率和固投类别，分别按固定资产投资额的6‰~10‰给予中介奖或2‰给予提供信息奖，其中设备资产中介奖按6‰计奖，其他固定资产投资中介奖按10‰计奖（土地资产以实际购地款为准）。新引进世界500强或国内行业前10强或其他对园区社会、经济发展有重大影响的项目，可采取一事一议的办法，单独确定奖励办法和标准，对中介人、有功人员和有功单位进行重奖。

2010 年 7 月，园区管委会出台《关于促进企业发展、推进产业建设的奖励规定》，该规定分别对于园区内招商引资、支持企业加快发展、加快发展再制造产业和加快发展永安家具园产业四个方面作出奖励规定。2012 年 4 月 10 日，管委会出台《关于加快城市建设及促进第三产业发展的奖励规定》。凡 2012 年 1 月 1 日至 2012 年 12 月 31 日，新建、扩建、升级改造且符合园区规划要求的商业超市、高级酒店、特色餐饮、综合娱乐等三产投资项目，均给予相应的投资补助。2012 年 5 月 15 日，管委会出台《关于支持长沙领航投资合伙企业发展的奖励办法》，管委会给领航公司合伙人提供贴息扶持和补助。

二、引资成果

2003 年 5 月，湖南省人人家食品有限公司签约入园，该项目占地 1 公顷，投资 5000 万元，主要生产“人人家味”食品，这是园区引进的第一家招商引资项目。6 月 8 日，在浏阳市神龙山庄举办第一批入园企业集体签约，中国台湾富丽真金寝具有限公司、长沙博大科技有限公司、湖南中大机电设备有限责任公司等一批企业项目相继签约入园。特别是湖南机场管理集团公司整体搬迁到永安，大大提升永安的知名度。全年基地已与 33 家企业正式签约（含基地），全年协议引资 22.1 亿元（含基地），合同引资 9.09 亿元，到位资金 2 亿元。其中省外境内项目 12 个，合同签约引资金额 2.24 亿元，完成到位省外境内资金 6048 万元，完成固定投资 840.67 万元。

2004 年 3 月，海得威机械制造项目入园，合同签约 4400 万元，是建园第二年来引进省外较大的投资项目。全年接待客商 33 个批次 121 人，签约项目 14 个，全年共引进工业企业 10 个，其中引进年销售额在 2 亿元以上的制造工业企业 3 家，产值在 1 亿元以上的企业 2 家，产值在 5000 万元以上的企业 2 家，且引进的企业大部分为富税型、附加值较高、无污染、产业链条较长、社会效益明显的制造型工业企业。全年完成到位省外境内资金 5.44 亿元，完成固定投资 9214 万元。

2005 年，全年园区招商引进项目 14 个，合同签约金额 8.98 亿元，到位资金 8.2 亿元。完成到位省外境内资金 10.4858 万元，完成固定投资 1.21 亿元。

2006 年，园区举办“湘交会”，积极推介园区，促成项目落户。4 月，引进诸城义和车桥有限公司，引入投资 1.2 亿元；长沙一格生物医药有限公司，签约金额 1 亿元。6 月引进湖南汉龙设备有限公司，签约金额 1.8 亿元。12 月，引进湖南景明电力器材有限公司，签约金额 2 亿元；湖南瑞升工贸有限公司，签约金额 1.5 亿元。投资额在 1 亿元以下的 13 家，签约金额 9.85 亿元。全年签约引进项目 18 个，合同引资 19.14 亿元，到位资金 10 亿元。

2007 年，完善以“亩产税收”为主体的招商评估制度和招商合同履约跟踪机制，参加对外招商活动，推进城市工业房地产开发、民营资本投资园中园建设取得长足发展。年内共签约引进项目 17 个，到位资金 12.02 亿元，其中重点引入深圳锦汕公司投资 3.5 亿元，开发商务配套服务区；上海宏伊集团在园区开发建设工业厂房。

2008 年，把做好招商引资工作作为“第一菜单”，不断提高招商质量，拓宽融资渠道，为园区发展提供强有力保障。坚持以产业招商和项目招商为重点。参与“沪洽周”“科交会”等大型招商活动，推介宏伊科技园 27 万平方米工业房地产，实现签约项目 14 个，合同引资 1.9 亿元。全年引进项目 13 个，合同引资 10.8 亿元，其中省外到位工业投资资金 5 亿元，市外境内资金形成固定投资 8 亿元，完成外资 1300 万美元。

2009 年，积极推进以商招商、中介招商和节会招商，大力转变招商思路，注重引入战略投资者，全年签约引进项目13个，合同引资8.7亿元，其中省外到位工业投资3.54亿元，市外境内形成固定资产6.03亿元，完成到位外资1648万美元，重点引入湖南中铁五新钢模有限责任公司等。

2010年，围绕园区新兴工业及优势产业链招引项目，精心举办“引老乡、回家乡、建家乡”新春恳谈会、招商推介会等招商活动。4月，引进湖南德邦重工机械有限公司，引入投资3亿元；7月，引进青特集团有限公司，引入投资4亿元，建设全省最大的车桥生产基地；湖南中烟工业公司，投资2亿元。特别引进深圳富电康发电机、江西春秋重工等产能在5亿元以上的大项目。引进拥有国家车身设计重点实验室、汽车产品检测中心的湖南大学三佳汽车车身制造和拥有国内最先进的高精度钣金加工技术的深圳龙光电子等研发能力强、技术设备先进的优质项目。年内签约投资企业15家，合同签约金额13.2亿元，比2008年增长48.49%；完成到位省外境内资金14.39亿元，完成固定投资840.7万元。

2011年，招商引资，先后接待客商137批次，出省考察7次，婉拒36个有意落户基地但不符合要求的项目。引进长沙华恒机器人系统有限公司入驻园区，该公司注册资本3300万元，是一家专业从事机器人自动化装备开发、制造的高新技术企业。

2012年4月，深圳市凯中精密技术股份有限公司与园区签约投资入园，开发电机整流子生产项目，签约投资1亿元。6月，引进湖南赢家环保科技有限公司，投资4000万元。9月，普洛斯投资管理（中国）有限公司与园区签约投资入园，开发现代物流仓储设施开发项目，引入投资2亿元，该项目占地13.33公顷。2012年，全年招商引资引进项目8个，引资14.6亿元，其中投资过亿元企业6家。全年完成到位省外境内资金6048万元。引进欧洲最大汽车零部件制造企业德国博世再制造项目，是博世在中国建立的第一个工厂；引进世界500强企业美国普洛斯物流，投资规模达2亿元以上。

2003—2012年，园区共引进项目147个，合同引资67.1亿元。其中，引进投资规模亿元以上工业企业12家，5000元以上工业企业9家，3000元以上工业企业14家，1000元以上工业企业31家，引进项目未纳入规模在1000元以下的81家。外资企业1家，省外企业9家。实现省外境内到位资金55.17亿元，累计完成固定资产投入18.36亿元。

第五节　技术与人才引进

一、技术引进

2003年，引进沅江宇环机械制造公司的数控机床生产技术。2004年6月，湖南中大机械制造有限责任公司入驻园区，引进该公司自主研发的多种压路机、铺摊机制造的先进技术，其中YZ36超重型自行式单钢轮振动压路机、DT1600型多功能摊铺机均为当时国内同类产品中最大的压路机、摊铺机，获得2项发明专利、27项实用新型专利，填补多项国内技术空白。8月，中国香港伟豪投资有限公司在园区设浏阳华鸿打火机制造有限公司，将先进的打火机制造技术引入园区。9月，陕西湖南中大机械制造有限公司落户浏阳制造产业基地，由陕西中大机械和湖南中大机电合股组建的陕西湖南中大机械制造有限公司。公司研制生产的液压驱动碎土设备、抗离折多功能超宽摊铺机、液压驱动超大激振力拖式振动压路机，技术性能属国内领先。获得国家多项专利，解决筑路施工中的难题，填补该项目国内空白。10月，引进湖南宇环同心数控机床有限公司，把该公司数控机床YHM77110（15B）高精度立式双面磨削技术引入园区，研制和开发出30余种精密高效数控磨床系列产品，其中CNC/CBN全数控高速凸轮轴磨床、580A数控高精度立式双端面磨床、内外圆仿形车铣组合机床、高速变频电主轴单元四大主导产品经专家鉴定，产品技术达到国际先进水平，填补国内空白，先后被评为国家重点新产品，湖南省名牌产品，湖南高新技术产品。是年，还引进湘晖农业技术开发有限公司的YMS–5–8智能育苗设备生产技术。

2005年7月，长沙博大机械零部件有限公司落户永安产业园，引进该公司先进汽车零部件生产技术和现代企业管理方法。8月，引进湖南长沙佳能制泵有限公司高效节能泵生产技术。2006年，引进长沙中钢工程机械有限公司车载式混凝土泵高新技术和长沙一格制药有限公司的生物制药技术，均为行业内领先的生产技术。同年，还引进湖南景明电力器材有限责任公司的输变电产品生产技术。

2007年10月，引进河北永昌密封件有限公司的汽车密封件生产技术，长沙金意环保能源有限公司的生物柴油生产技术，长沙恒佳铝业公司的钝化铝管生产技术。

2008年，引进湖南中铁五新钢模有限责任公司的起重机、台车等工程机械生产技术。湖南金色农华种业科技有限公司的农作物种子研发技术。引进湖南南方水泥有限公司的干法回转窑水泥生产技术。引进山东诸城义和车桥有限公司的新能源汽车整套零部件生产技术。

2009年3月，引进湖南中铁五新重工有限公司的高端智能港口起重设备制造的高新技术。该公司持有国家专利近90项，被评为省级企业技术中心、信用评价AAA级认证、湖南省诚信企业、长沙市优秀技术创新示范企业等各类荣誉，参与两项国家标准以及全国首个港口设备维护保养地方标准的制定。5月份，引入湖南宇环同心数控机床有限公司的再制造汽车发动机的生产技术、瑞克液压油缸等5家企业的再制造生产。12月，浏阳制造产业基地被国家工信部确立为全国机电产品再制造集聚试点园区。

2010年，园区出台《关于加速推进新型工业化进程的若干规定》。引进拥有国家车身设计重点实验室、汽车产品检测中心的湖南大学三佳汽车公司的车身制造技术和深圳龙光电子公司的高精度钣金加工技术。湖南大禹工程机械公司的耐磨材料生产技术。长沙大力神液压工程公司的液压管生产技术。

2011年，引进长沙华恒机器人系统有限公司的中高端机器人生产技术。6月引进长沙迪威特焊接技术有限公司的自动化焊接设备生产技术。年内，还引进华联公司高档厨房设备生产技术和许昌远东传动轴股份有限公司的传动轴生产技术。

2012年，引进深圳市凯中精密技术股份有限公司的电机整流子生产技术；湖南赢家环保科技有限公司的汽车拆解及再制造技术；青特集团有限公司的车桥生产技术。至2012年10年间，园区累计引进科学技术（含高新先进生产技术）项目46项。

二、人才引进

坚持人才兴业，2004年10月，浏阳市政府出台《浏阳市科技发展专项资金及科技计划项目管理办法》，注重科技人才和专业技术人才的引进培养，明确人才引进与培养政策。园区管委会协助企业引进各类人才和科研技术人才培养及管理。2005年，园区成立科技人才和专业技术人员指导中心，助力企业引进技术人员、技术工人。根据企业的用工需求，至2007年的3年，通过社会招聘等多种途径引进中高级技术人才308人，协助企业内部培养技术人员、普通技工类人才209余人。这些人员学历70%达到中专以上文化水平，具有高级以上职称占总人数的5%，中级以上职称占30%，初级以上职称占65%。是年，园区有专业人才19名，其中工程师、专业技术类人才17名。

2008年，为促进园区企业的可持续协调发展，促进业务核心竞争力的增强、新型产品的研发，提供先进的科学技术人才支柱，制定和完善科技人才激励机制，园区出台科研技术人才优惠政策，提高科技人员待遇，注重科技人才的长期发展。优惠政策以留住更多的科技人才为园区的发展壮大提供关键支撑，使园区的科技创新人才聚集，拥有勇于创新的高素质专业技术人才队伍，拥有一大批高素质的专业技术人才做后盾。实施企校联姻战略，介绍企业与高校结对，从高校直接招聘人才。陕西中大机械集团湖南中大机械制造有限公司联合湖南省建高级技校和长沙职工大学结对，从两所学校引进20余名优秀人才。长沙义和车桥有限公司与长沙机电职业中专学校结对，引进30余名技工人才。长沙人人家食品公司、山东海德威机械制造公司、湖南富丽真金家纺有限公司等企业分别从浏阳职业技术学校引进技工人才60余名。是年，浏阳制造产业基地有企业技术员工3840人，其中管理人员和中高级技术人员866人，技能工人2974人，其中5年来共引进大中专职业学校毕业生1105人次。

2009年，坚持“走出去”与“引进来”相结合的办园思路，走互补发展和错位发展之路，全年组织行业专家58次到园区视察指导工作，与18个先进园区建立良好的合作互动关系，参与5次重要的对外联谊与推介活动。宇环数控科技机械有限公司引进高级以上技师人才11人，高级职称专业技术研发人员3人、中级职称6人，其中硕士以上学历科研人才1人；中铁五新钢模有限公司引进高级专家1人，高级工程专业技人员3人，中级技术岗位制造技师15人。园区建立人才信息库，制定激励机制支持和鼓励人才兴业创业，聘请指导产业发展的院士1人，教授、专家64人，专业技术人员1876名。

2010年，园区开展企业科研经营管理人才引进和储备需求信息调查。园区共引进各类人才987人，其中高级研究员、高级工程师、注册会计师等人才58人；其他高级技术岗位人才141人；高级专业技师类人才31人，中级技术岗位人才457人，普通技工300人。其中，园区管理队伍中具有研究生学历的员工有7名，本科以上学历60%；企业科研队伍中（包括外聘）有教授、专家84人，各类专业技术人员2000余名，园区队伍素质结构得到进一步优化。

2011年，园区注重科研和科技人才合作，充分储备科技人才平台作用，是年组织宇环数控等45家企业，与湖南大学、中南大学、浙江工业大学建立合作关系，中铁五新与武汉理工大学建立合作关系，奥飞智能与湘潭大学开展技术合作。有33家企业与院所签约聘请科研和科技专业人才258人，结合企业的发展需求，不定期组织高校院所的专家开展为企业科技服务。

2012年，基地加大技术培训和人才引进，并通过3次大型招聘活动，为企业揽才千余人。是年，园区对规模以上企业47家开展人才调研与引才，共引进各类高级职称技术人员289人，其中拥有研究生以上学历11人，各类技术特长的中级以上技术人员77人，普工岗位技术人员201人。至2012年的10年，园区共引进各类技术岗位人才2268人，其中正高、研究员人才14人（含院士1人）；中高级技术职称人才412人，专业工程师89人，专业技师类人才52人，中级技术岗位人才457人，技工851人。

第六节　入园产业

一、产业规模

2003年，园区（永安镇）有各类大小入园企业34家，总产值7.07亿元，上缴税收2082万元。其中工业企业24家，从业人员632人，工业企业完成企业总产值5.29亿元；规模企业发展到16家，其中产值在1000万元以上的4家，产值在5000万元以上的2家。园区汽车配件、工程机械、冶金加工、纺织建材等重点行业得到迅速发展，2.8平方千米的现代制造产业基地核心区框架基本形成。

2004年，入园工业企业主要是生产产品种类有打火机系列，机械设计与创新、机械制造技术基础、汽车车架配件产品系列等，化工设备设计施工、生产制造、销售运营等科技创新型环保企业。是年，园区有各类企业50家，总产值8.11亿元，上缴税收2381万元。工业企业总数达36家，从业人员853人，实现工业总产值 6.23 亿元。规模工业企业 20 家，完成产值 3.93 亿元。

2005 年，入园工业企业有骏昇工程机械及汽配零件生产，汽车电器、高低压电器成套设备高科技开发生产项目，泵业创新生产，铝硅复合带、铝合金复合箔带生产等项目。共落户工业企业 14 家，其中 13 家企业办理建设用地审批手续和发改局备案证，1000 万元以上企业 8 家。是年，有各类企业 59 家，总产值 12.4 亿元，上缴税收 4858 万元。其中工业企业总数有 45 家，从业人员 976 人，工业总产值 10.06 亿元，规模工业 28 家，规模工业总产值 6.86 亿元。

2006 年，坚持产业立园、产业兴园的发展思路，构建特色、优势的产业体系，园区引进金属材料加工、汽车零部件生产、生物医药生产、车载式混凝土泵生产等企业 12 家，主要产品种类规模增加有汽车零部件和配件、混凝土泵、金属材料加工、医药药品等。形成工程机械、汽车配件、新型材料、烟辅材料四大主导产业。促进规模企业带动产业化发展，提高经济发展内涵，主导产业企业生产总值占全年企业生产总值的 72.6%。是年，园区有各类企业 72 家，总产值 16.19 亿元，上缴税收 6871 万元。其中有工业企业 57 家，工业企业总产值 13.89 亿元，企业从业人员 1246 人，新增规模企业 9 家，达到 37 家，实现规模工业总产值 11.08 亿元。

2007 年 5 月，湖南富丽真金家纺有限公司签约入园建设，9 月上海宏伊置业有限公司与园区签约入驻园区，投资 1.5 亿元，建设工业厂房面积 9.25 万平方米，可供小型企业入园加工、生产和制作等项目联租用房。12 月，河南南阳冷饮食品生产项目立项。园区有各类企业 86 家，总产值 25.31 亿元，上缴税收 1.18 万元。全年新入园工业企业 12 家，工业企业总数 69 家，企业从业人员 1653 人，工业总产值 23.36 亿元。新增规模企业 6 家，规模企业累计 43 家，其中新增产值过亿元企业 3 家；规模工业总产值 20.53 亿元。形成以汽车零部件、工程机械为核心的现代制造业集群，被长沙市政府列为汽车零部件专业园区。

2008 年，湖南南方水泥有限公司迁入园区，总投资 135 亿元，其 2 条 5000T/D 新型干法回转窑水泥生产线是湖南省生产规模最大、产量最高、工艺设备最先进的生产线之一，年产高标号水泥 200 万吨以上，年实现销售收入近 5 亿元，创利税 5000 万元。是年，园区产业受金融危机的影响，工程机械制造产业开始下滑，管委会不断强化工程机械、汽车配件两大产业体系，继续发展和壮大工程机械、汽车配件两大主导产业，在突出产业特色中推动企业的做大做强。进一步壮大亿元企业集群，是年园区有 14 家亿元企业，亿元企业群产值达 18 亿元。同时，在完善产业配套、延伸产业链条、扩大产业增值的过程中，着力挖掘产业发展空间，在一期开发 6 平方千米内形成工程机械制造、汽车配件两大主导产业。是年，园区有各类企业 98 家，总产值 36.59 亿元，上缴税金 1.8 亿元。工业企业新增 9 家，园区工业企业总数达 78 家，从企业从业人员 2024 人，完成工业总产值 34.91 亿元，工业企业交税金 1.3 亿元。规模以上工业企业 54 家，新增产值过亿元企业 6 家，产值过亿元的企业有 14 家，完成规模企业产值 31.81 亿元。全年工业企业完成固定资产投资 12.67 亿元，完成技术改造投资 10.21 亿元。

2009 年，在原有产业基础上，开始规划和逐步建设再制造创业中心、科技服务中心等公共服务平台，为实现再制造产业的资源共享搭建有效载体。12 月，被工业和信息化部确立为全国机电产品再制造集聚试点园区。年内有佛山市金树林陶瓷玻璃装饰材料特种金属加工项目、长沙恒泰石化设备制造生产销售及安装项目投资开建，湖南中铁五新重工有限公司项目、长沙亚明电子科技发展有限公司电子科技产品生产项目等入园。至 2009 年年底，园区有各类企业 107 家，总产值 52.29 亿元，上缴税收 2.11 亿元。其中工业企业 84 家，从业人员 2564 人，完成工业总产值 50.31 亿元。其中规模工业企业达到 66

家，实现规模工业总产值45.83亿元，新增产值过亿元企业4家，已有亿元企业18家。其中工业固定资产投资14.1亿元，完成技术改造投资14.1亿元。

2010年，进一步加强与工程机械和汽车制造产业的配套，率先在全国建立再制造产业公共平台。园区引进湖南省大禹工程机械耐磨材料生产线、湖南中烟工业公司烟叶复烤生产基地、长沙大力神液压工程液压管项目、长沙佳能通用泵业有限公司、东莞龙光电子冲压件生产项目等上规模企业12家，工业项目21个，主要产品种类规模新增有烟叶复烤、工程机械耐磨、工业用泵、龙光电子等生产、加工、销售服务。是年，园区有各类企业125家，总产值80.1亿元，上缴税收2.54亿元。工业企业105家，实现工业总产值76.24亿元，从业人员3752人。其中，规模以上工业企业78家，总产值70.93亿元。

2011年，长沙华恒机器人系统有限公司在园区成立，年销售额达5亿元。2月，湖南德邦重工机械第二生产基地办理工程建设许可证动工兴建，投资3亿元建设现代化的标准厂房和科研中心，专业经营桩工机械，混凝土机械两大系列产品研发、制造和销售的股份制企业，年销售额达3亿元。7月青特集团有限公司车桥生产项目立项，投资4亿元建年产专用车1万辆，各种轻、中、重卡及大型客车系列车桥110万套，支撑桥10万支、齿轮10万套、铸件10万吨的湖南首家企业，年销售额28.9亿元。12月，许昌远东传动轴股份有限公司签约入园建设。是年，园区有各类企业138家，总产值109.27亿元，上缴税收3.27亿元。工业企业总数110家，从业人员4676人，工业总产值106.2亿元。其中规模以上工业企业有79家，实现规模工业总产值99.93亿元。

2012年，坚持发挥比较优势与提升竞争优势相结合，促进低端产业向高端产业提升、产品竞争向品牌竞争提升。园区引进深圳市凯中精密技术电机整流子生产、湖南赢家环保科技有限公司汽车拆解及再制造项目、普洛斯投资管理（中国）有限公司现代物流仓储设施开发等企业8家，其中，3个上规模项目。主要产品种类规模增加有精密技术电机整流子、汽车拆解及再制造、物流仓储设施开发、防火装备系列产品、通信器材、包装材料等。园区通过招商引进和培育发展，至2012年年底，园区有各类企业169家，总产值146.7亿元，上缴税收3.57亿元。有工业企业126家，从业人员有5230人，工业总产值141.39亿元。其中规模工业81家，实现规模工业总产值133.83亿元。

二、产业结构

（一）汽车及零部件制造业。2003年3月，永安镇9家汽车配件工厂搬迁入园从事车架、汽车车身配件生产。4月，湖南省浏阳市驰中汽车车架制造有限公司迁入园区，投资5000万元，建设长沙区域内最大的汽车车架基地。5月，浏阳汽车车架二厂签约入园，该厂利用原鸡岭素食菜厂扩改成汽车车架生产厂房，日产50台的车架总装生产线，年生产能力达到1.5亿的独资民营企业。11月，长沙三合汽车配件有限责任公司落户园区，是专业生产汽车配件厂家。园区有先进装备汽车及汽车零部件制造产业12家，产值1.68亿元，从业人员236人，上缴税收326万元。

2004年7月，诸城义和车桥有限公司落户园区，该公司全资成立的一家高新技术公司，年产能生产轻型汽车150辆、中型汽车176辆、重型汽车128辆、工程车80辆、乘用车50辆、拖拉机251台，配套产品轻型车桥全国产销量第一。2005年8月，长沙海韵汽车零部件有限公司签约入园。9月，长沙众和汽车电器配件有限公司落户园区，两个公司主要生产汽车配件和车类电器产品及经营、销售和服务。同月，长沙博大科技汽车零部件有限公司成立入园，致力于以汽车零部件为代表的高质量压铸件产品生产，包括汽车起动机、发电机端盖、空调压缩机壳体、油泵泵体、高压电力器材、小型结构件等精密铝合金、锌合金压铸件，与奔驰、博世、法雷奥、日立等知名厂商配套。2006年4月，长沙顺达汽车电器厂签约落户园区开建，当年12月投产并销售部分产品。2007年5月，永昌汽车零部件生产项目入园。2008年4月，园区与山东诸城义和车桥有限公司签订战略合作协议，引进集研究、开发、生产、销售服务为一体的新能源汽车整套零部件技术，该公司主要与奔驰、广汽菲亚特、广汽三菱、北汽福田、东风、北汽现代、比亚迪、吉利汽车、众泰汽车、陕汽集团等世界知名汽配品牌配套核心技术，拥有自制设备、技术创新的能力。至2008年年底，园区有先进装备汽车及汽车零部件制造产业32家，产值16.78亿元，从业人员789人，上缴税收6324万元。

2011年5月，湖南湖大艾盛汽车零部件装备制造有限公司入园开建，用地2公顷，总建筑面积15600平方米。2012年，青特集团有限公司车桥生产基地建成，投产项目有轻、中、重卡及大型客车系列车桥进入批量生产，年销售额28.9亿元。2012年，青特集团公司引进欧洲最大汽车零部件制造企业德国博世再制造项目，这是博世在中国建立的第一个工厂。青特公司还引进国内最大汽车发电机定子制造商、行业拔尖项目信质电机。

2012年年底，园区有先进装备汽车及汽车零部件制造产业50余家，是年，生产总值54.16亿元，从业人员1663人，上缴税收9785万元。

（二）先进装备机械制造业。2003年，海得威机械制造是第一家入园机械企业，落户园区机械制造加工区。常德市雅特液压有限公司的雅特液压项目入园。4月，沅江宇环机械制造入园，是专业生产精密高效、数控磨削抛光加工机床著称的国家重点企业，注册资金3800万元。该公司是湖南省高新技术企业。公司所开发的磨床系列产品，历年来被评为国家重点新产品、湖南省名牌产品、湖南高新技术产品，先后荣获湖南省科技进步奖、国家科技创新基金重点扶植项目，湖南省新技术、新产品奖等，拥有享有国务院特殊津贴的胡惜时教授挂帅和主持的“宇环同心数控机床技术中心”。是年，园区有机械制造产业5家，产值1.32亿元，从业人员148人，上缴税收669万元。

2004年6月，湖南中大机械制造有限责任公司入驻园区，注册资金3600万元，购地面积79.5公顷，建2万余平方米的生产厂房，6000余平方米的科研综合楼，拥有各类加工、检测设备百余台（套）。拥有自主研发的YZ32自行式振动压路机，YZC13/17双钢轮振动压路机，DT1600多功能摊铺机，YZ36超重型自行式单钢轮振动压路机，YL30/37型轮胎式压路机等主要产品。其中YZ36超重型自行式单钢轮振动压路机、DT1600型多功能摊铺机均为当时国内同类产品中最大的压路机、最大的摊铺机，获得2项发明专利、27项实用新型专利，填补多项国内技术空白。2005年8月，长沙佳能制泵有限公司的佳能制泵项目入园；9月，湖南宇环同心数控机床有限公司，落户浏阳制造产业基地。该公司是湖南沅江宇环有限公司和湖南大学同心科技有限公司共同组建，是以生产精密高效、数控磨削抛光加工机床著称的国家重点企业，是中汽工业、内燃机行业、电子工业等行业的重点装备制造厂，拥有自营进出口权，集产、学、研于一体，为湖南省认定的高新技术企业公司，当时有员工200余人，其中有80余名技术人员。是年，长沙天为工程机械有限公司签约入园建设，是一家现代机械制造生产企业。征地面积45公顷，建厂房1.2万平方米，拥有数控车床等一批精良的加工设备和测试台架及30余台/套检测设备，专业生产桩工机械，静力压桩机作为公司的拳头产品，可生产从60吨到1200吨等各种规格的ZYC静力压桩机产品，压桩直径800毫米，突破同行业桩机压桩直径600毫米的极限。该公司成功开发KLB步履式长螺旋钻机、KLU履带式长螺旋钻机、SMW工法钻机、长螺纹钻机、电驱动液压锤打桩机，产品畅销东南亚市场。

2006年3月，长沙大隅液压工程机械有限公司的特种油缸及液压机生产项目入园。同年，湖南景明电力器材有限公司落户园区，在浏阳制造产业基地建立新的生产基地。新生产基地用地 14.47 公顷，总投资 2 亿元。湖南景明电力器材有限责任公司，是隶属于湖南省电力线路器材厂的股份制高科技公司。专业从事输变电产品研制、开发、制造、销售。主要开发、生产输电线路、铁塔、电力工具、电气设备和其他钢构件产品等三大系列，共 30 个品种的电力线路器材。生产工艺先进，质量体系完善，生产的产品主要包括 1000 千伏及以下等级输电线路铁塔，电力工具（锻压类、可锻铸铁类、铸铁类、铝制类等。2007 年，泓达科技、中铁制造等生产企业相继入驻园区。2008 年，湖南中铁五新钢模有限责任公司的起重机、台车等工程机械产品项目入园。该公司专业生产大中型起重机械，主要产品有桁架及箱型双梁门式起重机、电动单梁起重机、葫芦门式起重机、移动模架造桥机、无砟轨道铺板机、无砟轨道双向运板车、铁路群吊起重机、移梁台车等高速铁路成套施工设备。设计制造工艺精湛、设备先进、技术力量雄厚，是年，园区有机械制造产业企业 26 家，产值 15.9 亿元，从业人员 891 人，上缴税收 6983 万元。

2010 年，湖南德邦重工机械有限公司的工程机械第二生产基地项目入园，湖南德邦重工机械有限公司是一家专业研发、制造和经营桩工机械系列产品的股份制企业，占地 8 公顷，建有现代生产线。有员工 412 人，其中大专以上学历者和高级技工占公司员工总数的 63%。中铁五新重工有限公司与中南大学机电工程学院建立“联合研究中心”，该中心有员工 568 人，专业技术人员 67 人（其中博士 1 人，硕士 11 人），高级工程师 18 人。该公司起重机生产资质已达到国家 A 级标准，自主研发大批具有自主知识产权的高铁起重运输及铺设设备。是年年底，该公司已拥有专利技术 18 项，自主开发的轨行式移梁机、变频无级调速门式起重机、无碴轨道铺板机、双向运板车，以先进的设计理念、高可靠性、高施工效率和优良的售后服务，赢得客户青睐。产品已经成功应用于三一重工、中联重科、厦门港等公司，业务已覆盖湖南、广东、江苏、浙江等 20 余个省市与美国、印尼、巴基斯坦等有业务合作。长沙迪普机械科技有限公司入园，该公司为恒天九五重工的全资子公司，是一家主要从事工程机械、建筑机械、水利机械冶金设备等油缸（液压缸）及液压件科研、生产、销售、服务的高新技术企业。公司占地 2.67 公顷，建筑面积 2 万余平方米，投资 3500 余万元，12 月在园区建成正式投产。

2011 年，长沙华恒机器人焊接有限公司在浏阳开设大型工厂。该公司是一家专门从事设备研发、制造、销售的国家高新技术企业，拥有江苏省首个焊接自动化研究所中心，是江苏省知识产权战略计划推进单位、江苏省创新试点企业和江苏省百强民营企业。该公司为国内自动化焊接设备，12 月 1 日浏阳制造的首个机器人——搅拌车后台焊接机器人下线，此机器人由华恒焊接股份有限公司研制，主要用于搅拌、泵车、起重机、挖机等工程机械的焊接，在当时业内处于领先水平。是工业机器人系统开发、生产成套服务领域的领航者，在国内专属行业处于技术领先地位。2012 年，园区有机械制造产业 31 家，产值 68.96 亿元，从业人员 2861 人，税收 1.38 亿元。以数控机床为主的先进装备工程机械制造业成为园区主导产业之一。

（三）金属、建筑材料和化工业。2004 年 4 月，湖南环达环保有限公司、金湘化工设备有限公司签约入园。2005 年长沙长铜铝业销售有限公司的铝硅复合带、铝合金复合箔生产项目、湖南精诚特种陶瓷有限公司的生物、电力陶瓷生产项目签约入园。3 月，浙江兆山新星集团浏阳水泥生产基地奠基，总投资 13.5 亿元人民币。2006 年 6 月，兆山水泥建成投产。该水泥厂是年产 600 万吨新型干法回转窑水泥熟料生产基地，是湖南省生产规模最大、产量最高、工艺设备最先进的二条 5000 吨/日新型干法回转窑水泥生产线之一，年产高标号水泥 200 万吨以上，年实现销售收入近 5 亿元，创利税 5000 万元。是年，湖南新化星电陶瓷有限公司的湖电子陶瓷生产项目、长沙新世纪消声器厂的噪声控制、消烟除尘等环保设备项目、长沙华京粉体材料有限公司的环保粉体材料生产项目、湖南瑞升工贸有限公司的车载式混凝土泵生产项目相继入园。2007 年，长沙金意环保能源有限公司的生物柴油生产项目、长沙恒佳铝业有限公司的钝化铝管生产项目入园。

2009 年，浏阳海兴塑料包装公司的海兴塑料包装项目入园。2011 年，长沙互力达环保材料科技有限公司的互力达烟辅涂料入园。至 2012 年年底，有金属建筑材料和化工环保企业 16 家，全年产值 20.3 亿元。其间，“南方水泥”被评为“湖南名牌产品”，浏阳水泥生产基地兆山水泥厂先后获浏阳市人民政府“税收贡献奖”、长沙市人民政府“企业纳税贡献奖”、获湖南南方“优秀企业”“模范企业”“标杆企业”等荣誉称号。

（四）消费品产业。生活消费品产业是园区优化产业格局，推进多点支撑发展的有力举措。2003 年 5 月 19 日 湖南省人人家食品有限公司落户永安镇，为园区第一家落户企业，是园区引进一家独资企业。人人家食品厂建成投产。从事麦片、沙琪玛、豆奶粉、核桃粉、黑芝麻糊、藕粉、牛肉干、莲子糊等多品种加工生产、销售、出口。6 月，富丽真金（湖南）家纺有限公司入园，该公司是台商独资公司，注册资金 700 万元，主导产品为床上用品。富丽真金是东南亚的著名消费品牌，销售居全国同行业前 10 名，拥有 280 余家专卖店。年内公司投资 3000 余万元，在现代制造基地征地 3.3 公顷，5 月份开始建设厂房，年内即可满负荷生产，可实现年销售收入 1.7 亿元，创利税 600 万元，安排 400 余个劳动力就业。9 月湖南晶天科技实业有限公司乐佰有机营养食品项目入园。2005 年 2 月，长沙农产品物流中心项目签约入园。4 月，引进湖南中烟工业有限责任公司、湖南省烟草公司长沙市公司、湖南省烟草公司衡阳市公司共同出资 6 亿元组建浏阳天福打叶复烤有限责任公司入园，经营天然烟叶的打叶复烤加工、仓储、运输。2006 年 4 月建成投产。生产能力 9000 千克/小时，年复烤能力为 60 万担。天福复烤是湖南中烟打叶复烤基地，是园区的纳税大户。2007 年 11 月，河南南阳冷饮食品厂签约入园。2008 年，湖南人可食品股份有限公司签约入园，从事加工休闲食品和乳制品的批发销售。是年年底，园区有消费品生产企业 13 家，全年企业生产总值 3.32 亿元。

2009 年，招商引进湖南一朵生活用品有限公司入园，该公司拥有自动化生产流水线 20 台（套），主要生产纸尿布、纸尿裤等婴幼儿产品，是华中地区最大的纸尿片、纸尿裤等纸质卫生用品的生产基地，产品主要销往湖南、湖北、江苏、江西、贵州、四川、安徽等省，年销售额达 8 亿元，纳税 2000 余万元。2011 年 11 月，湖南省汇湘轩食品科技有限公司入园。它是一家生产调味品的高新技术企业，拥有十余项知识产权。2012 年，湖南一朵生活用品有限公司的“一朵”品牌被评为“湖南省著名商标”。是年，有消费品生产企业 18 家，全年产业产值 5.7 亿元。

（五）其他产业。2003 年 10 月，浏阳湘晖农业技术开发有限公司签约入园。2004 年，黄花机场后勤基地迁入园区，征地 86.67 公顷，投资 2 亿元，规划总建筑面积 69.3360 万平方米。建省机场管理集团、黄花机场后勤基地、湖南航空公司总部后勤基地三大功能现代化的办公、会议接待、新时代住宅、物资管理、物流仓储、储运工程、多功能文化娱乐活动场所等多个机场后勤现代服务项目。11 月，园区建成 5000 平方米永安医院，提供园区医疗场所。2005 年，长沙农产品物流中心项目签约入园。2006 年，园区招商引进长沙市荣斯荣妮家具厂入园开建，投资 3000 万元，征地 7.79 公顷，建筑面积 3.23 万平方米。2007 年，引进上海宏伊置业有限公司投资开发建设标准厂房及配套设施，投资 1.5 亿元，征此 9.67 公顷，规划建设 8.96 万平方米的标准工业厂房。是年，湖南汉龙设备有限公司的水电设备生产项目入园；引进长沙市华中家具厂、长沙市长丰家具厂、长沙市南方家具厂 3 家家具生产厂家入园。

2008 年，湖南金色农华种业科技有限公司的农作物种子生产项目入园；长沙市英格尔家具厂、长沙市焕祈家具厂签约入园。2009 年，湖南百宜饲料科技有限公司入驻园区，该公司拥有湖南众宜粮油贸易有限公司、湖南百宜饲料科技有限公司和湖南百宜原种猪有限公司等多个产业实体，从事原料贸易，饲料研发与产销、无公害生猪生产基地建设和种猪养殖工作，年产值过 5 亿元，是浏阳市、长沙市和湖南省三级政府认定的农业产业化经营龙头企业；工业地产商深圳锦汕公司入园。是年，引进长沙亚明电子科技发展有限公司的电子科技产品生产项目、长沙恒泰石化设备制造有限公司的石化设备生产销售及安装项目入园。2010 年，湖南爱都巨迪橱柜有限公司等 8 家知名企业正式签约落户。2011 年，湖南华联机械设备有限公司的华联高档厨房设备项目、凯轩等物流公司签约入园。凯轩物流公司注册资金 100（万元），主要经营跨省快递业务；省内快递业务；打包、装卸、运输全套服务代理。2012 年 9 月，深圳是凯中精密技术股份有限公司的电机整流子生产项目、招商引进普洛斯投资管理（中国）有限公司引进入园，建设现代物流仓储设施，解决浏阳西部物流仓储设施和运输。至 2012 年年底，有农业科技、工业房地产、家具、电力器材、现代服务业等企业共 30 余家，占园区企业 146 家的 23.8 %，全年产值 12.8 亿元。

附记　再制造业

再制造产业是园区 2009 年开始发展的特色产业，也是顺应国家绿色循环经济而着力发展的新兴产业。湖南浏阳制造产业基地按照长株潭“两型社会”的建设要求，致力于发展工程机械、轨道交通设备、汽车装备的再制造产业，并根据再制造的产业特点在园区规划 13 平方千米的再制造产业发展区，建立 4.5 平方千米的再制造专区。是年，引入宇环数控同心利用美国兰德斯技术改造和再制造奇瑞汽车发动机的废弃生产线、瑞克液压油缸修复改造上海地铁的盾构机油缸系统等 5 家企业从事再制造生产，均取得良好的经济效益，为推进再制造产业的发展奠定重要基础。2010 年，在获准工信部确定的全国机电产品再制造集聚试点园区的基础上，再制造产业发展规划于 5 月通过由省发改委组织的专家评审组的评审。在“中国（长沙）2010 科技成果转化交易大会”上，成功地举办再制造产业发展专场推介会。会上，湖南浏阳制造产业基地与广东明杰环保科技有限公司、江西轩辕春秋实业有限公司、深圳大族激光科技股份有限公司、广州金棠表面工程技术有限公司 4 家国内再制造知名企业签约，合同引资金 10 亿元。是年，新引进 4 家再制造企业，再制造企业有 9 家，有 5 家再制造试点企业 10 个产品进行再制造申报工作，全年再制造产业实现产值 3.8 亿元。

2011 年 7 月 23 日，园区首家专业的再制造企业——湖南春秋再制造公司再制造项目一期动工建设。2012 年 11 月 19 日，园区与世界 500 强企业之一、欧洲最大再制造企业德国博世集团正式签约，这是博世集团在中国的第一个再制造生产基地。11 月 20 日，国家发改委组织的“长沙（浏阳、宁乡）再制造产业示范基地实施方案专家评审会”在园区举行，并通过再制造产业发展实施方案。是年，长沙（浏阳，宁乡）再制造产业基地获批“国家再制造示范基地”。是年年底，园区有湖南轩辕春秋工程机械再制造有限公司（铲斗生产智能制造技术改进项目）等再制造企业 15 家，总产值 12.8 亿元 。形成工程机械及零部件、汽车零部件、数控机床三大细分再制造领域。

企业选介

宇环数控机床股份有限公司。宇环数控机床股份有限公司创建于2004年，公司产品主要为数控磨床、数控研磨抛光机和智能装备系列产品，主要应用于汽车工业、内燃机、消费电子、轴承、密封件、船舶、军工及航空航天等国民经济各主要领域。公司拥有自主知识产权的专利74项，产品年产量1067台。公司是国家高新技术企业，是国家重大科技支撑计划项目、国家重点新产品计划项目、国家火炬计划项目、国家产业振兴及技术改造项目、国家发改委中小企业技术改造项目的实施单位，是湖南省唯一一家以数控机床企业列入工信部“循环经济再制造”的试点企业，以及长沙市四大千亿元产业集群首批重点企业。公司拥有湖南省数控精密磨床工程技术研究中心、湖南省企业技术中心及院士专家工作站，通过多年自主创新与技术积累，已具备行业领先的自主研发能力及核心技术优势，公司多次承担国家及省部级科研项目及课题攻关，其中“汽车关键零件精密加工装备与工艺”被列入国家科技支撑计划子课题，“YHDM-580立式数控双端面磨床”被列入国家级火炬计划项目。2012年主营业务收入1.3亿元，纳税1911.5万元，是浏阳市企业纳税额大户。

第七节 经济效益

2003年4月，园区位于浏阳市永安镇的株陵、福星、万家、永安、和丰、福星、礼耕7村境内，规划建设用地总规模12.5平方千米，近期开发控制4.5平方千米，开始招商引资，全年引进各类企业12个入园开发建设。2004年，园区引进各类企业14家，有各类企业50家，总产值8.11亿元，上缴税收2381万元，完成财政收入720万元。工业企业36家，工业企业从业人员853人，实现工业总产值6.22亿元，工业用地均产值率为33.9万元/公顷，人均劳动生产值12.9万元/人，人均纳税率2.79万元/人。

2005年，园区含原镇办企业转入区内有各类企业59家，总产值12.4亿元，上缴税收3858万元，完成财政收入1016万元。工业企业共45家，从业人员976人，实现工业总产值10.06亿元，人均劳动生产率12.7万元/人，地均产值率为41.11万元/公顷，人均纳税率4.98万元/人。2006年，园区有各类企业72家，总产值16.2亿元，上缴税收6817万元，完成财政收入1457万元。工业企业57家，从业人员1246人，实现工业总产值13.89亿元，人均劳动生产率为12.99万元/人，地均产值率为51.24万元/公顷，人均纳税率5.47万元/人。

2007年，园区共有各类企业86家，总产值25.3亿元，上缴税收1.1787亿元，完成财政收入2278万元；工业企业共69家，从业人员1653人，实现工业总产值23.36亿元，人均劳动生产率为15.3万元/人，地均产值率为124.188万元/公顷，人均纳税率7.1万元/人。2008年，园区有各类企业98家，总产值36.59亿元，上缴税收1.8037亿元，完成财政收入3293万元；工业企业共78个，从业人员2024人，实现工业总产值34.91亿元，人均劳动生产率17.25万元/人，地均产值率为229.92万元/公顷，人均纳税率8.91万元/人。2009年，园区有各类企业107家，总产值52.29亿元，上缴税收2.11亿元，完成财政收入2.4亿元；工业企业共84个，从业人员2564人，实现工业总产值50.31亿元，人均劳动生产率20.39万元/人，地均产值率为328.6万元/公顷，人均纳税率8.2万元/人。

2010年，园区有各类企业125家，总产值80.1亿元，上缴税收2.5401亿元，完成财政收入7208万元；工业企业105家，从业人员3752人，实现工业总产值76.24亿元，人均劳动生产率21.34万元/人，地均产值率为453.34万元/公顷，人均纳税率6.7万元/人。2011年，园区有各类企业138家，总产值

109.27 亿元，上缴税收 3.26 亿元，完成财政收入 9834 万元；工业企业共 110 家，从业人员 4676 人，实现工业总产值 106.27 万元，人均劳动生产率为 23.37 万元/人，地均产值率为 686.7 万元/公顷，人均纳税率 6.9 万元/人。

2012 年，园区有各类企业 169 家，总产值 146.7 亿元，上缴税收 3.57 亿元，完成财政收入 9834 万元；工业企业 126 家，从业人员 5230 人，实现工业总产值 141.3 亿元，人均劳动生产率为 28 万元/人，地均产值率为 686.7 万元/公顷，人均纳税率 6.8 万元/人。

第十三章　宁乡金洲新区工业集中区

2005 年底，宁乡县为进一步融入长沙，加快东部新城建设，做出开通全民乡（金洲镇）至县城的交通干线（简称全城线）的决定。全城线全长 10 余千米，南北贯通金洲互通和夏铎铺工业园，东西连接宁乡县城和长沙市区。2006 年 3 月，宁乡县在全城线建设指挥部的基础上，继而成立金洲新区管理委员会。10 月，长沙市委在宁乡召开现场办公会，确定建设金洲大道。金洲大道西连宁乡县城，东接长沙市桐梓坡路，是建设长沙西线工业走廊的重要举措。随着金洲大道建设的启动，金洲新区建设全面开启，初步确定以金洲大道为主轴，北通长常高速公路、南接 319 国道、东抵肖家湾、西接县城二环东路的新区轮廓。

2007 年 7 月，金洲新区编制《金洲新区（2006—2020）总体规划》，在规划中明确近期（2010 年）开发 19.1 平方千米，远期（2020 年）开发 55.6 平方千米。新区由工业、研发配套、居住生活、综合服务、物流、生态休闲六大组团构成。把新区打造成产业支撑有力，生态环境优美的泛珠三角及长株潭城市群产业转移承接基地，长沙市先进制造业基地、长沙西部物流中心和长沙西部生态休闲中心。

2008 年，新区经过三年建设，金洲新区累计引进项目 63 个，合同引进资金 330 亿元；竣工或投产项目 21 个，在建项目 32 个。新区累计基础设施建设累计投入 15 亿元，建设包括金洲大道在内的路网 30 千米，规划范围 19 平方千米范围内的水、电、天然气、通信等基础设施基本完善；累计审批建设用地 533.33 公顷。

2009 年，新区逐步确立以先进装备制造业、新材料、光电信息三大产业为主导的产业发展方向。园内引进深圳族兴、佛山邦普新材料、湖南赛瑞等技术领先、成长性好的新材料企业；以三一重工、长高集团等为代表的先进装备制造业；以晗麒光电、鑫洲智能为代表的光电信息产业。当年园区工业产值过 32 亿元，实现税收过亿元的历史性突破，并连续三年实现税收翻番。2010 年，金洲新区的规模工业增加值增幅和工业利税增加速度在全市 9 个园区中列第一位。当年 7 月，国务院总理温家宝到园区视察三一汽车起重机械有限公司和圣得西服饰有限公司，对金洲新区发展予以肯定。

2011 年，金洲新区不断提升经营园区能力，强化品牌建设、创优发展平台。9 月，“长沙国家节能环保新材料高新技术产业化基地”在金洲新区设立。当年，新区建成和投产企业 74 家，其中规模以上工业企业 36 家，园区就业人数 1.76 万人。园区完成工业总产值约 177.03 亿元，技工贸总收入 189.40 亿元，财政收入 5.43 亿元，固定资产完成投资 46.65 亿元，实现工商税收 2.85 亿元。

2012 年，金洲新区实施“三区”（改革新区、经济大区、科技强区）、“四化”（开发片区化、配套城市化、产业高端化、投资多元化）战略。园区投产企业 86 家，规模以上工业企业 52 家，其中产值过亿元企业 39 家。园区就业人数 1.95 万人，其中工业企业就业 1.08 万人。园区实现工业产值 212.63 亿元，技工贸总收入 243.56 亿元，完成财政收入 9.41 亿元，其中工商税收 4.48 亿元，实现固定资产投资 61.4 亿元。当年，园区重点扶持先进装备制造、新材料和光电信息三大主导产业，年内三大主导产业投产企业 80 家，主导产业聚集成势。11 月，湖南省人民政府批准金洲新区设立省级工业集中区，享受省级开发区的财税扶持、土地资源配置、投资、融资、招商引资等政策，并纳入全省产业园区管理体系。宁乡金洲新区更名为“宁乡金洲新区工业集中区”。

第一节　机　构

一、中共宁乡金洲新区工业集中区工作委员会

2006 年 12 月，成立中共宁乡县金洲新区管理委员会党组。金洲新区成立党建工作领导小组（简称党组）。领导小组下设办公室，负责管委会党的组织建设的日常事务。2009 年 12 月 31 日，中共宁乡县委批复同意成立中共宁乡县金洲新区委员会和纪律检查委员会。

二、宁乡金洲新区工业集中区工作委员会管理委员会

2005 年 8 月，中共宁乡县委、县政府决定成立“全城线”指挥部。10 月，成立宁乡县新城开发建设投资有限公司，为金洲新区管理机构的雏形。

2006 年 3 月 17 日，设立宁乡县金洲新区管理委员会（简称金洲管委会）和湖南宁乡经济技术开发区管理委员会金洲新区管理局（简称金洲管理局）。金洲管委会和金洲管理局合署办公，实行“两块牌子、一套人马”的体制，为县政府直属事业单位。金洲管委会设办公室、规划建设科、招商合作科、征地拆迁科、财务科等 6 个科室。金洲管委会事业编制 21 名。2007 年 4 月，管委会经县编办批准为事业编制 21 名，其中领导职数 5 名。管委会下设 6 个职能科室，分别为办公室、征地拆迁科、规划建设科、招商合作科、企业服务科、财务科。机构及编制至 2009 年无变化。

2010 年 1 月 26 日，调整金洲新区管理委员会的内设机构和人员编制。保留办公室，撤销规划建设科、招商合作科、征地拆迁科、财务科；设立招商合作局、产业发展局、社会事务局、财政局。增加事业编制 10 名。增编后，金洲新区管理委员会事业编制共 31 名。

2011 年 12 月 1 日，内设立构为 6 个，即办公室、财政局、招商合作局、产业发展局、社会事务局、新设党群办公室。2012 年 11 月，经湖南省人民政府批准设立金洲新区工业集中区。更名为金洲新区工业集中区管理委员会，副处级，编制无变化。为长沙市人民政府派出机构，委托宁乡县人民政府管理。

2006—2012 年，先后担任宁乡县金洲新区主要领导职务的有：刘永红、廖非平；其他领导班子成员有：贺立全、刘颖、张阳生、朱文祥、曾辉、欧立新、朱文祥、张学秋。

第二节　园区规划

一、总体规划

2005 年 10 月 31 日，宁乡县人民政府决定以全城大道（全民乡与县城的连接线）为轴线建立宁乡新

城。2006年1月，宁乡县人民政府编制《宁乡工业新城概念性规划设计》，确定宁乡工业新城东抵望城县界，南起319国道，北至长石铁路，涉夏铎铺、历经铺、全民3个乡镇，规划面积21.3平方千米。工业新城目标定位为保护生态绿地，面向长沙提供绿色、健康的人居环境的复合型工业园区。并建设科研开发、科研产业、科技创业等主体功能区，形成历经铺工业组团、夏铎铺工业组团、芙蓉城工业组团、方家桥工业组团、中心组团和现代物流中心6个功能组团。

2006年3月，金洲新区开始总体规划编制工作。6月15日经宁乡县规划委员会组织专家初审，后又根据长沙市委、市政府关于建设以金洲大道为轴线的长沙西线产业经济带的要求，对总体规划进一步论证和完善。2007年2月27日，经县人民政府和县规划委员会评审，《金洲新区（2006—2020）总体规划》得以原则通过。6月27日，《金洲新区（2006—2020）总体规划》报经宁乡县第十四届人民代表大会常务委员会第三十一次会议审议通过。金洲新区总体规划面积55.63平方千米，近期开发19.1平方千米，建设以工业为主，集居住、商贸、科教、物流、休闲、娱乐于一体的第四代复合型园区。重点发展纺织服饰、新材料新能源、现代制造、软件、塑胶等优势产业，着力打造泛珠三角及长株潭城市群产业转移承接基地、长沙先进制造业基地、长沙西部物流中心和长沙西部生态休闲中心。规划范围分重点区域和泛金洲区域。重点区域北起石长铁路，南至319国道，东至夏全河，西至沩水，共涉及历经铺乡、夏铎铺镇和全民乡3个乡镇9个行政村（历经铺乡的群星村、紫云村；夏铎铺镇的高新村、六度庵村；全民乡的全民村、沩桥村、同心村、龙桥村、颜塘村）。泛金洲区域覆盖宁乡县域东部与望城区交界的部分区域，包括中心城区（玉潭镇、城郊组团、白马桥组团、历经铺组团）、夏铎铺镇、全民乡、双江口镇、朱良桥乡、菁华铺乡、煤炭坝镇、回龙铺镇、坝塘镇、南田坪乡、东湖塘镇、花明楼镇、道林镇、大屯营乡。规划以工业为主导，集居住、商贸、科教、休闲、娱乐为一体，成为泛珠三角及长株潭城市群产业转移承接基地、先进制造业基地、长沙西部物流中心和长沙西部生态休闲基地。

2010年，金洲新区编制《金洲新区总体发展战略规划（2011—2030)》。规划对金洲新区的发展提出"实现三大转变"（新区定位的转变、新区功能的转变、新区空间增长方式的转变），构建"三大体系"（生态景观网络体系、全方位交通体系、区域性公共服务设施网络体系）的总体战略，建设"四个金洲"（生态金洲、产业金洲、创新金洲、"两型"金洲）。近期目标：经济社会发展一体化体制机制初步建立；计划到2015年，实现区域总产值420亿，资源节约型、环境友好型生产体系初步形成，城乡人居和生态环境明显改善，实现"两型工业新区，千亿产业园区"的目标。中期目标：经济社会发展一体化体制机制基本建立，年均增长率达到20%左右，到2020年，区域总产值达到900亿元，资源节约型、环境友好型生产体系形成，新区人居和生态环境大为改善，新区初具形态。远期目标：经济年均增长11%左右，到2030年，区域总产值达到2800亿元左右。最终实现新区经济、社会、文化、生态的协调发展，成为全国著名的战略新型产业示范区，"两型社会"建设样板区。

2011年，金洲新区依照省级工业集中区标准，编制《金洲新区工业集中区发展规划（2011—2020)》。

2012年9月6日，湖南省发展和改革委及省产业园区办原则同意《金洲新区工业集中区发展规划（2011—2020)》。规划范围为近期（2011—2015年）规划面积1200公顷，四至范围为东至亚洲路，西至历全路，南至金桥路，北至长常高速公路。远期（2016—2020年）规划面积达到2500公顷，四至范围为东至八曲河，西至沩水河，南至金桥路，北至石长铁路。同意《规划》提出的"一心两轴三片"的集中区空间结构布局和建设以新材料、先进制造、光电信息等产业为主的特色综合型工业集中区的总体发展定位。

二、专业规划

（一）土地利用规划。2007 年，依据金洲新区总体规划要求，金洲新区编制土地利用规划。其中工业用地：规划工业用地 952.87 公顷，占总建设用地的 39.53%。绿地与广场用地：245.34 公顷，占总建设用地的 10.18%，其中公园绿地 137.75 公顷，防护绿地 98.51 公顷，广场用地 9.08 公顷。公共管理与公共服务设施用地：73.03 公顷，占总建设用地的 3.03%，主要布置在东侧的综合配套服务区内。商业服务业设施用地总面积为 146.64 公顷，占总建设用地的 6.08%。物流仓储用地：规划范围内合计物流仓储用地为 36.62 公顷，占总建设用地的 1.52%。道路与交通设施用地：210.59 公顷，占总建设用地的 8.74%。公用设施用地：22.71 公顷，占总建设用地的 0.94%。

2012 年 4 月，金洲新区编制《湖南省金洲新区工业集中区发展规划（2011—2020)》。工业集中区近期用地总规模为 12 平方千米，其中：工业用地规模约 10 平方千米，其他配套用地规模约 2 平方千米。其中，规划产业集中区生产性项目用地（含工业用地和仓储用地）共计 1026.89 公顷，占总建设用地的 85.57%。其中，工业用地为 1000 公顷，占总建设用地的 83.33%；仓储用地面积共 26.89 公顷，占总建设用地面积的 2.24%。规划居住用地总面积约为 24.5 公顷，占总建设用地面积的 2.04%。规划该区内公共管理与公共服务设施用地总面积约 12.51 公顷，约占总建设用地面积的 1.04%。规划该区内商业服务业设施用地总面积约 21.3 公顷，约占总建设用地面积的 1.78%。其余商业服务业设施用地主要依托外围配套。规划本区交通设施用地为 85.7 公顷，占总建设用地面积的 7.14%。规划本区公用设施用地共 13.1 公顷，占总建设用地面积的 1.09%。规划绿地总面积 16.0 公顷，占总建设用地面积的 1.33%。其中，公共绿地面积为 2.1 公顷，占总建设用地面积的 0.18%，防护绿地面积为 10.1 公顷，占建设用地面积的 0.84%，广场用地主要指金洲大道、金洲路、历全路交汇处的广场空间，总面积 3.8 公顷，占总建设用地的 0.32%。

（二）道路交通规划。2007 年，依据金洲新区总体规划要求，金洲新区编制道路交通规划。规划构建成“三横三纵”的主干路网结构，辅以方格网并带有变化的次干路网和支路网。“三横”由东西向金桥路、长张高速、319 国道组成，“三纵”南北向由欧洲路、金洲路、历泉路组成。

2012 年 规划“四纵七横”区域主干路网结构：“四纵”主要为新区内部骨架路网，分别为沩江大道—曾家河路、历泉路、金洲路、欧洲路，主要保障新区内部与南北对外畅通；“七横”为：月亮岛大道、金水路、金洲大道、金桥路、枫林西路（原 319 国道)、宁乡城市二环、夏铎铺路。

（三）绿地与广场规划。2007 年，依据金洲新区总体规划要求，金洲新区编制绿地与广场用地规划。规划在合理保护现有“河流—山体—城市”良好生态格局的基础上，构筑“一心、一轴、三园、三节点”的城市绿地系统结构“一心”：利用官桥河水资源在构建的金洲组团公园绿化核心；“一轴”：官桥河两侧的绿化景观轴线；“三园”：规划布局的邓山塘公园、三一公园、东南公园 3 个城市公园。“三节点”：即在金洲大道与金洲路交汇处布置的城市广场节点，以及在两个高速路互通口附近形成的绿地景观节点)。

2012 年，规划形成“一核、三楔、四带、九园，南山北园，绿网相连”的生态景观结构。保护金洲湖湿地公园、南太湖风景区、凤凰山森林公园、金洲公园、金凤湖公园、流球湾公园以及关山新农村片区的生态基底。规划市级公园有：金洲公园、金凤湖公园、五洲公园、夏铎铺公园，区级公园有：流球湾公园、金水公园、历经铺公园、文家桥公园、邓山塘公园。除以上综合公园以外，规划设置了虎形洲、南粉墙、曾家河、湖凼、欧家屋场、麻谷塘、王光竹山公园等居住区公园。规划带状公园有：沩水生态湿地风光带、八曲河风光带、官桥河生态风光带、曾家河风光带，长常高速—石长铁路—长益常城际铁路、金桥路南、金凤湖—南太湖三条生态绿楔和“四纵九横”景观路网，新区公园路系统。规划城市交通节点、入城口等地应修建集交通、景观于一体的街头绿地。规划区内生产绿地结合新区北部和南部以花木种植为特色的村落布置，总面积不少于200公顷；加强对乡土植物苗圃的引导。金洲新区规划有长渝高铁、石长铁路、长益常、宁韶城际铁路、长常高速公路、北横线以及高压走廊防护绿地。除此以外还有城市卫生隔离带、主要公路防护绿带、自然水体防护绿带。

（四）公用设施规划

1.给排水工程规划。2007年，规划在南北各建一座水厂，南部芙蓉新区水厂规模25万吨/天，占地12公顷，水源为沩水。远期在规划区北部新建水厂一座，规模30万吨/天，占地15公顷，水源为湘江。规划区近期由县城水厂供水，中期由县城水厂和芙蓉新区水厂联合供水，远期由县城管网、芙蓉新区水厂和金洲北水厂联合供水。规划污水处理厂两处，近期首先启动石长铁路北部临沩水污水处理厂建设，规模27万吨/天，占地15公顷；近期东部污水靠污水提升泵站提升至西部污水处理厂。远期建设石长铁路南侧临八曲河污水处理厂，规模15万吨/天，占地8公顷。东部污水排往石长铁路南侧临八曲河污水处理厂。

2012年，按照《湖南省金洲新区工业集中区发展规划（2011—2020）》，集中区排水系统实行雨污分流制，污水通过城市污水管道引入污水处理厂集中处理，达到排放标准后再排放。强化节约用水、提倡循环用水、循序用水，减少废水排放。严禁生活污水和生产废水直接排入地表水体，工业、生活污废水经污水处理厂处理，水质达到《污水进入城市下水道水质标准》CJ3082—1999后才能就近排入污水管网系统。规划区内的公厕、化粪池等设施需采取防渗措施，保护地下水免受污染。

2.电力工程规划。2006年，新区内有历经铺乡110千伏变电站一座，有老城区110千伏电力线从北侧进入本区供电；有220千伏天玉线，110千伏宁乡玉潭变至望城雷锋变高压线经过规划区北侧。

2007年，在《宁乡金洲新区总体规划》中规划新建110千伏变两座，220千伏变一座。新建的110千伏变电站分别位于服饰工业园内和碧桂园用地以北；新建的220千伏变电站位于新区南部同兴安置小区东侧。新区北端的220千伏天玉线，110千伏宁乡玉潭变至望城雷锋变高压线严重切割规划用地，规划近期予以保留，中远期将进行线路改迁，沿规划的道路并预留生态廊道。沿主干路规划10千伏电力线，再在负荷密集区块设置10千伏电力开关站，每站负荷在0.5千伏安左右，二路10千伏进线，按需布置10千伏出线或环网，小区内10千伏变配电室户内型布置，单台容量为315~800千伏安。新区内的10千伏电力线路建设必须采用电力电缆埋地敷设。一般布置主、次干路的东、南侧。在城市建设中要留足高压走廊，以保证供电安全。

2012年，电力规划包括一个220千伏变电站和一个110千伏变电站。

3.通信工程规划。2007年，规划新建2个电信端局、2个有线电视分前端、2个邮政支局、1个移动通信局。通信管道主要沿金洲大道、金洲路、金沙路和欧洲路等敷设。参照片区控规，及类似城市的通信需求增长情况，规划终期宽带用户普及率按35户/百人，固定电话主线普及率40线/百人，移动电话普及率按95卡号/百人，有线电视按2个端口/户。按人口15万人考虑，则宽带用户数5.25万户，固定电话主线需6万线，移动电话数14.25万卡号，有线电视端口9万个。

2012年，规划新建2个综合通信局。以金洲路为界，东部、西部片区各1个综合通信局。有线电视分局与综合通信局相邻建设。综合通信局按容量8万~12万户，用地面积0.5公顷或建筑面积2000平方米设置。

4.燃气工程规划。2007 年，规划近期利用县城在建的天然气系统供气，远期在欧洲路和宁乡外环交汇处规划一个天然气门站，占地 0.5 公顷，从韶山引入气源。近期到 2015 年，天然气总用量 6.91 万立方米/人·日，远期到 2030 年，天然气总用量 30.76 万立方米/人·日。城市燃气输配管采用中压一级压力系统，居民用户利用调压箱将市政管网中的中压天然气降压使用。

至 2012 年，燃气规划无变化。

第三节 基础设施建设

一、交通道路

2005 年，宁乡连接长沙的道路主要有两条：即长常高速和 319 国道。长常高速是全封闭的高速公路，319 国道路窄，路况较差，均不具备带动两厢发展的能力。7 月，湖南省交通厅批文，同意在长常高速宁乡全民段增设一处互通式立交桥，即全民互通，为宁乡县城东扩、拉近宁乡与长沙市中心的距离，促进地区经济发展创造条件。7 月 29 日，宁乡县委、县政府决定成立“全城线（全民乡—县城）建设指挥部”。10 月，全民互通及连接线项目启动建设，总投资约 2.4 亿元。项目内容包括互通立交、收费站亭、连接线、沩水大桥。全城线全长 10 余千米。是年年末，启动全城线上的沩水大桥建设，全民互通建设基本完成。

2006 年 3 月 4 日，全民互通与沩水大桥的连接线正式通车营运。3 月 7 日，决定以金洲大道取代“全城线”的命名。金洲大道按城市主干道标准建设，宽 65 米，长 25.32 千米（其中宁乡段 9.46 千米、望城段 15.48 千米、长沙金洲新区段 0.38 千米），包括金洲互通（全民互通）连接线。3 月 10 日，宁乡县东段启动建设，5 月 8 日，望城段、长沙金洲新区段同时开工。6 月完成园区 7 条主要道路的测量，启动五条园区道路建设，12 月建设园区道路 10 千米以上，初步形成以金洲大道为主轴，北通长常高速公路、南接 319 国道、东抵宁望边界的八曲河、西接县城二环东路较为完善合理的新区交通网。

2007 年，按照新区规划主干道规划为“三横三纵”组成。“三横”由长常高速（远期为城市快速路）、金洲大道、金桥路组成；“三纵”由欧洲路、金洲路、历泉路组成。主干路道路红线宽度控制在 40~65 米，设计车速为 40~60 千米/小时，道路网密度指标为 0.96 千米/平方千米。

2008 年，将金洲新区主干道规划调整为“五横四纵”的内外交通体系，“五横”是指长常高速、金水路、金沙路、金洲大道东西线、319 国道；“四纵”是指金洲大道南北线、欧洲路、美洲路、历泉公路。4 月，欧洲路（夏铎铺连接线）项目与金洲大道东线建设同时启动，现长 1.6 千米，宽 24 米的路基已达到设计标准，共计完成土方 6 万余立方米。金沙西路、金水西路、美洲北路 3 条园区路通过公开招商确定投资商，于是年 7 月初集中启动建设。8 月 15 日，金洲大道全线贯通。11 月金洲大道东线宁乡段和五条园区道路竣工；建成以金洲大道为轴的 30 余千米园区路网。当年，园区基础建设累计投资达 7 亿元。

2009 年，园区基础设施建设投资约 3 亿元。园区路网中的金水东路、银洲路、金沙路、美洲路竣工，形成以金洲大道为主轴的园区路网 40 余千米的园区内外交通网。2010 年建成美洲南路、银洲南路。2011 年 5 月 1 日，长常高速关山互通竣工，金洲新区又增加一个高速公路进出口，交通更加便捷。同时启动欧洲北路（关山互通连接线）和亚洲北路建设。

2012 年，新增泉州路、欧洲北路、金水东路、金沙东路、亚洲路 8 千米路网，园区路网总千米数约

50千米（包括主、次干道）。当年，园区安排美洲北路、亚洲北路、欧洲路等交通道路基础设施建设项目。当年，新区累计投入基础设施建设资金20亿元。

二、其他基础设施

（一）供水。2005年，金洲新区用水由宁乡县城三水厂供水，其三水厂的日供水能力达到12万吨。金洲新区范围内给水干管布置为“三横三纵”，纵向沿欧洲路、金洲路铺设，横向沿金水路、金洲大道、金桥路铺设。

2007年11月，主线内自来水管线已基本安装，已建成日供水3000~5000吨水的深水井一座，能满足新区近期生产生活需求。2008年11月，园区已铺设自来水管1.7万米。

2010年开始规划在西南部和北部新建水厂。规划近期由县城水厂供水，中期为县城管网和新区水厂联合供水。

2011年，由宁乡县三水厂铺设管道送水进入金洲开发区，在金洲大道、银州路、美洲路和金沙大道下铺设配水管。在曾家河加压泵站加压后送水进入夏铎铺片，夏铎铺片的配水管在金洲南路上与金洲片配水管连通；整个金洲新区的配水管网除银州路、金洲路和金沙路的小部分连成环状以外，其余均为支状管网。

（二）供电。2006年，在电力部门支持下，新区工业用电专线开始建设，11万伏变电站已选址。2007年，解决工业项目生产用电，架设万伏供电专线1条。2008年，建设历经铺经金沙西路至三一重工和夏铎铺至碧桂园两条10千伏线路，至11月，架设高压线路1.9万余米。2009年，启动22万伏宁乡东变电站建设，完成110千伏变电站建主体建设。2010年，开始对夏变110千伏，宁乡东变110千伏，天玉线等线进行新改建，及园区10千伏的改建。左岸春天10千伏线入地敷设等。2011年，完成天玉线22万伏线路改造。

2005年建园之初，金洲新区的电信、网路、天然气等设施薄弱，2007年起才开始相关设施的规划和建设。2009年，园区近期规划19平方千米范围内的天然气、通信、网路建设基本完成。2011年，已投入3000余万元完成新区10千米的主管网工程，解决污水排放。

第四节　招商引资

一、招商政策

2006年，金洲金洲新区成立后，在基础项目建设同时实行招商先行。新区确立“四个不引进”（不符合产业规划的项目不引进、污染环境的项目不引进、投资强度低的项目不引进、税收贡献不大的项目不引进）的原则，把纺织服饰、新能源新材料、机械制造、软件、塑胶等产业作为招商重点。2007年，金洲新区制定《金洲新区管理委员会招商代理管理暂行办法》，推行代理招商制度，建立招商项目建设的“五通”服务机制，即“政策上通畅、操作上变通、服务上顺通、环境上疏通、相互间沟通”。

2010年1月，招商科升级为招商局，下设招商一局、二局、三局。一局主要负责先进设备制造和光电信息产业招商；二局负责新材料项目招商；三局负责重大项目的配套项目招商。园区制定《金洲新区先进装备制造业发展专项规划（草案）》《金洲新区新材料产业发展专项发展规划（草案）》，提出推动产业发展的具体工作举措、明晰分产业招商的工作思路。

2012年金洲新区出台《宁乡金洲新区招商引资工作流程》和《宁乡金洲新区招商引资项目管理办

法》两项制度。从项目申报、考察、评审、合同签订、项目履约、后续服务、档案管理以及准入标准、优惠政策、用地监管、退出机制等各个方面进行规范，为招商项目的规划管理和科学分工提供重要的政策依据。同时，全面完成“园区客商信息资源管理系统程序开发”和“园区专家库”的建设工作，实现信息化招商。

二、招商活动

2006年，组建专业招商队伍3次赴深圳、珠海、上海等经济发达地区开展招商活动，通过“中博会”、省市领导办公会等各种平台，宣传推介金洲新区。在土地价款、税收返还、财政补贴、中介人奖励等方面制定优惠政策吸引投资。当年累计接待客商300余次。

2007年，金洲新区共接待国内、外客商500余人次，组织小分队外出招商20余批次。3月21日举办金洲新区暨湖南塑胶工业园推介会，接待来自全国各地的100余位塑胶业客商。

2008年，金洲新区参加深圳市举办的第十届中国国际高新技术成果交易会并邀请日本客商来金洲新区考察。11月，金洲新区参加“2008湖南经济合作洽谈会暨第二届湘商大会”，为吸引湘商回乡投资打下基础。

2009年，金洲新区先后参与长沙大河西先导区（香港）招商恳谈会、宁乡玉潭（福州）招商项目推介会、长沙市情（北京）推介暨世界500强投资恳谈会；参加中博会、生物产业大会、厦交会、高交会、科交会、津洽会、“两型”高层论坛、泛珠会、湘商大会、湘台经贸论坛等众多节会。

2010年，金洲新区先后参加大河西先导区宁乡玉潭新城（上海）招商项目推介会，大河西先导区宁乡县情推介暨重点项目签约仪式等县级招商活动；参加2010湘台经贸交流洽谈周、第六届珠洽会、第十七届津洽会等众多国家和省市招商节会，是年4月，参加由亚洲金属网主办、湖南雅城新材料有限公司协办的2010年国际钴业论坛，完成金洲新区投资环境推介。7月，金洲新区与三一起重机商务部组织召开“三一汽车供应商大会”。11月25—27日参加在深圳举行的第十一届深圳国际电池展会，挖掘有投资的意向的客商。

2012年4月，在广东省湖南长沙商会成立之际的招商推介会上，以“金洲有戏”为主题开展招商活动。5月，组织“中博会”宁乡投资说明会暨重大项目签约仪式，并在与会期间，接待广东长沙商会、山西考察团等到访客商80余人。全年对接上海新材料协会、深圳新材料等各类商会、协会10余个。还组织举行新春招待酒会、广东长沙商会庆典活动、宁乡地产项目推介会、泛长江三角洲绿色照明产业恳谈会等大型招商推介活动。

三、招商成果

2006年，金洲新区引进锦峰钢构、星港床垫、磐龙安全系统、银太纺织等8个项目。6月29日锦峰钢结构第一个与金洲新区签约。12月18日，金洲新区与星港公司签约，总投资5000万元，占地5.12公顷。当月，长沙银太纺织公司在金洲新区开建，项目总投资3.2亿元，项目总用地19.21公顷。全年，合同总投资7.8亿元。

2007年，全年共签订合同50个，合同利用域外资金253.8亿元，实际到位外资5705万美元。引进长高高压开关、邦普镍钴材料、族兴铝颜料等重大工业项目和碧桂园、通程地产等重大商业地产项目。“中国湖南纺织服饰工业园”“中国湖南塑胶工业园”相继选址落户。碧桂园、泓信房产两个战略性房产项目，银泓纺织、圣得西、中国香港万莱斯和省塑胶工业园。

2008年，在全球金融危机的不利形势下，金洲新区招商引资工作克服不利因素，签订项目投资合同

21 个，其中工业项目 20 个，合同利用域外资金 117.32 亿元。全年实际到位 35.44 亿元，其中到位外资 8730 万美元。引进三一汽车起重机、红宇耐磨材料、归一建材、金腾机械、东澳有色金属、博朗思达金属材料、特耐金属材料、深湘通用机械、特种金属材料和邦普循环科技等项目。

2009 年，引进项目 30 个，合同利用域外资金 65.75 亿元，建设 18 万平方米的高标准中小企业孵化平台——恩吉创业园。引进落户东鑫环保材料、壹纳光电、飞洋机电、立达环保机械和五季风生物加工 5 个项目。中南大学国家技术转移中心、湖南大学国家磨削工程技术中心等项目落户，金洲新区成为高校科研成果转化的发展平台。

2010 年，引进菲尔姆光能、先导电子陶瓷科技产业园、安泰工程塑料等项目 15 个，合同引资 42.55 亿元。至此，金洲新区累计落户项目 97 个，合同引资 372 亿元。大河西大型综合性汽车城项目，成功纳入长沙市大型商业网点规划。

2011 年，引进合同项目 22 个，合同引资 216.8 亿元。依托“长沙国家节能环保新材料高新技术产业化基地”效应，引进位列全球第七、国内行业第一的源科固态存储器（SSD）、人造石墨类锂离子电池负极材料重点企业微晶石墨、亚洲最大的工业物流设施及服务提供商普洛斯物流等一批战略性项目。

2012 年，签订合同项目 28 个。引进摩根海容、升华微电子、红宇研发中心、三一帕尔菲格、湘邵电力、创新生物、中崛供水、宜家家居床垫生产基地等项目。宜家家居、英国摩根是世界 500 强企业。合同利用县域外资金 121.1 亿元，实际到位资金 75.02 亿元。

第五节 产业经济

一、产业规模

2007 年，开发区工业企业固定资产投资总额 12 亿元，开发区工业总产值 5.01 亿元，技工贸总收入 5.01 亿元，开发区年度总税收额 2003 万元，就业人口 1345 人，规模工业企业 5 个，项目总数 24 个。

2008 年，开发区工业企业固定资产投资总额 35 亿元，开发区工业总产值 16.74 亿元，技工贸总收入 16.74 亿元，开发区年度总税收额 4819 万元，就业人口 2564 人，规模工业企业 5 家，项目总数 46个。

2009 年，开发区工业企业固定资产投资总额 72 亿元，开发区工业总产值 30 亿元，技工贸总收入 32.65 亿元，开发区年度总税收额 1.07 亿元，就业人口 8564 人，规模工业企业 18 家，项目总数 65 个。

2010 年，开发区工业企业固定资产投资总额 117 亿元，开发区工业总产值 88.8 亿元，技工贸总收入 92.46 亿元，开发区年度总税收额 2.17 亿元，就业人口 12567 人，规模工业企业 27 家，项目总数 84个。

2011 年，开发区工业企业固定资产投资总额 170 亿元，开发区工业总产值 177 亿元，技工贸总收入 188.45 亿元，开发区年度总税收额 3.3 亿元，就业人口 17645 人，规模工业企业 36 家，项目总数 95 个。

2012 年，开发区工业企业固定资产投资总额 220 亿元，开发区工业总产值 212.63 亿元，技工贸总收入 234.56 亿元，开发区年度总税收额 4.4 亿元，就业人口 19456 人，规模工业企业 52 家，项目总数 112 个。

二、产业结构

2006 年，依据金洲新区规划原则，建立“环境立园”的园区发展理念，初步确立园区产业发展格局，即把园区建设成泛珠三角洲及长株潭城市群产业转移承接基地、长沙市先进制造业基地、长沙西部物流中心和长沙西部生态休闲中心。当年，园区启动锦峰钢构和中和能源两个工业项目建设。

2007年，“中国湖南服饰产业园”在金洲新区正式授牌，引进银太纺织、圣得西、星港床垫等企业，初步形成“纺织—面料—成衣—洗水”产业链。当年，启动湖南塑胶工业园建设，引进中国香港中汇丰、深圳志海实业、中国台湾良泰塑料等10家企业，合同投资总额22.5亿元。引进新能源项目有族兴铝颜料、湖南赛瑞新材料、长沙新宇化工、先导等离子、锐科新材料、鹰腾UV涂料等新材料企业；引进斯特科技、鑫烨彩钢板等先进制造企业。同年还引入碧桂园等房地产企业在园区开建高档住宅区。

2008年金洲新区初步形成以三一重工、合峰数控机床为代表的先进制造业；以族兴铝颜料、红宇耐磨、邦普循环科技等为代表的新材料产业。以晗麒光电、鑫洲智能为代表的光电信息产业开始启动。当年6月，锦峰钢结构、星港床垫、鑫烨彩钢板、中和能源4个项目建成投产，其他项目均在建设中。

2009年，入园新材料产业达25家，形成产业集群，其中获“双高”（高新技术企业、高新技术产品）认证的企业17家。族兴铝颜料铝银浆和铝银粉生产在国内排名第一。以三一重工、长高高压开关为龙头的制造产业项目正式落地园区。三一（宁乡）产业园项目总投资100亿元，10月第一期建成投产，当年产值50亿元。

2011年，园区重点扶持先进装备制造、新材料和光电信息三大主导产业，年底竣工投产的三大主导产业企业总数有74家。金洲新区成为国家新材料产业化基地，湖南新型工业化产业示范基地，长沙市加速推进新型工业化红旗单位。

2012年，基本形成以新材料、先进装备制造、光电信息三大产业为主的产业集聚。新材料产业基本形成新型金属材料、新能源材料为主导的两大节能环保新材料产业.园区拥有新材料企业80家，实现工业产值95.5亿元，占园区工业总产值的35.35%，实现高新技术产品产值64.41亿元，占园区高新技术产品产值的35%。形成以杉杉新材、红宇耐磨新材料、邦普循环、族兴铝颜料、东鑫环保、长沙康荣陶瓷等为代表的新材料企业集聚。先进装备制造业形成以三一汽车起重机、长高高压电器、星邦重工等为代表的先进装备制造企业集聚，园区先进装备制造企业达到61家，实现工业产值158.8亿元，占园区工业总产值的58.79%，实现高新技术产品产值108.9亿元，占园区高新技术产品产值的59.18%。园区光电信息企业共有15家，形成以美国新视野、菲尔姆光能、中好科技等为代表的光电信息企业集聚，实现工业产值15.8亿元，占园区工业总产值的5.85%；实现高新技术产品产值10.71亿元，占园区5.82%。

三、经济效益

2006年，完成税收500万元。

2007年，园区收入1.06亿元，其中土地经营收入9600万元，标准厂房经营收入120万元，税收分成收入840万元。

2008年，园区收入共计1.59亿元，其中土地经营收入9600万元，税收分成收入5670万元，标准厂房经营收入600万元。

2009年，园区收入共计1.7亿元，其中土地经营收入9600万元，税收分成收入6440万元，标准厂房经营收入960万元。

2010年，园区收入共计园区收入共计2.26亿元，其中土地经营收入1.28亿元，税收分成收入8650万元，标准厂房经营收入1200万元。完成工商税收2.17亿元。

2011年，园区收入共计园区收入共计1.68亿元，其中土地经营收入6400万元，税收分成收入9180

万元，标准厂房经营收入1200万元。完成财税收入8亿元，工商税收2.58亿元。

2012年，园区收入共计园区收入共计2.1亿元，其中土地经营收入7600万元，税收分成收入1.01亿元，标准厂房经营收入1200万元。完成财政收入9.84亿元，其中工商税收4.5亿元。

表18-13-5-1　　2007—2012年金洲新区主要经济指标一览表

指标名称	2007年	2008年	2009年	2010年	2011年	2012年
固定资产投资总额（亿元）	12	35	72	117	170	220
工业总产值（亿元）	5.01	16.74	30.13	88.80	177.03	212.63
技工贸总收入（亿元）	5.01	16.74	32.65	92.46	188.45	234.56
年度总税收额（万元）	2003	4819	10652	21715	32985	44806
就业人口（人）	1345	2564	8564	12567	17645	19456
规模工业企业个数（家）	5	5	18	27	36	52
企业总数（家）	24	46	65	84	95	112
利润总额（亿元）	0.27	0.87	1.73	4.99	14.32	14.54

第十四章　岳麓科技产业园

长沙岳麓科技产业园地处长沙大河西先导区的核心区和起步区。园区北靠国家AAAA级自然风景名胜区岳麓山，东临湘江一级支流靳江河，南接莲坪大道，西抵含浦街道边界，是长沙市区西南门户。园区距离长沙火车南站、长沙港口、长沙黄花国际机场均30分钟车程。长韶娄高速、长潭西高速、绕城高速穿园而过。

2002年，望城县在“含浦组团”规划21平方千米成立长沙含浦科教产业园。10月，副省长唐之享到园区主持召开省长办公会议，明确长沙含浦科教园是以教育产业为主，其他高科技产业为辅的综合性开发园区。是年，长沙南方职业学院、湖南中医学院（新校区）签约入园。全年有10家院校和高科技企业落户园区。2003年，成立长沙含浦科教产业园开发建设指挥部。1月，成立长沙含浦科教产业园开发建设投资有限公司，实行“两块牌子、一套人马”的公司运作模式。是年，引进5家科工贸企业入园。2004年5月，园区经国家发改委等审核，成为湖南省保留的99个开发园区之一。园区制定《长沙含浦科教产业园招商引资工作若干规定》。2005年，园区围绕县“项目建设年”和加快“五百工程”建设决策，全年引进项目10个。至年底，园区共有各类企业17家，从业人员8215人，实现技工贸总收入12亿元，实缴税收2370万元。

2006年，园区充分利用区位优势，产业特色，投资环境，推进招商引资。至2007年，园区投入基础设施建设资金1.8亿元，启动1.2万平方米综合服务楼和4.6万平方米统建安置房建设工程。引进项目25个，完成固定资产投入14.5亿元。2008年6月15日，长沙含浦科教产业园成建制划归岳麓区管辖，更名为长沙岳麓科技产业园，湖南岳麓经济开发有限责任公司并入园区，作为园区下属国有独资公司和融资平台载体。园区积极参与和承办岳麓（北京）项目推荐会等大型招商活动，全年接待客商 70 余批，引进项目 6 个。园区有各类企业 33 家，从业人员 1.56 万人，实现技工贸收入 25 亿元，上缴税收 1.2 亿。技工贸收入和上缴税收比 2005 年分别增长 108.33%和 406%。

2009 年，长沙市印发《关于进一步明确对长沙岳麓科技产业园优惠政策》的通知。园区紧扣“产业发展年”和“科技兴园、特色立园”主题，投资 4000 万元用于科技研发项目，引进科技成果孵化企业 10 家，实现科研成果转化 21 项。科技成果转化的新产品产值达 15 亿元。湖南省科技厅授予园区“湖南省科技成果转化基地”。2010 年，园区以发展新型工业化和促进科技成果转化为主线。10 月，参加（2010）中国（长沙）科技成果转化交易会，并承办岳麓专场。2011 年，园区着力发展服务外包产业，服务外包产业得到省、市商务部门的重视和支持，园区获批长沙市服务外包示范园区。两年共引进项目 16个。

2012 年，省人民政府同意设立岳麓工业集中区，其管理机构为副县级机构。市人民政府批复同意《岳麓科技产业园总体规划（2012—2030）》，规划面积为 46.12 平方千米。园区定位为：岳麓山大学城的拓展区、国家级科技成果转化基地、新型工业化示范基地、新型城市化生态宜居区。园区紧扣“两型”发展主题，按照总部商务基地，科技研发中心，文化创意高地，“两型”宜业新城的发展思路，全面开启与中南大学等高校的战略合作，引进项目 8 个。园区共有各类企业 72 家，从业人员 2.53 万人，实现技工贸收入 51 亿元，上缴税收 2.6 亿元，技工贸总收入、上缴税收比 2008 年分别增长 104%和 117%。是年，省发改委授予园区“湖南省服务外包示范区”称号。

2002—2012 年，园区可供土地开发面积 29.56 平方千米，开发土地面积 21.49 平方千米，占 72%。拉通“四纵四横”路网骨架，建成主次干道 17 条，总长度 34 千米路网及配套设施。建成高等院校 4 所，中学 2 所，小学 2 所和公园 3 座。园区人口增至 12 万人。园区引进项目 98 个，完成固定资产投资 211.69 亿元。园区拥有高科技企业 26 家，建立科技研发平台和工程技术研究中心 16 家，其中国家级 4 家，省级 12 家。园区科学技术研发项目 480 项，获得科技成果 138 项，获国家重点新产品奖 12 项，获国家发明专利 60 项，自主知识产权项目 1256 件。园区进入全省工业集中区行列。

第一节　机　构

一、中共长沙岳麓科技产业园工委

2003 年 2 月，中共望城县委决定，成立长沙含浦科教产业园开发建设指挥部，指挥部设园区管委会。指挥部主要负责园区开发建设方针、政策的制定，指导和协调园区开发建设工作。

2004 年 2 月，中共望城县机关工委《关于同意成立长沙含浦科教产业园管理委员会机关党支部的批复》，按照党章规定，选举产生中共长沙含浦科教产业园管理委员会机关支部委员会。

2006 年 7 月，中共望城县委印发《关于成立中共望城县长沙含浦科教产业园区工作委员会和纪律检查工作委员会的通知》，中共望城县委决定成立中共长沙含浦科教产业园区工作委员会和纪律检查工作委员会（简称园区党工委和纪工委），苏春光兼任党工委书记。

2008 年 6 月，园区成建制划入岳麓区，更名为长沙岳麓科技产业园。

2012 年 12 月，湖南省机构编制委员会办公室印发《关于中共岳麓工业集中区工作委员会岳麓工业集中区管理委员会机构规格的批复》，明确中共岳麓工业集中区工作委员会为副处级机构，作为中共长沙市委派出机构。与园区党工委合署办公。

二、长沙岳麓科技产业园管委会

2002年4月28日望城县机构编制委员会印发《关于成立长沙含浦科教产业园管理委员会的通知》，成立长沙含浦科教产业园管理委员会，为县政府派出机构，正科级事业单位。定事业编制10名。9月，中共望城县委、望城县人民政府印发《关于明确长沙含浦科教产业园管理体制的通知》，明确园区开发范围、产业导向、规划建设、相关政策等；望城县机构编制委员会印发《关于明确长沙含浦科教产业园管理委员会内设机构的通知》，明确园区内设办公室、招商联络处、规划建设处、拆迁安置处等4个职能处（室）。2003年1月，长沙含浦科教产业园开发建设有限公司成立，系长沙含浦科教产业园下属国有独资公司，注册资本1.5亿元，主要负责园区基础设施建设、房地产开发及土地整理。

2004年6月，园区内设机构增设财务管理处。2006年，园区内设机构增设城管执法中队。2008年6月园区成建制划归岳麓区管辖。更名为长沙岳麓科技产业园。9月，湖南岳麓经济开发建设有限公司并入园区管理。2011年，园区内设机构将招商联络处析分为招商合作处和产业发展处。2012年12月，湖南省机构编制委员会办公室印发《关于中共岳麓工业集中区管理委员会机构规格的批复》，明确岳麓工业集中区管理委员会为副处级机构，与园区管委会合署办公，内设机构调整为：办公室（党群工作局）、工程建设局、经济发展局、招商合作局、社会事务局、财政分局。园区增设国土规划局。

2002—2012年，先后担任长沙岳麓科技产业园主要领导职务的有：黄必武、姚尧、周浩波、苏春光、程继华、曾跃平、张永久；其他领导班子成员有：姚寿主、袁钊、徐勋、罗政、刘铁刚、朱若平、刘正文、张俊雄、成京辉、李国斌、李曼、方胜昔。

第二节　园区规划

一、总体规划

2002年，明确长沙含浦科教产业园是一个以教育产业为主、其他科技产业为辅的综合性开发园区。建设用地规模为715.6公顷。望城县委托长沙建筑设计院完成7.73平方千米的含浦科教产业园控制性详规，从含浦组团划出552.07公顷作为园区开发建设用地。规划开发高校用地：含浦科教产业园作为岳麓山大学科技园的一部分，随着部分高校整体迁入，为高校扩大规模提供用地，用地总面积186.67公顷。现代工业发展区：主要发展无污染工业，也可做高校园区的科技成果实验基地或孵化基地，用地面积控制在91.32公顷。行政商贸居住中心：居住用地主要围绕含浦高教产业园、现代工业发展区和传统工业区的配套布局，在含浦高教园临近靳江河与山塘冲公园自然风景区，建设高标准行政商贸中心和居住小区，用地面积200公顷。人口规模控制在15万人以内。2003年11月，园区委托长沙建筑设计院编制含浦分区规划文本，经过4次论证、修改，园区规划为“一园、一心、二区、二带、四轴”的结构模式。“一园”即含浦科教产业园；“一心”即行政商贸中心；“二区”即传统工业区、现代工业发展区；“二带”即靳江河风光带、玉赤河景观带；“四轴”即含浦大道、三环线、坪塘大道和莲坪大道四条交通发展轴线。2004年，园区为含浦分区规划的一部分。规划含浦科教产业园用地规模21.71平方千米，规划人口规模24.75万人，人均建设用地81.1平方米。

2008年6月行政区划调整后，园区划入岳麓区，更名为长沙岳麓科技产业园。2012年9月，《长沙岳麓科技产业园总体规划（2012—2030）》实施，规划总用地面积：46.12平方千米，其中城市建设用地 22.49 平方千米，人口规模：32.62 万人。其中，规划居住用地为 8.28 平方千米，占城镇建设用地的 36.81%，规划公共设施用地 3.36 平方千米，占城镇建设用地的 15%，规划工业用地为 3.16 平方千米，占城镇建设用地的 14%，道路广场用地 4.03 平方千米，占城镇建设用地的 17.95%，规划市政设施用地 1.56 平方千米，占城镇建设用地的 0.69%.规划绿化用地 2.94 平方千米，占城镇建设用地的 13.17%。用地四至为东临湘江一级支流靳江河，北靠风景名胜区岳麓山，南接莲坪大道，西抵含浦街道边界。规划布局形成“一心、一带、四轴、四区”。“一心”：形成产业科技园管委会为主的综合服务中心。“一带”：靳江河绿化景观带，沿江控制绿化带 50~200 米，形成一条有缩有放、自然优美的生态防护林带。“四轴”：沿含浦大道、学士路、莲含大道—莲浦大道、莲坪路—莲花路形成的城市发展轴。“四区”：象山配套服务区、联丰教育科研区、象山科技成果孵化区、木梓庙生态居住区。

二、专项规划

（一）道路规划。2004 年 11 月，园区规划对外交通通过“两纵一横”与城市周边地区和湘潭市相连。“两纵”指长潭高速西线和潇湘大道，长潭高速西线是园区与湘潭和河西新城连接的对外交通主要干道。潇湘大道沿湘江向南与火星路相接；通过猴子石大桥与长沙市中心相连。“一横”指三环线，通过黑石铺大桥与机场路联系便捷。整个对外交通形成便捷的网络系统。

2012 年 9 月，园区制定《长沙岳麓科技产业园总体规划》，对外交通：将穿过园内的长潭西线高速公路规划为城市快速路。在莲坪路与含浦大道交叉口的西南角规划一处含浦长途汽车客运站，用地面积为 5.01 公顷。内部交通系统：境内道路形成“三纵四横”的内部道路交通骨架，“三纵”为坪塘大道、含浦大道和学士路三条南北向主干道。“四横”为四条东西向主干道，即学士联络线、香格里大道、望江路、莲坪大道。区内规划若干条路幅宽度 36 米的次干道和 12~26 米宽的支路。

（二）供水规划。2004 年，园区供水设施规划在湘江西岸三环线以北 1 千米处设净化水厂一座，水厂规模按日供水量 10 万立方米，规划用地 24.83 公顷，以满足园区区域内生活、生产及消防用水的要求。供水管网系统类型：规划区域内供水采用统一供水方式，在城市的主干道和次干道上规划用管径 1500~600 毫米的主干管组成环状管网，环网内侧用连接管套成小环，外侧采用树枝状布置。

2012 年 9 月，园区依据《长沙岳麓科技产业园总体规划（2012—2030）》中的路网结构编制同步供水管网结构。园区内给水以第二水厂为水源，规模为 82 万吨/日。供水水量、水压、水质可满足用水需求。用水量：规划区最高日用水量为 17 万吨/日。管网规划片区内沿三环线、长潭西线、学士联络线、含浦大道、望江路敷设给水主干管；次干管沿学士路、莲坪路、望江路形成环网状布置。给水支管沿道路铺设，保障各地块用水。

（三）排水排污规划。2004 年，园区排水体制实施雨污分流制。在管线最短、埋深最浅、最大限度地将收集的雨污水利用重力流分别送入天然水体与污水处理厂，尽量避免用机械提升，以减少经常性的运行管理和维护费用。污水处理:在坪塘洋湖垸东北角设污水处理厂一座，用地 19.5 公顷，规模为 8 万立方/日。排渍泵站：境内共设七座排渍泵站，即连丰垸雨污合建泵站、渣江垸雨污合建泵站、赤江村污水泵站、大棚湾雨水泵站、长湾雨水泵站、龙骨寺泵站、马王港泵站。排水管网系统类型及主要干管，片区污水系统采用截流式布置方式，整个污水系统分 2 个分系统，以靳江河分界，含浦区域内污水一部分经联丰垸污水泵站，过靳江河排入污水处理厂，另一部分污水利用重力流经靳江河底的两根钢管送入坪塘污水厂进行集中处理。规划在含浦大道、学士联络线、东山湾路、洋湖路、潇湘大道上设污水主干管。

2012 年，园区规划境内合计污水量：11.77 万吨/天。污水分区：园区属于坪塘污水处理厂纳污区范围，分三条线路（莲浦大道沿线、学士路沿线、象嘴路沿线），将园区所有污水排入坪塘污水处理厂处理。

（四）供电规划。2004 年，规划 220/110 千伏变电站 2 座，分别为学士变电站、豹子岭变电站，每个站占地 1.33 公顷；规划 110 千伏变电站 4 座，分别为车塘变电站、含浦变电站、东山湾变电站、坪塘变电站，每个站占地 0.67 公顷。220 千伏高压架空走廊 3 条，即由河西 500 千伏变电站至学士变电站至响水变电站 2 条，设在规划红线外，走廊宽度 80 米；学士变电站至河东联络线 1 条，沿三环线北侧设置，走廊宽度 40 米。110 千伏高压走廊 4 条，即学士变电站至河东联络线 2 条，中间 T 接车塘变电站，沿学士联络线两侧设置，走廊宽度各为 20 米；学士变至东山变至豹子岭变电站 2 条，沿三环线南侧及含浦大道西侧设置，走廊宽度为 40 米。

2012 年，电力规划，预测规划区最大负荷 57.73 万千瓦，负荷综合同时率取 0.35，则规划区内预测计算负荷为 20.20 万千瓦，变压器容载比取 1.6，需变压器容量为 32.32 万千伏安。园区范围内保留原有 220 千伏学士变电站一座。规划新建 3 个 110 千伏变电站：玉江变电站、联丰变电站、含浦变电站。规划将学士至响水坝双回 220 千伏线路迁移至沿长潭西线西侧架空敷设。规划在原有高压线路走廊艾家冲—学士、学士—天顶 220 千伏高压走廊，学士—坪塘、学士—梅溪湖 110 千伏高压走廊。规划增设学士—玉江、学士—含浦、学士—联丰 3 条 110 千伏高压线路。沿学苑路预留新田—学士、新田—含浦两条 220 千伏电缆线路。

（五）电信规划。2004 年，规划电信端局 3 个，每个占地 1 公顷。规划移动通信站 1 个，占地 0.67 公顷。2012 年 9 月，电信规划用户预测，固定电话用户 26.1 万线；移动电话用户 29.36 万线；有线电视用户 10.19 万户。保留白鹤社区内原状：一个电信分局，每 1000 门设置一个宽带信息网络节点机房。该区内所有信息管线均采用弱电共沟，所有信息管道均下地暗敷，所有主次干道均设置信息管道，信息管道沿道路东、南侧暗敷。

（六）燃气规划。2004 年，规划液化气瓶装供应站 1 处，占地 0.33 公顷，规划天然气加压站 2 处，每个占地 0.33 公顷。汽车加气站 2 处，用地控制 5000 平方米。2012 年 9 月，气源采用管道天然气，引自长沙市区管网；用气量预测：园区总用气量为 3494.26 万立方米/年。燃气管道：所有燃气管道均埋地敷设，管网沿主干路为双侧设置，沿其他道路的东、南侧设置，均要求埋地敷设。

（七）绿化规划。2002—2011 年，园区贯彻“两型社会”建设方针。历经三度扩规增容，在入园项目、道路基础设施建设中，始终坚持绿化率的硬性指标。2012 年 9 月，园区首次制定绿化系统及景观规划，绿地布局成四带、五园、多点的绿化系统。保留两处自然生态区（大王山自然生态区和白鹤自然生生态区）及洋湖垸花卉苗木区。绿地系统：规划城市绿地 293.73 公顷，占城市建设用的 13.06%，其中公共绿地 126.42 公顷，主要包括靳江河滨河绿带、乾元宫生态公园、含浦科教（裕园）公园、杨柳生态公园、大塘公园等，培植防护绿地 167.31 公顷，主要是三环线和长潭西线的防护绿带；景观结构：规划形成“两带、四轴、多节点”的绿地景观结构系统；“两带”：保留靳江河滨河景观带、玉赤河景观绿带；“四轴”：沿三环线、长潭西线、含浦大道、莲坪—莲花大道形成的绿化轴线；“多节点”：至园区内规划的多个公园及街头绿地。

第三节　基础设施建设

一、道路建设

2002 年，园区创建初期，域内仅有一条宽 6 米，长 6000 米的左栗简易公路。2003 年，园区投入道路建设资金 1800 万元，启动香格里大道、象嘴路、象嘴路简易互通建设，道路总里程 3926 米，两条道路 4 月开工建设，象嘴路简易互通 12 月底竣工。2004 年，园区投资道路建设资金 480 万元，香格里大道、象嘴路建成通车。

2005 年，园区投入道路建设资金 7580 万元，新建道路 3 条（车塘河路、含浦大道一期工程、联丰路）全长 7267 米。2006 年，园区投入道路建设资金 1.6 亿元，建设道路 3 条（学士路一期工程、米兰路、春兰路）总里程 3379 米。2007 年，园区投入道路建设资金 7600 万元，启动学士路二期工程建设，由三环线立交桥至望江路，道路全长 2972 米，路幅宽 36 米。2008 年，园区投入道路建设资金 5000 万元，完成联丰路二期、湘和路建设。

2009 年，投入道路工程建设资金 1.65 亿元，完成学士路（二期）道路和配套设施工程。2010 年，园区投入道路建设资金 1.35 亿元，启动学士路三期工程和望江路建设，两路共长 3900 米。2011 年，园区投入道路建设资金 2.8 亿元，新建有成路、医专路、张家村路、茯苓冲路、黎张路、黎家村路 6 条支干线，总里程长 8508 米，拉通近 10 千米次干路网。

2012 年，园区投入道路建设资金 9200 万元，1 月，含浦大道二期开工建设，全长 2025 米。5 月，观音路开工建设，全长 985 米，12 月 31 日全线竣工。学士路二期、黎张路、医专路、有成路、茯苓冲路、望江路等道路实现竣工通车。

至 2012 年，园区累计道路建设投资 10.49 亿元，修建主干道 5 条，次干路 12 条，总长度 34 千米，形成“四纵四横”路网。

二、供水设施建设

2002 年，园区用水范围主要通过地下开采，供求矛盾突出，严重制约园区发展。为解决用水问题，先后与市自来水公司等 4 个单位进行数十个回合的洽谈，最终与长沙市自来水公司签订新水厂建设征地协议，即自来水二厂落户园区，选址坪塘。同时将园区自来水管的管网与长沙市并网。

2003 年，园区投资 87 万元，启动学士联络线简易互通供水管道工程开工建设；从麓山南路自来水管网末端开始，经左家垅、桃花村沿左栗路往南方职业学院铺设至象嘴路北端，新铺管道全长 5.12 千米，2004 年，园区投资 340 万元，一段沿香格里大道向西至学士重建地 1.5 千米，采用管径为 400 毫米供水管道，二段沿象嘴路往南至学士路 1.5 千米，采用管径为 400 毫米供水管道。工期 40 天时间，如期竣工，实现园区主要区域通水供水。2005 年，长沙市二水厂动工建设，迁址沈家老屋。装机规模 30 万立方米/日，工程分三期实施。其中一期工程 10 万立方米/日，项目总占地面积 19.95 公顷，工程投资 3.02 亿元，自来水二厂动工开建。

2006—2007 年，园区投入资金 240 万元，裕园小区和白鹤小区铺设供水管道 1.32 万米；园区主干道学士路一期、联丰路一期、含浦大道一期供水管网工程建设竣工。

2008 年 8 月，园区投入资金 68 万元，园区综合服务楼、安置房、裕园小区、白鹤小区二期 33 栋供水工程竣工。2009—2010 年，园区投入资金 172 万元，完成学士路（二期）及望江路共 4260 米主水管道敷设工程。2011年园区投入资金70万元，裕园小区3栋，白鹤小区5栋自来水安装工程新敷设给水管道，安装给水设备以及其他附属设施竣工。2012年12月，园区分别投入资金80万元，有成路、医专路、黎家村路、茯苓冲路、黎张路、观音路6条支干道供水管网工程竣工；裕园小区12栋住宅楼的供水管网增压设备的安装及管网改造工程竣工。是年完成供水主管网1.59万米和道路水系恢复工程。

至2012年，园区供水设施建设共投入资金3.18亿元，完成园区17条路网铺设40.48千米供水主管道等配套设施建设。

三、排水排污设施建设

2003年6月，园区投资54万元，启动学士联络线简易互通排水排污管网工程，12月底学士联络线、香格里大道、象嘴路简易互通排水管网竣工。2004年，园区投资1237万元，完成裕园小区排水排污工程建设，主排水管道长度共计5500米。同年还建成学士路排水排污工程2098米。2005年，园区投资6460万元，沿含浦大道、联丰路、车塘河路建设排水排污工程，建成雨污泵站1座，设置4台135千瓦雨水抽水泵，2台65千瓦的污水泵，铺设排水排污主管道1.19万米。

2006年，园区投资62.8万元，完成学士路高排箱涵与三环线以西排水接口工程。2007年3月，园区投资48万元，学士联络线北侧一期排水工程启动建设，全长300米。5月象嘴路污水工程二期项目动工，全长500米。6月联丰路二期排水排污项目开工。2008年，园区投资120万元，启动学士路二期道路排水排污工程，穿学士路倒虹吸抗旱管道工程，完成裕园小区二期排水工程。

2010年园区投资5400万元，建成靳江河截污工程。工程自学士路沿含浦大道至坪塘污水厂采用顶管施工（管径1200毫米），穿靳江河底设2×800毫米钢管，靳江河至污水处理厂铺设管径1800毫米承插管，全长1200米，实现与坪塘污水厂对接。还有学士路三期、望江路、有成路、茯苓冲路、医专路、黎张路排水排污工程建成。全年铺设排水排污主管道1.59万米。2012年园区投资260万元，完成新、老学士泵站之间高、低排雨水管衔接工程。

至2012年，园区排水排污设施建设共投资1.12亿元，完成园区17条路网污水管道总长45千米，敷设雨水排水管道全长37千米，单、双孔箱涵长3009.02千米。

四、供电设施建设

2002年，园区投资120万元，对原学士变矿冶线、七四三线进行线路改造，新增10千伏输电主线1013米。

2003年，园区投资800万元，启动象嘴路（天桃坪新线、天望坪线）110千伏电力走廊建设，迁移湖南中医药大学范围内110千伏电力杆线。完成香格里拉大道微波线杆线迁移。园区改造和新铺输电主线1759米。

2004—2005年，园区投资2060万元，完成香格里大道电力杆线搬迁。新装一台500千伏安的变压器；天桃坪新线、天望坪线两条110千伏线路移入象嘴路电力走廊，裕园小区中心广场至象嘴路新架10千伏线路550米，新增1台S9–315千伏安杆上变压器和2台S9–200千伏安变压器。完成学士路、含浦大道、联丰路、车塘河路供电基础工程。迁移110千伏高压线杆26基，低压杆线340基。两年园区新增输电主线5130米。

2006年，园区投资580万元，完成白鹤沙场380伏线路的迁移和架设，学士泵站新安装2台630千伏安和1台50千伏安变压器。完成裕园小区380伏线路安装，办理户表手续143户。完成2台变压器由200千伏安增容至400千伏安，完成继善高科红线范围内10千伏电力线路7基杆线搬迁。是年园区新增输电主线 1424 米。

2007 年，完成从学士变电站经三环线沿香格里大道至象嘴路一条 12 孔电缆共沟地下通道 1.2 千米，学士变电站建成并投入运营，园区投资 680 万元，分别用于象嘴路变压器迁移及低压线路改造工程，裕园小区 D、G 区新增 2 台 S9–315 千伏安油浸箱式变压器和其他附属设施；完成中医药大学线、白鹤线、园区线配电网络改造工程。新增裕园小区 3 台 S11–400 千伏安杆上变压器，完成 220 千伏低压线路改造共计 6400 米。是年园区新增输电主线 2580 米。2008 年，园区投资 420 万元，在象嘴路新增 3 台 S11–315 千伏安杆上变压器，220 千伏响学 I 线、响学 II 线，双回 4.4 千米，单回 1.4 千米的送电线路改造。新增裕园小区变压器 4 台，是年园区新增输电主线 2727 米。

2009—2010 年，园区投资 862 万元，完成 220 千伏响学线电力改造工程，完成学士路二期电力埋管建设工程。新增裕园小区、白鹤小区 400 千伏安变压器 8 台，改造电力线路 2987 米，新安装观音路、黎张路等道路杆上变压器 4 台，迁移和新架线路 4892 米。园区新增输电主线 1.17 万米。

2011—2012 年，园区投资 640 万元，白鹤小区 9 栋、11 栋、14 栋线路工程施工。启动茯苓冲路、有成路等电力埋管工程。新铺设输电主线 1.10 万米。

至 2012 年，园区共投入电力设施建设资金 6168 万元，完成园区 17 条路网，铺设输电主线长度 36.61 千米，迁移改造线路长度 8892 米。

五、供气设施建设

2007 年，园区正式与长沙新奥燃气有限公司签订管道燃气建设合作协议。是年，在园区内学士村建成高中压调压站一处，供气能力 7000 标立方米。2008 年 9 月，园区学士统建安置房的庭院管网及入户工程启动。是年 12 月 28 日区安置小区使用天然气点火通气。投资总金额为 19.78 万元。2010 年，园区再度与长沙新奥燃气有限公司、长沙新奥发展燃气有限公司签订园区管道燃气建设全面合作协议。长沙新奥燃气有限公司全面负责园区区域内管道燃气输配、销售、管道燃气工程设计、建设和安装；燃气用户的售后服务。是年，共计投资 8000 万元进行燃气管网基础设施建设。

2012 年，投入资金 3200 万元，新增燃气管道线路，区域输气管道线路，完成含浦大道、学士路、象嘴路、联丰路、车塘河路等主干管道管径 250 毫米中压钢管 6.5 千米，管径 200 毫米中压钢管 10 千米，中压 DE 管道 17 千米；完成江山帝景、米兰·春天、枫华府第、汀湘十里等 12 个小区低压管网 35 千米。是年，小区供气入户数达 3.5 万户，工商用户 120 家。至 2012 年，园区共投入管道燃气建设资金 1.32 亿元，完成园区 17 条路网，铺设燃气管道 36.12 千米。

六、邮政设施建设

2002 年，园区内有一所学士邮政所，位于风景秀丽的岳麓山南麓的学士村，村民习惯称学士邮政大楼。建筑面积 1200 平方米，营业面积 400 平方米，员工 6 名，承担着园区 21 平方千米，3.5 万人口的函件、特快专递、包裹、汇兑、报刊发行等邮政业务。

2005 年，随着园区建设的发展壮大，学士邮政所扩大对外营业，营业厅配备全新的现代先进设施。信函、包裹处理、特快专递、储蓄、汇总、集邮、报刊发行等业务实行微机化服务。

2008 年，随着邮政企业的快速发展和快递公司的蓬勃兴起，学士邮政所为适应市场竞争，开辟金融经营业务。学士邮政所更名为“学士邮政储蓄银行”。2010 年，园区居住人口增至 12 万人。范围增至 46 平方千米，圆通、优速、百世、中通等 12 家快递公司，遍及园区，快递工具采用摩托、三轮电动车、微型汽车，方便快捷。

2012 年，园区邮政快递物流已成体系。园区快递和物流公司增至 21 家，先后有霞光物流、菜鸟驿站、德邦物流、顺丰速递、天天快递、日日顺快线物流服务中心、汇通快递、品骏快递、易速快递等 9 家快递公司在园区开设网点。园区邮政快递网点 21 家，营业场地扩大到 2.48 万平方米。

七、电信设施建设

2002 年，园区有一所电信局，营业面积 400 平方米，有 40 门磁卡总机 2 台，10 个电信交换点，电讯装机总容量 5000 门，已装电话 3800 台。中国移动、中国联通公司在园区共建 7 个移动基站，安装传真机 2 台，9 家单位开通互联网。2005 年，园区为改变通信设施落户规模偏小、电信线路大部分地面空架现状，投入资金 1800 万元，将香格里大道 10 千伏微波线实行大道暗敷通讯电缆，全段铺线 1480.67 米。将含浦大道、象嘴路、联丰路、学士路、车塘河路的基础工程及建成路进行改造提质同步，对通信电缆按规划要求进行暗敷，新增通信光缆 3400 米。6 月，白鹤社区范围内增设中国移动、中国联通两个网点。

2008 年，为满足企业、学校、科研单位、社区居民通信需求，园区投资 1200 万元，新增暗敷电信信息管道 10 条，铺设通信光缆 6800 米。中国移动、中国联通、中国电信在园区共建移动基站 16 个，设立电信网点 6 家。

2012 年，园区由原规划面积 21 平方千米扩至 46 平方千米。园区投入资金 4200 万元，在新修建的望江路、学士路二期、张家村路、茯苓冲路、有成路、医专路、望山路、黎张路、观音路、湘和路等 12 条主次干道暗敷电信信息管道 12 条，铺设通信光缆 15.12 千米，中国移动、中国联通、中国电信在园区共建移动基站 21 个。

至 2012 年，园区共投入电信设施建设资金 1.2 亿元。共完成园区 17 条主次干道路网铺设通信光缆 32.96 千米，设置移动基站 28 个，设电信网点 12 家，安装固定电话 6.29 万台，发展手机移动电话 9.8 万户，安装有线电视网络 5.8 万户，安装电脑宽带用户 4.77 万户。

八、园区绿化

2003 年，园区初创，在修建左栗线、象嘴路时同步进行道路两旁绿化植树 4.42 万平方米。投资 320 万元，栽种乔木有香樟、樱花、石榴等共 1923 株。2005 年，园区修筑含浦大道（一期）、联丰路、车塘河路两旁及路中线绿化 5.62 万平方米，栽种树木 1.4 万株。园区麓山恋·迪亚溪谷别墅区栽植名贵树 135 种 4800 株，绿化率达 56.7%。是年 12 月，园区香格里拉岳麓别墅小区落成，栽植各种名贵乔木 5300 株，绿化率达 54.8%。2006 年，园区首建第一个公园，命名“裕园公园”，寓意为小康富裕之意，又名“科教公园”。公园位于园区城市商业中心的学士街道联丰村境内。占地面积 9.55 公顷，投资总额 2066 万元。种植树木 4902 株，公园绿化率 60.25%。

2008 年，园区投资 400 万元修筑学士路，两旁与路中线绿化带 2.02 万平方米，修筑含浦大道（滨江段），两旁与路中线绿化带 1.34 万平方米，修筑望山路，两旁绿化带 2.67 万平方米。共栽植树木 2.5 万株。2010 年，园区修筑望江路，两旁绿化带 2.18 万平方米；修筑望山路，两旁绿化带 2.67 万平方米；修筑含浦大道（三段），两旁与路中线绿化带 1.43 万平方米；修筑有成路、医专路、张家村路、茯苓冲路、观音路、黎家村路等 6 条路，两旁绿化带 8.47 万平方米；修筑莲含大道，两旁绿化带 1.50 万平方米。是年，园区 10 条主次干道，两旁绿化带共 16.24 万平方米。共种植乔木 6.23 万株。

2011 年，江山帝景小区位于园区洋湖垸核心区内，占地面积 168.63 万平方米。内有园林景观带 15 处，栽植名贵乔木品种 16 种，种植适应本地生长环境的树种、花卉 2.2 万株，绿化率达 46%。2012 年 1

月，园区学士广场景观工程项目开工建设，学士广场公园位于含浦大道第二段北端，云栖路（学士联络线）以南，占地面积9500平方米，投资总额1200万元，公园绿化率达65.5%。公园栽植乔木680株和名贵花卉394.1平方米。

至2012年，园区绿化投资共2.2亿元，道路绿化总面积18万平方米，小区绿化面积268万平方米，公园绿化面积286万平方米。

第四节　招商引资

一、招商政策与措施

2002年，园区根据望城县《关于招商引资工作的若干规定》和《关于加强招商引资工作鼓励外商投资的决定》，采用优化投资环境、土地优惠、税收优惠、行政事业规费优惠、财政奖励、大型或特殊项目“一事一议”、招商引资中介人奖励7个方面的政策、措施，开展招商引资工作。2003年，园区制定《长沙含浦科教产业园关于招商引资工作的实施办法》，明确外来投资企业有偿用地原则的四种方式：出让国有土地使用权；租赁国有土地使用权；租赁现有企业土地使用权；使用集体存量建设用地。土地价格按底价评估机构公布的评估现值优惠40%~50%，出让金可分期交纳，一次性交纳的优惠40%~50%，重点项目另论；凡符合投资强度和环境保护要求的工业项目，按照园区土地使用面积标准办理手续：固定资产投资额在300万~500万元、年实现税金50万元以上的企业项目，可提供土地0.33公顷；按投资500万~1000万元、年实现税金100万元以上的企业项目，可提供土地0.67公顷；按上述比例递进，分别可提供土地1.33公顷、2公顷、3.33公顷等5档优惠政策。

2004年，园区对引进的重点工程项目，可享受《望城县重点工程建设管理办法（试行）》的规定，建设期依法享受县招商引资优惠政策。省、市落户在园区境内的重点工程同时享受省市优惠政策。对重点工程项目实行一事一议的会议制度；国土部门优先保证重点工程用地需要；协调电力、交通、公路、铁路、电信、供水、供气、建材等单位保证重点工程建设需要；为重点工程项目落户地域创造良好施工条件等具体服务措施。2005年，园区总结招商引资工作经验，修改和完善节会招商、以商招商、中介招商等工作细则，加强专业人员业务培训，提高干部员工服务技能。2007年，园区依法执行《中华人民共和国企业所得税法》，对园区范围内企业实行税收奖励政策，园区对口深入企业指导申报工作。

2008年，园区决定根据入园企业的行业性质、投资规模、投入产出效果和纳税数额，可分别享受市级和省级优惠政策。经省商务部门和省科技部门认定的园区服务外包企业给予税收优惠，对服务外包企业中拥有核心自主知识产权，并符合新企业所得税法相关认定条件的高新技术企业减按15%的税率征收企业所得税。对园内新办软件生产企业经认定后，自获利年度起，第一年和第二年免征企业所得税，第三年至第五年减半征收企业所得税。软件生产企业实行增值税即征即退政策，退还的税款由企业用于研究软件开发和扩大再生产。出口产品产值达到当年总产值70%以上的，减按10%的税率征收企业所得税；由国内公民投资的高新技术企业，从投产年度起两年内免征企业所得税；园区引进外商及台、港、澳、侨投资的高新技术企业，经营期10年以上，从获利年度起，第一年和第二年免征企业所得税，第三年至第五年减半征收企业所得税，减半期满后，如经考核仍为高新技术产业，可再延长三年减半期，以后减按15%的税率征收。

2011年，按照长沙市人民政府办公厅有关文件精神，对在园区内建设标准厂房的企业，建设工程报建费及城市基础设施配套费超出42元/平方米部分，申请市财政给予企业补助。对租赁标准厂房的创业富民企业申请市财政给予一定租金补贴。对建设标准厂房的企业园区实行报批代办制度。

2012年，园区获批湖南省省级工业集中区，入园工业企业享受省级优惠政策。岳麓区和园区先后出台《岳麓区产业扶持政策》《岳麓科技产业园入园企业平台建设扶持政策》等文件，决定在融资贷款、税收、用地、厂房租赁、专利申请、专利、科研成果、品牌创建等方面给予入园企业优惠和补贴。对驻区高校创办企业，在基地设立总部或主营业务、财务结算公司的，可按“一事一议”的办法给予专项资金扶持。

二、招商引资成果

2002年，园区通过3次节会招商、5次部门招商，全年接待客商120批次580人，引进湖南中医学院新校区项目，投资9.8亿元；湖南工业职业技术学院项目，投资7.78亿元；长沙南方职业学院项目，投资10.18亿元；湖南继善高科技有限公司科技成果孵化器项目，投资3.6亿元；长沙业翔科技发展有限公司项目，投资5000万元；长沙市自来水公司第二水厂30万吨/日搬迁项目，合同利用资金3亿元；湖南创业电力高科技有限公司的华龙电气开发项目，合同利用资金6000万元；湖南泽岱床具有限公司（湖南晚安家居实业有限公司）的床具生产线项目，投资4.3亿元；深圳三九集团开发的长沙三九国际康复疗养中心，合同利用资金4亿元；是年，共引进项目10个，征地面积441.78公顷，协议用地113.33公顷，合计占地555.11公顷。合同利用资金47.76亿元，到位资金6.97亿万元。

2003—2004年，引进湖南恒盛集团开发的中药超微速溶片生产线与药业培植基地（春光药业），合同利用资金2.5亿元；户外气体照明镇流器项目，投资金额5550万元，引进湖南润成机械有限公司投资5000万元，征地0.47公顷。共引进项目9个，合同投资总额22.99亿万元，总征地215.77公顷，到位资金19.19亿元。2005年，引进湖南汇通实业有限公司、长沙天野电子科技有限公司、长沙亿味静环保科技有限公司、湖南新王码环保科技有限公司、湖南华裕环保科技实业公司、湖南蓝盾安防工程公司、湖南稀土金属研究院的工业企业项目7个。房地产项目3个，共引（投）资金额6600万元。10月21日湖南医药中等专业学校（食品药品职业学院）签约入驻，投资8000万元。是年，共引进项目14个，合同利用资金16.64亿元，总征地面积131.86公顷。到位省外境内资金12.8亿元。

2006—2007年，引进长沙世邦科教设备有限公司、湖南有成光电显示有限公司、湖南恒毅科技发展有限公司、湖南金海化工有限公司、湖南碧水园林环保工程有限公司、长沙三和管桩有限公司、湖南斯德尔特泵有限公司、长沙环高电子设备有限公司、长沙福雪光电科技有限公司、长沙牛翔广告科技有限公司、长沙通达环境工程有限公司11个工业、科技企业。教育项目1个：湖南食品药品职业学院二期用地。引进房地产商13个。全年引进，合同投资总金额45.39亿元，总征地面积269.46公顷。到位省外境内资金26.85亿元，到位美金4346万元。

2008—2009年，园区引进长沙赛恩斯环保科技有限公司，投资8000万元；长沙比扬医疗科技有限公司，投资5000万元；湖南网优科技发展有限公司、湖南松致文化传播有限公司、长沙天年文化产业有限公司等。引进长沙捷西实业有限公司，投资9000万元；湖南浦洋节能科技股份有限公司，投资8000万元；湖南省宏尚土木工程检测有限公司，投资8000万元；湖南致力工程科技有限公司，投资5000万元；湖南宏特试验检测有限公司，湖南蓝海迷迭香生物科技有限公司，湖南希杰斯建材科技有限公司，投资5000万元。共引进项目14个，合同利用资金9.4亿元，征地29公顷，到位省外境内资金24.9亿元，合同外资1420万美元，到位外资1420万美元。2010年，园区引进湖南海普科技有限公司投资 8 亿元；湖南中大建设工程检测技术有限公司，投资 1.2 亿元；湖南爱威医疗科技有限公司，投资 4.5 亿元；湖南运通轨道交通设备有限公司入园，投资 1.5 亿元；上海浦公检测技术有限公司、长沙赛维能源科技有限公司；引进房地产公司两家。是年，共引进项目 8 个，合同投资 31.2 亿元，总征地 60.59 公顷，到位资金 8.8 亿元。完成固定资产投入 19.8 亿元。

2011 年，引进湖南达嘉维康医药有限公司，注册资金 3.3 亿元；湖南九城集团投资的云栖路汽车 4S 城项目，投资 5 亿元；长沙市广瑞紧固件有限公司投资 1 亿元；年内还引进房地产公司 3 家。湖南兰天投资有限公司，新增限额以上餐饮企业 1 家。是年，共引进项目 8 个，合同投资 13.23 亿元，总征地 18.08 公顷。到位省外境内资金 12.8 亿元，完成固定资产投入 19.5 亿元。2012 年，园区组织专业队伍，赴天津、杭州等地参加招商推介活动；协办“文化岳麓、财富高地”文化产业投资说明会共 6 场次，接待客商 280 人次。引进北京联东 U 谷·长沙国际企业港（简称联东 U 谷）总投资 30 亿元。引进中铝华德节能科技有限公司、湖南大麓科技有限公司、湖南太一电子科技有限公司、湖南医枢亚网络有限公司、长沙恒威热能科技有限公司。引进 1 所名校，湖南师大附中博才实验中学（学士校区），投资 2.8 亿元。是年共引进项目 8 个，合同利用资金 44.8 亿元，征地 15.71 公顷，协议用地 68.53 公顷，合计总占地 84.24 公顷。到位省外境内资金 12 亿元。

截至 2012 年，园区共引进项目 98 个（其中入园高等院校 4 所，中学 1 所，企业 71 个，房地产项目 16 个，投资项目 6 个），总征地面积 1364.12 公顷，其中协议（租）用地 181.86 公顷；合同投资 227.60 亿元，总建筑面积 463.36 万平方米；实现到位省外境内资金 124.31 亿元；到位境外资金 5766 万美元。

表 18-14-4-1　　2002—2012 年岳麓科技产业园招商引资成果一览表

年份	引进项目数（个）	征地面积（公顷）		合同金额（亿元）	到位资金		完成固定资产投资（亿元）
		征地	协议用地		人民币（亿元）	美金（亿美元）	
2002	10	441.78	113.33	47.76	6.97	—	18.8
2003	5	83.3	—	8.06	7.19	—	29.89
2004	4	132.47	—	14.93	12	—	19
2005	14	131.87	—	16.64	12.8	—	19.5
2006	12	33.37	—	6.36	12.21	—	16.7
2007	15	236.09	—	39.03	14.64	0.44	17.5
2008	6	18	—	5.9	15	—	18.6
2009	8	11	—	3.5	9.9	0.14	16.8
2010	8	60.59	—	31.2	8.8	—	19.8
2011	8	18.08	—	13.23	12.8	—	19.5
2012	8	15.71	68.53	44.8	12	—	15.6
合计	98	1182.26	181.86	231.4	124.31	0.58	211.69
		1364.12					

第五节　技术与人才引进

一、技术引进

2002年，利用毗邻岳麓山大学城的区位优势和土地资源优势，把引进科学技术和科技人才作为实现融城强县战略目标的重大举措。1月湖南中医学院新校区签约入驻。引进中医药科研平台68个，中医药研发获奖成果117项，其中获国家科技进步二等奖1项，湖南省科技进步一等奖2项，中华中医药学会科学技术奖一等奖2项，还有古汉养生精、四磨汤等中药传承创新品种72个。引进入驻的湖南工业职业技术学院获得国家专利139项。引进湖南继善高科技有限公司的“国家‘863’项目”“国家火炬计划项目”“国家创新基金项目”40余项科研课题，拥有产品专利36项，其中发明专利16项。引进长沙业翔科技有限公司的主导产业“现场总线型智能控制系统”，及获得国家科技进步奖、省部级科技进步奖的科技成果多项。引进湖南晚安家居实业有限公司的沙发床垫制造技术，该公司的沙发床垫是湖南省名牌产品，并获湖南著名商标称号。2003年，引进湖南春光药业中药饮片有限公司超微饮片技术成果、湖南科创高新工程检测有限公司7项国家专利技术成果。2004年，引进长沙天和钻具机械有限公司的深孔凿岩潜孔钻头和超大孔径冲击器生产技术，处于国际一流水平。2005年，引进湖南新王码环境科技有限公司14项薄型地暖的外观设计、实用新型等国家专利，王码产品中冷热源新技术研发课题被纳入国家“863计划”科研项目。引进天野电子科技有限公司微型电动汽车的研发和生产技术。

2006年，引进湖南恒毅科技发展有限公司应用软件开发和智能建筑弱电系统集成技术成果。2007年，引进湖南斯德尔特泵有限公司研发的新型防反转中开泵、长轴泵新型套筒联轴器等5项科技成果。2008年，引进长沙赛恩斯环保科技有限公司的“铜冶炼污酸治理与资源化新工艺及装置”“生物制剂多基因协同氧化技术及在有色金属矿采选废水处理中的应用”等科技成果；引进湖南网优科技发展有限公司的计算机软、硬件及其配套产品和网络信息系统技术开发与集成等科技成果；引进长沙比扬医疗科技有限公司的“用于呼吸机数据测量的装置”等科技成果及新型智能数字呼叫系统、医院护理管理软件、注射泵、输液泵系列和天创呼吸机系列产品生产技术，天创呼吸机产品达到国际先进水平。2009年，引进湖南致力工程科技有限公司的工程试验检测、监测、检测设备研发与制造等技术成果。引进湖南希杰斯建材科技有限公司的5项环保建材发明专利。引进湖南省宏尚土木工程检测有限公司的“保温混凝土空心砌块”实用新型专利技术成果。引进湖南浦洋节能科技股份有限公司的具有防雷功能的太阳能供电系统生产技术成果。

2010年，省科技厅授予园区“湖南省科技成果转化基地”。引进湖南中大建设工程检测科技有限公司的“轨道沉降安全监测系统”“ZD桥梁工程远程监测预警系统”等技术成果，及“ZD2000数字化工程监测安全预警平台”等检测技术。引进湖南致极网络科技股份有限公司的“串口转以太通信系统”“插卡式内置网络模块”等实用新型专利技术成果。引进湖南爱威医疗科技有限公司的“图像处理方法和装置”“智能显微镜形态学检验技术”等重大科技成果，填补国际、国内显微镜形态学自动镜检技术空白，居世界领先水平。引进长沙赛维能源科技有限公司的环保高能电极、电芯、电池材料和电池管理系统的研发、制造等高新技术。2011年，引进湖南达嘉维康医学有限公司的国际冷链管理系统，成为湖南第一家实行冷链国际标准化管理的医药企业。

至2012年，共引进高新科技企业26家，其中国家级高新科技企业15个；引进科学技术（高新先进生产技术）项目 186 项。

二、人才引进

2002 年，园区起步招商，注重引智。对入园领军人才在住房安家、配偶工作安排、子女入园入学以及科研办公、实验场地用房诸问题给予免费或减免收费等优惠政策。4 月 4 日，望城县印发《关于成立“院士（博导）科技产业园”的决定》，在含浦科教产业园区内设立院士（博导）科技园，为人才引进铺路搭台。引进三所高等院校。以湖南中医学院（河西新校区）为首的中医药学科拥有一批国家级中医诊断学、中医内科学等学科领军人物国医大师 8 名，专任教师 736 人，其中副高以上职称 401 人，博士生导师 48 人，硕士生导师 141 人，正教授 138 人。湖南工业职业学院和长沙南方职业学院，副高职称教师 238 人，教授（含客座教授）25 人，国家级教学名师 1 人，省级教学名师 3 人。引进 2 家高科技企业，湖南继善高科技有限公司是湖南首席科学家何继善领军的团队组成的高科技公司，拥有专业技术人员 55 人，中国工程院院士 1 人，博士生导师 14 人，教授 20 人，博士生 20 人。长沙业翔科技发展有限公司，是中南大学刘业翔院士学术团队组建的一家实业有限公司，有中高级职称骨干 39 人。2003 年，引入湖南科创高新工程检测有限公司，长沙户外气体照明镇流器公司等 2 家公司集聚科技人才 268 人，其中高级职称教授 26 名，中级职称工程师、经济师 140 名，中级以上技师等技术人员 102 名。2004 年，入园项目引进专业技术人员 214 人，其中高级职称 34 人，中级职称 180 人。2005 年入驻的湖南新王码环保科技有限公司有员工 120 人，其中正高以上科研技术人员 89 人，中级职称 31 人。2006—2007 年，引进各类专业技术人才 469 人，高级职称 103 人，中级职称 366 人。

2008 年，园区文化创意产业、孵化器产业发展迅速，至 2010 年共引进各类科技人员 2176 名，其中院士 21 人，高级职称 215 人，中级职称 1936 人，专家级顾问 4 人。2011 年，园区制定《长沙岳麓科技产业园人才招聘实施方案》，面向社会公开招聘 28 名专业技术人员，其中高级工程师、高级会计师、高级预算师、高级审计师共 4 人，中级专业技术人员 24 人。是年园区引进各类专业技术人员 1277 人，其中高级职称 85 人，中级职称 1192 人。

2012 年，园区科研企业引进高科技人才 1495 人，其中高级职称 564 人，中级职称 931 人。

截至 2012 年，园区各企业和事业单位累计引进各类科技专业人才 7637 人，其中院士 3 人，国医大师 8 人，高级职称 2150 人，中级职称 5476 人。

第六节　入园产业

一、产业规模

2002 年，湖南继善高科技服务有限公司、长沙业翔科技发展有限公司、湖南晚安家居实业有限公司 3 家企业落户园区。湖南继善高科技有限公司、长沙业翔科技发展有限公司分别是中国工程院院士何继善、刘业翔领衔的高科技企业。主要产品有资源探测智能仪器、强声定向声波仪器，环境监测仪等系列产品和锂离子电池正极材料产品、化学品氧化铝产品等。年生产能力分别达 5000 万元、4000 万元。湖南晚安家居实业有限公司是一家集研发、生产、销售于一体的大型家居企业，年生产能力上亿规模，主要产品有床垫、皮布沙发、实木家居等畅销国内外知名产品。是年，园区共有上规模企业 4 家（在园区土地上原有一家工业企业即长沙中顺实业有限公司），从业人员 4500 余人，实现技工贸收入 5.7 亿元，其中规模工业总产值 2 亿元，上缴税收 1200 万元。2003 年，湖南科创高新工程检测有限公司、岳阳奥成科技有限公司2家高科技企业签约园区。主要产品有建设工程质量检测与鉴定仪器、房屋加固、钻孔电磁波仪、智能钻孔电视成像仪、钻孔弹模仪、多功能声波仪、稀土超磁仪等。2004年，工业企业长沙天和钻具机械有限公司、长沙华信合金机电有限公司等3家企业落户园区。主要产品有有色金属合金、烘炉、熔炉、电炉、潜孔钻具等。是年全园区共有各类企业10家，从业人员7100人，实现技工贸收入10亿元，其中规模工业总产值8.8亿元，上缴税收1726万。2005年，湖南新王码环境科技有限公司、湖南华裕环保科技实业公司、湖南蓝盾安防工程公司、湖南稀土金属研究院、湖南汇通实业有限公司、长沙天野电子科技有限公司、长沙亿味静环保科技有限公司、湖南创普集团、长沙鼎力置业有限公司等10家企业落户园区。其中检验检测企业2家、文化创意企业3家、工业企业2家、房地产企业3家，主要产品有王码地暖、消防设备、稀土加工、臭氧水、多功能臭氧消毒机、环保产品等210种知名品牌和房地产楼盘。是年，全园区共有各类企业20家，从业人员8215人，实现技工贸总收入12亿元，其中规模工业总产值10.5亿元，上缴税收2370万元。

2006—2007年，长沙世邦科技设备有限公司、湖南有光显示有限公司、湖南恒毅科技发展有限公司、湖南金海化工有限公司、湖南碧水园林环保工程公司、长沙湘杏房地产开发有限公司、广州莱佛湖南房产开发公司、湖南斯德尔特泵有限公司、长沙三和管桩有限公司、长沙福雪光电科技有限公司、长沙环高电子设备有限公司、长沙通达环境工程有限工程、湖南九龙房地产开发公司、湖南璟泰置发展有限公司、长沙恒天房地产实业有限公司、湖南广晟地产控股有限公司16家企业落户园区。

2008年，园区新增湖南比扬医疗科技有限公司、长沙赛恩斯环保科技有限公司、湖南宏特试验检验有限公司、湖南希杰斯建材科技有限公司、湖南网优科技发展有限公司、松致文化传播有限公司、长沙天年文化产业有限公司、湖南麓山别墅投资开发公司、湖南瑞盛房地产开发公司9家上规模企业，其中，检验检测企业3家、医疗企业1家、文化创意企业3家、房地产企业2家。主要产品有医疗器械、重金属污染监测防治仪器、互联网通信电子智能、工程检验检测设备等。上规模的湖南比扬医疗科技有限公司年生产总值达6000万元。长沙赛恩斯环保股份有限公司，是一家专门从事重金属污染监测与防治的高新技术企业，年产值5500万元。湖南网优科技发展有限公司是上规模文化创意企业，年产值达8000万元。是年，全园区共有各类企业45家，从业人员1.56万人，实现技工贸总收入25亿元，规模工业总产值23.73亿元，上缴税收1.2亿元。技工贸总收入、规模工业总产值、上缴税收比2005年分别增长52%、55%、85%。

2009—2010年，园区引进检验检测年产值达1亿元以上规模企业3家，分别是湖南致力工程科技有限公司、湖南中大检验检测股份公司、湖南宏尚土木工程检测有限公司。引进工业企业有捷西实业公司、湖南瑞鹭科技有限公司、湖南浦洋节能科技有限公司、湖南利海房地产开发公司、湖南爱威科技股份有限公司、湖南海普科技有限公司、长沙赛维能源科技有限公司、上海浦公检测技术有限公司、湖南中建信和开发公司、继善枫华府第房产开发公司等14家规模企业；主要产品有土木检验检测仪器、医疗检测仪器、医疗器械、医疗试剂、各类聚合物锂离子电池房产楼盘等。其中检验检测企业湖南中大检验检测股份公司，主要从事公路、桥梁、隧道工程检测检验，年生产能力近亿元。医药健康产业湖南爱威科技股份有限公司，年产值分别达7200万元，湖南海普科技有限公司是园区文化创意龙头企业，在园区内建立“中南国家数字出版四海通达基地”，年产值5400万元。

2011年，园区新增湖南达嘉维康医药有限公司、湖南九城集团云栖路汽车4S城、长沙广瑞紧固件有限公司、湖南楚天电气工业有限公司、长沙学士房地产开发公司5家企业，主要产品有医疗器械、实验仪器、药品、汽车、汽车配件、紧固件产品、高压电气成套设备等。其中上规模企业湖南达嘉维康医药有限公司，主要生产和经营医疗器械、实验仪器、药品、房地产项目等，年产值9200万元。

2012年，园区新增北京联东集团（联东U谷·长沙国际企业港）、中铝华德节能科技总部、长沙恒威热能科技有限公司、湖南大麓科技有限公司、长沙太一电子科技有限公司、湖南医枢亚网络科技有限公司、湖南金鼎房地产开发公司等8家企业，其中检验检测企业3家、文化创意企业2家。主要经营都市型产业集聚地标准厂房、研发总部办公楼开发、环保水检验检测化石燃料设备、互联网、电子智能、无人机、高效燃烧和燃烧尾气治理等产品。是年，全园区共有各类企业72家，其中检验检测企业28家，文化创意企业13家，工业企业15家，从业人员2.35万人，实现技工贸总收入51亿元，其中工业总产值43.6亿元，上缴税收2.6亿元。技工贸总收入、规模工业总产值、上缴税收比2008年分别增长51%、45%、54%。

表 18–14–6–1　　2002—2012年长沙岳麓科技产业园入园企业产业一览表

年份	企业数（家）	从业人数（人）	技工贸收入（亿元）	税收收入（亿元）
2002	3	4500	2.6	0.12
2003	7	6500	4.5	0.13
2004	10	7200	10	0.17
2005	20	8215	12	0.24
2006	27	12100	18	0.32
2007	36	14300	22.5	0.72
2008	45	15600	25	1.2
2009	52	17800	35	1.7
2010	59	19200	38	2.1
2011	64	21000	42	2.2
2012	72	23500	51	2.6

二、产业结构

（一）检验检测产业。2002年，园区引进的检验检测企业有湖南继善高科技有限公司，公司注册资本为3880万元，以中南大学为依托，由中国工程院何继善院士发起成立的一家高科技企业，在园区建成2.5万平方米集办公、研发、生产及员工公寓为一体的继善科技产业园。公司主要从事矿产资源勘探类智能仪器、强声定向声波仪的研发、生产和销售，工程地质勘查，工程检测，矿产资源勘探，地球物理信息综合处理解释服务，信息安全服务等业务。公司年工业产值8000万元。是年，全园区有检验检测企业1家，从业人员1100人，检验检测生产总值8000万元，上缴税收450万元，分别为园区规模企业、从业人员、技工贸总收入、上缴税收总额的25%、24%、31%、37.5%。

2005年，湖南新王码环境科技有限公司、湖南稀土金属研究院等3家检验检测科技企业入驻园区。湖南新王码环境科技有限公司是国内首家预制薄型地暖产品企业标准制定者，是政府部门首次制定有关产品标准、设计施工规范的参编单位；也是国内首家完成薄型地暖产品国家商标注册的企业。湖南王码拥有十四项薄型地暖的外观设计、实用新型等国家专利，王码产品中冷热源新技术研发课题已纳入国家“863 计划”之中，并在科技园内建立 300 余平方米的冷热辐射空调系统实验室；是唯一通过清华大学国家级热工检测实验室热工性能及阻力性能检测，通过国家化学建筑材料测试中心 5000 次冷热循环和 8760h 热稳定性检测的企业。是年，全园区有检验检测企业 6 家，从业人员 2600 人，检验检测生产总值 2.8 亿元，上缴税收 1259 万元，分别为园区总产值、从业人员、技工贸总收入、上缴税收的 26%、19%、23%、53%。

2007 年，湖南斯德尔特泵有限公司、长沙世邦科技设备有限公司、湖南恒毅科技发展有限公司、长沙福雪光电科技有限公司、长沙环高电子设备有限公司、长沙通达环境工程 6 家检验检测企业入驻园区，其中湖南斯德尔特泵有限公司注册资本为 2000 万元，是一家集节能检测设备研发与生产、节能改造工程总承包于一体的高新科技企业。公司所生产的高效节能泵为长沙市节能推荐产品，公司已在园区范围内购置土地 3.33 公顷，并与中国农业大学开展深度合作，筹备成立中国农业大学流体机械技术联合研发中心，以水力机械基础科学研究和水力模型研发试验为主要目标，打造一个集流体机械测试、EMC 节能技术研发于一体的大型科技产业平台。是年，园区有检验检测企业 12 家，从业人员 3200 人，检验检测生产总值 6.8 亿元，上缴税收 3700 万元。2008 年，长沙赛恩斯环保科技有限公司、湖南宏特试验检测有限公司、湖南希杰斯建材科技有限公司、湖南比扬医疗科技有限公司 4 家检验检测高科企业入驻园区。其中长沙赛恩斯环保科技园，占地 5.33 公顷，投入资金 3.1 亿元，从业人员 161 人，年产值 8011 万元。主要从事建设重金属废水处理、固体废弃物处置、污染修复等技术研发实验室与工程技术中心。公司的有色金属污染治理装备已获批湖南省工程实验室，同步启动院士工作站建设，公司先后荣获“国家环保科学技术奖二等奖”“中国有色金属工业科学技术奖一等奖”。湖南宏特试验检测有限公司具有湖南省交通厅、省住房和省城乡建设厅核发的交通部综合乙级公路工程、水运材料乙级、水运结构乙级工程检测资质，见证取样、主体结构资质。湖南比扬医疗科技有限公司注册资金 3048 万元，占地面积 6172 平方米，建筑面积 1.4 万平方米，拥有员工 200 余名，其中研发人员约 80 人，年产值 5000 万元。公司是一家集设备研发、制造、营销、服务为一体的科、工、贸企业，同时也是医疗器械检验检测企业。是年，全园区有检验检测企业 16 家，从业人员 3800 人，检验检测生产总值 10 亿元，上缴税收 5890 万元，分别为园区总产值、从业人员、技工贸总收入、上缴税收的 42%、24%、40%、49%。

2009—2010 年，园区入驻检验检测企业 4 家，分别是湖南致力工程科技有限公司、湖南宏尚土木工程检测有限公司、湖南中大检测股份有限公司、湖南爱威医疗科技有限公司。湖南致力工程科技有限公司，注册资金 3000 万元，公司经营范围包括公路、铁路、水利、城建工程质量试验、检测、监测、养护检测、勘察设计、技术咨询，不良地质灾害探测、监测、评价与技术咨询，检测、监测仪器设备的研发与研制等。公司自主知识产权的特色技术有：改性沥青 SBS 含量检测仪、BQT–G1 预应力桥梁管道注浆质量检测仪、地质灾害自动监测预警系统，已广泛应用于国内交通工程建设领域。其中，改性沥青 SBS 含量检测仪，首次利用电化学分析方法，实现对改性沥青中 SBS 含量的快速精确自动检测，填补 SBS 含量精确检测技术空白，研究成果总体达到国际先进水平，其中自动化检测的技术达到国际领先水平。湖南宏尚土木工程检测有限公司入园，是从事建设工程质量检测的高新技术企业。公司检测试验室面积约 6000 平方米，固定资产原值 2000 余万元，公司各类仪器设备齐全，有国际、国内领先仪器设备 873 台（套）。湖南中大检测股份有限公司，下辖 4 个子公司，员工 300 余人，公司注册资金 5500 万元。具有交通运输部公路工程综合甲级资质、公路工程桥梁隧道工程专项试验检测资质、水利部工程质量检测甲级资质等 14 项资质证书。是湖南省试验检测资质齐全、技术实力雄厚的工程检测试验机构。湖南爱威医疗科技有限公司入园投资 4.5 亿元，占地 4.47 公顷，建筑面积 4.5 万平方米。是一家专业从事医疗检验检测仪器、体外诊断试剂及耗材等产品的研发、生产、销售及相关技术咨询服务的现代化高科技企业。

2011 年，湖南继善高科技股份有限公司 8 万平方米检验检测基地和创业基地投入使用，引进检测认证企业 5 家。

2012 年，园区基本形成以工程探测、医疗器械、电子信息为代表的检验检测装备产业发展链。园区投入资金 5 亿元，占地 20 公顷，开发建设湖南省检验检测特色园区认证总部基地。是年引进中铝华德节能科技总部、长沙恒威热能科技有限公司 3 家检验检测高科企业。其中中铝华德节能科技总部，项目占地 3.33 公顷，建筑面积 4 万平方米，建设环保型水检验检测基地、生产厂房、研发、办公及辅助设施。构建检测装备智造产业发展平台。是年，全园区有检验检测企业 28 家，从业人员 5200 人，检验检测生产总值 25 亿元，上缴税收 1.35 亿元，分别为园区总产值、从业人员、技工贸总收入、上缴税收的 66%、22%、49%、52%。

企业选介

湖南继善高科技有限公司。2002 年，湖南继善高科技有限公司是由世界著名应用地球物理学家、中国工程院首批院士之一何继善教授发起成立的一家高科技公司。总投资 1.5 亿元，征地 26.67 公顷。在园区建成 2.5 万平方米集办公、研发、生产及员工公寓为一体的继善科技产业园。注册资金 3880 万元，拥有专业技术人员 58 人，主要从事资源勘探类智能仪器、强声定向声波仪的研发、生产和销售；工程地质勘查；工程检测；矿产资源勘探；地球物理信息综合处理解释服务；信息安全服务等业务。年工业产值 8000 万元，上缴税收450 万元，2005 年，公司利用控制的矿权、土地资源和新能源技术等组建了继善矿业、继善能源、继善投资和广州继善四家控股子公司。2008 年，公司有 1 个研究院和 1 个重点实验室，共同承担“国家‘863’项目”“国家火炬计划项目”“国家创新基金项目”“国家‘十一五’项目”等 40 项，拥有专利 36 项，其中发明专利 16 项。2012 年，公司投入资金 3.6 亿元，建筑面积 8 万平方米的检验检测基地 8 万平方米投入使用，引进检测企业 5 家，其中院士项目 4 家。公司年产值 1.5 亿元，上缴税收 1100 万元。

（二）文化创意信息技术产业。2003 年园区初创，依托中南大学、湖南大学、湖南中医药大学、湖南工业职业技术学院、长沙南方职业技术学院等高等院校，在学士路办创新创业走廊，为大学毕业生创新创业提供场地。文化创意产业有电子商务、互联网交易平台、软件开发、网络信息技术服务、文化传播、广告服务、文化活动的组织与策划等文化创意信息技术业务。全年文化创意信息技术产业总产值 8829 万元，上缴税收 140 万元，从业人员 600 人。2005 年，入园的文化创意产业企业长沙亿味静环保科技有限公司是集研发、生产、经营和销售为一体的绿色环保公司。园区全年文化创意、信息技术企业已达 4 家，从业人员 1500 人，总产值 1.2 亿元，上缴税收 180 万元，分别为园区总产值、从业人员、技工贸总收入、上缴税收的 11%、18%、10%、7.5%。

2008 年，园区文化创意产业发展迅速，优势明显，影视传媒、新闻出版、演艺娱乐、动漫游戏等产业相继入园。文化创意、信息技术企业湖南网优科技发展有限公司入园注册资金 8068 万元，专注于从事互联网+连接智能创新、通信工程技术服务、电子与建筑智能化解决方案和电信运营商增值业务。公司有员工 180 余人，平均年龄 35 岁，博士 5 名、研究生 60 名，其中研发人员 45 名，工程服务人员 90 名。

网优公司通过ISO20000、ISO9001、GB/T24001、GB/T28001等体系认证，被认定为高新技术企业。公司拥有动环监控、能耗管理、医疗健康等业务的软件产品著作权15项。松致文化传播有限公司入园，注册资本达3000万元人民币，占地面积1000平方米以上。松致文化传播有限公司是一家以互联网技术为支持，以智能终端显示屏为硬件，以全案策划、全媒体资源整合为主体，构建互联网时代基础产品（服务）的专业营销推广运营媒体公司。是年，园区文化创意、信息技术企业7家，文化创意信息技术产业总产值1.53亿元，上缴税收260万元，从业人员1800人，分别为园区总产值、从业人员、技工贸总收入、上缴税收的6.4%、12%、6%、2%。

2010年，湖南四海通达文化传媒有限公司入园。该企业主营增值电信业务、信息服务业务、呼叫中心业务、湖南省信息服务（仅限互联网信息服务业务不含固定网电话信息服务和互联网信息服务）软件开发。公司在湘江新区岳麓科技产业园内投资建设“中南国家数字出版基地四海通达基地”（四海通达数字园），总投资8亿元，占地面积6.67公顷，总建筑面积16万平方米。是一家集数字出版、研发设计、文化创意制作、信息技术服务、体验展示、创新创业等功能于一体的数字出版、文化创意企业，年产值5000万元。是年，园区文化创意信息技术企业达11家，从业人员2600人，文化创意信息技术产业总产值2.29亿万元，上缴税收580万元。2012年，园区被长沙市政府评为长沙市文化创意产业示范园区。入园企业长沙太一电子科技有限公司的经营范围涉及雷达及配套设备、通信设备和安防设备的研发制造。园区全年文化创意信息技术企业已达13家，从业人员2800人，文化创意信息技术产业总产值3.6亿元，上缴税收820万元，分别为园区总产值、从业人员、技工贸总收入、上缴税收的8%、12%、7%、3%。

2003—2012年，长沙岳麓科技产业园定位于文化创意和信息技术产业高地，投入资金10亿元，重点建设建筑面积5.6万平方米的岳麓文化创意信息技术产业基地。已引入湖南海普科技有限公司为代表的文化创意信息技术企业13家，引进11个文化创意信息网络技术项目。

（三）其他产业。2002年，湖南晚安家居实业有限公司入园，是第一家进入园区的民营工业企业，也是一家集研发、生产、销售于一体的大型家居企业。总投资4.3亿元，占地25.33公顷，公司旗下拥有10余家分子公司，员工近3000人，销售收入年8000万元，产品系列涵盖床垫、沙发、软床、实木、定制、家纺产品等。公司是“中国家居协会副理事长单位”“中国家居协会软垫家具专业副主任单位”“湖南省家居协会会长单位”“湖南省工业旅游示范单位”“湖南省省长质量奖单位”，获“中国驰名商标”“湖南省名牌产品”称号，产品畅销国内外。长沙天和钻具机械有限公司落户园区，注册资本4286万元，年产值2500万元，是中国钎钢钎具协会单位，与长沙矿山研究院、中南大学等多家科研院所保持长期密切技术合作，主要从事钻具研制。2005年入驻园区的湖南省华裕环保科技实业有限责任公司，经省环保局、省科技厅批准成立的一家环保高科技企业。占地面积3.8公顷，注册资金人民币2300万元，年产值1000万元。公司拥有一批国内著名技术专家和中青年技术专业人员，本科学历占员工总数的80%以上，主营产品有臭氧水、家用臭氧水消毒机、食堂果蔬杀菌消毒机、多功能臭氧消毒机、空气消毒机等环保产品。是年，园区引进长沙鼎力置业有限公司、湖南省工商联民营企业服务中心、湖南创普集团公司3家房地产业，投资总额15.84亿元，总建筑面积49.97万平方米。是年，园区共有其他企业7家，从业人员1280人，工业总产值3.5亿元，上缴税收1265万元，分别为园区总产值、从业人员、技工贸总收入、上缴税收的33%、16%、29%、53%。

2006—2007年，园区引进长沙湘杏房地产开发有限公司、广州莱佛士物业服务有限公司湖南分公司、湖南九龙房地产开发有限公司、湖南璟泰置业发展有限公司等6家房地产企业，投资总额28.07亿元，总建筑面积273.21万平方米。另有长沙三和管桩有限公司入园，注册资本9100万元，年产值6000万元。经营范围包括预应力混凝土管桩、水泥制品和其他新型建筑材料的生产、销售，管桩基础施工。2008年，园区引进湖南麓山别墅投资开发有限公司、湖南瑞盛房地产开发有限公司2家房地产企业。投资总额21.8亿元，建筑面积52.88万平方米。是年，园区共有其他企业18家，从业人员1500人，工业总产值4.2亿元，技工贸收入4.5亿元，上缴税收3200万元，分别为园区总产值、从业人员、技工贸总收入、上缴税收的18%、10%、18%、27%。

2009—2010年，捷西实业有限公司入驻园区，占地4.67公顷，现有职工500人，捷西橱柜采用世界先进的德国豪迈标准家具生产线，年均生产橱柜20万套。同年入驻园区的湖南瑞鹭科技有限公司是一家集新型装饰材料研发、生产、销售、安装、服务于一体的综合性技术企业，拥有多项专利产品，瑞鹭氧碳铝单板幕墙、烤瓷铝单板以及各类铝单板造型单顶材料、铝方通、铝天花等材料综合年产能规模近百万平方方米，年产值达7000万元。入园的湖南浦洋节能科技股份有限公司是一家从事专业开发、生产和销售家用太阳能发电系统和太阳能发电机组设备及相关的配套产品的科技企业。公司注册资本8180万元，年产值8000万元。引进湖南维德科技发展有限公司，主要从事注塑膜、压铸模、五金冲压模、服装珠片模、橡胶模及机械零配件，非标准件精密设计和注塑成型加工、超声波焊接加工，是湖南省模具设计与制造学会模具基地和理事单位。湖南运通轨道交通设备有限公司入园，注册资本为2000万元，年生产能力为2100万元，主要经营轨道交通设备及配件的生产和销售；轨道板、混凝土管片、轨枕制造；地铁附属混凝土配件生产。另外，园区还引进湖南利海房地产开发有限公司开发建设利海世纪绿洲苑（米兰·春天）。湖南继善投资有限公司枫华府第项目、中建信和地产有限公司3家房地产企业，总投资28亿元，总建筑面积164.55万平方米。

2011年，湖南达嘉维康医药有限公司落户园区，注册资金3.3亿元，占地面积5.67公顷，办公面积2万平方米，仓储面积1.5万平方米，有员工300余人，是湖南第一家实行冷链国际标准化管理的医药企业。公司以经营新特药为主，尤其是在抗肿瘤用药、移植用药、呼吸系统用药等方面独具特色，经营的品种近4000个，50%为中外合资品种，年销售额达9200万元。长沙市广瑞紧固件有限公司入园成立，经营范围包括紧固件制造；计算机技术开发、技术服务；半导体材料产品的批发及技术服务等，注册资本1000万元，年产值达1200万元。引进长沙学士房地产开发有限公司开发建设麓山里佳园，投资总额1.73亿元，总建筑面积4.62万平方米。

2012年，联东U谷·长沙国际企业港入园，是园区引进的重点工业地产企业。企业征地面积68.53公顷，总投资20亿元，总建筑面积116万平方米，分三期建设。项目一期，建成10栋高层厂房和29栋多层厂房及综合配套服务设施。引进湖南金鼎房地产开发有限公司开发建设金鼎·公园尚项目，投资总额12亿元，总建筑面积36万平方米。是年，园区共有其他企业31家（其中工业产业企业15家，房地产企业16家），从业人员3800人，工业产值15亿元，上缴税收9800万元，分别为园区总产值、从业人员、技工贸总收入、上缴税收的34%、16%、29%、38%。

第七节　经济效益

2002年，长沙含浦科教产业园定性为教育产业为主，其他科技产业为辅的综合性园区。园区引进各类企业3家，从业人员4500人，实现技工贸收入2.6亿元，人均劳动生产率5.77万元/人；地均产值率为47.27万元/公顷，上缴税收775万元，人均纳税0.17万元/人。2003年，望城县规划长沙含浦科教产业园作为岳麓山大学科技园区一部分，承载高校园区的科技成果实验基地和孵化基地，园区控规用地面积扩为906.67公顷。是年，园区共有各类企业10家，从业人员6500人，实现技工贸收入4.5亿元，人均劳动生产率6.93万元/人；地均产值率为49.63万元/公顷，上缴税收1256万元，人均纳税0.2万元/人。2004年，园区作为长沙市都市区外围的四个组团之一，用地规模调整为21.71平方千米，控规建设用地2173公顷。园区共有各类企业共12家，从业人员7200人，实现技工贸收入10亿元，人均劳动生产率13.88万元/人；地均产值率为46.02万元/公顷，上缴税收1726万元，人均纳税0.24万元/人。2005年，园区共有各类企业共17个，从业人员8215人，实现技工贸收入8亿元，人均劳动生产率14.6万元/人；地均产值率为36.82万元/公顷，上缴税收2370万元，人均纳税0.20万元/人。

2006年，园区共有各类企业共22家，从业人员1.21万人，实现技工贸收入18亿元，人均劳动生产率14.88万元/人；地均产值率为82.83万元/公顷，上缴税收3171万元，人均纳税0.27万元/人。2007年，园区共有各类企业共26家，从业人员1.43万人，实现技工贸收入22.5亿元，人均劳动生产率15.73万元/人；地均产值率为103.54万元/公顷，上缴税收7180万元，人均纳税0.51万元/人。

2008年，园区成建制划归岳麓区，更名为长沙岳麓科技产业园。是年，园区共有各类企业33家，从业人员1.56万人，实现技工贸收入25亿元，人均劳动生产率16.02万元/人；地均产值率为115.05万元/公顷，上缴税收1.2亿元，人均纳税0.77万元/人。

2009年，园区共有各类企业共39家，从业人员1.78万人，实现技工贸收入35亿元，人均劳动生产率19.66万元/人；地均产值率为161.07万元/公顷，上缴税收1.7亿元，人均纳税0.96万元/人。2010年，园区共有各类企业共44家，从业人员1.92万人，实现技工贸收入38亿元，人均劳动生产率19.94万元/人；地均产值率为174.87万元/公顷，上缴税收2.1亿元，人均纳税1.10万元/人。

2011年，园区共有各类企业共48家，从业人员2.1万人，实现技工贸收入42亿元，人均劳动生产率20万元/人；地均产值率为193.28万元/公顷，上缴税收2.2亿元，人均纳税1.05万元/人。2012年，园区引进各类企业共54家，从业人员2.35万人，实现技工贸收入51亿元，人均劳动生产率21.71万元/人；地均产值率为227万元/公顷，上缴税收2.6亿元，人均纳税1.11万元/人。人均劳动生产率、地均产值率、人均纳税率比2008年分别增长35.52%、97.31%、44.16%。

第十九篇

商贸 旅游

本篇编纂人员

曹建英（主编） 朱炫光 何玮奇 肖 晟

本篇撰稿人员

第一章 商贸综述：高 伟 吴照舒 陆纪汉 袁德高

第二章 日用工业品贸易：高 伟 吴照舒 陆纪汉 袁德高

第三章 副食品经营：高 伟 吴照舒 陆纪汉 袁德高

第四章 饮食服务业：袁德高

第五章 对外经济贸易：陆纪汉 朱炫光

第六章 粮 油：易定文 廖国强

第七章 供销合作：王团结

第八章 烟叶生产与卷烟专卖：熊橙梁 张 琪 翟争光 李 可 刘 璨 汤 锐 魏建民

第九章 成品油贸易：高 洁 张克学 蓝 海 张国华

第十章 生产资料经营：袁德高

第十一章 旅游业：温庆福 邵 敏 张卫国

第一章　商贸综述

第一节　机　构

一、市级机构

（一）长沙市财贸委员会（市财贸办）。1988年，长沙市财贸委员会负责管理市一商业局、二商业局、粮食局、供销合作社、工商局、蔬菜局、财政局。内设办公室、业务科、企管科、财政金融科、网点建设科等职能科室。随着改革开放的不断深入，商业管理机构的设置也在进行调整，1994年11月，长沙市财贸委员会更名为长沙市人民政府财贸工作办公室，机关定编38名。所辖市一商业局改革为市商业总公司，市二商业局改革为市副食品局（为事业局），市粮食局和市供销合作社划归市农办管理。2000年3月，长沙市市场服务中心由市工商行政管理局划归市政府财贸办管辖。2001年9月，市财贸办撤销。

1988—2001年，先后担任长沙市财贸委员会（市财贸办）主任的有：程泳斌、范建勋、缪佐明；担任副主任的有：晏桂明、罗杰、温建民、陈国华、邬先贵、陆纪汉、汪东华。

（二）长沙市一商业局（市商业总公司、市内贸行管办）。1988年，长沙市一商业局主要负责全市日用工业品贸易，下辖百货、纺织品、文化用品批发、五金、交电、化工原料、商业储运、工矿区商业供应、华侨物资供应等10余个专业公司。1994年，根据《关于中共长沙市委、长沙市人民政府机构改革方案的实施意见》，将长沙市一商业局改革为长沙市商业总公司，由政府管理机关变为企业，其下辖单位没有变。2002年11月，根据《长沙市关于市冶金机械局和市一轻工业总公司等14个单位进一步深化改革的实施意见》《市商业总公司系统深化改革改制的会议纪要》等文件精神，撤销长沙市商业总公司，成立长沙市内贸行业管理办公室，负责原市一商业局、二商业局、蔬菜局所辖企业的行业管理工作。2004年9月，长沙市内贸行业管理办公室划归长沙市国有资产管理委员会。至2012年机构无变化。

1988—2012年，先后担任市一商业局（市商业总公司、市内贸行管办）主要领导职务的有：向翰香、韩国强、彭志明、李萍；其他领导班子成员有：戴昆、胡志、徐祖怡、谭克武、方南平、陈俊、文剑雄。

（三）长沙市二商业局（市副食品局）。1988年，长沙市二商业局主要负责全市肉、菜、禽蛋、糖酒等副食品的供应工作，下辖肉食水产、糖酒副食、饮食旅馆、摄影服务等专业公司。1994年，根据长沙市关于《关于中共长沙市委、长沙市人民政府机构改革方案的实施意见》精神，市二商业局改革为市副食品局（为全额拨款事业单位）；2001年9月，根据《市委、市政府关于印发〈中共长沙市委、长沙市人民政府机构改革方案实施意见〉的通知》精神，撤销市副食品局，并入市商业贸易发展局。

1988—2001年，先后担任市二商业局（市副食品局）主要领导职务的有：张子林、王柏林、缪佐明、于万孚、李和宜；其他领导班子成员有：唐志浩、赵锦熙、张朝祥、赖文森、胡力克、陈军、谢圣林、易海斌、刘锡芝、黄掌明。

（四）长沙市蔬菜局。（见第二十一篇 农业与农村经济 第五章 蔬菜 第一节 机构）

（五）长沙市商业贸易发展局。2001年9月，根据《市委、市政府关于印发〈中共长沙市委、长沙市人民政府机构改革方案实施意见〉的通知》精神，撤销长沙市人民政府财贸工作办公室、长沙市副食品局、长沙市蔬菜局，组建长沙市商业贸易发展局，机关定编47名，其中后勤服务事业编5名，离退休人员管理服务事业编4名。长沙市蔬菜局的蔬菜生产、科研职能划归长沙市农业局，包括蔬菜流通管理在内的其他职能划归长沙市商业贸易发展局。长沙市商业贸易发展局下辖长沙市商业总公司，2002年11月长沙市物资集团公司由长沙市计划委员会划归长沙市商业贸易发展局管辖；并将长沙市商业总公司改革为长沙市内贸行业管理办公室，长沙市物资集团公司改革为长沙市物资行业管理办公室。2004年8月撤销市商业贸易发展局，并入市商务局。

2001年9月—2004年，陆纪汉担任长沙市商业贸易发展局书记、局长；其他领导班子成员有：李合宜、蒋仲安、曾鸣、易海斌、汪东华、陈军、曾宪。

（六）长沙市物资局（市物资集团公司、市物资行业管理办公室）。1988年，市物资局主管长沙市生产资料经营，下属金属材料、轻化材料、建筑材料、机电设备、生产资料服务、金属回收管理、物资储运等7个公司和1个物资贸易中心；由市计划委员会归口管理。1994年，长沙市物资局成建制转体为长沙市物资集团总公司。2002年11月，市物资集团公司划归长沙市商业贸易发展局管辖；市物资集团公司改革为市物资行业管理办公室。2004年，市物资行业管理办公室归口市国有资产管理委员会管理，至2012年无变化。

1988—2012年，先后担任长沙市物资局（市物资集团公司、市物资行业管理办公室）主要领导职务的有：沈绍赢、杨治兴、熊晓青、李文亮、陈浩青；其他领导班子成员有：胡年俊、盛惕玲、刘兴隆、张孟祖、许世荣、李德宜、胡立群、易高文、曾玲。

（七）长沙市对外经济贸易合作委员会。1988年，长沙市对外经济贸易合作委员会是长沙市归口管理进出口业务和涉外经济工作的行政管理部门，定编51人。机关内设办公室、人事科、组宣科、计划业务科、基地建设开发科、外经科、出国人员选派科、财务基建科、监察室、工会10个科室，下辖13个直属公司，1个车队和1个仓库。2001年9月，根据《市委、市政府关于印发〈中共长沙市委、长沙市人民政府机构改革方案实施意见〉的通知》精神，撤销市对外经济贸易合作委员会，并入市对外贸易经济合作局。

1988—2001年，先后担任长沙市对外经济贸易合作委员会主要领导职务的有：曹保和、陈长庚、刘耘、杨懿文；其他领导班子成员有：史庆云、高青、宋才定、张春球、许长虹、汤涛、王奕平、文解亮、张桐英、郭楠。

（八）长沙市招商合作局。1993年3月，根据市人民政府《关于成立招商局的通知》精神，组建长沙市招商局，由原市外经委外经部分、原市计委外经科、原市经委外经科、原市经济协作办四部分职能合并而成。1995年10月更名为长沙市招商合作局，为市政府主管外经、外资的职能部门，定编35人。内设机构办公室、组织人事科、招商联络科、外资审批科、外资管理科、对外经济合作科、涉外法规科等7个部门。2001年9月，根据《市委、市政府关于印发〈中共长沙市委、长沙市人民政府机构改革方案实施意见〉的通知》精神，撤销市招商合作局，并入市对外贸易经济合作局。

1993—2001年，先后担任长沙市招商合作局主要领导职务的有：罗特（兼）、郑利亚；其他领导班子成员有：章友发、杨懿文、陈湘鹏（兼）、李明亮、彭罗生、贺双泉、黄新颜。

（九）长沙市经济技术协作办公室。1988年，长沙市人民政府经济技术协作办公室和长沙市经济技术服务公司，两个机构合署办公，定编15人，归口市计委管理；1994年11月，撤销市经济技术协作办公室，职能划归市政府办公厅和市招商局；2001年9月，根据《市委、市政府关于印发〈中共长沙市委、长沙市人民政府机构改革方案实施意见〉的通知》精神，将其职能划归市对外贸易经济合作局，设立国内经济协作处。

1991—1994年，郑利亚担任长沙市经济技术协作办公室主任。

（十）长沙市对外经济贸易合作局。2001年9月，根据《市委、市政府关于印发〈中共长沙市委、长沙市人民政府机构改革方案实施意见〉的通知》精神，撤销长沙市对外经济贸易委员会和长沙市招商合作局，合并组建长沙市对外经济贸易合作局，加挂长沙市招商合作局的牌子，将市人民政府办公厅经济技术协作的职能划归市对外经济贸易合作局，定编55人。是主管全市对外贸易、对外经济技术合作、招商和直接引资的市人民政府工作机构。

2001—2004年，担任长沙市对外经济贸易合作局书记、局长的是杨懿文；其他领导班子成员有：黄新颜、王奕平、文解亮、毕丽颖、高源、周虔。

（十一）长沙市商务局。2004年8月，根据《市委、市政府关于印发〈中共长沙市委、长沙市人民政府机构改革方案实施意见〉的通知》精神，撤销长沙市商业贸易发展局和长沙市对外经济贸易合作局，组建长沙市商务局，并加挂长沙市招商合作局的牌子。定编98人。内设市场运行调节处、市场体系建设处、行业指导处、对外贸易处、外商投资促进处、电子商务处、现代物流处等22个处室。2005年3月，市人民政府将原市经济委员会承担的酒类、典当、拍卖、报废汽车回收、对外经济协作和产业损害调查、成品油管理、重要工业品和原材料的进出口计划组织实施等职能划入市商务局；2010年，市政府又将市食品药品监督管理局原承担的药品流通监督管理职能、市农业局原承担的蔬菜流通方面的监督管理职能、市劳动和社会保障局原承担的本市公民国（境）外就业管理方面的职能划入市商务局；2011年7月，市政府又将原市劳动和社会保障局承担的境外就业职业介绍机构资格初审、电子商务等现代流通方式的发展、二手车评估机构、商业特许经营、直销企业网店的监督管理。市商务局是主管全市招商引资、内外贸易、现代服务业和国内经济合作的市人民政府工作部门。至2012年机构无变化。

2004—2012年，先后担任长沙市商务局主要领导职务的有：陆纪汉、杨懿文、李冬山、杨兴龙；其他领导班子成员有：陈再坤、曾鸣、易海斌、文解亮、毕丽颖、黄新颖、曾宪、王红、毛鹏程、彭可佳、汪东华、吴照舒、李四海、张德春、郭四军、刘利华。

二、区县（市）机构

1988年，长沙市区、县机构设置为东区、南区、西区、北区及郊区、长沙县、望城县、浏阳县、宁乡县，各区、县均设立财贸办公室和商业局；1996年，长沙市市辖区机构调整为芙蓉区、雨花区、天心区、开福区、岳麓区，县级机构有长沙县、望城县、浏阳市、宁乡县，其中望城县和浏阳市设立商业贸易发展局；其他各区、县均设立经济贸易局。2005年，实行内外贸一体化改革，长沙县、望城县、浏阳市、宁乡县、岳麓区设立商务局，开福区、雨花区、芙蓉区、天心区设立商务和旅游局，负责本区域的商贸流通、外经外贸、招商引资工作。其中望城（区）县（2011年5月望城县改为望城区）、浏阳市、宁乡县、岳麓区的商务局只负责本区域的商贸流通和外经外贸工作，招商引资工作则由单设的区、县（市）招商局负责。

三、二级机构

（一）长沙市人民政府牲畜屠宰管理领导小组办公室。2002年11月，成立牲畜屠宰管理领导小组办公室（加挂“长沙市人民政府屠宰管理执法大队”的牌子），为正科级全额拨款事业单位，定编 7 人，2012 年增加到 10 人。

（二）长沙市商业网点建设管理办公室。1988 年 12 月，设立长沙市商业网点建设管理办公室，隶属市财委，为自收自支事业单位，定编 7 人；1990 年 9 月，明确为副县级机构；2003 年 5 月，加挂长沙市黄兴南路步行商业街管理委员会办公室的牌子，2006 年 4 月摘除；2012 年 4 月，加挂长沙市中小商贸流通企业服务中心的牌子。

（三）长沙市市场服务中心。1996 年 9 月，成立长沙市市场服务中心，隶属长沙市工商行政管理局，为副县级全民事业单位；2000 年 3 月，市场服务中心归口市财贸办管理，定编 60 人；2002 年 11 月，市场服务中心归口市商贸局；2005 年市场服务中心归口长沙市商务局。至 2012 年机构无变化。

（四）长沙市步行商业街管理服务中心。2006 年 4 月，长沙市成立步行商业街管理服务中心，为正科级全民事业单位，定编 6 人。至 2012 年机构无变化。

（五）长沙市商务行政执法支队。2011 年 10 月，长沙市成立商务行政执法支队，定编 15 人，这是全省首家商务行政执法支队。至 2012 年机构无变化。

第二节　商贸（经营）规模

长沙商业，自古繁荣。进入 20 世纪 80 年代后期，随着国家改革开放不断深入和市场放开搞活，长沙商业发生巨大变化。1988 年，全市有零售商业饮食服务业网点 6.04 万个、从业人员 20.74 万人，其中市区商业饮食服务业网点 2.17 万个，从业人员 12.12 万。全市有各类集贸市场 239 个，其中市区 97 个，全年成交 7.78 亿元。全市实现社会商品零售 48.09 亿元。在长沙市社会总产值中，商业饮食服务业 14.21 亿元，占全市 160.19 亿元的 8.7%。商业饮食服务业上缴国家税收 7675 万元，实现利润 1.19 亿元。一个多渠道、少环节、开放式的流通体制初步形成，城乡市场繁荣活跃，群众购买比较方便。但由于市场消费增长过热，出现通货膨胀，物价上涨过猛，供需矛盾突出。是年 3 月和 6 月分别出现两次大的商品抢购风，市场物资供应短缺，各级商业部门大力组织货源，改进供应办法，缩小供需矛盾。首先保证“菜篮子”供应，全年蔬菜市场供应总量 1.16 亿千克，日人均 0.4 千克。国有商业经营 6691 万千克，占社会总供应量的 40.3%；其中管价经营量 5181 万千克，占国有商业经营量的 77.4%。市区销售猪肉 51.78 万头，其中国有商业占销售的 74.21%。同时国有商业还组织鲜鱼、鲜蛋、牛肉、羊肉等商品供应市场。对与人民群众基本生活密切相关的生活必需品如粮食、煤油、食盐、肥皂、电视机等重新实行凭票定点供应的办法，有效的控制市场混乱的局面。全年长沙市场消费粮食达 34.22 万吨；卷烟 20.08 万箱；各种商品销售都大幅上升。商业、饮食业在全市国民经济中所占比例为 5.6%；社会商品零售总额中国有商业占 37%，集体商业占 39.2%，个体商业及其他占 23.8%。

1989 年，国家在实现计划经济条件下，逐步放开市场调节范围。对国有商业企业经营的优惠政策和财政补贴逐步取消。长沙市加强市场治理整顿，制定《长沙市日用工业消费品批发商业管理的暂行规定》和《长沙市加强商业企业出租柜台管理的暂行规定》，对彩色电视机实行专营，对社会集团购买规定的专项控制商品实行“定点供应，专用发票”的管理办法。1990 年，长沙市 108 户国有大、中型商业企业在第一轮承包经营到期后分别与市财政部门和主管部门签订第二轮承包经营责任书，其中与市财政签订承包责任书的 39 户，与主管局签订承包责任书的 69 户。1991 年，全市 19 家商业企业为首批开始试行

“经营、价格、分配、用工”放开的单位。1992年，中国共产党第十四届三中全会发布《关于建立社会主义市场经济体制若干问题的决定》后，长沙商业更加活跃，市场更加开放。商品流通所有制结构发生重大变化，改变计划体制时期国合商业独家经营的状况，以国合商业为主导、多种经济成分共存，多家竞争，蓬勃发展。为个体私营商业的发展提供机遇，长沙开设商店迅速增加。全市有各类商业服务网点6.48万个，从业人员23.86万人，分别比1988年增长7.3%和15.1%；全市各类集贸市场250个，其中市区114个。个体商业餐饮服务业发展迅速，全市有个体户达5.05万户，7.14万人。国合商业全面推行经营、价格、用工、分配的放开，企业的经营自主得到增强，从而激活大型零售商店的活力，中山商业大厦、长沙友谊华侨公司、东塘百货大楼、韶山路百货大楼、晓园百货大楼5家大型零售商店销售额均过亿元。《湖南日报》1992年4月28日发表题为《五虎斗长沙》的文章，反映长沙商业的新格局。中山商业大厦、友谊商店、东塘百货大楼3家企业进入全国零售企业百强。经营、价格放开，企业面向市场，放手经营，经营领域不断拓宽；用工、分配放开，企业内部打破分配大锅饭，初步建立合理用工制度，干部职工告别铁交椅、铁饭碗，企业实行百元含量工资、提成工资、计件工资、技能工资等多种联产联销联利计酬方式。有271家企业实行工资全浮动，672家实行奖金全浮动，156家实行管理人员聘任制，86家实行全员劳动合同制。小型国有商业零售门店实行公有私营，3068个小型商业零售门店中，实行国有私营的1570个，占51.2%；商贸流通企业实现社会商品零售70.99亿元，上缴国家税收1.17亿元，实现利润5458万元，分别比1988年增长47.6%、49.2%和下降54.1%。

1993年，为加强对市场的宏观调控，建立副食品价格调节基金，制定《长沙市副食品价格调节基金管理办法》和《关于加强对饮食服务、文化娱乐行业价格管理的通知》，对全市22类（种）主要副食品和地产日用消费品，实行提价备案制度，对17类（种）重要商品，实行差价管理办法，有效抑制物价上涨。1994年，针对市场主要副食品价格上涨过快，确定全市50家国有菜店、60家国有肉店实行限价经营，整天供应不脱销的措施，有效保障市场供应。1995年，长沙首次提出流通活市发展战略，促进长沙商业的发展。为保证市场的生活物资供应，在全市初步建立四大副食品生产基地，即浏阳市100万头黑山羊生产基地、望城县10万亩商品鱼生产基地、长沙县6万亩蔬菜生产基地、宁乡县万吨豆制品生产基地，增加市场主要副食品的有效供应量，使市场商品物价的涨幅明显回落。东塘百货大楼、湖南友谊（集团）有限公司、阿波罗商业城列入湖南省建立现代企业制度试点单位。全市国有商业实现利润2858.9万元，居全省各地、州、市之首。1996年，全市国有商业企业继续深化改革，长沙交电站、长沙百货商贸公司所属洗涤化妆品贸易部、日用五金贸易部、针棉贸易部4家资不抵债，扭亏无望的企业实施破产，化解债务6885万元。全市有17家企业实施破产，36个边、小、微、亏的门店实行对外拍卖。同年，商业连锁经营开始进入长沙，蔬菜、副食品、小百货开始推进连锁经营，全市连锁经营门店发展到38家。东塘百货大楼实行股份制改造，组建东塘百货股份有限公司，8月18日，“通程东百”股票在深交所挂牌上市，实现企业体制的根本转变。是年，全市商业服务业网点9.87万个，从业人员39.08万人，实现社会消费品零售181.9亿元，上缴国家税收1.87亿元，实现利润8211万元，分别比1992年增长55.6%、64.1%、156.2%、59.8%和121.8%。

1997年，根据国家关于国有资本从竞争性领域逐步退出的政策，长沙国合商业企业全面进入到产权制度改革阶段，全面推行股份制和股份合作制改造。长沙市调料食品公司、长沙市韶山路肉食水产商店、长沙市吴大茂商店、长沙市培罗蒙服装店、长沙市小百货站5个单位作为先行试点单位，进行股份合作制改造，实行全员持股，将企业的国有资产和职工的国有身份进行置换。随着国有企业改革的深入推进，非公有制商业企业进一步增加，国有经济在市场中所占比重继续下降，非公有制经济成分增幅高于国有经济。1998 年长沙商业引进外资，第一家外资商业企业——平和堂商厦在五一广场开业，随之沃尔玛、麦德龙、家乐福等外资商业和王府井、新一佳、步步高等国内大型商业企业纷纷抢滩长沙，长沙商业由国有企业的竞争向多种经济成分的商业企业的竞争和国际化竞争转变，长沙商业更加繁荣。1999 年，印发《关于加快流通产业改革与发展的通知》。全市经营面积在 3000 平方米以上的超市有 8 家，实现销售 2.2 亿元，这是继连锁店后又一次对传统商业的改革与冲击。进入 21 世纪，长沙消费品市场进入快速增长时期。2001 年，作出“关于将长沙市建成区域性商贸中心”的决定。全年实现社会消费品零售 344.97 亿元，比上年的 307.88 亿元增长 12.1%，比全国平均增幅高 2 个百分点，在全国 31 个大中城市中增速排名第八位。其中非公有制经济增速高达 19.12%。第一家仓储超市德国麦德龙超市在开福区四方坪建成开业，促进长沙商业品位的提高和市场的繁荣。2002 年，黄兴南路步行商业街 开街；新一佳、华银旺和、家乐福等一大批连锁超市相继开业；湖南钢材大市场、马王堆陶瓷建材城、万家丽建材超市、家居乐、三湘南湖大市场等一大批消费品市场 建成。是年，全市社会消费品零售 401.1 亿元（其中公有经济零售额 143.96 亿元，占 35.8%，比 1996 年下降 5.7 个百分点），全市商贸服务业网点 12.68 万个，从业人员 46.35 万人，上缴国家税收 3.12 亿元，分别比 1996 年增长 120.5%、28.5%、18.6%和 66.8%。

2003 年，长沙市国合商贸流通企业产权制度改革全面完成，217 家国合商贸企业从国有资本中退出，35600 多名职工全部与原企业理顺劳动关系。连锁经营、物流配送、电子商务、服务外包等现代流通方式快速发展，加快长沙市从传统商业向现代商业的转变。同年 11 月 30 日，长沙市召开全市加快发展现代商贸流通业工作会议，出台《长沙市关于加快发展现代商贸流通业的意见》。2004 年 8 月，为推进内外贸一体化，长沙市将商业贸易发展局和对外经济贸易合作局合并组建长沙市商务局，负责全市的商贸流通、外经外贸和招商引资等工作。全市社会消费品零售 500 亿余元，达到 525.1 亿元。2005 年全市社会消费品零售 743.43 亿元，首次超过郑州，名列中部城市第二，跻身全国十强，初步实现建设区域性商贸中心的目标。2007 年，长沙市社会消费品零售额首次突破千亿元大关，达到 1037.03 亿元，比 2002 年增长 158.5%，成为“全国十大消费城市”之一，长沙商业进入快速发展时期。首届“湘商大会”在长沙举办，来自美国、奥地利、意大利、马来西亚、荷兰、泰国、新加坡等国家和中国港澳台地区、国内其他省份的代表共计 2600 余人参加会议。全市商业服务业网点 14.05 万个，从业人员 68.44 万人，上缴国家税收 3.93 亿元，分别比 2002 年增长 10.7%、47.6%和 25.9%。

2008 年，全市实现社会消费品零售总额 1273.87 亿元，其中家用电器、服装类、通信器材等商品增长较快。同时电商购物保持快速增长，快乐购物有限责任公司的电视直销购物实现销售 14.25 亿元。2009 年，长沙市实施家电、汽车摩托车下乡措施，拉动农村消费市场，全年销售家用电器 25.67 万台，汽车、摩托车 3.18 万辆，销售额 10.7 亿元。2010 年，长沙市场消费逐步由传统型向综合型、时尚型转变，当年家用电器、金银珠宝等商品保持快速增长势头，时尚消费、品牌消费成为热点。2011 年，河西步步高商业广场、万达开福广场、东牌楼国金中心、上河国际商业广场、世纪金源购物中心、友阿奥特莱斯购物公园等一批大型商业综合体建成开业，形成一个多种经济成分、多种商业业态并存的长沙商贸市场。长沙社会消费品零售突破 2000 亿元大关，达到 2126 亿元。

2012 年，长沙市被商务部、财政部列为现代服务业综合试点城市、肉菜流通追溯体系建设试点城市、电子商务示范基地建设城市、农产品现代流通综合试点城市、中小商贸流通企业服务平台建设试点城市及节能减排服务业集约化试点城市，并建立和完善长沙市生活必需品等应急物资供应保障网络。随着国有资本的退出，各种经济成分的商贸流通企业大量涌现，长沙商业由计划经济体制过渡到社会主义市场经济新体制，形成大市场、大流通、大商贸的流通新格局。商业由传统的柜台式经营发展成为超市、连锁、品牌专卖、物流配送、代理销售等多种经营形式并存的新的经营模式。是年，全市社会消费品零售总额为2454.71亿元，占全省社会消费品零售总额的25%；有各类商业网点16.72万个，从事商业贸易的从业人员约107.39万人，商业贸易企业上缴国家税收4.86亿元，分别比2007年增长136.7%、18.9%、56.8%、23.7%。

表19-1-2-1　　长沙市1988—2012年社会消费品零售总额一览表　　单位：亿元

年 份	总 计	一、按经济类型分组		二、按行业分组		
		公有制	非公有经济	批发零售贸易业	餐饮业	其 他
1988	48.09	36.66	11.43	38.43	1.99	7.47
1989	52.49	38.23	14.26	41.13	2.33	9.03
1990	55.68	39.92	15.76	42.88	2.78	10.02
1991	61.52	43.58	17.94	46.94	3.40	11.18
1992	70.99	49.35	21.64	52.77	4.30	13.92
1993	81.93	47.75	34.18	61.09	4.57	16.27
1994	112.73	61.11	51.62	84.33	7.73	20.67
1995	159.93	76.36	83.57	123.22	9.82	26.89
1996	181.90	75.39	106.53	140.24	11.86	29.80
1997	205.02	89.22	115.80	157.54	14.97	32.51
1998	226.51	99.02	127.49	169.52	22.08	56.99
1999	255.56	113.26	142.30	185.45	29.85	40.26
2000	307.88	132.99	174.99	224.82	36.87	46.19
2001	344.97	136.56	208.42	250.02	43.24	51.71
2002	401.10	143.96	257.14	341.97	54.71	4.43
2003	451.99	155.06	296.93	382.16	64.97	4.86
2004	640.33	204.91	435.42	545.71	89.09	5.53
2005	743.43	233.04	510.39	626.72	109.78	6.93
2006	865.61	242.38	623.23	729.98	127.86	7.77
2007	1037.03	280	757.03	873.96	154.36	8.71
2008	1273.87	323.21	950.66	1073.63	190.11	10.13
2009	1522.99	380.75	1142.24	1290.82	220.51	11.66
2010	1812.08	434.90	1377.18	1609.89	202.19	—
2011	2125.91	467.70	1658.21	1891.88	233.93	—
2012	2454.71	490.94	1963.77	2187.74	266.97	—

表 20–1–2–2　　长沙市 2004—2012 年商品零售额类值情况一览表　　单位：万元

种 类	2004 年	2005 年	2008 年	2010 年	2012 年
食品、饮料、烟酒类	215005.1	248270	397414	428325.6	504982.8
服装、鞋帽、针纺织品类	221178.5	250363.4	566862.3	740951.6	854736.4
化妆品类	—	—	67094.6	79627.8	92054.6
金银珠宝类	—	—	70599.8	97430.7	129840.5
日用品类	59073.3	77299.8	124373.3	135469.2	159802.7
五金、电料类	5981.9	6966.5	7930.9	8430.7	9517.3
体育、娱乐用品类	8993.8	18153.5	31082.2	40621.6	49176.3
书报杂志类	—	—	39603.9	45710.4	49726.7
电子出版物及音像制品类	—	—	1985	3065.4	4351.7
家用电器和音像器材类	205124	208276.8	284042.6	327605.8	405920.1
中西药品类	207532.6	208005.6	297976.6	318734.4	38175.2
文化办公用品类	54925	72483.5	109097.4	158742.4	197260.5
家具类	20762.1	22506.9	79540.4	94306.2	138218.6
通信器材类	40353.9	59197.7	111424.3	187265.4	258310.6
石油及制品类	253156.6	355886.1	624307.1	841063.7	113072.8
化工原料及制品类	2519.9	4512.4	3764.9	5732.7	7410.6
金属材料类	—	—	37378	57410.9	74018.2
建筑及装潢材料类	6315.1	11687.8	7572.1	14872.9	18396.1
机电产品及设备类	—	—	14342.9	17490.3	21486.5
汽车类	483735.4	624933.7	1320164	1849045.2	2407915.4
其他类	45020	74460.6	131306.7	159208.6	184729.5

第三节　消费品市场 网点及其他

一、市场建设

1988 年，域内有城乡商品市场 197 个，其中：市区 86 个、长沙县 32 个、望城县 16 个、浏阳县 35 个、宁乡县 28 个。总占地面积 34.5 万平方米。是年新建竣工的农贸市场、小商品市场 12 个，投资金额 1616.3 万元，农贸市场达 87 个，农贸市场由工商行政管理部门自建自营，成交总额 77.82 万元，比上年增长 72.87%。全市有各类市场 284 个，总面积 62.9 万平方米，摊位（店铺、门面）2.63 万个，从业人员 3.65 万人，成交总额 10.35 亿元。

1990 年投资 745 万元，新建农贸市场 17 个，总占地面积 5.56 万平方米。1991 年 5 月，投资 760 万元，占地面积 1.87 万平方米的马王堆蔬菜批发交易市场第一期工程竣工，是当时中南地区最大的蔬菜集散场所。

长沙市马王堆蔬菜批发交易市场于1991年5月建成开业，占地面积1.87万平方米，日均成交蔬菜30万千克，年成交量1100万千克；后经两次扩建，到2012年，市场占地面积9.67万平方米，有门面、铺面、摊位共1789个，年成交蔬菜5000万千克。

1992年，长沙市商品市场305个。长沙商业网点建设进入快速发展时期。投资1050万元，占地面积1.03万平方米的长沙肉类食品批发市场竣工；是年新建14个农贸市场，全市农贸市场达250个。1993年9月，由芙蓉区湖湘管理局投资建设的三湘南湖大市场于竣工投入运营，市场占地面积31.6万平方米，建筑面积26.8万平方米。

三湘南湖大市场于1993年9月竣工投入运营，总占地面积31.6万平方米，总建筑面积26.8万平方米，经几次扩建，到2012年市场总占地面积35.47万平方米，总建筑面积32.45万平方米，有铺面、门面、摊位5000个，年交易额260亿元。

1994年，制定《长沙市1993—2010年市场网点建设规划》，全面规划长沙市农贸市场、大中型专业批发市场和现代化商贸大厦的建设，建立综合配套、布局合理的商品市场体系；9月1日，《长沙市城市商业网点建设管理条例》正式实施。是年，投资700万元，建筑面积6万平方米的南湖建材市场、家具市场开业；市食杂果品公司投资500万元，将果品冷库的场地改建成金苹果服装市场，建筑面积1万平方米；湖南省林工商总公司投资500万元，将长沙木材厂改建为占地面积2万平方米的铝塑制品专业批发市场；红星村投资800万元新建占地面积1.2万平方米的井湾子家具市场，金泰食品、樊系巷鞋业、云帆综合等一批市场由有关单位筹集资金兴建。

1996年，全市综合专业批发市场建设项目21个，总投资12亿余元，总建筑面积70万平方米。9月由湖南高桥大市场股份有限公司投资建设的湖南高桥大市场竣工开业，市场用地面积66.7万平方米，总建筑面积80万平方米，拥有商户6000余户，年交易额超过1500亿元，是中南地区规模最大的商贸产业集群和全国第三大综合性市场。望城坡大市场、南湖建材市场、省粮食批发中心、东大门大市场、华湘陶瓷市场、机电市场、马王堆机动车配件市场、长沙摩托车市场、马王堆水果市场、伍家岭花鸟市场、长沙交电市场、人民路建材市场等一大批综合性专业市场相继建成开业，其中高桥、三湘、粮食批发等市场进入到全国大市场行列。全市各类市场达到560个，总面积256.8万平方米，摊位（店铺、门面）6.45万个，从业人员10.58万人，成交总额150.65亿元，分别比1988年增长97.2%、308.2%、145.3%、189.1%和1355.6%。

1997年1月，红星农副产品大市场建成开业，市场占地面积33万平方米，建筑面积14万平方米；后经几次扩建，到2012年，市场总占地面积86万平方米，总建筑面积36万平方米，有门面、铺面、摊位1.3万个，年交易额近300亿元。全市新建、改建、扩建室内农贸市场36个，总投资4270万元，面积6.96万平方米；新建开业的专业市场19个，总投资1.25亿元，面积9.35万平方米。1998年，高升设备调剂市场、长沙电脑城建成开业，新建农贸市场30个，室内农贸市场室内化程度达到90%。1999年，马王堆土特产品批发市场、理发用品市场、合一电脑市场、名牌服饰中心、废旧物资市场、湖南纸业市场竣工开业。马王堆蔬菜批发交易市场进行第三次扩建，占地面积到10.7万平方米。2000年，新建开业占地面积1.8万平方米的芙蓉路摩托车市场是中南地区最大的摩托车专业市场，当年新建开业的市场还有东大门皮革市场、瑞和家居生活广场。

2001年，建材装饰专业市场快速发展，当年建成开业的有马王堆建材新城、马王堆陶瓷建材市场。

2002年，投资2.8亿元，占地51.8公顷，建筑面积13万平方米的湖南最大的专业化市场——湖南钢材大市场开业，市场建有33栋门面，配有铁路专线。是年8月，三湘、南湖两个大市场合并重组，将10个专业市场合并，设立“建材区”“家电区”“灯饰区”“汽配城”4个专业区。随之湖南星沙汽车批发大市场、岳麓区花卉大世界、万家丽建材广场、家居乐建材超市等一批专业市场相继建成开业。2003年长沙县投资7600万元，建设占地面积100万平方米的中南汽车世界新车交易市场和占地14.5万平方米的中南二手车交易市场；2004年投资8500万元，建设占地26.6万平方米的星沙汽配城、占地20万平方米的星沙湘绣城和占地13.3万平方米的众鑫建材市场。2005年，长沙市开始实施“万村千乡市场工程”。长沙县、浏阳市、宁乡县、望城县和12家试点企业被商务部列为“万村千乡”市场工程试点县和试点企业。是年出台《长沙市商业网点布局规划（2005—2020）》。按照“政府引导、市场运作”的原则，鼓励外资、民营资本、外来企业投资。长沙消费品市场建设的社会投资占90%以上；经营方式由过去单一行业、单一品种批发改变为“以批带零、批零结合”的多行业、多品种、综合性的批发大市场，各类综合性专业市场363个。全市各类市场595个，总面积582.45万平方米，摊位（店铺、门面）9.58万个，从业人员42.65万人，成交总额540.6亿元，分别比1996年增长6.3%、126.7%、48.5%、303.1%和258.1%。

2008年，长沙启动“农贸市场提质改造工程”。当年5月发布《关于促进农贸市场建设提质工程工作的通知》，制定“农贸市场建设提质工程建设标准”及“农贸市场建设提质工程验收办法”，对市场规划布局及建设、场内经营设施及附属设施等都制定相应的标准并严格按照标准验收。当年长沙市共新建和改造提质清水塘农贸市场、火星路农贸市场、新开铺农贸市场、英才园农贸市场、德润园农贸市场、毛家桥农贸市场、洪山桥农贸市场、红旗区农贸市场、桂花路农贸市场等50个农贸市场。2010年，长沙市新建2个废钢铁、报废汽车分拣加工中心，4个废塑料、废纸张、废电池分拣中心和1个再生资源集散市场。2011年，城区新建农贸市场5个，建筑面积1.07万平方米，望城区、长沙县、浏阳市、宁乡县新建17个中心集镇农贸市场。

2012年，有各类综合性专业市场635个，比2005年增加212个，占全省消费品批发市场总数的52.97%。其中：消费品专业市场268个，拥有店铺或门面50065个，营业面积506.4万平方米，吸纳就业人员43.99万人，年成交额503.66亿元，涉及的经营产品种类有家电、建材、食品、儿童用品、工艺品、图书音像、电脑、通信、日常用品、湘绣家纺、汽车、文化体育用品、高科技产品等。生产资料市场61个，拥有店铺1.43万个，营业面积183.1万平方米，吸纳就业人数7.6万人，成交额390.85亿元，涉及的经营产品种类有钢材、机电、汽配、木材、工程机械、石材等。农副产品大市场31个，拥有店铺1.51万个，营业面积96.9万平方米，吸纳就业人数5.7万人，成交额217.93亿元，涉及经营产品种类有蔬菜、水果、肉食、家禽、花卉等。农贸市场250个，拥有店铺3.57万个，营业面积28万平方米，吸纳就业人数3.2万人，成交额32.16亿元。可再生资源市场23个，拥有店铺3922个，营业面积48万平方米，吸纳就业人数1.8万人，包括废旧物资回收、二手商品交易、古玩交易等。同时还有长沙报废汽车拆拣中心和汇金报废汽车拆拣中心两个特种行业市场。年成交额在亿元以上的商品交易市场有58个，占全省亿元市场总数的20%。湖南钢材大市场、湖南高桥大市场、长沙红星农副产品大市场、湖南三湘南湖大市场、中南汽车大市场等5个大市场的年成交额均超过100亿元。湖南钢材大市场的年成交额到200亿元以上，在湖南省排名第一。全市各类市场共计635个，总面积862.5万平方米，摊位（店铺、门面）11.7万个，从业人员62.29万人，成交总额1150.1亿元，分别比2005年增长6.9%、48.1%、22.1%、

46.1%和 112.7%。

二、零售网点建设

1988 年，长沙有零售商业网点 4.22 万个，主要是单一商品零售店、百货店、杂货店等几种形式，实行柜台式经营，店铺比较集中，从业人员 12.22 万人，主要以国有企业为主。中山路百货商店、友谊华侨商店、韶山路百货大楼、东塘百货大楼、晓园百货商店等十余家大型商店是长沙有代表性的零售企业；从事饮食、副食、小百货、日用杂品、修补等行业的个体工商户有 1.99 万户，这些小摊点散布在规定的街头巷尾，以封闭式的柜台方式灵活经营，给消费者带来极大利便。随着改革开放的不断深入，各种经济成分的零售企业大量进入长沙市场，国有零售业进行产权制度改革，将国有资本从零售业中逐步退出，个体、民营、外资等各种经济成分的零售业纷纷进军长沙，使长沙零售业市场呈现市场繁荣、购买方便、竞争激烈的市场新格局。是年实现商品零售总额 48.09 亿元，比 1987 年增长 32.2%。

1990 年，投资 5962 万元，新建百货、文化、交电、化工、东塘、司门口、晓园、友华、五交化、儿童用品、青少年用品、中山商业大厦裙楼 12 处商业大楼，新增营业面积 6.37 万平方米。1992 年，长沙市针棉纺织品公司与港商共同投资 980 万美元，在北站路新建长洋综合商业大厦于 12 月 8 日开业。当年全市新建商业零售网点 1094 个，新增营业面积 1.59 万平方米。

1993 年，将商业网点建设纳入全市国民经济和城市建设总体规划，商业网点建设呈现出投资多、门类全、档次高的发展趋势，是年完成投资 2.4 亿元，新增营业面积 10.88 万平方米，新建中山商业大厦、阿波罗商业城、通程国际商业广场、太平洋商厦、司门口百货大楼、楚云饭店等一批零售网点。是年，有零售商业网点 5.7 万个，从业人员 18.14 万人，商品零售总额 65.57 亿元，分别比 1988 年增长 35.2%、48.4%和 36.3%。

1994 年，新建西城百货大楼、新兴购物中心竣工开业，长沙营业面积在 1 万平方米以上的零售商场达到 7 个。1995 年，友谊商城、佳事得商业中心、科星鞋业城、北斗星商厦、南北特副食品大楼、国风食品大楼等零售企业相继建成开业。1996 年，商业连锁经营开始在长沙出现，市蔬菜食品总公司、友谊集团公司、阿波罗商业城、五一文等企业投资 400 万余元试点企业连锁经营，连锁经营商店发展到 38 个。投资 800 万余元，建筑营业面积 7000 平方米的吉盛百货大楼建成开业。是年，将五一广场列入商业特区进行规划，规划占地面积 25 公顷，总建筑面积 100 万平方米，按照“高起点、高质量、高效率组织五一广场商业特区开发建设”的要求。特区实行“统一规划、分步实施、联动开发、整体推进”，出台优惠政策，吸引境内外资金投资建设，是年，引进资金 20 亿元，有 11 个项目竣工营业。是年，全市零售商业网点 7.87 万个，从业人员 25.08 万人，商品零售总额 158.8 亿元，分别比 1993 年增长 38.1%、38.2%和 141.1%。

1998 年，全市零售商业逐步向连锁超市、大型商场和专卖店方向发展。注册资本 5000 万美元，投资总额 9600 万美元，建筑面积 11 万平方米的第一家外商零售企业平和堂商厦在五一广场商业特区建成开业，商厦共 31 层，其中商场营业面积 5 万平方米，是集零售、餐饮、文化娱乐、写字楼为一体的多功能商贸大厦。投资 2 亿元，建筑面积 6 万平方米的阿波罗商业广场在火车站建成开业。2000 年，建筑面积 6500 平方米的长沙市第一家仓储超市——麦德龙超市在四方坪开门迎客，填补长沙市零售商业的一项空白。2002 年，长沙市非公有制经济的商业零售额 127.49 亿元，对全市社会消费品零售总额增长的贡献率为 56.21%，成为拉动全市消费品市场的最大动力。黄兴南路步行商业街建成开业，成为集购物、休闲、餐饮、娱乐、文化、旅游等为一体的零售商业集中区。是年，家乐福超市、百盛百货、华银旺和连锁超市等相继开业，滦湾镇通程商业广场和新一佳滦湾镇通程店同时开业，通程集团开设的通程电器连锁店开门迎客，为长沙零售市场增添新的活力。

2003年，全市零售商业网点建设总投资19.06亿元，建筑面积57.6万平方米，主要项目有全球排名第一的零售业巨头沃尔玛和国内外知名的商业零售企业"王府井""铜锣湾""普尔斯马特""好又多"相继落户长沙，位于新世纪体育中心的家润多购物广场竣工开业，使长沙成为国内外商业巨头齐聚的城市。是年，长沙商业连锁超市也得到快速发展，连锁超市发展到45家，经营网点600多个，销售额到40亿余元。中共中央总书记、国家主席、中央军委主席胡锦涛于2003年10月3日下午在湖南省委书记杨正午、省人民政府代理省长周伯华的陪同下视察通程商业广场，在视察时总书记叮嘱通程集团董事长周兆达，要把通程集团做大做强做好，要进一步熟悉适应WTO规则，加强与国际惯例接轨。是年，全市零售商业网点10.53万个，从业人员38.36万人，商品零售总额382.16亿元，分别比1996年增长33.8%、52.9%和146.9%。

2005年，通程电器首次进军省内三级市场，在省内新开设电器连锁店4家，使通程电器连锁店14家。占据省内家用电器市场50%的份额。2006年，友谊阿波罗商业股份有限公司引进美国购宝公司，转让家润多超市80%的股份。长沙沃华经贸有限公司创新鞋业品牌经营，位于黄兴南路步行街的"百幸鞋业"是长沙规模最大的鞋业经营零售店。2008年，超市与百货、餐饮、专卖店等业态相结合，形成一种综合型社区型购物中心零售业态。同时，一些实体零售店与电子商务相结合，开始线上线下同时经营。2010年，长沙零售商业向大型购物中心发展，总投资20亿元，总建筑面积60万平方米的大型购物中心上河国际商业广场建成开业，是年，总建筑面积20万平方米的世纪金源购物中心和建筑面积15万平方米的友阿奥特莱斯购物公园等等项目相继开门迎客。这些购物中心汇集大型超市、专卖店、食品店、餐馆、饮食店、银行、游乐场、电影院等多种业态，是实行多业经营的消费场所。

2011年，湖南友谊阿波罗商业股份有限公司承债式兼并中山集团公司，并连续三年被评为"湖南省纳税50强"企业。新世纪百货、步步高商业广场、通程商业广场、王府井百货、天虹百货、华润万家、万达购物、长沙乐和城、悦方IDMAI等数十家大型百货商场齐聚长沙，商业零售网点遍布城乡各地，群众消费十分方便。

2012年，长沙的大型百货商场27个，总营业面积约63.2万平方米，年营业额约102.3亿元。经营面积最大的百货商场是位于金星路与桐子坡路交界的步步高商业广场，经营面积10万平方米。经营面积超过5万平方米的有平和堂五一广场店、王府井黄兴路店、通程商业广场滦湾镇店；经营面积超过1万平方米的有新世纪百货商场、阿波罗商业城、友谊商店、阿波罗商业广场、新大新百货商场、乐和城、步步高王府店、春天百货商场、万达购物广场、天虹百货商场等。单店经营面积在3000平方米以上的大型综合超市53家，总经营面积约25.86万平方米，年营业额约36.2亿元。全市专业零售店、专卖店、便利店、食杂店、蔬菜店等各种业态的商业零售网点星罗棋布，分布在全市各地，比较集中的街道有黄兴路、蔡锷路、万家丽路、韶山路、八一路、芙蓉路、五一大道、劳动路、枫林路等。全市零售商业网点13.72万个，从业人员69.48万人，商品零售总额1248.5亿元，分别比2003年增长30.3%、81.1%和226.4%。

表 19-1-3-1　　2012 年长沙市市区大型百货商场一览表

序号	名称	地址	面积（平方米）
1	新世纪百货商场	芙蓉区五一路	35000
2	阿波罗商业城	芙蓉区袁家岭	10000
3	友谊商店	芙蓉区袁家岭	10000
4	阿波罗商业广场	芙蓉区八一路	10000
5	新大新百货商场	芙蓉区黄兴北路	30000
6	乐和城	芙蓉区黄兴北路	30000
7	步步高王府店	芙蓉区车站北路	15000
8	平和堂百货商场	芙蓉区黄兴南路	51800
9	春天百货商场	天心区黄兴南路	22000
10	万达购物广场	天心区解放西路	14000
11	王府井百货商场	天心区黄兴南路	60000
12	天虹百货商场	天心区解放路 BOBO 天下城	30000
13	通程商业广场	岳麓区溁湾镇	65000
14	指南针商业广场	岳麓区枫林一路	6000
15	步步高商业广场	岳麓区金星大道	100000
16	家润多百货商场	岳麓区阜埠河路	6000
17	岁宝百货商场	开福区开福寺路	20000
18	四维百货商场	开福区中山路	4000
19	美美百货商场	开福区松桂园	10000
20	沙湖桥百货商场	开福区沙湖桥	6000
21	友谊商城	雨花区东塘	20000
22	平和堂东塘商场	雨花区韶山路	55310
23	友谊百货朝阳店	雨花区人民路	16000
24	华润万家	雨花区湘府路	12000
25	天剑百货	雨花区中意一路	5000
26	通程奥特莱斯	雨花区万家丽中路	20000
27	通程商业广场	雨花区湘府路	12000

表 19-1-3-2　　2012 年长沙市市区大型综合超市一览表

序号	名 称	地 址	面积（平方米）
1	大润发超市	芙蓉区人民东路	8000
2	家乐福超市	芙蓉区芙蓉广场	12000
3	精彩生活超市	芙蓉区晚报大道	5000
4	家润多超市	芙蓉区八一路	5000
5	新一佳（广通店）	芙蓉区二环线远大路	6000
6	万惠超市	芙蓉区迎宾路	5000
7	好润佳超市	芙蓉区凌霄路	3000
8	人人乐超市	芙蓉区马王堆中路	3000
9	家润多超市	芙蓉区建湘路	5000
10	人人乐超市	芙蓉区晚报大道	3000
11	家润多超市	芙蓉区火炬路	3000
12	新一佳超市	芙蓉区平安路	3200
13	沃尔玛解放路店	天心区解放西路	8000
14	新一佳超市	天心区书院路	5000
15	新一佳书院南路店	天心区书院南路 178 号	5000
16	步步高新开铺店	天心区新开铺路口	6000
17	步步高韶山南路店	天心区韶山南路 484 号	8000
18	大润发韶山南路店	天心区韶山南路	6000
19	王府井超市	天心区黄兴南路	8000
20	家乐福超市	天心区贺龙体育广场	8000
21	天虹超市	天心区二环线与芙蓉南路交会处	5000
22	家润多南湖店	天心区南湖路 216 号	3000
23	家润多劳动广场店	天心区劳动西路 128 号	3000
24	家润多桐子坡店	岳麓区桐子坡路	8000
25	新一佳通程店	岳麓区溁湾镇	12000
26	新一佳银盆岭店	岳麓区六沟垅	5000
27	新一佳银杉店	岳麓区银杉路	10000
28	家润多超市天马店	岳麓区阜埠河路	5000
29	恒生超市西站店	岳麓区汽车西站	7000
30	恒生超市银盆岭店	岳麓区六沟垅	6000
31	人人乐超市时代广场店	岳麓区雷锋大道	15000

续表 19-1-3-2

序号	名 称	地 址	面积（平方米）
32	惠民直通超市	岳麓区银盆南路	4000
33	大家好购物广场	岳麓区麓山南路	4000
34	新一佳华夏店	开福区华夏路	5000
35	旺和生鲜超市	开福区湘雅路	3000
36	家润多超市	开福区黄兴北路	3200
37	华润万家超市	开福区世纪金源购物中心	5000
38	家润多超市人民东路店	雨花区人民东路 9 号	7000
39	家润多超市赤岗冲店	雨花区曙光路与劳动路交会口	5000
40	万惠超市	雨花区城南路与曙光路交会处	5000
41	步步高超市东塘店	雨花区东塘广场劳动路口	5000
42	步步高超市红星店	雨花区韶山路与湘府路交会处	8000
43	沃尔玛超市雨花店	雨花区韶山路雨花亭	6000
44	新一佳超市侯家塘店	雨花区劳动东路与芙蓉路交会处	8000
45	华银旺和超市韶山路店	雨花区韶山中路 748 号	6000
46	沃尔玛超市	雨花区万家丽路与朝晖路交会处	6000
47	新一佳超市井湾子店	雨花区井圭路与韶山路交会处	6000
48	新一佳洞井店	雨花区湘府路与新韶山南路交会处	6000
49	家乐福超市雨花店	雨花区韶山路与香樟路交会口	5000
50	步步高超市梓园路店	雨花区梓园路与城南中路交会处	3000
51	步步高超市林科大店	雨花区韶山路林业科技大学橙子街	3000
52	新一佳超市车站南路店	雨花区车站路与桂花路交会处	9000
53	步步高超市喜乐地店	雨花区万家丽南路	6000

三、特色商业街建设

黄兴南路商业街是一条古老的商业街，历来店铺云集，人丁兴旺，市场繁荣，但由于时代久远，房屋破旧，不能适应经济发展的需要。为提高长沙的整体形象，2001 年，长沙市决定将黄兴南路商业街改造成步行商业街，步行商业街按照长沙市提出的“政府策划、市场运作”的原则，运用土地资源，引进香港兆祥集团和福建三木集团参与合作，一次引进建设资金近 10 亿元。这是长沙市城市建设项目中“经营城市”的典范，也为唯一财政没有直接投入建设资金的项目。从 2001 年 2 月开工建设，历时 8 个月，拆除住房 862 户，单位 280 家，面积近 20 万平方米。从司门口到南门口全长 830 米，以拓展西域为主，由室外步行街、室内步行街和空中花园街组成。2002 年 2 月 9 日，步行商业街开街试营业，10 月 1 日正式开业，将一条传统衰落的商业老街改造成一个环境优雅、街景迷人、品位高尚，集购物、休闲、餐饮、娱乐、文化、旅游等为一体的新型购物街。2003 年 12 月，长沙市出台《长沙市黄兴南路步行商业街管理办法》。2005 年 3 月，黄兴南路步行商业街被中国步行街工作委员会授予“中国最著名商业街”称号，成为中南地区唯一获此荣誉的步行商业街。2006 年，成立长沙市黄兴南路步行商业街管理办公室和管理服务中心，加强对步行商业街的管理工作。此后，黄兴南路步行商业街成为长沙市最繁华的地区之一，也为消费者集中购物的场所。同时，长沙市根据历史消费习惯和经营特色，对同类经营项目比较集中的街区逐步加以引导和培育，经过多年的努力，一批有特色的商业街逐步形成。到 2012 年，长沙市形成 22 条特色商业街，如解放西路酒吧一条街、坡子街民俗美食街、太平街历史文化街、鸿铭商业街、麓山南路文化创意街等既具有本土文化特色，又具有浓厚的商业氛围的商业街。商业街的经营范围涵盖花卉苗木、文化用品、通信器材、服装、IT 产品、旅游文化、医疗器材、风情小吃、酒吧休闲、音像图书等消费项目，既有各种装饰豪华的专卖店、特许经营店，也有各种价廉物美的服装、日用品零售小店；既有单体商铺，也有连锁经营商铺。形成特色鲜明、功能配套、主题突出、多业为辅的街区业态结构。

表 19-1-3-3　　2012 年长沙市主要特色商业街一览表

序　号	名　称	地　点	长度（米）	经营特色
1	宝南通信器材一条街	蔡锷中路	450	通信器材
2	湘女服饰文化街	解放中路	850	服　装
3	朝阳电子科技街	朝阳路	560	IT 产品
4	化龙池清吧一条街	化龙池	500	酒　吧
5	黄兴南路步行商业街	黄兴南路	830	综　合
6	坡子街民俗美食街	坡子街	450	风情小吃
7	解放西路酒吧一条街	解放西路	1500	酒吧休闲
8	白沙路茶文化街	白沙街	1000	茶
9	太平街历史文化街	太平街	710	旅游文化
10	橙子 498 街区	韶山路 498 号	400	校园文化产品
11	麓山南路文化创意街	麓山南路	2000	文化旅游
12	阜埠河路时尚艺术街	后　湖	1000	文化用品
13	潮宗街旅游文化街	潮宗街	400	旅游文化
14	湘春路商业街	湘春路	1500	体育用品
15	清水塘古玩一条街	清水塘路	540	文物字画
16	开福寺路特色商业街	开福寺路	360	宗　教
17	大都市地下商业街	东塘/砂子塘	600	综　合
18	万家丽路汽车展示街	万家丽南路	750	汽车展销
19	鸿铭商业街	鸿铭中心	550	综　合
20	郭亮中路服饰商业街	郭亮中路	1000	服　饰
21	体育东路商业步行街	体育东路	700	综　合
22	星沙步行街	星沙大道西	400	综　合

四、电商平台

电子商务是随着国内电子技术的发展而出现的一种新的商业业态，20 世纪 90 年代后期长沙出现电子商务业务。1999 年，电子商务开始在长沙运行，以网上贸易和招商引资为主。其运用范围包括旅游、票务、金融、房地产、职业介绍、网上教育、手机银行、手机炒股、电子机票、网上职业介绍、网上教育、网上娱乐等。部分企业开始借助互联网开展商务活动，主要集中在广告宣传、寻找供应商或代理商信息，也开始有在线订购功能。如全州药业集团有限公司、长沙远大空调有限公司、湖南博云东方粉末冶金有限公司、湖南长城肠衣有限公司等拥有自身的比较成型的电子商务系统。

2004 年，长沙电子商务发展步伐加快，友阿集团的 9448 商务网站实现网上销售 600 万元，同比增长 35%。2006 年 3 月电子商务企业——“快乐购物有限责任公司”正式运营，快乐购物定位于“媒体零售、电子商务、电视百货、连锁经营”，致力跨媒体、跨行业、跨地区发展，经过几年时间的运作，成长为国内新一代家庭电视购物领军者。

2008 年，长沙市出台《关于加快电子商务发展的若干意见（试行）》的文件。同年 2 月，长沙获商务部批准成为首个“国家移动电子商务试点示范基地”，同时批准长沙高新技术产业开发区为国家电子商务试验区。大型 B2B 电子商务网站悦商网中南区商务管理中心在长沙启动；阿里巴巴在长沙设立湖南客户与服务体验中心。2009 年，京东商城、泡泡网等外地优秀电子商务企业纷纷进驻长沙，促进长沙市电子商务产业的发展。全市规模以上企业中自建网站的占到 30%以上，还有些企业通过阿里巴巴等第三方平台开展电子商务活动。长沙市通过中国移动通信集团湖南分公司与中国银联湖南分公司、湖南拓维信息系统股份有限公司等企业合作，建设功能强大的电子商务平台，实现电子支付、电子认证、电子凭证等核心功能，是国内最大的移动电子商务应用支撑平台。随着电子商务在企业的广泛应用，有效地推动长沙企业的发展。快乐购物有限公司 2009 年的总订购额 21.6 亿元。2009 年 11 月，长沙市电子商务协会成立。

2010 年，全市 48 家重点电子商务企业的交易总额 258 亿元。长沙市规模以上企业绝大多数已自建网站或利用第三方电子商务平台获取资讯、实现产品和服务的销售，电子商务的应用范围越来越广泛。长沙市通过“诚商网”等电子商务平台，吸引来自韩国、印度、俄罗斯、哥伦比亚、智利等国家的贸易商来到长沙，采购工程机械、矿山机械、汽车零配件、太阳能电池等商品，为外经贸企业拓展国际市场提供平台支持。湖南友谊阿波罗商业股份有限公司与湖南省邮政公司合作，利用“邮易购”电子商务平台和“友阿”9448 商务网，开展“友阿家居日用百货下乡”“友阿精品百货分销配送”等经营项目，开创百货零售业电子商务新模式。五牛电子商务公司开发物资采购电子商务系统等十余种软件产品，先后为中国石化、南车时代集团、华能电力、中国航天等企业提供软件开发和技术支持服务；远银网络科技有限公司架构中大型商业“CBG 中格购物”商联系统是国内外第一个架构在有线互联网络和无线 3G 手机网络的商业管理系统。长沙南方大宗农产品交易中心是集农副产品交易市场、农副产品包装设计、农副产品展览、农产品经纪人培训、商住、仓储物流功能于一体的综合性电子交易平台。同年 10 月，中国移动电子商务产品创新基地正式落户长沙高新区，主要从事电子商务的新产品研发、业务运营、客户服务、用户及商户服务，湖南成为全国唯一的移动电子商务示范省。

2011 年，长沙市面向消费者的电子商务平台快速发展，电子商务企业 3 万余家，如快乐购物、御泥坊、集群 e 家、窝窝团、国美库巴、汉萱本草、好易购等都是经营较好的电子商务品牌。工程机械、汽车及零部件、家电、电子信息、新材料、中成药及生物制药六大产业都已建立或运用第三方电子商务平台。快乐购物有限公司、鹰皇商务科技有限公司、长沙钢为网络科技有限公司荣获商务部电子商务示范企业称号。

2012 年，长沙市电子商务产业成为初具规模的成长型产业，长沙市被评为“国家电子商务示范基地”。全市电子商务交易总额 1200 亿余元。新建、扩建一批重点电子商务项目，包括快乐购资源管理平台、中国钢铁现货网交易平台、盟昇物流粮油食品网上购物平台、隆平高科农资流通与农业技术服务公共平台、中农传媒淘宝网“特色长沙”公共服务平台、艾尔丰华基于物联网核心技术的农产品质量安全监控体系等项目。新开通的长沙通程控股股份有限公司“爱尚通程”网上商城成为湖南首家双线运营的综合性电子商务网站，有超过 700 个知名品牌进驻“爱尚通程”网，同时还开通在线缴费、预约家政、酒店预订、生活代购、家电维修及其他社会服务预订等业务。

第四节　管　理

一、市场运行监管

（一）市场运行监测。1988 年，长沙商品市场仍然是公有制商业企业为主体，市场运行监测工作仍然沿袭计划经济时期的监测办法，根据各行业的国有商业企业的运行情况来掌握市场供求的变化情况，政府适时出台市场调控的办法和措施。1989 年，长沙商品市场处于计划经济向市场经济过渡时期，商品价格波动较大。当市场供应的商品货源偏少，价格上涨幅度太快时，由国有企业组织货源投放市场，并对主要商品实行限价或凭票定量供应，有效稳定市场供应。1990 年，根据蔬菜、肉食等鲜活商品在市场供应中变化快的特点，将蔬菜、肉食两大主要副食品作为市场监测的重点，每天将蔬菜、肉食商场供应量、国有商店经营量和零售价格统计上报。省、市两级财政对蔬菜、肉食市场供应给予政策性亏损补贴。1991 年，长沙市马王堆蔬菜批发市场建成开业后，成长沙市蔬菜市场供应的“晴雨表”，根据蔬菜批发市场蔬菜成交量的变化分析零售市场蔬菜供应的变化情况。从 1992 年起，在“五一”劳动节、端午节、中秋节、国庆节、春节、元旦等几大节日及重大自然灾害期间，各商业行政主管部门都及时发布《关于做好市场供应工作的通知》，对市场供应的货源组织、供应措施及价格调控等都作出相应的规定，并组织人员进行检查。1994 年 8 月，由于遭受特大洪涝灾害，蔬菜、肉食价格上涨过快，从而带动家禽、水产品、调味品等副食品价格上涨。为此，确定 50 家国有集体菜店、60 家国有集体肉店整天供应蔬菜、肉食，定价格水平，定库存储备、定财政补贴的“三定”措施，稳定市场供应。1995 年，长沙进一步加强市场监管力度，全面贯彻落实《中华人民共和国反不正当竞争法》《中华人民共和国消费者权益保护法》及省人大常委会颁布的《湖南省城乡集贸市场管理条例》等法律法规，加强市场价格管理，从严打击假冒伪劣商品，国有商业组织货源供应市场。1997 年，长沙市加大宏观调控力度，在加强市场运行监测的同时，建设菜、猪、羊、鱼等主要副食品生产基地，集中力量抓好节日、重大自然灾害和蔬菜市场淡季的供应工作。同时整顿市场秩序，确保市场供应。2000 年，随着非公有制经济的快速增长，市场建设快速发展，市场运行监测的重大转向农贸市场，加大市场的监督，加强“放心食品”的市场整治，生猪实现定点屠宰，蔬菜实行无公害检测，集中打击制假、售假行为。

2004 年，长沙市对市场运行实行动态监控，依托商务部监测平台建立以 16 家城市生活必需品经销点构成的生活必需品监测网络，23 家重点流通企业构成的重点流通企业监测网络和 15 家重要生产资料经销企业构成的重要生产资料监控网络。在城市生活必需品监测工作方面，对 23 种城市生活必需品销售额、销售量、价格情况实施监测，掌握节日市场运行特点，商品价格波动的原因，预测其变化趋势，并据此对市场供应采取保障措施。对重点企业、重点商品实行月、季、年度市场分析；并对肉、菜等与人们生活密切相关的生活必需品进行专项分析。2005 年，长沙市设立市场运行监测预警系统，以市场运行情况、已经发生的突发事件、可能发生的潜在危机以及民众关心的消费品市场需求、价格变化、质量安全情况为监测内容，用可视化技术工具、预测分析工具、图表表现方式对社会消费品零售总额、消费市场、突发事件、食品安全体系建设、商务资讯、定点屠宰等专题进行监测分析。以宽带互联网为载体，利用现代信息传输技术与网络技术，可对各信息源数据进行远程读取和监测，实现适时记录、查看及统计分析各类数据。在突发事件期间，生活必需品市场监控增加信息报送次数，快速及时掌握市场实时动态，并依此进行相关调整应急措施。同年在长沙市禽流感爆发期间，每日报送数据监测 200 余次。

2007 年，长沙市自行研发设计制作一套市场运行监测预警系统软件。系统通过数据自动上传的方式，实现对定点企业 46 种生活必需品零售价格、销售额变化和 18 种主要蔬菜品种批发行情的即时监控和自动预警，在长沙市城区内各大超市和农贸市场公示猪肉等主要副食商品的参考零售价格。在重大自然灾害、重大节假日和重大活动期间对市场供应的肉食、蔬菜、粮油及成品油等关注民生的重要商品实行日报、快报和专报制度，及时掌握市场供应的变化情况，确保市场供应货源充足，价格基本稳定。同时通过新闻媒体等渠道，公布城市生活必需品市场监测情况、消费品市场月度、年度分析、各类生产资料专题市场分析等各类定期和不定期市场信息分析。2008 年，各区、县（市）均建立市场监测平台，全市涉及监测企业 182 家，占全省监测企业的 30%。

2012 年，商务部对全国重点商贸企业安装市场运行的监测系统——信息泵，与企业的财务统计部门直接联网，直接采取数据。长沙市安装市场运行监测信息泵的企业有 10 家，涉及百货、超市、医药流通 3 个业态。对市场信息的分析研究，从以月分析为主的分析模式逐步向多形式、多品种的模式开展分析。

（二）市场运行调节。1988 年，由于通货膨胀，物价上涨过快，市场商品供应不足，3 月和 6 月长沙市场两次出现商品抢购风。各级商业部门积极组织货源，改进供应办法，充分发挥国有商业主渠道作用，控制物价，缩小供需矛盾，很快平息市场商品抢购风。1989 年长沙市为进一步平抑市场物价，缓解供需矛盾，对部分主要副食品和日用工业品仍然实行凭票定量供应的办法。同时加大商业服务网点建设，加强市场整顿和治理，市场供应平稳，市场销售逐步上升。

20 世纪 90 年代，长沙市在市场供应与调控方面主要是及时了解和掌握市场供应的信息，分析市场生活必需品供应变化的情况，在商品供应比较紧张，商品价格波动较大的时期，及时启动调控手段；同时抓好商品的储备和组织工作，在市场供应出现波动之时，迅速组织商业企业调运商品投放市场，并动用副食品价格调节基金，调运储备的物资投放市场，确保市场供应平稳。1994 年，长沙市商品零售物价总水平比 1993 年上涨 23.8%，其中：粮食、肉禽及制品、鲜菜等商品上涨幅度较高，分别上涨 46.3%、36.9%、28.9%；服务项目价格总水平上涨高达 33.7%。为平抑市场价格，抑制通货膨胀，长沙市加强市场调控力度，重新恢复国有 50 家菜店、60 家肉店、70 家粮店经营主业，保障市场供应；并出台《关于制止价格垄断、价格欺诈和牟取暴利的规定》，制定《关于查处经营蔬菜、肉类食品、调味食品、水果、饮食业等牟取暴利行为的实施细则》，加强流通秩序的整顿工作，设立价格调节基金，根据市场价格变化情况适时使用。1995 年，长沙市在重大节日、自然灾害期间实行市场调控办法，动用副食品价格调节基金，组织肉、菜等主要食品投放市场，并对商品价格进行调控，使市场供应货源充足，价格平稳。启用生猪活体储备，每年在全市选择十余家上规模的生猪饲养场签订生猪储备合同，存栏 4 万余头生猪，在市场需要时投放市场，政府给予适当补贴。

进入21世纪，长沙市注重各项应急预案的制定和应急物资的储备及应急网络的建立，加大放心食品的供应工作。2003年，全市大力实施“放心工程”，确保消费安全。在农贸市场、超市、宾旅馆、酒店饭店、学校、机关食堂等重点消费单位建立“放心菜”农残速测点，推行“放心菜”亮证经营和基地直销，在农贸市场、超市开辟“放心菜”销售专柜。对市场供应的14种生活必需品的供求状况进行监测，确保市场的繁荣稳定。2006年，面对五一黄金周期间市场供应的肉、菜价格偏高的状况，马王堆和红星两大蔬菜批发市场调入外地货源，组织本地蔬菜上市，增加市场的有效供应，平抑市场物价；同时，安排专项资金，调入活体储备的生猪，保障全市生猪屠宰场每天宰猪1500头以上，在完成目标任务的基础上，对超收多宰生猪的屠宰厂和批发商进行奖励，增加市场供应量。2008年，由于百年罕见的特大冰冻使市场供应一度偏紧，肉、菜市场价格上涨过快，启动肉、菜应急供应办法，迅速组织调运一批物资投放市场，市场猪肉日均上市量1760余上，蔬菜日均上市量400余万千克，市场商品价格迅速趋于平稳。

2012年，出台《长沙市生活必需品市场供应突发事件应急预案》《长沙市成品油中断供应应急预案》《长沙市大面积停电情况下的市场供应应急预案》《奶制品市场供应应急预案》等。成立应急物资供应保障工作领导小组，建立长沙市生活必需品应急工作指挥网，设置长沙市生活必需品预警应急响应流程图、生活必需品应急处置工作分工及队伍联系表、长沙市生活必需品应急物资应急救援队伍数据库、应急救援物资储备数据库、突发事件应急预案应急管理专家数据库以及应急物资市场供应突发事件典型案例库等应急工作联系网络及制度。确定全市50家企业组成应急物资调运网络，10家大型连锁超市组成应急物资供应网络，确定19家肉食储备企业，落实4万头生猪的活体储备和500吨冻肉的肉食储备任务。在遭遇严重自然灾害或突发事件，市场出现货源短缺或价格上涨过快的时期及时组织货源供应市场，保障人们日常生活的需要。

二、行业管理（专项管理）

（一）生猪定点屠宰管理。1988年，长沙市的生猪屠宰工作主要归属长沙市肉食水产公司。随着市场的放开搞活，各种经济成分的生猪屠宰点迅速发展，市场出现“白板肉”、注水肉，为规范市场行为，保障消费者食用肉品的安全，1995年长沙市按照国务院“定点屠宰、集中检疫、统一纳税、分散经营”的十六字方针，决定在全市城区范围内全面推行生猪定点屠宰，成立以主管副市长为组长，市财办、城管办、副食品局、公安、工商、税务、物价、畜牧、卫生等部门组成的牲畜屠宰管理工作领导小组，下设办公室主管日常工作，办公室设在市副食品局。颁发《关于加强牲畜定点屠宰管理的通告》，取缔私屠滥宰、收缴“白板肉”推广放心肉，规定成交的活畜和肉品必须集中进行宰前宰后检验，发给“卫生许可证”和“兽医卫生合格证”，无证不准上市，全市设立18个屠宰点。

1998年12月，实施《长沙市城区生猪屠宰管理办法》，建立快速反应的市场执法队伍，严厉打击非法屠宰，完善生猪定点屠宰管理机制，对屠宰场（点）实行全面整顿，关闭一批屠宰场（点），长沙市城区屠宰场由18家减少到长沙五里牌肉类联合加工有限责任公司定点屠宰厂、红星实业集团有限公司牲猪定点屠宰厂等四家屠宰场。对37个肉食批发行进行规范管理，整顿和规范猪肉经营的市场秩序。

2002年9月28日，出台《长沙市城区生猪屠宰管理条例》，对长沙市牲猪定点屠宰工作进行监督管理，打击私屠滥宰，取缔非法屠宰窝点，规范牲猪定点屠宰秩序。全年取缔私宰窝点40个，查获“白板肉”10万千克，销毁有害肉品4000千克，检疫出不合格生猪336头，确保猪肉上市质量。2003年，市场出现生猪供应紧张，猪肉价格居高不下，加大对屠宰、批发、零售等生猪定点屠宰各个环节的管理整顿，组织调运生猪上市，全年宰杀生猪68.7万头，处理违规经营户170余户，捣毁生猪私宰窝点32个，使猪肉市场供应迅速好转。同年，根据商务部《关于加强畜禽屠宰管理规范肉品流通秩序的通知》，长沙市允许并鼓励符合国家相关标准，生产规模和屠宰技术比较成熟的屠宰企业生产的产品自由流通，形成大贸易、大流通、大市场的流通格局。

2007年，长沙市实行“挂牌管理，公示经营”的办法，猪肉经营户悬挂公示牌入市经营，全市共更换悬挂3000块公示牌。动物防疫监督部门加大对猪肉的监督检测，对病死猪实行不准宰杀、不准食用、不准出售、不准转运，全部进行无害化处理的处置措施；要求生猪定点屠宰场把好宰前检疫关，体重未达60千克的生猪不准屠宰，宰前检出有病或体温升高的生猪不准屠宰。同时建立猪肉质量安全专项整治领导小组联系机制，形成“地方政府对产品质量和食品安全负总责、监管部门各负其责、生产经营者为第一责任人”的责任体系，实行集中整治和日常检查相结合，全年整治重点区域110个，出动执法人员2310人次，取缔私屠滥宰窝点5家，缴获私宰肉、注水肉、病害肉5336千克，销毁病害肉965千克。2009年，长沙市印发《关于在全市开展肉类专项整治行动的通知》，再次在全市肉品市场开展集中整治。整治行动采取先摸底后查实、边调查边打击的措施，严厉打击私屠乱宰的黑窝点，把乡镇定点屠宰纳入监管范围，加强生猪疫病防控，严格执行无害化处理。全年取缔私屠乱宰黑窝点36个，收缴非法肉品6500千克，无害化处理病死猪1895头，建立定点屠宰企业联点工作制度、政务公开电话工作制度、执法罚没票据管理制度等，确保肉品的质量安全。

2012年，对全市生猪定点屠宰场进行定点屠宰资格的清理审核，取消长沙望城坡肉类加工有限公司、长沙五里牌肉类联合加工有限责任公司定点屠宰厂等9家屠宰场，保留湖南红星盛业食品股份有限公司、湖南现代资源农业科技有限公司等4家屠宰场。全年屠宰生猪95万头，其中长沙城区85万头，县区10万头，肉品检验检疫率100%，肉品合格率100%。

（二）酒类市场管理。1988年，长沙市酒类市场以国有商业为主，由酒类批发部购进酒类商品后再批发给零售企业。是年，市食品工业办组织酒类产品参加各类优质产品评比活动，白沙液曲酒荣获全国轻工业优秀出口产品金奖，在全国第五届白酒评比中同时荣获银牌奖，白沙啤酒获湖南省优质产品。

1992年，长沙名酒白沙液在全国40个城市的白酒调查中获白酒类畅销商品杯、湖南省驰名商标生活类商标第三名以及首届曼谷国际名酒博览会国际名酒特别奖等荣誉称号。1994年在第五届亚太国际贸易博览会上，长沙的白沙牌系列酒类品牌获金奖，白沙井牌白沙啤酒获银奖。

1995年，国家重新修订颁发《食品标签通用标准》，酒类市场按照《食品标签通用标准》的要求实行标准化管理，酒类产品必须符合标准才能在市场销售。长沙的白沙系列啤酒经国家技术监督局确认符合国际标准，并颁发国际标准标签，是年，全国糖酒商品交易会在长沙举行，来自全国各省份和港、澳、台地区及美国、日本等11个国家的9万多客商参加，商品成交额119.29亿元。

1999年，由于市场的放开搞活，各种经济成分的酒类经营企业大量涌现，酒类产品的进货渠道发生巨大变化，各种品牌的酒类产品进入市场，酒类市场出现鱼龙混杂的局面。

2000年，根据湖南省人民政府颁发《湖南省酒类管理办法》的相关规定，长沙市决定对对从事酒类生产、批发的企业颁发许可证，对酒类零售企业颁发备案证，对酒类企业从生产到批发、零售实行全方位的监管。至2004年年底，全市共发放酒类生产许可证20本，批发许可证198本，零售备案证622本。

2005年4月，长沙市为加强酒类市场管理，成立长沙市酒类监管领导小组。同时理顺市、区县

（市）二级酒类管理的关系，加强与相关职能部门的配合协调，组建全市横向和纵向的酒类市场监管网络。按照长沙市食品安全综合考核细则，落实酒类安全监管目标任务，根据“突出啤酒、整合白酒、发展具有保健功能的酒类产品”原则，制定酒类产业和酒类流通市场的发展规划，建立酒类流通企业电子信用档案，加强酒类监管综合执法。

2006年，根据商务部颁布的《酒类流通管理办法》相关规定，对从事酒类批发、零售的单位或个人应当在取得营业执照后60日内，按属地管理原则，向登记注册地工商行政管理的同级商务主管部门办理备案登记。并在乡镇、街道建立酒管联络员制度，酒类监管工作延伸到乡镇、街道。全面推行实施酒类流通批发许可、零售备案登记和流通随附单制度。至年底，全市发放酒类生产许可证20本，批发许可证298本，零售备案证9856本，流通随附单9000多本，警示牌8000余张。同时开展酒类执法培训，全市有48人通过培训取得酒类行政执法资格，建立健全酒类执法的规程和各项制度。

2009年，出台《酒管工作要点及工作方案》，酒类监管工作做到“四个明确”：明确工作目标、明确工作重点、明确工作责任，明确工作任务，严格市场准入制度，强化“三证”管理和八个“进一步”：进一步强化督查，确保实效；进一步摸清底数、进一步突出整治重点；进一步抓好酒类批发企业年检工作；进一步树立好各区、县（市）酒管办工作形象；进一步抓好依法查处；进一步鼓励发展本地酒产业；进一步强化舆论宣传，营造良好氛围。是年，开展全市酒类市场专项整治行动即“春雷行动”，重点打击酒类违法添加非食用物质和滥用食品添加剂的行为。对全市23家酒类生产企业食品添加剂的使用情况进行摸底排查，打击售假经营门店100多家，查获并收缴假冒伪劣白酒3.49万瓶、洋酒1200余瓶、啤酒5.28万瓶；出台《长沙市酒类行业义务监督员管理办法》，在全市各行业中首次选聘106名酒类义务监督员。

2010年，出台《长沙市建设食品安全城市实施方案》，一面打击假冒伪劣酒类商品，一面抓好酒类行业市场规范建设和酒管队伍建设。将酒类食品安全工作纳入考核体系，构建整体联动机制。

2012年，长沙市酒类流通企业实现批发、零售企业流通随附单使用率100%、批发许可、零售备案登记100%、经营企业悬挂“不向未成年人销售酒类商品”警示牌100%的目标。同时建立长、株、潭酒类监管三市联动机制，开展三市酒类监管执法人员的培训和三市酒类市场的交叉检查，创造长、株、潭酒类市场统一监管的良好氛围。

（三）成品油市场管理。1988年，长沙成品油经营由市石油总公司独家经营，市场供应的成品油按计划供应，全年销售成品油13万吨。1990年，随着市场的放开搞活，民营资本和社会资本进入成品油行业，逐步打破市石油总公司独家经营的局面，成品油零售市场出现比较混乱的局面。

1994年10月，长沙市成立成品油市场整顿办公室，开始对全市成品油市场进行规范清理工作，对合格加油站发放“四证”（工商登记证、税务登记证、消防许可证、成品油经营单位合格证）。全市发放“四证”的加油站162个，其他零售网点14个。

1996年，长沙市发布《关于加强成品油市场整顿与管理工作会议纪要》《关于进一步抓好成品油市场整顿工作的会会议纪要》《关于加强加油站建设审批工作的通知》等文件，继续对加油站建设和成品油市场进行全面的清理整顿。

2000年，长沙市石油总公司加入中国石油化工股份有限公司，更名为中国石油化工股份有限公司湖南长沙石油分公司（下简称“中石化长沙石油分公司”），仍主要负责长沙成品油市场的供应工作。

2001年中国石油天然气股份有限公司的成品油零售业进入长沙，成立中国石油天然气股份有限公司湖南长沙销售分公司（下简称“中石油长沙销售分公司”），引发长沙成品油市场的竞争，中石化长沙石油分公司为抢占市场，大量收购租赁社会加油站，到年末该公司在长沙的加油站达到100座。

2005年，为深入贯彻商务部《成品油市场管理办法》，成立长沙市成品油市场管理工作领导小组，对全市从事成品油批发、仓储、零售经营的企业发给“成品油经营许可证”，并对成品油市场进行监管和调控，确保全市成品油市场的正常供应。是年成品油市场面临国际油价大幅上涨和高位振荡，国内资源供应偏紧，特别是柴油供应非常紧张，长沙市按照政府部门负责秩序和安全、主营单位负责货源的职责，分工合作，密切配合，保障成品油的正常供应。

2006年2月，长沙市为规范加油站建设，出台《关于做好加油站规划用地招标拍卖挂牌出让工作的意见》，成立长沙市成品油市场管理工作领导小组，城区加油站建设用地招拍挂工作正式启动。2007年，位于开福区伍家岭的中石化长沙油库由于城市建设的需要而拆除，同时在开福区新港镇金霞村新建一座储量为8万吨的油库，于2008年9月向市场供应成品油。

2009年，长沙市出台《长沙市成品油供应中断应急预案》，并制定和完善突发事件应急演练方案，组织成品油供应中断的实战演练，将成品油供应应急组织体系、应急救援、应急物资保障、应急案例以及操作手册等“一网四库”的相关资料编印成册。

2012年，长沙市为规范水上加油船的管理，对湘江流域的水上加油设施进行全面清查，查处无证经营的加油船2条，为保证湘江库区的水质安全，对位于湘江库区的加油设施开始有计划迁出库区。同时加强市场成品油供应的监测和加油站建设的行政许可，对从事成品油经营业务的企业进行年度检查，正常营业的加油站375座（中石化164座、中石油62座、其他社会组织及私营149座），其中市区139个，全年成品油销量163.3万吨，市场供应平稳。中石化长沙石油分公司在长沙市有一座储量为8万吨的成品油油库，中石油长沙销售分公司在望城区铜官镇有一座储量为40万吨的成品油油库，湖南铭泰石油化工有限公司在望城区丁字镇有一座储量为3万吨的丁字油库。中石化集团公司从岳阳炼油厂建有一条输油管线直通长沙金霞油库；中石油集团公司建有一条从兰州—郑州—武汉—长沙的输油管线直通长沙铜官油库。长沙市成品油市场供应货源充足。

三、商业诚信经营

1988年，长沙市开展“物价计量信得过单位”竞赛活动，授予中山路百货大楼、五一路百货商场、长沙市食杂果品商场等10家单位为“物价计量信得过单位”。

1992年，长沙市组织工商、物价、烟草等部门，从维护消费者利益出发，开展大规模的全市“扫假”活动，检查商店和个体经营户1.45万家，查处案件1369起，其中查处的假名酒14万多瓶。同时加强物价检查和清理，共查处物价违纪案件1350起，取消169个不合理的收费项目，重点查处烟票贩子和非法经营卷烟的行为。至1995年，每年都要在商业企业中开展“物价计量信得过”和“诚信经营”活动，在全市重点开展打击假冒伪劣商品的行为。

1996年，长沙市开展打假打非和“百城万店无假货、优质服务在长沙”的活动。全市商业企业广大职工积极响应，踊跃参与，自觉推行文明用语，杜绝服务忌语，促进企业精神文明建设和服务质量的提高。各商店严把进货关，自查捉劣打假。友谊商店、阿波罗商厦荣获中宣部、内贸部通报表扬的“百城万店无假货”示范商店称号。中山、长沙大厦等7家企业荣获湖南省“百城万店无假货”示范商店称号。至1998年，全市授予“百城万店无假货”的示范商店35家。

1999年，长沙市全面实施放心菜、放心肉、放心货的“三放心”工程，在蔬菜生产基地推行“无公害”蔬菜种植，岳麓区的桃花蔬菜生产基地率先成为全省的“无公害”蔬菜种植示范基地。同时在全市开展打击假冒伪劣商品的活动，取缔生猪私宰点10个，没收“白板肉”12万千克，销毁病害猪肉及不合格腊制品1800千克，查处各类经济违法违章案件3352起，其中查处制售假冒伪劣商品违法案件362起，案值2340万元，捣毁制假窝点42个，查处价格违法案件1102起，违法金额2807万元，实行经济制裁1226.9万元，其中退还消费者591.04万元。同年3月，长沙市五一路被湖南省工商局和技术监督部门定为“百城万店无假货”示范街。到2004年，长沙市坚持以推进“三放心”商品为重点的商业诚信经营活动，加大蔬菜残留农药的检测，在农贸市场和超市配备蔬菜残留农药检测仪，蔬菜批发市场建立蔬菜残留农药快速检测室。同时加大对病死猪肉、灌水猪肉的整治打击力度。

2005年，开展“诚信经营”示范创建活动，在企业中倡导“诚实、公平、情义、服务”的商业道德原则。为配合“诚信经营”活动，长沙市开始实施“放心早餐”工程，湖南沐林华天早餐工程有限公司作为长沙市主要从事“放心早餐”工程的企业，从原料采购、加工生产、食品配送、食品销售全过程按《食品卫生法》要求操作，全程监控，并抽样检验。“放心早餐”的经营网点从70个扩大到170个。

2007年，积极参与商务部等部门联合开展的“诚信兴商”活动，大力倡导“以诚实守信为荣，以见利忘义为耻”的荣辱观。黄兴南路步行商业街和五一路在“诚信兴商”活动中被商务部授予国家级示范街，东塘商业街被省商务厅授予省级示范街，通程金色家庭名品中心被授予省级示范店，万家丽建材家居市场被授予省级示范市场。同时长沙市加大对药品广告的监管和检查，对市属媒体播发的药品、保健品、医疗广告进行检查，撤掉没有经过工商登记，没有卫生许可证等合法手续的广告，对于故意夸大功能、声称保证疗效、保证治愈的保健食品、药品、医疗广告全部撤出长沙广播电视媒体。

2009年，长沙市继续深入推动诚信经营的宣传教育工作，在商业企业大力倡导“诚信兴商”的经营理念，提高全社会守法诚信意识，推动社会信用体系建设，服务于“保增长、扩内需、调结构”的工作大局。同年，长沙市被商务部、财政部正式确定为全国主食加工配送中心建设试点城市，湖南沐林华天早餐工程有限公司被确定为全国主食加工配送试点企业。全市餐饮企业实行“民以食为天，食安齐努力”的食品安全自律公约签约，共同打造长沙安全消费的环境。

2010年，本着先行试点、逐步推开的原则开展“诚信经营”示范创建活动，制定《长沙市商务系统开展“诚信经营”示范创建活动工作方案》。将创建工作的重点主要放在市场提质改造和管理、食品安全日常环节监管、食品安全宣传教育和重点领域的食品安全专项整治等方面。

2012年，长沙市开展诚实守信的培训工作，按照“全员分类、短期集中、轮流培训、严格考核”的原则，对从业人员实行短期培训。3600余家企业，3.5万余名从业人员参与诚信体系建设培训，由监管单位和用人企业共同建立个人信息、履职经历、信贷记录、违纪违法等综合信息为主要内容的从业人员个人诚信档案。长沙市发布《关于推进食品药品行业诚信体系建设的实施意见》，分行业建立诚信信息监管平台，有力促进商业诚信经营体系的建设。

四、保护商贸老字号

长沙是全国第一批历史文化名城之一，在历史长河中，有一些餐饮、医药、摄像、调味品等企业经过几十年甚至几百年的洗礼，仍然保留下来，成为一批十分珍贵的商业老字号企业，这些老字号名店历经历史沧桑，文化积淀浓厚，到今天仍然焕发勃勃生机。如餐饮行业的火宫殿、玉楼东、德园、杨裕兴、甘长顺、又一村、银苑等餐饮老字号；调味品行业的玉和醋厂、德茂隆酱园等；摄像行业的凯旋门；医药行业的九芝堂；湘绣行业的湖南省湘绣研究所等。1993年开始，长沙饮食集团为适应市场经济发展的需要，对所属的老字号企业进行营销包装。如对杨裕兴面粉馆从形象设计入手，通过店徽标志到店堂装修风格的定格，再到确立“辣劲、火热”的企业精神的培育等一系列包装工作，形成杨裕兴面食品牌的辐射力。

1995年，国内贸易部对老字号企业开展认定工作，长沙市有吴大茂小商品公司、柳德芳汤圆店、火宫殿、李合盛清真餐馆、杨裕兴面馆、长沙德园餐厅、长沙玉楼东酒家、长沙九如斋、长沙稻香村食品店、长沙太平洋百货商场、长沙中山商业大厦、怡丰商场、长沙英姿绸呢店、长沙星沙食品店、庐山照相馆、长沙凯旋门摄影公司、浏阳食品公司等老字号企业认定为中华老字号。经过市场的汰涤和历史变迁，一批昔日老字号已不复存在。

2001年，火宫殿利用坡子街改建美食街的契机，挖掘整理其250余年的文化历史，通过改扩装修，新建火神庙及相关的建筑。同时恢复半个多世纪以来停办的庙会，通过民风民俗故事的演绎，再现火宫殿百年前的盛况。

2006年，商务部实施“振兴老字号工程”，开始对“中华老字号”企业的重新认定工作，按照商务部“摸清底数、开展认定、政策引导、加强宣传”的思路，长沙市建立老字号档案，组织老字号企业开展“中华老字号”的申报认定，组织普查老字号企业34户，推荐14户参加商务部首批“中华老字号”企业的重新认定。经商务部评审，长沙有火宫殿、玉楼东、九芝堂、凯旋门、玉和、杨裕兴、老杨明远、又一村、九如斋9家企业被认定为第一批“中华老字号”企业。

2011年，长沙的德茂隆、银苑、甘长顺、黄春和、湘绣研究所、浏阳金生花炮、三吉斋7家老字号企业被商务部认定为第二批“中华老字号”企业。长沙市中华老字号总数达到16家，占全省中华老字号企业的80%。

至2012年止，商务部重新认定的长沙市“中华老字号”企业16家。

表19-1-4-1　　2012年长沙市中华老字号企业一览表

序号	单位名称	地 址	商 标	创立年份	经营品种
1	火宫殿	坡子街18号	火宫殿	1747	风味小吃
2	九芝堂	芙蓉路155号	九芝堂	1650	药类
3	老杨明远眼镜	南阳街	老杨明远	1618	眼镜
4	凯旋门摄影	东 塘	凯旋门	1946	摄影
5	玉和酿醋	榘梨镇	玉 和	1649	酱、醋
6	又一村	中山路263号	又一村	1743	快餐湘菜
7	玉楼东	万家丽路	玉楼东	1902	湘菜
8	杨裕兴	三王街	杨裕兴	1894	面食
9	九如斋	中山路	九如斋	1915	糖果糕点
10	金生花炮	浏 阳	金 生	1945	花炮
11	湘绣研究所	车站北路	金彩霞	1956	湘绣
12	德茂隆	沙河街	德茂隆	1864	香干酱菜

续表 19–1–4–1

序号	单位名称	地　址	商　标	创立年份	经营品种
13	甘长顺	芙蓉中路	甘长顺	1883	面粉
14	银苑	黄兴中路	银苑	1945	湘菜
15	黄春和	坡子街	黄春和	1940	面粉
16	三吉斋	青石桥	三吉斋	1827	糕点

五、组建行业协会

1993 年，成立长沙市外商投资企业协会。2002 年 12 月，成立内贸流通行业第一家协会——长沙市皮革制品行业协会。皮革制品行业协会的成立为规范引导皮革制品行业依法经营，保持皮革市场的繁荣，满足人民群众对皮革制品的需求，促进皮革制品行业的健康持续发展发挥重要作用。

2003 年，对全市行业协会的组建和管理工作开展全面的调查摸底工作，进一步明确市商贸局为全市商贸各类行业协会的主管部门，对全市商贸类行业协会实施统一协调、管理和服务。是年，长沙市成立 10 个商贸行业协会。

2005 年，召开全市商贸行业协会座谈会，研究和探讨行业协会的组建和管理工作，进一步促进行业协会的健康发展，行业协会发展速度越来越快，管理也进一步规范。2006 年，长沙市电子信息、旧货、家具、米粉、报废汽车回收利用和长沙连锁经营等行业分别成立协会，长沙市商贸行业协会达到 18 家。

2008 年，长沙市出台《关于促进长沙商务行业协会发展的指导意见（试行）》，促进长沙商务行业协会（商会）的健康发展，保障行业协会的合法权益，发挥商务行业协会的桥梁和纽带作用。截至 2008 年，正式挂牌成立的商务行业协会有 20 家。会员单位超过 2000 个，主要集中在餐饮服务、商品零售、食品加工与销售、休闲娱乐、特种行业管理、外商投资等行业。

2009 年，出台《长沙市商务行业协会工作年度考核管理办法》。同时又有婚庆、电子商务、服务外包、物流、食用菌 5 家行业协会成立。各行业协会根据各自行业的特点积极开展活动，长沙市烹饪行业协会组织长沙市餐饮行业 60 多位选手参加全国第六届烹饪技能竞赛（湖南赛区），取得团体金牌 4 枚、个人金牌 14 枚，长沙市烹饪协会获得优秀组织奖；长沙市豆制品行业协会对全市豆制品市场的现状进行摸底调查，并对行业管理和发展提出建议；长沙市连锁经营协会开展对长沙市特许经营企业的经营及备案登记情况的调查；长沙市烹饪协会和美容美发协会分别举办“星城杯”全市烹饪和美容美发化妆大赛。

2012 年，成立长沙市油漆涂料行业协会。长沙市商贸行业协会总数达到 30 家。根据民政部《社会组织评估管理办法》《长沙市社会组织评估实施办法》等相关规定，长沙市相关商贸行业协会参加民政部门组织的社会组织评估定级。在第一批市级社会组织评估中有 8 家商贸行业协会获得 AAA 级以上评估等级，占全市获得 AAA 级以上社会组织的 30.8%；其中 AAAA 级 2 家：长沙市化工协会、长沙市电子商务协会；AAA 级 6 家：长沙市酒业协会、长沙市餐饮行业协会、长沙市外商投资企业协会、长沙市物流协会、长沙市美容美发化妆品行业协会、长沙市人像摄影行业协会。

表 19-1-4-2　　2012 年长沙市商务行业协会一览表

序号	协会名称	会员数	成立年份	评估定级
1	长沙市餐饮行业协会	158	2003	AAA
2	长沙市人像摄影行业协会	136	2003	AAA
3	长沙市外商投资企业协会	—	1993	AAA
4	长沙市美容美发化妆品行业协会	416	2003	AAA
5	长沙市眼镜商会	172	2003	—
6	长沙市化工协会	105	2003	AAAA
7	长沙市皮革制品行业协会	30	2002	—
8	长沙市家庭服务业协会	60	2003	—
9	长沙市成品油加油站行业协会	50	2003	—
10	长沙市水果行业协会	320	2003	—
11	长沙市电子信息产业协会	30	2006	—
12	长沙市旧货行业协会	30	2006	—
13	长沙市家具协会	67	2006	—
14	长沙市连锁经营协会	50	2006	—
15	长沙市报废汽车回收利用行业协会	50	2006	—
16	长沙市二手车流通行业协会	69	2008	—
17	长沙市豆制品行业协会	55	2005	—
18	长沙市健康休闲协会	73	2005	—
19	婚庆行业协会	—	2009	—
20	长沙市典当行业协会	41	2008	—
21	长沙市食用菌协会	70	2009	—
22	长沙市物流协会	120	2009	AAA
23	长沙市电子商务协会	60	2009	AAAA
24	长沙市酒业协会	50	2006	AAA
25	长沙市服务外包协会	53	2009	—
26	长沙市农副产品商会	60	2010	—
27	长沙市米粉经销协会	50	2011	—
28	长沙市药品流通行业协会	80	2011	—
29	长沙市加工贸易协会	70	2011	—
30	长沙市油漆涂料协会	65	2012	—

第二章 日用工业品贸易

1988年，长沙市日用工业品贸易主要由市一商业局系统国有（集体）企业承担，全市经营日用工业品国有（集体）经营网点86个，从业人数1.52万人，全年商品购进总额15.17亿元，销售总额16.63亿元，实现利润6781万元，上缴税金6309万元。当年，由于通货膨胀，物价上涨过猛，3月和6月先后两次出现商品抢购风，日用工业品也成为消费者抢购的商品。为保障市场供应，对肥皂、电视机等日用工业品实行凭票定量供应。全市49种主要日用工业品销售有48种比上年增长，只有搪瓷口杯一种商品销售下降。家用电器销售上涨幅度较大，电视机销售19.9万台，电冰箱销售4.03万台，电风扇销售59.91万台。中山路百货大楼对经营的交电、家电、服装、纺织、体育用品、鞋帽等7大类商品价格下浮1%~5%，让利消费者。全市日用工业品个体经营户6.01万户，从业人员8.21万人。

1989年，全市日用工业品经营企业广开经营门路，举办各种类型的供货会、展销会943场（次）。长沙儿童用品商店经理舒晓雨荣获“全国劳动模范”称号。1990年，长沙中山商业大厦裙楼1~4层零售厅开门迎客，为长沙新添一处大型日用工业品购销场所。1991年，长沙针棉纺织品批发公司由于纺织品市场朝成衣化方向发展，服装面料销售不畅而发生严重亏损，全年处理库存有问题商品1190万元，亏损额506.2万元。1992年，全市日用工业品国有（集体）经营网点92个，从业人员16051人，比1988年分别增加4个和826人。全市日用工业品购进总额为19.16亿元，销售总额22.07亿元，利润4090.5万元，上缴税金5151万元，比1988年分别增长26.3%、32.7%、-39.6%和-18.3%。长沙日用工业品市场服装、床上用品、各种鞋类销售增长幅度较大；手表、自行车、电视机、电冰箱、电风扇等商品销售比上年都增长一倍以上；文化用品稳中趋旺，纺织品销售出现疲软。化纤布、呢绒、绸缎等商品的销售下降。经营日用工业品的个体私营经营户6.56万户，从业人数9.39万余人，比1988年分别增长9.1%和14.3%。是年，长沙五一文化用品商场荣获“全国集体商业先进企业”称号；市一商业局干部廖锡树获“全国集体商业先进工作者”称号；五金工具店营业员梁红建获全国“五一劳动奖章”“湖南省劳动模范”称号。

1993年，长沙日用工业品实行行业价格协调机制，由市物价局牵头成立长沙市日用工业品价格协调协作会，对彩电、冰箱、空调、洗衣机、自行车、电风扇等共200余个商品不同规格、牌号的价格进行协调，制定统一的市场销售价格。1994年，由湖南湘湖实业有限公司投资3000万元兴建的总建筑面积4万平方米的南湖市场建成开业，承接部分日用工业品的销售。1995年，日用工业品连锁经营登陆长沙。连锁门店实行大众化综合经营，采用开架自选，打破传统的柜台式经营模式。家用电器、服装鞋帽、文化体育用品、化妆品的销售继续上涨。友谊、东塘、阿波罗、中山四大零售企业创利5025万元，上缴税金6785万元。通程实业公司投资7800万元建设通程国际商业广场，中山国际商业大厦、太平洋商厦等大型零售商业相继开业。长沙友谊（集团）有限公司总经理胡子敬荣获“全国劳动模范”称号。1996年，全国名优特新产品博览会在长沙举行，全国23个省、市、自治区及港澳台地区1500家工商企业组织5万余种商品参展，展销商品主要以日用百货、文体办公用品、交电、家电、洗涤化妆品、服装鞋帽等商品为主，参会人员20万余人，商品成交总额62.69亿元。1997年，由阿波罗商业城投资3亿元兴建的建筑面积6万平方米的阿波罗商业广场建成开业。是年，友谊（集团）有限公司与湖南商场合资组建新友谊商店。“五一文”2500万A股上市。长沙培罗蒙服装公司、百货商贸公司、小商品公司三家企业首批进行股份合作制改革试点。

1998年，长沙公有制商业企业全面推行产权制度改革，日用工业品市场进一步放开，各种非公有制经济加快发展。第一家外资商贸流通企业——平和堂商厦建成开业。全市日用工业品国有（集体）经营网点97个，从业人员2.07万人，比1992年分别增加5个和4685人。全年国有（集体）企业日用工业品购进总额28.3亿元，销售总额31.8亿元，利润4115.3万元，上缴税金6245万元，比1992年分别增长47.7%、44.1%、0.6%和21.2%。其中友阿、通程、阿波罗、中山四大零售企业完成销售26.8亿元，占全系统销售总额84.28%。全市从事日用工业品经营的个体工商户9.76万户，从业人数17.53万人，比1992年分别增长48.8%和86.4%。长沙科文集团公司总经理段忠良获全国“五一劳动奖章”。

1999年，通程集团旗下的西城超市和小百货商场的金秋连锁商店开业。全国文化用品交易会在长沙举办。2000年，友谊集团对中山商业集团实行托管经营，友谊名店、家润多超市朝阳店等大型零售店开门迎客。长沙通程实业集团公司董事长、总经理兼党委书记周兆达荣获“全国劳动模范”称号。2001年，湖南友谊阿波罗商业股份有限公司全年上缴国家税金1.07亿元，是湖南省唯一缴税过亿元的商业企业。通程集团投资3亿元在河西涞湾镇兴建建筑面积6.3万平方米的通程国际商业广场开业。2002年，湖南友谊阿波罗商业股份有限公司和长沙通程实业有限公司两大零售企业在改革中发展壮大，创造销售25亿元、利润1.26亿元的显著成绩。阿波罗商业广场推出家电连锁超市，通程集团百货公司将西城超市改造为通程电器专业超市，年内发展三家连锁店，成为湖南销售规模最大的专业连锁店。

至2003年，历时7年的国有（集体）商业企业产权制度改革全面完成，国有资本基本上从日用工业品领域退出。大型商业企业以及一些大型超市发展电子商务，开展线上线下同时销售。市场绸缎、布匹销售逐渐减少，经营各类服装的市场、超市大量涌现。当年，全市经营日用工业品的经营网点10.35万个，从业人员20.48万人，商品购进总额54.8亿元，销售总额75.4亿元，实现利润1.25亿元，上缴税金1.08亿元，比1998年分别增长6.5%、16.7%、93.6%、137.1%、200.8%和72.9%。

2004年后，大型超市发展迅速，大型综合市场和专业市场进入快速发展时期。长沙市贯彻落实国家商务部关于“万村千乡市场工程”建设的要求，商业连锁超市在农村较发达的乡镇扩大经营网点，开拓农村市场，满足农民需求。2008年，长沙服装类商品的销售明显增加，全市服装、鞋帽、针纺织品类实现销售56.69亿元，其中针纺织品是所有商品中增长最快的种类。全市经营日用工业品的网点15.34万个，从业人数41.26万人，商品购进总额68.5亿元，销售总额89.2亿元，上缴税金2.56亿元，比2003年分别增长22.6%，101.4%，25.1%，18.3%和142.3%。

2010年，长沙市开展家电以旧换新、家电下乡、汽车摩托车下乡等活动，拉动全市的日用工业品消费，电视机、电冰箱、空调、洗衣机等家电销售平均增长64.7%。全市从事日用工业品经营的商业网点达19.66万个，从业人数43.26万人，商品购进总额86.7亿元，销售总额110.28亿元，上缴税金3.85亿元，比2008年分别增长28.3%，4.9%，26.5%，23.6%和50.4%。

2012年，长沙市基本形成大商业、大市场、大流通经营格局，成为服务湖南、辐射全国的区域性消费中心。日用工业品经营方式由过去批零严格分设到批零结合、以批带零、以零带批的经营方式；商品种类也发生巨大变化，汽车、手机、电脑等都成为人们的日常生活用品，吸尘器、洗碗机、消毒柜、冰柜等各种家用电器都进入寻常百姓家。全市日用工业品经营的商业网点达20.90万个，从业人员44.36万人，商品购进总额120.5亿元，销售总额156.8亿元，上缴税金5.86亿元，比2010年分别增长6.3%，2.5%，37.8%，42.2%和52.2%。

第一节 百货贸易

1988年，长沙百货业主要集中在长沙市百货公司和日用工业品公司，百货公司所属的国有百货零售店15家，日用工业品公司所属的集体百货零售店35家，零售网点遍布城区。中山路百货商店、韶山路百货商场、友谊华侨商店、东塘百货大楼、晓园百货大楼、五一路百货商店是百货业经营的大型商场。长沙市百货公司的百货批发部对全市商业零售企业批发经营，全市百货零售店除百货公司和日用工业品公司所属的零售商店，还有个体工商户2000余个。县、乡镇百货业主要由国有商业和供销社经营。全年百货商品购进总额5.63亿元，商品销售6.25亿元。销售皮鞋191.83万双、胶鞋441.76万双、洗衣粉6185吨、肥皂39.05万箱、保温瓶105.5万个、缝纫机6.31万架、手表25.47万只、自行车28.69万辆。

1990年4月27日，召开工商衔接收购地方生产企业产品的会议，商业局系统发挥国有商业主渠道的“蓄水池”作用，加强地方产品收购，促进工业生产。7家批发企业与40多家生产企业签订收购合同金额6230.72万元，占工厂积压商品金额的24%，大大缓解工厂面临的生产经营困难。批发公司地方产品收购金额比上年增长30%，大中型零售商店地产品经营比重达30%。百货零售店投资对商场进行提质改造，中山路百货大楼投资7000余元资金在五一广场新建的中山商业大厦裙楼1至4层10月28日对外营业；韶山路百货商场、友谊华侨商店、晓园百货大楼、东塘百货大楼进行店堂内部装修，使店堂充满现代气息。其中中山商业大厦、东塘百货大楼、工业品供应公司年销售额均超过亿元大关。中山路百货大楼总经理李树生获“全国商业系统劳动模范”称号。个体私营经济继续保持快速发展势头，全市百货业经营网点1.25万个。商品购进总额6.28亿元，销售总额7.32亿元。比1988年分别增长11.5%和17.1%。销售皮鞋202.25万双、胶鞋422.75万双、洗衣粉4094万吨、肥皂20.2万箱、缝纫机2.68万架、自行车16.05万辆、手表17.24万只。

1992年，长沙市商业企业全面推行“四放开”（即经营、价格、用工、分配），小型商业企业实行公有私营，市场竞争更加激烈。中山商业大厦、友谊华侨商店、韶山路百货商场、东塘百货大楼、晓园百货大楼5家经营百货的大型零售商店更新观念，走向市场，开展竞争，全年实现销售总额9.68亿元，占市属国有商业销售的76.7%。百货批发企业开始实行批零兼营，改善购物环境，提高服务和商品质量。友谊商店、窑岭百货商店、小商品商场投资改造门面，增加营业面积7063平方米。当年商品购进总额为11.56亿元，销售总额14.27亿元，比1990年分别增长84.3%和94.9%。销售皮鞋307.97万双、胶鞋404.25万双、洗衣粉4456万吨、肥皂12.75万箱、保温瓶90.48万个、缝纫机2.45万架、手表19.98万只、自行车16.52万辆。

1993年，长沙友谊商店实行销售3.7亿元，利税3500万元，创湖南商业效益第一。长沙东塘百货大楼投资1700万元，使大楼营业面积增加到7000平方米，并投资3200万元，在河西兴建的西城百货大楼竣工开业。1994年，长沙百货业坚持以零售为主，批零一体的经营策略，调整国有批发企业经营机制。长沙小百货站采取划小核算单位，实行层层承包的措施，调动职工的积极性。1995年，长沙国有百货业千方百计扩大购销，中山、友谊、阿波罗、东塘、晓园五大百货店实现销售18亿元，占国有企业销售的70%。友谊商城、科星鞋业城、佳源商业城、北斗星商厦等经营百货业的商店开业，全市国有百货经营网点230个，个体私营经营网点1.35万个。全年商品购进总额14.25亿元、销售总额16.43亿元，比1992年分别增长23.3%和15.1%。销售皮鞋485.46万双、胶鞋432.31万双、洗衣粉5420吨、肥皂15.64万箱、保温瓶85.25万个、缝纫机2.86万架、手表21.45万只、自行车24.13万辆。

1997年，长沙市百货商贸公司作为全市国有商业企业产权制度改革的试点企业，首批进入产权制度改革。1998年，百年老店——中山路百货大楼因经营不善，亏损严重而宣告歇业，其经营场地由个体商户租用经营。是年，建筑面积11万平方米的第一家外资商业企业——平和堂商厦在五一广场建成开业，外资商业的进入，在带来国外企业的管理方式、经营方式的同时也带来国外的百货商品，进口化妆品、鞋类、钟表等大量进入长沙市场。本土百货企业为应对外商的进入，纷纷调整经营方略，顺应市场变化，灵活经营，抓适销热销商品的引进促销。友谊商店强化品牌专柜营销，在全国各地建立名优货源基地，全年实现销售9.93亿元；通程集团推出“通程百货”品牌形象，开展“金色家族”“大众百货”“家庭保姆”三大系列特色服务，实现销售7.06亿元；阿波罗百货商店实施文明礼貌规范服务和超值服务，强化售后服务，在火车站投资兴建营业面积6万平方米的阿波罗商业广场竣工开业，实现销售6.27亿元；中山商业大厦走“工商联手”之路，引进国外的名牌鞋类、化妆品等商品，实现销售3.55亿元。专业市场发展迅速，长沙布市、三湘市场、华夏市场、国储商业城等一批专业市场开业；青岛双星鞋店、真维斯专卖店、华银旺和超市开门迎客，这些经营场所承接百货业经营。当年全市百货商品购进总额18.05亿元，销售总额20.16亿元，比1995年分别增长26.7%和22.7%。销售皮鞋917万双；肥皂1.17万吨；牙膏2917.85万支；洗涤剂5.46万吨。

2000年，友谊商店与阿波罗百货商店实行强强联合，组建湖南友谊阿波罗股份有限公司，并对中山商业集团实行托管经营，成为一家大型的以经营百货为主的企业集团，友谊（锦绣）商业广场、友谊名店相继建成开业，商店增设化妆品专柜、鞋类专柜、钟表专柜等。位于中山路的和瑞化妆品城是一家专业经营洗涤化妆品大型市场，经营摊位200余个，年销售各类化妆品7000余吨。全市百货商品购进总额29.16亿元，销售总额33.03亿元，比1998年分别增长61.5%和44.6%。销售皮鞋338万双；肥皂7912吨；牙膏2299万支；洗涤剂7.13万吨。

至2003年，历时7年的全市国有商业企业产权制度改革全面完成，百货贸易业除友谊阿波罗商业股份有限公司和通程控股股份有限公司等少数零售商店保留少量国有资本外，国有资本从其他百货商店退出。百货业主要由专业市场、民营商业企业、商业连锁超市、百货专卖店和众多的个体私营门店承接。湖南百信鞋业有限公司买断“百信鞋业”品牌在湖南的专用权，在黄兴南路步行商业街开设超大规模专业鞋城——长沙百信时尚广场，商场共4层，总面积500平方米，是当时中南地区规模最大的鞋业经营场所，成为湖南鞋业市场中专业经营鞋类产品的最大商家，当年创鞋业市场销售5000万元的业绩，占长沙鞋业市场销售的30%，有“长沙鞋王”之称。位于新世纪体育中心的家润多购物广场、司门口的沃尔玛超市、芙蓉广场的家乐福超市等一批既经营百货的大型综合性购物场所相继建成开业，经营百货的零售网点达350余家，其中大型百货商场20家。当年全市百货商品购进总额31.56亿元，销售总额35亿元，比2000年分别增长8.2%和5.7%。销售皮鞋412.62万双；肥皂4870吨；牙膏2362万支；洗涤剂6.45万吨。

2005年，湖南友谊阿波罗股份有限公司在春天百货开始全省第一家女性主题商店，店堂的商品布局根据顾客的性别、消费习惯、年龄层次来划分，走个性化的经营之路。2006年，湖南“百信鞋业”有限公司更名为湖南“百幸鞋业”有限公司，开创“百幸鞋业”自有品牌，实行连锁经营，经营各类鞋业品牌100余种，年销售各类鞋子60万余双。随着人们生活水平的提高，洗涤用品品种不断增加，档次提高，雕牌、汰渍、立白洗衣粉成为市场销售的主要品种。化妆品的需求也越来越旺，除女人用化妆品的需求大幅增长外，男人、老人、儿童也广泛使用化妆品，如男人的护肤男宝、儿童的护肤霜郁美净，销售成倍增长。当年全市百货商品购进总额34.28亿元，销售总额37.46亿元，比2003年分别增长8.6%和7%。销售皮鞋1805万双；肥皂8647吨；牙膏3170万支；洗涤剂13.37万吨。

2007年“好又多”“大润发”“步步高”和泰国易初莲花等一批大型连锁超市陆续进入长沙，各类中小型超市、便利店遍布长沙大街小巷，促进长沙百货市场的繁荣。

2010年，长沙百货消费逐步由传统型向综合型、时尚型转变，LV、GUCCI等高端奢侈品热销，金银珠宝零售额比上年增长41.1%。

2012年12月，友阿集团投资6000万元，对中山路百货大楼进行全面改造，恢复“湖南省国货陈列馆”原名，坚持卖国货。经过多年的发展，长沙百货零售网点布局更趋合理，流通枢纽功能逐步完善，基本形成火车站、袁家岭、五一广场、东塘、伍家岭、溁湾镇等商业中心。购买百货的经营场所遍布各购物中心、百货商场、综合超市、专业市场及分布在各大街小巷的专卖店、个体私营门店，群众购买十分方便。全年全市百货业商品购进总额103.48亿元，销售总额107.69亿元，比2006年分别增长201.8%和187.5%。

企业选介

（一）湖南友谊阿波罗商业股份有限公司。该公司由湖南友谊（集团）有限公司和阿波罗商业城两大零售企业合并而成。1988年，位于袁家岭的长沙友谊华侨商店，是一家专门使用外汇购买，销售高档进口商品的专卖店。随着市场的放开搞活，商店不断调整经营思路和经营格局，增加适销对路的商品，销售不断增长，到1991年销售突破1亿元。阿波罗商业城前身是韶山路百货大楼。1991年，韶山路百货大楼也为年销售达1亿元以上的大型百货零售商店，与友谊华侨商店同为长沙市百货零售业的“五虎”之一。

1993年，友谊华侨商店更名为湖南友谊（集团）有限公司，韶山路百货大楼更名为阿波罗商业城。1994年10月28日，投资6000万元，营业面积1.8万平方米的阿波罗商业广场裙楼竣工营业。1995年1月11日，由湖南友谊（集团）有限公司投资8000万元，营业面积2.2万平方米，位于东塘广场的“友谊商城”投入营业。友谊和阿波罗两家大型零售企业注重加强内部管理，友谊坚持“友谊购精品，精品在友谊”的经营策略，阿波罗则坚持以经营中、低档商品为主，满足工薪阶层消费需求。两家企业经济效益大幅提升，是年友谊和阿波罗分别实现销售6.1亿元和3.1亿元，比1994年增长78%和40.3%；分别实现利润2753万元和1373万元。均获全省“十佳企业”荣誉称号；对两家企业主要负责人授予“特殊贡献奖”。

2000年，湖南友谊（集团）有限公司和阿波罗商业城两大零售企业实行强强联合，于10月27日组建成立湖南友谊阿波罗商业股份有限公司。公司组建时有友谊商店、友谊商城、韶山路百货大楼、阿波罗商业广场等商业网点，营业面积10万平方米，总资产原值3.5亿元，净值3.2亿元；从业人员5000名。全年公司完成商品购进总额15亿元，销售总额17亿元，实现利润8500万元，上缴税收

4600万元。是年公司实行改制，企业产权由国有独资向投资主体多元化转变，形成国有相对控股、职工入股、经营者持大股、社会自然人参股的产权结构，实现对全公司5000名职工身份进行置换，在全市大型商业集团率先实现企业性质、职工身份“两个置换”。是年，由友谊阿波罗集团托管中山商业集团公司，整体接受中山集团的资产和869名职工，同时投资2600万元，对中山商业大厦（友谊名店、友谊宾馆）进行装修改造，基本实现经营管理工作的正常运转。由友阿集团投资建设的营业面积2.2万平方米的大型超市家润多朝阳店开业。

2003年，友阿集团下属远征科技与湖南计算机有限公司合作组建“湖南远征湘计科技股份有限公司”，建立电子商务平台，实行计算机信息化管理，建立供应商、商品、合同、进货、库存、销售和部门、人员等全方位的网络体系，在中国商业联合会全国商业科技大会上，友阿公司和公司董事长胡子敬同时获得“中国商业十大科技创新企业”和“中国商业十大科技创新人物”荣誉称号。全年公司商品购进总额17.5亿元，销售总额20亿元，实现利润1亿元，上缴税金5500万元，比2000年分别增长16.7%、17.6%、17.6%和19.5%。2004年6月，由湖南友谊阿波罗商业股份有限公司与凤凰古城旅游有限责任公司、深圳盛桥投资管理有限公司等6名法人股东及23名自然人股东发起成立家润多商业股份有限公司，注册资本1.44亿元。2005年，友阿公司将友谊名店打造成省内第一家女性主题商店，并更名为“春天百货”，于4月22日开业；同年承债式兼并长沙机床厂。

2006年，友阿集团引进美国购宝公司，转让家润多超市80%的股权，开发建设株洲市家润多房地产项目。是年，公司旗下精品百货友谊商店经商务部首批零售业分等定级评比，荣获湖南省唯一一家“金鼎”百货店称号。全年实现销售总额23.8亿元，利润1.42亿元。2009年7月17日，公司下属家润多商业股份有限公司（简称家润多）在深交所上市，股票发行后公司注册资本为1.94亿元。。集团公司全年实现商品购进总额31.2亿元，销售总额34亿元，利润1.75亿元，上缴税收7650万元，比2003年分别增长同比分别增长21.58%和3.06%。

2010年，湖南友谊阿波罗商业股份有限公司投资天津市奥特莱斯项目，收购天津滨海奥特莱斯公司51%股权，成立“天津友谊阿波罗滨海奥特莱斯投资有限公司”，项目总投资9.5亿元，总占地面积14.71万平方米，营业面积10万平方米，主营服饰、鞋类、皮具、金银首饰等，还配有儿童乐园、小吃街、酒吧、娱乐城、电影院等娱乐和餐饮设施，2011年年底开业。是年，友阿集团与湖南郴州汽车运输公司、湖南熹华投资有限公司合作成立“郴州友阿购物中心股份有限公司”，项目总投资9.6亿元，总占地面积4.45万平方米，建设综合性的大型购物中心。同年，友阿集团正式承债式兼并已托管10余年的中山商业集团公司。2011年友阿集团投巨资在天心区长株潭城市群中心建设的友谊阿波罗奥特莱斯购物公园正式开门迎客，购物公园总建筑面积12万平方米，集购物、休闲、娱乐、餐饮、电影院等于一体，是中南地区规模最大的奥特莱斯购物中心。

2012年，湖南友谊阿波罗商业股份有限公司发展成为一家以商业零售为主，集商、工、贸、科于一体的大型企业集团，旗下拥有友阿奥特莱斯购物公园、友谊商店A、B馆、友谊商城、阿波罗商业广场、友阿百货、春天百货长沙店、春天百货常德店、郴州友谊中皇城、天津滨海购物中心和友阿家电超市等以百货业态为主的大卖场；涉及商品零售、农产品深加工、机械制造、房地产等领域。是年，友阿集团有总资产原值35亿元，净值30亿元，营业面积25万平方米，从业人员9600人，全年完成商品购进总额58.6亿元，销售总额62.8亿元，利润5.1亿元，上缴税金4.1亿元。

（二）长沙通程控股股份有限公司。该公司前身是长沙市东塘百货大楼。1988年，位于东塘广场的长沙市东塘百货大楼是一家以商业零售为主的百货店，该店根据当年长沙市场的黄金首饰热举办“黄金首饰展销”；结合市场纺织品紧缺的局面，调入毛毯4000余条，经济效益大幅提升，全年商品销售总额7050万元，利润294.9万元，分别比1987年增长110%和76%。

1993年，东塘百货大楼抓住发展机遇，调整经营结构，扩张业务迅速，实现销售3.129亿元，利润1263.19万元，比1988年分别增长343.8%和329.1%。跻身全国零售企业百强之列。

1995年，在东塘百货大楼基础上组建长沙通程实业集团有限公司，公司有总资产原值1.1亿元，净值8500万元，营业面积5万平方米，从业人员950人。1996年，东塘百货大楼实行股份制改造，由东塘百货大楼、长沙通程发展总公司、长沙电业局、长沙市自来水公司、湘江宾馆共同发起成立长沙东塘百货股份有限公司，1350万社会公众股通过深交所定价发行，于8月16日以“通程东百”股票正式挂牌上市，成为长沙市商业系统首家上市公司。是年实现销售5.94亿元，利润3342万元，比1993年分别增长89.8%和164.5%。

1997年，长沙通程实业集团有限公司与湖南经贸开发公司合资设立通程湘联纸容器制品有限公司，投资符合环保要求的纸容制品生产和销售。1998年，“通程集团”与香港明洋有限公司、中国人民解放军政治学院共同投资8亿元，按照五星级酒店的标准建设通程国际大酒店，酒店楼高191.5米，共50层，总建筑面积10万平方米，集客房、餐饮、娱乐、健身、购物、写字楼、会展中心和会所于一体，于当年5月29日竣工开业。同年，“通程集团”全面推出“通程百货”品牌形象，大力开展“金色家族”“大众百货”“家庭保姆”三大系列特色服务，企业效益大幅提升。是年，“通程集团”实现销售7.06亿元，利润3850万元，比1995年分别增长18.8%和15.2%。

2001年，“通程集团”投资3亿元，在河西溁湾镇建设通程商业广场，商业广场建筑面积6.3万平方米，集现代购物中心、社区物业管理服务中心、金融证券服务中心、运动休闲中心、美食快餐中心和大型停车场于一体，并设有8000平方米的绿色休闲广场。2002年，“通程集团”深化企业改革，从理顺劳动关系、构建母子公司新体制以及打造专业化、个性化管理体制机制入手，对全公司967名全民职工身份进行置换，分离控股公司与各子公司的关系，调整企业的功能定位与发展方向。同时涉足证券业，对恒信证券进行改革，正式挂牌长沙通程控股股份有限公司。是年，“通程集团”实现销售10亿元、利润4200万元，比1997年分别增长41.6%和9.1%。

2003年，“通程集团”投资1亿元建设同升湖通程山庄酒店，酒店占地33.33公顷，建筑面积5万平方米；同时在星沙建设星沙通程商业广场，广场占地面积11万平方米，建筑面积6万平方米，是集购物、餐饮、休闲、运动等于一体的现代购物中心；“通程电器”在本地发展的基础上开始向衡阳、株洲、岳阳等城市拓展，拥有10家连锁店。中共中央总书记、国家主席胡锦涛10月3日下午视察通程商业广场。

2006年，“通程控股”涉足电梯生产，成立长沙通程电梯责任有限公司。是年，对接管的原属事业编制的麓山宾馆进行改制，撤销事业单位编制，对员工实施身份置换，更名为麓山大酒店。同时，“通程控股”投入资金2亿元，成立湖南通程典当有限公司，是当时长沙市注册资金最多的典当企业，服务对象涉及房地产、贸易、加工、医疗、机械等行业，也为湖南省最大的典当行之一。2007年2月10日，通程万惠超市左家塘店和迎宾路店同时开业；投资2亿元，在宁乡建设占地3.33公顷、总建筑面积10万平方米、楼高25层的通程温泉大酒店开门迎客。全年实现销售总额17.8亿元，利润总额5500万元，比2001年分别增长78%和30.9%。

2010 年，通程投资建设的红星通程商业广场开业，这是一家集百货、超市、电器、酒店、SOHO 国际商务空间等多种业态的商业综合体；是年，通程电器新增望城店、益阳大海棠旗舰店、长沙西站店、祁东店、东安店，使通程电器连锁店发展到 25 家。

2012 年，通程集团“爱尚通程”网上商城上线运营，700 余个知名品牌进驻，成为湖南首家双线运营的综合性电子商务网站；是年，在浏阳大瑶镇建设经营面积 3 万平方米的购物中心。长沙通程控股股份有限公司发展成为一家以商业零售为主，集旅游酒店、金融投资、典当、电子商务、物业管理等于一体的综合性上市公司，旗下拥有东塘百货、长沙通程大酒店、同升湖通程山庄大酒店、宁乡通程温泉大酒店、长沙通程商业广场、星沙通程商业广场、浏阳通程商业广场、长沙红星通程商业广场、怀化通程商业广场、浏阳大瑶通程商业广场、浏阳永安通程商业广场、通程典当有限公司等实体。股份公司董事长周兆达当选为第十届、第十一届全国人大代表。是年，通程集团总资产净值 23 亿元，净值 19.8 亿元，营业面积 18 万平方米，从业人员 2400 人，全年商品购进总额 41.5 亿元、销售总额 44.89 亿元，利润 3.1 亿元，上缴税金 2.5 亿元。

第二节　纺织品贸易

1988 年，长沙针棉纺织品公司是经营纺织品专业公司，主要经营棉布、化纤布、呢绒、绸缎、的确良、涤棉混纺布、针织内衣裤、各种服装及各种进口纺织品等共 1.5 万余种商品；专营纺织品的有英姿绸呢专店、介昌绸布店、针纺专店、大信绸布店、棉布专店、锦成绒线专店等零售店。随着国家经济体制改革的不断深化，取消计划供应，长沙针棉纺织品公司销售大幅度下降，当年实现销售 1.5 亿元，利税 300 万元。兼营纺织品业务的有各百货商店、长沙市工矿贸易公司较大的零售门店，个体商业也发展迅速，个体摊点就有 1678 家。是年，销售棉布 2381.44 万米、化纤布 467.06 万米、涤棉混纺布 1022.08 万米、呢绒 300.82 万米、绸缎 428.6 万米、针织内衣裤 747.59 万件、各种服装 432.89 万件、毛线 84.10 万千克。位于韶山南路与香樟路交汇处的长沙布市是长沙开业最早的专业布艺和布料市场，营业面积 1 万平方米，主要经营窗帘、沙发布艺、毛线、棉纱、广告布料、服装布艺等，商品主要来自浙江、江苏、上海等地原始产地。全市纺织品经营网点 1865 个，从业人员 2865 人，纺织品购进总额 12.3 亿元，销售总额 14.5 亿元。

1990 年，长沙纺织品行业不断开拓地方产品市场，促进地方产品销售，湖南绸厂在全国秋季商品交易会成交 45 万元，长沙针棉纺织品公司与武汉针棉纺织品公司串换地方产品 110 万元，全市地方产品收购 3000 万元。进入九十年代，纺织品市场朝成衣化方向发展，服装面料销售不畅，针棉纺织品批发业务逐步萎缩，业务量逐年减少。1991 年，长沙针棉纺织品公司经营困难，全年销售 1.15 亿元，比上年减少 3688 万元，下降 24%；利润亏损 506.2 万元，比上年增加亏损 20.8 万元，其中批发亏损 471.6 万元。为搞活库存，扩大销售，该公司处理库存有问题商品 1190 万元。长沙布市除继续保留上海、江浙等地的产品外，还引进广东、四川、云南等地产品。全市纺织品经营网点 2350 个，从业人员 3560 人，纺织品购进总额 17.5 亿元，销售总额 20.5 亿元，比 1988 年分别增长 26%、24.2%、42.2%和 41.3%。其中销售棉布 921.77 万米、化纤布 638.32 万米、呢绒 126.11 万米、绸缎 260.08 万米、针织内衣裤 542.7 万件、各种服装 536.12 万件，毛线 48.48 万千克。

1992 年，长沙布市销售总额 8.3 亿元，国有纺织品企业销售继续下降。1995 年，长沙针棉纺织品公司亏损严重，全年利润亏损620万元。同时经营布匹服装的经营场所迅速发展，投资500万元，建筑面积1万平方米，门面1000多个的金苹果服装市场建成开业；营业面积3000多平方米的长沙服装城、营业面积2.6万平方米的东方服饰城相继竣工，这些市场既经营各类服装针织品，还经营布料，经营的商品来自全国各地，还有进口服装。居民消费观念更新，一般直接购买成品服装，布匹销量减少，长沙布市出现萎缩。是年，销售布匹1.07亿米、呢绒28.28万米、绸缎284.03万米、服装2092.2万件、针织内衣裤2285.27万件。全市纺织品经营网点4650个，从业人员5860人，纺织品购进总额20.4亿元，销售总额23.65亿元，比1991年分别增长97.8%、64.6%、16.6%和15.4%。

1996年后，长沙纺织品批发业务逐步由市场承接。到1999年年底国有商业基本退出针棉纺织品批发市场经营业务。2001年5月，长沙市针棉纺织品公司改制为长沙针棉纺织品有限责任公司，国有资本从纺织品行业退出。公司的经营范围仍为针棉织品、纺织品、床上用品、服装及与针棉纺织品相关的附属商品，公司下属针织站、绸呢站、化纤站、纺织站和第二纺织批发部五个批发经营部门。另有司门口商业大楼、介昌绸布店、英姿绸呢专店、棉布一店四个零售网点和一个服装生产加工经营为一体的培罗蒙服装公司。是年，为支持解放西路扩建，公司针棉纺织站和第二纺织批发部整体停业。配合黄兴南路步行商业街的建设，公司旗下的介昌绸布店（后改为针纺商业大楼）和针纺专店整体拆除。长沙针棉纺织品有限责任公司纺织品批发和零售业务全部停业，转向物业管理。随之而来的是民营纺织品企业迅速发展。2002年，经营床上用品的多喜爱、梦洁、故园等名牌商品的专卖店发展迅速，全市达100余家。2005年，全市纺织品经营网点5680个，从业人员7120人，纺织品购进总额38.5亿元，销售总额45.5亿元。比1995年分别增长22.1%、21.1%、88.6%和92.4%。其中：针织内衣裤2580万件、各种服装5840万件、床单60.9万条、毛毯50.6万条。

2006年后，长沙经营纺织品的场所到处可见，百货商店、超市、专卖店、商业街、购物中心等地都可以购买到纺织品。2008年，全市销售针织内衣裤2670万件、各类服装6520万件、床单72.4万条、毛毯63.1万条。2010年，全市纺织品购进总额49.25亿元，销售总额53.13亿元。其中销售针织内衣裤2980万件、各类服装6850万件、床单85.3万条、毛毯68.4万条。

2012年，长沙经营纺织品的场所遍布全市大街小巷，友阿奥特莱斯购物公园、世纪金源购物中心、上河国际商业广场及友谊商店、友谊商城、平和堂、步步高、通程商业广场等大型百货大楼、大型超市都设有服装销售专区。购买名牌高档服装可到名品商店、大型百货大楼，购买一般服装可到个体服装店、路边店及服装市场。经营各类服装、布匹、袜子等纺织品的网点达6340余个，从业人员9860人，纺织、服装类商品购进总额58.63亿元，销售总额65.09亿元。分别比2005年增长11.6%、38.6%、52.3%和43.1%。

第三节　文化用品贸易

1988年，长沙文化用品经营企业以长沙文化用品批发公司和长沙五一文化用品商场为主，主要经营纸张、油墨、文具用品、体育用品、中西乐器、运动服装、现代办公用品、测量测绘食品、灯光音响、照相器材十大类，1万余种商品。全市文化用品经营网点35个，从业人员385人，商品购进总额2.34亿元，销售总额2.53亿元。其中销售钢琴35台、机制薄纸2350吨、机制板纸1082吨、钢笔36.8万支、铅笔258.64万支、油墨105吨。1989年后，文化用品消费呈现中高档商品销售趋势，文化用品市场销售份额增长幅度大。1990 年，全市文化用品经营网点 54 个，从业人员 564 人，文化用品购进总额 3.28 亿元，销售总额 3.95 亿元，比 1988 年分别增长 54.3%、46.5%、40.2%和 56.1%。其中销售钢琴 50 台、机制薄纸 3240 吨、机制板纸 1850 吨、钢笔 49.3 万支、铅笔 286.4 万支、油墨 218 吨。

1991 年，长沙深化流通体制改革，工厂自销，零售自采、个体批发、零售、二级批发站的增设等，带动文化用品市场繁荣发展。长沙文化用品批发公司更名为长沙科文集团公司，旗下文化用品大楼更名为科文商厦。长沙科文集团公司发展工商、商商联营，扩大销售，与湖南二板纸厂联合销售箱板纸销售额 1150 万元，开设汉光优美办公用品专店和黄兴琴行零售门店，主办“长文杯”艺术童星大奖赛和“长文杯”自行车环城大赛等活动，实现销售 1.66 亿元，利税 654.4 万元。长沙五一文化用品商场调整商品结构，增加适销对路的商品，提高企业效益。是年实现销售 1.31 亿元，实现利税 665 万元。被商业部授予“全国集体商业先进企业”称号。1992 年，长沙五一文化用品商场调整经营结构，完成销售 1.31 亿元，实现利润 385 万元，荣获全省“重合同守信誉先进企业”称号。1993 年，长沙科文集团公司撤销所属的纸张、文具、油墨、储运四家分公司，成立文化用品批发大楼。同年，长沙五一文化用品商场与长沙市工矿综合商业公司、长沙市调料食品公司、中国工商银行长沙市信托投资公司、中国农业银行湖南省信托投资公司共同发起采用定向募集方式成立“湖南五一文实业股份有限公司”，成为湖南省商贸系统第一家股份公司。企业股份制改造后建立现代企业的法人治理机构，由单一文化用品经营发展到综合性多业经营。1995 年，由于平和堂商厦选址五一广场建设，长沙科文大厦拆迁，长沙科文集团公司在五一广场西北角兴建“长沙科文大厦”，是年企业实现销售 1.5 亿元，利润亏损 113.49 万元。为应对企业亏损局面，科文集团撤销科演分公司、进出口分公司、河西经营网点、东塘测绘专店和理光中心。湖南五一文实业股份有限公司实行股份制改造后，企业效益大幅上升，全年实现销售收入 2.16 亿元，实现净利润 1777.46 万元。传真机、复印件等办公设施大量进入机关、学校、厂矿、企业、团体等部门。全市文化用品经营网点 120 个，从业人员 1085 人，文化用品购进总额 4.86 亿元，销售总额 5.32 亿元，比 1990 年分别增长 122.2%、92.4%、48.1%和 34.9%。其中销售钢琴 350 台、机制薄纸 6342 吨、钢笔、铅笔 2945 万支、油墨 850 吨、传真机 1600 台、复印件 1850 台。

1997 年，湖南五一文实业股份有限公司 2500 万 A 股（简称“五一文”）在深圳股市上市，企业总资产达 4.83 亿，净资产 2.33 亿元。1998 年，湖南创智集团有限公司借用“五一文”股市的名称上市，成为湖南五一文实业股份有限公司的第一大股东，发展成为以软件和服务为核心的高科技上市公司，并更名为湖南创智五一文股份有限公司，“五一文”退出文化用品经营。1999 年，科文大厦更名为“东汉国际大酒店”。2000 年，成立长沙东汉国际大酒店有限公司（现皇冠假日酒店），科文集团公司所属分公司实行“一店一策”，分别改制。所属的“空电分公司”“科文广告公司”“油墨分公司”实行改制后，继续从事文化用品经营。各大型超市、百货商场、购物中心等场所均设立文化用品专店或专柜。全市文化用品经营网点 280 个，从业人员 2265 人，商品购进总额 6.05 亿元，销售总额 6.54 亿元，比 1995 年分别增长 133.3%、108.7%、24.5%和 25%。其中销售钢琴 830 台、机制薄纸 5680 吨、钢笔、铅笔 5490 万支、油墨 1285 吨、传真机 5400 台、复印件 8560 台。

2001 年后，机关、企业、学校等部门自动化办公程度提高，文化娱乐场所增多，电脑普及速度加快，文化用品经营档次提高，销售增长较快。2005 年，湖南高桥大市场开设文体百货城、纸品城，主要经营文化用品；湖南省最大的纸业批发市场金霞纸业大市场建筑面积 4 万平方米，主要经销纸张、油墨、印刷机械及配件，有山东晨鸣、河南银鸽、浙江富阳、陕西白玉、湖南日银等全国数十家纸业公司和知名品牌纷纷在此设立机构，市场年销售达 4 亿元。居民小区、企业、学校和体育俱乐部等部门购买篮球架、乒乓球台等体育用品达 2 万余台架，钢琴、电子琴、管弦乐、二胡、琵琶等各类乐器 8500 台（把）。全市文化用品经营网点 315 个，从业人员 2860 人，商品购进总额 10.4 亿元，销售总额 12.6 亿元，比 2000 年分别增长 12.5%、26.2%、71.8%和 92.6%。其中各类纸张 2 万吨，钢笔、铅笔 7850 万支，油墨 2760 吨、传真机 8560 台、复印件 1.46 万台。

2006 年后，随着居民健身需求的增加，居民小区、社区公园、路边休闲的地方陆续安装体育健身器材，体育健身器材的销量大幅上升。2008 年，电脑办公进一步普及，打印、复印、传真用纸需求量大量增加，一次性的签字笔销量激增。

2012 年，文化用品经营网点日益拓展，百货商场、超级市场、购物中心、专卖店、农村商业网点等场所均设有文化用品专柜、专店。随着大市场、大流通、大商业格局的形成，文化用品市场经营的商品来自全国各地，国外文化用品也进入市场销售。全市文化用品经营网点 680 个，从业人员 4760 人，商品购进总额 34.75 亿元，销售总额 39.79 亿元。比 2005 年分别增长 115.8%、66.5%、234.1%和 207.8%。其中销售钢琴、电子琴、二胡、小提琴、吉他、琵琶等各类乐器 1.5 万台（把）、钢笔、铅笔、签字笔 1.26 亿支、各类纸张 2.8 万吨、油墨 4520 吨、传真机 1.63 万台、复印件 2.85 万台。

第四节　五金制品贸易

1988 年，国有长沙五金采购供应站是长沙市经营五金制品的主要部门，也为湖南省最大的国有五金商品批发企业。所属批发机构有五金、交电、紧固件等 7 个商品经营部，零售网点有中心门市部、长沙五金工具店、长沙水暖消防器材商店、长沙建筑装潢五金商店等国有专业商店。主要经营建筑装潢五金、五金工具、继续配件等 32 个大类、1200 多个品种的五金商品。承担长沙地区五金产品的收购和对全国各二级站、三级县公司、零售商店、供销社和厂矿、企事业单位、部队、学校的商品调拨供应。有员工 482 人。是年，长沙市五金市场繁荣活跃，购销两旺。长沙五金采购站充分发挥国有商业主渠道作用，从进货上采取一些有效手段广辟货源，以购促销。全市经营五金制品的店铺 2160 个，从业人员 2540 人，商品购进总额 0.93 亿元，销售总额 1.08 亿元，其中销售圆钉 250 吨、铁丝 346 吨、五金工具 450 吨、水暖器材 130 吨。

1991 年，建筑市场发展较快，包装和加工企业增多，对五金制品的需求增大。长沙五金采购供应站开展横向联系，引进新品种，增强企业活力，加速资金周转，加快货款回笼，及时处理呆账悬案，降低费用，取得好的效益。经营五金制品的个体工商户得到迅速发展。全市经营五金制品的网点 3120 个，从业人员 3920 人，五金制品购进总额 1.37 亿元，销售总额 1.48 亿元，比 1988 年分别增长 44.4%、54.3%、47.3%和 37%。其中销售圆钉 1356 吨、铁丝 3840 吨、五金工具 2650 吨、水暖器材 1056 吨。

1992 年后，经营五金制品的专卖店、代理商开始出现，五金制品主要以上海的产品为主。1995 年，随着社会不断地发展，五金制品的品种达到几万种，比 80 年代增加上百倍，商品门类从传统的日用五金、建筑五金、工具五金三大类，增加到十类，新增三动工具、燃气用具、吸排油烟、厨房设备等。随着经济体制改革的推进，国有批发企业垄断市场的局面被打破，长沙五金采购供应站作为湖南省最大的国有五金批发企业，市场占有率每况愈下，销售下滑，全年实现销售 7845 万元，比 1991 年下降 37.8%。五金制品专业市场快速发展，湖南三湘南湖大市场设有五金机电区，经营五金的门面 480 个，年销售额

2亿元。全市五金制品经营网点3840个，从业人员4960人，五金制品购进总额2.58亿元，销售总额2.86亿元，比1991年分别增长23.1%、26.5%、88.3%和93.1%。。其中销售圆钉3670吨、铁丝5470吨、五金工具4530吨、水暖器材3420吨。

1997年，长沙五金采购供应站所属的五金批发部在三湘南湖大市场五金机电区设立五金门市部，采取灵活多变的经营方式抢占市场，全年实现销售8425万元，比1995年略有上升。民营企业经营五金商品年交易额2亿元。经营五金工具、工量刃具、电动工具为主的大全联五金机电精品城开业经营；拥有建筑面积22万平方米，经营户200户，以经营五金、焊割器材、水暖器材为主的雨花五金机电专业市场竣工。1998年，个体私营经营五金产品的商户和民营企业发展迅速，综合性的大市场设有五金制品销售专区，位于中意路的长沙设备交易中心五金制品销售经营户有80余户。当年，全市五金制品经营网点4500个，从业人员5560人，商品购进总额3.65亿元，销售总额3.92亿元。比1995年分别增长17.2%、12%、41.5%和37%。其中销售圆钉5821吨、铁丝6830吨、五金工具5410吨、水暖器材4300吨。

2000年，湘湖五金大市场32户五金制品经营户年交易额2100万元。2001年，长沙五金采购供应站进行股份合作制改造，设立长沙恒泰五金有限公司，国有资本从五金制品行业退出。随着城市建设的推进，公司八处经营场地被拆迁，主营业务萎缩，富余人员增加。公司制定内退、自谋职业、带资带货经营等十条措施进行人员分流，同时调整经营网点和商品结构，实行开架售货，以诚信服务赢得顾客，商品销售有所好转，是年实现销售987万元，利润亏损137万元。是年，全市五金制品经营网点4850个，从业人员5820人。商品购进总额4.94亿元，销售总额5.35亿元，比1997年分别增长7.8%、4.7%、35.5%和36.5%。其中销售圆钉6540吨、铁丝7560吨、五金工具6820吨、水暖器材5910吨、铁铲10.35万把。

2004年，长沙恒泰五金有限公司化解银行债务，资产状况得到好转。公司立足本地，发展市内经营户的联营联销网络。放眼省内，拓宽服务领域，跑工厂、矿山、铁路、电力系统上门服务；在衡阳、娄底、益阳发展新客户，在省内周边地市建立稳定的销售渠道。企业全年实现销售640万元，利润亏损70万元。是年，全市五金制品经营网点4960个，从业人员6050人，商品购进总额5.38亿元，销售总额5.73亿元，比2001年分别增长2.3%、3.9%、8.9%和7.1%。其中销售圆钉7810吨、铁丝8210吨、五金工具8450吨、水暖器材6210吨、铁铲11.34万把。

2007年，长沙恒泰五金有限公司积极组织货源，做好优质服务，成为“三一重工”中联重科、长海科技等一批大客户的供货商，每年对“三一重工”的销售额400万元。所属的三湘五金批发部采取上门服务的方式与一系列往来单位建立起稳定的营销网络。公司全年实现销售额1328万元，利润3万元，分别比2004年增长107.5%和24倍。长沙城市建设规模不断扩大，对五金制品的需求持续保持旺盛，五金制品的销售遍及综合性的大市场、大型超市、专卖店、便民店等场所，全市五金制品经营网点5040，从业人员6640人，商品购进总额6.48亿元，销售总额6.85亿元，比2004年分别增长1.6%、9.7%、20.4%和19.6%。

2010年，受原材料价格变动的影响，五金商品价格大幅上涨，市场经营难度加大。为做好重点客户的服务工作，长沙恒泰五金有限公司所属工具分公司组织厂家售后人员到“三一重工”相关车间进行产品操作培训，讲解产品结构和保养方法，同时组织“三一重工”的部分员工到五金生产厂家进行学习，促进生产方和需求方彼此了解交流。2011年，长沙恒泰五金有限公司工具分公司积极推介新产品，做好品牌经营。如东方仪器厂的扭矩扳手是近年来更新的产品，是机械行业生产中必须使用的工具，产品刚进入市场时知名度低，销量很小，工具分公司与供货商配合宣传推介，扭矩扳手成为恒泰五金有限公司的主要代理品牌，销售额从几万元扩大到240万元。当年，工具分公司实现销售948万元。

2012年长沙恒泰五金有限公司实现商品销售2152万元，利润8万元，分别比2007年增长62.8%和166.7%。全市五金市场仍然处于需求旺盛的局面，圆钉、铁丝、五金工具、水暖器材、铁铲等商品仍然是市场畅销的商品。五金制品经营网点5160家，从业人员6850人，商品购进总额8.47亿元，销售总额8.95亿元，比2007年分别增长2.4%、3.3%、30.7%和30.6%。

第五节　交通电器贸易

1988年，长沙市国有商业经营交电商品的主要有湖南长沙交电采购供应站、长沙交电大楼、中山路百货大楼、韶山路百货商店等经营场所。集体、个体经营交电网点遍布全市。自行车主要有上海产凤凰、永久牌和天津产飞鸽牌及长沙自行车厂生产的“鲲鹏”牌等品牌自行车，摩托车作为新型交通工具进入长沙市场；电视机发展较快，市场销售的品牌主要有国产金星、熊猫、厦华和湖南韶峰电视机厂生产的“韶峰”牌黑白电视机，进口的主要有日本的日立、松下等，黑白电视机主要在农村销售；家用电冰箱、洗衣机等电器商品主要由国有商业企业经营，市场销售的电冰箱品牌主要有广州产容声和长沙产中意、白云等品牌，洗衣机主要有航空、百花等品牌。是年，全市交通电器经营网点2560家，从业人员3650人。交通电器商品购进总额1.23亿元，销售总额1.48亿元。其中销售自行车28.69万辆、摩托车18191辆、电视机19.9万台（其中彩电3.55万台）、电冰箱4.03万台、洗衣机8.36万台。灯泡、灯具等电器用品主要满足人们日常照明需要，全年普通灯泡销售380.5万只。

1990年，长沙市开始出现经营交通电器的专业场所，中山路、西湖路经营灯泡灯管、电工电料一条街；北正街灯饰经营一条街；八一桥成为经营自行车、摩托车集中场所；朝阳、晓园经营家用电器的电器城等。是年，全市交通电器经营网点3600个，从业人员4170人。商品购进总额2.89亿元，销售总额3.21亿元，比1988年分别增长40.6%、14.2%、134.9%和116.9%。其中销售自行车16.05万辆、摩托车19957辆、电视机13.91万台（其中彩电6.54万台）、电冰箱3.08万台、洗衣机4.29万台。灯泡、灯具等电器商品全面放开经营，为国有商店、个体私营小商店及市场都可卖到这类小电器，全市普通灯泡销售867.4万只。

1993年，国有商业长沙交电采购供应站销售下降，企业亏损严重。个体私营经济快速发展。国产家用电器品牌大量投放市场，长虹、康佳、厦华、熊猫等国产彩电，容声、白云、中意等国产冰箱，双缸、滚筒式洗衣机等都深受消费者欢迎；空调开始进入市场销售，部分家庭、机关、企业、事业单位办公室开始使用空调；抽油烟机开始在部分家庭和餐馆使用；摩托车销量继续增长，农村进城务工人员骑摩托车方便快捷，农村摩托车市场销售火热，自行车销量下降。市区河西望城坡摩托车市场沿街而设，形成远近闻名的摩托车一条街，经营五羊、本田、光南、幸福等80余个品种。全市交电经营网点4850户，从业人员5090人，交电商品购进总额12.87亿元，销售总额14.92亿元，比1990年分别增长34.7%、21.9%、345.3%和364.8%。其中销售自行车27.28万辆、摩托车1.39万余辆、电视机52.69万台（其中彩电22.85万台）、洗衣机14.83万台、电冰箱8.74万台、空调3.15万台、抽油烟机1.88万台、普通灯泡销售1250.6万只。

1995年，以家电经营为主的南湖电器市场开业，市场经营面积7.5万平方米，铺面980间，经营户

600 户。全市经营交通电器的经营户 6740 户，从业人员 8240 人。电脑进入普通百姓家庭。是年，交通电器商品购进总额 29.23 亿元，销售总额 31.43 亿元，比 1993 年分别增长 38.9%、61.9%、126.3%和 110.6%。其中销售自行车 30.23 万辆、摩托车 1.87 万辆、电视机 39.12 万台（其中彩电 20.79 万台）、洗衣机 22.16 万台、电冰箱 10.69 万台、空调 6.3 万台、抽油烟机 1.5 万台。

1996 年对亏损严重，资不抵债的国有长沙交电采购供应站依法实施破产，化解债务 1500 万余元。是年，建筑面积 1 万平方米，经营商家 200 户的合峰电脑城在解放东路开门迎客，这是湖南最早的专业电脑市场。1998 年，中山商业大厦买断广东威力洗衣机在湖南的总经销权，全年售出洗衣机 10 万多台，销售额 7500 万元。经营面积 1.5 万平方米的国储电脑城开门迎客，是当时湖南面积最大的电脑卖场，经营户 360 户。电器销售进入大型超市、百货商场、专卖店等场所。经营交通电器的场所 7560 个，从业人员 10850 人，商品购进总额 42.13 亿元、销售总额 45.32 亿元，比 1995 年分别增长 12.2%、36.7%、44.2%和 44.2%。其中销售自行车 25.13 万辆、摩托车 2.54 万辆、电视机 42.15 万台（其中彩电 24.3 万台）、洗衣机 25.68 万台、电冰箱 12.56 万台、空调 8.4 万台、抽油烟机 18 万台。

1999 年，公交车数量增加，线路延长，居民出行方便，自行车销量继续下降，自行车销售商开始组建自行车俱乐部，款式新颖美观的山地车深受自行车骑士的欢迎。2001 年，居民生活水平的提高，拥有 2 台电视机的家庭屡见不鲜，电视机销售增长较快。2003 年，电器商品的销售快速增长，国美电器在长沙小吴门开设连锁店。彩色电视机已普及，并呈现大型化。黑白电视机和荧屏小的彩电不受欢迎，液晶彩色电视机开始普及，农村市场电视机购买力增强，全市销售电视机 65.4 万台，销售总额 20.8 亿元。电冰箱开始在农村普及，城市居民使用电冰箱更讲究产品的质量和低能耗，市场销售的品种主要有海尔、容声、白云、新飞、华凌和部分进口冰箱，全市销售冰箱 15.86 万台，销售总额 5.64 亿元。洗衣机市场销售主要以全自动洗衣机为主，小天鹅、荣事达、松下等品牌洗衣机受消费者欢迎，全年销售洗衣机 18.45 万台，销售总额 2.54 亿元。家用空调开始在城乡居民家庭普及，款式以柜机和分体机空调为主，市场销售的品牌主要有格力、美的、海尔、志高等，全年销售空调 17.43 万台，销售总额 3.14 亿元。随着机关、企业、学校、医院等办公使用电脑的普及，电脑销量持续走高，开始进入居民家庭。湖南合一科技发展有限公司投资 2500 万元在朝阳路建设的建筑面积 9000 平方米，入驻商户 150 户的“和一电脑城”竣工开业，为长沙又增添一处购买电脑商品的场所。市场销售的电脑品牌主要有联想、奔腾、时运、新蓝等。全市销售电脑 5.4 万台，销售总额 3.2 亿元。由于长沙城区禁摩，摩托车销量主要在农村。自行车销售主要以山地车、轻型车为主。电动摩托车以其简单、方便、美观、敏捷等特点深受消费者欢迎。是年，全市销售摩托车、电动车 7.65 万辆，销售总额 3.25 亿元；自行车 2.54 万辆，销售总额 1120 万元。交通电器经营网点 8020 个，从业人员 1.13 万人，商品购进总额 51.32 亿元、销售总额 54.76 亿元，比 1998 年分别增长 6.1%、4.5%、21.8%和 20.8%。其中销售自行车 18.16 万辆、摩托车 2.85 万辆、电视机 45.62 万台（其中彩电 38.3 万台）、洗衣机 26.54 万台、电冰箱 18.95 万台、空调 12.5 万台、抽油烟机 29 万台。

2004 年，长沙电动车大市场汇集全国各地的众多名牌、品牌电动车、摩托车，销售范围覆盖全省各市、县，成为中南地区电动车、摩托车、助力车的交易集散中心。是年全市销售电动车、摩托车、助力车 7.58 万辆，销售总额 3.31 亿元。2005 年，销售家用电器的经营场所不断增加，苏宁电器、国美电器、通程电器等是销售电器的专卖店，沃尔玛、平和堂、王府井等大型零售店、超市也为经营电器的主要场所，电器商品的销量继续上升，全年家用电器实现销售 20.83 亿元。2009 年，长沙市扩大消费，启动家电、摩托车下乡的活动，促进家电、摩托车产品技术更新换代。是年，全市家电产品下乡产品销售量达25.67万台，销售额4.91亿元；汽车、摩托车销售量达3.18万台，销售额5.8亿元。同年，长沙市作为国家中部地区家电以旧换新的唯一试点城市，于8月12日启动家电以旧换新活动，对电视机、电冰箱、洗衣机、空调等家电产品实行以旧换新，由政府给予适当补贴，到年底，家电以旧换新数量4.53万台，销售总额1.79亿元。2010年，家电以旧换新数量达18.79万台，销售总额7.09亿元；家电下乡产品销售量51.31万台，销售总额12.65亿元。交通电器经营网点8860个，从业人员12650人，商品购进总额62.51亿元、销售总额65.24亿元，比2003年分别增长10.5%、11.5%、21.8%和19.1%。其中销售自行车16.38万辆、摩托车2.94万辆、电视机46.54万台（其中彩电40.5万台）、洗衣机28.67万台、电冰箱21.68万台、空调16.78万台、抽油烟机31.2万台。

2012年，长沙交通电器市场十分繁荣，自行车、摩托车、电动车销量逐步减缓，家用电器普及，消费者进一步追求产品的质量、款式、功能。经营电器的场所有国美电器、苏宁电器、通程电器三大专业电器运营商，同时综合性的大市场、百货店、大型超市、购物中心、专卖店等场所都有电器商品销售，并实行送货上门、“三包”服务。交通电器经营网点9420个，从业人员1.35万人，商品购进总额71.24亿元、销售总额76.28亿元，比2010年分别增长6.3%、6.4%、13.9%和16.9%。其中销售电视机66.7万台、电冰箱30.45万台、洗衣机32.6万台、空调34.65万台、电脑35.8万台，灯泡灯具等其他电器商品购买十分方便，市场销售繁荣。

第三章 副食品经营

糖、酒、南货、肉食水产、蔬菜酱食等副食品贸易是长沙的一大综合性行业。1988年，长沙市副食品经营由国有（集体）企业经营主导，全市30家国有大中型副食品骨干企业、157家国有小型企业和445家集体企业全面实行租赁经营或承包经营，企业活力得到增强。个体私营商户发展迅速，下河街成为副食品经营个体私营商户比较集中的场所。全市从事副食品经营店铺有3292个，从业人员4.06万人。全市副食品购进总额4.79亿元，销售总额5.12亿元。其中：国有（集团）经营店铺950个，从业人员1.94万人，副食品购进总额3.05亿元，销售总额3.89亿元。

1994年，长沙遭受特大洪涝灾害，副食品商品价格大幅度上涨，肉、蛋、糖、菜的价格上涨较快，家禽、水产品等价格都出现波动。为稳定市场供应，长沙市充分发挥国有商业主渠道作用，全市确定50家菜店、60家肉店实行整天供应，确保肉、菜食品货源充足，价格平稳，保障市场供应。对全市132个农贸市场实行整顿，严厉打击哄抬物价、掺杂使假和牟取暴利的违法行为，维护市场正常经营秩序。与此同时，扩大副食品加工生产和经营，由台湾旺旺食品有限公司和湖南华湘进出口集团公司投资1500万元建设的湖南旺旺食品有限公司竣工投产，其产品旺旺仙贝、旺旺雪饼、浪味仙、旺旺烧米饼、煎卷、小馒头等系列糕点迅速投放市场。从事副食品经营的个体私营工商户发展十分迅速，个体户遍布各大街小巷。全市副食品经营网点5760家，从业人员5.65万人，全年副食品购进总额6.65亿元，销售总额7.15亿元，比1988年分别增长74.05%、39%、38.8%和39.6%。

1996年，投资8亿元，占地面积48.67公顷，全省规模最大的副食品综合大市场湖南高桥大市场竣工开业，下河街的食品经营户整体搬迁到高桥大市场。市场有铺位6000个，经营人员5万余人，设有副食品城、调料食品城、名酒饮料城等副食品经营场所，销售覆盖全省，辐射中南地区和周边10余个省市。1997年，长沙国有商业企业开始进行产权制度改革，副食品市场进一步放开，各种非公有制经济加快发展。全市农副产品市场发展到226个，主要经营肉、菜等副食品，市场经营户3.6万余户，市场商品销售额106.5亿元，占社会商品零售总额的29.8%。1998年，第59届全国糖酒商品秋季交易会在长沙召开，发布《关于加强´98秋季全国糖酒商品交易会管理的通知》《关于认真做好´98全国糖酒交易会承办工作的通知》两个文件。本届糖酒会参会人数达10万人，来自全国各地和美、日、英等10多个国家和地区的4000多家企业代表参加会议，成交总额300亿余元，为长沙直接带来6亿元的消费。全市经营副食品的商业网点9250家，从业人员6.86万人，全年副食品购进总额9.25亿元，销售总额11.34亿元，比1994年分别增长60.6%、21.4%、39.1%和58.6%。

2000年，长沙市副食行业注重节假日期间的休闲消费、礼品消费增多的特点，推出多项促销措施。在中秋节开展全市月饼生产大比武活动，月饼的品种、质量、包装都有明显提高，“九如斋月饼”“振兴斋月饼”“南大门月饼”等品牌知名度大幅提升，有效拉动地产月饼的销售，当年中秋节销售月饼60万余千克，实现销售850万元，分别比上年增长8%和22%。市糖酒副食品公司与下属的九如斋食品大楼、怡丰商场、酒类饮料批发部、车站食品大楼合并改制。2003年，国有资本从副食品经营行业全面退出，市糖酒副食品公司实行股份合作制改造，组建长沙京程实业有限公司，市副食品经营公司改制为长沙沃华经贸有限公司，其他副食品加工经营企业都实行股份合作改造。长沙副食品市场形成大市场、大流通的格局，个体私营和民营企业主导市场的格局基本形成。副食品经营进入大型超市、农贸市场、专业市场、专卖店等场所。全市经营副食品商业网点3.25万个，从业人员13.57万人，全年商品购进总额23.4亿元，销售总额25.2亿元，比1998年分别增长251.3%、97.9%、152.9和122.2%。

2006年，长沙副食品市场繁荣，购销两旺，全年实现副食品销售27.4亿元。大力推进“万村千乡市场工程”“农改超”等工作，副食品经营网点进一步增加，全市副食品经营网点3.84万个，遍布各大街小巷和乡村，购买十分方便。2010年，市场供应猪肉由4家生猪定点屠宰场屠宰后，经37家鲜猪肉批发行批发到零售商店，全年屠宰生猪85万头。为保市场供应，长沙市储备4万头活体猪和500吨冻猪肉，根据市场供应变化适时投放市场。蔬菜供应主要通过马王堆蔬菜批发市场和红星农副产品大市场批发到各零售商，两个市场全年蔬菜成交量32.53亿千克。“万村千乡市场工程”继续推行，乡级店、村级店不断增加，副食品经营户也在不断增加，全市副食品经营网点3.94万个，从业人员15.12万人，销售总额38.4亿元。

2012年，长沙市副食品市场货源充足，价格平稳，市场繁荣。全年供应放心猪肉75.7万头，日均供应2070头，全市确定19家肉食储备企业，储备活体猪4万头、冻猪肉500吨；马王堆蔬菜批发市场和红星农副产品大市场成交蔬菜34.5亿千克，日均成交940万千克。副食品经营遍布全市各购物中心、综合性大市场、农贸市场、大型超市、专卖店、农家店等地，购买十分方便。商品购销形成大商业、大市场、大流通的格局。全市副食品经营网点达4.15万个，从业人员16.43万人，全年副食品购进总额38.25亿元，销售总额41.25亿元，比2003年分别增长27.8%、21.1%、63.5%和63.7%。

第一节 肉食 水产

1988年，长沙市肉食水产公司是长沙肉食水产市场供应主渠道，下辖国有集体零售肉店134个和禽蛋批发部、肉食批发部、水产批发部。长沙肉类联合加工厂、长沙冷冻加工厂、长沙五里牌肉联厂是长沙市大型的肉类产品加工储运企业。全系统有员工6000人。当年，国有肉店对冻猪肉实行凭票定量供应，鲜猪肉低于市价敞开供应。市肉食水产公司从全国各地组织7000多吨肉食水产类商品供应长沙市场。个体商贩开始在农贸市场摆摊设点，或在路边摆摊卖肉，全市从事肉食水产经营的店铺960个，从业人员2580人，全年肉食水产商品购进总额1.05亿元，销售总额1.43亿元，销售猪肉7.96万千克；水产品1.67万千克（其中鲜鱼1.29万千克）；牛羊肉10.18万头。

1990年，长沙肉食水产公司实行多品种经营，猪肉经营比重下降到55.4%，鱼、蛋、牛羊肉等商品的销售比重上升到44.6%。国有集体肉店经营鲜猪肉采取去掉颈圈肉供应，凭票供应鸡蛋和凭票限价供应腊制品。市肉食水产公司全年收购生猪110.4万头，销售生猪101.6万头；鲜蛋305万千克；鲜鱼80.4万千克；牛羊肉4.25万千克。并重点保障节日（元旦、“五一”、端午节、中秋节、国庆节、春节）和重大自然灾害期间的市场供应。肉食水产经营个体私营户快速发展到2000余户。全市经营肉食水产商品的店铺2140个，从业人员5240人，全年商品购进总额1.76亿元，销售总额2.13亿元，比1988年分别增长122.9%、103.1%、67.6%和49%。销售生猪184.91万头；鲜蛋1195.3万千克；鲜鱼1602.9万千克；牛羊肉14.41万头。1991年，由市肉食水产公司投资200万余元，建筑面积3600平方米的长沙市韶山路肉食商场竣工开业，商场主要经营肉食、水产、禽蛋、酱食等1200多个品种，是湖南省肉食行业最大的食品自选商场。

1992年，长沙市肉食水产公司更名为长沙市食品公司。是年8月1日起，停止对城市居民的肉食补贴，长沙猪肉供应全面放开，国有商业销售猪肉比上年减少26.3%，但家禽销售比上年增长39.2%；牛羊肉增长72.7%；其他水产品增长2.4%。由长沙市食品公司投资1050万元，建筑面积1.03万平方米的长沙肉类食品批发市场竣工开业。经营肉食水产的个体经营户进一步发展。全市经营肉食水产的店铺3750个，从业人员6920人，全年销售猪肉239.91万头，其中个体私营经营户占70%，肉食水产商品的销售由市场承接。

1994年，长沙猪肉供应放开后，受饲料价格上涨和自然灾害的影响，猪肉市场供需矛盾突出，猪肉价格上涨幅度较大。长沙市安排资金3750万元，组织储备5000吨猪肉，并及时组织生猪收购，坚持整天供应不脱销。全年销售猪肉28.35万头，其中冻肉17.36万头，鲜肉10.99万头。确保市场猪肉的需求，同时公司还确定全市60家国有肉店为肉食专卖店，坚持店店卖肉，天天卖肉，价格受政府的宏观调控，还组织猪肉车担进入农贸市场，充分发挥国有肉食企业平抑和稳定市场物价的作用。个体私营经营户以其灵活经营，购买方便的优势做好市场猪肉供应。

1995年11月15日，长沙市发布《关于加强牲畜定点屠宰管理的通告》，长沙城区全面推行牲畜定点屠宰。定点屠宰是贯彻国务院“定点屠宰、集中检疫、统一纳税、分散经营”的十六字方针，以管理和服务为主，为国有、集体、个体生猪屠宰商提供屠宰和成交的场地，组织产销直接见面，提供代检代储服务。在屠宰点进行的活畜和肉品交易，其价格由买卖双方协商，自由成交。全市城区开设18个生猪屠宰点，遍布城区东区、南区、西区、北区、郊区5个区域，11月15日开始屠宰生猪，到12月31日共屠宰生猪 4.65 万头，日均宰杀生猪在 1000 头左右，生猪定点屠宰以后，肉食品销售由个体私营经营户从定点屠宰场批发后直接到农贸市场或摆摊设点销售。进场屠宰成交活跃，税收增加，肉品质量明显提高。全市经营肉食水产的店铺 4650 个，从业人员 1.01 万人，全年商品购进总额 2.15 亿元、销售总额 2.56 亿元，比 1990 年分别增长 117.2%、93.1%、22.1%和 20.2%。销售猪肉 16.11 万吨；销售水产品 4448 吨。其中长沙市食品公司供应猪肉 2.09 万吨；水产品 998 吨；牛肉 529 吨；羊肉 722 吨。

1998 年，《长沙市城区生猪屠宰管理办法》正式实施，成立长沙市生猪定点屠宰执法大队，全面整顿生猪屠宰场，将全市 18 家生猪屠宰场减少到 4 家，设立 37 家肉食批发商行，各肉食零售摊点直接到肉食批发商行购进猪肉。每天屠宰生猪 2000 头左右。大型连锁超市开始实行分割肉供应，生鲜超市开始出现。政府对肉食市场的财政补贴全面取消，国有肉食供应进一步减少，全年长沙市食品公司供应猪肉 5014 吨；水产品 442 吨（其中鲜鱼 166 吨）；牛肉 75 吨。红星农副产品大市场和马王堆蔬菜批发市场开设水产品交易区，各种水产品、海产品大量销售，全市销售水产品 6500 吨。

2001 年，长沙肉类联合加工厂在企业内部层层实行承包经营责任制，生产经营逐步步入良性循环轨道，全年实现利润 7.3 万元；长沙冷冻加工厂抓好冷藏储运主业，库存总量突破万吨，创历史最好水平；各国有肉食零售企业开始实施产权制度改革。全年生猪定点屠宰场宰杀生猪 52.5 万头，日均宰杀 1438 头，零售市场销售的“放心肉”占市场鲜肉销售总量的 90%以上。水产品销售以红星农副产品大市场和马王堆水产品批发市场为主，各类淡水鱼、虾、鳝鱼、泥鳅等淡水产品及墨鱼、鱿鱼、带鱼、龙虾、基围虾、海带等各类海水产品应有尽有，品种十分齐全。各大型超市“生鲜部”销售各类水产品，消费者购买十分方便，个体私营商贩除向各生鲜超市送货销售外，大部分以农贸市场销售为主。全市经营肉食水产的店铺 5640 个，从业人员 1.68 万人，全年商品购进总额 3.85 亿元，销售总额 4.24 亿元，比 1995 年分别增长 21.3%、65.6%、79%和 65.6%。销售猪肉 19.68 万吨；销售各类淡水产品 10.57 万吨，海水产品 1.35 万吨。

2003 年，长沙肉类联合加工厂改制为长沙福润食品有限公司，2004 年被南京雨润食品公司整体收购。国有肉食企业产权制度改革基本完成，国有资本从肉食系统全面退出，大多数改制企业靠物业收入作为企业的主要经济来源。2005 年，全市生猪定点屠宰 63 万头，基本保证全市“放心肉”的供应。180 个农贸市场和 50 余家大型超市都设有肉食水产销售专区、专柜，市场销售的商品品质优良、数量充足、购买方便。2009 年，全市 4 个生猪定点屠宰场宰杀生猪 65 万头，日均 1789 头，37 个肉食批发商行向全市肉食零售经销商供应“放心肉”；200 个农贸市场设有肉食零售摊点 1200 余个，全年向市场供应猪肉 46.5 万吨；水产品经销摊位 980 余个，全年向市场供应水产品 25.4 万吨。

2012 年，全市 4 个生猪定点屠宰场，宰杀生猪 75.7 万头，日均 2070 头，19 家肉食储备企业共储备 4 万头活体和 500 吨冻猪肉，在重大节日和自然灾害期间投放市场。230 个农贸市场，120 个超市，共设有肉食零售摊位或肉食销售专柜 1500 个，水产品销售摊位或专柜 1220 个。全市经营肉食水产的网点 5860 个，从业人员 4.89 万人，全年商品购进总额 8.54 亿元、销售总额 10.27 亿元，比 2001 年分别增长 3.9%、192%、121.8%和 142.2%。销售猪肉 50.6 万吨，水产品 28.5 万吨。长沙市场肉食和水产品货源充足，价格平稳，购买方便。

第二节 糖酒 副食品

1988 年，长沙市副食品公司是长沙市经营糖酒副食品的主渠道，是一家以经营糖、酒、饮料、糕点等副食品，集产、批、零为一体的国有商业企业，有经营副食品的国有、集体商店 600 家，职工 6375 人。全市副食品经营个体户 2.37 万户，3.06 万人。九如斋、南北特、怡丰斋、国风、星沙食品店等是长沙经营副食品的主要场所。国风商场是当时规模较大的副食品商场，当年，该商场从全国各地组织大量的名优特新食品，让利 10 万元应市销售，商场作坊赶制新鲜可口的副食品应市，年销售突破千万元。全市副食品经营网点 8664 个，从业人员 3.70 万人。全年全市副食品购进总额 8500 万元，销售总额 9700 万元。销售食糖 1.90 万吨；酒类 2.37 万吨。

1990 年 9 月，长沙市副食品公司更名为长沙市糖酒副食品公司。长沙市食品一厂投资 750 万元引进仿英国贝克多功能饼干生产线投产，为市场提供金鸟牌克力架、体力架、葱香薄饼、奶油苏打饼、怪味饼干等系列饼干。九如斋食品厂发挥名店优势，恢复发展传统产品，开发新产品，当年有 7 个品种获全省副食行业优秀产品奖。南大门副食品大楼坚持以经营名、优、特、新商品为主，全年实现销售 1500 万元，创利 44 万元，被省人民政府授予“模范执行物价政策”优秀商店。全市副食品经营网点 9760 个，从业人员 4.03 万人，副食品购进总额 1.14 亿元，销售总额 1.32 亿元，比 1988 年分别增长 12.6%、8.8%、34.1%和 36.1%。销售食糖 1.96 万吨；酒类 1.95 万吨。

1992 年，为解决国有职工和集体职工混岗问题，将集体职工从国有企业中分离，长沙市成立集体企业长沙市副食品经营公司。长沙市糖酒副食品公司开展“无假冒伪劣商店”活动，清理销毁不合标准的商品 22 种，价值 8 万元；退回生产厂家的商品 30 万余元。1995 年，市糖酒副食品公司开设“真酒屋”连锁店 6 家，连锁经营成为副食品经营的新的增长点。“’95 全国糖酒商品秋季秋季交易会”在长沙召开，参展厂商 3500 余家，参会人员 9 万余人，商品成交额 119.28 亿元，创糖酒会历次最高纪录。各种酒类商品、糖类商品、副食品等在交易会上均有销售。全市副食品经营网点 1.02 万个、从业人员 4.45 万人，副食品商品购进总额 1.83 亿元，销售总额 2.15 亿元，比 1990 年分别增长 4%、10.6%、60.5%和 62.8%。

1996 年，长沙市糖酒副食品公司所辖批发公司因财政对食糖政策性补贴的取消而濒临倒闭，该公司决定将批发公司下属的酒类饮料分公司、副食品分公司、采购供应站、车站商业大楼分立出来实行独立核算，旗下的糖业食品分公司实施破产。随着湖南高桥大市场的食品城、酒类商品城的迅速发展，各大百货商场副食部、连锁超市副食品部的设立，糖酒副食品市场格局发生深刻变化，国有企业经营逐步萎缩，民营市场日益兴旺。当年长沙市副食品经营公司将其下属稻香村、振兴斋、三吉斋食品店合并组建稻香村饼业有限公司，并投资 150 万元引进法式烘烤设备系统——热风旋转炉和香港生产技术，挖掘和恢复金钩鲜肉饼、长沙茴饼等传统产品应市。市糖酒副食品公司为扭转困局，先后与安徽双沟酒厂、种子酒厂、河南仰韶酒厂、湄窖酒厂和大大泡泡糖公司等单位建立互惠合作关系，成为上述品牌省市级总代理商，酒类批发业务在全公司销售收入中所占比重大幅增长。公司零售业务日渐衰落，全公司销售收入 1999 年为 2542 万元，比 1992 年下降八成多。到 2000 年随着酒类饮料批发部承包合同到期，酒类批发业务也随着原承包者转移到高桥大市场，加之九如斋、南北特、国风等商场因黄兴南路步行商业街建设被拆迁，市糖酒副食品公司基本退出副食品批零市场。是年，全市糖酒副食品经营网点达 1.25 万个，从业人员 5.26 万人，副食品购进总额 5.25 亿元，销售总额 6.5 亿元，比 1992 年分别增长 10.6%、18.1%、186.8%和 202.3%。

2001 年，长沙市糖酒副食品公司实行产权制度改革，公司机关与所属的车站商业大楼、九如斋食品总厂、怡丰商场、酒类饮料批发部、国风商场、南北特产副食品公司等企业合并改制为股份合作制企业——长沙市京程实业有限公司。新公司注册资本 583.60 万元。同时将公司下属的副食品批发部，采购供应站，冠湘园食品厂、芙蓉区批发部、民族食品商场，桂花斋商场，金鑫批发部、天心区批发部、同利长食品大楼等企业合并改制为股份合作制企业——长沙市糖酒副食品有限公司。长沙市糖酒副食品有限公司改制前在职职工 650 人，通过买断工龄、内部退养等方法处置后有 25 名职工成为企业的股东。新公司注册资本 136 万元。

2002 年，将原长沙市糖酒副食品公司旗下的星沙食品店和星沙食品厂联合改制为长沙市星沙食品开发有限公司。至此长沙市糖酒副食品公司产权制度改革全面完成，国有资本从副食品行业全部退出。是年，长沙市京程实业有限公司控股设立长沙市九如斋食品开发有限责任公司，主要开发生产月饼、酥糖、焦切、绿豆糕、灯芯糕等传统糕点，产品除九如斋门店销售外，主要通过高桥大市场及沃尔玛、平和堂、麦德龙等大型超市、黄花国际机场向省内外辐射。副食品经营网点较快发展，大型市场、大型超市、专卖店、农贸市场等都设有副食品经营专区或专柜。全市副食品经营网点 1.46 万个，从业人员 6.08 万人，副食品购进总额 7.05 亿元，销售总额 8.2 亿元，比 2000 年分别增长 16.6%、15.6%、34.2%和 26.1%。

随着副食品市场的全面放开，市场随处可见来自全国各地的酒类品、副食品和进口食品。市场供应的名酒有贵州茅台、四川五粮液、国窖 1573、水井坊等，还有各类进口酒、葡萄酒、果酒等；徐福记糖果、好小子糖果、小白兔糖果、上海罐头、北京果脯、多维饼干等各类副食品应有尽有；随处可卖。长沙生产的麻仁奶糖、牛奶法饼、奶油话梅糖、酒心巧克力糖、蛋黄奶糕等 200 多个品种荣获部优、省优称号。端午节的粽子、中秋节的月饼是品种繁多、质量优良，深受消费者喜爱。九如斋生产的月饼年年都被长沙市质量技术监督局评为“质量放心月饼”，并被湖南省烘焙协会授予“湖南名饼”“金牌月饼”称号。2012 年，长沙副食品经营场所遍布全市各购物中心、综合市场、农贸市场、大型超市、专卖店、农家店等地，个体经营摊点遍布各大街小巷，全市副食品经营网点 2.03 万个，从业人员 7.64 万人，副食品购进总额 9.56 亿元，销售总额 11.35 亿元，比 2002 年分别增长 39.6%、25.4%、35.6%和 38.3%。

企业选介

长沙市九如斋食品开发有限公司。“九如斋”是历经百年的“中华老字号”品牌。1988 年，九如斋实行前店后坊，九如斋一店位于长沙市八角亭，二店位于五一广场西北角。随着改革开放的深入推进，九如斋店不断恢复传统产品、开发新产品，企业经营日趋繁荣，经济效益逐渐提高。是年，企业资产原值 57.36 万元，净值 41.42 万元，职工 239 人，营业收入 1259.92 万元，利润 50.88 万元，上缴税金 34.40 万元。1989 年 12 月 24 日，拆除九如斋一店后重建的九如斋大楼竣工开业。大楼是一栋具有中国民族建筑风格装饰典雅的建筑，营业厅设有中西糕点、糖果、干鲜果、蜜饯、罐头、烟酒、南货、海味及进口高档食品和具有湖南风味的卤腊味 9 个专柜，商品琳琅满目。尤以享有盛誉的具有传统独特风味的辣椒油、菌油、麦酥、牛奶法饼、桃仁香糕、奶油饼干等部优、省优产品。深受消费者喜爱。全年营业收入 1136.8 万元，利润 15 万元，上缴税金 8.5 万元，比 1988 年分别下降 9.8%、70.5%和 75.1%。

1994 年，九如斋生产的桂花糕、灯芯糕、绿豆糕、牛奶法饼等产品深受消费者喜爱，产品畅销，特别是中秋节生产的月饼供不应求。荣获省先进单位称号。

2001 年，九如斋参与市糖酒副食品公司改制，为长沙市京程实业有限公司所属企业。改制之时，企业有资产原值 60.87 万元，净值 40.25 万元，从业人员 56 人。营业收入 538.46 万元，利润 8.99 万元，上缴税金 1.05 万元，比 1989 年分别下降 96.6%、40%和 87.6%，2002 年，长沙市京程实业有限公司为振兴“老字号”的品牌，发起组建九如斋食品开发有限责任公司。由于黄兴南路步行商业街的建设，九如斋大楼被拆迁，搬迁到中山路新址继续生产和经营。2006 年，“九如斋”首批被商务部重新认定为“中华老字号”企业。同时在省内同行业中率先通过 ISO9001:2000 国际质量管理体系认证。2007 年“九如斋”商标被省工商行政管理局授予“湖南省著名商标”；并获得“长沙市文明单位”荣誉称号。

“九如斋”生产制作食品，十分注重产品的质量，在原材料选购时，均采用原产地的当年新货，如面粉来自本市面粉生产名牌企业凯雪面粉有限公司，色拉油从市粮油公司直接购进，每批原材料都要索取“三证”，从源头上把好关；在原辅料的预处理及产成品制作过程中，严格按工艺流程操作，对产品配方按照市场需求不断研究和提升，确保产品质量稳定可靠；每批产品上市都必须经过严格检测，不合格产品不得出厂，确保产品质量。由于保证产品质量，公司经营状况蒸蒸日上。

2012 年，“九如斋”抓住有利时机，不断扩大产品销售，做到以销定产，产品销往省外市场，开创产销两旺的新局面，实现经济效益的进一步提升。仅中秋月饼一项，就生产 200 吨，而且没有库存。企业有资产原值 143.91 万元，净值 85.43 万元，比 2001 年分别增长 57.7%和 52.9%。从业人员 65 人。全年实现营业收入 1407.73 万元，利润 67.5 万元，上缴税金 35 万元，比 2001 年分别增长 161.4%、659.8%和 323.3%。

第三节　蔬菜购销

1988 年，长沙蔬菜市场贯彻“大管小活”的方针，政府对蔬菜小品种的销售和价格放开，大路品种的货源和价格仍然统一管理。长沙市蔬菜公司是全市主要从事蔬菜购销的国有企业，有国有和集体菜店 91 个（其中国有菜店 25 个、集体菜店 66 个），在职职工 2597 人（其中国有 1482 人、集体 1115 人）。市区东区、南区、西区、北区均设立蔬菜交易所，市外蔬菜和本地合同约购鲜菜进入交易所后批发给零售菜店销售。曙光路成为长沙市最集中的蔬菜批发交易市场。全年市区蔬菜社会供应总量 1.66 亿千克，人均年消费 153.8 千克，其中国有集体菜店经营量 6691 万千克，管价品种供应量 5180 万千克。国有集体菜店鲜菜销售额为 2941.3 万元。为平抑市场菜价，当年 12 月凭居民户用副食品票连续三次平价供应黄芽白，5 分钱 1 千克，一次购买 10 千克，共销售黄芽白 1086 万千克。除国有菜店经营蔬菜外，全市 87 个农贸市场，个体蔬菜经营户 3800 户，从业人员 4520 人，还有菜农自产自销。

1991 年，长沙市蔬菜购销坚持“小管大活”的方针。对蔬菜市场销售的 3 个淡季（即春淡、秋淡、冬淡）和主要骨干品种的种植仍然统一管理，其他时期的销售予以放开。为改变蔬菜成交以路为市的状况，市蔬菜公司在市东郊马王堆投资 830 万元建设占地面积 1.92 万平方米的蔬菜批发交易市场，将曙光路马路交易市场整体搬迁到该市场，5 月 28 日竣工开业，到 12 月底共成交蔬菜 5431 万千克，成为全市蔬菜及农副产品集散中心，全国各地蔬菜直接进场成交，各蔬菜零售店直接到市场批发购进蔬菜。市蔬菜公司在燕山街投资建设营业面积980平方米的燕山菜食商场竣工开业，这是全市第一座大型菜食品综合商场，商场坚持“以菜为主、综合经营”的经营方针，除设立鲜菜经营专柜外，还设有酱食调料、烟酒副食、食杂果品等柜台，经营品种达1800多个，开创蔬菜店实行多业经营的先河。全市社会商品菜供应总量1.95亿千克，其中国有集体菜店经营鲜菜5028.4万千克，占社会供应总量的25.83%，其中限价供应1607.51万千克。国有集体菜店销售总额5260万元，比1988年增长78.8%。全市103个农贸市场，蔬菜个体经营户4250户，从业人员5340人。

1992年，为解决国有集体职工混岗作业问题，将蔬菜行业的1115名集体职工和66个门店从国有企业中分离出来，成立长沙市果菜食品公司。1993年，长沙市蔬菜公司更名为长沙市蔬菜食品总公司。1994年，为充分发挥国有菜店调控市场的作用，平抑市场菜价，全市50家零售菜店坚持经营蔬菜。同时在燕山菜食商场开辟净菜自选柜，提高蔬菜上市质量。1995年，长沙、望城、浏阳、宁乡四县（市）均成立蔬菜局，主管各县（市）蔬菜产、供、销工作。为解决蔬菜交易场地狭小的矛盾，马王堆蔬菜批发交易市场投资500万元进行第二期扩建工程，市场成交面积由原来的1.92万平方米增加到2.52万平方米。同时市蔬菜公司投资593万元对国有菜店按照规范化、标准化的要求全面进行改造，改造后的菜店实行以菜为主、多业经营，并将封闭式柜台改为开放式货架经营。1995年，全年社会商品菜供应总量2.80亿千克，其中国有集体菜店经营量6290万千克，限价品种供应量2010万千克。销售总额8230万元，比1991年增长56.4%。全市114个农贸市场，蔬菜个体经营户4730户，从业人员5920人。

1996年，市区芙蓉、雨花、天心、开福、岳麓5区先后相应成立蔬菜副食品局，主管各区的蔬菜产、供、销工作。马王堆蔬菜批发市场投资1500万元进行第三期市场扩面工程，市场成交面积由2.52万平方米增加到3.67万平方米，年成交蔬菜达5亿千克以上。是年，占地86万余平方米的长沙红星农副产品大市场建成开业，市场设有蔬菜交易区，为长沙蔬菜市场增加一处新的蔬菜批发交易场所。长沙第一家菜食连锁商场—广众菜食连锁商场正式挂牌成立，连锁商场下辖五个连锁店，实行统一标识、统一进货、统一配送、统一价格、统一管理、统一核算。1997年，马王堆蔬菜批发交易市场经国内贸易部批准为国家级大市场，并被农业部授予全国菜篮子工程定点鲜活农副产品批发大市场的称号。广众菜食连锁商场的连锁网点发展到10个。

1998年，组建长沙市蔬菜食品（集团）有限公司，成为全市规模最大的“菜篮子”龙头企业，所辖马王堆蔬菜批发交易市场和长沙果品蔬菜批发中心合并为马王堆蔬菜果品批发交易市场，同时进行市场的第四次扩建将果品批发交易市场的1.73公顷土地并入马王堆市场，再在市场东向扩大面积5万余平方米，使市场总面积达到10万余平方米，年成交量达6.81亿千克。市场供应的重点是蔬菜供应的淡季、节日及突发性灾害时期，在抓好蔬菜生产，抢种速生叶类菜的同时利用马王堆市场的作用，采取优惠措施吸引外地菜来长沙，还派人深入到蔬菜主产区组织货源，与菜农签订收购合同，就园储存和冷库储存等方式掌握一部分货源，以补充市场供应的不足。同时组织节日时令蔬菜如中秋节的芋头、茭瓜、红辣椒等品种供应市场。全年社会商品菜供应总量3.65亿千克，其中国有集体菜店经营量9270万千克，占社会供应总量的25.4%。销售总额1.27亿元，比1995年增长53.9%。全市125个农贸市场，蔬菜个体经营户5260户，从业人员6740人。

1999年，马王堆蔬菜果品批发交易市场进行股份制改造，由长沙市蔬菜食品（集团）有限公司与长沙市商业网点建设开发公司、湖南长沙新合实业总公司、长沙马王堆建筑工程公司、长沙市蔬菜食品（集团）有限公司工会共同发起，以马王堆蔬菜果品批发交易市场为主体组建长沙马王堆农产品股份有限公司，初步建立现代企业制度。2001年，全市各级蔬菜主管部门全部撤销，蔬菜生产管理职能划归农业主管部门，蔬菜流通管理职能划归市商业贸易局。长沙市蔬菜食品（集团）有限公司深化改革，改国有独资公司为多元投资主体的有限责任公司。各国有、集体菜店全部退出蔬菜零售，有的转向经营其他，有的出租门面，蔬菜零售市场形成以农贸市场个体经营户为主的经营格局，同时各大型超市、生鲜超市都设有蔬菜专柜。政府相关部门主要通过蔬菜批发交易市场进行必要的调控。

2004年，长沙蔬菜食品（集团）有限公司引进深圳农产品股份有限公司，对长沙马王堆农产品股份有限公司实行股权转让和增资扩股，由深圳农产品股份有限公司对马王堆农产品股份有限公司实行控股，实现行业内优势企业的控股，成为股权结构清晰，管理体制完善，运营机制灵活高效的混合所有制企业。蔬菜市场的关注重点在上市蔬菜质量，长沙市蔬菜食品质量安全检测中心获得国家级实验室资质认可。在全市建设蔬菜农药残留快速检测网点150个，净菜、放心菜配送中心发展到17家。马王堆蔬菜批发交易市场与山东寿光、岳阳、常德、益阳等地无公害蔬菜基地建立直销平台，并在浏阳、南县、湘西花垣县等地建设无公害蔬菜基地，上市蔬菜质量得到大幅度提高。全年蔬菜市场供应总量4.23亿千克。全市140个农贸市场，蔬菜个体经营户6320户，从业人员7560人。

2008年，长沙市遭遇特大冰冻灾害，蔬菜市场价格年初上涨幅度较大，为平抑市场菜价，保障市场供应，充分利用马王堆和红星两大蔬菜批发交易市场的网络平台，从国内蔬菜主产区组织货源投放长沙市场，与省内的岳阳、汉寿及本市蔬菜基地加强联系，组织货源调度，在储备900万千克蔬菜的基础上再储备600万千克，组织每日蔬菜的均衡上市。蔬菜价格得到尽快回落。

2012年，蔬菜市场开展产销对接，33家蔬菜流通企业和配送公司分别与45家超市、门店建立产销关系，有10多家蔬菜基地与家润多、沃尔玛、新一佳等大型超市签署合作协议；浏阳天野蔬菜进入家润多的所有超市；望城柯柯农业成为步步高超市第一家合作授牌基地。同时开设蔬菜社区直销店148家，成为长沙建立蔬菜社区直销店的示范单位。全市190个农贸市场，有蔬菜经营户7300余户，从业人员1.2万人。全年马王堆、红星两大蔬菜批发交易市场成交总量34.5亿千克，日均成交量940万千克。长沙蔬菜市场货源充足，供应得到保障。

企业选介

长沙市蔬菜食品（集团）有限公司。1988年，长沙市蔬菜公司是负责全市蔬菜市场供应的国有公司，下辖蔬菜批发部、蔬菜冷库、集体企业管理处、4个蔬菜交易所、91个蔬菜零售门店、36个豆腐店，职工2597人。全年销售鲜菜6691万千克，实现销售总额2941.3万元。蔬菜公司属政府财政补贴单位，一直履行稳价格、保供应、促安定的社会职能，为稳定和丰富长沙“菜篮子”“餐桌子”做贡献。

1991年，长沙市蔬菜公司更名为长沙市蔬菜食品总公司。在市区东郊马王堆建成蔬菜批发交易市场，蔬菜批发交易市场的建设为蔬菜公司组织蔬菜货源、调控市场供应、平抑市场菜价等方面发挥重要的作用，同时将东区蔬菜交易所并入马王堆市场，西区交易所更名为河西蔬菜批发交易市场，南区蔬菜交易所改为赤岗冲农贸市场和自营小超市。全公司全年销售蔬菜5028.4万千克，实现销售收入3650万元。豆腐店由于生产原料的全面放开而全面停产。部分蔬菜零售店转向经营。

1992年，集体菜店从国有企业分离，蔬菜食品总公司的国有菜店只剩25家。1993年撤销北区蔬菜交易所。1994年蔬菜公司的25家菜店全部参与全市50家菜店的坚持经营蔬菜的行列。1998年，经市政府批准组建长沙市蔬菜食品（集团）有限公司。1999年对马王堆蔬菜批发交易市场进行股份制改造，引进社会资本，控股发起设立马王堆农产品股份有限公司，筹资1.2亿资金，征地扩建马王堆蔬菜批发交易市场，使之跻身全国同类市场的前列。公司荣获“全国和谐商业企业”“全国工人先锋号”“湖南省信贷诚信单位”等荣誉称号；公司党委书记、总经理张卫民2000年荣获“湖南省劳动模范”称号。

2001年，蔬菜政策性亏损补贴全部取消。长沙市蔬菜食品总公司开始进行以“两个置换”为核心的产权制度改革，全司1500名职工全部置换全民职工身份，公司改国有独资为多元投资主体的股份有限公司，组建长沙市蔬菜食品（集团）有限公司。改制时公司总资产5600万元，从业人员1500人。2004年，公司引进深圳农产品股份有限公司控股长沙市马王堆农产品股份有限公司，长沙市蔬菜食品（集团）有限公司对马王堆农产品股份有限公司由控股地位变成参股单位，公司对马王堆农产品股份有限公司派出管理团队。公司在开福区大明村投资2000万元建设的大明生态休闲山庄竣工开业。当年公司实现销售5670万元，实现利润850万元，上缴税金280万元。公司荣获“全国五一劳动奖状”“全国青年文明号”荣誉称号。

改制以后，蔬菜食品（集团）有限公司根据市场需求，不断调整产业结构和投资方向，通过资产经营和资本运营，，坚持效益优先、兼顾公平原则，向商贸批发、实业投资、房地产开发、货运物流、生态休闲农业、租赁和服务业等领域有序推进，企业效益大幅提升。2010年，公司党委书记、董事长张卫民荣获“全国劳动模范”称号。到2012年，公司拥有湖南同超投资股份有限公司、大明生态休闲山庄、同超物流有限公司、同超农产品配送经营股份有限公司、马王堆农产品股份有限公司、湘西长行村镇银行股份有限公司等全资、控股或参股企业，资产总额3.7亿元，比2001年改制时增长5倍。全年实现销售总额1.25亿元，利润1340万元，上缴税金485万元，比2004年分别增长120.4%、57.6%和71.7%。

第四节　酱食 调料 豆制品

1988年，长沙市酱类品、调味品、豆制品主要由市调料食品公司所属的各酱园、酱食店、调料食品店及市蔬菜公司所属蔬菜店的酱食柜经营。德茂隆酱园、协昌裕酱园、恒康酱园、北正街调料食品商店、藩后街酱园、太平街酱食商店、浏城桥酱园、新中酱园、荷花池酱园、水风井酱食商店、长治路酱园、砚瓦池酱食商店、长岭酱食商店、洙湾镇酱园、清水塘酱食商店是经营酱食、调味、豆制品的主要场所。全市有国有集体酱食零售店15个，蔬菜店酱食柜68个，36个实行前店后坊，以销定产，边生产边销售的豆腐店。有职工1980人。经营的商品以本地产品为主，“橘洲牌”味精、“双凤牌”酱油、“白鹤泉牌”酱油、“桂花牌”食醋、“橘洲牌”豆豉、“红叶牌”湘粉、“金秋牌”系列辣酱、“开福寺牌”腐乳、“德”字和“泰”字香干和各酱食加工作坊生产的系列酱菜等本地食品加工企业生产的产品。酱油销售采取“以瓶换油”的方式。同时，外地商品有山西陈醋、镇江香醋、西湖牌味精、四川涪陵榨菜、浙江萧山萝卜干等都是消费者喜爱的商品。全市全年实现销售总额3820万元，利润89.1万元，上缴税金48.5万元。随着市场的逐步放开，个体经营户得到发展，全市各农贸市场设有酱食、调料、豆制品经营区，个体经营户1850个，从业人员2310人。

1989年，由于“橘洲牌”味精全面停产，“莲花牌”味精进入长沙市场。复合塑料真空包装系列酱菜小品种投放市场消费，酱菜包装进行一次改革。位于黄兴南路169号的德茂隆酱园承包给南门口百货商场经营，后转包给五一文化用品商场经营文化用品，德茂隆酱园易址经营。

1990年，为恢复“百年老店”德茂隆的招牌，投资40万元，将南门口原长沙市酱油厂的一楼附属用房改建为德茂隆商场，营业面积500平方米，主要经营酱食、调料、豆制品等商品。全市.全年实现销售总额5120.4万元，利润145.6万元，上缴税金65.2万元，比1988年分别增长34.1%、61.4%和34.4%。全市经营酱类品、调味品、豆制品个体经营户3050户，从业人员4850人，比1988年分别增长64.8%和109.9%。。

1991年，国家对计划供应豆制品生产原料全面放开，本地一部分豆制品企业被迫停产。安徽、河南、河北等外地的一些商贩到长沙开设豆制品生产作坊，由于一些生产作坊选址不当，生产环境差，产品质量低劣，豆制品市场比较混乱。假冒伪劣酱油充斥市场，一些不法分子采取用优质酱油兑水或盐水加酱色等手段向市场销售酱油，当时长沙市场酱油合格率只有10%，伪劣酱油市场占有率达70%。市场上增加油卤豆制品、发酵豆制品、果汁豆奶、内酯豆腐和小包装豆制品的销售。

1992年，集体企业从国有公司分离，市调料食品公司所属的集体零售店与市蔬菜公司所属的游击坪菜店合并组建长沙市湘中食品调料实业公司。该公司有职工330人，经营网点22个。全年销售软包装酱油81.2万袋，这是酱油包装的一次改革，也为对市场假冒伪劣酱油销售的一次回击。市调料食品公司投资65万元将市豆制品四厂改造成营业面积1096平方米的调料食品城。同时，整顿酱油市场，查获劣质酱油400件，7000多瓶，捣毁制造劣质酱油窝点2个。1995年，由于“橘洲牌”豆豉停产，市场销售的豆豉主要是浏阳豆豉，特别是浏阳一品香豆豉深受消费者喜爱。

1996年，高桥大市场设立调料食品城，经营各类调味品、酱类品，经营门面750个。国有集体豆制品生产经营企业基本退出，豆制品生产和经营由个体豆腐作坊承接，全市从事豆制品生产经营的个体作坊达1650个，从业人员2640人，有些作坊生产条件非常简陋，环境非常差，豆制品市场鱼龙混杂。全市实现销售总额7560万元，比1990年增长47.6%，经营酱类品、调味品、豆制品的经营户达6530户，从业人员6210人，比1990年分别增长114%和28.5%。

1997年，长沙市调料食品公司被列为全市国有企业产权制度改革试点单位，公司机关与所属的长沙市酱油厂、玉和醋厂、南方乐园、湘东酱厂、恒康酱园、协昌裕酱园、德茂隆酱园等单位联合实行股份合作制改造，组建长沙市双凤实业有限公司。1998年，将市调料食品公司所属的调料食品批发部、市豆制品一厂、通泰街豆制品、长沙市调料食品厂等单位联合组建长沙市调料食品批发公司，为国有企业。1999年，长沙市连锁超市、各类市场发展迅速，酱食、调料、豆制品的经营进入农贸市场、大型超市、专业市场、专卖店等场所。

进入21世纪，酱类品、调味品、豆制品市场形成大市场、大流通的格局，生产和销售主要是个体私营主导市场，以农贸市场和连锁超市及专卖店为主要经营方式。2001年，在长沙市场销售的调味品主要有“西湖牌”“莲花牌”等品牌味精；加加、长康、李锦记等品牌酱油；山西陈醋、镇江香醋、长沙玉和米醋等品牌食醋。全市酱食、调料、豆制品的销售总额1.23亿元，经营网点1.26万个，从业人员1.36万人，比1996年分别增长62.7%、92.9%和119.3%。

2004年，由浙江个体户高剑瑞个人出资参与长沙市调料食品批发公司的改制，成立长沙市德茂隆食品工贸有限公司。并恢复“德茂隆”香干的生产。

2012年，全市销售的酱类品、调味品、豆制品商品来自全国各地，品种繁多，质量提高。监督部门加强对产品质量和市场的整治，市内各区都将豆制品生产集中到豆制品生产基地，便于集中监管。各农贸市场、农副产品市场均设立调味品、酱类品、豆制品销售专区，连锁超市设立销售专柜，还有一些专卖店、农家店、路边摊点等经营场所，购买十分方便。全市经营网点达1.88万个，从业人员2.26万人，销售总额2.28亿元，比2001年分别增长48.8%、65.7%和85.4%。

第四章　饮食服务业

1988年，长沙餐饮业、宾馆住宿业、美容美发、摄影摄像、休闲娱乐等服务业由国有、集体企业经营为主逐步向国有、集体、个体、私营企业经营共同发展转变。湖南宾馆、湘江宾馆、长岛饭店、长沙饭店、火宫殿、玉楼东等一批国有饮食住宿企业以其场地宽敞、设施齐全、接待能力强等特点承接规模较大的旅游团队和大型的餐饮活动。同年5月8日，长沙市规模最大的酒店——湖南华天大酒店在解放东路300号开门迎客。政府机关、团体的招待所、宾馆对外实施营业，个体私营企业投资新建一批饭店、宾馆，个体饮食店、旅社、理发店等遍布全市；个体照相馆、洗衣店等不断增多。至年底长沙有饮食服务经营网点1.91万个，从业人员8.64万人，经营收入5.96亿元；上缴国家税收5100.5万元。

1989年，长沙市饮食服务业认真贯彻“治理整顿，深化改革”的方针，对大中型餐饮服务企业实行承包经营责任制，小型企业实行租赁经营。1990年，长沙市饮食以小吃为主的大众化品种蓬勃发展，饮食业小吃销售额实现4802万元，占全市饮食销售总额74.7%。1992年，长沙市国有饮食和服务企业投资2000万余元，对曲园酒家、银苑大酒店、火宫殿、奇峰阁酒家、南京理发店、上海理发店、长沙盆塘、凯旋门照相馆等骨干企业进行技术改造。同时，个体餐饮、旅社、理发、照相、休闲娱乐、沐浴等发展迅速，是年，全市有各类餐饮服务经营网点3.30万个，从业人员14.79万余，经营收入11.54亿元，上缴税收7320万元，比1988年分别增长72.7%、71.2%、93.6%和43.5%。

1993年，长沙市400家国有、集体中小餐饮服务企业推行“国有民营”“公有私营”的改革形式。1994年，长沙饮食业推行特色经营、品种翻新，新增海鲜、药膳、滋补品种。服务业增开KTV包厢、歌舞厅、桑拿浴、夜总会等项目。1996年，长沙市国有饮食行业组建市饮食（集团）有限公司，所属玉楼东酒家、又一村大饭店、火宫殿酒家等单位发挥名店、名厨、名点的优势积极开办连锁经营店，又一村大饭店在经营快餐基础上进一步开发快餐系列产品。服务行业恢复修脚、擦背等传统服务项目；休闲娱乐项目增多，满足不同层次人群需求。1997年，国有集体饮食服务行业开始实行产权制度改革。1998年，美国肯德基、麦当劳等快餐业进入长沙，又一村大饭店推出300多个中、西式快餐产品，跻身国内快餐业四强。1999年，国有饮食服务业持续稳步发展，全年实现营业收入2.04亿元。2000年，全市餐饮业、美容美发、宾馆旅社招待所、休闲娱乐等经营场所6.33万个，从业人员26.97万人，经营收入36.8亿元，上缴税收1.25亿元，比1992年分别增长91.8%、82.83%、218.9%和70.8%。

2001年，个体私营餐饮服务企业以灵活的经营机制，快速发展的经营网点，逐步成为市场发展的主流。2003年，历时7年的国有集体饮食服务企业产权制度改革全面完成，国有资本从饮食服务行业全部退出。由长沙饮食（集团）有限公司和银苑有限公司在长沙南二环雅塘村口联合投资建设营业面积

8000 多平方米的“一路吉祥”餐饮店当年投资，当年盈利。该店以戴派湘菜为主，兼做杭帮菜和洛阳菜，生意火爆，当年 6 月开业后日均销售 12 万元以上，全年实现销售 2600 万元。美容美发企业引进国外先进模式，与美容产品代理商联合开发市场，实行连锁经营。2005 年，全市餐饮业、美容美发、宾馆酒店招待所、休闲娱乐等经营场所 7.64 万个，从业人员 35.07 万人，经营收入 86.93 亿元，上缴税金 2.43亿元，比 2000 年分别增长 20.8%、30%、136.2%和 94.4%。

2006 年，长沙餐饮市场扩大引进国外餐饮企业和外地的菜系，形成菜品兼收并蓄、和而不同的特色。各种风味的菜品又相互融合，按“湘菜”改良改进，增加湘菜的品质和风味。2007 年，中共湖南省委书记、省人大常委会主任张春贤在玉楼东酒店调研湘菜发展，提出要把长沙打造成美食之都，并为湘菜的产业化发展作出指示，有力促进长沙餐饮业的发展。2008 年，长沙餐饮服务业繁荣兴旺，坡子街形成老字号传统小吃一条街。美容美发、足浴、洗浴、摄影摄像、洗衣等服务业得到快速发展，特别是足浴遍布各大街小巷，是人们十分喜爱的一种休闲方式。全市餐饮业、美容美发、宾馆酒店招待所、休闲娱乐等经营场所 9.24 万个（其中星级宾馆、酒店、饭店 90 家），从业人员 44.86 万人，经营收入 155.17 亿元，上缴税金 5.13 亿元，比 2005 年分别增长 20.8%、27.9%、78.5%和 111.1%。

2009 年，长沙饮食服务业精彩纷呈，形式多样。餐饮业开展“创建长沙食品安全城市活动”，餐饮企业联名承诺打造食品安全城。服务业开展“优质服务在长沙”的活动。2010 年，由湖南省商务厅主办“湖南省餐饮行业十大品牌企业”“十佳服务明星”评选活动，长沙的火宫殿、好食上、金太阳、徐记海鲜、新长福、金牛角王中西餐厅、大蓉和、餐谋天下 8 家企业荣获“湖南省餐饮行业十大品牌企业”称号；钟小平、冯锦、李佑专、龙华等个人荣获“湖南省餐饮行业十大服务明星”称号。2011 年，长沙举办首届“湘菜玉楼东杯”烹饪技术大赛，300 多名厨师参加竞赛，选手毛天麟和金启峰分别荣获“厨师组”和“厨师长组”冠军。

2012 年，全市餐饮业、美容美发、宾馆酒店招待所、休闲娱乐等服务业经营场所共计 10.88 万个，从业人员 52.41 万人，经营收入 259.26 亿元，上缴税金 6.96 亿元，比 2008 年分别增长 17.8%、16.8%、67.1%和 35.7%。

第一节　餐饮业

一、经营规模

1988 年，长沙市饮食企业主要是长沙市饮食公司和长沙市第二饮食公司，市饮食公司是国有企业，市第二饮食公司是集体企业，有经营网点 485 个，职工 5840 人。是年 4 月，市饮食公司为振兴湘菜、湘点，组织所属饮食企业举办首届美食周活动。参加美食周活动的 18 家名、特餐饮店推出湘菜、湘点、面粉、风味小吃四大类 500 多个品种，恢复玫瑰藕丸、锅巴海参、金钩萝卜饼、荷花酥、莲蓉玉兔饺等传统产品，深受消费者喜爱。全市饮食行业在参加全国和全省举办的烹饪技术比赛中获全国金牌 3 快、银牌 3 块、铜牌 4 块，其中玉楼东厨师许菊云制作的柴把桂鱼、张志君制作的软蒸火夹桂鱼、子龙脱袍获金牌；许菊云制作的发丝牛百叶、洞庭龟羊肉和聂厚忠制作的霸王别姬获银牌。长沙市曲园酒家、奇峰阁酒家总经理李德良获“湖南省优秀商业企业家”称号。是年，一些非餐饮部门开办酒店、饭店，个体私营饮食店发展加快。全市餐饮业经营网点 9241 个，从业人员 2.77 万人，经营收入 2.83 亿元，上缴税金 3210 万元。

1989年，长沙饮食业随着廉政建设和治理整顿的逐步深入，酒席类业务普遍下降，市饮食公司采取“酒席下降零餐补、饭菜下降小吃补、大业务下降小业务补、旺季下降淡季补”的“四补”经营措施，推出小笼、小钵、小碟、小份等各类小吃品种500余个，实行“大小、中西、咸淡、干稀、冷热”一齐上的“五配套”供应措施，深受顾客喜爱。同年，在全国饮食行业“金鼎奖”评比中，长沙火宫殿制作的“双味八宝饭”荣获金鼎奖，这是湖南省送评产品唯一获奖的品种。1990年，长沙国有集体饮食企业一批名、特饮食店调整经营结构和产品结构，发展以小吃为主的大众化品种。曲园酒家开办长沙市第一家家庭菜食商场——曲园家庭菜食商场，奇峰阁开设烧烤店，德园茶厅扩大一倍营业面积，这三项当年增加销售140万余元。玉楼东酒家、银苑茶厅、杨裕兴面馆、双燕馄饨店等名特店挖掘和创新煨烤、凉拌、食粥等200余个风味小吃新品种。同时实行早、中、晚、夜市齐开，高、中、低档兼顾，德园茶厅实行24小时营业。玉楼东酒家制作的“发丝牛百叶”和“酱汁肘子”两个菜品在全国饮食行业“金鼎奖”评比活动中双双荣获“金鼎奖”。新华楼削面馆餐厅主任潘新姣因工作出色荣获“全国五一劳动奖章”。早餐小吃迅速发展，遍布城乡，大多以夫妻店、兄弟店、父子店形式为主，既是业主又是员工，经营品种以面条、米粉、包点为主。快餐业也应运而生，以快捷方便著称，每盒3~5元不等，深受消费者青睐。1991年，银苑茶厅组建全省首个茶艺队，推出“盖碗茶”“岳飞茶”“桃江擂茶”等茶艺。1992年，火宫殿酒家推出接待毛泽东主席用餐食谱：红煨牛蹄筋、东安仔鸡、炒回锅肉、炒发丝白页、红烧狗肉、蜜汁火腿、红烧水鱼裙爪、清炖龟肉、香菇菜心、菠菜三鲜汤和臭豆腐、鸡丝米粉。吸引众多食客。全市餐饮网点1.60万个，从业人员5.01万人，经营收入6.65亿元，上缴税金4820万元，比1988年分别增长73.3%、80.6%、134.9%和50.1%。

1993年，长沙餐饮行业选派10位选手参加由中国烹饪协会、国内贸易部等单位联合举办的全国第三届烹饪大赛，有新华楼削面馆特二级厨师周赛群、玉楼东酒家中二级厨师吴涛、长沙饭店特二级厨师曹恒斌、湖南省军区特三级厨师简中姚荣获金牌；玉楼东酒家中二级厨师朱国祥、特二级厨师黄帮伟、长沙饭店特二级厨师罗继湘、长岛饭店特三级厨师夏铁强、银苑大酒店特二级厨师何华山获银牌；银苑大酒店特二级厨师黄自强获铜牌。1994年，长沙饮食市场调整小吃品种结构，新增海鲜、野味、药膳、滋补品种，应市品种总数达700余种。当年全市饮食行业开展以“上品种、上质量、上档次、创效益”为主要内容的“龙虎榜”竞赛活动，玉楼东酒家荣获龙虎榜第一名；新华楼削面馆和火宫殿酒家获第二名；长岛饭店、长沙饭店和银苑大酒店获第三名。玉楼东酒家推出“瞄准大众、发展小吃、稳定价格、薄利多销”的经营方针，开发、引进和创新点心、凉菜、蒸菜、铁板、竹筒、煨烤、火锅、药膳等系列小吃，生意十分火爆，全年实现经营收入1790万元，利税264万元。个体私营饮食经营发展步伐加快。

1996年，玉楼东酒家、又一村大饭店、火宫殿酒家、新华楼削面馆、大庆饭店等单位发挥名店、名厨优势，先后开办6家分店，由市内发展到株洲、湘潭等城市，新增营业收入3000万余元。又一村大饭店开辟东塘分店，开发第四代快餐系列产品，全店年营业收入由上年的1200万元上升到2500万元。1997年长沙饮食（集团）有限公司成立，完成公司所属企业的改组改制，推行连锁经营。同年11月长沙市选派玉楼东酒家、火宫殿酒家、又一村饭店、新华楼削面馆、商业技工学校等单位的16名选手参加湖南省第三届烹饪技术比赛，获得34枚奖牌。1999年，长沙饮食集团把海鲜作为一个新的主导产业，组建银苑海鲜舫，实行排挡自选，全市38家海鲜排档相继开业。2000年7月长沙市5名选手参加在杭州举办的首届中国美食节，由长沙银苑有限公司张小春制作的湘菜“鱿鱼三丝”张浩制作的“龙舟载宝”李灿制作的“蝶恋花”简小姚制作的“双燕迎春”荣获金牌；何华山制作的湘点“潇湘马蹄、洞庭红棱”

荣获银牌，这是湖南第一次用海鲜品种在全国大赛中获得金牌。全市有餐饮网点3.27万个，从业人员10.10万人，经营收入20.87亿元，上缴税金8160万元，比1992年分别增长104.3%、101.7%、213.8%和69.3%。

进入21世纪，长沙餐饮业形成多元化的竞争格局。既有玉楼东、火宫殿、银苑、新华楼、杨裕兴等一批中华老字号和名优特酒店；又有金太阳、蓉泰、鸿基等新兴民营餐饮企业；既有谭鱼头、潮州春、湘鄂情等外地酒店；又有麦当劳、肯德基、维纳斯、蒙娜丽莎等一批外来中西式餐饮企业登陆长沙；同时以四娭毑、杨眼镜、许记等为代表的本地路边餐饮店生意也十分红火。社会餐饮业以其灵活的经营机制和快速发展的经营网点逐步成为市场发展的主体。2001年长沙开展“十大金牌酒楼”评选活动，鸿基酒楼、徐记海鲜大酒楼、芙蓉国美食广场、新亚细亚酒楼、金太阳大酒店、六福酒楼、谭鱼头火锅（长沙店）、九龙实业、蓉泰大酒店、潭州瓦罐等10家酒楼被评为“金牌酒楼”。2002年，中华餐饮老字号火宫殿深入挖掘积淀而成的火庙文化，正式推出火宫殿庙会，于4月1日至15日成功举办首次庙会，形成南方独特的火文化现象。4月1日，庙会借观音菩萨生日之机，采用民间祭祀方式，把美食火宫殿营造得香飘四溢、庙廊生烟、戏曲声声。庙会美食节期间，湘剧、花鼓戏、皮影戏、罗汉舞、蚌壳舞、扇子舞等汇聚一堂，这样的庙会美食节在火宫殿每年举办一次，进一步激活火宫殿百年老字号的品牌资源优势。

2004年，长沙餐饮网点遍布城区大街小巷及近郊，亮点频出，层次分明。高档餐饮有金悦、华天、富临、伍华、华悦、通程、神龙等一批企业，这些餐饮场所消费水平都比较高，成为婚宴喜庆宴请的首选；中档有以徐记海鲜、好食上、金至鐏、冰火楼、顺风楼、金太阳、新玉楼东、一路吉祥等一批企业，以其场地宽敞，环境优雅，消费水平适宜深受消费者喜爱；大众化餐饮有大碗厨、杨眼镜、谭州瓦罐、野火湖湘、天马生产队、人民公社大食堂为代表的大众化餐饮店，以其上菜快、价格低、人气旺等特点生意红火。并以上述企业形成以西湖楼为中心的金马美食城，沿江风光带餐饮群，曙光路美食街，芙蓉南路美食带，二环线雅塘村生态食街等餐饮集中的场所。

2005年，长沙火宫殿有限公司被国家工商总局认定为“中国驰名商标”，杨裕兴、玉楼东被评为湖南省著名商标，玉楼东有限公司总厨师长许菊云荣获“全国劳动模范”称号。是年，长沙市烹饪协会和长沙饮食集团有限公司联合举办“劲霸·詹王杯湘菜大师、名师湘菜展评活动”，活动中展出长沙湘菜大师、名师的100多道传统湘菜和创新湘菜，有力推动湘菜健康发展。由中国烹饪协会、湖南省烹饪协会、长沙晚报报业集团联合组织的“中国十佳湘菜名店”活动中，长沙鸿基酒楼、秦皇食府、冰火楼、新长福、鼎福楼、湘西部落等知名湘菜企业荣获“中国十佳湘菜名店”。全市餐饮网点3.97万个，从业人员14.86万人，经营收入45.63亿元，上缴税金1.45亿元，比2000年分别增长21.1%、47.2%、118.6%和77.6%。

2006年，长沙餐饮市场形成中外菜、各大菜系品兼收并蓄、和而不同的特色。日本料理、韩国料理、麦当劳、肯德基等外资餐饮随处可见，川菜湘做、粤菜湘做、赣菜湘做、杭菜湘做，消费者可品尝到与众不同的各种风味，各种风味的菜品既凸显特色又相互融合，按“湘菜”改良改进，以符合消费者的需求。当年9月22日，由长沙市商务局、长沙市烹饪协会和湖南日报社联合主办中国湘菜美食文化节主题活动之一“李锦记杯·潇湘主流湘菜文化展”活动，汇集一批知名餐饮企业和一批知名湘菜大师，集中展示各餐饮企业制作的经典湘菜、精品湘菜、口味湘菜、时尚湘菜、创意湘菜、原生态湘菜、传统湘菜及经典面食等，深受消费者欢迎。同年，在坡子街民俗名食一条街重新恢复“向群”“强民”“和记”

“红梅”“李合盛”“双燕楼”等一批老字号企业。2007 年，杨裕兴连锁经营网点达 86 家，遍布省内及武汉、乌鲁木齐、天津、东莞等城市，年销售额突破 1 亿元。玉楼东、火宫殿荣获中国烹饪协会授予的“全国餐饮业优秀企业称号”；长沙饮食集团董事长刘国初荣获“全国餐饮业科技创新奖”称号；总经理范命辉荣获“全国餐饮业优秀企业家”称号；湘菜大师许菊云、聂厚忠、王墨泉、张力行荣获“中国烹饪大师金爵奖”称号。全年全市餐饮零售额 156 亿元，其中本土湘菜企业零售额 130 亿元，占全市餐饮销售额的 83.3%。一大批有影响的餐饮企业迅速崛起，新长福、大蓉和、好食上、金太阳、鼎福楼、徐记海鲜、秦皇食府、金牛角王中西餐厅等都大力发展连锁店。长沙餐饮市场形成以宾馆餐饮、特色店、小饭店并存和正餐、休闲餐、快餐、西餐竞相发展的格局。2008 年，餐饮业坚持一店一特色，各大餐饮企业都注重精心打造自己的风味特色，全年有 200 余位厨师参加各类烹饪竞赛，厨艺水平得到提升。2008 年全市餐饮网点 4.24 万个，从业人员 13.68 万人，经营收入 96.8 亿元，上缴税金 3.6 亿元，比 2005 年分别增长 6.9%、14.1%、112.1%和 148.2%。

2009 年，长沙餐饮业在中秋、国庆期间举办“经典湘菜美食节活动”，湘菜中的“发丝牛百叶、毛家红烧肉、全家福、臭豆腐”等名菜深受消费者喜爱，火宫殿的臭干子每天卖出 4 万余片，糖油粑粑 1 万多个，玉楼东的肘子每天卖出 100 余份，一路吉祥的烤牛排卖出 300 余份，湘府曲园的宴席开出 300 余桌。

2010 年，长沙举办首届湘菜美食节，全市 117 家餐饮酒店参加这一活动。同年 11 月，由湖南省烹饪协会组织的“湘菜产业促进周”在长沙举行，在活动中，长沙被湖南省烹饪协会授予“湘菜美食之都、天下湘菜娘家”的称号。同时有湘菜大师许菊云和张涛被认定为玉楼东六大传统湘菜制作技艺传承人，张仕其和吕望国被认定为杨裕兴鸡蛋面及五大油码制作技艺传承人。长沙餐饮市场形成多风味、多业态、多菜系并存的局面。湘菜依然是餐饮业的主流，杭帮菜、粤菜、川菜、南昌瓦罐、桂林米粉等各种风味的菜品随处可见；印度烤肉、巴西烧烤、日本寿司、韩国料理、泰铢火锅等外来餐饮布点各大商圈；以湘菜为主，突出湖湘风味的火宫殿、玉楼东、新怡园、湘府曲园、毛家饭店、湘西部落等餐饮店和突出湘粤结合风味的海食上、湘鄂情、徐记海鲜、羊城餐馆等企业生意持续火爆；肯德基、麦当劳、华莱士、乡村基、必胜客等快餐加速开店；中西餐厅、茶餐厅、休闲餐厅等业态深受青睐，长沙成为一座美食之都。在城郊接合部形成一批土菜店，城南新姚路上的土菜群、城北浏阳河沿线的土菜群、万家丽北路和金星大道两旁土菜馆扎堆，长沙餐饮不断升级。

2012 年，长沙餐饮业持续健康发展，保持良好增长的势头，形成以湘菜为主体的多菜系、多业态并存，百花齐放的发展格局。长沙在形成餐饮带、餐饮群落、美食街后又一集中的餐饮消费模式，大型综合商场、购物中心中开设的餐饮消费场地成为人们饮食消费的重要场所。长沙乐和城、悦方 IDMAI、新世纪百货、步步高商业广场、通程商业广场、世纪金源购物中心、王府井百货、天虹百货、华润万家、万达购物、友阿奥特莱斯等场所里，集聚 500 余家时尚餐饮门店，年销售超过 20 亿元，成为时尚消费的主流。长沙大力发展湘菜产业，湘菜成为长沙的一张美食名片。以湘菜发源地、湖湘小吃源头著称的火宫殿最高日销售额 78 万元，年接待游客、食客 300 万人；以代表长沙面粉口味的杨裕兴在长沙布点 50 多家，深受市民欢迎；以“湘菜黄埔军校”著称的玉楼东成为品尝湘菜的首选；向群锅饺、和记米粉、强民狗肉等一批体现地方特色的老字号逐步恢复发展，受到市民追捧。长沙饮食集团、毛家饭店、秦皇食府 3 家企业入选中国餐饮百强企业；在长沙集结一支餐饮湘军，为长沙餐饮业的进一步发展奠定良好的基础。餐饮网点向河西推进，潇湘大道、金星大道两边的餐饮店，城郊的农家乐、土菜馆增多，市中心写字楼里大众化的小餐饮以休闲餐、私房菜的名义，满足一部分消费者的需求。全市各类餐饮网点达4.66万个，从业人员18.83万人，经营收入192.4亿元，上缴税金4.56亿元，比2008年分别增长9.8%、11%、98.8%和26.7%。

二、名店、名菜、名点

（一）名店

1.长沙火宫殿有限公司。1988年，火宫殿是长沙市饮食公司下属的国有企业，主要经营餐饮、小吃，尤以臭豆腐闻名省内外。总资产600万余元，营业面积2000平方米，员工56人，年销售额90万余元。1993年10月，被国内贸易部认定为“中华老字号”。1994年对餐厅进行大规模的扩建，在主楼西、北两侧建起裙楼，在南侧兴建一座7层古典式建筑。1995年，火宫殿陆续开办东塘分店、五一路分店，并于2001年5月兼并长沙市湘江文具厂，同时改制为长沙市饮食集团火宫殿有限公司。同年投资1785万元对坡子街店进行改扩建，恢复火神庙、古戏台、火宫茶馆，修饰古牌坊，新建西栋美食街、宴会楼、石坊、水池凉亭等设施。2002年4月12日，为纪念毛泽东主席视察火宫殿44周年，三家分店隆重推出毛主席视察火宫殿就餐的宴单“主席宴”，受到各界人士的欢迎。2003年春节，火宫殿隆重举行首届“花瑶民俗春节庙会”，并推出一批名特小吃，臭豆腐、姊妹团、糖油粑粑等都是深受消费者喜爱的小吃品种，在全市影响很大。此后每逢春节、端午节、中秋节等重要节日，火宫殿都要举行不同主题的庙会。同年3月6日，国务院总理朱镕基在全国人大会议期间，参加湖南团讨论时，深情地说：“我曾想起火宫殿的小吃就垂涎不已，饮食文化对长沙很重要，一定要保持长沙的风味。”从这一年开始，火宫殿着手挖掘“火庙文化”，借助深厚的历史文化底蕴，融合到餐饮之中，使企业经济效益和社会效益大幅提升。2004年，中国烹饪协会授予火宫殿“优秀餐饮企业”称号。长沙市将火宫殿列为历史文化保护单位。同年火宫殿被评选为“湖南百景”之一和长沙市“山水人文景点”。湖南省工商局认定火宫殿为“湖南省著名商标”。2006年6月，火宫殿商标被国家工商总局认定为“中国驰名商标”。“火神庙会”被列入省级非物质文化遗产名录。2007年11月，长沙火宫殿坡子街总店被评为“长沙市旅游五星级餐馆”。2008年6月11日，火宫殿“火神庙会”被列入“国家级非物质文化遗产”名录。8月，火宫殿被评选为“长沙十大地标名片”之一。2009年3月18日，火宫殿“八大传统小吃制作工艺”被列入湖南省省级非物质文化遗产名录。2012年，企业总资产9000万余元，营业面积1万多平方米，拥有员工600多人，年客流量近300万人次，销售额9964万元，上缴国家税收450万元。

2.长沙玉楼东有限公司。1988年，位于长沙五一广场的玉楼东酒家是一家湘菜代表性的餐饮企业，总资产750万元，营业面积2400平方米，员工180人，年销售额180万元。该店在湘菜名厨、中国烹饪大师、中国湘菜大师许菊云的带领下，大胆推陈出新，推出“麻辣仔鸡”“汤泡肚尖”等传统湘菜数百种，保留玉楼东的传统风味，同时开设早晚茶，经营长沙地方风味小吃，生意红红火火，成为当时长沙餐饮的一张名片，使百年老店焕发青春。1993年，国内贸易部认定为“中华老字号”企业。

1996年，由于平和堂商厦的建设，玉楼东酒家迁至五里牌远大路店继续营业，并在五一东路开设分店。1997年，玉楼东酒家总部再次迁到万家丽路新玉楼东店，同年被湖南省人民政府评为“湖南省优秀企业”，并被国内贸易部授予“国家特级酒家”；2000年，获国内贸易部授予“全国十佳酒家”称号，这是湖南省唯一获此殊荣的酒店；2001年，中国烹饪协会授予“中华餐饮名店”称号。

2002年，玉楼东改制为长沙饮食集团玉楼东有限公司。并开始实施品牌发展战略，在长沙县星沙镇开设玉楼东星沙店，先后在甘肃兰州、北京西四环、长沙雨花区红星村、江苏盐城及广州花都等地开设品牌加盟店，企业规模不断拓展。2003 年，中国烹饪协会授予“全国绿色餐饮企业”；2008 年，获“湖南省著名商标”，“玉楼东酒店”的招牌被广大消费者接受，成为家喻户晓的餐饮品牌。2012 年，企业总资产 2650 万元，总营业面积 8500 平方米，员工 560 人，年销售额 7650 万元，上缴国家税收 350 万元。

3.长沙杨裕兴有限公司。1988 年，杨裕兴面馆是长沙市饮食公司下属的国有企业，也为全市非常有名气的传统面食店，该店的手工鸡蛋面条深受消费者喜爱。企业总资产 120 万元，营业面积 150 平方米，员工 56 人，年销售额 110 万元。1996 年，面馆对店堂进行大规模装修改造，使店堂面貌焕然一新。2001 年企业改制为长沙杨裕兴有限公司，公司致力于面食文化的发展和品牌连锁经营，当年连锁门店发展到 10 个。2005 年，杨裕兴商标被湖南省工商行政管理局认定为“湖南省著名商标”中国烹饪协会授予长沙杨裕兴有限公司“全国绿色餐饮企业”。2006 年，被商务部认定为“中华老字号”企业。2007 年被湖南餐饮行业协会授予“湖南餐饮名店”称号。2009 年，“杨裕兴手工鸡蛋面和五大油码制作技艺”被长沙市认定为市级非物质文化遗产进行保护。杨裕兴面以其独特的技艺与口味，成为长沙市民美食生活中不可或缺的一部分。2012 年，杨裕兴有限公司在全省范围内有加盟连锁店 70 多家，并在北京、深圳、东莞、淄博、乌鲁木齐等地开设加盟店。企业总资产 2540 万元，营业面积 6500 平方米，员工 1560 人，年销售额 3280 万元，上缴国家税收 160 万元。

4.长沙又一村有限公司。1988 年，长沙市又一村大饭店位于长沙市中山西路，是长沙市饮食集团属下的国有企业，企业总资产 260 万元，营业面积 240 平方米，员工 85 人，年销售额 850 万元。1993 年更名为“长沙市又一村大酒店”。1994 年，酒店开设快餐厅，营业面积由 240 平方米扩大到 1000 平方米。1995 年，在一楼餐厅开设自助餐厅，这是当时长沙餐饮业的一种新型业态。1996 年，在长沙东塘广场开始第一家连锁店东塘分店。1998 年，酒店跻身全国中式快餐企业四强，年销售突破 4000 万元。1998 年，酒店改制为“长沙饮食集团又一村有限公司”。同年投资 400 万余元开办旭华分店，又和德园包子店联合开设又一村德园分店。2001 年，又一村开始进入机关、学校等单位食堂，先后在雅礼中学、省外国语学校、计算机厂、沃尔玛超市等单位开始连锁食堂，以标准化管理，集中配送，赢得各单位的好评。2005 年，与友谊阿波罗股份有限公司联合开设一家生态园林酒店——湘府曲园。2006 年被评为湖南餐饮名店，并被商务部认定为“中华老字号”企业。2012 年，又一村仍然以湘菜、快餐经营为主，企业总资产 2570 万元，营业面积 3420 平方米，员工 180 人，年销售额 5600 万元，上缴国家税收 270 万元。

5.长沙甘长顺有限公司。1988 年前，甘长顺面馆的名称曾一度为东方面馆，为恢复老字号企业经营，将“东方面馆”更名为“甘长顺面馆”。面馆继承传统，重用名师，精心制作汤面、炒面、锅面、米粉以及荤素鲜码达 60 余种，颇具特色。进入 20 世纪 90 年代，甘长顺进入高速发展时期。该店投资上百万，三次对店面进行大规模改造，并请名老师傅指导，下大力气培养技术骨干，产品品种达百余种，深受广大市民欢迎。1997 年，该店全年实现销售 328 万元。

2003 年，甘长顺改制为长沙甘长顺有限公司，国有资本退出。2004 年，“甘长顺”立足长沙拓展市场，开办 1 家直营连锁店、3 家加盟店，年销售 400 万余元。2005 年，甘长顺品牌向省外发展，在深圳开设甘长顺分店，年销售额 500 万元，自从发展连锁经营以后，甘长顺门店数量和销售业绩逐年增加。2012 年，甘长顺面馆在长沙有 8 家门店，员工 110 人，年销售额 2000 万余元，上缴国家税收 80 万元。

（二）名菜

1.十大传统品牌湘菜。

组庵玉结鱼翅。此菜系清末翰林谭延闿（字组庵）喜尝的美味佳肴，主料选用玉结鱼翅，故名“组庵玉结鱼翅”。由玉结鱼翅、干贝、母鸡、猪肘肉等制作而成，具有清润滋补、柔软浓香的特点，味道极鲜美，是湖南菜的极品经典名菜。玉楼东酒家烹制的味道更佳。

组庵豆腐。此菜由豆腐、口蘑、干贝、母鸡肉、五花猪肉等精制而成，具有色彩淡红、柔软浓香、味道鲜极的特点，是湘菜极品。尤以玉楼东酒家烹制的更负盛名。

酱汁肘子。主要原料为猪前肘子，在配以各种配料，用慢火煨到八成烂，再放入用油炒香的豆豉、干辣椒和卤汁，上旺火蒸至酥烂即可。具有色彩红亮、饱满、肥而不腻、肉质酥烂、鲜咸浓香、滑嫩，入口即化、健脑美容的特点。是玉楼东酒店的招牌菜。

腊味合蒸。取腊鸡肉、腊猪肉、腊鱼肉合并蒸熟。具有色泽棕亮、肉质松爽、咸鲜辣香适口、乡土气息浓郁的特点。曾获第三届全国烹饪技术比赛金牌奖和1990年国家食品金鼎奖。火宫殿烹制的味道鲜美。

东安子鸡。因首创湖南东安县而得名，以其独具一格的风味享负盛名。系将肥嫩仔母鸡肉切成条，配以姜丝、辣椒末、花椒末等配料制作而成。具有色泽黄亮，红绿点缀，鲜艳如画，麻辣香酸，脆嫩鲜美的特点。尤以湘菜大师王墨泉烹制的味道甚佳。

麻辣子鸡。是长沙地区的传统菜。选用嫩仔鸡，加以鲜红辣椒及适量配料精制而成。具有色泽金黄油亮，麻辣鲜香，外焦内嫩，口齿留香，回味无穷的特点。火宫殿的招牌菜。

发丝牛百叶。系长沙李合盛餐馆名菜之一，久负盛名。取鲜黄牛白页（牛瓣胃）、冬笋肉、红尖椒、韭黄，加适量配料烹饪而成。具有刀工精细，形如发丝，质地脆、嫩、鲜爽，酸辣适口的特点。玉楼东湘菜大师许菊云烹制的味道鲜美。

酸辣荔枝鱿鱼卷。取嫩子鱿鱼、猪肉、香菇、泡菜、冬笋、小红辣椒、大蒜及配料精制而成。具有色泽金黄油亮，鱿鱼刀工工整如荔枝，酸辣香鲜，色彩斑斓的特点。玉楼东酒店的招牌菜。

花菇无黄蛋。取鲜鸡蛋、花菇及配料制作而成。具有色白光亮，光滑鲜嫩的特点，是滋补佳肴。又一村大酒店的招牌菜。

口蘑汤泡肚。取鲜猪肚尖、肥鸡清汤、青菜汤、内蒙白口蘑、白菜心、熟火腿及配料制作而成。具有汤色清冽，肚尖刀工工整、洁白，鸡油黄亮点缀，菜清碧绿相映，肚尖脆嫩爽鲜，齿颊留香的特点。玉楼东酒家的招牌菜。

2.十大金牌湘菜。

柴把桂鱼。取活桂鱼、火腿丝、冬笋丝、香菇丝、姜丝、葱丝、鸡蛋清、白菜苞、红樱桃及配料制作而成。具有刀工精细，清爽雅致，色泽红白相间，鱼肉鲜嫩，味感丰富，清脆咸香的特点。此菜由玉楼东厨师许菊云烹制，在1988年5月第二届全国烹饪技术比赛中获金牌奖。

龙舟载宝。取水发鲍鱼、水发鱼翅、水鱼裙边、水发猴头菇、瑶柱、净冬笋、熟火腿、整冬瓜、猪五花肉、鸡肉、大蒜子及配料制作而成。具有口味清新鲜美，质地软糯脆嫩，营养丰富的特点。此菜由新华楼削面馆特二级厨师周赛群烹制，在1993年第三届全国烹饪技术比赛中获金牌奖。

双味素翅。取水发玉兰片、水发金针菜、玉笋及相关配料制作而成。具有形如鱼翅，双色双味，质地柔软，味微咸辣鲜香的特点。此菜由玉楼东酒家厨师许灿烹制，在1995年第四届全国烹饪技术比赛中获金牌奖。

菊花竹荪汤。取干竹荪、杭白菊、鲜虾仁、猪肥膘肉、白菜苞、鸡蛋清及相关配料制作而成。具有竹荪清脆腴美，虾仁鲜香清嫩，菊花清香四溢，汤清见底，滋味鲜美的特点。此菜由玉楼东酒家中二级厨师吴涛烹制，在1993年第三届全国烹饪技术比赛中获金牌奖。

潇湘三味鸡。取鸡翅、鸡肫、鸡脯肉、猪肥膘肉、水发冬菇、净冬笋、火腿、白菜苞、香菜、鸡蛋、咸面包、香芋雀巢制作而成。具有菜色艳丽，装盘美观，制作精细，味道多样的特点。此菜由火宫殿厨师王溪平烹制，在1993年第三届全国烹饪技术比赛中获金牌奖。

干煎八宝果饭。取糯米、红枣、莲子、橘饼、冬瓜糖、核桃肉、瓜仁、葡萄干及调味品。具有香甜、软糯的特点。此菜由火宫殿厨师王焰峰烹制，在1995年第四届全国烹饪加速比赛中获金牌。

软蒸火夹桂鱼。取活桂鱼、冬菇、火腿及相关配料制作而成。具有色调素雅，红白分明，鱼肉滑嫩，火腿咸香的特点。此菜由玉楼东厨师张志君烹制，获1988年第二届全国烹饪技术比赛金牌奖。

海马响三鞭。取海马、鹿鞭、海狗鞭、黄牛鞭、肉苁蓉、巴戟、枸杞、西洋参、猪肘肉、母鸡肉及配料制作而成，具有甜咸汁浓，汤醇味美，既有药之滋补，又有菜之鲜美的特点。此菜由又一村酒家厨师谢少峰烹制，获1993年第三届全国烹饪技术比赛金牌奖。

透明珍珠丸。取水磨糯米粉、白糖、面粉、莲茸馅、熟猪油制作而成。具有色泽洁白，质地光滑，柔中带韧，甜而不腻，口味清新的特点。此菜由玉楼东厨师烹制，获1995年第三届全国烹饪技术比赛金牌奖。

鸡汁鲍脯鸭舌。取罐装鲍鱼、鸭舌、白菜心及配料制作而成。具有质地柔软，鲜香味醇，造型美观的特点。此菜由火宫殿厨师周衡凯烹制，获1995年第三届全国烹饪技术比赛金牌奖。

（三）名点

香菇笋肉包。湖南传统名点，有“湖南第一包”的美誉。色白汁多，松软饱满，皮薄透油，鲜爽鲜嫩。是德园包点的新品种。

双油珍珠烧卖。将蒸熟的糯米用烧开的猪油、酱油淋透，拌入精盐、撒入胡椒粉、葱花，拌匀，用擀好的皮包好上火蒸熟。蒸出来的烧卖皮薄馅大，透油，软糯鲜香，糯米粒粒如珍珠，金黄油亮。是火宫殿的传统小吃。

盐菜小包。湖南传统名点。柔润松软，甜咸味美。各包点店都能卖到，尤以德园味道更佳。

糖油粑粑。传统湘点。最有代表性的是百年老店火宫殿的糖油粑粑，具有光亮、细腻、圆润、丰满、柔嫩、糯软、香甜，色如肌肤的特点。

刺猬包。筵席食点。形似刺猬，小巧可爱，刺密尖长，松软甘甜。是火宫殿的名小吃。

银丝卷。湖南名点。松软、甜润、色白，丝细工整均匀。是玉楼东的名小吃。

火宫殿臭豆腐 火宫殿的臭豆腐制作工艺十分讲究。首先将优质黄豆用水浸泡，捞去豆皮，打成豆浆，压成老嫩适宜的豆腐坯，在用冬菇、鲜冬笋、曲酒、浏阳豆豉等十几种原料发酵而成的卤水浸泡，然后下油锅油炸，出锅后滴入用辣椒末、味精、酱油、芝麻油等配成的调味汁。具有味道鲜美可口，“闻起来臭、吃起来香”的特点。

德园包子。德园最传统的招牌包子是盐菜糖包子和鲜肉包子。选用优质面粉用老面发酵后擀成包子皮，将盐菜洗干净，剁碎炒香，加入白糖、茶油拌成盐菜馅，有发面皮包入做成盐菜塘包子，大火蒸熟，包子皮面洁白松软，掰开一看，糖馅乌黑油亮，入口一尝，甘润香甜咸香，流传至今，仍然深受消费者喜爱。

杨裕兴鸡蛋面。杨裕兴面馆的手工鸡蛋面选用优质面粉，放入鸡蛋，加点食用碱，经10多道工序精制而成粗细均匀、色泽淡黄亮丽的面条。在油码配制上选用上等鲜、干原材料，油码精细，色艳香鲜，尤以杂酱面油码风味独特。面条以其均匀柔软，味道鲜美的特点，深受顾客喜爱。顾客每当品尝，必交口称赞，常喻为“神仙难吃刀下面”。

还有一些名品点心深受消费者喜爱，其中脑髓卷、鲫鱼酥、千层糕等最为著名。

三、湘菜整理、研发、推广

1988年5月，玉楼东厨师许菊云在第二届全国烹饪技术大赛中夺得4块奖牌，其中湘菜“柴把鳜鱼”荣获金牌，实现湘菜在全国大赛中金牌“零”的突破。1989年，在全国饮食行业“金鼎奖”评比中，由火宫殿酒家制作的“双味八宝饭”荣获金鼎奖，是湖南唯一获奖的产品。该品种色、香、味、形俱佳，内在理化成分合理，由咸、甜两种配料组成，装盘成太极图形状，在全行业同类产品中位居榜首。1990年，由玉楼东酒店湘菜大师许菊云制作的湘菜“发丝百叶”和“酱汁肘子”荣获全国饮食名优产品评比“金鼎奖”，该酒店挖掘、创新湘菜品种80多个，这两个获奖品种是最受顾客欢迎的佳品。洞庭鱼头王、龙舟载宝、毛家红烧肉、洞庭龟羊、金鱼戏莲等湘菜品种也先后在全国烹饪大赛上获奖。1991年，湘菜大师许菊云先后到济南、南京、上海、天津、广州、武汉等地展示厨艺，引发空前湘菜热。许多湘菜厨师还出国展示厨艺，去德国就先后有600多位湘菜厨师，这些出国的厨师在弘扬湘菜美食文化的同时，积极汲取西方饮食文化，在兼收并蓄、改良创新的同时对湘菜进行适当改良，昔日求大油、大味、大份、色浓的湘菜，逐步转向清淡、脆嫩，装盘也趋于多样化。

1996年，天心阁城南路的“啤酒鸭”，橘子洲头的“黄鸭叫”，五里牌的蒸菜极受消费者青睐。1997年，湘菜随着消费者的营养观念、审美时尚乃至消费习惯的改变而调整。以动物内脏为原材料的高脂肪、高胆固醇的菜肴不再受欢迎，取而代之的是一些低糖、低脂、低盐的“三低”菜肴。以湘菜大师许菊云为首的湘菜厨师挖掘、整理传统湘菜数十个品种，并依据市场变化，从原材料、调料、口味的烹调方法上改良湘菜品种，以适应不同消费者口味。按照消费者的口味调整改良的湘菜更受消费者欢迎，湘菜迅速红遍全国，全国各大中城市的湘菜馆如雨后春笋般涌现。在各大菜系竞争异常激烈的京城，有湘菜馆1200余家。在广州、深圳、上海、南京、济南等城市，湘菜与粤菜、川菜一道，成为主流美食。在乌鲁木齐和武汉等地，湘菜成为消费者首选美食。

2000年7月，长沙饮食集团和长沙餐饮行业协会组织湘菜推介团参加湖南省在新疆乌鲁木齐举办的商品交易会，深受消费者喜爱。同时湘菜厨师不断输出到日本、美国、英国、德国、澳大利亚等国，促进湘菜文化的交流。

2005年7月，由长沙市烹饪协会举办以“夯实传统底蕴，丰富时尚元素，健康发展湘菜”为主题的“劲霸·詹王杯湘菜展谈”活动在玉楼东酒店举行，湘菜大师许菊云、王墨泉、张力行、聂厚忠、谭添山等在展谈活动现场分别就湘菜传统制作工艺、湘菜厨师必备素养、湘菜技术变迁、品味提升、品牌继承等方面作精彩、专业、系统地阐述和讲解，同时现场制作传统湘菜和创新湘菜。长沙湘菜领军企业玉楼东、火宫殿、一路吉祥、又一村、新怡园、徐记餐饮有限公司、湘麓山庄等携手展出招牌创新湘菜。许菊云大师制作的湘菜祖庵一品辽参、祖庵煨裙边、鸡汁素鲍鹿筋、汤泡肚尖、网油叉烧桂鱼，谭添三大师的东安鸡、椒盐南瓜花、财源通大海；聂厚忠大师的毛氏红烧肉、祖庵鱼翅、火方蹄筋；王墨泉大师的怀胎鱼、瑶柱海参、五彩杏珠等湘菜品种被认定为湘菜珍品。湘菜名师黄邦伟制作的子龙脱袍、瓜盅鸡球、清汤柴把鸭；黄自强制作的荷花鱼肚、花菇无黄蛋、元壳风味蜗牛；吴涛制作的柴把桂鱼、龙舟载宝、发丝牛百叶；王焰烽制作的鸡汁鱼脯、潇湘龙虾球，简忠姚制作的大碗全家福、佛手千张肉；许璨制作的双味素翅、鸡汁鲍鱼、双味桂鱼卷、金钱赛熊掌等菜品被认定为湘菜名品。香煎竹豆腐、长生豆豉肉、福果雪哈煲青瓜等菜品被评为最具创意菜品。2008年，湘菜与各大菜系的融合更加明显，如徐记海鲜、新长福饭店的菜品是湘菜与粤菜的融合，好食上饭店的菜品是杭帮菜、粤菜、湘菜的融合，大蓉和饭店的菜品是湘菜与川菜的融合。经典湘菜与传统湘菜在“老字号”火宫殿、玉楼东等企业得到弘扬。湘菜的标准化程度不断提高，知名餐饮品牌企业对自身经营的大部分菜品实行标准化经营，从而出现像“王栏树”一样的专业生产湘菜原材料半成品的企业。

2011年，驻长沙的湖南省湘菜产业促进会成立传统湘菜味型研究小组，收集整理20多种凉菜味型和33种传统热菜味型湘菜，这些湘菜品种构成湘菜的主体风格。

2012年，湘菜的经营网点遍布全国各地，在全国八大菜系中的经营网点排名第一。全市湘菜产业营业额90亿余元。

第二节　住宿业

1988年，宾馆、旅社、招待所均为全民和集体所有制企业。规模较大的有湖南宾馆、湘江宾馆、湖南旅社、长岛饭店、麓山饭店、蓉园宾馆、枫林宾馆、大华宾馆等。其中省级单位管理的宾馆招待所11个。是年5月8日，位于解放东路300号的湖南华天大酒店A座开门迎客，A座楼高11层，有标准客房200间，床位350张。设有中、西餐厅、咖啡厅、酒吧、茶坊、多功能厅、健身房等配套设施，是长沙市规模最大的酒店。是年，全市共有宾馆、旅社、招待所、酒店575家（客房1.57万间、床位4.13万个），从业人员1.28万人，营业收入1.32亿元，上缴国家税收1240万元。

1989年，由湖南省供销社投资4000万余元新建的留芳宾馆竣工开业，该宾馆建筑面积3万平方米，楼高24层，雄伟挺拔，建筑新颖，装饰典雅，是当时全市最高的建筑。有宽敞舒适的标准客房和风格别致的豪华套房296间，床位812张，设有中西餐厅、宴会厅、咖啡厅、音乐茶座、豪华舞厅等。备有中央空调，600门程控电话和闭路电视及感温、感烟防火自动报警系统。宾馆还附设银行、邮电、商场、出租车队、医疗、美容、洗衣房、停车坪等配套设施。同时，在规模较大的商品市场周边和城乡接合部，个人利用私家房屋稍加改造，建有私营招待所和个体旅社。

1990年，国有集体招待所、旅社实行国有民营、承包经营、租赁经营等多种改革形式。规模较大的宾馆、酒店开始注重做好对外营销、策划。建立“长住客”“回头客”联络制度，提高客房入住率。

1991年，由市二商业局投资新建的楚云饭店建成开业。饭店拥有高、中、低档客房312间，床位685张，并设有宴会厅、快餐厅、面食部、酒吧咖啡厅、舞厅、美容室、旅行社等配套设施，是一座现代化的综合型大饭店。长岛饭店实行经营、价格、分配、用工放开的改革试点，由于该饭店转换经营机制，推行规范服务，完善服务功能，经国家商业部批准，晋升为国家二级企业。1992年，为规范涉外宾馆、酒店、饭店、招待所的管理，对全市经营涉外业务的宾馆、酒店、饭店、招待所等实行统一管理，并经批准后，挂“涉外定点单位”的牌子方可经营涉外业务。同时，个体私营旅社、招待所发展速度加快。规模较大的宾馆酒店开始设立公共营销部，负责对外宣传推广。全市宾馆、酒店、饭店、旅社、招待所共计685家（客房1.85万间，床位5.92万个），从业人员1.65万人，营业收入2.15亿元，上缴国家税收1470万元，比1988年分别增长19.1%、29.5%、62.8%和18.5%。

1993年，市服务公司对56家小型旅社、招待所实行国有民营、公有私营。长岛饭店与香港正本集团公司合作，由港商投资2000万元，开设“港岛娱乐城”，是当时长沙一流的娱乐场所；与香港曾氏国际有限公司、海南富霸房地产开发有限公司合作投资4.3亿元，建设“财神国际大酒店”；与海南长琼工贸公司合作，创办“名仕俱乐部”。全市涉外星级宾馆16家，其中市属4家。1994年，湖南旅社引进外资294万元人民币，与深圳巨州酒店、香港伟狮国际有限公司三方合资成立湖南巨州酒店。湖南富丽华大酒店和天心宾馆投入运营，其中富丽华大酒店是经国家旅游局、国家计委批准，按四星级标准建造的高级酒店，酒店采用全套进口设备，配有全省最大的立体停车场。1995年，随着改革开放的不断深入，住宿业得到快速发展，宾馆酒店不断增加，全市星级宾馆12家，涉外定点单位49家，接待客人的床位1.2万个。是年，湖南华天大酒店成立华天国际酒店管理公司，开始酒店集团化连锁发展。

1996年，对外开放的步伐加快，适应国家申请加入世贸组织的需要，经济管理水平逐步向国际接轨，部分规模较大的宾馆、酒店、招待所开始由传统的经营管理，转变为从硬件配套，内部服务逐步向星级宾馆管理发展，芙蓉宾馆、湘江宾馆、华天大酒店、蓉园宾馆、青园宾馆、枫林宾馆、留芳宾馆、东方宾馆、锦云酒店、长城宾馆、金泰国际大酒店、民航大酒店、中国城、陋园宾馆、新天宾馆、外贸湘丰宾馆、黄花机场宾馆、南海宾馆、小天鹅大酒店、湖南宾馆3号楼、富丽华大酒店都是经批准的涉外定点宾馆、酒店。此外，面向大众旅客游人为主的住宿备受青睐，个体私营旅社、招待所进一步发展。

1997年，由长沙市烟草公司、长沙卷烟厂和香港粤辉机械工程有限公司按五星级标准共同投资建设的神农大酒店竣工开业。该酒店的建成开业弥补长沙城南地区无高档酒店的空白。酒店开业当年即接待日本鹿儿岛少儿体操代表团、委内瑞纳基社党主席访问团、孟加拉国工人党书记访问团及中国香港、中国台湾旅行团体等。长岛饭店接待“第十一届亚洲滑水锦标赛”“全国八运会体操、摔跤预赛”“全国足球乙级联赛”“全国环保系统乒乓球赛”“迎回归体育舞蹈大赛”等大型体育赛事的运动员、教练员入住，而赢得“运动员之家”的赞誉。华天大酒店被评定为五星级酒店，富丽华大酒店评定为四星级酒店，天心宾馆上三星，巨州酒店、浏阳邮电宾馆上二星。宾馆酒店均实施电话预约、上门预约、增设门童（行李员）等服务措施。1998年，由长沙通程实业集团有限公司、香港明洋有限公司、中国人民解放军政治学院共同投资8亿元，按照五星级标准建设的通程国际大酒店开门迎客，该酒店楼高191.5米，50层，总建筑面积10万平方米，集客房、餐饮、娱乐、健身、购物、写字楼、会展中心和会所于一体，客房432套，床位1089个。是年，神农大酒店被评定为五星级酒店。长沙市服务公司所属的国有集体旅社、招待所开始实施企业产权制度改革。1999年，金源大酒店、佳程大酒店建成开业，通程国际大酒店被评定为五星级涉外饭店。度假区、“农家乐”等场所也可接待旅客住宿。2000年，皇冠假日大酒店(东汉名店)、万达广场开业。星级饭店的评审工作加速，至年底全市五星级饭店5家，四星级饭店3家，三星级饭店20家，二星级饭店11家。随着改革开放的深入，国家对宾馆业经营进一步放开，允许个体私营经营，在交通方便，人口稠密地区或高等学校周边有条件的个体经营户利用自己房屋的优势，开辟成旅社。这些小型旅社、招待所条件简陋，价格便宜，方便外出打工人员和在校学生的需求。宾馆酒店的经营管理更加制度化、规范化。每月进行一次消防安全大检查，对消防器材、火灾隐患防范措施、消防水源、消防通道、用火用电、安全疏散通道、指示标志、应急照明、安全出口、保险柜、防盗门窗等设施进行全面检查，并进行登记，落实专人负责，实行责任追究制。全市宾馆、酒店、饭店、旅社、招待所共计1205家（客房2.56万间，床位7.83万个），从业人员2.64万人，营业收入4.76亿元，上缴国家税收1870万元，比1992年分别增长75.9%、59.8%、121.4%和27.2%。

进入21世纪，随着人们消费水平的逐步提高，对食宿的要求也随之向“住要求档次，食讲究品味”

方面转变，酒店、宾馆、餐饮业开始通过内部整合，外部提升，着力向上档次、上质量、上水平方向发展。投入建设旅游基础设施包括酒店宾馆的力度加大。2001年，长沙市投资新建的湘麓山庄竣工。全市星级饭店达52家，华天紫东阁大酒店和鑫都大酒店被评定为四星级酒店。

2002年5月18日，湖南华天大酒店B座正式营业，B座由3栋31层楼镶嵌而成，上大下小，成“V”字形，凝聚世界超前设计理念。B座配有世界上最先进的超速电梯、监控系统、同声翻译系统等一批现代化的设施，使酒店标准、豪华客房700余套，床位1200余张。集美容美发、大剧场、洗衣、桑拿、网球场、游泳池、保龄球、桌球、乒乓球、网球、商场、商务中心、委托代理、外币兑换、票务中心、出租车队等设施于一体。2003年，由长沙通程集团有限公司投资建设的通程同升湖山庄酒店竣工开业，酒店位于长沙市雨花区洞井镇同升湖，占地面积33.33公顷。主体建筑面积5万平方米，酒店拥有26.67公顷生态森林公园，53.33公顷天然碧湖，建设有垂钓中心、室外及水上高尔夫、网球场、室内外游泳池等多个配套项目，有高档客房200间，床位450张，是全省按照五星级标准建设的生态休闲酒店。长沙市服务公司所属的旅社、招待所产权制度改革全面完成，国有资本全面退出住宿行业。

2005年，华天大酒店获“中外酒店‘白金奖’——中国最受欢迎的酒店”和“中国饭店业民族品牌先锋”等荣誉称号。宾馆为方便客户，设立商务中心、大堂部门和质检部，增加客户满意度。全市宾馆、酒店、饭店、旅社、招待所共计1514家（客房2.85万间，床位8.26万个），从业人员3.18万人，营业收入10.85亿元，上缴国家税收4180万元，比2000年分别增长23.9%、20.3%、128.3%和123.5%。

2007年，同升湖通程山庄被评定为五星级酒店，同时被联合国国际生态安全合作组织及国际休闲产业协会授予“中国十佳生态休闲酒店”称号，通过国家“金叶级绿色饭店”的评定，成为长沙市首批获得绿色酒店最高级别——“金叶级”的酒店。2008年，长沙通程控股股份有限公司在宁乡县城投资建设通程温泉大酒店，酒店建筑面积12.8万平方米，拥有各类客房600间（套），是集客房、会务、商务写字楼、健身、娱乐美食于一体的城市温泉酒店，也为湖南省县级城市中最大的按五星级标准建设的酒店。在星级酒店评审中枫林宾馆由三星级升为四星级。全市星级宾馆饭店77家。全市宾馆、酒店、饭店、旅社、招待所共计2140家（客房3.06万间，床位10.26万个），从业人员3.99万人，营业收入12.74亿元，上缴国家税收5490万元，比2005年分别增长23.9%、20.3%、17.4%和31.3%。

2010年，改革开放带动住宿业兴旺，长沙运达喜来登酒店、华天大酒店、华雅酒店的营业收入均超过2亿元，年营业收入超过1亿元的酒店11家。2011年，美国喜达屋集团旗下顶级酒店品牌“瑞吉酒店”“W酒店”入驻长沙运达中央广场。是年，长沙市举办酒店饭店服务技能大赛，全市50家星级饭店酒店推出的400多名选手参加竞赛，有运达喜来登酒店的张浩、华雅国际大酒店的王周、华天集团的蒋莹、明城国际酒店的彭洁、神农大酒店的曾星星、通程国际大酒店的陈晓娟、华天集团的余镇海分别获得保安员、鸡尾酒调制、西餐宴会摆台、客房中式铺床、中餐宴会摆台、前厅接待、前厅礼宾等项目的冠军。长沙41名选手参加湖南省“华天杯”星级饭店服务技能竞赛，囊括大赛的全部金、银牌。到2012年，湖南华天大酒店在长沙已发展连锁酒店8家，同时在常德、株洲、益阳、北京、长春、武汉等城市开设连锁酒店。长沙有星级酒店125家。全市宾馆、酒店、饭店、旅社、招待所共计3602个（客房4.63万间，床位10.62万个），从业人员5.25万人，营业收入15.54亿元，上缴国家税收6470万元，比2008年分别增长68.3%、31.6%、28.8%和17.8%。

第三节 其他服务业

1988 年，长沙服务业国有、集体、个体并存，国有集体企业归属长沙市服务公司，公司旗下有 37 家国有单位和 4 家集体单位，在职职工 3500 余人，经营网点分布全市各个主要街道和商圈，营业收入 2088 万元，利税 70 万元。主要包括理发、摄影、沐浴、洗衣、休闲等多种行业。国有集体企业实行租赁、承包经营。长沙市的上海美发厅、南京美发厅、中华美发厅等为全市理发行业的亮点；凯旋门照相馆、庐山照相馆、工农照相馆等为照相行业的佼佼者；长沙盆堂、新沙澡堂、湘江澡堂等在洗浴业中是消费者喜爱的场所；位于五一广场的湘江洗染店是长沙市洗染业的核心；休闲娱乐以录像厅、棋牌室等娱乐项目为主，长沙第一家歌厅——航空歌厅开业，开创长沙休闲娱乐的新业态；个体理发店、洗衣店、照相馆、休闲娱乐等机构快速发展。是年，全市各类服务业经营网点 9286 个，从业人员 4.59 万人，经营收入 1.81 亿元，上缴税收 650.5 万元。

1989 年，长沙市个体发廊发展到 628 家，从业人员 733 人，分别占全市理发网点和从事理发业人员的 92%和 58%，国有集体理发店经营困难。长沙市采取措施，重点扶植国有集体理发业，拨款 61 万元，对红星、美新、中华等 9 家国有集体理发店进行改造提质，增设中老年理发店专座、专店，当年元旦、春节期间，各理发店共理发 10.53 万人次，受到社会各界的好评，《人民日报》主办的《市场报》发表文章，对长沙市的这一做法给予肯定和表扬。人像摄影业得到快速发展，从单一的影像记录功能发展成综合艺术门类，出现婚纱摄影、儿童摄影、人像艺术摄影、写真、微电影等多种形式。凯旋门摄影社首家购进整套彩色扩印设备，日扩印数达 8 万张。沐浴业以淋浴为主，新沙池澡堂增设全市首家桑拿浴，配有按摩椅和按摩机、脚病治疗室等。全市 13 家洗染店，湘江洗染店设备最齐，配有卷染机、烘干机、水洗机、蒸汽熨烫机、干式洗衣机等。休闲娱乐除传统项目外，开始兴起跳交谊舞，各类歌舞厅随之兴起，星级宾馆开始配设舞厅。由于劳动就业逐步进入市场，开始出现以职业介绍为主的劳动力需求直接见面的中介服务机构。1990 年，由于理发网点偏少，理发设施陈旧，出现排队等待理发的现象，长沙市服务公司为重点解决理发难的问题，采取对 18 家理发店装修提质扩容，开展技术大练兵，提高理发业务水平，发挥国有理发店的主渠道作用，理顺理发价格，促使个体理发店价格下浮 15%。在南京理发厅举办长沙市首届“美发杯”大赛，全市 48 名理发员参加竞赛，中华美发厅获团体第一名，该美发厅理发员刘乐媛获个人全能第一名，南京美发厅理发员杨建辉获个人全能第二名。是年 10 月，长沙市组团参加由共青团中央、中华全国总工会和商业部等 8 单位联合举办的首届全国青工技术大赛的理发工种比赛，长沙市服务公司所属的红星美发厅理发师胡良、李震钦代表湖南省参加比赛，并分别获得银奖和铜奖。是月，长沙市第一家同业公会——照相业同业公会成立，有会员 101 家（其中国有 8 家，集体 14 家，个体 73 家，事业单位 6 家）。国有集体服务企业继续实行租赁、承包经营。个体服务业发展迅速，休闲娱乐开始兴起保健按摩和足浴项目，成为消费者追捧的娱乐消费方式，声名鹊起的有颐而康足浴城等，各宾馆酒店开始纷纷引入这一项目。是时，长沙市场兴起卡拉 OK 热，全市卡拉 OK 厅达 15 家，每天有近千人进卡拉 OK 厅娱乐。歌厅、舞厅、娱乐中心、电动游戏、美容美发、摄影摄像等服务项目也迅速兴起。

1991 年，长沙市服务行业通过抓服务质量、开拓服务项目、增加服务设施、实现规范化服务、提高企业的适应性和应变能力，与上年比较，照相业增收 24.1%、洗染业增收 5.65%、沐浴业增收 0.31%、理发业增收 4.5%。新沙池澡堂推出“桑拿浴”“冲浪浴”新浴型，打破长沙市沐浴业的传统服务方式。是年 9—10 月，由湖南省风景名胜区协会、湖南省摄影家协会、长沙市岳麓山风景名胜区管理处联合主办的“湖南风景名胜摄影艺术展览”在岳麓山黄兴墓庐展出。参展单位有南岳衡山、岳阳楼洞庭湖、武陵源、九嶷山、岳麓山等风景名胜区。展出摄影作品 200 多幅。同时展出的还有岳麓山公园青工李富木发明的植物拼粘画、省会部分名家书画和公园的花卉盆景。经评委会评选，岳麓山风景名胜区获摄影作品集体一等奖，并获个人一等奖 1 个，二等奖 2 个，三等奖 5 个。1992 年，理发业开始将美容美发及保健按摩相结合，使美发由单技能小行业，发展成为供消费者追求爱美的艺术场所和保健休闲理疗的综合场所。休闲娱乐项目发展十分迅速，由于社会对休闲娱乐的认识存在偏差，致使娱乐项目出现一哄而上，鱼龙混杂的局面，个别娱乐场所甚至滋生“黄、赌、毒”丑恶现象。是年，长沙市在全市开展“扫黄打非除赌”行动，净化娱乐场所。全市各类服务业经营网点 1.63 万家，从业人员 8.14 万人，经营收入 2.74 亿元，上缴税收 1030 万元。比 1988 年分别增长 75.2%、77.2%、51.3%、58.3%。

1993 年，长沙市服务公司所属的国有集体服务企业全面实现“国有民营”和“公有私营”的机制改革。服务行业新辟美容设计、保健按摩、芬兰浴等服务项目。长岛饭店与香港正本集团公司合作投资 2000 万元兴办“港岛娱乐城”项目，成为长沙一流的娱乐场所。并与海南长琼工贸公司合作创办“名仕俱乐部”。是年，位于中山路的湘江宾馆开设琴岛歌厅，场地可容纳 300 余人。航空歌厅被评定为“全国文明娱乐厅”。1994 年，长沙盆堂、新沙澡堂等洗浴场所增设桑拿浴。碧涛阁洗浴中心建成开业，是全市规模较大的洗浴场所。各宾馆酒店增设 KTV 包厢、歌舞厅、夜总会、棋牌室等服务项目，朝吃、住、娱乐、健身一体化发展。1995 年，凯旋门摄影社等照相行业推出油画照、美工卡、“回归大自然”等艺术照项目，深受消费者喜爱。1996 年后，凯旋门摄影公司为支援五一广场商业特区建设，由五一广场搬迁到蔡锷中路 180 号，同时开展“店庆 50 周年，优惠酬宾 50 天”大型酬宾活动，免费为 193 对金婚夫妇拍摄金婚纪念照，半价为男女双方年龄相加为 50 岁的新婚夫妇提供优惠服务。美容美发的时尚潮流不断涌入，城乡居民关注美容美发外表外，更追求健康。美容美发企业适应形势需求，开始实行连锁经验扩展经验规模。涌现出“王薇美容养生馆”“剪艺一族”“妮美容健身”等知名美发企业。同时企业成立美容美发培训学校，集社会力量和专业技术人才、专业课程于一校，面向社会招生，或提高员工素质，经培训合格后，由长沙市劳动行政主管部门发放初、中、高级美发师证书，促进美容美发行业人才培训和就业。休闲娱乐行业由于自动麻将机的出现，开设麻将馆的增多，麻将馆成为人们十分喜爱的休闲娱乐场所；保龄球馆、桌球室和电游室也成为新的高档休闲娱乐项目。洗浴业得到快速发展，碧水蓝天、海阔浴都等大型洗浴中心成为人们追捧的休闲场所。新沙澡堂把推出全年沐浴服务，并恢复修脚、推背、挖耳等一批传统服务项目。足浴更是遍布各地，各酒店、宾馆、饭店等均设有足浴保健中心，足浴成为人们茶余饭后十分推崇的休闲之处。1997 年，凯旋门摄影公司一次性买断长沙世界之窗内部摄影经营权，在世界之窗设立摄影摄像经营网点。美容美发行业服务项目扩大到干洗头发、烫染头发、洗面、专业皮肤护理、保健按摩、足浴等内容。南京理发厅、上海理发厅、中华理发厅等理发企业注重店堂装修环境、员工服务素质、技术专长。管理规范等，可以满足消费者发型的改变和皮肤的护理，且充分满足各层次消费者心理需求。1998 年，琴岛歌厅搬迁到市青少年宫，场地可容纳 800 人左右，吸引大批歌舞爱好者，有的歌迷利用周末休息从广州、上海等地乘飞机到长沙听歌。1999 年，凯旋门摄影社在五一广场东汉名店（皇冠假日大酒店）开设分店。2000 年，全市各类服务业经营网点 2.93 万个，从业人员 14.24 万人，经营收入 11.17 亿元，上缴税金 2470.6 万元，比 1992 年分别增长 80.1%、74.9%、307.7、139.9%。

2001 年后，长沙美容美发行业更加注重美发的造型，烫染设备引进陶瓷机热烫，红外线焗油机、飞碟机、玉米夹等各种款式的设备。洗发由单一的坐式洗发变成躺着日式洗、泰式洗、香薰蒸汽洗，按摩由单一头部按摩变成全身中式、日式、泰式按摩，深受消费者欢迎。富侨保健中心、诺亚方舟伊甸园、金时代休闲保健等休闲娱乐场所成为人们休闲的好去处。足浴场所遍布各大街小巷。以自动麻将机为主的麻将馆迅速在社区和农村村组发展，各宾馆、酒店、饭店、茶楼等场所都设有麻将室。会计师事务所、审计师事务所、劳务中介、家政中介等中介服务机构发展步伐加快。2002 年 12 月，长沙市服务公司产权制度改革完成，更名为长沙市服务有限责任公司，国有资本从服务行业退出，公司有在职员工 2358 人，下设长沙市凯旋门摄影有限公司、长沙市爱菲尔摄影有限公司、长沙市南京美容美发有限公司、长沙市瑞祥有限公司 4 家子公司；长沙凯瑞洗衣有限公司、新沙沐浴休闲中心、长沙群源汽车美容公司 3 家分公司；1 家合资公司长沙三九楚云大酒店；长沙市宏裕商贸有限公司、长沙市大兴摄影器材有限公司、长沙市诚信饮食服务有限公司、长沙市美术广告有限公司 4 家行业管理公司。同年，凯旋门摄影有限公司投资 200 万元在东塘开设全省第一家全程数码摄影专业店——东塘数码旗舰店，营业面积 1000 平方米，由国内名师精心打造，设有数码婚纱摄影厅、儿童摄影乐园、休息厅、超大屏幕电视放映等。摄影楼不使用传统的相机和胶卷，使用数码设备，还可制作动画、动感相册、光盘等，为长沙摄影业开创一个新的摄影理念。2003 年，长沙市发布《关于加快发展现代商贸流通业的决定》《关于进一步加大招商引资力度和大力发展民营经济的决定》，鼓励休闲娱乐业实行连锁经营，拓宽服务领域。同年，长沙市人像摄影行业协会、长沙市美容美发化妆品行业协会、长沙市家政服务协会相继成立，行业自律得到加强。市家政服务业协会对家政服务企业进行全面摸底调查，有各类家政服务企业 200 个，从业人员 3.8 万余人，其中女性占 80%，为 3.04 万人。2004 年，长沙美容美发行业引进先进的模式和技艺，推广在日本、韩国等地流行的“陶瓷烫”技术，即将头发洗净吹干，涂第一次软化剂，带塑料帽用焗油机加热，测试软化后冲水，用吹风机吹到八九成干，上烫发芯定时，用喷壶均匀喷上第二次定型剂每 8 分钟一次，连上三次，折下卷芯后冲洗，毛巾擦干，涂放烫后亮洗护理剂即可。美容美发店遍布全市主要街道、社区及农村集镇。2005 年，长沙市健康休闲行业协会成立，有会员单位 71 个。是年，长沙市出台《关于进一步加强家政服务业发展的意见》，家政服务行业的管理得到进一步规范，为帮助农村妇女转移就业，全市组织 4000 余名农村妇女进行家政、陪护等专业知识培训。全市有各类服务业经营网点 3.53 万个，从业人员 17.03 万人，经营收入 30.45 亿元，上缴税收 5634.7 万元，比 2000 年分别增长 20.3%、19.6%、172.6%、128.1%。

2006 年，由长沙市商业经济学会主办，市美容美发化妆品行业协会、市健康休闲行业协会支持，长沙晚报社协办，对全市美容美发和保健休闲行业进行服务业明星企业评选活动，有聚星黄金美容美发、安妮美容健身、王薇美容养生馆、南京美容美发厅、剪艺一族、九日华清丽池、钻石人生 SPA 馆、摩登漂亮宝贝、易塑造型名店、金辉美容美发部荣获美容美发行业十大服务明星企业称号；碧涛阁洗浴广场、碧水蓝天、鸿远足浴保健、金时代休闲保健、颐而康保健中心、雨花区富侨保健、海阔浴都、诺亚方舟伊甸园、芙蓉区富侨保健、香榭丽舍荣获保健休闲行业十大服务明星企业称号。同时，琴岛歌厅从市青少年宫搬迁到贺龙体育馆，歌厅场地能同时容纳 3000 人左右。实施“阳光工程”支持家政服务业，使一大批农村妇女通过家政服务的培训走上就业岗位，长沙县出现“保姆乡”“月嫂镇”。2007 年，长沙市出台《关于全面推进服务业发展的若干意见》，把加快发展文化休闲旅游业作为工作重点，加快建设独具特色的休闲娱乐之都，制定放宽市场准入、设立服务业发展引导资金、培育品牌企业、落实税收优惠等扶持政策。是年，长沙市承办“9+2”泛珠三角区域（即广东、广西、四川、福建、江西、海南、湖南、云南、贵州及香港、澳门）家政服务业发展峰会暨劳务合作洽谈会，并发表《妇女劳动力安全流动倡议书》，号召各相关家政服务企业依法经营，有效对接，筑牢“防拐”防线，从源头上维护外出务工妇女的合法权利，推动实现女性安全有序的劳务流动。2008 年，长沙市有一定规模的足浴企业达 4000 余家，主要有本地的“颐而康”“恒远”“锦绣王朝”“在水一方”等，外来企业有重庆“富桥”“巴蜀鑫国”深圳“益健”株洲“阳光”等休闲企业，非正规的足浴按摩场所达 5000 余家。全市各类服务业经营网点 4.78 万个，从业人员 23.91 万人，经营收入 45.63 亿元，上缴税收 9840.5 万元，比 2005 年分别增长 35.6%、40.4%、49.8%、74.6%。

2009 年，长沙凯旋门摄影公司被中国人像协会授予“全国婚纱摄影百强”和“儿童摄影五十强”称号。家政服务业重点做好返乡农民工和下岗女工的就业工作，全年新增家政服务就业岗位 1126 个。2010 年 6 月，商务部出台《关于规范发展沐浴业的指导意见》后，长沙市沐浴业得到健康规范发展，普通消费者喜爱的中低档沐浴场所得到快速发展，大型高档浴场进行适当控制。是年 8 月，财政部、商务部将长沙市列为全国家政服务体系建设试点城市，全市建设 3 个家政服务标准化培训基地、15 个居家养老服务中心、80 个家政服务连锁网点。2011 年，长沙市出台《摄影摄像服务规范》，对摄影摄像行业的开业条件、经营服务管理、质量规范原则标准、赔偿原则及监督管理等方面分别作出相应规定。凯旋门摄影公司引进摄影摄像后期制作的新设备，建立摄影摄像后期制作中心。同年，家政服务行业加大家政服务人员培训力度，全年培训育婴员、家政服务员、养老护理员等 2820 人，同时长沙市家政服务中心增设 5 个家政服务直营网点、15 个加盟服务网点、4 个居家养老服务中心，全年新增家政服务就业岗位 2206 个。

2012 年，长沙市各类服务网点配套齐全，有以南京理发厅、上海理发厅为代表的 3416 家美容美发经营网点，有以凯旋门摄影公司为代表的 383 个摄影摄像场所，还有以颐而康、碧涛阁、海阔浴都等为代表的足浴按摩、洗浴中心、桑拿浴及夜总会等休闲娱乐场所 2845 个，家政服务业经营网点 145 个。全市各类服务业经营网点共计 5.87 万个，从业人员 28.33 万人，经营收入 50.32 亿元，上缴税收 1.75 亿元。比 2008 年分别增长 22.7%、18.5% 、10.3%和 77.8%。

企业选介

（一）长沙市凯旋门摄影有限责任公司。凯旋门摄影社是中华老字号摄影企业，其门店长期开在长沙市五一广场，在湖南摄影行业享有很高声誉。1988 年，凯旋门摄影社开设门市部经营摄影器材，当年还成立凯旋门摄影公司。企业总资产 150 万元，从业人员 35 人，年营业收入 260 万元，上缴税金 13 万元。1990 年，摄影社高档婚纱礼服照业务发展迅速，市场占有率达 70%，最高日拍婚纱照 90 对。1993 年，全年经营收入突破千万元，成为湖南省最大的摄影企业，同年获得内贸部“中华老字号”称号，并荣获行业“中国十大杰出影楼”等称号。2003 年，凯旋门摄影公司完成国有企业产权制度改革，成立长沙市凯旋门摄影有限责任公司，同年在长沙市东塘广场开设湖南首家全程数码摄影店，一时引领省内摄影业界潮流。是年，企业总资产 260 万元，从业人员 85 人，年营业收入 460 万元，上缴税金 25 万元。2006 年，凯旋门摄影有限责任公司与长沙国有照相总店合并，公司实力进一步增强，同时积极发展望城、星沙加盟店，直营门店年经营收入 2000 万元。同年再次获得商务部授牌“中华老字号”企业称号，“凯旋门”获得“湖南省著名商标”称号。

2012 年，凯旋门进驻长沙市芙蓉区浏阳河婚庆文化园开辟婚纱实景拍摄基地。当年，长沙市凯旋门摄影有限责任公司拥有五一广场店、窑岭店和东塘店等经营网点，企业总资产 560 万元，从业人员

160余人，年营业收入850万元，上缴税金46万元。凯旋门摄影公司拥有多名高中级摄影技师和先进的数码摄影、彩色转机及大型图片制作设备，可拍摄制作长达数米、多达千人的大型集体照片。

“名店出名师”，凯旋门荟萃肖伯阊、邹子庄、曾永健、姜新根、邹建强多位摄影大师和技术能手。曾为毛泽东、朱德、叶剑英等老一辈中央领导人拍照，为艺术家梅兰芳、贺渌汀、李谷一、胡松华、左大玢等人留影，并多次为中央领导和政要到长沙视察调研时摄影。

凯旋门多次获得“中国摄影名店”、“中国摄影业百强企业”、“全国放心消费影楼”、“长沙市文明(标兵)单位”、“长沙市模范集体”等称号。

（二）湖南颐而康保健连锁股份有限公司。该公司于1997年在长沙成立，集医疗保健研究、开发、咨询、培训、鉴定、服务于一体的多元化连锁经营企业，设有颈肩腰腿痛专科医院、医疗门诊部、保健休闲中心、保健研究所、国家职业技能鉴定所、职业技术学校、保健器材研发中心等十几类实体，成立之时有企业总资产2600万元，从业人员850人，年营业收入3800万元，上缴税金186.5万元。

颐而康自成立以来先后获得“全国文明单位”“全国就业先进企业”“中国驰名商标”“国家技能人才培育突出贡献奖”“全国巾帼文明岗”“湖南省文明标兵单位”“湖南省消费者信得过单位”“湖南省百家诚信示范单位”“全国残疾人之家”“湖南省盲人按摩培训就业基地”“湖南省中医治胃病工作试点单位”“高新技术企业”等200多项荣誉。

经过多年实践，颐而康总结出一套保健服务企业连锁管理标准化体系，并高分通过国标委认证评审，成为全国保健服务业首个“国家级服务业标准化试点单位”。

2006年，颐而康成立行业内首个保健研究所，致力于亚健康研究、保健按摩技术创新和保健器材研发。研究所曾承担多项科研课题，在国内外学术会议和学术期刊上共发表专业论文数十篇，收集的国内外按摩类图书和文献，类目齐全，居全国之首。主持编写《推拿医籍精粹》《跟按摩师学养生》等推拿养生专著，受中残联委托主持编写《保健按摩学》《按摩师职业修养》等专业教材，研发的保健器材获多项国家专利。2007年，颐而康参与制定《湖南省沐浴足浴按摩服务规范》。

长沙颐而康颈肩腰腿痛医院是经批准设立的省内唯一以中医为特色的颈肩腰腿痛专科医院，旗下设有经国家劳动部门正式批准成立的职业技术学校和国家职业技能鉴定所，并设立经教育部门批准成立的中等职业学校，被中残联指定为“全国盲人医疗按摩试点单位”。

至2012年，颐而康先后在国内八省、十几个地区建立80多家品牌店，并在英国和荷兰设立子公司。公司营业面积近8万平方米，总资产达1.7亿元，员工3500余人，年营业收入达1.65亿元，上缴税金566.65万元。比1997年分别增长553.8%、311.8%、334.2%、203.8%。是全国规模最大、项目最齐全、服务最正规、医疗保健按摩最专业的保健连锁企业之一，成为长沙市唯一一家入围的中医保健服务企业。是年，颐而康公司成立长沙康鑫信息科技有限公司，是颐而康公司旗下的全资子公司，专业从事足浴保健及相关行业的管理软件，硬件研发和市场推广的科技公司。公司自主研发的康鑫足浴保健管理软件应用当前先进的计算机软、硬技术，并融合保健服务行业先进管理经验，使足浴保健门店在管理上更精细化，更智能化，更标准化，应用于全国上百家足浴保健门店。

（三）长沙市南京美发美容有限公司。1988年，长沙南京美发厅是一家具有80多年历史的国有理发企业，位于长沙市解放路28号，内设男发厅、女发厅、美容厅、休息室，采用冷暖空调，国内一流美发椅。当年营业收入18.5万元。1990年，美发厅增设激光美容机、油蒸发机等设施，采取恒温蒸汽消毒。美发厅以豪华宽敞的店堂，比较先进的设备，精湛的技术和多功能的服务深受消费者的欢迎。

2003 年，随着改革的不断深入，南京美发厅进行国有企业改制，成立长沙市南京美发美容有限公司，为股份合作制企业。2005 年，由于城市建设的需要将解放路 28 号房屋撤除，移址城南路继续经营。2006 年，美发厅被授予长沙市文明单位称号。2007 年，由于南京美发厅多年为中国国驻外大使馆培养和输送 100 多人次的美发技师，被外交部授予“驻外使节美发技师培养基地”称号。曾多次为中央领导、外宾和驻外使节服务，受到较高评价。2010 年荣获长沙市美发市场“最佳口碑造型机构”称号。2011 年被授予“全国城市公共文明测评指数先进集体”。2012 年，公司有员工 38 人，年营业收入 180 万元，年利税 26 万元。被授予“最佳服务美发机构”称号。

第五章 对外经济贸易

1988 年，长沙市对外经济贸易呈现商品、资金、技术、劳务等多渠道、多层次、多形式的良好发展趋势，辐射面扩展到 94 个国家和地区。长沙市从事出口商品收购的国有外贸企业 18 家，全年完成出口商品收购 3.2 亿元，比 1978 年 1.4 亿元增长 128.57%。根据国务院关于“自负盈亏、放开经营、工贸结合、推行代理制”的外贸体制改革方针和湖南省人民政府统一部署，长沙市在国有外贸企业全面推行外贸承包经营制，支持企业申报进出口经营权。当年，长沙市对外经济贸易公司、长沙湘绣集团等 5 家企业获进出口经营权。是年，长沙市外派劳务人员 24 人。1989 年后，长沙市继续推进外贸体制改革，对外贸易逐年加速发展。1991 年，在国家取消对外贸企业的出口补贴。长沙市对外贸企业推行目标管理责任制，实行自负盈亏，将出口商品收购、利润等指标层层分解到人，实行职工工资、奖金与企业经济效益挂钩，有效激发企业职工的竞争意识与经营活动。1992 年，长沙市完成出口商品收购 6.54 亿元，外派劳务人员 98 人，比 1988 年分别增长 104.4%和 308%。

1993 年，长沙市推动企业自营出口，全市有进出口经营权的单位 22 家。全年完成出口商品收购 4.7 亿元比 1992 年减少 28.1%。企业自营出口创汇 4473 万美元。1994 年，长沙市对外贸易从出口商品收购转向进出口商品经营，当年完成进出口总额 22.9 亿美元。1995 年，长沙市将“开放强市”作为全市重大发展战略之一，进一步扩大开放。当年，全市自营进出口企业达 35 家，完成进出口总额 26.2 亿元。对外贸易形成外贸企业、生产科研和商业自营出口企业共同参与的大外贸格局。对外劳务取得新进展，外派劳务人员 120 人。1996 年，长沙市对国有外贸企业实施战略性改组，通过破产、合并，重组为 3 家企业，推动企业走向集团化、实业化、多元化和国际化。进出口总额比上年有所减少。外派劳务 600 人，年末在外人数达 1000 人。1997 年，长沙市受亚洲金融危机影响，对外贸易规模继续缩减。1998 年，长沙市加大对潜力巨大的非洲、拉美等市场开发力度，对外贸易市场扩展到 71 个国家和地区。全市外贸企业以推广网络贸易为重点，改善贸易方式，与国际通行的贸易方式接轨。但亚洲金融危机加剧，受其影响，长沙进出口总额下降到 12.08 亿美元，比 1995 年下降 53.89%。是年，长沙市对外工程承包起步。

1999 年，长沙市以长沙市工矿进出口公司整体改制为典型，推进全市国有外贸企业产权制度改革和内部经营机制转换。全市实现进出口总额 12.76 亿美元，止跌回升。对外贸易形成传统外贸企业、国有科工商企业、“三资”企业和民营企业四路大军整体推进的格局。是年 3 月，长沙市出台《关于加强对外工程承包和劳务合作的意见》，促进对外工程承包和劳务合作加快发展。是年长沙市向境外输送各类劳务人员669人，境外投资启动。2000年4月，长沙市发布《关于进一步支持外贸出口的决定》。是年，随着中国正式加入世界贸易组织，长沙市对外贸易对主要出口市场的出口、重点骨干商品的出口和各类外贸经营主体出口比上年均出现大幅增长。当年，长沙市完成进出口总额16.44亿美元。是年，经对外经贸部批准，长沙市有7家企业获对外工程承包权。

2001年，长沙市对20家重点出口企业实行跟踪调度服务。长沙市对外经济贸易公司成为全市第一家获对外经贸部授予对外劳务经营权的企业。当年外派劳务1034人，年末在外人数2796人。2002年，长沙市境外投资取得进展，中联重科收购英国保路捷公司、湖南省三湘客车集团在缅甸兴办铅笔厂均获成功。2003年，长沙市对外贸易出口市场拓展到全球149个国家和地区。2004年，长沙市新增境外投资项目15个，项目投资5585.1万美元，其中中方投资额2746万美元，境外投资企业有37家，初步形成境外投资“海外长沙兵团”。外派劳务由量的扩充向质的提高转变。对外劳务合作行业增加计算机软件开发、工程技术设计、医疗护理、会计核算、企业管理等新型行业。实行先培训后派出，当年累计外派劳务4846人，比2001年增长368.67%，其中向新兴市场派出的计算机软件开发等高级劳务达1300人。全年完成进出口总额24.54亿美元，比2000年增长49.27%。2005年，长沙市优化外贸发展环境，结合实行新的《备案登记制度》，完善企业信息平台，加强重点企业联系，健全与企业负责人直接联系的制度。搭建外贸促进平台，加快长沙金霞海关保税物流中心的申报和建设；长沙市被海关总署列入第一批扩大试点城市；浏阳生物医药园被商务部认定为全国15个国家医药出口基地之一。是年，长沙市对外贸易有进出口经营权的企业956家，其中民营企业占80%以上。全年实现进出口总额26.83亿元，比1998年增长123%。境外投资规模扩大，行业增加，区域拓展，独资成为主要投资方式。当年新增18个境外投资项目中，独资公司12个。

2006年，长沙市落实国家和省扶持外贸政策，630家有出口实绩的企业对163个国家和地区实现商品出口，进出口总额平稳增长。境外投资和对外工程承包成为带动长沙相关机电设备出口和劳务输出的重要渠道。同年，劳务平台建设迈出步伐，浏阳市率先建立湖南省首个省级外派劳务基地县（市）和外派劳务培训学校。2007年，长沙机电产品进出口迅猛增长，全年机电产品出口10.44亿美元，进口9.96亿美元，出口额首次超过进口额。对外贸易市场拓展到176个国家和地区。同年，新增境外投资项目24个，其中中方投资额1.07亿美元，民营股份制企业成为长沙市境外投资主力军。2008年，长沙对外贸易实现进出口总额51.68亿美元，比2005年增长92.62%。对外贸易市场分布拓展到181个国家和地区。是年，长沙市重点建设宁乡外派劳务基地县和长沙明照日本语专修学院等外派劳务培训学校。全年外派劳务人员8710人，比2005年增长79.73%。

2009年，全球金融危机蔓延，经济增长放缓，国外需求缩减，长沙市对外经济发展受到一定冲击和影响，长沙市科学应对金融危机，相继出台《关于积极抢抓机遇，扩大开发合作的政策意见》《长沙市关于鼓励外经外贸发展政策的实施意见》，鼓励企业拓展国内外市场。积极落实外经外贸各项政策措施，优化环境，强化服务。是年，长沙市实现进出口总额41.2亿美元，同比下降20.28%。2010年后，长沙市继续落实各级扶持外贸发展的优惠政策，对外经贸闯过国际金融危机难关，实现快速稳步发展。

2012年，长沙市对外贸易全年完成进出口总额87.08亿美元，比2008年增长68.5%，占湖南省全省进出口总额的40%；进出口商品结构优化，机电产品和高新技术产品进出口额64.46亿美元，占全市进出口总额比重74%。进出口市场拓展到全球192个国家和地区。全市拥有进出口经营资格的企业达 3841 家。全市外贸企业获“湖南省国际知名品牌”40 家。外派劳务由单纯外派劳务向对外劳务合作转变，全年累计外派劳务 1.08 万人次，比 2008 年增长 23.58%，年末在外 1.52 万人。境外投资呈现传统行业与新兴行业齐头并进的格局，当年新增境外投资项目 24 个，累计新增境外投资总额 1.95 亿美元。其中中方投资总额 1.23 亿美元。到年底止，长沙市累计有境外投资项目 266 个，境外投资总额 39.1 亿美元。其中中方投资总额 31.5 亿美元。对外工程承包全年累计新签合同额 1.87 亿美元，完成营业额 1.81 亿美元，对外工程承包行业品牌优势显现，对外承包工程经济效益和社会效益不断增强。

第一节 对外贸易

一、贸易规模

1988 年，长沙市从事出口商品收购的国有外贸企业 18 家，全年完成出口商品收购总额 3.2 亿元，其中浏阳县外贸公司完成出口商品收购 1.08 亿元，领先湖南省县级外贸公司。当年主要出口商品有粮油食品、土畜产品、烟花爆竹、轻工业品、工艺品、纺织品、丝绸、化工医保产品、五金矿产产品、机械产品十大类。同年 5 月，三资企业出口创汇 80 万美元。1989 年后，长沙市对国有外贸企业全面实施承包经营责任制，调动企业经营积极性，支持外贸企业兴办生产企业，发展出口产品生产，组织企业参加各类对外贸易展会，扩大出口商品收购，推动对外贸易快速发展，逐年登上新台阶。1992 年，长沙市完成出口商品收购额 6.54 亿元，比 1988 年增长 104.4%，创历史最高水平。其中县郊外贸公司完成出口商品收购额 2.75 亿元。全年收购额在 500 万元以上的出口商品有花炮、手工绣品、冻猪肉、铸铁制品、羽绒服装、大米、活大猪、布胶鞋、焦亚硫酸钠等 24 种。当年企业出口创汇 3325 万美元，其中，自营出口企业创汇 1680 万美元，三资企业创汇 1645 万美元。1993 年，业务统计口径调整，只统计自营进出口业务。长沙市完成出口商品收购总额 4.7 亿元，同比减少 28.1%，其中县（市）郊外贸公司完成出口商品收购 2.9 亿元。全年收购额在 500 万元以上的出口商品有柠檬酸、工艺绣花制品、活大猪、汗背心、布服装、麻涤纶服装、运动鞋、大米等 17 种。同时引导各专业外贸公司向自营出口创汇转变，发展生产科研企业出口创汇，当年长沙市企业自营出口创汇 4473 万美元。其中，14 家外贸企业、19 家生产企业及科研单位、40 家三资企业出口创汇分别为 1020 万美元、758 万美元、2695 万美元。当年商品出口达到 33 个国家和地区。

1994 年，长沙市对外贸易从出口商品收购转向进出口商品经营。当年长沙市完成进出口总额 22.9 亿美元，其中进口 6.3 亿美元，出口 16.6 亿美元，出口商品 129 种。出口商品销往世界 43 个国家和地区。当年长沙市获“湖南省 1994 年扩大出口规模，提高经济效益”一等奖。1995 年，长沙市大外贸格局基本形成。市级归口管理的国有、集体和乡镇各类进出口企业发展到 35 家，其中长沙市对外经贸公司和浏阳市对外经贸公司出口创汇 1000 万美元以上。销往美国、英国、德国、荷兰、泰国等 50 多个国家和地区。当年新批自营进出口企业 9 家。1996 年，长沙市获进出口经营权的企业 15 家，全市累计获进出口经营权的企业 59 家。国际市场进一步拓宽，全市出口贸易往来的国家和地区增加 11 个，累计 61 个。进出口商品 124 种。1997 年，亚洲金融危机影响显现，对外贸易经营形势趋紧。长沙市优化出口商品结构，抓住香港回归祖国的大好机遇，开拓出口市场，全年完成进出口总额 22.42 亿美元，同比下降 8.6%。占全省进出口总额 68.3%。出口商品销往世界 71 个国家和地区，出口商品 219 种，其中的科技含量和附加值都有提高；工业制成品占出口总额的 99.7%，其中机电产品占出口总额的 10.8%。1998 年，面对亚洲金融危机，长沙市引导企业调整出口商品结构，形成名优特新产品为主导的出口商品类别；调整出口市场结构，开拓发达国家市场和新兴市场；推广网上贸易，调整贸易方式，变“坐等客商”为走出国门，积极扩大出口。但仍因亚洲金融危机影响，仅完成进出口总额12.08亿美元，同比下降46.01%，其中进口8.71亿美元，同比增长6.2%；出口3.37亿美元，同比下降76.3%。全市形成以烟花鞭炮、轻纺服装、工艺陶瓷、箱包鞋帽、机械制品、成套设备及化工、医药原料为主导200余种的出口商品类别。贸易伙伴遍及71个国家和地区。当年对传统市场、东南亚、日本出口份额分别保持30.9%、5.6%、5.9%；开发欧美发达国家市场，对美国、欧盟的出口分别占出口总额15.8%和21.4%，对非洲和拉美的出口各占1%。

1999年，长沙市对外贸易克服亚洲金融危机影响，止跌回升，开始稳步发展。当年完成进出口总额12.76亿美元，同比增长5.6%，其中进口8.37亿美元，下降3.9%；出口4.39亿美元，增长30.1%。出口中以浏阳花炮为主的传统外贸企业在规模和增长速度上保持领先地位，以乐金曙光、兴望印染为代表的三资企业以17%的速度增长。2000年，长沙市发布《关于进一步支持外贸出口的决定》，要求进一步提高对外贸工作的认识，就扩充外贸发展资金，优化外贸经营主体结构，提升出口商品档次，鼓励本地产品出口，鼓励企业开拓国际市场，支持外贸企业改革等有关外贸发展的关键问题提出多项措施，为企业开拓市场，扩大出口创造良好环境。当年，长沙市完成进出口总额16.44亿美元，实现快速增长，其中进口5.93亿美元，下降29.2%，出口10.51亿美元，增长139.4%。进出口恢复顺差，各类外贸经营主体出口均出现较大增幅。科、工、商自营企业出口，“三资”企业出口，外贸企业出口，同比分别增长102.3%、40.4%、4.38%。对欧盟、东盟、日本、美国等主要出口市场出口大幅增长。一般贸易、加工贸易出口额分别占全市出口总额比重为60.56%、39.44%。2003年，长沙市对外贸易进入快速发展时期，当年完成进出口总额20.44亿美元，比2000年增长24.33%，其中进口9.46亿美元，出口10.98亿美元，比2000年分别增长59.54%、4.47%。全市对世界149个国家和地区实现出口，其中实现出口增长的93个，对美国、日本等出口排前10位的国家和地区的出口额占全市出口总额的64.8%。2004年，长沙市全面落实中央各项宏观调控政策，化解制约外贸发展的不利因素，实现进出口总额24.54亿美元，其中进口10.87亿美元，增长14.9%，出口13.67亿美元，增长24.5%。出口增幅首次超过进口。对158个国家和地区实现出口，其中出口在1000万美元以上的有49个。对欧盟、美国、日本、韩国等传统市场和东盟、俄罗斯、非洲、中东、拉美等新兴市场出口比重分别为57.1%、31%。出口商品95种，进口商品86种。2005年，长沙市抓住世界经济复苏带来的历史机遇，继续贯彻国家各项宏观调控政策，创造有利外贸发展的软硬平台和环境，对外贸易保持稳定增长，完成进出口总额26.83亿美元，比1998年增长123%，其中进口10.88亿美元，出口15.95亿美元。当年实现对163个国家和地区出口，其中出口在1000万美元以上的有26个。出口商品103种，进口商品92种。机电产品是进出口主导商品。一般贸易、加工贸易进出口额占全市比重分别为79.03%、16.26%。

2006—2008年，基于国家、省、市政策支持，外贸发展平台建设加快，企业发展环境优化，进出口商品结构改善和市场拓展，长沙市对外贸易实现阶梯式增长。2008年实现进出口总额51.68亿美元，比2005年增长92.62%，其中进口16.88亿美元，出口34.8亿美元，比2005年分别增长55.15%、118.18%。2008年出口市场拓展到181个国家和地区，其中出口在1000万美元以上的有52个。对中国香港传统市场销售下降和对中东、非洲、俄罗斯等新兴市场出口的大幅增长，导致当年对传统市场销售比重下降到46.6%，对新兴市场出口比重提高到43.7%。出口1亿美元以上的产品主要是汽车（包括整散套件）、纺织品、农产品、烟花爆竹、有色金属等五大类。进口市场有 81 个国家和地区，其中进口在 1 亿美元的有日本、德国和美国，进口在 5000 万美元以上产品主要是汽车、钢铁、农产品和汽车零件。一般贸易、加工贸易进出口额占全市进出口总额比重分别为 84.13%、14.01%。

2009 年，为积极应对国际金融危机，4 月 28 日，长沙市出台《关于积极抢抓机遇，扩大开放合作的政策意见》。鼓励企业拓展市场，对企业在市外、境外新设立贸易型公司，参加新兴市场展会活动予以支持，对不同出口贸易类，按出口总额的 0.6%~8.5%给予出口企业鼓励，每年对同一出口企业的奖励最高限额为 200 万元。同时加强对外贸易平台建设，积极营造高效快捷的大通关服务环境，加强政策引导和服务，有效缓解金融危机的冲击。长沙市当年完成进出口总额 41.2 亿美元，比上年下降 20.28%，其中出口 24.5 亿美元，同比下降 29.6%，进口 16.7 亿美元，同比下降 1.06%。当年，长沙市出口国家和地区为 185 个。主要出口商品 122 种，作为出口支柱的机电产品成为受金融危机冲击最严重的出口商品，烟花、茶叶、肠衣等部分传统劳动密集型产品却出现量价齐升的势头。进口商品 109 种，其中机电类产品、高新技术类产品、农产品进口额同比分别增长 4.9%、42.5%、33.8%。一般贸易、加工贸易进出口额占全市进出口总额比重分别为 83.19%、14.95%。2010 年，长沙市出台《长沙市关于鼓励外经外贸发展政策的实施意见》，对企业开展出口信用保险，开拓国际市场、扩大出口给予政策支持。长沙市落实各级外贸鼓励政策，全力支持企业开拓市场。对外贸易克服退税大范围收窄，人民币汇率上升，原材料价格上涨，国际贸易环境恶化和国际市场变数大等重重困难，度过世界金融危机难关，实现跳跃式发展。当年，长沙市完成进出口总额 60.89 亿美元，其中出口 35.51 亿美元，进口 25.38 亿美元。出口国家和地区 188 个，对主要传统市场的出口普遍实现增长。进口市场比较集中，当年从日本和德国两个国家进口额 15.37 亿美元，占全市进口总额 60.6%。出口商品 154 种，进口商品 122 种。

2011 年，长沙市进一步克服欧美债务危机引起的国际市场需求疲软等困难，实现对外贸易平稳增长。当年对韩国、印度、日本等几个传统贸易伙伴的出口保持良好的增长。机电产品、高新技术产品出口增长较快，出口超过 1 亿美元的企业达 6 家，超过 5000 万美元的企业 16 家，全市拥有进出口经营资格企业 3193 家。全市出口商品 127 种，进口商品 104 种。

2012 年，克服国际市场需求持续疲弱，贸易保护主义日渐加剧等多种不利因素影响，长沙市完成进出口总额 87.08 亿美元，比 2010 年增长 43.01%，其中出口 51.78 亿美元，进口 35.29 亿美元，比 2010 年分别增长 45.82%、39.05%。长沙市进出口总额占全省总额 40%。是年，与长沙市有贸易往来的国家和地区达 192 个。长沙市对欧美等传统市场进出口贸易增长平稳，对新兴市场贸易比重提升，东盟成为长沙市第四大贸易伙伴，印度尼西亚等新兴市场国家在长沙市贸易伙伴中的地位有所提高。当年长沙市对日本、德国、美国、韩国、荷兰、意大利、巴西、澳大利亚、印度尼西亚等进出口额排名前 10 位的国家和地区共实现进出口额 50.32 亿美元，占全市进出口总额 57.8%。出口商品 119 种，机电产品、高新技术产品、农产品等类商品出口增长；进口商品 83 种，受国际金融危机持续恶化带来的国内经济下行压力的影响，机电产品、高新技术产品、农产品等类商品的进口下降。同年长沙市一般贸易、加工贸易进出口额分别为 67.3 亿美元和 17.5 亿美元，占全市进出口总额的 77.3%和 20.1%。加工贸易进出口额的快速增长，有力推动长沙市贸易方式趋向合理。

表 19-5-1-1　　1988—1993 年长沙市出口商品收购情况一览表

年份	商品收购额（亿元）	同比（%）	企业自营出口创汇（万美元）	同比（%）
1988	3.2	—	80	—
1989	3.5	9.4	254	491
1990	4.3	22.9	1304	413
1991	5.28	22.8	2460	88.7
1992	6.54	23.9	3325	35.2
1993	4.7	−28.1	4473	34.5

表 19-5-1-2　　1994—2012 年长沙市进出口情况对比一览表　　单位：亿美元

年份	进出口总额	同比（%）	出口总额	同比（%）	进口总额	同比（%）
1994	22.9	—	16.6	—	6.3	—
1995	26.2	14.4	18.8	13.25	7.4	17.46
1996	24.5	−6.5	16.5	−12.23	8	8.11
1997	22.4	−8.6	14.2	−13.94	8.2	2.5
1998	12.08	−46.01	3.37	−76.3	8.71	6.2
1999	12.76	5.6	4.39	30.1	8.37	−3.9
2000	16.44	28.8	10.51	139.4	5.93	−29.2
2001	16.51	0.43	10.48	−0.28	6.03	1.69
2002	16.64	0.79	10.22	−2.48	6.42	6.47
2003	20.44	22.84	10.98	7.44	9.46	47.35
2004	24.54	20.06	13.67	24.5	10.87	14.9
2005	26.83	9.33	15.95	16.68	10.88	—
2006	29.3	9.2	19.3	21	10	−8
2007	40.71	39.84	26.06	35.03	14.65	46.5
2008	51.68	26.95	34.8	33.53	16.88	15.22
2009	41.2	−20.28	24.5	−29.6	16.7	−1.06
2010	60.89	47.79	35.51	44.94	25.38	51.98
2011	755.01	23.19	40.94	15.3	34.07	34.24
2012	87.08	16.09	51.78	26.48	35.29	3.58

二、贸易结构

（一）进出口商品结构。1988 年，长沙市出口商品收购的品种有粮油食品、土畜产品、烟花爆竹、轻工产品、工艺品、纺织品、丝绸、化工医药、五金矿产、机械产品十大类，随着出口商品收购额规模持续扩大，出口商品收购结构也不断调整。1990 年，长沙出口商品收购额比重占全市出口商品收购额

10%以上的大类商品有粮油食品、土畜产品、轻工业品、纺织品几大类。1991 年，长沙市出口商品新开发商品有冻乳鸽、沙滩巾、黑白电视机、交流电动机、柴油机、计算机电路、木制工艺品和生物制品。1993 年，长沙市收购额在 500 万元以上的出口商品 17 种，收购额 3.5 亿元，其中传统出口商品 15 种，收购额 3.03 亿元。其中鞭炮烟花、柠檬酸、工艺绣花制品、活大猪、汗背心 5 种出口商品收购额在全市出口商品收购总额中比重均在 5%以上。

1994 年，长沙市对外贸易从出口商品收购转向进出口商品经营。当年出口商品中工业制成品占全市自营出口总额 97.75%，其中机电产品占全市自营出口总额 16.98%。1996 年，长沙市出口商品科技含量提高，国防科大计算机、中南工业大学飞机刹车片、储氢材料、硬质合金及新农药等都是具有强大竞争力的出口商品。1998 年，长沙市面对亚洲金融危机严峻挑战，调整出口商品，以名、优、特、新产品为主导，工业制成品占出口商品总额 99.43%，其中机电产品占出口额 10.83%。通大集团的水泵系列产品在日本、东南亚等市场享有盛誉；中联建设集团的混凝土泵和街道清扫车远销欧美；中南传动机械厂的变速箱和船用齿轮在东南亚颇有市场。

1999 年，出口商品中，工业制成品比重 9 保持在 99%，其中机电产品比重提高到 27.2%。2000 年，长沙市机电产品出口额占全市出口商品总额 32%。2003 年，长沙市出口商品以传统产品为主，仅烟花、纺织品、皮革服装等三种商品出口比重就达 33%，机电产品出口比重下降至 26.8%。进口商品以机电和资源性原料产品为主，其中机电产品进口占全市进口比重 82.9%。2004 年，长沙市出口商品仍以传统产品为主，烟花、纺织品、家用陶瓷器皿、陶瓷、服装、医药品、活猪、肠衣、塑料制品、鞋类、茶叶等传统产品出口比重达 37.4%。机电产品出口比重 29.2%，高新技术产品出口比重达 33.6%，进口商品中，机电产品进口比重 76.2%。2005 年，长沙市工业制成品出口比重在 98%以上，烟花爆竹、纺织服装、陶瓷器皿、肠衣、鞋类、塑料制品、医药品、茶叶等传统产品在出口商品结构中仍占重要地位，比重为 34.7%。机电产品出口比重由于印刷电路、手用式机用工具、汽车零件、汽车和汽车底盘等商品出口迅猛增长，上升到 30.4%，高新技术产品出口比重 29%。进口商品中，机电产品保持主导地位，比重为 72.5%。

2006 年，长沙市劳动密集型传统商品、机电产品、高新技术产品出口均保持快速增长，占全市出口比重分别为 34.7%、35.2%、28%。2007 年，国际市场的强力需求及三一重工、中联重科、山河智能为代表的工程机械产业蓬勃发展，带动长沙市机电产品出口迅猛增长，机电产品出口、进口占全市出口总额、进口总额比重分别为 40.1%和 67.96%。2008 年，长沙市传统产品、机电产品、高新技术产品出口额占全市出口总额比重分别为 37%、48.6%、23%，机电产品在出口结构中比重逐年提升，比 2005 年提高 18 个百分点以上。

2009 年，受世界金融危机的严重冲击，机电产品、高新技术产品出口额在全市出口比重分别下降到 37.2%、5.2%；烟花、纺织服装、农产品出口额占全市出口比重分别上升到 12.5%、11.2%、8.6%。同年，机电产品、高新技术产品、农产品进口额占全市进口总额比重 73.65%、12.75%、7.07%。2010 年后，长沙市克服金融危机的不利影响，扩大机电产品、高新技术产品进出口，进出口商品结构不断调整优化，机电产品保持主导地位，高新技术产品比重持续上升，农产品等传统产品比重呈现下降。

2012 年，长沙市相关企业参加在新疆乌鲁木齐举办的第二届“中国—亚欧博览会”，接待客商 1 万余人次，现场成交额 1400 万美元。是年，长沙市继续提升对新兴市场的进出口比重，对欧盟的进出口额同比增长 8.4%。机电产品、高新技术产品持续快速增长，加工贸易发展迅速。传统大宗商品出口稳中有升，其中烟花爆竹、农产品、茶叶出口额分别为3.47亿美元、3.48亿美元、0.99亿美元。进出口商品结构得到优化，机电产品、高新技术产品进出口额64.46亿美元，占全进出口总额比重74%。

（二）外贸企业结构。1988年，长沙市从事出口商品收购的国有外贸专业公司18家，其中市直属外贸企业13家，归口管理的县郊区外贸企业5家。拥有进出口经营权的企业5家，其中市直属外贸企业有长沙市对外经济贸易公司，可经营除国家统一经营、统一管理和联合经营外的本市各类商品的进出口业务；国有生产企业有湘绣集团公司、建湘瓷厂、长沙水泵厂和湖南人造板厂4家，享有本企业产品出口和与本企业有关的原辅材料及机械设备的进出口权。另外，出口创汇的“三资”企业5家。1991年，出口创汇的“三资”企业发展到17家，1992年，为拓展出口创汇，长沙市国有外贸专业公司投资兴办10家自属生产企业。1993年，浏阳市对外经济贸易公司、铜官陶瓷公司、长沙矿山研究院等17家单位获批进出口经营权其中外贸专业公司2家、生产企业12家、科研院所3家，自此长沙市已批准自营进出口企业22家。

1994年后，长沙市对外贸易由出口商品收购转向进出口商品经营，拥有进出口经营权的企业迅速增加。1995年，长沙市获批进出口经营权的企业已有35家，其中外贸专业公司7家、生产企22家、商业企业1家，科研院校单位5家。1996年，长沙市属13家国有外贸企业分别通过破产、合并，重组为3家企业：长沙市对外经济贸易公司、长沙市工矿产品进出口公司和长沙市湘中进出口公司。1997年，长沙市获得进出口经营权的企业累计达91家，其中外贸专业公司10家、工业生产企业71家、科研院校单位6家、商业企业4家。1998年，长沙市启动国有外贸企业产权制度改革，转换企业经营机制。长沙市对外经济贸易公司、浏阳花炮公司实行内部股份制改造，职工全员入股占。

1999年，长沙市工矿产品进出口公司整体改制为国有股控股，内部职工持股的有限责任公司，同年通过英国劳氏认证，并被外经贸部企协评为“九八年度全国外经贸质量效益型先进企业”，同年民营企业“远大空调”“三一重工”“创智软件”先后获得进出口经营权，自此长沙市形成国有外贸企业、国有科工商企业、民营企业和“三资”企业四路大军共同组成的大外贸队伍。2003年，长沙市属国有外贸企业全面完成产权制度改革。长沙市对外经济贸易公司改制为长沙市对外经济贸易有限公司，长沙市工矿产品进出口公司改制为长沙市工矿贸易进出口有限公司，长沙市湘中进出口公司改制为长沙市粮油进出口有限公司。2005年，长沙市根据新的《备案登记制度》，办理对外贸易经营者备案登记企业285家，全市拥有进出口资格的企业累计956家（不含“三资”企业），其中民营企业占80%以上，全市实现出口实绩企业505家，进口实绩企业253家，国有、民营、“三资”企业进出口比重分别为26.74%、39.79%、33.43%，民营企业、“三资”企业成为外贸主力军。

2006年开始，随着营商环境的不断完善，长沙市外贸企业对外不断扩大，民营企业对外贸发展的贡献增大。全市拥有外贸经营资格企业队伍扩大到1184家，其中实现出口实绩的企业630家，出口实绩1000万美元以上企业31家，出口在5000万美元以上企业2家；实现进出口实绩的企业288家，进口实绩1000万美元以上企业19家，进口在1亿美元以上企业2家。民营企业三一重工当年实现进出口额2.16亿美元，在全市外贸企业中排名第一。国有、民营、“三资”企业进出口额占全市进出口总额比重分别为16.1%、51.5%、32.4%。2008年，长沙市进出口企业累计达2041家，全年实现进出口实绩的企业有950家，其中进出口总额5000万美元以上企业14家，在1亿美元以上6家，分别为三一重工、中联国贸、博世汽车部件、长丰汽车、LG曙光、湖南华升工贸有限公司。特别是三一重工进出口额8.56亿美元，在全市外贸企业中继续保持进出口额排名第一。同年，长沙市国有、民营、“三资”企业进出口额占全市进出口总额比重分别为15.9%、64.4%、19.6%。民营企业所占比重持续上升，成为拉动长沙外贸快速增长的主要力量，其中三一重工、天雄实业、盛荣金属、山河智能、远大空调、科源科技等公司是民营外贸企业的杰出代表。

2009 年，面对世界金融危机的严重冲击，长沙市外贸主体队伍继续扩大，全市拥有进出口经营资格的企业 2225 家，实现有进出口实绩的企业 990 家，其中民营企业 752 家，占 76%。国有、民营、“三资”企业进出口额占全市进出口总额比重分别为 17.18%、61.87%、20.8%。2010 年，长沙市拥有进出口经营资格的企业 2858 家，占湖南省外贸企业总数 50.1%，有进出口实绩的企业 1044 家，出口企业中民营企业 713 家，占全市出口企业 80%；出口 23.08 亿美元，占全市出口比重 65%。2011 年，长沙市拥有进出口经营资格的企业 3193 家，实现进出口实绩的企业 1124 家，出口超过 1000 万美元的企业 76 家，其中出口在 1 亿美元以上企业 6 家。三一重工、蓝思科技、中联重科 3 家企业实现出口 10.91 亿美元。占全市进出口总额比重 26.6%。

2012 年，长沙市拥有进出口经营资格的企业 3841 家，实现进出口实绩的企业 1187 家，出口超过 1000 万美元的企业 80 家，超过 1 亿美元的企业 8 家。受国际外部环境影响，国有、民营企业进出口额增长幅度从 2010 年以来均大幅低于“三资”企业，所占全市进出口总额比重呈逐年下降趋势。同年，长沙市国有、“三资”、民营企业进出口额占全市进出口总额比重分别下降到 11.85%、43.1%，“三资”企业进出口额占全市进出口总额比重提高到 42.74%。

三、管理与服务

1988 年，根据国务院关于“自负盈亏、放开经营、工贸结合、推行代理制”的外贸体制改革方针和湖南省人民政府的统一部署，长沙市对国有外贸企业全面推行外贸承包经营责任制，支持外贸企业申报进出口经营权，调动外贸企业经营积极性。1989—1990 年，参加长沙、株洲、湘潭三市联合在深圳举办的“对外贸易交易会”，在深圳举办第三届对外经济贸易洽谈会，送展各类 1000 多种商品，接待来自日本、美国、澳大利亚、新加坡、英国、瑞士、泰国、意大利等国家和地区的客商，成交额共计 4749 万美元。1991 年，在国家对外贸企业取消出口补贴形势下，长沙市深化外贸体制改革，在企业推行目标管理责任制，将收购（出口）、利润等指标层层分解落实到人，实行职工工资、奖金与企业经济效益挂钩，有效激发企业和职工的竞争意识与经营活力。是年 9 月，长沙市组织企业参加湖南省第三届对外经济贸易洽谈会，签订外贸出口合同 51 项，金额 1262.74 万美元。1992 年，长沙市鼓励外贸企业直接兴办生产企业，以生产出口创汇产品为主，当年开发出口新品种 11 个，新增收购额 518.45 万美元。支持有进出口经营权的企业发展自营出口。1993 年，参加湖南省对外经济贸易洽谈会和中国广州秋季商品出口交易会，出口商品成交合同额共计 1517 万美元。

1995 年，长沙市支持外贸企业扩大对外贸易经营，市属外贸企业对外贸易的国家和地区发展到 50 个。浏阳市、长沙县、望城县的对外经济贸易公司率先获批自营进出口经营权。1996 年，为帮助企业化解债务，提高实力，逐步向实业化、集团化、国际化和多元化发展，长沙市通过实施破产、合并改组，将全市直属 13 家外贸企业重组为 3 家，开展效益管理年活动，狠抓内部经营管理，促进经济效益上升，当年实现净利润 327 万元，比上年 133 万元增长 145.86%。是年新批具有进出口经营权的企业 15 家。9 月组织企业参加湖南省第四届港交会，签约进出口合同成交额 3800 万美元，其中出口合同额 3484 万美元。1997 年，长沙市组织企业参加湖南省第六届出口商品展销暨对外经济技术合作洽谈会，成交出口贸易额 3200 万美元。对 1997 年度进出口贸易先进企业进行表彰，授予浏阳市对外经济贸易鞭炮烟花公司特等奖，分别授予浏阳市对外经济贸易公司、湖南建湘瓷厂、湖南友谊（集团）有限公司等 11 家企业

一、二、三等奖。

2000年10月，长沙市首次走出国门办展，在丹麦首都哥本哈根举办“2000中国长沙（欧洲）经贸洽谈会”，30家企业展示9类25个品种近1000种产品，出口成交额5300万美元，拓展长沙出口市场。2001年，长沙市将“乐金曙光”浏阳对外经贸公司、浏阳花炮股份有限公司、长沙市对外经贸公司等20家出口规模大、产品科技含量高、出口效益好的企业定为市级外贸出口重点企业，实行定期跟踪调度，并协调企业与银行、海关等方面的关系，从政策、资金上予以支持，帮助企业解决退税质押和流动资金不足的困难，推进企业扩大出口。2002年，长沙市引导民营资本参与国有外贸企业改制。同年组织企业参加长沙市在昆明举办的名优特新产品交易会和湖南省在深圳举办的“2002高新技术交易会”。2004年，长沙市引导经营外贸主体朝多元发展，大力发展民营企业、“三资”企业，当年民营企业和“三资”企业的企业数和出口额分别占全市进出口企业总数的97%和70.6%。调整出口商品结构，将加大机电产品和高新技术产品出口，当年全市机电产品和高新技术产品增幅分别为63.3%和90.2%，形成以机电产品和高新技术产品出口增长带动全市出口整体增长的格局。拓展出口市场，重点开拓拉美、非洲、东盟、中东和南亚等新兴市场，新兴市场出口当年同比增长57.3%，比重占全市出口额31%。优化企业服务，对市本级出口企业2004年以前所有出口欠退税进行全面清理。有效缓解企业资金短缺困难。2005年，16家企业分别参加阿联酋沙迦中国商品交易会和赴巴西进行商务考察和贸易洽谈活动，开拓中东和拉美市场。是年，落实商务部出台的《中小企业国际市场开拓资金》，湖南省政府相继出台的《湖南省外贸出口促进资金》《湖南中部地区对外贸易发展资金》《机电产品、高新技术产品研发资金和技改贴息》等各项外贸扶持政策，调动进出口企业积极性。是年，创建出口品牌，三一重工等5家企业产品品牌入选湖南省出口名牌。

2006年，长沙市落实国家和省级各项对外贸易扶持资金，全年215个对外贸易项目获国家和省级对外贸易扶持资金2349.59万元；249个项目获准“中小企业国际市场开拓资金”653万元。建设科技兴贸出口创新基地，向商务部申报浏阳花炮出口创新基地、长沙软件出口创新基地和长沙新材料出口创新基地，当年12月长沙新材料出口创新基地被批准为国家级科技兴贸出口创新基地。是年，“三一重工”被列为国家首批汽车及配件出口基地。推动企业走向国际市场，举办大规模外贸培训班，对400家企业骨干进行从中小企业国际市场开拓资金项目服务到海关、商检、外汇、税务、进口信用保险、电子商务等全方位业务培训；310余家进出口企业参加中国香港环球资源展、美国拉斯维加斯秋季国际消费品及礼品展览会、阿联酋沙迦中国商品交易会、“广交会”、“高交会”、“南博会”、“中博会”等国际国内各类展会。是年，长沙市建设长沙电子平台——长沙联动贸易视窗，为进出口企业免费提供信息咨询、政策和企业推介服务。2007年，长沙市积极争取国家、省级扶持资金近2800万元，用于支持出口基地建设、培育出口支柱企业、支持出口品牌建设和企业开拓国际市场。

2009年，长沙市加强对外贸易平台建设，长沙金霞保税物流中心和浏阳烟花海关两大外贸发展平台建成运营；配合湖南省商务厅打造并促成湖南省第一个国际电子商务应用平台——湖南外贸网上网运行。推动“关贸、检贸、汇贸、信贸”协作机制的实施，初步建立起与海关、检验检疫、外汇等通关部门的协作机制。抓好项目调度和服务，挖掘“福田汽车”等一批新增外贸企业；申报725个中小企业国际市场开拓资金项目；组织展会帮助企业“走出去”，年内组织捷克服装展和捷克医疗展，全年共参加广交会、东盟会等50多个大型国际性展会。自主品牌出口龙头企业在国际市场斩获大单，如三一重工与印度桑威公司签订履带起重机出口合同金额高达4.4亿元；福田汽车与印尼米奇那公司签订卡车销售合同金额3亿元。是年，长沙市新增“多喜爱”“东信”两个“湖南省国际知名品牌”。经过多年努力，全市拥有“湖南省国际知名品牌”的企业26家。

2010年，长沙市继续落实各级外贸鼓励支持政策，为外贸企业申报资金总额1.03亿元，拨付扶助资金2604.04万元。调整贸易方式，推进加工贸易发展，强化对加工贸易企业的培训服务，当年加工贸易企业发展到131家，加工贸易进出口额占全市进出口总额比重提高到14.32%，占全省加工贸易份额58%以上。组织开展“外经贸服务月”活动。举办外商采购洽谈会、融资对接会、政策业务培训会，为企业拓展市场服务。年内，制定《外贸重点联系企业联动工作制度》，会同相关部门对重点联系企业实行重点服务。加强平台基地建设，新建立起大通关协作平台、担保融资平台、展会平台；加大对工程机械、汽车及零部件、新材料、新能源等战略新兴产业出口基地和茶叶、纺织服装、烟花等传统产业出口基地的培育支持力度。拓展境外市场，是年组织200多家企业参加广交会等国内外知名展会7个。仅春季、秋季两届广交会成交总额就达7亿美元。并帮助27家企业邀请来自13个国家的44位客商来长沙进行采购考察和商务洽谈。年内有海利化工、熊猫烟花等6个企业品牌入选湖南省国际知名品牌。2011年，申报支持项目201个，项目支持资金1979.41万元，拨付扶助资金1518万元。对17家有代表性的重点企业开展调研，对全市外贸企业开展备案登记信息检查，根据调研和检查中企业的需求，年内召开多场人力资源招聘会，解决外贸生产企业“招工难”问题；开展跨境人民币结算、电子商务、信用保险等10多场业务培训，960家企业参加。年内累计有2506家企业加入湖南省电子商务应用平台，实现线上线下融合发展。加快外贸企业转型升级。向商务部申报花炮、茶叶、苎麻服饰、医药保健品和新材料等5个国家级外贸转型升级示范基地，其中茶叶基地获批。开拓国际市场，参加列入全年外经贸拓展活动计划的鼓励类展会，年内200余家企业参加国内外知名展会6个，成交额9亿美元；同时，79家企业邀请100家外国客商到长沙考察洽谈。加强出口品牌建设，年内新增金生花炮、中意电子等6个企业品牌为湖南省国际知名品牌。

2012年，长沙市对800余家企业分区县（市）、园区开展巡回培训10余场，宣讲解读各级促进外贸增长政策措施和申请相关扶持项目流程。申报“中小开”平台建设等472个各类项目，争取到支持资金9000万余元；21家企业申报国家进口贴息资金项目，申报资金总额合计2.78亿美元。优化大通关环境，加强与海关、商检、外汇、信保等部门联系合作。年内，长沙市本级星沙海关和长沙检验检疫机构成立并开始运营。物流平台日渐完善，至是年，长沙至深圳“五定”班列运营3年，长沙至上海的五定班轮正式运营，金霞保税物流中心渐入正轨。开拓国际市场，600多家企业参加境内外10多个知名展会，其中两届广交会成交金额9.12亿美元；第二届亚欧博览会上，三一重工、中联重科、山河智能等8家企业现场成交1400万美元，合同意向成交额7800万美元。与此同时，130多家企业邀请200多家外国客商到长沙考察洽谈，新增汉能水电、丽时服饰、浏阳花炮、山猫卡通4家企业品牌为湖南省国际知名品牌，长沙市“湖南省国际知名品牌”企业累计40家。

第二节　劳务输出

1988年，长沙市选派出国人员执行对外经济工作任务，其中对外工程承包和外派劳务人员24人。随着对外开放扩大，长沙市与世界各国经贸往来日渐增多，外派劳务人员随之相应增加。1989—1995年，长沙市共外派劳务人员447人，其中1995年外派劳务人员120人。

1996年，长沙市认真落实湖南省《关于开展对外工程承包和劳务合作意见的通知》，积极推动长沙市对外劳务合作工作的开展，当年长沙市外派劳务600人，年末在外人数1000人。1997年，长沙市成建制、较大规模地组织劳务输出，与湖南省环球公司共同组织200名纺织女工赴美国托管的塞班岛开展劳务合作。是年9月2日，长沙市对外劳务企业参加湖南省第六届出口商品展销暨对外经济技术合作洽谈会，签订外派劳务合同6项，合同金额383.94万美元，合同选派350人赴尼日利亚、泰国、越南、新加坡等6个国家工作。1999年3月1日，长沙市发布《关于加强对外工程承包和劳务合作的通知》，支持对外工程承包和劳务合作企业拓展对外承包和劳务合作领域。当年，长沙市向境外输送各类劳务人员669人，其中专业技术和管理类人员占40%。劳务出口在往年非洲市场的基础上，又开拓新加坡、越南、缅甸、柬埔寨等东南亚国家和俄罗斯市场。

2001年，长沙市对外经济贸易公司获外经贸部授予的对外劳务经营权，成为长沙市第一家获得对外劳务经营权，专营对外劳务的企业。当年长沙市外派劳务1034人，其中高级管理和技术人员超过20%，年末外派劳务在外人数达2796人。2004年，长沙市针对国外企业用人需求和本市劳务人员特点，积极发展技术型劳务，为此着力提高外派劳务人员素质，对外派人员实行先培训后派出，推动外派劳务由量的扩充向质的提高转变。当年累计外派劳务4846人，比2001年增长368.67%，其中向新兴市场派出的企业管理、计算机软件开发、工程技术、医护等高级劳务人员1300余名，年末在外的劳务人员1.08万人，比2001年增长287.3%。对外劳务合作项目涉及的行业在往年制造、餐饮服务、建筑装饰等行业基础上新增计算机软件开发、工程技术设计、医疗护理、会计核算、企业管理等行业。外派劳务市场主要分布在亚洲的越南、日本，非洲的毛里求斯、南非，欧洲的德国、俄罗斯，大洋洲的斐济、澳大利亚，美洲的美国、加拿大等22个国家和地区。

2006年，长沙市加快劳务输出平台建设，7月25日，在浏阳建立湖南省第一个省级外派劳务基地县（市）和外派劳务培训学校。当年累计外派劳务6583人，其中向新兴市场派出的企业管理、计算机软件开发、工程技术设计、医护等高级劳务1700余名。以长沙市对外经济贸易有限公司为龙头的外经企业积极开拓市场，年内分批次向马来西亚派出各类建筑技术劳务就有200余人。全市年末在外劳务人数13129人。对外劳务合作项目所涉及的行业在2004年基础上又拓展公路桥梁和水电建设行业。外派劳务扩大到亚洲、欧洲、美洲、非洲、大洋洲30余个国家及地区。2007年，随着对外工程承包和境外投资项目的增加，长沙市外派劳务渠道进一步拓宽。中建五局在阿尔及利亚、刚果（布）承包的大型工程项目，长沙坪塘建筑股份有限公司在沙特承包的大型工程项目和三一重工、中联重科等工程机械企业在境外投资的项目，都带动大量的建筑、安装、施工、管理、勘查等各类工程技术人员及普通农民建筑工“走出去”到境外从事劳务工作。同时，长沙市外派劳务基地县（市）、各开发园区、各区、县（市）积极主动与全国有外派劳务经营资质的外经公司联系对接，为各派出公司培训和招选人员，也拓宽外派劳务渠道。当年长沙市累计外派劳务人员7602人，其中经各类培训的外派劳务占50%，从事计算机软件开发、医疗护理、工程技术设计、会计核算、企业管理的外派劳务人员占30%以上；年末在外人数17177人。2008年，长沙市夯实外派劳务平台，重点发展和建设宁乡外派劳务基地县和长沙明照日本语专修学院、长沙商业技工学校、望城职业中专等外派劳务培训学校。同时，推动外派劳务跨省合作，与国内各有经营资质的外经公司，建立战略合作伙伴关系，拓宽外派劳务渠道。当年，充分利用湖南省外派劳务资源对接会这一平台，主动与中央企业、沿海各省市外派劳务经营公司接洽，签订外派劳务培训和选派合同20余份，合同外派劳务2000多人。是年，长沙市累计外派劳务8710人，年末在外人数

14225人。

2009—2010年，受国际金融危机的影响，国际劳务市场需求量收窄，派遣成本和风险加大，外派劳务面临严峻挑战。长沙市面对国际金融危机、人民币升值及国外劳务用工有效需求不足等多种因素影响，积极采取有效措施应对，外派劳务保持平稳发展。2010年累计外派劳务10860人次，年末在外人数18406人，比2008年分别增长24.68%、29.39%。外派劳务以纺织缝纫、厨师、加工制造、建筑、服务等工种为主，但工程设计、建筑监理、现场管理、设备安装、IT软件、医药护理等高技能型劳务的比例跃升至35%。通过长沙市对外经贸有限公司、湖南国湘人力资源劳务公司等有资质的外派劳务企业派出的劳务人员约占全市外派劳务人员的75%。外派劳务形成以亚洲、非洲为主，欧美为辅的格局。当年派往亚洲、非洲等国的劳务人员7500余人次，约占全市外派劳务人员总数的70%。年内长沙市举办首届“外经贸服务月”活动，在活动中召开外派劳务资源对接会，推动各外派劳务基地县、培训基地和相关开发园区、区县（市）与国内各外派劳务经营企业、境外投资企业、对外工程承包企业，尤其是知名央企之间的外派劳务业务对接，签订外派劳务委托培训项目10个，协议委培4000余人；签订外派劳务合作项目合同20余个，合同外派劳务人员6800余人。当年，对外工程承包项目带动外派劳务的人数约占全市外派劳务总数的36.8%，三一重工、中联重科、天雄实业等境外投资项目均带动大批工程技术、财务、企业管理、农业种植等相关人员境外就业。是年，长沙市拥有国家级和省级外派劳务基地县3家，外派劳务培训学校9家。长沙市根据欧美发达国家及部分发展中国家对技能型劳务需求量增长和对普通劳务需求减少的变化，指导各外派劳务基地和培训基地调整专业设置，重点开展厨师、IT、现场管理、医疗护理、建筑监理、工程设计等方面的技能型人才培训和储备。同时，通过“公司+基地”模式促成湖南中扬建设工程责任有限公司与浏阳市外派劳务基地县、中国建筑第五工程局与宁乡外派劳务基地县的外派劳务合作。当年，通过“公司+基地”方式派出的劳务人员约占全市外派劳务人员总数的三分之一。同年，长沙市整治外派劳务秩序管理，针对出现的一例劳务人员通过非法劳务公司非法出国务工而在国外感染疫病的情况，及时发布《关于加强我市劳务输出及境外就业人员疫病防范工作的通知》，要求各相关单位高度重视出境疫病防范工作，建立外派劳务人员健康档案，加强出境疫病防疫培训，引导劳务人员通过正规渠道赴境外务工；同时，出台《长沙市境外劳务事件应急预案》，强化应急防范机制，坚决打击黑中介，取缔非法劳务，各外派劳务企业所签劳务合作项目均到商务主管部门审查备案。2011年，受日本地震及核辐射影响、加之欧美债务危机、新兴市场增长乏力等因素，国际市场劳务需求仍然不振。长沙市加强外派劳务规范管理，调整外派市场与行业分布，推进外派劳务稳步发展。全年实现外派劳务12504人次，同比增长15.14%，年末在外人数19019人。组织指导外派劳务经营企业与对外工程承包企业和境外投资企业共同联手开拓市场，当年，对外承包工程项下派出劳务达2900余人次。是年，越南、日本等传统外派市场劳务需求萎缩，新加坡、马来西亚、拉美、欧洲、美国等国家和地区外派市场劳务人数出现小幅增长；建筑业、制造业、缝纫纺织和农林牧渔业仍为外派劳务主要行业，外派专业技工、高级护理、建筑监理、勘探、设备安全、财务管理等高层次技术工种比例稳中有升。同年，长沙市进一步加强外派劳务公共服务平台建设，实现外派劳务储备、招选、培训和派出的规范化、一体化管理，全市做到外派劳务零纠纷。同时，长沙市以国家外派劳务经营权审批下放到省为契机，积极推动符合条件的企业申报对外劳务合作经营资格，年内长沙市外派劳务经营企业增加到10家。

2012年，长沙市累计外派劳务10764人次，年末在外人数15197人。外派劳务主要分布在东南亚、非洲、南美国家和地区，主要涉及建筑业、制造业、软件及信息技术服务业、财务管理等行业。随着国际劳务市场需求变化和国内对外劳务合作管理体制改革的深入推进，长沙市外派劳务由单纯的外派劳务向对外劳务合作转变。加强对劳务合作企业的支持。全市外派劳务企业对外劳务合作新签合同额 1.1 亿元，外派劳务人员 6822 人次。

第三节　境外投资及承包工程

一、境外投资（境外加工贸易）

1999 年，长沙市境外加工贸易启动，市纺织工业总公司、省三湘客车集团、长沙南方电器成套厂等 7 家企业与缅甸有关企业签订合作兴办生产企业的意向。2001 年，长沙市加快“走出去”步伐，申报境外加工贸易项目 14 个，有 2 个获外经贸部批准立项。远大空调、三一重工、创智软件、中联重科、梦洁衍缝等一批企业分别在美国、法国、英国和意大利建立研发中心和营销网络。国讯网络 实现在中国香港上市，成为长沙市首家境外上市公司。2002 年，长沙市境外投资取得进展。中联重科收购英国保路捷公司，运用其遍布世界的营销服务网络，使产品有畅通的境外销售渠道。省三湘客车集团在缅甸合资兴办铅笔厂获得成功。2003 年，长沙市境外投资项目累计 22 个，项目投资总额累计 2765.2 万美元，其中中方投资 1916.4 万美元。投资项目主要涉及轻工、电子、机械、软件、影视制作、农产品等行业。项目主要分布在亚洲缅甸、越南、巴基斯坦；欧洲英国、法国；北美洲美国；非洲埃及等 15 个国家和地区，境外投资由单一的国有企业向民营企业、上市公司、股份制企业等多元投资主体发展。境外投资当年带动机械设备出口 400 万余美元，配套输送劳务技术人员 200 余人次。

2004 年，长沙炮台建材有限公司斥资近 1000 万美元在越南建立水泥生产基地，成为当年长沙市乃至湖南省境外投资最大的项目。境外投资项目所涉及的行业在上年基础上，扩大到医药、农用机械、建筑材料等行业，并向欧美经济发达国家和地区拓展。湖南建辉纺织有限公司、长沙湘和化工厂分别在美国建立生产、销售基地；湖南梦洁家纺有限公司在英国注册“英国梦寐国际家居文化有限公司”。境外投资从过去投资额度偏小且以合资为主向大部分项目占控股地位转变，且独资方式明显增加。当年长沙市有 6 家企业在境外注册成立独资公司，包括三一重工在印度投资 100 万美元建立“三一印度公司”；浏阳花炮股份有限公司在南非建立中国浏阳花炮（南非）国际贸易公司等。当年，长沙境外投资项目带动过剩闲置生产设备出口 1000 万余美元，配套输送相关管理和劳务技术人员 1000 余人次，且每年带动生产所需原材料及相关产品出口约 5000 万余元，推动长沙市外向型经济的发展。

2005 年，长沙市积极发展具有所有权优势、技术优势的对外投资，鼓励直接投资与间接投资并举，简化境外投资项目申报程序，并加强跟踪服务，推动企业加快挺进国际市场。当年，新增境外投资项目 18 个，合同投资总额 4227 万美元，其中中方合同投资额 3573 万美元。湖南电站设备联合制造公司斥资 1250 万美元，在加拿大建立水轮机、发电机、变压器生产基地，成为长沙市境外投资最大项目。截至年底，长沙市累计有 48 家企业在境外投资项目 55 个，投资总额 1.26 亿美元，其中中方合同投资总额 8195 万美元。境外投资项目所涉及行业在上年基础上又扩大到中医保健、机电设备、农业高科技开发、矿产资源开发等多个行业。境外投资继续由亚洲、非洲向欧美经济发达国家和地区拓展，分布在 29 个国家和地区。湖南晚安床具实业有限公司在美国建立生产销售基地，湖南瑞翔新材料有限公司在英属维京群岛设立原料开采基地，长沙康马纺织品有限公司分别在美国、德国注册公司，湖南颐而康保健公司在英国、美国、荷兰设立保健中心等等，境外投资方式以独资为主。当年新增的 18 个项目中，独资项目 12 个。

2006年，长沙市支持各类有实力的民营企业“走出去”境外投资。制造业以三一重工、远大空调等企业为主。矿产资源开发业以湖南瑞翔新材料有限公司和湖南天雄实业有限公司等企业为主，瑞翔公司投资160万美元在南非合资设立瑞翔矿产资源南非公司，从事锂离子电子材料生产和钴资源开发生产；天雄公司投资1104万美元与印尼西多喜达有限公司在印尼共同开发矿产。烟花鞭炮业以浏阳和平烟花贸易有限公司为主，该公司投资21万美元在加拿大生产、销售烟花，将浏阳品牌烟花推向世界。文化产业主要以湖南宏梦卡通传播有限公司为代表，该公司在英属维京群岛投资设立公司从事技术引进和数码、多媒体卡通软件的研发及其衍生品的生产开发，将长沙的“虹猫”“蓝兔”卡通形象推向世界。截至2006年，长沙市境外投资项目带动具有比较优势的机械设备以及闲置过剩的机电设备出口1.2亿美元，且每年带动生产所需原材料及相关产品出口约1.5亿美元，配套输送各类劳务技术人员8000多人次，有力推动长沙市新型工业化和外向型经济的发展，提升长沙产品在国际市场的竞争力，同时积累长沙打造境外企业的经验。

2007年，长沙市新增境外投资向项目24个，合同投资总额3.44亿美元，其中中方合同投资额1.07亿美元。至2007年年底，长沙市境外投资项目累计达100个，合同投资总额5.11亿美元。其中中方合同投资总额2.27亿美元。三一重工投资6000万美元在印度孟买独资设立的“三一印度建设工程机械基地”，是长沙市在印度最大的制造基地投资项目。当年，长沙市境外投资项目主要集中在销售服务业和制造业，境外资源类开发项目同时获得新突破；新增境外24个投资项目中，其中销售服务业项目13个、制造业项目8个、建筑施工项目1个、资源类开发项目2个。其资源类开发项目分别是湖南省天鑫坤矿业有限公司投资539万美元在印度尼西亚设立的专门从事矿产资源开发，冶炼及矿产品深加工的合资公司和湖南有色金属控股集团有限公司投资2360万美元在澳大利亚设立的专门从事煤、铁等矿产资源开发、冶炼、销售的合资公司。当年，民营股份制企业境外投资项目21个，占当年境外投资新增项目比重87.5%，中方投资额7976.92万美元，占当年境外投资项目中方投资总额比重74.38%。民营股份制企业成为长沙市境外投资主力军。

2008年，长沙市发挥工程机械、汽车零部件、家用电器、电子信息等支柱产业优势，支持有实力、有条件的各类企业选择有市场资源、市场前景的国家和地区投资，境外投资增长由量的扩大向质的提升转变。当年，境外投资新增项目28个，境外投资总额2.62亿元，其中中方合同投资额2.6亿美元。新增项目中，500万美元以上项目12个，其中中方合同投资额2.47亿美元，占全年比重95%。境外投资项目的平均规模为936.02万美元，项目规模超过历年水平。湖南省有色金属股份有限公司在澳大利亚投资1.21亿美元设立的独资公司成为长沙市非金融性直接投资中方投资规模最大的境外投资项目。当年，工程机械、汽车零部件、家用电器、电子信息等支柱产业仍是长沙市境外投资主要行业。同时，境外投资向文化传播、投融资、房地产开发、农业研发与种植等行业拓展。湖南体坛文化传播有限责任公司在中国香港设立公司，开新闻出版社“走出去”先河；中联重科、三一重工向国际投资管理领域进军；湖南丰园置业有限公司在印度设立湖南丰园置业海外有限公司，成为长沙市境外投资房地产开发的第一家企业；隆平高科到菲律宾开设隆平高科菲律宾研发中心，从事杂交水稻选育和推广等等。是年独资几乎成为长沙市境外投资的唯一方式。独资项目26个，投资总额2.6亿美元，分别占全年新增境外投资项目个数、投资总额比重92.86%、99.13%。截至年底，长沙市累计境外投资项目128个，投资总额7.79亿美元，其中中方合同投资额5.07亿美元，占投资总额比重65.12%。同年，对外工程承包企业进入境外投资领域，长沙市湖南环达公路桥梁建设总公司、湖南省建工集团、中国水电顾问集团中南勘察设计院等3

家对外工程承包企业在境外项目所在地埃塞俄比亚、坦桑尼亚、越南等国分别投资设立境外公司，扩大长沙市境外投资队伍和渠道。

2009年，长沙市抓住国际金融危机为优势企业低成本跨国并购带来的机遇，推动境外投资实现跨越式发展，累计新增境外投资项目32个，境外投资总额15.13亿美元，其中中方投资总额14.46亿美元，创下境外投资新高。当年止，长沙市累计境外投资项目160个，分布在全球50多个国家和地区，累计投资总额24.33亿美元，其中中方投资总额22亿美元，占投资总额比重90.42%。当年，长沙市新增境外投资项目的平均规模达4728.66万美元，为上年的5.05倍；新增境外投资项目中，500万美元以上项目11个，中方投资额14.16亿美元，占当年中方投资额97.88%。三一重工投资1亿欧元在德国北威洲的科隆市建设研发中心及机械制造基地，该项目成为中国在欧洲最大的一笔实业投资项目，中国总理温家宝与德国总理默克尔共同见证该项目签约仪式。境外资源开发成为对外投资新热点，是年长沙市境外资源开采类项目7个，投资总额8880万美元，其中中方投资总额2928.5万美元。湖南有色金属股份有限公司投资417万美元参股澳大利亚皇马白钨有限公司开发白钨矿等矿产资源，该项目总投资额5760万美元。新增境外投资项目分布在全球20多个国家和地区，形成亚非市场与欧美澳市场同步发展的多元境外投资市场的格局。境外投资方式以独资为主，参股收购增多。当年参股收购项目4个，境外投资总额12.45亿美元，其中，中方投资总额11.91亿美元，分别占当年全市境外投资总额、中方投资总额比重82.29%、82.38%。面对国际金融危机，境外投资企业采取跨国并购的形式获取企业战略资源和销售网络。湖南华菱钢铁集团出资8.26亿美元收购澳大利亚第三大铁矿石公司FMG集团股票5.35亿股，持有FMG集团17.4%的股权，成为全球第三大铁矿石公司的第二大股东，是湖南省投资额最大的境外收购项目。同年，长沙市民营企业境外投资项目24个，占当年全市境外投资项目比重75%；其境外投资总额和中方投资总额分别为3.16亿美元和2.5亿美元，占当年全市境外投资总额和中方投资总额的比重分别为20.91%、17.28；国有企业境外投资项目8个，为当年全市境外投资项目的25%，其境外投资总额和中方投资总额均为11.97亿美元，为当年全市境外投资总额和中方投资总额的79.09%和82.72%。

2010年，长沙市全年累计新增境外投资项目38个，境外投资总额6.88亿美元，其中中方投资额2.52亿美元。境外投资向高科技领域拓展，长沙市高科技实力型企业威胜集团有限公司、湖南科力远新能源股份有限公司、长沙康隆生物制造有限公司等分别在新加坡、美国等国家和地区投资电子、新材料、计算机、生物化工等高科技领域项目。矿产资源类成为境外投资重点，湖南有色金属控股集团有限公司、湖南华菱钢铁集团有限公司、湖南天建投资管理有限公司等企业利用境外矿产行业资金短缺带来的机遇，纷纷赴加拿大、澳大利亚、越南等国开发矿产资源，当年全市累计新增38个境外投资项目中，资源开采类项目10个，占26.32%。境外投资以周边亚洲国家为重点，向发达国家拓展。周边亚洲国家与中国存在地缘优势，且随着2010年中国—东盟自贸区的正式建成，也成为长沙市境外投资重点区域。当年，长沙市企业在新加坡、泰国、老挝、缅甸、越南、菲律宾、印尼等国家和地区投资项目23个，占全年累计新增境外投资项目总数60.5%；在美国、加拿大、澳大利亚等国投资项目10个，占比26.32%。境外投资方式仍以独资为主，项目22个；但并购融资类增多，项目有6个。如湖南有色金属股份有限公司并购加拿大锑矿有限公司、湖南诚和矿业投资开发有限公司并购菲律宾矿业贸易公司、浏阳华盛烟花有限公司在加拿大多伦多证券交易所挂牌上市等等。2011年，长沙市新增境外投资项目44个，新增境外投资总额3.04亿美元，其中中方投资额2.85亿美元。当年，长沙市境外投资项目规模以中小型为主，中方投资额500万美元以下的中小型项目23个，所占比重52.27%。投资项目所涉及的行业，由原来的农业、矿业、工程机械、烟花等传统行业进一步向计算机软硬件、新材料、投融资、文化等高技术含量的行业拓展。对发达国家和地区的投资大幅上升，新增44个境外投资项目中有23个项目分布在发达国家和地区，所占比重52.27%，其中10个是对美国投资项目。随着中国—东盟自贸区的全面正式启动，长沙市在东盟地区的投资项目有6个，所占比重13.64%，主要分布在越南、缅甸、菲律宾等国。投资方式多样，当年新增44个境外项目中，独资项目28个，合资项目11个，参股收购类项目5个。湖南科霸汽车动力电池有限责任公司投资1985万美元并购日本松下旗下的湖南能源股份有限公司项目是当年最大的并购项目。

2012年，长沙市支持有比较优势、有实力的各类企业选择有市场资源、有市场前景、政局稳定的国家和地区投资，全年新增境外投资项目24个，累计新增境外投资总额1.95亿美元，其中中方投资额1.23亿美元。传统产业与新兴产业境外投资齐头并进。农业、烟花、茶叶等传统优势产业如湖南省立升农业科技开发有限公司、熊猫烟花集团股份有限公司、湖南金州茶叶有限公司分别赴老挝、德国、俄罗斯投资从事相关业务；生物、新材料新兴产业如长沙博童生物科技有限公司、湖南松井新材料有限公司分别赴美国、中国香港投资。是年、长沙市境外投资项目分布在美国、越南、缅甸、柬埔寨、老挝、德国、俄罗斯等14个国家和地区。对美国新增投资项目5个，投资总额1776.74万美元，其中中方投资额1698.19万美元，所占全市比重分别为20.83%、9.1%、13.8%。由于地缘、文化等方面的优势，境外投资主要集中在亚洲市场特别是东盟地区，全年新增的24个境外投资项目有13个分布在亚洲，其中8个分布在东盟地区，项目所占比重分别为54.17%、33.33%。境外投资方式多元化，当年新增境外投资项目24个，其中独资15个，合资7个，并购2个。民营企业作为长沙市境外投资的主力军的地位进一步巩固。当年全市新增的24个境外投资项目中，民营企业占90%以上，其中中方合同投资额1.03亿美元，所占比重84.08%。截至年底，长沙市累计有266个境外投资项目，境外投资总额39.1亿美元，其中中方合同投资额31.5亿美元。境外投资带动更多的长沙本土企业参与国际竞争，推动长沙市企业充分利用国际、国内两种资源、两个市场，获得境外发达国家的相关先进技术、管理经验和发展理念，积累“走出去”发展壮大成为跨国公司的经验，提升企业国际竞争力和国际风险防范能力，同时带动长沙大量的本土产品及设备的出口，输送各类工程技术人员等劳务人员赴境外就业，有力促进长沙市新型工业化和外向型经济的发展。

二、对外工程承包

1998年，长沙市对外工程承包起步，长沙市沙坪建筑公司在缅甸承接价值6000万元的住宅建设工程。

1999年3月1日，长沙市发布《关于加强对外工程承包和劳务合作的通知》，支持企业拓展对外工程承包领域。2000年1月，经对外经贸部批准，长沙市洞井建筑股份有限公司、长沙沙坪建筑总公司、长沙黎托建筑工程公司、长沙基础建设公司、长沙建筑安装工程公司、长沙坪塘建筑工程有限公司、长沙建设集团7家企业获对外工程承包经营权。2002年，长沙市对外工程承包新签合同额1.5亿美元，完成营业额2亿美元。2003年，长沙市对外工程承包加快拓展，市场主要分布在亚洲、非洲，项目主要涉及房屋建筑、电力工程、道路交通、装饰建材等行业，方式以融资、带资、承包、分包为主。当年累计新签合同额2.37亿美元，累计完成营业额28271万美元。当年，新签合同额1000万美元以上的企业有8家，其中湖南电力建设开发总公司新签合同额3639万美元为最高；完成营业额1000万美元以上的企业8家，其中湖南环达公路桥梁建设总公司完成营业额4176万美元为最高。

2004年，长沙市对外工程承包克服中东地区局势不稳定和世界恐怖活动不安全等因素的影响保持快速发展，全年累计新签合同额5.4亿美元，累计完成营业额3.8亿美元。累计新签合同额在1000万美元以上的企业5家，完成营业额在1000万美元以上的企业8家，湖南省建工集团公司，以新签合同额37473万美元，完成营业额1.26亿美元的业绩在上述两项排名中均名列前茅。2005—2006年，长沙市对外工程承包稳定增长。2006年累计新签合同额7.01亿美元，累计完成营业额5.14亿美元，比2004年分别增长29.67%、35.18%；累计新签合同额2000万美元的企业12家，累计完成营业额2000万美元以上的企业5家。对外工程承包带动相关机电设备出口和劳务输出。当年水电八局签约的马来西亚巴贡水电站项目和长沙中建五局中标的非洲阿尔及利亚1.6亿美元大学城建设项目都带动相关机电设备出口，并分别带动劳务输出400余名和600余名。2007年，长沙市对外工程承包累计新签合同额8.22亿美元，累计完成营业额6.07亿美元。当年对外工程承包市场在巩固原有的以东盟为主的亚洲市场和以埃塞俄比亚为主的非洲市场的同时，在亚洲又开拓阿联酋、沙特阿拉伯等国中东市场，在非洲开拓刚果（布）、阿尔及利亚、南非等国市场。对外工程承包项目主要涉及建筑工程、水利电力、工程设计监理、电气设备、道路桥梁、建材装饰、资源性项目开发等领域。长沙中建五局中标非洲阿尔及利亚9亿元的监狱建设项目和刚果（布）9亿元的国家1号公路120千米建设项目，湖南环达公路桥梁建设总公司所承建的埃塞俄比亚1.5亿美元公路建设项目等大项目的 实施均带动长沙市大量的相关机电设备、产品出口和各类工程技术人员及建筑劳务人员派出。年内长沙市又有两家建筑企业长沙市建设工程集团有限公司和长沙坪塘建设（集团）有限公司获得对外工程承包经营资格。对外工程承包形成国有企业与民营股份制企业并驾齐驱格局。

2008年，世界金融危机导致全球经济衰退，造成国际工程承包市场容量缩减。长沙市主动应对，对外工程承包稳中求进，保持增长，全年累计新签合同额17.11亿美元，累计完成营业额7.11亿美元，同比分别增长108.25%、17.25%。当年，累计新签合同额1亿美元以上企业6家，累计完成营业额1亿美元以上企业2家。国家电力中南勘测设计院取得利比亚5000套房屋建筑承包项目，承包金额高达8.12亿美元，成为湖南省在境外迄今为止最大一笔签约的对外工程承包项目。随着“走出去”战略的深入实施，长沙市对外工程承包队伍进一步壮大，年内湖南中扬建设工程有限责任公司、长沙建工集团等2家建筑施工企业先后获批国家对外工程承包经营权，至此，长沙地区拥有对外工程承包经营权的企业达35家。2009年，由于世界金融危机的影响，长沙市对外工程承包企业一方面面临部分国家工程项目减少或因资金短缺而停工以及市场竞争进一步加剧的严峻形势，另一方面由于自身资金实力不够，工程总承包项目的接单能力不足，当年长沙市对外工程承包新签合同额出现下降，但完成营业额约有增长。全年累计新签合同额11.04亿美元，累计完成营业额8.091亿美元，同比分别下降35.46%、增长13.76%。应对世界金融危机，长沙市奋力拓展对外工程承包市场，年内 开辟印度、马里、加蓬、澳大利亚等国市场。新签对外工程承包项目中一手单项目较往年有所增长，其中合同额在5000万美元以上的项目有湖南交通国际经济工程合作公司与马里国家大型工程部签订的合同额5536万美元的卡伊—巴拂拉贝项目和与加蓬国家大型建设工程部签订的合同额为9143万美元的交通运输建设项目——恩德恩德—东耶巴项目；湖南省建筑工程集团总公司与坦桑尼亚国家公路局签订的合同额为7588万美元的坦桑尼亚76.6千米道路项目；湖南电力建设开发总公司与印度签订的合同额为5700万美元的海萨电厂项目。“一手单”项目签约增加标志着长沙市对外工程承包由“合作经营借船出海”转向“直接投标、中标”。

2010年，长沙市把握世界经济复苏的契机，推动对外工程承包强势发展，全年累计新签合同额13.26亿美元，累计完成营业额9.67亿美元，同比分别增长20.04%、19.45%。当年，累计新签合同额在

1 亿美元以上企业 3 家，新签合同额 11.66 亿美元，占全市累计新签合同额比重 87.96%；累计完成营业额在 1 亿美元以上企业 3 家，完成营业额 8.32 亿美元，占全市累计完成营业额的 86.06%。长沙对外工程承包企业充分利用在非洲国家工程承包湘军品牌优势，开拓新的市场。当年，中国水利水电第八工程局、中冶长天分别在委内瑞拉和巴西承接合同额为 5.06 亿美元，8719 万美元的工程承包项目，开拓南美洲市场。各对外工程承包企业在经营方式上努力由分包项目向带资、融资承包和买方信贷承包转变，积极尝试与境外其他工程承包企业、境外投资企业组建联合体，抱团开展海外经营，向高附加值工程承包业务拓展。中国水利水电第八工程局通过联合体方式承接两个超过 1 亿美元的项目；湖南省建筑工程集团利用买方信贷方式 取得加纳电网改造项目总承包资格；湖南中扬建设工程有限公司通过成立海外路桥子公司 实现由合作经营向承接一手单方式的转变。是年，长沙市又有湖南望新建设集团股份有限公司和湖南金海钢结构集团有限公司获得对外工程承包经营权，至此，长沙地区有对外工程承包资质企业 43 家。年内，长沙对外工程承包企业境外承包工程带动各类工程管理、技术、劳务人员 4000 余人出国务工。向境外各对外工程承包项目输送相关工程机械、配件、原材料等物资近 2 亿美元，促进长沙市外派劳务和产品出口。

2011 年，由于中东北非地区局势动荡，世界经济复苏的不稳定性不确定性上升，长沙市对外工程承包业务拓展受到一定影响。全年累计新签合同额 9.84 亿美元，同比下降约 30%，实际有新签合同额业绩的企业 13 家，较上年略有减少。全年累计新签合同额在 1 亿美元以上的企业有中国水利水电第八工程局和湖南省建筑工程集团总公司 2 家，其新签合同额占全市累计新签合同额的 70%。得益于上年新签大单的支持和对外承包工程企业稳步经营，2011 年长沙市累计完成营业额 14.52 亿美元，同比增长 23%，实现稳步增长。全年累计完成营业额超过 2000 万美元以上的企业 9 家，占全市营业额的 98%；其中完成营业额超过 1 亿美元的企业 4 家。水利建设、电力建设、交通运输和房屋建筑等行业占据长沙市对外承包工程的主导地位，其新签合同额 9.77 亿美元，约占全市累计新签合同总额的 99%。长沙市对外承包工程企业积极推行“以一国为重点，向周边国家拓展”策略，开展属地化经营，在非洲新设境外办事处 2 个，以巩固在乍得、南苏丹等非洲国家的工程承包湘军品牌优势。当年，对外承包工程非洲、亚洲地区营业额分别占全市累计完成营业额的 45%、40%。长沙对外承包工程方式逐步向工程总包、成套设备安装、项目融资、国际信贷等相互融合的综合性合作方式转变，适应国际工程项目日趋大型化需求。

2012 年，长沙市累计新签合同额 18.72 亿美元，完成营业额 18.08 亿美元，同比分别增长 90.2%、24.5%。水电站建设、冶金工程、交通运输、道路桥梁和房屋建筑等行业占据长沙市对外承包工程的主导地位。新签或分包合同额超过 1 亿美元的项目有 6 个，分别是中国建筑第五工程局有限公司分包的 12.96 亿美元的阿尔及利亚希法—布格组勒 53 千米高速公路项目、中国水利水电第八工程局有限公司分包 5.05 亿美元的科威特大学城商学院及女子学院项目和 2.68 亿美元的厄瓜多尔水电站项目、湖南中扬建设工程有限责任公司分包的 1.92 亿美元的乍得 20 千米道路项目、中冶长天承接的 1.5800 万美元的越南台塑 FHS 冶金规模烧结工程项目、湖南省建筑工程集团总公司承接的 1.2 亿美元的加纳北部省农村电网项目，显示长沙市对外工程承包企业的品牌优势和参与国际竞争的能力。对外工程承包龙头企业带动作用明显。中国水利水电第八工程局有限公司、中国建筑第五工程局有限公司、湖南省建筑工程集团总公司和湖南中扬建设工程有限责任公司 4 家企业共计完成营业额 1.48 亿美元，占当年全市完成营业额比重 79.11%。长沙市对外工程承包社会经济效益不断增强，成为带动长沙市优势建设品牌、机电产品出口和对外劳务输出的重要渠道，当年带动大型成套设备、产品和原材料出口 9299 万美元，带动各类工程项目管理人员 5122 人次赴境外就业。

专记　长沙海关

一、机构

1984 年 9 月 21 日，经国务院批准，设立长沙海关（正厅局级），直属海关总署领导，湖南省行政区为长沙海关主要业务管辖区。1985 年 9 月 5 日，长沙海关开关。1988 年，长沙海关内部机构设置为 3 个处室和 1 个直属科，即货管处、调查处、办公室和人事教育科。

1995 年，长沙海关内部机构调整为 9 个处室办、2 个直属科和 1 个派驻机构、1 个隶属机构：即办公室、业务一处、业务二处、关税处、调查处、人事教育处、监察审计室、政治思想工作办公室（同为机关党委办公室）；技术科、财务科；中华人民共和国长沙海关驻衡阳办事处；中华人民共和国岳阳海关。全关区内设科级机构 24 个（含直属科）。

2010 年 6 月 3 日，中央编办批复设立长沙金霞海关，为正处级机构，隶属长沙海关，核定行政编制 70 名，是中部第一个省会城市的隶属海关，后更名为长沙星沙海关。9 月 19 日星沙海关办公综合楼奠基。

2012 年年底，长沙海关内部机构下设副厅级机构 1 个（缉私局），直属处级机构 22 个。直属处级机构中，内设处级机构 11 个，隶属海关 7 个（其中星沙海关在建），处级派驻机构 4 个。

二、税费征管

1988 年，长沙海关征收进出口税 1.29 亿元。其中：进口关税 7743.4 万元，出口关税 256.8 万元，代征税 4936.5 万元。审批减免税 263 项，实际减免税金额 3403.6 万元。同年，针对低报价格、偷漏税额的单位涉及面愈来愈大、低报价格的手法更加隐蔽的状况，长沙海关加强对偷逃税的查处，确定审价重点，查处低报价格偷逃税案件 219 起，追补税款 1978 万元。

1992 年，征收关税 1.04 亿元，代征税 7922.78 万元；审批减免税 3.45 亿元；10 月 20 日，对外试运行报关自动化系统（亦称 H883 工程），为全国内陆海关首家采用。1996 年，在清理欠税过程中，采取编制欠税清册、上门催缴、逐笔落实等办法，全年共催缴欠税入库 813 万元。从该年起，长沙海关严格执行“先征后放”制度，有效防止新欠税发生。

1998 年，年内完成长沙海关关区转关运输网络实时监控系统、H883EDI 减免税子系统、许可证管理核销系统、加工贸易管理系统和进出口结关系统等的移植、安装、运行；完成全国海关报关单联网核查系统的技术准备和试运行；创建关区计算机系统集中运行模式；开展单证防伪检测。2000 年，长沙海关征收关税和进口环节税 10.01 亿元，审批减免税 1745 批，实际减免税额 5.32 亿元。

2005 年，年内推广应用风险管理平台，完成风险管理平台 2.0 版安装测试。对重点商品，加强对加工贸易、税收征管、通关作业、物流监控等业务运行监控，共下发风险质疑单 9 份，作业单 37 份，运用风险平台发现各类走私违规案件 22 起，案值 2.4 亿元，补税 1363 万元。建立关区风险管理指标体系。

2006 年，全年税款入库 19.2 亿元，完成同比增长 112%。税收征管质量不断提高，全年一般贸易价格水平为 1.0079，处于理想区间，全国排名第十六位，同名商品归类差异率同比下降 95.6%，在全国海关排名第五位。

2008 年，税收入库 30.3 亿元，完成年度计划的 114.4%，超计划 3.8 亿元，完成税收征管风险分析监控和统计数据质量监控两个辅助子系统的研发、测试；对关区 18 家主要纳税企业建立纳税人管理制度；强化归类、审价工作，补税503万元。

2009年，在内陆海关率先开展保税流程再造试点。

2012年，长沙海关全年征收税款55.56亿元。积极落实国家有关减免税政策及其他优惠政策，服务和促进重点企业和重点工程项目的发展，加快减免税业务审批速度，指导企业用好政策，全年审批减免税货值22.9亿美元，减免税款29.7亿元，分别增长48%和28%，重装项下减免税位居全国海关第一。

三、货运监管

1988年，长沙海关监管进出口转关运输货物16.68万吨，其中：进口货物7.41万吨，出口货物9.27万吨，全年受理批准本省新贸合同备案923个，其中：来料加工和补偿贸易合同74个；进料加工合同849个，年内批准设立湖南第一批保税工厂（仓库）4家。

1990年3月，在全国内陆省份首开国际集装箱陆海联运监管，全年监管进出境国际集装箱400余个。6月，长沙海关首开长沙黄花机场旅检业务，年内监管直航香港包机57架次（114个航班），进出境旅客11519人。

1994年，全年共受理报关单18096份，完成货运监管51万吨，审批捐赠物资29批；监管进出境飞机300余架次；查验行李物品50700人次；注册备案报关企业2216家。

1997年，全年共受理报关单13691份，监管进出口货物51万吨，监管进出境飞机597架次，验放进出境旅客行李物品53296人次，验放快递物品433605件、印刷品367000件。拓展总关的局域因特网，实现与笋岗海关的转关运输信息计算机联网。

1999年，开展对企业分类管理，评出适用A类管理的企业15家、C类10家、D类1家。同年，完成应用系统主机由AXP3800向AXPSERVER1200计算机的安装与切换；完成进出口报关单联网检查系统、国家口岸专网海关外部系统等的安装、维护、应用工作。2000年，先后开通上海至长沙南湖码头的江海内支线、上海至株洲的铁海内支线和江海内支线。开通黄花机场海关货运监管点与海关的计算机联网。

2001年，全年受理报关单17296份，监管进出口货物74.7万吨，报关进出口总值10.1亿美元；备案加工贸易合同349份，备案合同总金额1.59亿美元；监管进出境飞机976架次，验放进出境旅客行李物品8.16万人次，验放邮递物品45.72万件。

2002年，完成“红机网”机房建设，开通第一批“红机网”用户，实现涉密电子公文传输、网上查阅文件、与省政府邮件互联互通等功能；在国际互联网的湖南公众信息网站，开设长沙海关网页。

2004年，全年受理进出口报关单2.9万份，监管进出口货物224万吨，监管进出口货物总值18.6亿美元，分别比上年同期增长20.8%、37.5%、25.1%；加工贸易合同备案366份，备案合同金额6.9亿美元，增长170.6%；监管运输工具8776辆（艘架）次，验放邮递、快递物品29万件。年内，在内陆海关率先应用H2000系统平台，启动“税费网上支付”，开通加工贸易企业“联网报关”系统；建立中国电子口岸长沙数据分中心。

2006年，实施区域通关改革，建立快速通关体系，与上海、广州、深圳、南京、宁波、杭州等口岸海关实现“属地申报、口岸验放”。2008年，长沙海关受理报关单4.8万份，监管货运量突破900万吨，货值48.3亿美元；监管进出境运输工具1.1万辆（艘）次、进出境人员41.3万余人次、邮递快递物品51.2万件；加工贸易进出口总额11.4亿美元，加工贸易备案合同558份，货值4.7亿美元。年内，在关区全面推广实施快速通关改革，通关效率显著提高：进出口海关平均作业时间由改革前的7.79个小时缩短为1.45小时，处于全国较优水平和中部6省海关前列。

2012年，全年受理报关单7.2万份，监管货运量1805万吨、货值82.2亿美元；监管进出境运输工具16473辆（艘）次、进出境人员82.6万人次、邮递快递物品51.8万件；完善“四位一体”（计算机审单、人工专业审单、现场接单审核和批量复审）审单作业模式，规范申报率98%；全省加工贸易进出口总值63.7亿美元。

四、查缉走私

1988年，长沙海关查获走私违规案件39起，走私物品价值5000万元，其中结案26起，罚没款额218万元。针对企事业单位和社会集团接受国外捐赠物资增多的情况，重点对长沙、衡阳等地接受捐赠物资的情况进行调查。共查获利用假捐赠进口汽车等物进行倒卖牟利案件10起，占全年全省接受捐赠物资批数的10%以上。

1993年，共派出157人次，行程3000多千米，深入到长沙、湘潭、株洲、益阳、常德等地市的近100家企业，查处走私违规问题40余起，罚款46万元，扣留非法所得6.2万元；扣留走私违规车辆6台。全年共查处走私违规案件43起，结案37起，案值人民币3200余万元，罚没收入1099万元。

1995年，对10大类商品80多家企业实施专项稽查，罚没补税564万余元；全年办理案件53起，罚没收入1277万元，创历史最好水平，调查处被国务院打私办评为调查工作先进单位。

1997年，长沙海关立案查处走私违法案件18起，审理结案10起，协助执法部门和兄弟海关办案20起，上缴查私罚没款1600万元，连续9年罚没收入过1000万元。全年变卖、拍卖各类物品11起，金额213万元。

1999年，长沙海关组建缉私警察队伍，走私犯罪侦查分局于6月正成立，全年查处违规案件46起，查获走私案件9起，案值1.6亿元，上缴罚没收入2446万元。

2002年，长沙海关根据“入世”以后关区走私犯罪的新动态，将打击价格瞒骗和转关运输渠道货物走私作为重点，关区的走私犯罪得到有效遏制，立案数量呈下降趋势。全年查处违规案件5起，立案侦查走私犯罪案件5起，案值1662万元。

2006年，长沙海关以3个涉税渠道走私为主攻方向，组织开展了系列专项整治行动。成功侦办“04·05”毒品走私案，抓获犯罪嫌疑人19名，缴获毒品海洛因1366克，收缴毒资38万余元。

2007年，完善“查”“缉”统一的执法联动机制，在黄花机场旅检现场首次查获外籍旅客携带的毒品海洛因2290克。侦结全国海关首起瞒报特许权使用费、偷逃电视剧母带进口环节税走私案。侦办邮检现场首起涉嫌濒危动物制品走私案，现场查获象牙制品140件，追缴藏匿的象牙制品54件。

2009年，开展石墨出口等专项整治行动，查获案件6起，案值3800余万元。破获涉税刑事案件4起，案值4885万元，涉嫌偷逃税759万元，行政案件补税62万元。在旅检现场成功查获“3·15”涉嫌毒品走私案，抓获外籍犯罪嫌疑人3人，缴获海洛因2111克。

2011年，成功侦办“3·15”涉嫌走私枪支弹药案、“2·16”涉嫌走私毒品案和“7·10”涉嫌走私洋酒案等3起重特大案件，其中2起列入公安部挂牌督办案件，有力维护了湖南省正常的贸易秩序和社会安定。

2012年，全年共刑事立案4起，案值3134万元；行政立案89起，案值1.69亿元。查办6起走私枪支散件案，查获军用枪支1支、非军用枪支38支、枪支配件64件、铅弹26375发；查获进境反动印刷品及音像制品1155件、违禁进境印刷品866件、散发性宗教宣传品326件、计算机存储介质90件。查发进口旧机电产品漏证情事、查获冻肉走私贩私和查处2家企业进口特许权使用费申报不实案。

附记　长沙出入境检验检疫局

国家质检总局于2011年年初批准成立长沙出入境检验检疫局（以下简称“长沙局”），是中部六省首个省会城市检验检疫分支局，承担长沙地区的进出口商品检验、出入境卫生检疫和动植物检疫、进出口4食品安全以及认证监管等。2012年7月1日起，长沙局正式开展长沙检验检疫施检业务。原向湖南检验检疫局本部报检的长沙地区出入境货物由长沙局受理；长沙局正式受理长沙地区所辖企业注册登记、报检员注册和注销；产地证签证工作暂由湖南局本部受理，与位于湘府中路188号的湖南出入境检验检疫局合署办公，开辟长沙局专用窗口办理相关业务。

第六章　粮　油

20世纪80年代末，长沙市粮油业仍分为5个类别，即粮食收购、销售、调拨、储存、加工，均依照国家指令性计划执行。1988年，全市有粮站45家，有粮油食品店342家，有仓房765栋，仓容总量为72万吨。有粮油加工、机械、饲料厂50家，从业人员1.13万人。当年，粮油作为一种商品，部分纳入商品流通轨道，实行“双轨制”，即统购统销与议购议销。粮食统购仍实行国家统一的合同定购政策。农民交售合同定购粮与平价化肥、柴油供应和20%预订金挂钩，是为“三挂钩”政策。同时粮食部门也从农民手中收购一部分议价粮，该粮用于自营销售外，也依国家计划数转为平价销售，以弥补平价购销差额。平价销售对象为非农业人口，对其口粮供应实行“双凭双定”办法，即凭粮证凭票定量定点供应，行业用粮、军供用粮都按计划供应。粮油调拨是按国家计划在省际、区际间调动与拨付，也在域内粮食企业间调拨流通，以保障长沙粮食市场供应。调运设施以长沙市第一、第二、第三、第四粮食仓库为基础，铁路、公路、水路相互连接，运输网络完备。长沙市第一粮食仓库铁路专用线承担长沙地区平价粮油省际间调拨，重点保证京、津、沪地区粮食调拨计划的完成。当年收购粮食（贸易粮，下同）39.54万吨，平价粮食销售33.9万吨、油脂销售0.83万吨，议价粮食经营总量43.2万吨，调拨粮食21.12万吨，完成工业总产值1.48亿元，年末粮食库存36.37万吨，全行业利润2385.17万元。

1990年，长沙市执行国务院决定，从秋粮收购开始，粮食合同定购改为国家定购，“三挂钩”政策不变。当年，域内粮食丰收，仓容严重短缺，全市先后三次新建粮仓97处，新增仓容9.4万吨。是年，全市粮办工业50家，其中：粮油加工厂40家，粮油机械厂2家，饲料加工厂8家。主要担负国家计划稻米、油脂、面粉、面条、饲料加工以及粮油机械的修造任务，市属一、二、三、四粮食仓库及四县一郊主要粮站，都带有大米加工厂，油脂、面粉、面条、饲料加工都有专业加工厂。1992年，全市有粮站46家，粮油食品店383家，仓库731栋，总仓容77万吨，工厂50家，从业人员1.14万人。当年，收定购粮26.06万吨，销平价粮13.26万吨，收议价粮9.02万吨，销议价粮13.29万吨，年末库存34.09万吨（含国家储备粮22.95万吨），平价粮食调出15.17万吨，调入21.29万吨，工业总产值2.12亿元，实现利润1340万元。生产饲料8.2万吨，实现利税353万元。

1993年，依照国家政策，全市取消粮食合同定购，放开统购统销价格，“三挂钩”政策与“双凭双定”办法也随之取消。非国有粮食企业与个人开始进入粮食流通领域，粮食购销价格持续上涨。1994年，长沙市执行国务院恢复粮食定购政策，各国有粮店又恢复凭票凭证供应限价大米，粮食加工企业被允许进入粮食收购市场，自行加工与销售。1995年，长沙市粮食流通管理体制改革，实行“三包一放”政策，即定购粮收购、销售、调拨由省对市包干，一定三年不变，粮食财务体制由省级财政预算下放到市级管理。1998年1月，又将粮食财务体制由市级财政预算下放到各县（市），由同级财政管理。当年，长沙市执行国务院提出的“三项政策”即敞开收购（按保护价）、顺价销售和收购资金封闭运行。全市定购粮入库14.11万吨，国有粮食收储企业全部实行顺价挂牌销售，全年实现销售收入13亿元。年底，全市粮食企业实行政策性经营与商业性经营分开，是为“两线运行”，企业分设，人、财、物分离，独立核算，自负盈亏。1999年，全市有收储企业56家，其中：粮站45家，库点250个。附营企业（从国有粮食收储企业中分离出来的粮食附营业务企业）35家，其中：加工企业31家，饲料加工企业4家。仓容总量72万吨，油罐容量2万吨，从业人员8376人。全年收储企业收购36.1万吨，销售32.44万吨，附营企业收购17.74万吨，销售18.15万吨，销售总收入12.6亿元，与上年基本持平，工业总产值2.99亿元。

2000年，长沙市依照国家政策，将早籼稻退出保护价收购，粮食收购由计划收购改为市场收购，中、晚籼稻品种仍按保护价收购，粮食收储企业按购得进、销得出、有微利的原则进行。2001年，长沙市国有粮食企业118家，其中：国有购销企业61家，附营企业57家，行政管理及部门8个，职工1.20万人，其中在岗职工8265人，离退休职工3750人，下岗分流3026人。全年购进贸易粮33.85万吨，销售45.93万吨，销售收入9.7亿元，实现销售毛利7898万元，亏损总额516万元，较上年减亏3055万元，减亏86%，工业总产值3.94亿元。当年，域内优质稻种植面积4.67万公顷，原粮种植结构与品种得到提升，品质低劣的传统早稻米由此淡出市场。

2002年3月，全市粮食系统国有存量资产处置变现，土地资产拍卖收入全部留给粮食企业，用于安置职工，支付改革成本。县（市）粮食局所属企业重新组合组建国有独资或国有控股、参股的粮食购销公司，市粮食局直属企业实行兼并重组、改革产权制度，理顺劳动关系，转换经营机制。全市粮食企业按照“两个置换”（企业置换国有身份、职工置换全民身份）的要求，全面推动改革改制。同年，中、晚籼稻也退出保护价收购，粮食购销全部进入市场。为保护农民种粮积极性，此后，企业依照国家规定托市收购农民粮食。同时建立市、县（市）两级储备粮制度，处理库存的老定购粮和保护价收购粮17.8万吨，粮食企业从“三老”（老粮、老账、老人）困扰中走出来，为企业改革改制创造条件。

2007年3月，长沙市国有粮食企业以“两个置换”为标志的企业改革改制全面完成。全市粮食行业1.04万名全民职工置换身份，其中：重新竞聘上岗1832人，内退、协保安置大龄职工1822人，自谋职业、调离、退休6765人。全行业142家独立核算企业，改制重组为40家股份制企业。其间，采取招商引资、债务重组、退城进郊、公开“招、拍、挂”盘活土地资产等形式，处置资产185宗，筹措改制资金8.09亿元，化解债务1.6亿元。实施重点建设项目15个，投资近10亿元，新增大米精深加工能力20万吨，培育湖南盛湘粮食购销集团有限公司、湖南金霞粮食产业有限公司等18家国家、省、市级农业产业化龙头企业。构筑以国有粮食企业为主导，股份、民营粮食企业为补充的多元化共同发展的格局。

2007年以后，域内优质稻种植面积占播种面积65%以上，国有、民营粮食企业抓住粮食生产、收购、储存、加工、销售产业链条，开始新一轮发展。每年与农民订单收购在10.6万公顷以上，收购价格仍按国家规定的最低价执行，且逐年提高，粮食的收购量与销售量也逐年提高。2012年，全市仓储企业44家，其中：国有13家，民营31家，仓容总量144.69万吨，油罐容量7.2万吨。粮油经营企业150家，其中：国有经营企业17家，非国有经营企业90家，饲料企业32家，工业用粮油企业10家，批发市场1家。从业人员3735人。全年收购粮食75万吨，销售90万吨，销售收入130.62亿元，实现利税1.11亿元，同比增长分别为51.2%和31%。工业总产值150亿元，同比增长15.8%。建有湖南金霞、宁乡横市与亮之星、浏阳永安等8家粮食物流与加工园区，国家、省、市级农业产业化龙头企业增至52家，湖南粮食集团进入全国50强大米加工企业。

第一节 机构 管理

一、机构

（一）市级机构。1988年，长沙市粮食局为市政府工作部门，内设组织科、宣传科、纪委、团委、工会、劳资科、储运科、购销科、保卫科、财基科、计统科、工业科、科技科、审计科，编制59人。1988年增设老干科、综合档案室。1989年成立监察室。1990年设质量监督总站，归口局科技科管理。1992年设多种经营管理科，成立长沙市粮油购销总公司，与市粮食局实行“两块牌子、一套人马”1993年长沙市粮油购销总公司更名为长沙市粮油总公司，储运科更名为储备储运科。1996年设办公室、科技与行业管理科、储备储运科、财务基建科、审计科、安全保卫科、计划统计购销科、劳动人事教育科、组织宣传科、纪检（监察室）及机关党总支。编制58人。2000年，长沙市粮油总公司与市粮食局机关脱钩，由市粮食局实行行业管理。2002年，市粮食局新增审查多种所有制经营主体粮食经营资格的职能。内设办公室、法规处、资产管理处、行业发展指导处、购销储运处、人事处，编制40人。2004年增设监督检查处。2011年，取消粮食经营者资格审查职能，重点加强粮油安全检测，完善市级粮油储备体系，健全粮油监测预警体系和应急保障机制。内设办公室、法规与信访处、资产管理处、行业发展指导处、购储与统计处、监督检查处、人事处（另设机关党支部、工会、纪检监察室、离退休人员管理服务处）编制44名，2012年10月实有编制41人。另有市局直属事业单位：长沙市粮食局干部职工学校、长沙粮食监察执法队（长沙市粮油质量监督站、市粮食局直属分局）。

1988—2012年，先后担任长沙市粮食局主要领导职务的有：任益慧、丰修仁、温建民、陈旭；其他领导班子成员有：贾鸿起、文哲成、周东义、罗里林、付金歧、胡力克、张新亮、李保粮、黄正国、胡永阳、王巨涛、赵晓军、王海军、黄习京、王中一、郝玉仑。

（二）区县（市）机构。1988年，长沙、望城、浏阳、宁乡4县和郊区均设有粮食局，为区、县政府直属事业单位。1993年，浏阳县粮食局更名浏阳市粮食局。1996年，随长沙市区划调整，郊区粮食局划归长沙市粮食局管理，更名为长沙市粮食局直属分局，列入市粮食局归口管理的二级机构。2010—2011年，政府机构改革，望城撤县设区，望城县粮食局更名望城区粮食局，至2012年，长沙县、望城区、浏阳市、宁乡县粮食局，均为县、区(市）政府工作部门。

附记　长沙市粮食行业协会

长沙市粮食行业协会成立于2005年7月，有会员63个，其中会员单位39家，是由从事粮食、油料、粮油食品、饲料贸易、加工储藏、运输、科研教育等业务企业、事业单位和知名人士自愿组成非盈利性的全市性行业组织，具有社团法人资格。协会的任务是在政府主管部门的领导下，组织经营粮食同行，发挥行业整体优势，推动长沙市粮食流通体制改革和战略调整，规范粮油经营行为，为政府宏观调控服务，为粮油加工、经营者和消费者服务。2006年始，每年新粮入库前，协会均召开会员大会，共同签署行业自律倡议，共同维护粮食安全，防止恶性竞争。2009年，协会协调23家收购企业，200家个体米厂，实行行业联动，沟通衔接，合理安排各企业早稻收购库点。2011年，协会开展“放心粮油”评比活动，推动品牌战略，开展食品安全信用体系建设，当年中国粮食行业协会授予湖南省长沙市粮食行业协会“先进单位”称号，2011年被评为全省粮食行业协会“先进单位”。2012年，长沙粮食行业协会依然存续。

二、管理

（一）粮食收购管理。1988年，粮食只能由国有粮食收储企业直接收购。非国有粮食收储企业及其个人，不得从农民手中收购粮食，至1998年5月，末曾发生变化。1998年6月，国务院颁发《粮食收购条例》。7月，制定《长沙市粮食市场管理暂行办法》，成立粮食收购市场管理稽查队，负责对粮食收购市场管理、检查、执法。长沙市对粮食收储企业实行收购许可制度，当年核发“粮食收购许可证”272个。2002年以后，允许符合收购条件的粮食经营者，经县以上粮食局勘核后，领取“粮食收购许可证”，由工商行政管理部门办理注册登记，领取“营业执照”方可从事粮食收购。办理“粮食收购许可证”应具备：企业的注册资本（金）不低于法定最低条件，个体工商户的资金额不低于人民币3万元；有3万千克以上规模的固定粮食仓储设施；有相应的粮食检验专（兼）职人员和检测仪器。2006年，核发“粮食收购许可证”190家。2010年，全地区持有“粮食收购许可证”有218家。2012年，40家企业被注销收购资格，只剩178家。

（二）粮食批发管理。1998年，首次实行粮食批发准入制度。凡经营粮食批发业务的企业，必须经县级以上人民政府粮食行政管理部门审查许可后，方可由工商行政管理部门登记注册，核发营业执照。经营粮食批发业务应具备：有50万元以上注册资本；有必要的经营仓储设施；有相应的质量检测手段和专业技术人员；能承担当地粮食行政管理部门规定的丰年最低库存量和歉年最高库存量的责任。当年给粮食企业，粮食加工厂核发“粮食批发准入证”123个，至2011年没有变化。2012年，粮食批发准入已被取消。

（三）粮食零售管理。1988年，粮食零售由国有粮店按平价计划供应，计划管理是其工作重点。1991年，平价粮油销售价格大幅上调，个体粮贩进入流通领域，开始无序竞争。1994年，为稳定粮价，规范粮食零售市场，长沙市对所有经营粮油的商户实行最高限价与进销差率控制，同时规定从事粮食零售业务的单位和个体户，必须到县以上粮食管理部门办理“粮食零售许可证”和工商部门办理“营业执照”方可营业，要求经营者必须讲究商业道德，维护消费者利益，不得掺杂使假，以次充好；不得缺斤少两，欺行霸市；不得非法收购，扰乱市场；粮源只到粮食批发中心或国有粮食批发部门购买。2002

年，粮源进货渠道放开。同年，为保证粮油食品安全，全市粮食部门开展“放心粮油”活动，“盛湘”“帅牌”“凯雪”“星香”“科农”5个品牌粮油产品获中国粮油协会授予的“放心粮油”称号，长沙粮油五一杂品店获“放心粮油店”称号。2005年，长沙市建立市、县（市）两级监督检查系统，将全市4000多户粮油经营户纳入监督检查体系。2006年7月，“长沙市粮食监察执法大队”成立，四县（市）相应成立监督检查科，当年与工商部门对粮食零售市场联合执法7次。2008年，成立“长沙市粮油质量监测站”，2010年，该站获得湖南省质量技术监督局资质认证书，涵盖粮油及其制品109个质量与卫生参数检测。2012年，零售市场粮油的安全质量管理仍由上述两个部门负责。

（四）粮食财务管理。1988年，省政府对长沙市粮油收购、销售、调拨和“平转议”差价款实行包干。包干指标为：粮食收购32.25万吨原粮，食油收购735吨，“议转平”粮食收购8.5万吨原粮，核定全市总支出35.1万吨贸易粮，“农转非”人口按非农业年递增1.5%核定。对粮食合同定数加4.12%机动(13290吨）分解到四县一郊，全市纯调入粮食计划为9.42万吨，纯调入食油计划为6110吨。当年实际定购粮入库33.58万吨，“议转平”粮入库7.02万吨。省粮食局要求，拨给长沙市“议转平”差价款应及时拨付至企业，不得挤占挪用。拨付给粮食商业政策性亏损补贴包干指标1950万元，超亏自补，减亏全留。拨付平价费用控制指标3371万元，纳入目标管理项目。1989年，省粮食局拨付长沙市平价粮油政策性亏损补贴包干指标为2250万元，预购定金贷款利息补贴171万元，商业平价费用总额控制指标为4120万元。核定粮油提价补贴计划控制额6350万元。1990年，增加黄豆补贴和粮油超储利息补贴，长沙市亏损补贴共计1577万元，商品流通费控制在4970万元，实行包干后，多购少销节余的粮油和差价款补贴归地方，少购多销的粮油及增加的补贴均由地方财政自行解决，粮食财务由中央统收统支至1992年。

1993—1994年，粮食财务由省财政预算，年初下达财务计划指标，年内检查，年底结算，省垂直管理。两年内省共拨给长沙市各项补贴1.62亿元。1995年1月1日起，财务体制由省管理下放到市管理。粮食商业、粮油工业、饲料工业、运输业及其附属企业财务，以及粮食行政事业单位的经费和水库移民用粮费用等，均由市财政预算管理。从当年起，省对市实行“米袋子”市长责任制。

1996年，长沙市贯彻《国务院关于粮食部门深化改革实行两线运行的通知》，加强国家和地方政府对粮油市场的宏观调控，稳定粮食市场；用好国家对粮食企业的财政补贴，理顺粮食与财政、金融部门的关系；落实米袋子市、县（市）长责任制，保障域内粮食总量平衡；增强企业活力，促进粮食部门的发展;粮食企业实行“两线运行”，即：粮食企业实行政策性业务与商业性业务分开，财务分开，单独核算。市、县（市）粮食局和所属粮库、粮站、军粮供应站为政策性业务单位，担负国家定购粮、中央和地方储备粮的收购、进出口、储存、批发、调运及城镇居民基本口粮、农村需救助人口的口粮、军粮、水库移民、“两劳”“两所”人员口粮供应、吞吐粮食平抑市场粮价，所需费用按财政的隶属关系分别由中央财政和地方财政补贴。政策性业务以外的经营活动为商业性经营。市、县（市）粮油店、粮油加工企业、粮油运输企业为商业性经营单位，接受政府委托，代理一部分粮油政策性业务，代理费由市、县（市）政府核定，通过财政补贴差价款解决。

1998年，长沙市贯彻《国务院关于深化粮食流通体制改革的决定》，粮食收储企业与附营业务分开核算，实行粮食收购资金封闭运行。独立核算的粮油工业、运输企业及县（市）粮站等具独立法人资格的企业，原已在农业发展银行开户的通过清理划转到商业性银行开户。附营企业资产、人员与收储企业彻底分开，组建独立法人的附营业务经济实体，域内粮食行业在职职工10747人，其中收储企业8431

人，附营企业 2316 人，分设后的收储企业仍属市粮食局管理，附营企业由收储企业实行行政代管。当年，为进一步完善粮食购销调拨包干政策，将粮食财务管理体制由市下放到各县（市）。2002 年，粮食购销价格、市场和经营放开，粮食购销调拨包干政策终止执行。同年，长沙市根据《湖南省人民政府办公厅关于进一步深化粮食购销体制改革有关问题的通知》，对 1998 年 6 月 30 日以后新发生的财务亏损，由市、县（市）政府清理核实、消化处理，对县以上政府粮权所属的定购粮、保护价粮（含陈化粮）所发生的亏损经清理核实转入挂账处理，至同年 4 月 30 日，域内粮食企业财务挂账为 6.37 亿元。至 2004 年 6 月，又新增挂账 6.57 亿元。经省人民政府认定后，在 2005 年 12 月 20 日前从企业剥离，由市、县（市）粮食局集中管理，按照国务院及相关部门文件规定消化本金利息，经清理，政策性之外的经营性各类亏损挂账，按照债随资产走的原则，在企业产权制度改革过程中，归还银行贷款和利息。是年，粮食企业全面进入改革，“米袋子”市、县（市）长负责制和粮食财务体制延续直至 2012 年。

（五）建立粮食安全应急体系。为应对特大自然灾害、战争或突发事件等原因造成的粮食供应紧张，粮价大幅上涨和市场动荡，确保全市粮食安全与供应，1988—2004 年期间，长沙市保证储备居民口粮 3~6 个月的库存，库存粮食品种、数量每年不等同。2004 年长沙市出台《长沙市粮食供应保障应急预案》，确定粮食储备库点 9 处，应急加工定点企业 12 家，应急销售网点 29 个。2006 年，为完善粮食应急体系，建立 1 万吨成品粮市级储备。2007 年，长沙市进一步完善粮食安全应急体系，为确保在应急状态下的粮油供应，以市级粮食（含成品粮）储备为基础，以富湘连锁、大型超市、龙头企业为依托，共建立应急网点 42 个，粮油价格监测站 17 个，粮油价格公示点 10 个。该体系的建立为 2008 年的抗冰救灾、“两会”、汶川地震、奥运会的粮油供应提供有力的保障。在抗冰救灾中，长沙市组织 15 个加工企业抢电生产，加工成品粮 6700 吨，组织 50 台运输车辆，调运粮油 6200 吨，保证紧急状态下的长沙粮油市场供应。2011 年为加强区、县（市）应急体系建设，建立粮油价格周报制度，进行全市粮油供应应急培训演练，授牌。应急网点扩至 65 个，2012 年建立粮食应急预案数据库，以确保在紧急状态下全市粮油供应充足，价格稳定。

第二节　粮油收购

一、粮食收购

（一）粮食定购。1988 年，粮食收购仍由中央统一管理，根据中央规定的方针政策组织实施，实行统一收购。长沙市平价粮食收购仍实行合同定购，对农民交售的合同定购粮，按每 50 千克（中等早籼稻谷、下同）预发定金 3.4 元，供应平价化肥 7.5 千克，平价柴油 1 千克。收购价格为每 50 千克 17.09 元，对向国家交粮较多、贡献较大的农户还奖励彩色电视机指标。湖南省粮食局对长沙市实行“双包干”管理办法，即购销调与“议转平”差价款包干，一定三年（1988—1990 年）不变，其中定购粮长沙市任务数为 32.25 万吨，长沙市又在此基础上又增加 4.12%任务数，为拿 33.58 万吨，也为一定三年不变。

1990 年，国务院决定从秋粮收购开始，粮食合同定购改为国家定购，作为农民应尽的义务，必须保证完成。1990—1992 年，省、市下达给长沙市粮食局国家定购粮计划任务不变，“三挂钩”政策不变，其中 20%预订金也随着国家定购粮价格提高而提高。1992 年收购价格提至每 50 千克 27.5 元，至 1992 年 5 年间共收购定购粮 162.2 万吨。

从 1993 年 1 月 1 日起，国家取消粮食定购政策和对农民“三挂钩”物资平价供应，价格随行就市。

长沙国有粮食部门在粮食生产者自愿的前提下，与之签订收购粮食的经济合同。同时根据国务院《关于加快粮食流通体制改革的通知》《关于建立粮食收购保护价制度的通知》及湖南省政府决定，放开粮食价格和经营，对粮食收购实行经济合同和保护价制度，原定购粮的挂钩平价化肥和柴油，由供应物质改为对经济合同收购的粮食找补等量物资的平议差价款，作为价外加价在收购结算时直接付给粮农。当市场粮价低于保护价（早籼稻每50千克21元）时，每50千克稻谷按保护价加价外加价3.64元（其中中央财政补贴2.22元，省财政补贴1.42元）收购；当市场粮价高于保护价加价外加价时，则每50千克加价2.2元收购。当年长沙地区粮食种植面积减少（为41.22万公顷，较上年43.74万公顷减少2.52万公顷）和早稻受灾减产（全年产量245.01万吨，较上年254.9万吨减少9.92万吨），非粮食企业直接到农民手中收购粮食，国有粮食部门收购难度加大，只收购定购粮20万吨，是长沙市国有粮食企业十余年里收购量最少的年份。

1994年，国家又恢复粮食定购。定购品种为稻谷（含籼、粳、优质稻）、小麦、玉米、大豆。省粮食局规定必须执行省定粮食收购价格，（中等早籼稻谷每50千克46元）一价到底，定购粮食必须收购实物，不得收取差价款，同时农业税也必须征收粮食实物，年度后由粮食部门向财政部门结算，每年为9万吨左右。非粮食部门不得到农村收购粮食，粮食部门收购定购粮，不打白条。以县（市）为单位，在未完成定购粮任务前，不放开粮食市场；对因灾减产、重点工程占用农田的县（市），根据实际发生情况适当核减定购任务。1995年，实施“米袋子”省长负责制和市、县长责任制，省政府对长沙市实行定购粮收购包干，包干数为32万吨。1997年，收购价格升至每50千克65元，农民可以不完成定购粮交售任务，市对各县（市）也不作考核要求，改变农村收购几十年以来形成的指令性运行机制，是国家农村工作的一项重大改革。由此，粮食收购从指令性计划过渡到指导性计划，1994—1997年收定购粮125万吨。

1998年，长沙市继续实行国家粮食定购政策，实行指导性计划，定购任务减半，省下达市任务为16万吨，市安排计划任务为20万吨。农民完成国家粮食定购任务并留足自用和自储粮食后出售余粮，国有粮食收储企业按保护价敞开收购，全市262个收购点做到常年、常时挂牌收购，不停收、不限收、不打“白条”，不代扣款（乡村坐收统筹提留款），实行依质论价、优质优价，不允许人为压级压价和抬级抬价。农民一时难以整晒的粮食，在不影响安全储存的前提下，可以按规定扣水、扣杂、实行按质论价，但不拒收。粮食部门制定服务公约，上门验质，预约收购。但收购价格回落，1998年每50千克早籼稻57元，1999年每50千克51元，收购数量减少，两年只收定购粮35万吨，国家粮食定购政策于1999年结束。

（二）粮食议购。1985年国家对粮食实行合同定购以后，议购粮食由省粮食局下达议购计划数，农民在完成粮食合同定购任务后，国家用高于定购粮价格收购农民剩余的粮食。1988年，议购的粮食转入平价销售的差价由市、县财政包干。长沙市议价粮库存归省统一管理、安排和调剂。而且省粮食局规定：必须在完成当地当年“议转平”粮食任务，完成上交省议价粮计划数，安排好当地必不可少的议销和留下合理库存的前提下，议价粮才能出省销售。当年省粮食局下达长沙市议购粮食计划16万吨，价格为每50千克（稻谷下同）34元，高于合同定购粮价格近一倍，实际完成8.69万吨。另外国有粮食企业还可以直接从农民手中随行就市收购余粮，用于企业议价销售，获取经营利润。1989年，由于长沙地区粮食丰收，合同定购粮与议购粮差价大（每50千克差价为15.4元），早、中稻议购粮开始实施指导价，省定价格为每50千克37.5元，糯稻和粳稻的议购指导价由市、县按比质比价原则自行制定。当年议购粮入库数量倍增，为17.42万吨，全市议价粮仓满廒满。从1990年开始，议购粮食除转入平价销售外，其余转入国家专项储备，当年转为国家专项储备粮食9.6万吨。此后，议购粮食用于议转平销售；国家专项储备；粮食企业自行销售。

除开议购稻谷外，议购粮品种还有小麦、玉米、大豆以及小品种粮食，购入的渠道有从省外购入，品种调剂兑入。有平价品种兑换，平价转议价，省外调入。

1996年，长沙市按湖南省粮食局规定：以县为单位完成全年定购粮收购任务，才能开展议价粮收购；除粮食购销企业以外，不允许集体和个人直接向农民收购粮食；统一制定议价粮收购限价；议价粮由市、县粮食局议价公司统一经营管理；议价粮收购必须符合粮食质量标准。至1996年9年间全市收购议价原粮73.86万吨（收购量最多的为1991年18.23万吨，最少的为1996年0.53万吨），1997年，长沙市按国家政策对议价粮食收购价格进行调整，按保护价敞开收购议价粮食。

（三）保护价与最低价收购。1997年，全市国有粮食部门首次按保护价敞开收购农民自愿出售的余粮，做到不停收、不拒收、不限价、不压级压价、不向农民打“白条”、不催交，挂牌公示收购价格与质量标准；对乡镇协助收购保护价粮每吨给予10元的奖励，收购价格为早籼稻每50千克50元，中籼稻为58元，1997年收购14.5万吨，1998年只收购1.84万吨。1999年早籼稻收购实行定购价与保护价合二为一的综合收购价。2000年，从新粮上市起，早稻11个劣质品种退出保护价收购范围，若农户自身无力消化转化，则国有粮食购销企业按价格随行就市原则，为农民代购代销，坚持购得进、销得出、不亏本的原则收购。经省批准入市收购中、晚稻的粮食加工企业、用粮企业和粮食经营企业，须执行省定保护价，不得低价收购。1999—2001年，收购保护价粮49.53万吨。

2002年，中、晚籼稻退出保护价收购，国家开始宏观调控粮食收购，不再下达指令任务，粮食收购价格随行就市，由粮食企业自主收购、自主经营，自负盈亏。长沙粮食收购全面走向市场。2004年，根据《国务院关于进一步深化粮食流通体制改革的意见》和国务院《粮食流通管理办法》的规定，长沙地区开始执行最低价收购政策，以保护农民利益，保障粮食市场供应。当重点粮食品种收购市场价低于最低收购价格时，由国家指定的国有粮食购销企业收购，按国家确定的最低收购价收购农民的粮食。长沙市粮食局指定芙蓉北路粮食储备库、湖南盛湘粮食购销集团、宁乡县粮油储备有限公司等12家国有独资或国有控股的粮食购销企业为最低价收购企业，要求12家企业须执行国家粮食质量标准，按质论价、优质优价、敞开收购，严禁压级压价。当年粮食市场价早稻为72.5~76元/50千克，常规中晚稻为75~83元/50千克，中档优质稻为80~85元/50千克，高档优质稻为89~97元/50千克，均高于国家规定的最低收购价，是年收购粮食19万吨。2005年市场粮价止跌回升，执行最低收购价收购粮食12.5万吨，占国有粮食购销企业收购量18.92万吨的66.25%，农民种粮收益得到保障，托市效果明显。此后最低收购价格逐年提高，2012年早稻最低收购价格为132元/50千克，而市场收购价格为123元/50千克，高于市场收购价9元/50千克。2006—2012年，收购原粮382.67万吨。

二、油脂收购

从1988年开始，长沙市食用植物油收购执行省下达的包干任务，计划收购任务为735吨，一定三年不变，属于“双包干”任务范畴。品种包括茶油、菜油与棉油，每收购50千克菜油给农户奖售平价标准化肥50千克，茶油除奖售等量化肥外，还奖售比例价稻谷150千克，另外由省财政补贴15元。收购价实行倒“三七”比例（30%按议价，70%按定购价）计价。茶油收购价253元/50千克，菜油207.4元/50千克。棉油163元/50千克。此前，长沙市食用油收购连续6年未完成计划性任务，当年收购量略有回升，为925吨，但平价购入食用油入库量太少，其中茶油收购量更少，仅入库36.6吨，在平价购入量中有579吨是国家拿钱买议价油转为平价的，占平价购入总量的62.6%，而且大部分是省外购进的，1989年收购情况依然未变。

1990年，价格低廉的进口棕榈油大量涌入国内市场，平价油脂市场出现购销价格倒挂，平价油脂收购创造历史新高，达0.35万吨，比议价油脂高出400元一吨，1992年开始，食用植物油由国家定购改为计划收购，实行以销定购，计划任务为上年度的70%，品种、价格不变。继续奖售化肥，任务数落实到农民和生产单位，超任务交售的，价格随行就市，实行议购。至1996年的9年间收购各类食用植物油1.25万吨。此后国家对食用油收购不下达指令性任务，食用植物油全部进入市场采购，直至2012年。

第三节 粮油销售

1988年，长沙市的粮油销售主要是按国家政策供应非农业人口和相关行业的平价粮油和平抑市场的议价粮油，其政策性很强，“发展经济，保障供给”和“统筹兼顾，适当安排”是粮油供应的总方针。当年，全市粮油销售网点主要分布在全市各国有粮食企业，市区为长沙市粮油供应公司的各家粮店，农村为各县郊的粮站与库点，有粮油食品店342家，其中市区103家，农村233家，工矿区6家。当年销售粮食36.12万吨，销售油脂0.83万吨。随着长沙城市人口增加，城市规模的扩大，从1990年开始，长沙粮食部门对粮店进行维修与提质改造，并逐年新建粮店，合理布局新增网点，至1992年，长沙城乡粮油销售网点达728家。1993年，个体粮店开始出现，至1995年，市区个体粮店发展到150家，数量是市区国有粮店的1.5倍，经营量上占25%。1996年5月10日，中央政治局委员、国务院副总理李岚清视察长沙市五一粮油杂品店及五一中路粮店，该两店经理李保根因管理和销售业绩突出，于1997年4月荣获全国五一劳动奖章。同年，粮油全面进入市场，经营主体、品种与规格从单一到多样化，价格受市场影响而波动，国有粮食企业掌握一定的粮源，发挥粮油销售主渠道作用，实施国家对粮油市场宏观调控任务。

2001年，全市国有粮店全力支持政府重点工程建设，拆除粮店28家，拆除面积占市内国有粮店总面积的50%。2005年，全市形成高桥、红星、马王堆三大粮食批发市场，100多家粮油批发商，4000多家粮油经营户，至2012年，从城镇到农村，除开专业粮油食品店外，有商店必有粮油销售。

一、城市用粮油

（一）城市居民用粮油

1.平价销售。1988年，长沙市仍实行粮油购销“双轨制”，湖南省粮食局要求长沙市压缩平价销售，扩大议价销售，而市民先后三次到国有粮店抢购平价粮食。当年11月始，长沙市对非农业人口口粮的供应实行“双凭双定”办法，即：凭粮证凭票定量定点供应，月定量口粮（大米）标准达到14.5千克以上的干部职工，每人每月扣减1千克指标，用于支援灾区；并实行供应当月粮，当月未购的粮食作存粮，不供应、不作废，职工工种粮则按季供应。除因公下乡、野外作业、少数民族等非农业人口口粮补助暂不取消外，其他各种定量外补助用粮均被取消。1989年12月起，对需要搭餐居民每月可用粮票换兑12.5千克搭餐券，以解决因“双凭双定”带来的不便。国有粮食部门每年还要组织粮油花色品种供应居民及老干部，品种为平价富强粉、甲级面条、糯米、黄豆、茶油、菜油、麻油等，直至1991年年底。同年，长沙城区内开始出现个体商贩沿街巷叫卖大米，打破40年来国有粮食行业一统天下的格局，出现一条新的粮食流通渠道；长沙市调整粮油销售价格，调价品种 29 个，平均提价幅度为 88.39%。1992 年 4 月，按照国务院统一部署，长沙市又一次提高平价粮销价，每 500 克特制早籼稻米由 0.3 元提高到 0.43 元，特制晚籼米由 0.32 元提高到 0.47 元，实现购销同价。由于粮食销价提高，为减轻职工负担，对国家机关、事业单位、企业职工和离退休职工每人每月给予补贴 5 元，对定期发放生活费的优抚救济对象，每人每月给予粮价补贴 5 元。1992 年 11 月 1 日起，长沙市全面放开粮食统销价格，取消非农业人口定量粮油平价供应，各种粮（油）票、购物券、指标划拨证，居民结存的粮油指标不再使用与流通。

1993 年，粮油价格全面放开，多渠道流通格局开始形成，国有、集体、个体一起经营粮食，粮价上涨幅度大。长沙市根据商业部指示：国家粮权不能丢，服务体系不能乱，主渠道作用不能动摇，国有粮企应积极主动参与市场竞争，长沙国有粮店对粮油主要品种实行挂牌限价。并增加花色品种，一般粮店有 50 个品种，中心粮店有 100 个品种，大型粮店有 150 个品种。主要品种有六大类：大米、面粉、面条、植物油、豆类、粮食复制品。每逢节日还要安排适销对路品种，当年平价销量仅占社会总销量的 40%。

1994 年 6 月，粮食价格再次上涨，为平抑粮价稳定市场，长沙市 85 家国有粮店按照国家指定的价格限价供应粮油，每 500 克早籼米 0.87 元，晚籼米 0.97 元，特一面粉 1.05 元，食用油 4.75 元。11 月起，各粮店恢复凭证凭票供应限价大米，城镇居民每人每月供应大米 10 千克，对大专院校，驻长部队实行优质优价保证供应。对被顶职回乡人员恢复城镇户口粮食关系。1995 年，平价粮食价格高于市场价格，销售不畅，从上年的 28 万吨下降到 12.8 万吨。1997 年平价油脂销售退出市场。1998 年，平价粮食销售退出市场。

表 19-6-3-1　　1988—1997 年长沙市平价粮油销售数量一览表　　单位：吨

年份	粮食	油脂	年份	粮食	油脂
1988	361228	8335.1	1993	268318	6846.9
1989	305943	4958.3	1994	351004	7501
1990	327597	9852.1	1995	280620	5682
1991	345807	6811.8	1996	128218	6068.6
1992	226212	1033.5	1997	215428	—

2.议价销售。1988 年，国家仍实行粮食购销“双轨制”，其中之一为议购议销。议价粮油销售在计划经济时期，粮油市场放开前，是国家平价粮油计划供应之外的一种辅助手段，以调节供求，支持粮食生产，平抑市场粮价，搞活经营。销售范围：适当抛售农村，以解决青黄不接时集市粮食供应；供应城市工商业在计划指标外及交通、旅游等行业的市场供应；为国家“议转平”平衡粮食计划供应；销往省外以获取经营利润。销售价格以保本微利，略低于市场价格为原则。1990 年开始，长沙粮食企业开展综合经营，开拓省内外市场，外购内销，内购外销，增加小食品生产与销售，长沙市场名、优、特、新粮油商品达 170 多个。1991 年 8 月起，长沙议价粮油实行最高限价：每 500 克标一早籼米 0.61 元，标一晚籼米 0.65 元，特一粉 0.75 元，特二粉 0.70 元，茶油 3.40 元，精菜油 2.55 元。长沙粮食业除“长沙市粮油贸易公司”专门开展议购议销业务外，其他粮油企业都设有议购议销部门，进行议价粮油销售，属企

业的附营业务，账务、实物与平价分开，进行独立核算。议销粮油的来源以议购为主（含从省内外购进的小麦、玉米、大豆及小品种粮油）如遇特殊年份，经主管部门的批准，动用国家专项储备作平转议供应市场。议价粮油经营的利润分配：以县（市）为单位，实现利润先弥补上年议价经营亏损挂账，剩余部分的20%交当地财政抵补议转平差价款，30%抵补平价粮亏损，50%留给企业，留企业部分按7:3比例提取生产发展基金和福利基金。

1992年，长沙粮油企业新建速冻食品厂（市内首家）、豆奶厂等13个小食品加工厂，新建7个粮油批发市场，议价粮油经营从业人员占行业人员总数的70%，此后，议价粮油经营者瞄准市场，调整策略，开辟新的门路，农村小米厂与粮站合并，形成生产与经营一体化，同时进行粮油产品的精深加工，粮油产品包装向小包装、精包装的方向发展。议价粮油的经营量与经营利润随着市场波动而增减，1998年后，粮油销售平议并轨，完全进入市场化经营。

表19-6-3-2　　1988—1997年长沙市议价粮食销售、议价粮油利润一览表

年份	议价粮食销售（吨）	议价粮油利润（万元）	年份	议价粮食销售（吨）	议价粮油利润（万元）
1988	22521	984.74	1993	234851	3792
1989	55629	1216.67	1994	139583	1763
1990	54716	218	1995	84343	2819
1991	57088	1058.5	1996	102120	309
1992	130930	1600	1997	124215	1686
合 计				1005996	15446.91

3.顺价与市场销售　1998年，长沙市粮食销售平价与议价并轨，开始进入市场销售。同年国有粮食企业已全面出现政策性亏损，根据国务院《粮食收购条例》，长沙粮食部门执行“顺价销售”政策，销售平价库存粮食，包括国有粮食收储企业及其所属尚未实行独立核算的粮食加工企业出售的原粮、成品粮，以及定购粮与按保护价收购的议价粮食。销售价格由各国有粮食收储企业以原粮购进价格为基础，加上当期合理费用和最低利润确定。6月起，全市国有粮食收储企业均实行顺价挂牌销售，防止低价亏本销售，当年销售收入13亿元，销售混合粮12万吨，其中顺价销售5万吨。1999年，粮食仍供大于求，早籼稻库存量过大，粮食连年丰收，粮价连续三年下滑，湖南早籼稻谷、米被挤出南、北方市场，广东市场多次出现“今日不卖湖南米”的牌子。当年4月，湖南省粮食局实行粮食促销办法，即在顺价不亏的前提下，粮食收储企业收购的定购粮、保护价粮自行销往省外，由省财政每吨奖励30元。根据省粮食局任务数，长沙市粮食局下达各企业促销任务为26万吨。当年实际销售32万吨，粮食经营亏损大幅度减少，较上年减亏9767万元，减幅80%。

2000年后，长沙国有粮食企业销售收入逐年减少，2000年为11.32亿元、2001年为9.7亿元、2002年为9.8亿元。2002年，粮食销售市场全面放开，非国有粮食企业的市场份额逐步扩大。2003年，全行业销售混合粮31.8万吨，其中国有粮食企业销售为18.7万吨，此后，粮食销售的主体多元化，有国有粮食企业、民营企业、大、中、小型连锁超市，个体粮油店等。国有粮食企业与民营企业占据粮食批发和省内外销售市场，连锁超市与个体粮店占据零售市场。2005—2012年，商品粮销售2236万吨，其中国

有粮食企业 332 万吨、非国有粮食企业 429 万吨、重点转化用粮企业 1484 万吨（主要为饲料、酿酒用粮），另外重点中国港澳台和外资企业销售 56 万吨，批发市场交易量 404 万吨。

长沙市的食用油销售分为零售与批发。两家国有油脂企业：长沙植物油总公司与长沙油脂仓库，继续经营食用油批发兼零售业务，国有粮店继续保持食用油零售业务，但大量的零售市场被外地“金龙鱼”“福临门”等品牌所占领，而批发市场先后有“苡仁油脂公司”“新世纪油脂公司”等 12 家个体与民营企业进入，主要批发销售豆油、菜籽油、进口棕榈油，两家国有油脂企业改革改制前后，创立“帅牌”“金霞”“美味坊”等本地系列小包装品牌，在市内有一定的知名度与市场占有率，至 2012 年的 13 年间全市销售食用油脂 135.29 万吨。

表 19-6-3-3　　1998—2012 年长沙市粮油销售数量一览表　　单位：吨

年份	粮食	油脂	年份	粮食	油脂
1998	119214	—	2006	233770	33612.1
1999	321057	—	2007	340350	23726.4
2000	215919	5300	2008	391597	58599.9
2001	338549	4271.6	2009	345891	132605
2002	269482	26618.8	2010	525349	212876.6
2003	187010	33504.1	2011	599616	289790
2004	192396	27077.3	2012	574094	477155
2005	669352	27792.9	合计	5323646	1352929.7

（二）行业用粮油。行业用粮油包括食品业、饮食业、副食、酿造、化工生产、铁路、饲料（主要用于外贸养殖、国有科研、公安军犬、种猪养殖）用粮油及其他用粮油。

1988 年 2 月 1 日起，长沙市执行省粮食局《关于接待旅游外宾等单位的粮油供应问题的通知》，供应民航餐厅、火车餐厅、车站站台、轮船餐厅、码头、各级外事部门和旅游局所属的宾馆、饭店的粮油，取消固定价格，实行随行就市；省粮食局核实饮食、糕点行业用粮平价销售指标包干给长沙市使用；其余用粮均按议价供应。同年 7 月 1 日起、饮食业、糕点业、副食酿造用粮油放开，按议价供应。行业用粮油平价供应量减少，议价供应量增加。供应的品种主要有大米、稻谷、大豆、面粉、植物油等。当年供应粮食 4.61 万吨，其中平价供应 3.61 万吨（分别为食品业 2.1 万吨、副食酿造 8274 吨、事业供应 5434 吨，饲料 751 吨，其他 613 吨）占 78.3%，议价供应 9987 吨（分别为食品业 6975 吨、副食酿造 553 吨、工业及饮料酒 2459 吨）占 21.7%。供应植物油 3841.7 吨，其中平价供应 128.9 吨占 3.36%。1989 年，供应行业用粮 3.99 万吨，其中平价供应 3.08 万吨，议价供应 9037 吨。供应行业用油 1121 吨，其中平价供应制皂 1000 吨，其他 121 吨。平价供应较上年略为减少，供应的行业与品种与上年同。1990 年，供应行业用粮 4.00 万吨，其中平价供应 3.31 万吨，分别为糖果生产 5400 吨，婴儿及儿童食品 6800 吨，副食糕点 400 吨，早餐饮食 6200 吨，经销大豆 5600 吨，制醋 100 吨；议价供应 6896 吨，分别为食品业 3995 吨、副食酿造 1256 吨、工业及饮料酒 1645 吨。供应平价植物油 2991.6 吨，分别为食品业 473.7 吨，事业供应 212 吨，工业制皂等 2365.9 吨；供应议价植物油 1398.9 吨，分别为食品占

1209.7 吨、副食酿造 42.8 吨、工业 146.4 吨。1991 年 5 月和 10 月，长沙市分别对 29 个粮油品种调高统销价格，同年 7 月起，取消大豆平价供应，全部按议价供应，同时取消行业用油平价供应。当年供应平价粮 2.89 万余吨，议价粮 1.66 万吨，平价油 1182.3 吨，议价油 1420.7 吨。1992 年 4 月，长沙市又一次调高平价粮食销价，实现购销同价。行业用粮平价供应陡降至 3583 吨（主要为事业供应），议价供应也降至 6518 吨。1993 年，长沙市行业用粮价格全部放开，实行议价经营，国家对行业用粮不再实行平价供应，也不再实行行业用粮价格补贴。行业用粮可进入市场采购，也可向粮食部门议价购进。当年全市粮食部门向行业供应议价粮食 2.24 万吨。1994—2012 年行业用粮价格、市场全面放开，行业用粮油企业自行进入市场采购。

二、农村用粮油

1988 年，长沙市所辖 4 县 1 郊有非农业人口 31.5 万人，是为农村用粮油主要对象。国家平价供应农村销售的粮食，主要项目有：常年统、定销人口的口粮口油、奖售粮油、种子、农业饲料、灾销粮以及其他粮油。供应对象是：专门从事蔬菜种植人口和以种植经济作物为主的人口、历史缺粮人口、水库淹没区移民、国家重点工程占地人口、国有林场行政技术干部及随场家属、畜牧兽医人员、社办电话人员、农电人员。定量标准为每人每月口粮在 13.5~18 千克范围，口油 0.25 千克，平价供应的粮油的来源于议转平。1989 年平价销售农村粮食（贸易粮）10.6 万吨，其中有定量口粮 5.58 万吨，历史缺粮村与因灾缺粮村 6700 吨，菜农 2.77 万吨。1990 年 4 月，对乡镇企业办公室人员，按上一年总产值数量确定供应统销粮油的名额，实行定岗不定人、人走粮不走、不安排农转非。

随着四县一郊非农业人员逐年有增加，平价供应的粮油也随之增加。至 1992 年的 5 年间，供应菜农人口 11.58 万吨、统定销人口 2.42 万吨、因灾统销 3.52 万吨、农技农电员 403 吨、退耕还林 4 吨、油蔗补助 3861 吨、饲料用粮 12.27 万吨、乡镇企业办公室人员 68 吨，共计 30.98 万吨。1993 年，受灾区、水俺区、贫困区统销 5.33 万吨。1994—1995 年两年农业平价销售为 1.11 万吨，灾销粮 4.37 万余吨。1996 年起，农村不再销售平价粮油。

三、粮食供需平衡

1988 年，长沙地区为粮食主产区，当年粮食总产量为 253.3 万吨。1989 年总产量 258.85 万吨，城乡总人口为 544.45 万人，其中城镇人口 140.63 万人，乡村人口 403.82 万人，人均粮食可消费量为 475.54 千克（原粮、含杂粮及薯类）总供给大于总需求。从 2003 年开始，长沙市根据国家及省统一安排与部署，每年在全市范围内开展社会粮食平衡调查工作。2005 年，长沙市粮食总需求大于总供给，粮食总产量为 262.28 万吨，总消费量为 307.73 万吨，年粮食缺口为 45.45 万吨，缺口主要是饲料用粮，口粮消费量供需平衡后还有节余，农户口粮年人均消费粮食 272.57 千克，城镇居民口粮消费粮食年人均 128.18 千克，全地区当年尚可节余 11.09 万吨。2012 年，粮食总产量为 247.93 万吨，粮食总消费量已达 434.58 万吨，缺口 186.94 万吨，农户口粮消费（成品粮）年人均 248 千克，城镇居民口粮消费量年人均 176.77 千克。实际消费量呈下降趋势，城镇居民口粮消费中，成品粮为 65.12 万吨，外购食品 4.58 万吨，在外餐饮消费 16.14 万吨，分别是消费总量的 75.86%、5.34%、18.8%。从消费的品种结构上看，大米占 85.62%、小麦及面制品占 11.77%、大豆占 1.05%、玉米占 0.14%。其他占 1.15%，当年，长沙市人口口粮自给有余，粮食缺口仍是饲料用粮，其中小麦总消费量 45.15 万吨，缺口 44.95 万吨，玉米总消费量 126.83 万吨，缺口 120.46 万吨，大豆总消费量 35.51 万吨，缺口 33.62 万吨，饲料用粮主要从北方省份调剂解决。

附记　会展促销

会展促销始于1997年，是年长沙地区所生产的稻米品质已经提升，加工质量提高、品种扩大、包装规格增多。长沙粮食部门开始通过会展促销粮油，当年，举办´97长沙市优质稻米开发成果展示会，全市有22家米厂，11个大米品牌，20个优质稻品种参加展销。1999年五次组织各类粮油产品参加全国或全省展销，在湖南省举办的首届农产品博会上，长沙市有粮油21个产品获大会奖，销售粮食21.5万吨。2006年，长沙市粮食局组织全市粮食龙头企业13家，先后参加中国粮油精品交易会，首届中国中部贸易投资博览会，第五届中国优质稻米博览会和第八届中国（国际）农博会，有12个粮油及粮油机械产品参展。2007年，湖南金霞粮食产业有限公司董事长谢文辉获“全国物流行业先进工作者”称号。至2012年，长沙的粮食企业都要在湖南省农产品博览会上展示和展销其产品，先后有“泌香”米系列、“盛湘”米品、“凯雪”面粉、“帅牌”植物油、“湘粮”机械、“富湘”杂粮、“粒粒晶”米、“黄贡”米、“金健”茶油和“裕湘”面条等米、面、油及粮油机械产品参加农博会的展销。提升粮油品质、包装质量和产品知名度，品牌影响不断扩大。2012年通过展销会销售粮食233.8万吨。

第四节　粮油储运

一、仓储

（一）仓储设施

1.粮食仓库。1988年，长沙市有仓房栋数为765栋，稻谷仓容总量为72.06万吨。其中宁乡县仓房246栋，仓容16.71万吨。浏阳县仓房206栋，仓容15.9万吨。长沙县仓房97栋，仓容10.43万吨。望城县仓房80栋，仓容8.04万吨。长沙市区仓房136栋，仓容21.07万吨。1990年11月底，全市混合粮库存为58.63万吨，比前年同期多26.3%。由于粮食连年丰收，国家议价粮收购增加，市场销售不畅，基层粮库仓满廒满，仓容紧缺，采用仓外储粮及非安全场所储粮，全市露天粮堆、金属粮棚、租借民宅等超仓容储粮299处，计14.5万吨，占全市储粮24.7%，为上年的2.3倍。为改变长沙市粮仓老化、破损状况，缓解农民卖粮难及夏粮收购入库仓容紧缺矛盾，当年，湖南省粮食局先后分三次安排长沙市新建粮仓，并对粮库建设有明确的要求：即布局合理、选点准确、保证质量、保证安全、按期竣工。至1992年的3年间，投资4449.29万元，新建仓房188栋，新增仓容27.17万吨。1992年8月，由国家投资建设的机械化骨干粮库在长沙市第一粮食仓库内开工建设，总投资4895.4万元，建设面积25911平方米，仓容5万吨，于1997年全部投入使用。1999年，长沙幸福桥粮食仓库储备利用世界银行贷款，新建成容量1.5万吨立筒库，中央直属储备粮宁乡直属库完成10万吨仓容建设。至2001年，三年内形成国家在长沙投资2.43亿元建设国家粮食储备库。建库规模为32.5万吨，超过新中国成立以来国家投资在长沙市建设粮库规模的总和。2002年开始，长沙市得到国家计划投资和省、市财政支持再次扩建仓容。第三批由国债投资建设的长沙书院路粮库3万吨仓容、长沙县丁家岭粮库3.5万吨、浏阳市永安粮库2万吨仓容，共计8.5万吨仓容建设工程全部竣工。湖南金霞粮食产业有限公司于2006—2009年建仓容4.8万吨，2011年，在宁乡县横市建仓容4万吨。宁乡县是长沙市粮食收储大县，其民营企业：湖南亮之星米业有限公司、湖南卫红米业有限公司、宁乡县花明粮油食品有限公司至2011年共建仓容30万吨，截至2012年，长沙地区有有效仓容144.69万吨。

2.油脂仓库。长沙油脂仓储设施一直比较落后且容量小，油脂储存主要集中在长沙市油脂仓库，该库是在解放前美孚油行基础上改建的。1988年，仅有2000吨油脂储存能力，致使全市油脂仓容紧张。储油难，调运难的矛盾突出，1990年年底，省、市粮食局投资345万元，在该库原址重建油脂仓库，重建面积5661平方米，储存能力达8000吨。1997年，由省粮食局投资420万元，在长沙植物油总公司新建1万吨省级储备油基地，至此，全市油脂仓容为2万吨。2008—2009年，湖南金霞粮食产业有限公司在霞凝新址内新建油脂仓容2.5万吨，至2012年长沙地区油脂仓容为7.2万吨。

附记　　一、长沙直属库

中央储备粮长沙直属库的前身系湖南盛湘粮食购销集团有限公司，是由长沙市粮食局下辖长沙书院路国家粮食储备库、长沙潮宗街湖南省粮食储备库、长沙盛湘粮食购销有限公司、长沙第二粮油实业有限公司、长沙市岳麓区望麓桥粮油综合经营部等五家企业于2001年组建成立。2006年4月经国家五部委批准，将盛湘集团公司整体上收划转到中国储备粮管理总公司，更名为中央储备粮长沙直属库，并保留湖南盛湘粮食购销集团有限公司，按照“两块牌子、一套人马、统一管理、分开核算”原则运作。长沙直属库负责主营业务，盛湘集团公司承担附营业务。2012年，企业经营场所分布于长沙市天心区新姚路仓库、岳麓区望麓桥仓库、宁乡县历经铺盛湘工业园和岳阳市汨罗县红旗和沙溪粮库等经营场所五处，建有省内先进加工大米生产线1条，年加工能力8万吨，有仓房42栋，总仓容13万吨，固定资产额9612万元。

二、宁乡粮库

中央储备粮宁乡直属库始建于1998年，扩建于2001年，占地面积22万平方米，建有高大平房仓18栋，大型浅圆仓4座，大米加工厂一座，总仓容12.5万吨，铁路专用线年运量为32万吨，坐落在宁乡县城郊乡里罗宦村，始为“湖南宁乡国家粮食储备库”，2000年划归中国储备粮管理总公司管辖，是一家以中央储备粮的保管、轮换业务为基础，以大米加工、铁路货运为主要业务的国有企业。2012年，宁乡粮库在职员工55人，企业固定资产额1.1亿元，流动资金3.2亿元。仓房仓容如前所述未变。

三、湖南粮食集团

湖南粮食集团产业有限公司是经湖南省人民政府批准，由湖南省粮食局和长沙市人民政府合作，整合湖南金霞粮食产业有限公司、湖南粮食中心批发市场、湖南霞凝粮食储备库3家企业，于2010年12月组建的国有大型综合性粮食企业。位于长沙市开福区芙蓉北路1119号，主要业务有粮油收购、粮油储备、粮油加工、中转物流、市场交易、期货交割、经营贸易、电子商务等。2011年，该集团员工陈奕志获全国物流行业先进工作者称号。2012 年，拥有 12 个储备库，23 个子公司，粮油储备仓容达 110 万余吨，固定资产额 60 亿元。

（二）粮油保管

1.推陈储新。1993 年 3 月，根据商业部、国家粮食储备局的有关规定，长沙市决定对存放四年以上陈粮和两年以上露天堆存放的国家专项储备粮推陈储新，处理的陈粮主要用作饲料和工业用粮，然后收购当年的新粮以量换量进行储备。当年总库存 69.7 万吨，处理陈粮 2.5 万吨。此后，国家专项储备粮每三年进行一次轮换。1999 年，确定在三年内分批处理市级储备陈粮 15 万吨，至 2000 年年底，实际处理陈粮 17.8 万吨。2003 年又分两批销售处理 3 万吨，基本上完成市、县（市）两级老定购粮、保护价粮的处理，有效地化解“老粮”的包袱，推陈储新进入标准化管理范畴。至 2012 年 10 年间处理陈粮 6 批 23.3 万吨。

2.“四无”粮仓。1988 年以后，长沙市粮食局仓储管理部门，每年都要组织一次对全市储存的粮食(包括原粮：稻谷、小麦、玉米，成品粮：大米、面粉、面条，杂粮：大豆、绿豆、花生、芝麻等小品种）及仓容进行“四无”（四无粮仓的内容为：无虫害:库存粮食中无活虫、幼虫、螨类；无变质：库存粮食无湿热、无气面霉变结露及黄粒；无鼠雀：库存粮食有防鼠措施，无鼠迹、鼠洞、雀巢；无事故：生产作业过程依规操作，防护到位，无人员伤亡和财产损失）检查，采用百分制评分标准，90 分以上为合格，有的年份，湖南省粮食局也要组织专门检查组，对长沙市粮食、仓容进行检查。为防止粮食变质、虫害，通常采用通风降温、药剂熏蒸杀虫为主的综合防治技术。1990 年，长沙市粮食系统研究出地上槽通用降温技术，采用降温通道由三包盛稻谷麻袋砌成两条相距 40 厘米的墙，然后加盖一包构成，不破损仓房地面结构，比较以往地下槽通风、竹笼通风等技术，投资少，效果好，易推广。1991 年，省粮食局对长沙市四县一郊五库一厂以及所属的 46 个粮站（县直属库）249 个点库（班组）621 栋仓房，52.19 万吨仓容，54.67 万吨储粮进行全面检查，全部达到“四无”标准。1993 年，宁乡县粮食局推广二氧化磷与磷化氢混合熏蒸技术，采用环流熏蒸、间歇熏蒸、混合熏蒸、塑料薄膜压盖熏蒸等方法，害虫得到有效的抑制与杀灭。同年，在“四无”的基础上，又增加“一符”内容，即账账相符：粮食报表的总库存与仓廒实物数相符；账卡相符：储粮卡片与仓廒实物账面数相符；账实相符：仓廒账面数与实际库存数相符。1997 年混合熏蒸技术得到逐步推广，当年 5 月份全市库存粮食温度 15 度以下占 60%，20 度以上占 6%，最高为 26 度。1998 年，机械通风与环流熏蒸技术全面推广。并由此成为一种成熟的科学储粮技术延续下来。2001 年，“四无一符”检查改为清仓查库，当年 4 月对 51 个单位，212 个库点，732 栋仓廒，39.57 万吨（贸易粮）进行逐仓清廒，误差率为 0.69%，均属正常值范围，做到库存账实相符，账账相符，管理规范，粮情稳定。2009 年后，为落实《长沙市市级储备粮（油）管理办法》，每年长沙市粮食局要组织对库存的市级储备粮（油）及企业自营储备的粮食进行安全检查与仓储规范管理检查，2010 年检查粮食达 96.17 万吨。至 2012 年，粮食的安全保管已趋规范。

与“四无粮仓”活动一样，长沙市食用油脂仓库也开展“四无油库”活动（即：无变质、无渗漏、无混杂、无事故），历年的检查，也均达到“四无”标准。中央与地方建立油脂储备后，油脂仓库管理依照中央及省制定的管理规范执行。

（三）储备粮。1988 年，长沙市为国家储备“甲字粮”“506 粮”，用于备战备荒。常年库存为 2 万吨。1990 年，国家议价收购粮食数量增加，达 18.23 万吨，而议价粮食销售不畅，便将议价购进的新粮依规定按50千克/37元转为国家专储粮食储备，计16.18万吨，粮权属国务院。1991年，省粮食局下达长沙市国家储备粮计划稻谷指标7万吨，指标分配到4县1郊。专项储备粮必须是当年收获的中等以上新粮，价格为50千克/35.15元，专储粮计划指标不准转手倒卖和克扣挪用，不准以议价粮、代收粮、代管粮及各项上交粮顶抵。1992年开始，根据国家粮食储备局关于国家粮食储备库命名挂牌条件，经国家粮食储备局派员考察，先后分三批批准长沙市所属的长沙市第一粮食库、长沙市第二粮食仓库以及望城县、浏阳县的四个骨干粮库为国家粮食储备库。同年11月，省人民政府决定建立地方粮食储备制度，开始建立省级专项粮食储备。1993年年初，长沙市的国家储备粮（贸易粮，下同）储备达22.9万吨，省级粮食储备8.5万吨，除中央和省级粮食储备，按照"谁储粮、谁拿钱"的原则，哪一级储备，由哪一级掌握使用。1993年2月，根据湖南省粮食局文件要求，命名长沙市所属8家粮库为省粮食储备库，即：长沙市第二粮食仓库、长沙市第三粮食仓库、望城县靖港粮库、望城县直属粮库、浏阳县百宜粮库、浏阳县永安粮库、宁乡毛家嘴粮库、长沙县黄花粮库。

1995年4月，长沙市根据省政府决定：建立健全粮食储备制度和粮食风险基金，按产粮区3个月，销粮区6个月口粮储备，粮源从定购粮节余中安排，新增的储备费用从粮食风险基金中安排，列入市级财政预算。2001年，长沙市又新增国家储备小麦1.5万吨、稻谷6万吨、食用油0.9万吨。2002年，国家取消"甲字粮""506"粮两种粮食库存及轮换补贴，拍卖两种全部库存粮食。2003年6月，颁布《长沙市市级储备粮管理（试行）办法》，对粮食储备的职责分工、资格认定、库存、财务、安全、质量管理及安全等进行规定。2006年，国家专项储备粮（油）划归到中央储备粮长沙直属库管理。同年，长沙市粮食局局长温建民、湖南金霞粮食产业有限公司员工余有德荣获"全国粮食系统先进工作者"称号。

2007年10月，出台《长沙市市级动态储备粮管理办法（试行）》，实行"总量控制、委托代储、市场运作、动态管理"原则，静态库存数量保持70%，原粮早稻三年一轮换，每年轮换1/3，晚稻、优质稻一年一轮，成品粮：早米4~6个月一轮换，晚米、优质米2~3个月一轮换，要求做到库存安全，保质保鲜，卫生营养、随调随用，符合应急供应需要。同年，相应颁布《长沙市市级食用油、面粉储备粮管理办法》，当年成品粮储备1万吨。2008年，建立市级储备粮8.5万吨、储备油0.21万吨、面粉0.5吨；县级储备粮2.2万吨、储备油0.1万吨。2010年，颁布《长沙市市级储备粮油管理办法》。省、市、县级储备粮油逐年增加，至2012年年底，长沙市储存的省级储备粮（原粮，下同）16.75万吨，市级储备粮5.32万吨，县（市）级储备粮3万吨，省级储备油0.55万吨，市级储备油0.31万吨。

二、调运

（一）调运设施

1.铁路调运设施。1988年，长沙地区铁路粮食专用线有三条，接轨长沙火车北站，全长2148米，176个货位，简称粮一线、粮二线、粮三线，粮一、粮二线在长沙市第一粮食仓库内，粮三线在长沙市面粉厂内。在粮食中转繁忙，站台容纳不下到卸粮食时，或打露天堆中转，或在长沙火车南站、东站中转。1990年7月，长沙市第四粮食仓库在霞凝车站又建有一条粮食专用线，全长300米。2011年8月25日，宁乡县横市粮食储备库铁路运输专线与洛湛铁路接轨，开通运行，专线全长1500米，铁路站台仓及物流配套仓5万吨，年吞吐量可达50万吨。2012年5月，长沙火车北站北迁至霞凝，是为广州铁路集团有限公司霞凝货场，粮一、二、三专用线运营也随之结束。湖南粮食集团有限责任公司新建的粮食专用线，接轨霞凝货场，全长4800米，268个货位，全部采用整板式站台轨道，年吞吐量可达300万吨，2012年6月15日开通运营。同年建成散装散卸仓5栋，成为北粮南运铁路散装运输南方的唯一接卸点。

2.公路调运设施。公路粮食运输主要依靠粮食系统专业运输车队来完成，专业运输车队有：长沙市粮食局粮运汽车队、四县粮食局粮运车队，1988 年，有营运车辆 69 台，吨位为 331.5 吨，另外还有省粮食局粮运车队。20 世纪 90 年代中、后期，乡镇企业、国有企业及个体车辆也相继参与粮运。1997 年 9 月，市粮运车队被兼并，资产重组。此后，公路粮食运输业务相继放开，至 2012 年未变。

3.水路调运设施。1988 年，长沙市第一粮食仓库设有航路来粮接收站，主要接收洞庭湖区及沿海港口来粮，租用长沙市港务局黄泥、金华殿等码头，租用长沙市第二、第三运输公司车辆，将水路来粮运至仓库内和站台上，再按省、市计划或由铁路中转出省或安排到粮店市销。1997 年，平价粮食调拨骤减，议价粮的运输已转移至铁路、公路，水路来粮接收站撤销。1998 年，长沙市第四粮食仓库在霞凝库址内建有水路粮食运输的专用码头，分为散装码头与包装码头。随着长沙新港码头的扩建，原码头不能满足水路粮食运输需要，2007 年，湖南长沙霞凝粮食储备库投资 1800 万元，兴建第一期 1000 吨级立式码头一座，安装两台固定式起重机，汽车可直接开上码头装卸，减少一道码头转卸转装环节。截至 2012 年，未有新的变化。

（二）粮油调拨。1988 年，长沙粮油调拨继续执行“三先三后”（先中央后地方、先重点后一般、先平价后议价）和“好粮外调”原则。开展“四好调运”劳动竞赛，即：完成计划好、安全质量好、节约费用好、执行制度好。粮食市场放开前，省与省之间粮食调拨由国家粮食局下达指令性计划，交通部安排运输工具，地区之间调拨则由省粮食局安排，地区之内调拨则由市粮食局安排，长沙市主要用稻米向北方省、市兑换小麦、大豆、玉米等品种。同年 8 月前后，湖南省遭受严重的旱、涝灾害，粮食主产区减产严重，长沙地区遇到历史罕见的夏旱、秋涝灾害，宁乡、望城两县局部地区减产尤为严重，为平衡粮食收支，满足城乡居民消费需求和出口需要，全年从省外调入大米 8.58 万吨、面粉 1.88 万吨、稻谷 4.57 万吨、小麦 6.04 万吨、精菜油 6.23 万吨，向省内外调出大米 10.75 万吨（其中出口大米 4990 吨），稻谷 2.17 万吨。1989—1992 年 4 年间，长沙地区调入粮食（贸易粮）114.55 万吨，调出 100.57 万吨，平价调入食用油 3.4 万吨、调出 1.64 万吨。

1993 年，国家基本取消省间平价粮食调拨计划，省政府决定放开全省粮食经营与价格，取消原包干的粮油调拨计划，当年长沙市仅调入国家专储小麦 0.23 万吨，未有平价粮食调拨。1994 年，为稳定粮食市场，加强国家对粮食市场的宏观调控，长沙市依照省政府决定恢复长沙市国家定购粮食购、销、调包干办法。国家储备粮、国务院市场调节粮、原有的国家周转粮、省级储备粮等调拨计划仍按国家规定执行，由省粮食局统一管理。1994 年以后，平价粮食调拨数量逐年减少，1996 为零。除平价粮食调拨外，长沙粮食部门的调运工作还担负着出口粮食的中转、国家专储小麦、玉米接收与中转，及平抑市场粮、救灾粮等粮食调拨。1997 年，由于平价与市场价倒挂，粮食市场供大于求，粮食调运由单纯的平价计划调拨向多元化方向发展，当年，调出救灾粮、捐献粮 0.34 万吨，接收国家专储玉米 0.46 万吨，调运出口大米 2.92 万吨，调往海南省国家专储粮 0.3 万吨，四县（市）定购粮调入市区 2.27 万吨，为新粮入库腾仓集并稻谷 11.5 万吨。至 1998 年 5 年间，全市平价调入粮食 13.83 巧吨，调出 18.24 万吨。平价调入食用油 0.94 万吨，调出仅有 371.6 吨，总进出量为 33.04 万吨，5 年的总和不到 20 世纪 80 年代平均年总进出量的一半。1999 年开始，没有进行过平议粮油的调拨。

第五节 粮油加工

一、生产规模

1988年，长沙市大米加工企业有36家，其中市区5家，宁乡县8家，浏阳县7家，长沙县9家，望城县7家，共计年加工能力45万吨。另有面粉加工厂2家，年加工能力10.3万吨；面条加工厂1家，年加工能力1.9万吨；植物油加工厂1家，年精炼油加工能力1.96万吨；粮油机械厂2家，年粮机铸造能力1700吨；饲料加工厂8家（市区3家，四县5家），年单班生产能力3.5万吨。工业从业人员3434人。当年完成产值1.49亿元，实现利润1552万元。1989—1990年，长沙粮食局投资3388万元，对所属31个工业企业进行设备更新、工艺调整、厂房建设与维修、环保治理、新产品开发等技术改造。粮油产品的质量与精度均有提高。1991年，长沙市国有粮油加工企业所接到的指令性加工任务计划大幅度减少，于是开始调整产品结构，扩大运用新工艺、新技术，开发新产品，开展自营加工（议价购进原粮，议价销往省内外市场）与代农加工。当年代农加工粮食2.65万吨。1992年，为搞好代农加工大米工作，长沙市粮食局所属四县一郊共添置小型大米加工的组合米机18台（套），该机集大米加工过程中清理去石、砻谷、谷糙分离、分组筛、抛光于一体。日产量20吨左右，并在县、郊直径10千米范围内设一台(套)。与此同时，县、郊个体米厂也纷纷效仿，发展更快，仅宁乡县双江口区就开办7家组合米机加工厂，全市个体米厂发展到150家，县、郊大米加工市场为个体米厂占领，国有大米加工企业代农加工的举措也由此取消。同年，长沙市国有大米加工能力为50万吨，而平价年加工任务从上年的23万吨锐减至13万吨，近四分之三加工能力过剩，设备闲置。长沙市根据省粮食局的要求，调整粮油工业结构，对全市粮油工业企业实行“保一批、稳一批、转一批”的方针，确定长沙市第一、二、三粮食仓库米厂、宁乡县城关米厂、长沙粮油食品厂6家企业为“保一批”企业之列，在外调、出口、市销加工任务分配，技术改造上予以倾斜。确定对县城，县城以下工矿区非农业人口集中，企业经营管理好，经济效益较好的浏阳县的城关米厂、永安米厂；宁乡县的煤炭坝米厂、望城县的高塘岭米厂、靖港米厂、铜官米厂；长沙县的?梨米厂；郊区的捞刀河米厂共8家为“稳一批”企业，对其安排部分平价加工任务，以保证城镇工矿区居民口粮供应。其余28家农村粮站米厂为“转一批”企业。属“保、稳”企业14家，其大米加工能力占40%，面粉加工能力占90%，“转一批”的米厂走向市场，开展代农加工，多种经营。当年，全市仍有42家粮油加工企业，从业人员2879人，完成产值2.12亿元，实现利润1340万元。其粮油工业原料靠调进，产品靠调出的计划形式于1992年年底结束。

表19-6-5-1　1988—1992年长沙市粮油加工情况一览表　单位：万元

年份	产值			利润		
	计划	完成	占计划（%）	计划	完成	占计划（%）
1988	13700	14863.13	108.49	1460	1552	106.3
1989	13700	13863	99.88	1300	1406.56	108.2
1990	11100	14500	130.57	1300	1280.2	98.5
1991	24400	24000	98.42	1100	1137	103.36
1992	25000	21200	84.8	1117	1340	120
合计	87900	88426.13	100.6	6277	6715.76	106.98

至 1992 年的 5 年间，饲料生产以配合饲料为基础，长沙市饲料生产企业开发营业成分较高的预混合饲料与浓缩饲料，并区分为牲猪、奶牛、鸡、鸭、鸽、鹌鹑、鱼等专用饲料，形状有粉状与颗状，全市 8 家企业生产各类饲料 43.74 万吨，创造利润 1134.4 万元。

1993 年，由于购销同价，平价与市场价格此涨彼伏，平价粮食加工业务继续减少（平价油脂加工于当年结束）。长沙市粮食部门根据国家经贸委《关于全民所有制工业实行产品结构调整的规定》各个企业纷纷走向市场，长沙面粉公司所属的工业、商业、饲料企业不再独立核算，推行公司化经营，在粮食系统开创工商统一核算的先河。1994 年开始，国家定购粮收购资金也有一部分安排给大米加工企业，从政策上给予适当扶持。粮油工业也逐步向商业经营转变。1995 年，全市独立核算的大米厂只剩市区 4 家，县（市）郊米厂实行工商合一，食品厂 1 家（已经停产），油脂加工厂 1 家（已处于半停产状态）粮油机械厂 2 家，饲料厂 5 家，从业人员只剩 861 人。1998 年，域内大米加工企业仍为 36 家， 年生产能力 46.8 万吨。精炼油生产企业 1 家，年生产能力 1.5 万吨。面粉生产企业 2 家，年生产能力 8 万吨。面条生产工企业 1 家，年生产能力 1 万吨。饲料加工企业 5 家， 年生产能力 17 万吨，工业总产值 4.56 亿元。

2000 年以后，长沙市国有大米加工厂因企业改制、重组、搬迁而关闭，而小型个体米厂纷纷占领市场。2006 年，全市有 600 余家个体米厂。国有大米生产企业仅剩湖南盛湘粮食购销集团有限公司和湖南金霞粮食产业有限公司所属的新建大米厂。同时民营粮食企业发展壮大，湖南亮之星米业有限公司、宁乡县花明楼粮油食品有限公司、湖南卫红米业有限公司、湖南金山粮油食品有限公司，浏阳市永安米业有限公司等五家企业都拥有大米加工厂，上述 7 家企业仍占有长沙市大米生产的主导地位。面粉生产始终由长沙凯雪集团有限公司占主导地位，2008 年联营河南省商水县，武陟县，生产经营与生产能力逐步扩大。除开“凯雪面条”外，长沙的面条市场主要由郴州的“裕湘”面条占领。2011 年 11 月，湖南粮食集团有限公司收购郴州裕湘公司，长沙的面条工业在域外发展，年生产能力 3.5 万吨。2012 年，域内大米加工厂 10 家，年加工能力 120 万吨，面粉加工企业 1 家，年加工能力 8 万吨，粮油机械厂 1 家，从业人员 1500 人，实现工业总产值 150 亿元，同比增长 15.8%。

二、企业改革改制

1988 年，长沙市有粮油、粮机、饲料加工企业 50 家，均依国家计划加工平价粮油等产品。原料由长沙市粮食局根据湖南省粮食局计划统一调入，产品也依计划调出。计划任务按年度下达，包括产值、利润、品种、数量，目标明确细致，并包吨产品电耗、产品出品率，因此各企业在节能降耗、保证质量，提高出品率上下功夫，各企业也开展自营加工、代议价粮加工、代农户加工。当年生产大米 26.24 万吨、面粉 4.56 万吨、面条 1.56 万吨、精炼油 7370 吨、饲料 9.69 万吨，综合经营收入 4623.34 万元，利润 296.6 万元。同年长沙市粮食局对长沙市粮机厂实行租赁承包经营，一包三年，三年实现利润 74.8 万元，超过目标任务，开创市区粮办工业租赁经营的先河，至 1992 年，域内独立核算粮油工业企业仍为 50 家。

1993 年，域内粮食系统内部取消工、商之间价拨加工计划，长沙市粮食局对各企业由指令性管理转向指导性管理，对所有工、商分开独立核算的企业均实行统一核算。湖南省湘粮机械厂、长沙市面粉厂实行岗位技能工资改革，建立自主经营、自负盈亏、自我发展、自我约束和上岗靠竞争、收入靠贡献的激励机制。其他企业均推行三项制度改革，即工资制度、用工制度、干部能上能下制度。

1994 年，域内粮食工业仍由市、县（市）粮食局管理，对全市的粮油工业实行“规划、监督、协调、服务”的管理模式，规定对供应城镇居民的口粮、军供粮、平抑粮价的粮食、水库移民口粮、救灾粮、出口粮、外调粮只能由国有粮油加工企业加工。

1996年，市区第一、第二、第三、第四大米加工厂划入商业，归其仓库管理；宁乡县对所属三家亏损严重的饲料厂联合组成湖南富沩饲料集团有限公司，实行规模经营；“长沙植物油总厂”更名为“长沙植物油总公司”进行公司化经营。2001年，将长沙市粮机厂人、财、物全部划归湖南省湘粮机械厂管理；将长沙粮油工贸公司（前身为长沙面条厂）改制，企业关门歇业，只留守人员5人，职工一次性领取身份置换金，自谋职业；宁乡县将望峰面粉实业公司（前身为宁乡县双凫铺面粉厂）改制，该公司关门歇业。

2002年3月，对企业存量资产处置变现，土地拍卖收入全部留给粮食企业用于安置职工。7月，成立改革改制工作领导小组，出台《长沙市国有粮食企业改革基本目标方案》，全面开始改革改制。

2005年4月，“长沙市粮食连锁公司”改制为“长沙富湘粮食连锁有限责任公司”。该公司总股本400万元，全部由职工个人以现金出资入股，归职工个人持有。原长沙市粮食连锁公司所属二级法人机构（长沙市芙蓉粮油公司、长沙市雨花粮油公司、长沙市岳麓粮油公司、长沙市粮食连锁公司经营部、长沙市五一粮油杂品公司）全部注销，原二级法人机构下属的44家门店、经营部、加工厂等非法人分支机构全部改制规范为长沙富湘粮食连锁有限责任公司下属分支机构。同年9月，“长沙市饲料公司”改制为“长沙市德一粮油有限责任公司”。该公司总股本为170万元，其中职工个人股以现金出资入股102万元，由职工个人持有；国有企业法人出资68万元，由长沙芙蓉北路国家粮食储备库持有。2006年，“长沙市粮油购销公司”改制为“长沙市粮油购销有限公司”。该公司总股本650万元，全部由职工个人以现金出资入股，由职工个人持有。原长沙市粮油购销公司所属二级法人机构（长沙市湘粮服务部、长沙市大托粮油贸易部、长沙市大托粮食收储管理站、长沙市捞刀粮食收储管理站、长沙市捞刀河粮油贸易部）等5家企业全部注销。同年，“湖南省湘粮机械厂”改制为“湖南省湘粮机械制造有限责任公司”。该公司总股本569万元，其中职工股469万元，国有股100万元（以国有净资产出资）。同年，“长沙凯雪集团有限公司”捆绑“长沙面粉公司”（前身为长沙市面粉厂）改制为“长沙凯雪粮油食品有限公司”。该公司国有资产处置变现后支付改制成本，安置职工，国有资产全部退出。2007年3月，“长沙植物油总公司”（前身为长沙市油脂化工厂，长沙植物油总厂）捆绑“长沙伍家岭油脂储备库”改制为“长沙帅牌油脂有限公司”，市粮食局同意“湖南芙蓉北路国家粮食储备库”控股“长沙帅牌油脂有限公司”，总股本205万元，前者出资123万元占60%，后者职工个人出资入股82万元占40%。

至2007年，全市2家面粉厂、1家面条厂、1家粮油机械厂、1家植物油加工厂、1家饲料厂全部完成改革。36家大米加工厂中，除市区第一大米厂改制为国有全资，第二、第三大米厂上收到中央储备粮长沙直属库，第四大米厂上收至湖南省储备粮霞凝直属库外，其余32家大米厂随着粮食商业企业改制而一并改制。国有企业大部分退出，改制后新建国有控股的长沙县丁家岭大米厂、浏阳市永安大米厂、宁乡县毛家嘴大米厂，新建金山粮油、亮之星米业、卫红米业等民营优质粮生产企业（粮油加工企业改制总体情况已在概述中记述）。

第七章　供销合作贸易

1988年，长沙市供销社在商品市场发展加速、流通主体激增、失去政策和独家经营优势的情况下，在横向联合、联购分销、扶持农民、优化经营等方面改革创新，与省内外1000多家工商企业建立联合协作关系，与1.2万多家农户建立959个联合体，所属企业全部实行经营责任制，经济指标创历史最好水平。是年，全社有固定资产原值1.75亿元，经营网点4166个，社员股金1562万元，干部职工2.44万人。全年完成商品销售总额17.56亿元，上缴国家税收3067万元，实现利润2726.5万元。

1989年，市场疲软，供销社经营困难，经济效益下滑。1990年，新增联营单位209个，召开各种促销会554次，扩大销售2371万元，但总体经营情况还是趋于下降。1991年，全面推行经营承包和目标管理，经营出现暂时好转。1992年，全面推行经营、价格、分配、用工“四放开”，实行干部聘任制的单位80个、全员劳动合同制41个、涉及职工2.14万人。开拓石油、饲料、农机、化工等新业务，商品销售额有所增长，经济效益仍无明显好转。1993年，精简科室218个，精简行政管理人员559人，兴办商办工厂12家。1994年，“社有民营”网点2357个，参与职工5696人。1995年，试行岗位责任工资制，推行集约规模经营，实行总经销、总代理商品近100个，销售3.6亿元。1996年，在基层社成立股金服务部，社员股金迅猛增长。是年，全社有固定资产原值40.27亿元，经营网点4483个，社员股金1.22亿元，干部职工2.11万人。全年完成商品销售总额24.79亿元，比1988年增长41.17%；上缴国家税收484万元，比1988年下降84.22%；实现利润264万元，比1988年下降90.32%。

1997年，社员股金增加到1.32亿元，股金利息支出压力大增。1998年，受国际金融风波冲击，经营出现大滑坡，50种工业品销售比上年减少45种，同时，刚性支出大幅增长，系统出现生存危机，下岗职工人数增至8347人。1999年，许多单位发不出工资，上访人数大增，影响到系统正常工作。浏阳市实行“两个置换”即置换国有（集体）资产性质、置换职工全民所有制身份，平稳解散企业5家，分流职工1500人。清退社员股金4544万元，总量减少47.46%，化解股金风波20余起。2000年，在县级供销社推行“全员起立，彻底改制”，解散企业51户，拍卖资产1508宗，资产变现1.38亿元，置换职工身份4897人。2001年，直属企业推行股份制改革，累计置换资产近4亿元，置换职工身份1.7万余人，占改制前职工总数的58%。2002年，县级供销社转型服务内容，推进连锁经营和创办农民专业合作社，取得初步成效。清退社员股金1.28亿元，占总数的96.92%，股金风险彻底消除。2003年，县级供销社除7个基层社外，其他企业基本完成改制工作。全系统创办农民专业合作社10个，入社农户500多户，联系农民3000多人。是年，全社有固定资产原值4.31亿元，经营网点1148个，干部职工6106人。全年完成商品销售总额10.99亿元，比1996年下降55.67%；上缴国家税收776万元，比1996年增长60.33%；实现利润294万元，比1996年增长11.36%。

2004年，专业合作社发展到20多家，入社社员2000多户，联系农民5000多人，经济发展出现根本性好转。2005年，企业改制工作基本完成，全系统只有1600余人未理顺劳动关系，占职工总数的7.42%。2006年，建设1450个村级农资综合服务站，农资价格明显下降，农民投诉大幅降低，中央电视台《新闻联播》进行专题报道。推进“新网工程”建设，构建农资、日用工业品、再生资源、烟花爆竹等现代流通网络，设立农资连锁店1500多个，日用品连锁店100多家，烟花爆竹连锁店200多家。农民专业合作社和农民协会30多个，入社和联系农户2万多户，从业农民近5万人，每年为农创收3亿多元。2007年，利用存量土地，合作开发房地产。2008年，被特邀到全国供销系统主任培训班上进行改革发展的典型发言（全国仅两家）。2009年，农资市场份额超过70%，重新成为农资供应主渠道。推出重点项目4个，国务院总理温家宝于6月13日视察重点项目梦洁公司。2010年，“新网工程”50多个连锁超市与20多家农产品生产基地（合作社）实行对接。4月26日，梦洁公司在深圳证券交易所成功上市，成为长沙市农口系统第一家上市企业。2011年，望城区、浏阳市、宁乡县先后开通“网上电子商务平台”，帮助农民推介农副产品。2012年，金苹果公司被人力资源部和全国供销总社联合授予“全国供销合作社系统先进集体”，市供销社主任陈大祥被授予“先进工作者”。全社系统四大城乡经营网络基本成型，大大促进供销合作经济的全面发展。是年，全社有固定资产原值10.97亿元，经营网点2249个，干部职工6284人。完成商品销售总额48.58亿元，上缴国家税收1.81亿元，实现利润1.67亿元，比2003年分别增长324.04%，2232.47%、5580.27%。

第一节　机　构

一、市级机构

1988年，长沙市供销合作社联合社属集体所有制合作经济组织性质，是全市各级供销合作社的领导机构，机关设14个科室，编制61名，实有人数58人。1989年4月，成立市供销联社监察室，7月，保卫储运科调整为保卫科、储运科、交通安全委员会，“三块牌子、一套班子”，宣传科调整为宣传教育科，劳动人事科调整为劳动工资科，组织科调整为组织人事科。1991年6月，设立企业管理科、审计科，人员编制由机关内部调剂解决。1992年5月，成立长沙市供销社机关妇女委员会。1994年9月，供销社转为经济实体，为集体经济合作组织。12月，市供销社机关科室设置17个科室，编制61名，实有34人。

1997年，长沙市根据中央关于供销社改革的精神明确：按照政社分开的原则，供销合作社不列入政府行政机构序列，但可以根据实际需要，承担政府委托的任务，行使政府授权的某些职能，列席政府的有关会议，市供销社机关列入事业编制。6月，长沙市供销合作社联合社更名为长沙市供销合作总社，机关内设9个职能处室，核定事业编制45人（含后勤、老干服务人员编制4名），实有人数36人。

1999年，实施《长沙市供销合作总社机关工作人员向国家公务员过渡的实施方案》，设立长沙市供销合作总社法律顾问室，成立长沙市供销合作总社再就业指导中心。2000年，供销社实施《国家公务员职位设置办法》和《国家公务员非领导职务设置方案》。2000年，机关实施国家公务员制度，内设9个职能处室，编制数45人，实行国家公务员制度的职位41个，实有人数31人。

2002年，市人民政府批准《长沙市供销合作总社职能配置内设机构和人员编制规定》，明确市供销社为市人民政府直属事业单位，根据市人民政府授权，对全市供销合作社负有指导、协调、监督和服务的职责。机关内设9个职能处室，全额拨款事业编制29人，人员实行国家人公务员制度，机关实有人数34人。

2004年7月，注册成立市供销社社有资产经营管理有限公司。9月，原郊区供销合作总社机关工作人员划入市供销合作总社机关，增设直属基层社管理处，增加全额拨款事业编制 5 名。12 月底，市供销社机关内设 10 个职能处室，事业编制 38 名，实有人数 44 人。2008 年，市供销社机关人员编制由 38 名调整为 41 名，实有人数 41 人。2010 年，市供销社机关人员编制由 41 名调整为 42 名，实有人数 42 人。

2011 年，市政府批准《长沙市供销合作总社主要职责内设机构和人员编制规定》，明确设立长沙市供销合作总社，为市人民政府直属事业单位，机关参照《中华人民共和国公务员法》管理。机关设 10 个内设机构，全额拨款事业编制 44 名，实有人数 42 人。2012 年，机关人员编制调整为 46 名，实有人数 45 人。

1988—2012 年，先后担任长沙市供销合作总社主要领导职务的有：朱兵、黄健、陈大祥；其他领导班子成员有：萧冠群、刘国华、秦家杰、周昭亮、李均厚、李德兴、彭宏亮、欧阳琦、文丽霞（女）、黄勇、孙焕英（女）、谢乐兵、陈海波、邓大鸣、许安明（女）、伍春强、张立、文朝阳、田晓阳、吴伟宏（女）、孙玉楼、陈谷良。

二、县级机构

1988 年，长沙市供销社辖长沙、望城、浏阳、宁乡和郊区 5 个县级供销社，有基层供销社 87 个、专业公司 80 个。其中，长沙县供销社辖基层社 10 个，专业公司 30 个；望城县供销社辖 8 个基层社、6 个专业公司；浏阳县供销社辖 19 个基层社、14 个直属单位；宁乡县供销社辖基层社 12 个，直属二级企业 17 个；郊区供销社辖 10 个基层社、2 个专业公司。

1992 年，成立长沙县供销社开发（集团）总公司，与县供销社实行两块牌子、一套人马。1993 年，浏阳县撤县设市，浏阳县供销社更名为浏阳市供销合作社联合社。长沙市郊区供销合作联合社更名为“长沙市郊区合作总社”，基层社改为总社所属分社，人、财、物统一由总社管理。1994 年，长沙县供销社转为经济实体，为集体经济合作组织。1996 年，郊区供销社所辖韶山路、东屯渡、上大垅、岳麓等 4 个基层社合并成立长沙市供销经贸发展总公司，成为市供销社直属企业，其他 6 个基层社进行公司制改革，更名为“经理处”，按照公司制进行经营管理。1997 年，宁乡县供销社机关工作人员被纳入县财政供养范围。1998 年开始，县级供销社逐步推行“两个置换”的改革。2003 年，浏阳市供销社改制基本结束。2004 年，长沙县供销社、望城县供销社改制基本结束，皆被明确为县人民政府直属事业单位。原郊区供销社机关人员划入市供销合作总社机关，经发公司原所属 7 个经理处划归市供销社直接管理。2005 年，浏阳市供销社更名为“浏阳市供销合作总社”，纳入市政府直属事业单位。

三、直属单位

1988 年 1 月，铜官综合贸易公司脱离市供销社管辖，与铜官陶瓷总公司合并。6 月，市供销综合贸易中心更名为长沙供销社贸易总公司。7 月，市供销社经营开发公司并入长沙大厦。11 月，市供销社综合购销公司并入长沙市供销社贸易总公司。

1990 年，市茶叶公司脱离长沙供销综合贸易中心代管，由市供销社直接管理。1991 年，长沙市供销社贸易总公司更名为长沙市农产品公司，1995 年更名为长沙市农产品总公司。2001 年，茶叶公司、农产品公司解散。2004 年，经发公司所属经理处纳入市供销社直管。

2009 年，市供销社控股经发公司所属新长久公司，纳入直管。2011 年，市供销社参股茶叶公司、吉农公司。

2012 年，市供销社所辖望岳经理处并入长沙金苹果经贸有限公司。是年，长沙市供销社有湖南梦洁家纺股份有限公司、长沙大厦有限责任公司、长沙天祥日杂商贸有限公司、长沙市蓝天再生资源有限公司、长沙金苹果经贸有限公司、长沙市棉麻土产有限公司、长沙市农业生产资料有限公司、长沙市供销经贸发展总公司、湖南新长久超市发展有限公司、长沙市顺民供销有限责任公司、长沙市洞天供销有限责任公司、长沙市东岸供销商贸有限责任公司、长沙市供销经贸发展总公司大托经理处、长沙市北城供销经理处、长沙市供销腾飞再生资源有限公司、长沙吉农农资有限公司、长沙市供销茶业有限公司共17个直属单位。

表 19-7-1-1　　1988—2012 年长沙供销社主要财务指标一览表（一）　　单位：万元

年度	商品销售总额		利润总额		税金	社员股金
	合计	同比（%）	合计	同比（%）		
1988	175594	29.81	2726.5	31.49	3067	1562
1989	182043	3.67	1007	–63.05	1964	1281
1990	166375	–8.66	–2627	–387.27	1896	862
1991	189106	13.66	1060	140.35	2003	853
1992	206997	9.45	390	–63.15	2036	1293
1993	215491	4.10	–1287	–430	2445	382
1994	179186	–16.85	283	–121.96	389	414
1995	211269	15.41	1.4	–99.50	409	779
1996	247910	17.34	264	18757.14	484	12214
1997	272031	9.73	107	–59.36	2970	13185
1998	272603	–22.82	–5117	–4868.78	3701	9083
1999	249761	–8.38	–7266	42.00	2799	4585
2000	212050	–15.10	83	–101.14	3187	2788
2001	132191	–36.67	108	29.96	4028	833
2002	107311	–18.82	278	157.69	2144	272
2003	109900	2.41	294	5.71	776	73
2004	132000	20.11	537	83.07	2342	47
2005	147800	12.00	1893	251.39	2676	67
2006	180600	22.19	2754	45.53	4074	48
2007	169100	13.95	4265	54.85	4577	52
2008	200320	18.46	5827	36.63	4200	569
2009	267465	33.51	8256	41.69	6116	43
2010	308200	15.23	10069	21.96	5207	85
2011	402836	30.71	13299	32.08	11910	43
2012	485768	20.59	16654	25.23	18121	1403

表 19-7-1-2　　1988—2012 年长沙供销社主要财务指标一览表（二）　　单位：万元

年度	固定资产原值		流动资产		职工（人）	离退休（人）
	合计	同比（%）	合计	同比（%）		
1988	17461	—	—	—	24414	—
1989	—	—	—	—	22697	—
1990	—	—	—	—	22668	—
1991	—	—	—	—	22834	—
1992	28492	—	—	—	22549	—
1993	33300	16.88	—	—	22081	—
1994	38180	14.65	—	—	21563	6538
1995	38545	0.95	—	—	21427	6894
1996	40274	4.49	—	—	21056	6844
1997	48655	20.81	116964	6.90	20989	6962
1998	50636	4.07	108963	-6.84	20118	6883
1999	51489	1.68	113905	4.54	18654	7182
2000	50452	-2.01	105931	-7.00	13819	5590
2001	47903	-25.49	101136	-4.53	8925	5603
2002	43452	-9.29	84554	-16.40	6425	4130
2003	43111	-0.78	74460	-11.94	6106	4607
2004	48961	13.57	37048	-50.24	5340	4769
2005	39094	-20.15	46594	25.77	4525	4994
2006	36249	-7.28	55649	19.43	4594	5328
2007	35390	-2.37	67529	21.35	4404	5352
2008	45671	29.05	75777	12.21	4637	5720
2009	47541	4.09	96579	27.45	4423	5498
2010	84185	77.08	153937	59.39	5232	5715
2011	88267	4.85	172038	11.76	5153	5470
2012	109734	24.32	199486	15.95	6284	5634

表 19-7-1-3　　1988—2012 年长沙市供销社主要农资销售量一览表　　单位：吨、万元

年度	化肥	氮肥	尿素	磷肥	钾肥	复合肥	农药	农地膜	销售总额
1988	524435	359850	66208	115828	38990	9767	5030	120	23233
1990	435313	299933	68975	105830	24024	5526	4029	767	23922
1991	491449	340103	65419	115539	29213	5330	5117	1018	28396

续表 19-7-1-3

年度	化肥	氮肥	尿素	磷肥	钾肥	复合肥	农药	农地膜	销售总额
1992	457704	308954	65475	112018	29668	7064	3680	1444	30735
1993	287849	185666	45192	72478	24165	5539	3458	927	27114
1994	328835	195270	68404	126555	60246	8667	6180	854	26900
1995	411442	259292	93469	70565	65995	15590	7142	1899	37374
1996	383223	243319	43687	91103	32338	16463	4091	772	12879
1997	343982	210033	38413	83788	32236	17925	4392	555	38095
1998	308510	191242	30589	68018	27941	21309	4053	405	32065
1999	251720	154284	20580	54122	23101	20150	3011	577	29340
2000	221950	129171	30127	50468	21768	20542	4362	425	23346
2003	75344	33313	10300	7771	2579	5214	241	23	9831
2004	74692	41432	13168	7326	9688	16426	1074	84	11236
2005	62642	30449	8843	8517	8510	15166	681	109	—
2006	92896	50901	19057	12449	7066	12038	1046	51	16642
2007	82534	34215	13814	11505	12093	24721	1279	66	19800
2008	108233	54067	27158	17392	8291	28483	3525	80	24619
2009	122743	65072	37092	12691	11548	33432	2099	92	27806
2010	204907	100320	67017	12863	22347	69377	2663	242	23936
2011	194269	70302	46983	12849	23195	79217	1933	212	51141
2012	197408	82372	52092	10952	27145	72939	42926	454	45807

表 19-7-1-4　　1988—2012 年长沙供销社经营服务机构一览表　　单位：家

年度	专业公司	基层社	大型商场	新网络	总网点
1988	87	87	337	3	4166
1989	87	87	337	11	4177
1990	88	87	337	118	4284
1991	89	87	337	178	4344
1992	89	87	340	198	4367
1993	89	87	354	198	4461
1994	89	87	358	198	4539
1995	89	87	360	127	4470
1996	96	83	370	130	4483
1997	95	83	370	130	4483

续表 19-7-1-4

年度	专业公司	基层社	大型商场	新网络	总网点
1998	94	82	365	130	4443
1999	89	77	325	130	4243
2000	14	57	84	130	3443
2001	15	37	54	130	2344
2002	17	17	30	2	1546
2003	19	7	27	11	1148
2004	23	7	27	19	448
2005	25	7	27	19	548
2006	25	7	56	31	1998
2007	25	7	56	32	2028
2008	25	7	148	33	2978
2009	26	7	149	33	2979
2010	26	7	151	33	3179
2011	28	7	173	33	3199
2012	29	7	181	34	2249

第二节 经营服务网络

一、专业企业

1988 年，供销社的专业公司都设在长沙市及所属 4 个县城，市级公司负责全市供销社系统商品的调入、储备、运输、供应，并对县级专业公司进行业务管理和指导。县级专业公司承上启下，既有批发业务，也有零售业务。专业公司主要从事农业生产资料、农副产品、食杂果品、再生资源、工业品、日用杂品的经营，是域内行业最主要的经营者，基本代表行业的经营发展状况。是年，根据城市商业体制改革的要求，将市土产、食杂、日杂 3 家公司转变为经济实体。把茶叶的内销工作从外贸系统接管过来，成立市茶叶公司，销售额 1400 多万元。9 月 1 日，长沙大厦建成开业，占地 1.33 公顷，总投资 4000 万元，总建筑面积 3 万余平方米，是当时全省供销社最大的多功能综合性商业服务大楼。有专业公司 87 个，其中市级社所属 7 个，县级社所属 80 个。

1992 年，长沙县农资公司兴建的湖南省首家县级农资批发市场正式营业，与省内外 30 余家农资生产企业签订产销协议，半年销售 2100 多万元。市食杂果品公司筹建水果批发市场，市再生资源公司超储积压物资交易市场于 10 月 31 日开业。长沙大厦与香港、海南的企业合作兴建“湖南银河海鲜酒楼”，是系统第一家与境外资金合作的企业。1994 年，市、县两级筹资 2000 万元实施长沙县供销大厦、金苹果市场二期开发、金沙商厦、长沙大厦大堂技改等重点项目，供销社形象得到提升。社办企业梦洁公司生产的“梦洁”牌踏花被被国内贸易部授予国产畅销商品“金桥奖”。1996 年，郊区供销社因区划调整，韶山路等4个基层社合并为长沙市供销经贸发展总公司（以下简称经发公司），成为市供销社直属企业，其他8个基层单位进行公司制改革，更名为“经理处”，由经发公司统一管理。是年，各专业公司加大资产盘活力度，推进规模化经营，市再生资源公司销售突破2亿元，全系统销售彩电14.9万台，左右长沙乃至全省市场。市直7家专业公司利用闲置场地办专业市场、出租写字楼、发展仓储业，创收1200余万元。梦洁公司工业产值过5000万元大关，再获“金桥奖”。长沙大厦被评为长沙市唯一一家“全国执行物价政策十佳单位”。是年，有专业公司96个，比1988年增加9个。

1997年以后，专业公司因体制僵化和历史包袱沉重等原因，生存出现危机，业绩逐步下滑。1998年，情况进一步恶化，专业公司中只有梦洁公司和食杂果品公司盈利，其他全部亏损。为此，县级公司开始“两个置换”的改革，市直公司开始探索以股份制改造为主的改革。1999年，梦洁公司实现产值1.5亿元，被评为省“优秀企业”，长沙县供销社泰阳商城完成销售5.51亿元，其他公司大力盘活存量资产，创办各类市场9个，开发房产物业11万平方米，增加资产收益3100万元。2001年，县级专业公司基本解散，市茶叶公司、农产品公司基本完成“关门走人”的改革。浏阳市按股份制的形式重组农资公司，拉开改革后专业公司重组的序幕。2005年，改制后的长沙天祥日杂有限责任公司成立长沙市烟花公司，逐步发展成为市内主要经营者。是年，县级专业公司全部解散后，通过各种形式重组农资、烟花爆竹等10个公司。市直企业中，除经发公司等3家企业无法改制外，其他公司都进行股份制改造。是年，有公司25个，比1996年减少71个。

2006年，依托专业公司发展连锁经营，构建农资、日用工业品、再生资源、烟花爆竹等现代流通网络，经营网点逐步增加。2007年，市级专业公司进行经营转型，基本跳出传统流通业务，在做好资产管理和运营的基础上，着力进行项目建设，利用存量土地，进军房地产业，两个项目开始建设，总建筑面积10多万平方米，带动全系统经济快速发展。2008年，市蓝天再生资源公司牵头编制《长沙市再生资源回收利用体系建设可行性报告》，建设2个标准化社区示范店。2010年，市供销社制定市直公司“十二五”期间（2011—2015年）九大建设项目发展纲要。市蓝天公司牵头建设的再生资源回收利用网络体系通过国家试点城市验收，获得中央财政3800万元资金支持。4月26日，梦洁公司在深圳证券交易所成功上市，募集资金8亿多元。2012年，市供销社有专业公司29个，比2005年增加4个。

二、基层供销合作社

1988年，基层供销合作社（以下简称基层社）基本上按经济区域建社，有的设在区政府所在地，有的设在较大的乡政府所在地，每个基层社下设乡供销分社，小的区供销社辖2~3个乡社，大的辖5~6个。区（乡）社下设中心商店、购销商店和代销店，每个村基本都有供销社的经营服务机构。基层社业务广泛，涵盖农村农民所需生产生活物资，同时收购农副产品和再生物资。基层社在行政上受县供销社管理，业务与市、县专业公司对接，也可对外发生直接购销业务。是年，有基层社有87个，收购、批发机构1360个。

1989年，加强基层社和农村商场建设，福临、东屯渡、大围山3个基层社被评为省级先进企业，路口供销社晋升为国家二级企业单位。各基层社改变“坐商”作风，积极参与市场竞争。宁乡县流沙河供销社组织“大篷车”“货郎担”进村服务，加强售前、售中、售后服务，一举扭亏为盈。1990年，榔梨、福临、东屯渡、大托、大围山、大瑶供销社被评为省级先进企业。在全系统发起学路口供销社活动，编写《路口经验教程》，举办专题学习班，集训87名基层社主任，确立推广路口经验试点单位13个，取得良好效果。1992年，推行集体所有、职工经营的承包责任制，承包门店、柜组6510个，参与承包职工7321人，基层社亏损局面有所扭转。1993年，针对基层社“社有民营”中出现的问题，主抓铺底资金回收和规范上缴行为，郊区联社收回铺底资金70%、上缴承包款96%。1994年，原郊区供销社的4个基层社合并为长沙市供销经贸发展总公司。各基层社纷纷进城设点扩销，增设经营网点60余个，扩大销售业务8800余万元。巩固发展“公路经济”，有加油站84个，经营油品5万多吨，销售5402万元，创利203万元。1995年，从政策、资金、力量上向社办工业倾斜，以当地农副产品为资源的加工企业安沙皮革厂、张坊竹胶板厂、宁乡肠衣厂等获得经济效益、社会效益的同步增长。1996年，开展基层社建设年活动，浏阳运销生猪1.4万头，为农民增收700多万元，张坊供销社竹胶板厂实现产值1.74亿元，创利322万元。长沙县开发水泥、农机、建材等10类新商品市场，长沙县供销社和路口供销社被评为全国总社的先进县社和先进基层社。是年，有基层社有83个，收购、批发机构1420个。

1997年，基层社陷入困难之中，销售锐减，亏损加大，资金支付十分困难。1998年，基层社困难加剧，大多数基层社不能及时支付工资，退休金不能及时发放，职工和退休人员纷纷进城上访，供销社正常工作难以开展。浏阳市开始在永和供销试点“两个置换”的改革。1999年，浏阳市在永和供销社改革取得成功的基础上，加快改革力度，平稳解散5家基层社，公开拍卖资产9000多万元，偿还银行本息2000多万元，为职工预交养老保险1500多万元，分流职工1500人，社群矛盾得到缓解。2000年开始，推行“两个置换”的改革，到2003年止，基层社改革基本结束，除长沙县路口供销社和望城县6个无法正常运行又无法改制的基层社外，全系统其余基层社全部解散，实现平稳过渡。2003年，有基层社有7个，比1996年减少80个。

2004年以后，望城县供销社所属的6个基层社一直艰难维持，长沙县路口供销社一直保持持续发展的良好态势。2012年，有基层社7个。

三、大中型综合商场

1988年，有大中型商场337个，其中年销售额100万元以上的105个。投资4000万元兴建的长沙大厦正式营业，成为当时湖南省规模最大、服务功能最齐全的综合商业体之一。物回大厦、日杂大楼、果品商场、农资大楼等一批大型商业体陆续建成开业，大型商场逐步在供销社经营中发挥主导作用。1989年，30家大型商场参加省供销社系统100家商场“双规”竞赛，6家名列前茅。1990年，路口、黄花、沁芳、金属材料、福临、机场口6家商场被省供销社评为模范商场。1992年，兴建水果、农资、废旧物资3个市场，引进社会人士入场经营，开创大型商场经营新模式。长沙大厦银河大酒店与香港企业合作兴建“湖南银河海鲜酒楼”，营业收入增长到原餐饮部的3倍。1993年，筹资1200万元，兴建、改造80多个经营场所，其中新增14个大中型商场，增加销售和营业收入近亿元。1994年，改造建设专业市场5个，其中金苹果服装市场、太傅商城、下河街小商品市场、金泰市场等都成为长沙同类专业市场中的佼佼者。1995年，贷款、筹资2000万元，对部分大型商场进行技改，长沙县供销社长沙大厦批发系统投入运营，金苹果市场第二期新增营业面积1.32万平方米，金沙商厦竣工投产后，日销售额增长一倍以上。1996年，各大商场探索批发经营新模式，走规模经营之路，长沙县供销商厦开业，销售3.4亿元。部分大型商场开发利用闲置资产设施，扩大物业收入，创收3000多万元。是年，有大中型商场（市场）370个，其中年销售额超100万元的138个，为历史顶峰。

1997年以后，基本停止大中型商场的新建，各所属单位加速改革，大量商场被公开拍卖或被以资抵债，商场数量逐步下降。2004年，企业改制进入尾声，各县的商场绝大多数被拍卖，市内因改制、政府拆迁、以资抵债及拍卖筹资等原因，商场数量锐减，大中型商场仅余27个。

2006年，浏阳市所属加盟企业比一比超市有限公司投资2000万元新建分店，经营面积1万多平方米，采取直开和加盟方式，在浏阳各中心乡镇和江西上栗等地开辟连锁商店23家。路口供销社新建4个大型商场。梦洁公司位于湘江路的大型综合大楼“金色屋顶”竣工，建筑面积6万多平方米。2008年，浏阳市比一比连锁超市发展到95家，长沙县路口供销社和通超市发展到20余家，经发公司成立新长久超市有限公司（以下简称新长久公司），在城郊接合部开展连锁经营。2009年，新长久公司大型超市发展到2个，面积近1万平方米。2010年，望城县供销社完成对星城商场、雷锋商场的扩建装修工程。长沙县路口供销社兴建星沙、福临等大型综合超市。宁乡县供销社注资参股百顺商贸公司，有连锁商场15家。新长久公司直营大型超市7家，总营业面积3万多平方米，年营业额突破1亿元。2012年，长沙县路口供销社扩建福临超市，总面积6815平方米，是长沙县首家农村大型商贸综合体，经营范围包含农产品、生产资料、日用百货、家电、服饰、休闲娱乐等。新长久公司大中型超市发展至14个。是年，有大中型商场181个。

四、新兴服务网络

（一）“庄稼医院”。1988年，按照省供销社开展“农资供应系列化服务”的要求，加强支农工作，创办3所“庄稼医院”。1989年，“庄稼医院”发展到11所。1990年，围绕科贸兴农新建“庄稼医院”107所，总计118所，培训庄稼医生117名。庄稼医院普遍开展“五推、两讲、一包”活动，即“推广地膜育秧、测土施肥、高产栽培、化学除草、耕田机、农业技术讲座和讲授、技术承包”。全年测土16万多亩，配方施肥9444吨，粮食增产最高近20%。在市、县电视台举办“合理安全用药技术指导”专题服务节目，接受农民技术咨询22万多人次，开出配药处方8万余份。创办《农资园地》《庄稼医生简报》《农业科技简讯》等10多种刊物，免费发放。宁乡和浏阳两社承包水稻和经济作物12万多亩。1991年，新办“庄稼医院”60所。1992年，“庄稼医院”发展到198所，配有庄稼医生277名，预约送货5.13万吨，接受技术咨询9100人次，开具处方1500多份，处方供药82.5吨。1993年和1994年，“社有民营”数量激增，许多庄稼医生都参加承包经营，大多“庄稼医院”名存实亡。1995年，加大科技支农力度，恢复“庄稼医院”127所，选配150名专业技术人员充实庄稼医生队伍，技物结合，延伸服务，效果良好。1996年，有“庄稼医院”130多所，庄稼医生轮训面70%，大围山“庄稼医院”应诊1500人次，开具处方300多份，编印农技指南2000份发放到农户。1997年以后，县级社开始进行“两个置换”改革，“庄稼医院”逐步解散，其服务职能慢慢向其他机构转移，以其他更加灵活的方式继续服务广大农民群众。

（二）专业合作社。2002年，浏阳市将柞冲镇张家店村400多户农户组织起来，成立“浏阳市供销社张家店红檵木生产合作社”，入社花木200多公顷。合作社进行统一、规范、科学管理，使花木生产销售形成统一品牌，流通更加畅通，农民收入稳定提高。长沙县供销社在青山铺镇成立水果基地，面积达34公顷，实行统一科学培管，产品品质明显提升，头季网纹瓜一经上市，便得到市场追捧。

2003年，将为农服务的主攻方向向领办、创办农民专业合作社转移，专业合作社发展迅速。浏阳市张家店专业合作社将300多户强烈要求入社农民的67公顷农田整合起来，筹建一个融生产、科研、休闲于一体的现代化花木精品园。浏阳市投资入股原高坪供销社养猪场，引导联合发展，吸引50多户农民加入，成立高坪生猪生产专业合作社，有存栏猪6000头，年出栏6000头，年产值600多万元。宁乡县供销社种猪基地、养鸡专业合作社、葡萄生产专业合作社、望城县供销社奶牛和水产养殖专业合作社也进入筹建之中。长沙市农业产业化服务工作得到省供销社高度关注，省社将“全省供销社系统深化改革推进‘两社一会’建设工作会”放在浏阳召开，推广浏阳经验。

2004年，挤出30万元资金用于农民专业合作社的创建，发展专业合作社近20个。浏阳供销社楠竹专业合作社入社农户500多户，就业农民3000多人，每年为农创收1200多万元。高坪生猪专业合作社入社农户500多户，入社农民每年人均增收1000多元。宁乡供销社回龙铺种猪场存栏猪3000多头，为农民提供良种猪仔，成为当地农民增收的主要因素。浏阳市供销社金橘生产专业合作社种植面积近334公顷，有9个加工厂，年产优质金橘300吨。合作社组织36户橘农到阳朔考察学习，参加省农博会，提高橘农科学种植意识。浏阳市投资10多万元，合作社租用1.7公顷农户的金橘园，用于大棚保鲜技术的推广，推广面积6.7公顷，价格比往年提高6~10倍。

2005年，着力提高农民专业合作社的经营规模和市场竞争力，培育一批影响较大、助农增收效果较好的合作社。浏阳市供销社腾飞金橘专业合作社社员增加到4000多人，种植面积334公顷，推广大棚保鲜技术20公顷。是年，金橘产量、价格和收益大大提高，年产优质金橘600吨，增产100吨，加工200吨，每公顷平均增收近万元。

2006年，创办、领办的农民专业合作社近30个，入社和联系农户近2万户，从业农民近5万人，每年为农创收接近3亿元。浏阳市供销社名歌食用油生产加工专业合作社有油料作物种植面积2000余公顷，从业农民4800多人，年生产食用油900多吨，年产值4800多万元。

2009年，发展4家特色专业合作社，支持7家专业合作社申请全国总社和省社支持项目，推荐5个农民经纪单位参加全省优秀农民经纪单位评比，邀请湖南农科专家指导腾飞金橘专业合作社创建生产示范基地，指导“蜜蜂哥哥”养蜂专业合作社发展连锁专营店，引导“沩山茶叶”“宁乡土花猪”等专业合作社树立品牌，专业合作社获得新的发展。沩山和谐富硒茶叶等产品获省著名商标称号，沩山茶叶有限公司被评为省级龙头企业，浏阳雄丰蔬菜销售网点遍及30多个大中城市，“蜜蜂哥哥”连锁专营店220个。

2010年，推进农民专业合作社向更高层次发展，浏阳市成立全省首家农民专业合作社联合社，吸收当地具有一定规模的49家农民专业合作社加入，入社农民1.78万户，资产近4亿元。大力宣传推介优秀专业合作社和农民经纪人，30个专业合作社成为全国供销总社“千社千品”富农工程单位，8个企业被评为全省优秀农民经纪单位，8人被评为全省优秀农民经纪人。

2011年，新长久公司与10多家果蔬生产合作社对接产销，绿色无公害的生鲜商品成为公司连锁超市的口碑商品。浏阳市与34家专业合作社建立农资直销关系，帮助30多个专业合作社与超市、农副产品交易市场、连锁销售公司建立产销关系。30个专业合作社进入全国供销总社“千社千品”项目库，5家专业合作社的项目进入全国供销系统农业综合开发项目库，成功申报供销系统国家级项目3个，1家农民专业合作社成为全国供销合作总社的“示范性专业合作社”，2个合作经济组织成为全国总社的农业产业化龙头企业。

2012年，成功申报国家级项目3个、省市级项目10余个，争取各类项目支持资金3000余万元。是年，有农民专业合作社34家，入社和联系农户3万多户，从业农民6万多人，每年为农创收5亿多元。

（三）行业协会。2006年9月，市蓝天再生资源有限公司牵头发起成立长沙市首个再生资源回收利用协会（以下简称再生协会）。协会会员550家，其中企业单位110家，个体经营户300家，个人会员100多人。协会承接商务备案登记、参与产业规划、牵头试点城市项目、项目验收、退税核实等政府职能，向市政府提交《关于完善再生资源回收利用体系的建议》。

2007年，再生协会对全市再生资源行业企业和网点进行普查，向市政府提交《长沙市再生资源回收利用体系的实施方案》。12月20日，在市供销社的督促、引导和协调下，长沙市首家烟花爆竹流通协会（以下简称烟花爆竹协会）正式成立，协会由长沙天祥日杂商贸有限公司等7家企业牵头发起，有理事会单位25家，会员91家。协会主要业务范围涵盖行业管理、行业调研、市场预测、会展组织、行检行评、宣传政策、行业协调、参与行业许可审批等。同年，市驰原农资公司牵头与7家市县两级农资公司共同发起，筹建长沙市农业生产资料流通协会（以下简称农资协会），年底获得市民政局正式批复。

2008年2月，农资协会正式登记注册，协会有10个理事会单位、79个会员单位，基本代表全市农资经营主体。再生协会与湖南蓝天再生资源职业技能培训中心及全国性鉴定所一起，开始对全省再生资源从业人员进行职业技能培训，累计培训逾千人，全部取得由人社部颁发的再生资源职业技能证书。6月22日至23日，烟花爆竹协会在长沙举办全国供销合作社烟花爆竹管理经验交流会，20多个省（市）的200多名代表参加会议，共同探讨新形势下加强烟花爆竹经营管理的新方式方法，全国供销总社副主任赵显人作专题报告，在全国烟花爆竹行业产生积极影响。

2009年，再生协会协助市商务局申请再生资源回收利用体系试点城市建设工作，整合长沙市9家最大的再生资源企业参与。接受市财政局、商务局委托授权，对全市家电以旧换新补贴进行审核、凭证发放、政策监督及报废汽车审核。烟花爆竹协会出版会刊6期，组织两次经验交流会、一次基层会员代表座谈会。11月，农资协会召开成立大会，要求协会发挥服务、协调、和监督作用，架设行业与政府及农民之间的桥梁，建立新的农资服务体系，更好地为“三农”服务。12月，农资协会成为中国供销总社中国农资流通协会理事单位。

2010年，在再生协会的积极参与下，长沙作为第二批全国再生资源回收利用网络体系建设试点城市通过国家验收。6月，农资协会网站正式开通，内容涉及简介、政策法规、行业动态、市场分析等7个栏目，成为中国农资流通网的高级链接网站。

2011年，再生协会与市政府、湖南省妇联、慈善总会合作开展为期三年再生资源行业的“关爱女性健康，捐赠废旧纸张”的活动，产生良好的社会效益。与中国民生银行开始连续三年的金融合作，建立银行会员信用系统。农资协会建立飞信信息平台，及时收集最新农资信息发送到会员手机上。4月开始，发行内部刊物《长沙农资信息》，涉及化肥供应、农技服务、病虫情报等9个栏目，免费发行3000多本。

2012年，再生协会协助省、市环保部门研究电子废弃物基金实施办法，并参与环保部门组织的现场审核工作，协助出具审核结果。烟花爆竹协会对长沙市的七区、三县（市）进行行业调研，协助制定出台《长沙市烟花爆竹经营流通市场安全管理规定》，为行业健康发展创造有利条件。8月，农资协会召开农资协会工作会议，就农资信息、当前形势、销售经验等进行充分交流，研究在新形势下确保农资供应充足、维护市场稳定等问题，对全市农资市场的稳定产生深远影响。8月27日，湖南金井茶业有限公司等6家单位共同发起成立长沙首家茶业协会。9月5日召开成立大会，70多家单位会员和个人会员参加大会。协会成立后，邀请专家，组织有关人员对全市茶产业进行调研，搜集业内对长沙茶产业发展的建议和意见，形成《加快长沙市茶叶产业发展的意见》，提出打造长沙茶叶百亿产业规划的蓝图，引起政府高度重视。以享誉全国的金井、湘丰、怡清源、沩山、云游、浏阳河银峰、乌山贡茶等长沙绿茶、毛尖品牌为基础，组织有关会员对品牌进行深度开发、科技创新、品质包装，并组织研发红茶、黑茶、黄茶等系列产品，使长沙茶业得以更好发展。是年，市供销系统下辖协会4个，其中：再生资源协会有会员550余个，烟花爆竹协会有会员91个，农资协会有会员79个，茶业协会有会员70个。

第三节　工业日用品　百货供应

1988年，基层供销合作社及其销售网点是全市农村工业品下乡、百货生活用品供应的主力军。是年，烟酒、家电、五金、百货等价格放开，实行自行定价政策，加之通货膨胀严重，致使大多数生活资料价格大幅上涨，工业品市场“抢购”盛行。供销社加大购销工作力度，经营规模增长迅速，全年完成工业品购进4.97亿元，实现生活资料零售总额4.85亿元（按全省供销系统统计要求，国内纯购进分为农副产品购进、工业及手工业产品购进、废旧物资购进三项；国内纯销售分为农业生产资料、生活资料即百货零售两项）。

1989年，基层供销社实行资金抵押、份额工资的承包经营责任制，自主经营，自负盈亏，自我约束，提高职工工作积极性，购销工作保持良好势头，东屯渡供销社、大托供销社被省人民政府授予“省级先进企业”。1990年，完成工业品购进4.89亿元，实现生活资料零售4.80亿元，销售食糖4950吨、棉布31.17万米、缝纫机1.05万架、自行车4.23万辆、电视机2.49万台、洗衣机7024台、摩托车77辆。1992年，在生活资料流通领域中，全面推行经营、价格、用工、分配“四放开”改革，经营出现一定增长，全年完成工业品购进6.90亿元，实现生活资料零售5.03亿元，比1988年分别增长38.99%、3.81%。

1993年，粮油经营放开，为抢占市场，增设粮油食品专柜35个，兼营粮油业务的柜组58个，经营情况进一步好转。1994年，全面推行“社有民营”，所有权与经营权分离。1996年，郊区供销社转为长沙市供销经贸发展总公司，公司整合资源，引进连锁经营业态，成立长沙市久发连锁超市，实行统一管理、开架经营、平价自选，为改变生活资料经营方式开先河。是年，全社全年完成工业品购进9.83亿元，实现生活资料零售6.76亿元，比1992年分别增长42.49%、34.21%。

1997年，4县（市）供销社及经发公司所属基层社（经理处）开始改制，所有资产公开拍卖，职工身份置换，工业品和百货等生活资料购销迅速下降。1999年，供销社全年完成工业品购进6.90亿元，实现生活资料零售5.03亿元，销售食糖2562吨、棉布150.48万米、缝纫机9355架、自行车6.13万辆、电视机2.96万台、洗衣机8406台、摩托车697辆。2000年，全面启动改革改制，供销系统在农村的工业品、百货等生活资料的购销活动急剧萎缩，至2005年，基本退出。

第四节　农业生产资料经营

1988年，农业生产发展加快，农资需求旺盛，生产总量不足，根据《国务院关于化肥、农药、农膜实行专营的决定》的要求，化肥、农药、农膜由各级供销社农业生产资料公司专营，统一计划，分级管理，主要品种实行综合价，农资价格由国家物价部门统一规定，小化肥价格由物价部门制定出厂价和作价办法，碳铵按企业的隶属关系，由物价部门核定出厂价和销售价，实行综合差率。是年，农业生产资料货源紧张，价格上涨，供求矛盾突出。农资经营主渠道严格执行国家政策，加强货源组织，强化供应计划，严格价格管理，保证全市农业生产的基本需要。组织供应化学肥料52.44万吨，其中：氮肥35.99万吨、尿素6.62万吨，磷肥11.58万吨、钾肥3.90万吨、复合肥9767吨，供应农药5020吨、农膜120吨，农业生产资料销售总额2.32亿元。

1989年，为落实农资专营要求，对各级农资公司内部机构进行改革，将业务科分为化肥、农药农膜和储运三个科室，将搞好农资专营、恢复农资市场正常的经营秩序作为治理整顿的首要任务，严格纪律，市场秩序明显好转，全市未出现抢肥现象。1990年，组织690人次，配合全市基层社对农户农资需求进行调查，派出采购人员900多人次分赴外省、外市采购计划外农资，满足农业生产需求。严格执行专营政策，协调、配合工商部门查处违反专营政策案件54起，维护专营秩序。全市组织供应化学肥料43.53万吨，其中：氮肥29.99万吨、尿素6.90万吨，磷肥10.58万吨、钾肥2.40万吨、复合肥5526吨，供应农药4029吨、农膜540吨，农业生产资料销售总额2.39亿元。

1991年，受国际形势影响，计划内大化肥严重不足，钾肥货源紧缺，农药市场疲软，销售进入低潮。1992年，除个体工商户外，农技推广站、土肥站、化肥生产企业等机构均可参与小化肥流通环节的经营。大化肥市场活跃，但价格居高不下，农膜供不应求，农药货足价疲，品种供求结构矛盾突出。市农资公司成立化肥二科，尝试农资经营向外地、外省辐射。1993年，国务院下发《关于加强农业生产资料价格管理以及对其主要品种实行最高限价的通知》，对化肥、农药、农膜实行计划外最高限价，政策上由专营改为经营，一些个体户乘机进入化肥市场炒买炒卖，甚至掺杂售假，市场混乱，供销社农资行业普遍陷入低谷。是年，销售化肥28.78万吨，其中氮肥18.57万吨、尿素4.52万吨，磷肥7.25万吨、钾肥2.42万吨、复合肥5539吨，供应农药3458吨，农膜927吨，农业生产资料销售总额2.71亿元。

1994年，根据市场竞争需要，对农资经营机制进行改革，各级农资公司实行绩效挂钩，基层社网点推行承包经营，让干部职工主动参与市场竞争，提高服务水平。1995年，在农资市场总量不足、价格高乱的情况下，提出并执行领导、精力、力量、资金“四集中”的工作方针，抓好冬储、供应工作，增加技术服务内容，开展“三无杯”竞赛活动和让利于农活动，仅大化肥就让利于农300余万元，基本满足农业生产需要。是年，销售化肥41.14万吨，其中氮肥25.93万吨、尿素9.35万吨，磷肥7.06万吨、钾肥660万吨、复合肥1.56万吨，供应农药7142吨，农膜1899吨，农业生产资料销售总额3.74亿元。

1996年，农资市场疲软，价格高扬，供销社重点抓农资系列化服务和价格控制，严格控制销售差率，农资价格涨幅10.52%，远低于20%的控制目标。尽管采取很多应对措施，但供销社的农资经营进入持续下降时期。1997年，撤销原郊区农业生产资料公司，人、财、物成建制移交给市农业生产资料总公司，农业生产资料总公司负责市属五区农业生产资料的批发供应任务。1998年，农资供应全面进入市场经济阶段，秩序混乱，新老非主渠道四面出击，竞价倾销，竞争日趋激烈，加之受东南亚经济危机的影响，农资市场低迷，商品供大于求，价格低落，企业经济效益明显下降。1999年，农资市场仍处于低迷状态，供应充足，需求不旺，价格持续走低。2000年，基层供销社及县级农资公司改制加速，经营业务受到严重冲击，销售总额大幅缩水，全年销售化肥22.16万吨，其中氮肥12.92万吨、尿素3.01万吨，磷肥5.05万吨、钾肥2.18万吨、复合肥2.05万吨，供应农药4362吨，农膜425吨，农业生产资料销售总额2.33亿元。

2001—2002年，基层供销社及县级农资公司陆续解散，市农资总公司进入改制，供销系统农资经营基本处于歇业阶段。2003年，浏阳市重组的农资公司开始按新机制组建营销网络，长沙市农资公司重新开展业务工作。2004年，长沙县、望城县、宁乡县供销社以各种形式重新进入农资经营行业。2006年，为实现农业生产资料保供应、稳价格的目标，长沙市在全市建设1450个村级农资服务站。市农资公司斥资1500万元，购置用地6.67公顷，启动总储量5万吨、全市最大的标准农资储备库，农资市场秩序明显好转，农民投诉大幅度降低。中央电视台《新闻联播》对此专题报道。2007年，农资服务体系向纵深发展，各县级农资公司陆续恢复实际经营业务，农资中心配送站逐步建立，销售总量不断提高 。2008年，充分发展农资流通网络作用，在尿素、钾肥、高效复合肥价格分别上涨40%、127%、72%的严峻形势下，储备化肥5.2万吨，严格执行省、市物价部门有关政策，尿素坚持不突破每吨2100元的限价，钾肥、高效复合肥实行“零利润”销售，保证供应，稳住物价，为全市农民节约支出近2000万元。是年，供销社系统销售化肥10.82万吨，其中氮肥5.41万吨、尿素2.72万吨，磷肥1.74万吨、钾肥8291吨、复合肥2.84万吨，供应农药3525吨，农膜80吨，农业生产资料销售总额2.46亿元。

2009年，储备大化肥4.2万多吨，在农资价格动荡的情况下，严格控制差率，大力推行统一采购、定期检测、公开承诺等做法，切实维护农民利益，全年未发生一起因经营假冒伪劣农资商品造成的坑农害农事件，市场占有率70%以上，重新成为全市农资供应主渠道。2010年，储备大化肥5.5万吨，农资储备总量近10万吨，在冬储尿素、高效复合肥每吨亏损300元左右的情况下，严格控制零售价格，倒挂500多万元，保持市场基本稳定。2011年，全面启动以“1个大型农资储备中心、4个县级配送中心、22个配送站”为架构的新型农资服务网络建设，在农资价格持续上涨、商家不敢进货的情况下，储备大化肥5.7万吨，保证全市农业生产用肥用药需要，发挥主渠道作用。2012年，组织市县两级农资公司统一进货，有效降低成本，认真开展“农资经营诚信店”活动，积极向农民推广新肥新药，浏阳市农资公司被评为全省“十强农资流通企业”，长沙市9家农资店获得省供销社“农资经营诚信店”称号。是年，销售化肥19.74万吨，其中氮肥8.24万吨、尿素5.21万吨，磷肥1.10万吨、钾肥2.71万吨、复合肥7.29万吨，供应农药4.29万，农膜454吨，农业生产资料销售总额4.58亿元。

第五节 棉麻土产经营

1988年，棉麻土产商品取消派购、统购统销，县级供销社及其专业公司逐步退出传统棉麻土产行业，市棉麻土产公司成为全社主要经营者，受市场经济冲击，商品购销逐步下降。是年，棉麻土产购进4170.47万元，销售4267.08万元，实现利润74.1万元。1990年，棉麻土产公司将经营重点转向床上用品的创新和开发，公司所属长沙被服厂创立“梦洁”品牌，并在行业内首家导入CI策划（指企业形象设计）。1991年，“梦洁”品牌初显成效，是年，全公司实现商品销售总额6032.9万元，销售棉花548吨、新絮棉173吨、苎麻135吨、棕片32吨。

1992年开始，市棉麻土产公司依托被服厂的崛起，商品销售总额不断增长，但除与被服生产有关的商品外，其他大多传统业务逐年下降。1994年，长沙被服厂更名为长沙市梦洁纺缝制品实业公司。1995年，全公司实现商品销售总额1.01亿元，销售棉花1391吨、新絮棉224吨、苎麻3吨、棕片8吨。

1997年，市棉麻土产总公司分立重组，将下属单位长沙市梦洁纺缝制品实业公司分立重组，更名为湖南梦洁纺缝有限公司，并将长沙市棉麻土产总公司下属的饲料分公司、林产品分公司划归于梦洁公司。其后，棉麻土产公司因负债重、人员多、企业困难，基本经营业务逐步萎缩，梦洁公司得到较大发展。是年，棉麻土产行业（主要是梦洁公司）实现销售总额1.09亿元。

2000年后，长沙市供销系统基本停止棉麻土产流通业务，梦洁公司转为纯工业企业。是年，市棉麻土产公司投资263万元，收购南县北洲子轧花厂。2001年，长沙市梦洁纺缝制品实业公司改制为湖南梦洁家纺有限公司。2002年，市棉麻土产公司投资153万元成立湖南海鳌绿化有限公司，其所属南县北洲子轧花厂倒闭。是年，国家质监总局认定“梦洁”牌床上用品为“中国名牌产品”，国家工商总局认定

“梦洁”商标为“中国驰名商标”。2004年，长沙市棉麻土产总公司改制，更名为长沙市棉麻土产有限公司。2005年，棉麻土产公司投资的湖南海鳌绿化有限公司解散。至此，长沙市供销社系统基本退出传统棉麻土产流通行业。

第六节 日用杂品经营

1988年，日用杂品市场放开，个体经营者的销售额大幅增加，但供销社还是日用杂品最主要的经营部门，在行业中占据重要地位。为应对日益加剧的市场竞争，各专业公司实施经营承包责任制，提高职工工作积极性，经营情况出现一定好转，全年实现商品销售总额6.44亿元。是年，供销社系统大多数传统日用杂品市场占有率严重下降，4个主要商品仍保持较高份额，全年销售家用瓷器910万件、铁锅79.32万个、圆钉687吨、铁丝728吨。1989年，消费热潮下降，物价下跌，日用杂品经营情况开始步入下坡。1990年，为应对市场低潮，大力发展批发业务，撤销市日杂贸易中心，陶瓷、家具、鞭炮、建材4个公司更名为批发部。1991年，新增综合批发部，全年实现商品销售总额4666.98万元，比1988年下降27.45%，销售家用瓷器626万件、铁锅43.78万个、圆钉491吨、铁丝545吨。

1992年，新增粮油副食经营部、浏阳综合经营部，日杂大楼等部门也加大家电、日化等非传统业务的购销活动，经营绩效出现最后一次较明显提高，实现商品销售总额5185.40万元。

1993年开始，日用杂品经营额持续下降，大多数经营机构出现亏损，是年，撤销浏阳综合经营部。1994年生活用品批发部、鞭炮纸张批发部歇业，撤销零贸一处，10月，金泰副食品市场开业。1995年，粮油副食品经营部、益民日杂批发部、湘群日用陶瓷批发部歇业，全年实现商品销售总额2728.97万元，比1992年下降47.37%，销售家用瓷器418万件、铁锅34.44万个、圆钉346吨、铁丝359吨。

1996年，通过加强网点设施建设，开发市场，增加经营品种，日用杂品经营商品结构基本稳定下来，瓷器、铁锅、圆钉、铁丝四大传统商品依然占有一席之地，其他传统商品大多退出市场竞争。新增家电、日化等商品站稳脚跟，经营业绩有所提高并进入相对稳定时期。1997年，新中厨具用品批发部歇业。1999年，实现商品销售总额3917万元，比1995年增长43.53%，销售家用瓷器634万件、铁锅16.09万个、圆钉300吨、铁丝462吨。

2000年，系统全面改制，县级日杂公司、基层社逐步停止经营，日杂经营业务锐减。2003年，烟花爆竹以外的其他日用杂品经营逐步停止，并不再纳入统计范畴。浏阳供销社通过品牌租赁、承包经营方式恢复烟花爆竹经营，实现销售总额1212万元。2005年10月，长沙供销烟花公司成立。长沙县供销社、望城区供销社、宁乡县供销社陆续以各种形势恢复烟花爆竹经营，销售规模持续上升，供销社系统再次成为长沙市本地烟花爆竹经营的主力军。2012年，供销社在日用杂品经营中只保留烟花爆竹一个品种，是年全系统实现烟花爆竹销售总额2.61亿元，比2003年增长近21倍。

第七节 食杂果品经营

1988年，食杂果品行业完全放开，供销社食杂果品经营开始出现较大萎缩，仅水果类的市场占有率只有25%左右，比市场放开前的1983年的70%下降45个百分点。长沙市食杂果品公司下属8个经营单位，有国有零售商店一个（食杂果品商场）及沁芳商店下属集体企业门店11个，营业及仓库面积2.94

万平方米。是年，食杂果品实现销售总额8263.90万元，销售鲜果1.02万吨、食杂2713吨、干果4422吨、蜜饯1664吨、水产1194吨。1990年，根据市场变化、自身优势及经营状况对商品结构、购进数量进行调整，鲜果经营以金帅、小国光、印度青、红富士苹果及香梨、碰柑、甜橙等为主打品种。食杂副食及其他经营方面，黑木耳、荔枝干、红枣、墨鱼、味精、葵花子等以质量取胜，占有较大的市场份额。新增经营商品如各种啤酒、百事可乐、健力宝、太阳牌锅巴等得到长沙市场的青睐，销售总量有一定回升。1991年，经营规模基本恢复到1988年的水平，实现销售总额8308.20万元，除干果外，传统商品都出现较大降幅，新增商品出现较大增幅。

1992年，沁芳商店有9个零售经营网点在市政拓路中被拆除，只剩下4家门店。食杂果品公司着手筹建以果品冷库为基地，集经营、管理、服务为一体的果菜交易批发市场，并完成主体工程建设。1993年8月，果菜交易批发市场竣工开业，总建筑面积9500平方米。但是，果菜批发交易市场因铁路专线建设受阻等多种原因，市场开业后就变成空壳市场，传统食杂果品经营全面萎缩。为控制经营亏损，从1993年开始，食杂果品公司不得不陆续结束食杂果品经营，开始由商品经营型逐步向资产经营和服务型转向。1994年，将果菜批发交易大楼开发成“长沙金苹果服装批发大市场”，引进省内外经营户近700户，9月24日开业。采购供应站停止业务经营，开办大西门小商品市场。1995年，楚天商业大楼停止自营业务经营，依靠柜台租赁和招待所的自主经营，获得较好经济效益。1996年，营养食品厂停止蜜饯生产、销售，食杂果品经营进入低谷，实现销售总额1427.4万元。1997年，县级供销社的食杂公司开始改制，全市供销社食杂果品经营基本停滞，销售总额只有46.60万元。1999年，食杂批发部开办太傅小商品城，市供销社系统基本退出食杂果品行业传统经营范围。

第八节 再生资源经营

1988年，全市供销社系统有市级再生资源经营公司1家，县级公司5家。市物资回收利用公司下设金属机电经营部、纤维杂品经营部、橡胶纸塑经营部、金属材料市场、机电维修经营部、加工科研经营部6个直属经营单位及四区集企（集体企业）购销经营部。是年，再生资源市场购销两旺、价格大涨，各公司加大购销力度，全年实现商品销售总额5945.10万元。1989年，市场回落，回收量和商品销售总额都出现下降。1990年，按照省政府“关于废钢铁由供销社物资回收公司和物资局金属回收公司共同经营”的要求，市物资回收利用公司加强对厂矿及外地废旧金属的回收工作，回收废钢铁1.62万吨，全社纯购进3194.10万元，商品销售总额回归到1988年的水平。1991年，实现商品销售总额6431.90万元，比1988年增长8.19%。

1992年11月，长沙市物资回收利用公司更名为长沙市再生资源开发总公司，根据工商部门放宽经营范围的新情况，公司增加振兴经营部、超储积压市场部、边境贸易公司等，拓展新业务。各县级公司也陆续更名，并根据当地情况不断拓展业务，全社再生资源回收部门回收量和商品销售总额持续上升。是年，长沙市再生资源开发总公司在湖南省财贸系统300家规模最大的企业评估中名列第八位。1995年，国家政策调整，允许再生资源企业跨行业经营，长沙市供销社所属再生资源企业根据新情况开拓一些新经营业务。1996年，再生资源经营规模达到顶峰，全年实现商品销售总额2.07亿元，纯购进达7393.50万元，比1991年分别增长222.44%、81.45%。

1997年，供销社开始改革，再生资源经营网点开始出现缩减。长沙市再生资源开发总公司前几年盲目追求销售额、盲目扩张行业积累的矛盾开始爆发，银行债务、人员过多等包袱加重，企业出现严重亏损。加之市场经济冲击加剧、废旧钢铁购销市场难以把握、企业旧的经营模式不再适应市场经济竞争需要等原因，再生资源经营开始走下坡路，逐步出现连年亏损。从 1998 年开始，县级供销全部进入全面改制，资产公开拍卖，再生资源经营单位和网点急剧减少，经营业务逐步萎缩。2001 年，全市供销社实现再生资源销售总额 2261.70 万元，比 1996 年下降 89.09%，纯购进 436 万元，比 1996 年下降 90.05%。

2002 年，生产性废旧金属收购企业特种行业许可取消，再生资源行业陷入管理真空，回收渠道混乱，传统公有制生产方式受到严重制约，再生资源经营进入低谷，商品销售总额 1770.10 万元，比 2001 年下降 21.74%。针对“历史包袱难消化、干部职工难分流、生存资金难筹措、发展思路难确定”等问题，长沙市再生资源开发总公司决定实行股份制改革，改制为长沙市蓝天再生资源有限公司（以下简称蓝天公司）。2003 年，蓝天公司联合省再生资源公司等 5 家企业合作成立长沙市汇金报废汽车回收有限公司，蓝天公司占股 25%，为董事长单位。2004 年，蓝天公司投资组建金瑞废旧金属回收有限公司、旷逸金属材料有限公司、物贸金属材料有限公司、汇金报废汽车回收有限公司、再发典当有限公司、唯楚金属材料有限公司、众城废旧金属回收有限公司、九家湾废旧金属交易市场及再生资源回收直营店等十八家经营单位。2005 年，仅蓝天公司一家保持再生资源业务经营，全年实现商品销售总额 1998.6 万元，比 2001 年下降 11.63%，纯购进 364 万元，比 2001 年下降 50.54%。

2006 年起，蓝天公司启动长沙市再生资源回收利用体系建设。湖南蓝天再生资源职业技能培训中心经湖南省劳动和社会保障厅、省民政厅批准正式挂牌成立，主要开展废旧物资回收挑选工、废旧物资加工初、中、高级工的培训及职业技能鉴定。2008 年年初，蓝天公司出台《长沙市蓝天再生资源有限公司回收网点直营店的运作与管理》及《再生资源回收网点特许经营加盟手册》，开始组建直营店。5 月，蓝天公司承办全国再生资源信息中心、全国大中城市再生资源经济技术协作会第 23 届年会。大会邀请来自全国 21 个省、4 个自治区、4 个直辖市以及香港特别行政区的 248 名代表参加，规模为历届之最。2009 年，长沙市成为国家再生资源回收体系建设第二批试点城市。作为长沙市再生资源体系建设的龙头企业，蓝天公司全面启动再生资源城乡回收网点建设项目。是年，蓝天公司成为长沙市家电以旧换新唯一中标回收企业。2010 年 5 月 31 日，家电以旧换新试点结束，蓝天公司总计完成 29 万台旧家电的回收，带动销售突破 2 亿元。是年，供销社实现再生资源销售总额 6618 万元，比 2005 年增长 231.13%，纯购进 4255 万元，比 2005 年增长 1068.96%。

2010 年，蓝天公司全资投资成立湖南蓝田再生资源有限公司，注册资本 2000 万元，拟投资 1.8 亿元，建设蓝田再生资源产业园项目。公司拟将该产业园建成以混杂废塑料制备复合托盘加工利用中心、废塑料回收分拣与 PET 瓶片清洗中心等六大中心为依托的资源节约、环保科技型再生资源产业园。2011 年，蓝田产业园项目被纳入长沙市供销社“十二五”规划的重点项目及长沙市“两帮两促”的重点帮扶项目。2012 年，蓝田产业园项目被列入长沙市重大商务项目和市发改委支持项目。4 月，蓝田产业园项目一期工程顺利竣工。2012 年年底，蓝天公司拥有验收合格的网点 658 家，其中浏阳市和宁乡县 257 家。是年，全社再生资源购进总额 9758.60 万元，实现商品销售总额 1.48 亿元。

第八章　烟叶生产与卷烟专卖

1988年，长沙市烟草经营与专卖工作全面实行经营承包。是年全市销售卷烟22.63万箱，销售额3.19亿元，实现利润1007万元，税金272万元。烤烟种植面积3.3万亩，烟叶产量3027吨；晒黄烟种植面积600亩，烟叶产量30吨。

1989—1992年，针对市场疲软、长沙地区卷烟销售下降的情况，利用本省卷烟质量优良、品种齐全、结构合理、价格适宜和长沙地区地理等优势，确立依托省内、巩固近邻、开拓北方市场的购销策略，建立信息网络，加强市场调查，掌握市场变化动向，着力培育新市场，实现湖南卷烟向东北、西北市场的战略转移，销售网络达到安徽、甘肃、新疆以及东北各省，至1993年年底已与全国250余家卷烟商建立良好的业务往来。1993年，全年卷烟销量为26.82万箱，销售额为9.5亿元，实现利润4997万元，税金900万元。烤烟种植面积7125亩，烟叶产量865吨；晒黄烟种植面积1万亩，烟叶产量1047吨。

1994—1997年，以"狠抓基础，稳中求进"的行业指导思想为指针，坚持以效益为中心，以管理为重点，网建、专卖两手抓，广泛宣传贯彻《中华人民共和国烟草专卖法》，整顿卷烟市场，规范卷烟经营秩序，彻底取缔高桥、黄花、星沙3个非法卷烟批发市场，严厉查处和打击从非法渠道供货的卷烟，取缔无证经营行为。狠抓城乡销售网点建设，不断提高市场占有率。一方面全力以赴搞好长沙烟厂产品省外销售网络建设，另一方面，注重扩大本地市场，全面抓好全地区农村销售网点建设，积极探索城市网点建设新途径。加大网点建设宣传力度，各县（市）公司充分发挥卷烟商业零售作用，建立各类专卖店（点），增设长沙烟厂产品专卖示范点（柜）、直销店，这些专卖店（点）遍及市区各个繁华市场，打击和抵制假烟、走私烟，宣传名优卷烟，维护烟草专卖的垄断地位，树立企业的良好形象。1998年，全年销售卷烟54.9万箱，完成卷烟销售额40.4亿元，实现利润1.9亿元，税金5768万元。烤烟种植面积1.4万亩，烟叶产量1529吨；晒黄烟种植面积1400亩，烟叶产量134吨。

1999年，随着全国整体经济形式以及行业产大于销的矛盾逐渐体现，卷烟经营市场疲软，销量下降，价格下跌，利润下滑。全年销售卷烟29.33万箱、销售额22.1亿元，比1998年分别下降46%和45%；实现利润7126万元、税金3046万元，比1998年分别下降62%和47%。

2000年以后，按照国家烟草专卖局"整体推进、全面提升"的要求，长沙市初步实现网络组织架构、业务模式、工作流程和信息平台的四个统一。2003年8月通过国家局的网建考评验收。至2003年年末，全市1.93万户卷烟零售户全部入网，入网销售率达100%。2005年，市级卷烟营销主体的地位初步确立，浏阳、宁乡卷烟销售业务纳入市级统一经营管理，整合全地区商流，优化资源配置。积极推进办证扩网，对符合条件的客户尽可能地纳入服务。重点扩展农村销售网点，城乡网络覆盖范围加大，网点布局基本合理。2006年，专卖执法坚持专销结合，全面推行专卖户籍化管理，掌握真实详细的卷烟经营户情况，组织稽查队员进行地毯式清查，从物流和资金两个方面对卷烟经营业务逐笔逐项进行检查，营造良好的卷烟市场秩序。2008年，销售卷烟28.48万箱，完成卷烟销售额42.4亿元，实现利润7.1亿元，税金4.8亿元。烤烟种植面积15万亩，烟叶产量2万吨；晒黄烟种植面积8400亩，烟叶产量1685吨。烟叶产业为烟农创收3.51亿元，其中烤烟户均收入2.9万元，晒黄烟户均收入6500元。

2010年，专卖试点“社区化”管理机制，天心区79个社区建立市场检查协作等6个考核管理机制，划分责任区域到人，考核到位。发放打假举报联系卡片5000张，政法频道进行7次系列打假专题报道。开展专项集中整治行动5次，加大对货运站、车站、机场、码头、宾馆酒店等重点区域检查频率和打击力度。

2012年，长沙地区卷烟营销加强品牌培育，引入中华（大中华）等9个知名新低焦油品牌，市场占有率首次4.32%。增量、扩点、稳价，合理投放，实现中华、云烟等品牌覆盖率同比增长10%、18%。重点品牌销量28.71万箱，增长5.74%，重点品牌销量占比86%。8毫克以下低焦油品牌销量1.18万箱，占总销量比重3.57%，6毫克以下低焦油销量380箱，同比增长近5倍，重点品牌和低焦油品牌销售取得突破性进展。积极探索网络营销、协议供货，全面试行网上配货，订单满足率超过80%。推广运用行业物流标准，单箱物流费用128.83元，分拣仓储费用19.86元/箱，配送费用39.48元/箱，均优于行业平均值，客户满意度98.55%。获行业物流中心建设示范单位称号。在专卖管理方面多方联动，持续开展真品卷烟非法流通和“天价烟”治理，真品卷烟非法流通得到有效遏制，市场卷烟价格基本控制在每条1000元以下。全年查处外地区5万元以上违法案件264起，涉案卷烟8992.9万支。2012年下半年，5万元以上真品卷烟外流案件数为零。2012年全年销售卷烟33.38万箱，完成卷烟销售额80亿元；实现利润10亿元、税金9.1亿元。烤烟种植面积16万亩，烟叶产量2万吨；晒黄烟种植面积2万亩，烟叶产量4千吨。烟叶产业为烟农创收6亿元，其中烤烟户均收入7.9万元，晒黄烟户均收入1.3万元。

第一节　机　构

一、市级机构

1988年，长沙市烟草专卖局（与湖南省烟草公司长沙市公司“两块牌子、一套人马”），是长沙市烟草专卖行政主管部门，设7个科室：办公室、人教科、财务科、审计科、专卖办公室、基建办公室、卷烟经理部。下辖长沙、望城、浏阳、宁乡4县烟草专卖局（分公司），实行“统一领导、垂直管理、专卖专营”的管理体制。1989年6月，为适应企业管理运行机制的改革，恢复业务科，为卷烟经营和原烟生产管理职能科室。卷烟经理部经营卷烟业务，购、销、存统一。市局还增设政治办公室。新增检察室，属长沙市检察院的派出机构。1990年7月，市局（公司）科室机构作较大调整，新增秘书科、行政科，基建办公室改为基建维修科，均归口办公室；人教科、保卫科归口政治办公室；增设原烟科、监察室，设专职监察员。1991年9月，湖南省烟草公司长沙分公司改为湖南省烟草公司长沙市公司。内设机构根据管理工作需要进行适当精简，保持在10~11个，至2000年年底以前无大的调整。2001年，撤销基建科。2002年，改专卖办为专卖科，增设企业管理科和品牌办公室，为加强网络建设改业务科（卷烟经理部）为访销配送部，下分访销中心和配送中心。2004年，恢复基建科。2005年，行政科改为后勤服务中心，访销中心与品牌办合并为营销中心，新增信息中心。2006年，新增经济运行科，撤销后勤服务中心、企业发展与管理科，财务审计科分为财务科、审计科，监察科与整顿办合署办公。2008年，新增烟草服务中心。2010年，撤销基建指挥部，因建设新办公楼，设体育新城项目组。2012年下辖长沙县、望城区、浏阳市、宁乡县4个县局（公司），共设置16个科室：办公室、人劳科、经济运行科、监察科

(整顿办)、财务科、审计科、政工科、安保科、信息中心、烟叶生产经营部、烟叶生产技术中心、专卖管理科、内部专卖管理监督派驻办公室、营销中心、烟草服务中心、配送中心。

1988—2012 年，先后担任长沙市烟草专卖局（公司）主要领导职务的有：陈应祥、肖寿松、徐祖怡、贺本荣、李大幸、徐文军；其他领导班子成员有：王晓山、吴启华、谭克武、罗一波、周普华、鲁代珍（女）、肖经隆、旷仲秋、李树球、冯文政、郭汉华、刘麦秋、欧健、杨奇、彭凤玲（女）、罗稳刚、吴奇林、徐招深、何爱军、瞿红兵。

二、县级机构

县级局（公司）内设置能机构，本着精简、高效的原则，设置股室。1988 年，长沙县局（公司）设置 7 个股室：办公室、行政办、财计股、专卖办、业务股、原烟股、人教股；望城县局（公司）设置 7 个股室：办公室、政工股、财计股、专卖股、销售股、城关批发部、驻长批发部；浏阳县局（公司）设置 6 个股室：办公室、人事股、财计股、专卖股、销售股、卷烟批发部，其中卷烟批发部隶属于销售股；宁乡县局（公司）设置 7 个股室：办公室、政工股、专卖办、财务股、业务股、原烟股、百业兴商店。以后，县级局（公司）股室机构变动不多，基本按照市局（公司）科室设置相应股室。2012 年，长沙县、望城区局（公司）分别设置 5 个股室：办公室、综合室、专卖监督管理股、客户服务分部、内管派驻组；浏阳市、宁乡县局（公司）分别设置 9 个股室：办公室、综合室、财务室、纪检监察室、烟叶生产经营分部、客户服务分部、专卖股、基建办、烟叶基础建设办公室。

第二节 烟叶生产

一、品种选育

（一）烤烟品种选育。20 世纪 80 年代，长沙烤烟品种从多叶、高产型向优质、适产型转变。种植上不单纯追求多，而注重优化叶片的质地。1988 年，通过引进推广“K326”“G140”和“NC89”3 个优良品种，选定“K326”为最优品种。1990 年，“K326”的种植面积占烤烟种烟面积的 80%。

1991 年后，浏阳烟区锁定“G80”和”K326”两个品种，强行淘汰“中烟 15 号”及其他品种。1993 年自行开发 4 个科研项目的试种试验，为优质品种的开发打下一定的基础。1996 年以后的种植品种，基本从湖南省公司永州良种繁殖基地购进“G80”和新“K326”包衣种子。

2000 年以来，长沙烤烟主栽品种以 K326、G80、云烟 87 和云烟 97 为主，其中浏阳烟区主栽品种以 K326 和 G80 为主，宁乡烟区主栽品种以 K326 和云烟系列品种为主。

2012 年，长沙烤烟主栽品种以 K326、G80、云烟 87 和云烟 97 为主，其中浏阳烟区主栽品种以 K326 和 G80 为主，宁乡烟区主栽品种以 K326、云烟 87 和云烟 97 品种为主。

长沙烤烟以干草香、焦甜香为主体香韵，辅以焦香、坚果香、木香、正甜香、辛香，焦甜香尚明显，香韵较丰富，浓香型风格尚显著，属焦香透发型；整体感官质量较好，烟叶香气较均衡，烟气较细腻柔和。长沙烤烟还具有高钾（钾含量多在 2.5%以上，高的可达 3.7%）、配伍性好、安全性高（焦油释放量、重金属含量、农残等相对较低）、质量相对稳定等特点。长沙烤烟多年稳定批量供应湖南中烟“白沙”、浙江中烟“利群”，进入湖南中烟“和天下”、云南中烟“红塔山”、四川中烟“娇子”、安徽中烟“黄山”等重点品牌。

（二）晒黄烟品种选育。“宁乡黄烟”品质优良，久负盛名。先后种植“大宁旱烟”“湖北柳”“大叶红”“九华大白叶”“82–26–1”和“寸三皮”等近 20 个品种，其中“寸三皮”种植历史最长。该株每长 1 市寸（3.33 厘米），螺旋式分 3 个方向各生长一片叶，故名。又名“寸三叶”“寸三片”。其株高 1 米左右，茎围 8~10 厘米，节距约 5 厘米，有效叶数 20 片左右，最大叶片长可达 80 厘米，宽可达 45 厘米。叶色黄绿，叶片厚薄适中，单叶重 8~10 克，株型为塔形。生长势旺，需肥中等，抗黑胫病，气候适应性强。成熟期叶片油分足，香气浓，较易调制。

1988 年，宁乡县开始进行单株选育，优化品种。1989 年又进行区域种植比较。经过优选培育出的“寸三皮”，由青州郑州等地烟科所和长沙卷烟厂烟科所理化分析和评吸鉴定，认定为全国 7 个晒烟优良品种之一。中国烟草总公司全国晾晒烟普查人员到宁乡考察，对晒黄烟品种选优工作充分肯定。至 1991 年进行连续 4 年的试验、示范、选优提纯、繁殖推广工作，良种覆盖率为宁乡种烟总面积的 95%，正常年景亩产烟叶为 125~150 千克，最高可达 200 千克，上等烟叶比例一般为 70%~80%。按其所含化学成分，适宜作低焦油、浓香型高档卷烟原料。

2005 年以后，宁乡烟区对“寸三皮”品种进行重新提纯复壮，经过提纯复壮的“寸三皮”地方品种列入国家名晾晒烟种子库；2009 年，晒黄烟“寸三皮”正式通过国家商标局核准注册。此后至 2012 年未再选育新品种。

宁乡晒黄烟为国家名优晾晒烟，具有明显的地域风格，香气质好、香气量足、吸味纯净、余味舒适、刺激性小、燃烧性好，工业配伍性强，具有“三高一低”特点，即高香气、高钾、高烟碱、低焦油，是生产低焦油安全型高中档烤烟型和混合型卷烟的优质特色原料。

二、烟叶种植

（一）烤烟种植。1988 年，全市种烤烟 3.31 万亩，收购烟叶 3027 吨。至 1991 年，连续受移栽期低温阴雨和成熟期高温干旱的自然灾害，加上化肥、农药、煤炭、木材等涨价幅度较高，种烟成本增加，烟农生产积极性受到不同程度挫伤，加上管理方面的原因，全市烤烟种植面积、烟叶收购量连续 3 年滑坡，1991 年种植面积下降到 8650 亩。是年，烟区涵盖 10 个区、46 个乡、304 个村。有浏阳城郊、北盛、古港、社港、大围山 5 个常产区，其中浏阳路口、达浒、沙市、丰裕、中岳、官渡、社港 7 个乡为主产乡。

1991 年开始，全市烤烟生产持续滑坡。1994 年，受粮农作物调价影响，烟叶生产比较效益下降 40%左右，烟农种植积极性严重受挫，纷纷弃烟改粮或外出务工。浏阳烟区烟叶种植规模下滑明显，当年烤烟种植 686 亩，收购烟叶 87.3 吨。1996 年，浏阳市采取果断措施扶持烟叶生产，制定返税政策，核减定购粮指标，实行烟需物资补贴，调动烟农种烟积极性，滑坡局面得以扭转，当年种植面积 5622 亩，收购烟叶 608 吨。

1997 年，浏阳产区被列为长沙卷烟厂原烟定向生产基地，与烟厂结成战略伙伴，由此，进入稳步发展时期。该市调整布局，将种植范围控制在 17 个乡（镇），实行连片种植，并将全市种植范围分为东区、西区、北区，作出调整东区、开发西区、发展北区的部署。重点扶持万亩乡（镇）、千亩村。通过政策引导和技术辅导，涌现出淳口、龙伏 2 个万亩乡（镇）和 10 个千亩村。同时涌现出淳口镇鸭头村一带 1.12 万亩的大型连片烟区。2001 年，浏阳全市种烟面积 6.20 万亩，收购烟叶 0.71 万吨。至此，浏阳已是全国国际型烟叶开发、高香气烟叶开发、烤烟农业标准化、烟叶平衡施肥病虫害综合防治、烤烟收购质量控制体系等 6 个项目示范烟区，是湖南省重点产烟县（市），全国著名烟叶产区。1998 年，浏阳率先在全国建立被誉为“浏阳模式”的烟厂、政府、烟草公司“三位一体”的烟叶基地建设管理体制。

1999年，全市种植烤烟3.83万亩，产量3379吨。浏阳制定《特色烟叶开发技术方案》，在淳口镇开发特色烟叶示范基地7225亩，收购特色烟叶2万担，烟叶质量得到行业专家高度认可，同时被列为全省科技兴烟示范市（县）。宁乡被纳入长沙卷烟厂烤烟生产基地，开始恢复烤烟生产，当年在横市、青山桥两地种植烤烟300亩。

2001年，浏阳市被列入全国烤烟生产示范县和全国烤烟生产技术标准化体系建设示范县，以“鹤源”品牌为注册商标的浏阳烟叶，成为湖南第一、全国第二个优质烟叶品牌，被选送到香港世界烟草博览会参展。承办当年全国烟叶收购现场会，得到国家烟草专卖局副局长姜成康的高度肯定。宁乡根据长沙烟厂需求，烤烟种植扩大到桃林桥、流沙河、老粮仓、枫木桥、双凫铺、大屯营等乡（镇），种植面积8500亩，并在省内率先实行烟叶生产户籍化管理。

2002年，全市烟叶种植集约化程度进一步提高，浏阳建成淳口、永安、龙伏、沙市4个万亩片区，社港、北盛、官桥、普迹4个5000亩以上种烟乡镇，宁乡建成横市、大屯营、双凫铺3个5000亩以上种烟乡镇。新建社港、永安和横市烟叶收购站，全面推行全封闭式微机密码收购。2003年，浏阳市坚持以严控总量为契机进一步优化产业布局，确定8个重点产烟乡镇。

2004年，全市提出基本烟田的概念和构想，积极构建以烟为主的耕作制度，浏阳市划定20万亩耕地为基本烟田，以政府决定予以确认，规模覆盖20个种烟乡镇。2005年，积极争取省外重点工业企业来长办基地，杭州烟厂、成都烟厂分别在宁乡、浏阳建立烤烟基地。全市种植烤烟14.89万亩，收购烟叶1.72万吨；其中浏阳种植烤烟12.43万亩，收购烟叶1.43万吨，宁乡种植烤烟9699亩，收购烟叶1226吨。

2008年，全市种植烤烟15万亩，收购烟叶20144吨，创历史最高水平；其中浏阳种植烤烟7.98万亩，收购烟叶1.16万吨，宁乡种植烤烟7.02亩，收购烟叶8595吨。宁乡组建拥有220名成员的烟农协会，推动土地合理流转；浏阳开展专业化烘烤和分级探索。

2009年，全市承办全省烟叶收购暨现代烟草农业建设现场会，荣获全省烟叶生产先进单位，种植烤烟13.58万亩，收购烟叶17950吨。2010年，积极探索实践经济相对发达地区烟叶产业的可持续发展道路，宁乡县和浏阳市分别纳入国家、省首批整县推进现代烟草农业建设单位，宁乡县成为国家3个直接挂点县之一，湖南省省长徐守盛，国家烟草专卖局局长姜成康等领导亲临视察。浏阳市在沙市和永盛两个基地单元3个乡镇全面推进散烟分级收购5470吨，宁乡县试点收购250吨，承办全国散叶专业化分级收购现场会。

2011年，全市按照“一社两场三体、六统两分一中心”基本模式，持续推进烟农合作社建设，烤烟入社烟农60%以上，承办全省烟农专业合作社建设现场观摩暨培训交流会。

2012年，全市种植烤烟16.21万亩，收购烟叶19180吨；其中浏阳种植烤烟8.52万亩，收购烟叶10400吨，宁乡种植烤烟7.69亩，收购烟叶8780吨。

表19-8-2-1　　1988—2012年长沙烤烟生产情况一览表

年份	种植面积（亩）	亩产烟叶（千克）	烟叶总产量（吨）
1988	33072	91.53	3027
1989	23700	75.91	1799
1990	15615	101.63	1587

续表 19-8-2-1

年份	种植面积（亩）	亩产烟叶（千克）	烟叶总产量（吨）
1991	8650	94.80	820
1992	20715	112.91	2339
1993	7125	121.40	865
1994	684	118.42	81
1995	926	109.07	101
1996	5622	108.15	608
1997	19928	107.89	2150
1998	14442	105.87	1529
1999	38279	88.94	3404.5
2000	91575	131.51	12043
2001	70500	114.54	8075
2002	112000	122.32	13700
2003	89399.4	123.89	11076
2004	92418.5	144.40	13345
2005	148908.4	115.74	17235
2006	108736.7	140.16	15240
2007	108874.7	139.43	15180
2008	150010.8	134.29	20144.5
2009	135760.3	132.22	17950.4
2010	134995.8	129.79	17521
2011	150600	130.48	19650
2012	162100	118.32	19180

（二）晒黄烟种植。1988 年，宁乡在桃林桥、檀树湾、莲花山、洪伦山 4 个乡试种晒黄烟 600 亩，因受自然灾害，产量不高。但所优选的“寸三皮”品种，被有关部门认定为湖南域内最好的晒烟品种。1989 年大力扩种，烟区达回龙铺、双江口、夏铎铺、花明楼、道林、坝塘、双凫铺 7 个区的 17 个乡，烟农达 7778 户，种植面积 6514 亩。1990 年调整布局，相对集中，连片生产，将烟区稳定在桃林桥、洪仑山、檀树湾、莲花山、万寿山、石家湾、善山岭、山仙坳、崔坪、金华、道林 11 个乡。1992 年是宁乡晒黄烟种植高峰年，种植 1.70 万亩，生产收购烟叶 1906.71 吨。

1994—2000 年，受市场需求和计划调整影响，宁乡晒黄烟种植规模处于历史较低水平，年度种植面积均在 3000 亩以下，烟叶产量不超过 300 吨。其中，2000 年种植面积一度萎缩至 600 亩，年产量不足 100 吨。

2001 年开始，宁乡晒黄烟生产进入快速发展期，烟叶种植规模和烟叶收购量逐年扩大。2001 年，宁乡晒黄烟种植面积 3000 亩，年产量 402 吨。2005 年，宁乡晒黄烟种植面积 7800 亩，年产量 1160 吨。2010 年，宁乡晒黄烟种植面积 1.29 万亩，年产量 2580 吨。2012 年，宁乡晒黄烟种植面积 2.3 万亩，收购烟叶 3980 吨，创历史最高水平。

表 19-8-2-2　　1988—2012 年长沙晒黄烟生产情况一览表

年份	种植面积（亩）	亩产烟叶（千克）	烟叶总产量（吨）	年份	种植面积（亩）	亩产烟叶（千克）	烟叶总产量（吨）
1988	600	50.0	30	2001	3000	134.0	402
1989	6514	39.1	255	2002	3500	127.1	445
1990	3993	47.7	190.5	2003	—	—	—
1991	3000	113	338.9	2004	5100	138.2	705
1992	17000	112.2	1906.7	2005	7800	148.7	1160
1993	10000	104.7	1046.7	2006	5000	182	910
1994	1100	100.8	110.9	2007	6100	118	720
1995	1000	115.4	115.4	2008	8400	200.6	1685
1996	1500	112.8	169.2	2009	12100	209.9	2540
1997	2500	99.6	248.9	2010	12900	200.0	2580
1998	1400	96.1	134.6	2011	18000	139.7	2515
1999	1000	106.9	106.9	2012	23000	173.0	3980
2000	600	156.2	93.7				

三、烟叶烘烤

（一）烤烟。20 世纪 80 年代，长沙烟区推出容量 150 竿左右的小型烤房，适合种烟 3~5 亩的农户需要。为确保烤房通风排湿顺畅，改冷风洞为各种形式的热风洞，改“老虎大张嘴式”的天窗为高天窗，后来又发展为通脊长天窗，使烤房排湿顺畅，增大天窗、地洞面积，使天窗、地洞面积分别为 0.16 平方米/100 竿烟和 0.11 平方米/100 竿烟，有效解决蒸片、糟片和挂灰等问题。有人根据具体的生态条件和实际技术水平，提出低温慢烤的烘烤工艺。

自 2003 年起，长沙烟区开始启动标准化密集烤房建设和推广，当年主要建设长浏 1 号密集烤房。2005—2008 年，长沙烟区重点推广长浏 2 号密集烤房建设。

2009—2012 年，长沙烟区重点推广湘密 1 号等新材料非金属密集烤房建设。

（二）晒黄烟。1988—2001 年，宁乡晒黄烟的调制方式以传统折晒方式为主，调制工艺按照划筋-上折-调制的步骤进行，每亩烟田需备向阳通风的晒烟坪 130~200 平方米、烟折 300 副（两块为一副）、划筋器 2~3 个。有科研人员和农户对半晒半烤等调制方式进行一定探索，但调制效果不够理想，未能大面积推广。

2002—2003 年，市烟草部门联合河南农业大学等科研院校，开展不同调制方法对烟叶质量形成影响的研究，对半晒半烤等调制方式开展较为深入的研究，但未能大面积推广。

2005 年，晒黄烟调制时期参照烤烟烘烤分为变黄期、定色期和干筋期。

2009—2012 年，市烟草部门科研人员利用育苗大棚设施，开展棚晒、索晒等调制方式的研究，制定调制大棚的建设标准，申请多项专利，调制大棚和棚晒方式得到较大面积推广。

四、烟叶销售

(一) 烤烟销售。1988—2002 年，烤烟烟叶实行按政策对口调拨，主要对口卷烟工业企业有 5 家，分别为湖南中烟、浙江中烟、安徽中烟、川渝中烟和厦门卷烟厂，烟叶销售量 2522 吨。

2003—2004 年，烤烟烟叶调拨对口卷烟工业企业主要有 4 家，分别为湖南中烟、浙江中烟、安徽中烟和湖南省烟草公司，两年分别销售烟叶 1.06 万吨、1.42 万吨。

2005—2006 年，烤烟烟叶调拨对口卷烟工业企业增加到 7 家，分别为湖南中烟、浙江中烟、安徽中烟、川渝中烟、福建中烟（厦门卷烟厂）、河南中烟和陕西中烟。两年分别销售烟叶 1.74 万吨、1.47 万吨。

2007—2008 年，烤烟烟叶调拨对口卷烟工业企业有 6 家，分别为湖南中烟、浙江中烟、川渝中烟、安徽中烟和河南中烟，两年分别销售烟叶 1.45 万吨、1.96 万吨。

2009 年开始，烤烟烟叶调拨对口卷烟工业企业有 7 家，分别为湖南中烟、浙江中烟、川渝中烟、安徽中烟、云南红塔和山东中烟。是年烟叶销售量 1.65 万吨，2010 年 1.86 万吨，2011 年 1.93 万吨，2012 年 1.89 万吨。

(二) 晒黄烟销售。1988 年开始，晒黄烟烟叶实行按政策调拨。

2003 年开始，主要对口卷烟工业企业有 4 家，分别为安徽中烟、河南中烟（新郑卷烟厂）、川渝中烟和福建中烟（厦门卷烟厂）。是年销售烟叶 114 吨，2004 年 146 吨，2005 年 476 吨，2006 年 620 吨，2007 年 473 吨。

2008 年开始，主要对口卷烟工业企业有 8 家，分别为安徽中烟、浙江中烟、川渝中烟、湖北中烟和福建中烟（厦门卷烟厂）、江苏中烟、红塔集团和上海中烟。是年销售烟叶 1177 吨，全部为国内销售；2009 年 2554 吨，含国内销售 2294 吨、出口 260 吨；2010 年 1747 吨，全部为国内销售。

2011 年开始，主要对口卷烟工业企业有 6 家，分别为上海中烟、红塔集团、江苏中烟、吉林中烟、安徽中烟和浙江中烟。是年销售烟叶 2490 吨，含国内销售 2010 吨、出口 480 吨；2012 年 3971 吨，全部为国内销售。

第三节　卷烟经营

一、购进

1988 年，长沙市根据计划和当地销售的实际情况，分别与省内各烟厂衔接，确定具体订购的品牌和数额。1988—1990 年，长沙地区累计购进卷烟 133.8 万箱，其中省产卷烟占 95%以上。1991 年，长沙市在省计划框架内，力求宏观控制、微观搞活，立足省内，购销平衡，开展购销业务。1991—2000 年，累计购进卷烟 364 万箱，其中省产卷烟约 349 万箱，占购进总量的 96%。2001—2005 年，累计购进卷烟 124.34 万箱，其中省产卷烟约 90 万箱，占购进量的 70%。2006—2010 年，累计购进卷烟 141.82 万箱，其中省产卷烟约 103 万箱，占购进量的 73%。2011—2012 年，累计购进卷烟 331.87 万箱，其中省产卷烟约 229 万箱，占购进量的 69%。

二、销售

1988 年，销售卷烟 22.63 万箱，销售额 3.19 亿元。积极开拓农村市场。1990 年，浏阳县对售后服务实行“三包”，对无运输能力的购货单位送货上门，品种不适销的包退，确实少数量或变质的包换。立足省会市场，积极向省外开拓，至1993年，与全国17个省市建立销售网点，是年，销售数量26.82万箱，销售额9.51亿元，与1988年相比分别增长19%、198%。

1994开始，以农村网络建设为主，开始各经营单位在农村尝试建立批发网点，开展送货服务。1997年国家烟草专卖局发布《关于进一步建立和完善农村卷烟销售批发网络的意见》，提出“以我为主，归我管理，由我调控”的农网建设思路。长沙市以“长烟网建”为龙头，全面抓好农村网点建设。积极探索城市网建新途径，各县（市）充分发挥卷烟商业零售作用，建立专卖店，增设长烟产品专卖示范点（柜）、直销店，至1998年，向39家专卖店授牌，长沙县、浏阳市、宁乡县都办起专卖店，望城县也发展经销点5个。探索城市网建工作思路，完成《长沙城市网建发展战略初探》等考察报告，投入上百万元在侯家塘、芙蓉路建立专卖示范店，整顿规范赤岗路、芙蓉路的长烟产品一条街，绘制地区网络图，城市网建图以及网络管理制度，建立电子价格显示多功能宣传窗、电脑联网体系。1998年，销售数量54.9万箱，销售额40.37亿元，与1993年相比分别增长105%、324%。

1999年开始，从农网建设为主转向城网建设。长沙烟草行业开始进行城乡网点建设，先后建立6个自批网店，一个中心批发部下辖118家大型国有商场专卖店。牢牢把握“以我为主，归我管理，由我调控”的网建方针，将卷烟销售的重心及时转移到加强网络管理、规范经营秩序、发挥网络功能、扩大辖区销量、提高经济效益上来。设立卷烟配送中心，城区持证经营户为7294户，利用各大商场副食品柜发展名烟专卖店118家，双方签订协议，做到“六统一”“四不准”为探索城市卷烟销售网络的发展提供有益的尝试。建立入网零售户档案，进行入网授牌，送货登记，实行送货上门，分片定人，定时访送，2000年，通过网络管理的逐步完善，入网数不断地增加，送货量不断攀升，由建网初期日销量几十件上升到几百件，销售金额由几万元上升到几百万元。深化网建改革，逐步实施专销结合，户籍化管理，切实加大网建软、硬建设施投入，确定“分散访销，集中送配，专销结合相互制约”的新网建工作指导方针，在市内设四个访销分部和烟草专卖户籍管理所。2001年，销售量26.2万箱，销售额23.10亿元，与1998年相比分别减少52%、43%。

2002年开始，长沙烟草行业整体推进网络建设。实行20年的工商一体化经营模式被彻底打破，烟草行业进入改革快速推进的发展时期。是年，制订实施《长沙市城市网建联动方案》。2003年，按照国家烟草专卖局《全国重点城市网建联动方案》要求，长沙烟草实现零售户入网率100%，电话订货率100%，市本级非现金结算比例97%，浏阳市85%，长沙县、望城县80%，宁乡县50%。长沙县率先在农村推广无线终端机，后又尝试在线代扣，积累成功的经验。2004年，零售终端建设进入实质性启动，注册成立专门运作机构——长沙市金网卷烟零售连锁有限公司。坚持“经营管理、服务标准、形象标识和零售价格”的统一，建立火星、南门口、星沙、高塘岭4家直营店，较好地发挥标杆和示范作用。2005年，印发《全市网建学上海达标工作方案》，明确提出要实现“湖南一流，全国先进”的目标。积极推广现代流通业务模式，实现网络组织架构、业务模式、工作流程、服务标准和信息平台的“五个统一”。市区和长沙县、望城县实行一地集中订货和配送，宁乡、浏阳两县（市）逐步撤销网络分部，全部做到集中访送。继续推行城乡在线代扣方式为主的电子结算，城区电子结算率98%，农村73%，领先全国同行。在全市启动“跨区订货、合理定量”的营销模式，打破原来订单采集员和订货路线、客户经理一一对应的固定关系，订单模式实现根本性转变。推行货源分配“阳光工程”，基本做到同业态、同规模客户供货基数一致。2007年，首次举办全省网建现场会，“商业形象标识”概念在全省烟草系统得到应用。2008年，销售量28.48万箱、销售额42.39亿元，与2001年相比分别增长9%、83%。

2009 年，长沙烟草实施“商情 101 信息港”工程，通过 100 个零售户和金网 636 连锁，实时提供市场信息。学习徐州先进经验，以客户为中心开发电子商务平台，全地区网上订货客户数突破 2000 户。建立覆盖全市的 216 个信息采集点，以社会库存和市场价格为信息节点的货源动态投放机制。在全市发起学习“135 客户经理工作法”活动，创新服务内容，提高响应能力。承办“全省烟草商业系统现代物流暨零售终端建设现场会”。2011 年，长沙烟草积极培育“532”“461”知名品牌，不断在建设有坚实的零售终端网络，在有良好的配送设施上下功夫，加快从卖卷烟向卖服务、卖文化转变。开展最新网络规范培训，编写客户经理服务规范，推进“135 工作法”落地生根，在全省网建检查中获第一名。通过创新终端建设，建设功能终端，建立管理办法，至 2012 年，100 家紫荆零售店实现“七个统一”，金网新开门店 30 家，总数达 100 家。2012 年，销售量 33.5 万箱、销售额 72.96 亿元，比 2008 年分别增长 18%、72%。

表 19–8–3–1　　　　1988—2012 年全市卷烟销售情况一览表

年份	销量（万箱）	销售额（万元）	年份	销量（万箱）	销售额（万元）
1988	22.63	31912	2001	26.20	231013
1989	29.81	52825	2002	21.71	159866
1990	22.93	54216	2003	22.10	190722
1991	32.75	61857	2004	23.6	240944
1992	33.26	72007	2005	29.53	358988
1993	26.82	95096	2006	24.3	335076
1994	25.18	97283	2007	27.2	361569
1995	33.72	147810	2008	28.48	423906
1996	43.35	251768	2009	29.74	465097
1997	51.27	332350	2010	31.31	543611
1998	54.90	403650	2011	32.65	640098
1999	29.33	220797	2012	33.5	729598
2000	33.98	283102			

第四节　专卖执法

1988—1990 年，全地区立案查处违章案件 3535 起，违章户 3718 户，其中个体经营者 2667 户，占违章户数 71.7%，罚没款 121 万元（含罚没物折合金额）。1990 年 10 月，在实施《中华人民共和国行政诉讼法》过程中，对 1988 年以来的 1000 余件重点案卷重新清查，未发现因处理错误而被起诉之事。

1991 年，贯彻执行国务院《关于大力加强反走私烟斗争的通知》，国家工商行政管理局、国家烟草专卖局、海关总署、公安部联合发布《关于打击卷烟走私，整顿卷烟市场的通告》，长沙市成立“打私”领导小组，全面集中整治卷烟市场。1992 年，长沙市认真学习《中华人民共和国烟草专卖法》，在结合打私、打假、整顿烟草市场秩序的同时，加强对烟草专卖许可证的发放和管理，经营者的持证意识有所提高。是年，取缔无证经营126户，发放烟草专卖许可证1503户，开具准运证243份。贯彻国务院《关于打击制售假冒商品活动的通知》精神，成立打假领导小组，开展打假行动。专卖执法人员对假烟泛滥的下河街、北大桥等黑市反复检查。随后几年，取缔市区燕山街、下河街2个卷烟非法交易市场，制止三湘、西长街和望城坡君士利卷烟非法交易市场的形成，查处马坡岭、马王堆2个制假窝点。

1997年，全市贯彻落实《中华人民共和国烟草专卖法实施条例》，加强专卖执法，维护国家利益和消费者利益。1998年，开展“一清、二打、三加强”工作，对下河街、火车站、北大桥、望城坡、高桥等地实施重点监控，关闭闻名省内外的黄花、星沙、高桥3个卷烟非法交易市场。累计对市场联合检查120多次，查处违法案件56起，查获非法卷烟64箱，罚款50万余元，端掉8个卷烟存放窝点。2000年，长沙市实施“户籍式”管理，开展创建“三个三无”街道、县（市）活动，进行地毯式清理整顿。全地区检查卷烟经营户2.3万户，查处无证经营563户，查扣违章卷烟6万多条，持证率达91%。至2001年的11年间，长沙市本级查处违法、违章案件4655起，没收假冒卷烟3242件。所辖4县（市）查处违法、违章案件3492起，没收假冒卷烟3590件。

2002—2003年，认真开展卷烟体外循环专项治理，打击非法制售假冒卷烟活动，整治违法经营行为，提高市场净化率。查处各类违法经营卷烟案件6762起，查扣违规卷烟1.70万余件，上缴财政罚没款1000万余元，移送司法机关判刑10人。

2004年，查办各类违法经营案件1876起，查扣卷烟40万余条，其中非法生产卷烟的案件613起，数量17万余条，查获制假烟草器械2台（套）。移送市质量技术监督局案件10起，移送工商局案件330起，罚没款9万余元，移送公安局案件5起，判刑1人，劳教2人，公开集中销毁假烟2次，上缴财政罚没款390万余元。加大勘查摸底力度，完成零售许可证换发工作。

2005年6月，根据国家烟草专卖局《烟草行业内部专卖管理监督实施意见》，长沙市组织开展烟草行业内部专卖管理监督检查，推动内部专卖管理监督工作走向“制度化、规范化、日常化”。坚持依法行政，坚持不懈地进行市场清理整顿和非法贩销治理，重点对高桥、红星等市场进行综合治理。针对制假售假网络的突出问题，加大联合查处力度，多次采取大规模行动。两年内摧毁胡某某、顾某某销售伪劣产品网络犯罪团伙，抓获违法犯罪嫌疑人50多人，摧毁假烟仓库5个，查获各类假烟555.6万支，案值530万余元，该案涉嫌网络下线80多个，涉案金额高达3500万余元，刑事处罚14人，罚款金额341万元。

2007—2008年查获各类卷烟违法案件2813起，查扣各类卷烟3.29亿支，上缴财政罚没款1117.73万余元，依法对不法烟贩追刑40人。

2009年，开展为期40天的市场专项整治“飓风”行动，查获各类卷烟违法案件2165起，查扣各类卷烟1.64亿支，涉案金额5856万元，上缴财政罚没款1143.63万余元，移送工商局案件128起，移送公安75起，依法对不法烟贩追刑13人，刑拘10人，逮捕7人。查处案值在50万元以上的案件有5起。

2010年，贯彻落实湖南省烟草专卖局印发《关于做好烟草制品零售点合理布局工作的意见》，严格按照一户一证、人证相符、证址相符的要求，进行大规模清理，截至2012年，辖区有烟草专卖零售许可证2.64万本。2012年，查获各类卷烟违法案件2329起，查扣各类卷烟1.56亿支，上缴财政罚没款1775万余元。破获国标级假烟网络案10个，逮捕37人，拘留38人，判刑10人。整治真品卷烟非法流通，开展“天价烟”治理工作，查处非法流通5万元以上案件200余起，涉案卷烟7900万余支。

第九章 成品油贸易

1988 年，湖南省石油公司长沙分公司是市域唯一的国有石油经营机构。市场体制上开始实行计划与市场结合的“双轨”制，即在国家计划占主导地位的市场上，出现由国家定价的计划内平价油和由市场定价的计划外高价油。国有石油实行多年“统配统购、定量供应”的国家指令性计划配置资源模式受到市场冲击。国家指令性计划指标逐年削减，国有石油经营企业开始采购计划外高价油资源弥补域内市场资源空缺。是年，全市成品油经营网点（含农村供销社和农机经销点）125 个，从业人数 810 人，销售油料 17.04 万吨（其中计划外油料 1.57 万吨），销售总额 1.98 亿元，实现利润 989.90 万元，上缴税收 164 万元。1990 年，长沙市运贸总公司涉足成品油批发和零售业务。1992 年，国家放开成品油中的润滑油市场，部分放开汽油和柴油经营市场，打破国有石油独家经营的局面，域内成品油贸易开始进入市场经济竞争时代。1993 年，域内除中国石油化工集团销售公司（以下简称中石化）湖南长沙石油分公司外，中石化湖南公司销售公司、航运公司等国有石油经营单位也在域内争夺成品油批零业务市场。长沙市运贸总公司、黄花机场油料公司、广州军区后勤部油料仓库等非国有石油经营单位也从事成品油批发零售业务。域内各级供销社、农机站，以及各专业储运公司和车队自行采购并零售油料。省内和周边省（市）石油炼化销售企业，凭借资源优势以联营方式或直接设点进入长沙成品油市场。域内出现“资源渠道多元化、市场主体多元化、竞争方式多元化”状况，导致多头经营、价格失控、资源分散、税源流失。1993 年批发油料 18.05 万吨，零售 8.5 万吨，销售总量 26.55 万吨，比 1988 年增加 9 万吨，增长 33.89%。1993 年成品油销售总额 4.3 亿元，比 1988 年增长 115%，上缴税收 605 万元，比 1988 年增长 257%。从业人数 2000 人。

1994 年 5 月，国家对原油、成品油流通体制进行改革，各级政府加强对成品油市场的宏观管理和对资源的合理配置，成品油资源年度配置计划由国家计委下达，各级国有石油公司从上至下把关实施，价格由国家统一定价。明确中石化和中石油两大集团销售系统为成品油流通主渠道。加强对成品油市场的整顿和监督，清理整顿不符合规定条件和要求的批发机构和零售网点。1994 年 9 月，长沙市成立“成品油市场整顿领导小组”。1995 年，国家完全取消成品油资源配置的指令性计划，国有石油经营全面进入市场经济运作。是年，长沙市成品油市场整顿领导小组积极开展整顿工作，对全市成品油经营单位进行资格审查和认证，批准并发证的加油站 162 个，零售网点 14 个。全市年度销售成品油 30.50 万吨，比 1993 年增加 4 万吨，增长 13.11%。1996 年，召开全市市场整顿工作会议，对全市油库、加油站（点）进行执法大检查，查封取缔 14 个加油站（点），理顺成品油市场供求关系，维护国有石油主导地位，促进域内建立活而有序，公平竞争的市场环境。1998 年，长沙石油分公司牵头组织长株潭石油公司先后三次召开协调会，形成统一销价不互相跨区域经销的共识，成立“长沙市石油批发经营单位价格协调小组”，由长沙市石油分公司制定并公布区内统一执行价，严禁在区内压价（乱价）倾销、严禁赊销油品。6 月，长沙市石油公司并入中石化集团公司旗下湖南省石油公司成为后者地市级分支机构。1999 年，根据《关于清理整顿小炼油厂和规范原油成品油流通秩序意见的通知》精神，取缔广州军区后勤部长沙油料仓库成品油经营资格；强制拆除宁乡县一个体户非法私建的加油站；中止长沙港务局兴建西湖桥加油站计划；出台《长沙市清理整顿成品油流通秩序和规范成品油流通秩序实施细则》；召开全市11家成品油批发、仓储企业整顿工作会议。1999年域内成品油销售总量42.50万吨，比1993年增加15.95万吨，增长60.07%；销售总额9.56亿元，比1993年增长122.32%；上缴税收1384万元，比1993年增长128.76%；从业人数2800人，比1993年增加就业岗位800个。

2000年，中国石油天然气集团公司进入长沙市成品油市场，并设立其在湖南省和长沙市区域经营机构。从此，域内形成中石化和中石油两大国有石油经营企业竞争的局面。2000年2月，中国石化集团公司重组，以优良资产组建中国石油化工股份有限公司，成立中国石油化工股份有限公司湖南石油长沙分公司。2001年年底，长沙市成品油整顿工作办公室确定域内在营成品油批发企业6家：中石化长沙分公司、中石化湖南石油销售分公司、中石化浏阳支公司、中石化长沙县支公司、中石化望城县支公司、中石化宁乡支公司和省水利电力洞庭总公司。当年统计全市范围内拥有经营网点385个，年度内销售成品油50.65万吨，从业人数3500人。2002年，按国务院办公厅《关于开展加油站专项整治工作》的文件精神，针对有些加油站违规建设与违法经营、布局不合理、税费不均且征缴难度大等问题，采取严格市场准入，规范审批并加强监管，进一步促进国有石化石油企业健康有序发展。2003年4月，编制长沙市《2004年至2020年加油站行业发展规划》。2004年11月，中石油湖南销售公司组建长沙销售分公司。自此，域内成品油市场步入中石化长沙分公司和中石油长沙分公司公平竞争和良性发展的局面。2004年全市成品油销售总量77.60万吨，销售总额34.76亿元，上缴税收3500万元，分别比1999年增长82.58%、64.12%和52.89%，从业人数3785人。

2005年9月，出台《长沙市区2004—2020年加油站布点规划初步成果》，2006年3月实施。2006年，域内成品油加油网点389座，从业人数4000人，销售总量105.83万吨。国有石油销售实施营销策略调整，经营重点在发展终端销售业，在做强做大成品油零售的同时，拓展直接配送销售业务，成品油批发量逐步减少，国有石油零售量50.23万吨。2008年6月，中石化"岳长株潭"输油管道正式投产运营，长沙油库新库建成投产运营，解决成品油资源入埠的陆运之困和水运之忧，域内成品油贸易市场成品油资源得到保障。2010年成品油市场需求持续增长，加油站点逐年增加，成品油销售总量、销售总额大幅度增长。是年成品油销售总量130.64万吨，比2004年增长68.35%；其中零售量66.51万吨。成品油销售总额102亿元，比2004年增长193.44%；上缴税收6850万元，比2004年增长95.71%；由此带来就业岗位的增加，行业从业人数4480人。2012年，域内成品油零售网点428座，其中国有石油拥有236座，占55.14%，非国有石油拥有192座，占44.86%。2012年全市成品油销售总量140.83万吨，比2010年增长16.20%，其中成品油零售量122万吨，比2010年增长35.50%；销售总额109.20亿元，比2010年增长7.05%；上缴税收1.25亿元，比2010年增长82.48%；从业人数4980人。其中，国有石油在域内成品油贸易做强做大中发挥经营主体作用。2012年，中石化长沙公司销售总量84.50万吨，比2010年增长15.20%，其中零售量70万吨。中石油长沙公司销售总量36.87万吨，比2010年增长17.80%，其中零售量24.09万吨。

第一节 成品油购销

一、购进

1988年，域内仅中石化集团公司湖南长沙石油分公司为经营主体，成品油资源购进（调入）由其担负。其时，成品油资源供应采用国家指令性计划配供和各级石油公司自行采购相结合的模式。是年，成品油调拨计划较上年削减 17.8%，且旱涝风灾接踵而至，国内原油减产，抢险救灾用油增加，社会经济发展对成品油需求增大，加之铁路运力受限等多种矛盾交织，导致成品油供应资源短缺。长沙石油分公司年内派出 100 多人次，分 48 批次赴北京、沈阳、郑州、南京、武汉、广州等 20 多个省（市）采购调运计划外油料 9.23 万吨，基本弥补域内市场的缺口。国家对农业生产实行粮油棉挂钩补贴政策，凡是农民每缴 50 千克征购粮食，则可到当地成品油经销点换购 1 千克计划价柴油。全市 7023 吨粮棉挂钩柴油，年内全部调运回埠发放到位，占当年柴油销量的 7%。此后几年，国家指令性计划逐年减少。为保障域内成品油市场供应，长沙石油分公司在调回计划内资源同时，积极组织计划外资源投放市场。1989 年，域内购进（调入）总量为 17.50 万吨，完成目标的 119.62%，其中购进计划外成品油 5.53 万吨。1990 年购进（调入）总量为 20.25 万吨，完成目标的 118.4%。其中购进计划外（自采）资源 7.99 万吨。1991 年，购调成品油 17.68 万吨，完成目标的 122%，其中计划外油料 8.57 万吨。1992 年购进计划外成品油资源 9.8 万吨。1996 年，域内国有石油在上级公司安排的购进计划不能满足市场供应的情况下，采取定点分片到人驻厂调运资源，油品调不回就人不回撤，当年 10 月至 12 月抢调 5 万多吨油品投放市场。是年，购（调）成品油资源 19 万吨。1997 年 1 月（春节前）抓住武汉石化厂调低出厂价的机会，抢购柴油 5700 吨。5 月在中石化调高出厂价前抢购柴油 1.34 万吨。是年，购（调）各类油品 28.77 万吨，比上年度增加购进 9 万多吨。1999 年湘江枯水期，长沙石油分公司出动 200 多人次和 60 多车次，进行三次从湘江中转油品入库作业，抢购柴油 4500 吨缓解供需矛盾。是年，购（调）成品油 37.40 万吨，比上年度增加购进 9 万吨。

2000 年，国有石油实行全省系统内统调统结，按各市县成品油市场需求配置资源，由各地市公司派人到各炼厂、铁路、航运等协助办理油品调运。是年，成品油购进 40.84 万吨。国有石油购调入埠的成品油资源占比 90%。2008 年 6 月，中石化"岳长株潭"输油管道运营，域内成品油大部分配置资源按计划分批次经管道输送至长沙油库（新库），域内成品油市场资源无难运之虞，无断供之忧。是年 6—12 月，输油管道在试运行状态下输油 17.63 万吨入埠。2009 年管输入库 84.29 万吨，域内成品油购进总量 96 万吨。2010 年成品油购进 105.78 万吨。2011 年购进 121.81 万吨。2012 年为 122.62 万吨，比 2010 年增长 15.90%。

表 19-9-1-1　　1988—2012 年长沙市域国有石油成品油购进一览表　　单位：万吨

年度	购进量	年度	购进量
1988	19.71	1995	12.24
1989	17.50	1996	18.99
1990	20.25	1997	28.77
1991	17.68	1998	35.51
1992	17.17	1999	37.40
1993	16.89	2000	40.84
1994	15.03	2001	40.56

续表 19-9-1-1

年度	购进量	年度	购进量
2002	40.10	2008	82.16
2003	48.84	2009	96.00
2004	56.60	2010	105.78
2005	74.20	2011	121.81
2006	81.30	2012	122.62
2007	89.20		

二、销售

（一）批发。成品油批发是20世纪计划经济模式下成品油贸易的主要途径，也是域内国有石油自成立伊始就采用的销售方式。1988年，域内仅有国有长沙市石油公司一家成品油批发机构。是年，批发成品油16.36万吨，其中计划内资源14.79万吨，计划外资源1.57万吨。1991年开始，有域内石油经营和域外生产企业渗透长沙成品油市场。1993年，域内成品油市场同行业竞争、不同行业竞争、埠内外竞争激烈，导致域内成品油批发市场混乱无序，域内国有石油经营企业批发市场份额萎缩、销售下滑。是年，国有石油成品油批发15.56万吨，比1988年批发量减少3.3万吨。1996年，经过市场整顿，成品油批发业务恢复由国有石油企业发挥主渠道作用，域内成品油批发市场趋于平稳，压价倾销、乱价乱市现象得以扼制。域内国有石油批发量有所回升。1998年域内成品油批发量达32万吨。2002年后，国有石油转变经营观念，调整思路和策略，重视开拓和发展油品终端销售，成品油零售量逐年增加。同时，成品油批发业务多转向直销业务（成品油批量直接配送给用户），批发占销售量的比重渐次减少。2002年，成品油批发量9.16万吨，比1988年减少7万吨，比1998年减少近23万吨。2008年，批发量13.40万吨，仅占总销量的21.66%。2012年，批发量13.30万吨，仅占总销量的10.96%。

（二）直销。成品油直销业务是市场经济发展的产物，也是域内成品油经营企业创新营销方式的产物。20世纪90年代初中期，域内成品油市场竞争激烈，国有石油批发业务曾一度下降，国有石油经营企业开始探索新的营销模式和途径。1996年8月，中石化长沙石油分公司组专建职销售队伍，分片分线上门促销，当月就请回流失的客户70余家，直接推销油品4000多吨。此后几年中，中石化长沙分公司专职营销队伍为企业增量增效发挥重要作用，更重要的是为创新营销模式，拓宽销售途径提供人员和管理上的储备，为直销业务的兴起和发展打下坚实基础。2000年后，域内房地产的崛起，路桥、地铁、高铁等工程的大量出现，以及新农村建设的兴起，传统工业复兴和现代化机械工程工业的发展，都为成品油直销业务提供市场条件，带来提高市场占有率的机遇。域内基础设施建设和重大重点工程项目对柴油的需求旺盛。中石化长沙分公司抓住机遇，调整充实专职营销队伍，设立片区和条线销售代表和客户经理，强化激励措施，优化服务流程，转换营销方式，变推销为直销。营销人员从市场调查分析入手，摸清客户的需求动态（需求量与时间地点）组织专人专车配送油品到位。既让客户节省采购油品的时间和成本，又可以及时保障客户的需求。2002年，成立直销专业机构和队伍，域内成品油直销业务方兴未艾。是年，直销油料12.35万吨，占当年总销量的29.98%。2003年，成品油直销量达19.11万吨，比2002年增加7万吨之多，占当年成品油总销量38.84%。2008年，成品油直销量13.40万吨，较之前有所下降，比上年减量1.1万吨。2010年，成品油直销量23.40万吨，占同年总销量16.30%，创直销量最佳业绩，比2008年增加10万吨，占同年总销量的22.36%。2012年，在成品油资源相对紧张的背景下，国有石油采取“停批控直保零”的营销策略，直销业务只对域内重大项目提供资源保障，直销量有所下滑。成品油直销量13.30万吨，比2010年减少10万吨，占同年度总销量的10.96%。

（三）零售。1988年，域内成品油零售以中石化集团长沙石油分公司为主体外，各级供销社、农机站经销农业、农机用柴油、滑润油和农村照明用煤油。是年，经加油站和农村供销社商店、农机站门市部零售柴油4.3万吨，其中包括0.73万吨农业粮棉挂钩柴油。零售煤油1.10万吨，零售汽油0.31万吨，零售总量5.74万吨。随着改革开放的深入，域内社会经济不断发展，此时期乡镇企业蓬勃兴起，城乡物资交流频繁，城乡基础设施建设逐渐增多，城乡客运货运量的不断增加带动城乡交通运输业的迅速发展，都为域内成品油零售市场提供发展的空间。1993年，域内成品油购销进入市场经济时期，零售市场竞争也十分激烈。域内成品油零售进入“主体多元化”时期，市场发育十分迅猛。域内“湘运”“人汽”等运输行业依托已有的内部供油点改成对内加油也对外零售油料的加油站，如泉塘、汽车东站与南站等加油站等。长沙市区个体加油站也应运而生，如西大门站、军安站等。农村各地供销社、农机部门利用原有的场地和储油设备改建简易加油站零售油料。1994年，域内供销系统拥有加油站（点）84处，零售油料5.3万吨（无农村照明煤油零售）。1995年，市人民政府落实国务院关于改革原油、成品油流通体制有关问题的通知精神，加强对成品油市场整顿，对全市零售网点进行资格审查和认证，域内经审查认证并发经营合格证的零售加油站162座，零售点14处。是年，域内零售网点176座（处），全市成品油零售6.5万吨，比1988年增加13.24%。

2000年，中石化长沙石油分公司及所辖四县（市）支公司，全面启动“攻城、守线、下乡”的扩展零售站点的策略，年内投入近2亿元，新建3座大型加油站，收购其他行业加油站29座，扩改老站24座，租赁经营8座，其中年加油上万吨的加油站2座，年加油5000吨级的3座，年加油超1000吨的20座。本年度中石化长沙分公司零售量16.12万吨，零售市场占有率达60%，基本扭转域内国有石油市场份额低于其他行业加油站零售份额的被动局面。是年，域内零售网点375座（处），零售量26.85万吨，比1995年增长313%。

2002年，是中国加入世贸组织的开局之年。年内市政府按照国家和省政府有关文件精神，继续加大对域内零售市场的稽查和整顿，整顿并撤销11座无证经营、计量违法和存在重大安全隐患的加油站（点），对保护消费者权益、营造良好经营环境和公平竞争起到重要作用。同年，中石化长沙石油分公司推行加油站特许加盟营销措施，长沙港务局水上加油站成为第一个特许加盟站。是年，域内国有石油大力推介高标号汽油销售。同时，开展“加油能手”“加油标兵”等竞赛活动，促使提高各加油站的服务质量和经营质量。2004年，中石化长沙分公司开展“加油站规范化管理”竞赛活动，促进零售经营管理和服务的制度化、规范化、精细化和便民化。11月，中石油长沙销售分公司正式挂牌运营，域内成品油贸易市场注入新的活力和动力，尤其是推动域内成品油零售经营进入新的发展阶段。至2004年年底，中石油长沙销售分公司从原中石油西北销售分公司接转在域内的零售网点36座，2004年12月份就实现零售1万吨。

2005年，是全国成品油零售市场全面放开的第一年。中石化长沙分公司以构建“大长沙、大零售”格局迎接新的发展机遇，全年投入4.42亿元建设零售网络，新建12座大型零售网点，改造27座，年度内成品油零售量35万吨，同比增长12.47%，巩固其在成品油市场中总销售和零售量最大的主体地位。同年，中石油长沙销售分公司零售量8.71万吨。至2005年年底，域内零售网点385座（处），全市零售总量 74.71 万吨，比 2000 年增长 334%。

2008 年，域内城乡全面推广 IC 卡加油。中石化长沙分公司开展“加油卡进社区、进企业”等推广促销活动，年内发放加油 IC 卡 3.66 万张，充值资金最高达 6.90 亿元，公司全年零售量 46.60 万吨，比 2005 年增长 33%。中石油长沙分公司开展零售业务专业化、规范化试点改革，促进区域零售市场规范管理和高效运营，公司当年零售量 11.23 万吨，比 2005 年度增长 28.93%。中石化和中石油两大成品油经营主体在域内零售量达 57.33 万吨，比 2005 年的 43.71 万吨增长 31.16%。是年，域内成品油零售量达 90 万吨，比 2000 年增长 5.58 倍。2010 年，落实节能、减排、降耗、环保措施，推广使用清洁汽油。至 2012 年年底，域内零售网站 428 座，2012 年度中石化和中石油两家共零售油品 94.09 万吨。全市成品油零售量达 132.78 万吨，比 2010 年的 86.51 万吨增加零售量 46.27 万吨，增长 53.48%。

表 19-9-1-2　　长沙市域国有石油 1988—2012 年成品油销售一览表　　单位：万吨

年份	销售总量			销售方式		
	总计	中石化	中石油	批发	直销	零售
1988	18.86	18.86	—	16.36	—	2.50
1989	18.64	18.64	—	16.01	—	2.63
1990	19.94	19.94	—	17.16	—	2.78
1991	18.57	18.57	—	15.61	—	2.96
1992	17.24	17.24	—	14.10	—	3.14
1993	15.56	15.56	—	11.94	—	3.62
1994	14.47	14.47	—	10.48	—	3.95
1995	12.53	12.53	—	8.45	—	4.08
1996	19.49	19.49	—	15.29	—	4.2
1997	27.28	27.28	—	23.05	—	4.23
1998	36.22	36.22	—	22.00	—	4.33
1999	37.81	37.81	—	30.29	—	7.52
2000	40.08	40.08	—	33.96	—	16.12
2001	41.54	41.54	—	24.20	—	17.34
2002	41.92	41.92	—	9.16	12.35	20.41
2003	49.20	49.20	—	4.24	19.11	25.85
2004	57.60	56.60	1.00	6.58	17.90	31.12
2005	74.71	63.00	11.17	12.66	17.80	44.25
2006	80.29	60.56	19.73	11.98	18.08	50.23
2007	89.50	69.20	20.30	19.60	14.50	55.40

续表 19-9-1-2

年份	销售总量			销售方式		
	总计	中石化	中石油	批发	直销	零售
2008	82.18	61.86	20.32	10.95	13.40	57.83
2009	81.99	66.46	31.53	7.49	15.70	58.80
2010	104.64	73.36	31.28	14.73	23.40	66.51
2011	112.22	75.90	36.32	13.58	14.40	84.24
2012	121.37	84.50	36.87	13.98	13.30	94.09

第二节 储 运

一、储存

长沙成品油储存主要由国有石油中石化长沙石油分公司及其前身所属油库承担。1988 年，域内除最早建成容量最大的国有长沙油库运营外，还有时为长沙市石油公司辖下的浏阳县与宁乡县石油公司各有一座小型油库运营，担负域内成品油储存任务。1991 年，长沙运贸总公司和望城县石油公司联营在湘江西岸建三汊矶油库。1993 年，省水利厅母山防汛基地建造母山油库。1995 年，长沙重型机械厂在厂区内建造长重油库。1996 年，长沙市港务局在湘江西岸建造航道油库。1999 年，长沙石油分公司辖下浏阳、宁乡油库相继停用并拆除。2001 年三汊矶油库拆除。2004 年 5 月，因新河三角洲开发需要，确定长沙油库整体搬迁至开福区霞凝新港。2008 年 3 月母山油库拆除。2008 年 6 月，新建成的中石化长沙石油分公司所属长沙油库竣工投产。2009 年 2 月，湖南铭伦石油化工公司投资在望城县丁字镇建造中型油库，于 2010 年 8 月建成投产，2010 年 12 月，由中石油长沙销售分公司长期租用。

至 2012 年年底，域内在营油库仅有长沙油库和丁字油库 2 座。中石化长沙分公司所属长沙油库占地面积 9.33 公顷，资产净值 4.50 亿元，设计容量 10 万立方米，当年吞吐量 224.60 万吨。湖南铭伦石化公司所属丁字油库占地面积 1.67 公顷，库容量 3 万立方米，年吞吐量 15 万吨。

表 19-9-2-1 长沙市域成品油储存油库一览表

库 名	所属单位	建造投产时间	库容量（万立方米）	储存品种	备 注
长沙油库（老）	中石化长沙分公司	1954 年	3.88	汽、煤、柴、润	2008 年 6 月停用后拆除
长沙油库（新）	中石化长沙分公司	2004 年 6 月开工 2008 年 6 月投产	10	汽、煤、柴、润	运营中
浏阳油库	中石化长沙分公司	1979 年	0.20	汽、煤、柴、润	2000 年拆除
宁乡油库	中石化长沙分公司	1979 年	0.18	汽、煤、柴、润	2004 年停用
长沙机务段油库	广铁长沙机务段	1990 年	0.20	柴	2003 年拆除
三汊矶油库	长沙运贸公司	1991 年	0.26	汽、柴	2001 年拆除

续表 19-9-2-1

库　名	所属单位	建造投产时间	库容量（万立方米）	储存品种	备　注
母山油库	省水利厅防汛基地	1993 年	0.16	柴油、燃料油	2004 年拆除
长重油库	长沙重机厂	1995 年	0.06	柴	2006 年拆除
航道油库	长沙市港务局	1996 年	0.20	柴、汽	2005 年拆除
长沙丁字油库	湖南铭伦石化有限公司	2009 年建成 2010 年投产	3	汽、柴、润	2010 年起由中石油租用

二、运输

（一）公路运输。1988 年，长沙市域内成品油销售中运输主要由长沙市石油公司所属汽车队承运。长沙市石油分公司车队组建于 1968 年，至 1988 年拥有油罐车 28 辆，当年承运油料 9 万吨，占长沙油库发油总量的 40.9%，运输利润 50.7 万元。从业 62 人。1992 年成品油经营逐渐放开后，域内一些购销量较大的农村供销社和农机站购置油罐车调运油料。一些用油量较多并开始对外供油的专业运输公司或汽车队开始自配油罐车运输油料。1995 年，一些私营业主也自购油罐车参与成品油承运。是年，长沙石油车队有运油车 36 台，其他单位和个人运油车 21 台。1998 年，长沙石油车队组建为“长沙石油分公司汽车运输公司。”2000 年，域内拥有油罐车 65 台，运力达 600 吨，年内运油 45 万吨，其中长沙石油分公司运输公司运油 25 万吨，其他单位和个体油车运油 20 万吨，从业人数 260 人。域内成品油市场需求逐年增加，成品油贸易量扩增，域内汽车运油单位和个体逐渐增加运油车的单车运力以适应成品油贸易市场的运量和贸易需求，成品油运输量逐年增加。

2004 年，长沙石油分公司运输公司按中石化总公司要求予以改制，与中石化长沙石油分公司完全脱钩，更名为“长沙市鑫胜石油有限公司”。其主业仍以成品油运输为主，承运中石化长沙石油分公司经营中的成品油运输业务。该公司 2004 年正式挂牌，同年 5—12 月，承运成品油 26.13 万吨，创利 61 万元，从业人数 75 人，公司资产总额 467 万元。是年，全市全年汽车运油量 65 万吨，比 2000 年增加运量 20 万吨。2007 年，长沙市鑫胜石油有限公司与省内其他地（市）改制的石油运输公司合并，改称“湖南新源石油股份有限公司长沙分公司”，拥有油罐车 39 台，全年运油 45 万吨，营运收入 1593 万元，创利 149 万元，从业 83 人。是年，域内有运油车 102 台，其中集体 58 台，个体 44 台。年内运油量 90 万吨，其中集体车队车辆运油 45 万吨。2012 年，湖南新源长沙分公司有油罐车 45 台，运油 70 万吨，运营收入 2910 万元，创利 219 万元，从业人数 102 人。至 2012 年年底，域内汽车油罐车 126 台，年内运油量 140 万吨。其中除新源公司 45 台外，其他集体拥有运油车 45 台和个体运油车 36 台，年运油量 70 万吨，域内从业人数 350 人。公路运油量比 2007 年增加 50 万吨。

（二）水上运输。域内成品油水上运输受湘江航道水位限制，年内通航大吨位船舶的时间有限，用船舶运输成品油的批次数量有限，只是在铁路运输受阻或湘江水位适航的季节和时段，安排部分油品经长江入湘江运回。1988 年，湖南省石油公司航运公司在负责全省各地市石油公司成品油水上运输同时，主要承担域内国有石油经营单位水上运输业务，其有拖轮 5 艘、油驳 15 艘、小型油船 5 艘，年运油量 1.8 万吨。1989 年，长沙运贸总公司船队拥有 500 吨位和 580 吨位运油船舶各一艘，有 1000 吨位柴油储油船和 400 吨位汽油储油船各一艘，年运油量 1.2 万吨。1998 年，长沙石油分公司成立全兴石油贸易公司，在经营石化产品同时，购买 2 条各 1000 吨位油船参运，年运油量 1.2 万吨。2002 年省石油航运公司改制撤销。2002 年 9 月，长沙石油分公司组建“全兴石油股份公司”，收购湖南省石油公司航运公司水上运输优良资产，扩大全兴公司水运能力。2004 年，全兴石油股份公司拥有 4 条 1000 吨级运油船和 1 条 500 吨级运油船，是年运油 2.8 万吨。2006 年 6 月，长沙石油“全兴石油股份公司”整体被湖南省“金和石油实业有限公司”收购。域内成品油水上运输也由金和公司接管，另有域外个体运油船参与运营。长沙油库迁址霞凝新港后，用水运成本和损耗要高于管道输油成本和损耗，为降耗减本必须由水运入埠的成品油才经水路运至域内。2009 年水运入库量为 2.56 万吨；2010 年水运入库量为 14.54 万吨；2011 年水运入库量为 1.55 万吨；2012 年水运入库量仅为 0.25 万吨。

（三）铁路运输。域内成品油调运长期以来以铁路运输为主，有 80%~90%的资源由铁路槽车运至长沙火车北站再调度至长沙油库接卸入库。域内成品油铁路运输主要由郑州铁路局和广州铁路局承运。1988 年，域内成品油资源入埠总量 19.11 万吨，其中铁路运输入库量 16.24 万吨，占总入库量的 85%。1994 年，成品油购进量 15.03 万吨，铁路运输到埠量 13.52 万吨，占总购进量的 90%。2000 年，成品油购进总量 40.84 万吨，由铁路运输购进量 35.12 万吨，占总购进量的 86%。2007 年，域内成品油资源入埠量 61.30 万吨，其中铁路运输量 49.65 万吨，占总入埠量的 81%。2008 年 6 月，中石化“岳长株潭”输油管道及长沙油库新库投产运营后，域内成品油调运不再使用铁路运输方式。

（四）管道输油。域内成品油调运一直有“陆运之困、水运之忧”，实现成品油调运的管道输油是域内国有石油经营主体梦寐以求的大事件。2004 年，为解决湖南石油调运的窘境，根据管道上连油田、中接炼厂、下达输油库站，能有效实现资源优化配置，实现成品油产供销一体化的特性，中国石化集团管道储运公司华东管道设计研究院于 2004 年 6 月编制完成《岳长株潭成品油管道项目建议书》，同年 9 月获中国石化股份公司批准并正式开始项目可行性研究论证。2005 年 3 月，长岭—株洲成品油管道项目正式启动，同年 10 月成立项目经理部。2008 年 6 月，长岭（岳阳）—株洲成品油管道工程历时 3 年又 3 个月建成投产运营。该管道，是湖南省域内首条成品油输油管道，是中国石化集团对湖南石油有史以来投资最大的单个建设项目，也是域内基础设施建设重大项目之一。该管道斥资 9 亿元，全长 274 千米，其中由长岭至域内线长 176.1 千米。跨岳阳、长沙、湘潭、株洲四市，多次穿越湘江，沿线建有长岭首站、岳阳和长沙分输站、汨罗分输泵站、株洲末站等 5 个工艺站场，配备有岳阳长岭、七里山、汨罗、长沙霞凝、株洲 815 等 5 个配套油库和场站。管道输送汽油、柴油二大类计 7 个品种成品油。域内设长沙分油站，位于开福区新港镇霞凝港长沙油库内。于 2008 年 6 月正式运行。长沙分油站主要职能有油品下载、通油清管、混油回送等，配备工作人员 18 人。其中：站长 1 人，技术员 1 人，外管道管理员 2 人，操作 13 人。主要设备有：泵 4 台、泵电机 4 台、电动阀 36 台、执行机构 36 台、手动阀 19 台，安全阀 2 台、流量计 3 台、立式罐 2 座、埋地罐 1 座、清管器收发球装置 2 套、过滤器 2 台、卧式压力容器 2 台、立式压力容器 2 台、可燃体报警仪 2 台等。输油管道在域内（长沙站管辖）长度为 70 千米，起点在长株管道的 158 千米处，终点在 228 千米处。

表 19-9-2-2　　2008 年 6 月—2012 年年底长沙市域管道输油一览表　　单位：万吨

年　度	输 93# 汽油	输 97# 汽油	输 0# 柴油	管输总量
2008（6–12 月）	6.62	1.34	9.68	17.64
2009	32.40	7.22	44.59	84.29

续表 19-9-2-2

年　度	输 93# 汽油	输 97# 汽油	输 0# 柴油	管输总量
2010	38.80	8.61	44.33	91.24
2011	41.38	9.72	59.16	110.26
2012	47.74	12.80	51.84	112.38

附记　长沙油库

长沙油库（老）1951 年开建，投产于 1954 年 4 月，坐落于北区新河北堤。当时库容量仅有 0.387 万立方米，1985 年 4 月经技改后增为 3.38 万立方米，1989 年技改后增为 3.88 万立方米，长沙油库是当时域内库容量最大，设备设施最齐全的综合性油库，是域内成品油唯一中转库，一直以来担负域内成品油的储存和中转。该库也是湖南省域内国有石油历史最久吞吐量最大的油库。1988 年该库吞吐量 40 万吨，1998 年上升至 63.7 万吨，2000 年突破 75 万吨。

2003 年 3 月，中石化总部对长沙新河油库迁建工程可行性论证报告予以批复，同意长沙油库整体搬迁。同年 6 月，完成长沙油库新址（霞凝江岸油库）项目工程选址和立项，取得工程“规划用地许可证”并申报长沙市重点工程获批。2004 年 5 月，长沙油库新库正式开工建设。新库坐落于长沙市开福区金霞经济开发区新港镇金霞村（湘江东岸）。2008 年 6 月一期工程建成投产。一期工程占地 9.33 公顷，投资 2 亿元，设计年吞吐量 290 万吨，总储存库容 10 万立方米，有立式金属油罐 12 座，柴油储存容量 6 万立方米，汽油储存容量 4 万立方米。设有发油控制室 1 座、桶装库房 1 座、配电房 2 间，发电房 1 间，消防泵房 1 间，消防喷淋装置 12 个，消防水罐容量 4000 立方米。该库又属于长岭—株洲成品油输油管道配套下载油库，设计成品油年下载量为 140 万吨，占油库总储量的 95%。新建成的长沙油库是一座具有高科技含量的现代化油库，配备管输（库控）自动控制系统、公路自助付油系统、门禁系统、火灾报警系统、自动监控系统和红外周界报警系统等自动化设施。其中轻油发油采用微机控制自动付油，设有轻油发油货位 24 个（汽油货位 15 个，柴油货位 9 个），另外设有 1000 吨级成品油码头 1 座，设计年卸油量为 30 万吨。长沙油库迁建投产（2008 年 6—12 月）当年管输进货 17.63 万吨，出库 18.50 万吨，总吞吐量为 36.13 万吨；2009 年管输进库 86.00 万吨，出库 86.35 万吨，总吞吐量 173.30 万吨，此后逐年增长；至 2012 年，进库 112.62 万吨，出库 111.98 万吨，总吞吐量达 224.60 万吨，比 2009 年增加吞吐量 51.3 万吨。

第三节　加油站网

域内加油站建设始于 20 世纪 70 年代，1973 年长沙石油站开始筹建加油站。1975 年 10 月 1 日，长沙市内也是省内第一座加油站——韶山路加油站正式营业，结束域内无加油站为机动车加油的历史，开域内加油站建设先河。随后，长沙市区内河西、金盆岭、马王堆等加油站相继建成投产。1987 年，长沙石油站与望城县农资公司联营建造望城县城关加油站，开联合投资建造加油站先例。至 1988 年年底，长沙市域内建造加油站 13 座，其中，省石油公司销售公司 1 座，长沙市石油公司 7 座（含宁乡县 2 座，浏阳县 1 座），联营站 4 座，非石油经营单位 1 座。

1990 年后的几年间域内加油站建设迅速发展。城区内的专业运输公司或车队，利用原有内部加油的场地和设施扩（改）建加油站对外供油。湖南省运输公司（湘运）相继建造泉塘加油站、汽车东南站加油站等。长沙市人汽公司、长沙贸运车队、省化工车队、长沙市商业车队、长沙市二轻车队等都在长沙市区建造内供转外销的加油站。农村供销社和农机管理站，在交通便利的农村集镇和公路旁边修建加油站。甚至有个体户就在自家门前搭棚设罐装机对外供油。1995 年，经长沙市工商局、公安局和市石油公司联合对全市经营性加油站进行经营资格审查，批准并发放经营合格证的加油站有 162 座，零售点 14 处。其中供销社系统有零售站点 84 个，农机系统 35 个，其他单位和个人 11 个，国有石油加油站 36座。

1998 年，域内国有石油实施经营战略调整，由偏重批发保市场供应转为批零兼顾，抢占成品油零售市场制高点，大力发展终端销售。中石化长沙公司把建设加油站网作为“一把手工程”“子孙工程”“为民工程”来抓。域内站网建设开始步入专业化、规范化和规模化的发展轨道。是年，中石化长沙公司投入 786 万元在长、望、浏、宁四县（市）建造扩改加油站 6 座，其中长沙县天华加油站投入 360 万元，于 1998 年 10 月建成，是域内首座按中石化“四统一”标准建造的示范加油站。1999 年 8 月，中石化长沙公司投资 490 万元收购位于老 107 国道（长沙县安沙镇路段）的安华加油站，改变国有石油在 107 国道线无加油站布点的状况。2000 年，中石化长沙公司按照“攻城、守线、下乡”的发展终端销售的战略，投资 8083 万元，新建加油站 3 座，收购加油站 29 座，扩改技改 24 座，租赁 8 座，当年较上年增加在营加油站 40 座，全系统在营加油站达 74 座。其中年加油量超过万吨的 2 座，年加油量超过 5000 吨的 3 座，年加油量过 1000 吨的 20 座。2001 年 9 月，全省（市）首座油气站（既加油又加气）长沙长星站建成投产。2003 年，长沙市政府领导两次到中石化长沙公司现场办公和调研，听取站网建设工作专题汇报，对中石化长沙公司近年站网建设给予高度评价和重视，并对其申报的 75 座加油站项目给予优先规划和优先批准建设权。2003 年，中石化长沙公司投资 8000 万元，新建投产 10 座，收购 2 座，改造 17 座。

2003 年 4 月，长沙市着手编制域内 20 年加油行业发展规划。2003 年和 2004 年，召开专题会议并相继发布《关于成品油加油站建设问题的会议纪要》（2004 年 6 月 14 日）、《关于中石化湖南长沙行业发展有关问题的会议纪要》（2003 年 12 月 9 日）、《关于协调解决新城加油站建设有关问题的会议纪要》（2004 年 7 月 5 日）。2004 年，中石化长沙公司投资 5000 万元新增加油站 16 座（新建 7 座，收购 8 座，租赁 1 座）。中石化湖南公司系统站网建设考评中，长沙公司排名全省第一。2004 年年底，中石油长沙分公司在长沙市区拥有加油站 36 座。

2005 年，中石化长沙公司投资 4.38 亿元，开工新建加油站 24 座，其中竣工投产 8 座，改造油站 7 座，规划征地 24 宗。中石油长沙公司新增油站 14 座。2006 年 3 月，实施《长沙城区 2004—2020 年加油站布点规划方案》。年底，长沙成品油整顿办公室发布长沙地区成品油零售经营年审报告，应审 391 座，实审并合格的 360 座。域内中石化系统拥有零售加油站 127 座，中石油系统拥有零售加油站 40 座，非国有石油经营的零售经营站点 193 座。2006 年，中石化长沙公司投资 9531 万元，新建投产 15 座，收购 5 座，年内竣工待投产 8 座，开工待建 5 座，年内总计新增油站 28 座。中石油长沙公司年内新增加油站 4座。

2007 年以后，域内加油站网建设主要由中石化长沙公司和中石油长沙公司负责承建。2009 年，在加快城区站网建设的同时，全面启动县乡区域、水上加油、新开发城区的站网布点的规划、土地征收和油站建设，年内新建加油站 15 座。2010 年，注重新城区的规划发展，配合长株潭融城需要新建加油站 5 座，武广新城的配套需要新建加油站 4 座，浏阳市和长沙县域内各新建 4 座，望城和宁乡县域内各新建 3 座，长沙市城区新建 4 座，全市全年共新建加油站 27 座。2011 年配套河西先导区建设新建加油站4 座，是年新建加油站 13 座。2012 年，在长沙市城区布点 10 座；在长浏公路线上布点 2 座；浏阳市内公路线上布点 3 座；在长宁公路线上布点 3 座；宁乡县内公路线上布点 2 座；长沙县域内公路线上布点 2 座；望城县域内布点 1 座。全年全市新建并投产加油站 23 座。

至 2012 年年底，域内加油站总数达 428 座，遍布城市乡村、乡道、县道、省道和高速公路，以及城市主干道均有加油站网点，形成一个纵横交错、覆盖城乡的零售加油网络体系。

表 19-9-3-1　长沙市域加油站网分布情况一览表（截至 2012 年年底）　单位：座

分片／分线	长沙县	望城区	浏阳市	宁乡县	长沙市区	小计
中石化长沙分公司	29	18	37	36	42	162
中石油长沙分公司	16	14	12	17	15	74
其 他	23	4	67	46	42	192
合 计	68	36	116	99	99	428

表 19-9-3-2　长、望、浏、宁四县（市）国有成品油经营机构基本数据一览表

		长沙县	望城县（区）	浏阳市	宁乡县
	时间（年）	8	8	11	10
职工人数（人）	1988	—	—	30	35
	2000	55	20	140	110
	2012	180	102	310	283
县级机构加油站数（个）	1988	—	—	1	1
	2000	5	2	13	10
	2012	25	16	35	34
销售总量（万吨）	1988	—	—	1.5	1.60
	2000	1.20	0.500	7.7	7.00
	2012	6.00	2.50	12.46	13.00
零售量（万吨）	1988	—	—	0.26	0.30
	2000	1.02	0.50	5.20	4.80
	2012	5.03	2.50	11.52	12.00

企业选介

（一）中国石油化工股份有限公司湖南长沙石油分公司（简称中石化长沙公司）。该公司由域内自中华人民共和国成立初期就建立的国有石油经营机构演变发展而来，是域内成品油市场购进、储存、销售量最大的成品油贸易主体。

1988年，中石化销售公司湖南省长沙石油公司为域内唯一成品油贸易主体机构。是年，从业人数176人，购进总量19.71万吨，销售总量16.84万吨，其中零售量2.56万吨，销售额1.93亿元，实现利润0.99亿元，上缴税收158万元，公司资产净值2.94亿元。1990年改称湖南省石油公司长沙石油公司。1993年改称长沙石油总公司。1996年经省经济委员会批准为湖南省贸易大型企业。是年，从业人员386人，购进18.99万吨，销售总量19.49万吨，其中零售4.2万吨，销售额3.97亿元，创利润1386万元，上缴税收305万元，资产净值3.20亿元。

1998年，长沙石油总公司整体随湖南省石油公司划入中国石化集团公司，改称湖南省石油公司长沙市公司。是年，公司从业人数1232人，购进35.51万吨，销售40.08万吨，比1996年增长105.64%，其中零售量16.12万吨，比1996年增长283%，销售总额11.56亿元，实现利润1965万元，上缴税收687万元，公司资产净值3.83亿元。

2000年2月，中国石油化工集团公司重组，湖南省石油公司长沙市公司改为中国石油化工股份有限公司湖南长沙石油分公司至今，隶属中石化湖南石油分公司管理。中石化湖南长沙石油分公司下辖长沙县、望城县、浏阳市及宁乡县四个县（市）支公司。2006年，公司从业人数1555人，购进总量61.63万吨，销售总量60.56万吨，比1998年增长51.09%，其中零售量40.17万吨，销售总额27.74亿元，比1998年增长139%，实现利润2.18亿元，上缴税收2560万元，比1998年增长272%。公司资产原值20.37亿元，公司资产净值19.48亿元。

至2012年年底，中石化湖南长沙分公司从业人数1925人，购进总量84.50万吨，比2006年增长37%；销售总量84.50万吨，比2006年增长39.53%；其中零售量70万吨，比2006年增长74.25%；销售总额72.17亿元，比2006年增长160.16%；实利润2.76亿元，比2006年增长26.60%；上缴税收9878万元，比2006年增长285.85%，拥有年吞吐量224万吨的现代化油库一座和162座零售加油站，公司资产净值27.48亿元，比2006年增长41.06%。

1988—2012年，先后担任中国石油化工股份有限公司湖南长沙石油分公司主要领导职务的有：朱应洪、李振尧、卢国群、许光辉、胡乐天、杨慧、黄河、向碧波、金文才、曹小攀、王冀兵（女）。

（二）中国石油天然气股份有限公司湖南长沙销售分公司（简称中石油长沙分公司）。该公司是中石油湖南销售公司二级机构，于2004年11月在中石油湘中配送中心基础上组建成立。负责长沙市域成品油市场开发，销售代表和机构用户管理，零售网络建议和加油站业务管理等业务。经十来年的发展成为长沙市域内第二大成品油贸易主体。

2005年，中石油长沙销售分公司拥有加油站50座，成品油年度销售总量11.17万吨，其中零售8.71万吨，实现销售收入5.14亿元，上缴税收600万元，从业人403人，公司资产原值2.27亿元，净值1.88亿元。

2008年，中石油长沙分公司进行零售业务专业化管理试点改革，促进所辖区域市场零售业务规范高效运行。是年，公司拥有加油站61座，销售总量20.32万吨，其中零售量11.23万吨，分别比2005年增长81.90%和30.84%，实现销售收入18.83亿元，上缴税收1550万元，从业人数478

人。公司资产原值 3.17 亿元，净值 2.28 亿元。

2012 年年底，中石油长沙分公司拥有加油站 90 座，年内销售总量 36.87 万吨，其中零售 24.09 万吨，分别比 2008 年增长 81.40%和 114.50%。年度销售总额为 31.34 亿元，比 2005 年和 2008 年分别增长 509.72%和 68.02%。上缴税收 4528.44 万元，分别比 2005 年和 2008 年增长 654.66%和 192.12%。公司从业人数 672 人，资产原值达 6.86 亿元，资产净值 5.79 亿元。

2004—2012 年，先后担任中国石油天然气股份有限公司湖南长沙销售分公司主要领导职务的有：黎亚军、冯志鸣、杨辉国、姜昌龙、张刚。

第十章　生产资料经营

1988 年，长沙市物资局主管长沙市生产资料经营，下属金属材料、轻化材料、建筑材料、机电设备、生产资料服务、金属回收管理、物资储运等 7 个公司和 1 个物资贸易中心，全系统职工共计 1049 人。是年，生产资料市场逐步放开，国有、集体、私营企业共同参与市场竞争。主导市场的国有企业由计划管理型转向为经营服务型。是年，按计划供应的国家统配物资仍有钢材、生铁、铜、铝、铅、橡胶、轮胎、炸药、汽车等 23 种，其余物资均由市场供应。全市生产资料经营网点 930 家，从业人员 4450 人，销售总额 7.56 亿元，实现利税 6352 万元。

1989 年，长沙市针对钢材出现无证经营、转手倒卖、牟取暴利等违法行为进行全面清理整顿，对 110 家不符合经营条件的企业停止经营钢材和有色金属业务，并成立长沙市钢材管理办公室。1990 年，根据国有物资企业面临结构性市场疲软、资金紧张、销售不畅、库存积压等问题，开展拆零供应、柜台登记、代进货、代结算、代垫小额资金、让利赊销、包退、包换、保修等服务活动，建立稳固的资源基地。1991 年，开办市场经营钢材、汽车和废旧金属。1992 年，全市国有物资企业实行经营、价格、用工、分配放开，内部企业开展钢材、汽车等生产资料的交叉经营和跨行业、跨地区经营，并实行多业经营。是年，物资部部长柳随年视察长沙市物资工作，在长沙市物资局题词："加快中心市场建设步伐，实现‘八五’翻两番"。当年全市生产资料经营网点 1870 家，从业人员 8960 人，销售总额 14.64 亿元，实现利税 1.42 亿元。比 1988 年分别增长 101.1%、101.3%、93.7%和 123.5%。

1993 年，生产资料计划分配物资全部取消，商品价格全面放开。国有、集体、私营企业共同参与生产资料经营。由长沙市物资总公司等单位共同发起组建全省物资行业首家股份制企业——长沙物资股份有限公司，公司总股本 7000 万元。1994 年，长沙市物资局成建制转体为长沙市物资集团总公司。1995 年，由长沙市金属材料总公司投资 675 万元，在车站南路新建建筑面积 3760 平方米的金属材料市场竣工开业。康居置业公司投资 280 万元，在车站南路开辟的 3590 平方米钢材门面投入使用，车站南路成为钢材销售一条街。市化工轻工总公司将 3680 平方米的西湖路营业大楼改造成为化工原料市场。1996 年，民营物资流通企业异军突起，各种生产资料市场吸纳大批个体、私营物资经营企业，以其灵活的销售价格和经营方式迅速发展。全市生产资料经营网点 3970 家，从业人员 1.71 万人，销售总额 29.85 亿元，实现利税 2.45 亿元。比 1992 年分别增长 112.3%、90.6%、103.9%和 72.5%。

1997 年，中南汽车大市场、湖南汽车城、四星汽车大市场等专业市场相继建成开业。1998 年，市机电设备总公司与南京汽车集团联手成立长沙销售有限公司。1999年，长沙物资实业发展公司与邯郸钢铁集团公司联合成立“邯郸（集团）销售有限公司”。2000年，全市生产资料经营网点6290家，从业人员26480人，销售总额64.84亿元，实现利税5.44亿元。比1996年分别增长58.4%、55%、117.2%和122%。

2001年，由长沙市物资股份有限公司和湖南远杨置业有限公司联合投资，建筑面积1.51万平方米的长沙市生产资料中心市场大楼竣工开业。是年，长沙市化工轻工总公司改制为长沙凯力化轻有限公司。2002年11月，撤销长沙市物资集团公司，成立长沙市物资行业管理办公室。2003年，金属材料、建筑材料、物资储运、物资贸易等4家中二型企业完成改制工作。长沙市金属材料销售行业协会成立。2004年，全市物资系统企业产权制度改革全面完成，国有资本从物资行业退出。全市生产资料经营网点9780家，从业人员3.56万人，销售总额117.86亿元，实现利税8.74亿元。比2000年分别增长55.4%、34.3%、81.8%和60.7%。

2005年，长沙生产资料市场32个，拥有店铺4850个，其中占地面积在3万平方米以上的市场7个。2008年，长沙市物资实业发展总公司改制为长沙达润金属材料有限责任公司。全市生产资料经营网点1.30万家，从业人员4.99万人，销售总额158.96亿元，实现利税10.82亿元。比2004年分别增长33.2%、40.5%、35.1%和28.8%。

2009年后，长沙市生产资料经营主要集中在生产资料市场，钢材集中在位于大托的一力钢材大市场，建筑材料集中在马王堆、东岸、望城坡、安居乐、旺德府、万家丽等建材大市场，机电产品集中在南湖五金机电市场、雨花五金机电市场等地。2012年，长沙市生产资料市场61个，主要经营钢材、机电、汽配、建材、工程机械、石材等，个体、私营生产资料经营户遍布全市。全市生产资料经营网点1.47万个，从业人员6.74万人，年销售总额282.43亿元，实现利税16.2亿元。比2008年分别增长13.1%、35%、77.7%和49.7%。

第一节　金属材料

1988年，长沙市场销售的金属材料主要有黑色金属和有色金属两大类。黑色金属包括钢材、钢坯及生铁炉料，钢材包括大、中、小型型钢、带钢、线材、中厚钢板、薄钢板、硅钢板、优质型材、无缝钢管、焊接钢管等类；有色金属包括铜、铝、锌、锡等及有色三材。长沙市金属材料公司是长沙金属材料经营的国有企业，主要承担长沙市场金属材料的供应工作，所经营的金属材料85%以上为计划分配，15%由公司从各种不同渠道购进。位于长沙小吴门物资大楼的钢材市场是由市金属材料总公司主办，经国务院钢材市场领导小组批准设立的全国第二批66个钢材市场之一，以经营钢材为主，兼营有色金属、生铁、炉料等生产资料，全年经营钢材5万余吨。全年销售钢材26.35万吨、生铁4.58万吨、铜2529吨、铝1.04万吨、铅1254吨、锌3422吨。全市金属材料经营网点250家，从业人员1060人。销售总额2.87亿元，实现利税1062万元。

1989年，随着计划经济向市场经济转变加快，长沙市70%的金属材料按计划供应，30%由市场调节。由于金属材料市场价格存在“双轨制”，市场供应出现无证经营、转手倒卖、牟取暴利的混乱局面，为此长沙市成立钢材管理办公室，对全市钢材市场的交易活动进行监督，审查钢材交易双方的交易资格，按照国家产业政策对钢材交易进行指导，维护市场秩序，发挥宏观调控作用。与此同时，对长沙钢材市场进行全面清理整顿，继续保留75家具有经营钢材、有色金属资格企业的经营，取缔110家不具备经营钢材、有色金属资格的经营业务。1990年，随着全市金属材料供应量的上升，各种经济成分的经营机构快速发展，全市新增经营单位340家。市钢材管理办公室根据国家的统一安排，对全市经营钢材、生铁、钢坯等重要工业品生产资料的单位进行清理，经过审核，有234户经营金属材料的经营户被批准继续经营，为原经营户的38.8%。1991年，长沙市钢材市场出现非法交易钢材的现象，一些无经营权的商贩，转手交易，从中牟利。为保护合法经营，打击非法交易，市钢材市场管理办公室聘请36名市场管理监督员。是年，全国钢材预拨订货会在长沙召开，会议期间投放钢材5万多吨，有色金属600多吨。1992年，长沙市金属材料公司更名为长沙市金属材料总公司。金属材料市场发生变化，计划内价格与计划外价格基本持平，金属材料“双轨制”价格取消，金属材料全面走向市场。全年销售钢材41.81万吨、生铁4.08万吨、铜2030吨、铝986吨、铅1040吨、锌3620吨。全市金属材料经营网点364家，从业人员2170人，销售总额4.46亿元，实现利税4660万元。比1988年分别增长45.6%、104.7%、55.4%和338.8%。

1993年，长沙金属材料市场出现由旺转淡的新情况，全年实现销售2.8亿元。个体私营经营企业得到快速发展。1994年，金属材料价格下跌，库存钢材低于进价销售，市场购销平淡，呈现买方市场格局。但铜、铝等少数有色金属出现货紧价扬，价格上涨。市场呈现生产企业与流通企业，国有企业与集体、个体、私营企业等多种经营方式、多种经济成分并存，共同参与竞争的格局。同年，市金属材料总公司在深圳有色金属交易所开辟期货业务，填补长沙物资市场无期货交易的空白。全年期货交易额5.43亿元，盈利30万元。1995年，市金属材料总公司积极探索和建立新型的工商关系，推广和完善“代理制”，与首钢、宝钢、鞍钢、武钢、湘钢等18家生产企业建立代理、代销、联销业务，主办10多家大中型钢厂参加的代理、代销、联销座谈会。是年，投资675万元在长沙车站南路投资建设建筑面积3760平方米的金属材料市场竣工开业。1996年，市物资集团公司投资700万元，将市再生资源总公司的地产开发为建筑面积3590平方米的长沙市钢材市场，对外出租门面。市金属材料总公司与新余钢厂、衡钢等生产企业签订代销、联销协议，代销钢材2831吨。金属材料市场由于吸纳大批的个体、私营金属材料经营企业，实施批零兼营，销售价格随行就市，经营方式灵活而迅速发展。全市金属材料经营网点871家，从业人员4570人，销售总额9.68亿元，实现利税7460万元。比1992年分别增长139.3%、110.6%、117%和60.1%。

1998年，国家取消钢材、铜、铝等指令性计划，改为国家订货、产需衔接。经营金属材料的国有企业亏损严重，市金属材料总公司当年亏损219万元。大宗金属材料购销以生产厂家直销产需衔接为主。小宗金属材料购销均为个体经营者经营，个体经营者成为金属材料零售业的主力军。1999年，市金属材料总公司被国内贸易部批准确认为一级钢材代理商。2000年，长沙市钢材市场发展迅速。由长沙市金属材料总公司投资兴建的位于长沙市车站南路的钢材市场占地达9.65万平方米，有门面400余个，年销售各类金属材料2亿元，上缴国家税费500万元，成为湖南省金属材料销售中心。当年市物资集团公司、雨花区政府及钢材市场经营户联合成立长沙金属材料销售协会筹备小组。全市金属材料经营网点1550家，从业人员8310人，销售总额28.6亿元，实现利税2.08亿元。比1996年分别增长77.9%、81.8%、195.5%和178.8%。

2001年，针对城市建设的快速发展，建筑用钢材需求量大幅增加，突出建筑用钢材的销售，全年销售建筑用钢材2万吨。同时，加强对车站南路钢材市场的综合整治和管理，成立长沙市金属材料销售行业协会。2002年，由市物资集团公司投资建设的车站南路钢材市场的门面房产全部划拨给市金属回收总公司。2003年，市金属材料总公司完成改制工作，组建长沙市金属材料有限责任公司，国有资本退出金属材料市场，职工买断国有身份进入社会。同年6月，由湖南一力股份有限公司投资30亿元，建设的湖南一力物流园（即湖南钢材大市场）竣工投入使用，园区总占地面积150万平方米，建筑面积54万平方米，市场拥有门面、店铺1200个。2004年，湖南一力物流园（湖南钢材大市场）各项配套设施进一步完善，建有4条总长3.98千米的铁路专用线，60万平方米的露天货场，16万平方米室内仓库，先进的物流信息平台，装卸、加工机械设备。当年市场钢材交易量达150万吨，钢材卷板开平加工10万余吨，钢材交易额近60亿元。成为八方商家汇聚之地，全国名优钢材流通、加工、配送中心。基本形成湖南板材、型材、管材、棒材的集散中心。全市金属材料经营网点2650家，从业人员1.28万人，销售总额62.5亿元，实现利税2.86亿元。比2000年分别增长71%、54%、118.5%和37.5%。

2005年，市金属材料有限责任公司投资湘西凤凰建设电解锌厂失败，造成重大经济损失，1400万余元投资无法收回，企业处于歇业状态。长沙市场由于基础设施和房地产建设速度的提速，金属材料需求量大幅提升。除有些项目直接从金属材料生产厂家进货外，湖南一力物流园（湖南钢材大市场）是金属材料供应的主要场所，个体零售经营户主要集中在车站南路、金霞经开区、河西望城坡等地，农村各县城、集镇都有钢材销售点。2006年，由于人们对房屋装修的需求，各种铝材、不锈钢材市场需求上升。随着房地产开发速度的加快，钢材的需求大幅增长，金属材料市场呈现一派繁荣旺盛。2007年，浙江温州商人陈定杰整体收购市金属材料有限责任公司的股份，转向房地产开发。2008年，全市金属材料经营网点3860家，从业人员2.15万人，销售总额86.4亿元，实现利税3.64亿元。比2004年分别增长45.7%、67.5%、38.2%和27.3%。

2009年后，由于城市建设速度的加快，市场金属材料需求量大幅增长。湖南一力物流园（湖南钢材大市场）是金属材料经营的主要集散地，园区金属材料品种齐全，货源充足，不少金属材料生产厂家直接到园区设立销售窗口，个体零售经营户到园区成交货源后运输到零售门店销售。到2012年，湖南一力物流园（湖南钢材大市场）发展到金属材料经营户1650户，金属材料年成交总额500亿元，金属材料销售除长沙市场需求外，大部分是销售到全省乃至全国。全市金属材料经营网点4150家，从业人员2.96万人，销售总额185.亿元，实现利税6.25亿元。比2008年分别增长7.5%、38.1%、114.8%和71.7%。

第二节　轻化材料

1988年，长沙轻化材料经营实行以计划经济为主，市场调节为辅的双轨制经营模式。长沙市轻化材料公司是全市化轻产品经营的龙头企业，长沙、望城、浏阳、宁乡各县轻化材料公司均由长沙市轻化材料公司供应货源，独立核算。经营的化轻产品主要有“三酸两碱”（硫酸、盐酸、硝酸、烧碱、纯碱）、橡胶、轮胎、炸药、硝酸钠、烯类、苯类、醇类、“三带一管”（三角带、平行带、运输带、胶管）、“三纸”（纸袋纸、胶版纸、绝缘纸）、麻袋、酒精、甘油等120个品种，有500多种规格。化轻产品中，统配物资和民爆器材由专业公司专营，其余品种以专业公司经营为主，综合性公司交叉经营。除炸药、雷管、导火索等易燃易爆剧毒物品外，其余品种放开经营。长沙城区经营的企业主要有长沙市轻化材料公司及所属的八一桥轻化材料经营部、兴汉门轻化材料经营部、麓山轻化材料经营部和南湖路轻化材料经营部。有308库、601库和新河碱库三处仓库库房面积共计2.04万平方米，物资储存能力为2.29万余吨。全年销售硫酸6.13万吨、烧碱9810吨、纯碱2.64万吨、橡胶3865吨、轮胎5.02万套。轻化材料经营网点145个,从业人员1130人,销售总额1.26亿元,实现利税1860万元。

1989年,长沙轻化材料市场疲软、销售困难,市轻化材料公司调整库存结构,拓宽销售渠道,处理积压物资,全年处理库存积压物资694万元。1990年,化轻产品放开经营,个体、私营经营发展迅速。1991年,长沙市举办第十一届物资交易会,市轻化材料公司在会上投放纯碱、烧碱、橡胶、轮胎、玻璃等一批轻化物资,交易额1050万元。1992年,长沙市轻化材料公司更名为长沙市化工轻工总公司。市轻化材料市场进一步放开,市区南湖路形成轻化材料经营一条街。全年销售硫酸7.24万吨、烧碱11.31万吨、纯碱3.45万吨、橡胶4.89万吨、轮胎7.02万套。轻化材料经营网点265个,从业人员1980人,销售总额2.25亿元,实现利税2670万元,比1988年分别增长82.7%、75.2%、78.6%和43.5%。

1993年5月,市化工轻工总公司走出长沙,在深圳设立"深圳星沙贸易公司"。同年7月又在武汉设立"武汉星沙贸易公司"。1994年,硫酸、硝酸、烧碱、纯碱等轻化材料经营采用供货单位只给市化工轻工总公司下指标,由市化工轻工总公司分配指标给需货单位,由需货单位按分配指标直接到供货单位提货的办法经销。同年2月,市化工轻工总公司将武汉星沙贸易公司更名为武汉星沙资源开发公司。长沙轻化材料市场供求宽松,购销平淡。硫酸、烧碱等市场需求增大,橡胶、轮胎等部分物资市场销售下降。同时,橡胶及部分塑料原料和有机化工产品等物资出现货源紧张,价格上涨甚至暴涨的局面。市场流通格局继续向多元化发展,生产企业与流通企业,国有经济与集体、个体、联营等多种经济成分并存,共同参与轻化材料经营,致使轻化材料市场竞争进一步加剧。市化工轻工总公司转变思想观念,变吃"政策饭""计划饭""差价饭"为吃"市场饭""服务饭""辛苦饭",变买断式经营为代理经营。1995年4月,国防科工委制定火工产品管理规定,国家对火工产品管理更加严格。是年,长沙市民爆公司成立,隶属于市化工轻工总公司,同时各县相应成立民爆公司,主要经营民爆产品。市化工轻工总公司位于西湖路营业面积3680平方米的化工原料市场有经营门面60个,采取自营与对外出租相结合的形式。1996年,个体企业开始经营硫酸、烧碱、橡胶、轮胎等大宗化轻产品业务。全年销售硫酸8.43万吨、烧碱10.22万吨、纯碱4.52万吨、橡胶56.87万吨、轮胎9.22万套。轻化材料经营网点669个,从业人员3260人,销售总额4.43亿元,实现利税4260万元,比1992年分别增长152.5%、64.6%、96.9%和59.6%。

1997年,三湘南湖大市场设立化轻产品经营区,有经营门面150个。1998年,经营化轻产品的国有企业购销下降,亏损严重。市化工轻工总公司与长沙市天心区公安分局签订《征地合作建房协议》,将308化工原料仓库的土地使用权出让。1999年后,市化工轻工总公司进入产权制度改革阶段。2000年,除火工产品由民爆公司独家经营外,其他化轻产品主要由个体经营,市场进一步放开。全年销售硫酸10.32万吨、烧碱10.82万吨、纯碱6.47万吨、橡胶6.57万吨、轮胎11.32万套。轻化材料经营网点1132个,从业人员5570人,销售总额12.93亿元,实现利税1.24亿元,比1996年分别增长69.2%、70.8%、191.9%和191.1%。

2001年,国有企业长沙市化工轻工总公司改制为长沙凯力化轻有限公司。2003年,长沙、望城、浏阳、宁乡等县(市)化轻公司改制完成,职工买断身份进入社会。长沙市市区经营化轻产品的经营网点主要集中在南湖路、三湘南湖市场、马王堆建材市场等地。2004年,市凯力化轻有限公司面临严重的资金短缺,又由于位于黑石铺的601轻化材料仓库发生爆炸,损失非常严重,企业生产经营一蹶不振。同年,经营化轻产品的个体经营户得到发展。全年销售硫酸11.51万吨、烧碱11.25万吨、纯碱6.85万吨、橡胶 6.86 万吨、轮胎 13.43 万套。轻化材料经营网点 1860 个，从业人员 7340 人，销售总额 18.93 亿元，实现利税 2.03 亿元，比 2000 年分别增长 64.3%、31.8%、46.4%和 63.7%。

2005 年，601 化轻产品仓库因毗邻省政府办公大楼新址，禁止储存危险化工产品。新河碱库因长沙“两馆一厅”（博物馆、图书馆、音乐厅）的建设全部拆除。2006 年，市凯力化轻有限公司全部停止营业，员工待岗，公司费用开支主要依靠房屋租赁收入。2007 年，由投资人李良树、郑华山、宋海文收购长沙凯力化轻公司 99%的股权。2008 年，轻化材料经营网点 2480 个，从业人员 9560 人，销售总额 25.64 亿元，实现利税 2.95 亿元，比 2004 年分别增长 33.3%、30.2%、35.4%和 45.3%。

2009 年，位于黑石铺的 651 危险化学品仓库搬迁至望城县丁字镇运营。仓库总建筑面积 3.77 万平方米，设有综合楼 1 栋、一级易燃液体库 4 栋、甲类氧化剂库 2 栋、压缩气体库和遇湿物品库各 1 栋、二级易燃液体库 4 栋、剧毒品库 1 栋、毒害品库 1 栋、一般氧化剂库 2 栋、易燃固体库 2 栋、腐蚀品库 2 栋、非危化品库 2 栋。2010 年后，长沙化轻产品储存主要集中在 651 危险化学品仓库。城区经营场所主要集中在三湘南湖大市场、南湖路、河西望城坡、马王堆建材市场、东岸建材市场等地，经营网点遍布全市各地。轮胎主要集中在汽车修理厂、汽车 4S 店等地。

2012 年，全市销售硫酸 16.41 万吨、烧碱 13.46 万吨、纯碱 8.52 万吨、橡胶 9.72 万吨、轮胎 18.52 万套。轻化材料经营网点 2980 个，从业人员 1.39 万人，销售总额 37.85 亿元，实现利税 3.86 亿元，比 2008 年分别增长 20.2%、44.9%、47.6%和 30.8%。

第三节　建筑材料

1988 年，中国建筑材料公司湖南省长沙支公司（以下简称市建材公司）是长沙市经营建筑材料的国有企业，主要经营黑色金属材料、水泥、玻璃、油毡、油膏、防水粉剂、沥青、装饰材料、防水保温材料、建筑五金、卫生陶瓷、墙地瓷砖、石棉制品、铸石材料、造型材料等建筑材料。设有南门口建材供应站、工农路 499 号的长沙建材联营经营部、小吴门装饰材料供应站、蔡锷中路装饰材料门市部和车站南路、洣湾镇、丝茅冲等经营网点，位于金盆路 106 号的 306 仓库和殷家冲仓库两座储存建筑材料的场所。建筑材料除水泥、平板玻璃等少量计划供应外，其余全部市场调剂，商品价格实行计划价格和市场价格双轨制运行。全年销售水泥 33.01 万吨、平板玻璃 51.92 万平方米。全市有建筑材料经营网点 129 个，从业人员 980 人，销售总额 1.24 亿元，实现利税 1780 万元。

1989 年，市建材公司重点保障湘江北大桥、第五水厂、煤制气工程、锦纶丝厂等重点工程建设所需的建筑材料供应。经营建筑材料的个体私营企业发展迅速。1990 年，市建材公司建立稳固的货源基地，其中建筑材料 17 家，卫生陶瓷、装饰材料 15 家；同时扩大经营，仅新增夹板一项，销售额增加 660 万元。并建立物资供应服务队，确保重点工程、骨干企业的物资供应。同年，建材个体经营户发展到 120 家。1991 年，建材市场全部放开，建筑材料趋向轻质、高强、豪华发展，装饰材料畅销。市建材公司面对市场放开的新形势，积极调整经营方针，实行“内销外销、计内计外、主业与他业”三并举的措施，深入重点工程、建筑企业等上门促销。同年 10 月“全国建材预拨订货会”在长沙召开。1992 年，市建材公司更名为长沙市建筑材料总公司。同年，市建筑材料总公司实施“四放开”（经营、价格、用工、分配）改革，调动职工的积极性。全年销售建筑用钢材 85 万吨，水泥 65 万吨。全市有建筑材料经营网点 196 个，从业人员 1650 人，销售总额 3.56 亿元，实现利税 3360 万元。比 1988 年分别增长 51.9%、

68.4%、187.1%和 88.8%。

1993 年，水泥、水泥制品、平板玻璃等大宗常用建筑材料实行厂家直供，经营网点以零售为主。市建筑材料总公司对 306 仓库门面进行装修改造，新增 720 平方米的铺面，同时又在武汉、兰州、深圳三地设立业务网点。1994 年，建筑面积 6 万平方米的南湖建材市场建成营业，市场地处长沙火车站的东北角——五里牌，拥有 1000 余间店铺，经营户 600 余户，这是全市首家建筑材料大市场，主要经营建筑材料和建筑装饰材料。1995 年，市建筑材料总公司投资 230 万元在车站南路新建门面 3 栋，建筑面积 3760 平方米，主要经营建筑材料。长沙马王堆、望城坡等地形成建筑材料集中经营区。1996 年，长沙建筑材料市场形成多元化竞争的格局。建筑材料专业市场发展加快，人民路建材市场、华湘陶瓷市场、望城坡大市场、东大门大市场等一批以经营建筑材料为主的专业市场相继开门营业。建筑材料生产企业实行产供销一条龙经营，自销比重越来越大。全市有建筑材料经营网点 550 个，从业人员 3480 人，销售总额 6.48 亿元，实现利税 6290 万元。比 1992 年分别增长 180.6%、110.9%、82%和 87.2%。

1997 年，市建筑材料总公司将原有经营门面租赁给个体户经营，经营建筑材料的个体经营户快速发展。1998 年，长沙建筑材料市场一派繁荣，建筑材料经营由建材专业市场和个体经营户承接。国有企业经营十分萧条，职工下岗，靠出租房屋门面维持日常运转。1999 年，总投资 4000 万余元，占地面积 25 万平方米，建筑面积 21 万平方米，长沙市大型建材专业市场——红星建筑装饰材料大市场建成开业。市场有门面 1200 余间，经营户 168 户，主要经营陶瓷、石材、木业、木地板等建筑材料。2000 年，全市有建筑材料经营网点 1268 个，从业人员 5770 人，销售总额 11.96 亿元，实现利税 1.23 亿元。比 1996 年分别增长 130.5%、65.8%、84.6%和 95.5%。

2001 年，建筑装饰材料专业市场快速发展。投资 10 亿元，位于长沙市芙蓉区远大一路的马王堆陶瓷建材城建成开业，市场总占地面积 33 万平方米，建筑面积 45 万平方米，其中商业铺面 11 万平方米，有经营户 1100 户，年销售额 4.2 亿元，主要经营石材、陶瓷洁具、油漆玻璃等建筑装饰材料。2002 年，由长沙市志发实业有限公司投资，位于长沙万家丽路的万家丽家居建材广场建成开业，市场经营面积 20 万平方米。2003 年，长沙市建筑材料总公司改制为长沙市建筑材料有限责任公司，股东 39 人，注册资金 300 万元，国有资本从建筑材料行业退出。2004 年，由湖南华宇投资有限公司投资兴建的大型建材专业批发大市场——湖南长建建材批发大市场建成开业，市场地处东二环线，南与高桥大市场毗邻，占地面积 3.3 万平方米，建筑面积 6.3 万平方米，拥有经营门面 300 多个，经营户 160 家，主要经营木业、板材、水暖器材、五金制品等建筑装饰材料，年销售额 6 亿元。是年，全市有建筑材料经营网点 2150 个，从业人员 7740 人，销售总额 20.14 亿元，实现利税 1.87 亿元。比 2000 年分别增长 69.6%、34.1%、68.4%和 52%。

2005 年，长沙建筑材料专业市场继续保持快速发展，河西望城坡的金盛园建材批发市场、安居乐园家居建材市场、恒业陶瓷大市场等相继开业，标志着全市建材市场逐步走向市场化、规模化、集约化。由于市场数量的增多，经营管理逐步成熟，原有经营网点大部分迁入市场经营。2007 年，长沙市建筑材料有限公司将股权整体转让，全部退出建筑材料经营。随着城镇一体化建设的大步推进，房地产业的兴起，长沙建材市场迅速发展。2008 年，随着先进的市场经营理念的导入和建材市场发展的时代要求，长沙市建材超市纷纷兴起，位于五里牌南湖市场内经营面积 3000 平方米的旺德府建材超市开门迎客。全市有建筑材料经营网点 2660 个，从业人员 9650 人，销售总额 26.80 亿元，实现利税 2.18 亿元。比 2004 年分别增长 23.7%、26.7%、33.1%和 16.6%。

2009 年后，长沙建筑材料经营主要在建材市场。尤以芙蓉区环绕长沙火车站周边的马王堆陶瓷建材城、三湘建材市场、南湖建材市场、兴业五金建材市场、家润多建材超市、人民路建材市场、东岸建材市场、万家丽家居建材广场等一批专业建材市场为主。农村乡镇有一些经营建材的小型零售店或路边露天的建材经营场所。到 2012 年，长沙专业建材市场发展到 60 余个。全市有建筑材料经营网点 2930 个，从业人员 12470 人，销售总额 35.73 亿元，实现利税 3.25 亿元。比 2008 年分别增长 10.2%、29.2%、32.6%和 49.1%。

表 19–10–3–1　　2012 年长沙市主要大型建材市场一览表　　单位：平方米

序号	市场名称	经营地址	经营面积
1	万家丽家居建材广场	万家丽路	57000
2	三湘南湖大市场建材城	芙蓉区湖湘路	182000
3	景汇装饰建材批发市场	人民东路浏阳河大桥东	140000
4	洞塘建材市场	岳麓区玉兰路	250000
5	大汉建材批发城	芙蓉区红旗路	100000
6	红星建材市场	雨花区韶山南路	50000
7	东岸建材市场	芙蓉区远大路汽车东站旁	35000
8	马王堆建材陶瓷城	芙蓉区马王堆	100000
9	东岸板材大市场	芙蓉区人民东路	30000
10	马王堆水暖建材城	芙蓉区马王堆	5000
11	东方家园建材市场	万家丽路	30000
12	瑞祥陶瓷市场	芙蓉区远大路	30000
13	农科防水建材大市场	芙蓉区古曲路	10000
14	东阳陶瓷建材批发市场	芙蓉区远大一路	24000
15	旺德府建材超市	芙蓉区南湖市场内	3000
16	兴业五金水电建材市场	芙蓉区藩后节 6 号	5000
17	三湘家美建材市场	芙蓉区远大一路	30000
18	长沙建材批发城	芙蓉区红旗路	14000
19	观沙岭建材市场	岳麓区观沙岭	30000
20	安居乐家居建材广场	岳麓区观沙岭	35000
21	郁金香精品装饰建材城	岳麓区西二环路	55000
22	岳北建材市场	岳麓区观沙岭安居乐园旁	5000
23	金盛建材市场	岳麓区岳麓大道	17000
24	人瑞建材市场	开福区汽车北站附近	7000
25	四方坪建材市场	开福区四方坪	15000
26	开福区新建材市场	福元路与车站北路交会处	20000

续表 19-10-3-1

序号	市场名称	经营地址	经营面积
27	人民路建材大市场	人民路立交桥南	11000
28	长沙建筑材料市场	雨花区南二环	5000
29	高桥建材市场	雨花区南二环	12000
30	莲湖建材市场	雨花区湘府路	10000
31	吴家坳建材市场	雨花区中意路	1500
32	西湖路建材市场	天心区西湖路	3000
33	湘府家居建材广场	天心区湘府东路	5000
34	科腾建材市场	望城区旺旺中路	30000
35	广源家居建材市场	望城区莲湖区	20000
36	望城建材市场	望城区郭亮北路	1500
37	众鑫建材大市场	星沙镇	30000
38	红星美凯龙建材装饰广场	雨花区韶山南路	70000
39	高桥星城名典建材市场	雨花区东二环	35000
40	南湖陶瓷地板城	芙蓉区同丰路	5000

第四节　机电设备

1988年，长沙市机电设备公司是长沙市经营机电设备的国有企业，有经营网点6个：小吴门营业处、小吴门长沙汽车贸易中心、解放路机电设备门市部、河西机电设备门市部、蔡锷路159号机电设备公司经销服务部、北站路下麻园岭86号机电设备综合服务部，还拥有下大垅、喻家冲、麻园岭314库等三处仓库，仓库占地面积2.28万平方米，仓储面积9691平方米。机电设备经营主要是机械类、电工类、仪器仪表类、轴承类、工具类等五大类商品包括512个经营品种，3715种规格。有职工215人，当年实现销售7877万元，利润298万元。是年，机电产品经营全部放开，绝大部分机电产品实行议购议销，随行就市。在机电产品流通领域中，经营机电产品的国有企业依然发挥主渠道作用，对全市重点建设单位、重点建设项目和农业生产所需的机电设备，坚持优先安排，优先供应，优惠价格等措施，平抑市场价格，保障市场供应。随着机电设备经营市场的放开，经营机电设备的个体经营户得到发展，全市经营机电设备的集体、个体店铺达400余家。是年，经营机电设备的网点406个，从业人员1280人，销售总额2.19亿元，实现利税1650万元。

1989年，经营机电产品的国有企业，由保供促销转变为以销售为中心。由于机电产品经营市场出现疲软，销售不畅，当年市机电设备公司实现销售5807万元，比1988年下降26.3%。1990年5月21—25日，由物资部机电设备公司举办的全国电线电缆产品订货会在长沙召开，来自全国电线电缆产品生产厂家和各省、市、自治区机电设备公司的代表1100人参加会议。长沙机电设备公司为保证湘江二桥（银盆岭大桥）和市五水厂等重点工程建设的需要，在会议期间组织500万余元的电线电缆货源。是年11月

2—5 日，由中国机电设备总公司举办的全国小型机械产品订货交易会在长沙召开。参会代表 1200 余人，会议主要是组织产需衔接和自由购销订货。长沙机电设备公司在会上组织 200 吨货源，成交额 100 万余元。1991 年，长沙市机电设备公司成立 45 个由用户代表参加的“用户监督小组”，监督公司的经营管理、产品质量和价格、收费标准、工作人员工作作风及服务态度等，密切与用户的关系，提高公司的信誉，当年新增客户 170 多家，实现销售 8216 万元，利润 160.7 万元。是年全国机床产品订货会和机电、轴承订货会分别在长沙召开。1992 年 3 月，长沙市机电设备公司更名为长沙市机电设备总公司，并升格为国家中二型企业，将内设的业务科室和门市部改为分公司。总公司下设有：汽车销售分公司、机械设备分公司、电工仪表分公司、轴承工具分公司、高科技物资供应分公司、物资开发分公司、蔡锷路销售分公司、东塘分公司和解放路销售分公司。是年，位于中意路 729 号的长沙设备交易中心建成开业，市场主要经营工程机械、建筑机械、机床、发电设备、五金机电等，有经营户 200 户，年交易额 9 亿元。经营机电设备的网点 1045 个，从业人员 3160 人，销售总额 4.37 亿元，实现利税 3510 万元，比 1988 年分别增长 157.4%、146.8%、98.5%和 112.7%。

1993 年，长沙市机电设备总公司与美国陵氏建筑公司合资兴办长沙市金泰机械使用有限公司，主要生产和经营注塑机和建筑机械零部件，年销售额 200 万元，这是长沙市首家经营机电设备的合资企业。同年，由是机电设备总公司投资 1000 万元，在长沙市芙蓉路与五一路交叉处购买一栋六层楼的房屋，一楼作为公司的经营门面，楼上作为办公用房。位于中意路 718 号的大全联五金机电精品城竣工营业，主要经营工量刃具、电动工具、仪器仪表、焊割器材等，有经营户 82 户，年交易额 2 亿元。1994 年，市机电设备总公司将位于下麻园岭的 314 仓库改建成占地面积 4000 平方米的汽车自选市场，可停放汽车 150 辆，提供汽车销售“一条龙”服务。1995 年，市机电设备总公司积极推行“代理制”，走工贸联合道路，与北京汽车工业供销公司联合建立“长沙联销中心”；与上海工具厂、量具刃具厂、刀具厂联合设立“湖南联销处”；成为瓦房店轴承厂产品及华宝、格力空调的湖南总经销。其中华宝空调全年销售达 5000 台，居全省销量第一；格力空调也为湖南三大经销商之一。是年，汽车开始进入普通百姓家庭，全市汽车销量达 23415 辆（其中轿车 6923 辆）。当年南湖五金机电大市场竣工开业，市场有店铺 500 余间，经营户 450 户，是长沙市经营机电产品主要场所。1996 年，市机电设备总公司投资 2000 万元建设建筑面积 4150 平方米的机电大厦竣工。并与上海日立电动工具有限公司合作在长沙设立上海日立电动工具有限公司和上海工具专卖店。位于长沙市汽车南站旁的雨花五金机电市场竣工，市场占地面积 330 万平方米，建筑面积 22 万平方米，主要经营机电、五金、焊割器材、风机水泵、水暖器材等，有经营户 200 户。经营机电设备的网点 1880 个，从业人员 5770 人，销售总额 9.26 亿元，实现利税 6300 万元，比 1992 年分别增长 79.9%、82.6%、111.9%和 79.5%。

1997 年，位于星沙镇的金鹰机电大市场建成开业，市场占地面积 3 万多平方米，拥有门面商铺 300 余间，经营户 200 户，成为长沙机电设备销售的主要场所之一。市机电设备总公司机电设备分公司积极探索和发展联销代理制经营，利用生产厂家对产品销售的政策抵御市场风险。同时派人常驻南京跃进牌汽车生产厂家，跃进牌汽车成为该公司经营的主要品牌，当年跃进牌汽车销售突破 8000 万元。1998 年 10 月，市机电设备总公司与南京汽车集团联合在长沙成立南京汽车集团长沙销售有限公司，并组织途经 16 个地市的跃进汽车大巡展活动，全年汽车销售 1.31 亿元，是湖南省唯一一家被南京汽车集团评为全国 10 家“标兵单位”之一。并与几家单位联合组建长沙旧机动车贸易有限公司，主要经营旧机动车的交易、过户等业务。1999 年，市机电设备总公司被国内贸易部批准为一级汽车代理商。是年，该公司重点经营汽车、汽油发电机等品种，开发南京农用车系列产品、长安奥拓轿车等系列品牌，与闽东本田汽油发动机有限公司合作销售本田汽油发动机，成为闽东本田汽油发动机有限公司的湖南总代理。同年，该公司关闭上海日立电动工具长沙分公司。2000 年，市机电设备总公司将设备分公司、机械分公司、电器分公司、仪表分公司、电材分公司、轴承分公司、工具分公司、空调分公司等 8 家分公司合并成机电设备经营公司。经营机电设备的网点 2340 个，从业人员 6830 人，销售总额 11.35 亿元，实现利税 8900 万元，比 1996 年分别增长 24.5%、18.4%、22.6%和 41.3%。

2001 年，市机电设备总公司按照汽车的品牌、机电产品的种类划小经营，分别成立南京汽车销售公司、长安汽车销售公司、综合汽车销售公司、轴承分公司、动仪分公司、设备分公司、电材分公司、配套分公司等机构。当年私营的汽车销售专业店开始兴起，全市有汽车销售企业 10 家，全年销售汽车 38250 辆（其中轿车 13400 辆）。2002 年，市机电设备总公司重点做好南京依维柯汽车、闽东本田汽油发动机的经营，同时于 5 月底与美国丹纳赫工具（上海）有限公司签约成为世达工具湖南地区总代理商。2003 年，长沙县投资 7600 万元，建设占地面积 100 万平方米的中南汽车世界新车交易市场和占地面积 14.5 万平方米的中南二手车交易市场竣工开业，这是湖南省最大的汽车交易场所，随之而来的是各种汽车品牌的 4S 店（指集整车销售、零配件、售后服务、信息反馈于一体的汽车销售企业）陆续开业，推动汽车销售的发展。全年销售汽车 46430 辆（其中轿车 28200 辆）。同年 12 月，机电设备总公司将位于喻家冲占地面积 2300 平方米的仓库移交给市金属回收公司。2004 年，市机电设备总公司完成企业改制，企业改制为股份合作制企业，职工置换国有职工身份，国有资本从机电设备经营领域退出。该企业改制后更名为长沙市机电设备有限责任公司，全力发展南京依维柯汽车、闽东本田汽油发动机、世达工具等主要品牌的经营。当年，经营机电设备的网点 3080 个，从业人员 7640 人，销售总额 16.08 亿元，实现利税 1.64 亿元，比 2000 年分别增长 31.6%、11.9%、41.7%和 84.3%。

2005 年，市机电设备有限责任公司成立世达工具分公司，主要经营世达工具，形成以经营世达工具、本土汽油发动机等优势品牌为主的格局，同时，停止销售市场竞争激烈、效益差的品牌。全市机电设备购销市场平稳发展，特别是汽车销售市场发展迅猛，位于东风路的湖南汽车城竣工开业，市场占地面积 12 万平方米，建筑面积 7 万平方米，有经营户 38 户，主要经营汽车及汽车相关产品，年交易额 50 亿元。位于韶山南路 131 号的四星汽车大市场开门迎客，市场占地面积 3 万平方米，建筑面积 5000 平方米，有经营户 50 户，主要经营新旧汽车销售、维修、美容保养，年交易额 5000 万元。2006 年后，长沙机电设备经营主要由市场承接，汽车销售主要是汽车销售市场和 4S 店，全市汽车销售 4S 店发展到 35 家，汽车销售大幅上升，全市全年汽车销售额 88.55 亿元。2008 年，汽车销售市场仍然是发展最快的商品市场，全市汽车销售网点达 50 个，销售汽车 28.45 万辆（其中轿车 15.43 万辆），汽车销售额 132 亿元。经营机电设备的网点 3980 个，从业人员 9230 人，销售总额 20.12 亿元，实现利税 2.05 亿元，比 2004 年分别增长 29.2%、20.8%、25.1%和 25%。

2009 年，湖南安基房地产有限公司整体收购长沙市机电设备有限责任公司的股权，从此退出机电设备经营。同年长沙市开展汽车下乡、汽车以旧换新活动，活动中共销售汽车 3.17 万余辆，汽车以旧换新 14 辆。2010 年后长沙机电设备经营主要集中在机电设备市场和个体经营户，汽车销售企业进一步快速发展。到 2012 年，全市机电设备经营的专业市场 20 个，汽车经营企业达 255 家。是年，销售汽车 34.79 万辆（其中轿车 21.49 万辆），汽车销售额 425.4 亿元，对全市社会消费品零售总额增长贡献率达25.8%；其中长沙县经营汽车的企业达 97 家。全市私有汽车拥有量达 100.10 万辆。经营机电设备的网点4620 个，从业人员 1.14 万人，销售总额 23.45 亿元，实现利税 2.84 亿元，比 2008 年分别增长 16.1%、23.7%、16.6%和 38.5%。

表 19–10–4–1　　2012 年长沙市主要机电设备和汽车市场一览表　　单位：平方米

序号	市场名称	经营地址	经营面积
1	南湖五金机电大市场	芙蓉区湘湖路	30000
2	长沙设备交易中心	中意路 729 号	35000
3	大全联五金机电精品城	中意路 718 号	15000
4	雨花五金机电市场	汽车南站南侧	18000
5	望城坡机电市场	河西望城坡	30000
6	金鹰机电大市场	长沙县星沙	30000
7	湖南汽车城	东风路	70000
8	四星汽车大市场	韶山路 131 号	30000
9	中南汽车大世界	长永公路世界之窗侧	100 万
10	望城坡汽车市场	河西望城坡	6000
11	长沙旧机动车交易市场	韶山路 131 号	11000
12	星沙汽配城	长永公路世界之窗对面	6000
13	马王堆汽车配件市场	远大路万家丽路口	10000
14	东方汽配护理中心	远大路 338 号	15000

第十一章　旅游业

1988 年，长沙旅游以入境旅游为主，旅游业列入外事的一部分，主要做好外国人和华侨、外籍华人、港、澳、台胞的旅游接待服务工作。全市全年接待入境旅游者 9143 人次，旅游创汇 1771.09 万元（外汇人民币）。国内旅游者 1.79 万人次，国内旅游收入 357 万元。全市全年旅游总收入 2128 万元。旅游从业人员 3000 余人。

20 世纪 90 年代后，长沙旅游业开始从事业型向经济型转变；从小旅游向大旅游转变，旅游业呈现出蓬勃发展势头。大围山、灰汤、湘江休闲风光带、湖南民俗村等 10 多个重点旅游景区项目启动并加快建设。岳麓山旅游景区被省政府批准为省级旅游度假区。1995 年，全市入境旅游 8.1 万人次，旅游创汇 1.49 亿元（外汇人民币）。国内旅游者 620 万人次，旅游收入 28 亿元。全市全年旅游总收入 29.49 亿元。长沙市经国家旅游局评审并批准为全国首批中国优秀旅游城市。1999 年，全市接待入境旅游者 19.44 万人次，是 1988 年的 21.3 倍；国内旅游者 1815 万人次，是 1988 年的 1008 倍；旅游创汇 8.69 亿元（外汇人民币），是 1988 年的 8.2 倍；国内旅游收入 52.9 亿元，是 1988 年的 1482 倍；全市全年旅游总收入 61.59 亿元，是 1988 年的 289.4 倍。旅游从业人员 4 万人，是

1988年的13.3倍。全市旅游业实现跨越式发展。

21世纪开始，长沙市旅游业进入快速发展时期。2000年，颁布《关于加快培育旅游支柱产业的决定》，将旅游业纳入全市国民经济和社会发展计划，鼓励外资、社会资本合资、合作或独资开发旅游项目。2002年，长沙市承办首届中国湖南旅游节开幕式，以此为契机，大力宣传长沙旅游新形象。全市全年旅游总收入达102.48亿元，突破百亿元大关。2006年，红色旅游成为一大亮点，全市全年接待红色旅游者585.3万人次，创历史新高。全市全年接待入境旅游者40.6万人次，比1999年增长的108.8%，旅游创汇24.18亿元（外汇人民币），比1999年增长195.2%；国内旅游者2579万人次，比1999年增长42%；国内旅游收入198.4亿元，比1999年增长275%；全市全年旅游总收入222.6亿元，比1999年增长261.4%。旅游从业人员7万人，比1999年增长75%。是年，长沙市在《中国旅游报》组织的评选活动中被评为“全国农家乐最火爆的城市”。

2008年4月，召开全市旅游产业发展大会，确定将旅游业作为建设“两型社会”综合配套改革试验区的先导产业、率先发展的支柱产业。“办旅游，促经济”成为共识。全市全年旅游投资上亿元的项目31个，上千万元的项目45个。长沙市被美国《福布斯》杂志评为“中国大陆最适合发展旅游业的城市”；在北京举办的第二届和谐城市可持续发展高层论坛上，长沙市被评为“中国十大休闲宜居生态城市”。2010年，被世界旅游组织评为“2010旅游业发展示范城市”；在中国旅游网络媒体联盟峰会上被评为“中国网民最关注的十大旅游城市”。2011年，国务院、国家旅游局调研组考察长沙旅游业，充分肯定长沙旅游产业发展经验。是年，外商独资在长沙开办旅行社，国际知名品牌旅游酒店“喜来登”“温德姆”“皇冠假日”登陆长沙。连续3年长沙旅游星级旅游酒店入住率全国第一。2012年，长沙市召开高规格、大规模的全市旅游发展大会。推进全市“一带三圈旅游产业功能区”建设。全市有全国旅游强县1个；全国休闲农业与乡村旅游示范县1个、示范点1个；全国农业旅游示范点5个；国家A级旅游景区39家，其中AAAAA级景区2家，AAAA级景区18家；省级农业旅游示范点17家；星级饭店83家，其中五星级12家，四星级22家；旅行社218家，具有出境旅游组团资格的22家。农家乐2000多家（其中星级农庄182家）；大型旅游汽车公司9家；工业旅游示范点5家。年经营收入过亿元的旅游企业30家。全市全年接待游客8088.07万人次。其中入境旅客105.19万人次，比2006年增长259%；创汇41.3亿元（外汇人民币），比2006年增长114%；接待国内旅客7989.18万人次，比2006年增长210%；国内旅游收入741.8亿元，比2006年增长274%；实现旅游总收入783.1亿元，比2006年增长252%；全市旅游从业人员30万人，比2006年增长329%。全市旅游产业已形成较大的规模，产业实力显著增强，成为第三产业的支柱产业。长沙市被新华网、人民网等组成的中国旅游网络媒体联盟评选为“中国十大文化旅游城市”之一。

第一节 机 构

一、市旅游局

1988年7月，成立长沙市旅游局，与市外事办合署办公，“两块牌子、一套人马”，市外事办（旅游局）增设规划开发科、宣传联络科。同年7月，市旅游局所属的长沙国际友城旅行社成立，为全民事业单位。1990年5月，长沙市任命市外办主任宋镜铨兼任市旅游局局长，外事办副主任田汉明兼任副局长。旅游局下设规划开发科、宣传联络科。

1994年10月，长沙市决定单独成立市旅游局，为市政府直属事业单位，正县级，从市外事侨务办分开。负责主管全市旅游行业工作。厉农帆任市旅游局局长。1995年3月16日，新成立的市旅游局挂牌对外办公。设办公室、计划统计科、市场开发科、企业管理科4个科（室）。事业编制18名。办公房屋租用在市青少年宫内（市中山路）。长沙中国国际旅行社（原国际友城旅行社）隶属关系划为市旅游局管理。1996年8月25日，成立市旅游质量监督管理所，为正科级全民事业单位，为市旅游局直属管理。1998年，市旅游局成立市旅游培训中心。

2000年，根据《长沙市人民政府关于加快培育旅游支柱产业的决定》，成立市旅游产业发展领导小组。市旅游局同时又是市旅游产业发展领导小组办公室。市长担任组长，相关的市委、市政府部门主要负责人任组员。 2001年，机构改革中继续设置市旅游局，是主管全市旅游业的市政府工作机构。办公地址迁至河西岳麓大道市政府一办公楼。2002年4月，市政府确定市旅游局设办公室、市场开发处、行业管理处、规划统计处4个职能处（室）。行政编制18名。2002年10月，成立长沙市导游人员管理服务中心，同时加挂长沙市旅游培训中心的牌子，为正科级全民事业单位，人员经费来源自收自支，市旅游局直属管理。 2003年，长沙市确定市旅游质量监督管理所为财政全额拨款事业单位。

2007年，市旅游局荣获人事部、国家旅游局联合表彰的全国旅游系统先进集体称号。2008年，市旅游局为市政府组成单位。是年，获“全国红色旅游工作先进集体”称号。2009年1月，为加速推进旅游经济强市建设步伐，市政府决定成立市旅游产业发展工作领导小组。市政府主要负责人任组长；分管旅游工作的副市长任副组长。领导小组办公室设在市旅游局。2010年7月，市旅游局所属的市旅游质量监督管理所列入参照公务员法管理单位。

2011年6月，市政府确定市旅游局设办公室（政策法规处）、市场开发处（港澳台事务处）、行业管理处、规划产业处、信息统计处5个处室。局机关行政编制增加至26名。确定市旅游质量监督管理所（长沙市旅游执法支队）为市旅游局直属副县级事业单位，人员参照公务员法管理。2012年，市旅游局再次获人事部、国家旅游局联合表彰的“全国旅游系统先进集体”称号。被评为“湖南省文明标兵单位”。

1988—2012年，先后担任长沙市旅游局主要领导职务的有：宋镜铨（兼）、厉农帆、田汉民、刘继雄、谭勇；其他领导班子成员有：彭从文、彭欢首、陈威、夏文斌、廖双寅、曾卫军、缪画、黄威重、余岚、罗晓群、章友发。

二、区、县（市）机构

（一）芙蓉区。2005年6月始，组建区商务局，加挂区招商合作局和区旅游局的牌子，为政府工作部门。内设机构5个职能科（室）：办公室、旅游管理科、商贸管理科、外资管理科、内资管理科。核定行政编制7名，事业编制10名。2011年4月，明确区商务局更名为区商务和旅游局，加挂区招商合作局的牌子，为区政府工作部门。设5个职能科（室）：办公室、旅游管理科、商贸管理科、外资管理科、内资管理科。核定行政编制8名，事业编制9名。2012年机构无变化。

（二）天心区。2005年12月始，明确设立区商务局，加挂区招商旅游局的牌子，区商务局是主管全区国内外招商引资、旅游服务工作的政府工作部门。内设机构4个职能科（室）：办公室、联络科、管理科（加挂旅游发展科）、酒类管理办公室。核定行政编制8名。2011年8月，设立区商务和旅游局，加挂区招商合作局牌子，为区政府工作部门。内设机构职能科（室）：办公室、商贸科（酒类管理办公室）、旅游科（外经外贸管理科）。核定行政编制10名，事业编制6名。2012年机构无变化。

（三）岳麓区。2006 年始，区商务局加挂招商合作局、旅游局两块牌子。2011 年 5 月，明确设立区旅游局，为区政府直属事业单位。内设办公室、业务科两个职能科室，核定区旅游局全额拨款事业编制 6 名。2012 年机构无变化。

（四）开福区。2005 年始，设置区商务局，加挂区招商合作局和区旅游局的牌子，区商务局是区政府主管全区内外贸易、国际国内经济合作、招商引资和旅游工作的职能部门。2011 年，设置区商务和旅游局，加挂区招商合作局的牌子，为区政府工作部门。2012 年机构无变化。

（五）雨花区。2005 年始，在区商务局加挂区招商合作局和区旅游局的牌子，区商务局是区人民政府主管全区内外贸易、国际国内经济合作、招商引资和旅游工作的职能部门。2011 年，设置区商务和旅游局，为区政府工作部门。2012 年机构无变化。

（六）望城区。2005 年始，设置县旅游局，为县政府直属事业单位，有全额拨款事业编制 8 名，内设综合科、行业管理科。同年，成立县旅游质量监督所，为县旅游局的下属事业单位，有全额拨款事业编制 4 名。2010 年，县旅游局增设产业发展科。2011 年，望城县旅游局更名为望城区旅游局。2012 年机构无变化。

（七）长沙县。2001 年 5 月始，县政府接待处加挂县旅游外事局牌子，与县接待处合署办公。核定全额拨款事业编制 7 名。同年 12 月，设立县旅游局，为县政府直属事业单位，与县接待办合署办公。2005 年 12 月，明确县旅游局是承担行政职能的政府直属事业单位，加挂县接待办牌子。2008 年，成立县旅游质量监督所，为县旅游局下属二级事业单位，核定全额拨款事业编制 2 名。2011 年 12 月，单独设立县旅游局，为承担行政职能的县政府直属事业单位。列入参照公务员法管理范围。核定全额拨款事业编制 8 名，所属县旅游质量监督所为事业单位，核定全额拨款事业编制 5 名。2012 年机构无变化。

（八）浏阳市。1995 年 5 月始，设立市旅游（外事）局，为市政府主管旅游外事工作的直属事业机构。核定事业编制 15 名。1997 年 5 月明确设立市旅游外事管理委员会，为浏阳市主管旅游外事工作的职能部门。2002 年 3 月，明确市旅游局是主管全市旅游业的市政府直属事业单位，核定机关全额拨款事业编制 13 名，机关后勤服务事业编制 1 名。2011 年 7 月，明确市旅游局是市政府负责全市旅游工作的直属事业单位。核定市旅游局事业编制 13 名，后勤服务全额拨款事业编制 1 名。市旅游质量监督管理所为市旅游局管理的二级事业单位，核定全额拨款事业编制 2 名。2012 年机构无变化。

（九）宁乡县。1999 年始，设立县旅游局，归口县政府办公室管理，为副科级事业单位。1998 年，明确县旅游局单独设立。核定县旅游局事业编制 8 名，列入县财政全额拨款，成为单独核算的正科级事业单位。内设办公室、市场开发股、企业管理股。2001 年 12 月，明确县旅游局为县政府正科级直属事业单位。全额拨款事业编制 8 名。2005 年 9 月，核定全额拨款事业编制 10 名。2007 年，成立县旅游质量监督管理所，为县旅游局二级事业单位，核定全额拨款事业编制 5 名。2011 年 6 月，明确县旅游局为县政府直属事业单位，设办公室、行业管理科、市场营销和开发建设科 3 个科室，机关全额拨款事业编制 11 名，机关后勤服务全额拨款事业编制 1 名。2012 年机构无变化。

第二节 旅游资源

一、自然景观

岳麓山自古至今为游览胜地。唐朝刘禹锡诗句“群峰朝拱如骏奔”，写的就是岳麓山天然雄浑的气势，千百年来文人骚客题咏不绝。秋冬之交，红枫尽染丛林，是中国四大赏枫胜地之一。1988 年以来，岳麓山接待国内外游客数量最多。

浏阳大围山生态旅游区属高山湿地生态系统，生态环境优良，地质地貌奇特，第四纪冰川地质遗迹保存完好，成为旅游景区新贵，1996 年开始正式接待旅游者。夏天来此避暑休闲，冬天观景、滑雪。自驾游、帐篷旅游的客人很多。

湘江，湖南的母亲河，滔滔南来，汩汩北去，经昭山入长沙城，下游受洞庭湖水顶托，形成鹅洲、巴溪洲、橘子洲、龙洲、香炉洲、月亮岛等 15 个洲、岛。20 世纪 90 年代以后，湘江休闲旅游风光带成为外地游客观光的必选之地。橘子洲湘江两岸白沙如雪，垂柳如丝，构成独特美丽的自然景观，古代著名的“潇湘八景”之一“江天暮雪”即在这里。

浏阳河九曲十八弯，风景旖旎，一首民歌《浏阳河》让它蜚声中外。2004 年，芙蓉区开始建设浏阳河休闲旅游风光带。

洋湖湿地公园 2010 年 7 月 29 日正式开工建设。2011 年 6 月，一期工程完成并开园。

二、人文景观

长沙市是国务院首批公布的全国 24 座历史文化名城之一。早在战国时期就出现长沙地名，又古名临湘、湘洲、潭州。是一座历史悠久、文化底蕴丰厚的城市，人文景观丰富且级具湖湘文化特色。相传《九歌》就是战国时期伟大诗人屈原放逐长沙一带时据南楚民间祭神乐歌所作。西汉政治家、文学家贾谊被贬长沙，在长沙写有著名的《吊屈原赋》，长沙称为“屈贾之乡”。1972—1974 年，先后在长沙市区东郊马王堆乡挖掘出土三座汉墓，对中国的历史和科学研究均有巨大价值，其出土文物异常珍贵，现展示于湖南省博物馆。省博物馆环境优美，为国家 AAAA 级旅游景区。是欧美、日本等国际旅游者到长沙的必游之地。岳麓山下的岳麓书院号称宋代四大学院之首，是全国保存最完好的古代书院建筑，素称人才荟萃之地，是湖湘文化的发源地。

近现代历史时期，长沙籍或在此从事革命活动的黄兴、蔡锷、谭嗣同、毛泽东、刘少奇、胡耀邦、谢觉哉、王震、朱镕基、雷锋等灿若群星。黄兴故居在长沙县黄兴镇杨坨村，黄兴最早从事革命活动就在长沙；毛泽东母校湖南第一师范，毛泽东从事革命活动的新民学会、清水塘、船山学社等旧址保存完好。还有宁乡花明楼刘少奇故里景区、文家市秋收起义会师纪念馆、杨开慧故居及纪念馆、雷锋故居及纪念馆等成为全国爱国主义教育和红色旅游的重要景区。

体现长沙人文特色的靖港古镇、火宫殿，天心阁、太平街、沙坪湘绣城是旅游者饮食、休闲、购物的理想之处。长沙的影视传媒、歌厅酒吧闻名遐迩。快乐之都、美食之都、休闲之都的长沙吸引着国内外旅游者纷至沓来。

三、景区、景点选介

（一）岳麓山—橘子洲旅游景区。岳麓山位于长沙城区溁湾镇湘江西，南岳 72 峰之一。主峰云麓峰海拔 300.08 米，凤凰山、天马山、桃花岭、石佳岭群山环绕。凭栏远眺，可观湘江北去。山上古木参天，蓊郁青葱，其中晋朝的罗汉松、唐代银杏、宋时香樟、明清枫栗均系古树名木。清风峡中有飞泉触石，铮铮有声，故名“石濑”；“石濑”下两岸多生兰草，馥郁幽香，称之为“兰涧”。云麓峰顶，有一天然巨石的响鼓岭。白鹤泉边岩石突兀，山风回荡，呼啸阵阵，似笑似啼，称为“笑啼岩”。橘子洲位于城区湘江之中，南北长达 5 千米，古名“长岛”，又名“水陆洲”。1925 年毛泽东赞颂橘子洲的壮丽美景，写下著名的诗句“独立寒秋，湘江北去，橘子洲头。看万山红遍，层林尽染；漫江碧透，百舸争流。

鹰击长空，鱼翔浅底……”（《沁园春·长沙》）。2001 年，橘子洲划归岳麓山旅游景区。2004 年，对橘子洲景区进行全面提质改造，洲上居民全部迁移。2008 年景区以崭新面貌免费向游客开放。青年毛泽东雕像屹立在橘子洲头，增加梅园、桃园、音乐喷泉等景点。2011 年 12 月，将岳麓山、橘子洲及新民学会旧址、岳麓书院作为“岳麓山—橘子洲旅游景区”捆绑申报，被国家旅游局评定为国家 AAAAA 级旅游景区。

（二）浏阳大围山生态旅游区。位于浏阳市东北部。总面积约 4700 公顷。大围山，古称首禅山。处湘赣交界，“岗峦围绕，盘踞三县，因名大围”。属高山湿地生态系统，生态环境优良，地质地貌奇特，第四纪冰川地质遗迹保存完好。域内群山环抱，立峻挺拔，土地肥沃，雨量充沛，植被丰富，种类繁多。植物种类有 23 个群系、3000 多种，堪称“天然动植物博物馆”。山牛、猿猴、巨蟒；角雉、画眉、相思鸟随处可见。山顶的小平原上有天心湖 48 个，湖畔芦花似雪。龙须漕有多处瀑布相连，声响数里。有“风洞”“云洞”两岩洞，还有七星岭、鸡峰尖、棋盘石等 120 多个自然景观点。1996 年开始正式接待游客。夏天来此避暑休闲，冬天观景、滑雪。自驾游、帐篷旅游的客人很多。2007 年 8 月，被国家旅游局评定为国家 AAAA 级旅游景区。2008 年开始每年举办杜鹃花旅游节，2011 年冬季滑雪项目成为新热点，接待游客 3.2 万人。2012 年第四届杜鹃花旅游节吸引游客 10 万余人参加。

（三）湘江休闲旅游风光带。湘江，湖南的母亲河。自南向北，经昭山入长沙城，流经长沙全域 74 千米。河宽 1000~1500 米，西接靳江、沩水，东纳浏阳河、捞刀河。湘江水流时而波涛汹涌，时而水碧如镜，河床宽阔，支流汇注，烟水云天。下游受洞庭湖水顶托，形成鹅洲、巴溪洲、橘子洲、龙洲、香炉洲、月亮岛等 15 个洲、岛。湘江两岸白沙如雪，垂柳如丝，构成独特美丽的自然景观。1995 年，启动沿江风光带建设，依托两岸自然风光，配以形式各异的亭台楼阁、小广场、景观小品、灯光亮化等配套设施，组合种植多品种乔木和灌木，成为游客和市民观景、休闲的好去处。2010 年起，在周末和节日期间，旅游和相关部门组织在杜甫江阁对面的橘子洲燃放烟花，以“快乐长沙，璀璨星城”为主题，把山、水、洲、城这一独特的城市景观展示给国内外游客。燃放烟花时，游客和市民如潮水般涌向两岸湘江风光带。观看长沙湘江烟花成为外地游客喜爱的项目。

（四）浏阳河休闲旅游风光带。浏阳河系湘江支流，又名浏渭河，原名浏水，浏，清亮貌。浏阳河九曲十八弯。发源于大围山北麓。全长 234.8 千米。流经浏阳市、长沙县，最后在长沙市区的陈家屋场注入湘江。浏阳河有大溪河和小溪河两个源流。上游河谷幽深，急流奔腾，岸旁有无数险峰奇石，蔚为壮观。浏阳河漂流项目惊险刺激，深受年轻人喜爱。在双江口，两流交汇，江面豁然开朗，宽阔舒缓，两岸青山翠枝，古树野花，风光旖旎。浏阳河百转千回，形成许多绿洲。有山枣洲、中洲、磨盘滩等。洲上芳草萋萋，江中渔歌互答。一首《浏阳河》民歌风靡中外。2004 年，芙蓉区开始建设浏阳河休闲旅游风光带，2011 年建设完毕。此后，开福区开始建设以北辰三角洲为中心的浏阳河休闲旅游风光带。

（五）宁乡沩山旅游景区。位于宁乡县西北部，距长沙市区 58 千米，距宁乡城区城 40 千米。沩山系雪峰山余脉。最高峰瓦子寨，海拔 1070 米。在海拔 800 米上下的群山峻岭中，隐藏一块几里长的盆地，四周云气相汇于此，土地平旷，有良田美池桑竹。明代陶汝鼐在《游沩山记》中称之为“小桃花源”。盆地西北侧有毗卢峰，山林如围椅怀抱，气势非凡。山下有千年古刹密印寺。源于沩山的沩水全长 144 千米。有大小支流 99 条，势如建瓴而下。在沩山乡祖塔小龙潭，河道两岸奇峰陡立，起伏跌宕，风景如画，河水落差近 200 米。2007 年，沩山漂流旅游项目对游客开放，被游客誉为“亚洲第一漂”。还有黄材镇的龙泉漂流、天紫漂流，夏日游客火爆。

（六）千龙湖生态旅游度假区。位于望城区格塘镇，原名格塘。距市城区 30 千米。千龙湖由湘江下游与洞庭湖交汇而成，187 公顷湖面，碧波荡漾，鸟飞鱼跃，富有诗情画意的水乡情韵。27 公顷湖心半岛自然错落，绿树成荫。还有 800 公顷流红泛绿的田园风光。这里集山、水、林、田于一体，构成一幅生态和谐的乡村美丽画卷。自 2004 年 7 月开业以来，千龙湖形成休闲度假、蔬菜种植、水产孵化、生态山庄等整体配套体系，成为一座具有综合接待能力的大型乡村生态旅游度假区。2011 年 2 月，获农业部组织评定的“国家五星级休闲农业与乡村旅游园区”称号。

（七）洋湖湿地旅游景区。位于岳麓区洋湖大道北，潇湘大道南。占地面积 5.2 平方千米。天然水域，几曲清流蜿蜒波折，流汇至开阔处，便清波荡漾，小溪柔美。湿地有自然生长的片片芦苇在蓝天白云中摇曳。还有茂盛的菖蒲、水葱等滨水而居。芝樱、蓝花鼠尾草、柳叶马鞭草、二月兰、常夏石竹、美丽月见草等 10 多种不同花草，形成“花海”。湿地的植物种类 700 余种，鸟类超过 130 种，负氧离子含量比中心市区高六倍以上，形成湿地特有的生态景观，是紧靠都市的天然氧吧。2010 年 7 月 29 日正式开工建设。2011 年 6 月，洋湖湿地公园一期工程完成并开园。有休闲区、生物多样性展示区、生态保育区、科教区。

（八）石燕湖旅游景区。位于长沙、株洲、湘潭交会处，长沙县跳马乡境内。石燕湖古为深潭，为东边的天鹅池泉水所汇。因湖边多燕形石头，故名。它是城区圭塘河的源流，水面近千亩，湖水清幽纯净，达到国家一级水质标准。水深处 30 余米，水量充沛。这里群山环抱，海拔高度在 250~275 米。高峡平湖，一碧如镜。湖心形成一个绿岛，岛形恰如静卧水中的老龟，名“金龟岛”。每逢晴日，晨曦初露，绕龟背放出金光万道。岛上古干虬枝，绿荫匝地。在石燕湖清秀的山水里，带着远古的气息。这里曾是古生物群落集聚之地，有 3 亿年前的泥盆纪跳马涧系岩层标准组石。考古学家在此发现第一条中国现存最完整的鱼化石。这里的黑龙潭地下峡谷景点堪称一绝。峡谷曲折幽深，有小河四季长流，漫长险峻。流经湘潭坳、株洲湾和跳马涧，从地下穿越长沙、株洲、湘潭三市，峡谷内常年温度在 17℃左右。夏日，黑龙潭地下峡谷漂流活动深受游客青睐。2011 年，石燕湖旅游景区被国家旅游局评定为 AAAA 级旅游景区。

（九）黑麋峰旅游景区。位于望城区东北部的桥驿镇境内，距离市中心 19 千米。水陆交通便利。景区总面积为 40.79 平方千米，森林覆盖率为 80.2%，主峰海拔 590.5 米，夏季平均气温为 20℃~28℃之间。有景点 108 处。麋峰为典型的火成岩地貌景观，峰峦起伏，岭谷纵横，地形奇特，云雾长封。植被茂密，有种子植物 651 种，峰顶有千年古树，春天万木葱茏。有野生脊椎动物 74 种，其中哺乳动物 28 种、鸟类 28 种。景区中还有“潇湘天池”镜虚湖、仙麋湖。湖水清澈，岸线蜿蜒曲折，青山倒映在湖面上，时有飞鸟起舞。朝赏日出，暮观晚霞。这里自古号称“洞天福地”。自唐代起，吸引不少文人墨客来此游览。2000 年 5 月被批准为省级森林公园，2011 年被批准为国家级森林公园。

（十）宁乡灰汤紫龙湾温泉度假区。位于宁乡县灰汤镇。这里花岗岩广布，地下岩浆结晶构成热源，滚烫的泉水从乌江河畔涌出，晶莹洁白，热气蒸腾如石灰撒过，故名“灰汤”。灰汤温泉被誉为“潇湘第一泉”“天然药泉”。水质晶莹如玉，沸如滚汤，泉眼最高温度达 102℃以上，是全国三大高温复合温泉之一，含有对人体有益的硫化氢、硒、钼、铜、锌等 29 种以上的微量元素、矿物质，浴后对消炎、镇静、安神、调生理机能、改善心血管功能等功效显著，对血液循环、神经系统等慢性疾病理疗效果良好。紫龙湾温泉度假区占地约 13 公顷，倚巍峨苍翠东雾山，可览 200 公顷紫龙湖。2011 年被国家旅游局评定为 AAAA 级旅游景区。

（十一）长沙生态动物园。位于天心区芙蓉南路四段。地处长沙、株洲、湘潭三市融城的中心地带。2010年10月建成开放。面积100公顷，依山傍水，在一片丘陵地带，大面积的原生态山林，有湖面岛屿，形成湖光山色，鸟语花香的怡人景观。分为步行圈养区、车行放养区、科普教育区、生态景观区、休闲娱乐区等。有动物300余种类、5000余只（羽）。2011年，被国家旅游局评定为AAAA级旅游景区。

（十二）岳麓书院。坐落于历史名城长沙市湘江西岸岳麓山下，岳麓书院前有马路直达湘江边，天马山、凤凰山分峙两旁。俨若天然门户。书院后托青风峡、爱晚亭，茂林修竹，葱茏滴翠。明清时期遗存的古书院建筑群，轮廓依然，经过修葺掩映于山水幽深之中，景象壮观。岳麓书院为中国古代著名四大书院之一，始建于北宋开宝九年（976），宋真宗祥符八年（1015），真宗赐名岳麓书院，从此名闻天下。历经宋、元、明、清各个朝代，几经修复，基本保留书院旧貌，有“千年学府”之称。宋代张栻、朱熹、陆九渊；明代王守仁、王乔龄；清代李文炤、王文清，罗典、王先谦等来此讲学。王夫之、陶澍、魏源、曾国藩、郭嵩焘、左宗棠等历史名人在此就读。一批批影响中国历史的人物从这里走出。清代学人所撰且至今悬挂在书院大门两侧的楹联“惟楚有才；于斯为盛”，便是对岳麓书院人才之盛的写照。清光绪二十九年（1903），岳麓书院改为湖南高等学堂。民国15年（1926），省立湖南大学在岳麓书院正式成立。20世纪70年代，省政府委托湖南大学管理、修复岳麓书院。1988年，岳麓书院被国务院批准为国家重点文物保护单位。占地面积2.公顷。主体建筑有大门、二门、讲堂、半学斋、教学斋、百泉轩、御书楼、湘水校经堂、文庙等，各部分互相连接，完整地展现中国古代建筑气势恢宏的壮阔景象。2005年，岳麓书院下设中国哲学研究所、历史研究所、中国思想文化研究所、中国书院研究中心和中国软实力文化研究中心等多个部门。2009年，岳麓书院批准招收历史学本科生。至此，书院形成从本科、硕士研究生、博士研究生到博士后科研流动站的系统格局。

（十三）湖南省博物馆。位于开福区东风路，筹建于1951年，1956年正式对外开放，是全省最大的历史艺术博物馆，也为首批国家一级博物馆。占地面积4.9公顷，总建筑面积为9.1公顷。是长沙市的文化地标之一。馆藏文物丰富，藏品18万余件，尤以蜚声中外的马王堆汉墓文物、西汉辛追夫人遗体、商周青铜器、楚文物、历代陶瓷、书画等最具特色。1988年以来，该馆吸引成千上万海内外游客前来参观，成为在海内外享有较高知名度的博物馆之一，是人们了解中华文化进程、领略湖湘文化奥秘的重要窗口。是中央、地方共建国家级重点博物馆、全国优秀爱国主义教育示范基地。2006年，该馆被国家旅游局评定为国家AAAA级旅游景区。2008年3月，正式实施免费开放。2010年，为满足人民群众日益增长的文化需求，经过专家反复研究论证，省委、省政府决定在湖南省博物馆原址开始实施改造扩建工程。2012年，继续进行改造扩建工程。

（十四）天心阁旅游景区。位于天心区东南角，城南路与天心路交会之处的古城墙上。古城墙是明洪武年间（1368—1398年）长沙守御指挥邱广营建。“天心阁”始建时间不详，但在明末的诗文中已记载。清乾隆十一年（1746）由湖南巡抚杨锡被主持兴建。当时天心阁及古城墙为全城最高处。清咸丰二年（1852），天平军攻打长沙时古城墙被毁，先后多次重建，现仅保留天心阁这段古城墙，存南、北两月城，是全国古代城防工事现存实例中极为罕见的，是长沙仅存的古城标志之一。现天心阁乃1983年重建，并在此建天心公园和旅游景区。2006年被国家旅游局评定为AAAA级旅游景区。2012年10月被评为“十大中国历史文化名楼”。

（十五）火宫殿。位于天心区坡子街 。始建于清乾隆十二年（1747），清道光六年（1826）重修，正殿为火神庙，左为弥陀阁，右为普慈阁。过去是一座祭祀火神的庙宇，又名“乾元宫”。前坪搭一戏台。每年农历六月二十三日都将举行大规模的祭祀活动。火宫殿是长沙集民俗文化、火庙文化、饮食文化于一体的具有代表性的旅游景点。2006年，火宫殿“火神庙会”被列入国家级非物质文化遗产名录。这里的小吃——臭豆腐享誉中外。党和国家领导人毛泽东、彭德怀、叶剑英、胡耀邦等都曾光临过火宫殿。外地游客多来此品尝长沙特色餐饮。

（十六）湖南省立第一师范学校旧址。位于天心区书院路。学校前身为南宋时期张栻创办的城南书院，清光绪二十九年（1903）始为湖南师范馆。清宣统三年（1911）改名为湖南立第一师范学校。民国2年（1913）春，毛泽东在该校第8班学习。1914年，更名为湖南省立第一师范学校。民国9年（1920）秋至民国10年（1921）冬，学校先后聘任毛泽东为附属小学主事、师范部国语教员。毛泽东秘密在此从事创建中国共产党和中共湘区委员会的工作。现有第8班教室、工人夜校、附小主事室、阅报室、君子亭等10处纪念点。1950年，毛泽东为学校题名“第一师范”。1983年设有毛泽东青年时代革命活动陈列馆和校史展览室。该校还是蔡和森、何叔衡、任弼时、李维汉等老一辈无产阶级革命家的母校。2004年，被列为全国重点红色旅游景点。2000年，湖南省第一师范学校升格为湖南省第一师范学校（专科）。2008年湖南省第一师范学校（专科）升格为湖南第一师范学院（本科）。

（十七）花明楼·刘少奇故里景区。位于宁乡县花明楼炭子冲。故居始建于清嘉庆元年（1796）。清光绪二十四年十月十一日刘少奇诞生于此并在此度过童年和少年时代。1961年5月，他担任国家主席期间，回家乡进行调查研究工作时在此居住。1980年，故居进行修复。当年的卧室、书房、开调查会的横堂屋内展出实物、照片数百件，重新对外开放。1988年，被国务院公布为全国重点文物保护单位。刘少奇同志纪念馆于1988年11月24日开馆，是全国爱国主义教育基地。2000年，花明楼·刘少奇故里景区被国家旅游局评定为AAAA级旅游景区。2012年开始启动AAAAA级旅游景区创建工作。

（十八）胡耀邦故里旅游景区。位于浏阳市中和镇苍坊村，北靠西岭。故居为一栋普通砖木民房，始建于清朝咸丰年间，有140余年的历史。凹字形布局，占地面积450平方米，共计19间。自中轴线以西为胡耀邦故居，以东部分为胡氏宗亲住房。民国4年（1915）11月20日，胡耀邦诞生于侧屋内一耳房间。1930年，胡耀邦离开家乡参加红军。至20世纪90年代，故居一直为胡耀邦哥哥及家人居住。侄孙辈均在乡务农。旧居保存完好。2002年被列为湖南省爱国主义教育基地。2005年2月在原故居的基础上兴建展厅面积2100平方米的陈列馆，2006年11月投入使用。2012年1月，胡耀邦故里旅游景区被国家旅游局评定为AAAA级旅游景区。

（十九）文家市秋收起义会师纪念馆。位于浏阳市文家市镇，毗邻310省道。民国16年（1927）9月，湘赣边秋收起义部队进攻中心城市失利后，毛泽东领导的各部队在文家市会师。景区主要由秋收起义文家市会师旧址（里仁学校）和秋收起义历史陈列馆两部分组成。会师旧址于1962年被国务院公布为全国第一批重点文物保护单位。1964年维修，复原中共湖南省委前敌委员会会址、毛泽东等主要领导同志的卧室、战士住房、会师草坪等处。1974年正式对国内外开放。1995年，公布为湖南省爱国主义教育基地，2001年，公布为全国爱国主义教育示范基地，2004年，被国家旅游局评定为AAA级旅游景区。2005年被列为全国第一批红色旅游经典景区。

（二十）杨开慧故居及纪念馆。位于长沙县板仓镇。距长沙市城区65千米。故居始建于清末年间。依地势分三阶梯共三进，面阔3间，土砖墙，小青瓦，大小房间共28间。清光绪二十七年（1901）九月二十六日杨开慧诞生于此。毛泽东早年在此从事革命活动。杨开慧父母卧室和杨开慧住房等均作原状陈列。陈列馆于 1966 年 11 月维修后对外开放。1967 年 4 月重修墓地并建陵园。1980 年修缮时，在墙缝中发现杨开慧在 1928 年在家居住时下写的手稿、信札多件。1983 年公布为湖南省重点文物保护单位。景区由杨开慧故居、杨开慧烈士陵园、杨公庙、陈列馆 4 部分组成。全国红色旅游经典景区、湖南省爱国主义教育基地。2011 年被国家旅游局评定为 AAAA 级旅游景区。

（二十一）雷锋故居及纪念馆。位于望城区雷锋镇。1940—1956 年，雷锋在此生活 16 年。1966 年由省、市拨款对旧居修复并建纪念馆，1968 年 10 月开馆。1990 年 10 月 29 日，总书记江泽民到馆视察并亲笔题写馆名。1993 年重新修复后并对外开放。该馆以翔实的内容、丰富的资料，再现雷锋这位伟大共产主义战士短暂而平凡的一生。园区内主要有雷锋纪念碑、雷锋塑像、雷锋墓、雷锋事迹陈列馆等建筑及青少年教育活动设施。2006 年，被国家旅游局评定为 AAAA 级旅游景区。

（二十二）靖港古镇。位于望城区西北，东濒湘江，与铜官镇隔江相望，南临沩水，西与格塘接壤，北面毗邻乔口镇。原名芦江，地处沩水入湘江口，唐代名将李靖驻兵芦江，后名曰靖港，以志不忘。清末民初，航运业日趋发达，靖港以其天然良港之优势，成为船只进出长沙的北大门和避风港。湘阴、益阳、宁乡及本地粮食土产多在此集散，曾为湖南四大米市之一，商贾云集。2008 年 7 月，靖港古镇保护与开发正式启动。古镇有古战场遗址、湖南省委旧址、陶承故居、宁乡会馆、青楼宏泰坊、八街四巷七码头等。2008 年，获“中国历史文化名镇”称号。2011 年 12 月被国家旅游局评为 AAAA 级旅游景区。

（二十三）太平街。位于五一大道西。是长沙清代以来的商业繁华区。清末西城墙新开一座城门，名太平门。中国银行长沙分行最初就设在太平门口。这里保存历史遗存的格局和古朴风韵，有贾谊故居、庙宇、木戏台“宜春园”乾益粮栈、利生盐号、杨隆泰钉子铺、老通义油漆号。还有农民银行、万顺祥钱庄等。 江苏会馆、江南会馆设于此街，是长沙古城保留原有街巷格局最完整的一条历史老街。2006 年，开始修缮太平街并开辟为旅游区，这里有茶馆、咖啡馆、风味小吃，游客在此休闲，探幽寻古，品味厚重而悠远的古城长沙。

（二十四）长沙世界之窗。位于开福区浏阳河畔金鹰影视文化城，是由湖南电广传媒股份有限公司、深圳华侨城控股股份有限公司和香港中旅集团共同投资兴建的大型文化主题公园。占地 40 公顷。 1997 年 10 月 1 日开园。已发展演变成为一个融先锋时尚活动、大型器械游乐、世界各国建筑奇观、五洲风情歌舞表演、影视拍摄基地于一体的综合性大型主题公园。2000 年被国家旅游局评定为 AAAA 级旅游景区。

（二十五）长沙海底世界。位开福区于浏阳河畔金鹰影视文化城。2000 年 7 月 28 日正式对外营业，2010 年 5 月完成二期扩建工程。由海洋馆、极地动物馆、科教馆、水上乐园、儿童乐园等七大功能区组成。集观赏、休闲、娱乐、科普于一体。是湖南大型海洋科普教育馆，中国海洋科普教育基地，湖南广播电视台的影视拍摄基地，拥有神秘而梦幻的海底隧道。2002 年被国家旅游局评定为 AAAA 级旅游景区。

（二十六）长沙铜官窑遗址。位于望城区铜官镇。遗址于 1956 年在湖南省文物普查工作中被发现，经文物部门五次调查发掘，发现遗址以瓦渣坪为中心，总面积约 50 公顷，其中龙窑遗址 46 处，谭家坡龙窑是目前世界上保存最完整的唐代龙窑，是中国釉下彩瓷器的发源地。遗址区域内的市场遗址、码头遗址、货区及生活区和墓葬区等文化遗址均保存较好。与同类遗址相比，长沙铜官窑是中国陶瓷生产发展史上具有里程碑意义的一处重要的遗址。它是中国人民与世界人民友好交往的历史见证，被誉为“汉文化走向世界的里程碑”“在世界陶瓷发展史上具有划时代的成就”，是研究中国古代陶瓷艺术、湖湘文化、对外交流不可多得的实物资料。1988 年 1 月，长沙铜官窑遗址被国务院确定为全国重点文物保护单位，2012 年 6 月 5 日，长沙铜官窑国家考古遗址公园作为旅游景区正式对外开放。

表 19-11-2-1　　长沙市国家 A 级旅游景区一览表（截至 2012 年 12 月）

景区名称	等级	评 A 年份	最大日承载量（万人次）
岳麓山·橘子洲旅游区	AAAAA	2012	18.55
岳麓山景区	—	—	9
岳麓书院	—	—	1.5
橘子洲景区	—	—	8
新民学会	—	—	0.05
长沙世界之窗	AAAA	2000	3.5/1
长沙海底世界	AAAA	2002	3.5/1
湖南省博物馆	AAAA	2006	—
天心阁景区	AAAA	2006	0.5/0.2
长沙雷锋纪念馆	AAAA	2006	2/0.38
大围山国家森林公园	AAAA	2007	10/5
长沙市开慧纪念馆	AAAA	2011	0.45/0.3
胡耀邦同志故居	AAAA	2011	3/0.62
靖港古镇	AAAA	2011	8/5
石燕湖生态公园	AAAA	2011	2.2/1
湖南省森林植物园	AAAA	2011	7.7/2.5
紫龙湾温泉度假区	AAAA	2011	0.4/0.22
长沙生态动物园	AAAA	2011	4/1.5
沩山密印寺景区	AAAA	2012	1.4/0.48
花明楼·刘少奇故里景区	AAAA	2000	4.8
浏阳道吾山景区	AAA	2004	2/0.8
文家市秋收起义纪念馆	AAA	2004	0.3/0.1
千佛洞景区	AAA	2007	0.19/0.038
迴龙山景区	AAA	2007	0.61/0.16
长沙园林生态园	AAA	2010	0.3/0.1
沙坪小镇景区	AAA	2010	0.1/0.05
汉回民俗风情园	AAA	2011	0.1/0.05
东鹜山景区	AAA	2012	0.5/0.19
中国花炮博物馆	AA	2004	0.5/0.1
浏阳古风洞	AA	2004	1(洞内 0.6)/0.2(洞内 0.08)

第三节 开发与建设

1988年，对主要旅游参观点湖南第一师范、清水塘中共湘区党委旧址、省博物馆、岳麓书院等加强接待服务设施建设。1989年3月，编制《长沙旅游业发展规划》，提出开发橘子洲、铜官窑旧址、月亮岛等景区。

1991年，市旅游开发总公司成立，从事旅游项目、旅游商品开发。1993年，岳麓山景区被省政府批准为省级旅游度假区。度假区范围包括岳麓山、橘子洲、月亮岛。是年，湖南民俗村建成开放。1994年，编制《长沙2000年旅游事业发展规划纲要》。

1995年，在编制《长沙市旅游业发展“九五”计划和2010年远景目标》时，提出“恢复历史人文景观，建设旅游度假基地，形成旅游中转中心”的指导思想，加强建设岳麓山、大围山、沩山旅游景区。保护并开发长沙历史文化名城。湘江风光带、浏阳大围山、宁乡灰汤温泉等9个重点旅游项目开工建设。长沙市主要负责人在大围山主持召开旅游项目开发现场会议。1996年，大型旅游项目“世界之窗”奠基开工。1998年，“海底世界”简牍博物馆、黑麋山森林公园等项目建设全面启动。改建、兴建一批旅游厕所。1999年，设立旅游产业专项资金用于引导旅游项目开发。海底世界、黑麋峰、道吾山及一批高档旅游酒店建设步伐加快，宁乡灰汤温泉国际旅游度假区被国家计委和国家旅游局列为21世纪中国旅游业优先发展项目。

2000年，出台《长沙市人民政府关于加快培育旅游支柱产业的决定》，对旅游重点基础设施、旅游产品开发项目给予重点支持。完成宁乡灰汤、长沙国际会展中心、简牍博物馆等选址工作。海底世界、石燕湖等旅游景区、景点建成开放。贾谊故居建设启动二期工程。岳麓山、世界之窗、刘少奇故居经过提质建设后荣获国家AAAA级旅游景区称号。2001年7月，编制完成《长沙旅游产业发展“十五”计划及十五年发展规划》。对全市6个重点旅游区（县）、40个乡镇、120个旅游景点进行考察。完成《浏阳河全流域旅游开发研究》等20篇调研报告。灰汤高尔夫球场工程启动。浏阳河漂流项目建设完成并向游客开放。全市发展农家乐160余户，床位1698张。浏阳大围山、石燕湖、雷锋纪念馆等景区、景点完成提质改造。为树立长沙首批中国优秀旅游城市形象，在市区主要道路设立旅游示意图。2002年，全市完成一批旅游项目建设，有橘子洲、雷锋故居、简牍博物馆、青竹湖高尔夫球场等。全市全年完成旅游建设投资10亿元。“农家乐”发展迅速，对旅游扶贫、旅游致富贡献较大。红色旅游景区开发建设卓有成效，岳麓山、刘少奇纪念馆、杨开慧纪念馆、秋收起义纪念馆被列为全国红色旅游经典景区。

2004年，长沙市发布《关于加快发展我市“农家乐”生态旅游休闲建设的意见》，全市“农家乐”发展到877家。黄兴镇农业旅游示范点、浏阳百里花卉苗木走廊被评为全省农业旅游示范点。投资4000万元的摩天轮游乐中心对外开放，它位于市区中心，成为长沙市标志性的旅游新景点。2005年，主办“长沙历史城市遗产保护与合理利用论坛”，邀请中国历史文化名城保护专家阮仪三做主题演讲。是年，望城县雷锋纪念馆创建国家AAAA级旅游景区。“农家乐”发展到1200多家。湘江挪亚游轮建成并起航，开启中外游客喜爱的水上旅游活动。2006年，编制花明楼等3镇12村的红色旅游发展规划。利用在长沙召开的第一届中国中部投资贸易博览会的机遇，长沙整合望城铜官古镇、宁乡灰汤温泉、国际会议中心等32个旅游项目对外招商引资。2007年，《长沙红色旅游规划》颁布实施。启动并实施一洲（橘子洲）两岸（湘江风光带）建设。胡耀邦故居、杨开慧故居、秋收起义文家市会师纪念地等红色旅游景区启动提质改造工程。

2008年，全市投资千万元以上的重点旅游建设项目76个，总投入319.72亿元。全面推进“一江两岸”滨江风光带、浏阳河风光带等一批集市政工程与旅游功能于一体的重点项目。橘子洲景区投资10亿余元提质改造后，面目焕然一新。2009年，长沙市把发展旅游纳入各级领导责任重点。各区县（市）将旅游业作为支柱产业、主导产业优先发展。全市确定20个重点旅游建设项目，实施旅游项目带动战略，重点推进岳麓山·橘子洲、靖港古镇、灰汤温泉等一批重点旅游项目的提质改造和开发建设。总投资17亿元的橘子洲旅游项目改造完成，成为长沙市旅游的新亮点。是年，编制《长沙市旅游业发展总体规(2009—2020年)》。该规划提出实施项目带动战略，大力推进旅游精品建设，将长沙建成“中国娱乐之都”和世界旅游目的地。2010年，确定为全市“旅游产业发展年”“旅游项目建设发展年”，以旅游项目融合城市建设、文化、新农村建设、“两帮两促”之中，带动旅游产业发展。有26个旅游项目建设列入长沙市年度重大项目库，总投资达1187.48亿元。“一江两岸”、黄花国际机场扩建、铜官窑遗址公园、光明村等项目进展迅速。全市“农家乐”发展到2000余家。2011年，《长沙市国民经济和社会发展第十二个五年规划纲要》首次把旅游业作为现代服务业的十大重点产业单独进行规划，由此修订《长沙市“十二五”旅游发展专项规划》，实施“大长沙、大旅游、大产业、大发展”战略和“快乐之都”城市旅游形象定位。重点推进岳麓山·橘子洲景区创建国家级AAAAA旅游景区；胡耀邦故居、杨开慧故居、靖港古镇、生态动物园、石燕湖等创建国家AAAA级旅游景区；宁乡灰汤温泉创建国家级旅游度假区。2012年，长沙市发布《关于加快现代旅游业发展，建设旅游强市的决定》，大幅度增加市财政旅游专项资金，确定为“旅游精品项目建设年”。提出“一带三圈”旅游发展战略。“一带”即湘江旅游休闲带，“三圈”即都市休闲旅游圈、田园休闲度假旅游圈、山地度假旅游圈。全市全年旅游精品项目建设共110个，总投资达1830.6亿元。重点开发5条精品旅游线路，即湘江休闲观光游、西部生态田园休闲度假游、东部山地度假游、毛泽东成长路线游。建设一批特色历史文化街镇如坡子街、太平街、潮宗街、黄兴镇、乔口镇、丁字湾镇、莲花镇等。

第四节　旅游设施与服务

一、旅行社（公司）

1988年，长沙市的旅行社共11家，其中省属旅行社5家，市属旅行社6家。具备境外组团资格的一类社只有1家，即省属的湖南海外旅游总公司。可以接待外国及中国港澳游客的二类社5家。接待国内游客的三类社5家。是年8月，在扩大对外开放的方针指引下，为发展长沙旅游业，发挥省会城市的优势，成立长沙国际友城旅行社，隶属市外办（旅游局）管理，是市属第一家二类社。此后几年，在国内旅游发展的强力推动下，市属长沙旅游服务社、云帆旅行社、惠通旅行社、湘民旅行社、湘亚旅行社、湘辉旅行社相继成立，但规模较小，旅行社从业人员500多人。1992年8月，省旅游局授权市旅游局审批三类旅行社，放宽准入限制，这对发展长沙旅行社行业创造有利条件。1993年，全市旅行社发展到43家，其中省属旅行社21家，市属旅行社有22家。由于旅游市场偏小，企业管理水平偏低的原因，全市旅行社行业呈现“小、散、弱”状况。1999年，全市旅行社发展到69家。省旅游局将省直36家三类旅行社全部交由市旅游局管理。

2000年，由于国民经济发展，人民收入显著提高，全民旅游意识越来越浓厚，国际国内旅游市场扩大，旅行社发展到 103 家。旅行社只划分为国际、国内两种类型。全市有国际社 13 家，国内社 90 家，旅行社数量约占全省三分之一，旅行社行业规模基本形成。从业人员 2000 多人。2003 年，全市旅行社 132 家。2005 年，根据市场经济的发展需要，全市旅行社行业进行结构升级和企业体制改革，旅行社实行股份制改造，自主创新，并融入互联网时代，旅行社行业出现大型现代化企业。华天国际旅行社等 5 家旅行社年营业收入过亿元。

2006 年，全市旅行社共 153 家。国际社 19 家，国内社 134 家，出境组团社 9 家。2007 年，香港永安旅行社获准在长沙成立第一家港商独资旅行社。2008 年，全市旅行社共 172 家。国际社 20 家，国内社 152 家，出境组团社 12 家。经营收入过亿元的旅行社有 6 家。全市旅行社从业人员 8600 多人。2010 年，全市经营收入过亿元的旅行社有 10 家。2012 年，全市旅行社共 218 家 ，其中出境组团社 22 家。经省、市旅游局评定，全市五星级旅行社 8 家。全市全年经营收入过亿元的旅行社有 34 家。其中，亲和力、湖南光大、海外、华天、新康辉、省国旅、长沙国旅 7 家旅行社进入全国百强旅行社。全市旅行社从业人员 1.1 万多人。

二、旅游住宿设施

1988 年，湘江宾馆、芙蓉宾馆、华天大酒店、湖南宾馆等批准为首批旅游涉外定点饭店。规定境外游客不得入住非旅游涉外定点宾馆（饭店）。

1990 年，根据国家和省旅游局部署，加强旅游服务标准化建设，全市对旅游涉外饭店按五星级制进行星级评定。长沙湘江宾馆、芙蓉宾馆成为全省首批三星级旅游涉外饭店。华天大酒店被评定为全省第一家四星级旅游涉外饭店。富丽华大酒店、神农大酒店、佳程大酒店等星级旅游酒店相继建成开业。1993 年，长沙市有旅游涉外星级饭店 16 家，其中市属 4 家，省属 12 家。1995 年，国家计委批复同意建设长沙通程国际大酒店。1997 年，国家旅游局公布湖南长城宾馆为全国旅游行业文明窗口示范单位。

1998 年 1 月，华天大酒店被评定为全省第一家五星级旅游饭店。1999 年 7 月，长沙通程国际大酒店荣获五星级旅游饭店称号。10 月，长沙神农大酒店被评定为五星级旅游饭店。2000 年 9 月，湖南佳程酒店被评定为五星级旅游饭店。是年，上海锦江集团旗下的快捷、经济型连锁酒店“锦江之星”进驻长沙旅游市场。此后，“如家”“7 天”“尚客优”“汉庭”“雅凯四季”等一大批旅游酒店遍布市区。

2001 年，全市星级旅游饭店 52 家，其中五星级 5 家。四星级 5 家，三星级 20 家。2005 年，华天酒店集团跻身于中国饭店业集团 20 强。全市星级旅游饭店 87 家，其中五星级 6 家，四星级 12 家，三星级 47 家。2007 年，全市星级旅游饭店增加到 91 家，其中五星级 8 家，四星级 16 家，三星 51 家。随着长沙对外开放和旅游业的迅速发展，“喜来登”“皇冠假日”等国家知名酒店管理品牌相继入驻长沙。2009 年，委托豪生国际酒店集团管理的长沙芙蓉国豪廷大酒店开业。

2010 年，全市经营收入过亿元的旅游星级饭店达 14 家。2011 年，美国喜达屋集团旗下的顶级酒店品牌“瑞吉酒店”“W 酒店”入驻长沙。长沙星级旅游酒店入住率获全国第一名。2012 年 10 月，按五星级标准建造，坐落于湘江畔的长沙万达文华酒店开业。JW 万豪、香格里拉等国际品牌酒店签约落户长沙。2012 年，全市星级旅游饭店 71 家，其中五星级 10 家，四星级 23 家，三星级 32 家。华天酒店集团进入全国酒店 20 强，长沙运达喜来屋在亚洲喜来屋集团营业收入在集团酒店排名第一。瑞吉、W 酒店、威斯汀、JW 万豪、凯宾斯基、香格里拉等国际品牌酒店签约落户长沙。

三、旅行社（公司）、旅游饭店选介

（一）湖南省中国国际旅行社。成立于 1960 年 2 月，原中国国际旅行社长沙分社，是全省成立最早的国际旅行社。隶属省外事办、省旅游局，1996年更名为湖南省中国国际旅行社有限公司。是全省经营国际、国内旅游业务历史最长、规模较大的旅游企业，首批赴中国台湾旅游组团社之一，曾获得“全国百强国际旅行社”“全省最佳旅行社”等称号。也为湖南省首批“五星旅行社”之一。2012年，注册资金720.1万元，营业总收入9.09亿元，纳税额85.8万元，从业人员146人。

（二）湖南省中国旅行社。成立于1971年，与中国国际旅行社长沙分社合署办公。隶属省外事办。1978年为省旅游局直属事业单位。1990年，从中国国际旅行社长沙分社分出，划归省侨办管理。2000年属省外事侨务办直属事业单位。相继获“中国中旅集团中旅杯先进单位”“湖南省最佳旅行社”“湖南省消费者信得过单位”等称号。2012年，注册资金242万元，营业总收入7180万元，纳税额56万元，从业人员136人。

（三）湖南省万达亲和力旅游国际旅行社有限公司。成立于1985年。前身为中国青年旅行社湖南分社、湖南省中国青年旅行社。拥有全资子公司36家，直营门店200多家，服务网络覆盖到北京、贵州、海南、江西、湖北等省市。2011年荣膺“全国百强旅行社”，排名第六；评为“全国旅游系统先进集体”，被国家旅游局和国家质检总局授予“全国旅游标准化示范单位”。2012年，注册资金500万元，营业总收入18亿元，纳税额2000万元，从业人员1400人。

（四）湖南华天国际旅行社有限公司。成立于1994年7月，为华天实业控股集团控股子公司。连续获得“全国百强国际旅行社”，“全国旅游系统先进集体”；全省“旅行社优秀品牌奖”、全省“文明窗口单位”全省“消费者信得过单位”、“长沙市创建优秀旅游城市先进单位”等称号。为中国旅行社协会副会长单位。2012年，注册资金684万元，营业总收入4.72亿元。纳税额277.74万元，从业人员338人。

（五）湖南海外旅游有限公司。成立于1989年5月，是全省较早经营出境、入境旅游资格的旅行社。公司实行集团化管理，旗下设有阳光会展、玫红旅游、穿越旅行、捷程商旅等子品牌，在全省设有近百个连锁门店，有全资子公司24个。自营旅游巴士车队。获得“全国百强旅行社”“省A级信誉旅行社”等称号。2012年，注册资金500万元，营业总收入5.17亿元，纳税额186万元。从业人员200人。

（六）长沙国旅国际旅行社有限公司。成立于1988年7月。前身为“长沙国际友成旅行社”，是市旅游局直属事业单位。市属首家批准接待外国旅游者及华侨、中国港澳台旅游者的旅行社。1993年更名为长沙中国国际旅行社。多次被评为“全国百强国际旅行社”、全省“最佳旅行社”、“消费者信得过单位”。有独创注册品牌“欢乐假期”。是五星级超豪华“丽星邮轮”（香港）在湖南唯一特邀总代理，香港文化传播集团旅游全球预定系统在中南七省的总代理。2012年，注册资金151万元，营业总收入8.64亿元。纳税额286.8万元，从业人员139人。

（七）湖南新康辉国际旅行社有限公司。成立于2001年12月。由中国康辉旅行社集团直接控股并垂直管理的旅行社。在张家界、常德、郴州、湘潭、株洲、岳阳等14个市州设立22家分子公司。为“全国百强旅行社”。该社全面导入中国康辉集团先进的管理体制和完善的服务流程，奉行网络化、规模化、品牌化的发展目标。2012年，注册资金600万元，营业总收入7.35亿元。纳税额413.5万元，从业人员348人。

（八）湖南光大国际旅行社有限公司。成立于1997年2月。在省内张家界、衡阳、永州设有控股子公司，在广州、上海、重庆等地设有办事处，在马来西亚有常驻销售代表。获“湖南省最佳旅行社”“湖南省信誉A级旅行社”称号。2012年，注册资金225万元，营业总收入5.07亿元，纳税额235.3万元。从业人员 242 人。

（九）华天酒店。总店位于解放东路。1988 年 5 月开业。全省最早的四星级、五星级酒店。华天集团旗下的大型企业。占地 1.58 公顷。在其基础上发展的湖南华天国际酒店管理有限公司。拥有湖南 14 个市州及北京、上海、武汉、郑州、呼和浩特等城市的 30 多家星级连锁酒店和连锁餐饮店。全球饭店业集团 300 强，五星钻石奖，并连续多年获得“中国饭店民族品牌先锋”的称号。是全省本土旅游饭店的旗舰。2012 年，固定资产原值 6.01 亿元，固定资产净值 1.91 亿元，营业收入 2.63 亿元，纳税额 2074.18 万元，员工 1122 人。

（十）通程国际大酒店。位于韶山北路。由长沙通程集团投资管理。1998 年 5 月开业。全省首家严格按五星级旅游酒店标准设计建造的豪华酒店。主楼高 51 层。占地 8379 平方米。长沙市旅游饭店协会会长单位。2012 年，再次被授予“中国饭店金星奖”。旗下管理同升湖通程山庄、长沙通程温泉大酒店（宁乡县）、通程麓山大酒店等。2012 年，固定资产原值 5.37 亿元，固定资产净值 2.67 亿元，营业收入 1.85 亿元，纳税额 1014.26 万元，员工 764 人。

（十一）长沙潇湘华天酒店。位于芙蓉中路。2007 年开业，是湖南华天大酒店股份有限公司投资并管理的豪华城市商务酒店。酒店有 501 间客房，设施齐全，可满足不同类型宾客的需求。别具风格的各式餐厅与酒吧会聚中西各式美食，娱乐及商场、商务会所、宴会厅、大小会议厅等各类综合服务设施齐全。

（十二）华雅国际大酒店。位于长沙市万家丽中路 2 段 81 号，2006 年开业。北临机场高速，南靠劳动东路，西枕万家丽路。奎塘河绕区而行，盐船山生态园依区而立。有主楼及豪华别墅 3 栋，占地 12 万平方米，总建筑面积 12 万余平方米，拥有各式客房 823 间/套以及完善的餐饮、娱乐设施。华雅园内小桥流水，古树参天。2012 年，固定资产原值 5.30 亿元，固定资产净值 2.98 亿元，营业收入 2.77 亿元，纳税额 2718.32 万元，员工 1268 人。

（十三）运达喜来登酒店。位于芙蓉中路松桂园。2007 年 3 月开业。酒店拥有客房和套房及 40 间各式户型的公寓，占地面积 7000 平方米。所有房间均配备喜来登甜梦之床、雨淋之露淋浴设施及 32 英寸液晶电视。2012 年，固定资产原值 2.82 亿元，固定资产净值 1.98 亿元，营业收入 3.04 亿元，纳税额 1948 万元，员工 600 人。

（十四）神农大酒店。位于芙蓉中路。1997 年开业。主楼高 26 层，附楼高 13 层，是长沙标志性建筑之一。占地 7.7 万平方米。酒店拥有 375 间格调高雅的豪华客（套）房，设备齐全。有十余个风格迥异的各式餐厅和酒吧，展现粤菜和传统湘菜饮食文化。2012 年，固定资产原值 8035.3 万元，固定资产净值 1680.8 万元，营业收入 1.38 亿元，纳税额 973.97 万元，员工 659 人。

（十五）湖南圣爵菲斯大酒店。位于长沙金鹰影视文化城，2001 年 5 月开业。湖南电广传媒旗下的集会议展览、旅游度假、商贸服务、文化交流和影视拍摄为一体的五星级花园式休闲度假酒店。占地 20 万平方米。2012 年，固定资产原值 7.88 亿元，固定资产净值 4.40 亿元，营业收入 1.48 亿元，纳税额 1231.89 万元，员工 770 人。

（十六）长沙同升湖通程山庄酒店。位于风光秀丽的同升湖畔，2003 年开业，长沙通程实业集团投资并管理。酒店拥有 230 间客房，设备设施一应俱全，酒店餐饮经营湘菜、粤菜以及各种地方特色风味美食。会议室可举办各种会议和宴会，最大的多功能宴会厅可容纳 500 人。有国内一流的网球场、乒乓球室、桌球室、天然游泳池、羽毛球、篮球场、垂钓馆、健身中心等健康运动项目设施，以及桑拿中心、

KTV 等健康休闲项目。

(十七) 湖南普瑞温泉酒店。位于望城区雷锋大道东。地处青山绿水之中，风光迤逦，集商务会议、疗养健身、餐饮娱乐、休闲度假于一体。酒店由主楼、餐饮会议楼、温泉 SPA 馆、别墅区、原生态休闲区和主景台组成。有 294 间客房，14 栋别墅；大小会议室 11 个；餐饮、娱乐等项目一应俱全。取自地下百米深处的偏硅酸型温泉，有国际先进水疗设备。

(十八) 长沙明城国际大酒店。位于长沙经济技术开发区（星沙）漓湘西路。占地 2.8 万平方米。2007 年 2 月开业。是以欧洲文化为特色的主题文化酒店。酒店建筑布局体现欧洲经典名城的特征。2012 年，固定资产原值 2.03 亿元，固定资产净值 1.07 亿元，营业收入 1.35 亿元，纳税额 987.88 万元，员工 645 人。

(十九) 浏阳银天大酒店。位于湖南省浏阳市区内，2006 年 8 月开业。占地 4.2 万平方米。临近浏阳河、天马山、浏阳河广场，风景优美，交通便利。是集住宿、餐饮、康体、娱乐为一体的综合型商务酒店。2012 年，固定资产原值 3.6 亿元，固定资产净值 2.05 亿元，营业收入 8180 万元，纳税额 412 万元，员工 610 人。

三、旅游交通

(一) 市区公共交通。1988 年，市内公交车可达岳麓山、橘子洲、第一师范、贾谊故居等景区(点)。从火车站达岳麓山风景区的"立珊专线"开通。1997 年，132 路、136 路、158 路、501 路、701 路公交车可达长沙"世界之窗"旅游区。2000 年，比邻"世界之窗"的"海底世界"开放后，增加公交车 901、915 线路。成立长沙城市旅游观光巴士专线车队，开通旅游专线旅游 1 路、2 路、3 路，可达贾谊故居、开福寺、橘子洲、新民学会旧址、岳麓山等景区（点）。红色旅游快速公交专线开往刘少奇故居、杨开慧故居景区。2005 年，长沙市实行公交车体制改革，组合成湖南巴士、湖南龙骧等公司运营，有利于与旅游市场接轨。2012 年，长沙湘江新区综合交通枢纽开工建设，枢纽采用立体交通方式运作，无缝衔接地铁、公交、长途客运等交通方式，对自由行的旅游者带来很大方便。

(二) 公路。1988 年，长沙乘汽车在 107 国道（北京至广州），可达湘潭、岳阳、衡阳、郴州景区。在 319 国道（厦门至成都）可通往益阳、常德（桃花源）、张家界、吉首、怀化景区。长沙至湘潭、株洲景区有省级公路。长沙至韶山、宁乡花明楼、灰汤等景区有县级公路，为旅游者出行提供交通服务。1993 年 11 月，京港澳高速公路建成，长沙为其中重要路段，连接岳阳、湘潭、株洲、衡阳、郴州等城市，为此，长沙—株洲—湘潭开通旅游观光巴士专线，高速公路为旅游者提供更加便捷快速的交通服务。1998 年，长沙城区至宁乡灰汤、浏阳大围山的高等级旅游公路建成。1999 年，长沙—益阳—常德高速公路开通。2005 年，常德—张家界高速公路开通，中途可达桃花源旅游区，终点到达张家界景区，长沙—张家界公路往返时间缩短 12 个小时。2009 年 4 月，城区开通 6 条至长沙县、望城县、宁乡县、浏阳市的"乡村旅游专线巴士"，方便市民出游长沙周边的 AAA 级以上景区和星级农家乐。长沙县实现村村通公路，为开展"自驾游"乡村旅游提供便捷条件。2012 年 10 月，浏阳—大围山（湘赣边界）高速公路开通，串起胡耀邦故居、文家市起义旧址，被称为湖南首条"红色高速"旅游线路。2012 年，全市所有乡镇和行政村全部通上水泥（沥青）路，为开展乡村旅游提供更加便利的交通服务。

(三) 铁路。1988 年，长沙处于京广铁路中段，贯通南北；又与湘黔、浙赣、沪昆线连接东西。旅游者乘火车出行便利。长沙去张家界旅游乘湘黔线，但乘车时间较长。长沙—韶山有旅游专列火车。1993 年，长沙—石门铁路动工，1998 年 10 月长石铁路开通，成为通往张家界旅游的黄金通道，长沙到张家界只需7个小时。2006年，湘黔线与沪杭线、浙赣线、贵昆线并为沪昆线。长沙—湘西吉首（凤凰景区）、张家界，长沙—永州（舜帝陵景区）等城市每天有多次往返列车。2009年，现代化大型火车站——长沙火车南站建成投入营运。京广高铁武（汉）广州段客运新干线开通，长沙步入高铁旅游时代。从长沙出发，1小时可去武汉赏樱花，2小时可在广州饮早茶，3小时可达香港购物，5个多小时可游览北京长城。2010年，长沙市乘高铁的旅游团队2900多个，运送旅游者721万人次。2012年，T1次（长沙至北京）列车的始发终点车站由北京西站重新调整至北京站。该列车由第六代“毛泽东号”机车牵引，并实现一机直达。列车单程运行时间由以往的23小时23分缩短到15小时07分。是年，乘铁路的旅游团队3200多个，运送旅游者810万人次。

（四）航空。1988年，长沙使用的是大托铺军民两用机场。1989年，长沙黄花国际机场建成并起航，是国内主要干线机场之一。有20多家航空公司运营，开通国内航线130多条，可通往全国90多个大中城市。1990年6月，长沙首次开通直飞香港的境外航线，至年底共飞行37次航班，运载中国台湾、香港探亲旅游的同胞11750人次。1993年，开通长沙至曼谷的国际航班。2000年，长沙黄花机场第2代T1航站楼投入使用，形成年接纳460万名游客出入机场的能力。2006年3月，长沙—韩国首尔国际航线开通。全年接待入境韩国旅游客人17.1万人次，比2005年增长2.51倍。2011年，长沙黄花机场启用第3代T2航站楼，可保障年游客吞吐量3100万人次。是年，组织长沙—日本旅游包机80架次，开通长沙—新加坡航班。2012年，长沙开通有到美国、法国、德国、澳大利亚、加拿大、日本、新加坡等国家及中国香港、澳门、台湾地区的境外及国际航线、航班，为发展长沙国际旅游提供高效服务。省内有长沙—张家界、长沙—衡阳（南岳景区）、长沙—永州（舜帝陵、柳子庙景区）航线。

（五）水运。1988年，湖南航运公司长沙分公司开辟长沙—岳阳—九江旅游航线。这条航线有“岳阳一日游”“庐山七日游”线路，开展深受中小学生喜爱的研学旅游。长沙港务局所属的云帆旅行社主要从事水上旅游业务。1992年，长沙云帆旅行社参加国内旅游交易会（郑州），推广“长沙—岳阳”水上旅游线路。2000年7月，为适应市民游览湘江两岸的自然风光和人文景观的需求，云帆旅行社将陆上和水上的娱乐方式糅合，创办“湘江夜游”水上旅游项目。2005年，湘江橘子洲周末晚燃放烟花，乘游轮，观烟花，成为中外游客喜爱的旅游项目。9月，长沙挪亚游轮首航，“挪亚游轮”是国内自行设计建造的5000吨位超豪华城市游轮，可容纳游客2000人。2011年，“挪亚游轮”年接待游客近10万人次，营业收入1300万元。2012年7月，挪亚游轮因故停业。

四、餐饮、购物、娱乐、休闲、工业旅游

（一）餐饮。1988年，因对涉外接待服务有严格要求，国际及海外游客只有湘江宾馆、芙蓉宾馆、湖南宾馆、火宫殿、又一村5家酒店提供餐饮服务。1993年，增加华天、通程、神农、佳程等10多家星级旅游宾馆。湘菜是八大名菜之一。国内游客增多以后，坡子街的“火宫殿”突出湘菜特色，风味小吃享誉中外。有长沙臭豆腐、毛氏红烧肉、红烧猪脚、糍粑、姊妹团子等100余种风味小吃。玉楼东餐馆作为湘菜的代表，有“柴把鳜鱼”“发丝牛百叶”“洞庭龟羊”“金鱼戏莲”等近20个品种在中国历届烹饪大赛上荣获金牌。1998年，旅游定点餐馆扩大到玉楼东、新长福、湘鄂情等社会餐馆20多家。2001年，市旅游局举办“长沙挪威三文鱼美食节”，推动旅游餐饮，全年旅游餐饮收入12亿元。旅游餐饮业从业人数6万人。2006年，举办长沙（上海）旅游湘菜美食节。全市全年旅游餐饮收入33.4亿元，旅游餐饮业从业人数10万人。2009年，旅游定点餐馆发展到50多家。全市全年旅游餐饮收入53.37亿元，旅游餐饮业从业人数13万人。2012年，全市旅游定点餐馆有80多家。全市全年旅游餐饮收入

125.3 亿元。旅游餐饮业从业人数 17 万人。

（二）购物。1988 年，长沙旅游商品生产厂家有长沙县湘绣厂、建湘瓷厂、浏阳菊花石厂等 3 家，旅游购物商店有省文物商店、湘绣研究所、友谊华侨商店、省国画馆等 6 家。省文物商店位于五一中路，主要经营收集、管理、经营文物及珠宝、玉器、字画。1989 年，省文物商店博物馆分店接待外国旅游者 4313 人次，创汇 1.1 万元（外汇人民币）。湘绣是湖南的传统特色手工艺品，以其浓郁的湘楚地方文化特色和高超的刺绣艺术而闻名天下，是中国的四大名绣之一。省湘绣研究所位于车站北路，是湘绣生产、研发、销售的主要单位，国家级非物质文化遗产生产性保护示范基地。沙坪被誉为“中国湘绣之乡”，这里是生产湘绣的主要基地。浏阳菊花石是天然产于浏阳大溪河底岩石层中，其花形酷似异彩纷呈的秋菊，花呈乳白色，经石雕艺人创作出形态各异的艺术珍品，由浏阳菊花石工艺厂家生产，在各家旅游定点购物商店有售。1992 年，市旅游局组织菊花石贸易考察组赴日本，考察日本市民对长沙特色旅游商品菊花石的需求，研制出一批新的菊花石艺术品。1995 年，全市旅游定点商店有 15 家，逐步构建从旅游商品定点生产到购物街区、门店的生产经营体系。1998 年，全市旅游购物店增加至 23 家，主要分布在岳麓山、橘子洲等景区及各四、五星级旅游酒店商场。2002 年 4 月，为提高旅游商品质量，推动旅游者购物，市旅游局组团赴南京参加“全国首届旅游商品设计大赛”，仿制文物纪念品《长沙走马楼三国吴简》获金奖。2004 年，全市旅游购物店 40 多家。全年旅游购物营业额 22.9 亿元元。从业人员 4500 多人。2008 年 1 月，长沙市首家主要面对旅游者的“湖南四件宝特产超市”在八一路开业。除有湘绣、菊花石、中国红瓷器、茶叶“四件宝”外，还有上千余种湖南特产汇集于此。5 月，市旅游局与株洲、湘潭联合举办“长、株、潭首届旅游商品设计大赛”，参赛作品 330 件。全市旅游购物店 50 多家，全年旅游购物营业额 51 亿元。从业人员 5000 多人。2012 年，在湖南省第三届旅游产业博览会上，长沙市送展的菊花石雕《桃花源记》、湘绣《武陵源风光》、流水工艺品《风生水起》获湖南优秀旅游商品金奖。全市旅游定点购物商店 60 多家，全年旅游购物营业额 133.1 亿元。从业人员 5600 多人。

（三）娱乐。1988 年，国际旅游者的娱乐活动主要是招待性的在湖南剧院组织观看湖南木偶皮影戏、湘剧、花鼓戏。1993 年，长沙出现第一家歌厅——琴岛歌厅，外地旅游者走进歌厅尽享长沙本土娱乐文化，奇志、大兵的本土相声引来笑声一片。1998 年，全市歌厅、酒吧发展到 150 多家，风靡全国。演艺文化成为长沙的一张新名片，受到广大海内外游客的喜爱。位于解放西路的“魅力四射”“金色年华”“苏荷”“玛格丽特”等演艺吧丰富游客的夜生活，年轻的外地旅游客纷纷来此度过喧嚣的狂欢之夜。化龙池、太平街酒吧一条街以“清吧”为主，又使旅游客长沙之夜感受一份宁静和雅致。2000 年，全市游客娱乐消费场所 1400 家。参与娱乐消费的旅游者 2200 万人次，娱乐消费收入 6.8 亿元。2005 年，田汉大剧院剧场红太阳歌厅成为标杆，共设 1800 座，场场爆满。《梦幻之旅》《又唱浏阳河》是该剧院的王牌节目。每晚剧院门口排满旅游团队大巴。广东、湖北、江西的许多游客专门来看演出的。琴岛演艺中心、欧阳胖胖大歌厅等的节目把高雅和本土、历史与现代文化融合在一起，演员和观众互动，让观众心情快乐。全年参与娱乐的旅游客人 3000 万人次。旅游娱乐收入 12.1 亿元。2008 年，全市歌厅、酒吧、KTV 等娱乐场所 2293 家。全年吸引旅游者 5000 万人次。旅游娱乐收入 27.12 亿元，旅游娱乐消费占旅游总收入的 9.17%。2012 年，全市游客娱乐消费场所 2310 家，全年参与娱乐的旅游客人 6500 万人次。娱乐消费收入 127 亿元，娱乐消费占旅游总收入的 16.23 %，比 2008 年增长 7.06 %。“快乐之都”成为长沙旅游的新名片。

（四）休闲

1.足浴、按摩。1988 年，长沙的华天、芙蓉、湘江等旅游酒店为客人提供保健按摩服务。以日本和中国香港、台湾地区的旅游者较多。1997 年，位于芙蓉中路的“颐而康”足浴创办，设医疗部，保健部和足疗中心。从张家界回长沙的旅游客人常去足浴、按摩以恢复旅途疲劳。2000 年，“颐而康”在长沙城区发展到 40 多家连锁店。获“中国驰名商标”。2003 年，“颐而康”发展成有 80 多家直营门店的大型按摩保健公司。“汉子足浴”是一家集保健、休闲、娱乐为一体的大型连锁服务企业。此外，还有“家富富侨”“天之道”品牌的足浴连锁店。全市有足浴、按摩店 500 多家。2012 年，全市有足浴、保健按摩门店 1000 余家。旅行社与“颐而康”“汉子”等足浴店签有合同，可带旅游者去店消费。

2.乡村休闲。1998 年，长沙市乡村休闲旅游开始兴起。望城百果园建成，占地面积 33.33 公顷。是全市最早、规模较大的国家级农业休闲旅游示范基地。2001 年，长沙县、岳麓区、望城县乡村新建 160 多家“农家乐”。2002 年，长沙县黄兴镇依托生态优势，大力发展休闲农业旅游，创建 28 家农家乐示范户，4 个现代农业观光项目，被评为国家级农业旅游示范区。地处开福区的青竹湖高尔夫球场开业。该球场属原生态景观为标志的山地挑战型环湖球场。2004 年，位于宁乡县金洲镇的关山村对旅游者开放。以“主题采摘+农事体验+科普教育+绿色餐饮”为基本模式，建设以民居观光、民俗博览和新农村建设成就展示为内容的乡村文化旅游区。为省、市两级社会主义新农村建设示范村。位于望城县白箬铺镇的光明村，形成以 23 家农家乐为载体的乡村休闲旅游产业。其中的“蝴蝶谷”占地 40 余公顷，蝶谷中的科普展览厅内收集世界各地近万种蝴蝶标本，其中珍稀蝴蝶标本数百种。是年，全市“农家乐”发展到 877 家。全年营业额 4500 万元，从业人员 8700 多人。2005 年，农家乐发展到 1200 余家，年接待游客 200 万余人。龙湖国际高尔夫俱乐部开业。坐落于历史悠久、风景秀丽的望城县黄金乡观音岩水库。球场由澳大利亚著名设计师 Bob Shearer 精心设计而成，巧夺天工地融自然与灵感为一体。2006 年，全市“农家乐”1400 余家。国家旅游局评定黄兴镇、望城千龙湖、浏阳浩博农庄为全国农业旅游示范点。2007 年，全市“农家乐”2000 余家，全年旅游收入 1.5 亿元，从业人员 4 万多人。成立长沙市乡村休闲旅游促进会并举办第二届乡村休闲旅游节。2012 年，望城“千龙湖”“百果园”“光明村”“锦绣生态农庄”，宁乡“关山村”，浏阳“大围山”等成为游客喜爱的乡村休闲目的地。湖南慧润农业科技有限公司入驻长沙县开慧镇，开发建设乡村民宿和国际露营基地。全市“农家乐”2100 余家。全年营业额 4.2 亿元，从业人员 4.5 万人。

3.温泉度假休闲。1988 年，宁乡灰汤镇有省工会疗养院、湘电温泉山庄等 3 家为游客提供休闲服务。2000 年，由单位、农家兴办的温泉旅馆有 10 多家。2009 年 7 月，宁乡灰汤镇金太阳温泉山庄度假村建成。2010 年，宁乡灰汤紫龙湾温泉度假区建成，有温泉酒店、温泉森林冲浪、森林瀑布温泉、冰火泉、水上运动、温泉瑜伽等休闲养生服务。2011 年，灰汤华天城温泉度假酒店开业，该酒店环境优美，规模较大，可容纳会议、休闲、体育健身的客人 1500 余人。2012 年，灰汤镇有大型温泉酒店 3 家，中、小型温泉旅馆 20 多家。全年接待游客突破 100 万人次，实现旅游收入 25 亿元。

（五）工业旅游。1988 年，省湘绣厂、建湘瓷厂、长沙县湘绣厂为旅游外宾参观点。推广湖南特色的轻工业产品、工艺品，此状况延续 10 多年。2002 年，国家旅游局发布实施《全国工业旅游示范点检查标准》，工业旅游引起旅游者关注。市旅游局对全市工业旅游点展开调查研究和宣传发动工作。组织“长沙—武汉现代工业文明旅游专列”。2005 年，长沙联合株洲市，推出工业及工业遗产旅游线路，包括远大空调、株洲电力机车厂、南方航空动力机械—株洲合金厂和醴陵陶瓷工业等景区（点）。2012 年，

表 19-11-4-1 2012 年长沙市四星级、五星级旅行社一览表

序号	名　称	地　址	区（县）	法人代表	许可证号码
1	湖南华天国际旅行社有限责任公司	解放中路 300 号	芙蓉区	孙根石	L-HUN-CJ00001
2	湖南省万达亲和力旅游国际旅行社有限公司	平和堂商务楼 25 楼	天心区	李　明	L-HUN-CJ00002
3	湖南省中国国际旅行社有限公司	东二环省旅游局旁	芙蓉区	刘建军	L-HUN-CJ00003
4	湖南省中国旅行社	车站北路 289 号梦泽园商务楼 6 楼	芙蓉区	王天球	L-HUN-CJ00004
5	湖南新康辉国际旅行社有限责任公司	芙蓉中路二段 289 号蔚都大厦五楼	雨花区	李继烈	L-HUN-CJ00005
6	长沙国旅国际旅行社有限公司	芙蓉中路二段 659 号顺天城 10 楼	芙蓉区	黄朝晖	L-HUN-CJ00006
7	湖南中信国际旅行社有限公司	长沙市芙蓉区燕山街 123 号鸿飞大厦	芙蓉区	何万源	L-HUN-CJ00007
8	湖南海外旅游有限公司	长沙市开福区通泰街街道中山路 589 号开福万达广场 C 区 2 号写字楼 32 楼	开福区	陈　力	L-HUN-CJ00008
9	湖南光大国际旅行社有限公司	长沙市车站北路 70 号万象新天 5 栋 6 楼	芙蓉区	左　毅	L-HUN-CJ00009
10	湖南财信旅游有限公司	湖南省长沙市芙蓉区解放中路 136 号蓝色地标 1009~1011 号	芙蓉区	陆小平	L-HUN-CJ00019
11	美时美刻国际旅行社（湖南）有限公司（原湘民）	长沙市天心区竹塘西路 280 号南国家苑 1 栋 201	天心区	黄小彬	L-HUN-CJ00022
12	湖南天一国际旅行社有限责任公司	朝阳路 311 号金色华庭 A 栋 4179 室	芙蓉区	文　雷	L-HUN-CJ00023
13	湖南途易国际旅行社有限公司	长沙市天心区芙蓉中路二段 168-1 号摩天大厦第 1 幢 2028 号	天心区	陈兆忠	L-HUN-CJ00024
14	中国旅行社总社湖南有限公司	长沙市芙蓉区车站北路 70 号万象新天公寓 5 号栋 29 层 2907~08	芙蓉区	林　寿	L-HUN-CJ00025

续表 19-11-4-1

序号	名称	地址	区（县）	法人代表	许可证号码
15	湖南宝中国际旅行社有限公司	长沙市车站北路万象新天大厦 903 房	芙蓉区	吴　勇	L-HUN-CJ00026
16	湖南龙骧国际旅行社有限公司	八一西路 23 号	芙蓉区	汤钟岳	L-HUN-CJ00027
17	湖南盛世乐游旅游有限公司（原安信）	远大路 1 号千喜华城八楼 812~826 室	芙蓉区	邹　喆	L-HUN-CJ00028
18	湖南五方国际旅行社有限责任公司	长沙市韶山路通程酒店 1205 房	芙蓉区	佘晏飞	L-HUN-CJ00029
19	长沙中国青年旅行社有限责任公司	芙蓉中路三段 100 号湘凯石化大厦 18 楼 1801 室	天心区	莫正良	L-HUN-CJ00031
20	湖南中铁国际旅行社有限公司	东二环二段 40 号	芙蓉区	熊德祥	L-HUN-CJ00034
21	湖南百事通国际旅行社有限公司	芙蓉中路 388 号鲇鱼套颐美会现代城第 1、2 幢 13 层 1327 房	芙蓉区	张　力	L-HUN-CJ00035
22	湖南锦华国际旅行社有限公司	芙蓉区车站北路 70 号万象新天 4 栋 8 楼 806	芙蓉区	王小燕	L-HUN-CJ00036
23	湖南国旅国际旅行社有限公司	湖南省长沙市芙蓉区荷花街道东二环一段 1139 号湖南国际商务中心 323 房	雨花区	蔡　恒	L-HUN-CJ00037
24	长沙明珠国际旅行社有限公司	韶山北路 460 号兴威名座大厦 19 楼 1604	雨花区	陈　容	L-HUN-CJ00038
25	湖南凯途国际旅行社有限公司	长沙市长沙县星沙望仙东路凤凰城三期 1-108 号	长沙县	张阁浩	L-HUN-CJ00039
26	湖南天马国际旅行社有限公司	长沙市芙蓉区蓉园路 79 号 2 栋 11 楼 1105 室	芙蓉区	刘英文	L-HUN-CJ000340
27	湖南三和国际旅行社有限公司	长沙市芙蓉中路 185 号顺天城 504 室	芙蓉区	陈立红	L-HUN-CJ00042
28	长沙大眼仔旅游文化有限责任公司	长沙市开福区洪山街道三一大道 455 号湖南广播电视台广播传媒中心技术大楼 3 楼 BA-0302B 室	开福区	龙小平	L-HUN-CJ00043

续表 19-11-4-1

序号	名　称	地　址	区（县）	法人代表	许可证号码
29	湖南会义国际旅行社有限责任公司	晚报大道 267 号晚报大厦 24 楼	芙蓉区	何劲松	L-HUN-CJ00044
30	湖南梦之旅国际旅行社有限公司	长沙市芙蓉区八一路 59 号	芙蓉区	唐敏	L-HUN-CJ00045
31	长沙沪春秋国际旅行社有限公司	芙蓉区五里牌街道五一大道 176 号芙蓉华天东楼商用房 3038 号	芙蓉区	孙文霞	L-HUN-CJ00046
32	湖南电力国际旅行社有限公司	长沙市雨花区韶山北路 376 号	雨花区	任继善	L-HUN-CJ00047
33	湖南信诚国际旅游有限公司	长沙市岳麓区岳麓大道 369 号岳麓一号嘉园 A 栋 302 房	岳麓区	阳　芬	L-HUN-CJ00048
34	湖南乐游国际旅行社有限公司	长沙市天心区劳动西路 233 号佳逸豪园-201 号	天心区	卢瑞甫	L-HUN-CJ00050
35	湖南景天国际旅行社有限公司	长沙市荷花路 416 号景天大酒店四楼	芙蓉区	易　伟	L-HUN-CJ00051
36	湖南懒猫国际旅行社有限公司	高新开发区麓谷大道 658 湖南麓谷信息港自编 A 栋 18 楼	高新区	赵　俊	L-HUN-CJ00052
37	湖南省中青旅国际旅行社有限公司	长沙市天心区芙蓉南路新时空 1 号	天心区	陈丽芳	L-HUN-CJ00054
38	湖南省玫红旅游国际旅行社有限公司	长沙市开福区通泰街街道中山路 589 号开福万达广场 C 区 2 号楼 3205 号	开福区	蒋燕妮	L-HUN-CJ00056
39	湖南省穿越旅行国际旅行社有限公司	长沙市开福区通泰街街道中山路 589 号开福万达广场 C 区 2 号楼 3206 室	开福区	蒋燕妮	L-HUN-CJ00057
40	湖南华和国际旅行社有限公司	湖南省长沙市芙蓉区朝阳街街道车站中路 159 号凯通国际城 10 栋 21 层 21012	芙蓉区	黄　凯	L-HUN-CJ00058
41	湖南游乐美国际旅行社有限公司	湖南省长沙市芙蓉区定王台街道五一路 013 号 2001 房	芙蓉区	谈建军	L-HUN-CJ00059

续表 19-11-4-1

序号	名　称	地　址	区（县）	法人代表	许可证号码
42	长沙和一国际旅行社有限公司	长沙市天心区芙蓉中路三段 266 号弘林国际大厦 1002~1003	天心区	戴伟强	L-HUN-CJ00060
43	湖南光大环球国际旅行社有限公司	车站北路 70 号万象新天公寓 5 栋 608 室	芙蓉区	冯　勇	L-HUN-CJ00063
44	湖南康达国际旅行社有限责任公司	长沙市雨花区芙蓉中路二段 359 号佳天大厦 2811 房	雨花区	宋杰华	L-HUN-CJ00065
45	湖南悠然国际旅行社有限公司	长沙大道 598 号檀香花园 47 栋 1401 房	雨花区	齐亚楠	L-HUN-CJ00068
46	湖南省山水国际旅行社有限责任公司	长沙市五一广场新大新 12 楼 E 座	芙蓉区	唐　敏	L-HUN-CJ00069
47	长沙方舟国际旅行社有限公司	浏阳市浏阳大道商会大厦二楼	浏阳市	刘彩云	L-HUN-01001
48	湖南妇女国际旅行社有限公司	长沙市车站北路与三一大道交会处华府地产 1112 室	开福区	涂宇清	L-HUN-01005

表 20-11-4-2

2012 年长沙旅游星级饭店一览表

序号	单　位	星　级	区划	地　址	评星时间
1	湖南华天大酒店	★★★★★	芙蓉区	解放东路 380 号	1997 年 1 月
2	长沙神农大酒店	★★★★★	雨花区	芙蓉南路 298 号	1998年9月
3	长沙通程国际大酒店	★★★★★	芙蓉区	韶山北路 149 号	1999年7月
4	湖南圣爵菲斯大酒店	★★★★★	开福区	浏阳河大桥东	2001年7月
7	湖南华雅国际大酒店	★★★★★	雨花区	万家丽路中路二段 81 号	2007年3月
8	长沙明城国际大酒店	★★★★★	长沙县星沙长沙经济技术开发区	漓湘西路 19 号	2008年9月

续表 19-11-4-2

序号	单 位	星 级	区划	地 址	评星时间
9	长沙运达喜来登酒店	★★★★★	开福区	芙蓉中路一段 478 号	2008 年 9月
10	湖南潇湘华天大酒店	★★★★★	开福区	长沙市芙蓉中路一段 593 号	2010年4月
11	浏阳银天大酒店	★★★★★	浏阳市	浏阳市将军路 1 号	2010年12月
12	长沙芙蓉国温德姆至尊豪廷大酒店	★★★★★	芙蓉区	芙蓉中路 2 段 106 号	2013年1月
13	湖南富丽华大酒店	★★★★	芙蓉区	八一东路 88 号	1997年3月
14	湖南金源阳光酒店有限公司	★★★★	雨花区	芙蓉中路 465 号	2000年4月
15	湖南紫东阁华天大酒店	★★★★	芙蓉区	八一西路 68 号	2002年6月
16	湖南芙蓉华天大酒店	★★★★	芙蓉区	五一东路 8 号	
17	湖南五华大酒店	★★★★	雨花区	芙蓉南路 308 号	2003年3月
18	长沙海程大酒店	★★★★	芙蓉区	八一路 58 号	2004年11月
29	长沙天玺大酒店	★★★★	天心区	芙蓉中路 518 号	2005年9月
20	湖南君逸康年大酒店	★★★★	天心区	芙蓉中路 508 号	2005年9月
21	湖南君逸山水大酒店	★★★★	芙蓉区	晚报大道 150 号	2006年12月
22	长沙时代帝景大酒店	★★★★	岳麓区	桐梓坡路 399 号	2007年6月
23	长沙湘城大酒店	★★★★	雨花区	韶山南路 133	2007年11月
24	顺天黄金海岸大酒店	★★★★	开福区	芙蓉北路福城路 9 号开福区政府旁	2007年11月
25	湖南枫林宾馆	★★★★	岳麓区	枫林一路 81 号	2008年8月
26	长沙和一国际大酒店	★★★★	天心区	劳动西路 256 号	2009年3月
27	湖南华悦大酒店	★★★★	开福区	芙蓉中路一段二号	2009年8月
28	湖南宾馆	★★★★	芙蓉区	营盘东路 193 号	2009年1月
29	湖南省大华宾馆	★★★★	雨花区	劳动西路 528 号	2010年12月

续表 19-11-4-2

序号	单位	星级	区划	地址	评星时间
30	湖南茉莉花大酒店	★★★★	岳麓区	金星中路	2011年5月
31	湖南星沙华天大酒店	★★★★	长沙县	星沙漓湘路	2012年11月
32	长沙泉昇大酒店	★★★★	芙蓉区	蔡锷中路 222 号	2013年1月
33	湘府国际大酒店	★★★★	天心区	竹塘西路 179 号	2013年3月
34	长沙天成大酒店	★★★★	长沙县	长沙县星沙区振兴建材大市场 1 栋	2004年2月
35	金太阳温泉度假村	★★★★	宁乡县	?宁乡县灰汤镇	2015年1月
36	长沙新天宾馆	★★★	芙蓉区	八一西路 32 号	1997年12月
37	湖南陋园宾馆	★★★	开福区	湘春中路 111 号	1998年6月
38	湖南金叶神农大酒店	★★★	雨花区	曙光中路 249 号	1997年7月
39	湖南银华大酒店	★★★	芙蓉区	五一中路 160 号	2000年5月
40	长沙银河大酒店	★★★	芙蓉区	五一东路 85 号	1998年1月
41	长沙通程麓山大酒店	★★★	岳麓区	枫林路 2 号	2000年6月
42	湖南友谊宾馆	★★★	天心区	黄兴中路 55 号	2001年1月
43	长沙金枫大酒店	★★★	岳麓区	枫林二路 139 号	2004年7月
44	湖南新闻大酒店	★★★	开福区	芙蓉中路 27 号	2002年1月
45	湖南迎宾楼·欧雅大酒店	★★★	天心区	韶山南路 12 号	2002年12月
46	湖南金赋大酒店	★★★	雨花区	芙蓉中路 641 号	2002年8月
47	湖南留芳宾馆	★★★	开福区	留芳岭 14 号	2004年5月
48	湖南南枫大酒店	★★★	雨花区	劳动西路 499 号	2003年8月
49	湖南华信宾馆	★★★	芙蓉区	车站北路 126 号	2005年1月
50	长沙市华宇大酒店	★★★	雨花区	劳动中路 87 号	2005年4 月

续表 19-11-4-2

序号	单　位	星　级	区划	地　　址	评星时间
51	长沙市天洋大酒店	★★★	雨花区	劳动中路 98 号	2005 年 12 月
52	长沙市华夏大酒店	★★★	芙蓉区	迎盘东路 82 号	2005年12月
53	浏阳市浏阳河大酒店	★★★	浏阳市	浏阳市新文路 81 号	2006 年 6月
54	湖南神禹大酒店	★★★	雨花区	劳动西路 529 号	2006年11月
55	湖南西野酒店管理有限公司西野分店	★★★	天心区	五凌路 168 号	2007 年 1月
56	湖南健铭大酒店	★★★	天心区	书院路 280 号	2007 年 1月
57	浏阳绿之韵大酒店	★★★	浏阳市	长沙国家生物产业基地绿之韵路 36 号	2007 年 7月
58	湖南南海宾馆	★★★	芙蓉区	八一路 56 号	2007 年 9月
59	湖南新农大酒店	★★★	芙蓉区	湖南农业大学内	2008年10月
60	湖南橙子酒店	★★★	天心区	韶山南路 498 号	2009 年 3月
61	长沙高新技术开发区西野酒店有限公司	★★★	岳麓区	长沙市高新开发区麓天路 2 号	2009年11月
62	长沙晚报大酒店	★★★	芙蓉区	晚报大道 259 号	2010 年 2月
63	长沙社院和一大酒店	★★★	芙蓉区	马王堆嘉雨路 148 号（社会主义学院内）	2010 年 2月
64	湖南军转大酒店	★★★	开福区	中山路教育街	2011 年 5月
65	望城红星大酒店	★★★	望城区	望城县高塘岭镇莲湖路 46 号	2012 年 5月
66	湖南兴湘商务国际大酒店	★★★	芙蓉区	火星镇纬二路	2012 年 1月
67	希尔登大酒店	★★★	宁乡县	花明南路 8 号	2012年12月
68	长沙太平洋大酒店	★★	芙蓉区	远大一路 168 号	2003 年 1 月

续表 19-11-4-2

序号	单　位	星　级	区划	地　址	评星时间
70	湖南华云大酒店	★★	雨花区	雨花路 163 号	2004 年 12月
71	湖南省大围山国家森林公园宾馆	★★	浏阳市	浏阳市大围山森林公园	2005年9 月
72	浏阳市教育宾馆	★★	浏阳市	浏阳市世纪大道西侧（集里办事处袭家桥教师新村）	2005年9 月
73	浏阳蓝都宾馆	★★	浏阳市	张坊镇政府广场	2009年
74	浏阳九道湾大酒店	★★	浏阳市	百宜三街 46 号	2013年11 月

随着全国工业旅游的兴起，长沙市比亚迪汽车、三一重工、广汽菲亚特、中粮可口可乐、东方时装、浏阳医药科技园、沙坪湘绣、楚天科技、明园蜂业、美津园食品、金井茶业、晚安家居等18个单位创建市工业旅游示范点。广汽菲亚特、楚天科技等5家企业创建省级工业旅游示范点。三一重工长沙工业城位于星沙镇长沙高新技术区，是湖南省首家销售过百亿的民营企业，许多中小学生及旅游者来此参观，体验重型建筑机械工业产品生产的全过程，感受企业文化。长沙比亚迪汽车城被命名为“纯电动汽车梦想体验之旅”的游览线路有5个站点：参观比亚迪汽车展厅、观看宣传片、参观汽车生产的四大工艺、汽车精品店、参与新能源车试乘试驾体验活动。

第五节　旅游市场营销

一、旅游线路

1988年，长沙的旅游者主要是港澳同胞和外国人，推出3条旅游线路：长沙—湘潭韶山伟人故里旅游；长沙—岳阳楚汉文化旅游；长沙—衡阳南岳宗教文化旅游。长沙市内旅游点有湖南第一师范学校、岳麓山、橘子洲、省博物馆等。1991年，国内旅游发展。增加长沙到张家界的旅游线路。长沙的旅行社与南方九省开展合作，开辟云南、贵州等10多条旅游线路。1996年，重点旅游线路有“文物考古”“陶瓷观光”“湘绣观摩”“毛泽东求学之路”等，突出长沙旅游特色，新增长沙—张家界—猛洞河风光风情旅游线。1999年，开通长沙—昆明火车旅游专列。有旅游线路20多条。2000年，有长沙—花明楼—韶山—湘潭乌石“重走革命路”红色旅游线；长沙—炎帝陵“寻根祭祖”旅游线。开展“湖南人游长沙”“长沙人游长沙”活动。农家乐兴起，新增城区与周边乡村旅游线路。有国际国内旅游线路50多条。2002年，针对中国台湾游客，推出长沙—张家界—岳阳、长沙—张家界—岳阳—衡山2条旅游线路。2004年，长沙7条跨省旅游线路，8条省内旅游线路列入全省精品旅游线路。是年，韶山—宁乡（花明楼）—平江列入全国红色旅游精品线。长沙—湘潭—娄底、长沙—岳阳、长沙—株洲、长沙—衡阳—永州—郴州4条旅游线路列入全省红色旅游精品线。

2005年，长沙推出文化创意旅游，包括世界之窗、金鹰文化城、铜官窑遗址、靖港古镇等景区（点）；工业及工业遗产旅游线，包括远大空调、株洲电力机车厂、南方航空动力机械—株洲合金厂和醴陵陶瓷工业等景区（点）。有国际国内旅游线路80多条。2009年，武（汉）广（州）高速铁路建成开通后推出长沙—武汉、长沙—广州—香港高铁旅游线路。高速公路的建设促进汽车旅游。长沙推出7条自驾游精品旅游线路：长沙—娄底（紫鹊界梯田、花瑶）—邵阳（崀山、南山牧场）六日游；长沙—桃源—张家界—湘西凤凰—怀化洪江、芷江七日游；长沙—崀山—洪江—黔城—芷江六日游；长沙—花明楼—韶山—乌石三日游；长沙—永州（柳子、九嶷山、金洞漂流）四日游；长沙—岳阳二日游；长沙—南岳两日游。有旅游线路100多条。

2010年8月，长沙橘子洲周末焰火燃放开始。它依托“花炮之乡”——浏阳的焰火燃放技术和烟花产品，还有法国、俄罗斯、德国等国际队伍参与燃放。长沙旅游线路上增加焰火燃放节目。2011年，新开辟6条工业旅游路线，有“广汽菲亚特—三一重工—德国博世”“浏阳工业园—医药科技文化馆—生物医药园”等。2012年，推出以岳麓山·橘子洲、刘少奇故居为代表的红色旅游线路，以大围山、关山村、光明村为代表的绿色旅游线路；以湘江水上旅游、灰汤温泉、沩山漂流为代表的蓝色旅游线路等，有旅游线路120多条。

二、旅游促销

1988年，旅游促销工作主要是由市旅游局编制、发放旅游景区图片资料；组织旅游企事业单位参加国家旅游局主办的国内国际旅游交易会；在报刊、电视媒体宣传推广长沙旅游。1989年，在旅游市场滑坡的情况下，市旅游局积极组织旅行社赴香港做旅游宣传促销。在香港举办有《大公报》《文汇报》等媒体参加的记者招待会，重振旅游市场。9月，海外游客到长沙旅游人数大幅度上涨。1991年9月，首届中国湖南国际烟花节在长沙举行。烟花晚会在烈士公园和橘子洲同时举行，万人空巷，旅游搭台，经贸唱戏，同时举行的湖南对外贸易洽谈会硕果累累。1992年，长沙参加首届湖南省旅游成果展暨旅游交易会，宣传长沙旅游新产品，获最佳展台效果奖。

1994年，首次举办“长沙文物古迹旅游年”主题活动。举办以长沙文物古迹旅游为主题的大型文艺会演，组织新闻专题报道，增强旅游市场的吸引力。1996年，市旅游局编印中、英文对照的大型旅游画册《长沙旅游》《长沙导游图》。在韩国、中国香港、上海旅游交易会上，充分展示长沙旅游形象，广泛与旅行商交流。1997年组织“中国旅游年”长沙系列活动。组织赴韩国、中国香港旅游促销会，与广州铁路青年旅行社联合组织“长沙淡季旅游促销月”活动。《人民日报（海外版）》刊登题为《谱写长沙旅游发展新篇章》市长专访。岳麓区举办经贸旅游招商灯会、浏阳市举办烟火晚会。1998年，全市举办浏阳国际烟花节、大围山金沙旅游节暨金沙杯全国攀岩赛。1999年，市旅游局组团参加日本大阪国际旅游展览会、中国香港国际旅游交易会、昆明世界博览会；组团赴英国、南非、马来西亚开展旅游促销。

2000年，首次组团赴欧洲丹麦进行国际旅游宣传促销，举行“长沙旅游说明会”，与欧洲近百名旅行商交流。在全省率先开通“cs1000”长沙旅游网站。参加中国国内旅游交易会（乌鲁木齐）并获国家旅游局颁发的“优秀展台奖”。2001年，举办长沙首届旅游博览会。承办全国第四届海峡两岸旅游同业联谊会，向大陆和台湾的1000多名旅游界代表推广长沙旅游。“五一”、国庆黄金周期间，开展“红太阳之旅”“精彩长沙一日游”“温暖长沙”等宣传促销活动。2002年，“长沙—武汉现代工业文明旅游专列”赴武汉，5家旅行社组织1400名游客参观武汉东方汽车制造厂等单位，开启长沙工业旅游的序幕。组团参加昆明名优特新产品暨经济技术协作洽谈会，推介长沙旅游。2003年，承办“中国湖南旅游节”开幕式，组织旅游彩车巡游、“长沙旅游之光”焰火晚会、长沙美食节、中外旅行商考察踩线活动。在五一大道设置32块旅游景点地图指路牌。2003年，再次承办“中国湖南旅游节”开幕式。开幕式上“万人多米诺”挑战世界吉尼斯纪录成功。开展“国际旅游论坛”等一系列宣传促销活动。

2004年，组团赴日本、韩国进行旅游促销。开展“观中韩围棋大赛，游美丽星城”推介活动。举办“中国长沙首届星城旅游形象大使选拔赛”。承办中国湖南旅游节开幕式（浏阳市）。承办“第十一届世界旅游小姐年度皇后大赛世界总决赛”，开展“美丽眼睛看长沙”“倾情岳麓·世界旅游小姐与您有约”等五项活动。大力发展长沙本地旅游，出台《长沙市旅行社地接奖励办法》，根据旅行社接待在长沙旅游的人次、旅游团批次给予奖金奖励，推动长沙一日游。2005年，在香港举办“长沙旅游推介会”。组团参加中国国际旅游交易会（昆明、广州）和中国国内旅游交易会（杭州、桂林）。由国家一级作家谭仲池作词，著名作曲家王佑贵作曲，湘籍歌唱家宋祖英演唱的歌曲《湘江》，获中央电视台“最佳旅游形象歌曲奖”等三项大奖。长沙市与中央电视台联合录制旅游形象宣传片《地图上的故事——长沙》。编印大型精美画册《璀璨星城·长沙》。举办“红色旅游长沙行”大型主题活动。举办“海天杯”2005年长沙首届农家乐节。

2006年，举办“千龙湖·长沙市首届乡村休闲旅游节”。长沙旅游门户网站全新开通。举办“市民喜爱的长沙十佳乡村旅游点”评选活动；举办“青年毛泽东之路——潇湘行”“全国85列红色之旅专列首发式暨中国红色旅游联谊会”等，全年长沙红色旅游人数达585.3万人，实现红色旅游收入32.2亿元。2007年，组团赴澳大利亚、俄罗斯、韩国、中国香港、中国澳门进行旅游促销。邀请中国台湾东森电视台、中国香港TVB8、德国电视台拍摄《快乐长沙》旅游宣传片。《人民日报》文艺部与长沙市旅游局联合举办“橘洲杯·感悟文化名城”征文。《恰同学少年》电视剧在全国热播，推出红色旅游精品线路“青年毛泽东风华之旅”。是年，为促进长沙旅游目的地建设，地接奖励成效显著，对22家旅行社发放奖金30万元。与省旅游局联合主办“中国（湖南）红色旅游文化节”暨秋收起义浏阳文家市会师80周年大型纪念活动。发行50万枚“长沙十景”旅游邮资明信片。2008年，组团赴日本、韩国、马来西亚、中国香港参加国际旅游展及东南亚旅游联合促销会；参加上海、青岛国际旅游展；《快乐长沙》旅游宣传片在台湾、香港滚动播出。2009年，推出“文化承传—民俗休闲，热情四溢—绿色休闲—动感旋律—城市风情”主题活动，举办樱花节、温泉节、漂流节、靖港古镇超轻型飞机锦标赛等旅游节会活动40多个。中央电视台首次推出长沙旅游形象广告。香港《文汇报》刊出长沙旅游整版专访报道。《长沙晚报》设立“快乐长沙快乐游”专栏。旅游企事业单位参加中国国际、国内旅游交易会，中国国际旅游商品博览会。2010年，组团赴台湾进行旅游促销。全年接待中国台湾游客14万人次，同比增长30.14%。举办中国长沙环湘江自行车邀请赛，组织“律动湘江、动漫星城、福满星城、欢动星城、快乐星城、动感星城”六大系列旅游文化活动；举办浏阳河乡村休闲观光节、沙坪湘绣文化节、靖港器乐节、橘子洲沙雕艺术节、岳麓山红枫节、樱花节等活动；举办“魅力长沙”旅游摄影大赛；发行《长沙自助游手册》；组团参加湖南旅游商品博览会并获最佳组织奖一等奖、最佳展台奖。

2011年，举办生态文化节、杜鹃花节、樱花节、油菜花节、温泉节；举办2011全国公路自行车冠军赛暨中国长沙环湘江自行车邀请赛；橘子洲周末焰火持续燃放，全年吸引3000万游客观看，中央电视台《新闻联播》报道5次。组团参加德国柏林国际旅游博览会、中国台湾旅游商联谊会、参加中国国际、国内旅游交易会。长沙旅游网全面改版升级；在新浪网、腾讯网开通长沙旅游官方微博。在《中国旅游报》《湖南日报》专版宣传长沙旅游。2012年，长沙市明确“快乐长沙”旅游城市形象定位，在首都机场、长沙黄花机场推出大幅长沙旅游形象广告；组织人民网、凤凰网等38家知名网站开展“乐游长沙·网传幸福”2012中国网络媒体长沙行活动；举办中国·长沙首届自然生态博览会暨中国（望城）第四届休闲农业与乡村旅游节，省委、省政府主要负责人和25个国家的驻华使节及中外嘉宾出席开幕式。举办灰汤温泉节、樱花节、世界名花生态文化旅游节、橘子洲首届国际风筝节等20个旅游节庆活动。在广州、深圳举办“长沙旅游推介会”。组团赴日本、韩国、德国、巴西、澳大利亚、智利等10多个国家及中国台湾、香港、澳门地区进行旅游促销。专程组团赴俄罗斯，与莫斯科旅游商签订每年1万人的游客引进协议。到长沙旅游的外国游客输入国家已达83个。

三、区域旅游合作

1988年，中国国际旅行社长沙分社、湖南省中国旅行社开始与日本、新加坡、中国香港、中国澳门等地旅行社合作，互送客源。1989年，在长沙召开全国商业系统旅游协调会第四次年会，长沙市旅游服务社作为年会理事长单位负责会务工作，市外事办（旅游局）积极支持，加强与全国商业系统旅行社的交流与合作。1990年，组织全市旅行社参加上海中国国际旅游交易会，与16个国家和20多个省（区）的旅行社开展洽谈，广泛建立合作关系。1995年，组团赴香港参加国际旅游交易会，与各国及中国港澳台地区旅行社加强联合。在香港注册“香港长沙国际旅游有限公司”，为加强区域合作创造条件。1998年，赴厦门参加“中西部贸易洽谈会”，广泛开展与中西部地区的旅游合作。

2001年，长沙与武汉、广州、昆明等8个城市签订旅游合作协议，开启政府旅游部门之间的合作；与武汉、咸宁、赤壁签订合作协议，开启华中旅游圈合作互动。2002年，长沙—武汉现代工业文明旅游专列赴武汉。在中国国内、国际旅游交易会上，长沙、株洲、湘潭三市首次联合布展促销，三市旅游合作拉开序幕。长沙与昆明对开旅游专列和旅游包机，互送客源。2004年1月，长沙市发起并参加“全国旅游热点城市旅游质监互动协作体”，加强城市之间互相学习、互通信息、互相借鉴，便于及时协调处理旅游活动中出现的问题。在上海举办“长沙旅游推介会暨湘菜美食节”。2005年，由桂林、贵阳、海口等九市联合主办，长沙市承办的“中国南方旅游城市第七届协作年会”在橘子洲旅游景区举行。组团赴南宁开展“牵手南宁”旅游合作活动。启动“牵手上海”旅游合作，签订《长沙市与上海市中心城区旅游合作共识》。2006年，长沙与张家界、岳阳、常德、郴州、韶山、资兴、浏阳等湖南8个“中国优秀旅游城市”结盟，就建设无障碍旅游区达成共识。2007年，在澳大利亚举办“长沙（澳大利亚）旅游项目合作洽谈会”；参加南方旅游城市协作体年会。承办长沙、株洲、湘潭“三市旅游业迎春联谊会”，首次发布2006长株潭十大旅游新闻；参加中国南方旅游城市协作体年会。市旅游协会赴昆明，与昆明、曲靖、玉溪签订合作协议。举办“中国百强旅行社会师文家市”活动，促进红色旅游发展。

2008年，为充分发挥全省旅游中心城市作用，进一步加强长沙、株洲、湘潭、张家界和“3+5”城市群旅游的联动，努力营销“一圈一线”，长沙、株洲等旅游单位与广州自驾游协会联合举办“感受毛泽东，畅游长、株、潭”大型专题采风活动。在互联网上联合推销“长、株、潭、张黄金旅游路线”；组织“3+5”城市群在大连东亚国际旅游展上联合推销。联合举办“长、株、潭旅游商品（设计）大赛”“长、株、潭城乡互动游”活动。2009年，在中国南方城市年会上与17个城市签署旅游合作联盟，与11个城市签署中国禅宗文化旅游联盟的《广东曹溪宣言》。在长沙举办“世界名河名州旅游合作会”。长沙与华盛顿、安那波利斯、维也纳、罗马、里约热内卢等5市结成世界名河名洲城市旅游合作联盟，长沙市市长与5市代表签署合作备忘录。为加强长、珠、潭旅游合作，三市联合举办中国长珠潭生态休闲旅游节。2010年，在台北市举行“长沙台北旅游合作交流会”，签订旅游合作协议。在厦门举办的中国南方旅游城市协作体第十二届年会上，长沙与厦门、海口等16个城市签订旅游合作协议，共同开发“世博游”、高铁游新产品。市工会与香港工会联合会组织千人高铁旅游团访问长沙。2011年，推出“长沙、衡山、韶山高铁三日游”“长沙、韶山、张家界高铁五日游”新线路。长沙市与南宁、贵阳、广州、韶关、武汉签订旅游合作协议；与南昌市、温州市、太原市签订旅游战略合作协议；与杭州、宁波等50多个城市签订《旅游质监工作互动协作备忘录》。2012年，长沙市主要负责人率党政主要领导代表团赴西安、成都、昆明考察并倡议组成4市旅游联合体，加强全国历史文化名城之间的旅游合作，共同推进四市文化旅游产业的合作与发展。

第六节 旅游管理

一、旅游质量监督管理

1988年，长沙市贯彻省旅游局《关于全面提高我省旅游服务质量的意见》，加强对全市接待国际旅游者的旅游涉外定点饭店、旅行社、旅游购物店、对外参观景区（点）的服务质量管理。1992年，出台审查“旅游涉外定点饭店”的实施办法。审查合格的单位方可接待国际旅游者，并实行挂牌管理。对经营旅游业务（含旅游餐馆、旅游购物店、旅游娱乐场所）的企业，根据《长沙旅游单位定点管理办法》进行审批。

1995年，制定《长沙市旅行社业务年度检查考核试行办法》等5个地方规章。贯彻执行《中华人民共和国旅游涉外饭店星级标准》，对旅游饭店实行星级评定及年审复核。1996年，为加强全市旅游质量监督管理工作，成立长沙市旅游质量监督管理所。1997年，随着旅行社、旅游饭店数量增多，出台《长沙市旅行社管理暂行规定》《长沙市旅游涉外饭店管理暂行规定》。实行旅行社百分量化考核年审，对旅行社按得分评定优秀、先进、合格及进行限期整改等处分。对旅行社实施《旅游保险、财产保险理赔制度》，制定旅行社服务标准合同范本，规范旅行社经营行为。1998年，出台《长沙市旅游涉外饭店（度假村）管理办法》《长沙市旅游专业车辆（公司）管理办法》《长沙、韶山、花明楼一日游管理办法》《关于加强旅游团队住宿、就餐、购物管理的通知》，在全市建立旅游质量监督体系。推广质量标准化管理。2000年，按《旅游景区质量等级评定与划分》，组织岳麓山景区、刘少奇纪念馆、世界之窗等景区参加创建国家AAAA级旅游景区。组织对景区的日常监督检查和A级旅游景区的年度复核工作。2001年，实行《全市旅行社责任保险制度》。2002年，贯彻《中华人民共和国行政许可法》，取消旅游定点单位审批事项，废止《长沙旅游单位定点管理办法》。2003年，对参加年审的116家旅行社进行信誉等级评估，评选出A类11家，B类83家，C类22家。2004年，成立星级饭店管理专家组，组织专家参与星级评定和复核工作。积极推行新的旅游饭店星级标准。

2005年，修订《长沙市农家乐星级标准》《长沙市旅游餐馆星级划分评定标准》。2007年，市、省、国家有关部门评定长沙县黄兴农业旅游示范区、望城千龙湖生态旅游度假村、浏阳浩博农庄为“全国农业旅游示范点”称号。2008年，为促进绿色旅游产业体系建设，节能减排，在全市开展绿色饭店创建和评定工作。2009年，为节能减排，环境保护，实行《旅游宾馆、招待所实行禁止免费提供一次性日常用品的通告》。2011年，对旅游酒店进行年度星级复核检查，全年经营业绩良好、管理服务水平提高、设备设施完好、宾客满意度高、节能减排成效显著，应急预案措施到位、全年无重大投诉的旅游饭店为一类（其中三星级18家，二星级4家）；年度复核检查未通过并给予相应处分的旅游星级饭店为三类(其中三星级7家，二星级2家)；其他通过年度复核检查的旅游星级饭店为二类（其中三星级18家，二星级3家）。2012年，出台《长沙市旅游行业发展品质旅游工作方案》。实施让游客动心、放心、开心、安心、称心的“五心”服务活动，加强对旅行社、饭店、景区、农家乐的质量标准化管理。市旅游质量监督所共接受电话及来信来访共1240起，其中旅游咨询、求助电话578起，正式受理的有效投诉38起，协调处理游客情况反映314起。全年为游客挽回经济损失10.1万余元。旅游投诉处理回复率100%，办结率100%，游客满意率100%。

二、旅游市场管理

1988年，对涉外定旅游定点单位实行监督管理，主要是提高接待和服务水平。1992年，省旅游局授权长沙市审批管理三类旅行社（接待国内游客）和管理市属8家旅行社。对旅游企事业单位开展4次市场检查。1995年，在火车站、五一路繁华地段进行市场检查15次，查处非法旅行社、超范围经营、无证导游等市场乱象，取消1家旅行社的营业资格，对5家旅行社下达整改通知。1996年，旅游市场呈现繁荣景象，但出现无证经营、无序竞争状况。制定《长沙市旅游市场管理暂行办法》《旅游保证金收取管理制度》《旅行社百分量化考核年审制度》《度假村报建初审制度》《关于加强火车站地区旅游经营秩序管理的若干规定》等，开展旅游市场检查27次，取缔黑市经营窝点4处，加强对旅游经营秩序的管理。1998年，颁布《关于贯彻〈湖南省旅游条例〉的实施办法》。成立以一名副市长为组长的旅游市场专项治理工作领导小组，对旅游市场开展55次检查。2000年，加大旅游市场执法力度，全年检查旅游团队 111 个，查处违法违规行为 38 次。接受并处理游客投诉案件 37 起。2001 年，全年进行旅游市场检查 29 次，旅游团队 167 个，查封、取缔无证非法经营的黑旅行社 14 家，检查上团导游员 1000 余人次。在全省率先实行《全市旅行社责任保险制度》。

2002 年，发布《关于继续开展整顿和规范旅游市场秩序工作方案》，开展“打假打非”专项整治和规范旅游市场活动。制定《旅游市场日常检查制度》。清查取缔一批非法经营旅游的单位和个人。全面整顿“一日游”市场秩序。某旅游度假村，因管理混乱，造成一名游客溺水身亡事故，对此作出该单位停业整顿的决定。2003 年，市旅游质量监督管理所加入“110”社会服务联动体系，方便旅游者投诉，进一步整合和规范长沙“一日游”散客市场。2004 年，全年组织旅游市场检查 60 余次，检查旅游团队 260 个，处理违规导游 72 人次。处理游客投诉案件 115 件。为贯彻实施《中华人民共和国行政许可法》，扩大旅游市场，取消旅游定点单位审批，凡来长沙的国内外游客，不再限制在定点单位消费，游客可自由选择。2006 年，发布《关于规范旅游市场经营秩序的通知》《关于加强和规范旅行社门市部管理的通知》，全年进行旅游市场检查 20 余次，限期整改一批旅行社门市部，取缔一批非法经营单位。

2007 年，制定《国内旅游组团合同示范文本》，开展无证无照非法经营和零负团费专项治理，与 110 联动部门开展旅游联合执法行动 30 余次。查处一批冒牌旅游星级饭店、非法经营旅游业务单位。市旅游质量监督管理所被评为全省“依法办事示范窗口”。2008 年，发布《关于做好漂流安全保障工作的紧急通知》，加强对漂流安全工作的执法检查，并加强灾害预警预报、食品安全、卫生防疫工作。开展“零负团费”虚假广告、宰客等专项整治行动，加强旅游市场监管。2010 年，制定《长沙市旅游行政裁量权基准》。2011 年，修改完善《长沙市“一日游”管理办法》。2012 年，制定《长沙市旅游市场秩序和旅游安全保障督查集中行动工作方案》，组织进行旅游市场检查 81 次，检查旅游团队 1413 个，大力规范“一日游”市场，集中整顿散拼市场，严厉打击零负团费，地毯式清理旅游信息市场，规范各类广告 1.4 万条，建立集中约谈制度。为加强旅游安全工作，继续实施随团服务跟踪制度。

三、教育、培训管理

20 世纪 80 年代，长沙大学（后更名长沙学院）在全省高校率先创办旅游专业。长沙市十六中创办长沙市旅游职业中专学校。1988 年，湖南旅游职业中专学校创办。1992 年，加强对长沙市中等旅游职业技术学校的支持与管理，全省旅游工作会议推广长沙市旅游业培养人才的经验。1995 年 3 月，长沙市培训并选送长沙湘亚旅行社导游郭鹏参加全国导游大赛，获第三名。1998 年，成立市旅游岗位教育培训指导委员会、市旅游培训中心开办首次导游年检培训班。贯彻《湖南省旅游行业岗位培训定点管理暂行办法》，全市有湖南师范大学旅游学院、湖南大学国际商学院、中南林学院旅游学院等为旅游行业岗位培训定点单位。

2002 年，在宁乡县祖塔乡创办农民旅游学校，开展农家乐服务标准培训。2003 年，全市举办旅游行业岗位培训班 29 期，培训旅游从业人员 3788 人次。举办全市职工旅游服务技能竞赛。2005 年，全市举办旅游行业岗位培训班 45 期，培训 4500 余人。长沙学院新建旅游管理系，面向全国招生，分旅游管理和国际旅游两个专业。2007 年，全市举办旅游行业岗位培训班 46 期，培训旅游从业人员 8000 余人。2009 年，举办长沙市第五届旅游行业职工职业技能竞赛。长沙市选送的导游马煜奇获全国红色导游大赛第一名。2010 年，“全国名导进课堂”工程在长沙商贸旅游职业学院开班。全市全年培训旅游从业人员 9000 多人次。长沙成为全国旅游人才示范基地。举行大型旅游人才招聘会，为旅游企业引进人才 1500 人。2011 年，举办长沙市第六届旅游行业职工职业技能竞赛。2012 年，长沙市举办全市旅游行政管理干部培训班。全市全年举办旅游行业岗位培训班 22 期，品质旅游大讲堂 2 期，培训旅游从业人员 1.2 万人次。长沙市旅游局多次获全省旅游培训先进单位称号。

四、创优评先管理

1988 年，组织全市旅游企事业单位参加省、国家旅游局倡导的创先争优活动。长沙芙蓉宾馆餐厅点菜班被国家旅游局授予“全国旅游优质服务先进单位”称号。1991 年，全国旅游行业精神文明建设会议表彰中国国际旅行社长沙分社彭华善、省中国旅行社袁进茂为全国旅游行业先进工作者。1993 年，湖南海外旅游总公司被国家旅游局表彰为全国旅游行业先进集体、长沙国旅友城旅行社陈兆忠为全国旅游行业先进工作者。1996 年年初，全市召开创建中国优秀旅游城市动员大会，成立创建中国优秀旅游城市领导小组。1997 年，举办“全市十佳导游员”评选活动。1998 年，成立市旅游行业精神文明建设领导小组。出台《关于加强长沙市旅游行业精神文明建设的意见》，广泛开展旅游行业群众性精神文明创建活动。表彰神农大酒店等 12 家为旅游行业文明窗口示范单位。长沙市荣获全国首批中国优秀旅游城市称号。1999 年，开展全市十佳服务员、十佳导游员评选和文明景区创建活动。

2000 年 6 月 10 日，湖南天马旅行社导游员邱慧在岳阳洞庭湖发生的旅游快艇翻沉事故中，临危不惧，忠于职守，把生的希望留给游客，把死的危险留给自己，尽职尽责，表现出良好的职业道德和崇高的精神境界，被省旅游局授予“忠于职守的优秀导游员”称号。2002 年，开展创建评选“十佳文明风景旅游区”“文明导游员”活动。2003 年，浏阳市成功创建中国优秀旅游城市。全市开展“诚信旅游看长沙”和首届旅游服务之星评选活动。2006 年，全省“诚信旅游三湘行”活动在长沙启动。举行“全国模范导游员文花枝先进事迹现场报告会”。全市开展向文花枝同志学习的活动。开展“长沙市金牌导游员”评选活动。评选与旅行社管理、学习文花枝活动相结合，评选出 22 名金牌导游员。4 月 28 日，通程国际大酒店厨师韦黎在下班途中的公交车上，为捉拿偷窃的歹徒，奋不顾身，大腿受重伤，被评为 2006 年度“湖南省十大新闻人物”。5 月 18 日，蔡锷北路街头有一女子被持刀歹徒抢劫，在附近执勤的长沙金泰国际大酒店（星级旅游饭店）保安刘国强见义勇为，与歹徒殊死搏斗，被砍成重伤，被中共中央宣传部、中央社会治安综合治理委员会、公安部授予全国第十届“见义勇为先进分子”称号。

2007 年，宁乡县为促进县域经济发展、服务社会主义新农村建设，成功创建“全国旅游强县”。2008 年，全市旅游行业广泛开展行业文明创建活动，大力推进诚信旅游、文明旅游，落实《创建文明城市工作责任制》。2010 年，实施“游客满意战略”，深入开展“旅游满意在星城”主题活动。经中国旅游研究院考核测评，游客满意度长沙跻身全国前十名。为中部地区唯一入选的省会城市。10 月 21 日，长沙中国国际旅行社导游严春霞在担任旅游团领队时，在台湾花莲遇到强风暴雨和公路大塌方，被围困 30 多个小时。她沉稳果断地带领游客进行自救，成功脱险，受到游客的赞扬和上级单位的好评，被国家旅游局评为“全国优秀导游员”。同时评为“全国优秀导游员”的还有喻丹丹、张苗、杨凯、施慧、黄武、刘湘妮、陈芳、李莉、刘丽等。2012 年，以“弘扬雷锋精神，倡导品质旅游”为主题，举办长沙旅游行业学习雷锋大会暨自行车旅游协会骑行雷锋故里活动。开展长沙市旅游系统“品质旅游，伴你远行”“3·15”创建活动，树立诚信经营，文明旅游的行业新风。

五、导游管理

1988 年，贯彻省旅游局《关于做好颁发导游证书工作的通知》，做好相关工作。1989 年，组织全市导游员参加由省旅游局组织的导游人员考评，取得成绩合格者领取导游证书和胸卡。1991 年，开展导游年审工作。1995 年，贯彻省、国家旅游局《关于对导游人员实行等级评定的意见》，开展对全市导游等级评定工作。1998 年，省旅游局授权市旅游局开展对全市导游员的年审和注册工作，首次组织全市导游员年检年审培训和考核工作。2001 年，实施《全市导游员上团委派制度》，加强对导游的日常管理工作。2002 年 10 月，成立市导游人员管理服务中心，负责全市注册导游的年审和管理工作。是年，实行《全市导游员计分管理制度》，对导游精细化管理。2004 年，启用现代网络技术，建立导游人员信息网站。2005 年，对获导游资格证的社会导游建立实习制度，加强对社会导游的管理。2006 年，颁发《长沙市导游人员考核手册》。制定并实施《社会导游员带团信息公示制》，规范社会导游的档案管理。要求如实填写全年带团、奖惩、培训等情况，作为年审年检的考核依据，加强对社会导游员服务质量的跟踪监督工作。2008 年，市导游服务中心创建“导游之家”。2011 年，开展导游诚信服务活动。2012 年，强化专、兼职导游员、景区讲解员的业务考核，建立金牌导游、优秀导游管理人才库。在橘子洲举行由全国优秀导游员文花枝领誓，千名导游诚信服务宣誓仪式。

六、黄金周（假日）旅游管理

1999 年，国务院首次决定将春节、“五一”、“十一”假期与前后的双休日拼接，形成 7 天长假。2000 年，全市大力发展假日旅游经济，加强“黄金周”旅游管理工作。成立假日旅游协调指挥工作领导小组，为旅游黄金周的各项工作的正常运行提供强有力的组织和安全保障。节日期间办理临时旅游运输车辆 30 台和观光旅游巴士。“假日办”24 小时接受旅游咨询服务和游客投诉。成立旅游接待调度中心、紧急情况处置中心、统计预报中心。2001 年，“五一黄金周”期间，世界之窗、海底世界景区夜间有大量游客滞留，向“假日办”求援。“假日办”紧急调度多辆公交车，4 小时内运送出 1.7 万游客。2002 年，市“假日办”出台《长沙市旅游“黄金周”假日市场检查制度》。2005 年“五一”期间，全市接待游客近 10 万人次。5 月 3 日，岳麓山景区有 2 万游客涌入，造成交通拥堵。市“假日办”及时启动紧急预案，在较短时间内使问题解决，保持良好的旅游秩序。2007 年，在春节“黄金周”前开展景区、酒店、娱乐场所安全、服务大检查。

2008 年，春节“黄金周”期间旅游业受特大冰灾影响，部分游客遇到困境，市“假日办”组织相关部门和旅游企业迅速处置，安全转移外地游客，没有一名游客受到伤害。在“十一黄金周”前开展旅游安全生产大检查。2010 年，春节、“五一黄金周”、“十一黄金周”期间游客火爆，全市共接待游客 694.31 万人次。由于加强安全、服务管理，未发生重大安全事故和重大旅游投诉。2012 年，对全市旅行社、宾馆饭店、车站进行安全检查，调度除夕夜橘子洲烟花燃放活动。节日期间，检查岳麓山、开福寺庙会、洗心禅寺等旅游景区的安全、服务工作。黄金周期间全面实现“安全、秩序、质量、效益”四统一。

七、行业协会

1996 年 9 月，首次成立长沙市旅游协会，会员单位有旅行社、旅游饭店、景区、旅游汽车公司等。2002 年，长沙市旅行社协会成立。2003 年，产生新一届旅游协会理事会。市旅游协会先后成立旅行社、饭店、景区分会。2006 年，成立市乡村旅游发展促进会，举办“千龙湖·长沙市首届乡村休闲旅游节”。2007 年，在全省率先成立长沙市导游协会。2009 年 3 月，成立长沙市旅游饭店协会，原长沙市旅游协会酒店分会终止。2010 年，市旅游协会换届选举新一届理事会成员。市旅行社协会组织全市 159 家旅行社统一投保旅行社责任保险，此举措受到国家旅游局表扬并在全国推广。2011 年，长沙自行车爱好者突破 2 万人，自行车俱乐部 200 余家，自行车一日游、两日游兴起。是年，成立长沙市自行车旅游协会。2012 年 7 月，成立长沙市自驾游协会。该协会不仅承担本地自驾游客的服务，还承担引导对接外地自驾游客到长沙自驾游的全面服务。是年，市旅游饭店协会、乡村旅游发展促进会召开第二届理事会，选举产生新一届理事会成员和理事长。市旅游饭店协会被评定为AAA级行业协会。长沙市旅行社协会举办成立十周年庆典活动。

表 19-11-6-2　　1988—1999年长沙市旅游经济效益一览表（一）

年度	入境旅游者（人次）	旅游外汇收入	国内旅游者（人次）	国内旅游收入
1988	27019	1771.09万元	17876	357万元
1989	21382	2398.50万元	15716	—
1990	30568	3424.35万元	—	—
1991	—	—	32104	349.33万元
1992	42534	6194万元	33611	798.2万元
1993	41965	8000万元	—	—
1994	40000	8000万元	—	—
1995	81000	1800万美元	620万	28亿元
1996	100000	2000万美元	750万	34亿元
1997	180000	2.04亿元	—	—
1998	194400	9408万美元	2588万	46亿元
1999	211500	1.05亿美元	1815万	52.9亿元

说明：1.因统计口径变化，分两个时期列表；2.入境旅游接待人次，包含外国人、华侨、中国大陆和港澳台同胞人次

表 21-11-6-3　　2000—2012年长沙市旅游经济效益一览表（二）

年度	入境旅游者（万人次）	同比增长（%）	创汇（亿美元）	同比增长（%）	国内旅游者（万人次）	同比增长（%）	国内旅游收入（亿元）	同比增长（%）	旅游总收入（亿元）	同比增长（%）	相当于全市GDP比重（%）
2000	22.2	5.2	1.19	13.3	1901	4.7	73.05	16.5	82	14.8	10.8
2001	24.38	9.8	1.35	13.4	1997	5.1	81.48	11.5	92.7	13.1	11
2002	26.82	10.0	1.47	8.9	2058	3.0	106.35	30.5	118.6	27.9	12.3
2003	4.85	-85.8	0.24	-83.7	2160	5.0	133.89	25.9	135.9	14.6	12.4
2004	18.77	284.2	1.41	487.5	2282	6.3	148.16	10.7	159.8	17.6	12.5
2005	25.55	36.1	2.02	43.3	2489.3	9.1	175.15	18.1	191.2	19.6	12.5
2006	40.63	59.02	3.08	52.48	2620	5.24	197.95	13.11	222.59	16.45	12.6
2007	50.1	23.4	3.9	25.4	2811.4	9.1	230	16.2	258.9	16.3	—
2008	54.9	9.6	4.2	9.7	3242.3	15.3	271.2	17.9	300.2	15.9	—
2009	57.8	5.3	4.5	7	3836.7	18.3	324.8	19.8	355.8	18.5	—

续表 21-11-6-3

年度	入境旅游者（万人次）	同比增长（%）	创汇（亿美元）	同比增长（%）	国内旅游者（万人次）	同比增长（%）	国内旅游收入（亿元）	同比增长（%）	旅游总收入（亿元）	同比增长（%）	相当于全市GDP比重（%）
2010	70.2	21.4	5.3	16.7	4784.4	24.7	422.3	30	458	28.7	—
2011	83.5	18.9	6.2	18.18	5930.1	23.95	543.5	28.7	582.85	27.26	—
2012	105.19	25.98	6.6	6.34	7989.18	34.72	741.13	36.36	783.1	34.36	—

第十二章 会展业

长沙会展，由来已久。民国21年（1932），湖南省第一个展览场馆——长沙国货陈列馆建成，展出的国货两万多件。1958年，湖南省展览馆开馆。此后，省展览馆举办诸多政治、文化类展览会。20世纪80年代初开始，市场供需发生变化，为适应市场经济不断发展，长沙相继举办多场经济类展览会。至1988年，全市80%的会展项目都在省展览馆举办。1989年，省展览馆举办长沙市春季商品交易会，规模和人气都创新高，总成交额超5.5亿元。

1995年，长沙开始承接全国性的专业贸易会，长沙会展向专业化方向发展，全年举办展会项目数量18个，总展览面积21万平方米，会展收入2700万元，纳税额89.1万元。10月，在长沙东风广场第一次举办全国糖酒食品交易会，展览面积5.6万平方米，参会人数超过10万人，标志着长沙会展经济在长沙萌芽。是年，长沙市第一家民营会展公司——湖南长沙兰德展览广告有限公司成立，策划并举办电脑电子产品技术展览会等专业展会。此后，长沙加强会展接待设施和配套设施建设，会展服务能力得到提升，更多的专业展会落地长沙。1998年，第二次全国糖酒交易会在高桥会展中心成功举办，总展览面积7万平方米，其中室内展览面积1.28万平方米，4000余家名客商、10万人流汇聚，不仅带动宾馆业、旅游业、餐饮业等10多个行业经济效益提高，而且使长沙社会消费品零售总额增幅跃居全国首位。1999年，在“加快发展中部地区”的国家发展战略下，长沙市提出大力发展会展等新兴产业，会展经济得到进一步发展。2002年9月，湖南国际会展中心基本完成主体工程施工并投入试运营，二期投资3.2亿元，中心总建筑面积11万平方米，室内展览面积4万平方米，可设国际标准展位2000个。10月，第三次全国糖酒交易会在贺龙体育馆成功举办，总展览面积8万平方米，其中室内展览面积3万平方米，海内外6000多客商参展，350家长沙本地企业参展，16万人流涌入，成交额130亿元，带动消费20亿元，实现财税收入3亿元。11月，长沙红星国际会展中心建成开业，展馆共投资2.9亿元，占地280公顷，建筑面积5万平方米，室内总展览面积4.2万平方米，可提供1500个国际标准展位。

2003年，长沙会展工作管理办公室成立。为规范不断发展的长沙会展业，出台《关于加快长沙会展业发展的若干意见》等规范性文件，提出要把会展产业作为支柱产业之一进行重点扶持。是年，长沙市举办展会120多个，展览面积80万平方米，成交额300亿元，会展公司23家，相关广告公司近

600家，创造会展收入2.8亿元，带动消费40多亿元。2005年，出台会展业第一部地方政府规章——《长沙市会展管理办法》，成立第一个行业自律组织——长沙市会展行业协会，进一步加大对会展业的协调、管理和服务力度，长沙会展业基本实现从起步阶段向市场培育期的过渡。长沙市获得“2005年度中国新锐会展城市”称号。2006年，长沙市第二次被评为“年度十大节庆城市”。2007年，中国（长沙）科技成果转化交易会永久落户长沙，专业观众6万余人次，展览面积超过1万平方米，签约金额159亿元，促进湖南特色产业基地的建设和产学研合作平台的搭建，获得“2007年度中国会展业最佳城市管理奖”美誉。

2008年，长沙市会展行业协会发布《长沙市会展行业自律公约》，并组织协会会员单位参加职业培训，长沙市办会人员的专业素质进一步提高。10月，第四次全国糖酒交易会在湖南国际会展中心举行，本届糖酒会的展出面积12万平方米，特装600余个，标展2000余个。2009年起，长沙市依次出台一系列发展会展经济的政策，包括《长沙市申办全国性（国际性）展览项目暂行奖励办法》《长沙市展会知识产权保护办法》《长沙市会展企业资质评鉴管理办法》《长沙会展户外广告管理办法》《长沙市申办全国性（国际性）展览项目奖励暂行办法》。2012年，出台《长沙市会展项目扶持资金管理办法》，为本土组展机构补贴300余万元资金，全部用于扶持会展项目。是年，全市举办各类展览项目175个，展览面积135万平方米，展商客商近94万人次，同比分别增长5%和32.3%，具有会展业务的公司共2848家，会展直接收入13.2亿元，带动相关产业118.8亿元，长沙会展的美誉度进一步提升。至2012年，长沙会展业先后获得“中国十大品牌会展城市”“中国会展产业金手指奖·最佳会展城市经营奖”“中国十大魅力会议城市”“全国会展业‘金五星’优秀会展城市”“中国十大影响力会展城市”“十佳会展城市”“中国会展金海豚奖”等多种荣誉。

第一节 机 构

根据省编委办《关于明确长沙市会展工作管理办公室机构的批复》以及2003年6月市机构编制委员会会议纪要精神，2003年7月，长沙市会展工作管理办公室正式成立。市会展工作管理办公室是参照公务员法管理的市政府直属事业单位，代表市人民政府管理、规划、协调全市会展工作，隶属长沙市人民政府办公厅管理。根据市编委长编委发《关于明确长沙市会展工作管理办公室机构编制等有关事项的通知》，明确市会展工作管理办公室为正县级全民事业单位，人员编制8名，其中主任1名（正县级），副主任2名（副县级），拟内设综合部，业务指导部。党组班子共4人，其中党组书记兼主任1人，副主任2人，纪检组组长1人。干部5人，其中处长2人，主任科员、副主任科员及科员各1人，另从市教育局借调1人。市会展工作管理办公室成立之后，管理有效，成绩显著。2005年，长沙市荣获“中国会展业会展城市最具潜质奖”和“中国十大节庆城市”奖项；2006年，长沙市被评为“2006年度十大节庆城市”；金鹰电视艺术节、浏阳国际花炮艺术节、首届中部博览会被列入十大专业节庆之列。2007年，长沙迅速增长的会展规模和逐年扩大的会展影响力使长沙市先后获得“2007年度中国优秀会展城市”“2007年度中国（软件环境）最佳会展城市”“2007年度中国会展业最佳城市管理奖”等荣誉。

2009年，市会展工作管理办公室荣获得“2008—2009年度全国会展工作先进单位”称号。长沙车展被评为“2008—2009年度中国十大车展品牌”；中国金鹰电视艺术节获得“2008—2009年度中国十大品牌节庆活动”的奖项。2009年，市会展工作管理办公室还获“中国会展经济2009年度大奖”以及

“会展十年管理大奖”。2011 年，长沙车展被评为“2011 中国最佳行业品牌展会”；农博会获得“中国最具影响力的专业展会”称号；市会展工作管理办公室荣获“2011 年度全国会展业‘金五星’优秀会展管理部门”奖。2012 年，长沙会展的美誉度也得到进一步提升，被国内权威会展机构授予“十佳会展城市”“中国会展金海豚奖”“中国十大影响力会展城市”等荣誉称号，杜中塔也第四次被评为“影响中国会展业年度人物”。

2003—2012 年，担任长沙市会展工作管理办公室党委书记、主任的是杜中塔，其他领导班子成员有：吴海东、彭有求、张彬。

第二节 会展规模

1986 年，长沙最早的会展服务公司“长沙市京程实业有限公司”成立，注册资本 583.6 万人民币。1988 年，长沙市举办大型会展活动 8 个，其中秋季（第 12 届）商品交易会总成交额 4.43 亿元（不含外地参展企业 1.05 亿元与零售 150 万元），与会代表 6774 人，350 个企业参展。1989 年，省展览馆举办长沙市春季商品交易会，总成交额 5.5 亿元，创历届交易会最高水平。长沙、湘潭、株洲三市首次联合在深圳举办“对外贸易交易会”。1990 年，省展览馆旗下成立专门从事展览搭建业务的部门。是年，长沙市举办春季和秋季两届商品交易会，总成交额为 9.62 亿元。1991 年，长沙市浏阳县举办首届花炮艺术节，期间举办花炮彩灯展览，经贸洽谈非常活跃，共签订合同 842 份，成交额 2.18 亿元。1994 年，长沙市举办 3 场大型会展活动，分别是全国果菜副食品交流会、全国电子产品展销会和科技“四新”商品迎春展示交易会，其中全国果菜副食品交流会，1000 多个摊位，5000 多人参会，成交额 24.2 亿元；第 44 届全国电子产品展销会，4 万多人观展，成交总额 48 亿元，比上届增加 15%；科技“四新”商品迎春展示交易会，388 家企业参展，签订合同 31 个，金额为 5586 万元，成交额 392 万元。

1995 年，第一家民营组展企业——长沙兰德展览广告有限公司在长沙成立，主营业务为科技产品的组展，标志长沙会展开始向专业化发展。是年，长沙第一次举办全国糖酒食品交易会，展览面积 5.6 万平方米，参会人数超过 10 万人，此外，全年举办展会项目数量 18 个，总展览面积 21 万平方，会展收入 2700 万元，纳税额 89.1 万元。1996 年，全国名优特新产品博览会在长沙举行，博览会设有展位 3000 个，全国 23 个省、市、港台地区的 1500 家工商企业组织 5 万余种商品入会参展，会场客流量超过 20 万人，商品成交额 62.69 亿元。1997 年，全年举办的各类园林文化艺术活动主要有：烈士公园“长沙—洛阳艺术灯会”“中华龙艺术展”、长沙市第五届迎春花市、岳麓山公园金秋游园会等。1998 年，全国糖酒食品交易会第二次落户长沙，4000 多名展商、10 万多客商参加，实现成交额 70 亿元。召开 98′中国中西部地区对外经济合作洽谈会，共有来自世界 50 多个国家和地区的 2000 名客商参加会议，参会总人数 7000 多人，签订合同和协议 311 个，总投资 87.9 亿美元，利用外资 58.54 亿美元。1999 年，长沙市举办展览 30 个，吸纳观众 130 万人，“刘少奇纪念馆展览”获“全国十大精品陈列”提名奖。长沙市组织第十届全国书市非国有书刊发行单位交易会，图书经营与会正式代表 1027 人，期刊与会正式代表 267 人，参展书刊近万种，交易额 8000 万；举办以“湘聚世纪房市，共创千年家业”为主题的“99′长沙晚报长沙房地产交易大会”，接待 5.8 万人次，成交 2903 单，总成交额 5.3 亿元，创长沙历届房地产交易会最好成绩。2000 年，省展览馆的多元化经营开始收缩，重新确定以展览为主业的发展思路；华夏剪纸博物馆迎来开馆，全馆展出面积 2100 平方米，设一个收藏室、四个陈列室和一个工作室，收藏室内有藏品 1 万多件，包括全国历年出版的剪纸专著 360 部和 20 多个省市的民间剪纸、现代剪纸原作近万件，还有一批极其珍贵的实物资料。是年，长沙市在乌鲁木齐举办名优特新产品展销会暨经济技术协作洽谈会，全市共 318 家企业参展 2000 多人参会，设置展位 297 个，展示产品 2000 余种，参观者 10 万人次，共签订合作项目 315 项，总金额 35 亿元。2001 年，省展览馆举办的展览数目 48 个，创历史新高，同时创下湖南单馆展会数量之最；全市举办的展览类会展活动的标准展位 4 万余个，展览面积超过 78 万平方米。其中首届旅游博览会共设 173 个展台，500 家单位参展，成交额 3 亿元。是年，长沙与台湾合作举办第四届海峡两岸旅游同业联谊会暨长沙和台湾经贸合作洽谈会，实现长沙市首次组团赴台湾进行经贸考察，签约 33 个项目，投资总额 2.8 亿美元。2002 年，湖南国际会展中心基本完成主体工程施工并投入试运营，二期投资共 3.2 亿元，中心总建筑面积 11 万平方米，室内展览面积 4 万平方米，可设国际标准展位 2000 个。长沙红星国际会展中心建成开业，展馆共投资 2.9 亿元，占地 18.67 公顷，建筑面积 5 万平方米，室内总展览面积 4.2 万平方米，可提供 1500 个国际标准展位。贺龙体育中心落成，在原贺龙体育场馆的基础上，经过改造和增扩功能齐备的辅助设施形成的，共三层，占地面积 8772.29 平方米，建筑面积 2.79 万平方米，可提供 1061 个国际标准展位，周边有 10 万平方米的露天广场、两个大型室内停车场和一个大型室外停车场，可泊车近 1000 辆，长沙会展基础设施实现大跨越。是年，长沙市举办大型会展活动 5 个，其中包括第三次落地长沙的全国糖酒交易会在贺龙体育馆成功举办，总展览面积 8 万平方米，其中室内展览面积 3 万平方米，海内外 6000 多客商参展，350 家长沙本地企业参展，16 万人流涌入，成交额 130 亿元，带动消费 20 亿元，实现财税收入 3 亿元。在昆明举办长沙名优特新产品展销会暨经济技术协作洽谈会，全市共组织 350 家企业参展，设置展位 400 个，成交总金额 61.8 亿元。

2003 年，市会展工作管理办公室成立，主要负责会展项目的协调和会展行业的管理。随着湖南国际会展中心、红星国际会展中心和贺龙体育中心的运营步入正轨，长沙市新注册成立会展企业 59 家，涵盖会展策划、会展运营、活动策划、展览设计、展览搭建、会务服务等业务范围，长沙的会展产业链逐渐形成。是年，长沙市共举办 120 个会展活动，比 1995 年增长 5.67%；其中全国性会展 20 多个，展出标准展位 3 万余个，展览面积 80 万平方米，比 1995 年增长 2.81%会展成交额 300 亿元，会展直接收入 1.2 亿元，比 1995 年增长 3.44%。诞生长沙车展、农博会、糖酒会、金鹰节等在全国有一定影响的品牌会展项目。2004 年，长沙市共举办各类大小会展活动 80 余个，其中全国性会展活动 7 个，国际性会展活动 4 个，带来直接经济收入 1.2 亿元，相关经济收入 7.5 亿元，拉动消费 50 余亿元。

2005 年，共举办各类主要会展活动项目 223 个，包括 10 个出国展览、访问计划，从业人数 1401 人，会展活动签订的合同金额突破 700 亿元（其中外出办会参展签订合同金额 71.19 亿元），引进外来资金 347.46 亿元，其中实际利用外资 5.01 亿美元，实现会展直接收入 3.1 亿元，拉动相关产业经济增加近 28 亿元。除农博会、烟花节等传统会展项目之外，还涌现出教博会、旅博会、酒博会等 9 个题材的会展项目；举办首届卡通艺术节，帮助湖南本土 13 家卡通相关企业和国内外 40 多家企业开展合作，签订的合作协议书总金额 2937 亿元；成功申办第 21 届全国植保信息交流暨农药机械交易会、第四届中国优质稻米博览交易会这两个全国性大型会展。是年，青竹湖会展中心建成，一期总投资 1.5 亿元，占地 106.38 公顷，由一个单层主展厅（面积 8760.9 平方米）和两层副展厅（两层共 1.18 万平方米）及局部地下一层（面积 5706.2 平方米）构成，共四个展厅，总建筑面积 3.8 万平方米，可提供国际标准展位 678个。

2006 年，长沙举办各类会展活动 312 个，展览类会展活动 128 个，占全部会展项目的 41%，标准展位 5 万余个，展览面积 105 万平方米，从业人数 1622 人，会展直接收入 4.5 亿元，带动相关产业收入

40亿元，会展活动签订的合同首次突破1000亿，拉动消费200亿元以上，共有44个会展活动是首届举办。2007年，长沙举办各类会展活动408个，其中展览类156个，标准展位5.5万余个，展览面积95万平方米，占全部会展项目的38.2%；会议类98个，占24%；节庆类65个，占16%；演出类30个，占4.9%；赛事类23个，占7.4%；全市各级政府和单位组织外出办会参展类36个，占8.8%；举办区域性、全国性乃至国际性的大型会展活动40余个，占全部展会数量的10%以上；会展直接收入6.1亿元，相关产业收入54亿元，会展活动签订的合同1300亿元，拉动消费230亿元以上，从业人数1711人。

2007年，共有35个会展活动是首届举办，至此，长沙市初步形成以中国金鹰电视艺术节、星沙茶文化节、雨花商文化节、湖湘文化与产业高峰论坛、湘菜美食文化节等为代表，以文化推广为主导的会展产业发展模式。“2007中国（长沙）国际辣椒产业博览会”是国际上首次举办的辣椒行业博览会，共有247个展位，来自美国、印度、韩国等国家的135家参展商同台展示，涵盖辣椒育种、栽培、加工、销售、研发和关联机械、设备与服务等整个产业链，参展、参观和采购人数超过10万人。

2008年，长沙共举办各类主要会展活动项目456个，相比2003年增长2.80%，展览面积101万平方米，相比2003年增长0.26%；接待外来客商50多万人次，从业人数1752人，举办全国性会展项目16个，由政府机关和事业部门组织筹办的会展项目占总数的25.4%，由企业和其他社会组织筹办的会展项目占总数的74.6%，实现会展直接收入7.3亿元，相比2003年增长5.08%，带动交通运输、餐饮住宿、娱乐休闲、旅游等会展相关产业收入65亿元。是年，湘才国际会展中心落成并试运行，地处长沙市南部新城中心地带，东融红星商业圈，西临省府新址，占地4.33公顷，总建筑面积3.45万平方米，总投资1.26亿元。2009年，长沙全年展览面积103万平方米，国家级及以上规模的出境展19个，全市举办各类会展活动505个，其中展览318个，节事、会议、演艺、赛事活动共187个，从业人数1855人，会展直接收入8.2亿元，相关产业收入74.08亿元，外来客商54.47万人。

2009年，举办的大型会展活动有中国住宅装饰装修产业国际博览会、中国旅游精品博览会、中国（长沙）国际食品博会、中国（长沙）房地产交易展示会、中国（长沙）国际汽车博览会、第九届中国“山花奖”民间工艺美术终评活动、首届中国长沙重点大学人才战略峰会、资源节约型环境友好型国际合作高层论坛等，其中两届房产交易会现场接待观展市民35万余人次，促成房屋成交1989套，成交面积21.4万平方米，成交金额8.45亿元，其间举办的长沙首届地产项目投资推介会成为最大亮点，会议期间共有14个项目签约，总投资153.3亿元，引进资金142.9亿元，使得长沙地产市场再次升温。

2010年，长沙总共举办会展活动581个，展览面积117.3万平方米，吸引外来客商65.9万人次，展览面积1万平方米以上的会展项目27个，国家级的出境展数量21个，实现会展直接收入9.71亿元，带动其他相关产业收入87.39亿元。2010年的会展活动涵盖服装、食品、教育、农副产品、汽车、房产、节能、环保、建材、家具等领域，是年11月，举办为期6天的“2010中国中部（湖南）国际农博会”，汇集海内外10万余种名优特新农产品参展亮相，累计吸引超过100万人次观展，成交金额146.28亿元，其中单笔最大订单超过1亿元；农博会以湖湘传统农业优势为基础，辐射中部各省，获得“中国最具影响力的（农业）品牌展会”称号，助推湖南农业在全国范围内的地位提升。12月，举办长沙车展，成为华中地区最有影响力的汽车展会，在参展品牌、概念车数量、新车发布等诸多方面创下历届之最，5天时间一共吸引47.25万人次现场观展，成交新车1.89万台，销售金额31.82亿元，被称为“车展当中的销售王”。

2011年，长沙共举办各类会展活动621个，展览总面积109万平方米，展览数量与展览面积均创历史新高，连续九年正增长。其中展览类项目160个，占全部会展项目总量的25.8%；会议类145个，节庆类120个，演艺类68个，赛事类45个；实现直接会展收入10.3亿元，带动会展相关产业收入92.7亿元，会展活动签订的合同金额突破1000亿元，增加税收2亿元。至此，长沙初步形成以展览、会议、节庆为主，演艺和赛事为辅的会展业发展格局，成为中国中西部地区最重要的会展城市之一。

2012年，长沙共举办各类展览175个，比2008年增长–0.62%，大型会议类168个，其他节庆演出赛事类约350个，组织30次出展项目，会展题材涵盖汽车、机械、建材、电子、医药、环保、科技、能源、教育等行业，总展览面积135万平方米，相比2008年增长0.37%，参展参观人数94万人次，单个展会的平均展览面积8000平方米，展览面积1万平方米以上的大型展览项目70个以上，实现会展直接收入13.2亿元，相比2008年增长0.81%，带动相关产业118.8亿元，长沙的会展经济规模进一步得到提升。5月，第七届中国中部投资贸易博览会在湖南国际会展中心举办，吸引国内外客商3万人参展参会，墨西哥前总统比森特·福克斯、苏里南共和国总统特别代表、公共工程部部长莱蒙·亚伯拉罕斯等嘉宾出席论坛；大会期间，中部六省共签订合同引资项目722个，其中外资项目201个，投资257.33亿美元，引进外资209.23亿美元。

附记　　湖南国际会展中心

湖南国际会展中心场馆由省人民政府、湖南省广电集团投资兴建，于2002年基本完成主体工程施工并投入试运营，总建筑面积11万平方米，室内展览面积4.75万平方米，其中一层2.25万平方米，二层1.8万平方米，地下层0.7万平方米，可设国际标准展位2000个，二期投资3.2亿元。中心紧靠107、319国道和京珠高速公路交汇处，场馆及周边配套酒店、广场共占地44.6万平方米，建筑面积26.8万平方米，展馆配套广场面积17万平方米。同时，会议中心拥有容纳从18人到500人不同规格的会议厅25间；新闻中心、贵宾接待室、中西餐厅、咖啡厅、商务中心、银行、邮局等配套设施齐全。2005年，会展中心提出“节庆、会议、展览、演艺、赛事”5大板块的业务拓展思路，成功举办中部投资贸易博览会、泛珠三角区域经贸洽谈会、中国金鹰电视艺术节等重大展会活动。2007年，被第四届中国会展业大奖组委会评为“中国（硬件设施）最佳会展场馆”；2008年在第四届中国国际会展文化节上被评为“2008—2009年度最受会展人关注的场馆”；2009年获得中国会展高峰论坛年会暨第七届中国会展业最佳场馆奖。2010年在中国会展节事产业金手指奖年度颁奖盛典上荣获优秀展览场馆管理奖。2010年年底，湖南国际会展中心场馆管理提质升级，顺利通过ISO9001:2008质量管理体系认证，成为全国首家通过质量管理体系认证的会展企业。2012年举办中国国际水利机械及施工装备展览会、全国农业机械展览会、第七届中国中部投资贸易博览会、中国金鹰电视艺术节、中国（长沙）国际汽车博览会等品牌会展活动。2012年，湖南国际会展中心的投资总额8.38亿，从业人数145人，营业收入6870万元，纳税额330万元。

第三节　管　理

一、政策管理

至1999年，长沙未正式出台会展相关的产业政策，政府也未设立专门的扶持资金。1999年，长沙市首次提出大力发展会展等新兴行业。2002 年提出做大做强会展经济，完善展馆配套设施，提高会展服务水平，政府逐步停止直接参与展览的行为，转而制定相关的产业发展政策，监督展览活动规范有序开展，创造良好的配套环境。

为优化会展环境，规范会展行为，2003 年成立市会展工作管理办公室，此后陆续颁布《关于以长沙市政府名义举办会展活动的规定》《关于加快长沙市会展业发展的若干意见》和《关于进一步规范我市会展活动的通知》等一系列规范性文件。为确保长沙市会展活动健康、安全、有序进行，建立长沙市会展活动联席会议工作制度，对备案登记的各类会展活动统一进行项目审查和检查监督，及时解决会展活动中出现的各种问题，确保会展活动安全有序进行。2004 年提出“加快发展会展业，形成长沙会展品牌”。4 月，发布《关于优化会展经济环境规范办会秩序的会议纪要》，明确办事规则，规范办事程序，加快办事进度，建立长沙市会展奖惩激励机制。2005 年，出台第一部涵盖会议、展览、节庆、演出、比赛 5 大子系统的政府规范性文件——《长沙市会展管理办法》（以下简称《办法》），首次以规范性文件形式明确长沙会展业的管理机构的运作模式和行业监管等内容，从会展主、承办方的资格条件及责任和义务、会展审批和备案及相关手续办理、会展管理和服务、会展活动开展、政府扶持的条件及申请程序等方面进一步规范会展市场秩序，加大会展的协调、管理和服务力度。《办法》规定，从 2005 年 12 月起，凡是举办国内外大型知名巡回会展，与长沙市支柱产业（包括工程机械、电子信息、烟草食品、生物医药、新型材料等）关联度高的专业会展和首创性的会展，都可申请财政资金予以扶持，提高展会服务质量，促进长沙市会展业的健康发展。2006 年，会展被首次纳入长沙市国民经济与社会发展第十一个五年规划中，同时组织编制会展业中长期发展战略规划。2007 年，编制《长沙市会展业中长期发展战略规划》，解决长沙会展工作发展过程中的问题，规划面向长株潭、服务于“3+5”区域，加强区域合作办会展，充分发挥长沙市会展的拓展辐射作用”。为引进国家级会展项目、扶持本土会展品牌、推介长沙市办会环境、提高整体行业素质，出台《长沙市会展管理办法实施细则》和整合 3 个专业场馆资源，在充分听取会展活动主、客体意见的前提下，拟定场馆租赁展位费指导价，以规范市场秩序，打击恶性竞争；出台《长沙市会展活动排期保护制度》，进一步加大对全市会展活动的宏观调控力度，促进长沙市会展经济的健康有序发展。

2008 年，着手打造长沙的会展品牌。2009 年，颁布《长沙市申办全国性（国际性）展览项目暂行奖励办法》，充分发挥和调动全市各部门和社会各界力量申办全国性（国际性）展览项目的积极性。加大全国性会展申办力度，着力办好大型展会。2010 年，出台《长沙市展会知识产权保护办法》，这是长沙市第一次明确会展行业的知识产权保护，对于规范行业秩序、减少重复办展、资源浪费有积极作用。11 月，在《长沙市会展工作管理办公室规范权力运行制度汇编》中，汇总 5 项规范权力运行相关制度，即长沙市品牌展会排期保护制度、长沙市重点会展活动备案登记制度、长沙市重点会展项目定期公布制度、长沙市申办全国性（国际性）展览项目奖励制度、长沙市会展业发展专项补助管理制度。2011 年，修订《长沙市申办全国性（国际性）展览项目奖励暂行办法》，制定《长沙市会展项目扶持资金管理暂行办法》，规定在长沙市连续举办 3 届以上的全国性、国际性展览，最多扶持 2 届；净展面积在 700~1000 个国际标准展位的展会，按每个 200 元予以扶持；对设 1000 个国际标准展位以上的展会，按每个展位 300 元予以扶持。另外，对本土企业在长沙市举办的展会，申请扶持的展览净展览面积应不少于 300 个国际标准展位；净展览面积在 300 至 500 个国际单位标准展位的展会，按每个展位 200 元给予扶持；对设 500 个国际标准展位以上的展会，按每个展位 300 元给予扶持。对已过培育期的重点会展，实际合同展览规模达到或超过 500 个国际标准展位的重点会展项目，同时本届展览面积比历届扩大 20%及以上的，或特装展位面积比历届扩大 20%及以上的，给予 5 万至 10 万元补助。2012 年，为本土组展机构补贴 300 余万元的资金，全部用于扶持具体会展项目。

二、行业管理

市会展工作管理办公室成立前，长沙市会展业处于部门分散管理状态。2003 年 7 月，市会展工作管理办公室正式成立，代表市人民政府管理全市会展工作，主要进行政策支持上的宏观调控和大型会展项目的运营协调。2005 年，市会展工作管理办公室根据《长沙市会展管理办法》，建立长沙市会展活动联席会议工作制度，每月举行一次，有效协调会展活动的公共服务和配套服务保障。8 月，长沙市会展行业协会（下称协会）成立，这是长沙市会展行业发展过程中的里程碑事件。协会自成立之后，接纳会员单位 108 家，涉及 10 多个行业和部门，其中场馆 5 家、展览公司 37 家、文化传播公司 27 家、礼仪庆典公司 6 家、宾馆酒店 12 家、旅行社 4 家、媒体 7 家、教育机构 6 家、公园和其他展示场所 4 家，会员单位基本涵盖长沙会展产业链的各环节。2006 年，为切实履行服务协调的职能，协会配合市会展工作管理办公室为教博会、酒博会、“长沙周”、车博会、“卡通节”、农博会、植保会等一系列重点会展活动召开专题协调调度会议共 18 次；协会策划组织的（长沙）国际车博会招商推广手册在业内获得大量好评，被中国汽车工业协会蒋雷副会长誉为当时中国车博会最好的招商推广手册。

2007 年，湖南嘉年园林文化游乐实业有限公司特别邀请协会参与“2007 年湖南彩灯艺术节”的筹备工作。协会参与“2007 长沙妇女健康用品博览会”前期调研、方案策划、申报项目、正式筹备全过程，以取得会展业务经验和教训，积累行业管理经验。2008 年，《长沙市会展行业自律公约》开始试行，进一步规范长沙市会展行业秩序、减少重复和资源浪费。2010 年，协会在市会展工作管理办公室的指导下，制定《长沙市会展企业资质评定管理办法》和《长沙会展户外广告管理办法》等相关规定，从优化行业素质，提高办会门槛方面下功夫，为本土培育生命力长久的品牌展会打下基础。2012 年，协会制定《长沙市展示工程企业资质等级评定工作方案》，并多次开展全市展示工程企业的等级评定工作，规范长沙市会展行业秩序，减少资源浪费和安全隐患，提升会展服务企业素质。

三、推介宣传

1988—1994 年，长沙会展项目以本土机构的自办活动为主，很少推介宣传长沙会展，也很少引进会展项目。1995 年，长沙首次引进举办大型会展活动——全国糖酒交易会，此后长沙会展的宣传推介力度逐年加大。2003 年，随着市会展工作管理办公室成立和专业会展场馆的投入运营，长沙会展与外界的联系不断得到加强。2004 年，由市人民政府主办的“CEPA 条约推介会”，对加强和促进长沙与香港在投资、贸易、金融等领域的合作起到积极的推动作用。2005 年，市会展工作管理办公室与香港展览业协会签订合作框架协议，加强会展活动的申办工作，取得内衣文化节、车博会、港台工业博览会等在长沙的五年举办权。2006 年，市长谭仲池出席在南京召开的历史文化名城市长论坛和在合肥召开的市长高峰论坛并发表主题演讲，引起国内外业界对长沙会展业的广泛关注。9 月，长沙举办第四届全国中心城市会展工作年会，有来自北京、上海、天津、重庆、广州、新加坡等 40 余个城市的会展管理部门、行业协会和展览公司的代表以及中国会展经济研究会和《中国会展》《中外会展》《会展财富》等会展专家和媒体负责人共 100 余人参加会议，提升长沙市城市会展形象。市会展工作管理办公室多次接待武汉、青岛、昆明等城市会展管理同行来长沙考察办展环境，并达成合作共识。协会也积极发动各展会项目的主（承）办方开始重视宣传造势，建立专门的网站，在报纸、电视等媒体上开设专版和专题栏目，通过多种多样的宣传方式，营造氛围，提升人气，打造品牌，宣传长沙会展经济，提升长沙市会展城市整体形象。协会编印20多期《长沙会展通讯》并向省内外有关部门、单位、企业和行业组织定点寄发。从省会各媒体抽调记者组建长沙会展宣传报道小组，在国内各大媒体共发表有关长沙会展的文章100余篇。对长沙会展网（www.cshzw.com）进行及时更新和维护，最高日访问量3817人次，第三方统计数据显示，其中每百万名Internet用户中平均有4200人访问长沙会展网，每个用户平均浏览该网站的页面数为5.6页。截至2006年12月，长沙会展网访问总流量为798395人次，平均日访问量从建站最初的十几次到日均1530人次，同比上升32.4%。2007年，在北京举行"长沙会展推介会"，开创城市政府营销城市的新途径，进一步加强长沙市与国外展览公司以及相关协会的联系，推介长沙会展，争取更多会展项目落户长沙。

2008年，长沙市和《中国会展》杂志社在湖南国际会展中心联合主办"第四届中国国际会展文化节暨2008中国会展年会"，全国政协原副秘书长、外交学院院长、国际展览局名誉主席吴建民，部分国内会展名城市长，国家级展会组织单位的领导，博鳌论坛等大型活动负责人及国内外会展专业公司CEO等全国会展界精英共计500多人出席这次盛会，进一步推介长沙会展环境，全面展示长沙形象，促进长沙会展经济发展。2012年，长沙会展明确"国字号"大型展会是提升长沙会展业国际化水平的一条重要捷径，市会展工作管理办公室主动出击，动用各种渠道，加强与国家部委、全国性行业协会的联系，积极申办更多、更高规格的国际展览和会议，精准且有效地推介长沙会展。

四、人才培养

2003年后，长沙会展经济快速发展，长沙会展人才的培养也开始发展。2004年，长沙商贸旅游职业技术学院成立旅游学院，并于2005年在湖南省高校中率先创办会展策划与管理专业，是湖南省首个开设会展专业的高职院校，探索会展专业职教模式。学院会展专业的专任教师7人，其中具有副教授职称老师4人，占57.1%，具有"双师"素质教师5人，占71.4%，40岁以下青年教师中，具有研究生学历或硕士以上学位的教师4人，占66.7%。专业开设课程有：会展营销、会展概论、会展法规、会展策划与管理、会展现场管理、会展客户管理、会展设计、会展英语、会展实务、会展文案等；专业就业方向包括会展管理部门、专业会展公司、会展场馆、酒店、公关咨询公司、会展行业协会等单位从事会展策划、组织、管理及营销等工作。2007年，湖南商学院整合旅游、工管、公管、营销、物流、会计、国贸、广告、艺术、中文、外语等专业相关教学资源，在旅游管理学院下创办会展经济与管理专业并开始招生，同年成立会展经济与管理系，是省内第一个会展本科专业。依托于旅游管理学院国家级"学校与行业互动旅游人才培养创新实验区"，充分发挥学校"商科"办学特色以及会展经济与管理专业独特优势，与市会展工作管理办公室、省商务厅、省贸促会以及会展行业企业紧密互动，开展专业建设和学科建设。

2008年，长沙商贸旅游职业技术学院所有报考"会展策划师职业资格考试"的学生全部通过考试，并取得会展策划师资格证书。至2011年，长沙各会展院校已培养超过300名会展专业毕业生，助力长沙会展业的发展。2012年，湖南商学院、长沙商贸旅游职业技术学院、长沙学院、湖南网络工程职业技术学院等四所高校的会展专业在籍学生人数突破1000人。湖南商学院会展专业评为中国优秀会展教育院校专业。同年，市会展工作管理办公室以加强产学研合作为抓手，进一步加大会展专业人才培养，联合湖南铁道富孝职业培训学校等院校，培训100多名会展策划师、助理会展师、会展设计师等会展专业人才。

长沙市志

长沙市地方志编纂委员会 编

(1988—2012)

第五册

方志出版社
Publishing House of Local Records

目 录
（第五册）

第二十篇 交通运输 邮政 通信

第二十一篇 农业与农村经济

第二十二篇　教育

第二十三篇 科学技术 知识产权

第二十四篇 卫生 计划生育 体育

第二十篇

交通运输 邮政 通信

本篇编纂人员

曹建英（主编）　朱炫光　何玮奇　肖　晟

本篇撰稿人员

第一章　铁路：袁德高

第二章　公路：李少春　赵艳丽　王学益　文树恺　胡岳龙　欧　璟

第三章　水路：李少春　赵艳丽　王学益　文树恺　胡岳龙　欧　璟

第四章　民用航空：刘麟辉　龚正球

第五章　邮政：唐　荣　宋长英　张　敏　邱　萌　陈竞哲

第六章　通信：李修平　蒋　甜　陈　念　蒋志宏　欧阳犇　陈竞哲

第一章 铁 路

1988 年，长沙铁路归属广州铁路局长沙铁路分局管辖。全市有铁路营运里程 190.36 千米，其中地方铁路营运里程 73.2 千米，专用铁路 26 条，营运里程 31.06 千米。市内设有一等客运站长沙站、一等货运站长沙北站、三等货运站长沙南站。市域内沿铁路线设有 11 个中间站，1 个线路所。全年各主要车站完成货运发送量 243.9 万吨；货物到达 515.4 万吨；旅客发送量 750.12 万人；运输总收入 2.36 亿元。是年，南北长 5.5 千米的京广铁路长沙窑岭区段站竣工投入使用。

1989 年，长沙铁路分局投资 7000 万元在原窑岭车站的基础上组建长沙火车东站及丝茅冲、新开铺两个卫星站。年装卸货物量 400 万吨的树木岭专用货场第一期工程建成投入使用，并修建线路总长度 3.2 千米专用铁路。1990 年，横穿长沙市区中心的老京广铁路于 12 月 25 日正式拆除，长沙市铁路货物运输中心由长沙火车北站转到长沙东站（窑岭区段站），长沙北站改为支线货运站，初步形成长沙铁路枢纽的新格局。全年完成货物发送量 359.36 万吨，货物到达完成 495.26 万吨，发送旅客 659.36 万人，运输总收入 2.82 亿元。1992 年，长沙树木岭货场采取边施工，边办理货运业务的两条腿走路的方针，到年底，占地 33.33 公顷树木岭铁路专用货场建成投入使用。是年，长沙铁路分局管辖内铁路营运长度 1258.49 千米，其中长沙域内 243.91 千米（其中地方铁路 73.2 千米，专用铁路 27 条，营运里程 32.8 千米），全年完成货物发送量 285.11 万吨，货物到达 480.98 万吨，旅客发送 701.26 万人，运输收入 30799.87 万元，铁路营运里程、货物发送量和运输总收入分别比 1988 年增长 28.13%、16.9%、30.27%；货物到达和旅客发送分别下降 6.7%、6.5%。

1993 年，长沙铁路分局更名为长沙铁路总公司，隶属于广州铁路（集团）公司，管辖湖南省域内 1256 千米运营铁路，配属各类型机车 418 台，客车 867 辆。1994 年，全国铁路首家合资企业——湖南石长铁路总公司在长沙正式挂牌成立。该公司由铁道部、湖南省人民政府共同出资组建，实行董事会领导下总经理负责制，实行自主经营、独立核算、自我发展、自负盈亏的经济实体。1995 年，长沙铁路系统加强技术改造工作，长沙火车站在第一、二候车室安装中央空调，对引导系统、行包查询系统、制票系统、列车信息预告系统等进行更新改造升级。同年，长沙客运段 1/2 列车被铁道部授予“红旗列车”称号；长沙机务段火车司机齐柏林被铁道部和中华全国总工会授予“全路十佳火车司机”称号。1996 年，长沙铁路地区有铁路运营总长度 309.8 千米。其中正线 131.8 千米，站线 75.7 千米，客外站、货外站、联络线 34.6 千米，段管线 27.6 千米，专用线 32 条、40.1 千米。同年，长沙火车站改革售票组织方式和行包经营体制，增设东塘、渫湾镇 2 个售票点和一个流动售票车，并成立行包运输作业所。长沙客运段长深一队获“全国五一劳动奖状”。全年长沙铁路地区完成货物发送量 253.39 万吨，货物到达 470.76 万吨，旅客发送 711.29 万人，运输总收入 5.54 亿元，铁路运营总长度、旅客发送和运输总收入比 1992 年分别增长 27%、1.4%、79.9%，货物发送和到达分别下降 11.2%和 2.1%。

1997 年，长沙铁路地区设置运输生产站段 12 个，运输保障单位 9 个，在职职工 1.57 万人。管辖线路总延长 445.82 千米，其中正线 285.3 千米（京广正线 264.08 千米，客外线 9.73 千米，货外线 10.13 千米，联络线 1.45 千米），站线 148.12 千米、段管线 12.32 千米、专用线 32 条、40.17 千米。长沙铁路总公司供电段成立，担负湘黔线娄底至白亩井电气化铁路牵引供电及株洲至娄底、蒲圻至株洲电气化铁路工程施工。是年 8 月，捞刀河新铁路大桥由铁道部第四设计院设计，广铁第三工程公司施工，正式开工建设，这是武广电气化工程项目。同时，长沙铁路车辆段首次配属双层空调客车 34 辆。长沙至张家界的 239/240 次旅客列车改为全列空调车。1998 年，长沙铁路地区管辖路产线路 436.1 千米（其中正线 285.4 千米），非路产线路 28.55 千米，负责管理维修湘黔线电气化铁路接触网 643.6 千米。是年 10 月，捞刀河新铁路大桥竣工通车，总投资 5000 余万元。新桥允许速度为 140 千米/小时，比原桥提高 80 千米/小时。同年，长沙铁路总公司对内部机构进行调整，撤销树木岭货站，并入长沙东站，撤销长沙列车段，将其所担负的业务分别并于长沙客运段、长沙东站和长沙北站。石长铁路全线投入临时运营。

2000 年，全国铁路第三次大提速，长沙至上海快客全程运行时间 15 小时 59 分，比原来缩短 3 小时 37 分。京广线丝茅冲—长沙车站的长沙客车下行疏解线特大桥竣工通车。石长铁路位于宁乡市（宁乡县）中心里程 K212+393 的菁华铺特大桥和位于望城区（望城县）中心里程 K249+272 的马桥河特大桥两座特大铁路桥竣工通车。是年，全市有铁路营运总长度 436.1 千米，全年货运发送量 270.6 万吨，货物到达 522 万吨，旅客发送量 969.4 万人，运输总收入 14.80 亿元，铁路营运里程、旅客发送、货物到达和运输总收入分别比 1996 年增长 40.77%、36.29%、6.8%、167.15%，货物发送量下降 11.36%。

2001 年，京广线湖南省内段开通电气化线路，这标志着运输设备的一场革命。牵动着铁路内部车、机、工、电、辆、供电、供水等业务技术的转换和管理工作的相适应。长沙机务段采取“超前预想，全面防范”的工作思路，全面加强机车乘务员的电气化安全技术培训，2208 人取得“电气化安全合格证”。2002 年，长石铁路通过国家验收，线路检查合格率 100%。2003 年，长沙铁路总公司驻长沙市有 10 个运输生产单位：长沙车站、长沙北站、长沙东站、长沙南站、长沙机务、工务、电务、车辆、供电、客运段；有杨桥、桥头驿、霞凝、捞刀河、暮云市、黑石铺、大托铺七个中间站。2004 年，全市有铁路营运总长度 543.8 千米，全年货物发送 315.4 万吨，货物到达 386.3 万吨，旅客发送 1020 万人，运输总收入 25.86 亿元，铁路营运里程、货物发送、旅客发送和运输总收入分别比 2000 年增长 24.69%、16.6%、5.2%、74.6%；货物到达下降 26%。

2005 年，长沙铁路总公司更名为长沙铁路办事处。6 月，武广铁路客运专线在长沙县举行开工典礼。同时将长沙火车北站、火车南站、火车东站合并组建新的火车北站。2007 年，运营 73 年的长沙火车南站连同周边的猴子石站及相关的铁路站线和铁路专用线、全部信号灯、连锁、闭塞等设备一并拆除，整体并入长沙捞霞地区的霞凝火车站（新火车北站）。同年，武广客运专线长沙火车站的建设开始启动。

2008 年，长沙铁路南北站迁建工程新北站建设全面开工，新北站占地 99.6 公顷，总投资 12.6 亿元，包括京广线捞刀河站和霞凝站的改扩建工程。全市有铁路营运总里程 646.8 千米，货物发送 508.5 万吨，货物到达 412.8 万吨，旅客发送 1095.4 万人，运输总收入 44.57 亿元，分别比 2004 年增长 18.9%、19.45%、6.86%、7.39%、72.34%。

2009 年 12 月，长沙、武汉、广州三地同时首发 G1001、G1002、G6025 三趟和谐号动车组，标志着武广客运专线全面开通，首发当日武广铁路全线发送旅客 3 万余人次，有上千名旅客从长沙火车南站（高铁）首发，长沙正式进入高铁时代。同年，“和谐号”系列大功率机车陆续上京广线担负客、货运牵引任务，标志着长沙铁路牵引动力进入“大功率”时代。2010 年，长株潭城际铁路开工建设。2011 年，长沙车站日均接发客运列车 320 列，其中既有线路 170 列，高铁 15 列，日均发送旅客 8.2 万人，全年发送旅客 1022.7 人次，完成运输收入 60.47 亿元。

2012 年，途径长沙通车运营的铁路有京广铁路、武广高铁、长石铁路。在建铁路有沪昆客运专线、石长铁路复线、长株潭城际铁路。沪昆客运专线全长 2245 千米，其中长沙域内 101.87 千米，途径长沙县、宁乡县、浏阳市、雨花区。石长沙铁路复线全长 282 千米，长沙域内 58.05 千米，途径开福区、望城区、宁乡县。长株潭城际铁路全长 96 千米，长沙域内 43.5 千米，途径芙蓉区、天心区、岳麓区、开福区、雨花区、长沙县。全市有铁路营运总长度 850.7 千米，全年货物发送量为 565.8 万吨，货物到达 594 万吨，旅客发送量为 1476.17 万人，运输总收入 68.92 亿元，分别比 2008 年增长 31.52%、11.27%、43.9%、34.76%、54.69%。

表 20-1-0-1　　1988—2012 年长沙铁路地区主要指标一览表

年份	营运里程（千米）	营运里程（千米）	货物发送量（吨）	运输总收入（万元）	运输总支出（万元）
1988	190.36	750.12	243.9	23643	20370
1989	208.4	708.6	279.5	25867	22105
1990	215.6	659.36	369.36	28174	24310
1991	228.7	700.5	376.81	29304	25701
1992	243.91	701.26	285.11	30799.8	27345
1993	254.6	715.7	284.08	32847	28107
1994	267.4	728.3	250.88	35921	30425
1995	287.6	734.6	246.33	39270	35702
1996	309.8	711.29	253.39	55408	50670
1997	445.82	770.1	230.1	72487	58618
1998	436.1	764.5	238	87969	83282
1999	436.1	786.4	265.8	100732	98071
2000	436.1	969.4	270.6	148022	113792
2001	475.4	987.3	285.7	150374	138601
2002	498.6	995.4	269.9	184572	164112
2003	516.5	1031	279.5	203286	171272
2004	543.8	1020	315.4	258591	225254
2005	578.4	1047.6	389.6	297254	264019
2006	597.6	1087.4	427.3	351084	313722
2007	608.7	1090.5	505.3	393027	360492
2008	646.8	1095.4	508.5	445650	409306
2009	687.5	1087.7	510.7	485039	432107
2010	726.9	1026.4	528.6	534902	5039275
2011	794.6	1022.7	534.5	604709	576208
2012	850.7	1476.1	565.8	689205	659218

第一节 机 构

1988年，长沙铁路管理机构为铁道部广州铁路局长沙铁路分局。管辖的铁路跨湘、鄂、粤三省，主要分布在长沙、岳阳、株洲、衡阳、郴州、湘潭、娄底、邵阳、永州9个地市。分局机关设在长沙市二里牌。1989年，长沙铁路分局长沙地区工作组为分局派出机构，负责管理长沙地区铁路各项工作。市域内主要行车单位除5个车站外，还有列车段、客运段、机务段、工务段、电务段、车辆段、机械化维修段。此外，还有建筑段、机修厂、生活段、医院、卫生防疫站、电视台、干部学校、普通中小学、职业学校等。1992年，长沙铁路分局派出长沙铁路地区工作组，具体管辖长沙地区18个主要运输生产站段，有职工1.45万人。

1993年，经广州铁路（集团）公司批准，长沙铁路分局变更为长沙铁路总公司，隶属广州铁路（集团）公司，具有独立法人资格，管辖湖南省域内1256千米运营铁路，有职工6.9万人，独立核算单位83个。拥有固定资产33.6亿元，主要经营铁路客货运输，同时兼营铁、公、水联运，建筑工程勘察设计、施工维修、工业加工、科研开发、物资供应，商业以及饮食、旅游、广告、房地产等业务。铁路总公司的组建一改过去铁路高度集中的管理体制，实行自主经营，独立核算，自负盈亏，自我发展的新体制，大力推行以人事、劳动工资为重点的配套改革，强化激励机制和约束机制。长沙客运段是总公司推行三项制度改革的试点单位，实行上岗、试岗、待岗新制度，全面推行岗位技能工资。

1994年，长沙铁路总公司派出长沙铁路地区工作组，负责管辖长沙地区范围内所有铁路业务。1997年，长沙铁路总公司成立长沙供电段，担负湘黔线娄底至百亩井（K116+16~K131+8）电气化铁路牵引供电及株洲至娄底、蒲圻至株洲电气化铁路工程的施工配合。1998年，长沙铁路撤销树木岭货场，并于长沙东站；撤销长沙列车段，将其职能分别并于长沙客运段、长沙东站和长沙北站。按照“控制职工总量，实行下岗分流的原则”，全年减少职工1657人，下岗分流888人。2000年，长沙铁路有10个运输生产段，8个运输保障单位和1个多种经营单位，职工1.45万人。2001年，长沙铁路成立通信公司，接管电务段管辖的全部通信业务，长沙客运段、车辆段划归广铁集团公司客运中心管理。同时，根据铁道部、广铁集团公司的统一要求，实施机构重组和分立，长沙铁路总公司组建多元经营发展集团公司，将长沙经济开发公司、房屋建筑物业公司、生活服务公司、装备机械厂划归其管辖；客运段、车辆段划归广铁集团公司客运中心管理；分立的单位有长沙铁路医院、长沙铁路卫生防疫站、长沙铁路一中、长沙铁路二中等。

2002年，长沙铁路总公司成立建设有限公司电务段分公司。2004年，长沙铁路总公司将长沙、株洲、娄底、衡阳、郴州5个电务段合并成立长沙电务段。2005年，全国铁路进行管理体制改革，撤销长沙铁路总公司，成立长沙铁路办事处（以下简称办事处），不具备法人资格，办事处办公地址设在长沙市五一大道179号，内设“四室两部”，即综合办公室（武装部）、党群工作办公室、安全监察室、财务室、社会保险管理部、离退休人员管理部。办事处日常安全监察区域除原长沙铁路总公司管辖范围外，另增加以京广线坪石至白石渡K1953+400米以北，湘黔线新化站上行进站信号机K217+560米以东为分界标，对运输、机务、工务、电务、车辆、货运、客运和劳动、路外等安全履行监督检查职责。

2012年，长沙铁路管理机构为长沙铁路办事处，隶属广州铁路（集团）有限公司。

1988—2012年，先后担任长沙铁路分局、长沙铁路总公司、长沙铁路办事处主要领导的有：廖济广、张春喜、谢巩基、张振兴、石达成、尤祥礼、张鑫弟、邓进瑞、吴遗全、冯启富、张和光。

第二节 铁路建设

1988年，长沙域内有铁路营运里程190.36千米，其中地方铁路（浏醴铁路）73.2千米，专用铁路31.06千米。中央铁路主要是京广线从汨罗市高家坊镇引入长沙地区，从长沙暮云市站驶出长沙。市区设有一等客运站长沙站、一等货运站长沙北站、三等货运站长沙南站。域内沿线设有11个中间站。全市共有铁路专用线26条31.06千米。1989年，长沙域内有中央铁路京广正线营运里程118.44千米，站线28.93千米，货外、客外线正线23.97千米，站线31.32千米。地方铁路（浏醴铁路）全长105.56千米，其中在浏阳县（市）域内金刚至永和段长86.4千米，正线长73.2千米，占浏醴铁路正线总长的59.3%。该铁路为国家一级窄轨铁路，轨距762毫米。当年新增二等区段站长沙东站，二等货运站树木岭货站。1990年，横穿长沙中心市区的老京广铁路线北起长沙火车北站10号道岔岔尖前0.5米向南220米（K3+548.72）南到大椿桥道口西侧（K7+982）止的全长4.423千米正线和东南牵出线203.7米及西南牵出线226.58米全面拆除，结束长沙市区中心火车通行历史。长沙南站至新开铺全长1.6千米的联络线建成。是年，石（门）长（沙）铁路筹备领导小组正式成立。1991年，长沙市铁路营运总里程228.7千米，其中双线地段（北起杨桥站，南至暮云市站）61.77千米，站线总长度112.82千米。全市铁路专用线20条，合计长度25.11千米。设有一等客运站、一等货运站、二等站货场、三等区间编组站、三等货运站各一个，中间站9个。

1992年，石长铁路兴建工程全面完成线路建设的设计、鉴定工作。占地33.33公顷，投资1224万元的树木岭铁路专用货场建成投入使用。同年，铁道部计划司行文《关于京广铁路武昌—衡阳电气化技术改造工程可行性研究工作的通知》，铁道部电气化工程局和第四勘测设计院开始进行勘测设计工作。1993年，长沙铁路地区共管辖各类铁路531.31千米，长沙与株洲、湘潭毗邻，是京广、浙赣和湘黔三大铁路干线以及湘东、韶山铁路支线的旅客和货物集散中转的交通枢纽。市区铁路线全部建成电气集中和自动闭塞的电气化铁路。1994年，长石铁路湘江铁路桥和宁乡沩水桥相继建成。长沙铁路地区营业线路总长度341.75千米，桥梁37座，1834米，跨线桥6座48.5米，立交桥16座，隧道1座713.4米，道口15处。专用铁路线27条31.2千米。车站13个，其中一等站2个、二等站1个、三等站2个、四等站9个、五等站2个。同年，京广铁路武昌—衡阳段电气化改造完成初步设计。1995年，长沙火车东站兴建简易二线货场3000平方米，雨棚货位1200平方米。长石铁路建设项目列入国家重点建设项目。1996年，全市有铁路专用线32条，长度40.1千米。大中小桥梁共计51座、总长2874米，隧道2座、819米，涵洞400座、1.8万米。

1998年，石长铁路全线开通试运营。石长铁路西起焦柳铁路的石门北站、东接京广铁路的捞刀河站，全长264千米，跨越湘、资、沅、澧四大江河，全线共设车站31个，建特大桥11座，大中桥73座，小桥29座，涵洞1304座，隧道18座，为国家一级路网干线，总投资20.7亿元，设计运输能力年货运量1900万吨，开通客车8对。长石铁路连接京广、焦柳两大铁路干线，分流京广铁路武汉长江大桥的客货运量，使北煤南运更为便捷。同年，完成京广铁路武昌—衡阳电气化改造设计。2000年，长沙铁路地区管辖线路总延长436.1千米，其中正线285.4千米，桥梁61座。2005年6月23日，武广铁路客运专线在长沙县浏阳河新大桥桥址处举行隆重的开工典礼。武广铁路客运专线全线长995千米，工程总投资930亿元。2007年，武广高铁长沙段建设顺利推进，7座隧道已经有4座贯通，正线13座桥梁已完成1座桥梁主体。武广高铁长沙火车南站建设开始启动。

2009年12月26日，武广高铁正式开通运营，运营里程1068.6千米，其中长沙域内136千米，是当时世界上一次建成里程最长、运营速度最快的高速铁路。首发的G1001、G1002、G6025三班和谐号车组上午9时分别从长沙南站开行广州北站，广州北站开行武汉站，武汉站开行广州北站，当日全线发送旅客3万余人次。标志着长沙已经进入高铁时代。2010年，长株潭城际铁路开工建设，线路全长105千米。

2012年，途径长沙通车运营的铁路有京广铁路、武广高铁、长石铁路。在建铁路有沪昆客运专线、石长铁路复线、长株潭城际铁路。沪昆客运专线全长2245千米，其中长沙域内101.87千米，长沙段投资约116.3亿元，途径长沙县、宁乡县、浏阳市、雨花区，长沙域内设高铁长沙南站。石长铁路复线全长282千米，长沙域内58.05千米，长沙段投资约21.1亿元，途径开福区、望城区、宁乡县。长沙域内设捞刀河站、长沙西站、望城站、宁乡站。长株潭城际铁路全长96千米，长沙域内43.5千米，长沙段投资146.6亿元，途径芙蓉区、天心区、岳麓区、开福区、雨花区、长沙县。长沙域内设暮云站、生态动物园站、中信新城站、汽车南站、湘府路站、香樟路站、树木岭站、长沙火车站、开福寺站、滨江新城站、八方山站、雷锋大道站、尖山站、黄金镇站。全市有铁路营运总长度850.7千米。

一、干线

（一）京广（复线）铁路长沙段。1988年，京广（复兴）铁路是经过长沙城区的铁路干线，承担着长沙的客运、货运业务，长沙域内营运里程118.44千米。是年11月26日，复线工程全线建成。12月16日，在广东韶关举行隆重的通车典礼，时任国务院总理李鹏专程到会祝贺并剪彩，铁道部部长李森茂、湖南省委书记兼省长熊清泉等参加通车典礼。1989年，提前一年基本完成复线通车后的收尾工程。是年12月24—27日，国家验收委员会对京广复线湖南段工程进行正式验收。1990年1月1日，交付广州铁路局运营。是年12月25日，京广铁路长沙老城区的铁路线断线道，窑岭区段站改为长沙东（区段）站，长沙铁路运输中心从长沙北站转移到长沙东站，长沙北站改为支线货运站。1992年，铁道部计划司发布《关于京广铁路武昌至衡阳段电气化技术改造工程可行性研究工作的通知》。铁道部电气化工程局和第四勘察设计院分别于1993年9月、1994年9月完成初步设计。1995年9月至1996年4月完成技术设计。1997年3月，铁道部审查技术设计。1998年3月完成修改技术设计。京广铁路湖南段电气化改造工程开工建设。2001年9月，京广线湖南段电气化铁路开通，这标志着铁路运输设备的一次革命，牵动着铁路内部车、机、工、电、辆、供电、供水等业务技术的转换和管理工作的相适应。2012年，京广铁路仍然是承担长沙铁路运输的主要干线。

（二）浏醴铁路。1988年，浏醴铁路是长沙域内的地方铁路，正线总长105.56千米，其中在浏阳县域内的金刚至永和段，全长86.4千米，正线长73.2千米，占浏醴铁路正线总长的69.3%。该铁路为省属地方铁路，为国家一级窄轨铁路，轨距762毫米。1993年10月，湖南浏醴铁路管理处参与浙赣线湖南段的建设施工。1995年1月，浙赣线湖南段工程竣工通车。1996年，浏醴铁路全线停运。2002年，浏醴铁路全线拆除。

（三）石长铁路（复线）长沙段。1990年10月17日，根据湖南省《关于成立长石铁路筹备领导小组的通知》，成立石长铁路建设领导小组，下设办公室，负责铁路建设的具体事宜。1991年4月批准立项。1992年12月，批复石长铁路初步设计鉴定工作。1993年8月正式动工建设。1994年，湖南石长铁路总公司正式成立，这是全国首家规范化合资企业，由铁道部、湖南省人民政府共同注入资金20.51亿元，其中铁道部12.42亿元，占60.56%，湖南省人民政府8.09亿元，占39.44%。1995年4月，石长铁路列入国家重点建设项目。1997年12月19日，石长铁路总公司按现代企业制度要求进行改制，更名为石长铁路有限责任公司。

1998年10月1日，石长铁路全线投入试运营。该路段全长264千米，西起焦柳铁路新增的石门北站，东接京广铁路长沙地区的捞刀河车站，途径常德、益阳、长沙等12个市县（区），跨越湘、资、沅、醴四大江河。全线设车站31个，建特大桥11座，大、中桥73座，隧道18座，为国家一级路网干线。其中长沙地区所辖线路总延长59.38千米，其中正线长48.5千米，设车站7个（缓开3个）；共有桥梁16座，其中特大桥4座，大桥2座。非路产代维修专用铁路线1条，1.59千米；变电所1座、总容量1千/千伏安；信号设备有半自动链锁站4个。2000年，石长铁路营业长度256.62千米，线路延展长度344.14千米。其中，正线长256.52千米，站线长87.62千米，道岔231组，桥梁102座、23412延长米，涵渠1361座、30155延长米，隧道18座、4080延长米。2002年，全线均为电气集中联锁车站，共计21座。通信电缆3364.67皮长千米，其中光缆308.07千米。程控电话总容量3000线，列调总机两台，列调分集24台，半自动闭塞260.79千米。给水管路330千米，10千伏配电所5座，电力线路526千米，运行中变压器12台，总容量1.2万千伏安，由地方以及供电的专用电源14路。石长铁路建设工程质量通过国家总体验收合格。石长铁路验收小组对铁路建设依据、工程概算、主要技术标准、质量检验依据评定标准、认证范围及过程、工程质量评述、等方面进行认真评估，并乘车沿线查看，认定石长铁路建设符合设计要求，工程质量总评合格。

2005年，石长铁路全年投入资金3040万元进行设备大修和更新改造，完成21.76千米l级花岗石道碴的更换，处理545米基床，更换曲线磨损轨道17.5千米，完成路基、桥隧和道口设备大修17项等。线路轨检车检合格率都在99.8%以上。2006年，全线投入线路设备维修资金2500万元，完成线路换碴42千米，更换600米半径lll轨枕30处，完成高低压架空电力线路维修623千米，高低压电缆维修15千米，给水管网维修92千米。2009年，石长铁路主管部门湖南湘投控股集团有限公司变更为湖南省铁路建设投资有限公司作为产权代表。至年底，公司资产总值39.23亿元，负债23.59亿元，资产负债率60.15%。全年全线路投入3018万元用于更换无缝线路34.20千米，并完成桃花江货场硬化工程，新增货场面积3.3万平方米。

2010年，石长铁路增建复线西起焦柳线的石门西站，东至长沙的捞刀河站、霞凝站，全长281.8千米，按国铁1级标准建设，时速160千米。石长复线为双线电气化铁路，一般地段最小曲线半径为2000米，困难地段为1600米，个别特别困难地段保留既有线标准，限制坡度千分之六。采用电力机车牵引，牵引质量4000吨，部分5000吨，站场到发线有效长度850米，部分站场1050米，列车运行采用自动闭塞控制。到年底该项目完成兴建涵洞11座，接长涵开累计完成55座，全年完成投资18.82亿元。2011年，石长铁路复线全长282千米，长沙域内58.05千米（含联络线6.71千米），全线总投资108亿元，长沙段投资21.1亿元，途经开福区、望城区、宁乡县（市），长沙域内设快活岭站、捞刀河站、长沙西站、望城站、宁乡站。

2012年，石长铁路复线长沙域内开工点227个，其中桥梁工程施工16座，涵洞施工工点158座，隧道施工工点1座，路基工程施工点51处。长沙市域内重点控制工程湘江特大桥和柞树湾均正式开工建设。到年底长石铁路复线红线内累计征地127.47公顷，占征地总量的98%；拆迁房屋10.25万平方米，占拆迁总量的98%。

（四）武广高铁长沙段。2005年6月23日，武广铁路客运专线在长沙县浏阳河新大桥桥址处举行隆重的开工典礼。武广铁路客运专线全线长1068.6千米，工程总投资930亿元。2007年，武广高铁长沙段正在顺利推进，7座隧道已经有4座贯通，正线13座桥梁已完成1座桥梁主体。武广高铁长沙火车站建设开始启动。

2009年12月26日，武广高铁正式开通运营，运营里程1068.6千米，其中长沙域内156千米，是当时世界上一次建成里程最长、运营速度最快的高速铁路。广州北站、武汉站、长沙南站三地同时举行和谐号动车组列车首发仪式。首发的G1001、G1002、G6025三趟和谐号车组上午9时分别从长沙南站开行广州北站，广州北站开行武汉站，武汉站开行广州北站，当日全线发送旅客3万余人次。标志着长沙已经进入高铁时代。

2012年，武广高铁延长至深圳，4月1日长沙至深圳的高速列车直通首发，长沙至深圳只需3小时，直通动车给人以快捷的体验，从长沙每天开行10对高速列车往返深圳。

（五）长株潭城际铁路。2010年12月23日，长株潭城际铁路开工建设，线路全长105千米，长沙域内43.5千米，总投资240.5亿元，长沙段投资146.6亿元。途径芙蓉区、天心区、岳麓区、开福区、雨花区、长沙县，域内设暮云站、生态动物园站、中信新城站、汽车南站、湘府路站、香樟路站、树木岭站、长沙火车站、开福寺站、观沙岭站、八方山站、雷锋大道站、尖山站、黄金站。到年底，完成路基土石方52.58万立方米，特大、大、中桥2289.5延长米，涵洞93.22横延米，隧道587.2成洞米。到年底，路基土石方累计完成52.58万立方米，特大、大、中桥开工累计完成2289.5延长米，涵洞完成93.22横延米，隧道完成587.2成洞米。全年完成征地39.2公顷，占应征地42.87公顷的91%；拆迁房屋5.77万平方米，完成总拆迁量77%。

2016年12月26日，长沙站以南路段建成通车。2017年12月26日，长沙站以西路段建成通车。

（六）沪昆客运铁路专线长沙段。2012年，沪昆客运专线全长2245千米，湖南段508千米，长沙域内101.87千米，长沙段投资116.3亿元。途径长沙县、宁乡县（市）、浏阳市、雨花区，长沙域内设长沙南站。到年底完成路基土石方51万立方米，AB组填料完成24.4万立方米，浆砌石50圬工方，CRC桩4.4万米，隧道成洞1229米，大桥、特大桥完成2821根钻孔灌注桩，承台335个，墩身342个，完成7座中桥和5座涵洞的施工，长沙域内柏加浏阳河特大桥、长沙浏阳河特大桥、西北上下行联络线特大桥、南西联络线特大桥转体斜拉桥等重难点、控制性工程年内已实施架梁施工。同年，沪昆客运专线长沙市域内杭长段和长昆段分别征地171.8公顷、85.53公顷，动迁人口2272人，到年底杭长段、长昆段红线内土地征用和房屋拆迁全部完成。

二、铁路专用线

1988年，长沙市区有铁路专用线26条，57股铁道，线路总长度31.064千米，货位973个，仓库面积7.86万平方米，货场25.28万平方米。专用线分属部、省、市的工业、商业、物资、供销、外贸、煤炭、粮食、部队等部门。为整合铁路专用线的运输能力，充分发挥各专用线的运输潜力，长沙市成立铁路专用线运输管理办公室，对全市铁路专用线进行统一管理。全市新增共用专线3条，开放共用专线19条，并统一运输收费标准和票证，协调专用线与铁路车站、物资单位等有关方面的关系，提高专用线的运输效率。全年26条专用线完成货物到卸、发送量419.4万吨，占全市货物发送量62.8%。长沙钢厂铁路专用线向社会开放。

表 20-1-2-1　　长沙市 1988 年铁路专用线一览表

序号	专用线名称	出岔地点	启用时间（年份）	线路长度（千米）	产权单位
1	湖南动力机厂线	长沙北站	1956	0.158	湖南动力机厂
2	长沙石油库专用线	长沙北站	1955	1.572	长沙石油公司
3	长北粮食专用线	长沙北站	1960	2.145	长沙粮一库
4	市仓储专用线	长沙北站	1963	1.053	市储运公司
5	省联社专用线	长沙北站	1956	0.896	省供销储运公司
6	长北冷库专用线	长沙北站	1959	1.200	长沙冷冻厂
7	长沙卸煤线	长沙北站	1956	0.340	长沙经武门煤店
8	建湘瓷厂专用线	长沙北站	1971	0.242	湖南建湘瓷厂
9	长沙碱库专用线	长沙北站	1968	0.319	长沙轻化公司
10	长沙石油厂专用线	长沙北站	1975	1.029	长沙石油公司
11	304 线专用线	长沙北站	1956	0.949	省金属公司
12	省外贸专用线	长沙北站	1985	0.586	省外贸公司
13	长沙面粉厂专用线	长沙北站	1964	0.319	长沙面粉厂
14	湖南人造板厂专用线	长沙北站	1987	3.538	省人造板厂
15	长沙钢厂专用线	长沙站	1971	1.735	长沙钢厂
16	长沙冷冻厂专用线	长沙南站	1964	1.604	长沙冷冻加工厂
17	大桥专用线	猴子石站	1958	0.442	铁道部大桥局
18	86344 油库线	黑石铺站	1956	4.111	广州铁路局
19	长沙肉联厂专用线	黑石铺站	1956	2.077	长沙肉联厂
20	矿通专用线	长沙东站	1976	4.580	长沙重型机器厂
21	南煤栈煤炭专用线	长沙南站	1958	0.400	长沙南煤栈
22	长沙煤炭调拨站线	长沙南站	1970	0.690	长沙煤炭调拨站
23	市外运专用线	长沙东站	—	0.350	市外运公司
24	铁路局物资专用线	新开铺站	1983	0.623	广州铁路局
25	毛家桥煤栈	长沙北站	1958	0.232	省煤炭供应公司
26	广空物资站线	黑石铺站	1961	0.400	广州军区物资站

1989 年，全市有铁路专用线 26 条，其中有 22 条开通共用运输，全年完成运输总量 677.3 万吨，其中专用线完成货物到达收货量 392 万吨。1991 年，全市有正常运营的铁路专用线 20 条，合计 25.11 千米。湖南动力机厂线、市仓储专用线、省联社专用线、建湘瓷厂专用线、长沙钢厂专用线和长沙碱厂专用线基本处于停用状况。1994 年至 1997 年，企业生产状况不好，部分专用线仍处于停用状态。1997 年，长沙南站拆除，由长沙南站出岔的长沙冷冻厂专用线、南煤栈煤炭专用线、长沙煤炭调拨站线等专

用线相继拆除。铁路专用线还有 23 条。1998 年，湖南恩瑞物流有限公司兴建一条长 2.35 千米的铁路专用线，从霞凝货站出岔。1999 年，湖南一力股份有限公司（湖南钢材大市场）从黑石铺车站出岔建设 4 条线路长 1 千米的铁路专用线。专用线达到 28 条。2001 年，长沙铁路地区有铁路专用线 27.02 千米。

2002 年，湖南金霞粮食产业有限公司在长沙金霞开发区建设粮食批发中心，同时建设铁路专用线一条，线路长 4.10 千米，从霞凝货站出岔。2003 年，由于企业转产停产，湖南动力机厂线、长沙卸煤线、建湘瓷厂专用线、长沙钢厂专用线等线路拆除。长沙铁路地区非路产专用线 25 条，29.94 千米。2006 年，湖南南华物流有限公司从长沙东站出岔建设线路长 0.952 千米的铁路专用线一条。2007 年，湖南辉鸿食品有限公司从黑石铺车站出岔，建设一条线路长 2.08 千米的铁路专用线。同年，望城铜官的长沙火力发电厂从霞凝车站出岔建设一条运煤的铁路专用线，线路长 3.62 千米。长沙铁路专用线为 28 条。2008 年，在长沙遭遇严重冰冻灾害期间，铁路部门通过长沙电厂专用线抢运电煤，为抗冰救灾提供充足的运力保障。2009 年至 2011 年，城区铁路的拆除及南北货站拆迁，霞凝货站的扩建等情况，拆除一批老的专用线，先后有市仓储专用线、省联社专用线、长北冷库专用线、长沙碱厂专用线、省外贸专用线、长沙面粉厂专用线、湖南人造板厂专用线等线路相继拆除。专用线为 21 条。

2012 年，中国石油天然气股份有限公司湖南石油分公司在长沙市望城区铜官镇建设一座储量 40 万立方米的成品油油库，同时从霞凝车站出岔建设一条线路长 3.66 千米成品油运输铁路专用线。长沙铁路专用线为 22 条，线路总长 39.66 千米。

表 20–1–2–2　　2012 年长沙铁路专用线一览表

序号	专用线名称	出岔地点	建设年份	线路长度（千米）	产权单位
1	湖南金霞粮食产业有限公司	霞凝	2002	4.10	金霞粮食
2	湖南恩瑞物流配送有限公司	霞凝	1998	2.35	恩瑞物流
3	湖南南华物流有限公司	长沙东	2006	0.95	南华物流
4	湖南辉鸿食品有限公司	黑石铺	2007	2.08	辉鸿食品
5	湖南一力钢材市场	黑石铺	2004	1.00	湖南一力股份有限公司
6	湖南一力钢材市场	黑石铺	2004	1.00	湖南一力股份有限公司
7	湖南一力钢材市场	黑石铺	2004	1.00	湖南一力股份有限公司
8	湖南一力钢材市场	黑石铺	2004	1.00	湖南一力股份有限公司
9	4744	黑石铺	1960	4.07	广州军区
10	4745	黑石铺	1960	0.47	广州军区
11	铁道大桥局五处	猴子石	1958	0.44	铁路大桥局
12	广空物资站	黑石铺	1961	0.40	广州军区空军物资站
13	86344 部队油库	黑石铺	1956	0.41	广州铁路集团
14	长沙发电厂	霞凝站	2007	3.62	长沙发电厂
15	殷家冲仓库线	猴子石	1991	2.24	长沙市供贸储运公司
16	九州冷藏专用线	长沙东站	1992	0.33	长沙铁路

续表 20-1-2-2

序号	专用线名称	出岔地点	建设年份	线路长度（千米）	产权单位
17	长铁储运公司线	霞凝站	1991	1.78	长沙铁路
18	大桥专用线	猴子石	1958	0.44	铁道大桥局
19	86344 油库线	黑石铺	1956	4.11	广州铁路集团
20	中石化长沙油库	霞凝站	2002	3.60	中石化集团
21	中石油长沙铜官油库	霞凝站	2012	3.66	中石油集团
22	铁路物资专用线	新开铺	1993	0.62	广州铁路集团

三、铁路枢纽站（场）建设

1988 年，位于京广铁路长沙窑岭地区的窑岭区间站建成，该站南北长 5.5 千米，有下行客车外绕线与上行客车线引入长沙车站，下行客车外绕线跨越该站南端京广复线正线、牵出线、上行客车线、货物走行线等 5 股道，是为京广老线断道而修建的地区性区间站。该站共铺轨 25.72 千米，铺设道岔 72 组，建成到发线 8 股，编组线 7 股，编组场日均编解能力 2000 辆，并更名为长沙火车东站。是年，完成对地处长沙市东南隅的树木岭货场装卸线第四、五道的改造。

1989 年，用集资的方式建成年吞吐能力为 200 万吨的树木岭专用货场，同时建成的还有长北集装箱货场和零担仓库扩建工程。长北集装箱货场使用面积由原来的 617.7 平方米扩大到 4003.2 平方米，年设计能力 40 万吨。全市设置一等客运站长沙车站，一等货运站长沙北站，二等区段站长沙东站，二等货站树木岭货站，三等货运站长沙南站。市域内沿线设有中间站 7 个，线路所 1 个。是年，树木岭专线货站竣工投入使用，于 3 月 1 日开始办理局内货物到发业务，7 月 1 日开始办理全路整车货物到发运输，有效缓解长沙地区货物到发的紧张状况。新扩建的长沙东站 3 月 1 日正式营业。1990 年，长沙铁路货运运输组织枢纽从长沙北站转入长沙东站。长沙东站站场配置一级二场，拥有各种线路股 38 股，其中到发股 8 股、调车股 7 股、货场线 7 股，设备配置以达到承担长沙地区所有到发货物列车的编解任务。是年，树木岭货场向广州铁路局贷款 500 万元，湖南省铁建支行贷款 100 万元，完成货场建设工程，累计投资 1224 万元。成为全国第一家用集资方式建成的大型货场，占地面积 33.3 公顷。是年 12 月，为减少铁路对老城区的干扰，拆除长沙北站至长沙南站穿过市区的一段铁路，客货列车全部由长沙外绕线通过，长沙北站为支线车站，结束长沙北站近 40 年的编组（区段）站的业务。1991 年，拆除长沙北站货 3 道雨棚，将货 8、货 3 道合并为笨重零担装卸区，将货一库进行改造，拆除旧的仓库、雨棚 4700 平方米。全市设置一等客运站、一等货运站、二等货运站、三等区段编组站、三等货运站各 1 个，中间站 9 个（其中有客运任务的 8 个，有客货运任务的 7 个），其他运输站段 7 个，非运输站段 8 个。

1994 年，长沙设有车站 13 个，其中一等站 2 个、二等站 1 个、三等站 2 个、四等站 9 个、五等站 2 个。大托铺车站是运行 83 年的中间站，该站推行车机联控，调车联控和各工种连锁等制度，成绩突出，被铁道部授予“全路先进中间站”称号。1995 年，长沙铁路地区除京广货外线上的长沙北站、长沙南站为半自动闭塞外，其余均为电气集中全自动闭塞。同年，长沙南站投资 22 万元，改造货场电源线路和地面硬化；树木岭货场完成货场基建配套工程 198.3 万元。

1996 年，长沙车站对第一、二候车室安装中央空调，对引导系统、行包查询系统、制票系统、列车供水自动系统、列车信息电话自动问询系统进行改造，对售票、签证、退票微机系统实行联网联控。长沙客运段投资1000万元改善服务设施和设备，兴建票据库。树木岭货场投资197.3万元，完成货场配套工程；长沙东站自筹资金20万元兴建简易二线货场3000平方米，雨棚货位1200平方米；长沙南站投资22万元，改造货场电源线路和地面硬化。1997年，全省第一家用货款方式建成的大型专线货场——树木岭货场推行运输营销活动，以快捷。安全、优质服务吸引广大顾客，千方百计为货主提供方便。投资1300万元的长沙东站站修所建成投入使用，长沙北站站修所全部搬迁到长沙东站。

1998年，撤销树木岭货场，所有业务并于长沙东站。撤销列车段，将其职能分别并于客运段、长沙东站和长沙北站。是年12月，开工兴建长沙站下行客车进站疏解线及特大桥以及相应的机务、车辆设备等。2000年9月，长沙站下行客车进站疏解线及特大桥等配套工程和丝茅冲站至长沙车站客车下行线均建成投入使用。2002年，长沙火车北站荣获铁道部“四星级”优质货场称号。火车东站获铁道部“文明车站”称号。

2005年，将长沙东站、南站的货运业务与北站合并，组建新的长沙北站。2007年，长沙南站开始拆除。是年，武广铁路客运专线长沙南站开始建设。新长沙南站是武广客运专线上的3个始发站之一，位于长沙市雨花区黎托乡。新站设车场2个，分别办理京港南北方向和沪昆东西方向客车始发、终到及通过作业，京港方向共设站台8座，发线16条。2008年10月16日，长沙铁路南北站迁建工程新站场开工仪式在铁路新北站举行。新站场选址在长沙市开福区金霞开发区，占地99.6公顷，总投资12.6亿元，包括京广线（长石铁路接轨处）捞刀河站改扩建和京广线霞凝站改扩建。是年，为落实铁道部关于整合关闭年发送量较小的货运站，长沙的暮云市站、大托铺站等小站停止办理货运业务。

2009年12月26日，武广高铁长沙南站竣工投入使用，长沙正式进入高铁时代。车站占地面积187084平方米，设有高架层候车室、基本站台层候车室、软席候车室、贵宾室，8个站台，1个高架平台，8根股道。是年，长沙车站接管京广高速铁路武广段湖南域内8个车站。分为长沙站站部和长沙南站，站部位于长沙市芙蓉区域内，京广线客车外绕线上，是办理客运业务的一等站。

2012年1月8日，新长沙北站（霞凝车站）竣工投入使用。站场铺设铁轨19条，建有4个面积为4500平方米的大型仓库，设计货物年吞吐量近期1670万吨，远期3000万吨。捞刀河站改建工程京广双线改线长度8.2千米，长石线双线改线2.6千米，车站设到发线9条（含正线），牵出线2条。兴建捞霞联络线3.4千米，机务折返所1处。是年，长沙北站停止办理一切业务，全面关闭。长沙铁路枢纽随着长沙地区所在的铁路单位的改革和设备设施的完备已经形成。京广线环绕长沙市北、东、南3面，石长线在市北郊捞刀河车站接轨，武广高铁和沪昆高铁在新长沙南站互通运行。

表20-1-2-3　　2012年长沙地区普速铁路站名一览表

站　名	等级	是否办理货运	是否办理客运
桥头驿站	4	不办理	不办理
霞凝站	4	办理	不办理
捞刀河站	4	办理	不办理

续表 20-1-2-3

站　名	等级	是否办理货运	是否办理客运
丝茅冲站	4	不办理	不办理
丝茅冲站	4	不办理	不办理
长沙东站	2	办理	不办理
新开铺站	4	不办理	不办理
黑石铺站	4	办理	不办理
大托铺站	4	不办理	不办理
暮云市站	4	不办理	不办理
长沙西站	4	不办理	不办理
望城站	4	办理	不办理
宁乡站	4	办理	不办理

说明：浏阳河线路所（5 级），1991 年关闭；杨桥站(4 级）2007 年关闭

第三节　技术装备

一、机务

1988 年，国家累计投资 6800 万元，对长沙铁路分局管辖内京广线进行自动闭塞工程改造竣工开通使用，列车通行能力和运行秩序得到明显改善，运行正点率迅速提高。是年，由于郴州至韶关的电气化铁路建成通车，长沙机务的内燃机车交路返回改在郴州站折返。1989 年，机务段完成牵引总重 8.15 亿吨千米，机车总走行 1.45 亿吨。完成技术革新项目 21 项，完成投资 174.7 万元，试制机车配件节约外汇 320 万元。并成功使用利用微机编写操作示意图。长沙铁路分局根据铁道部、广州铁路局的决定，撤销工程段和机械化维修段筹备组，成立长沙机械化维修段，该段配置奥地利捣固车两台，动力稳定车一台，国产配碴整形车一台。1990 年，长沙机务段配属机车达 111 台，其中 ND293 台，ND318 台，担负着京广线的武昌至郴州、湘桂线的衡阳至冷水滩、湘黔线的株洲至玉屏以及娄（底）邵（阳)、醴（陵）茶（陵)、韶山等支线的旅客运输及列车牵引任务。全年完成机车架修 50 台，定修 766 台。是年，长沙从奥地利引进 1 套大型养路机械（08–32 型)，起拨道捣固车两台，DGS–62N 型轨道动力稳定车 1 台，SPZ–160 型道床配碴整形车国产车台，全部投入使用。大型机械施工与手工作业相比，每千米线路维修省工 230.6 个。同时还对 111 台内燃机车采取简易厂修获得成功，据测算，每厂修一台机车，可节省 100 余万元。

1992 年，长沙铁路机务段全部由内燃机车取代蒸汽机车。是年机车 23 维修简易厂房工程完工，全年维修机车 12 台。长沙机械化铁路公司大型养路机械首次进入京广正线长沙车站至新开铺站作业。长沙机务段技术革新项目《冲破国外技术封锁，攻克电器线路难关》获国家优秀项目，《ND2 机车厢体变形修复工艺》获湖南省职工合理化建议和成果展览会银质奖。1993 年，长沙机务段的刘庆云、蒋上平、孟庆钢、刘岳标、陈民生、刘爱坤、黄声发、罗祥生、汤胜、齐先明、陈新云、邵进安、邹宝鑫、李绍球 14 名司机被铁道部命名为“全路安全司机标兵”。1995 年，长沙机务段对 89 台运行机车进行大范围的检查整修，对所有线上运行的机车的轮对、轴身透深超探。全年完成 7 对车的技术改造，对配属的东风四型新机车进行全面检查整治。是年，机务段建立和完善 JK–2H 型无人值守地面处理系统，运用微机推出“人机管理系统”，开通“火车头卡”以完善各工种之间的作用程序。对所有运用机车的轮对轴身透深

超探，对机车的油、水、管路各种垫圈及新配属的东风 4 型机车逐一进行整治。制定《严把二十四关》和《三十二个怎么办》作为乘务员安全操作方案。从当年起，客车牵引由内燃机车 ND2 型开始逐步转换成 DF4B 型机车。1996 年，长沙铁路配属机车 163 台，其中 ND2 型 103 台。1997 年，由于 DF4B 型机车在提速实践中不适应长沙机务运用区段线路情况，又将 DF4B 型机车更换成 DF4D 型机车，全线配属 6 台 DF4D 型内燃机车。是年 4 月，国内铁路全面提速，至年底长沙铁路共配属各类机车 199 台，其中 DF4B 型 66 台、DF4D 型 12 台、ND2 型 89 台、ND3 型 32 台。

1998 年，国内铁路进行第二次提速并实施新的列车运行图，成立快客车队，8 对旅客快速列车的机车，从长沙至武昌、再从武昌直通广州，长沙不换车。是年，长沙机务段科研成果《ND2 型机车新型冷却风扇及其匹配的研究》通过广州铁路集团公司的鉴定，《多机型牵引电动机综合试验设备》项目获广铁集团二等奖。1999 年，国内铁路再次提速，DF4B 型内燃机车全部调出长沙。长沙开始担任长石铁路 619/620 次旅客列车牵引任务，然后增加 357/358 次快车延伸至张家界。2000 年，长沙机务段和长铁装械厂 ISO9002 质量标准体系通过广州铁路（集团）公司的验收合格。2001 年，内燃机车开始向电力机车转型，长沙机务共配属 SS8 型电力机车 66 台，占机车总量的 30%，年内检修各类机车 1241 台次，检修工作运用高科技手段，检修能力不断提高，机车鉴定合格率 100%。

2002 年，机务全年整修机车 1470 台，其中大修 4 台，中修 60 台。机车鉴定合格率 100%。全年完成机车加装、改造 51 项，3356 台次，试行 DF4D 型机车轻度大修获得成功，并举行 SS8 型电力机车中修试验，有效促进检查能力的提高。长沙铁路配属电力机车 188 台，其中 DF4D 型 45 台、ND2 型 45 台、ND3 型 32 台、SS8 型 66 台。2003 年，石长铁路机务段撤销，其担负的 7 对旅客列车牵引任务及配属的 16 台 DF4D 型内燃机车全部移交给长沙机务段。2004 年 1 月，长沙机务段支配的 SS9 型电力机车首趟牵引汉口至深圳 K7 次旅客列车，由机车从电网 110 千伏变为 220 伏电压，采取“直供电”方式供给列车照明和空调用电，取消空调发电专用车。2005 年，长沙铁路地区配属的内燃、电力机车共 202 台。其中 SS8 型电力机车 70 台，担负武（汉）广（州）间客运牵引，由长沙、广州、郴州共同支配；SS7C 型电力机车 44 台，担负长（沙）贵（州）间客运牵引，由长沙、娄底、怀化共同支配；DF4D 型机车 41 台，担负长沙地区客运牵引，由长沙支配；ND2 型机车 15 台，担负调小任务，长沙支配 4 台，株洲段岳阳车间支配 11 台；ND3 型机车 32 台，担负调小任务，长沙支配 15 台，株洲段岳阳车间支配 13 台，株洲段支配 4 台。

2006 年，长沙机务段撤销并于株洲机务段，合并期间长沙地区一直保留相对完整独立的运用、整备、检修和设备车间。2007 年，株洲机务段长沙车间配属检修 SS8 型机车 70 台，SS7C 型机车 36 台，DF4D 型机车 25 台，ND2 型 15 台，ND3 型 32 台。2009 年 11 月开始，“和谐号”系列大功率机车陆续上京广线担负客、货运牵引任务，标志着长沙铁路牵引动力进入“大功率”时代。同年，武广高铁开通运营，长沙正式迈入高铁时代。大功率机车实行长途道路运行和多条高铁新线相继开通，使长沙地区的铁路枢纽地位不断提升。

2010 年，株洲机务段长沙车间担负配属检修 SS8 型机车 49 台、SS7C 型 40 台、DF4D 型 30 台、ND3 型 10 台、DF5 型 8 台、DF7C 型 9 台、DF7G 型 2 台、DF12 型 1 台。2011 年，长沙机务段恢复运营。担负长沙—武昌、张家界、石门北、常德、益阳、怀化、永州、邵阳、韶山客车共计 106.5 对，担负岳阳北—株洲北 16.5 对及株洲北—衡阳北货车 20 对共计 36.5 对货车，使用 DF4D 型机车 35 台，SS7C（HXD3C）机车 45 台。

2012年，长沙机务配属机车228台，增配20台HXD3D电力机车，使之增至83台。担负长沙、株洲至怀化、贵阳间客车交叉道路运行；支配SS8型电力机车担负长沙、衡阳、广州、深圳间客车交叉道路运行。

二、车辆

1988年，全年客运列车开通21对，货物运输车10对。长沙铁路分局严格把住车皮计划关，切实整顿车皮、车票管理中的混乱现象。1989年4月25日，广州调来1列（18辆）25型干线空调列车，配属长沙车辆段担任长沙至广州的75/6次特快车底，隔日开到。该车是国产第一列新型空调列车，车型为客车全封闭式、有制冷、取暖系统，冬暖夏凉，每节车厢长度达25.5米，硬座车定员128人，硬卧车为66人，软卧车36人。当年，长沙铁路配属内燃机车111台，客车457辆，其中卧铺车89辆。全年车辆段完成客车出库7.93万辆，完成车辆总行走1.04亿千米，客车质量一级率为100%。同年，长沙铁路分局客运段值乘的长沙至广州75/76次特快列车，更换两列全封闭空调列车40辆，正式投入运营，其中卧铺车28辆。1990年4月，列车车底配齐改为每日开到。此型客车，有制冷、取暖系统，冬暖夏凉，乘坐舒适，车长25.5米，硬座车定员128人，硬卧车为66人，软卧车为36人。长沙车辆客车配属总数为435节车辆，其中车种为：公务车1、软卧车21、硬卧车65、硬座车292、餐车23、行李车28、软座车1、特质车4。长沙车辆段分为运用、检修两大部分，车辆段除完成19列旅客列车乘务检修和日均68列到达、始发、通过的检修外，还完成客车段修230辆，输修610辆，始发检修8.99万辆，到达检修9.67万辆，通过检修223.33万辆。同年长沙车辆段投资15万元与国防科大联合研制成功列车轴温集中报警装置。1991年，长沙铁路地区配有各类客车514辆，配备ND2型机车97台，ND3型机车20台。1991年，长沙—深圳的两班客车全列增开空调，软卧、快车乘务员休息车和部分餐车也配上空调，空调车总数达87辆，占全段客车总数的16.9%。

1992年，长沙车辆段为提高旅客列车质量提出“配件齐全、作用良好、美观大方、使用方便”的16字方针，实行“一包六坚持”的车辆包修制，全年修复水箱漏水43件，排除各类故障4.4万件，获铁道部优质奖。全年维修客车280辆，辅修707辆，空调客车维修24辆。1993年，长沙铁路分局配属ND2内燃机车101台，ND3内燃机车20台，客车609辆，其中空调车161辆。1/2特快列车全列车厢全部装上空调。1994年1月，长沙至北京的1/2次列车全部改用新配属的66辆集中供电空调客车。长沙铁路配属内燃车达128台（NO2型101台，NO3型27台），客车620辆（含空调客车168辆）。当年，车辆段全年共完成车辆维修360辆，大补修602辆，一次性合格率分别为96%和97.4%，名列全路前茅。1995年，全地区配属内燃机车153台（其中ND2型101台，ND3型32台，东风4型20台），客车657辆，其中空调车148辆。同年，车辆段完成守车小修1.17万辆，守车整备4.45万辆。全年整修客车11.8万辆次，对22项检修设备进行全面检修和改造。同年，对配属的665辆客车全部装上轴温集中报警器，对22项设备和流水进行技术改造，引进轮轴磨合机、6000型探伤机、超声波探伤机红外线ll代机等，与铁道学院共同研制成功“发电机负载试验设备”“30千瓦柴油发电机检测台”等革新项目。

1996年9月，长沙至上海205/6次快速列车配属60辆新造25G型集中供电空调客车，和大功率发电车。长沙铁路地区配属机车达163台，其中东风4型28台，担负客运列车牵引交路952千米，牵引76对旅客列车及长沙地区调车和小运转任务；配属客车760辆，担负26趟旅客列车的乘务检修，88趟旅客列车的到站检修，380辆客车的辅修。同年，长沙铁路地区配属60辆25G型集中供电空调车辆和大功率发电车。同年，长沙车辆段为鼓励职工学技术，对职工发明的技术革新项目用职工姓名命名，分别命名“孔强轮对故障判断法”“王浩圻应急处理客车故障法”“王正生转向架裂纹检查法”。1997年，长沙市首次配属中长途25型双层空调客车34辆，其中双层硬卧车（SYW25）20辆，双层硬座车（SYZ25）8辆，双层软卧车（SRW25）3辆和双层餐车（SCA25）3辆。1998年，长沙铁路地区配属内燃机车247台，客车646辆，车辆值乘区段5585千米。同年，京广线列车两次提速，长沙铁路地区对所属车辆全面进行整修、改造、补强，对57辆206G型转向架实施架车整修，对202型转向架实施7项补强，对260辆运用客车进行箱形改造，使所有车辆适应车辆提速的要求。为适应铁路提速的要求，铁道部投资1亿元资金，对长沙至北京的特快列车车底更换为25K车辆，时速达到160千米，比原车速缩短6时22分。同时旅客列车编组保持在18辆，空调车加挂发电车1辆。2000年，长深K517/8次新增199辆25B型客车。长沙铁路地区配属内燃机车204台，客车733辆，其中空调客车350辆，空调发电机22辆。同年5月，石长铁路公司开始配属客车，首批配属18辆；7月又配属1辆发电机，到年底配属第二批客车16辆，所有客车均为25G新型客车。运行长沙至张家界、吉首。

2002年，由于直供电机车的投入使用，列车由供电机车直接供电，列车编组中取消发电车。长沙铁路地区配属电气机车（SS8）66台，内燃机车122台（DF4045台、ND245台、ND332台）。2003年，长沙铁路地区配属客车382辆，其中空调车127辆，普通客车255辆。担负长沙至北京、武昌、上海、福州、广州、深圳、佛山、惠州、张家界、邵阳、郴州、茶陵、岳阳、茶岭、韶山和娄底至株洲共17.5对旅客列车乘务检修工作。2005年，长沙铁路地区配属客车397辆，其中空调车129辆，普通客车258辆。同时承担长沙、衡阳两地客车的运用检修和定检任务。2006年，全国铁路提速，和谐号动车上线。长沙铁路配属客车425辆，其中和谐号动车85辆，空调车134辆，普通客车206辆。2008年，武广高铁全线开通，长沙进入高速铁路时代。长沙铁路地区配属客车458辆。其中高速客运列车83辆，主要运营武汉、广州之间，和谐号动车88辆，空调客运列车259辆，普通客车28辆。

2011年，随着高速铁路运营里程的延长，高铁已成为人们出行的首选，因此长沙铁路配属高铁运营列车90辆，其他动车和普通空调车170辆。2012年，长沙铁路车辆段直属广州铁路集团公司管辖，长沙铁路地区配属高速铁路营运客车110辆，普通空调客运列车165辆。

三、工务

1988年，长沙工务段配置液压顶管设备，用以顶入直径0.75米以上的涵管取代非标涵洞。全年更换陈旧钢轨3.32千米，大修桥梁、隧道、涵洞11座，全部通过验收，合格率100%。1989年，工务段开始配备轨底清筛机，对线路、道岔、桥梁、路基、道口进行大修改造，全年完成大修改造资金293.05万元，完成通过总重141.3万吨千米，正线维修优良率95%，道岔综合评定100%，线路合格率98.34%。同年10月，从奥地利引进大型养路机械，成立长沙机械化线路维修段（直属广州铁路局工务处，后搬至广州，更名为广州大型机械化线路维修段）。大型养路机械在韶山线、京广线等地段捣固作业，效果良好。长沙工务段被评定为省级先进企业。1990年，在有砟桥上推广使用道砟桥面混凝土轨枕。全年完成正线铁路维修145.95千米，站线维修47.8千米，道岔维修430组，桥梁维修20.6座，涵洞维修318座。同年，长沙工务段连续4年获铁道部颁发的“安全优质段”称号。

1992年，长沙铁路工务段执行铁道部《铁路线路维修规则》，工务的维修工作朝着“轨道重型化、作业机械化、管理科学化”方向发展。全年大修铁路46.70千米，大型机械维修428.24千米。1993年，长沙丝茅冲站增加安全线。1994年6月，京广线浏阳河水位超过警戒水位，水浸钢梁，工务段将一列满载煤炭的列车压在桥上，增加梁身的稳定，造成中断行车40小时15分。1995年，长沙工务段全年整理道床 264 千米，补充石碴 1.2 万立方米，清筛线路 40 千米，更换轨枕 2.09 万根，新砌和修补路肩 42.8 千米，整治坍碴接头 1085 处，打磨马鞍型接头 9010 处，整治硬弯钢轨 2140 处，焊修线路低接头 286 处，整平低塌接头 485 个，修补砼梁裂纹 485 米，墩台裂纹 715 处，整治隧道漏水 40 米，桥面整治 437 米。2000 年，铁道部对铁路桥隧建筑物大维修规则进行一次较大的修改，包括部分技术标准和维修管理办法。桥隧维修工作按照“钢桥梁（含混合桥钢梁）2~3 年，圬工桥（含混合桥圬工梁）4~5 年，隧道、涵洞、框架桥等设施的维修周期以技术状态而定。长沙铁路工务段根据这一修改意见设立桥梁室，按桥隧换算长度每 100 米配 2.4 人，在大桥上设巡守工，建立桥隧技术履历书和材料领用登记本，详细记载桥隧设备的现状。

2001 年，长沙工务管辖线路 454.3 千米，经广铁集团轨检车检测，合格率 99.84%，优良率 82.16%。2002 年，工务部门除完成日常维修任务外，还完成线路中修 2.08 千米，路基大修 10.3 千米，防洪工程 14 个，桥隧大修 4 项清挖翻浆 2.08 千米，有效清除线路隐患，通过轨道检查车检查，合格率 99.99%。

2006 年，长沙铁路投入资金 2500 余万元，完成线路换碴 42 千米，更换 600 米半径Ⅲ轨枕 30 处，路肩墙整治 3.65 千米，道口平改立 1 处，线路设备质量得到明显提升。正线维修 131.5 千米，道岔维修 191 组，站线维修 14 千米，专用线维修 3.5 千米，正线重点保养 78.5 千米，综合整治接头病害 2055 处，清挖线路翻浆 2320 孔。焊补岔心 142 个，焊补轨 46 根，焊补钢轨 1059 处，打磨道岔 39 组，更换三型枕 2.13 万根，更换曲线磨耗轨 160 根，三型枕锚固 2.12 万固，基床处理 160 米，补充道床 3640 方，调整大轨缝 137 处，更换失效木岔枕 530 根，更换失效砼枕 345 根，道口大修 3 处，道口平台改造 12 处，栏木维修 14 处，雨棚 9 处，减速带 2 处。2011 年，长沙铁路地区设立调度值班台、天窗计划台、督办信息台、数据回收台、钢轨伤损管理台和防洪预警盯控台 6 个专业监控指挥台，实现安全生产集中统一高效监督指挥系统。

2012 年，长沙铁路地区更换曲磨轨 23.5 千米，道岔大机捣固 227 组，维修钢梁桥 4 座/271.1 米，隧道 9 座/1171.9 米，涵洞 173 座/9621 米。同时大修线路 77.2 千米，道岔 17 组，换碴 4.3 千米，更换再用轨 8.6 千米，并完成浏阳河上行桥桥面大修等 30 个项目。

四、电务

1988 年，广州铁路局在长沙设立电力调度所，它是郴州到韶关电气化铁路湖南省域内区段的指挥中心，通过计算机对区段内沿途变电所和供电网进行遥控、遥测、遥信，同时打印出文字记录和大荧光屏幕直观显示，能有效保证电气化铁路供电设施的正常运行。长沙铁路全线使用“带指令表示灯”400 兆赫站场平面调车无线系统。1989 年，电务段完成通信设备综合合格率 97.45%，信号设备综合合格率 98.6%。5 月 1 日，电务段在长沙地区新开通自动电话 3000 门，在隧道内设同轴漏泄电缆，使沿线能清晰通话的 10dB 场强覆盖率提高到 98.3%，极大地改善通信设施。是年，湘黔线 151 兆赫无线列调系统初次投入运用，初步形成湘黔线小三角无线网络。电务段被评定为省级先进企业。1990 年，长沙电务段管辖线路 244 千米及 35 个车站的行车电信设备。有半自动驼峰 2 座，非机械化 3 座，简易 4 座。长沙各大车站都安装无绳电话主机，15/16、49/50 次列车上开始使用无绳电话。长沙铁路到发车辆的编解从长沙北站移到长沙东站，使用的行李设备为双线自动设备，电气集中联锁，信号楼分设车站值班员和内勤助理值班员，负责接发列车作业，接发列车进路的准备，由信号楼的信号员，根据车站值班员发布的发车指令，通过操纵台的光带或信号表示器，确认妨碍接发列车进路上的一切作业停止，车站值班员、信号员通过控制台复示器确认信号开闭状况。列车发车时，助理值班员应外出“眼看、手指、口呼”确认出站信号的显示状态。助理值班员可凭电话通知运转车长发车，然后由运转车长通知司机发车。车站还可办理相对方向同时接车和同方向同时发、接列车。当北客站发出长沙车站开出的客运列车，待监督器第二离去红光带消失后，即可开放北线，通过信号机或上行总出站信号机。当北客线接到开行长沙的下行列车，在指定的股道内，可以接上行货物列车及其他列车。当南客外线发出长沙站开出的下行客运列车时，跟随在客运列车后面通过的列车，待监督器第二离去红光带消失后，即可开放下行总出站信号机。当南客外线发出长沙站开往新开铺的下行客运列车的同时，在指定的股道内，可以同时接车。当基本闭塞发生故障时，改用电话闭塞法行车，占用区间的凭证为路票。电务段全年设备运用质量合格率99.29%，话路听音检查、电报电话实限率、机车信号检测合格率均为100%，同时还完成45项通信信号中修、轮修任务。同年，长沙电务段获铁道部“质量管理奖”及湖南省“安全优质奖”称号。是年，在长沙东站设有驼峰信号楼，驼峰信号楼为高柱四显示，峰上道岔采用电锁器转辙握柄，信号机全部为色灯信号机，联锁设备为6502型电气集冲，编发线南头设有发车线路表示器3架及发车进路信号灯1架。长（沙）—丝（茅冲）方向为双向移频自动闭塞，反方向为大区间闭塞。到年底，除货外线上的长沙北站、长沙南站和猴子石站外，其他车站全部建成电气集中联锁，京广线上3个大站有联锁道岔143组，9个小站联锁道岔99个；客外线1个大站联锁道岔46组；货外线2个大站联锁道岔60组，1个小站联锁道岔9组。12月，广州铁路局公布《信号设备中修管理办法》，对管内干线、支线信号设备中修的周期、费用、施工要求，质量标准，验收评分办法等都作出具体规定，信号设备中修走上规范化。1991年，长沙铁路电务段在全路局的考核评比中荣获“特（部）级先进单位”称号。

1992年9月，480路数字微波通信传输通道延续到长沙投入使用，至此，长沙至广州的长途通信传输通道既有空中480路数字微波，又有地下的电缆PCM传输设备，组成立体传输互为备用，又各有分工的双重通信保障系统。全年长沙电务段完成通信维修42项。其中，机车信号维修25台，道口维修2处，信号修缮车站设备7个站139组。1993年，除货外线的长沙北站、长沙南站外，市区全部建成电气集中和自动闭塞。完成猴子石站电气化集中、长沙北站信号系统技术改造项目，运输潜力和生产效率得到提高。同年，长沙电务段实现44周年无行车重大、大事故和10周年无一般责任行车事故发生，被铁道部授予“一级优质电务段”称号。1994年，除京广货外线上的长沙北站、长沙南站为半自动闭塞外，其余各站均为电气集中全自动闭塞。全线通信信号电缆总长度667.8千米。1995年，长沙铁路总公司由自动化驼峰1座，半自动化2座，非机械化4座。全年对管内244千米干线进行5次平推检查，整治信号灯1102架、道岔设备605组、信号机械室31个、通信机械室30个、电缆径路标5518个、通话柱185个、使各类运输设备均处于良好的运输状态。同年，电务部门对每一组道岔，每一个轨道电路，每一架信号机，每一个通话柱、转撤机逐一对标整治。

1996年，电务管辖长沙铁路272千米，36个车站的信号、联锁、闭塞设备、200台机车信号及689千米通信电缆线路、容量4900门交换设备的养护维修。1997年，400兆赫系统相继改造完毕并投入使用，全线形成大三角无线列调系统。新成立的长沙供电段配属11万伏牵引变电所一座、总装机容量6.3万千伏安及重型轨道车、16吨轨道吊、单接触网作业车各1台、接触网83千米，汽车3台。1998年，长沙铁路管辖通信、信号设备272.04千米，调监设备79个站，450千米，移频机车信号248台和36个站，217台无线通信设备。是年，长沙铁路总公司实施信号维修体制改革实行《天窗维修》，制定“天窗修”的标准和规定。“天窗修”的实行改善信号工的劳动条件，提高维修质量，确保行车安全。1999年，在京广铁路电气化工程施工的同时，对电气集中联锁设备进行技术改造，用微机集中联锁取代继电器集中联锁。当年完成15个站（场）的改造。长沙铁路开通万门程控电话，机械型号为“华为08机”，有效解决长沙铁路地区电话安装难、使用难的问题。2000年，长沙铁路配置自动化驼峰2座，半自动化2座，非机械化8座。有11万伏牵引变电站4座，总容量226万千伏安，34个车站，278.5千米通信、信号设备，微机联锁站13个，电器联锁站19个，长沙各车站全部开通微机联锁。是年，完成40个站（场）的集中联锁的改造。长沙铁路总数管辖内电气集中联锁车站86个，计算机联锁站、场55个，色灯电锁器联锁车站27个，辅助所1个。

2001年，长沙铁路成立铁路通信公司，将电务段管辖的全部通信业务划归铁通公司管理。长沙铁路地区有变电所23座，总容量608.4万千伏安，278千米信号设备中，有微机联锁站28个、电气联锁站4个、电锁器联锁站2个。长沙电务全年接触电网检修1697.6条千米，检修锚段关节1057处，线岔3293组，全年完成牵引供电105.9兆千瓦小时。有移动闭塞设备257.1千米，微机联锁站从16站增加到28站，信号设备综合合格率达到98.6%、信号显示优良率100%、机车信号合格率100%。2002年，长沙铁路有电气化线路1697.6千米，其中接触网正线415.48千米。牵引变电所10座，供电总容量60.8/万千瓦时，278千米信号设备中，有微机联锁站28站，电器联锁站2站，移动闭塞设备257.1千米，轨道电路1355个区段，信号机1381架，联锁道岔831组，机车信号191台。电务推进设备平推整治，对线路上每一个定位环、定位器、套管绞环、套管双耳、终锚线夹等部件进行地毯式检修，从源头消灭设备隐患。是年，长沙电务对京广线的所有车站的电源引入全部改造为OBO防雷系统，并对可动芯道岔进行燕尾锁换钩锁的改造，大大提高线路的安全。2003年，长沙铁路有牵引变电所23座，总装机容量60.8万千伏安，接触网1697.6条千米，重型轨道车1台，轨道平板车21台，接触网作业车34台，架线车1台，放线车1台，接触网检测车1台，16吨轨道吊车1台，各类汽车32辆。

2004年，长沙铁路全年完成牵引供电545.7兆千瓦时，完成接触悬挂检修1756.45条千米，检修锚段关节833处，线岔2708组，检调补偿装置4808处。全年“天窗”兑现率90%，利用率100%，上网率97%。捞刀河接触网工区荣获铁道部火车头奖杯。2005年，长沙铁路总公司撤销后，长沙电务段直接由广州铁路（集团）公司直接管理。长沙铁路全年开展3次计算机设备专项整治，对全市所有车站进行计算机联锁、电源屏整治，其中对上位机、联锁机柜、UPS、各种板卡等进行重点整治。

2006年，将长沙车站原TYJL–1型计算机联锁改造为TYJL–lll型计算机联锁。2009年，配合武广客运专项的开通，开展电气化及联锁闭塞的联调联试工作。2007年，长沙铁路管辖接触网3592.88条千米，电力线路1.13万换算千米，给水管路3525.76换算千米，轨道车66台，轨道平板车36台，各类汽车103台。全年检修接触网悬挂3080.91条千米，支柱3.10万根，电力变压器995台，变台1293台，机械动力设备大修轨道车辆3台次。2008年1月25日至2月9日，长沙遭遇50年来罕见的冰冻灾害，长沙铁路发生接触网故障83处，累计中断行车8363分钟。铁路管理部门迅速组织抢修，所有抢修机、具、料全部随车，汽车安装防滑链条，组织接触网工、电力工，安排12台接触网作业车和轨道车，8台电力抢修汽车，到2月21日管内信号供电线路全线拉通，取得抗冰救灾的胜利。长沙电务段被广州铁路集团公司授予“广铁集团抗冰救灾先进单位”称号，被中华全国总工会授予“全国五一劳动奖状”。

2009年，武广高铁开通运营，长沙铁路电务接管北至湘鄂省界，南至湘粤省界高铁供电线路，有接触网1571.55条千米，自闭电缆3890条千米，牵引变电所11座，AT分区所10个，分区所（开闭所）22个，电力配电所12个，箱式变电器321台。2010年，京广线、沪昆线进行平改立施工，同时进行轨道分路不良技术改造，将25赫兹分路不良区段更换成UI型相敏轨道电路。京广线车站视频监控系统安装防雷装置。2011 年，长沙车站 6502 集中联锁改 DS6-K5B 计算机联锁开通。

2012 年，全线进行 ZWP-2000A 轨道电路专项排查，管内所有车站 TDCS 系统增加光端机，并对 TDCS 系统网络设备和通道接口进行专项整治，京广线路所有车站完成 TDCS 软件升级。

第四节　铁路运营

一、客运

1988 年，长沙车站每日始发和经过的客运列车 36 对。当年增开长沙至广州特快列车 1 对，岳阳至广州、长沙至郴州、衡阳至广州、郴州至广州快客列车各 1 对，恢复长沙至韶山客运列车。全年完成旅客发送量 750.12 万人次，完成运输总收入 2.37 亿元。仅长沙火车站春节运输期间就发送旅客 85.45 万人次。是年，长沙火车站与长沙铁路分局电子计算所联合研制的“常备客票售票处理系统”通过铁道部技术鉴定，获湖南省科技成果二等奖，具有国内先进水平。1989 年，国务院批准提高铁路客运票价，行李、包裹运价按客票调整幅度同步调整。全年完成旅客发送量 708.6 万人次。是年春节前，滞留广州的湖南籍民工达 25 万人，长沙铁路特编一列 27 辆待用客车到广州，接运民工回家过春节。1990 年，全年发送旅客 659.36 万人次。较上年少发送 49.24 万人次。当年春运期间共发送旅客 94 万人次，到达旅客 82 万人次。1991 年，增开张家界至广州管特快 1 对，怀化至邵阳快车 1 对。长沙铁路旅客发送量完成 700.5 万人次。

1992 年，长沙铁路完成旅客发送 701.26 万人次，其中长沙车站发送旅客 671.37 万人次，占全地区旅客发送量的 95.74%。1994 年，长沙铁路执行广州铁路集团公司发出的《关于加强铁路旅客运输工作的决定》精神，从干部作风、职工两纪、整章建制、设备整治和班组建设 5 个方面，开展客运安全基础整顿工作，取得一定成效。全年完成旅客发送 728.3 万人次，占铁路总公司旅客发送量 23.22%。当年春运期间，长沙铁路加开临时客运列车 2223 列，运送旅客 630 万人次，日均 10.5 万人次，最高峰日达 20.46 万人次。1995 年，岳阳、长沙至广州特快列车延长至深圳西站；长沙至吉首快速列车延长至张家界；长沙至邵阳、长沙至郴州快速列车改为特快；长沙至茶陵普客改为快客；长沙至深圳西、长沙深圳、长沙至惠州的特快列车全部改为空调车，实行全程对号入座。

1996 年，由长沙始发旅客列车 14 对，运行于京、冀、豫、鄂、湘、粤、沪、浙、赣 9 省份 4600 千米，运转乘务区段 956 千米，全年完成旅客发送量 711.29 万人，占总公司的 23.8%。是年，广州铁路集团公司在长沙召开客运“上水平、大变样”现场会，长沙至上海 205/208、207/206 次客车被命名为“安全优质旅客列车”。1997 年 4 月 1 日，全国铁路第一次大提速，长沙铁路总公司管内开行旅客列车 73 对，其中过境旅客列车 39 对（特快 17 对、直快 22 对），始发旅客列车 34 对（特快 11 对、快客 16 对、普客 7 对）。以长沙为起点开通始发朝至列车 4 对，即长沙至深圳、岳阳（长沙）至深圳西、长沙至惠州、长沙至郑州。从当年开始，春运期间使用的临时客运列车全部使用正规客车，不再使用棚车代用客车。1998 年 10 月 1 日，全国铁路第二次大提速。按照铁道部规划“京广线以客运为主，货运为辅；京九线以货运为主，客运为辅”的分工原则，把增开快速旅客列车、夕发朝至旅客列车华润行包快运专列作为运输新产品纳入列车运行图。长沙铁路总公司管内增加 6 对客车，2 对行包专列，减少 18 对货车。停开岳阳（长沙）至深圳西管快列车 1 对。增开长沙至福州直快列车 0.5 对（与广州至福州直快共线），长沙至石门县管快列车 1 对。当年石长铁路开通运行，长沙开通 1 对长沙至张家界管内短途列车。长沙铁路全年发送旅客 764.5 万人，占总公司旅客发送量的 21.8%。在抗洪抢险期间办理运送抗洪部队军列 19 列，长沙车站军工站接待抗洪官兵 1.2 万人次。是年，长沙客运推行乘务制度改革，行车全员竞争上岗机制。推出精品列车工程和星级乘务员管理，在长沙至北京 1/2 次列车上推出家庭式软卧包厢。列车上供应的商品实行供货销售一条龙服务，开辟餐料自选市场，推出自助餐、商务套餐、旅行套餐等多种灵活多样的服务项目，受到旅客欢迎。同时开办冠名列车广告，如长（沙）（北）京 1/2 列车被湘泉集团有限公司冠名“湘泉号列车”；岳（阳）惠（洲）259/260 次列车被国人啤酒股份有限公司冠名为“国人号列车”。1999 年，长沙铁路增开客运列车 4.5 对，其中过境直通 3 对，岳阳至广州快车 1 对，长沙至岳阳管特 0.5 对（隔日开行）。

2000 年，石长铁路增开 1 对石门南至株洲管内旅客列车和 4 对长途通过列车。6 月至 10 月开行 1 趟长沙至宜昌的临时旅客列车。长沙铁路全年发送旅客 969.4 万人，较上年多发送 60.42 万人，占总公司旅客发送量的 24%。是年，长沙客运段完成 ISO9000 质量体系标准的贯标工作，在长京车队推行“说话轻、走路轻、作用轻”的服务法，被铁道部命名为“创建品牌中最好的一趟列车”。2001 年，长沙铁路全年共发送旅客 987.3 万人，较上年增加 17.9 万人次，占总公司旅客发送量的 24.8%。2002 年，长沙至广州的列车改为长沙至郴州间运行。停运长沙至茶陵客车 1 对。长沙铁路全年发送旅客 995.4.3 万人次，较上年增加 8.1 万人次，占总公司旅客发送量的 24.6%。2003 年，停运长沙至岳阳客车 0.5 对，长沙铁路旅客发送 1031 万人次，较上年增加 35.6 万人次，占总公司旅客发送量的 27.48%。

2004 年，增开长沙至北京直达特快列车 1 对，长沙至北京一站直达，用时 12 小时 35 分。2005 年，长沙铁路地区共完成旅客发送 1047.6 万人次，客运收入 8.45 亿元。长沙客运站不断提高服务质量，获得广大旅客的一致赞扬。Z17/Z18 次列车获全路列车服务用户满意测评第一名。2007 年，增开长沙至成都客运列车 1 对，停运岳阳至长沙客车 1 对。2008 年，增开长沙至吉首列车 1 对。

2009 年，增开长沙至常德旅客列车 1 对，停开长沙至北京西旅客列车 1 对。2010 年，增开长沙至怀化旅客列车 1 对，停运长沙至郴州、长沙至衡阳旅客列车各 1 对。2011 年，增开城际特快列车长沙至吉首 1 对、长沙至娄底 2 对。增开长沙至重庆北 K502/3 K504/1 次快速旅客列车 1 对。从 1 月 8 日开始至 2 月 16 日结束，历时 40 天的春运，长沙铁路发送旅客 1022.7 万人次，其中高铁发送旅客 214.1 万人次。全年完成运输总收入 60.47 亿元。春运期间长沙铁路采取加大售票宣传力度，每两小时通过省、市 33 家主流媒体将剩余车票、临时开行车次等向社会发布；同时增设车票代售点，全市代售点达到 222 家；增加多种购买渠道，电话预定、互联网售票等，互联网售票 41.7 万张。

2012 年，为保证旅客运输安全有序，长沙铁路采取互联网订票、电话订票、代售点售票等多渠道购票方式，旅客能做到在家中订票，就近购票。这 3 种发售车票的方式占整个售票的 50%以上。全年客运发送旅客 1476.17 万人次，全年完成运输总收入 68.02 亿元。停运长沙至娄底旅客列车 1 对。同年，长沙铁路地区开展普速列车基础工作专项整治，制定《旅客列车保洁卫生常态化管理制度》，按照“以服务为宗旨，待旅客为亲人”要求，开展“两满意”活动，在列车上推出病号餐、经济餐、清真席等特色餐饮，满足不同旅客的用餐需求。

二、货运

1988 年，铁路货物运输分为整车运输、零担运输、集装箱运输等。长沙办理的普通货物整车运输主要有煤炭、矿石、粮食、木材、汽车、大型机械等；不满整车运输的称之为零担运输，长沙零担运输的货物主要有小型机械、农机具、机器零件、农副土特产品、轻工日用百货以及个人用品等。货物运输主要集中在火车北站和南站，其他小站有少量的零担运输业务。是年，长沙铁路为发展国际集装箱内陆运输，安排长沙北站负责集装箱的运输工作，将长沙北站货场改建为集装箱货场，货场设置有 36 吨和 20 吨门式吊车。同时长沙北站与长沙市汽车运输公司签订协议，成立集装箱运输汽车队，使“门到门（上门收货并送达指定地点）”达到 100%。全年长沙铁路共完成货物发送量 243.9 万吨，货物到达量 515.4 万吨；货物运输收入 6085.8 万元。其中长沙北站完成货物发送量 109.49 万吨，长沙南站完成 87.81 万吨，浏醴铁路全部实行承包经营，全年完成货运量 46.7 万吨。

1989 年，长沙铁路完成货物发送 279.5 万吨，货物到达 227.65 万吨，运输进款收入 6478.6 万元。其中长沙北站完成货物发送 94.12 万吨，货物到达 272.33 万吨，完成运输收入 3461 万元。长沙南站完成货物发送 103.56 万吨，货物到达 148.6 万吨，运输进款收入 1715 万元。是年，铁道部颁布《铁路装卸作业标准》《铁路委外装卸管理办法》，委外装卸管理工作走向程序化、规范化、科学化。车站组织委外装卸时，经长沙铁路分局审定，报长沙市人民政府批准后，由车站与委外装卸的承办单位签订合同。合同规定委外人员在合同期间发生的病、伤、残、亡所需劳保费用等均由承包单位自行处理。委外装卸责任造成的各类事故，由承包单位负责赔偿。1990 年，长沙铁路开辟国际集装箱专线业务。全年货物发送 369.36 万吨（其中专用线装车 44.89 万吨），较上年多发送 89.86 万吨；货物到达 495.24 万吨（其中专用线卸车 160.59 万吨），较上年多卸车 268 万吨，运输进款完成 8541 万元，较上年增收 2062.4 万元。是年，长沙铁路货运运输组织枢纽从长沙北站转入长沙东站。长沙东站站场配置一级二场，拥有各种线路股 38 股，其中到发股 8 股、调车股 7 股、货场线 7 股，设备配置以达到承担长沙地区所有到发货物列车的编解任务。负责长沙地区的行车组织，车流调整，小运转列车的开行工作，办理专用线整车货物到发。火车南站负责办理整车及专用线整车货物到发、长沙北站负责办理零担、集装箱、专用线路车货物到发。树木岭货场负责办理整车货物到发。是年 3 月，开辟长沙北站、长沙东站至香港九龙国际集装箱业务，5 月又增加长沙南站至九龙的集装箱业务。1991 年 6 月，广州铁路局要求长沙铁路分局有关站段互相配合，组织好京广线长沙铁路管辖地段的沿途零担货物运输，确立长沙北站是广州铁路局管内的零担货运运输的中转站地位。

1992 年，长沙铁路分局贯彻铁道部有关会议精神，依靠自身优势，拓宽多种经营渠道，管内各货运站开展重质货物集零为整（以零担承运）和轻浮货物以零担优先（以整车承运）运输业务，并制定“集零为整”“零担优先”的运输组织办法。1993 年，为保证鲜活货物的运输，长沙铁路总公司制订始发车站加冰、补冰的措施，对没有加冰条件的车站停止办理鲜活货物的运输，全年装运加冰保存的鲜活货物列车 1.34 万辆。做到不停、不限、不漏、不堵。各上水车站对 11 万辆运输禽兽鱼的列车（其中运输香港的列车 3400 辆）上水及时，保证运输需要。全年货物发送 284.08 万吨，比 1988 年增长 16.5%；货物到达 429.6 万吨，比 1988 年下降 16.6%；全年货物运输收入 1.76 亿元，比 1988 年增长 189%。

1994 年，长沙铁路总公司对长沙东站对外贸运输实行地方、铁路联合保价方式，加强外贸运输专用线的管理，对验货入库、检查车辆、精细装车等工作进行严格规范管理，受到货主赞扬。是年，长沙铁路总公司安排资金 25 万元，对各上水车站的上水设备和制冰、加冰设施进行改造，配备一些必要的加冰、上水工具，增加加冰、上水能力。1995 年，长沙铁路总公司对长沙北站、南站的设施进行更新改造，增设电视监控、货运电子计算机等设施。1996 年，长沙铁路总公司成立集装箱运输中心，由总公司货运部负责业务指导。1997 年开始，集装箱运输业务有较大的发展，运输量每年以 15%的速度递增。当年发送货物 230.1 万吨，比 1993 年减少 19%；货物到达 494.31 万吨，比 1993 年增长 15.06%；货物运输收入 2.74 亿元，比 1993 年增长 55.6%。

1998 年，正值长江中下游特大洪水灾害，铁路部门把抗洪救灾工作放在首位，凡抗洪所需物资和人员优先运送，共抢装救灾物资 172 列、573 车，抢卸救灾物资 740 辆/3.18 万吨，变更列车 175 辆，8941 吨，集结待用空车 102 辆。是年 6 月，改革货物运输方式，解决铁路货物承运、交付手续繁杂，多窗口、多层次办理等问题，方便货主，将货物承运或交付需办理的所有票据手续实行一次办理。长沙北站深入开展“市场营销活动”，采取稳定老客户，拓展新客户的措施，实行“一个窗口、一次办理、一票清算、随到随收”的办法，采取货运订单的服务方式，简化货运手续。同时强化市场管理，狠抓服务质量，清理价外收费，公布收费标准，采取部分灵活运价等，有效稳定既有市场，开拓新的货源渠道，全年货物发送量完成 73.8 万吨，为年度计划的 103.9%。1999 年，从黑石铺站接轨的湖南钢材大市场（湖南一力物流园）铁路专用线开通运营，市场经营的钢材大部分通过铁路专用线运送。长沙东站开展自备集装箱运输，建设办理自备大型集装箱的专用线，可办理 20 英尺、40 英尺的集装箱。2000 年，长沙铁路总公司组织零担货物满载 7480 辆，提高零担货物装载率 28%，节省货车 4820 辆；轻泡货物加宽加高装载 11252 辆，提高装载率 29.8%，节省货车 5064 辆。全年节省货车 9884 辆，按每列 50 辆计算，等于增开列车 198 列。2001 年，长沙铁路全年发送货物 285.7 万吨，比 1997 年增长 24.16%；货物到达 590.22 万吨，比 1997 年增长 19.38%；全年货物运输收入 4.58 亿元，比 1997 年增长 67.3%。

2004 年，位于黑石铺车站的危险品仓库发生爆炸，该仓库关闭，湖南省唯一的铁路危险品仓库停止使用。2007 年，长沙铁路地区为落实铁道部“二整合一建设”深化内涵扩大再生产的要求，优化货运资源，从源头上减少不安全因素，提高运输效率，铁路整合关闭发送量较小的货运站，暮云市、大托铺等站停止办理货运业务。是年 6 月，从霞凝站接轨的长沙电厂运煤专用线开通运营。2008 年，长沙遭遇罕见的冰灾，长沙铁路为长沙电厂抢运电煤，从铁路运力上为抗冰救灾提供充足保障。全年发送货物 508.5 万吨，比 2001 年增长 77.98%，累计装车 3.41 万辆；货物到达 487 万吨，比 2001 年减少 17.5%，累计卸车 10.44 万辆；全年货物运输收入 7.61 亿元，比 2001 年增长 66.2%。2009 年，长沙铁路货物运输按照“高标准、讲科学、不懈怠、严管理、建机制、强基础”的基本要求和总体思路，抓好铁路货运安全基础建设。

2012 年，长沙铁路货运业务主要集中在新开通运营的霞凝火车站（新北站）。该车站铺设铁轨 19 条，建有 4 个面积为 4500 平方米的巨型货物仓库，设计货物年吞吐量近期 1670 万吨，远期 3000 万吨。是年，长沙铁路地区货物发送 565.8 万吨，比 2008 年增长 11.26%，累计装车 130305 辆；货物到达 730 万吨，比 2008 年增加 44.5%，累计卸车 15.88 万辆；全年货物运输收入 10.87 亿元，比 2008 年增加 42.8%。

表 20-1-4-1　　1988—2012 年长沙铁路货物运输主要经济指标一览表

年份	货物发送量（万吨）	日均装车（车）	货物到达量（万吨）	日均卸车（车）
1988	243.90	197	515.40	312
1989	279.50	219	227.65	172
1990	369.36	253	495.24	287
1991	376.81	254	472.72	280

续表 20-1-4-1

年份	货物发送量(万吨)	日均装车(车)	货物到达量(万吨)	日均卸车(车)
1992	285.11	226	480.98	285
1993	284.08	225	429.60	253
1994	250.88	203	439.44	258
1995	246.53	199	390.93	251
1996	253.39	205	470.76	262
1997	230.10	196	494.31	289
1998	238.00	197	489.81	288
1999	265.80	201	509.00	308
2000	270.60	209	522.00	310
2001	285.70	213	590.22	372
2002	269.90	202	557.10	354
2003	279.50	207	463.20	262
2004	315.40	218	459.10	261
2005	389.60	254	438.40	259
2006	427.30	267	473.20	263
2007	505.30	305	497.00	265
2008	508.50	318	485.00	286
2009	510.70	324	506.00	337
2010	528.60	331	658.00	349
2011	534.50	342	810.00	373
2012	565.80	357	730.00	436

三、火车站

（一）长沙火车站。1988 年，长沙火车站位于长沙五一大道东头，站中心线里程为京广线 K1567+900，是办理客运业务的一等站，占地面积 4.21 公顷，主楼高 63.1 米，站场设施主要有普通、母婴、军人、贵宾软席、雅座 6 个候车室，设有售票厅、行包到达、发送仓库各 1 个，4 个站台 8 股到发线，5 条进出站及作业通道，23 条调车技术作业专用线。日均接发旅客列车 139 列、发送旅客 2.6 万人次，办理行包一万余件。当年，由铁道部第四勘察设计院进行技术改造设计，广州第三、第六工程公司施工，长沙火车站增建第四站台及 2 条到发线，延长既有雨棚，兴建下行客车进站疏解线及特大桥以及相应的机务、车辆设备等。1990 年，长沙火车站日均接发列车 69 列，平均每 20 分钟接发一趟列车。

1993 年，长沙火车站全年旅客发送 701.9 万人次，行包发送 163.4 万件，运输进款收入 2.3 亿元。被铁道部授予“全国铁路爱国卫生先进单位”称号。1995 年，长沙火车站对第一、二候车室安装中央空调，对引导系统、行包查询系统、制票系统、列车供水自动系统、列车信息电话自动问询系统进行改造，对售票、签证、退票微机系统实行联网联控。1996 年，长沙火车站改革售票组织方式和行包经营体制，增设东塘、溁湾镇 2 个售票点，1 台流动售票车，在车站的候车室、站台、南大门增设 5 个补票点。在宁乡、浏阳等地增设无轨车站，发售 2~30 天的长途预售票、返程票。车站内窗口售票全部实行电脑软票。成立行包运输作业所，在无锡、广州、杭州、常德、益阳等地设立无轨车站和联营托运点，提高行包运输效益，全年办理行包运输业务 207.8 万件，收入 1676.5 万元。

1998 年，铁道部电气化工程局和第四设计院完成武广双线电气化技术改造修改技术设计，其中长沙站增建第四站台及 2 条到发线并延长既有站台雨棚，兴建下行客车进站疏解线及特大桥以及相应的机务、车辆整体设备。同年 12 月，由广铁集团第三、六工程公司施工对长沙火车站进行扩建。1999 年，长沙火车站推出运输管理新举措，客运方面采取送票上门、送票下乡增设售票网点，市内售票点由原来的 8 个增至 17 个，周边县市增设售票点 6 个。扩大运能，抓住春运、暑运的客运旺季，到机关、厂矿、学校争取团体旅客。对行包运输实行承包经营。货运方面采取请进来、走出去的办法，深入厂矿、企业，广揽货运，实行运价挂牌公示，灵活运价管理，改善服务态度等措施。2000 年 9 月，长沙火车站改扩建工程竣工，竣工后长沙火车站有 4 座旅客站台、雨棚，7 条旅客列车到发线，可同时停靠 7 列旅客列车。

2002 年，长沙火车站在文明服务工作上跃上新台阶，被铁道部授予“文明车站”称号。2003 年，获铁道部年度站场评比优秀。2009 年 12 月 26 日，长沙火车站接管京广高速铁路武广段湖南域内 8 个车站。分为站部和火车南站，站部位于长沙市芙蓉区域内，京广线客车外绕线上，是办理客运业务的一等站。全年长沙站累计完成到达和发送旅客 2012.5 万人次，完成运输收入 13.56 亿元。当年，长沙火车站获“全国城市公共文明指数测评工作优秀集体”称号；母婴候车室被评为“全国铁路工人先锋号先进集体”称号；贵宾室获“全国女职工建功立业标兵岗”。2010 年，长沙火车站全年完成到达和发送旅客 2207.63 万人，实现运输收入 29.63 亿元。

2012 年，长沙火车站为全国最大的客运站之一，有职工 1663 人。日均接待和发送旅客列车 234 列，其中本站既有线日均 159 列，日均接待和发送旅客 9.49 万人次，其中既有线发送 4.6 万人次。全年发送旅客 1267.25 万人，完成运输收入 43.92 亿元，固定资产总值 5167.55 万元。同年，长沙火车站职工李亚菲在全国铁路客运系统职工技能竞赛中荣获客运值班员第二名、火车头奖章、全路技术能手等称号；谢倩兰荣获客运员第二名、火车头奖章、全路技术能手、新长征突击手称号；邓丹荣获客运计划员第三名、火车头奖章、全路技术能手、新长征突击手称号。

（二）长沙北站。1988 年，长沙北站是办理整车、零担、集装箱运输的一等货运站，位于长沙市芙蓉北路 359 号，站中心里程为京广线长沙北货外线 K2+548 处，建筑面积 1.41 公顷，管辖货物专用线 12 条、站内货物线 5 条、有货物仓库 3 座，露天货场两个，装卸机械 48 台。15 条专用线的取送业务。1989 年，树木岭货场投产后，长沙北站停办整车业务，专门负责零担和集装箱运输业务。1990 年，长沙北站完成将粗杂品货区（货 10 道）改造为集装箱货场，兴建一座 5000 平方米的雨棚。是年 12 月，长沙城区内的京广老线断道，客货列车全部改为长沙外绕线通过，长沙北站成为支线车站，结束近 40 年的编组（区段）站业务。当年，货物运输量 400 余万吨，运输收入完成 3617 万元。1991 年开始，拆除 3 道雨棚，将货运 8 道和 3 道雨棚合并为笨重货物零担装卸区。

1993 年，长沙北站有 16 条专用线，担负 700 余家厂矿企业的货物装卸任务，全年货物发送量 110.9 万吨，日均装车 71 辆，卸车 127 辆，运输进款收入 4829.4 万元。1998 年，长沙北站承接列车段撤销后的部分业务。是年，改造货运一库，拆除旧的仓库和4700平方米的雨棚。1999年，长沙北站ISO9000质量保证体系的贯标工作进入全面运行，成为长沙铁路总公司管内首家通过广州铁路（集团）公司验收合格单位。2000年，长沙北站设有到发线5股，调车线9股，存车线1股，非机械化驼峰1座，配调车机车3台。货物雨棚3座，建筑面积1.41公顷，集装箱货坪2个，面积1.2公顷，站内货物线5股，装卸作业有效长930米，装卸机械66台。是年12月，海关在办理集装箱到发的北货场设立监管点。全年货物发送79.3万吨，货物到达266.9万吨，日均装车51.4辆，卸车130.7辆，运输进款收入4902万元。2001年，长沙北站把贯彻ISO9000系列标准作为落实铁道部“规范管理、强基达标、突出重点、全面防范”的重要载体进行试运行。从行车组织指挥到现场作业的微机化程度进一步提高:接发列车微机联锁、18点信息系统、调车计划、货运计划的编制，受理制票、交付核算、货运报表生成等主要环节，全面实现微机办公。2002年，长沙火车北站获铁道部“四星级”优质货场称号，为广州铁路（集团）唯一获此殊荣的企业。该站全面推行ISO9000国际安全质量标准；克服由于市政建设东西北三条货物通道被封闭的不利因素，开拓新的营销渠道。

2003年，长沙北站获“年度双文明单位”“安全生产6000天先进党委”“全国用户满意服务明星”等称号。2005年，长沙东站、南站与北站合并，组建新的长沙北站，全年货物发送量133.61万吨，货物到达386.31万吨，运输收入9668.6万元，被铁道部、长铁总公司评定为用户满意先进单位。2008年，长沙北站管辖长沙北站区域、长沙东站区域、黑石铺站区域和新开铺、丝茅冲2个中间站，主要办理货物到发、货物列车机车换挂、技术作业和区段列车的解编业务。共有到发线22条，货物线14条，专用线14条。是长沙市乃至湖南省重要货物集散地之一，承担长沙乃至全省的货物到发。2010年，因业务的调整，长沙北站整体并于长沙机务段。

2012年，随着长沙铁路新北站（霞凝车站）的开通运营，老火车北站全面关闭，货运业务全部合并到霞凝火车站（新火车北站）。长沙北站的搬迁彻底解决长沙市内伍家岭周边的交通状况，同时长沙粮食直属库、铁路装机厂等企业的专用线同步迁入霞凝车站周围。

（三）长沙南站。1988年，长沙南站位于长沙市城南湘江东侧书院南路，中心里程为京广线长沙南货外线K5+325.71，上行与长沙北站，下行与猴子石站相邻，均系单线区间，是办理铁路与湘江水路联运业务为主的三等货运站，管辖猴子石车站，年吞吐量250万吨。站场到发线3股，货物线5股，与该站接轨的专用线2条，猴子石站到发线2股，调车线1股，配属调车机1台。货物仓库1座，建筑面积303平方米；货物雨棚6座，建筑面积6352平方米；货物站台2座，建筑面积4401平方米，货物装卸线6股，装卸有效长2057米，装卸机械10台。1990年，京广线长沙城区老线断道后，长沙南站改为南货外线K5+326，变为支线车站。1992年年底，长沙南站主要货运设备有：装卸线6条，装卸有效长2057延米；仓库、雨棚6座，8088平方米；站台、露天货位9处。

2000年，南站有到发线3股道（其中1股道办理货物装卸），货物线5股道，在站接轨的专用线1条。全年货物发送43万吨，货物到达48万吨，日均装车20.5辆，日均卸车26.4辆，年运输进款收入1240万元。2002年，长沙南站克服站场设备陈旧、货源分流长石铁路的严峻形势，采取多项措施，全年完成货物发送22.8万吨，运输收入1040.1万元的好成绩，被广州铁路（集团）公司授予“生产经营责任制优秀单位”称号。2004年12月24日，南站所有货运业务全部并于北站。

2007年10月3日长沙南站开始拆除。运营70余年的南站已经完成它的历史使命。该站原为办理整车业务的三等站，曾经担负运输木材、煤炭等物资的重要功能。随着城市的拓展，原本处于城市边缘地带的南站周边已逐渐成为中心城区或城市景观地段。为适应长沙城市建设的需要，整合长沙地区铁路运输资源，长沙南站与北站一并整体迁建至长沙市捞霞地区，提升整体物流运输能力。此次连同南站一并拆除的还有猴子石站及相关铁路站线和各铁路专用线，包括火车南站全部信号、联锁、闭塞等设备。

（四）长沙东站。1988 年，位于长沙市东侧，车站中心里程为京广线 K1569+852，上行与丝茅冲站，下行与新开铺站相邻，均为复线区间。是不办理客、货运业务的会让站，原名窑岭车站。当年窑岭站编组场完成 18 股道的编组，并进行改扩建。扩建到发线 6 条，兴建半个编组场编组线 7 条和相应的配套设施。1989 年 3 月更名为长沙东站。该站是长沙市内铁路断道后，取代长沙北站担负列车编解作业办理货运业务的二等区段站。管辖新开铺、丝茅冲站，车站南北两端有与长沙站相连的旅客列车外绕联络线，新开铺站与猴子石站，丝茅冲站与长沙北站各有相连的联络线。站内接轨专用铁道 1 条、专用线 2 条，货场雨棚 4 座，建筑面积 17864 平方米，货物站台 2 座，建筑面积 6512 平方米，拥有装卸机械 6 台（其中 20 吨和 26 吨门吊各 1 台）及快运鲜活列车上水设备。站内有设到发线 8 股、编组线 7 股、货场设调车兼走行线 3 股，货物线 5 股，调车机车 4 台。1990 年 12 月，长沙东站全面竣工投入使用。京广铁路城区老线断道后，长沙东站的主要任务是负责长沙地区的行车组织，车流调整，小运转列车的开行工作和办理专用线整车货物到发。同年，长沙东站区域运营全程联网，以长沙东站为轴心，将本地区的车、机、工、电、辆等各部门组织起来，成立“地区联网实施小组”，共同组织本地区的运输生产和安全工作。制定《长沙东站站区运营全程联网实施细则》，日均办理货运车辆由 1200 辆提高到 1600 辆。

1998 年，在武广双线电气化技术改造工程中，长沙东站又增加建设到发线、调车线各两条。2000 年，长沙东站有到发线 9 股（内上下行正线 2 股）、编组线 7 股（内往南编发线 3 股），货场设调车兼走行线 3 股，货物线 5 股（总有效长度 1903 米）。北牵出线设非机械化驼峰 1 座，驼峰溜放制动为脱鞋道岔加减速顶点联式。调车机车 3 台，小运转机车 1 台，专用铁路 1 条、专用线 2 条。货物雨棚 4 座，建筑面积 6513 平方米。当年货物发送量 61.1 万吨，货物到达量 188.2 万吨，日均装车 29.5 辆，日均卸车 90.1 辆。运输收入 2219 万元。

2001 年，长沙东站把贯彻 ISO9000 系列标准作为落实铁道部“规范管理、强基达标、突出重点、全面防范”的重要载体进行试运行。从行车组织指挥到现场作业的微机化程度进一步提高:接发列车微机联锁、18 点信息系统、调车计划、货运计划的编制，受理制票、交付核算、货运报表生成等主要环节，全面实现微机办公。2005 年，长沙火车东站所有货运业务并于长沙火车北站，该站停止办理一切货运业务。

第五节　管　理

一、安全管理

1988 年，长沙铁路地区严格执行铁道部《关于维护站车秩序严禁铁路职工携带“三品”进站上车的规定》《查堵“三品”工作标准》的相关规定，严格检测旅客及职工携带易燃易爆危险品上车。长沙域内铁路无安全事故发生，长沙工务段被铁道部命名为安全优质工务段，机务段司机陈端艾、吴少奇获铁道部“安全司机标兵”称号。长沙站春运期间查获旅客携带违禁物品上车 828 人次。1989 年，长沙铁路分局实现连续 1090 天无行车责任重大、大事故，受到铁道部、广州铁路局的嘉奖。是年还取得 817 天无职工因公死亡、3604 天无责任重大路外伤亡、2724 天无责任旅客死亡、2443 天无责任货运重大、大事故的好成绩。全地区 18 个运输生产站段有 14 个实现全年无责任行车事故，进入连续运输安全千天的有长沙车站、列车段、客运段、工务段、电务段、车辆段等10个单位。长沙车站、车辆段被评为安全生产先进单位，工务段、电务段被铁道部命名为“安全优质段”，机务段获广州铁路局“安全先进段”称号。是年，浏醴铁路201次货物列车从大瑶车站编组后，牵引16辆空车，总重104吨，没有接到指令而擅自启动，将车站道岔挤坏，机车卡在道岔内，无法进退。202次货物列车双机牵引24辆重车，总重528.5吨，朝车站驶来，当司机发现时，因车速过快，与201次列车发生正面冲突，造成一台蒸汽机车颠覆，一台内燃机车一头侧向平移90度，另一台内燃机车脱轨侧斜，两辆空车脱轨的大事故。

1990年，长沙铁路全面消灭行车重大、大事故，共发生险性事故1起，一般事故6起。8个主要生产站段，7个中间站全年无行车事故。长沙机务段乘务员全年防止各类事故400件，该段邓宗发等8名司机荣获铁道部授予的“安全司机标兵”称号，长沙电务段、机务段被铁道部命名为“安全优质段”。当年春运期间查获携带危险品的旅客1362人，其中火药引线3360根、拉炮5000根、鞭炮6.8万响、花炮5000余个以及其他危险品1500余件。1991年，长沙铁路运输安全形势稳定，全年客运、货运、行包等均没有发生重大、大事故，发生责任险性事故1件，责任一般事故7件。长沙铁路地区12个运输站段有9个无任何事故发生，9个中间站无一般行车事故发生，1000天无事故的站段6个，中间站8个。机务段司机杨好好、陈昌杰被铁道部命名为“安全司机标兵”。长沙铁路分局开展安全优质达标升级活动，将安全优质达标考核指标与单位和个人经济利益直接挂钩，有效激励职工的安全生产积极性。年末对标考核，长沙电务段、长沙生活段被评为特（部）级达标单位，长沙东站、树木岭货站、长沙车站、长沙客运段、长沙工务段、长沙车辆段、长沙铁路医院和长沙铁路一中被评为局级达标单位。是年，长沙铁路分局实行以列车运行为主体的车、机安全联控，其联控模式是“列列呼、站站答”的“全呼全控”模式，长沙铁路地区和各站段都成立安全联控实施领导小组，全年防止各类行车安全事故238件，64人获列车安全有功人员奖。黑石铺车站危险品仓库是湖南省唯一能装卸转运危险货物的车站，担负全省毒性物品、易燃易爆物品、腐蚀性物品、放射性物品的到达与发出，是特级防火单位，有3条铁路专用线，长沙铁路部门认真贯彻预防为主的原则，对其切实加强管理，取得运行35年无安全事故发生的业绩。长沙东站首建“运营全程联网”，即以长沙东站为轴心，把车、机、工、电、辆等独立核算单位组织一起，成立地区联网实施小组和结合部安全宣传领导小组，统一协调，共同组织本地区的运输生产和安全工作，有效杜绝一切安全事故的发生。1992年，全路开展的安全优质达标活动中，长沙铁路分局加强对长沙铁路地区18个主要运输生产单位安全管理，全年无重大安全事故发生，经广州铁路局对比考核，长沙列车段、长沙站、长沙工务段、长沙电务段、长沙车辆段、长沙生活段、长沙铁路卫生防疫站等单位被评为特（部）级达标单位。由于铁路职工安全意识的不断增强，全年防止5起重大安全事故的发生。1993年，全年无特大、大事故发生，长沙北站取得731天无任何事故的好成绩，也是该站历史上安全行车的新纪录。长沙工务段实现安全生产2991天，电务段无一般行车事故3799天，被评为铁道部“安全优质电务段”。1994年，按照铁道部的统一部署，开展安全基础整顿为中心，全面提高运输质量。全年共清理安全生产方面的规章制度1151个。全年长沙铁路11个主要运输生产单位，有9个单位消灭行车责任事故。长沙车站投资80余万元，加强治安防治设备的建设和维修。全年开展安全防范行动36次，抓获各类违法、犯罪人员6541人。1995年，长沙铁路总公司发出《围歼旅客列车事故的实施意见》，多渠道、多形式向旅客、铁路职工及家属进行宣传。查堵“三品”做到经常化、制度化。长沙铁路11个运输站段有10个未发生任何行车事故，其中8个站段实现千天以上安全日。同时，在安全标准建设中，把职工的安全教育培训放在重要位置，全年共举办各类安全教育培训班177期，参加人员7083人。是年，长沙铁路全面实施围歼旅客列车事故方案，从搞好设备检修，消除设备隐患，对线、桥质量进行综合治理，整治钢轨、坍碴接头、鞍形接头、低塌接头、路基、曲线道岔等关键设备采取措施，调换全长淬火钢轨、钢轨换边，安装新型道岔分开式扣件等办法，消除安全隐患，提高设备质量。电务部门对每一组道岔，每一个轨道电路，每一架信号机，每一个通话柱、转撤机逐一对标整治；对所有运用机车的轮对轴身透深超探，对机车的油、水、管路各种垫圈及新配属的东风4型机车逐一进行整治。制定《严把二十四关》《三十二个怎么办》作为乘务员安全操作方案，并出台《围歼客车事故实施方案》5项124条、《安全卡死制度》19项70条、《安全关键控制措施》15条、《安全奖罚十条规定》、《安全包保办法》等安全制度，确保上线车辆的质量。

1996年，长沙铁路11个行车单位中8个单位消灭一切责任行车事故，中间站全部实现安全年，有3个站段发生一般责任行车事故4起。长沙机务段获铁道部“安全标准机务段”称号。1997年，长沙铁路在全体职工中开展“三查两反一防”（查干部作风、查设备隐患、查制度落实，反违章违纪、反好人主义，防敌人的干扰破坏）为主要内容的安全整顿，派出包干干部420人，改革维修体制，加强检修力度，经过5个月的工作，建立和完善一批行之有效的管理制度。1998年6月7日，长沙铁路站检红外线值班室准确预报南宁至北京的6次特快列车机后11位YW67474的第5位轮对热轴温度过热，后经检测，有效防止一起严重的客车热切重大事故，受到铁道部表彰。同时，2次特快列车乘务检车员李铁山在行车检车时发现列车餐车CA92363的1位制动梁端轴折断，制动梁脱离，并及时更换制动梁，防止重大事故的发生，受到广铁集团公司的重奖。1999年，长沙铁路地区围绕铁道部“规范管理、强基达标、突出重点、全面防范”的安全生产16字方针，坚持一手抓客货营销攻关，一手抓安全工作的规范管理，全年10个运输生产单位中有7个无任何事故发生，年内共发生重大、危险性、一般事故各1件。长沙机务段司机李某某、副司机张某值乘461次旅客列车，在茶山坳站X1–5信号箱显示双绿灯的情况下没有采取限速45千米/小时通过L4–L2号道岔的制动措施，而是以111千米/小时的速度强行通过，致使列车颠覆，造成9人死亡、15人重伤、25人轻伤的重大事故，直接经济损失617万元。

2000年，长沙铁路把开展ISO9000质量标准达标与安全生产紧密结合。在全路段开展“安全生产大检查”“百日反思攻关”等安全专项活动，到年末实现安全生产1342天的好成绩。2001年，长沙铁路8个运输站段把贯彻ISO9000、9200系列标准作为落实铁路运输部门提出的“规范管理、强基达标、突出重点、全面防范”安全工作基本方针的根本措施，全面进入“ISO9000、9200系列安全质量标准”的试运行阶段，长沙东站等5个占地取得安全年的好成绩。是年，为确保行车安全，长沙机务段相继运用大屏幕显示、自动查询、自动派班、卫星校对等高新技术设备，全面推广统计程序，达式上车和双人解锁，车辆出库良好率达100%。开发机动车车号自动识别系统，机车运用安全危机管理系统，检修质量管理过程控制系统，基本形成计算机局域网，这些先进设备的开发和运用，为确保行车安全注入新的活力。2002年，长沙铁路地区坚持“规范管理、强基达标、突出重点、全面防范”的方针，全面贯彻ISO9000、9200系列标准，强化安全基础设施建设，落实安全逐级负责制，安全有序可控，持续稳定。2003年，长沙铁路地区深化线路安全基础建设，全年开展10余次安全检查活动，整改各类安全隐患353个，更换38组提速道岔。当年，长沙铁路地区严格执行广州铁路集团公司新修订的《铁路旅客人身伤害事故处理办法》，当发生旅客意外伤害时，严格按照“赶赴现场、组织救助、情况调查、收集旁证、通知车站、站车交接、拍发电报、及时汇报”的处置程序，确保旅客安全。

2004年，机车列车运行监控装置（简称LKJ）更新换代升级，由LKJ–93升级为LKJ–2000，人机交互界面由二极管显示升级为液晶显示，系统防控能力不断增强，软件系统和车载数据在使用过程中不断升级和完善，有效防止“两冒一超”事故的发生。2006 年，长沙铁路制定《安全监察工作制度》《安全监察室驻段（站）监督员工作制度》《事故救援及应急处理工作制度》等，进一步规范安全监督检查工作。并加强日常安全巡查、关键环节监督把关、安全专项督查。2007 年起，长沙铁路开始使用一段多点机车运用安全管理系统，将机车调度室及各车间派班室通过局域网串联起来，在全路段范围内实现机车、人员信息共享。同时加装机车走行部件监察装置，利用共振解调的设备故障诊断技术实现对机车走行部的轴承温度和轴承、传动齿轮和轮对踏面的故障冲击信息实时在线监测和自动诊断，对上述部件的故障实行早期预警和实时报警，为铁路机车走行部的安全运行和状态检修提供技术保障。2008 年，长沙铁路严格按照铁道部、广州铁路集团公司的安排，开始实行“三个管理办法”“两个考核”的“3+2”安全管理体系，建立以管理人员生产责任制考核、员工月度安全质量考核、车队（车间）月度考核排名为基础的日常安全管理考核评价体系。2009 年，广州铁路集团公司下发《铁路旅客列车消费安全实施细则》，实现列车长两小时巡视制度，对行李车、邮政车、发电车等重点车厢进行巡视检查。

2010 年，加装机车视频监控装置，实现对乘务员作业的有效监控，能有效加强行车安全控制和乘务员作业管理。同时加装欠风压报警装置，监测机车牵引运行时的制动缸压力状态，防止由于总风缸欠风压或上闸带载运行使机车处于不安全行车状态，起到保护行车安全、维护线路正常运行秩序的作用。是年，长沙铁路执行广州铁路集团公司修订的《旅客列车“三乘联检”实施细则》，重点抓好车门设备检查、列车“三品”查堵、禁烟管理和行邮发电车火源控制，保证旅客运输安全和行车安全。2011 年，长沙铁路深入开展“服务旅客，创先争优”“客运服务示范站”活动，坚持“高标准、讲科学、不懈怠、严管理、建机制、强基础”的基本要求和整体思路，以提高高铁客运服务质量和行车安全为重点，积极探索高铁管理新模式，深入扎实推进安全基础建设，科学有序推进经营管理方式转变。全年无任何行车、客伤、职工人身伤亡、火灾、设备责任事故等。

2012 年，长沙铁路一段多点的机车运用管理系统升级，实行机务运用安全工作的精益化管理和机车超劳预警功能，做到机班及叫班、出乘、接车、机车出库、挂车、列车开车的全过程“闭环式”管理。极大提升列车运行的安全系数。同时加装机车乘务员作业辅助系统和防火报警装置，通过语音提示当前机车运行状态，能有效监督司机随时掌握机车运行状态和机车火警早期预警，保障机车运行安全。长沙铁路还坚持以推进安全风险管理为抓手，以提高高铁客运服务质量和行车安全为重点，开展“狠抓安全运营、提高服务质量、待客如亲人”的活动，全年实现无行车、人身、火灾、设备责任事故，截至 12 月 31 日，实现无责任铁路 C 类及以上交通事故 2077 天的好成绩。

二、运输管理

1988 年，长沙铁路货物运输主要由长沙北站、火车南站承担货物到站和发送业务，客运主要集中在长沙车站。广州铁路局实现经济承包责任制，各分局均实行经济承包，一包四年，一次包定，分年考核，四年累计，综合考评，并与企业的利益挂钩。1989 年，长沙东站和窑岭车站投入使用，有效缓解货物运输紧张的状况。浏醴铁路的货物运输由浏醴铁路管理有限公司承包经营。是年，长沙铁路执行广州铁路局公布重新修订的《旅客运输组织试行办法》（以下简称《办法》）进行修改后重新公布。该《办法》对旅客运输的机构体制、客流调查、票额分配、列车定员计算、日班安排、站车预报等内容进行明确规定。

1991 年，长沙铁路分局推行“一所、二线、八站”运输全程联网综合网络管理，取得好成绩。运输统计进入湖南省先进单位行列，计量获湖南省人民政府“推行法定计量验收合格证书”并获铁道部“计量执法先进单位”称号。全年QC攻关取得成果206项，其中国优82项，省、部优39项。是年，客货运输部门针对存在的问题和货主的反映，制定加强运输管理的整改方案，并动员全体职工对加强运输管理提合理化建议，共收到各项合理化建议127条，创效益103.3万元，技术革新成果28项。长沙车站客运员梁政辉获全路路风建设先进个人和全局先进个人称号。是年，长沙北站实行货物保价运输管理制度，保障货物运输安全，如发现受到损失，则根据《铁路货物保价运输办法》规定，以处理时间短、公平合理和赔偿快的原则，保护货主合法权益。是年，长沙车站根据出现的一股高价炒票非法行为，全面开展整治非法炒票的行动，全年查获6个炒票团伙，破获1个地下制作假证件的黑工厂，收缴钢印、制作机3台，查获伪造车票2081张，挽回经济损失7.4万元，抓获票贩子1187人，有效打击屡教不改的犯罪分子，非法炒票行为基本得到遏制。1992年，长沙铁路分局根据货主对货物运输提出的批评建议进行整改，制定运输规则，规范运输行为，加强运输管理，全年运输工作得到上级通报表扬。当年，根据铁道部《关于调整空调车票价的通知》精神，对编成全列空调列车实行调价，调价幅度在原票价的基础上上调50%。长沙车站、长沙客运段、长沙车辆段等单位为保证票价调整的顺利实施，增加和完善各种服务设施和备用物品，改善车站售票和服务态度，受到旅客的欢迎。1993年，长沙铁路分局更名为铁路总公司，铁路部门开始实行新的会计制度。长沙铁路开展调车联控，共有791人参加联控，分布在7个联控单位和地区管理系统，联控人员互通事故隐患信息，减少事故的诱发因素。1994年，长沙铁路加强运输管理，广泛深入开展“塑形”活动，走访物资运送单位，全年为货主排忧解难900多次。

1995年，加强铁路运输管理，整治路风建设取得可喜成绩。1997年，长沙铁路内部银行改为资金结算中心，加强对铁路运输收入的管理。为整治和改善运输中存在的问题，在旅客运输列车上开展“真情献旅客、汗水洒车厢”“开文明列车、做文明职工”等主题活动。405/406次列车被铁道部评为红旗列车。1998年，长沙铁路地区贯彻落实铁道部《铁路路风管理办法》和《违法铁路路风管理办法的行政处罚规定》精神，整治运输过程中乱加价、乱收费和以车、以票谋私等问题，取得好的成绩。是年，长沙铁路推行乘务制度改革，形成全员竞争上岗机制，建立《标准化示范班组轮流顶替上岗办法》。同时在长沙至北京车队1/2次列车推出家庭式软卧包厢，提高设备、设施的档次。推出服务星级管理，评选星级乘务员。对客车上售货员划归旅行服务公司管理，实现商品购进销售一条龙服务，开辟餐料自选市场，实行风险承包，自负盈亏，推出自助餐、列车茶座、旅行套餐、商务套餐、粥类食品、卤味小吃等灵活多样的服务项目，深受旅客的欢迎。

1999年，长沙铁路推出运输管理新举措，客运方面采取送票上门、送票下乡增设售票网点，市内售票点由原来的8个增至17个，周边县市增设售票点6个。扩大运能，抓住春运、暑运的客运旺季，到机关、厂矿、学校争取团体旅客。对行包运输实行承包经营。货运方面采取请进来、走出去的办法，深入厂矿、企业，广揽货运，实行运价挂牌公示，灵活运价管理，改善服务态度等措施。2000年，长沙铁路对全系统28个有运输收入的28个站段，6个车务段13个车站设立收入检查室或派出收入检查专职人员，严格管理运输收入。2001年，为适应电气化铁路运行的需要，在运输管理上采取微机管理系统，行车组织指挥到现场作业的微机化程度进一步提高。接发列车微机联锁、18点信息系统、调车计划、货运计划的编制，受理制票、交付核算、货运报表生成等主要环节，全面实现微机办公。

2002年，长沙铁路全面检修运输设备，提高运输设备质量，坚持“规范管理，强基达标、突出重点、全面防范”的方针，全面贯彻ISO9000、ISO9200系列标准，运输安全持续稳定。全年完成运输收入18.46亿元，占广州铁路总公司运输收入的23%。2003年，长沙铁路总公司有10个运输生产站段，8

个运输保障单位，总公司始终把加强运输管理摆在重要位置。全年铁路运输发送旅客1031万人，发送货物275.5万吨，货物达到463.2万吨，实现运输收入20.33亿元。2005年，全国铁路第五次大提速，运输安全是头等大事，长沙铁路全面开展运输安全大整顿，全面检修车辆285辆，以先进的车辆设备，全新的服务理念，按照“抓住机遇，打好基础，再造优势”的工作思路，强化运输安全管理。是年，长沙至北京特快列车Z17/18次荣获全路列车服务用户满意度测评第一名。货运计划QC小组被评为铁道部优秀QC小组。

2012年，长沙铁路地区实现旅客购票历史性变化，采取互联网网络订票、电话订票、代售点售票等方式，旅客可在家中订票、就近购票，大大节省往返到车站排队购票的时间，方便旅客购票。同时增设车票代售点，全市代售点达到222家，排队购票的现象基本消除。并做到售票信息公开、透明，旅客咨询、查询方便、快捷。通过新闻媒体及时发布列车开行时间，列车车票信息。各客运车站开展以“真诚服务，由心开始”为主题的系列便民服务活动，先后推出“小勇板凳”“便民小推车”等一批特色服务项目，长沙高铁南站推出“笑迎天下客，和谐高铁行”为主题的一系列特色服务活动，提升铁路客运的整体服务质量。

第二章 公　路

20世纪80年代中期，湖南以空前之举启动国省道干线公路改建工程，成为长沙公路建设的新起点。将通过或发端于省会13条国省道实施升级提质，促进全市公路网建设。1988年，全市有公路209条（国道3条、省道10条、县道115条、乡道80条、专用公路1条），通车里程4430千米，公路技术等级为一级12千米，二级64千米，三级128千米，四级2036千米，等外公路2190千米；路面结构高级、次高级767千米，中级2152千米，低级1335千米，无路面176千米。全市有公路桥梁709座1.69万延米，其中大桥27座3906.7延米，中桥118座5313.7延米，小桥564座7727.9延米；运输市场全面开放，公有制运输企业实行经济责任制、目标管理制，民营企业（个体联户）崛起，城市公交推行内部机构和营运线路乘客一票制改革，运输业蓬勃发展。全市有客货运营汽车6207辆，客运班线404条，城市公交营运车394辆，线路28条，出租车1113辆。是年，完成道路客运量3516万人次，旅客周转量12.72亿人千米，货运量5046万吨，货运周转量16.64亿吨千米，城市公交客运量2.95亿人次。公路整体质量偏低，公路密度仅35千米/百平方千米，四级公路及等外公路占89%；全市公路汽车客货运及城市公交仅有14个中小站场（客运6个、货站3个、公交站5个），等级低，设施差，道路运输存在诸多瓶颈。

20世纪80年代末，提出“高起点、高标准、高速度，全面实现交通现代化”。1989年完成市区东大门319国道东屯渡至黄花机场路段沥青混凝土油路改建工程19千米和107国道长沙县青山铺至洗马塘路段一级线形、二级标准改建工程20千米；1990年实施319国道市区五里牌至黄花机场路段GBM工程（公路、标准化、美化工程）24千米，公路改建积累经验；还超额完成65千米扶贫、断头公路；1991年启建319国道湘江北大桥（银盆岭大桥）西接线5千米即长沙首条一级汽车专用公路、107国道长沙北段34千米二级公路改建工程亦竣工通车；1992年106国道浏阳县黄泥界至集里55千米砂改油工程全线竣工，该县实现域内国道全部油路化。望城县开建第一条超二级公路直达省城的雷锋大道。湘江北大桥东接线一级汽车专用线奠基；1993年，319国道浏阳至永安兴建一级线型、二级公路工程动工。至1994年，长沙投资4亿元，建成省域第一条高速千米即长永高速公路。是年，全市公路通车里程增至4582.83千米，其中一级39.97千米，二级164.05千米，三级209.17千米，四级2091.5千米，等外2078.14千米；路面结构高级、次高级1225.5千米，中级2057.64千米，低级1186.99千米，无路面112.7千米。公路总里程和技术三级以上公路（含高速公路18.68千米）及高级次高级路面，分别比1988年增长3%、112%、60%，公路密度每百平方千米增至39千米。其间，因运输企业面临改制转体困难，道路运输、城市公共客运增长缓慢乃至失衡或下降。1994年全市客货运营车增至2.17万辆、公共汽车579辆、出租汽车4500辆；道路客运量1792万人、旅客周转量10.92亿人千米；货运量5047万吨、货物周转量29.47亿吨千米；公交客运量2.3亿人次，运量分别比1988年下降49%、14%，持平，增长77%，下降22%，在社会运输总量中道路客货运量占比分别66%、34%。

1995年，湖南省作出“建设以长沙中心向外辐射的高等级公路网络”的决策后，长沙接续开建长潭高速公路和长益高速公路、建成东岸浏阳河特大桥。1996年，开建长沙市国道绕城高速公路、并改建公路189.4千米、兴建桥梁10座，是长沙公路建设史上项目最多、里程最长、等级最高的一年。1997年，完成107国道长沙北段24千米文明样板路工程。1998年，启建临长高速公路；开始全面调整全市公共汽车线路，以“放射型”与“棋盘型”相结合的线网形式，“规范线网、减少重复、填补空白、均衡客源、扩大覆盖、方便乘客”。

2000年，投资34.47亿元，建成长潭、长益、长沙市绕城高速公路西北段3条高速公路93.112千米，奠定横连东西、纵通南北枢纽干线之基。是年，实施国省道改建GBM工程，国省道重点路段尤其是省城进出口公路面貌一新。投资3.8亿元修建乡村公路925.5千米，全市40个扶贫村公路全部修通。全市公路通车里程达4873.67千米，其中高速公路127.32千米，一级24.08千米，二级299.03千米，三级248.9千米，四级2176.6千米，等外1997.74千米；路面结构高级、次高级2006.48千米，中级1594.94千米，低级1164.55千米，无路面107.7千米，公路总里程和三级以上公路及高级次高级路面分别比1994年增长6%、69%、64%，公路密度百平方千米增至41千米。桥梁、隧道建造技术亦有长足进步，先后建成湘江月亮岛等3座现代化特大桥、长益高速公路雷锋互通式等19座立交桥、蕉溪岭隧道群，多项工程享誉全省全国。投资近2亿元，相继将城区西、南、东3个老旧汽车客运站迁建成高标准车站，站场布局、规模、设施、管理位居全国前列。全市11家公有制客货运企业改革逐步深化，从传统计划经济体制向社会主义市场经济体制转体，实行所有权与经营权分离、产权转换和职工身份置换。道路客货运营车增至2.9万辆，公交客运车增至1248辆，线路67条，出租车7192辆，更新车辆结构，运力显增。当年道路客运量增至7825万人次，旅客周转量27.5亿人千米，道路货运量4972万吨、货物周转量30.8亿吨千米，公交客运量3.38亿人次。分别比1994年增长337%、152%，下降1%，增长5%、47%。道路客货运输量在社会运输总量中占比分别提升86%、84%。

2000年后，贯彻国家关于“交通运输是国民经济的战略重点，必须优先发展”和“发展以综合运输体系主轴的交通事业”的方针，先后编制《长沙市综合交通规划》《长沙市“十二五”综合交通发展规划》《长沙公路运输枢纽总体规划》。力行“国家投资、地方筹资、社会融资、利用外资”的投融资方针，加大投入，推进综合交通运输又好又快发展。公路建设全面提速。自2000年起，临长等14条高速公路陆续或同时施建，合计投资349.85亿元，建成长湘等10条高速公路381.30千米，形成骨架和网络，辐射全省全国，以省会中心的高速公路贯通全省13个市州中心城市，形成4小时经济圈。2003年始，共投资66.58亿元，持续高速推进农村公路“通达”“通畅”工程。兴建、改建农村公路8289.65千米，实现“广大农民兄弟走上油路、水泥路”的目标。2004—2007年，连续获湖南省“农村公路建设目标管理优胜单位”称号。2005—2006年，先后获湖南省“县际及农村公路目标考核优胜单位”“县乡公路综合目标管理一等奖”称号和奖项。2006年获湖南省“公路养护管理一等奖”。2007年获全国“五一劳动奖状”和湖南省“公路养护管理一等奖”。

2008年起，国省道改建实行市、县（市、区）分级负责制，调动两个积极性，工程进展加快，计投资57亿元，新改建干线公路1883.45千米。市域高速公路、国省道干线公路、县乡村道支线公路各自成网，且网网交织，内连外接，畅通四达。2008年获湖南省“公路养护管理一等奖”“抗冰救灾工作先进集体”，全国“交通行业文明示范窗口”“交通规费征稽站全国交通行业文明示范窗口”“交通系统行政执法责任制示范单位”等称号。2008年获湖南省“农村公路建设目标管理优胜单位”“春运优质服务先进单位”“公路运输量专项调查一等奖”“高速公路环境协调工作优胜单位”等奖项。2009年获湖南省“农村公路建设目标管理优胜单位”“春运优质服务先进单位”“高速公路环境协调工作优胜单位”“公路养护管理一等奖”，全国“精神文明建设先进集体”“公路水路运输量专项调查先进单位”等奖项和称号。2010年获湖南省“春运优质服务先进单位”称号。2010—2012年，连续获湖南省“交通运输发展目标管理考核一等奖”。2011年，湖南省“农村公路养护管理一等奖”，获中国“交通运输行政执法评议考核优秀单位”。

至2012年，全市建成公路4766条，通车总里程达1.57万千米，按行政等级分：国道7条477.80千米（兴建4条181.23千米，改建3条296.57千米）；省道38条2517.32千米（兴建8条319.33千米，改建30条2198千米）；县、乡、村道分别213条2047.79千米、519条2707.57千米、3989条7958.99千米，均大部分改建，约1/4兴建。按技术等级分：高速公路500.55千米，一级184.95千米，二级879.59千米，三级749.86千米，四级1.07万千米，等外2666.07千米。按路面结构分：高级1.15万千米，次高级275.95千米，中级3953.10千米。公路总里程和三级以上公路、高级次高级路面分别比2000年增长222%、231%、486%，分别是1988年的3.55倍、11.35倍、15倍。公路密度增至132.91千米/百平方千米。坚持“建、管、养并重”方针，保持好路率全省领先水平。桥梁建设增至2532座14.26万延米，其中建特大桥10座2.99万延米、互通式立交桥47座4234.88延米；建隧道40座2.93万延米，其中长隧道8座1.49万米，中隧道12座8573米，短隧道20座5837延米。稳步推进交通转型升级，加快绿色交通，智能交通建设步伐，建成或在建京港澳长沙连接线、机场高架连接线等一批路网联络工程和国家级、区域级综合运输枢纽。黎托综合枢纽与长沙武广高铁南站一体规建同时竣工，并投资28亿元启建大河西综合枢纽。全市建成汽车客运站77个（其中市区8个、县城7个、乡镇62个），农村简易招呼站543个，货运站场（运站合一的物流中心、物流园区）60个，公交站场43个、首末站130个、中途停靠站1953个。公路与飞速发展的铁路、水路、航空、城市道路（地铁、高架快线、磁浮快线、城际铁路）等运输方式日趋无缝对接，综合效应凸显。与综合交通发展相适应，按照“精简、统一、效能”原则，逐步建立和完善大部门制的交通管理机构。全市道路运输经营业户发展到6.78万户，其中运营车100辆以上的44

户（客运18户、货运26户），客、货个体户分别为604户、6.46万户。湖南龙骧交通发展集团有限责任公司、长沙联运物流有限公司等运输企业稳步建成现代企业，管理臻于完善、高效化，运输龙头作用显增，民营企业（个体联户）壮大为运输主力。城市公交深化体制改革，打破独家运营局面，逐步形成15家企业参运格局（国有4家、国有控股3家、私人8家），出租汽车经营业户增至39家。推行公交“优先发展”战略，加大公交基础设施建设力度，步入全国首批“公交都市”试点城市行列。老旧车辆淘汰殆尽，运力结构发生根本性变化，运力大增，拥有道路营运客货汽车84889辆，客运班线1436条，城市公交客车3775辆，线路188条，出租车6420辆。当年道路运输客运量达3.38亿人次，旅客周转量123.6亿人千米，货物量2.31亿吨，货运周转量206亿吨千米，城市公共客运量10.6亿人次，运输量分别比2000年增长333%、349%、365%、569%、214%，而为1988年的9.6倍、9.7倍、43.6倍、124.1倍、3.6倍，公路客货运输量在社会运输总量中的占比分别提升到93%、89%。

第一节 机 构

一、市级单位

（一）长沙市交通运输局。其前身长沙市交通局（湘春路214号），为长沙市主管全市公路、水路交通行业的职能部门，正县级，归口于市经济委员会。

1988年，长沙市交通局内设办公室、安全监理、生产计划、车船管理、财务基建、劳动工资、科技、人事保卫、职工教育、公航、车辆购置附加费征收、组织、宣传、纪检、工会15个科（室），编制70人。下辖市港务管理处、市港航监督所、市公路总段、市监理总所、市交通运输管理处、市县乡公路管理处、市航道段、市交通职工医院、市交通干校、市交通科研所等10个事业单位；市一运输公司、市二运输公司、市联运公司、长沙船舶厂、长沙装卸机械厂、市交通物资站6个全民企业单位；市水运公司、市客运公司、市三运输公司、市四运输公司、市三汽车修理厂5个集体企业。

1989年1月，撤销局车辆购置附加费征收办公室，成立局征收稽查办公室。

1991年，内设机构调整为办公、生产科技、劳资、计财、审计、安全保卫、运输、企业管理、监察、组织、宣传、老干部、工会13个科（室），定员55名，其中行政编制50名，事业编制5名。1993年将生产科技科与企业管理科合并为企业经营规范科；审计科与计财科合并为计财审计科；增设交通建设科和政策法规科。1995年，将组织、宣传、老干部科合并为组织宣传科。

1996年，长沙市交通局从市经济委员会中析出，成为市人民政府直属局。

2002年6月，长沙市人民政府对市交通局职能作出调整，增加城市货运出租汽车管理职能，并负责全市汽车（含摩托车）驾驶学校和驾驶员培训及汽车综合性能检测的行业管理。内设机构有较大变化，设立办公、计划统计、政策法规、基本建设、运输综合管理、企业改革指导、安全监督、人事教育等处（室）；机关党组织、纪检（监察）机构按有关规定设置。实行国家公务员制度，编制52名

2010年8月，长沙市交通局更名为长沙市交通运输局（万家丽中路269号），建立“大部门制”管理机构，职能有重大调整，将公用事业管理局城市客运管理职责、市经济委员会承担的交通指挥协调职责和市国防动员委员会战备职责整体划入市交通运输局。直接领导长沙市公路管理局、长沙市地方海事局、长沙市公共客运管理局等11个局属事业单位，指导湖南龙骧交通发展集团有限公司、长沙市公共交通投资管理有限责任公司、长沙新港有限公司等9个企业单位，对县（市）区交通运输局实行行业管理

和业务指导。

局机关设办公、政策法规、计划统计、规划建设、货运管理、客运管理、综合交通、安全监督、企业指导、人事教育、离退休人员管理、机关党委、纪检（监察）13个处（室）。后勤服务全额拨款事业编制6名，编制共78名。

至2012年，市级机构无变化。

1988—2012年，先后担任长沙市交通局、交通运输局主要领导职务的有：胡运恒、李振高、刘忠明、袁双利、谭杭生、陈立湘、朱东铁、刘明理；其他领导班子成员有：彭利春、周平久、栗福溪、周文炳、陈国祥、王执瑞、刘建武、李 军、易田宏、姚仲权、罗齐宏、刘兆群、吴振斌、夏钟剑、刘建祥、厉江华、李柯宁、陈湘、程林、李金鑫、李宏、席超波、浣灿勇。

（二）局直属管理部门

1.长沙市公路管理局。前身为湖南省长沙公路总段，正县级事业单位。1988年，长沙公路总段内设办公、组织、宣教、工务、科技、财务、审计、公安、机料、劳资、行政、基建等12个科室及离退办。下设长沙县、望城县、浏阳市、宁乡县、郊区公路段，并设机械工程队、养路费征收办，有养路工班139个，在职职工1660人。2000年11月，更名为长沙市公路管理局。内设办公、计划统计、工程建设、财务审计、养护机务、路政管理、通行费征收、人事（团委）、机关总支（离退休管理）、纪检监察、工会、副总工室、后勤服务中心等13个科室。下辖单位更名为长沙县、望城区、宁乡县、浏阳市、长沙市城郊公路管理局、长沙公路桥梁总公司等10个直属单位。核定机关全民事业编制92名，其中行政管理干部30名，专业技术干部42名，工人20名。2004年，内设机构改科室为处室。2009年，撤销通行费征收办。2011年6月，市人民政府为完善公路管理体制，决定将市公路管理局长沙县、望城区、宁乡县、浏阳市公路局下放各县（市、区）人民政府管理。

至2012年，该局机构无变化。

1988—2012年，先后担任湖南省长沙公路总段、长沙市公路管理局主要领导职务的有：彭 澎、陈培钢、周壮德、文卫红、厉江华；其他领导班子成员有：邹万丁、陈子久、田佩纯（女）、姚仲权、李建文、邓武朝、王连生、刘建华、叶仁文、何晓建、周壮德、罗 雄、赵 峰、何贤峰、刘书臣、王锡财、李志丰、刘利民。

2.湖南省长沙市地方海事局。其前身为湖南省长沙港航监督处（长沙市船舶检验处一门两牌）、长沙市港航管理处、长沙市航道管理处三家水路交通管理单位。

（1）湖南省长沙港航监督处（长沙船舶检验处一门二牌），为正科级全民事业执法单位。1988年，内设办公、政工、监督、船舶检验、船员管理、综合等科室，下辖望城、浏阳、宁乡3个港监、船检所，定编45人。1997年经市编委批准为副县级事业单位。至2006年4月，港航监督处机构无变化。

（2）长沙市港航管理处（原名长沙市港务管理处），正科级全民事业单位，主要职能：履行长沙港口、码头的港政、航政、水路运政、砂石采挖销售、船舶交易市场及港航费征收等航业管理。1988年，内设办公、政工、港政、航政、港口规划建设、计财等科室和浏阳市、长沙县、望城区港航管理所。1991年5月与长沙港务局合并。1993年5月从长沙港务局分离出来，恢复原建制。1995年12月复名为长沙市港务管理处，1996年升格为副县级，编制由40名增至50名。至2006年4月，港航管理处机构无变化。

（3）长沙市航道管理处（原名长沙市航道管理段），为正科级事业单位。1988年，内设办公、财务、船队、浏阳河航道站等室、队、站。1995年增设航养费征稽所。2001年易名财务科、增设航政科，编制32人。至2006年，航道管理处机构未变化。

2006年5月，将上述3个单位合并成立湖南省长沙市地方海事局（加挂湖南省长沙市航务管理局、湖南省长沙市船舶检验局），为正县级事业单位。内设办公、计划财务、政策法规、安全监督、船舶船员管理、船舶检验、运输管理、港政管理、航道管理、规费征收、人事教育等11个科、室。下辖湖南省长沙县、望城区、宁乡县、浏阳市地方海事处（港航管理处、船舶检验处）。2012年7月经市编委批准，设立湖南省长沙市地方海事局湘江枢纽海事处，为正科级派出机构，湖南省长沙市地方海事局安全监督科加挂长沙市水上应急救援指挥中心牌子，编制182名。

2006—2012年，先后担任长沙地方海事局主要领导职务的有易田宏、丁志良；其他领导班子成员有：邬恩澧、蒋辽沙、张科正、刘郴江（女）、文博徽、胡晓东、柳英平、周定根。

3.长沙市公共客运管理局。2004年11月成立长沙市公共客运交通管理处，归口市公用事业管理局。内设办公、客运稽查、法规管理、服务投诉、证件管理、客运设施、财务、组织人事等科（室），编制20人，正科级事业单位。2007年撤销证件管理科，人员培训工作职责划入组织人事科，从业人员资质审验等相关职责划入办公室。至2010年编制增为46人。

2012年6月，在长沙市公共客运交通管理处的基础上组建长沙市公共客运管理局，副县级，为市交通运输局所属全额拨款事业单位。内设办公、政策法规、公交客运管理、道路客运管理、出租车客运管理、设施管理、安全监督、稽查、服务投诉、财务统计、人事教育等科（室）。机关党组织、纪检（监察）机构按有关规定设置，编制82人。主要行使城市客运（城市地铁、轨道交通、公共交通、出租汽车）和道路旅客运输、客运站（场）管理等职责。

4.长沙市交通行政执法局。其前身长沙市交通规费征稽处，于1993年6月由长沙市公路养路费征收办公室与长沙市交通局征收稽查办公室合并成立，为副县级事业单位。内设办公、计财、稽查、征收、政工等（科）室；下设10个交通规费征稽所（含4县1郊），均为正科级机构。编制154人（市处71人）。1997年，4县1郊交通规费征稽所归口各县（市郊）交通局管理。2005年12月，内设机构有所变动，调整为：办公、征收、财务、政策法规、审计监察、人事教育、长沙市交通规费稽查大队。2009年10月，因规费征稽工作终结，更名为长沙市交通行政执法监督局，为副县级事业单位，内设办公室、人事教育科、计划统计科、法制科、执法监督科、培训科等，编制112名。2012年6月更名为长沙市交通行政执法局，副县级事业单位。内设办公、政策法规、处罚教育、财务统计、人事教育等科（室）和芙蓉、天心、岳麓、开福、雨花、机动等6个执法大队。编制115名。负责全市城市公共客运、道路旅客运输业和客运站（场）、汽车租赁市场违法行为的执法检查和行政处罚工作。

5.长沙市货物运输管理局。1980年6月成立长沙市运输管理处，1987年更名为长沙市交通运输管理处，为副县级全名事业单位。内设办公、货运管理、客运管理、水运管理、汽车维修管理、财务、计划统计、运政、稽查、政工等科（室），编制53人。1995年10月将水路运输的运政、港口装卸、水运服务、砂石运销市场、船舶交易市场五项管理职能移交长沙市港务管理处，同时撤销市交通运输管理处的水运管理科，并成立长沙市公路货运配载中心。1996年5月增设驾驶员培训管理科（对外称长沙市汽车驾驶学校驾驶员培训管理处），编制增至72名。是年10月成立长沙市交通运输稽查大队，与市交通运输处稽查科合署办公。1997年11月，将长沙市交通运输稽查大队更名为长沙市交通运政稽查大队，下设5个稽查中队。2008年增设长沙市高新技术产业开发区道路运输管理所。

2012年6月，长沙市交通运输管理处更名为长沙市货物运输管理局（保留长沙市机动车维修管理办公室牌子），区县（市）事业单位，编制104人。内设办公、政策法规、货运物流管理、危货运输管理、货运站场管理、车辆维修管理、车辆技术管理、安全监督、财务统计、人事教育等科（室）。另设执法大队、麓谷交通运输管理所。

6.长沙市农村公路局。其前身1986年6月成立的长沙市县乡公路处，为正科级事业单位，定编15人（未内设科室），履行县乡公路建设、养护管理职能。1993年2月，与长沙市319、107国道改建指挥部合并，更名为长沙市公路工程管理处（加挂长沙市公路重点工程建设办公室的牌子），为副县级事业单位，定编20名（其中行政管理及工勤人员4名，工程技术人员16名）。内设办公、工程、县乡公路、财务统计、政工等科（室）。1995年编制增至28名（工程技术人员23人、工勤人员5名）。1997年编制增至37名。2008年，编制增至39名。

2009年6月8日，长沙市农村公路工程处更名为长沙市农村公路局，为副县级事业单位。内设机构未变。2010年7月，编制增至41名。2011年6月，市编委发文规定该局为副县级全额拨款事业单位，参照《中华人民共和国公务员法》管理。至2012年该机构无变化。

7.长沙市机动车驾驶员培训管理处。2002年8月，市编委发文规定驾驶员培训管理科从市交通运输管理处内设机构中析出，更名为长沙市机动车驾驶员培训管理处，为正科级事业单位，定编13名。2003年，正式挂牌，设综合科、驾管科、法制科。履行全市机动车驾培机构及机动车驾驶员培训工作的管理职能。2008年、2011年，编制先后调整为15名、16名。至2012年该处机构无变化。

8.湖南省交通建设质量监督站长沙市分站。1998年3月成立，为正科级事业单位，至2012年编制由14人增至15人，其中管理人员4名，专业技术人员11名。暂未定内设机构。负责全市公路（省管项目除外）建设质量、安全监督工作。

9.长沙市交通建设造价管理站。2004年12月成立长沙市交通建设造价管理站，核定编制5名，至2011年10月，增至6名，其中管理人员2名，专业技术人员4名，为正科级事业单位。履行全市公路建设（省管项目除外）造价管理工作。于2012年与湖南省交通建设质量监督站长沙市分站合并。

10.长沙市交通运输职工中等专业学校。该校（市交通干校）于1980年成立，定编8人。主要从事行业干部、职工培训，并参与社会办学。1996—2012年，先后调整编制为15人，实有11人。

11.长沙市交通运输信息中心。2012年2月，成立长沙市交通运输信息中心，为正科级事业单位，定编3人，负责全市交通运输业行政办公决策服务系统的规划、建设、运行、维护，收集整理全市交通运输信息，向社会提供交通信息服务。

二、区县（市）机构

长沙县、望城区（2011年5月改县为区）、浏阳市（1993年2月改县为市）、宁乡县、长沙市郊区等5个交通局均为同级政府交通管理职能机构（正科级），归口县（市）区经济委员会。1988—1995年，局机关大体内设办公、政工、财务、审计、安全企业、交通建设、法制等股（室）。下辖交通运输管理所、公路管理站、交通规费征稽所、运政稽查所及派出机构乡镇交管站。局机关编制多为20名不等。1996年，长沙县、宁乡县、浏阳市、望城区交通局从县（市）区经济委员会析出，成为同级政府直属局。同年，长沙城区区划调整，改东区、南区、西区、北区、郊区5区为芙蓉区、雨花区、天心区、岳麓区、开福区，原各区交通运输管理所（正科级）则随新区治而更名；1999年前后成为区政府直属事业单位；2002年因区直机关改革易名为区交通运输管理局；2010年长沙县、望城区、浏阳市、宁乡县交通局更名为县（市）区交通运输局（大部门制），内设办公、计划财务、法规安全、规划建设、运输管理、政工人事等科（室），纪检（监察）机构按有关规定设置，局机关核定行政编制18名不等。其二级事业机构设客运管理局、农村公路管理局、交通运输管理所、公共交通公司、交通建设质量监督站、城区交管站等。在人口密集、交通量大的乡（镇）设乡（镇）交管站共35个（长沙、宁乡、浏阳、望城分别为10个、13个、7个、5个）。2011年芙蓉、雨花、天心、岳麓、开福五区交通运输管理局更名为区交通运输局。设办公、财务、运输管理、运输稽查、公路管理、政策法规等科（室），仍为区政府直属事业单位，编制25人不等。

至2012年，县（市）区交通运输机构无变化。

第二节　高速公路建设

一、S20长永高速公路

长（沙）永（安）高速公路是319国道湖南域内的一段，起于长沙县牛角冲，西接长沙湘江北大桥东接线，止于浏阳市永安镇，东连浏永公路，于浏阳东风界出赣西北，经长沙县谷塘时有高速公路支线直达黄花国际机场，全长26.29千米（1996年东接线划归城区道路）。

湘江北大桥东接线段。全长8.2千米，投资1.96亿元。1992年年初，长永高速公路批准立项。2月，与省公路局召开湘江北大桥东接线技术协调会，3月，与省交通厅签订《长沙湘江二桥东接线工程建设协议书》。1992年5月，东接线工程开工。其中湘江北大桥至四方坪段长2.08千米（路幅宽46米的1千米、36米宽的1.08千米），于伍家岭设4层立交广场，即3座各宽8.5米、长47.3米的跨线桥，1座宽24米、长527.72米的高架桥和1座宽24米、长379.9米的接湘江北大桥的引桥；四方坪至牛角冲接国道107线为城外段，长6.12千米（时称一级汽车专用公路），设计时速100千米，路面宽24米，水泥混凝土结构，双向四车道，中间设隔离带，于牛角冲建大型互通式立交。

1993年3月28日，由省高速公路建设开发总公司、建设银行湖南铁道支行与电力支行、长沙市公路工程管理处、长沙县土地综合开发公司共同组成“湖南长永公路股份公司”，发行1.1亿股，认购0.88亿股（股票面值1元），贷款1.7亿元，集资1.1亿元。此举标志着省域高速公路建设由政府行为向社会行为转变，形成投资、建设、管理、还贷（受益）一体化格局。长永高速公路成为湖南首条采用股份制修建的公路。

图 20-2-2-1　S20长永高速公路

（摄于1995年，长沙市交通运输局供图）

牛角冲至永安段。第一期工程，自牛角冲至黄花机场，途经长沙县星沙镇、螺丝塘、黄花、春华、谷塘等乡镇，长18.68千米（含谷塘至机场支线3.71千米）。1993年5月28日动工，设计路基宽21.5米，混凝土路面，双向四车道，中间设2米宽绿化隔离带，车辆荷载汽车–超 20 级、挂车–120。1994 年7 月 15 日第二期工程启建，该工程自谷塘至永安，长 7.62 千米，路基宽 23 米。1994 年 12 月 28 日，长永高速公路主体工程，即第一期与东接线工程同时竣工通车，城区至机场行车时间缩短为半小时，结束湖南无高速公路的历史。1996 年 8 月 20 日第二期工程竣工。全线共建桥梁 34 座、涵洞 200 座、通道 44 座。项目概算 2.87 亿元，决算 2.77 亿元。1997 年 9 月经交通部验收为合格工程。

二、G4 长潭高速公路

长（沙）（湘）潭高速公路长沙段系（北）京珠（海）高速公路在湖南域内的重要路段，连接长永高速公路，贯通长沙、湘潭、株洲“金三角”地区的枢纽干线，湖南首条利用亚洲开发银行贷款修建的公路。

国道 107 线长沙段 1986 年完成改造，1989 年车流量达到 9035 辆/日，超过原设计标准 23%。其穿越长沙市域和湘潭市域的 17 千米、14 千米已基本街道化，车速平均约 35 千米/小时，交通事故频发（1989 年共发生 739 起）。

1989 年 11 月省交通厅组织编制工程可行性研究报告，1991 年国家计划委员会组织评审，1992 年长潭高速公路建设正式立项。

该路北起长沙县星沙镇牛角冲，南至湘潭市吉安镇，全长 51.55 千米。其市域经东岸乡、黎托镇、洞井铺镇至跳马镇锉刀岭共 26.71 千米（2001 年公路普查核定为 26.70 千米）。全线按平原微丘高速公路标准设计，主线设计时速 120 千米（匝道 40 千米），路基宽 27.5 米，双向四车道，路面为水泥混凝土结构，中间建 3.5 米宽绿化隔离带。全线建大桥 1 座 566 延米、中桥 5 座 282.19 延米、小桥及分离式立交桥 23 座 643.77 延米、通道 89 座、涵洞 117 处、渡槽 2 处。设牛角冲（苜蓿叶形）、李家塘、赤新（单喇叭形）三座互通立交桥。分别为京珠高速公路与 319 国道交会点，通过李洞公路与 107 国道相接，与雨花大道相连。设李家塘、雨花、殷家坳、马家河、大托 5 个出入口及附属设施。

1994 年 7 月 1 日动工，1996 年 12 月 15 日竣工通车。总投资 11.94 亿元，其中亚州银行贷款 7400 万美元（含长永高速公路 400 万美元）。1998 年经交通部验收，评为部级优良工程。

三、G5513 长益高速公路

长（沙）益（阳）高速公路为湖南首条利用境外资金合作建设的高速公路。由省高速公路建设开发总公司与中国香港路劲基建有限公司共同投资、管理，共享效益。

319 国道几经改造，技术标准有所提高，但随着国民经济的发展，车流量与日俱增。1991 年，日均达 9285 辆，道路拥挤不堪，长永高速公路建成后，东（线）畅西（线）塞现象日趋严重。1992—1994 年，省交通规划勘察设计院完成工程可行性研究报告及施工图编制。

该路东起长沙湘江北大桥西接线，西抵益阳资江二桥南引桥，全长 75.03

图 20-2-2-2 G4 临长高速公路

（摄于 2002 年，长沙市交通运输局供图）

千米（含资江二桥及接线 3.34 千米）。其市域段自起点经岳麓区望岳乡、天顶乡、东方红农场、望城县黄金乡、白箬铺镇、宁乡县全民乡、城郊、双江口乡至青山铺镇七家冲，全长 31.32 千米。

1995 年 12 月 18 日开工，设计路基宽 27 米（部分 24.5 米），双向四车道，路面为水泥混凝土结构，设计时速 100 千米（匝道 40 千米）；最大纵坡 3%，最小平曲线半径 1890.39 米。全线建特大桥 1 座 604 延米，大桥 1 座 150 延米、中桥 7 座 371.3 延米、小桥 6 座 126.1 延米，分离式立交桥 11 座 228.8 延米、跨线天桥 23 座 1133.2 延米、通道 116 处 3903.4 米，涵洞（管）184 处 7657.9 米。设雷锋、金桥、友仁、宁乡 4 座互通式立交桥（出入口）：分别与雷锋大道（后为省道长望线）、长沙市绕城高速公路、县道白乌线、省道宁太线相接。1998 年 7 月 1 日竣工通车。项目（含资江二桥）总投资 14.33 亿元，其中港商投资 6 亿元，其余为银行贷款、省交通重点建设资金、省交通厅拨款、省高速公路建设开发总公司自筹资金。2002 年经省交通质量监理站评定为优良工程。

四、G4 临长高速公路

临（湘）长（沙）高速公路长沙段是（北）京珠（海）高速公路湖南域内最北段，国家“九五”跨“十五”期间公路建设重点工程，湖南首条采用柔性路面和实施绿色通道工程的高速公路。起于湘鄂交界处的坦渡河，止于长沙县牛角冲，与长潭高速公路直通，与长益、长永高速公路立交互通，其主线全长 182.79 千米。市域段经长沙县白沙、开慧、福临、广福、安沙、星沙 6 个乡镇 38 个村，全长 48.45 千米。

1990 年，107 国道临长公路经改造已达到二级公路标准，交通量保持平均 20%以上的递增速度，据统计，最高昼夜通车量达到 2.92 万辆，其中 65%为过域湖南的省外长途运输车辆，大大超过原设计 7500 辆昼夜通车量。

1992 年 8 月，湖南省交通规划勘察设计院开始临长高速公路预可行性研究。1998 年 5 月，国家计委将其列入 1999 年国内利用世界银行贷款计划，同年 11 月，临长高速公路建设指挥部成立。

2000 年 5 月开工。按平原微丘区高速公路标准设计，主线双向四车道，路基宽 28 米，路面为沥青混凝土结构。设计时速 120 千米。全线建特大桥 1 座 726.48 延米，大桥 1 座 173 延米，中桥 17 座 798 延米，小桥 5 座 185.15 延米，分离式立交桥 12 座 551.27 延米，通道 122 处 4304 米，涵洞 331 道 11575 米。联络线 4 条，其中岳阳联络线按国家一级公路标准建设，路基宽 25.5 米，混凝土路面；平江、开慧、广福联络线按二级公路标准建设，路基宽 12 米，沥青混凝土路面。全线设月形山、杨梓冲、广福、开慧 4 个出入口及附属设施，2002 年 11 月 30 日竣工通车。总投资 50.92 亿元，其中国际复兴银行贷款 2 亿美元，中国工商银行贷款 19.5 亿元，其余为国家投资。

施工单位将 GPS 技术引入控制测量中，采用中央分隔带变宽、分离式路基等全新设计，在湖南属领先地位；率先采用科学配比、集中拌合，提高混凝土结构质量，保护生态环境，力争噪音控制在最低限度。项目获 2005 年第五届“詹天佑土木工程大奖”，2006 年获“国家环境友好工程”奖，当时是全国交通系统中唯一获此荣誉的建设项目。

五、G0401 长沙市绕城高速公路

长沙绕城高速公路亦称三环线，北与京港澳高速公路杨梓冲互通，西穿长张高速公路，南跨 107 国道与京港澳高速公路李家塘互通，东与长株高速公路相连。全线设 12 个互通分别将进出省会的国、省干道相连，全长 89.55 千米。

全线分为西北、西南、东北和东南段。第一期工程西北段，西起 319 国道望城县黄花塘，过湘江北

图 20-2-2-3 G0401 长沙市绕城高速公路黑石铺大桥/G0401 长沙市绕城高速公路西北段

（摄于 2004 年，长沙市交通运输局供图）

大桥和开福区捞刀河镇，在 107 国道长沙县安沙镇与京港澳杨梓冲互通相连，全长 35.08 千米（2001 年公路普查 34.70 千米）。1996 年 12 月 28 日动工，全部控制出入，路基宽 24.5 米，双向四车道，设计时速 100 千米，设计荷载汽车-超 20 级、挂车-120。设金桥、金沙、金霞、蔡家坝、杨梓冲 5 处互通式立交桥（出入口），建分离式立交桥 26 座（其中跨石长铁路、京港铁路各 1 座）、特大桥 1 座 1979.4 延米、大桥 1 座 126.22 延米、中桥 20 座 1105.63 延米、小桥 6 座 130.47 延米（中、小桥中含分离式立交桥）、高架桥 1 座 322 米、通道 76 处、涵洞 151 道。1999 年 10 月 30 日建成通车，总投资 8.2 亿元。

第二期工程西南段，起于京珠高速公路李家塘互通立交桥，沿李洞公路南侧上跨 107 国道，西行跨芙蓉南路、大托铺机场铁路专用线、京广铁路、过黑石铺特大桥后抵坪塘、经学士、长丰峡谷、梅溪滩至黄花塘 319 国道互通立交桥，抵绕城高速公路西北段起点，主线全长 28.68 千米，支线由学士互通至长沙二环线罗家嘴互通 3.2 千米。1999 年 12 月 23 日开工。设计主线路基宽 26 米，双向四车道，设计时速 100 千米，设计车辆荷载：汽车-超 20 级、挂车-120；建特大桥 2 座 3672 延米、大桥 1 座 272.3 延米、中桥 19 座 1187.75 延米、小桥 8 座 217.52 延米、天桥 11 座 574 延米，分离式立交桥 18 处，通道 82 道 2845 米、涵洞 160 道 6195.5 米、渡槽 2 座 484.6 米。全线设置黄花塘、学士、坪塘、洞井互通。2004 年 5 月 27 日竣工通车，总投资 10.74 亿元。

第三期工程东北、东南段，均为双向四车道，路基宽度 26 米，设计时速 100 千米，辖 7 个大型互通、5 个出入口。东北段全长 13.2 千米，起于京港澳高速杨梓冲互通，在新屋里跨捞刀河后，在朱家湖折向东南，经毛家岭、回龙乡、虎塘、东塘、长塘，于南冲塘与长株高速公路起点黄花互通相连；东南段全长 12.6 千米，起于京港澳高速公路李家塘收费站，沿同升湖别墅群布线至黄坡塘，在罗家洲跨越浏阳河后折向东北，经北风屋场、城隍庙再经楠竹山、雷公坡，最后在路边塘与黄江公路相接。两段均于 2010 年 3 月动工，2013 年 12 月竣工通车。工程总投资 24.41 亿元。

六、S40 长沙机场高速公路

长沙机场高速公路，西起长潭高速公路雨花（原名赤新）互通式立交桥，连接长沙市雨花大道，东止黄花国际机场跑道西侧，途经雨花区黎托乡、长沙县㮾梨镇、干杉乡、黄花镇，全长 17.4 千米（含连接线 2.2 千米）。

2001 年 9 月开工，设计路基宽 26 米，双向四车道，全部控制出入，路面为沥青混凝土结构。设计时速 100 千米（匝道 40 千米），最大纵坡 2.1%，最小平曲线半径 2000 米。车辆荷载：汽车-超 20 级、挂车-120。建大桥 1 座 315 延米、㮾梨高架桥 1 座 320.5 米、中桥 5 座、小桥 10 座、涵洞 91 座㮾梨互通式立交桥 1 处。建设单位投资 2000 万元安装综合监控系统，对全线路况和交通运行情况实行 24 小时监控；投资2000万元设置路灯500盏、巨型电子屏、40对灯塔式广告位，桥梁安装彩色光带，成为湖南首条全线亮化的高速公路。2003年9月2日竣工通车。总投资7.65亿元（市财政拨款1.8亿元、银行贷款4.71亿元、其余为市环路建设开发总公司自筹）。

七、S41长潭西线高速公路

长沙至湘潭西线高速公路，是湘江西岸长沙与湘潭市相连的快速通道，湖南首条由澳门凯旋国际投资有限公司独资建设的高速公路。

北起长沙岳麓区含浦镇，与长沙绕城高速公路学士联络线顺接，南与湘潭域内的潭邵高速公路湘潭互通联络线相连，全长27.95千米。长沙段20.56千米，起于望城区含浦镇斑马村，与长沙绕城高速公路学士联络线顺接，往西南经庙嘴上，于青草冲以东跨赤江，过含浦中学西侧后转向东南，经燕子窝以西跨靳江河抵坪塘镇。

图20-2-2-4 S41长潭西线高速公路

（摄于2007年，长沙交通运输局供图）

2004年6月19日动工，全线按高速公路标准设计，路基宽26米，双向四车道，设计时速100千米；全线建特大桥、大桥各1座、中桥7座、小桥5座，上跨天桥16座，通道45道、涵洞90道；设置学士、栗山塘、白泉和含浦站互通立交（出入口）及附属设施。2007年2月6日竣工通车，总投资8.6亿元。

八、S21长株高速公路

长沙至株洲高速公路，系《湖南省公路网规划》长株潭融城重要基础工程之一，亦为湖南招商引资、采取BOT（私人资本参与基础设施建设，向社会提供公共服务的一种投资方式）模式，由民营资本投资的高速公路。

起自长沙县黄花镇，南抵株洲龙头铺镇，全长41.63千米（主线长36.71千米，株洲连接线4.97千米）。市域段依次经黄花、䅟梨、干杉、黄兴、跳马、柏加等乡镇，计25千米。

2006年10月30日动工，设计路基宽26米，双向四车道，路面为沥青混凝土结构。设计时速120千米，连接线按一级公路标准建设。全线建大桥4座295.24延米，中桥3座202.12延米，小桥3座136延米，涵洞91道；分离式立交16座1202.36米、互通式立交（出入口）5处（黄花、䅟梨东、干杉、仙人市、团头）、通道66道、人行天桥及车行天桥24座。2010年8月31日竣工通车，总投资25.85亿元。

九、S20大浏高速公路

大围山（湘赣界）至浏阳高速公路，系湖南省"五纵七横"高速公路网中的一段。东接江西省南昌至铜鼓高速公路，西连长沙至浏阳高速公路。起于浏阳大围山东麓铁树坳，西经张坊镇上洪村、张坊镇、官渡镇，于沿溪镇跨大溪河，经浏阳农业园、古港镇、溪江乡至杨溪水库，穿越道吾山隧道后经焦溪乡至砰山，全长83.64千米。2009年5月27日开工，主线设计时速100千米，路基宽26米，双向四车道。建特大桥1座1228延米，大桥44座1.29万延米，中小桥15座1006延米，天桥5座399米，涵洞384处1.69万米，隧道10座（单洞长1.27万米）。全线设置张坊、官渡、古港、蕉溪、砰山6处互通式立交（出入口），停车区、服务区各2处，监控通信分中心1处，养护工区2处及附属设施。

为降低生产成本，提高工程质量，大浏高速公路建设开发公司建立大型预制梁场，开启省内高速公路桥梁板集中预制之先河。首次集中引进数控筋弯箍机、数控钢筋弯曲中心、钢筋定位器和钢筋笼自动滚焊机等专业设备，减少钢筋损耗，提高加工机械设备的利用率。2012 年 12 月 23 日竣工通车。总投资 65.99 亿元（银行贷款、交通部补助、省自筹）。

图 20-2-2-5 S61 长湘高速公路

（摄于 2012 年，长沙市交通运输局供图）

十、S61 长湘高速公路

京珠复线长沙至湘潭高速公路，是湖南省“五纵七横”高速公路网的第三纵岳阳（湘鄂界）至临武（湘粤界）高速公路的重要路段，湖南首条双向六车道高速公路，中国交通运输部资源节约、环境友好科技示范工程。

起于长沙望城县茶亭，北接岳阳至长沙高速公路，于铜官跨湘江，经新康、乌山（望城县西侧），至简家坳与长常高速公路相接，再从简家坳经白箬铺、道林、响塘，抵湘潭塔岭，与潭衡西线高速公路对接。主线全长 74.9 千米（长沙市域 61.62 千米，湘潭市域 13.28 千米）。

2009 年 10 月 23 日动工，主线采取双向六车道高速公路标准，设计时速 120 千米，路基宽 34.5 米。全线建特大桥 2 座 9813.5 延米，大桥 22 座 5323.52 延米，中桥 19 座 1208.44 延米，匝道桥 20 座 2574.69 米，分离式立交桥 11 处 696.44 米，通道 195 道 7714.06 米，涵洞 276 道 1.1 万米。设铜官、望城、乌山、简家坳（枢纽）、白箬铺、莲花、响塘、塔岭（枢纽）8 座互通式立交桥（出入口）；全线设分离式隧道 5 座 3220 米。建铜官连接线 1 条 5.273 千米，二级公路标准，设计时速 80 千米，路基宽度 12 米。建管理处 1 处、服务区 2 处、管养工区 2 处及附属设施。

长湘高速公路建设开发公司在建设中优化设计方案，置换具开发价值的土地 86.67 公顷、减少临时用地近 100 公顷；改进全线清淤回填方式，节约资金 3000 万元；更新盖梁箍筋设置形式，节约 1500 吨普通钢筋、资金 600 万余元；李家冲隧道免撤 3 座 50 万伏高压电力塔，缩短工期 6 个月；隧道均采用零仰坡进洞法（一种环保型隧道施工方法），洞口减少土石方开挖 1.28 万立方米，保护植被近万平方米，建生态水沟、阻污带、生态隔离栅等设施，防排各类污染物。绿化景观设计采用点、线、面结合，突出湖湘文化理念。2012 年 12 月 26 日竣工通车。总投资 76.9 亿元（中国交通部、湖南省财政及银行贷款）。

图 20-2-2-6 浏醴高速引进德国进口沥青路面双层摊铺现场

（摄于 2012 年，长沙市交通运输局供图）

十一、S11 浏醴高速公路

浏阳至醴陵高速公路，为《湖南省高速公路规划网》“七纵九横”第一纵岳阳至汝城中的一段。主线全长 99.2 千米。市域段北起浏阳黄泥界，南抵醴陵，依次经浏阳社港、龙伏、沙市、北盛、洞阳及长沙县江背、浏阳镇头、普济 8 个乡镇、于洞阳枫江桥跨长浏高速公路，全长 80.96 千米（浏阳市 74.68 千米、长沙县 6.28 千米）。

2009 年 12 月 28 日开工，设计路基宽 26 米，双向四车道，设计时速 100 千米，路面为沥青混凝土结构。建特大桥 1 座 1461 延米，大桥 49 座 1.43 万延米，中桥 3 座 227 延米，通道 133 座，涵洞（管）127 处，渡槽 1 处，分离式立交桥 8 座 630 延米。设互通式立交（枢纽出入口）9 处 972 延米，其中社港、沙市、北盛、枫江桥与长浏高速公路衔接，江背、跃龙、普济、官庄、板杉分别与醴茶、醴潭高速公路衔接。设养护工区 2 处（北盛、普济）、服务区 2 处（北盛、官庄）及附属设施。

浏醴高速公路建设公司采用钢波纹管通涵、预制装配式盖板涵、SNS 加强型主动复合防护系统、桥面铺装钢筋焊接网、气泡混合轻质土等科技设计成果，提高工程质量，节约建设成本。首次从德国引进沥青路面双层摊铺机，不需添加任何黏合剂，即可实现沥青路面上层和中层有机结合，工期节省 50%。2012 年 12 月 23 日竣工通车。总投资 76.97 亿元（银行贷款）。

表 20–2–2–1　　1992—2012 年长沙市高速公路建设一览表

序号	路线编号	线路名称（简称）	起 止 点	里程(千米)	开工时间	通车时间
1	S20	长永高速	长沙县牛角冲—浏阳市永安镇红旗村	26.29	1992 年 9 月	1994年12月
2	G4	长潭高速	长沙县牛角冲—湘潭市岳塘区挫刀岭	26.71	1994年7月	1996年12月
		临长高速	长沙县向家—长沙县牛角冲	48.45	2000年5月	2002年11 月
3	G5513	长益高速	望城县东方红乡—宁乡县桃林桥乡	31.32	1995 年 12 月	1998年7月
4	G0401	长沙绕城高速西北段	岳麓区黄花塘—长沙县杨梓冲	35.08	1996年12月	1999年10月
		长沙绕城高速西南段	雨花区李家塘—岳麓区黄花塘	28.67	1999年12月	2004年5月
		长沙绕城高速东北段	长沙县安沙镇—长沙县黄花镇	13.20	2010年3月	2013年12月
		长沙绕城高速东南段	长沙县干杉镇—雨花区李家塘	12.60	2010年3月	2013年12月
5	S40	长沙机场高速	长沙县黎托—长沙黄花机场	17.40	2001年9月	2003年9月
6	G60	醴潭高速	浏阳市新元村—株洲市石峰区白马村	11.00	2004年5月	2007年11月
7	S41	长潭西高速	长沙市岳麓区含浦镇—湘潭县坪塘镇	20.56	2004年6月	2007年2月
8	S01	韶山高速	韶山市槐新村—宁乡县大屯营乡	4.00	2004年12月	2008年12月
9	S21/G0401	长株高速	长沙县黄花镇—长沙县跳马乡	25.00	2006年10月	2010年8月
10	S30	长浏高速	浏阳市金刚镇—浏阳永安镇西	65.32	2008年10月	2013年10月
11	S20	大浏高速	浏阳市洞阳镇—浏阳市张坊镇	83.64	2009年5月	2012年12月
12	S61	长湘高速	望城县茶亭—湘潭县响塘镇	61.62	2009年10月	2012年12月
13	S11	浏醴高速	浏阳市黄泥界—浏阳普迹镇团结村	80.96	2009年12月	2012年12月
合计				500.70		

说明：未计 2013 年通车里程

第三节　国省道改建

一、106 国道

北京至广州线（简称京广线），市域段自黄泥界经山田、蕉溪、大瑶至界口石洋坪，全长 98.11 千米。改建前黄泥界至集里段多为砂石路面，集里至大瑶段 25.5 千米与 319 国道重叠，全线公路技术等级较低，有三级 11.4 千米、四级 86.71 千米。

1988—1992 年，先后完成大瑶至界口 11.4 千米、黄泥界至集里段 55.6 千米等外路的改建，改后为三级公路，路基加宽至 9 米，砂石路面改建为沥青路面，投资 596 万元；1997 年，投资 450 万元拓宽改建浏阳市进出口 5.4 千米为水泥混凝土路面，技术等级提高到二级；2001 年，投资 700 万元将沿线洋春、淳口、山田、大瑶、金刚等镇油路段改建为水泥混凝土路面；2002 年，投资 80 万元将大瑶镇水泥路北延 1 千米。2004—2005 年，浏阳市将黄泥界至社港段 12.278 千米，浏阳花炮广场至浏阳河大桥、荷花至杨家弄段 6.5 千米改建成二级公路。

2008—2009 年，省市公路部门投资 8284 万元，改建大瑶至界口 14.09 千米为二级公路，水泥混凝土路面。2009 年始，投资 1.85 亿元，按二级公路标准改建龙伏镇至浏阳蕉溪路段，全长 32.48 千米，设计时速 80 千米，改建后，路基宽 12 米，为水泥混凝土路面。成为省级文明样板路。2011 年，投资 551.96 万元，改造万家坳至枫林、枫林至大瑶两段为二级公路，混凝土路面。

至 2012 年，该路技术等级：二级公路 69.96 千米、三级公路 3.18 千米、四级公路 24.97 千米；路面类型水泥路面 62 千米，沥青 19.34 千米，沥青表处路面 16.77 千米，全线建桥梁 37 座 1129.76 延米。

二、107 国道

北京至深圳线（简称京深线），市域段自长沙县青山铺经星沙、四方坪、东塘至九曲黄河，全长 68.92 千米（含城市道路 22.32 千米）。老路多为三级和四级，路窄、弯多、坡陡，平均时速约为 30 千米，且与京广铁路多处相交，车辆阻塞严重，交通事故多发。

1987—1988 年，省公路局投资 353 万元，改建市东大门 G319 五里牌至东屯渡大桥 2.74 千米，路基加宽至 23 米，为混凝土路面。

1988 年起，按照交通部颁布的新标准，全线分期、分段实施改建，并配套 GBM 工程。新线从青山铺达张公岭，抵五里牌，经八一路、韶山路至东塘。北起长沙县青山铺，经唐田、鼎功、水塘、望新乡至郊区东岸乡张公岭，全长 34.53 千米。设计时速 80 千米，其中兴建 13.78 千米，改建 20.13 千米，1988 年 7 月动工，1991 年 9 月 20 日建成通车，建大桥 1 座 278 延米，小桥 10 座 227 延米，总投资 6612.9 万元。

1993—1995 年，分期、分段将油路改造为水泥路面。修建长潭高速公路时，利用牛角冲至张公岭 4.24 千米，G107 改道从星沙出，利用长永高速公路 6 千米进入市区四方坪沿东二环至新中路口，其中星沙至东塘 13.92 千米为城市道路。

2000 年，建设中信新城，改建大托机场口至中信新城 2 千米，路面拓宽至 60 米，沥青混凝土路面；2004 年，投资 5600 万元，改建东塘至红星市场 8.4 千米，路面拓宽至 60 米，沥青混凝土路面。竣工后，将其归属长沙市政。2006 年为提升长沙出城口标准，投资 200 万余元，改建长沙经济技术开发区（南起芙蓉区，北至板桥）段 320 米，路面加宽至 16~46 米，沥青混凝土路面。同年，改造南拓岭至九曲黄河段4.06千米为文明样板示范路。2007年，投资223万元，将中信新城2千米改造为一级公路。

2009—2012年，为使G107长沙段绕避城区，实施南粉墙至黄兴段调规兴建工程。新线途经星沙、黄花、安沙、果园、路口、福临、白沙7个乡镇，全长50.16千米，投资约10.75亿元，分3期施建。

黄兴大道北延线一期工程，起于黄兴大道与星沙滨湖南路角点龙角湾，止于长沙县县道路青线（路口至青山铺），长约24.26千米，起点至规划毛塘工业园连接线段采用一级公路标准（长8.5千米），设计时速80千米，路基宽26.5米，沥青混凝土路面。规划毛塘工业园连接线至终点段，采用二级公路标准，设计速度80千米，路基宽15米。该工程是全国农村公路中首个代建项目，也为长沙县首批代建项目的试点工程，2009年9月开工，2011年9月29日竣工通车，总投资4.5亿元。

黄兴大道北延线二期工程起于长沙县县道路青线北80米，终点晏家冲与金开线相接，全长20.08千米，途经路口、福临、白沙等乡镇。预留与福临、开慧两条联络线的接线条件，采用二级公路标准，设计时速80千米，路基宽12米，沥青混凝土路面，建中桥1座。中国铁路建设集团采用投资、建设、回购的合作模式，开启央企对接之新路，投资2.5亿元，于2011年6月开工，2012年12月竣工通车。第三期工程，全长5.92千米，投资3.75亿元，于2012年6月开工。

2012年，省市交通部门投入3865万元，改造中信新城至暮云市段9.4千米，路面加宽至14~17米，为沥青混凝土路面。

至2012年，该线建一级公路24.32千米，二级公路44.6千米；水泥混凝土路面44.6千米，沥青混凝土路面24.32千米，有桥梁13座701.8延米（未含南粉墙至黄兴调规兴建工程）。

三、319国道

厦门至成都线（简称厦成线），市域段自浏阳市东风界，经大瑶、集里、永安镇、长沙市四方坪、湘江北大桥、溁湾镇、望城坡、望城县惊马桥至宁乡县菁华铺，全长146.83千米（2001年第二次公路普查后，原319国道长沙市五里牌至浏阳集里77.93千米改为国道106线）。改建前，路面状况差、技术等级低。

1988年起，全段以提高公路等级为目标，进行裁弯、降坡、拓宽改造，20世纪90年代初期完成。改造后，路基增至8.5~12米宽，均为沥青表处路面，三级公路标准。其后转入以提高路面质量为目标的第二阶段改造。浏阳市、望城县、宁乡县公路段、市郊区公路段各自对所辖路段进行路面改造。市郊区公路段按二级公路标准对市东、西出入口再行加宽，路面加宽至14米，改建为水泥混凝土路面，缓解城市进出口压力。

1992年，公路部门投资641万元改建望城坡至黄花塘7.55千米为水泥混凝土路面，为一级公路；投资878万元改建黄花塘至惊马桥15.26千米为沥青混凝土路面，二级公路，路面宽8米。是年，浏阳提出“以路兴县”方略，沿G319线易地启建浏永公路。该路西起永安接长永高速公路，经礼耕、和丰、仁横、毛里、高升、万半山水库，过蕉溪岭隧道群至八仙村五里牌，止于浏阳城区集里桥，全长33.09千米（2001年公路普查时为32.24千米），比原319国道缩短17千米，按一级公路线型、二级公路标准设计，路基宽15米，路面为水泥混凝土结构，宽14米，设计时速100千米。建中桥120.07延米/3座，小桥185.5延米/7座，涵洞8018米/186座，斜井183.1延米/1座，通道80处，立交桥2座，建蕉溪岭隧道群3900米，全线投资2.70亿元（交通部5500万元、湖南省交通厅5000万元、长沙市财政400万元、浏阳市财政1800万元，原路收取车辆通行费3614万元、贷款8406万元，其余自筹）。建设中组织5000多名民兵义务投劳，发动群众集资2340万元。工程于1996年8月竣工通车。同年投资1781万元改建惊马桥至青华铺 24.72 千米为混凝土路面，二级公路，路面宽 8 米。

与浏永公路建设紧密衔接沿 319 国道易地启建浏大公路，西起浏永公路禧和广场，经百宜、唐洲、掌山、天子坡、芳草地、潭水、坑背、何家湾，止于湘赣交界地东风界。其主线长 31.374 千米（2001 年公路普查 31.43 千米），支线长 1.01 千米。主线包括：一级公路 5.53 千米，浏阳城区禧和岭至掌山段（包括 1036 米天马特大桥），路基宽 24.5 米，路面宽 21 米，设计时速 100 千米；二级汽车专用公路 25.9 千米（包括 871 米天马山隧道），路基宽 15 米，路面宽 14 米，设计时速 80 千米。全线建天马（浏阳河）特大桥 1036 延米/ 1 座、天马山隧道 871 米 /1 座、潭水河大桥 124 延米/ 1 座、中桥 225.64 延米 /5 座、小桥 176.6 延米 /8 座，互通式立交桥 2 座、分离式立交桥 296 米/11 座，路面为混凝土结构。2000 年 12 月竣工通车。总投资 4.6 亿元（交通部和湖南省交通厅 9000 万元，银行贷款 3.32 亿元，其余自筹）。2006 年公路部门投资 554.8 万元，改造黄花塘至惊马桥 15.24 千米为二级公路，混凝土路面，建成文明样板路；2007 年改建宁乡域内喇叭口至汽车站广场 1.2 千米，路面拓宽至 22~24 米，沥青混凝土路面。

2009 年启建 319 国道新干线路段。该段为连接 106 国道和浏阳市工业新城、长沙经济技术开发区主干道，全长 21.84 千米，分为桃花至永安、杨柳至桃花两段，均按二级公路施建。

桃花至永安段，东接 319 国道浏阳至永安公路，西接长沙县开元大道东接线，起于厚余塘，由西向东经西湖村、猪咀岭、丰裕中学、花屋、洋火冲，于易家冲下穿岳汝高速公路，抵易家村跨捞刀河，至桃花垄接永社公路，全长 11.8 千米。设计时速 60 千米，路基宽 15 米，路面为沥青混凝土结构，建大桥 1 座、中桥 2 座。于 2009 年 9 月开工，2010 年 11 月完工，投资 1.84 亿元。2012 年开工建设杨柳至桃花段，起于淳口镇杨柳，与 G106 国道相接，西经七家塘、新屋子、仓场冲绕乐意和波阳花炮厂北侧再经寺泉冲、百家塘、茶园、菖蒲赊、老虎头、黎家屋、清水塘、董家条、三里材，于浏阳市北盛镇桃花永盛大道与永社公路交叉口，向西顺接已建成的桃花至春华公路，全长 9.97 千米，设计时速 60 千米，路基宽度 12 米，路面宽 9 米，行车道宽 2×3.50 米，为沥青混凝土路面，2013 年 9 月完工，投资 1.04 亿元。

2010 年 2 月对浏阳至大瑶公路拓宽改造，分为路面大修和东风界滑坡治理项目施工。大修全长 31.43 千米（其中利用城区段已改造 5.09 千米，实际为 26.34 千米）。按二级公路标准实施，路基宽 15 米，路面宽 14 米，水泥混凝土路面。此次改造只对原有道路平面大修，仍保持原各项技术指标，实际投资 6997.8 万元。东风界滑坡治理投资 1330.63 万元，2011 年 2 月竣工。

2012 年公路部门投资 882.47 万元，改建夏铎铺工业园至喇叭口段 3 千米，技术等级提高至二级，为沥青混凝土路面。

全线建一级公路 29.70 千米，二级公路 88.24 千米；混凝土路面 40.38 千米，沥青混凝土路面 77.56 千米。建桥梁 57 座 2973.51 延米（未含 G319 新干线工程）。

四、S101 长望公路

省道长沙至望城公路（简称长望线），自长沙青山经望城东马至乔口，全长 38.1 千米。

望城县城为省垣卫星城，原来往返省城只能经高塘岭至雷锋公路绕道 319 国道，交通不便，严重制约望城县经济发展。1992 年 11 月，启建直达省城的雷锋大道。南起望城坡 319 国道，北至高塘岭镇旺旺东路，途经天顶、星城黄金、高塘岭等 4 个乡镇 11 个村，全长 16.71 千米。全线按一级公路线型、超二级公路标准设计，路基宽 18 米，集镇段路基宽 60 米。两边路肩各 1.5 米铺装泥灰结碎石，设计时速 80 千米，设计车辆荷载为汽-20、挂-100，建有小桥 14 延米/1 座。以“民工建勤、民办公助”为原则，采取“群众投劳、地方自筹、国家补助、分期施工”组织施工，于 1996 年 10 月竣工通车。工程预算

10842 万元，实际投资 4220.15 万元，节约资金 6000 万余元（湖南省交通厅 1860 万元、长沙市建设委员会 50 万元、望城县财政 1100 万元、银行贷款 515 万元，其余自筹）。1999 年投资 362.81 万元完成配套设施工程。2000 年 12 月完成全线亮化工程。

2005 年，投资 1.2 亿元改建金沙至望城 5 千米为一级公路；2007 年，改建望城至乔口 22.4 千米为混凝土路面；2008 年，将青山至湖南商学院北津学院 5.6 千米改造为沥青混凝土路面；2008—2009 年投资 2.8 亿元，拓宽改造望城至新康 6.96 千米为一级公路，双向六车道，路基宽 60 米，沥青混凝土路面。

2010—2012 年启动雷锋北大道拓改工程，南起沩水桥北，终于乔口镇柳林江大桥南，全长 16.35 千米。分两期实施。一期沩水桥至靖港镇 8.86 千米，投资 2.68 亿元；二期靖港镇至乔口镇 7.49 千米，投资 2.08 亿元。改建后为一级公路，起点沩水大桥至长湘高速公路望城互通段路基宽 32 米，双向六车道，长湘高速公路望城互通至乔口段（靖港、乔口集镇除外）路基宽 24.5 米，双向四车道，为改性沥青混凝土路面，一、二期工程于 2012 年 9 月同时竣工。全线建桥梁 6 座 412.2 延米。

五、S102 长湘公路

长沙至湘阴公路（简称长湘线），系长沙通往湘阴之经济干线，南起廖家渡，北至茶亭，全长 30.87 千米，原线除 1.8 千米四级公路外，其余均为等外路。1998 年湖南省人民政府决定兴建长湘公路，沿老路易地而建，全长 44.94 千米，1999 年 9 月动工。

市域段起于金霞大道与绕城高速公路互通式立交桥，经开福区新港镇、望城县丁字、桥驿、茶亭镇至湘阴交界处，全长 24.66 千米。路基宽 17 米，路面宽 14 米，设计时速 80 千米，设计车辆荷载：汽车–20 级。建大桥 1 座 308.4 延米，中桥 1 座 52.44 延米、小桥 1 座 23.4 延米，涵管 143 道，盖板涵及通道 24 座，倒虹吸 11 座；并将多年失修的金霞大道北段 6.22 千米纳入长湘公路，按城市主干路标准设计，路基宽 25 米，铺装混凝土路面，长湘路长沙段延至 30.88 千米。2002 年 6 月 18 日全线竣工通车，投资 3.59 亿元。

2012 年实施芙蓉大道望城段改建工程，起于梅花岭加油站，终点与湘阴公路对接，全长 3.54 千米，其中，集镇段按 45.5 米宽城市主干路标准，其他按一级公路标准建设，路基宽 30.5 米，为沥青混凝土路面。翌年 9 月竣工，投资 1.12 亿元。全线有桥梁 3 座 381.9 延米。

六、S103 长浏公路

长沙至浏阳公路（简称长浏线），自五里牌至浏阳市集里，全长 77.93 千米。原属 G319 线一段，1992 年先后兴建长永高速公路和浏（阳）永（安）公路。

1991—1997 年，省、市公路局投资 1271 万元，拓宽跃龙至彭家坳段 6 千米和炉前至跃龙段 12 千米，路面铺装沥青混凝土。改建黄花镇 1 千米、黄花至永安 15.42 千米、永安至彭家坳 9 千米及永安镇 2.42 千米、机场 0.95 千米、马坡岭 0.3 千米、郊区段 1.9 千米，铺装水泥混凝土路面；2003 年，投资 3280 万元拓宽改建东屯渡至黄花机场口 21.98 千米；2004 年，投资 197 万元改建江背镇 1.4 千米，同年拓宽改建跃龙至平水 26 千米为二级公路，路面宽 12 米。2005 年投资 3298 万元，改建黄花机场口至彭家坳 28.7 千米，同年将五里牌至东屯渡拓宽改建成一级公路，路面宽 60 米；2008 年，省市公路部门投资 1309.43 万元，拓宽改建彭家坳至跃龙段 4.55 千米，设计时速 60 千米（局部 40 千米），为二级公路技术标准，路基宽 9 米，路面宽 8.5 米，水泥混凝土路面。全线建桥梁 12 座 479.7 延米。

七、S206 桃菁公路

桃江县至宁乡县菁华铺公路（简称桃菁线），市域段自宁益桥至菁华铺，长 18.29 千米。

1995 年，省、市公路局投资 241 万元，改建煤炭坝集镇 3 千米为二级公路，混凝土路面。1997 年，投资 982 万元，改建煤炭坝至菁华铺 11 千米为二级公路，混凝土路面。2004—2005 年，投资 509 万元，改建宁益桥至煤炭坝 4.105 千米为水泥混凝土路面。2010 年，投资 2300 万元，将全线改造为二级公路，路基宽 11 米，路面宽 8 米，沥青混凝土路面，设计时速 60 千米。全线建小桥 2 座 35.6 延米。

八、S207 三黄公路

平江三阳至黄花公路（简称三黄线），市域段自长沙县茶子坪，经金井、高桥、春华至黄花镇，长 56.08 千米。

1996 年，省、市公路局投资 65 万元，改建春华镇 0.9 千米，路基拓宽至 10 米，混凝土路面。2000 年 8 月投资 230 万元，改建金井镇 3.5 千米，路基拓宽至 14 米，混凝土路面。2004 年投资 120.02 万元，将长平路口 1.4 千米改建为水泥混凝土路面。

2005 年 3 月，长沙县以招商修路方式，与湖南愿景公司投资合作改建全线。起点茶子坪至园家塘（与开元路交叉口）为二级公路，其中起点至金井镇 12.1 千米路基宽 12 米，路面宽 9 米；金井至园家塘 37.2 千米路基宽 15 米，路面宽 12 米；园家塘至终点黄花镇 4.4 千米为一级千米，路基宽 26 米，2005 年 12 月开工，2007 年 11 月竣工，投资 4 亿元。全线建桥梁 5 座 283.2 延米。

九、S208 学七公路

学堂桥至七里铺公路（简称学七线），市域段自宁乡县学堂桥至观音湾，长 32.05 千米。

该线是国道 G319 和 G320 的联络线，也为通往毛泽东故居、刘少奇故居的红色旅游公路。于 1991—1993 年拓宽改造，路基宽 12 米，路面宽 9 米，2000 年完成水泥路面硬化。但技术标准较低，存在部分弯道和坡道设计不合理、配套设施不全等缺点。2005 年，省公路局投资 256.59 万元，由长沙市、宁乡县两级公路局共同改建宁乡至南田坪 15 千米，建成文明样板路。2006 年，投入 328.65 万元，改建南田坪至朱石桥段 17.05 千米，建成文明样板路。全线建桥梁 4 座 62.1 延米。

十、S209 宁太公路

宁乡至太平寺公路（简称宁太线），市域段自宁乡互通经横市、唐市、青山至王家坳，长 83.37 千米，多为三、四级公路，重点改建工程分为两段实施。

宁横段，原属省道 1810 线，穿行宁乡腹地，是宁乡至涟源的重要通道，但因技术标准低，且不少路段穿越集镇，通行不畅。1994 年 4 月，宁乡县拟定易地修建二级公路。兴建线路起于宁乡县汽车站，连接 G319 线和长（沙）常（德）高速公路，经候旨亭、万寿山、回龙铺、大成桥、双凫铺，至横市与原 1810 线相接，全长 40.33 千米，1996 年 10 月动工，次年 10 月建成通车。1998 年 5 月 1 日起将宁横公路的建设经营权由长沙市环路建设开发有限公司收购，并承担全部债权、债务。市环路建设开发有限公司决定提高标准，按二级公路标准设计，全长 40.33 千米，其中新增长（沙）益（阳）高速公路互通接线 2.42 千米。路基由原 12 米增加到 17 米，路面净宽 15 米，设计时速 80 千米，1999 年 4 月动工，2002 年 12 月 26 日竣工通车。建高架桥 1 座 525 米，中桥 2 座 88.1 米，小桥 4 座 191.5 米，投资 3.4 亿元。2011 年计划投资 5022.84 万元，改建宁乡高速互通至横市段，已实施大修 8.7 千米、小修 24 千米，并建成文明样板路，宁乡互通至白马桥城区段未启动改建。

横王段，2009—2011 年实施改建，起于横市镇，顺接 S209 宁横公路，沿既有 S209 线往南经老粮仓、唐市、流沙河、青山桥至宁乡与湘乡交界的王家坳。其中经老粮仓、唐市、流沙河、青山桥等集镇段均改线，全长 36.5 千米。全线按二级公路标准建设，路基宽 12 米，路面宽 10.5 米，混凝土路面，设计时速 80 千米，投资 2.63 亿元。改建后，全线长 76.83 千米。全线建有桥梁 19 座 472.7 延米。

十一、S211 跃石公路

跃龙至石岗坳公路（简称跃石线），市域段自浏阳市跃龙至北星，长 21.18 千米。

原为四级公路，砂石路面。1990 年，省、市公路局投资 230 万元，全线改造为沥青混凝土路面。1999 年，投资 70 万元，改建北星段 1.28 千米为混凝土路面。2001—2002 年投资 300 万元，改建杨眉坳至北星 5.18 千米。2009—2010 年，投资 2894.06 万元，改建镇头至北星 21.18 千米、跃龙至镇头 7.38 千米。其中镇头镇路面宽 12 米，北星镇路面宽 8 米，非集镇路基宽 12 米，全线建桥梁 4 座 208.7 延米。

十二、S311 湘新公路

安化至湘乡公路（简称湘新线），市域段自湘乡坳起经宁乡县青山桥、龙田至百花坳止，长 39 千米。

1968—1972 年修建田坪水库时，该路有 2.5 千米被淹没，中断交通 16 年。1987—1988 年，公路部门投资 99 万元，改建此路为四级公路，砂石路面。2008—2010 年，投资 3932 万元，按照二级公路技术标准，设计时速 80 千米，改造湘乡坳至青山桥段 11.38 千米，路基宽达 10 米，路面宽 8.5 米，为混凝土路面。全线建桥梁 8 座 155.2 延米。

十三、S230 灰黄公路

宁乡灰汤至黄材公路（简称灰黄线），起自宁乡县灰汤镇省电力疗养院，途经偕乐桥、双凫铺、横市镇，止于黄材青羊湖水库，全长 43.95 千米。是连接国际旅游度假胜地——灰汤和省级风景名胜地——沩山的黄金之路。

改建利用县道候老线（编号 X096）偕乐桥至灰汤段 5.78 千米、S209 双凫铺至横市段 6.76 千米，横市至黄材段为新线，实际建设里程 31.41 千米，全线按二级公路标准建设，路基宽 12 米、路面宽 9 米，水泥混凝土路面，设计时速 60 千米，共建桥梁 9 座 399.2 延米（中桥 7 座 361.8 延米，小桥 2 座 37.4 延米）。2009 年 5 月开工，同年底竣工，总投资 1.97 亿元。2012 年列入省道管养。

第四节 县乡村道建设

一、县道

1988 年，长沙市境内有 115 条县道通车里程 1567 千米。按技术等级分，三级公路 19 千米、四级公路 1051 千米、等外公路 497 千米。等级公路 1070 千米，占比 68%。按路面结构分，高级、次高级路面 216 千米，中级路面 1246 千米，低级路面 102 千米，无路面 3 千米；高级、次高级路面占 14%，中低级以下路面 1351 千米占 86%。

20 世纪 80 年代末，采取以工代赈等多种投资形式进一步改善县乡公路的质量。1989 年，省公路局投资 12 万元，将县道横雷线（宁乡县横市与省道 S209 相接，全长 59 千米，宽 6 米）中一段砂石路面改建为沥青表处路面；省公路局投资 323.73 万元分别将该线中的 4 段砂石路面 35.3 千米改建为沥青表处路面；省公路局、宁乡公路段、当地乡镇自筹共投资 272.6 万元将该线沥青路面改建为混凝土结构。至 2000 年，全市（含长、望、浏、宁及芙蓉、雨花、天心、开福、岳麓等五区）县道通车里程 1608.91 千米，其中技术等级一级 3.24 千米、二级 14.70 千米、三级 114.96 千米、四级 1108.72 千米、等外公路 367.29 千米，技术等级公路增至 1241.62 千米，等级公路占比提升到 77%。按路面结构，高级、次高级 894.52 千米，中级 683.14 千米、低级 31.25 千米，高级、次高级路面占比提升到 56%。

21 世纪初起，为统筹城乡协调发展，拉动经济快速增长，各县市区相继编制《2001—2020 年农村道路发展规划》，资金由国家、省补助，市、县、区负责配套，乡、村自筹或投劳。其中县道每千米由 4 万元提高到 60 万元，农村公路得以前所未有的快速发展。2001 年，交通部、长沙县投资 1910 万元，改建县道江秋公路江背至五美段 21.37 千米为三级公路，路基加宽至 12 米，为混凝土路面；2002—2011 年，先后共投资 5737.08 万元，将该线五美至县道 035 线交叉口处 22.85 千米按三级公路标准改建，为 8 米宽沥青混凝土路面。同期投资 1.33 亿元建设花木产业带县道青团公路（青草至团头）。该路地跨长沙县、浏阳市、雨花区，以浏阳柏加镇为中心，全长 101.8 千米，由简易公路改建为三级公路，路基宽 9 米，路面宽 7 米，多为沥青表处路面。沿线花木业快速成长，形成以柏加为中心的花木产业基地。投资 9300 万元将县道宁灰公路（宁乡县二环南路白马桥至灰汤电力疗养院，全长 39.19 千米）改建为三级公路，成为宁乡县西域重要经济干线，亦为一条旅游精品线。

至 2012 年，全市县道 213 条，通车里程 1547.73 千米，其中技术一级公路 44.06 千米、二级53.09 千米、三级 142.68 千米、四级 1264.11 千米、等外 43.80 千米。技术等级公路 1503.94 千米，占比提升至 97%。路面结构，高级、次高级 1364.58 千米，中级 180.39 千米，低级为零，无路面 2.76 千米。高级、次高级占比提升到 88%。

二、乡道

1988 年，在改建提质中，市辖 239 个乡镇有乡道 80 条，通车里程 2113 千米，其中四级 457 千米、等外 1656 千米，技术等级公路占 22%；路面结构高级、次高级 21 千米，中级 691 千米，低级 1228 千米，无路面 173 千米，高级、次高级路面占 1%。1989 年开始，资金投入向边远山区乡镇公路建设倾斜。

1992—1998 年，交通部门投资 488.48 万元，将浏阳市大围山镇乡道东泥线（东门集镇至泥坞村）全长 15.03 千米，原为简易砂石路，改建为四级公路；先后投资 2850 万元，将泥坞至玉泉寺 14 千米改建扩宽、铺设沥青路面，又将玉泉寺至七星岭、双溪 20.5 千米改建为混凝土路面（10 千米）和沥青路面（10.5 千米）。自此，大围山森林公园自东向西全部贯通。同期对宁乡县黄材至沩山乡道实施改造，该路长 10.7 千米，原为砂石简易公路，祖塔至沩山 9.7 千米所经之处全是山岩，地势险峻，改建难度极大。先投入 144 万元建成该段毛路，但因坡陡、弯急、路窄、路面差，每遇恶劣天气无法通车。接着又投入 180 万元将该段建成四级公路，并向附近山村延伸 11 千米。2001—2003 年，宁乡县交通局投资 1800 万元将黄沩乡道 21.7 千米全部建成三级公路，路基宽 7.5 米、路面 6 米宽混凝土路面。该 2003 年，全市乡道通车里程增至 2591.89 千米，其中三级 35.21 千米、四级 742.3 千米，等外 1814.38 千米，技术等级公路达 777.51 千米，占比提升到 30%；路面结构高级、次高级 349.05 千米，中级 986.09 千米，低级 1211.95 千米，无路面 44.8 千米，高级、次高级路面占比提升到 13%。

2004 年后，乡道补助资金由每千米补助 4 万元提高到 50 万元。着重完善乡道与县道、省道、城市道路、高速公路、乡道与乡道、村道网络化联通，陆续启动农村公路“文明路”“标准示范路”工程，开拓乡道建设的新局面。2004—2006 年，投资 1880 万元修建捞刀河镇乡道环镇公路 37.6 千米，成为开福区捞刀河镇一条主干道。该路北接县道长青线，东连长沙县安沙镇 107 国道，西接芙蓉北路、南抵城市主干道二环线，连通该镇 32 个村，惠及 5 万余村民，其技术等级为四级，路面结构为高级。同期，浏阳市投资 10 亿元，将 4 条乡道浏东（浏阳至大围山镇）、大文（大瑶镇至文家市镇）、浏跃（浏阳至跃龙镇）、永社（永安镇至社港镇）总里程 169 千米全部拉通，彻底打破交通瓶颈，形成一小时快速通道，大大缩短城乡距离。统筹城乡发展的重大项目黄兴大桥建成通车，使花木、水产、茶叶、优质稻四大产业带公路网初具规模。随着农村公路建设持续快速推进，2010年，全市121个乡镇通水泥路（油路）。2012年，全市101个乡镇建成乡道519条，通车里程增至2707.57千米，其中二级0.77千米、三级22.48千米、四级2470.49千米、等外213.83千米，技术等级公路达2493.73千米，占比提升到92%；路面结构高级2253.49千米、次高级41.15千米、低级412.92千米，高级、次高级2294.64千米，占比提升至85%。

三、村道

20世纪80年代后期至90年代，长沙市将扶贫公路建设列入为民办实事十大项目之一，市交通局统筹规划，并派工作组入驻乡村和扶贫点，分期组织实施。资金筹措坚持“政府牵头、地方集资、群众投劳、民办公助”方针，市、县、乡三级各三分之一分摊的办法，每千米补助4万元。1991—2000年，累计投资11亿元，修建全市3111个行政村的公路4126条1.07万千米（按当时标准统计包括40个扶贫村公路289千米），其中，路基宽4.5米以上的304条983.56千米，4.5米以下的3822条9718.49千米，在全省率先实现村村通公路。但此时所建村道皆未入技术等级公路。

2001—2006年，随着农村公路建设资金补助的大幅度提高（村道每千米补助资金由4万元增至30万元），村道建设进入黄金发展期，实现量和质的飞跃，公路技术等级由等外公路提升到入级公路，路面结构由无路面提升到有路面到次高级、高级路面。全市村道调整和改造任务十分艰巨，省、市将农村公路建设作为“八件实事”之一，下达绩效考核指标，市交通局统一规划、部署、检查考核，各县、市、区、乡镇组织实施，快速而稳步推进。至2006年，全市村道公路通车里程6229.87千米，其中入级公路三级25.53千米，四级654.13千米，等外5550.21千米，技术等级公路679.66千米，占11%；路面结构高级、次高级1932.76千米，未铺装路面4297.11千米，高级、次高级路面占31%。

2007年后，村道建设持续加快，在通村公路建设基础上向通村组发展，提升等级公路率和高级、次高级路面率，并致力推进“文明示范路”“标准示范路”工程，提高公路绿化、美化水平，使之与县道、乡道相连接、相辉映。2007—2008年，浏阳市投入696万元将村道杨老公路19.6千米由砂石路改造为水泥路，该路贯通杨花乡观阁、迎新、香禾、三元宫、大丰、老桂、官山等7个村，使诸多山寨之门由通而不畅到畅通无阻。2010—2011年，长沙县投资100万元（县50万元、镇20万元，村组30万元）将村道木炭公路（木鱼神至炭盘山），改建为水泥混凝土路。该路全长仅2.5千米，却连接14个村民小组，385户农家，1464个村民。木鱼神大屋为晚清时期建筑，2012年列入全国特色景观旅游名村。交通的改善和畅通，使当地农业、旅游业日益兴旺起来。至2012年，全市村道达3989条，通车里程增至7958.99千米，其中一级0.71千米、二级3.35千米、三级9.61千米、四级5580.80千米、等外2364.53千米，等级公路5594.47千米，等级公路率提升到70%；路面结构高级、次高级路面率提升至60%，全市1170个行政村实现通畅率100%。

表 20-2-4-1　　2012 年长沙市农村公路分布一览表　　单位：千米

项目	线路编号	条数	总里程	技术等级					有路面里程						无路面里程
				等级公路				等外公路	合计	高级	其中：水泥路	次高级	中级	低级	
				一级	二级	三级	四级								
合计		4666	12214.29	44.77	57.22	174.76	9315.39	2622.16	12214.29	8333.15	8236.29	61.99	3810.81	—	8.34
浏阳市	县道 X001–X143	35	328.35	—	—	19.84	287.85	20.66	328.35	257.06	257.06	6.62	64.67	—	—
	乡道 Y001–Y141	96	749.84	—	—	2.88	688.5	58.47	749.84	565.95	565.95	16.78	167.12	—	—
	村道 0181–C991430181	676	1984.07	—	—	4.44	1399.94	579.69	1984.07	812.63	812.63	6.63	1164.82	—	—
长沙县	县道 X012–X401	29	306.39	6.53	30.89	5.63	256.14	7.19	306.39	290.86	290.86	1.73	13.8		—
	乡道 Y201–Y394	174	783.5	—	—	6.38	726.33	50.79	777.92	711.46	708.13	7	59.46	—	5.58
	村道 C001430121–C763430121	746	1411.8	—	—	3.15	1128.25	280.4	1411.8	913.43	911.81	—	498.37	—	—
望城区	县道 X056–X198	37	403.36	35.57	1.22	94.01	272.6	—	403.36	335.68	296.84	5.86	61.82	—	—
	乡道 Y401–Y520	120	508.45	—	0.77	6.5	469.52	31.65	508.45	427.17	414.84	—	81.28	—	—
	村道 C001430112–CX81430112	876	1252.74	0.71	3.35	2.01	866.61	380.06	1252.74	704.49	694.62	—	548.25	—	—
宁乡县	县道 X073–X810	36	348.05	—	13.41	14.16	311.71	8.772	345.29	329.188	315.78	—	16.1	—	2.76
	乡道 Y601–Y685	61	385.98	—	—	—	333.16	52.825	385.98	330.937	330.94	—	55.04	—	—
	村道 C001430124–CW00430124	1323	2773.04	—	—	—	1811.13	961.91	2773.04	1954.38	1954.38	—	818.66	—	—
岳麓区	县道 X066–X163	9	68.58	1.96	—	2.20	57.26	7.17	68.58	61.41	59.46	—	7.17	—	—
	乡道 Y801–Y843	31	139.58	—	—	—	125.41	14.16	139.58	119.57	117.53	—	20.01	—	—
	村道 C001430104–C756430104	300	435.79	—	—	—	288.19	147.60	435.79	248.55	245.64	—	187.24	—	—

续表 20-2-4-1

项目	线路编号	条数	总里程	技术等级					有路面里程						无路面里程
				等级公路				等外公路	合计	高级	其中：水泥路	次高级	中级	低级	
				一级	二级	三级	四级								
合计		4666	12214.29	44.77	57.22	174.76	9315.39	2622.16	12214.28888	8333.15	8236.29	61.99	3810.81	—	8.34
开福区	县道 X039—X170	6	64.34	—	—	6.45	57.89	—	64.34	47.50	47.50	—	16.84	—	—
	乡道 Y901—Y912	11	37.59	—	—	—	31.66	5.93	37.59	29.58	28.53	2.27	5.75	—	—
	村道 C001430105—C03643010536	36	52.3	—	—	—	39.46	12.84	52.3	46.55	45.15	—	5.74	—	—
芙蓉区	县道 X043、X044	2	4.32	—	1.42	—	2.9	—	4.32	4.32	4.32	—	-	—	—
	乡道 Y921—Y928	8	29.24	—	—	—	29.24	—	29.24	24.12	24.12	—	5.12	—	—
	村道 C001430102—C010430102	10	12.59	—	—	—	12.59	—	12.59	12.59	12.59	—	—	—	—
雨花区	县道 X045、X048	2	8.08	—	6.15	0.405	1.53	—	8.08	8.08	1.93	—	—	—	—
	乡道 Y941-Y949	9	45.15	—	—	—	45.15	—	45.15	27.61	27.61	10.01	7.52	—	—
	村道 C001430111-C017430111	17	28.22	—	—	—	26.19	2.03	28.22	28.22	28.22	—	—	—	—
天心区	县道 X053、X055	2	16.27	—	—	—	16.27	—	16.27	16.27	16.27	—	—	—	—
	乡道 Y961-Y969	9	28.24	—	—	6.72	21.53	—	28.24	17.1	15.16	5.09	6.05	—	—
	C001430103-C005430103	5	8.44	—	—	—	8.44	—	8.44	8.44	8.44	—	—	—	—

说明：未含市公路局县道 55 条 472.00 千米、省高速公路管理局县道 1 条 28.06 千米

表 20-2-4-2　　1988—2012 年长沙市公路通车里程一览表（一）　　单位：千米

年度	总里程	行政等级					
		国道	省道	县道	乡道	村道	专用公路
1988	4430	292	422	1567	2113	—	36
1989	4462	291	421	1570	2144	—	36
1990	4477.3	290.79	421.42	1573.11	2155.48	—	36.5
1991	4529.3	308.89	421.42	1574.62	2187.87	—	36.5
1992	4533.18	294.34	421.42	1587.84	2193.08	—	36.5
1993	4558.09	299.35	421.42	1587.84	2214.98	—	34.5
1994	4582.83	295.93	421.42	1609.5	2221.48	—	34.5
1995	4596.67	295.83	421.42	1609	2235.32	—	34.5
1996	4701.88	305.96	421.42	1686.5	2253.5	—	34.5
1997	4729.61	305.96	421.42	1702.4	2265.33	—	34.5
1998	4761.28	415.22	421.42	1624.81	2265.33	—	34.5
1999	4842.29	488.31	436.42	1608.61	2274.45	—	34.5
2000	4873.67	488.45	436.42	1608.91	2305.39	—	34.5
2001	5051.29	340.57	574.6	1832.9	2294.86	—	8.36
2002	5422.35	389.06	600.24	1832.8	2591.89	—	8.36
2003	5442.76	389.06	603.25	1850.2	2591.89	—	8.36
2004	5515.57	403.01	661.95	1801.49	2640.76	—	8.36
2005	5515.57	403.01	661.95	1801.49	2640.76	—	8.36
2006	11849.42	403.01	661.95	1923.74	2625.69	6229.87	5.16
2007	11896.13	404.06	707.61	1923.74	2625.69	6229.87	5.16
2008	11920.62	509.24	606.53	1944.13	2625.69	6229.87	5.16
2009	12099.67	509.24	606.53	2017.62	2727.74	6233.39	5.16
2010	15289.04	477.8	2239.42	1842.95	2772.30	7956.57	—
2011	15451.04	477.8	2305.23	2005.56	2707.57	7954.89	—
2012	15709.46	477.8	2517.32	2047.79	2707.57	7958.99	—

表 20-2-4-3　　1988—2012 年长沙市公路通车里程一览表（二）　　单位：千米

年度	总里程	技术等级						路面结构				
		高速	一级	二级	三级	四级	等外	高级	次高级	中级	低级	无路面
1988	4430	—	12	64	128	2036	2190	767	—	2152	1335	176
1989	4462	—	11	63	128	2094	2166	798	—	2167	1325	172
1990	4477.3	—	10.7	71.63	145.88	2104.95	2144.14	114.02	729.71	2212.42	1248.35	172.3
1991	4529.3	—	—	116.43	150.33	2121.7	2140.84	176.01	747.21	2281.9	1203.38	120.8
1992	4533.18	—	—	143.15	153.61	2102.13	2134.29	176.33	825.55	2207.12	1211.48	112.7
1993	4558.09	—	5.01	174.75	168.03	2118.16	2092.14	188.07	926.81	2133.93	1196.58	112.7
1994	4582.83	—	39.97	164.05	209.17	2091.5	2078.14	206.82	1018.68	2057.64	1186.99	112.7
1995	4596.67	—	39.97	164.05	209.17	2111.14	2072.34	224.81	1062.85	2015.12	1181.19	112.7
1996	4701.88	26.01	47.59	217.45	229.14	2137.03	2044.66	352.02	1133.45	1933.52	1170.19	112.7
1997	4729.61	26.01	47.59	245.77	219.83	2163.63	2026.78	404.73	1165.84	1876.15	1170.19	112.7
1998	4761.28	83.31	18.96	272.83	238.66	2141.94	2002.58	497.56	1228.39	1752.44	1170.19	112.7
1999	4842.29	127.32	25.35	297.32	238.66	2151.06	2002.58	596.39	1321.37	1654.64	1157.19	112.7
2000	4873.67	127.32	24.08	299.03	248.9	2176.6	1997.74	661.79	1344.69	1594.94	1164.55	107.7
2001	5051.291	128.62	31.55	418.58	344.42	2211.83	1916.29	929.05	1374.97	1548.93	1153.55	44.8
2002	5422.35	202.74	31.55	451.05	340.43	2247.13	2149.46	1130.087	1354.11	1672.8	1220.55	44.8
2003	5442.76	223.16	31.54	466.90	459.39	2179.99	2081.78	1361.504	1152.51	1666.93	1217.55	44.8
2004	5515.57	221.72	34.00	616.55	559.09	2081.18	2003.03	2175.314	826.22	2514.04	—	—
2005	5515.57	221.72	41.50	657.62	531.1	2195.26	1868.38	2589.305	724.5	2201.77	—	—
2006	11849.42	221.72	65.29	701.33	607.83	2958.24	7295	5066.245	662.6	6120.58	—	—
2007	11896.13	254.30	71.57	765.26	624.26	4017.8	6162.94	6680.442	542.9	4672.79	—	—
2008	11920.62	261.30	94.37	769.72	620.5	5385.63	4789.1	8344.041	486.73	3089.85	—	—
2009	12099.67	261.30	98.77	811.21	639.59	6486.51	3802.29	9389.725	447.9	2262.04	—	—
2010	15289.04	286.94	126.652	821.62	782.68	10336.42	2934.72	10762.973	327.78	4198.29	—	—
2011	15451.04	286.94	159.186	816.41	743.88	10682.45	2762.16	11085.683	333.33	4032.02	—	—
2012	15709.46	500.55	184.948	879.59	749.86	10728.44	2666.07	11480.415	275.95	3953.1	—	—

说明：1994—1995 年高速公路未作统计。1996—1997 年长永高速公路 26.01 千米应为 26.29 千米

第五节 桥梁　隧道　渡口

一、桥梁

(一) 东岸浏阳河特大桥。位于长潭高速公路东屯渡老桥上游，全长566米。由湖南省交通规划勘察设计院设计，钢筋混凝土梁桥。共28孔，跨径总长562米，最大跨径40米，净空高4.73米，桥面宽27.5米。上部为预应力混凝土组合梁，下部为单排四柱式方形桥墩结构，基础为钻孔灌注嵌岩桩。设计车辆荷载：汽车–超20级、挂车–100，设计洪水频率为300年一遇。1994年7月1日开工，1995年12月26日建成通车（建设资金未分割)。1997年5月，经湖南省交通质量监理检测站检验为优良工程。

(二) 月亮岛湘江特大桥。系长沙绕城高速公路西北段跨江大桥，公、铁合建而独立的特大桥。公路桥位于铁路桥下游，两桥直线部分间距为17米，且上、下游桥墩对称。公路桥全长1980米，45孔，跨径总长1718.4米，最大跨径96米，通航等级三级，净宽大于70米，净空高大于10米，桥面宽24.3米，上部为箱形梁结构，下部为埋置式桥台结构。设计车辆荷载：汽车–超20级，挂车–100。1994年动工，1999年10月19日竣工通车，投资2.02亿元。

(三) 沩水河特大桥。位于长益高速公路宁乡县城北约8千米处，全长604.4米，29孔，跨径总长600米，最大跨径30米，净空高11.6米，桥面宽27米，由湖南省交通规划勘察设计院设计。上部为预应力混凝土T形简支梁结构，下部为单排六柱式桥台结构。通航等级六级，通航100吨级船舶，设计抗洪能力百年一遇，地震烈度6级，桥面纵坡0.5%。设计车辆荷载：汽车–超20级、挂车–100。1996年3月开工，1997年10月1日竣工通车，投资2483万元。1998年6月经湖南省交通质量监理站检测评为优良工程。

建设中首创的柔性墩多点顶推架设连续梁施工新技术，为国内桥梁建设填补一项空白。

(四) 天马特大桥。位于319国道浏阳市城东南处，跨越浏阳河，共55孔，跨径总长1036米，最大跨径70米，净空高10.1米，桥面宽25.5米。上部为T形梁结构，灌柱桩基础，下部为柱式桥墩结构。设计汽车荷载：汽车–超20级、挂车120。1996年11月开工，市环路建设开发总公司采用“钢管围堰、泥浆护壁、孔底爆破”等新工艺，克服地质结构复杂因素，2000年12月30日建成通车（资金未单独计算)。

(五) 黑石铺湘江特大桥。位于长沙绕城高速公路西南段，跨越湘江，为其关键控制性工程，国内典型悬索桥和斜拉桥结合体，湖南首座3跨中承式钢管拱桥，主桥11连拱和3跨钢管规模居全国同类桥之最。

图20–2–5–1　长沙市绕城高速公路黑石铺湘江特大桥
(摄于2004年，长沙市交通运输局供图)

由湖南省交通规划勘察设计院设计。全长3068米，62孔，最大跨径162米，净空高10米，桥面宽26米。设计时速100千米。长度、宽度、净空高度均居湘江长沙段当时所建六座大桥之首。由东、西引桥和主桥三部分组成。上部为箱肋梁结构，下部为柱式墩台结构，设计荷载汽车–超 20 级，挂车–120，设计洪水频率 300 年一遇，通航等级Ⅲ–（2）级，通航净空 70×10 米。设计最大吊重 70 吨，跨度和吊重均居全国第一。2000 年 8 月开工，2004 年 5 月 27 日竣工通车，投资 4.7 亿元。

（六）长湘高速公路湘江特大桥。长湘高速公路特大桥，东段起于望城区铜官镇太丰村，西段止于乌山镇枫树村，跨越湘江、沩水、大众垸。为长湘高速公路控制性工程，左幅全长 8296.07 米，右幅全长 8306.93 米，跨径总长 8038.50 米，单孔最大跨度 195 米，净空高约 20 米，桥梁单幅全宽 16.75 米，桥面净宽 15.75 米，主桥上部为连续钢构预应力钢筋混凝土结构，桥墩为双壁墩，双向六车道。由北京建达道桥咨询有限公司设计，湖南省路桥总公司建设。设计车辆荷载：汽车–超 20 级、挂–120，抗震等级 0.05 或 6 度，通航等级二级。其宽、其长时为跨湘江之最。2009 年 7 月 11 日开工，2012 年 12 月 7 日竣工通车（资金未单独计算）。

施工中采用新型旋控钻机，实现钻孔速度快、成孔质量高、节省资源和设备；采用生产能力 200 立方米/小时大型混凝土拌和船，减少汛期对工程建设速度的影响；使用智能张拉仪，改变传统桥梁预应力人工张拉方法的不精确性；应用桥面整平机作业，使桥面整齐、美观；引进冷水机组，解决水化热比较高的大体积混凝土无法控制的难题；发明无底钢套箱、竹锚杆预加固、装配式通涵、景观式挡土墙等项新技术；引用多台连续千斤顶下放钢套箱、长线台横法加工钢筋笼、箱梁竖向预应力检测、液压挂篮、散步台阶法新工艺。

（七）洞阳河特大桥。系浏醴高速公路桥梁，于浏阳市医药生物园处横跨 319 国道及洞阳河。由湖南省交通规划勘察设计院设计。桥梁左幅长 1466 米，跨径总长 1460 米，右幅长 1456 米，跨径总长 1450 米，单孔最大跨径 40 米（等外航道），桥梁全宽 13 米，桥面净宽 12.75 米，主桥上部为连续 T 梁，预应力混凝土结构，下部构造为柱式墩配桩基础，均为嵌岩桩。设计车辆荷载：汽车–超 20 级、挂–120。2010 年 3 月开工，2012 年 9 月竣工通车，投资 9964 万元。

（八）铁弓洲特大桥。为长湘高速公路桥梁，乃全省最长高架桥，起于望城区乌山镇双兴村，横跨湘江。由北京建达道桥咨询有限公司设计。桥梁左幅全长 1508.88 米，右幅全长 1515.12 米，跨径总长 1506 米，单孔最大跨径 50 米，桥梁全宽 16.75 米，桥面净宽 15.75 米，主桥上部为连续 T 形梁，预应力钢筋混凝土连续箱梁结构；桥墩采用双柱式墩，钻孔灌注桩基础。设计车辆荷载：汽车–20 级、挂–120，抗震等级为 0.05 或 6 度，跨越沟壑，不通航。2010 年 10 月开工，2012 年 12 月 23 日竣工通车（资金未单独计算）。

（九）上云一号特大桥。位于长沙至浏阳（铁树坳）高速公路洞阳至浏阳铁树坳段，由省交通规划设计院设计。桥梁左幅长 243.13 米，跨径总长 240 米，右幅长 1228.19 米，跨径总长 1220 米，单孔最大跨径 20 米，桥梁全宽 12.75 米，净宽 11.75 米。永久性桥梁，结构类型：空心板梁，预应力钢筋混凝土结构。桥墩形式为双柱式墩，设计汽车荷载：公路–超 20 级、挂 120，抗震等级 0.05 或 6 度，跨越沟壑，不通航。2012 年 3 月开工，2012 年 12 月 23 日竣工通车（资金未单独计算）。

（十）牛角冲互通式立交桥。位于京珠高速公路长潭段起点，与长永高速公路交会。为大型苜蓿叶形形式，全长 81 延米，4 孔，跨径总长 38 米，最大跨径 22 米，净空高 5 米，桥面宽 36 米。主线长 2628 米，匝道总长 2790 米；路幅宽：长潭公路 26~41.5 米，长永公路 24.5~39.25 米。包括中桥 1 座 76 米，小桥 2 座 36 延米，涵洞 14 处 222.06 米。下部结构为单排 4 柱式桥墩，钻孔灌柱桩基础，上部为预应力混凝土连续型梁桥。1993 年 6 月动工，1994 年 12 月竣工通车，构成省城东北部公路枢纽，投资 2600 万元。

（十一）雷锋互通式立交桥。位于长益高速公路与长望公路交会处，为菱形互通式立交桥，全长 150 米，共 9 孔，16 米预应力空心板，跨径总长 144 米，最大跨径 16 米，净空高 6.47 米，桥面宽 24 米。主线里程 640 米，匝道总长 1136.55 米。上部为预应力钢筋混凝土空心板梁结构，下部为双柱墩台结构。设计荷载汽车–超 20 级。1996 年动工，1997 年 12 月 30 日竣工通车，投资 489.7 万元。2000 年 2 月经省交通质量监理站检测评定为优良工程。

（十二）黄柏浏阳河大桥。位于浏阳市柏加镇，跨越浏阳河，为中南地区首座跨河异型拱桥。由长沙交通学院研究所设计，全长 247.16 米，其中主桥长 198.16 米，桥梁全宽 20.5 米，空心板部分桥宽 18 米，上部为异型拱结构，桥墩为重力式桥台。主拱计算跨径 57 米，计算净高 13.75 米，通航等级六级。设计车辆荷载：汽车–20 级、挂车–100。2002 年 11 月 26 日开工，2003 年 12 月 25 日竣工通车，投资约 2900 万元。

图 20–2–5–2 X034 花木带公路黄柏大桥

（摄于 2003 年，长沙市交通运输局供图）

二、隧道

（一）蕉溪岭隧道群。位于浏（阳）永（安）公路东段。湖南省交通规划勘察设计院和长沙铁道学院联合设计。由三座隧道组成，全长 3900 米。其中 1 号隧道长 2382 米，2 号隧道长 1125 米，3 号隧道长 393 米。3 座隧道均为直线，其中 3 号隧道净宽 10 米，净高 7.2 米，1、2 号隧道净宽 10.74 米，净高均 7.0 米（设备安装后实际有效使用高度 5.2 米），下部净宽 9.5 米，其中行车道宽 8 米，两边设有电缆沟 2×0.75 米，设控制中心、照明、雷达测速、通风、消防报警、闭路电视监控、通信、广播、交通信号、模拟显示系统及中央控制台等。

四川省煤炭建设公司第十处、铁道部十二工程局、省煤炭建设公司第一工程处（后改为华建公司隧道分公司）分别承担 3 号、1 号、2 号隧道任务。先后于 1993 年 11 月 3 日、5 日、19 日动工，1995 年 4 月 5 日、9 月 19 日、1996 年 1 月 27 日，3 号、2 号、1 号隧道相继贯通，1996 年 10 月 1 日同时正式通车。时为湖南第一、全国第二公路隧道。

浏阳县多方筹措资金达 2.7 亿元（含群众集资 2349 万元），成建制组织全县 5000 多名民兵日夜会战，义务投劳。

1999 年，由长沙市环路建设开发有限公司实施隧道改建，安装节能型高压钠灯 662 盏、射流风机 2 台、洞门外示警桩 48 根、洞内轮廓桩 366 根、中线反射道钉 710 颗，并重新喷置反光标线。

（二）道吾山隧道。为大浏高速公路隧道，节点控制性工程。起于浏阳市溪江乡溪江村，止于浏阳市蕉溪乡蕉溪村。由湖南省交通规划勘察设计院设计。为上下分离式双向四车道高速公路单洞隧道，左洞长 2958 米，右洞长 2984 米。主洞净宽 10.75 米、净高 5 米；紧急停车带净宽 13.25 米、净高 5 米；行人横洞净宽 2.0 米、净高 2.5 米；行车横洞净宽 4.5 米、净高 5 米；设计车辆荷载：公路–20 级，设计速度 100 千米，其长时居长沙地区公路隧道之首。

图 20-2-5-3 大浏高速公路道吾山隧道

（摄于 2012 年，长沙市交通运输局供图）

隧道分为明洞和复合式衬砌结构。复合式衬砌应用新奥法原理施工，暗洞采用无钉工艺铺设；主洞路面采用复合式路面形式。预埋工程有通风、风机软启动柜洞室、照明、供配电、消防、监控等，设施有射流风机、衬砌钢化拱，在两洞口端各设置一座土建变电所。

大浏高速公路建设开发有限公司采取零仰坡进洞法、电子门禁管理系统、建立污水沉淀池、地下水排放系统、发明组合式衬砌台车等先进技术，提高工效、节省建设资金。2010 年 4 月动工，2012 年 10 月竣工通车，投资 2.32 亿元。

三、渡口

（一）铜靖汽车渡口。该渡口位于梅铜线（编号 X062），渡越湘江。1988 年，两岸码头宽度分别为 8 米，长度分别为 120 米、140 米，平均日渡运车辆数 208 辆，最多一天渡运 330 辆，全年渡运 3258.65 小时，消耗柴油 17.95 吨、机油 0.94 吨，有机动渡船 12 车/2 艘，拖轮 140.4 千瓦/3 艘。主管部门望城公路段，设渡口管理所，共计 14 人。

2002 年市公路管理局投入 134 万元，拓宽东岸码头宽 12 米，长度延长至 190 米；2008 年投入 306.54 万元，将西岸码头延长至 250 米。

2012 年市公路管理局投入 40.32 万元维修 8485 板船、86110 拖轮；投资 235 万元新增 190 马力拖轮、12 车渡、120 吨板船 1 套。至年底渡口管理所有职工 25 人，驳船 2 条，拖轮 3 条，每天分甲、乙两班不间断渡运，所长或副所长随船作业，平均日渡运 45 航次、400 辆车次，共渡运 1.5 万航次、车辆 114.5 万台次。

（二）丁白汽车渡口。地处望城丁字镇与高塘岭大湖乡之间，横渡湘江。建于 1987 年，两岸码头宽各 9 米，长度分别为 153、206 米。1988 年，全年渡运航行 2920 小时，渡运车辆 3.03 万辆，日均渡运车辆 83 辆，载车渡 1 艘 6 车，拖轮数 2 艘 176.52 千瓦，过渡费收入 12.53 万元。2002 年重新硬化码头，兴建相关设施，2003 年购置板船两套，2006 年更换拖轮 176.52 千瓦/2 艘。主管部门为望城县水运公司，有职工 23 人，至 2012 年，共渡运车辆 9.35 万台，平均日渡 256 台。

表 20-2-5-1　1988—2012 年长沙市公路桥梁隧道年度一览表（一）

年份	桥梁										隧道					
	总计		特大桥		大桥		中桥		小桥		合计		长隧道		中隧道	
	座	延米	座	延米	座	延米	座	延米	座	延米	座	延米	座	延米	座	延米
1988	709	16948	—	—	27	3906.7	118	5313.7	564	7727.9	—	—	—	—	—	—
1989	716	17238	—	—	30	4174	137	6122	549	6942	—	—	—	—	—	—
1990	727	17325	—	—	29	4069	135	6045	563	7211	—	—	—	—	—	—
1991	736	17421	—	—	30	4270.7	132	5809.4	574	7340.9	—	—	—	—	—	—
1992	740	17506.1	—	—	30	4270.7	133	5862.4	577	7373	—	—	—	—	—	—
1993	752	17818.1	—	—	31	4416.7	133	5862.4	588	7539	—	—	—	—	—	—
1994	776	19569.66	1	760	33	4652.24	133	5862.4	609	8295.02	—	—	—	—	—	—
1995	776	19585.46	1	760	33	4652.24	133	5876.4	609	8296.82	—	—	—	—	—	—
1996	850	22541.84	2	1332	34	4770	155	7027.6	659	9412.24	3	3900	2	3507	1	393
1997	838	22870.89	2	1332	36	4996.8	153	7168.15	647	9373.94	3	3900	2	3507	1	393
1998	876	25260.04	3	1936.4	45	5523.5	178	8360.01	650	9440.13	3	3900	2	3507	1	393
1999	877	25312.7	3	1936.4	45	5523.45	179	8412.6	650	9440.13	3	3900	2	3507	1	393
2000	928	30665.6	5	5243.5	47	5763.54	211	9973.88	665	9684.15	4	4771	2	3507	2	1264
2001	884	29080	4	4185.8	33	5573.1	136	7862.5	711	11458.6	—	—	—	—	—	—
2002	961	34508.88	7	6202.16	37	6404.5	175	9923.06	742	11979.16	—	—	—	—	—	—

续表 20-2-5-1

年份	桥梁										隧道					
	总计		特大桥		大桥		中桥		小桥		合计		长隧道		中隧道	
	座	延米	座	延米	座	延米	座	延米	座	延米	座	延米	座	延米	座	延米
2003	998	40646.81	7	6202.16	38	6528.9	207	15679.4	742	12015.4	—	—	—	—	—	—
2004	1002	40573.9	11	10898.56	37	6457.2	218	11124.5	756	12093.6	—	—	—	—	—	—
2005	998	40373.32	11	10898.56	39	6673.9	220	11105.9	728	11695	—	—	—	—	—	—
2006	1827	58520.98	11	10898.56	44	7309.1	354	18015.4	1418	22297.9	—	—	—	—	—	—
2007	1491	54211.57	3	6087.8	63	13704.9	298	16418.1	1127	18000.8	—	—	—	—	—	—
2008	1498	54459.96	3	6087.8	60	13201.28	358	18341.2	1077	16829.68	—	—	—	—	—	—
2009	1491	54379.88	3	6087.8	60	13201.28	361	18457.2	1067	16633.6	—	—	—	—	—	—
2010	2134	63590.94	2	5047.4	75	14933.5	345	18903.82	1712	24706.22	—	—	—	—	—	—
2011	2312	71271.92	3	6083.4	85	16993.4	391	21209.76	1833	26985.36	—	—	—	—	—	—
2012	2532	142581.64	10	29860.59	231	61108.54	441	24509.55	1850	27102.96	隧道 40 座 29261 米、长隧道 8 座 14851 米、中隧道 12 座 8573 米。短隧道 20 座 5837 米（无）					

表 20-2-5-2　　1988—2012 年长沙市公路桥梁隧道年度一览表（二）

年份	总计				国道				省道				县道		乡道		村道		专用公路	
			互通式立交桥				互通式立交桥				互通式立交桥									
	座	延米	座	延米	条	延米	座	延米	条	延米	座	延米	条	延米	条	延米	条	延米	条	延米
1988	709	16948	—	—	73	2379	—	—	99	2200	—	—	292	7244	240	4847	—	—	5	278
1989	716	17238	—	—	83	2540	—	—	96	2133	—	—	281	7100	251	5187	—	—	5	278
1990	727	17325	—	—	83	2541	—	—	96	2133	—	—	293	7269	250	5104	—	—	5	278
1991	736	17421	—	—	85	2687.6	—	—	96	2132.8	—	—	292	7261.5	257	5054.7	—	—	6	284.4
1992	740	17506.1	—	—	85	2687.6	—	—	97	2185.8	—	—	291	7248.9	261	5099.4	—	—	6	284.4
1993	752	17818.1	—	—	89	2584.6	—	—	97	2185.8	—	—	294	7475.9	266	5287.4	—	—	6	284.4
1994	776	19569.66	—	—	113	4333.16	—	—	97	2185.2	—	—	294	7479.5	266	5278.4	—	—	6	284.4
1995	776	19585.46	—	—	111	4090.86	—	—	97	2187.8	—	—	296	7735	266	5278.4	—	—	6	284.4
1996	850	22541.84	12	595.5	167	6601	12	595.5	97	2187	—	—	308	7913.6	272	5555.84	—	—	6	284.6
1997	838	22870.89	12	595.5	167	6600.5	12	595.5	97	2138.8	—	—	311	8010.3	258	5842.89	—	—	5	278.4
1998	876	25260.04	14	770.34	219	9346.89	14	770.34	97	2202.56	—	—	297	7589.3	258	5842.89	—	—	5	278.4
1999	877	25312.7	14	770.34	219	9347.15	14	770.34	97	2202.56	—	—	297	7589.3	259	5895.29	—	—	5	278.4
2000	928	30665.07	17	930.34	269	14683.52	17	930.34	98	2218.56	—	—	297	7589.3	259	5895.29	—	—	5	278.4
2001	884	29080	4	286.4	141	6535.92	4	123.42	167	7807.78	4	286.4	345	8999.1	229	5624.9	—	—	2	112.3
2002	961	34508.88	12	630.84	164	8515.26	4	123.42	192	10200.72	8	507.42	356	9752.5	247	5928.1	—	—	2	112.3
2003	998	40646.8	12	630.8	164	8515.3	—	—	209	14164.7	4	221.6	376	11926.5	247	5928.1	—	—	3	129.3

续表 20-2-5-2

年份	总计		总计 互通式立交桥		国道		国道 互通式立交桥		省道		省道 互通式立交桥		县道		乡道		村道		专用公路	
	座	延米	座	延米	条	延米	座	延米	条	延米	座	延米	条	延米	条	延米	条	延米	条	延米
2004	1022	40573.9	28	1646.7	174	8586.2	7	173.6	249	16777.9	21	1473.7	350	9169.4	247	5928.1	—	—	2	112.3
2005	998	40373.34	28	1646.7	168	8458	7	173.02	248	16762.4	21	1473.7	346	9182.3	234	5858.4	—	—	2	112.3
2006	1827	58520.98	28	1646.7	165	8397.9	7	173.02	230	16946	21	1473.7	347	9727.5	232	5805.5	—	—	2	112.3
2007	1491	54211.57	—	—	158	8668.61	—	—	230	18383.03	—	—	379	11105.21	373	8600.64	349	7330.08	2	124
2008	1498	54459.96	9	853.92	251	19121.23	6	381.92	144	8180.4	3	472	379	11103.61	373	8600.64	349	7330.08	2	124
2009	1491	54379.88	9	853.92	249	19096.43	6	381.92	144	8494.4	3	472	378	11096.51	373	8600.64	345	7267.9	2	124
2010	2134	63590.94	42	3027.78	197	16009.74	26	1512.87	508	18501.96	16	1514.91	255	6748.84	388	7552.7	786	14777.7	—	—
2011	2312	71271.92	42	3027.78	236	18732.33	26	1512.87	571	20289.55	16	1514.91	335	9757.14	377	7488.8	793	15004.1	—	—
2012	2532	142581.64	47	4234.88	226	18205.45	21	1226.33	780	91559.17	26	3008.55	346	10140.12	386	7651.8	794	15025.1	—	—

第六节 站场建设

一、道路客运站场

（一）长沙汽车西站。原址河西溁湾镇，1988年，站场面积仅7132.6平方米，建筑面积3819.6平方米，其中主站房1609平方米，停车坪2500平方米，发车库9个，一次发车9个客班。新站选址望城坡，为城区二环、319国道、长张高速公路、长沙绕城高速公路交会之地。征地113.83亩，由湖南大学设计院设计，规划总建筑面积5.4万平方米，主站房1.82万平方米，投资4150万元，1994年7月9日奠基，1995年1月6日一期工程竣工开业。站内设一、二候车室、修理车间等，总建筑面积2.46万平方米，停车坪1.9万平方米，可泊车400辆；建发车库40个，可同时发送40个客班。当年日均开行185个客班，年营运收入5473.68万元，分别比老站增长1倍和11.3倍。其占地、建筑、停车坪面积，分别比老站增大9.6倍、5.4倍、6.6倍。建筑设计简洁、大方、新颖、活泼，构架式门廊，雕塑般入口，线形流畅，虚实映衬，呈步步高造型，独具特色。创新站务布局，设置多点微机售票，分区候车发车，环绕车坪分区、分线布置售票点、候车室，方便旅客就近购票上车；车辆按营运线路、车型、性质，分区、分线布置，分设长途、短途、的士、中巴、出租车辆区，客流通过建筑分隔和环形长廊，使人流按区、线有序集散。站务设施齐全，安装中央空调和电视电子监控系统，还有餐饮、商贸、娱乐、住宿、电信、医疗等服务设施，旅客倍感安全、舒适。1998年评为“一级汽车客运站”。该站规划建成大河西综合交通枢纽站，于2010年11月启建。至2012年，日均开行客班1253次，发送旅客2.39万余人次，全年营运收入3.85亿元。

（二）长沙汽车东站。原址八一路23号，1985年7月建成投产，占地面积6.98万平方米，建筑面积2.56万平方米，其中主站房1.2万平方米，停车坪1.2万平方米，可泊车450辆。1995年4月开建新汽车东站。选址东岸乡张公岭，为107、319国道和远大路、龟山道交会之地，毗连京港澳高速公路与长永高速公路星沙交会处。征地117.56亩，由湖南省交通规划设计院设计，总规划建筑面积5.36万平方米，主站房1.5万平方米，总投资5150万元（企业自筹4650万元，银行贷款500万元），1995年10月29日主体工程竣工开业。该站建设以“方便、安全、畅通、配套”为理念，由客运站前区、服务区、停车区、保修区、后勤生活区、商业区等六大部分组成。建发车库30个，可一次发车30辆、旅客1000余人；前后停车坪可泊车600辆。其占地建筑和停车坪面积，分别比老站增长12.3%、109.32%和139.52%。主站房建筑造型新颖、立面简洁、宽阔宏伟。站务设施配有电子显示屏显示班次、时间和微机售票等。1998年被评为“一级汽车客运站”。

2012年，日均开行客班695次，发送旅客6842人次，全年营运收入1.75亿元。

（三）长沙汽车南站。老站位于建湘南路，1981年建成投产，占地面积仅4951平方米，建筑面积4231平方米，其中主站房1865平方米，停车坪2500平方米，发车库6间，同时发车12个客班。新站设城南洞井铺，107国道与洞株路交会处南测。紧邻京港澳高速公路与长沙绕城高速公路城南交会处，征地150.2亩。由长沙市规划设计院设计，总规划建筑面积3.72万平方米，主站房1.95万平方米。总投资6800万元（企业自筹6300万元，银行贷款500万元）。1995年11月奠基，1996年7月11日主站房竣工投产。当年日均开行客班799次，运送旅客2.2万人次，年营运收入2885.79万元。新南站由站前广场、主站房、停车坪、保修区、商业区、后勤生活区六大部分组成。主站房分为候车楼和综合楼，面向

图 20-2-6-1 长沙汽车南站

（摄于 1997 年，长沙市交通运输局供图）

107 国道呈 L 形，候车楼顶端为弧形网架，安装透明玻璃，使人倍感敞亮；候车楼中间设售票处、候车室，附设商业柜台。停车坪 4.7 万平方米，可泊车 900 辆；建发车库 24 个，可同时发送 24 个客班。其占地、建筑和停车坪面积，分别为老站的 16.1 倍、7.8 倍、17.8 倍。装备现代，设施完善，设立空调候车、餐饮、商贸、娱乐、住宿、电信、医疗等设施，为旅客提供“一条龙”服务。1998 年被评为“一级甲类汽车客运站”。2012 年，日均开行客班 859 次，发送旅客 2.41 万人次，全年营运收入 4.88 亿元。

（四）浏阳汽车南站。系湖南首家民营客运站。浏阳市民营企业仁达实业开发有限公司，于 1998 年 2 月申请立项，1999 年 12 月在浏阳市荷花街道办事处荷花村征用土地 1.67 公顷（一期工程），按照国家二级车站设计施建，投资 1150 万元，于 2000 年 8 月动工，2001 年 12 月竣工，总建筑面积 2584.6 平方米，站房 1512.6 平方米，车库 1072 平方米，车坪 7200 平方米，站前广场 2700 平方米，站内停车场 4500 平方米。建筑布局合理，造型新颖，设施齐全，管理硬软件兼优，时居省内县级汽车客运站之首。以接纳浏阳市南线客车进站营运为主，日发客班 200 余个，旅客 6000 余人次。2002—2003 年，公司又投资300 万余元实施扩建站房，占地面积、总建筑面积分别增至 2.8 万平方米和 7600 平方米。2011 年评为“二级甲类汽车客运站”。2012 年，进站营运车辆 57 台、1083 个客位；开行文市、金刚、中和、大圣、杨花、青草、毛田、长沙南站 8 条班线，日均开行客班 167 次，发送旅客 2412 人次，全年营运收入 1016.52 万元。

（五）望城汽车站。该站选址长沙市望城区雷锋大道 819 号，占地面积 9.11 万平方米，由湖南省交通规划勘察设计院设计，总建筑面积 6574 平方米，其中主站房建筑面积 5459 平方米，总投资 8500 万元（地方财政拨款）。2012 年 4 月动工，同年 7 月建成，9 月正式投产。站内拥有一流硬件设备设施，采用计算机联网售票系统，配备安全检查仪、监控设备、广播音频设备、LED 大屏幕显示器、检查门显示屏，各种服务设施齐全。建发车库 18 个，可一次发车 18 辆，发送旅客 800 人；停车坪面积 3.28 万平方米，可泊车 392 辆。

该站所有权属望城区，由湖南龙骧交通发展集团有限责任公司租赁使用（年租赁费 100 万元），进站经营客车 53 辆、1007 个客位，开行梅花岭、靖港古镇、星沙、黄花塘、坪塘、杨桥、复兴等 7 条班线，日均开行客班 120 多次，发送旅客 600 余人次。至年底发送旅客 6.16 万人次，营运收入 4.54 万元（不含个体进站营运收入）。

表 20-2-6-1　　2012 年长沙市城区汽车客运站一览表

站名	开工时间	占地面积（平方米）	投资（万元）	等级	营运时间
浏阳长途客运站	1984 年 5 月	27310.6	347	二	1985 年 5 月
宁乡长途客运站	1990 年 6 月	13500	600	二	1991年1 月（2011 年撤销）
浏阳城西客运站	1992 年 9 月	11044	3700	二	1992年12月

续表 20-2-6-1

站名	开工时间	占地面积（平方米）	投资（万元）	等级	营运时间
长沙汽车西站	1994 年 7 月	48750	4150	一	1995年1月
长沙汽车东站	1995 年 4 月	65689	5150	一	1996 年 10 月
长沙汽车南站	1995 年 11 月	78674	6800	一	1996年7月
宁乡白马桥客运站	1995 年 12 月	37351	3870	二	2000年5月
星沙客运站	1996 年 12 月	40002	2600	二	1997年9月
长沙汽车北站	1997 年 10 月	45333	2000	-	2001年12月
长株潭汽车站	2000 年 7 月	6000	800	-	2000年8月
浏阳汽车南站	2000 年 8 月	28000	1450	二	2001年4月
宁乡喇叭口客运站	2006 年 12 月	51994.8	3500	二	2011年12月
黎托客运站	2009 年 8 月	39947	7132		2010年8月
浏阳关口客运站	2011 年 1 月	35341	2600	二	2012年1月
宁乡豪德客运站	2011 年 12 月	5500	（租用场地）		2012年12月
望城汽车客运站	2012 年 4 月	91135	8500	一	2012年9 月
合计		625571.4	53199		

二、道路货运站场

（一）毛家桥货运站。属长沙长途汽车货运总公司，集普通、零担、特种货运站于一体，地处市开福区毛家桥，总占地面积 4 万余平方米。1988—1996 年，先后投资 200 万元（企业自筹），扩建总面积 4.9 万平方米。1998 年，因企业经营严重亏损，有偿转让给长沙房地产开发公司。

（二）树木岭货运站。1989 年，市联运公司为适应长沙火车北站南迁和联运业发展所需，投资 495 万元（国家经贸委 160 万元、交通部 100 万元、银行贷款 180 万元、企业自筹 55 万元）建成该站，位于树木岭，占地面积 2.38 万平方米，建筑面积 1.56 万平方米，停车坪 8300 平方米。至 2001 年，分别由联运总公司下属树木岭和公路快运分公司经营，主营仓储、运输代理等联运业务，年均仓储量 26.7 万吨，营业收入 73 万元，利润 20 万元。2002 年后，因货运市场竞争激烈，效益连年下降，至 2008 年，生产难以为继，以 2.6 亿元拍卖给长沙县北山房地产开发公司。

（三）星沙物流中心。成立于 2000 年 8 月，系湖南省星沙实业发展集团有限公司下属股份制民营企业，其规模时居全省之首。坐落长沙经济技术开发区星沙一区，为 319、107 国道、京珠、长永高速公路交会之地。占地 8 公顷，总投资 6000 万元（企业自筹），总建筑面积 3.12 万平方米，办公服务大楼和仓库分别为 1.2 万和 2 万平方米；停车坪 4 万平方米，设门面 132 间，客房床位 450 个。有员工 80 人，全部实行聘用制。主营停车、住宿、门面、仓库租赁、洗车、加油等项目，实行“一条龙”服务。日均停车 400 辆次，货物流向本省乃至全国。开业至当年底，完成仓储 2 万吨，货运量 5 万吨，收入 28.32 万元，实现利税 8.5 万元，经营效益逐年增长。至 2012 年，因竞争者群起，主管单位顾虑效益难续，将其转向房地产开发。

（四）中南物流园。地处长沙经济技术开发区中南汽车世界凉塘西路，属湖南中南物流有限公司

(湖南省恒广发展集团有限公司全资子公司),集货运信息配载、零担专线、仓储配送、餐饮休闲、停车住宿、车辆维修于一体大型专业物流园区。占地面积41.07公顷,投资1.4亿元,兴建门面14栋、仓库5栋等,总建筑面积7.05万平方米,停车坪14万余平方米。2004年11月开业,有员工79人,驻园经营业户258户,从业人员2800余人,主营公路货运代理、货运配载、货物加工、站场租赁、仓储零担、商务信息、咨询服务等项目。日均泊车120辆,当年货运吞吐量96万吨,交易总额600万余元。2008年起,先后追加投资共6600万元,兴建改建门面3栋2098平方米、仓库6栋2.92万平方米。园区设施齐全,装备先进,有2万平方米物流营业用房、3000平方米货运交易大厅;配备智能化信息化管理系统及叉车、吊车、地磅等物流专业设施。货运线路覆盖全省、全国,成为湖南省最大的货运信息交易之所、货运车辆集散中心。2009年通过ISO9001国际质量管理体系认证,评为国家AAAA级综合服务型物流企业。2012年,有员工95人,驻园经营业户683户,1万余从业人员,日均泊车1250辆,年货运吞吐量900万吨,园区交易总额22.2亿元。

三、公共客运站场

(一)公共汽车站场。1988年,长沙市仅有野坡、东塘、赤岗冲、溁湾镇、唐家巷5处,2.96万平方米,可泊车182辆,大部分车辆只能露宿街道,占道停车。随着城市快速发展,公交运营规模日益扩张,车辆大增,而站场建设严重滞后,成为制约公交发展的薄弱环节。

2003—2005年,市公交总公司筹资6665万元,先后建成赤岗冲(扩建)、东岸、洞井铺3个停车场,增加泊车面积6万余平方米。2005年编制站场建设规划,2006年起加大投入,至2012年,总投资1.84亿元(银行贷款1亿元、拆借财政资金4200万元、财政投资4000万元、市公交投资总公司筹资2200万元),相继建成望城坡公交枢纽停保场主体停车库,桃花岭、农大、东方红、体育新城等首末站;另有火车站、树木岭、圭塘、陈家湖等站场相继竣工,共增加泊车面积近9万平方米。2012年,全市公交站场增至43处,32.31万平方米;首末站130个,中途停靠站1953个(其中港湾式站94个),按每辆车停车面积100平方米计算可泊车3231辆,占已有车辆的75%以上。

(二)出租汽车站点。出租汽车素无固定专用站点,多为自家门前和单位停车场泊车始发。但在机场、火车站、客运码头、汽车客运站等客流集散地有出租汽车候客服务。

1995—1996年,兴建长沙汽车东站、南站、西站和长株潭客运站,均设立出租汽车专用车道。2005年《长沙市城市公共客运条例》发布实施后,至2012年,在兴建或改建各类交通客运站场时,配套建设出租汽车服务站点,如长沙火车站、黄花机场及县(市)区汽车客运站相继设立专用车道,出租汽车可依序进道泊车候客服务。

第七节 道路运输

一、道路客运

(一)省内客运。随着国民经济的快速增长和道路客运条件的改善及车辆结构的变化,线路班次的调整,站场扩建,强化管理,增强对市场的适应性,加快客运发展。全市省内客运由长沙汽车客运发展(集团)公司和个体(联产)担负,其运输班线和班次逐年增加。1988年,全市开行班线372条(跨区130、跨县22、县内220),日均开行客班1309次。1995年,日均开行客班增至3280次。2001年,日均客班增至4268次,除古丈、凤凰、麻阳3县外,其余地、州、市、县均已开通。班次密度增大,尤以重城要地为著。如长沙日均开行客班至株洲151次，湘潭220次，益阳61次，衡阳31次，邵阳27次，均为1988年的3~4倍。2008年，全市100%的乡镇和92%的行政村通班车。

至2012年，班线通达全省14个市（州）和88个县（市），线路增至1247条（跨市州398、跨县409、县内440），日均开行客班增至7783次（跨市、州847、跨县1163、县内5773），分别为1988年的3.35倍、5.59倍。

（二）省际客运。1988—1990年，先后开行万载、铜鼓、桂林、汉口、合肥、南昌、宜昌、沙市、通城、沔阳、九江、宜春、宜风、吉安、奉新、襄樊、洪湖、崇阳等地客班，客运班线32条，日发客班51次。

1991后，随着务工、经商人员流量加大，跨省长途客运日益发展。至1995年，增开金华、广州、南京、武汉、松滋、荆州、温州、南宁、珠海、萍乡、修水、仙桃12条客运线路，日发客班63次。

1996—2001年，增开宁波、赣州、厦门、台州、深圳、海口、三亚、敖江、海安、井冈山、抚州、茂名、咸丰、黔江、乐清、温岭、巷南、广华、安义、高安、宝安、德安、信宜、临沂、十堰、普宁、宜都、恩施、武昌等地客班。开行客班线路73条，日均开行客班132次。

2002—2012年，新增至北京、上海、广东、山东、安徽、江苏、江西、福建、浙江、湖北、陕西等省、直辖市。车辆实现高档化，均使用豪华空调车、卧铺车、大巴，日夜兼程。班线辐射东至江、浙，南至粤、琼，西至川、黔，北到晋、蒙等16省份及100余个大中城市。2012年有线路189条、日均客班176次，分别为1988年的7.3倍、3.9倍。

（三）旅游客运。1988年，全市旅游客运除长沙汽车东站、南站、西站和浏阳、宁乡长途汽车客运站开行定点、定期、定班的旅游客运外，还有14家旅行社，专业旅游客车92辆，可同时承运2800名游客。当年开行旅游客班2100次，游客6.38万人次；旅游包车480车次，游客1.92万人次。

1991年，旅游客运企业增至23家，各类专业旅游客车152辆，可同时承运3800名游客；1996年，旅游企业增至52家，旅游客车186辆，可同时承运4650名游客。之后，旅游客运企业发展更加迅猛，2001年，旅游业户有长沙汽车客运发展（集团）公司、湖南旅游汽车总公司、长沙湘亚旅行社、市湘辉旅行社、湖南海峡旅行社、航天旅行社、夕阳红旅行社、湖南中国国际旅行社、长沙中国国际旅行社等131家，旅游客车316辆，可同时承运7900名游客，分别为1988年的9.4倍、3.4倍、2.8倍。

2005年，旅游客运企业通过联合、兼并、重组等方式合并为13家，有客车309辆，可同时承运10051名游客。在旅游客运企业中，15%的单位具备专业旅游客车，以大小豪华客车、大巴、空调、卧铺车承揽旅游业务；85%的单位未置专车，仅招揽旅游业务，靠租用客车或联络火车、飞机、轮船转运游客。旅游主要线路，省内：炎陵、韶山—花明楼、桃花源、大围山和长沙市内一日游；南岳、岳阳—君山各二日游；崀山、凤凰、张家界—猛洞河各四日游；索溪峪—天子山—张家界五日游。省外：香港—澳门、海南、重庆—葛洲坝各五日游；昆明—西双版纳七日游；北京、上海、南京、杭州、苏州、西安、武汉、桂林、广州、珠海、黄山、泰山、庐山、井冈山、九华山多日游。国外游客亦由周边几个国家发展到世界几十个国家和地区。2006年，旅游客运归口市旅游局统一管理，交通部门终止旅游客运统计。

（四）个体（营运）。随着个体（联户）运输业的兴起，个体客运成为客运一支生力军。1988年，全市有个体（联户）营运客车874辆，完成客运量1412.47万人次，旅客周转量4.38亿人千米。但发展的无序性颇为突出，进站参运或营运的客车仅占四分之一。1997年后，个体客运加速有序发展，经营范围扩大至农村短途客班，进站参运率显著提升。发展步入规范化轨道，规定个体客运模式以站场为经营场所，以中巴为主要车型，以短途客运为主业。至2012年，年客运量、旅客周转量增至3.11亿人次、85.66亿人千米，占全市客运量、旅客周转量的92.02%和69.29%；分别为1988年的22.05倍、19.56倍。

表20-2-7-1　　1988—2012年长沙市道路客运汽车及旅客运输量年度一览表

年度	载客汽车		旅客运输量	
	（辆）	（客位）	运量（万人）	周转量（万人千米）
1988	1454	38388	3515.81	127175
1989	1540	43844	3342	127083
1990	1935	53003	3035.81	117989
1991	2108	52426	2822	120433
1992	2184	58638	2441	122711
1993	3311	60967	1706	98622
1994	5460	77817	1792	109168
1995	6516	81799	8021	267579
1996	6814	84429	7595	261640
1997	7060	84583	7210	272680
1998	7598	92748	7435	280597
1999	8417	95075	7568	267799
2000	10017	102482	7825	275029
2001	10671	104966	7242	322154
2002	11867	116767	8743	393873
2003	13236	124384	9351	457038
2004	13928	130529	10003	496035
2005	6234	87889	9228	469947
2006	5907	99340	10022	506305
2007	5013	94075	9934	540261
2008	3394	85892	11334	596745
2009	3777	95579	28868	1060178
2010	3972	103583	31257	1130385
2011	5050	117410	33102	1206736
2012	5415	130754	33847	1236101

说明：2009年开始公路客运将在公路上产生的公交和出租车运量纳入统计

二、道路货运

（一）普通货物运输。1988年，全市有普通货物运输从业人员1.52万人，营运汽车1.01万辆，货物运量5064万吨，货物周转量16.64亿吨千米。

20世纪90年代，货运企业改革进入高潮，以建成现代企业制度为目标，实行联合、兼并、转产、解体重组、致力增强企业市场竞争力，民营企业（个体联户）快速发展，成为运输主力。1995年，有从业人员5.01万人，营运汽车1.72万辆，年货运量5376吨，货物周转量30.67亿吨千米。当年长沙长途汽车货运总公司普货分公司和长沙市第一运输公司、第二运输公司等专业运输公司，是普通货物运输的主力，担负全市社会生产、生活物资的运输，以粮食、煤炭、化肥、农药、建材、土特产品和医药保健用品居多，采取多点受托、预约定车、代提货物、计时包车、点件交接、优质安全等服务措施，满足社会巨大需求。

1996年后，普货运输的主力逐步为民营货运经营者所取代，普货运输车辆大增。为解决城市道路车满之患，发布限制大货车进城令，产生“货的”运输（小吨位货车）。1998年9月，湖南龙马货运出租汽车有限公司和长沙晨阳货运出租车队率先取得“货的”经营权（分别为100辆和50辆），购车投入营运。随后又有湖南长沙湘涂、湖南永宏实业、湖南津湘、长沙千禧、长沙洪利等5家出租汽车有限公司投入营运。

2003年，因市场竞争激烈，管理混乱，全市7家“货的”货运公司全部亏损达1048万元。为排解困局，按照1:1比例换车统一转向城市出租车客运，至此“货的”货运终止。但城域扩张，生产、生活物资集散增而不减。至2012年，全市普货运输经营业户增至6.28万户，营运货车7.13万辆，其中个体（联户）6.04万户，6.25万辆，分别占96.20%、87.71%（年货运量、货物周转量均含在货运总量中）。

（二）零担货物运输。长沙零担货物运输，由长沙长途汽车货运总公司零担分公司主营，将批量、零星、分散的物资以集零为整、定线、定点、定班的方式实施运输服务。

1988—1989年，该公司先后在中南5省专业汽车运输中率先增加零担货物进出仓人力搬运服务项目；在全国公路运输企业中首办零担货物保价运输；与中国交通企业管理协会长沙培训部共同投资200万元，新购厢式货车20辆，成立长沙试验基地车队。

1990年，有零担货车43辆，其中厢式车40辆，仓储面积5900平方米，受托点6个，开行零担班线47条，经营里程2.10万千米，月均发送零担货运363个班次，其中省际84次，省内跨区243次，市辖区36次，年吞吐量3万吨，周转量700万吨千米。形成以长沙为中心，辐射省内各地、州、市及中南、华东、东北等12个省份的零担运输网络。

1991年，与交通部长沙试验基地车队合并。编制10个车队，有职工240人，营运汽车66辆，月均发送零担货运4000吨，月收入45万元。1992年，增开班线30条，先后与省内16个地、州、市、县签订零担运输合同；与全国20多个省份联合开班，运输总里程达2.02万千米，其中跨省1.72万千米，跨区2932千米。其班线南至广州、南宁，北至武汉、北京、天津，东至南京、上海、温州，西至西安、重庆；省内至吉首、常德、益阳、岳阳、平江、邵阳、零陵、衡阳、怀化、株洲、浏阳、宁乡等市、县。班期最短的一天一班，最长7日一班。月均收入56万元，成为公司支柱产业。1993年，经长沙海关批准，所属车辆定位海关监管车，为全国第一家从事内地与港澳货物直通单位，月均营收52万元。

1995—1996年，新购营运汽车7辆，将原有货车一次性折价让售分公司驾驶员，挂靠在本单位自主营运，单位收取管理费。至此，分公司营运汽车仅剩7辆，定期班线陆续停开。

1997 年 8 月，开通长沙—南昌—杭州的零担货运快车，由长沙货运总公司、南昌、杭州运输总公司合作承办，每周一、三、五从长沙、杭州两地相向发车，成为固定的快车专线。随后，公营车辆全部让售个人经营，分公司变成“无车商行”，生产日趋萎缩而终止（交通部门亦未作专项统计）。是年，公司驾驶员张益吾获全国“五一劳动奖章”和湖南省“劳动模范”称号。

2004 年 3 月，长沙长途汽车货运总公司破产后，由 130 名股东出资组建“长沙湘运物流有限公司”。8 月，在市区建立 11 个零担快运站点，发展社会融资车辆 216 台，至 2005 年年底共完成货运量 103.68 万吨，货物周转量 6118.8 万吨千米，营收 3000 万元。

2011—2012 年，长沙湘运物流有限公司运输营收下滑，大部分营运车辆进入报废期，车辆锐减，至年底，仅有营运车辆 42 台。零担货物运输主力由民营业户承担。

（三）特种大型货物运输。以长沙长途汽车货运总公司特种货运分公司、长沙市第一运输公司大货运输分公司、长沙市第二运输公司起重　运输队为主体，经营全市机械、钢铁、建筑、设备等特种大型、重型货物运输。承运企业各类大货运输车辆 20~40 吨平板汽车，铲、叉、吊车，20~40 英尺集装箱等一应俱全，运输实力、吊装技术居全省之冠。1988—2000 年，在市场竞争中，诸承运企业大货运输量由增至减，而民营企业勃兴，运力增而不减。2008 年，全市有经营业户 45 户，营运汽车 461 辆、4778 吨位，其中民营企业 13 户、91 辆、874 吨位，分别占 28.89%、19.74%和 19.29%（运量纳入专项统计）。此后，民营特种大型货物运输经营业户增长较快。

2012 年，经营业户增至 99 户，营运汽车更先进而大型化，达 274 辆、6901 吨位，其中民营企业 44 户，77 辆、1841 吨位，分别占 44.44%、27.01%、26.68%（运输量复含道路货运总量中）。

（四）危险货物运输。1988—1995 年，全市易燃易爆危险化学品等危货运输未作单项统计。自 1996 年起实行单独管理。全市有经营业户 172 家，从业人员 695 人，营运汽车 470 辆、2188 吨位。业户中多数系个体（联户），资质条件不达部颁标准。

2001 年 9 月，根据交通部《关于进一步做好道路化学危险货物运输专项整治工作的通知》，开展全市性专项整治工作，对 195 家危货运输经营业户进行改组，年末，全市有业户 32 家，从业人员1256 人，营运汽车 547 辆、2157 吨位。企业初具资质条件，管理比较规范有序。

2005 年 6 月，根据交通部《道路危险货物运输管理规定》，由道路运输管理机构负责具体实施道路危险货物运输管理，进一步加大全市危货运输管理力度，不断提升专业化管理水平。

至 2012 年，全市经营业户发展到 67 户，从业人员 1.04 万人，营运汽车 2698 辆、2.94 万吨位。虽经营业户相对减少，而运力大增。

（五）货物专用运输。2008 年，根据交通运输部《道路货物运输及站场管理规定》，开启使用集装箱、冷藏保鲜设备、罐式容器等专用车辆进行货物专用运输。是年，全市有货物专用运输经营业户 245 户，专用运输汽车 4185 辆、46372 吨位，其中个体（联户）111 户，汽车 857 辆、11882 吨位，分别占 45.31%、20.48%和 25.62%。

至 2012 年，经营业户增至 1830 户，专用运输汽车 8197 辆、10.69 万吨位，其中个体联户 1507 户，2577 辆、3.14 万吨位，分别占 82.35%、31.44%、29.39%，为 2008 年的 7.47 倍、1.96 倍、2.30 倍。

三、道路货运装卸

1988 年，全市道路货物运输有专业装卸业户 145 户，员工 4164 人，装卸机械 79 台。随着运输市场放开，货运企业（业户）结构、用工方式快速变化，一度农民工、待岗职工、社会闲散人员从事货物运输装卸日增；交通专业装卸业户、员工递减。1996年，专业装卸业户、员工减至94户、3819人。至2005年，装卸业户、从业人员分别减少到23户、1517人。尔后，随着现代物流业兴起，货物专业装卸业户不复存在。传统的装卸作业方式亦被现代物流企业所取代。

四、企业选介

（一）湖南龙骧交通发展集团有限责任公司。系长沙市直管的十一家大型企业之一，湖南省交通运输行业的大型龙头企业集团，交通运输部重点联系骨干企业，道路旅客运输一级经营资质，拥有90年经营历史。前身长沙汽车客运总公司，为承运全市道路旅客大型国有汽车运输公司。1987年11月，与长沙汽车站务公司由省属企业下放长沙市管理。1991年1月，长沙汽车客运公司和长沙汽车站务公司合并，成立长沙汽车客运总公司。公司固定资产原值6386.9万元、净值4190万元，有营运客车595辆，年客运量2683.79万人/千米，旅客周转量11.19亿人/千米，实现利润53.3万元。1994年2月，更名为长沙汽车客运发展（集团）公司。是年7月，公司名列全国500家大型服务企业第13位，中国交通部批准为道路旅客运输二级企业；10月，省政府批准为湖南交通运输大型企业。1995—2001年，稳步实施"运营形式、企业管理、人事制度、医保制度"等系统改革，完成"两个置换"；并全部淘汰"解放""黄河"等老旧车，购置依维柯、豪华大巴、快巴、卧铺等各种新型高档客车1082辆。固定资产原值达3.28亿元，为1990年的5.1倍，效益凸显。2005年，交通部批准长沙汽车客运发展（集团）公司为道路旅客运输一级经营资质企业。公司驾驶员陈社良获湖南省"劳动模范"称号。2006年7月，公司整体改制为国有参股（22.5%）有限责任公司——湖南龙骧交通发展集团有限责任公司。主营公路客运、城市公交、城市出租，下辖48个二级单位（含3个一级甲等客运站、5个二级客运站，有11个控股、参股和合资合作企业）。2011年，公司董事长龚乐群获湖南省"劳动模范"称号。2012年，公司固定资产原值11.46亿元、净值4.12亿元，营运客车达1330辆，年客运量3154.23万人次，旅客周转量47.46亿人千米；营运收入16.37亿元，实现利润8660万元，缴纳税金9725万元。分别为1991年的19.95倍、9.84倍、2.24倍、1.76倍、4.24倍、27.15倍、162.48倍。公司先后荣获"利税过亿元""中国服务业500强企业""全国交通运输行业文明单位和全国企业文化建设卓越单位"等称号。

（二）长沙联运物流有限公司。原市联运总公司，主营货运代理，办理铁路、水路、公路、航空货物运输到发、中转、仓储服务，以集装箱、大型货物、危货运输及货物代理。1988年，公司有固定资产原值153.35万元，净值135.98万元，从业人员275人，营运汽车5辆，装卸机械5台，年货物联运量60.41万吨，营业收入392.69万元，利润102.17万元。此后，发展"装、发、卸、接"和"集、散、运、储"多式联运；还以铁路、站港为依托，开展横向联合，巩固发展联运网络，改进服务方式，先后与长沙铁路北站、南站建立集装箱联运站、中转站和联运联营公司，实行代储、代办手续、代加工整理包装、代垫运杂费、代处理商务事故、代办货运保险及上门取运货物、上门结算、上门征求意见等服务。1993年，与省内宁乡、益阳、常德等地联运企业开展互办联运业务；在全国以中心城市为主，与520余家联运公司和2500余个联运网点建立协作关系，致力开拓联运业务。1996年，市联运总公司和市第一运输公司联合，组建新的联运总公司（国有），随后又兼并3家联运、货运企业。1997年公司总经理向明生获中国交通部"劳动模范"称号。至2001年，营运汽车增至249辆，各种机械设备68台（套），逐步实现公路、水路、铁水、铁公、空陆等多式联运；开辟与长沙火车北站、南站、树木岭货场、益阳和津市联运公司等多处联运平台；开拓铁路中转、整车、零担、集装箱、仓储代理和门市受托、快件行包代办、会议展品中转等服务项目，建立全国性网络遍布20余个省、市，100余家联运企业，市场占有率迅猛上升。世纪之交，现代物流蒸蒸日上，传统联运急剧下行，业务网络消散殆尽，营业发生巨额亏损。至2003年，联运总公司累计亏损6379.6万元，负债7118.4万元，负债率97.15%。是年12月，行业管理部门终止货物联合运输专项统计。公司改制为“长沙联运物流有限公司”。2004年起施行风险抵押、定额上缴、利润分成及大包干承包办法，并投入20万元在营运车辆上安装GPS卫星定位系统；2006年投资近2亿元，建设长沙捞霞物流中心，占地面积8.6万平方米，总建筑面积3.5万平方米；2008年按“一级法人、二级管理、营收归口、开支定额”的原则管理；2009年实施个人承包制度，使用公司资产有偿化经营。2012年，捞霞物流中心一期工程竣工投产。下辖集装箱、大件货物运输、快运、货代、客运公司等16个经营单位，公司有固定资产原值5103.14万元，净值1270.62万元，从业人员580人，营运货车62辆，各种机械设备7台（套）。年货运量31.27万吨，周转量5725.22万吨千米；营运客车、商务车131台，客运量314万人次，周转量3780万人千米。营业总收入9711.26万元，税金117万元。公司先后通过ISO9001、9002、9110质量管理体系认证，AAAA级物流企业评审和2008质量管理体系监审，评为AAAA级物流企业和湖南省“十大商贸物流领军企业”。

（三）中国石油天然气运输公司湖南分公司。于2004年7月成立，系中国石油天然气运输公司成品油运输二级单位，属中国石油天然气运输公司沙运司华中分公司，集成品油配送、汽车修理、润滑油、金属制品加工、汽车配件、轮胎销售、化工产品配送、物资贸易为一体的专业化运输物流企业。通过GB/T1900–2000、TISO9000:2000质量管理与质量保证体系认证，具国家一级道路货运、危险品运输资质。辖岳阳、湘乡、衡阳、怀化、邵阳5个车队，主要承接中国石油湖南销售100个加油站油料的配送运输。2005年，公司有从业人员241人，营运汽车28辆，年货运周转量5287.47万吨千米，营业收入2905.36万元。

2008年12月，从华中分公司分立，成立公司二级单位。辖7个车队（衡阳、郴州、湘潭、常德、怀化、邵阳、岳阳），1个修理厂，营运汽车254辆，承接400个加油站的配送运输。至2012年，成立长沙（下辖湘潭、娄底2个车队）、衡阳、常德（下辖益阳车队）、郴州、怀化、邵阳、岳阳等7个成品油配送中心，1个修理总厂，有从业人员368人，营运汽车238辆，配送区域辐射湖南14个地州市、88个县（市）509个加油站，14个油库和70个社会机构客户。年货物周转量1.39亿吨千米，收入1.31亿元，税金501万元。分别为2005年的1.53倍、8.5倍、2.63倍、4.51倍。致力于专业化、信息化、规范化建设，视安全管理至上，严格实施安全环保措施，做到“零违章、零事故、零伤害、零污染”。

表 20–2–7–2　　1988—2012年长沙市道路货运汽车及货物运输量年度一览表

年份	载货汽车		货物运输量	
	（辆）	客位	运量（万吨）	周转量（万吨千米）
1988	4753	18313	5046	166440
1989	5629	21704	5159	175272
1990	12471	50800	5247	200586
1991	13750	54997	4959	217292
1992	14711	66896	5459	259920
1993	15843	60683	5992	294149

续表 20-2-7-2

年份	载货汽车		货物运输量	
	（辆）	客位	运量（万吨）	周转量（万吨千米）
1994	16270	61896	5047	294703
1995	17466	64739	5376	306737
1996	14895	57472	5256	304803
1997	15577	58307	4748	286228
1998	17040	59969	4729	291994
1999	17853	59179	4823	297883
2000	19371	60951	4972	308200
2001	20307	63052	6668	322125
2002	20466	62916	7929	434100
2003	19140	55819	9572	445990
2004	22512	67143	9831	446428
2005	26652	90622	9834	447386
2006	25390	100151	10905	480520
2007	27653	117228	13994	517366
2008	42347	164883	14651	535795
2009	51964	204067	18084	1036295
2010	57942	250425	19270	1285375
2011	73213	317242	21788	1609109
2012	79474	354017	23139	2061286

第八节 城市公共客运

一、公共汽车

随着城域空间的扩大、人口密度的增加、长株潭三市融城的推进，长沙市公共客运出行需求日益增长。

1988 年，长沙市公共交通总公司在面临原材料、配件大幅提价，营运车辆报废率达 30%的困境中，深化企业内部改革，投入省辖六市公共客运优质竞赛，首次实行 7 条主要营运线路（1 路、2 路、3 路、6 路、7 路、11 路、12 路）乘客一票制改革，成效显著。公司有公共客运车辆 394 台、营运线路 28 条、线路长度 359.2 千米，全年完成营运 1755.72 万千米，客运总量 2.95 亿人次，营运收入 2164.72 万元。

1989 年开始，总公司坚持“抓管理、上等级，全面提高企业素质”方针，以营运为中心，以社会效益为主导，创一流服务。逐年新增营运线路和车辆，1990 年为圭塘地区兴建的经济小区（31 个单位、9 万余人）开通东塘至圭塘、火车站至圭塘 2 条公交线路；为满足广大群众参观雷锋纪念馆的要求，恢复

图 20-2-8-1 望城坡公交枢纽停保场

（摄于 2010 年，长沙市交通运输局供图）

湈湾镇至雷锋馆的 15 线路，并配备 6 台软座高靠豪华车投入运营；为解决井湾子地区乘车难，又开通东塘至省轻工业学校 37 路线。实施公共汽车标准化线路试点，司乘人员分批严格培训经考试合格上岗，做好标准化服务，统一着装，用 4 种语言（英语、哑语、普通话、长沙话）为乘客服务。1996 年，调整扩大市内五区行政区划，营运线路逐步调整而延伸。并实行对盲人和 70 岁以上老人免费乘车制度。

2000 年，新开无人售票线路 8 条。2002 年，全市公共汽车增至 1351 辆、营运线路 73 条、线路长度 813 千米，完成客运总量 3.5 亿人次，年营运收入 2.37 亿元。2003 年，完成《2002—2012 年长沙市公共交通规划》编制；实行公交资产重组和产权转让，由上海巴士、长沙客运集团 2 家公司收购。2005 年，全市公交整体改制，组建湖南、龙骧、凯程、三叶、嘉年华、恒通、众旺、万众、红光等 9 家巴士公司，形成多家参运格局。当年，颁布《长沙市城市公共客运条例》，确立公交“优先发展”战略，并制定实施《长沙市城市公共客运条例实施细则》《长沙市公共汽车乘车规则》《长沙市公共客运交通营运机动车辆服务设施技术规范》，使公共客运发展步入法制化、规范化轨道。行业管理部门与市文明办、长沙晚报集团开展公共客运行业“擦亮城市窗口，创建文明行业”“星级服务”“乘客满意的公交线路”系列评比活动，主要街道和主要线路尽量投入款式新、性能好、舒适度高的车辆。至 2007 年，公共汽车增至 3252 台，万人拥有公共汽车由 2002 年 7.86 标台增至 17.1 标台，超过全国文明城市每万人 12 标台的标准；营运线路达 120 条，线路长度 2145.1 千米，全年完成客运总量 9.2 亿人次，营运收入 7.54 亿元。

2008 年后，大力推进公交“优先发展”战略。随着省会城垣四向大开拓和望城县改区，城区面积倍扩，并不断推进长株潭融城和城乡一体化建设，为公共客运线路的调整和开辟提供广阔的空间，城市道路网络快速扩张，并启动城市、城际快速干道，包括轨道交通和综合枢纽工程建设，四年间新开通线路 68 条 2238.9 千米；车辆更新换代加快，购置新型高档车、新能源车 977 台，基本实现车辆中高级化；营运公共汽车全部实现公交站牌、线路走向图、语音报站“三统一”，并安装视频监控，2009 年公交 IC 卡发行量增至 153 万张，2011 年对公交服务质量开始建立实行“一月一考评，一月一排名，一月一通报”制度，促进服务质量提升。至 2012 年，全市公共客运营运线路增至 188 条，线路长度 4384 千米（其中专用车道 129.6 千米），并逐步向乡镇延伸，26 个乡镇通公交车；营运车辆增至 3775 台，全年完成营运里程 3.54 亿千米、客运总量 10.64 亿人次、营运收入 12.40 亿元，分别为 1988 年的 6.71 倍、12.2 倍、9.58 倍、20.16 倍、3.61 倍、57.27 倍。

表 20–2–8–1　　2012 年长沙市区公共汽车线路一览表

线路名称	线路起讫站点		线路里程（千米）	票价
	起点	讫点		
101 路	德汇路口	碧沙湖	10.5	2 元
102 路	汽车南站	芙蓉广场	12.6	普车 1 元，高等级车 2 元
103 路	汽车东站	汽车南站	21.9	普车 1 元，高等级车 2 元
104 路	长沙火车站	省交通运输厅	15.8	1 元
105 路	大托铺	长沙火车站	21.3	2 元
106 路	沿河路公交首末站	桃花岭公交首末站	16	普车 1 元，高等级车 2 元
107 路	长沙火车站	汽车南站	13.3	普车 1 元，高等级车 2 元
108 路	长沙火车站	劳动广场	6.7	1 元
109 路	陈家湖	望月小区	16.3	普车 1 元，高等级车 2 元
110 路	长沙火车站	湖南农大	10.5	2 元
111 路	华夏	长沙火车站	8.9	1 元
112 路	湘江世纪城（金泰路西）	马王堆医院南	18.7	2 元
113 路	长沙火车站	163 医院	10.8	1 元
114 路	长沙火车站	黄花机场	26.6	2 元
114 路区间线	长沙火车站	东十路	17.1	2 元
115 路	四方坪	浦沅	13.5	普车 1 元，高等级车 2 元
116 路	万芙路	秀峰公园（山语城）	27.1	普车 1 元，高等级车 2 元
117 路	长沙火车站	观沙岭小区	11.6	1 元
118 路	长沙火车站	东方红首末站	20.5	2 元
11 路	赤岗冲	沿河路公交首末站	16.5	1 元
120 路	赤岗冲	圭白路职教城	15.8	1 元
115 路	四方坪	浦沅	13.5	普车 1 元，高等级车 2 元
121 路	长沙火车站	泰禹家园	10.5	普车 1 元，高等级车 2 元
122 路	南郊公园	月湖公园	19.6	普车 1 元，高等级车 2 元
123 路	汽车南站	培无桥	15.4	普车 1 元，高等级车 2 元
124 路	长沙火车南站	长沙火车南站	16.8	普车 1 元，高等级车 2 元
125 路	赤岗冲	暮云镇	21.1	1 元
126 路	长沙火车站	汽车东站	6.3	2 元
127 路	长沙火车站	长沙卫校	15.2	2 元
128 路	周南中学	先锋厅	15	1 元
129 路	汽车北站	沙坪湘绣城	17.4	1 元

续表 20-2-8-1

线路名称	线路起讫站点		线路里程（千米）	票价
	起点	讫点		
12 路	长沙火车站	湖南财政学院南门	9.2	1 元
130 路	劳动广场	汽车东站	14.9	普车 1 元，高等级车 2 元
131 路	四方坪	白沙湾路	13.3	普车 1 元，高等级车 2 元
132 路	世界之窗	牌楼口	18.8	1 元
133 路	四方坪	新港镇	17	1 元
134 路	劳动广场	长沙生态动物园	23.4	1 元
135 路	长沙火车站	长沙火车南站	11.9	2 元
136 路	长沙火车站	湘绣城	18.3	2 元
137 路	莲湖	灵官渡	10.7	1 元
138 路	雅塘村	贾谊故居	13.1	1 元
139 路	芙蓉苑	猴子石路口	13.6	普车 1 元，高等级车 2 元
140 路	三环线桥	劳动广场	21.9	2 元
142 路	华夏	金鹰机电市场	26	普车 1 元，高等级车 2 元
143 路	圭塘河	圭塘河	32.5	2 元
145 路	五凌电力	司门口	13.8	普车 1 元，高等级车 2 元
146 路	都市兰亭（桔园小区）	蒋家垄	11.8	1 元
147 路	汽车南站	四方坪	23.3	2 元
148 路	鸭子铺社区	明阳山	21.8	普车 1 元，高等级车 2 元
149 路	楚家湖公园	汽车西站	19.5	普车 1 元，高等级车 2 元
150 路	四方坪	南郊公园	14.8	普车 1 元，高等级车 2 元
152 路	汽车南站	潇洒大道黄泥河路口	18.4	2 元
156 路	烈士公园东门	体育新城	12.3	1 元
158 路	长沙火车站	湘绣城	13.2	普车 1 元，高等级车 2 元
159 路	湖湘艺术品市场	长沙火车南站	24.7	2 元
15 路	赤岗冲	五凌电力	9.2	1 元
160 路	碧沙湖	长沙火车南站	13.5	2 元
168 路	汽车东站	汽车西站	31	普车 1 元，高等级车 2 元
168 路区间线	韶光社区	长沙火车站	11.1	普车 1 元，高等级车 2 元
16 路	汽车南站	长沙火车南站	11	普车 1 元，高等级车 2 元
17 路	汽车西站	汽车南站	22	2 元
18 路	东方红首末站	司门口	15.4	1 元

续表 20-2-8-1

线路名称	线路起讫站点		线路里程（千米）	票价
	起点	讫点		
18 路区间线	汽车西站	桔洲新苑	7	1 元
19 路	赤岗冲	栖凤路	14.6	1 元
1 路	长沙火车站	碧沙湖	9.4	普车 1 元，高等级车 2 元
202 路	长沙火车站	王家湾	20	普车 1 元，高等级车 2 元
20 路	汽车南站	同升湖	23.7	1 元
2 路	都市兰亭（桔园小区）	湘雅	13.2	普车 1 元，高等级车 2 元
301 路	长华小区	德政园	16.2	2 元
301 路区间线	岳麓区政府北	德政园	16.3	2 元
302 路	东方红首末站	芙蓉元	25.7	1 元
303 路	黑石渡	恒大华府	18	普车 1 元，高等级车 2 元
305 路	高叶塘	桃花岭公交首末站	6	1 元
309 路	桃子湖路口	悦禧国际山庄	13	1 元
312 路	汽车西站	长沙火车站	10.6	2 元
314 路	汽车西站	赤岗冲	13	2 元
315 路	桃子湖路口	雷锋汽车站	13.8	1 元
316 路	高叶塘	石岭塘小区	7.2	1 元
317 路	长华小区	湖南农大	22.5	普车 1 元，高等级车 2 元
318 路	桃子湖路口	好家园小区	9.7	普车 1 元，高等级车 2 元
325 路	桃子湖路口	省委党校	4.5	1 元
348 路	汽车西站	长沙火车南站	25.3	2 元
368 路	高桥大市场南	华夏	12.6	普车 1 元，高等级车 2 元
401 路	中华岭	长沙火车站	16	普车 1 元，高等级车 2 元
402 路	新诚小区	新诚小区	32.6	普车 1 元，高等级车 2 元
405 路	荷花路东	汽车西站	23.5	普车 1 元，高等级车 2 元
406 路	中南院学校	华夏	21.2	普车 1 元，高等级车 2 元
4 路	劳动广场	洋湖湿地公园	7	普车 1 元，高等级车 2 元
501 路	星沙茶叶大市场（望新桥村）	星沙茶叶大市场（望新桥村）	45.8	普车 1 元，高等级车 2 元
502 路	汽车东站	汽车南站	17.8	普车 1 元，高等级车 2 元
503 路	长沙火车南站	灰埠小区	19.5	普车 1 元，高等级车 2 元
601 路	上白沙湾（省医药学校）	碧沙湖	16.1	1 元
602 路	环保学院	芙蓉苑	14.6	普车 1 元，高等级车 2 元

续表 20-2-8-1

线路名称	线路起讫站点		线路里程（千米）	票价
	起点	讫点		
63 路	汽车西站	长沙火车南站	26	普车 1 元，高等级车 2 元
63 路快线	汽车西站	长沙火车南站	26	2 元
65 路	汽车西站	长沙火车南站	33.4	2 元
6 路	赤岗冲	长郡中学新校区	17.7	2 元
701 路	丽江翠园	幸福里	32.2	普车 1 元，高等级车 2 元
702 路	长沙理工大学云塘校区	扬帆小区	28.2	普车 1 元，高等级车 2 元
703 路	星沙（三一重工）	长沙理工大学云塘校区	37	普车 1 元，高等级车 2 元
704 路	广夏新苑	幸福里	38	普车 1 元，高等级车 2 元
705 路	烈士公园东门	金桂小区	23.5	普车 1 元，高等级车 2 元
707 路	华侨社区	华夏	16.8	普车 1 元，高等级车 2 元
7 路	长沙火车站	汽车南站	13.1	2 元
801 路	嘉年华公交基地	鄱阳小区	32	普车 1 元，高等级车 2 元
802 路	钢材大市场	湖南农大	32	2 元
803 路	新开铺路口	新开铺路口	29	2 元
804 路	新开铺路口	栖凤路	34	普车 1 元，高等级车 2 元
804 区间线	新开铺路口	人民路口	24	1 元
805 路	洪山桥	保利花园	30	2 元
806 路	金井小区	体育新城公交首末站	32	2 元
807 路	月湖大市场	月湖大市场	21.5	1 元
808 路	灰埠小区	中山亭	26	2 元
809 路	东七路	新开铺污水处理厂	23	2 元
810 路	金井小区	体育新城公交首末站	16	1 元
811 路	新开铺路口	嘉年华公交基地	—	普车 1 元，高等级车 2 元
8 路	新星小区	长郡中学	12.8	普车 1 元，高等级车 2 元
901 路	丽江路	长沙大学	44	2 元
901 区间线	世界之窗	糖坊巷	39	2 元
902 路	东方红镇	中南大学学生公寓	42.5	2 元
902 区间线	东方红镇	麓松路东方红路口	11	1 元
903 路	望城汽车站	桃子湖路口	70	2 元
903 区间线	高星物流园	湖南财专南门	54	普车 1 元，高等级车 2 元
905 路	王家湾	五一村南	42	普车 1 元，高等级车 2 元
906 路	糖坊巷	水木轩	37	2 元

续表 20-2-8-1

线路名称	线路起讫站点		线路里程（千米）	票价
	起点	讫点		
907A 线	华夏	洗心禅寺	41.5	普车 1 元，高等级车 2 元
907 路	蒋家湾	德润园南	31.6	2 元
908 路东段	新桥	王家湾	46	2 元
908 路西段	培无桥	湖南中医药大学南门	48	2 元
908 区间线	汽车西站	中医药大学	52	普车 1 元，高等级车 2 元
909（汽车西站）线	食品药品学院	郁金香	37	2 元
909（王家湾）线	中医药大学	王家湾	27	2 元
912 路	星语林汀湘十里	高桥	21.5	普车 1 元，高等级车 2 元
912 区间线	九龙领仕汇	沙湾路石坝路口	23.3	普车 1 元，高等级车 2 元
913 路	雷锋汽车站	桃花村	29.7	普车 1 元，高等级车 2 元
915 路	省科技馆	海底世界（世界之窗）	21.2	普车 1 元，高等级车 2 元
916 路	雷锋中学	玫瑰园北	27.2	普车 1 元，高等级车 2 元
916 区间线	汽车北站	梅溪湖桃花岭公园	—	普车 1 元，高等级车 2 元
918 路	望城汽车站	汽车西站	23.4	普车 1 元，高等级车 2 元
931 路	丁字镇政府	汽车北站	35.4	2 元
9 路	金霞苑	长沙火车站	12.3	普车 1 元，高等级车 2 元
高新穿梭巴士 3 号线	山水新城小区	和馨园小区	14.8	1 元
菲亚特班线	中国铁建	高桥南	25.5	2 元
高新穿梭巴士 1 号线	方盛制药	汽车西站	9.7	1 元
立珊线	长沙火车站	中南大学学生公寓	11.8	2 元
旅 1 路	长沙火车站	科教新村	10.8	1 元
旅 2 路	圭塘	华夏	21.1	普车 1 元，高等级车 2 元
旅 3 路	长沙火车站	长沙火车站	13.3	1 元
旅 3 区间线	橘子洲景区	天马山景区	8.6	1 元
城南穿梭巴士 1 号线	汽车南站	南郊公园	12.9	普车 1 元，高等级车 2 元

二、出租汽车

1988 年，长沙市出租客运有从业人员 1132 人，出租车 1113 辆，其中国有 62 辆、集体 47 辆、个体 1004 辆。主要车型为：大客车（国产解放、东风）；中巴（多为国产旅行车、少量进口豪华车）；的士（多为国产轿车、微型车，少量进口轿车）；三轮车（客货两用）。年营运里程 296 万千米。

1993 年，市“中创出租汽车联营公司”成立，严格执行“打表计程、按章收费”原则，全市出租车行业创新局面，推动行业迅猛发展。至年底，有中创、利来、福利、通利、长发、德海等 45 家出租汽车公司，营运汽车 2100 余辆。主要车型为：中巴（国产旅行车与少量豪华车）；的士（国产夏利 7100 与少量豪华车)。出租车企业、车辆进一步增加，出租车经营与行业管理初步实现规范化、制度化，有力促进全市出租行业的发展。

1998年，全市出租汽车4770辆，为1993年的2.3倍。主要车型为：中巴、的士（新夏利、捷达和富康)。是年9月，首次组织公开拍卖200辆客运出租汽车经营权。

2001年，出租车企业增至125家。2003—2005年，全市实施中巴出城、公共交通体制改革、出租车营运模式调整等举措，出租汽车发展更快，为减少中间环节，便于统一管理，将125家出租车企业合并为53家，出租汽车达6279辆（车型主要为富康、捷达、现代、桑塔纳等高档轿车)，为1998年的1.3倍。

至2012年，全市从业人员增至1.93万人，出租汽车6420辆，营运里程12.3亿千米，分别为1988年的17倍、5.8倍、415.5倍。

三、企业选介

（一）长沙市公共交通投资管理有限公司。原名长沙市公共交通总公司，隶属市公用事业局管理。1988年，公司有从业人员5475人，营运客车493辆，营运线路34条，年营运里程1755.72千米，客运量2.95亿人次，营运收入2165.72万元。1989—1995年，新增和更新车辆943辆，新增、调整和延长线路28条；1989年，公司乘务员李娟玲荣获湖南省“特等劳动模范”中国“三八红旗手”中国“劳动模范”称号。1995年营运总收入达1.3亿元，首次突破年收入亿元大关。公司乘务员何卫红荣获中国“劳动模范”称号。

1996—1999年，营运车辆由1403辆增至1740辆，营运收入由1.62亿元增至2.38亿元；其中1998年，总公司启动公交集资运营，实行线路和设备有偿使用，多渠道筹集资金5000万元，新增、更新大公交车199辆，公交车辆面貌大有改变。2000年，更新大公交车304辆，2002年，营运总收入达3.64亿元；2003年，实行资产重组和产权转让，由上海巴士公司长沙客运集团公司收购。至2004年公司有从业人员8000人，营运客车2455辆，营运线路97条，年营运里程2.71亿千米，客运量5.08亿人次，营业收入5.43亿元。2005年，对全市公共交通实行整体改制，将营运资产分别转让给湖南巴士、龙骧巴士和凯程巴士等9家公司。2006年，解散长沙市公共交通总公司，设立长沙市公共交通投资管理有限公司，为市政府授权经营的国有独资公司，负责全市公共交通基础设施建设、公交IC卡经营、公共交通科技发展、公共交通信息等项职能。由于，职能转变，自此公司终止城市公共客运。2010年，市公用事业管理局撤销，公司隶属市交通运输局。2012年，坚持深化改革，与市国资委、市出租汽车公司共出资1.26亿元，收购湖南巴士近80%的股权，实现国有资本对全市最大公交营运企业的绝对控股权；加快站场建设，完善管理机制，逐步发展“湘行一卡通”，全市公交IC卡充值网计472个，发行公交IC卡300万余张，充值收入4.4亿元，公交乘车刷卡2.98亿元；所属“蓝灯”出租汽车公司运营创新纪录，全年完成1.58亿营运千米，实现安全间隔里程654.31万千米，事故率下降0.7个百分点，各项指标考核均为全行业第一，连续四年获“全国文明单位”称号。

（二）湖南巴士公共交通有限公司。2005年3月由上海巴士公交集团有限公司、上海浦东新区公共交通有限公司联合设立。2009年起，加大投入，更新车辆，淘汰所有汽油车及部分国Ⅱ排放的柴油车，更新为国Ⅲ以上排放的柴油车、天然气车、油电混合等新能源车。2012年3月，收购湖南巴士80%股份，为长沙公交行业唯一国有控股企业，注册资本8400万元，总资产3.17亿元。辖4个营运分公司，一个维修分公司。投资1.28亿元，购置220辆大开门、低踏板、低排放的环保高档车，市民出行倍感安全、便捷、舒适。是年年末，有营运线路54条、线路长度764.5千米、客车1105辆、年客运量2.4亿人次、收入3.81亿元、税金2303.14万元，成为长沙公共客运龙头企业。

（三）长沙市出租汽车公司。初称长沙市客车出租公司，1985年更名为长沙市出租汽车公司，亦称“蓝灯”公司，系长沙市出租汽车行业中最早的国有出租汽车企业，亦为中国城市出租汽车协会常务理事单位，其规模、实力居全省之首。辖7个营运车队，2个三产业经济实体。公司力倡“我靠企业生存、企业靠我发展”的企业精神，打造“蓝灯”品牌。以“我是城市窗口，我是蓝灯形象”“蓝灯的士、文明使者”为服务宗旨，率先推行在营运车上安装计价器“按表计费”，亮出单位“蓝灯”招牌，挂牌服务，建立驾驶员“岗前培训制度”，“打表计程、按章收费”，为营运车辆安装GPS卫星定位系统，试行统一座套、统一服装、统一顶灯、统一服务流程与“错时交接班”，实行“座套一日一更新，逢脏必换”，承诺“驾驶员不提供当次车票，乘客可拒付车费”，成立处理投诉“客服中心”等，发挥示范作用。1988年，公司有从业人员306人，出租汽车65辆，固定资产原值233.36万元，净值180.56万元，营业收入99.13万元，实现利润12.44万元。出租车多为老式上海轿车、波罗乃兹轿车和常州大客车。1994年与“蓝天”等4家出租车公司联营，车辆增至240台，车型以夏利7100为主，年营运收入由100万元增至440万元，利润由4万元增至60万元。1999年兼并“夕阳红”等5家出租车公司，车辆增至375台，营运收入、利润分别增至1000万元和100万元。是年，公司经理王非平、驾驶员黄晟分别荣获“全国出租汽车行业优秀企业家”和“全国文明出租汽车驾驶员”称号。2004年，把握轮渡、中巴转体等机遇，车辆增至695台，车型更新为新夏利7130型、捷达和富康，效益猛增，营收、利润分别增至3400万元和468万元。2012年，出租车全部更新为桑塔纳、捷达等环保车辆，产业结构由单纯的出租车运输拓展到三产业多元化经营。公司有从业人员2390人，出租汽车1005辆，固定资产原值1.29亿元，净值8305.94万元，营运收入5141万元，利润454万元，税金681.8万元。分别为1988年的7.81倍、15.46倍、55.28倍、46倍、51.86倍36.50倍。

（四）长沙鸿基运输实业有限公司。成立于1998年8月26日，隶属深圳市鸿基集团股份有限公司，为湖南唯一通过ISO9001:2000国际质量管理体系认证的出租车公司，有从业人员727人。兼并、收购长沙物业、民族、深港、金荣、康林、若鸿等公司的在营出租车，有车辆353台，多为富康、金夏利、捷达、奇瑞4种车型，资产总值6000万余元。完成客运量7349.08万人次，载客里程1954.25万千米，营运收入5471.47万元，缴纳税金206万元。

2007年7月，公司由书院路迁至市二环东路长铁建筑北段湖南军工站内。2009年11月，由深圳鸿基集团股份有限公司，将其所有股份，转让给湖南永通集团有限公司，自此改变公司隶属关系，由永通公司统一组织实施科学化、规范化、制度化管理。在全市出租车行业率先通过ISO9001质量管理体系认证、对驾驶员进行考评，并由驾驶员对管理人员进行民主测评、成立市民学校，规定所有车辆统一定点维修，在行业内起到示范引领作用。至2012年，有从业人员1500人，营运车辆560台，车型以捷达、桑塔纳为主。年客运量1.28亿人次，载客里程5181.3万千米，营运收入1.37亿元，缴纳税金262万元，分别为1988年的2.06倍、1.59倍、1.74倍、2.65倍、2.5倍、1.27倍。

表 20-2-8-2　　1988—2012 年长沙市公交客运年度一览表

年度	公共汽车（辆）	出租汽车（辆）	公交车客运量（万人次）
1988	394	62	29532
1989	421	743	25537
1990	497	85	26558
1991	540	85	27309
1992	564	87	28213
1993	622	123	25608
1994	579	226	23005
1995	688	231	23641
1996	719	4847	24651
1997	770	4847	24730
1998	907	4778	26525
1999	921	4800	29310
2000	1150	6448	33812
2001	1248	7192	36321
2002	1351	6672	34962
2003	1785	6257	37541
2004	2357	6278	76106
2005	2507	6279	78161
2006	2722	6280	83779
2007	3252	7344	91967
2008	3259	7345	105844
2009	3553	6280	122460
2010	3557	6280	101303
2011	3651	6420	106159
2012	3775	6420	106361

说明：1988—1995 年，出租汽车数据为市公交总公司保有量

第九节　管　理

一、路政管理

（一）高速公路路政管理。1994 年高速公路兴建后，湖南省颁布《湖南省高等级公路管理条例》，于

1995 年 1 月 1 日起实施。

长沙市第一条高等级公路长永公路建成通车后，长永高速公路股份有限公司于 1995 年 1 月成立路政管理所，有路政员 12 人，分为道路维护和事故清扫两个小组，划分为南、北线两个责任区，坚持每天五次巡逻和清扫，维护道路安全和道路清洁。

由于旧习影响，沿线少数群众对高速公路全部控制出入、禁止行人通过公路危害性认识不足，因而在公路两旁设立各类建筑物，损坏封闭安全设施，行人、车辆违章上路屡禁不止。据统计：1995—1998 年被盗钢护栏 90 块、百米牌 158 块、三角反光标志 230 块、里程牌 12 块、三棱柱 28 个、180 个反光膜被撕毁，60%的铁丝网、80%的立柱塑料防雨帽被盗或损坏。

2000 年以来，沿线路政管理工作得到各级政府高度重视，同年 8 月，湖南省高速公路管理局成立路政管理处。长永、长潭、长常等高速公路管理处（公司）设路政安全科（大队），下设若干中队，负责管辖范围内的路权、路产及路况工作，包括安全设施及建筑物的维护、公路巡查、公路沿线群众安全宣传教育，事故车辆的牵引拖带、事故现场的救援、清障及路产损失的清还，公路施工秩序维护、恶劣天气的应对处治等。省高速公路管理局对长永高速公路进行全面维修，解决沿线群众的进出道路和房屋拆除及补偿等问题，改善路面、更换、补齐交通标志，路况、路貌和路政执法环境大有改善。

2004 年，国家 7 部委联合在全国开展车辆超限超载治理工作，省高速公路管理局按照省交通厅部署，成立羊楼司、小塘、枣木铺国家级等 3 个治超站（羊楼司属长沙域内），集中开展宣传、检测、等级等相关工作。

2005 年，省交通厅拨付治超站专项建设资金（120 万元/站），省高管局再将其改建成国家Ⅰ类治超站。同时批准成立邵阳南、东风界、醴陵（由Ⅰ类调整为Ⅱ类）、金桥、耒阳、黄花、李家塘 7 个Ⅱ类治超站，随后，长沙又兴建岳麓、张坊两个车辆超限超载检测站（在建大瑶治超站）。以Ⅰ、Ⅱ类治超站为依托，在全省高速公路开展路面治理工作。由于治超卸载场地严重不足，为确保治理工作到位，治超站采用卸载、转载、劝返等方式进行治理。

2007 年，省高管局在京珠联网高速公路实施计重收费，超限车辆比例有所下降，至 2009 年，超限比例基本稳定在 20%~30%，大部分超限货车超载率控制在 30%以内。

省高管局先后在潭耒、耒宜、长常、临长等高速公路组建施救队伍。《湖南省物价局、湖南省财政厅关于核定高速公路故障、违章车辆清障施救收费问题的复函》，明确湖南省高速公路的施救收费标准。截至 2010 年，湖南省高速公路有 64 台清障车辆，从业人员 400 余人，施行救助车辆 14.53 万台次（含市域高速公路），为过往驾乘人员提供方便、快捷的救援服务，确保高速公路的安全畅通。

至 2010 年的 10 年间，省高速公路路政部门巡逻 3854.27 万千米，处理各类违法事件 5491 起，劝阻行人上路 18.77 万人次。施行救助车辆 14.53 万台次。受理路损案件 3.89 万起，理赔 3.83 万起，结案率 98.31%，为国家路产挽回经济损失 2.24 亿元（市域高速公路相关数据未分割）。

高速公路各路政科、路政中队均配有电脑、传真机、复印机、查勘器材、安全标志、路政巡逻车辆。路政经费从管理处管理经费中列支。湖南省高速公路管理局路政管理部门以《中华人民共和国公路法》为依据，先后制发《湖南省高速公路管理办法》《湖南省高速公路路政办案工作程序及文书规范》《关于加强高速公路施工安全管理有关问题的通知》《路政安全目标管理百分制》一系列文件，明确路政工作职责范围、工作目标、考核办法。注重基础工作，特别是内业资料管理，做到事事有记录、件件有交代，所有案件建立案卷，可复查、复核。

长沙市于2012年12月成立湖南省高速公路管理局长沙管理处，管辖市域高速公路。内设路政处(科)，下设16个路政中队，3个车辆超限超载治超站，有路政人员216人。建立网络化、数字化、信息化的办公运作平台，实现路政工作制度化、规范化、科学化。

（二）国省道路政管理。1986年4月经湖南省人民政府批准，长沙公路总段组建“长沙市公路公安科（后改为长沙市公安局路政科)，各县公路段设“公安局公路派出所”，配干警25人，负责国省道及部分县道路政和治安保卫工作，受公路、公安部门双重领导。

1987—1988年，开展较大规模的清理整顿25次，清理路障3.39万处、摊点3708处、违章标志牌1879块，搬迁农贸市场14处，全市公路状况明显改善。

1992年3月长沙市颁布《关于清理整顿公路路障的通告》，规定公路两侧用地间距，将已建的各类建筑物、构筑物及其他非公路交通设施列入清理整顿范围。包括：（1）1981年5月25日前在公路两侧控制间距3米内修建的设施；（2）1981年5月26日至1987年12月31日期间在国道两侧控制间距15米、省县道10米、乡道5米内兴建设施；（3）1988年1月1日以后在国道两侧控制间距20米、省道15米、县道10米、乡道5米内所建的设施。规定违章建筑由公路部门责令限期拆除，对拒不拆除者，依法申请人民法院强制执行。公路路障清理整顿取得明显成效。

1995年10月，长沙市颁布《关于治理公路“三乱”强化公路管理的通告》，取缔未经湖南省人民政府批准的收费站、检查站、清理非法拦车检查、收费、罚款，拆除违章建筑、广告标牌、清理沿线洗车站点。同时，加强城市进出口公路文明建设，先后投资2295万元对107国道、319国道进出口公路拓宽改造，确保道路畅通。

1998年10月，《中华人民共和国公路法》颁布后，按照依法行政要求，配备执法人员和巡逻车辆，加强对路政的巡逻检查。

至2001年的10年间，长沙公路总段搬迁或整治公路墟场43处、拆迁违章建筑物871处，拆迁违法临时性设施579处，拆除或制止违法的砖瓦窑31处，禁止危及公路安全的开山放炮33处，拆迁公路摊贩点2.82万处，组织清障11.82万人次，收回公路损失赔补偿款958万元，查处路政案件3500余起，结案3400余起，结案率97%。

2004年，在全市集中开展超限超载运输整治行动。长沙公路管理局共检测车辆5861台次，其中超限超载车辆2201台次，卸载车辆1819台次，卸货9066.93吨。开展整治公路乱设卡、乱罚款、乱收费活动，查处案件3起，拆除公路非法站卡2个。清理行政许可项目，简化和改革审批程序，市政务中心窗口接待咨询来访人员6000余人次，受理各种行政许可案件1660件，办结1607件。

2008年，长沙市公路管理局率先在全省公路系统出台《路政处罚、收费自由裁量阶次暂行规定》，路政管理做到公开执法主体、执法依据、执法程序、执法结果。

2009年，设立319国道宁乡养鱼塘、107国道长沙县唐田、黄花、望城县沙河、长沙市公路局大托、浏阳集里车辆超限超载检测站。治超工作采取定点检测与流动稽查方式，实行24小时领导带班制，推进路政员驻站制，实行养护、检测、路政联合巡查，加大路面执法力度，车辆超限超载运输得到控制。浏阳集里桥治超站初步形成“政府主导、部门协作、区域联助、责任倒查”治超工作新格局。

至2012年的8年间，查处擅自占用、挖掘公路案件80起，损坏公路及公路附属设施1403起，违法建筑219起，擅自设置非公路标志1594起，擅自设置平面交叉道路口72起，违法架设埋设管线、电缆等设施51起；办理行政许可审批事项2.14万起件，治超工作中检测车辆14.54万台，卸载超限货物

720.071 吨。路政巡查覆盖率达 100%，路政案件查处率在 98%以上，结案率 100%。全市路政执法人员轮岗培训，做到持证上岗、规范管理。

（三）农村公路路政管理。1988 年，未设专门农村公路路政管理工作机构，由交通和公路部门兼管。1995 年 10 月 31 日，出台《长沙市公路管理规定》，明确公路管理的范围、职责，公路、公路用地和公路设施受国家法律保护，任何单位和个人不得侵占、破坏；规定市、县（市）人民政府交通行政部门是行政区域公路的主管机关；强调公安、国土、规划、工商、城建、农业、林业、水利等部门按各自职责，配合做好公路管理工作。各县（市）人民政府和公路部门制订有关公路管理以及路政管理的具体细则。建立健全路政管理机构，配备执法人员和车辆，加强对路政的巡逻检查。推行岗位责任制，管理成效彰显。

1998 年，浏阳市成立路政执法大队后，清理公路两侧违章房屋 500 余栋，清理路障、办理违法案件 3000 余起。2000 年，宁乡县成立路政执法大队后，组织大型扫障 8 起，清除路障 1500 余处，拆除违章建筑 20 余处。

2001—2003 年，4 县（市）加强路政队伍建设，相继成立路政大队（中队），选送 43 人参加省市业务骨干培训。开展《中华人民共和国公路法》宣传活动，实行路政举报制度，争取国土、林业、法院等部门的支持和配合，全市共审批公路两侧建房 320 户，制止和拆除违章建筑 500 处、拆除个体商 800 处，取缔非法标牌3000 块，清除各种路障 4000 处，有效维护路产路权。

2004—2005 年期间，全市路政执法人员增至 56 人（市公路工程管理处 12 人、县市区公路站 44 人），路政专用车辆 10 台，并增加路政管理经费，实行路政目标责任制，进行季度督促检查、年终考核评比，制定《路政巡查制度》《路政人员行为规范》《路政队长管理职责》《专、兼职路政人员岗位职责》，全市依法审核路政许可事项 68 件、处罚案件 37 件、强制执行案件 5 起，收取赔偿费用 45.8 万元，其中申请复议案件 1 起，无诉讼案件。

2006 年宁乡县成立路政执法局，并设 1 个路政管理中队、3 个治超中队；望城区亦设路政执法局；长沙县成立路政执法大队，辖 8 个执法中队；其他城区交通运输局公路管理站设路政大队（中队）。

2007 年，对全市农村公路管理实行协调、检查、监督和考核制度，保持路政管理常态化。突出工作重点，整治砂石运输车辆、超限超载运输车辆，设置宁乡白马桥、望城沩水桥、浏阳荷石等公路检测站。

望城区将路政管理经费按照县、乡道 200 元/千米，村道 100 元/千米标准纳入区财政预算；长沙县交通运输局按全年 200 万元、浏阳市按 4 万元/月标准作为路政执法保障资金。至 2012 年的 10 年间，长沙市投入 4194.4 万元完成安保工程建设，改造安全隐患里程 454.82 千米。整治视距不良路段 1902 处，增设护栏 2.96 万米，安装标志 3025 块，标线 7.89 万米，增设减速设施 698 处、避险车道 103 处，安装反光镜 148 块，示警桩 2.54 万个、示警墩 9556 米。全市查处超限超载运输车辆 1.16 万台次，收取公路赔补偿及行政罚没收入 519 万元，超限超载车辆显著下降，占比由 75%以上降至 50%以下。

二、养护管理

（一）高速公路养护管理。长永高速公路建成通车后，因车流量大，路面出现龟裂现象，2001 年 8—12 月对主线（长沙收费站—黄花互通）15.46 千米、支线（黄花互通—黄花机场）3.32 千米进行第一次提质改造，总投资 1.31 亿元。运用改性沥青混凝土路面进行全面改造，在湖南省属首次。加铺改性沥青后，道路具有较高的抗滑阻力，路面密实度、透水性和耐久性大幅提高，行车的安全性得到进一步改善，减少噪音，保护环境。长潭高速公路因长途大型货车超限超载严重，路面破损严重，2003 年 5—12

月提质改造，除运用改性沥青改造路面外，同时改造附属设施，完成主要工程量：护栏18.92万米、隔离设施1000米、标志312个、标线5.12万平方米、路标1.56万个、防眩板1034个，总投资4.2亿元。2006年6—11月再行改造长永高速公路黄花互通至浏阳市永安段，全长8.07千米，改造主要项目：旧路面处置、路面加铺、交通工程，投资9489万元。2010年，临长高速公路平江联络线分为互通立交桥叉及开慧、广福连接线及广福连接支线提质改造，总投资2.23亿元。长益高速公路于2011—2012年实施路面改造，水泥路面改造成沥青混凝土路面，收费站新增车道至9个，路面整体抬升28厘米，沿线桥梁通过顶升等手段与路面保持一致。

至2012年，市域高速公路养护里程500.55千米，绿化482.03千米，养护桥梁9.13万延米/408座。

（二）国省道养护管理。1988年，长沙市公路管理局管养长沙地区公路1563千米，其中常年养护1503千米，绿化里程为337千米，养护桥梁8865延米/251座。下设长沙县、望城县、浏阳县、宁乡县、城郊5个分局，均设公路养护职能部门，基层设养护工区（站、道班）。年末在职职工1660人，有养路工人955人，养路工班139个，养路机械298台。年末好路里程为1354千米，好路率86.8%，年平均好路率为83.6%。路况考核第五次获全省第一。

1989年起，公路养护部门推行风险抵押承包制，由宁乡夏铎铺道班先行，职工每人每年自费200~300元与公路段签订风险抵押承包合同，增强风险意识和责任意识。夏铎铺道班连续10年获“全良班”称号，1992年获全国“五一劳动奖状”。长沙公路总段在省公路局年末全省公路路况考核中，干线公路好路率为86.69%，年平均好路率为84.3%，综合好路率为80%，连续7年获得湖南省公路路况养护第一名。

1992年，依据交通部《公路养护技术规范》《公路养护质量检查评比标准》《公路科学养护与规范化管理纲要》，制定《长沙市公路养护技术规范》，建立公路养护工程质量监督体系，实行全面技术管理和质量管理，工班实行一长两员制（班长、核算员、政治宣传员），班长由县局聘用或由承包人担任，对本班经费使用、人员调配、机具调度、班员奖罚有决定权，按定额管理和按劳分配原则计算个人工资额。有效激励职工的积极性和创造性，公路好路率提升至85%，长沙公路总段连续七年获全省养护管理第一名。

1993年制定《长沙公路总段养护体制改革实施方案（试用）》。建立新的公路管养机制，组建公路养护大队，管养相对分离，实行独立核算、自负盈亏。改革人事、用工、分配制度，推行干部目标任期制和劳动用工聘任制及效益工资分配制。县段对养护大队采用“经费包干、结余分成、超支受罚”的办法进行目标管理。

1997年制定《长沙公路养护管理办法》。改革传统养护生产机制，改变用人用工制度，对砂石路、油路、水泥路分别进行全面养护承包责任制、风险抵押金制和浮动工资制。当年，全市国道好路率为67.7%。此后，逐年提高。长沙公路局白箬铺管养站担负319国道宁乡域内15.24千米养护任务，坚持创精品路、争第一流工作目标，1998年评为“湖南省公路养护典范”，1999年11月，全国30个省、市、自治州公路局局长参观白箬铺管养站的养护现场，同年，湖南省交通厅授予“文明示范窗口”称号。2000年，望城雷高管养站被省公路局授予“全省十佳管养站”称号。同年长沙市国省道好路率为71.81%。

2005年重新修订《长沙市公路管理局养护管理办法》，实行“管养分离、事企分开，逐步实现养护市场化”。各县局成立“养护工程公司”，引进竞争机制，实现公司化管理。养护公司下设各专业化养护队（组）、工程队、养护站及保养队和租赁队，实行经理负责制，独立核算，自负盈亏。在日常养护中，落实领导负责制、养护提示与养护整改、养护巡查等制度。做到水泥路面接缝常年无渗水、沥青砂石路面常年无坑槽、路肩常年无反坡、边沟常年无积水、路基常年无缺口、桥栏常年无缺损、施工路段不弃养、常年无劣等路、集镇路段有边沟、路上有足够的养路工、养护作业有机械，实现全面养护、全周期性养护、全季节养护。

2007年修订《长沙市公路管理局桥梁养护管理制度》，落实“养路工、工程技术人员、领导干部”配备制、“责任追究制”“桥涵严重失养一票否决制”。对每座桥梁建立技术档案，桥梁运行状况有据可查。干线好路率为88.43%，支线好路率82.7%，综合好路率85.14%。

2008年，长沙公路遭遇罕见冰雪灾害，发生路毁95处，路面破损严重。3条国道及部分省道、支线陷入瘫痪。经日夜突击抢修，受阻道路恢复畅通。长沙市公路管理局被省政府授予抗冰保畅先进单位。同年，实施养护运行改革，撤销原有的养护大队，按市、县行政区域分级管理模式，将各养护生产实体和部门（管养站、专业队、保洁队、机械大队）合并成立养护公司，根据自身情况组建路桥公司，进行法人登记，申请路桥施工资质，建立现代化管理制度，并逐步改制，走向自主经营、自负盈亏、市场化道路。宁乡公路局成立路面专业养护队，担负全县150千米水泥路面养护和突击抢修任务，曾多次参加全省公路养护技术比武，获团体三等功。队长黄友良评为全省“公路养护技术能手”，授予“湖南省劳动模范”称号。全局年平均干线好路率为89.6%，支线好路率84.65%，综合好路率86.33%。

2009年以来，在养护建设中，将文明样板路和GBM工程有机结合，形成复合型管理新模式，重在提升养护质量。实施沥青路面中修时，同步进行沥青碎石纤维封层技术的推广应用，增加沥青粘结层的强度，有效阻止原有路面养护的裂纹反射；在公路病害处治中，摸索出路面快速换板、三幅式加铺钢筋混凝土面层等新技术，延长公路使用寿命；推广滑膜摊铺水泥路面工艺与应用技术、阴离子乳化沥青和中压水加热沥青技术、水泥路面快速修补技术、刚性面层加铺技术及土工织物在公路、桥梁管理工程中的应用。工程师李学俊利用中压加热技术改造长沙桥头铺及全省多个沥青油场，创新GBM工程实施诸多新技术，被评为“长沙市学术技术带头人培养对象”“第五届中国公路百名优秀工程师”。全局实现综合优良率64%，其中国道优良率68.8%，省道优良率91.3%，县道优良率60.1%。

2010年，长沙公路综合好路率提升至88.08%，常规性、雨季养护和综合养护目标管理创造优异成绩，均获全省公路养护第一名。

2012年，长沙公路管养原有国省道路况优良率达到87.54%，高出省下达的优良率考核目标3.54个百分点；新调增普通国省道路况优良率达到62.1%，高出省下达的优良率考核目标2.1个百分点。全市管养的1836.362千米中，常年养护里程达1791.2千米，已绿化里程1772.75千米，养护桥梁1.53万延米/416座。

（三）农村公路养护管理。1988年，长沙市农村公路由长沙地区县乡公路管理处及县（市）区交通运输局公路管理站履行农村公路养护职能。管养长沙地区农村公路2867千米，常年养护里程1324.9千米。公路绿化227千米，年末好路率71.2%。养护桥梁8083.4延米/358座，有养路工班151个，养路工人1084人，公路养护机具130台。

20世纪90年代，长沙市仍将县道和主要乡道均列入公路养护考核里程。其养护工班由各乡（镇）派员组建，各区县（市）交通运输局、公路管理站安排养护计划和制定考核标准，经费由乡（镇）筹措，市、县给予补助，进行经常性养护，确保路况良好。定期或不定期抽检，每月、每季进行考核；市、区县（市）每半年组织一次检查、考核、评比，对养护管理好、路况上升、好路率稳定的养护工班给予表彰与奖励。

1991—1997年，养路工人由1097人增至1192人，养护管理得以加强和完善，平均好路率达83.36%。1998年，全市遭遇罕见洪涝灾害，公路水毁严重，冲坏路基71千米，路面308千米，桥梁5座，涵洞193处，损失金额2067万元。经多方支持配合，公路职工奋力抢修，水毁工程迅速恢复，确保公路畅通，年末好路率72.73%，比1997年上升4.73个百分点。

2002年后，长沙市农村公路建设步入黄金时期。长沙市农村公路局抓住机遇，多措并举，率先改革。举办各类培训班，对全县管理骨干和乡镇村负责人进行培训，参训人员3800人次，强化公路养护和工程质量监管。

2007年，在浏阳市进行养护体制改革试点。2008年起，全市连续3年开展质量年活动，农村公路养护质量得以提升。为解决农村公路建设监管不到位问题，在各区县（市）正式成立农村公路质监站，购置专用质监车，并设立与质监站相配套的县（市）区农村公路实验室，使工程质量管理落到实处。

2009年，出台长沙市农村公路养护体制改革方案，发布《长沙市公路管理养护体制实施改革办法》，明确区县（市）人民政府为养护责任主体，初步建立以政府投入为主的农村公路养护资金渠道，并强化各级交通部门的养护管理职能。各乡镇均成立农村公路养护管理办公室，明确一名乡镇领导负责农村公路管养工作，配备交通专干1~2名，管养办公室设立养护台账，公路养护技术标准、工作职责考核办法和养护承包合同等一系列管养制度。各行政村明确村主任或村支部书记兼任管养负责人，负责本村公路的养护、管理、接受乡镇管养部门的监督、检查和考核。管养工作形成县道县管、乡道乡管、村道村管的三级管理体系。

根据湖南省农村公路《管养示范乡镇标准》《文明示范路标准》《长沙市农村公路管理养护年活动实施方案》要求，2012年，全市创建6个农村公路管养示范乡镇（长沙县高桥镇、望城区格塘镇、宁乡县回龙铺镇、浏阳市文家市、岳麓区雨敞坪镇、开福区捞刀河镇），创建文明示范路118条，计445.3千米。包括11条县道水泥路（沥青）118.3千米，15条乡道水泥（沥青）路92.1千米，92条村道水泥（沥青）路236.9千米。完成总投资5570万元，农村公路管养示范乡镇文明路面貌一新。

实施"通达""通畅"工程后，强化农村公路绿化管理纳入养护管理考核基本内容，同时加大资金投入，2012年全市农村公路养护资金中有700万余元用于绿化工程，绿化率提升到65.1%。所改（新）建的农村公路多成为一道道风景线。

2012年，全市农村公路常年养护里程1.33万千米，绿化率达8078.51千米，好路率86.7%，养护桥梁3.60万延米/1708座。实现全市自然村通畅率100%，公路三级管养机制进一步完善，农村公路路况优良率达到75.8 %。

三、运政管理

（一）道路客货运输市场管理。1988—1994年，全市道路客货运输市场实行"定线路、定班次、定站点"三定管理，运输市场秩序颇有改善。但站场少、规格低，三分之一的客车不能进站，只能"以路为市""站外设站"；大量社会货运汽车有市无场，以路为市装卸货物，无证经营、私设站点发送旅客货物现象甚为突出。

1995—1997年，兴建一批高等级客运站场，形成大规模，旅客吞吐量骤增；并兴建扩建6个货运交易市场和站场，货物运输快速增长。市交通运输管理部门依据1995年省交通厅《道路旅客运输业户开业技术条件（试行）》《道路货物运输业户开业技术经济条件（试行）湖南省实施细则》等通知。依照市场准入条件，规范管理道路客货运输经营业户，客货运输秩序有根本性好转。

1998年7月起，依据交通部《道路货物运单使用和管理办法》，货运实施单证管理。货物运单时效，长途货物运输一车一次一单，当次有效，全国通行；短途货物，如属同一托运人，可一车一日一单，当日有效。道路货物运单由车籍所在地运政管理机构发放，是运政管理部门对货运市场管理采取的行政手段，有效维护货运承托双方的合法权益。2000年起，依据交通部《道路旅客运输企业经营资质管理规定(试行)》，开展道路客运企业经营资质等级评定，并以旅游客运企业为重点，整合资源，将131家企业通过联合、兼并、重组等方式合并为13家。

2004年4月，长沙客运站级和服务等级通过复核评定，有一级甲等站3个，二级甲等站2个，二级乙等站2个，并核发新版站级牌。随着现代物流业的崛起，兴建物流中心步伐加快，增添一批货物运输新平台。

2005年开始，筹划农村客运网络化、规范化建设，并进行试点。是年6月，成立长沙市道路运输GPS监控中心，自此，对全市客货运输车辆，尤其是长途营运客车和危货运输车辆实施全方位全流程监控。

2011年，全市开展道路危货运输专项整治，举办4期危货押运员、装卸管理人员培训班（593人），核发“从业资格证”561本。

至2012年，全市城区和农村客货站场、现代物流中心建设达到前所未有的规模，构成体系，并快速向综合枢纽推进，客货集散功能有较大提升。新组建的客货运输管理机构专设道路客运管理、货运物流管理、危货运输管理、货运站场管理等职能部门，并进一步充实、健全执法队伍，不断增强道路客货运输市场管理的力度和效能。

（二）公共客运市场管理。1988—1995年，公交企业推行多种形式的承包经营制，在政策性亏损加剧、资金极度紧张的情况下，强化管理，转换经营机制，采取“国有民营”的形式组建五公司后，逐步在一、二、三公司推行多种形式的车组承包经营责任制，取得较好经济和社会效益，年收入1.3亿元。1999年开始，在13条公交线路上实行无人售票，至2002年，无人售票线路41条。2003年5月，全面实行公交IC卡取代板式月票，结束月票使用46年的历史。是年，实施中巴出城，10月取缔市中心区446辆中巴，按1:1的比例转换成“的士”；12月取缔分布在二环线外及河西、东塘等地段401台中巴，按2:1的比例转换成大巴，新组建4家大巴公司。市公交总公司实行资产重组和产权转让，形成9家公交企业共同参运的市场格局。2005年，根据《湖南省城市公共客运管理办法》，长沙市出台《长沙市城市公共客运条例》，城市公共客运交通管理更加法制化。

2007年，开展道路交通秩序综合整治，针对公交车、出租车乱停乱插等交通违法行为，不按规定行驶、停靠等行为进行整治，市客管处和公交企业出动稽查人员2057人次，执法车辆136台次，检查出租汽车2.61万台次、公共汽车1.27万台次，查处出租车、公交车违章及不文明行为分别为1076起和648起。2009年，对4700辆出租车安装GPS智能管理系统。

2012年，组建长沙市公共客运管理局，加大行业监管力度。全年共查处公共客运车辆13.56万台次，其中公交车5.03万台次、出租车8.53万台次，立案查处行业投诉、违章2034起，其中公交车676起，出租车1358起。对出租车拒载、甩客，公交车提前收班、私自改道进行专项整治，不断优化公交市场秩序。

（三）汽车维修市场管理。1987 年 4 月，湖南省人民政府颁发《湖南省公路运输管理办法》，将长沙市汽车维修业正式纳入道路运输行业范畴。1988 年，全市汽车维修业户达 1219 家，从业人员 1.24 万人，但市场管理处在起步阶段，汽车维修市场秩序较好，规范化管理不够到位。1991 年后，长沙市发布《关于规范和监管营运车辆技术等级评定检测与二级维护检验工作的通知》，采取诸多举措，全面落实管理工作，市场秩序更有明显起色。1996 年起，针对市区一度出现大量以路为市、当街作业的路边维修店，无证经营，修理质量低劣，安全隐患大、偷税漏税、影响市容等，开展整治维修市场，重点打击非法经营，恢复市场良好秩序。

1998 年 7 月，根据国家标准 GB/T16739–1997《汽车维修业开业条件》，对全市汽车维修企业按三类不同标准重新划定。其中一类企业 144 户，可从事汽车大修和总成修理；二类企业 558 户，可从事汽车一、二级维护和汽车小修；三类企业 663 户，可从事汽车专项修理或维护。同年 10 月，启用全省统一的“汽车维修竣工出厂合格证”和签发“汽车维修质量保证卡”。

2005 年始，持续开展“文明经营、诚信服务”“维修质量服务月”活动，评选奖励文明诚信 AAA 企业，树立行业榜样，弘扬行业精神，宣扬行业品牌。针对维修市场旧病复发的苗头，重点整治无证或违章违规经营，取缔“黑店”，在“文明经营、诚信服务”上建章立制，为树立行业新风打下坚实基础。

2006—2012 年，举办维修技工和质量检验员培训班 27 期，培训 2610 人，实行从业人员持证上岗制，提高汽修人员、汽修行业的技术水平和整体素质；调处维修纠纷，做到经常化、制度化。在全市汽修行业中共调处维修质量和价格纠纷 208 起，有效维护车主与企业的权益和良好关系。全市汽车维修经营业户增至 2489 家，其中一类 314 家，二类 466 家，三类 1399 家，摩托车维修 310 家；从业人员 2.29 万人，其中技术人员 1994 人，质量检验员 1335 人。

（四）汽车驾培市场管理。1988 年，长沙市驾驶员培训由长沙市公安局交警部门管理，增办驾驶员培训班，新报考驾驶员先经培训，然后参加考试，建立驾驶员分段培训和一次性培训制度，设置专业培训基地，并健全驾驶员档案管理制度（相关数据未保存）。

1996 年，设立长沙市汽车驾驶学校驾驶员培训管理处，履行全市驾驶员培训行业管理职能。是年，全市有驾校 30 所，培训学员 3.6 万人。

2000 年 2 月，长沙市发布《关于加强机动车驾驶培训行业管理的通知》规定：“市交通局对全市汽车（摩托车）驾驶培训学校、驾驶员培训中心、培训班和驾驶员培训工作进行统一管理”“公安交警部门凭交通行政管理部门核发的汽车驾驶员培训结业证考核颁发汽车驾驶证”。2003 年 7 月，成立长沙市机动车驾驶员培训管理处，负责全市机动车驾驶员培训行业管理。是年，全市有驾校 36 所，教练车 780 辆，教练员 820 人，培训驾驶员 7.18 万人，核发营运驾驶员从业资格证 3214 本。至 2005 年，驾校增至 49 所，教练车 991 辆，教练员 1100 人，培训驾驶员 10.82 万人，核发营运驾驶员从业资格证 1109 本。

2006 年之后，长沙市颁发《关于切实加强全市机动车驾驶员培训行业管理工作的通知》《进一步加强驾培市场管理的通知》，强化全市驾培行业管理，持续开展专项整治，查处非法报名点 6 处，取缔非法经营场所 13 处，处理违规培训教练员 31 人，吊销驾驶证 4 本，清理逾期教练车 100 辆。培训教练员 1.2 万人次、驾驶员 137.63 万人，核发从业资格证 3.40 万本，培训 31.7 万人。2012 年，全市驾校发展到 103 所，其中一级驾校 8 所，二级 27 所，三级 68 所；从业人员 8671 人，训练场地 186.67 公顷，训练道路 12.59 万米，有教练车 5381 辆，教练员 5781 人，培训驾驶员 28.98 万人。

表 20-2-9-1　　2012 年长沙市机动车驾驶员培训学校一览表

序号	驾校名称	级别	序号	驾校名称	级别
1	机电驾校	一级	32	工业驾校	二级
2	公专驾校	一级	33	环球驾校	二级
3	猎鹰驾校	一级	34	农机驾校	二级
4	交技驾校	一级	35	长安驾校	二级
5	远征驾校	一级	36	长鹰驾校	三级
6	中南驾校	一级	37	金轮驾校	三级
7	城东驾校	一级	38	友谊驾校	三级
8	浏阳长城驾校	一级	39	省运驾校	三级
9	华鑫驾校	二级	40	安顺康驾校	三级
10	东方驾校	二级	41	金盾驾校	三级
11	吉安驾校	二级	42	五福驾校	三级
12	辉翔驾校	二级	43	福桥驾校	三级
13	理工大驾校	二级	44	鸿运驾校	三级
14	鸿宇驾校	二级	45	湘安驾校	三级
15	五一驾校	二级	46	科技驾校	三级
16	成事驾校	二级	47	湘麓驾校	三级
17	龙骧驾校	二级	48	天龙驾校	三级
18	明园驾校	二级	49	联诚驾校	三级
19	开福驾校	二级	50	顺宇驾校	三级
20	铭达驾校	二级	51	交安驾校	三级
21	星城驾校	二级	52	金羽驾校	三级
22	博鳌驾校	二级	53	湘浦驾校	三级
23	腾飞驾校	二级	54	顺成驾校	三级
24	阳光驾校	二级	55	源星达驾校	三级
25	湘宁驾校	二级	56	天鹰驾校	三级
26	长宁驾校	二级	57	职业驾校	三级
27	大众驾校	二级	58	众通驾校	三级
28	誉欣驾校	二级	59	天一驾校	三级
29	天安驾校	二级	60	福星驾校	三级
30	玉龙驾校	二级	61	交职驾校	三级
31	楚江驾校	二级	62	红星驾校	三级

续表 20-2-9-1

序号	驾校名称	级别	序号	驾校名称	级别
63	民和驾校	三级	84	顺通驾校	三级
64	佳信驾校	三级	85	金诚驾校	三级
65	南方驾校	三级	86	万通驾校	三级
66	邦通驾校	三级	87	天宇驾校	三级
67	铁马驾校	三级	88	星通驾校	三级
68	长湘驾校	三级	89	兰天驾校	三级
69	湘达驾校	三级	90	安畅驾校	三级
70	国安驾校	三级	91	吉鑫驾校	三级
71	坤龙驾校	三级	92	正红驾校	三级
72	鹏程驾校	三级	93	睿通驾校	三级
73	湘运驾校	三级	94	广众驾校	三级
74	长大商翔驾校	三级	95	腾辉驾校	三级
75	丰融驾校	三级	96	骏南驾校	三级
76	鑫湘驾校	三级	97	明洋驾校	三级
77	盛源驾校	三级	98	恒升驾校	三级
78	兴旺驾校	三级	99	星光驾校	三级
79	楚源驾校	三级	100	花明驾校	三级
80	顺安驾校	三级	101	宁安驾校	三级
81	茂林驾校	三级	102	蓝天驾校	三级
82	中大驾校	三级	103	铭洋驾校	三级
83	玉林驾校	三级			

四、价格管理

（一）道路客运价格。1988—1995 年，长沙市执行《湖南省汽车运价规则实施细则》，湖南省物价局、省交通厅对汽车客运票价平均提高 41.7%（其中途经一级路面的提高 37.3%、途经二级路面的提高 46.3%、途经三级路面的提高 52.9%）的客运价格。

1996 年，依据省物价局、交通厅《关于整顿公路汽车运价的通知》（以下简称《通知》），除旅客包车运输价格实行市场调节价由双方协商议定外，其余类别旅客运输价格由省、市两级实行指导价格管理，其中长沙至各地、州、市所在地干线公路旅客运价，由省物价局会商交通厅制定，长沙城区至县（市）域内各站点客运票价由长沙汽车客运发展（集团）公司根据《通知》规定费率测算，报市物价局、交通局审定后，发至各县（市）执行；各县（市）始发至乡、镇及乡镇之间的客运票价，由县（市）物价局、交通局测算，报市物价局、交通局审定后执行；跨省、地、市县线路旅客运输仍实行对等计价原则。长沙辖区内各线路中准价重新审定为：普通客车每人千米 0.07 元，中型客车 0.084 元，普通卧车 0.135 元，并允许在中准价基础上上浮不超过 20%。1998 年，高等级客车人千米定价为：大型客车高三 0.34 元、高二0.29元，高一0.25元，中、小型客车高二0.29元、高一0.25元，夜班车允许浮动20%。2001年春节期间，对客运实行最高限价，普通客车人千米白班0.084元，夜班0.098元，普通卧车白班0.163元、夜班0.189元。2003年12月，实施《湖南省汽车旅客运价实施细则》客运运价实施政府指导价，县内线路客运定价由市管理，省内其他线路客运定价由省管理，基本定价为：座席每人千米0.084元，卧铺每千米0.135元，夜班车可上浮10%，春运及旅游黄金周期间可上浮20%，2004年，调整县（市）区域内客运定价，中、小型中级客车每人千米0.20元，中型普通客车0.13元，中、小型高级客车0.25元，非等级公路上浮20%，春运及旅游黄金周分别加价为：票价1~5元的加价1元，票价6~10元的加2元，票价11~15元的加3元，票价16~20元的加4元，票价21元以上的加5元。

2009—2012年，客运基本运价调整为：高级客车每人千米0.29元，中级客车0.21元，普通客车0.16元，卧铺客车加价20%，另外加收通行费、旅游费、燃油附加费。县（市）区域内客运基本运价调整为：高级车每人千米0.29元，中级车0.23元，普通车0.17元。并核定长沙至省内地市客运票价。

表20-2-9-2　　1996年长沙至省内地市客运票价一览表

线路	里程（千米）	车型	票价（元）
长西—常德	170	中级客车	46
长西—益阳	80	中级客车	19
长西—张家界	340	中级客车	88
长西—吉首	394	中级客车	103
长南—株洲	46	高级客车	18
长南—湘潭	41	高级客车	12
长南—衡阳	177	中级客车	46
长南—邵阳	223	中级客车	75
长南—郴州	308	高级客车	108
长南—永州	341	高级客车	113
长南—怀化	436	高级客车	147
长南—娄底	148.4	中级客车	38
长株潭—岳阳	170	高级客车	57

（二）道路货运价格。1988—1990年，长沙市执行《湖南省汽车运价规则实施细则》规定：货运改按货物等级、分路线计价，普通货物分为三等，路线分为三级，特种货物不分等级和路线。汽车零担货物运输由单一定价改为零担货物和特种零担货物运价。省内零担货物运价为：普通零担货物运价每吨千米0.26元；特种零担货物运价每吨千米0.32元。省际零担货物运价：普通零担货物运价每吨千米0.26元；特种零担货物运价每吨千米0.35元。轻浮零担货物计费重量，不分省内外，一律由原规定每立方米折算250千克改为330千克。1990年12月起，实施省物价局、省交通厅联合修订的新《实施细则》规定：汽车运价实行全省统一领导、分级管理，汽车运价及主要杂项收费标准由省交通厅会同省物价局制定。其中普通货物一级线路运价0.28元/吨·千米，二级线路0.35元/吨·千米。

1996年1月，依据省物价局、交通厅关于“整顿公路汽车运价、改变运价管理形式”的文件，货运价格，除军运、抢险救灾以及化肥、煤炭、磷矿石、食盐、粮食等重点物资运价继续由省物价局与交通厅协商管理外，其他的货物运输市场调节价由承托双方协商议定。煤炭、磷矿石、食盐、粮食等重点物资普通整车运输中准价每吨千米调整为0.50元，浮动幅度最多不超过50%。军运、抢险救灾、化肥整车运输按上述中准价格标准执行，只许下浮，不得上浮。25千米以内的短途整车运输吨次附加费统一按2元计收。同时，除客、货运附加费和车辆通行费外，现行价加收各种费用一律取消。

随着运输经营体制的变更，单位车辆实行个人经营承包责任制，加之个体（联户）民营车辆增多，1998年8月，交通部、国家发改委印发《汽车运价规则》，对货运价格进行统一调整。至2012年，货运价格普遍实行市场价格，车主、货主双方自行议价。

表 20-2-9-3　　1998年长沙市汽车货运价格费率一览表

费别			计算单位	费率 一级线路	费率 二级线路	备注
长途运输	整车	普通货物	每吨千米	0.28元	0.35元	不分路级
		特种货物	每吨千米	0.35元		
		2吨以下小型货车（不含2吨）	每吨千米	0.45元		
		3吨以下小型货车（不含3吨）	每吨千米	0.42元		
		铁（铝）制封闭箱式中型货车	每吨千米	0.35元		
长途运输	整车	冷藏车	每吨千米	0.45元		
		特种运价		件重15吨以上（不含15吨）长度10米以上（不含10米）的货物和需15吨及以上车辆运输的，由承运双方协商作价		
		计时包车	每车吨每小时	普通车按20千米和线路等级运价及货类计算吨位小时运价 小型货车、铁（铝）制封闭箱式中型货车按25千米车型运价计算 特种车型货车由承运双方协商作价办理		
	零担	普通货物	每千克千米	省内0.00035元	省际0.0038元	不分路级
		特种货物	每千克千米	省内0.00040元	省际0.00050元	
短途整车每吨每次附加费	5千米	6~10千米	11~15千米	16~20千米	21~25千米	
	1.5元	1.2元	0.9元	0.6元	0.3元	

（三）搬运装卸价格。1986年起，随着物价指数上升，全市搬运装卸价格相应调整。1989年，依据湖南省物价局、交通厅《关于整治直辖市城镇搬运收费标准的通知》，对搬运装卸价格再次作调整，较1986年的标准高30%~50%不等，装卸作业有的项目高出几倍以上。1990年后，全市搬运装卸费率未作统一规定，实行市场调节、双方协商议价。

表 20-2-9-4　　1989 年长沙市搬运装卸费率一览表

货类	装卸距离（米）	费率标准（元/吨）		汽车运行（千米）			板车、人力搬运（100 米）			上下码头（100 米）
		装车	卸车	大型货车	1~2.5 吨货车	1 吨以下货车	装卸基价	板车运行	人力运行	
包装成件货物（名定品名除外）	20	1.10	1.05	0.70	0.80	0.90	1.10	0.14	0.50	1.70
散装货物(名定品名除外）	就地	1.10	1.05	0.70	0.80	0.90	1.20	0.14	0.50	1.80
木材类、杉木、原木、方木、坑木、条木木板	20	1.20	1.10	0.70	0.80	0.90	1.25	0.14	0.50	1.90
轻泡货物	20	1.10	1.05	0.70	0.80	0.90	1.10	0.14	0.50	1.70
贵重货物	20	1.30	1.60	0.90	1.10	1.30	1.30	0.20	0.70	1.90
危险货物	20	1.60	1.30	0.90	1.10	1.30	1.60	0.20	0.70	2.20
笨重货物	20	—	—	—	—	—	—	—	—	—
151~500 千克	20	2.00	2.22	0.85	1.10	1.30	1.75	0.20	0.70	3.00
501~1500 千克	20	3.00	3.00	1.05	1.50	1.60	2.75	0.30	1.10	4.00
1501~3000 千克	20	4.00	4.00	1.25	1.80	—	3.75	0.40	1.50	5.00
3001~5000 千克	20	5.00	5.00	1.45	—	—	4.75	0.50	1.90	6.00
5001~8000 千克	20	6.50	6.00	1.65	—	—	6.00	0.65	2.50	7.00
8001~15000 千克	20	9.00	9.00	2.20	—	—	8.50	1.00	3.80	10.00

（四）公共汽车运价。城市公共汽车运价 坚持低票价制，保持公益性质。1988 年后，全市主要公交线路票价由原“五进制”逐步试行一票制，并增设夜班车、专线车、空调车、中巴等多种票价。是年取消学生月票，原 6 元职工月票改为 18 元职工季票。1990 年 9 月，恢复月票，职工月票 9 元，学生月票 6 元。1992 年 9 月，职工月票调为 14 元，学生月票未变。1996 年 1 月，职工月票调为 24 元，特困企业职工月票 20 元，学生月票调为 15 元。1999 年，全面实行无人售票和 1 元基本票价，部分长线路实行跨段计价，全程最高 3 元。

2001 年，推行 IC 卡，票价九折优惠。2003 年 5 月，IC 卡替代板式月票。6 月，离休干部和 70 周岁以上老人凭“离休证”“优待证”免费乘坐市区公交车。2004 年，高等级客车参运，实行 2 元一票制（312 等少数线路票价为 3 元)。至 2012 年，取消 3 元票价，城区公交线路的 30%为 1 元票价，其他为 2 元票价。老年人、残疾人和军人免费乘车。

（五）出租汽车运价。1988 年，长沙市出租汽车运价统一执行市物价局制订的“长沙市客车出租票价”。行驶市区线的中巴，每人次票价为 0.5 元。上海小轿车每日租价为 30 元，可用 40 千米、8 小时，每超 1 千米、1 小时，分别加收 0.5 元和 2 元。天津旅行车每日租价为 45 元，可用 40 千米、8 小时，每超 1 千米、1 小时，分别加收 0.7 元和 3 元。

1993 年 4 月起，全市出租汽车营运价格：基价里程 3 千米，起租基价分别为 6 元、7 元、8 元、9

元、10元。分5档车型，车千米价分别为1元、1.4元、1.6元、1.8元、2元。1999年10月，桑塔纳等高等车型起租价由9元调至8元，车千米仍为1.8元。

2005年8月调整营运价格，基价里程由3千米降为1千米，起租基价3元，3千米外每0.5千米加1元，夜间在相应标准上加1元，车千米价1.8元，夜间上浮20%。2009年1月再次调整营运价格，基价里程由1千米调为2千米，白天起租基价由3元调为6元，夜间为7元，车千米价1.8元，夜间上浮20%。至2012年出租车营运价格未作调整。

表20-2-9-5　　长沙市公共汽车票价变动情况一览表　　单位：元/人次

年月	公汽（大巴）			中巴			附注
	白天	夜间	专线	空调车	白天	夜间	
1988年	0.1	—	1	—	—	—	市区七条主要线路试行一票制，其余为五进制
1989年8月	0.1	—	0.3	—	—	—	增设专线车票价（用单机车）
1990年3月	0.1	0.3	0.3	—	—	—	增设夜班车票价（晚21时至次日5时）
1990年8月	0.2	0.3	0.3	—	—	—	市内14条主要线路试行一票制，其余未动
1990年10月	0.2	0.3	0.3	—	0.5	0.5	中巴参运票价
1991年12月	0.2	0.3	0.3	—	0.5	1	中巴夜班加收0.5元/人次
1992年2月	0.3	0.5	0.5	—	0.6	1	中巴每人次加收0.1元客运附加费
1992年8月	0.3	0.5	0.5	—	0.6	1	铰接车0.3元/人次，单机车0.5元/人次，晚上0.5元/人次
1993年3月	0.3	0.5	0.5	—	0.8	1.2	中巴每人次加收0.1元油料补贴费，0.2元客运附加费
1994年12月	0.3	0.5	0.5	—	1	2	中巴票价调整
1995年12月	0.5	1	0.8	2	1	2	不分铰接车和单机车
1997年7月	0.5	1	0.8	2	1	2	202车队试行有人售票1元/人次
1998年11月	1	1	1	2	1	2	二路线试行无人售票1元/人次
1999年6月	1	1	1	2	1	2	全市47条实行无人售票的线路，实行一票制
2001年10月	1	1	1	2	1	2	试行IC卡，票价九折优惠
2004年	2	2	—	—	—	2	高等级车型

五、安全管理

20世纪80年代，道路客货运输企业、城市公交与行业管理部门建立健全谁主管谁负责、安全管理专职化、安全例会、安全检查、重特大事故跟踪、安全考核等安全管理制度，形成制度体系，发挥安全制度化管理效能。

1991—1996年，全市交通运输管理机构，先后组建客货运输稽查所和运政稽查大队、中队，分驻各客运站与重点货运站进行稽查。抓住源头安全管理，凡超载和手续不全的营运车辆一律不准出站；加强行政执法力度，开展路查或上门稽查，重点查处客运私设站点、站外揽客、超载宰客、无证经营等不法行为，打击报废、拼装、套牌车辆从事营运。

1997 年，按照交通部部署，开展“安全生产周”和查处违章指挥、违章作业、违反劳动纪律活动，还强化对易燃、易爆、危险品的查堵力度。查获鞭炮 460.75 万响、烟花 2.30 万个、拉甩炮 4650 个、导火索 100 米、汽油 25 千克、酒精 50 千克、香蕉水 54 千克、油漆 1658 千克、炸药 135 千克，消除安全隐患，有效预防重大事故的发生。

1997—2001 年，投资 1950 万元，兴建长沙、望城、浏阳三县（市）汽车检测站，扩建长沙市汽车检测站，负责全市营运汽车综合性能检测，加强对营运车辆的检查、保养和维护，保证车辆和设备设施符合国家安全标准。全市道路运输交通事故呈明显下降趋势，2001 年百万车千米肇事和死亡率 0.16 次、0.12 人，比 1991 年分别减少 1.30 次、0.34 人（此后纳入公安部门统计）。

2002 年后，严格执行驾驶员培训制度和“准驾证”管理办法，对道路客货营运和公共交通营运驾驶员实施全员从业资格培训，经考试合格，取得“准驾证”，方能从事营运车辆驾驶，确保客货运输安全。

2005 年起，建立客货运输经营业户车辆技术档案，使客、货、危运输车辆技术等级与二级维修管理更加规范化。

2005—2008 年，根据交通运输部道路运输相关规定，对安全管理制度等资质条件进行严格审查，凡不符合条件的不予审批或限期整改，客运线路、货运零担线路和危货运输、出租汽车，坚持先审批后购置和集体定期审批制度；使用客货营运车辆一律按规定进行综合性能检测，合格后方能发证，对报废、拼装、带病和不符合经营类别的车辆一律禁止营运；长途客运和危货运输不准个体私营；并严格控制微型客、货营运车辆的发展。建立健全全市道路、公交运输 GPS 监控中心和 126 个监控工作站。至 2012 年，全市入网客货运输业户 112 家，车辆 9047 台，其中危货运输企业 67 家，运输车辆 1586 台；客运企业 20 家，客车 1206 台；出租车企业 25 家，车辆 6255 台。监控中心持续运作中，纠正超速、超载、疲劳驾驶等违章行为 9384 起，追回被盗车辆 16 台、乘客失物查找 2 万余起，挽回经济损失 1100 万余元。

六、规费管理

（一）养路费。1988 年起，长沙市汽车（拖拉机、摩托车）养路费征收，以国家计委、国家经委、交通部、财政部、国家物价总局 1987—1991 年联合颁发的《公路养路费使用管理规定》《公路养路费征收管理规定》，省物价局、财政厅、交通厅 1994—1998 年颁发的《湖南省公路养路费征收管理办法》《湖南省交通规费征收管理条例》《调整公路养路费征收标准》，《(关于继续做好公路养路费等交通规费征收工作意见）的通知》等文件为征收依据。全费为公路养护、维修、技术改造、设施完善、公路管理的专项事业费用。其征收标准分别为：客车 200 元/月·吨，货车 180 元/月·吨，各种拖拉机比照货车标准征收，二轮摩托车 10 元/月·台，侧三轮摩托车 15 元/月·台。至 2008 年累计征费 49.63 亿元。

2008 年 12 月，财政部、国家发改委、交通部、监察部、审计署联合颁发《关于公布取消公路养路费等涉及交通和车辆收费项目的通知》，该费于 2009 年 1 月取消。

（二）车辆购置附加费。以国务院 1985 年颁发的《车辆购置附加费征收办法》为依据。1988 年长沙市开征车辆购置附加费。收费标准分别为：国产车按车辆销售价格的 10%征收，进口车按（到岸价格+关税+增值税）组合价格的 15%征收。1993 年 11 月，国务院批复交通部、财政部《关于改变车辆购置附加费征收环节、统一征收标准问题的请示》，同意从 1994 年 1 月 1 日起，将车辆购置附加费的费率，国产车、进口车统一为 10%。全费为公路建设发展专项资金。

2001 年 1 月 1 日车购费改为车购税。

1988—2004 年，累计征费（税）22.22 亿元。2005 年 1 月，移交市国税部门。

（三）客运附加费。以湖南省人民政府 1987 年颁发的《关于征收客运附加费的通知》《关于提高客运附加费征收标准有关问题的通知》，省交通厅、财政厅、物价局颁发的《湖南省公路、水路客运附加费征收实施办法》《关于统一客运附加费计征标准等有关问题的通知》等文件为征收依据，1988 年长沙市开征客运附加费。计征标准分别为：跨省线路 100 千米及以上客车 110 元/月·座；跨市（州）线路经济干线 31 座以上客车 100 元/月·座，30 座及以下客车 110 元/月·座，其他线路 31 座及以上客车 90 元/月·座，30 座以下客车 100 元/月·座；县（市）内线路客车 80 元/月·座。2007 年 1 月省政府办公厅颁发《关于调整公路客运附加费征收标准的通知》，调整后的征费标准为：省际班线营运客车 60 元/月·座，市州到市际班线营运客车 55 元/月·座，县市区到乡镇或村班线 45 元/月·座，乡镇到乡镇或村班线 25 元/月·座，村到村班线 5 元/月·座，旅游客车、租赁客车，其他无固定营运线路（流动）营业性客运车辆等的征收标准，按市州到县市际班线营运客车的征收标准征收。该费为全省公路客运服务站场建设、拓宽公路配套建设的专项资金。

至 2008 年的 21 年间，累计征费 9.08 亿元。于 2009 年 1 月取消。

（四）货运附加费。以 1992 年湖南省物价局、财政厅、交通厅联合颁发《关于开征货运附加费的通知》为征费依据，1993 年 1 月长沙市开征货运附加费。计征标准按每月每吨 30 元包干缴纳，该费作为全省重点建设专项资金。至 2008 年，累计征费 4.02 亿元。2009 年 1 月取消。

（五）新车交通建设费。依据 1995 年湖南省人民政府《关于征收新车交通建设费的通知》，省物价局、财政厅、交通厅联合颁发《关于新车交通建设费征收标准及有关事项的通知》，1995 年 4 月 1 日长沙市开征新车交通建设费。收费标准为：车价 50 万元以上的 2 万元/台；40 万~50 万元的 1.5 万元/台；30 万~40 万元的 1 万元/台；20 万~30 万元的 0.8 万元/台；10 万~20 万元的 0.6 万元/台；5 万~10 万元的 0.4 万元/台；5 万元以下的 0.2 万元/台。该费为全省交通重点建设资金。至 1999 年，累计征费 1.63 亿元。2000 年取消。

（六）运输管理费。1988 年起依据交通部、财政部《关于发布〈公路运输管理费征收和使用规定〉的通知》及湖南省交通厅、财政厅、物价局先后颁发的《关于公路运输管理费若干规定的通知》《关于统一全省公路运输管理费定额征收标准的通知》《关于贯彻落实（国家计委、财政部关于第一批降低 22 项费收标准的通知）的通知》等文件，由市区、县市交通运输管理机构负责征收。收费标准分别为：按经营者（从事营业性公路客货运输、搬运装卸、运输服务、汽车维修的单位和个人）营业收入的 1%计征，1998 年 4 月，由 1%降为 0.8%计征（同时停止征收汽车维修管理费）；对营业收入难以确定的单位和个体（联户），均按定额征收标准计征。该费为全省公路运输行业管理的专项事业费。至 2008 年的 21 年间，累计征费 4.88 亿元。于 2009 年 1 月取消。

（七）车辆通行费。1991 年长沙市开征车辆通费。至 1999 年依据湖南省人民政府办公厅先后颁发的《关于同意水渡河大桥、319 国道马坡岭、长永公路、1810 省道宁乡流沙河、省道 1827 线浏阳市镇头、长沙国道绕城高速公路设站收取车辆通行费的批复》等文件，由管理部门设立的公路、桥梁收费站收取。所收费款主要用于偿还贷款和桥梁、路面的改造与修复。其收费标准，按不同车型、吨位（客位），每车次 1 元至 30 元收取。1991 年，长沙市公路、桥梁仅有水渡河、湘江一、二桥 3 个收费站，全年收费 1199.11 万元。2001 年，全市有湘江大桥、浏阳河大桥、星沙、永安、蕉溪岭、大托、李家塘、岳麓、友仁、宁乡等公路、桥梁、隧道收费站 27 个，全年收费 3.85 亿元。2002—2004 年，全市设立长湘公路、长沙绕城高速西南段、机场高速等收费站。2005 年起，长沙湘江一、二、三桥，浏阳河大桥，浏大公路等 10 余个收费站先后被撤销，至 2008 年全市有公路收费站 13 个，2008 年的 18 年间，累计征费 43.36 亿元。2009 年取消。

表 20-2-9-6　　1988—2008 年长沙市公路交通规费征收年度一览表　　单位：万元

年份	养路费	车辆购置附加费	客运附加费	货运附加费	新车交通建设费	运输管理费	车辆通行费
1988	7213.5	1810	470.08	（未开征）	（未开征）	426.5	（未开征）
1989	8202.4	2154	609.9	（未开征）	（未开征）	550.2	（未开征）
1990	8536.5	2141.1	660.8	（未开征）	（未开征）	668.3	（未开征）
1991	10348.53	3140.4	1015.4	（未开征）	（未开征）	742.4	1299.11
1992	11296.9	5206.14	1970.52	（未开征）	（未开征）	825.99	2326.42
1993	14765	8205.3	2812	2011.9	（未开征）	1559.4	3532.05
1994	16729.13	13478.68	4594.84	2120.48	（未开征）	1761.9	4698.97
1995	19679.24	9529.43	5265.58	2463.47	2729.57	2147.8	7203.88
1996	20703.67	10000.54	5333.59	2438.57	3852.63	2318.9	8737.72
1997	18661.14	9578.54	5571.12	2163.08	3021.84	2392.2	17072.83
1998	18896.79	9871.92	6043.32	2148.02	2917.53	2232.8	25947.97
1999	18293.67	12206.43	5786.01	2132.18	3797.15	2164	30537.32
2000	18769.53	16580.83	6123.99	2106.77	（取消）	2396	32838.31
2001	19501.71	16469.16	7052.97	2147.23	—	2545.46	38529.04
2002	21977	25031.53	7806	2467	—	2681	18056
2003	27528	37478.44	6965	2571	—	3124.41	26850
2004	31945	39300	7782	2556	—	3516.57	33400
2005	37648	（移交）	4112	2601	—	3531	36992
2006	43890	—	3941	2738	—	3874	41577
2007	54883.21	—	3455.68	3409.07	—	4450	50010
2008	66778.37	—	3388.04	4121.36	—	4871	53982

第三章　水　路

20世纪80年代，长沙水运呈现复起之势。在国家提倡“有水大家行船”“开放水运市场”方针指导下，长沙港务局、长沙轮船公司、湖南省远洋运输公司、长沙水运公司等8家公有制水运企业致力扩大经营，恢复长江航线，四向拓展航线深度，东至上海、浙江，西抵沅水新晃，南极潇水双牌，北达汉江襄樊，纵横7000余千米。个体联户崛起，成为水运生力军。1988年，全市有营运船舶2041艘(货运1959艘7.12万载重吨、客船82艘1.15万个客位)；当年完成客运量419.25万人次、旅客周转量1.8亿人千米，货运量521万吨、货物周转量7.8亿吨千米。但水运基础建设滞后，严重制约水上运输的发展。市域干支流航道435千米、湘江干流航道73千米，仅为四级，通行500吨级船舶，支流航道9条362千米，其中七级175千米，等外级187千米，只能区间通行50吨以下船舶；港口码头分散、规模小、设备旧，最大靠泊能力仅为500吨。80年代后期，居多运输企业开始受到诸多因素的困扰，经营出现亏损。1989年，启建湘江千吨级航道工程（长沙段投资1870.94万元），至1994年竣工通航，新增通过能力7000万吨。同时，投资340万元实施浏阳河航道整治工程，永和至河口164千米航道等级由七级或等外级提升至六级（50吨~100吨级）。

为改善长沙港区设施，1996年，将西湖桥码头25吨悬臂式T形龙门吊改造为集装箱起卸专用吊具、南湖港区增建一台起重能力为30吨的双梁悬臂式桁车吊、添置湖南内河港口最大的起重能力为36吨的“双龙门式”起重机，建成西湖桥集装箱码头。其间，公路、铁路尤其是公路运输迅猛发展，因公路、铁路运输的方便与快捷，形成客货“弃水走陆”局面，水上运输急剧下行，尤以客运为甚。市、区县（市）7家水运企业陷入严重困境，除长沙港务局实行产权转换、职工身份置换改革、望城县航运总公司以大力发展砂石产、销、运而保持企业稳定外，其他皆解体、转型或退出。水上客运虽多措并举，或新辟航线或购置快轮飞艇或革新经营模式，但收效一时，不能阻遏其颓势。水上货运在传统大宗生产生活货类散失殆尽处于低谷时，随着外向型经济的快速发展，新型国际集装箱运输异军突起，从内河、近海运输发展为远洋国际集装箱内支线运输。1999年，长沙港务局先后获得湘航江海联运公司的海关申报权和经营日本、韩国、西欧、北美等国际集装箱公共内支线运输正式营运权。湖南省远洋运输公司陆续购置万吨级“九疑山”、3.3万吨级“韶山”、3.5万吨级“昭山”“衡山”“南山”等巨型货轮，扩大远洋集装箱运输规模，集装箱运输快速成长为长沙港口支柱产业。至2000年，73千米湘江干流航道已由四级提升到三级，通航千吨级船舶，164千米浏阳河七级或等外级航道提升到六级航道，通航百吨级船舶，港口码头最大靠泊能力提升到千吨。是年全市水运有营运货船741艘，8.86万载重吨、客船24艘7422个客位。水上客运量减至43万人次，旅客周转量3580万人千米，分别比1988年下降90%、80%。集装箱年吞吐量1.14万标箱比1992年增长36.9倍。以此为主体的水上货运实现年运量729万吨、货物周转量109.45亿吨千米，创历史最高水平，分别为1988年的1.4倍、14倍。

进入21世纪以来，水运复兴又快又稳。2001—2006年，将城区老港区全部拆除，投资11.55亿元，按千吨级、2000吨级设计兴建霞凝新港区（分三期工程施工），如期实现一、二期工程竣工投产，新港区现代化水准跃居全国内河港口前列。其间，浏阳河枨冲修建槽门滩水电站，因升船机工程建设未同步，六级航道减少至54千米；投资2.3亿元建设捞刀河出口改道工程，将河口至水渡河桥11千米航道由等外级提升为六级。水运企业改革进一步深化，长沙港务局改制为长沙港航有限责任公司，并新成立长沙挪亚游轮有限公司、长沙集装箱码头有限公司、长沙捷安航运有限责任公司等6家较大型股份制企业，长沙港水运企业发展到9家。实行国家到龄船舶强制报废制度，加大营运船舶更新换代力度。按统一船型新造150艘钢质客渡船，建造豪华型“云帆号”“挪亚号”游轮，打造“124标准箱位国际集装箱专用货轮”“2500吨级散装自航货轮”“271TEU”省内吨位最大设施最先进的现代集装箱货轮及大型化专业运砂船舶，水上运能显著增强。至2008年，虽水上传统客运萎缩为零，但水上货运却连年大幅度递增，远洋集装箱运输年运量达9万余标箱，货运量2336万吨。

2009—2012年，湖南提出将湘江建成“东方莱茵河”目标，随之，长沙制定实施《长沙港总体规划》。累计投资76.05亿元，相继开建湘江长沙综合枢纽工程、湘江2000吨级航道工程、霞凝港区第三期工程。至2012年，全市干支流航道537千米，其中湘江干流航道等级提升到二级，枢纽船闸实现通航，长株潭湘江段2000吨级船舶可常年通畅。支流航道11条464千米（六级航道54千米、等外级航道410千米）。霞凝港区建成各类泊位20个，其中千吨级泊位9个，生产岸线长达3403米，扩张水域面积16.14万平方米、陆域面积70.44万平方米，港区靠泊能力提升到2000吨。几经改制，长沙港水运业户增至464户（客运4户、货运460户），其中较大型企业29家（国有企业5家、民营及股份制企业24家）。湖南长沙新港有限责任公司、长沙捷安航运有限责任公司、长沙集装箱码头有限公司、湖南省远洋运输公司等国有企业核心竞争力日益强劲，水运龙头地位愈益稳固。是年全市有营运船舶540艘，其中货船518艘35.64万载重吨、客船22艘568个客位。集装箱运输内支线增至10余条，建构信息化管理系统，开通“五定班轮”，形成物流全球的水路网络体系。全市水上年客运量减至1万人次，旅客周转量9万人千米。货运量2668万吨、货物周转量42.57亿吨千米，比2000年分别增长266%、39%，为1988年的5.12倍、5.45倍，远洋集装箱年运输量持续稳定在9万标箱左右，水上货运稳居道路运输之后。

第一节　航道建设

一、湘江航道

（一）湘江1000吨级航道。湘江长沙段，上起暮云市，下至铁角嘴，全长73千米（2003年省航道普查数据），水量充沛，河宽1200~1800米，平均坡降0.028‰，河底多为砂卵石。因受洞庭湖水位顶托，河床泥沙淤积，浅滩栉比，形成15处滩险，其中以泥鳅、芭蕉、三汊矶、铜官滩最浅，霞凝滩、香炉洲有礁石阻航。20世纪80年代，湘江枯水期航深1.5~1.8米，航宽30~60米，最小弯曲半径200米，浅滩流速1米/秒，可常年通航500吨级船舶。

1986年10月，交通部和国务院经济技术社会发展研究中心考察团对湘江航运发展进行考察，省政府提出将湘江衡阳至城陵矶439千米建成1000吨级航道的建议，考察组实地考察后向国务院建议将湘江作为中国内河开发建设的重点，随之确定湘江1000吨级航道建设。项目分两期实施：一期为株洲至城陵矶257千米，核定总投资9470万元（二期为衡阳至株洲182千米）。

1988年，湘江干流松柏至城陵矶497千米航道初步开发整治工程完成，耗资2074万元，长沙辖区航道达四级。1989 年，1000 吨级航道建设工程开工。由省水下工程公司（省二级施工企业）承包施工，部分大型疏浚工程，则委托长江航道局汉口、宜昌分局及湖北水利厅挖泥船队承担。省航运局还组织国内 11 所大专院校和科研机构，进行河床沉积钻探、河段模型试验、水砂流量流态分析、滩险成因、分汊机理等项研究，采用具有湘江航道特色的整治理论和实践经验，实施疏浚、炸礁、导水归槽、整流护岸、切嘴填潭、人工分汊、裁弯取直、两岸育草封沙等一系列水道环境标本兼治工程。

长沙段重点整治霞凝石滩和北门滩。霞凝石滩位于长沙银盆岭大桥以下 16 千米处，滩长 7 千米，河中基岩突出，顽石密布，航道从中穿过，水浅流急，弯曲狭窄，须实施清除基岩顽石，扩宽、加深航槽。经反复试验，最终采用 1.5 米×1.5 米钻孔排距，硝化甘油炸药爆破，2 立方米抓扬挖泥船清方，攻克这一难关，共炸礁 1.69 万立方米。北门滩位于长沙银盆岭大桥桥区，即傅家洲尾和三汊洲头之间，航道形状处位特异，环境复杂，水深有明显随机性，航槽变易不定。拟订 6 套整治方案，权衡择优，委托长沙交通学院进行模型试验，对傅家洲串沟和浏阳河倒流泓作专题研究，最终确定整治原则：恢复边滩，固定洲头，集中水流，导水归槽。并在北门滩右岸，修建 3 座潜丁坝，于左岸傅家洲尾和三汊洲头各修 1 座顺坝，开挖长 3000 米、宽 110 米、深 2.5 米的航槽。至 1994 年两滩整治完成投资 1870.94 万元，疏浚 166.74 万立方米，炸礁 2.2 万立方米，筑坝 1.65 万立方米，护岸 1.69 万立方米。

1994 年 12 月，湘江 1000 吨级航道建成，航道最低水位不低于 2 米，航宽不小于 90 米，弯曲半径不小于 800 米，通航保证率 98%，新增通过能力 7000 万吨。

表 20-3-1-1　　1994 年湘江长沙段千吨级整治工程竣工后滩险航道情况一览表

滩　名	河床地质	整治后航道尺度（米）			最大流速（米/秒）
		航宽	航深	弯曲半径	
芭蕉	砂卵	90	2.0	2000	1.1
北门	砂卵	90	2.0	2000	1.0
三汊矶	砂卵	90	2.0	1300	1.1
母山	砂卵	90	2.0	1500	0.8
鹅羊山	砂卵、黏土、胶板	90	2.0	2000	1.1
霞凝	礁石、砂卵	90	2.0	1500	0.7
香炉洲	砂卵	90	2.0	2000	0.8
枞树	砂卵	90	2.0	1300	0.7
高家集	砂卵	90	2.0	1500	0.9
新康	砂卵	90	2.0	800	1.1
铜官	砂卵	90	2.0	800	0.9
黄泥	砂卵	90	2.0	1500	0.8
二圣庙	砂卵、黏土	90	2.0	1600	0.7
金钩寺	砂卵	90	2.0	1200	1.0

(二)湘江长沙综合枢纽工程。1986年,湖南省交通、水利水电、国土等有关部门组织编制《湘江干流规划》,实行“以航运为主,综合利用水资源”的开发方针,对湘江进行九级开发(自下而上依次为长沙、株洲、大源渡、土谷塘、近尾洲、归阳、高山庙、潇湘、太洲);同年,开发湘江航运列入国家“七五”重点项目。

图 20-3-1-1 2009年9月30日长沙综合枢纽工程奠基
(市交通运输局供图)

2005年11月2日,湖南省发展改革委员会批复《湘江长沙综合枢纽工程预可行性研究报告》,同意立项,2007年8月,国家发展和改革委员会同意建设湘江长沙综合枢纽工程,2009年9月1日,交通运输部批复《湘江长沙综合枢纽工程可行性研究报告》。

工程由湖南省交通规划勘察设计院和湖南省水利水电勘测设计研究院设计。枢纽坝址位于望城区高塘岭与丁字湾镇之间的蔡家洲,距湘江长沙橘子洲大桥26千米,水库正常蓄水位29.7米,库容6.75亿立方米。控制流域面积9.05万平方千米。主体工程包括年通过能力9800万吨的2000吨级双线船闸、46孔泄水闸、6台单机9500千瓦灯泡惯流式发电机组以及宽27米、长1939米的坝顶公路桥。分三期施工,即一期右汊20孔泄水闸坝和蔡家洲护岸,二期左汊双线船闸及其邻近的11.5孔泄水闸,三期为电站及其邻近的14.5孔泄水闸,计划2015年11月30日建成投产,总工期72个月,总投资63.78亿元。

2009年8月,组建“长沙市湘江综合枢纽开发有限责任公司”,承担项目的建设、运营和管理。工程由财政全额投资,省市两级政府按3:7的比例分摊建设资金,交通运输部注入5.4亿元内河航运补助资金。主要施工单位为中国水利水电第八工程局有限公司和中交第二航务工程局有限公司,项目监理单位为湖南水利水电工程承包总公司和湖南省三湘交通建设监理事务所。中国水利水电第八工程局有限公司承建过水围堰、泄水闸、右汊桥梁、电站厂房、船闸围堰工程建设,中交第二航务工程局承建河道疏挖、蔡家洲护岸、船闸和左汊桥梁工程。

2009年12月6日一期工程开工,2011年3月31日完工。完成右汊20孔闸坝工程,填筑土方31万立方米、高喷灌浆1.21万平方米、混凝土砌块1.9万平方米、土工布6.3万平方米、土石方开挖99万立方米、金属结构安装1333吨、灌注桩904米、碎石桩5128根、土石方回填52.8万立方米;蔡家洲护岸和河道疏挖工程,挖土方200.1万立方米、挖岸坡土方44.7万立方米、边坡及坡顶填筑40万立方米、各类厚雷诺石笼护坡21万平方米。

2010年8月31日二期工程启建,2012年9月29日双线船闸试通航。完成围堰合龙,闸墩、桥墩混凝土浇筑、弧形工作闸门安装,双线船闸、左汊桥梁、上下游引航道工程。填筑土方391万立方米,高喷灌浆3.41万立方米,混凝土89.72万立方米,土工布21.61万立方米,开挖土石方115万立方米,疏浚航道泥沙136万立方米,使用钢筋3587吨,金属结构安装8708吨。双线船闸布置于湘江左岸,船闸从上游进口至下游出口工程总长2170米,闸室有效尺寸为280米×34米×4.5米(长×宽×门槛水深),设计代表船型为1顶2艘2000吨级船队;双线船闸共用引航道,宽为146米,上下游长度分别为910米。布置有150米制动段,560米停泊段,200米导航段。引航道与泄水闸采用隔流堤、靠船墩隔开。

在双线船闸建设中，中国交通第二航务工程局开创船闸上下游航道隔水墙水下施工新技术，取消上下游引航道小围堰建设，大幅减少工期，节省投资上千万元；首创国内易拆装式钢套箱新工艺，可在水面上通过钢丝绳完成整个拆装工序，节约施工成本千万余元。

2012 年 8 月 22 日，三期工程动工。10 月 4 日三期围堰合拢，电站厂房具备施工条件。10 月 10 日枢纽船闸正式通航，11 月 9 日起施行 24 小时过闸，日均过 22~30 闸次，过闸船舶约 200 艘，截至 2012 年 11 月 30 日船闸累计完成过闸 806 闸次，过闸船舶 6197 艘，船闸运行情况良好。枢纽工程首次蓄水水位 26 米。2013 年 10 月 16 日电站 1 号发电机组管形座下注吊装就位，同年 11 月 3 日三期工期 14.5 孔泄水闸、桥墩浇筑到设计顶高。2014 年 3 月 31 日泄水闸弧形工作闸门安装完成，具备蓄水条件。2015 年 1 月 18 日，坝顶公路桥竣工通车。同年 2 月 2 日 1 号发电机组并网发电。最后一台发电机组于 2016 年 4 月 27 日安装完成，2017 年 4 月 28 日并网发电。至此工程全部竣工。上游水位提升至 29.7 米，可确保 2000 吨级船舶常年畅通。经检查评定，一期、二期工程质量合格率 100%，优良率 94.3%。三期工程质量合格率 100%、电站优良率 91.3%、泄水闸优良率 100%。

（三）湘江 2000 吨级航道。2007 年湖南省编制《湘江干流航道发展规划》，在“十二五”（2011—2015 年）期间将湘江衡阳至城陵矶段建成 2000 吨级航道。2009 年湖南省发布《关于加快水运发展的意见》，提出建设“3+5”城市群（指长沙、株洲、湘潭+岳阳、常德、益阳、娄底、衡阳）的高等级航道网，要求尽早启动 2000 吨级航道改扩建工程。2010 年 10 月 18 日湖南省发展和改革委员会批准《湘江 2000 吨级航道建设一期工程（株洲航电枢纽至城陵矶 281 千米）可行性研究报告》。湖南省交通运输厅批复湘江 2000 吨航道建设一期工程初步设计，设计航道等级为二级，航道尺度 2.8 米×90 米×550 米（水深×航宽×弯曲半径），航道通航保证率 98%，航标按内河一类航标配布。

工程由航道整治、疏浚、炸礁、护岸、航标和水上服务区建设 6 个工程项目组成，总投资 8.5 亿元（中国交通部 3.2 亿元、发改委 1.3 亿元、湖南省财政 4 亿元）。湖南株岳航运建设开发有限公司为项目法人，负责建设和管理；湖南省航务工程公司、江西省路港工程有限公司、广东宏大广航工程有限公司等 15 家单位承担相应标段施工。

2010 年 12 月开建，实行年度责任目标管理。2011 年整治 5 个标段 9 个滩险，疏浚 28.98 万立方米、炸礁 9.53 万立方米、筑坝抛石 3.98 万立方米、拆坝 2.67 万立方米、废弃桥墩拆除 180 立方米、护岸抛石 4.6 万立方米、安装透水框 9400 架；船艇新造（JD1–JD5 合同标段）全面开工，株洲、长沙水上服务区工程按计划推进，完成投资 2.07 亿元，为年度责任目标的 100.73%，总投资的 24.26%。2012 年，共疏浚 67.07 万立方米、筑坝抛石 2.92 万立方米，水上抛石埋坡 1.9 万立方米、浇注坝面混凝土 960 立方米，安装透水框架 6.71 万架、船艇新造（JD1–JD5 标段）全部交付，完成投资 2.15 亿元，为年度责任目标 107.48%。

图 20-3-1-2 2012 年 10 月 10 日 2000 吨级双线船闸通航
（市交通运输局供图）

长沙段工程重点在综合枢纽下游的铜官、黄泥、金钩寺等滩险和长沙服务区的建设。建设中致力科技创新。重庆交通大学、长沙理工大学、交通部天津水运科研院等单位对长沙下游香炉洲至靖港段航道进行河工模型试验，对濠河口滩险、营田滩群、长沙枢纽库尾整治等进行科技攻关，提供技术保障。针对长沙枢纽下游煤炭湾滩险两岸湖洲易受冲刷损毁航道之患，引进长江航道整治技术成果，首次采用“四面六边透水框架”守护边滩技术，有效提高航道航槽稳固度和河道水土保持功能。2012 年，启动株洲至城陵矶 281 千米电子航道图生产及应用系统软件技术开发工作，联合交通部水科院践行航道电子地图建设，为智能化航道整治开辟新路。2013 年，完成 3 个标段、4 个滩险的整治，疏浚 85.42 万立方米，航道裁湾开挖 19.03 万立方米，石笼护垫 23.45 万立方米，安装透水框架 5 万架。航道支持保障系统完成 7 个标段建设。年完成投资 2.01 亿元，为计划的 100.42%。2014 年，完成 4 个标段整治，疏浚 31.16 立方米，陆域开挖土方 8 万立方米，石笼护垫 25.46 万立方米，安装透水框架 10.08 万架。航道支持保障系统完成 7 个标段建设。年完成投资 1 亿余元，为计划 100.5%。

2015 年，完成 6 座自动水位站的建设，株洲水上服务区投入使用，长沙枢纽以下电子航道图及航标遥控遥测投入运行。2 月 10 日，长沙段铜官滩至金钩寺滩群航道整治工程完工。至此城陵矶至株洲 2000 吨级航道全线通航。

二、湘江支流航道

（一）浏阳河航道。浏阳河全长 222 千米，流域面积 5960 平方千米。20 世纪 80 年代，因淘金、筑坝、挖砂，造成航道淤浅，船闸闸门腐朽、启闭设备毁损，严重影响通航。

1992 年，整治浏阳河永和至河口 164 千米航道，总投资 340 万元（浏阳县 105.6 万元、长沙县 42.9 万元、长沙市郊区 31 万元、长沙市交通局 22.5 万元、交通部 138 万元），以“先重点后一般，先船闸、控制性滩险，后重点滩险及农坝口”为序，以道林滩、百步滩船闸和宏源船闸为重点，改建船闸 2 处，整治滩险 52 处，改造农坝口 12 处，工期 2 年。工程由湖南省航务工程研究院设计、湘西自治州航务工程处、长沙市航道管理段承建。当年 4 月动工，相继整治道林滩、百步滩船闸、宏源船闸、柏家、苋菜塘、金塘等农坝口和柴浦、西施、江西等滩险。1994 年 11 月竣工。总计完成工程量砼 792 立方米、浆砌石块 1754 立方米、围堰 3114 立方米、土石方 5698 立方米、筑坝 6906 立方米、疏浚泥沙 2.87 万立方米、炸礁 25 立方米。设计水位保证率 P=85%，航槽水深 0.7 米，航槽宽度 15 米，弯曲半径大于或等于 110 米，船闸门宽 7 米，门槛水深 1.2 米，闸室长度 42~60 米。航道等级升为六级，可通航 100 吨级船舶。

2003 年全国第二次内河航道普查，核定通航里程 139 千米，其中河口至柏加大桥 54 千米为六级。2003—2004 年，浏阳市江南水电开发有限公司投资 3291.5 万元，在浏阳河中游镇头镇域内修建万家庄水电枢纽。长沙市鸿电电力开发有限公司投资 3348.89 万元，于浏阳河枨冲镇修建槽门滩水电站。各水电枢纽在初步设计阶段均布置 50 吨升船机工程，已蓄水发电，但升船机工程建设未同步，坝址上游水位加深，河面加宽，通航条件改善，而坝址上下只能区间通航。

2011 年经省重新评定河口至双江口 43 千米为六级航道，96 千米为等外级航道。

（二）捞刀河航道。捞刀河干流全长 141 千米，流域面积 2543 平方千米。其下游自北盛水流由东向西，转而向北，于京广铁路老桥处折转而南，逆入湘江，与之形成 145 度交角，湘江、浏阳河、捞刀河三水构成“K”字形汇流，流态紊乱，阻水相激，所在潜洲日渐淤泥累积，形成长 4 千米、宽 400 米、高 29.9 米的洲渚而易名三汊洲。后又于此围堤成五合垸，有居民住户及耕地，1992 年、1994 年、1998 年、2003 年 4 次溃堤造成重大损失。

2003 年，部署捞刀河出口改道工程，将其出口由上游的洋油池改为下游代家河，使捞刀河顺流入湘江。工程由长沙市水利投资公司承建，实行“项目融资、市场运作、联合开发、按股分红”模式。项目于 2004 年 1 月 15 日动工，2005 年 3 月 31 日完工，总投资 2.3 亿元。新开河道 997 米（宽 202 米），疏挖河道 1056 米，新修加固代家河垸堤防 1450 米，新修加固五合垸堤防 3228 米；开挖土石 136 万立方米、填筑土 160 万立方米、砼 2.88 万立方米、砌石 0.74 万立方米、抛石 0.74 万立方米，开发新地 103.67 公顷。该工程有效改善湘江、浏阳河、捞刀河口的流态，缓解河床淤积，扩大行洪断面和比降，保障船舶畅航。

2003 年湖南省航道普查，其河口至北盛 77 千米航道为等外级；2011 年经省重新评定，河口至水渡河桥 11 千米为六级。

表 20–3–1–2　　2012 年长沙市域干、支流航道表

航道	起点	终点	航道里程（千米）	航道等级（千米）		
				二级	六级	等外级
湘江	暮云市	铁角咀	73	73	—	—
浏阳河	河口	双江口	139	—	43	96
捞刀河	河口	北盛	77	—	11	66
沩水河	新康	周家坝	12	—	—	12
靳江河	河口	罗家潭	55	—	—	55
白沙河	河口	董家冲	7	—	—	7
乔口河	乔口	大闸	12	—	—	12
八曲河	新康	周家坝	12	—	—	12
小溪河	双江口	株树桥水库大坝	34	—	—	34
大溪河	发电坝	官渡	40	—	—	40
株树桥水库	水库大坝	陈家坊	35	—	—	35
黄材水库	水库大坝	祖塔乡码头	10	—	—	10
合计	—	—	537	73	54	410

第二节　港口建设

一、霞凝港区

1996 年，会同湖南省交通厅规划霞凝新港区建设，港区位于开福区新港镇湘江主航道右岸，河面宽阔，河床稳定，水流平稳，陆域宽敞。处于交通枢纽之地，临近月亮岛湘江公铁特大桥，京广、石长铁路，并连接京珠高速公路，107 国道、319 国道和长沙市绕城高速公路，建有大型物流园区，铁路、公路、水路换装十分便捷。

1997 年，编制《长沙港口主枢纽总体布局规划》，1998 年省计委批准霞凝新港建设。工程分三期实

施，建货运泊位 14 个（1000 吨级 8 个、2000 吨级 5 个、其他 1 个）。年吞吐能力 2000 万吨，计划总投资 11.55 亿元。

2001 年 3 月，“长沙港口主枢纽建设工程领导小组”和“长沙港口主枢纽建设工程指挥部”相继成立，负责建设施工。8 月，省计委批准《长沙主枢纽港霞凝港区第一期工程可行性研究报告》，当月 21 日开工。

图 20-3-2-1　2003 年 7 月 30 日长沙新港一期工程建成试投产
（市交通运输局供图）

工程建集装箱重件千吨级、件杂货千吨级泊位各 2 个，设计年通过能力 120 万吨，占地 18.13 公顷，泊位前沿岸线长 320 米，陆域纵深 370 米，码头设计为框架式结构；前沿 1.4 千米的进港道路按 60 米规划控制，一期工程路基宽 17 米。总投资 2.16 亿元（国家投资 1.21 亿元、自筹 0.95 亿元）。功能定位以集装箱集散为主。安装大型起重设备 9 台（5 台 35 吨/30 米跨距双梁龙门起重机、1 台 16 吨单梁龙门起重机、3 台 5 吨/18 米跨距台式起重机）和信息化管理系统；4 个千吨级泊位各设一条作业线，前沿各配专用起重机；码头后方设堆场，堆场装卸作业机械化，轮式起重机、门式起重机、拖挂车、小叉车一应俱全。装卸“一条龙”智能化作业，灵活、快速，秩序井然，安全可靠，凸显现代风采。

码头框架为抗弯巨型预应力空心板结构，运用“单铆先张”单根钢绞线预应力技术和工艺施工。4 个千吨级泊位整体框架平面预制 1000 块，板长 6.58 米，宽 6.58 米，厚 0.5 米，重 8~9 吨，每平方米受重能力 6 吨，极具抗剪抗弯物理性能。

2002 年 10 月一期工程完工，经长沙交通学院工程试验检测中心检测评定，水工建筑 288 根桩无断桩、夹泥、劲缩等质量缺陷，结构尺寸满足设计要求，全部为合格桩、优良桩。2003 年 7 月，经专家评审水工建筑为优良工程；陆域土石方回 填工程为质量优良工程，进港道路路基、稳定层、路面均达到设计要求。工程交工验收合格，框架码头泊位投入试运营。2003 年 7 月 30 日—8 月 30 日，完成进出口航班 26 个，集装箱吞吐量 2350 标箱。

2004 年 2 月 25 日，二期工程“可行性研究报告”通过交通部和省内外专家评审。规划建 4 个千吨级泊位，码头岸线长 295 米，即在一期工程框架式码头南北两向齐头延伸，下游顺江北端线建 3 个件杂货泊位，长 225 米，上游南端建 1 个 70 米长的集装箱泊位，占地 15.2 公顷；水工结构按满足 2000 吨级船舶靠泊荷载设计，安装 3 台 35 吨/30 米龙门起重机，3 台 5 吨/18 米，1 台 35 吨/25 米台架式起重机等机械设备。工程投资 2.16 亿元（国家投资 1.14 亿元、自筹 1.02 亿元）。2004 年 9 月成立长沙霞凝新港二期工程建设指挥部。2005 年 1 月 9 日动工。因有一期工程的建设经验与基础，工程进展快速，当年完成框架式码头、港区堆场及建筑物场地陆域回填等施工。2006 年 8 月主体工程竣工投产，当年共吞吐国际集装箱 8.3 万标箱比上年增 1.2 万标箱。

二期主体工程竣工投产后，遂行多项建设，以完善港口功能。2008 年 8 月开辟件杂货码头散装粮食生产线，每个台班能起卸 500~600 吨粮食；2009 年 4 月利用框架结构件杂货码头中端泊位，建散装矿石卸载装置，每小时可装卸 300~400 吨矿石；又建局域网和信息化中心，采用信息技术实行生产指挥调度，并引进一台 WV600–996A 硬盘录像机，全方位 24 小时监控港区生产经营活动（2010 年 12 月 15 日工程通过专家组验收）。

2009 年 1 月 8 日，湖南省发展和改革委员会批准三期工程可行性研究报告。所建项目包括：位于一、二期工程上游 1000 吨级（兼顾 2000 吨级）多用途泊位 2 个，滚装船舶码头 1 个；下游 1000 吨级（兼顾 2000 吨级）件杂货泊位 3 个（其中 2 个件杂直立式顺岸泊位，1 个件杂带雨篷挖入式港池泊位）；港区内铁路专用线 2.64 千米，港外联络线 3.1 千米及相应的库场、道路、生产、生活设施。多用途泊位采用与一、二期工程一致的水工结构形式，件杂货直立式顺岸泊位与二期连接段采用框架结构。项目法人为湖南长沙新港有限责任公司，负责筹资和经营管理。总投资估算 4.55 亿元。

2010 年 12 月 24 日，三期工程奠基，启动征地等工作。为使湘江长沙综合枢纽和湘江 2000 吨级航道工程建设相匹配，2011 年 10 月，工程建设指挥部提出《关于长沙霞凝港区三期工程可行性研究调整报告》，将 6 个泊位中的 5 个从 1000 吨级（兼顾 2000 吨级）调整为 2000 吨级（兼顾 3000 吨级）；增大泊位码头的长度，上游多用途泊位码头长度由 160 米调整为 230 米，下游件杂货泊位码头长度由 273 米调整为 298 米，水工建筑物和后方陆域做相应调整，占地面积增至 24.87 公顷；项目总投资调整为 7.07 亿元，并获省发展和改革委员会批准。2010 年 12 月 24 日，三期工程奠基，启动征地等工作。至 2012 年年底，工程前期准备工作、资金筹措仍在进行。

二、其他港区

（一）南湖港区。南湖港位于市金盆岭北，湘江东岸，是长沙港最大的货运作业区。1988 年港区岸线长 1249 米，有码头 129 座，最大靠泊能力 500 吨，码头结构以直立岸壁式为主，另有挖入式港池、斜坡和栈桥，有各类装卸作业机械 21 台，5 万平方米陆域面积，港区以散装货物为主，又有水路、公路、铁路中转分流功能，年货物吞吐量 146 万吨。

1993—1996 年长沙港区投资 300 万元，在南湖港青龙庙建起湖南内河最大的一座“水路铁路中转”配套设施完备的国际集装箱专业码头，占地 800 平方米，安装一台起重机能力 30 吨的“双梁悬臂式桁车吊，可吊装 40 英尺国际集装箱，码头靠泊能力 1000 吨，每年可中转货物 24 万吨。1999 年，为支持长沙市“1071”防洪工程建设，南湖港区拆迁腾地 1.95 万平方米、生产用房 6100 平方米，减少岸线 350 米，拆除 6 个砂场，2 个装卸码头，机械设备 15 台，终止磷矿、重油、大米等运输中转业务，港区年综合吞吐量降至 12 万吨，集装箱运输 7000 标箱比 1997 年增加 2000 标箱。

2003—2007 年，随“拆旧港、建新港”规划的实施，南湖港区分步拆除，2007 年 7 月 3 日港区正式关闭，其业务转入霞凝新港区。

（二）西湖桥港区。西湖桥港区处城市中心，湘江东岸，为钢材等重大件作业区，1988 年岸线长 345 米，码头均为钢筋混凝土结构，有直立式岸壁码头 3 座，岸吊 8 台，龙门吊 1 台，有堆场 5832 平方米，仓库 4 栋、6016 平方米，最大靠泊能力 500 吨。1992 年为适应集装箱运输的需要，将该起重机改造成集装箱专用吊具，在此基础上，长沙港务局与湖南远洋公司联合，开辟江海直达国际班轮运输，被纳入国际集装箱网络装箱点。1999 年，长沙港务局投资 400 万余元安装“双梁门式”起重机，最大单位起重能力 36 吨。投产后码头的吞吐能力提高 40%，大幅提升港区 40 英尺国际集装箱的通过能力。2001 年 5 月，为适应出口保鲜运输需求，安装 380 伏制冷装置，促成冷藏专业运输。至 2002 年，港区有堆场 5000 平方米，仓库 5008 平方米，岸线长 595 米，有 3 座靠泊能力 500 吨级的直立岸壁式码头，泊位 7 个，港口机械 10 台（座），港区年综合吞吐能力 46 万吨。

2003年，因城区建设，该港区完成拆迁，业务转入霞凝港区。

（三）金华殿港区。金华殿港区位于市中心河段，上接大西门下至潮宗街，岸线长620米，是长沙港散粮作业区。1988年有直立岸壁式码头3座，挖入式港池1座，最大靠泊能力300吨，有仓库2栋，面积3523平方米，容量3174吨，配有行车2台，岸吊3台，散粮筒仓1栋，由4个圆仓和1个蕊仓组成，储量1100吨，容积1833立方米，年综合吞吐量能力21万吨。

1988年，长沙 投资10万元在中心码头兴建一条散粮运输线，以解决水路运输散装粮食的装卸问题。该线由趸船配套的吸粮机、皮带输送和提升机组成，每班可卸散装粮300多吨。

2003年6月因修湘江大道和湘江风光带被拆除，港区业务转入霞凝新港区。

（四）小西门客运港区。小西门客运港区初建位于小西门，后移位于湘江一桥上游小西门至大西门之间，上接长沙市五水厂北至中山路口，1988年岸线长330米，由轮渡码头与客运码头组成，轮渡码头在南，结构为浆砌条石踏步式，有趸船泊位5个，岸线长100米，建筑面积2226.6平方米。北面为客运码头，由南、中、北三组建筑组成，南栋为站房，中栋为候轮厅，面积1310平方米，可供4000旅客同时候轮，北栋为旅行服务部，3栋建筑由一条宽4米的走廊贯通并直接河下趸船泊位，建筑面积1万平方米，岸线长230米，10个趸船泊位，靠泊能力200吨级，站房前有3600平方米广场，总占地17500平方米，各项设施齐全、先进，为当时内河一流新型客运站。

20世纪80年代是客运兴旺期，最高年旅客流量354万人次。随着公路、铁路运输的迅速发展，水路客运急剧萎缩，1991—2000年航线由10条减至6条，客运量由201万人次降至44万人次。至2006年5月客源枯竭，航班全部停航。

随着城市建设的发展，湘江风光带的贯通，港区被分步拆除。

（五）坪塘港区。坪塘港区地处坪塘镇湘江西岸，1988年属望城县管辖。其范围上自观音港，下至枯石塘，岸线总长5千米，水域面积75万平方米，有客运站1座372平方米、码头16处、泊位18个，最大靠泊能力300吨，简易堆场700平方米。有装卸机械9台，码头多为斜坡式。物资单位专业码头占50%，装卸工艺多为人力。

码头分布在港区下游，每到枯水季节，河床水浅，半数码头不能使用，物资集聚于中游码头，集散缓慢。港口陆域狭窄，无仓库、回车道、停车场。码头与防洪大堤、公路面层相接，由汽车直接开进码头装卸，回旋困难，物资压港严重。2006年客运停止。砂石、建材运输因城市建设需求骤增而突起。砂石码头也随之加快建立。2008年港区划归岳麓区管辖，建有砂石码头泊位11个（9个靠泊能力500吨级），岸线长698米，年吞吐量200万吨。

港区因碍于河西先导区和湘江沿江风光带建设，于2012年拆除。

（六）丁字湾港区。丁字湾港区位于望城区丁字湾镇湘江东岸，上自双湖村，下至书堂乡麻石厂，1988年，自然岸线长2.3千米，水域面积11.3万平方米，陆域面积0.47万平方米，码头结构除客运码头为块石结构踏步式外，其余均为简易斜坡和自然斜坡。2001年，丁字湾港区岸线长190米，泊位4个，最大靠泊能力200吨，年货物吞吐量仅1.2万吨。随着砂石生产、运输大发展，砂石泊位建设形成高潮。至2008年，砂石泊位增至18个，成品油装卸码头5个，陆域面积29.17万平方米，2012年成品油装卸量达25.33万吨，砂石吞吐量1041.6万吨。根据《长沙港口总体规划》遂将该港区并为霞凝港作业区。

（七）铜官港区。铜官港区地处望城区铜官镇湘江东岸，长沙湘江综合枢纽下游，上自铜官镇，下至曾子港，1988年，自然岸线长1.3千米，码头结构除客运码头为浆砌条石踏步式外，其余均为砼斜坡式。

2001 年港区岸线长 632 米，泊位 5 个，最大靠泊能力 200 吨，年货物吞吐量 1.9 万吨。

2001 年后，铜官港区码头除铜靖汽车渡口继续渡车外，其他码头都改建为砂石泊位。2007 年货物吞吐量猛增 49.5 万吨。2008 年港区有生产泊位 5 个，其中 4 个靠泊能力 500 吨级，陆域面积 2.34 万平方米，生产使用岸线 580 米，该港区区位和资源优势突出，《长沙港口总体规划》将其规建为长沙四大港区之一，成为杂货、煤炭、石油化工、集装箱等运输作业港区。

（八）滨河砂石泊位。滨河砂石泊位原称砂场，建在通航河流沿岸，为河砂、卵石船舶卸载，卵砂石分规格堆放场地，由装卸机械、筛选设备和堆场组成。起始于 20 世纪 70 年代，开始砂场并不规范，运砂船随河滩乱卸乱堆，损坏河道及堤防、影响行洪，危及安全，对此主管部门加大管理力度，制定规章，建立审批制度，划定地域，打击违章，砂场逐步规范。1988 年，长沙有砂场 13 处，总面积 6.02 万平方米，年销砂石 200 万吨。随城市建设发展，河沙需求量与日俱增，促使砂场快速发展，1995 年，全市砂场达 110 个，年砂石生产能力 1600 万吨，1997 年 3 月，对全市砂场再次进行整顿，对合格砂场颁发证照，取缔违规砂场。2002 年全市砂场 85 个，尽管数量有所减少，但营运都比较规范、手续完备，有的砂场利用自身条件拓展混凝土生产，靠船泊位能力大多达到 500 吨级，2007 年全市砂石运量达 1858.72 万吨。2008 年全国第三次港口普查，湖南省航务局将砂场更名为泊位纳入港口管理，统计靠泊能力，划定岸线长度、泊位水深、年货物吞吐量。随着城市建设用地的快速扩张，市内河沿岸砂场日益增多、泊位也时有变化。2012 年 4 月，发布《关于开展湘江综合枢纽长沙库区内河道及砂场综合整治的通告》，规定湘江长沙综合枢纽以上库区河道砂场、泊位全部限期拆除，恢复河床原貌。至 5 月累计拆除砂场泊位 123 个。同时规建 6 处大型砂场及相应泊位，逐步实现砂石生产、运输规模化、规范化、集约化。

第三节　船　舶

一、客船

1988 年，全市有客船 82 艘（机动船 34 艘、客驳 48 艘），总功率 4011 千瓦，11470 个客位。水上专业客运企业有客轮 15 艘，总功率 2396 千瓦，5732 个客位。1989 年长沙港务局客运总公司新造“长沙号”旅游客轮，船长 48 米，型宽 10.5 米，348 个客位，其中卧位 312 个，航速 25 千米/小时，配有雷达、导航仪、测深仪、高频电话等先进设施，时为湖南最豪华先进客轮。年末，有水运客轮 28 艘，客驳 3 艘，功率 4991 千瓦，8807 个客位，客渡船 357 艘，功率 746 千瓦，6841 个客位。

1990 年，长沙港务局客运总公司 3 艘客驳退出水上客运。1991 年客运总公司筹资 100 万元，将两艘客轮进行技术改造，以快速、安全、舒适为标准，更新设施，提高档次。1994 年，客运总公司首次从俄罗斯、福建等地购置 8 艘游乐专用快艇，用于开行湘江五一路桥至橘子洲航线，每艘艇分别有客位 4 个、8 个、12 个，共计 76 个，特点是速度快，设备先进。1996 年，客运总公司与津市神龙客运有限公司共同投资 245 万元，从俄罗斯引进一艘水翼飞艇“神龙 1 号”投入长沙至津市航线，载客 54 人，时速 65 千米，配有导航仪，机驾合一、空调、录像等先进设施，模拟航空服务。1997 年，8 艘小型快艇因票价高、乘客少而退出水上客运。1998 年，客运总公司筹资 400 万元购入二艘俄罗斯飞艇，艇长 21 米，型宽 3.6 米，高 3.5 米，时速 70 千米，雷达导航，液压舵操作，具有 8 级抗风能力，载客 63 人，时为湖南水上最先进客船。1999 年，客运总公司购入两艘长 20 米，宽 3.6 米，航速 45 千米/小时，载客 60 人，玻璃钢高速艇，命名长沙 3 号、长沙 4 号，投入长沙至南县武圣宫航线，该船设备先进，吃水浅，尾浪小，不受低枯水位制约。

2001年，国家实行30年以上的客船强制报废制度，客运总公司相继报废15艘旧船，俄罗斯飞翼艇，玻璃快艇因客源严重不足相继停开。2003年年底，全市有客船9艘，功率2126千瓦，977个客位，客渡船159艘，950千瓦，客位2895个，随着客源急剧减少，客船实载率下降。

2004年，客运总公司为开发市内水上旅游客运，投资243万元打造10艘小型旅游客船，客位20个、30个的各5艘，船长12~14米，宽3.4米，主机功率66~84千瓦，满载吃水0.45米，航速20千米/小时，设备齐全，性能先进。2005年，挪亚游轮公司新造"挪亚号"豪华游轮，船长91.8米，型宽18.6米，型深4.2米；4827总吨位，主机功率660千瓦，可载客1500人，设备先进，装修豪华，集水上游览、观光、餐饮、会议、商务、休闲于一体投入长沙城区湘江观光、旅游，经营一度红火。2006年5月后，客源枯萎，水上客运航线全部停航，至年末，长沙仅有客船12艘功率3416千瓦，1300个客位，经营长沙市湘江水上旅游客运。2006—2008年在省交通厅的安排下对全市客渡船进行全面改造，统一船型，钢质结构，配齐安全设备，木质渡船全部淘汰，先后共新造107条新型客渡船。2009年后，长沙城区旅游观光渐有发展。一批小型旅游客船参与水上旅游。至2012年，全市有客船22艘，客位568个，总功率1015千瓦。

二、货船

1988年，全市有货船1959艘（机动船880艘、货驳1079艘），7.1万净载重吨。最大的驳船为钢质，长45米，宽10.8米，可装载货物810~900吨。货船中有水泥和木质船943艘，占总数的46%、净载重吨位的23%。1989年水上运输单位净增机动船39艘，水泥、木质船减少104艘。1990年，无动力货驳减少295艘，显现非机动船向机动船转变，水泥、木质船加速淘汰。1992年，湖南远洋运输公司将二条钢质驳船改造成36标箱集装箱机动船，为首批集装箱专用船。1993年，水上运输部门有运输船舶559艘，净载重5.8万吨，其中水泥、木质船296艘，净载重3920吨，仅占6.8%，水泥、木质船基本被淘汰。1998年长沙港务局货运总公司将两艘780吨钢质槽盖驳改造成两艘1100吨级的敞口专业煤驳，成为湖南首艘千吨驳船。

2000年，湖南省交通厅立项《湘沪集装箱自航船的研制与应用》科技项目，研制和设计出适合湖南水运特点的专用集装箱船。2001—2004年，运输单位按省厅设计标准先后新造8艘93~124标箱的集装箱自航船，迅速淘汰拖轮拖带槽盖驳运输集装箱的方式。124标箱船，长73.8米，型宽13.2米，吃水3.3米，总吨位2156，净载重1980吨，功率600千瓦，时速14.1千米，采用电脑控制主机，机驾合一，雷达导航。集装箱船实现现代化、大型化。2005年，湘江船务有限公司新造姊妹船"湘江01号、02号"千吨级货轮，船长86.4米，宽15.8米，型深4米，船舱可载124标箱集装箱，亦可装载大型机械、钢材、杂货和矿石，三者兼容，载货3000~3300吨。年末，有货船554艘，其中，货轮469艘，货驳85艘，14万净载重吨，为1988年的2倍，千吨级船舶23

图20-3-3-1 湘江第三代集装箱船湘远6号

（摄于2006年，市交通运输局供图）

艘，其中集装箱船 14 艘，油轮 4 艘，散货船 5 艘，3.9 万净载重吨。2006 年，湖南远洋运输公司新造一艘 180 标箱集装箱船，2901 总吨位，载箱量大，航速快，经济性好，技术达国内先进水平。

2007 年，船主彭伟银首次新造两艘千吨级运砂船，船长 90.8 米，型宽 12.8 米，吃水 3 米，1036 总吨位，载重 1100 吨，机驾合一，雷达导航，高频电话等先进设施齐全。2010 年，辖区货船增至 25.8 万净载重吨，千吨级船舶 52 艘，7.4 万净载重吨，其中，千吨级运砂船 36 艘，4.8 万净载重吨。

2012 年，湖南远洋运输公司新造二艘大型的现代化集装箱船，船长 91.8 米，宽 15.9 米。高 16.2 米，装箱 271 标箱，满载排水量 5088 吨，具有抗 8 级大风能力，配有卫星导航系统，自动测深仪，五叶铜质螺旋桨推进，主机功率 1056 千瓦，时速 17 千米，为湖南最大、最先进集装箱运输船。湖南金和实业有限公司根据中石化的要求淘汰 17 艘单壳油船，同时新造 8 艘 1500 吨级双底双壳油船，全部安装导航自动识别系统。船舶航行、安全监控实现自动化和智能化。至年底，全市货船达 515 艘，35.6 万净载重吨，总功率 14.2 万千瓦。千吨级船舶 90 艘，12.8 万净载重吨。运砂船 229 艘，其中 600 总吨位以上的 157 艘，千吨级以上的 72 艘，长沙各类货船质量全面提升，设施齐全，技术先进，实现大型化、现代化。

表 20-3-3-1　　1988—2012 年长沙市水路民用运输船舶拥有量年度一览表

年份	船数（艘）	其中客船（艘）	净载重（吨）	功率（千瓦）	客位（个）
1988	2041	34	71241	25568	11470
1989	1590	31	68168	22550	17148
1990	1412	28	66627	22333	17583
1991	1586	29	70988	22703	17381
1992	1403	29	72696	22780	17008
1993	1178	27	64431	21048	16302
1994	949	34	58420	16768	14375
1995	973	40	106305	30454	13196
1996	911	38	158233	42919	10002
1997	868	33	75397	20954	8539
1998	682	17	63873	20191	8584
1999	724	23	79941	28889	7395
2000	765	24	88550	33098	7422
2001	770	17	91339	35474	4770
2002	766	20	90614	34370	5046
2003	695	9	101843	41186	3872
2004	670	9	125253	45639	2956
2005	684	15	140476	51340	5208
2006	661	12	148104	61972	3487

续表 20-3-3-1

年份	船数（艘）	(其中客船)	净载重吨	功率（千瓦）	客位（个）
2007	470	10	154408	65050	1237
2008	431	—	1183352	72547	—
2009	405	17	176261	71177	1262
2010	490	21	257362	105086	1317
2011	540	22	347353	138817	1340
2012	540	22	356440	144074	568

说明：2007 年起客渡船未纳入统计

附记　湖南省长沙船舶厂

湖南省长沙船舶厂原位于长沙市河西银盆岭湘江大桥西端，东临湘江、西及银杉公路、南连岳麓大道，水陆两便，占地面积 32 万平方米，厂房 5.8 万平方米，水域岸线长 1 千米。该厂成立于 1950 年，1968 年由国家投资 1312 万元，扩建厂房、引进设备，快速发展成为中型国有企业，湖南实力最强的船舶修造厂。

20 世纪 80 年代，兴盛空前，修造船舶业务遍及湖南、长江、沿海各地。曾设计建造数百艘，质量上乘、性能优良、技术先进船舶。为交通部建造 26 艘 400 马力拖轮，提升国家沿海拖轮质量；所建 1080 千瓦护排拖轮成为长江首艘运用微机监控主辅机运行的船舶；自升式钻孔船，填补国内钻孔船制造的空白；所建 1500 吨油轮、200 升采金船、400 客位客轮等技术含量均达国内领先水平。

1988 年，该厂固定资产原值 1984.4 万元，净值 1152.1 万元，年末人数 1665 人，完成总产值 1504.53 万元，利税 75.63 万元，新造船舶 10 艘 2222.4 综合吨，主要产品有处国内先进水平的 883 千瓦的拖轮和消防艇 3 艘，并开建具有国际先进水平“271” Ⅲ型登陆艇和 1200 马力港作船、拖轮、消防艇。1991 年为空军建造一艘千吨级成品油轮，尔后建造的三艘“074”新型登陆艇驻防香港。

20 世纪 90 年代初期，水上运输一度急剧萎缩，造船工业逐年下行，尤以运输船舶制造为甚，企业亏损加剧，银行停止该厂流动资金贷款，生产难以为继。为走出困境，1996 年 9 月，与香港美光公司签订《整体收购兼并合同》而被兼并。因美光公司违约，存在诈骗行为。经长沙市中级人民法院裁定，宣布合同无效，1999 年 4 月恢复长沙船舶厂独立法人资格。

1999 年，该厂在困厄中奋起。厂长陈建平带领一班人，走南闯北，探索新路，发现城市建设中存在一个空间巨大的钢结构件制造、安装市场。该厂充分发挥钢架结构资质优势，向外承揽钢架结构业务，此举，使船厂起死回生，至 2002 年，销售收入翻一番，减亏 702 万元，总资产增加两倍。在改革中，主业生产亦有回升。2005 年 9 月建造一艘超豪华游轮“挪亚一号”，时为湖南最大、最豪华游轮。

2007 年 5 月，为支持长沙市河西先导区滨江新城和潇湘北路建设，工厂实施整体搬迁。新厂定在望城县靖港湘江西岸，占地 37.33 公顷，总建筑面积 11.32 平方米，投资 5.14 亿元，于 2008 年 8 月开工兴建，原厂分 3 期逐步拆除。2010 年年底，新厂主体工程基本建成，由造船车间、露天船台、装载码头、重型车间等 6 部分组成，主要设备、设施有 3 万平方米造船厂房、2 万平方米的露天船台，船台采用电脑集中智能控制，最大承载重量6000吨，另有150吨龙门吊、大型钢材预处理生产线、数控切割机、卷板机、拆边机等现代设备。兴建的长沙船舶厂成为湖南省规模最大、设备、设施最齐全、功能最先进的现代化造船厂，成为国内一流的内河造船企业。

新厂于2011年开始试生产，2012年仍有部分项目未完工，年底，完成产值收入3804万元，缴纳税金66.3万元，固定资产原值达3.13亿元，工厂年末人数604人，主要产品有一艘500吨级救助打捞起重船，主钩起重2x230吨，升起高度21米，采用CMS（计算机控制），为湖南第一艘最现代化救助起重船。工厂具有一级Ⅱ类船舶生产、甲类船舶设计、D1、D2压力容器设计、制造和钢结构专业二级承包等资质。

第四节 运　输

一、客运

1988年长沙水上客运实行单船承包，改统一核算为单船核算，301客轮首开长沙至南京航线获得成功，全市水上客运量419万人次，之后，水上客源逐年下行。1991年，长沙至常德、益阳、岳阳、安乡、津市、湘阴、汉口、九江等9条长途水上客运航线，实现旅客吞吐量103.2万人次；三汊矶、靖港、丁字湾、铜官4条短途航线，客运量98万人次，全市水上客运量减至201万人次，旅客周转量8843万人千米。

1992年，长沙客运总公司实行以利润为考核主指标的经营责任承包制，并将坪塘、望城、湘阴站收归公司直管，当年客运量增至156万人次。1993年，安乡县航运总公司与香港拾比佰集团合资组建“湖南拾比佰航运有限公司”，经营长沙至安乡航线，实行快班直达，长沙停靠点为市轮渡公司码头。长沙客运总公司长沙至常德、益阳、岳阳、汉口、九江等航线因客源不足，相继停开，全市年客运量降至122万人次，旅客周转量7628万人千米，1995年“长沙环湘公司”经营长沙至津市航线；长沙客运总公司购置“太阳鸟”快艇开坪塘航线，并增开湘潭航班。

1996年长沙客运总公司与津市神龙客运有限公司合资经营长沙至津市航线。安乡航运公司引入社会资金打造“明星”“明珠”豪华客轮投入长沙至安乡航线。1997年长沙客运总公司将长沙至津市航线转让“环湘旅游有限公司”经营，还将长沙至湘阴、铜官、新泉、白马寺等短途航线交由社会船舶承运。1998年9月，长沙港务局与广东肇庆港航企业联营，投入2艘俄罗斯飞艇参运长沙至湘潭航线，开始运营有优势、有特色、速度快，全程只需46分钟，且为城市中心到中心，乘坐舒适，受到旅客欢迎，日发航班12个。1999年长沙港务局又斥资200万元，购置2艘时速45千米的玻璃钢高速艇开行长沙至武圣宫航线。2000年，“长株潭汽车站”建成，豪华大巴往返直达长沙、株洲、湘潭，旅客弃水走陆，一度红火的长潭水上高速客运，亦由日发送12个航班降至4个，且每班客不满员，俄罗斯飞艇逐渐退出市场，长沙至津市航线也相继停开。全市水上客运量减至43万人次，旅客周转量3580万人千米。

为寻求出路，水上客运转向致力发展旅游客运。2001年，长沙客运总公司引进“天子山”“桃花源”两艘能容纳150余人的大型豪华客轮，相继推出长沙至洪湖、赤壁、昭山、九华山、黄山、黄鹤楼等地的特色旅游，在市内水域开辟“欢乐湘江一日游”和“老年游”等旅游项目。“湘江夜游”航线南至猴子石大桥、橘子洲头，北达伍家岭、月亮岛，每年7—9月为营运时间。2004年达峰值，仅5—8月共发班80个，接待游客1.5万人次。当年长沙客运总公司打造10艘小型旅游观光船，投入湘江夜游。

夜游广受青睐，水运企业下岗职工和社会待业人员纷纷打造木筏子、渔船，购买快艇加入营运，但属无证经营，安全无保障，被政府明令禁止。长沙港务局客运总公司和湘阴县水上客运雄风有限责任公司合开长沙至泗湖山航线，长沙方开高速航班，往返直达，湘阴方以两艘中型客轮开慢班，中途增加停靠点，双向对开，客源有所回升。不久，经营又趋向冷落。2005 年 9 月长沙挪亚游轮公司投资 6000 万元打造一艘五星级大型豪华游轮“挪亚”号，开始经营市区水上旅游观光，南起暮云，北至乔口，集游览、餐饮、商务、休闲等功能于一体，并与市旅游局开展合作，接待国内外游客，6 年时间接待 70 万人次，其中境外游客近 60 万人次。2006 年 5 月“黄金周”后客源极少，水上短、中、长途客运全线停开，水上客运萎缩为零。2009—2012 年，水上客运仅剩 4 家小型旅游企业从事市内水上游览服务，运量少，且不稳定。经营只能维持。

表 20-3-4-1　　1988—2012 年长沙市水路客运量年度一览表

年份	客运量（万人次）	旅客周转量（万人千米）	年份	客运量（万人次）	旅客周转量（万人千米）
1988	419.25	18109	2001	44	3094
1989	336	15757	2002	45	4103
1990	219.07	10321	2003	17	2362
1991	201.38	8843	2004	9.22	1459
1992	150.3	7242	2005	7.29	1211
1993	122	7628	2006	3	467
1994	83	6381	2007	0	0
1995	44	6325	2008	0	0
1996	37	6093	2009	16	116
1997	24	4095	2010	18	141
1998	35	6554	2011	15	125
1999	42	6363	2012	1	9
2000	43	3580			

说明：2009 年后客运量指水上旅游客运

二、货运

（一）集装箱运输。1992 年，长沙港务局与湖南省远洋运输公司合作开辟集装箱运输，9 月集装箱船直航上海，开长沙港集装箱水运先河。1993 年 1 月，长沙海关批准长沙港务局长沙湘江联运公司海关申报权，结束长沙水上外运需在上海验关和转关的历史。1996 年 10 月，长沙市第一座水路、铁路中转国际集装箱专用码头，青龙庙码头竣工投产，大幅提升长沙港集装箱通过能力。1999 年，经交通部批准，长沙港务局开辟日本、韩国、西欧、北美等 10 余条国际集装箱公共内支线运输，长沙出口至世界各地的货物，在港口经海关监验，即可运至一级口岸出国，运输环节由 9 个减少至 4 个。2000 年，国际集

图 20-3-4-1 集装箱吞吐量突破 10 万标箱
（摄于 2009 年，市交通运输局供图）

图 20-3-4-2 2011 年 12 月 27 日长沙至上海水路国际集装箱运输“五定班轮”航线正式开通 （市交通运输局供图）

装箱吞吐量突破 1 万标箱。

2001 年，有法国“达飞”、韩国“长锦”、以色列“以星”、日本“川崎”和美国“铁航查华”，国内“中国外运”“中国海运”“天津海运”和中国香港地区“东方海外”等 10 余家全球远洋运输企业看好湖南外贸运输发展前景，与长沙港国际集装箱内支线签订远洋合作协议，上海港务局亦在长沙港首次设立办事处。5 月，出口日本甜藠头分装 6 口 20 英尺集装箱在长沙发运，首次开展冷藏国际集装箱运输业务。当年集装箱吞吐量增至 2.9 万标箱，货重 29.2 万吨。

霞凝新港一、二期工程竣工投产后，国际集装箱年运量快速增长。2004 年从上海运回 1000 余口国际集装箱，总重达 2 万余吨，由韩国进口的 LG 配套玻璃生产线。当年集装箱吞吐量为 5.66 万标箱，比 2001 年（2.90 万标箱）增长 95%，2007 年完成 9.62 万标箱比 2004 年增 3.96 万标箱。2008 年，湖南省口岸“大通关”领导小组规定，浏阳花炮实行“产地检验、集中监装、就地封柜、转关运输的大通关”模式，长沙新港成为水路转运节点，8 月开辟“绿色通道”，优先装船，优先发运。至 12 月底，发运烟花 6800 余标箱。2009 年集装箱运输突破 10 万标箱，货重 103.4 万吨。中国海运集团与长沙新港有限责任公司签订“湘江内支线网络运输”协议，长沙港进入全球集装箱网点，可异地订船、签单、收费，长沙实现真正意义上的通江达海。2011 年 12 月，长沙至上海水路国际集装箱运输“五定班轮”正式开通，长沙霞凝港成为海关、检验、检疫、海事、税务、保险、外汇管理、货代运输等功能齐全的“一站式”“一条龙”服务快速大通关平台。2012 年完成集装箱 8.93 万标箱，货重 97.9 万吨。

（二）散货运输。散货运输一直是水上货运的大头，1988 年完成货运量 521 万吨，其中散装货物砂石、矿石、煤炭、化肥、粮食等有 480 万吨，占总量的 92%，尔后，煤炭、粮食等大宗货物逐年减少，货运总量随之下降，1990 年货运仅有 405 万吨，其中砂石 327 万吨，其他货物只有 78 万吨。1993 年 3 月长沙市成立“砂石协会”，加强行业管理，砂石生产、运输得到进一步发展，砂石运输成为新的散货大头，1995 年砂石运输 417 万吨。

1997—1998 年长沙港务局货运总公司先后调集 900 吨级、680 吨级驳船 340 艘次，分别从湘潭、长沙、株洲、沅江等地装载大米18.77万吨，运抵上海、南通再转运出口支援古巴、朝鲜。在此期间，水运企业改制，离岗职工和个体船主纷纷参与砂石生产运输，至2001年砂石运输量达498万吨。2002年长沙港务局货运总公司将两艘1100吨级敞口煤驳投入枝城至岳阳华能电厂煤炭运输，每月由2个航次增至5个航次，运煤50万吨。当年货运总量671万吨，散货660万吨，占98%。2004年，湖南金和石油公司主营湖南内河及长江干线、支流成品油运输，实现运量46.7万吨。2006年湖南生猪养殖快速发展，饲料运输随之大增，长沙港务局货运总公司从张家港、南通等地运回豆槽18万吨。2008年砂石运输量达1228万吨，占年货运量的53%。2009年浏阳磷矿石销往江西、安徽、浙江等长江沿线，霞凝港为此开辟一条矿石作业专线，年运量可100万吨。湖南湘江船务有限公司主营涟源钢铁集团和湘潭钢铁集团铁矿石和钢材运输，半年时间，从北仑、青岛及长江沿线的上海、南通、江阴、南京等地运输矿石30万吨。当年，散货运输总运量达1874万吨，其中矿石264万吨，石油、天然气制品261万吨，煤炭及制品57万吨，砂石1292万吨。2012年货运总量2668万吨，其中，煤炭及制品21万吨，石油、天然气制品14万吨，矿石193万吨，木材24万吨，砂石2034万吨，散装货物2286万吨，为总运量的86%。

（三）重货运输。余特殊超长、超重货物运输是水上货运的专长。1988年，西湖桥港区为专门从事这一运输的作业区。但此类运输不是常态性运输，而是间断性、件次性经营项目。1990年，长沙轮船公司湘航3303轮，顶推株洲水泥管厂1360吨大型水泥管发运上海，中转厦门，首次开展江海货物中转联运。1996年1月，一套长13.4米，高4.42米，宽4米，重达67吨的工业设备由上海水运长沙，创单件货物重量纪录。2002年，长沙港务局货运总公司分3批从上海承运1.2万吨钢结构件抵长沙港，此货物为湖南国际影视会展中心的大型主体钢结构件，货物最长件18米，首创长沙港运输大件历史新纪录。11月又为“远大”运输出口马来西亚的5台套500万大卡空调机，每台主机重32吨、辅机重16吨。2003年4月，5台“湘江第一泵”从长沙起运台湾，每台水泵直径为32英尺，重达50吨，主轴有2.5米高，在西湖桥重件码头装船发运。2004—2012年，长沙港先后四批次承运株洲机车车辆厂生产的出口火车货厢2168节，每节长15.5米，宽3.21米，高4.54米，重30吨。先由船队顶推，后用大型货轮装载运抵上海，再以海轮运往巴西、非洲、澳大利亚和沙特阿拉伯。2012年2月11日，一批长8.37米，直径3.44米、重17.26吨的巨型钢管在新港装船起运湖北黄石。

（四）港口货物装卸。1988年，长沙港口装卸作业主要由长沙港务局港务总公司和长沙港通大实业公司承担，港口有各种机械298台，其中起重机械34台，输送机239台，装卸作业基本实现机械化。1990年起，装卸作业的员工逐年递减，长沙港务局港务总公司实行减人不补，忙时请农民工的措施，2001年通达实业公司从事装卸作业的不足30人，2003年后随着霞凝新港的建成投产，装卸作业实现进一步现代化、自动化和智能化，传统意义上的装卸作业为现代物流业所取代。

三、企业选介

（一）长沙港务局客运总公司。原属湖南省航运局长沙轮船运输公司，1987年下放市管。1988年，公司有客轮15艘，客驳3艘，客位5732个，职工人数856人，旅客周转量1.26亿人千米，营运收入434.万元，实现利税40.1万元。1991年公司成建制并入长沙港务局。1993年长沙港务局实行改革，分别组建货运总公司、客运总公司、港务总公司。均为二级法人企业。当年，长沙港务局客运总公司拥有普通客船14艘，客位4250个，有岸线230米，趸船12艘，候轮厅634.56平方米，经营长沙至安乡、津市、茅草街、岳阳、湘阴、坪塘6条航线，为长沙水上客运龙头企业，完成客运量65.24万人次、旅客周转量6297万人千米。营运收入713.9万元，亏损34.4万元。2000年6月长沙港务局整体收购长沙市客轮公司，岸线增至330米，有快艇4艘，普通客船6艘，客位1748个，承担湘、资、沅、澧四水6条长、短途航线的客运及代理业务。2005年长沙港务局改制为长沙港航有限责任公司。原二级单位客运总公司改制组建长沙云帆旅游有限责任公司，注册资金160万元，人员编制160人，经营范围为水上客运，但由于客源严重不足，水上客运未能正常开展。2008年有大小客船15艘，762个客位。因支持城市规划建设，客运码头拆除而歇业，部分职工转岗长沙新港有限责任公司。

（二）长沙捷安航运有限责任公司。是长沙港务局货运总公司改制后成立的独立法人单位，亦是长沙港航有限责任公司控股的子公司。公司主要经营长江水系普通货物、外贸集装箱内支线班轮运输、国内、国际货运代理。

前身为长沙港务局货运总公司，属省航运局，1987年下放市管，1988年公司有货船87艘3.75万载重吨，从业人员2538人，完成货运量62.17万吨，周转量5.89亿吨千米，总产值992.6万元，实现利税30万元。1992年，与湖南省远洋运输公司合作，开辟集装箱运输，1993年定为独立核算二级法人单位，亦为湖南内河水路货运的龙头企业，拥有拖轮15艘，驳船67艘，运力3.67万吨，占全市运量总和的61.6%。1999年，交通部批准货运总公司经营长沙至上海国际集装箱内支线运输。2004年，加快运输船舶更新换代，淘汰拖轮，驳船，通过职工募股筹资，先后购置4艘现代集装箱运输船，投入湘沪内支线运输。2005年，长沙港务局货运总公司实行企业改制，2006年12月重组的长沙捷安航运有限责任公司成立，注册资金840万元，人员编制400人（实有209人），当年营运收入4006万元。有集装箱船7艘，散装货船1艘、1.57万总吨位，载重1.34万吨，集装箱位822标箱。在上海、阳逻、城陵矶、株洲等地设有营业部和办事机构。2008年完成集装箱运输4.43万标箱，营运收入4217万元占全省内河国际集装箱总量的32%。2010年10月公司被中国外运长江有限公司整体收购，名称、经营范围不变。2012年公司有集装箱船6艘，1.17万总吨位，净载重吨1.03万吨，集装箱位737标箱；有员工171人，固定资产原值1079.6万元，当年完成货运量27.22万吨，货物周转量3.9亿吨千米，营运收入6813.77万元，亏损257.88万元。

（三）湖南远洋运输公司。成立于1987年7月1日，由湖南省交通厅和中国远洋运输总公司共同出资组建，注册资金2566万元，经营远洋及国际货运，兼营内河、长江及沿海集装箱、散货运输，是省内唯一外向型水运企业。有1艘500吨级的货轮，1艘400马力的推轮，4艘680吨级驳船，以长沙港为基地。从事内河，及沿海散货运输。1988年公司固定资产47.84万元，营运收入212.9万元，利润28.68万元，公司人数77人。1989年9月，公司与江苏远洋运输公司共同出资334万美元购入1艘7200吨级近洋杂货船，经营东南亚航线。1992年开通省内首条由长沙—上海—世界各地的水上集装箱内支线班轮运输。1994年9月，公司果断将顶推船队改成集装箱运输船队，内河散货运输转向集装箱运输。1995年，公司成立长沙外轮代理有限公司，正式具备船代、货代、报关、报价资格，并被外经贸部批准为一级国际货代公司。1998年率先为湖南烟花、鞭炮产业提供水路集装箱运输服务，日后又为中联重科、三一重工、远大空调、IG曙光、湖南机械、湖南粮油、土畜、汉寿荣祺等企业提供出口运输服务，经营航线扩展为全球远洋散货运输。公司不定期航线有4条，即从澳大利亚、印度运矿石到中国；从美洲湾运粮食至地中海或波罗的海沿岸港口，再自欧洲运钢材、粮食、化肥至南美，南非和中东；从美国、加拿大装运粮食至远东；从中国装运农产品、特产品和杂货到欧洲，再运钢材、化肥、粮食返回中国。2003年内河集装箱运输突破2万标箱，2005年实现以内外贸同船运输方式，经营上海至长沙集装箱运输业务，当年箱量突破3万标箱。2012年完成货运量195万吨，货物周转量88亿吨海里，内支线运输集装箱6.38万标箱，实现营运总收入1.15亿元。实现税收297.49万元。公司有远洋国际干散货轮3艘，12.1万总吨位，总载重量22.49万吨；内支线集装箱船9艘，2.5万总吨位，净载重量2.1万吨，总箱位1426标箱，公司固定资产2.6亿元，从业人数579人。

（四）长沙畅通物流有限公司。2003年4月成立，系股份制民营企业，经营长江中下游及支流省际普通货运、外贸集装箱内支线班轮运输、揽货、仓储、中转服务。注册资金1200万元，固定资产原值209万元，当年营运收入39万元，实现税收4万元，利润负12万元。2005年，在霞凝新港区（青竹湖路）征地42亩。尔后相继建成经营管理办公楼1.6万平方米、仓库7000平方米、室外堆场3000平方米；仓库安装20吨行车吊2台、堆场安装40吨龙门吊1台，货物储备能力达40万吨以上，新造货轮3艘，载重吨5620吨，集装箱位392标箱，另配有大型集装箱运输车33台。是年，完成进出口集装箱12835标箱，进湘散货5.06万吨；公司驻上海办事处发运钢材19船次16.6万吨；包装玉米47船次5.8万吨。2009年，又新造货轮1艘，载重吨2820吨，集装箱位240标箱。获ISO9001认证，并获国家AAAA级物流企业资质，运输船舶被交通部长江船务管理局评为长江诚信船舶。2012年，公司有员工110人，业务主项为钢材、烟花集装箱、成品烟及原料运输。在货轮4艘，9366总吨，总载重量8440吨，集装箱位632个，固定资产原值2686万元，营运收入3931万元，实现税收130万元，利润400万元。上海和城陵矶设有办事处，办理货物代理运输业务。

表20-3-4-2　　1988—2012年长沙市水路货运量年度一览表

年份	货运量（万吨）	周转量（万吨千米）	年度	货运量（万吨）	周转量（万吨千米）
1988	521	78130	2001	691	1072216
1989	428	75972	2002	671	58837
1990	405.24	59367	2003	868	69841
1991	446.60	58428	2004	1035	124605
1992	589.40	61198	2005	934	99596
1993	542	156180	2006	1333	142569
1994	151	218972	2007	1939	277565
1995	535	283048	2008	2336	287962
1996	740	431337	2009	2669	210498
1997	684	533482	2010	3369	369090
1998	623	707615	2011	3529	408774
1999	691	711818	2012	2668	425713
2000	729	1094511			

表 19-3-4-3　　1992—2012 年长沙港国际集装箱吞吐量年度一览表

年份	吞吐量（TEV）	年度	吞吐量（TEV）
1992	300	2003	36721
1993	1000	2004	56539
1994	1488	2005	70930
1995	2435	2006	82969
1996	4166	2007	96163
1997	5000	2008	94158
1998	5392	2009	100156
1999	7010	2010	83228
2000	11374	2011	73435
2001	28990	2012	89299
2002	37737		

第五节　管　理

一、河政管理

（一）湘江干流航道管理。岳阳城陵矶至株洲段由长沙航道局管理，市域干流是其中一段，1988 年湘江航道进行航标电气化改造，重新配布一类航标，1990 年完成，全航道实现昼夜通航。1991 年长沙航道局养护和设标里程 328 千米，设标志 571 座，其中岸标 75 座，浮标 488 座，信号标 8 座。1993 年设标 520 座，总维护工作量 18 万座天，2000 年长沙航道局和益阳航道局联合研制 LED–90 型节能航标灯，淘汰易损坏、耗电量大、故障率高的半导体霓虹灯发光器，使用寿命由 1 年提高到 4 年，节能 50%，光色醒目，达到国内领先水平，2001 年率先采用改性塑料防撞浮标替代老式铁质单船标，减轻重量，增强稳定性，船舶撞击不至于沉没，上述产品荣获两项国家专利。

航道疏浚、清障一般在枯水期实施，发现航道变迁，水位低于标准时采取调整航标，指导航行。枯水位发布公告，警示航道水深，限制船舶吃水。2008 年长沙出现历史最低水位，长沙航道局投资 150 万元对霞凝险滩进行整治，解决通航瓶颈问题。2010 年 11 月香炉洲水域发生严重的船舶搁浅拥堵事故，该局派出反铲工程船奋战一昼夜，挖掘长 300 米、宽 40 米的临时航槽，恢复正常通航。

2012 年，实行分段维护制，管辖航段设 10 个航道站，每站负责 30 千米航道养护，长沙辖区设有综合枢纽，望城、长沙 3 个航道站，有职工 27 人，航标艇 4 艘，执法艇 3 艘。

（二）支流航道管理。1988 年，支流航道养护里程 456 千米，设标里程 181 千米，以浏阳河、捞刀河为重点。设三类标 230~250 座，年维护工作量 6 万座天。1991 年，依据交通部颁发的《中华人民共和国航道管理条例实施细则》，长沙航道处开始对航道上跨河、拦河、临河工程进行审批，并实施现场管理和监督。

1991—1994 年，长沙市组织对浏阳河航道整治，重点整治宏源、百步滩船闸、苋菜塘农场口、仙人市群滩，改善通航条件。1995 年，市交通局组织成立河政管理领导小组，强化管理，打击乱采、滥挖、淘金、采砂等有损航道的行为，维护航道安全。1998 年市航道处将航道养护任务落实到船队，建立责任制，明确责任人，制定航标周检制和航道定期巡查制，航道维护工作规范化。

2003年，在交通部、省交通厅统一部署下，长沙开展第二次内河航道普查工作，经实地勘测、记录、计算、反复论证，查明长沙地区通航总里程537千米，其中三级航道73千米、六级航道204千米、七级航道53千米、七级以下航道207千米，并通过专家评审验收。

2008—2012年，组织浏阳河、捞刀河航道疏浚工程21个，疏浚泥沙18.89万立方米、石方41.06万立方米，投入资金902万元，解决一批多年未曾解决的淤积、碍航难题，保障航道通畅。2012年，设标里程162千米、设标313座，年维护工作量5.18万人次，航标保证率、准确率达98%以上。

二、港政管理

（一）港口管理。1988年，长沙港政对湘江两岸80.86千米岸线和浏阳河下游岸线，辖区的22平方千米水域和25.6万平方米陆域，各类专用码头和泊位进行管理，编制港口建设规划，办理港区划定手续，确定港口水域和陆域使用权，征收港口规费。

1989年，湖南省人民政府颁布《湖南省港口管理办法》后，长沙编制《港口建设规划》。1996年，按照“谁投资、谁建设，谁受益”原则，开展湘江猴子石500吨级石油液化气体专用码头建设。会同省交通厅成立“长沙港口主枢纽规划工作领导小组”“港口主枢纽规划办公室”，编制“长沙港口主枢纽总体布局规划”。1997年，开展第二次港口普查，长沙有坪塘、高塘岭、铜官、靖港、丁字湾、宁乡、浏阳、长沙8个港，岸线1.29万余米，泊位207个，最大靠泊能力500吨。2008年，开展第三次港口普查，通过普查摸底、实地核对、数据录入、评估上报、概况编写、电子平面图制作等一系列工作，完成普查任务。2009年，按照《中华人民共和国港口法》和应急体系要求，市海事局编制《长沙市水上搜救应急预案》《港口危险货物事故应急预案》等3个应急预案。同年，长沙市组织编制《长沙港总体规划》，交通运输部规划研究院会同省交通规划勘察设计院参与编制。《长沙港总体规划》根据长沙水运的发展现状、发展预测、功能定位等要素制定。2011年6月通过交通运输部和省政府的联合初审。

2012年，为规范湘江长沙综合枢纽库区河道管理，改善生态环境，确保防洪、供水和航运安全，开展河道综合整治，拆除库区河道所有砂场、设施，清除堆积砂石，恢复河道地形地貌。同时为满足城市建设的需要，以砂场建设规模化、经营集约化为原则，制定《大型砂场和转动码头规划》，至年底完成6处码头、砂场的选址建设审批手续。

（二）市场管理。1988年3月，根据《中华人民共和国水路运输管理条例》，长沙市发布《关于核发“水路运输许可证”和“船舶营业运输证”的通知》，当年核发水路运输许可证384份，船舶营运证1760份。1990年，颁发《关于开展水路运政检查的通知》，开展对参运船舶进行运政检查，自此，形成参运船舶许可证制度和年审制度。

1996—1998年，整顿个体经营商争客、抢客、乱占、乱停、乱价等违规、无序竞争现象；调处港务局与市客轮公司矛盾纠纷；制止益阳沅江航运公司争抢长沙国际集装箱内支线运输业务扰乱市场秩序行为，对水路客运市场进行有效治理。

2000年，湖南省人大常委会颁发《湖南省水路交通管理条例》后，为加大客运船舶和液货危险品运输船舶的管理，成立企业资质评估小组，帮助个体客运和液货危险品运输经营户通过合并、联营、重组等方式组建长沙市湘腾客运股份有限公司、长沙市浦凡客运有限公司和长沙全兴石化经贸有限公司，客运和液货危险品运输全部实现公司化经营。

2004年《中华人民共和国港口法》颁布后，长沙对所有危险品码头及水上加油站开展全面检查，建立档案，强化日常管理。按新规定审核、颁发“港口经营许可证” “岸线使用证”，为101家港口经营企业，18家水路运输企业、15家水路运输服务企业、89家砂场、532艘运输船舶核发新证书。

2004—2007年，长沙湘江水域一度出现非客运船舶载客游览、观光（时称“水上慢慢游”），扰乱水上客运市场，且存在很大安全隐患。发布《关于取缔非客运船只载客的通告》，长沙市交通局旋即组织港航、港监、航道并联合渔政、公安开展整治行动，实行治理和规范相结合的方针，引导组织公司，新造船舶，配齐设备，依法经营，乱象得以治理。

2009年规范水路客运，严格市场准入，化解水运企业与社会船舶公司经营矛盾，吸纳社会船舶10艘，船员30人进入公司合法经营，对19家水运服务企业和270艘营运船舶进行审验换证。

2011—2012年，开展营运船舶专项整治行动，出动执法人员1310人次，执法艇275艘次，检查船舶756艘，下发整改通知书132份，滞留船舶19艘。通过整治，辖区内“三证”持证率大幅提高，并促推600总吨（船舶容积单位，反映船舶规模）及以上砂石船舶实行公司化经营，全市砂石运输船舶公司增至5家，157艘600总吨及以上船舶加入公司，砂石运输市场管理进一步规范化。

三、航政管理

（一）船舶检验。依照国家法规、技术规范，长沙执行新造船舶、营运船舶检验，船舶证书签发，船舶设计图纸审核，船舶焊工的培训考试，参与重特大水上交通事故相关船舶技术问题的调查。1988年，开展辖区趸船普查发证工作，对60艘趸船进行初次检验，1989年，完成营运船舶检验621艘，新造船舶检验12艘，对27艘质量达不到规范要求的船舶提出报废处理。

1991年，对营运中的船舶定期检验实行目标管理，年检率不低于报检船舶的95%，在运客渡船，旅游船，高速船，客滚船、危货船舶年检率保持100%，并实行月报制度。1993年，在营运检验中采取“请进来，走出去”的工作方法，及时通知到期船舶回港受检，对因生产不能返港的船舶则派验船师上门检验。1997年，采用中国交通部船舶检验局开发的“船舶管理信息系统（V2.0）”，实现计算机发证，工作效率大为提高。2001年，组织工程技术人员重点对外地建造的油轮、高速客船及老龄客船进行“会诊”，显见收效，计7艘油轮下达监督检验意见书，5艘进行项目整改，2艘老龄客船强制报废。

2003年，湖南省船舶检验局实施《船舶法定检验质量管理体系》，长沙辖区船舶检验全部纳入体系管理。新造船舶检验实行定生产厂家、定负责验船师、实施程序检验和全过程监督管理模式。重点抓按图施工、监督船用产品装船、严格程序检验、焊接质量等4个环节，确保船舶建造质量。2005年开展低质量船舶专项治理活动，发现13艘集装箱船、5艘其他船舶存在外板焊接交边、主甲板上空气管出口高度达不到规范要求等质量问题，及时实施整改。2007年将“船舶管理信息系统”升级为VIMS5.0网络版，实现证书制作、检验收费一键完成。

2008年，对客船88千瓦以上、推轮100总吨以上的货船配备甚高频，纳入营运船舶检验范围。船舶管理实行“一卡通”，即数据统一化、签证电子化、计费自动化、统计智能化、业务协同化、管理网络化，至2009年办理IC卡228张。

2009—2011年，开展“大船小证” “载重线标志专项治理活动”，完成491艘船舶吨位丈量复核，其中24艘船舶重新核发“吨位证书”。2012年，督促226艘500总吨以上营运船舶安装AIS系统（自动识别），该系统电子海图可显示所有船舶航向、航线、船名等信息，船舶安全航行的技术条件大为改善。

（二）船员管理。1988年，举办船舶驾驶员初考培训班2期，学员83人，轮机员初考培训2期，学员79人，挂机驾驶员培训10期，学员164人，共录取174人，1989年，深入辖区22个船舶单位，就地组织船员学习培训，历时21天，办理船员证书518本，延伸航线141人次，证书有效期签证1366本。

1992年，依据交通部颁发的《内河船舶船员考试、发证规则》，系统调整完善培训机构设置、培训科目、培训时间、船员职务的资格条件、笔试和实际操作考试方法、船员技术档案管理等，船员管理走向规范化。1995年，长江中下游实施“分道航法”，长沙完成335名出省船员培训、考试和签发证书，为长沙船舶航行长江航线作好队伍建设。1996年，长沙率先开展持证船员的年检、年审工作，对船员每年工作进行核查，处理事故责任船员，组织新法规学习培训。1998年，执行《船舶最低安全配员证书》制度，对50总吨（或36.8千瓦）及以上的营运船舶配备确保船舶安全航行、作业、停泊的符合等级要求的持证船员，并核发证书，接受现场监督检查。1999年，举办高级船员法规培训学习，讲解国家新颁发的水上法规政策，参培456人。2001年，专题培训油轮船员学习危货船舶航行法规，参训231人。

2002—2006年，举办船主业务培训班一期78人参训，举办客运船舶船员特种培训8期，培训人员180人、举办危险品运输船舶船员特种培训13期，328人参训，完成长江下游定线制（安徽段）培训2期参训223人，选送一、二、三船员110人到省海事局参加高级船员培训。对辖区船员每年开展年检年审工作，并印发1200份《湖南省船员年捡年审学习资料》，发放到每位船员。

2007年，依据交通部海事局“考培分离”的规定，长沙成立金舟船员培训中心，并经中国交通部海事局认证，成为湖南首个实行“考培分离”的地区，当年举办初级、升职、升等考试5期，培训考试船员201人。2008年，专门为旅游客运企业19名新加入公司化经营的船员组织特殊培训，谙熟水上客运安全和应急救援知识。

2010年，长沙海事局先后承担交通部海事局长江干线第17期一、二等船员初级、升职、升等培训、考试（全省475名船员）；率先实行交通部海事局“内河船员管理系统”V3.0版查询功能系统，实现信息全国共享；2011年，长沙海事局通过交通部海事局内河船员适任培训资质审查，获得新船员适任证发证资格，当年免费培训考试渡工164名，高级船员考试发证346本。2012年，按照交通部新颁发的《中华人民共和国内河船舶船员适任考试和发证规则》培训船员182名。

四、运价管理

（一）客运价。1988年，执行省规定的统一票价，普客每人每千米基价0.017元，尔后，由于市场进一步放开，油料价格上涨，成本提高，加之体制变更，企业下放，票价随之上涨。1989年省物价局，省交通厅联合发文《整顿水运价格的紧急通知》，规定凡现在实际票价超过统一规定30%的都要无条件降下来，普通座席运行基价为每人每千米统一调整为0.03元。

1991年后，水上客运企业为满足旅客“安全、快速、舒适”的要求，纷纷筹资，对客轮进行技术、设施改造，或购入豪华轮、快艇参运，成本急剧增加，价格亦随之上升。长沙至安乡，普客全程票价35~100元，长沙至津市全程票价30~80元，高速船110~120元。1995年后，价格由燃油品位、船舶档次、运行距离等多种因素构成。长沙至安乡普客全程票价30元，卧铺全程分别为55元、60元、85元和120元；长沙至泗湖山，快艇全程价50~60元。1996年，全国放开水运价格，随后代之以市场自由议价、合同协议价、全程费用包干价等，运价完全市场化。

（二）货运价。至1988年，水上货运价格将承运货物分为8个级别，依据货物级别和承运里程制定每吨千米的基价进行计费，并根据不同时期的相关运价政策，上浮15%~30%。11月，省物价局允准大河长途运价提高15%，取消农用物资的优价。1990年3月，经湖南省人民政府批准，允许国有企业轮船货运基价提高至上水每吨千米0.045元，下水每吨千米0.04元。待卸货物停泊基价由原每吨2.08元和

2.86 元提高至 2.50 和 3.40 元。另将 50 千米以内的短途货物运价提高 50%，统一全省货物等级分类和等级运价级差率，并重新确定运价计算公式：每吨运价=（航行单价×航行里程+停泊基价）×货物运价级差率。1992 年集装箱运输为新兴产业，初定运价为：长沙至上海普货重柜 20 英尺出口为 1150 元、进口为 1000 元，40 英尺进出口 2000~2200 元。1995 年，国有和集体航运企业的价格差别被打破，运价计算方法失用，价格随行就市。集装箱运价亦始行合同协议价。

五、水上安全管理

1988 年起，水路运输实行安全目标管理模式，年初下达考核指标，年终检查、验收，评比实行一票否决。除加强静态管理，做好船舶技术检验、发证、船员业务技术培训等工作外，还注重船舶航行、营运、作业、停泊、交通事故处理等动态安全管理；加强船舶进出港签证管理。船舶在报关时必须提供船舶证、船员证相关资料、通报装载的货物、旅客的数量、航行目的地，装运危险货物的船舶还应在开航前向目的港申报，并出示装载危险品的核准证书，经签证人员认真审核合格才能办理进出港。签证实行“谁签证、谁负责”的制度；开展现场安全监督。航政机关每天派出监巡艇进行巡航检查，制止、纠正违章航行、占道作业、违法水上水下施工，维护正常的通航秩序。航政机关每年开展水上安全大检查，针对不同时期的运输特点进行现场检查，发现问题，消除隐患，确保安全；处置水上交通安全事故，注重查明原因，判明责任，总结教训。

1991 年，开展“安全、质量效益年”活动。长沙港航监督所组织设卡检查和巡逻检查，全年出动航监艇 171 次，稽查 938 艘船只，纠正违章 339 起；四县一郊交通局和港监站深入渡口、水库检查渡船 600 艘次，保证渡口安全。

1992 年，开展水域内现场安全监督，每天派出监督艇进行辖区巡航，加强对重点水域、重点码头、重点船舶跟踪监督，每年定期开展“反三违月”（违反操作规程、违反航行规章、违反船舶安全管理规定）、“安全生产周”活动，10 月开展辖区安全大检查。1998 年特大洪水期间，严格执行省、市禁航令，对辖区实行交通管制，出动快艇 500 艘次拦截驶入管制区的船舶，确保水上安全。至 1999 年共检查船舶 3108 艘次，查处违章 1307 艘次、处罚违章船舶 315 艘次。对湘江沿岸 7 处非法滩涂造船进行取缔，

2000 年 1 月 1 日交通部颁布《中华人民共和国水上水下施工作业通航安全管理规定》，水上水下施工作业列入水上安全管理范围，实行许可证制度和现场安全监督管理模式，确保通航、施工两个安全。

图 20-3-5-1 长沙地方海事局执法人员在水上巡逻
（摄于 2007 年 7 月 15 日，市交通运输局供图）

2000—2002 年，交通部和省交通厅部署“水上运输安全管理年”活动，长沙以“抓人头、把船头、管源头、突出四客一危的重头”工作思路，开展大规模、多层次的现场安全大检查，增加频率、加大力度、处置难点问题。共检查各类船舶 2765 艘次、查处违章船舶 1058 艘次、滞留船舶 115 艘次、清理“三无”船舶 51 艘。建立乡镇船舶安全管理体系，以乡镇政府负责制为核心，以交通行业管理为重点，以港监机构为保障，层层签订“安全责任书”。2004 年 11 月，发布《长沙市通航桥梁水域交通管理办法》，

强化桥梁通航水域的安全管理。2007 年，长沙海事局为预防船舶碰撞、泄漏等事故，持久开展水上安全执法检查，对全市 25 座桥梁、5 条过河管线、2 处水上施工现场、9 艘流动加油船、21 艘加油囤船、50 艘自卸驳、123 处渡口、15 座旅游库区进行全面排查，查出并整改 28 个安全隐患。2008 年水上安全监管实行领导干部“一岗双责”（工作责任、安全责任）考核制。2010 年 11 月，长沙出现历史最低水位，湘江香炉州航段发生严重堵航事故，高峰时拥堵船舶 700 余艘，执法人员坚持 24 小时现场指挥、调度、疏导，经 3 天奋战打通“堵点”，保障船舶安全运行。2011 年，长沙地方海事局制定实施《湘江长沙综合枢纽工程施工期安全维护方案》，建立航行限制区、交通管制区，严格现场安全监督。2012 年，长沙客渡船实行签单发航制度，由当地乡镇人民政府（或街道办事处）确定签单人，负责渡口、渡船现场安全管理签单发航，市海事机构负责签单制度的落实、监督，并在辖区 14 处主要渡口安装视频监控，与省海事监控中心实现连接，增强监管力度。

六、规费管理

（一）航道养护费。航道养护费为国家事业性收费，实行“统收统支，全额上缴，统一管理”原则，年初由省航道局下达征收任务，列入年度工作考核。1988 年，长沙地区的航道养护费征收由长沙港航监督机构负责，征收标准按营运收入的 5%计征或按机动船每马力每月 3 元计征，全年只收 9 个月，当年征收 101 万元。1993 年 7 月，依据《湖南省航道养护费征收与使用办法实施细则》，其征收标准按登记的总吨位或载重吨位、千瓦比照运费征收标准择大者计征，即按每吨每月 2 元或每千瓦每月 8.5 元计征。航道养护费主要用作航道养护工程费、养护事业费，实行收支两条线管理。1995 年 3 月，航道养护费改由市航道管理机构负责征收，1998 年，省物价局、财政厅发布通知，航道养护费收费标准调整为：营业性运输船舶按运费收入 6%计征；难以准确反映运费收入的，按每吨每月 6 元或每千瓦 13 元择大者计征，非营业性运输船舶按每吨每月 2 元或每千瓦每月 8.5 元计征，当年完成 105 万元。2001 年，将航道养护费征收、稽查、处罚“三位一体”的征收模式改革为征收、稽查、处罚相分离，明确职责，实行目标考核，建立相互监督，相互促进，良性互动的征管机制，当年完成航道养护费 156 万元，超额 43 万元完成省局下达征收计划。2007 年，根据省海事局《关于调整岳阳、长沙辖区航道养护费征管职责有关问题的通知》，长沙航道局不再承担航道养护费征管工作，长沙辖区内的航道养护费征管由长沙市地方海事局负责。市海事局力行依法征收模式，所有船舶缴纳规费情况可电脑查询，实行公平、公正、公开，当年征收 992 万元。2008 年 12 月，国务院公布第 546 号令，《内河航道养护费征收和使用办法》自 2008 年 12 月 31 日起失效，航道养护费征收同时取消。

（二）货物港务费。货物港务费系港务管理事业性专项收费。1988 年，经湖南省人民政府同意，省交通厅、物价局联合发布《湖南省港口收费规则》，规定凡在本省域内港口航行或停泊的船舶、排筏、进出港口旅客、货物所发生的各项港口费用，均计征货物港务费。按货物进口或出口计算，标准为每吨次 0.3 元，自产自销的砂石按每吨次 0.2 元征收。

1990 年，交通部、国家物价局发布《港口收费规则》，对货物港务费计费标准进行调整。即按货物进口或出口分别计征货物港务费各一次，以重量计费的货物每计费吨 0.5 元，以体积计费的货物，每计费吨 0.25 元。1993 年，省物价局、财政厅、交通厅联合发布《关于调整湖南省港口货物港务费的通知》，再次调整为每吨次 0.6 元（长江干线港口每吨次 0.8 元）。当年征收 153 万元。

20 世纪 90 年代港口企业处于困境，规费征收难以到位，尤其砂石运输货物港务费到位率很低，成为一大难题。2002 年，市港航管理处处长张科正，针对货物港务费征收难、逃费现象严重，组织全处职工对砂石货物港务费征收工作进行深入调研，改革征收办法，提出将砂场征收改在砂石运输船上征收。砂石产、运、销原由几家集体水运企业承担，“一条龙”作业，砂石货物港务费由企业缴纳，企业则决定，由销售砂场缴纳。企业改制后，水运企业砂场相继解体，产、运、销成为个体，砂场承缴失去合法性，这是砂石货物港务费不能到位的主要原因。经反复调查，论证，并报省海事局，省物价局、省财政厅审核批准，实行这项改革措施，并在全省推广。2003年征收砂石货物港务费295万元，为2002年的2倍。

2005年7月，交通部颁发新的《港口收费规则》，货物港务费每吨次按1元征收。自此，对港内砂石运输船舶采取核定航次包干计征。2011年核定包干航次99个，2012年下调至90个，并规定3月底前缴清全年货物港务费的按81个航次计征，当年征收2430万元。

（三）船舶港务费。《中华人民共和国内河交通安全管理条例》规定，自1988年1月1日起，长沙市开征船舶港务费（以下简称船港费）。省《关于征收船港费通知》规定，凡进出湖南港口的船舶、排筏均应按规定缴纳船舶港务费，其费额由船舶、排筏所有者负担，船舶进港或出港一次，分别计征进口或出口船舶港务费，每净吨（马力）0.12元，外省的所有船舶均按每净吨0.25元计征。客轮（含旅游船）、客货轮、港口作业船、短途运输船、个体船和县（市）水运专业企业船舶，按每净吨0.06元收取，拖运的竹木筏按每立方米0.03元计征，其拖轮按（马力）0.12元计征。当年征收10.1万元。

1990年，依据交通部、国家物价局颁发《港口收费规则》，上调收费标准，船舶每进港或出港一次，分别计征进口或出口船舶港务费，每净吨（马力）0.35元。100千米以内短途运输的客轮、客货轮以及集体所有制水运企业船舶，减半征收。但因水运下行，船舶港务费征收困难，当年只完成16.1万元。2000年后，长沙港航监督处贯彻“抓安全、促征收”方针，加大执法力度，征收工作渐有起色，2001年征费106.8万元，尔后，由于货运量快速增长征费也迅速增加，2007年征费655.4万元。2008年《湖南省港口收费规则》颁布后，长沙市船舶港务费收取调整，高速船按每千瓦0.1元；其他船舶按每总吨0.20元；本港籍船舶不出港作业，按每三天进出港各一次计征；3月底以前缴清全年的，可按100航次优惠计征；集装箱船舶卸一箱20英尺的按每箱10元、20英尺以上的按每箱20元计征，当年征收达745万元，2012年达1145万元。

（四）船舶检验费。船舶检验费由国家统一规定，1988年长沙市执行国家船检局1983年颁布的《全国地方船舶检验计费规定》，该规定明确收费计算公式。1993年，省物价局、财政厅转发国家物价局《关于调整船舶检验收费标准的通知》（“93费规”）。当年长沙市完成船舶检验费征收14.1万元。1998年，国家计委发文，发布新的征收标准（“98费规”），省物价局据此规定自1998年6月1日起执行新规定，省船检局决定K值取0.63。长沙市当年收费36.6万元。船检费征收执行先服务，后收费，船舶检验不合格不收费制度。2001年起长沙船检建立计算机网络管理系统，船检费征收实现电脑打单，收费项目清晰、数额透明，可核对、查询。随着水运的发展，船舶吨位增大，技术水平提高，船检项目增多，工作量、强度增大，船检费逐年增多，2004年收费156万元，2008年216万元，2012年收费345.5万元。

（五）水路运输管理费。水路运输管理费由湖南省人民政府规定征收，用于水路运输行业管理的事业费。1987年，省财政厅、交通厅颁发《关于征收水路运输管理费若干规定的通知》后，长沙市于1988年1月1日起开征水路运输管理费。凡从事营业性客、货运输、港口装卸搬运、船舶修造和运输服务的单位和个人以及参加营业性客货运输的社会船舶，均需按规定缴纳运管费，其征收标准为经营者月营业额总收入的1%；外省在湘参运的为3%。1990年，交通厅、财政厅、物价局发布《关于印发〈水路运输管理费征收和使用实施办法〉的通知》后，长沙市将水路运管费的征收标准调整为：从事水路营业性客、货运输（服务）业和港埠业务的企业、单位和个人，均按营业收入总额的2%；从事船舶修造的企业，按营业收入总额的1%，难以准确反映月营业收入的运输单位和个人，拖轮、推轮，按主机额定功率每千瓦每月2元；客轮、客货轮、液轮、机动驳船、帆船、挖砂船按每定额载重吨每月征收1元。

规费征收由专门的科室负责，征收政策、标准向社会公布，征收方法由承交人向征收部门缴纳，各业务科室相互配合督促缴纳，征收科室派人实行现场稽查补征，逃费按规定处罚。

水路运输管理费征收一直数额小，1995年为50万元，2003年150万元，2007年征收219万元，2008年12月，国务院实施成品油价格和税费改革，此项收费停止。

第四章　民用航空

长沙民航事业始于民国15年（1926），是国内民航起步最早的地区之一，然机场建设和民航发展道路坎坷，几落几起，历经沧桑，体制机构几经变革，至20世纪80年代始完成管理型向企业型、军管体制向自主经营制的转化。1988年，受苏制伊尔-18型飞机淘汰，部分航线取消影响，生产全面下降。1989年8月29日，长沙黄花国际机场建成通航，机场占地面积2.33平方千米，场内有一条长2600米、宽45米的跑道，航站楼建筑面积7000平方米，设计年旅客吞吐量70万人次。长沙黄花国际机场的正式通航是长沙市民航事业发展史上的重要标志，长沙民航事业从此蓬勃发展。1996年，黄花机场旅客吞吐量已达178万人次，严重超出设计容量，因此，民航湖南省局于1998年启动第二代航站楼的设计、报批、建设工作。1998年9月28日，总建筑面积为3.4万平方米，总投资为4亿元的第二代航站楼动工兴建，两年后竣工，2000年9月29日投入运行。此次扩建之后，第二代航站楼可满足年旅客吞吐量460万人次的运营。2003年，再次经历体制改革，黄花机场由国家民航局直接管理归属湖南省人民政府管理，长沙市民航事业发展也由此进入快车道。2005年，黄花机场旅客年吞吐量530万人次，超过机场第二代航站楼的设计容量。2006年7月，黄花机场以2015年为设计目标年，以满足年旅客吞吐量达到1560万人次、货邮吞吐量20万吨的需要，启动T2航站楼的修建工作。2009年，黄花机场旅客吞吐量达到1128万人次，正式跨入国内“千万级”大型机场行列。2011年7月19日，总建筑面积达21.2万平方米的黄花机场第三代航站楼即T2航站楼投入使用，长沙市民用航空事业的发展迈入一个全新的阶段。2012年，黄花机场保障运输起降12.6万架次，完成旅客吞吐量1475万人次，稳居中部地区第一，全国第十二位，成功跨入全球机场百强行列，位列全球第98位。1988年—2012年，长沙黄花国际机场从1989年的第一代航站楼至2012年的T2航站楼，机场旅客吞吐量从70万人次增长到1475万人次，增长20倍，航站楼面积从7000平方米增长到21.2万平方米，较1989的第一代航站楼面积增长30倍。

第一节　民航设施

一、机场

（一）长沙大托铺机场（军民合用）。中华人民共和国成立后，1952年，空军在长沙大托铺（今天心区大托铺镇）修建机场，1954 年竣工。机场面积 685 万平方米，主跑道 1 条，长 2200 米（后扩建为 2300 米），宽 60 米。1957 年 4 月，中国民用航空局在大托铺机场建立长沙航空站，长沙航空站成立后着手修建航站楼，面积 326.9 平方米。民航湖南省局于 1960 年投资 40 万元在原航站楼南侧扩建 2670 平方米的二层楼。由此，大托铺机场成为军民合用机场，产权属空军。其间主要起降三叉戟机型、伊尔 18 机型等中小型运输机。这种军民合用状况一直延续到 1989 年 8 月。

（二）长沙黄花国际机场。由于大托铺机场系军民合用，而且只能起降民用中小型运输机，不能起降大型运输飞机，制约机场客货运输的发展。20 世纪 80 年代起，大托铺军民两用机场已不再起降民用三叉戟以上机型，造成湖南航空运力紧张的被动局面。

1984 年，在国务院、国家民航总局的支持下，湖南省人民政府着手修建黄花机场，设计年旅客吞吐量 70 万人次，建筑面积 7000 平方米。1989 年 8 月 21 日，民航广州管理局决定：8 月 29 日起开始使用黄花机场，起降于长沙大托铺机场的航班改降黄花机场。同时，独立飞行中队安–24 型飞机也于 8 月 29 日搬迁到黄花机场，并作为基地。民航湖南省局机关及所属驻大托铺各单位于 8 月 29 日正式迁入黄花机场，安–24 型飞机于 30 日自然转场。1990 年 3 月 5 日，国务院下文同意开放黄花机场。到 1992 年 8 月，开通至北京、上海、西安、成都、广州、香港、深圳等 30 余座城市的航线航班，成为湖南省对外开放的主要门户和全国民用航空干线的重要枢纽之一。1992 年机场对停机坪扩建，扩建面积 10.13 公顷，分两期实施。首期工程 1992 年 12 月开工，1994 年 3 月竣工，完成总投资 1180 万元，扩建面积 5.4 万平方米，停机坪总面积 8.7 万平方米，可同时停放 13 架大中型客机。同时兴建机场宾馆，改扩建机务维修维护楼、卫生院（所），建筑面积达 1.53 公顷；第二期 1994 年 10 月开工，1995 年 6 月竣工，总投资 1250 万元，包括机场跑道北端西面停机坪、东侧绿苗地带的两边和原使用停机坪的中心联络道等，施工面积为 5.6 万平方米。其间，还先后完成民航省局办公楼兴建（1994 年 10 月启用），投资 800 余万元改造老航站楼空调系统，新挖春华水井，兴建一条长 2600 米、宽 23 米的机场平行滑行道，兴建房屋建筑 1.21 公顷，改造航管楼、配电间的线路和二次雷达接地装置，铺设安装中变站至榔梨变电站和中变站至第二次雷达的电缆，完成围界、围场公路及机场污水处理处等工程。

1996 年兴建黄花机场安全检查办公楼。同年 6 月 18 日，黄花机场平行滑道工程竣工验收。该跑道位于主跑道西侧，道面中心距主跑道中心 185 米，通过 3 条联络道与主跑道相接。主跑路道面长 2536 米，总面积 1.25 公顷，工程总投资 3000 余万元。该工程的建成提高机场航班的起飞密度。1997 年兴建机场物资综合仓库、公安看守房、南航停机坪，并拆除机场区域所有超高障碍物，达到民用机场技术标准要求。

1998 年完成旅客配餐楼、机务综合楼、特种车库、榔梨至机场双电源线路等工程，并装修改造老航站楼外墙、国际国内厅。同年，民航湖南省局启动第二代航站楼的设计、报批、建设工作。1998 年 9 月 28 日，总建筑面积为 3.4 万平方米，总投资为 4 亿元的第二代航站楼动工兴建，两年后竣工，2000 年 9 月 29 日投入运行。经过这次扩建之后，第二代航站楼可满足年旅客吞吐量 460 万人次的运营。2000—2004 年，完成航管楼扩建，兴建远大空调停机坪、二次雷达站、场房车库、货运中心等工程；先后建成 1.3 万平方米的国际航站楼（TI–B）和 0.66 万平方米的航空快线楼（T1–C），服务保障能力更为完备。

2005 年，黄花机场旅客年吞吐量达 530 万人次，再次超过机场第二代航站楼的设计容量。2006 年 7 月，黄花机场改扩建工程动工。一期工程以 2015 年为设计目标年，以满足年旅客吞吐量达到 1560 万人次、货邮吞吐量 20 万吨的需要，向北延长跑道，增设联络道和快速出口滑行道，改造原有航站楼，扩建停机坪，总投资30余亿元。2008年10月，黄花机场一期14万平方米的站坪扩建工程交付使用，新增10个停机位；2009年4月3日，黄花机场跑道延长项目及其配套项目建设通过行业验收，跑道由2600米延长到3200米。至此，黄花机场由4D级顺利晋升为4E级国际机场，拥有ILS、VOR/DME、NDB等通信导航系统，以及先进、完善的地面安全和服务保障设备设施，可保障波音737、747，空客300、320，麦道90等大型客机起降，真正进入“大飞机”时代。

黄花机场第三代航站楼即T2航站楼工程，于2009年4月22日举行奠基仪式，6月4日正式破土动工，2011年6月9日通过竣工验收。2011年7月19日，T2航站楼（T2）正式启用。建筑高度39.9米，主楼长672米，T2航站楼纵深宽168米，总建筑面积达21.2万平方米，相当于老航站楼3.4万平方米的6倍。通航后，可与既有扩建改造后的老航站区同时使用，机位数量与机位组合布局可达47个，其中75%为近机位，旅客最长步行距离不超过300米，能满足近期至2015年飞机年起降15.1万架次、年旅客吞吐量1520万人次、高峰小时旅客吞吐量为3940人次、高峰小时航班起降40架次的要求。T2航站楼外观设计汇集大量的湖湘元素，长达600余米的新航站楼屋面为大跨度钢桁架结构，屋面托在8组高达39.9米的V形钢柱上，8组钢柱分别将主楼分成3条波浪形屋面，寓意湖南的“三湘”，4条巨大而透明的屋面如同四条光带，寓意湖南的“四水”。出发大厅设4扇巨大的双层自动门，自动门前设置长达200米的遮阳挡雨风帆，寓意湘江的“千帆竞渡”。T2航站楼由前端主楼、中间联廊、空侧三个“半岛”式候机厅等部分组成。主楼有五层，其中地上三层，地下二层。出发层，设置4组岛式办票柜台（3组国内，1组国际），24条安检通道，22个近机位；到达夹层，设置国际航班国内段及3个中转厅，方便旅客中转；到达层，设置8组行李提取转盘（国内6组，国际2组），东西指廊分别布置贵宾专用候机厅；地下一层，绿色生态中庭，丰富旅客空间感受；商业步行街的商场和餐饮设置各种档次，引进肯德基、火宫殿、玉楼东等品牌餐饮店；地下二层，员工食堂及停车场，并设计提供内部停车位693个。

2012年，长沙黄花国际机场具有T1、T2两座航站楼，航站楼总面积达到26.8万平方米，其中，处于运行状态的T2航站楼总面积21.3万平方米，处于关闭状态的T1航站楼总面积5.3万平方米。

二、飞机

1988年3月，四发喷气式客机BAE-146型在长沙开始起降。BAE146-100是英国生产的短程涡扇运输机，装有4台阿芙科、莱康明工厂生产的ALF502R-3型发动机，最大航迅速度796千米/小时，经济巡航速度741千米/小时，满载航程1883千米，旅客座位86~91个。

1989年8月29日黄花机场开航后，各种先进飞机接踵而来。

1990年4月，大型客机米D-82型和TU-154民航机在黄花机场起降。米D-82型飞机是美国麦道公司生产的中短程涡扇客机，装有2台P·WD厂生产的JT8D209或217A发动机，最大业务载量19709千克，最大巡航速度898千米/小时，经济巡航速度821千米/小时，满油航程4941千米，满载航程3445千米，座位147~155个。TU-154B型飞机是苏联制造的涡扇中远程客机，装有3台库兹涅佐夫NK-8-2U涡扇发动机，最大起飞重量90~92吨，最大业务商载20吨，最大巡航速度950~975千米/小时，经济巡航速度900千米/小时，满油航程6600千米，满载航程3740千米，旅客座位169个。

1991年4月起，波音757-200（2B）型飞机开始在黄花机场起降。波音757飞机是美国波音公司在70年代末研制的双发普通机身中短程客机，是在波音727的基础上采用新机翼和先进发动机、修改机身外形发展而成的，载客量在179~239人之间，由用户选择，装两台普拉特、惠特尼PW2037涡扇发动机或罗耳斯、罗伊斯535涡扇发动机。波音757飞机具有低油耗、低噪声、高经济性的特点，最大巡航速度 0.86 马赫或 647.5 千米/小时，满油航程 6870 千米，满载航程 5057 千米，续航时间 8.06 小时。

1991 年起，在黄花机场起降最多的过境飞机要算波音 737–200 型和波音 737–300 型，1992 年波音 737–500 型也开始在此起降。这三种型号飞机都是美国波音公司生产的中短程涡轮风扇式喷气客机。波音 737–200 型飞机装有 2 台 P·W 生产的 JT–8D–17A 发动机，最大巡航速度 927 千米/小时，最大业务载重 14.1 吨，满油航程 4215 千米，满载航程 3665 千米，可载旅客 130 人。

空中客车 A310–200 型中短程涡扇客机，是以法国为主的欧洲空中客车公司制造的。乘客座位 210~265 人。该机装有两台 P·W，GE，RR 工厂生产的 CF6–80A1 或 JT9D–7R4D 型涡扇发动机，最大业务载重 32850 千克，最大巡航速度 895 千米/小时，经济巡航速度 828 千米/小时，满油航程 7241 千米，满载航程 4319 千米，续航时间 8.7 小时。

1994 年雅克 42 型飞机开始过境长沙，在黄花机场起降。雅克 42“猛击”中短程运输机（clobberyak–42）是苏联制造的，装有 3 台洛塔列夫制造厂生产的Ⅱ–36 型喷气发动机。最大业务载重 14500 千克，最大巡航速度 810 千米/小时，经济巡航速度 740~750 千米/小时，远程速度 750 千米/小时。满油航程 1000 千米，座位 100~120 个。

1995 年起，运 18 飞机多次在黄花机场起降。运 18“大力士”，是西安飞机制造厂生产的后开门式较大型中短程货机，装有 4 台由上海生产的 WJ–6 型涡桨发动机，最大业务载重量集中 16 吨，散装 20 吨，最大加油 22.9 吨，最大巡航速度 650 千米/小时，经济巡航速度 550 千米/小时，满油航程 5615 千米，满载航程 3000 千米，续航时间 10.83 小时，可在土跑道、草地、雪地、沙砾地起降。

1998 年春运期间，有南航广州基地加班飞行的波音 767–300ER 型飞机在黄花机场起降。波音 767 是美国波音公司研制的双发半宽体中远程 200 座级客机。动力装置：2 台美国通用电器公司（GE）生产的 CF6–80C2 型涡扇发动机。座舱：2 级座舱布局，头等舱 24 人，经济舱 237 人，总载客数 261 人，最大商载 43 吨。飞行性能数据：巡航速度 0.8 米，巡航高度 12.1 千米，最大航程 1.13 万千米。1998 年，南航的波音 767 全部退租完毕。此后不再有该机型在黄花机场降落。

2000 年春节，为满足在穗工作回湘过节旅客之需，解决长沙运力暂缺的矛盾，南航广州基地的波音 777–200 型飞机曾多次加班来黄花机场起降。波音 777 飞机是美国波音公司研制的双发涡扇远程大型宽体运输机。波音 777 飞机是第一种无设计图纸飞机，全部采用计算机图纸。采用大量的先进技术，其电传式飞行操纵系统使飞机的操纵更加迅捷、准确，减少重量，ARINC629 数据总线使数据传输速度更快、更有效，并大大减少电缆的数量和重量。驾驶舱的主要参数由六块液晶显示器显示，使驾驶舱更加简洁。该机型采用大量的复合材料，减轻结构重量，增加飞机的业载。南方航空公司的波音 777 飞机使用的两台通用电气公司的 GE90 发动机，单发推力 33776 千克。该机型还使用光纤局域网构建飞机中央维护系统，大大方便机务维修工作。波音 777–200 飞机的机长 63.73 米，机身长 62.78 米，翼展 60.93 米，机高 18.52 米，最大使用速度 0.87 马赫，最大飞行高度 13.1 千米。南方航空公司使用的是波音 777–200ER 型，出厂时已具备双发延程飞行（ETOPS）的能力，并已获得 CAAC 的 ETOPS 双发延程飞行的批准。南航的波音 777–200ER，有 4 架属中远程（A 市场）客机，5 架属远程（B 市场）客机。A 型机最大起飞重量 247.21 吨，最大业载约 51 吨，使用空重约 139.4 吨，最大航程约 9600 千米，可载客 292 人。

2005 年，空中客车 330–200 飞机开始在黄花机场起降执行运输任务。空中客车 330–200 飞机是欧洲空中客车公司研发生产的远程大型宽体运输机，航程 1.13 万千米，标准座位数 300 个（2 级客舱），最大载重量 45.9 吨，翼展 60.30 米，总长度 63.69 米，高度 16.83 米，客舱长度 50.35 米，机身宽度 5.64

米，最大客舱宽度 5.28 米，货运总量 136 立方英尺。最大巡航速度 913 千米/小时，正常巡航速度 871 千米/小时，满油航程 1.34 万千米。

2009 年，波音 747–300 在黄花机场起降执飞航班。波音 747–300 是美国波音公司研制的双发涡扇远程大型宽体运输机，载客量 366 人，长度 70.6 米，翼展 59.6 米，高度 19.3 米，空载重量 178.1 吨，最大起飞重量 377.84 吨，典型巡航速度 0.85 马赫，最高巡航速度 0.89 马赫，最高巡航高度10.67 千米，全载重续航力 1.24 万千米)，最大燃料容量 1.99 万升)。

长沙黄花国际机场自通航以来，途经长沙的飞机数量不断增加，且机型由原来的涡轮螺旋桨式飞机为主发展到以世界先进的涡轮风扇式喷气客机为主。截至 2012 年，在黄花机场起降过的民航飞机有空客 300、空客 330、空客 310、空客 320、空客 321、空客 319、波音 747、波音 777、波音 767、波音 757、波音 737–800、波音 737–400、波音 737–300、波音 737–700、波音 737–500、波音 737–200、波音 737–600、图 –154、麦道 –90、麦道 –82、BAE146–300、BAE146–100、冲八、运七、CRJ200、E 米 B145、萨伯–340 和道尼尔 328 等 25 中机型。

第二节　民航运输

一、航线航班

（一）省内航线航班。随着湖南经济和旅游业的发展，1994 年 8 月，张家界荷花机场通航，武汉航空公司随机开辟张家界—长沙—张家界航线，使用运一机型，每周 2 班；紧接着，四川航空公司使用运七 500 型飞机执飞长沙至张家界往返航线，每周 2 班；1995 年，南方航空公司湖南分公司使用波音 737–500 型飞机执行长沙—张家界—长沙航线，每周 2 班。

2001 年 10 月 1 日，湖南永州零陵机场建成通航。海南航空公司使用 DC–8 开辟长沙—永州至海口航线，每周 2 班。

2012 年，省内航线依然只开通长沙至张家界以及长沙至永州两条航线，长沙至张家界机场 1 日 1 班，长沙至永州 3 日 1 班。

（二）省外境内航线航班。1989 年黄花机场建成，8 月 29 日开航，可供波音 737、757、767 和米 D–82 等各类大型飞机起降，从此省际航线稳步发展。到 1990 年年底，黄花机场在原有 14 条航线的基础上，新增 13 条航线，航程 30654 千米，连接广州、南京、桂林、沈阳、成都、重庆等 25 座城市，每周 65 个航班。此后每年黄花机场航线均保持稳定增长。

1997 年，黄花机场在原有 40 条航线的机场上新增航线 14 条，合计 54 条航线，总航程 6.44 万千米，连接国内 40 座城市，每周航班 166 班次。南方航空公司湖南分公司开通 27 条国内航线。

2001 年，黄花机场开通直达国内 44 个城市的 65 条航线，基本上形成沟通全国的航线网络。

2006 年，黄花机场引入奥凯和鹰联航空，新增长沙至呼和浩特、泉州以及以长沙为中转的哈尔滨至海口、南宁至沈阳、三亚至合肥等航线。

2007 年，黄花机场的航线网络已辐射到全国 56 个大、中城市，执行 22 家航空公司的 79 条航线，每周实际执行航班密度超过 1650 架次，航班可供座位数每周达到 18 万个，比 2006 年增长近 20%。

2009 年，黄花机场的航线网络已辐射到全国 62 个大、中城市，执行 26 家航空公司的 96 条航线，每周实际执行航班密度近 2400 架次，航班可供座位数每周超过 28 万个。

2012年，黄花机场日计划平均安排400个定期起降时刻，提供进出港航班比2011年增加4.5%。新增至海拉尔、包头、淮安及澳门航线，每天前往北京航班有17~19班，其中E类飞机达到4~5班。航线网络已辐射全国68个大、中城市，共执行30家航空公司的近100条航线，每周实际执行航班密度2800架次左右。

(三) 省外港澳台地区航线航班。1990年，南方航空公司湖南分公司使用B737机型飞机执行长沙—香港的往返航线，航程697千米，每周一、四、六三班，是黄花机场第一条地区航线。

1993年，西北航空公司使用BAE146机型执行兰州—长沙—香港往返航线，航程4077千米，每周2班，1994年停航。

1994年，湖南航空旅游包机公司与南方航空湖南分公司签订包机协议，南航使用B737机型飞机执行长沙—香港往返航线，航程697千米，每周一、四、六三班，只经营客运业务。1999年改为定期航班，每周5班，可经营货运业务。

1995年，港龙航空公司使用A320机型飞机执行香港—长沙—香港航线，航程697千米，每周2班。1999年改为定期航班，可经营货运业务。至2002年，每周3班。

1996年，西北航空公司使用BAE146机型执行西安—长沙—澳门往返航线，航程1630千米，每周2班。1997年停飞。

2004年，澳门航空公司开通长沙—澳门的定期航线。

2009年，南方航空公司开通长沙—台北的包机航线。

2012年，华信航空公司开通长沙—台北的定期航线。至此，长沙至中国港澳台地区共有台北、高雄、香港、澳门、清泉岗5条省外港澳地区航线航班。

(四) 国际航线航班。1995年，南方航空公司使用B737-500机型执行长沙—曼谷的往返包机航线，是黄花机场第一条国际航线，至2002年，共飞行32班后，停航。

2000年，南方航空公司使用B737-500机型执行长沙—福冈—长沙包机航线，至2002年，共飞行4班。

2001年，南方航空公司使用B737-500机型执行长沙—汉城（今首尔）往返包机航线，至2002年停飞，共飞行4班。

2005年，南方航空公司开通长沙—吉隆坡往返包机航线。

2006年，大韩航空公司开通长沙—汉城往返定期航线。

2012年，南方航空公司开通长沙—新加坡包机航线。至2012年年底，黄花机场开通国际航线7条。

二、客货运输

(一) 航空客运。1984年9月，国家民航总局发文取消一类票价，以二类票价作为对外公布的统一价格，称为公布运价。1988年，长沙民用航空运输飞行1219班次，旅客发运5.73万人次，发运货物、行李、邮件1121吨，全年收入756.97万元。

1989年8月，黄花机场通航后，旅客吞吐量增长迅速。同年，民航局决定将国内所有旅游热线对中外旅客统一实行公布票价，在国内实行公布票价的旅游热线上，实行临时性的80%优惠办法，享受临时性的优惠票价的范围为全部中外旅客。货物、行李运价也以相同幅度给予优惠。公布票价（即外国旅客票价）的平均费率达到0.28元/千米每人的航线不予调整，没有达到0.28元/千米每人的调整到0.28元/千米每人，平均提价幅度为14.8%。优惠折扣票价（即国内旅客和华侨、港澳同胞票价）由现行的平均费率0.113元/千米每人调整到0.20元千米每人，平均上调77%。在调整中贯彻价值规律，实行递近递增、递远递减的原则，在平均上调的幅度内，500千米以内航线的平均费率调整到0.25元千米每人，长距离航线的平均费率调整到0.192~0.198元/千米每人之间。在调整旅客票价的同时，货物、行李运价也作相应调整，但邮件运价暂不调整。

1990年旅客量为27.55万人次。由于人民币汇率下调21.2%，国内航线公布票价上调14.5%。外国航客（外籍华人）乘坐民航国内航班的票价，平均由0.28元/千米每人提高到0.32元/千米每人。华侨、港澳台同胞旅客乘坐民航国内航班的票价与外国旅客相同，一律实行公布票价。国内大陆旅客票价一律不变。旅客航线0.28元/千米每人，其他航线平均0.20元/千米每人。

1992年12月19日，民航总局决定自1993年1日起，民航国内航线的公布票价平均上调10%，根据市场供求情况可上浮10%，亦可下浮10%。1992年旅客吞吐量上升到50.98万人次。1993年猛增到89.02万人次。

1994年6月8日，民航总局决定调整国内航线折扣票价，调整后的国内航线折扣票价作为最高限价。各航空公司视本公司承运航班的客座率情况，可下浮20%作为最低保护价。1994年黄花机场首次超过百万，为129.59万人次。

1996年6月21日，民航总局下文，对国内航线折扣票价取消浮动政策，实行统一票价，以民航总局公布的折扣票价为统一价格。1996—1999年的旅客吞吐量年均达到170万人次左右。

1999年，各航空公司开始实行多等级舱位运价。2002年黄花机场达到203.45万人次；2003年达274.4万人次；2004年达380.26万人次，在全国133个通航机场中排序第19位。

此后，黄花机场旅客吞吐量每年均保持快速增长，2005完成旅客吞吐量441.6万人次，2006年突破600万人次，2007年黄花机场旅客吞吐量达到806万人次。2009年，黄花机场旅客吞吐量首次突破1000万人次，达到1128万人次，增长幅度达34%。2009年、2010年、2011年连续三年实现年旅客吞吐量超过1000万人次，在中部地区排名第一。机场年国际旅客吞吐量连续8年超过其他中部五省的总和，被民航业称为“长沙现象”，被评为“湖南十大经济亮点”之一。2012年，黄花机场旅客吞吐量1474万人次，在全国排第13位。

（二）航空货运。1987年6月，货邮、行李运价随旅客票价调。总的调整幅度不超过25%。

1989年8月29日，黄花机场投入使用，运输生产形势发展迅猛，1990年的货邮发运量为1972.4吨，是1957年的40倍。1990年7月31日，调整国内邮政资费。国内航空邮件运输价格恢复现行普通货物运输价格计费。特快专递邮件运输按普通货物价格150%计费。

1992年，南航湖南分公司的波音737-500型飞机投入运营，航线、航班迅速增加，当年的货邮发运量为3477.9吨。1995年的货邮发运量为1.8万吨，首次突破万吨。1994年6月，民航总局调整国内航线折扣票价，逾重行李、货物运价相应调整。

1996年1月23日，民航湖南省局组建客货销售总公司，同进拓宽销售渠道，增设分理点，与湖南四大“鱼老板”开展联营业务，每周有将近20吨鲜活鱼空运到广州、昆明和成都等城市。6月，民航总局公布的折扣票价为统一价格，国内航线货运价格取消原“下浮不限”的政策，下浮幅度不得超过30%。

1999年4月，客货销售总公司分别和15家公司签订互派业务，在长沙货源不足的情况下派人去广州、深圳、福州、厦门等地组织中转货源，承包货舱吨位。10月，民航总局发文，要求国内航线货物运价按照民航总局规定的货物价格执行，各航空公司不得擅自提高或降低国内航线货物运价。国内航空货物设普通货物基础运价，基础运价为45千克以下，普通货物最低运费为30元，等级货物（如急件、生物制品、活体动物、骨灰、贵重物品等）运价按照基础运价150%计收。航空公司可申请建立指定商品运价、集装货物运价。

2000年的货邮发运量为3.09万吨，比1957年增长947倍。2001年，长沙民航的运输生产呈现步步升高的态势，货邮发运量为3.3万吨，比2000年增长6.8%。2003年，黄花机场货邮发运量为3.14万吨，2007年，黄花机场货邮发运量6.8万吨，比2001年增长超过一倍。2010年，黄花机场货邮发运量首次突破10万吨，达到10.8万吨。2012年，黄花机场货邮发运量11万吨。

（三）包机运输。1989年7月15日，民航总局发文，规定对现行各型飞机的包机收费，按照0.24元千米每人，可使用客座数的90%，并参照机型的平均航速计算，作为最高限价；对专机收费也按包机收费标准和办法执行，包机收费标准因机型而异。

第三节　民航管理

一、管理机构

（一）体制。1988—1992年，中国民用航空总局湖南省管理局实行由民航总局和湖南省人民政府双重领导，以民航总局领导为主；民航的义务工役制改为固定工制，恢复向社会招工，民航走上企业化道路。

1992年3月11日，民航总局转发国务院批准的《关于民航进一步深化体制改革方案的请示》，决定在有飞机的省（区、市）局成立航空公司分公司。1992年8月，飞行、飞机维修和客货销售的一部分从民航湖南省局的主体业务中分离出来，并以此为核心组建南方航空公司湖南分公司。8月28日，中国南方航空集团公司湖南分公司成立。南方航空公司（以下简称“南航”）湖南分公司是全国首批55家企业集团之一的中国南方航空集团公司的全资子公司，基地设在长沙黄花国际机场，并在广西北海、湖南衡阳设有营业部。公司主营国内、国际和地区航空客货业务，航空器维修。公司拥有波音737型客机7架，经营着国内、国际和中国香港澳门地区近40条航线，航线总长3.5万千米。

1993年7月30日更名为“南方航空（集团）湖南公司”。1998年完成股份制改造，更名为“中国南方航空股份有限公司湖南分公司”（简称“南航湖南分公司”）。2000年有在职职工1057人，其中大专以上文化657人，专业技术人员337人。

图20-4-3-1　　2001年南航湖南分公司机构设置图

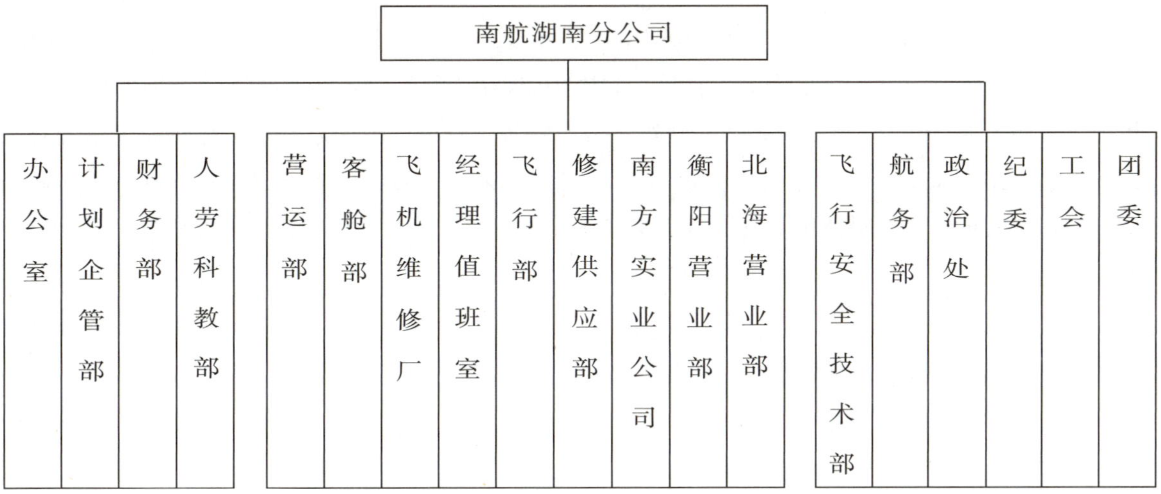

2001 年 12 月 28 日，在民航湖南省局原航务管理中心的基础上成立“中国民航长沙空中交通管理中心”，与民航湖南省局分离，隶属民航中南空中交通管理局。2002 年民航长沙空中交通管理中心设党办、办公室、财务部、综合业务处、技术保障部、航务管理部等机构。

2002 年 1 月 23 日，国务院第 121 次总理办公会议通过《民航体制改革方案》，1 月 31 日，中央政治局常委会讨论批准这个方案。根据改革方案，民航的行政管理体制由三级改成两级，即实行总局—地区管理局两级行政管理，保留 7 个地区管理局，同时撤销 24 个省（自治区、直辖市）局，根据需要在各省份设民用航空安全监督管理办公室，作为地区管理局的派出机构。根据这个规定，全国 129 个民用机场，除首都、拉萨机场外，全部属地管理，原则上以省为单位成立机场管理公司。各省份不再设立民航机场管理机构。方案先搞试点，3 年之内完全落实。民航湖南省局是试点单位。

2003 年 3 月 28 日，湖南机场在全国率先完成民航机场管理体制属地化改革，“民航湖南省局”成为历史，湖南省机场管理集团有限公司成立，下设长沙黄花国际机场分公司管理黄花机场。

2004 年 11 月，湖南机场集团公安处正式脱离机场集团行政管辖，挂牌成立湖南省公安厅机场公安局。

2005 年，按照“投资主体多元化、管理专业化、运作市场化”的变革思路，湖南机场再次进行资产整合，逐步理顺产权关系和管理组织结构，引进战略投资者，组建湖南机场股份有限公司，黄花机场主业相应转由湖南机场股份有限公司长沙黄花国际机场分公司运营管理。

2007 年 11 月，由湖南省机场管理集团有限公司、湖南湘投控股集团、湖南省财信控股有限公司和长沙信托投资有限公司（现已经变更为长沙先导控股有限公司）共同出资，由湖南省机场管理集团有限公司控股，组建湖南省机场股份有限公司，下设长沙黄花国际机场分公司运营管理黄花机场。2012 年年末，湖南机场管理集团有限公司及下属公司有职工 4813 人。

（二）机构。为适应民航事业发展的需要，为民航湖南省局政企分开做准备，1989 年 4 月，民航广州管理局决定将所属科级单位升格为处级单位，民航湖南省局机构设置改设为 1 室（办公室）5 处（计财劳资处、航务处、运输专业处、修建供应处、机务安全处）。

1992 年，按照民航总局《关于民航省（市、区）局行政二级机构设置的通知》，民航湖南省局通过调整和完善组织机构，转换经营机制，实行承包经营责任制，成为一级标准的企业单位。主要职责是领导和管理湖南省内所辖机场，为各航空公司代理销售和地面服务业务。另外，根据 1992 年 8 月 28 日民航总局转发国务院批准的《关于民航进一步深化体制改革方案的请示》，在有飞机的省（区、市）局成立航空公司分公司。1992 年 8 月 28 日，民航湖南局遵照民航广州管理局的指示，进行体制改革，分成两大单位：中国民用航空湖南省管理局（正厅级）和中国民航南方航空公司湖南分公司（副厅级）。

民航湖南省局自 1992 年体制改革后，为优化资源配置，理顺内部关系，提高机场综合保障能力和企业经济效益，对主业和三产部门机构做过多次调整。2000 年全局总人数 1248 人，2003 年体制改革后，湖南省机场管理集团有限公司下设长沙黄花国际机场股份有限公司管理长沙黄花机场，长沙黄花国际机场分公司下设总经理办公室、企划部、财务部、人事部、安全质量部、党群工作部、现场运行指挥中心、运输候管部、安检护卫部、航空器维修站、货运分公司、旅客服务分公司机场保障部、物业管理部、医疗救护中心、后勤基地开发公司、离退休办公室等部门。

2005 年，湖南省机场管理集团有限公司进行资产整合，实行主辅分离，组建湖南空港实业有限公司，长沙黄花国际机场有限公司改为长沙黄花国际机场分公司，下设总经理办公室、企划部、财务部、人事部、安全质量部、党群工作部、现场运行指挥中心、运输候管部、安检护卫部、航空器维修站、机场保障部、物业管理部、医疗救护中心、后勤基地开发公司、离退休办公室等部门。2006—2012年机构未发生重大变化。

二、安全质量管理

（一）安全保障体制建设。安全是民航永恒的主题，是所有工作的重中之重。1957年，国务院总理周恩来为民航工作题词“保证安全第一，改善服务工作，争取飞行正常”，称为民航系统各项工作工作特别是安全工作的指导方针。1983年，民航湖南省局成立航行科，下设训练办公室，负责全面质量管理教育和培训工作。1984年，根据民航总局关于省（区）局和飞行大队设立飞行安全专职机构的指示精神，将训练办公室改成安全监察科，负责训练、科教和安全工作。1987年，民航湖南省局成立安全委员会，并设立安全奖。

1990年，民航湖南省局科改处，安监科并入机务安全处，因不利于职能发挥，1991年安监科从机务安全处分离，与民航湖南省局计量科组成企业管理处，行驶全局安全监察职能，并着手制定一系列安全管理规定。

1992年8月，民航湖南省局实行管理体制改革，安全监察科划归南航湖南分公司。

1993年，根据民航总局、民航湖南管理局要求，体改后的民航湖南省局成立飞行安全监察处。

1994年，民航总局提出“三句话、八个字、一严两抓”的安全工作总体要求，按照上述方针和要求，原民航湖南省局采取系列安全措施，克服硬件设施保障跟不上航空运输发展步伐的困难，逐步建立安全管理机构和规章制度，形成组织、教育、制度、技术、监察、奖惩等一套管理机制。

2000年，原民航湖南省局提出安全“四化”举措，即安全教育制度化、安全监察经常化、安全管理规范化和安全措施落实具体化。

2005年，机场属地化改革后的第三年，黄花机场新的管理机构——长沙机场分公司成立专门的研究小组，在全国机场率先试点推行安全管理体系（SMS）建设，黄花机场以安全评估为契机，在没有可供学习、借鉴模式的情况下，边探索，边完善，着手研究安全管理体系（SMS）在民用机场的构建与运用。在扬弃以前机场安全管理经验后，初步建立包括目标系统、组织系统、制度系统、监察系统、改进系统和教育培训系统6个子系统的安全管理体系。随后黄花机场被总局确定为在机场范围内构建实施SMS的首批试点单位，同时，安全管理体系（SMS）建设经民航总局人事科教司科技立项。此后，黄花机场将“SMS推进”“规章落实”与“隐患排查”3项工作有机结合，以规章落实为主题，隐患治理为重点，认真梳理岗位工作流程，排查岗位隐患，结合《民用机场运行安全管理规定》，动态修订工作程序，围绕“安全、正常、优质服务”扎实推进SMS建设各项工作，经过5年的研究、实践，黄花机场在推进SMS建设、构建安全长效机制、确保持续安全方面取得显著的成效。黄花机场在原有6个要素的基础上不断丰富，有机整合，又增加安全政策、不安全事件调查及处置、风险管理、应急响应、安全审核5个要素，形成包含11个要素在内的机场安全管理体系。安全管理体系（SMS）建设成果顺利通过中国民航科技成果鉴定，项目被鉴定为达到“国内领先水平”，并在业内推广。在借鉴外国同行先进的企业管理经验基础上，黄花机场推出安全质量管理文件体系之《安全质量管理指令》。

2009年，黄花机场完成质量、环境及职业健康安全“三标一体”建设工作，按照一体化管理要求，对各层面规章、制度、岗位工作流程、工作记录进行全面规范，建立符合国际标准的规章制度体系。

2010年，黄花机场编写岗位手册并予以试用，完成100个《岗位手册》的编写。建立三级风险管理制度：基层岗位周讲评会有效辨识岗位隐患，各机坪运行单位月安全形势分析会研究制定整改措施，公司季度安委会和风险管理专题会分析评估整改结果。

2011 年 9 月，黄花机场以 98.87%的高符合率通过国家民航机场安全审计组的安全审计。

2012 年，黄花机场推出又一安全质量管理体系文件——《航空安保管理体系》（SeMS），并获得民航局认可，在行业内推广。

（二）运输飞行与空防安全。1988 年 6 月，大托铺机场以飞行安全为中心，以领导班子为重点，进行半个月的全面安全整顿和“四查”（查思想、查管理、查纪律、查隐患）。

1989 年，完成由大托铺机场转场搬迁至黄花机场的任务。为实现安全目标，黄花机场制定《关于加强安全管理的六条要求》和《黄花机场安全管理制度》，建立安全责任制及“安全一本账”，相继开展“百日无差错安全竞赛”和“安全文明月”等活动。

1992 年 8 月以来，黄花机场进一步强化建立健全各种规章制度。1993 年 3 月，制定《长沙黄花机场紧急处置突发性事件预案（试行）》，成立领导小组，划分重点防护区域，明确组织分工、力量分配及各自的任务。

1994 年 2 月 18 日，中国西南航空公司 B737 飞机执行贵阳—长沙—福州 4567 航班，从长沙起飞后，10 时 15 分在福建南平上空被伪装成武警的歹徒林某劫持到台湾。通过交涉，劫持飞机于当日 16 时 20 分返回厦门机场，林某被台湾当局扣押，2009 年被遣送回大陆，在长沙中级人民法院接受审判。

1995 年，长沙黄花机场发布《关于建立值班报告制度的通知》，要求各处（室）值班领导每天必须在 08:20 以前向局值班首长报到，各二级机构的值班干部每天必须在 08:00 以前向本处（室）值班领导报到。仅本年度，查处旅客携带违禁物品 936 起，收缴违禁物品 906 件，查处伪造、假冒身份证件 1204起。

1996 年 3 月，对安检移交的莫祯豪非法隐匿携带枪支弹药登机一案进行认真细致审查，并依法作出处理。

2001 年，对 VIP 证、临时用工证和机场控制区当日出入证等控制区临时证件进行改进，限定通行区域，严格发证管理措施。11 月，在全面清理各机场控制区范围内所有道口、通道的基础上，下发《关于规范控制区道口管理，切实做好空防安全工作的通知》，采取能关闭的道口坚决关闭的措施，对开放使用的道口和通道一一落实责任单位。同年，黄花机场开展空管创“双优”和地勤“争当 21 世纪优秀机务人”的活动。

2003 年，非典型性肺炎（以下简称“非典”）疫情突如其来，黄花机场快速成立“非典”防治工作领导小组，组建抗击“非典”队伍，先后制定“非典”突发事件紧急处置预案和“非典”防治工作制度，确定并落实“两个 100%”的处置措施，确保做到早发现，早报告，早隔离，早治疗，防治工作严密到位；投入 300 余万资金，购置各类防护、消毒器具 2 万余件。添置台式、手提式红外测试仪，设立留验站、隔离区、一线人员消毒室、休息室、餐厅，实现“非典”旅客“零”进入、员工家属“零”感染。

2004 年，黄花机场制定从公司、业务部门、业务分部、班组到个人的 5 个层次的年度安全目标体系，含航空安全、消防安全、地面交通安全、职业安全和各业务部门特定的安全内容，并由总经理和各部门的行政一把手签订安全目标责任书，构建起安全管理网络。

2008 年，黄花机场成立安全管理委员会，吸纳机场管理机构、航空公司或其代办及其他驻场单位参加，建立起较为完善的机场现场运行整体督查网络。

2009 年，黄花机场按照“安全第一，预防为主，综合治理”的方针，认真贯彻民航局“持续安全”

理念，试点实行安全绩效管理工作。通过层层分解机场年度安全目标，逐级签订责任书，与所有驻场单位签订《运行安全协议》，明确职责，建立起重大风险项目确定、安全隐患分级管理、绩效目标控制的机制和程序，实现监管资源与机场安全绩效管理的统一。

2010年，黄花机场在安检岗位严格执行四级、三级响应安保检查措施，加强“四状一态”物品和人身重点部位检查力度，所有开包检查包裹二次过机，所有乘坐上海、广州、深圳、珠海航班的旅客实施专门通道检查，人身手工检查执行率不低于10%，多次查获旅客隐匿携带的小刀、打火机。

2010年，黄花机场进行航空安全保卫管理体系（SeMS）试点工作。

2012年9月13日，民航局对黄花机场安全绩效管理试点工作进行评估，指出机场安全绩效管理模式具有创新性，充分肯定黄花机场的绩效试点工作。

截至2012年，黄花机场已经连续实现18个空防安全年。

（三）地面安全。1980年，黄花机场制定机场运行管理细则，加强对候机室、停机坪等重点要害部位的安全管理。1982年，按照国务院、中央军委要求，大力整顿机场秩序，建立值班巡逻制度，强化停机坪安全。1984年2月，民航湖南省局成立外场指挥科，加强对停机坪、飞行区秩序的协调指挥。9月，制定《关于地面防暴力破坏强行劫机、劫车的应急处置方案》。

1994年9月底，民航湖南省局组织黄花机场驻场单位进行一次应急特殊情况的演习。同年，公安消防、医疗救护中心组织消防车、救护车，先后两次对跑道两端各10千米范围内的道路进行演练熟悉，并绘制道路图表；加强飞行禁区管理、施工区管理、证件管理；定期检查净空情况，解决黄花机场净空超高的问题，确保机场净空标准。1995年，完成新围界建设，修建平行滑行道，对停机坪进行扩建。

1996年，进一步严格加强停机坪和隔离区的管理，杜绝无证人员、车辆进入隔离区和控制区。1998年，民航湖南省局制定下发《关于重申黄花国际机场停机坪安全管理规定的通知》，以确保黄花机场停机坪生产的良好秩序，确保各种车辆的安全行驶，最大限度地避免机坪地面服务事故。

1999年，从硬件、软件人手，在黄花机场加大鸟害防治力度，相继配备各种驱鸟设备，制定机场鸟害防治办法，重点加强进入控制区内的人员、车辆的证件检查，对飞行区施工人员也采取有效防范措施，主要道口实行双岗制，最大程度杜绝无关人员进入飞行控制区。

2000年3月，召开停机坪安全管理和航空器活动区交通管理协调会，再次确定停机坪安全管理规定，明确现场指挥中心协调的工作范围，制定航空器活动区交通秩序整治方案，并于4月开展一个月的专项整治工作。9月底，黄花机场新航站楼建成并投入试运行，各有关单位进行充分的准备工作，强化各类人员的培训，画定廊桥下的禁区线，各单位团结协作，采取多种行之有效的安全措施，有效发挥各种设施、设备的功能，保障安全生产的顺利进行。

2001年10月，制定下发《长沙黄花国际机场航班信息流程规定》《长沙黄花国际机场机坪生产运行管理暂行规定》等文件，详细规范航班信息流程、保障指挥程序、机坪运行秩序（包括人员、车辆、飞机、工作程序等），并制定相应的罚则。2002年，制定《停机坪安全管理暂行规定》《飞行区巡视检修工作规定》等工作制度，进一步规范业务工作流程及工作标准。

2003年，黄花机场规定每月5日为安全教育日，举办各种安全会议、安全知识学习活动，对员工开展形式多样的安全教育。2007年，黄花机场着重对机坪航空器和车辆的运行秩序进行整治，制定《非机动车机坪作业管理规定》，划定停放区域，重新标划远机位交通标识，增加航空器警示标志和避让航空器的停车让行标志，对驻场单位两千余名员工进行“最低安全素质准入”培训考核。

2010 年，黄花机场开展“创建机场平安大道”和“车辆适用性专项整治”，加大驻场车属单位安全管理，排查隐患，完善特种车辆的操作程序和应急处置程序，全力杜绝车辆运行违章现象。2012 年，黄花机场深入贯彻持续安全理念，组织开展“彻查隐患、治理三违”和行李运输服务整治等专项行动，完成安全审计复审、安保审计项目整改工作，全年未发生一起事故征候。

三、民航服务管理

（一）地面交通服务。1989 年，黄花机场通航后，黄花机场离市区 20 余千米，市区至机场无高速公路，行车需 1 小时左右的时间。为方便旅客，民航湖南省局购置近 10 台客车收费接送旅客。

1994 年 12 月，长沙市直达机场的长永高速公路通车，市区到机场行车只需 30 分钟。随着黄花机场旅客增加，1999 年，省局购置 10 余台空调大巴，往返民航大酒店与机场间接送旅客。

2000 年黄花机场旅客吞吐量突破 200 万人次，地面服务交通需求增加，民航湖南省局购置 8 台豪华空调车辆，以满足旅客的需要。至 2002 年，民航湖南省局拥有 35 座以上空调客车 25 辆，25 座以下豪华中巴客车 12 辆，为接送旅客服务。至 2012 年年底，长沙民航还先后开通黄花机场至株洲、常德、岳阳、湘潭四地的往返巴士，方便乘机旅客。

（二）售票服务。20 世纪 80 年代初，国内旅客乘坐飞机受到种种限制。1985 年，民航总局简化购买国内飞机票手续，国内旅客购票只需凭所在单位和接待单位的购票介绍信和本人身份证件，乘坐飞机的旅客逐渐增多。机票销售点只限于民航湖南省局自设的售票处，只能购买单程机票，机票填开采用手工方式，机票为民航总局统一样式。1986 年，民航湖南省局运输服务处值机室利用前方站空座和空余业载、座位在机场开展候补机票业务，满足急需乘机旅客的需求。

1990 年，全国民航实行计算机联网售票。1991 年，民航湖南省局长沙售票处安装售票终端，可购买联程和回程机票。实行计算机联网售票后，旅客订座不再是手工记录，而采取记录编号形式，航班座位控制逐步科学化。

1992 年，长沙售票处开展送票上门服务（收费），方便旅客。1993 年 5 月，民航总局经国务院批准，取消购票介绍信，国内旅客购买机票只需凭有效身份证件。7 月，民航长沙售票处开设国际售票窗口，销售国际客票。

1999 年，民航湖南省局各售票处和销售代理点全面实行 BSP 客票，各售票点安装打票机。旅客购票十分快捷，打印机票十分清晰、规范。

2001 年，南方航空湖南分公司开展电子客票服务，旅客只要利用互联网登录 www.cs-air.com 网站，即可根据提示自己完成订座和票款支付工作，不需机票，只要在航班起飞前凭订座编码就可办理乘机手续。2002 年长沙民航开始筹备电子客票业务，2003 年，逐步推行电子客票业务。

至 2012 年年底，旅客可以通过电话、网络、购票点等多种方式购买机票，出行便利程度大为提高。

（三）值机服务。值机服务主要是为旅客办理登机牌、办理行李托运手续。1990 年全国民航实行电脑联网订座售票，1991 年在长沙售票处安装电脑订座系统，在客运值机室也安装销售终端，值机员根据旅客订座记录编码办理值机手续，保证准确性，提高工作效率。2000 年 10 月，随着黄花机场新航站楼建成投入使用，办理值机手续使用先进的离港系统。离港系统与销售系统联网，值机人员只要输入旅客姓名或订座记录接受旅客后，就可以打印出登机牌和行李条，办理程序十分简单、快捷。使用离港系统还实现过境航班旅客对号入座，改变在长沙乘坐经停航班无法对号入座的历史。2007 年，黄花国际引入自助值机系统，旅客在无托运行李的前提下，可以凭身份证在自助值机机器上自行办理值机手续。至

2012年底，值机模式无其他变化。

（四）候机服务。1957年2月，长沙航空站从衡阳迁到长沙，借用空军一栋房屋作临时候机室和办公室。候机环境非常简陋，临时候机室和停机坪之间为一条泥巴路。候机室配备少量服务员，负责引导旅客上下飞机，为旅客提供书报、杂志和茶水服务。

1957年年底，长沙航空站在大托铺修建航站楼，第一层作旅客候机室。1958年，在航站楼内设立小卖部，为旅客提供服务。1959年，航空站修建砖木结构的旅客招待所1栋，两层。

1966年，设立旅客餐厅，餐厅旁建有池塘和水榭凉亭。1976年，兴建一栋三层的招待所，能提供100个床位。1979年，修建贵宾休息室，基本保证旅客候机、用餐、住宿“一条龙”服务。候机室配备专职服务员，负责引导旅客上下飞机、广播以及候机区清洁卫生及飞机上加水保洁工作。至1988年，候机服务基本包含引导旅客上下飞机以及可为旅客在候机区域活动提供的一些延伸服务，如购物、餐饮、住宿、医疗救护等。

1989年9月，黄花机场新航站楼投入使用，旅客候机区域设在一楼，二楼设有旅客餐厅、咖啡厅。航站楼内安装冷暖空调系统、闭路电视和广播系统。分为内外隔离区，内隔离区设有旅客服务柜台，负责旅客问询工作。内外隔离区都设有商场、医疗服务柜台。旅客候机区分国内旅客候机区和国际旅客候机区，国内候机区有2个登机口，国际候机区有1个登机口。旅客登记时由服务员引导步行穿越停机坪至飞机上。航站楼内外隔离厅都设有贵宾休息室，安全检查设有专门的要客安全检查通道。当时，要客接待任务不多，民航湖南省局要客接待任务由省局办公室和运输服务部门共同完成。

1995年，更新航班显示系统，安装自动广播系统和自动问询系统；同年，添置多辆“衡山”牌客车用作摆渡车，在停机坪接送旅客；在候机大厅设立问询服务台；同事免费为旅客提供书刊、杂志、针线和代为旅客邮寄信件服务。

2000年9月，黄花国际机场第二代航站楼落成。旅客候机区域分为12个候机厅，二楼有10个候机厅，一楼有2个远机位候机厅。二楼候机厅有10个廊桥，波音、空客、麦道系列飞机一般停靠廊桥，100座以下的飞机停远机位。至2003年1月，共有4台摆渡车为接送远机位旅客服务。航站楼12个登机口都装有电脑，旅客登机牌的查验是经过离港系统扫描登机牌，查找旅客十分方便。12个登机口都安装屏显系统，候机区域都安装电视机，显示航班动态。航站楼内设3个贵宾室、3个头等舱休息室、1个母婴候机室。贵宾室、头等舱休息室环境舒适、设施设备齐全，配备有电视机、VCD机、冰柜、消毒柜。头等舱休息室还配备电脑；接入宽带，为旅客提供上网服务。航站楼各个区域都设有商场，安装IC卡电话机。旅行社、酒店以及一些酒店订房网站在航站楼都设有接待点。旅客候机、购物、旅游、联系酒店等都十分方便。黄花机场第二代航站楼内共有贵宾室3间，专门用作三级警卫以上要客及专机服务。贵宾室环境优雅，设备齐全。同年，客运部门成立贵宾服务小组，专门负责要客的服务工作。值机室设有专门的要客值机柜台，安全检查设有专门的安全检查通道，要客到达机场后，要客服务员负责帮助要客办理登记手续，引导要客到贵宾休息室候机。2002年，购置厦门金龙客车一台，改造为专用要客摆渡车。2002年9月，候机室被共青团中央、中国民用航空总局团委授予全国“青年文明号”光荣称号。

2003年之后，黄花机场持续使用T1航站楼原有贵宾室。2011年，黄花机场T2航站楼投入使用，旅客候机区域分为28个候机厅，二楼有22个候机厅，一楼南侧有4个远机位候机厅，一楼北侧2个远机位候机厅有。二楼候机厅有22个廊桥，波音、空客等中大型飞机一般停靠廊桥，100座以下的飞机停远机位。航站楼28个登机口都装有电脑，旅客登机牌的查验是经过离港系统扫描登机牌，查找旅客十分方便。28 个登机口都安装屏显系统，候机区域都安装电视机，显示航班动态。T2 航站楼启用后，成立湖南空港实业乐翔贵宾服务分公司负责商务政务要客服务。乐翔贵宾服务分公司在长沙黄花机场 T2 航站楼区域拥有近 1.5 万平方米面积的贵宾厅 46 间，配有专用的值机系统、专用安检通道、专用车辆，代办出港值机手续和进港行李提取手续，并提供茶水、饮料、水果、点心、互联网商务通信服务。

至 2012 年年底，黄花机场仅使用 T2 航站楼贵宾服务设施，T1 航站楼各项贵宾服务设施均停止使用。

（五）延误航班服务。因天气、飞机机械故障、飞机调配、空中交通管制等原因造成航班不能正点起飞或到达，给旅客和航空公司带来一定的影响。20 世纪 50—60 年代，在长沙航空站执行航班任务的都是小型飞机，受天气制约，航班经常不能正点。民航所做的服务就是帮旅客退票，代购火车票。遇飞机过夜，则设法帮助旅客找旅馆或招待所。遇飞机晚点，则帮旅客找汽车，代雇三轮车。

20 世纪 80 年代，国家民航总局十分重视航班不正常的服务工作，总局先后下发关于做好航班不正常情况下服务工作的规定，明确航班不正常情况下各部门职责和对旅客提供膳、宿、交通等费用的规定。民航湖南省局严格执行总局规定，安排好旅客的食宿行。

1990 年开始，航班增多，旅客流量增加，旅客成分也越来越复杂，航班不正常处理工作难度也越来越大。1992 年 12 月，民航湖南省局成立航班不正常服务工作领导小组，由局长担任组长。

1993 年，民航湖南省局制定关于认真做好航班不正常情况下旅客服务工作的实施办法，对航班不正常情况下的服务工作进一步做要求与规范。

2002 年至 2012 年年底，黄花机场第二代航站楼启用后，在处理航班不正常情况下的服务工作方面，客运部门更加注重人性化的服务。遇航班不正常时，每一个航班都有专人负责旅客的问询或解释工作，给旅客发放致歉卡，航站楼的头等舱休息室对旅客开放，旅客只需付一定的费用，就可以到头等舱休息室休息。

（六）货运服务。民航货运业务起步于 1957 年，后恰逢大跃进，货运形势空前高涨。1958 年，航空运输集中运力运输工业产品。20 世纪 60—80 年代，湖南航空货物运输主要是运输湖南工业生产物资。

1989 年，黄花机场通航后，货运增加，为适应运输生产的需要，民航湖南省局于 1989 年 10 月 1 日购置 1 台叉车。

90 年代初，湖南航空货运逐年发展。1991 年，黄花机场货邮发运量为 639.7 吨，1992 年为 3477.9 吨，比上年增长 65.6%。为适应发展的需求，运输专业处下设货运处，货运处分市内货运和机场货运两部分，室内货运负责货物的收运和发放，机场货运主要负责货物的配载、保管和装卸。1992 年 1 月，购置 1 台行李牵引车。

1994 年 1 月，民航湖南省局购置两台行李皮带车，同年 9 月，购置 2 台大货车做地面运输。

1995 年，由民航湖南省局计算机中心货运计算机管理软件投入使用，用于管理到大货物，货运仓储管理开始向科学化管理迈进。同年购置行李牵引车 1 台，1996 年又购置行李牵引车 1 台。

1998 年，货运装卸特种货物开始实行特种货物通知单制度。为保障大型飞机装载的需要，购置行李传送带车 1 台。同时，为加强货物地面运输服务，至 1999 年年底，行李传送带车达到 4 台。

1999 年 5 月 8 日，民航湖南省局和西北航空公司共用投资购置的德国产装卸平台车运达长沙，结束黄花机场不能保障带集装设备飞机的历史。

2000 年，为发展国际货运业务，民航湖南省局和南方航空湖南分公司分别设立机场海关监管仓库。

2001 年，民航湖南省局投资近百万元与民航天信达信息公司联合开发全国联网货运系统。出发货配载、到达货查询、运价管理都实现计算机管理，货运仓单不再需要手工制作，由计算机自动打印，打印的仓单规范、清晰。

至2012年年底，货运服务无重大变化。

（七）空中服务。机上服务的主要程序包括迎客服务：乘务员站在指定的位置上热情迎接和安排旅客就座，检查行李置放情况，关好行李架盖板。飞机滑行时，进行安全检查（旅客是否系好安全带），广播紧急设备的使用方法。飞机起飞后进行平飞前，介绍机上的服务设备，分送报纸、杂志，供应饮料、膳食等。飞机落地前30分钟送糖果，广播到达时间、天气情况、城市概况，进行安全检查等。飞行落地后，打开舱门，广播欢送词、向旅客送别等。20世纪60—70年代，机上服务由副驾驶兼任。1985年，为缓解运力紧张，民航湖南省局将原属专业飞行中队改装运输飞行中队，长沙飞行队组建乘分队。1986年招收首批乘务员6人，以后每年陆续招收，至1991年，乘务员达到30人。旅客和机组的餐食和机上供应品都由民航湖南省局旅客服务公司负责供应。

1992年8月，民航湖南省局体制改革，南航湖南分公司成立，乘务分队改为乘务中队，机上供应品和膳食由南航湖南分公司自配。1996年8月13日，南航湖南分公司成立南天实业发展有限公司，经营旅客和机组膳食生产制作及飞机供应品采购任务。民航湖南省局主要与除南方航空公司外的航空公司签订餐饮和机上供应协议。机上供应品按照严格的定量配给，上机交接程序执行，飞机落地后，乘务员清点剩余供应机品，供应员上机按照回收清单清点回收并签收。供应员将剩余供品装车入库，回收员签收后进行处理和处置。至2012年年底，空中服务无重大变化。

四、飞机维修管理

（一）维修机构。1988—1992年，民航湖南省局机务安全处负责飞机维修工作。1992年8月，民航湖南省局管理体制改革之后，机务工程人员划归南方航空湖南分公司。

1994年1月17日，民航湖南省局为适应黄花机场航班飞机短停维护的需要，成立“机务维修工程部”。同年4月，衡阳第十一飞行大队根据南方航空公司的安排，实行转产，其机务人员调往广西北海。1997年8月，这些机务人员划归南航湖南分公司。

2000年，长沙黄花机场共有机务工程人员214人，随着机场航班数量的飞速发展，机务工程人员的需求也日益增大。至2012年年底，黄花机场机务维修机构未发生重大变化。

（二）飞机维修。1988年，长沙机务人员已能对安-24飞机无线电、仪表、雷达等系统的部、附件进行校验和检修。

1991年，湖南已有世界先进的波音737-500/300机型等飞机在黄花机场起降，机务人员的维修能力相应上升到对大型喷气式客机的检修与排故。1993年2月，有2人取得波音737-型飞机的试车资格证书。同年7月1日，南航湖南分公司飞机维修厂开始正式执管波音737-500型飞机维修。排除波音737-500型飞机各类故障320起（包括重大疑难故障在内）。从1994年9月起，已能完成定检任务。

1996年，南航湖南分公司飞机维修厂正式获得独立完成A检资格。1997年，飞机维修厂已能独立完成波音737-500/300型机的“大A检”。1998年，可以为外航飞机做“大A检”。

2000年，除能对波音737飞机的正常维护、定检外，还能承担波音737飞机的A检和大A检任务，并开设“电子维修”“刹车组件修理”“轮毂翻修”等业务。

至2012年年底，黄花机场具备维修空客320系列、波音737系列等飞机的维修资质。

五、航务保障管理

（一）空中走廊。1988年，一号走廊为大托铺南近台至醴陵，二号走廊为老粮仓至大托铺机场南近台。长沙空中走廊的飞行管制，由驻防空军统一组织实施。进出走廊的运输机和直升机，由当地民航管制部门负责实施管制指挥。军航运输机、直升机、执行作战、演习及其他特殊任务和歼、强击、轰炸飞机飞行涉及长沙空中走廊时，由驻防空军实施指挥，民航按军航提出的要求组织避让。其他进出走廊的飞机，必须与当地民航管制部门沟通联系，并接受指挥。

1989年8月，黄花机场通航后，长沙空中走廊进行相应调整，通信导航和气象设施都趋现代化，民航航行调度虽仍受空军统一管制，但建立本场的独立指挥体系和指挥程序。黄花机场塔台管制范围变更。2001年开始，民航统一对高度表修正。此后至2012年年底，无重大变化。

（二）航行情报。1988年航行资料情报室归属民航湖南省局航行部门领导，此种组织关系一直沿袭到2001年12月“长沙空中交通管理中心”成立。民航湖南省局航行情报室要履行负责组织实施日常的领航保障工作的职责。

2001年，情报室对航行情报资料开始改革，实行共用制配备管理，此后至2012年年底无重大变化。

（三）航行签派。1988年至1992年8月，民航湖南省局没有专门设置签派室，业务工作由航行调度室统一办理。

1992年11月16日，南航湖南分公司正式启用签派室。签派室的职责是申请飞行计划，掌握飞行动态，协调处理航班运行中出现的不正常情况等，签派室的其他业务由民航湖南省局航管中心代理。

1995年8月1日，南航湖南分公司签派室启用计算机管理系统来组织生产运行。至1999年4月20日，共保证1 453个航班的正常运行，没有因签派原因延误航班。

1999年，根据飞机故障多、机长紧缺、航班衔接过站时间短、航班计划变动大等因素，签派室制定航班不正常时的航班调配原则和飞行预报申报拍发程序。全年安全保障1.37万飞行架次，其中南航湖南分公司飞行1.23万架次（正班11436架次，加班756架次，调机10架次，备降2架次，其他飞行2架次），南航其他公司飞行1343架次，安全放行率100%，航班正常率78. 89%，比1998年提高6. 17个百分点，其中3123精品航线（长沙—北京）正常率94%，3387样板航线（长沙—广州）67. 57%，全年未发生严重差错和事故征候。

2001年，签派室积极进行南航与北航和新疆航联合重组后的地面服务代理的前期准备工作，顺利保证新飞行基本规则、过渡高度、过渡高度层和高度表拨正程序改革，新的空管一号规定，三亚责任区建立及在南中国海实施RNP-10运行、RVS米运行等；通过运行合格审定和签派执照年审，完成签派员复训和模拟机实习，协助完成永州零陵机场的试飞任务。全年安全保障1.73万飞行架次，安全放行率100%，航班正常率70. 2%，其中3123精品航线（长沙—北京）正常率95%，全年未发生严重差错和事故征候。此后至2012年年底，无重大变化，签派工作正常进行。

（四）航空气象。1955年，长沙航空站成立时，仅有1名气象观测员，主要任务是向飞机提供本场天气实况，不作气象预报。1956年，人员划归湖南省气象局管理，民航气象资料统一由湖南省气象部门保证。1957年，湖南省气象局派出5名气象工作者成立工作组，常驻长沙航空站工作。1959年，在长沙大托铺机场成立民航气象台，下设预报、观测、填图、报务4个组，共16人。不仅观测本场天气实况，且做航站预报。1961年，民航系统气象台及人员全部改为民航建制，所有仪器设备全部移交民航湖南省局。

1988年年底，增加南京大桥机电厂生产的CT-3卫星云图接收机。

1989年4月，民航湖南省局成立气象科。气象科有职工62人，有预报、观测、雷达、卫星、传真、填图、航填、资料8个工种。同年8月，民航湖南省局从原大托铺机场搬迁至黄花机场，兴建观测场，配备全套常规观测设备、制氢设备和制氢房，安装中山大学生产的半自动气象站、合肥民航机场气象台研制的自动填图设备。9月，713测雨雷达投入使用，原来的711雷达调广州。

1990年1月，实行体制改革，民航湖南省局下属的科改处，调度、气象、通信合并为航务管理处，处下设气象科，增加观测月总簿微机处理系统，安装雷达图传设备。

1991年，民航气象保障改为民航气象服务，气象保障方式由“接收放行制”改为“机长责任制”。年底更新1套航填自动填图机。

1992年8月，民航体制进行深化改革，原民航湖南省局划分为民航湖南省管理局、南方航空湖南分公司和中航油湖南分公司。民航湖南省管理局下设航管中心，航管中心下设机场气象台，撤销气象科。更新1套郑州东西方信息工程公司的自动填图设备。至此，湖南省气象部门下设36个气象站（包括预约站和航危报站点）向民航有偿提供航空天气情报和航空危险天气情报（航危报）。

1993年，与气象局报房实现网络通信，相继增加预报自动处理系统和观测编报微机处理系统。随着低空作业飞行减少和飞机性能、导航技术的发展，这些气象站存在的必要性越来越小，4月1日省气象部门撤销所有预约站，保留12个航危报站点。

1994年1月，航危报站点减少到4个（岳阳、韶山、醴陵、南岳），黄花机场气象台升为副处级单位，有员工50人，原卫星和传真两个组合并为卫传站，填图和航填两个组合并为情报站。同年4月，气象台进一步改编，下设预报室、观测站、情报站、机务站4个站室，其中情报站含原资料室，机务站含原卫传站和雷达站的人员，情报站机务人员由机务站统一管理。3月，更新的卫星云图自动接收处理系统结束人工冲洗卫星云图照片的方式。

1995年，航危报站取消，观测站和情报站合并成测报站，气象站的功能被卫星、雷达等探测手段替代。8月，从芬兰引进自动气象观测系统（米IDAS600）安装并投入使用。

1996年，将雷达图传改为光纤远端控制，结束人工描绘雷达回波图形的方式。1997年安装气象621数据库工程终端设备，启用气象卫星传真广播系统，改变气象报文的传统索取方式，使气象情报服务走向网络时代。1998年对卫星云图自动接收处理系统进行第一次更新改造。

2001年11月，修建机场高速，气象楼被拆除，气象713雷达因使用年限已到同时被拆。随着机场公司的属地化改革，原航管中心独立出民航湖南省管理局，成立民航长沙空中交通管理中心，简称民航长沙空管中心，下设航务管理部和技术保障部两个运行部门，原气象台情报站撤销，原机务站更名为气象设备室，划归技术保障部，预报室和观测站划归航务管理部。预报室、观测站和气象设备室均属正科级单位。

2002年3月，从气象局取得长沙黑麋峰多普勒雷达资料。2004年4月，气象设备室与原通信设备室合并，成立通信气象设备室，预报室与观测站合并，再次成立气象台，通信气象设备室和气象台均属正科级单位。

2005年，对卫星云图自动接收处理系统进行第二次更新改造。2006年5月开始，新《中国民用航空气象情报交换办法》实施，气象台不再发布AIR米ET报和低空（飞行高度3000米以下）的空中风和温度预告图。

2007 年 9 月，民航长沙空管中心改称为民航中南空中交通管理局湖南分局，简称民航湖南空管分局，下辖各机构不变。与湖南省气象台签订资料共享协议，获得天气图、长沙及省内其他雷达的资料。12 月，成都锦江电子厂生产的 714CDN–K 多普勒雷达试运行。

2008 年，安装民航气象自动填图与分析系统，恢复手工分析天气图，6 月 1 日正式使用 714CDN–K 多普勒雷达。

2010 年，在跑道东侧沿线安装芬兰 VAISALA 公司的 Avi 米 et 自动观测系统、A 米 S–II 型长春自动气象站，可以提供实时的地面风向风速、主导能见度、米 OR、RVR、天气现象、云高云量、气温、露点、相对湿度、气压（包括场面气压和修正海平面气压）、降水量、地面和土壤温度等数据，并随系统赠送米 AWS301 自动气象站（作为冷备份自动站使用）。7 月气象台独立出航务管理部，成为分局下设的二级机构，级别与航务管理部平行，气象台下设气象预报室、观测情报室、综合业务室，级别均为正科级，胡丹任气象台台长，余吉初任气象台书记，气象设备由技术保障部管理和维护。

2011 年 1 月 Avi 米 et 自动观测系统正式启用。2012 年气象台增设气象设备室，负责气象设备的管理和维护工作。

六、航空油料管理

1931 年，新河大圆洲机场建油库一所，设专人管理，这是有记载的湖南航空用油的最早油库。1963 年，大托铺机场油库正式纳入编制。1972 年，暮云油库建成，此后两座油库均由供应部门管辖。1970 年，易家湾卸油站投产，是目前黄花机场航煤供应的唯一途径。易家湾卸油站位于湘潭市昭山开发区内，距离黄花机场约 50 千米。

1989 年 4 月，民航广州管理局为适应民航事业发展需要，省民航局改为 1 室 5 处，油料科为修建供应处下属单位。

1987 年 8 月，黄花机场配套的供油工程投产。

1989 年，易家湾卸油站至机场油库的输油管线建成投产，输油能力为 68 立方米/小时。沿线穿越村庄 19 个，大中型河流 2 条，铁路 4 条，公路及乡村公路 30 处，管线外防腐采用特加强级沥青玻璃丝布防腐。

1992 年，为适应地区需要，在易家湾卸油区靠 107 国道一侧兴建卧式油罐等组成的汽车加油站一座。

1993 年 6 月 28 日，中航油中南公司南航湖南分公司正式成立，为正处级，隶属中国航空油料中南公司。基层设慕云油库、黄花油库、航空加油站。

1994—1995 年，为适应体改需要，兴建黄花机场内中航油南航湖南分公司综合办公楼一栋。

1998 年 7 月 1 日，华南蓝天航空油料有限公司南航湖南分公司试运行。机关设 5 个部门：公关行政部、企划财务部、人力资源部、业务部、党群工作部。基层设航空加油站、业务油库、暮云油库、张家界供应站、常德供应站。为满足黄花机场日益增加的航油需求，兴建黄花机场油库立式油罐一座。

2011 年 6 月，航空加油站投产。该站位于黄花机场扩建跑道的南侧，占地 1200 平方米。主要生产设施有：生产值班用房，汽车修理间，管线车棚两座，特种车加油站一座。灌油棚一座，单侧灌油，并兼有综合检测功能；航空加油站配有管线加油车、罐式加油车及多功能车。

2012 年，易家湾铁路卸油站新站建成。兴建站区位于老站区南侧，围界内占地为 2.62 万平方米。站区内有 1 座铁路卸油栈桥（带罩棚），可同时接收 40 个油槽车；配套 1 座卸油泵棚及变配电间、1 座门房、1 座扫槽罐、1 座污油罐、1 座隔油池等设施。现有 3 台 360 立方米/小时卸油泵，2 用 1 备，卸油流量 720 立方米/小时。

第五章　邮　政

邮政是保障国民经济稳定发展的基础事业，是最基本的通信手段。改革开放以后，国家不断加大对邮政基础设施的投入，长沙邮政事业迅速发展，通信能力不断增强。1988年，全市有邮电局、所274处，其他邮政服务点4296处，邮路长度3.38万千米，投递段道440条，邮政从业人员近2000人，业务收入2315万元。

20世纪90年代，市场经济竞争激烈，邮政企业不再独家经营。长沙邮政坚持“人民邮电为人民”和“发挥优势、适应市场、规模经营、全面发展”的方针，在保持传统业务持续发展的同时，先后恢复代收货价、邮件回执、代发广告等业务，新开办贺年明信片、国际国内电子信函、国际邮政汇兑、企业明信片等业务，形成以邮递类业务为主体、储蓄和集邮类业务为支柱、新型业务为补充的多元化邮政综合服务业务体系。1997年长沙市邮政局被全国总工会授予“五一”劳动奖状。1998年，长沙邮政业务总量和业务收入（含4县）分别为9460.47万元、2.39亿元。同年，全国实行邮电分营改革，4个县（市）邮电局重归长沙市邮政局管辖。分营财务划分之后，长沙市邮政局负债1.9亿元、4县（市）邮政局负债1.01亿元。1999年，长沙市开始推进“323”邮政通信工程，至2001年年底，完成既定目标：建成并完善物流网、信息网和邮政金融网三大网络；省会到地州市快递邮件2日到位；3年之内实现扭亏为盈。是年，完成业务收入3.90亿元。

进入21世纪，长沙市继续加大科技兴邮步伐，通信网络建设不断完善，邮政服务能力不断增强。至2002年，全区电子化网点覆盖率达到93.5%，绿卡联网率90.69%，电子汇兑联网率74.84%，建成社保邮政代发系统；加快电子化支局建设，先后实现185邮证通，185福利彩票投注，代理联通、移动、电信话费，代理社保等多项业务的叠加。2005年，投资1078万元，建成五一路、望城坡、中南汽车城三大标准网点，其中五一路营业厅被誉为“三湘邮政第一厅”，提升邮政企业服务形象和竞争力。2007年4月，长沙邮政营业网与邮运网实现互联互通；长沙县、浏阳市邮政局进入全省邮政十强县局行列，浏阳市邮政局被授予“全国邮政系统先进集体”荣誉称号。2008年，长沙境内共有邮政综合营业网点228处，电子化社区487处，“三农”服务站751个，邮政储蓄网点226处，信箱信筒790处。2009年，速递物流长沙航空邮件处理中心成立；2010年长沙市邮政局获得“全国通信企业用户满意单位”光荣称号。2011年，成立商务投递分局；搭建邮件处理大平台，进出口邮件实现全面提速。

至2012年，长沙市有邮政局、所263处，邮路长度6.23万千米，投递段道793条，邮政从业人员近4000人，完成业务收入4.47亿元。长沙邮政“通政、通商、通民”的深度和广度不断拓展，能够为全社会提供物流配送、邮递专送、金融汇兑、保险理财、缴费一站通、集邮礼仪等全方位、多元化服务。

第一节　邮政设施　机构网点

一、邮政设施

（一）星沙枢纽邮件处理中心。星沙枢纽邮件处理中心为长沙邮区中心局的主要生产场地之一。该枢纽是国家邮政通信基础设施建设项目，1998年动工建设，投资1.31亿元，2002年7月18日投产运行，建筑面积3.8万平方米。为湖南省内邮政投资规模最大、科技含量最高的邮件处理中心，每小时可处理信函3万件、扁平邮件1.8万件、包件7200件。该枢纽按照国家邮政局制定的低层大平面生产流程布局的设计方式，其工艺流程按邮件内部处理“三状化”（扁平状、信函状、包状）、邮件装卸机械化、封装容器化、邮件标识条码化、信息处理网络化的原则，集邮件集中处理、信息网络传输和机械作业于一体，是省内邮件处理规模最大、自动化程度最高，并与航空接轨的邮件处理生产场地，居全国领先地位。星沙枢纽担负着全省包裹、信函分拣和报纸分拣封发工作，配有自动信函分拣机3套、包裹环形分拣机1套，邮件日处理能力为6万~8万件。

（二）速递物流长沙航空邮件处理中心。速递物流长沙航空邮件处理中心成立于2009年，位于湖南省长沙县黄花镇谷塘村人民东路和机场大道交会处，毗邻长沙黄花国际机场（位于长沙黄花国际机场西北方，离机场候机楼1.5千米），占地约3.93公顷，生产总面积1800平方米，担负着全省航空标准快递的进出口处理工作。2012年，该中心与长沙集散中心、长沙分拣中心合并为速递物流湖南省邮件处理中心。

（三）邮运车辆。20世纪80年代，长沙市加大对邮政通信建设的投资，邮政车辆发展较快。1988年，全市有邮运汽车99辆，其中长沙市邮政局有92辆，长沙县、望城县、浏阳县邮电局各1辆，宁乡县邮电局4辆；火车邮箱13节，摩托车48辆，自行车520部。1989年，按照邮电部和省邮电管理局的要求，在长沙成立湖南省邮政运输局，邮运车辆随之调整，长沙市邮政局汽车下降到51辆。1990年，长沙市邮政局有邮运汽车69辆，摩托车30辆，自行车750辆，火车邮厢15节；1991年有邮运汽车98辆，火车邮厢15节；1992年有邮运汽车90辆，火车邮厢10节；1993年有邮运汽车110辆，火车邮厢10节；1994年有邮运汽车103辆，火车车厢15节；1995年有邮运汽车152辆，火车车厢12节；1996年有邮运汽车184辆，火车邮厢12节；1997年有邮运汽车209辆，火车邮厢15节；1998年有邮运汽车258辆，火车邮厢10节；2000年有邮运汽车145辆，火车邮厢9节；2004年有邮运汽车122辆，火车邮厢9节；2008年有邮运汽车125辆，火车邮厢9节。2012年，全市有邮运汽车185辆，货车邮箱9节，其中长沙市邮政局有邮运汽车119辆，火车邮厢3节。

（四）自动化和机械设备。1988年2月22日，长沙邮政枢纽转运车间机械化作业工程通过省邮电管理局验收，正式投产使用，该工程是长沙邮政枢纽总体流程工程的一部分，历时近三年半，共耗资139万元，由邮件总进口推式悬挂输送机、转运分拣推式悬挂机、微机控制系统和100条邮袋分拣贮存轨等部分组成，此项分拣工程每小时可处理邮件2000袋，比人工处理提高工效5倍。

1994年12月27日，以邮件处理机械化及信息处理自动化为主要内容的长沙邮政枢纽技术改造工程通过部级验收，该工程实际完成投资1205万元，改造面积8800平方米，历时3年2个月，技改工程分为转运、包裹、印刷3个车间和邮运制单位计算机及信息管理系统、工位空调与除尘系统、电源配电系统、有线通信系统、无线通信系统、电源监控系统和枢纽楼内照明系统7个项目，安装设备489台（套），经过改造，通信内部处理能力比改造前提高2倍。

1995年长沙市邮政局引进2台信函自动分拣机，1996年1月19日正式开通投入使用，并举行开通仪式，省政府副秘书长王道生、长沙市副市长李斌恺等参加。该分拣系统投入使用后，内部质检平信散件差错率由0.03%下降到0.017%，补码率由3%以上下降到0.3%，信函上机率由45%上升至65%左右。1999年11月22日，引进第三套自动分拣机C-STAR信函自动分拣机通过终验，分拣速度大幅度提高，卡塞率明显低于老机型，界面能显示数据，具有格口多、一次入格率高的特点，新老机型的视频标码能共享，标码效率提高。

2000 年，长沙邮区中心局有设备 219 台（套），其中，自动信函分拣机 3 套（比利时进口的大型信函自动分拣机，每小时分拣 3 万件信函），包裹环形分拣机 1 套（国产大型包裹环形分拣机，每小时分拣邮件 3600 件）。2001 年，有设备 618 台（套）。2005 年通信生产设备增至 1200 余台（套），包括信函与包件分拣、推挂、运输等 5 套大型机械设备。2007 年有自动信函分拣机 2 台，半自动信函分拣机 1 台，推式悬挂运输机 1 套，信盒传输流水线 1 套。2012 年有自动信函分拣机 8 台，包件分拣机 1 套，推式悬挂运输机 2 套，信盒传输流水线 1 套。

二、邮政机构网点

（一）自办网点。1988 年，长沙市区有五一路、黄兴路、火车站、劳动路、丝茅冲、溁湾市（今溁湾镇）、反帝路（今湘雅路）7 个邮电支局，35 个邮政所，10 余处报刊零售亭、集邮门市部等专业服务点；共设信筒、信箱 214 个，平均每平方千米只有 0.6 个；长沙县、望城县、浏阳市、宁乡县共有邮电支局、邮电所等 111 处自办服务网点，每个服务点平均服务半径 5 千米，平均服务人口 2.8 万人。

1997 年 12 月，长沙市邮政局按照长沙市当时的行政区划成立 5 个区局：芙蓉区邮政局、天心区邮政局、雨花区邮政局、开福区邮政局、岳麓区邮政局。

1999 年 6 月，长沙市区设置 50 个自办邮政所，其中芙蓉区邮政局有车站路、韶山路、曙光路、黄兴路、五一路、省电信大楼、定王台、蔡愕北路邮政所，天心区邮政局有井湾子、铁院、新开铺、南湖路、坡子街、红星、青园路、涂家冲、鸿翔、书院路邮政所，雨花区邮政局有劳动路、梓园路、奎塘、东塘、城南路、左家塘、树木岭、雨花亭、雅塘村、车站南路邮政所，开福区邮政局有伍家岭、国防科大、丝茅冲、湘雅路、小吴门、中山路、砚瓦池、北站、外湘春街、北正街，岳麓区邮政局有西长街、中南工业大学、湖南大学、湖南师范大学、石佳冲、桐梓坡、咸家湖、望月湖、麓山南路、银盆岭、三汊矶、溁湾路邮政所。长沙市邮政局设立在市区的专业服务点有 6 处：车站路速递营业处、邮购市场、水风井报刊零售处、雨花区开宇大厦音像市场、定王台报刊批销点及湖南师范大学报刊零售亭。长沙、望城、浏阳、宁乡 4 个县（市）邮政局自办邮政服务点 199 个，其中支局 49 个，邮政所 150 个。

2005 年，长沙市邮政局以“以收定支，整合农村网点资源；减员增效，提高网点利用率”为原则，拆除 15 个低效网点，将另外 2 个改为代办网点。建成五一路、望城坡、中南汽车市场 3 个标准化网点，其中，五一路营业厅 7 月 1 日开业，是湖南省邮政面积最大、设备最先进、齐全的营业厅，成为“三湘邮政第一厅”；还对邮储余额 3000 万以上的网点进行标准化改造，以提升邮政企业服务形象。当年，全市共有自办邮政局（所）254 处。

2012 年，全市自办邮政局（所）253 处，其中市区（含望城区）126 个自办局（所），长沙、浏阳、宁乡 3 个县（市）127 个。其中中心城区设有 49 个邮政所，芙蓉区邮政局有中天广场、八一路、车站路、五一东路、省电信大楼、荷花园、火星大道、南湖、曙光路、定王台网点，天心区邮政局有铁院、南门口、涂家冲、书院南路、新开铺、坡子街、中意路、湘府路网点，雨花区邮政局有劳动路、梓园路、香樟路、雅塘村、仁和、高桥、万家丽路、西子花苑、城南路网点，开福区邮政局有伍家岭、学宫街、科大家园、丝茅冲、四方坪、湘江世纪城、华章路、小吴门、湘雅路、国防科大网点，岳麓区邮政局有茶子山、中南大学、湖南大学、湖南师范大学、溁湾路、市政府、望月湖、咸嘉新村、阳光 100、银盆岭、左家垅网点。

（二）委办网点。1985 年，长沙市区邮政委办服务点有邮票代售处 128 处，平均每 2.8 平方千米 1

处；长沙县、望城县、浏阳市、宁乡县有95个委办邮政（电）代办所，528个邮票代售处。

1999年，长沙市邮政局开始恢复设立邮政委办网点，至1999年6月在市区设立邮政委办点42个，分别为湘江宾馆、桂花二村、重型厂、窑岭、东风二村、定王台、马王堆、陡岭、芙蓉中路、八一西路、青园路、体育馆路、湘春路、东瓜山、香樟路、茶子山、开福寺、解放中路、三角塘、赤新村、长沙大学、中建五局、长客、湘湖渔场、体校、长新、邮校、井奎、毛家桥、芙蓉南路、桔园、长岭、省委、火星、高桥、杨家山、岳华、砂子塘、工学院、迎宾路、天心路、井南、长红等。同年，长沙县、望城县、浏阳市、宁乡县有1363个邮政代办服务网点。

2012年，长沙市邮政局委办网点在市区有曙光中路、砂子塘、长岭、重型、中建五局、井圭、桔园、长红、新星、马王堆、解放中路、火星、窑岭、迎宾、新合、茶子山、工程兵学院、芙蓉中路、陡岭、湘春路、长沙大学、书院路、芙蓉南路23个。同年，长沙县、望城县、浏阳市、宁乡县有代办邮政网点31个。

三、长沙市邮政（管理）局

1988年，长沙市邮政局管理部门设人事劳资科、业务科、计划财务科、审计监察科、教育科、基建科、总务科、供应科、技术设备科、退休职工管理科、老干部科、保卫科、农村邮电检查处、农村电话管理科、政治处、经营管理委员会、办公室、劳动服务公司、邮袋报布科。生产部门设邮件转运科、报刊发行科、报刊零售管理科、函件科、邮件押运科、机要通信科、包刷科、长沙市邮票公司、长途邮运汽车队和五一路、黄兴路、火车站、劳动路、丝茅冲、滦湾市、反帝路7个邮政支局。同时直接管理武汉邮运分局长沙汽车队和长沙、望城、浏阳、宁乡4个县邮电局。1989年，4县邮电局划归长沙市电信局管理。

1993年2月，将车站路邮政支局改为长沙市邮政一分局、五一路邮政支局改为长沙市邮政二分局、劳动路邮政支局改为长沙邮政三分局、黄兴路邮政支局改为长沙邮政四分局、反帝路邮政支局、丝茅冲邮政局合并为长沙市邮政五分局、滦湾路邮政局为改为长沙市邮政六分局。成立总工程师办公室、综合经营科、业务档案管理科和长沙市邮政报社（隶属政治处领导与宣传科实行两块牌子一套人马管理）。生产片成立长沙市邮政局枢纽局（副处级）和长沙市邮政局市内通信局（副处级），隶属市局直接领导。枢纽局负责交换科、运输科、函件科、包刷科、押运科、机要科的邮政通信计划、组织、指挥、协调、监督和检查。下设办公室，负责该局日常综合管理和财务工作，调度室负责该局邮运指挥调度、监督检查并履行全局邮运调度职能，业务档案科由枢纽局管理。市内通信局负责市内各通信单位的经营、计划组织、指挥、协调、监督检查工作，下设办公室、业务科，负责业务指导、业务发展、监督检查和日常综合管理工作。成立长沙市邮政局多种经营局（副处级），湖南省国脉实业总公司（副处级），隶属市局直接领导，实行“两块牌子、一套人马”。汽车修理厂、雅丽装饰公司、宏达帆布制品厂及原三产业办管理的各经济实体划归总公司。总公司下设综合部、发展部、财务部和经营贸易部等科级职能科室。

1993年12月，市局撤销市内通信局、枢纽局、多种经营局、组织科、宣传科、老干部科、局长办公室、劳资科、综合经营科、计划财务科、综合科、退休科、总工办、设备管理科、保卫科、建设科、行政科、供应科，成立九大专业公司（局），即营业中心，储汇局、速递局、发行局、投递公司、零售公司、邮票公司、大宗公司、信息广告公司，实行专业化经营。原组织科的党建工作和干部考察、培养、教育工作划归政治处直接管理，干部日常管理工作划归综合部；原宣传科职能划归政治处；原局长办公室、劳资科、保卫科、武装部、审计科职能划归综合部；原综合经营科、通信局的业务管理职能和原枢纽局的邮运业务管理、生产组织管理及督察、质检班划归生产经营部；原总工办、设备管理科、枢纽局调度室职能划归邮件处理部；原计划财务科职能除个别工作调整外，其余划归财务部；原退休科、老干部科、建设科、行政科划归后勤服务部。

1997 年 12 月，为适应市场不断变化的需要，实施小管理、大经营、专业化、集团化的经营模式。经过对企业机构、经营管理系统的多方考察论证，按照专业经营、专业核算、纵横连锁、条块结合、责权到位、政出一门的原则，在职能管理上，推出综合模式，成立办公室、劳资教育处、服务督察处、业务经营处、计划财务处、政治处等 13 个处室。经营机构由九大专业公司调整为专业公司与分局相结合的经营模式。撤销营业中心，按照长沙市新的行政区划成立相应的五个邮政区局，区局内设三部一室：营业部、储蓄部、投递发行部和办公室。将发报刊、订销、零售业务合为一体，统一由报刊发行局管理，内设发报刊局、零售公司、投递发行局；成立邮票局，下辖集邮公司、集邮信托公司和集邮协会。为适应二级中心局建设的需要，进一步优化作业组织，生产片成立分拣局和转运局。

1998 年 9 月，根据国务院、信息产业部关于邮电体制改革的要求，长沙地区邮电分营完成。分营后的长沙、望城、浏阳、宁乡 4 县（市）邮政局划归长沙市邮政局管辖。

1999 年 12 月，根据邮电部《关于进一步加快实施邮区中心局体制的意见》实施中心局体制的具体步骤和措施，湖南省邮政局成立长沙邮区中心局，邮区中心局负责省内通信网路组织的管理，负责各省省际散件和总包的进出口、省内及邻省散件和总包的集散与经转。同时，将长沙市邮政局生产片的邮件分拣局和转运局划归长沙邮区中心局管辖。

2000 年 5 月，为进一步提高邮政投递质量，改善邮政终端服务，长沙市邮政局打破原有的投递运行管理机制，进行投递制度改革。对分散在各区局、专业公司的机要、特快、报刊、函件、包裹等投递网络进行统筹规划，统一形象，集中管理，实现多网合一，并成立专门的经营管理机构——长沙市邮政投递局。投递局按照“自主经营，自负盈亏，自我发展，自我管理”的原则实行全新的公司化运作，下设 7 个生产机构，在长沙市 5 个区成立投递分公司，将机要和速递投递网合并，成立机要速递投递分公司，还专门成立物流配送部，致力于开拓物流派送市场。该局成立后，投递服务质量得到进一步改善，同时，新兴的邮政物流配送业务为电子商务的发展提供更为完善的商品派送服务平台。

2004 年，根据国务院《邮政体制改革方案》中将邮政普遍服务业务和竞争性业务实行分业经营，要对邮政企业进行重组，组建速递、物流等专业公司的要求，完成速递、物流两大专业的市县一体化经营改革，并顺利完成速递专业化经营的剥离工作。2004 年 10 月 19 日，湖南邮政速递实行专业化运营，长沙速递从长沙邮政剥离，成立长沙速递营业部，隶属湖南省邮政速递公司，实行省、市、县一体化管理，长沙速递营业部属生产经营单位，设市场部、投递分拣部。2006 年 4 月 21 日，新业务开办，经湖南省邮政速递公司批准增设重点业务部。2006 年 12 月 5 日长沙速递营业部升格成立长沙速递分公司。2008 年 1 月，湖南邮政速递进一步深化改革，加大市区揽投网建设，加快用户响应速度，开通“11185”客服查询上门揽收服务，推进次日递承诺服务。湖南省邮政速递物流公司调整长沙速递内设机构为：综合部、经营部、业务管理部三个管理机构。经营部下设市场营销部、国际业务部、重点业务部、大客户部、生产经营机构；业务管理部下设投递部、分拣部、航站、“11185”客服中心经营服务单位。

2008 年 3 月，中国邮政储蓄银行长沙分行正式揭牌成立，为湖南省第一家邮储银行市州分行。同年 3 月底，长沙市分行下属的浏阳、宁乡、长沙、望城 4 县（市）支行相继挂牌成立。建立自上而下、运行平稳的邮储银行组织管理体系，完成邮政企业和邮储银行的分账核算和成本费用追溯调整工作，邮政储蓄体制改革取得阶段性成果，为促进邮政金融业务健康快速发展打下良好基础。

至2012年11月，长沙市邮政局设综合办公室、市场经营部、计划财务部、人力资源部、网运建设部、服务督察部、安全保卫部、局工会8个机关职能部门和运输分局、邮件处理中心、后勤服务部、信息技术分局4个支撑辅助部门；按业务种类和服务需要设大客户营销服务、金融业务、投递、报刊发行、信函广告、保险代理、通信代理、包速、机要、“三农”服务11个专业分局；区县局按行政区域设芙蓉区局、天心区局、雨花区局、开福区局、岳麓区局5个区局和长沙县局、望城县局、浏阳市局、宁乡县局4个县（市）局。

同年，《国务院办公厅关于完善省级以下邮政监管体制的通知》发布，规定完善省级以下邮政监管体制，设置市一级邮政管理局。11月29日，长沙市邮政管理局正式挂牌成立，为长沙市邮政行业主管部门。下设办公室、普遍服务（机要通信）科、市场监管科3个科室，均为正科级。行政编制数为13名，局领导一正一副。湖南省邮政公司在长沙市及各县市区的邮政企业不再使用“邮政局”的名称，统一更名为“邮政分公司”。

1988—2012年，先后担任长沙市邮政（管理）局主要领导职务的有：马文生、王宏启、陈乐国、阮大平、罗高飞、曾和林、李红石、李唐、刘绍权。

第二节　邮政业务

1988—2012年，长沙邮政业务不断适应市场需求谋发展，业务收入不断增长。1988年业务收入为2315.19万元，1995年为9608.19万元，2000年为3.13亿元，2005年为3.12亿元，2012年为4.47亿元。

一、函件

函件包括各类信函（国际国内）、明信片（国际国内）、邮简、印刷品（国际国内）、商业广告信函、盲人读物等（国际国内），根据处理手续的不同分为平常函件和给据函件两大类。挂号函件、保价信函、特种挂号信函等都属于给据函件。其中，信函是国家交邮政局（公司）专营的业务。函件用户历来以个人为主。1988年，市区收寄给据函件393.01万件；全市共收寄函件7216.63万件，其中，市区5727.57万件。

1990年7月31日，国家第一次对所有邮资进行调整，其中平信外埠从0.08元调整为0.2元，明信片外埠从0.03元调整为0.08元，本埠平信和明信片的资费均为外埠的一半。挂号信从0.12元调整为0.3元。

随着改革开放的深入发展，很多单位和个体工商户利用邮政渠道，把大量科技信息资料、商品广告、函授书刊、学习辅导材料等，用大宗函件寄往全国各地，促使商业函件业务量日益增多。1990年，收寄信函广告300余万件。1991年起，长沙市邮政局对大批量交寄信函广告的用户实施资费优惠；当年，全市收寄函件6458万件；其中市区5204万件，平均每人每年交寄46件，居全国省会城市之首。

1993年3月5日，长沙市邮政局信息广告公司成立，为湖南省首家经营信息广告的专业化公司，安装广告信函“一条龙”的微机处理系统，每小时可制作信函2000封，使商业信函得到发展。是年，对长沙市邮政业务市场抽样调查，交寄挂号函件的单位，机关团体占32.82%，文教卫生占19.47%，金融单位占17.15%，工业建筑占14.09%，商业物资占10%，服务公用占3.42%，交通运输占2.95%，挂号函件业务量仅占长沙市邮政局各类邮政业务量的9.44%；当年，长沙市邮政局出售和收寄的“贺年（有奖）

明信片”101 万张；全市收寄函件 8358 万件，其中市区 5379 万件。1994 年全市收寄函件 8078 万件，其中市区 6035 万件。

1995 年，对信息广告公司承包、增办“邮政回音卡”“中国邮政明信片咨询片”等新型函件业务的发展，使市区收寄函件 8682.88 万件，创历史最高水平。是年，车站路、伍家岭、韶山路、五一路 4 个营业处（所）开通综合营业微机处理系统，改变传统的按业务种类设台席的手工生产方式，实施“一台清”作业。1996 年增办“企业明信片”。1996 年 12 月 1 日，信函取消本外埠之分，资费调整为：信函 0.5 元，明信片 0.4 元，印刷品 0.3 元，挂号信 1 元。1997 年 7 月增办“中国邮政（邮资）明信片寻医问药咨询卡”和“明信片广告业务”。

1998 年 8 月，试办全球优先函件业务，长沙邮政各营业网点可以向世界任何国家和地区交寄平常函件和给据函件。当年，长沙市区实行邮资整付的单位 331 个，其中全年交寄量 10 万件函件的用邮大户 27 家，50 万件以上的 3 家，100 万件以上的 1 家，占长沙市邮政局收寄函件业务总量的 14%。由于电信技术发展迅速，通信方式不断更新，传统的函件业务受到冲击，挂号信函和特种挂号信函、保价函件逐步流向信函型特快专递邮件种类，挂号信函业务量锐减，是年，全市收寄函件 5666 万件，比上年下降 7.4%，函件收入 3792.18 万元；其中，市区收寄 4662.77 万件，收寄函件收入比上年减少 438.3 万元，占邮政业务收入比重由上年的 21.31%下降至 17.87%；长沙市邮政局收寄挂号函件 261.64 万件，比 1988 年下降 33.43%。

1999 年 3 月，国家对邮政资费作结构性调整，函件仍恢复本外埠资费区别：信函本埠 0.6 元、外埠 0.8 元；印刷品本埠 0.3 元、外埠 0.6 元；明信片 0.6 元，挂号信 2 元。同年函件业务种类之一的邮政快件业务被取消。寄往中国台湾、中国香港、中国澳门及国际的信函与印刷品增设计费档次，资费也作相应调整。当年，全市收寄函件 8738 万件。

进入 21 世纪，电信和网络技术飞速发展，传统的纸质书信被简捷快速的电话传真替代，邮政函件业务受到巨大冲击，业务发展低迷，2000 年全市收寄函件 8399 万件，比上年下降 3.88%。但由于肩负保障人民通信自由的责任，长沙邮政一直坚守不放弃，亏损经营也要维护正常运行；同时也顺应经济发展，改变固有思维，积极探索开拓函件业务新兴市场。2003 年 4 月长沙邮政 185 客户服务中心与长沙车站路售票系统正式联网，市民可通过邮政营业网点或 185 台预定发车站为长沙车站的火车票，并可自由选择邮政投递到户或自取。同年，全市函件收入 6150 万元。2005 年，为长沙移动公司推出移动话费账单业务，每月可为客户寄送个人手机消费清单；当年全市收寄函件 3919 万件，比上年增长 33.52%；长沙市邮政局函件收入 3831 万元，占邮政收入比重为 13%。

2006 年 11 月 15 日调整国内函件资费标准，调整标准为：国内信函资费首重 100 克以内，每重 20 克本埠由 0.6 元调整为 0.8 元，外埠由 0.8 元调整为 1.2 元；100 克以上的续重资费为每重 100 克（或其零数）本埠 1.2 元、外埠 2 元；明信片资费由每件 0.6 元调整为 0.8 元（此次资费调整标准一直沿用 2015 年）。当年，全市邮政收寄函件 3597 万件，业务收入 4116.09 万元，其中商函 2718.84 万元。

2007 年开始推出各类企业贺年卡业务，通过邮政贺卡的平台，各类企业可以向其客户群体推介自身业务和加强沟通联络情感，一经推出得到社会各行业的认可；同年还推出长沙十景明信片，充分展示古城长沙的新风貌；启动银行业回执账单双挂号业务，高考大礼包、移动贺等一批有代表性的项目。当年，全市收寄函件 2986 万件，商业函件占 60%；收入突破 5000 万元，比 2006 年增长 21.7%，

2009 年，开发邮送广告业务，为有需求的私营民营企业量身定制广告宣传单，并邮寄给指定客户，

当年全市收寄函件4958万件，比上年增长39.6%；函件收入完成6777万元。2011年开发汽车、金融、房地产、零售、教育五大行业的直邮信函，推出电视剧卡、个人名片贺卡、金融理财宣传卡等明信片，当年全市收寄函件4175万件。

2012年，继续确立直邮业务核心发展，根据市场需求开发15类数据库产品，丰富函件品种，全市收寄函件3431万件，函件业务收入完成6833万元，实现业务的全面转型升级。

二、包裹

包裹寄递业务种类先后有普通包裹、保价包裹、航空包裹、国际包裹、商品包裹等。20世纪80年代，商品经济日益发达，商品包裹大量增加，长沙邮政包裹业务高速发展，年均增长率11.43%。1988年，长沙市邮政局收寄包裹59.52万件。因运价和成本费用的上升，现行包裹资费入不敷出，有的甚至低于交通运输部运价。是年9月，经湖南省人民政府批准，对每件包裹收取地方性附加费（即邮电建设费）0.15元（1993年3月调整为0.3元）。

进入20世纪90年代，随着邮政企业自身邮运能力的不断增强和邮政企业改善服务和发展业务的需要，长沙邮政实行对包裹业务的上门揽收，邮政包裹业务逐年上升。1990年7月31日，经国务院批准，国内包裹资费在原订标准的基础上提高150%。1990年7月，邮电部决定，国内邮政包裹（不包括纸质品包裹）全部保价，并取消保价包裹名称，甲类保价包裹和乙类保价包裹也随之撤销。同时，为确保安全，维护寄件人利益，将原按甲类保价包裹交寄的物品中补增照相机、贵重药材等物品种类，其价值在300元及以上的必须作贵重包裹交寄。上述物品根据重量或尺寸限度，分别按民用包裹或商品包裹资费收取。交寄时，由邮政收件人员和寄件人会同封装，包装缝合处加贴保价封志，封志骑缝处须邮局收寄人员和寄件人会同签章，并单独装袋发运。当年，除缅甸、古巴、澳大利亚、巴布亚—新几内亚只办理500克以内国际小包、意大利只办理1000克以内国际小包业务外，其余各国均办理2000克以内国际小包业务。1991年，长沙市邮政局收寄包裹239.65万件，邮政包裹业务总量占全部业务总量的36.9%，比函件业务高17%，其中主要因素是纸质品包裹业务发展迅速。

1992年7月，长沙邮政开办收寄台湾包裹快件业务。1994年，长沙市邮政局收寄包裹607.98万件，创历史最高纪录。

1995年，受湖南省地区性国有企业普遍亏损的影响，长沙市包裹业务量出现20世纪90年代的首次大幅度下降，长沙市邮政局收寄包裹量为246.27万件，比上年减少59.49%。1997年，受包裹资费提价和取消纸质品包裹等业务种类的影响，包裹业务量再次下降，收寄量为46.67万件。1998年，可通过长沙邮政各营业网点向195个国家和地区交寄包裹，长沙市邮政局收寄包裹97.43万件，全市包裹业务收入1351.87万元（含长沙、望城、浏阳、宁乡4县局314.65万元）。

根据国家邮政局的统一要求，2000年，长沙市邮政局在全省率先实施城区包裹无偿妥投到户，增加12台汽车、34名工作人员，于7月1日起在市区实现包裹无偿妥投到户。10月1日，4县城区包裹也实现投递到户。年底，妥投到户率98%，2%为窗投。

按照国家邮政局统一部署，自2001年8月1日起，在全国范围内开办国内快递包裹业务，长沙邮政包裹业务形成普通包裹、快递包裹、特快包裹3个层次，满足多层次的市场需求。该业务自开办以来，业务量逐年递增，有效拉动包裹业务的回升。

为适应形势发展要求，长沙邮政不断推出包裹新产品以适应不同群体的需求，并且实行包裹业务专业化经营。2005年，包件收入完成1735万元。从2006年开始，先后推出校园包裹、军营包裹、家乡土特产包裹、会务包裹、电商包裹，在不断方便客户的基础上，包裹业务也得到迅速发展。2012 年，长沙邮政共收寄包裹 69.34 万件，其中，市区 57.37 万件，长沙县、浏阳市、宁乡县 11.77 万件；包裹业务收入 606 万元。

三、邮政汇兑

1988 年 5 月 1 日，长沙市邮政局开办快件汇款业务。快件汇款在时限上优于普通汇款，仅次于电报汇款，颇受用户欢迎。此后随着个体、民营经济繁荣，商品交易活跃，汇兑业务量逐年增长。1996 年，全市邮政收寄汇票 97.93 万张，创下历史最高纪录。1997 年起，因邮政储蓄异地存取业务和邮政储蓄“绿卡”业务日渐被越来越多的客户采用，传统的汇兑业务开始呈下滑态势。进入 21 世纪，金融网络化发展日新月异，各行各业和大众百姓基本都采取网上银行或者手机银行进行资金往来，汇兑业务基本处于停滞。

四、报刊发行

1987 年，长沙市邮政局零售报刊业务发展到 7 个邮政支局、35 个邮政所、11 个零售亭，有专业人员 72 人，个体批销户 180 个，与全国 700 家市、县邮电局建立业务往来关系，零售报刊品种增至 750 种，零售流转额 1120 余万元。1988 年，长沙邮政订销报纸 61.86 万份，订阅杂志 50.95 万份；报纸发行收入 457.19 万元，杂志发行收入 295.45 万元，共 826.03 万元，占邮政业务收入 35.68%。20 世纪 80 年代中后期开始，且随着出版事业的开放，各类报刊品种增多，报刊发行已由“邮发合一”变成以邮发为主、报刊社自办发行及其他发行渠道并存的局面，先后有《湖南广播电视报》《长沙晚报》《空中之友》等 6 种报刊改为自办发行；且报刊大幅提价，私人订阅数锐减，订阅单位行政经费压缩，订阅报刊量也减少，邮政报刊发行量呈下降趋势。

1990 年，长沙市邮政局首次采用 6 台微机处理报刊要数，工作人员由原 15 人减为 8 人，处理需时由 7 天减至半天；同年，长沙市区内的湖南大学、火车站、窑岭、袁家岭、东塘、湖南旅社报刊零售亭被一次性强行拆除，报刊零售流转额也受到影响。翌年，报刊提价日渐被用户接受，报刊期发总份数开始回升。1993 年，报刊再次大面积大幅度提价，其中调价的报纸占整个邮局发行报刊的 50%左右，是年，报刊订阅比上年下降 22.49%。

1996 年，长沙市邮政局批销报刊业务发展迅速，对外地和市内批销收入为 202 万元。1997 年，长沙市邮政局与省内其他邮政局首次对《湖南经济报》《人生与伴侣》等 10 种报刊实施买断包销经营；同年，湖南省首家开架式报刊零售门市部在长沙市邮政局火车站支局营业厅开业；当年，报刊零售收入 317.64 万元，比上年增长 11.72%。1998 年，长沙市邮政局发行报纸 1056 种，杂志 4128 种，订销报刊流转额 6119.12 万元，报刊发行收入 4619.44 万元（其中 4 县局 741.34 万元），比上年增长 26.54%；报刊零售流转额 1539.46 万元，报刊零售收入 631.66 万元（不含 4 县局）。市内的报刊零售亭由 1982 年的 16 个，减少到仅剩 1 个，报刊零售网点严重匮乏。

2000 年，新增报刊亭 112 座（含 4 县、市 10 座），全市报刊亭增至 162 座，主要坐落在长沙的各主次干道、车站码头和居民小区。报刊亭的招租采取公开招标的形式，并向下岗职工倾斜，其中 30 个报刊亭直接交给残疾人经营，称为“邮政助残报刊亭”。当年，报纸发行收入 1539.5 万元，杂志发行收入 850.4 万元，共 2543.8 万元，占邮政业务收入 8.133 %。

为方便读者购买党报，扩大党报的影响力，确保党报能够在第一时间到零售亭销售，湖南省邮政局从 2004 年 6 月 26 日起对生产作业组织方式进行调整，并实行“专人分发、专车拉运、专时上柜”，7 月

1 日开始，《人民日报》《光明日报》《经济日报》《湖南日报》《长沙晚报》首先进入长沙市的邮政报刊亭，并在长沙所有邮政报刊零售点挂上“党报零售点”的标牌，然后再向全省各地（市）、县铺开。同年，国家邮政局开始在全国范围内实施报刊零售体制改革方案，其中包括将报刊零售业务从邮政业务中分离出来，实行完全市场化、公司化的企业运营。12 月，长沙邮政报刊零售公司脱离长沙市邮政局，其业务的经营管理划归湖南省邮政书报刊零售公司发展部。

2005 年 3 月 8 日起，全省邮政网运全面提速，《湖南日报》等党报的运递时效大为提高，为全市邮政报刊发行业务发展提供契机。报刊发行人员抓住此契机与部分未在长沙分印的中央级报刊社进行洽谈，取得合作成果。长沙邮政不断拓展发行业务受理方式，延长业务受理时间，积极推行上门收订、社区收订、“11185”电话预定、网上订阅、异地订阅等方式，最大限度地方便订户，努力扩大邮发报刊发行量。2008 年 8 月省邮政公司启动报刊绩效管理系统、“11185”电话和“183”网上订阅系统，拓展业务受理渠道，提升客户服务水平，使广大报刊揽收人员能够及时透明地了解经营政策信息，有效地提高揽收人员收订报刊的积极性。

2010 年，长沙订阅报刊流转额 1.01 亿元；按全市常住人口 704.41 人，人均订阅报刊费用 14.35 元。是年，长沙市区有 391 个邮政报刊零售亭；全年报刊流转额 3547.3 万元；报刊业务收入完成 797.50 万元；市区有 391 个邮政报刊零售亭。

2012 年，长沙订阅报刊流转额 11230.25 万元；按全市常住人口 709.07 万人，人均订阅报刊费用 15.83 元；长沙邮政报纸零售 1136 万份，杂志销售 2171 万份；市区有 388 个邮政报刊亭；长沙全年销售报刊流转额 3260.13 万元，报刊业务收入完成 1584.85 万。是年，报纸杂志发行收入 3170 万元，占邮政业务收入 7.1 %。

五、代理金融业务

1988 年，成立“邮政储汇科”，同年 9 月增办保值储蓄业务。1990 年 3 月全市邮政储蓄余额首次突破亿元大关；年底全市邮政储蓄网点 28 个，其中黄兴路、车站路、五一路、劳动路、溁湾路、丝茅冲、韭菜园、韶山路、小吴门 9 个网点领先在全省实现邮政储蓄营业电脑化，处理工效提高 2 倍，准确率达 100%。1995 年提前一年完成全省邮储“百亿工程”分解目标，成为全省第一个完成“百亿工程”的地州市局。同年 12 月，全市邮政储蓄 25 个网点实现微机联网，13 个所、点设置 ATM 自动柜员机，实现邮政储蓄全城通存通兑，并与全国 21 个城市联网。1998 年邮储余额规模达到 13.86 亿元，位列全国邮政第二协作区 10 个省会局第二位，城区所有网点全部实现电脑化操作，已有 25 个网点于全国 50 个城市及 5000 个邮政营业窗口联网。2008 年 3 月中国邮政储蓄银行长沙市分行成立以后，长沙市邮政局从事邮政储蓄代理业务，至 2009 年，全市邮政储蓄代理网点发展到 191 个，储蓄存款余额达到 114 亿元，建成八一路、金沙北路、劳动路、长沙大厦、中南大学、溁湾路 6 个旗舰店，万家丽、阳光 100、四方坪等 15 个形象店，宁乡县金洲、长沙县开慧等 9 个标准店。依托网点建设的大投入，2011 年四季度推出“邮储新百亿”工程，2012 年，全市邮储余额净增 25.95 亿元。

至 2012 年，长沙邮政局拥有邮政储蓄代理网点 191 个，全市邮储余额规模达到 141.29 亿元，保险业务代收保费 2.45 亿元，全市绿卡总户数 181.54 户，全市个人网银客户 12.47 万户，电话银行客户 2.87 万户，个人网银账务类交易 332.12 万笔，电话银行交易 23.87 万笔，手机银行交易 8.26 万笔，电视银行交易 121 笔，各项指标均居全省第一。

六、邮政快件和特快专递

（一）邮政快件。1987年11月10日，长沙市邮政局在五一路、黄兴路、劳动路、火车站支局和韶山路邮政所与全国196个大、中、城市同时开办有明确时限要求、限时到达的国内邮政快件业务，深受用户欢迎，是年，仅50天就收寄1151件。1988年5月，长沙邮政经办快件业务的局所扩大至全市44个邮政局（所），当年收寄快件飙升至100.86万件。

1990年7月，邮政快件资费由重量在100克以内的每20克或其零数为邮费5角，调整为8角，重量在101克以上续重每100克或零数为邮费由8角调整为1元；当年，收寄快件220.66万件，发展速度之快为各项邮政业务之少有。1992年7月，邮政快件资费分由重量在100克以内的每20克或其零数为邮费8角，调整为1元，重量在101克以上续重每100克或零数为邮费由1元，调整为1.2元。

1993年，长沙市邮政业务市场抽样调查，交寄邮政快件的单位分类别占比为：金融单位占64.88%，机关团体占10.10%，商业物资供应占7.29%，文教卫生占7.08%，工业建筑占6.68%，服务公用占2.22%，交通运输占2.05%。快件业务量占各类邮政业务量的比重为6.93%。

1994年起，随着特快专递业务服务网络的健全，邮政快件向特快专递邮件分流情况日趋显现，同时，因特网日益发展壮大，文字信息的交流越来越通畅方便，这种客观现实促使快件业务速减，当年收寄量197.39万件，比上年减少7.65%。

1996年12月，邮政快件资费由重量在100克以内的每20克或其零数为邮费1元，调整为2元，重量在101克以上续重每100克或零数为邮费由1.2元调整为2.5元。

1998年1—6月，收寄邮政快件43.55万件。7月1日，国家邮政总局因邮政快件的服务功能逐渐淡化，并和挂号邮件的网络组织与处理系统基本相同，而当时的运输条件和方式限制这两种业务传递速度的区别，使邮政快件的总体传递速度与挂号邮件相比差别不大，故取消邮政快件业务。

（二）特快专递。20世纪80年代初，邮电部分批指定部分大、中城市邮局开办国际特快专递邮件业务，长沙市邮政局确定五一路支局及其所属湘江宾馆邮政所首先于1981年10月首先开办。1984年11月，五一路支局又开办国内特快专递邮件业务，收寄到北京、广州等10个城市的国内特快专递邮件。1986年8月，火车站支局也开办国际、国内特快专递邮件业务，并建立湖南省特快邮件处理中心。是年，长沙市邮政局的特快专递业务通达33个国家和地区，全国41个城市。1987年，长沙市邮政局收寄的国内特快专递邮件首次突破“万件”，为1.39万件。1988年，特快专递业务量3.10万件。1989年，国际特快邮件也加入“万件”行列，为1.59万件。1990年，特快专递邮件业务总量192.24万元，占长沙市邮政局业务总量的10%，仅次于包裹业务。1992年，长沙市邮政局已有一个专业公司，收寄网点17处，并在宾馆、酒店、涉外企业等处设立75个揽收代办点办理特快专递业务。是年，市场占有率51%，收寄特快专递10.96万件，业务总量417.3万元。速递公司业务员黎君辉，年过半百，身患多种疾病，每天奔波于湖南省外贸大楼，一年扛下20余吨重的邮件，创收191.45万元，被评为全国邮电劳动模范。

1995年，社会上各类速递公司以灵活的经营方式和公关手段，抢占速递市场，长沙邮政利用完善的网络优势，实施“稳定国际市场，重点发展国内市场，拓展同城业务”的方针，12月15日，又与全国其他13个城市开办国内特快送款业务。是年，收寄同城特快专递邮件6.49万件，占国内特快专递邮件的16.74%。

1996年12月1日，长沙市邮政局开办国内、国际特快专递收件人付费业务。1997年下半年起，国际特快专递邮件受东南亚金融危机影响，出现市场占有率和业务量“双下降”态势。1998年8月1日，开办全省邮政特快汇款业务，送款金额每笔1万元，寄达省内各市、地、州、县城；同日，在长沙市邮政局特快专递邮件生产处理场地配备进口邮件微机处理系统和邮件追踪系统。年末，特快专递邮件能通达全国1700个市、县及210余个国家和地区，每天发运有20余次航班及30余次火车和近40趟省内邮政专用车与之衔接，市内投递每天3次，做到即投即送。是年，邮政特快专递业务收入2367.14万元(含4县局366.06万元)。

2000年开始加强与社会各界的合作，拓宽联合发展空间，提升力服务能力，加快业务量的增长。同年，长沙市邮政局与公安、法院等部门合作开发居民身份证、法院传票作特快交寄，同城特快增长迅速。2001年4月1日起，寄往中国港澳的速递邮件资费标准调整为:文件类起重500克90元，续重每500克加收30元；物品类起重500克150元，续重每500克加收30元。5月1日，长沙试办国际“经济快递”业务，6月正式开办。

2006年3月，启动与湖南卫视“快乐购”频道合作，提供省内电视购物商品的上门配送、代收货款、开箱验货、退换货等服务。11月22日，国家邮政局和阿里巴巴（中国）网络技术有限公司正式签署战略合作协议，为阿里巴巴公司所属支付宝网上交易的商品提供快递服务。12月26日，与省公安交通管理局合作开办代办公安交通违法处罚业务。

2007年1月10日，正式推出电子商务速递业务，是专为网上电商卖家量身打造的一款经济实惠的快递产品。3月10日起，长沙海关驻邮局办事处实行“365天天天通关”服务，同时规定出口报关邮件一律凭“湖南省邮政速递局出口报关邮件入场证明”进行报关，这一服务举措一方面进一步加快国际进出口邮件的通关速度，增强对出口报关邮件的实际监管力度，另一方面为邮政部门对所有出口报关邮件办理代客报关手续提供保障，让客户足不出户就能体验到邮政部门提供的“一条龙”式的快捷服务，有效地促进长沙市对外经济交往的发展。同年11月1日起，长沙邮政EMS正式开办运行省内长沙、株洲、湘潭三市互寄特快“限时递”业务，同时与三市各自同城“限时递”业务一并向社会实施承诺服务：长沙、株洲、湘潭三市互寄客户，当日12：00前交寄的邮件，于当日18：00时前投递到户；当日18：00前交寄的邮件，次日上午10：00时前投递到户；另外，长沙、株洲、湘潭三城市收寄的同城特快，一律承诺上午收寄的，当日下午投递到户；下午收寄的，次日上午10时前投递到户。以上服务项目如逾时送达，退还邮资。

2008年12月15日，开办两岸直接邮政业务，与台湾地区建立特快专递邮件总包关系。

2009年3月，开办EMS“留学速递”业务，是专门向境外院校寄递留学申请材料的一款经济实惠的国际文件速递业务，3月12日接办一封寄往乌克兰的EMS邮件，为开办以来办理的第一单业务。7月8日起，正式向社会推出出口英国和西班牙的特快专递邮件的承诺服务，国际速递承诺服务范围延伸至欧洲，卡哈拉（中国、日本、韩国、美国、澳大利亚、中国香港）合作范围由原来的5个国家（地区）扩大至7个。2009年10月9日，与省公安厅人口与出入境管理局联合推出港澳通行证签注网上申请速递服务，这是继二代身份证、出入境证照速递服务后推出的又一项便民利民服务。

2010年1月1日起，开办省内互寄标准特快邮件的当日递、次晨达、次日递的承诺服务业务。同年4月10日起对邮政特快专递业务计费区和资费标准进行调整，国内特快专递分区由3个增加至5个，国际及中国台港澳特快专递由原“10+1”计费区调整为9个区，调整之后，邮政特快专递业务的资费结构更趋合理，资费标准更加贴近市场价格。5月18日起，开办“国内特快专递收件人付费”业务，进一步完善邮政速递业务产品结构，增强市场竞争力。6月1日，开办至广东次晨达业务，当日截邮时间前交寄的邮件，次日 11：00 之前投递完毕。12 月 22 日与中国平安财产保险股份有限公司”正式签署战略合作协议，为平安车主提供理赔资料寄递、平安电话车险保单配送及代收货款服务。是年，特快专递业务量 671 万件，业务收入 18055 万元；2012 年，特快专递业务量 990 万件，业务收入 27152 万元。

七、集邮

1988 年，中南 6 省、区集邮联展，海峡两岸最佳邮票评选，韶山、井冈山、遵义、延安 4 个革命纪念地邮票联展在长沙举行。1989 年 2 月 21 日，长沙海员俱乐部被确定为邮票交换中心，从此长沙集邮爱好者有比较稳定的邮票交换场所；当年发行有地方特色的马王堆汉墓集邮品等，增加销售收入近百万元；当年长沙市集邮协会有会员 4180 人，基层协会组织 82 个，集邮爱好者 4 万余人。

1990 年，第十一届亚运会国际体育邮展，长沙贺湘林的“美洲杯风帆赛”邮集、黄大庆的“新中国体育邮票封、片集”邮集获镀银奖；聂光堉的“亚运屹立在世界”邮集获铜奖。1991 年 7 月，“光辉的七十年——纪念中国共产党成立 70 周年全国集邮展览”在上海举行，长沙李庚民的“钢铁长城”邮集获铜奖。

1992 年之后，一些以增值为目的集邮者，弃邮炒股，使得多年红火的邮市门庭冷落。

1993 年，长沙市集邮协会青少年工作委员会成立，并组织“纪念毛泽东同志诞辰一百周年集邮演讲比赛”。1994 年，湖南省首届青少年集邮展览在晓园公园举行。作为集邮活动主要收藏对象和商品的纪念邮票和特种邮票，由于 1992 年、1993 年、1994 年发行的纪特邮票数量过大，销售渠道不畅等原因，在邮票市场上一直低于面值交易，不但影响中国邮票形象，也给邮电部门对集邮业务的管理带来难度。为加强集邮业务管理，制止搭售行为，提高集邮经营服务水平，维护集邮爱好者权益和逐步解决纪特邮票在邮票市场上低于面值销售的问题，以维护国家邮政信誉，有效启动集邮市场，邮电部决定销毁 1992—1994 年部分纪特邮票。1995 年，举行“纪念抗战胜利五十周年”邮展。1996 年，长沙市邮政局与长沙市少年宫联合主办长沙市少年儿童《邮政杯》邮票设计大赛。1997 年，举办湖南省中小学生《香港回归祖国》邮票设计比赛。1998 年，举办“刘少奇同志诞生一百周年大型邮展”。1999 年，举行中华人民共和国成立五十周年和迎接澳门回归邮展。

2000 年 3 月 26 日—4 月 2 日，省邮政局组织各市州局执法人员集中对长沙地区邮政市场进行稽查，查处一批无证经营、违规销售邮票的社会经营户。同年 4 月，根据国家邮政局《关于销毁部分邮资票品有关问题的通知》精神，成立邮资票品销毁工作领导小组，负责本地区清退、销毁邮资票品的工作，销毁超定额通信用邮资票品、按规定应销毁的纪特邮票及省邮政局清产核资涉及的毁损待报废的通信邮资票品。

2001 年，中国集邮总公司、湖南省邮政局、湖南省体育局联合举办，长沙市邮政局、长沙市体育局、长沙市文化局、长沙市总工会、长沙市集邮协会承办《为北京申奥加油集邮·体育展览》邮票收发式。2002 年，中共长沙市委、长沙市邮政局、长沙市集邮协会举办“与时俱进，走向辉煌”庆祝中共十六大胜利召开巡回邮展；当年，长沙市邮政局共印制个性化邮票 7.98 万版，“杂交水稻之父”袁隆平也登上个性化邮票。2003 年，举办“中华人民共和国第五届城市运动会体育邮展暨 2004 年奥运会世界奥林匹克邮展选拔展”。

2005 年 4 月 15 日，成立湖南省集邮公司长沙市分公司，主要经营集邮品的销售、制作。是年，长沙市邮政局开发制作《杜甫诞辰 1250 周年》纪念邮册、《中国古代四大文学家》纪念邮票等邮品。2007 年，在集邮市场环境好转，集邮者信心逐步恢复等有利条件的影响下，集邮活动也蓬勃发展。8 月

1日—3日，在长沙举行“建军80周年暨湖南省第十二届集邮展览”，共有传统、邮政历史、邮政用品、印花税专题、极限集邮、航天、青少年集邮、文献集邮等11类99部邮集作品324筐参加展出，活动当天5000余名集邮爱好者参观展出，活动现场销售邮品30余万元。9月，长沙市集邮协会组织机构、人员配备得到进一步加强，市集邮协会配备专职秘书长，集邮协会秘书处增加一名专干，日常工作有专人负责，集邮协会和基层单位集邮协会会员队伍稳步发展。同年还推出“金色少年”个性化邮票，让优秀青少年实现个人上邮票的梦想。

2008年，为各类企业推出形象邮票年册业务，成为各类企业与客户加强沟通的桥梁。2010年推出定向邮品业务。2011年，为纪念辛亥革命100周年，成功开发《红色长沙》和《辛亥元勋——黄兴》邮册。2012年4月27日，中国邮政集团公司发行的《福禄寿喜》特种邮票首发式暨开光大典在长沙市开福寺广场举行；8月31日，由长沙市人民政府和湖南省邮政公司共同主办《宋词》特种邮票及《文化名城·长沙》珍藏邮册首发式；11月7日，长沙市创建“全国集邮先进文化城市”活动启动。

八、机要通信

1988年，长沙市邮政局机要分局开办文件刊物类和代办发行类两种机要通信业务，主要服务全市县处（团）级以上党政军、人民团体、企事业单位，设置机要服务网点5个，机要投递邮路10条；当年，全市机要通信业务量为15万件，其中收寄量约7万件，投递量8万件。1992年长沙市邮政局机要员李端平参加全省机要专业技能比武获全能第一名。1994年全市机要投递量首次超过10万件，并根据投递量增长需求增开一条投递邮路，当年长沙机要通信新枢纽建成投产。1995年新投入机要投递汽车5台，长沙市区机要投递由自行车投递改为汽车投递，投递能力得到提升。1997年机要通信作业系统（第一代）上线，从此长沙机要通信作业告别“手抄笔录”的手工模式。2007年召开全国机要通信50周年纪念大会，长沙机要员张欣被评为全国邮政机要通信先进个人。2009年将原省邮政机要处与长沙市邮政局机要分局合并成立省机要通信局，继续承担长沙机要通信工作。2011年机要通信作业系统（第二代）上线运行。进一步提升营分运投作业处理能力，规范机要查询和档案管理。

2012年，全市机要通信业务量54.5万件，相比1988年业务量增长3.6倍。其中收寄量为22.8万件，投递量为20万件。是年，国家邮政局开展的客户服务满意度调查，湖南省机要通信局获得97分，进入全国10强。长沙地区邮政机要通信业务从1988年至2012年连续25年保密安全质量全优。

九、电子邮政和代理业务

（一）电子邮政业务。区别于传统邮政业务，作为新兴业务的电子邮政，长沙邮政在2000年完成“183”电子商务和“185”客户服务中心长沙试点工程。同年4月12日“185”电话福利彩票投注业务在长沙率先开通。5月16日湖南邮政与光大证券湖南分公司签订合作协议，共同开办“邮证通”业务，长沙邮政随即开办此项业务“邮证通”业务，该项业务邮储客户利用邮储活期账户作为证券保证金账户，通过邮政代理柜台、邮政“185”电话委托系统、邮政“183”系统、券商电话交易系统、券商自助系统、券商网上交易系统等进行证券交易和资金清算的业务。

2002年长沙邮政电子邮政业务逐步做大，实现“185”电话福利彩票投注业务的全省联网；加快综合业务平台建设，实现邮证通、代理国债、代收续期保费、网点福利彩票等八项业务；利用“185业务平台，与招商银行合作开通“185——招商银行‘一卡通’”投注业务等。同年12月20日开通代售火车、飞机票业务，湖南邮政与长沙铁路总公司关于火车票的合作协议正式签订，与航空公司关于飞机票的合作协议洽谈成功，当年湖南邮政联合铁路部门推出邮政“185——EMS”火车票预订、快递服务，主要为农村外出务工人员提供火车票订送服务。

2003年6月底，全省12个市州邮政局与当地铁路集团达成协议开通“185”火车票预定业务，是以火车站签约为核心，主动与铁路客运主管部门接触，通过牵设终端、开发签约大客户，及时解决票源和销售的问题，同时以长沙为业务中心，组织全省票务联网销售，加强全省“185——EMS”火车票特快专递寄递业务协作。

2005年3月，开通绿卡短信通知业务，对持有绿卡或邮政储蓄活期存折的手机客户，邮政储蓄以短信方式向客户及时通知其账户实时变动情况及余额查询的一项新型业务。短信业务是基于储蓄、汇兑业务的增值业务，是一项高成长性、高附加值的业务，自开办以来短信业务显现出巨大的发展潜力，成为电子邮政一项新的主营业务。

2008年11月，长沙市邮政局于专门成立电子商务分局。电子邮政业务范围为9项：“185”电话彩票投注业务；网点彩票（现金/刷卡）投注业务；电信增值业务；“185”座席出租业务；“185”“183”邮证通交易业务；邮政传统业务上网受理；“185”“183”代收费、代办保险业务；网吧业务；网站应用加载（含服务器托管、网页制作、空间出租和广告等）业务。

（二）代办电信业务。1995年4月，长沙市邮政局设立电信业务管理科，12月，与长沙市电信局签订代办对方主要业务的长期协议，最大限度地共享彼此的场地、人员、设施等资源。长沙市邮政局所有自办网点可代办市话、长话、传真、无线寻呼、移动电话、磁卡、IC卡、200卡等业务，而电信局的所有自办网点也可以代办特快专递、报刊、邮票及邮政储蓄等业务。长沙成为全国唯一打破邮、电专业疆界，联建城市公用通信服务网络的省会城市。长沙市邮政局在几乎不增加投入的情况下，增加19个自办和100多个委办代办网点。1996年，长沙市邮政局制定《代办电信业务内部管理办法》，确保电信业务的迅速发展，是年在43个邮政局、所开办市话、长话业务，安装电话95部，销售磁卡10万余张、BP机1329台，代办电信业务收入139.66万元，1997年365.51万元，1998年523万元，电信业务收入占长沙市邮政局各项业务收入的2.19%。

从1999年湖南全省实行邮电分营起，长沙邮政先后与移动、联通、电信公司签署合作协议，为其全面代办移动、联通、电信的各项业务，同时拟在农村支局进行电信虚拟运营商试点工作；此外与网通公司开展合作，全面代办网通公司的各项业务。随着新世纪到来，长沙邮政继续主抓渠道建设，积极推广邮政缴费通品牌，到2012年，有电子化社区687个，为大众百姓提供缴费、移动放号、机票、电子商务、报刊订阅等服务，代办手机放号20.24万户，放号量、代收话费量、用户在网率、发展签约用户指标领先全省。

附记　民营快递

长沙最开始的民营快递企业来源于本土物流公司。20世纪90年代初，长沙大通物流有限公司、长沙天宇航空快递有限公司等开通快递业务。1993年湖南申通快递有限公司在长沙注册成功，2000年湖南创一快递服务有限公司成立，2001年湖南顺丰速运有限公司入驻长沙。2007年湖南省圆通速递有限公司在长沙成立。截至2008年，长沙共有民营快递法人25家。

为加强快递市场管理，2008年7月12日交通运输部颁布并施行《快递市场管理办法》。2009年10月1日，《快递业务经营许可管理办法》《中华人民共和国邮政法》同步实施，首次在法律上明确快递企业的地位。2010 年，湖南省邮政管理局启动《长株潭城市群快递业发展规划》编制工作，促进长株潭区域快递由自然发展、分散、规模小向集成、品牌方向拓展。因政策利好，民营快递行业在长沙开始逐渐兴起。2011 年长沙阔运快递有限公司、杭州百世网络科技有限公司湖南分公司等民营快递品牌纷纷入驻长沙。

到 2012 年，随着电商网络的发展，长沙民营快递企业迅速发展，取得湖南省邮政管理局颁发“快递业务经营许可证”的快递企业 70 家，其中雨花区 15 家，岳麓区 6 家，芙蓉区 19 家，开福区 8 家，浏阳县 7 家，望城区 4 家，长沙县 3 家，宁乡县 6 家，高新开发区 2 家。快递业务量和营业收入前五的品牌有 EMS、申通、圆通、韵达、顺丰，且平均以 50%的速度增长。这些民营快递企业运作模式主要有加盟、直营、合作 3 种，其中，申通、韵达等多数企业采用加盟模式，顺丰为直营模式。

第三节 邮 路

一、汽车邮路

1988 年，有一级干线汽车邮路 5 条，分别为长沙至广州、贵阳、金华、武汉、柳州，单程长度为 4194 千米，解决长沙市接转的大部分省、区重件运输问题；有二级干线 12 条，单程总长度达 2077.5 千米。20 世纪 90 年代初，华东邮运分局开通南昌—长沙固定班汽车邮路，接转长沙以北各省区发至江西、福建等省重件。武汉邮运分局又先后于 1994 年和 1995 年开通长沙至桂林、南宁两条干线汽车邮路。至 2000 年，有县市邮路 17 条；一级干线邮路 4 条，其中日发班 25 个，一级干线汽车邮路有长沙至广州、南宁、柳州、郑州 4 条，担负北京、石家庄、郑州、武汉、广州、金华、南昌、云贵、广西等省市本转汽车邮路的经转；省内二级干线汽车邮路 24 条，单程总长度达 4395.5 千米。2005 年，有一级干线汽车邮路 5 条，通达全国 10 省份（北京、河北、河南、湖北、广东、广西、江西、浙江、福建、贵州），11 个城市（北京、石家庄、郑州、武汉、广州、柳州、南宁、南昌、金华、福州、贵州）；二级干线汽车邮路增至 29 条。随着公路建设的飞速发展，汽车邮路在邮政运输中的作用日益提高，汽车邮路数量不断增多。2012 年，一级干线汽车邮路发展到 24 条，通达全国 7 省份（河南、湖北、广东、广西、江西、浙江、贵州），9 个城市（郑州、武汉、广州、南宁、柳州、桂林、南昌、金华、贵州）；二级干线邮路发展到 80 条。

二、火车邮路

20 世纪 80 年代后，由于火车运输具有速度快、运量大、行程远、班次多、费用低和网络联结等特点，火车邮路快速增加，成为邮件运输传递的主要渠道。1988 年长沙市邮政局每昼夜接发邮运火车 28趟。

1997 年接发邮运火车 32 趟；1999 年，派押火车线 3 条，铁路邮路总长度（单程）3036 千米；2000 年，接发邮运火车 33 趟，干线火车邮路通达全国 14 个省（北京、河北、河南、湖北、广东、山西、陕西、甘肃、天津、上海、浙江、江西、广西、贵州），44 个城市（北京、保定、石家庄、邢台、邯郸、安阳、新乡、郑州、许昌、漯河、驻马店、信阳、汉口、武昌、韶关、广州、深圳、太原、介休、临汾、侯马、兰州、天水、宝鸡、西安、洛阳、天津、德州、沧州、衡水、上海、杭州、金华、鹰潭、玉屏、凯里、贵阳、安顺、六盘水、昆明、桂林、柳州、湛江、南宁）。进入 21 世纪后，随着公路建设不断完善，全国高速公路网四通八达，汽车运输的条件明显改善，与此同时，邮政业务尤其是国内小包业务的快速发展，对干线运能、时限水平和稳定性的需求进一步提升，加上铁路实施提速、客货分离、政企分开等一系列改革，使长期以来邮政利用火车运输的低成本、快速度等优势逐步减弱，火车邮路开始逐渐减少。到 2012 年，长沙接发火车邮路减少至 25 趟。

表 20-5-3-1　　2012 年长沙站运邮列车车次一览表

序号	车次	序号	车次	序号	车次
1	广京 T98 次	10	津广 T253 次	19	武邕 1561 次
2	广津 T254 次	11	京邕 T5 次	20	昆京 T62 次
3	太广 K237/40 次	12	京长 T1 次	21	筑京 T88 次
4	深武 T96 次	13	京筑 T87 次	22	邕京 T6 次
5	京广 T97 次	14	京昆 T61 次	23	武深 T95 次
6	兰广 K228/5 次	15	济长 K1073 次	24	长京 T2 次
7	广太 K238/9 次	16	西长 K898/5 次	25	郑湛 K457/6 次
8	广兰 K226/7 次	17	长西 K896/7 次		
9	邕武 1562 次	18	湛郑 K455/8 次		

三、航空邮路

1988 年 5 月，黄花国际机场竣工通航。长沙市邮政局接送航空邮件自此从大托铺改至黄花国际机场。为解决转口航空邮件总包积压问题，经与机场协商同意，着手在新机场筹建长沙市邮政局航空邮件转运站。1990 年，长沙市邮政局与国内 21 个大中城市通航，航空邮路总长度达 1.42 万千米。1996 年 2 月 8 日，长沙市邮政局黄花国际机场邮件转运站初步建成投产，从此转口航空邮件总包就地处理转机，环节减少，时限缩短。1998 年 8 月，长沙市邮政局从黄花国际机场起航运邮班机每星期 123 班，共装卸航空邮件 34.2 万袋，日均装卸量约 987 袋，较 1990 年增长 454%。1999 年 5 月 18 日，黄花航空转运站开通，该转运站占地 3.33 公顷，建筑面积 4200 平方米，是全国邮运一级干线的主要经转站之一，也是湖南省的快件处理正式中心，担负着全省国际、国内特快邮件的经转任务；该装运站的建成，标志着长沙邮政的航空邮件转运处理工作走上正规化、标准化的道路。2009 年，速递物流长沙航空邮件处理中心成立。同年 12 月 16 日上午 9 时，一架标有“中国邮政”标识的波音 737 飞机满载货物降落在长沙黄花机场，标志邮政航空长沙—武汉—南京航线正式开通，湖南省没有全货运飞机落地的历史从此结束。该航线采用“全夜航”集散模式，每周 6 班，周二至周日运行，每天凌晨 1 时 40 分从长沙起飞，经停武汉到达南京，再从南京经停武汉返回长沙，每个航班载货量为 17 吨左右。2010 年 6 月，“全夜航”（邮航）运行 18 个航班，出口邮件 71.44 吨，日均 3.97 吨，日出口邮件量最高 5.3 吨，最低 2.8 吨。2012 年速递物流长沙航空邮件处理中心与长沙集散中心、长沙分拣中心合并成立速递物流湖南省邮件处理中心，开通 31 条航空直达邮路，选用计划航班 101 架次，处理南民航进出港 71 万袋，处理邮航进出港 44 万袋。

四、投递邮路

（一）城区投递邮路。1985 年，长沙市邮政局市属五一路、车站路、黄兴路、北站路、劳动路、丝茅冲、溁湾市（今溁湾镇）7个投递支局和韶山路、新开铺、铁道学院、树木岭、银盆岭、左家垅6个邮政所担负城区投递任务，共设投递段道162个，其中远郊12个。为解决高层楼房的投递问题，在楼房底层设置信报箱或建立信报代转点，发展社会投递力量。1986年6月，长沙市区有145栋楼房装置503个信报箱，1000余栋楼房建立信报代转点。

1994年，随着机构调整，城区设立报刊邮件投递服务总公司，下辖五一路、黄兴路、劳动路、车站路、伍家岭、溁湾路6个投递分公司和银盆岭、左家垅、新开铺、铁道学院、韶山路、树木岭、丝茅冲7个投递点，共165条投递段道。

1995年以后，投递报刊种类虽然大幅增加，但由于公费订阅锐减，报刊投递量下降，至1997年，为大力发展私费订阅，解决群众订报难收报难问题，当年12月，按照行政区划改设立芙蓉、开福、天心、雨花、岳麓5个报刊邮件投递发行部，另有五一路、韶山路、新开铺、井湾子、树木岭、左家垅、银盆岭7处邮政报刊邮件发行班。1998年7月，长沙市城区住宅楼房4341栋，已装信报箱2005栋，共安装信报箱1.9万个，装箱率46.19%，未装信报箱但由投递人员不辞劳苦基本投递到位的1322栋，此外，邮局设立57个报刊邮件捎转点，覆盖楼房582栋。同年12月，长沙市邮政局试调家政报刊收投段道68个，信、报投递段道144个，在全部投递段道中，市区段道207个，市郊段道5个，其中自行车段道201个，小汽车段道11个，投递行程小汽车约440千米，自行车约3600千米。

至2000年，城市投递按照行政区划分仍分为5个区，投递班组设置改为15个，其中芙蓉区4个班，分别为车站路、荷花园、韶山路、五一路；天心区4个班，分别为鸿翔、黄兴路、新开铺、井湾子；雨花区2个班，分别为劳动路、树木岭；岳麓区3个班，分别为溁湾镇、银盆岭、麓山南路；开福区2个班，分别为伍家岭、丝茅冲。

2008年，为适应市场发展需要，把商函等有特殊投递服务要求的函件从普邮分离出来，建立个性化投递部对其进行对口管理，投递交通工具统一为电动自行车，并制作统一的个性化投递标志服，6月2日，经过培训考核等程序，第一批商函专投员正式上岗。2011年7月28日，成立商务投递局。建设之初，商务投递有2个投递部、42名投递员，其中电动车段28个，汽车段6个。主要负责市区银企双挂、商函邮件、嘉丽购、人保保单、人保档案、凭证集散和投递，日均投递商务邮件千余件，人保档案、凭证集散处理80余趟次。

2012年，城区投递班组增设至21个，投递段道340条，其中芙蓉区有车站路、荷花园、韶山路、五一路4个班，投递段道106条；天心区有鸿翔、黄兴路、新开铺、井湾子、韶南5个班，投递段道75条；雨花区有劳动路、树木岭、东塘、体院路4个班，投递段道54条；岳麓区有溁湾镇、银盆岭、左家垅、观沙岭、桃花5个班，投递段道52条；开福区有伍家岭、丝茅冲、洪山桥3个班，投递段道53条。

（二）县域投递邮路。1988年，县域投递共有投递段道412条，其中周三班次邮路99条，全部为步班邮路；周四班次邮路147条，多为乡镇村自行车邮路；周五班次邮路125条，为大型集镇摩托车邮路；周六班次邮路16条，周七班次邮路25条，均为县城摩托车邮路。1989年，长沙县、望城县、浏阳县、宁乡县4县邮电局划归长沙市电信局管辖。1998年随着邮电分营，四个县局的邮政投递重新回归市邮政局管辖。长沙邮政为适应邮政业务量不断增长的需要，在加强农村自办投递力量的同时，进一步健全和完善委办投递，回归当年在村镇楼房设立出口信箱、信筒1852个，投递信箱、报箱1184个，信报捎转点1750个，解决农村报刊邮件投递难问题，县域邮政投递服务水平得到大幅提高，当年，4县城乡邮政投递线路总长度为16236千米，其中自行车班16211千米，步行班25千米。到2012年，长沙邮政县域投递共有投递段道 473 条，周七班次邮路增加到 120 条，周六班次邮路增加到 151 条，周五班次邮路减少到 115 条，周三班次邮路减低到 87 条。

第四节　质量和安全管理

一、全面质量管理

1988 年，长沙邮政继续开展全面质量管理工作。各科室、支局设立全面质量管理小组，指导和督促班组开展 QC（质量控制）活动，连续多年未发生总包差错。1990 年 11 月，为加快市内邮件传递速度，市局质量管理小组和运输科对市内趟班邮路作业组织进行优化。1991 年，在全局范围开展“质量、品种、效益年”活动。1992 年，开始执行“试验信处理制度”，加强平信投递质量管理。1993 年在省邮电管理局召开的 QC 小组成果发布会上连续多年被评为优秀小组。1996 年 4 月 29 日，长沙市邮政局长京 1/2 次押运班组被邮电部授予“全国文明邮车”光荣称号，该班组连续 10 年保持“全国文明邮车”称号，连续 2 年被邮电部授予“标兵邮车”称号，并获得全国邮车免检殊荣，1996 年共押运普通邮件 389.7 万袋（捆）、机要邮件 1.82 万袋（捆），总包邮件差错率为零，实现全国邮件押运差错率为零的突破，荣获全国优秀“QC”成果奖；同年，在全国用户满意度调查活动中，长沙邮政获得 86 分好成绩，位列全国省会局前三甲。至 1997 年连续三年被评为全国优秀质量时限规格监督岗，时限规格合格率进入全国省会城市前十强。至 1998 年，连续五年完成省邮电管理局下达的 5 项一类考核指标； 1999 年，市局质量管理小组和投递局制定“早报早投”方案，对城区各党政机关、企业、大专院校实行当日报上午投。2000 年，长沙邮政局被长沙市消费者协会评为“消费者信得过单位”称号。

2007 年 7 月，长沙邮政速递物流公司正式启动“全面质量管理”活动。2010 年底，公司有 QC 小组 11 个；发展到 2012 年年底，公司有 QC 小组 23 个，当年完成课题 38 个。至 2012 年连续 13 年被长沙市消费者协会评为“消费者信得过单位”称号。

二、通信服务质量管理

1988 年，长沙市邮政局制定《通信质量监督检查项目、频次及考核办法和通信质量检查查人员工作职责》，邮政业务监督检查实行分级负责，统一管理。局设督察科，在局长直接领导下，负责全局邮政业务监督检查工作归口管理。生产科（支局）设质量监督岗，配备专职质检员（含汇兑检查、储蓄事后监督），检查工作量较大的函件科、包刷科、交换科成立质检组，质检人员在相关生产科（支局）长领导下开展工作。生产班组由班长负责本班各生产岗位执行规章制度、生产质量、服务质量检查。

1989 年，制定《业务管理检查细则》。1990 年，制定《邮政业务监督检查管理办法》。1995 年，长沙市邮政局为适应服务工作的需要，成立客户服务管理科，负责制定全局的对外服务标准、受理用户投诉及考核奖励。制定《长沙市邮政局对外服务管理标准》《通信质量业务监督检查考核办法》《邮政业务督察工作标准及实施细则》《长沙市邮政局社会监督实施办法》。

1996 年，设立长沙市邮政局资费、质量检查站，制定《邮政资费检查办法》《通信质量考核办法》《管理人员履职检查办法》。在内部监督实行“三级检查网”，一级负责检查一级的内部监督检查制度。采取聘请社会监督员、建立社会监督岗等形式，让用户对邮政企业及其工作人员服务质量（包括服务态度、职业道德、行业作风，以及邮政服务水平和服务质量标准的执行）情况进行评价监督，共立社会监督岗 5 个，聘请社会监督员 65 人。是年，长沙市邮政局邮政服务在全国邮电用户评价满意度调查活动中，获得86分，是全国邮政省会局第三名。1996年11月21日，长沙市组织的行风社会评议小组对长沙市邮政局进行考评，获得98分。

1997年，长沙市邮政局颁布《长沙市邮政局内部客户制度》，将服务质量奖励基金由原来20万元提高到40万元，在全局范围内组织开展“服务杯”“评类分级”等竞赛，掀起抓服务、抓质量的热潮。同年，聘请离退休职工100人，强化社会监督工作。此外，每月不定期发出征求用户意见函120~200件，每半年召开一次有局领导参加的用户座谈会，参加人员有人大代表、新闻单位、知名人士政府机关、企业单位等，充分征求用户意见，改进工作。长沙市邮政局作为全国邮电系统56个质量监督岗之一，连续4年被评为全国优秀质量监督岗。同年，长沙市邮政局机构改革，将对外服务、督察、业务档案3个科室合并为“服务督察处”。同年，还针对长沙市高楼住宅通邮难的问题，长沙市邮政局与长沙市建委、市规划局联合发出《关于贯彻落实湖南省〈城市建设邮电通信服务设施设计标准〉有关邮政服务设施规定的通知》，将信报箱纳入小区开发、旧城改造规划中，并派专人进驻建设项目联合审查办公室确保“标准”贯彻落实。至次年12月，长沙市交付使用的3682栋兴建住宅楼房中，具备通邮条件的3034栋已全部通邮，不具备通邮条件的648栋楼房中，创造条件通邮率达82.40%。

1998年，长沙市邮政局用户服务质量和通信质量明显提高，用户满意度评分及在湖南省邮电管理局组织的各项竞赛中取得较好成绩。至1998年的3年间，长沙市邮政局共收到用户表扬信1500余件，受到新闻单位表扬160余次。长沙市邮政局伍家岭营业处被评为全国邮电文明服务示范窗口；伍家岭营业处、五路投递公司、五一路邮政储蓄所、五一中路邮政营业厅被评为湖南省邮电文明服务示范窗口；五一路营业厅、车站路营业厅、韶山路营业厅、伍家岭营业厅、溁湾路营业厅、黄兴路营业厅、铁道学院营业厅、国防科技大学营业厅、麓山南路营业厅等被授予全省邮电星级营业厅；在全省邮电“规范服务杯”分季竞赛中一直处于全省前三名。

1999年，市局下辖芙蓉区局率先成立服务督察办公室，成为全省邮政首个区局一级的服务管理专门部门。2000年，长沙市邮政局首次参加长沙市组织的“3·15”消费者权益日宣传活动。同年开始向全社会聘请邮政服务社会监督员。2001年，开启邮政对外服务星级管理，对邮政营业员、邮政投递员的服务水平和服务质量进行评定打分，评定等级从一星至五星，分别进行嘉奖鼓励。

2002年，制定《长沙市邮政局服务管理办法》，对邮政营业、邮政投递的对外服务工作进行系统化标准化管理。2003年，在4县局农村支局开展支局基础管理规范化达标活动，促进农村邮政对外服务水平的提升。2004年，制定通信质量、服务质量管理实施细则，实行指标化、目标化的精细管理。

2005年，长沙市邮政局被评为长沙市“消费者信得过单位”，被评为全省唯一的“全国邮政系统用户满意企业”。2006年，长沙市邮政局被评为湖南省“消费者信得过单位”。

2007年，全面完成省邮政公司下达的通信服务质量指标，全年共受理客户投诉或建议612起，其中有理投诉207起，比2006年下降24.5%；收到客户的各类表扬400余起，赢得社会各界和用户的广泛好评。

2009年2月26日，作为全国100个重点城市之一，长沙邮政速递物流公司正式对社会推出国内时限承诺服务，未达承诺服务标准且用户要求赔偿的，履行相应赔偿责任。同年，长沙市邮政局通过开展通信质量整治，全市通信服务质量进一步改善，在省邮政公司开展的全省服务督察工作评比中名列前茅，各类邮件处理合格率达97%，客户满意度得分94.5分，较上年提高2分。

2010年，在农村支局全面推行“5S”现场管理和规范化服务，局所环境焕然一新、员工观念得到改变、服务意识大大提高。在市区加强对旗舰店的检查，在规范化服务和规范化管理上始终坚持高标准、严要求，营业员着装整齐统一，服务规范热情，“5S”管理整然有序。旗舰店客户满意度达100%。在外部监督方面，健全逐级聘请社会监督员、定期走访客户制度，年走访客户近1000个、发放《征询意见函》5000余份，聘请社会监督员34人。同时还邀请大客户和部分住宅用户定期召开座谈会，主动接受监督。在投诉管理方面，设置服务投诉台，畅通“11185”服务热线、群众来信来电来访、客户意见箱等多条渠道，专门受理客户投诉。全年共受理有理投诉569件，比上年同期减少15件，较上年下降2.56%，客户投诉处理满意率达到100%。

2012年，长沙市邮政局在全市开展“走基层、访民情、送服务、促发展”客户大走访活动，共走访目标客户20万户。当年全局邮运车辆行驶121万千米，共投递各类邮件7144.03万件，其中商务投递邮件25.12万件，妥投率100%，回执率99.27%。

三、邮政安全管理

1988年，全年杜绝整车次误漏交换和其他重大通信事故，部、省考核的质量指标稳定提高率100%，长沙市邮政局有6个班组和15人被评为全省邮电优秀班组和优秀6员（营业员、投递员、发行员、分拣员、押运员、转运员）。长沙邮政定期组织相关人员对金库值守、提送款押运、业务资金 、职工人身安全 、邮件安全、消防安全、设备安全、行车安全等进行全面检查，建立健全邮政金融内控和风险防范体系，切实落实各项安全规定。对储蓄混业网点进行物理隔离，夜间实行双人值班。切实做好信息网的运行维护和安全防控工作，及时排除故障，确保邮政网络运行安全顺畅，为经营发展提供保障支撑。严格邮件收寄验视、眼同封装制度和运输管理，保证邮件安全传递。经常加强职工安全教育学习及应急演练，增强职工安全防范意识。2002年，长沙邮区中心局围绕“狠抓落实”这一工作中心，加大安全生产管理力度，同时着力规范处理流程，严格交接验收，加大监管力度，解决一度存在的“光身包裹”、空袋遗留邮件与贵重包裹易丢失等问题。2004年，长沙邮区中心局修订《安全生产管理办法》，突出抓好交通安全和生产场地的邮件安全，继续强化对人、车凭证出入管理的落实，强化对生产楼封闭作业的防范措施。2006年长沙邮区中心局开展邮件安全专项整治活动，建立起邮件安全管理的长效机制，实现全年总包邮件损失10袋以下、规格质量合格率95%以上的安全控制指标，开辟邮件安全管理工作的新局面。2008年，长沙邮区中心局贯彻“以预防为主、防控结合，层层把关、人人有责”的工作精神，通过层层签订安全责任书、组织模拟安全演练、强化涉奥邮件的安检等手段，全力以赴确保奥运期间邮运生产安全。2009年， 长沙市邮政局投入60余万元对65个网点安装防盗门，对61个网点电视监控进行升级改造，在八一路店安装远程监控，对6个AMT机安装保护仓，对全区21个网点办理安全和消防许可证。2009年，长沙市邮政局获市公安局治保工作集体三等功，被湖南省邮政公司授予“2009年度安全产月先进单位”和“国庆邮政安全先进单位”称号。2010年，长沙中心局以“安全第一、预防为主、综合治理”为方针，通过坚持抓好组织和责任两个落实、开展安全生产活动月、狠抓行车安全管理等全方位铺开全局安全管理工作，全年车辆共行驶1000万千米，百万事故率仅为0.39次。2012年，长沙邮区中心局全年安全行车1148万千米，百万事故率0.35次，行车安全管理创历史最佳成绩。2000年至2012年间，长沙邮区中心局均无总包丢失、无机要邮件丢失或泄密、无火车邮件漏接发。

第六章 通 信

改革开放后，随着社会经济的发展，通信需求爆炸式增长，在“邮电通信是社会生产力”思想指导下，长沙市加大通信建设投入，通信技术手段极速变革。1988年，长沙市电信局开通无线寻呼台，开办礼仪电报，开通174长途直拨电话查号台，开放国际长途直拨等新业务；全市有通信电缆802.1千米，电报电路129路，全年收发电报200.78万份，市话电话2.46万户，农村电话0.23万户。

进入20世纪90年代，长沙全力推进湖南“165”通信工程①，实施长沙“118”通信工程②，扩容电话交换网，进行设备更新换代。1992年2月，第一代移动电话（大哥大）对外放号，省内第一个“大哥大”号码由某长沙市民高价竞买；年底有公众移动电话用户1191户，之后移动电话迅速增长。同年，长沙成为全国第九个市话交换网实现数字程控化的城市。1993年12月12日，长沙电话号码由6位升至7位。1994年，全国第一套电话障碍自动受理和维修系统在长沙投入使用，同年，长沙成为全国第二个建成数字数据通信网（DDN）的城市，移动电话实现全国漫游。1995年年末，全市收发电报76.43万份，有市话电话26.3万户，农村电话4.1万户，移动电话3.7万户。长沙电信相继推出声讯信息服务、长沙信息港、远程教学、图像通信、可视会议电话、800电话系统、IP电话、电子商务安全认证等先进的通信手段和业务，通信质量和技术水平全国领先。

为适应市场经济发展的需要，根据信息产业部的统一部署，1998年，长沙市电信局无线寻呼业务整体剥离并入联通公司，长沙、望城、宁乡、浏阳4县（市）邮电局实现邮电分营改革，成立县（市）电信局。随着多种通信手段的运用及普及，电报业务逐渐萎缩，1999年，报房撤销，电报由传真代替。同年7月，长沙地区移动和固定电话全面分开经营，长沙移动通信分公司挂牌成立。2000年9月，湖南省电信公司长沙分公司挂牌成立，长沙电信走上政企分开、公司化重组的发展道路；同年12月28日，中国联通长沙分公司挂牌成立。以电信、移动、联通3家通信公司为主的电信运营商在长沙电信市场开展竞争，不断更新技术，提升服务水平，推动长沙电信事业不断前进。年底，经过5年的大投入、大建设，长沙市“118”通信工程竣工投入使用，18个现代化通信电网全部建成并投入使用，长沙地区电话交换机容量达到100万门，通信能力大幅度提高，家庭住宅电话已走入千家万户，成为居家必备。全市有固定电话用户108.47万户，无线移动电话用户58.78万户，国际互联网用户14.60万户。

2001年，为加快信息化发展进程，推动长沙社会生产实现跨越式发展，长沙市启动创建信息城市工程。同年，长沙宽带城域网升级至IP城域网。2003年，长沙无线市话（PHS）通信工程建成竣工，“小灵通”品牌首次在长沙发布，翌年用户数达到33.52万户。2005年，全市电话普及率达到86.23%，固定电话用户218.56万户，移动电话用户316.85万户，国际互联网用户63.93万户。

① “八五”期末湖南全省实装电话机达到165万部，电话普及率达到2.54%为主要奋斗目标的邮电通信建设系列工程的总称。

②长沙市电信局制定的“九五”期间通信发展规划，电话交换机容量达到100万门，形成18个大的通信网络。

2006年，交换型城域网改造成为路由型城域网，IP城域网内部吞吐量达150Gbit/s，长沙跨入宽带互联网时代。2007年年末，全市有国际互联网用户73.72万户，移动电话用户450.79万户，固定电话用户269.73万户。同年，随着移动通信行业的迅速发展，固定电话开始呈现负增长，无线寻呼正式关闭服务。

2008年12月12日，长沙率先拨通全国二期建网城市首个3G电话，长沙通信由此进入3G时代。2009年6月28日，长沙、株洲、湘潭三市在全国率先突破行政区划，实现通信一体化，升位并网成功，区号统一为“0731”，三市之间通信成本大降，成为通信业服务经济发展的新尝试。2010年，长沙电信正式实施“三网融合”工程，长沙电信接入网已经演进为电话交换网、IP城域网、IPTV平台的综合接入网。随着3G业务的拓展，小灵通业务所占用频段逐步让道3G业务。2011年12月，小灵通逐步实施清频退网。

至2012年，全市有电信营业网点8374个，光缆线路长度16.18万千米，其中长途光缆线长度2366千米，移动电话基站15785个，互联网宽带接入端口239.23万个，移动电话用户984.45万户，其中3G移动电话用户216.7万户，固定电话用户211.65万户，邮电业务总量114.98亿元。长沙已建成集有线通信、移动通信、广播电视、多媒体综合通信等功能齐全、覆盖面广的现代化通信网络，网络规模、技术层次、服务手段已达到新的水平。

第一节　通信机构与服务

一、中国电信长沙分公司

1988年，长沙市电信局直属湖南省电信局领导，局机关按后勤线、生产技术线、经营线共设置30余个科（室）。主营业务有电报和电话，1月20日在省内首次引进数字无线寻呼系统。同年，获湖南省人民政府颁发的“抗洪抢险先进集体”荣誉。当年，从业人员2088人，业务收入为3403万元，上缴国家税额102万元。1989年，长沙、望城、浏阳、宁乡4县邮电局划归长沙市电信局管辖。

1995年，长沙市电信局对机关进行重大调整改革，将原有36个科室减少为15个部、处室。同年，长沙市电信局被列入全国500强企业的252位，在当年通信综合实力评估中，长沙通信水平发展进入全国同级通信企业前7名。1996年长沙电信局被中华全国总工会授予全国“五一劳动奖状”。1997年长沙市成立信息市场管理办公室，由长沙市电信局和市政府合署办公，共同规范和管理长沙地区信息市场。是年长沙电信被中国质量协会评为全国用户服务满意企业。

根据信息产业部的统一安排，1998年，长沙市电信局无线寻呼业务整体剥离并入联通；县局邮电实现分营改革，4县（市）成立电信局；长沙市电信局对市局机关进行调整，将原有18个部处室调整为13个部处室，机关工作人员由原有的571名精简至264名，精简53%。1999年6月，移动通信业务从电信分离交移动公司运营。

2000年9月29日，“长沙电信局”更名为“湖南省电信公司长沙市分公司”，正式挂牌。公司进行机构调整、竞聘上岗、人员分流和主附主辅分离等一系列重组工作，长沙电信走上政企分开、公司化重组的发展道路。2002年被中国质量协会评为“全国用户满意企业”。公司成功创建“全国文明单位”，多次被评为“湖南省青年文明号”，公司党委书记、总经理刘建良获中国电信集团优秀管理者称号。

2003年5月18日长沙电信第二枢纽大楼正式投入使用，总建设面积为9.3万平方米，主楼高41层，地下2层，高度235米，被誉为“三湘第一楼”。2004年8月，湖南省电信有限公司长沙市分公司正式挂牌成立（以下简称“长沙市电信分公司”）。公司下辖长沙、望城、浏阳、宁乡4个县（市）分公司。当年，全区员工2159人，业务收入16.16亿元，上缴税额6592.74万元。

2007年，长沙电信公司10000号被信息产业部授予全国用户满意电信服务明星班组称号。2009年，长沙、株洲、湘潭三地电话网并网成功，实现通信一体化，长沙电信荣立升位并网集体二等功。2012年，长沙电信分公司从业人员2347人，固定资产88.73亿元，全年业务收入为21.45亿元，上缴利税8462.82万元。

表 20-6-1-1　　1988—2012年长沙电信业务情况一览表

年份	从业人员（人）	业务收入（亿元）	税额（万元）	固定电话期末用户数（万户）	宽带用户合计（万户）	移动用户合计（万户）
1988	2088	0.34	102.09	2.27	—	—
1989	2158	0.49	145.73	2.56	—	—
1990	2232	0.69	200.56	2.82	—	—
1991	2269	0.96	288.04	3.24	—	—
1992	2429	1.42	525.42	4.93	—	0.12
1993	2578	2.60	998.72	8.68	—	0.49
1994	2360	4.50	1350.31	1.82	—	1.41
1995	2412	5.97	2025.18	2.63	—	3.70
1996	3735	9.47	3805.00	32.04	—	7.57
1997	4363	12.9	4139.06	38.48	—	18.49
1998	3434	14.49	4449.18	44.56	—	21.78
1999	2724	10.9	3885.62	56.18	—	—
2000	2285	12.27	4009.92	73.13	—	—
2001	1370	13.45	4115.88	126.44	1.55	—
2002	2516	14.41	4548.21	133.64	5.41	—
2003	2214	15.55	5871.00	155.57	11.23	—
2004	2159	16.16	6592.74	182.15	13.84	—
2005	2154	17.09	6649.25	202.16	26.30	—
2006	2163	17.98	6834.25	230.15	39.68	—
2007	2195	13.01	5597.84	215.74	39.51	—
2008	2914	14.86	7648.22	200.13	39.30	—
2009	2367	18.17	7565.44	190.78	56.21	58.88
2010	2854	18.08	7074.80	178.32	68.67	77.95
2011	2921	19.56	8945.45	173.71	83.52	111.30
2012	2347	21.45	8462.82	133.94	98.85	148

说明：1.2000年10月底长沙电信开通宽带用户；2.1992年7月18日，长沙电信正式开通移动电话，1998年移动电话和固定电话分开经营，移动业务交由新成立的长沙移动，2008年10月，原由联通公司

经营的 CDMA 转为中国电信经营；3. 2007 年开始，税额为股份公司与存续公司税额合计

1988—2012 年，先后担任长沙市电信局、湖南省电信公司长沙市分公司主要领导职务的有：邹兴林、刘谓贤、邓盛友、文会国、章干泉、李志胜、谢成波、郭晓明、刘建良、舒石、李肃懿（女）。

二、中国移动长沙分公司

1993 年 3 月，长沙移动电话分局成立，为正科级机构，隶属长沙市电信局管理，下设办公室、营业班、基站班和交换班。无线寻呼仍由长沙市电信局无线科负责管理。1994 年，成立长沙移动通信分局，为全市移动通信的发展提供组织保证。1999 年 6 月，全市移动电话业务、人员、资产陆续完成与县（市）电信局的分离，成立移动通信分公司营业处，营业处主任由市电信局聘任。1999 年 7 月，长沙市的移动电话专业从电信局分离出来，省邮电管理局机构编制委员会发文，成立长沙移动通信分公司，下设市场经营部、网络运维部等 8 个职能管理部门；工程管理中心、后勤服务中心等 5 个支撑部门；营业中心、交换维护中心等 14 个生产部门。与电信分营后，长沙移动在岗职工 741 人。当年营业收入 5.387 亿元，税额 9568 万元。

2000 年，新增审计监察室、法律顾问室（挂靠综合办公室）。2002 年 7 月，长沙移动随同湖南移动通信有限责任公司完成注资重组和职工退养减员等工作，在美国和中国香港成功上市；长沙移动负责中国移动通信网在长沙地区的建设、维护、发展与管理，经营范围为移动电话业务、移动数据业务以及与上述业务相关的信息服务和设备销售等。同年，撤销多种经营部下设机构综合部，其职能划归多种经营部财务部。2003 年，新增集团业务拓展部，挂靠大客户中心；新增客户服务部、市场稽查中心；年底，公司完成注资重组和职工退养减员等工作，公司职工 462 人，劳务派遣人员 377 人；业务收入 15.59 亿元，上缴税额 1.72 亿元。

2006 年 9 月，完成企业名称变更登记，名称变更为“中国移动通信集团湖南有限公司长沙分公司”。2007 年 10 月 22 日，长沙分公司重新设置内部组织机构，设立综合部、市场部、网络部等 12 个职能部门；客户服务中心、网络维护中心等 13 个生产中心；撤销营业中心，成立第一（芙蓉区）、第二（雨花区）、第三（天心区）、第四（开福区）、第五（岳麓区）营销部。2008 年年底，9 县（市、区）营销部更名为县（市、区）分公司，全称为“中国移动通信集团湖南有限公司长沙分公司××区县（市）分公司”。为适应全业务竞争需要，2009 年 6 月，进行机构调整，原设立的 12 个职能部门、13 个生产中心不变；增设全业务运营办公室，下设信息化体验中心，市场部下增设 G3 营销办公室，综合部下增设企业基础管理办公室。

2012 年，长沙移动对部分机构及职能进行调整：安保中心更名为安全保卫部；企业基础管理办公室更名为发展战略部；发展计划部更名为计划部；全业务分公司更名为全业务运营中心；区域营销管理中心更名为渠道中心；网络维护中心更名网络优化中心；网络建设办公室更名为工程建设中心；法律事务部更名为法务部；撤销 G3 营销办公室；撤销基站物业运营中心；撤销全业务分公司所辖网络服务中心、信息中心和信息化体验中心。当年，长沙移动有在职员工（含劳务派遣制员工）2885 人，业务收入 50.95 亿元，上缴利税 6.41 亿元。

长沙移动公司先后获得“全国五一劳动奖状”“全国模范职工之家”“全国青年文明号”“全国安康杯竞赛优胜企业”“中国移动班组建设示范单位”“湖南省首批保护消费者权益示范单位”“省级文明标兵单位”“省十佳青年文明号”“湖南省富民强省明星单位”“湖南省质量管理小组活动优秀企业”

“创建全国文明城市工作先进集体”“红十字社会救助先进单位”“长沙市抗冰救灾先进集体”“红十字社会救助先进单位”等称号。

1999—2012年，先后担任长沙移动公司主要领导职务的有：李湘宁、张跃明、周晓春、刘必争。

表 20-6-1-2　　1999—2012年长沙移动公司业务情况表

年份	从业人员（人）	营业收入（亿元）	税额（万元）	移动电话用户（万户）
1999	741	5.87	9568	30.72
2000	685	9.68	2674	48.06
2001	649	10.07	8436	71.11
2002	455	13.08	6188	101.51
2003	839	15.59	17028	140.31
2004	1146	17.57	16464	180.6
2005	1432	21.95	27811	224.3
2006	1726	25.1	33321	284.18
2007	2183	31.28	49878	359.57
2008	2158	37.51	45189	419.69
2009	2350	40.86	51895	480.66
2010	2628	45.44	61808	542.33
2011	2895	50.14	65232	590.2
2012	2885	50.95	64104	592

三、中国联通长沙分公司

2000年12月28日，中国联通长沙分公司在东塘办公楼挂牌成立，是中国联通在湖南省会城市的分支机构，具体负责联通在长沙行政区域内的长途业务（193）、移动通信业务（GSM130、CDMA133）、无线寻呼业务（126、127、191、192、198、199）、数据业务（IP电话17910/17911）和“165”国际互联网业务。2002年12月，东塘营业厅荣获全国“十佳营业厅”“十佳交费方便营业厅”；同年成立大客户俱乐部。

2006年，长沙联通全面完成城区5区经营部、4县12个乡镇驻点的组建和各部门职能的优化调整，部署网格化渠道网络布局，初步形成自营厅、合作厅、专营厅等多种营业网点并存，经销商、承销商、直销员以及全员营销相结合的网络化渠道营销管理体系。

2008年10月，CDMA网络剥离到电信长沙分公司。同月，经国务院批准，中国联通与中国网通合并，正式更名为中国联合网络通信集团有限公司（简称中国联通）。11月，联通长沙分公司迁移到友谊路办公楼，与长沙网通正式合并。12月，长沙联通完成重组融合工作，公司员工1500人。2009年，推出全业务品牌“沃”；同年，主营收入突破10亿元，公司员工1600人。2010年12月，在全国（南方

21省）本地网（亿元以上）中，长沙联通收入利润率排名第一。2011年，主营收入突破15亿元。2012年，长沙联通遍及城乡、村镇的实体营业网点（含自营厅、合作厅、专营店等）超过3000余个，3G玩家俱乐部总数增至28家，2G、3G、固话宽带总用户突破300万户，上缴税费近9000万元。

2000—2012年，先后担任长沙联通公司主要领导职务的有：欧阳恩山、江彦浩、廖贻新、熊昱、黄英、邓玄、王燕。

第二节　有线电报和传真

一、有线电报

1988年，长沙电信局收发报设备以电子电传机为主。8月，省内第一套中国自行研制的256路自动转报系统割接开通，全国自动转报网长沙局建成，市内电报实现自动分发、报类等级自动排序和自动译电，收、发、转报实行一条龙自动作业，彻底改变传统的人工处理方式，报房人工座席由64个减至24个，电报日处理量20万份，最大处理能力每小时处理电报1万份，比原用64路电路容量增加3倍，处理能力提高1倍。同年，开办礼仪电报新业务，内容有贺婚、生日、贺节、贺典、贺各种纪念等喜庆之事，还有吊唁、同情、慰问等，在6个小时内（加急为4个小时）投递到收报人手中，2月开办至年底共拍发礼仪电报3294份。全年电报交换量（含4县）1764.54万份，电报营收662.87万元，长沙成为全国自动转报网省内中心局。

1989年，有线电报远距离传输已全部实行载波化，有载波电报电路207条；T203型用户电报机及低速数据交换系统等传递国际电报的设备再次扩容，经北京、上海、武汉国际电报局出口，实现同型设备城市的国际用户直接通报，当年电报总交换量为3590.11万份。1992年5月，首次使用英特尔286、486微机系统，收发报流程处理迈入程控自动化阶段，电报挂号可储存，立等可发，1992年电报交换量为3880.58万份。全市电报收入为7515.41万元。至1995年，数字微波和光纤成为有线信道的主导媒质，省际报路以光纤数字传输为主，省内报路全部使用数字微波传输，长沙可与除拉萨、银川、西宁、福州以外的省会城市实行自动转报。

随着电话、传真的通信技术的普及应用，电报业务逐渐萎缩。1999年，电报房撤销。2001年1月起，停止受理“加急电报”。2002年1月起，取消汇款电报业务，按普通电报处理。2006年7月1日起，县以下电信营业厅停止受理公众电报业务。2009年电报业务交换量不足万份。2012年，全省电报业务集中在长沙处理，全省集中的电报交换量也不足万份，收发电报的营业窗口只有蔡锷路营业厅保留一个人工受理台席，全年业务总收入不足10万元。

二、有线传真

1988年，开通长沙至北京、长沙至上海及省内传真电路11条，有Ⅱ型激光照片（报纸）传真机6部，湖南日报社通过传真线路接收新华社发稿的新闻图片、外事活动照片和《人民日报》《经济参考》《参考消息》《中国法制报》《北京晚报》等版面。同时开通的还有湖南日报社与《长沙晚报》《株洲日报》《湘潭日报》《衡阳日报》之间新闻图片传送业务。1989年，长沙电信有真迹传真机2部，并开始对重点用户定向开通三类传真业务。1990年，对公众用户开放三类传真业务，终端设备所有权归用户，局方负责维护管理，当年有三类传真用户11户。1996年，有三类传真用户3329户，业务量国内6.19万份、国际2830份，收入570.05万元。随后，传真业务作为用户端自行选装的设备与普通电话合二为一。2012年，传真机终端与电话功能合二为一，用户自购自维，随着市内程控电话和长途自动电话的发展，用户与用户之间自行设置真迹传真机，通过电话网相互沟通。

附记 短波电台

1989年，无线短波设备全部国产化，长沙市电信局有1600瓦报话发讯机4部，150瓦发讯机3部，250瓦单边带通信车2台，笼形、鞭状、双极水平、倒L等天线23付，并设立专用短波发射台和收信台，配备战备通信车3台，成为全省无线短波通信中心，主要担负有线通信中断后传递高等级电报以及各类应急通信的无线通信保障任务，不再传递各类常规电报。1996年有单边带短波发射机4部，单边带收发信机2部，单边带收信机3部，2010年，长沙电信短波电台资产移交省机动通信局。

第三节 固定电话 无线市话 无线寻呼

一、固定电话

1987年，长沙市电信局开通首批万门程控电话，使长沙由模拟通信开始走向数据通信。1988年年初，长沙有通信电缆802.1千米，其中，架空电缆544千米，地下电缆258.1皮长千米。首条光缆是从德国引进的四芯多模梯度渐变形光缆，年初光缆总长度10.65条千米，将长沙市电信局的东塘局、四分局、五分局构成环网。本地传输网建设处于起步阶段，有准同步数字光端机（PDH）3套，容量4560路。长途传输主要有模拟载波、微波设备。5月，长沙载波四站运行18年后改为无人站。8月，802全国长途载波枢纽站改为增音站。同年，长沙市内电话交换机总容量为2.81万门，其中，新增的EWSD型程控数字交换机1.1万门，纵横制自动交换机5000门，步进制交换机1.21万门，有市内电话用户2.27万户，电话机总数5.61万部，均开放国际长途电话直拨业务，电话用户可与世界109个国家以及中国港澳台等地直接拨号通话，当年固网收入3.4亿元。

20世纪90年代，长沙市相继实施湖南省“165”通信工程（以实装电话机达到165万部，电话普及率2.54%为主要奋斗目标）和长沙市“118”通信工程（电话交换机容量达到100万门，形成18个大的通信网络扩容电话交换网），进行设备更新换代。1990年12月15日，长沙市内电话号码由5位升至6位；1991年12月6日，长沙市电信局研制的114自动查询报号系统投入使用，每日报号5000余次；1992年，引进的德国EWSD型2.75万门和法国E10B型10万门程控交换机分别投产，纵横制及步进制交换机同期退网，4个县交换网并入市网，长沙本地网建成，成为全国第九个市话交换网实现数字程控化的城市。同年5月，引进德国EWSD型2000路端程控交换机，次年7月兴建上海贝尔S1240型7000路端程控交换机后，长途交换机容量突破1万门。

1993年12月12日，长沙电话号码由6位升至7位，标志长沙电信事业发展进入新阶段。1994年3月18日，长沙市电信局开通语音留言信箱业务，有效地解决忙音、无人接通等通信问题。同年6月，长沙市电话费查询由人工转为自动查询。7月，兴建S1240型交换机2万路端，长沙一跃成为国内长途交换设备最先进、单局容量最大的交换局之一。

1995年8月，引进的日本F150型5万门程控交换机投产。是年，长沙市电信局先于湖南大学试点，将学校小交换机改造为公网模块局，提高小交换机单位的通信质量，在全国率先开启用户小交换机改制并入公网新模式，之后，长沙市大部分用户小交换机改制并入公网。是年年末，长沙交换端局由1988年的5处增至16处，交换机总容量达到45.3万门，长沙每百人拥有电话机23.41部，电话用户总数达到26.26万户，是1988年的11.56倍；1995年当年固网收入为5.83亿元，是1988年的17倍之多。

1996年，市话局至长途局、市话局之间的中继线有9112对，用户中继线为20993对，线路管道向周边地区延伸，东至湖南公安高等专科学校，东北方向至长沙氮肥厂，南至中意电冰箱厂，西至学仕乡。为解决远郊用户因暂无外线而出现的装机难问题，一对线路可安装多个电话的环路载波技术得到广泛运用。1996年，环路载波机的装机容量达3.91万路，构建成四通八达的市内电话网络。

1997年8月，国产华为C&C08型5.5万门程控交换机首度投入运营，组成交换商业网。迈出局用电话交换网络国产化进程第一步。截至1998年6月，完成所有模拟长途机械设备分步停机退网。

1999年4月23日，长沙县电信局通过长沙市经委组织的“电话县”达标情况验收，湖南省第一个“电话县”，该县装机总用户5.52万户，入户率25.55%，农话普及率7.26%；创建电话乡（镇）13个，占全县乡镇的59.09%；电话村240个，占527个行政村、居委会的44.20%。28日，经信息产业部批准，长沙市电信局IP电话业务试验网开通，长沙成为中国电信首批开通IP电话的14个城市之一，IP电话的接入号为“17900”，在中国电信、中国联通、吉通3家公司进行。同年6月，根据国务院批准的“中国电信重组方案”和信息产业部的工作安排，移动业务由分离后的移动公司运营，分营后的长沙电信固网收入为10.9亿元。年末，长沙市有固定电话用户74.65万户。

随着万门程控电话开通，市内电话用户发展迅速。2000年6月1日，长沙地区电话用户数达到100万户，实现历史性突破。其中私人电话所占比例逐年增加，家庭住宅电话已走入千家万户，成为居家必备。长沙市电信局还在长沙市交通学院、湖南大学、中南工大、湖南师大等十几所高等学校内开通201校园卡智能网公话，到2000年年底校园卡智能公话达到6.7万部，长沙市高等院校的校园通信条件在全国居领先水平。同年长沙列入全国智能网第二期工程建设城市，7月，贝尔智能网竣工投产，向用户提供被叫集中付费、记账卡、受端入网等业务。是年底全市电缆总长度为12万皮长千米，交换机总容量161万门，通信能力稳步提升。

2001年2月21日，长沙电信执行新的资费标准，本地网营业区内电话通话费计费单元由3分钟一次计费改为首次3分钟0.22元，以后每分钟计费一次0.11元；取消长途附加费；国内长途电话资费由三级计价方式变更为一级计价，计费单元由1分钟缩短为6秒，资费标准为每6秒0.07元。

2002年6月，华为智能网建成，开放各种卡类、智能公话、家庭被叫付费等业务。12月，华为业务交换系统（SSP）建成，C&C08程控交换机经7次扩容后总容量已达27.4万门。2002年年末，全市电话用户总数达133.64万户，为1995年的5倍，固网收入达14.18亿元，较1995年增长8.43亿，增长2.4倍。

随着电信技术的发展，磁卡存在技术含量低、防伪能力差等缺陷，2003年长沙磁卡电话全部更换为IC卡公用电话，长沙全区共更换磁卡1602.3万元。2005年9月，长沙固网智能化项目启动，历经10个月，兴建4个市话汇接局和1个共用智能用户数据库，网络结构由准网状改造为双汇接区一级汇接全覆盖方式。智能化后的存续网可与下一代交换网平滑接轨，本地网实现跨局混合放号、一号双机等多业务功能。2005年，长沙电信固定电话用户突破200万户，年末总用户数为202.16万户；年末固网收入达17.08亿元。2006年年底电话用户数达到历史最高值230万户，固网收入达17.9亿元。

受移动业务和其他竞争因素影响，自2007年始，固定电话规模发展开始呈现负增长。2007年12月，软交换省内骨干网工程竣工，同时停扩建电路域程控交换机，逐步以具有综合接入功能的软交换AG设备和存量用户板调配满足扩容需求，长沙市话交换网开始向以软交换为核心的下一代网络（NGN）逐步过渡。

2008年9月，建成综合虚拟专用网平台，提供固话和手机短号码、天翼一号双机、CDMA手机预付费等业务。2009年6月28日，长沙、株洲、湘潭三地升位并网成功。三地固定电话号码由7位升至8位，统一采用0731区号，新的“0731”固话网号码容量7000万个，10月1日起，三地执行同一本地网资费体系，长株潭实现通信一体化，三市之间通信成本大降；年末，全市固定电话用户221.09万户。

2011年引入基于NGN核心技术的IP多媒体系统（IMS），并于2012年6月完成本地网层面的网络架构，兴建华为IMSMGW设备1套、BAC设备4套，IMS用户正式对外放号，为电信用户提供融合视频类通信业务，交换网实现语音、数据、视频三重融合。2012年12月，长沙IMS用户突破3万。

至2012年，长沙电信电缆总长度为5.25万皮长千米，光缆25110条，合计2.82万千米，纤芯总长度4.63万芯千米，局间中继光缆为1682.15千米，用户光缆达2.656万千米。市话线路由传统的音频电缆逐步被市话光缆网络所替代，光网城市建设初具规模。通信技术快速迭代无法抑制电话业务的逐步萎缩，至2012年年底，全市有市话汇接局4个，关口局2个，交换机总容量241.35门，电话用户数为133.93万户，固网收入为14.3亿元，仅与2002年基本持平。

二、无线市话

作为固定电话的补充和延伸，2003年3月，长沙无线市话（PHS）（俗称“小灵通”）通信工程建成竣工，兴建核心交换机和本地交换机各1套，基站接入设备20套，基站控制器370套，基站1500个。2003年4月25日，“小灵通”品牌首次在长沙发布，并对外放号，无线市话实行与固定电话相同的资费标准，得到广大市民的青睐，9月，“小灵通”机号分离业务试点成功，并在全国推广，2004年，“小灵通”用户达33.52万户，年末“小灵通”业务收入达1.65亿元；2005年，实现“小灵通”与固定电话号码同振，提供一号双机服务，2006年8月用户高达64.92万户。PHS系统经过9期扩容后，截至2007年12月，有核心网设备22套，基站接入控制设备1289套，基站5800个，区内信道有效覆盖面积100%，PHS系统容量达84万户，当年业务收入1.39亿元；2008年起，停扩建PHS系统设备，2009年长沙电信再次获得移动电话经营权后，“小灵通”用户逐步减少，2011年减至14.49万户。随着3G业务的拓展，“小灵通”业务所占用频段逐步让道3G业务。2011年12月，“小灵通”逐步实施清频退网，至2012年12月，“小灵通”用户仅为2.3万户，当年“小灵通”收入仅为246.85万元。

三、无线寻呼

1988年湖南省邮电管理局完成对无线寻呼业务市场的分析和调查，长沙作为4个省内试点城市之一，率先开通人工网管，1月20日，建成数字显示无线寻呼系统，长沙127/126无线寻呼台开台，小型移动无线接收机（BP机）对外放号。1991年12月，全省联网，实现省内异地传呼。1992年8月，汉字与数字兼容自动寻呼系统开通，新设128/129汉字寻呼台，开设“553000”专线用于省际长途传呼。

1992年11月，长沙开通自动无线寻呼系统和中文汉字寻呼系统，并于1993年逐步向全省推广。随着BP机用户群规模扩大，1994年7月3日，长沙市电信局开通寻呼二台，系统容量10万户，与省内各地、州、市实现多频点自动联网。同年12月，该台开通130秘书台，该台除具有126、127、128台的普遍寻呼功能外，还具有电话转移、来电过滤回复、发布通知、提示呼叫等7项服务。1994—1996年，湖南邮电 137 台、长沙八达台、长讯台、富达台等寻呼台并入或联营并入长沙电信 127 台。1996 年，无线寻呼用户 31.87 万户。1997 年 10 月，198/199 全国联网高速寻呼系统在长沙开通，提供全国异地传呼服务，同年，联通寻呼有限公司 191/192 寻呼台在长沙发展业务。到 1998 年，期末用户达到空前的 60.8 万户，业务总量达到空前的 1.34 亿元。与此同时，大部分社会台逐渐失去竞争力而陆续关台。

1998 年 10 月，无线寻呼业务从长沙市电信局剥离，交由中国联通公司经营，从市电信局剥离时用户数已达 48.79 万户。2000 年，长沙寻呼公司与长沙联通合并。2001 第一季度，长沙联通开始经营 126、127 联通无线寻呼业务，并持续保持在寻呼业务上的领先地位。

2002 年，126 寻呼台连续 6 年保持“全国青年文明号”称号。同年，联通推出 126 代发短信业务和“两网通”业务，为针对联通用户的寻呼增值新业务，利用 130、133 移动网和 127、192、199 寻呼网，使用户的联通手机增加接收联通寻呼信息、实现手机定制、信息点播等功能；同时使拥有联通寻呼记的用户也可以接收 130 手机短信息的功能，两个网络同时接收。年内，已实现“虚拟寻呼”“手机寻呼机双响”“寻呼保号转移”“手机短信”“手机信息定制”“信息点播”等功能。2003 年，推出“校园门禁卡”寻呼增值新业务，在全市范围内学生只需通过刷卡的形式，就会以短信形式将学生有关情况发送到家长手机或寻呼机上。同年，信息产业部批准关闭 191、192 号段。

在移动通信行业的迅速发展下，无线寻呼业务逐渐萎缩。2005 年，传统寻呼业务得到整合，完成向增值业务的转型；3 月，中国联通向信息产业部递交退出寻呼业务的申请。2007 年，无线寻呼业务正式关闭服务。

第四节　图像通信　可视会议

一、图像通信

1996 年 3 月，长沙电信图像通信网首次建成，有监视屏幕 114 块，卫星接收天线 6 付，高斯贝尔卫星接收机 23 台，BARCO 调制器 45 台，INSTEC 切换系统 1 套，上诠点播设备 1 套。设置光节点 75 个，安装哈雷光纤发送设备 34 台，采用 DV6000 型省干网传输设备实行全省联网。1998 年，建成加密系统，与新华社湖南分社合作开通新华音像参考业务。2000 年，CABLE MODEM 宽带接入系统建成，容量 5000 户，为用户提供多媒体上网业务。2006 年，全球眼视频监控平台建成，开放视频监控业务。2012 年，有卫星接收机 28 台，调制器 53 台，光节点 260 个，光纤发送设备 289 台，节目源 53 个，在网用户 17.9 万户，比 1996 年增长 40.68 倍，其中，新华音像参考收视用户 4006 户。

二、可视会议

1993 年 12 月，数字可视电话会议系统首次在长沙建成，语音电话会议业务开办 38 年后迈入可视可话阶段。系统有 GPT 可视会议设备 4 台，多点控制单元（MCU）容量 8 路，与全国可视会议系统联网。该会议室总投资 1000 余万元，共 600 余平方米，分大、中、小会议室，座位合计 226 个，长沙作为可视会议发起地可直达省内各地州市。1994 年 6 月，从美国引进 CLI 可视会议设备投产。2001 年 6 月，中兴设备替换 GPT 设备。2003 年 7 月，IP 视频会议系统启用。2012 年，有 MCU 设备 4 台，容量为 176 个 2M 会议终端、376 个 768k 的 IP 终端同时在线；会议系统 9 套，2M 会议终端 2 个，4M 会议终端 5 个，8M 会议终端 3 个，IP 终端 2 个。

第五节 移动电话

一、网络设施建设

1991 年，长沙作为试点城市之一，投资近 1000 万元，建成 800 兆赫集群电话系统，首期用户为 192 个。1992 年 7 月 18 日，长沙市电信局引进的瑞典爱立信公司 AXE-10 900 兆赫蜂窝式移动公众电话系统建成，主机的忙时试呼达 30 万次，用户容量 1.5 万户，无线信道 37 个，设全省中心交换局 1 个，在全省率先开放公众移动电话业务。

1993 年，长沙移动公众电话业务进入一个快速发展期，9 月，800 兆赫集群移动通信系统开通，容量 2000 户。1993 年 12 月 10 日，为保障移动电话迅速发展过程中的号码资源，长沙模拟 900 兆赫移动电话号码由 6 位升至 7 位，升位方法为第三位数字后加“0”，12 日晚，长沙地区总计 13 万门电话及“大哥大”号码全部正式升 7 位。年底，实现省内漫游。

随着移动通信电话网建设规模的扩大和系统逐步完善，至 1994 年，兴建基站 33 个共 763 个信道，长沙实现模拟移动电话全国漫游。从 1995 年年初开始，长沙 GSM 数字移动电话通信网建设进入前期准备。1995 年，900 兆赫模拟移动电话实现全国联网并开始自动漫游试运行。1995 年 12 月 28 日，长沙在全省率先开通 GSM900 兆赫数字移动电话。是年，全市第二代数字蜂窝移动通信系统（GSM）建设进入前期准备，至 1996 年 2 月，GSM 开通，全国联网，交换机容量 13 万户。1996 年 6 月，长沙“139 全球通”数字移动电话顺利实现全省、全国联网，并与香港电信、芬兰电信等 7 家境外 GSM 运营商开通国际漫游，对长沙的经济发展起到推动作用。1997 年 2 月，第二套交换机建成，容量 10 万户，兴建基站 60 个，直放站 20 个，扩容信道 3050 个。

1998 年 4 月，长沙兴建 1 套 GSM 数字交换机；兴建 3 万门独立汇接局；兴建 1 套 HLR，兴建语音信箱 2 个；兴建 OMC 和 OMC-R 各一个。10 月，长沙 GSM900 兆赫/GSM1800 兆赫双频实验网系统建成开通。年内，扩容信道 448 个。1999 年 7 月 19 日，移动通信与固定电话实行分开经营，移动业务从长沙市电信局分离。

1999 年 9 月底，长沙全区移动通信模拟信道为 2798 个，数字信道 9396 个，其中 4 县（市）模拟信道为 644 个，数字信道为 2379 个。

至 2001 年年底，长沙联通 G 网六期和 C 网一期工程全面竣工，建成 GSM 基站 76 个，CDMA 基站 121 个，G 网容量 30 万门，C 网容量 16 万门。2003 年，长沙联通完成全国第一个 GSM 室内分布集中网管的建设。

2004 年，长沙移动兴建基站 163 个，新增载频 2642 个；建设一套软交换系统以及一套 IP 专用承载网系统，软交换汇接网的建成为 3G 建设奠定基础。2006 年，长沙联通 G 网 HLR 扩容到 120 万。2007 年，长沙电信试点建设基于 Wi-Fi 技术的无线局域网，在部分热点区域提供无线上网服务，建立无线接入点 115 个。

2008 年 4 月，长沙电信承接联通 CDMA 移动业务工作启动，10 月 1 日，长沙电信正式经营 CDMA 移动业务，并对外放号，区内有效覆盖面积为 95.7%。同年 12 月，CDMA 核心网配套工程竣工，语音用户容量为 107 万户，核心网容量为 73 万户，兴建基站 424 个，并发布“天翼”移动品牌。同年，为迎接 3G 时代到来，并为 WCDMA 网络打好基础，长沙联通提出“一流网络，畅联星城”口号，全面进行网络建设，累计完成工程投资约 10 亿元，建设基站 950 个，已开通移动基站近 2000 个，长沙城区有些覆盖率超过 99.9%。

2009 年，长沙电信兴建多媒体网关系统（MGW）3 套，端口容量 4082 个，带宽总量 19Gbit/s；兴建基站 1368 个，城区有效覆盖面积为 99.1%，乡镇为 98.2%，高速公路为 98.1%，铁路干线为 99.5%。同年，长沙移动网络建设投资 7.72 亿元，全年新增 VLR 容量 177.6 万，新增 HLR 容量 20 万，兴建基站 518 个，新增载频 5181 个，完成 543 套分布系统、289 套直放站的建设；新增高低压配电系统四套、电力变压器容量 8800 千伏安、固定柴油发电机容量 6720 千瓦；兴建传输线路 3488 皮长千米、通信管道约 180 千米；TD 建设取得突破性进展，在全国第二批建设的 28 个城市中取得第一个完成前期配套工程，第一个打通 3G 视频电话。同年，长沙联通完成 3G 工程投资 3 亿余元，保障 3G 业务顺利运营，完善 2G 网络覆盖，新增 GSM 基站 474 个，全年铺设光缆 1790 千米，建设管道 450 千米，截至 2009 年年底，长沙联通公司光缆线路累计超过 8000 千米。

2010 年，长沙联通新增建设开头 WCDMA 网基站 347 个、GSM 网移动基站 158 个，铺设光缆 1366 千米。2010—2011 年，长沙电信兴建基站 965 个。

2012 年，长沙电信公司有基站 3771 个，其中，1X 基站 1561 个，EVDO 基站 1516 个，直放站 712 个，室内分布系统 610 个，Wi-Fi 无线接入点 8184 个；1X 用户信道容量达 366.85 万线，EVDO 信道容量达 557.85 万 Kbit/s，单基站最大共享下载速率为 3.1Mbit/s，区内有效覆盖面积达 99.1%。同年，长沙移动公司网络建设投资 12.15 亿元，全年新增 GSM 载频 2649 个，达到 78985 个；新增 GSM 基站 855 个，达到 6611 个；新增 TD 载频 4101 个，达到 29471 个；新增 TD 基站 1103 个，达到 3892 个；新增 HLR 60 万，达到 1030 万；新增 VLR 50 万，达到 890 万；铺设光缆 571.1 千米，兴建管道 1045.74 千米。同年，长沙联通公司新增建设开通 WCDMA 网基站 653 个，GSM 网移动基站 77 个，共铺设光缆 2364 千米，兴建管道约 150 千米。年末，有光缆线路 16.18 万千米，移动电话基站 1.58 万个。

二、经营规模

1992 年 7 月 18 日，第一代模拟蜂窝式移动电话（大哥大）对外放号，省内第一个“大哥大”号码“900001”由长沙市民帅民湘以 30 万元拍卖价竞买。至年底，长沙公众移动电话用户发展到 1191 户。1993 年有移动用户 4940 户，年增长率 314.78%。1994 年有移动用户 1.41 万户，1995 年年底发展到 3.7 万户。1996 年年底有移动用户 7.57 万户，其中数字用户 1.2 万户。1997 年年底有移动用户 1.85 万户，其中数字用户 9.5 万户。1998 年移动与固定电话分开经营时已拥有移动用户 21.78 万户，其中数字用户 15.48 万户。

1999 年，中国电信遵照国家非对称管制政策，不再经营移动电话业务，长沙移动完成与电信的分离。7 月 22 日，“全球通”数字移动电话号码从 10 位升到 11 位，升位方法为原号码第三位后加“0”，号码升位后，号码资源得到改善。到 1999 年年底，全市有移动电话用户 35.46 万户。2000 年年底，全市移动电话用户 58.78 万户；其中，长沙联通 GSM130 有网上用户 18 万余户。

2001 年，长沙联通净增 GSM 移动通信用户 13 万户，累计在网用户数 25 万余户。长沙移动全年净增网上通话用户 23.05 万户，比 2000 年的净增总数增长 13%，其中 GSM 净增 6.87 万户，“神州行”净增 16.18 万户；期末网上通话用户达到 71.11 万户，其中 GSM50.56 万户，“神州行”20.55 万户，完成业务收入 10.07 亿元。同年 12 月 31 日，长沙模拟移动通信网在运行 10 年后顺利封网，平稳退出，停止经营模拟移动电话业务，3.5 万户模拟移动客户相继转网。年末，全市有移动电话用户 97.87 万户。

2002 年 4 月 8 日，联通公司运营的第三代移动通信网 CDMA133 正式开通运营，具有“语音清晰、辐射低、保密性强”等优势。2003 年 5 月，长沙移动推出“大灵通”品牌，全年累计净增网上通话用户 38.75 万户，创历史新高；长沙联通全年发展 CDMA 用户 12 万户。2004 年 8 月，长沙移动推出“神州行·大众卡”，期末通话用户总数达到 180.6 万户；同年，长沙联通用户数突破 110 万户，其中 GSM 用户突破 70 万户，CDMA 用户突破 40 万户。2005 年 3 月 1 日，长沙移动推出“神州行·三湘卡”品牌，全年累计净增通话用户 44 万户，年末网上通话用户为 224.3 万户；全市移动电话用户达到 316.85 万户。2006 年年底，长沙联通在网用户 116 万户，其中 GSM 在网用户 92 万户，CDMA 在网用户 24 万户。

2008 年 10 月 1 日，中国电信恢复全业务经营，原由中国联通经营的 CDMA 转由中国电信经营。12 月 12 日，长沙率先拨通全国二期建网城市首个 3G 电话，长沙通信由此进入 3G 时代，12 月 22 日电信发布“天翼”移动品牌，开启移动互联网新时代。同年，长沙移动公司全年累计净增通话客户 60.12 万户，期末网上通话客户达到 419.69 万户，累计完成运营收入 37.51 亿元；长沙联通公司在网移动用户 120 万余户。年末，全市有移动电话用户 632.75 万户。

2009 年 4 月 15 日，湖南电信天翼 3G 业务启动。年末，全市有移动电话用户 644.13 万户，其中，电信长沙分公司移动 58.88 万户，联通长沙市分公司 130 余万户。

2012 年年末，全市有移动电话用户 984.45 万户，其中，电信天翼 3G 用户 148 万户；长沙移动用户 592 万户，其中 3G 客户发展到 85.3 万户，累计完成运营收入 50.95 亿元。

第六节　数据业务

一、数据网络建设

（一）数字数据通信网（DDN）。1994 年 5 月，全国数字数据通信骨干网在长沙建成，兴建本地网节点 8 个，端口容量 260 个。1995 年，兴建中心节点 3 个，周边挂接各数据机房的 3600 型带宽管理器 45 台。1996 年，DDN 端口扩容至 2348 个，1996 年有用户 1118 户，2000 年有用户 3587 户。2005 年，取消省级 DDN 骨干网，原省级 DDN 设备层级下移至本地网，长沙 DDN 出口改接至 ATM 设备承载。2012 年，有 3600 型设备 104 台，带宽容量 640Mbit/s，实占 280Mbit/s，用户专线 2000 条。

（二）分组交换网。1993 年 4 月，全国分组交换数据骨干网在长沙建成，兴建全国骨干分组网端口 128 个，省分组网端口 98 个，本地分组网端口 114 个。经 1994 年扩容后，1996 年，有骨干网端口 232 个，本地网端口 1030 个。2010 年 12 月，设备关停退网。

（三）宽带多媒体网（ATM/FR）。1998 年 3 月，宽带多媒体网建成，安装 36170 型多业务交换平台设备 11 套，省骨干网及本地网出口节点 3 个，本地网节点 8 个。2005 年，各类基础数据网设备及网管平台实施优化整合，三网合一。2010 年，长沙基础数据网扩容，新增 7670 大容量交换机 1 台。至 2012 年，基础数据网有出省节点设备 4 台，本地网交换平台设备 7 台，省骨干网节点 2 个，本地网节点 7 个。

（四）窄带互联网。1994 年 3 月，长沙市电信局建成长沙公众电子邮箱系统，首封电子邮件来自邮电系统。1996 年 5 月，中国公用计算机互联网全国骨干网长沙节点建成，兴建 163/169 窄带拨号 MAX 接入服务器 10 台，开通 163/169 接入服务，年底，因特网用户为 7372 户。1997 年 1 月 18 日，长沙信息港开通，向公众提供远程登录、电子信箱、聊天室、新闻信息等多媒体信息服务。1999 年 1 月 15 日，获得中国互联网域名及国际通用域名注册申请代理权。1999 年 4 月 8 日，开通 IP 电话业务试验网，成为中国电信首批开通 IP 电话的 14 个城市之一。1999 年 8 月 3 日，试运行 3 年的电子商务 CTCA 安全认证系统通过国家级技术鉴定，成为国内首家具有运营资质的 CA 安全认证中心。2000 年开始，上网时不能使用电话的窄带拨号接入业务逐渐萎缩，MAX 接入服务器退网。2012 年，省内其他地州市窄带拨号设备退网，长沙保留 A8010 型拨号服务器 2 台，为全省福利彩票中心、农村信用社等 80 家 VPN 网络用户提供速率为 56Kbit/s 的 16300 窄带因特网接入服务。

（五）宽带互联网。1999 年，非对称数字用户环路（ADSL）和以太网二种宽带接入方式分别于 5 月和 8 月在长沙投入使用，公众窄带拨号接入互联网被宽带账号接入方式替代。2000 年，以 4 台三层交换机为主组成的交换型宽带城域网建成，长沙跨进宽带城市。2001 年，兴建高端路由器 2 台组成城域网核心层，在三层交换机与接入层之间兴建宽带接入服务器 13 台，实现 ADSL 和以太网用户的可知、可控、安全防护和用户类型分离，并由提供单一的因特网业务转为提供以因特网为主的多种 IP 业务，长沙宽带城域网演进成可运营、可管理的 IP 城域网。2009 年，IP 城域网内部吞吐量增加到 500Gbit/s，全网 4Mbit/s 占比提高到 95%。经过从 2007 年开始的 6 期扩容升级，截至 2012 年，长沙 IP 城域网有骨干层思科路由器 2 台，出口武汉电路带宽 270Gbit/s，出口杭州电路带宽 270Gbit/s，出口带宽 440Gbit/s，衡阳互联电路带宽 40Gbit/s。汇聚接入层有高端路由器 12 台，路由器 36 台，交换机 49 台，宽带接入服务器 57 台。

2008 年 10 月，中国电信下一代承载网（CN2）长沙节点建成，兴建省内骨干路由器 2 台，出口带宽 4×10Gbit/s，本地网由 2 台业务路由器构成双业务路由器结构，配置延伸交换机 2 台。2009 年 12 月，长沙列为 IPv6 试点城市之一。2011 年 5 月，IPv6 的 DS-LITE 模式和双线+NAT444 模式在长沙试点商用成功，物联网进入运用阶段。2012 年，长沙 IP 数据网呈现 CN2 与公众互联网双网并存、互为补充的格局，CN2 主要承载有质量保证的企业互连和大客户接入、3G 移动中继、软交换中继等重要业务，公众互联网则承载普通互联网业务。

（六）IP 接入网。1999 年 5 月，长沙综合接入网工程启动，兴建 ADSL 局端设备（DSLAM）473 台，端口容量 38.89 万个。8 月，兴建以太网（LAN）楼道交换机 3188 台，端口容量 8.07 万个。为缩短局端设备到用户终端之间铜线距离，实行宽带提速，2005 年 6 月，长沙实施“光进铜退”项目，采用 FTTH+ADSL 和 FTTB+ LAN 技术，将局端设备延伸到路边，进小区，驻楼道，光纤入户，宽带下行最高速率 ADSL 用户可达 22Mbit/s，以太网用户可达 1000Mbit/s。2007 年 3 月，软交换综合接入设备（AG）投产，安装华为 UA5000、中兴 ZXA10 设备合计 279 台。2008 年 4 月，以太网无源光网络（EPON）建设全面铺开，兴建光线路终端设备 209 台，光网络单元 12071 台，PON 端口 64.05 万户。2010 年，长沙电信正式实施“三网融合”工程，三网合一的 EPON 末端设备 FTTB 和 FTTH 相继投产，2010 年 5 月，FTTH 首次成功开通 IPTV 用户 1456 户。截至 2012 年，DSLAM 设备有 2009 台，端口容量 12.05 万个，实占端口 47.1 万个。LAN 设备有 3477 台，端口容量 9 万个，实占端口 3.5 万个。AG 设备端口容量 4.789 万个。EPON 有光线路终端设备 549 台，光分配器 2.9 万个，光网络单元终端 3.19 万台，PON 用户端口达 153.5 万户，实占 84. 7 万户。FTTH 覆盖达 58 万户，IPTV 平台容量 226.68 万户，城区开通 12.35 万户，长沙 IP 接入网已经演进为电话交换网、IP 城域网、IPTV 平台的综合接入网。

（七）大客户专线网。1988 年年初，长沙市电信局为省人民银行首度开通低速数据专线。1992 年，开通 2Mbit/s 大客户出租电路。1994 年，开通 DDN、分组交换、非话脉码调制（PCM）等专线。2005 年 2 月，以多业务传送节点技术（MSTP）为核心的长沙大客户精品网建设启动，兴建 237 套 MSTP 设备组成汇聚接入层。2006年8月，使用新一代智能光网络（ASON）设备4×10Gbit/s组成骨干层。截至2012年，汇聚接入层设备达540端，容量315Gbit/s，为长沙28049家大客户单位开通MSTP、100M、极速通、ATM/ FR、DDN、IP虚拟专网和光纤出租等专线共4.18万条，比1988年增长469倍。

二、移动数据业务

随着移动电话用户群的不断扩大和GSM数字移动电话网络建设的扩充，升级和完善，长沙在加快移动电话业务发展的同时，数据业务也快速发展。1998年5月，长沙市电信局在全省率先开通移动电话中文短消息服务功能。2000年，长沙移动、长沙联通短信、IP电话等数据业务陆续上线。2001年，长沙联通公司开通联通在信业务，主要提供基于短信信息平台的订阅和点播业务，为用户提供股市、天气、交通、新闻、图片、音乐等信息，同时用户可在各SP网站上订阅或通过手机发送相关信息；11月，联通与华友世纪通讯有限公司联合推出“超级大赢家”业务，基于短信信息平台研发的新增值业务，用户只需将短信息代码“DT”发送至“818”便可开始有奖问答游戏。2001—2002年长沙移动公司新开通全球呼、IP记账卡和充值卡等数据业务。在新业务拓展方面，长沙移动推出GPRS、移动梦网、无线局域网等多种业务，以满足客户多方位、个性化的信息需求。2002年1月7日，召开新闻发布会，全面推出GPRS手机上网业务。2002年长沙移动公司实现数据业务收入6002万元，占总业务收入比重的4.83%，其中短信发展尤为迅速，全年流量达到3.7亿条，普及率为53.81%，位居全省第一；同年，先后推出移动全球呼、移动IP充值卡、GPRS、移动短信通、随E行、WLAN、移动手机支付等数据业务，满足不同客户群体的需求。同年11月，长沙联通全面推出“如意邮箱”服务；11月8日，推出网中网业务，利用智能业务平台，在CDMA133网中推出的无线虚拟专用网业务，主要为机关企事业单位员工几天入网提供“配连号、拨短号、省话费”的移动电话增值业务新功能。

2002年之后，数据业务发展迅猛。2003年3月，长沙联通推出“联通无限业务”，8月1日推出“夜夜飞歌”业务，推出短信便利店新业务，包含各类点播短信和短信游戏。2004年11月，长沙联通与中国建设银行共同推出首个支持在线交易的手机银行业务，具有“全国开通、全网漫游、24小时在线、全功能支持”的特点；同年，长沙联通与湘财证券、银河证券等证券公司联手，推出“联通掌上股市”业务；开通联通炫铃业务；推出个性化的双屏显示系统。2005年，推出OTA卡，除具有普通SIM卡打电话、发短信等基本功能外，能够通过空中下载的方式实现卡上增值业务菜单的更新。2006年，长沙联通全面清理整合世界风、新势力、如意通三大客户品牌与新时空行业应用品牌，其中世界风双模双待、校园新势力、如意通潇湘卡、如意通金乡通以及CDMA掌中宽带等子品牌迅速走红市场。到2006年，长沙移动累计完成数据业务收入5.92亿元，增幅达到55.76%，数据业务收入占总收入比重达到23.4%，比2005年提高6.4个百分点。2006—2007年新业务发展迅速，手机报、手机动漫、无线音乐俱乐部、来电提醒、“12580”综合信息服务平台、短信转发有奖、手机医疗、飞信、手机证券等数项新业务开通。

到2010年，长沙移动数据业务整体发展态势良好，2010年共完成数据增值业务收入10.74亿元；月均重点业务使用客户（手机报、手机证券、影号）达到40.84万户；手机钱包/手机支付月均使用客户达到6.97万户。

2012年，数据业务保持平稳增长势头，长沙移动公司全年累计完成数据业务收入13.94亿元，占总收入比重达到27.36%，无线上网普及率提升至81.02%。传统数据业务来电提醒、点对点短信、彩铃等数据业务客户规模达到525.59万户；手机支付月均活跃用户数达到20.93万户，累计实现交易额22.56

万元。

三、互联网业务

1994 年国际计算机互联网（internet）业务开通。1997 年 1 月 18 日，长沙市电信局在省内率先开通 169 信息港系统，该系统利用 Internet 和 WWW 技术组建的一个集文字、语音、图像为一体的全中文多媒体公众信息服务系统，可提供交互式多媒体信息服务、Internet 网接入软件下载、电子邮件、实时交谈、电子公告牌等功能，推动长沙信息产业的发展，成为让长沙了解世界，让世界了解长沙的重要窗口。当年互联网用户数 1581 户。

1998 年 5 月 17 日，长沙市电信局正式向社会推出“一线通”业务，该业务以电话综合数字网为基础发展而成，能提供端到端的数字连接，可以为用户提供数据通信、视频通信、四类传真等服务。2000 年 10 月 17 日，电信长沙市分公司开通长沙市第一家 163 以太网接入宽带业务，10 网线直接与用户家计算机互联，用户可通过网络看电影，此次宽带接入工程是长沙电信数据业务发展的一个里程碑。

为加快信息化发展进程，推动长沙社会生产实现跨越式发展，长沙市人民政府决定在全省率先建成“信息市”，2001 年 4 月 11 日，在长沙市电信分公司召开动员大会，启动创建“信息市”工程，按照要求，要达到政府上网率 90%以上，企业上网率 80%以上，学校上网率 70%以上，上网用户数占本市固定电话用户总数的 30%以上，宽带上网用户数占本市 IP 拨号上网用户数 25%以上等标准。

2002 年，电信长沙分公司开展“宽带极速之旅”活动，加快网上应有平台开发，开头 IP 业务应用平台、网上营业厅及“传奇”游戏服务区等，推出面向校园的 201+宽带上网，面向酒店行业的“酒店通”等。年末，全市有国际互联网用户 55.87 万户。2003 年 5 月 16 日，电信长沙分公司与雅礼教育集团举行新闻发布会，宣告“雅礼宽带网校”正式挂牌成立并启动各项工作。2006 年 12 月 1 日，芙蓉区教育局与电信长沙分公司启动教育城域网建设，促进辖区内所有教育教学资源实现电子化，各校之间通过租用电信长沙分公司的专用光纤进行组网并实现互联互通，实现优质教育资源共享。年末，全市国际互联网用户数 88.29 万户。

2008 年，随着 3G 牌照的发放，长沙移动积极投入全业务运营，互联网业务收入大幅度提升，累计完成互联网业务收入 5109.7 万元；主要创收产品由 2007 年的 2 项增加至集团彩铃、校讯通、行业应用卡、农信通、MAS、手机邮箱和移动总机等 7 项。全市 MAS 到达数、ADC 到达数、行业应用客户端用户数分别达到 212 家、3778 家和 17.2 万户，均超额完成省公司下达的目标任务。2010 年，长沙移动互联网收入达到 9961 万元，全年完成 38 个视频监控的 452 个接入点，101 个宽带项目及 13 个小区 EPON 项目，1675 条集团单位 2M 专线等建设任务；投入 3000 余万元完成 1570 家集团单位、高校及小区管线的预覆盖，为全业务发展提供良好的网络支撑。同年，与 136 家集团单位签订专线合作协议，新增专线 1972 条，累计完成 3533 条；完成 37 所学校光纤专线进入校园网的协议签订和施工工作；与民政学院、湖南农业大学等 25 所高校签订 WLAN 协议。同年年末，电信长沙分公司宽带用户数为 68.66 万户，其中 ADSL23.25 万户，以太网 3.56 户；全市国际互联网用户数 90.78 万户。

2012 年，长沙移动互联网收入达到 1.51 亿元，规模拓展专线专网业务，全年累计中标宁乡教育网、三一重工全国 MSTP 电路、太平人寿综合信息化等大型信息化项目 23 个，专线 1145 条，累计签约金额 1453 万元，签约综合 V 网数 1.17 万门；长沙移动成功签约“无线长沙”项目，积极推动长沙信息化建设。年末，电信长沙分公司有宽带用户 99 万户，全市有国际互联网用户 134.25 万户。

第七节　无线电管理

一、机构

1988 年，长沙市无线电管理机构为市无线电管理委员会办公室（以下简称“市无委办”），归口市政府办公厅管理，负责市域内除军事系统以外的无线电管理工作。1993 年 7 月，市无委办加挂市人民政府通信中心的牌子。

1997 年 12 月，根据省政府办公厅《关于调整地州市无线电管理体制的通知》精神，撤销长沙市无线电管理委员会办公室，成立湖南省无线电管理委员会办公室长沙市管理处（简称市无线电管理处）与长沙市人民政府通信中心合署办公，主要职责不变。2003 年 4 月，为精简机构，市政府通信中心予以撤销。

2011 年 9 月，市政府进行新一轮机构改革，市无线电管理处归口市工业和信息化委员会管理，受省无委办和市工信委的双重领导。2012 年，市无线电管理机构和主要职责无变化。

1988—2012 年，先后担任长沙市无线电管理机构主要领导职务的有：何家象、李应德、潘建军。

二、频率资源管理

（一）审批指配频率。1988 年，市无线电管理委员会办公室（简称市无委办）向各设台单位发出文件，重申严格按照国家无线电管理委员会制定的无线电频率管理办法，加强频率管理。凡未经批准的频率不得擅自使用；一经指配频率，任何单位和个人不得随意变动，如需变动时，应重新申请；暂停使用的无线电设备证照，从办理停用手续之日起予以收回，停用 1 年以内的，频率可保留；停用期超过 1 年的原使用频点收回，需要恢复时，设台单位应重新办理手续。是年，全市设台单位达 300 个，电台数量近 3000 台；频率利用率达到 30.6%，与 1985 年相比提高 20 个百分点。

1991 年以后，市辖区内无线电通信发展迅速，大量频率被占用，特别是 150 兆赫频段的频率更显得紧张。然而，却又存在频率资源严重浪费的情况。市无委办（市无线电管理处）把加强频率资源管理作为一件大事来抓，每年都进行认真清理，回收部分单位已停止使用或暂停使用的频率。1997 年共收回 44 个单位的频率 69 个，1998 年又收回 5 个单位的频率 14 个，报废各类电台 98 个；同时根据实际需要，对 10 家新用户、173 个新增电台审批指配可供使用的频率。2000 年，进一步加强对全市所有设台单位的跟踪管理，收回 6 个单位的频率 9 个，报废各类电台 86 个。

2006 年，市无线电管理处对全市现有频率进行一次全面清查，对某些过去使用 2 个以上频率，现在只需使用 1 个的，多余的一律无条件收回。是年，共收回频率 6 个，审批指配频率 12 个。

2008 年，为满足城市管理通信需求，市城管局提交《关于申请使用 800 兆赫无线数据通信系统的报告》。市无线电管理处积极向省无委办提出建议和申请，并最终报国家无线电管理委员会获得 800 兆赫无线数据通信系统频率的批准。

2011 年，重点宣传贯彻工业和信息化部新发布的《中华人民共和国无线电频率划分规定》，加强频率规划和协调，统筹保障全市通信、民航、广电、交通、气象、渔业、铁路、航天、公安等各重点行业和部门对频率资源的需求，落实第三代公用移动通信（3G）网络的频率政策，做好与 3G 同频、邻频的不同无线电业务之间的频率资源协调，有效保障 3G 网络的建设。2012 年，全市指配频率审批工作按常规有序进行。

（二）征收无线电管理费。随着改革开放的进一步深入和经济建设的快速发展，无线电事业迅猛发展，各类电台与日俱增。为充分节约和有效利用国家无线电频谱资源，促进无线电通信事业的健康发展，1992 年，国家计划委员会、财政部、国家无线电管理委员会出台《无线电管理收费暂行规定》。同年 10 月，市无委办对市域内部分无线电设备收费管理做出补充规定：通信总台用户按年度交纳电话费，每月 80 元，全年 960 元；频率占用费 145 元/年，合计 1105 元；大哥大频率占用费按 10 年作一次性收费，每年 110 元，以后不再收取频率占用费；在使用过程中，无线电设备如有遗失、损坏等特殊情况，可持单位证明办理报废手续并退回多交的频率占用费。截至 1994 年年底，各年的无线电管理费用征收工作都基本正常。

1995 年以后，由于对讲机用户锐减，加上其他一些原因，全市频率占用费收取工作遇到不少困难，市无线电管理处加强对这项工作的宣传、检查和管理。1998 年，国家计划委员会、财政部、国家无线电管理委员会正式出台《无线电管理收费规定》，湖南省和长沙市也先后制定有关执行文件，全市无线电管理费用征收工作逐步走上正轨。2007 年，全市各设台单位主动缴纳频率占用费的达 85%，曾受过处罚的单位主动缴费率 100%。

2009 年 6 月，市无线电管理处在全市组织开展一次清理违法使用对讲机专项执法活动，清理整顿的范围涉及市域内所有违法设置使用无线电对讲机、车载电台的单位和个人，限期 3 个月内补办相关手续。按照相关规定，1000 兆赫以下的移动电台每年需缴纳频率占用费 100 元。至 2012 年年底的 4 年中，全市无线电管理费用征收工作基本正常和稳定。

三、无线电台（站）管理

1988 年，全市有超短波电台、广播电台、船舶电台、数字传输台、业余电台等各类无线电台（站）近 3000 个，是 1985 年 800 余个的 3.75 倍。

1990 年 4 月，市无委会、市公安局联合发文，对全市公安系统的频率和设台做出更严格的规定，以确保公安保卫系统无线电台（站）网络的安全。同年 10 月，市无线电管理委员会发出文件，重申加强市域内民用无线电台（站）管理的各项规定。为有效解决离市区较偏远地区通信难的问题，市无委会决定建立市无线电通信总台，该台于 1991 年元月开通，3 月份正式对外服务，一年内发展用户近 200 户，受到广泛好评。同年 10 月，市“星沙”警报报知台正式开通，该台平时担负发放抢险救灾、应付突发事件的警报信号，发布城区停水、停电、停气等有关信息，为城市建设和生产、生活服务；战时结合人防警报系统和电信、广播、电视等设施，发放空袭警报信号。

1993 年，全市新增电台 1000 余个，居全省第一；批准十余家出租汽车公司新装车载电台。社会上出现一些单位和个人擅自设立电台、乱占频率、滥用呼号的现象；更为严重的是，有的个人或团体非法窃取无线电通信频率，盗用无线电密码，利用对讲机、车载台、移动电话等无线通信设备窃听国家秘密及重要商业信息，危害国家安全和人民的利益。1995 年，市无委办、市国家安全局联合采取措施，严肃查处违法行为，并结合整顿，在全市普遍进行一次国家安全法和无线电通信纪律教育；对所有电台逐个进行电台安全检查，在设备上加盖市国家安全局和市无委会的专用铅封。

1996 年，市无委办在对 8 家出租汽车公司的车载电台进行常规检查时，发现其中的严重问题，原来被锁住的频率全部被打开，有的车载台甚至同时置入 14 个频点。检查组对这些车载电台进行重新锁频，清除非法使用的频率。针对全市无线电频率资源一方面紧缺，另一方面严重浪费的情况，1997—1998 年通过全面清查，收回 49 个单位的 83 个频率，报废各类电台 2132 台；根据实际需要，发展新用户 10

个，新增电台 173 台。

进入 21 世纪，长沙经济发展更加迅速，无线电台（站）的数量进一步增加，无线电新技术、新业务急剧增多，给无线电台（站）管理工作带来新的挑战。2000 年，针对部分地区电磁环境恶化的情况，市无线电管理处对全市 16 家寻呼台、144 个 BP 机台（站）进行专项检查，通过技术整改，所有发射台（站）均加装单向滤波器，使电磁环境得到较大改善。

2006 年以后，对全市所有设台单位开展定期进行无线电频率清查和无线电发射设备年检，当年共检测电台 1290 个，查清各个单位的电台频率使用情况，建立数据库。2007 年，全市无线电台（站）管理服务领域进一步扩展，除应对经济发展需要、改善空中电磁环境，推广应用 900 兆赫频段无中心多信道选址移动通信系统外，重点加强对全国高考、重要会议、重大活动频点的安全保障和管理服务，整体技术水平和服务质量均有较大的提升。2008 年，针对岳麓山上的无线电发射设备尤其是大功率设备不断增多，电磁环境复杂，干扰现象严重的问题，市无线电管理处对岳麓山风景区的所有无线电台（站），进行一次全面核查清理，涉及 23 个单位、90 台超短波发射设备、广播电视发射设备、蜂窝基站、直放站和雷达。对未办理频率使用许可证的 2 个单位，依法进行设备清除和行政处罚；对 11 台证照不全、发射功率在 10 千瓦以上的电台（站），报请省无委办进行处理。同年 6 月和 8 月，为确保北京奥运会和残奥会两次火炬接力传递期间全市无线电通信的绝对安全，市无线电管理处对无线电发射设备实行管制，并通过各种媒体广为通告，促进长沙地区两次奥运火炬传递活动取得圆满成功。

长、株、潭通信一体化是 2009 年三市“两型社会”建设的一号工程，通信一体化升位并网工作必须在 6 月 28 日以前全面完成。为此，长沙市成立专门办公室（设在市无线电管理处）负责总体协调工作。短短 3 个月内，全市 523 家有小型交换机的单位在电信运营企业的配合下，按时完成对设备的升级改造，全市通信并网升位工作如期完成。同年，市无线电管理处还重点对市人民防空及铁路系统的无线电台（站）进行专项清理，涉及短波单边带电台 10 台，通信警报系统设备 157 台，铁路无线列车调度通信指挥系统设备 212 台。

2010 年，针对全市主次干道各类天线林立，影响城市景观的问题，长沙市有关部门督促各通信运营商对市区 11 条主干道及二环线两厢 143 处基站进行美化改造。

2011—2012 年，市政府办公厅、市无线电管理处等 8 个部门，对中国电信、移动、联通长沙分公司第二批 313 个路灯式通信基站建设计划进行联合认定审批。针对全市无线电台（站）不断增多，管理难度增大的情况，市无线电管理处还加强对基站设备的巡检，落实第三代公用移动通信（3G）网络的频率政策，做好与 3G 同频、邻频的不同无线电业务之间的频率资源协调，有效地保障全市 3G 网络的建设维护和安全使用。

四、行政执法

1988 年 7 月，市无委办在对全市几家无线电发射设备商店进行检查时，发现有产自福建泉州、南安的 W5A、W16A、WD6F、W7C3 等多种型号对讲机主要技术指标都不合格，频率误差多，杂波干扰大，发射机输出功率达不到要求，有的产品没有生产厂家标志，随即通知有关商店停止销售。为加强对无线电发射设备的市场管理，市无委在《长沙晚报》发出通告，要求全市各无线电发射设备定点销售单位，从 9 月 10 日起，在设备销售前必须送交市无委办进行技术测定，经检验合格并贴有合格标志后方可销售，对无标志、又不合格的设备一律不得投入市场。1989 年 10 月，对全市无线电发射设备销售市场再次进行清理整顿，根据检查的情况，决定将允许继续经销无线电发射设备的单位由原来的 14 家调整为 7家。

1990 年 4 月，市无线电管理监测计算站正式成立，配备专业技术人员和监测车辆、大功率电台及综合测试仪器，对无线电频谱进行监测，发现问题，及时上报，及时解决，从而有效加强市域内的无线电监测，促进空中电波秩序的好转。

1991 年 2 月，市无委办根据市工商银行的举报，配合市公安局立案侦查，及时抓获盗用工商银行电台频率，使用“790”“791”“太阳”“月亮”“星星”“熊猫”等怪呼，自播“国际新闻”、读报纸，严重干扰银行正常通信联络的 3 名犯罪嫌疑人，缴获作案电台 3 部。

1993—2001 年，重点开展无线电管理执法、守法大检查。1993 年，市无委办配合省无委办，组织公安、工商、广播等部门，对全市 30 余家经销无线电设备的单位进行一次大检查；1996 年 9 月，在国家《无线电管理条例》颁布 3 周年之际，市无委办又组织一次规模较大的无线电执法检查；1998 年，组织专人对长沙市所有销售无线电发射设备的单位和个人逐个进行摸底调查。至 2001 年年底，共查验电台 1720 部、报废电台 2296 部，收回未用或多占用的频率 42 个，依法扣缴大功率无绳电话机 5 套、劣质对讲机 20 余台，查处未经批准擅自设置使用的无线电台 2 个，并为 115 户销售无线电发射设备的单位及个人重新核发销售许可证，有效地遏制销售无序的现象。

2002 年，全市兴建成固定监测站 2 个（市政府站和星沙站）、移动监测站 1 个，设备完好率保持在 98%以上，日常监听监测工作进一步加强。2004 年，对浏阳市部分山区存在大功率无绳电话干扰民航专用频率的问题，进行一次专项整治，查缴本应淘汰的无绳电话天线 10 多副、大功率无绳电话 10 部，遏住产生问题的源头。至 2005 年年底，4 年内查处和解决电磁干扰事件 17 起。

2006 年，全市查处非法设置电台单位 84 个，并对其中拒不补办设台手续的 14 个单位，分别给予责令停止使用和罚款 3000~5000 元的行政处罚；查处无线电干扰事件 17 起，为电信、联通、公安、城管等单位排除干扰 8 次，协助省无委办公室为空军、民航、铁路系统排除干扰 9 次。2007 年，进一步加大无线电常规监测力度，坚持固定站每天完成 11 小时以上、移动站每天完成 3 小时以上的监测任务，重点保证广播、电视信号的正常传输，有效防范非法组织对广播、电视信号的非法插播，维护空中电磁环境秩序；查处擅自设置、非法使用无线电对讲机的单位 110 个（涉及对讲机 800 余台），对其中问题严重的 40 个单位报请省无委办公室下发行政处罚决定书，分别给予 5000 元的行政处罚，遏制非法设台增加的势头。同年，还查处研究生考试过程中利用无线电发射设备作弊的 3 起案件，涉案的 11 人移交公安机关进一步立案侦查。

2008 年，全市兴建监测站 1 个（大托站），升级改造监测站 2 个（市政府站、星沙站），无线电监测智能化水平得到进一步提高。同年，市无线电管理处协助教育考试部门在全国高考、成人高考、湖南省二级建造师执业资格考试、全国司法考试中，共查获利用无线电设备作弊案 9 起，抓获涉案人员 26 人。

2009 年 5—8 月，全市组织开展清理违法使用对讲机专项行政执法活动，通过清理整顿，进一步规范无线电通信安全管理；市无线电管理处联合公安、国安等部门进行市场检查行政执法 144 人次；参加省、市教育考试部门组织的各类利用无线电设备作弊考试执法 62 场次。其中 5—6 月，在全国中、初级卫生专业技术考试和大学生英语四级、六级考试中，市无线电监测人员利用移动监测设备，在考点成功查获利用无线电设备作弊案件 4 起，干扰无线电作弊信号 1 起，协助公安机关现场抓获作弊人员 9 名，收缴对讲机 6 台、手机 5 台、笔记本电脑 2 台、数字信号发射设备 1 套。同年，还组织开展清理违法使用对讲机、查处出租汽车非法设置车载电台的行政执法活动，有 50 余家使用对讲机单位主动进行自查自纠整改，补办无线电对讲机相关手续 457 台；一举端掉 20 个分布在不同地点非法设置的车载电台。

2010年，省、市无线电监测站共同完成对长沙移动、联通、电信三大运营商551个兴建基站电磁环境测试和在运行基站的年检、年审。

2011—2012年，重点完成对长沙移动、联通、电信734个兴建基站电磁环境测试和424个基站的年检年审；认定路灯式基站498个；完成对全市无线电台的核查，共录入1.43万个电台（其中兴建电台、基站2224个）的有关数据，准确率达到100%。查处通信单位非法设置使用无线电通信直放站150个，违规使用无线电对讲机单位30余个，强制拆除非法电台4个；协助教育考试等部门行政执法34次，查处利用无线电设备考试作弊29起，抓获涉案人员40人，依法暂扣无线电设备49台（套）。2012年5月，市无线电管理处根据中国电信长沙分公司的投诉，携带先进设备，在芙蓉区解放路司门口成功检测到某KTV歌厅部分无线电发射设备频率正好设置在电信CDMA上行频段，从而形成干扰，造成附近的用户拨打电话困难，随即责令该歌厅关停有关设备并限期整改。

第二十一篇

农业与农村经济

本篇编纂人员

吴汉林（主编） 陈竞哲 陈 静

本篇撰稿人员

第一章 农业综述：柳家令 黄 毅 张 婷

第二章 种植业：周 鹏 柳家令 黄 毅 张 婷

第三章 林 业：黄沃若 唐曙光 恭映壁 颜梦玲

第四章 畜牧水产业：康正林

第五章 蔬 菜：柳家令 黄 毅 张 婷 李朝晖 郝学荣

第六章 水 利：李宏应 廖森胜 刘铁伟 尹凤麟

第七章 农业机械：曾建刚 柳家令 黄 毅 张 婷

第八章 乡镇企业：柳家令 黄 毅 张 婷 杨化龙 厉占国

第一章　农业综述

第一节　机　构

一、市级机构

1983年6月，长沙市人民政府农村工作办公室更名为长沙市人民政府农业委员会，与中共长沙市委农村工作委员会合署办公。1987年7月，市农业委员会内设办公室、组宣科、经营管理科（经营管理站）、生产科技科、综合调研科、农业区划办公室、机关党总支、纪检组（监察室），定编32人，在职32人。1996年4月，市农业委员会更名为市人民政府农村工作办公室，中共长沙市委农村工作委员会改名为中共长沙市委农村工作部，与市政府农村工作办公室“一个机构、两块牌子”，是市委、市政府综合管理农业、农村工作和农业系统党务工作的职能部门，内设组织宣传科、综合调研科、秘书科、生产计划财务科、科教法规科、工贸管理科、农业综合开发办公室（加挂长沙市扶贫开发领导小组办公室牌子）、纪检组（监察室）、中共长沙市农业系统直属机关委员会与机关总支（合署办公），定编34人，在职34人。2002年7月更名为长沙市农村工作领导小组办公室（中共长沙市委农村工作部），内设秘书处、综合调研体改处、科教法规处、产业发展处、农村能源处、农业综合开发处、扶贫开发办公室、人事处和机关党总支，定编35人，在职35人。2008年12月改称中共长沙市委农村工作部（长沙市人民政府农村工作办公室）。2011年6月更名为长沙市人民政府农村工作办公室（中共长沙市委农村工作部），内设秘书处、综合调研处、科教处、扶贫开发办公室、产业发展处、农村能源处、基层工作处和机关党总支部，编制36人，在职36人。

1988年，市农委直属事业单位有正科级的长沙市农村经营管理站（1981年成立）；长沙市奶类发展项目办公室（1984年成立），为全民事业单位。市农业技术培训中心（1988年1月成立），为副县级全民事业单位。直属企业有长沙市牛奶公司和农工商总公司。1989年市农委新成立长沙市农场管理站和长沙市农业发展基金会，均为正科级全民事业单位。1992年，市农委的长沙市农村会计函授学校与市农业局的长沙市农业广播学校合并，成立湖南省农业广播电视学校长沙市分校，全民事业单位。1993年，长沙市奶类发展项目办公室被列为未定级的自收自支事业单位。1995年，市农村经营管理站更名为长沙市农村经济经营管理处，升格为副县级事业单位；市农业技术培训中心与市农业广播电视学校合署办公，加上市奶类发展项目办，农场管理站和市农业发展基金会共有事业单位6个。直属企业有市牛奶公司、市农工商总公司。2000年，长沙市农业技术培训中心与长沙市农业广播电视学校实行机构合并，定名为湖南省农业广播电视学校长沙市分校，副县级事业单位。2003年，市农场站划归农业局管理，市农业发展基金会撤销。2004年市农村经济经营管理处更名为长沙市农村经济经营管理局，仍为副县级事业单位。2010年，长沙市奶类发展项目办公室划归市畜牧水产局管辖。至2012年，直属事业单位为市农村经济经营管理局和市农业广播电视学校两个副县级的全额财政拨款单位，直属企业有市农工商总公司和宾佳乐乳业有限公司。

1988—2012年，先后担任长沙市人民政府农村工作办公室（中共长沙市委农村工作部）主要领导职务的有：肖雅瑜、刘奇兵、周松柏、龙俊玉、周开初、章献诚、余建国、郑耀频；其他领导班子成员有：刘俊坤、樊浩然、邹日新、曹治安、邹志祥、钟长贵、李雪龙、徐兴华、刘赞春、李荣华、陈志雄、周其亮、黄志强、周文辉、钟光仁、欧阳广才。

二、区县（市）机构

1988年，长沙、望城、浏阳及宁乡县和郊区都有农业委员会，东区、南区、西区、北区均没有农业管理机构。1996年，长沙县、望城县、浏阳市、宁乡县都由农业委员会更名为农村工作办公室；长沙市郊区撤销，其乡镇分别划入芙蓉区、天心区、雨花区、开福区、岳麓区，5区都设立农林水利局。至2012年，各县（市）都为农村工作办公室，5个区仍为农林水利局。

第二节 自然条件

一、土地资源

至2012年，长沙市辖区域土地总面积为118.16万公顷，占全省土地总面积的5.58%，人均土地2.68亩（户籍人口），比全省人均土地少2.3亩。耕地面积27.42万公顷，其中水田24.16万公顷，旱土3.33万公顷，每一农业人口占有耕地1.04亩。林业用地62.06万公顷。

地貌特点，为山、丘、岗、平原、水交错分布。其中山地丘陵面积较大，低山地占31.58%，丘陵占25.12%，平原占19.80%，水面占4.65%。域内地势东西高峻，东部以山丘为主，大围山、连云山、九岭山等山脉呈东北—西南走向，岭谷相间，雁行排列，对寒流起阻滞作用，南来的暖湿气流易进难出。西部雪峰山余脉东伸。中部地势低平，湘江贯穿南北，形成宽阔的湘江谷地。

成土母质以板页岩风化物为主，占55.93%。土壤自然肥力较高，花岗岩占15.63%，砂（砾）岩占14.94%，第四纪粘土占10.06%，石灰岩、紫色岩、河湖冲积物占3.42%。据土壤普查，全市有10个土类，21个亚类，84个土层，216个土种，总面积91.08万公顷，其中，以红壤、水稻土为主，分别占土壤总面积的70%与25%。其余还有菜园土、潮土、山地黄壤、黄棕壤、山地草甸土、石灰土、紫色土等，适宜多种农作物生长。

二、水利资源

湘江流经市区，有湘江水系支流289条。其中，浏阳河、捞刀河、沩水河、靳江河是湘江4条一级支流。此外，尚有南洞庭湖水系支流13条。最大的水库为宁乡县域内的黄材水库和浏阳市域内的朱树桥水库。地面水、地表水总量104.85亿立方米，人均2104立方米，低于全国和全省水平。湘江流经长沙市的常年径流量年均692.50亿立方米，为沿江两岸农田灌溉和城镇工业、生活用水，提供丰富的水资源。河流水系发育、雨量充沛，地势落差大，蕴藏着丰富的水能资源。总水能理论蕴藏量24.53万千瓦，可开发利用的13.25万千瓦。其中浏阳河蕴藏量14.23万千瓦，占58.01%；可开发利用的8.68万千瓦，占65.51%。全市已建成水电站156处，发电量11.65万千瓦。

三、气候资源

长沙属亚热带季风性湿润气候。气候特征是：气候温和，降水充沛，雨热同期，四季分明。春末夏初多雨，夏末秋季多旱；春湿多变，夏秋多晴，严冬期短，暑热期长。全年无霜期约275天，热源较富，年平均气温16.8℃~17.3℃，适宜种植双季稻，发展三熟制。1月最冷，月平均气温4.5℃~5.4℃，但多种农作物可安全越冬。7 月最热，月平均气温 28.8℃~29.3℃，高温干旱出现频率高，是农作物生长的不利因素。年日照时数 1610~1750 小时，作物生长期长，光能潜力大。年平均降雨量为 1483.6 毫米，降水主要集中在 4—7 月份，年平均地表径流总量 82.65 亿平方米，年平均相对湿度为 80%，年蒸发量为 1206.9 毫米。

第三节　农村经济发展

一、发展速度

1988 年，农村家庭联产承包责任制已基本完善，农民承包土地的期限延长到 15 年，农民生产积极性进一步提高，生产投入进一步加大。全市粮食播种面积 43.37 万公顷，粮食总产量 253.5 万吨，每一农业人口拥有粮食 638 千克；出栏肉猪 370.10 万头，每一农业人口出栏肉猪 0.93 头；水产品产量 3.34 万吨；农机总动力 115.39 万千瓦；农林牧渔业总产值（现行价，下同）27.45 亿元；农民人均纯收入 627 元；乡镇企业总产值 37.19 亿元。

1988 年后，农村改革不断深化，向产业化、市场化方向发展，农业管理体制随之不断调整。农产品销售和农业生产资料供应都处于调整阶段，粮食实行合同定购，化肥、柴油等生产资料与粮食合同定购挂钩，属于计划供应，国家统一价格但数量严重不足，而市场议价生产资料价格高，且很难买到。1989 年，长沙市出台《关于加快农业发展，夺取今年丰收的决定》，各区县也先后制定一系列发展农业生产的配套措施，市、县先后派出 524 名干部下到农业第一线，并千方百计增加投入，当年全市农业投入资金 9600 万元，比上年增加 1600 万元，在外汇紧张的情况下，仍挤出 142 万美元购进 9000 吨尿素支援农业生产。全年发放粮食预购定金、农业贷款、信用贷款三项资金 8 亿余元，比上年增长 12%。全市乡镇企业投入补农资金 2200 万元。当年，农业总产值 30.75 亿元，比上年增长 12.02%。

1990 年，长沙市发布《关于夺取农业丰收若干问题的决定》和《关于加快村级经济发展的意见》两个文件，并继续加大对农业的投入，全年总投入 1.09 亿元，水利建设投资 7598 万元。1993 年，农业生产结构调整步伐加快，优质高效农业有所发展，全市共调出 3.73 万公顷粮食作物面积发展蔬菜、烟叶、水果及其他具有当地特色和优势的农作物，经济作物面积发展到 8 万公顷，早稻良种率 90%以上，晚稻优质稻面积占 49.1%。全面推行科教兴农策略。1994 年全市乡镇农科教中心发展到 17 个，各类农技推广服务组织 380 余个，农民技术协会 120 个。1995 年，长沙市发布《关于加强农业和农村工作的决定》《关于对乡镇企业实行“扶优扶强”的决定》《关于大力推行乡镇企业股份合作制的意见》《关于加快丘岗山地开发的决定》《关于认真做好农村土地使用制度改革工作的意见》5 个文件。农业投入机制出现重大改善，市财政对农业的投入资金 3366 万元，比上年增加 905 万元，增长 36.77%，而且把每年增长 30%作为一条政策稳定下来。农业科技教育得到高度重视，解决一批基层农技人员的“农转非”（农业人口转为非农业人口）问题，乡镇农科教中心在机构改革中得到巩固和加强，粮食生产的良种面积占 95%以上，畜牧生产重点推广名、优、特畜禽水产养殖等。农村劳动力由第一产业向二、三产业转移的规模进一步扩大，全市有 72.41 万农村劳动力从事非农产业，占 32%，比 1990 年提高 10.76%。农村社会总产值中以粮食和生猪为主体的农业比重明显下降，非农产业比重 73.9%。1995 年，全市粮食播种面积 42.49 万公顷，产粮 244.8 万吨，亩产 391 千克，每一农业人口拥有粮食 591 千克，这几项指标都比 1988 年有所下降；出栏肉猪 592.63 万头，每一农业人口出栏肉猪 1.43 头，比 1988 年人均增加 0.5 头；水产品产量 6.17 万吨，比 1988 年增加 2.82 万吨，增长 84%；农机总动力 153.7 万千瓦，比 1988 年增加

38.31 万千瓦，增长33%；农林牧渔业总产值 86.84 亿元，比 1988 年增加 59.39 亿元，增长 2.16 倍；农民人均纯收入增加到 1737 元，比 1988 年人均增加 1110 元，增长 1.77 倍；乡镇企业总产值 213.17 亿元，是 1988 年的 5.73 倍。

1996 年，全面进行以早稻结构优化为主要内容的粮食生产结构调整，并把优质稻产业化经营作为早稻种植结构调整的重点，同时开发饲料粮（玉米）和饲料稻的种植。当年望城县被农业部确定为“三元结构”（粮食作物、经济作物、饲料作物）种植试点县。以乌山镇、茶亭镇、新康乡作为试点基地，种植饲料玉米 2240 公顷，饲料稻 440 公顷，麦、豆类饲料作物 1267 公顷，扩种高效经济作物 760 公顷。1997 年长沙市农村经济结构调整步伐加快，农林牧渔业产值占农村社会总产值的比重为 18.3%，非农产业占 81.7%，而养殖业产值占农业总产值的 47%，种植业中经济作物比重大幅上升，第三产业在农村经济结构中的比重进一步提高。农业产业化工作得到进一步重视，长沙成立农业产业化领导小组，并发布《关于加速推进长沙农业产业化的决定》文件，基地建设已初见成效，优质稻、良种猪、商品鱼、黑山羊、蔬菜、茶叶、楠竹、花卉、水果等有规模不等的基地，其中优质稻基地乡镇 38 个，种植面积 3.71 万公顷，蔬菜常年园面积 1.07 万公顷，蔬菜产值占种植业产值的 15%以上，花卉苗木种植 1033 公顷，产值 1.2 亿元，全市 1000 头以上猪场 10 个，500 头以上养殖大户 30 个，商品鱼基地 30 个，3.05 万公顷。1999 年，全市初步形成优质稻、生猪、黑山羊、蔬菜、茶叶、花卉苗木六大主导产业。全市建立优质稻基地乡镇 40 个，开发优质稻 13.67 万公顷，中、高档优质米上市突破 5 万吨；生猪品种改良力度加大，瘦肉型猪养殖重点乡镇 60 余个，良种猪比重上升；黑山羊养殖基地乡 8 个，常年饲养量近 100 万只；常年蔬菜种植面积 2 万公顷，蔬菜产值 19.6 亿元，占农业产值的 17%；花卉苗木面积 2000 公顷，产值 1.7 亿元，比上年增长 56%。2000 年，全市粮食播种面积 40.24 万公顷，比 1995 年减少 5.3%，粮食产量 262.33 万吨，比 1995 年增加 17.53 万吨，增长 7.16%；出栏肉猪 621.28 万头，每一农业人口出栏肉猪 1.58 头，比 1995 年人均增加 0.15 头，增长 10.49%；水产品产量 8.52 万吨，比 1995 年增加 2.35 万吨，增长 38.15%；农机总动力 240.52 万千瓦，比 1995 年增加 86.82 万千瓦，增长 56.49%；农林牧渔业总产值 116.79 亿元，比 1995 年增加 29.95 亿元，增长 34.49%；农民人均可支配收入 3005 元，比 1995 年人均增加 1268 元，增长 73%；乡镇企业总产值 590.75 亿元，比 1995 年增加 377.58 亿元，增长 1.77 倍。

2001 年，全市农业产业坚持优粮扩经，“重草兴特”，优化区域布局，培植区域特色。产业化经营一方面做大做强农业龙头企业，重点扶持 20 家市定龙头企业，同时多渠道搞活农产品流通，市政府投入 300 万元，组织 1000 家龙头企业和专业大户到发达地区参观学习，洽谈业务。2003 年，农业结构调整和产业化经营步伐加快，全市生产茶叶 0.94 万吨，比上年增长 9.9%，水果 17.77 万吨，比上年增长 6.9%，花卉种植面积 1.48 万公顷，比上年增加 0.53 万公顷，蔬菜种植面积 11.67 万公顷，比上年增加 1.04 万公顷。当年，优势农产品产业带建设力度加大，集中人力和财力重点建设四大农产品产业带，即沿浏阳河流域的百里花卉苗木走廊，年内新增花卉苗木种植面积 0.21 万公顷，新增销售收入 2.1 亿元；长沙县沿长平公路的百里有机茶叶走廊，新开垦良种茶园 450 公顷；望城县百里优质水产走廊，结合退田还水工程，新增水面 0.17 万公顷；以宁乡、望城县为重点的百里优质水稻走廊，水稻优质率达 68%，比上年提高 8%。2005 年，全市粮食种植面积 39.67 万公顷，比 2000 年减少 0.57 万公顷，减少 1.42%；粮食总产量 262.28 万吨，比 2000 年减少 0.05 万吨，亩产 441 千克。以生猪饲养为主的畜牧业发展很快，全市出栏肉猪 801.54 万头，每一农业人口 2.08 头，比 2000 年分别增加 180.26 万头和 0.48 头，增长 29.01%和 30%；同时，全市出栏肉牛 14.57 万头，出栏羊 86.89 只，分别比 2000 年增加 8.73 万头和

43.44 万头，增长 1.5 倍和 1 倍。水产品产量 10.42 万吨，比 2000 年增加 1.90 万吨，增长 22.31%。到 2005 年，农林牧渔业总产值增加到 187.13 亿元，比 2000 年增长 60.23%；农机总动力 330.65 万千瓦，比 2000 年增长 37.47%；农民人均纯收入 4908 元，比 2000 年人均增加 1903 元，增长 63.33%。农民人均纯收入虽然增长较快，但与城市居民收入的差距仍在继续扩大，6 年间城市居民人均收入净增 3282 元，年均增长 8.3%，农村居民仅增 990 元，年均增长 5.4%，城乡居民收入差距由 2.41:1 扩大到 2.72:1。

2006 年，长沙市发布《关于加快推进社会主义新农村建设的意见》，决定在全市开展“百村示范，千村整治”的新农村建设示范工程。对 1000 个行政村，按照“三整三改一分离”的要求进行整治，其中重点抓好 100 个“农民富、村庄美、风尚好、班子强”的社会主义新农村样板。2007 年完成长沙市新农村示范区村级规划 210 个，乡镇规划 41 个。完成水利投资 11.6 亿元，解决 12 万农村人口饮水安全问题，新建沼气池 2 万个，新建改建农村公路 1110 千米，完成 36 个电气化示范村农村电网改造。

2009 年，全市新发展农民专业合作社 430 家，规模养殖专业户 3 万户。新农村建设方面，加快实施农村电网扩容、公路通达、居民饮水、环境整治四大工程。宁乡县关山村将国土综合整治与土地流转、发展现代农业、城乡建设用地增减挂钩结合起来，做活土地文章。望城县光明村投资 2800 万元的“生态产业园”开园，靖港古镇、板仓小镇、沙龙村等一批特色镇村的改造建设发挥示范带动作用。农业招商引资引进项目 200 余个，引进市外资金 50 亿余元。全年完成农村公路建设 1200 余千米，完成水利建设工程 4 万余处，兴建供水工程 89 处，解决 18 万农村人口饮水安全问题，完成 195 座病险水库治理。农村新能源建设投资 9655 万元，新建户用沼气池 1.25 万口。当年，实现农林牧渔业总产值 294.6 亿元，比 2005 年增长 57.43%；粮食播种面积 36.33 万公顷，比 2005 年减少 3.34 万公顷，减少 8.42%；全年产粮 248.93 万吨，比 2005 年减少 13.35 万吨，下降 5.09%；出栏肉猪 846 万头，每一农业人口平均 2.14 头，分别比 2005 年增长 5.6%和 2.88%；出笼家禽 5749.4 万羽，肉类总产量 69.78 万吨，水产品总量 10.14 万吨，比 2005 年减少 2758 吨，下降 2.65%；农机总动力 455.54 万千瓦，比 2005 年增长 37.8%；农民人均可支配收入 8986 元，

图 21-1-3-1 长沙县开慧镇板仓

（摄于 2012 年，长沙市农委供图）

图 21-1-3-2 长沙县金井镇金井茶园

（摄于 2012 年，长沙市农委供图）

比 2005 年增加 4078 元，增长 83.09%。

2010 年，加大对现代农业的扶持力度，积极招商引资，全年农业招商引资实际到位资金突破 50 亿元，农产品加工业实现销售收入 568 亿元，比上年增长 30.7%，农产品品牌建设取得新进展，金井茶、宁乡猪、望城鱼、大围山小水果等品牌效应逐渐显露，休闲农业“一环三带三板块”产业体系基本形成，全年“农家乐”接待游客数量和经营创收均比上年增长 25%。坚持“以城带乡，以镇带村，以点带面”三个带动的城乡一体化发展建设步伐明显加快，各试点镇、村共落实建设资金 2.3 亿元，启动重大项目建设 58 个，宁乡县关山社区整理土地 133.33 公顷，集中流转土地 66.67 公顷，建成标准化葡萄、蔬菜生产基地，长沙县按照“资本集中下乡、产业集中发展、土地集中流转、农民集中居住、环境集中整治、公共服务集中推进”的构想，全面启动 3 个试点建设。农民专业合作社经工商部门注册登记的 1613 家，农村流转土地 17.53 万公顷。

2012 年，长沙市继续狠抓现代农业发展，发展农村经济，提高农民收入，全市农产品加工企业实现销售收入 848 亿元，比上年增长 20%。休闲农业企业 1712 家，新增 7 家，从业人员 3.4 万人，全年接待人数 2350 万人次，经营收入 49.8 亿元，分别比上年增长 19.7%和 21.5%，受益农户近 8 万户。农业招商引资，全年包装农业项目 361 个，签约引进农业项目 311 个，协议引资总额 410 亿元，当年到位资金 69 亿元。县域经济快速发展，县域经济总量 2423.7 亿元，占全市经济总量的 37.2%，长沙县、浏阳市、宁乡县均进入全国县域经济百强行列，分列第 15 位、60 位、61 位。科技应用能力，全市推进农业新技术 37 项，优质农作物新品种 45 个，超级杂交稻面积 8.47 万公顷。农业规模化经营大幅度提高，到 2012 年，经工商注册登记的农民专业合作社 4038 家，比上年增加 1736 家。全市土地流转面积 18.91 万公顷，占全市农用地面积的 22%，农村劳动力转移到非农产业 135.8 万人，占全市农村劳动力的 55.86%，比 2005 年增加 10%。是年，全市粮食总产量 247.94 万吨，比 2009 年减少 0.99 万吨，减少 0.4%，亩产 445 千克，比 2009 年减少 22 千克；肉猪出栏 833.2 万头，每一农业人口平均 2.01 头，人均比 2009 年减少 0.13 头；全市肉牛出栏 10.78 万头，山羊出栏 62.99 万只，分别比 2005 年下降 26%和 28%；水产品产量 11.41 万吨，比 2009 年增加 1.26 万吨，增长 12.46%；水稻生产从翻耕到收割绝大部分都实行机械化操作，农机总动力 540 万千瓦，比 2009 年增长 18.54%；农业总产值 419.78 亿元，比 2009 年增长 18.54%；农民人均可支配收入 1.58 万元，比 2009 年增加 6777 元，增长 75.42%。城乡居民人均可支配收入比，由 2009 年的 2.48:1 降到 2012 年 2.08:1，低于全省和全国水平。

表 21-1-3-1　　1988—2012 年长沙市农林牧渔业总产值统计一览表　　单位：万元

年份	合计	农 业	林 业	牧 业	渔 业	服务业
1988	274536	172939	7889	86679	7029	—
1989	307534	192452	10582	96231	8269	—
1990	365244	206359	11753	133021	14111	—
1991	368160	208942	12414	131309	15495	—
1992	409372	216749	13995	159246	19382	—
1993	480104	237282	16083	205582	21157	—
1994	725156	351689	17108	328777	27582	—

续表 21-1-3-1

年份	合计	农 业	林 业	牧 业	渔 业	服务业
1995	868362	426578	28951	375241	37592	—
1996	1011363	509820	40193	416774	44576	—
1997	1114485	561705	41906	460042	50832	—
1998	1137969	596651	43425	446164	51729	—
1999	1146402	635440	41800	413206	55956	—
2000	1167935	628013	43598	442543	53781	—
2001	1239985	672704	47407	464641	55233	—
2002	1302245	700436	57148	486981	57680	—
2003	1371608	694002	70917	527412	61035	18242
2004	1720668	825189	73635	734973	68050	18821
2005	1871313	926445	76257	771539	75967	21105
2006	1903000	994600	80300	712700	74700	40600
2007	2171300	1146600	94000	780900	103500	46100
2008	2818996	1367085	112079	1165305	122893	51634
2009	2946120	1465841	123699	1171296	127520	57764
2010	3236412	1735890	144988	1156629	137340	61565
2011	3877163	2082639	179791	1405473	142489	66770
2012	4197846	2303064	195535	1484271	145535	69441

说明：按当年现行价格计算

表 21-1-3-2　　1988—2012 年长沙市粮食总产量统计一览表　　单位：吨

年份	总产量	年 度	总产量	年 度	总产量
1988	2535020	1997	2928132	2006	2424098
1989	2588563	1998	2618000	2007	2439304
1990	2641261	1999	2750152	2008	2480144
1991	2693046	2000	2623327	2009	2489340
1992	2548991	2001	2503041	2010	2363578
1993	2450080	2002	2119788	2011	2445122
1994	2534843	2003	2163732	2012	2479354
1995	2448028	2004	2520412		
1996	2737179	2005	2622817		

二、经济结构

1988年，长沙市农村经济主要以粮食生产和生猪饲养为主，农业（种植业）比重达63%，林业比重为2.87%，牧业比重为31.57%，渔业比重为2.56%。全市从事第一产业的农村劳动力的比率为79.57%，非农产业占20.43%。为加快农村经济发展的步伐，增加农民收入，长沙市制定稳定发展粮食生产，开展多种经营，重点发展乡镇企业的方针。由于粮食结构不合理，量大质不高，出现“卖粮难”，市场也逼着农民调整粮食种植结构，市政府对“吨粮田”工程进行调整，指导农民减少常规稻种植，增加优质稻生产，并逐步减少粮食播种面积，增加经济作物的种植面积。1990年，长沙市农林牧渔业总产值36.52亿元，其中种植业20.64亿元，占总产值的56.5%，比1988年下降6.5个百分点，林业总产值1.18亿元，占3.22%，比1988年上升0.32个百分点，牧业总产值13.30亿元，占36.42%，比重上升4.82个百分点，渔业总产值1.14亿元，占3.86%，比重上升1.36个百分点。从事非农产业劳动力比重为21.24%，比1988年增加0.81个百分点。

1991年，长沙市坚持以市场为导向，发展以名优产品为重点的商品生产，优化产品结构，全市优质稻基地已达1.13万公顷，开发优质稻品种20个，在抓好省定的食用菌、优质水果、桑蚕、茶叶等基地的基础上，还因地制宜发展优质时鲜水果0.53万公顷，优质茶叶0.24万公顷，优质西瓜0.2万公顷；出栏三元杂交猪和良种猪73万头，占出栏生猪的18%；出笼良种肉鸡170万羽，占出笼家禽总数的19%。1992年，把农业生产重点放在发展高效农业上，及时调整产业结构，全市调出1.34万公顷稻田发展经济作物，其产值由上年的3.78亿元增加到4.18亿元。林业生产以建设生态经济林为重点，全市共育苗250.07公顷，造林1.16万公顷，垦复油茶、毛竹1.62万公顷。全年出栏瘦肉型猪431.24万头，比上年增加44.38万头，草食动物和家禽饲养发展较快，浏阳黑山羊已建立213个村的饲养基地，全年饲养15万头，出栏7万头，分别比上年增长60%和74.6%。长沙县和郊区的奶牛发展到2800头，产奶7653吨。网箱养鱼由上年的400口发展到1722口。优质稻种植面积1.63万公顷，比上年增加0.49万公顷，蔬菜生产增加30余个新品种。农副产品加工企业发展较快，全市精米加工能力达10万吨，加工设备15套，全年加工精米7.5万吨。

1995年，加大经济结构调整的力度，大力发展乡镇企业，促进农村劳动力由第一产业向二、三产业转移，全市农村劳动力226.2万人，其中从事非农产业72.41万人，占32%。农村社会总产值332.65亿元，其中非农产值245.89亿元，占73.9%。农业商品产值49.45亿元，农业商品率58.8%。全市各级政府加大领导和资金投入力度，积极发展多种经营，逐步形成粮、猪、渔、油、果、菜、茶、禽、羊、花卉等十大主导产业，全市油茶发展到6.53万公顷，水果0.93万公顷，年末山羊存栏22.3万头。初具规模的农产品商品基地有：4个县（市）的4.67万公顷优质稻基地，郊区和望城为主的0.26万公顷精养鱼池基地，以望城为主的2万头以上规模的瘦肉型猪基地，浏阳市为主的油茶基地，以长沙县春华、高桥、金井等乡镇为主的0.13万公顷以上的优质茶基地，以郊区、长沙县、浏阳市等部分乡镇为主的1万公顷常年蔬菜基地，浏阳市为主的2.73万公顷楠竹、板栗基地。当年，种植业产值比重为49.13%，比1990年下降7.37个百分点；林业产值比重为3.33%，比1990年上升0.11个百分点；畜牧业产值比重为43.21%，比1990年上升6.79个百分点；渔业产值比重为4.33%，比1990年上升0.47个百分点。非农产业劳动力比重为32%，比1990年上升10.76个百分点。

1996年，在农村经济结构调整中，重点推进农业产业化的发展，全市优质稻、生猪、黑山羊、蔬菜、茶叶、楠竹等农产品已具产业化雏形。重点支持红星大市场建成一个专业性大规模农副产品批发大市场。1997 年，长沙市把调整农村产业结构与发展农业产业化和农产品基地建设有机结合一并推进，使农村经济结构调整的步伐进一步加大。是年，长沙市非农产值占社会总产值的 81.68%，养殖业产值在农业总产值中的比重 47%，渔业产值增幅比农、林、牧业快 6.97 个百分点、1.34 个百分点、11.05 个百分点。优质稻基地乡镇 38 个，全市种植面积 3.71 万公顷；蔬菜常年种植面积 1.07 万公顷，其产值占种植业产值的 15%以上；花卉种植 500 余公顷，产值 1.2 亿元，初步形成苗木、盆花、盆景、切花、观赏植物、草坪草等协调发展格局。全市有 1000 头以上规模的猪场 10 个，500 头以上养猪大户 30 个；精养水面 3.05 万公顷。2000 年，种养业内部结构调整幅度较大，主导产业和产品逐步形成。种植业大步调粮扩经，稻田谷物播种面积比上年调减 1.5 万公顷，调减 4.8%，而蔬菜播种面积达 8.27 万公顷，增长 8%；烤烟 0.81 万公顷，增长 20%。养殖业结构逐步多元化，猪肉比重下降，牛、羊、禽肉比重提高，全年出栏肉猪 621 万头，比上年增长 4.1%；羊出栏 42 万头，年末存栏 53.19 万头，与上年持平；大牲畜年末存栏 32.99 万头，比上年增长 3.19%。优质稻、良种猪、蔬菜、花卉苗木、楠竹、油茶、茶叶、奶牛已成为全市种养业八大主导产业。到 2000 年，农林牧渔业总产值中，农业产值比重为 53.77%，比 1995 年上升 4.64 个百分点，主要是经济作物产值占比增加，林业、牧业、渔业比重为 3.73%、37.89%、4.61%，其中牧业产值比重下降 5.32 个百分点，主要是出栏肉猪价格下降较多。随着产业结构的调整，农村劳动力就业结构也逐步发生变化，2000 年全市农村劳动力从事第一产业的 147.17 万人，占 62.2%，非农产业劳动力 89.51 万人，占 37.8%，比 1995 年提高 5.8 个百分点。

2001 年，农村产业结构调整的步伐加快，通过招商引资等措施，积极实施农业产业化经营，重点拓宽农产品加工领域。土地流转速度加快，种粮大户不断涌现，经济作物比重逐年增加。针对农村劳动力就业的不断变化，加大剩余劳动力和失地农民的培训力度，使农村劳动力更多地转移到非农产业，从而带动农村产业结构的调整，促使农民收入快速增长。全年调减粮食作物播种面积 1.71 万公顷，比上年多调减 0.69 万公顷，蔬菜和经济作物播种面积达 12.93 万公顷，比上年增加 1.6 万公顷，其中商品蔬菜种植面积 3.17 万公顷，总产量 22 亿千克，产值 20 亿元。生猪年末存栏 364.91 万头，比上年增长 4%；羊年末存栏 55.28 万头，比上年增长 3.9%；大牲畜年末存栏 33.61 万头，增长 1.6%；奶牛存栏 3132 头，鲜奶产量 0.5 万吨，分别比上年增长 1.1 倍和 1 倍。林业产值 13.8 亿元，比上年增长 10%。2003 年，长沙市根据市场发展情况，决定重点建设优势农产品基地和产业集群，启动 4 个“百里走廊”建设，即百里花卉苗木产业示范走廊，百里茶叶产业走廊，百里优质水稻走廊，百里优质水产走廊。浏阳河沿线百里花卉苗木示范区完成整体规划编制工作，沿线 100 千米水泥路建设已完成 80%，年内新增花卉苗木种植面积 2067 公顷，新增销售 2.1 亿元；沿长平公路的百里茶叶走廊在加强基础设施建设的同时，新开垦良种茶园 450 公顷；望城县的百里优质水产走廊建设，结合退田还水工程，完成新扩水面 0.17 万公顷的计划；百里优质水稻走廊以宁乡、望城为重点，水稻优质率 68%，比上年提高 8%。2004 年，优势产业带建设提质增效，四大优势产业带全部完成规划编制工作。农产品加工的龙头企业带动作用继续加强，产值 5000 万元以上的农产品加工企业 15 家，市级以上龙头企业实现产值 41 亿元，农产品市场交易额突破 80 亿元。2005 年，农业结构调整有新进展。全市共完成粮食播种面积 39.66 万公顷，比上年增加 0.64 万公顷，产粮 262.28 万吨，比上年增长 10.41%。四大产业带总面积 18.66 万公顷，全年产值 39.73 亿元，比上年增长 26.8%，百里优质水稻走廊种植面积 8.8 万公顷，其中高档优质稻 2 万公顷；百里花卉苗木走廊，突出提质增效，如长沙县全年花卉苗木销售收入 4.5 亿元，比上年增长 12%；百里优质茶叶走廊新扩茶园面积 700 公顷，总面积 4900 公顷，长沙县被确定为全国茶叶优势区域规划县和全国“三绿”工程茶叶示范县；百里优质水产走廊放养面积1万公顷，比上年多133.33公顷。全市“农家乐”780余家，休闲渔业产值2亿余元。到2005年，农业总产值中的种植业、林业、牧业、渔业、服务业比重分别为49.5%、4.08%、41.23%、4.06%和1.13%。从事非农产业劳动力占全部农村劳动力的46.11%，比2000年增加8.31个百分点。政府推动产业结构调整的力度虽然较大，但步伐不快，种养业为主的状况未有较大改观。

2006年，长沙市总结十余年来调整农村产业结构的经验和教训，决定以新农村建设为重点，抓农业综合生产能力的提高，抓基础设施建设和招商引资。四大产业带的茶叶、水稻、水产、花木提质增效，新扩茶园600公顷，全面启动0.66万公顷高档优质稻核心示范基地建设和100千米水产项目区主干道硬化工程建设。农产品加工新增亿元企业7家，新增规模企业40家，40个重大项目完成投资19.7亿元，全市农产品加工企业发展到2016家，从业人员13.5万人，带动原料基地21.33万公顷，带动农户32.5万户，全市农产品加工销售收入220亿元。农业招商引资到位市外资金35亿元。2008年，长沙市继续以新农村建设为重点，落实中央关于发展现代农业的决定，继续推进农业产业化的发展，对茶叶、花卉苗木、优质稻、优质水产四大优势产业继续坚持领导联点，部门帮扶，并重点扶持30家农业龙头企业，择优发展现代农业“十大标志性工程”。全市农产品加工销售收入360亿元，比上年增长23.5%。经济作物播种面积9.26万公顷，比上年增长5.3%，产值29.31亿元，比上年增长18.3%。全市蔬菜生产基地发展到65个，基地面积1.13万公顷，全年蔬菜播种面积12.83万公顷，产量42亿千克，总产值35亿元，亩均4300余元，浏阳市沙龙长发合作社种菜25.33公顷，收入180万余元，亩均6000余元，每户股东年收入在4万元以上。

2009年11月17日，中共长沙市委第十一届十次全会通过《推进城乡一体化发展工作纲要》，2010年中央一号文件《中共中央国务院关于加大统筹城乡发展力度进一步夯实农村发展基础的若干意见》发布后，市委确定坚持以城带乡、以镇带村、以点带面的三个方针。四大片区11个试点村共落实建设资金2.3亿元，启动重大建设项目58个，如宁乡县金洲镇关山村整理土地133.3公顷，集中流转土地66.67公顷，建成标准化葡萄、蔬菜生产基地。2011年，长沙市农业生产按照统筹城乡一体化发展的思路，继续坚持提高农业综合生产能力的方针。湘米振兴工程全面实施，优质稻面积27万公顷，占水稻面积的76%，其中高档优质稻6.73万公顷。经济作物播种面积9.6万公顷，比上年增加1333公顷，实现总产值39.9亿元，比上年增加6.7亿元，其中茶叶面积1.35万公顷，产量4.03万吨，总产值8.6亿元，比上年增长24%。蔬菜播种面积13.2万公顷，产量45亿千克，产值54.68亿元，比上年增长3.5%。规模种植油茶4593.33公顷，花卉苗木面积1.67万公顷，百亩以上花木基地120个。农产品加工企业7220家，实现销售收入701亿元，农产品加工企业直接解决就业9.06万人，全年支付劳动报酬17.48亿元。全市休闲农业企业有1705家，全年接待游客1980万人次，创收43亿元，比上年增长30%，带

图21-1-3-3　宁乡县花明楼镇城乡一体化中心镇

（摄于2012年，长沙市农委供图）

动土地流转和产业结构调整 3.47 万公顷。

2012 年，全市粮食作物播种面积 37.1 万公顷，比 2005 年下降 8.6%，蔬菜播种面积 10.9 万公顷，比 2005 年增长 1.05 倍。生猪出栏 833.2 万头，比 2005 年增长 3.95%；肉牛出栏量 10.78 万头，比 2005 年下降 26.01%，出栏黑山羊 62.99 万头，比 2005 年下降 38%；家禽饲养量达到 8787.45 万羽，出笼 6005.75 万羽，畜牧业的产业结构更趋合理。是年，全市农林牧渔业总产值中，农业、林业、牧业、渔业的比重分别为 54.8%、4.7%、35.3%和 3.5%，农业（种植业）比 2005 年上升 5.3%，牧业下降 5.93%。当年农民家庭收入中，农、林、牧、渔业收入占 26.59%，非农产业收入占比为 73.41%，其中工资性收入增长最快，占比最大，达到 42.38%，农民家庭总收入中 4 成多来自工资性收入，占纯收入近 6 成。农村劳动力大量转移到非农产业，2012 年从事非农产业劳动力占到 56%，比 2005 年提高 9.89 个百分点。

表 21-1-3-3　　1998—2012 年部分年份长沙市农林牧渔业总产值结构一览表　　单位：%

年份	农业	林业	牧业	渔业	服务业
1988	63.00	2.87	31.57	2.56	—
1993	49.42	3.35	42.82	4.41	—
1998	52.43	3.82	39.21	4.54	—
2003	50.60	5.17	38.45	4.45	1.33
2008	48.49	3.98	41.34	4.36	1.83
2012	54.86	4.66	35.36	3.47	1.65

三、经济效益

1988 年，农村家庭联产承包责任制已实行多年。随着新技术、新品种、新市场和科学技术的推广，全市农村居民的收入水平、劳动生产率、土地生产率、农产品商品率在不断提高。农民收入除粮食生产和生猪饲养收入外，以外出务工收入为主的工资性收入比重稳步增长，成为长沙农民增收的主要来源。1993 年，全市农村居民人均纯收入 1119 元，比 1988 年的 627 元增加 492 元，增长 78.47%。全市每公顷耕地（播种面积）产粮 5944 千克，比 1988 年的 5845 千克增加 99 千克，增长 1.7%；每公顷水面产鲜鱼 1966 千克，比 1988 年的 1424 千克增加 542 千克，增长 38.06%。农村劳动力的科学种养水平逐步提高，加之农业机械的逐步普及，劳动效率普遍提高，全市农村劳动力人均创造农林牧渔业产值 2760 元，比 1988 年的 1681 元增加 1079 元，增长 64.19%；农村劳动力平均生产的粮食为 1528 千克，比 1988 年的 1552 千克少 24 千克，减少 1.55%。农村人口人均拥有粮食 606 千克，比 1988 年的 638 千克少 32 千克，降低 5.02%；农村人口人均农林牧渔业产值 1095 元，比 1988 年的 691 元增加 404 元，增长 58.47%；农林牧渔业商品产值占总产值的比重为 62.85%，与 1988 年 62.82%持平。农村人口平均出栏肉猪 1.31 头，比 1988 年的 0.93 头增加 0.38 头，增长 40.86%。乡镇企业全年实现利润 9 亿元，上缴税金 5.5 亿元，利税总额比上年增长 45%。

1994 年，农村劳动力向二、三产业转移的步伐加快，外出务工人员逐年增加，农业生产在调整产业结构，大力发展高效农业的政策措施指引下，农业生产的经济效益继续提高。1998 年，全市农村居民人均纯收入达到 2755 元，比 1993 年增加 1636 元，增长 1.46 倍，平均每年增加 327 元。每公顷耕地粮食产量达到6152千克，比1993年增加208千克，增长3.5%；每公顷水面产鲜鱼2390千克，比1993年增加424千克，增长21.57%。农村劳动力人均产粮1787千克，比1993年人均增加259千克，增长16.95%；农村劳动力人均创造农林牧渔业产值7731元，比1993年增加4971元，增长1.8倍，增幅非常大。农村人口平均拥有粮食产量649千克，比1993年增加43千克，增长7.1%；农村人口平均创造农林牧渔业产值2809元，比1993年增加1714元，增长1.57倍；农村人口平均出栏肉猪1.54头，比1993年增加0.23头，增长17.56%。乡镇企业实现利润16.82亿元，比1993年增加7.82亿元，增长86.89%，上缴税金17.4亿元，比1993年增加11.9亿元，增长2.16倍。

1999年，农村产业结构调整步伐加快，种植业内部加大调粮扩经力度，粮食生产重点调减常规稻，扩种优质稻，蔬菜种植和花卉苗木生产规模不断扩大。2000年以后，农业生产技术不断进步，农业生产条件，尤其是机械化程度不断提高，土地生产率和劳动生产力逐年提高，农民收入逐年增加。2003年，全市农村居民人均纯收入3745元，比1998年增加990元，增长35.93%，增幅比上一个五年下降110%。每公顷耕地产粮6361千克，比1998年增加209千克，增长3.4%；每公顷水面出产鲜鱼2932千克，比1998年增加542千克，增长22.68%。农村劳动力平均生产粮食1561千克，比1998年减少226千克，下降12.65%；农村劳动力平均创造农林牧渔业产值9893元，比1998年增加2162元，增长27.97%；农村人口平均出栏肉猪1.77头，比1998年增加0.23头，增长14.94%；农村人口平均生产粮食561千克，比1998年减少88千克，下降13.56%；农村人口平均创造农林牧渔业产值3556元，比1998年增加747元，增长16.94%。全市乡镇企业实现利润26.87亿元，比1998年增加10.05亿元，增长59.75%，实交国家税金23.85亿元，比1998年增加6.45亿元，增长37.07%。

2004年，中央下发关于农业农村的一号文件，大力发展农村劳务经济，大力促进农产品加工业等。当年，国家全面放开粮食收购和销售市场，全市实现农民收入增速快于城市居民收入增速的好势头。随着农村土地流转规模扩大，农业招商引资成效显著，农业产业化和农产品加工业发展速度加快，更多的农民从一产业转移到二、三产业，农民收入增加，农业生产的效率也不断提高。至2007年，农民收入增速一直保持在14%以上。2008年，全市农村居民人均纯收入8003元，比2003年增加4258元，增长1.14倍，年平均增加800余元，增速比上一个五年高78%。全市每公顷耕地生产粮食7007千克，比2003年增加646千克，增长10.16%；每公顷水面出产鲜鱼3702千克，比2003年增加770千克，增长26.26%。全市农村人口平均产粮633千克，比2003年增加72千克，增长12.83%；农村人口平均实现农林牧渔业产值7204元，增加3648元，增长1.03倍；农村人口平均出栏肉猪2.13头，比2003年增加0.36头，增长20.34%。农村劳动力人均生产粮食2016千克，比2003年增加455千克，增长29.15%；农村劳动力人均创造农林牧渔业产值2.29万元，比2003年增加1.30万元，增长1.32倍。

2009年，长沙市开始实施推进新农村建设和城乡一体化发展战略，城乡差距不断缩小，城乡一体、互动发展的格局逐步形成，农业生产条件大幅改善，水稻生产机械化程度不断提高，农业发展步伐加快，全市农民专业合作社2302家，农业生产呈现产业化、专业化和规模化的趋势。2009年后，农民人均纯收入增速一直保持在18%以上。2012年，全市农民人均纯收入1.58万元，比2008年增加7760元，增长96.96%，平均每年增长24.24%。每公顷耕地粮食产量6675千克，比2008年减产332千克，减少4.74%；每公顷水面鲜鱼产量4348千克，比2008年增加646千克，增长17.45%。全市农村劳动力平均生产粮食2300千克，比2008年增加284千克，增长14.09%；农村劳动力平均创造农林牧渔业产值3.89万元，比2008年增加1.60万元，增长69.87%。全市农村人口平均拥有粮食623千克，比2008年减少

10 千克，减幅 1.58%；农村人口平均创造农林牧渔业产值 1.05 万元，比 2008 年增加 3336 元，增长 46.31%；农村人口平均出栏肉猪 2.01 头，比 2008 年减少 0.12 头，降低 5.63%。

表 21-1-3-4　　1988—2012 年长沙市农民人均纯收入一览表　　单位：元

年 份	人均纯收入	年 度	人均纯收入
1988	627	2001	3218
1989	696	2002	3462
1990	820	2003	3745
1991	873	2004	4315
1992	954	2005	4908
1993	1119	2006	5653
1994	1449	2007	6613
1995	1737	2008	8003
1996	2240	2009	9432
1997	2649	2010	11206
1998	2755	2011	13400
1999	2853	2012	15763
2000	3005		

表 21-1-3-5　　1988—2012 年部分年份长沙市农村经济效益情况一览表

年 份	粮食产量（千克）			农林牧渔业产值（元）		农业人口平均出栏肉猪（头）	每公顷水面产鲜鱼（千克）
	每公顷耕地	农业人口平均	农业劳动力人均	农业人口平均	农业劳动力人均		
1988	5845	638	1522	691	1681	0.93	1424
1993	5944	606	1528	1095	2760	1.31	1966
1998	6152	649	1787	2809	7731	1.54	2390
2003	6361	561	1561	3556	9893	1.77	2932
2008	7007	633	2016	7204	22958	2.13	3702
2012	6675	623	2300	10540	38937	2.01	4348

第四节　农村经济经营管理

一、家庭联产承包责任制及土地管理

1988 年，家庭联产承包责任制已基本完善，调整产业结构，发展劳务经济，农民收入逐步增加。

1989 年 11 月，在郊区大托乡进行完善农村承包合同管理试点工作。主要是处理承包责任制中的一些遗留问题。经过试点工作，全乡补订各类承包合同 1347 份，修改补充承包合同 4805 份，完善承包手续 21 份。在此基础上，乡成立以经营管理站为主体的农村承包合同管理委员会，村成立合同管理小组，并制定农村承包合同管理签订、监证、仲裁与回访等项制度，还按“五统一”（统一分项立卷、统一标准装订、统一编号、统一管理、统一鉴证）的要求整理承包合同档案。从而进一步稳定和完善农村承包责任制，并为全市全面开展这项工作摸索经验。

1990 年，全市农村开展土地承包合同完善工作，共帮助 2887 个村民组完善土地承包合同，调整田土 1.61 万公顷，完善 2.2 万处水面的承包合同，帮助 1795 个茶、果、林场解决责任制不完善的问题。同时还在一些乡村成立合同管理机构，促进全市农村双层经营体制的稳定、完善、健康发展。1991 年 10 月 21—26 日，举办第一期农村承包合同仲裁员培训班，参加培训的有县郊和乡镇承包合同仲裁员 300 人。主要是落实湖南省人民政府关于《农村合作经济承包合同管理办法》的精神，对全市农村承包合同仲裁员进行法规、政策和业务培训，更好地管理农村承包合同，有效地调解和仲裁农村承包合同纠纷。统一颁发“农村承包合同仲裁员证”。

1995 年，长沙市出台《关于认真做好农村土地使用制度改革工作的意见》的文件，进一步推进土地流转（农户将承包地的使用权转让出去）工作。从 1995 年 11 月开始，长沙农村开展以延长土地承包期限（30 年）、建立土地流转机制为主要内容的农村土地使用制度改革工作，1996 年年底基本结束。全市共有 112 个乡（镇、办事处）、2819 个村、3.75 万个组、92.38 万农户重新签订土地承包合同，统一颁发“集体土地经营权证书”，并完成合同文书立卷归档工作。在这次土地延包工作中，大多数村、组都是按照“增人不增地，减人不减地”的原则签订承包合同，有 42%的村民小组按照“大稳定、小调整”的原则调整土地，重新签订承包合同。农村土地使用制度改革工作完成，进一步稳定土地承包权，明确发包权，搞活土地使用权，更有利于推动全市农业综合开发和土地向适度规模经营方向发展。1996 年，浏阳市北盛镇“托田所”（种田大户或合作社替外出务工农民种地）的出现，是全市土地制度改革的新生事物。2001 年，农村土地流转制度改革取得重大突破，全市已进行土地流转面积 3.33 万公顷，其中农户自发流转 2 万公顷，乡村集体流转1.33 万公顷。全年新增花卉苗木、时鲜水果、茶叶、生态旅游开发面积的 80%都是通过土地集约流转实现的。到 2001 年，除涉及城镇规划用地外，其余 98.52 万农户都签订土地延期承包合同，并颁发土地证书，占总农户数的94.66%。至 2002 年，全市农村土地流转面积达 3.64 万公顷，涉及 21.07 万农户，全市有 2826 户外商、企事业单位和城镇居民租赁土地 1.74 万公顷。

图 21-1-4-1 浏阳市新期绿种植专业合作社（摄于 2008 年，长沙市农委供图）

2004 年，继续推进土地流转，全市农户承包地使用权流转面积 3.88 万公顷，涉及 24.6 万农户。2006 年，全市农村土地流转面积 5.73 万公顷，其中 2.77 万公顷，主要是种粮大户和蔬菜等经济作物种植专业合作社的出现，扩大土地流转规模。2008 年，随着农业产业化的不断发展，农民专业合作社和农业龙头企业需要土地来生产农产品，而大量农民也外出务工或经商，土地闲置，政府部门不断完善土地流转扶持措施，举办全市土地流转洽谈会，促成农民专业合作社和农业企业以土地流转形式成功对接、有机结合，全市农民专业合作组织发展到491家，农村土地流转面积扩大到11.46万公顷。2010年，长沙市规范土地流转交易，2012年，全市农用土地流转面积18.84万公顷，占22%，耕地流转面积7.03万公顷，占25.56%。2012年，全市各县（市）区人民政府重新向农户统一颁发“农村土地承包经营权证”。

二、村级财务管理

1988年，长沙市遵照国务院办公厅《关于逐步开展农村审计的要求》文件精神，开始培训农村审计人员，组建合作经济审计机构，开展审计工作，到1989年年底，全市建立县级审计机构5个，乡、镇审计站213个，共配备审计人员621人（国家干部291人，聘用人员330人），其中337人由县、区人民政府颁发审计证书，当年共审计575个单位，其中乡办企业167个，村办企业155个，行政事业单位50个，村、组203个。浏阳县审计站和郊区审计事务所还配合工商行政等有关部门，对2300余个工商企业进行注册资金审计。通过审计，共查出违纪金额272.47万元，其中贪污46.37万元，偷漏国家税收15.14万元，损失浪费101.69万元，挪用资金109.27万元。收回各种款项207.82万元。其中收回国家税金11.78万元。

1991年，长沙市发布《关于加强我市农村财务会计管理工作几个问题的通知》，规定农民上缴的统筹提留资金和按有关政策筹集的合作基金和资金，实行乡（镇）经营管理站统一管理和核算。使用统筹提留资金的单位，实行报账制度，专款专用，严格审批，每年进行一次跟踪审计，并将执行结果向乡人民代表大会报告。这是长沙市第一次对乡（镇）村集体资金实行归口管理的明文规定。浏阳县制定实施细则，至年底，全县有41个乡（镇）实行这一管理办法，效果很好。1992年7月8日，全市第一个农村合作基金会——浏阳市太平桥乡农村合作基金会成立，当年共吸收股金和代管资金42万元，向本乡企业和农户累计投资47万元。至年底，全市有21个乡镇建立农村合作基金会，吸纳股金和代管资金3356.5万元。1995年，开始推行村账乡镇代管工作，即在一个乡镇，由经营管理站统一管理和处理全乡（镇）村级账务，分村核算。1996年，全市有95个乡镇建立农村合作基金会，共聚集资金7.24亿元，年内累计投放11.25亿元。1997年，全市农村合作基金会发展到（包括联合会和分会）145个，全市农村合作基金会资产总额12.81亿元，其中融资过1000万元的乡镇农村合作基金会33个。1998年，配合全市村务公开活动，重点抓村级财务公开，并继续推进村账乡镇代管工作，逐步建立和完善村级财务公开制度。1999年，落实中央宏观调控措施，对农村合作基金会进行清理和撤销。至2001年，全市村务公开率100%，村级财务公开成为常态化。

2003年，长沙市发布《关于规范村级财务管理工作的通知》，要求乡镇以农村经营管理站为依托，建立会计核算服务中心，负责村级会计核算和资产管理，并接受乡镇政府委托的其他企、事业单位的会计核算工作。乡镇会计核算服务中心运用现代电算技术，按村设账、分村核算。各村由村民大会或村民代表大会选举3~5人组成民主理财小组，参与制定本村财务计划和审核财务收支项目，监督财务制度的执行。会计核算服务中心每年对村级进行一次财产清查。2006年，长沙市开始对所有乡镇进行村级财务规范化达标建设。到2010年，所有乡镇全部完成村级财务规范化达标建设。2011年，全市共有743个村开展“一事一议”（村级公益事业及基础设施建设项目）筹资筹劳活动，带动投资3.8亿元。2012年，长沙县㮾梨镇被评为全国村级财务管理规范化乡镇。

三、农民负担监督管理

1988年，农村各项社会事业快速发展，很多部门都向农民摊派款项，使农民负担不断加重，影响仍处在温饱阶段的农民致富步伐，乡村干部收上缴也越来越困难，严重影响党群干群关系。1990年，长沙市开始把减轻农民负担工作正式纳入议事日程。首先清理涉及向农民收费的文件，摸清底子。全市共清理出各级涉及农民负担的文件338个，其中属中央发的8个，省发文121个，市发文66个，县、郊自定的143个。而后，摸清全市农民负担的底子，经认真调查摸底，1989年全市乡镇统筹款和村提留款1.24亿元，农民人均31元，比上年增长69%。占当年农民人均纯收入的4.45%。其中乡统筹款主要项目有：民办教师工资，烈、军属及现役军人优抚款，民兵训练费，广播事业费，乡镇公路养护费，文化卫生事业费，农技站等集体干部工资等。而村提留款主要用于村干部工资和村委会公务活动开支。乡统筹款和村提留款由乡政府和村委会年初根据需要制定方案，在夏粮收购前通知各农户当年应上缴给乡村的款项（与农业税任务一起下达），一般都在农民交粮时扣除，农民完成上缴粮食任务后，只能收到扣除上交款后的余款。随着上交款不断增加，有的农户送完粮收不到一分钱，有的甚至要带钱去粮站结账。乡统筹和村提留只是农民负担的一部分，还有随着社会事业发展而增加的名目繁多的各种摊派和集资，诸如“人民法庭人民建、人民保险人民办、人民公路人民修、人民警察人民雇”，而农民负担最重的就是教育集资和收费，因为农村学校新建、改建、扩建、维修等主要靠农民出资，当时的口号是“人民教育人民办，再苦不能苦孩子，再穷不能穷教育”。对此，市政府两次召开市长办公会专题研究，并召开全市动员大会，市减轻农民负担办公室（由市农委经营管理科承担）还印发11期简报。市、县分别成立减轻农民负担领导小组和办公室，制定减轻农民负担的措施和政策，市政府向县、郊发布《关于严禁在夏粮收购中乱扣款的通知》，并在清理文件的基础上，又发出第38号文件，对农民负担的项目和限额作出明确规定，制止和修改一些不合理的推派项目，并明确由各级农村经营管理部门负责农民负担的日常监督和管理。1990年全年共减少对农民的各种推派2465.87万元，占年初预算的16%，农民每人平均减少6.2元。

1991年，按照市政府《关于认真做好乡村统筹提留计划方案审批工作的通知》要求，全市普遍开展乡村统筹提留计划方案的审批工作。在全市228个乡镇中，有摊派任务的217个乡镇将统筹提留计划申报到县（区）减轻农民负担办公室，县（区）减负办根据有关文件精神，采取减项目、压标准等措施，将农民负担的统筹提留总额由申报计划的8166.85万元，减少到6958.45万元，减少1208.4万元，全年人均减少3.3元。经审批后，农民人均负担18.99元，占上年农民人均纯收入的2.9%，低于国家规定5%的限额。1994年全市乡村统筹提留金额（审批后）9651.99万元，人均24.12元，占上年农民人均纯收入的2.24%。为切实维护农民的合法权益，1994年全市推行农民负担卡制度，印制农民负担卡123.7万份，到户率95%以上。全市没有因农民负担问题引起恶性案件和群体性上访事件。

1997年，长沙市逐步建立和推行农民负担预决算制度，以及监督卡和专项资金审计立项制度。在全市乡镇中，除雨花区火星镇和部分经济发达的村没有向农民收取统筹提留资金外，其他乡镇经审批的农民负担费用为1.89亿元，人均48.51元，占上年人均纯收入的3.62%。农民负担卡入户率100%。1998年粮食流通体制改革后，农民上交款不能全部从粮食收购中代扣，要上农户家里收款，难度增大，一些地方出现党群干群关系紧张，影响社会稳定。2001年，全市除长沙县继续进行税费改革试点外，其他地方重点抓统筹提留资金和劳务负担计划审批工作。全年农民负担的乡村统筹提留款1.39亿元，农民人均负担43.96元，占上年人均纯收入的2.08%，比上年人均减少1.83元。全市悬挂涉农收费公示牌（栏）4187个。

2001年中央发文，在部分地区实行取消向农民收取“乡统筹、教育集资、行政事业性收费”的试点工作。2002年长沙市开始逐步取消向农民收取“乡统筹”款项目。农民只交农业税、农业税附加及农业特产税3种税收。并加大监管力度，全年组织4次农民负担专项督查，对涉农收费案件进行查处，有9名乡镇干部受到处理，发放“农民负担十不准”警示卡，进一步完善涉农收费公示制度。2005年开始，长沙市免征农业税。

四、农村税费改革

1999年，长沙县向农民收取的农业税和乡统筹款共6777.5万元，人均98.9元。2000年，长沙县作为全省农村税费改革工作试点县。其重点是减轻农民负担，规范向农民的收费，制止向农民乱集资的行为。除重新核定农业税外，将向农民收取的统筹款作为农业税附加随农业税一并收取，取消村提留款，乡镇干部不再上门向农民收钱。当年，长沙县全县农业税及附加共收取4674万元，人均68.2元，人均比上年减少30.7元。向农民乱收费、乱摊派、乱集资的现象基本得到遏制。

2002年，全市开展农村税费改革工作，按照长沙县的试点做法，重点是重新核实农业税计税的田土面积，全市落实农业税计税面积19.81万公顷，比税改前核减计税面积2.05万公顷，亩均计税常年产量789千克，综合平均税率6.29%。全市农民人均负担（包括农业税）由上年的89.31元，下降到55.95元，农民人均减少33.36元，下降37.36%。并且建立村级公益事业建设的“一事一议”制度，即取消村统一向农民收取提留款的传统做法，改为一个建设项目单独评议、申报、审批后再向农民集资筹款的办法，明确议事范围、议事程序、审批权限、征缴管理、决算公布及审计监督等具体管理办法。

2003年，全市继续深化农村税费改革，从8个方面继续减轻农民的负担。第一是进一步核减计税面积，按照“有地有税、有税有地”的原则，全市再次核减因自然灾害、合法征地和农村公益事业占用耕地等减少的计税面积0.33万公顷，核减税额255万元。第二是调低计税常年产量，长沙市做出决定，常年产量最高不超过每亩900千克，山区不超过每亩700千克，全市由原来的每亩平均789千克，调到平均每亩775千克，调低14千克。第三是落实“户户减税”的政策，通过核减计税面积和调低计税产量，大多数农户减轻赋税负担，但全市仍有3710户农户由于种地多而增加负担，按湖南省委省政府的要求进行调减，共调减农业税10.67万元，保证“户户减税”政策落到实处。第四是对农业税社会减免实行先减后征的政策，全市在全面清理核实的基础上，按政策落实1.29万户的社会减免，核减557万元。第五是调整农业特产税征收政策，由原开征的8类48个品目，调减为6个品目，减少42个品目，并在收购环节征收农业特产税；同时，对在农业税计税土地上生产的农业特产品，只征收农业税而不征收农业特产税，通过调整，全市共减征农业特产税2417万元。第六是进一步规范“一事一议”筹资投劳政策，全市共有564个村进行“一事一议”筹资投劳，共筹资729万元。第七是对村干部工资进行财政补助，从上年开始，市政府每年拿出500万元，并要求各县（市）分别配套500万元，下拨给经费困难的村，用于村干部工资补贴。第八是分流精简乡镇行政人员（靠农民上交款发工资的），全市分流乡镇行政人员1105人，清退临雇人员707人；撤并中小学160所，分流教师163人，清退临雇人员723人。通过多项措施，2003年全市农民人均比上年减轻负担10元。

2004年继续推进农村税费改革工作，内五区和长沙县全部免征农业税，同时免除农民上交的统筹款。全市取消除烟草以外的农业特产税，调减1184万元；全市农业税调减1.15亿元，两项合计减少农民负担1.27亿元。全市给种粮农户发放粮食直补资金3058万元，良种补贴资金4787万元，农民第一次享受种粮补贴。

2005 年，长沙市在全省率先免征农业税和免收乡村统筹提留款，全市免征农业税 8090 万元，向农民发放国家粮食直补资金 3809 万元，良种补贴资金 2174 万元，向购买农机的农户发放农机补贴资金 280 万元，全市共有 9.32 万名学生获得贫困补助款 2337 万元。至此，农民种田不用再交税，免除各项费用，而且对种粮农户有各种补贴。

五、农民专业合作组织发展

2004 年，长沙市第一家农民专业合作社——浏阳友华养殖专业合作社在浏阳市工商局注册登记成立，随后长沙市农民专业合作组织快速发展。是年，为深化农村社会化服务体系建设，长沙市决定加快农民专业合作组织建设，出台政策，重点扶持 5 个部省级、10 个市级农民专业合作社示范点，到年底，全市农民专业合作社发展到 305 个。2005 年，市政府对农村专业合作经济组织建设力度加大，组织实施“111 工程”，即办 10 个农民专业合作经济组织市级示范点，规范发展 100 家农民专业合作经济组织，培训 100 位农民专业合作经济组织负责人。全市已有 8.6 万户农户加入合作社。

2006 年，长沙鼓励农民采取以土地承包经营权出资方式，入股设立农民土地专业合作社，由合作社统一组织生产经营或将土地出租，这也是长沙合作社组织形式的创新。2008 年全省第一家土地专业合作社光明土地经营专业合作社在长沙市望城县光明村成立。2009 年 9 月，宁乡县关山土地专业合作社挂牌成立。土地合作社的成立，农户变土地承包权为股权，能有效增加农民财产性收入。至 2012 年，全市有土地专业合作社 210 家，流转土地面积 22.35 万公顷。2012 年是《农民专业合作社法》实施 5 周年，也是联合国确定的“国际合作社年”。经过几年的发展，长沙市经工商注册的农民专业合作社发展到 2302 家，占全省总数的四分之一，农民入社率 19.1%。长沙 89 家种粮专业合作社，收购粮食 67.15 万吨，占全市粮食收购总量的 27%，全市 1135 家蔬菜种植专业合作社，生产销售蔬菜总量达到 236.5 万吨，占全市蔬菜销售总量的 50.3%，并涌现隆平、格塘种粮专业合作社等一大批优秀示范社。

第五节　科技服务

一、农业科技体系建设

1988 年年初，长沙市率先全国提出“农科教相结合”的科教兴农运行模式，按照政府统筹、部门配合、相互促进、协调发展的方针，用教育之“渠”，引科技之“水”，灌农业之“田”。市政府成立农科教结合统筹协调领导小组，由常务副市长任组长，分管农业、科技、教育的副市长任副组长，成员单位为市政府有关部门。办公室设在市农委。县、区按照市里的模式成立相应的机构。乡镇成立农科教中心，并将农业科技推广服务部门的“六站一”办（农技站、林管站、水管站、畜牧兽医站、农机站、经管站、多经办）和乡镇职业技术学校等部门统筹结合在一起，共同开展人才培养、技术培训、科技示范推广、生产管理服务等工作。从 1988 年 6 月全国第一所乡镇农科教中心——长沙县双江乡农科教中心挂牌成立到年底，全市共建乡镇农科教中心 108 所。先后涌现出长沙县双江乡农科教中心、望城县黄金乡农科教中心两所全国先进和浏阳市溪江乡农科教中心等 30 所省级示范性农科教中心。

1999 年 7 月，长沙市发布《关于进一步加强农科教结合推进科教兴农的意见》文件，在总结前十年经验的基础上，从提高认识、明确目标、完善机制、加强投入、改善环境、加强领导六个方面进一步推进农科教结合工作。重点是加大投入，加强科技示范、科技推广、科技服务、科技示范园建设和专业示范户培植。1999 年投入经费 100 万元，比上年增加 50 万元，2000 年增加到 200 万元，重点扶植浏阳黑山羊繁育技术研究等一批重点科技示范推广项目，培育一批全国科技示范典型，扶持浏阳古港等4个农业科技示范园区建设。

到2005年，全市共有乡镇农科教中心114所，其中达到“五有标准”的80余个，还建有村级农科教教学网点2000余个，直接联系科技示范户9480户，引导建立农民专业技术协会217个，有协会会员8200余户，所办服务实体每年创收近500万元。2005年开始，市农科教办每年安排30万元，扶持建设10个乡镇农科教示范中心，每个示范乡着重建设2个村级教学示范点。到2009年，经省、市教育部门专家组验收，棠梨、桥驿、黄金、北盛、永安、洞阳、金刚、花明楼等9所乡镇农科教中心被列入第二批省级示范性乡镇农校。2012年，全市共有乡镇农科教中心104所，其中“五有标准”的96所。

二、中专学历教育

1988年，长沙市农业委员会举办的农业会计函授学校，主要培训农村经营管理人员以及村会计的财会知识，而市农业局所属的农业广播学校主要培训基层农技人员的农业生产技术。当年两校招收1372人，毕业883人，1989年招收997人，毕业856人。1990年4月，为贯彻国家教委、农业部《关于改革农业广播电视学校管理体制及有关问题的意见》和省农经委、省教委《关于进一步办好我省农业广播电视学校的通知》精神，长沙市决定将隶属市农业局的农业广播学校改由市农委统一领导，当年两校共招收1154名学员，毕业797人。1991年共招收学员996人，毕业655人。1991年9月市农业广播学校与市农业会计函授学校实行机构合并（长沙市农业广播电视学校），两校合并后健全制度，拓宽教育培训业务，增强办学整体效益。市农科教办公室和市农业广播电视学校共同承担着全市农民教育培训任务。农科教办公室前期主要负责农业技术培训，农广校前期则主要是中专学历培训。市、县两级农广校采取乡镇办班，部门联合办班和直属班等形式，以函授、面授和声像教学等方式，开设农学、林业、果树、蔬菜、畜牧、兽医、农经、乡镇企业管理、财务会计、农技推广、农产品加工与贮藏、水利工程、农业机械15个专业。招收农村基层干部与青年农民入学。1988—1992年毕业学员中，210人担任村级以上领导职务，236人被国家和集体单位招聘录用，180人获专业技术职称。培养了一大批留得住、用得上的实用型农业生产与经营管理人才。从1992年开始，市农广校还与湖南师范大学等院校联合办学，培养大专学员。2000年，随着农科教县乡网络逐步健全，而农广校则有师资等培训资源的优势，从而逐步整合一起开展培训工作，各县将农科教办与农广校逐步合并为一个机构，农民教育培训工作的力度更大。当年，培训中专毕业生2019人，2006年2390人，大专毕业生114人。2012年，培训中专毕业生1239人。

图 21-1-5-1 浏阳市农广校农村经纪人培训班

（摄于2011年，长沙市农委供图）

表 21-1-5-1　1988—2012 年长沙市农广校大、中专学员毕业人数统计一览表　单位：人

年 份	中专	大专	年 份	中专	大专
1988	883	0	2001	2118	0
1989	856	0	2002	2260	0
1990	797	0	2003	2330	180
1991	665	0	2004	2167	236
1992	1559	220	2005	2360	224
1993	1627	268	2006	2390	114
1994	1964	344	2007	2266	0
1995	1248	336	2008	1712	0
1996	1393	287	2009	1864	0
1997	1739	0	2010	1120	0
1998	1830	0	2011	988	0
1999	1968	0	2012	1239	0
2000	2019	0	合 计	41362	2209

三、农村实用技术和农民职业技能培训

1993 年，长沙市作出实施科技、教育兴农决策，贯彻落实国务院科教兴农战略方针。市农科教办和市农广校组织实施农村实用技术培训，聘请大专院校、科研院所等专家和科技带头人及能工巧匠现场授课，结合主导产业开展农村实用技术培训。因地制宜地开展水稻、蔬菜、果树、茶叶、柑橘、花卉苗木、养猪、养牛、养羊、家禽饲养与防疫、烤烟、农产品加工、机电等实用新技术培训。1993 年培训 11.5 万人次。1996 年，有针对性开展农村实用技术培训 15.8 万人次。如望城县依托农业示范基地开展培训，宁乡县在各乡镇与村设点开展常年培训，浏阳市采取农广校与乡镇农校联合办班培训，长沙县利用农民夜校和农家科技书屋开展实用技术培训。广泛实施农村实用技术培训进村入户活动。各县、（市、区）通过播放光盘，放映农村科教电影，在村里办班，在田间地头讲课，深受农民欢迎。至 1998 年的 4 年间，全市农业科技推广机构共培训农民 80 万余人次，其中有 4500 人获中专以上学历。2001 年，全市通过培训参加科技实验学员 1590 人，开展技术承包服务 903 人，推广新产品新技术 987 项次。大批学员成为农业技术示范户和种、养、加能手。

图 21-1-5-2　望城科技助农直通车——实用技术培训
（摄于 2008 年，长沙市农委供图）

2002 年，市农科教办和农广校将农村劳动力转移培训作为重点，通过联合招生、合作办学，定点、定向和订单培训等方式，为用人单位输送具有一技之长的劳动力。市农广校每年 3 月开展农民工创业就业培训“春风行动”。各县（市、区）根据农民工特点，进行重点对口培训。从 2006 年开始，实施农业技术进村入户工程，市农广校组织农民教育培训讲师团专家进村入户开展培训与咨询服务，各县（市、区）通过媒体播放光盘，发放科普资料，放映科教电影等形式，将农业科技知识传送到千家万户。同时开展定点、定时、定期培训。以乡镇农校和专业生产基地为依托，围绕各地农业主导产业需求并结合“阳光工程”开展实用技术和创业培训。种植业培训重点是蔬菜园艺栽培技术，畜牧水产业培训重点是畜禽繁殖及疫病防治技术。并同时开展返乡农民工技能培训。在加快城乡一体化建设步伐的大背景下，为进一步提高农民工创业和就业技能素质。2008 年开始，由市里统筹，各县（市、区）组织实施，开办农民创业就业培训班。特别是 2008 年下半年，全市出现大量外出农民工返乡，为尽快提高返乡农民工素质，2009 年 3 月开展全市返乡农民工创业就业培训“春风行动”。各县（市、区）共进行 38 期对口培训，培训返乡农民工 4.7 万人。2010 年开始，市农广校将失地农民（土地被征收）技能培训作为农民素质教育培训工作的重点，当年全市共培训失地农民2.3 万人，2011 年培训 2.1 万人，2012 年培训 2.4 万人。开展高端农村实用人才培训，市里每年重点选拔一批高端农村实用人才，赴农业部农村实用人才培训基地学习或境内外参观考察，访问研修，实地培训。2012 年 6 月，市农广校组织 30 名农村经济合作组织负责人到台湾参访及开展有机农业培训，学习台湾现代农业模式及高标准精细化管理知识。

表 21-1-5-2　　2003—2012 年长沙市农村实用技术及职业技能培训情况一览表

年份	发放培训资料		实用技术培训		职业技能培训		
	光盘（个）	资料（万份）	班次（班）	人数（万人）	班次（班）	人数（人）	转岗就业（人）
2003	—	—	11936	46.7	2093	40750	18585
2004	—	—	5880	50.7	293	21718	17559
2005	16100	125	1800	24.8	830	37200	28523
2006	16000	125	4800	25.6	220	29000	—
2007	8320	66.7	4800	29.3	195	21000	—
2008	—	40	3600	30.5	80	12000	800
2009	12000	38	4100	29.6	—	15750	—
2010	16000	42	3800	26.5	—	30800	28000
2011	4000	12	—	30.6	—	9600	—
2012	—	—	—	30	—	21300	—

四、农业科技推广

1989 年，全年共推广农业科技成果和先进技术 200 余项，其中获得市级以上奖励的 45 项，增加农业产值 1500 万余元。1993 年，全市农科教中心发展到 170 余个，在杂交水稻制种和高产栽培技术推广上发挥重要作用，农业科技推广在农业增产增收中所占比重上升到 40%。1995 年，全市 33 所达到“五有四到位”标准的乡镇农科教中心在撤区并乡中实力进一步加强，所下达的农业科技推广项目都安排相应的资金。1996年，市政府决定连续5年定为“农业科技推广年”，并设立科技成果转化基金，投入450万元用于农科教中心建设、水稻软盘抛秧、开发吨粮田等活动。全年推广水稻旱土耐寒育秧和软盘抛秧6.8万公顷。1999年，市农办广泛开展送信息、传技术、授技能的科技推广活动，组织农业专家300余人次，到10余个边远乡镇，开展送科技下乡活动，全市10万余户农民在科技下乡活动中受益。组织编写《农村科技实用技术》丛书，把农作物栽培，畜禽水产养殖，蔬菜、花卉培育，农机、沼气使用等50个专题新成果、新技术，编印3万余册，免费送到农民手中。组织全市农业战线科技人员对吨粮田开发，旱育抛秧，低产田、低产林改造等30余个推广项目进行联合攻关，取得丰硕成果，三县三区成建制亩产超吨粮，软盘抛秧10.7万公顷。

2003年，制定《长沙市农科教结合项目管理执行办法》，指导乡镇农科教中心推广科教项目，当年指导10.5万户农民推广农业新技术、新品种项目524（项）次，引导社会资金投入8600万余元。2005年，在扶持和培养科技致富带头人上下功夫。全市筹资803万元，重点扶持农村科技致富带头人1380户。2006年在100个新农村建设示范村中，对100名参赛者进行集中培训，帮助他们从“经验型”向“知识型、技术型”方向转变，共带动8600余户农户推广新技术项目130项次，户均增收3400余元。其中受到市级奖励的前20名科技带头人，共带动3380户推广科技含量高、示范效果优、市场前景好、能形成规模产业的农业科技项目36项，户均增收5600元。

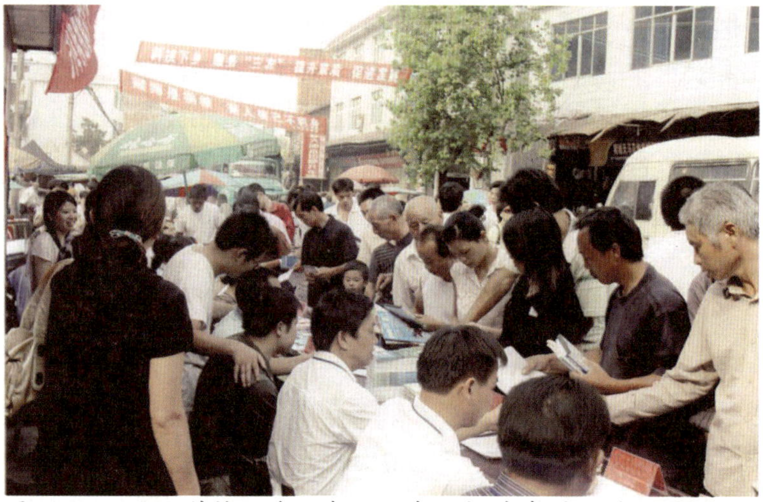

图21-1-5-3 科技下乡服务“三农”提升素质促进发展

（摄于2006年，长沙市农委供图）

2008年，继续培养科技带头人，开展新技术、新品种推广工作，注重科技项目引进。组织部分基层农技工作者外出培训、考察，解农业科技发展的新动态，引进适合长沙环境发展的新的农业科学技术。2011年引进特色香薯、生态绿壳蛋鸡养殖技术以及“农大哥”水稻测土配方施肥示范、大鲵标准化驯养繁育技术、南方枣优良品种选育与种苗繁育等项目。至2012年，全市共引进200余项新技术、新品种；全市共推广新技术、新品种2795项（次），其中市农科教办重点帮扶281项（次）；市农办共安排农业科技项目资金1380万元，扶持2912项科技推广项目。

第六节 农村能源

一、省柴节煤灶推广

宁乡县1987年完成全国“两省灶”（省柴灶和省煤灶）推广重点县验收后，浏阳市于1988年年初列为全国推广“两省灶”试点县，在林业局和能源办的密切配合下，到10月底，浏阳市29.05万农户中已有28.12万户使用“两省灶”。11月，湖南省能源办重点抽查180户，并测试31户，验收结果表明，合格率 100%，户均热效率 38.89%，普及率 94.5%，达到国家标准。

至 1990 年，全市共推广省柴节煤灶 73.51 万户，浏阳和宁乡按部颁标准完成普及任务并被评为全国省柴节煤灶推广先进集体，全市有 11 人被评为全国省柴节煤灶推广先进个人。至 1995 年，全市共更新改造省柴节煤灶 126.92 万户。全市农村省柴节煤灶入户率超过 96%，基本完成推广普及任务。

二、户用沼气池建设

1970 年以后，长沙市逐步开始农村沼气建设试点工作，并在市农业委员会内设立沼气建设办公室，1984 年沼气办划归市农业局管辖。1988 年，浏阳市和宁乡县列为全省沼气建设试点县。长沙县、望城县、市郊区被列为全省沼气建设基点县。1989 年 11 月，农业部委托省农村能源办对列为全国沼气建设重点县的长沙县和望城县进行检查验收，3 年时间，长沙县和望城县分别建池 7267 个和 3260 个，占任务的 242.3%和 108.7%。验收组对两县各 3 乡 6 村 210 户进行沼气池测试，户均年产气 362.5 立方米和 345 立方米，“三结合”率（厨房、厕所、猪粪池）分别为 45.7%和 52.4%，使用率分别为 99.3%和 98.5%。长沙市郊区 1989 年新建沼气池 1637 个，至年底，全区实有沼气池 1.15 万个，已消除沼气空白村。全市累计建池数 5.84 万户，涌现 33 个千池乡和 168 个百池村。全市的沼气池、“两省灶”等农村能源设施，已形成年节能 67.46 万吨标煤的能力。

图 21-1-6-1　湖南优卓牧业大型沼气综合工程

（摄于 2005 年，长沙市农委供图）

1992 年，全市推广“三流式”（上流、中流、下流进料）新工艺沼气池 1.23 万个，占新建池的 86%。长沙县江背镇五七村民小组集资 2 万元，全组 38 户村民共建池 38 个，成为全市第一个沼气化村民小组。至 1995 年的 5 年间，全市共新建农户用沼气池 6.89 万个，占全省同期新建户用沼气池总数的 32%。全市农村能源设施已形成年节能 130 万吨标煤的能力，年创直接经济效益 4.5 亿元。1998 年，长沙县安沙镇振华村建沼气池 332 个，占全村 336 户的 98%，在全市第一个实现全村沼气化。到 2002 年止，全市累计已建农村户用沼气池 24 万余个，17 万余建池农户开展多种模式的沼气生态农业应用，26 个乡镇入户率 50%以上，80 个村入户率超过 80%。2003 年开始，从中央到地方，各级政府加大对沼气建设的投入，中央动用国债资金支持农户开展沼气池建设，加上市、县（市）两级的投入，农户每新建一个符合标准的沼气池，政府补助 800 元。从 2004 年开始，长沙市将农村沼气建设列入为民办实事的“八件实事”工程，2004 年任务是新建 3.80 万个沼气池，年底验收完成 4.04 万个，连续 9 年被列入政府为民办实事的重点工程，每年都超额完成省、市政府下达的任务。经逐个检查验收，至 2012 年的 10 年间，全市共新建符合生态能源标准的沼气池 17.47 万个。

表 21-1-6-1　　2003—2012 年长沙市户用沼气池建设情况一览表　　单位：个

年 度	建池数	其中：国债项目	年 度	建池数	其中：国债项目
2003	38000	7950	2008	14849	14750
2004	40463	8000	2009	15852	7700
2005	12380	4780	2010	9602	5300
2006	19100	8980	2011	7633	4500
2007	10958	10625	2012	5883	2800
合 计				174720	80916

三、沼气综合利用

1988 年以前，建沼气池主要是解决农户的燃料问题，未通电的农村利用沼气照明也受到农户欢迎。1990 年后，随着农村沼气建设工作的不断推进，逐步向沼气综合利用方向发展。1993 年全市开展“三改”（改水、改厨、改厕）配套建设试点，即在农户新建沼气池时。配套改水，挖水井、建水塔（箱），将井水引进厨房和卫生间；改厨，拆除烟熏火燎的土灶，使用沼气灶；改厕，改变过去在猪圈、阶沿安粪缸陋习，新建（改建）卫生间，粪便污水排入沼气池，既卫生又解决沼气原料。1996 年，浏阳市和长沙县分别列入全国和全省农村能源综合建设项目县。全市农村能源建设重心由以沼气建设为主转变为资源综合利用开发和节能并重，并向生产、环保和生态领域拓展。2000 年，农村能源综合建设县项目圆满完成。2001 年 4 月，考察全市沼气生态农业建设情况，并开展研究落实资金、政策等方面的扶持措施。在 6 个示范乡镇、85 个示范村，落实沼气生态农业示范点 91 处，新建沼气生态示范户 1865 户。2001 年全市推广猪—沼—稻（即猪粪进沼气池，沼渣、沼液进稻田作肥料）0.8 万公顷，猪—沼—果 1.33 万公顷，猪—沼—菜 0.17 万公顷、猪—沼—鱼 1000 公顷。其他生态模式 4 万余户，建成大中型沼气工程和生活污水净化池 9 处。到 2002 年止，在全市累计已建户用沼气池的 24.2 万户中，已有 17.3 万建池农户开展多种模式的沼气生态综合应用。全市建成大中型沼气工程 54 处，生活污水净化沼气池 26 处，推广太阳能热水器 3.2 万平方米，安装微型水电机组 1313 台，装机 1.18 万千瓦，以上项目可节能折合标准煤 195 万吨，相当封山育林 40 万公顷，年可为农民增收节支 6.5 亿元，农民人均增收节支 150 元。

2003 年以后，长沙农村能源建设领域逐步拓宽。从 2004 年开始，对农村沼气建设开展以“一池五改五美化”（改水、改栏、改厨、改厕、改浴和门前屋后绿化、道路硬化、垃圾处理无害化、生产有机化、小区亮化）为主题的生态能源小区建设。2005 年率先在全省引进推广太阳能路灯，2006 年引进扶持“亮之星”米业利用谷壳发电，后来又引进扶持新鑫广安养殖场利用沼气发电，开创生物质发电能源。2008 年开始，由单一户用沼气建设向联户小区沼气综合利用工作转变，当年建设联户和小区沼气工程 36 处。2009 年开始大型沼气综合利用工程建设。到 2012 年，小区和联户沼气工程全市已建 310 个，供气农户 3336 户；单池容量在 300 立方米以上的大型沼气工程 20 处，池容总量 1.6 万立方米。

四、沼气建设资金投入

农村户用沼气池建设投资主体是农户，但在试点、示范和推广阶段，各级财政给予部分补助，以推动沼气建设事业的更快发展。1994 年，全市用于农村能源建设的资金 2784.25 万元，其中省财政投入 21 万元，市财政投入 8 万元，区、县财政投入 22.65 万元。1999 年开始，长沙市每年安排 200 万元用于农户建沼气池的补助。2003 年，长沙市争取中央首批国债资金 636 万元，支持长沙县、望城县和浏阳市的 44 个村 7950 户农户新建沼气池，并配套进行“改栏、改厨、改厕”，每户补助 800 元。2008 年，农户新建一个沼气池补助1000元，2012年增加到1200元。至2012年的10年间，全市争取中央沼气国债项目11批，共1.33亿元资金，省政府对长沙市农村能源建设投入2150万元，市政府投入5200万元，项目总投资4.11亿元。

五、沼气服务体系建设

随着农村沼气池建设工作的全面推广，建池数量越来越多，所需的技术人员及器材供应和后期维护等工作任务越来越繁重。因此，沼气服务体系应运而生。宁乡县1986年就兴办能源技术服务中心。1997年浏阳市和长沙县建立60个乡镇农村能源管理站，并配备60名管理干部。全市登记注册的建池改灶农民技术人员9801人，其中562人组成专业技术服务队102个。2000年市农村能源办办培训班12期，培训专干和技术人员418人次。并统一印制《沼气安全操作规程》21.95万份下发到农户。从2007年开始，扶持基层能源服务站点建设作为农村能源建设事业的一个重点，当年新建乡镇服务网点40个，到2012年，累计建设基层服务网点630个，投资3756.9万元，其中中央补助1899万元。并逐步向服务合作社和服务联社转变，政府的扶持资金重点支持服务实体为农民“建好池、用好气”提供服务，确保已建沼气池的使用效率。

第七节　新农村建设与城乡一体化发展

一、社会主义新农村建设

2006年2月28日，长沙市发布《关于加快推进社会主义新农村建设的意见》，成立社会主义新农村建设领导小组。决定实施社会主义新农村建设“百村示范、千村整治”工程。当年，对全市1000个左右行政村，按照三改三整一分离的要求进行整治。计划用3年时间，建设100个左右“农民富、村庄美、风尚好、班子强”的社会主义新农村示范村。突出抓好农村电力扩容、农村公路建设、农村生活用水改造、农村环境整治四大工程建设。

2006年完成41个乡镇、210个村的新农村建设规划。示范村以规划为龙头，以项目整合捆绑进村为载体，共新修公路556.7千米，硬化（路面铺水泥）公路618千米，改造水渠562千米，整理国土0.14万公顷，改造农村电网2.4万户。农村安全饮水工程投资1180.9万元，解决2.69万人饮水安全问题，完成改厕1.30万户。村庄环境整治工程全面铺开，各示范村共启动农民住宅小区建设8个，新建住宅1.33万户，整修房屋3716户，建沼气池7713户，改水2.21万户。率先在全省全面实行新型农村合作医疗制度，参加农民330.3万人，占84.6%。改扩建敬老院28个，卫生院22所。18个新农村建设项目纳入政府为民办实事的“8件实事工程”，投入资金8.32亿元。同时，先后开展万名干部下基层，新农村建设规划，魅力乡镇评比，示范村支部书记培训等一系列新农村建设重大活动。

2007年开始，长沙市每年安排一定的专项资金用于新农村示范项目建设。继续推进“百村示范、千村整治”工程。解决12万人的饮水安全问题，新建改建农村公路1110千米，实施147个村的中西部农村电网完善工程，完成36个电气化示范村农网改造任务。以“三改三整一分离”为主要内容的村庄环境整治工程继续推进，“百企联百村，共建新农村”活动吸引社会投资6.9亿元，主要用于农村产业发展、道路硬化、学校改建等。全面实施城乡九年制义务教育“一费制”全免，150个农村中小学校“三改”项目全面完成，新建改建乡镇卫生院25个，新建改建村卫生室1366个，农民新型农村合作医疗参加率90.7%。

图 21-1-7-1 浏阳市大瑶镇南山村“芙蓉小区”
（摄于 2011 年，长沙市农委供图）

2008 年，完成新农村建设村镇规划编制 3 年计划，全市建制镇规划覆盖率 100%，村庄规划覆盖率 50% 以上。2009 年以“村镇共建”示范和“百村示范、千村整治”为重点，加快实施农村电网扩容、公路通达、居民用水、环境整治四大工程，新农村建设全面推进。全年完成农村公路改造 1200 余千米，完成水利建设工程 4 万余处，兴建农村各类供水工程 89 处，解决 18 万农村人口饮水安全问题。2009 年以后，长沙市把强力推进新农村建设作为实施城乡经济社会发展一体化的一项重点工程。

二、统筹城乡一体化发展

2009 年 11 月 17 日，出台《中共长沙市委推进城乡一体化发展工作纲要》。2010 年，长沙市城乡一体化建设坚持以城带乡、以镇带村、以点带面的“三个带动”，城乡一体化发展步伐加快。四大片区，11 个试点村共落实建设资金 2.3 亿元，启动重大项目建设 28 个。如宁乡县金洲镇关山社区整理土地 133.33 公顷，集中流转土地 66 公顷建成标准化葡萄、蔬菜生产基地；望城县白箬铺镇光明村改造民居 280 栋；长沙县按照“资本集中下乡、产业集中发展、土地集中流转、农民集中居住、环境集中整治、公共服务集中推进”的构想，全面启动以镇带村三个试点建设；浏阳市按照六大板块设立片区城乡统筹委员会，组织专门班子开展试点示范。各个城区把城乡一体化发展与“城中村”改造紧密结合起来。暮梨、开慧、金井、靖港、乔口、灰汤、花明楼、大瑶、沿溪等以镇带村试点乡镇按统一部署整体推进。2011 年，全市 10 个示范乡镇 30 个示范试点村项目资金投入约 35 亿元，带动企业、农民和社会投资约 175 亿元。各示范点围绕基础设施建设工程、管理服务工程、产业优化升级工程、居民素质提升工程和基层组织建设工程等开展项目建设，创出成功经验。如宁乡县关山村新建葡萄、茶叶、蔬菜、特色种养 4 个现代农业示范基地；光明村以改善村民居住条件为推动，以促进农民增收为目的，探索形成“政府引导、农民自主、产业支撑、市场运作”的新农村建设模式；浏阳大瑶新城、长沙县板仓小镇和沙坪湘绣文化广场建设项目投入大，发展快。

2012 年，乡镇规划覆盖率 100%，村庄规划覆盖率 75%，实现国民经济和社会发展规划、土地规划、城市总体规划“三规融合”。基础设施建设，完成农村公路建设 4200 千米，所有行政村和 85%的自然村通上水泥路；农村电网扩容工程新建、改建低压线 9000 余千米，全市农村电压合格率 99.06%；基本完成全市 104 个乡镇垃圾收集处置体系建设，建乡镇垃圾中转站 96 个，村垃圾收集站 810 个，建集镇污水处理厂 31 家，各县（市）都建立生活垃圾无害化处理场；兴建农村安全饮水工程 256 处，解决 100 万余农村人口饮水安全问题；加固、重建、新建校舍 25 万平方米。产业融合，全市农产品加工企业实现销售 848 亿元，每年保持 20%以上的增长；全市休闲农业企业达 1705 家，全年接待游客 1980 万人次；101 个乡镇项目资金投入 50 余亿元，带动企业和社会投资 600 亿元。生态建设，全市乡镇垃圾无害化处理率 76.9%，成为全国首批农村环境综合整治试点城市；全市建成国家级生态示范区 9 个，自然保护区 14 个，森林覆盖率 53.35%，人均公共绿地面积 18.8 平方米。公共服务，完成 137 所乡镇卫生院新建、改建和扩建，以及1366个行政村卫生室标准化建设，率先在中部地区实现城乡居民养老保险全覆盖，并率先在全国实现城乡居民医疗保险并轨。2012年，所辖县市进入全国县域经济基本竞争力“百强”(长沙县全国排名第15名，浏阳市第60名，宁乡县第61名)。市域城镇化率提高到69.5%，比2009年提高6.9%。居民幸福感持续上升。长沙连续4年被评为中国最具幸福感城市。发展协调性日益增强，从区域来看，主城区、四县市（区）的经济总量各占全市半壁江山，初步形成大城市、卫星城、中心镇合理布局。从产业来看，花卉苗木、有机茶叶、优质水稻、特种养殖四大特色产业走廊辐射作用增强，星沙、隆平、浏阳、望城、宁乡五大农业园区示范效应明显，逐步向农业现代化迈进，全市三次产业结构由2009年的4.8:50.6:44.6优化调整为2012年的4.3:56.1:39.6。

第八节　农业产业化经营

1990年，通过学习外地经验，并结合实际情况，依托国有粮食企业、乳业企业、种子公司等几大涉农产业企业，围绕长沙农业资源优势，按照“生产—加工—销售”一条龙的方式，开发名特优产品，形成优势产品密集带，提高区域经济规模，构造农业产业链条。逐步形成“企业+农户”的农业产业化发展模式。一部分农产品生产、加工企业开始逐渐通过订单合同等方式加强与农户的联系，如长沙市宾佳乐乳业公司就与奶牛饲养农户签订鲜奶收购合同，提高产业集聚度，成为农业产业化在长沙市发展的最初形态。而将农业产业化作为农村经济发展的重大举措纳入政府议事日程始于20世纪90年代中期。1996年，全市优质水稻、生猪、黑山羊、蔬菜、茶叶、楠竹、豆类等农产品已具产业化雏形，特别是市场+农户的产业组织形式不断发展壮大。继马王堆蔬菜批发市场后，高桥大市场已跻身全国八大市场之一，并正在兴建红星农产品批发市场。1999年，经过多年培植区域内主导产业，全市初步形成优质稻、良种猪、黑山羊、蔬菜、茶叶、花卉苗木六大主导产业。建立优质稻基地乡镇40个，优质稻面积13.67万公顷，中、高档优质米上市突破5万吨。瘦肉型猪养殖重点乡镇60余个，良种猪比重上升，黑山羊基地乡8个，常年饲养量100万只。常年蔬菜种植面积2万余公顷，产值19.6亿元，占农业总产值的17%。花卉苗木面积发展到2000公顷，产值1.7亿元，比上年增长56%。

2000年，龙头企业不再局限于国有，而是积极鼓励引导外资和民营企业参与并开始给予扶持。全市种养业已初步形成“一带四区”的区域布局。以内五区为主的城郊环带退出水稻生产步伐加快，非稻作面积达到53%，重点发展精细农业、休闲农业。四县（市）着力优粮、扩经、重养，培植区域特色。基地建设、产业开发规模在不断扩大，向“一乡一品、一县几品”的发展格局推进。全市重点扶持20家龙头企业。2001年，长沙市决定建设全省农副产品加工和流通中心，进一步做大做强农业龙头企业，加大对20家龙头企业的扶持力度。全市年销售收入10万元、上缴税金1万元以上的农业产业化经营企业和大户有2226家。按照“公司+基地+农户”的模式，引导开发各类种养面积5.33万公顷。以秀龙、盛湘米业等7家粮食加工企业为龙头，带动20个乡镇连片开发高档优质稻2.67万公顷。以马王堆、红星两大市场为依托，形成连片667公顷以上的农产品基地9个。以金井、春华、沩山等8家茶厂为骨干，改造扩种良种茶园1333公顷。以长沙卷烟厂为依托，连片开发优质烤烟1万公顷。以浏阳医药园为依托，连片种植药材2667公顷。以浏阳市、长沙县两大花卉苗木协会为龙头，发展花卉苗木6667公顷。以宾佳乐乳业公司为龙头，大力发展奶牛饲养业。2002年，全市农副产品加工企业发展到940家，实现产值75亿元，带动开发农产品基地10万公顷，带动50万农户增收。

2003 年，长沙市启动市级重点农业龙头企业认定工作。对于能有效连接带动农户，开展本市优势农产品生产加工的企业，授予其市级重点农业龙头企业称号，同时推荐其申报省级、国家级重点农业龙头企业。到 2005 年年底，全市市级以上龙头企业 30 家，其中民营、外资企业 24 家，占总数的 80%，带动的农户达 20 万余户。而且农业产业链条开始延长，范围拓宽。一部分龙头企业开始通过订单协议为基地农民提供种苗、技术、垫资等服务，然后回收农产品。同时农业产业化基地建设开始向区域化发展。至 2007 年，长沙市已重点建设蔬菜、畜牧、水产、林果四大支柱产业，发展蔬菜、水生菜、鳜鱼、虾、肉鸡、蛋鸡、肉鸭、奶牛、板栗、鲜食果、冷食瓜、优质米 12 个重点产品，建设十大基地，壮大 10 个龙头企业，形成 10 条“龙型”经济的总体发展目标。

从 2008 年起，长沙农业产业化开始进入快速发展阶段。一方面是向产品的产业化延伸，围绕农业龙头企业和优势产业资源，全市着力打造农产品优势品牌，培育出“金井”茶、“柏加”花木、“宁乡花猪”肉制品、“金霞”粮油、“盐津铺子”休闲食品等一系列全市乃至省内外知名的农产品品牌。与此同时，开展优势农产品正规化基地建设，围绕长沙市主导产业，以农民增收为中心，围绕“特色、规模、品牌、效益”4 个环节，全市集中力量高标准建设 6.67 万公顷优势农产品正规化基地。同时着力培植农产品加工业并引导企业向园区集中，全市重点打造以望城国家级农业科技园区等为重点的“五园”建设，进一步改善投资结构，降低门槛，吸引一大批农产品加工企业向园区集聚，促进农产品加工业的集聚和升级。发布《关于大力推进农业产业化经营的决定》等一系列文件，为推进农业产业化发展创造良好的环境氛围。

2012 年，全市有农业产业化龙头企业 296 家，其中市级农业龙头企业 246 家，省级重点龙头企业 43 家，国家级重点龙头企业 7 家。当年全市农产品加工业实现销售收入 848 亿元，比上年增长 20%上。全市已建成农产品规范化生产基地 4.84 万公顷，其中，瓜菜基地 2.04 万公顷，名特优水产品基地 1.53 万公顷，林果基地 1.27 万公顷。畜牧养殖小区 99 个，其中，生猪养殖小区 52 个，奶牛养殖小区 15 个，蛋鸡养殖小区 12 个，肉鸡养殖小区 20 个。全市农产品加工企业已开始加速向加工园区集中，并已初步形成猪肉制品、乳制品、禽类制品、水产品、粮食、油脂、饲料、蔬菜八大农产品加工产业集群，具备年加工乳制品 45 万吨、生猪 300 万头、水禽 5000 万只、粮食 60 万吨、油脂 45 万吨、蔬菜 10 万吨、饲料 240 万吨、水产品 8 万吨以上生产能力。农村专业合作经济组织建设得到发展。是年，全市农村专业合作经济组织已发展到 5600 家，在形式上出现龙头联动型、产业主导型、能人合作型、技术信托型、部门服务型、部门带动型和资源开发型 8 种发展模式。农业产业化的带动作用得到体现。农业产业化经营主体探索出“公司+基地+合作组织+农户”“公司+标准化基地+农工”等多种联结方式。在农业产业化组织的连接带动下，全市已有 43.2 万农户和 21.38 万公顷基地参与农业产业化经营，农业龙头企业吸纳农村剩余劳动力就业 4.3 万人。

第九节 农村扶贫

1986 年，长沙市成立扶贫开发领导小组。1988 年，将市直机关和国营企事业单位纳入对口帮扶范围，几个单位帮扶一个贫困乡镇，并由市直机关和企事业单位抽调扶贫队员长驻贫困乡、村，帮助贫困农民脱贫。1993 年，通过政策优惠扶贫，投资倾斜扶贫和组织对口扶贫等措施，全市有 232 个贫困村架设输电线路，有 65 个贫困村通公路，分别占 1986 年的“双不”村（不通电、不通公路）的 55.5%和

78.4%，贫困乡村人均纯收入500元以上，比1986年翻一番多。

1996年，交通、电力、水利、农业等部门投入493万元，帮助101个贫困村修公路，投资4163万元支持153个村架设电力线路，修筑堤坝147千米，渠道175千米，新增灌溉面积4067公顷，完成2800公顷冷浸田改造，开发耕地1653公顷，新建学校12所，改造192所学校危房。1996年，全市15个贫困乡镇集体经济总收入8.24亿元，比1986年增长5.65倍，乡村集体企业发展到256家，其中乡办100家，村办156家，乡镇企业总产值3.54亿元，全市贫困乡镇财政收入3285万元，比1986年增长5倍。贫困人口由1986年的47.6万人减少到8.7万人。贫困乡镇人均纯收入897元，比1986年增加636元，增长2.44倍，如宁乡县祖塔乡龚坪村1996年人均纯收入达到2100元。到1996年年末，全市还有8.7万贫困人口未解决温饱问题，40个村不通公路，16个村不通电，18个村无学校，69个村学校有危房，100个村无医疗卫生室，82个村饮水困难。1997年，长沙市扶贫工作采取扶到村、扶到户，与市委组织部的村党支部建设工作相结合等一系列措施。全市有39名市级领导和129名部门领导联村，705名机关干部驻村，210个市属机关事业单位和企业共投入资金1092.6万元，帮扶市定特困村56个。市财政扶贫资金1997年增加到350万元，比上年增加200万元，另外市农委还争取100万元的防洪保安资金给贫困村修水利，浏阳市财政配套100万元，宁乡县财政配套50万元。市教委拨款120万元到贫困村建校及维修，市交通局拨款86万元给贫困村修路，市卫生局拨款6万元给100个贫困村添置医疗器械。全市共投入2000万元用于贫困村的脱贫项目。56个贫困村的村、支两委成员普遍培训一次。

1998年，长沙市扶贫开发工作坚持走城乡一体“造血”扶贫的道路。继续改善基础设施，修复和新建渠道523千米、水利设施1285处，新造水田60.33公顷，中低产田改造108.47公顷，修筑饮水工程14处，解决6800人的饮水困难。共帮助66个村修公路，16个村通电，19个村通电话。开发庭院经济3480公顷，油茶低产改造80公顷，发展各类养殖户4660户，种植专业户181户，调整村级领导班子53家。同时因灾返贫严重，全市11.5万人。1999年，全市45位市级领导联系扶贫点，帮助解决困难，支援资金1040万元。4县（市）领导下村指导工作，解决扶贫资金919万元。市直各对口帮扶单位共支援贫困村资金和物资共计576.1万元，办实事2800件，100名机关干部住在贫困村帮助工作。全市共帮扶贫困村资金2535.1万元，同时帮贫困村引进项目资金1087万元。新建人畜饮水工程44处，新修和维修公路1691千米，新架和改建电力线路2421千米，新建、维修学校2005平方米和医务室32所550平方米，新修和维修水利设施2492处，新增灌溉面积514公顷，改造低产田649公顷，开发庭院经济1771公顷，有1.2万名贫困人口基本解决温饱问题。浏阳市和宁乡县有9个乡、36个村实施开发性移民扶贫工程，共移民536户2306人。

2000年，长沙市共有省定特困村30个，市定党建整顿扶贫村19个，上级分配给长沙市对口支援外地外省单位6个。长沙市仍然采用市级领导带领市直各部门联点帮扶，并派出机关干部长驻联系村的办法帮扶特困村和困难群众，全市共有4.5万人脱贫，贫困户发生率降为2.3%。2002年省定重点扶贫村80个，市定重点扶贫村12个，全年有2.5万人脱贫。2003年，全市人均纯收入在1000元以下的贫困村有291个，占全市总村数的10%，其中：浏阳市106个，宁乡县90个，长沙县50个，望城县15个；年人均纯收入在825元以下、未完全解决温饱问题的绝对贫困人口有12.49万人，占全市农业人口的3%；年人均纯收入在825~1000元的低收入相对贫困人口有17.78万人，占全市农业人口的4.6%；有1320个村无集体经营收益，28个村未通正式公路，15个村不通电话，52个村收看不到电视节目，1.94万人饮水有困难。这些贫困人口主要集中在三大贫困带内：即罗霄山脉与连云山脉地区，主要是浏阳市北部、东部5个乡镇42个村及相邻的长沙县5个村；雪峰山脉贫困带，主要是宁乡县西部山区与安化县毗邻的6个乡镇53个村；湘江流域洪涝灾害区，主要是流沙河、浏阳河、捞刀河沿线，十年九涝，且人均耕地不足0.5亩。针对这种情况，长沙市加大扶贫攻坚力度，争取上级和社会各界的支持，加大扶贫开发的投入，从农业切块资金中安装300万元用于扶贫，市级领导联点及现场办公解决资金988万元，区县（市）领导联点及后盾单位支持1206万元，发动市级机关干部下基层帮困捐款120万元，争取省财政扶持资金343万元，争取中央和省信贷资金2000余万元，全市2003年共投入5000万元扶贫资金。引导农民调整产业结构，增加贫困地区农民收入，全市203个省、市、县（市）扶贫开发重点村，以及低收入村共调减水稻种植面积3471公顷，占稻田面积的35%，种植蔬菜2497公顷，中药材238公顷，小水果226公顷，优质茶271公顷，花卉苗木99公顷，稻田改鱼池140公顷，同时，发展科技种养大户94户，人均增收500~700元。继续抓基础设施建设，改善贫困乡村农民的生产生活条件，当年全市投入基础设施建设资金985万元，农民义务投工4.5万个，新修乡村公路237千米，硬化水泥路面189千米，新修水渠405千米，整修塘坝428处，低产田改造2350公顷，新增灌溉面积422公顷，44个贫困村完成农网（电力线路）改造。启动移民扶贫工程，建设一批扶贫移民集镇，5年来，全市共有11个乡镇52个村208个村民组采取集中移民和分散移民相结合的方式，共移民2785人。

2004年，围绕改善贫困地区生产生活条件，帮助贫困农民增收脱贫这个总目标，整合资源，广开渠道，通过市财政800万元扶贫专项资金（其中500万元补贴贫困村干部工资，300万元项目资金）的引导性投入，争取上级扶持资金480万元，中央信贷扶贫资金3000万元，县、乡项目配套资金760万元，吸纳社会资金3900万元，促进贫困地区的建设和发展。继续加强贫困地区基础设施建设，组织义务劳动工日26万个，新修和改造公路961千米（其中水泥路200千米），改造水渠900千米，修复山塘、水坝800余处，架桥142座，修建涵洞180余处。发展支柱产业，在贫困地区扶持一批带动能力较强的龙头企业，如宁乡沩山茶叶，新开茶园40公顷，湘丰金薯食品有限公司，在长沙县5个贫困村开辟特种红薯和马铃薯基地13.3公顷，帮助浏阳大围山成立食用菌培育有限公司。当年，共扶持种、养、加大小项目共274个，受益农户9260余户，贫困地区新开茶园200余公顷，开发中药材93公顷，种无公害蔬菜1万余公顷，发展烤烟种植1333公顷，楠竹林低产改造253公顷。开发贫困山区的旅游资源，宁乡县西部沩山、祖塔融资3140万元，修通24千米的旅游扶贫公路，开发探险、名人故居参观等旅游项目，浏阳高坪乡一带利用浏阳河自然风光新建一批农家乐。争取信贷扶贫项目，2004年将浏阳东信烟花、银峰茶业、湘晖农业技术开发公司等9家涉农或劳动密集型企业定为当年中央信贷扶贫项目，获得3000万元贷款。组织劳务输出增加贫困农民收入，建立劳动力资源库，并在长沙劳动就业信息网和长沙农业信息港建立劳动力资源网页；开拓劳务市场，扶贫办、劳动局、教育局、农科教办等部门协同运作，先后派出12个工作组，联络各类企业279家，输送1.3万余贫困乡村的劳动力就业。加强培训，全市共组织贫困农民就业技能培训36期，培训1.8万余人，实用技术培训76期，培训1.3万余人次。开展济困助贫，市里安排500万元，各县（市）1:1配套给4600余名村干部发工资；市里给50户无房或危房户每户补助2000元用于建房。2005年，除继续做好西藏贡嘎、湖北古夫、怀化沅陵、湘西州芦溪县蒲市镇的对口帮扶外，还将对湘西龙山县的扶持资金在上年基础上增加500万元，支持龙山到湖北来凤段的道路建设。芙蓉区、天心区、岳麓区、开福区和雨花区在浏阳、宁乡对口扶持5个贫困村，2年内确保脱贫。

2007年，以107个重点村的扶持为主要对象，继续加大资金投入，改善基础设施条件，市财政投入扶贫专项资金1900万元（困难村干部补贴1500万元，扶贫项目资金400万元），争取上级财政扶贫资金725万元，对口帮扶7000万元，中央信贷扶贫资金1200万元。全年新修村组公路210千米，硬化公路240千米，完成农网改造线路400千米，整修塘坝500处，新修水渠170千米，改水改厕1200户，新建村部50个。加大培训力度，促进劳动力转移就业，除对107个重点村书记、村主任和村会计进行普遍培训一次外，帮助1500贫困家庭劳动力免费参加培训，浏阳和宁乡组织各类农民实用技术培训100余期，长沙和望城则对参训的贫困农民实行定额补助，全市共完成1万名贫困农民的务工技能和劳动力转移就业培训。2008年，省定贫困村157个，贫困人口4.77万人，其中绝对贫困人口0.87万人，低收入人口3.9万人。市财政继续投入1900万元扶贫资金，省财政投入720万元。同时，加强财政资金使用监管力度，对全市近年扶贫资金使用情况进行检查、评估，并对存在的问题督促进行整改。继续加强劳动力培训，2008年全球金融危机影响劳动力就业，农民工返乡较多，长沙市狠抓劳动技能培训，对贫困地区劳动力转移就业培训近万人，当年实现重新就业的有6000人。加强村支两委班子建设，以建设一支素质高、业务强的村支两委班子为重点，做好换届选举工作。加强扶贫监测工作力度，对贫困人口实行建档立卡，组织4县（市）扶贫工作专干进行培训，强调对贫困家庭资料实施建档立卡的重要性，各县（市）抽调专人对贫困乡村的贫困家庭逐户上门录取数据，全市4.77万贫困人口全部建立档案数据库。

2009年，国家上调扶贫标准，对2007年人均纯收入1067元以下的农村人口实施同样的扶贫政策，根据这一标准，全市有170个省级贫困村，14万贫困人口。据此，长沙市扶贫开发工作重新调整思路，在战略上实现两个转移：即由解决绝对贫困人口为主向解决低收入人口为主的转移，由解决农村贫困人口温饱问题向缩小社会成员之间收入差距为主转移。在扶贫方式上坚持“三个并重、三个为主”，即坚持整村推进与贫困家庭并重，以贫困家庭为主，坚持智力扶持与项目扶持并重，以项目为主，坚持基础设施建设与产业开发并重，以产业开发为主。在建档立卡的170个贫困村中实行整村推进扶贫，继续抓劳动力转移培训，让贫困家庭的劳动力走出去，尤其注意加大对中学毕业的青年进行技能培训。抓产业扶贫，重点扶持茶叶、药材、油茶、花卉苗木、竹木、蔬菜、食用菌、黑山羊、土花猪、水产十大产业，实施连片开发，逐步建立起农户稳定增收产业。2010年，在总结长沙市扶贫工作实际情况的基础上，制定《长沙市农村扶贫开发实施意见（2011—2020年）》。

2011年，长沙市扶贫工作主要从5个方面着力。制定全市93个（省级50个，市级43个）贫困村发展规划，按照区域发展带动扶贫开发，扶贫开发促进区域发展的新思路来制定发展规划，为率先在全省实现全面小康打好基础。扶贫管理精细化，按新定国家扶贫标准（人均纯收入2300元）摸清贫困对象底数，做到“户有卡、村有册、乡有簿、县录入”，按照低保保生存，扶贫促发展的要求，“低保一家一卡，扶贫一人一策”，做好扶贫开发与农村最低生活保障工作的有效衔接。推进特色优势产业开发，重点培育壮大茶叶、药材、楠竹、黑山羊、生猪、蔬果、蜂蜜和生态旅游等特色支柱产业。创新扶贫工作机制，进一步打造专项扶贫、行业扶贫，社会扶贫三位一体的大扶贫格局，组织协调职能部门、行业和社会力量在项目、资金上向贫困地区倾斜。进一步加强扶贫资金的监管。2012年，长沙市农村扶贫工作成效明显：贫困人口减少到4.7万人，贫困村减少到93个，贫困发生率为2.3%，低于全国3.6%的1.3个百分点，城、乡居民人均可支配收入比为2.08:1，低于全省的2.9:1和全国的3.1:1，贫困村的水、电、路和村部为主的基础设施建设逐步完善，贫困村都通水泥路，用上电，喝上安全水。支柱产业逐步形成，通过资金支持，引进新技术、新品种，成立专业合作组织，开展实用技术培训，种养项目取得新进展，金井茶、宁乡猪、望城鱼、大围山水果、浏阳黑山羊等产业逐步形成规模。通过农村最低生活保障制度和扶贫开发政策的有效对接，对贫困人口做到应保尽保，应养尽养。普遍建立村卫生室、消灭学校危房，普遍推行农村合作医疗和养老保险制度。

第二章　种植业

长沙地区山、丘、岗、平各类地貌齐全，域内河川交错，土地肥沃，气候温和，水热丰富，宜多种农作物生长，北部滨湖平原和湘江、浏阳河、捞刀河、靳江河、沩水河两岸河谷平原是商品粮油的集中产区，素称“鱼米之乡”。1988 年，长沙市耕地面积 24.84 万公顷，其中水田面积 22.29 万公顷，种植业总产值 8.91 亿元。是年，长沙、望城、浏阳、宁乡 4 县均为全国商品粮和商品猪基地县，当年全市粮食产量、茶叶产量、水果产量分居全省第三位、第五位、第七位。

1990 年，长沙调整作物结构，提高复种指数。是年，二系杂交稻在长沙示范种植成功，高档优质稻在长沙县春华山进入大面积种植；1992 年，农业经济以市场为导向，经济作物种植面积不断扩大；1993 年，种植优质稻面积 14.98 万公顷，总产 100.24 万吨，面积、产量均比上年增长 1 倍以上。

1995 年，粮经结构、品种结构、产品结构、产业结构大幅度调整，调减粮食面积，发展高效益作物，订单农业逐渐起步。1996 年，长沙县初步形成以名优茶、食用菌为主的生产基地；望城县形成以湘莲为主的生产基地；宁乡县形成以水果、西瓜为主的生产基地；郊区形成以蔬菜、花卉、葡萄为主的生产基地。宁乡县朱良桥乡早熟、特早熟温州蜜橘，长沙县福临镇食用菌，浏阳市柏加乡及长沙县跳马乡的花卉苗木都取得良好经济效益。1997 年，塑料软盘抛秧迅速推广，农民面朝泥水背朝天插秧彻底成为历史；是年，长沙县、天心区、雨花区、开福区、望城县、宁乡县实现成建制过吨粮，建立优质稻基地开发乡镇 38 个，涌现出“秀龙”“盛湘”“科龙”“一季青”等优质大米品牌，长沙“秀龙”牌优质米获国家绿色食品认证，成为全国双季稻区第一个获得绿色认证的大米品牌。1999 年，粮食和经作产品商品率分别为 50%、90%，优质大米品牌“秀龙”在首届省农产品博览会上获金、银奖 13 项。

2000 年，全市水稻优质率 58%，经济作物优质率 48%，农产品基地开发面积 12 万公顷，订单农业面积 9.33 万公顷。2001 年，长沙市荣获第二届“袁隆平农业科技奖”，粮经作物面积比例调整到 3.5:1。2002 年，经济作物播种面积 193 万亩，比 2001 年增加 16%，主要农产品优质率 56%，其中水稻优质率 68%，经济作物优质率 54%，是年，建立放心菜示范基地 40 个，并开始试行市场准入制。2003 年，首次开展农产品产地质量环境评价、认定和农产品质量认证工作，产地认定面积 3 万公顷。

2005 年，长沙提前一年全面取消农业税，落实水稻最低收购价政策；全面启动农业标准化工作，在长沙县青山铺、宁乡县回龙铺和望城县格塘等地分别进行葡萄、水稻标准化生产示范。是年，长沙市发布《关于鼓励发展农产品加工业的意见》，重点支持优势农产品和加工龙头企业，并对首次投资在 2000 万元以上的农产品加工项目实施全额贷款贴息；2006 年，长沙种植业产值突破 100 亿元，农业标准化示范区面积超 2 万公顷，培育优质粮、放心菜、品牌茶、中药材、小水果、优质烤烟等六大优势产业。2007 年，水稻、茶叶百里走廊建设初具规模，水稻种植保险得到落实。2009 年，长沙市发布《关于加强农业标准化生产基地创建的意见》，分类制定标准化生产基地质量标准和技术规程，对考核验收的基地按验收等次给予奖金扶持；2010 年，启动农业标准化生产基地创建活动。是年，全市创建标准化生产示范面积0.55万公顷。浏阳大围山、长沙县青山铺、望城真人桥、宁乡枫木桥等地以桃、李、梨、葡萄、提子、西（甜）瓜为特色的优势区域布局基本形成，湘丰毛尖、金井毛尖、沩山毛尖等茶叶畅销海内外。

2012年，长沙农业总产值230.31亿元，占农林牧渔业总产值54.86%，高档优质稻面积6.67万公顷，标准化生产示范面积2.54万公顷，已有绿色食品114个，无公害农产品203个，有机产品104个，农产品地理标志1个；规模以上加工企业455家，国家级龙头企业7家，年销售额过50亿元企业1家，过20亿元企业3家，过5亿元企业15家。

第一节　机　构

一、市级机构

1988年，长沙市农业局内设办公室、组宣科、粮油科、经作科、计财科、能源办、科教科，行政编37人，实有干部51人，工人3人。1995年5月，长沙市机构改革，农业局设办公室、粮油作物科、经济作物科、计划财务科、科技教育科、政策体改法规科、纪委（监察室）、组织宣传科、机关党总支7个职能科室（纪委、组织宣传科、机关党总支合署办公）。局机关编制34名，行政编制30名。2001年8月，撤销原市蔬菜局、市农机管理局，并入市农业局。农业局内设科室更名为处室，计划财务科更名为发展计划处，政策体改法规科更名为政策法规处，增设农机管理处、蔬菜生产管理办公室、人事处。2002年市农业局机关编制53名，行政编制45名。

2005年，撤销原乡镇企业局，并入市农业局，加挂市乡镇企业局的牌子。增设蔬菜流通管理处、企业规划统计处、农业产业化指导处、农村第三产业指导处、机关总支、监察室、离退休人员管理办公室。局机关行政编制64名，离退休人员管理服务编制3名，属于行政编；机关后勤服务人员事业编制9名。2011年7月，市农业局设办公室、发展计划处、政策法规处、科技教育处（长沙市农业转基因生物安全管理办公室）、市场信息处、粮油作物处、经济作物处、蔬菜处、农产品质量安全监管处、农机管理处（长沙市农机管理局）、农业统计处、休闲农业管理处、农产品加工处（长沙市农产品加工局）、人事处、机关党总支、监察室、离退休人员管理服务办公室17个职能处室。机关编制83名，有机关行政编制74名（含离退休管理服务行政编制3名）。2012年市农业局机构未变。

1988年，长沙市农业局有市土壤肥料工作站、市植保植检工作站、市种子公司（市种子管理站）等3个下设单位。1990年，成立市农机安全监理所。1991年，成立市优质农产品开发服务中心。1997年，市种子管理站与种子公司分设，2006年撤销种子公司事业单位序列，原事业编制收回。1999年，市植保植检站加挂市农药监督管理站牌子，市土壤肥料工作站加挂市农业环境监测管理站牌子。2001年机构改革，市蔬菜科学研究所、市蔬菜技术推广站、市农场管理站、市农机安全监理所、市农业机械研究所划归市农业局管辖，2006年市蔬菜科学研究所加挂市农业科学研究所牌子；2004年，成立市农产品质量监测中心，市乡镇企业职工培训中心划归市农业局管辖，2009年加挂市农业技术培训中心的牌子。2012年，市农业局有市蔬菜技术推广站、市农机安全监理所、市种子管理站、市土壤肥料工作站、市植保植检工作站、市农场管理站、市农产品质量检测中心、市蔬菜科学研究所、市农业机械研究所、市优质农产品开发服务中心、市乡镇企业职工培训中心11个下设单位。

1988—2012年，先后担任长沙市农业局主要领导职务的有：王建尧、刘元良、黄佳惠、何晴之、李增加、吴石平。其他领导班子成员有：邹日新、张新亮、梁海泉、彭新国、钟建辉（女）、王昌奇、陈祖生、戴渐红、陈水平、张社发、肖志高、罗太平、曾鸣、周浩、陈锦、刘军、周艳芳(女)。

二、区县（市）级机构

1988年长沙市所辖长沙县、望城县、浏阳县、宁乡县和长沙市郊区均设有农业局。1993年，浏阳撤县设市更名为浏阳市农业局，1996年长沙市区进行区治调整，撤销东区、南区、西区、北区和郊区，成立芙蓉、天心、开福、岳麓、雨花5个区，均设有农林水利局。2011年望城县改区后，更名为望城区农业局。2012年，长沙市6区3县（市）各设农业局及农林水利局。

三、基层机构

1988年，全市各乡镇都建立农技站（农科站），人员从本乡镇的村、组干部或种田能手中选调。1989年，长沙市计委、农业局、劳动局、财政局、粮食局联合发文规定：将乡镇农技员纳入城镇集体劳动计划管理和供应“议转平”口粮。当时全市230个乡镇均建立农技站（农科站），有集体农技人员505人，其中农艺师147人，助理农艺师145人，技术员103人。3002个村都配备专职或兼职的农技员。1993年，长沙市已建有人员、有房屋、有活动、有基地、有稳定经费来源的“五有”乡镇农技站118个，占54%。1994年，解决全市227个乡镇农技站231名农技员“农转非”指标，招收为全民制合同工人。2010年，全市109个乡镇农技站实有农技推广人员780人，其中全额拨款人数490人，差额拨款210人，自收自支80人。从2011年开始，各县（市）先后成立乡镇农技推广服务体系改革领导小组，着手对农业服务体系进行改革、整合和优化，破解历史遗留难题。按乡镇建制成立乡镇农业综合服务中心（站），并加挂农产品质量监管服务站牌子，为农业生产提供综合技术服务。长沙县将农技、农机、畜牧三站合并成立乡镇农业综合服务中心，全县核定155名事业编制，按照全额拨款事业单位模式管理；望城区将农技、农机、林业和水产4站合并成立乡镇农业综合服务中心，核定全区180人的事业编制，实行全额财政拨款；浏阳市将农技、农机、林业、水管站合并成立农业综合服务中心，核定全市编制362人，实行全额财政拨款；宁乡县将农技、农机、畜牧、林业四站合并，成立农业综合服务中心，核定编制325名，实行全额财政拨款。至此，全市101个乡镇建立农业综合服务中心，配备1022名全额财政拨款的专业技术人员。

第二节 耕　地

一、耕地面积

1988年，全市耕地面积24.84万公顷，其中水田面积22.29万公顷，旱地面积2.55万公顷，人均耕地面积0.94亩。随着城市化进程加快，耕地资源总量持续减退。1992年到1994年，年平均减少耕地0.08万公顷，之后耕地面积总量呈缓慢减少态势，人均耕地面积0.9亩。1994年，国务院颁布《基本农田保护条例》后，长沙市开始编制《基本农田保护区规划（1995—2010年）》。

1995年，《湖南省基本农田保护条例》开始施行，长沙市各区县（市）均成立基本农田保护管理办公室。长沙市编制完成基本农田保护区规划，初步划定基本农田保护区，规划到2010年基本农田保护面积为24.5万公顷，一级农田保护面积21万公顷，二、三级农田保护面3.5万公顷，并严格规定基本农田征用审批制度。是年，全市审批34块非农业建设用地278公顷，其中耕地81.97公顷，并利用各种项目进行耕地整理、改造。1996年，出台《长沙市实施湖南省基本农田保护条例办法》，规定至2010年，本市一、二级基本农田保护面积不少于24.5万公顷，并严格控制对基本农田的征用。严格基本农田征用审批制度。对于划定的永久基本农田，任何单位和个人不得随意调整或占用。在审批非农业建设用地时，对申请征用一、二级保护区内的耕地进行非农业建设的，原则上一律不批，对三级基本农田严格控制征用。严格审批手续，由国土、农业、规划部门共同参与选址、定点，国土、农业部门共同核实征用面积，农业部门进行质量等级鉴定，签署具体意见。1999年，长沙人均耕地面积0.87亩。

图 21-2-2-1 望城县大众垸万亩良田

(摄于2011年，长沙市农委供图)

随着土地整理、复垦等工作的实施，2004年起耕地总量呈恢复性上升。是年，长沙市耕地面积24.68万公顷。2007年，人均耕地面积突破1亩。2008年，根据国土普查结果调整，长沙市耕地面积为28.04万公顷。2012年，全市耕地面积27.42万公顷，水田面积24.14万公顷，旱地面积3.27万公顷。

表 21-2-2-1　　1988—2012年长沙市耕地面积变化情况一览表

年份	耕地面积			人均耕地面积（亩/人）
	水田（万公顷）	旱土（万公顷）	合计（万公顷）	
1988	22.29	2.55	24.84	0.94
1989	22.27	2.55	24.82	0.92
1990	22.25	2.54	24.79	0.91
1991	22.26	2.55	24.81	0.91
1992	22.00	2.79	24.79	0.9
1993	21.94	2.75	24.69	0.9
1994	21.84	2.76	24.6	0.9
1995	21.82	2.76	24.58	0.89
1996	21.72	2.75	24.47	0.89
1997	21.67	2.74	24.41	0.88
1998	21.57	2.73	24.30	0.88
1999	21.53	2.69	24.21	0.87
2000	21.53	2.71	24.23	0.87
2001	21.55	2.71	24.25	0.87
2002	21.47	2.53	24.00	0.87

续表 21-2-2-1

年 份	耕地面积			人均耕地面积（亩/人）
	水 田（万公顷）	旱 土（万公顷）	合 计（万公顷）	
2003	21.52	2.19	23.71	0.86
2004	22.43	2.25	24.68	0.89
2005	22.04	2.65	24.69	0.88
2006	20.22	3.80	24.37	0.88
2007	22.62	3.60	36.22	1.01
2008	24.77	3.27	28.04	1.05
2009	24.56	3.25	27.81	1.05
2010	24.44	3.24	27.68	1.05
2011	24.33	3.23	27.97	1.04
2012	24.14	3.27	27.42	1.04

二、耕地质量

1988 年，全市中低产田面积 18.13 万公顷，占稻田总面积的 73.7%，低产田主要以渍潜稻田型和瘠薄培肥型为主，改良低产田以工程措施为主，结合生物、农艺措施进行，对渍潜稻田，工程措施主要是以开明沟或修暗沟排水，降低地下水位，或根据地形，在山区开撇洪沟，对质地改良型田土，重粘则掺砂改土，对重沙则掺土改泥，以调整土壤泥沙比例；是年，望城县在国家发展粮食生产专项资金项目县建设中，先后在乌山、黄金、桥驿、丁字、大湖、坪塘、靖港、新康、格塘、高塘岭 10 个乡镇，共投入 294.68 万元，改造中低产田 1784.67 公顷。宁乡县设立土壤定位自然监测点，对土壤中的重金属和灌溉水中的凯氏氮、盐、pH 值和农产品中的硝酸盐、亚硝酸盐、甲胺磷含量进行定点、定期、定位作物检测。在省农业厅支持下，当年在桃林桥乡万星，界碑等村进行排灌分家，开明沟或修暗沟排除地下水，随后回龙铺、双江口、花明楼、历经铺等乡镇陆续进行大规模改造。1989 年，长沙县、望城县、浏阳县、宁乡县四县土肥站结合中低产田改造，积极推广起垄栽培，该法使大量冷浸水排出田外，提高水温和泥温，根据对长沙、浏阳两县 17.33 公顷早稻示范丘的调查，每亩潜育性稻田实施水稻起垄栽培平均产粮 446.7 千克，比未起垄栽培的邻近同类型丘块每亩平均产粮增加 88.5 千克，增加 24.7%。此后定位监测点不断增多，基本农田长期定位监测区域不断扩大。全市其他乡镇陆续开展规模不等的中、低产田改造。按改造丘块前三年与改造后三年平均产量对比，后者亩平均增产 83.2 千克。

1991 年，随种植结构调整，“瓜—稻”轮作、“稻—蔬菜”或水旱轮作等套作间作种植模式占比提升。是年，宁乡县双江口镇万胜村余再良长期实行套作，亩产稻谷高于邻近稻田 42 千克，每亩还有养鱼收入 358 元，且稻田免耕，生产成本降低。1995 年，《湖南省基本农田保护条例》施行后，长沙、望城、浏阳、宁乡等地均利用农业综合开发、国土整理等项目进行低产农田改造，望城县被定为国家农业综合开发项目县并开发黄金项目区乌山片和同福片，是年投资 1042.88 万元整治山塘、水库护砌、排灌渠系，改造中低产田1433公顷。1996年，长沙县黄花镇率先开展节水栽培技术试验。1998年，长沙县、望城县、浏阳县、宁乡县完成基本农田分等定级评价工作。2000年，稻田节水灌溉、高效节水灌溉等节水农业技术得到充分推广。2002年，农业部在宁乡进行“耕地地力调查与质量评价”，据调查统计数，与第二次全国土壤普查数相比，耕地平均养分含量总体上升，水田中有机质增加11.39克/千克，全氮增加0.83克/千克，有效磷增加12.8毫克/千克，旱土中有机质增加7.95克/千克，有效磷增加28.37毫克/千克，速效钾增加23.7毫克/千克。

2005年，测土配方施肥、秸秆还田等种植配套技术推广面积持续扩大，2008年，宁乡县回龙铺、双江口两地建成0.27万公顷高标准良田，2009年起，连续两年分别在朱良桥、东湖塘、流沙河、老粮仓等地建成0.33万公顷高标准良田。2011年，启动百万亩高标准农田建设项目，是年，长望浏宁4县开始连续两年各自启动100亩污染土壤生态修复试点，通过农田整治、高标准农田建设改良低产田2.84万公顷；长望浏宁四县均各自出台耕地质量管理办法，重新设立基本农田保护标牌504块，并建立保护标牌档案。2012年，有35个乡镇、447个行政村主要作物实现测土配方施肥技术全覆盖，主要作物上全面推广应用配方肥，测土配方施肥面积532.95万亩次，秸秆还田面积673万亩次，农膜回收率80%以上。建立国家级长期土壤定位监测点2个，大田自然监测点37个，土壤墒情监测站2座。节水栽培推广面积421.5万亩次，有效灌溉面积17.28万公顷，节水灌溉面积10.48万公顷，灌溉率43.8%。2012年，中低产田面积13.5万公顷，占稻田面积49.24%。

第三节　结构调整

1988年，粮食生产占种植业主导地位，水稻占粮食总产比重在90%以上，结构不合理，早籼稻品质不优，普遍积压，还要从北方调进大量玉米做饲料，曾连续数年出现粮食过剩和“卖粮难”。加工业、养殖业等作为副业不发达，经济作物较大宗是茶叶、柑橘、烤烟、油菜、中药材，面积少且生产量小。该年大部分农产品取消统派统购政策，实行市场调节，对粮棉油等大宗农产品实行合同定购与市场调节的“双轨制”，农民开始以市场为导向自发调整作物种植，养殖业、加工业及柑橘、油菜、烤烟等经济效益好的作物种植面积逐渐增加。

1992年，国内农产品市场彻底放开，农产品结构性过剩，由买方市场进入卖方市场，价格一路走低，种植业结构整体稳定，无论是专业大户还是分散经营农户对结构调整更加理性，农业结构格局没有大的改变。粮食种植水平提高，但种植面积继续小幅度下降，农业结构层次仍然停留在“种粮为吃饭、养猪为过年”的层次。1993年，“农家乐”在郊区出现，并呈迅速扩张趋势。1994年，粮食结构进一步优化，中高档优质稻面积19.33万公顷，比上年扩大6.37万公顷，生姜、西瓜、烤烟、湘莲等作物由于市场需求下降，调减生产面积，而时鲜水果、名优茶、食用菌等市场走俏，种植面积持续增加。1995年，经济作物生产稳步发展，全市水果面积发展到1.77万公顷，基本恢复到冻害（1991年）前水平。1996年起，市内调整早稻种植面积，三年内调整早稻为稻田春玉米1.23万公顷，将优质稻作为推动早稻结构调优的重点，并进行早稻工业原料粮和饲料稻的开发性试验示范。是年望城县被农业部确定为“三元结构”（粮食作物、经济作物、饲料作物）种植试点县，是南方第一个“三元结构”种植试点县，国家投入试点项目资金450万元。当年确定乌山镇、茶亭镇、新康乡分别代表丘岗区、低山区、平湖区3种类型区域作为种植试点基地，种植饲料玉米2240公顷，饲料稻440公顷，麦、豆类饲料作物1266.67公顷，扩种高效经济作物760公顷。1999年，调减早稻播种面积1.33万公顷，发展稻田春玉米1.27万公顷；是年，黄花镇联盟村利用山地旱土种植玉米间作南瓜，玉米鲜棒上市收入8200元，南瓜上市收入2100元，平均亩收入2452元，后玉米—红薯、玉米—辣椒、玉米—西瓜等间作套种发展。名优茶叶、烤烟、花卉苗木等适销品发展迅速，生产面积共新扩0.21万公顷，而温州蜜柑、低档茶叶等需求减少或效益低的产品面积缩减，经济作物良种程度为50%。是年，全市花卉苗木生产面积增至2200公顷，亩均花卉苗木产值5796元，浏阳市柏加、长沙县跳马等传统花卉苗木乡镇得到巩固发展，宁乡县大成桥、浏阳市古港、镇头等新兴花卉苗木乡镇迅速崛起。

2001年，新增经济林果、花卉苗木等多种经营面积1.53万公顷，旱杂粮产业开发取得明显进展，银莲、格维特食品有限公司在黄花、安沙、星城、历经铺等地建立优质甜糯玉米基地667公顷，达浒、黄兴、干杉等乡镇建立优质脱毒马铃薯基地5000公顷，沙市、中和、星城等乡镇建立优质两系糯高粱基地2000公顷，黄金、乌山等乡镇建立优质蚕豌豆基地2000公顷，黄材、煤炭坝等乡镇建立高淀粉红薯基地3330公顷，华英实业、派派乳业、亚华乳业在黄花、沙市、花明楼、星城等30个乡镇共建立高蛋白饲料玉米基地1.33万公顷；是年，经济作物播种面积扩大到11.07万公顷，粮食作物与经济作物种植面积比例由2000年的4.2:1调整到3.5:1。

2004年，基本形成优质稻米、花卉苗木、特种水产、设施蔬菜、特色畜禽、经济林果六大主导产业；2005年，长沙粮食作物与经济作物种植比例调整到2.8:1。2006年，受政策措施刺激和市场价格走高双重拉动，经济作物生产实现持续增收，茶叶、果树、西（甜）瓜、中药材、烤烟等形成相对稳定的生产规模。长沙县以茶叶百里长廊建设为契机，全面提升产业效益，浏阳市利用高山气候条件，以大围山、古港、高坪、沿溪等14个乡镇为重点，打造百里绿色水果走廊，内五区主动适应城市消费需求，小水果生产如岳麓区的葡萄、雨花区的草莓、天心区的礼品西瓜都成为各具优势的特色产业。2010年，休闲农业快速发展，连续七年保持接待游客及营业收入双增长，有休闲农庄1650家，年接待游客1380万人次，实现营业收入22.75亿元。2012年，优质稻播种面积占比77%，高档优质稻面积超100万亩，全面实现优质化生产。经济作物播种面积9.98万公顷，粮经作物比例为61.26:38.74，优质产品率和良种覆盖率分别达到47%、65%以上，是年全市农民人均纯收入中，经济作物贡献超过35%。休闲农业接待游客2410万人次，实现经营收入22.75亿元。

第四节　水　稻

一、面积产量

1988年，长沙粮食生产“稳面积、攻单产、增总产、上优质”，积极开发“吨粮田”，加速商品粮基地建设，坚持良种、良田、良法、良制的栽培措施得到进一步落实。是年，水稻播种面积40.28万公顷，总产24.52亿千克，“吨粮田”示范面积扩大到6.27万公顷，其中有2.42万公顷亩产过吨，长沙县春华山乡吨粮田基点获得省人民政府颁发的“丰收杯”奖第一名。1989年，“吨粮田”建设中，市、县、区、乡各级领导分片包干、层层办点，并将办点纳入目标管理，全市合计办点311处，基点的单产都比邻近水平高，是年全市参与“吨粮田”建设面积5万公顷，平均亩产1015千克，超过非“吨粮田”区102千克，年内新增总产5497万千克，占全市年增粮食总产的5.88万吨的61.9%，全市12个示范乡镇全部增产。粮食总产25.92亿千克，平均亩产411千克，创历史最好水平。

1990年起，粮价不稳定，农业结构调整，水稻面积有起伏，因普及杂交稻、“双两大”、旱育秧、软盘抛秧等栽培技术及品种更新，单产水平提高，总产依旧稳定。1992年，早稻面积调减。长沙县在长平公路的7个村民小组办点，连片进行稻田高产示范，夏收早稻平均亩产521.15千克，秋收晚稻平均亩产598.62千克。1994年，水稻面积34.65万公顷，为1988年来播种面积最低，但总产仍旧稳定在241.28万吨。1995年，实施“湘米优化”，抓良种繁育，积极推进优质稻系列化、产业化经营。1996年，长沙、望城、浏阳、宁乡4县（市）均成立吨粮田建设领导小组，长沙县实现双季稻田成建制过吨粮，亩产1018千克。亩产过吨粮面积突破百万亩，市内亩产吨粮乡镇已达62个；由于早稻耐旱旱育秧及软盘抛秧技术推广及品种更新，全市平均单产提高至454.4千克，比1995年增加12.25%。1997年，粮食总产29.27亿千克，水稻总产27.57亿千克，平均单产485.9千克，均创历史最高纪录。是年，宁乡县、望城县、天心区、雨花区、开福区等6区县均实现双季稻田成建制亩产过吨目标，成为亩产吨粮县。

图21-2-4-1　长沙县春华镇万亩优质稻基地

（摄于2007年，长沙市农委供图）

1998年，早籼稻价格下跌，粮食比较效益持续下降，水稻播种面积下滑，稻作结构变化明显，一季稻面积迅速增加，而优质稻的比例持续增加。1999年，各地大力调减早稻面积，是年1月，浏阳市成为亩产吨粮县。2002年，水稻种植面积下降到29.97万公顷，翌年水稻播面28.97万公顷，早稻面积11.44万公顷，均为1988年后播种面积新低，一季稻面积增加到3.45万公顷，创历史新高。

2005年，国家免除农业税，并对种粮农民实行直接福利性补贴，水稻面积逐渐开始恢复性回升，单产增加，价格上调，当年水稻平均每季、每亩增收210元左右，此后粮食总产实现连续十年恢复性增长，长沙县果园、路口、春华，望城区格塘、新康、靖港，浏阳永安，宁乡双江口、回龙铺等地连续多年推进成建制的双季稻万亩以上高产创建示范片。2011年，长沙县列入全国50个整县整建制高产创建试点县之一，浏阳市永安镇、宁乡县回龙铺镇被列入全国500个整镇（乡）推进高产创建试点乡镇。2012年，水稻播种面积33.76万公顷，总产23.04亿千克。

表 21-2-4-1 1988—2012 长沙市水稻种植面积及产量统计一览表

年份	种植面积（万公顷）				总产（万公顷）				单产（千克）			
	早稻	中稻	晚稻	合计	早稻	中稻	晚稻	合计	早稻	中稻	晚稻	合计
1988	18.88	0.46	20.94	40.28	110733.2	2301.8	132236	245271	391	335	421	406
1989	18.98	0.45	21.07	40.50	111578.88	2437.2	135897	249913.08	392	360	430	411
1990	18.97	0.44	21.09	40.50	110132.46	2482.45	141707	254321.91	387	377	448	418.7
1991	18.98	0.44	20.96	40.37	112753	2574.3	143435	258762.3	396	394	456	427
1992	18.35	0.43	20.64	39.42	97983.2	2733.8	143373.5	244090.5	356	421	463	412.8
1993	17.09	0.59	19.56	37.24	84128.8	3803.1	146976.5	234908.6	328	432	500.9	420.5
1994	17.84	0.67	20.15	34.65	101565.3	4250	135467.8	241283.1	379.5	425	448.15	416.1
1995	17.82	0.56	19.92	38.29	87077.9	3838.65	141595.6	232513.5	325.8	457.8	473.9	404.8
1996	17.5	0.91	19.69	38.10	101124	4114.3	154485	259723.2	385.2	302	522.9	454.4
1997	17.34	0.85	19.63	37.82	115238.9	5502.6	154955.3	275696.8	443.1	431.06	526.1	485.9
1998	17.24	0.71	19.25	37.20	88729.7	4755.6	150821.2	244306.5	343.2	447.8	522.24	437.9
1999	16.40	0.88	19.02	36.30	98533.9	5753.8	146068	250355.7	400.6	436.87	511.93	459.8
2000	15.72	0.99	18.56	35.27	99580.3	7619	133390.6	249923.6	422.46	509.46	479.08	447.2
2001	14.43	1.89	17.24	33.56	88619.5	13814.4	127560.4	229994.3	409.26	488.33	493.33	449.9
2002	12.18	2.63	15.16	29.97	63643.5	19098.8	108151.9	190894.2	348.3	485	475.4	424.6
2003	11.44	3.45	14.08	28.97	67270.5	24843.4	101839.7	193953.6	392.07	480.47	482.07	446.33
2004	14.20	4.41	15.38	33.99	85369.4	32824.6	111860.9	230054.9	400.67	496.43	485.07	451.27
2005	15.16	3.98	15.29	34.43	93486.9	31564.8	113621.1	238673.1	411.09	529.39	495.31	462.16
2006	15.38	4.15	15.33	34.86	95949.1	33175.3	11555.94	244683.8	415.8	533.32	502.71	467.98
2007	15.05	4.13	14.79	33.97	94547.8	33495.5	111910.2	240529.4	419	541.21	504	472
2008	14.57	3.95	15.50	34.02	92151.1	31474.1	116871.8	243539.4	421.73	530.81	502.71	472.09
2009	15.03	3.51	16.12	34.66	91123.8	26948.1	117424.5	235496.4	404	512	486	453
2010	15.51	3.19	16.44	35.13	90905.1	24392.8	119671.4	234963.3	390.86	509.3	485.43	445.87
2011	14.93	2.83	15.95	33.72	89188.3	21841.6	117960.8	228991.8	398.25	513.8	492.98	452.78
2012	14.89	3.10	15.77	33.76	89270.6	24052.2	117057.8	230380.6	400	517	495	455

二、耕作制度

20 世纪 80 年代，在“吨粮田”开发中，大麦—玉米—杂交晚稻、马铃薯—双季杂交稻、大麦—双季杂交稻、玉米（秧田）—杂交晚稻等多种种植形式均有所发展，复种指数增加，综合配套技术亦得到运用。小麦、绿肥面积逐渐减少，冬闲田有一定增加。板田绿肥改冬季作物，如油菜、瓜果、蔬菜、大小麦、蚕豆等，轮作主要形式有豆—稻、早稻（中稻）—秋红薯，马铃薯—双季稻、玉米—稻、花生—稻等；1989 年，水田粮油三熟制面积 4.05 万公顷，两熟制 16.90 万公顷，一熟制 1.20 万公顷，旱土分厢套种 0.38 万公顷，复种指数 250%。90 年代，逐渐实施粮经结合、水旱轮作，突破传统的粮食一元结构，向粮食、经济、饲料三元结构转变。稻田种植形式趋于多样化，主要有稻—稻—肥、稻—稻—油菜、稻—稻—大麦、烟—稻、西瓜—稻、豆—秧—稻、豆—稻、稻—豆、花生—稻、玉米—稻、稻—玉米等，后因绿肥面积减少，油菜面积不稳定，中稻及一季稻面积有所增加，双季稻面积略有减少。

1997 年，中稻面积迅速扩大，双季稻面积连年减少。2000 年后，农村劳动力缺乏，稻田油菜绿肥面积有所减少，冬闲田增加，随着种植结构调整，根据现实条件和生产基础，开始探索推广持续高效农作物种植模式，如：烤烟—晚稻，蔬菜—双季稻，早稻（或中稻）—草莓，蚕川豆—双季稻（或中稻），双低油菜—双季稻，旱土双季果用玉米、春玉米—晚稻等。到 2012 年，市内稻田复种指数为 198%，双季稻占比 63%。

三、规模经营

1988 年，农村劳动力转移，农民种植水稻的目的转向自产自销保基本口粮，原有分散、小规模的家庭式水稻种植模式难适应农民快速增收的要求，此后稻田“双改单”和常年性、季节性抛荒面积扩大，2003 年，纯“一季稻”面积 4.67 万公顷。2004 年，国家取消农业税，实施福利性种粮补贴政策，部分种田能手、外出务工人员回乡，以适度流转规模形式种植水稻，经营者主要依靠较低（200~400 元/亩）的流转成本来获得超过外出务工的收入。粮食规模经营得以起步，2007 年，有一定规模的粮食生产合作社数量已达 20 余家，全市种植面积在 50 亩以上的种粮大户达 417 家，种植面积在 500 亩以上的种粮大户有 8 户，种粮大户承包种粮面积达 2600 公顷。2008 年，对水稻标准化基地、种粮大户、种粮合作社进行有选择的扶持，此后种粮大户数量迅速增加。合作化生产、托管、全程技术服务等经营模式也得到发展。2011 年，望城区率先将国家产粮大县奖励资金全部用于扶持新型粮食生产经营主体与乡镇抓粮食生产。

2011 年，全市种粮合作社 330 家，流转与合作经营面积 2.02 万公顷；2012 年，长沙水稻规模经营面积 19.87 万公顷，占水稻播种面积 57%，种植面积超 30 亩的种粮大户 1.02 万户，流转种植水田面积 4.43 万公顷。如望城区丁字街道周怀种植水稻 403.2 公顷；浏阳沙市许必敬自 2003 年流转 7.33 公顷开始，生产规模已发展到 78 公顷；新康乡袁虎共流转稻田 173.33 公顷，在一些农户长期外出打工的区域，很多农民将闲置的农田交由当地的种植能手无偿托管种植。2012 年，金丰公司在望城区乌山镇首度实施种植全程“六代一包”（代耕、代种、代插、代管、代收、代植保、包产）服务面积 70 公顷。全市托管种植的水稻面积 6867 公顷；种粮龙头企业办基地逐步扩大，湖南粮食集团、盛湘集团、卫红米业等公司建设原粮基地，全市粮食加工企业办基地 52 个，总面积 1.84 万公顷；水稻规模化经营面积 8.29 万公顷，农机专业服务组织 150 余家，机耕机收率达 97%；拥有病虫害专业化防治合作组织 37 家，该年服务稻田面积 7.83 万公顷。

四、推广品种

（一）早稻。1988 年，早稻品种栽培面积最大为浙辐 802，该品种株型、熟期适宜，丰产稳定，抗逆适宜性强，米饭吸胀性好，受群众欢迎，是年主推浙辐 762、怀早 4 号、原丰早、广陆矮四号、浙辐 852、二九丰等优良品种，一般比浙辐 802 每亩平均增产 40~70 千克，是年全市推广面积超 3.33 万公顷；1990 年起，表现抗病高产的湘早籼 3 号、7 号、13 号等品种也在生产上应用 3~5 年，其他主栽品种一般应用 1~3 年。1996 年，浙辐 802 彻底淘汰，是年主推湘早籼 13、V 优 1126、浙辐 7 号、浙 9248、浙早籼 24 等；1999 年重点开发优质早稻，以中优早 81、5 号、12 号、中鉴 100、湘早籼 31 号等优质品种为主。2004 年起，主推湘早籼 45 号、中嘉早 17、湘早籼 31 号、湘早籼 24 号、中早 39、陵两优 268、金优 402、金优 555、金优 974 等。2012 年，早稻品种主要有株两优 02、15、819、陆两优 28、996、T 优 705、湘早籼 24 号、31 号、45 号、金优 402、463、555、974、湘早 143、陵两优 268、211、996、17 等。

（二）中稻。1988 年，主推汕优桂 63、汕优桂 99、威优 6 号等；1996 年，主推两优培九、培两优 288、汕优 63、两优 501、金优 63、新香优 63 等；2004 年后，主推 Y 两优 1 号、Ⅱ优 58、Y 两优 7 号、C 两优 396、淮两优 527、金优 527、两优培九、湘华优 7 号、中浙优 1 号等。2012 年，中稻品种主要有 Y 两优 1 号、7 号、Ⅱ优 58、C 两优 796、淮两优 527、金优 527、两优培九、Y 两优 302、湘华优 7 号、中浙优 1 号、黄华占等。

（三）晚稻。1988 年，主推威优 64、威优 77、威优 6 号、汕优 64、汕优 77、金优桂 99、威优 46、金优 64、金优 77 等，威优 64 是杂交晚稻栽培种植面最大、时间最久的一个品种；1997 年起，主推湘晚籼 11 号、湘晚籼 9 号、湘晚籼 12 号、五优 308、金优 207、岳优 9113、T 优 207、T 优 272、金优 284 等；2005 年后，主推湘晚籼 13 号、天龙香 103、金优 284、丰源优 2297、新香优 315、丰源优 299、岳优 360 等。在中、晚稻中栽培时间较久、面积较大的代表品种有：威优 64、汕优 63、汕优 46、威优 46、汕优 58 等。2012 年，晚稻主要品种有丰源优 227、299、金优 207、湘晚籼 12 号、13 号、17 号、岳优 9113、T 优 100、207、259、272、597、金优 284、岳优 360 等。

（四）两系杂交稻。1990 年，长沙市成立二系法杂交稻攻关协作组，组织 4 县和郊区农技干部开展二系法杂交水稻的试验示范工作，省、市、县农业部门组成工作组在长沙县春华山乡办高效示范点，开展两系杂交稻种植示范。望城白箬农技站首次试种两系杂交稻（5 个组合）3.19 公顷，每公顷产粮 8062.50 千克，较常规稻增产 20%。浏阳县葛家乡、宁乡县龙凤山乡、望城县白箬乡、郊区洞井乡等地也扩大示范。1993 年，在前三年多组合筛选和重点集中示范的基础上，两系法杂交稻扩大示范点。布示范点 23 个，示范组合 4 个，总面积 700 公顷，平均亩产 521 千克，比三系法杂交稻亩增产 33.1 千克，示范面积最大的衡两优一号种植 630 公顷，平均亩产 520.26 千克，在产量不低于三系法优良组合 V 优 46 的前提下，外观和食味品质均比其高一个档次。是年，桂花村新屋组罗明辉种植的 0.2 公顷，平均亩产 630.6 千克，创全市优质晚稻单产最高水平。武塘村坝湾组罗根贵种植 0.14 公顷 W6154 特青，亩产 756.8 千克，创长江中下游区晚稻单产最高水平。9 月，全国首届两系杂交稻高级研讨班专家来春华山现场考察，国内外农业专家及省内外干部、群众前来参观者达 2 万余人次。

1995 年，望城县在黄金、丁字、桥驿、高塘岭等乡镇首次种植"培两优特青"和"优两优 288"共 1000 公顷，是年全市播种两系杂交稻 2006 公顷，平均亩产 498.5 千克。1996 年，长沙县黄兴镇列为省两系法杂交水稻种植基地，种植两系法杂交早稻"八两优 100"等组合 15.4 公顷，平均亩产 523.5 千克，种植两系法杂交晚稻"培两优特青"400 公顷，平均亩产 611 千克；种植"培两优 288"266.7 公顷，平均亩产 503.2 千克。1998 年示范 E32，平均亩产达到 527 千克，比大面积三系杂交水稻增产平均增产 45.2 千克/亩，比常规稻品种平均增产 77 千克/亩，增产 17.0%。2001 年，超级杂交稻推广应用面积0.94万公顷，在望城县星城镇办超级杂交水稻高产示范片，连片示范种植“两优培九”超级稻7.19公顷，平均亩产662.9千克。是年，长沙市因超级杂交水稻推广工作成绩突出获第二届“袁隆平农业科技奖”。2002年，浏阳市永安镇示范栽培的HYS–1/H4911超级杂交稻早稻组合6.68公顷，平均亩产598.7千克，比常规早稻增产70%，长沙县在黄兴镇新冲子村打卦岭组开展百亩超级稻高产栽培示范，晚稻两优培九平均亩产691.4千克。该年示范推广超级早稻1.63万公顷，平均亩产434.73千克，比2001年增长85.9千克。2006年，超级稻面积已达2.66万公顷，此后两系超级杂交稻种植面积逐步扩大，2012年，超级杂交稻的示范推广扩大到全市各县（市）区，当年示范总面积5.73万公顷，创建万亩示范片10个，千亩示范片51个，平均单产超700千克。

五、栽培技术

（一）育秧。1988年，早稻地膜矮拱架育秧占育秧面积的60%。杂交早稻面积增加后，采取新的育秧技术以提高秧苗素质和成秧率，即播种后用地膜覆盖保温7~10天，炼苗3~5天，待二叶期以双株苗带土寄插于大田，至移栽时即分蘖成大蔸（此称“双两大”技术），保证水稻生长前期有良好的个体发育状况，争早蘖，争大穗，搭好丰产架子。是年，推广“双两大”（即：两段育秧、两粒谷、大蔸、大行）2600公顷，取得良好示范效果，长沙县春华山乡早稻20.1亩“双两大”栽培，平均亩产542.6千克，比常规栽培亩增38.6千克，晚稻推广108亩，平均亩产545.2千克，比常规栽培亩增32.5千克，成本减少9.15元，投产比高16.4%。推广多种化学药剂用于育秧，其中大力推广的有多效挫，能增加有效分蘖，节约种子，增加秧龄弹性，增穗增产。施用的生产调节剂还有抗衰老剂1~3号、增产菌、增产灵、叶面宝、复合防落素、多收灵、八〇二、增花剂等。1989年，强氯精浸种消毒、早稻用箩筐、编织袋装保温催芽，杂交中晚稻用编织袋装、“少浸多露”、“日浸夜露”浸种催芽逐步被群众掌握。

1991年，浏阳县引进日本稻作专家原正市的旱地耐旱育秧高产栽培技术，在浏阳原种场种植20余亩，示范品种V优48等3个组合，经省科技委员会、省农业厅组织专家验收，有2.4亩示范试验田亩平均产量527.7千克，比常规稻亩增107千克；农民种植的试验田亩产500千克，增产80千克。此法育秧耐旱抗病，在连续低温阴雨寡照条件下未出现烂秧、死苗现象，提早成熟期5至7天，一亩秧可插50~80亩大田，每亩可减少投入50元。7月召开现场会推介。本省其他13个地市共4200人先后到浏阳观摩。1992年，引进试验抛秧栽培技术，其省工节本、减轻劳动强度，彻底改变农民面朝泥水背朝天在水田分蔸插秧、费工费时的历史，增产高效，广受农民的欢迎。

1993年，中晚稻推广少浸多露浸种催芽和旱育秧，晚稻播种普遍采用强氯精消毒，并用多效挫拌种或待播种发芽后喷施多效挫，以控制苗高。1994年，长沙县牌楼乡农技站杨国军等人学习外地经验，利用塑料软盘播种，矮架地膜覆盖，旱育育秧，抛植早稻0.45公顷获得成功。1996年，中晚稻实行“多起多落”浸种催芽，推广早稻塑料软盘抛秧技术，是年，望城县在茶亭、雷锋、黄金、东城、新康等乡镇进行早稻塑料软盘育秧，抛秧栽培示范，并迅速普及。塑料软盘抛秧播种于育秧盘内，定置育秧，栽植时直接抛插到大田，抛值后只进行一定匀苗工作，留置工作道，减少插秧用工，栽植后水稻无返青期，提早分蘖，既缓解劳力矛盾，又有一定增产作用，深受欢迎，迅速推广，此后早稻耐旱旱育秧栽培推广面积逐步减少。翌年，抛秧面积突破6.67万公顷。1998年，开福区捞刀河，长沙县黄兴、春华、星沙，宁乡县花明楼、偕乐桥、望城县东城等乡镇开展集约化育秧示范，相比传统育秧，集中育秧通过温室大棚内机械软盘育秧，育秧生长快，秧苗齐整，受气候影响小，不误农时，特别适合插秧机使用，传统育秧1亩可满足20亩左右插秧，而集中育秧1亩可满足100亩的插秧需求，其用地仅为分散育秧的1/25，7天育一茬机插苗，省时30天左右，每亩省工3~5

个，成本节约约 90 元。与直播相比，集中育秧可提前 10 天播种育苗，多抢积温，既保证适时栽插和基本苗，又有效缓解栽插后阴雨天多，光照不足造成的分蘖短，分蘖数减少和个体生长量小等问题。农民对集中育秧反映积极，很多主动要求出钱购秧。2002 年，长沙“旱育秧、抛秧综合技术推广”获国家农业部丰收奖二等奖，此后抛秧面积常年在 22 万公顷左右。

2012 年，长沙县、望城区、浏阳市、宁乡县各自分别建设水稻温室育秧工厂，面积均超 1 万平方米，长沙县建立 4 个集中育秧示范点。该年集中育秧主体 1964 个，良种推广 29.06 万公顷，良种覆盖率 83.5%。

（二）栽植密度与管水。1988 年推广合理密植，一般要求早稻常规稻早、中熟品种每亩 2 万~2.5 万蔸，基本苗 10 万~12 万株，迟熟品种每亩 1.8 万~2 万蔸，基本苗 8 万~10 万株；迟熟品种每亩 1.8 万~2 万蔸，基本苗 8 万~10 万株；杂交稻每亩 1.6 万~1.8 万蔸，基本苗 6 万~8 万株；一季稻和晚稻杂交稻 1.8 万~2 万蔸。大田用种量确保在早杂每亩 2.5 千克，晚杂每亩 1.5 千克，早稻常规稻每亩 5~6 千克，晚稻常规稻每亩 3.5 千克；按照抛秧 1:20，湿润秧 1:7~8、机插秧 1:70 的比例留足秧田；早稻抛秧每亩用 308 孔盘 90 个以上，晚稻 80 个以上。由于化学除草剂的普遍使用，中耕除草逐渐减少。“双两大”育秧法出现后，寄插密度为 6.7×10 厘米，双本移植，为了不放走肥水，改用绳索分箱，每亩 1.5 万株左右，按寄秧田原株带泥移栽，基本苗 8 万~10 万株。1995 年，普遍施用化学除草剂除草，除返青期施除草剂和抽穗期维持水层外一律湿润灌溉，早稻前期浅水勤灌，中期适时适度晒田，后期干干湿湿，以湿为主；晚稻浅水插秧，深水活苗，浅水分蘖，浅水灌溉。插（抛）秧后 20~25 天后排水晒田，孕穗、抽穗、扬花期保持浅水层，灌浆期采用湿、干交替的灌溉方法，收获前一周断水。2012 年，栽植密度调整为肥田亩栽 1.8 万~2 万蔸，基本苗 6 万~7 万株，中等肥力田亩栽 2 万~2.2 万蔸，基本苗 7 万~8 万株，瘦田亩栽 2.2 万~2.5 万蔸，基本苗 9 万~10 万株。

（三）施肥。1988 年，早稻重施基肥，看苗酌施分蘖肥，重施孕穗肥，补施叶面肥，促大穗多穗防早衰；晚稻重施基肥，控苗肥，补穗肥，推广测土配方施肥。1995 年，开始应用复混肥和配方肥“一次施肥”技术。1997 年，长沙县、浏阳市根据土壤特点生产杂交水稻专用肥，并迅速推广。是年，壮秧剂、叶面肥、粒粒饱、壮谷王、喷施宝、增产灵等新产品投入应用。1999 年，引进除草肥，形成“一包配方肥、一包除草肥、一包谷粒饱”的施肥除草方法，是年推广一次性施肥技术面积 7.34 万公顷，节省成本 6440.85 万元，新增总产 6.99 万吨。2000 年后，平衡施肥得到发展，逐步施用高浓度复合肥施用替代碳铵、磷肥等单质肥料，亩用 45%复合肥 30~40 千克作基肥，抛施后结合除草剂施尿素 5 千克，晒田复水时或抽穗期喷施谷粒饱时补施尿素 1~2 千克，增施石灰和硅肥，补充钙镁硅等中量元素，增强抗倒能力，施用时间在分蘖盛期，此后此技术应用面积不断扩大。2002 年，采取有代表性土样 1132 个，化验分析 6262 项次，推广平衡施肥技术 14.17 万公顷，平均每公顷增产稻谷 438.8 千克，为农民增收 6820 万元。2003 年后，测土配方施肥实施面积逐年稳步扩大。2012 年，水稻实施测土配方施肥面积 26.83 万公顷。

专记　优质稻开发

1988 年，域内大米没有自己品牌，特别是早稻品类单一，处于“人畜共粮”的格局。1990 年，宁乡县龙凤山、长沙县春华山乡等地种植二级优质稻“84-17”1500 余亩，平均亩产 401 千克，高档优质稻由试验田进入大田生产，是年 6 月，省计划委员会、省科学技术委员会及省农业厅、粮食厅等7单位联合批准全省20家农业科研推广单位收购、加工和销售优质大米，所生产的二级优质稻“84-17”等高档优质大米，从外观、食味、营养成分到加工品质，均可与市场上的泰国米相比，而价格只有其三分之一，深受消费者欢迎。1991年，浏阳市农业局优质农产品中心开发以补血糯（黑米）为主的优质稻基地1200公顷，平均每公顷产量1.05万千克。1991年，长沙、望城、浏阳、宁乡均被列入国家商品粮基地县。1992年起，优质稻种植面积迅速增长，该年长沙共种植“84-17”、晚35等高档优质稻1.47万公顷，汕优桂99、威优46等米质较好的组合面积增加2万公顷。1993年，在长沙县牌楼乡、春华山乡、石常乡，望城县乔口乡、新康乡、茶亭乡、黄金乡、浏阳市龙伏乡、赤马乡、葛家乡、北盛乡，宁乡县龙凤山乡、南田坪乡、花明楼乡等15个乡镇建立优质稻基地，面积均在5000亩以上，生产上实行统一提供良种和配套生产资料，统一进行技术指导。该年湘晚籼7号、湘晚籼3号，衡两优1号等高档优质稻品种面积达1.93万公顷，香优63（香米）、补血糯（黑糯）、洞庭珍珠香糯（香糯）、红宝石（红米）等名优特新品种（组合）面积667公顷。优质稻收购价比普通稻米每百千克高4~10元，农民亩均增收60元以上，企业加工销售1吨优质稻米比普通米增收100元以上。

1995年，秀龙系列米开发第二代产品，秀龙普米、秀龙靓米、秀龙三大碗、秀龙月牙米和特种优质红米等优质系列产品，并在市内设销售门市部12个，与深圳、广州、珠海、汕头、北京5市建立经销关系，1996年，长沙在省内率先提出建设“优质稻产业化工程”，1997年，长沙市作出《大力推进优质稻米产业化的决定》，是年，长沙县确定暮云、星沙、白沙、金井、双江、江背、黄花、青山铺、安沙、路口10个乡镇为优质稻基地乡镇，望城县在靖港、格塘、新康、丁字、乌山、黄金等乡镇，种植浙9248、长优早1号、湘早籼18号等优质早稻3693公顷，种植湘晚籼3号、6号、9号优质晚稻5726公顷，靖港、乌山两镇种植“蓬莱仙”优质粳稻266.67公顷。“秀龙”牌系列优质大米荣获中国绿色食品发展中心认证。1998年，印发《关于推进优质稻产业化经营的通知》，确定市内40个乡镇作为发展优质稻的示范基地，重点开发20个乡镇，要求每个重点乡镇的开发面积在2万亩（早、晚稻各1万亩）以上，收购量4000吨以上；允许龙头企业在基地收购优质稻谷，按收购数量计抵国家订购粮食任务，并允许优质优价收购，对市定早稻优质稻品种的稻谷，按50千克高于订购价3元的标准，实行分品种收购，早稻优质稻合同定购可一次性入库，对优质稻种植面积在2万亩以上，收购量4000吨以上的基地乡镇，由市政府对乡镇给予奖励。1999年，望城县在黄金、雷锋、格塘、乔口等10个乡镇建立优质稻生产基地，推广种植中优早81、岳早籼6号、浙9248和香两优68等优质早稻6667公顷。

2000年，实施“1124”工程，即开发6.67万公顷三级优质早稻，提升6.67万公顷优质早稻品质，发展2.67万公顷稻田春玉米，该年优质稻面积19.81万公顷，比产业化开发初期的1997年增加16.1万公顷。该年订单农业开始起步，秀龙公司、旺旺食品公司、盛湘米业、金井粮油、湘泰米业、长沙市粮食储备公司等企业联带优质稻生产基地，7家龙头企业对口开发25个基地乡镇，开发面积4.87万公顷，收购量由0.7万吨上升到6.9万吨，销售品牌优质米1.4万吨。食用水稻结构已经由普通稻为主转变为中档优质稻为主。2001年，实施“调粮扩经”和粮食内部优化产品结构调整，转入高产优质高效同步发展，该年优质稻面积20.84万公顷。2005年后，将百万亩优质、高产、稳产商品粮基地建设列入市重点工程，以宁乡、望城为重点，在黄材水库灌区建立百里优质稻走廊。2006年，稻米优质率为70%，带动农民增收9.9亿元，涌现出“秀龙”“盛湘”“新香”“黄贡”“湘隆”等一批优质大米品牌。2008年，高档优质稻面积突破100万亩；2012年，全市优质稻面积27.53万公顷，高档优质稻面积7.13万公顷，分别占水稻播种面积的81.55%和21.13%，优质率从1997年的9%提高到82%。

表 21-2-4-2

1988—2012 年长沙市优质稻生产情况一览表

年份	合计			早稻			一季稻			双晚		
	面积（万公顷）	亩产（千克）	总产（万千克）	面积（万公顷）	亩产（千克）	总产（万千克）	面积（万公顷）	亩产（千克）	总产（万千克）	面积（万公顷）	亩产（千克）	总产（万千克）
1988	7.22	411	44505.5	2.82	411	17381.6	0.03	486	243	4.37	410.46	26880.9
1989	9.71	419	42593.3	2.22	404	13474.5	0.15	433.2	970.4	5.59	460	38507.98
1990	6.65	427	42593.3	2.22	404	13474.5	0.04	448.6	237.75	4.39	438.6	28881
1991	4.80	453.7	32639.2	0.17	366.8	917	—	—	—	4.63	450	31251
1992	7.48	407.6	4524.57	2.06	395	12219.7	—	—	—	5.42	417.25	33897.39
1993	7.36	448.4	49474.9	1.49	379.8	8526.96	0.11	531.8	845.5	5.75	458.89	39602.21
1994	8.24	423.4	52331.2	2.51	392.2	14768.3	0.15	433.2	970.4	5.58	460	38507.98
1995	13.42	433.9	87374	6.25	346.2	32438.9	0.18	488.4	1794.3	7.05	478.5	50558.31
1996	3.27	457.6	24505.9	1.56	426.9	9968	0.04	486.9	301.9	1.97	481.3	14236
1997	3.71	471.6	26266.2	1.67	432.5	108119	—	—	—	1.97	505.2	149046.51
1998	7.43	428.6	47775.2	3.58	372	19991.9	0.11	477.6	783.28	3.74	480.49	26979.5
1999	13.86	428.1	88984.8	6.8	411.9	42017.9	0.19	444.8	1280	6.87	443.57	45687.71
2000	19.8	433.9	128868	9.11	424.3	57942.4	0.28	472.2	1974	10.41	441.3	68949.17
2001	20.84	438.3	137028	8.84	403.5	53519.6	0.37	476.7	2657.6	11.63	463.59	80850.39
2002	19.93	399.5	119410	9.01	346.4	46829.8	1.03	487.8	7536.4	9.89	438.6	65038.522
2003	17.63	431.3	127028	7.49	377.2	42395	0.51	537.5	4085	9.89	459.5	68187.5
2004	23.18	464.1	161390	9.45	423.7	60080	0.35	519.9	2870	11.72	487.6	85710
2005	24.32	493.4	179960	10.09	449.6	680180	1.81	508.6	13823	12.42	474.5	88388
2006	23.04	449.5	155344	10.59	409	64927.2	1.64	537.8	13230	11.24	487.27	79059.55
2007	23.56	467.2	178293	10.98	416	68231.8	2.98	545	27390	11.98	494	88721.4
2008	26.24	471.8	185717	10.91	425	69605.2	3.35	545	27390	11.98	494	88721.4
2009	26.98	466.5	188768	11.45	421	72306.4	3.03	515	23452	12.5	496	9009
2010	26.23	480.7	189165	16.92	412	696909	1.68	535.4	20294	13.27	498.23	99179.9
2011	26.97	465.3	188224	11.1	409.1	68100.4	2.32	517.3	18026	13.55	502.55	102097.5
2012	27.28	461.6	1889073	11.3	405.9	688067	2.61	459.8	180075	13.37	508.9	1020931

第五节 旱 粮

一、玉米

1988 年，种植玉米利用山丘旱土为主，多为春播，少部分因茬口矛盾安排为夏播。是年主要推广杂交玉米，稻田玉米多选择湘玉 7 号、9 号，旱地玉米多选择掖单 13 号、农大 60 等中熟偏迟组合，间套玉米多选择湘玉 6 号、75015 等早熟组合，全市玉米播种面积 2467 公顷，总产 8492 吨。1990 年，引进开发鲜食甜糯玉米，亩效益比水稻高 3~4 倍，在稻田种早春甜糯玉米，亩产鲜棒 2000 余斤，订单收购纯收入有 700 余元。此后玉米种植区域逐渐扩大，品种类型发展为普通玉米为主，甜玉米和糯玉米为辅。1993 年，选用丘岗地开发种植玉米，选用高产品种和先进的栽培技术。

1996 年，望城县从山东省引进“掖单 13 号”“掖单 14 号”，从长沙现代化研究所引进“湘玉 6 号”“湘玉 7 号”等杂交玉米，在雨敞坪镇高新村建立杂交玉米育种基地 8.97 公顷。是年，在茶亭镇的竹山和乌山镇高桥两村采取温水浸种催芽，营养块地膜覆盖保温育苗带土移栽，平垅定向种植等新技术种植杂交玉米 134 公顷。1997 年，继续在茶亭、乌山两镇扩大示范种植。20 世纪 90 年代末期，玉米生产向饲料粮和加工原料转化，并有少部分鲜穗上市。原作为粗粮和饲料用的玉米，逐渐被甜玉米所取代。甜玉米甜香爽口，粮、菜兼用的优点突出，市场前景颇好。1999 年，引进登海 1 号、2 号、掖单 4 号等杂交饲料玉米品种，金凤超甜、湘玉超甜 1 号、中糯 1 号等甜糯品种，宁乡县在历经铺乡车河、高坝、金南等村办点示范；望城县农技推广中心在乌山镇黄花村试种甜糯玉米 3.33 公顷。

2000 年，宁乡县在资福乡、黄材镇、祖塔乡建立一批鲜食玉米基地，并在历经铺乡的东河、高坝、金南三村以及温泉、红南、黄材镇的高峰等地进行连片示范，种植中糯 304 等优良品种，形成规范化生产技术规程。长沙县建立黄兴、黄花、江背、干杉、㮾梨 5 个甜、糯玉米生产基地乡镇，主要利用大片坡地和部分岸田种植。甜、糯玉米高产，抗性强，口感好，甜度高，得到迅速推广。各地对甜、糯玉米生产实施优惠政策引导，浏阳市对甜、糯玉米连片种植 133 公顷的乡镇给予 3000 元奖励，长沙县在甜、糯玉米种子上予以 20 元/千克补贴，宁乡县在县农技中心腾出 1000 平方米的房子作为真空包装加工房，投资 120 万元引进日产 3 万棒加工设备。是年，长沙县农业局与莲生食品有限公司共同投资 460 万元在星沙建立甜、糯玉米加工厂，引进真空和速冻包装及全自动灌装两条生产线，可生产出玉米棒、玉米羹、玉米粒等多个花色品种。望城县在雷锋镇坪山村和星城镇建立甜糯玉米生产基地 33.33 公顷，加工销售鲜食玉米 90 万穗，每公顷均产值 1.05 万元，宁乡县与种植农户按每个鲜棒 0.3 元的价格签订收购合同，订单糯玉米种植 2000 亩。此后全市共建立甜、糯玉米重点示范基地乡镇 16 个。2012 年，玉米播种面积 1.02 万公顷，总产 6.37 万吨。

二、薯类

（一）红薯。1988 年，红薯为主要旱粮作物，山丘区素有“红薯半年粮”之说，主要品种是广东红皮、广东白皮，是年红薯栽种面积 1.16 万公顷，总产 4 万吨。随着水稻生产的发展，红薯由救荒粮逐渐转变为饲料及工业原料，少量以鲜熟红薯直接上市。红薯产品多数卖给私营粉厂加工薯粉，少数卖给流动摊贩作烤红薯，自留部分用于喂猪。1990 年，推广遗 306、南薯 88 等品种，在栽培技术上一般采用薄膜育苗，高垅双行栽培，活蔸中耕施肥。1992 年，洞井乡金井村柳树塘组村民周少方种植的一亩山地红薯亩产超过 5 吨，是年推广红薯保鲜剂进行防病保鲜，效果显著，得到广泛利用。20 世纪 90 年代中期后，生产的红薯大多在当年既消化用于养殖业或出售，窖藏红薯仅做种用。2002 年，长沙县引进蔬菜型菜薯 1 号，水果型果薯 1 号，果脯型湘薯 15 号，在安沙、椤梨等地种植 7 公顷，产品进入市场十分走俏。安沙镇花桥村从福建连城引进红薯新品种“龙岩 7–3” 10 万株，种植 2.3 公顷，并与连城明西食品厂合作建厂，生产地瓜干，使种薯农户增收 2000 余元；宁乡县该年引进豫薯 868 种植 400 公顷，该品种粗淀粉含量及出干率都很高，经省市农业部门验收平均亩产 3.78 吨，比传统红薯产量高三成以上，销价高出二成以上。此后，红薯种植面积逐年减少，多见于屋边地角，种植目的是以藤蔓和薯块做猪饲料。2012 年，红薯栽种面积 0.79 万公顷，总产 5.62 万吨。

（二）马铃薯。1988 年，农户多在菜地种植马铃薯，以城镇周围种植较多，是年马铃薯种植面积 1080 公顷，总产 2962 吨。20 世纪 90 年代后，马铃薯主要用作蔬菜及生猪饲料，栽培区域逐渐向平区、城郊发展，种植面积有所扩大，栽培季节主要为冬播（春马铃薯），亦有少量夏播（秋马铃薯）。栽培方式多为垄栽，双行穴播，主要栽培品种先后有金苹果、马尔科、新芋 4 号，新芋 5 号，市内马铃薯病虫较少，有蚜虫、晚蚜病、病毒病、环腐病等轻微灾害，一般未做防治。2012 年马铃薯播种面积 0.54 万公顷，总产 2.28 万吨。

三、豆类

（一）大豆。1988 年，大豆播种面积 4060 公顷，总产 7773 吨，主要品种是矮脚早和湘豆 5 号、10 号、11 号。1990 年，引进湘春豆 13 号、15 号、18 号和鄂豆 4 号等品种。栽培方式有单作、间作和田塍种豆等，主要病虫有豆荚螟、豆蚜、卷叶螟、病毒病、紫斑病等，一般未予防治。杂草对大豆生产影响较大，一般结合中耕进行人工除草。90 年代后，市内推行精禾草克、高效盖能等防除杂草，效果较好，后逐渐扩大推广面积。2012 年，大豆播种面积 4666 公顷，单产 270 千克，总产 1.89 万吨。

（二）其他。1988 年，全市蚕豌豆播种面积 1693 公顷，总产 3218 吨，绿豆播种面积 520 公顷，总产 1156 吨。此后种植面积逐年减少，蚕豆一般用作粉丝加工、油炸兰花豆及养殖业饲料，绿豆主要用作芽菜及冷饮原料，群众亦做副食日常食用，其后，产品发展炒货和鲜食蔬菜等用途，满足市场多样化需要，生产有所发展。1991 年，引进中绿 1 号，较本地品种产量高，质量好。2000 年，引进荷兰豆等豌豆品种，作鲜食菜豌豆栽培，效益可观，收到菜农欢迎，生产途径有所改进。2012 年，蚕豌豆播种面积 1685 公顷，单产 127 千克，总产 3180 吨。

四、大麦

1988 年，在各区县示范种植大麦 729.3 公顷，平均亩产 168.4 千克，比全市平均亩产高 31.4 千克。长沙县团然乡曙光村农户盛某种植一亩早熟三号大麦，亩产 321.5 千克；宁乡县喻家坳乡种植 55.43 公顷大麦，平均亩产 233 千克，长沙县春华山乡种植 454.6 公顷大麦，平均亩产 172.3 千克。全市播种面积 5100 公顷，总产 1.06 万吨，比 1987 年增长 2.36 倍，此后大麦面积逐渐减少，转为零星种植，主要品种有早熟 3 号，矮早 3 号，早熟 4 号，鄂啤 1 号等。小麦病虫害主要有赤霉病，锈病、白粉病，赤霉病为常年发生，穗期多雨年份发生严重，生产上对麦类病害一般较少防治，病害较严重时期一般在发病后或穗期喷药 1~2 次药剂，主要农药品种为：多菌灵、托布津、粉锈宁，90 年代后，少数农户在麦田行间用麦黄隆和草甘膦进行化学除草。2012 年，大麦播种面积 70 公顷，总产 230 吨。

第六节 经济作物

一、油菜

（一）面积产量。1988 年，采取“稻—稻—油”“稻—油”或“瓜—稻—油”育秧移栽或旱土

“红薯—油菜”直播等模式栽培。是年，市、县坚持办点示范，引进推广新品种和配套技术，油菜高产示范面积 639.5 公顷，平均亩产 90.5 千克，比市内平均亩产高 30.5 千克。长沙县五美乡 66.8 公顷油菜示范地，平均亩产 117.1 千克，干杉乡 43.63 公顷油菜，亩产 118.4 千克。全市油菜播种面积 1.12 万公顷，总产 1.10 万吨。此后三年油菜面积、总产保持逐年增加，面积由 1.12 万公顷发展到 3.15 万公顷，冬种面积过万亩或占耕地面积 40%以上的乡镇，如暮云镇、高桥镇、江背镇、洞阳镇等1991 年已发展到 37 个；总产量由 1.1 万吨发展到 2.7 万吨，年递增率分别达到 33.6%和 47.1%。1993 年，推广营养土硬床育苗移栽，两组四行栽植，重视“双低油菜（低介酸、低硫代葡萄糖甙）”推广应用，全面推广使用硼肥，普及推广化学除草，单产水平突破 70 千克。1996 年，油菜经济效益下降，种植面积逐步减少。1999 年冬，大面积推广种植双低油菜湘油 15 号，全面推行营养土硬床育苗移栽、秋发栽培技术，苗床喷施烯效唑，移栽期、开花初期喷施硼肥，施用油菜专用复合肥，采用高效盖草能、闲锄等除草剂防除杂草，单产水平突破 130 千克。2000 年，长沙县暮云镇北唐村文新明、江背镇河田村周现强、春华镇春华村胡仁华、高桥镇涧山村罗寿祺及路口镇锦绣村黄大新、王建立等 6 人种植的湘杂油 1 号，平均亩产为 257.5 千克，获省湘杂油 1 号高产擂台赛奖励。2000 年，油菜种植面积下滑到 1.24 万公顷，市农办、农业局、粮食局、财政局、水利局、林业局、畜牧局、科技局、民政局、供销社 10 个涉农部门开始多年联村办点，每个单位办一个面积 1000 亩的示范点，永安、丁字、金井、含浦干子村、雨敞坪新卯村、煤炭坝、白箬铺光明村等地冬季农业办点自此开始形成习惯。2006 年起，国内菜籽油市场价格连续数年上升，刺激农民积极性，油菜种植面积连续数年回升。2012 年，油菜种植面积 4.43 万公顷，总产 6.47 万吨。

（二）推广品种。1988 年，油菜以甘蓝型杂交油菜为主，该年冬试种湘油 10 号约 60 公顷，亩产 64.4 千克，比全市平均亩产增 4.4 千克。是年长沙县双江乡山笔村吴顺德种植的 1.47 亩湘油 10 号，亩产 195.5 千克，创全市单产最高纪录。1991—1993 年，油菜品种以中油 821、湘油 10 号、秦油 2 号为主，其间引进湘油 13 号、“91–1”等新品种进行试验示范，1994 年后，油菜种植以中油821、91–1 及湘油 13 号为主，此外还有中双 4 号、中双 2 号、华杂 2 号及秦油 2 号，1995 年引进湘研 7 号、湘杂油 2 号进行试验示范，1997 年后，油菜以湘油 13 号、湘油 15 号、湘研 7 号、“91–1”及湘油 11 号、“89–17”等品种为主。2000 年后引进推广的良种主要有湘杂油 743、753、763，湘杂油 4 号、丰油 730、亚科 28、希望 528、中杂油 11 号等高含油量品种，品种出油率在 40%以上。到 2012 年，油菜主要推广湘杂油 4 号、5 号、6 号、7 号、丰油 703、丰油 823 等品种组合。

（三）栽培技术。1988 年，油菜多是旱地直播，管理粗放。此后油菜生产追施用硼肥，推广化学除草，施用盖草隆、拿捕净，降低劳动强度。苗期施用多效唑，培育矮壮苗，降低分枝节位，增加有效分枝和单枝角果数，提高抗逆性。种植开始应用增产菌，据长沙、宁乡等地调查，施用增产菌有明显的增产效果，增幅为 10%~15.8%。1990 年，施用增产菌面积迅速扩大，后品种更新和硼肥施用面积不断扩大，施用增产菌逐渐减少。到 1997 年，增产菌基本不再施用。2000 年后，各地均推广油菜直播机械，机械免耕直播技术得到应用，移栽稻田每亩 8000~1 万株，直播田亩留苗 1.8 万~2.5 万株，根据田块肥力及播期调整密度，肥田、早播田宜稀，反之则密。苗床喷施烯效唑，移栽期喷施硼肥，开花初期喷施硼肥，施用油菜专用复合肥，采用高效盖草能、闲锄等除草剂防治杂草。

表 21-2-6-1　　1988—2012 年长沙市玉米、油菜生产情况一览表

年份	玉米			油菜		
	面积（万公顷）	亩产（千克）	总产（万千克）	面积（万公顷）	亩产（千克）	总产（万千克）
1988	0.25	230	849.2	0.07	65.72	1101.5
1989	0.03	195	1113	0.11	60.92	1546.8
1990	0.03	188	105.3	0.15	57.4	1985.5
1991	0.09	270	396.7	0.21	57.1	2701.2
1992	0.15	244.70	535.90	2.51	61.8	2329.7
1993	0.22	186.93	602.90	1.82	59.27	1620.9
1994	0.19	290.80	807.00	1.51	61.47	1398.49
1995	0.19	131.13	373.80	1.98	65	1885.7
1996	0.31	152.40	690.50	2.37	66.8	2374.2
1997	0.47	299.60	2112.40	1.98	70.53	2094.5
1998	0.50	342.47	2584.10	1.64	69.07	1697.3
1999	1.63	397.20	9669.90	1.56	74.7	1748.9
2000	1.34	384.00	7718.40	1.24	76.07	1417.8
2001	1.06	397.27	6328.40	1.25	82.51	1541.8
2002	0.89	375.47	5012.80	1.22	80.13	1467.3
2003	1.09	397.60	6212.00	0.74	89.73	992.1
2004	0.89	384.6	5128.4	1.24	94.2	1752.4
2005	0.98	391.07	5772.1	1.35	95.12	1919
2006	1.03	406.8	6260.3	1.42	98.81	2106.2
2007	1.05	398	6292.8	1.31	100	1967.3
2008	0.34	412	2126.7	2.92	105.72	4631.9
2009	0.68	403	4092.2	4.07	101	6189.8
2010	0.73	406.17	4447.6	4.23	99.06	6284.1
2011	0.83	405	5050.9	4.38	99	6479.4
2012	1.02	416	6369.6	4.43	97	6472.9

二、茶叶

（一）产业发展。1988 年，生产茶类主要有红茶、绿茶、黑茶和少量地方名茶。农民有产烟茶的传统，将烘青绿茶用黄腾根或枫树球进行烟熏，增加茶叶的烟香味，供自己饮用。是年茶园面积 9060 公顷，茶叶产量 7256 吨，其中红毛茶 2815 吨，绿毛茶 2711 吨，其他茶 1730 吨。从 1992 年起，国内茶叶市场疲软，价格连续三年下降，挫伤茶农积极性，部分茶农、茶场放弃生产，毁茶改

图 21-2-6-1 湘丰茶厂基地采摘春茶

（摄于 2012 年，长沙市农委供图）

作他用。毛茶积压，茶厂开始加大名优茶开发，1995 年，中高档茶比重逐渐增加，虽然面积有所减少，但产量稳步上升。2001 年，欧盟对进口茶叶产品做出更严格、更广泛的农药残留标准要求，国内茶叶贸易中对茶叶标准亦提出更高要求，该年 60% 以上的茶场（厂）完成改组、改制，生产力得到解放，基本形成公司联企业联基地联农户的产业化格局，该年全市茶园面积 1 万公顷，产茶 6920 吨，产值 7200 万元，分别比上年增长 80%、118%。2002 年，国内茶叶市场形势好转，名优茶消费增加。长沙县金井、湘丰、高桥、长春 4 个茶厂的茶叶品牌通过 ISO9002:2000 的质量体系认证，金井、长春、湘丰、鸿大、开慧、双江 6 个茶厂茶叶品牌获得国家绿色食品发展中心“绿色食品”认证，金井茶厂列为湖南省优质品牌茶出口基地，所产金茶获得省消费者喜爱的绿色食品，省名牌农产品和省著名商标等荣誉。

2003 年，长沙县建设“百里茶廊”，此区域由该县北部沿长平、金开两条公路两侧九个乡镇低丘红壤地带种植的规模茶企组成，出台《关于加快茶叶产业发展的意见》，明确规定：对在百里茶廊内新扩茶园连片 5 亩以上的基地，每亩奖励 100 元，该年长沙县财政一次性拨出 200 余万元茶叶产业发展专项资金，用于新扩茶园的奖励与扶持，双江镇制定相应的措施，该镇规定凡新扩茶园按 400 元/亩给予奖励，并优先安排耕地开垦指标，银信部门优先给予 400 元/亩的支农小额贷款，充分调动茶农积极性。从 2003 年起连续 5 年，该县每年平均新扩良种茶园面积 1 万亩，并连续两年争取中央财政支农资金 2000 万元。

2005 年，长沙县被农业部列入“全国优质绿茶产业带”，并评为“中国三绿工程茶叶示范县”，长沙县和宁乡县先后进入全省前十产茶大县，并在湘西、邵阳、湖北、岳阳等地建立紧密型的联营基地近 1.33 万公顷。茶农人均增收 520 元，全市有规模（年产值 100 万元以上）以上骨干企业 19 家，省级农业龙头企业 2 家，市级农业龙头企业 7 家，产值过亿企业 2 家（金井、湘丰），产值超千万企业 6 家。2007 年，长沙县争取国家财政支农资金 1000 万元推进百里茶廊建设。2008 年“金井牌”注册商标被国家工商总局认定为“中国驰名商标”，成为省内茶企第一家被认定的“中国驰名商标”。2009 年起，每年新扩良种茶园万亩以上，年均产量递增 12%以上，产值年均增长 20%以上。

2012 年，金井、湘丰、猴王 3 家茶叶企业为“中国驰名商标”，茶叶远销欧盟、美国、日本、俄罗斯及东南亚等 80 余个国家和地区，年出口创汇 1270 万美元。是年，茶园面积 1.39 万公顷，采摘面积 1.27 万公顷，总产 2.72 万吨，其中绿茶 1.78 万吨，红茶 6908 吨，总产值 9.38 亿元，茶叶基地面积、产量、产值、亩均效益、出口创汇等 5 个指标，除面积列全省第三外，其他指标均居全省第一。

（二）推广品种。茶树品种主要是灌木型，中小叶群体品种。单株低矮，芽头轻，叶片小，结实率高，抗逆性强，农民称细叶茶，但产量不高，品质次。1988 年后，陆续引进长波绿、白毫早、储叶齐、涟茶 1 号、涟茶 2 号、涟茶 5 号、涟茶 7 号、福云 6 号、福云 7 号、江华苦茶、尖波黄等良种，经过试种，初步确定福鼎大白、高桥早、储叶齐、福云 6 号适合推广。2012 年，主要推广碧香早、湘妃翠、黄金茶 1 号、槠叶齐、福大 61、桃源大叶、湘妃翠、乌牛早等良种。

（三）栽培管理。1988 年，推广茶叶专用复合肥，春夏采茶采摘前后，追施速效氮肥，积极推广叶面追肥，每采一批，喷施一次，促进茶芽早发粗壮，提高产量。中耕松土一般于早春中耕一次，秋采后中耕一次。是年良种茶园 453 公顷，占茶园总面积的 4.7%，由于良种产量少，混采混制，对提高品质没有明显优势，为解决低产茶园改造所需资金，省、市财政贷款 659 万元，农民自筹资金 392.7 万元，采取改树、改土与增施有机肥等措施相结合改造低产茶园。1990 年，密植茶园病虫较多，长势差，又推广双行条列式或单行条列式植茶，逐年改造老式低产茶园，对衰老茶园进行台刈、擦壕等更新改造。1991 年，市、县综合措施，深入基层办点示范，开展技术培训，提高农民栽培技术。

2000 年，仍有 3330 公顷中低产茶园，茶叶单产仅有 38.21 千克，是年茶园改造速度加快。2002 年茶叶单产迅速跃升到 73.74 千克，提高近一倍。当年市政府发布禁用高毒、高残留农药通告后，茶农乱施用农药现象大有好转。2009 年起，开展茶叶标准园建设，从产地环境、基地设施、规模生产、组织管理、技术推广、农资使用、生产记录、产品质量 8 个方面建立详细的建设标准，市农业局制定扶持政策，对考核合格的茶叶标准园在农业产业发展资金中给予重点扶持，推动建立农业标准化补贴机制。2010 年，参与创建的 12 个茶园中金井、湘丰、金湘园、沩山、长春、淳口 6 个基地通过茶叶标准园验收，当年即新扩良种茶园 680 公顷，改植换种黄金茶、福大 61 良种 673 公顷，良种化率达到 54%，比上年提高 5 个百分点。各茶叶标准园积极推广茶园配方施肥、茶树科学修剪、频振式杀虫灯、茶园复古生态复种、设施栽培、节水灌溉等生物防治技术。其中，金井、湘丰、长春、鸿大 4 家企业获得国家绿色食品质量认证和 ISO9002:2000 国家质量体系质量认证，湘丰飞跃基地顺利通过瑞士 IMO 有机茶认证，金井和沩山茶叶基地也都获得有机茶认证。

（四）采摘和加工。1988 年，茶叶采摘推行分期分批多次留叶采摘法，先发先采，后发后采，一般采叶与留叶的标准为，春茶留一片新叶，采一叶一芽或二三叶一芽，名优茶多采一叶一茶，或单采一芽，一般全年茶园全年采摘 20~25 次，开采时间根据茶叶发芽情况而定，名优茶开采早于一般茶叶，最早在 3 月中下旬，最迟在 4 月上旬，采茶方式一般以人工采茶为主。茶叶加工大多为半机械化制茶，采用人工揉茶机制茶，干制多采用晒制，少量用手持式百叶烘干机和木炭火烘烤，零星茶区和少量优质茶为手工制茶，此后逐渐发展全自动机械揉捻整理和自动烘干机干燥，推广微型杀青机，揉捻机、整形机、烘干机等制茶机械，高档名茶仍然实行手工制茶，机采茶不仅能提高工效 14.3 倍，并减少漏采，增产 10%~20%。1989 年开始大面积推广机械采茶，1991 年，农业部在长沙召开全国机械采茶协作组第三次现场会，该年机械采茶面积 341 公顷，有双人弧形采茶机和修剪机 107 台，1994 年，有采茶机 168 台（套），机采茶面积 1467 公顷，机械数和采摘数均超全省总数三分之一。2000 年，开始引进推广不锈钢茶叶加工机械，促进茶叶质量改善。长沙县湘丰集团从日本引进现代化炒青茶加工、精制及包装生产线。2007 年，自主研究制作出全国首条炒青绿茶全自动生产线和绿茶精制、包装生产线，2010 年，湘丰茶机与中南大学、中国茶艺研究所合作研发出卷曲型毛尖自动化生产线，后陆续研发出扁型龙井、螺型碧螺春自动化生产线，2012 年推出红绿茶兼用全自动生产线，为首条一线两用的茶叶自动化加工生产线。

（五）名茶选介

1.沩山毛尖。产于宁乡县沩山乡。沩山毛尖加工分杀青、渥坯、烘焙、熏烟等五道工序。熏烟用少量新鲜黄藤、枫球暗火熏干。品质风格是叶片微卷，呈片状，形状似兰花，色泽黄亮光泽，显露白露，有浓厚松烟香，滋味醇甜爽口。

2.河西园茶。是岳麓区的特色茶叶，在清明前3~4天开采，采1芽2~3叶为主，制作分杀青、初揉、初烘、渥坯、复揉、再干、再渥坯，三揉、全干等多道工序，全干时加少量黄藤或枫球暗烘。区划调整后，种植面积基本稳定在80公顷左右，主要分布在观沙岭街道岳华、茶子山、石岭塘、观沙岭和望岳街道的谷山、藕塘、金星等地，2000年因城市建设发展，部分茶园被征用，产量逐步下降。

3.岳麓毛尖。1974年岳麓公园创制。产地有成片茶园近千亩，清明至谷雨采摘，采1芽2叶为主。品质卷齐多毫，深绿油润，叶嫩芽壮，芽叶匀整，汤碧微黄，清澈明亮，香如板栗，味醇甘爽。

4.金井毛尖。2005年入选“湖南十大名茶”。清咸丰、同治年间，金井、高桥红茶颇有名气，之后逐步形成长（沙）、浏（阳）、平（江）红茶产区，继在红茶之后，以金井毛尖为代表的绿茶产业亦异军突起。金井毛尖采于施用有机肥料的优良茶树品种，采用适温提毫工艺，使之保持色泽绿、汤色绿、叶底绿的“三绿”品质，外形条索纤细，匀整，卷曲似螺，白毫显露，色泽银绿，光洁滑润，内质清香持久，滋味清香回甜，

5.高桥银峰。产于高桥玉皇山下。高桥银峰制茶过程包括杀青、清风、初揉、初干、做条、提毫、摊凉、烘焙。于清明前后四五天开始采摘，采一芽一叶为主。

三、柑橘

（一）面积产量。1988年，橘园面积4193公顷，总产1.29万吨。是年春季前期气温比常年同期低4%以上，节气推迟10天以上，前期低温导致温州蜜橘花器发育缓慢，全年总产1.3万吨，比1987年减少62%。1990年，全国柑橘市场低迷，价格下滑，甚至低于成本价，果农生产积极性大大受挫。1991、1992年连续两年出现较严重的低温霜冻，造成80%的面积需要毁园重栽，对柑橘生产造成严重破坏，果农对剂橙产业的前途感到疑虑，生产积极性受到打击，1992年橘园面积下降到2650公顷，此后五年柑橘生产一直处于徘徊阶段。1996年，种植结构调整，农民自发改田扩柑橘，柑橘面积缓慢恢复，是年橘园面积5000公顷，已恢复到灾前水平。1997年后，蜜橘市场价格跌至新低，而剂橙质优量多，价格稳定在1.6元/千克左右，市场畅销，经济效益显著，此后由中熟温州蜜橘高位嫁接良种剂橙的柑橘品改。2000年后柑橘生产几经起伏，但总体波动不大。2012年柑橘园面积6560公顷，柑橘总产9.87万吨。

（二）推广品种。1988年，柑橘以传统温州蜜橘为主，金橘次之，橘类和柚为零星栽培，混杂在蜜橘园中。不仅有南橘、金橘等地方品种，还有杂交树种，主要是橙柚、橘柚杂交树，甜橙有零星栽培；各地均有皱皮柑，耐储藏，后期风味较好。1991年，全国时鲜瓜果涌入长沙，冲击柑橘生产，籽多味淡的南橘逐步遭到淘汰。是年，尾张温柑被评为省优质产品。1991年冻害后，柑橘品种开始多元化，引进椪柑、无核椪柑、脐橙、杂柑等品类，主要有兴津、宫川、协山、国庆1号等；1992年在科技人员的指导下，推广柑橘和橙类新品种，对原有柑橘进行高接换头改造，1992年从浙江、湖北、广西、福建等地引进朋那、纽荷尔等脐橙和太田椪柑及文旦柚、关西蜜柚、沙田柚等品种。1997年，先后引进市文、桥本、宫本等特早熟品种及红肉脐橙。1998年，外地柑橘冲击长沙市场，价格降低至0.4元/千克，出现柑橘无人采摘的局面。1999年，望城县东城镇长冲村、坪塘镇白泉橘园及乌山镇金山村，采取高接换冠更新柑橘，望城县农业局经作站引进脐橙良种纽荷尔及“丽娜”椪柑、南丰蜜橘接穗，在茶亭镇官冲村果园进行高接换冠示范，改良品种。浏阳市“金柑”“椪柑”获得湖南省优质水果“金质奖”，2000年后，引进无核大果椪柑，推广到市内柑橘主产乡镇种植，部分迟熟蜜橘高接换头改为早熟蜜橘和脐橙、椪柑，2001年后，部分地区引进天草、不知火

等杂柑品种推广种植。2012年，主要种植柑橘品种为南丰蜜橘、东方红橘、爱媛、纽荷尔、宫本、沃柑等。

（三）栽培管理。20世纪80年代，橘园大多利用荒山荒坡、山冈等非农用地建园，一般实行开梯地、挖大穴、埋青渣草皮后直接移植。此后开始利用区位、肥力较好的农业旱地、坡地新建橘园，建园采取高标准平整耕地，开沟撩壕或挖大穴，施足底肥，实行带土大苗移栽，部分有条件的橘园安装喷灌设施。

1990年，新建橘园的规划设计标准较前段要求更高，新建园地在进行培肥熟化1~2年后，栽植大苗。化肥用量显著增加，开始推广柑橘专用复合肥，一般全年施肥3~4次，第一次3月中旬施“催芽肥”。第二次5月中旬施“稳果肥”，在两次施肥基础上，花期前后喷施赤霉素（920）和“保果素”等生长调节剂，并结合及时排梢抹芽。第三次是在采果前10天施花芽分化肥。第四次在采果后20天内防冻保温肥。该年引进推广“丰果素一号”等保果剂。1994年后，一般挖穴埋肥后直接定值橘苗，园地在植苗后1~2年，行间栽植玉米、蔬菜等作物，3~4年后即可成园。修剪一般掌握因树整形，适当修剪技术，栽植橘苗适时定干，4岁以下幼龄树以整形为主，采取疏剪结合，培养骨干主枝3根左右，扩大树冠，成龄橘园以保持自然开心型树型为宗旨，力求枝叶分布匀称，树体通风透光，一般要求在阳光照射下，橘园地面铜钱大的光斑分布均匀，无片状阴暗面，有短截、环割、疏剪、拉枝、吊枝等方式。对严重荫蔽橘园，采取“开天窗”方法，疏去密集枝，株行间交叉枝或隔行抬刈。1996年，密植橘园逐渐显现弊端，橘园严重荫蔽，黑刺粉虱等病虫发生严重，结果部位上移，果实质量差，培管不便。

2000年，市内开始全面推广大枝修剪法，即根据橘树树体，枝组分布，保留3~4个主枝，其余从基部短剪，保证树体枝组、叶总体呈匀整分布，降低树冠高度在2.5米以下，降低结果部位，减少无棚结果。密度逐渐改密为稀，栽植密度改为55~65株。2001年，应用硫酸钾复合肥，推行全年基施两次肥，第一次是采果后越冬前施基肥，第二次是六月中、下旬施壮果肥，另施两次叶面肥。2012年，橘园大面积建设排灌系统，幼龄树施肥以“一梢两肥”为主，勤施薄施和以淋施水肥为主的原则。每次梢在放梢前7~10天施促芽肥，以速效氮肥为主；新梢叶色开始转绿时施壮梢肥，以三元复合肥为主，配合施用有机质水肥。

四、葡萄

（一）面积产量。1988年，葡萄种植面积47公顷，总产158吨，该年因酿酒需要，宁乡县大面积试种葡萄成功。主要品种是巨峰系列，少量滕稔。亩产值一般在5000~7000元之间，最高曾达1.2万元，很受农民欢迎。1995年，黎托乡引进种植葡萄12.7公顷，是年全市葡萄总产235吨。1996年，雨花区把葡萄生产作为发展高效农业的三大产业之一，投资20万元在黎托乡栗塘村扩建13.3公顷葡萄基地，随后圭塘街道月塘村建设葡萄基地18.7公顷，品种有巨峰、藤稔、红瑞宝、美国红提。1997年，近郊农家乐发展迅速，夏季葡萄采摘成市民休闲习惯，在岳麓区学士片、望城雷锋镇率先形成规模，并带动周边农户种植。1998年，岳麓区天顶乡联络村、学湖村、东方红镇延农居委会等村形成种植规模，全市葡萄总产326吨。2006年，原青山铺葡萄园发展而成的曙光山城公司投入400万元建设300吨钢结构酿酒厂房，引进法兰德壶式白兰地蒸馏设备、干红葡萄酒发酵、储酒、过滤设备，开发出“曙光山城”系列干红葡萄酒及白兰地产品。2007年，全市葡萄园面积580公顷，总产1.07万吨。2008年，长沙县青山铺镇、望城区雷锋镇、岳麓区学士片葡萄种植面积均突破千亩。2009年，长沙县启动白沙时鲜水果产业带建设，以田茂现代农庄及曙光葡萄为龙头带动广大农户发展葡萄、长沙县北部以青山铺为中心，向福临、开慧、路口、白沙等乡镇扩散。2012

年，葡萄面积1120公顷，年产量1.02万吨，产值1.7亿元。

(二) 推广品种。1988年，葡萄多为巨峰系列，1990年从外地引进蜜汁、紫珍香、金星无核、无核早红等品种。90年代末期，从外引种速度加快，红地球、美人指、红宝石、玫瑰香、维多利亚、比昂扣、夏黑、户太8号等达40余种，到2012年时主要有夏黑、红地球、玫瑰香、金手指、维多利亚、黑珍珠、奶油、红宝石无核、巴拉多、金星无核等。欧亚种葡萄约占总面积22%，欧美杂种葡萄约占总面积78%。

(三) 栽培技术。1988年，用黑地膜扦插育苗，成活率高，苗质量好，还可免除中耕除草，省工省时。少数葡萄园还用嫁接育苗，砧木为刺葡萄。施肥方法是定植第一年追施三元复合肥2次，每次100克/株，全年每亩施用三元复合肥12千克，其中微量元素的补充采用叶面喷施的方法。全年结合喷药2~3次，定植第一年用药3~4次，结果当年全年生长季少用药5次。20世纪90年代中期后欧亚种葡萄引进，高抗砧木、避雨栽培系列配套技术得到应用，1996年，开始推行套袋技术；2012年，套袋栽培约占葡萄总面积60%以上。

五、西瓜

(一) 面积产量。1988年，西瓜栽培主要集中在近郊区为主，多以采瓜子为主，俗称“打瓜”，果形小，瓜籽大而多，果肉可鲜食，含糖量低。此后试制一批杂交一代种子，在长沙县谷塘、黄花等乡栽培，该品种藤蔓密集、根系发达，生长势强，适应性好，全期可采瓜2~3批，易培管，不打枝蔓亦可获得高产丰收。1989年，推行西瓜与水稻轮作，与大麦、油菜套种。大麦（油菜）、西瓜、晚稻三熟制，能改良土壤，降低生产成本，提高生态和经济效益。1990年，长沙市郊和长沙县榔梨、黄花等近郊农民充分利用地力和空间，实行西瓜和生姜、辣椒间作、套种。此后瓜稻轮作模式推广到各区县。20世纪90年代后，西瓜由有籽西瓜向无籽西瓜过渡，由大果型西瓜向小果型西瓜转变，由季节性供应向周年供应发展。2012年，西瓜播种面积6300公顷，总产19.83万吨。

(二) 推广品种。1988年，传统地方品种为中籽瓜，以“蜜宝”“太和瓜”为主，产量低，品质差。1991年，引进雪峰无籽304、邵阳花皮无籽和广西2号、4号等品种。是年，望城县铜官、霞凝两地农技站引进“新红宝”“新橙一号”“湘杂三号”，采取营养钵育苗转栽、地膜覆盖栽培以及整枝压蔓、控制瓜量、选苗壮瓜、重施农家有机肥等实用技术，示范种植73.33公顷，平均亩产1420千克。1992年，随着新技术应用以及无籽西瓜的引进推广，种植面积逐年增加，该年新扩200公顷优质西瓜基地，长沙县落实133公顷“新红宝”西瓜。1994年，湘西瓜11号开始示范推广，以后逐步发展。1996年，扩大无籽西瓜种植，西瓜品质显著提高，之后又引进小果型“黑美人”“红小玉”及“黄小玉”等优良品种。1997年后，品种迅速增加，引进雪峰无籽花皮、洞庭1号、湘育301、湘育303、聚宝一号、特大新红宝、西农8号等，20世纪90年代末期，无籽西瓜以湘西瓜11号、无籽304和花皮无籽3个品种为主，种植面积接近一半比例。2000年后，引

图21-2-6-2 岳麓区雷锋镇真人桥村葡萄种植基地

（摄于2008年，长沙市农委供图）

进礼品小西瓜，甜瓜品种也基本由外地引进，品种引进换代速度愈发加快。2012 年，主要种植品种有纯品 8424，世雷777、新地甜九、早春红玉等。

（三）栽培技术。1988 年，西瓜栽培逐步实行“三改”。即改直播为育苗移栽，改稀植为合理密植。1990 年，开始适当稀植，平均亩栽 400~500 株，以适合嫁接西瓜和无籽西瓜生产；改露地栽培为地膜覆盖。1990 年，地膜覆盖占到总面积的 85%以上，亩均增产 952.6 千克。20 世纪 90 年代末期，采用营养钵（块）薄膜覆盖育苗，少量地膜全覆盖栽培，前期培育壮苗，中期压蔓整枝，开花期进入人工授粉，成熟期进行喷瓜、晒瓜、喷施增甜着色剂。90 年代后期，小果型西瓜品种推出后，立架栽培等配套技术得到广泛应用。2001 年，长沙县农业局经作站邹荣华、张旭、彭铁柱等人在安沙镇和平村试种 3.87 公顷小果型西瓜获得成功，弥补了西瓜秋季栽培的空白，平均亩产值 4000 元以上。2006 年，长沙县春华镇农民开始用竹架、钢架大棚栽种西瓜，亩产及品质都有明显提高，翌年在双江、白沙等镇迅速推广设施栽培，到 2012 年，西瓜种植普遍进入设施栽培阶段。

六、药材

1988 年，中药材生产基本处于农户自发状态，主要中药材有栀子、天麻、茯苓、百合、木瓜、白术、黄檗、厚朴、柴胡、山药、黄精、桔梗、玉竹等品种，1990 年，药材收购逐步放开，农民自发种植积极性高涨。此后“三皮”价格下跌，药材种植滑坡，仅有少数农户零星种植和野生药材采集。1999 年，药材效益转好，浏阳、宁乡县政府有针对性引导扶持，并引进黄姜生产，尤以天麻、黄姜发展势头较好，基地主要有浏阳山田木瓜基地，中和镇栀子基地、蕉溪乡乌梅基地、七宝山、张坊、大围山天麻基地，白沙、张坊、小河、官桥茯苓基地、高坪百合基地等，宁乡县崔坪、大成桥黄姜基地，全市药材种植面积突破 1000 公顷。

2000 年，浏阳市政府成立中药材生产办公室，从湘西引进天麻有性繁殖技术和高山露天栽培技术，提高天麻产量和商品率，当年全市新增面积 1230 公顷。2002 年，药材面积 2380 公顷，总产值 4229.53 万元，此后药材面积小起伏。2009 年，中药材市场价格迅速攀高，中药材面积呈成倍增长态势，形成浏阳市七田、七宝山、大围山，宁乡县崔坪、兰田坪等中药材生产基地，随着药材生产面积不断扩大，订购的方式得以普及，药材主要由市药材公司和安徽、邵东等地药材商收购加工，部分送交浏阳市生物医药园药品生产企业。2012 年，浏阳的淳口、七宝山、洞阳、中和、达浒、社港等地，宁乡的青山桥、龙田、沙田、黄材、流沙河、喻家坳等地已形成规模化种植。浏阳有中药企业 29 家，建立 10 余个中药材生产合作组织和专业合作社，七宝山金生中药材专业合作社种植红豆杉、银杏、厚朴、金银花 53.33 公顷，进城返乡农民的带领 18 户药农成立专业合作社种植白术、柴胡 20 公顷。宁乡县面积在 1000 亩以上的基地有 4 个，面积 100 亩以上的种植基地或大户 10 多个。是年全市中药材种植面积 7000 公顷，年产值约 2.6 亿元。

七、烟叶

（一）产业发展。1988 年，烟叶播种面积 2513 公顷，总产 3973 吨，其中烤烟面积 2206 公顷，总产 3621 吨，此后有过长时间的徘徊滑坡，是年受混合型卷烟主导，追求高烟碱一度成为风气，产量增加，烟碱含量逐渐提高，以致烟叶品质下降。1996 年，烟叶生产效益上升，面积有所发展，经过烟叶生产技术攻关，烟叶质量有较大提升，其价格相应提升，生产效益较好，该年宁乡县成立原烟生产领导小组，从技术、物资等方面进行扶植。浏阳县采取优惠政策扶持烤烟生产，将烟叶农业特产税除上缴省市的 10%外，余下部分 40%返还给烟农，60%返还给种烟乡镇，烟农每交售 50 千克烟叶指标核减订购粮指标 30 千克。浏阳烟草公司相应采取无偿供应烟种、苗肥、农膜、瓦管等物资，银信部门安排专项小额贷款，市领导下村蹲点办样板，扭转烤烟生产滑坡局面。但由于管理跟不上，科技含量低，烟叶质量仍然处于低水平状态。

1997年，浏阳县成为密集型优质主料烟1类基地，建立产学研相结合的科研机构并制定技术方案，加大资金、技术、物资投入，形成厂、商、政府“三位一体”的“浏阳模式”，“浏阳模式”在全省推广，反响极佳，并影响全国。1998年，烤烟生产快速发展，重点培育的浏阳“G80”品种特色烟叶，成为湖南中烟白沙品牌的主叶配方。1998年，浏阳市成立以市长为组长的优质主料烟开发领导小组，建立市、乡镇两级烤烟生产办公室，该年长沙卷烟厂与浏阳烟草公司在官渡镇共同投资2500万元，建成占地8.5公顷的中国烟草长沙技术中心浏阳烟科所，烟厂派出科研人员和浏阳的科技人员共同组成开发技术指挥中心，1999年，按照国家烟草局“市场引导、计划种植、主攻质量、调整布局”的指导方针，开始开发国际型优质烟叶，浏阳烟草公司制定《浏阳市国际型优烟开发技术方案》，2000年在大围山镇毛田村和淳口镇城华村开发国际型优质烟叶65公顷，收购烟叶139.4吨，该年7月在国家烟草局优质高香气烤烟生产综合技术开发与应用项目现场评议会上，来自全国的98名专家和科研技术人员，通过对浏阳烟叶现场鉴评，烤后烟叶质量评价，单料烟叶评级比较，一致认为浏阳烟叶质量超过巴西烟叶，接近津巴布韦烟叶，基本可代替进口烟叶，已达到国内先进水平。

2001年，浏阳市被国家烟草专卖局评为全国烤烟生产示范县和全国烤烟标准化技术建设示范县。6月，在全国烟叶收购工作现场会议上，浏阳“鹤源”被评定为省内第一个烟叶品牌，被国家烟草专卖局列为全国四大品牌之一，并被选送至中国香港参加国际博览会，代表中国烟叶参展。宁乡县晒黄烟“寸三皮”已在国家工商总局注册。2002年，浏阳市内已有淳口、沙市、永安、龙伏4个烟叶种植面积万亩以上乡镇，259个种烟村中千亩村达39个。2012年，长沙烟叶播种面积1.32万公顷，总产2.94万吨；其中烤烟面积1.19万公顷，总产2.57万吨。

（二）推广品种。1988年，烟叶品种推广美国G28、G140等为当家品种，1990年起逐步推广包衣种子。1998年，宁乡县从美国引进K326、J80，从国内引进云烟86等品种；2000年后，科技兴烟成热潮，K326、K346、云烟85、云烟87等全面推广。2012年，烟草主要种植品种有云烟97，云烟87、云烟85、中烟102、中烟104、湘烟3号、K326等。

（三）栽培管理。农民对烟草历来有精耕细作的习惯，选择土层深厚、肥沃、排水良好、呈微碱性新土或沙壤土栽培。晒烟播种期宁乡多在1—2月播种育苗，其他各地先在上年9—11月搭盖草棚育苗，次年清明边移栽，用饼肥、土杂肥、草木灰作基肥。烟草在10片叶前施稀薄粪水1~2次，10片叶后施用腐熟饼肥一次。待烟叶成熟后，自下而上依次层层剥下，摊晒使烟干燥。6月上中旬，烟叶呈黄绿色，主脉转白、叶下垂，叶面光滑时，分期分批采叶送烤房烘烤。1988年后，推广薄膜育苗，提高成苗率和提早移栽，20世纪90年代初期推广薄膜覆盖、草圈或筒膜两段假植育苗，提高秧苗素质。1997年，全面推广营养托盘漂浮法育苗，起到减少病害、提高秧苗素质作用。栽植方式一般为高垄单行，栽植规格前期每亩密度一般为1500株左右，后期推行稀植，每亩密度为1000~1100株。在大田管理上，注重施基肥，早施追肥，中耕培土，扫除脚叶，打顶抹芽，合理留叶和综合防治病害，施用的肥料种类前期注重氮、磷、钾合理配比，后期采用合理配方施肥，推广烟草专用复合肥，忌施含氯化肥，叶面肥推广稀土微肥和金叶包等，适时打顶抹芽等，每株留叶20~23片。烤烟烟叶青中带黄时采收，采收后及时编杆入烤房烘烤，烤房为普通土炕烟道过火升温，燃料多用煤、柴，2000年后全面推广标准化烤房和三段式烘烤工艺新技术，对提高烟叶质量有良好促进效果。

第七节 肥 料

一、有机肥料

1988年，有机肥料的主要来源是绿肥和猪、牛栏粪，稻田耕作以人畜粪、土杂肥、饼肥、草木灰、绿肥等作基肥，或用人畜粪拌草木灰等制作追肥。是年稻田冬绿肥实收面积11.62万公顷，占当季稻田面积53%，草籽留种面积0.83万公顷，产量3637吨。此后有机肥应用总体下降，绿肥种植面积递减，人畜粪随着养殖业发展而增多，土杂肥积制逐渐减少，农村仅有少量老农保持积制土杂肥习惯。1990年，土肥站对73丘田，面积118.79亩进行监测，1993年监测数据表明，耕作土壤有机氮磷钾总量中的份额减少。有机磷含量亩均减少1.11千克，有机钾含量亩均减少0.42千克。1994年，农业部要求促进冬绿肥、秸秆还田两个有机肥源发展利用，县市郊区各土肥站，开展“大干一百天、亩增一吨肥”的“百日增肥”活动，望城县嵇山乡800公顷水田，做田头凼8000个，播种绿肥万余亩。

1997年后，农民对土地投入减少，种植绿肥目的基本向养猪饲料转化，种植主要品种为紫云英。传统有机肥积造基本绝迹，冬绿肥播种面积逐年下降，家畜粪便利用率低。是年试验酵素菌肥成功，并在花椰菜、芹菜上推广应用。2002年，有机肥源头转变成稻草、秸秆直接还田。2005年起，有机肥使用主体逐渐转变为长期流转土地的蔬菜和水果种植户。2012年，绿肥播种面积3.29万公顷。

二、化学肥料

1988年，化肥品种由以单质肥为主，碳铵、普钙当家，小量化肥主要应用到硼肥、锌肥、稀土、硅肥等，复合肥用量不大，该年推广喷施宝、八〇二、壮秧剂、十元素硼肥、棉花壮苗素、绿禾宝等多元素复合营养液。是年化肥施用总量51.71万吨，其中氮肥36.11万吨，磷肥11.40万吨，钾肥3.28万吨，1990年，硼肥在油菜、柑橘、蔬菜作物上得到全面推广，硫酸钾类复合肥在烤烟、茶叶、柑橘等作物得以应用，是年开始发展油菜、茶叶、柑橘等作物专用复合肥。1993年，4县1郊区示范推广“高美施用”液肥，水稻示范一亩增产5%~14.3%，大多增产在10%左右，郊区东方红农场增产18.6%。1994年，长沙荧通技术开发公司研制长效硅酸盐复合肥并获国家专利，1995年，市土肥站与该公司联合研发生产，在4县1郊区水稻、蔬菜、油菜等作物上试验示范58.7公顷，试验结果表明，长效硅酸盐复合肥水稻分蘖数亩增0.44万/亩，有效穗亩增0.7万，千粒重增0.9克，且提高水稻抗病虫能力，稻飞虱每100蔸禾虫口数减少5.38倍，纹枯病的发病株率降低14.2个百分点，防治成本每亩降低36.7元，仅占常规施肥的33%，氮、磷、钾的利用率分别提高7.9~14.8个、8.2~17个、8.0~16.4个百分点。是年，基本停止在禾苗园脚与中耕除草时施用石灰。1996年，硼肥在油菜

图21-2-7-1 农民使用腐殖叶面肥

（摄于2010年，长沙市农委供图）

生长上得到更广泛利用，从初花期喷施发展到移栽期根区淋施，硼肥亩用量从100克增加到500克，对油菜增产起到关键作用。

1998年，氮肥用量下降，钾肥和复合肥用量稳步增长，与全省化肥用量相比，钾肥、复合(混)肥用量相比分别高出全省平均水平12.1%，62.4%，氮肥用量比全省平均水平低27.2%，与全国化肥用量相比，化肥用量高于全国平均水平，化肥总量、氮肥、磷肥、钾肥和复合（混）肥等用量分别是全国平均水平的2.7倍、2.5倍、4.4倍、3倍和2.3倍。2001年，示范推广1350公顷“金玺”硅锰复混肥。2012年，具有高附加值的新型肥料如土缓控释肥、水溶肥等得到推广。化肥施用量达到65.3千克/亩，高于全国平均水平。化肥施用总量64.32万吨，其中氮肥23.64万吨，磷肥14.56万吨，钾肥7.44万吨，复合肥18.68万吨。

表21-2-7-1　　1988—2012年长沙市化肥用量统计一览表（实物量）　　单位：吨

年份	合计	氮肥	尿素	磷肥	钾肥	复合（混）肥
1988	517129	361135	—	114030	32815	9149
1989	485572	339607	58253	100962	34327	10676
1990	525222	341496	57309	135427	35603	12696
1991	530922	338779	59169	141068	37515	13560
1992	541705	340227	62299	146245	40415	14818
1993	525117	329826	59124	140404	41319	13568
1994	529742	326851	63166	141532	43799	17650
1995	551920	340469	100015	143847	46852	20752
1996	547421	329370	55955	141137	50194	26720
1997	558285	325266	67277	148805	52303	31911
1998	540285	312694	63710	143297	49667	34627
1999	531424	299792	60924	140554	51261	39817
2000	525732	290137	—	138535	51138	45922
2001	513404	283535	—	133837	49442	46590
2002	460003	245195	56436	119556	44482	50770
2003	478096	247840	118806	45104	66346	—
2004	508737	249379	—	129719	51758	77881
2005	500648	239239	—	129496	52521	79392
2006	146697（折纯）	—	—	—	—	—
2007	510284	237762	—	122902	54998	94622
2008	561620	253983	—	127444	65555	114638
2009	574729	250948	—	132739	68569	122473
2010	577660	252868	—	135397	65857	123538
2011	582734	235414	—	130376	67914	149030
2012	643278	236392	—	145649	74414	186823

三、测土配方施肥

1988年，有43个乡共108个村实行测土配方施肥技术承包，实施面积4.26万公顷，经测产对比，实行承包的比常规施肥的平均亩产增产52.5千克，投产比为9:4:1，深受农民欢迎。此后耕地养分情况发生变化，一些作物不施用钾肥就会减产，而施用中微量元素肥料的增产效果明显。随着肥料供应状况的好转，从试验示范田中总结筛选出增产增收效果好的肥料配方比例，在生产区域内加以推广。

1990年，测土配方施肥从水稻逐步推广到蔬菜、水果等经济作物，根据该年对施用测土配方施肥区域作物及习惯施肥区域的对比测量调查：早稻每亩平均增产27.4千克，每亩减少氮、磷、钾肥施用量分别为0.54千克、0.78千克、0.20千克，每亩节省成本5.62元，增收节支42.88元，晚稻亩增产30.1千克，节省成本4.65元，玉米平均每亩增产121.5千克，节省成本7.16元，增收节支128.66元，蔬菜每亩平均增产129.55千克，节约成本15.95元，增收节支183.32元，西瓜每亩平均增产105.6千克，节约成本16.09元，增收节支132.25元。是年，有43个乡108个村的0.78万公顷作物，实施水稻测土配方施肥技术承包，实行承包的比常规施肥平均亩产增产52.5千克，深得农民欢迎。此后多次监制并组织试验、示范推广应用水稻专用复混肥料，开发本地畜禽粪资源，研制有机复混肥料。1997年，长沙县完成全县耕地土壤分等定级工作，每年化验土壤样品150余个，农产品样品100余个，测土配方施肥技术施用在水稻上已经基本普及。

2005年，宁乡县列入首批全国测土配方施肥项目试点县。翌年，浏阳市、长沙县和望城县和市内五区相继列入该项目实施。2008—2011年，完成农户调查3万余户，采集土壤及植株样3.03万个，进行土壤及植株采样分析22.18万次，在粮食、蔬菜、经济作物上进行配方校正试验、氮磷钾肥不同用量试验、基追肥比例试验、对比试验、“3414”类试验等各类田间试验375次，在粮食、蔬菜、经济作物上共办测土配方施肥示范样板2514个，示范面积7.33万公顷，在粮食、蔬菜、经济作物上共推广125.08万公顷次，施用配方肥35.58万吨，施用面积57.08万公顷次。

2012年，实施测土配方施肥技术覆盖1172个村，32个乡镇和491个村“整建制”应用测土配方施肥，涉及农户84万户，为1434个种植大户、农业专业合作组织提供服务，发放测土配方施肥建议卡70.2万份，应用面积35.53万公顷，其中水稻26.83万公顷，共计增收节支达29428万元。是年全市共创建测土配方施肥示范样板895个，示范总面积2.50万公顷；开展各类田间试验50个；采集土壤样品3896个，分析化验2.35万项次，采集植株样品386个，分析化验1170项次。

第八节　植物保护

一、病虫害防治

（一）水稻病虫害防治。1988年，水稻主要病虫害是“三虫三病”（稻螟虫、稻飞虱、稻纵卷叶螟、纹枯病、稻瘟病、稻曲病），化学防治中甲胺磷、杀虫双、速灭威、敌杀死、速灭杀丁、尼索朗、稻瘟净等广谱高毒农药占支配地位。1989年，宁乡县列为联合国重点粮农组织亚洲区水稻病虫综合治理项目执行重点县，通过培训和现场指导，帮助农民实施水稻健身栽培，保护害虫天敌，合理用药，适时防治，在减少用药量和用药次数的情况下保证增产增收，年均实施面积6670公顷，亩均减少用药10%，节本增收20余元。是年9月，联合国粮农组织和农业部以宁乡为现场召开国际水稻病虫害综合防治会议，有8个主要水稻生产国的31位专家和官员参会，与会者盛赞宁乡植保工作经验为“写在稻田的学术论文”。是年推广应用BT乳剂防治面积35万亩。并应用三环唑防治稻瘟病，防效达95%。1990年，大面积推广杀虫双，杀虫单防治螟虫，速灭威治稻飞虱，井冈霉素治纹枯病，稻瘟净等治稻瘟病，禁止杀虫脒的使用，防效稳定在90%之上，推广强氯精消毒，防止恶苗病等早期病害，合理施肥后期减少氮肥用量，对稻瘟病、纹枯病、稻曲病起到良好的预防效果。1991年，对稻飞虱防治调整为“控二打三补四”，即控制二代基数，狠治第三代，补治第四代，并推广新农药扑虱灵灭稻飞虱，全市布31个示范点，61个示范片，示范面积3760公顷，培训1.62万人，印发32.6万份技术资料，当年推广面积7.87万公顷，挽回粮食损失1126万千克，获经济效益1110.17万元。

1992年，泰山-18与“蜻蜓”等机动喷雾器得到迅速推广，部分乡镇成立植保机防队。是年，宁乡县引进40%禾枯灵可湿性粉剂，据该县多点试验，此剂喷施后9天，叶绿素含量较对照增加2~3倍，延迟叶片衰老5~7天，结实率提高3.05%~5.4%，一季水稻喷施一次即可控制褐色叶枯病为主的穗期病害的发生，亩增产稻谷25~41.8千克。该县3年共推广9.2万公顷，增产稻谷6.14万吨。1993年，采用纹霉清治纹枯病，纹枯病得到有效控制。1994年，开始推广抑螟惊人、锐劲特等治螟虫与稻纵卷叶螟；扑虱灵、蚜虱净治飞虱；BT乳剂、井冈霉素治纹枯病；富士一号、清道夫治稻瘟病。1995年，推广应用10%井冈霉素水剂（简称浓井水）3.06万公顷防治纹枯病，用量少，效果好，使用方便。该年普及控氮增磷、钾的施肥方法，此法推广后纹枯病发病率呈下降趋势。1996年，混配农药和农药混用现象增多，多地使用稻丰灵、赤霉清、螟灵特等复配药剂进行防治螟虫，防治效果在95%以上。1997年，开展统防统治示范与推广，防治实行“五包”（包调查测报、包防治用工、包施药机械、包对口农药、包赔偿损失），有全包、半包、代治3种形式，施药成本核算向群众公开。宁乡县花明楼炭子冲农民传统用药防治亩平均费用51元，实行全包防治亩平均费用仅27.3元，此后统防统治面积逐年扩大。是年，宁乡县研制推出“25%吡·仲乳油”等6个低毒高效的新农药品种，大面积使用，成本低，效果好。

1998年，长沙县建成首个全国农作物病虫测报区域站，设置系统观测区和三个联系观测点，按韩国标准更新观测灯，利用互联网发布传递病虫信息。1999年，病虫对杀无双抗性增强，推广强无螟防治螟虫，应用蚜蚤净防治稻飞虱，防效稳定在98%以上。2000年，国家禁止多种高毒农药应用。2001年后，白叶枯病、细菌性条斑病转为零星发生，田间少见为害。2003年，引进频振式杀虫灯进行灯光杀虫，并通过政府采购送给基地及农户，推广频振式杀虫灯1545盏，应用面积0.65万公顷。2004年晚稻稻曲病暴发，损失3.49万吨，采用30%苯甲·丙环唑乳油、18%苯甲·丙环唑水分散粒剂等防治控制虫害。2005—2006年，稻飞虱大爆发，发生面积43.20万公顷，虫量超防治指标5~10倍，采用40%惠螟150毫升加25%噻嗪酮50克4次集中防治，控制虫害。

图21-2-8-1 宁乡县水稻病虫害统防统治
（摄于2012年，长沙市农委供图）

2007年，新发生南方水稻黑条矮缩病，产量损失7000吨。2008年，统防统治发展迅速，农机补贴政策中亦有扶持植保器械，电动式喷雾器、担架式喷雾器、植保无人飞机等防治器械开始被专业化防治组织及种粮大户使用。2009 年，长沙制定农作物病虫害专业化防治五年规划及工作实施方案。2011 年，针对南方水稻黑条矮缩病，提出“把握种子处理、秧田送嫁药、本田初期防治飞虱”3 个关键的技术意见，大力推广使用“高巧”“优拌”拌种。2011 年 8 月，全国农作物病虫害专业化统防统治工作会议在宁乡县召开，2012 年 6 月，农业部全国专业化防治组织负责人培训班在望城区现场观摩，8 月在浏阳永安举行小型飞机植保演示观摩，小型飞机植保因其施药效率高、防治效果好、残留污染少的特点迅速在本地种粮大户及专业防治组织受到欢迎。2012 年，有金丰绿色防治、双红农业科技等服务面积超 5000 亩的专业化统防统治组织 20 家，从业人员 8854 人，大型机械22 台（套），中型机械 2010 台（套），小型机械 5801 台（套），防护服 2000 余件，该年水稻专业化防治面积 9.88 万公顷，通过综合防治挽救病虫损失 1.12 亿千克。

（二）玉米病虫害防治。20 世纪 80 年代，玉米病虫害有纹枯病、大小斑病，丝黑穗病、病毒病，其中纹枯病、大小斑病为常年发生主要病害。一般未作防治，其后几种病害发生逐渐趋于严重，需施药防治 1~2 次，主要害虫为玉米螟虫，90 年代后期，在大喇叭口期用呋喃丹点心进行防治；小地老虎一般采用毒饵诱杀和人工杀虫防治，90 年代后，小地老虎发生明显减轻。2012 年，使用秸秆处理、深耕除茬技术，采取秸秆粉碎还田、深耕土壤、播前灭茬，压低病虫源基数，杀虫灯诱杀成虫，对玉米螟虫等过冬成虫结合性诱剂诱杀。

（三）油菜病虫害防治。20 世纪 80 年代，长沙地区油菜生长前期以蚜虫、猿叶甲、菜青虫等虫害为主，后期以菌核病、霜霉病等病害为主，常年发生较重。农户对油菜后期病害多采取清沟、去除老黄叶，一般未施药防治。2000 年，油菜生长前期甜菜夜蛾为害较重，菌核病损失约在 5%~10%。此后开展油菜病虫害防治工作，市、县进行病虫预测预报及大面积调查、防治工作，年平均开展油菜虫害调查 20 余次，并发出情报 1~2 期安排油菜菌核病、蚜虫等病虫害的防治；2012 年，多采用开沟排水防渍，田间插挂粘虫黄板诱杀蚜虫，因地制宜设置杀虫灯和性诱设备诱杀小菜蛾等害虫，推广应用盾壳霉、苦参碱、氨基寡糖、苏云金杆菌、核型多角体病毒等低毒生物农药防治菌核病、霜霉病。

（四）茶叶病虫害防治。20 世纪 80 年代，长沙地区茶叶主要病害有茶白星病、茶饼病、茶云蚊叶枯病，其中以假眼小绿叶蝉、茶尺蠖、茶毛虫发生为害最重，防治手段以化学防治为主，主要施用吡虫啉、敌杀死、天王星等药剂；2001 年，开始推广生态绿色防控技术，减少化学防控措施，主要在茶园间作向日葵、太阳花、矢车菊、矮牵牛、格桑花等显花和蜜源植物，为害虫天敌提供食物来源和庇护场所，提高天敌的自然防控能力。在茶园每隔三四棵茶树安装一个黄色的粘虫板，并在高处安置频振式杀虫灯，利用害虫趋光波特性，将光波设在特定范围内，灯外配以频振高压电网触杀。是年，浏阳河茶厂基地安装频振式杀虫灯 15 盏。

2002 年，全市全面禁止高毒农药使用，茶叶病虫害防治普遍采用冬季清园，种植抗病品种，加强培管、合理疏剪等农艺设施及化学农药防治。是年，金井茶厂、湘丰茶厂、浏阳河茶厂等茶厂基地引进频振式杀虫灯 70 盏，该法比传统防治减少农药施用量 59.4%。2004 年起，长沙县每年安排经费 200 万元，用于该县茶叶产业发展扶持及绿色防控技术应用推广。至 2012 年，建成 10 个茶叶绿色防控示范基地，培训农户 5000 余人次，推广茶叶绿色防控技术应用面积 11 万亩次。是年，长沙县内国家茶叶标准园实现太阳能频振式杀虫灯、黄板杀虫等病虫害绿色防控技术全覆盖。

（五）柑橘病虫害防治。20 世纪 80 年代，长沙地区柑橘主要病虫害有红蜘蛛、锈壁虱、花蕾蛆、潜叶蛾、疮痂病、炭疽病等，防治花蕾蛆主要是撒毒土，药剂为甲六粉、甲敌粉、乐果等农药，防治螨类主要用三氯杀螨醇、三氯杀螨砜、水胺硫磷、氧化乐果等。90 年代初期，市内试验推广藿香蓟等生草栽培法，利用捕食螨等捕食性天敌防治柑橘红蜘蛛，效果较好但操作性差，未能大面积推广。

1992年后，柑橘病虫与农药种类均发生变化，黑刺粉虱上升为主要害虫种群，蚧壳虫种群下降，黄蜘蛛为害加重，缺硼、锌、铁、钙等缺素症等非生物病害逐渐增加；防治花蕾蛆，主要是叶面防治，一般用菊酯类农药，防治黑刺粉虱用吡虫啉类加乙酰甲胺磷，防治蚧壳虫用速扑杀（杀扑磷），防治螨类用哒螨灵，三锉锡类农药，防治潜叶蛾用菊酯类农药，防治疮痂病、炭疽病用多灵、铜大师、铜帅等铜制剂及大生M-45（代森猛锌）、三乙磷酸铝富力库，富力库及托布津等。90年代中期后，防治上一般按照病虫发生规律，在高峰期施药防治，重视冬季清园，综合运用农业、生物物理、化学防治技术进行防治。2000年后，采用性诱剂、生物农药等生态防治法逐步得到推广，鼓励橘农连片种植、进行品种混种并做好清园，提前印发《柑橘病虫害发生预报及防治意见》到橘农手中，做到早预防、早治疗。2005年，浏阳天岩寨水果种植专业合作社在橘园试验散养土鸡啄虫，鸡粪肥树，安装频振式杀虫灯，降低虫源，获“无公害农产品”认证。2012年，推广“树顶杀虫灯、树上彩色板、树干捕食螨、林中诱虫灌”的生态物理防控技术，此法减少农药及人工成本，据在长沙县、浏阳市等地实地测算，用生态、物理防治，每亩柑橘园可节约防治成本500元。

二、农田鼠害防治

1988年，长沙主要鼠害种类是褐家鼠、小家鼠、黑线姬鼠、东方田鼠等，常年大发生。是年，全市出动150万人次参与灭鼠，灭鼠920万只，挽回粮食损失4126吨，将稻田鼠害控制在0.02%之下。1990年起，连续开展群众性灭鼠行动，年均出动100万以上人次。每年均开展春、秋两季农田灭鼠，所用灭鼠剂为灭鼠钠盐、大隆、杀鼠醚、溴敌隆、大隆等。1993年，发生鼠害面积12.06万公顷，是年因鼠害损失粮食950余吨，危害早稻种谷，造成严重缺秧，重者全部吃光，需重新播种。2002年，春、秋两季农田灭鼠示范面积733公顷，化学灭鼠面积18.67万公顷。

2003年，全市开展毒鼠强专项整治，全面禁止毒鼠强、氟乙酰胺、氟乙酸钠、毒鼠硅、甘氟等剧毒杀鼠剂生产、销售及使用，并收缴市场上的毒鼠强等剧毒杀鼠剂集中处理，彻底消除毒鼠强、氟乙酰胺、氟乙酸钠、毒鼠硅、甘氟等剧毒杀鼠剂的危害。2004年，东方田鼠鼠害在湘江流域沿岸大发生，对群众生活造成较大影响，2005年后，大部分年份是中等到偏轻发生。2012年，全市灭鼠轮换使用杀鼠醚、杀鼠灵、敌鼠钠盐等第一代抗凝血灭鼠剂和溴敌隆、溴鼠灵等第二代抗凝血灭鼠剂，在长望浏宁等地试验示范生物灭鼠剂雷公藤甲素、不育剂莪术醇等新型鼠药，并全境推广毒饵站、围栏+捕鼠器等灭鼠技术，是年全市化学灭鼠面积17.21万公顷。

三、化学除草

1988年，稻田杂草种类有稗草、千金子、莎草，次生杂草种类主要有矮慈姑、节节菜、陌上菜、看麦娘、马唐、稻李氏禾等，一季稻草害为害密度最大，种类最多，为害程度最重，早稻次之，晚稻最轻；使用化学除草剂防除杂草省时省工，经济效益高，按是年平均每亩用药费2.6元、每亩用工0.23个，亩用工费1.38元计算，全市合计成本424.58万元，比传统人工除草平均每亩节省用工3个，平均每亩增产33千克。全市农田应用化学除草面积3.35万公顷，主要除草剂有丁草胺、乐草隆、克无踪等。此后，抛秧、直播、机插等轻型栽培制度迅速普及，化学除草剂应用飞速发展，稻田主要应用丁草胺乳油和禾大壮，果、茶园主要应用草甘膦等药剂。1996年，应用化学除草面积34.49万公顷次，应用面积逐年增加。

1999年，省农业厅在沿107国道、319国道二线稻田无草害示范带工程，市植保站与长沙县植保站、望城县植保站、宁乡县植保站参与此项工作，基本摸清稻田杂草种类，分布区域及其消长动态，特别对稻田杂草的田间均度、密度进一步了解。是年引进“除草肥”。2000年后，农田杂草发生加重，除草剂全面普及使用。2012年，农田应用化学除草面积62.95万公顷次。

表 21-2-8-1　　2000—2012年长沙市农田杂草发生统计一览表

年份	发生面积（万公顷次）	防治面积（万公顷次）	实际损失（万吨）
2000	35.24	32.80	5.98
2001	39.93	37.73	6.06
2002	37.50	35.47	5.56
2003	36.61	33.05	1.65
2004	40.95	40.36	1.58
2005	42.58	40.92	2.07
2006	43.80	42.29	2.36
2007	44.05	43.30	2.18
2008	45.22	670.1	2.39
2009	54.04	59.73	2.76
2010	58.31	54.61	2.24
2011	65.67	60.97	30.41
2012	62.95	47.04	1.70

四、病虫监测预报

1988年，长沙市病虫测报主要通过手查目测，辅之以灯光诱集害虫和扩大镜、显微镜等手段，测报内容主要是病虫害发生期、发生程度、防治适期、防治方法，在田间调查的基础上，结合历史资料、气象条件、作物长势长相、栽培管理等因素进行预警。各区（县）市植保站均配备专业测报员，配置测报灯、养虫笼、扩大镜、显微镜等仪器，以县测报站为中心，另设立定点监测点，掌握病虫害发生动态。是年长沙市有县级测报站12个，测报员23人。区乡级测报站30个，测报员35人。

1996年6月，宁乡县植保站及时发出“二代飞虱发生期偏迟，发生量小”的预报，不安排大面积防治，是年二代稻飞虱发生于早稻蜡熟期，且100蔸虫量120只，远低于防治指标，全县减少农药成本和用工费用300万元。1998年，长沙县植保植检站设置系统观测区和星沙、安沙、路口三个联系观测点，按韩国标准更新测报灯，利用互联网发布、传递病虫信息，将每期《病虫情报》在长沙县农业信息网上公布，建成全国重点农作物病虫测报区域站，2002年，市农作物重大生物灾害防治指挥部成立；是年长沙县植保站参与实施“中韩水稻迁飞性害虫测报合作项目”。2004年，市植保站实施农作物病虫信息与植保技术“进村入户”行动计划，在有害生物大发生时，通过广播、报纸、电视等媒体及张贴布告、散发技术资料等形式向农民传播病虫信息与防治技术。2006年，长沙县、浏阳市、望城县、宁乡县植保站分别承担国家粮食优质产业工作农业生物有害预警与控制区域站建设有关项目。2009年，测报经费进入农业部门预算，每年安排病虫监测预报经费5万~10万元。2012年，长沙、浏阳、宁乡3县（市）及望城区均已建成高标准的有害生物预警与控制区域站。

五、植物检疫

（一）植物检疫对象调查。1988年，长沙市植物检疫对象为水稻细菌性条斑病及柑橘溃疡病。20世纪90年代，水稻细菌性条斑病发生较重，长沙县、望城县、宁乡县及开福区等区县均有发生。随着柑橘种植面积的减少，柑橘溃疡病的发生也逐渐减轻。1994年，芙蓉区首次发生美洲斑潜蝇，1995年，长沙市植保站组织力量对郊区范围进行调查，确认郊区东岸乡、东屯渡乡、黎托乡、马王堆乡有不同程度发生，面积共约33公顷，危害作物主要是蔬菜，以豆角为最重。1997年，美洲斑潜蝇在全市9个县（市）区全部发生，涉及56个乡镇面积共7000公顷。2000年，水稻细菌性条斑病发生减轻，仅零星发生，田间少见为害。2004年，发生检疫对象稻水象甲，首次在长沙县暮云镇内发现并确认；2005年，稻水象甲在长沙县、望城县、宁乡县、开福区、天心区均有发生，是年，全市美洲斑潜蝇发生面积4333公顷。2009年，美洲斑潜蝇被移出检疫生物名单。2010年，长沙县、望城县、宁乡县及芙蓉区发生检疫对象扶桑绵粉蚧，主要在蔬菜、园艺作物上发生。2012年，经对稻水象甲数年防治，大部分地区已掌握虫害发生及防治规律，重点抓住4月底5月初的时机，及时扑灭成虫，压低虫口基数，是年稻水象甲仅长沙县、浏阳市有零星发生。

图 21-2-8-2 植物检疫执法

（摄于2009年，长沙市农委供图）

（二）植物检疫实施。1988年，产地检疫、调运检疫、控制检疫对象的扩散、防治检疫对象成为检疫工作重点，检疫贯彻“管住有害生物、有利市场流通”原则，开展大面积普查及防控、产地检疫、市场调运检疫、植物检疫执法工作，每年出动植物检疫人员30余人，检查种子门店、种苗生产、经销企业。1997年，全市对391万千克水稻种子和4320万株柑橘苗进行产地检疫，未发现检疫对象，对105批次113.9万千克水稻种子、65批次130万株柑橘苗进行调运检疫。2001年，进行水稻产地检疫面积733公顷，计337万千克，柑橘产地检测400公顷计150万株；水稻调运检疫11批次计12万千克，蔬菜调运检疫40批次计0.88万千克，柑橘调运检疫19批次72万株，茶叶调运检疫11批次12万千克。2012年，长沙设立疫情监测点35个，由专职检疫员34名，开展疫情普查面积160万亩次，对5个制种单位718亩制种基地进行产地检疫，检疫种子77.32吨，省内检疫1081批次，检疫种子2822.02吨，苗木8.5万株，省外调运检疫280批次，检疫种子2560.88万吨，苗木5.7万株。

第三章 林　业

长沙地区属亚热带常绿阔叶林区，域内光、热、水、土等环境条件差异明显，适合多种林木生长。20世纪80年代初，长沙市根据中共中央、国务院《关于保护森林发展林业若干问题的决定》，实行山林承包责任制，基本解决长期存在的“山林权属不清、职责不明、统得过死”等现象。1985年《中华人民共和国森林法》实施后，进一步促进林区秩序稳定，推动封山育林、人工造林、飞机播种造林、义务植树相结合的营林生产模式，出现国家、集体、个人一起上的新局面。“六五”（1981—1985年）时期造林面积为“五五”期的1.39倍。1988年，全市活立木总蓄积778.15万立方米。80年代中后期，飞播造林有序开展。1988年12月，长沙市作出“三年消灭荒山、八年绿化长沙”的决定。1989年开始，全市各级党政领导建立固定植树点233个，进一步促进城乡植树造林的蓬勃开展。是年，完成国有山林定权发证。

90年代开始，长沙市林业工作实行“三个转变”（由一般荒山造林向改造低产低质林转变，由单一发展用材林向用材林、经济林、药材林、果木林多元化方向转变，由单纯生态型向生态经济型林业转变），并成为其后一系列林业改革、创新、发展的重要指南。生态经济、生态林业，开始成为广大农村干部群众的新观念。1991年，4县1郊消灭宜林荒山，全面实行封山育林。1992年，全市封山育林3.84万公顷，比1988年增加1.26倍。建成第一个森林公园——大围山国家森林公园。林业工作受到各级重视，各县（市、区）为恢复和保护森林植被出现你追我赶的局面。1993年，全市开展以油茶低改和楠竹低改为主要内容的低效林改造。长沙市成为全省第三个消灭宜林荒山的地级市，浏阳市被授予全国森林资源林政管理先进单位。1996年，浏阳市公安局林业分局被林业部公安局记集体二等功。1997年，长沙市如期实现绿化达标。

21世纪初，先后进行国有、集体林权制度改革，以及农民林权换发证和国有山林税费改革，为林业的全面发展提供动力。2001年，建成市、县、乡、村森林病虫害四级监测网络。浏阳市被批准为“中国油茶之乡”，大量低产油茶林得到改造。2002年，全市全面启动退耕还林。2003年，启动农户林地林权登记换发证工作。

2004年开始，长沙市根据国务院《关于加快林业发展的决定》，印发《长沙市城市林业生态圈建设管理办法》和《长沙市城市林业生态圈重点林业生态工程建设任务年度实施方案》，启动城市林业生态圈建设，重点加强环城林带、绿色通道、江河风光带、森林公园和生态主题园建设；启动异地造林工程。2006年建成第一个湿地公园——望城南湖湿地公园。是年长沙市被授予国家森林城市称号。2007年，浏阳市获全国绿色小康县（市）称号。2008年，长沙市被授予国家园林城市称号并启动血防林建设。全国油茶产业发展现场会在长沙召开，国务院副总理回良玉出席。2010年，长沙市被授予全国绿化模范城市。2011年，集体林场全面完成林权制度改革；国家林业局、世界自然基金会共同在长沙举办长江湿地保护网络年会，充分肯定长沙湿地建设和保护的做法及成效。是年，长沙市被评为全国国土绿化突出贡献单位。2012年，长沙市有林地面积61.59万公顷，活立木蓄积2390.43万立方米，森林覆盖率 53.35%；已建成 9 个省级以上森林公园，其中国家级 5 个；重点保护的湿地 52 个，4.26 万公顷；木竹林产品年产值 48 亿元，建成比较完整的产业链；新兴的林下经济年产值 40 亿元；油茶、楠竹、花卉苗木三大基地建设成效显著。浏阳河花木产业带种植面积 2.87 万公顷，年产值 40 亿元，其示范基地建设和以花木市场建设为重点、引导产业结构调整和增加农民收入为目标的做法被称为“公司+农户+市场”模式。

第一节 机 构

一、市级机构

1988 年，长沙市林业局在原有内设机构办公室、林政科、营林科、科技教育科、经济林科的基础上，增设林业公安科和监察室。林业公安科与林政科实行“两块牌子、一套人马”。是年，全局有林业干部、工人 45 人。1989 年增设长沙市林业局森林资源管理科，与营林科实行“两块牌子、一套人马”。1990 年增设长沙市森林防火办公室。1991 年增设长沙市林业局计划财务科。1992 年增设长沙市林业局政工科。1993 年设立中共长沙市林业局委员会纪律检查组。1995 年，市绿化委员会办公室的编制纳入市林业局机关；原林业公安科更改为林业公安局（又称长沙市林业局公安分局，由市林业局、市公安局领导，以市林业局为主）；原森林资源管理科与林政科合并为资源林政科；原营林科与经济林科合并为造林绿化经营科；办公室、政工科、监察室、计划财务科、科技教育科、经济林科保留未变。2002 年，长沙市林业局内设办公室、人事处、造林处（长沙市绿化委员会办公室）、资源林政法规处、科学技术处、计划统计处、机关党总支、纪检（监察）室。至 2012 年年底，长沙市林业局有内设机构办公室、人事处、造林处（长沙市绿化委员会办公室）、资源林政法规处、科学技术处、计划统计处、机关党总支、纪检（监察）室。有林业干部、工人 108 人。

1988 年，长沙市林业局有下属单位市森林保护站、市林木种子站、市林业调查设计队市新河水上木材检查站。1991 年，设立长沙市林业科技推广站。1997 年，长沙市林木种子站更名为长沙市林木种苗管理站。2000 年，长沙市新河水上木材检查站更名为长沙市林木种苗中心。2002 年，长沙市公安局林业分局更名为长沙市林业局森林公安分局，亦称长沙市公安局森林分局，加挂长沙市森林防火指挥部办公室牌子。2004 年，长沙市林业调查设计队加挂长沙市森林资源监测中心的牌子。2005 年，长沙市林业局森林公安分局内设办公室、森林消防科、法制科、刑侦治安队 4 个职能科室。2009 年，长沙市林业局森林公安分局更名为长沙市森林公安局，亦称长沙市公安局森林支队。2011 年，长沙市园林和风景名胜区执法队成建制划入市林业局，更名为长沙市林业和园林综合执法支队。2012 年，长沙市林业局有市森林公安局、市林业和园林综合执法支队、市森林保护站、市林业调查设计队、市林木种苗站、市林业科技推广站 6 个二级机构。

1988——2012 年，先后担任长沙市林业局主要领导职务的有：王本凡、刘俊坤、周开初、吴海山、程再华、姚智醇、任正斌、周庆年。其他领导班子成员有：范才强、陈怡、肖平鸽、钟红剑、杨祥隆、刘星明、黄树森、汤华亮、谢欣荣、段建军、谭景长、胡淑纯（女）、恭映璧。

二、区县（市）机构

1988 年，长沙、望城、浏阳、宁乡 4 县和郊区均设有林业局，为区县政府工作部门。东区、西区、南区、北区无林业区域及相应机构。4 县 1 郊有林业干部、工人 1167 人。1993 年浏阳县撤县设市，更名为浏阳市林业局。1995—1996 年长沙市区划调整，原 5 区更名为芙蓉、雨花、天心、开福、岳麓 5 区，各区均设立农林水利局，管理辖区林业工作。2011 年，望城撤县设区，更名为望城区林业局，长沙、浏阳、宁乡 3 区县（市）仍设立林业局。芙蓉、雨花、天心、开福 4 区仍设立农林水利局，岳麓区设立农林畜牧局。至 2012 年无变化。年底，长沙市各区县（市）共有林业干部和工人 1750 人。

三、基层机构

1988 年，长沙、望城、浏阳、宁乡 4 县下属 40 个区均设置区林业站。其中长沙、望城县的区林业站为事业单位；宁乡县的区林业站为县林业局二级机构；浏阳县的区林业站为县林业局派出机构。长沙、浏阳、宁乡 3 县各乡镇均设置乡镇林业站。区、乡林业工作人员共 749 人。1995 年撤区并乡建镇，4 县 114 个乡镇均设置乡镇林业站。2012 年，全市有基层林业站 114 个，林业干部、工人 938 人。

第二节　山林管理体制改革

20 世纪 70 年代，长沙市山林权属为单一的公有制，除少数国有林场、苗圃、林科所，主要是公社、大队林场。1981—1984 年实行林业“三定”（稳定山权、林权，划定自留山，确定林业生产责任制），全市给 70 余万户农户划定自留山、风景林 312.87 万公顷，承包给农户责任山 195.19 万公顷，给 1510 个乡、村办林场确定经营的集体山，出现以公有制为主导、多种经济成分、多种经营形式并存的局面。1988 年，全市山林总面积中，农户自留山占 50.74%，承包给农户的责任山占 31.65%，国有山林 1.19%，乡村林场 8.85%，其他占 7.67%。90 年代开始，为稳定权属，凭证营业，逐步开展山林资源的定权发证工作。1990 年 3—8 月，以县为单位，完成全市国有山林的定权发证。此项工作将山林权属的有关图纸、表册，包括调查处理山林纠纷的申报、批复、协议及图表等资料，进行立卷归档。

2003 年 6 月，长沙市率先全省启动农户林权登记换发证工作。7 月，在宁乡县祖塔乡开展试点，县林业局及乡村组织专门班子深入山头地块进行实地调查，划分小班，落实到户后进行公示，并妥善处理历史遗留的山林权属纠纷。试点涉及山林面积 2377.8 公顷，农户 1159 户，于 10 月 20 日完成，全乡 60 余户农民代表领取林权证。随后，这项工作在全市铺开，至 2005 年 8 月，完成现场核实山林面积 61.84 万公顷，换发林权证 60.54 万本，涉及全市 120.38 万户农户、416.81 万人。

2007 年 5 月 23 日，湖南省深化国有农场税费改革工作会议在长沙召开，以全部免除农工和农（林）场承担的类似“乡镇五统筹”收费和支出为核心内容的全省农（林）场税费改革工作全面启动。10 月，长沙市根据《湖南省关于深化国有农场税费改革的意见》，全面完成国有山林税费改革，这项工作包括六项内容：免除林场职工和林场实际承担的类似“乡镇五项统筹”支出，切实减轻国有林场办社会负担，清理和规范国有林场的各种收费，分类化解国有林场债务，做好国有林场职工社会保障工作，对国有林场税费改革予以适当补助，解决国有林场职工养老、医疗、工伤、生育、失业保险。

2007 年，浏阳市被列为全省集体林权制度改革试点。2008 年 10 月试点工作通过省级验收。明晰山林产权 33.53 万公顷，核发新林权证面积 22.8 万公顷；同时实施配套改革，有序流转山林 4.28 万公顷；在全省率先开展森林资源林权抵押贷款业务，办理抵押贷款 21 起；开展森林火灾保险，投保山林面积 1400 公顷；组建各类专业合作社 11 个，规模管理林地面积 3100 公顷。

2009 年 4 月 8 日，成立由市长任组长的长沙市集体林权制度改革领导小组，4 月 14 日发布《中共长沙市委、长沙市人民政府关于全面推进集体林权制度改革的实施意见》，要求在维护林农利益的前提下，促进林业生产要素合理流动和森林资源优化配置，完成明晰产权、承包到户的改革任务。将集体林权制度改革工作纳入目标管理考核内容，由市政府与参加林改的各县（市）区政府签订目标管理责任书，实行专项目标管理。9月8日开始，对有林改任务的县（市）区的林改工作进度和质量进行督查。2010年8月10日，长沙市召开全市林权制度改革工作调度会。9月13日，发布《长沙市集体林权制度改革检查验收方案》。2011年4月2日，经与中国人民财产保险股份有限公司长沙分公司沟通协商，成立长沙市森林保险工作协调小组，并联合发布《关于共同推进森林保险试点工作的通知》。是年，集体林场全面完成林权制度改革，在坚持集体林地所有权不变的前提下，对集体林场的使用权以及林木的所有权进行确权。确权的方式通过民主决策，对不宜实行家庭承包经营的集体林场，依法经该集体经济组织成员同意，通过均股均利等方式落实产权。在选择模式上坚持因地制宜，分类指导，尊重群众意愿。对于高山边远、面积过小、立地条件差或已划为国家和省级公益林的，以及自然保护区、风景名胜区、森林公园和军事禁区等范围内的集体林场，根据群众意愿继续维持的，明确股权和分利办法。

2011年，长沙市为加快林业发展方式转变，开展林权管理服务机构“一站两中心”（基层林业站、林权流转服务中心、森林资源资产评估咨询服务中心）试点工作。9月下旬至10月上旬，对长沙县、浏阳市、宁乡县、望城县的两个中心和长沙县金井镇、跳马乡两个林业站、浏阳市官渡、淳口镇两个林业工作站、宁乡县煤炭坝镇、喻家坳乡两个林业工作站、岳麓区坪塘镇林业工作站、开福区农林水利局林业工作站、望城区星城镇林业工作站等9个林业工作站，进行验收。11月，浏阳市林权管理服务中心被列为全省6个试点之一。浏阳市普迹镇被列为全省12个林业站标准化建设试点单位之一。12月，长沙市集体林权制度改革全面完成。长沙市人民政府获湖南省集体林权制度主体改革工作市州目标考核一等奖。2012年1月，浏阳市被确定为全国首批创建农民林业专业合作社示范县（市）。9月，长沙市全面完成林权权属数据库建设，名列全省首位。12月，浏阳市林权管理服务中心试点工作，通过省级验收。普迹镇林业站标准化建设试点工作通过省级验收。12月27日，长沙市在全省林业改革发展暨林业站管理工作会议上，就推进集体林权制度相关配套改革作典型发言。2012年，长沙市有4个国有林场，经营面积2.61万公顷；乡村林场699个，总面积10.36万公顷；农户林地61.84万公顷，全部完成山林定权发证工作。

第三节　森林资源

一、林木资源

长沙市地处亚热带常绿阔叶林区，主要植被类型有针叶林、针阔混交林、常绿阔叶林、竹林。经济林以油茶、柑橘为主。1988年，全市林业用地面积61.67万公顷，活立木总蓄积778.15万立方米，其中杉木林249.11万立方米、马尾松林365.96万立方米、阔叶林163.06万立方米，分别占总蓄积量的32.01%、47.03%、20.95%。林业用地和林木总蓄积量中，浏阳市所占比重最大，分别达56.37%和71.84%，其余各县区：宁乡县分别为19.84%和10.74%、长沙县分别为15.28%和9.65%、望城县分别为7.41%和6.55%、郊区分别为1.10%和0.75%。是年全市森林覆盖率为41.46%。12月，长沙市作出“加速植树造林，三年消灭宜林荒山、八年绿化长沙”的决定后，连续多年组织年度“宜林荒山歼灭战”，并从国内外引进以樟科、木兰科、棕榈科等树种为主的55种树种绿化造林。全市有国家一级保护树种银杏、红豆杉、水杉、伯乐树、峨眉拟单性木兰；国家二级保护树种香果树、金钱松、华南五针松、香榧、楠木、观光木、喜树、厚朴、榉树、香樟、台湾杉、乐东拟单性木兰、云南拟单性木兰等。

1990年开始，推进“以营林为基础，封、造、管并举”的振兴林业绿化国土方针，林木资源总量大幅度提升。1995年，活立木总蓄积增至1418.62万立方米。进入21世纪，长沙市加大农村退耕还林和城市林业生态圈及城乡绿化一体化建设，林木资源总量进一步增加。2004年，森林活立木蓄积量达到2100万立方米，全市当年完成重点造林2万公顷、油茶低改和新造油茶800公顷、楠竹低改和新造楠竹2668公顷、全民义务植树812万株、创建省市级园林式单位58个、退耕还林1320公顷，是年森林覆盖率53.60%。2012年，长沙市林业用地61.32万公顷，活立木总蓄积量2390.43万立方米，其中乔木林、疏林、“四旁”树、散生木蓄积分别占95.33%、0.001%、2.67%、2%；杉木林、马尾松林、国外松林蓄积分别占全市林木总蓄积的39.61%、35.67%、7.08%，另有柏木林、三杉林、杨树林等。是年全市森林覆盖率53.35%。

2012年，长沙市林地和林木资源按行政区划分，主要分布在浏阳市、宁乡县、长沙县、望城县、岳麓区。其中，林业用地分别占长沙市林业用地总面积的53.43%、21.68%、15.35%、4.8%、3.5%；活立木总蓄积分别占长沙市总蓄积的52.73%、19.08%、15.77%、5.99%、4.40%。森林蓄积量50万立方米以上的乡镇有5个，为浏阳市大围山镇、张坊镇、白沙乡、七宝山乡、高坪乡，蓄积量30万~50万立方米的有6个，蓄积量10万~30万立方米的有125个。按林种结构划分，有用材林、防护林、薪炭林、特种用途林，其中用材林、防护林蓄积分别占总蓄积的59.97%、31.15%。按年龄结构划分。用材林幼龄林面积2.67万公顷，中龄林11.49万公顷，近熟林11.05万公顷，成熟林2.15万公顷，过熟林0.05万公顷，其中，中龄林、近熟林蓄积分别占用材林蓄积的39.77%、45.01%。是年，长沙市共有自然分布和引种栽培树种资源102科，计977种，其中常绿树种462种，落叶树种515种；乔木457种，灌木414种，竹蕨类106种。

表21-3-3-1　　1988—2012年部分年份长沙市林业用地面积变化统计一览表

调查年度	土地总面积（公顷）	林业用地（公顷）	乔木林地（公顷）	竹林（公顷）	疏林地（公顷）	经济林（公顷）	灌木林地（不含经济林地）（公顷）	未成林造林地（公顷）	苗圃地（公顷）	无立木林地与宜林地（公顷）	林木绿化率（%）	森林覆盖率（%）
1988	1182800	616653.0	338527.0	31693.0	35866.0	98300.0	21907.0	25587.0	133.0	64640.0	—	41.46
1995	1182800	610438.0	439304.0	34815.0	11489.0	76386.0	21731.0	9932.0	92.0	16689.0	51.90	48.38
2003	1182800	620623.7	473422.7	51205.3	922.9	56342.8	17230.7	7479.8	803.1	13216.4	53.60	49.98
2012	1182800	613205.0	457080.0	52630.0	1387.0	57198.0	12334.0	13889.0	764.0	17924.0	53.35	48.97

表21-3-3-2　　1988—2012年部分年份长沙市森林蓄积量变化统计一览表

年度	林木总蓄积（万立方米）	乔木林（万立方米）	疏林（万立方米）	“四旁树”（万立方米）	散生木（万立方米）	竹（亿株）
1988	778.15	585.86	62.11	54.71	75.48	0.55
1995	1418.63	1246.63	15.81	76.25	79.94	0.67
2003	2100.90	1990.27	0.97	63.00	46.66	1.11
2012	2390.43	2278.37	1.30	62.55	48.21	1.14

二、湿地资源

长沙市属湘江水系，湘江经过市域的长度 74 千米，其间流入湘江的支流 15 条，较大的有浏阳河、捞刀河、靳江、沩江、龙王港、南川河、沙河。除永久性河流湿地以外，长沙市的自然湿地还有湖泊湿地、沼泽湿地两种类型。人工湿地主要有池塘、蓄水区、水渠等类型。

2005 年，长沙市在全省率先开展湿地资源调查，开始建立湿地资源数据档案。2007 年，进而对全市湿地资源进行普查，共有各类湿地 8593 个，面积 3.82 万公顷。其中自然湿地有河流 424 支，面积 1.96 万公顷；淡水湖泊 30 个，面积 1441 公顷；草本沼泽 5 个，面积 898 公顷。人工湿地有水库、拦河坝、水电坝共 13 个，面积 4835 公顷；淡水池塘 7661 个，面积 9967 公顷；农用池塘 203 个，面积 132 公顷；灌溉用沟渠 89 条，面积 752 公顷；城市景观水面 43 个，面积 574 公顷；废水处理场所 8 个，面积 5 公顷。

2008 年，建成望城区千龙湖国家湿地公园，面积 915 公顷。2010 年，建成宁乡县金洲湖国家湿地公园，面积 1472 公顷。2011 年，建成长沙县松雅湖国家湿地公园，面积 365 公顷；以及洋湖湿地公园、东湖湿地公园、梅溪湖湿地公园等。

2012 年，根据第二次全国湿地资源普查结果，长沙市湿地面积 4.26 万公顷，其中河流湿地 2.59 万公顷，湖泊湿地 3316 公顷，沼泽湿地 830 公顷，人工湿地 1.26 万公顷。列入国家重点保护的湿地 2724 公顷，株树桥水库作为长沙市民重要饮用水源地纳入全面保护范围。

长沙市湿地生物资源主要有：被子植物和蕨类植物 70 科、302 种，湿地植物群落 54 个；脊椎动物 234 种，其中 129 种鸟类、27 种爬行类、12 种两栖类、48 种鱼类。湿地生态系统内的重点保护植物有香樟、篦子、云尖杉、福建柏、水杉、鹅掌楸、厚朴、凹叶厚朴、喜树等；重点保护动物有小白额雁、鸳鸯、小青脚鹬、平胸龟、虎纹蛙、池鹭、白鹭、牛背鹭、野鸭、华南兔、竹鼠等。

三、森林公园（国有林场）

1988 年，长沙市有浏阳县大围山林场、宁乡县黄材林场、宁乡县城墙大山林场 3 个国有林场、7 个县乡联营林场、3 个国有采育场、4 个国有苗圃、3 个县林科所，共经营国有山林 9191.7 公顷。1992 年 7 月 27 日由原林业部批准，在国有大围山林场成立大围山国家森林公园，批复面积 3703 公顷，实际规划面积 4220 公顷，公园和林场面积重叠，实行“两块牌子、一套人马“管理。其后，长沙市林业系统参照大围山模式，陆续建起一批大小不等的森林公园。其中，1992 年，由林业部批准设立天际岭国家森林公园（即湖南省森林植物园），位于雨花区，批复面积 140 公顷。20 世纪 90 年代，长沙市森林公园的建设主要采取采用财政投资、租赁和股份合作、争取上级支持等办法，编制总体规划，加强基础设施建设和项目基地建设，保护自然景观，挖掘人文景观。

图 21-3-3-1 长沙县大山冲国有林场

（摄于 2012 年，长沙市林业局供图）

2000年5月，由湖南省人民政府批准设立黑麋峰省级森林公园，位于望城县桥驿镇；2006年12月，由湖南省人民政府批准设立大山冲省级森林公园，位于长沙县路口镇，批复面积419.4公顷；2009年12月4日，由湖南省人民政府批准设立青羊湖省级森林公园，位于宁乡县黄材镇；2009年12月4日，由湖南省林业厅批准设立青竹湖省级森林公园，位于开福区青竹湖镇，批复面积805.3公顷；2009年12月15日，由国家林业局批准设立凤凰山国家森林公园，位于宁乡县夏铎铺镇，批复面积2159公顷。21世纪初，森林公园的建设和管理注重打造特色品牌，提升公园景区的知名度。2010年11月25日，由湖南省人民政府批准设立狮子山省级森林公园，位于浏阳市七宝乡，批复面积4147.4公顷；2010年11月25日，由湖南省人民政府批准设立影珠山省级森林公园，位于长沙县福临镇，批复面积1023公顷。2010年12月28日，青羊湖森林公园由国家林业局批准升级为国家森林公园，批复面积3247.47公顷。2011年长沙市十三届人大常委会作出《关于加快推进旅游业发展的决议》，作出以人为本、重在自然、突出特色、创新机制、培育市场、保护资源等多项决策，森林公园建设进入新阶段。2012年1月17日，黑麋峰森林公园由国家林业局批准升级为国家森林公园，批复面积为2451.7公顷。

图21-3-3-2 浏阳大围山森林公园

（摄于2012年，长沙市林业局供图）

2012年，长沙市共有国有林场4个，分别是浏阳市大围山国有林场、浏阳市浏阳湖国有林场、长沙县大山冲国有林场，宁乡县青羊湖国有林场，共有林地2.61万公顷。全市共建成省级以上森林公园9个，经营总面积1.99万公顷，其中大围山、天际岭、凤凰山、青洋湖、黑麋峰为国家级，大山冲、青竹湖、狮子山、影珠山为省级。

第四节　国土绿化

一、人工造林

1989年，长沙市由市委书记、市长带头，启动市、县、区、乡四级领导干部绿化办点233处，完成人工造林5333公顷，占当年全市造林面积的28.2%。1990年，各县、郊、区长与长沙市长签订五年全面绿化责任书，当年全市完成人工造林1.92万公顷。是年，退居二线的宁乡县原副县长姜瑞希，连续两年自荐抓林业，深入基层查处乱砍滥伐，带领干部群众植树造林，大力推广省柴节煤灶，全县提前实现消灭荒山目标，获全国绿化委员会颁发的全国绿化奖章。1991年，长沙市实行造林工作“三个转变”(由一般荒山造林向改造低产低质林转变，由单一发展用材林向用材林、经济林、药材林、果木林多元化方向转变，由单纯生态型向生态经济型林业转变)，其后在开福区捞刀河镇成功村建立66.7公顷的示范基地，此一做法坚持数年不变。浏阳县张坊林场场长胡芳成，连续5年带领职工炼山700余公顷，1991年被评为全国造林绿化劳动模范。1993年，浏阳市大围山区林业站站长邓隆江获全国绿化委员会授予的全国绿化奖章。他担任站长11年仅休假5天，带领群众造林1万公顷，森林覆盖率由71.8%提高到

75.53%，同时狠抓森林资源的管理和综合开发，5年森林资源消耗量下降5万立方米，全站拥有固定资产200万元，自有流动资金100万元，被誉为“全省第一站”。1995年，全市涌现一大批造林绿化先进单位。郊区望岳乡评为“全国造林绿化百佳乡”，望城县雷锋镇坪山村、浏阳市葛家乡马家村、宁乡县资福乡柳枫村评为“全国造林绿化千佳村”。1999年，望城县采取“目标管理，明确责任，办示范点，推动面上，多方集资，群众投劳，搞好服务，提高质量”的过硬措施，高标准完成人工造林102公顷，代表长沙市接受年度全省造林实绩核查，名列全省第一。2000年6月14日，国家林业局向全国发出通报，对在“九五”期间涌现的植树造林先进单位和先进工作者进行表彰，长沙市被授予“全国营造林工作先进单位”，浏阳市林业局寻爱国被评为“全国营造林工作先进工作者”。

2002年，长沙市开始启动退耕还林，按政策要求，坡度在25度上下水土流失严重的常耕地实行退耕还林，退耕地造林经验收合格，由国家给予粮食和现金补助。其补助年限按生态林补助8年、经济林补助5年计算；补助标准为每亩300元。2003年，浏阳市即全面完成29个乡镇、1.5万户农户退耕还林林权发证工作。2003—2005年，长沙市完成低效林改造、幼林抚育等农业综合开发项目造林0.29万公顷。2006年，又将油茶低改和丰产示范列入重点支持和发展项目。2008年，新造油茶丰产示范林0.05万公顷，油茶低改0.07万公顷。至2012年，长沙市共计退耕还林0.57万公顷，补助全部到位。

二、重点工程造林

20世纪80年代末期开始，长沙市实施多项各级各类重点工程造林。1989年，为减少和减轻自然灾害的危害，保护耕地，促进农业生产，改善生态环境和群众的生产生活条件，长沙市对接国家重点防护林工程，启动长江中上游防护林体系建设工程，覆盖长沙、望城、浏阳、宁乡4个县（市、区）。1991年，浏阳市在大洛、泮春两个乡7个村的以工代赈工程中，注意多元化发展，共造林240公顷，垦复毛竹160公顷，以及少量经济树种。此项工程，由国家下拨粮食10万千克，安排配套资金9.6万元，农户投山投劳，分户整地抚育，统一管护，收入乡村组占4成，山主劳力占6成。1992年，长沙市实行“三个转变”造林工程1.16万公顷，其中低产林和三类杉木林改造9280公顷，经济林1240公顷。2003年，长沙市完成临（湘）长（沙）高速公路绿化带建设48.52千米，每侧带宽30米，种植杨树、樟树、木荷、杜英等共23万余株。是年，长沙市完成（黄花）机场高速公路绿色通道建设工程，全长17.5千米，每侧带宽20米，主栽樟树、杜英和栗树。2004年，长沙市启动异地造林工程，以恢复因工程占用、征用的林地，主要分布在浏阳市、宁乡县、长沙县、望城县的14个乡镇，涉及45个村。工程建设采用省市县联合投资方式筹措资金。当年全面完成任务，恢复林地913公顷。2005年，长沙市完成农业综合开发林业生态示范项目建设任务2941公顷。2008年，长沙市血防林工程启动。12月，长沙市成立油茶产业发展领导小组并印发文件，全面推进油茶产业基地建设。至2012年，全市共造油茶林1.2万公顷；完成血防林任务1123公顷。完成长江防护林工程造林9131.1公顷。

三、城市林业生态圈建设

1988年，长沙市城市林业生态环境主要由园林绿地、行道树、城郊公益林和机关单位绿地组成，缺乏规划和规模，不成体系。2001年5月，国务院发出《关于加强城市绿化建设的通知》，要求保证城市绿化用地，到2010年城市人均公共绿地面积达到10平方米以上。是年长沙市启动《长沙市城市林业生态圈整体规划》编制工作，规划内容由城市园林绿地、环城林带、生态隔离带、绿色通道、江河风光带、森林公园、生物多样性保护区和城郊生态公益林组成。2003年6月，国务院出台《关于加快林业发展的决定》后，29日，长沙市通过《长沙市城市林业生态圈专项规划（2003—2020）》。规划建设重点是“一环、六带、五廊、十二园、五组团”生态工程建设，以形成多层次、多类型、多网络放射状的城市林业生态体系。其中，2004—2008年的工程总任务主要包括环城林带内圈（二环线）、外圈，总长度148.5千米，面积3024公顷；绿色通道，总长度164.8千米，面积1140公顷；江河风光带，新建林带216.8千米，新造林面积1084公顷；新建8个森林公园、22个生态主题园共5868公顷。要求通过5年的努力，基本形成长沙市城市林业生态圈框架，到2020年把长沙建成生态城市。2004年，长沙市作出建设城市林业生态圈的决定，出台《长沙市城市林业生态圈建设管理办法》和《长沙城市林业生态圈重点林业生态工程建设任务年度实施方案》，全面启动城市林业生态圈建设。2005年为保护现有森林资源，在生态圈规划范围内的重点区域，组织实施定址堪界埋桩工程。2006年，长沙市城市生态圈浏东公路绿色走廊建设工程项目实施，公路两侧平地200米内全部植树绿化，2008年，完成全长67千米的走廊建设，建成生态公益林保护带1.33万公顷。至2011年，在长沙市城区周边陆续建成太阳山、大山冲、西湖山、乌山、秀峰山森林公园，以及仙姑岭、彩叶、岳鞍阁、藕塘、清泉寺、小仙窝等主题公园和斑马湖、东湖等湿地公园，建设和保护林地面积707.2公顷；建设环城林带136.2千米、绿色通道58.9千米、江河风光带15.6千米，建设面积990.6公顷。2011年，为保障城市快速发展过程中林业生态环境的可持续发展，对《长沙市城市林业生态圈专项规划（2003—2020）》再度进行调整修编。

四、全民义务植树

1982年，长沙市成立绿化委员会，每年植树节前后组织机关干部到城市郊区义务植树，各县区郊亦同。市党政军领导先后到长沙烈士公园、岳麓山、雨花区圭塘河风光带、长沙县星沙镇特立公园、天心区杜鹃花生态文化公园、长沙市政府杜鹃广场、武广高铁沿线星沙段、浏阳河风光带、洋湖湿地公园等处集中参加义务植树活动。浏阳、宁乡、望城、长沙4县及长沙市郊区有21个乡镇通过义务植树，消灭宜林荒山，成为全市首批绿化荒山达标乡镇。1991年，全市4县1郊全部消灭宜林荒山。长沙县被评为“全国造林绿化先进单位”。1995年，经全国绿化委员会、林业部等单位验收，全市一批单位步入全国造林绿化先进行列。

1998年1月6日，长沙市发布《关于进一步加强造林绿化和全民义务植树工作的通知》，要求城镇和农村适龄公民每年分别完成3个和2个工作日。2004年2月2日，长沙市进一步拓宽义务植树尽责形式，包括造林绿化，相当于3~5株义务植树量的相应的育苗、管护和其他绿化任务，认建、认养、认管绿地，以资代劳。2006年11月21日，长沙市理顺绿化费的征收管理体制。

图 21-3-4-1 开福区成功义务植树基地

（摄于2009年3月12日，长沙市林业局供图）

2007—2010年，长沙市在开福区捞刀河镇成功村、开福区青竹湖镇群力社区、宁乡县菁华铺镇集中建立3个大型市级义务植树基地，先后投入经费300余万元，总建设面积39.4公顷。各区县（市）也纷纷建立各自的义务植树基地。2012年5月28日，出台《长沙市义务植树基地建设管理办法》（简称《办法》），自2012年7月1日起施行，对于进一步规范和完善全市义务植树基地的建设和管理、增强公民履职意识、提高义务植树尽责率有积极的意义。至2012年，全市已建成市级义务植树基地12处，总面积52.1公顷，实行市、区(县、市)、社区（村庄）三级管理制度。

2012年，长沙市义务植树1084.5万株。

五、封山育林与飞播造林

1988年12月，长沙市出台《三年消灭宜林荒山，八年绿化长沙的决定》。9月全市各县（郊）共抽调技术人员深入村组逐山逐块普查，对疏林地、迹地、荒山、灌丛地能封育成林的面积进行规划设计，随后指导全市各乡镇村办封山育林班4.14万个，封山育林全面有序铺开。是年完成封山育林1.70万公顷，次年完成3.53万公顷。

1989年，长沙市出动飞机14架次，在浏阳县进行飞机播种造林5267公顷。飞播地区海拔高度250~500米。同年，长沙、望城、浏阳、宁乡4县对1983—1985年飞播成效进行调查，成效面积占有效播种面积的80.2%。至1989年，全市飞播造林共记出动飞机148架次，飞播造林总面积5.68万公顷。1990年7月，长沙市辖4县有13个乡镇评为全省飞播造林先进单位。

1992年，长沙市在完成封山育林3.83万公顷的同时，把中幼林抚育工作列为重要任务，全市完成中幼林抚育2.33万公顷。以后，随着宜林荒山的消灭和植被的大量增加，逐年封山育林面积经历冲高回落的过程，其中1993年为1.56万公顷，1998年为3819公顷，2003年为2622公顷。

2006年起，对于退耕还林工程中的封山育林项目，每亩补助70元，进一步调动农民群众的积极性。其中，2006年当年完成封山育林4533公顷；2012年完成封山育林1万公顷。至2012年，长沙市累计封山育林面积25.15万公顷。

六、绿化创建

长沙农村家家户户历来有植树的习惯，尤其重视栽种屋场树。1988年，农户的屋场树主要功能还在于防风、防雪、遮阳。20世纪90年代开始，长沙县、郊区在开展植树造林的同时，引导农户利用房前屋后的闲置地，科学栽种树木、果林、花草、蔬菜，着重引导农户向庭院绿化、庭院经济拓展，并很快在全市农村发散开来，屋场树品种增加，范围扩大，茂林修竹之外有的还向园圃发展，涌现出一大批庭院绿化和园林经营大户，在他们的带动下，不少村组的庭院绿化形成规模。1993年，长沙县办庭院经济作物为主的“精耕山”示范点40个，办点农户3087户，办点面积340公顷，全县推广面积763公顷。郊区黎托乡把庭院绿化向渠路延伸，绿化宜林公路70千米、宜林水渠56千米，绿化率95%。

1994年开始，每年在全市开展“市级花园式单位”“绿化工作先进单位”“绿化工作先进个人”评比表彰活动。1996年，创建省级园林式单位8个、市级花园式单位23个。2001年5月，《国务院关于加强城市绿化建设的通知》下发后，全市绿色创建活动进一步推进，单位庭院和居住区绿化、美化水平大幅提高，先后涌现出湖南广播电视大学、芙蓉区政府、长沙市博物馆、长沙市八水厂、马王堆疗养院、长沙污水处理厂等一大批花园式单位和绿化工作先进单位。

2007年，长沙市在下辖4县（市）专门评选出一批庭院绿化示范小区，有宁乡县夏铎铺镇香山冲村、浏阳市大瑶镇南山村、望城县东马集镇、长沙县金托村踏塘组。同年，浏阳市获全国绿色小康县(市）称号，浏阳市洞阳镇西源村被授予全国绿色小康村称号，李先珍等10户被授予全国绿色小康户称号。2011年6月14日，将全市花园式单位、绿化工作先进单位和个人创建评比表彰工作列入市政府表彰奖励目录。

2012年，长沙市表彰花园式单位23个，绿化工作先进单位39个，绿化工作先进个人61个。

表 21-3-4-1　　1988—2012 年长沙市森林资源培育面积统计一览表　　单位：公顷

年份	森林资源培育						
	合计	人工造林	低效林改造			中幼林抚育	封山育林
		合计	合计	其中油茶低改	其中楠竹低改		
1988	27920	10920	—	—	—	—	17000
1989	59385.53	10912.20	—	—	—	13140	35333.33
1990	32440	11606.67	—	—	—	—	20833.33
1991	34944.73	11451.40	—	—	—	—	23493.33
1992	50386.13	11832.80	—	—	—	200	38353.33
1993	23184.20	7617.53	—	—	—	—	15566.67
1994	21026.80	6293.47	—	—	—	—	14733.33
1995	33116.33	5429.67	4919.94	931.27	2961.60	15453.33	12233.33
1996	32529.07	1862.40	7000	3333.33	3666.67	17333.33	13333.33
1997	33714.53	3350.87	6266.67	2000	4266.67	17032.33	13331.33
1998	18247.40	1749.13	4239.40	310.80	3503.80	12679	3819.27
1999	18016.67	1350	22266.67	18933.33	3333.33	13333.33	3333.33
2000	17706.60	1171.60	1067.53	389.87	677.67	13335	3200
2001	11857.53	1244.40	1930.27	—	—	8665.60	1947.53
2002	22626.87	4006.87	2019.55	—	1813.33	14573.73	4046.27
2003	22801.63	8190.90	2488.53	166.67	2055	13445.20	1165.53
2004	21051.93	2909.73	2466.67	666.67	1666.67	15686.67	2455.53
2005	2657.73	2244.40	—	—	—	—	413.33
2006	7022.20	2488.87	200.80	133.33	67.47	—	4533.33
2007	11241	1267.33	3626.87	337.60	309.20	8507	1466.67
2008	2286.67	1553.33	816.67	283.33	533.33	666.67	66.67
2009	21280	3613.33	4460	2193.33	2266.67	16666.67	1000
2010	26591.07	7991.07	6949.67	2546.53	2877.80	16666.67	1933.33
2011	23315.33	7648.67	4733.33	3066.67	1066.67	7800	7866.67
2012	27040	3706.67	7333.33	2666.67	4666.67	13333.33	10000
合计	602389.96	132413.29	82785.87	37977.4	35732.53	218517.87	251458.8

第五节　营林生产

一、林业基地

（一）用材林基地。长沙市的用材林基地主要在浏阳县。1988 年，浏阳县有杉木林分蓄积 90 余万立方米，占全市杉木林分总蓄积量的 52%，并有杉木速生丰产林基地 0.27 万公顷；长沙、望城、宁乡、郊区有国外松丰产林基地 2 万公顷，但是与社会生产和人民生活的发展不匹配，木材紧缺的现象多年一直存在。1988 年，长沙市作出“三年消灭荒山、八年绿化长沙”的决定后，各县（区）加大用材林植造的力度。浏阳县利用 200 余个各级各类林场加强低改和扩种。其中利用全省速生丰产林基地县的条件，重点依托 22 个林场完成基地项目造林 1.65 万公顷。大围山林场经林业部批准成为中南林学院教学基地，开展多项低改试验，为大面积推广提供依据；汉高岭林场采取“国家集资造林，村组投山入股，县乡联营管理，收益比例分成”的模式，既调动各方积极性，又利于解决资金、管理等方面的问题，到 1994 年造林面积达 2043 公顷，林木蓄积量 7 万立方米。张坊林场以公司和村镇联营为轴心，20 世纪 90 年代前期营造速生丰产林 1090 公顷，改造天然次生林 719 公顷，建立营林基地 2020 公顷，林木蓄积量 4.19 万立方米。1995 年，宁乡县启动世界银行贷款造林项目，12 个乡镇、1 个国有林场参与，完成各类造林 327 公顷，其中杉木 22 个造林小班 62 公顷，湿地松 10 个造林小班 52 公顷，其他 39 个造林小班 212 公顷。为确保造林质量和按时还贷，该县成立由正副县长为组长和副组长的世界银行贷款造林领导小组，与各造林单位签订承诺书，在林业局规划设计基础上，狠抓造林整地、良种壮苗、精细栽培和科学管理等环节，搞好产前、产中、产后的系列社会化服务，取得预期效果。当年，长沙市林业局组织专业技术小组，选定开福区成功村 66.7 公顷林地，作为全市高效林业示范基地。20 世纪 90 年代，长沙市建国外松、杉木母树林基地 55 公顷，并引进 36 个杉木优良无性系苗和 32 个全、半同胞优良家系苗，在浏阳市林科所和连云山林场建原种采穗园 3.13 公顷；宁乡县解放前参加革命的姜亚勋、李品珍、陶季斌、姜应钟、刘日升等 18 人自带钱粮在宁乡黄材一带建老战士林场，造林 318 公顷，并建有采穗基地；望城县太平林场也建有采穗基地。这些都为用材林基地作种苗保障。2010 年，长沙市有用材林面积 27.4 万公顷，占有林地面积的 48.59%。2012 年用材林面积 27.26 万公顷，活立木总蓄积 2390.43 万立方米。

（二）油茶林基地。“六五”时期资源清查时，浏阳县引种“湘系”优良无性系油茶嫁接苗，推广油茶新品种。长沙市有油茶 7.56 万公顷，主要在浏阳县。1990 年，随着猪油和其他植物油供应充足，加上大批劳动力外出务工，致使不少油茶林荒芜，1994 年全市油茶面积减少到 4.6 万公顷。1995 年，浏阳市成立油茶产业办公室，每年投资 60 万元用于油茶产业发展，采取清理林地、深挖垦复、合理施肥、密林疏伐、稀林补植、整形修枝等措施进行低产油茶园改造。从湖南省林科院引进油茶无性系 45 个，建采穗圃 10 公顷，建国家级油茶杂交种子园 20 公顷，共繁育优良嫁接苗 500 万株，为油茶产业示范基地建设打下基础。至 1997 年，浏阳市完成 5.83 万公顷低产油茶园改造，低改后亩产茶油 24.4 千克，比低改前的 1990 年增长 8 倍。20 世纪 90 年代，望城县在坪塘镇太平林场建 3.3 公顷油茶优良无性系采穗园，共有 33 个优良无性系。2001 年浏阳市被国家林业局授予“中国油茶之乡”称号。2002 年，以湖南省林科院为技术支持单位，浏阳市开始建设 40 公顷油茶杂交种子园。2003 年，全市新建油茶基地 666.67 公顷。2006 年，长沙市发布《关于实施森林资源培育三项示范工程的通知》，将油茶丰产示范林、油茶低改列入重点支持和发展的项目。到 2008 年，共投入资金 303 万元，新造油茶丰产示范林 493 公顷，油

图 21-3-5-1 宁乡油茶林基地

（摄于 2012 年，长沙市林业局供图）

茶低改 738 公顷。同年，为适应油茶产业发展需要，全市油茶苗木实行定点育苗，年生产油茶苗木 1500 万株；建设浏阳市、宁乡县、长沙县良种油茶采穗园面积 8.9 公顷，年产油茶良种穗条 1500 万株，成为全省良种油茶采穗基地。同年 9 月，全国油茶产业发展现场会在长沙召开，国务院副总理回良玉出席，会议现场参观点设在浏阳市的沙市和淳口两个乡镇。12 月，湖南省发布《关于加快油茶产业发展的意见》后，长沙市成立油茶产业发展领导小组并印发文件，全面推进油茶产业基地建设。2009 年 12 月 23 日，浏阳市油茶杂交种子园的“油茶雄性不育新品种选育及高效栽培技术与示范”项目，被国务院授予国家科学技术进步二等奖，该项目在浏阳示范规模 666.67 公顷，成功解决油茶杂交育种去雄难、种子纯度低的关键瓶颈，填补该领域的空白，成为全国唯一的油茶杂交种子园国家级良种基地，先后获得国家、省、市、县科技奖 15 项，形成油茶良种生产、供应、推广体系。至 2012 年，全市新造油茶基地林 1.2 万公顷。

（三）楠竹林基地。长沙市竹林资源较丰富，1988 年有楠竹 2.8 万公顷，主要分布在浏阳县，约占 9 成，其余在宁乡的黄材镇、东湖塘、龙凤山，长沙县的范林乡，望城县的乌山乡等地有少量分布。1991 年以前，由于采挖过度、砍大留小的粗放经营，导致竹林老化，产量和蓄积下降。1992 年，浏阳县在全县实现消灭荒山达标的基础上，把楠竹林的垦复低改列为全县建设高效林的重点之一，成立楠竹开发领导小组，层层动员，签订责任书，资金补助到位，检查落实到位，采取修山、垦复、施肥、护笋养竹、合理采伐等综合技术配套措施，全年垦复竹山 2380 公顷。宁乡县随即跟进。连续几年，全市除扩大营造面积外，大力实施楠竹低产改造工程，同时试验推广竹腔施肥技术、施放增产剂，至 1995 年，每亩立竹蓄积由 1992 年的 94 株增加到 112 株，大径竹由 30.1%上升到 40.5%，竹林平均胸径由 9.3 厘米增加至 10.2 厘米。特别是新生竹大幅度增加，平均每亩每年新成竹 94 株。1995 年以后，全市继续进行楠竹低效林改造，至 1997 年，每亩立竹增至 141 株，每亩每年竹材产量 547 千克，比 1992 年增长 29.1%。浏阳大围山镇 1997 年有楠竹 2902 公顷，连续 5 年投资 258.6 万元、投劳 13 万余个，改造低产竹林 2693 公顷，1997 年新成竹 305 万株，增值 2000 余万元；是年，该镇陈谷村新成竹 22 万株，挖鲜笋 260 顿，人均增加收入 1 万元。全市继续扩大种植面积，2000 年，楠竹面积增加至 3.52 万公顷（1988 年为 2.80 万公顷），

图 21-3-5-2 浏阳大围山竹林

（摄于 2012 年，长沙市林业局供图）

2004 年达到 5.18 万公顷。2012 年，全市有楠竹基地 5.26 万公顷，其中经过低改的 3.57 万公顷。

（四）花卉苗木基地。20 世纪 80 年代，靠近湖南省会长沙市的浏阳河花木产业，以浏阳县、长沙县、雨花区的 9 个乡镇为主，至 90 年代，种植面积 7867 公顷，340 余个品种，是中南地区最大的花木市场。2000 年，浏阳市和长沙县的跳马乡被国家林业局和中国花卉协会命名为“中国花木之乡”，涌现一批经营面积数百亩、年产值数百万甚至上千万元的花木专业户。浏阳市花木有红檵木 1067 公顷、樟树 867 公顷、杜英 533 公顷、桂花 333 公顷、木兰科类 333 公顷、罗汉松 200 公顷、杜鹃类 200 公顷，品种 1.2 万余个，有花木生产企业 106 个，种植专业户 2 万户，从业人员 6.5 万人，18 位农民获得高级园艺专业技术职称。2002 年 9 月 28 日至 10 月 7 日，长沙市政府组团参加湖南省政府在省森林植物园举办的“湖南省首届花卉博览会”，取得很好效果，其中参展“大户”浏阳市参展期间完成销售额 100 余万元，签订合同 43 份，柏加、永和、镇头 3 个乡镇获“湖南花木之乡”称号。

图 21-3-5-3 开福区北美红枫培育示范基地

（摄于 2012 年，长沙市林业局供图）

2004 年开始，长沙市完成《浏阳河花木产业带发展规划》编制及其科技支撑方案，并组织产业带涉及的浏阳市、长沙县、雨花区开展基础设施建设。当年，花卉苗木种植面积 1.35 万公顷。2005 年 4 月，“中国·湖南浏阳河花木产业带推介会”在上海虹桥迎宾馆举行，推介会采取“政府搭台，花协联姻，企业唱戏”的做法，国家林业局、中国花协、中国浦东干部学院、上海市农委、上海市绿化局、上海市花协、上海市林业总站，以及来自法国、美国、荷兰、德国及全国各地的著名花企，共 230 余人应邀出席，把浏阳河花木产业带的品牌进一步推向国内外。2007 年，长沙市实施“以示范基地建设和花木市场建设为重点，以引导产业结构调整和增加农民收入为目标”的花木产业提质改造工程。其后几年，引进、培育高规格、高标准的优质花木形成风气，以红花檵木为拳头产品，银杏、红枫、紫微、罗汉松以及木兰科等珍稀植物和名优草皮、盆景奇石形成配套，示范基地的辐射效应扩大。

2012 年，全市花卉苗木种植示范基地 13 处，生产经营企业 450 个，其中长沙花卉大世界、柏加松艺园以及跳马、黄兴、镇头都是全国有名的基地，“公司+农户+市场”的产业模式形成。

图 21-3-5-4 浏阳市柏加镇苗木基地

（摄于 2012 年，长沙市林业局供图）

二、林木培育

20 世纪 80 年代，为丰富绿化树种，长沙市挖掘利用开发优良乡土树种 50 余种，主要为木兰科、樟科、杜奎科、槭树科、壳斗科等树种。同时，从国外引进湿地松、火炬松、刁松、加拿利海枣、美国红花槭、墨西哥柏、美国香柏等20余个树种。1988年开始，全市选出优良林分45块，总面积287公顷，建国外松、杉木母树林55公顷，进行湿地松产脂优树的筛选，穗条被省内多个地市引用。是年2月6日，应湖南省科委、湖南省林业厅邀请，芬兰林业科技代表团一行5人对宁乡苗圃进行考察，对其大面积培育的樟树、雪松大苗和采取营养沙床插扦的多种茶花表示赞赏，并就如何培育庭院绿化树种和花卉交换意见。1989年，长沙市林木种苗站在浏阳县永安苗圃、长沙县黄花镇黄花村林场和果园乡部分村民组，推广国外松容器育苗技术，每千克种子产苗量，由2000余株增加到2.5万余株。1990年，宁乡县国外松芽苗移栽技术通过省级鉴定，并居省内同类研究先进水平。1990年11月至1992年10月，长沙市林业系统分三步走完成国外松专用材选优工作，为以后国外松优树繁殖打下基础。90年代前期，长沙市先后从会同引进幼15/180等36个杉木优良无性系苗，从攸县、靖州引进靖22等32个全、半同胞优良家系苗，在浏阳市林科所、连云山林场建立原种采穗园，共繁育标准苗木800余万株。1994年测定，这些优良无性系苗造林的林分生长量大于常规生产用种的林分生长量52%。90年代，长沙市建有杉木优良系苗原种采穗园3.13公顷，板栗采穗园14公顷，油茶优良系苗采穗园3.3公顷。同期，宁乡县老战士林场建有14公顷板栗采穗园，品种为铁粒头、九家、青扎等良种，年产穗条500~6000千克。

2000年，《中华人民共和国种子法》正式施行后，各县市相继建成林木种苗工程示范基地。由国家投资在长沙县捞刀河镇建立"长沙市种苗中心苗圃"16公顷。浏阳市永安苗圃被国家林业局授予全国无检疫对象苗圃。

2002年，湖南省林科院专家鉴定，浏阳大围山特产的珍稀野生花木红花檵木，共有三大类群、15个类型和41个品种，项目示范规模6.6公顷，2006年获得第六届中国花卉博览会科技成果一等奖，已用于国内外园林工程。是年，热带速生丰产林树种邓恩桉，经3年引种试种成功，面积100公顷。2007年，在浏阳市永安镇建成"长沙市木兰科树种种子园"8公顷，主要为木兰科的含笑属、木莲属、木兰属、拟单性木兰属等15个树种。是年，宁乡县经过5年"Abt与Ggr研究与推广项目"的实践，扦插育苗50万株，播种育苗8公顷，造林4000公顷，被国家林业局授予特等奖。2009年，浏阳市被国家林业局列为全国林木种苗行政执法首批试点县（市）。2010年，浏阳市林木种苗中心被评为全国林木种苗工作先进单位。是年，全省国家级油茶重点示范县油茶培管技术培训班在浏阳市举办。

至2012年，长沙市林木种苗管理机构有：长沙市林木种苗管理站、浏阳市林木种苗中心和宁乡县、长沙县、望城区3个种苗站，市辖内5区在农林局内配置种苗专干，全市种苗质量检验专职技术人员13人。全市有古港苗圃、永安苗圃、长沙县苗圃（县林科所）3个苗圃，经营总面积246公顷，其中育苗面积65公顷，苗圃职工122人。全面建立从调种、育苗、销售等各个环节各项内容的林木种苗生产档案，以往种源不清、品种不优的生产林木种苗习惯得到改变。长沙市建成的浏阳河花木产业带，实行种苗培育与种植、市场相结合，成为中南地区最大的花木种苗基地。是年，全市主要造林用苗均实现100%良种化，实行林木种子生产许可证、林木种子经营许可证、植物检疫证、苗木质量合格证及种子标签"四证一签"制度，按国家、省颁布标准进行生产和使用苗木。

第六节 林业产业

一、木竹生产经营

20 世纪 80 年代中期，为保证木竹生产经营的持续发展，促进新的营林体系建立，长沙市即着眼于森林资源的培育。人工造林、楠竹和油茶低效林改造、中幼林抚育、封山育林等措施坚持数年不松懈。同时，严格执行采伐许可证制度和加强改进森林资源采伐限额管理，严控森林年采伐量，保证林业产业的健康有序发展。1988 年开始，木竹产品加工经营逐步发展，以“卖根”“卖方”为主，也有少数成品半成品出售，到 1994 年全市林产品加工企业已有 260 余家，林产工业产值 2.1 亿元。

1995 年，浏阳市大围山资源站投资 300 余万元，创办笋罐头厂等 8 家企业，创利 51.4 万元。1996 年，浏阳市根据“潜力在山，致富在林”的发展思路，全面启动林业基地建设，进而于 1997 年以基地建设和森林旅游开发为龙头，加快林业产业化进程，当年林业产业综合产值 2.98 亿元，比上年增长 16.9%，对其他县区产生示范效应。其后发展速度加快，到 2006 年，长沙市林产工业企业 680 家，产值 10.74 亿元，有木竹加工、人造板、林产化工、森林食品等生产线 200 余条，涉及轻工、建材、医药、乡镇企业等行业和部门，产品繁多，规模林产工业产值 6.8 亿元，涌现一批优势产业、企业和产品。2007 年，长沙市出台《关于加速推进农业产业化的决定》，林产工业建设步伐进一步加快，产业链逐步延伸，产业结构优化，产品质量、附加值和效益不断提高。2009 年，湖南省林业产业协会浏阳实木楼梯分会成立，标志着产品开始向品牌化发展，木竹复合地板、竹胶板、细木工板成为长沙市的主导名牌产品，有康派木业、欧泊莱木业等 8 家企业产品获“国家免检产品”称号，有 16 家企业产品获驰名商标、著名商标、名牌产品称号，形成以家具、建材、包装、人造板、林产化工五大支柱产业为主体的林产工业格局；在 2010 年湖南省首届和 2012 年省第二届家具博览会上，共有 26 个产品获得金奖。2012 年，森林资源普遍得到加工增值利用，一根毛竹加工成竹地板，价值由 15 元增加到 80 元，枝丫材加工成高密度纤维板增值 6.7 倍。是年，木竹产品发展到木竹板材、家具制品、森林食品、森林药材、工艺制品等十大类 500 多个品种；是年，长沙市有省级林业产业龙头企业 40 家，全市林产工业产值 48.12 亿元，占林业总产值的比重由 2006 年的 11.9%上升到 42.5%。

二、花卉苗木产业

1988 年，长沙市近郊的浏阳河沿线，花卉苗木种植面积有 7000 余公顷，涉及浏阳县、长沙县、雨花区的近 10 个乡镇，产品主要销长沙市以及省内相关地市。1994 年，浏阳市青草乡林场，建起湖南省第一个大型鲜切花基地和大型盆景园，产品销上海、广东、香港等地。全国人大常委会副委员长陈慕华作“把花卉事业搞得更好”的题词。2000 年，浏阳市花木种植经营户 8000 余户，花木生产企业 40 余家，从业人员 1 万余人，经营种植面积 1333 公顷，不少花卉苗木企业以行政区域为界或者以种植品类为界成立协会。是年，农业部中国特产之乡推荐暨宣传活动组织委员会授予浏阳市“中国红檵木之乡”称号；国家林业局及中国花卉协会授予浏阳县“中国花木之乡”称号。2001 年，湖南省花卉协会挂靠单位由湖南省农科院移交至湖南省绿化委员会，长沙市各有关单位及花卉苗木企业、大户纷纷加入协会，接受科技辅导和产业发展指导。是年，长沙县投入信贷资金 2700 万元推动花卉苗木产业发展，全年种植面积 3267 公顷，从业人员 3.8 万余人，全年花卉苗木产值 3.17 亿元，占全县农业产值的 21.7%。

2002 年 9 月 28 日—10 月 7 日，湖南省人民政府在省森林植物园举办全省首届花卉博览会，长沙市及所辖各县（市、区）积极参加，共获奖62项，占全省获奖总数的19.4%，其中特别贡献奖1个、金奖10个。是年，全市花卉苗木产业迅猛推进，将发展和经营该产业提上各级议事日程。2003年，湖南省委书记在长沙调研时，要求加快花木产业发展、建设“百里走廊、万顷基地”的浏阳河花木产业带。长沙市成立专门班子，承担花木产业带的规划和建设工作。2004年，长沙市完成《湖南浏阳河花木产业带发展规划》编制工作，并制订产业带的科技支撑方案。2005年4月，长沙市邀请国家林业局、中国花协等7单位，以及法国、美国、荷兰、德国及国内著名花卉企业共230余人，在上海迎宾馆，举行“中国·湖南浏阳河花木产业带推介会”，当场签约5.40亿元，达成意向投资8.81亿元。2006年，浏阳河花木产业带涉及的浏阳市、长沙县、雨花区，经过3年努力，完成基础设施建设。2007年起，长沙市通过以示范基地建设和花木市场建设为重点，以引导产业结构调整和增加农民收入为目标，引进、培育高规格、高标准的优质绿化苗木，扶植基地建设，发挥示范基地的辐射效应，花木产业得到持续发展。宁乡县、望城县、岳麓区也及时跟进，出现一定规模的花木企业。2012年，长沙市花卉苗木种植面积为2.87万公顷，年产值40亿元，从业人员24万人。是年，长沙市着手编制《浏阳河生态经济示范区花木产业提质发展规划》。

三、林下经济

改革开放以后，长沙地区以林地、林木资源和森林生态环境为依托，逐渐发展出现林下种植业、养殖业、采集业和森林旅游业。1988年，望城县白马乡有竹林287公顷，其中70%由村民作为笋用竹林经营，年产鲜笋800余吨，仅此一项全乡人均增收61元。90年代，宁乡县枫木桥乡月白村327户1182人，利用227公顷山林地开垦种植黄花梨、黄豆、花生等作物，每亩增收153元。这些都属于林下经济的雏形。

2008年6月8日中共中央国务院发布《关于全面推进集体林权制度改革的意见》，文件首提发展林下经济，让林农致富。2009年4月8日，长沙市集体林权制度改革领导小组成立，要求各区县（市）对林下经济给予重点培育，并于2010年就发展林下经济进行多次调研，强调要让承包集体林地的林农，充分利用林下土地资源和林农优势从事林下种植、养殖、休闲等立体复合经营，实现不砍树也能致富，使农林畜牧各业资源共享，形成优势互补、循环相生、协调发展的生态农业模式，各区县（市）积极行动，一些项目陆续上马。2012年，长沙市安排120万元专项资金，对14个林下经济项目进行扶植。是年底，全市林下经济共有林畜林禽2.35万公顷、林药3867公顷、林苗6200公顷、林蜂9000公顷、林菌2400公顷、林蔬、林根1800公顷、森林公园生态旅游1.4万公顷，林下经济总产值40亿元。

第七节　森林保护

一、森林防火

1987年，长沙市发生森林火灾46起，受灾面积147.3公顷。1992年全市发生森林火灾128起，受灾面积886公顷。森林火灾增加的现象引起各级高度重视。1993年，经湖南省编委、公安厅、林业厅批准，将森林防火业务和人员编制纳入公安序列，实行“两块牌子、一套人马”的工作模式，一些防火措施和规程逐步完善。1994年，宁乡县县、区、乡、村逐级签订森林防火责任状，新增防火哨营造防火林带30千米，整修防火隔离带723千米，加大宣传力度，严格野外用火管理，创中华人民共和国成立后第一个全县无森林火灾年。宁乡的经验促使全市森林防火管理上台阶。次年宁乡黄材林场女护林员岳月娥守护 70 余公顷山林，实现 14 年无火灾。1995 年，长沙市编制 1996—2010 年生物防火林带工程建设规划。1996 年，市、县（市、区）两级森林防火指挥部指挥长由分管此项工作的副市长、副县（市、区）长担任。1998 年，长沙市“森防指”新建指挥中心，加强多渠道、多层次、多形式的宣传教育，严控野外用火，严管重点人口，严防重要时段。长沙市自此连续 4 年森林防火工作在全省目标考核中夺冠。

2001 年，长沙市林业局森林公安分局成立，主要任务是指导县（市）区森林公安和森林防火、承担市森林防火指挥部日常工作、负责组织协调指挥扑救森林火灾等。至是年，宁乡最大的国有林场黄材林场实现 20 年无山火。是年开始，实行市与县（市、区）双向签订森林防火责任状。次年长沙市被授予 1999—2002 年度全国森林防火先进单位。随着森林覆盖率的提高，专业队伍建设需求日益突出。2003 年，成立全市森林防火暨民兵森林防火应急机动营，从市到县（市）、区、乡镇，按营、连、排、班建制，总人数 840 人，配齐装备、药品和防护用具，实行“人员分散，装备集中”的管理模式。2004 年，长沙市发布《关于禁止野外用火的通告》。2005 年发布《长沙市森林消防行政过错责任追究暂行办法》和《关于加强四项建设，全面提高森林防火水平的意见》，使森林防火指挥机构、重点示范乡镇、生物防火林带、扑火队伍建设得到全面加强。是年，长沙县对全县 300 名应急分队队员开展专业知识和新技术、新器材使用培训。2006 年，正式启动国家“长株潭森林重点火险区综合治理项目”，开展“森林防火规范化乡镇”创建活动。

2007 年，明确每年 3 月为全市森林防火宣传月。2008 年，编制《长沙市森林防火重点火险区中长期发展规划》。启动市级生物防火林带示范工程建设。武警森林指挥部机动支队定点驻防市林木种苗中心。着手组建森林消防专业队伍，其中浏阳市组建 540 人的森林消防总队。2009 年，编制《长沙市森林重点火险区综合治理工程项目建设可行性研究报告》和《长沙市森林重点火险区综合治理工程项目总体规划》。发布《长沙市森林火灾应急预案》，并纳入政府处理突发公共事件总体应急预案。浏阳市实行“野外用火一律拘留、失火烧山一律坐牢”，有效控制野外火源。2011 年，长沙市发布《关于加强森林防火“三基”建设的工作意见》，进一步推动森林防火基本队伍、基本装备、基层基础建设。举办长沙市首次森林消防队伍演练，主要内容包括军姿训练、森林防火基本知识、火灾抢救基本技术、火灾抢险器材的使用和维护等。

2012 年，举办“长沙市 2012 年森林消防技能比武实战演练”。发布《长沙市森林防火指挥部武警长沙市支队森林防火联动工作方案》和《关于建立岳麓山风景名胜（保护）区森林防火工作机制的通知》，编制《岳麓山风景名胜（保护）区森林防火重点火险区综合治理规划》。是年，长沙市森林覆盖率 53.35%，活立木总蓄积 2390.43 万立方米，发生森林火灾 29 起，受灾面积 116 公顷。

二、森林病虫害防治

20 世纪 80 年代，长沙市林业有害生物种类有 30 种，其中昆虫和螨类 22 种，病原微生物 4 种，有害植物 4 种。马尾松毛虫和黄脊竹蝗是长沙林木危害最大的有害生物。

1985—1988 年，在长沙县实施的“马尾松毛虫综合防治试点工程”采取“抓小面积防治，控制大面积成灾”措施，年平均成灾率由 3.61%减少到 0.69%，达到部颁标准，在全省推广。1989 年，全市丘陵地区大面积发生马尾松毛虫为害，受害面积 7.24 万公顷，市、县两级筹集资金 56.23 万元，采取飞机喷药和人工地面防治相结合，灾情得到有效控制。20 世纪 90 年代开始，长沙县“振落法”松毛虫监测技术在全省推广，长沙市聘请病虫害兼职测报员，并组织对全市森林植物检疫对象和危险性病虫害进行普查，病虫害成灾有所减少。1996 年，长沙县马尾松毛虫发生之始，县委县政府及时采取措施，飞防 141

架次146小时，兼地面防治，耗资138万元，防治效果达90%以上。2000年，开始安排专职和兼职森检员，每半年进行一次产地检疫、调运检疫和复检。开展松材线虫病检测普查，并启用《森林病因防治信息系统》《森林植物检疫信息系统》进行监测。2001年后，在市县乡监测网络基础上建立起村级监测网络。

2006年，发布《长沙市重大生物灾害应急预案》《长沙市松材线虫病防治应急预案》，林业有害生物目标管理成灾率纳入市政府目标管理。开展绿僵菌防治黄脊竹蝗试验，效果显著。2007年开展全市“红剑2007”森林植物检疫执法大行动，全市共计检查89处大型车站码头木材及包装材料经营和苗木花卉生产经营集散地，查处287个违规单位和经营户，实施植物检疫补检及罚款计8.35万元。至2008年，长沙市林业有害生物发生面积控制在0.3万~0.35万公顷之间，防治率50%以上。同年长沙市森林保护站被国家林业局授予林业有害生物监测先进单位（全省仅2个）。

受2008年春雨雪冰冻灾害影响、暖春高湿气候与林业有害生物波浪式发展规律，2009—2011年，全市林业有害生物发生面积陡增，达到10万公顷左右，防治率保持在94%以上。首次实施飞机无公害防治松褐天牛和竹青虫0.27万公顷。累计培训基层测报员、村级护林员以及部分企业报检员1900余人，市、县、乡、村四级垂直和横向有害生物普查、监测防治网络基本建立完成。至2011年，长沙市连续四年获湖南省林业有害生物防治工作目标管理考核优胜单位、湖南省“十一五”林业有害生物防治工作目标管理考核优胜单位，排名全省第一。2012年，全市共设置病虫害监测点355个，测报调查点2400余个，建立279条固定测报线路、2个检疫检查站、3个全国级无有害生物苗圃、2个省级无有害生物苗木基地。是年，全市林业有害生物发生5726公顷，其中突发虫害成灾54公顷，防治5726公顷，无公害防治5620公顷，无公害防治率98%。开展“绿盾2012年”林业植物检疫执法检查，组织行动60次，出动执法人员748人次，检查单位300余家，外检木材0.78万立方米、各类包装箱（盘）7100个，查处一批检疫案件。逐步建立检疫联系机制，实行报检和抽检相结合的办法，确保对外来松木及其制品复检率100%。

图21-3-7-1 长沙县金井镇古樟树

（摄于2012年，长沙市林业局供图）

三、野生动植物保护

20世纪80年代末，全市林业部门贯彻“加强资源保护，积极驯养繁殖，合理开发利用”的方针，加强对陆生野生动植物的保护管理工作。逐步实施野生动物猎捕狩猎证、驯养繁殖许可证、经营利用许可证、运输许可证、国家重点保护的野生植物及古树名木移植许可证等制度，实现野生动植物管理法制化。加强保护野生动植物的执法检查，其中1988年4—9月，在长沙县、浏阳县收缴野生蛇4027条放生。1993年3月12日国务院发出《关于开展加强环境保护执法检查、严厉打击违法活动的通知》后，长沙市成立野生动物保护领导小组，7—10月，组成保护野生动物稽查队在长沙市区检查餐馆酒楼2000余家、集贸市场15处，查处违法案件500余起，查获国家一级保护动物巨蜥160条。90年代，基本完成古树名木的调查建档和挂牌保护工作，全市共计有古树名木1266株，分属69种、54属、35科，以樟树和枫树为主，其中树龄400年以上的322

株，1000年以上的3株。一直以来，长沙市利用"爱鸟周" "世界野生动植物日" "野生动物保护宣传月"等活动为载体，组织开展形式多样的野生动植物保护宣传活动，营造全民爱护野生动植物的良好氛围，取得良好的社会效果。

2004年，针对梅花鹿联营方式暴露出的问题，长沙市优先把联营户纳入低保对象，全面实行救济、救助到户，在慰问活动中优先安排联营户为慰问对象。为联营户免费办理各种运输、销售、宰杀手续，畜牧部门为联营户存栏的梅花鹿免费开展疾病防治等服务工作。及时化解矛盾，疏导群访农户。经普查全市联营户372户、联营养鹿3496头，由政府按1000元每头给予救助。

进入21世纪后，城市绿化需求增长加快，野生大树移植一度呈上升趋势，长沙市加大管理力度，实行"山上从严、山下从宽；大树从严、小树从宽"的原则，及时制止对野生植物的破坏。对野生动物的保护执法也进一步加强，连续多年开展代号为"猎狐" "绿剑" "红剑" "雷霆一号" "绿盾"的专项行动。2009年，根据省林业厅的统一部署，在全市范围内开展打击破坏森林和野生动物资源违法犯罪的"雷霆一号"行动，共出动人员1450人次，其中警力972人次，出动车辆356台次；清查宾馆酒楼368家，木材加工场所60家，野生动物市场26个，野生动物驯养繁殖企业2个，排查案件线索73条；查处林政案件67起，整治重点地区和部位6个；收缴木材465.24立方米，野生动物9180只（条）；立刑事案件8起，破8起，打掉犯罪团伙2个，刑拘8人，逮捕4人。

2012年，制定《长沙市打击破坏野生动物资源违法犯罪专项行动实施方案》，发布《长沙市关于进一步规范野生动物经营利用的通知》，由市森林保护站、市森林公安局、市林业和园林综合执法支队组成联合执法队伍，重点对非法猎捕、驯养繁殖、经营、收购、出售、贩卖、运输野生动物及其产品，及以野生动物作为广告招揽顾客、有"野味"字样的招牌不自觉摘除等行为进行清查整顿，对构成犯罪的，依法移交森林公安追究其刑事责任。

四、自然保护区设立

1982年，长沙市有省级自然保护区1处，为浏阳大围山自然保护区，面积5220公顷，占全市土地总面积的0.4%。进入21世纪后，陆续在重点水源区及红豆杉、香榧等濒危动植物集中的地区建设一些小型的自然保护区。

长沙市自然保护区区域内，受保护的野生动植物种类繁多，仅浏阳市就有国家重点保护植物20余种，如南方红豆杉、银杏、鹅掌楸、喜树、楠木、篦子三尖杉、福建柏等；地方性重点保护植物30余种，如黄山松、竹柏、罗汉松、百日青、穗花杉、中华猕猴桃、天师栗、中华五加等，包括长沙市市树樟树；国家重点保护动物30余种，如云豹、黄腹角雉、白颈长尾雉、猕猴、穿山甲等；"三有"保护动物180余种，如潜鸟、鸬鹚、草鹭、池鹭、牛背鹭、白鹭、雁鸭类、秧鸡、田鸡、苦恶鸟、董鸡、山斑鸠等，包括湖南省省鸟红嘴相思鸟。

受保护的区域也各具特色，浏阳市有担负着长沙市供水水源地保护的株树桥自然保护区，有名胜风景的自然生态保护区道吾山自然保护区，有湘江一级支流捞刀河源头的石柱峰、枫林湖自然保护区，有担负着保护华南地区最大的野生桂花群落的周洛自然保护区，有担负着湘东地区唯一一处最大的野生南方红豆杉种群保护的大成坑南方红豆杉保护区；宁乡县有肩负着保护湖南省独有的千株上百年的香榧林的香榧自然保护区。浏阳大围山自然保护区作为长沙市唯一一个省级自然保护区，生态地位尤为突出，极具科研价值。在稀有珍贵动植物生存和繁衍的保护及水土保持和水源涵养方面，有着不可替代的作用。

湖南省森林植物园位于长沙城区，占地面积140公顷，森林覆盖率90%，是国内较大的亚热带珍稀濒危植物迁地保护区，保存珍稀濒危植物 54 科 95 属 118 种，建有木兰园、枫香带、荫生植物园、百鸟园等。有全球最大的国家一级保护动物黄腹角雉种群繁殖基地，并与芬兰赫尔辛基大学合作筹建国内最大的隐花植物标本馆。

到 2012 年，长沙市林业系统建设和管理的自然保护区共 15 个，总面积 2.25 万公顷，占全市土地总面积的 1.9%。其中，1 个省级自然保护区即大围山省级自然保护区，14 个县级自然保护区，分别为大城坑南方红豆杉自然保护区、象形自然保护区、高升岭自然保护区、耀邦自然保护区、石霜寺自然保护区、株树桥自然保护区、道吾山自然保护区、赤马湖自然保护区、枫林湖自然保护区、周洛自然保护区、石柱峰自然保护区、东麓园自然保护区、西湖山自然保护区、宁乡香樞自然保护区。

五、湿地保护

20 世纪 90 年代末开始，长沙市每年在 2 月 2 日“国际湿地日”、4 月初“爱鸟周”以及世界动物日、野生动物保护月等重要节点，开展一系列湿地保护宣传活动。1999 年 9 月，在位于长沙城区的湖南省森林植物园，由湖南省林业厅与世界自然基金会、芬兰森林和公园局合作，建立全国首家“森林和湿地生物多样性保护宣传教育中心”，是一处高水平直观的科普场所。

图 21-3-7-2 长沙松雅湖湿地公园

（摄于 2012 年，长沙市林业局供图）

2005 年 7 月，湖南省人大常委会通过《湖南省湿地保护条例》。2006 年，长沙市第一个湿地公园望城南湖湿地公园建成，公园占地 27.06 公顷，其中湖面 12.6 公顷，山体植被 7.46 公顷，有乔、灌木及水生植物 60 种。2007 年，长沙市制定湿地普查技术方案，全面铺开湿地普查工作，查清全市湿地资源本底，全市湿地面积 38 万公顷，共 8593 处，占全市国土面积的 3.23%。2008 年，《湖南省人民政府办公厅关于发布湖南省重要湿地名录的通知》中，将长沙市团头湖列入全省 18 处重要湿地之一，是年团头湖湿地保护与恢复工程获国家林业局批准。12 月，国家林业局发文同意开展千龙湖国家湿地公园试点工作。

2010 年，完成长沙市湿地生态建设八大工程项目研究，主要为长沙市自然湿地恢复工程、南方湿地生物资源库工程、长沙城市湿地环境景观构建等。

2011 年，全面推进湿地保护和修复工作。望城区千龙湖国家湿地公园（915 公顷）、宁乡县金洲湖国际湿地公园（1472 公顷）、团头湖湿地保护与修复工程（339 公顷）全面启动。先导区洋湖湿地公园一期工程（478.7 公顷）、梅溪湖湿地公园（200 公顷）、东湖湿地公园（39 公顷）基本建成。株树桥水库（1385 公顷）作为长沙市重要饮用水源纳入全面保护范围。12 月 20 日，国家林业局、世界自然基金会共同在长沙举办“2011 年长江湿地保护网络年会”，长江流域 12 省的与会代表 200 余人参观橘子洲和洋湖、梅溪湖湿地公园，充分肯定长沙湿地建设和保护的成效及做法。2012 年，长沙市重点保护的湿地有 52 个，总面积 4.26 万公顷，其中内 5 区 8 个，长沙县 6 个，望城区 9 个，浏阳市 19 个，宁乡县 10 个。

六、生态公益林保护

20 世纪 80—90 年代，长沙市未实行林业分类经营，生态公益林的保护，管理处于初级阶段。1998

年，发布《长沙市林业分类经营规划实施方案》，次年完成市、县两级“林业分类经营总体规划”。2001年，全市完成森林分类区划界定工作，共有区划生态公益林24.98万公顷，占全市林地面积的41.05%，其中国家级公益林17.35万公顷，占全市林地面积的28.50%。开始实施森林生态效益补助资金试点项目，12.87万公顷重点公益林纳入中央森林生态效益补偿基金补偿范围。

2004年，长沙市在落实国家和省级公益林生态补偿的基础上，探索建立地方公益林补偿机制，并于次年出台《长沙城市林业生态圈重点保护区域生态公益林补偿办法》。2007年，率先在全省实施市级公益林生态效益补偿制度，按照20元/亩·年的标准进行补偿，专项用于公益林的保护、补偿和管理，补偿面积1.17万公顷。是年，岳麓区建立县级生态公益林补偿基金，面积0.32万公顷，年补偿资金96万元。2009年，长沙县建立县级生态公益林补偿制度，对全县的0.47万公顷县级生态公益林按10元/亩?年的标准补偿。2010年，雨花区实施补偿标准为20元/亩·年。2011年，浏阳市制定株树桥饮用水源地森林资源保护方案，由受益单位出资，按10元/亩·年补偿。是年，市级生态公益林补偿面积扩大到3.33万公顷，补偿标准由原来的20元/亩·年提高到30元/亩·年，并于2012年出台《长沙城市林业生态圈重点保护区域生态公益林管理与补偿办法》。2012年，宁乡县每年安排360万元，对沩山、灰汤等风景区的公益林按照每公顷225元的标准进行补偿，对风景区范围内村民建房按每户1600元的标准补偿，要求不得上山砍树；组织100人的护林队伍，按每人每年1万元的标准补助工资。

第八节　林业管理

一、法规修订

1990年，长沙市出台《岳麓山风景名胜区管理办法》并施行。1996年对该办法进行一次修订。

1997年9月29日，通过《长沙市城市绿化管理条例修正案》，对擅自占用绿化用地的，损坏绿化植物及其附属设施的，由园林行政主管部门责令恢复原状并处罚款；损伤古树名木致其死亡的，由园林行政主管部门责令按该古树名木价值赔偿损失，并处5000~10000元罚款。1998年2月17日，《长沙市人民政府关于修改长沙市古树名木保护管理办法的决定》颁布实施。将农村的古树名木的管护责任由原先的乡村修改为乡镇政府。

2002年，岳麓山风景名胜区晋升为国家级风景名胜区后，为加强保护工作，长沙市拟废止原《岳麓山风景名胜区管理办法》，重新制定一部法规，并于2003年开始调研、起草工作。

2004年12月23日，出台《长沙城市林业生态圈建设管理办法》。长沙城市林业生态圈范围涵盖芙蓉、雨花、天心、开福、岳麓5区，望城县全部和长沙县部分乡镇，总面积2893平方千米。主要目标是建成青山、森林、碧水相连的生态景观廊带，城市森林覆盖率45%以上。按谁造谁有原则，统一对重点保护区域实行定址勘界，埋设界桩界碑，设定标志加以保护，实行绿线控制。2005年7月20日，长沙市出台《长沙市城市绿线管理办法》。

2006年10月27日，通过《岳麓山风景名胜区保护条例》。

二、森林资源调查

(一）湖南省森林资源连续清查。湖南省森林资源连续清查（简称“一类调查”），以湖南省为总体于1979年建立并开展首次调查，全省采用4千米×8千米机械布点共设置6615个固定样地。1984年，长沙市进行第一次复查（此后每隔五年进行一次复查），并将首次调查设置的 1.5 亩（31.63×31.63 平方米）的固定样地调整设置为 1 亩（25.82×25.82 平方米）固定样地。林业用地样地四个角均挖有直角坑槽（80 厘米×40 厘米×50 厘米）、四角对角线交会点埋有水泥中心桩，长沙市域内共有 369 个固定样地。

1989 年 6—8 月，对长沙市“一类调查”的 369 个固定样地进行全面复查，其调查结果经林业部资源司、国家中南林业规划设计院和湖南省农林工业勘察设计总院质检组检查验收，复位率和合格率均为 100%。

1994 年 5—8 月、1999 年 5—9 月、2004 年 4—8 月、2009 年 5—9 月，长沙市按照湖南省林业厅的工作安排部署，组织完成长沙市域内森林资源连清复查 369 个固定样地的调查。其调查结果经国家中南林业规划设计院和湖南省农林工业勘察设计总院质检组检查验收，复位率和合格率均为 100%。

（二）森林资源规划设计调查。森林资源规划设计调查（简称“二类调查”），以县（市、区）、自然保护区、森林公园、国有林场、国有采育场为单位，以满足森林经营、编制森林经营方案、总体设计和县级林业区划、规划等需要进行的森林资源清查。湖南省每隔十年组织进行一次专项调查。

1984 年 4 月—1986 年 8 月，长沙市组织完成“六五”森林资源二类调查，采用分层抽样调查估测总体蓄积，调查成果经湖南省农林工业勘察设计总院质检组抽样检查验收，均达到良好和优秀。调查主要结果：全市总面积 118.28 万公顷，其中林业用地面积 61.66 万公顷，林业用地中有林地面积 46.85 万公顷；全市活立木总蓄积 778.15 万立方米。

1995—1996 年，长沙市完成“八五”森林资源二类调查，由湖南省农林勘察设计研究总院和长沙市林业调查设计队具体指导，以县（市、郊）为单位，组织 140 人的调查队伍，分成 56 个野外调查组、5 个质量检查组，共设 117 个抽样总体，区划 20.42 万个小班，布设 1.09 万个测树样点、1397 个竹林样点；采用分层抽样调查估测总体蓄积。调查成果经湖南省农林工业勘察设计总院质检组抽样检查验收，测树点合格率 95.4%，小班合格率 94.6%。调查主要结果：全市总面积 118.28 万公顷，其中林业用地面积 61.04 万公顷，比“六五”调查减少 1%。林业用地中，有林地面积 55.05 万公顷，比“六五”调查增加 17.5%。全市活立木总蓄积 1418.63 万立方米，比“六五”调查增加 82.3%。

2003 年 7 月—2004 年 3 月，长沙市完成“十五”森林资源二类调查，由湖南省农林勘察设计研究总院和长沙市林业调查设计队具体指导，以县（市、郊）为单位，组织 118 人的调查队伍，分成 54 个调查组、5 个质量专检组，共设 69 个抽样总体，区划 25.34 万个小班，测设总体蓄积量抽样控制角规点 9267 个；采用分层抽样调查估测总体蓄积。调查成果经湖南省农林工业勘察设计总院质检组抽样检查验收，抽样调查样地合格率 95.9%，小班合格率 92.8%。调查主要结果：全市总面积 118.28 万公顷，其中林业用地面积 62.06 万公顷，比“八五”调查面积增加 1.7%。在林业用地中，有林地面积 52.46 万公顷，比“八五”调查增加 5.53%。活立木总蓄积 2100.9 万立方米，比“八五”调查增加 48.1%。

2005 年以后，应用森林资源信息管理系统，完成长沙市森林资源数据档案年度更新和统计年报，以及中长期林业发展规划的编制。

（三）其他专项调查。1989 年 3—5 月，为从宏观上控制森林资源的消耗量，长沙市开展森林资源消耗量调查，调查结果：1984—1989 年年消耗森林活立木蓄积占森林年平均生长量 47.1 万立方米的 56.2%。

1990 年 7 月—1991 年，长沙市开展森林资源建档调查，共抽调 200 人组成野外作业组 64 个，完成 5 个森林采育场、23 个县乡联营林场、202 个乡林场、1066 个村组林场的森林资源调查建档工作，编制森林经营方案、森林资源建档总面积 7.38 万公顷，活立木蓄积 188.51 万立方米。

1991 年 9—12 月，长沙市进行封山育林普查和规划设计。全市抽调 92 名技术人员开展封山育林普查和规划设计。普查结果：全市各县（郊）封山育林共有 4.14 万个林班，封育面积 19.44 万公顷，封育成林 18.56 万公顷；规划新封育小班 6809 个，面积 6.27 万公顷。

三、林地管理

1988 年，长沙市依据林业“三定”时颁发的山林权属证书的四至范围，乡镇村组的集体山林由集体管理使用，村民的风景林、自留山，山权属集体，林地由村民管理使用。是年，长沙县印发专门文件：对征占用林地必须按规定审批，审批征占用林地必须按林地类型标准收取森林资源补偿费，所收取资源补偿费必须按规定上交财政统一管理使用。

1988 年，长沙市的国有林场、县乡联营林场、国有采育场、国有苗圃、县林科所，共经营国有山林 9191.7 公顷。1990 年 8 月完成国有山林定权发证工作。同时首次开展国有山林经营方案的编制。1991 年，长沙县跳马、安沙、黄花、路口等林业站开展征占用林地的清查工作，共补收森林资源费 6.5 万元。对南托乡未经林业部门审批乱占用林地 25 公顷进行行政处罚。自此，长沙市森林植被恢复费征收等工作起步。1993 年，浏阳市市、乡联营的汉高林场，建场 15 年人均造林 8.13 公顷，林木蓄积价值为国家投资额的 9 倍，并投资 16.7 万元帮助乡村修公路，被省委、省政府授予省级文明建设先进单位称号。是年，林业部颁布《林地管理暂行办法》后，浏阳市组织林业公检法对全市的违法征占用林地开展清理。1994 年 2 月 2 日，长沙市发布《长沙市树木花草赔偿标准》及说明。1995 年，仅有 19.13 公顷的宁乡苗圃，在有限林地上划出 7 个专业小区，实行科学化、良种化、标准化、管道化、机械化的管理，被定为林业部国有示范苗圃，有美国、芬兰、日本友人 6 批 62 人次前来考察。是年，望城县根据《关于认真做好征占用林地清理工作的通知》，清理出 1992 年以后 800 余家农户和单位占用建房林地的 46.7 公顷，为其补办相关手续。1996 年《湖南省林地保护管理办法》出台后，按土地管理权限征占用林地由省、市、县三级林业主管部门审批，各区县（市）逐步加强林地管理，但森林植被恢复费征收基本停滞。

2000 年，长沙市落实财政部、国家林业局《森林植被恢复费征收使用管理暂行办法》，开展违法征占用林地清理整治专项行动。切实抓好服务，征占用林地申请全部实行政务服务中心窗口统一受理，严格按照《中华人民共和国行政许可法》的规定，在政务服务中心、政务中心网站和林业局网站上公开办事程序、办事指南、资料要求、收费标准和办理时限，办事结果也及时在网上公布，接受社会监督，方便群众查阅，全市植被恢复费征收及其操作程序由此有章可循。2001 年，宁乡县据此调处崔坪乡、国有城大林场与县内乡村以及桃江县、安化县的林地纠纷。2002 年，招商引资在各地兴起，征占用林地项目比往年增加。长沙县共呈报征占用林地项目 83 处、322 公顷，收取植被恢复费 1017 万元。是年，望城县共征占用林地 463.3 公顷，当年在县内异地恢复森林植被，营造国外松、杉木等林木。

2003 年，长沙市启动农户林权登记换发证工作；2009 年，长沙市开展集体林权制度改革，使征占用林地的审批和资源补偿费的收取等项工作更加规范。

2009 年，长沙县大山冲林场经湖南省林业厅批准为大山冲国有林场，经营面积 719.4 公顷。隶属于浏阳市林业局的浏阳湖国有林场，经湖南省林业厅批准成立，经营面积 1.98 万公顷。2012 年，宁乡县黄材国有林场和城墙大山国有林场合并成立青羊湖国有林场。至此，包括原有的浏阳市大围山国有林场在内，长沙市 4 个国有林场均依法办理事业单位法人登记，自主经营、自我发展。国有林场之外，其他国有园圃由同级林业主管部门管理。是年，长沙市有集体林场 699 个，其中乡办林场 268 个，村办林场

179 个，联办林场 252 个，总面积 10.36 万公顷，实行自主管理。

四、森林采伐

1985 年，长沙市有林地面积 46.9 万公顷，活立木蓄积 778.2 万立方米，森林覆盖率 41.5%。长沙市根据国家颁布的森林法，实施凭证采伐林木制度。1987 年，开始探索森林采伐限额管理。1991 年开始，长沙市根据国务院《"八五"期间森林采伐限额实施意见》，实行森林采伐限额全额管理，凡采伐胸径 5 厘米以上的林木都必须纳入采伐限额管理。采伐限额分采伐类型（主伐、抚育间伐、林分改造、其他采伐）、消耗类型（商品材、自用材、烧材），实行总量控制，分项管理，各分项指标不得突破和串用，使用湖南省林业厅统一印制的林木采伐许可证。市、县（市、区）制定《森林采伐限额全额管理办法》等制度，科学编制采伐计划，做好林木采伐的伐前、伐中、伐后管理。抓采伐与流通的相互衔接，建立采伐、运输两项台账和两项月统计报表制度，做到山上山下共管；抓监督机制建立，层层签订森林限额采伐目标管理责任状；抓资源消耗控制，大力推广"两省灶"、以塑以煤代木、采伐剩余物等"三剩"物综合利用。1992 年对上年全市采伐限额执行情况进行检查，全年实际总消耗量为 33.28 万立方米，少于下达的采伐限额指标 1.22 万立方米，达到控制森林资源消耗，促进合理采伐利用的目的。浏阳市因坚持将管采伐与管运输、管生产、管兴办林场相结合效果好，1993 年被林业部授予全国森林资源林政管理先进单位称号。

"十五"期间（2001—2005 年），全市年森林采伐限额 56.02 万立方米，平均每年实际消耗 24 万立方米。2005 年 4 月，长沙市按期完成"十一五"期间（2006—2010 年）年森林采伐限额的编制工作，并向湖南省林业厅提交编限成果，经国务院审核同意和省政府批转下达，全市年森林采伐限额 94.4 万立方米，年均实际消耗 39.9 万立方米。"十二五"期间（2011—2015 年），全市年森林采伐限额 93.7 万立方米，2011—2012 年均实际消耗 30.4 万立方米。2012 年，全市有林地面积 56.7 万公顷，活立木蓄积 2390.4 万立方米森林覆盖率 53.35%。全市林木采伐指标入村到户率，连续三年达到 100%。

五、木材经营流通

1988 年起，长沙市对木材经营单位统一实行凭工商部门执照和林业部门许可证经营木材的制度。对 1987 年以来经市、县（郊）林业部门批准、工商行政部门核发工商执照的 436 家木材经营加工单位，统一颁发木材经营许可证，木材经营流通中的混乱现象得到遏制。1989 年 7 月 1 日，在全市统一使用"长沙市木材、竹材及其制品运输许可证"，规定新许可证"须盖有湖南省长沙市木材出境专用章，由核发单位加盖县木材出境专用章后方可生效"，加强木材、竹材的流通管理。

1992 年上半年，成立长沙市木材市场清理整顿办公室，抽调 70 余人对市区 150 家木材经营加工单位逐家清理，各县（郊）相应清理 789 家。通过清理，全市追缴税费 37.6 万元，没收、征收木材 390 立方米，吊销经营许可证 34 家，停业整顿 12 家。年底开展"三查三看"（查木材进销账，看木材运输手续是否完备；查经营活动和木材库存数，看有无违章违法行为；查申请登记手续，看是否合法经营）年检审活动，追缴林业费 3.5 万元。

1993 年，改善和提高营销管理。宁乡县木材公司分别采取国有私营、联营经营、租赁经营、承包经营四种形式，促进改革，完善管理，次年即扭转连续 8 年的亏损。1996 年，浏阳市木材管理站及所辖 4 个木材检查站，加强依法检查、依法行政，检查过境竹木车辆 1.75 万辆、木材 9.55 万立方米、楠竹 268 万根，查处林业行政案件 491 起，处罚 1745 人次，没收木材 1000 立方米，为国家挽回经济损失 90 余万元，被授予"全国先进木材检查站"称号。

2001年，长沙市切实加强对木材运输的管理，建立健全木材运输检查监督网络，严格执行木材凭证运输制度，全市木材经营流通管理进一步规范和加强。2005年全市查处各类林业行政案件2688起，收缴木材5984立方米，没收违法所得36万元，野生动物10万只，补征规费100余万元，行政处罚2245人次；2006年全市森林公安以“打团伙、挖窝点、破大案”为重点的专项行动，共破案1427起，收缴木材6506立方米，挽回经济损失311万元。2011年，全市林业、森林公安系统查处案件1496起，没收木材4993立方米，行政处罚1489人次。

六、林业执法

1988年，浏阳县设有木材检查站，承担出境木材的检查任务。是年，长沙市林政管理部门获悉，有524立方米木材将从四川经铁路非法倒卖给长沙市购销公司，经数月调查取证并报经湖南省林业厅批准，于5月20日木材运抵长沙火车站时予以没收，处罚款1.5万元，为国家挽回经济损失23.76万元。是年5—9月，在长沙、浏阳收缴野生无毒蛇4027条放生。1993年3月12日，国务院发布《关于开展加强环境保护执法检查、严厉打击违法活动的通知》后，长沙市把野生动物保护工作纳入重要议事日程，7月4日发出《关于切实加强野生动物资源保护管理的通知》，成立长沙市野生动物保护领导小组，并于7—10月组成保护野生动物稽查队，查处违法案件500起。1995年，长沙市林业局森林公安分局正式组建。1996年，浏阳市公安分局6年查处各类林业案件6464起，挽回经济损失306万余元，被林业部公安局记集体二等功。1999年5月，浏阳市公安分局法制办公室主任马科林因多年坚持严肃执法，依法护林，被林业部公安局授予“全国林业公安优秀人民警察”称号。2000年12月，《中华人民共和国种子法》颁布实施后，浏阳市制定《浏阳市林木种苗管理办法》，依法开展林木种苗行政执法和质量监督工作，三年查处各类种苗案件50起，没收各类假、劣种子150余千克，销毁劣质苗木80万株，为全市花农挽回直接经济损失近100万元，促进林木种苗事业的规范和发展，2003年获“全国林木种苗行政执法监督先进单位”称号。2006年，长沙市开展“破案攻坚战”“绿盾行动”等专项行动，严厉打击破坏森林资源的违法犯罪行为，着力打造平安林区。全年破获各类案件1427起，收缴木材6505.8立方米，挽回经济损失311万元。2007年，根据国家林业局、湖南省林业厅统一部署，长沙市从5月21日开始，开展为期120天的“绿盾二号行动”，查处林政案件21起，破刑事案件4起，刑事拘留3人，依法没收木材112立方米，挽回经济损失27万元。2010年，全市森林公安机关先后开展“火案二号”“春季行动”“雷霆行动”“打击破坏野生动物资源专项行动”等一系列专项打击，共出动警力1330人次，车辆430台次，查办一批群众反响强烈的严重危害林区稳定的典型案件。2011年，在全省14个地州市森林公安机关的执法检查中，长沙市森林公安局名列第一。2012年，在全市森林公安机关集中开展公安民警违反“五条禁令”和公安民警涉毒涉枪涉车涉酒涉赌违法违纪问题整治专项行动。是年，行政执法基础工作进一步规范化、现代化，长沙市15项林业行政许可项目全部进入市政府政务中心窗口，建立健全公开办事制度，推行电子办证。全年办事窗口接待办事群众1000余人次，办理竹木运输证1000余份，办理竹木经营许可证2000余份，办理征占用林地50宗，按时办结率100%。

第四章 畜牧水产业

养殖业历为长沙农业经济的支柱产业。长沙养猪生产发达，六畜兴旺，各类水产资源丰富，素有“养殖业大市，鱼米之乡”的美称。猪、牛、羊、鸡、鸭、鱼等养殖生产是农户增收的重要来源。

20世纪80年代末，在国家改革开放政策推动下，长沙养殖业得到快速发展，1988年生猪饲养量715.58万头，1992年增加到885.36万头，农业人口平均养猪2.16头。四县（市）全部进入全国生猪生产百强县前15名。1993年发展规模养殖，推广科学养猪，农作物秸秆氨化（青贮）、种草养牛养羊；发展名特优新水产品、休闲渔业，制定商品鱼基地转移建设规划。全市出栏肉猪537.38万头，居全省之冠，其中宁乡县出栏170.1万头，在全国百强县中排名第四。1994年生猪饲养量增加到1019.27万头；肉（役）牛增加到29.61万头。山羊增加到34.73万只。水产品增加到5.67万吨。养殖业开始全面走向调优结构，建立商品畜禽、商品鱼生产基地，适应市场需求。

1995年后，出台一系列扶持政策措施，推进养殖业稳定发展。生猪是长沙养殖业龙头。按照国标、省标制定良种猪保种选育方案和标准化养殖生产方案，建立良种繁育体系，优化地方良种与引进良种猪杂交生产组合，发展规模养殖户，推进瘦肉型猪基地县建设。长沙市投入资金100万元，启动实施商品鱼基地战略转移规划，加快渔业生产发展，坚持改造与转移并举的建设方针，加快市内五区、宁乡、望城县为重点的商品鱼基地改造更新建设。1997年望城县种猪场被国家质量技术监督局农业部定为全国重点种猪场，成为湖南省唯一的国家级种猪场。农业部将浏阳黑山羊列入国家级地方良种资源保护项目。1999年渔业生产经过5年转移基地，改造渔塘，全市建成商品鱼基地50个，水产品年产量4.57万吨，增长6.5倍，占全市总产量的60%。解决长沙居民吃鱼难的问题。翌年，全面革新水产养殖方式，采取鱼苗人工育种繁殖，由多品种混养改为单一品种主养，饲料由单一粗料改为全价混合饲料，加强饲养管理，实现高产、稳产，走出传统养殖方式，促进休闲渔业、名特优新水产品养殖快速发展，名特优新水产品年产量达到2.26万吨。2001年作出《长沙市人民政府关于加快奶业发展的决定》，各区县（市）按照“政府推动，市场运作，企业带动，农民为主”发展奶业的生产方针，分别制定出台扶持发展奶业的优惠政策措施和奶业发展实施方案，加快奶业发展，至2003年奶牛存栏7277头，年产奶1.51万吨，创史上之冠。全市商品杂交牛、羊增长快，出栏牛11.21万头，增长17.6倍；出栏羊73.13万只，增长24倍。加强检疫检验，确保食品质量安全，成立长沙市畜禽水产品质量检测中心，并为依法履职提供可靠依据。2004年全市实行防疫监管制度改革，采取一年两次集中免疫，随时补注，乡镇建立免疫台账，饲养场（户）建立免疫档案，被免疫动物佩带免疫耳标的办法，生猪死亡率逐年下降。全地区实现农业人均养猪3头、耕地亩均3头猪的饲养水平。此外，养鹿因市场滞销下降外，其他禽、兔、蜂、犬、虾贝、龟鳖等都有不同程度增长。家禽杂交育成黄羽、麻羽乌鸡、骡鸭等。2006年宁乡猪被农业部列入《国家级畜禽遗传资源保护名录》。开发出的宁乡猪系列肉食产品获得湖南省第八届国际农博会金奖。2007年被评为湖南名牌产品。2008年长沙地区遭受百年罕见的冰冻灾害，倒塌损毁栏舍总面积11.33万平方米，死亡生猪14.18万头。长沙市把生产补损和扶持产业发展结合起来，遭循“突出主导产业，突出市场供应保障，壮大产业”的原则，积极开展生猪生产补损和组织养猪户进行生产自救，共投入资金500万余元。国家继续实行生猪产业扶持政策，确保生猪生产受灾未减产。2009年生猪年饲养量达到1320.95万头，创历史新高。规模养殖户2.35万户，首次突破2万户。养殖业快速发展，促进饲料兽药生产，先后开发出畜禽、鱼、特种养殖需求的饲料百余种，兽药300余种，适应市场需求。

2010年长沙市制定《长沙市畜禽养殖管理办法（试行）》，划定禁养区、限养区、适养区。长沙市城区实施退出养殖政策。全市采取政策扶持，典型示范等措施，实施养殖生产调整，全面转向健康养殖标准化生产。至2012年全市养殖业创建国家级生猪养殖标准化示范场8个，省级13个，国家级种羊标准化生产示范场1个，国家级水产健康养殖示范基地2个，省级5个。养殖产量、产值不断增加，在农业中的比重不断上升。全市猪、牛、羊、家禽、禽蛋、水产品总产量分别为883.2万头、10.78万头、83.08万只、6005.75万羽、5.3万吨、11.41万吨，养殖业总产值154.8亿元，增长31倍，占农业总产值40%，农民人均纯收入1335元，增长6.2倍，占农民人均总纯收入的37.7%。获得科学技术成果奖156项，其中部、省级37项。

第一节 机 构

一、市级机构

1983年，成立长沙市畜牧水产局。1987年，政府机构改革，长沙市畜牧水产局设畜牧科（农场科）、水产科、饲料科、组宣科、办公室。机构没有变动，编制31人。明确为市政府工作部门。1988年，农场科划出改属长沙市农业委员会管理，同时撤销饲料科，设立科技信息科。1989年，增设计划财务科。1995年，组宣科更名为政工科，增设法规宣教科。市畜牧水产局改为市政府直属事业单位。2002年，撤销计划财务科、科技信息科、法规宣教科，内设科室更名为处室。同时增设兽医药政处（接管从市计委分出的饲料管理职能，加挂长沙市饲料工业办公室牌子），市畜牧水产局明确为市政府工作部门。2009年，增设质量安全处，内设处室由5个调整为6个。2011年，市畜牧水产局更名为长沙市畜牧兽医水产局，内设畜牧处、渔业处、兽医药政处更名兽医处、质量安全处（长沙市饲料工业办公室）、人事处、办公室6个处室，编制33人。2012年市畜牧兽医水产局内设5处1室。

1987年，长沙市种鸡场、长沙市种猪场、长沙市南开饲料厂、长沙市牛奶公司（长沙市乳品罐头厂）4个二级机构被转出。1998—2000年，长沙市牧工商联合公司、长沙市水产养殖公司2个二级机构被撤销。2002年，长沙市兽药监察所、长沙市特种水产养殖试验场、湖南省渔业船舶检验处长沙检验站（湖南省渔船渔港安全监督管理处长沙检查站）3个二级机构被并入其他二级机构。2010年，政府机构改革，长沙市奶类发展项目办公室，由隶属中共长沙市委农村工作部（市农办）管理调整为隶属长沙市畜牧兽医水产局管理。2012年，长沙市畜牧兽医水产局下设单位有长沙市动物卫生监督所、长沙市动物疫病预防控制中心（长沙市畜禽水产品质量检测中心）、长沙市渔政渔港监督管理站、长沙市水生动物防疫检疫站、长沙市奶类发展项目办公室。

1988—2012年，先后担任长沙市畜牧水产局、畜牧兽医水产局主要领导职务的有：郝松盛、曹治琦、漆根荣、聂荣富、周宏兆；其他领导班子成员有：蒋翠英（女）、余克宜、刘玄虎、周开初、范至刚、陈志杰、林大木、尹莉亚（女）、宋庆明、毛晓、饶自立、陈志雄、张仕良、廖命忠、钟才发、卞佑明、邓西京。

二、区县（市）机构

1987 年，长沙市辖长沙、望城、浏阳、宁乡 4 县（市）和郊区均设有畜牧水产局，为区、县政府直属事业单位，主管辖区畜牧水产工作。东区、西区、南区、北区均无农业农村区域及相应机构。

1995—1996 年，长沙市区进行调整，撤销 5 区，成立芙蓉、雨花、天心、开福、岳麓 5 区，各区均设立农林水利局。

2007 年，高新区（成立于 1988 年）划入农业农村区域，社会发展局更名为农村工作局。

2010—2011 年，政府机构改革，望城撤县设区，长沙、望城、浏阳、宁乡 4 区县（市）畜牧水产局更名为畜牧兽医水产局，仍为区县（市）政府直属事业单位。芙蓉、雨花、天心、开福 4 区仍设立农林水利局，岳麓区设立农林畜牧局，高新区仍设立农村工作局，均为区政府工作部门。

三、基层机构

（一）畜禽疫病防治机构。1989 年，全市 238 个乡镇畜牧站有人员 2151 人，其中兽医师（含畜牧师）224 人，助理兽医师 515 人，技术员 197 人。2004 年，长沙市明确“全市核定从事公益性职能的专职防疫人员编制数 551 人，面向社会公开招聘，择优录取，其中长沙县 100 人、望城县 88 人、浏阳市 150 人、宁乡县 150 人、岳麓区 16 人、雨花区 13 人、开福区 20 人、天心区 7 人、芙蓉区 7 人”。未入编人员仍按自收自支事业单位的性质管理。2012 年全市有 119 个乡镇站，乡镇防疫员 551 人，村级防疫员 1019 人，医疗、养老保险得到妥善解决。

（二）渔业管理机构。1988 年，各区、县政府有 1 名水产专干，乡政府有水产专职或兼职干部 1~2 人。2000 年后，由乡镇政府代管，多种经营办有专职或兼职人员 1 人。2012 年全市乡（镇）畜牧兽医站配有 1 名专职或兼职（代管）人员，负责辖区内渔业渔政管理工作。

四、人员队伍

1988 年，全市有畜牧水产人员 2514 人，具有大专以上学历的有 296 人，中级职称 13 人。其中市级畜牧水产干部 118 人，具有大专以上学历的有 64 人，中级职称 5 人。县（郊区）级畜牧水产干部 164 人，其中具有大专以上学历的有 45 人，中级职称 8 人。乡、镇畜牧水产人员 2232 人。2000 年以来，全市成人自学文凭参考者与职称参评者逐年增多，全系统人员文化程度不断提高，技术职称获评者也在逐年增加。2012 年，全市畜牧水产人员 1971 人，具有大专以上学历者 655 人（其中硕士研究生 29 人），高级职称 48 人，中级职称 468 人。其中市级畜牧水产人员 181 人，具有大专以上学历者 170 人，高级职称 19 人，中级职称 47 人。县级畜牧水产干部 568 人，具有大专以上学历者 475 人（其中硕士研究生 5 人），高级职称 29 人，中级职称 185 人。乡、镇畜牧水产人员 1689 人，具有中专以上学历者 68 人，中级职称 236 人。

第二节　生　猪

一、饲养

20 世纪 80 年代末，长沙市生猪养殖全面开展推广生猪人工授精，推广仔猪提前补料，改喂熟料为生料，改单一饲料为配合饲料，改吊架子育肥为直线育肥，改喂大肥猪为适时出栏，改旧栏舍为新建栏舍，新建猪舍均为瓦房砖混结构，双列式有窗或单列式半开放猪舍，规范科学，设施设备齐全。各级政府部门按照国标、省标制定良种猪保种选育方案和标准化养殖生产方案，建立核心种猪场、人工授精站。推进良种繁育体系建设。优化地方良种与引进良种猪杂交组合，推广良良猪、二元、三元杂交猪养殖生产，推进长沙县、望城县、宁乡县、浏阳市瘦肉型猪基地县建设。促进生猪生产发展。1988 年生猪饲养量 719.58 万头，1992 年发展到 885.36 万头，年均增长 23.04%，农业人口人均养猪 2.16 头，首次突破 2头。

1993 年长沙市生猪生产按商品猪基地配套要求，发展规模养殖，坚持在“品种、质量、效益”上做文章，推广科学养猪技术，建立科学养猪示范户、示范村，树立典型，引导生产，以大户带小户，连片发展。出栏肉猪 537.38 万头，居全省首位。长沙、望城、宁乡、浏阳四县（市）年出栏肉猪均超百万头，均为全国生猪生产百强县，其中宁乡县出栏肉猪 170.1 万头，位居全国第四。1994 年各县区在已有的瘦肉型猪基地建设基础上，立足新的起点，大力推进规模化养殖和“杜×长·大”（指杜洛克、长白、大白猪三个品种杂交）三元杂交猪标准化生产，加快瘦肉型猪基地建设，生猪饲养量首次突破千万头，为 1019.27 万头。

1999 年生猪市场供大于求，销售受阻，价格大幅下跌，生猪饲养量下降到 977.62 万头，比 1998 年减少 57.3 万头，是养猪史上生产减量最多的一年。2000 年养猪专业户 1.69 万户，比 1988 年增加 16.86 倍。生猪生产开始走出低谷，饲养量 1034.58 万头。

2004 年饲养量 1236.61 万头，农业人口人均养猪 3.2 头，突破 3 头。涌现出一批规模饲养户，其生猪饲养量达 479.68 万头，占全市生猪饲养总量的 38.79%。浏阳河饲料厂采取企业加农户的运作模式，通过提高饲料质量，提供养殖技术服务等措施，带动 500 户生猪大户的发展；宁乡县双凫铺镇无公害生猪养殖园新建栏舍 25 栋，入园大户 17 户，引进良种母猪 449 头，率先建立生态化养猪小区。开福区明清猪场全年出栏生猪 2100 头，带动周边 35 户农户进行规模养殖。全市形成较好的生猪规模养殖生产氛围。2005 年长沙市与广州市、东莞市分别签订 150 万头与 50 万头的产销协议，建立良好的产销关系。2006 年浏阳百宜饲料有限公司、弘顺农牧有限公司生猪基地成为东莞定点产销对接基地，新五丰公司、长沙县大有养殖有限公司生产基地成为深圳定点产销对接基地，新五丰公司生产的“晨丰”鲜肉品牌已成为深圳市六大放心肉品牌之一。2007 年生猪市场供不应求，猪肉价格创历史新高。国家出台能繁母猪补贴、保险、生猪良种补贴、标准化规模养殖场改扩建、生猪调出大县奖励等一系列生猪产业扶持政策，鼓励生猪生产，保障市场供应。在政策推动下，生猪生产迅速发展，新建、在建常年存栏生猪 1000~5000 头规模养殖大户 21 个，5000 头以上的 6 个，饲养量突破 1300 万头。2008 年遭受百年罕见的冰冻灾害，生猪生产受灾严重，因灾倒塌损毁栏舍面积 11.33 万平方米，死亡生猪 14.18 万头。长沙市把生产补损和扶持产业发展结合起来，遵循“突出主导产业、突出市场供应保障、壮大产业”的原则，积极开展生猪生产补损和组织养猪户进行生产自救，投入资金 500 余万元。国家继续实行生猪产业扶持政策，确保生猪生产受灾未减产，稳定生猪生产发展。年饲养量 1310.03 万头，存栏生猪 446.26 万头，出栏 835.9 万头，比 2007 年增长 6.59%、4.45%和 5.0%。

2009 年长沙市全力推进养殖生产要素向规模产业带（区）聚集，向龙头企业、合作组织聚集，向创品牌、打造亮点聚集，坚持走品种优良化、生产标准化、基地规模化、防疫科学化、环境生态化的发展路子，生猪养殖生产得到快速发展。生猪饲养量 1320.95 万头，创历史新高。生猪规模养殖户 2.35 万户，首次突破 2 万户，其中 5000 头以上规模养殖户 61 户，万头以上的 30 户。出栏生猪 431.13 万头，占全市生猪出栏总量的 50.61%。长沙县佳和、兴顺、浏阳市富华、穗丰、望城县星城公司等一批现代化规模养殖场（户）建成投产。湖南正大畜禽有限公司（隶属于泰国正大集团）在宁乡县大屯营乡兴建大型全自动化设备、现代化管理的种猪养殖场，项目总投资6000万元，占地面积11.33公顷，建筑面积1.3万平方米，常年存栏祖代母猪2800头，年产父母代种猪4.8万头；场区设计采用国内乃至全球最先进的技术，猪舍皆为钢构件，光照、温度、给水、供料、排水全部实行电脑调控，空气经过过滤后才能进入猪舍。粪污处理采取干湿分离，利用沼气与厌氧曝气法，实现粪污的零排放。投资3.4亿元的北京资源集团下属湖南现代资源农业科技有限公司生猪屠宰项目建成投产，年屠宰能力200万头。国家首家、亚洲第二家生猪电子交易市场湖南御邦大宗农产品交易所在宁乡县启动交易，当年交易25万头，设计年交易量2000万头，交易额300亿元。

2010年全市生猪生产进入转型升级时期。长沙市畜牧、环保、国土局三部门联合发布《长沙市畜禽养殖管理办法（试行）》，划定禁养区、限养区、适养区。长沙市城区实施退出养殖政策。长沙县实行生猪减量养殖政策，要求禁养区、限养区内的养殖户退出养殖。全市进行养殖生产调整，转向健康养殖生产。采取典型引路，政策扶持等措施，在国家农业部开展的畜禽标准化养殖示范场创建活动中，创建国家级生猪养殖标准化示范场6个，省级示范场8个。2011年全市启动常年存栏2000头以上养殖场标准化生产示范工作，重点建设长沙县兴顺、浏阳市富华、望城区碧波、宁乡县富民4个市级生猪标准化生产示范场。同时，创建国家级生猪养殖标准化示范场2个，省级示范场5个。

2012年全市生猪饲养量1269.3万头，出栏833.2万头，规模养殖户2.35万户。

二、品种

（一）品种改良。长沙生猪地方品种有宁乡猪、大围子猪、长沙白猪，引进品种有中约克、大约克、杜洛克、苏大白、汉普夏等。在抓好良种猪纯繁选育的同时，采取人工授精进行品种杂交改良。

1.人工授精。1988—1992年，长沙市开展科技服务，加强基础设施建设，淘汰劣种公猪，引进杜洛克、大约克等良种，大力推广人工授精技术，科学养猪水平和品种质量不断提高，至2000年优质杂交猪出栏量占出栏总量的95.6%。2007年望城县和浏阳市被列为全国首批生猪良种补贴项目县，共获得生猪良种补贴项目资金284万元，按"一头母猪每年两胎，每胎两支精液，每支精液补贴10元"的原则，实施生猪良种补贴，共计补贴人工授精14.2万胎次。2008年望城县和浏阳市共获得生猪良种补贴资金568万元，补贴人工授精28.4万胎次。在项目的推动下，生猪人工授精普及率逐年提高，到2010年加快生猪品改进度，生猪人工授精站103个，覆盖全市。2012年生猪人工授精配种55万胎次，普及率96%以上。

2.杂交利用。1989年长沙县种猪场引进中约克、大约克、杜洛克等良种公猪与本地良种大围子猪、二元杂交母猪等杂交，杂交后代生产性状有明显改善。具有体型大、生长快、瘦肉率高等特点。90年代杂交优势被广泛应用，杂交组合有两品种、三品种、多品种杂交等。养猪户普遍采用中约克、长白公猪与宁乡猪、大围子母猪杂交，或用引进的大约克、杜洛克公猪与宁乡猪、大围子母猪或"长·大"（指长白和大白猪杂交）二元母猪等杂交。杂交组合中以长白公猪与大围子母猪、杜洛克与"长·大"二元母猪杂交效果为最好。两品种杂交，仔猪初生体重提高，抗病力强，成活率高。1991年长沙县跳马乡吴建斌家2头大围子母猪用大约克公猪配种，同期产仔25头，个体均匀，头平重785克，据该乡调查32户50头母猪，共产仔6126头，头平初生重778克，30日龄头均增重235克，高的268克，杂交后代体型比母系猪大有改进，具有个体大，长得快，产肉率高等特点。1992年以后，两品种杂交被养殖农户普遍采用。

三品种杂交猪育肥，长得快，体型大，瘦肉率高。在高营养条件下，杂交优势更加显著。缩短育肥期35天，平均日增重687.8克，平均料肉比3.5:1，平均瘦肉率62.5%，比一般猪瘦肉高42%。1993年以后，三品种杂交育肥被规模养殖场（户）广泛采用。

1974年开始多品种杂交选种选育，经省市科技人员15年努力，以“长苏围”（指长白、苏白和大围子猪杂交）和“大苏围”（指大白、苏白和大围子猪杂交）两个三元杂交结合为基础，导入“大约克”血液，以群体继代法进行选育，经过杂交组合筛选，横交固定，品系繁育、扩群，育成地方优良品种湘白I系猪（长沙白猪）。湘白I系猪是瘦肉型母系猪，与杜洛克父系配套生产的“杂优猪”，在中等营养水平条件下，生后180天内，体重90千克，瘦肉率60%以上，肥育性能和胴体品质居国内先进水平。该项成果1989年11月20日通过省级鉴定，并列为国家科委、省科委重点推广项目，1990年在湖南省12个县（市）推广。

（二）良种繁育体系建设。1988—1996年长沙市推进良种猪核心群、繁殖群、生产群种猪场和生猪人工授精网（站、点）建设，为全面建立良种繁育体系打下基础。

1997年10月望城种猪场在通过国家质量技术监督局、农业部联合组织的产品质量全国统一监督检查中，定为全国重点种猪场，成为湖南省唯一的国家级种猪场。全年向社会提供种猪2400头。1998年长沙市规范种猪生产经营管理，加强种猪基础设施建设，全市20个种畜禽场先后通过省畜牧水产局验收，获得种畜禽生产经营许可证。

2007年长沙市争取国家良种猪场建设资金400万元，改扩建天心牧业、湖南佳和、浏阳穗丰、望城星城公司4个种猪场；新建湖南牧原和湖南百宜2个原种扩繁场；建成生猪人工授精站14个，存栏300头公猪的长沙县宏达人工授精中心启动建设。

2009年存栏600头原种母猪的湖南佳和农牧原种猪场在长沙县建成投产。2010年存栏1200头原种母猪的湖南百宜原种猪场在浏阳市建成投产。存栏300头种公猪的长沙县宏达人工授精中心建成启用。2011年存栏2400头原种母猪的正大集团大屯营祖代种猪场在宁乡县存栏基础母猪1.23万头，年提供种猪9万余头。2012年全市生猪三群一网（核心群、繁殖群、生产群、人工授精网）良种繁育体系已经形成，态势良好。

（三）地方良种保护

1.宁乡猪保种。宁乡猪以其早熟易肥、耐粗饲、繁殖力强及肉嫩味美等特点享誉国内外，全国除台湾和西藏外，各省都曾先后引种饲养。1990年以后，由于保种经费不足和瘦肉型猪的迅速发展，“宁乡猪保种场”被撤销，改为“瘦肉型猪种猪场”。宁乡猪保种即转为种猪保留在中心产区流沙河镇和草冲片农户家中。这种中心产区农户保种方式，由于种猪分布散，难于管理，加上保种经费少（每年5万元拨款），资金短缺，特别是农民保种经济效益差，积极性不高，严重阻碍保种工作顺利进行。至2002年宁乡猪只剩下种公猪7头，母猪12万余头。宁乡猪保种处于紧要关头。2003年在《湖南日报》《长沙晚报》上发出关于“保护畜禽地方优良品种”“拯救宁乡猪”的呼吁，各级政府加大投入，制定保种方案和保种计划，加强流沙河镇和草冲保种区的保种工作，同时规划建设宁乡猪原种场，宁乡猪保种开始有转机。

2003年宁乡县在流沙河镇流沙河村规划建设宁乡猪保种场，到2004年建成猪舍四栋，4120平方米。2005年宁乡猪种猪场通过省级验收，获得种猪生产经营许可证，挂牌“湖南宁乡猪资源场”。资源场存栏10个血缘的核心群种公猪10头、种母猪150头，形成一个独立的保种闭锁繁育群。宁乡猪保种采取保种区与保种场相结合的保种形式，形成一个有20个血缘、20头种公猪、200头种母猪和两个闭锁繁育群的保种核心群。

长沙市以开发促进保种，形成良性互动。宁乡县在国家工商总局登记注册“宁乡猪”产地商标，并授权长沙市沙龙畜牧有限公司对宁乡猪进行加工开发。2006年湖南宁乡猪资源场通过农业部农产品无公害产地认定和无公害农产品认证，获得“流沙河宁乡猪”生猪商标和“流沙河”“草冲”等两个地理商标。2006年6月宁乡猪被农业部列入《国家级畜禽遗传资源保护名录》，成为国家的家畜遗传基因。沙龙公司建成年出栏商品“宁乡猪”3.6万头的养殖基地，开发出“宁乡猪冷鲜肉、腊肉”等无公害产品，在宁乡、长沙建立20余家专卖连锁加盟店、家润多超市专柜。2006年11月宁乡猪系列肉食产品获得湖南省第八届国际农博会金奖，2007年4月被认定为“湖南名牌农产品”。2008年7月宁乡猪保种场、保种区分别被农业部认定为“国家级宁乡猪保种场”“国家级宁乡猪保种区”。2009年宁乡猪地理标志注册进入公示阶段。2010年农业部正式颁发宁乡猪地理标志登记保护证书。2011年宁乡猪商标注册成功。2012年宁乡猪青龙寨养殖文化园项目主体建设竣工。

2.大围子猪保种。大围子猪是长沙市的一个地方优良猪种，具有早熟易肥、耐粗饲、母性好、产仔率高等特性，在20世纪60—70年代曾享誉国内同业。20世纪80年代开始随着瘦肉型猪的发展，瘦肉率偏低（41%）的大围子商品猪已逐渐淡出生产领域，取而代之的是广泛作为母本源与国内外品种进行二元或者三元杂交生产瘦肉率较高的商品猪。助长重生产轻保种的苗头，种公猪急剧减少，血缘迅速变窄（仅两个血缘）。在紧要关头，长沙市决定研究制定保种方案，并组织一定的资金和技术力量开展特殊时期的保种工作。1999年长沙市加大大围子猪保种工作力度，运用国际先进的DNA指纹图测试等技术和理论重新撰写《大围子猪保种方案》，提出新的管理办法，实施大围子猪保种补贴，并重新选定核心群，20头公猪、120头母猪全部挂牌发证。2002年大围子猪保种实行合同管理，对各保种户全部发证挂牌。开展大围子猪DNA检查和筛选50头核心群、53头繁殖群和13头种公猪群。此后，市、县各级严格按照保种方案和管理办法，认真落实保种补贴，保种大围子猪母猪103头，公猪13头，共13个血缘。2010年规划建立可存栏母猪300头的大围子猪核心保种场选址长沙县双江镇山笔村，启动建设。2012年大围子猪核心保种场建成启用。

三、瘦肉型猪基地建设

1985—1986年，长沙地区4县1郊先后列入部、省瘦肉型猪基地县建设，按照部、省瘦肉型猪基地县建设要求，制定建设规划与实施方案，投入资金150万元，优化地方良种与引进良种猪杂交生产组合。采取典型引路，政策扶持等措施。经过3年建设，已形成每县10万~15万头瘦肉型猪生产能力，瘦肉率（53%以上）、料肉比（3.5:1）、日增重（500克以上）和商品率均达到或超过中华人民共和国农业部颁布的验收标准，1988年11月通过省、部级验收。1989年长沙、望城、宁乡、浏阳、长沙郊区瘦肉型猪基地建设，经省畜牧水产局和农业部验收合格。长沙、望城、浏阳县均已形成10万头瘦肉型猪生产能力，宁乡县达到15万头，瘦肉率53%以上，商品率达到或超过部颁验收标准。长沙、望城、宁乡三县获得全国瘦肉型猪生产优秀县称号。至1991年市畜牧水产局争取农业部、省级投资1099.66万元，市财政投资129.99万元，为全市地方良种猪保护，外来良种猪的引进和繁育，人工授精网（站），良种猪场的建设打下牢固的基础。

1994年，各县区在已有的瘦肉型猪基地建设基础上，立足新的起点，大力推进品种调优，养殖小区建设，规模化养殖和“杜×长·大”（指杜洛克、长白、大白猪三个品种杂交）三元杂交猪标准化生产。宁乡县淘汰更新种公猪126头，新增良种母猪7200头，比上年增长20%，优质瘦肉型猪生产覆盖面达60%，出现生猪产销两旺的良好势头，肉猪出栏头平获利250元。长沙县路口镇年出栏瘦肉型猪100头以上的专业户220户，其中该镇花桥村出栏100头以上的40户，长沙县将该村打造成瘦肉型猪生产基地示范村，通过示范村带动全县瘦肉型猪生产发展。1995年，望城县采取“杜×长·大”三元最佳杂交组合，发展瘦肉型猪。全县以雷锋、真人桥、荷叶坝、同心村和黄金乡的明华、三益、日明、国徽8个村为主体，建立连片万头瘦肉型猪出口创汇基地，当年8个村出口良良瘦肉型猪1.04万头。1996年创汇基地村连片发展到19个，出口2.5万头。1997年，全县以望城种猪场为龙头，在星城、黄金、雷锋、白箬、雨厰坪、莲花等乡镇建立瘦肉型猪繁育生产示范小区。雷锋村发展瘦肉型猪，率先达到万头生产规模。到2001年，共选定饲养户239户，投入资金187万元，提供良种瘦肉型种猪498头，扶持饲养户新建和改造栏舍9800平方米。2002年，瘦肉型猪良种繁育示范小区建成投产，全县形成以雷锋、白箬、黄金、星城等乡镇为中心的生猪繁育基地和瘦肉型猪生产基地，存栏良种瘦肉型母猪和出栏商品瘦肉型猪，均占全县总量的60%以上。2003年，浏阳市建立瘦肉型猪生产基地8个，养猪大户1670户，全面推广“杜×长·大”三元杂交瘦肉型猪生产，年出栏三元杂交瘦肉型猪112万头，占出栏猪的80%以上。2004年，浏阳县引导优化母猪结构，引进良种母猪1.4万头，存栏50头以上养猪户2121户，全年出栏瘦肉型猪2万头上的养猪大户有5个。

2007年，宁乡县在偕乐桥、双凫铺镇为中心的瘦肉型猪养殖区域内，新建常年存栏500头以上规模养殖场25个，养殖小区5个，改造猪场31个，通过示范带动，加快宁乡生猪标准化养殖技术推广，瘦肉型猪养殖小区年出栏肉猪40.7万头，总产值6.1亿元。农民获利2.44亿元。2008年，宁乡县通过产业政策引导和鼓励扶持，全县新建瘦肉型猪养殖小区5个，规模养殖户改扩建猪场150余户。回龙铺青云生态养殖场、坝塘镇永昌养殖小区、曾氏养殖小区、菁华铺乡万能养殖场等一批养殖小区建成投产，全县常年存栏生猪500头以上养殖户220户，出栏规模万头以上猪场5个，规模户养殖生猪数量占全县养殖总量的60%。

2010年，各县（市）生猪生产进入转型升级时期。全市生猪生产在调整中向适应市场抓质量，依托资源抓布局，规模养殖抓效益，进一步推进瘦肉型猪生产发展，生猪品质有很大提高，增强市场竞争力。2011年全市生猪规模化养殖稳步推进，生产效益显而易见。长沙县兴顺猪场存栏猪4680头，出栏猪8520头，年产值2150万元，利润510万元。湖南佳和农牧有限公司生态农业分公司养猪场存栏猪8150头，出栏猪2.01万头，年产值3000万元，利润700万元。规模养殖效益前景可观。

2012年，全市瘦肉型猪基地县建设初步实现以养殖小区（场）为主体，走上“五化”（品种优良化、生产标准化、基地规模化、防疫科学化、环境生态化）养殖生产之路。长沙县、宁乡县、浏阳市、望城区均已形成瘦肉型猪年生产100万头以上的能力。二元和三元杂交商品猪占出栏生猪95%以上，肉猪（从仔猪满月后）120日龄出栏，体重90千克以上，料肉比3.3:1，比1989年出栏日龄缩短30天，料肉比下降0.2千克，耗料下降5.7%，各项指标居省内领先水平。市畜牧兽医水产局组织编辑制作《长沙市瘦肉型猪基地建设》录像带，以音影图像的形式全面总结瘦肉型猪基地工作，成为全省的典范。

表21-4-2-1　　1988—2012年长沙市生猪生产情况一览表

年份	全年饲养量（万头）	年内出栏肉猪（万头）	年末出栏乳猪（万头）	年末存栏（万头）	每一农业人口养猪（头）	每一农业人口出栏（头）	每百亩耕地头数（头）	农业人口（万人）	耕地（万亩）
1988	719.58	370.1	41.55	307.93	1.81	0.93	193.09	397.37	372.66
1989	734.28	378.68	42.12	313.48	1.82	0.94	197.23	404.27	372.30
1990	743.03	399.12	15.16	328.75	1.83	0.98	199.79	407.09	371.90

续表 21-4-2-1

年份	全年饲养量（万头）	年内出栏肉猪（万头）	年末出栏乳猪（万头）	年末存栏（万头）	每一农业人口养猪（头）	每一农业人口出栏（头）	每百亩耕地头数（头）	农业人口（万人）	耕地（万亩）
1991	751.04	415	—	336.04	1.84	1.02	201.83	408.53	372.11
1992	885.36	480.11	46.87	358.38	2.16	1.17	238.10	410.45	371.84
1993	933.7	537.38	—	396.32	2.29	1.31	252.12	408.01	370.34
1994	1019.27	560.84	73.12	385.31	2.50	1.37	276.22	407.76	369
1995	1019.58	592.63	57.62	369.33	2.54	1.43	276.56	401.16	368.66
1996	994.69	601.34	46.44	346.91	2.48	1.50	271.02	401.88	367.02
1997	1034.9	608.33	70.67	355.90	2.60	1.53	282.67	398.40	366.11
1998	1034.95	622.75	66.68	345.52	2.62	1.54	283.94	394.28	364.49
1999	977.62	596.75	58.79	322.08	2.48	1.52	269.16	393.74	363.21
2000	1034.58	621.28	62.52	350.78	2.65	1.58	284.63	390.91	363.48
2001	1075.4	655.78	54.71	364.91	2.75	1.67	295.61	390.69	363.79
2002	1084.05	658.26	58.72	367.07	2.78	1.69	301.13	389.39	359.99
2003	1141.66	683.13	66.76	391.77	2.96	1.77	321.01	385.75	355.65
2004	1236.61	756.66	64.65	415.30	3.20	1.96	334.05	385.92	370.19
2005	1288.35	801.54	54.04	432.77	3.34	2.08	347.87	386.18	370.35
2006	1257.83	786.94	53.6	417.29	3.17	1.98	344.16	396.48	365.48
2007	1301.45	832.20	44.35	424.90	3.33	2.13	330.91	390.64	393.30
2008	1310.03	835.90	27.87	446.26	3.34	2.13	318.70	391.92	411.05
2009	1320.95	846	24.25	450.70	3.34	2.14	316.70	395.5	417.10
2010	1283.47	824.65	20.82	438	3.24	2.08	309.13	396.26	415.19
2011	1243.48	815.88	11.20	427.60	3.14	2.06	299.50	396.13	415.18
2012	1269.35	833.20	—	436.15	3.21	2.10	305.73	396.03	415.18

第三节 牛 羊

一、役（肉）牛

20世纪80年代，长沙农村普遍饲养牛耕田，只有老牛、病残牛经批准可宰杀食用，主要品种为本地水牛、黄牛。水牛耕作适用于堤垸、平原、丘陵地区，黄牛适用于浏阳、宁乡山区，也广泛分布于山丘地区。饲养以舍养为主，放牧为辅。一般4—11月白天放牧，放牧有牵牧、放会牛等方式。11月下旬至翌年3月为舍养期，饲养以稻草为主食，辅以棉饼、菜饼、稻谷等，一日放水三次。牛舍一般以砖木结构、瓦房为主，也有利用杂屋为舍，1牛1栏或3~5头1栏，采用干床饲养，早晚清扫。长沙市共有养牛专业户85户，主要分布在长沙县、宁乡县、浏阳市山区，饲养规模10~20头，没有大户。杂屋为舍，放牧为主。

20世纪80年代中期后，随着长沙农村农业机械化程度逐步提高，养牛役用功能逐步减弱，农村养牛开始由传统的单一役用向役肉兼用型转变，商品生产意识增强，注重品种培育改良和饲养技术革新。养牛户主要采取引进滨湖水牛、摩拉水牛与本地水牛杂交，湘西黄牛与本地黄牛杂交，西门塔尔、短角、夏洛来等牛与湘西黄牛杂交育种繁殖，同时推广牛冷冻精液配种技术。1987年，全市耕牛存栏20.01万头；在望城县、长沙县有4个冷配站，累计配种236头，受胎率60.5%，产犊56头。1990年以来，随着农村农业机械化快速普及，牛役用功能日益弱化。市、县政府部门高度重视养牛生产，上下联动，加大扶持力度，培育养牛专业示范户，走专业户示范带动区域化饲养杂交牛（肉牛）生产的路子，引导农户养牛注重品种改良，科学养牛，增强商品牛生产意识。全面推动商品牛生产发展。同时冷配技术推广到浏阳、宁乡县20个乡126个村，配种母牛1130头，受胎率72%，产犊458头。杂交牛犊初生体重大，生长发育快，平均日增重比本地黄牛提高14.9%，比本地水牛提高12.8%。

1992年，在长沙县牌楼乡开展的秸秆氨化养牛试验成功。1993年秸秆氨化养牛推广到长沙县、宁乡县、浏阳县的7个乡镇105户，养牛478头，饲喂效果得到养牛户认可。1995年秸秆氨化、青贮、种草配套饲养牛羊技术在全市各县推广。农户养牛方式逐渐科学化，开始采取白天放牧与夜晚补料相结合或舍饲的方式养牛，饲料普遍采用秸秆氨化（青贮）饲料、种草加配合饲料（玉米、麦麸、骨粉等），新建牛舍为通风、保暖性能兼备的砖瓦结构。

1996年，宁乡县定为国家级秸秆氨化养牛示范县。是年，全市肉（役）牛饲养量30.98万头（役牛20.19万头，肉牛8.79万头），养牛生产进入快速发展时期。1997年长沙县率先推行区域性养牛示范项目，采取以奖励代替投资鼓励发展的办法，投入养牛资金25万元，建立福临、广福、北山3个养牛示范片，以村带片，促进存栏、出栏分别增长15.73%、6.95%。1999年12月，经农业部批准，长沙县定为国家级秸秆氨化养牛示范县。2000年，长沙县从河南周口等地引进夏洛来与南阳牛杂交产下后代牛9200头，其中能繁母牛7200头，在黄兴、㮾梨、黄花、干杉、谷塘、江背等地，建成100头以上规模肉牛养殖场30个，500头以上牛场2个。种植牧草266.67公顷，农作物秸秆利用率37.3%。宁乡县秸秆氨化（青贮）养牛示范县顺利通过农业部授权省畜牧水产局和省农业综合开发办公室的验收。2001年全市养牛专业户742户，其中100头以上规模养殖户31户，年饲养量5.01万头，占全市养牛总量的14.25%，出栏21848头，占37.41%。2003年长沙县秸秆氨化（青贮）养牛示范县，顺利通过农业部授权省畜牧水产局和省农业综合开发办公室的验收。2004年，宁乡县历经铺东河牛市、灰汤牛市共交易肉牛2.86万头，带动周边乡镇2600户农户养殖肉牛，形成以牛市为中心的区域化肉牛生产格局。是年，全市牛饲养量50.68万头，比1996年增长62.57%。至2006年，长沙县、宁乡县成为全市肉牛生产集中区域，长沙县、宁乡县、浏阳市、望城县的部分乡镇成为全市养牛专业户主要分布地。宁乡县坝塘乡繁荣村彭旭华，2栋牛舍，氨化、微贮池9个，容积90立方米，种植牧草1.4公顷，出栏杂交牛85头，总产值42.5万元，获利7.65万元。带动周边13户农户饲养杂交肉牛。2007年开始，为适应市场需求，全市养牛进入品种调整优化生产时期，养牛年饲养量减少，但养牛品质在提升。长沙县江背镇印山村郭自成2000年开始饲养肉牛，栏舍面积500平方米，引进夏洛来、短角、西门塔尔等品种母牛50头，采取牛冷冻精液配种，坚持自繁自养，逐步发展，到2009年栏舍面积扩至2万平方米，种植牧草36.67公顷，年饲养量近千头。2011年，存栏712头，出栏良杂牛381头，年产值350万元，获利100万元，带动周边乡村50余户农户饲养肉牛。

2012年，全市肉（役）牛饲养量26.57万头（肉牛19.09万头，役牛7.48万头，主要分布在宁乡、浏阳等不适宜机械耕种的山区），出栏10.78万头，比1988年分别增长26.28%和1169.67%。全市养牛专业户1086户，其中年出栏100头以上牛场有5家。养牛专业户比1988年增加12.8倍，年均增加40户。年饲养量6.73万头，出栏4.17万头，分别占全市养牛总量的42.64%和出栏总数的38.73%。初步形成专业户示范带动地方农户饲养肉牛的生产格局。

二、奶牛

20世纪80年代，长沙奶牛基地主要分布在郊区的综合农场、畜牧农场、湘湖渔场、岳麓渔场、西湖渔场等地，共有国有、集体、个体奶牛场28处，共养奶牛2445头。饲养以稻草、配合饲料为主，辅以青草、蔬菜。栏舍为双列式或单列式砖木结构瓦房，牛舍双侧或一侧配有运动场。成年母牛头均年产奶4020千克。

1988年长沙市成为“2647项目”（欧盟无偿援助项目）中国20个受援城市之一。接收脱脂奶粉450吨，无水黄油150吨，折合人民币414万元。年底，建成制奶生产车间一处，冷库一座。1989年接收欧盟无偿援助脱脂奶粉562.51吨，无水黄油187.98吨，折合人民币518.12万元。1990年长沙市牛奶公司奶牛育种防检站按照国家奶牛饲养标准，在洞井红星奶牛场进行玉米秸秆青贮饲料加配合饲料饲喂奶牛试验取得成功。青饲料成本降低10%，奶牛头平日增产奶2.56千克，单产提高10.12%。1991年长沙市牛奶公司在东方红农场组建1处奶牛场，奶牛基地增至29处，共养奶牛3048头。其中国有牛场6处，养奶牛788头，占25.85%，集体奶牛场13处1137头，占37.31%。个体奶牛10处1123头，占36.84%。饲养100头以上的基地有7处，其中畜牧农场奶牛场规模最大，养奶牛657头。1992年长沙市牛奶公司奶牛育种防检站从上海、北京、广西等地引进高产良种奶牛冷冻精液，实行统一供精，指导奶牛养殖场（户）开展品种改良，培育高产奶牛。1993年长沙市共获（包括前两批援助）欧盟无偿援助脱脂奶粉2250吨，无水黄油750吨，按当时不变价，折合人民币2300万元。第二期为现金援助项目，到1996年共获援助资金2891.53万元。长沙市奶类发展项目办公室负责欧盟援助物资的接收、消化和拨款回收，用项目资金（包括政府配套资金）发展奶牛生产（贷款贴息）、改扩建乳品厂、奶制品（酸奶、消毒奶）开发加工、奶牛饲料加工设施，完善牛奶收集分发体系，质量安全体系建设以及奶业技术培训，整个奶类项目实施管理工作。欧盟无偿援助项目对稳定发展长沙奶业起到积极作用。

1997年长沙市牛奶公司在远郊县区各地积极组织开展奶牛养殖技术培训，指导企业、农户组建奶牛场。1998年全面推行玉米秸秆（牧草）青贮加配合饲料，或种植优良牧草加配合饲料饲养奶牛，使奶牛头平单产提高12.39%。2000年由于城区快速扩大，近郊湘湖渔场、岳麓渔场、畜牧农场等地奶牛场先后淡出。奶牛生产跌入低谷，存栏量一直徘徊在1300头左右。长沙市决定在继续搞好近郊养牛的同时，奶牛基地全面向远郊、县区转移，走近郊与远郊、县区发展奶牛的路子。

2001年，发布《长沙市人民政府关于加快奶业发展的决定》。各县（市）区按照市政府提出的“政府推动，市场运作，企业带动，农民为主”发展奶牛的生产方针，分别制定扶持奶业生产的优惠政策措施和奶业发展实施方案，调动企业与农户饲养奶牛的积极性，加快全市奶牛生产发展。奶牛养殖场（户）170户，存栏奶牛3132头，分别比上年增长2.51倍和1.18倍。奶牛生产促进全市乳品加工企业发展，2001年，湖南长沙亚华乳业有限公司生产“南山”“宾佳乐”品牌盒装鲜奶、酸牛奶等60余个系列液态奶产品，奶粉40余个品种，供应市场。成为湖南省名牌产品。

2002年，全市在长沙县春华镇、安沙镇，望城县西湖乡、白马乡、高塘岭镇、靖港镇，浏阳市淳口镇、永安镇，宁乡县道林镇，开福区沙坪乡，芙蓉区东岸乡等地，建立235家奶牛养殖场（户），奶牛存栏5901头。年产奶9108吨。湖南南山食品有限公司生产“南仔”盒装鲜奶，主产品牌有“南仔”“仔怡”“金牌小贝”“优睡”等奶粉。产品覆盖全国16个省1800余个县，成为全国知名品牌，获评“国家免检产品”“湖南省著名商标”“湖南省名牌产品”“中国质量万里行优秀产品”等国家与行业各类奖项。2003年奶牛养殖场（户）498家，奶牛存栏7277头，年产奶1.51万吨。是奶牛发展史上最多的一年。其中集体牛场118处，养奶牛3418头，占46.97%，个体奶牛场380处，养奶牛3859头，占53.03%。饲养奶牛在100头以上的基地21处，其中长沙县龙华奶牛场最大，养奶牛386头，其次望城县西湖奶牛场327头，开福区开元奶牛场288头，3处基地养奶牛1001头，占全市奶牛总数的13.76%。2005年湖南光明乳品有限公司落户望城，公司“光明”“派派”品牌系列盒装、杯装鲜奶、酸奶等产品，在保鲜乳制品行业市场稳居湖南省前列。公司已认证为湖南省“高新技术企业”。

2006年以后，由于疫病（主要为结核病）、气候（高温、高湿）等诸多因素叠加影响，全市存栏奶牛逐年走低，仅有部分养殖场（户）奶牛在稳定中发展。2007年种植扁穗牛鞭草4公顷，采取秸秆、青料加精料饲养奶牛，确保奶牛养殖稳步发展， 2011年养奶牛167头，其中62头产奶牛，年产奶319.92吨，头平单产5.16吨，年产值115.17万元，获纯利36万元。湖南旺旺食品有限公司主产盒装、罐装“旺仔”牛奶等10余个产品，年产销液态奶3.24万吨。“旺旺”产品成为全国知名品牌。

2012年全市奶牛基地23处，主要分布在长沙县、望城区、芙蓉区等地，存栏奶牛2435头，年产奶6400吨。成年母牛头平年单产4615千克。

三、羊

(一) 饲养。20世纪80年代，长沙农村养羊以湘东黑山羊（俗称浏阳黑山羊）为主，马头山羊等品种也有一定饲养量。一般农户多以4~5米系绳进行定桩放羊，日换2~3处地方，晨放晚归，山区农户养羊较多，放牧为主。严寒季节进行舍饲，饲养以薯藤、花生苗、干草为主食，辅以麦麸等精料，一般利用杂屋为舍，也有用竹木、茅草搭建的简易羊舍，养羊户少的几只、十几只，多的几十只、上百只不等。山羊主产区为浏阳市。

20世纪90年代初，全市各地开始注重养羊品种改良，科学饲养，浏阳市、宁乡县、长沙县先后引进雷州黑山羊、南江黄羊、福清山羊、波尔山羊与本地山羊杂交，育种繁育。同时，引导农户采取放牧、种草与补饲相结合养羊，养羊大户建有专门的羊舍，羊舍分为公羊舍、母羊舍等几种，多为吊楼式羊舍。羊床离地0.7~0.9米不等，羊舍南面设有运动场，用于山羊补饲和运动。

1993年，浏阳市被定为湖南省秸秆氨化（青贮）、种草养羊示范县。长沙市以此为契机，成立养羊技术小组，协同浏阳市抓好养羊示范县建设。在浏阳市召开230个村发展山羊专题会议，进行动员、工作部署。32个乡镇成立发展山羊领导小组，实行市里干部联乡、乡里干部联村，村里干部联组，办点示范，以点带面发展山羊生产。1994年浏阳市被农业部批准，定为国家级秸秆氨化（青贮）养羊示范县。各级政府部门加大扶持力度，全力推广改地面关养为羊床饲养，抓好寄生虫病防治，抓好饲料营养均衡补料；做到晨牧、轮牧，做到舍养与放牧相结合，做到推广青贮、氨化饲料和种草养羊，做到保腹、哺乳母羊与种公羊单栏饲养，做到不近亲交配，母羊及时配种，做到经产母羊适时补料，育肥羊短期补料催肥，做到栏舍卫生，通风，经常消毒，预防疫病的综合配套养羊生产技术。全市确定浏阳市淳口镇枫树村，溪江乡棉花村，七宝乡同仁村，望城县黑麋峰乡五一村，宁乡县龙凤山乡竹林场村，官山镇官山村等8个科学养羊示范村。以点带面，推动全市养羊生产。

1996年根据养羊发展需要，全市将长沙县江背镇乌川村，宁乡县道林镇田心村，灰汤镇双联村，偕乐桥镇竹田村等7个村列为长沙市养羊供种示范村基地建设。通过示范引路，促进全市养羊快速发展，全市山羊饲养量85.27万头，出栏36.55万头，分别比1988年饲养量8.81万只，出栏2.92万只，增长8.7倍和11.5倍。翌年浏阳市秸秆氨化（微贮）青贮、种草养羊示范县通过农业部、省农业厅验收。1998年全市山羊饲养量首次突破百万只，达到100.17万只，出栏42.49万只。农业部批准将浏阳黑山羊列入国家级地方良种保护项目。浏阳市按照保种合同要求，选定60只纯种母羊，16只种公羊，供采制胚胎和冻精。

2000年浏阳市重点培育100个养羊示范村，全市养羊进入稳定发展时期。同时，农业部派专家将60只种母羊胚胎，16只种公羊冷冻精液带回农业部，收入国家品种资源保护库。全市在38个重点乡镇建立115个基地村，养羊存栏30只以上规模养殖户1803户。年出栏22.56万只。

2007年全市山羊饲养量163.11万只，创养羊历史之冠。湖南省颁布湘东黑山羊饲养地方标准，在主产区浏阳市淳口镇投资300万元，建立湘东黑山羊原种场，为全市发展浏阳黑山羊奠定牢固的基础。2010年浏阳市湘东黑山羊原种场被农业部评定为国家级标准化生产示范场。

2012年全市山羊饲养量146.07万只，其中存栏83.08万只，出栏62.99万只，分别比1988年饲养量增长15.6倍，存栏增长13倍，出栏增长20.6倍。

（二）基地建设。1988年，在浏阳县、宁乡县等地6个村办点示范，培植养羊大户，以户带村发展养羊生产，建立示范基地村，是年，山羊饲养量4780只。至1992年6个基地村山羊饲养量发展到1.82万只，村平3千只以上。存栏羊在30只以上的规模养羊户发展到147户，比1988年增长21倍，而且带动周边乡村养羊。

1993年，全市提出因地制宜，因势利导，稳妥适度，突出草食动物的发展思路。各县根据资源条件，统筹规划，典型示范，区域发展，浏阳市被列为湖南省秸秆氨化（青贮）饲养牛羊重点示范县。全市山羊生产进入快速增长期。1994年，浏阳市经农业部批准定为国家级秸秆氨化（青贮）种草养羊示范县。市、县加大科技推广力度，全市确定浏阳市淳口镇枫树村、溪江乡棉花村、七宝乡同仁村、宁乡县龙凤山乡竹林场村、望城县黑麋乡五一村等8个市级科学养羊示范村，采取放牧与舍饲相结合的办法，全面推广秸秆氨化（青贮）种草养羊。

1996年，为适应养羊生产发展需要，将长沙县江背镇乌川村、宁乡县道林镇田心村、偕乐桥镇竹田村等7个村列为长沙市养羊供种示范村基地建设。全市基地村增至15个。带动全市山羊发展，全市山羊饲养量达到85.27万只。1997年，浏阳市秸秆氨化（青贮）养羊示范基地县通过农业部、省农业厅验收。全市着重合理布局，促进规模养殖，稳步推进山羊发展。

2000年，全市山羊发展以浏阳市为最快，浏阳市在溪江、古港、青草、东门等重点乡镇培育100个养羊示范村。常年存栏30只以上规模养殖户1486户，存栏羊总数7.73万只。年饲养量18.65万只，其中养殖户存栏山羊多的300余只。2004年，浏阳市成立养羊协会，市民政局注册登记发证，有正式会员216家，搭建技术生产，经营销售，信息交流平台，成为浏阳黑山羊生产发展中的中坚力量。2007年湖南省颁布湘东黑山羊饲养地方标准，在浏阳市淳口镇投资300万元，建立湘东黑山羊原种场，为稳定推进浏阳黑山羊发展创造有利条件。

2012年，全市养羊基地村115处，共计养羊50.16万只，其中规模养羊户2478户，养羊36.18万只，占基地村养羊总数72.12%，基地村养羊占全市山羊饲养量34.18%，出栏32.04万只，占全市出栏羊38.56%。

第四节　家　禽

一、饲养

20世纪80年代，长沙农户养鸡有湘黄鸡、来航鸡、海波罗、星布罗、罗斯鸡、来凤麻鸡等17个品种，主产区为宁乡县、浏阳市。鸭有金定鸭、绍兴麻鸭、滨湖麻鸭、法国番鸭、北京鸭、土洋鸭等9个品种，养鸭以金定鸭、绍兴麻鸭为主。鹅有武岗铜鹅、东安鹅、狮头鹅、溆浦鹅等5个品种，养鹅以武岗铜鹅、溆浦鹅居多。一般农户采用自然孵化繁殖，养鸡较为粗放，白天放养，晚上进笼，早晚补喂稻谷、米糠、菜叶、饭屑。鹅以草食为主，早晚补饲精料。鸭多数以放养在水塘、沟港、河畔，采食螺丝、鱼虾、昆虫、水草籽实等自然食物。产蛋时早晚补喂精料。专业户养鸭，成群放养，俗称“赶湖鸭”，以湖区及水域条件好的地方为多。一般2~3人或3~5人抱团放养群鸭，少则300~500只，多则600~2000只。

20世纪90年代之后，各地引进乌骨鸡、法国番鸭等新品种，与本地鸡、鸭杂交，育成麻羽、黄羽乌骨鸡、骡鸭等，很受市场消费者青睐。随着饲养技术逐步提高，养鸡向养殖专业化、规模化、商品化生产发展，由过去放养为主，转向舍养为主。一般农户少则3~5只，十几只，多则几十只，上百只不等，除自食外，鲜蛋、活鸡、活鸭送往市场销售。专业户养鸭全面改放养为就地圈养，大规模养殖，当年育成鸭产一季蛋，年底上市销售。养殖企业、饲养专业合作社养鸡采取封闭式舍饲笼养，自繁自养，禽舍规范，设施设备齐全，多数有专业技术人员，负责组织指导养殖生产，适时严格防疫，定期消毒，卫生整洁，养殖理念前卫，生产稳定发展，成为禽业生产发展的典范。2000年后，在家禽养殖企业、专业大户带动下，禽业生产稳步发展。2001—2011年，家禽生产年均增长300余万羽，是禽业生产史上最好时期。

2012年，全市家禽饲养量8787.45万羽，存笼2781.7万羽，出笼6005.75万羽，禽蛋产量5.28万吨。其中宁乡县家禽饲养量5302.10万羽，占全市饲养总量的65.74%，出笼家禽4122万羽，存笼家禽1180.10万羽。生产禽蛋1.77万吨，分别占全市存出笼、禽蛋总量的42.42%、68.63%、32.49%，家禽存笼、出笼、鲜蛋产量均居全市各县区之首。

二、基地建设

（一）饲养企业。长沙家禽养殖龙头企业有温氏、龙华、顺成3家，与之合作农户3040户，年出笼家禽1600余万羽。

1.宁乡广东温氏禽畜有限公司。广东温氏食品集团有限公司在湖南投资创办的第一家一体化子公司，2000年落户宁乡县万寿山。采用“公司+农户”的经营模式，与广大农户开展合作饲养肉鸡。由公司向合作农户提供鸡苗、饲料、药品和技术服务，保价回收成品肉鸡，承担市场风险；养鸡户按照合作养鸡指引原则开展肉鸡养殖，承担市场风险。形成公司与农户结合、生产与科研结合、产品与销售结合的“三结合”共同体。2002年，8个乡镇500余户出笼鸡250万羽。2004年，带动1780户出笼肉鸡1200万羽。2011年，公司销售总产值3.28亿元。结算养鸡户2824户；养鸡户全年获利3598万元，取得显著的社会效益和经济效益。

2.龙华禽业养殖有限公司。位于浏阳市葛家乡集镇，20世纪80年代涉足养禽行业，是全市最大的禽业龙头企业之一。2002年，实施“公司+农户”运作模式发展养鸡生产，已取得突破性进展。2009年在葛家、镇头、枨冲3个乡镇发展加盟农户216户，2010年出笼优质禽400余万羽，产值5000余万元，公司创效益 110 万元，为加盟农户创造纯收入 520 万元。公司实施订单式生产，合同制管理，解决农户物资供应、产品销售等困难；同时实行全程技术服务，采取资金垫底，解决养鸡户资金周转困难，推进无公害标准化生产。2011 年以来，公司养殖生产稳定，展现公司与农户双赢的生产局面。2012 年公司拥有大型孵化厂一栋，配备全自动化现代先进孵化设备 4 台（套），年孵化生产 650 万羽；拥有年生产能力达万吨的饲料生产线一条；商品鸡生产场 2 个，禽舍 15 栋；种鸡场 1 个，公司固定资产 600 余万元，种苗年生产 600 万羽，是一家面向社会提供种苗的大型企业。

3.湖南顺成实业有限公司。宁乡养鸡场成立于 1986 年，位于宁乡县白马桥乡白马村，占地 8 公顷，鸡舍面积 1.5 万平方米，年产蛋量 920 吨。是宁乡县畜牧水产局下属事业单位，1992 年确定为长沙市重点菜篮子工程，由省、市物价局投资 600 万元建成，1999 年 6 月改制，由山东诸城大成投资集团公司租赁经营，成立湖南顺成实业有限公司（将宁乡县养鸡场更名为湖南顺成实业有限公司养鸡场），为股份制企业，先后获“全国优秀家禽企业”“县级文明单位”等称号，是长沙市农业标准化示范企业、湖南省养殖业协会理事单位、长沙市农业产业化龙头企业。2012 年鸡场员工 130 人，专业技术人员 20 人，其中高、中级职称 3 人，饲养蛋鸡 8 万羽，其中产蛋鸡 6.4 万羽，育成鸡 1.6 万羽，日产蛋 2200 千克。

（二）饲养专业合作社。全市有浏阳凯鹰、长沙县深远 2 家大型家禽养殖合作社。实行大户牵头，农户加盟，合同管理，紧密合作，互利共赢的养殖生产模式，带动地方家禽生产发展。

1.浏阳凯鹰禽业养殖合作社。成立于 2004 年，位于浏阳市葛家乡玉潭村，实施“公司+农户”的运作模式，采取鸡苗、饲料、防治药物、饲养技术、产品销售“五统一”的管理办法，对养殖会员实行产业全程规范化服务。合作社建立葛家、镇头、普迹乡 3 个优质鸡养殖基地，有正式会员 265 户（农户），存笼优质鸡 180 万余羽。为做好产前、产中、产后一条龙服务，与湖北、广州、长沙、湘潭、衡阳等地建立多渠道销售窗口，对会员生产的优质山凤麻鸡产品实行合同保价销售，市场供不应求。为推进“无公害食品行动计划”全面实施，促进农业结构调整、推动农业名牌战略、提升农产品市场竞争力、保证人民消费安全，根据省市农产品质量安全中心的具体要求，同年 6 月已申报无公害肉鸡的产地认定和产品认证，产地认定区域达 3 个乡镇，面积为 300 平方千米。2010 年生产销售优质鸡 400 万羽，销售产值 4000 万元，养殖农户获纯利 800 万余元。到 2012 年生产规模 400 万羽以上。在无公害产品的实施过程中，合作社全面推行无公害肉鸡生产质量控制措施，制定严格的生产技术规范和标准，并通过合同书形式进行约束，确保无公害肉鸡产品质量。

2.长沙县深远蛋鸡养殖专业合作社。成立于 2008 年 11 月，位于长沙县青山铺洪河村。2009 年黄鹄养殖场建成投产。至 2010 年，建有洪河、黄鹄、仓场里 3 个核心养殖基地，其中黄鹄蛋鸡场建筑面积最大、栏舍建设最标准、养殖设备最先进。黄鹄养殖场总面积 1.1 万平方米，其中蛋鸡养殖场舍 1 万平方米，仓库、住房 1000 平方米。养殖场全部采用自动化投料养殖机械和室内恒温控制系统，存笼蛋鸡 10 万羽。深远蛋鸡养殖专业合作社制定扶持小型养殖户的优惠条件，并进行技术培训指导，发展养殖户 302 户。2010 年被评为“国家级标准化蛋鸡养殖场”。2012 年饲养蛋鸡 14.8 万羽，其中产蛋鸡 9.5 万羽，育成鸡 5.3 万羽，日产蛋 3350 千克。

（三）水禽基地。望城水禽基地养殖以鸭、鹅为主，有 8 个品种，其中蛋鸭有金定鸭、绍兴麻鸭、康贝尔鸭、法国番鸭、本地鸭 5 个品种，鹅有狮头鹅、溆浦鹅、麻鹅 3 个品种。养鸭群体数量以金定鸭、绍兴麻鸭为最多，养鹅以狮头鹅、溆浦鹅较为普遍。鸭鹅养殖主要集中在乔口、格塘、靖港、乌山、白箬铺、铜官、东城等 8 个乡镇。区域内湖泊、港湾、池塘、沟渠、堤坝众多，水草、昆虫、鱼虾、螺贝等资源丰富，有较好的自然放养条件。20 世纪 80 年代当地农户饲养鹅、洋鸭，多采用自繁自养，鹅以食草为主，洋鸭放养，早晚补饲二次精料。一般农户养鹅 3~5 羽，养洋鸭 10~20 羽。水禽养殖以蛋鸭饲养为主，一般农户少则 20~30 羽，多则 40~50 羽。专业户 159 户采用群养群放，俗称“赶湖鸭”，以湖区及水域条件好的地方为多，3~5 人 1 个鸭棚，放养 300~500 羽，大转地放养，以产蛋收入为主。水禽养殖年间很不稳定，鸭、鹅年饲养量一直在 25 万~30 万羽之间徘徊不前。养洋鸭、养鹅形不成规模。2000 年以来，随着水禽养殖技术的进一步推广普及，农户饲养水平逐步提高，望城县畜牧水产局积极引导农户开展法国番鸭与本地鸭杂交，生产骡鸭，2003 年取得成功。骡鸭体型好，生长快，肉质佳，当年育成鸭一般体重可达 2 千克，适应市场需求，发展较快。养殖蛋鸭改放棚鸭为圈养，养殖向规模化、专业化方向发展，养殖规模由过去放养 300~500 羽，扩至圈养 500~2000 羽。实行全进全出，当年育成鸭产一季蛋，年底上市销售，改变水禽养殖生产方式，促进水禽养殖生产发展。2010 年水禽基地鸭鹅饲养量已达 48 万羽，其中法国番鸭（本地洋鸭、杂交骡鸭）10 万羽，鹅 3 万羽，蛋鸭 35 万羽。养洋鸭（骡鸭）、养鹅专业户实现“零”的突破，形成养洋鸭（骡鸭）100 羽以上专业户 95 户，养鹅 100 羽以上专业户 20 户，养蛋鸭 500~2000 羽以上专业户 502 户。新康乡新河村高老屋组黄红波养蛋鸭 1000 羽，年产值 20 万余元，获利 8 万元；格塘乡柏叶村肖何武养蛋鸭 2000 羽，年产值 40 万余元，获利 16 万元。2011 年新扩建 4 个番鸭、蛋鸭孵化场，与原有孵化场 1 个，共计 5 个孵化场，年孵化鸭苗 41 万羽。在鸭鹅养殖大户带动下，鸭鹅养殖生产稳步发展。2012 年鸭鹅饲养量 50 万羽，出笼鸭鹅 35 万羽，是望城水禽基地历年以来最多的一年。

三、特种养殖

长沙禽类特种养殖品种 21 种，均系引进品种。其中以法国番鸭、美国王鸽、山鸡发展快，有较大生产规模。其他鹌鹑、乌骨鸡、鹧鸪、珍珠鸡、火鸡、野鸭等都有一定规模，有的还形成专业饲养。

（一）法国番鸭。又名法国鸳鸯，瘦肉型禽类品种，与本地麻鸭、水鸭等品种杂交生产发展骡鸭，骡鸭生长快，肉质好，当年育成鸭体重可达 1.5~2 千克，市场畅销，杂交优势尤为显著。1995 年由市畜牧水产局牵头，宁乡县、望城县畜牧水产部门参与，从福建引进 3000 余羽法国番鸭进行纯种繁育和杂交利用工作。通过 9 个月实践，宁乡、望城 2 个饲养点饲养的 3000 羽鸭育成率均 90%以上。1996 年在望城县学仕乡白鹤村建立长沙市望城县法国番鸭种鸭场，引进种鸭 5000 羽。1997 年投入资金 32 万元，支持《法国番鸭高产配套技术推广》科研项目，从种鸭选育到种蛋孵化、育雏、饲料生产、产品加工进行综合配套，形成年产 20 万羽种苗的生产能力，为项目的圆满完成奠定基础。1998 年 12 月 24 日，《法国番鸭引种及杂交鸭生产技术研究开发》课题通过专家鉴定验收。该项目达到国内项目的先进水平，其中种鸭产蛋量、受精率、孵化率、饲料转化率等指标达到国内领先水平。3 年累计推广法国番鸭及杂交鸭 121.8 万羽，创产值 3750.6 万元，实现利税 667.5 万元。2001 年后推广到全市各地，广泛饲养。

（二）美国王鸽。1990 年，长沙县引进美国王鸽进行饲养，经济效益显著，已有 13 个乡镇 150 户饲养这种鸽子。种鸽由 1120 对发展到 7895 对，出售肉鸽 1.85 万对，其中出售外贸乳鸽 1.13 万对，出售种鸽 7158 对，总产值 88.39 万元，获纯利 35.22 万元，投入产出比为 1:1.66。1991 年，椤梨肉鸽合作社牵头，与县外贸签订购销合同，建立产、供、销一体化服务，镇花园鸽场出笼乳鸽 3159 对，种鸽 660 对，获纯利 3.7 万元。1992 年肉鸽饲养快速发展，郊区存笼种鸽 3421 对，出笼 1234 对；长沙县饲养种鸽 8200 对。浏阳县北星、柏加、龙伏等乡镇存笼种鸽 7000 对。部分养鸽户进入专业养殖。1993 年，春华山乡横坑村胡清明购进 5 对种鸽起步；2006 年发展到 3200 对，并成立鑫明鸽业养殖场，与长沙市宾馆、酒店实现产销对接；2010年又牵头成立美国王鸽养殖合作社，带动周边15户农户养鸽；2011年出笼乳鸽3万对，销售鸽蛋5000余枚，获纯利12万元。同时，专业养殖户带动全市鸽业的发展，养鸽户增至212户，年出笼乳鸽12.65万对。至2012年全市246户存栏鸽14.18万对，出笼13.47万对。

（三）山鸡。1992年，望城县2户农户引进美国七彩山鸡420只，当年共出售雏鸡2450只，获利万余元。1993年，全市山鸡饲养扩大到浏阳市、宁乡县、西区、东区等地，有357户农户，存笼山鸡1.8万只，出笼成年山鸡和雏鸡4万余只。1994年市、县畜牧部门联合在望城茶亭、西湖乡、宁乡县城关镇等地办起5个山鸡特种养殖场，为农村山鸡养殖户提供种源，满足农户养殖需求，宁乡县畜牧水产局当年优价外销山鸡种苗1.4万只，获利5万余元。1995—1999年，山鸡饲养一度在全市各地兴起。2000年，全市山鸡饲养量15万只。尔后因市场售价迅速下跌，不少养殖场（户）亏损严重，养殖数量剧减，全市只有36户养殖户在饲养，年出笼万余只，多为直销餐馆、酒店，少量外销上市。2003—2012年，全市山鸡养殖生产年饲养量一直徘徊在2万只左右。

表21-4-4-1　　1988—2012年长沙市草食畜养殖情况一览表

年份	肉（耕）牛（万头）		奶牛		山羊（万只）		兔（万只）	
	存栏	出栏	存栏（头）	产奶量（吨）	存栏	出栏	存笼	出笼
1988	20.44	0.60	2455	6156	5.89	2.92	2.62	1.78
1989	21.18	0.51	2642	5961	6.49	3.23	3.26	1.85
1990	21.24	0.57	2786	6798	6.40	3.48	3.46	2.32
1991	21.03	0.80	3048	7432	6.99	4.25	7.83	2.79
1992	21.15	1.44	3315	7653	9.17	7.39	6.19	5.41
1993	20.89	3.67	2882	7759	14.88	11.19	6.48	5.63
1994	24.48	5.13	1435	4897	18.25	16.48	5.54	6.65
1995	22.58	2.46	1938	4983	22.25	27.97	2.88	3
1996	27.09	3.89	1072	2551	48.77	36.55	5.59	5.03
1997	33	3.7	1268	2738	56.44	39.74	6.45	5.10
1998	34.42	4	1350	2662	58.24	42.49	6.45	5.75
1999	31.87	4.43	1341	2689	57.53	41.59	7.02	9.93
2000	32.96	5.84	1464	2809	53.19	43.45	10.34	11.09
2001	33.52	6.45	3132	5683	55.28	50.94	14.11	13.42
2002	30.74	8.37	5901	9108	65.35	63.12	15.77	15.91
2003	35.15	11.21	7277	15124	60.99	73.13	15.98	19.34
2004	37.99	12.7	6430	16552	67.72	81.32	15.51	17.67
2005	38.33	14.57	4563	11893	71.36	86.89	15.69	18.62
2006	36.25	15.39	4251	6534	66.96	90.50	15.35	19.51
2007	28.90	15.81	4180	6015	71.98	91.13	16.07	20.64

续表 21-4-4-1

年份	肉（耕）牛（万头）		奶牛		山羊（万只）		兔（万只）	
	存栏	出栏	存栏（头）	产奶量（吨）	存栏	出栏	存笼	出笼
2008	14.31	8.25	3681	6371	52.32	83.88	15.24	21.24
2009	14.83	9.94	4118	6637	56.41	81.95	15.01	19.60
2010	14.12	10.81	3770	6802	59	82.04	15	19.59
2011	14.86	10.58	2799	6456	59.11	80.57	15.21	19.23
2012	15.79	10.78	2436	6400	62.99	83.08	14.56	18.63

第五节 水产养殖

一、渔业资源

（一）水域面积。长沙水域面积大，湘江经过市域，有浏阳河、沩水河、捞刀河、靳江河、八曲河等1~2级支流152条，3~4级支流150条。1988年全市大、中、小型水库692座，塘坝22.69万处，总水面6.58万公顷，其中湖泊0.17万公顷，池塘2.35万公顷，水库0.76万公顷，沟港哑河0.25万公顷，江河3.06万公顷。在总水域面积中可养殖水面2.73万公顷，占全市总水面的41.41%。其中池塘1.8万公顷，水库0.57万公顷，湖泊0.16万公顷，沟港哑河及其他水面0.2万公顷，此外还有5.34万公顷稻田具备养鱼条件。1988年精养池塘面积0.41万公顷，至2012年增加到0.88万公顷，占全市池塘总面积的49%，增加1.15倍。

（二）鱼类品种。长沙鱼类品种116种。常见的经济鱼类品种48种，占42.86%。其中主要经济鱼类有草鱼、青鱼、鲢鱼、鳙鱼、鲤鱼、鲫鱼、长春鳊、三角鲂、银鲴、细鳞斜颌鲴、黄尾密鲴、赤眼鳟、鳡鱼、鳜鱼、鲶鱼、翘嘴红鲌、黄颡、泥鳅、黄鳝、鲚鱼、乌鳢21种。其他水产品种有沼虾、白虾、米虾、长臂虾、螃蟹、鳖、乌龟、田螺、三角帆蚌、皱纹冠蚌、背角无齿蚌、园顶蛛蚌、鱼尾楔蚌、扭曲蚌、背瘤丽蚌、猪耳丽蚌16种。引进品种有淡水白鲳、鲈鱼、鮰鱼、荷包红鲤、镜鲤、锦鲤、草胡子鲶、褐首鲶、沟鲶、团头鲂、南美白对虾、匙吻鲟、史氏鲟、美国大口胭脂鱼、银鱼、罗非鱼、白鲫、银鲫、罗氏沼虾、牛蛙、美国青蛙、福寿螺、白玉蜗牛、麦鲮24个品种，名贵珍稀水产品种有大鲵（娃娃鱼）、蝾螈、石蛙、虎纹蛙、山瑞鳖、中华鳖6个品种。

二、成鱼生产

（一）池塘养鱼。长沙农村池塘很多，具有分布广，投资少，见效快，产量高的特点。国家实行改革开放政策以来，池塘养鱼得到快速发展，放养面积日益扩大，产量逐步增加，1988年，池塘放养面积1.63万公顷，占养殖水面的70.64%，总产量2.66万吨，占养殖总产量的85.39%，亩产109千克。1996年池塘放养面积1.66万公顷，总产量5.86万吨，亩产235.3千克。2005年，池塘放养面积1.78万公顷，总产量10.73万吨，亩产401.8千克。2012年，全市池塘放养面积1.8万公顷，占养殖水面75.78%，总产量11.3万吨，亩产419千克。其中城郊的渔业基地是池塘养鱼高产地区，最高亩产1.5吨以上。

（二）湖河养鱼。长沙域内较大湖泊有团头湖、天井湖、草荚湖、闸坝湖、千龙湖、红雨湖等，望城团头湖最大，面积 333.33 公顷，1988 年利用内湖水面养鱼 1170.4 公顷，产鱼 369 吨，亩产 21.2 千克；1997 年利用内湖水面 156.2 公顷，产鱼 583.84 吨，亩产 28.7 千克。2006 年利用内湖水面 1502.5 公顷，产鱼 808.19 吨，亩产 35.86 千克。2012 年利用内湖水面养鱼 1573.33 公顷，产鱼 953.44 吨，亩均 40.4 千克。

长沙域内哑河以望城、宁乡、长沙 3 县较多，以乔口、靖港哑河最大，1988 年利用哑河沟渠面积养鱼 844.8 公顷，产鱼 402 吨，亩均 31.72 千克。1995 年利用哑河沟渠面积养鱼 1056.5 公顷，产鱼 657.67 吨，亩均 41.5 千克。2004 年利用哑河沟渠面积养鱼 1585.65 公顷，产鱼 1349.78 吨，亩均 56.75 千克。2012 年利用哑河沟渠养鱼面积 1966.67 公顷，产鱼 1918.68 吨，亩均 65.04 千克。

（三）水库养鱼。长沙地区大、中、小型水库较多，其中 20 世纪 50 年代末期兴建水库 258 座，60—70 年代兴建水库 139 座，到 1988 年，全市有大、中、小型水库 692 座，养鱼面积 4774.13 公顷，产鱼 1655 吨，亩均 23.11 千克，占全市水产总量的 5.61%。1998 年，大、中、小型水库养鱼面积 4964.5 公顷，总产量 1729.12 吨，亩均 23.22 千克。2007 年大、中、小型水库养鱼 5568.15 公顷，总产量 4409.97 吨，亩均 52.8 千克。2012 年，养鱼面积 5710 公顷，比 1988 年增加 19.60%，产鱼 4796.4 吨，亩均 56 千克。比 1988 年增长 242.32%。

（四）稻田养鱼。宁乡县、浏阳市部分乡村有稻田养鱼习惯，一般以鲤、鲫、草鱼为主。1988 年全市稻田养鱼 3879 公顷，产鱼 279.5 吨，培育鱼种 2216 万尾。宁乡县 2010 年稻田养鱼 0.13 万公顷，主要集中在夏铎铺、回龙铺、龙田、巷子口等乡镇，多采用田与沟结合的办法养鱼。产成鱼 24.5 吨，培育鱼种 1953 万尾，据验收 25 个乡镇，10 户 3.52 公顷稻田育种，统计共培育鱼种 2.92 万尾，亩均 553 尾，收入 4081.2 元，其中优质鱼种占 51.2%，稻鱼结合，亩均综合经济效益可达 1500~1600 元。2012 年全市稻田养鱼 1597 公顷，比 1988 年减少 1922 公顷，但亩均产量却有很大提高，产鱼 317.7 吨，亩均产鱼 9.9 千克，比 1988 年亩均产量 4.8 千克提高 1.06 倍。培育鱼种 4003.02 万尾，比 1988 年增长 80.64%。

（五）网箱养鱼。长沙地区网箱养鱼始于 20 世纪 90 年代初，以宁乡县、浏阳市居多。1991 年全市网箱 395 口，面积 1.58 万平方米，产鱼 37.92 万吨。浏阳市 1989 年在浏阳河浦梓港试养 2 口成鱼网箱，主养草鱼，面积 56 平方米，获得成功后开始推广，1991 年网箱养鱼从 1990 年的 20 口增加到 170 口，面积5442 平方米，总产鲜鱼 85 吨，其中 5 口箱产量过吨。荷花乡金滩村李雄牛 1 口网箱，产鲜鱼 1089 千克，收入 5667.48 元，获纯利 4104.48 元，1992 年网箱养鱼被列入浏阳市政府“八·三”工程，农户积极性高涨，该市网箱增至 552 口，其中成鱼箱 447 口，总面积 1.55 万平方米，产鲜鱼 156.7 吨，获纯收入 52.5 万元，箱均产量 300 千克，箱均纯收入 1005.7 元。1995—2010 年全市网箱养鱼每年稳定在 1100~1200 口，2012 年全市网箱 1232 口，其中鱼种箱 258 口，总面积 57278 平方米，产鱼 1068 吨。

三、商品鱼生产基地建设

商品鱼基地由于规模较大，生产稳定，运输方便，能集中提供商品鱼，较好地适应市场需求，成为各区、县渔业的发展重点。1988 年，全市有 25 处商品鱼基地，分布在郊区、长沙县、望城县，养殖面积 1380.13 公顷，年产鲜鱼 6077.98 吨。望城县国有乔口渔场和郊区湘湖、西湖、红色、岳麓山渔场、综合、东屯渡农场、黎托、大托乡渔场 9 个主要商品鱼基地渔场的统计，全年共计起水鲜鱼 5149.5 吨，比上年度增加 12.5%，不仅鲜鱼起水增加，而且销售收入，经济效益也有所提高。郊区湘湖、红色、西湖、岳麓山、望城县国有乔口 5 个渔场，全年收入 2925.6 万元，完成全年计划的 158.19%，比上年增长 50.6%，盈利 193.4 万元，其中渔业收入 897.63 万元，比上年增长 45.5%，1989 年 25 个商品鱼基地鲜鱼产量 6135 吨，呈稳定增长态势。所提供的商品鱼 3000~4000 吨，占城市居民消费的 60%以上，充足的市场供应，改变以往长沙市水产门店“平时一条龙，节日挤破门”的情景。

1991 年，全市各级筹集资金 944 万元（包括省、市无偿投资及周转金 528 万元），对全市的669.93 公顷鱼池进行护坡加固等工作，提升再生产能力，长沙城郊与周边县（市）大力开挖精养鱼池，1992 年全市改造鱼池 132.07 公顷，宁乡县提出开挖精养鱼池 666.67 公顷规划，1993 年县市（郊）乡（场）投资 187 万元，进行鱼池配套改造，形成精养高产鱼池 178 公顷。县（市）乡村和农户自筹资金将低洼低产田改建成鱼池 1333.33 公顷，其中宁乡县由水产部门统一规划设计，分区乡实施，建成精养鱼池 701.53 公顷，年产鲜鱼 329.1 万千克，亩产鲜鱼 312.7 千克，总产值 1382.2 万元，实现当年建成当年投产受益。

20 世纪 90 年代随着城区范围扩大造成渔业基地减少，1993 年长沙市郊区被征用养殖水面 228 公顷，1994 年湘湖、红色两个重点渔场 179.67 公顷养殖水面被划为城建开发用地，这样城市郊区已减少精养水面 406.67 公顷，长沙市作出在 2000 年前扩建鱼池 1466.67 公顷，启动商品鱼基地战略转移规划。1995 年长沙市投资 100 万元，新建鱼池 194.87 公顷，其中郊区新建 16.2 公顷，长沙县新建 38.67 公顷，望城县新建 73.33 公顷，宁乡县新建鱼池 66.67 公顷。改造鱼池 865.2 公顷。

1997 年，坚持改造与转移并举的建设方针，确立以市内 5 区及宁乡、望城为重点进行商品鱼基地改造建设，宁乡县继续执行商品鱼基地建设计划，天心区制定千亩鱼池开发计划。全市新增精养鱼池面积 92 公顷，改造配套鱼池 60.33 公顷。1998 年全市改造鱼塘 1100 公顷，新建鱼塘 50 公顷，1999 年经过转移基地、改造鱼塘，全市建成商品鱼基地 50 个，面积 2666.67 公顷。商品鱼基地水产品产量 4.57 万吨，占全市总产量的 60%。2000 年雨花区在商品鱼基地建设上借鉴湘阴县和湖北省的成功经验，革新养殖方式，提高渔业效益，实施“两改一加强”措施，即由多品种混养改为单品种主养，饲料由单一粗料改为全价配合精料，加强饲养管理，促进渔业生产，望城县加强商品鱼基地生产管理，进行品种调优，全县当年投放鱼种 11087 万尾，其中草、鳊、鳙等优质鱼 8140 万尾，占投放总量 73.4%，同时改良饲料，以草鱼为主要对象，开展“通威”“大北农”全价颗粒饲料喂鱼，使商品鱼基地 81.2%的养殖场（户）实现稳产高产，走出传统养殖模式。到 2012 年全市初步形成以近郊为主，近郊远郊结合，以大场、户为主，大小场、户结合的商品鱼基地生产格局。

四、百里水产走廊建设

2004 年，长沙市为发挥长沙水产资源优势、区位优势、技术优势，整合优化水产业区域布局，推动名特优水产品向优势产区集中，建设名特优水产品产业带，并将其纳入全市农业产业结构调整与规划建设的四大产业带之一重点建设，进一步提升长沙水产业的经济功能和文化功能，翌年 2 月，长沙市作出启动百里水产走廊建设决定，从 2005 年起到 2010 年止，拟用 6 年时间沿“一江四河”两岸建设长沙市百里优质水产走廊，规划范围为“一江（湘江）；四河（浏阳河、沩水河、捞刀河、靳江河）”两岸。核心区设置在水域较为集中的望城县、宁乡县、开福区、岳麓区域内，南起望城县黄金乡，北至该县的东城镇，东起开福区捞刀河镇，西到宁乡县双江口镇。覆盖区域长近 40 千米、宽约 30 千米，包括开福区综合农场、捞刀河、新港，岳麓区天顶、望岳、西湖、橘子洲、观沙岭、梅溪垸，望城县丁字、铜官、桥驿、东城、茶亭、乔口、靖港、格塘、新康、高塘岭、乌山、星城、黄金 22 个乡镇（场）。

区域内共有养殖水面 0.97 万公顷。其中池塘 0.65 万公顷，湖泊水库 0.27 万公顷，河港及家庭养鱼水面 0.05 万公顷，水产养殖产量 3.2 万吨，占全市养殖产量 31%，捕捞产量 3000 吨，占全市 38%。

按照生态经济学原理，运用现代水产养殖技术，在环洞庭湖区率先打造产品特色突出、竞争优势明显，养殖休闲并重的城乡一体化的现代化水产基地。带动全市渔业综合生产能力的提高。

通过6年建设，至2010年年底，项目区建设各级政府、部门（包括社会融资）投入资金6亿余元，完成水电路三通基础设施建设，硬化改造道路180.3千米，新建水产良种场2个，各类名特优水产品推广面积超过3333.34公顷，改造鱼池366.67公顷。引进养殖（加工）企业6家，创建国家级健康养殖示范场2个，建成高档次、高规格休闲渔业基地（企业）27处。中、小型农家乐千余处，年接待游客上百万人次。增加水产品（名特优新水产品）1.3万吨，从业人员万余人，综合经济效益近15亿元。

五、特种水产养殖

长沙特种水产养殖品种主要有蛙、蟹、鳖、罗氏沼虾、龟、蜗牛、斑点叉尾鮰、淡水白鲨、淡水白鲳、娃娃鱼10余种。

1988年，望城县乔口渔场与岳阳市水科所协作，进行湖泊大水面开发利用，在333.34公顷的湖泊中投入蟹苗50万只，进行鱼蟹混养试验，获得成功。长沙市从广州引进美国青蛙，经过3年的试养，到1992年已探索出人工繁殖、训食、成蛙养殖，越冬和人工饲养等配套养殖技术。在开福区洪山庙建立美国青蛙集约化养殖基地，开展美国青蛙的集约化养殖研究，同年孵出美国青蛙蝌蚪30万尾，幼蛙1万只，生产商品蛙250千克。取得成功。1993年蛙类养殖推广到全市36个区、128个乡（镇、场）、404个村1685个农户，养殖面积56.89公顷，生产成蛙294.13吨，实现总产值1198.33万元，与上年比较，推广面积增长7.77倍，商品蛙产量增长8.8倍。郊区综合农场李金国、宁乡县南田坪乡欧建良等年养蛙纯收入过万元，成为当地有名的养殖专业户。1994年长沙市引进个体大、肉质鲜美、营养丰富的罗氏沼虾进行养殖试验获得成功。同年5月从广西、重庆等地购进虾苗，在长沙郊区、长沙县、宁乡县等处选定水塘2.85公顷进行试养，经过5个月养殖，产虾1118千克，平均亩产26.1千克，其中市特种养殖场两口试验塘面积8亩，投苗10万尾，起水沼虾412千克，平均亩产51.5千克，总产值1.98万元，平均每千克获利48元。

1995年，全市特种水产养殖户1540户，养殖面积474.87公顷，其中甲鱼养殖797户，养殖面积86.6公顷，产量40.40吨，生产稚鳖21.25万只，牛蛙养殖户623户，养殖面积49.33公顷，生产成蛙31.84吨。1997年芙蓉区五星特种养殖公司以甲鱼生产为主，全年生产幼甲鱼10万只，亲本2000只，生产商品甲鱼13吨，比上年增长30%，同时年内又新开发白玉蜗牛生产及加工，产品直销大酒店、宾馆，初步形成养加销一条龙生产经营，全年实现产值300余万元。长沙县双江口乡农裕村竹山屋组饶甲伟养殖牛蛙1.2亩，全年上市牛蛙2600千克，收入5.4万元，获纯利2.1万元。在他的带动下，全乡发展牛蛙养殖185户，面积5.2公顷，生产成蛙82吨，产值165万元，获利65.6万元。是年，长沙市水产科技推广站建成1200平方米温室，11月放养规格为5克的雏鳖2.91万只，到1998年5月雏鳖移出温室2.80万只，成活率96%，总产量35325千克，年末产商品鳖7500千克，产值825万元，实现利润295万元。

1999年，由于受市场价格走低的影响，甲鱼、牛蛙的养殖面积分别比上年同期减少50%。2000年甲鱼、牛蛙售价上扬，生产回升。望城县通用公司进行河蟹和珍珠养殖，投放扣蟹50万只，插片珍珠10万个。次年望城县养蚌面积26.67公顷，吊蚌120万只，插蚌40万只。到2004年望城县河蟹珍珠规模养殖已初步形成。在百里水产走廊招商会上，多个特种水产养殖项目签约，省水产养殖公司投资8000万元从事珍珠养殖加工，香港泰湖集团在铜官镇投资450万元，利用200公顷水面从事珍珠养殖。

2006年，鸿远养殖公司投资1000余万元在百里水产走廊核心区内建立龟鳖养殖基地，龟、鳖养殖水面400公顷，是全国第五大龟鳖养殖基地，年产商品龟5吨、鳖150吨。2008年百里水产走廊核心区珍珠养殖面积 1021 公顷，新增 287.86 公顷，吊养珍珠蚌 1354.25 万个，年产值过亿元。2009 年推广特种水产健康养殖，河蟹养殖 560 公顷，放养扣蟹 130 万只，生产商品蟹 15.2 吨，生态甲鱼养殖新扩面积 26.67 公顷，生产生态甲鱼 22 吨。开福区斑点叉尾鮰、淡水白鲨、淡水白鲳等养殖水面 700 公顷，其中斑点叉尾鮰 533.33 公顷，年产量 980 吨。

2010 年，全市河蟹、龟鳖、蛙、斑点叉尾鮰、淡水白鲳的养殖面积不断扩大，产量不断增加，至 2012 年年产河蟹 30 吨、龟 92 吨、鳖 264 吨、蛙 275 吨、斑点叉尾鮰 1080 吨、淡水白鲳 35 吨，形成一定养殖规模。

六、鱼苗生产

1988 年 5 月，长沙市通过立法结束江河捞苗的历史，开始推广、并依靠人工繁殖技术培育鱼苗。20 世纪 90 年代初，国有乔口渔场，国社合营的湘湖渔场、红色渔场、西湖渔场、岳麓渔场等都建有自己的鱼苗鱼种分场或分队，宁乡建设檀树湾鱼苗鱼种场、浏阳建设料源鱼苗鱼种场等。共有国有和非国有专业鱼苗鱼种场 38 个，对其他渔业生产单位提供鱼苗。

1999 年，开福区在渔业分场选择 7.2 公顷水面，投入资金 188 万元，建立年生产 1.5 亿尾鱼苗的鱼类良种繁育基地，2000 年投产。宁乡县渔场鱼苗孵化 7.1 万尾，比 1999 年增长 1.1 倍，首创历史高产。同时全县有 4 个渔场（每个渔场都只有 2 公顷左右的水面），人工孵化鱼苗均已过亿尾。2001 年雨花区湘云鲫（鲤）鱼苗中试基地生产管理成为水产工作的重心，年产湘云鲫（鲤）2400 万尾，对外销售 1265 万尾，其中夏花 517 万尾，大规格冬片鱼种 492 万尾。苗种销售收入 68 万元，湘云鲫（鲤）以其明显的生长优势，博得省内外客户的青睐，苗种一时供不应求。望城县国营乔口渔场繁育中心建成投产，出苗 50 万尾，向社会供应夏花 5 万尾。

1988—2004 年，鱼苗产量一直在 15 亿尾左右徘徊。2005 年开始使用药物以及人类繁殖激素助产，改进繁殖设备，包括亲鱼培育池、产卵池、孵化环道等，鱼苗孵化生产有新的突破。年产鱼苗达到 20 亿尾。

2009 年全市 38 个鱼苗繁殖场，养殖水面 141 公顷，年产鱼苗 30 亿尾以上，主要分布在开福区、长沙县、浏阳市、望城县、宁乡县，以浏阳市、宁乡县数量居多。实行登记发证备案管理。鱼苗繁殖重点以青草鲢鳙等四大家鱼为主，也有渔场开始鲤鱼的人工繁殖，取得成功后又陆续增加罗非鱼、鲴、鳊、鲂、鲌、匙吻鲟等新品种。

2012 年，全市产鱼苗 30.21 亿尾，其中人工孵化鱼苗 29.64 亿尾，占 98.11%以上。

七、休闲渔业

全市休闲渔业场所可分为三种类型：第一种以养殖为主，兼顾垂钓。靠近城镇的渔业水面大多数采用这种方式，养殖水面承包者以养鱼为主，部分成鱼池对外开放，接纳垂钓者，垂钓的品种以草鱼、鲤鱼、鳊鱼、青鱼、鲫鱼为主，无其他的配套服务项目。第二种以垂钓为主的休闲渔业。这类场所离城区不远，交通便利，池塘条件好，排灌方便，能大密度囤养成鱼，鱼类品种较多，一般按品种单池饲养，设有简单的休息娱乐场地，提供餐饮，棋牌服务。第三种以休闲为主的综合休闲渔业。特点是投资在 100 万元以上，投资的主体多样，有社会团体，民营企业等。服务设施完备，服务项目多样，除钓鱼外，并提供宾馆服务，会务接待、餐饮、娱乐、保健休闲，观光游乐等服务，这类场所多选择在交通方便、风景优美的渔场、水库等地。

20 世纪 90 年代初，长沙开始新建以休闲垂钓为主的渔业基地。2000 年望城县开展休闲垂钓业成效显著，全县休闲渔业重点户 98 户，山塘面积 96.07 公顷，其中莲花镇城墙村 20 处山塘全部推行农家乐模式，钓出鲜鱼 64.5 吨，产值 43.8 万元，每千克产品比一般农户高出 4.2 元。

2001—2003 年，全市融入资金 4.1 亿元，在城郊 35 千米范围内的渔场低洼地开发新建休闲垂钓基地。浏阳市发展休闲垂钓渔业水面 2000 公顷，年收入 300 万元。

2005 年全市融入资金 4.8 亿元，开发休闲垂钓水面 3333.34 万公顷，年休闲渔业产值 2 亿元，年接待 50 万人次，带动就业人数 4000 余人。开福区投资 1.8 亿元，开发休闲垂钓水面 566.67 公顷，占全区养殖水面 65.3%。全区建成休闲垂钓中心和农家乐 200 家，实现产值 9500 万元，占农业总产值 32.30%。2006 年全市建成千龙湖、博雅、海天、大明、剑龙、明园等 62 家高规格休闲垂钓渔业基地。开福区开发休闲垂钓水面 700 公顷，建设休闲垂钓中心和农家乐 300 家，年接待游客 60 万人次，实现产值 1.3 亿元。翌年全市融入休闲垂钓业发展资金 2.7 亿元，建成百果园、广宇金星、金成、稻花香、云月等 6 个大规模、高档次的休闲垂钓场（户），开发水面 1333.34 万公顷，年接待游客 50 万人次，产值 5000 万元。

2008 年，全市融入资金 6 亿元，建成 60 家休闲垂钓基地（其中投资规模在 500 万元以上的有 29 家），水面 2000 公顷，休闲渔业产值 2.5 亿元，年接待游客 80 万人次。全市休闲垂钓业形成四大板块：北线板块沿芙蓉北路、北三环线一带，以捞刀河为纽带的高档次星级休闲垂钓渔业群落；西线板块沿 319 国道，围绕岳麓后山、望城县雷锋镇及高桥大道和宁乡县城周边为核心的众多休闲垂钓渔业群；东线板块沿 319 国道向东行，以长沙县黄花镇到浏阳市城区附近的休闲垂钓渔业群落；南线板块往东南方向，沿浏阳河以黄兴镇为核心的 40 余个密集型星级休闲垂钓渔业群。

2009 年，望城县的都遨、长辉、锦绣南湾、樟木桥，开福区的湘楚河道园、新概念农庄、竹隐农庄等休闲渔业特色产业快速发展。千龙湖年产值 4000 万元，接待游客 20 万人次，实现利润 700 万元，金成水乡年产值 500 万元，接待游客 2 万人次，实现利润 107 万元，开福区休闲渔业基地海天山庄、大明山庄、河村山庄、海山农家乐养殖水面 24 公顷，产值 2200 万元。开福区、岳麓区成立休闲渔业协会，创办《休闲渔业协会简报》，为休闲垂钓综合服务企业提供广阔的信息交流平台，提升休闲垂钓行业的文化品位。2012 年全市休闲渔业场所 3126 处，养殖水面 2567 公顷，休闲垂钓已成为人们在工作之余的一种时尚生活方式。

表 21-4-5-1　　1988—2012 年长沙市水产生产情况一览表

年 份	水产品产量（吨）	鱼类				虾贝等类产量（吨）
		合计（吨）	养殖		天然捕捞（吨）	
			面积（万亩）	产量（吨）		
1988	33869	33426	35.21	31419	2007	443
1989	36571	36079	36.57	33971	2108	492
1990	37513	37029	37.16	34133	2896	484
1991	41826	41276	37.35	38343	2933	550
1992	48326	47762	39.12	44186	3576	564
1993	54437	53917	41.29	49973	3944	520
1994	56711	56253	41.64	51849	4404	458
1995	62311	61620	42.58	56469	5151	691

续表 21-4-5-1

年份	水产品产量（吨）	鱼类				虾贝等类产量（吨）
		合计（吨）	养殖		天然捕捞（吨）	
			面积（万亩）	产量（吨）		
1996	68905	68337	44.96	63117	5220	568
1997	75793	75024	46.64	69382	5642	769
1998	78110	77425	48.60	68683	8742	685
1999	83086	82389	47.74	74306	8083	697
2000	85514	84456	47.66	76669	7787	1058
2001	89530	88333	47.66	79968	8365	1197
2002	92027	90904	48.10	83742	7162	1123
2003	95910	94040	48.92	88114	5926	1870
2004	100566	98858	50.68	91409	7561	1708
2005	106529	104239	50.67	96664	7575	2290
2006	108941	106382	51.52	98897	7485	2559
2007	113165	109963	51.77	101966	7997	3202
2008	115245	111770	51.13	103688	8082	3475
2009	103828	101443	40.77	64167	7276	2385
2010	110055	106571	40.95	99176	7395	3484
2011	108960	107154	40.89	99510	7644	1806
2012	117234	114084	39.36	106439	7645	3150

第六节　其他养殖

一、兔

长沙农村养兔品种主要有中华兔，安哥拉兔、浏阳黑兔（暂定名）、大耳兔、本地兔。其中浏阳黑兔属浏阳市地方选育而成的品种。除浏阳黑兔与本地兔外，其他均系引进肉兔品种。养兔农户以浏阳市、宁乡县较多。主要分布在浏阳市小河、张坊、大围山、白沙、大瑶、社港、淳口，宁乡县龙田、沙田、巷子口、偕乐桥、花明楼等地。浏阳黑兔体形中等，皮毛纯黑光亮，肉嫩味美无异味。浏阳黑兔是中华兔生产中出现的1个毛色变异兔，1995年浏阳市畜牧水产局在大围山镇、张坊镇进行养殖生产调研时，发现当地两个毛色变异的黑兔群体80只，当即组织技术人员对其进行有目的封闭选育扩群。1998年建立集里、围山种兔场进行系统的选育固定。2001年育成黑兔品种2万只，主要在小河、张纺、大围山、白沙等地推广养殖，2002年黑兔存笼数6万余只，约占全市存笼兔9.41万只的三分之二，2003年黑兔养殖发展较快，饲养量已达10万余只，形成浏阳地方特色养殖。

1988 年全市养兔 4.4 万只，出笼 1.72 万只。1988—1991 年全市养兔 25.07 万只，年均饲养 6.26 万只。1992 年养兔快速发展，年饲养量 12.19 万只。1992—1999 年全市养兔 73.54 万只，年均饲养9.19 万只，上一个台阶。2000 年养兔生产发展较快，达到 21.43 万只，其中 2007 年养兔 36.71 万只，是历年来养兔最多的一年。2012 年全市养兔 33.19 万只，其中出笼 18.63 万只。

二、蜂

长沙农村养蜂品种主要是中蜂、意蜂两种。中蜂属本地蜂，意蜂系引进蜂种。养蜂以浏阳市最多。主要分布在山区乡镇，大多数是庭院定地饲养，少数进行小转地饲养。中蜂能生产蜂蜜和蜂蜡、蜂胶，但不能生产蜂王浆。意蜂是生产蜂王浆的主要蜂种，但不适应采集零散蜜源，不能定地饲养。长沙养蜂主产区为浏阳市，生产的"山桂花蜜"系国内名优产品。2000 年浏阳市大围山中蜂原种场通过省畜牧水产局验收合格，获得种蜂生产经营许可证。2001 年以来，大围山养蜂场、古港连云山蜂蜜园通过大力发展蜂产品加工，扩大蜂产品销售，实行"合作社+基地+农户"的生产经营模式，成为全市蜂业龙头企业。大围山养蜂场在产品加工销售上，打造"大围山""日中"品牌，开发出蜂胶、蜂花粉、护肤蜜、蜂王浆、山桂花蜜、蜂胶面膜等 42 个系列产品，在全国设立专卖店 48 个，批发点 4 个，产品覆盖全国各地，并销往日本及中国台湾地区。其产品获得农业部无公害农产品产地认定和产品认证，全国"质量万里行"信得过产品。古港连云山蜂蜜园在蜂产品加工销售上，利用德胜斋"连云山"老字号品牌，开发出瓶装原蜜、鲜蜂王浆、蜂花粉、蜂蜜茴饼、蜂蜜油饼、蜂蜜蒀头、蜂茶饮料等 10 余个系列产品，在浏阳、长沙等地设立蜂蜜加工产品销售专卖店 3 个，年加工蜂蜜 6 万千克，产值 100 万元以上。大围山养蜂场发展合作农户 151 户，存笼蜂群 1.65 万箱，古港连云山蜂蜜园发展蜂农 250 户，存笼蜂群 6500 箱。带动浏阳蜂业的发展。浏阳市普迹镇金江社区仁和组温淑孟于 20 世纪 70 年代开始养蜂，蜂群、产量逐年增加，到 2002 年养蜂 140 箱，产蜜 2400 多千克，收入 3.8 万元，大围山镇同幸村太平安组孔洪青家住围山深处，蜜源充足，2002 年养蜂 65 箱，产蜜 1500 千克，收入 2.38 万元。

长沙市蜂业生产一直处于波动状态，主产区浏阳市 25 年产蜂蜜 1162.5 万千克，平均年产蜂蜜 46.5 万千克，但年际间很不稳定，1993 年产蜂蜜 500.04 万千克，是养蜂史上最高的一年，占长沙市蜂蜜总产量 557 万千克的 78.61%。2012 年全市养蜂 3.87 万箱，产蜂蜜 74.3 万千克。其中浏阳市养蜂3.13 万箱，产蜂蜜 69.5 万千克，分别占全市养蜂总箱数的 80.85%，产蜜总量的 93.54%。为长沙养蜂之冠。

三、鹿

长沙地区主要饲养梅花鹿。1988 年养鹿 573 头，产鹿茸 218 千克，至 1998 年养鹿发展到 765 头，产鹿茸 312 千克。1999—2000 年浏阳市洞阳、北盛、宁乡县道林等乡镇 96 户农户先后从湘潭市等地养殖企业公司引进梅花鹿 806 头，产仔 104 头。2001 年望城茶亭镇 2 户农户从湖北省咸宁地区引进梅花鹿 42 头，星城镇东马村锦秀山庄引进种鹿 60 头，产仔 15 头，白箬乡古冲村生态农业园引进 11 头，兼供休闲观赏。2002 年全市养鹿发展到 1972 头，产鹿茸 1075 千克，是历史上养鹿最多的一年。2003 年鹿茸价跌、滞销。随后逐年减少。2012 年全市养鹿 268 头，产鹿茸 105 千克，分别比 1988 年减少 113.81%、107.62%。

四、其他

1988 年长沙市马、驴、骡饲养总数量 954 头，其中马 360 匹、驴 310 头、骡 284 头。至 1994 年马、驴、骡饲养总数量 210 头，其中马 160 匹、驴 50 头。1997 年马、驴、骡 1153 头，是历年来饲养量最多的一年。其中马 678 匹，驴 383 头，骡 92 头。1999—2004 年累计饲养 3238 匹（头），年均饲养

534 匹（头）。2005—2011 年马、驴、骡年均饲养量一直徘徊在 500 头左右。2012 年马、驴、骡 645 匹（头），饲养量略有回升。

20 世纪 80 年代长沙农村养犬较为普遍。城区极少有人养犬，年饲养量约 20 万只。90 年代后，城区居民饲养宠物犬热情高涨，发展很快，至 2001 年城区宠物犬饲养量达万余只，也带动农村居民养犬发展。2012 年全市存栏犬 24.2 万只，其中城镇存栏犬 2.8 万只，农村存栏犬 21.4 万只。城乡养犬有较大发展。

第七节　疫病防治

一、动物防疫体系

（一）市级动物防疫监督机构

1.长沙市重大动物疫病防治指挥部。20 世纪 80 年代，为应对全国严峻的口蹄疫防控形势，设立“长沙市防治牲畜口蹄疫指挥部”，由副市长王克俭任指挥长，办公室设市副食品生产局，局长薛允祥任办公室主任。2004 年 1 月 31 日，根据全国禽流感防控工作需要，设立“长沙市高致病性禽流感防治指挥部”。同年 3 月 18 日，发布《关于成立长沙市重大动物疫病防治指挥部的通知》，将长沙市防治牲畜口蹄疫指挥部和长沙市高致病性禽流感防治指挥部合并，成立长沙市重大动物疫病防治指挥部，由分管农业的副市长任指挥长，分管农业的副秘书长、市畜牧水产局局长任副指挥长，市畜牧水产局、卫生局、应急办、财政局、公安局等 20 个有关部门负责人为成员。指挥部下设办公室（设在市动物防疫监督站），由市畜牧水产局局长兼任办公室主任。制定、启动长沙市动物重大疫病防控应急预案，组织协调、统一指挥应对全市动物重大疫病防控、处置工作。2012 年，兽医管理体制改革，市重大动物疫病防治指挥部办公室设在市动物疫病预防控制中心。

2.长沙市动物卫生监督所。1989 年，长沙市畜牧防治检疫工作站（长沙市动物卫生监督所前身）内设办公室、防治股、检疫股和市场肉品检疫股，全站职工 23 人。1996 年，市畜牧防治检疫工作站更名为长沙市动物防疫监督站。2004 年，市动物防疫监督站加挂“长沙市动物疫病预防控制中心”牌子，人员编制由 38 名调整为 48 名。2006 年，人员编制由 48 名调整为 68 名。2012 年，长沙市动物防疫监督站更名为长沙市动物卫生监督所，内设法规信息科、检疫科、质量安全管理科、防疫监督科、执法科、办公室。员工 92 人，其中高级职称 6 人，中级职称 24 人。负责组织实施全市动物疫病预防、控制、扑灭工作，以及城区动物卫生监督、兽药市场监管、定点屠宰检疫和动物及其产品检疫等工作。

3.长沙市动物疫病预防控制中心。2003 年，成立长沙市畜禽水产品质量检测中心，有员工 8 名。2011 年，市畜禽水产品质量检测中心成为湖南省第一家通过省质量技术监督局资质认定、湖南省农产品质量安全检测机构考核和兽医实验室考核“三认证”的市级检测机构。2012 年，更名为长沙市动物疫病预防控制中心（保留长沙市畜禽水产品质量检测中心牌子），职工 27 人，其中研究员 2 人，中、高级技术人员 16 名，政府雇员 3 名。负责组织实施全市重大动物疫病、人兽共患传染病的防控，以及全市常规动物疫病的防治和净化等工作。

（二）区县（市）级动物防疫监督机构。1988 年，长沙、望城、浏阳、宁乡 4 县与市郊区动物防疫监督机构，共有工作人员 57 人。1996 年，长沙市城市区划调整，撤销郊区，成立芙蓉、天心、雨花、开福和岳麓内五区，郊区兽医总站解体。内五区分别成立区农林水利局，2007 年高新区划入农村区域，由社会发展局更名为农村工作局。2011年，政府机构改革，望城撤县设区，长沙、望城、浏阳、宁乡四区县（市）动物防疫监督站更名为动物卫生监督所，成立动物疫病预防控制中心。芙蓉、雨花、天心、开福区仍设立农林水利局，岳麓区设立农林畜牧局。均内设相应股室。2012年区、县级动物防疫监督机构有人员193人，其中行政管理人员45人，动物卫生监督执法人员59人，技术支撑（诊断监测）人员66人。负责辖区内动物疫病检疫、防治等监督管理工作。

（三）乡（镇）、村级动物防疫体系。1989年，全市238个乡镇畜牧兽医站，有人员2151人，其中兽医师(含畜牧师）224人，助理兽医师515人，技术员197人。2004年全市核定专职防疫人员编制数551人。未入编人员仍按自收自支事业单位的性质管理。2012年，全市119个乡镇站，有1570人，乡镇防疫员551人，村级防疫员1019人，负责疫病防治工作。

二、牲畜疫病防治

长沙地区牲畜疫病有猪瘟、高致病性猪蓝耳病、口蹄疫、猪传染性胃肠炎、牛羊结核病、布鲁氏菌病、血吸虫病、狂犬病等病。

（一）猪瘟。1989年浏阳市镇头镇、长沙县仙人市乡猪瘟暴发，死亡生猪9816头，死亡率16.85%。1994年全市死亡1.87万头，死亡率9.65%。浏阳市、长沙县被列为全市重点疫区。1997年全市猪瘟死猪3.02万头，死亡率7.24%。2000年以来，全面推行春、秋两季集中防疫注射和随时补注相结合的免疫办法，发病、死亡率显著下降，2012年全市猪瘟发病死亡1706头，死亡率3.56%。猪瘟由地方流行性转变到呈零星散发性，使用猪瘟兔化疫苗到兔化弱毒疫苗，保持高密度免疫，防控效果越来越佳。

（二）高致病性猪蓝耳病。2006年7月，宁乡县花明楼、双江口2个乡镇首先出现高致病性猪蓝耳病疫情。至2007年共计发病生猪49.06万头，死亡20.63万头，其发病率、死亡率和病死率分别为40.8%、17.1%、42.1%。2009年长沙县春华山乡、大鱼塘乡2个乡镇，共计发病生猪2.16万头，死亡1.06万头，死亡率49.24%。2010年全市使用高致病性猪蓝耳病弱毒疫苗进行免疫预防注射，防控效果好，疫情得到有效控制。

（三）口蹄疫。口蹄疫为国家强制扑杀的重大动物疫病之一，实行疫情快报处置管理。此病发生时，政府立即启动应急预案，对疫点、疫区实行严密封锁，采取严格的应急扑灭措施进行无害化处置。1989年以来，全市每年均有零星疑似疫情发生，1999—2001年发病牲畜最多，3年发病生猪4.02万头、牛羊2068头，全部扑杀，进行无害化处置。各地加强综合防控措施，2003—2012年全市零星疫情发生过6次，共计发病生猪969头，全部作无害化处置。

（四）猪传染性胃肠炎。1995年望城县坪塘镇发生此病，死亡7126头，死亡率32.6%。2008年冰冻灾害以来，在浏阳市、长沙县、宁乡县部分乡镇出现小范围流行，至2011年全市发生病猪12.12万头，死亡2242头，死亡率18.5%。此病发生有明显的季节性，每年10月到第二年3月的寒冷季节为高发期。寒冷季节进行检疫、免疫等预防工作，发现可疑病猪及时隔离治疗或淘汰，死猪进行无害化处理，污染的场地、用具等严格消毒，全面采取综合防控措施。2012年病情得到有效控制。

（五）牛羊结核病、布鲁氏菌病。牛羊结核病和布鲁氏菌病均以牛、羊易感（特别是奶牛最易感），人也可感染发病，因此农业部将其统称为“两病”。全市结核病主要发生在奶牛群。1998年在望城县西湖乡、靖港镇等4个乡镇抽检牛羊结核病3510头，西湖奶牛场检测出结核病阳性奶牛38头，靖港、乌山、高塘岭镇养殖户中检出阳性奶牛84头，可疑19头；阳性羊15只，可疑7只，全部无害化处理。2003年，浏阳市亚华宾佳乐丰裕奶牛场，检测奶牛187头，结核病阳性牛168头，可疑2头，结核病阳性牛占受检牛的 89.8%，该场奶牛全部进行淘汰和无害化处理。随后在永安、淳口、沙市、赤马镇检测牛羊 9972 头，检出阳性奶牛 128 头，可疑 95 头；阳性羊 49 只，可疑 12 只，全部无害化处理。2010 年 9 月 1 日，省人民医院确诊益阳市 1 例布鲁氏菌病病例，经调查，有部分同群羊流入宁乡县喻家坳乡，疫情共涉及喻家坳乡 2 户养殖户，采样检测 23 份血样，阳性 9 份，同时组织对全乡其他 5499 只羊采集血样检测，检出阳性 3 份，无害化处理病羊及同群羊 125 只。2012 年宁乡县有 4 个乡镇 7 个家庭人员发生 11 名感染病例和 3 名隐性感染病例。经调查，疫情涉及宁乡县 7 个乡镇 8 户山羊养殖户，采样检测 3516 份血样，阳性 35 份，无害化处理病羊及同群羊 499 只。

（六）血吸虫病。1988 年岳麓区、宁乡县、望城县被列为全市重点疫区。1990 年组织调查，宁乡、望城两县 6 个乡镇 38 个村查出患有血吸虫病牛 516 头，治愈 514 头，处理 2 头。1994 年调查，在长沙、宁乡、望城县查出血吸虫病牛 912 头，治愈 908 头，处理 4 头。1997—2006 年在岳麓、长沙、望城三区县检查耕牛 765 头，查出阳性牛 25 头，全部治愈；检查山羊 1576 只，查出阳性山羊 48 只，治愈 45 只，处理 3 只，检查家犬 106 只，查出阳性犬 3 只，全部无害化处置。同时，组织对疫区内的牛、羊、犬进行预防性投药治疗，粪检，未发现阳性牛、羊、犬。2007 年以来，全市家畜血吸虫病疫情得到有效控制，连续 6 年实现疫区易感家畜零感染。宁乡县、长沙县达到传播阻断标准，望城区和岳麓区达到疫情传播控制标准。

（七）狂犬病。1989 年长沙县南托乡黄金村发生一只狂犬咬伤 3 人事件，市、县立即派人与当地一道将狂犬及同区域内 178 只可疑犬全部扑杀。1994—2006 年，受理市民举报、投诉可疑犬伤人事件 5196 次，捕杀可疑犬、无证犬和流浪犬 8200 只。全市加强犬只管理，办理城区养犬许可证 2446 本，建立犬类管理档案资料 49 册。是年，发布《长沙市城市养犬管理规定》，明确公安部门是城市养犬管理的主管部门，负责养犬审批与违章养犬处理，扑杀狂犬、野犬；畜牧兽医部门负责兽用狂犬病疫苗的供应、免疫注射、发放免疫证明和犬类狂犬病疫情监测及对动物诊疗机构“动物诊疗许可证”的审核发放工作。2007 年根据狂犬病流行规律，将每年 3—5 月和 9—11 月定为预防狂犬病集中免疫时间，实行强制免疫，采取集中免疫与日常免疫相结合的预防措施。2008 年后，没有接到可疑犬伤人报告。2012 年全市存栏犬 24.2 万只，共免疫犬只 21.4 万只，免疫率为 88.2%。

三、家禽疫病防治

长沙地区家禽疫病有鸡新城疫、高致病性禽流感、鸭瘟等病。

（一）鸡新城疫。1989—2008 年，长沙市先后有 319 个村，16.69 万羽鸡发生鸡新城疫，死亡 16.56 万羽，死亡率 99.2%。为控制该病发生，长沙市动物防检站组织技术攻关小组，经反复试验，筛选，确定鸡瘟 I 系疫苗与 II 系疫苗配合使用的免疫新程序，在 4 县推广。2009 年长沙市动物防疫监督站把预防鸡新城疫，列入各县（市）区的目标管理考核内容，使鸡新城疫 I 系、II 系疫苗免疫新程序技术在全市得到全面推广，有效地控制疫情发生。2010 年以来，全市新城疫疫情仅有零星发生，每年在千羽左右。

（二）高致病性禽流感。高致病性禽流感病被国际动物卫生组织（OIE）列为 A 类动物疫病，国家将其列为一类动物疫病。2001 年 3 月，省天心总公司长沙鸡场发生 H5 亚型禽流感，死亡蛋鸡 0.8 万羽，扑杀 4.6 万羽。2006 年开福区发生 H5N1 高致病性禽流感疫情，扑杀 17 万羽鸭、1.35 万羽周边散养家禽、14.37 万羽雏鸭，造成巨大的经济损失和社会影响，是全市重点防控的疫病。2007 年后全市各地加强综合防控措施，至 2012 年此疫情再无发生，得到有效控制。

（三）鸭瘟。鸭瘟又名鸭病毒性肠炎。1989 年，全市发生鸭瘟 3969 羽，因该病死亡 3794 羽，全部无害化处置。1998 年后，年均有近万例死亡病例报告。20 世纪 90 年代后期，随着鸭瘟弱毒疫苗的大力推广应用和养殖规模集约化、科学化程度的提高，该病逐年下降，2009 年发病死亡降至 286 羽。2010 年后，各地加强免疫、综合预防措施，未见有病例报告。

四、水产疫病防控

长沙地区水产疫病有出血、烂鳃、赤皮、肠炎、水霉、白头白嘴病等。

1988 年长沙市水产科技推广站组织生产草鱼疫苗 150 万毫升，为全市防治草鱼出血病创造有利条件。1989 年全市四县一郊推广草鱼免疫注射新技术，注射（浸泡）疫苗 111.3 万尾，比上年增长 1.86 倍，草鱼成活率由 40%提高到 80%，浏阳市派专人下到乡村专业户进行免费注射，全年 192 户，80.29 公顷水面，共免疫注射（浸泡）草鱼种 38.89 万尾，并发给草鱼免疫注射证。1990 年郊区渔场草鱼遭受赤皮、肠炎、烂鳃三大疫病危害，成活率低，严重影响草鱼产量。对此，各乡场采用稀土防治草鱼疫病新技术，效果显著，提高成活率，提高单产和经济效益。14 个乡场 307.84 公顷水面统计，草鱼成活率达到 85.9%，比上年提高 27.9%，总产草鱼 293 吨，比上年亩均增加 24.9 千克，新增草鱼总产量 111.75 吨，新增总产值 67 万元。翌年根据各县郊乡（场）造册登记，全年草鱼免疫 234 万尾，成活率 90%以上。

1991 年郊区岳麓、红色等渔场发生大量鲢、鳙鱼死亡现象（死亡鲢鳙鱼重 50.6 吨），长沙市水产科技推广站会同有关专家进行实地调查，诊断为出血病，提出泼洒生石灰的防治措施，进行防控，取得较好的效果，当年基本上杜绝死鱼现象，减少损失。

1995 年制定鱼病防控措施，全面推行生石灰、漂白粉池塘消毒，下塘前对鱼种（草鱼种免疫注射）消毒，将放养的鱼种用浓度 1%~2%、温度为 10℃~15℃的食盐水浸洗 10~15 分钟，杀死鱼体上的病菌。防控效果甚佳，减少鱼类疫病发生。

2002 年落实农业部有关文件精神，掌握全市水产养殖病害发生情况，控制水生动物疫病流行，减少养殖生产损失，在开福区、宁乡县、浏阳市等主要渔区设立 8 个鱼病防治测报点，测报面积 1014.7 公顷，测报对象为池塘养殖的草鱼、鲢鱼、鳙鱼、鲫鱼、金鱼、斑点叉尾鮰、鳜鱼等主要养殖品种，共测报各种鱼病病原 14 种，其中病毒病 3 种，细菌病 4 种，寄生虫病 4 种，真菌病 2 种，不明病因 1 种，发病面积占测报面积的 55%。2003 年 4 月，在全市设立测报点 12 个，监测水面 2450.1 公顷，测报品种 15 个，测报病虫害种类 35 种，建立一个快速准确的水产养殖病害信息采集传递处理和决策的反馈系统。测报结果表明，细菌性鱼病是全市养殖鱼类主要病害，5—9 月为发病高峰。

2005 年长沙市制定《长沙市水产养殖病害测报规范》，进行全年水产养殖病害监测，率先在全省开展水产养殖病害预报。2008 年市水生动物病害防疫检疫实验室、望城县、宁乡县水生动物病害防疫检疫实验室正式建成，投入使用。2009 年长沙市对全市 5 个测报区、17 个测报点、2269.07 公顷水面的 12 个水产品种进行病害监测，实行月报制，每月出具病害测报表，同时配合部、省开展鲤春病毒病（SVC）的监测工作，全年全市布点 11 个，按每个点抽样两次的要求，抽取鲤春病毒病监测样品 22 个，送农业部检测。2010 年在项目区内建成鱼病远程诊断实验室 5 个。2011 年以来，提高鱼病诊断水平和改进鱼类疫病综合防控措施。使全市鱼类疫病得到有效控制。

五、动物检疫

（一）动物及动物产品检疫。1988 年，全市各级动物防疫监督机构对动物及动物产品生产、屠宰、经营、加工、贮存、运输等各个环节依法开展检疫和监督，市场畜禽产品进行现场检疫，外贸铁路实行派人员驻场检疫。动物产地检疫率达到 60%以上，外贸出口动物和定点屠宰动物及产品受检率达 100%，城区农贸市场动物及产品受检率达98%以上。1989—2003年共计检疫畜禽7635.54万头（只、羽），其中猪4436.04万头，牛羊28.52万头，禽3170.98万羽。共检出病害畜禽11.38万头（只、羽），其中检出病害猪1.36万头，牛358头，羊1215只，禽9.86万羽。平均检出率为1.49%，合格率98.51%，年均检疫509.04万头（只、羽），年均检出病害畜禽7585头（只、羽）。2004年动物及动物产品检疫实现城乡全覆盖，受检数量大幅增长，全年产地检疫畜禽1886.5万头（只、羽），比1989年增加11.26倍。合格率99.5%。市场检疫676.58万头（只、羽），增加9.58倍，合格率96.75%。产品检疫142.52万吨。增加3.42倍，合格率92.26%。

2008年，发布《关于印发〈长沙市动物检疫申报点建设与管理办法（暂行）〉的通知》，规范动物检疫申报点的建设与管理，完善动物检疫申报制度。动物检疫申报点建设实行“五个统一”（统一名称、统一标志、统一工作制度、统一记录记载、统一检疫器具）管理。2012年检疫申报点项目纳入市级财政预算，全市在城区3个家禽批发市场、三大冷库及2个生猪定点屠宰场和2个县级乡镇动物防疫站共计建立检疫申报点10个，每个申报点均设置办公区、申报大厅、快速检测实验室、休息区等功能区，快检实验室配置一批先进的快检仪器和常规检测设备。对进出动物及动物产品施行检疫申报制，全年产地检疫3293.83万头（只、羽），比1989年增加20.41倍，合格率99.98%。市场检疫1088.35万头（只、羽），增加16倍，合格率99.85%，肉类产品检疫28.29万吨，增加7.84倍，合格率99.65%。确保上市动物及动物产品质量安全。

（二）生猪定点屠宰检疫。20世纪80年代至90年代初，长沙市生猪屠宰没有设立专门机构管理，直至1995年成立生猪定点屠宰办公室。市屠宰办审批城区定点屠宰场点18个，1998年整合为五里牌、红星、黑石铺和望城坡4个定点屠宰场（厂）。2003年全市推行定点屠宰检疫承诺制度。同年10月3日，省质量技术监督局发布由市动物防疫监督站起草的地方标准：DB43/190–2003《准宰生猪质量安全规定》。全市实现屠宰检疫率、出证率、出厂合格率、无害化处理率和重大不合格情形的溯源率5个100%。2005年望城坡屠宰场因拆迁停止驻场检疫。

2006年，宰前检疫加强索证登记，对送宰生猪严查产地检疫合格证明和耳标，将产地检疫合格证明逐一回收存档备查。宰后检验规范出证行为，建立动物产品检疫合格证明发放登记制度，对每个批发行领取的动物产品检疫合格证明号码逐一填表登记，并根据农业部《动物防疫证照填写及应用规范》要求，严格实施动物产品检疫证明实名制，对经宰后检疫合格的动物产品，按一头一证填写货主姓名或名称，各批发行加盖验讫印章后方可出厂。整治“瘦肉精”等违禁药物，开展违禁药物日常整治工作，屠宰场宰前抽检“瘦肉精”生猪尿样1173个，检出阳性生猪19头，在新闻媒体的监督下分两批次予以销毁处理。2010年，开展屠宰生猪全程监管和同步检疫，严格生猪宰前、宰后检疫、生物安全处理监督。待宰生猪严格按5%比例进行“瘦肉精”违禁药物尿样抽样检测，阳性生猪一律销毁，并及时溯源查处。屠宰生猪检疫率、监督病害生猪及其产品的生物安全处理率100%。2011年12月1日关闭停止驻五里牌屠宰厂检疫工作。

2012年，规范屠宰检疫工作，加大动物检疫与监督执法力度，创新监管模式，推进生猪定点屠宰检疫工作全面落实。坚持“制度化管理、程序化操作、标准化检疫、格式化记录”工作原则，认真履职，严格执法，有力保障市民食肉安全。全年无一例食品安全责任事故。

（三）动物卫生监督执法。1998年，长沙市开始履行动物防疫卫生行政执法职责，在行政许可、复议、处罚、监督方面依照相关法律规定开展行政执法工作。

2000年9月14日，查处唐某某销售病死牛肉案。执法人员前往广西调查取证，并取样送省兽医总站、省卫生防疫站化验。最终对唐某某等5人分别予以处罚，没收病死牛肉485件，15.63吨，在河西茶子山垃圾填埋场作深埋销毁，《长沙晚报》以《动物防疫严厉出击，十五吨病害牛肉付之一炬》，《东方新报》以《千里追踪病牛肉》作报道。

2003年长沙市动物防疫监督站加入"110"联动，设立"动检110"执法队，健全案件举报和举报奖励机制，以"110联动"为平台，设立24小时举报电话，对外受理动物卫生违法案件，对各类违法行为发现一起，查处一起，重点打击逃避检疫、经营加工和贩卖病害动物及其产品等违法行为。2004年查处曾某某冷藏、经营死因不明动物产品案，没收并销毁死因不明动物产品8.2万千克，罚款1.5万元，有力打击违法行为。2009年查处曾某某违法加工病死动物产品案，收缴病死动物产品1.22万千克，并依法追究其刑事责任。2010年查获林某经营病死动物产品案，查处销毁涉案病死动物产品44.2吨，货值70万元， 依法追究其刑事责任。2012年查处彭某违法经营死因不明动物产品案，涉案死因不明的动物产品650千克，处以违法所得罚款1.43万元。至2012年全市立案查处动物卫生案件1368起，收缴销毁不合格动物及动物产品32.49万千克，罚款58.23万元，有效保障动物产品质量安全。

第八节 饲料兽药

一、饲料生产

20世纪80年代，长沙市饲料工业处在起步阶段，饲料企业生产规模不大，年产量多为500~3000吨，年产量在5000吨以上的加工企业只有望城县种猪场饲料厂、长沙县种猪场饲料厂、浏阳河饲料厂、浏阳县（市）畜牧配合饲料厂、长沙市饲料厂、南开饲料厂6家，以生产畜禽配（混）合饲料为主。1988年全市饲料加工企业112家，饲料生产品种21个，年产量25万吨，年产值5.1亿元。

1989年，随着养殖业快速发展，饲料需求量不断增大，长沙市出台一系列有关扶持饲料生产的优惠政策措施，特别是将饲料产品免征增值税作为一项长期政策确定下来，促进饲料行业发展，国有企业改制，技术设备更新改造。民营股份制饲料企业逐步增加，扩大饲料生产规模、品种数量，至2002年全市饲料企业增至148家，其中年产量万吨以上加工企业增至15家，新增浓缩饲料、添加剂预混料、饲料添加剂等系列饲料品种50余种，年产量98.5万吨。其中湖南百宜饲料科技有限公司、湖南广安生物技术有限公司、湖南大北农科技有限公司、长沙湘金饲料有限公司、浏阳河饲料有限公司引进先进技术设备，实行电脑调控生产，年产量已超2万吨，饲料产品均达到省颁标准和企业标准，其生产的浓缩饲料、912大猪料、510肉鸡料、乳猪料、鱼饵料等产品畅销市内外以及江西、湖北省等部分地市，成为长沙市饲料生产龙头企业。

2003年，长沙市落实农业部提出的大原料、大安全、大企业、大市场的"四大"发展规划，开始全面整合资源，调整布局，扩大投资规模，提高饲料生产能力，实施大企业发展战略。2004—2005年浏阳河、大北农、广安、兴嘉、资源等一批本土企业纷纷购地，建设新的生产基地；四川新希望、江西双胞胎、加大等外省企业落户长沙。2006年引进美国农普瑞纳饲料公司，2007年引进韩国希杰株式会社，以及中国台湾地区最大农畜食品集团——大成集团落户望城县投资建立饲料厂，饲料年生产设计能力均在10万吨以上。到2010年长沙市饲料企业主要生产有配（混）合饲料、浓缩饲料、添加剂预混合饲料，以及饲料添加剂等各种饲料，按养殖业需求区分，有猪、牛、羊、鸡、鸭、鱼、特种养殖动物用的各种饲料百余种。但不生产马料、兔料以及实验动物饲料。湖南广安生物技术有限公司、湖南百宜饲料科技有限公司、浏阳河饲料厂生产的广安牌、百宜牌、浏阳河牌猪用系列饲料产品；以及长沙湘金饲料有限公司、湖南大北农农业科技有限公司生产的湘金牌、播种牌鱼用饲料均被评为湖南名牌产品。

2012 年，全市持证企业 165 家，取得饲料企业审查合格证 90 家，添加剂预混合饲料生产许可证 106 家，添加剂生产许可证 25 家，动物源性饲料产品生产企业安全卫生合格证 3 家。年产饲料 165 万吨，其中配合饲料 141.3 万吨；浓缩料 9.5 万吨，添加剂预混合饲料 14.2 万吨。总产值 50 亿元。

二、饲料添加剂生产

1988 年，长沙市仅有湖南省长沙创亿化工厂、长沙亿利化工厂、长沙佳辉化工厂 3 家饲料添加剂生产企业，以生产常用微量元素硫酸铜、硫酸锰、硫酸锌、硫酸亚铁为主，生产 6 个品种，年产量 5000 吨，年产值 1200 万元。

1990 年，随着饲料加工企业迅速扩展，添加剂需求量不断增大，全市民营添加剂生产企业逐步增加，扩大添加剂生产规模、品种数量，到 2000 年全市饲料添加剂企业增至 17 家，年产量 5.12 万吨，年产值 1.2 亿元，并根据市场需求，开始扩大生产常用微量元素添加剂，新增有机盐类、氨基酸类添加剂，以及天然植物提取物、羟基蛋氨酸螯合物等系列生物饲料添加剂，主要产品有腐殖酸锌、锰络合盐、蛋氨酸锌、镁锰络合盐、香味剂、防霉剂等 10 余种。其中长沙兴嘉生物股份有限公司、长沙金壳生物技术有限责任公司、湖南晶天科技实业有限公司、湖南美可达生物资源有限公司创新产品，领先全国，成为国内同业中知名企业。

2002 年，长沙兴嘉生物股份有限公司、长沙金壳生物技术有限责任公司、湖南晶天科技实业有限公司、湖南美可达生物资源有限公司引进先进技术设备，先后开发出碱式氯化铜、佳乐锌、佳乐美、微生素；甲壳素微生物饲料添加剂；25%和 10%大蒜素、调味剂；血根碱、酶制剂、抗氧化剂、着色剂等产品。其中长沙兴嘉生物股份有限公司自主研制的碱式氯化铜 2004 年投产销售 1800 吨，2005 年产销 3500 吨，占全国份额 70%；是年，佳乐锌投产销售 1800 吨，为全国独家生产，成为市场畅销产品。2008 年长沙兴嘉生物有限公司生产的碱式氯化铜被列为湖南名牌产品评价目录。长沙金壳生物技术有限责任公司与湖南省畜牧兽医研究所、中南大学湘雅二医院共同研制的“金壳素”甲壳素微生物饲料添加剂，为高效、无抗、环保产品，该产品填补中国在这个领域的空白。

2009 年，全市饲料添加剂生产企业增至 25 家，主要生产微量元素、促生长剂、防霉剂、香味剂、着色剂以及药物饲料添加剂等品种。特别是在微量元素添加剂、预混料载体等科研生产方面领先全国同行。海泡石、硫酸铜、硫酸锰、硫酸锌、硫酸亚铁等产品不但满足本地饲料加工企业需求，还远销到全国各地，部分产品出口东南亚国家。

2012 年，全市 25 家饲料添加剂生产企业均已取得生产许可证，生产品种 48 个，年产量 14.2 万吨，总产值 5.5 亿元。

三、兽药生产

20 世纪 80 年代，长沙市仅有湖南省生物药厂、湖南省微生物研究所下设土霉素生产厂、湖南动物药厂和四县一区的兽医联站制剂室等 8 家兽药生产企业，以生产畜禽疫苗、土霉素原粉和普通的中西药散剂、片剂、注射剂为主。1988 年兽药生产品种 20 个，年产值 200 万元。

1989 年，随着养殖业快速发展，兽药需求量不断增大，全市民营股份制兽药企业逐步增加，扩大兽药生产规模，品种数量，到 1999 年兽药企业增至 14 家，并根据市场需求，开始扩大生产中西药粉剂、片剂、注射剂，新增中西药固体、液体消毒剂，以及口服液、注射剂等系列药物品种。兽药生产品种286种，年产值1.5亿元。其中长沙拜特生物技术研究所、湖南农大动物药业有限公司、湖南五指峰生化有限公司成为全市兽药生产龙头企业。

2001年，长沙拜特生物技术研究所、湖南农大动物药业有限公司、湖南五指峰生化有限公司引进先进技术设备，先后开发出中西药小容量注射液、粉/散/预混剂，以及水产消毒剂、杀虫剂等新型制剂类药品，主要产品有拜特1号、拜特小神通、拜特解毒活水素、拜特莱康、拜特健壮宝；氧氟沙星、复合VB、右旋糖酐铁注射液、芬苯达唑粉、氟苯尼考粉；二氯异氰脲酸钠粉（消毒威）、复合酚（菌毒灭/菌毒涤）、聚维酮碘溶液（好碘）、戊二醛—蒺甲溴铵溶液（新菌敌）、月苄三甲铵溶液（安丰康）等，不但满足本地市场需求，还远销到全国各地，成为畅销兽药。

2010年，长沙拜特生物技术研究所兽药年产值9824万元，湖南农大动物药业有限公司兽药年产值1.1亿元，湖南五指峰生化有限公司兽药年产值9100万元，同被列为全国兽药制剂类五十强企业。

2012年，全市19家生产企业全部通过兽药GMP认证。兽药生产品种361个，年产值4亿元。

四、科技

20世纪80年代，养殖生产使用抗生素、激素、色素，瘦肉精、蛋白精和养殖业环境污染问题尤为突出，安全生产面临着新的挑战，高效、安全、环保饲料的研发已成为饲料科研的重要方向。

1986年，长沙市饲料企业配合众多研究人员对棉籽饼粕、菜籽饼粕进行脱毒方面的探索，其中与中科院长沙农业现代化研究所陈朝明等完成的棉籽饼粕和菜籽饼粕化学脱毒研究，取得中试阶段成果，并获得中科院科技进步奖。

1990年，湖南农业大学王继成、畜牧所陈腾捷、省地质测试所梁广甫等通过“海泡石资源调查及开发利用研究”提出海泡石用于饲料的技术主张。1992年研究成果获得省科技进步三等奖。

1992年，中科院长沙农业现代化所邢廷铣、方热军等通过“中国作物秸秆营养价值及其利用”项目研究，列出中国主要作物秸秆营养价值表，研制出一个“秸秆三级饲料化”和利用程序。拓宽饲料来源。1994年获得中科院科技进步二等奖。

1993年，中科院长沙农业现代化所印遇龙、钟华宜等通过“猪饲料养分回肠消化率及有效氨基酸需要量的研究”发现单胃动物小肠段也能部分地消化纤维素并发明“瘘管制作新工艺”和“按有效氨基酸需要量标准配制饲料的方法”两项专利技术。印、钟等还采用“回—盲肠桥式瘘管”和“回—直肠吻合”技术测定猪的40余种常用饲料原料的氨基酸和其他营养物质的“回肠末端消化率”，推出“猪的有效养分数据库”“生长肥育猪有效氨基酸需要量饲养标准”等技术成果，1996年该项目研究成果获得国家科技进步三等奖。

1994年，湖南省畜牧兽医研究所胡湘明、李四元等通过“乳猪配合饲料的研究”，筛选出适口性好、消化率较高、营养全面的饲料配方及相应饲养技术，利用其成果可使60日龄窝乳猪生长速度提高4.5%~17.4%，个体重提高7.2%~7.58%。1996年研究成果获得省科技进步三等奖。

1996年，湖南农业大学葛旦之等把部分绿色植物的叶片和茎，经压榨、过滤、酸解、沉淀、烘干等工艺，从中提取叶蛋白，产品可部分替代豆粕、鱼粉。此项研究列入全国农牧渔业丰收计划，1999年研究成果获得省科技进步三等奖。

1997年，湖南农业大学张斌、长沙华星饲料公司李丽文、长沙市畜牧水产局林大木等合作进行“南方牛羊复合营养舔砖研制与开发”，开发出南方牛羊复合营养舔砖。1998年研究成果获得省科技进步三等奖。

1998 年，湖南省畜牧兽医研究所俞火明、胡湘明等为探索稀土作为饲料资源的可能性，通过研究提出稀土饲喂猪、鸡的饲养效果、应用技术及残留量、卫生学评价与机理作用等；1999 年研究成果获得省科技进步三等奖。

1999 年，湖南农业大学袁慧、文利新等开展“饲料贮藏霉菌及其毒素的研究”并取得成果。研究查明湖南饲料霉变的主要霉菌种类及污染程序，筛选出优良的霉菌毒素脱毒方法，在国内首次研制出一种实用的复合中草药防霉剂。2000 年研究成果获得省科技进步三等奖。

2001 年，中国科学院亚热带农业生态研究所印遇龙研究员作为首席科学家，会同湖南省畜牧兽医研究所、湖南农业大学等教学科研机构以及唐人神集团股份有限公司、湖南正虹科技发展股份公司、湖南广安生物技术有限公司、湖南百宜饲料科技有限公司等十余家饲料企业共同研究完成“猪氮磷营养代谢调控及环境安全技术研究与应用”科研项目。项目全面系统地评定中国 40 种猪常用饲料氨基酸、磷真消化率，提出技术参数 658 个，构建饲料氨基酸、磷真消化率数据库；确定中国猪真可消化氨基酸、真可消化磷需要量，提出需要量参数 54 个；制定基于真可消化氨基酸的低蛋白质饲料配方技术。应用该项目技术成果能够使猪全程料重比达到 2.5~2.8:1，比现行国内外同等水平提高 5%~8%。2006 年 8 月该项研究成果获得省科技进步一等奖。

第九节　执法与管理

一、防疫执法

1988 年，长沙对全市从事屠宰、加工、经营、运输畜禽及其产品的单位和个人办理“兽医卫生合格证”。立案查处举报及投诉案件 30 起。1990 年防疫执法使用农业部统一定制的《现场笔录》和《询问笔录》等法律文书，执法进一步规范化。开始对市域内经营畜禽产品的冷库实行畜禽产品检疫证、产品合格证、测毒证的三证查验。全年检疫畜禽产品 3.40 万吨，受检率 99.56%，检出销毁病害猪肉 146.7 吨。1994 年产地检疫活大猪 210 万头，检出销毁病死猪 1842 头，检疫家禽 18.29 万羽，检出销毁病死禽 6874 羽，检疫供港澳活大、中猪 6.16 万头，出口合格率 99.6%，活乳猪 4.25 万头，出口合格率99.3%。检验上市白板肉 87.77 万头，检出销毁病、死猪 612 头。对冷库畜产品进行监督检查，共抽检库存产品 2.23 万吨，检测合格率 100%。全市组织对长沙县、望城县、郊区 17 个乡，19 个疫点，病猪 132 头，以及同群猪 300 余头全部捕杀，并作无害化处理。

1998 年，全市免疫生猪 883.06 万头，免疫家禽 2031.59 万羽，免疫率分别为 95.6%和 69.1%。畜禽检疫工作重心向产地、屠宰场转移，检疫生猪 379.81 万头，比 1997 年增长 15.2%，发放“动物防疫合格证”2954 本。

2003 年，成立长沙市畜禽水产品质量检测中心，对市场实施监测。抽检动物产品批量样品 2117 个，合格率 99.15%。全年检疫生猪 73.9 万头，检出并无害化处理病猪 1257 头，销毁病变脏器 1.5 万千克，对城区动物产品冷库、大型超市、连锁店、特约经销店开展经常性监督检查，共采样检测 1104 批次，取缔非法加工窝点 23 户，收缴、销毁不合格动物产品 8475 千克。2005—2010 年开展监督检查 305 次，查处违法经营动物及其产品案件 86 起，无害化处理病死动物产品 24.77 吨。

至 2012 年，全市立案查处各类案件 1398 起，无害化处理病死畜禽 38.57 万头（羽），收缴不合格动物及动物产品 36.49 万千克。

二、渔业执法

1988 年，全市开展 21 次渔政检查、出动渔政、公安、航监、交通等部门人员 318 人次，清查渔船 1131 艘（只）。对破坏水产资源事件严肃查处，全年查出无证船 360 艘，收缴、烧毁违法渔网 2880 条，立案处理偷鱼、抢鱼、炸鱼案件 67 起，判刑 3 人，拘留 15 人，罚（赔）款 2.10 万元，初步整顿江河湖塘的渔业秩序。1990 年建立长沙市、宁乡、浏阳 3 个渔政管理站，全市查处各类渔政案件 186 起，破获电鱼机案件 141 起，没收电鱼机 162 台，判刑 4 人，行政拘留 18 人，行政处罚 167 人，罚（赔）款 3.24 万元。同年，对湘江各段和捞刀河、浏阳河下游渔（农）民电力捕鱼的违法行为进行全面清查处理，查处渔船 71 艘，渔（农）民 139 人，没收电动机、电容器 44 套，收取资源费 7403 元。1991 年全市多次组织长沙县、望城县、郊区渔政人员对市内主要河段开展渔政检查，共查获电力捕鱼船 17 艘，没收 12 艘，柴油机 21 台，电动机 14 台，有力打击非法电力捕鱼。1998 年渔政人员与水上派出所共同配合行动，查处渔业案件 538 起，收缴有害渔具 6740 米，没收工具 846 件，其中处理电力捕鱼案件 489 起，收缴电鱼机 468 台，查处违禁生产厂家 19 个，行政处罚 500 多人，处置毒鱼案 15 起，为养鱼户挽回经济损失 20 万元。市渔政站被评为省渔政执法先进工作单位。

2003 年，全市统一行动，全面打击各水域违法捕鱼，查获违法电力捕鱼船 200 艘，处罚金额 11 万余元，有效遏制毒、炸鱼等违法行为。2005 年出动执法船 190 余次，查处电捕船只 38 条，布围子 50 余处，网片 3000 余米，抓扣船 36 条，没收电捕设备 23 套，行政处罚 36 人，查获处理渔业案件 86 起，罚款 3 万元，结案率 100%。2006 年处理渔业案件 106 起，其中电力捕鱼 83 起，收缴电鱼机 21 台，罚款 3.74 万元，渔业污染事故处理调查 16 起，为渔民挽回经济损失 750 万元。2008 年出动执法车（船）243 次，执法人员 906 人次，查处渔业案件 19 起，行政处罚 19 人，吊扣船只 11 艘，没收、拆除电力捕鱼设备 110 套。至 2012 年查处养殖水域的渔政案件 725 起，行政处罚 1264 人，查扣船只 76 艘，收缴各类非法电力捕鱼工具 2686 台（套），网片 3.75 万米，累计收回渔业资源费 3.97 万元，罚（赔）款 32.34 万元，为养殖户挽回直接经济损失 770 万元。

三、种畜禽管理执法

1994 年，全市开展种畜禽生产经营清查大行动，对全市 3215 头种公猪进行鉴定、登记，淘汰处理种公猪 437 头，发放种公猪合格证 2126 头。查处引进劣种公猪纠纷 17 起，帮助养猪户挽回（索赔）经济损失 19 万元。1996 年，协同省畜牧水产局对全市种畜禽进行种质督查，全市有 20 个种畜禽场通过省畜牧水产局验收，获得种畜禽生产经营许可证。

1999—2002 年，受理种猪质量投诉 103 起，涉及种猪 613 头，通过市、县联合现场勘验，调查取证，出具鉴定意见书 64 份，帮助养殖户向非法生产经营者索赔 85 万余元，建议兑换种猪 126 头，罚款 3 万余元。取缔非法生产种猪场 1 个，种禽场（户）2 个。维护养殖户与生产经营者的正当权益。2004 年全市开展拉网式清查行动，共强制淘汰劣种公猪 128 头，更换优良种猪 156 头，办理种畜禽经营许可证 168 本，查处非法生产经营案件 12 起，处理非法生产种猪 164 头。至此全面实现种猪良种化。

2005—2011 年，对种畜禽场种质规范和种畜禽生产经营进行常态化督查，全市生猪原种场 5 个，一级扩繁场 7 个，二级扩繁场 9 个，种禽场 1 个，获得省畜牧水产局生产经营许可证。查处投诉案件 13 起。至 2012 年全市共查处投诉案件 168 起。强制淘汰劣质种猪 720 头，取缔非法生产经营种畜禽场（户）3 家。168 家种畜禽场获得生产经营许可证。

四、饲料（添加剂）管理执法

2001 年，成立长沙市饲料工业办公室，配备工作人员，积极筹备饲料管理执法工作。2004 年，全市统一行动，全面开展“瘦肉精”等违禁药物专项整治行动，“瘦肉精”抽样检测由市场、超市向养殖农户转移。在浏阳市北盛镇石子湾村例行抽样检测时，查获饲养户肖某家盐酸克伦特罗 578 瓶。随后，对 4 县（市）医药药房（超市）进行调查，发现盐酸克伦特罗（克喘素）的真正供应源头在各大医药药房，至此，长沙市“瘦肉精”查源工作率先在全省取得实质性突破。长沙县对全县 50 头以上生猪规模饲养户进行检测时，检测人员在椤梨镇雨福村养猪户伍某某家发现重大案件线索，在公安等部门的全力配合下，查处一个极度隐秘的违法生产、分装、贩卖“莱克多巴胺”的饲料企业，该企业违法产品销往全国十几个省市，数量之大，范围之广，实为全国罕见。通过专项整治，发出停业整改通知 9 份，立案查处 23 人，行政拘留 4 人，其中浏阳市北盛镇养猪户肖某违法贩卖，使用“瘦肉精”被判刑。是年 11 月农业部抽调北京市、广东省、广西壮族自治区 3 个检测所 17 名检测人员对长沙县、浏阳市、宁乡县进行大范围检测，共抽尿样 1.8 万个，“瘦肉精”阳性率 0.7%。

2005 年，对全市 165 家饲料生产企业，936 家饲料经营门店，采取突击检查和常态化督查办法，共查处非法生产、销售、假劣饲料案件 26 起，没收销毁假劣饲料 366.17 吨。2006 年，抽检饲料样品 480 批次，抽测合格率为 99.74%，抽测生猪批次样品 7710 例，检出阳性样品 38 例，其中瘦肉精 35 例，莱克多巴胺 3 例，检出率 0.49%，全部无害化处置。宁乡县对非法使用“瘦肉精”的资福乡清河村周某某行政拘留，对资福乡合星村周某某等 4 个当事人处以罚款 4 万元。2007 年依法打击添加使用“瘦肉精”“蛋白精”等违禁药物行为，共查处非法销售，使用“瘦肉精”等违禁药物案件 22 起，没收销毁假劣饲料 33.6 吨。

2008—2011 年，全市开展专项监督检查 65 次，查处饲料药物案件 36 起，没收销毁不合格饲料 26.5 吨。同时，多次开展以“瘦肉精”为重点的动物产品质量安全专项整治行动，有效遏制“瘦肉精”等违禁药物的添加行为，经农业部对长沙市“瘦肉精”抽样样品 400 例，阳性检出率为零，达到部、省要求“瘦肉精”阳性检出率必须控制在 1%以下的控制指标。至 2012 年全市共查处违法案件 178 起，违法人员 225 人次，罚款 22.5 万元，没收销毁假劣、不合格饲料 426.27 吨。

五、兽药管理执法（兽药经营、监管、执法）

20 世纪 80 年代，养殖业规模较小，动物疾病基本上都由兽医诊治，养殖户购药用药的情况比较少。1989 年，全市兽药经营仅限于湖南省牧工商公司、省兽医总站兽药药械经营部、各县（市）牧工商公司、兽医联站等 20 家批发部，年经营额 1000 万元左右。20 世纪 90 年代后，随着养殖业的不断发展，兽药需求量不断增大，兽药经营店不断增加，至 2008 年全市兽药经营门店 525 家。2010 年，按照农业部《兽药经营质量管理规范》（GSP）要求，全市兽药经营门店进行 GSP 提质改造，长沙市明特兽药经营有限公司、长沙梓瑶生物科技有限公司、兴牧兽药经营部、怡牲堂兽药经营部、浏阳葛家中一农牧服务部、浏阳畜牧兽医联站综合服务部等 10 余家经营企业完成兽药 GSP 改造工作，成为全市第一批兽用生物制品和兽药 GSP 示范企业。2012 年，525 家兽药经营企业全部通过 GSP 认证，获得“兽药经营许可证”，年销售额 1.9 亿元。其中长沙东大门兽药批发市场成为全省最大的兽药经营市场之一。

1991 年，长沙市设立长沙市兽药监察所，负责全市兽药监督和内五区兽药执法管理。4 县（市）均成立相应的兽药管理机构，实施兽药监督管理。1992 年，各级兽药监察机构逐步推行兽药经营企业标准化管理，建立兽药经营企业电子监管档案。1996 年，全市建立检打联动机制，将兽药产品质量监督抽样与行政执法工作有机结合，将兽药残留监控和依法溯源查处有机结合，做好质量抽检与依法查处衔接，确保抽检与取证同步，抽检与查处结合。2001年后，不断完善案件督办通报制度和案件举报制度，逐步形成省、市、县三级联动、上下齐抓的办案特色，对生产、经营、使用假劣、违禁兽药等情况分类处理，重点查处生产、经营假劣兽药、贴牌生产、使用违禁药物等危害较大的要案，严厉打击各类违法行为，维护兽药市场秩序。至2012年，全市立案查处720起，取缔无证经营门店86个，收缴不合格兽药7812件，罚没款92万元。

六、普法宣传与培训

1995年，长沙市对《中华人民共和国畜牧法》《中华人民共和国渔业法》《中华人民共和国动物防疫法》《中华人民共和国草原法》以及《种畜禽管理条例》《动物重大疫情应急条例》《渔业船舶检验条例》《兽药管理条例》等法律法规进行汇编成册，共计翻印5000册发到乡村有关人员和养殖户；编印养殖业有关法律法规宣传资料6万余份发到农户家中。各地开展有关养殖业法律法规宣传周、宣传月活动，全市出动宣传车100余台次，辖区内主要交通路口悬挂宣传横幅200余幅，书写宣传标语1000余条，树立宣传栏（板）150块，浏阳市、宁乡县还适时组织人员在当地电视台、乡村有关工作会议上进行养殖业法规知识宣讲，力争让有关养殖业法律法规深入基层民众，做到家喻户晓，自觉成为守法公民。

1997—2000年，为切实加强执法人员依法行政教育，共举办防疫、检疫等各类型培训班4期，培训执法监督人员234人次。2003年全市在编在岗执法人员培训率100%。2004年，对全市动物防疫执法人员重新申报，考核，发证。2006年，审核后确定的动物防疫监督员全部通过全省统考，合格率100%。为加强“两员”管理，制定两员奖惩制度。

第五章 蔬　菜

1988年，长沙市为保障市民的蔬菜供应，计划种植商品蔬菜2683.7公顷，实际种植2738.2公顷，超计划54.5公顷。并种植渡淡的大路菜1906公顷，保证全年的均衡供应。当年一线蔬菜基地主要集中在长沙市郊区的乡镇和农场，二线基地主要分布在长沙县的郥梨、黄兴及望城县谷山、天顶等10个乡镇。当年上市蔬菜1.64亿千克。

1990年，长沙市蔬菜生产坚持稳定郊区的种植面积，发展二线基地为前提，以确保面积、扶持生产、搞好基地建设为基础。市政府决定不再下达秋白菜种植计划，不实行保价收购和补贴，由菜农自主种植、自主上市、自主成交、协商议价。1991年计划商品菜地面积2696公顷，实种3045公顷，其中郊区老基地2289公顷，县区二线基地756公顷。1993年，地膜覆盖1303公顷，推广小拱棚5.24万个，推广塑料大棚1995个，推广遮阳网6.97万平方米。基建投入700万元，在远郊和县区集中改造、扩大高标准菜地253公顷。是年，马王堆蔬菜批发市场建成开业，开始成为全省蔬菜集散中心。1993年开始，黄兴镇、沙市乡等远郊二线基地成立菜农协会。

从1994年开始，蔬菜种植由指令性计划逐步过渡到指导性计划，并且开始取消粮菜挂钩政策，由菜农根据市场需要自主安排种植计划，自主上市。1996年，把蔬菜种植作为调整农业结构、致富农民、改变农村面貌的大事来抓。省、市科研院所培育大批优良品种，并引进驯化一批新品种。投入也不断增加，以前蔬菜基地建设市财政投资60%，村民自筹40%。是年，各县（市）区参与蔬菜基地建设，拓宽投资渠道，而且公司、个人和各种经济组织投资蔬菜生产行业，当年长沙县投资200万元，建设80公顷标准蔬菜种植基地。水泥骨架塑料大棚推广8006个，推广塑料小棚1067公顷，地膜覆盖2533公顷，遮阳网50万平方米，覆盖栽培已形成一套成熟的技术。培养科技示范户、种菜能手、种菜状元共980户。测土配方施肥技术的普及，保持土壤中氮磷钾肥的平衡性。1997年，近郊粮农、企业和合作组织参与蔬菜生产，尤其是政府积极推动农业产业化，企业租赁农民的土地开展蔬菜的设施栽培，改变过去由个体农户种植的单一结构。当年，红星蔬菜批发大市场建成开业，马王堆蔬菜市场批准为国家级大市场。1999年，商品蔬菜种植8000公顷，产量3.81亿千克。

2000年，随着国有集体蔬菜店退出市场，农贸市场成为市民买菜的主要场所，大型超市生鲜柜和社区店作为补充。2001年，加大农业产业结构调整力度，让蔬菜产业唱主角，全年稻田改菜土8000余公顷，约占稻田改制总面积的30%。当年全市商品菜种植面积3.17万公顷，商品菜产量22亿千克，商品菜生产总值20亿元。2002年，"放心菜"快速发展，重点建设长沙县黄兴镇等10个无公害蔬菜基地。2004年，蔬菜种植5.3万公顷，蔬菜产量35亿千克，其中放心菜产量33.5亿千克，占总产量的95.8%，蔬菜总产值30.2亿元，蔬菜销往市外12亿千克，比上年增长20%，蔬菜加工产值2.5亿元。

2005年，长沙市把蔬菜生产作为农业产业化发展的重要内容来抓，开始创建标准化生产基地。2008年全市确定30个标准化蔬菜示范基地创建单位，64家企业和合作组织共建设标准化蔬菜基地9667公顷。到2010年，全市标准化蔬菜基地规模达到66.7公顷以上的有22家，33.3公顷以上的71家，规模最大的长沙县黄兴都邦蔬菜专业合作社，种植面积306.7公顷。2010年全市设施蔬菜种植面积2340公顷。同时建立质量安全检测及追溯机制，当年农业部和省农业厅分别对长沙进行四次农产品安全质量抽检，其中蔬菜农残合格率100%。

2011年，全市蔬菜专业合作社有367家，蔬菜生产企业67个。市农业局组织生产基地、批发市场及蔬菜经销大户与加工企业开展产、加、销对接活动，10家蔬菜基地与8家大型超市签署合作协议，33家蔬菜流通企业和配送公司分别与45家超市、门店建立产销关系。到2012年，全市有蔬菜加工企业219家，年加工蔬菜2.66亿千克，年产值2.89亿元。当年新开148家社区直销店，得到市民欢迎。全年长沙市蔬菜播种面积13.06万公顷，总产量46.23亿千克，总产值60.22亿元，马王堆、红星两大批发市场全年成交总量37.1亿千克，成交总额83.3亿元。

第一节　机　构

一、市级机构

1988年，长沙市蔬菜局归口市财贸委员会，内设办公室、生产科技科、商业管理科、食品工业科、计财基建科、组织宣教科，编制30人。内设机构及编制到2000年没有变化。2001年8月市政府机构改革，撤销市蔬菜局，将蔬菜生产、科研等职能划入市农业局，蔬菜流通职能划入市商业贸易发展局，蔬菜零售企业划入市国资委管理，局机关工作人员分流到市农业局和市商业贸易发展局。在市农业局内设立蔬菜生产管理办公室，负责全市蔬菜生产、科研等管理工作。2004年市政府将马王堆蔬菜批发市场划归市农业局管理，并在市农业局内设蔬菜流通管理处，将蔬菜生产管理办公室改为蔬菜生产管理处。

2011 年市农业局内部职能调整，将蔬菜生产管理处、蔬菜流通管理处合并成蔬菜处。

1988 年，长沙市蔬菜局所属二级机构有长沙市蔬菜科学研究所。1989 年 5 月成立长沙市蔬菜技术推广站。1995 年，长沙蔬菜科研所定为副县级全民事业单位。2001 年，市蔬菜科研所、市蔬菜技术推广站都划归市农业局管理。

长沙市蔬菜公司、长沙市调料食品公司、长沙市蔬菜种子公司在 2001 年机构改革时划归市商贸局和国资委管辖。

1988—2001 年，先后担任长沙市蔬菜局主要领导职务的有：钱介喜、秦家杰、廖建华、周松柏、黄正汉、徐兴华、周玉龙；其他领导班子成员有：李德兴、曾鸣、彭继球、易海斌、何晴之、宋庆明。

二、区县（市）机构

1988 年，长沙市郊区有蔬菜局。1995 年长沙、望城、浏阳、宁乡 4 县（市）相继成立蔬菜局。1996 年长沙市区划调整，原郊区蔬菜局撤销，相应在芙蓉区、天心区、岳麓区、开福区、雨花区设立蔬菜副食品局。2001 年政府机构改革时，4 县（市）蔬菜局并入农业局，内 5 区并入区农林水利局，至 2012 年未变。

三、基层机构

1988 年，郊区以蔬菜种植为主的乡镇，如马王堆、雨花亭、岳麓山乡和综合农场、东屯渡农场等有蔬菜办公室，配备 2~4 名专干。其他县（市）的乡镇没有上规模的商品蔬菜种植。20 世纪 90 年代中期，商品蔬菜种植扩种到长沙县、望城县及浏阳市等部分乡镇，少数乡镇如长沙县黄兴镇设立蔬菜办公室，配备有专干，大多乡镇蔬菜种植技术辅导和管理工作由乡镇多经办负责。到 2010 年，除黄兴镇仍保留有蔬菜办公室外，其他乡镇的蔬菜种植管理职能都并入乡镇农办。

第二节　蔬菜种植

一、面积与产量

20 世纪 80 年代，全市蔬菜种植仍然属于指令性计划阶段，每年年初由市蔬菜局将长沙市全年的蔬菜种植任务下达到郊区各乡（镇）场，由乡（镇）场再分配到各村、组，各乡（镇）场必须完成蔬菜种植计划，蔬菜上市量实行与粮、肥等生产生活资料指标挂钩，完不成任务就要减指标。蔬菜种植基地主要集中在郊区的雨花亭乡、马王堆乡、岳麓山乡、东岸乡、黎托乡、综合农场、东屯渡农场等十几个乡、场。1988 年，由长沙市蔬菜局直接掌控的蔬菜种植基地 2690.3 公顷，其中郊区 2025 公顷，县、乡二线基地 665.3 公顷。实种蔬菜面积 2738.2 公顷，总产量 1.66 亿千克。随着城市规模的扩大，城市周边的菜地逐年被征用，四县二线基地的面积也逐年在增加。1989 年，郊区的蔬菜种植计划面积为 2659 公顷，四县二线基地面积发展到常年面积 452 公顷，半年菜地 333 公顷，主要分布在长沙县的㮾梨、黄兴、干杉、仙人、金井、大鱼塘等及望城县的谷山、天顶等乡镇，种植的品种主要是以渡淡、保节日供应为主的大路菜品种。1990 年，长沙县、望城县的 14 个乡镇的蔬菜二线基地，计划种菜 617 公顷，实种 1000 公顷，供应商品菜 3000 万千克，成为生产渡淡菜基地。1993 年，计划安排商品菜地 3080 公顷，实际种植 3433.7 公顷，超种 353 公顷，全年供应蔬菜 2.13 亿千克，比 1988 年增加 0.47 亿千克，增长 28.31%。5 年蔬菜种植面积平均每年增长 5.08%，蔬菜产量平均每年增长 5.98%。

1994 年，取消菜粮挂钩政策，蔬菜种植面积由指令性计划变为指导性计划，市蔬菜局每年初下达种植面积到各乡（镇）场，这些计划不再是考核的硬指标，只是市蔬菜局根据城市人口的增长情况而预测的一个大概数据，而实际种植的蔬菜面积大大超过计划数。1995年，贯彻落实国务院、省政府召开的“菜篮子”和粮棉油工作会议精神，长沙市首次将蔬菜作为一个产业提上议事日程。当年全市蔬菜种植面积扩大到4537.9公顷，产量2.8亿千克，分别比上年增长17.29%和16.67%。1996年，长沙蔬菜种植面积比上年增长22.61%。各级政府在蔬菜种植上除保障城市供应外，已经把它作为致富农民、调整产业结构、改变农村面貌的大事来抓，集中人力物力财力发展蔬菜生产。1997年，安排商品菜基地面积5200公顷，实际种植5792.6公顷，超计划592.6公顷，超出11.4%；商品菜供应3.29亿千克，比上年增长11.9%。1998年，按照以“菜园子”保“菜篮子”的方针，长沙市以200万人吃菜的规模和标准，全年安排市管蔬菜基地种植面积5667公顷，实际种植蔬菜面积6185公顷，超过计划面积的9.14%，比上年增加392.4公顷，增长6.77%；全年蔬菜供应3.65亿千克，比上年增长10%。2000年，长沙市蔬菜种植面积1万公顷，比1993年增加6566.3公顷，增长1.9倍；蔬菜供应量3.91亿千克，比1993年增加1.78亿千克，增长83.57%。

2001年，长沙市决定把扩大蔬菜种植面积作为调整农业生产结构的重大举措抓落实，当年稻田改菜土面积8965公顷，占稻田改制面积的29%。农民种菜收益高于水稻生产效益，加之长沙市大市场，大流通格局的逐步形成，蔬菜产业发展很快，到2004年，全市蔬菜种植面积扩大到5.3万公顷，总产量35亿千克，其中外销量达到12亿千克，占34.29%。是年，蔬菜主管部门工作重点已转移到抓放心菜、无公害蔬菜生产和销售方面。2005年，全市商品蔬菜种植面积5.33万公顷，产量36.5亿千克。

2006年，全市蔬菜种植面积稳定在5.33万公顷，郊区老基地不断被征用，只能向四县发展。是年，浏阳市蔬菜种植面积2.46万公顷，总产量6.4亿千克。2007年，重点抓15个蔬菜基地建设，努力打造成标准化、无公害蔬菜生产基地，长沙县黄兴镇争取世行贷款2600万元，分三期建设高标准蔬菜基地1600公顷。宁乡县引进香港上市的福建超大集团，在龙凤山建设万亩高标准蔬菜基地，集蔬菜生产、加工、种子繁育、出口于一体。长沙市蔬菜种植发展到以蔬菜生产企业和农民专业合作社为主体，农民散户种植蔬菜的越来越少，蔬菜生产的产业化已基本形成。2008年，全市高标准基地达到1万公顷，一环都市农业圈以发展速生叶类菜为主，二环优势农业圈重点建设标准化叶类菜基地和优质高效特色商品菜基地，三环生态农业圈优先发展有机、绿色商品蔬菜和建设大型加工、外销蔬菜基地及加工基地。2010年，全市确定30个标准化蔬菜示范基地，整合各类资金支持蔬菜基地的标准化、病虫害防治、质量安全检测等基础设施建设。

2011年，随着各级政府对农业的重视程度进一步提高，建设社会主义新农村和发展现代农业的步伐加快，蔬菜产业化发展方式也发生变化。政府投入加大，明确长沙蔬菜产业发展资金5000万元，要求各区县（市）要配套相应的资金，并纳入目标考核中。2011年，制定《长沙市蔬菜基地管理条例》。投资渠道多样化，蔬菜产业发展资金投入不只是政府投入的单一渠道，企业和私人投资比例加大，长沙市《关于加强菜篮子工程建设促进蔬菜产业发展的通知》发布后，民营资本投资蔬菜产业出现一个新的高潮，截至2012年，长沙地区蔬菜生产企业78个，标准化蔬菜种植面积0.41万公顷，蔬菜专业合作组织450个，蔬菜种植面积1.27万公顷。经营形式多样化，合作组织、企业种菜的越来越多，改变过去由个体农户种植的单一结构状况，这些合作组织、企业利用流转土地、集资带地合作等方式集中进行生产，不论是在标准化蔬菜基地建设方面还是在生产技术等各方面都有很大程度的提高。截至2012年，全市标准化蔬菜基地中规模达到66.67公顷以上的有22家，达到33.33公顷以上的有71家，其中合作组织规模最大的黄兴都邦蔬菜合作社，种植面积306.67公顷，宁乡秀山美地农业科技有限公司种植规模206.67

公顷。2012 年长沙地区蔬菜种植面积 5.66 万公顷，总产量 46.23 亿千克，总产值 51.54 亿元。

表 21-5-2-1　　1988—2012 年蔬菜种植面积与产量统计一览表

年 份	种植面积（公顷）	产 量（亿千克）	年 度	种植面积（公顷）	产 量（亿千克）
1988	2738.2	1.66	2001	31666	22
1989	2992.3	1.73	2002	41000	25
1990	3018.3	1.83	2003	46667	32
1991	3044.4	1.94	2004	53000	35
1992	3293.6	2.00	2005	53300	36.5
1993	3433.7	2.13	2006	53300	37
1994	3868.9	2.40	2007	53800	40.2
1995	4537.9	2.80	2008	54600	42
1996	5564.1	2.94	2009	55201	42.81
1997	5792.6	3.29	2010	55582	44.05
1998	6185	3.65	2111	56249	45.60
1999	8000	3.81	2012	56637	46.23
2000	1000	3.91			

说明：蔬菜种植面积与产量数，1988—2000 年为供应长沙市城区的，2001 年及以后为供应全市的

二、品种

1988 年，长沙地区蔬菜栽培的主要品种有 14 类 78 种 263 个品种。品种齐全，花色多样，同时，在不断研究培育、引进推广。当年，《长江流域番茄、大白菜生产技术的试验与推广》获农业部科技进步二等奖。1991 年，长沙市郊区蔬菜局在黎托乡试验推广春番茄新品种早丰和早魁。1992 年，市蔬菜科研所培育冬瓜青杂 1 号、2 号、3 号。1993 年，市蔬菜科研所培育出湘黄瓜 1 号、2 号、3 号、6 号黄瓜新品种，以及粉杂 1 号冬瓜新品种。是年，在黎托试验、推广的早丰和早魁春番茄面积发展到 66.67 公顷，亩产 5000 千克，比原品种增产 20%~30%，且具有早熟、抗病、果型好、高产等特点。

1994 年，从外地引进“春大将”芽白新品种在东岸乡试种，平均亩产 4000 千克以上，改变长沙芽白秋天种冬天收的传统，4 月、5 月也有芽白上市，对渡过“春淡”起很大作用。1995 年市菜科所选育的“湘豇豆一号”新品种平均亩产 3000 千克，比老品种增产 20%~30%，且条形整齐，抗病性强，品质好。市菜科所经过 6 年培育，“春园四号”黄瓜新品种通过鉴定获得成功推广，具有耐寒性强，雌花多、节成性强、耐肥高产等特点，一般亩产 5000~6000 千克，且瓜条整齐、绿色直长、皮薄肉厚、香脆可口、商品性好。1997 年，由市菜科所经过 5 年选育的辣椒新品种“湘椒六号”获得成功，具有耐寒、抗病、早熟、产量高和品质优的特点，平均亩产 2500 千克，比原来的品种增产 10%~15%。1998 年，市菜科所选育的冬瓜新品种“青杂 2 号”和“粉杂 2 号”培育推广成功，产量高，亩产 5000 余千克，7 月可上市，腹腔小、肉厚、单果重、品质好。

2000 年，“青杂 1 号”“粉杂 1 号”“青杂 2 号”“粉杂 2 号”冬瓜新品种选育与利用获湖南省科技进步三等奖。在新品种不断增加的同时，也有一些传统老品种遭到淘汰，如河西牛角椒、伏地尖辣椒

等，到2000年时，已退出市场。也有一些品质不太好，口感比较差的老品种被引进的新品种代替，如长沙原有的无刺黄瓜，被青刺黄瓜所淘汰。至2005年，长沙市蔬菜新品种的研究选育和推广主要集中在茄果类、瓜类和豆类等方面，如辣椒、茄子、番茄、黄瓜、苦瓜、冬瓜、丝瓜、豇豆等。

2010年，市蔬菜科研所的“丝瓜新品种选育及无公害丰产栽培配套技术推广及应用”项目获得成功，并且获得湖南省农业丰收计划二等奖。市蔬菜科研所多年来，培育通过湖南省生物品种审定委员会审定的蔬菜新品种40个，如湘黄瓜1号、2号、3号、6号，青杂1号、2号、3号冬瓜，湘豇1、2号豇豆，番茄6号、7号等。引进新品种，如生菜、夏阳早芽白、莜麦菜、芦笋、海参苦瓜等。将野生菜驯化成常年种植的蔬菜新品种，如黄秋葵、紫背天葵、人参菜、苦菊等。

2012年，长沙市蔬菜品种经科研培育、引进推广、驯化栽培的新品种很多，加上传统的蔬菜品种，长沙蔬菜品种1000余个，普通种植的有以下品种：

根茎类2种，11个品种：白萝卜类有国光萝卜，夏长白1号、2号，浙大长，园白萝卜，矩叶13，春不老，9斤王，梅花春；胡萝卜类有五寸、六寸人生。

白菜类3种，25个品种：大白菜类有黄青河夏阳，日本夏阳早，华良早五号，黄金快菜；小白菜类有上海矮脚黄，南京矮脚黄，湘潭矮脚黄，奶油白，白雪公主，上海四、五月慢，白马王子，上海青，华冠，宝冠，美翠，绿油王；紫菜苔类有九月鲜，十月红，湘潭红，湘江1号、2号、3号，五彩红2号、3号。

芥菜类1种，3个品种：即大叶芥菜的细叶排，中叶排，大叶排。

甘蓝类2种，10个品种：结球甘蓝有夏光甘蓝，牛心甘蓝，鸡心甘蓝，春丰甘蓝，京丰一号，中甘八号；花椰菜有龙牌系列80~180天花菜。

瓜类5种，34个品种：黄瓜有津研系列，津春4号、7号，湘春系列，台湾夏秀，夏秋露地王，津优1号、2号、21号、30号，浏阳早白；南瓜有日本蜜本，一串铃，黄鼠狼，晶华；冬瓜有长沙扁担冬瓜，广东青皮冬瓜，长沙粉皮冬瓜；苦瓜有海参苦瓜，长白苦瓜，南山白苦瓜，翠玉，春帅，青杂2号，新华玉，中华领秀，科隆2号；丝瓜有长沙肉丝瓜，早杂白，早优3号，早香2号，香玉，农杂4号，好棒美。

茄果类3种，21个品种：番茄有早魁，早丰；茄子有油灌茄，绿茄王，早红茄1号，紫红茄，长丰茄；辣椒有湘研15号、5号，湘妹子16号，兴蔬215，兴蔬尖椒王，光皮椒，鸡肠子椒，螺丝椒，丰抗21，湘妹子704、8号、4号，长研958，韩国艳红。

图 21-5-2-1 开福区文中蔬菜基地

（摄于2011年，长沙市农委供图）

豆类2种，14个品种：毛豆有日本青，金牌1号，绿宝石，丰源1号；豇豆有湘豇1号，之豇28、航豇王609，神赣668，台湾嫩绿王，春湧2号，泰国王，金领秀，油青，油绿。

绿叶菜9种，50个品种：菠菜有圆叶菠菜，日本春秋大圆菠，全能菠，绿宝石菠菜，好日子218；芹菜有种都雪白芹菜，津南实芹，玻璃脆芹，美国西芹，泰国黄心芹；苋菜有白圆叶苋，红圆叶苋，银田苋菜，柳叶苋；蕹菜有长沙藤蕹，泰国尖叶蕹，广西白籽蕹，柳叶蕹；莴苣有笋子王3号，二白皮，成都白尖叶，清风王，千里飘飘，笋王2号，科兴3号，玉笋3号，四季如春，冬春莴笋，红仙子，绿奥神剑，种都系列，玉兴系列，尖叶王，永安红，红健，绿奥红；茼蒿有大叶、小叶茼蒿；冬寒菜有红圆叶糯米冬寒菜；芫荽有泰国四季香菜，大粒，小粒，369香菜，608，湘妹子香菜；莜麦菜有抗热尖叶莜麦，四季莜麦，218莜麦，泰国四季香，无斑莜麦。

薯芋类1种，2个品种：马铃薯有东农303，克新4号。

野生类6个品种：黄秋葵，紫背天葵，人参菜，苦菊，荠菜，水芹菜。

三、基地

（一）基地布局。1988年，长沙市的蔬菜基地主要是在长沙市郊区的马王堆乡，东屯渡农场，东岸乡，黎托乡，综合农场，福安乡，岳麓山乡等，有3000余公顷，长沙县的黄兴镇、榔梨镇，浏阳市的沙市、柏加乡，望城县的谷山等一部分二线基地600余公顷。基地建设搞得较好的是近郊的一些乡镇，因离城市距离近，是供应市场的主要基地。1990年，马王堆乡，东屯渡农场，东岸乡，综合农场，岳麓山乡，这些基地大部分沟、渠、路、池配套，排灌自如，基本上达到旱涝保收的标准。1992年10月，全国蔬菜基地建设经验交流会在长沙召开，农业部充分肯定长沙蔬菜基地建设的成绩。这个时期的二线蔬菜基地建设大部分集中在土壤改良，排灌畅通的层次上面，因大部分都是从稻田改造成菜田，也由于当时经济条件限制，基础设施建设搞得不多。

1996年长沙市区划调整，原郊区撤销变为内五区，蔬菜基地从以原郊区为主逐步向四县（市）为主发展，各区县（市）都把发展蔬菜生产作为调整种植业结构、提升经济、致富农民的途径来抓，长沙蔬菜发展出现一个高峰。长沙县的黄兴镇蔬菜面积发展到1300余公顷，浏阳市沿溪、官渡等乡镇都在600公顷以上规模。

2000年，中央提出发展现代农业的要求，长沙的蔬菜基地布局也发生相应的变化。2001年，制定《长沙市蔬菜无公害管理暂行办法》及实施细则，为做好试点示范工作，将长沙县黄兴镇桂花村，星沙镇夏家坪村，宁乡县历经铺金南村，望城县高塘岭镇高冲村，芙蓉区东岸乡荣昌村，开福区综合农场陈家渡和朝阳分场，岳麓区桃花岭村、东方红农场，雨花区潭阳村10个试验示范基地作为长沙无公害蔬菜的样板基地。2003年，制定《长沙市放心菜基地考核验收办法》，长沙县黄兴镇、浏阳市关口村、望城县真人桥村、宁乡县金南村、雨花区潭阳村、开福区陈家渡和朝阳分场7处蔬菜基地被省菜办确认为放心菜基地并授牌。

2008年，长沙市提出建设长沙现代农业经济圈（三环）的布局，一环都市农业圈以发展速生叶类菜为主，政策上给予适当支持，促进发展。二环优势农业圈重点建设标准化叶类菜基地、优质高效特色商品菜等基地，政策上给予重点支持，优先发展。三环生态农业圈优先发展有机、商品菜和建设大型加工、外销蔬菜生产基地和加工基地，政策上给予择优扶持，带动发展。提出3年内建成3000公顷高标准蔬菜基地目标。2010年，根据国务院办公厅《关于统筹推进新一轮“菜篮子”工程建设的意见》，省政府《关于加快蔬菜产业发展保障市场供应的意见》精神，发布《长沙市人民政府关于加强菜蓝子工程建设促进蔬菜产业发展的通知》，成立蔬菜工作领导小组，将蔬菜产销工作纳入区县（市）年度考核目标，加大财政扶持力度，每年从长沙物价调节基金中安排2000万元，农口切块资金中安排1000万元，支持蔬菜产业发展，计划3年内建设高标准蔬菜基地4300公顷。同时提出在全市建设4个万亩片，10个千亩示

图 21-5-2-2　长沙县龙华山蔬菜基地

（摄于 2011 年，长沙市农委供图）

范园和 1 个种苗中心的规划。4 个万亩片：长沙县以路口镇、春华镇等沿 S207 线等基地，如宇田、龙华山、大山冲、楚丰、国进等；浏阳市沿大浏公路一线基地，如长发、龙建、康达、兴邦等；望城区以格塘镇、靖港镇沿千龙湖大道一线基地，如聚生源、兴农、柯柯、千龙湖等；宁乡县夏铎铺镇沿宁韶线基地，如秀山美地、天源等。10 个千亩示范园：除万亩示范片之外，有一定规模的现有基地，长沙县的胖胖、鹏宇，宁乡的明德、龙马，望城的光明、翠翠，浏阳的滩头、惠农，开福的诺贝尔，岳麓区的恒峰山庄。将蔬菜科研所的中试基地建设成为长沙市的种苗培育中心，另外再加上 20 个主要蔬菜基地作为支持重点。

（二）基地建设。1988 年，长沙市蔬菜基地主要在郊区，基地建设标准是道路硬化，沟渠砖混化，粪池水池配套化，排灌自如，旱涝保收。1991 年，全市有标准蔬菜基地 2288 公顷。20 世纪 80 年代后期到 21 世纪初期，长沙的蔬菜基地建设投资，是以国家投资为主、农民投工为辅的方式。市里投资 60%的资金，村民自筹 40%，而村民自筹的 40%其实就是个人的投劳，而这种方式的主动权在政府，取决于政府财政投入的多少，财政投入多，基地建设速度发展就快些，财政投入少，发展就慢些。1992 年，由市财政投资 554.5 万元，在远郊和县、乡集中扩建高标准四季园 219 公顷。这一时期市财政对蔬菜的支持力度较大，加之菜田建设基金收取较多，投入相对较大，郊区的马王堆乡、东屯渡农场、东岸乡、黎托乡、综合农场、岳麓山乡、雨花亭乡等大部分蔬菜基地都建成排灌自如，沟、渠、路、池配套，旱涝保收的高产、稳产基地。1993 年，投资 700 万元（国家投资 450 万元，乡、村及农户投入 250 万元）在远郊及二线基地扩建标准化菜地 253 公顷。1996 年，长沙县投入 200 万元，建设 80 公顷高标准蔬菜基地。1998 年，在开福区综合农场陈家渡分场投资 500 万元对路、渠、沟进行升级改造，建设水泥骨架大棚 600 个，无土栽培 1.3 公顷，安装微滴灌设施 1.3 公顷，智能大棚 0.2 公顷。

2000 年，把推广无公害蔬菜生产作为重点。2001 年，全市建立长沙县黄兴镇桂花村，星沙镇夏家坪，宁乡县历经铺镇金南村，望城县高塘岭镇高冲村，芙蓉区东岸乡荣昌村，开福区综合农场的陈家渡、朝阳分场，岳麓区桃花村、东方红镇，雨花区黎托乡潭阳村 10 个“放心菜”示范基地，生产面积 533 公顷。2002 年，全市在继续抓好 10 个“放心菜”基地建设的同时，各区县（市）也分别确定 2~3 个重点“放心菜”示范基地，全市“放心菜”生产面积 6667 公顷。2004 年，全市有市管基地 15 个，县（市）、区管基地 33 个。2006 年确定蔬菜生产基地向区、县结合部和四县（市）发展的方针，浏阳市蔬菜种植面积 2.46 万公顷，长沙县黄兴镇常年蔬菜基地种植面积 1300 公顷，并争取世行贷款 2600 万元，分三期建设高标准蔬菜基地 1600 公顷。

2007 年，全市将 15 个示范基地建成无公害蔬菜基地，长沙县黄兴镇利用世行贷款一期工程已建成 133 公顷高标准蔬菜基地。宁乡县采取招商引资办法，引进香港上市的福建超大现代农业集团，在龙凤山投资 7000 万元，建设万亩高标准蔬菜基地，集生产、加工、种子繁育、出口于一体，当年已建成 33

公顷。浏阳的天野有机农业发展有限公司，是长沙第一家获得国家有机食品认证的蔬菜生产企业，种植有机蔬菜 200 公顷，出口到日本和东南亚的蔬菜 700 吨。隆平高科在长沙县金井镇金龙村新建 133 公顷标准化蔬菜基地，全部采用大棚栽培，沟、渠、路、池配套，采用微喷、滴灌技术。至此蔬菜基地形成公司、个人和各种经济组织投资为主，国家投资为辅的新格局。2010 年开始，市农业部门提出创建标准化蔬菜基地 10 条标准，从硬件、软件两个方面对基地建设提出要求，在全市确定 30 个标准化蔬菜示范基地建设单位，从组织形式、生产规模、环境评价、基础设施建设、投入品管理、生产技术应用、生产过程记录、生产园貌、产品质量等方面制定建设考核验收标准。长沙县宇田蔬菜专业合作社基地已建成"地成块""路相通""棚成片""喷灌成行"，生产环境优美，生产过程规范的现代农业生产基地样板。2011 年，全市 63 家标准化专业蔬菜基地建设面积 1666 公顷，百亩蔬菜种苗中心基地第一期建设工程启动。将龙华山、隆平、宇田、兴农、天源、长发 6 个基地建造成示范园。拓展长沙县春华、路口、金井，宁乡县夏铎铺、坝塘，浏阳市古港、沿溪、官渡 3 个万亩片。2012 年，全市蔬菜合作组织 450 个，种植面积 1.31 万公顷，蔬菜生产企业 78 个，种植面积 0.41 万公顷。标准化蔬菜基地面积 9667 公顷，百亩蔬菜种苗中心开始种苗生产。长沙县宇田、龙华山、国进、隆平等沿长平公路的标准化蔬菜基地已连片，望城区的斌辉、柯柯，宁乡县的明德、农夫，浏阳市的浩博、长发等蔬菜生产基地已初具规模。

四、质量安全

从 1983 年农牧渔业部发出《关于严禁在蔬菜上使用剧毒和残留期长的农药的通知》后，长沙市从 1984 年开始推广"无公害"蔬菜生产技术，1987 年"无公害"蔬菜面积达到 0.8 万公顷。1991 年，长沙市开展试验、推广应用新型微生物农药 BT 乳剂 3 吨，以半价优惠供应菜农，防治面积 2667 公顷，防治效果 80%以上，有效控制甜菜夜蛾、小菜蛾、菜青虫等害虫的危害。1995 年，除继续控制剧毒高残留农药使用外，重点推广塑料大棚 2000 个，使全年塑料大棚 4000 个，新增塑料中棚1200 个。1997 年省蔬菜办把长沙作为"无公害"蔬菜生产和推广净菜上市的试点城市，黎托乡潭阳村作为"无公害"蔬菜生产试点村，雨花亭乡石人村作为净菜上市试点村。1998 年长沙市发布《关于菜田农药使用要求的通知》文件，首次将"放心菜"生产纳入工作计划，明确提出蔬菜生产中病虫害防治要以农业防治为主，化学防治为辅，严禁使用甲胺磷、久效磷、氧化乐果、呋喃丹、甲基 1605，六六六等 17 种剧毒高残留农药，推广使用高效低毒、低残留农药，如 BT 系列，除虫菊酯类，杀虫素，多菌灵，百菌清，代森锌等，并严格按安全间隔期采收上市。1999 年，石人村无公害蔬菜基地生产的放心菜在东塘果菜土产商品超市专柜挂牌上市。随着放心菜生产基地试点范围的扩大，综合农场朝阳分场陈家渡基地和岳麓区桃花村蔬菜基地被纳入试点范围。1999 年 6 月，长沙市无公害蔬菜监测中心在市蔬菜科学研究所成立，投资 200 余万元配备检测设备，开始对全市蔬菜质量安全进行监测。

2000 年，长沙市无公害蔬菜监测中心加挂湖南省无公害蔬菜监测中心和湖南省无公害蔬菜质量监督检验授权站牌子，并通过省级计量认证和资质认可。是年，长沙市出台《关于大力抓好无公害蔬菜生产的几点意见》，从加大宣传力度，物理防治，推广有机投入品和严禁使用高毒、高残留农药，推广使用高效低残留农药等四个方面对搞好无公害蔬菜生产提出要求。2001 年，制定《长沙市无公害蔬菜管理暂行办法》及实施细则，全市建立 10 个无公害蔬菜示范试验基地，生产面积 533 公顷。同时，利用报纸、电台、电视台进行"放心菜"生产上市宣传，市检测中心及区县（市）检测站深入基地、市场检测，并及时发布检测通报。市检测中心抽检 1128 批次，符合残留标准的 935 批次，合格率 82.89%，比上年提高 1.09%。2003 年发布《长沙市放心菜基地考核验收办法》，开福区陈家渡分场和朝阳分场、长沙县的黄兴镇、浏阳市的关口村、望城县的真人桥村，宁乡县的历经铺乡金南村、雨花区的潭阳村等7处蔬菜基地被省菜办确认为放心菜基地并授牌。当年7月首次给开福区综合农场朝阳、陈家渡分场110户菜农发放“放心菜”产销证。2003年，蔬菜主管部门在高温季节出动宣传车到各基地现场宣传，张贴《关于切实抓好放心菜工作确保人民食菜安全的通告》。编写《蔬菜安全生产实用技术》一书，印制6000册免费发放给菜农。当年，农业部对各省会城市蔬菜例行检测4次，每次从基地、批发市场、超市、农贸市场抽取样品进行检测，当年抽检合格率71.9%。

2004年2月，在长沙市无公害蔬菜监测中心的基础上，成立长沙市农产品质量监测中心。至此，长沙市蔬菜质量安全工作正式纳入政府的议事日程。长沙市的蔬菜质量安全监管体系建设不断加强，市、县（区）推广站，重点乡（镇）菜办，重点基地，批发市场，超市，酒家实行每天自检，每天的检测结果向消费者公布。长沙市无公害蔬菜监测中心成立后，对蔬菜检测加大投入力度，全市免费为基地发放速测仪器40台套。马王堆和红星蔬菜批发市场组建检测中心，检测业务归属市农产品质量监测中心指导，每天24小时对市场内的蔬菜进行抽样检测，并将抽检结果当天在电子显示屏上公示。免费为全市100余家超市、宾馆、酒家、大型农贸市场配置蔬菜农残速测仪，建立检测室，免费培训检测人员，实行每天自检，并将检测结果张榜公布。2005年，全市建立放心菜示范基地48个，面积0.66万公顷，其中省里授牌的放心菜基地7个，市里授牌的10个。2006年，以实施《中华人民共和国农产品质量安全法》为契机，营造依法生产、依法经营的良好氛围，并加强蔬菜质量安全检测工作，在全市主要生产基地、流通市场新增50个农残速测室，各县（市）都建立农产品质量监测站，全市各主要蔬菜生产基地、超市、农贸市场、宾馆、酒家和团体伙食单位建立农残速测网点250余个。全市蔬菜质量检测网点抽取蔬菜样品13.17万批次，合格12.88万批次，合格率97.8%。2008年，全年开展各种形式的整治行动40次，销毁残留超标蔬菜1583千克，不合格莲藕2000余千克，收缴工业用柠檬酸30余千克，含焦亚硫酸钠去皮土豆200余千克，含荧光增白剂食用菌100余千克。国家农业部和省农业厅分别对长沙市蔬菜质量安全进行抽检，农药残留超标率分别为4.75%和5%，比2003年国检下降23.35%。

从2009年开始，市检农残速测和定性定量分析同时进行。继续加大病虫害防治力度，引进推广频振式杀虫灯1000台，免费发放到蔬菜生产基地。同时加大安全生产的检测力度，各区、县蔬菜基地普遍建立农残速测点，适时开展自检，市农产品质监中心逐月定期深入各基地抽检，当年抽检5330批次，合格5267批次，合格率98.82%。加强市场检测力度，马王堆、红星两大蔬菜批发市场坚持24小时抽检制度，全年抽检14.7万批次，合格14.5万批次，合格率98.6%。2010年，首次在蔬菜生产中建立安全质量追溯机制，严格产地准出制度，各蔬菜基地必须建立完整的田间生产档案，重点是田间投入品台账，全市各级共抽检蔬菜18.65万批次，基地蔬菜农残检测合格率99.67%，全年长沙市群体性蔬菜农残中毒事故零发生。

2012年，长沙市蔬菜基地80%分布在浏阳、长沙、宁乡、望城4个县（市）。新建设的蔬菜基地陆续开展认证工作，通过对土壤、水质、大气产品的检验，符合标准的发给合格证书，蔬菜基地认证等级分为无公害、绿色、有机3个等级，到2012年年底，全市共有无公害蔬菜基地103个，无公害蔬菜品种375个，绿色蔬菜基地72个，绿色蔬菜食品153个，有机蔬菜基地5个，品种12个。标准化蔬菜基地都建立农残速测室，并配备农药残留速测仪。是年，农业部对长沙市蔬菜质量安全进行抽检，农残超标率3.33%，比2008年下降0.67%，市检农残速测超标率0.48%，比2008年下降2.16%。

表 21-5-2-2　　2003—2012 年农业部对长沙蔬菜抽检定性定量情况一览表

年度	抽检批次	合格批次	合格率（%）	年度	抽检批次	合格批次	合格率（%）
2003	—	—	71.90	2008	—	—	95.25
2004	—	—	89.70	2009	126	117	92.90
2005	—	—	90.60	2010	216	208	96.30
2006	—	—	93.00	2011	160	153	95.63
2007	—	—	92.50	2012	180	174	96.67

表 21-5-2-3　　2004—2011 年湖南省农业厅对长沙蔬菜抽检定性定量情况一览表

年度	合格率（%）	年度	合格率（%）
2004	90.0	2008	95.0
2005	91.7	2009	92.0
2006	92.5	2010	97.0
2007	94.0	2011	96.0

说明：从 2012 年起，长沙市作为农业部的必检城市后，省农业厅不再重复抽检

表 21-5-2-4　　2009—2012 年长沙市蔬菜抽检定性定量情况一览表

年度	抽检批次	合格批次	合格率（%）
2009	603	550	91.21
2010	1000	975	97.50
2011	1000	977	97.70
2012	1060	1016	95.94

表 21-5-2-5　　2000—2012 年长沙市蔬菜抽检农残速测情况一览表

年度	抽检批次	合格批次	合格率（%）	年度	抽检批次	合格批次	合格率（%）
2000	1083	886	81.80	2007	8392	8249	98.30
2001	1128	935	82.90	2008	11658	11350	97.36
2002	997	893	89.60	2009	5330	5267	98.82
2003	1986	1860	93.70	2010	13108	12984	99.05
2004	4419	4195	94.90	2011	13060	12973	99.33
2005	5347	5137	96.10	2012	12065	12007	99.52
2006	6295	6041	96.00				

第三节 栽培技术

一、种苗培育

1988年前长沙地区的蔬菜秧苗培育除有少量温室外，大部分是露地育苗。1989年，电加温育苗法推广到郊区、望城、宁乡、浏阳县的15个乡、镇共57个育苗点，电加温塑料钢架中棚发展到255个，改造温室30栋，育苗面积1.65万平方米，电加温育苗比火炉加温育苗具有省工、省时、省种子、省能源等优点，成本低20%左右，苗龄缩短18天。从20世纪90年代开始，随着水泥骨架大棚和钢架大棚的陆续使用，蔬菜育苗技术有一个较大的提高，大棚内再采用中棚、小棚和地膜覆盖，并加上电热增温，使长沙的蔬菜育苗成活率提高，移栽时间提前，辣椒可在1月移栽到大棚内，4月可上市，露地栽培也比以前提早1~2个月。育苗的发展方向是逐步由分散到集中，2010年开始，市蔬菜科研所在中试基地内已建成一个种苗中心，可全年育苗，年育苗量120万~150万株，可供66公顷左右的蔬菜基地。

二、设施栽培

1988年，长沙地区的塑料大棚主要是用于育苗。1990年，地膜覆盖、小拱棚覆盖、遮阳网等开始较大面积的推广使用。1993年，全市推广大、中塑料棚2700个，比上年增长31.2%，小拱棚600公顷，比上年增长89%，地膜覆盖1602公顷，遮阳网113.8万平方米，分别比上年增长23%和63%。1994年后，随着市蔬菜科研所研制的水泥骨架塑料大棚推广使用，长沙市对使用水泥骨架塑料大棚进行补贴，农民购买水泥骨架大棚只象征性地收500元一个，鼓励菜农使用。除水泥骨架塑料大棚外，当时也有部分钢架大棚，浏阳还有竹架棚。1997年，全市新推广水泥骨架塑料大棚1130个，塑料小拱棚1577公顷，推广遮阳网50万平方米，地膜覆盖面积达3437公顷。利用塑料大棚培育越冬大苗500万株，使全市茄果类和瓜类品种上市期比往年提早15~20天，秋菜延后上市在全市推广，黄瓜、苦瓜、番茄、辣椒、茄子等品种可延迟到12月上市。

图21-5-3-1 浏阳苦瓜嫁接换根高产栽培

（摄于2012年，长沙市农委供图）

图21-5-3-2 望城东城生态园

（摄于2011年，长沙市农委供图）

2000年后，钢架大棚逐渐取代水泥骨架大棚。2007年，长沙县黄兴镇光达村罗志伍，设施栽培藤蕹0.26公顷，总产 2.6 万千克，产值 5.8 万元，纯收入 4.2 万元。2010 年，继续采取补贴的办法扶持蔬菜设施栽培，早春积极推行钢架大棚、竹架中棚、简易小拱棚等增温避雨栽培，促夏菜早熟，夏季推广遮阳网覆盖栽培，使蔬菜品质和效益大幅提高，全市设施蔬菜种植面积 2340 公顷，遮阳网覆盖面积 3300 公顷。浏阳市沙龙长发蔬菜合作社利用钢架大棚栽培早春九丰珍珠小南瓜，3 月开始采收，到 6 月罢园时亩产量 4200 千克，亩产值 9200 元，下茬栽培的茄子亩产量 4300 千克，亩产值 7310 元。2012 年，继续发展设施蔬菜生产，全市推广钢架大中棚 2733 公顷，小拱棚面积 1.07 万公顷，温室面积 100 公顷，防虫网 3933 公顷。当年，长沙地区的设施栽培以钢架大棚为主并向温控智能型连栋大棚方面发展，部分大棚内还配套有滴喷灌溉等设施。利用大棚生产蔬菜，特别是早夏菜的生产，可提前 1~2 个月上市，不仅可以解决长沙地区春淡供应，菜农还可以得到很好的效益。利用大棚生产还可以将秋菜延后上市，如辣椒、茄子等可延后 1~2 个月上市。到 2012 年，长沙地区的蔬菜设施栽培面积 19%左右。

三、病虫防治

1988 年，针对地老虎虫害严重的情况，长沙市组织投放小地老虎性诱剂诱芯 1.2 万枚，防治面积 1600 公顷，占郊区常年菜地的 95%，从 2 月 25 日到 4 月 20 日，平均每枚诱芯诱蛾 42.3 只，全市共诱蛾 50 余万只，防治区内茄果秧苗断苗率显著下降，防治效果 89.3%，比上年提高 20%，减少经济损失 15 万元。1990 年 6 月，针对严重的蔬菜病害，组织瑞毒霉、甲双灵、抗枯灵、百菌清等 1900 千克，对几个主要基地进行病害治理，使 700 余公顷茄子、冬瓜、豆角、辣椒病害得到控制。同期甜菜夜蛾、斜纹夜蛾、小菜蛾、菜青虫等危害严重。1991 年长沙市开展研究试验，推广应用新型生物农药 BT 乳剂 3 吨，以 50%的价格优惠供应菜农，防治面积 2667 公顷，防治效果在 80%以上，有效地控制虫害。

1998 年，在全省率先首次引进推广防虫网 10 万平方米，以减少农药的使用量。在虫害高峰时期，长沙市发布《关于严禁在蔬菜生产上使用高毒高残留农药的紧急通知》。市检测中心和县、区检测站深入基地、市场检测，及时发布检测通报。针对长沙每年都要发生几起食用蔬菜中毒事件，从 2004 年开始推广无公害蔬菜生产配套技术，重点抓好蔬菜病虫害的预防和治理，推广使用高效低毒低残留农药，如 BT 乳剂、爱福丁、普力克、来瘟死、虫螨克等药剂。注重配套设施栽培技术、采用双色膜、遮阳网、防虫网防虫栽培，以减少虫害发生。推广使用频振式杀虫灯，全年推广杀虫灯 1193 台，减少农药使用量。及时做好蔬菜病虫害预测预报，全年发预报 12 期。同时科学普及农药使用技术，通过培训、现场指导、发放技术资料，从药剂选择、用药时间、用药剂量等方面提高菜农用药水平。

2005 年，长沙县黄兴镇实施藤蕹安全生产标准化技术推广项目，利用大棚、防虫网等生产藤蕹，基本做到不用农药，且品质好，效益高。在防治虫害的多种措施中，市政府免费发放 500 盏频振式杀虫灯。2009 年，市政府出资购买 1000 盏频振杀虫灯发放到各蔬菜基地。2010 年，继续推广防虫网和频振式杀虫灯等措施，长沙县黄兴镇国家标准园 141.73 公顷，使用频振式杀虫灯 68 盏，太阳能杀虫灯一盏，园区内全部使用高效低毒农药、色板诱蚜和性引诱剂等绿色生态防控技术。2012 年，继续推广病虫害绿色防控技术，在全市推广使用诱蚜板、性诱剂、生物低毒农药等生物、物理防治方法防治病虫害，全年免费发放频振式杀虫灯 6377 盏、诱芯 1000 个、黄板 4 万余块，防治面积 1.5 万公顷。全市农贸市场、生鲜超市、生产基地抽检蔬菜 1.11 万批次，合格率 99.5%，全市未发生一起因食用蔬菜引起的中毒事件。

第四节　科技推广

一、新技术推广

20世纪80年代，长沙市从上海、武汉等地引进电热育苗新技术，分为升温育苗和降温育苗两个方面。升温育苗主要是用在冬春季，利用先进的设施设备和现代农业技术，人为地调控温度湿度，创造能适应秧苗生长的适宜环境，提前培育出健壮的秧苗。升温育苗主要适用一些喜温的春季栽培的品种，以茄果类和瓜果类为主，利用设施和电加温提早播种。在长沙地区使用最多的品种主要有辣椒、茄子、黄瓜等，如辣椒，当年11—12月播种，次年1月可移栽到大棚内，4月份就可上市，比露地育苗可提早1~2个月。降温育苗主要适应于一些喜冷凉气候的品种，通过遮阳网覆盖降低温度，制造秧苗生长的适宜环境，可解决在高温季节高温干旱、日照强烈不利于秧苗生长的问题，提早栽培。在长沙地区的主要品种有芹菜、莴苣、芫荽、甘蓝、大白菜、花椰菜等。这些品种的不时栽培，既丰富市场供应，又可以提高菜农的收入。经过3年示范推广，推广到郊区和长沙、望城、浏阳、宁乡的15个乡、镇（场）共57个育苗点。

1989年，电加温塑料钢架中棚发展到255个，改造温室30栋，育苗面积1.65万平方米。电加温育苗比火炉加温育苗省工、省时、省种子、省能耗等优点，成本降低20%，苗龄缩短18天，秧苗素质好，可提早夏菜上市日期。1989年，长沙市推广应用地膜覆盖栽培技术，覆盖栽培应用在冬春两季，瓜类、茄果类蔬菜比较普遍，地膜覆盖可使5~10厘米深的土层温度增加2℃~4℃，寒潮时，也可增加1℃左右，地膜的反光作用，可使下部叶片增加光合强度4.1%~5.3%，同时雨季可防渍水，减少烂根现象发生，旱季可以保持土壤湿润，夏天遇暴雨可隔阻雨水对土壤的冲刷，防止肥水流失，改善土壤物理性状，减少病虫害的发生，能使夏菜提早20天上市。

1990年，郊区、长沙县、浏阳县的18个乡镇（场）、92个村的科技人员和菜农，推广冬瓜、黄瓜、番茄、大白菜综合增产技术。栽培冬瓜新品种190公顷，通过对不同品种适时播种、定植期、定植密度、坐瓜节位以及施肥规范等措施，平均亩产4376千克，比实施该项技术前3年平均产量增产61.8%；采用综合丰产技术种植黄瓜200公顷，配套推广塑料大棚、中棚、小棚、地膜覆盖设施栽培措施，平均亩产1950千克，与推广该项技术前3年平均产量相比，增产34%，并提前7~10天上市；种植“早丰”“早魁”“湘番茄一号”番茄优良品种，电热育苗，种植密度每亩3000~3500株（常规2000株），氮磷钾施用比例1:1:1.4，平均亩产3082千克，比前3年平均产量高29.8%。1991年，在全市10余个乡镇推广使用遮阳网覆盖面积87.57公顷，育苗时间缩短，出苗率提高30%左右，并使蔬菜上市期提前，当年全市覆盖栽培蔬菜增加产量18.08万千克。1993年，市蔬菜局全年安排科技推广和设施配套资金180万元，下达科技推广、科研项目58项158个课题，安排三县一市二线基地推广课题79个。1995年，市、县蔬菜主管部门组织举办各类技术培训班148期，培训1.6万人次。安排科研、技术推广及成果奖励400万元，重点推广塑料大棚、中棚、小拱棚及地膜覆盖、遮阳网等设施栽培新技术，建设东岸、岳麓、雨花、综合农场和浏阳关口5个集中连片的大棚群。

1996年，全年完成科技推广项目80个，有19项成果获得省、市科技进步奖和农业丰收奖。1997年，市蔬菜局组织推广秋菜延后生产与供应项目，对黄瓜、苦瓜、番茄、辣椒、茄子等品种进行延后栽培，秋播秋栽的黄瓜、苦瓜品质好、产量高，可延至12月15日后上市，番茄、茄子、辣椒秋播秋栽可延至次年1月初。开福区陈家渡 分场蔬菜科技明星何建国，9月6日播种津杂4号黄瓜，9月11日移栽，从10月底上市到12月底，亩产2306千克，亩产值5700元。1998年，在全省首次引进推广防虫网10万平方米，推广电热育苗2.98万平方米。1999年，推广夏菜早熟栽培技术，经过几年试验，这项技术已获得成功，在全市20余个乡、镇（场）推广面积4185.5公顷，与推广前3年平均产量相比，增产2343.3万千克，增收3552.6万元，亩均增收566元，该项新技术推广，更新传统耕作方式，新技术、新品种、新肥料得到广泛运用，早熟苋菜、蕹菜、黄瓜、茄子、辣椒等品种上市均提前15~30天，弥补春淡蔬菜市场供应。2000年，开始测土配方检验土壤氮磷钾的含量，有针对性地使用肥料，保持土壤中氮磷钾的平衡性。

2002年，重点开展无公害蔬菜生产技术推广，推广无土基质栽培，配套安装微喷、滴灌等设施，减少土壤、水源的污染，利用塑料大棚结合防虫网、遮阳网等覆盖栽培措施，阻挡害虫对蔬菜的侵害，少用或不用农药，全市设施栽培面积2400公顷，新增遮阳网9.97万平方米，防虫网7.73万平方米，同时推广使用高效、低毒、低残留农药和生物农药，继续推广使用频振式高效杀虫灯。2004年，继续开展无公害蔬菜生产技术攻关与推广。丝瓜新品种“早优一号”顺利通过现场评议，受到专家好评，“早优二号”丝瓜新品种示范栽培取得显著效果，在望城白若铺镇栽种6.67公顷，长沙县安沙镇栽培13.3公顷，并在陈家渡 蔬菜基地、衡阳、怀化、湘潭、重庆等地大面积推广，增产增收效果明显。市农产品质量监测中心开展“降低蔬菜硝酸盐积累试验”的研究，结果表明，多施有机肥少用无机肥，有利于降低蔬菜中硝酸盐含量，减轻亚硝铵对人体危害。推广引进新品种，长沙县蔬菜技术推广站通过对20余个新品种的试种，筛选出一点红、贵妃藤、美国豆苗、芝麻菜等13个适合长沙地区栽培新品种，总结一套比较完整的栽培技术措施。在开展“无公害蔬菜安全生产技术操作规程的研究与推广”项目中，依据蔬菜不同品种、不同栽培模式，系统建立无公害辣椒、黄瓜、大白菜等大棚设施栽培技术规程。2005年，继续推广设施栽培新技术，全市设施栽培面积达1万公顷；推广使用高效低毒低残留农药，如BT乳剂、抑太保、虫螨克、除尽等生物农药，免费发放频振式杀虫灯300台；推广使用新肥料，如海泡石高效氮肥、保得微生物菌剂；推广蕹菜等7个品种标准化生产技术操作规程，长沙县黄兴镇实施藤蕹安全生产标准化技术，利用大棚、防虫网等设施栽培藤蕹获得成功，基本做到不用农药。

2006年，举办无公害蔬菜生产技术培训班25期，发放资料5万余份，培植科技示范户2000户。2009年，在浏阳市沙龙长发蔬菜基地开展“无公害标准化蔬菜生产技术推广”项目，制定出适用于本地茄果类、豆类等10个蔬菜品种的标准化生产操作技术规程。宁乡县蔬菜基地，推广黄板、性诱剂等防虫新技术800公顷，取得良好效果。超大蔬菜基地抽取600个土样进行测土配方施肥，增产效果显著。

图21-5-4-1 宁乡秀山美地韭菜基地（生态栽培技术）
（摄于2012年，长沙市农委供图）

从2010年开始，蔬菜育苗的一个新趋势就是从分散育苗逐步向集中育苗方向发展，当年把市蔬菜科研所的中试基地作为全市蔬菜育苗中心建设，到2012年长沙市蔬菜育苗中心已初步建成，该中心属于农业部种子工程项目和长沙市重大现代农业扶持项目。中心一期工程占地5.5公顷，建有2100平方米的生产管理车间，2100平方米的PC板连栋智能温室，3500平方米的薄膜连栋温室以及6000平方米的塑料钢架大棚。配有原装进口的全自动播种生产线、温室智能控制系统、现代化的催芽室、高效节能的供暖加温系统等先进的育苗设施设备，设计年生产能力3000万株。蔬菜育苗中心依托长沙市蔬菜科学研究所的技术和人才优势，不断创新和发展蔬菜工厂化育苗及嫁接育苗技术，具有育苗时间短、集约化程度高、抗风险能力强等优点，生产的种苗整齐、健壮、优质、抗病。可根据生产需要提供茄果类、瓜类、叶菜类等蔬菜优质种苗和嫁接苗。到2012年，长沙市蔬菜生产的覆盖栽培率30%。

二、新肥料推广

1988年，农家肥是蔬菜生产的主要肥料，1990年以后，蔬菜生产逐渐以使用化肥为主，农家肥逐渐减少，使用化肥对蔬菜产量的提高起到较大的作用，同时能减轻菜农的劳动强度。但长期大量使用化肥也产生一些不利因素，如土地板结、病虫害增加、蔬菜品质降低等，对蔬菜生产造成影响。因此，从21世纪开始，蔬菜生产用肥逐渐向有机肥、农家肥方向发展。多年来，探索研究推广新的高效、无污染、环保的新肥料，减少化肥的使用量，并取得显著效果。2001年，实施“猪—沼—菜”生态蔬菜生产模式，利用猪粪进沼气池做原料，生产的沼气作农户的生活燃料，沼渣、沼液则用作蔬菜肥料，既提高蔬菜产量，改良土壤，减少病虫危害，同时也提高蔬菜品质。当年全市共推广“猪—沼—菜”生态种植1700公顷。2004年，市农产品质监中心开展“多施腐熟有机肥降低蔬菜硝酸盐试验”研究项目，试验结果表明，在蔬菜生产中，多施腐熟有机肥少用无机氮肥，适当施用磷、钾、钼肥，蔬菜中硝酸盐含量明显降低。2005年，雨花区在黎托等地推广使用海泡石高效氮肥，使叶类菜产量提高10%~20%左右。2007年，全市推广使用的“葛林美”腐殖酸有机液肥，在宁乡县的超大、浏阳的沙龙、长沙县的黄兴镇、天心区的南泥湾和桂井等地推广试用，面积133公顷。2009年，宁乡县超大蔬菜基地在中国科学院亚热带农业生态研究所支持下，抽取600个土样，进行土壤肥料成分分析，根据化验结果和不同品种进行合理施肥，获得较好的经济效益。黄兴镇菜办与中科院现代化研究所和省农科院土肥研究所共同承担的《长沙环保型蔬菜生产关键技术研究与示范》科研项目，研发肥料增效剂和蔬菜营养调理剂并推广使用，示范19户，面积3公顷，辐射带动40公顷，平均产量提高15%~35%，既减少化肥使用量，又节约肥料成本20%~30%，同时提高蔬菜品质。到2012年，长沙市的主要蔬菜基地的肥料使用逐步转向以有机肥为主。

图21-5-4-2 宁乡明德水肥一体化技术

（摄于2011年，长沙市农委供图）

三、新设施推广

长沙地区设施栽培从20世纪80年代初期开始，最初是地膜覆盖，主要是用于小拱棚育苗。随着经济发展水平的不断提高，地膜覆盖的面积不断扩大，从育苗到大田栽培。80年代后期，浏阳开始使用自制的竹架大棚生产茄子、辣椒、黄瓜、苋菜、空心菜等品种，一般能提早一个月左右上市，不但弥补4月、5月淡季的不足，还能给菜农创造较好的经济效益，但由于竹架大棚使用寿命不长，一般只能用2~3年，制作也受限制，栽培面积也不大。长沙从1990年开始引进推广遮阳网，在大棚上覆盖遮阳网生产夏秋菜，能抵制强光，降低温度，同时可降低害虫的危害程度，使蔬菜提早或延迟上市，1991年在东岸乡、黎托乡、综合农场、黄兴镇试验的夏秋菜品种大白菜、甘蓝、花菜、莴笋、黄瓜、豆角面积86公顷。1992年，推广面积300公顷，1993年面积370公顷。1993年，长沙市蔬菜科学研究所研制的水泥骨架大棚获得成功并推广使用，由政府补贴给菜农，从而调动菜农的使用积极性。当年，政府投入科研经费180万元，推广大、中棚2700个，比上年增长31%，小拱棚600公顷，比上年增长89%，地膜覆盖1602公顷，比上年增长23%。从1994年开始大面积推广使用遮阳网，已成为长沙市夏秋菜生产上广泛使用的一种覆盖栽培方式。利用遮阳网覆盖可使部分喜冷蔬菜在夏季提早栽培上市，如芹菜可在6月播种，比露地提早40天，上市提早一个月。1995年，推广水泥骨架塑料大棚2000个，全市蔬菜基地使用大棚达到4000个，新增塑料中棚1200个，新增塑料小拱棚167公顷，推广地膜覆盖栽培1733公顷，推广遮阳网40万平方米，总量187万平方米。建设东岸、岳麓、雨花、综合农场和浏阳关口乡等200个以上集中连片大棚群5个。1997年，成立“长沙市秋菜延后栽培技术推广协作组”，组织市蔬菜科研所等单位协作攻关，利用大棚等设施对黄瓜、苦瓜、番茄、辣椒、茄子等品种进行秋季延后栽培试验研究，秋播秋栽黄瓜、苦瓜品质好，产量高，可延至12月15日后上市，番茄、茄子、辣椒可延至次年1月5日上市，其中开福区陈家渡分场“蔬菜科技明显”何建国，利用大棚9月6日播种黄瓜，上市期从10月底延至12月底，亩产2306千克。浏阳市关口办事处水佳居委会张如武，1997年用塑料大棚等设施种菜0.57公顷，产量6.42万千克，收入10.59万元，亩均收入1.24万余元，成为长沙市首个突破10万元种菜的专业户。1998年，在全省率先引进推广防虫网10万平方米，在大棚上覆盖防虫网生产夏秋菜，可减少害虫进入，少用或不用农药，既节约成本又保证菜的安全。1999年，经过3年的努力，由市蔬菜技术推广站牵头，内五区和浏阳市、长沙县蔬菜局共同承担的市丰收项目——“长沙市夏菜早熟综合丰产栽培技术推广”，采用大、中、小拱棚设施栽培及多层覆盖栽培方式等一系列综合配套措施，在全市20余个乡、镇、场推广普及早熟丰产技术，推广面积4185公顷，与推广该技术前3年比较，年均新增产量2343.33万千克，年均新增收入3552.6万元。到2000年，长沙地区的蔬菜大棚基本上以水泥骨架大棚为主。

图21-5-4-3 望城斌辉蔬菜（地膜覆盖栽培）
（摄于2012年，长沙市农委供图）

2002年，继续推广设施栽培，提高蔬菜种植水平，全年新增钢架连栋大棚4个，水泥骨架大棚600个，全市设施栽培面积2400公顷，推广使用遮阳网9.97万平方米，防虫网7.73万平方米，双色膜、无滴膜6135千克。2003年，在全市普及推广无公害蔬菜生产技术中，大力推广大棚等设施栽培方式，全年共新增大棚584个，防虫网9.29万平方米，遮阳网46.8万平方米，杀虫灯382

盏，双色膜 2.2 万平方米。开福区陈家渡的科技示范户黄大众依靠先进的设施栽培方式，1 公顷蔬菜抢早延后生产，收获无公害蔬菜 22.5 万千克，亩产 1.50 万千克，亩产值 2 万元，亩纯收入 1.4 万元。2006 年，推广钢架、水泥塑料大棚 1 万个，遮阳网覆盖面积 0.8 万公顷，新增频振 式杀虫灯 350 台，总数 2000 台，应用面积 0.6 万公顷。2007 年，长沙县黄兴镇开展的“蕹菜安全生产标准化技术推广”课题，利用大棚、防虫网覆盖栽培生产藤蕹，严格按照《藤蕹无公害大棚高产栽培技术》规范化生产，全镇连片种植藤蕹 40 公顷，亩产 5850 千克，亩收入 1.1 万元，该镇光达村科技示范户罗志伍，设施栽培藤蕹 0.26 公顷。总产 2.6 万千克，收入 5.8 万元。

2009 年，全市设施蔬菜种植面积 0.21 万公顷，拱棚面积 0.98 万公顷，遮阳网覆盖面积 0.32 万公顷。2010 年，浏阳市沙龙长发蔬菜合作社利用钢架大棚栽培的早春九丰珍珠小南瓜，3 月开始采收，至 6 月罢园时亩产量 4200 千克，亩收入 9200 元，下茬栽培的茄子亩产量 4300 千克，收入 7310 元。2011 年，全市大、中塑料棚栽培面积 2347 公顷，遮阳网、防虫网覆盖栽培面积分别为 3640 公顷和 813 公顷，喷、滴灌面积 930 公顷。全市共推广频振杀虫灯 6074 盏，防治面积 1.44 万公顷，同时还大力推广诱蚜板、性诱剂等。到 2012 年年底，长沙地区使用的大棚大部分是钢架大棚，并在大棚内配套滴灌和喷灌设施，共有大中棚 0.28 万公顷，占蔬菜基地面积的 8.3%。

第五节　蔬菜市场

一、批发市场

1988 年，蔬菜交易大部分都在蔬菜公司的东、南、西、北 4 个交易所的附近进行，但由于菜农运输蔬菜的交通工具大部分都是板车或脚踏三轮车，需要有较大的交易场地。随着数量的不断增加，原有场地满足不交易需要，后逐渐发展到马路上和广场上，当时全市比较集中的蔬菜交易场地有 4 处，东区的袁家岭广场和人民路的王公塘附近，北区的三角塘附近，西区的溁湾镇附近，南区的东塘附近。其中又以袁家岭广场蔬菜交易规模最大，成交的品种和数量最多，一到凌晨以后，整个广场都被占用，场面很是壮观。全市 60%左右的菜农和经营者在此交易，由于自发形成的市场，随之也带来很多问题，既影响交通和卫生，秩序也混乱，经常发生一些纠纷，农商双方的正当权益得不到保护。1989 年长沙市蔬菜局着手开始蔬菜批发市场的建设工作，在郊区马王堆乡新合村征地 1.87 公顷，1990 年 10 月份开始动工兴建。

图 21-5-5-1　马王堆蔬菜批发市场

（摄于 1996 年，长沙市农委供图）

1991 年 5 月，马王堆蔬菜批发市场建成开业，该市场占地 1.87 公顷，隶属长沙市蔬菜公司，当时日成交蔬菜 20 万千克。不仅本地蔬菜大部分都进入该市场成交，同时还吸引外地蔬菜进场，进场成交的商贩不仅有本地的，同时还有省内各地州市的客商，开始成为全省的蔬菜集散中心，因此带来的问题是成交场地已经不能满足日益增加的车流人流进场的需要，显得越来越拥挤。1995 年进行二期扩建工程，共投资 500 万元，市场由原来的 1.87 公顷扩大到 2.53 公顷，成交场地由原来的 1.86 万平方米扩大到2.52 万平方米，4 月 1 日投入使用后，蔬菜成交量大幅度上升，日成交蔬菜 60 万千克，全年蔬菜成交量2.2 亿千克，比上年的 1.4 亿千克增长 54%。为搞好河西地区大专院校及厂矿居民蔬菜供应工作，市政府决定在河西银盆岭新建一个蔬菜批发市场，该市场从 1995 年 7 月 1 日动工新建，到 9 月 1 日投入使用，投资 120 万元，占地面积 3520 平方米，交易大棚 2 个，面积 1100 平方米，露天交易场地 2000 平方米，日成交能力 15 万千克，市场停车、住宿、饮食、通信功能齐全，基本上满足河西地区蔬菜交易的需要。

随着成交量的不断扩大，马王堆蔬菜批发市场原有场地已不能满足需要，成交高峰期显得十分拥挤，为缓解拥挤状况，1996 年又投资 1500 万元进行第三期扩建，占地面积由 2.53 公顷增加到 3.53 公顷，交易场地由 2.52 万平方米增加到 3.67 万平方米，扩建后对市场进行调整和规范，划分本地菜交易区、外地菜交易区、机动车停放区、非机动车停放区，市场的交易、治安、卫生、交通等环境得到进一步改善，成交量也日益增加，年蔬菜交易量 3.38 亿千克，比上年增长 53.6%。

1997 年，马王堆蔬菜批发市场晋升为国家级市场。该市场是长沙市“菜篮子”工程建设的重点工程，市场蔬菜日成交量已上升到 140 万千克，市场设施、设备、信息、服务功能不断完善，交易蔬菜的货源涵盖全国各地蔬菜主产区，进入全国蔬菜大流通行列，成为南菜北调、北菜南运的中心枢纽，充分发挥促进生产、繁荣市场、保障供应的作用。1997 年经国内贸易部多次考核，批准为国家级大市场，并被农业部授予全国“菜篮子”工程定点鲜活农副产品批发市场称号。当年，红星蔬菜批发大市场建成开业。

1998 年，马王堆蔬菜批发市场日成交量达到 188 万千克，市场处于高度拥挤状况，1999 年市政府决定，对市场进行高起点、高规格、多功能的扩建改造，投资 1.2 亿元，按日成交量 400 万千克的标准，征地 8.7 公顷，再加上冷库原有场地，整个市场占地面积 14 公顷，扩建工程于 1999 年 11 月 28 日竣工投入使用，新的市场以鲜菜批发成交为主，兼营果蔬冷藏、干菜调味品和水产品的批发，建有两层框架结构交易楼 8 栋，大型钢架交易棚 4 个，门面 500 个，拥有可贮藏鲜菜 2000 吨、果品 5000 吨的大型冷库 1 座，配有 30 吨电子地磅 3 台，安装闭路电视监控系统，32 平方米大型电子信息显示屏，批发交易实行电子结算，信息管理汇入全国大流通网络，其经营方式实行现货交易、批发收购、自营代销、代贮代运、配送服务、信息咨询等。市场经过此次扩建后，改变过去基础设施落后、交易场地拥挤的状况，形成大流通大市场格局。

1999 年，组建长沙市马王堆农产品股份有限公司，并于 1999 年 8 月 28 日挂牌。该公司股本为 3500 万元，每股面值及发行价均为人民币 1 元。公司股本结构为：国有法人股 2500 万股，占股本总额的 71.43%，其中：长沙市蔬菜食品集团有限公司认购和持有 2000 万股，占股本总额的 57.14%，马王堆蔬菜批发市场以经营性净资产持股投入；长沙市商业网点建设开发公司以现金认购并持有 500 万股，占股本总额的 14.29%。法人股 500 万股，占股本总额的 14.29%，均以现金出资，其中：湖南长沙新合实业总公司认购并持有 400 万股，占股本总额的 11.43%；长沙马王堆建筑工程公司认购并持有 100 万股，占股本总额的 2.86%。社团法人股 500 万股，占股本总额的 14.29%，由马王堆蔬菜批发交易市场的职工以现金认购，形成内部职工股，共同委托长沙市蔬菜食品集团有限公司工会持有和管理。经过股份制改造的马王堆蔬菜批发市场，初步形成现代企业的管理制度。2004 年，马王堆蔬菜批发市场被深圳农产品股份有限公司控股。

2006年，马王堆蔬菜批发市场和红星蔬菜批发市场联合，组建新的马王堆农产品股份公司，通过整合资源，避免恶性竞争。2007年，马王堆和红星两大蔬菜批发市场全年成交24亿千克，成交金额41亿元，比上年增长1.69%和34.8%。2008年1月，长沙市遭受50年一遇的特大冰灾，蔬菜供应面临极大困难，长沙利用马王堆蔬菜批发市场对外信息吸引外地蔬菜进长，同时动员马王堆蔬菜市场经营户到全国各地采购蔬菜，虽然冰灾使本地菜受损，但长沙市蔬菜市场的繁荣仍然得到保障，且价格平稳。马王堆、红星两大市场全年批发蔬菜27.4亿千克，比上年增长14%。马王堆和红星两大蔬菜批发市场随着内部制度不断健全，蔬菜交易数量和范围不断扩大，全国各蔬菜主产区都有菜进场交易，而顾客涉及全省各地州市及外省周边城市。2009—2012年，马王堆和红星两大市场其年成交蔬菜为30.7亿千克、31.5亿千克、33.51亿千克和37.1亿千克，年成交金额为49.5亿元、65.9亿元、76.5亿元和83.3亿元。

二、零售市场

（一）国有、集体蔬菜店。1988年，由于改革开放的力度不断加大，计划经济比重不断减少，市场经济的比重不断加大，蔬菜供应也随之发生变化，农贸市场的供应比重不断增加，国有、集体蔬菜店为适应市场经济的变化，开始进行内部体制的改革，实行承包经营和租赁经营，也新建、扩建、改造一批市场，并实行综合经营。全市有人民路、朝阳路、游击坪、东塘、中南工大、湖大、清水塘等30余个规模较大的菜食商场。1993年，全市有22家蔬菜商店实行公有私营，部分企业实行全额浮动工资制，彻底打破“大锅饭”模式。为充分发挥国有菜店的主渠道作用，保市场供应，平抑市场菜价，1994年，市蔬菜局恢复50家国有菜店。1995年，市蔬菜局对50家恢复蔬菜经营的菜店，投资593万元，按照规范化、标准化要求进行装修改造。改造后的菜店以蔬菜销售为主，多种经营，并将封闭式柜台改为开放式货架，经营面积由5000平方米增加到7500平方米，全年蔬菜销量2010万千克，比上年增长43.3%。1996年，市蔬菜食品公司组建“广众菜食连锁商场”，下辖水风井、燕山街、清水塘、藩后街、人民路5个分店，以菜为主，多业经营。2000年以后，国有、集体的蔬菜供应店基本退出供应行列。

（二）农贸市场。1988年，长沙市蔬菜农贸市场大部分都是马路市场，在居民集中区附近马路两边形成的蔬菜零售市场遍布全城。当年通过农贸市场销售的蔬菜近1亿千克，占长沙市场蔬菜销量的60%左右。这些马路市场的特点是交易灵活，市民购买方便，还可讨价还价，经营摊贩有菜农也有菜贩，菜农主要是城市周边的，而菜贩则是外来农村人员，一般夫妻二人共同经营。1990年，农贸市场销售的蔬菜占到总销量的80%以上。这段时期的菜价波动较大，为落实中央关于保市民“菜篮子”的精神，市政府加大投入。1993年到1994年，市蔬菜局恢复部分蔬菜店的经营，主要销售“保价菜”，此时，农贸市场蔬菜销量占整个市场的75%左右，一直延续到20世纪90年代末。2000年以后，由于经济的快速发展，以及城市环境的需要，政府开始取缔马路市场，由政府、企业、个人多方投资新建室内农贸市场，马路市场经营户迁入室内经营，农贸市场实行综合经营，蔬菜、肉食、水产、粮油、调料、干货等所有农副产品都有销售，市民购买方便，交易灵活，其中蔬菜销售占有相当大的比重。到2012年，全市有大型农贸市场118处，摊位9501个。

（三）超市菜柜。2000年以后，长沙市的大型商业综合体不断出现，超市数量不断增加，所有大型超市都设立有蔬菜销售专柜，逐渐成为蔬菜销售的主力军之一。各超市的蔬菜进货渠道不一，有的是直接从马王堆、红星市场进菜，经加工整理后上柜，有的是由配送公司送货，还有少数超市直接到基地采购，或与基地签订送菜协议，由基地送到超市，也有个别超市直接建有生产基地。所有超市都实行明码标价，没有讨价还价的余地，为提高信誉度，大部分超市都十分注重蔬菜质量安全，2002年，全市有

17 家超市设立“放心菜”专柜，“科蓝”“陈家渡”“十惠”“石人”等 10 余个在市场得到认可的放心菜品牌成为超市蔬菜主力军。2003 年，政府统一为超市配备蔬菜农残速测仪，并设有农残速测室，配备检测设备和专人检测，并将检测结果公布，因此，市民进超市购买蔬菜的越来越多，到 2012 年年底，全市有大型超市菜柜 83 个，年销售量 2.68 万吨。

（四）社区蔬菜店。由于长沙市的城市规模不断扩大，新开发的楼盘数量越来越多，并向外扩展，2000 年以后，小型蔬菜店的数量不断增加，由于新建的住宅小区都离城市中心商业集中区较远，购物不便，特别是蔬菜这种天天需要的商品，为方便附近居民的购买，经营户利用小区的门面，开办以销售蔬菜为主的小型购物店，2010 年前后也有部分蔬菜基地在住宅小区开办直销店，这些小型购物店，为上班族购买蔬菜提供方便，到 2012 年年底止，全市共有社区蔬菜销售店 428 家，年销售量 2.71 万吨。

（五）直购直销。1991 年马王堆蔬菜批发市场建立后，一些机关、团体、学校、企业等团体伙食单位直接到批发市场采购当天所需的蔬菜，这种方式是单位出车出人，蔬菜价格相对比较便宜，2000 年以后出现的一种新的销售模式，蔬菜配送公司，一些个人特别是一些运销大户，在马王堆、红星两大批发市场附近租用场地，在批发市场购进蔬菜经过加工整理送到团体伙食单位和超市，这些配送公司与单位和超市签订购销协议，规定蔬菜的数量和品种，以及质量安全方面的一些条款，这种销售方式比较灵活，供销双方各得其所，并且质量安全有一定的保障。还有一种方式是蔬菜基地直接配送到单位和超市，2005 年以后，由于单位和个人投资建设较大规模的蔬菜基地越来越多，且大都采取公司经营的方式，集生产销售于一体，生产出来的蔬菜一部分直接送到团体伙食单位和超市。

图 21-5-5-2 浩博有机蔬菜直销店
（摄于 2012 年，长沙市农委供图）

第六章 水 利

长沙地处湘江下游，洞庭湖尾闾，域内河流密布，雨量丰沛，降雨时空分布不均使洪涝旱灾交错发生。兴水利，除水患，防灾抗灾为历届政府要务。1987 年，长沙市被列为全国重点防洪城市。20 世纪 80 年代末，长沙市动员群众，按乡镇、村组、田亩、劳力分配任务，群众投工投劳或以资代劳投入水利建设；1989 年 11 月 18 日，中共湖南省委书记熊清泉带领省委、省政府和省直机关 200 余名干部到望城县大众垸参加大堤加固义务劳动。

1990—1993 年，全市共投入水利建设 9820 万个劳动工日，移动土石方 9736 万立方米，完成各类水利工程 9.8 万处，加固堤防 160 千米，除险加固水库 157 座，山塘清淤 3 万口，整修渠道 1100 千米。90 年代，洪涝灾害连年，1990—1994 年，全市因洪涝灾害直接经济损失 44 亿元。长沙市调整治水思路，变消极的抗洪抢险消耗投入为积极的水利建设积累性投入。1994 年，全市干部职工募捐、银行贷款筹集水利建设资金。1995 年，发布《长沙市防洪保安资金征集办法》，向长沙域内单位和个人征集防洪保安资金投入防洪工程建设。是年，全市水利建设投入6亿元。

1998年6月27日，湘江长沙段出现39.18米历史最高洪水，全市18个千亩以上堤垸漫溃，直接经济损失78亿元。长沙市为根治水患，逐年加大投入，利用外资、市场融资、引入社会资本多措并举，工程建设从除险保安向综合整治转变。1998—2000年，全市投入各类水利建设资金20亿元，加固堤防110千米，建设达标堤防35千米，加固水库40座，建设标准塘3.6万口，新增排灌装机7000千瓦。2001年始，城市防洪工程建设与旧城改造、道路交通、休闲娱乐、人文景观相结合。2002年引日元贷款7.72亿元人民币投入城市防洪工程建设，2003年，长沙市水利投资股份责任公司成立，长沙县、望城县先后成立县水利投资管理有限公司，为水利建设提供融资平台。2003年6—9月，长沙大旱，全市50万干部群众投入抗旱保丰收，长沙市防汛抗旱指挥部组织47台车辆为饮水困难群众送水，广州空军派一架安26型飞机支援人工降雨，有效缓解旱情。2004年浏阳市、宁乡县引入社会资本开发水力发电站。2005年农村饮水安全工程列入国家投资计划，逐年实施。

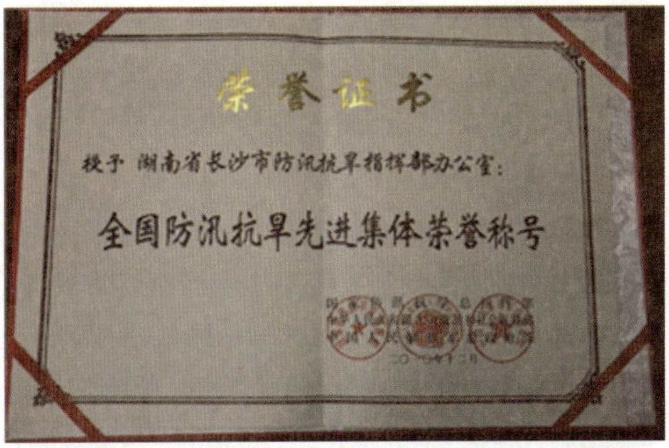

图21-6-0-1 长沙市防汛抗旱指挥部办公室获全国防汛抗旱先进集体称号

（摄于2010年12月，长沙市水务局供图）

2006年开始，大型灌区节水配套续建，中型水库除险加固综合整治，国家投资50%，省、市、县配套50%，至2010年，全市投入各类水利建设资金117亿元，完成株树桥、田坪等15个大中型水库整治，334座小型水库处险，35个小型水库综合整治，建设达标堤防93.1千米，治理大堤险工20千米，新增排渍装机1.5万千瓦，社会资本投资建成槽门滩、沩丰坝等5个水电站，年发电量8294万千瓦，治理水土流失面积40平方千米，解决农村54.31万人饮水安全问题。2010年6月25日，湘江长沙段38.46米高水位顺利通过，经过整治的防洪工程经受住洪水考验。是年，长沙市防汛抗旱指挥部办公室被评为“全国防汛抗旱先进集体”；同年11月，长沙市水务局挂牌成立，全市实行城乡一体水务管理。

2011—2012年，贯彻中共中央、国务院《关于加快水利改革发展的决定》精神，全市投入各类水利建设资金37亿元，完成各类水利工程9.8万处，建设达标堤防31.49千米，治理病险水库139座，更新改造排灌设施70处，治理水土流失面积5.2平方千米，山塘清淤扩容6.5万处，解决65.3万农村人口饮水安全问题，改造渡槽16座，开展对水环境整治，治理中小河流28.7千米，湘江长沙航电枢纽库区水环境进行全面整治，展现长沙“山清水秀、山水洲城”形象。

2012年，全市有水库662座，其中大型3座，中型26座，小（1）型106座，小（2）型527座，总库容19.77亿立方米，水库运行正常；各类灌区997处，灌溉总面积23.17万公顷，主、干、支渠总长5640.4千米，农业灌溉水利用系数由2000年前的0.35提升为0.47；共装机400千瓦以上的水电站114座，总装机136.71万千瓦；堤防总长985.5千米，其中达标堤防226.8千米；各类排灌泵站7636处，总装机14.34万千瓦，共解决105.56万农村人口饮水安全问题。同年，长沙市第十一次获湖南省水利建设“芙蓉杯”一等奖。

第一节 机 构

一、市级管理机构

1988年，长沙市水利水电局下设办公室、水利、计财、机电、科教科、农业工程勘测设计院、洪道站、防汛通信站，编制59名，其中行政编制30名，事业编制29名。1989年9月，增设水利经营站，全局事业编制增至33名。1990年10月，长沙市农业工程设计院更名为长沙市水利水电勘测设计院。1993年8月增设水土保持防治监督站，水利经营站更名为水利经济管理中心，全局行政编制增至34名，事业编制37名。1994年8月，市水利水电局设办公室、防汛办公室、监察室、水利、机电、水政水资源、科教科，行政编制35名；事业单位设水土保持防治监督、防汛通信、河道站；水利经济管理中心更名为水利综合经营站，事业编制37名。2001年9月，长沙市水利水电局更名为长沙市水利局，设办公室、防汛办公室、政工人事、水利建设、水利管理、水政水资源、机电科教、计财科，编制35名。2002年10月，长沙市水利局设办公室、人事、水利建设、水利管理、机电科教、计划审计（财务）、水政法规（加挂长沙市节水办牌子）科、纪检监察室、机关总支（老干部），行政编制36名。2011年，长沙市水务局设办公室、规划计划、建设管理、水资源管理、供水管理、水污染治理、水利水电（水土保持）、信息管理、财务审计、人事教育处、总工室、监察室、机关总支（老干部），行政编制60人。至2012年年底，内设机构与编制未变。

2001年，实行行政与事业分离。局属二级机构设河道堤防管理、水土保持、水利综合经营、防汛通信站、水利水电勘测设计院，事业编制37名。2002年，长沙市防汛通信站更名为长沙市防汛抗旱（水利建设）指挥部办公室。以河道堤防站为基础成立长沙市水政监察支队（保留河道堤防管理站牌子）、设水土保持监督站，长沙市水利水电勘测设计院，水利综合经营站更名为水利经济管理中心，成立长沙市防汛机动抢险队，事业编制共48名。2003年10月，成立长沙市水利投资管理中心（副县），长沙市防汛机动抢险队更名为长沙市防汛抗旱服务中心。事业编制58名。2008年5月，成立长沙市水利水电工程质量监督站，编制4名。2009年8月，长沙市水利投资管理中心（有限公司）划归长沙市城市开发集团有限公司。2011年，设长沙市排水管理处（副县）、长沙市城区排水运行服务中心（副县）、长沙市防汛抗旱（水利建设）指挥部办公室（主任高配副县）、长沙市水政监察支队、长沙市河道堤防管理站、长沙市水利经济管理中心、长沙市水利水电勘测设计院、长沙市水利水电工程质量监督站，长沙市防汛抗旱服务中心更名为长沙市防汛抗旱物资储备服务中心，长沙市水土保持监督站，事业编制320名。

1988—2012年，先后担任长沙市水利水电局、水利局、水务局主要领导职务的有：龙俊玉、周汉祥、邹志祥、邱俊杰、杜强、李增加；其他领导班子成员有：张国清、柯成椿、唐子竞、吴长廉、陈江浩、陈运秋、申维明、丑金科、袁自力、聂宗钧、肖才富、朱东铁、黎赛美、王力新、肖索夫、喻小丽（女）、罗国强、徐警觉、王佳良、李正文。

二、区县（市）管理机构

1988年，长沙、望城、浏阳、宁乡县设水利水电局，长沙郊区设农机水利局。1993年，浏阳县改市，更名为浏阳市水利水电局。1996年6月，长沙市进行区划调整，撤销长沙郊区和东区、西区、南区、北区，成立芙蓉、天心、岳麓、开福、雨花5个区，各区分别设农林水利局。2001年，长沙、望城、浏阳（市）、宁乡县水利水电局分别更名为水利局。2011年，长沙县、望城县、浏阳（市）、宁乡县水利局更名为水务局，长沙市芙蓉、天心、开福、雨花农林水利局更名为农林水务局。是年，望城撤县建区，设区水务局。2012年，市辖9区县（市）设水务（农林）水务局。

三、基层管理机构

1988年，长沙、望城、浏阳、宁乡4县，长沙郊区及所属大中型和重点小（1）型水库、堤垸、排灌站、大中型河坝、大中型灌区、水电站等均设有管理机构，全市水利系统全民所有制职工共1628人，其中水库626人，灌区75人，排灌站145人，河道126人，闸坝24人，水电站145人，水利工程工程设计施工132人，基层水利站238人，其他管理人员117人。1994年，各县（市）增设水土保持监督站。2005年，县（市）增设防汛抗旱服务队。2007年，全市对基层水利管理体制改革，实行定岗、定编和人员分流，企、事业分开，大、中型水利工程管理单位职工全员纳入事业编制。长沙县将乡镇水利管理站与堤委会合并，纳入事业编制。各区县（市）未纳入事业编制，市财政每年每人补贴8000元，其余由区县（市）乡镇统筹解决，按事业编制管理。已达退休年龄的，由区县政府补交养老金，解决多年水利基层职工的后顾之忧，稳定基层水利队伍。2012年，全市有基层职工2392人（不含湘江长沙综合枢纽、黑麋峰抽水蓄能电站、社会资本经营的水电站），其中水库847人，堤垸319人，河道96人，防洪闸、河坝（水轮泵站）139人，水电站98人，灌区408人，机电排灌122人，设计、水土保持122人，自来水204人，抗旱服务队37人；有乡镇水管站114个，其中财政拨款105个，水费收入7个，多种经营收入2个。

第二节　农田水利工程

一、蓄水工程

（一）塘（坝）。1988年，长沙市有塘坝20.08万处，塘容7.01亿立方米，灌溉面积6.67万公顷。20世纪80年代末，全市各级政府广泛动员群众，以按劳动力、田亩摊工、以费抵工、政府补助、奖励等办法组织山塘清淤和标准塘建设。至1990年3年间全市投工410万个，建设和整修塘（坝）2.5万处。望城县西湖乡人均筹资45元，筹资89万元，修建标准塘115口。1991年，望城县霞凝区5个乡，投资246万元，修建标准塘468口，杨桥乡民望村，35名共产党员义务投工，整修村骨干塘乐家塘。1995年，在全市水利冬修中各区县（市）积极组织对塘坝进行“三加”（加高、加固、加深）以按田亩、按人、按劳动力负担的原则，市、县、乡三级给予适当的财力补贴等办法，广泛动员群众开展塘坝清淤增蓄工作。长沙县对塘坝清淤搞得好的乡镇村分别奖励1万元、5000元，是年长沙县完成标准塘建设4600口。望城县投入资金2860万元，投工1012万个，修建标准塘1.60万处。宁乡县完成4000处，浏阳市完成2777处，长沙郊区完成300处。1996

图21-6-2-1　长沙县春华镇标准塘

（摄于2010年，长沙市水务局供图）

年，望城县整修建设标准塘5912口。1997年，坪塘镇各村建标准塘359处。2002年全市清淤山塘2.19万余处。2005—2008年宁乡县实行以奖代补，每处塘补助2000元，完成山塘清淤扩容1.45万处。

2009年始，长沙市把山塘清淤工作列入政府“八件实事”之一，加大投入，按每处4000元给予补助，全市完成塘坝清淤6338处，补助资金2535.2万元，同时投资3000万元采购清淤机械150套，分配给各区县（市），各区县（市）水利部门组织培训机手，提高清淤效率，同时塘泥排入农田作肥料，很受农民欢迎。2010年，全市塘坝清淤1万处，每处补助3000元，市财政共补助3000万元。2011年，全市塘坝清淤水面1000公顷，每公顷补助1.5万元，市财政补助1500万元。2012年，全市塘坝清淤1233.3公顷，每公顷补助1.2万元，市财政补助1480万元。4年间，市财政投入塘坝清淤经费1.15亿元，共完成塘坝清淤5万处。其中，长沙县1.24万处，望城区4950处，浏阳市1.15万处，宁乡县1.71万处，芙蓉区50处，天心区200处，岳麓区2450处，开福区1300处，雨花区40处，高新区80处。

2012年，全市有塘（坝）15.99万余处，塘（坝）容6.74亿立方米，灌溉面9.98万公顷。

表21-6-2-1　　2012年长沙市塘坝工程基本情况一览表

行政区划	工程数量（处）	塘（坝）容量（万立方米）	灌溉面积（公顷）
芙蓉区	21	24.30	0
天心区	214	126.92	304
岳麓区	5510	2869.96	6463.42
开福区	2258	949.31	1893.35
雨花区	39	20.79	10.04
长沙县	39067	17837.83	32918.81
望城区	13488	8179.69	16171.33
宁乡县	35087	14667.11	13353.93
浏阳市	64274	22699.57	21998.53

（二）水库。1987年，长沙市有水库684座，其中大型2座、中型16座、小(1)型98座、小(2)型586座，集雨面积1075.82平方千米，设计灌田4.71万公顷，实际灌田3.45万公顷，占设计灌田73.27%。

1988年12月，望城县建成顺塘水库，总库容29.58万立方米。20世纪80年代末至1990年，投资910万元，完成黄材水库牛头冲溢洪道扩建改造，主坝防渗，新建井超里高黏土斜墙挡水坝，全面改造枢纽安全监测系统和新建库区水雨情自动测报系统。

1990年11月11日，株树桥水库建成下闸蓄水，水库采用钢筋混凝土面板堆石坝，是一座以水力发电，防洪和改善浏阳河水生态环境综合效益的大型水库。1992年7月，株树桥水库大坝发现渗漏，当水库水位163.51米时，渗漏量2.53立方米/秒，翌年对大坝帷幕灌浆，效果不明显，经多年观察和长江水利科学院、中南工业大学等部门查明渗漏原因，确定渗漏部位为大坝面板，L8–L11为主要渗漏部位。1995年11—12月，望城县新建斜塘洪石淹2座小（2）型水库。翌年12月新建牛奶塘水库，1997年12月，浏阳市新建中瑕水库，翌年12月新建石塘水库，均为小(1)型。1999年2月27日，浏阳市新建板贝中型水库，总库容2281万立方米，其主要任务是防洪、发电。2000年3月，开福区新建成功水库，小

图 21-6-2-2 浏阳市普迹镇金江水库除险加固前后对比（摄于 2012 年，长沙市水务局供图）

图 21-6-2-3 宁乡县铁冲水库除险加固施工现场（摄于 2012 年，长沙市水务局供图）

图 21-6-2-4 株树桥水库
（摄于 2009 年 9 月 24 日，长沙市水务局供图）

(2)型。是年 12 月，长沙县新建和平水库，小(2)型；望城区建成流霞水库，小(2)型。2001 年 3 月，浏阳新建金霞水库，小 (2)型。2001 年 1 月 3 日，总投资 2680 万元，板贝水库竣工蓄水。2001 年起，中央、省级财政重点投入大、中型水库除险加固。2001 年 3 月，黄材水库、株树桥水库经水利部大坝安全管理中心鉴定为三类坝。2001—2003 年，总投资 5240.67 万元，完成株树桥水库大坝处理渗漏和大坝除险加固。2003 年投资 2944.38 万元，加固黄材水库主坝和竹山坳副坝，加固溢洪道底板，改造输水隧洞，治理溢洪道进口左侧山体滑坡。投资 1370 万元完成洞庭桥水库主、副坝，输水隧洞及引水渠除险加固。是年，长沙市水利局对全市病险水库进行安全鉴定，全市 364 座小型水库存在明显病险，占全市小型水库的 70%。经省水利厅批准，注销 56 座未达标库容小型水库，降格为骨干山塘。对病险水库实行汛期限蓄的保安措施。是年 10 月投资 4500 万元新建以发电为主的万家庄中型水库。12 月，长沙县建成赤石河坝水库，小(2)型。2004 年，田坪水库枢纽除险加固，入库公路硬化及新建防汛楼，防汛物资仓库工程完成，总投资 920 万元。从 2004 年冬开始，市政府每座小型水库投入 5 万~10 万元除险保安。2005 年 6 月，开福区建成大吉冲小 (2)型水库。2006 年浏阳市开工建设富岭中型水库，总库容 1270 万立方米，以防洪发电为主。2007 年 12 月，开福区建成太阳山小(2)型水库。长沙县建成仁形水库，小(2)型。浏阳市双江口中型水库竣工，总投资 4875 万元，以发电为主。至 2008 年，全市共完成小型水库除险保安 251 座，总投入资金 2008 万元。是年投资 615 万元，对洞阳水库进行除险加固，库容增至 1064 万立方米，达中型水库。2008 年 1 月，长沙县建成泗洲水库，小(2)型，3 月浏阳市建成黄马桥水库，小(2)型，8 月建成槽门滩中型水库，以发电为主，总投资 3348.89 万元。12 月望城县建成寺冲水库，小(1)型。是年 11 月 8 日，岳麓区顺塘水库（库容 12 万立方米）发生溃坝，由于疏散、抢险及时，未造成人员伤亡和大的财产损失。

2009 年，长沙市投入 1130 万元，完成 113 座小型水库的除险加固。是年开始，中央财政给小型水库除险加固给予支持，消除病险，中央财政投入占总投入的 50%，省、市、县级给予配套，当年各级政府投入 5150 万元，除险加固重点小(1)型水库 13 座。是年 9 月 30 日，湘江长沙综合枢纽水库开工建设，总投资 63.7 亿元，以航运、发电、城市群供水和景观的综合性工程，建设工期 72 个月。同年 10 月，宁乡县建成紫龙湾水库，小(1)型。2010 年各级政府总投入 2.1 亿元，除险加固小 (1)型水库 35 座。至 2010 年，各级财政总投入 1.9 亿元，全面完成桐红桥、红旗、乌川、金井、格塘、泉水冲、仙人造、南坑、清江、道源、关山、梅田、横山头 14 座中型水库除险加固任务。2010 年 12 月，长沙县建成郭公渡小 (1)型水库，是年 12 月，由湖南省武陵公司投资建成黑麋峰调峰电站上、下两个水库，库容 960 万立方米，小(1)型，以水力发电为主。2011 年，投资 3000 万元，对浏阳市万丰山水库综合治理，总库容1016 万立方米，达中型水库。是年 4 月 4 日 7 时 50 分，长沙县红旗水库巡查人员发现船坡副坝排污干管渗出黄泥水，流量 1.5 立方米/秒，长沙县防汛抗旱指挥部接到报告后，立即调集民兵 200 名、挖掘机 2 台、自卸车 10 台、机动船 2 艘、块石 30 车、编织袋 5000 条、彩条布 2000 平方米，市防汛指挥部从宁乡调来潜水队员，省、市、县领导和技术专家赶赴现场抢险，经查明系非工作人员潜入排污启闭机房，擅自开启控制阀门、造成排污管道在水库内水压下空管运行，导致排污管穿孔，经过 9 天抢险，排除险情。是年，全市总投入 4.8 亿元，除险加固小型水库 138 座。2012 年总投入 4.3 亿元，除险加固小型水库 134 座。2012 年 6 月 29 日，桐红桥水库巡查人员发现水库钟家坳坝发生集中漏水并夹带泥沙，长沙县防汛抗旱指挥部立即调集 300 名民兵、挖掘机、自卸车 5 台赶赴现场抢险，经开挖至二级平台，发现一个沿斜坡长 6 米、宽 0.5 米、深 0.5 米的白蚁洞穴，离大坝顶部高程 96.5 米，成功处理这一险情。随后，全市开展水库大坝白蚁普查，消除白蚁侵蚀隐患。2012 年 10 月，湘江长沙综合枢纽船闸实现通航， 11 月 30 日，枢纽进行 29.7 米（黄海）试验性蓄水。

2012 年，全市共有水库 662 座，其中大型 3 座、中型 26 座、小(1)型 106 座、小(2)型 527 座，总库容 19.81 亿立方米，兴利库容 14.93 亿立方米，防洪库容 2 亿立方米，设计总灌溉面积 14.06 万公顷。在 26 座中型水库中，浏阳市万家荘、槽门滩、双江口、大粟坪电站，宏源水轮泵站水库及望城区老沩水在全市水利普查中定为中型水库。

表 21-6-2-2　　2012 年长沙市大、中型水库基本情况一览表

水库名称	县乡（镇）	集雨面积（平方千米）	坝型	坝高（米）	最大泄洪流量（立方米/秒）	正常蓄水位（米）	总库容（万立方米）	设计灌溉面积（公顷）	建成时间
湘江长沙综合枢纽	望城区高塘岭镇	90520	混凝土支墩坝	11.2	12780	29.7	67500	—	2009 年 2 月开工
株树桥水库	浏阳市高坪镇	564	堆石面板坝	78	2980	165	27830	—	1992 年 2 月
黄材水库	宁乡县黄材镇	240.8	心墙土坝	57.5	720	166	15300	23933.33	1965 年 5 月
田坪水库	宁乡县青山桥镇	49.7	心墙土坝	39.5	376	249.2	4380	7628.33	1973 年开工
马尾皂水库	浏阳市淳口镇	46.48	心墙土坝	47	617	167.78	2702	3533.33	1976 年 4月
关山水库	浏阳市社港镇	31.8	均质土坝	34.2	880	170.13	2480	2926.33	1958 年 5月
槽门滩电站—水库工程	浏阳市枨冲镇	2643	—	—	6123	57.5	2408	—	2008 年 8月
大栗坪电站—水库工程	浏阳市集里街道	2314	其他	—	6528	68.7	2400	—	1979 年 6月
板贝水库	浏阳市达浒镇	55	浆砌石拱坝	58	194.1	193	2282	1333.33	2002 年 1月
万家庄电站—水库工程	浏阳市镇头镇	2814	其他	—	6912	49.3	2170	—	2004 年 1月
横山头水库	浏阳市沙市镇	54	均质土坝	22	397.9	95.4	1960	1400	1959 年 1月
仙人造水库	浏阳市柏加镇	13.5	均质土坝	23.92	19.8	65.95	1888	1333.33	1959 年 8月
桐仁桥水库	长沙县高桥镇	15.5	均质土坝	30.34	69	98.7	1834	1813.33	1980 年 2月
双江口电站—水库工程	浏阳市高坪镇	2067	—	—	78.6	76.6	1810	53.33	2007 年 2月
乌川水库	长沙县江背镇	12.65	心墙土坝	37.1	76.4	127.8	1630	3453.33	1966 年 4 月

续表 21-6-2-2

水库名称	县乡（镇）	集雨面积（平方千米）	坝型	坝高（米）	最大泄洪流量（立方米/秒）	正常蓄水位（米）	总库容（万立方米）	设计灌溉面积（公顷）	建成时间
道源水库	浏阳市溪江乡	24.5	斜墙土坝	28.43	850	135.5	1605	2100	1959 年 12 月
梅田水库	浏阳市古港镇	52.35	均质土坝	24.6	956	124.12	1590	1686.66	1984年3月
金井水库	长沙县金井镇	15.7	心墙土坝	20	20	79.76	1560	778	1958年12
清江水库	浏阳市文家市镇	26	心墙土坝	34.25	139	190.87	1324	2066.66	1969年6月
红旗水库	长沙县春华镇	13.44	均质土坝	22	17.32	82.5	1298	2133.33	1978年2月
富岭水库	浏阳市沿溪镇	46.1	浆砌石重力坝	52.6	595	190	1271	—	2006年开工
洞庭水库	宁乡县枫木桥乡	33.02	心墙土坝	25.1	31	138	1268	27	1964年5月
宏源水轮泵站—水库工程	浏阳市太平桥镇	2509	—	—	5178	63	1180	2033.33	1972年1月
老沩水水库	望城区新康乡	1.8	均质土坝	6.2	50	32.58	1140	340	1976年
格塘水库	望城区格塘乡	17	均质土坝	7.7	2	36.97	1082	2004.46	1974年
洞阳水库	浏阳市洞阳镇	34	混凝土支墩坝	45.8	415	149.2	1064	1600	1957年
泉水冲水库	岳麓区雨敞坪镇	18.8	均质土坝	27	7	80	1040	400	1959年12 月
万丰山水库	浏阳市蕉溪乡	28.95	均质土坝	19.2	99.7	93.89	1016	846	1959年
南康水库	浏阳市淳口镇	39	心墙土坝	35	354	123.85	1014	1533.33	1980年

表 21-6-2-3　　2012 年长沙市各区、县（市）大、中型水库总体情况一览表

行政区划	工程总数（座）	工程规格				总库容（万立方米）	防洪库容（万立方米）	兴利库容（万立方米）	设计灌溉面积（公顷）	设计年供水量（万立方米）
		大（2）	中型	小（1）	小（2）					
合计	662	3	26	106	527	198129.97	20060.37	149340.87	140513.33	150146.16
岳麓区	42	—	1	7	34	3067.28	428.06	2435.60	2543.33	263.99
开福区	20	—	—	2	18	539.18	128.90	345.48	1576.66	527.00
雨花区	4	—	—	1	3	370.43	181.70	316.20	533.33	259.00
长沙县	167	—	4	30	133	17101.72	2227.87	13379.40	29988.13	15639.70
望城区	59	1	2	8	48	74548.27	—	59551.32	7527.46	4441.36
宁乡县	167	1	2	52	152	31711.88	3576.56	25854.90	52236.06	39021.99
浏阳市	203	1	17	26	159	70791.21	13517.28	47457.37	46150.13	87712.10

二、引水工程

（一）引水堰。1988年，全市有小型堰坝2.15万处，灌溉面积1.88万公顷，其中长沙县3500处，灌溉2233.33公顷；望城县2280处，灌溉2866.67公顷；浏阳市9000处，灌溉4446.67公顷；宁乡县6700处，灌溉4466.67公顷；长沙郊区1000处，灌溉333.33公顷。1988年以后，部分堰坝已被新建的水库、小型河坝所替代，随着各类灌区的配套和完善，堰坝数量逐年减少。2012年，全市共保留堰坝7800处，灌溉面积4000公顷，其中长沙县500处，灌溉400公顷；望城县300处，灌溉266.66公顷；浏阳市4000处，灌溉2000公顷；宁乡县3000处，灌溉1400公顷。

（二）引水渠。20世纪80年代初建成洞庭桥水库时，为解决积雨面积不足，修建一条长8.8千米，引入集雨面积24.7平方千米的大田方引水渠，年引水量600万立方米。1988年10月，省水利厅投入资金20万元，首次对引水渠拦河坝进行改造，提高引水效率。2000年，望城格塘水库引水渠建成，渠起于蛇形山，经凌冲、众兴和高桥3个村，全长7千米，全程采用混凝土护坡护底，起点安装2台185千瓦电动抽水机，引团头湖水直灌466.66公顷，为格塘水库年引水300万立方米。望城荫坡引水渠，起自白马桥阴坡，经喻家坡至乌山艳群村，全长8千米，灌田333.33公顷，2003年，因城市发展需要而废除，废除前，该渠已运行40年。2009年洞庭桥水库在后期移民资金中投入120万元，加固大田方引水渠1.5千米。

（三）引（进）水闸。1988年，全市有引（进）水闸11座，过闸流量79.37立方米/秒，主要为农业灌溉，其中长沙县1座，望城县5座，浏阳市2座，宁乡县3座。2002年，浏阳市新建板贝水库引水闸。2005年长沙县新建上堵口水闸，为县城星沙提供生活和企业用水；下堵口闸原为农业灌溉而建，随着县城建设发展转变为县城生产生活供水，上、下2个闸，为县城年引水能力为3.02亿立方米。2012年，全市有引（进）水闸14座，过闸流量98.77立方米/秒。其中长沙县2座，望城6座，浏阳市3座，宁乡县3座。

表21-6-2-4　　2012年长沙市引（进）水闸基本情况一览表

水闸名称	所在区县（市）乡（街道）	建成时间（年）	闸孔数量（孔）	闸孔总净宽（米）	引进水过闸流量（立方米/秒）
上堵口	长沙县星沙街道	2005	1	2.5	5
下堵口	长沙县星沙街道	1973	1	2.5	5
老山进	望城区格塘乡	1969	1	2.5	5.1
朱塘进	望城区格塘乡	1969	1	2.5	5.1
任家园	望城区乔口镇	2008	1	2	8
红星村1#	望城区乔口镇	1975	1	2	5
龙塘2#	望城区乔口镇	1975	1	2	5
介牌水闸	望城区格塘乡	1958	3	5	11.92
西干渠进水闸	浏阳市官桥镇	1965	1	2.5	5.25
板贝引水闸水库	浏阳市达浒镇	2002	1	2.5	6.4
澄潭江	浏阳市澄潭江镇	1988	1	2.8	8.4

续表 21-6-2-4

水闸名称	所在区县（市）乡（街道）	建成时间（年）	闸孔数量（孔）	闸孔总净宽（米）	引进水过闸流量（立方米/秒）
洞庭桥水库取水闸	宁乡县枫木桥镇	1963	1	1.5	7
田坪取水闸	宁乡县青山桥镇	1973	1	1.7	8
黄材取水闸	宁乡县黄材镇	1965	1	2.4	13.6

（四）河坝。1988 年，长沙市灌溉面积万亩以上的河坝 13 座，灌溉面积 23.69 千公顷。另有灌溉面积万亩以下的小型河坝 52 座，灌溉总面积 8.39 千公顷。

1989 年，宁乡县新建珍洲河坝，设计灌溉面积 1.2 千公顷，实际灌溉面积 46.66 公顷。1990 年 11 月 14 日，望城县三叉河坝开工建设，投资 403 万元，1993 年 9 月 28 日建成，是集灌溉、交通、旅游为一体的综合工程。1995 年，长沙县赤石河坝鉴定为 4 类坝，1996 年重建，总投资 2950.87 万元。是年，新建金江坝河坝，灌溉面积 500 公顷。2000 年，国家投资 600 万元对建于 1976 年的沩水河坝进行整修加固，其 305 米长的坝轴清基重建，83 扇水泥叠搭门全部改为钢质自动启闭门，2001 年春竣工。2006 年民间投资 200 万元，新建云山河坝，灌溉兼发电。2007 年总投资 2200 万元，改建宁乡珍洲河坝，该工程是集灌溉、防洪、改善航道、供水和发电综合性工程。2008 年总投资 5500 万元，新建宁乡金洲河坝。同年投资 559.15 万元，整修加固长沙县郭公渡河坝，消除隐患，保证 2000 公顷农田灌溉和黄花国际机场供水。2010 年 6 月 7 日和 23 日，宁乡峨山坝先后两次被洪水冲毁，决口 150 米，影响 567 公顷农田灌溉。7 月 1 日，国务院总理温家宝视察峨山坝抢险现场，宁乡县出动 20 余台大型挖掘机运输车辆，仅用 15 天时间将该坝高标准重建。

2012 年全市有灌溉面积万亩以上河坝 16 座，其中长沙县 3 座、望城区 2 座、浏阳市 2 座，宁乡县 9 座，设计灌溉面积 3.61 万公顷，灌溉千亩以上的小型河坝 53 座，其中长沙县 3 座、望城区 7 座、浏阳市 18 座、宁乡县 25 座，灌溉面积 0.89 万公顷。

图 21-6-2-5 长沙县正在建设中的赤石河水闸
（长沙市水务局供图）

表 21-6-2-5 2012 年长沙市灌溉面积万亩（666.67 公顷）以上河坝基本情况一览表

工程名称	所在区、县（市）乡	水系	坝型	坝高（米）	坝长（米）	灌溉面积		建成时间
						设计（公顷）	实际（公顷）	
太阳坝	长沙县春华镇	捞刀河	重力坝	3.1	76.8	688.66	396.66	1966 年
赤石河坝	长沙县黄花镇	捞刀河	圬工坝	5	127	733.33	533.33	1966年
郭公渡	长沙县黄花镇	捞刀河	圬工坝	4	—	2000	200	2008年
沩水河坝	望城区新康镇	沩水	重力坝	6.2	305	2800	2933.33	1976年，2000 年改建

续表 21-6-2-5

工程名称	所在区、县（市）乡	水系	坝型	坝高（米）	坝长（米）	灌溉面积		建成时间
						设计（公顷）	实际（公顷）	
汉河坝	望城区乌山镇	八曲河	重力坝	5.5	108	1000	1000	1992年
澄潭江河坝	浏阳市澄潭江镇	渌水	圬工坝	4.5	63.5	11133.3	881.80	1958年
乌龙陂河坝	浏阳市北盛镇	捞刀河	圬工坝	3.27	80	666.66	520	1954年
峨山坝	宁乡县大成桥乡	沩水	重力坝	1.7	262	1426.66	1333.33	1972年10月
立新河坝	宁乡县大成桥乡	沩水	重力坝	2.6	136	2333.33	2066.66	1967年11月
前丰坝	宁乡县双凫铺镇	沩水	重力坝	1.5	223.1	1200	1066.66	1964年11月
滩山铺坝	宁乡县横市镇	沩水	重力坝	4.4	72.45	800	136.66	1982年5月
云山坝	宁乡县横市镇	沩水	重力坝	4.99	65	833.33	120	2006年
珍洲坝	宁乡县白马桥乡	沩水	重力坝	9.5	287.2	1208	1133.33	1989年12月，2007年改造
沩丰坝	宁乡县城郊乡	沩水	重力坝	5.4	187.8	6000	5733.33	1956年3月
太阳坝	迴龙铺镇	沩水	重力坝	2.8	90	1866.66	1733.33	1963年12月
伏虎桥坝	宁乡县历经铺	沩水	重力坝	0.8	18	833.33	666.66	1973年

（五）节制水闸。1987年，全市共建有各类节制水闸3588座，过闸流量27.11万立方米/秒，其中长沙县399座、望城县117座、浏阳县1519座、宁乡县1578座、岳麓区45座。

1988年4月，宁乡县建成云山水闸；10月，长沙县建成太阳滩水闸；1989年12月，宁乡县建成珍洲水闸；1992年，浏阳县建成庄坝闸；1995年3月，建成中庄闸；1997年4月，建成兴龙闸；1998年4月建成明山闸；1999年4月建成家园、高坪2个水闸；2001年1月建成新园电站闸；2003年4月建成株树桥七家闸；12月，长沙县建成赤石河闸；2004年4月，浏阳市建成天池闸；2005年建成钟鼓、白家滩2个水闸；2006年建成诒家湾、河口2个水闸；2007年4月建成云河水闸；2008年12月建成关池水闸；2010年建成江口、狮子桥、碉徒、摇前、向阳卢家、高车、南车7个水闸；10月，宁乡县建成金洲节制闸。

2012年，全市有各类节制水闸4262座，比1988年增加674座，过闸流量34.56万立方米/秒，比1988年增加7.45万立方米/秒，为当地农田灌溉、农村乡镇供水和水电发电提供水源。

表 21-6-2-6　2012年长沙市节制水闸数量统计一览表

区县（市）	节制闸数量（座）	过闸流量（立方米/秒）	1988—2012年新建节制闸	
			数量（座）	过闸流量（立方米/秒）
全市合计	4262	345627.68	674	74502.18
长沙县	423	20397.86	124	12823.86
望城区	136	12231.36	19	647.7

续表 21-6-2-6

区县（市）	节制闸数量（座）	过闸流量（立方米/秒）	1988—2012 年新建节制闸	
			数量（座）	过闸流量（立方米/秒）
浏阳市	1635	235709.05	166	39589.6
宁乡县	1961	73318.53	323	20390.21
岳麓区	86	3942.38	41	1022.31
雨花区	1	28.50	1	28.5

三、提水工程

（一）水轮泵。1988 年，全市有水轮泵站 330 处，装机 421 台，灌溉面积 7006 公顷，其中长沙县 50 处，灌溉 1333 公顷；浏阳县 186 处，灌田 4000 公顷；宁乡县 94 处，灌田 1693.33。水轮泵虽有不耗能源的优点，由于配件缺，效率低，逐渐被电动泵站所取代。浏阳县宏源水轮泵站是长沙市最大的水轮泵站。装机 10 台，功率 1200 千瓦，杨程 28 米，灌溉农田 2033.33 公顷，1999 年，投入资金 961.1 万元，将 5 孔溢流孔改为泄洪闸，改造左岸泵站金属结构，右岸泵站电气设备，2005 年工程竣工。2011 年长沙县太阳滩、郭公渡、赤石河坝、乌川 4 座水轮泵站停止运行。2012 年，投入 120 万元，清除宏源水轮泵站原施工围堰，护坡泵站上、下游左、右岸 300 米大堤。

2012 年，全市尚存水轮泵站 14 处，灌田 3.5 千公顷，其中长沙县 1 处，即果园镇刘家坪水轮泵站、灌田 133.33 公顷，浏阳市 1 处，即宏源水轮泵站，灌田 2.03 千公顷，宁乡县 12 处，分布于大成桥、坝塘、双凫铺、横市、资福镇，共灌田 1.33 千公顷。

（二）机电（供水）灌溉。1988 年，长沙市有以内燃抽水机 2.98 万台，功率 71.61 万千瓦，分布在长沙、望城、浏阳、宁乡和长沙郊区农村。由于内燃机使用成本高、效率低，操作不便。随着电力电网的发展，内燃机逐渐被电动机所取代。1988 年，全市建有 115 千瓦以上的排灌机埠 104 处，装机 174 台，功率 2.73 万千瓦，其中长沙县 28 处，45 台，6500 千瓦；望城 46 处，71 台，1.22 万千瓦；宁乡县 5 处 11 台，1495 千瓦；浏阳县 1 处，2 台，316 千瓦；长沙郊区 24 处，45 台，6760 千瓦。

20 世纪 80 年代末，全市新建 55 千瓦以上电力泵站 8 处，装机 9 台，功率 760 千瓦，其中长沙县 1 处，望城县 3 处，宁乡县 4 处，开福区 1 处。90 年代，山丘区电力灌溉发展较快，全市新建 50 千瓦以上泵站 49 处，装机 108 台，总功率 4323 千瓦，其中长沙县 3 处，望城县 1 处，浏阳市 30 处，宁乡县 8 处，岳麓区 6 处，开福区 1 处。2000 年，山丘区电力灌溉发展势头强劲，全市共新建 50 千瓦以上机埠泵站 64 处，装机 132 台，总功率 1.83 万千瓦。其中长沙县 7 处，望城县 9 处，浏阳市 2 处，宁乡县 19 处，天心区 1 处，开福区 3 处，岳麓区 4 处。2008—2009 年，国家投入宁乡韶花系列泵站改造和新建资金 6803 万元，改造机电设备 181 台，改善韶山灌区宁乡片 6670 公顷农田灌溉条件。市财政投入 3000 万元改造小型抗旱机埠。2010—2012 年，浏阳市新建 50 千瓦泵站 10 处，装机 32 台，功率 1040 千瓦，宁乡县新建 50 千瓦以上泵站 14 处，装机 19 台，功率 1719 千瓦。

2012 年，长沙有 50 千瓦以上电力（供水）灌溉灌排结合泵站 399 处，装机 690 台，总功率 5.41 万千瓦，较 1988 年提升 1.98 倍。

表 21-6-2-7　　2012 年长沙市 50 千瓦以上电力灌溉（供水）泵站分布一览表

区县（市）	工程数量（处）	泵站类别（处）		装机数量（台）	装机功率（千瓦）
		灌溉（供水）	灌排结合		
长沙县	76	69	2	113	9876
望城区	68	35	33	89	10564
浏阳市	102	102	—	267	8880.7
宁乡县	107	104	3	145	12609
天心区	2	2	—	4	220
岳麓区	31	62	3	45	5432
开福区	13	5	8	27	6563

（三）机井。1988 年，长沙市有井口内径 100 毫米以上机井 151 眼，其中农业灌溉井 23 眼，灌溉面积 56.34 公顷，生活用水井 55 眼，供水人口 2.1 万人，企业单位拥有自备井 73 眼。

20 世纪 80 年代末至 2000 年，长沙在农村中、小学校地表水源不足的干旱地区，城区自来水管网未延伸的单位和企业发展开采地下水。其间新建机井 207 眼，其中生活供水井 63 眼，供水人数 3.05 万人，农田灌溉机井 41 眼，灌溉 96.46 公顷，灌溉机井主要分布在黄兴镇、干杉镇部分村，单位自备井 103眼。

2001—2012 年，中央投资的农村安全饮水工程部分采用机井供水，部分农产品生产基地采用机井供水灌溉，其间，全市新增机井 474 眼，其中灌溉机井 72 眼，灌溉面积 326.66 公顷（长沙县 47 眼，分布在干杉、黄兴、北山镇，灌溉面积 95.26 公顷；望城县 5 眼，分布在白箬、乌山镇，灌溉面积 41 公顷；浏阳市 3 眼，分布在官渡镇竹联村，灌溉面积 38.66 公顷；天心区 17 眼，分布在大托镇、桂井、黄合、新港村，灌溉面积 156.33 公顷），生活用水井 164 眼，供水人口 8.83 万人，企业单位自备井 239 眼。

2012 年，全市有 100 毫米内径以上机井 880 眼，其中灌溉机井 147 眼，灌溉面积 422.66 公顷，单眼井最大灌溉面积 14.66 公顷，最小 0.3 公顷，生活供水井 295 眼，供水人数 15.04 万人，单眼井最多供水人数 4000 人，最小 15 人，企业单自备井 438 眼，最大取水量 100 立方米/小时，最小 1 立方米/小时。

表 21-6-2-8　　2012 年长沙市内径 100 毫米以上机井分布一览表

区县（市）	机井数量（眼）	灌溉机井		生活用水井		企业或单位自备井（眼）
		数量（眼）	灌溉面积（公顷）	数量（眼）	供水人数（人）	
合计	880	147	422.67	295	150419	438
长沙县	429	121	89.66	129	36301	179
望城区	157	6	41.66	39	35999	112
浏阳市	79	3	38.66	45	35493	32
宁乡县	140	—	—	62	35492	78
芙蓉区	3	—	—	—	—	3

续表 21-6-2-8

区县（市）	机井数量（眼）	灌溉机井		生活用水井		企业或单位自备井（眼）
		数量（眼）	灌溉面积（公顷）	数量（眼）	供水人数（人）	
天心区	25	17	156.33	—	—	8
开福区	8	—	—	2	288	6
雨花区	5	—	—	—	—	5
岳麓区	34	—	—	18	6856	16

四、灌溉工程

（一）灌区工程。1988年，全市以水库、河坝、水轮泵、电灌站为水源，灌溉面积2000亩（133公顷）以上的灌区140个，灌溉总面积17.12万公顷，其中长沙县33个、望城县32个、浏阳县42个、宁乡县25个、长沙郊区8个。由于资金投入不足，灌区配套不完善、渠道渗漏、淤塞、损坏严重，灌溉面积衰减，黄材水库1988—1990年每年衰减灌溉面积667公顷，给灌区农业生产带来损失，全市灌溉水利用系数均小于0.35。

1990年，省水利厅投入田坪水库续建配套资金130万元，建设左干渠明渠，翌年投入125万元建设大田分干渠两座渡槽，其中乌泥冲悬索式织物渡槽技术为国内渡槽首创，较常规渡槽建设节约经费40%。90年代，政府投入主要在大中型灌区，在冬修水利中，各级政府动员群众投资投劳，除险清淤渠道，保证来年灌溉。1992年，中共宁乡县委、政府动员黄材灌区群众投劳，各行各业捐资，全县干部带头参加义务劳动，筹集资金932万元，投入49万个工日，完成40千米干渠防渗护砌，干渠水利用系数由原0.48提高至0.77，每年减少2000万立方米水损失。1993年，省水利厅投入114万元，续建田坪水库灌区田心支渠。1994年冬，宁乡县政府筹集资金380万元，护砌黄材灌区总干渠11.83千米，达标建设总干渠78.5千米，煤衡支渠护砌8.13千米，修建便民桥27座，清淤渠道25千米，整修谢家隧洞127米，恢复灌溉面积1.2千公顷。1996—1998年，省、市财政投入225万元，完成韶山灌区宁乡片的黄田港山边塘、两山坝、大屯坝支渠清淤，老塘段干渠护砌加固。投入洞庭桥和田坪灌区各180万元，修复洞庭桥水毁渠道和加固田坪灌区田心支渠。1998年，中央和省、市启动黄材和官庄灌区浏阳片大型灌区续建配套和节水改造项目，逐年投入，至2001年投入黄材灌区资金603万元，完成灌区二、三、五平交坝改造。至2008年，各级政府投入韶山灌区宁乡片460万元，完成六支渠、七支渠、十支渠护砌等项目。2009年，长沙县投资300万元进行桐仁桥灌区节水改造，灌溉用水利用系数由0.3提升至0.7，是年，启动红旗、金井、乌川3个中型灌区节水改造项目。至2011年，官庄灌区浏阳片中央、省、市投入节水改造资金共6634.31万元，干渠衬砌95.01千米，支渠衬砌6.2千米，

图 21-6-2-6 宁乡县黄材灌区续建配套工程
（摄于2011年5月20日，长沙市水务局供图）

图 21-6-2-7 关山灌区塘坪渡槽
（摄于 2010 年 11 月 10 日，长沙市水务局供图）

改造渠系建筑物 159 处。是年，长沙市财政投入金江坝、洞庭桥、泉水冲、格塘 4 个中型灌区节水改造项目各 400 万元。总投资 6500 万元，完成长沙县桐仁桥、红旗、金井、乌川 4 个中型灌区节水改造。国家、省、市共投入黄材灌区续建配套和节水改造 1.89 亿元，改善灌溉面积 0.73 万公顷，灌溉水利用系数由 0.4 提升至 0.465。2012 年，长沙市财政分别投入西源冲、泉水冲、道源、田坪 4 个中型灌区节水改造项目各 400 万元配套。

2012 年，全市有各类灌区 997 个，灌溉总面积 20.12 万公顷，其中 2000 亩以上灌区 133 个，灌溉总面积 18.07 万公顷，流量 1.0 立方米/秒以上渠道 166 条，1219.2 千米，其中衬砌 675 千米，渠系建筑物 618 座；0.2~10 立方米/秒渠道 3095 条，4421.4 千米，其中衬砌 1154 千米，渠系建筑物 8938 座。

表 21-6-2-9　2012 年长沙市 2000 亩（133 公顷）以上灌区分布一览表

区县（市）	灌区数（个）	灌溉面积（万公顷）	区县（市）	灌区数（个）	灌溉面积（万公顷）
长沙县	31	4.17	天心区	1	0.08
望城区	14	1.77	开福区	2	1.5
浏阳市	42	5.09	岳麓区	18	0.5
宁乡县	25	4.96	合　计	133	18.07

（二）田间水利。20 世纪 80 年代，长沙市田间水利建设开展山、水、田、林、路综合治理，长沙市郊区受益较早，1988 年，全市田园化面积达 3.13 公顷，长沙市郊区基本实现“田园化”。

20 世纪 90 年代以来，长沙县、浏阳市、宁乡县发展烟叶生产，市财政支持烟草种植资金和烟草公司的烟草基地建设资金打捆使用，使烟草基地的田间水利设施得到完善。1992 年，长沙市水电局在冬修水利、渠道建设中，提出“直如线，弯如月，平如镜，硬如铁”的质量要求，当年全市验收标准渠道 7949 千米，防渗面积 22.8 万平方米，渠道水利用系数由 0.35 升至 0.6 以上。1995 年冬修水利，全市提出 500 千米渠道建设目标，长沙县政府对标准渠每 5 千米奖励资金一万元，全县建成标准渠 100 千米，望城县完成 74 千米，并疏浚渠道 214 千米，浏阳市完成标准渠 449 条，497.8 千米，宁乡县动员机关干部职工 1.3 万人次参加义务劳动，送饭到工地，完成标准渠建设 237 千米。

2008 年，由国土部门牵头，农业、水利、规划、环保等部门配合在莲花、白箬 2 个镇，成片整治 2 万亩农田示范工程，以水利、道路、供电、环境配套相结合进行综合整治，使耕种面积增加 5%，交通、田间水利设施得到完善，农村居住环境得到改善。是年，长沙县确定为全省农业现代化示范县，重点建设长沙县北部 11 个乡镇，1150 平方千米。2009 年，长沙县、望城县、浏阳市、宁乡县整合国土整治资金、农业综合开发资金、烟草资金和水利专项资金，农民自筹资金，各部门相互配合，统一规划，至2010年，望城建设田间渠道852千米，清淤渠道465千米，宁乡县完成田间水利设施建设20处，改善灌溉面积5700公顷，2012年年底，长沙县北部11个乡镇，1150平方千米，实现田成方、渠成网、水相通、路相连、水旱无忧。

（三）节水灌溉。1988年，长沙市节水灌溉设施主要是喷灌技术，全市有100台，主要分布在长沙郊区，其中望城县有29台，灌溉橘园397.67公顷，原有喷灌设施因管理使用不善或土地用途改变而弃用。

1995年，全市推广塑料软盘旱地育秧，其苗场的耕整，苗期用水比传统的水田育秧减少用水量50%以上，1997年，全市湖区及开阔地区基本实现耕整农机作业，其双季耕整程序由传统的三犁六耙变成一犁四滚，用水减少40%。2005年开始，望城县在全区开展田间沟渠护坡护底，灌溉用水减少损失90%，2007年，黄金乡百果园等农业园区安装喷灌设备，灌溉面积26.67公顷。2009年开始，全市推广传统农业节水技术和建设节水型农业示范工程，在玉米、蔬菜作物种植推广地膜覆盖技术推广2.43万公顷，每公顷节水720立方米；在玉米、蔬菜、水果等作物种植上，推广秸杆覆盖技术7.33公顷，每公顷节水207立方米；在水稻生产上推广浅湿灌溉技术11.47万公顷次，每公顷节水1027.5立方米；在水稻、蔬菜、种植基地推广灌排分开技术11万公顷，每公顷节水360立方米。推广种植结构调整，水旱轮作技术推广4.3万公顷次，每公顷节水2113.5立方米；耐旱水稻玉米品种推广2.16万公顷，每公顷节水408立方米。是年，长沙县被列为全国“节水示范县”，金井军民水库灌区为节水示范区，100公顷水稻实行控水灌溉，40公顷茶园喷灌，静态投资210.13万元，每年增加经济效益35.10万元。2009—2012年，长沙市投入7841.07万元，支持长沙县、望城县、浏阳市、宁乡县、开福区、岳麓区农产品生产基地共30个高效农业节水示范项目，推广茶叶、果林、蔬菜、花卉等种植业的喷灌、滴灌、微灌技术，节水示范面积2252.2公顷，年节水561.86万立方米。2012年，全市农业生产灌溉总面积23.95万公顷，其中已推广节水灌溉面积10.5万公顷，占农业总灌溉面积的43.8%，经济和社会效益显著。

图 21-6-2-8 用于湘丰茶厂的喷灌节水方式
（摄于2005年5月19日，长沙市水务局供图）

第三节 防洪工程

一、城区堤防工程

（一）堤防区域。1987年，长沙城区设东区、西区、南区、北区4区，防洪堤分布在湘江两岸，湘江东岸自西湖桥至风嘴接新河垸，全长4559米，西湖路南至书院路口393米，以五一路橘子洲大桥为界，分别属南区和北区；湘江西岸沿江及龙王港南岸，全长7824米，属长沙市西区。城区堤防防洪标准低于30年一遇。是年，长沙市被列为全国25个重点防洪城市之一。1992年，湖南省水利厅水电勘测设计院依据《长沙市城市总体规划（1990—2010）》编制《湖南省长沙市城市防洪规划》，翌年2月获长江水利委员会批准，1993年9月，长沙市建设委员会、市水利水电局委托长江水利委员会编制《长沙市城市防洪规划可行性研究报告》，1994年8月获水利部批准。

长沙市城市防洪工程范围，南起天心区解放垸，望城县坪塘镇，北至霞凝港和望城县谷山乡，西起望城县天顶乡，东至长沙县㮾梨镇、螺丝塘乡，总面积661.4平方千米，并将上述范围划分为“中心城区”和非中心城区。中心城区又分为3个片。河东片：湘江猴子石至浏阳河口以东，浏阳河口至洪山庙以南，浏阳河洪山庙、花桥、圭塘河以西，井豹路以北，即湘江河东老城区，总面积108.55平方千米，有新河、福安、长善3个堤垸，堤防长度20.9千米。河西片：湘江靳江河口至三汊矶以西，靳江河口至龙回塘以北，望城坡以东，谷山以南，即湘江以西老城区，总面积78.39平方千米，有丰顺、麓山、岳北、岳华、茶山、湘麓6个堤垸，堤防长度15.8千米。捞霞片：湘江浏阳河至霞凝港以东，浏阳河口至洪山庙以北，长沙至湘阴公路以西，沙河以南，即捞霞组团开发区，总面积44.36平方千米，除中心城区以外规划范围为非中心城区，总面积430.07平方千米，包括联合、解放、苏托、洋湖、望新、梅溪、朝正、桃花、高桥、合丰、潭阳、侯照、东岸、高沙、团结、花园、黎江17个大小堤垸，堤长107.19千米，长沙县、望城区，浏阳市和宁乡县县城也列入城市防洪工程范围。

1996年6月，长沙市撤销东区、西区、南区、北区和郊区，成立芙蓉、天心、岳麓、开福、雨花5个区为城区，将长沙郊区所有乡镇和望城、长沙县的沙坪、望新、天顶、霞凝等扩为城区，长善垸分属芙蓉、雨花两个区管理。2006年，望城县所辖坪塘、含浦镇划入岳麓区，覆盖《长沙市城市防洪规划》范围。

（二）工程建设。1987年，长沙城区湘江东岸防洪堤部分建有麻石挡土墙，堤顶有麻石护栏，湘江西岸和郊区防洪堤均为土堤，防洪标准低于30年一遇，1988—1994年堤防工程建设是维修和养护。

依据《长沙市城市防洪规划》，长沙中心城区河东片、河西片、捞霞片近期按100年一遇洪水标准建设，非中心城区近期按30年一遇洪水标准建设。长沙市委、政府为根治水患，提高城市品位，在实际建设中将中心城区按100~200年一遇洪水标准，非中心城区按50~100年一遇洪水标准建设。

1994年大洪水后，11月初开工整治龙王港大堤，大堤全长3676米，投资2600万元，1994年12月17日，国务院总理李鹏在建设工地题词“修好湘江大堤，造福湖南人民”，中共中央总书记江泽民视察时题写“江泽民一九九五年三月二十日于龙王港”。工程于1995年3月30日竣工。

1998年11月6日，城区一水厂至水电码头堤段开工建设，经过100天奋战，防洪标准由30年一遇防洪标准提升至200年一遇。工程总投资5000万元。10月15日，长善垸防洪工程开工建设，苏托垸防洪大堤加固4千米，梅溪湖垸投资202.8万元，加宽加高大堤5.5千米。10月，投资1100万元加固解放垸堤防10.5千米。1999年3月3日，中国电力公司采用旋喷灌浆、打锚桩等工艺，4月底完成橘子洲大桥东上下游300米堤防除险加固。东岸垸防洪工程，大堤总长6.45千米，经过多次整治，1999年达100年一遇防洪标准。2001年1月，潇湘大道防洪工程开工，总投资2.6亿元，南起靳江河口，北抵橘子洲大桥，全长6.85千米，水电码头至南湖路口工程全长1.35千米，总投资6000万元，是年5月竣工，达200年一遇防洪标准。9月，历经3年建设的长善垸综合整治防洪工程竣工，12.1千米防洪大堤达200年一遇防洪标准。湘江大道裁弯取直防洪工程，工程是旧城改造，湘江风光带及河道整治综合性工程，南起潮宋街口，北至湘雅路口，全长1.16千米，2002年2月17日开工，同年5月竣工，总投资1.04亿元，按100年一遇防洪标准，37.50米（黄海）建设，加上一米高活动式防洪墙，达200年一遇防洪标准。12月开工建设丰顺垸靳江河左岸防洪工程，东接潇湘大道防洪堤，西至龙塘，全长3.5千米，工程总投资5500万元，2003年10月与潇湘大道防洪工程同时竣工，工程达200年一遇防洪标准。2003年12月，开工整治合丰垸圭塘河大堤3.2千米，加固加高大堤2.1千米，裁弯取直1.1千米，总投资7000万元。

图 21-6-3-1 潇湘大道防洪工程

（摄于2012年10月，长沙市水务局供图）

2004年3月，福安垸开工整治，整治大堤总长5.2千米，改造排渍泵站1座，涵闸2座，硬化堤内道路1千米，总投资7500万元。2005年3月，龙王港右岸达标建设3.1千米，堤顶装饰和堤委会管理用房改造，新建防汛仓库，总投资8500万元。是年10月，合丰垸圭塘大堤整治工程竣工，达100年一遇防洪标准。是年11月开工建设朝正垸达标堤防11千米、重建舟桥部队码头、堤委会用房和防汛仓库，总投资8000万元。2006年5月，福安垸防洪工程竣工。2007年2月，金霞片区防洪工程开工建设，东起芙蓉北路、浏阳河大桥，沿浏阳河右岸，西至湘江浏阳河口，转西向北至捞刀河新开河出口，再由西向东至芙蓉北路捞刀河大桥，堤长5.25千米，片区内有捞湖垸、五合垸（捞刀河改造后并入捞湖垸），总投资2.4亿元。同年12月，湘江东岸母山至北三环线段防洪工程开工建设，含戴家河垸、袁家湖、戚家湖及长沙金霞经济开发区湘江生态经济带。工程南起湘江三汊矶大桥，北至北三环月亮岛石长铁路桥，全长4.38千米，加固堤防3.92千米，内坡修整480米，修筑土堤2.8千米，总投资1亿元。同年，新河三角洲防洪工程开工建设，工程由湘雅路口至凤嘴路，全长2.8千米，三角洲防洪工程全部采用生态工艺雷诺护壁，用镀高尔钒材料护坡等新工艺，总投资7111万元。

2008年7月，五合垸片区滨水道路及景观工程开工建设，建设城市次干道4.33千米，临时道路0.92千米，景观绿化32.11公顷，建有观光人行道、亲水平台，多处休闲广场等，总投资2.17亿元。9月，潇湘大道南延线防洪工程开工，工程北起洋湖垸靳江河口，南至黑石铺大桥，全长4.02千米，工程总投资1.66亿元。10月，金霞片捞湖垸、五合垸防洪工程竣工，防洪标准达100年一遇。2009年1月，蒋家垅防洪工程开工，工程南起浏阳河南岸蒋家垅段至浏阳河大桥东，福安垸徒岭自拍涵闸以西，堤防总长521.5米，总投资1063万元。3月，捞刀河出口北岸防洪景观工程开工，工程东起苏托垸、楚家湖大堤，北至三汊矶大桥，建设防汛道路2.25千米，两侧绿化景观亮化，总投资2500万元。10月，潇湘大道南延线防洪工程竣工。12月，合丰垸浏阳河防洪大堤整治工程开工，工程从黎托乡侯照村绵羊山渡口至花桥圭塘河口，全长11.37千米，总投资4亿元。2010年，长沙、望城、浏阳（市）、宁乡县完成县城防洪工程建设，共整治和建设防洪大堤63千米。是年9月，五合垸片区滨水道路景观工程竣工，10月五合垸片滨水道路景观工程竣工。2011年4月，合丰垸大堤综合整治工程竣工。11月，潭阳垸防洪整

图 21-6-3-2 楚家湖防洪工程

（摄于 2007 年 7 月 17 日，长沙市水务局供图）

治工程开工，工程全长 6.17 千米，集防洪、交通、排涝、污水处理为一体的综合性工程，总投资 4000 万元。是年，由长沙绕城高速投资 300 万元，采用高压灌浆堵渗，解放垸长潭段管涌群险工消除。由长沙市城建投资集团投资采用堤路结合，使湘江大道延伸至南托垸，达 100 年一遇防洪标准。洋湖垸整体移民，建成洋湖湿地公园。

2012 年，长沙城区有堤垸 19 个（其中万亩堤垸 10 个），保护面积 1.38 公顷，堤防 56 条，堤防总长 228.46 千米，其中已达 100 年一遇防洪标准 193.55 千米。

二、农村堤防工程

（一）堤垸范围。1987 年，全市有千亩以上堤垸 70 个（万亩以上 22 个），保护面积 5.3 万公顷，耕地面积 3.34 万公顷，千亩以下 20 个，耕地面积 0.81 万公顷，堤防总长 462 千米。

1996 年，长沙市区划调整，原郊区划入城区，原属长沙、望城县的苏托、霞凝、五合垸等划入城区，2003 年，长沙县水塘垸、岳麓区丰顺垸、宁乡县回龙垸确定为万亩堤，全市万亩堤垸共 25 个，其中农村堤垸为 19 个，2006 年，长沙市再次区划调整，望城县坪塘镇、含浦镇划入岳麓区，有洋湖垸和 7 个小垸。

2012 年，全市农村有千亩以上堤垸 46 个（万亩 18 个），保护面积 4.65 万公顷，耕地面积 3.01 万公顷，堤防总长 347.63 千米。其中，长沙县万亩堤垸 6 个，千亩以上堤垸 16 个，保护面积 0.89 万公顷，耕地 0.56 万公顷，堤长 116.97 千米；望城区万亩堤垸 8 个，千亩堤垸 2 个，保护面积 2.53 万公顷，耕地 1.59 万公顷，堤长 160.44 千米；宁乡县万亩堤垸 4 个，保护面积 1.23 万公顷，耕地 0.85 万公顷，堤长 70.22 千米。

（二）堤防工程建设。1988 年，长沙市堤防防洪标准均低于 30 年一遇，险工险段多，防洪能力低。1989 年，长沙县投入资金 60 万元，完成回龙垸堤防加固土方 6 万立方米，同年，望城县筹集资金 848 万元，组织劳力 8 万余人，加固湘江一线大堤 42 千米，治理险工 47 处。1990 年，长沙县投入资金 106 万元，完成回龙垸、红花园、果园垸、双江垸堤防加固土方 10.5 万立方米。1991 年投入果园垸 73 万元，画田垸 10 万元，完成加固大堤土方 8.2 万立方米，是年，宁乡县水利冬修、双江口、檀树湾两乡镇动员劳力 2.1 万人次，出动手扶拖拉机 284 台，20 天移动土石方 45 万立方米，培厚加高新民垸大堤 6.5 千米，1991—1993 年，望城县投入资金 9351 万元，投工 1973 万个，移动土石方 1873 万立方米，培厚加高大堤 23 千米，大堤灌浆 15 千米，治理大堤险工 14 处。1993 年，株树桥水库在小溪河两岸建 3 级堤防 1.3 千米。1994 年投入 1605 万元，投工 439 万个，全市完成 18 个小型堤垸溃口复堤，加固大堤34 千米，块石护脚 11 千米，灌浆 7 千米，更新改造涵闸 75 处。同年，浏阳市在浏阳河滩段建 3 级堤防 3 千米。

1995 年，望城县大众垸一期综合治理工程完成大堤加高培厚土方 331.8 万立方米，湘江一线大堤防洪标准由 20 年一遇提升到 40 年一遇。同年，宁乡县投入 400 万元，完成闸坝湖垸大堤护坡护脚，灌浆 2.4 千米，培厚加高群英垸大堤 2.38 千米，完成土方 17 万立方米，同年长沙县投入曙光垸 4 万元处险。1996 年，长沙县投入曙光垸 40 万元加固大堤，是年宁乡县动员劳力对闸坝湖老河口堵口进行除险加固。1996 年冬至 1997 年，望城县加固防洪大堤 106 千米，大堤灌浆 3.5 千米，治理险工险段 50 处。1997 年，宁乡县新民垸在洞庭湖区二期治理中拆迁大堤上所有房屋建筑，拉通全垸防汛公路。是年，浏阳市宏源水轮泵站左岸新建 5 级堤防 300 米。

1998 年大洪水之后，各级政府加大水利投入，长沙县投入 85 万元，加固双江垸大堤，修复铜钱塘溃口，加固跃丰垸大堤，望城县总投资 1.5 亿元，大众垸人均集资 80~100 元，每亩收水利粮 15 千克，人均劳力负担 50 个工日，出动劳力 17 万人，投入施工机械 500 台，移动土石方 1123 万立方米，加固大堤 20 千米，更新排渍机械 17 处，胜利垸堤防洪标准提升到 50 年一遇防洪标准。东城镇人均集资 67 元，人均负担劳动工日 30 个，加固苏蓼垸鱼尾洲、罾港子大堤，黄龙河大堤灌浆防渗，大堤提高至 30 年一遇防洪标准。浏阳宏源水轮泵站右岸建 5 级堤防 300 米。1999 年，长沙县古井垸防洪大堤加固，投入 35 万元，望城县出动 30 余台套施工机械，对团山湖垸珍珠塘、马缩腿堤段吹填加固，全线大堤堤顶加宽至 8 米，高程 38 米；加宽石渚湖垸湘江一线大堤 6 千米，古城桥段筑 2 千米护脚平台，整修联合垸清水河堤段，同福、联合两垸大堤加高至 39.5 米，宽 8~12 米，完成大众垸处险 11 处，吹填大堤护脚平台 10 千米。宁乡县对群英垸、闸坝湖垸除险回固灌浆 1.6 千米，护坡护脚 6.5 千米。

2000—2001 年，长沙县投入资金 408 万元，加固果园垸、敢胜垸、双江垸堤防。望城县投入 900 万元，对苏蓼垸金龙机合堤段全面整治，内迁 100 米，重建金龙机台、石渚湖垸通过全面加修，达 30 年一遇防洪标准。2002 年，宁乡县完成新民垸七星塘段大堤护脚和熊家洲沙河电站段大堤填塘固基。至 2002 年，大众垸二期治理共投入 1.27 亿元，加固加高大堤，更新涵管涵闸，更新改造电排站，治理团头湖，使大众垸的防洪标准达 40 年一遇提升至 50 年一遇。2003 年，长沙县投入资金 274 万元，加固敢胜、果园垸大堤，完成土方 10.3 万立方米，果园垸 6.8 万立方米。同年，望城县投入 500 万元，加固同福垸北挡子堤段，双合垸五管子堤段和翻身垸鸭棚子堤段。2004 年，长沙县投入 210 万元，完成敢胜垸、回龙垸大堤加固，完成土方 7.7 万立方米，同年，望城县投入劳动工日 500 万个，移动土石方 500 万立方米，加固大众垸乔口湛湖、乔口东福段大堤 3 千米，苏蓼垸湘江大堤全部块石护坡，翻身垸、花果垸大堤抛石护脚，铜官太丰垸挖港子处险等。同年，宁乡县洞庭湖二期治理，总投资 133 万元。新民垸刘家洲堤段涵闸改建，完成土方 3.6 万立方米，浆砌石 640 立方米，钢筋混凝土 300 立方米。2005 年长沙县投入 541 万元，加固敢胜垸大堤，完成土方 5.1 万立方米；投资 142 万元，完成双江垸加固，移动土方 4.1 万立方米。望城县团山湖垸马缩腿、翻身垸中蚌丘堤段除险加固，联合垸白石涵闸灌浆，洋湖垸 800 米大堤压渗，投入劳动工日 1062 万个工日，移动土石方 1062 万立方米。2006 年，长沙县投入 368 万元，完成敢胜垸堤防加固土方 3.5 万立方米，同年，望城县打捆各类涉水资金 1.78 亿元，整治小型堤垸堤防 15 千米，治理大众垸、团山湖垸险工 16 处。2007 年望城县整合各类水利资金 1.96 亿元，建设标准防洪大堤 30 千米，治理险工险段 14 处，其中投资 6800 万元，对集雨面积 57 平方千米的大众垸团头湖进行全面整治，建设环湖标准大堤 19.6 千米，湖堤全面护坡护脚，新建防洪闸 7 处，接长涵管98 处，搬迁排涝机台 9 处，架设照明线路 21.5 千米。同年，宁乡县洞庭湖二期治理投入资金 1000 万元，完成新民垸七星塘堤段护坡，新建防渗墙，改建五湖闸。浏阳市关口街道浏阳河两岸在占佳、水佳段建 3 级堤防 2.3 千米。2008 年，长沙县投入红花垸堤防建设 20 万元，完成加固堤防土方 1.2 万立方米，同年，望城县投入1007万个工日，移动土方1013万立方米，完成团山湖垸马缩腿、翻身垸谭家港、苏蓼垸黄龙河大堤加固培厚和护坡，结合靖港古镇开发，整治靖港古镇堵坝至中南寺老沩水坡岸4千米。

2009年，宁乡县洞庭湖二期治理投入200万元，完成新民垸大堤灌浆。8月18日，潇湘大道北延线开工建设，总投资14亿元。2010年竣工，联合垸、同福垸、胜利垸至沩水河入湘江口大堤达100年一遇防洪标准。是年，长沙县投入190万元，完成敢胜垸大堤加固土方1.5万立方米。宁乡县投入65万元，完成新民垸丁字庙段大堤雷诺护坡护脚300米。

2011年，长沙县投入331万元，完成双江垸、敢胜垸堤防加高培厚。同年，南托垸采用堤路结合，建设湘江大道南延线，次年竣工，使该垸堤防达100年一遇防洪标准。宁乡县投入1100万元，完成回龙垸、闸坝湖垸，186千米垸内沟渠疏浚改建。浏阳市在浏阳河澄潭江段建5级堤防1000米，达浒麻洲段新建5级堤防537米。2012年，长沙县万亩以上堤垸达50~100年一遇，望城区团山湖翻身垸、石渚垸为30年一遇，大众垸苏蓼垸达50年一遇，胜利、联合、同福垸达100年一遇防洪标准。

表21-6-3-1　2012年长沙市城乡千亩（66.67公顷）以上堤垸基本情况一览表

垸名	所在乡镇、街道	保护面积（公顷）	耕地面积（公顷）	大堤长度（千米）	堤顶高程（米）	历史最高水位（米）	发生时间（年月日）
长沙县							
团结垸	星沙	732.4	0	4.57	40	39.02	1998年6月
回龙垸	黄花	1120.0	853.33	9.6	42	40.53	1969年
果园垸	果园	970.66	493.33	9.28	41.6	40.54	1998年7月
敢胜垸	黄兴	1490.66	850.0	14.88	41	40.28	1998年7月
南托垸	暮云	957.33	444.66	11.15	40.75	39.86	1994年6月
水塘垸	安沙	606.66	357.23	5.22	40.5	38.75	1998年6月
高沙垸	星沙	283.33	230.0	5.34	39.2	38.74	1998年6月
双江垸	果园	290.0	230.0	3.91	44.97	41.04	1998年7月
红花垸	果园	185.33	100.0	2.62	43.11	41.54	1998年7月
古井垸	果园	120.0	71.0	3.46	41.5	41.54	1998年7月
大桥垸	黄兴	252.0	128.0	3.66	44.2	41.18	1998年7月
杨梅垸	黄兴	109.33	86.0	2.32	43	41.58	1998年7月
先锋垸	黄兴	88.0	80.0	3	41	42.58	1998年7月
跃丰垸	黄兴	76.0	35.93	3.48	40	40.28	1998年7月
官桥垸	暮云	159.33	147.33	1.01	40.6	39.86	1994年6月
兴马垸	暮云	104.4	23.33	10.5	40	39.86	1994年6月
红旗垸	安沙	322.0	308.0	5.21	41.6	39.5	1998年6月
三合垸	安沙	66.0	44.65	3.26	40.03	39.05	1998年6月
梅塘垸	安沙	155.33	108.66	3.9	40.5	39.05	1998年6月

续表 21-6-3-1

垸名	所在乡镇、街道	保护面积（公顷）	耕地面积（公顷）	大堤长度（千米）	堤顶高程（米）	历史最高水位（米）	发生时间（年月日）
花元垸	榘梨	163.33	118.66	4.69	40	40.23	1998年7月
梨江垸	榘梨	137.33	63.33	2.5	38.5	40.23	1998年7月
曙光垸	跳马	384.66	299.33	3.41	42.33	41.98	1998年7月
望城区							
大众垸	靖港、乔口、格塘镇	13600.0	8200.00	41.8	38.41	37.8	1998年6月27日
胜利垸	高塘岭镇	1280.0	733.33	8	38.5	38	1998年6月27日
苏蓼垸	东城镇	1633.33	793.33	14	37.8	37.3	1998年6月27日
同福垸	白沙洲街道	1946.66	1233.33	17.6	38.5	38.05	1998年6月27日
联合垸	月亮岛街道	1946.66	1226.66	17.6	38.5	38	1998年6月27日
翻身垸	丁字	813.33	666.67	7.53	38.7	38.51	1998年6月27日
石渚垸	书堂	680.00	590.0	11.5	38.4	37.89	1998年6月27日
团山垸	乌山	1533.33	873.33	13.6	38.8	37.89	1998年6月27日
南中垸	乌山	246.66	166.66	3.5	40	39.2	1998年6月27日
白沙垸	乌山	233.33	120.00	3.6	38.5	38.5	1998年6月27日
李家垸	乌山	120.00	80.00	2.1	37.5	38.5	1998年6月27日
高裕垸	高塘岭	173.33	100.00	0.88	38.5	38.1	1998年6月27日
李湖垸	乌山	133.33	66.66	1.88	38	38	1998年6月27日
新塘垸	书堂	140.00	113.33	2.5	38.5	38	1998年6月27日
双合垸	书堂	113.33	93.33	1.2	38.2	38	1998年6月27日
花果垸	铜官	166.66	120.00	3.5	37	37.5	1998年6月27日
太丰垸	铜官	200.00	133.33	4.2	37.5	37.5	1998年6月27日
周湖垸	丁字	106.66	66.67	2.5	38.2	37.5	1998年6月27日
施家湖垸	丁字湾街道	93.33	33.33	1.5	37.5	38	—
湖塘垸	乌山	106.66	33.33	1.45	37.5	38.5	—
宁乡县							
新民垸	双江口镇	4360.00	3649.66	14.39	41.8	40.5	1969年8月10日
群英垸	历经铺乡 金洲镇	3013.33	2093.33	22.33	51.5	—	—
回龙垸	回龙镇 白马桥乡	3633.33	1893.33	22.3	49	—	—
闸坝湖	闸坝湖	1313.33	906.66	11.2	37.58	37.1	1998年6月

续表 21-6-3-1

垸名	所在乡镇、街道	保护面积（公顷）	耕地面积（公顷）	大堤长度（千米）	堤顶高程（米）	历史最高水位（米）	发生时间（年月日）
				芙蓉区			
长善垸	马王堆街道	851.66	0	8.503	41.5	39.61	1998年6月27日
东岸垸	东岸街道	720.00	0	6.45	41.4	39.64	1998年6月27日
				天心区			
解放垸	大托铺、黑石铺	1446.66	800.00	11.56	40.5	39.59	1994年6月18日
				岳麓区			
丰顺垸	岳麓街道	800	0	9.07	41	39.18	1998年6月27日
洋湖垸	洋湖街道	1058	0	12.01	40	39.30	1998年6月27日
五星垸	含浦街道	200	106.66	3.3	40.5	—	—
幸福垸	含浦街道	153.33	93.33	3.6	41.8	—	—
九江垸	含浦街道	193.33	166.66	3.9	40.5	—	—
花塘垸	含浦街道	100.00	66.66	2.1	39.5	—	—
联丰垸	含浦街道	200.00	120.00	1.9	40	—	—
高桥垸	坪塘街道	140.00	66.66	0.9	40.1	39.18	1998年6月27日
三湖垸	含浦街道	153.33	100.00	3.1	40.1	39.18	1998年6月27日
麓山垸	西湖街道	253.33	0	5.316	40.5	39.18	1998年6月27日
岳北垸	观沙岭街道	113.33	0	0.093	40	39.18	1998年6月27日
梅溪垸	天顶街道	213.33	0	5.5	39.5	39.30	1998年6月27日
				开福区			
新河垸	新河街道	453.33	0	7.27	41	39.18	1998年6月27日
乌溪垸	捞刀河镇	87.00	70.66	1.68	40.7	38.76	1998年6月27日
双湖垸	捞刀河镇	100.40	74.80	1.8	39.5	38.29	1998年6月27日
工农垸	捞刀河镇	72.13	57.13	1.26	38.2	38.76	1998年6月27日
福安垸	四方坪	668.40	0	6.4	40	39.6	1998年6月27日
涝湖垸	洪山局	933.33	0	11.25	40	39.18	1998年6月27日
朝正垸	洪山局	735.33	0	6.12	40	39.18	1998年6月27日
苏托垸	捞刀河镇	1236.26	94.6	10.987	39.8	38.76	1998年6月27日
戴家河垸	新港镇	333	0	3.69	40.5	39.18	1998年6月27日

续表 21-6-3-1

垸名	所在乡镇、街道	保护面积（公顷）	耕地面积（公顷）	大堤长度（千米）	堤顶高程（米）	历史最高水位（米）	发生时间（年月日）
漆家湖垸	新港镇	233.33	0	2.56	38.5	39.18	1998年6月27日
霞凝垸	新港镇	70.00	0	2.64	39.5	39.18	1998年6月27日
雨花区							
合丰垸	黎托街道、东山街道	1600.00	0	15.2	39	40.22	1998年6月27日
长善垸	高桥街道	413.33	0	9	39.5	40.22	1998年6月27日
侯照垸	东山街道	200.00	40.00	2.9	39.5	40.22	1998年6月27日
潭阳垸	黎托街道	246.66	0	7.5	37	40.22	1998年6月27日

表 21-6-3-2　　2012 年长沙市城乡堤防基本情况一览表

区、县（市）	堤防数量（条）	堤防长度（米）	各级堤防数量（条）/长度（米）					达标堤防（米）
			1 级	2 级	3 级	4 级	5 级	
芙蓉区	3	14953	3/14953	—	—	—	—	14593
天心区	2	22360	2/22560	—	—	—	—	22560
岳麓区	22	77107	9/44727	—	13/32380	—	—	63594
开福区	15	58432	15/58432	—	—	—	—	37035
雨花区	15	55410	8/30870	—	3/15310	4/9230	—	55410
长沙县	29	124750.91	2/9475	3/4341	—	17/3000	7/18335	17116.74
望城区	19	221968	4/71843	15/150125	—	—	—	20243
宁乡县	65	397917	—	—	5/29604	20/141903	40/229570	—
浏阳市	12	12587	—	—	8/10450	—	4/2137	10437
合计	182	985484.91	43/267262	18/154466	29/60744	41/154133	51/250042	241398.74

三、撇洪渠工程

1988 年，长沙市大小堤垸有撇洪渠 96 条，总长 225 千米。

1989 年，望城县投入 38 万元，加高培宽联合垸撇洪渠。1997 年，投入 99 万元，加固联合垸撇洪渠，1998 年 6 月，联合垸撇洪渠发生溃堤性险情。望城县组织劳力 200 多人抢险，投入资金 30 万元，保住撇洪渠大堤。是年 6 月 16 日下午 5 时，望城县翻身垸撇洪渠溃口 30 米，6 月 27 日，大众垸撇洪渠，杈子桥段被洪水冲开 30 米缺口，经过干部群众和武警官兵奋力抢险，实现合垅。是年，大众垸烂泥湖撇洪河湛湖段3千米大堤加高。2001年8月4日，暴雨造成石渚垸撇洪渠东毛闪段溃口10米，望城县调集干部群众100余人，木材5立方米抢险。2002年，石渚垸南向撇洪渠3处发生内滑坡，其中蔡家坡段200米，猫子冲段200米，李家池塘段300米，当年10月投入10万元修复。是年10月投入85万元，加高培厚，清淤扫障联合垸撇洪渠；投入25万元，整治石渚湖撇洪渠，加固堤身。

2004年，杨家湾撇洪渠曾因渠道过流断面小，桥涵阻水严重，多次发生渠道滑坡溃口，使东岸垸成为泽国，分别由芙蓉区、长沙经济开发区、长沙县政府和长永高速分别以4:3:2:1共同出资8000万元，芙蓉区政府作为业主承担改造任务。工程2005年10月开工，征用土地12.53公顷，拆迁房屋55栋1.7万平方米，移动土石方35万立方米，铺贴混凝土4.2万平方米，浇筑混凝土3.2万立方米，浆砌石0.3万立方米，整治干渠2286米，新建两座跨渠桥。更新罗溪港电排站，使排渍能力增加一倍，2006年5月竣工，东岸垸洪水影响消除。

2006年，石渚垸撇洪渠猫子段处险投入10万元，翻身垸疏浚撇洪渠2千米。2007年7月21日，石渚垸李家池塘段内坐100米，当年投入10万元修复。2008年翻身垸硬化撇洪渠堤身兼道路10.8千米，对撇洪渠部分堤身护砌加固。2009年石渚垸撇洪渠张家塌处险投入20万元。2010年石渚垸李家池塘段撇洪渠处险投入50万元。砌麻石挡土墙500米。2011年，投入5万元加固石渚垸撇洪渠蔡家坝段。同年投入62万元，加固翻身垸撇洪渠4处，完成土石方2万立方米。2012年投入67万元，维修石渚湖撇洪渠3处河坝，护砌撇洪渠猫子冲段500米挡土墙，加高培厚堤身。其他堤垸撇洪渠，在历年的城乡堤垸防洪工程综合整治中得到相应加固改造，防洪能力有质的提升。

四、防洪、分（泄）洪闸

1987年，全市共有防洪、分（泄）洪闸共41座，其中长沙县5座、望城县6座、浏阳县2座、宁乡县21座、市区2座、郊区5座。望城县乔口防洪闸为中型防洪闸，过闸流量1240立方米/秒。

1988年，浏阳县在澄潭江镇碧溪车上、东古潭、上马头新建3座分（泄）闸。是年，望城乔口防洪闸消力池集中渗水，通过用炒米糕式松散性混凝土处理和钢纤维混凝土修补底板，渗水减小。1989年，宁乡县新建历经铺唐公庙分（泄）洪闸。1996年，乔口防洪闸底板再度出现渗漏。1997年投入资金314万元，采用消力池底板高压灌浆，根治渗漏。是年，宁乡建成历经铺曾家河右岸闸。1998年，长沙县建成暮云镇窖湾寺闸，浏阳完成沿溪镇道源闸，宁乡县完成历经铺镇曾家河右闸建设。1999年，宁乡县新建双江口镇下家山庙闸。2000年，天心区新建杨家桥闸。2001—2005年，长沙县建成杨家桥、官家湖2个水闸，开福区建成三角塘南、北2个水闸和凤嘴、戴家河、陈家渡3个泵站水闸、芙蓉北路污水处理厂闸。2005年8月14日，乔口变电站变压器被雷电击损坏，乔口防洪闸闸门无法开启，致撇洪河水势猛涨，闸上游水位达36.3米，闸上、闸下水位落差5米，严重威胁撇洪河两岸望城、宁乡、益阳、湘阴40多万人口，4万公顷农田安全。省、市、县领导到现场，组织人力、物力抢修变压器和高

图21-6-3-3 望城区乔口防洪闸
（摄于2012年10月，长沙市水务局供图）

压输电线路，15 日下午 4 时恢复供电，解除洪水威胁。2006 年，天心区新建鸭笼子、开福区新建月湖泵站分（泄）泄闸，2008 年，长沙县新建春华镇龙王庙、王家坝上水闸、中水闸和余家坝水闸。2009 年，开福区新建柒家湖、五合垸、楚家湖、社教桥 4 个泵站泄洪闸。2011 年，长沙县新建春华镇船坡上、下闸，宁乡县新建夏铎铺西冲大塘水闸。2012 年，全市有防洪、分（泄）洪闸 74 座，过闸流量 3926.66 立方米/秒。

表 21-6-3-3　　2012 年长沙市防洪、分（泄）洪闸基本情况一览表

县（市）区	数量（座）	过闸流量（立方米/秒）	县（市）区	数量（座）	过闸流量（立方米/秒）
长沙县	13	1021	芙蓉区	1	105
望城区	3	1279	天心区	2	24.1
浏阳市	6	365.8	开福区	23	265.96
宁乡县	26	865.8			

五、排水治涝工程

1987 年，全市有内燃机排渍机 237 台，2232 千瓦，电动排渍装机 338 台，2.31 万千瓦，基本能适应农田十年一遇排涝标准。随着排渍设备老化，原装备苏式设备因缺乏配件，需要更新改造，内燃机操作复杂，效率低逐渐被淘汰。排（退）水闸许多闸门为木制，险工隐患多。

1988—1990 年，望城新建管子、四方园、金龙 3 个泵站，黄谷塅排水闸；宁乡建成土家坝水闸沙河泵站，浏阳市建成澄潭江园珠排水闸，长沙郊区建成跃进湖、陈家湖 2 个泵站。全市新增排渍装机 360 千瓦，新增排水闸流量 21 立方米/秒。1991—1997 年，宁乡县建成莱潭寺、合四函、檀树湾、谭家洲 4 个排水闸，望城建成玉泉山、黄泥湖 2 个排水闸，建成乔口老闸口、乌山开发、格塘得胜、郭家嘴、东城南岸堤、五星纪洲 6 个泵站，长沙郊区建成甘嘴坨和交警楼 2 个泵站，全市新增排渍装机990 千瓦，排水闸流量 1037.39 立方米/秒。1998 年，全市把堤防工程整治与排渍泵站、涵管、水闸建设结合，全面提升城乡防洪排涝标准。是年完成长沙中心城区小西门泵站建设，宁乡完成园洲泵站建设。1999 年，城区东屯渡、丰顺垸、花桥、南湖港 4 个泵站，五星港口排水闸，望城县青峰泵站和周家湾排水闸建成。由省水利厅投入 850 万元，更新改造靖港电排站任务完成。长沙县建成黄兴镇东山泵站，宁乡建成周家湾泵站。2000 年，城区建成龚家围子、李家山、中心港、乌溪港 4 个排渍站，和岳麓区石嘴子排水闸、望城县建成蛇形山、馒头墩、粉行、新谷 4 个排渍泵站和铜官北挡堤排水闸。1998—2000 年间，全市新增城区排渍装机 5325 千瓦，农村 1850 千瓦，城乡新增排水闸 3 座，过闸流量 49.26 立方米/秒。2001—2005 年，长沙城区新建亭子港、赵洲港、北站路、长善垸中心泵站、灵官渡等 14 座泵站，新增排渍装机 2.12 万千瓦，长沙县、望城县、宁乡县共新建泵站 15 座，排渍装机 2465 千瓦。城区新建赵洲港、王家港等 10 座排水闸，过闸流量共 119.4 立方米/秒。长沙县、望城县新建汤阳桥、顺风、挖港子等 5 座排水闸，过闸流量共 40.75 立方米/秒。2006—2011 年，城区新建排渍泵站 17 座，装机 38130 千瓦。其中芙蓉区建成三角塘、罗溪港和鸭笼子 3 个泵站，装机 5800 千瓦；天心区建成双管子泵站，装机 1760 千瓦；开福区建成柒家湖、楚家湖、月湖、金霞等 4 个泵站，装机14530 千瓦。城区建成排（退）水闸 15 座，流量 238.4 立方米/秒，其中天心区建湘府站、黑石路、双管子等 7 个排水闸，流量 78.3 立方米/秒；

图 21-6-3-4 天心区解放垸中心港电排站

（摄于 2003 年 10 月，长沙市水务局供图）

岳麓区建成和平闸、李家山等 4 座排水闸、流量94.4 立方米/秒；望城县新建乔口、白石湖、板凳行等 13 座泵站，装机 5484 千瓦，宁乡县建成闸坝湖泵站，装机 132 千瓦；望城新建排（退）水闸 10 座，流量 103.35 立方米/秒；宁乡建成马家坝排水闸，流量 100 立方米/秒，为提高排渍泵站可靠性，城区逐年给泵站加装双电源供电。2012 年，望城更新改造泵站机械 80 台套。

2012 年，全市共有排渍（灌排结合）泵站 224 座，装机 607 台，装机总容量 10.83 万千瓦；有排（退）水闸 92 座，排水总流量 2729.32 立方米/秒。城区达到闭闸期十年一遇，12 小时暴雨，12 小时排干；农村十年一遇，三日暴雨，三日排干的治涝标准。

表 21-6-3-4　　2012 年长沙全市 55 千瓦以上排渍泵站、排（退）水闸统计一览表

县(市)区	数量(座)	装机数(台)	装机容量(千瓦)	排(退)水闸(座)	过闸流量(立方米/秒)
芙蓉区	7	38	11495	0	0
天心区	8	35	6275	8	116.76
岳麓区	13	46	10300	18	173.3
开福区	36	146	34751	3	57.71
雨花区	8	46	15260	5	135.40
长沙县	38	120	5593	2	17.00
望城区	103	160	19761	28	247.19
浏阳市	1	2	56	23	1936.66
宁乡县	10	15	1797	5	45.35
合　计	224	607	108288	92	2729.32

第四节　水力发电

一、电站

长沙市水力资源蕴藏量 43.06 万千瓦，以浏阳河流域为最，占全市蕴藏总量的 53%，其次为沩水河流域。1987 年，长沙市共有水力发电站 226 座，总装机 4.86 万千瓦，其中装 400 千瓦的 16 座，装机 54 台，装机容量 3.92 万千瓦。

1988年，随着国家大电网的延伸普及，一部分未并入国家电网的小型电站因缺乏用户，或枯水季节无水发电被关停。年末，长沙市水力发电站共59座，较上年减少207座，年发电量6644万千瓦。

20世纪90年代初，浏阳市株树桥电站、磨刀坑电站相继建成。其中株树桥电站装机3台，装机容量2.4万千瓦时，年发电量5629.33万千瓦时。1992年，长沙市水力年发电量跃增至1.26亿千瓦时。

进入21世纪，国家投资、股份制投资、民营投资增多，加快水电站的建设。2004年，湖南鼎鹰水利电力有限公司投资2400万元，建成万家荘水电站，装机3台，装机容量4800千瓦时，年发电量2046万千瓦时。是年，长沙县投资800万元，建成赤石河坝电站，装机4台，装机容量800千瓦时，年发电量260万千瓦时，2005年投资2500万元，建成郭公渡水电站，年发电量240万千瓦时，是年5月，由中国国际五凌电力公司投资建设，黑糜峰抽水蓄能电站开工建设，总投资35亿元，分二期实施设计安装4台30万千瓦发电机组，为湖南省首座抽水蓄能电站。2008年，浏阳市民营资本投入4875万元，建成双江口电站，装机3台，装机容量4800千瓦时，年发电量2200万千瓦时，是年，民营资本投资3348.89万元，建成槽门滩水电站，装机3台，装机容量4800千瓦时，年发电量2048万千瓦时；宁乡县民营资本2500万元，建成珍洲水电站，装机4台，装机容量3200千瓦，年发电量1400万千瓦时。2009年，宁乡县投资800万元，建成沩丰坝水电站，装机3台，装机容量2100千瓦时，年发电量600万千瓦时。2009年8月23日，黑糜峰蓄能一期工程2台发电机组正式运行发电。其间，望城杨桥电站和双江口电站被黑糜峰蓄能电站征收。是年9月30日，湘江长沙综合枢纽开工建设，是湘江干流梯级开发最后一级，电站设计装机6台，装机容量5.7万千瓦时。2010年7月，黑糜峰抽水蓄能电站二期开工，总投资14.2亿元，工期72个月。湘江长沙综合枢纽75万元收购翻身垸谭家巷水电站。2012年4月30日，枢纽电厂厂房及左汊泄洪闸一期工程完成。

图21-6-4-1 株树桥电站内景图
（摄于2012年10月，长沙市水务局供图）

2012年，长沙市共有装机容量400千瓦时以上水电站144座，装机363台，总装机容量136.71万千瓦时，其中长沙县3座，装机12台3150千瓦时，望城2座，装机容量125.7万千瓦时，浏阳市105座，装机容量9.4万千瓦时，宁乡34座，装机容量1.3万千瓦时。

表21-6-4-1　　1988—2012年长沙市水力发电量统计一览表

年份	长沙县		望城县（区）		浏阳市		宁乡县		发电量合计（万千瓦时）
	电站数（座）	年发电量（万千瓦时）	电站数（座）	年发电量（万千瓦时）	电站数（座）	年发电量（万千瓦时）	电站数（座）	年发电量（万千瓦时）	
1988	1	260	4	366	19	3118	35	2900	6644
1989	1	300	4	366	20	3203	35	2910	6779
1990	1	350	4	366	21	3323	35	2910	6949

续表 21-6-4-1

年份	长沙县		望城县（区）		浏阳市		宁乡县		发电量合计（万千瓦时）
	电站数（座）	年发电量（万千瓦时）	电站数（座）	年发电量（万千瓦时）	电站数（座）	年发电量（万千瓦时）	电站数（座）	年发电量（万千瓦时）	
1991	1	380	4	366	22	4398	35	2900	8044
1992	1	430	3	290	24	9008	35	2920	12648
1993	1	560	3	290	24	8954	35	2920	12724
1994	1	620	3	290	24	11420	35	2950	15304
1995	1	650	3	290	25	11469	36	3000	15409
1996	1	720	3	290	27	8808	36	3010	12828
1997	1	800	3	290	28	10766	36	3010	14866
1998	1	820	3	290	29	14023	37	3070	18203
1999	1	850	3	290	31	12718	37	3050	16908
2000	1	930	3	290	32	8387	37	3080	12687
2001	1	980	3	290	32	9454	37	3100	13824
2002	1	1090	3	290	34	13892	37	3200	18472
2003	1	1200	3	290	39	13686	37	3160	18336
2004	2	1900	1	30	40	13067	38	3480	18477
2005	3	2500	1	30	59	18676	38	3500	24706
2006	3	2600	1	30	62	20396	39	3800	26826
2007	1	2700	1	30	78	23759	39	3800	30289
2008	1	2800	1	30	101	24113	39	3770	30713
2009	3	3100	1	30	102	28402	40	3850	35382
2010	3	3200	1	18000	103	28388	41	3700	53288
2011	3	3500	2	18000	104	25477	41	3900	50877
2012	3	3800	2	16000	105	29219	34	2900	53919

二、电网

浏阳市北区电网是长沙独有以小水电为主体的农村电网，主要接纳浏阳市小型水力发电。

1988 年，北区电网启动第一座变电站建设，并不断进行电网建设改造，2002 年由湖南水利电力有限公司控股，浏阳北区电网成为其属子公司，至 2006 年年底投资 2940 万元，改造配电台区 141 个。2007 年经浏阳市政府与湖南新华水利电力有限公司签字转让合同，北区电网成为新华水利电力有限公司的全额子公司。是年，公司供电区内形成 11 座小型水电站（装机 3873 千瓦），以长沙市 110 千伏安变电站，北盛 35 千伏安变电站及社港 35 千伏安变电站为中心，10 千伏安线路为辐射的供电网络。同年投

图 21-6-4-2 万家庄水电站拦河坝
（摄于 2012 年 6 月，长沙市水务局供图）

入 3100 万元，增加 1 台 5000 千伏安主变压器；完成社港 35 千伏安变电站的扩容和区内大部分农网改造任务。2008 年年底投入农网改造资金 6000 万元。2009 年，完成北盛 35 千伏安变电站增容改造，主变压器由原来的 2×5000 千伏安增容为 2×1 万千伏安。2010 年启动龙伏、焦溪 110 千伏安变电站建设，2012 年正式投入运行，供区内共有 110 千伏变电站 1 座，容量 6.3 万千伏安，35 千伏变电站 2 处，总容量 3 万千伏安，国家电网 110 千伏安变电站 1 座，容量 5.15 万千伏安，10 千伏安配电台区 839 处，变压器 869 台，总容量 9.20 万千伏安。110 千伏安装线路 2 条，总长 53.8 千米，35 千伏安线路 3 条，总长 6000 千米。电网供电范围北盛、洞阳、沙市、淳口、龙伏、社港 6 个乡镇，83 个行政村（居委会），供电人口 32.7 万人，供电面积 960 平方千米。至此，浏阳市特有小型水电供电网与国家电网并网。

第五节 水土保持

一、水土流失

长沙地质结构多样，广泛分布花岗岩、红砂岩、挟石岩和第四纪红土，极易受干湿交替而风化剥蚀，雨水滴溅，径流冲击而流失。1987 年，全市水土流失面积 2718.1 平方千米，占总面积的 23.03%。主要分布在沩水、捞刀河流域，其中长沙县水土流失面积 406.4 平方千米，望城县 206.7 平方千米，宁乡县 1211.1 平方千米，浏阳县 862.0 平方千米，长沙郊区 31.5 平方千米；分别占各县郊区总面积的 19.4%、14.4%、41.7%、17.2%、11.0%。

1988 年，望城县夏秋大雨，全县水土流失面积 261 平方千米，其中中度侵蚀 88.34 平方千米，分布在高塘岭、铜官、格塘等湖区；强度侵蚀 33.17 平方千米，分布在桥驿、茶亭、稽山、莲花、含浦等地，全县因泥沙淤积山塘 1100 口。

从 20 世纪 90 年代开始，长沙社会经济进入高速发展时期、城市建设、房产开发、公路、公矿企业建设等，大量地表植被破坏，人为造成水土流失。1998 年，长沙县水土流失调查，全县水土流失面积 649.88 平方千米，占全县总面积 32.5%，平均侵蚀模数 2430 吨平方千米/年，全县年土壤侵蚀量 157.92 万吨。

通过历年小流域治理，全面禁垦、禁伐植树造林等工程措施，加强对造成水土流失的监管，全市水土流失面积逐年减少。

2002 年，省水利厅开展全省第二次水土流失卫星遥感调查，长沙市水土流失面积为1322.94 平方千米，占全市总面积 11.19%。其中轻度侵蚀 426.07 平方千米，中度侵蚀 843.51 平方千米，强度侵蚀 53.37 平方千米。其中，长沙县水土流失面积 295.29 平方千米，轻度侵蚀 114.37 平方千米，中度 158.6 平方千米，重度 22.32 平方千米；望城县水土流失面积 177.4 平方千米，轻度 98.3 平方千米，中度 69.7 平方千米，强度侵蚀 9.6 平方千米；宁乡县水土流失 434.6 平方千米，轻度 320.2 平方千米，中度 80.6 平方千米，强度 20.2 平方千米；浏阳市水土流失面积 325 平方千米，轻度 209.5 平方千米，中度 93.6 平方千米，强度侵蚀 21.9 平方千米；芙蓉、天心、岳麓、开福、雨花区水土流失面积分别为 6 平方千米、10 平方千米、35 平方千米、25 平方千米、12 平方千米，均为轻度和中度水土侵蚀。

2012 年，全市水土流失面积 1035.5 平方千米，占土地面积 8.8%，其中轻度、中度、强度分别为 778.4 平方千米、200.5 平方千米、56.6 平方千米。

表 21-6-5-1　2012 年长沙市水土流失情况一览表　单位：平方千米

县市区	轻度	中度	强度	土地总面积	水土流失面积	占土地总面积（%）
长沙县	132	20	4.5	1998	156.5	7.1
望城区	42	13.3	3	1352	58.3	4
浏阳市	257	89.2	2.9	4998	375.2	7.5
宁乡县	330	75	20.1	2913	425.1	14.6
芙蓉区	0.4	—	—	42	0.4	0.7
天心区	3	—	—	73	3	4.1
岳麓区	5	1.4	—	139	6.4	4.6
开福区	5	0.4	—	189	5.4	2.9
雨花区	4	1.2	—	115	5.2	4.5
合　计	778.4	200.5	56.6	11821	1035.5	0.88

二、水土流失治理

20 世纪 80 年代，湖南省宁乡水土保持防治监督站成立，担负沩水上游水土流失治理试验，开展植树造林、种草、建造土谷坊、石谷坊等，治理水土流失收到良好效果。1988 年 4 月，沩水上游水土流失治理工程获“长沙市科技进步四等奖”。

1993 年 6 月 4 日，长沙市成立水土保持监督站，长沙县、望城县、浏阳市相继成立水土保持监督站，长沙郊区农林水利局设专人负责。1995 年，湖南省宁乡水土保持监督站移交给宁乡县水利局。1996 年，撤销长沙郊区设内五区，内五区农林水利局设专人负责水土保持工作。长沙市在水土流失治理中，突出“小流域综合治理”，落实开发建设项目“三同时”（开发建设项目和水土保持项目同时规划设计，同时施工建设，同时验收投产）原则。1998 年，望城县对坪塘、含浦、学士等乡镇实施退耕还林，坡度在 10~25 度的地区，全面禁垦、禁伐。1998 年，宁乡县列入“湖南省水土流失重点治理县”，同年投入 90 万元，完成草冲河流域 7.5 平方千米治理。翌年水利部、财政部将宁乡县沩水上游水土流失治理项目命名为“全国水土保持生态建设示范小流域”。1999 年，长沙县完成安沙镇和平村乌溪桥水土流失治理，总投资 96 万元，治理面积 14.7 平方千米。是年，水利部命名宁乡县“全国水土保持生态建设示范县”。2000 年，长沙县完成开慧河小流域治理，投资 140 万元，治理面积 2.12 平方千米。2001 年，宁乡县完成草冲河花园水小流域治理，投资 160 万元，治理面积 16.7 平方千米。2002 年，宁乡县完成夏高水、关心桥小流域治理，投资 200 万元，治理面积 36.7 平方千米。同年 2 月，宁乡县水土保持监督站被评为

“全国水土保持先进单位”。2004年，宁乡县莲花山小流域治理，投资资金160万元，治理面积16平方千米。

2004—2007年，长沙县争取中央、省、市投资，县、乡筹资配套共计3600万元，在金井河、脱甲河、开慧河、红旗小流域生态治理中，尝试采用嵌式挡墙、雷诺护垫、干石生态袋、六方网格等多种生态护坡形式，并在全县推广。2008年，宁乡县花明楼小流域治理，投入资金160万元，治理面积10.7平方千米，长沙县金井河西山、长鳌江小流域治理投入资金480万元，治理面积16平方千米，浏阳市投入239.22万元，治理长鳌江小流域，种植水保林76.56平方千米，果林41.3平方千米，种草7.7平方千米，封禁治理681.3平方千米，建设小型水保山塘5座，拦沙坝8座，修截排水沟4处。2009年，宁乡沩水中游香山村小流域治理项目，投入资金440万元，治理面积23.8平方千米。沩山农业综合开发项目投入200万元，治理面积13.3平方千米。是年，浏阳市捞刀河洲湖小流域治理，投入276万元，种植水保林45.5公顷，经济林108.4公顷，封禁治理306.07公顷，坡改梯24.1公顷。2011年，宁乡沩山农业综合开发项目及楚江中游崩岗治理，投入资金376.4万元，治理面积13.3平方千米。治理裸露边坡2444平方米。2012年，宁乡楚江花桥小流域治理，投入资金167万元，治理面积2.8平方千米，是年，宁乡县水土保持监督站被评为“全国水土保持先进单位”。

三、水土保持监管

1993年6月，长沙市发布《长沙市水土保持暂行规定》，明确水行政部门为本市水土保持执法监督主体，明确单位和个人因故造成水土流失的责任和处罚办法。是年，望城县水土保持监督站查处人为水土流失案件120起。1995年5月，长沙市出台《关于实行开发项目建设水土保持方案管理办法》，明确开发建设项目必须制定水土保持方案，经水土保持部门审批方可施工，并由水行政主管部门监管。1996年3月，出台《关于实施湖南省水土保持流失防治费管理办法》。1998年2月，长沙市修订《长沙市水土保持监督管理暂行办法》。是年，望城县水利部门会同县建设局查处望城二自来水厂施工造成的水土流失，责成按“水土保持方案”清除流入马家河的泥沙。2002年望城县关停花岗石、石灰石、砖瓦业62家，取缔炸毁非法采矿点12个。2002—2010年，全市审批开发建设中水土保持项目1399个，其中市本级359个，长沙、望城、浏阳、宁乡1040个，征收水土保持规费5693万元，其中市本级3091万元，县（市）2602万元。2010年，由湖南省水利厅审批“长沙至昆明铁路客运专线项目水土保持方案”，水土保持项目防治费30.62亿元，防治责任范围10.4万平方千米，杭州至长沙铁路客运专线建设项目水土保持经费11.4亿元，防治责任范围4655.8平方千米。是年，省水利厅验收长潭西线高速公路水土保持项目。2011年，由水利部审批星沙500千伏输电工程水土保持方案，水土保持经费2931万元，防治责任范围62.9公顷。是年，省水利厅审批浏阳至大瑶高速茶林互通至白沙公路，金洲大道水土保持项目，水土保持项目经费分别为3668.67万元、3474.76万元，防治范围191.23平方千米和150.06平方千米。是年，长沙市共审批开发建设项目中水土保持项目全市228个，其中市本级130个，县（市）级98个，防治责任范围31.25平方千米，征收水土保持责任范围31.25平方千米，征收水土保持规费2642万元，其中市本级1890万元，县（市）级752万元。

2012年，省水利厅审批浏阳市荷花至文家市公路建设项目，洞阳至株洲公路长沙段建设项目，水土保持经费分别为4513.12万元和1876.86万元，水土流失防治责任范围156.14平方千米和112.37平方千米。长沙市审批开发建设中水土保持项目233个，水土流失防治责任范围6.55平方千米，征收水土保持规费市本级1580万元，县（市）887万元。

第六节 农村饮水安全

20世纪80年代，长沙农村普遍采用河坝、山塘地表水、水井、摇井为生活用水水源。在人口居住集中的集镇建有小型自来水厂。1988年，长沙县建成㮾梨镇自来水厂，日供水能力5万立方米，受益人口5.65万人，望城县在靖港、乔口、铜官、坪塘、丁字镇新建小型自来水厂，供部分企业和居民生产生活用水。

图 21-6-6-1 长沙县白鹭湖供水有限公司(桐仁桥水库)水厂（摄于2009年5月14日，长沙市水务局供图）

20世纪90年代，为适应经济发展需要，当地政府投资，企业参与，民间捐资，在企业集中地方建设水厂，如长沙县南托、浏阳市工业园、枨冲、永安等，宁乡县白马桥、黄材镇及开福区捞刀河社区，建设自来水厂，使44个村范围21.12万人，生产生活用上自来水。2001年至2004年，长沙县建成黄花水厂，浏阳市建成北盛、澄潭江、沿溪、洞阳、张坊、白沙和沙市水厂，受益人口13.53万人。望城“千龙湖度假村”自筹资金300万元建自来水厂，日供水5000立方米。岳麓区雷锋镇投资1300万元，从岳峰路引城区自来水管网至镇域，投资4000万元从麓山路引自来水管至含浦镇，从此两镇用上自来水。

长沙农村饮水不安全主要有3个因素：地理和气候因素，部分地区在干旱季节或年份发生饮水困难；农村工矿企业废水废渣未经处理排放，农药、化肥大量使用，畜禽粪便随意排放，造成地表和地下水污染；部分地区地下水铁、锰、磷、氟、砷等物质超标，造成饮水不安全。长沙全市共有农村人口406.1万人，其中307.45万人存在饮水不安全。2005年开始，农村饮水安全工程建设中央按每人800元投入，省、市、县，群众自筹配套，由市统一规划，逐年实施，在人口集中地区建水厂供水，离城区较近，采用延伸城区自来水管网，在居住地不适合集中供水，采用分散供水，给每户或几户合建一口水井供水。2005—2010年，全市建成集中供水（供水200人或日供水能力20立方米以上）工程131处，设计供水能力13.28立方米/日，受益人口54.31万人，分散供水工程704处，受益人口1.17万人，解决农村56所学校，5.89万师生饮水问题，总投资3.54亿元，其中中央投资1.16亿元，省、市、县配套1.72元，群众自筹5804.61万元，其他760.55万元。长沙县白鹭湖水厂，日供水能力1.2万立方米，受益长沙县北部10个乡镇，人口10.5万人。

2011年，全市建成集中供水工程23处，设计日供水能力4.33万立方米，受益人口14.91万人，总投资1.25亿元，其中中央投资4245万元，省、市、县配套6826万元，群众自筹1118.04万元，其他资金316.74万元，其典型集中供水厂长沙县有双江、新桥，望城谭家洲，浏阳市马尾皂、七宝山，开福区太阳山水厂等。2012年，全市建集中供水工程37处，分散供水工程1处，日供水4.98万立方米，受益人口36.46万人，总投资2.68亿元，群众自筹3330.71万元，其他投入348.68万元，重点的集中供水工程有望城茶亭，浏阳市普迹、东区、团结 3 个水厂，宁乡县东南联合、枫木桥、龙田、沩山、巷子口 5 个水厂。

至 2012 年，各级政府投资共建农村饮水安全工程 1443 处，解决饮水不安全人口 105.68 万人，占全市饮水不安全人口的 34.37%，受益区农村居民饮水达到国家卫生标准，四种主要肠道疾病由原来的 37.72%下降至 17.26%，下降率为 52.41%。

第七节　防汛抗旱

一、防灾抗灾准备

20 世纪 80 年代后，长沙市防汛抗旱总方针是“以防为主，全力抢险救灾，力求把灾害损失降低”。长沙市防汛抗旱指挥部由分管农业副市长担任指挥长，长沙警备区、市委、市政府办、市农办主要领导，市水（利）务局局长任副指挥长，成员单位有长沙警备区、武警长沙支队、组织部、宣传部、公安、财政、交通、水（利）务、监察、卫生、民政局、电力、水文、气象等 20 余个部门，办公室设长沙市水（利）务局。各区县（市）防汛抗旱指挥部模式与市相同。防灾抗灾准备主要从组织、工程、物资、交通、通信多面准备。

每年春节过后，各级水利部门要对全市冬修水利建设工程进行一次全面排查，制定水利及涉水工程度汛方案，确保安全度汛。在 4 月 1 日前后召开全市防汛抗旱工作动员会，部署全市防汛抗旱工作，各区县（市）长向长沙市市长递交《防汛抗旱责任状》；长沙市公安、城管组成抢险突击队，并报市防汛抗旱指挥部备案；各堤垸、水库及相关水利工程单位将抢险突击队登记造册；市经委落实相关抢险机械，交通部门落实抢险救灾运输车辆船舶等。市县（市）区水利部门对辖区水利和涉水建设工程全面排查，发现隐患，及时处理或制定度汛预案。堤垸、水库等水利工程必须按相关要求储备木材、砂卵石、编织袋等物资。维修通信、道路、排灌设施，做好抗灾准备。

图 21-6-7-1　建成的芙蓉北路牛角湾市防汛物资储备仓库　（摄于 2004 年，长沙市水务局供图）

1993 年，省、市投资开通省水利厅至长沙、望城、宁乡县、黄材水库无线接力防汛通信专网，长沙市水利局配置 15 门磁石电话交换机。长沙、望城、宁乡县长沙郊区堤垸均配置固定和车载电台。1997 年，省防汛抗旱指挥部将至长沙、望城、宁乡的防汛专线更新为数字微波，将磁石交换机更新为数字程控交换机，与电信网连接，专线电话接至每个办公室和机关职工宿舍。

图 21-6-7-2　市防汛抗旱指挥部办公室 2003 年编印的《防汛工作指南》和历年编印的《防汛抗旱应急手册》　（摄于 2003 年，长沙市水务局供图）

2000 年以后，防灾抗灾实行党委领导下的行政首长负责制。市防汛抗旱指挥部每年以文件通报市防汛抗旱指挥部指挥长、副指挥长、秘书长名单，各市级领导责任区，各成员单位职责，各区县（市）水利工程单位责任人。编集有市、县（区）主要领导各级防汛抗旱指挥部门成员单位负责人、各水利工程单位负责人电话号码为内容的《市防汛抗旱应急工作手册》，发给相关单位和个人。2002年长沙市防汛通信专网因电信、移动电话普及而停止运行。2003年4月18日，出台《关于印发长沙市防汛抗旱工作责任追究暂行办法》。编印《防汛工作指南》分发全市相关人员。是年，在芙蓉北路捞刀河畔征地2.56公顷，利用河滩面积2公顷建成长沙市防汛抗旱物资储备中心，仓库面积1700平方米，储备省、市防汛物资。2004年4月，投资600万元的长沙市防汛抗旱指挥信息系统建成，在长沙市防汛会商室设置大屏幕投影，设立连接四县（市）五区防汛抗旱指挥部办公室的计算机专网。是年，长沙县建成覆盖中型、重点小型水库、堤垸的防汛抗旱和山洪灾害防御信息系统，适时监控水、雨情。2005年3月，省防汛抗旱指挥部分配长沙防汛砂卵石2.86万吨，纤维袋46万条，彩条布46万平方米，由长沙市防汛物资储备中心适时调运至区、县相关堤垸。2008年，浏阳市定为湖南省山洪预警试点县（市），在山洪易发区建设以无线广播为主预警系统，结合气象雨情信息，及时组织群众躲避灾害。是年，长沙市防汛抗旱指挥部在移动公司和气象部门配合下，市及各区县（市）创建手机短信平台，适时向相关人员发布水、雨情气象及相关信息。2010年，投入资金100万元，完成长沙市防汛抗旱指挥部信息系统升级，升级后，国家防总水利部、省、市、县(区）四级可实现视频连接，省、市、县防汛抗旱信息共享。是年10月，长沙、望城县、浏阳市、宁乡县被列入全省35个县（市）山洪灾害防治非工程措施建设县，省、市、县投入资金700万元，建设和升级山洪防御预警系统，实现市、县（市）防汛指挥信息系统和山洪预警系统合一，水、雨情监测覆盖全市66.67公顷（千亩）以上堤垸，小（1）型以上水库。2012年，长沙市防汛抗旱和山洪预警系统建设全面完成。防汛抗旱指挥调度手段进一步信息化、科学化。

二、湖区防汛救灾

1988年8月21日—9月11日，全市连续降雨，长沙西北部降大到暴雨，望城县平均降雨324毫米，大众垸、苏蓼垸降雨420毫米，湖区出现内涝，堤防发生多处险情，全县出动劳力5.12万人，启动电动机227台，柴油机675台排渍，抢险耗费木材550立方米，抛石800立方米，麻袋6.5万条，民间器材3万件，5天内排干渍水，控制险情。宁乡新民垸、闸坝湖、群英垸433公顷农田受渍，10公顷绝收。

1992年3月26日上午，望城戴家河垸一废弃涵管发生管涌，采取砂卵石压盖无效，当日下午4时溃堤。灾情发生后，县里调油粘50卷、大米20吨、煤30吨和一批生活物资安置灾民，调来挖泥船吹填溃口，3月31日复堤。

1993年7月5日，湘江长沙水位站最高水位38.03米，望城县湘洲垸、东山垸，长沙县花园垸、梨江垸溃决，敢胜垸11千米大堤出现5处重大险情，长沙郊区长善垸12.1千米大堤险象环生，经过军民奋力抢险，化险为夷。长沙市区42个居委会，7204户，74条街道被淹，受灾人口2.4万人，直接经济损失4400万元，全市城乡直接经济损失11.7亿元。

1994年6月17日，长沙湘江水位38.75米，长沙郊区龙王港大堤段洪水离堤顶仅0.2至0.4米，3000米大堤全线出现纵向连续性裂痕，多处出现内滑坡、崩塌，堤身多处涌沙冒水，垸内5万名居民，160公顷鱼池安全受到威胁。3000余名解放军官兵、5000余名当地干部群众投入抢险。6月18日11时18分，岳麓乡丰顺垸大堤突发管涌，经奋力抢救无效溃垸，垸内1.5万人受灾，453.34公顷菜田被淹，经济损失严重，无人员伤亡。6月19日，湘江长沙水位38.93米，超危险水位2.93米。长沙郊区长善垸、苏托垸、解放垸，长沙县高沙垸，望城大众垸、胜利垸、翻身垸等共发生严重险情31处，经军民全力抢险，保住大堤。6月21日，中共中央书记处书记温家宝代表党中央国务院慰问龙王港抗洪抢险军民。全市8个区、县，97个乡镇（街道），704个村（居委会）受灾，受灾人口50.4万人，紧急转移9.5万人，3.86万人被洪水围困，损坏房屋3.86万间，倒塌1.36万间，1.55万平方米，因灾死亡20人，溃中小堤垸21个，直接经济损失9.7亿元。长沙城区受灾人口20万人，150条街道进水，21所幼儿园、中小学停课，300家工厂、企业停产，600家门店停业，湘江河东四大市场全部被水淹，直接经济损失5亿元。市政府拨款500万元，帮助丰顺垸生产自救。安排救济粮250万千克，柴油180吨，汽油60吨，煤180吨，援助望城灾区生产自救。是年10月，长沙市水利水电局获“全国抗洪先进集体”。

1995年6月，湘江流域连续暴雨，6月30日，望城大众垸团头湖32.78米水位持续9天，乔口镇水坪口涵闸在洪水强大压力下损毁，以4立方米/秒涌入大众垸，直接威胁乔口、靖港2万人口，2000公顷农田安全。当地1200名干部群众奋战一昼夜，耗用木材60立方米，编织袋106万条，大米40吨，在涵闸处筑起一道内堤，控制险情。7月1日23时55分，望城谷山湘洲垸在37.12米洪水时漫溃，153.34公顷农田，110栋房屋被淹，在建的长石铁路、公路桥工地被淹，紧急转移104户260人；800公顷农作物受渍，受灾493.34公顷。7月2日，湘江长沙水位站水位37.32米，超危险水位1.32米，大众垸7天超过危险水位，外洪内涝，垸内4467公顷农作物被淹，淹没晚稻秧田380公顷，淹死大牲畜250头。望城湖区损坏县、乡公路67处，23千米，损毁渠道49条，77千米，损坏排渍机13台，720千瓦，93家工商企业停产，144家半停产，倒塌940间，全县干部群众3.1万人投入抢险救灾，出动车辆280台，船50艘，调用砂卵石3.4万吨，防汛袋6.8万条，木材860立方米，紧急处理30处险情，启动500台电动机、柴油机排渍，开展生产自救。7月5日14时20分，省防汛抗旱指挥部急电长沙市，调出1000吨块石，支援益阳赫山区牌口乡注明港大堤堵口。长沙市即调80台运输车开赴采石场，经过52小时连续奋战，共运输块石153车，圆满完成任务。

1996年7月9—19日，湘江长沙站最高水位37.19米，全市堤垸共出现62处险情，其中24处重大险情。7月18日，望城苏蓼垸水位与顶高度仅差0.23米。250名武警官兵，30名公安干警和一个解放军舟桥连和当地干部群众2900人，冒雨奋战一夜抢筑子堤4000米。调用2艘装载500人的客轮和2条平板船抢险转移群众，运送抢险物资。调麻袋6000个，3000米塑料布抢险。长沙钢厂捐赠钢材10吨，长沙友华公司捐款10万元支援抢险。7月19日14时，宁乡县闸坝湖大堤中央出现一条200米纵向裂痕，宁乡县、望城县800民兵和数千名干部群众，长沙工程兵学院和武警官兵2000名投入抢险。经过5天5夜奋战，终于控制险情。全市9个区县（市），78个乡镇（街道）990个村（居委会）89.4万人受灾，被洪水围困1.2万人，损坏房屋107万平方米，倒塌房屋15万平方米，因灾死亡11人，农作物受灾面积12万公顷，其中绝收2万公顷，因灾减产粮食14万吨，冲毁桥涵80座，损坏堤防2925处，冲毁塘坝3706处，渠道缺口223处，118.9千米，损坏护岸205处，水闸155座，渡槽17座，机电泵站270座，小水电站32座，直接经济损失8.6亿元。

1998年6月12—27日，全市平均雨量700毫米以上，降雨持续时间长范围广，均为历史罕见。湘江上游水库开闸泄洪，又逢长江流域大洪水顶托，6月27日，湘江长沙站水位39.18米，超危险水位3.18米，市区水淹城下，城乡堤防险象环生。干部、群众、解放军、武警官兵、公安干警60余万人投入抗洪救灾。全市9个区县（市），109个乡镇，240万人受灾，被洪水围困23.72万人，紧急转移29.26万人，洪水冲毁房屋21.57万间，328.3万平方米，倒塌房屋8.31万间，162万平方米，因灾死亡60人。农作物受灾10.37万公顷，农作物绝收5.49万公顷，因灾粮食减产38.1万吨，损失粮食8.86万吨，死亡牲畜 11.12 万头，淡水养殖损失 1254 公顷，5.16 万吨。全市工矿企业 737 家停产，半停产 967 家，航运中断 188 条次，公路中断 719 条次；冲毁输配电线路 7915 杆，566 千米，损坏通信线路 6687 杆，435.2 千米，损坏堤防 8668 处，溃万亩堤垸 1 个（翻身垸），千亩以上 17 个。损坏护岸 1526 处，损坏水闸 216 座，冲毁山塘 4466 处，渠道缺口 1017 处，360 千米，损坏水电站 47 座，1100 千瓦，全市各类直接经济损失 78 亿元。

1999 年 7 月 18 日，湘江长沙水位 37.65 米，超危险水位 1.65 米，本地 7 月份连续降雨，望城各堤垸外洪内涝，全县紧急动员 10 万干部群众，调集车辆 700 台，船只 90 艘，启动排渍机 370 台投入抗洪排涝，7 月 27 日，大众垸沅头村 8 组堤段出现涌砂冒水，并急剧向大堤禁脚推进，情况危急。军民奋战一夜，采取“清基压盖”方法控制险情。2002 年 8 月 19 日，湘江长沙水位以一天 5 米速度上涨，最高达 38.38 米，望城各堤垸频频告急，全县调集 15.65 万人，出动武警官兵 1200 人，调动车辆 2310 辆，船只 132 艘投入抗洪抢险。各垸大堤以 50 米 1 人，500 米一个防汛棚，实行查险、抢险，防守“一条龙”。大众垸史家洲堤段出现滑坡，格塘乡三桥村何德祥和 100 名抢险人员一道奋力打桩、开杠、搬运砂石，奋战 6 天 6 夜，终因劳累过度牺牲。8 月 23 日上午 6 点，苏蓼垸鱼尾洲段出现一处涌沙冒水，并急剧扩大，25 平方米范围内多处水柱冲出，东城镇第一时间组织干部群众 1000 余人现场突击，围堰压渗、开导渗沟，奋战 12 小时控制险情。8 月 24 日，湘江之中的洪家洲和乌山镇大农村部分群众被洪水包围，组织转移受灾群众 2946 人。

2005 年 5 月 28 日下午，新奥燃气公司天然气管道穿贯靳江河河床，因现场组织施工措施不当，导致洋湖垸龙回塘段发生溃垸性管涌，出水量 1 立方米/秒，对垸内 1.3 万人的生命财产构成威胁。水利部和湖南省领导、专家赶赴现场指挥，组织 1200 余人投入抢险，调集砂卵石 4 万吨，驻长舟桥部队派出 100 名官兵，机械 20 余台进行增援，在出险处搭起浮桥。市防汛抗旱物资储备中心在 1 小时内将 25 万条纤维袋，1 万平方米彩条布，2 吨“管涌停”，13 辆斗车等抢险物资送到现场。采取黏土铺盖止水对管涌通道充填密实，加高围堰减小内外水位落差方法，通过军民一夜奋战，管涌基本控制。但在天然气管道开挖的堤脚又突然冒出更大管涌，情况更为危急。又紧急组织 1500 余名军民，采取抬高围堰，以水压水，经过 1 个余小时紧急抢险，控制险情。

2010 年 5 月 23 日 15 时 40 分，因湘江流域和本地连续降雨湘江水位骤然升高，岳麓区龙王港排渍高排涵闸启闭闸门突然崩裂，外河水迅猛向望月湖小区洼地倒灌，倒灌流量达 20 立方米/秒，附近 2 栋居民楼一楼进水，渍水最深处达 4 米。领导、专家迅速商定抢险方案，组织千名干部群众和专业抢险队伍，调集棉被 400 床，砂卵石 4 万吨，纤维袋 20 万条等抢险物资，20 台大型机械设备投入抢险，组织被淹居民撤离，开启 5 台 280 千瓦排渍泵排渍。当日 21 时，倒灌流量减小到 6 立方米/秒。23 时左右，又组织 120 名武警官兵和 1000 余名干部群众通宵奋战，倒灌流量减小至 2 立方米/秒，险情得到控制。6 月 25 日，湘江长沙水位达 38.46 米，为 1998 年以后的最高洪水，上午 9 时，天心区解放垸，湘江水位达 39.12 米，长塘双管子堤段离大堤 50 米出现渗水，9 时 30 分，发展成管涌。急调 5 台挖掘机，7 台推土机，10 台重型装载车，调运砂卵石 2100 吨，迅速组织 50 名民兵抢险队和 1000 名群众投入抢险。下午 4 时，险情得到控制。同时，开福区双湖垸低涵出现漏水，水流越来越大，进水口位置不明，情况危急。市防汛指挥部立即从宁乡调来潜水队查明漏水原因，紧急调抢险队员 1000 名，砂卵石 5000 吨，纤维袋 3 万只，架管 1 吨，棉被 200 床，奋战 18 个小时，控制险情。7 月 20 日，望城县出动干部群众 1.2 万人，县人武部和省高炮预备役师 400 余人，调动车辆 279 台，船 16 艘，连续奋战 8 个昼夜，先后化解大众垸水矶头机台管涌，苏蓼垸鱼尾洲涌沙冒水，翻身垸大堤滑坡等27处险情。是年，全市4个县(市)122个乡镇，89.13万人受灾，直接经济损失8.9亿元。经过综合整治的达标堤防未出现险情。

表21-6-7-1　　1988—2012年湘江长沙水位站最高水位统计一览表

发生时间	水位（米）	发生时间	水位（米）
1988年9月11日	35.20	2001年6月16日	35.86
1989年7月4日	37.14	2002年8月29日	38.38
1990年6月16日	35.26	2003年5月19日	38.10
1991年7月14日	34.64	2004年5月19日	34.43
1992年7月8日	37.85	2005年6月2日	35.77
1993年7月5日	38.03	2006年7月19日	37.48
1994年6月19日	38.93	2007年8月24日	35.92
1995年7月2日	37.32	2008年6月16日	35.11
1996年7月19日	37.18	2009年7月6日	33.60
1997年7月2日	35.49	2010年6月25日	38.46
1998年6月27日	39.18	2011年6月17日	33.16
1999年7月18日	37.65	2012年6月13日	35.01
2000年6月24日	34.84	—	—

表21-6-7-2　　长沙市1998年千亩（66.67公顷）以上堤垸溃垸情况一览表

县（区）乡镇	垸名	溃口地段	溃口长度（米）	溃决时间	受灾情况			直接经济损失（万元）
					人口（人）	淹耕地（公顷）	倒房（间）	
长沙县黄兴镇	跃丰	南元村	100	6月27日10:25	896	75.73	208	1130
安沙镇	梅塘	梅塘	200	6月27日14:30	1300	153.33	155	2100
暮云镇	官桥	许桥	27	6月27日16:30	3280	165.86	13	520
黄兴镇	先锋	仙人市	150	6月28日2:00	750	86.66	260	2000
榔梨镇	花园	麻家桥	7	6月26日18:20	2054	118.66	105	2200
安沙镇	红旗	龙华	35	7月30日18:45	4280	307.86	520	1800
果园镇	红花	油铺园	30	7月30日15:00	1330	185.06	180	3200
果园镇	双江	洪家屋场	100	7月30日18:45	4200	300	223	5200

续表 21-6-7-2

县（区）乡镇	垸名	溃口地段	溃口长度（米）	溃决时间	受灾情况			直接经济损失（万元）
					人口（人）	淹耕地（公顷）	倒房（间）	
望城县丁字镇	翻身	谭家巷	45+100	6月27日21:20	7891	554.66	144	9850
铜官镇	太丰	白当堤	20	6月27日5:00	2632	166.66	55	2200
丁字镇	周湖	撇洪渠	65	6月27日15:00	6000	113.33	1000	4960
乌山乡	李家湖	八曲堤	50+46	6月27日5:30	1393	73.33	627	150
铜官镇	花果	曾子港大堤	48	8月01日6:32	2300	96.66	34	230
开福区霞凝乡	霞凝	堤中间	40	6月27日3:00	3500	70.00	2520	530
捞刀河镇	乌溪	堤南头	100	6月27日1:00	1800	70.66	673	420
捞刀河镇	双湖	长龙撇洪渠	50	6月27日1:15	1121	74.80	49	400
捞刀河镇	戴家河	全线	100	6月28日0:50	2500	133.33	3000	12000
综合农场	朝正	长塘湾	100	6月27日19:07	13676	346.66	3442	50000
全市合计			1413		60903	3093.33	13208	98890

三、山丘区洪灾

山洪突发性强，难预测、难抢救。极易造成人员伤亡和财产损失。浏阳、宁乡两县（市）山丘区是长沙地区山洪易发区，长沙县、望城县次之。

1988年，浏阳县5—7月经过6次暴雨引发山洪、沿溪、三口、达浒、永和、赤马、秀山等乡镇受灾，倒塌房屋4360间，死亡5人，重伤4人，106万人受灾，农作物受灾8.8万公顷，1.6万公顷绝收，部分山塘、河坝、河堤等水利设施受损。

1990年5月29日—6月12日，长沙平均降雨100毫米以上，宁乡沩山、道林、老粮仓等乡镇达160毫米，全市195个乡镇遭受不同程度损失，受灾人口160万人，7.3万公顷早稻受灾，其中水冲砂压1万公顷，1.27万公顷绝收，因灾减产粮食2.5亿千克，倒塌房屋4000间，其中2000间全倒，死亡24人（浏阳县15人，宁乡县9人），冲毁桥梁108座，河坝200座，山塘2万处，倒断电杆1500条根，直接经济损失14亿元。1993年7月中下旬，长沙连续降雨，7月20日，望城县沙河流域黑麋峰、杨桥等4个乡镇水冲砂压稻田1.05万公顷，毁坏稻田和经济作物227.68公顷，乌山、友仁、高桥1127人被洪水围困。7月25日，浏阳市人溪乡6小时降雨400毫米，人溪、张坊、白沙、大瑶等乡镇177公顷稻田被淹，256公顷水冲沙压，经济作物损坏17.34公顷。宁乡县沩山、黄材、老粮仓等13个乡镇，3.26万公顷稻田被淹，绝收7500公顷，经济作物损失1.44万公顷。望城、浏阳、宁乡3县（市）因灾共倒塌房屋4468间，死亡44人（浏阳大瑶东风煤矿因山体崩塌压垮办公楼死亡8人），伤355人，冲走牲畜1.32万头，家禽5.4万羽，水利、交通、电力等设施，水产养殖遭受不同程度损失，各类直接经济损失3.5亿元。1994年4月2日，浏阳河上游降暴雨，宏源水轮泵站河段流量从110立方米/秒猛增至910

立方米/秒，配套加固工程指挥部一方面派人开闸泄洪，一方面加固施工围堰，上午11时20分，2名开闸人员因水势太猛掉入河中遇难，下午3时围堰被冲毁。5月上旬至8月中旬全市发生4次强降雨加龙卷风冰雹，长沙县5月平均降雨338.6毫米，金井达530毫米，长沙县捞刀河流域受灾严重，5月至8月中旬，宁乡流沙河、老粮仓等地重复受灾。长沙、浏阳、宁乡3县（市）共60个乡镇，647个村，6万人口受灾，农作物受灾4万公顷，0.73万公顷绝收，冲毁山塘4212口、桥涵511座、河坝461座、倒塌房屋4.09万间，损坏5.52万间，死亡27人，伤440人，失踪16人，死亡大家畜3188头、水产损失3000吨。毁坏变压器19台，损坏通信电力电杆5310杆，排灌泵站75座，停产半停产企业599家，冲毁公路1110处，319国道宁乡段龙卷风吹倒大树86棵，致交通中断7小时，滩山铺水电站冲毁闸门7张。全市直接经济损6.1亿元。1995年4月至7月，长沙全市平均降雨995.9毫米。浏阳市、长沙、望城县山洪暴发。全市138万人受灾，12.75万人被洪水围困，18个集镇进水，农作物受灾面积13万公顷，绝收3万公顷，死亡大牲畜1.16万头，水产损失1.53万吨，损坏公路665千米，损坏农电线路40千米，倒房6.32万间。5.6万人，1.18万户无家可归，死亡66人（长沙县15人、望城4人、浏阳市45人、南区2人），重伤210人。毁坏各类水利设施5.36万处，其中堤防1.26万处，472.1千米，损坏渡槽355座，桥涵1059座，机电泵站688座；水电站26座，直接经济损失15.6亿元。灾后，长沙市人寿保险公司向浏阳市重灾区捐款5万元，并对洪灾中发生的人员伤亡积极组织勘察理赔。长沙市调运补种种子75000千克，蔬菜种子3000千克，化肥220吨，钢材、水泥等物资150吨支援长沙县、浏阳市灾区恢复生产。

1996年7月9—10日，长沙市平均雨量250毫米，全市8个县、区，62个乡镇（街道），827个村（居委会）54.7万人受灾，损坏房屋7634间，死亡11人。农作物受灾7.34万公顷，绝收1.27万公顷。冲毁公路桥涵76座，毁坏公路291千米，损坏供电通信线路28千米；冲毁水电站32座；冲毁塘坝3227座，渠道缺口1706处，直接经济损失3.35亿元。1997年5—6月，长沙市遭暴雨袭击。9个县（市）区，196个乡镇（街道），1687个村（居委会），202万人受灾，12万人被洪水围困，倒塌房屋217万间，死亡32人（其中浏阳市28人，宁乡县4人）。农作物受灾7.2万公顷，毁坏耕地1.6万公顷，损坏小型水库24座，损坏堤防5438处，154.5千米，损坏桥涵324座，损坏机电泵站137座，1786千瓦，京广铁路中断6小时，公路中断370余条次，供电中断180次，1130小时，损坏输电线路657杆，40.1千米，通信线路损坏784杆，40.8千米，直接经济损失15.65亿元。1998年6月12—27日，全市长时间、大范围强降雨为历史罕见，平均雨量700毫米，降雨频率超1000年一遇，浏阳河、捞刀河、沩水、沙河流域山洪暴发。长沙、望城、浏阳、宁乡四县（市）75个乡镇，85万人受灾，农作物受灾5.83万公顷，绝收1.49万公顷，倒塌房屋6142间，浏阳市1.2万人被洪水围困，4000人无家可归，因灾死亡6人，67人受伤，水利、电力、通信、工交设施、水产养殖损失严重，四县（市）山洪直接经济损失17.09亿元。

1999年4月24日，宁乡黄材、巷子口2小时降雨112毫米，全县4个乡镇，48个村，4.2万人受灾，倒塌房屋320间，6400平方米，死亡1人，农作物受灾2530公顷，损失水产150吨，部分公路、桥涵、输电线路受损，直接经济损失815万元。5月15日，长沙县脱甲乡降雨365毫米，金井河沿岸9个乡镇，181个村，9.4万人受灾，5200人被洪水围困，紧急转移4500人，损坏房屋6300间、9.45万平方米，失踪1人，农作物受灾7000公顷，死亡大牲畜1260头，公路中断32条，直接经济损失1.02亿元。2001年6月9—10日，6月19—21日，宁乡发生两次强降雨，最大雨量340毫米，乌江流域及东湖塘、道林、花明楼等23个乡镇受灾，受灾人口75万人，农作物受灾4.7万公顷，毁坏耕地1133公顷，倒塌房屋3099间，死亡3人，伤3人，水利、公路、电力、通信设施不同程度受损，直接经济损失9490.7万元。2010年，全市经过8次强降雨过程。6月19日8时和20日20时至次日2时，长沙县金井镇降雨232.1毫米，浏阳市古港、宝盖洞1小时降雨110.5毫米，长沙、望城、浏阳、宁乡重复受灾，受灾人口183万人，农作物受灾101.6万亩，绝收11.8万亩，倒塌房屋21303间，紧急转移3.64万人，一大批水利、工交设施受损，全市直接经济损失4.5亿元。7月1日，国务院总理温家宝，在省人大常委会主任、省委书记周强等陪同下视察宁乡大城桥乡峨山坝水毁抢修现场，充分肯定这一抢修工程及时，对保证粮食生产有重要意义，并慰问参加抢修的武警官兵和干部群众。当晚，总理在宁乡主持召开座谈会，在听取省委、省政府关于湖南防洪工作汇报后强调：要切实做好山洪灾害防治规划和建设，健全基层防御组织体系，提高防御能力，要教育群众切实增强避灾意识，一旦有洪涝灾害征兆，在第一时间预警、转移，最大限度减少人员伤亡。2011年5月20日，湖南省水库除险加固暨山洪地质灾害防御演练现场会在宁乡南田坪乡举行。

四、抗旱灾

1988年，全市夏秋连旱持续56天，宁乡旱情突出，全县5座小型水库露底，2.16万口山塘干枯，溪河断流，4.93万公顷稻田受旱，0.23万公顷晚稻无水栽插，1.56万公顷脱水，1.53万公顷开拆，0.8万公顷过白，0.2万公顷枯萎，7月23日成立“宁乡县人工降雨领导小组”，7月28日起在直田、流沙河进行人工增雨作业25次，发射增雨炮弹807发，增加水库、塘坝蓄水1200万立方米，有效缓解旱情。1989年4月底至7月，望城县春夏连旱，持续70天不雨，主汛期发生旱情，2.13万公顷农田受旱，全县投入干部群众15万人，动用2.86万架人力水车，柴油机8765台，电动机1043台，拦河筑坝141处，打井淘浸3600处，清淤新修渠道249千米，千方百计引水灌田，获得粮食丰收。1990年7月—9月20日，浏阳市无有效降雨，6.53万公顷农作物受旱，受旱面积占全县作物面积80%，8座中型、169座小型水库进入死水位，2.8万口山塘干枯，小溪流全部断流，旱粮和经济作物26.5万亩绝收，30万人，13.4万头大牲畜饮水困难，经济作物减收，经济损失400万元。宁乡县63个乡镇，44个村，受旱面积3.69万公顷，24座小型水库，5495口山塘干涸，104条溪河断流，2万人饮水困难，宁乡县政府发放救济款242万元，粮食指标194万千克，化肥1277吨，柴油542吨帮助群众救灾。

1991年，望城县、浏阳县、宁乡县在6—7月发生旱灾，望城县农作物受旱面积3.4万公顷。浏阳县受灾农作物面积1.64万公顷，成灾0.93万公顷，绝收0.3万公顷，以枨冲、高坪、官渡、镇头等乡镇较严重。宁乡县农作物受灾达5.8万公顷，晚稻无水栽插866.7公顷，望城、浏阳、宁乡动员干部群众36万人，出动抗旱机械3万台抗旱，减少旱灾损失。1992年7—10月，全市无有效降雨，望城县2.9万处塘坝干涸，182条溪流断流，2.9万公顷晚稻脱水，全县12万干部群众投入抗旱，投入抽水机8500台，疏浚渠道262千米，有效地保证大面积农田灌溉，部分无水栽插晚稻改种蔬菜，减少旱灾损失，大旱无大灾。宁乡县3座大中型水库仅占正常库容的36.4%，全县5万口山塘干涸，74条溪河断流，乌江断流达34天，全县受灾面积1.89万公顷，68万人发生饮水困难，善山岭、老粮仓乡灾情严重，全县25万人投入抗旱，晚稻失收0.38万公顷。

1995年7月中、下旬至9月底，长沙全市连续高温少雨，共有117个乡镇不同程度受旱，受灾耕地面积13.97万公顷，其中脱水3.42万公顷，开拆3.44万公顷，枯萎0.51万公顷，山塘干涸10.62万处，溪流全断流，全市出动量为59万人投入抗旱，耗资5000万元，出动内燃机2.9万台，13117万千瓦，电动机 4042 台，7.49 万千瓦，水车 0.83 万架，其他工具 0.63 万件，拦河筑坝 3010 座，开疏渠道 1891 千米，打井掏凼 1099 处，架枧 1.65 万米，抗救面积 4.2 万公顷。宁乡县 8 月 2 日实施人工增雨，效果明显，基本缓解宁乡西部 1232.6 平方千米旱情。2000 年 6—8 月，长沙连续高温少雨，望城全县蓄水仅 7750 万立方米，为同期的 45%，靳江、石渚、马桥河断流，全县 1.67 万公顷农田受旱，666.7 公顷晚稻无水栽插，全县 10 万人投入抗旱。抢修抗旱机械 5762 台，疏浚沟渠 240 千米，启动抽水机 1.77 万台，拦河筑坝 121 处，架枧 960 米，在桥驿、雷锋镇实施人工增雨，发射增雨弹 200 余发，缓解旱情，666.7 公顷无水栽插稻田插上晚稻，全县粮食比 1999 年增产 2.3 万吨。浏阳市镇头、永安、洞阳、古港、文家市等乡镇旱情较严重，农作物受灾 1.82 万公顷，其中水稻 1.17 万公顷，旱作物 0.65 万公顷，60 万群众受旱，因灾减产粮食 2.22 万吨，造成直接经济损失 4000 万元。宁乡县拨款 200 万元疏浚渠道 300 千米，维修抗旱机埠 129 处。7 月 20 日，在巷子口、万寿山、流沙河设 3 个人工增雨炮点，发射炮弹 1000 发，每次降雨在 20~50 毫米，有效缓解旱情。

2001 年 6 月下旬，长沙进入晴热高温天气，望城县水利工程蓄水比常年少 40%，雷锋、雨敞坪等乡镇部分地区出现饮水困难，全县投入 160 万元抗旱资金，启动抽水机 3 万台套，拦河筑坝 136 座，打井掏凼 168 处，疏浚渠道 100 千米，长沙市民兵预备役高炮团在桥驿、茶亭两镇设人工增雨量，发射增雨弹 80 发，使雷锋、茶亭、丁字等 700 余平方千米土地平均降雨 41 毫米，有效缓解旱情。宁乡县 35 个乡镇、2.3 万公顷农田受旱，其中成灾 1 万公顷，开坼 587 公顷，3000 个村民组发生饮水困难，48 座水库进入死库容，1.5 万口山塘干涸，溪河断流 22 条，333.34 公顷晚稻无水栽插，农作物失收面积 1000 公顷，县政府投入 600 万元抗旱资金，设人工增雨点 4 处，发射增雨弹 1300 余发，累计降雨 100 毫米，缓解旱情。

2003 年 6 月底后，长沙持续高温，至 7 月 18 日，仅降雨 21 毫米，全市蓄水仅 8.44 亿立方米，黄材水库蓄水量仅 5800 万立方米，占正常库容的 47%，至 8 月初，11.4 万口山塘干涸，526 条溪河断流，全市 9 个县（市）区、132 个乡镇不同程度受旱，其中 30 个乡镇受灾严重，受灾人口 180 万，成灾人口 130 万人，农作物受旱面积 4.3 万公顷，其中水稻受旱面积 3.2 万公顷，开坼 1.57 万公顷，过白 1.19 万公顷，枯萎 0.46 万公顷，绝收 1.67 万公顷，2707 个村民组，14.67 万人发生饮水困难。7 月底，长沙、望城、浏阳、宁乡四县（市）及开福和岳麓区共设人工增雨高炮、火箭点 21 个，适时开展人工增雨。全市干部群众 50 余万人投入抗旱救灾。8 月 3 日，根据长沙市防汛抗旱指挥部指令，浏阳市发扬“龙江风格”，从马尾皂水库调水 200 万立方米，支持长沙县星沙镇和黄花国际机场用水。为解决特大干旱地区 8.42 万人饮水困难，长沙市防汛抗旱指挥部调集 47 台车辆给 4 县（市）内 5 区 57 个乡镇送水。8 月 6 日，广州军区空军某部调 1 架安–26 型飞机支援长沙抗旱。8 月 7—20 日实施人工降雨，降雨 20~50 毫米，缓解宁乡、望城旱情和城区高温。

2007 年 6 月中旬，全市进入晴热少雨天气，8 月上旬上升为大旱情，望城县沙河、石渚河、黄龙河、马桥河、龙王港、白泉河断流，5000 余处山塘干涸。全市农作物受旱面积 11.97 万公顷，其中水稻脱水 5.34 万公顷，开坼 2.42 万公顷，过白 1.57 万公顷，枯萎 0.9 万公顷，1.18 万公顷旱粮作物，1.75 万公顷经济作物受旱，受旱乡镇 117 个，1339 个村民组，20.89 万人出现饮水困难。市防汛抗旱指挥部于 8 月 1 日启动Ⅱ级抗旱应急响应，关停 5 座水力发电站和 20 家高耗水对水质有污染的企业，并紧急协调从醴陵官庄水库调水至浏阳灌区，从韶山灌区调水 100 万立方米至望城坪塘、含浦两镇支援抗旱，全市出动高炮 14 门，车载火箭 8 门，实施人工增雨作业 328 炮（架）次，发射增雨弹 4507 发，增雨 8 亿立方米，影响面积覆盖全市城乡，产生良好的社会经济和生态效益。市委、市政府做出“以秋补夏、以工补农”决策，引导农民生产自救。浏阳市开展送农机、送水、送技术、送种子的“四送活动”，长沙县金井镇采取镇干部分片包干的分片负责，集中办一个改种示范点，推动面上补种工作。全市大旱之年无大灾，粮食比往年增产4000吨，农民人均增收400元。

2009年1—10月长沙降雨1124.8毫米，较历年同期均值偏少18.8%，局部出现中度以上旱情，全市农作物受旱总面积4.72万公顷，其中宁乡3.32万公顷，因旱全市少种农作物面积0.4万公顷，损失粮食162.9万吨，经济作物损失1.16亿元，4万人不同程度发生饮水困难。全市28.76万人投入抗旱，投入抗旱资金4532万元，设备2.03万台（套），10.39万千瓦时，用电977.84万千瓦时，用油942.5吨，疏浚渠道1300千米，打井掏氹1.75万眼，拦河筑坝510座，7月24日—8月30日，10月13日，共3—次人工增雨作业，发射人雨弹60发，火箭弹64发，效果明显，因此减少粮食损失155.21吨，经济作物降低损失1.28亿元。

2011年12月，湘江长沙段水位最低仅24.67米，突破长沙市水厂安全取水（25.10米）水位，给沿江城乡生产生活用水和湘江航运受到严重影响，长沙市防汛抗旱指挥部与湖南省防汛抗旱指挥协调，从东江水库调水4亿立方米抬升湘江长沙段水位。长沙市防汛抗旱指挥部在湘江枯水期发出禁令，禁止在湘江河道内爆破、采砂，禁止大吨位船舶和运输危险品有毒化学品船舶通行，以保证沿江城乡生产生活用水安全和航运安全。2012年11月30日，湘江长沙综合枢纽试蓄水，从此湘江长沙段告别“枯水期”。

专记　1998年抗洪救灾

1998年6月12—27日长沙全市普降暴雨，降雨总量最多的长沙县螺岭桥，雨量达788毫米，导致长沙县、宁乡县、浏阳市山洪暴发。长沙县金井、路口、安沙镇振华村、北山镇新桥集镇一片汪洋，1万人被洪水围困，浏阳市达浒、官渡、永和、沿溪等10个乡镇，宁乡县南田坪、老粮仓、枫木桥等24个乡镇，望城县19个乡镇，356个村不同程度受灾。全市各堤垸水位迅速上涨，全市进入抗洪救灾紧急状态。

6月14日，望城县大众垸沩水史家坡堤段外侧滑坡长达50米，5日凌晨苏蓼垸罾子港大堤内侧滑坡120米，黄龙河大堤穿土眼，16日下午5时10分翻身垸撇洪河溃口30米，铜官镇花果垸撇洪渠缺口。县、乡领导立即组织群众抢险，武警长沙支队派出240名官兵紧急支援，经过不分昼夜奋战，险情得到控制，溃口堵住，首战告捷。

6月22日，全市水库、塘坝蓄水爆满，株树桥水库最大入库量1400立方米/秒，泄洪流量400立方米/秒，官庄水库泄洪流量200立方米/秒，由于全省大范围降雨，湘江上游大型水库开闸泄洪，流量5545立方米/秒，湘江长沙水位由33.3米，迅速上涨至27日21时39.18米，超警戒水位4.18米，超历史最高水位0.25米，浏阳河㮾梨站出现洪峰水位40.23米，超历史最高水位0.83米，捞刀河、沩水河相继出现超历史水位，形成洪水相互顶托，城乡全面告急。市区水淹城下，全市10多条街道，5000多户居民家进水，橘子洲、傅家洲全部被淹，洲上居民全部转移，湘江长沙段停航，各县区堤垸险象环生，城区湘江两岸筑起数千米子堤，全市城乡约60万党政军警民投入抗洪救灾。

6月26日14时，长善垸三角塘堤段出现严重内滑坡，长达40米，芙蓉区立即组织抢险。因堤身单薄、土质差，大堤27日7时溃口，溃口长30米，深7米，洪水很快灌满三角塘，省委、省政府机关，京广铁路，垸内30万群众，近100亿固定资产受到威胁；天心区解放垸大堤4处涌沙冒水，灵官渡出现管涌；开福区霞凝垸、朝正垸等5个千亩堤垸和8个百亩堤垸相继漫溃，苏托垸庆生塘段，福安垸、涝湖垸10多处涌沙冒水；雨花区谭阳垸洪水穿洲；长沙县24个大小堤垸，120千米大堤处于紧急状态，水塘、回龙、敢胜、团结、果园垸短时被洪水包围，水塘垸1.8千米大堤洪水漫堤，敢胜、回垅垸撇洪渠滑坡，塌方严重，8个千亩、4个百亩堤垸漫溃。望城县洪家洲、太丰、丰田、李湖、双丰等14个小型堤垸相继漫溃，其他所有堤垸洪水都超过堤顶高程，靠子堤挡水，险情不断。

长善垸三角塘溃口后，省、市领导立即赶赴现场，武警长沙支队300余名官兵和上千名群众投入固闸堵口，经过20余小时奋战，堵口合拢，险情得到控制。而地处湘江下游望城的抗洪抢险战斗更为紧张激烈。6月27日，望城县胜利垸大堤危机四伏，望城码头、邓家围子、傅家湾堤段堤顶漫水，礁石湾大堤穿孔，桃树湾大堤管涌。5000名干部群众和300余名解放军官兵冒着滂沱大雨，经过10余小时奋战，筑起一条长5千米的子堤，排除险情20余处。入夜，高塘岭电力排灌站20余名职工，在大堤架起5千米照明线路，县公路局送来大功率发电机，1000余盏白炽灯把大堤照得如同白昼，抗洪大军彻夜守护着大堤。同日，团山湖、苏蓼垸、同福垸、石诸垸、大众垸等险象环生，翻身垸潭家港段和黄猫嘴段溃堤，2.4万余名干部群众和公安干警，1000余名解放军、武警官兵奋战在各堤垸转移受灾群众，堵缺口，压管涌，打桩开杠，挖导渗沟，抢筑子堤20余千米。格塘乡青山村村主任周尚桥在大众垸烂泥湖堵缺口中一马当先下水打桩，被洪水冲出300余米，上岸后，用手抹一下脸上的水继续抢锤打桩。翻身垸丁字镇肉食站职工萧学明，在洪水中划着一叶小舟，一次次将困在水中群众送上安全地带。

6月27日，按省防汛指挥部命令，在上午11时前苏蓼垸1万名群众全部转移至安全地带。19时07分，开福区朝正垸溃决，群众安全转移。6月28日，省长杨正午和省、市党政领导来到大众垸、团山湖垸看望和慰问抗洪军民，指导防抗洪工作，省军区副政委、少将黄祖示坐镇望城，省、市领导在望城召开会议，再次部署抗洪工作，要求全市按定责任、定堤段、定人员的规定，一日三班轮流把守险工险段涵管，涵闸，按500米一个防汛棚，50米配一个人巡堤查险，严防死守。市、县派出督查组，24小时不间断督查，民政、水利部门到现场慰问灾民，教育、交通部门调集车辆、船只接送参加高考学生，动员全市开展赈灾活动。翻身垸开始堵口排水，抢插400公顷过水田晚稻。

7月2日，开福区朝正垸堵口复堤指挥部成立，7月5日溃口实现合拢，7月11日竣工。长沙市水利局从安徽合肥机电厂调来大口径900ZDB-70型潜水泵，沅江市政府支援2台大功率排渍设备，昼夜排渍，7月13日排干渍水。7月17日，翻身垸代主任、58岁的共产党员甘德贵带着抗洪的疲劳和有病之躯，在堵口中连续奋战10个小时，终因劳累过度，牺牲在堵口工地。

7月23日，长江洪峰涌入洞庭湖，望城一线大堤上有南水下压，下有洞庭湖水顶托，抗洪形势骤然紧张。大众垸玉泉山、团山湖垸七星堆、胜利垸马家河堤段险象环生，驻守各堤军警民及时排险。苏蓼垸鱼尾洲村党支部书记佘胜强，带领28名共产党员和300余名群众抢筑子堤，42天未离开大堤一步。8月9日，长沙市防汛前线指挥部在大众垸成立，省军区副政委黄祖示任指挥部顾问，市委书记任政委，市长任指挥长，和军民共同战斗。8月12日，大众垸乔口沿井闸消力池出现9米长20厘米宽的裂痕，市领导和当地2000余名干部群众，200余名武警官兵投入战斗，抛石护坡，堤内沙包压漫，加修第二道防线。8月23日晨，联合垸湘江大堤樟木桥村段出现一个直径20厘米，水柱高1米的管涌，县、乡领导和星城镇300余名群众投入抢险；历经5小时奋战，投入砂、卵石100余吨，控制险情。同日，大众垸哑河口出现管涌，并两水夹堤，堤身有被掏空的危险，200余名突击队员在2米深的水中搬运沙袋，靖港镇魏家村退伍军人侯德云，参加抢险已一月有余，接到命令后，带病在水中奋战5个小时，管涌排除，年仅42岁的他，终因体力不支，献出宝贵生命。

8月26日，省委书记王茂林从岳阳抗洪前线转道特来望城看望奋战抗洪前线的军民，并指示：要认真巡堤查险，不惜一切代价，夺取抗洪斗争的最后胜利。8月26日和28日，中共望城县委、县人民政府，中共长沙市委、市人民政府，长沙警备区分别发出《关于向抗洪模范侯德云同志学习的决定》，望城县根据省委指示精神，以抗洪模范为榜样，再动员、再部署，强调纪律，数万抗洪大军坚守在经浸泡一个多月的危堤上。9月8日，洪水开始消退，9月11日洪水退至警戒水位以下。抗洪救灾取得最终胜利。9月26日，中共望城县委、县人民政府举行大会，授予甘德贵“抗洪模范”称号。国庆前夕，长沙市水利水电局副总工程师欧阳岳峰在北京人民会堂被授予“全国抗洪模范”称号。

2007年12月落成的浮雕型“´98湘江抗洪纪念碑”坐落在长沙城区湘江东岸，湘江风光带“风帆广场”亲水平台上，记述了当年长沙军民抗洪救灾的事迹。

第八节　库区移民

一、机构

2006年之前，长沙市无专门的水库移民管理机构，水库移民工作由市政府办公厅农村处具体负责。2006年年底，组建市移民开发管理局（以下简称“移民局”），为副县级参公管理事业单位，归口市政府办公厅管理。内设办公室、移民管理科、项目管理科3个科室，核定编制12名。2009年通过公务员招考录用2人，编制增加至14名。至2012年，内设机构与编制总数不变。2006—2012年，张水平任长沙市移民开发管理局局长。

长沙县、望城县、浏阳市、宁乡县于2006年年底至2007年年初分别组建县级移民开发管理局，归口县（市）人民政府办公室管理，按水库移民每1800人配1名事业编制的比例，核编4~6人不等。内五区由于仅涉及少数自主外迁移民，没有单独成立移民机构，由各区农林水利局（水务局）负责移民工作，并明确一名主管领导和一名移民专干。2010年，长沙县推行政府机构改革，将县移民管理局由县政府办公室管理调整为县农村工作办公室管理。

二、移民安置

20世纪80年代，长沙市有大型水库1座（黄材水库）、中型水库16座。长沙市水库移民主要采取“插花”方式安置，移民搬迁时基本没有得到补偿，加之生产资源相对匮乏、生存环境比较恶劣，基础设施薄弱，移民生活水平远低于当地农村平均水平，是亟须扶持的弱势群体。1986年3月，长沙市最大水库——株树桥水库开工。水库位于浏阳县域内浏阳河南源水量充沛的小溪河下游，坝址位于高坪乡株树桥村，是一座以防洪、发电、生态旅游、饮用水源为主要功能的大（2）型水库，其移民安置工作与工程建设同步进行。浏阳县组建株树桥电站工程指挥部，工程指挥部设立移民科，在有安置任务的22个乡镇设立移民安置办公室。1987年，浏阳县政府下发12号文件，明确水库建设征地、拆迁、安置补偿规定。1990年11月下闸蓄水。至此完成移民搬迁3563人，安置在49个乡、166个村、622个村民小组。1991年7月，第一台机组投产发电。1992年10月，主体工程竣工。1993年6月，水库初次蓄水到165米高程时，受回水影响，部分田地、房屋和道路被淹，部分村民生产生活受到影响；同年9月，浏阳市政府下发68号文件，明确二次搬迁安置的具体办法，至1997年，共搬迁155户550人，安置在浏阳市13

个乡镇、39 个村、73 个村民小组。两次移民共搬迁 1088 户 4113 人。

2001 年，为改善黄材水库库区移民居住条件，宁乡县实施黄材水库库区移民二次搬迁。在沩山乡同庆村建设移民集中安置区，政府统一做好“三通一平”，免费提供宅基地，逐步完善道路、通信、卫生、饮水、就学条件，鼓励居住在水库两侧半山腰的移民到集镇建房，并就近安排进入当地企业工作，先后有 64 户移民在集镇安家落户，逐步形成一个独具江南水乡特色的移民安置区。

2003 年，经国务院批准的《2001—2020 年长沙市城市总体规划》明确要求“在市区下游河段择址建设湘江水利枢纽”。2004 年 2 月，省政府召开湘江长沙综合枢纽工程专题会，对长沙综合枢纽工程选址征询意见，研究地质、防洪、治污、生态、移民、交通以及拆迁等问题。3 月，省交通厅组织省交通规划勘测设计院完成工程预可研工作，委托省水利水电勘测设计研究总院承担工程可行性研究阶段水库淹没处理及移民安置规划设计工作。

2005 年 5 月，黑麋峰抽水蓄能电站经国家发改委核准开工，工程位于望城县桥驿镇黑麋峰森林公园，距长沙市区 30 千米，规划建设规模 1200 兆瓦，为中型水库。工程建设征地涉及望城县桥驿镇峰北、湖西、中心、五一、杨桥 5 个村的 35 个村民小组。建设征地影响的主要实物指标有：土地 418.48 公顷，其中耕地 100.66 公顷，园地 2.91 公顷，林地 285.58 公顷，水塘 2.72 公顷，水库 5.52 公顷，工程建设用地 10.37 公顷，宅基地 6.11 公顷；搬迁人口 268 户 1088 人，拆迁房屋 5.64 万平方米，各类果木 1.16 万株；水电站 1 座 400 千瓦，公路 16.2 千米，电力线路 18.9 千米，电信线路 13.12 千米，泄洪渠道 4.2 千米。工程可研阶段审定移民补偿投资为 1.53 亿元，其中农村移民补偿费 9008.3 万元，专业项目复建补偿费 610.69 万元，耕地开垦费 1569.81 万元，森林植被恢复费 1913.65 万元等。2007 年 4 月底，望城县完成移民搬迁安置288 户 1106 人，其中集中安置 233 户 927 人，分散安置 55 户 179 人。按有关政策规定制定安置方案，统一规划建设桥驿镇黑麋峰村昌蒲塘、杨家山村雨潭岭移民集中安置区，拆迁户重建宅基地以抽签、公证方式进行分配、确认，实行三榜公示；生产安置由桥驿镇政府牵头，在本村组内调剂耕地按 0.5 亩/人有偿调田，签订有偿调整耕地协议并公证，共调整耕地 30.9 公顷。

2007 年 8 月，国家发改委对湘江长沙综合枢纽工程项目建议书进行批复，批准该项目立项。工程确定为大（1）型综合水利工程。是年，长沙市启动湘江长沙综合枢纽工程前期工作。

2008 年，长沙县筹备建设白石洞水库，以县水利建设投资公司为业主单位，委托省水利水电勘测设计总院编制完成《湖南省长沙县白石洞水库建设征地实物指标调查细则》。白石洞水库是以农田灌溉、城市供水为主，兼顾旅游等综合利用的三等中型水库，拟建坝址位于长沙县金井镇域内湘江二级支流金井河上游支流丁家洞溪上，距金井镇 5 千米，距星沙镇 50 千米。水库淹没影响范围为长沙县金井镇观佳村的 28 个组，淹没影响耕地 82 公顷。工程永久占地范围涉及金井镇观佳村的新塘组，永久占地共计 8.07 公顷。根据库区淹没影响人口统计，现状搬迁人口为 538 户 1826 人，按人口自然增长率 5‰推算至设计水平年 2014 年，规划

图 21-6-8-1　宁乡县沩山乡金沙集镇移民安置小区（摄于 2009 年，长沙市移民局供图）

图 21-6-8-2 望城区桥驿镇黑麋峰村菖蒲塘移民安置小区 （摄于 2012 年，长沙市移民局供图）

搬迁人口为 543 户 1853 人。

2009 年，湘江长沙综合枢纽坝址最终确定为望城县域内蔡家洲，距长沙市区约 19 千米，水库正常蓄水位由 31.0 米调整为 29.7 米。是年 5 月，省移民局在长沙主持召开《湘江长沙综合枢纽工程可行性研究阶段建设征地移民安置规划大纲》专家评审会，完善后的规划大纲报省政府批准。6 月，省政府下达《关于禁止在湘江长沙综合枢纽工程占地和水库淹没区新增建设项目及迁入人口的通告》。随即启动水位调整后的淹没实物指标调查确认工作，工程设计单位湖南省水利勘测设计院、工程业主单位长沙市枢纽办组成联合调查组，历时两月，对建设征收的沿河土地和地上附着物、房屋及附属建筑物以及各类专项设施等实物指标进行全面调查，并由当地镇、村干部现场签字盖章进行确认。经省移民局组织专家审查，省水利勘测设计院根据各方意见多次完善，形成《湘江长沙综合枢纽工程建设征地移民安置规划报告》审定本，以此作为移民安置依据。8 月，长沙市批准成立市湘江综合枢纽开发有限责任公司，承担湘江长沙综合枢纽项目投资、建设、运营、管理等任务。10 月，工程开工。

2010 年 6 月，根据省移民局、省财政厅 4 月 26 日召开的全省移民避险解困调研工作座谈会有关精神，长沙市开展特困移民避险解困对象调查摸底工作，核实登记上报三类特困移民共计 870 户 2508 人，其中滑坡体移民 82 户 275 人，生存环境极端恶劣的特困移民 781 户 2218 人，水上漂居无定所移民 7 户 15 人。是年，浏阳市在关山水库库区社港镇永兴村和石牛村实施“二次移民搬迁”项目，共搬迁 44 户 130 余人，在淮洲村统一规划建设移民集中居住区，极大改善移民居住环境。宁乡县实施特困移民避险和改善生存环境搬迁安置 14 户 43 人，按省定每人 6000 元、每户不超过 2 万元的标准进行补助，并给予移民建房税费减免。2011 年，长沙县安排 2000 万元生态移民搬迁安置专项资金启动生态移民搬迁安置工作，共安置 400 人。

2011 年 11 月 30 日，召开湘江长沙综合枢纽长沙库区建设工作会议，明确按照“三统一包”（统一补偿政策、统一规划设计、统一质量监理、工程包干建设）建管模式启动长沙库区建设。2012 年 8 月，长沙库区 26 米以下库区工程建设全部完成，包括涵闸、泵站处理 42 处，库岸防护 63.59 千米，人防工程处理 4 处 7222 平方米，完成总投资 2.9 亿元。2012 年 9 月，对湘江长沙综合枢纽工程初期蓄水 26 米高程以下移民安置和库底清理进行初步验收，随后省移民局组织专家组进行最终验收，经验收全部合格，能满足通航蓄水要求。10 月，湘江长沙综合枢纽工程实现一期蓄水。回水直接影响长沙市 6 区 1 县（长沙县）24 个镇（乡）72 个村 200 多个组。全市库区淹没土地共计 408.92 公顷，工程永久占地 128.54 公顷，临时占地 122.82 公顷，迁移人口 283 户 1130 人，拆迁房屋 6.82 万平方米。工程移民 5479 人，其中坝区移民 3810 人，包括搬迁安置移民 283 户 1130 人，生产安置 2680 人，主要涉及望城县高塘岭、丁字 2 个乡镇 5 个村；长沙库区生产安置移民 1669 人，涉及天心区、岳麓区、开福区、望城区、长沙县 5 个区县 14 个乡镇 28 个村 102 个组。坝区移民补偿投资 3.30 亿元，水库淹没处理补偿总投资 23.07 亿元，两项合计 26.37 亿元。项目征地拆迁政策严格按照《长沙市征地补偿实施办法》执行，对被征地人员给予 8 万元/人的购房补贴资金，项目方承担 2.53 万元/人，望城县承担 5.47 万元/人。

2012 年，《长沙县白石洞水库建设征地移民安置规划报告》经市移民局初审后报省移民局审查通过。

三、移民扶持管理

2006 年 11 月，贯彻落实国务院《关于完善大中型水库移民后期扶持政策的意见》中新的水库移民政策，推动水库移民安置和开发工作顺利进行。成立长沙市完善大中型水库移民后期扶持政策工作领导小组，召开长沙市大中型水库移民后期扶持政策落实工作会议，明确落实移民后期扶持工作分前期准备、政策宣传、调查登记、确定扶持方式、上报审批、政策兑现 6 个阶段进行。各县（市）、区均成立领导小组，组建驻村工作组，启动全市新老水库移民核查登记申报工作。

根据国务院《关于完善大中型水库移民后期扶持政策的意见》，水库移民后期扶持范围为大中型水库的农村移民，标准为每人每年补助 600 元，扶持期限为 20 年。扶持方式是“一个尽量，两个可以”，即能够直接发放给移民个人的应尽量发放到移民个人，用于移民生产生活补助；也可以实行项目扶持，用于解决移民村群众生产生活中存在的突出问题；还可以采取两者结合的方式。其时，长沙市落实移民后期扶持工作面临三大难题，即移民身份核定难，域内 17 座水库修建于 20 世纪 50—70 年代，移民原始档案资料残缺不全，移民流动迁徙变化大；扶持方式确定难，移民被以插花方式安置在全市 1000 余个村组，不同的库区不同的村组情况千差万别，移民和原住村民的意见大相径庭；边缘人口调处难，按政策规定，老水库淹地不淹房人口、为安置移民无偿调出土地的人口、受水库地质灾害影响人口、小水库移民、城镇移民等政策边缘人口都不能享受扶持政策，群众攀比心理突出。

全市共组织干部培训学习移民政策 800 人次，以移民村为单位召开群众大会集中宣讲政策，共抽调 1675 名干部组成 872 个工作组分赴 114 个乡镇驻村入户进行政策解答。后期扶持政策落实工作实行“四包”责任管理，即包移民身份核定不错登不漏登，包扶持方式确定符合政策规定和群众意愿，包发放款项不打折不出事，包政策兑现之前不换人不撤队。每个移民村派驻由驻村工作组、镇村干部及移民代表组成移民人口核实登记小组，发布移民人口核定登记办法公告。移民户主在户口所在地申报，驻村工作组根据《湖南省大中型水库移民后期扶持人口核定登记办法》，逐户开展移民人口调查工作。调查结果经移民户主签字、登记小组和村委会核实盖章后，以村民小组为单位张榜公示 7 天，之后逐级上报，经区县（市）人民政府审查后，进行二榜公示。再由移民安置地村委会对符合条件的移民以户为单位登记造册，经移民户主签名、村审核小组负责人签章认可后，进行第三榜公示，逐级审查后，报省人民政府审批。

各地依靠基层干部群众，深入挖掘历史档案资料，创新开展工作。长沙县邀请建库主要负责人、亲历者、见证者参加移民身份核实工作，通过现场踏勘，绘制水库建库前后的屋场平面布局图，真实还原当年水库蓄水淹没范围。宁乡县出台实施办法规定无档案移民的核定须经同一水库有档案的原迁移民 2 人以上签字证明，并经村、乡、派出所和原水库管理机构调查核实、出具书面证明加盖公章方可登记，依此办法全县核定无档案移民 1300 余人，无群众提出异议，这一工作模式得到省移民局高度肯定。

2007 年 3 月，全市完成移民人口核定登记二榜公示，登记移民后期扶持人数为 7.70 万人。4 月，组织移民身份核定工作“回头看”，对重复登记人口、配套工程迁移人口、淹地不淹房人口、小水库移民等情况进行严格审查，核实扶持人数为 5.84 万人。5 月，三榜公示移民人口核减至 5.54 万人（含 10 个三峡移民）。但省里一次性分给长沙市的人口指标仅有 4.02 万人，存在巨大缺口。为解决指标缺口问题，维护移民群众合法利益，向省政府和省移民局专题汇报。6月上旬，全市严格按照国务院移民后扶政策中“一个尽量，两个可以”的原则，以村组为单位召集移民户主和调出土地的原住村民就扶持方式的确定进行协商和表决。6月15日，全市完成第一批移民直补资金发放，成为全省第一个按照规定时间发放后扶资金的地市。移民直补资金通过乡镇财税管理系统，以银行一卡通形式发放。12月，省移民后扶工作领导小组最终核定长沙市自中华人民共和国成立以来至2006年6月30日止已建、在建大中型水库纳入后期扶持范围的农村移民现状人口为5.49万余人，其中长沙县6802人、望城县4480人、浏阳市2.55万人、宁乡县1.80万人、岳麓区48人，天心区12人，芙蓉区23人，雨花区37人，开福区42人；确定直补到人4.65万余人，项目扶持8414人。

2007年，移民核定登记工作结束后，涉移民类信访事件数量激增，全市累计接待1万人次以上。全市把严格执行政策作为解决群众意见诉求、维护社会稳定的先决条件，在人口登记核定中坚持以政策为准绳，以事实为依据，一把尺子量到底，决不乱开口子。统筹考虑为移民无偿调剂生产资源的原住村民、大中型水库附属工程移民、小水库移民、淹地不淹房人口等群体利益，实施到村不到人的项目扶持。通过深入细致工作，全市顺利完成水库移民后期扶持政策落实各项工作任务，实现“确保政策兑现、确保资金安全、确保社会稳定”的目标。2008年，省政府表彰移民后期扶持政策落实工作先进典型，浏阳市移民局、宁乡县移民局荣获先进单位，长沙市移民局局长张水平获先进个人。

2008年5月，长沙市发布《关于规范全市大中型水库移民后期扶持有关工作的通知》，对全市移民直补人口动态管理、移民后期扶持项目管理、移民档案资料管理等方面进行规范。全市随即开展新一轮走访调查，核实移民基本情况，建立起比较完备的移民基础信息档案。移民资金管理制度和项目管理制度逐步建立健全。移民直补资金实行银行一卡通直补到人。移民项目计划管理得到加强：对600元以内后期扶持资金项目年度计划实行县编制、市审批、省备案；对600元以外的（结余资金）项目规划计划实行县编制、市审查、省审批；30万元以上移民项目由市移民局审批，50万元以上项目经市移民局初审后报省移民局审批。项目资金均按省、市批复的项目年度计划拨付至项目实施单位并按照移民项目管理办法实施监督管理。6月，长沙市启动全市大中型水库移民后期扶持规划、库区和移民安置区基础设施建设和经济社会发展规划编制和申报工作。10月，编制上报《长沙市大中型水库移民后期扶持规划（2006—2010）》，规划期内总投资为1.48亿元，其中直补到人资金1.26亿元，项目扶持资金2255.58万元，年底获省移民局批复同意。

2009年7月，制定《长沙市大中型水库库区和移民安置区基础设施建设和经济发展规划（2006—2010）》，五年规划项目695个，总投资1.03亿元，重点解决制约库区和移民安置区经济社会发展的一系列突出问题，使库区和移民安置区经济社会发展基本达到当地“十一五”末的平均水平。11月，获省发改委批复同意。

2010年，完成全市库区和移民安置区经济社会发展“十二五”规划编制工作，规划投资总额为2.08亿元，规划项目总计1293个。年底获省移民局批准。

2011年12月，长沙市召开移民资金财务管理工作会议，贯彻省移民资金财务管理工作现场会的精神，推进全市水库移民资金县级报账制的实施，加强财务监督管理和项目管理，推进内部审计常态化。移民资金与行政经费分账核算，建立健全项目资金台账，实现一个项目一本台账的规范管理。实施项目全过程管理，从立项、审批、实施、验收各环节严格把关。

2012年，根据省移民局统一要求，全市正式推行以移民资金财务管理为重要内容的稽察制度和后扶政策实施情况监测评估制度，正式施行移民项目公开，推行村级移民财务公开和网上公示制度，方便移民全程参与，接受社会各界监督。4月，出台《长沙市移民资金县级报账制实施管理细则》，实行移民资金专账专户管理，规范移民资金会计核算及报账程序。出台《长沙市移民后期扶持项目管理实施细则》，对结余资金项目、库区基金项目、移民扶助金项目和移民专项资金项目从规划计划编报审批、前期工作、实施管理、竣工验收、监督评估等实施全过程管理和监督。10月，对2006—2011年全市移民资金管理和使用情况进行全面审计。不断完善移民数据采集，将9个县（市）、区133个乡镇1085个村及21座大中型水库移民基本信息等数据导入全国水库移民后期扶持管理信息系统，初步实现移民管理的规范化、信息化和系统化。

四、移民开发

长沙市库区和移民安置区大多位于相对偏远的贫困山区，水、电、路等基础设施薄弱，大部分移民生活困难，2006年移民人均耕地仅0.47亩，人均纯收入3120元。

2008年，全面启动移民项目扶持工作。基础设施类重点实施浏阳市高坪镇株树桥村公路建设项目、宁乡县田坪水库灌区渠道建设项目、望城县格塘水库移民安全饮水工程项目，完善望城县桥驿镇黑麋峰电站移民安置区道路、排水等建设项目；产业开发类重点建设浏阳淳口、沙市两镇油茶林低改项目、长沙县金井水库惠农村食品加工项目、望城县格塘水库万虎岭村生态农业项目等。是年，湖南遭遇特大冰雪灾害，冰冻时间长达40天，最低气温-9℃。受特大冰灾影响，长沙市移民房屋倒塌和受损985间，农业受损面积2.10万公顷，冻死病牲畜4.12万头。2月18日，长沙市启动“万名机关干部下基层、抓紧生产补损促发展”活动，全市移民系统共抽调89名干部下到受灾村组开展生产补损工作，安排500万元支持库区救灾。9月，再次下拨救灾专项资金164万元，实施灾后重建项目51个，补助受灾移民家庭210户。

2009年5月，出台《长沙市大中型水库库区和移民安置区产业发展规划纲要（2009—2015）》，明确规划期内扶持茶叶、油茶、小水果、食用菌、有机蔬菜、休闲旅游等特色产业，开发各类优质产业基地6400公顷，带动2万名移民脱贫致富。当年安排337.6万元实施库区产业配套基础设施建设。全市库区和移民安置区新建茶叶基地296.3公顷、油茶基地120公顷、食用菌基地20公顷、蔬菜基地266.7公顷，依托龙头企业带动移民致富，1020户移民与相关企业签订农产品购销合同。长沙县投入产业扶持资金75万元，重点扶持高桥镇春华食用菌协会、国进食用菌合作社和金井镇汇龙蔬菜专业合作社，采取“合作社+基地+移民户”的产业发展模式，解决移民就业226人，与450户移民签订购销合同，实现移民人均收入增长12%。春华食用菌协会以“杏孢菇”为主导产品，拥有53公顷标准化生产基地，当年移民人均纯收入8000元。国进食用菌专业合作社拥有食用菌种植基地100公顷，建成全自动化温控食用菌加工厂4个，吸纳移民入社并传授食用菌栽培技术，解决180名移民就业。宁乡县重点扶持沩山茶业、湘茗茶业、沙龙畜牧等龙头企业，带动1000余户移民增收，实现移民人均收入增长10%。位于黄材库区的沩山茶叶产业基地拥有优质茶园1000公顷，市移民局授牌认定为长沙市大中型水库库区移民产业示范基地。6月，总投资371万元，其中移民资金投入235万元的宁乡县田坪水库灌区渠道工程竣工，改造后的山荷支渠、荷林支渠和右干渠发挥巨大效益，2000余公顷粮田灌溉条件得到改善，2000余移民直接受益。

同年，出台《长沙市大中型水库智力移民培训规划纲要（2009—2015）》，明确规划期内全市共培训移民1.25万人次，其中农业实用技术培训9900人次，就业技能培训2470人次，中长期职业教育49人次，移民干部培训91人次。当年全市投入移民培训经费49.4万元，开展12期移民培训班，培训移民1999人，其中实用技术培训1468人，就业技能培训531人，实现转移就业439人。长沙县移民局变

“组织培训”为“支持自主培训”，对2008—2009年获取驾驶证并从事相应行业的47名移民，给予800元/人的补助，共发放补助金3.76万元，就业率100%。浏阳市举办电工操作和缝纫技能培训班，培训113名移民全部推荐就业，月工资2000元以上，达到“培训一人、就业一人、致富一家”的效果。

2010年，宁乡县投入移民资金129万元实施洞庭水库渠道建设项目，对大田方引水渠、瓦泥引水渠进行清淤和防渗除险加固。洞庭水库蓄水主要依靠引水渠跨流域调水，引水渠建设完工后，洞庭水库蓄水位达到138米，为建库以来最高水平，灌区2600余公顷粮田丰收，1000余移民受益。同期，宁乡县黄材镇胜溪村、沩山乡祖塔村农村安全饮水改造工程完成，库区1200余名群众摆脱近水吃不上水的困境。浏阳市高坪镇株树桥村公路项目竣工，解决1000余人出行难的问题。是年，全市库区和移民区大力扶持茶叶、油茶、食用菌、蔬菜、水产五大产业发展，促进移民增收。重点建设宁乡县沩山乡茶叶基地，长沙县金井镇茶叶基地、高桥镇食用菌基地，浏阳市淳口镇、沙市镇油茶基地，望城县水产、蔬菜基地等。全年改扩建茶园1070公顷、油茶1330公顷，建设食用菌基地154公顷，蔬菜基地267公顷，水产基地150公顷，依托龙头企业带动1030户移民增收。宁乡县制定奖励扶持办法，设立专项资金扶持移民茶叶产业发展，凡新扩茶园基地，县财政每亩补贴1000元。宁乡县移民茶叶基地新扩高标准茶园800公顷，基地总面积2266公顷，其中良种富硒富锌生态有机优质茶园面积1800公顷。沩山茶业有限公司与550户移民签订收购合同，以保护价收购移民茶叶。流沙河镇、青山桥镇、老粮仓镇等移民乡镇是“宁乡猪”的主产区，年出栏生猪6万头，产值1.2亿元，成为库区带动移民增收的主导产业。长沙沙龙畜牧有限公司吸收560户移民成为公司的加盟养殖户，在生猪行情低迷的情况下，公司保价回收养殖户的生猪，保证养殖户平均每头猪赢利300元。

图 21-6-8-3 长沙市水库移民茶叶产业示范基地
（摄于2010年，长沙市移民供图）

图 21-6-8-4 长沙市举办首届移民厨师培训班
（摄于2010年，长沙市移民局供图）

10月，根据移民自身需求，长沙市举办首届移民厨师技能培训班，为期45天，共培训移民43人，组织学员参加厨师等级证考试，统一推荐就业。全市全年完成就业技能培训618人，561人实现就业，就业率90%；实用技术培训1537人次，干部培训100人次。

至2011年，全市累计完成库区和

图 21-6-8-5 长沙县高桥“国进”自动无菌接种生产线

（摄于 2008 年，长沙市移民局供图）

移民安置区农田水利配套、农村交通、安全饮水等基础设施项目 415 个，新建、整修库区和移民安置区乡村公路316 千米，完成库区渠道除险加固和疏浚 125 千米。通过大力发展专业合作、资产合作、土地合作、劳务合作和股份合作，不断提高移民产业组织化程度，拓宽移民增收渠道。库区和移民安置区共组建各类农民专业合作组织 200 余家，入社会员 1 万余人。沩山茶叶合作社通过技术指导、农资配送、收购鲜茶、赢利返还等方式积极引导移民入社。长沙县主要采用股份经营、租赁经营、转包经营等土地流转方式，实现土地增值，致富库区移民。长沙县金井镇惠农村是该县最大的移民村，全村共有移民 163 户 556 人，有 128 户移民加入村办汇龙蔬菜专业合作社，占该村移民总户数的 78%。其中移民集中的黄古、岭脚两个组有 78 户移民将自己的田土、山地 80 公顷交给合作社统一流转，获得土地流转收益，又可到基地务工。是年，全市完成小水果栽培等实用技术培训 1642 人次，完成电工、焊工、厨师等转移就业技能培训 427 人次。

2012 年，长沙市移民产业开发基地面积 6000 余公顷，其中，库区新改扩建油茶基地 2800 公顷、茶叶基地 1466 公顷、水果基地 733 公顷、蔬菜（含食用菌）基地 700 公顷。库区规模以上龙头企业年产值近 10 亿元，全市有 4000 余户移民与本地龙头企业签订农产品产销合同。移民人均纯收入保持年均增长 10%以上。全市共完成中药材栽培等实用技术培训 1346 人次，家政服务、服装制作、汽车驾驶等转移就业技能培训 316 人次，参训移民就业率 90%以上。

11 月 9 日，全省移民产业开发现场会在浏阳召开。浏阳市政府在会上介绍移民产业开发的“浏阳经验”：通过租赁承包、拍卖转让、合作经营等形式吸纳社会主体参与林地使用权流转，帮助移民获得土地承包利润分成；建立移民产业发展奖励扶持机制，鼓励资本要素投向移民产业；建立“公司+合作社+基地+移民户”的产业发展模式，帮助移民获得基地租金分红，吸纳移民就业。

第九节 管 理

一、水政执法

20 世纪 80 年代，城乡建设项目逐年增加，砂石需求量大增，受利益驱使、合法与非法的采砂、砂场与日俱增，河道采砂乱采滥挖，河滩地摊式砂场随处可见，随意在防洪大堤上开下河运砂通道，造成河道行洪阻碍，严重危害堤垸堤防安全。各区县（市）每年在汛期前（4 月 1 日前）开始一次河道清障、拆违行动，打击非法采砂，清除违规砂场和地摊式砂场，拆除河道堤防内违章建筑。

20 世纪 90 年代，全市打击占用河道非法经营案件 89 起，其中 6 起移送司法机关，规范整治砂场 20 处，封闭违规砂场 114 处，拆除河道违规临时建筑96 处，清除河道行洪障碍物 7.06 万立方米。1999

图 21-6-9-1 长沙市水政执法监察支队在湘江巡查
（长沙市水务局供图）

年 11 月，望城县拆除苏蓼垸鱼尾洲大堤禁脚内违章新建房屋 13 栋，1500 平方米，水事违法行为得到遏制。

2000—2008 年，全市查处违规砂场，下河码头 200 处，拆除河道内堤防上违章建筑 53 处，800 平方米，严厉打击破坏水利设施犯罪行为 20 人。芙蓉、天心、开福、岳麓、雨花 5 区开展河道堤防巡查。

2009 年 4 月，出动 4300 人次，车辆 532 台次，汽艇 52 台次，机械 87 台次，取缔地摊式砂场 89 个，非法砂场 31 个，封堵下河码头通道 67 处，设置禁开码头警示牌 36 个，拆除违章建筑 4 处，规范采砂作业船 22 条。是年 6 月 30 日，召开采砂船准入会议，现场确定湘江城区四个可采区：一区，长石铁路桥至三汊矶大桥；二区，猴子石大桥至黑石渡大桥；三区，黑石渡大桥至大托港子口；四区，港子口至兴马洲，采砂船一区 5 条，二区 2 条，三区 6 条，四区 6 条。2010 年，长沙县销毁 11 条非法采砂吸砂船，拆除非法砂场 28 个，拆除河堤违章建筑 2000 平方米，清除砂卵石 4 万吨，望城县拆除非法砂场 30 个。2011 年，各区县共清理流动砂场 70 处，拆除河道违法建筑 1000 平方米，清除河道渣土 2000 立方米，查处违法采砂船 22 艘，检查全市用水单位 270 个，其中建筑工地 120 个，二次供水管理单位 120 个，其他 30 个，下达整改通知书 13 份，受理投诉 3 起，立案 2 起，处理责任单位赔偿水费 18 万元，打击 2 起破坏城市供水管网事件，责令赔偿和处罚金。

2012 年 4 月，长沙市开展“整治水上安全、河道采砂专项行动”，整治区域和重点是：湘江长沙综合枢纽库区和湘江望城段，包括浏阳河、捞刀河、靳江河、沩水河水源保护区的河道、堤防、桥梁、穿堤穿河管道、管线、渡口、码头。湘江长沙综合枢纽全面禁止采砂。全市河道检查执法 1200 次，出动执法艇 600 次，执法车 900 次。湘江长沙综合枢纽库区内 140 家砂场全部拆除，清除尾砂 800 万吨，40 艘采砂船全部退出库区，649 条运砂船规范运营，扣押非法采砂运砂船 38 条，共处罚金 70 万元。

是年 12 月，查处湖南某医院未经批准非法取水行为，处 8 万元罚款，补交水资源费 32.88 万元，并补办水资源论证和取水许可证。

二、河道管理

（一）河道划界。1986 年，长沙市依法在湘江两岸（东岸暮云市至铜官，西岸观音港至乔口）共设洪道界标 302 基，浏阳河、捞刀河等其他河流没有设洪道界标。2001 年，按国务院和省人民政府统一部署，依据《中华人民共和国防洪法》和《中华人民共和国河道管理条例》，长沙在全市范围内开展河道划界工作。河道确权标准，河道确定界线，一般堤垸按 30 米定界，重点垸按 50 米定界，城区按不少于 10 米定界；无堤防的河道，按解放后历史最高淹没线或设计洪水位定界；有防洪库容的水库下游河道，按建库后实际的最高水位或下游设计水位二者的高度定界。划界工作采取《河道划界确权认定书》和“界线图”形式确定，实地埋设界标，标志之间连线即为河道管理范围线，湘江河道由长沙市人民政府鉴证，干流以下由县（市）区人民政府鉴证。按河道认定书划定的红线图埋设界碑（桩），主要港口、码头交界转角等重点埋设界碑（桩），其他按 500~1000 米距离设界碑（桩）。发布《关于做好河道划界埋标工作的通知》，设立长沙市河道划界工作领导小组。2003 年，各区县（市）成立相应领导小组，成立河道划界专业队伍，制定河道划界工作方案和河道界线划定工作标准，开展划界、立碑工作。2003 年年底，芙蓉区在浏阳河、圭塘河段芙蓉区域内设界桩 74 处，界碑 10 处；天心区在湘江河段天心区域内设界桩 43 处，界碑 10 处；在湘江河段岳麓区域内设界桩 10 处，界碑 10 处。开福区完成域内湘江浏阳河、捞刀河 65 千米河道划界工作，共埋设标准化界桩 150 处，20 块界碑，13 块麻石宣传牌。雨花区在浏阳河段黎托域内设界桩 7 处，界碑 2 处，在圭塘河段高桥域内设界桩 2 处。长沙县在湘江长沙县域内设立界桩 4 处，界碑 1 处；浏阳河长沙县域内设界桩 49 处，界碑 1 处；捞刀河长沙县域内设界桩 83 处，界碑 1 处。望城区在湘江河道望城域内设界桩 67 处，界碑 23 处；沩水河望城域内设界桩 53 处，界碑 16 处。浏阳市在浏阳河双江口至柏加镇渡头河段设立界桩 291 处；浏阳市捞刀河社港至永安河段设界桩 327 处。宁乡县完成沩水下游双江口镇周家湾至回龙铺镇炭河里 41.5 千米的确权划界，埋设界桩 93 处，界碑 460 块，永久性宣传牌 10 块。是年，全市河道划界、立碑及《河界划界确权认定书》，编报审批工作全部完成。为全市河道管理规范化、正规化和法制化，提供依据。

（二）河道治理。20 世纪 80 年代至 21 世纪初，长沙市河道治理重在河道中下游清障。由于自然和人为因素，造成河道淤塞，水流态紊乱，河水污染，给两岸人们生产、生活带来危害。捞刀河出口段 2.5 千米由北向南逆向汇入湘江，与浏阳河、捞刀河、湘江三水形成“K”字形汇流，流态紊乱，阻水严重，历史上每逢大洪水，必发生溃决，仅 90 年代就溃决 4 次。2003 年 5 月 19 日再次溃决。2004 年 8 月，长沙市决定对捞刀河出口改道和五合垸综合整治。2004 年 8 月开工建设，建设主要内容：五合垸整体移民，捞刀河出口改道新开挖长 970 米，宽 210 米的河道，疏浚河道 1273 米，新修和加固堤防 4678 米，工程开挖土石方 126 万立方米，填土方 160 万立方米，砌石 0.74 万立方米，混凝土浇筑 2.88 万立方米，疏挖土方 500 万立方米。2006 年 10 月竣工，改道后捞刀河出口缩短 2.5 千米，消除流态紊乱，行洪阻水减小，总投资 2.3 亿元，堤防达到 100 年一遇防洪标准。

2004 年橘子洲（又称水陆洲）岸线综合整治，工程位于橘子洲湘江长沙段中心城区，南北长 4850 米，东西均宽 145 米，面积 74 公顷。洲上原有住户 2250 户，厂矿 60 家，人口 7000 人，房屋 3800 栋，占地面积 21 万平方米。历史性建筑占地面积 4 万平方米，橘子洲防洪标准低，每遇超 36 米的洪水，洲上人员需全部撤离。长沙市为打造“山水洲城”，将橘子洲打造成长沙的城市名片，实施橘子洲沿河岸线整治。是年，洲上住户和企业全部迁出安置。根据橘子洲形成于湘江洪道这一特殊地理位置和保持自然性这一特定要求，其岸线整治分 A、B、C、D 四个阶梯布置。A 区：保护对象为保护性建筑及其管理设施，高程为 36.10 米（黄海高程，下同）。B 区：保护洲内一般性建筑、生态、景观、道路及附属设施，高程为 35.4 米，面积 51.6 公顷（含 A

图 21-6-9-2 长沙县金脱河生态治理 （长沙市水务局供图）

图 21-6-9-3 治理后的雨花区圭塘河 （长沙市水务局供图）

区面积）。C 区:即常水位岸坡，范围为现状洲面岸线至固脚挡墙顶之间，面积 27.1 公顷。D 区：即低水位河槽，为固脚挡墙至枯水期平均水位实际线之间，面积 29.80 公顷。工程于 2005 年年底开工，开挖土方 55.30 万立方米，疏挖土方 67.50 万立方米，回填土方 65.60 万立方米，砂石回填 6.89 万立方米，混凝土、钢筋混凝土 34.47 万立方米，块石铺砌 7.64 万平方米，总造价 4.2 亿元。2007 年，长沙市以人水和谐、生态环保原则，以水清、畅流、岸绿、景美为目标，编制《长沙市中小河流治理规划》。2008 年，长沙县完成金脱河、胭脂河、九溪河、金井河、果园河段近 100 千米河流的生态治理。是年，橘子洲岸线整治工程竣工。

2009 年 10 月，总投资 730.81 万元治理金井河，其中中央投资 319 万元，省配套 106.50 万元，市、县配套 305.31 万元。开挖土石方 1.8 万立方米，回填 2013 万立方米，混凝土和钢筋混凝土浇筑 1803 立方米，河道疏竣 12 万立方米，2010 年 3 月竣工。

2011 年 2 月 10 日，浏阳市捞刀河龙伏段河道治理开工，开挖土石方 32 万立方米，机械清淤 12.64 万立方米，河道疏浚 7.1 千米，浆砌石 5600 平方米，混凝土 2100 立方米，格宾挡墙 9300 立方米，雷诺护垫护坡 1.1 万平方米，建穿堤涵管 38 处，加固河堤 6.75 千米，新建堤防 4.91 千米，投入劳动工日 4.2 万个。总投资 1334.66 万元。当年 5 月底竣工。11 月，圭塘河风光带水利综合整治及生态景观工程开工，工程位于圭塘河中游，全长 3.2 千米，工程包括两岸 6.4 千米堤防，建壅水坝 2 座，涵闸 5 处，钢闸坝 1 座，河道疏浚清淤 3.2 千米，两边堤岸形成不同坡度，生态雷诺垫护坡和铺贴马尾拉草皮。总投资 5700 万元。

2012 年 2 月 20 日，根据《湘江长沙综合枢纽库区河道清障披绿会议纪要》要求，长沙县、雨花区、浏阳河清障 10 千米，开福区捞刀河清障 5 千米，岳麓区完成龙王港出口河道清障和雷诺护坡。修复湘江河道深洞 20 千米，清理湘江河道 13 千米，项目总投资 3975 万元。2012 年 11 月圭塘河风光带水利综合整治工程竣工。12 月，湘江长沙综合枢纽库区清障披绿工程竣工，生态修复，两岸披绿 63.9 千米。

三、工程管理

（一）水库管理。1988 年，长沙大、中型水库和重点小（1）型水库均设有管理机构，配有管理和技术人员，小型水库由乡镇或村担负日常维修、养护和管理。管理重点是保证安全、发挥工程效益。是年，全市 16 座中型水库有 4 座控制蓄水，99 座小（1）型有 39 座控制蓄水，影响效益发挥。

20 世纪 80 年代末 90 年代初，政府投入主要在大型水库，中、小型病险水库主要保安手段是应急处险和控制蓄水。1990 年，中央、省、市共投入资金 910 万元，完成黄材水库溢洪道改造和副坝除险加固，是年 11 月 11 日，浏阳县成立株树桥水库电站管理局。翌年 6 月更名为株树桥水库管理局。1992 年 8 月，水库大坝出现涌漏，1993 年起实行汛期控制蓄水（控制水位 163 米）。2000 年 1 月 4 日，实行空库查明渗漏原因为四块水泥面板损坏。2001 年 7 月，水利部大坝监测中心鉴定，确定株树桥水库大坝为三类坝，2003 年，长沙市对全市水库进行安全鉴定，病险水库 364 座。2004 年株树桥水库成功除险，恢复 165 米正常蓄水。是年，中央财政以每座中型水库 50%的投资，要求省、市、县共计 50%资金配套支持中型水库除险加固和改造，市财政按每座病险小型水库处险投入5万~10万元处理险工，是年完成25座小型水库处险。2007年6月，黄材水库灌区管理局、株树桥水库管理局，升格为副县级事业单位。是年，按省政府部署，长沙市实行水利管理体制改革，大、中型水库管理和技术人员纳入公益性事业编制。2010年，全市14座中型水库完成除险加固改造，完成小型水库除险264座。是年，国家、省、市、县（市）区按每座小（1）型700万元，小（2）型260万元投入除险加固，完成小型水库除险加固35座。2011年完成138座，2012年完成45座。2012年，全市大、中型水库662座水库无一限蓄，运行安全，工程效益发挥正常。

（二）堤垸管理。1988年，全市堤垸设立堤防委员会机构，配备管理和专业人员担负防汛抗旱、排涝、设施维修、养护任务。大众垸和长善垸堤委会职工为全民性质，其他均属“亦工亦农”。全市堤防防洪标准低，涵管、涵闸险工隐患多，湖区仍有排渍内燃机237台，2232千瓦，排渍电动机338台，2.31万千瓦，设备老化。城乡堤垸均低于30年一遇防洪标准，管理设施陈旧。1994年、1998年全市共溃各类堤垸53个，多为洪水漫堤顶而溃。1998年大洪水之后，各级政府加大投资、利用外资、银行贷款、市场融资等方式筹集资金，中心城区按100~200年一遇，非中心城区按100年一遇，农村按50年一遇防洪标准，结合道路交通、涵管涵闸、排渍设施、堤委会管理设施、景观休闲建设，对城乡堤防进行综合整治。全市城乡堤垸防洪能力逐年提高。2007年全市水利体制改革，堤委会管理和工程技术人员为公益性事业编制，改变沿袭半个多世纪“亦工亦农”用工制度。2012年全市达标堤防241.35千米，共有堤垸排渍泵站224座，装机607台，装机容量10.83万千瓦，是1988年的4.27倍，全市堤委会办公、生活用房、防汛仓库得到全面改造，面貌焕然一新。

（三）电力排灌管理。1987年，全市已建立较完善的电力排灌机构，如长沙县黄花、榔梨、跳马、干杉，望城县铜官、靖港，长沙郊区东屯渡等均称国有电力排灌站，配专职管理人员和技术人员，负责管理、使用和维修养护。排渍灌溉采用千瓦时收费或按立方米收费，谁受益谁负担。小型电力排灌机埠采取选好机手，制定合理报酬，分摊电费的办法管理。1988年，全市有运行30年左右排灌机械673台，1.89万千瓦需更新；1077台，2.97万千瓦需改造。20世纪90年代电力排灌费由粮站代收，小型电力排灌费和机手报酬由乡、镇、村与受益农户协商解决。政府取消农民农业税后，粮站无法向农民收取排灌费用，其水费电费由管理单位向村组或农户收取，不足部分，由县、乡政府补贴。

2000年以来，全市电力排灌设施逐年得到更新改造，2008年，国家、省、市投入韶山灌区宁乡片灌溉机埠改6803万元，改造设备181台，改善灌溉面积0.67万公顷，2009—2012年，长沙市投入小型抗旱机埠改造资金5000万元，改造抗旱机埠200处。

（四）灌溉管理。20世纪80年代，推广长沙县乌川水库灌区“集水权、计划配水、指标到乡、分期放水、上接下送、定时计量、按亩收费、超则加价、三级管理、逐级定员、渠道分段、及时维修”的灌溉管理经验。90年代全市在灌区推广合理用水、节约用水、充分发挥工程效益，但水费收取困难，经政府与粮站协调，由粮站代扣“水费”，保证水费收取和工程正常运行。2000年以后，全市采用“按方收费”，各区县（市）陆续建立“农民用水协会”，统一管水，协调用水、化解纠纷、提高用水效益。2007年，黄材水库管理局升格为副县级公益性事业单位，并下设3个副科级灌区管理所，2008年，由国家、省、市投资长沙3个大型灌区续建配套和节水改造完成，用水利用系数由不足0.4提升为0.47，黄材灌区改善灌溉面积0.67万公顷，2010年全市中型水库灌区节水改造完成，用水利用率达0.5以上，国家取消农业税后，水费收取难。2011年，自流灌溉按0.02元/立方米，电力灌溉0.3~0.4元/立方米计价，全市应征收水费 2895.46 万元，实际收取 351.14 万元，不足部分市、区县（市）给予财政补贴。当年市财政补助黄材水库灌区 230 万元。2012 年，全市 3333.35~2 万公顷灌区 11 个，666.67~3333.35 公顷灌区 36 个，133.34~666.67 公顷灌区 76 个，133.34 公顷以下 869 个，灌溉面积共 23.17 万公顷，属长沙市直管的 1 个（黄材水库管理局），属区县（市）管理的 23 个，属乡镇管理 99 个灌区，其余属村、组管理。

四、水利投融资

（一）政府投资。20 世纪 80 年代末至 1990 年，国家投入株树桥水库建设 1100 万元，免除浏阳市国税 6%作为对株树桥水库的建设投入，共计 1.12 亿元；省级投入黄材水库溢洪除险加固等 910 万元。省、市、县共投入堤防加固，三汊河坝改造等 1350 万元，市级投入全市水利资金 3 年共 900 万元。

1993 年，市级水利资金增至 400 万元，是年，省、市、县、郊区共投 9361 万元，加固一线堤防 63 千米，省级投入田坪水库续建 114 万元。1994 年，市级安排水利资金 500 万元，专项投入郊区龙王港大堤整治 2600 万元，丰顺垸溃口复堤 2000 万元，投入望城县灾后重建，丰顺垸恢复生产共 1000 万元。1995 年，市级安排水利资金 600 万元，出台向全市单位和个人征集防洪保安资金，时年征得 6000 万元用于城市防洪工程建设，省级投入望城大众垸、宁乡闸坝湖垸洞庭湖一期治理专项资金 2005 万元，四县一郊投入水利建设资金 1.1 亿元。至 1995 年 5 年间，各级共投入水利建设资金 3.37 亿元。1996—2000 年，市级共安排水利资金 4200 万元，征集防洪保安资金 3.3 亿元，投入城市防洪专项资金 2.51 亿元，省级投入洞庭湖二期治理等 项目 9241 万元，四县（市）五区共投入水利建设资金 13.3 亿元。2001—2005 年，市级安排水利资金 1.2 亿元，征集防洪保安资金 4.6 亿元。国家、省级重点投入中型水库除险加固，大型灌区节水改造和农村安全饮水，市、县按比例配套，5 年间各级共投入水利建设资金 35 亿元。2006—2010 年，市级共安排水利资金 3.2 亿元，投入防洪保安资金 5 亿元，国家、省级安排长沙洞庭湖二期治理 9845 万元，中型水库除险加固，韶山灌区韶花泵站更新改造农村安全饮水等工程，市、县按比例配套，省、市、县把农村安全饮水和山塘清淤增蓄列为“为民办实事”工程等，5 年间各级投入共 56 亿元。

2011—2012 年，国家、省、市、区县（市）共投入水利建设资金 37 亿元，投向小型水库除险加固，两年完成 183 座，完成 8 个中型灌区节水改造，投入水环境治理，完成湘江枢纽库区泵站排污口改造，清除库区内采砂，城区砂场外迁，枢纽库区清障，两岸披绿，龙伏河、圭塘河等生态河流建设，完成两年农村安全饮水、山塘清淤，水土流失治理等任务。

（二）市场融资。1999 年 6 月，长沙市成立水利建设投资有限公司，搭建融资平台，为加快长沙治理水患步伐，获得更多的水利建设资金。2003 年，确定长沙市水利投资有限公司为副县级国有公司，给予公司建设腾地，土地融资，税费减免等优惠政策，实现水利投融资滚动发展。2004 年 5 月，望城县水利投资管理有限公司成立。是年，长沙市水利投资公司获得潇湘大道靳江河畔 24.67 公顷土地作为资产运作，实现城市防洪工程建设融资 6 亿元，银行贷款 6.25 亿元，投入捞刀河出口改造和综合整治 4.25 亿元。2005 年，市水利建设投资公司投入楚家湖治理 1.4 亿元，三角塘泵站改建投入 8509.43 万元。是年，望城县水利投资公司与创普公司签约，投资 1 亿元整治靳江河、新开河道 1 千米，洋湖垸大堤高压灌浆 800 米，腾出河滩地 53.33 公顷，用于“丁香十里”开发建设，达到双赢。2006 年 1 月，在全省市州县水利局长会上，长沙市“做经营水利文章，走现代水利之路”的经验向全省推介。是年 4 月，市水利投资公司与深圳沙河公司、香港新浪涛公司签约投资 4.8 亿元，联合开发楚家湖。市水利投资公司获 12.5% 的利润分红。望城县水利投资公司与岳麓区合作，联合整治靳江河白菜湖河段，腾地 75.69 公顷，望城县分得土地 32.16 公顷，香港华润置地公司以 2000 元/平方米地价，总价 8.4 亿元获白菜湖地块。帮威房地产公司2.98亿元获另一地块。至2007年，望城县水利投资公司共融资11.38亿元，投资马家河、团头湖、苏蓼垸防洪工程建设。是年，长沙市水利投资公司投入金霞片区、湘江东岸戴家河至母山堤防整治，金霞泵站改造共3.66亿元。2008年，五合垸片区景观绿化、综合整治及附属工程共投入1.68亿元。是年，望城水利投资公司借势血防工程引进长沙船厂项目，办结20.39公顷用地，融资收益3059万元，投入丁字湾象鼻嘴防洪工程，腾地20公顷，极具升值空间。2009年，市水利投资公司投入新河蒋家垅防洪、湘江枯水期壅水工程共1742.19万元。5月30日《湖南日报》头版头条刊发以《望城走出融资治水新路》为题的文章，向全省推介望城县治水经验。是年，望城水利融资收入13.67亿元。是年10月，将长沙市水利投资有限公司调整为长沙市城市建设集团所属公司。

2011年10月，浏阳市成立水利建设投资有限公司，是年，开始运作长兴水库片区综合开发项目。2012年7月，宁乡县水利投资管理公司成立。是年，市水利投资管理公司投入湘江库区清障披绿生态修复3795万元。至2012年，长沙市水利投资公司共消耗防洪工程历史债务2.7亿元，偿还水利建设历史贷款1.11亿元，银行贷款6.26亿元，减免省级税收2400万元，共投入城市防洪工程建设资金15.61亿元。是年，全省水利投融资体制改革座谈会在望城召开，望城县“以水养水，以水兴水”的发展道路再次向全省推介。

(三) 日元贷款。2002年年初，湖南省启动日本协力基金贷款建设城市防洪工程。长沙市日元贷款城市防洪工程项目，是湖南省日元贷款项目的组成部分。由湖南省“日贷办”统一组织实施，统一向日方报账。长沙市设有4、5、6、7标段，合同总价7.72亿元人民币。戴家河防洪工程合同总价1.6亿元，国内配套0.87亿元，建设达标堤防5.02千米，改造排渍泵站1个，改造涵闸4个，建设开福区防汛技术培训楼7820平方米，2003年开工建设。福安垸防洪工程，总价2.59亿元，国内配套1.5亿元，建设达标堤防6.27千米及景观工程，改造涵闸2个，新建排渍泵站1个，拆除旧泵站2个。2004年3月开工的龙王港右岸堤防工程，总价2.03亿元，国内配套1.18亿元，建设达标堤防3.1千米，改造泵站1个，涵闸2个，建设堤委会管理用房和防汛仓库800平方米。2005年3月开工的东岸垸防洪工程，总价1.5亿元，国内配套0.87亿元，建设达标堤防1.43千米，新建罗溪港电排站，改造杨家湾撇洪渠低涵，改造涵闸，新建舟桥部队码头，建设堤委会用房和防汛仓库。至2010年，长沙市日元贷款4、5、6、7标段工程全部竣工。由省“日贷办”直接管理的长沙县、望城县、浏阳市和宁乡县县城城市防洪工程，共新建达标堤防63千米，2011年竣工。

(四) 社会投资。20世纪80年代至90年代初，长沙市对蓄水工程的利用以灌溉为主，辅以养鱼，其社会与经济效益没有充分发挥，水利工程的维修养护依靠政府投入，工程养护资金困难，职工生活待遇低。90年代中期，长沙市用改革开放思路，探索明晰所有权，放开经营权，吸引社会资本投入水利工程建设，参与经营和水利资源开发。1996年，望城县九江乡白鹤泉冲引进投资200万元，全面整修白鹤泉水库，建成白鹤泉度假村，当年实现盈利140万元。1997年，观音岩水库与湖南邮电局签订20年租赁合同，获投资1000万元维修水库和建设生态农业生产基地，是年，长沙县桐仁桥、乌川水库引入社会资本开发休闲旅游项目，湖南省体育委员会水上项目培训基地落户浏阳市横山头（斑马湖）水库、开福区青竹湖水库、雨花区同升水库等，相继得到商业开发。2002年，格塘水库与长沙银城房地产开发有限公司签约，投资2.5亿元，建设“千龙湖”度假村，加固水库大坝，硬化入库防汛道路3千米，新修大众垸防汛道路，总投资8374万元。2004年，长沙县推进“现代水利”建设，统一规划高桥镇维汉村等6个示范村，实行民办公助，引入民营资本建设经营水利，发展休闲、旅游、特种养殖，全县70%以上水面得到开发。望城县“百里水产走廊”沿线10个乡镇，702平方千米，水面1.67万公顷，引进水产开发商36家，投入资金1.89亿元，河蟹对虾养殖0.34万公顷，河蚌育珠1.67公顷。沿“百里水产走廊”，建成198家休闲渔业基地。养殖大户216家，带动当地农民就业1万余人，休闲、垂钓基地年接待游客100万人次。

2004—2008年，浏阳市发挥水能资源优势，引入江西黑山水电公司开发大围山500~1000千瓦小型水电站，促进地方经济发展。浏阳市地方小水电公司与社会资本合作开发万家庄、槽门滩、双江口水电站，总投资1.2亿元，总装机1.44万千瓦，年发电量6294万千瓦时。宁乡县民营资本投入3300万元，建设云山坝、珍洲两个水电站。总装5300千瓦时，年发电量2000万千瓦时，2012年，长沙全市水利经营总产值22亿元，实现利税1.49亿元，连续15年稳居全省第一。

五、水资源综合管理

（一）水资源管理。20世纪80年代至90年代中期，长沙市水资源管理重点在农村，重点管理水库蓄水，在大、中型灌区推行灌溉用水“按方收费”和“按亩收费”。小型水库、塘坝蓄水、用水由乡镇、村组专人管理。1994年，长沙市发布《关于认真贯彻执行国务院〈取水许可证实施办法〉的通知》，江、河、湖、库取水和开采地下水（不包括农业灌溉用水）均要领取“取水许可证”，并按规定征收水资源费。从1996年开始，长沙市向从江、河、湖、库取水单位发放“中华人民共和国取水许可证”。2002年，长沙市对建设项目进行严格的用水合理化分析，严格控制水资源。从2004年开始，长沙市开征水资源费。2008年9月28日，出台《长沙市城市供水用水管理条例》，自2009年4月1日起实施，对供水工程建设、设施管理、用水管理、水资源管理保护和节约用水提出明确要求和法律责任。

2010年8月，实现城乡水资源的统一管理。2011年8月，《长沙市水资源管理条例》颁布实施，全面规范全市水资源配量、节约、保护和奖惩措施。2011年12月，在岳麓、望城、长沙县、浏阳市、宁乡县设置乡镇水务站，形成市、县（市）、乡三级水务一体的管理体制，实行对水资源的统一管理。至2012年年底，全市发放《中华人民共和国取水许可证》226本（不包括已失效和停止取水的“许可证”），其中长沙县82本，望城区17本，浏阳市82本，宁乡县27本，芙蓉、天心、岳麓、开福、雨花5区共18本；征收水资源费3229.3万元，审批金江坝、长丰汽车文化基地、长兴水库、长沙县中部联合水厂等18个水资源论证审批报告。

表21-6-9-1　长沙市2004—2012年水资源费征收情况一览表　单位：万元

年份	金额	年份	金额	年份	金额
2004	310	2007	314.9	2010	414.9
2005	314	2008	377.0	2011	183.6
2006	321	2009	336.3	2012	696.6

（二）水资源保护。20世纪80年代，长沙市水资源保护重点在农村蓄水工程水量的保护。汛期在确保蓄水工程安全度汛的前提下多蓄水，在灌溉用水中推行“先用活水，再用塘坝、水库水；先用下游水，再放上游水”的原则，以满足灌溉需求。

20世纪90年代，全市乡镇企业迅速发展，工业废水未经处理排放，农户养殖业的发展，畜禽粪便随意排放，农村劳力进城打工外出务工，劳力缺乏造成农家肥弃用，农村农药化肥普遍使用，工业废水、畜禽粪便和农药化肥残留排入沟渠、河流，渗下地下，造成水质污染，长沙市水资源的保护重点是水质和水环境的保护。

2000年1月，湖南省政府确定株树桥水库为长沙市城区生活供水的第二水源。是年6月8日，浏阳市出台《株树桥水库洁净饮用水源保护区管理规定》，确定浏阳市株树桥水库上游周边5个乡镇，25个村（居委会）林场，564平方千米范围的保护区。2002年，根据《中华人民共和国水资源论证管理办法》，全市新建工矿企业必须实行水资源论证，实行排放总量控制。2004年，发布《长沙市地表水环境功能区划方案》，水功能区采用二级制划分。水域一级区为保护区、保留区、开发利用区和缓冲区。二级区划水功能区中的开发利用区划分为饮用水源区、工业用水区、农业用水区、渔业用水区、景观娱乐用水区、过渡区、排污控制区。全市域内湘江干流，21条支流，42处河段，53座大、中、小型水库，12个湖泊划为一级水功能区107个，二级水功能区100个。湘江暮云镇至傅家洲段、望城饮用水源区、小溪河株树桥水库库区等11处河段为长沙饮用水源保护区。规定在水功能区从事工程建设、养殖、旅游、水上运动等开发利用活动，不得影响所在功能区及相邻功能区水域的使用功能，不得降低水质标准。在饮用水源保护区内，禁止采矿及可能对水质产生影响的取土、爆破等活动。是年7月30日，《浏阳河管理条例》颁布实施。2005年11月28日，《株树桥水库饮用水源保护条例》颁布，2006年5月1日起施行，要求确保株树桥水库水质常年优于二类水质标准。2009年9月，长沙市启动湘江长沙航电枢纽排污口改造工程。2010年宁乡县制定《沩水流域水资源保护规划》。2011年长沙市发布《关于划定乡镇生活饮用水源保护区的通知》。是年，长沙县桐仁桥、乌川、红旗等8座中小型水库退出投肥养鱼，星沙、黄花、榔梨3个供水工程，桐仁桥等8座中小型水库，6个重要水源地设立永久性水源保护碑，黄材水库编制《黄材水库水资源保护规划》，并在周边设立功能区标志和永久性宣传栏。

图 21-6-9-4　全市107个一级水功能区，100个二级水功能区完成立碑工作　（长沙市水务局供图）

图 21-6-9-5　浏阳市“世界水日”和“中国水周”宣传活动　（长沙市水务局供图）

2012年，湘江长沙航电枢纽库区完成72个排污口改造截污，长沙县小（1）型以上水库，宁乡县16座中小型水库，浏阳市22座中小型水库全部退出投肥养殖，强化水环境的保护。

（三）节水型社会建设。2007 年，国务院批准长株潭城市群为资源节约型和环境友好型社会建设改革试验区，水资源节约是资源节约型社会的重要部分。2008 年年初，长沙、株洲、湘潭三市联合向国家水利部申请“节水型社会建设试点城市”；是年 4 月，被水利部批准为“全国第三批节水型社会建设试点市”。

2009 年 1 月完成编制，《长沙市节水型社会建设规划》（以下简称《规划》），《规划》确定 2007 年为节水控制目标基准年，确定近期、中期、远期节水型社会控制指标。《规划》经报湖南省水利厅，经专家评审批准后实施。3 月，成立长沙市节水型社会建设领导小组，建立联席会议和办公室联络员制度。随即，全市节水型社会建设宣传、节水管理制度及法规建设同时开展，同时，在城乡确定一批企业和项目开展示范。

节水型社会建设目标是：通过企业和项目示范，采取工程技术措施，利用经济杠杆，促进城乡节约用水，健全制度法律法规，初步建立符合长沙实际的节水管理体制，减少取、用水过程水的损失和污染，提高水的利用率，科学高效利用水资源，使有限的水资源在保障人民饮水安全和优良的水生态环节发挥更大的社会和经济效益。

表 21-6-9-2 长沙市节水型社会建设控制指标统计一览表

类别	指标名称	基准年 2007 年	近期目标 2011 年	中期目标 2015 年	远期目标 2020 年	性 质
综合指标	万元 GDP 用水量（立方米/万元）	129	80	75	50	“两型社会”控制型
农业节水	灌溉水利用系数	0.45	0.46	0.53	0.6	“两型社会”控制型
工业节水	工业增加值用水量（立方米/万元）	107.6	69	60	40	“两型社会”控制型
	工业用水重复利用率（%）	40	50	70	80	“两型社会”控制型
生活节水	节水器具普及率（%）	60	80	90	98	“两型社会”控制型
	城市供水管网漏损率（%）	18	14	12	8	“两型社会”控制型
	城镇人均生活用水量（升/天）	174	160	158	155	“两型社会”控制型
	农村人均生活用水量（升/天）	104	110	115	120	“两型社会”控制型
水资源保护	城镇生活污水集中处理率（%）	45.42	85	90	95	“两型社会”控制型
	再生水利用率（%）	4	5	10	15	“两型社会”控制型
	城市生活饮用水源水质达标率（%）	90	97	97.5	98	“两型社会”控制型
	水功能区达标率（%）	50	60	70	80	“两型社会”控制型

2009年4月1日，《长沙市城市供水、用水管理条例》施行。6月下旬，长沙市LG飞利浦曙光电子有限公司、长沙力元新材料科技股份公司、长沙娃哈哈饮料有限公司等8家节水示范企业受到湖南省建设厅和省经委表彰。2010年湖南有色金属工业总公司、中南林业科技大学、农业大学、华天大酒店等七家节水单位受到湖南建设厅和省经委表彰。长沙县桐红桥水库灌区进行农业综合水价试点，对农业用水按照“实额分配，按量收费，梯级计价，节水有奖，水权可转让”的原则，合理确定灌区农田用水定额按基本水价0.04元/立方米收取，实行先交费后用水，每超额20%，加收0.01元/立方米，依此类推，对节约用水50%以内的，每立方米奖励0.02元，50%以上的双倍奖励，返还用水者协会，专项用于区域内小型农田水利建设，调动农民节水积极性。

从2012年2月1日起，试行居民生活用水阶梯式水价。凡4口之家，按户均用水量计价，每户用水量在5立方米以下，5~22立方米，22立方米以上的，价格按1:1.5:2计收；凡5口之家及以上，按人均用水量计价，每人用水量在4立方米（含）以下，4~5立方米（含5立方米），5立方米以上，价格按1:1.5:2记收。非居民用水实行超定额累进加价，超计划（定额）用水量20%（含20%）以下，超过部分加价50%，超定额20%~40%（含40%）超额部分按100%加收水价，超定额40%以上，按150%加收水价，促进市民节约用水。

表21-6-9-3　　2012年长沙市节水型社会建设近期目标完成情况一览表

类别	指标名称	基准年 2007年	近期目标 2011年	近期实际 2011年	完成情况
综合指标	万元GDP用水量（立方米/万元）	129	80	66	完成
农业节水	灌溉水利用系数	0.45	0.46	0.468	完成
工业节水	工业增加值用水量（立方米/万元）	107.6	69	52.73	完成
	工业用水重复利用率（%）	40	50	61	完成
生活节水	节水器具普及率（%）	60	80	90	完成
	城市供水管网漏损率（%）	18	14	13.8	完成
	城镇人均生活用水量（升/天）	174	160	152	完成
	农村人均生活用水量（升/天）	104	110	98	完成
水资源保护	城镇生活污水集中处理率（%）	45.42	85	97.5	完成
	再生水利用率（%）	4	5	14	完成
	城市生活饮用水源水质达标率（%）	90	97	97.5	完成
	水功能区达标率（%）	50	60	63.6	完成

第七章 农业机械

1988年，全市农机总动力115.39万千瓦。主要农业机械中，以拖拉机为主。农用排灌机械主要为农用水泵，耕作机械为水田耕整机和机耕船，植保以人力机具为主，收获机械主要为人力打稻机。当年农机固定资产原值2.71亿元，其中国有占2.13%，集体占26.57%，私有占71.31%。

1989年，市县乡三级农机管理机构和服务体系比较完整。宁乡和长沙县先后引进联合收割机，但效果欠佳。20世纪90年代，廉价的塑制喷雾器快速发展，逐步取代原铁制、木制喷雾器。农田排灌逐步由内燃机转为电力驱动。抽水机具小型化、便携化，农村居民普遍使用小型电动水泵提取生活用水。农村运输机械发展较快，出现运力过剩。1992年，国家取消农机维修用钢材计划分配。7月，全国中小型水稻联合收割机现场表演会于长沙县暮云镇栗山村举行，参演机型21种。1995年，国家取消农用柴油计划分配，农机管理部门职能发生转变，农机产品的生产、维修、销售与使用市场化。水田耕整机快速发展，种植业机耕水平大大提高，种植业机耕率49.91%，其中水稻机耕率58.23%。全市农机固定资产原值6.09亿元，其中国有、集体和私有分别占0.77%、10.38%和88.85%，私有占比大幅度增加。农机总动力153.67万千瓦，耕地亩均拥有动力0.4千瓦。

1997年，长沙市农机主管部门重点推广小型收割机、仿生插秧机。新增收割机18台，保有量46台。是年，在宁乡偕乐桥乡进行工厂化育秧尝试。为解决有田无机耕、有机无田作的矛盾，重点推广机耕集团承包，当年全市达到19.5万公顷。1998年，浏阳筹资组建4个拥有10万元以上农业机械的农机作业服务队，提供机耕、植保、收割、加工的代工服务。1999年，长浏宁3县（市）拨专款支持联合收割机推广。全市联合收割机保有量195台、小型机动收割机39台，收割机机收面积达4930公顷。2000年，长沙地区30多种农机产品参展湖南省第二届农博会，4种机具获得金奖。当年全市农机总动力240.25万千瓦，42.12万台。联合收割机保有量544台。机耕面积30.94万公顷，机耕率59.95%；机收面积1.64万公顷。

2001年7月，长沙首次在宁乡全民乡举行全国跨区机收水稻现场会。2002年，农业机械化水平进一步提高，全市亩均农机总动力达到0.78千瓦。2004年，推行农机购置补贴政策。当年新增联合收割机996台，全市亩均农机总动力1千瓦。2005年，全市种植业机耕率达到79.19%。是年，6家国有农机公司除望城外均改为民营。2006年，全市农机总动力359.92万千瓦。联合收割机4421台，机收率首次超过50%；水稻机耕率达到87%。水稻耕种收综合机械化水平达到48.58%，高于全国平均水平8个百分点。

2007年，农业机械化加速发展对提高农业劳动生产率，促进农业增产增效、农民增收致富方面发挥了重要作用，成为农业现代化的重要物质基础。当年全市争取国家、省级财政等农业补贴资金1009万元。2009年，重点抓水稻全程机械化技术推广。当年7月在浏阳龙伏镇举行全国水稻跨区机收暨湖南省水稻生产全程机械化现场演示，包括耕作、平地、育种插秧、植保、收割、烘干等水稻生产全程机械化作业，参演机具75台。2010年，推广油菜、烟叶、茶叶等经济作物生产机械化新技术，新组建农机合作社16个，促进了农机服务产业化发展。2012年，农机培训转入社会化，在浏阳永安镇举行首场小型飞机植保演示会。当年，全市农机总动力542万千瓦，76.55万台，农机固定资产原值40.21亿元。主要农机具中，拖拉机3.1万台，耕整机11.3万台，水稻插秧机927台，联合收割机1.12万台，动力打稻机14万台，机动喷雾机1.27万台，谷物烘干机67台。种植业综合机械化水平70.24%。

表21-7-0-1　1988—2012年长沙地区农业机械化水平统计一览表

年份	农业机械总动力（万千瓦）	拖拉机（台）	耕整机（台）	插秧机（台）	联合收割机（台）	机耕面积（万公顷）	水稻机插秧面积（万公顷）	联合收割机机收面积（万公顷）
1988	115.39	13550	10990	—	—	10.40	—	—
1989	100.23	14400	16266	—	—	13.15	—	—
1990	107.79	14807	21219	—	2	15.64	—	—
1991	115.06	15360	26066	—	3	17.72	—	—
1992	124.00	13878	27108	—	3	19.88	—	—
1993	132.00	14715	31282	—	3	21.07	—	—
1994	140.77	15527	34617	—	3	22.89	—	—
1995	153.67	17006	37166	—	18	23.95	—	—
1996	162.00	17229	38400	—	28	25.07	—	—
1997	173.00	17145	41817	—	46	28.07	—	—
1998	184.67	17638	46250	—	89	28.56	—	0.46
1999	202.00	19644	67904	—	234	29.20	—	0.49
2000	240.00	19300	80886	—	544	30.93	—	1.64
2001	258.00	20000	84000	—	970	32.00	—	2.00
2002	276.00	21495	86418	—	1260	32.00	—	4.80
2003	289.00	21266	87479	—	1547	31.59	—	7.96
2004	308.00	21884	88408	—	2543	38.59	—	13.79
2005	330.65	23180	89126	9	3410	38.66	0.02	16.23
2006	359.92	24314	92903	17	4421	34.25	0.02	20.52
2007	391.00	24302	92526	69	5535	34.72	0.09	23.27
2008	424.00	25104	93801	219	6706	37.32	0.45	31.09
2009	456.00	27478	98153	432	8705	40.15	1.04	33.30
2010	487.00	26685	104531	553	9476	37.87	1.11	34.47
2011	516.44	29406	110553	675	10428	39.04	2.72	36.42
2012	542.00	30979	112964	927	11246	39.64	3.35	37.17

第一节 机 构

一、市级机构

1986年6月9日，长沙市农业机械管理站升为副县级机构。6月16日更名为长沙市农机管理处，归长沙市农业局领导。1988年5月，改归长沙市农业委员会领导。1990年11月，长沙市农机管理处更名为长沙市农业机械管理局，事业编制，在编26人。1995年2月，长沙市农业机械管理局改为正县级事业单位，设办公室、管理科、科教科、农机安全监理科（对外称农机安全监理所）、财务科和组织人事科共计6个科室，编制30人。2001年9月，长沙市农业机械管理局与农业局等4局合并设立长沙市农业局；农业局设有农机管理处、农机安全监理所。

1988年5月，长沙市农业机械公司、农业机械研究所2个二级机构自长沙市农业局改归长沙市农机管理处（局）领导。2000年长沙市农业机械研究所加挂农业机械化技术推广站。2005年12月，经长沙市企业改革和发展小组办公室批准，农业机械公司转为民营，改名为长沙市农业机械有限责任公司。

1988—2001年，先后担任长沙市农业机械管理局（处）主要领导职务的有：罗购三、曾开明、漆根荣；其他领导班子成员有：屈绍凡、李云华、文丽霞（女）、戴渐红、吴凯明、徐水清。

二、区县（市）机构

1988年，长沙县、望城县、浏阳县和宁乡县分别设有农业机械管理站，长沙市郊区设有农机水利局。1991年，4县农业机械管理站分别更名为农业机械管理局。1993年浏阳撤县设市，浏阳县农业机械管理局更名为浏阳市农业机械管理局。1996年长沙市辖区调整、撤销郊区，芙蓉区、天心区、岳麓区、开福区和雨花区分别设农林水利局。2001年12月，望城县农业机械管理局并入望城县交通局，交通局设农业机械服务中心；次年望城县农业机械服务中心更名为农业机械管理局。2010年机构改革，长沙县、望城县、浏阳市农业机械管理局撤销，并入县（市）农业局；3县（市）农业局分别设有农业机械（推广）服务中心、农机安全监理站，宁乡县保留农业机械管理局，芙蓉区、天心区、岳麓区、开福区、雨花区分别设有农林水利局。2011年，撤销望城县设望城区，望城区农业局设农机技术服务中心、农机安全监理站。

三、基层机构

1988年，全市共有乡镇农机站246个、在职人数1421人；26个县辖区农机站、在职人数62人。1995年长沙地区撤区并乡（镇），县辖区农机站撤销，乡镇数量缩减，乡镇农机站在职人员逐步落实“三定”。是年，全市乡镇农机站数130个，在职人员1550人。浏阳市原有6个区农机站改为中心站，在职人员54人，2000年中心站撤销。

2002年乡镇机构改革，乡镇农机站明确为农机事业单位，逐步退出经营活动。2003年全市乡镇农机站数132个，在职人员645人。2005年后，各乡镇对农技、林业、水管、畜牧（兽医）和农机逐渐推行“五站合一”，2011年乡镇事业单位改革，乡镇农机站并入乡镇农技推广服务中心。2012年，全市有乡镇（街道）农机专职（兼职）农机员338人。

第二节　农机种类

一、拖拉机

（一）大中型拖拉机。农村联产承包责任制后，拖拉机转为纯道路运输工具，农田作业功能丧失，配套机具减少。1988年全市有大中拖1050台。其中轮式839台、履带式211台。大中拖配套机具358件。保有量百台以上有4种型号，总量870台，占大中拖保有量的82.86%。其中东方红30型382台占36.38%，丰收27型236台占22.48%，丰收35型149台占14.19%，东方红75型履带式103台占9.81%。其他保有量10台以上5种型号，其中东方红60型34台占3.24%，上海50型23台占2.19%，东方红40型15台占1.43%，铁牛55型11台占1.05%，东方红28型10台占0.95%。3台进口机型全部为履带式。

2000年，大中拖保有量减至200台，其中农田作业型大中拖（农田型）保有量减至57台，大中拖配套机具仅存38件。2003年启动农村土地综合治理，2004年推行农机购置补贴，农田型大中拖出现恢复性增长。2004年4月，浏阳北盛镇乌龙社区曹修叨等3人购买3台大中拖及配套机具，组成农机服务队代耕土地，50天时间实现纯利9万元。2005年获购置补贴的大中拖17台，旋耕机9台，当年农田型保有量644台。2006年，《中华人民共和国农民专业合作社法》颁布，农民专业合作社兴起，农村耕地向种植业大户的集中。到2010年，农田型大中拖增至1636台。

2012年，农机监理机构新增农田型大中拖注册380台，其中雷沃系列150台、占新注册量的39.5%，东方红系列85台、占22.4%，沃得系列40台、占10.5%，瑞创系列24台、占6.3%，约翰迪尔系列21台、占5.5%，其他机型60台、占15.8%。当年农田型保有量达到2300台，配套机具增至3584件。

（二）小型拖拉机。20世纪80年代，手扶拖拉机（手拖）的手把操控逐步用方向盘转向替代，衍生出新的机型小型方向盘式拖拉机（小盘拖）。80年代后期，小盘拖增多。1988年，全市小拖保有量1.25万台，其中小四轮314台，占小拖保有量的2.51%；小盘拖901台，占7.21%；手拖保有量1.13万台，占90.28%。手拖主要机型5种，其中东风12型4738台，占手拖保有量的41.98%；湖南12型3712台，占32.89%；工农10型2322台，占20.58%；湖南5型238台，占2.11%；株洲产工农12型195台，其他机型80台。小盘拖主要型号有湖南12Y、工农12Y。90年代，除浏阳外，新增手拖逐年减少。1999年，农机安全监理部门登记保有量减至1494台。

图 21-7-2-1　常州东风农机集团 东风121/151手扶式微耕机（摄于2010年，长沙市农委供图）

21世纪初，小盘拖主要生产商有衡拖农机制造有限公司（衡拖）、桑铼特农业机械设备有限公司(桑莱特)和佳宁农业机械制造有限公司（佳宁），此外，北汽福田长沙汽车厂(福田)、湖南至诚机械有限公司（至诚）和衡阳伍联农机实业有限公司(伍联)

为后期出现的企业。三大主流机型为湖南–124Y（湖南–124D）、曙光–124Y（曙光–124D）和佳宁 124Y–1。2005 年后，手拖出现恢复性增长。手拖主要机型有锡拖–XT151、锡拖–XT121、东风–151、常众 CZ–15、滨湖–BH151、太湖 DF–151 和黄海–151 几款型号。

2010 年，农机监理部门新增小盘拖注册量 1626 台。其中湖南本省产 1611 台，占 99.08%；外省仅河南产 15 台，占 0.92%。注册登记量过百台的机型三个型号，其中衡拖的湖南–124Y 型（湖南–124D）499 台，占 30.69%；桑莱特的曙光–124Y 型（曙光–124D）416 台，占 25.58%；佳宁 124Y–1 型 238 台，占 14.64%。登记量超 50 台的型号有佳宁–124Y、至诚的久保马–124Y、伍联的衡岳–124Y 和福田的北京–BJ12Y（北京–12D）。2012 年，农机监理部门累计手拖登记量 501 台，其中浏阳市 255 台，占总保有量的 50.9%，长沙县 223 台占 44.5%。浏阳市、长沙县为花卉等经济作物种植区，经济作物的农田作业以手拖为主。望城区、宁乡县和岳麓区有少量分布。

（三）变型拖拉机。变型拖拉机（变拖）为 2000 年出现的机型分类，当年保有量 143 台。初期叫法不一，有拖拉机变型运输机、整体式运输型拖拉机、多功能运输型拖拉机。变拖的结构上和小四轮农用运输车相同，为农机部门解决原农用运输车生产企业消耗产能的过渡车型，属农机部门管理的道路运输机具。变拖安全性能指标从拖拉机标准，注册登记实行全省统一目录，省外产品禁止在省内办理注册。

2007 年管理职能移交，小四轮农用运输车改称低速载货汽车，由公安交管部门管理。对未予移交、继续由农机管理部门管理的小四轮农用运输车，农机监理部门归入大中拖类作为变拖机型。准驾机型与大中型拖拉机相同，代码为 G。为区别传统农田作业型大中型拖拉机，监理部门在大中拖类别中增设运输型拖拉机的子类。2007 年大中拖保有量 3998 台，其中变拖 3225 台。

2009—2012 年 4 年中，农机监理部门新增变拖登记量 1532 台，其中宁乡县 548 台，浏阳市 406 台，长沙县 195 台，望城县 132 台，岳麓区 144 台，除天心区外，其他各区均有分布。2012 年，大中拖保有量 6106 台，其中农田作业型 2300 台，变拖 3806 台。

表 21–7–2–1　　1988—2012 年长沙地区拖拉机及其配套机具保有量统计一览表　　单位：台

年份	拖拉机保有量	大中型拖拉机			小型拖拉机		大中拖配套机具	小拖配套机具
		合计	农田作业型	变型拖拉机	合计	手扶拖拉机		
1988	13550	1050	1050	—	12500	—	358	4334
1989	14400	771	771	—	13629	—	—	—
1990	14807	593	593	—	14214	—	272	3299
1991	15360	487	487	—	14873	—	—	—
1992	13878	341	341	—	13537	—	167	3031
1993	14715	—	—	—	—	—	26	3028
1994	15527	—	—	—	—	—	—	2982
1995	17006	304	304	—	16702	—	—	4450
1996	17229	258	258	—	16971	—	82	3700
1997	17145	272	272	—	16873	—	91	3433

续表 21-7-2-1

年份	拖拉机保有量	大中型拖拉机			小型拖拉机		大中拖配套机具	小拖配套机具
		合计	农田作业型	变型拖拉机	合计	手扶拖拉机		
1998	17638	274	274	—	17364	—	64	3523
1999	19644	314	—	—	19330	—	80	3723
2000	19300	200	57	143	19100	—	38	2086
2001	20000	—	—	—	—	—	—	—
2002	21495	2216	—	—	19279	—	—	—
2003	21266	2492	—	1491	18774	1627	54	3084
2004	21884	3120	452	2668	18764	1755	115	3852
2005	23180	3807	644	3163	19373	2275	202	4094
2006	24314	4710	989	3721	19604	2476	342	4137
2007	24302	3998	773	3225	20304	3224	628	4031
2008	25104	4255	973	3282	20849	3717	1122	3933
2009	27478	5302	1402	3900	22176	4923	1911	5010
2010	26685	5591	1636	3955	21094	5433	2612	13048
2011	29406	5944	1838	4106	23462	5975	3106	13750
2012	30979	6106	2300	3806	24873	6114	3584	13993

二、排灌机械

1988 年，全市有农用排灌动力 25.95 万千瓦 4.54 万台，其中柴油机 12.01 万千瓦 3.16 万台、汽油机 83 千瓦 16 台、电动机 13.69 万千瓦 1.35 万台和水轮泵 2434 千瓦 268 台。机电排灌面积 18.06 万公顷，其中内燃机排灌面积 10.33 万公顷，电机排灌 7.44 万公顷，水轮泵排灌 0.23 万公顷，喷灌 600 公顷。1989 年 7 月 21 日，湖南省农业机械化新技术新机具现场表演会在长沙举行，重点推广手摇井泵和微型水利发电机组。

20 世纪 90 年代，随农村电网的普及，水泵逐步由内燃机转为电力驱动，抽水机具转向小型化和便携化。水源充足区域，农户完全具备旱涝保收能力。1991 年，宁乡县田坪乡农机站开发的 W40–2 和 W40–12 离心清水泵已进入 6 省 80 个县市市场。随着水稻种植面积的收缩，机电排灌面积逐年减少。1998 年，全市排灌动力保有量 11.35 万台，其中柴油机 6.50 万台，占 57.26%；电动机 4.77 万台，占 42.08%；手摇井泵 14.15 万台。全市机电排灌面积 12.85 万公顷，其中柴油机排灌面积 6.67 万公顷，电动机排灌面积 5.66 万公顷，其他 0.52 万公顷。这一时期，以生活取水为主兼顾农田提水灌溉的小型电动水泵快速普及，逐步满足农村生产、生活用水需求。

21 世纪初，重点引进推广节水灌溉设备，以蔬菜、花卉种植的浏阳为重点推广区。2004 年全市保有量 25 套，其中浏阳新引进 15 套。2008 年 7 月 9 日，农业部印发《关于促进设施农业发展的意见》，明确要求落实中央系列惠农政策，扶持鼓励设施农业发展。2009 年，通过财政补贴，推广滴灌超过 33

公顷，其中望城县真人桥中崛果业葡萄园滴灌面积10公顷，7月份投入正常使用；曙光山城葡萄园基地17公顷。设施农业具备较大规模的有湖南中天凯顺春华山蔬菜基地、真人桥中崛果园、浏阳银峰茶业公司。

2012年，全市农用排灌动力78.79万千瓦18.79万台。其中柴油动力42.56万千瓦10.53万台，电动机36.22万千瓦8.27万台，农用水泵23.87万台，节水灌溉成套设备34套；机电灌溉面积15.39万公顷。

（一）手摇井泵。手摇井泵初期称为人力真空井泵，为水层较浅、水源充足的平原、滨湖地区生活用水提水工具。该工具操作、维修简便，适合一户或多户共用。结构上分为泵体、吸水管。吸水管深埋于地下，总长约10米。尾部插入透水层，40~50厘米以内均匀分布有吸水孔。末端加工为尖状或锥形。泵体以灰沙水泥固定于地面，为1981年11月启动推广的项目。推广初期，市农机研究所研制人工钻井工具、建造示范井，通过现场示范和举办人工钻井培训班，培养专业打井队伍。1988年，全市共有手摇井泵5.59万口。

1990年前后，打造一口井仅需成本50~70元。1995年，保有量到高峰，达到17.96万口。1998年全市保有量14.15万口。随着小型电动水泵的普及，其后不再推广。2012年，滨湖地区仍有大量分布，市场上可以买到不锈钢质整机与配件。

表21-7-2-2　1988—1998年主要年份长沙地区手摇井泵数量统计一览表　单位：台

年份	总计	内5区	长沙县	望城县	浏阳市	宁乡县
1988	55910	4074	21484	5510	9094	15748
1995	179630	6673	65877	12678	33547	60855
1998	141459	9192	67303	13000	19472	32492

（二）微型水力发电机。1986年，浏阳于山区无电村重点推广。该机具利用山区溪水作动力，输出电压为220伏特、功率0.8~3千瓦，可供多户家庭照明和家用电器供电，同时利用微型电机驱动小型碾米机、粉碎机、磨浆机和水泵解决急需的生产用电。1988年，全市有微型水力发电机365台，当年推广166台。

1994年，全市累计推广781台总容量1282千瓦，其中浏阳780台1280千瓦，宁乡1台2千瓦；年发电量210万千瓦时，解决5200户山区农户基本生活和生产用电问题。其后因电网的普及，微型水力发电机逐渐淘汰。

三、耕作机械

1988年，全市拖拉机保有量1.36万台，拖拉机配套机具4692件。耕整机1.1万台，机耕（滚）船2265台。耕整机、机滚船配套机具2.88万件，其中机引犁1.05万件，机引耙8904件，机引蒲滚9313件。当年机耕作业总面积10.4万公顷，其中水稻机耕面积9.8万公顷；拖拉机占20.15%，机滚船占14.38%，耕整机占65.47%。种植业机耕率21.75%，其中水稻机耕率24.30%；机耕作业服务收入1363万元。农作物、水稻耕作仍旧以传统工具为主，主要依靠人力、役用牛力。

1995年，全市拖拉机配套机具4250件，全部为小拖工具。水田耕整机增至3.72万台；机滚船1700台，保有量降低。耕整机、机耕船配套机具9.45万件。全年机耕作业总面积23.96万公顷，其中水稻机耕面积 22.61 万公顷。种植业机耕率 49.91%，其中水稻机耕率 58.23%。水稻耕作转向以机械化作业为主，耕整机成为稻田机耕主力。2000 年，全市拖拉机配套机具减至 2036 件，其中大中拖配套机具 30 件，小拖配套工具 2006 件。耕整机保有量增至 8.09 万台，机滚船增至 7321 台，配套机具 14.66 万件。2000 年机耕作业总面积 30.93 万公顷，其中水稻机耕面积 28.43 万公顷，种植业机耕率 59.95%。

2002 年，《中华人民共和国农村土地承包经营法》颁布后，推行土地流转政策，涌现大量种养业大户。随土地综合整治的推行，大型拖拉机成为土地平整重要工具。2004 年农机购置补贴政策全面启动，耕作机具出现快速增长。2005 年，全市耕整机保有量达到 8.91 万台，耕整机配套机具 13.35 万件，其中机引犁 6.6 万件，机引耙 5.9 万件，旋耕机 8447 件；机耕船 1.72 万台。2005 年机耕作业总面积 38.66 万公顷，其中水稻机耕面积 35.62 万公顷，种植业机耕率 79.19%。

2012 年，全市农田作业型大中拖保有量达到 2300 台，手拖 6114 台，拖拉机配套机具 1.76 万件。耕整机 11.3 万台，机耕船 2.19 万台，耕整机配套机具 22.32 万件。能同时实现耕耙作业的旋耕机为快速增长的机具，总量达到 10.16 万件，耕整机与旋耕机具配套比接近 10:9。2012 年机耕作业总面积 39.64 万公顷，其中水稻机耕面积 33.32 万公顷，种植业机耕率 99.18%。

表 21-7-2-3　　1988—2012 年长沙地区主要耕作机具保有量与作业量统计一览表

年份	耕整机（台）	机耕船（台）	耕整机、机耕船配套机具（台）					机耕面积（万公顷）	
			合计	机引犁	旋耕机	机引耙	其他	总计	其中:水稻
1988	10990	2265	28795	10509	0	8904	9382	10.40	10.40
1989	16266	—	—	—	0	—	—	13.15	12.68
1990	21219	2090	—	—	0	—	—	15.64	15.64
1991	26066	—	—	—	0	—	—	17.72	—
1992	27108	1822	—	—	0	—	—	19.88	—
1993	31282	1873	83451	—	0	—	—	21.07	—
1994	34617	2341	88169	—	0	—	—	22.89	—
1995	37166	1700	94477	36615	0	33317	23624	23.95	22.61
1996	38400	2424	90600	—	0	—	—	25.07	—
1997	41817	2246	107354	—	0	—	—	28.07	—
1998	46250	2903	150696	62362	0	63351	24983	29.23	26.65
1999	54986	4484	—	—	—	—	—	29.20	—
2000	80886	7321	146599	71671	3955	70973	0	30.93	28.53
2001	84000	—	—	—	—	—	0	32.00	—
2002	86418	11683	—	—	—	—	0	32.00	—
2003	87479	13178	118584	63228	7172	48184	0	31.59	28.89
2004	88408	13764	123761	66486	7834	49441	0	38.59	35.70

续表 21-7-2-3

年份	耕整机（台）	机耕船（台）	耕整机、机耕船配套机具（台）					机耕面积（万公顷）	
			合计	机引犁	旋耕机	机引耙	其他	总计	其中:水稻
2005	89126	17204	133530	66036	8447	59047	0	38.66	35.62
2006	92903	17683	145290	68467	15329	61494	0	34.25	30.02
2007	92526	18249	195290	94727	12946	87617	0	34.72	30.15
2008	93801	17218	199721	94187	13355	92179	0	37.32	34.60
2009	98153	18654	205470	98822	14856	91791	1	40.13	34.95
2010	104531	19693	217700	105175	15434	97090	1	37.87	34.84
2011	110553	21426	214734	100441	16525	97765	3	39.04	35.19
2012	112964	21923	217489	101636	16619	99231	3	39.64	33.32

（一）水田耕整机。水田耕整机是一种小功率、单人乘坐，能完成犁、耙、滚、平等作业的小型耕作工具。农民形象地总结它是“一头牛的价钱、二至三头牛的工效，半头牛的使用成本，耕作质量比牛还要好”的适用机械，1985 年年初步定型，初期为单轮，犁田小时功效 1 亩左右。1988 年，长沙推广水田耕整机 4037 台，全市保有量 1.1 万台，当年晚稻机耕总面积 5.43 万公顷，其中耕整机机耕总面积 3.56 万公顷，占 65.47%，耕整机已成为农田机耕作业的主力。

1989 年 7 月，果园交通机械厂生产的 GJ-1 型果园牌水田耕整机，在省科委、省农机局联合召开的湖南省农机化新技术、新机具表演与评优现场会上，获耕整机类优秀三等奖。1999 年，长沙县福临机械厂生产的 1ZS-2 型水田耕整机通过鉴定获农业机械推广许可证。长沙县白沙机械厂生产的庄明牌（原白沙牌）1ZS-30 型水田耕整机获农业机械推广许可证。1990 年，长沙市农机局研制旱耕装置与水田耕整机配套使用，以降低成本，是年长沙县推广 11 台，1991 年推广 94 台。由安沙镇农民龚运鸿研制长沙县和平机械厂生产的多功能耕整机，1997 年“双抢”期间在安沙镇和平村进行田间表演。20 世纪 90 年代后期，随耕整机的普及，望城县大众垸区的乔口、靖港、新康、格塘，宁乡县的双江口等乡镇出现无耕牛村。

单轮耕整机因其平衡稳定性差易侧翻伤人，21 世纪初逐步被双辊、多功能机替代。2000 年，中南传动机械厂生产的中传牌 QF-1 型多用途轻型耕耘机，旋耕质量好、翻耕碎土一次完成，获得较好推广，望城县内销售 600 余台。2010 年之前，役用耕牛已少见。

2010 年，纳入购置补贴目录的本地产多功能机型有湖南中天龙舟生产的 1GQNZ-180 型自走式旋耕机、宁

图 21-7-2-2 单轮水田耕整机 （摄于 1997 年，长沙市农委供图）

图 21-7-2-3 好运来 IZ-20 双辊耕整机
（摄于 2010 年，长沙市农委供图）

乡玉潭红星农机厂的 1WG4 型耕耘机、长沙农旺的 1ZD-25 型多用耕作机与宁乡红旗农业机械厂的 1WG4.4 型多功能耕整机。主要单轮机型有湖南正昊置业长青公司 1ZS-23、宁乡杰成 1ZS-25 型单轮耕整机。双辊机型有湖南至诚 1Z-20 与 1ZS-25、宁乡玉潭红星农业机械厂的 1Z-20、长沙海滨内燃机有限公司的 1Z-25、长沙劲牛机械厂的 1Z-2 型、宁乡红日农业机械厂的 1ZB-20B、长沙县内燃机配件厂的 1Z-20、宁乡立祥机械制造有限公司的 1Z-20、望城旺发农业机械厂的 1ZS-20 型双辊耕整机。2012 年，全市耕整机保有量 11.3 万台，耕整机配套机具 21.75 万台，其中机引犁 10.16 万部，旋耕机 1.66 万部，机引耙 9.92 万部。

（二）机滚船。1988 年，长沙市机滚船保有量 2265 台。1995 年，机滚船保有量减至 1700 台。20 世纪 90 年代下半叶，长沙县福临、正大、白沙机械厂、长沙县内燃机配件厂 4 家企业生产出轻巧适用机型后，机滚船保有量回升。1999 年 1 月 18 日开幕的湖南省首届农博会上，长沙县福临机械厂生产的倒挡机耕船获银奖，2000 年 11 月 18 日开幕的湖南省第二届农博会上，白沙机械厂生产的机耕船获银奖。是年，全市机滚船保有量增至 7321 台。2002 年，长沙县 4 家企业生产的 1BG-0.9 型机滚船的年产销量近万台，约占全省年产销量的 80%，该型机滚船具有结构简单、体积小、重量轻。2010 年，纳入农机购置补贴目录的机滚船有四家长沙县企业及长沙市富鑫橡胶轮胎有限公司，机型均为 1BG-0.9。

2012 年，长沙市机滚船保有量 2.19 万台，其中长沙县 1.57 万台，占全市保有量的 71.40%；望城区 705 台、宁乡县 3528 台、浏阳市 716 台，除芙蓉、天心和雨花区外，开福与岳麓区有分布，保有量 1322 台。

四、育秧插秧机械

（一）水稻育秧设备。1990 年，长沙市三次到株洲学习稻种破胸催芽技术，并自醴陵、攸县引进 6 台稻种破胸催芽设备，在长沙县、宁乡县和郊区进行试验示范，其中长沙县引进 4 台，分投于捞刀河镇中岭等 4 个村使用。1991 年全市推广稻种破胸催芽机 77 台，为在开慧乡实施的水稻生产机械化综合增产技术试点提供技术支持。其中长沙县引进的 27 台 2CPY-800 型稻种破胸催芽机，催种 100 余批，总量达 70 吨。1992 年，长沙县再次投放 40 台，催种计 100 吨。市农机所研发煤电两用催芽机作为推广机型，推广破胸催芽机 92 台。望城县天顶乡干塘村村民邓浩方运用破胸催芽机，7 天时间催芽近 5 吨。电用稻种破胸催芽设备包括供水部件、温控蒸汽发生器和保温装备三部分组成，通过温控起到保湿、保温，确保早稻稻种均匀发芽，节种、保种的效益明显。在稻种用量分散的户营模式下，使用破胸催芽设备进行稻种催芽过于烦琐未受农户欢迎。

1996 年推广塑料软盘育秧，旋即在大田拱棚育秧和其他温室育秧中广泛使用。7 月 18 日，于长沙县春华镇召开全省水稻生产机械化抛秧等技术现场会，有 26 个系列的 68 种机型，150 余台套农机具作了示范表演。

1998 年，重点抓水稻工厂化育秧技术的推广。长沙县于暮云镇北塘村进行工厂化育秧试验，北塘示范点总投资 20 余万元，新建 2 个育秧棚面积 558 平方米，内设 5 至 7 层 2116 平方米的育秧托架、180

平方米盘式工厂化育秧车间一幢，配备破胸催芽机、穴播种覆合机与喷水机。宁乡县于偕乐桥镇金盆村试点，大棚面积500平方米，育稻种1.3吨，秧苗质量好。1999年，宁乡将工厂化育秧迁至历经铺乡金南村，建育秧大棚400平方米，以商品秧形式售给农户，是年供应早稻秧苗面积5百亩，成本与收入基本持平。2000年，浏阳在原种场建设一座育秧工厂。工厂化育秧秧苗质量好、节约稻种，但育秧户无利可得未获推广。2003年4月，宁乡县引进软盘育秧抛秧机，在双江口镇白玉村实验推广24台，早稻机抛面积113公顷，其后全县有10个乡镇推广抛秧机70台。之后机械化抛秧设备推广终止，人工抛秧广为接受。2003年实施的《中华人民共和国农村土地承包法》从法律层面确定了农村土地流转的合法性。耕地渐渐向种田能手集中，涌现出大量种粮大户和农民合作组织。广泛出现水田大棚育秧，种粮大户和种植业合作组织在满足自身需要的同时，开始为其他农户提供秧苗和机插秧服务。

（二）水稻插秧机。长沙县安沙镇农民黄金凯研制的仿生插秧机1993年获得实用新型专利，谷塘乡农民曹步贤研制的2ZRB微型步式插秧机，1995年通过省级鉴定，并实现量产。

2005年，引进插秧机，并进行水稻机械化耕作与机插秧配套作业示范。2006年，组织长望浏宁四县（市）农机技术推广人员和6名农机手参加全省插秧机培训，有4个机手购买东洋PF455S手扶式水稻插秧机，长沙、宁乡、浏阳三县（市）计举办水稻机插秧技术推广示范表演8场。当年全市实际水稻机插秧面积47公顷。2007年，全市举办7场机插秧现场演示会和7场机插秧技术培训班，培训机插秧技术人员百余名。建立机插秧示范服务点，对水稻机插秧的育秧、施肥、光照、温度控制及水管理进行适时指导。全年推广插秧机52台，实际水稻机插秧面积533公顷。2009年重点推广高速插秧机，当年新增插秧机213台。到2012年，全市插秧机保有量达到927台，机插秧面积3.35万公顷。

表21–7–2–4　　2005—2012年长沙地区插秧机保有量统计一览表　　单位：台

区县市	2005年	2006年	2007年	2008年	2009年	2010年	2011年	2012年
合　计	9	17	69	219	432	553	675	927
长沙县	—	2	6	80	160	210	226	302
望城区	—	—	3	5	8	28	69	137
宁乡县	1	5	45	104	224	257	273	306
浏阳市	—	1	6	21	31	49	93	168
开福区	8	9	9	9	9	9	14	14

表21–7–2–5　　2005—2012年长沙地区机插秧面积统计一览表　　单位：公顷

区县市	2005年	2006年	2007年	2008年	2009年	2010年	2011年	2012年
合　计	180	180	890	4490	10390	11090	27170	33460
长沙县	—	20	60	1780	3200	3800	7400	9800
望城区	—	—	—	100	3000	2430	4380	7070
宁乡县	—	—	410	1080	1580	1790	7730	7750
浏阳市	—	10	270	1330	2410	2870	7450	8170
开福区	180	150	150	200	200	200	210	340

五、植保机械

（一）喷雾器。20 世纪 80 年代，生产单位为一家一户，作为主要植保机具的喷雾器由多户共用逐步发展到每户一台或多台。胸挂式喷粉器为早期喷洒以六六六等粉剂农药为主的人力施药机械，随着六六六的禁用，联产承包到户以后，喷粉器淘汰。联产承包初期，因受当时经济水平限制，农户多将外壳改为木制以降低成本。1988 年，全市有人力喷雾器 44.54 万台，手提式逐步淘汰，以背负式为主；动力喷雾器 614 台。1990 年，人力喷雾器增至 54.04 万台，动力喷雾器减至 365 台。

20 世纪 90 年代，廉价的塑制背负式喷雾器快速发展，逐步取代原有木制、铁制喷雾器。塑制微型手压式喷雾器为伴随日化消费的繁荣出现的产品，容量从几百毫升到几千毫升不等，家用洗手液瓶、厨房清洁液瓶均可改作微型手压式喷雾器。专用手压式喷雾器小巧轻便，易于携带，适用于小块菜地、家养花卉等的病虫害防治、叶面施肥，也可以用于家庭、医院、宾馆的卫生防疫。2000 年，全市有人力（背负式）喷雾器 61.59 万台。

2003 年推行农村土地流转，种粮大户和农民合作组织的涌现，效率更高的担架式动力喷雾装备进入农村种植业生产单位和合作组织。2010 年前后，蓄电池技术获突破，充电式喷雾器渐渐取代手摇喷雾器。到 2012 年，已有微型手压式、手摇背负式、充电式等便携植保机工具以及大型机动植保设备可供选择，全市机动植保设备保有量达到 1.27 万台。

（二）植保飞机。2012 年，长沙市开展农用植保飞机试验示范。当年市级安排 100 万资金，用于扶持农户购置无人植保机。8 月 8 日，长沙市于浏阳永安镇举行首场小型飞机植保演示观摩会，参加演示的有北京博航联合技术有限公司等 5 家无人机制造企业和广西田园生化股份有限公司等 3 家药剂制造企业。随后逐步推广使用。

六、收获机械

（一）脱粒机。传统上进行场地固定作业的动力脱粒机，1988 年保有量减至 322 部。为配合农业种植结构调整，解决大麦脱离难问题，长沙县自巢湖引进 5TG–300 型稻麦脱粒机共 64 台投放到全县 28 个乡镇，其中 1989 年引进 4 台，1990 年引进 60 台。1995 年全市脱粒机保有量 655 台，之后逐渐淘汰。

（二）打稻机。1988 年，全市有打稻机 35.91 万台，其中人力打稻机 33.46 万台占 93.17%，动力打稻机增至 2.45 万台占 6.83%。20 世纪 90 年代，动力打稻机、小型人力打稻机发展较快，长沙县小型人力打稻机占有较大比重。1995 年，全市有打稻机 39 万台，其中人力打稻机 31 万台，占比减至 79.55%。长沙县有人力打稻机 9.64 万台、占全市人力打稻机保有量的 31.08%；望城县 6.82 万台、浏阳市 4.05 万台、宁乡县 9.97 万台、郊区 5407 台。全市动力打稻机 7.48 万台，占比升至 19.41%。分布上，长沙县有动力打稻机 3.73 万台、占全市动力打稻机保有量的 46.82%，望城县 1.2 万台占 15%，浏阳市 7574 台占 9.5%，宁乡县 1.58 万台占 19.81%，郊区 7070 台占 8.86%。

1998 年，全市打稻机保有量 44.69 万台。其中人力打稻机 29.1 万台，占比降至 65.12%。长沙县有人力打稻机 4.07 万台，望城县 5.89 万台，浏阳市 5.3 万台，宁乡县 1.2 万台，郊区 1.84 万台。全市动力打稻机 15.59 万台，占比增至 34.88%。人力、动力打稻机一直处于共存状态。2000 年，动力打稻机保有量达到 22.3 万台。到 2006 年，打稻机作业率降至 50%以下。当年收割机机收面积 20.52 万公顷，机收作业率 65.69%；全市动力打稻机保有量减至 16.92 万台，打稻机作业率降至 35%以下。到 2012 年，全市有动力打稻机 14 万台，当年水稻收割的联合收割机作业量达到 91.53%，打稻机作业量占比降至 9%以下。

表 21-7-2-6　1988—2012 年长沙地区动力打稻机保有量统计一览表　单位：台

年份	合计	内 5 区（郊区）	长沙县	望城县(区)	浏阳市	宁乡县
1988	24511	1141	9668	5500	2140	5461
1990	35311	2464	18166	3073	3472	8136
1995	79759	7070	37346	11966	7574	15803
2000	222981	4809	72401	19750	78815	47206
2005	168547	4359	62624	21600	60322	19642
2010	126602	4662	66500	5	1585	53850
2012	139991	4501	66500	5	15135	53850

（三）联合收割机。1989 年，宁乡县引进水稻联合收割机和稻麦收割机，效果欠佳。通过财政出资，农机部门引进合适机型投放各地，并进行示范演示。1990 年 4 月，长沙县引进龙江–90 型轮式联合收割机 2 台，分别投放至大鱼乡大鱼村和开慧乡竹山铺村，次年引进龙江–90 型履带式联合收割机 1 台，投放至捞刀河镇中岭村。1992 年 7 月于长沙县暮云镇栗山村举行的全国中小型水稻联合收割机现场表演，参演机型 21 种。1995 年，全市小型收割机保有量 18 台，当年新增 15 台。1996 年，浏阳引进 10 台收割机在北盛、龙伏、文家市、镇头等乡镇进行示范表演。全市收割机保有量 28 台，收割机的机收面积 50 公顷，是年确定收割机为重点推广项目。

1997 年，长沙地区先后从广东、福建、浙江以及本省益阳、岳阳引进多种机型，于长沙县㮾梨、春华，浏阳龙伏、北盛，望城雷锋、靖港，宁乡花明楼和开福区捞刀河等乡镇进行示范表演 13 场次，当年收割机新增 18 台，保有量 46 台。1998 年，全国水稻联合收割机表演会在宁乡召开，宁乡当年购机 12 台。1999 年 7 月，长沙县引进日本洋马 Ce1 型 1 台、佛山产珠江–1.5B 型 1 台组建联合收割机作业服务队于暮云镇、㮾梨镇开展示范表演。1999 年利用“双枪”、秋收二季，全市开展收割机现场演示 25 场次，参与机型 20 余种，表演机型被当地政府和农民争相购买。当年收割机增加量 145 台，保有量 234 台，机收面积 4610 公顷。到 1999 年，由农机推广机构牵头，长沙本地企业开发 20 多款样机，部分机型试产。2000 年长沙县安排购置补贴资金 15 万元，浏阳对每台收割机购机补贴 3000 元。2001 年，浏阳对指定机型每台补助 3000 元，宁乡对购买收割机农户每台补助 1000 元，长沙县根据机型的不同，每台补贴 2000 元~1 万元。是年，长沙县开展“送机下乡”活动，安排购置补贴资金 15 万元，当年春化镇一次性购入收割机 11 台。是年，星沙镇万明村村民杨超购置联合收割机 1 台，二季收割水稻 42 公顷，创收 3.1 万元。黄华镇机手袁学军驾驶收割机在湖北参与跨区作业，当年收回购机成本。7 月中下旬，全国跨区机收水稻现场会在宁乡召开，宁乡邀请江苏江都农机部门组织 8 台收割机，在县内开展跨区机收受到农户欢迎。是年，宁乡花明楼机械厂生产的小型收割机和 160 型中型收割机、开福区机械厂生产的小型收割机获得银奖。2002 年，全市联合收割机保有量 1260 台。

2004 年启动农机购置补贴政策，联合收割机为重点补贴机种，收割机总量上出现爆发式增长。到 2006 年，联合收割机发展到 4421 台，水稻的机收面积达到 20.53 万公顷，收割机水稻机收率首次超过 50%。2007 年对联合收割机作业测算，收割机每季单台平均作业 200~400 亩、全年二季作业面积 400~800 亩，按亩均作业收入 55 元计算，当年一台收割机作业收入可达到 2.2 万~4.4 万元，扣除台均 1.2 万元作业成本，台均纯收 1 万~3.2 万元。2012 年，联合收割机保有量达到 1.12 万台，实际有效保有量 4000~5000 台。当年收割机的机收率达到 97.12%，外来跨区机收作业量占有一定比重。

表 21-7-2-7　　1990—2012 年长沙地区联合收割机保有量统计一览表　　单位：台

年份	合计	内 5 区	长沙县	望城县(区)	宁乡	浏阳
1990	2	—	2	—	—	—
1991	3	—	3	—	—	—
1995	18	1	8	2	7	—
1996	28	3	6	2	15	2
1997	46	3	15	4	14	10
1998	89	6	24	4	24	31
1999	234	13	38	24	117	42
2000	544	22	95	65	320	42
2002	1260	18	208	310	610	114
2003	1547	17	260	430	680	160
2004	2543	37	430	610	1124	342
2005	3410	60	556	835	1408	551
2006	4421	66	912	991	1721	731
2007	5535	86	1227	1140	2158	924
2008	6706	126	1464	1346	2630	1140
2009	8705	360	1950	1606	3419	1370
2010	9476	366	2250	1769	3566	1525
2011	10428	362	2400	2130	3866	1670
2012	11246	370	2562	2230	4182	1902

（四）其他收获机械。1988 年，全市割晒机保有量仅长沙县 1 台；动力采茶机 28 台，其中长沙县 17 台、望城县 8 台、宁乡县 3 台；谷物烘干设备 3 台分布于望城县。1995 年，烘干机引入新式机具现场示范表演。1998 年，全市有谷物烘干机 3 台，其中长沙县 1 台、宁乡县 2 台；动力采茶机 156 台，其中长沙县 25 台、浏阳市 131 台；割晒机 8 台，岳麓区和浏阳市各 4 台。2002 年，浏阳引入南方水稻生产烘干项目，投入资金 30 万元，购置粮食烘干设备 3 套，分别置于沙市镇和农业园投入作业，沙市镇当年

烘干稻谷 32 吨。2007 年，全市新增茶叶采摘机 24 台，保有量 119 台；2008 年，新增油菜收获机 5 台，保有量 6 台；新增茶叶采摘机 96 台，保有量 215 台。到 2010 年，全市油菜收获机保有量 40 台，当年新增 30 台；引进油菜籽收获专用割台 55 台。是年，全市茶叶采摘机保有量 534 台；新增谷物烘干机 43 台，保有量 52 台。

2012 年，全市油菜收获机保有量 44 台，油菜籽收获专用割台 98 台。浏阳作为油菜传统种植区，油菜收获机保有量 20 台，占全市的 45.5%；油菜籽收获专用割台 95 台，占 96.9%。当年全市油菜机收面积 2.8 万公顷，其中浏阳市 2.67 万千顷，宁乡 1100 公顷，长沙县 250 公顷。全市茶叶采摘机保有量 702 台；长沙县为茶叶传统种植区，保有量 590 台，占全市的 80%。随种粮大户的增加，谷物烘干机快速增长，保有量 67 套。其中宁乡县 33 台、长沙县 12 台、望城区 12 台、浏阳 10 台。种子加工机械保有量 249 台，其中长沙县 240 台，浏阳 9 台。

七、农村运输机械

（一）水上运输机具。20 世纪 80 年代，帆船逐渐消失。1988 年，全市有小型农用机动运输船 325 台 4136 吨 2672 千瓦，其中长沙县 52 艘，望城县 140 艘，浏阳县 32 艘，宁乡县 48 艘，郊区 53 艘；小型渔用机动船 43 艘 118 吨 204 千瓦，其中长沙县 1 艘、望城县 39 艘、宁乡县 3 艘。2000 年，全市有小型农用机动运输船保有量减至 198 台 3393 吨 1406 千瓦，其中长沙县 22 艘、望城县 93 艘、雨花区 39 艘、岳麓区 6 艘、开福区 27 艘、天心区 11 艘；小型机动渔船增至 440 艘 2750 吨 1056 千瓦，其中长沙县 3 艘、望城县 170 艘、浏阳市 192 艘、开福区 72 艘、雨花区 3 艘。

进入 21 世纪以后，小型机动船不再承载运输功能。2011 年，机动渔船减至 224 艘 1558 千瓦。随湘江长沙段及其支流部分水域常年禁渔，机动渔船逐渐退出历史。2012 年，全市养殖用渔船保有量 74 艘 895 千瓦。

（二）农用运输车。1988 年，全市新增农用运输车 733 台，保有量 2246 台。1989 年，长沙县 11 家汽车改装厂生产农用运输车 6717 台。全市拥有果园汽车改装厂、果园交通机械厂、长沙（回龙）芙蓉汽车制造厂、梅花汽车改装厂和湖南筑路机械厂等知名企业。果园汽车改装厂、果园交通机械厂、长沙（回龙）芙蓉汽车制造厂三家乡镇企业生产的 9 种型号农用运输车载入机械工业部、公安部《1989 年农用运输车生产企业及其产品目录》向全国推介。1990 年，全市农用运输车保有量增至 3264 台。长沙火车站北侧、汽车东站附近大片土地成为当时各大厂商营销的主场地。20 世纪 90 年代上半叶，长沙地区出产的农用运输车行销全国各地，初期的产量难以满足需求，紧俏时购买者须等上十天半个月难以提到车。

1993 年，《公安部关于农用运输车道路交通管理的规定》出台后，农用运输车启用 1992 式农用运输车牌证，四轮农用运输车驾驶员的培训、考核及准驾规定，从大型方向盘式拖拉机规定执行；三轮农用运输车驾驶员的培训、考核及准驾规定，从小型方向盘式拖拉机规定执行，其中手把式三轮农用运输车场内驾驶，可参照摩托车场内驾驶图考核。四轮农用运输车驾驶证准驾车型代号为“J”，三轮农用运输车为“L”；农用运输车不准拖带挂车，不准在高速公路上行驶。1996 年，全市农用运输车保有量 4532 台。

1997 年发布国标《机动车运行安全技术条件》（GB7258-1997）后，首次对三轮、四轮农用运输车进行规范。到 2000 年，全市农机安全监理机构对农用运输车累计注册量达到 10，038 台。2001 年发布的《农用运输车安全技术要求》（GB18320-2001）对农用运输车安全技术条件进行了规范。2002 年纳入陆运工具单独类别统计，当年农机监理机构累计注册量 1.08 万台，其中三轮 6778 台，四轮 4050 台。

21 世纪初，北汽福田长沙汽车厂生产的农用运输车行销全国市场。2004 年《中华人民共和国道路交通安全法》发布实施后，国标《机动车运行安全技术条件》（GB7258-2004）机动车类别中，三轮农用运输车改称三轮汽车，四轮农用运输车改称低速载货汽车。2006 年，农机监理机构农用运输车累计注册量达到 1.7 万台，其中三轮 9783 台，四轮 7230 台。

表 21-7-2-8　　1998—2006 年部分年度长沙地区农用运输车保有量统计一览表　　单位：台

年份	车型	合计	芙蓉	天心	岳麓	开福	雨花	长沙	望城	宁乡	浏阳
1998	三轮	4497	59	58	46	23	101	368	622	1040	2180
	四轮	3491	10	81	29	49	115	385	298	979	1545
	合计	7988	69	139	75	72	216	753	920	2019	3725
2000	三轮	3446	65	75	74	22	106	393	635	847	1229
	四轮	6592	75	182	102	51	226	847	933	1828	2348
	合计	10038	140	257	176	73	332	1240	1568	2675	3577
2005	三轮	7781	389	50	98	82	144	1227	850	1307	3634
	四轮	3724	501	150	48	127	138	624	768	829	539
	合计	11505	890	200	146	209	282	1851	1618	2136	4173
2006	三轮	8795	349	50	98	91	234	1242	1050	1440	4241
	四轮	4949	490	150	58	147	152	804	928	1179	1041
	合计	13744	839	200	156	238	386	2046	1978	2619	5282

八、农产品初加工机械

（一）粮食加工机械。1988 年，全市农村粮食初加工机械保有量 2.12 万台，其中碾米机 1.73 万台，磨粉、打浆淀粉加工设备 3921 台。20 世纪 90 年代中期，售价在 200~300 元的小型电动碾米机、粉碎机出现。米质较好、能够上门服务的车载移动式碾米机为大多数农户稻谷加工的首选，这类米机以长沙县内燃机械配件厂生产的吉牛牌 7Y-950 型农用三轮多用机为代表。1995 年，全市粮食初加工机械保有量增至 4.02 万台，其中碾米机 3.71 万台，磨粉、打浆淀粉加工设备 3130 台。90 年代后期，小型成套碾米加工设备出现，逐渐成为农村稻米加工坊、小型米厂的首选。这一时期，粮食初加工机械、家用型小型加工机具已覆盖城乡生活各领域。家用型、车载移动式碾米机与成套碾米加工设备进入并存期。因加工米质问题，小型碾米机淘汰；农户稻米加工以上门服务的车载移动式碾米机为首选。遍及城乡的各类米粉、豆腐生产作坊，转向选择体积小、功效高、洁净的电动打浆机加工原料；豆浆机、淀粉与果蔬粉碎机等各类小家电已能满足家庭日常需求。2000 年，全市粮食加工机械保有量 5.1 万台，其中饲料粉碎机 1.05 万台。

进入 21 世纪，饲养生猪的农户逐年减少，生猪养殖转向规模化经营，家用型小型粉碎设备逐渐淘汰。其后售价 5 万元以内、时效 0.5 到 1 吨的小型成套大米加工设备进入部分种粮大户，种粮大户开始把自产稻谷加工成袋装米直接出售，同时承接其他农户的来料加工。这一时期，传统的分离型碾米机渐渐不再适用，车载移动式碾米机逐渐淘汰。散布乡村地区的稻米加工坊、小型米厂不断改进服务，走村串户将各家各户需加工的稻谷收集，加工成米装袋后送回农户。到 2012 年，全市粮食加工机械保有量 5.46 万台。

表 21-7-2-9　1988—2012 年部分年度长沙地区机械化粮食初加工机械保有量统计一览表　单位：台

年份	合计	内 5 区（郊区）	长沙县	望城县	浏阳县	宁乡县
1988	20664	576	3939	3013	6913	6223
1990	30317	193	9387	3997	9829	6911
1995	46046	716	17787	5551	10538	11454
2000	50989	1342	17672	4817	15283	11875
2010	50381	—	14481	1865	15063	18972
2012	54552	997	16655	2095	15675	19130

（二）油料加工机械。1988 年，全市油料加工机械保有量 1276 台，其中电动榨油机 892 台，人力液压榨油机 384 台。浏阳为油茶、油菜的传统种植区，其他区县有分散种植。浏阳油料加工机械保有量 682 台，占全市保有量的 53.4%；其中电动榨油机 452 台，占全市电动榨油机保有量的 50.7%；人力榨油机 230 台，占全市人力榨油机保有量的 59.9%。宁乡县料加工机械保有量 288 台，长沙县 217 台，望城县 76 台，郊区 13 台。2000 年，全市油料加工机械保有量 1573 台，其中浏阳 1184 台，其他区县 389台。

进入 21 世纪，油菜、油茶等油料作物种植面积逐年增加，油料加工机械保有量增长。到 2012 年，全市油料加工机械保有量增至 3156 台，其中浏阳 2342 台，占长沙全市保有量的 74.2%；宁乡县 419 台，长沙县 245 台，望城区 106 台，内 5 区 44 台。

（三）其他加工机械。1988 年，全市其他加工机械保有量 3154 台。其中，茶叶加工机械 2138 台，棉花加工机械 726 台，剥麻机 157 台，其他机械 133 台。因乡镇、村级集体茶场相继改制，揉茶机具保有量持续减少，到 1995 年保有量降至 1150 台。长沙地区棉花种植逐渐罕有，原有的轧花机具闲置报废。成品皮棉产自常德和新疆，棉被由加工作坊、流动作业工匠携原料加工。2000 年，全市棉花加工机械保有量减至 362 台。

进入 21 世纪，茶叶生产获得快速发展，从揉茶、炒茶、分选和包装，茶叶加工设备获得质的飞跃。随蔬菜、水果种植业大户的兴起，其产品分类与包装逐步走上精细化。这一时期，大量农户就地取材进行红薯粉、土豆粉等产品的生产、加工，一部分农户开始摆脱纯手工作业，配套相应机具。2008 年，全市茶叶加工机械保有量 2667 台，首次统计有果蔬加工机械 634 台。2012 年，全市茶叶加工机械保有量 3276 台，其中长沙县 863 台，望城区 81 台，浏阳市 2280 台，宁乡县 52 台。年加工茶叶 4.78 万吨，其中长沙县 3.97 万吨，望城区 1000 吨，浏阳市 100 吨，宁乡县 7000 吨。果蔬加工机械保有量 665 台，当年果蔬加工量 6200 吨，其中长沙县 6100 吨，浏阳 100 吨。

表 21-7-2-10　　2012 年长沙地区农产品初加工机械保有量统计一览表　　单位：台

项　目	合　计	内五区	长沙县	望城区	浏阳市	宁乡县
粮食加工设备	54552	997	16655	2095	15675	19130
棉花加工设备	338	—	—	70	250	18
油料加工机械	3156	44	245	106	2342	419
果蔬加工机械	665	—	10	—	655	—
茶叶加工机械	3276	—	863	81	2280	52

第三节　农机经营

一、经营体制改革

农村联产承包责任制以后，农机经营转向以市场调节为主，户营占主导。1988 年，全市农机固定资产原值 2.71 亿元。按构成的经济成分划分，国有 577 万元，占 2.13%；其中国有农林牧副渔场 460 万元占国有成分的 79.76%；区片国有农机站 117 万元，占 20.24%。集体所有 7206 万元，占固定资产原值的 26.55%；其中乡镇农机站 1194 万元，占集体成分的 16.56%；村级所有 2575 万元，占 35.74%；村民小组所有 1697 万元，占 23.55%；集体性质的农牧渔场及其他组织所有 1740 万元，占 24.14%。农户私人所有 1.94 亿元，占固定资产原值的 71.33%。

1989 年，长沙市发布《关于加强乡（镇）农机管理服务站建设的意见》，明确农机站性质是乡镇人民政府行使农机管理职权的职能部门，是隶属乡镇人民政府的事业单位，业务上受县级农机管理部门指导。是年，市县二级国有农机公司 6 个，区、乡镇农机站 219 个，村级农机服务队及合作经营组织 1211 个。村及个体农机供应点 100 余个，县级农机修造厂 2 个，各级维修网点 948 个，农机修理户 799 个。农机产品及配件销售，县以上主要由国有农机公司统销，县以下则为集体和个人经营。农机具使用或经营，除国有农场外，乡镇及村由集体经营，其他由个体或联户私人经营。1992 年，国家取消农机维修用钢材分配计划，农机维修完全市场化。当年原属国有、集体经营的大部分农机具转由农户私人经营，同时农户购买适用农机具，逐步形成农机服务队伍。是年，全市有农机户 9.57 万户，其中农机专业户 7651 户，私人农机动力 89 万千瓦，占全市农机总动力的 78%。农机专业户主要从事农村运输、农田机耕与排灌作业、农机产品初加工和农机维修等服务。

1995 年，全市农机固定资产原值 6.14 亿元。其中国有 468 万元，占比减至 0.76%。集体 0.68 亿元，占 11.11%；其中乡镇农机站 1057 万元，占集体成分的 15.50%；村、村民小组所有 5763 万元，占 84.50%。农户私人所有 5.41 亿元，占比升至 88.12%。大中型农业机械中，大中型拖拉机农户占 93.09%，小型拖拉机占 99.76%，载重汽车占 93.94%，农业运输车占 99.52%。1995 年，全市撤区并乡镇，区农机站解散，所属经营单位整体转为民营。当年，国家取消农用柴油计划分配，柴油供应完全市场化，农机管理部门职能发生转变。农机产品的生产、销售、使用与维修市场化。1996 年，全市农机经营大户发展到 2988 户，其中农田作业大户 250 户，加工 518 户，运输 2137 户，修理 71 户，供应 19 户，其他 3 户。1997 年，由农机推广部门牵头，乡镇农机站组织，通过签订承包合同，对分散于各家各户农机具进行管理、调度和作业的“三统一”，有效解决农村“家家忙种田，户户想购机”和“有田无机耕，有机无田作”的矛盾。当年，全市技术承包农田19.5万公顷，农机大户发展到3240户。随着农村改革的深入，乡镇农机站逐步进行改制。宁乡县煤炭坝镇农机站对10个站办实体进行股份制改造，增强经营活力，年内实现产值1684万元，利税182万元，分别为年计划的150%和143%。

1999年，全市139个乡镇，建有农机经营管理服务站98个，管理站41个；全市组建规范的乡村农机专业服务队120个。2000年，全市1195个农机维修服务点，153个农机供油点，584个乡村农机配件供应点立足农业、服务农民。2002年，市县二级农机主管部门附属实体逐步解散，资产、经营场地拍卖或转为民营。乡镇机构改革中，乡镇农机站逐步退出经营活动，农机站定为乡镇事业单位。2005年，全市农机固定资产原值17.77亿元，其中农户所有16.92亿元，占95.22%；集体、国有0.85亿元，占4.78%。是年12月，长沙市农业机械公司改制为民营；5家县级农机公司除望城外，全部改为民营。随着国有、集体农牧渔业场站相继完成改制，其所属农机具也相继拍卖。2005年开始，各县（市）乡镇对农技、林业、水管、畜牧和农机站逐渐推行“五站合一”。

2006年，全市新建农机合作社19家，2007年发展到33家。2008年，全市农机合作社和具备一定规模的农机服务队达到86个，其中经工商注册的达到42个。浏阳市龙港农机合作社，拥有会员58人，机械92台，配套机具65台套，全年完成土地翻耕819公顷，机械收割933公顷，机插秧73公顷，烤烟起垄567公顷，动力植保280公顷，跨区作业187公顷。2011年，全市乡镇事业单位改革，乡镇农机站并入乡镇农业技术推广服务中心。到2012年，乡镇事业单位完成撤并，附属实体改制。乡镇农机站附属经营单位全部转为民营。

二、农机户

1988年，全市拥有2千瓦以上农用动力的农户6.85万户，其中以提供农机服务为主的专业户8198户。专业户中，农村运输专业户5878户，排灌专业户599户，耕作专业户354户，脱粒专业户166户，农机修理专业户282户，农产品初加工专业户390户。农机专业户经营服务总收入1.26亿元，纯利3664万元，其中纯利在1万元以上的762户。

1995年，全市有农机户15.05万户，1998年上升到19.79万户，其中农机专业户2.4万户，农机大户2567户。

表21-7-3-1　1988—2012年部分年度长沙地区农机户数量统计一览表　单位：户

年份	农机户	农机专业户	农机大户		
			小计	20万~50万元	50万元以上
1988	68473	8198	—	—	—
1995	150527	—	—	—	—
1998	197902	23983	2567	—	—
2000	160907	4232	2787	—	—
2005	218832	8099	—	—	—
2006	246669	8736	—	—	—

续表 21-7-3-1

年份	农机户	农机专业户	农机大户		
			小计	20 万~50 万元	50 万元以上
2007	—	9851	—	—	—
2008	—	8812	1626	1591	35
2009	178811	9002	1982	1919	63
2010	168053	12808	2034	1802	232
2011	174118	12928	2062	1822	240
2012	160907	12820	2115	1859	256

说明：①农机户：拥有 2 千瓦以上农用动力机械，以自用或为他人提供农机服务的农户。农机户即农机经营户；②农机专业户：1988 年全国口径，指以提供社会化农机服务为主的农机户，并同时满足三项条件即农户家中主要劳力从事农机服务的时间在 180 日以上或农村季节性农业劳动时间以提供农机服务为主，农机服务收入占家庭全部收入的 60%以上，提供的农机服务收入达到县内农户平均收入的二倍以上。农机专业户即农机经营专业户；③农机大户：1993 年全国口径，指农户家庭主要劳力 60%以上的工作时间使用农机具从事农业生产或为农村生产生活服务，农机固定资产原值 2 万元以上并有二台动力配套的农机具、农机经营服务带来的家庭人均纯收入高出本县农民人均纯收入三倍以上的农机专业户；2008 年调整口径，农机服务收入占其全部家庭收入的 60%以上，其农机固定资产原值 20 万元以上的农机户。农机大户即农机经营大户

2002 年抽样调查，当年全市以提供服务为主、固定资产原值 2 万元以上的农机大户 1188 户，其中年纯收入 3 万~5 万元的有 667 户，5 万元以上的有 428 户。浏阳市官渡镇农机手谢雁生一年农机经营收入 6.1 万元，北圣镇农机手曹修叨一年农机经营收入 6.7 万元。2008 年，全市有农机专业户 8，812 户，其中固定资产原值 20 万元以上的农机大户 1626 户，固定资产原值 20 万~50 万元的大户 1591 户，50 万元以上的 35 户。

2012 年，全市农机户总量 16.09 万户，专业户 1.28 万户。其中农机固定资产原值 20 万元以上的大户 2115 户，固定资产原值 20 万~50 万元的 1859 户，50 万元以上的 256 户。当年农机化作业面积 500 亩以上的大户 43 户，其中作业面积 2000 亩以上 3 户，分别为望城区丁字镇翻身村周怀、乔口镇田心坪村熊伟，宁乡县东湖塘镇太平村李战和。其中望城区周怀固定资产原值过 800 万元、熊伟过 300 万元。

三、国有农业机械公司

1988 年，市县二级有长沙市、长沙县、望城县、浏阳县、宁乡县和郊区共计 6 家国有农业机械公司，公司下伸点 18 个，区、乡镇农机站均设农机供应点，村及个体供应网点 100 个。当年农机销售总额 5366 万元，其中农机公司系统销售额 3827 万元；农机供应网点户均销售收入 5.89 万元。1991 年，市县二级农机主管部门相继成立附属经营实体。当年设有长沙市农机物资供销公司，长沙县先后成立农机实业开发总公司及其子公司农业石油公司、长泉加油站、农机汽车物资公司；望城县成立农机物资供销公司，浏阳县先后兴建荷花、大瑶、跃龙、沿溪加油站及县农机物资供销公司。

1993 年，长沙市农机公司营销额 2670 万元，人均 30 万元；利润 144 万元，税 10 万元，经营创最好业绩。第五次全国农机公司系统优质服务表彰大会，市农机公司获国家贸易部优质服务先进单位称号。1994 年，全市农机公司系统年营销总额 7873 万元，其中宁乡县农机公司年营销额 2600 万元，当年超长沙市农机公司年销售额。1996 年，农机公司系统年营销总额 7400 万元，农机公司系统开始出现普遍亏损。1999 年，农机公司系统采取经营承包、优化组合、工效挂钩等多种经营形式，当年农机公司系统营销总额 4750 万元。到 2000 年，全市农机公司系统营销总额减至 4580 万元。

2002 年，市县二级农机主管部门附属经营实体全部解散，资产、经营场地整体拍卖或改制。2005 年 12 月，长沙市农机公司改为民营。到 2012 年，除望城区农机公司外其余 5 家国有农业机械公司全部转为民营。

四、乡镇农机经营

1988 年，全市有自办实体和服务的乡镇农机站 133 个，职工人数总计 1298 名，其中国家职工 5 人、拖拉机手 50 人、汽车司机 284 人、内燃机手 90 人、电动机手 113 人和修理工 350 人；固定资产 1666 万元。当年营收总额 1596 元，其中农机作业服务 121 万元占 7.6%，运输 735 万元占 46.1%，修理制造 452 万元占 28.3%，多种经营 97 万元占 6.1%，跨行业 102 万元占 6.4%，其他收入 88 万元占 5.5%。1989 年，长沙市政府批转市农机管理处《关于加强乡（镇）农机管理服务站建设的意见》，明确乡镇农机站为乡镇政府行使农机管理服务职能的机构，贯彻“以农为主、综合经营”的方针，全市 219 个乡镇农机站中有 128 个农机站建有经营实体，营收 1768 万元。1990 年，236 个乡镇农机站有 133 个站建有经济实体，盈利 257 万元，浏阳县 9 个区农机站盈利 11.5 万元。

1991 年，宁乡县田坪乡农机站生产碾米机、清水泵和粉碎机 6 个产品通过省级鉴定，产品远销六省 80 个县，当年产值 250 万元。1994 年，全市有 11 个区农机站、10 个办有经营服务实体，225 个乡镇站、143 个办有实体；其中经营农机加油站、加油点 141 个，总储油能力 6070 吨，年供油量 6.5 万吨。1995 年撤区并乡镇，调整合并后 117 个乡镇农机站有 91 个办有经济实体，固定资产总额 5300 万元，流动资金 1，300 万元，年营收总额 1.38 亿元。宁乡煤炭坝农机站对 10 所办的实体进行股份制改造。煤炭坝农机站当年有 12 个农机供应网点和 4 个农机加油站，当年营销额 1684 万元，利税 182 万元。1998 年，浏阳关口镇、长沙县高桥镇农机站附属经济实体整体拍卖。

2000 年，全市有自办实体与服务的乡镇农机站 119 个，职工人数 667 名，固定资产 5630 万元。当年营收总额 1.25 亿元，其中农机作业服务 2859 万元占营收总额的 22.81%；运输 871 万元占 6.95%，修理制造 1315 万元占 10.49%，销售收入 2070 万元占 16.52%，其他收入 5409 万元占 43.15%。153 个农机石油供油点全年销售石油 8.3 万吨。2002 年乡镇机构改革，乡镇农机站逐步退出经营活动，原有经营场地被拍卖。

五、农机维修

1988 年，长沙全市有农机维修网点 803 个，其中县级修造厂 2 个，乡镇农机维修点 120 个，村及村民组维修点 25 个，农机修理户 656 户。修造从业人员 2976 人，农机修理户年均收入 8670 元。当年修理大中型拖拉机 1906 台次、小型拖拉机 2.44 万台次、汽车 1.33 万台次、内燃机 2.90 万台次和其他农具 10.21 万台次；完成农机修造总产值 1349 万元，其中修理产值 733 万元占 54.30%，旧件修复 107 万元占 7.92%，加工制造 510 万元占 37.78%；盈利 264 万元。宁乡、浏阳 2 个国有农机修造厂，有在职人员 199 人，其中 11 名技术人员、57 名修理工人。当年完成农机修造总产值 96.58 万元，盈利 13.2 万元。

宁乡县、浏阳市农机修造厂相继先后于2000年、2002年完成改制，原经营场地整体拍卖。2012年，全市有农机维修网点514个，修理网点从业人员1371人，乡村农机维修人员8147人。当年修理拖拉机4.05万台次、联合收割机1.65万台次、水稻插秧机502台次，运输机械4.52万台次和其他机具5.93万台次；全年农机维修营业额2.36亿元。

六、农机化集团承包

1992年，长沙县江背区对4万亩农田推行为期一年的抗旱集团承包。市、县、区三级分别成立项目领导和实施小组，采取政、技、物三结合的办法，对抗旱机具实行统一领导、统一水源管理、统一机具调配、统一收费标准、统一油料分配。由区乡农机站承包，以承包抗旱机具保修为主，包抗旱保产、组织机具排灌、适用机具推广、培训农机技术。当年组织技术力量30人，维修机具1947台，机具完好率达到90%以上。

1993年，宁乡县开展10万亩机耕承包项目并向全省推广，浏阳市开展抗旱集团承包。1994年，全市实施农机化技术集团承包面积13.53万公顷，其中机耕承包6.53万公顷，抗旱承包2.93万公顷，综合承包4.2万公顷。宁乡县开展多形式、多层次、多项目的集团承包，全县239个农机作业服务组与“缺牛、缺机、缺劳力”的三缺农户签订承包合同，承包机耕面积2.9万公顷，排灌0.5万公顷。长沙县在春耕、双抢、冬耕前，推行机耕集团承包，当年共承包2.61万公顷，占全县机耕面积的49.27%。

1995年3月，长沙县在高桥、安沙等乡镇开展农机具维修集团承包试点，由乡镇农机站实施，每台机具服务收费5元，1年内农机站派维修人员巡回检修两次。维修人员携工具、配件上门服务，配件按当时个体户修理费的三分之二标准收取。该服务模式实时解决维修难的问题，提高机具的完好率和利用率。当年长沙县动员1000余台次拖拉机投入水毁工程抢修，仅果园红花垅抢修聚集近百台拖拉机抢运土石。长沙县做法在1996年湖南省农机局颁文推广。

1997年，推广机耕集团承包，以自愿、有偿为原则，农机管理部门引导、乡镇农机站实施，通过签订合同，实行管理、调度、作业三统一，解决当时家家种田、户户购机和有田无机耕、有机无田作的矛盾。当年全市农机化技术集团承包面积19.47万公顷，这种集团承包模式为农机大户、专业合作组织的发展创造了条件。2000年，望城含浦、宁乡花明楼、长沙县开慧、浏阳永安试推机械化植保技术集团承包，承包面积4千公顷。进入21世纪，农机化集团承包被兴起的各类农机专业户、农机大户、农机合作社提供的社会化服务替代。

七、农机跨区作业

2001年7月14日，全国跨区机收水稻现场会于宁乡全民举行。7月9—18日，宁乡县与江苏江都市农机部门合作，组织8台洋马联合收割机在宁乡檀树湾、全民和南田坪3个乡镇开展早稻机收作业，收割早稻133公顷。中晚稻期间，宁乡县组织本县56台收割机分为5组，分别到沅江、南县、张家界以及湖北进行跨区作业，收割水稻733公顷，创收46万元。

2002年，长沙地区组织32个机收服务队计526台联合收割机，完成水稻机收面积4.8万公顷。其中宁乡县组织跨区机收52批次，机收面积1.2万公顷，创收700余万元，获农业部颁发的全国跨区机收先进单位。2003年5月25日—6月10日，组织长沙县、浏阳市和宁乡县3县（市）共计47台联合收割机到河南正阳县、尉氏县开展跨区小麦机收。这次跨区作业在尉氏县部分机具难以适应当地小麦收割，作业效果欠佳，通过协调收割机生产企业，对收割机手进行救济补偿，为跨区作业开展远距离、大规模跨区机收积累了经验。到2005年，全市跨区机收面积2.2万公顷。2006年，全市共有1300台联合收割机、30余台大中型拖拉机在本省、湖北和江西开展跨区作业。水稻跨区机收4.14万公顷，跨区机耕267公顷，跨区作业收入过3000万元。2009年，浏阳永安、北盛、沙市三地农机合作社组织近百台大中拖到长沙县、望城县、宁乡县和益阳等地开展农田翻耕作业，翻耕土地667公顷。浏阳市组织440台次联合收割机到吉林、广西和海南开展稻麦机收作业；长沙县完成跨区作业面积1.3万公顷，作业收入1600万元。当年全市跨区作业面积8.25万公顷，其中跨区机收作业7.76万公顷、机耕作业4.8万公顷、机播机插面积1千公顷；跨区作业收入7798万元。

2010年之后，“双抢”、秋收时节，大量安徽、河南农机手以货车装载收割机走村串户，来长沙种粮区参与机收作业渐渐增多。2010年，全市跨区作业面积9.07万公顷，作业收入9109万元。长沙县组织650余台收割机分到四川、湖北、江西及本省岳阳、怀化、益阳、永州、衡阳等地开展机收作业，机收面积超2万公顷；作业收入2400余万元。2011年，浏阳市组织20台大中拖、160台收割机参与跨区作业，收入近千万元；长沙县组织710台收割机参与跨区机收作业，跨区机收作业收入4000万元。2012年，全市跨区作业面积9.94万公顷，其中跨区机收作业9.23万公顷、机耕作业6960公顷、机播1000公顷，当年跨区作业收入1.07亿元。

八、农机专业合作社

2006年，《中华人民共和国农民专业合作社法》发布，当年全市经工商登记的农机合作社19个，其中浏阳8家、长沙县7家、宁乡4家。浏阳市龙港农机合作社由龙伏镇龙伏社区种田大户刘国斌等12人于2007年4月发起成立。成立初期有会员24人，初期拥有各类农业机械50余台，会员中承包50亩以上耕地的5人。合作社以水稻全程机械化作业为主，实现农机规模化经营和粮食规模化生产的有机结合。2008年龙港农机合作社被授予长沙市种粮大户，2010年获得全国示范合作社称号。2012年龙港合作社会员发展到35户，承包稻田面积373公顷，建有育秧大棚面积6460平方米，拥有大中型拖拉机43台，插秧机32台，植保机具42台（无人植保飞机1台），收割机45台，烘干机7台，实现了水稻生产全过程的机械化。当年完成产值1816万元，纯收入468万元，为湖南省龙头合作社之一。

2012年，全市经工商登记的农机合作社72家，其中长沙县26家、望城区1家、浏阳市30家和宁乡县15家，作业面积过万亩的27家。

第四节　农机管理

一、农机推广

1988年，长沙市农机研究所承担的“小型菜农户喷灌”课题，通过市科委鉴定；“PS型系列塑料棚的推广”通过市科委验收。当年全市推广使用水田耕整机4037台，推广手摇水泵8488台，5TG–650型人力打稻机5753台，微型水力发电机组166台，节油器3214台。

1990年，对南圫月塘村农机厂研制成功的分离式打稻机进行示范表演，推广开慧开明村刘日新研制的日新耕田耙400余台，推广两分离动力脱粒机212台、割堆机1台；是年自醴陵、攸县引进稻种破胸催芽机进行试验示范。为配合稻草还田，从南县引进5台动力脱粒机；引进大麦开沟机和条播机等新式农机具，并对原“动插头”进行改造；自南县、安乡引进二款2F–40、2F–45化肥深施器。1991年6月10日，在郊区大圫乡桂井村对引进改制样机进行对比试验，长沙县改进机型实验效果较好，当年推广160只。1992年7月，农业部在长沙县暮云镇举行中小型水稻联合收割机现场表演会。当年推广化肥深施器 15 只，日新耕田机 300 台，稻种破胸催芽机 92 台。1993 年，在望城县乌山、格塘和城关镇实施 7 万亩水田“科技兴农”计划。1995 年，黄花镇农民曹步贤研制的手动步式插秧机通过省级鉴定并获专利，技术转让至湘潭和湖北武汉等地。

1996 年，重点为小型水稻收割机、插秧机、软盘抛秧技术的研发、推广。长沙市农机局与长沙县高桥镇农机站联合研制的小型水稻联合收割机，是年 4 月到海南进行作业试验，通过改进试制 10 台，作为示范机型推广。当年全市推广小型水稻收割机 36 台、机收面积 50 公顷；化肥深施器 795 台，化肥深施面积 3067 公顷；推广两分离脱粒机 500 台、谷物烘干设备 6 套，实施精少量播种面积 300 公顷。1997 年，市农机研究所在宁乡偕乐桥乡进行工厂化育秧和软盘抛秧技术试验，为湖南首家控温、控湿的育秧大棚，育秧面积 2 公顷。当年自广东、福建及岳阳、益阳等地引进优良收割机机型，先后在长沙县榔梨、春华，浏阳龙伏、北盛，望城雷锋、靖港，宁乡花明楼、开福区捞刀河等地进行示范表演 13 场次，推出表演机型 14 种，当年全市推广 29 台。1998 年 4 月在长沙县暮云白唐村、望城黄金乡农机站、宁乡偕乐桥镇农机站进行水稻工厂化育秧和抛秧试点，共建温室育秧大棚 9 个，培育大田秧苗 53 公顷。是年全市投入泰山 18 型喷雾机 132 台，在宁乡花明楼、浏阳永安、长沙县开慧等地开展水稻植保机械化集团承包试点，承包面积 1200 公顷。是年，浏阳秀山研制的新式打稻机、开福区研制的微耕机、市农业局高级农艺师周曙华研制的稻麦莜麦直播机等新式农机具通过技术鉴定。

1999 年，长沙县拨款 34 万元购置洋马和珠江–15 收割机各一台在暮云镇进行推广，宁乡拨款 20 万元、浏阳市拨款 30 万元，用于水稻联合收割机推广。当年推广联合收割机 195 台，机收面积 4933 公顷。浏阳市从粮食自给工程项目拨款 45 万元于河东农场项目区建设工厂化育秧大棚，宁乡县开展工厂化育秧、尝试商品化供秧模式，当年推广工厂化育秧面积 687 公顷。微旋耕机、稻麦条播机的试制已取得进展，当年推广 120 台和 30 台。

2000 年，宁乡县在历经铺农业科技示范园建设 2 座育秧大棚，大棚育秧逐步走上与农艺、实际应用相结合的路子。7 月 12 日，在宁乡双江镇白玉村举行农机化示范表演，表演现场农田面积 4.3 公顷，参演机具 45 台。斯里兰卡等 11 个国家 16 名外宾观看表演。11 月 18 日开幕的湖南省第二届农博会上，长沙地区 30 余种农机产品参展，其中 300 厂研制的微型旋耕机、省农机所研制的旋耕机、宁乡花明楼机械厂研制的收割机、市农机研究所研制的工厂化育秧大棚获得金奖，长沙白沙机械厂生产的机耕船、开福区研制的收割机、市农机所研制的破胸催芽机获得银奖。是年推广联合收割机 509 台，机收面积 1.07 万公顷、建工厂化育秧大棚 6 座，实施化肥机械深施面积 7.2 万公顷、机械化免耕播种 1.8 万公顷、机械深耕深松 1.13 万公顷，机械化节水灌溉面积 3.67 万公顷。2001 年，开展小型水稻联合收割机推广演示 38 场次。是年 7 月 15 日，浏阳在北盛举行的示范表演，参演机具 67 台，参观人数逾 3000 人。

2002 年，重点推广旱土经作区发展旱土旋耕机、花卉苗木基地发展耕翻机和吊装机械、优质粮基地发展联合收割机与烘干机具、优杂粮基地发展脱粒机具和农产品深加工机具。全年推广新式农机具 3860 台，其中联合收割机 380 台，旱土旋耕机 210 台。2004 年，在长望浏宁四县（市）分别进行联合收割机巡回作业演示。在浏阳北盛镇举行大中型拖拉机及配套机具农田作业演示会，观看表演人数近万人。是年，推广机具 5000 余台，其中新增联合收割机 996 台，保有量 2543 台。2005 年，全市组织拖拉机、耕整机、插秧机、旋耕机、联合收割机等先进适用的农机具近百台，实施水稻生产的犁、耙、旋耕、插秧，烤烟生产的犁、旋耕、起垄作业过程的机械化表演，启动科技入户示范工程。春耕备耕期间，在 4 县（市）分别举行四场推广示范表演。宁乡被农业部定为农业科技入户农机试点县，全县 10 个示范项目实施乡镇设立农机技术辅导站，组织56人的技术队伍，深入到示范村组、农户进行技术指导。当年编印技术资料1万余份，制作光盘350张；发放到定点农机示范户，并组织集中技术辅导31次。

2006年，水稻机插秧的试验示范为重点。全市统一组织4台东洋PF455手扶式水稻插秧机，在长沙、宁乡、浏阳3县（市）举办水稻机插秧技术推广示范表演8场。全市水稻机插秧面积增至47公顷。据当年市农机研究所进行的调查，每公顷机插秧成本比抛秧减少120元，比手工插秧减少450余元。春耕和双抢期间，全市组织拖拉机、插秧机、半喂入式联合收割机、新型履带式旋耕机等先进适用机具100多台，开展示范表演15场，近5万农民观看表演。浏阳与江苏厂商合作开发四轮拖拉机配套机具烤烟起垄机，每亩烟田节约起垄工日5个，节约成本40元。

2007年，农田作业型大中型拖拉机、半喂入式水稻联合收割机为推广重点。全年推广半喂入式收割机27台，占当年新增收割机量的3.1%；推广大中型拖拉机172台，占大中型拖拉机新增量的22.1%。2008年，浏阳自福建引进新型烤烟培土机，在烤烟种植集中的淳口、社港、龙伏进行烤烟机械化培土试验。是年推广农田作业型大中型拖拉机316台，半喂入式水稻联合收割机37台，其中浏阳市推广半喂入式收割机20台。10月10日，市农机研究所开发出与大型拖拉机配套使用的油菜免耕（浅耕）直播机，于浏阳北盛进行示范表演。浏阳推广油菜免耕直播机37台，油菜收割机6台。

2009年开始，水稻全程生产机械化作业及油菜、烟叶、茶叶等经济作物生产机械化技术推广为重点。当年举办各类农机现场示范表演31场次，其中水稻生产机械化技术表演9场、植保机械化技术示范表演4场、油菜生产机械化示范表演6场、烟叶生产机械化示范表演11场、茶叶采摘和加工机械示范表演1场。全市推广农田作业型大中型拖拉机492台，插秧机173台，半喂入式收割机72台，高效机动植保机械1131台，谷物烘干机30台，油菜生产机械227台，包括茶叶修剪机、采茶机、茶叶加工机等在内的各种茶叶生产机械308台。

2012年，开展以农机大户、种粮大户和农机专业合作组织为重点的水稻机插秧示范点建设。全市建立机插秧示范点14个，每个示范点安排辅助资金10万元用于建设机插秧育秧大棚。示范点全部实施工厂化育秧、基质育秧。全年新增插秧机251台，其中步式插秧机228台，乘坐式插秧机23台；推广播种流水线37套。

二、农机培训

1988年，全市有长沙县、望城县、浏阳县和宁乡县4所农业机械化学校、郊区农机培训班以及长沙市农机技术培训中心。全年培训各类农机人员6828人，其中农机手6431人。1989年，宁乡县农机校被评为全国先进农机校。1990年，长沙市农机技术培训中心解散。长沙、宁乡和浏阳3所县级农机校经验收达到有场地、有设备、有人员、有制度“四有”标准。全年培训5457人，其中耕整机手3900人。1995年，4所农机校和一个培训班，教职工已达49人，其中教师33人；全年投入30余万元用于农机校改扩建。长沙县农机校被评为二级“四有”（场地、设备、人员、制度）农机校。是年全市举办各类培训班100余期，培训人员3.87万人次，其中新训农机手1.7万人次。

1996年经省教委批准，长沙县农机校正式开办成人中专班，成为长沙农机系统第一所成人中专学校。1998年，长沙县农机校与湖南师大联合办学，招收机电、旅游、电算会计成人中专班3个，招生136人，并与县人事局联合举办电脑考核培训班12期，培训527人。浏阳市农机校获得驾驶员培训资格，成立汽车驾驶员培训机构；全年培训汽车驾驶员535人，摩托车驾驶员190人；举力拖拉机培训班38期，培训驾驶员2320名。1999年，探索到乡镇分散办班的农机培训模式。全年共举办各类培训班

165 期，培训各类技术人员 6734 人，其中培训拖拉机驾驶员 2628 人。

2000 年，浏阳农机校举办汽车驾驶员培训班 12 期，培训 480 人。长沙县农机校与县政协文化补习学校联合办学，开办文化补习班 5 个，在校学生计 600 人；招收成人中专班 2 个，在校学生 132 人；同时和县人事局合作开办电脑培训班 6 期，培训 548 人。宁乡县农机校培训拖拉机驾驶员 1064 人，成为拖拉机培训过千人的单位；培训汽车驾驶员 560 人，创收 100 万元以上。当年全市培训拖拉机驾驶员 3103 人。

2001 年，长沙县农机局与浙江台州收割机厂联合开展定点直销，并举办收割机技术人员培训班 2 期，培训 70 余人。2002 年全市投入 200 余万元，用于更新和添置教学设施，其中用于购买教材和教学车辆的经费 15 万元。长沙县农机校投资 110 万元，新建校舍和教学设施。2003 年，对农机校师资、教材、场地、教练车等问题逐一整改落实，三县一市农机校全部达到规定要求；当年全市农机驾驶员培训 50 期，培训人数 3 千人。

2004 年，结合“阳光工程”的推动，启动农民职业培训。全年举办 6 期农民工培训班、13 期电脑培训班，培训总数 1450 人次。宁乡县农机校结合“跨世纪青年农民培训工程，组建 30 人培训队伍，在 15 个乡镇培训 1500 人。当年全市举办各种培训班 210 期，培训各类人员 1.4 万人，其中农机驾驶员培训班 48 期，培训 2786 人。2005 年，制定《关于进一步完善农机培训管理工作的有关规定》，对培训质量较差的农机校进行整改，全年培训各类实用技术人员 7316 人，其中农机驾驶员 2115 人。

2006 年，对农机校进行资质审查，望城、浏阳农机校与岳麓、开福农机培训班与原行政主管部门、农机监理机构脱钩，长望浏宁 4 所农机校及岳麓、开福 2 个农机培训点取得拖拉机驾驶培训资质。全年培训农机驾驶员 1739 人，举办农民职业技能培训 40 场，培训 4000 人次，其中长沙县农机校开展农民职业技能培训，培训人数 1235 人。2007 年，举办 7 期插秧技术培训班，发放机插秧技术资料 1000 余份，培训机插秧技术员百余人，培训插秧机手 400 余人。2008 年，宁乡县举办 3 期机插秧技术培训班，推广、普及机插秧知识。2009 年，全市举办机插秧技术培训 4 期，培训插秧机手 220 人；举办植保机械技术培训班 3 期，培训 214 人。2012 年，全市举办水稻育插秧技术、联合收割机驾驶、农机维修等各类培训班 59 期，通过课堂讲解和田间操作等方式，培训农机手 5154 人，发放各类学习资料 2.11 万份。

三、农机购置补贴

2004 年，全面启动农机购置补贴政策，加速农业机械的推广。中央财政首次下拨长沙市 60 万元，分配长沙县、宁乡县各 30 万元，当年仅限于联合收割机的购置补贴。大中型联合收割机每台补贴 5000 元，小型每台补贴 3000 元。全市获得补贴的收割机 122 台，其中小型 5 台，大中型 117 台。长沙县 60 台均为大中型联合收割机；宁乡县 62 台，57 台为大中型联合收割机。长沙县黄花镇丰收村上丰组农民叶正明以享受购机补贴后的优惠价格 3.68 万元购置一台龙舟 4LZ-1.8 型联合收割机，当年 10 月共 13 天收割晚稻超 27 公顷，每亩工价 50 元，收入 2 万元。其中消耗油料费用为 2000 元，付帮工工资 2600 元，当年获纯利 1.54 万元。同村石子冲组曹佳胜购龙舟 4LZ-1.8 型收割机一台，14 天时间收割晚稻约 33 公顷，收入 2.5 万元。除去油料、请帮工等开支大约为 5300 元外，获纯利 1.97 万元。宁乡双凫铺镇新华村张家村组易国华以购机补贴后价格 3.88 万元购江苏沃得 4LZ-2.0 联合收割机一台，从 10 月 6 日至 10 月 26 日共计 19 天，收割晚稻超 33 公顷，每亩工价 40 元，总收入 2.2 万元，其中燃油支出 2700 元。是年，全市新增联合收割机 996 台，保有量增至 2543 台。全市水稻机械化收割面积 13.78 万公顷，当年新增 5.81 万公顷，增长 73%。

2005 年，全市落实农机购置补贴资金 296.54 万元，其中中央财政资金 236.54 万元，市本级财政预算 60 万元。补贴农机具 515 台，其中联合收割机 488 台、大中型拖拉机 17 台、旋耕机 9 台、播种机 1 台。望城县 100 万元农机装备推进项目资金，补贴收割机 146 台。

2006 年，落实补贴金额为 270.05 万元，其中中央及省级财政 180 万元，补贴机具 378 台。2007 年落实补贴金额为 1009.4 万元，其中中央及省级财政 799.4 万元，国家优质粮食产业工程现代农机装备推进项目资金 210 万元，补贴购置农机具 2086 台。农民投入购买农机资金 4917 万元，补贴资金的拉动效应为 1:4.9。2008 年，落实补贴金额为 2414.71 万元，其中中央及省级财政 1899.74 万元，国家优质粮食产业工程现代农机装备推进项目 515 万元。补贴购置农机具 3747 台，其中拖拉机 1826 台、收割机 750 台、植保机械 525 台、其他各类机械 2646 台套。农民投入购买农机资金 8640 万元，投入拉动效应为 1:3.6。补贴重点向插秧机具倾斜。如一台久保田 SPW–48C 手扶式插秧机最高售价 1.97 万元，中央和省级财政共补贴达到每台 1.2 万元，像长沙县财政再补贴 3200 元，农户只要花 4500 元。2008 年全市新推广水稻插秧机 114 台，其中长沙县新推广 72 台。

2009 年，中央及省级财政 7000 万元，市本级财政 200 万元。补贴购置农机具 1.58 万台。市本级财政资金主要用于设施农业建设、农业产业化基地购置补贴、农机专业合作服务组织建设补贴。望城县翠翠农业开发有限公司仅 2009 年通过购机补贴资金，购买了包括插秧机、拖拉机、水稻联合收割机、植保机械、烘干机械等各类农业机械 18 台，流转租凭土地 115 公顷，生产稻谷 1396 吨，总收入 251 万元，纯利 60 多万元。长沙县双盛农机专业合作社，机耕土地 133 公顷，机收水稻 193 公顷，机械化植保 67 公顷，农机作业总收入 40 余万元，纯利达 18 万元。浏阳市龙港农机合作社由于良好的信誉和效益，被推荐为长沙市示范合作社。2010 年，中央及省级财政 6000 万元，市本级财政 200 万元。补贴购置农机具7.28 万台。市本级财政资金主要用于水稻植保、油菜、茶叶、水果和蔬菜机械；重点向农业产业化的关键环节倾斜。

2011 年，长沙市对过去三年农机购置补贴资金管理使用情况开展专项清查，查出销售商虚签不售、销售非目录机具、签大售小、减少配置，倒卖指标、套取骗取补贴资金，将目录外产品纳入补贴目录、违反规定程序确定补贴，以及监管机构主要负责人滥用职权伙同具体经办人员向农户和经销商以服务费、保证金、推广费、培训费、管理费等名义违规收取费用等问题。2012 年开始，购置补贴款由拨付给经销商改为直接打到购置农户银行账户，购置指标由区县改由乡镇审定，补贴数额由乡镇录入电脑网络系统。当年补贴机型涉及 412 个项目，涵盖粮食、饲料、种子、油料、水果和茶叶加工设备、粮食烘干设备，采茶机具，提水灌溉机具，拖拉机、联合收割机等农田综合配套作业机具与收获机具，植保机具，水稻育秧设备、水稻插秧机和作物播种机具，开沟和挖掘工程机械，清淤与运载机械，挤奶、畜牧养殖和网箱养殖设备。全市落实中央财政购置补贴资金 6750 万元，补贴农机具 1 万余台套，6794 农户或合作社受益。

表 21–7–4–1　2012 年长沙市中央财政资金下拨、农机购置与补贴情况统计一览表

区县（市）	合　计	长沙县	望城区	宁乡县	浏阳市	岳麓区	开福区
资金（万元）	6750	1420	1100	2250	1680	150	150
农户（户）	6794	1056	755	1636	3171	130	46

四、农机监理体制

农机安全监理在省市县三级分别设有专管机构。1983 年 10 月 18 日设立长沙市农机安全监理站，编制 5 人。1987 年，长沙市农机安全监理站更名为农机安全监理所。是年，长沙市本级、长沙、望城、浏阳和宁乡 4 县及郊区共计 6 个监理机构在编人员 30 名，县辖区、乡镇农机站由农机员兼农机安全员。1988 年，《中华人民共和国道路交通管理条例》发布实施，规定上道路行驶的专门从事运输和既从事农田作业又从事运输的拖拉机安全技术检验、驾驶员考核、核发全国统一的道路行驶牌证等项工作，公安机关可以委托农机部门负责，并有权进行监督、检查。

1989 年省农机局、省公安厅联合下发《关于农用拖拉机道路交通管理有关具体问题的通知》后，明确农机部门对拖拉机受公安部门委托管理。1990 年，农机部门对管理的拖拉机、农用运输车启用公安部门统一牌证。将农用运输车及其驾驶员管理职能移交给公安交警部门，公安交警部门把拖拉机及其驾驶员移交农机部门。这次农机部门向公安交警部门移交 2864 台农用运输车档案、4894 名农用运输车驾驶员档案，公安向农机部门移交拖拉机及其驾驶员档案约 1000 份。这次移交不是从中央到地方自上而下的职能移交，移交工作实际没有到位，农用运输车及其驾驶员旋即恢复由农机部门管理。

1995 年长沙市农机管理局内设农机安全监理科，对外称农机安全监理所。1996 年市辖区调整，撤销郊区和东南西北 4 区，新成立芙蓉、天心、岳麓、开福和雨花 5 市辖区，各市辖区分别成立农林水利局，农林水利局农业科加挂农机安全监理站牌子，5 市辖区农机道路交通事故划归市辖区公安交警部门处理。1998 年 6 月 25 日，国务院办公厅《关于印发农业部职能配置内设机构和人员编制规定的通知》明确规定农业部门负责组织实施拖拉机、联合收割机、农用运输车的农机安全监管职能。2001 年机构改革，长沙市农机局并入市农业局。2002 年，长沙县、宁乡县农机安全监理站服务窗口被推出为第三批全国文明监理、优质服务示范窗口单位。是年 8 月 26 日，长沙市农机安全监理所改为长沙市农业局独立二级机构，核编 10 人。

2004 年 5 月 1 日《中华人民共和国道路交通安全法》施行。规定上道路行驶的拖拉机，由农机管理部门行使公安交管部门的部分职权。原小四轮农用运输车改称低速载货汽车，三轮农用运输车改称三轮汽车，其中低速载货汽车准驾代码为 C3，三轮汽车准驾代码为 C4。随《中华人民共和国道路交通安全法》的施行，农机部门对拖拉机及其驾驶员管理职能改由自上而下受公安部门委托的管理体制，变为依《道路交通安全法》赋予的权限，对拖拉机及其驾驶员行使管理职能。道路交通安全法施行前，两个部门间机动车与拖拉机驾驶员可以自由转移档案、彼此可以申请增加准驾车型。道路交通安全法施行后，公安部门对机动车及其驾驶员、农机部门对拖拉机及其驾驶员的管理演变为两个相互独立的系统，不再可以自由转移档案、互相增加准驾车型。

2007 年，农机管理部门向公安部门启动低速载货汽车、三轮汽车及其驾驶员管理职能的移交。6 月 27 日，省政府发布《关于低速载货汽车、三轮汽车和拖拉机管理职能移交有关问题的实施意见》。根据规定，7 月 1 日起，农机管理部门停止受理低速载货汽车、三轮汽车的登记业务；各农机培训机构停止受理与 J、L 准驾车型相关的新的驾驶人培训。变型拖拉机继续由农机管理部门管理，对变型拖拉机的界定，由上级管理机关确认。8 月 1 日起，农机管理部门不再受理低速载货汽车、三轮汽车、拖拉机道路交通事故。8 月 11 日，长沙市政府召开职能移交工作会议，部署移交工作。市县二级农机部门向同级公安部门进行职能移交，其中低速载货汽车、三轮汽车及其驾驶员档案，河西岳麓区移交至望城县公安交警部门，河东芙蓉、天心、雨花和开福四区移交至长沙县公安交警部门。对年限超 9 年的二缸及以上的低速载货汽车，年限超6年的单缸低速载货汽车、三轮汽车，由农机管理部门按规定办理报废。对过去连续2年未参加年检车辆，继续由农机管理部门管理，档案留存原车管单位，达到报废条件的由农机管理部门督促报废。驾驶人年龄满70周岁，或因交通事故、交通违法行为等达到驾驶证注销条件的，驾驶证有效期超一年的不予移交。长沙地区公安、农机驾驶证准驾车型互换时效顺延至2010年年底。是年12月，全市农机部门向公安系统移交农机监理人员84名；其中长沙市本级2人、长沙县18人、望城县6人、宁乡县25人、浏阳市30人和芙蓉区3人。2008年3月，全部移交工作结束，农机部门向公安交警移交低速载货汽车、三轮汽车驾驶员档案16500份；低速载货汽车、三轮汽车车辆档案9857份，其中三轮汽车档案5588份、低速载货汽车4269份。

2008年12月，市农机安全监理所编制调整为11人。是年，长沙县通过农业部、国家安监总局首批全国平安农机示范县验收。2010年，浏阳市通过农业部、国家安监总局全国平安农机示范县验收。是年，市农机安全监理所、长沙县、望城县、宁乡县和雨花区农机安全监理站批准为参照公务员法管理的事业单位。是年，长沙县、望城县和浏阳市3县（市）农机局与农业局合并分别设立农业局，农机安全监理站归农业局领导；2011年撤望城县设望城区，望城区农机安全监理站归区农业局领导。

2012年，全市有独立法人资格的农机监理机构5个，分别为市农机安全监理所、长沙县、望城区、宁乡和浏阳4区县（市）农机安全监理站。是年，长沙县获全国农机安全监理“为民服务创先争优”示范窗口称号。是年，全市农机监理编制共66人，其中市农机安全监理所11人、长沙县8人、望城区18人、宁乡县12人、浏阳市15人和雨花区2人。实际在岗53人，其中长沙市所7人，长沙县9人，望城区5人、浏阳市19人、宁乡县12人和雨花区1人，其他各区无专门编制。

五、牌证照管理

按照1984年原农牧渔业部《农用拖拉机及驾驶员安全监理规章》、1985年公安部《城市机动车驾驶员考试暂行办法》规定，驾驶证申领须经学习期、实习期，驾驶证分为学习驾驶证、实习驾驶证和正式驾驶证三类。拖拉机驾驶员报考条件为年满17周岁、具备相当于初中以上文化。申请人须凭单位与个人身份证明，身体条件合格，交通安全常识考试合格后发放“学习驾驶证”。“学习驾驶证”有效期为一年，学习驾驶员只准学习驾驶一种准驾车型、不可单独驾驶，须在教练指导下，按规定时间、路线学习驾驶拖拉机。小型及手扶拖拉机学习时间须满2个月60个学习驾驶操作小时、大型拖拉机须满4个月80个学习驾驶操作小时方可参加实习驾驶员考试。学习驾驶员学习期满，经考试全部科目合格后，在“学习驾驶证”上签注转入实习期，并记入档案。实习驾驶员可以单独驾驶所学准驾车型，实习期为一年，经发证机构签注，有效期可延长3~6个月；实习驾驶员实习期满前一个月内申请转为正式驾驶员。初次申领拖拉机驾驶证、申请增加准驾车型，须经驾驶技能培训后方可参加驾驶员考试。驾驶员考试分为初次考试、增加准驾车型考试、复考。初考须在学习驾驶员学习期满后，凭培训机构出具的驾驶技术鉴定证明，向农机监理机构申请考试。考试科目分为理论科目和技术科目，理论科目内容包括机械常识、操作规程，交通规则、安全常识，技术科目包括场地驾驶、道路驾驶、挂接农具和田间作业。考试合格即由市级农机监理机构核发驾驶证。复考即驾驶员因故对原准驾车型相关科目再次进行考试，结果记入档案，复考不合格允许补考一次，补考不合格者注销驾驶证。驾驶员自领取驾驶证之日起，须参加县级监理机构组织的每年一次的年度审验。驾驶员审验延期3个月以内，跨年度补审须复考相关科目后方可办理。驾驶证过期二年以内再次申领驾驶证按复考办理，超过二年注销。

1989年，省农机局、省公安厅发出《关于农用拖拉机道路交通管理有关具体问题的通知》全面启用

1986 式牌证，长沙地区于 1990 年 2 月 1 日正式实行。拖拉机号牌为黄底黑字，布置采用上、下二排结构，上排前部两个用汉字“湖南”省名，后面用两个阿拉伯数字代表发牌机关代号，下排五个阿拉伯数字代表车辆编号，号牌依公安部部门机动车管理制度规范，驾驶证（GN43–1988 标准）号段为 4301500001~4301999999。是年，全市新发、换发拖拉机号牌 1.09 万副、拖拉机驾驶证 9493 本。1995 年 6 月，部署 1992 式牌证，拖拉机号牌依 GA36–1992 标准、行驶证依 GA37–1992 标准，号牌发牌机关的由阿拉数字代码改为英文字母。新号牌采用铝质反光材质，停用铁质号牌。长沙地区代码为湖南 A，后五位阿拉伯数字为车辆编号。这次首次使用 Dos 单机版计算机录入、制发驾驶证和行驶证。1996 年，全市有效驾驶证保有量 2.65 万本，其中正式驾驶证 2.06 万本，实习驾驶证 4538 本，学习驾驶证 1340 本。1997 年 4 月 1 日，长沙全面换发 1992 式牌证照，当年新发、换发 1992 式号牌 1.53 万副，新发、换发驾驶证 1.68 万本。1998 年农业部修订的《农用拖拉机及驾驶员安全监理规定》开始实行，取消实习驾驶证，学习驾驶证有效期由之前的 1 年延至 2 年。学习驾驶证学习期限缩短至不少于 1 个月，持有学习驾驶证经考试合格后，核发驾驶证成为正式驾驶员。驾驶证有效期 6 年，初次申领驾驶证第一年为实习期。

2003 年，启用 1992 式农业部颁标准（号牌 NY345–1999、行驶证 NY346–1999、驾驶证 NY347–1999）。是年 6 月，长沙地区按新标准启动新一轮拖拉机号牌、行驶证换发工作。此次牌证照的计算机录入由 Dos 改为 Windows 界面，仍旧为单机系统，行驶证首次增贴车辆照片，当年新发、换发拖拉机与农用运输车号牌 16，744 副。拖拉机年度检验首次进行电脑电子签章，长沙市本级通过审查原始资料与上报数据相结合，对县级上报资料实现快速审批；省市县三级通过数据导出、导入、上报，初步实现数据共享。本次对拖拉机、三轮与四轮农用运输车号牌进行分类编号，电子档案首次增录原始资料信息，包括整车电子照片、来历证明、所有者身份证明和其他原始资料电子扫描件，初步实现精准查询。2004 年 5 月 1 日《中华人民共和国道路交通安全法》施行，取消学习驾驶证。驾驶证由每年审验一次改为每 6 年换证时审验 1 次。

2007 年 7 月 1 日起，向公安交警部门进行低速载货汽车、三轮汽车管理职能移交启动，到 2008 年上半年移交的结束，累计向公安交管部门移交驾驶人档案 1.65 万份，低速载货汽车、三轮汽车档案 1 万份。同步启用 2005 式农机牌证管理系统，并实现全省联网。是年，全市推行考试改革，长望浏宁四县考点实行交叉考试。2008 年，全市农用机车保有量 1.57 万台，农机驾驶人 9556 名；其中，2005 式新牌证系统拖拉机累计登记数 1.22 万台，拖拉机驾驶员 6884 人；联合收割机 517 台。

2011 年 7 月 18 日，农机牌证照审批权限全部下放至县级。芙蓉、天心、岳麓、开福和雨花五区农机驾驶人员培训、考试就近安排至长沙县、望城县农机培训机构与考点进行，长沙市本级仅保留五区驾驶证制发、驾驶人档案管理。是年，市本级对五区驾驶证换发与审验正式免费。2012 年，全市农用机车累计登记量 2.73 万台，其中拖拉机 2.29 万台，联合收割机 4443 台，工程机械 24 台；农机驾驶员 1.88 万人，其中拖拉机驾驶员 1.54 万人，联合收割机驾驶员 3378 人。

六、农机安全生产监管

20 世纪 80 年代下半叶，农村短途客运市场进入混乱时期，三轮农用运输车和面包车占据乡村短途客运市场，节假日期间小四轮农用运输车、小型拖拉机参与非法载客，当时无牌无证、拼装与非法改装、违章载人、人货混装、非法载客现象突出。为此，农机安全监管重点为拖拉机、农用运输车的道路安全检查、节假日前集中治理、对突出问题进行专项整治。1988 年，长沙市农机部门上道路检查拖拉机、农用运输车 7041 台次，查处违法违章 2826 台次。

1989 年 7 月，省政府办公厅发布通知，规定各级农机监理人员凭公安机关核发的公路检查证在县乡道路开展农机道路执法检查，公安交管部门授权农机监理机构在国道、省道开展拖拉机流动执法。1991 年，全市路检路查查车 1.05 万台次，纠正违章 1954 台次，举办违章驾驶员培训班 19 期，督促补检拖拉机 423 台，补审驾驶证 325 本。农机监理机构与保险机构合作，督办拖拉机购买第三者责任法定保险 7000 台。

1993 年 5 月，开展“畅安工程”行动，农机部门参与执法 462 人次，发放宣传资料 5300 份，上路检查农机车辆查 3800 台次，查出严重违章 610 台次，查处无证机手 322 人、无牌农机车辆 260 台。1999 年开展“平安大道”活动，市农机部门成立创建“平安大道”领导小组，集中整治农机车辆的无牌无证、有牌不挂、乱串乱插、乱停乱放等各种违法违章行为，这次行动共查处无牌农机车辆 492 台，无证驾驶 843 人。随频繁的交通整治，20 世纪 90 年代后期，乡村集镇拖拉机、农用运输车参与非法载客渐少。2000 年 11 月全市开展为期一周的安全检查，仅浏阳城南荷花街道浏大公路路段查出一台乘坐 8 人的三轮农用车违法载客车辆。2002 年 5 月，全市开展黑车非驾专项整治，河东农机执法队重点对所辖区内的农用车、拖拉机的乱停乱放、违章行驶进行彻底清理，整治无牌车辆、无证机手，整治期间共清理无牌机车 2000 余台、查出无证机手近 1000 人次。

2004 年《中华人民共和国道路交通安全法》施行后，宁乡县农机安全监理站通过设立公安执勤室入驻公安民警的方式，首开与公安交警部门的联合执法，长沙县、浏阳市和望城县相继引进与公安交警联合执法机制，对拖拉机严重违法行为予以处罚。是年 7 月开展农机安全生产专项整治行动，对无牌、连续 2 年未年检车辆督促报废或强制报废，对来历不明、非法拼装和非法改装车辆强制扣留，严查非法载客和“大吨小标”车辆。是年全市出动宣传车 321 台次，检查拖拉机、农用运输车 1.8 万台次，纠正违章 2770 台次，查处无牌无证车辆 249 台。2005 年，配合城乡道路综合整治工作，与乡镇农机站联手，抓源头管理，查黑车非驾、堵非法载客源头。长望浏宁四县（市）根据自身地域情况分别成立 2~3 个执勤队，对执勤队采取责任分片、路段包干的办法，保证农机道路交通管理的日常化和制度化。春运期间共检查农用机动车 6350 台次，纠正违章 1024 台次，其中纠正人货混装 108 台次、查处非法载客 23 台次，滞留车辆 78 台。

2007 年职能移交后，农机监理机构撤销公安执勤室。农机部门不再单独进行道路执法，监管的重心由道路安全检查转向源头管理。农机部门仅参与由公安交警部门牵头组织的交通整治行动。2008 年春运、奥运、国庆和百日安全整治行动，共与交警联合执法 102 天次，检查拖拉机 4200 台次，查处严重违法行为 305 台次，无牌无证拖拉机 150 台次。2012 年春运期间，全市印宣传资料 8 千份，出动宣传车 50 余台次；查处各种违法行为 450 起，查处无证驾驶 75 人。

七、农机事故处理

农机监理机构负责对农机事故的处理，市、县级分别成立 3~5 人农机事故责任认定小组负责责任裁定，县级承担事故的受理和裁定，市级负责县级裁定有异议事故的复核。1988 年，长沙市发生一般以上拖拉机、农用运输车道路交通事故 61 起，重伤 32 人，死亡 40 人；当年市本级复核 8 起。1998 年，全市发生一般以上农机交通事故 99 起，复核 18 起，占 18.2%，为复核最多的年份。到 2000 年，全市一般以上农机事故 98 起，复核事故减至 8 起，占 8.2%。

2002 年，市、县两级成立重大事故应急处置领导小组，对较大以上农机事故进行快速反应，开展多部门联动，实施紧急救援。农机部门从事故报案到最终的责任裁定建立责任追究制，实行谁主管谁负责、谁受理谁负责、谁经办谁签字、谁处理谁负责，确保快速响应、提升办案质量。当年全市发生一般以上农机交通事故 85 起，市本级复核 5 起，占 5.9%。

2005 年，宁乡黄材水库发生重大以上农机交通事故。6 月 19 日凌晨 3:48，安化县东山乡安茶村驾驶人何某某驾驶一台真晚牌 7YP630 三轮农用运输车，行驶至宁乡县黄材镇黄材水库祖塔公路地段，因疲劳驾驶，不能判断路面情况，加之转弯车速过快，导致车辆失控，车辆坠入黄材水库，造成包括驾驶人在内的 4 人死亡、报废机具 1 台，直接经济损失 1 万元。

2006 年，农机道路交通事故逐步过渡由公安交警部门处理。当年农机部门受理一般以上事故 44 起，重伤 21 人，死亡 15 人；复核事故减至 2 起。职能移交以前，农机部门处理的农机事故以拖拉机、农用运输车道路交通事故为主，死亡人数逐年减少。2007 年职能移交后，农机道路交通事故全部由公安交警部门处理。农机部门仅负责田间、场院农机事故的处理。2008 年，全市一般以上事故 53 起，重伤 52 人，死亡 2 人。2012 年，一般以上农机事故 6 起，重伤 5 人，死亡 2 人。

表 21-7-4-2　　1988—2012 年部分年度长沙地区农机事故统计一览表

年份	受理事故（起）	一般以上事故（起）	重伤（人）	死亡（人）	直接经济损失（万元）
1988	—	61	32	40	0.76
1990	—	33	21	17	0.07
1991	297	38	21	26	0.54
1996	483	103	62	42	—
1997	213	86	49	24	1.14
1998	—	99	58	26	3.01
1999	494	85	64	19	1.34
2000	240	98	67	26	3.00
2001	—	108	80	20	1.91
2002	—	85	55	29	6.84
2003	160	82	43	22	6.75
2004	—	73	37	19	8.21
2005	139	61	37	16	8.41
2006	131	44	21	15	3.46
2007	48	17	6	5	2.75
2008	53	53	52	2	—
2009	32	32	31	0	10.80
2010	10	10	8	1	2.37
2011	17	17	17	0	18.09
2012	6	6	5	2	6.60

第八章　乡镇企业

1988 年，长沙市乡镇企业发展到 7.66 万家，其中乡村集体企业 8516 家，村以下及个体企业 6.81 万家。全市乡镇企业的从业人员 52.39 万人，占全市乡村劳动力的 26%。全年总收入 42.09 亿元，乡村企业上缴税金 1.26 亿元，实现利润 2.4 亿元，出口创汇企业 283 家。主要门类有机械、建材、冶金、电力、煤焦、化工、食品、烟花等 15 个门类。

1989 年，长沙市乡镇企业面对国家紧缩银根，紧缩信贷的“双紧”方针，积极调整产业结构，加强企业管理，全市实现乡镇企业总收入 49.38 亿元，比上年增长 17.32%。1990 年全市乡镇企业实现总收入 55.43 亿元，比上年增长 11.6%。只有建材工业中的水泥制造首次出现负增长，产值比上年下降 4.72%。1992 年，成立以市长为组长的乡镇企业发展工作领导小组，重点抓技术改造项目，当年新增产值 20 亿元。是年，全市乡镇总产值 57.04 亿元，四县一郊的总产值排名均进入全省前 6 名的行列。年总产值过亿元的乡镇 24 个，全市乡镇企业实现利润总额 5.04 亿元，上缴国家税金 3.97 亿，全市乡镇企业利税过 100 万元的有 85 个，其中过 500 万元的有 11 个，过 1000 万元的 5 个。长沙县榔梨汽车车身厂全年实现利税 2125 万元。引进外资项目 22 个，利用外资 800 万美元，生产出口产品的企业 210 家，出口产品品种 460 个，出口额 6.08 亿元人民币，比上年增长 46.4%。

1993 年，长沙市继续加大对乡镇企业的工作力度，四县一郊党政一把手亲自为企业争取项目、筹集资金、协调问题，人大、政协也积极参与，为企业牵线搭桥。1994 年，全市乡镇企业进一步深化改革，积极推进股份合作制，全市已有 680 家企业进行股份合作制改造。全市通过股份合作制形式筹集资金 2.3 亿元。1995 年，长沙市发布《关于对乡镇企业实行“扶优扶强”的决定》和《关于大力发展股份合作制的意见》。1996 年全市乡镇企业总产值 353.42 亿元，上缴税金 13.56 亿元。全市乡镇企业固定资产总额 78.63 亿元，乡镇企业总数 13.12 万家，从业人数 91.17 万人，全年实发工资 41.35 亿元，以工补农资金 3.08 亿元，乡村两级集体企业为农民创收 49.02 亿元，人均 1210 元。总产值过 10 亿元的乡镇 16 个，亿元村有 14 个，产值过 5000 万元的企业 43 家，其中亿元企业 19 家。存在的问题有经营机制不活，企业负债率过高，亏损企业较多，企业管理粗放、负担较重等。

1997 年，有 3198 家乡村集体企业完成不同形式的改制，占全市集体企业的 52%。1998 年改制面 87%。通过改制，盘活存量资产 35.13 亿元，吸纳社会资金 10.87 亿元。全市乡镇企业五项主要经济指标继续保持全省第一。1999 年，长沙市乡镇企业向以小城镇为依托的乡镇工业园区集中。2000 年，全市乡镇企业突出体制创新和科技创新。引导改制企业健全完善法人治理结构和企业内部管理机制，积极引导具有一定规模和实力的骨干企业争取上市，倡导组建区域性产业集团，实行优势互补。当年全市乡镇企业完成总产值 590.75 亿元，占全省的 13.4%，完成乡镇企业增加值 272.75 亿元，占全省的 14.3%，高于全省的 6.1 个百分点，实交税金 15.17 亿元，产值税金率 2%，高于全省的 0.8 个百分点。全市共有 1022 家产品出口企业，其中自营的 41 家，出口产品交货额 39.67 亿元。

2001 年，加大工业园区建设力度，当年建设各级园区 25 个，入园企业 8860 家。推进“两个”创新：在机制创新上，全市组建企业集团 33 个，股份制企业 94 个，股份合作制企业 2564 个。在技术创新上，开展技术难题咨询和招标活动，邀请专家进行对口论证和洽谈。到 2002 年，长沙市乡镇企业改造提升传统产业，培育和壮大一批支柱产业，如长沙县的汽车配件行业、浏阳的烟花鞭炮行业、宁乡服饰行业、望城的食品加工行业都保持很好的发展势头；乡镇工业园区建设总规划面积 191 平方千米，成为新的经济增长点；在工业招商和项目建设上，当年完成固定资产投资 97.54 亿元；当年获得国际质量和环保认证的企业 79 个，省名牌产品和著名商标 25 个。至 2003 年，长沙市集体所有制企业大多变为股份制或股份合作制，产业由过去的"五小工业"（指小钢铁、小煤矿、小机械、小水泥、小化肥五种工业企业），发展成为工、商、建、运、服等特色、优势产业，企业布局上发展到以乡镇工业园区为主体企业集群。到 2004 年，全市乡镇企业园区 31 个，园区内实有企业 4205 个，从业人员 12.72 万人，年营业收入 148.49 亿元。当年，全市乡镇企业总产值 988.41 亿元，比 2000 年增长 67.31%，实缴税金 29.25 亿元，比 2000 年增长 92.81%，劳动报酬 94.54 亿元，比 2000 年增长 35.83%。

2004 年，各区县（市）不再区分城市企业和乡镇企业。

第一节 机　构

一、市级机构

1984 年长沙市社队企业局更名为长沙市乡镇企业局，1991 年 8 月又更名为长沙市乡镇企业经济委员会，并列为市政府的工作部门，归口市政府直接领导。内设办公室、组宣科、生产科、科技科、管理科、计财科、信息科、监察室，编制 28 人，在职 28 人。1994 年撤销长沙市乡镇企业经济委员会，重新设立长沙市乡镇企业局。内设办公室、组宣科、生产科、科技科、计财科、管理科、直属企业科、监察室，编制 28 人，在职 28 人。2004 年 9 月长沙市人民政府在机构改革中，将市乡镇企业局合并到市农业局，并保留长沙市乡镇企业局的牌子，由市农业局管理。

1988—2004 年，先后担任长沙市乡镇企业局、乡镇企业经济委员会主要领导职务的有：唐豫明、周开初、易凤葵；其他领导班子成员有：曾开明、周汉祥、董康龄、曹治安、陈国基、吴奇、贺华、周双恺、姚淑华（女）、张社发、刘剑锋、陈水平、彭继球、刘建福。

二、区县（市）机构

1987—1988 年，长沙、望城、浏阳、宁乡 4 县及长沙市郊区均将乡镇企业局变更为乡镇企业委员会，直属县、郊政府领导。1994 年，长、望、浏、宁 4 县及郊区均先后将乡镇企业委员会更名为乡镇企业局。内 5 区的乡镇企业管理职能从 1997 年开始一直在区街企业局。到 2001 年后，4 县（市）将乡镇企业局合并到县经委。

三、基层机构

1988 年，全市乡镇均设有乡镇企业管理机构，多数为乡镇企业办公室，也有叫乡工业办、财经办、工经委、计经委等，隶属于各乡镇政府。1997 年，中共中央 8 号文件提出加强乡镇级乡镇企业管理机构建设的具体要求，依照《中华人民共和国乡镇企业法》，长沙市进一步明确乡镇企业办为乡镇政府的事业单位。到 2010 年新一轮乡镇"六站一办"机构改革时，乡镇的乡镇企业办全部撤销。

第二节　体制改革

（见《长沙市志（1988—2012）》第十三篇 经济综述 第二章 经济体制改革 第二节 工业企业体制改革 三、乡镇企业改革）

第三节　企业行业

一、行业结构

1988 年，长沙市乡镇企业有农业（种养业）、工业、建筑业、交通运输业和商贸服务业等。在全市乡村企业中，农业企业 1340 个，占 15.7%，工业企业 4928 个，占 57.9%，建筑企业 480 个，占 5.6%，交通运输业 182 个，占 2.1%，商贸服务业 1586 个，占 18.7%。在全市乡村企业总产值中，农业企业 5570 万元，占 2.1%，工业企业 17.59 亿元，占 67.6%，建筑企业 6.47 亿元，占 24.9%，交通运输企业 2552 万元，占 1%，商贸服务业 1.15 亿元，占 4.4%。农业、工业和建筑业以集体经营为主，交通运输业和商贸服务业以个体经营为主。1995 年后，集体企业开始转换经营机制，股份制和股份合作制，以及民营逐步取代集体经营。1996 年，全市乡镇企业总产值（现价，下同）592.99 亿元，其中农业占 0.5%，工业占 51.5%，建筑业占 22.1%，交通运输业占 7.1%，商贸服务业占 18.8%。1997 年全市共有 3198 家集体企业完成各种形式的改制任务，占全市集体企业的 52%。1998 年改制面 87%，有 5272 家企业实行不同形式的改制。2002 年，长沙市乡镇企业发展到 15.62 万个，农业企业 2703 个，工业企业 3.94 万个，建筑业 7430 个，交通运输业 2.62 万个，商贸服务业 8.05 万个。全市乡镇企业总产值 759.92 亿元，其中农业企业 7.27 亿元，占 1%，工业企业 377.68 亿元，占 49.7%，建筑业 138.92 亿万元，占 18.3%，交通业 44.73 亿元，占 5.9%，商贸服务业 191.32 亿万元，占 25.1%。

表 21-8-3-1　1988—2002 年长沙市乡镇企业行业基本情况一览表

年份	农业			工业			建筑业			交通运输业			商贸服务业		
	个数（家）	人数（万人）	总产值（亿元）	个数（家）	人数（万人）	总产值（亿元）	个数（家）	人数（万人）	总产值（亿元）	个数（家）	人数（万人）	总产值（亿元）	个数（家）	人数（万人）	总产值（亿元）
1988	1340	1.31	0.56	23370	30.70	20.17	4053	10.97	8.47	14543	2.2	3.03	33274	7.21	4.96
1989	1339	1.36	0.66	23190	29.11	23.93	2655	10.04	9.12	15973	2.32	3.58	39197	7.40	6.22
1990	1251	1.23	0.64	24272	29.46	27.64	2819	9.59	9.06	17050	2.43	4.24	37350	7.58	7.18
1991	1185	1.19	0.73	26445	31.80	35.48	3012	10.08	9.40	17716	2.50	4.72	40590	7.99	10.47
1992	911	1.17	0.56	25043	35.98	34.75	2776	12.85	10.51	16646	2.84	4.19	36852	9.31	7.03
1993	812	1.06	0.60	28088	41.02	50.48	3788	15.11	14.96	18704	3.29	6.34	45968	11.79	20.94
1994	795	0.99	0.93	32586	44.23	81.14	5642	19.11	27.68	23135	3.84	10.85	54600	13.73	22.42
1995	624	0.84	1.22	32154	44.06	113.04	6813	21.21	43.20	24711	4.07	16.19	56160	13.62	39.52
1996	776	1.04	1.93	39317	48.41	181.99	8242	24.39	77.99	25782	4.21	25.15	57131	13.12	66.36
1997	579	0.76	1.76	42779	48.20	208.77	8704	24.02	84.77	25956	4.76	32.14	58325	16.00	95.12
1998	395	0.51	1.42	49387	51.60	232.15	9790	25.40	88.60	27791	5.74	39.67	63378	20.47	128.72
1999	275	0.31	0.91	47016	53.56	261.35	8580	25.86	91.76	27947	5.77	38.59	64742	21.97	154.52
2000	298	0.43	1.40	44006	48.71	275.63	9723	22.01	111.74	25878	4.90	51.13	62811	18.00	150.85
2001	217	0.32	1.21	40047	45.82	314.90	7920	22.38	122.53	27033	4.78	49.13	74439	19.31	175.38
2002	2703	1.21	6.99	39382	49.32	363.52	7430	22.44	133.71	26219	4.69	43.05	80491	23.26	212.65

二、农业企业

图 21-8-3-1 长沙县金井茶场(摄于 1998 年,长沙市农委供图)

1988 年，长沙市有农业企业 1340 家，从业人员 1.31 万人，年总收入 5534 万元，占乡村企业总收入的 2.1%。主要项目有茶叶、蔬菜、花卉苗木、林场、渔场、食用菌、桑蚕等，其中林场、渔场（水产养殖）、茶场以集体经营为主，其他大都是民营。长沙县茶场（厂）比较多，9 个乡办茶厂年产值 1495 万元，长春茶厂、高桥茶厂、金井茶厂生产的红碎茶出口 400 万元，金井茶厂生产的红碎茶一、二号套样 1988 年获省优、部优、国优。望城县则渔场较多，水产养殖面积大，浏阳县林场较多。1991 年农业企业发展到 1185 家，从业人员 1.19 万人，总收入 7295 万元，望城县格塘茶厂生产的红碎茶，获省优产品称号。1995 年，长沙县茶叶饮料（白酒）、饲料业有上规模企业 26 个，其中茶厂 7 个，年加工茶叶 2740 吨，加工粮食 8000 吨，饮料 1000 吨，饲料 1.75 万吨，完成产值 7126 万元，其中茶叶出口交货值 601 万元。望城县雷锋镇石塘村党支部书记张利辉（女），种植花卉苗木 6.7 公顷，拥有员工 20 余人，年产值 30 余万元。是年，全市农业企业为 664 家，从业人员 8384 人，创造产值 1.22 亿元，占全市乡镇企业总产值 0.57%。1999 年，望城县被列为长沙地区商品鱼生产基地，全县可养水面 8226 公顷，养鱼成为望城农业企业的主要产业之一。是年，全市农业企业中的集体企业基本都通过改制，转换成股份制和股份合作制，有的整体出售变为民营，全市农业企业 275 个，有从业人员 3092 人，生产总值 9100 万元，占全市乡镇企业总产值的 0.17%。

2000 年，全市有农业企业 298 家，年末职工人数为 4317 人，总产值 1.40 亿元，增加值 3332 万元。长沙县有一定规模的农业企业发展到 32 个，年生产食用植物油 1000 吨，茶叶 1984 吨，加工粮食 3.8 万吨，生产混合饲料 3 万吨。茶叶出口交货值 1423 万元。2001 年望城县作出《关于加快奶业发展的决定》，高塘岭镇等地结合农业产业结构调整，套种牧草 53 公顷，发展奶牛养殖业，年末存栏奶牛 500 余头。湘江东岸以茶亭镇为中心，套种牧草 40 余公顷，年末存栏奶牛 528 头，养殖大户 18 户，最多的养殖奶牛 30 头。2002 年望城县养殖业发展很快，规模在不断扩大，闸蟹、梅花鹿、金鱼、珍珠蚌等特种养殖业逐步发展，饲养奶牛的规模也越来越越大，全县年末存栏奶牛 2036 头，上市鲜鱼 2 万吨，星城镇王德贵创办星城园林绿化公司，占地 11.7 公顷，年产值 100 万元，利税 20 万元，全县共有花卉苗木生产用地 270 公顷，年销售收入 3112 万元。长沙县 2002 年加工大米 4.8 万吨，加工配（混）合饲料 1.3 万吨，精制茶 1694 吨，茶叶出口交货值 3110 万元。全市农业企业发展到 2703 家，从业人员 1.21 万人，创造总产值 6.99 亿元，增加值 2.35 亿元，上缴税金 1515 万元，其中所得税 315 万元，实现利润总额 2832 万元，支付劳动者报酬 7742 万元，固定资产原值 1.93 亿元。

三、工业企业

1988 年，全市有乡村工业企业 4928 家，从业人员 24.56 万人，乡村工业企业所创产值 17.59 亿元，占乡村企业总产值的 67.6%。其中机械制造业年产值 5.64 亿元，占乡村工业总产值的 32.1%，建材业年产值 2.39 亿元，占乡村工业总产值的 13.6%，化工业年产值 9504 万元，占乡村工业总产值的 5.4%，轻工纺织业年产值1.93亿元，占乡村工业总产值的11%，造纸印刷业年产值9790万元，占乡村工业总产值的5.6%，食品饮料业年产值6757万元，占乡村工业总产值的3.8%，其他工业年产值5.02亿元，占乡村工业总产值的28.5%。

1989年，长沙县芙蓉汽车厂创造产值5320万元，成为全省年产值最高的企业，长沙县果园交通机械厂生产的CN–120农用车，果园汽车改装厂生产的CY–121农用车获农业部优质产品奖。1990年望城县坪塘氧化铁颜料厂所生产的氧化铁红系列产品，获化工部部优产品第一名，年产量6037.45吨。1991年，浏阳市永安汽车配件厂建成正规化的生产厂房，与东风汽车制造公司建立协作关系，并更名为东风汽车集团浏阳车身厂，为该公司配套生产15种型号的EQ140汽车配件。浏阳市食品加工企业比较多，为774家，总收入2856万元，张坊食品罐头厂年产清水竹笋罐头64吨。1991年重点抓企业的技术改造，长沙县乡镇企业新增加各种专业机床1783台，其中高精机床217台，增加水泥四轮窑3座，立窑7座，水泥磨26台，造纸机10台，当年全县乡镇工业实现产值9.7亿元，比1990年增长76.32%，机械工业产值占全部工业总产值的91%。当年全市乡镇工业总产值35.48亿元。1992年，浏阳市纺织业总产值8751万元，销售收入7852万元，其中沙市、秀山等乡镇生产棉布、棉麻交织布890万米，蚊帐布1750万米，秀山棉织厂与港商联营成立湘淮纺织公司，年产值500万元。1993年，望城县乡镇工业企业的利税大户逐步增多，坪塘氧化铁颜料厂超700万元，新星电碳集团公司和湘江印刷厂利税400万元，九江金刚石厂等3家企业人均利税超3.6万元。1994年，浏阳市皮革服装企业发展到近千家，生产皮革服装94万件，总产值3亿余元，其中出口1亿元。1995年，长沙县乡镇企业总产值在全省率先突破100亿元大关，达到104亿元，并连续九年居全省第一，其中机械制造及加工完成产值44.88亿元，占全县企业总产值的43.15%。全县上规模的160个企业中，机械业占48个，其中产值过亿元的企业12个，机械业占3个，果园汽车改装厂实现工业产值3.28亿元，居全省第一，榔梨重型机压件厂实现利税3235万元，上缴税金1420万元，利税居全省第一。当年，乡镇企业开始转换经营机制，进行产权制度改革，工业企业大多为乡村集体企业，逐步向民营方向发展。1996年，长沙市乡村工业企业发展到5178家，其中乡办1454家，村办3724家；从业人员29.02万人，其中乡办15.26万人，村办13.76万人；工业总产值145.3亿元，其中乡办84.26亿元，村办61.04亿元。

图21-8-3-2 长沙县湘丰茶叶厂茶叶加工设备
（摄于2002年，长沙市农委供图）

1997年，长沙县机械制造业完成产值12.29亿元，其中汽车制造业完成产值6.09亿元，占机械工业总产值的49.56%，果园、回龙、梅花、榔梨等乡镇被称为“汽车之乡”“汽车配件之乡”而享誉全国。1998年，浏阳市竹木加工企业发展至575家，从业人员6200余人，浏阳河竹业有限公司年产竹凉席22.5万床，总收入2082万元，产品销往全国20余个省市，部分出口到国外。望城县乡镇工业企业中的建材、化工、印刷等支柱产业稳步发展，全年有38家建材企业的产值分别过1000万元，有16家骨干化工企业，共完成工业产值2.4亿元，比上年增长

20%，湘江印刷厂通过技术改造，被新闻总署定为国家书刊定点印刷企业，年产值5600万元，利税260万元。是年，全市共有乡镇工业企业4.28万家，从业人员48.20万人，完成工业总产值208.77亿元，占乡镇企业总产值的49.14%。1999年，长沙市乡镇企业坚持体制创新和科技创新，加大招商引资力度，全市乡镇工业企业实现总产值261.35亿元，比上年增长12.6%，占全市全部工业总产值的59.9%，其中年销售收入500万元以上的企业287家，总产值56.4亿元，增长17.8%。1999年在扶优扶强措施上，着力实施“510”工程，重点扶持10家大中型骨干企业，10家高科技企业，10家技术创新示范企业，10家农副产品加工企业，10家出口大户企业。这50家企业共完成产值41.8亿元，比上年增长25.6%，实现利润1.5亿元，增长69.9%；实缴税金1.2亿元，增长14.7%；全市年产值超亿元的工业企业有6家。

2000年，浏阳市有纺织业企业101家，其中镇头镇36家，沙市镇的浏阳亮西东服饰有限公司生产的西服被评为2000年湖南著名品牌产品。古港镇德胜食品厂生产的浏阳茴饼，获湖南省第二届优、特、新农副产品博览会金奖。长沙黄兴镇有上规模的化工企业16家，全年生产硫酸锰10.2万吨，完成工业总产值3.46亿元，占全县出口交货值的78.12%。2001年，全市乡镇工业总产值完成314.9亿元，占全省的14.2%，占全市全部工业总产值的48.15%。乡镇工业中，年产值500万元以上的规模工业企业总产值90.35亿元，比上年增长30.47%，占全市规模工业企业产值的24.4%；全市乡镇工业企业年销售收入500万元以上的有439家，比上年增加124家；全市年产值过5000万元的工业企业42家，年产值过亿元的工业企业13家。全市乡镇工业园区已增加至25个，比上年增加9个，累计完成基础设施投资10.44亿元，园区内企业8860家，2001年完成工业总产值107.5亿元。烟花鞭炮是浏阳市乡镇企业的主导产业，2002年有乡镇鞭炮企业824家，分布在35个乡镇、街道，全年销售1718万箱，实现总收入22.27亿元。浏阳竹木加工企业比较多，2002年发展到1094家，其中张坊镇156家，竹木加工制品总产值4.05亿元。宁乡县乡镇工业企业有机械制造、建材生产、电力设备生产、电器和电子软件制造、轧钢、造纸、纺织、石油和化工产品生产、食品和农副产品加工、家具制造、陶瓷烧制、印刷、服装、制鞋等十多个行业，2002年全县乡镇工业企业5570家，从业人员9.06万人，产值61.78亿元，占乡镇企业总产值的45.73%。机械制造业是长沙县乡镇工业的支柱产业，2002年产值超500万元的企业有44个，占全县年产值500万元以上企业的40%，湖南同心实业股份有限公司产值为3.3亿元，榔梨平头汽车车身厂年产值1.13亿元，榔梨汽车覆盖件厂年产值为1.02亿元；2002年有水泥厂6个，水泥预制件厂49个，轮窑砖厂59个，麻石片厂56个，生产水泥70万吨，水泥预制件10万立方米，红砖10亿块，麻石片石50万吨；长沙县2002年食品饮料饲料业完成产值4.64亿元，其中食品加工业2.62亿元，饮料业2.02亿元。望城县有工业企业4764家，从业人员5.96万人，年创产值55.74元，占乡镇企业总产值的47.87%。2002年，全市有乡镇工业企业3.94万家，从业人员49.32万人，乡镇工业企业所创产值363.52亿元，占乡镇企业总产值的49.7%，占全省的14.5%，是全市全部工业总产值718.31亿元的

图21-8-3-3　浏阳市银丰花炮厂(摄于2000年,长沙市农委供图)

52.61%。乡镇工业企业增加值 123.56 亿元，利润总额 11.45 亿元，上缴税金 12.58 亿元。

四、建筑企业

1988 年，长沙市乡镇企业中的建筑安装企业 4053 个，其中乡办 268 个，村办 212 个，这 480 个都是集体企业；从事建筑业的乡镇企业人员为 10.97 万人，占整个乡镇企业人员的 20.95%，其中乡办建筑企业的从业人员 8.47 万人，占 77.18%，村办建筑企业人员 8650 人，占 7.88%；乡村建筑企业总收入 6.04 亿元，占乡村企业总收入的 22.69%，其中乡办建筑企业为 5.50 亿元，村办 5046 万元。当年，望城县有集体经营的建筑企业 167 家，其中有二级企业 3 家，三级企业 11 家，四级企业 11 家，全部以包干的方式经营，由个体经营的建筑企业 307 家，主要从事小规模建筑工程，常年从业人员 2.95 万人，产值 2.25 亿元，占乡镇企业总产值的 30.47%。1989 年，长沙县有建筑企业 1361 个，年平均职工人数 3.98 万人，房屋竣工面积 117.9 万平方米，建筑安装总收入 3.19 亿元，其中乡村集体建筑公司（队）84 个，麻石安砌队 15 个，水电安装队 25 个，完成建筑安装收入 2.2 亿元，占建筑业总收入的 68.8%。1990 年，望城县格塘建筑公司项目经理刘银章所承建的长沙市蔬菜局办公大楼，各项技术指标均高于规定标准，被全国建筑协会授予“金屋奖”。1995 年，长沙县建筑企业发展到 2161 个，年平均职工人数为 6.41 万人，房屋竣工面积 140.65 万平方米，年总产值 25.4 亿元，获湖南省省级优良工程 12 个，年产值过 1000 万元的建筑企业 11 个。1995 年长沙市年产值超过亿元的乡镇企业 17 个，其中建筑企业 8 个。1996 年，浏阳市永安建筑工程公司晋升为国家二级施工企业。宁乡县 1996 年建筑企业发展到 2834 家，从业人员 3.48 万人，建安产值 21 亿元。是年，长沙市拥有建筑安装企业 8242 个，其中乡办 244 个，村办 379 个，联户经营 164 个，个体 7455 个；总产值 77.99 亿元，占全市乡镇企业总产值的 22.07%，其中乡办企业总产值 58.26 亿元，村办 13.04 亿元，联户 0.75 亿元，个体 5.94 亿元。到 1998 年，经过 3 年的改制，全市集体所有的乡村建筑企业基本都完成改制工作，大都改为股份制和股份合作制。

2000 年，长沙县有建筑企业 2346 个，年平均职工人数 5.68 万人，总产值 28.82 亿元，增加值 9.62 亿元，房屋竣工面积为 157.95 万平方米，获得湖南省优良工程 14 个，在全县上规模的企业中，建筑企业有 62 个，占 11.76%。全市有建筑企业 9723 个，其中股份制企业 377 个，私有企业 3294 个，个体 6052 个；年末职工人数 22.01 万人，总产值 111.74 亿元，其中股份制企业 63.42 亿元，私有 29.23 亿元，个体 19.09 亿元。2001 年，浏阳市建筑行业进行整顿、改组，重新审定资质，保留 27 家建筑施工企业，其中二级资质企业 4 家。2002 年，长沙县拥有建筑施工企业 1440 家，其中一级资质 5 个，二级资质 21 个，三级资质 20 个，四级资质 935 个。望城县拥有建筑施工企业 1833 个，其中一级资质 5 个，二级资质 11 个，三级资质 8 个，四级资质 54 个。是年，长沙市建筑施工企业 7430 家，年末从业人员 22.44 万人，创造总产值 133.71 亿元，实现总收入 123.94 亿元，利润总额 3.43 亿元，上缴税金 2.75 亿元，拥有固定资产原值 29.39 亿元，其中净值 20.74 亿元，全年支付劳动者报酬 17.85 亿元。

五、运输企业

1988 年，长沙市乡镇企业的运输企业 1.45 万个，其中乡办集体企业 112 个，村办集体企业 70 个，其余为个体或联户经营企业，运输业企业个数占整个乡镇企业个数的 19%。从事交通运输业的人员 2.19 万余人，其中乡办企业 3217 人，村办企业 1160 人，运输业从业人员占乡镇企业总人数的 4.19%。乡村交通运输业总收入 2655 万元，占乡村企业总收入的 1%，其中乡办交通运输企业收入 2128 万元，占运输业收入的 80.15%，村办企业收入 527 万元。运输业发展到 1988 年，个体经营占很大比重。陆地运输有客运和货运两大类，水上运输主要是货运，以砂卵石等建材为主。1989 年，全市有乡镇交通运输企业

1.59 万余个，其中乡办 89 个，村办 49 个，联户企业 84 个，个体 1.58 万个；乡镇交通运输企业的从业人员为 2.32 万人，其中乡办企业 2588 人，村办 1374 个，联户 651 人，个体 1.86 万人；交通运输企业总收入 3.44 亿元，其中乡办企业 1576 万元，村办 557 万元，联户 479 万元，个体 3.18 亿元。

1990 年，长沙县乡镇运输企业有 3727 个，从业人员 5387 人。拥有大小客车 64 台，大小载重货车 995 台，实现总收入 9345 万元，其中乡村集体运输企业 31 个，总收入 510 万元，占运输总收入的 5.5%，私营运输企业实现总收入 8835 万元，占运输总收入的 94.5%。望城县乡镇运输企业由集体经营的 40 家，从业人员 1164 人。由个体经营的运输企业日益增多，发展至 3192 家，从业人员达到 3897 人。共有客车 191 辆，货车 935 辆，拖拉机 2346 台，水上运输共有各种机动船 69 艘，驳船 52 艘，其他船只 8 艘。1992 年，浏阳市乡镇交通运输个体户（私营）发展到 5713 个，实现总收入 1.28 亿元，比 1988 年分别增长 0.39 倍和 1.8 倍。1993 年，长沙市乡镇运输企业 1.87 万个，其中乡办 40 个，村办 48 个，联营 34 个，个体 1.86 万个，个体经营占 99.35%。从业人员 3.29 万人，其中乡办 2105 人，村办 1227 人，联营 56 人，个体 2.96 万人。总产值 6.34 万元，其中乡办 0.26 亿元，村办 0.29 亿元，联营和个体经营 5.79 亿元。1995 年，运输市场竞争日益激烈，望城县乡镇从事运输行业的个体户增加至 5023 家，占乡镇运输企业的 99.5%，从业人员 6731 人，年产值 1.71 亿元，占乡镇运输业产值的 90%。长沙县 1995 年乡镇运输企业有 4808 家，从业人员 7499 人，拥有大小客车 302 台，大小载重货车 4012 台，年总收入 5.36 亿元，其中乡村集体企业 11 个。1995 年开始乡镇企业改制，到 1998 年，乡村集体所有的运输企业基本都改为股份制或个体经营，长沙县全部改为民营，望城县仅剩 7 家集体所有。至 2000 年，全市乡镇运输业总产值 51.13 亿元，其中乡办企业 1.7 亿元，村办企业 4.96 亿元，个体企业 44.47 亿元。

2000 年，农村运输市场虽然仍以个体经营为主，但现代化运输企业逐步发展壮大。2001 年 5 月 22 日，以望城县的刘克锋为主组建湖南长沙众旺运输公司，拥有客车 104 辆，从事高塘岭至望城坡路段的客运运输；同年 12 月 29 日，以彭宏光为主组建望城县雷锋汽车客运有限公司，拥有客车 106 辆，从事高塘岭至黄花塘路段的客运运输。到 2002 年，望城县乡镇运输企业有客运车辆 534 辆，货运车辆 872 辆，拖拉机 1020 辆，水上运输有客渡船 12 艘，货驳船 31 艘。长沙县 2002 年乡镇运输企业 4180 个，从业人员 9887 人，拥有大小客车 590 台，大小载重货车 6850 台。2002 年，长沙市乡镇运输企业 2.62 万个，从业人员 4.68 万人，营业收入 41.59 亿元，产值 43.05 亿元，利润 1.44 亿元，上缴税金 6.77 亿元，固定资产原值 15.28 亿元，净值 9.87 亿元，支付劳动者报酬 4.67 亿元。

六、商贸服务企业

长沙市乡镇商贸服务业包括商业、餐饮、旅游、教育、文化、娱乐、广告等行业。1988 年，全市乡镇企业中有商贸服务企业 3.33 万个，其中商业 2.26 万个，占 67.93%，饮食业 2371 个，服务业 8105 个，商贸服务企业占整个乡镇企业的 43.45%，属于乡村集体性质的企业为 1586 个，其中乡办 431 个，村办 1155 个，其他 3.17 万个企业大多为个体经营，也有少数为联合联营的。商贸服务行业的从业人员 7.21 万人，占乡镇企业从业人员的 13.77%，其中商业 4.50 万人，饮食业 6644 人，服务业 2.02 万人。乡村商贸服务企业营业收入 2.89 亿元，其中乡办企业 1.67 亿元，村办企业收入 1.23 亿元。改革开放 10 余年后，长沙市农村商贸服务行业经营规模逐渐扩大，网点、设施逐步完善。1988 年望城县有莲花桥、格塘、徐家桥、雨敞坪等 31 处集贸专业市场，个体经营逐步取代国有和集体商贸。1989 年长沙县有商业企业 5546 个，集体企业只有 160 个，个体和私营 5386 个，占 97.12%，而且个体和私营商业企业收入占整个商业收入的 81.5%。1992 年，浏阳县商品流通个体企业发展到 8635 个，营业收入 3.48 亿元，比

1988 年分别增长 49.5%和 165.7%。1993 年，宁乡县一些乡镇始辟旅游项目，麦田乡在回龙山白云寺设旅游区，沩山乡将密印寺作旅游景点，兴修寺院、美化环境、修建公路，吸引游客消费。是年，望城县投入 282.5 万元，扩建雷锋、靖港、铜官等集贸市场，面积 8656 万平方米；同时投入 50 万元，改造坪塘集市，增设门面、摊位 118 个。1994 年，浏阳市高坪乡投资 15 万元开发古风洞旅游。是年，长沙市乡镇商贸服务业企业发展到 5.46 万个，比 1988 年增长 64.09%，其中乡办 322 个，村办 792 个，联户和个体经营 5.35 万个；年末职工人数 13.73 万人，其中乡办企业 5403 个，村办 7338 人，联户及个体企业 12.46 万人；总产值为 22.42 亿元，其中乡办企业 2.99 亿元，村办 3.35 亿元，联户及个体企业 16.08 亿元。

1996 年，乡镇商贸服务行业进一步拓宽经营范围，望城县含浦镇白鹤村筹集资金 270 万元，建成白鹤天池度假村山庄，日可接待 200 余人次。浏阳市张坊镇开发大围山东麓园，各县、区农家乐如雨后春笋般发展起来。1998 年浏阳市沙市镇建起 102 个铺面的皮服一条街和 200 余个摊位的农贸市场。至 2000 年，长沙市商贸服务等行业企业发展到 6.28 万家，从业人数 18 万人，总产值 150.85 亿元。经过产权制度改革，农村商贸服务行业企业基本变成私营和个体经营，市场越来越大，规模和范围日益拓展。到 2002 年，全市乡镇商贸服务业企业发展到 8.05 万家，从业人员 23.26 万人，总产值 212.65 亿元，实现利润 5.32 亿元，上缴税金 3.86 亿元，支付劳动者报酬 16.86 亿元，固定资产原值 43.14 亿元，固定资产净值 31.19 亿元。

表 21-8-3-2　　1988—2004 年长沙市乡镇企业基本情况一览表

年份	企业数（家）				职工人数（万人）	总产值（亿元）	利润（亿元）	税金（亿元）	工资（亿元）
	合 计	乡办	村办	村以下					
1988	76580	2494	6022	68064	52.39	37.19	2.58	1.82	5.90
1989	79354	2395	5620	71339	50.23	43.51	2.69	2.19	6.43
1990	82742	2268	5549	74925	50.29	48.76	2.54	2.39	6.64
1991	88948	2263	5654	81031	53.56	60.80	3.92	2.99	8.25
1992	82228	1851	4602	75775	62.15	57.04	5.04	3.97	10.52
1993	97360	1890	4679	90791	72.27	93.32	10.16	5.86	16.30
1994	116758	1875	4518	110365	81.90	143.02	12.96	10.65	21.11
1995	120462	1657	4517	114288	83.80	213.17	20.17	10.42	30.28
1996	131248	1597	4659	124992	91.17	353.42	25.2	13.56	41.35
1997	136323	—	—	—	93.74	422.56	29.78	15.09	42.34
1998	150741	—	—	—	103.72	490.56	34.22	17.40	55.70
1999	148560	—	—	—	107.47	547.13	38.40	19.40	62.61
200	142716	—	—	—	94.05	590.75	15.73	15.17	69.60
2001	149656	—	—	—	92.61	663.15	17.52	17.52	59.14
2002	156225	—	—	—	100.92	759.92	21.92	20.02	72.65
2003	154800	—	—	—	105.01	846.18	26.87	23.85	80.29
2004	157485	—	—	—	109.02	988.41	35.30	29.25	94.54

第四节　科技创新与产品创优

一、技术改造与创新

长沙市乡镇企业大规模技术改造始于20世纪90年代初，市委、市政府意识到要扩规模、上档次，必须进行技术更新和改造。选择一批有基础的骨干企业，重点进行技术改造，用较先进的装备、技术、工艺武装企业。长沙市相继出台配套政策，对企业技术改造予以扶持，并要求各区县同样给予配套资金。

1991年，全市乡镇企业积极组织资金，增加技术改造投入，市县、乡除采取优惠政策增加银信资金投放外，还想方设法筹措资金，全市2300余家集体企业提留的固定资产折旧费比上年增加1427万元，消费资金转为生产资金800万元，全年全市投入技术改造资金2.9亿元，完成技术改造项目293项，新增产值4.7亿元，新增利税7770万元。投入资金最多是长沙县，达9400万元，72个项目。一次性投资额最多的企业是长沙县果园交通机械厂，投入650万元。长沙县兰天化工厂投资196万元，新建一条硫酸铜生产线，仅3个月时间就竣工投产。望城县白沙洲炼锌厂投资198万元，增加两条高品位氧化锌生产线，自5月投产，当年实现产值1000万元，利税152万元，一跃成为望城县利税大户。

1993年，长沙市乡镇企业全年县以上审批立项并动工建设的固定资产投资项目共415个，完成投资总额5.32亿元，其中有385个项目当年竣工投产。长沙县果元机械厂和果元汽车改装厂共投资1055万元，引进一条总装线和一条焊接线，完善酸洗磷化油漆线，并改建和扩建部分厂房，形成年产农用汽车1万辆的生产能力，全年生产农用汽车1.3万台，比上年增长38%，两厂分别实现销售1.49亿元和1.32亿元，实现利税1377万元和1516万元。四县6个水泥厂改建和扩建6条生产线，年生产能力增加30万吨。长沙县榔梨镇3个汽车配件厂和浏阳市永安镇汽车配件厂围绕东风牌汽车配件安排生产，投资1000万元引进新设备、新模具，产量成倍增长，质量更为可靠，形成汽车覆盖件和驾驶室两大系列产品，被东风汽车吸收为成员厂和定点厂，4个厂当年实现利税5000万元。企业的技术改造关键是筹措资金，年初主动向农业银行等专业银行申请项目，全年共获得银行贷款1.24亿元，完成150个重点项目；采取贴息的办法获得信用社贷款2.5亿元，完成151项重点项目，省、市、县三级财政部门为此贴息850万元；全年引进外来资金5500万元，其中外资310万美元；同时规定企业获得的免税金额的全部、利润的50%全部用于企业扩大再生产，这部分资金达1.4亿元；提取折旧费1.38亿元；企业职工集资、以劳带资等方式，筹集资金1.4亿元；发行债券0.15亿元；财政信托投资公司筹集1.2亿元。

图21-8-4-1　宁乡县水泥厂　（摄于2001年，长沙市农委供图）

1994年，长沙市乡镇企业技改工作按照瞄准市场、发展拳头产品、注重深度开发、提高产品档次，加速科技进步和新产品开发，加快外向型经济，占领国内和国际两个市场的要求，确定技改投入的项目和规模。省里安排长沙市技改贴息资金8000万元，市里安排240万元贴息资金。1995年，继续加大乡镇企业的技术改造力度，重点放在优势产业上。当年，长沙市乡镇企业的建筑行业就聘请103个土建高级工程师，8个高级经济师，6个高级会计师，建筑业的技术装备水平提高，电脑监管质量系统已开始进入企业，而且职工的素质也提高很快。与此同时，企业规模与档次也上一个新台阶，到1998年，全市有6个国家一级建安企业，有30个国家二级建安企业，1998年长大建设集团有限公司和长沙高岭建筑公司继洞井建筑公司之后荣获建设部颁发的中国建筑质量最高奖——鲁班奖。水泥生产企业通过几年的技术改造，全市8.8万吨以上的水泥厂都采用微机配料、封闭式运作等新技术、新工艺，在节能降耗、减少污染、提高质量等方面都取得很大进步，望城县新星水泥厂由于采用“晶种煅烧”和“选粉机”等新技术，1998年被评为全省水泥行业50强。长沙市乡镇企业的机电行业面向市场，依靠科技投入，开发新产品，提高加工精度和水平，推行机电一体化。如长沙县桔洲农用运输车有限公司在湖南大学的支持下，开发JZ168W微型农用运输车，产品经万公里可靠性耐久试验，各项性能指标达到并超过农用车行业标准，填补省内空白。全市乡镇企业轻工业打破传统观念，采用先进技术，开拓国内外市场，长沙县春华皮革厂，引进成都科大的科研成果，进行猪皮制革技术改造，开发出轻、柔、软的头层面革、二层绒面革，出口欧、美等国家，1998年创汇300万美元。化工业主要在开发新产品，更换新设备上做文章，1998年，望城县坪塘氧化铁颜料厂投资300万元，引进一条生产线，扩建厂房，使该厂产品由单一生产铁红发展到生产铁黄、铁蓝、磁黄等系列产品，产值、利税翻一番。

二、科技开发与产品创优

1991年开始，在全市乡镇企业中开展创“科技示范企业”活动，把一批科技含量比较高，经济效益好，并达到一定硬性指标的企业树为科技示范企业。通过示范企业，引导其他企业上规模、上档次、上水平，向技术密集型转变。把乡镇企业的项目列入“星火计划”“成果推广计划”“火炬计划”“高新技术重大项目开发计划”，在考察论证、审批立项、引进技术和资金上抓落实。1995年长沙市乡镇企业局从扶持重点科技项目入手，在扶持项目过程中侧重于一些科技含量高、市场潜力大的项目，从资金筹措、技术咨询等方面进行对口服务。长沙市列入国家星火计划的企业项目就达7家之多，争取到银行贷款指标2000万余元。1995年长沙市评选出湖南果园汽车改装厂、湖南三环颜料有限公司等13家乡镇企业为科技示范企业。1997年长沙市把提高科技含量作为促进乡镇企业由速度型、量的扩张向效益型、质的飞跃转变的核心环节，全市新引进和开发高科技产品，如多媒体分析仪、TBC精品阻燃剂、智能变频开关、银河神光计算机、多媒体教学网络系统、新型灭火剂、紫外线固化树脂涂料等，使长沙市乡镇企业拥有一批具有国际国内先进水平的设备和产品。1997年，全市乡镇企业新投资100万元的重点技改项目163个，竣工129个，实际投入资金8.2亿元，年新增生产能力50亿元以上，年末全市具有一定规模的高新技术企业39家，全市乡镇企业有28项科技成果获得各级科技进步奖，其中省、部级奖励12项。与此同时，1997年全市乡镇企业立足国际市场创名牌、立足优质产品创名牌、立足高科技创名牌、立足企业形象创名牌，全市乡镇企业创出名牌产品42个。食品行业的金桃、凤沅、加加酱油等品牌在市场上的知名度很高，服装行业在省内形成“超世”“远东”“天剑”“圣得西”“忘不了”5虎争雄的格局，全市还形成一批像“三环”颜料、“银河神光”电脑、“晚安”席梦思、“金井”皮服、“宏生堂”药品等名牌产品，其中一些产品在国际上享有知名度。“振升”铝材1997年被省经贸委评为湖南省名牌产品。雨花区超世实业有限公司的“超世”商标，经湖南省商标评估事务所评估，其商标的市场价值达到1070万元。

1998年，长沙市着力在提高乡镇企业整体素质上下功夫，开展争创“技术创新示范企业”活动，确认和扶持一批技术研究开发能力领先的乡镇企业。全市乡镇企业新安排投资100万元以上的新、扩、改建重点项目281个，比上年增加118个，完成投资8.63亿元，其中300万元以上的重中之重项目113个，新增产值49.4亿元。全市乡镇企业开发新产品63项，获市以上科技进步奖15项，获省以上乡镇企业名优特新产品150个，年创产值55亿元。雨花区的宏生堂制药有限公司被农业部授予全国乡镇企业技术创新示范企业；湖南亿利达实业有限公司开发的中央供热机组填补国内空白，被列入国家科委“1998年度国家重点新产品”计划；岳麓区西城电子公司与国防科大联合开发的多媒体视听教学网络系统备受市场青睐，产销量比上年翻番；浏阳市有机化工总厂，开福区华泰、金龙电缆厂，长沙县黄龙低压电器厂等企业的项目分别进入全省10个重点高科技化工企业和省“星火计划”、省乡镇企业重点技术改造项目行列；岳麓区观沙岭工业园先后引进两项国家“863”高技术项目。1999年是长沙市乡镇企业科技进步年，全市共引进、开发新产品140项，引进科技成果120项，西城实业、山河机械、三环颜料、浏阳有机化工、丰日电气、亿利达实业、银河集团通过院企合作，企所联营、引进开发并举，走上新的质量效益型发展道路。岳麓区的西城实业集团依托国防科大等高校的技术优势，成立西城电子研究所、特种铜合金研究所，开发的多媒体视听教学网络系统获省科技进步二等奖，特种铜合金达到国际先进水平。在人才培训的引进上，一批优秀专业人才加入乡镇企业，全年共引进各类专业人才1800余人，其中圣得西、华英实业等企业招聘副总经理、高级工程师、经济师等人才21人，引进享受国家津贴的专家、教授36人，硕士、博士27人。2000年，在传统产业技术改造上，乡镇企业产品产业升级速度明显加快，全市重点扶植梅花车身、丰日电气、三环颜料等11家骨干企业的技术改造项目，扩大生产规模，开发新的产品，提高科技含量，增强企业发展后劲。

图 21-8-4-2 长沙（浏阳）丰日电器有限公司

（摄于2003年，长沙市农委供图）

表 21-8-4-1 长沙市乡镇企业获农业部优质产品名录一览表

序号	产品名称	企业名称	获奖时间（年）
1	金屏牌425#普通硅酸盐水泥	长沙天山水泥厂	1991
2	双兔牌180克/平方米二号有光纸	湖南望城坪塘造纸厂	1991
3	长友牌胶粘牛面男鞋	长沙友谊皮革厂	1991
4	梨江牌 MFB-50 100型矿用电容式发爆器	长沙县枈梨防爆电器厂	1991
5	佳凤牌 Y6-30-13型锅炉引风机	长沙市岳麓环保机电厂	1991
6	金芙蓉牌 FR2010D 农用自卸车	湖南长沙芙蓉汽车制造厂农用厂	1991
7	双箭牌 DG15-100 可锻铁管路连接件	湖南省长沙玛钢件一厂	1991

表 21-8-4-2 长沙市乡镇企业获湖南省优质产品名录一览表

序号	产品名称	企业名称	获奖时间（年）
1	果园牌 GY121 农用运输车	长沙县果园交通机械厂	1988
2	桔洲牌 JZ120 农用运输车	长沙县果园汽车改装厂	1988
3	OZ 型刮板出渣机	长沙岳峰锅炉附件厂	1988
4	LHSO13-030A 型锅炉	望城青山锅炉厂	1988
5	Y6-30-13 型风机	长沙岳麓环保机电厂	1988
6	麓山牌 dx49h-25 型双色水位表	长沙岳麓锅炉附件厂	1988
7	工业醋酸铅	长沙市合丰化工厂	1988
8	红灯牌 0341 奥林匹克火炬烟花	浏阳县牛石出口花炮厂	1988
9	花桥牌仙共鹤献宝烟花	浏阳县达游街出口花炮厂	1988
10	红灯牌 0120 红梅映雪烟花	浏阳县城西出口花炮厂	1988
11	红灯牌 0889 天宫乐烟花	浏阳县大圣出口花炮厂	1988
12	太平牌 425 普通硅酸盐水泥	望城县太平水泥厂	1988
13	芙蓉牌生石灰粉	长沙市郊区建材石灰尘分厂	1988
14	烧结普通砖	长沙县千衫乡一机砖厂	1988
15	马王牌灯绒机上橡胶男鞋	长沙市马王堆制鞋厂	1988
16	天雷牌男线缝皮鞋	长沙市太塘安全皮鞋厂	1988
17	宝石牌罗马井盖板	长沙铸铁制品厂	1988
18	碳酸钾	长沙县高塘化工厂	1988
19	DG15-20 可锻铁管子零件	长沙玛钢件一厂	1988
20	雁灯牌花烛烟花	浏阳县城关出口花炮厂	1988
21	白石牌 425# 普通水泥	长沙县河田水泥厂	1988
22	跳马牌 425# 普通硅酸盐水泥	长沙县石门水泥厂	1988

表 21-8-4-3 长沙市乡镇企业获中国乡镇企业名牌产品名录一览表

序号	产品名称	企业名称	获奖时间（年）
1	畅日牌湘绣品	长沙县沙坪湘绣厂	1994
2	金井牌茶叶	长沙县金井茶厂	1994

表 21-8-4-4　　长沙市乡镇企业获湖南省名牌产品名录一览表

序号	产品名称	企业名称	获奖时间（年）
1	红灯牌烟花爆竹	浏阳城关镇出口花炮厂	1995
2	圣得西西裤	湖南东方时装有限公司	1999
3	忘不了西裤	湖南省忘不了服饰有限公司	1999

表 21-8-4-5　　长沙市乡镇企业获湖南省乡镇企业名牌产品名录一览表

序号	产品名称	企业名称	获奖时间（年）
1	三环牌 G313 氧化铁黄	湖南三环颜料有限公司	1998
2	三环牌 H001-04 氧化铁红	湖南三环颜料有限公司	1998
3	丰日牌 GFM 型阀控式密封铅酸蓄电池	长沙丰田化工电源实业公司	1998
4	意德记牌 BXZ 系列多功能臭氧消毒机	湖南省意德记净化设备有限公司	1998
5	繁荣牌三（2.3 一二臭丙基）	浏阳市有机化工总厂	1998
6	椰曲牌无烟烟花 10X1.5 厘米蛋糕花	浏阳达浒出口花炮厂	1998
7	5E-XAC 电脑精密自动最热仪	长沙煤质电脑食品有限公司	1999
8	长平牌 CP8150 型牛头带卧载货汽车驾驶室	长沙平头汽车车身制造厂	1999
9	红灯牌彩色电光花	浏阳大坪出口花炮厂	1999
10	健迩牌湘蓉一型口罩	长沙芙蓉口围罩厂	1999
11	丰日牌微机监控高频开关电源	长沙丰日电气集团有限公司	2000
12	石立牌人造金刚石	长沙石立超硬材料厂	2000
13	星泽牌中央空调风盘管	长沙星泽空调设备有限公司	2000
14	繁荣牌颗粒型八臭醚阻燃剂	浏阳市湘丰锌业有限公司	2000
15	湘丰牌锌锭	浏阳市湘丰锌业有限公司	2000

第二十二篇

教育

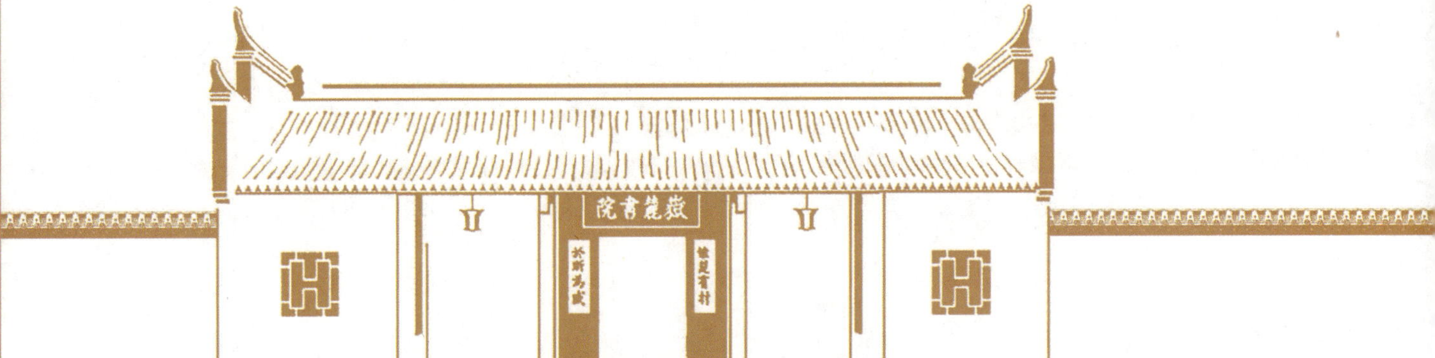

本篇编纂人员

吴汉林（主编） 陈竞哲 陈 静

本篇撰稿人员

雷建军 黄 泽 宁建安 吴三文 党朝荣 陈利群 范 霖 黄军山

湛杏村 张定浙 舒 童 易覆兰 雷旖旎 张环宇 赵琼花 袁晓铃 邓 琼

概 述

1987年，长沙市开始试行校长负责制。1988年，湖南省高考预选制度取消后，长沙开始实施初、高中毕业会考制度。成立市职业技术教育协调指导委员会（以下简称“职协会”）。幼儿教育管理由市妇联转入市教委，幼儿教育从福利型转向教育型。1989年，中小学思想政治工作改称为“德育”，第一所纯公益性民办培粹实验中学创办。1990年，成立市成人教育委员会，成人扫盲教育转向学历教育。1991年，长沙落实义务教育法，开始给中小学学生“减负”。1992年，开始评审省级重点中学。全省第一批授牌的8所学校中，长沙有湖南师大附中、长沙市一中、雅礼中学3所学校。

1993年，长沙市提前三年实现普及九年义务教育。1995年，体育考试成绩开始计入中招会考总分。1996年，中南工业大学、国防科技大学成为首批国家“211工程”大学。长沙创造教育开始在全国形成影响。中等职业教育形成公办、民办共同发展，行业、企业双轮驱动的办学格局。天心区的愉快教育、芙蓉区的协同教育、岳麓区的礼仪教育、开福区的主体教育、雨花区的目标教育、被誉为“五朵金花”。

1997年10月，全国城市教育综合改革会议在长沙召开。长沙市全面完成“两基”任务，城区初中招生实施“微机派位”。在教育产业政策影响下，“四大名校”（指雅礼中学、长郡中学、长沙市一中、湖南师大附中）开始办民校。湖南大学、湖南师范大学成为“211工程”大学。1998年，大学生毕业不包分配大规模施行，长沙市扫盲工作基本完成。1999年，长沙市启动教育现代化工程，推进全面素质教育，加快学校多媒体教室、计算机教室、语音室建设。“四大名校”的称号开始流传，奥赛金牌成为长沙教育名片。高等教育进入快速扩招阶段。2000年，大学本科生普遍参加计算机水平等级考试和英语水平等级考试。

2001年，义务教育阶段课程改革开始，开福区成为全国38个国家课程改革实验区之一。《中华人民共和国民办教育促进法》开始施行，一批高标准、高收费的民办中小学、幼儿园建成招生。长沙市落实义务教育“以县为主”的原则，将接收的子弟学校和14所市属学校交区教育局管理。高校相继创办“国有民办”性质的独立学院。2003年，中南大学、湖南大学成为国家“985工程”大学，中小学开始实施后勤服务社会化。世纪之交，高校管理体制改革中，“高校合并”成为最易为社会和百姓所感知的大事。

2004年，“省重点中学”改为“省示范性普通高级中学”。长沙市中考招生各科成绩实行等级制。2005年，国家提出义务教育均衡发展，长沙市加快农村寄宿制学校建设，启动以“三改”（改水、改厕、改食堂）为重点的标准化学校建设。建立“督学责任区”，开始省级示范性高中对口支持工作。国务院印发《关于大力发展职业教育的决定》，长沙市筹划整合全市职业学校的资源，创建长沙职业教育基地。2006年，教育部启动“一村一名大学生计划”项目，长沙市由市电大参与试点并实施。

2007年，实施国家“两免一补”（对农村义务教育阶段贫困家庭学生免杂费、免书本费，逐步补助寄宿生生活费）政策，建立健全国家奖学金、助学金制度。落实国家助学贷款政策，使家庭经济困难的学生都能上学。全省高中开始“课改”。长沙市建立学校建设与评估信息化管理平台，对学校的常规管理上升为信息化管理。周南中学首个“新疆班”开学。

2008年，长沙市实施教育强市战略，推动创业富民进程。职业教育基地在雨花区环保科技园内奠基。2009年，长沙市组织开展中小学生网络道德教育活动，引导学生合理使用互联网，增强对不良信息的识别能力，树立网络责任意识和道德意识。11月，全国未成年人思想道德建设经验交流会在长沙召开。

2010年起，国务院出台《关于当前发展学前教育的若干意见》后，长沙市于2011年出台一系列政策，加大对学前教育的投入，加快发展惠普性幼儿园，着力解决“入园难”问题。颁发《义务教育课程标准（2011年版）》，强化“德育为先”，中小学出现以经典诵读为主要形式的“国学热”。

2012年，长沙市修订《关于做好义务教育阶段入学管理工作的通知》，保障外来人员子女公平接受教育权利。全市提前三年实现合格学校建设任务。全市推进高效课堂建设，以“学案”为代表的教学模式盛行一时。出台《校企合作实施意见》，推动产教结合、校企一体化办学，实现职业教育办学规模化、集团化和园区化。高校招生实行“国家扶贫定向招生计划”。

第一章　管理机构

第一节　市级管理机构

1986年，撤销长沙市教育局，成立长沙市教育委员会。1988年长沙市教育委员会机关内设组织科、宣传科、纪律检查委员会、工会、团委、办公室、高教科、中教科、初教科、人事保卫科、保卫科、勤工俭学管理科、计财基建科、离退休人员管理科、市教委招生办公室、毕业研究生大中专毕业生分配办公室、职教子校科、幼儿教育科、体育卫生管理科，监察室，共20个科室。正式定78人，加上老干部事业1人为79人。另有妇联托幼办公室划进行政指标2人，合计81人。1989年3月3日成立督导室，3月7日设立统战科，5月10日保卫科从人事保卫科中独立。1991年4月，中共长沙市教育委员会改为中共长沙市委教育工作委员会。市教委档案室增加全民事业编制1名。5月，设立审计室。增加长沙市研究生大中专毕业生分配办公室全民事业编制1名。1992年5月5日中共长沙市教委机关委员会成立，机关党总支机构为正科级机构。7月21日，恢复中国教育工会长沙市委员会。1993年，长沙市研究生大中专毕业生分配办公室加挂“长沙市教育委员会大中专毕业生就业指导中心”牌子。是年，人员编制为26个科室，总编94人，实有86人。

1995年，国家实行公务员制度。是年，长沙市教委人员编制仍为26个科室，总编94人，实有83人。1996年，长沙市机构改革，市教委设置20个科室：办公室、机关党委合署，纪检（监察室），组织科，宣传统战科，中国教育工会长沙市工作委员会、团工委合署，老干部工作科，初等教育科，中等教育科，职业技术教育科，企事业子弟学校管理办公室，成人教育办公室（加挂长沙市教育委员会成人高校招生办公室牌子），高等教育师范科，体育卫生教育科，督导室，政策法规科，人事科，计划财务基建科，毕业生分配办公室（加挂长沙市教育委员会大中专毕业生就业指导中心牌子），保卫科，审计科；共有行政编88名，事业编制5名。1997年1月，长沙市教育委员会明确为市政府工作机构，中共长沙市委教育工作委员会与市教委为“一个机构、两块牌子”。7月，市教委督导室更名为长沙市人民政府教育督导室，代表市政府行使教育督导职权，仍为市教委内设机构。2000年1月，市教委成人教育办公室加挂长沙市社会力量办学管理办公室的牌子，与市教委成人高校招生办公室实行“三块牌子、一套人马”，合署办公。人员编制在机关内部调剂解决。至此，市教委机关共有科室27个、编制94人，实有86人。

2001年4月9日，长沙市大中专毕业生就业服务指导中心成建制移交市教委管理，并更名为长沙市毕业研究生大中专毕业生就业指导服务中心。8月，市教委各科室改称“处室”。9月，长沙市教育委员会更名为长沙市教育局，并相应成立长沙市教育局党委和纪委。2002年5月，市教育局由原设置23个处室调整并为20个处室，即：办公室、纪委、监察室、毕业生就业指导办公室、督导室、政策法规处、财务处、人事处、审计处、宣传统战处、机关党委、教育工会、团委，组织处更名为党建干部处、保卫处更名学校安全保卫处、计划发展处更名为发展计划处、社会力量管理办公室更名社会办学处；职业教育处与成人教育办公室合并为职业教育与成人教育处；子校管理、体卫处重新组合，组建基础教育处和学生工作处，高校教师处整合原人事处部分职能组建教师工作处。机关编制69名，其中行政编制62名，事业编制4名，离退休管理服务编制3名。2003年9月24日，成立长沙市民办教育协会，由市政府原副市长张伟块任会长。2005年9月、2006年6月，分别增加2名、3名行政编制。2007年8月，设立高等教育处。2008年12月，增加行政编制1名，市教育局机关编制为78名。

2010年，根据《中共长沙市委长沙市人民政府关于印发〈长沙市人民政府机构改革方案的实施意见〉的通知》和《中共长沙市委长沙市人民政府关于长沙市人民政府机构设置的通知》，市教育局设22个内设机构：办公室（含国际教育交流处）、政策法规处、计划发展处、基础教育处、职业教育与成人教育处、高等教育处、民办教育处、学生工作处、教师工作处、学生安全处（含应急管理办公室）、毕业生就业指导办公室、财务处、审计处、党建干部处、宣传统战处、人事处、离退休人员管理服务办、市人民政府教育督导室、机关党委、纪检（监察室）、教育工会、团委，机关编制总数为76名。至2012年年底，市教育局内设机构与编制总数未变。

1988年，市教育委员会二级机构和归口单位有12个：市教育科学研究所、市成人教育教学研究室、市学校建筑设计研究所、市电化教育馆、市教学仪器站、市校办企业公司、市教育劳动服务公司，市少年宫；市普通高等学校招生委员会、市成人高等学校招生办公室、市高等教育自学考试指导委员会、市级机关干部教育工作小组。1990年2月20日，成立中共长沙市教育委员会党校，1991年9月28日更名为市教工委党校。1992年9月1日，成立长沙市教育经济开发总公司，为全民所有制企业。1993年2月24日，市成人教育教学研究室更名为长沙市职业技术教育研究中心。1993年2月27日，成立长沙市语言文字工作委员会，下设办公室。1995年2月，长沙市高等学校招生委员会办公室（成人高校招生办）与长沙市高等教育自学考试办公室合并，定名为长沙市高等学校招生委员会办公室，为副县级全民事业单位，对外仍保留“长沙市高等教育自学考试办公室”的牌子。同年5月，原普通高校招生委员会、成人高校招生委员会和市高等教育自学考试工作委员会合并为长沙市高等学校招生委员会（对外保留市自考委员会牌子），下设办公室（对外保留市自考办的牌子）。市成招办和市教委成招办合署办公。1997年6月，市教委督导室更名为“长沙市人民政府教育督导室”，仍为市教委的内设机构。12月，长沙市高等学校招生委员会办公室更名为长沙市高等学校招生考试委员会办公室。2000年3月23日，市教委将市校办企业公司、市教委劳动服务公司、长沙市教育经济开发总公司合并重组。市教委劳动服务公司并入长沙教育经济开发总公司，长沙市校办企业公司一直是履行管理职能，企业职能由长沙市教育经济开发总公司履行。长沙市教育经济开发总公司行使原三大公司所有经营性职能。长沙市校办企业公司负责人兼任长沙市教育经济开发总公司负责人，兼职而不兼酬。12月29日，成立长沙市教育人才管理服务中心。2001年4月6日，将市计划委员会所属的长沙市大中专毕业生就业服务指导中心成建制移交市教委管理，并更名为长沙市毕业研究生大中专毕业就业指导服务中心。5月11日，成立长沙市留学服务中心与市教委毕业生分配办公室分开单设。2002年5月8日，市教育局将“中心”委托长沙市校办产业管理处管理。2003年1月6日，市教工委党校更名为长沙市教育局党校。8月25日，将长沙市留学服务中心更名为“长沙市国际教育交流中心”。2004年，长沙市高等学校招生考试委员会办公室更名为长沙市教育考试院，为副县级全民事业单位，加挂在教育局职业教育与成人教育处的长沙市教育局成人高考招生办公室的牌子予以撤销。9月，市教育科学研究所、市职业技术教育研究中心、市电化教育馆合并成立长沙市教育科学研究院。2005年3月，明确长沙市教育科学研究院为副县级全民事业单位。7月14日，成立长沙市教育局考试服务中心。12月19日，设立长沙市中小学救助受援捐赠中心。2006年11月23日，长沙市国际教育交流中心与长沙市校办产业管理处解除托管关系，为市教育局直属二级机构。2009年4月28日，长沙市中小学救助受援捐赠中心更名为长沙市学生资助管理中心。8月7日，设立长沙中华职业教育办公室，由市委统战部与市教育局共同管理，以市教育局管理为主。2010年，长沙市校办企业公司改为长沙市后勤产业管理处。2011年9月，长沙教育经济开发总公司移交给市国资委。2012年，长沙市教育局二级机构和归口单位有14个：长沙市教育考试院、长沙市教育考试服务中心、长沙市教育科学研究院、长沙市教育后勤产业管理处、长沙市教育技术装备处、长沙市少年宫、长沙市教育局党校、长沙市语言文字工作委员会办公室、长沙市教育建筑设计研究所、长沙市教育人才管理服务中心、长沙市研究生大中专毕业生就业指导服务中心、长沙市学生资助管理中心、长沙市国际教育交流中心、长沙市中华职业教育社办公室。

1988—2012年，先后担任长沙市教育委员会、市委教育工作委员会、市教育局主要领导职务的有：潘贵玉（女）、杨道正、彭景坤、彭新、王建华；其他班子成员有：徐金凯、何维琪、杨培平、张驱美（女）、王小平（女）、杨坚根、朱建人、杨福地、陈出亚（女）、欧阳华初、邓力耕、郑怡庭、张作功、李裕敏、陶建华（女）、王建林、付旭明、李枫、邓芸（女）、李平（女）、缪雅琴（女）、陈仕强、吴忠祥、胡慎信。

第二节　区县（市）级机构

1988年，长沙市东区、南区、西区、北区、郊区、长沙县、望城县、浏阳县、宁乡县均设立教育委员会（简称教委）。1993年2月，浏阳县改市后更名为浏阳市教委。1996年7月，长沙行政区划调整，东区、南区、西区、北区与郊区更名为芙蓉区、天心区、岳麓区、开福区、雨花区，各区均成立教委。2001年，区县（市）教委更名为教育局。2011年望城撤县设区，更名为望城区教育局。2012年1月18日，高新区成立教育局。是年年底，市辖7区3县（市）均设立教育局。

第三节　基层机构

1988 年，长沙市 5 区共 31 个街道办事处、9 个乡、4 个国有农场；4 县共 39 个县辖区、5 个区级镇，202 个乡、15 个乡级镇。无论是县辖区（镇），还是街道、乡（镇）、场设立教育办公室（简称“教育办”），成立教育领导小组，由区、乡（镇、场）党委或政府负责人、学区主任、业务专干和会计组成。

1995 年 7 月，长沙市辖县（市）撤区并乡建镇。区级教育办全部撤销，改为联校（学区）。乡（镇）有的继续保留教育办，有的改为联校。联校是独立办公机构，有独立的办公场所，直属县教育局管理，设立总支书负责，另有分管教学、德育、督导的副校长及财务工作人员。2002 年，长沙市开始义务教育阶段乡镇机构改革。2003 年 6 月，浏阳市率先完成义务教育阶段乡镇教育机构改革和乡镇中小学校布局调整工作，所有乡镇教育办公室均改为联校 (组)。2005 年，全市所有教育办均改为联校。

2007 年 1 月，长沙市各县（市）、区乡镇教育机构改革全面启动，原有的 122 个乡镇教育管理机构 (教育办、联校、学区等）全部撤销。原乡镇教育机构的独立办公场所、独立财务账号、独立伙食单位一并撤销。各乡镇明确一所中心学校，由中心学校校长负责全乡教学业务管理工作，同时增配 1~3 名专干，具体负责有关组织、协调、服务和上传下达等工作。新建乡镇中心学校 129 所。2012 年，全市有 75 个街道、83 个镇、20 个乡。市辖 7 区有的区所有学校都是区教育局直管，有的除初中和少数小学由区教育局直管外，大部分小学成立学区，设立中心小学，基本与街道对应。3 县（市）的乡镇有的设立中心校，有的设立基地校。

第二章　基础教育

第一节　学前教育

一、幼儿园（学前班）

20 世纪 80 年代，长沙幼儿教育事业除政府举办幼儿园外，主要靠部门、单位和集体、个人诸方面力量发展，实行“地方负责、分级管理”和有关部门分工负责。1987 年，城区有幼儿园 453 所，入园幼儿 3.76 万人，幼儿教职工 3861 人。1988 年，长沙市幼儿教育管理工作由市妇联转入市教育委员会，幼儿教育从福利型转向教育型。1989 年，国家教委发布《幼儿园工作规程（试行)》《幼儿园管理条例》后，全市进一步健全学前教育管理制度，制订学前教育规划，加强对幼儿园管理。全市形成城镇幼儿园、农村幼儿园、学前班构成的三大学前教育板块。教育部门主要是办好示范性幼儿园，培训幼儿教师，对全市学前教育进行政策引导和业务指导。1990 年，长沙市城区幼儿园 427 所，其中，企业（含公司）主办的 202 所，党、政、军机关主办的 37 所，街道民办的 41 所，教育部门主办的 7 所，事业单位主办的 140 所，入班幼儿 3.14 万余人，入园率 65%；长沙市农村有幼儿学前班 1792 个，入班幼儿 5.5 万人，入班率 52.8%。由于幼儿园难以满足入托要求，城区不少小学主办学前班。

1989 年，长沙市要求全市各类幼儿园（包括企事业单位主办、民办、个人办）都必须由主办单位重新向市、县、区教委（局）备案注册，实行幼儿园日常行政管理工作由主办单位负责，谁主办，谁主管。市一级管理由市教委实施领导，对幼儿教育事业的方针、政策、发展规划、保教业务、师资培训、幼教科研等工作全面负责；幼儿园的保健卫生则接受卫生部门的领导管理；幼儿的粮食、食堂、生活用煤等物资保证供给，由粮食、商业等部门负责。区县一级管理，由各区县教委（局）设立的幼教股（办）负责。街道、民办幼儿园的管理，由街道办事处明确一名领导分管。民办幼儿园由辖区教委（局）审批、管理，报市教委备案，独立核算、自负盈亏。各乡镇（村）配备专职幼师，到乡中心小学学前班任教，并负责对全乡（镇）幼教工作的领导。是年，长沙市城区有幼儿园384个。其中民办园所47个，占全市园所总数的12.2%。全市在园幼儿3.81万余人，其中民办园所有幼儿3966人，占总数的10.4%，全市幼儿园工作人员5044人。其中民办园有343人，占6.8%。1990年8月，市教委幼儿园实行园长负责制和保教员负责制，各区县随之相继明确幼儿园实行园长负责制和保教员责任制。1991年2月，长沙市教育工作会议明确长沙市学前教育坚持“国家扶持，以园养园”方针，依靠社会各界发展学前教育；农村在办好学前班的基础上，有条件的乡镇，可创办中心幼儿园，使65%的适龄儿童受到入学前的教育；城区办好第一批10所规范化幼儿园，治理整顿好民办幼儿园，使入园率提高到75%。之后，街道集体和私人个体举办的幼儿园大量出现。针对实行计划生育后小学生源减少的现状，市教委提出小学利用富余教学资源开办学前班，小学附设的学前班稳步增加。

1992年，对省政府幼儿园、省文化厅幼儿园、省水利厅幼儿园、湖大幼儿园进行督导评估检查，授予4所幼儿园“长沙市一级一类幼儿园”牌匾。12月，西区出台《西区幼儿园督导评估方案（试行）》。1993年，长沙县开始创建乡镇中心幼儿园，实施学前三年教育，先后有江背、椰梨、暮云等16个乡镇利用撤并下来的小学，创办中心幼儿园，并建有儿童乐园。市教委修订《长沙市幼儿园评估标准》，提出加强示范性幼儿园建设，发挥示范性幼儿园引领、示范、辐射作用，并明确自1994年起对全市各类幼儿园进行全面评估，逐步实现“挂牌定级、按级收费、优质优价。”年底，省政府幼儿园、省三干幼儿园、省文化厅幼儿园、省水利厅幼儿园、省军区幼儿园、湖大幼儿园、长沙师范实验幼儿园、市一商业局幼儿园、机场中心幼儿园被评为“长沙市一级一类幼儿园”；长沙师范实验幼儿园、西区教育局幼儿园被评为“湖南省教育部门示范性幼儿园。”1994年，长沙市城区有幼儿园312所，其中教育部门主办7所，企事业单位办271所，民办34所，共有在园幼儿2.59万余人，入园率65.3%。县、郊共有幼儿园（班）2841个，在园（班）幼儿12.38万余人，入园（班）率90.6%。1995年，全市有“省示范性幼儿园”2所，“市优秀级幼儿园”11所。

1996年，出台《长沙市幼儿园等级注册管理办法》，对全市各级各类幼儿园进行清查整顿，严格规范办园标准，清理一批条件简陋、师资不合格的幼儿园。制定出台幼儿园等级收费方法，通过督导评估，幼儿园按优秀（一级）、良好（二级）、合格（三级）三个等级挂牌，并按相应等级收费，做到“优质优价、按质论价”。5月，岳麓区被国家教委授予“全国幼教先进区”称号，天心区被省教委授予“全省幼教先进区”称号。是年，长沙市城镇公办幼儿园全部达到良好等级以上。市教委幼儿园等50所幼儿园被授予“长沙市先进幼儿园”。1997年6月，《长沙市城区中小学校幼儿园规划建设管理条例》颁布实施，规定“新区开发和旧区开发改造时，每4000名居民以上住宅区应按标准规划配置小学、幼儿园”。“任何单位和个人不得在中小学校、幼儿园规划用地上兴建与教育无关的永久性建筑物、构筑物和其他设施”。是年，全国城市教育综合改革会议在长沙召开，全市学前教育事业、示范性幼儿园及农村乡（镇）中心幼儿园建设、新区开发和旧城改造时按标准规划配套建设幼儿园和按规划解决幼儿园增容的相关法则得以实施，“先进幼儿园（含农村学前班）”“优秀幼儿班集体”“优秀家长学校”“优秀家长”评选活动持续开展。1999年，农村学前1年和3年受教育率达96%。20世纪90年代末，长沙市民办幼儿园1000余所，长沙英才幼稚园、长沙天娇幼儿园等一批高标准、高收费的特色民办幼儿园，成为长沙市学前教育优质资源的一部分。

2000年9月，长沙市彻底取消小学学前班。12月，长沙市召开全市幼教工作会议，出台《长沙市人民政府关于深化幼儿教育改革和发展的决定》，确定未来10年长沙市幼儿教育发展的具体目标和任务。是年，诺贝尔摇篮幼稚园成立。2001年，长沙市发文规范学前教育机构工作人员准入条件。是年，长沙市有幼儿园768所，其中城区230所，在园幼儿有5.8万余人，有教师和保育员5500余人，城区已满足3至5岁幼儿入园要求，农村已普及一年学前教育。2002年，长沙市先后印发《关于理顺社会力量办学机构管理体制的通知》《关于移交部分社会力量办学机构管理权的通知》，将学前教育移交区、县管理。2003年9月，省教育厅出台《〈湖南省示范性幼儿园标准〉的通知》后，长沙市采用教育行政部门和民间群众组织相结合的办法对幼儿园开展督导评估，成立长沙市学前教育协会，开创湖南省学前教育新的管理模式。是年，岳麓区教育局实验幼儿园和市政府机关事务局荷花幼儿园接受全省首批省级示范性幼儿园的评估。

2006年5月，全市幼儿教育改革与发展工作会议召开，出台《长沙市幼儿教育改革与发展意见》《长沙市街道（社区）幼儿班（点）标准》等文件，并就“十一五”期间落实幼教管理体制，整体推进幼教事业发展作全面部署。是年，长沙市审批注册幼儿园522个，占地面积89.74万平方米，校舍面积5.96万平方米，分别比2005年增加1.75万平方米和7.92万平方米；在园幼儿8.92万人，其中，当年招生6.82万人；在职教职工7979人，其中，专任教师3749人。在园幼儿中，3周岁以下幼儿9280人，3~5周岁幼儿4.56万人，5周岁以上幼儿3.43万人，分别占总量的10.4%、51.1%、38.5%。2007年，全市注册办园651所，在园幼儿总量达到10.43万人，分别比2006年增加129所和1.51万人，增幅分别为25%和17%；3~5岁幼儿毛入园率达到65%。2008年1月，全市教育工作会议将提高学前三年教育普及水平作为全市教育工作重点，并纳入各区县（市）年度教育工作目标，确保年内学前三年教育毛入园率达到75%；鼓励每个区县（市）办好1所公办示范性幼儿园，每个农村乡镇办好1所中心幼儿园外，要在近年撤并的农村小学中，选择1至2所基础较好、交通便利、位置集中的学校，集中办好一批公办幼儿园。是年，长沙市注册幼儿园701所，在园幼儿13.84万人，其中新建公办幼儿园21所，公办幼儿园总数175所，占幼儿园总数的25%。在提高公办幼儿园数量的同时，市教育局组织开展示范性幼儿园创建活动，创建省示范性幼儿园1所、市示范性幼儿园5所。全市学前三年毛入园率79.9%，比2007年提高14.9个百分点。2008年10月，岳麓区被评为湖南省学前三年教育先进区。2009年，全市审批注册的各级各类幼儿园906所，占地面积为138.24万平方米，校舍建筑面积为95.89万平方米，在园幼儿16.16万人，在职教职工1.50万人，其中，专任教师7183人。

2010年，长沙市贯彻国务院《关于当前发展学前教育的若干意见》，将学前三年教育列入长沙市“民生工程”，新建和改扩建公办幼儿园确定为年度政府实事之一。是年，全市审批注册的各级各类幼儿园占地面积151.83万平方米，校舍建筑面积106.03万平方米，学前三年毛入园率88.1%。2011年1月，市教育工作会议召开，确定全年工作重点是普及学前教育，均衡义务教育。5月，长沙市出台《关于进一步加快学前教育发展的若干意见》《长沙市学前教育发展三年行动计划》，同时配套发布《长沙市托儿所设置标准（试行）》《长沙市学前教育机构工作人员准入条件》。长沙市将学前教育作为湖南省基础教育综合改革试点项目，整体推进学前教育的发展。以社区为依托，构建教育、卫生、妇联、关协等部门协同运作的社区早期教育服务网络，区县（市）街道、乡镇依托公办幼儿园或社区活动中心等社区资源设立2个以上社区儿童早期教育资源中心。社区儿童早期教育资源中心每年为社区0~3岁儿童家长及看护人员提供1次以上免费的早期教育指导服务，不断提高家长的科学育儿能力。当年，全市新建幼儿园37所，为年初计划新建30所的1.23倍。

2012年，长沙市贯彻国务院《关于当前发展学前教育的若干意见》（2010年11月），着力解决“入园难”问题，继续加大对学前教育的投入，加快发展惠普性幼儿园，发布《长沙市惠普性民办幼儿园管理办法》，对民办幼儿园实施补贴。同时，推动小区配套幼儿园建设，按照新建项目配套幼儿园必须与居住区建设同步设计、同步施工、同步验收、同步交付使用的要求，做好城市配套小区报建项目审查工作，督促开发商配套建设幼儿园。是年，全市审批注册的各级各类幼儿园1325所，在园幼儿20.51万人，学前三年毛入园率为89.13%；幼儿园占地面积237.08万平方米，校舍建筑面积138.48万平方米；在园教职工1.99万人，其中，专任教师9125人。当年，长沙市新建、改扩建公办幼儿园52所，为年初计划35所的149%。

表22-2-1-1　　1988—2012年长沙市幼儿教育基本情况一览表

年份	幼儿园（所）	办园单位（个）			班数（个）		入园人数	在园幼儿数	教职工人数（人）				
		教育部门	社会力量	其他	共计	其中学前班	共计（人）	共计（人）	共计	其中			
										园长	专任教师	保育员	其他
1988	464	—	—	—	2884	1430	86079	41600	—	—	—	—	—
1989	379	—	56	—	2705	1430	—	—	—	—	—	—	—
1990	427	7	41	293	2960	1792	86385	—	—	—	—	—	—
1991	404	—	—	—	—	—	61749	—	—	—	—	—	—
1992	336	—	—	—	—	—	—	—	—	—	—	—	—
1993	315	7	31	277	—	—	—	—	—	—	—	—	—
1994	785	7	34	271	—	—	—	132105	7500		4909	1186	—
1995	414	—	—	—	4035	2806	117379	129360	7184	412	4961	807	—
1996	274	—	—	—	2633	1697	61982	70281	5486	322	3476	561	—
1997	265	—	—	—	2783	1843	61592	68887	5647	353	—	1054	—
1998	—	—	—	—	—	—	—	—	—	—	—	—	—
1999	646	—	—	—	2195	1182	45292	54696	4975	387	3034	1364	—
2000	390	—	—	—	—	1287	—	—	—	—	—	—	—
2001	230	64	62	104	2514	1362	42336	62567	4211	338	1893	880	1100
2002	271	81	105	85	2901	1357	48926	67452	4848	400	2219	955	1274

续表 22-2-1-1

年份	幼儿园（所）	办园单位（个）			班数（个）		入园人数	在园幼儿数	教职工人数(人)				
										其中			
		教育部门	社会力量	其他	共计	其中学前班	共计（人）	共计（人）	共计	园长	专任教师	保育员	其他
2003	293	83	127	83	2482	1262	52416	74019	5366	403	2392	9992	1579
2004	328	101	162	65	2596	1230	56684	77882	5970	2669	1271	1642	1642
2005	710	—	—	—	—	—	—	89554	8014	—	3633	—	—
2006	545	94	352	99	3041	1129	59387	89207	7979	688	3749	1351	2191
2007	651	115	450	86	3584	1054	75866	104310	9968	829	4667	2128	2344
2008	701	95	526	82	4728	1485	98531	138369	12273	1001	5888	2461	2923
2009	906	108	725	73	5402	1354	100026	161558	15009	1279	7183	2707	3840
2010	995	105	816	74	5769	1267	—	171646	16150	1340	7842	2702	4266
2011	1150	100	966	84	6960	—	—	193402	17245	1429	8054	4432	2582
2012	1325	137	1073	115	7924	—	—	205063	19879	1671	9125	5292	2939

二、保教工作

20 世纪 80 年代，长沙市幼儿园保教工作重点是贯彻落实教育部 1979 年颁布的《城市幼儿园工作条例（试行草案)》，对幼儿进行初步的全面发展的教育，使幼儿健康、活泼地成长。1988 年 8 月 15 日，国务院转发国家教委等部门《关于加强幼儿教育工作意见的通知》后，长沙市加强对全市各级各类幼儿园的教育教学常规管理和业务指导，明确幼儿园的主要培养目标及实施方法，包括培养幼儿基本的卫生习惯，注意其营养，锻炼其体格，保证幼儿身体的正常发育和健康；培养幼儿正确运用感官和语言的基本能力，增进幼儿对于环境的认知，以发展幼儿的智力；培养幼儿的爱国思想、国民公德和诚实、勇敢、团结、友爱、守纪律、有礼貌等优良品质和习惯；培养幼儿爱美的观念和兴趣，增进幼儿想象力和创造力。同时，市教委还规定幼儿园保教保育的活动项目，幼儿园教学、活动的时间等。

表 22-2-1-2　　1988 年幼儿园保教活动项目一览表

课程及活动	具体内容
体　育	包括日常生活、卫生习惯、体操、舞蹈和律动等
语　言	包括谈话、讲述故事、歌谣、谜语
认识环境	包括日常生活环境、社会环境、自然环境
图画、手工	包括纸工、泥工、其他材料作业等
音　乐	包括唱歌、表情唱歌、听音乐、乐器表演
计　算	包括认识数目、心算、度量

表 22-2-1-3 1988 年幼儿园保教活动时间一览表

教学时间	小班	每周 6~8 节，每节 10~15 分钟
	中班	每周 10~11 节，每节 20~25 分钟
	大班	每周 12 节，每节 25~35 分钟
在园时间	寄宿制幼儿园	一般每周 6 天（后因工作制变动，改为 5 天）
	全日制幼儿园	一般每天 8~12 小时
	半日制幼儿园	一般为 4~5 小时

说明：城区幼儿园、农村幼儿园、学前班的保教保育情况各有所不用，但大体不超出以上范畴

1989 年，长沙市贯彻落实国家教委发布的《幼儿园工作规程（试行）》，明确幼儿园保育和教育的主要目标是：促进幼儿身体正常发育和机能正常发展，增强体质，培养良好的生活习惯、卫生习惯和参加体育活动的兴趣。发展幼儿正确运用感观和运用语言交往的基本能力，增进其对环境的认识，培养有益的兴趣和动手能力，发展智力。萌发幼儿爱家乡、爱祖国、爱集体、爱劳动的情感，培养诚实、勇敢、好问、友爱、爱惜公物、不怕困难、讲礼貌、守纪律的良好品德、行为、习惯，以及活泼开朗的性格。培养幼儿初步的感受美和表现美的情趣。严格执行卫生部颁布的《托儿所、幼儿园卫生保健制度》，建立健全卫生保健和安全制度，切实做好幼儿生理和心理卫生保健工作。培养幼儿良好的卫生习惯；做好日常的消毒工作和各种疾病和传染病的预防工作，杜绝传染病在幼儿园流行；制定食谱，注意营养搭配，办好幼儿伙食。严格执行《幼儿园教育纲要》，制订切实可行的教学计划，开展正常的教学活动。教师要合理地组织各方面的教育内容教给幼儿粗浅的社会常识和生活常识；注意一日生活的常规训练，重视幼儿穿衣、吃饭、洗脸、洗手等方面的自我服务能力的培养，寓教育于各种活动和游戏之中；坚持每天两小时以上的户外活动和体育活动。是年，随着民办幼儿园的发展，由市教委举办首期民办园长培训班，加强对民办幼儿园教师培训。47 位教师参加“教材教法”考试，27 人参加“专业合格证”考试，141 人参加单科业务培训。民办园教师还与公办园教师一起，参加“弹、唱、舞、美、讲”五项全能的技能技巧比赛。

图 22-2-1-1 幼儿园小朋友在老师带领下开展庆“六一”活动，表演英语童话剧《白雪公主》

（摄于 1996 年，长沙市教育局幼儿园供图）

1993 年 6 月 1 日，在市体育馆开展市幼儿园“庆‘六一’盼奥运”系列活动，共有 22 个幼儿园上台表演文艺节目和团体操。1996 年，长沙市规定幼儿入园前，须按照卫生部门制定的卫生保健制度进行体格检查，合格者方可入园。要求幼儿园切实做好幼儿生理和心理卫生保健工作，重视幼儿口腔卫生，保护幼儿视力，保证供给幼儿合格的饮水，为幼儿提供合理膳食，定期计算幼儿的进食量和营养素摄取量。要培养幼儿良好的大、小便习惯，不得限制幼儿大、小便的次数、时间等。幼儿园

必须制定合理的幼儿1日生活作息制度，两餐间隔时间不得少于3小时半。幼儿户外活动时间在正常情况下，每天不得少于2小时，寄宿制幼儿园不得少于3小时；积极开展适合幼儿的体育活动，每日户外体育活动不得少于1小时，加强冬季锻炼。幼儿园要合理地综合组织各方面的教育内容，以游戏为基本活动，寓教育于幼儿1日生活的各项活动中，创设与教育相适应的良好环境，为幼儿提供活动和表现能力的机会与条件。是年，长沙市幼儿园建立幼儿健康检查制度和幼儿健康卡或档案。每年体验1次，每半年测身高1次，每季度量体重、测视力1次，并对幼儿身体健康发展状况定期进行分析、评价。1997—1999年，长沙市教委针对幼儿教师素质偏低等情况，举办多期农村幼儿教育培训班；开展创造儿童乐园"五个一"（即每个学前班一个集体舞、一个趣味体育游戏、一首幼儿歌曲、一套轻器械操、一张剪纸作品）教育比武活动，要求幼儿参与率100%；针对农村幼儿园"小学化"倾向严重问题，开展小幼衔接、艺术教育、活动课等教育科研活动，幼儿教师有100余篇教研论文在省、市评选中获奖。

图22-2-1-2 幼儿园老师教小朋友认识稻穗
（摄于1997年，长沙市教育局幼儿园供图）

2001年，长沙市贯彻教育部颁发的《幼儿园教育指导纲要（试行）》，把保护幼儿的生命和促进幼儿的健康放在工作的首位。2003年5月，长沙市学前教育协会成立，加强保教工作的经验交流和研究。2006年5月，长沙市召开全市幼儿教育改革与发展工作会议，出台《长沙市幼儿一日活动常规》，提出保教并重，以游戏为基本活动；感知为主，重视养成教育；领域渗透，注重全面性、启蒙性；以人为本，关注个体差异；随机评价，注重科学性等基本原则。

2011年5月，发布《长沙市学前教育发展三年行动计划（2011—2013）》的通知，积极推进学前教育改革，遵循幼儿身心发展规律，面向全体幼儿，关注个体差异，坚持以游戏为基本活动，保教结合，寓教于乐，全面实施素质教育，促进幼儿健康成长。摆脱"保姆式"的教育模式，防止"应试教育"的消极因素向幼儿教育延伸，强化对各类幼儿园保教质量的监督和指导，全面实施素质教育。建立幼儿园保教质量评估监测体系，进一步完善学前教育质量管理制度。为提升幼儿保教的质量，长沙市加强园长和教师培养，启动新一轮继续教育工作。2012年，接受继续教育培训的教师达到40%。依托湖南师范大学学前教育学院，分期分批遴选300名园长进行培训，有效提高园长的整体素质和管理水平。以市学前教育协会为培训主体，实施骨干教师培训和农村幼儿教师全员培训项目。面向全市各类幼儿园，遴选1500名骨干幼儿教师进行专业培训，对3000名农村幼儿教师进行全员培训。同时推进园本教研，促进幼儿教师专业成长。鼓励园长、教师通过自考、函授等途径进行自我提高。

三、幼儿园选介

（一）长沙市教育局幼儿园。是长沙市唯一一所由市级教育行政部门主办的幼儿园。始建于1955年，最初办园地址在长沙市顺星桥，名"长沙市教育委员会幼儿园"，后迁至北区清水塘瓦屋街，占地面积0.2公顷。1988年，开设6个班，收托3~6岁幼儿210人，教职工32人。2002年，迁至长沙市芙蓉区恒达路113号，同年6月改名为“长沙市教育局幼儿园”。至2012年，发展到3个园区（恒达、荷晏、八方），总占地面积1.51公顷，开设班级33个，教职工175人，收托幼儿1254人。该园以“一切为了孩子，为了一切孩子，为了孩子一切”为宗旨，秉承“健康、睿智、文明、尚美”的园训，对幼儿实施体、智、德、美全面发展的教育，努力为幼儿打造“生活的家园、学习的乐园和成长的花园”。该园坚持以科研立园，鼓励各园区在全面发展的基础上实施特色办园，承担多个省市级课题研究，其中《幼儿园教育活动评价的研究》获长沙市友谊教育科研一等奖。该园是省、市、区三级示范性幼儿园，先后获得“全国巾帼文明岗”“湖南省巾帼文明示范岗”“湖南省三八红旗单位”“长沙市文明单位”“长沙市青年文明号”“长沙市卫生保健红旗单位”等光荣称号。

（二）长沙师范学院附属第一幼儿园。长沙师范学院附属第一幼儿园隶属长沙师范学院，成立于1951年6月，位于长沙市开福区蔡锷北路351号，是湖南省最早设置的幼儿园之一，是长沙师范学院学前教育类专业见实习中心和科研基地，湖南省幼儿园师资培训中心培训基地。

20世纪80年代起，幼儿园秉承“一切为了孩子、为了孩子的一切”办园宗旨，瞄准“健康、文明、进取”培养目标，不断提升保育教育质量，先后被评为“湖南省示范性幼儿园”“湖南省实验性幼儿园”“湖南省文明卫生单位”“长沙市一级一类幼儿园”“长沙市花园式单位”等荣誉。1988年，设置班级8个，在园幼儿300名。幼儿园事业长期保持高质量发展，2002—2007年，被定为全国教育科学“十五”规划教育部重点课题“学前双语教育师资培训研究”实验幼儿园。

2010—2011年，幼儿园进行改扩建，校园占地面积1.04公顷、建筑面积8526平方米，至2012年，稳定设置班级15个，在园幼儿保持在600人规模。幼儿园现有在职教师60人，其中副高以上职称教师3人，特级教师2人，本科以上学历者占95%；11名教师先后被评为全国“宋庆龄幼儿教育奖”“省三八红旗手”“省芙蓉标兵岗”“长沙市十佳园长”“长沙市十佳青年教师”“长沙市骨干教师”等荣誉称号；近年主编或参编各类书籍、教材80余种。

（三）长沙市岳麓幼儿教育集团第一幼儿园。原名长沙市岳麓区教育局幼儿园，1987年建于岳麓区望月湖小区五片，设8个教学班，有260名幼儿，35名教职工。1992年创建为首批湖南省示范性幼儿园。进入21世纪，又先后创建为湖南省绿色示范性幼儿园、湖南省文明卫生单位、湖南省一级档案管理单位、长沙市示范性幼儿园、长沙市卫生保健示范性幼儿园、长沙市校务公开示范单位、长沙市园本教研示范性幼儿园等。该园以“让孩子健康、快乐、幸福、发展”为办园宗旨；以“健康教育”为办园特色，自1993年开展国家级课题《幼儿健康教育研究》之后，在“积极倡导健康生活，争当阳光宝贝”的教育理念引领下，打造“小体育、大健康”的特色文化。先后有《新入园幼儿分离焦虑过渡期教育研究》《幼儿园游戏化篮球活动研究》等课题获长沙市教育局课题评选一等奖。2003年，该园更名为长沙市岳麓幼儿教育集团第一幼儿园，全园班级增至10个，有幼儿420人，教职员工58人。至2012年先后创办岳麓幼儿教育集团第三幼、岳麓幼儿教育集团第八幼、岳麓幼儿教育集团第十五幼，并帮扶发展直至成功创建为长沙市示范性幼儿园。

第二节　小学教育

一、学校

20世纪80年代，长沙市小学基本实行区县（市）管理为主的体制。公办小学的设立、变更、停办，由区县（市）教育行政部门核定。民办小学的设立、变更、停办由市教委核定。一师一小、一师二小、长师附小由省教委直管，市实验小学由市教育局直管，子弟小学由主办单位直管。1986年，《中华人民共和国义务教育法》颁布后，长沙市提出“以基础教育为重点，以教育结构调整为契机，以师资队伍建设为核心，以普及九年制义务教育为主要目标”，逐步完善小学管理体制改革。在城区试办中心小学，以中心小学所辖的学校建立联合党、团、工会组织；在农村建立乡镇中心小学，联队或片区办完全小学，村办初小。1987年，长沙市城区有小学262所（其中其他部门办62所），在校小学生9.24万人，小学教职工6098人。1988年，发布《长沙市学校管理改革试点方案》，开始在南区、西区、郊区进行校长负责制试点。1990年，长沙市有小学3212所，在校学生57.07万人，适龄儿童入学率为99.79%、巩固率为99.4%、毕业合格率98.67%。

1991年，长沙市出台《关于教育综合改革的决定》。1992年4月，出台《长沙市九年制义务教育实施规划》。5月，湖南省义务教育工作会议在长沙召开，长沙市和长沙县分别向大会介绍普及九年义务教育的经验。1993年7月，第一所国有民办，集小学、初中、高中于一体的十二年一贯制寄宿制学校——长沙麓山国际实验学校创立。学校实行“学校国有、校长负责、经费自筹、办学自主”的新型办学体制运作，采用高标准现代化手段教学，实行高标准收费。11月，由市教委组织督导团对城区部分小学按照学校管理、教育教学、办学条件、办学效益等58个项目进行督导评估。北区一师二附小、西区师大附小和望月湖二小、郊区砂子塘小学被评为首批长沙市规范化小学。是年，长沙市有小学3181所，在校学生56.86万人，学龄儿童入学率99.79%，年巩固率99.4%，普及率99%，合格率98%，均超过省规定的指标。

1994年，长沙市在旧城改造和新区开发中，配套改造和新建国庆小学、黄土岭小学等一批标准较高的小学，缓解城区部分地段小学“入学难”问题。是年，长沙市城乡全面普及小学，共有小学3048所，其中城区252所，农村2796所，在校学生60.28万人。全市适龄儿童入学率100%，年巩固率99%，流失率在2‰以内。小学毕业生升学率94%，其中城区100%，农村90%。小学师资队伍不断扩大，素质不断提高，小学教职工数由1988年的2.71万人增至1994年的2.88万人，其中专任教师2.66万人。长沙市提前三年实现普及九年义务教育。此时起，各区县（市）针对农村学校学龄人口急剧减少，班学额严重不足问题，开始对小学进行布局调整。1995年，国家确定在全国18个城市开展分离企业子校工作。长沙市被列为全国“优化资本结构”和“城市综合配套”改革试点城市之一。为支持企业优化资本结构，分离企业办社会职能，减轻企业负担，促进教育事业的统筹和教育资源的优化配置。1996年，民办小学的审批按属地原则办理，企业办子弟小学也交由各属地教育局管理。是年，由岳麓区教育局创办并直接管理的，长沙市第一所面向工薪阶层的、以篮球、英语、计算机为特色的寄宿制学校——高新博才小学建成招生。20世纪90年代中期，长沙市加强对中小学周边环境的治理，实行“法制副校长制”，聘请当地派出所民警担任法制副校长，协调、处理学校周边治安、环境、纠纷等问题，开展法制讲座。

1997年10月，全国城市教育综合改革会议在长沙召开。长沙市和各区县（市）加快解决小学布点多、规模小、低水平、重复建设等问题，提高办学效益。1998年7月，将八一路小学整体移交给芙蓉区管理，人民路小学整体移交给雨花区管理。1999年6月，长沙亚兴置业发展有限公司投资兴办的长沙同升湖实验学校建成招生，湖南腾飞科技投资有限公司投资兴办长沙华夏实验学校建成，两校均有小学部。是年，长沙市“两基”成果进一步巩固，各区县（市）全部通过省“两基”达标复检，浏阳市、雨花区被评为全省“两基”复查先进县，浏阳市获省年检总分第一。2001年5月，长沙市印发《关于批转市教委〈长沙市学校布局调整和标准化建设方案〉的通知》，明确义务教育以区为主的原则。各区县（市）也相继启动学校布局调整工作，全市共调整撤并小学173所，其中长沙县19所、望城县34所、浏阳市41所、宁乡县79所。2004年，长沙铁路一小、四小、五小按现状、成建制整体移交市政府管理，按照属地管理原则分层次接收。铁一小由市教育局接收，铁四小由芙蓉区教育局接收，铁五小由雨花区教育局接收。

2005年5月，教育部颁发《关于进一步推进义务教育均衡发展的若干意见》，提出“采取积极措施，逐步缩小学校办学条件的差距”。年底，第二批中央企业在长子校移交工作结束。中央7个集团公司所属的子校全部移交当地政府管理。其中，湖南航天教育集团（含小学部）移交市人民政府教育行政部门管理，中建五局小学等6所学校移交雨花区政府教育行政部门管理。2006年8月，长沙市在全省率先提出建设标准化学校。各区县（市）根据市里的统一布置，首先在农村小学启动以“三改”（改水、改厕、改食堂）为重点的标准化学校建设。是年起，各小学配一名教师兼任安全专干，协助校长管理安全工作。2007年6月，出台《长沙市普通中小学标准化学校建设标准》《长沙市普通中小学标准化学校建设五年规划》《长沙市普通中小学标准化学校评估验收细则》，并列入年度绩效考核。年底，长沙市有小学1217所，比2002年减少363所；有小学在校学生36.61万人，小学在校学生比2002年增加4.25万人；小学适龄儿童入学率100%，小学生毕业率99.9%；有小学教职工4.72万人，比2002年增加2.74万人。2008年，随着省政府提出全省合格学校建设目标，将义务教育阶段学校建设统称为“合格学校”建设。长沙市稳步推进以“三改”为重点的合格学校建设，全年共投入3.56亿元用于义务教育合格学校建设，促进义务教育均衡发展，其中长沙县9所、望城县9所、浏阳市12所、宁乡县10所。150个“三改”项目全部分布在4个县（市），其中长沙县18个、望城县36个、浏阳市42个、宁乡县54个。8月，长沙市义务教育合格学校建设与评估信息化管理平台建立，实现对各区县（市）小学办学的直接管理。9月，冶金机械厂子弟学校移交雨花区。移交只接收17名教师，原子校校舍已改作他用且无法分割，省冶金行业管理局采用折价补偿的方式予以解决。是年，长沙市区划调整，将望城县坪塘、含浦、莲花、雨敞坪镇移交岳麓区管辖，4镇辖区内的所有小学一并交由岳麓区管理。自2008年以来，长沙市各区县（市）改建、重建、新建一批高标准的小学。至2010年，长沙市有小学1024所，九年一贯制学校28所，在校小学生41.35万人。

2011年起，各小学聘请专职保安，加强学校门卫管理。校长为学校安全工作第一责任人，实施安全目标管理。长沙市中小学开始聘请常年法律顾问，进一步实行依法治校和依法治教。2012年7月，长沙市重新修订《关于做好义务教育阶段入学管理工作的通知》，取消原政策中规定外来务工人员需在长沙办理社会保险，其子女方可在长沙入学这一条件，保障外来人员子女公平接受教育权利。坚持“两个为主”（即以流入地政府为主，以全日制公办中小学为主）确保义务教育阶段随迁子女百分之百在公办学校就读。长沙市加大城区学校配套建设，新改扩建中小学45所，新增学位约3.5万个，新增合格学校122所，提质改造原合格学校74所。是年，长沙市共有小学938所，九年一贯制学校38所，十二年一贯制学校3所，有小学在校学生43.95万人，有小学教职工2.14万人，其中专任教师2.01万人。长沙市所有完全小学规模以上学校全部通过合格学校评估验收，在全省率先完成完全小学规模以上学校合格学校建设任务，提前三年实现规划建设目标。

表 22-2-2-1　　1988—2012 年长沙市全日制小学基本情况一览表

年份	学校数（所）		在校学生数（人）		教职工总数（人）	
	地区	其中市区	地区	其中市区	地区	其中市区
1988	3241	250	578286	94728	28119	6281
1989	3243	257	576904	99204	27973	6448
1990	3212	274	570704	102795	28193	6675
1991	3201	—	563850	—	—	—
1992	3181	—	568617	—	—	—
1993	3135	—	585520	—	28982	—
1994	3048	—	602788	—	28792	—
1995	3014	—	623662	—	28282	—
1996	2823	—	639466	—	28765	—
1997	2925	313	646000	—	28700	—
1998	2925	313	600000	—	28700	—
1999	2486	307	535127	127154	27221	8261
2000	2154	—	466515	—	—	—
2001	1830	246	399513	114678	22187	7987
2002	1719	236	342110	108936	20548	7804
2003	1580	236	313587	90601	19762	7643
2004	1433	214	318024	98429	19330	7389
2005	1272	—	338655	—	20475	—
2006	1217	—	366100	—	21593	—
2007	1162	—	382981	—	21954	—
2008	1126	—	395059	—	22479	—
2009	1055	—	403562	—	22443	—
2010	1024	—	413498	—	—	—
2011	987	—	425405	—	20865	—
2012	938	—	439532	—	21410	—

二、文化教育

1986 年 4 月起，长沙市根据教育部“分阶段、有步骤地推行九年制义务教育”的部署，小学和初中开始打破分割，统一实行九年一贯“六三制”（小学六年，初中三年）和九年一贯“五四制”（小学五年，初中四年）。1987 年，以改革小学课堂教学方法，提高课堂教学质量为目的，在 4 区 1 郊开展教改实验课首届评优活动，对小学 71 个课程的 1560 个教改实验课题进行检测、评选。1988 年 2 月 25 日，在浏阳县召开首次农村小学复试教学研讨会，总结和推介这种适应山区人口稀少地方的教学形式。是年底，长沙市有小学复试教学班558个，其中浏阳县434个。12月27日，召开小学部件识字教材教法论证会，对砂子塘小学语文学科的这一实验进行论证鉴定，认定其符合儿童学习和认识规律，适合儿童心理特点，具有较强的科学性，值得推广，予以通过。1989年8月起，长沙市执行省教委《关于调整普通中小学教学计划的通知》确定的小学教学计划。鉴于长沙市仍有少数农村小学实行九年义务教育“五四”制学制的实际情况，同时制定九年义务教育“五四”学制全日制小学课程计划。

表 22-2-2-2　　1989 年秋季长沙市六年制小学教学计划一览表　　单位：课时

课程		一年级	二年级	三年级	四年级	五年级	六年级	主课总时数
思想品德		1	1	1	1	1	1	204
语文	小计	11	11	11	10	9	9	2074
	讲读	9	9	7	7	6	6	2074
	说话	1	1	1	—	—	—	2074
	写字	1	1	1	1	1	1	2074
	作文	—	—	2	2	2	2	2074
其他课程	数学	6	6	6	6	6	6	1224
	自然	—	—	—	2	2	2	204
	地理	—	—	—	—	2	–	68
	历史	—	—	—	—	—	2	68
	体育	2	2	2	2	2	2	408
	音乐	2	2	2	2	2	2	408
	美术	1	1	1	1	1	1	204
	手工劳动	1	1	—	—	—	—	68
	劳动	—	—	1	1	1	1	136
	选开课程	7	7	7	8	9	9	—
	每周	24	24	24	25	26	26	5506
课外活动	总课时	2	2	3	3	2	2	—
	自习	1	1	1	1	1	1	—
	科技活动	1	1	1	1	1	1	—
	文体活动	1	1	1	1	1	1	—
集体活动	班队活动	31	31	31	31	31	31	—
	在校活动总量	全年两周						

表 22-2-2-3　　1988 年长沙市农村五年制小学教学计划一览表　　单位：课时

课程		一年级	二年级	三年级	四年级	五年级
思想品德		1	1	1	1	1
语　文		10	10	10	10	10
数　学		5	6	6	5	6
历　史		—	—	—	—	2
地　理		—	—	—	2	—
自　然		1	1	2	2	2
体　育		2	2	2	2	2
音　乐		2	2	2	2	2
美　术		2	2	2	1	1
劳　动		—	—	1	1	1
周学科课时总量		23	24	26	26	26
各项活动	自习 体育活动 科技文体活动 周全班队活动	5	4	4	5	5
周课时总量		28	29	30	31	31

1990 年 1 月，长沙市制定《小学常规管理》，先在城区 84 所小学试行。是月，省教委授予市教委“全省实行小学常规管理先进单位”。积极推进城市教育综合改革，督促各区县（市）在全市小学加强教学常规管理，按国家教委颁布的教学大纲组织教学。在小学语文教学中实行“整体拼读”“集中识字”“提早写作”实验；在数学教学中进行三算教育、现代数学、脑珠算相结合实验。城区小学实行毕业会考，统一命题、统一组考、统一阅卷评分、统一分配到相对就近的中学就读。10 月，由浏正街小学周肖、徐兢组成的长沙市代表队，在参加中南地区省辖市珠算比赛中获得加、减、乘、除综合心算第一名。1991 年，长沙市贯彻国家教委《关于减轻小学生课业负担过重的若干规定》，在小学积极推行愉快教育。1992 年，长沙市相继提出严格规定课程开设、控制考试次数、取消期中考试、毕业会考改为毕业考试等一系列措施，减轻小学生课业负担，并对此进行全面自查，重点复查抽检北区和郊区 25 所小学，结果表明，城区小学课业负担过重的问题正逐步解决。

1993 年 5 月 19—24 日，全国小学校长研讨会在长沙市南区召开，就小学教育教学改革进行研讨。国家教委、中央教科所及 19 个省、市、自治区的 60 余位教育专家、知名小学校长参加，对长沙市小学开展愉快教育给予充分肯定。从秋季开始，城区有 52 所小学在五年级试行开设外语课。长沙市拟通过两年实验，在城市小学高年级全面开设英语课，1994 年，长沙市按国家教委《九年义务教育全日制小学、初级中学课程计划（试行）》的规定及省教育厅统一部署和要求，自秋季起实行九年义务教育教学计划。10 月 26 日，长沙市发布《关于进一步搞好我市小学英语教学的意见》《关于在我市小学推广教学电脑的通知》，把从小学开始普及计算机启蒙教育作为教育改革特色之一。1996 年，长沙市小学初步形成英语、体操、计算机教学的特色。

表 22-2-2-4　　1994 年长沙市九年义务教育“六三”制教学计划一览表　　单位：课时

课程			小学课时合计	初中课时合计	九年课时合计
国家规定课程	学校课程	思想品德	204	—	404
		思想政治	—	200	
		语　文	1666	534	2200
		数　学	986	468	1454
		外语 1	306	204	510
		外语 II	204	400	604
		社会	204	—	557
		历史	—	200	
		地理	—	153	—
		自然	272	—	685
		物理	—	164	
		化学	—	96	—
		生物	—	153	—
		体育	544	200	744
		音乐	408	120	508
		美术	408	100	508
		劳动	136	—	336
		劳动技术	—	200	
	活动类课程	晨（夕）会	每天 10 分钟		
		班团体活动	204	100	304
		科技文体活动	578	200	778
		周活动课时	782	300	1082
地方安排课程		时事教育	340	228	568
		专题讲座			
课时总计			6256	3300	9556

表 22-2-2-5　　1994 年长沙市九年义务教育“五四”制小学课程安排一览表　　单位：课时

课程			一年级	二年级	三年级	四年级	五年级	课时合计 小学课时合计
国家规定课程	学科类课程	思想品德	1	1	1	1	1	170
		语文	10	10	9	8	7	1598
		数学	5	6	6	5	5	952
		社会	—	—	2	2	1	170
		自然	1	1	1	2	2	238
		体育	2	2	2	2	2	340
		音乐	2	2	2	2	2	340
		美术	2	2	2	2	2	340
		劳动	—	—	1	1	1	102
		周学科课时	23	24	26	26	26	4250
		朝会夕会	每天 10 分钟					
		团队活动	1	1	1	1	1	170
		科技文体活动	3	3	1	2	2	408
		周活动课时	4	4	1	3	3	578
地方安排课程	时事教育专题讲座		1	1	1	1	1	170
课时总计			28	29	30	30	30	4998

1998 年，出台《长沙市中小学实施素质教育的若干规定》《长沙市小学素质教育实施方案》。2001 年，由市教育局与芙蓉区教育局各出资 100 万元，租赁湖南省园艺研究所办公楼、宿舍楼、生活楼各一栋，创办“长沙市素质教育基地芙蓉营地”，袁隆平院士亲笔题词“系统育人、全面育人”。是年起，宋子正、邹阳、戴立军、曾唯一、黄梦钧、杜小玲、卢梓忠、项令强、彭海鳌等一批教研员和小学教师，参加义务教育新课程标准实验教材的美术、音乐、英语、科技、劳动等教材的编写。2001 年 8 月，长沙市开福区成为全国 38 个国家课程改革实验区之一，被中国教育学会批准为全国 15 个教改实验区之一，列入全国信息教育 8 个实验区之一。开福区承担新课程教材实验、课程的管理与开发、考试与评价改革等三大实验任务，参加实验的学校 73 所，实验课程 17 个学科。开福区率先在全市编写一套综合实践课教材后，各区县（市）小学开始自行编写校本教材。2003 年，芙蓉区、岳麓区、长沙县进入省级新课程改革实验区。教学手段出现一个显著的变化，多媒体课件逐步成为教学的辅助手段，幻灯片、小黑板等不再重要，合作学习盛行一时。2004 年，长沙市累计投资近 2000 万元，市内 5 区素质教育基地相继建成并投入使用。基地以劳动实践活动为主，包括农艺、园艺、陶艺、养殖、种植、军事、科普、电子电工、手工活动等，学习时间 1~3 天。学生在基地受到劳动锻炼、意志磨砺、能力培养。是年，雨花区素

质教育基地被中央文明办、教育部等部门推选为“全国青少年校外活动示范基地”，岳麓区素质教育基地先后被评为“长沙市科普教育基地”和“湖南省科普教育基地”。2005年，长沙市城乡全部按新课程改革要求实施教学。2006年10月，教育部以《音乐课开进音乐厅》为题，推介长沙市新课改。市教育局与田汉大剧院合作，按学校、分时段、上大课形式编排课表，组织体验式音乐教学的经验。2009年，长沙市连续开展常规教学检查，加强小学常规教学制度的落实。

2011年，教育部颁布《义务教育阶段新课程标准（2011年版）》后，全市小学各科教师按新的课程标准组织教学。语文学科增加写字课，一至三年级着重培养学生硬笔书写能力，三至四年级能用硬笔熟练书写正楷字，用毛笔临摹正楷字帖，五到六年级学生能用毛笔书写楷书。是年，芙蓉区燕山二小被省教育厅批准为湖南省基础教育课程改革样板校。麓山国际实验学校、芙蓉区育才小学、岳麓区桐梓坡小学、天心区青园小学、开福区中岭小学、宁乡县玉潭镇中心小学被市教育局评为长沙市基础教育课程改革样板校。2012年是长沙市高效课堂推进年，各区县（市）出现高效课堂建设热潮，各区县（市）纷纷推崇以学案为载体的自主教学。12月，砂子塘小学在全市高效课堂建设研讨会上作经验介绍，同时面向全市进行教学开放活动。至年底，市内5区素质教育基地共接待小学生累计达35万人次。

三、德育

20世纪80年代，长沙市小学德育教育主要是通过思想品德课教学、社会实践（军训、郊游、志愿者）活动、拓展训练（德育基地、素质教育基地）、主题活动（升旗仪式、班会）等来实施。1988年7月，国家教委颁发《小学德育纲要（试行草案）》，强调德育管理是小学管理的重要领域。长沙市把《小学生守则》和《小学生日常行为规范》印发到每一名学生，要求学生严格遵守。是年，长沙市主办“改革在我心中，我在改革中成长”主题教育活动。通过主题活动渗透德育，全市共有15万名中小学生参加。1990年，长沙市在德育教育中，强调学校教育、社区教育、家庭教育的立体性，建立校长负责，党支部协力的德育工作领导体制，并按国家教委《九年义务教育全日制小学、初级中学课程计划（试行）》中规定，开设思想品德、思想政治、社会、时事教育等课程。

1991年1月26日，长沙市出台《关于加强和改进中小学德育工作的决定》，开展中小学德育“十抓”：抓德育工作体制的健全，建立由校长负责、党支部发挥政治核心和保证作用的系统；抓德育渗透，寓德育于各科教学之中，学校工作的每一个方面；抓思想品德课和劳动技术课的落实，增加学生劳动观念和热爱劳动人民的思想感情；抓德育环境的改善，部署建立校外德育基地和社区教育委员会，把学校教育、家庭教育和社区教育结合起来，形成网络；抓班级工作经验推广和对优秀班主任的表扬、宣传，稳定德育工作队伍；抓中小学思想品德评价，发挥德育的导向作用；抓德育效果的展示，以点带面，促进大范围良好风气的形成；抓德育资源的开发，充分利用校外德育资源；抓德育规范和德育基本要求的贯彻落实，让德育贴近学生实际；抓德育工作督导检查，及时发现问题、总结经验。5月，长沙市南区在育新小学率先成立长沙市少年政治军校，通过参观军营、举办军事夏令营、进行适当的军事训练等系列活动，培养小学生遵纪守法的好习惯，促进学生德智体全面发展。东区、西区、北区、郊区、宁乡县相继成立少年武警军校、少年空军军校等。是年，西区“礼仪教育”的成功经验得到推广。9月，长沙市发布《关于加强和改进德育工作的决定》，明确保证德育工作的基本质量，狠抓德育常规建设，确保学校德育工作首要地位。学校进一步健全以校长负责、党支部起政治核心和保证作用的德育工作体制。明确校长、德育（教育）主任、班主任、任课老师侧重抓课内德育，学校党组织、少先队组织和学生会结合家庭和社会侧重抓课外德育。为争取家长和社会的配合，城区各小学先后建立家长委员会。南区进行组建社区教育委员会试点，促进学校、家庭、社会教育三结合。是年，国家教委修订《小学生守则》《小学生日常行为规范》，对小学生提出“按时上学，不随便缺课，专心听讲，认真完成作业”“锻炼身体，积极参加课外活动，讲究卫生，服装整洁，不随地吐痰”“热爱劳动，自己的事情自己做，不打人，不骂人”等基本的规范。至1992年，长沙市已有6所少年军校。这种德育形式受到中国人民解放军总政治部、国家教委等部门的肯定。长沙市南区少年政治军校受到表彰，进入全国11个优秀少年军校之列。

1993年3月，国家教委制定的《小学德育纲要》正式颁布，成为小学德育管理的依据。11月，中南六省（区）教育系统关心下一代协作会在长沙召开，长沙市实验小学举办的校外辅导员等活动得到肯定和推介。1994年，长沙市将长沙市博物馆、新民学会旧址、雷锋纪念馆、市全民国防教育馆建列为批青少年爱国主义教育基地。1995年5月，长沙市小学礼仪教育现场会在西区召开。1996年，长沙市小学的礼仪教育、“五自”教育、爱国主义教育效果明显，并逐步在全市推广。1998年3月，国家教委颁发《中小学德育工作规程》，进一步规范中小学德育管理工作。长沙市组织各区县（市）教育局长、城区各小学校长学习《小学德育纲要》和《中小学德育工作规程》，在部分小学试行成立德育处，加强对学校德育工作的管理。年底前，各小学相继成立学校德育工作领导小组，校长、书记任组长，组员除少先队大队辅导员、德育主任（未设立德育主任的由教导主任兼）外，还有心理辅导老师、家长代表，建立德育管理新模式。全校性的德育活动由德育（教育）处执行，关工委负责协助、配合。

进入21世纪，新课程改革深入推进，要求教师在学科教学中，充分挖掘学科知识中所蕴含的思想、道德因素，并通过与教学内容的自然交织引发学生内心的体验，引导学生实现知识的内化和道德情操的升华。各小学相继出台《德育工作管理条例》或《德育工作管理制度》。长沙市深化校园文化建设，通过校园文化建设培植学校精神、办学理念、道德价值观等，打造学校德育特色。雨花区率先提出“新概念三好学生”（家庭好孩子、社区好公民、学校好学生），把社会德育、家庭德育、社区德育、学校德育联系起来。芙蓉区八一路小学编写《经典诵读》共6册，每个年级1册，通过传统文化进行传统道德教育。2003年，经全国小学思想品德教材审查委员会评审通过，湖南省组织编写的《思想与生活》《思想与品德》成为全国各省、市小学德育课选用教材。

2004年3月，贯彻落实教育部颁发的《中小学生守则》，长沙市修订《小学生日常行为规范》，从行为习惯养成入手，提出具体的、操作性较强的要求。2005年4月至12月，长沙市开展以“文明礼仪我先行，诚实守信我践行”为主题的“百万青少年文明礼仪学习教育实践活动”，包括“礼仪我知晓”“礼仪我先行”“礼仪我来评”等系列教育活动，“文明礼仪示范学校”“文明礼仪示范班级”“新三好学生”“文明小市民”“文明礼仪标兵”评选活动。是年，岳麓区率先引入网络资源，积极打造联系便捷的“家长网校”。长沙市评出首批“示范性家长学校”16所。2006年，出台《长沙市中小学德育整体工程实施意见》，构建切合实际的德育工作目标体系、科学适宜的内容体系、形式多样的方法体系、行之有效的工作体系和激励发展的评价体系，要求各区县（市）开展研究和探索。是年，开福区提出“德育为先”的教育理念，创造以“快乐教育”为主要内容的未成年人思想道德教育工作特色，其中以农村学生为服务对象的“快乐大篷车”活动获表彰，被授予“全国未成年人思想道德建设先进活动基地”。2007年，岳麓区全面实施“一校一特”“一校一品”战略，发展特色教育，初步形成区域礼仪教育、环保教育、科技教育等系列特色德育教育品牌。八一路小学被国家语言文字委员会评为全国优秀朗诵学校。

2009年11月29日，全国未成年人思想道德建设经验交流会在长沙召开。中共中央政治局常委李长

图 22-2-2-1 长沙市实验小学举行“六一”感恩艺术节活动（摄于 2009 年 5 月 31 日，长沙市实验小学供图）

春，中共中央政治局委员、宣传部部长刘云山，中共中央政治局委员、国务委员刘延东，教育部部长袁贵仁，省委书记张春贤出席。12 月 2 日，“做一个有道德的人”首届小学生规范汉字书写比赛在市实验小学举行。2010 年，长沙市开展中小学生网络道德教育活动，引导学生合理使用互联网，增强对不良信息的识别能力，树立网络责任意识和道德意识。2011 年，开展“讲述身边事，感动你我他”少儿成长故事会活动，改变过去简单、空洞的思想教育方式，以孩子们的亲身经历、身边的鲜活事例为新时代德育素材感染学生、激励学生，使孩子们从中受到教育，形成良好的情感、态度和价值观。是年，《义务教育课程标准（2011 年版）》正式使用，强化“德育为先”，进一步突出中华民族优秀传统文化教育。长沙市各小学出现以经典诵读为主要形式的“国学教学”热潮。2012 年，长沙市推广岳麓区礼仪教育经验，举办长沙市青少年“学礼仪、讲道德”演讲比赛、征文活动等系列主题活动，礼仪教育在全市普遍推广。

四、体育卫生

20 世纪 80 年代，长沙市小学每周开足 2 节体育课，一些学校形成体育特色。1986 年，修业小学被国家体委授予“霍英东发展体育基金会体育传统项目学校”（全国 10 所学校）。1987 年，市教科所编写的《小学体育课本》在长沙地区试用，填补小学体育教材的空白。一些小学形成自己的体育特色，1989 年 7 月，修业学校体操队代表湖南省参加全国业余体操赛，获得团体总分亚军。裕敏里小学李彤代表湖南省参加全国少年儿童分龄游泳赛，夺得金、银牌各 2 枚。

1990 年，国家教委、国家体委颁发《学校体育工作条例》，国家教委、卫生部颁发《学校卫生工作条例》（简称两个《条例》）后，长沙市各小学贯彻落实两个《条例》，建立健全小学体育、卫生工作的领导管理体制，促进学校体育、卫生工作的规范化、制度化。由于小学教学计划无“卫生”课程的设置，长沙各小学多在“常识”课教学时纳入此内容，有的结合其他学科的有关内容，融会一些日常卫生知识。城市和乡镇个别小学也有的专设“卫生”课，定期或不定期地举办有关讲座。7 月，仰天湖小学足球队代表长沙参加全国少年足球赛青岛赛区的比赛，获第五名。8 月，修业学校女子体操队代表湖南省参加全国少年儿童体操比赛，夺得团体总分第一名，包括女子 10~12 岁组团体，个人全能和 4 个单项冠军，获得金牌 9 枚、银牌 3 枚、铜牌 10 枚。1991 年开始，长沙市把学校卫生工作与督导评估结合起来，把学校布局、绿化美化环境质量及生活配套设施作为合格学校验收的重要条件。各小学普遍开展创合格学校、特色学校、示范学校活动，相继完善医务（卫生）室、设立心理咨询室（爱心小屋），建立学生健康档案，制定预防传染病控制、管理预案，开展预防近视、龋齿的宣传、教育、体检和矫治等工作。各小学还根据《长沙市小学督导评估实施方案》中“教育质量”指标体系的要求，落实学生“身心素质”标准，改善学校环境卫生和教学卫生条件，加强常见病防治和健康监测力度，提高学生身心发展水平。

1992 年，长沙市根据国家教委颁发的《九年义务教育全日制小学体育教学大纲》《九年义务教育全

图 22-2-2-2 麓山国际实验学校课间操场景

（摄于 2004 年，长沙市教育局供图）

日制小学、初中课程计划（试行）》和《湖南省学校健康教育评价方案》，将健康课正式纳入课程计划，列入课表，每周开设 0.5 课时，城市学校开课率在 90%以上。除课堂教学外，长沙市各小学还结合实际，运用卫生专栏、自办小报、学校广播、知识讲座等形式，向学生传播卫生知识，提高学生自我保健能力。此后，长沙市各中小学开展“防近周”“营养日”“爱眼日”“爱牙日”等活动，还以区为单位开展眼保健操和刷牙比赛，加强对学生进行健康教育。各学校体育课教学中更注意体现“三主”（教师为主导、学生为主体、练习为主线）、“三自”（学生学会自学、自练、自评），“三有”（在教学过程中，培养学生有求知、求练的兴趣，有养护能力，有创新精神）。20 世纪 90 年代中、后期，长沙市小学体育课坚持“健康第一”的指导思想，促进学生健康成长。学校体育课的基本组织形式，是由体育教师根据体育教学大纲的规定，按照班级授课的方式，有组织、有计划地进行室内与室外体育教学，重视锻炼学生的身体，增强他们的体质，同时掌握体育知识和运动技能。室外教学内容有列队、体操、托乒乓球跑、皮球接力、跳高、跳远等，室内有传口令、传球比赛、击鼓传花、打手臂等游戏。

2001 年，根据《全日制义务教育体育课程标准（实验稿）》，对原来的体育课深化改革，将体育课改为体育与健康课程，强调以身体练习为主要手段，突出健康目标。各小学按要求相继开设体育与健康课程。根据新课程提出“目标引领内容”。许多小学体育教师从教法与教学手段等方面对教材加以变通，在基础运动教材的教学过程中，将身体基本运动与学生比较熟悉的生活情境相联系，或者将教材赋予一定的游戏性质，使学练活动更富有情趣和活力。一些小学自选自编游戏教材，很受学生欢迎，对活跃课堂气氛、调动学生学练的积极性都有良好的效果。加之可选择的运动游戏素材十分丰富，故许多教师都愿选择这类教材。各小学有占 23.6%的学生参加课余训练。2002 年 7 月，根据教育部颁布的《小学体育器材设施配备目录》，各个学校增加体育器材，必配类器材基本达到标准，相对一部分的学校自制器材，如小沙包、毽子、跳高架等，以满足教学需要。2003 年，各区、县（市）教育局组织各小学开展抗“非典”工作。2007 年 5 月，中共中央、国务院颁发《关于加强青少年体育增强青少年体质的意见》后，按照“三个一”（确保每天活动一小时，每天一次大课间操活动、每年一项健康检查）的锻炼标准，特色课间操在长沙市各中小学校相继推出。2011 年，长沙市迎接国家教育督导团对部分省市区中小学体卫艺教育工作进行的专项督导检查，内容包括办学思想，课程建设和课堂教学，课外教育活动，教师队伍建设，组织管理 5 个方面。

2012 年，根据教育部制定的《义务教育体育与健康课程标准（2011 年版）》，体育教师在新课改的指导下，提升课堂教学水平。是年，长沙市进行体育与健康教学评优赛课，小学参加赛课 123 节，获市一等奖 5 节，市二等奖 5 节，市三等奖 11 节。根据新标准修订小学体育教学计划，增加体育课和课外体育锻炼时间，在体育教学中重视提高身体素质的训练。96%的学校能贯彻落实“1 小时体育活动”。一些学校根据自身情况，开展有特色的大课间体育活动，实验小学的诗意大课间极具特色。学生体质健康方面存在一些突出问题，如超重和肥胖学生比例连年攀升，近视比例居高不下。

五、艺术教育

20 世纪 80 年代，长沙市要求小学音乐、美术每周各开 2 节课，但农村学校由于老师缺乏，课程开始很不正常。城市学校重视学生艺术特长的培养。1986 年 5 月，湖大子弟小学学生刘洁参加宋庆龄儿童基金会主办的“国际和平年中国电子琴表演赛”，荣获少年组优秀奖，并特邀到中南海作专场表演。1988 年 5 月，北区北正街小学刘金浪获第三届中日高野山书法赛“金刚峰奇奖”。1990 年 9 月，长沙铁路四小肖恬、省地质学校附小刘迎燕、育德小学王啸等 4 名小学生绘画作品在全国儿童“图画日记”作品赛中获优秀奖，送日本参加亚洲儿童艺术展览，萧恬的作品获特等奖（每个参展国评 1 名）。12 月，望麓园小学廖辽沙的绘画作品《太空乐队》在日本国际儿童绘画比赛中获优秀奖，作品入选《国际儿童画册》。1991 年，荣湾路小学陈俊当选全国“十佳少年”。她 3 岁开始拜师习字，已 60 余次在国内外书法大赛中获奖。1992 年 8 月，黑石渡联校的舞蹈《拾豆豆》和长沙铁路一小的舞蹈《铜铃舞》获全省企事业子弟学校文艺调演一等奖。

1994 年 5 月，市青少年宫创办小杜鹃艺术学校，由团市委主管。是年，在国家教委和中国福利会共同设立的“宋庆龄奖学金”首届颁奖中，小小书画家陈俊、萧恬，小小体育明星李扬、李素获奖。1995 年 5 月，南区教育局成立小学艺术教育委员会，以加强省艺术教育实验城区的工作。1996 年 1 月，长沙儿童活动中心建立儿童校外艺术教育基地。1997 年，国家教委颁发《写字教学指导纲要（试用）》，规定小学每周开设 1 节写字课，由语文学科负责。2001 年 3 月 5 日，长沙市印发《关于举办 2001 年中小学生（含职业高中）音乐、美术设计制作竞赛的通知》，竞赛系列活动包括小学生独唱（含二重唱），独舞（含双人舞），独奏（含二重奏）比赛；小学生书法、绘画比赛。2002 年 12 月 22 日，印发《关于举办长沙市第一届中小学生艺术展演活动的通知》。自此，该活动每三年举办一次，包括大、中、小学和幼儿园艺术展演活动，中、小学生独唱、独舞、独奏比赛。

2003 年，长沙市全面进入新课改，音乐、美术课程计划按规定开全、开足。是年，由市音乐教研员邹阳、美术教研员宋子正领衔编写的湘教版《音乐》《美术》教材，经教育部中小学教材审订委员会审订后，面向全国发行。长沙市各小学除开福区外，均使用该教材。2004 年，雨花区邓红老师的《玩具音乐会》一课在三年一届的全国中小学音乐课比赛中获二等奖。2005 年 5 月，长沙市首届中小学美术比赛在市少年宫举行。2006 年 6 月，长沙市首届 IT 艺术节在芙蓉区举行，艺术节包括中小学信息技术与课程整合赛、学生作品赛等。2007 年 5 月 21 日，长沙市中小学生艺术团成立，设在长沙市少年宫，小学以区县（市）为组成单位参加。2008 年，岳麓区教师黎爱民参加全国中小学音乐教师基本功比赛，获得一等奖。2009 年开始，长沙市举办小学美术教学模式研究。

2010 年，长沙市开展“在阳光下成长”为主题的中小学校园文化艺术节，历时近一年。芙蓉区五一中路小学、雨花区砂子塘天华学校、麓山国际实验学校、芙蓉区火星小学、芙蓉区育才小学、天心区一师一附小、芙蓉区双新小学、雨花区长塘里小学获合唱类小学组一等奖；芙蓉区育才小学获器乐类一等奖；市特殊教育学校、宁乡县玉潭实验小学和玉潭中心小学、芙蓉区大同第二小学、开福区清水塘二小、岳麓区高新博才小学、市麓山国际实验学校获舞蹈类一等奖。11 月，长沙市开展“关于我的世博梦——美年达杯中小学生绘画大赛”，共收到参赛作品 1000 余件。是年，芙蓉区颜学海老师的《三月里的小雨》在三年一届的中南六省的赛课中获得一等奖。年底，长沙市发布《关于举办“2011 年度长沙市中小学生创意创新表演电视挑战赛”的通知》。活动与湖南教育电视台联合举办，活动内容包括创意类表演、学校社团精品活动表演、各类特长生的特长表演。电视台录制活动在该台新开设的专栏《快乐达芬奇》中播出，成为全国第一档培养学生自主创意、创新意识，展现素质教育和创新教育为主题的电视节目。2011年，长沙市美术举办“小学手工教学成果展示”。是年，实验小学陈艺灵老师的《do re mi》一课获音乐学科全国本色课堂现场赛课一等奖。

2012年2月，小学以区县（市）为单位参加长沙市第四届中小学生艺术展演活动。11月，以“弘扬民族精神传播诚信之美”为主题的“2012年长沙市中小学教学班演唱比赛”在长沙市第十一中学进行，来自长沙市的71个学校的72个教学班近3000余名中小学生参加。岳麓区第一小学、天心区仰天湖小学、长沙县碧桂园威尼斯中英文学校、开福区清水塘第二小学、望城区高塘岭实验小学、浏阳市浏阳河小学、天心区沙湖桥小学获小学组一等奖。是年，砂子塘天华寄宿制学校陈善冰老师的《凤阳花鼓》一课，在全国中小学音乐课评比中获二等奖。新课程实施以来，美术教育校本研究中涌现，芙蓉区大同小学“小花木刻社”、雨花区“剪纸”、岳麓区博才学校的“工艺设计”、天心区“装置设计”等有影响的课程。在中南六省美术教育交流会上，雨花区枫树山小学、砂子塘小学、岳麓区小学生美术作品展，芙蓉区东晖小学、天心区青园小学的专题展，均获得大会一等奖。在全国美术教师基本功竞赛活动中，岳麓区博才小学老师周军、芙蓉区东风小学老师曾繁峰先后获一等奖。

六、学校选介

（一）长沙市实验小学。前身为创建于光绪三十一年（1905），为湖南官立初等第一小学堂，校址在抚辕侧（今水风井下胡家花园），曾几度迁址，九易校名。1984年7月改今名。1988年，校址在芙蓉区蔡锷路顺星桥38号，占地面积约1.33公顷，建筑面积6525平方米，有教学班18个，学生728人。同年，该校教改课题“培养低年级儿童早期的数学推理能力”获市区小学首届课堂教学改革实验课题评优一等奖。1989年，推出“立足整体优化，促进全面发展”的整体改革，围绕“全面发展打基础，发展特长育人才”这一目标，形成课内为主，课外为辅，课内课外相结合的教学体制。1992年，经中国科学院心理研究所批准为“现代小学数学”实验基地。1997年，获湖南省中小学艺术节合唱比赛一等奖。1999年，该校课题《活动教学与学生素质全面发展》获湖南省九五科研课题评优一等奖。2001年，获全国小学语文“注·提”实验先进单位。2003年，被评为长沙市文明单位。

2006年，该校整体搬迁至岳麓区含光路八方小区D区，全校占地面积2.12公顷，建筑面积1.7万平方米，学校实行非全日制寄宿管理模式。2007年，被评为长沙市示范性学校。2010年，学校新建教室8间，建筑面积849平方米。2012年，学校有教学班33个，学生2105人，教职工84人，学校被评为湖南省规范汉字书写教育特色学校、湖南省经典诵读特色学校、湖南省语言文字规范化示范学校、湖南省两型示范创建单位。

图22-2-2-3　2006年9月，长沙市实验小学整体搬迁至岳麓区八方小区D区。图为新校区启动仪式

（摄于2006年11月30日，长沙市教育局供图）

（二）长沙市芙蓉区大同小学。大同学校由中印友好学者谭云山创立于民国37年（1948）。1952年，学校由私立转为公办大同完小，迁址于八一

西路 337 号，占地面积 6912 平方米。1959 年学校成为长沙市重点小学，1967 年划为东区共同管理。

1988 年起，学校有 24 个教学班，校长张学宽带领 1000 余名师生扎根芙蓉沃土，建立起“团结、勤奋、严谨、求实”的严谨校风，学风浓厚。学校推进素质教育，形成科技和艺术教育特色，从“第二课堂”到“兴趣社团”，从“小新星文学社”到“小花木刻组”，篮球、版画、创造发明、合唱、小提琴等成为大同的特色课程。依托大同品牌，芙蓉区政府于 2006 年创办大同第二小学、2011 年创办大同古汉城小学、2012 年创办大同第三小学。学校学科教学青蓝相传，先后有莫剑芳荣获全国优秀教师称号，李光伯、刘润玉、季国良、殷蓉等教师相继成为湖南数学教育专家，2012 年校长伍英荣获中国文明网之“中国好人榜”敬业奉献奖，长沙市洪霞科学工作室和芙蓉区贺佳妮美术等名师工作室落户大同。1988—2012 年的 25 年间，学校先后获得全国红领巾示范学校、全国示范家长学校、联合国教科文组织会员单位、全国小学语文发展与创新教育实验学校等 40 余项荣誉称号。

（三）长沙市雨花区砂子塘小学。砂子塘小学成立于 1963 年。20 世纪 80 年代，开启与企业合作办学，成为长沙市窗口学校。1988 年，“部件识字法”课题获湖南省一等奖，被中央教科所评为特等奖，《人民教育》以《江南教改一枝花》为题向全国推介。1993—1997 年，完成国家“八五”“九五”计划重点课题——“电化教育课题实验”，获湖南省一等奖，全国三等奖。1997 年，作为“全国 102 个城市教育综合改革现场会”小学唯一的参观点，被教育部部长陈至立称赞：“这所学校最大的特点是创造。”1998 年，被中央电教馆确定为首批“全国现代教育技术实验学校”。2000 年，与雨花区洞井镇天华村联合创建砂子塘天华寄宿制实验学校，探索股份制合作办学。

2002 年，砂子塘教育集团成立，开始通过“阳光管理轮训”“SZT 校园英语夏令营”“国际文化交流”等项目，向“文化立校”升级。2008 年，以“文化大讲堂”为突破口开启“三种课堂”研究，以此参与的湖南省“十五”课题获得特等奖。同一时期，艺体成绩斐然，舞蹈节目《苗山铜鼓》获国家一等奖、合唱节目《大海啊，故乡》获省一等奖、管弦乐节目《雷电波尔卡》获省特等奖、全国健美操赛获 3 枚金牌。2009—2012 年，教育集团进入扩张发展阶段，先后成立泰禹小学、新世界小学、砂子塘小学万博汇校区、新世博小学。

第三节 初中教育

一、学校

20 世纪 80 年代，长沙市初中学校在城区除市三十中、三十一中、三十二中、三十三中和企业办的子校外，大部分为完全中学的初中部。市三十中由市教育局直管，三十一中、三十二中、三十三中为区属中学。城区完全中学除企业子校外，由市教育局直管。各区县（市）办中学由辖区教育局管理。4 县（市）城区初、高中基本分离，农村乡镇大都为九年一贯制学校。1987 年 8 月，长沙市召开城区中学书记、校长会议，提出要加强初中教学工作，完全中学要扭转重高中轻初中偏向，加强对初中教学的领导，采取充实初中师资力量，建立分科负责，层层把关的岗位责任制，有力提高初中教学质量。1988 年，湖南省开始启动《中华人民共和国义务教育法》实施办法的制定。南区、西区、郊区的初级中学开始校长负责制试点。1989 年，长沙市城区和近郊已普及初中教育，农村小学毕业生有 60%可升入初中，另有 1850 人被中专录取。1990 年，市区相继新建市九中（易地新建）、市三十四中、市三十七中和耀华中学（社会力量办学）建立。是年，长沙市城区有初中 58 所，在校学生 5.5 万人。

1991年，长沙市出台《关于教育综合改革的决定》《长沙市“八五”期间中等教育发展规划》，提出“八五”期间城区初中入学率要达到100%，农村85%，城乡合格率85%。是年，长沙市初中毕业生合格率79.24%。1992年，根据《长沙市九年制义务教育实施规划（草案)》，进行思想教育、教育体制、教育结构、教育内容、教育方法等方面的改革，普通中、小学按照“高质量、有特色、校风好、校容美”的要求规范学校工作。初中招生按“相对就近、划片包干、指标到校、综合评估、推荐保送”的原则进行。1993年，首批实行九年制义务教育的乡（镇）15个。

1994年，长沙市提前实现普及九年义务教育。各中学推行校长负责制，全面转换学校内部运行机制。此时起，长沙市将初中办学纳入全市统筹规划，对部分生源不足的学校适当调整其规模，充分挖掘办学潜力。6月，各区县（市）针对农村学校学龄人口急剧减少的问题，在初中学校建设投资上与布局调整结合起来，控制初中办学规模。9月，由企业创办，实行董事会领导下的校长负责制、全寄宿制管理的十二年一贯制学校——湖南冠亚实验学校建成招生。是年，全市初中入学率94%，其中城区100%，农村90%。1996年，长沙市针对企业改制后，难以承担办学责任的情况，决定将一批子校由市教委接办，分别是长沙化工机械厂子弟学校，更名为赤岭路学校；长沙水泵厂子弟学校，更名为芙蓉路学校；中国人民解放军5712工厂子弟学校，更名为蓝天学校；长沙内燃机配件总厂子弟学校，更名为雨新学校；长沙市肉类联合加工厂子弟学校，更名为长征学校；湖南动力机厂子弟学校，更名为北桥学校；长沙重型机器厂子弟学校，更名为树木岭学校；湖南电视机厂子弟学校，更名为韶峰学校；长沙正圆动力配件厂子弟中学，更名为正圆中学。11月，省教委在株洲召开全省中小学布局调整工作会议，要求调整布局与改善办学条件和创办合格学校相结合。普通初中原则上1万~2万人口办1所，3万~5万人口办2所，6万人口以上办3所。农村乡镇1万人口以下的可联合办初中或创办九年制一贯学校。是年，长沙市有初中学校299所，新建稻田中学、田家炳实验中学两所完全中学。

1997年10月，全国城市教育综合改革会议在长沙召开。长沙市按照高中教育以市为主、义务教育以区为主的原则，加大学校布局调整力度，提高办学效益。市教委接收湖南省第六工程公司子弟学校，更名为建业学校；长沙银太纺织有限公司子弟学校，更名为裕湘学校；四十一中子弟学校，更名为第四十一中学；湖南机床厂子弟学校，更名为第四十二中学；湖南美光船舶制造有限公司子弟学校，更名为美光学校。是年，长沙市初中入学率100%，巩固率93.2%，合格率87.2%。1998年8月，市三十八中交由长沙市周南中学管理，并加挂长沙市周南实验中学的牌子。是年，长沙市一中、湖南师大附中、长郡中学、雅礼中学实行初高中剥离，不再办初中。同时依托“名校”品牌效应，相继创办一批“国有民办”初级中学，社会称之为“名校办民校”，又称之为“校中校”，市一中有湘一、师大附中有广益、长郡中学有孔道（后改名“湘郡”)、雅礼中学有长雅、明德中学有达材、周南中学有剑凡、田家炳实验中学有振兴（后改名“艺芳”)，长沙县一中有圣名、望城一中有楠香、浏阳一中有新民、宁乡一中有金海。1999年，除同升湖实验学校和华夏实验中学（与长沙市一中合办）外，华康、青园、天英、新世纪等一批民办初级中学相继创办。是年，长沙市各区、县（市）全部通过省“两基”复检达标，初中在校学生巩固率96.15%，会考一次性合格率83.8%。2000年6月，市教委接收中国有色23冶金工程公司子弟学校，更名为燕子岭学校；黑石渡工厂联合子弟学校，更名为黑石渡中学；湖南橡胶厂子弟学校，更名湖橡学校；长沙市曙光电子管厂子弟学校，更名为曙光学校；长沙机床厂子弟学校，更名为向家坡学校。7月，根据城区义务教育“以区为主”的办学责任，市教委将一批接收的学校交给各区办学：芙蓉路学校、燕子岭学校、雨新学校、曙光中学、曙光小学、左家塘学校、正圆中学（又名机电职业中专学校)、树木岭学校、湖橡学校、长沙市第四十一中学，移交雨花区教育局管理。赤岭路学校、长征学校、蓝天学校、韶峰学校、向家坡学校、长沙市第四十二中学、建业学校，移交天心区教育局管理。裕湘学校、银桥学校、长沙市工商职业学校，移交岳麓区教育局管理。北桥学校、黑石渡学校、长沙市三十二中学，移交开福区教育局管理。2001 年 10 月，青园、冠亚等一批民办学校相继停办，市政府组成协调领导小组，及时做好民办学校停办后财产清算和其他善后工作。年底，印发市政府《关于批转市教委〈长沙市学校布局调整和标准化建设方案〉的通知》，将直属的市十二中、市十六中、市二十九中，移交芙蓉区教育局管理。市九中、市二十二中、市二十四中，移交天心区教育局管理；市七中、市八中、市二十五中，移交开福区教育局管理。市二十六中、市三十七中、稻田中学，移交雨花区教育局管理。市十九中、市二十八中，移交岳麓区教育局管理。是年，全市初中毕业生 8.81 万人，升入普通高中、职业学校和中专(中技) 学校人数 6.74 万人，升学率 76.57%，超全省平均水平 26.57 个百分点，城区达到 99.1%。

2002 年，雅礼中学并购北大附中湖南分校，成立雅礼寄宿制中学，初高中合办。2004 年，长沙铁路公司管理的铁一中、铁二中由市教育局接收管理。是年，长沙市初中入学率 99.9%，在校学生 30.3 万人。辍学率 1.43%，比全省平均水平低 2.05%。2005 年 1 月，天英、华康、新世纪 3 所民办学校停办。5 月，教育部颁发《关于进一步推进义务教育均衡发展的若干意见》，国务院转发《教育部等部门关于进一步做好农村寄宿制学校建设工程实施工作若干意见的通知》后，长沙市召开相关会议，加强农村寄宿制学校建设。是年，青竹湖湘一外国语学校建立。2006 年 1 月，根据省政府将农村寄宿制学校建设作为 2006 年“八件实事”之一的精神，长沙市提出逐步启动农村寄宿制学校建设，至 2010 年，每乡镇建成一所基本合格的寄宿制初中、一所基本合格的寄宿制小学或九年制学校，基本满足当地中小学寄宿的需要。是年，长沙市启动以“三改”为重点的标准化学校建设。雅礼寄宿制中学更名为南雅中学。11 月，南雅中学与麓山国际实验学校一起由国有民办改为股份制学校。2007 年 6 月，长沙市进一步推动标准化学校建设。是年，长沙华夏实验中学停止与长沙市一中的合作关系，与师大附中联合对广益实验中学进行股份制改造。宁乡民办金海中学在雨花区举行新校区竣工暨开学典礼，进入长沙建校。2008 年，长沙市初中学校根据省政府提出的合格学校建设目标，稳步推进以“三改”为重点的合格学校建设。是年，长沙市包括符合条件的农民工子女在内，入学率 100%，辍学率 0.88%。市教育局通过义务教育合格学校建设与评估信息化管理平台，实现对初中学校办学的动态管理。2009 年秋，长沙市取消“校中校”。长郡双语实验中学建成招生。

2011 年夏，根据湖南省《关于进一步推进义务教育均衡发展的意见》，明德中学、周南中学、长沙市田家炳实验中学实施初高中剥离后，明德华兴中学、周南实验中学和长沙市实验中学三所老校区所办初级中学招生。9 月，雅礼中学和怡海集团在长沙县暮云镇合办的怡雅中学，长郡中学与湖南未来投资发展有限公司在长沙经开区（星沙）合办的湘郡未来实验学校开学。是年起，各初中学校开始聘请常年法律顾问。2012 年 4 月起，长沙市根据教育部和省教育厅关于民办学校“四独立”（独立法人、独立实行经费核算、独立人事管理、独立进行教育教学）的原则，将麓山国际实验学校、南雅中学改制为公办学校，对其他依托公办学校举办的民办学校，因非独立办学实体，占用部分公办教育资源，先后从举办学校剥离。是年，雅礼实验中学建成招生，实施“开放教育、个性教育、自主教育”。各公办初中学校根据长沙市修订的《关于做好义务教育阶段入学管理工作的通知》，确保义务教育阶段外来务工人员随迁子女百分之百入学就读。是年，长沙市共新增优质公办初中学位 3.5 万个，优质教育资源扩展到 70%以上。初中在校生 21.99 万人，初中毛入学率 100%。

二、文化教育

1986年，长郡中学初二学生喻海波在全国少年儿童计算机竞赛中夺得初中组第一名。1987年，市一中初一学生吴海强在全国首届“华罗庚金杯”少年数学邀请赛获得第五名。1989年，根据省教委《关于调整普通中小学教学计划的通知》，长沙市城乡初中统一实行三年制学制。

1990年1月，由市一中学生薛炜，师大附中学生彭坚组成的湖南代表队参加全国少年计算机软件竞赛中夺得团体总分第三名。8月10日，长沙市发布《关于进一步加强教育教学管理的意见》，积极推进城市教育综合改革，初中学校按国家教委颁布的教学大纲进行教学，使用统一教材，开齐全部课程，注重实验，注重对学生非智力因素的全面培养。要求命题、制卷“以本为本、以纲为纲”，进行水平考试，排除各类复习资料的干扰，以减轻学生负担。是年，湖南省决定实行初中毕业会考。命题由省教委普教处牵头，省教科所进行业务指导。同时，由省教科所编写初中毕业会考考纲和毕业会考丛书。长沙市在全省初中毕业会考中，重点中学合格率在95%以上，一般中学合格率为80%。1992年，根据国家教委《九年义务教育全日制小学、初级中学课程计划（试行）》，初中阶段的课程分文化课和活动课两部分，适当设置选修课。

1994年3月1日起，国家实行每周44小时工时制。8月，长沙市转发省教委《实行新学时制全日制初级中学课程（教学）计划和高中教学计划进行调整的意见》，各中学当年秋季起实行。调整后各学科教学时数均略有减少，教学难度也略有降低。1995年5月1日，国家开始实行每周40小时工作制。7月13日，长沙市发布《关于做好中小学五日工时制教学活动安排的通知》。秋季起，各中学实行每周五天（40小时）标准工时制度和执行省教委调整后的教学计划。1997年5月，长沙市出台新政，城区从当年起实施“相对就近，指标到校，少量择优，微机派位”初中招生原则。1998年，发布《长沙市中小学实施素质教育的若干规定》。1999年，长沙市163所中学共计6.36万人，参加市教委统一组织的劳技操作考查。市二十六中将劳技教育落到实处，建立生产、科研、经营一条龙的体系。

2001年6月，教育部颁布《基础教育课程改革纲要（试行）》，义务教育阶段课程改革开始，“课程标准”取代“教学大纲”。8月，开福区率先成为课程改革实验区，承担国家综合课程改革的任务，初中阶段不再分科学习物理、化学、生物、政治、历史、地理，而改为自然、社会与历史两个学科。2002年，长沙市根据省教育厅《湖南省基础教育新课程实验推广实施方案》和《湖南省地方课程设置方案》《湖南省地方课程标准》《湖南省学校课程建设指导》的要求，开展新课程改革各项工作，组织人员编写地方课程教材，建设地方课程。6月25日，长沙市发布《关于认真做好基础教育新课程实验实施工作的通知》。7月，长沙市基础教育新课程改革实验专家小组和领导小组相继成立。下半年，初中起始年级按新的课程标准和新教材上课，开设信息技术必修课。是年起，初中毕业会考由长沙市教育局统一命题、制卷，分县（市）组考。开福区单独命题，招生计划另设。2003年，开福区之外的其他8个区县（市）分两批先后进入省级新课程改革实验区。各学校争创信息技术实验学校，多媒体设备逐步普及，课件成为老师上课的重要辅助手段，电子教案也开始使用。2004年，开福区有首批进入新课程试验的初中学生毕业和升学。出台《长沙市2004年初中毕业升学与高中招生考试制度改革方案》，对开福区进入新课程实验的学生进行等级录取的改革，取得学业水平考试、综合素质评定和高中招生录取三个方面的重大突破。这一改革举措，引起教育部基教司的关注与肯定，《中国教育报》《基础教育改革》对此均作专题报道。自此，长沙市中考招生考试成绩实行等级制，语文、数学、英语之外，政治、历史合成文综、物理、化学合成理综，这7科在初三会考。地理、生物会考在初二进行，与初三进行的体育合成“提前科”。这6个科目分别设立A、B、C、D、E五等，加上综合素质测评的五等，构成高中招生录取的依据。

是年，开福区、岳麓区被教育部确定为全国首批“创建以校为本教研制度建设基地”，并承办全国“创建以校为本教研制度建设基地”项目经验交流与工作研讨会，推介长沙区域性推进校本教研制度建设的经验，并向与会代表展示长沙市7所学校开展校本教研的情况，得到一致好评。2005年，长沙市初中全部按新课程改革要求实施教学计划。2009年12月，宁乡金海中学代表队参加第十一届机器人奥林匹克竞赛，有5人获奖。

2011年，根据教育部颁发《义务教育阶段课程标准（2011年版）》，制定《长沙市2011年初中毕业生综合素质评定实施办法》，根据学生基础性发展目标的要求，结合初中毕业生综合素质发展的实际，将学生综合素质评定内容整合成道德品质与公民素养、学习能力、实践能力、审美与表现能力4个维度，评定的结果作为高中升学的依据。8月，长沙市组织全市初中教师开展“新课程、新课标、新教材”培训，全市各科共3400名教师参加培训。12月14日，麓山国际实验学校、开福区沅丰坝中学成为长沙市第一批基础教育课程改革样板校建设学校。是年，在“首届全国青少年环保发明大赛”中，市二十六中学生邹艳兵、刘梦露，岳麓区清水塘中学段佳佳，浏阳市柏加中学龚金玲，宁乡县双江口中学陈祥，宁乡县十一中邓岁昌的作品，获得环保发明作品一等奖。2012年是长沙高效课堂建设年，长沙很多学校学习山东杜朗口中学的经验，学案取代教案，突出学生先学、自主讨论。年底，长沙市以浏阳社港中学为中心会场，组织全市高效课堂建设研讨活动。是年，附中博才实验中学、雅礼雨花中学、浏阳市社港中学、长沙县暮云镇中学、宁乡县五里堆中学成为长沙市第二批基础教育课程改革样板校建设学校。

表22-2-3-1　　2001年长沙市新课改后初级中学课程安排一览表　　单位：课时

课程			年级			课时
			七	八	九	初中课时合计
国家规定课程	学科类课程	思想政治	2	2	2	200
		语文	6	5	5	534
		数学	5	5	4*	468
		外语（Ⅰ）	3	3	—	204
		外语（Ⅱ）	4	4	4	400
		社会与历史	—	—	—	—
		历史	2	2	2	200
		地理	3/2	2	—	153
		自然	—	—	—	—
		物理	—	—	3	164
		化学	—	—	3	96
		生物	2/3	2	—	153
		体育	2	2	2	200
		音乐	1	1	1	100
		美术	1	1	1	100
		劳动技术	2	2	2	200
		周学科课时	29*	29*	25*	2772

续表 22-2-3-1

课程			年级			课时
			七	八	九	初中课时合计
国家规定课程	活动类课程	晨会（夕会）	每天 10 分钟			
		班团队活动	1	1	1	100
		科技文体活动	2	2	2	200
		周活动课时	3	3	3	300
地方安排课程	时事教育专题讲座		1	1	5	228*
	周课时总计		33	33	33	3300*

说明：“*”表示英语课按水平Ⅰ开设的课时数。如果外语课按水平Ⅱ开设，则初三数学课时为 5；初一至初三学科时都是 30，初三地方安排课程课时数为 1，地方安排课程初中合计 100 课时，初一至初三课时总计数为 34 节，初中课时合计为 3400 节

三、德育

20 世纪 80 年代，长沙市为加强学生思想教育工作，发布《中学生思想政治教育内容系列化安排意见》，力抓形势教育、法制教育、整顿校风校纪。积极推行军民共建文明学校的活动，把解放军的优良传统带来学校，让学生学有榜样，促进校风校纪的转变。1987 年，在市十三中召开“综合治校现场会”，组织“中小学法制教育经验交流会”。7 月，由全国侨联主办的华侨、归侨子女“三好学生”夏令营在市少年宫举行，来自山东、北京等 10 个省、市的 59 名华侨、归侨子女参加活动。1988 年，长沙市按照国家教委关于实施《中小学生守则》《中学生日常行为规范（修订）》的通知精神，加强学校德育教育。是年，初中学校开展“改革在我心中，我在改革中成长”主题教育活动。1989 年，组织全市中小学校长学习贯彻并实施中共中央颁发的《关于改革和加强中小学德育工作的通知》。积极推进思想品德课教学改革，德育教育被纳入市教委考核学校领导和教师的重要内容。1990 年，贯彻省教委《关于在全省中小学广泛深入地开展学习雷锋活动的意见》，其后长沙市中小学学雷锋活动常态化、制度化。

1991 年 9 月，长沙市出台《关于加强和改进德育工作的决定》，要求各级学校进一步健全以校长负责、党支部起政治核心和保证作用的德育工作体制；提出要认真治理学校内外部教育环境，在城区进行社区教育委员会组建试点和工作试点，逐步选派街道办事处的教育专干。10 月，长沙市认真治理学校内外部教育环境，汇同公安、文化、工商等部门，加强对中小学周边环境的治理，实行“法制副校长制”，聘请当地派出所民警担任法制副校长，协调、处理学校周边治安、环境、纠纷等问题，开展法制讲座，在城区进行社区教育委员会组建试点和工作试点，逐步选派街道办事处的教育专干。各学校通过升国旗仪式、主题班会、品德评价、评选“三好学生”和“优秀学生干部”，学雷锋、学赖宁等英模人物先进事迹，组织进工厂、下农村、开展军训等活动，发挥德育的影响作用，体现德育的价值。1993 年 11 月，中南六省（区）教育系统关心下一代协作会在长沙召开，市十一中关协举办的家长学校、培粹实验中学的系列爱国主义活动，上大垅街道的社区教育得到肯定和推介。

1994 年，根据国家教委颁发的《初中国防教育纲要》，将国防教育纳入课程中，实行课堂教学与课外活动相结合，校内教育与校外教育相结合，国防教育与军事训练相结合。全市各中学全面开展军民共

建、警校共建活动，或邀请战斗英雄、军队离退休老干部到学校讲战斗故事、介绍部队的训练和生活等情况，或组织学生到当地驻军营地参观，实地体验军营生活。1995 年 3 月，省政府在长沙召开全省德育工作会议。会上，望城县介绍坚持深入开展学雷锋活动经验。长沙市出台《关于〈中国教育改革和发展纲要〉的实施意见》，全市中小学实施“德育工程”，实现“六有”（成长有渠道、方法有人教、困难有人帮、心事有人听、优秀有舞台、成功有嘉奖）目标。望城县雷锋中学《坚持用雷锋精神育人》《中学生人生价值取向与雷锋精神》等系列经验和报道有力地推动全市学雷锋活动广泛深入地开展，各学校成立“学雷锋小组”，利用休息日主动上街清扫卫生，为社区孤寡病残或需要帮助的人提供帮助。7 月 3 日，长沙市举行百万青少年礼仪教育动员大会。是年，《长沙市中小学礼仪教育读本》获长沙市社科成果一等奖、湖南省“五个一”工程奖，列入长沙市中小学礼仪教育统一教材。1996 年，天心区的“愉快教育”，芙蓉区的“协同教育”，岳麓区的“礼仪教育”，开福区的“主体教育”，雨花区的“目标教育”，被喻为“五朵金花”。

1998 年，根据国家教委颁发《中小学德育工作规程》，市教委重新编排课程，确保中小学思想政治课的时量和质量。2001 年，长沙市自秋季起使用新版《国防教育》，并将国防教育纳入整体教育目标，每学期对学校进行国防教育考核。2002 年 2 月 20 日，长沙市发布《关于在全市青少年学生中广泛深入开展学礼仪、讲道德、努力加强文明行为习惯养成教育活动的通知》。下半年开始，参照省政府、省军区联合发布的《关于在高等学校和高级中学开展学生军训工作的意见》组织军训，加强纪律教育、培养集体观念、养成良好作风。2003 年 12 月 22 日，印发《关于成立长沙市教育局国防教育办公室的通知》，明确学校由党委（支部）负责领导此项工作，校长负责制定计划、具体组织。自此，长沙市国防教育走上常态化、正规化、制度化轨道。是年，由市教育局组织编写的地方教材《我的家乡——长沙》出版，在初中学生中渗透“热爱家乡”的德育教育。

2004 年，贯彻教育部颁布的《中小学生守则》和《中学生日常行为规范》，将其作为思想品德教育的日常内容和评定学生行为品德的标准。2005 年 4 月至 12 月，长沙市组织“百万青少年文明礼仪学习教育实践活动”。2006 年，出台《长沙市中小学德育整体工程实施意见》，礼仪教育成为长沙市中小学德育教育的常规活动。2007 年，实施“千所学校，万名教师，百万市民素质提升大行动”。

2011 年 11 月，全国中小学综合实践基地建设现场会在浏阳市举办，浏阳市青少年素质教育培训中心成为湖南省第一个农村素质教育基地。2012 年，实行《义务教育新课程标准（2011 年版）》，确立德育为先的教育目标。各科教学把落实科学发展观、社会主义核心价值体系作为指导思想，突出中华民族优秀文化传统教育。初中同样出现一个以诵读经典为主要形式的“国学教育”热潮。

四、体育卫生

20 世纪 80 年代，初中坚持“两课两操”（每周两节体育课，每天做课间操和眼保健操）。1987 年，根据国家教委颁发的《全日制十年制体育教学大纲》和国家教委、卫生部颁发的《关于加强学生视力保护，全面开展学校卫生保健工作的通知》，执行预防为主的卫生工作方针，抓学生近视眼、沙眼、寄生虫、龋齿等常见病预防和治疗，每学期保证 1 次以上学生视力检查，安排 1 次服用驱蛔虫药。1989 年春季起试行省教委根据《全日制十年制体育教学大纲》组织编写的《湖南省初中体育教学用书（试行本）》。

1990 年，根据国家教委、国家体委颁发的《学校体育工作条例》和国家教委、国家卫生部颁发的《学校卫生工作条例》，（以下简称两个《条例》）长沙市召开全市教育工作会议，要求认真贯彻执行两个《条例》，增强学生体质，确保学生健康。根据两个《条例》要求，整治教学建筑、环境噪声、照明采光，

图 22-2-3-1　长铁一中初中 128 班邓小溇获 1998 年全国田径锦标赛女子 100 米栏冠军　（长铁一中供图）

按国家标准设置黑板、配备课桌椅。城区学校医务室一般配备 1 名以上医卫人员（但按学生人数 600:1 的比例配备，存在较大缺额）。相当部分的城乡中学每年开展学生体检，建立学生健康档案，记载学生身体成长发育的各项指标。是年，长铁一中与育英小学、砂子塘小学代表湖南省参加全国第七届体育传统项目学校“长江杯”田径邀请赛，长铁一中获得初中女子组团体冠军，捧回“长江杯”，并获单项 8 枚金牌。1991 年 2 月，长沙市出台《在中小学组织体质健康情况监测实施方法》，作为定期对全市中小学体质与健康状况进行监测的依据。此后，为推进学校卫生工作，长沙市各中小学在按规定开设健康教育课的同时，还利用卫生小报、广播宣传、知识讲座等形式，结合实际向学生传播卫生保健知识，开展“防近日”“营养日”“爱牙日”等活动。城区学校以区为单位，开展眼保健操比赛、刷牙比赛、卫生小报比赛等活动，以提高学生自我保健能力。各学校相继完善医务（卫生）室、设立心理咨询室（爱心小屋），建立预防传染病控制、管理预案和学生健康档案。是年始，市教委把学校卫生工作纳入督导评估中。国家教委将 1991 年定为“农村学校体育年”。长沙市给予适当经费支持，各区县（市）增加投入，改善农村学校体育活动场地，完善体育设备。

1992 年，根据国家教委《九年义务教育全日制小学、初中课程计划（试行）》，每周开设 0.5 课时健康教育课。1993 年，加强体育卫生基础知识及与体育运动相关的卫生保健知识，强调体育教学重视提高身体素质的训练，注意性别和个体差异。1995 年，出台《长沙地区试行初中毕业升学考试体育实施办法》。是年起，凡参加升学考试的初中毕业生都参加体育考试，成绩计入中招会考总分。1998 年 4 月 17 日，长沙市发布《关于进一步加强健康教育的通知》，再次强调初中必须按规定在每周科技文体活动中有 0.5 课时用于健康教育。统一使用省编《体育与卫生》教材和《中学健康教育课本》。至此，长沙市初中学校均将健康教育课程正式纳入到课程计划，列入课表。20 世纪 90 年代后期，长沙市将学校卫生设施建设同创建文明卫生城市活动相结合，与寄宿制学校建设相配套。各学校加大资金投入用于卫生设施建设，学校为学生提供充足的符合卫生标准的饮用水，教学卫生环境有很大改善。2001 年起，长沙市各中小学全面实施新课程标准，保证学生每天锻炼 1 小时，每周不少于 3~5 次的锻炼频率。

2003 年，长沙市成立学校抗“非典”预防工作领导小组，制定下发“防治预案”，学校进入封闭和半封闭管理。组织近 70 人的工作队深入 108 所学校协调、组织，历时 3 个月。2007 年 8 月 30 日，长沙市根据中共中央、国务院颁发《关于加强青少年体育增强青少年体质的意见》，出台《〈关于加强青少年体育增强青少年体质〉的实施意见》，要求各级各类学校不得以任何理由削减、挤占体育课时。学校组织的课余运动和训练要纳入教育目标和教学活动安排，列入课程表，确保学生每天锻炼 1 小时。是年，“阳光体育”在学校开展运行，长沙市有寄宿生的初中学校，积极开展早操活动，寒冬季节一般开展长跑。2009 年 5 月，长沙市教育局被教育部授予全国“第二届阳光体育冬季长跑活动优秀组织奖”。12 月，长郡双语实验中学承办湖南省第三届“学生阳光体育冬季长跑”起跑仪式。2011年8月14—21日，全国中学生羽毛球锦标赛在长郡双语实验中学举行。10月29日，第五届全国亿万学生阳光体育冬季长跑活动暨长沙市学生阳光体育展示活动在长郡双语实验中学举行。

2012年，根据教育部颁布的《义务教育体育与健康课程标准（2011年版)》，坚持“健康第一”的课程理念，以增进身体健康、提高心理健康水平、增强社会适应能力、获得体育与健康知识与技能作为课程价值，落实“1小时体育活动”，开展特色大课间体育活动，明德天心学校的跆拳道获得一致好评。长沙市体育中考制度在实施过程中，不断完善项目设置、评价标准，舆论监督，使之成为促进初中学生身体健康，体能增强的重要手段之一，但学生体能素质、肺活量水平等生理指标没有明显提高，超重、近视比例上升。

五、艺术教育

20世纪80—90年代，长沙市初中音乐、美术每周各开1节课，但农村学校由于师资缺乏，得不到保障。城市学校和家庭重视特长培养。1997年3月，湖大附中初二学生皮晓晓应邀去美国德克萨斯州举办个人画展。1998年2月，长沙市组织全市中小学生舞蹈比赛。2001年3月5日，长沙市发布《关于举办2001年中小学生（含职业高中）音乐、美术设计制作竞赛的通知》，竞赛系列活动包括全市中学生（含职业高中）独唱、重唱、独舞、双人舞，独奏、重奏比赛与音乐素养知识竞赛；全市中学生（含职业高中）美术设计制作与美术素质知识现场比赛。12月16日，在省教育厅发布的《关于全省中小学生“湘井王"杯独唱、独奏、独舞比赛获奖情况的通报》中，长沙市获得单项优异成绩和优秀组织奖。此后，该活动每年一次，逐步演变成全省中小学文化艺术展演活动，简称为“三独”比赛。2002年开始，长沙市每年举办一次“三独”比赛。2003年全面进入课程改革后，长沙市美术老师在教学中依照美术课程标准的三维目标要求，根据学生发展需求和美术教师专长及当地美术教学资源，拓展如民间剪纸、版画、水彩画、水粉画、命题画等方面的教学内容。

2007年5月21日，长沙市中小学生艺术团成立，初中学校以县（市）区教育局为组成单位参加。7月，长沙庆祝建军80周年“红星照我去战斗”音乐舞蹈史诗在湖南大剧院上演，全市13所学校，1300名演员参加表演。2010年11月，长沙市开展“关于我的世博梦——美年达杯中小学生绘画大赛”。是年，长沙市开展历时近一年的以“在阳光下成长”为主题的中小学校园文化艺术节，长沙青竹湖湘一外国语学校、南雅中学、长沙市北雅中学、湖南师大附中博才实验中学、长沙市26中、长沙市十一中、芙蓉区第十二中学、宁乡县城北中学获合唱类一等奖，师大附中博才实验中学获器乐类一等奖，长沙市金海中学、长沙县黄兴中学、宁乡县双江口中学获舞蹈类一等奖。

2011年6月，国家教育督导团对长沙市部分市区中小学体卫艺教育工作进行专项督导检查，重点是学校艺术活动的开展情况及学生的参与效果。长沙市根据省教育厅“迎检”文件精神积极迎检。长沙市艺术活动获得好评。是年，部分初中学校参加2011年度长沙市中小学生创意创新表演电视挑战赛。2012年2月，长沙市印发《关于举办长沙市第四届中小学生艺术展演活动的通知》，明确展演活动的项目分为三类:艺术表演类、艺术作品类和中小学艺术教育科研论文报告会暨校长论坛。11月，“2012年长沙市中小学教学班演唱比赛”结束，获得一等奖的单位长沙青竹湖湘一外国语学校、长郡双语实验中学、望城区高塘岭镇中学、长郡梅溪湖中学、湖南师大附中博才实验中学、麓山国际实验学校。获得优秀组织奖的有麓山国际实验学校、长郡双语实验中学、长郡梅溪湖中学、南实验中学、雅礼实验中学、长沙市明德华兴中学、长沙青竹湖湘一外国语学校、长沙市新城学校、望城区高塘岭镇中学。

六、学校选介

（一）长沙市湘郡培粹实验中学。原名长沙市培粹实验中学，创办于1989年，是改革开放后长沙市创办最早的一所民办完全中学。最初是租赁长沙市财经职业中专4间教室办学，首届招收学生230人。1990年6月，学校搬迁至西区一路吉祥长沙中华基督教青年会原址办学。1996年2月，学校迁至文星桥1号三十二中，利用三十二中部分校舍办学。1999年8月学校迁至桐梓坡长沙伞厂办学，当年招收高中新生10个班。同时，增设初中新生1个班，全校共22个班，学生人数增至1018人，次年又增至27个班，学生1180人，有教职工161人。

2003年5月，学校搬迁至东瓜山原电业中专办学，招收新生4个班，在校学生人数550人。2006年4月10日，学校搬迁至长沙市天心区上黎家坡43号办学，当年招收初中新生8个班450人、高中新生2个班50人。此后两年，初中每年以450人递增，高中继续保持每年招收2个班。2008年，全校有初中24个班，高中6个班，共计学生1553人，教职工129人，其中，特级教师4人，高级教师57人。至2012年，学校共培养高初中毕业生近2万人，其中，在上黎家坡校址办学期间的初三毕业学生中有47%进入长沙“四大名校”学习，14人进入北大、清华深造。

该校所倡导的办学理念是“立校为公，办学为民，磨血育人，为国培粹”。并先后获得“长沙市诚信办学、依法办学优秀学校”“长沙市民办教育优秀学校”“长沙市民办社会组织先进单位”“长沙市先进基层党组织”“湖南省社会力量办学优秀学校”“全国民办教育先进单位”“全国民办教育百强”等80余项殊荣，成为长沙市民办学校的一面旗帜。

（二）浏阳市浏阳河中学。前身系浏阳县黎氏私立同德学校，创办于民国23年（1934），其校址在黎氏祠堂（原浏阳县农业机械厂），1951年由政府接管，更名为“浏阳中学附属小学”。后几易其名，2003年“淮川第一初级中学”与“淮川第二初级中学”合并为“浏阳市浏阳河中学”，并迁址淮川街道原城东居委会鱼鳞组。学校规划占地16公顷，设计容纳60个班、3000名学生的办学规模。2003年9月18日完成教学楼、实验楼建设。是年秋季有42个教学班，2100名学生，180名教职工。至2012年，学校占地8.98公顷，总投资9000余万元，建有教学楼3栋，实验楼1栋，综合楼1栋，食堂2栋，总建筑面积2.71万平方米。学校有教学班36个，学生1948名，教职工140名，中、高级职称教师120人，省级骨干教师10人，市级骨干教师24人，浏阳市名师3人，浏阳市级骨干教师36人。

学校本着“团结实干，争创一流”的拼搏精神，立足生命教育，努力拼搏，勇于创新，教学质量历年荣获市一等奖，位居全市前茅。学校星河文学社多次荣获“全国十佳文学社”“全国优秀文学社百家”称号。还先后被评为湖南省基础教学研究优秀实验学校、长沙市科技教育先进单位、浏阳市文明单位、浏阳市德育示范学校等荣誉称号。

（三）宁乡县城北中学。创建于清光绪三十年（1904），始名为“宁乡县城立崇实小学堂”，民国2年（1913），刘少奇曾在此求学。后学校多次更名，1977年正式定名为“宁乡县城北中学”。1988年后，学校先后被评为全国青少年道德培养实验基地、全国语文自学辅导实验先进单位、湖南省中小学教师培训基地、湖南省双合格优秀家长学校、湖南省科技活动示范学校、长沙市现代教育技术实验学校、长沙市校务公开民主管理示范单位、宁乡一中优质生源基地。

20世纪90年代末，宁乡县城北中学不断扩建、新建，先后并入原宁乡十四中、原宁乡师范，形成振兴、春城、梅花3个校区，总校园面积约7.67公顷，有96个教学班级，5000余名学生，教职工398人，其中高级教师63人，一级教师285人，省市级骨干教师、名优教师、学科带头人和国培送培专家等100余人；2002年学校入选教育部《中国名校600家》。2008年，学校被评为湖南省安全文明校园；2010年，学校被长沙市教育学院赠予“百年名校，教研龙头”称号；2012年，学校被评为长沙市经典诵读特色学校。现有初中语文等7个名师工作室落户城北，该校成为宁乡县规模最大的公办初中。

第四节 普通高中教育

一、学校

20世纪80年代，长沙市根据省教育厅的部署，调整普通中学布局和规模，公社中学停止招收高中班，逐步消除因盲目发展造成的“虚肿”现象。1988年，全市普通中学减至429所（1977年为1148所）。城区中学基本实行市管为主的体制，市一中直属省教委管理，湖南师大附中由师大和省教委双重管理，子弟学校由主办单位管理。4县1郊的中学由辖区教育局管理。1989年，全市参加高考的应届毕业生1.64万余人 录取中专以上3300人，其中大学1113人，大专1561人，中专626人。是年，市第十四中学更名为市实验中学。1990年，长沙市继续调控高中发展，初中毕业生70%可以升学，全市净增高中（含职高）学生4.68万人。高中毕业生15%可升入高等院校。此后，由于城市扩容，乡镇区划调整，适龄青少年入学高峰转移等，城区普通高中入学人数逐年增加。

1991年，根据省教委重点中学会议精神，将“实验性、示范性、现代化、高质量、有特色”作为重点中学建设整体思路的5个特点。9月，大托中学改名为郊区第一中学。是年，受计划生育政策影响，农村生源减少，长沙市提出控制农村高中学校的规模。1992年省级重点中学评审中，全省第一批授牌的8所学校中，长沙有师大附中、一中、雅礼中学3所学校。1993年，按照把长沙市建设成为现代化国际性城市的要求，调整教育发展规划，发展高中教育。10月，全国中学校长工作研讨会第四次年会在长沙举行，来自全国80余所著名重点中学的校长到雅礼中学参观交流，对学校给予高度评价。11月，按照全省中小学布局调整工作会议精神，普通高中（含完全中学）原则上平均每10万~15万人口办1所。是年，长郡中学、宁乡一中被评为省重点中学。

1995年2月，长郡中学、雅礼中学升级为正县级全民事业单位（师大附中、一中原本为正县级单位）。8月19日，长沙市教育工作会议提出，进一步优化教育结构，逐步实现高中阶段教育模式的多元化，办好重点高中，发展职业高中，适度发展普通高中。是年，全市共有普通高中391所，在校学生28.41万人。周南中学、长沙县一中被评为省重点中学。1996年3月，大力发展高中阶段教育，促进高中阶段教育协调发展。长沙市第二十三中学更名为长沙外国语学校，成为湖南省首家、长沙市唯一一家公办，以外语为特色，坚持全面素质教育的市级示范性完全中学。9月，市田家炳实验中学与市实验中学合并，定名为长沙市田家炳实验中学。10月，市田家炳实验中学加挂湖南师范大学第四附属中学的牌子。实验中学是省教委为加强省级重点中学建设的又一种形式。实验中学的首要任务，就是带头纠正片面追求“升学率”这个时弊，在实施素质教育、发展学生个性特长、教育教学改革、学校领导工作方面出经验。是年，明德中学、浏阳一中、望城一中被评为省重点中学。

1997年，省委、省政府要求长沙市率先普及高中教育。1998年，浏阳市率先启动高中“翻番工程”，创办浏阳田家炳实验中学，扩建10所普通高中。是年，附中、一中、长郡、雅礼四校剥离初中，集中力量办高中，随即四校举办民办初中“校中校”。1999年，长沙市学校布局调整和薄弱学校改造结合，引导一批薄弱学校通过创办特色学校改变薄弱现状。城区普及高中阶段教育提高，高中阶段适龄人口的入学率为68%。2000年5月，全市教育工作会议提出，义务教育以区为主后，要进一步扩大高中阶段的招生规模。2001年，长沙市加快高中阶段教育发展步伐，县（市）通过增加投入，进行学校扩容和挖潜。城区推进集团化合作办学，加速教育的规模发展。3月，长郡中学和麓山国际实验学校合并办学，组建长郡教育集团。两校实行单独核算，相对独立运作的“公办”和“国有民办”两种办学模式。是年，省地质中学被评为省重点中学。2002年，为实施普及高中阶段教育工程，望城县投入1.2亿元，浏阳市实施普通高中“六强六精”战略，宁乡县扩建县一中，采取普高与职高、民办与公办协调发展等措施。6月，雅礼中学、长雅实验学校以及雅礼寄宿制中学组建雅礼教育集团，实行国有公办与国有民办“两种并存的体制”和“三统一”（统一校名、统一管理、统一标准）管理模式。

2003年，市二十一中被评为省重点高中，市十五中学升格为副县级全民事业单位。2004年3月，宁乡四中、望城雷锋学校、浏阳市田家炳实验中学、市十一中学被评为省重点高中。6月，市六中拓址芙蓉区车站北路新校开工奠基。是年，长沙市田家炳实验中学升格为正县级全民事业单位，市二十一中学、铁路一中为副县级全民事业单位。湖南省取消“省重点中学”称号，一律改称为“省示范性普通高级中学”，实行动态管理。

2006年8月，湖南省党政代表团到新疆考察，决定在湖南开办新疆班，帮助新疆培养人才，促进西部经济发展和社会进步。9月，附中、一中、长郡、雅礼四校的民办初中“校中校”停止招生。12月，长沙市开始城区中学对口支持工作，要求省级示范性高中本着“尽力而为，量力而行”的原则，向受援学校开放教育教学设施，实现教育教学资源共享，在教育理念、教学管理等方面予以重点指导，规定受援学校2%的毕业生直升对口省示范性普通高中就读。第一批对口支援学校有师大附中与望岳中学，长沙一中与马王堆中学，长郡中学与市三十二中，明德中学与洞井中学，周南中学与植基中学，雅礼中学与建业中学。是年，长沙县实验中学、宁乡十三中、浏阳三中、长沙市六中被评为省示范性高中。2007年3月，周南中学首个“新疆班”开学，共招收54名新疆吐鲁番籍学生。4月，长郡中学支援市三十二中学举行签字仪式，全市对口支援正式启动。长沙市在对口支援活动基础上，进一步探索委托管理、捆绑发展、合作办学等多种办学模式，充分发挥“名校”效应，不断满足社会对优质教育资源的需求。6月，雨花区外国语学校以捆绑发展方式与长郡中学实行合作办学，挂“长郡教育集团雨花外国语初级中学”牌子。8月20日，长沙市第八中学整体移交给周南中学，八中原校区按有关规定进行资产置换，置换所得用于偿还周南新址建设债务。2008年8月，位于天心区生态新城的明德中学新校区主体工程竣工。是年，长沙部分中学接受汶川地震灾区的学生来校就读。2009年，雅礼中学被授予“全国文明单位”称号。

2010年，湖南师大附中、长沙市一中相继组建教育集团。2011年秋，根据湖南省《关于进一步推进义务教育均衡发展的意见》，明德中学、周南中学、长沙市田家炳实验中学实施初高中剥离，三校老校区作为初中校区，独立办学。随之，明德教育集团成立。11月，省教育厅授牌长沙外国语学校“湖南省普通高中特色教育实验学校”，成为长沙第一所特色高中。12月，麓山国际实验学校与长沙市第二十中学实行捆绑合作办学，市二十中学更名为麓山滨江实验学校。2012年7月，南雅中学与麓山国际实验学校转制为市教育局管理的公办完全中学。

表 22-2-4-1　　长沙市 1988—2012 年全日制普通中学基本情况一览表

年份	学校数（个）	招生数（人）	毕业生数（人）	在校学生数（人）	教职工数（人）
1988	429	77029	67441	235257	19597
1989	429	82389	65762	238878	19915
1990	438	87892	72833	242065	20133
1991	422	86847	69188	243473	20309
1992	418	86754	68457	246662	20769
1993	421	88993	71579	248075	21347
1994	409	98763	70133	262655	21768
1995	391	106990	72276	284050	22231
1996	379	106047	78143	298924	23364
1997	379	108558	88071	309415	23737
1998	383	119832	95489	319792	24418
1999	379	131057	95136	345200	25946
2000	377	141865	97009	384192	26636
2001	368	149566	109141	413043	27330
2002	355	153589	124364	436307	27567
2003	358	132957	134525	432826	28429
2004	347	111583	144961	395687	27783
2005	339	102616	150972	345167	26814
2006	322	95519	130686	307095	25580
2007	310	99466	110623	292979	24888
2008	298	98650	97313	289960	24582
2009	291	102405	94639	295269	24924
2010	284	111383	96302	307427	24716
2011	280	114280	93657	325136	26871
2012	284	121302	100267	343769	28063

二、文化教育

1983 年起，长沙市普通高中开始实行三年学制，注重科技创新活动和创新拔尖人才的培训。1986 年，市一中学生朱柯帆入选奥林匹克数学竞赛的国家集训队。1987 年 7 月，望城二中学生余和获“全国少年化学智力游戏牌竞赛”一等奖。12 月，师大附中被授予“全国青少年科技活动先进集体”称号。按照全省统一部署，从 1988 年秋季入学的普通高中学生开始，试行毕业会考制度。是年，长沙市高考录取 5309 人，录取率 23.6%。8 月，长沙市在全国中学无线电工程制作竞赛中，获一等奖 2 个。1989 年 7

月，市一中学生邱东昱获第20届国际中学生物理奥林匹克竞赛银牌。9月，全省普通高中普遍开设劳动技术课。

1990年7月，市一中学生陈伯友获得奥林匹克物理竞赛铜牌。1991年7月，师大附中学生郭早阳入选国家队，参加国际奥林匹克数学竞赛。1992年，师大附中、市一中、雅礼中学三校开办“理科实验班”。师大附中设数学、化学班，市一中设物理、生物班，雅礼中学设信息班，每班25人，面向全省招生。长沙奥赛五大学科竞赛中逐步走到全国前列，奥赛金牌成为长沙教育的名片。

图 22-2-4-1　田家炳实验中学学生在老师指导下做物理实验　（摄于1993年4月，长沙市教育局供图）

1994年，师大附中学生彭建波、黄永亮和李师格参加国际中学生奥林匹克学科竞赛，获金牌和银牌。市一中学生黄英参加国际奥林匹克物理竞赛，获银牌。1995年，长沙市出台《关于〈中国教育改革和发展纲要〉的实施意见》。7月13日，长沙市发布《关于做好中小学五日工时制教学活动安排的通知》。自当年秋季起，长沙市各中学实行每周五天（40小时）标准工作制度和新的教学计划。1996年，市九中的创造教育在全国形成影响，《人民教育》等媒体进行专题报道。

1999年，省教委积极推进以计算机辅助教学为核心的课堂教学改革，以长沙市等4个市为重点，部署课程改革教学研究，作好课程教材改革前期准备。以长沙市、常德市为重点，开展举办综合高中试点。8月，市暑期教育工作会议提出，试行国家课程、地方课程和学校课程，促进教材多样化。是年，长郡中学学生彭晓聿获国际生物奥林匹克竞赛金牌，取得长郡中学金牌“零”的突破。

2000年4月11日，长郡中学开办省理科实验班。10月，雅礼中学学生张一飞荣获第十二届国际奥林匹克信息学竞赛金奖，实现金牌“零”的突破。自1989年参加国际学科奥林匹克竞赛以来，至2000年湖南共获奖牌38枚，其中金牌23枚、银牌13枚、铜牌2枚，居全国之首。此后，雅礼、长郡中学的奥赛竞赛成绩赶超师大附中、市一中，“四大名校”效应越来越大。

2001年6月，经省教委批准，师大附中、市一中、雅礼、长郡4所学校本着自主的原则，可自行举办理科实验班。是年起，多媒体辅助教学迅速在各高中学校推广，雅礼中学被评为国家级现代技术实验学校。2002年，长沙市各高中自秋季起统一执行新课程计划，高中一年级开设研究性学习必修课程和信息技术必修课。2003年2月，省教育厅同意长沙市十一中学和长沙铁路一中举办艺术特长班和英语特长班。从2003年开始，高考时间由7月改到6月。是年，长沙市高考录取26197人，录取率80.65%。

表 22-2-4-2　　2002 年湖南省全日制高级中学课程计划课程设置一览表　　单位：课时

课程			高一	高二	高三	周课时累计	必、选修授课总课时数
思想政治		必修	2	2	2	6	184
语文		必修	4	4	4	12	368
外语		必修	4	4	4	12	368
数学		必修	4	4	—	8	280
		选修	—	—	4	4	88
信息技术		必修	2	—	—	2	70
		选修	—	2	—	2	70
物理		必修	3/2	2	—	4.5	158
		选修	—	2	3	5	136
化学		必修	2	2	—	4	140
		选修	—	2	2/3	4.5	118
生物		必修	—	3	—	3	105
		选修	—	—	3	3	66
历史		必修	3	—	—	3	105
		选修	—	2	3/2	4.5	132
地理		必修	3	—	—	3	105
		选修	—	1	3/2	3.5	97
体育与健康		必修	2	2	2	6	184
艺术（音、美）		必修	1	1	1	3	92
综合实践活动	研究性学习	必修	3	3	3	9	276
	劳动技术教育	必修	每学年一周（可集中安排，也可分散安排）				
	社区服务	必修	一般应利用校外实践时间安排				
	社会实践	必修	每学年一周（可集中安排，也可分散安排）				
地方和学校选修课			1.5	1~2	5.5~9~18	8~12.5~21.5	215~320~518

2007 年，高中进入新课程改革。1 月 29 日，长沙市发布《关于高中课改培训的紧急通知》。6 月，出台《长沙市普通高中新课程实验工作方案》《关于推进普通高中新课程实验的实施意见》，为下半年进入高中课改作准备。9 月，长沙市全面启动普通高中新课程实验，高一年级使用新教材，按《课程标准》组织教学。构建与新课程计划相匹配的教学管理模式，创建文化课程学分评价管理体系，课堂教学形态随之发生转变。10 月，全国课程改革实验区综合实验活动课程第五次研讨会在长沙举行，来自全国 25 个省市地区的 800 余名代表与会。高中新课程由必修和选修两部分构成，并通过学分描述学生的课程修习状况。

表 22-2-4-3　　2007 年课改后高中三年的课程设置一览表

学习领域	科　目	必修学分（共计 116 学分）	选修学分一	选修学分二
语言与文学	语文	10	根据社会对人才多样化的需求，适应学生不同潜能和发展的需要，在共同必修的基础上，各科课程标准分类别、分层次设置若干选修模块，供学生选择	学校根据当地社会、经济、科技、文化发展的需要和学生的兴趣，开设若干选修模块，供学生选择
	外语	10		
数学	数学	10		
人文与社会	思想政治	8		
	历史	6		
	地理	6		
科学	物理	6		
	化学	6		
	生物	6		
技术	技术（含信息技术和通用技术）	8		
艺术	艺术或音乐、美术	6		
体育与健康	体育与健康	11		
综合实践活动	研究性学习活动	15		
	社区服务	2		
	社会实践	6		

说明：①每学年 52 周，其中教学时间 40 周，社会实践 1 周，假期（包括寒暑假、节假日和农忙假）11 周；②每学期分两段安排课程，每段 10 周，每周 5 天。其中 9 周授课，1 周复习考试。每个模块通常为 36 学时，一般按周 4 学时安排，可在一个学段内完成；③学生学习一个模块并通过考核，可获得 2 学分（其中体育与健康、艺术、音乐、美术每个模块原则上为 18 学时，相当于 1 学分），学分由学校认定。技术的 8 个必修学分中，信息技术和通用技术各 4 学分；④综合实践活动是每个学生的必修领域，共 23 学分。其中研究性学习活动三年共计 15 学分；学生每学年必须参加 1 周的社会实践，获得 2 学分；三年中学生必须参加不少于 10 个工作日的社区服务并有相关证明，获得 2 学分；⑤学生毕业的学分要求：学生每学年在每个学习领域都必须获得一定学分，三年中获得 116 个必修学分（包括研究性学习活动 15 学分，社区服务 2 学分，社会实践 6 学分），在选修二中至少获得 6 学分，总学分达到 144 方可毕业。鼓励学有余力或希望多方面发展的学生修习更多的选修课，获得更多学分

2009 年起，长沙市除每年的高三教学视导外，开展教学常规专项检查，将检查结果及时通报，促进课堂教学。6 月，新课改后的首次高中学业水平考试在高二年级进行，长沙市优秀率为全省第一，合格率第三。

2010 年，课改后首次高考，长沙市有文科考生 1.83 万人、理科考生 2.30 万人参考，取得文、理科总分平均分，文科数学、英语、文综，理科语文、数学、英语、理综平均分等九项成绩全省第一，文科语文平均分全省第二，上线率和录取率均居全省榜首。高中学业水平考试，长沙优秀率全省第一，合格

率全省第二。7月8日，长沙市根据《教育部关于深化基础教育课程改革进一步推进素质教育的意见》《关于开展基础课程改革样板校建设的通知》，出台《长沙市基础教育课程改革样板校建设实施方案》。2011年12月14日，长沙市第一批基础教育课程改革样板校建设学校中，高中学校有长郡中学、雅礼中学、稻田中学、市十五中。

2012年是长沙市高效课堂推进年。高中学校没有盲目学习山东杜朗口学校的做法，更多地结合校情和不同学科的特点，探索新课堂教学模式。12月，在浏阳社港中学组织全市高效课堂建设研讨活动，市实验中学、市外国语学校、市六中代表高中学校作经验介绍。长沙市实验中学、长沙市第六中学、长沙县二中成为长沙市第二批基础教育课程改革样板校建设学校。是年，长沙市在全省高中学业水平考试中合格率和优秀率均居全省第一。高考总分、上线率、录取率居全省第一。

表22-2-4-4　　长沙市1988—2012年高考录取情况一览表　　单位：人

年份	招生数	本科录取人数	专科录取人数	总录取数	录取率（%）
1988	22498	2201	3108	5309	23.60
1989	16418	1113	1561	2674	16.29
1990	19248	1705	1537	3240	16.84
1991	17941	1419	1613	3032	16.90
1992	17455	2028	2476	4504	25.80
1993	15317	2265	3304	5569	36.36
1994	14642	2367	3694	6061	41.39
1995	13006	2573	3500	6073	46.69
1996	13765	2577	3309	5886	42.76
1997	13864	3002	3001	6003	43.30
1998	15241	3469	3386	6855	44.98
1999	16207	5720	4663	10383	64.66
2000	18953	6108	5929	12037	63.51
2001	22893	8319	6858	15177	66.30
2002	28965	10619	10560	21179	73.12
2003	32482	11540	14657	26197	80.65
2004	37886	13020	17706	30726	81.10
2005	50750	16131	22740	38871	76.59
2006	53845	16557	17365	33922	63.00
2007	62871	18966	23284	42250	67.20
2008	66149	20618	22454	43072	65.11
2009	56494	22003	19600	41603	76.64
2010	46553	22187	16206	38393	82.47
2011	42002	21240	13192	34432	81.98
2012	43969	22888	12669	35557	80.87

三、德育

20世纪80年代，长沙市高中德育以培养“四有”（有理想、有道德、有文化、有纪律）公民为目标，实施《中小学生守则》《中学生日常行为规范（修订）》，整治校园周边环境，营造良好的德育环境。1988年2月，市一中、长郡中学在共青团中央发起的“改革在我心中，我在改革中成长”主题教育活动中，获全国组织奖。8月，全国中小学德育工作会议举行。12月，长沙市组织全市校长学习贯彻中共中央发布的《关于改革和加强中小学德育工作的通知》，制定实施通知的方案，编印《中小学德育参考》。学校成立德育工作领导小组，确定校长或书记任组长，制定符合校情的实施方案和条例。高中政治课开设“经济常识”和“政治常识”，取代原来的教材。是年，湖南省有16所高中开展军训，师大附中在省教委、省军区的考核中，获团体第一名。1989年3月，长沙市召开中小学德育工作会议，推介师大附中德育工作全方位改革及二十九中全员抓德育工作的经验。全国政治风波后，暑假前后，各校按照市教委要求认真组织广大教职工、学生集中学习两周，引导广大师生提高认识，统一思想。全市暑假教育工作会议明确将德育作为考核教育行政领导和教师的重要内容，积极推进思想政治课的教学改革。长郡、周南、八中、九中、十五中等学校开展德育科研课题研究，撰写一批德育工作论文。各校通过各种方式提高德育工作者待遇，十一中、十五中对连续五年以上担任班主任的教师给予奖励，雅礼、十八中、十二中组织德育工作者外出学习、考察，一批学校给予从事团、队工作的教师享受职务工资待遇。

1990年3月，落实省教委《关于在全省中小学广泛深入地开展学习雷锋活动的意见》，开展学雷锋活动。1991年，出台《长沙市“八五”期间中等教育发展规划》，提出县、乡建立学生劳动和生产实习基地；城区建立劳动技术教育中心，逐步把校办工厂建成劳动教育基地。下半年，长沙市先后出台《关于加强中小学生德育工作的决定》《长沙市中小学德育督导检查评估标准》。各校进一步健全德育工作体制，通过升国旗仪式、主题班会、品德评价、评“三好”“优干”，学雷锋等，发挥德育影响作用，体现德育的价值。1992年起，师大附中选定湘西凤凰县干工坪乡为“希望工程”扶助点及学生德育基地。9月，长沙市开展省级课题“学科教学渗透德育的”的研究，探索学科教学德育的新途径。

1994年7月，师大附中组织18名学生组成“远志”夏令营到凤凰德育基地进行劳动锻炼，营员生活自理，分散到受助农户家中，同吃、同住、同劳动、做家务，与受助的学生交朋友。中央电视台、《中国教育报》、《湖南日报》作专题报道。8月，贯彻落实中共中央《关于加强和改进学校德育工作的若干意见》《爱国主义实施纲要》，实施“德育工程”，实现“六有”目标，学雷锋活动与礼仪教育在各校蔚然成风。1996年，长沙市教育学会思想政治工作专业委员会成立。1997年，开展迎香港回归的爱国主义教育。1998年下半年，执行《中小学德育工作规程》，加强队伍建设，规划德育内容，通过“我为班级增光彩”等活动开展爱班、爱校教育，培养学生的集体主义意识。是年，根据《中华人民共和国国防法》就高级中学军事训练的时间、内容和要求做出具体规定，各学校贯彻实施。

1999年，各校围绕“两迎”“两创”（迎接中华人民共和国成立50周年、迎接澳门回归祖国，创建全国卫生城市、创建全国文明城市工作先进市），把增强学生的爱国主义、集体主义、社会主义思想作为素质教育的灵魂，初步形成以爱国主义教育为主线，以行为规范教育为基础，以心理健康教育为特色，以德育队伍建设为抓手的德育工作新局面。围绕“五四”运动80周年、中华人民共和国成立50周年，迎接澳门回归祖国等重要纪念日，广泛开展读书活动、征文活动、演讲、合唱比赛、专题图片展览，从知、情、意、行入手，使爱国主义内化为学生的感情和思想。2000年，长沙市根据中共中央、国务院发布《关于加强青少年学生活动场所建设和管理工作的通知》，加强少年宫建设，要求各区县（市）建设好素质的教育基地。

2001 年起，长沙市结合文明城市创建工作，开展“示范性家长学校”“学习型家长”评选。2002 年上半年，开展学礼仪、讲道德、加强文明行为习惯养成教育。各校丰富和创新德育工作内容，改进德育工作方法。师大附中狠抓德育实践环节，注重学生体验教育；长郡中学注重教师师德，着眼学生全面发展；明德中学狠抓环境育人、传统育人；雅礼中学利用现代教学技术，注重学生自我发展、自我展示。以周南中学、市一中、十二中为代表的心理健康教育，以岳麓区为代表的礼仪教育，以雨花区、望城县、三十七中为代表的传统美德教育，成为有地方特色的德育课题。9 月 13 日，省政府、省军区联合发布《关于在高等学校和高级中学开展学生军训工作的意见》，要求各市、州、县人民政府、军分区、省武警总队等机构认真贯彻执行。通过多年实践，各校军训工作取得明显成效。军训内容突出军事特点，通过掌握基本军事知识和技能，加强纪律教育、培养集体观念、养成良好作风。军训实行军事化管理或半军事化管理，以保证效果。2003 年，教育部、解放军总参谋部、总政治部联合颁发《高级中学学生军事训练教学大纲》，规定军事训练是普通高中和各类中学职业学校学生学习的必修内容。2003 年 12 月，由市教育局成立国防教育办公室，具体组织指导国防教育活动。自此，长沙市国防教育走上常态化、正规化、制度化轨道。2004 年，高中学生开始执行新修订的《中小学生守则》《中学生日常行为规范》。是年，长沙市强化学生心理健康教育，成立教育学会心理健康教育专业委员会，吸收会员单位 120 余个。市教育局聘请著名教育改革家魏书生和全国模范班主任任小艾，对 260 名教育主任和班主任进行集中培训。2005 年 6 月，按照《高级中学学生军事训练教学大纲》编写的《高中生军事训练教程》和音像教材，成为军训的基本教材。

2007 年，长沙市进一步加强未成年人思想道德建设，成立“长沙市未成年人服务联动中心”；注重丰富道德教育载体，编写《中小学心理教育案例集》《青少年社会主义荣辱观教育读本》；营造践行社会主义荣辱观良好氛围，组织“中小学生知荣明耻德育小剧比赛”“学习洪战辉，争做新三好”“城乡学生手拉手，共建美好新农村”等主题教育活动；雅礼中学作为第三届中国公民道德论坛现场参观点，展示长沙教育的良好精神风貌。2008 年，将创建全国文明城市和创建未成年人思想道德建设工作先进城市结合起来，深入开展德育工作。以抗击冰雪灾害、援助汶川地震灾区、迎北京奥运为契合点，引导学生提升文明行为、提高思想道德，出色完成“两个创建”工作。是年始，组织由直属学校心理老师组成的咨询员队伍，每晚在市心理咨询中心（设在市教科院）开展线上心理咨询，对学生进行心理疏导。2010 年，长沙市开展阅读、普法、志愿服务、安全教育等特色鲜明的文明创建活动，举行第二届未成年人成长论坛暨第二届学校心理健康教育论坛。开展“市级安全文明校园”验收，并选送 8 所学校参加“省级安全文明校园”评比。市教育局被评为全国城市公共文明指数测评工作先进单位。2011 年，利用建党 90 周年，开展“红色文化艺术节”等活动，进行爱党爱国、理想人生观教育。2012 年，长沙市继续创建德育工作形式，通过党建带团建，推动团的组织形式创新，开办“青年党校”，培养优秀学生加入中国共产党；通过“道德讲堂”“青春讲坛”“社团活动”等，促进青少年健康快乐成长。

四、体育与卫生

20 世纪 80 年代，在“两课两操”基础上，抓好体育代表队的训练，为高校输送人才。1987 年，认真执行《全日制十年制体育教学大纲》《关于加强学生视力保护，全面开展学校卫生保健工作的通知》，保证每周 2 节体育课，开展预防为主的卫生工作。根据《国家体育锻炼标准》开展课外体育活动，项目包括班级课外体育活动、体育代表队训练等。是年，长沙市一中（田径、男篮）、市八中（男排）、市十一中（田径）、雅礼中学（足球、田径）、长沙县一中（田径）5所中学被授予“湖南省体育传统项目学校”称号。1988年，按照省教委《关于贯彻国家教委〈中学生体育合格标准的试行办法〉的实施意见》，开始执行体育不合格学生不得报考高校的规定。7月，国家教委出台《关于中学培养体育后备人才试点工作的几点意见》，并公布第一批试点名单，师大附中、市一中、市八中名列其中。1989年，市一中、长沙县一中获“全国体育传统项目学校先进集体”称号。

1990年，根据《学校体育工作条例》《学校卫生工作条例》，整治校园环境卫生、加强生活配套设施，尤其是卫生基础设施建设。城乡高中学校均建立医务室，配备校医，建立学生健康档案卡。1991年，农村高中利用国家教委“农村学校体育年”的机会，争取经费，改善体育活动场地，完善体育设备。1992年9月，在北京举办的全国中学生“萨马兰奇杯”奥运知识赛中，师大附中学生组成的长沙代表团获团体总分第一名，夺得“萨马兰奇杯”。10月，全国部分城市中小学体育教学研讨会在雅礼中学举行，来自全国17个城市的体育教师进行论文交流、专题报告和教学示范等研讨活动。

1993年，“培养体育后备人才试点校”改称为“培养优秀体育人才重点学校”。自是年起，市一中、师大附中、长郡中学、雅礼中学等省重点中学实行男女分班和按体质强弱、素质水平、爱好特长等分组教学。是年，雅礼中学被授予“全国体育传统项目先进集体”。1994年10月，“培养优秀体育人才重点学校”全部达到合格标准。1996年，雅礼男足队获省中学生足球赛第一名，雅礼女篮队获省中学生篮球赛第一名，市一中和明德男篮队分获省中学生篮球赛第一、二名。1997年5月，长郡中学体操队代表中国中学生参加在法国巴黎举行的“世界中学生体操锦标赛”，获金牌2枚、银牌4枚、铜牌7枚。20世纪90年代后期，长沙市将学校卫生设施建设同创建文明卫生城市活动相结合，与寄宿制学校建设相配套，各学校加大资金投入用于卫生设施建设，教学卫生环境有很大改善，学校为学生提供充足的符合卫生标准的饮用水。

1998年，长沙市在国家教委组织的省辖八市学校卫生工作大检查中荣获“甲级市”光荣称号。市一中、明德中学、周南中学、雅礼中学、市八中、市十五中和望城县一中先后夺得省中学生篮、排、足三大球和田径比赛男、女队的第一名。2000年，长沙市代表队参加全国中学生田径赛获1金1银，参加全省中学生篮球赛获男、女两项冠军，参加全省中学生田径锦标赛获4金5银2铜，参加全省青少年体育运动会获团体总分第一名。2001年，长沙市代表队参加全国中学生田径运动会获2金4银2铜，参加省中学生田径锦标赛获4金2银1铜并获团体总分第一名，参加全省中学生排球赛获男女冠军，参加省青运会篮球赛获男女冠军，参加全省乒乓球赛获男女团体第一名。是年起，长沙市按新课程标准要求，保证学生每天锻炼1小时，每周不少于3~5次的锻炼频率。课间操、早操列入学校作息时间。2002年，长沙创智代表队在省九运会上共获191.5块金牌，并获体育道德风尚、团体总分、金牌总数3个第一。

图 22-2-4-2　长沙市明德中学第十八届田径运动会

（摄于2005年，长沙市明德中学供图）

2003 年上半年，结合抗非典型性肺炎疫情工作，加强卫生教育。10 月，全国第五届城运会在长沙举行，长郡中学学生邹赢婷夺得女子 100 米、200 米、4×100 米接力三项冠军。2005 年 3 月，宁乡县承办湖南省学校体育卫生艺术教育和国防教育工作现场会，宁乡县教育局作题为《树立科学发展观，促进体卫艺术工作快速发展》的经验报告。4 月，省中学生田径运动会在望城一中举行，长沙市各项成绩均为第一。2006 年，新增铁路一中、市田家炳实验中学、市十五中学、市十一中学、市二十一中学、望城县雷锋中学为长沙市体育传统项目学校。是年，长沙市取得省十运会金牌总数、奖牌总数和团体总分 3 个第一的好成绩。

2007 年 3 月，长沙市转发教育部、国家体育总局《关于进一步加强学校体育工作，切实提高学生健康素质的意见》，树立学校教育健康第一的指导思想。4 月 29 日，湖南省“阳光体育运动”在周南中学举行启动仪式，吸引中小学生走向操场、走向大自然、走到阳光下，积极参加体育锻炼。8 月，长沙市发布《〈关于加强青少年体育增强青少年体质〉的实施意见》，规定高中阶段学生必须修满体育课程 11 个学分，每个学分不低于 18 个学时。2009 年 3 月，省“东城怡园”杯青少年定向越野赛在宁乡十中举行，宁乡十中代表队获 9 金 8 银 10 铜。5 月，教育部组织中央电视台、《人民日报》、新华社、《中国教育报》等多家媒体到长沙采访长沙开展阳光体育活动情况。7 月，在市教育局直管学校全面实行食堂和商店“连锁经营、集中配送”。食品卫生监督检查成为常态。8 月，第十届全国中学生运动会在长沙举行，全国有 34 个代表团 268 支运动队参加。以长沙市为主体的湖南代表团获 8 枚金牌、6 枚银牌、9 枚铜牌，并以团体 412.5 的总分名列第五位。11 月 8 日，长沙市青少年校足球工作领导小组成立。是年，长沙市麓山国际实验中学高中男子足球队两次参加分别由省青少年足球赛均夺得冠军。雅礼女子篮球队在全国高中女篮锦标赛中夺冠，雅礼男足在北京国际中学生足球赛中获第四名。长郡中学技巧“啦啦队”参加第四届中国学生健康活力大赛，取得总决赛第二名的成绩，获得 2010 年赴美国参加世界“啦啦队”锦标赛资格。长郡中学体操队代表中国中学生参加世界中学生运动会上，获 1 银 1 铜，这是该队第四次代表中国中学生参加世界中学生运动会和世界体操锦标赛。

2011 年 12 月，长沙市成立体育名师工作室，以长郡中学辜美华老师为首席名师。体育名师工作室组织学员参加各种专业培训与学习交流，开展教育教学重点问题研究，破解学科教学难题，培训中青年骨干教师，带动边缘城 区、县、乡所有体育教师不断进步。是年，增补师大附中、博才中学、周南中学为长沙市体育传统项目学校。2012 年 5 月，由长郡中学选手组成的中国中学生羽毛球代表队，参加在葡萄牙举行的 2012 年会世界中学生羽毛球锦标赛，获男子选拔组团体赛冠军和女子选拔组团体赛亚军。8 月，湖南省中学生排球赛在周南中学举行，周南中学男、女排球队双双夺冠。“明德·南山杯”海峡两岸高子男子篮球邀请赛在明德中学举行，明德中学获冠军。至 2012 年，长沙市高中学校体卫工作存在资源分布不均衡，开发主体水平差异大等问题。

五、艺术教育

20 世纪 80 年代，长沙市在高中学校开设音乐、美术课程。城区学校能按计划开课，有的学校配备专用教室。进入 90 年代，音乐、美术教育越来越受到重视，音乐、美术随着改革的步伐朝着素质教育的目标迈进；同时，加强对艺术特长生的培养，成为提高学校高考录取率的一个重要途径。一中、师大附中、长郡、雅礼等校开始制定艺术教育管理制度，建立艺术教育专门档案，成立艺术教育工作领导机构，组建合唱队、舞蹈队、乐团；艺术特长生教育成为市十一中、市十八中的品牌。1994 年 11 月，第三届 4 县 1 郊中学文艺会演在郊区举行。1995 年 4 月 24 日，市十九中与湖南师大艺术学院联合创办湖南师大艺术学院附中。1996年7月，湖南省举行第二届重点中学文艺会演，48所学校参加，包括声乐、器乐、舞蹈共93个节目。长郡中学、雅礼中学获团体总分前2名。是年，市11中的音乐、美术综合教育成为品牌。1997年，省教委组织第三届湖南省中小学幼儿园艺术节，包括文艺调演、书法美术作品评展、中小学音乐美术课调教、省会中小学迎香港回归音乐会、中小学歌咏比赛和示范性幼儿园幼师艺术综合能力比赛共六大项艺术活动，长沙市获团体总分第一名。1998年2月，印发《关于参加1998年全国中小学生文艺会活动的通知》，组织全市中小学生舞蹈比赛，四县中学生文艺会演、职高文艺会和开展群众性歌咏比赛，选拔节目和促进校园文化建设。

进入21世纪，学校大多有自己的校园艺术活动，如校园文化艺术节、各种社团活动等，丰富校园文化生活，提高学生艺术素养。美术教学注重发现法、观察法、尝试法、体验法等相结合，使学生有效形成基本的美术素养，获得生动的审美体验。由于信息技术的使用，音乐、美术课堂更加直观生动、丰富多彩。2001年，长沙市举办2001年中小学生（含职业高中）音乐、美术设计制作竞赛。2002年12月，长沙市举办第一届中小学生艺术展演活动，此活动以后每三年举办一次大、中、小学幼儿园艺术展演活动，“三独”比赛自此每年举办一次。2004年，市教育局开展“红色经典影片观后感有奖征文”活动，组织全市中小学生校园文化艺术节，有20余万中小学生参加。2005年5月13日，长沙市首届中小学美术比赛在市少年宫举行。2006年8月5日，田汉—雅礼少年交响乐演出团在“音乐之都”维也纳金色大厅举办“雅礼之声”专场音乐会。

2007年5月21日，长沙市中小学生艺术团成立，要求参加的学校每年创作出2~3个高质量艺术作品，并具有1~2个优秀保留节目。下设长沙市中学生交响乐团，以雅乐中学交响乐团为基础组建。7月，长沙主办庆祝建军80周年“红星照我去战斗”音乐舞蹈史诗演出。2009年以来，“城乡美术教学交流活动”“普高美术课程暨鉴赏教学经验交流”等系列活动开展。2010年，长沙市开展“在阳光下成长”为主题的中小学校园文化艺术节，包括书法、绘画、摄影比赛活动，独唱、独奏、独舞比赛，教学班演唱演奏比赛，声乐、器乐、舞蹈、校园课本剧优秀节目展演。获得组织奖的学校有长郡中学、明德中学、雅礼中学、南雅中学、麓山国际实验学校、十一中、航天中学、外国语学校、雷锋中学、田家炳实验中学、长铁一中、十五中学。合唱类一等奖单位有：雅礼中学、麓山国际实验学校、湖南师大艺术附中、长沙县实验中学、浏阳市一中。器乐类一等奖单位有：雅礼中学、师大附中、浏阳市一中、宁乡县实验中学。舞蹈类一等奖有：雅礼中学、地质中学、长郡中学、明德中学、二十一中、十九中、浏阳市一中、浏阳市二中、望城县一中、宁乡县一中、长沙县一中。是年，长沙开展高雅艺术进校园活动，由长郡中学交响乐团、雅礼中学交响乐团在长沙市、株洲市、益阳市的中学进行10场演出。12月8日，长沙市田家炳实验中学获得“全国学校艺术教育先进单位”称号。

2011年7月，雅礼中学交响乐团在美国肯尼迪艺术中心的邀请下赴美国举办“雅礼之声”专场音乐会。2012年，长沙开展“弘扬民族精神传播诚信之美”市中小学教学班演唱比赛，获得一等奖的单位有：师大附中、长郡中学、市一中、雅礼中学、师大附属艺术中学、铁路一中、明德中学。至2012年，长沙市的大型音乐活动有三年一届的中小学生艺术展演，一年一届的校园文化艺术节，一年一届的班级合唱、班级演奏比赛，一年一届的中小学生独唱、独奏、独舞比赛，但城乡学校之间艺术教育存在差距。

六、学校选介

（一）湖南省长沙市第一中学。创建于民国元年（1912），初名湖南全省公立高等中学校（堂），校址紫东园，是湖南省最早的省立公办中学。毛泽东、朱镕基、谭盾等蜚声中外的名人名家等在此就读。

1914年，更名为省立第一中学，嗣后校名屡易为全省高级中学、省立长沙高级中学、省立第一临时中学高中部；校址先后迁荷花池、落星田、贡院坪、书院坪，抗日时期迁安化七星街。1946年复元迁今址（开福区清水塘路81号）。1952年省立清华中学并入，由省立一中改现名，为省教育厅直属重点中学，为省普通高中示范学校。1997—2008年以一中为依托创办湖南长沙湘一实验中学；2004年6月，学校成立国际部，开设A-LEVEL课程，培养160名毕业生，被美国、英国和中国香港地区一流大学录取。2006年，初中开始剥离，与开福区政府联合创办长沙青竹湖湘一外国语学校。2011年5月，引进GAC课程和美国高考（ACT）资源。

校域面积8.04公顷，建筑面积总计7.87万平方米，校图书馆藏书14万余册，生物标本馆是长沙市青少年科普教育馆。校园绿化建设独具特色，是省园林式单位。该校有在职教职员工298人，离退休193人，其中有26人评为特级教师，258人评为高级教师。该校是湖南省文明单位、教育部现代教育技术实验学校、省中小学德育工作先进集体、国家青少年科技创新人才培养实验学校、国家青少年健美操培训中心、国家汉语国际推广基地学校、全国培养体育后备人才重点学校、省中学生篮球足球传统学校。学校以“公勇勤朴”为校训，注重基础，发展个性，培养特长，坚持以德为先，从严治校，素以名师云集，校风朴实，人才辈出著称。至2012年，该校有大革命时期为主的先烈校友124人；有中科院和工程院院士校友16人。在国际中学生学科奥林匹克竞赛中共获得35枚奖牌，其中金牌24枚。至2012年，学校共有初中毕业班级233个，毕业人数14686人；高中毕业班级298个，毕业16325人。

（二）湖南师范大学附属中学。创建于清光绪三十一年（1905），初名惟一学堂。学校坐落在湖南省长沙市岳麓区桃子湖路48号，占地面积10.42万平方米，系省直属单位，由湖南省教育厅、湖南师范大学共同管理。1992年被确定为首批“湖南省重点中学”，2005年被确定为首批“湖南省示范性普通高级中学”，2012年被确定为首批“湖南省现代教育实验学校”。学校秉承“公勤仁勇”的校训、“自强不息，追求卓越”的精神和“以人为本，兼容并蓄”的办学理念，努力培养素质全面、个性优良，具有家国情怀、国际视野，成民族复兴之大器的优秀人才。截至2012年，学校获得全国教育系统先进集体、全国中小学德育工作先进集体、全国青少年科技活动先进集体、全国群众体育先进集体、全国学校对口支援工作先进单位、全国学校后勤管理先进集体、全国五四红旗团委、全国百年历史文化名校等国家级荣誉称号近20次。学生参加中学生学科奥林匹克竞赛，获国际金牌25枚、银牌8枚，亚洲金牌6枚，金牌总数和奖牌总数均居全国前列，学校被誉为“金牌摇篮”。2012年，全校有班级66个、学生3583人；教职工296人，其中，享受国务院政府特殊津贴专家2人、特级教师15人、高级教师110人、奥赛金牌教练29人，38人拥有硕士、博士学位。

至2012年，构建起了以湖南师范大学附属中学为主体，以湖南广益实验中学、湖南师大附中博才实验中学、湖南师大附中星城实验学校、湖南师大附中高新实验中学等学校为联合体的集团化办学格局。

（三）长沙市长郡中学。长沙市长郡中学前身为长沙府中学堂，是清光绪三十年（1904）由长沙府倡设的首所官办中学。校址初设黄泥塅，继迁宝南街，后定于三府坪。民国元年（1912），府制废除后，在长沙府中学堂的基础上建立湖南长郡公立学校。此后，学校先后更名为湖南第一联合县立中学、长郡公学、湖南长郡联立中学校、长沙市第一中学（1951年）、长沙市第二中学，1984年恢复长郡中学校名。1995年，被评为“湖南省重点中学”。

20世纪90年代开始，学校多渠道搭建国际交流与合作桥梁，同瑞典、美国、英国、法国、德国、日本等国中学结为友好学校，师生定期互访，教师专题研修。先后获得首届“全国文明校园”“全国学校民主管理先进集体”“全国先进基层党组织”“全国科技教育创新十佳学校”“全国群体工作先进集体”“全国艺术教育先进集体”等数十项荣誉称号。2001 年 12 月 6 日，长郡教育集团成立，通过捆绑发展、委托管理、帮扶指导等合作办学方式发展成为拥有 30 余所加盟校的基础教育集团，实行集团内学校教学资料、教学计划、教学检测、教学评估、师资调配“五统一”。2004 年，成立长郡卫星远程学校，积极助推教育均衡发展，目前有 91 所学校共享学校优质教育资源。2010 年，成立长郡中学国际部，先后引入湖南省首个 AP 课程中心和 IBDP（国际文凭高中项目）。

该校占地面积 3.6 公顷，建筑面积 6.22 万平方米。至 2012 年，高中教学班 63 个（含国际部 2 个班），学生 3580 人（含国际部 40 人）。教职工 305 人，其中专任教师 293 人，高级教师 132 人，研究生 12 人，特级教师 12 人。因群众体育工作表现突出，4 次获国家殊荣，3 任校长受到国家主席亲切接见。该校坚持“尊重个性，唤醒自我，激发潜能”的办学理念，确立“爱生活，善求知，忧天下，有作为”的育人目标，全面推进素质教育，教育教学各项评价指标在全国名列前茅。

（四）长沙市雅礼中学。创办于清光绪三十二年（1906），校名源自《论语》“子所雅言，诗书执礼”，由美国耶鲁大学民间团体雅礼协会创办，位于长沙西牌楼，1955 年迁至枫树山新址，1985 年，由“长沙市第五中学”复名为“长沙市雅礼中学”。1992 年，学校被湖南省教委授予首批“湖南省重点中学”牌匾，同年开办“理科实验班”。1998 年，学校被教育部授予“全国现代教育技术实验示范校”称号，2000 年，学生张一飞获第十二届国际信息学奥林匹克竞赛金牌，实现湖南省该项赛事金牌零的突破。

进入 21 世纪，学校以“为学生终身发展奠基”为办学理念，以“自主、个性、开放”为教育策略，以“优质化、个性化、集团化、国际化”为发展战略，全面实施素质教育，关注学生个性培养和全面发展。2002 年，创办长沙市雅礼（寄宿制）中学（现长沙市南雅中学），同年成立雅礼教育集团。2003 年，学校被授予“全国百所体育项目传统学校”。2005 年，学校获“全国精神文明建设工作先进单位”称号，校长刘维朝荣获“全国教育系统先进工作者”称号，并受到党和国家领导人接见。2006 年，美国前总统乔治·布什来信祝贺雅礼中学建校 100 周年，学校与美国福特学校缔结为国际姊妹友好学校。2008 年，学校被授予“全国文明单位”称号。2010 年承担教育部重点课题“以校本课程为突破口整体推进普通高中课程特色建设研究”，2011 年，雅礼中学国际部成立。

至 2012 年，学校占地 6.4 公顷，有在校学生 3320 人，教职工 294 人，特级教师 9 名，高级教师 49 名，一级教师 129 名，教师专业合格率达 100%，已形成由 6 所学校组成的雅礼教育集团。学校初步达成“国内一流、世界知名”办学目标，高考、学考质量稳居湖南省前列，办学特色鲜明、拔尖创新人才成果显著，共斩获国际奥林匹克竞赛金牌 8 枚，女篮、男足、田径队享誉全国，学校在海外拥有较为广泛的影响力。

第五节 特殊教育

一、工读教育

（一）学校。20 世纪 80 年代初，长沙市在南郊畜牧农场（原长沙市第十六中学分校）重建长沙市工读学校。鉴于全省只有一所工读学校，长沙市同意省内城市符合条件的在校中学生，也可申请报送。1987 年，在“长沙市工读学校”外，另挂“长沙市青园职业技术学校”的校牌。1989 年 9 月，市工读学校校办工厂主管的“中南电子电器服务部”业务员兼出纳黎某（已判刑 4 年）因经营不善，负债甚多，法院强行冻结学校账号，致使学校无法进行正常教学活动，长沙市工读学校再次停办。

2000 年，望城县乌山镇、乔口镇及长沙县社会团体或个人针对叛逆学生、“网瘾”学生和行为不良学生逐步办起全封闭的砺志培训机构和培智学校。这些机构和学校以“为国分忧，为民解愁，挽救孩子，造就人才”为目的，参照工读学校的管理模式和育人模式实施教育教学活动。

2001 年，长沙市决定恢复长沙市工读学校，并择址长沙县星沙动工新建，移交市司法局管理，教学接受市教育局指导。2004 年，新校建成恢复招生。2004—2012 年，市工读学校累计教育转化 3000 余人；进校开展法治讲座 100 余场，开展社区帮教 50 余次，服务学生 4 万余人，在预防青少年犯罪方面做出突出贡献。2012 年，长沙市工读学校编制为 53 名，实际在编 49 名，其中高级教师 14 人，6 人先后获国家级“优秀班主任”称号。

（二）教育。长沙市工读学校针对有严重不良行为和轻微违法犯罪行为尚不够处罚的未成年人进行教育、矫治，教育改造成为有社会主义觉悟、有一定科学文化知识和生产技术、能遵纪守法、身体健康的劳动者。

招生办法和条件：采取自愿和强制相结合，凡 12~16 周岁有违法和轻微犯罪行为，不适宜留在原来的中学学习，但不够劳动教养、收容教养和刑事处罚条件的学生，由学校做好家长工作送工读学校学习。公安部门在现场抓获的违法或有轻微犯罪行为 12~16 周岁青少年，则由公安部门直接送工读学校学习，并通知家长办理转移户口等入校手续。

学制两年，学生分期分批结业。学校实施半军事化封闭管理，实行“半工半读”的特殊教育。20 世纪 80 年代后，学校设小学班 1 个，初中班 2 个，开设有思想政治、语文、数学、物理、历史、地理、音乐、体育等课程，以及生理卫生常识等讲座。每天上午学习文化，每周课时不少于 24 节；每天下午参加生产劳动，每周不少于 12 个小时。先后安排有装油入瓶、折图书、糊火柴盒、做汽车报警器、加工枕芯等工业劳动；种植水稻、蔬菜、瓜果等农业劳动和建校劳动。1987 年 3 月 26 日，长沙市工读学校开办职业高中，设园艺、缝纫两个专业，逐步向社会招收一部分应届初中毕业生，向社会招生工作由市教委统筹安排。工读学生通过 2 年学习结业后，可转入园艺、缝纫职高班就读，职高班学制 3 年，有利于特种教育和职业技术教育的有机结合，以利工读学生的转化。

长沙市工读学校坚持“无微不至关爱、诲人不倦教育、严格活泼管理、润物无声转化”的教育理念来教育转化学生，创造“工读教育长沙经验”。2010 年，“工读教育长沙经验”得到中央政法委、省、市领导的肯定，并向全国推广。

二、智障教育

（一）学校。20 世纪 80 年代，长沙市盲聋哑学校承担着全省多数地市，有器官缺陷、智力缺陷、多种缺陷的适龄残疾儿童、少年的特殊教育任务。1987 年，湖南省残疾人职业培训中心在长沙县暮云镇成立。1988 年 4 月 8 日，市盲聋哑学校升格为正科级全民事业单位。是年，分别在长沙市十四中学、十五中学各办一个“培智实验班”，招收小学毕业生中有轻度智力障碍的学生 38 人（十四中 17 人，十五中 21 人）。省教委、省教育学会将省特殊教育研究会设在市盲聋哑学校。1990 年 6 月 7—8 日，全省第一次特殊教育工作会议在长沙召开。8 月，省教委在长沙湘江师范特教部举办为期 20 天的聋儿和智残儿童教师培训班，为各县筹办特教班培训师资。

1991 年，湖南省残疾人职业培训中心更名为湖南省残疾人中等职业技术学校。1992 年 11 月，长沙县特殊教育学校挂牌成立，招收第一届聋哑学生 30 名，成为湖南省最早的、成规模的县级特殊学校。至

1993年年底，长沙县基本形成以特殊学校为骨干、特教班和随班就读为主体的残疾儿童、少年义务教育格局，残疾儿童和少年入学率分别达到87.7%和83.5%。是年，长沙县被国务院残疾人工作协调委员会等单位授予“全国特殊教育先进县”称号。1995年，长沙县特殊教育学校获“省‘八五’期间残疾人康复工作先进单位”。1997年9月，浏阳市特殊教育学校建成，招收学生80人。1998年9月1日，新建的市盲聋哑学校在河西望城坡经济开发区箭弓山落成开学，成为一所集听障、视障、智障及多重障碍于一体，包含学前康复、九年义务教育、职业高中教育和职业培训于一体的现代化综合特殊教育学校。长沙市特殊教育也逐步形成课目实用、活动多样、按需供教等特色。

1999年，市盲聋哑学校加挂“长沙市自立中等职业技术学校”牌子。湖南省残疾人中等职业技术学校改为湖南省特教中专学校，为全省惟一省残联直管的残疾人职业中专学校。宁乡县残疾学生家长组建宁乡博爱特校。2001年，浏阳市被教育部、民政部、中国残联授予“全国特殊教育先进市”称号。2003年4月，浏阳师范学校升格为长沙特殊教育职业学院。2004年，坚持“以普及为重点，以随班就读为主体，以特殊教育学校为骨干”的原则，支持和扶植特殊教育发展。在确保对三类残疾人实施基础教育的前提下，加大职业教育培训力度，实施康复教育，提升特教办学水平。是年，各级为特殊教育安排专项经费。全市5所特殊教育学校在校学生1543人。2005年6月，全国特殊教育研讨会在浏阳召开，浏阳特殊教育以“合格+一专多能”为办学特色，跨入全国先进特校行列。2006年1月，长沙特殊教育职业学院改为长沙职业技术学院，特殊教育学院为其二级学院，是湖南省唯一的特殊教育师资培训基地，国家发改委、教育部、中国残联“特殊教育学校二期建设”项目单位。是年，长沙县特殊教育学校招收智障学生，开办培智部。长沙市三类适龄残疾少年儿童义务教育入学率为94.8%。浏阳市实行特教学生全部免费入学，生活用品全部实行财政配给。全年浏阳市特殊教育学校专项经费总额41万元，生均2267元。2007年5月8日，中央委员、全国人大内务司法委员会副主席刘振华一行来市盲聋哑学校进行《中华人民共和国残疾人保障法》立法调研。10月12—14日，省教育厅在市盲聋哑学校主办省特殊教育课程改革骨干教师培训班，来自各省各地近60名特校教师接受为期3天的集中培训。

2008年10月7日，市盲聋哑学校办校100周年，更名为长沙市特殊教育学校。12月26日，省首届培智教育，教学改革与发展研讨会在长沙市特殊教育学校举行。是年，市特殊教育学校挂牌为“长沙市残疾人职业培训基地”，配合市、县各级残联，开展和加强社会残疾人职业技能培训工作，为社会上的生活困难而又缺乏生存技能的残疾人进行包括聋人计算机培训、盲人计算机培训、残疾人运动员培训等在内的职业技能培训。是年，长沙县特殊教育学校开始实行全免费教育。2009年，宁乡博爱特教学校更名为“宁乡县特殊教育学校”（民办）。是年，市特殊教育学校获“全国特殊教育先进集体”“全国教育系统先进集体”称号。2010年5月16日，湖南省“平安生活无弱者”消防安全系列活动启动仪式在市特殊学校举行，并将长沙市特殊消防教育基地牌子授予市特殊教育学校。是年，市教育局获“全省特殊教育先进单位”。2011年，长沙市特殊教育学校在省教育厅、西藏山南地区教育局、长沙市教育局的指导下，承办西藏山南地区特殊教育师资培训班，19名学员全部达到合格及以上水平。是年9月，宁乡县虎山特殊教育学校建成开学。2012年，宁乡特殊教育学校停办。至此，除省特教中专学校外，长沙市有特殊教育学校4所，办有56个班，在校学生1110人，教职工240人。是年，市特殊学校获公安部“全国119消防奖先进集体”和长沙市“安全文明校园”称号。

（二）教育。20世纪80年代，长沙市障碍教育课程设置均考虑给学生一定的文化知识和一技之长。市盲聋哑学校的盲生部、哑生部、中学部，根据教育部颁布的教学计划及盲生、聋哑生、智力落后学生的特殊需要，制定较稳定的教学计划，开设课目、设置课表。市盲聋哑学校落实残疾人体育教育，逐步形成特色，视障学生盲人柔道、盲人乒乓球、盲人游泳、盲人门球、盲人足球等方面在省市乃至全国都有一定影响力。听障学生田径队在全省聋校田径运动会中成绩优异。先后培养国家级运动员周学元，数届残奥会夺得游泳金牌的董启明。1988 年，市盲聋哑学校盲人按摩专业快速发展，学校根据需要分别开设小学按摩班、中学按摩专业班和培训班。除本校的专业教师外，还从市内各大医院聘请中西医专业医生任教，开办对外按摩门诊兼实习基地。学校试办技工班，聋生从二年级开始，每期安排一周时间进工厂学习、劳动，高年级增加学工时间，集中安排学习机械加工生产技术和相关知识。开设聋生理发、缝纫、中文打字、美工等选修项目。利用校办工厂“长沙市教学仪器厂”“江南日用化工厂”“雅丽制衣厂”，开展勤工俭学活动。是年，美国、澳大利亚、新西兰、印度、加拿大、挪威等国的同行、专家、学者参观访问长沙市盲聋哑学校。

20 世纪 90 年代，市盲聋哑学校教育专业及课程设置涵盖视障义务教育、视障职业教育、听障义务教育、智障义务教育、学前康复教育、艺体特色教育等。1995 年，长沙市对全市适龄残疾儿童、少年基本情况开展调查工作。10 月，国家教委在湖南张家界市召开全国特殊教育“八五”工作总结会。市教委根据会议精神，提出新形势下长沙市特殊教育改革与发展的思路，强调抓好常规，扩大办学规模、提升教育质量、发展基本特色。是年，市盲聋哑学校视障教育从小学一年级起增设盲人定向行走、心理健康课，三年级起增设盲人计算机课，四年级起增设英语课。1999 年 5 月，长沙市承办第三届全省盲、聋、培智学校学生艺术会演。市盲聋哑学校的节目代表湖南省参加第三届全国盲、聋、培智学校学生艺术会演。

进入 21 世纪后，长沙市确定“自主自理，文化知识与能力发展并重”的视障义务教育培养目标。注重学生身心健康和生活能力培养，使其能很快适应各种生活环境。市盲聋哑学校听障义务教育综合使用聋教材和人教版的普校教材，根据教学实际和育人需求，注重学生全面发展，着重培养学生自强、感恩的思想品质、健全的人格及扎实的基础知识，建构“基础课程+拓展课程+校本选修课程+活动课程”的综合课程体系。开设沟通与交往、手工、英语、律动等特色课程，成立漫画、健美操、篮球、羽毛球、表演剧、棕编等社团，引入剪纸、棕编等非遗项目，拓展手绘、家居布艺、手缝布艺等专业拓展课程，满足学生的个性化自主发展和学习需求。专业设置，走校企合作之路，采取订单式的培养模式，使学生所学与社会所需紧密结合，使残疾学生掌握“一技之长”，成为既有良好的职业道德，又有一定专业理论和职业技能技巧，毕业就能顶岗的应用型、技能型实用人才。2003 年，视障招收第一个普通初中班。除开设与普校同步的义务教育课程外，还开设定向行走、手工、计算机、器乐演奏、音乐创作、生活指导、综合康复、心理健康等特色课程，加强学生心理健康个别辅导，并开设声乐、器乐、盲人象棋、手工编织、播音主持、盲人门球（乒乓球）、汉字班等社团活动课。为使视障学生能独立生活，更好地融入主流社会，学校分年级开设综合实践课程：1~3 年级开设生活自理课、定向行走理论及校园内行走训练，着重培养学生适应学校集体生活的基本生活自理能力。4~6 年级，开设生活实践课、定向行走校园周边及独立外出行走训练，着重培养学生社会实践能力，独立外出能力。7~9 年级，开设家政烹饪课，着重培养学生独立生活能力。

2005 年 5 月，市盲聋哑学校“翼之梦”艺术团成立。艺术团由视障、听障、智障三类学生组成，采用业余建制、专业管理的模式进行运作，常驻演员 150 余人，拥有包括视障学生器乐、声乐，听障学生舞蹈、小品、手语诗朗诵，智障学生舞蹈、时装表演等 160 余个节目。2006 年，参加湖南电视台公共频道公益节目《爱心来了》首播式，残障孩子圆梦北京，得到中央领导、宋庆龄基金会主席胡启立的接见。

是年，学校招收第一个视障普通高中班。2007 年 5 月，学校首届参加高考的盲生部 4 名学生被长春大学特教学院“针灸推拿系”（五年制本科）专业录取，高考录取率 100%。是月，湖南教育电视台、《湖南日报》、《长沙晚报》、《潇湘晨报》等媒体相继作专题报道，并对被录学生入学生活进行跟踪报道。9 月开始，听障教育小学到高中语文、数学、外语全部使用普通学校的教材。教师采用手语、口语结合的“双语”方式进行授课，引导聋哑学生补偿缺陷，发掘潜能，减少对他人的依赖，成为适应家庭和社会的合格公民。2007 年，市盲聋哑学校原创音乐剧《特别幸福》获湖南省艺术节金奖，并代表湖南省赴北京、武汉比赛，获中国艺术节“群星奖”和获“长沙市文艺百团”特等奖。同年 7 月，聋生国际跳棋队在省国际跳棋锦标赛中获团体第二名。

2008 年，市特殊教育学校按摩实习综合大楼落成，开始接待来自省内外的就诊者，学校形成招生、培训、就业一条龙服务的办学模式。按摩中专班的毕业生供不应求，相继被推荐到沿海或省内各大按摩医院或按摩休闲场所工作，就业率 100%。市特殊教育学校与国际视障教育学会东亚区中国分区执委会、中国盲文出版社盲人文化研究所、中德低视力康复项目组、广州盲校等组织和兄弟学校建立长期联系。学校承办全国特殊教育美育研讨会，艺术团为会议代表作全面艺术展演。4 月，长沙市代表队在全国国际跳棋锦标赛获基层团体第一名。智障生在全国特奥会轮滑项目上多次摘金夺银。至 2008 年止，长沙市有 41 名中职听障学生考入长春大学、天津理工大学、北京联合大学和长沙特殊教育职业学院等高等院校。

2009 年，市特殊学校艺术团受邀到香港演出。2010 年开始，学校党总支以“爱，带‘孩子’回家”为创先争优活动理念，通过党员教师带特殊孩子回家等系列关爱特殊孩子的实际行动，引领特殊孩子感恩回馈社会，构建“人人温暖受关爱，人人感恩奉献爱”的特色互助机制，唱响一曲“传递人间大爱”的特教校园主旋律。是年，听障生舞蹈《猫鼠之夜》获长沙市中小学生文艺展演一等奖，听障生舞蹈《空巢的孩子》参加湖南卫视“与未来有约”晚会，得到中央领导李长春的肯定。

2011 年，市特殊教育学校成为教育部“医教结合，综合康复”重点实验项目校，挂牌“长沙市特殊教育学校爱比翼儿童康复中心”（即学前康复部）。学前康复教育集听障、视障、智障、脑瘫和自闭症儿童康复、教育、科研于一体，专门为各类残疾儿童提供学前教育和康复服务。探索医教结合综合康复理念下的“1+X+Y”教育康复课程，为 7 岁以下的听障、智障、视障、脑瘫、唐氏综合征、自闭症学龄前儿童提供幼儿集体教育、个别化康复教育和家庭康复指导服务。开展言语功能、听觉功能、语言能力、认知能力、情绪行为、运动能力、学习能力、视觉能力八大领域的评估与训练。是年，学校被评为“校本研训示范校奖牌”。学校参加全国特殊学校文艺节目比赛，视障学生合唱《库斯客邮车》获特等奖，智障学生音乐剧《童话王国》获一等奖，视障学生器乐节目获二等奖。

2012 年，市特殊教育学校获湖南省“欢乐潇湘”群众文艺会演金奖，并参加优秀节目展演。被评为全国首批“医教结合实验基地校”。

三、学校选介

（一）长沙市特殊教育学校。是中国创办历史最悠久的特殊教育学校之一。其历史溯源于清光绪三十四年（1908）德国友人顾蒙恩女士创办的长沙瞽女院和民国 5 年（1916）盲人刘先骥创办的长沙导盲学校（被誉为“中国人自己创办最早的特殊教育学校”）。1952 年院校合并，更名为长沙市盲聋哑学校。

1988 年，明确该校为“正科级事业单位”。1995 年，学校遵照市委常委扩大会议《关于长沙市盲聋哑学卖旧建新》的决定，将聋生分流到株洲、湘潭、衡阳、岳阳、益阳、津市等聋校寄读，盲生去省按摩培训中心就读。同年，校办工厂集体工人一次性买断工龄，工厂停办。1998 年，学校易地重建，由白马庙整体搬迁至河西望城坡箭弓山，建筑面积 1.7 万平方米，配备多媒体教学网络、微机室、语音室、理化生实验室、监控、广播、内部电话等硬件设施。同年，加挂“长沙市自立中等职业中专学校”牌子。2000 年，开办 2 个培智教学班。2001 年，湖南省劳动厅明确该校为“湖南省按摩师职业技能鉴定所”。2003 年，湖南省特教会第五次会员代表大会暨特殊教育新课程改革研讨会在校召开，省特教会秘书处设于学校。2005 年，学校“翼之梦残疾学生艺术团”成立。2006 年，承办全省特殊学校学生文艺调演和全省特殊教育现代化与课程改革培训班，全省各特殊学校校长及各地市教育局特教专干参加培训。同年，设立学生实习就业指导处。2008 年，学校百年华诞之际，更名为“长沙市特殊教育学校”。2009 年，学校被评为“全国教育系统先进单位”“全国特殊教育先进单位。是年，与英国斯普林菲尔德特校缔结姊妹学校。2010 年，被评为“全国消防安全教育示范学校”“全国特奥工作先进单位”。2012 年，被评为“首届全国 119 消防奖先进集体”。

20 余年间，学校秉承“亲、爱、精、诚”校训，弘扬“自尊、自信、自立、自强”的校风，“博爱、平等、严谨、创新”的教风和“乐学、勤学、善学、博学”的学风，培育出在残奥会上屡次夺金的世界游泳冠军董启明，代表中国随残疾人艺术团出访欧洲的国标舞冠军林莉，著名医师、企业家、湖南省盲协主席祝刚等杰出人物。

（二）长沙县特殊教育学校。1991 年学校开始创办，1992 年 11 月落成，并招收第一届听障学生 30 人，是湖南省最早的成规模的县级特殊教育学校之一。学校位于长沙县黄花镇黄花路社区 122 号，占地面积 1.25 公顷，建筑面积 4545 平方米。1993 年，长沙县被评为全国特殊教育先进县。1997 年因学生人数急剧增加，政府投资兴建学生宿舍。2004 年学校全体学生纳入“两免一补”对象。2005 年创办启智部，招收第一届智障学生。2008 年在政府的进一步投入下，实现残疾学生全免费入学。2012 年，在校学生 80 人，7 个教学班。其中听障学生 20 人，2 个教学班；智障学生 60 人，5 个教学班。在编教职工 24 人，临聘人员 10 人。学校以提高残疾儿童适应社会生活能力、满足受教育要求为目标，开设发展性、补偿性、功能性课程。采用集体性活动积极构建融合的平台，使残疾儿童体会快乐、增强自信，提高社交、生活的能力。学校开展教育教学实践，已结题《数学尝试教学法》和《语文分类教学》2 个课题。学校先后 3 次承担省内的特殊教育教学现场研讨会，被评为湖南省“八五”期间残疾人康复工作先进单位、长沙市文明单位、湖南省特殊教育先进单位。

第三章　中等职业教育

第一节　中等专业教育

20 世纪 80 年代，长沙市内中等专业（以下简称“中专”）学校主要有湖南省第一师范学校、湘江师范学校、浏阳师范学校、宁乡师范学校、湖南银行学校、湖南机电学校、湖南省机电工程学校、湖南交通学校、湖南轻工业学校、湖南建筑学校、湖南艺术学校、湖南林业学校、湖南医药中等专业学校、湖南广播电视学校、湖南机械工业学校、湖南工艺美术设计学校、湖南省邮电学校、湖南省化工工业学校、湖南省财会学校、湖南省物资学校、湖南省对外经济贸易学校、湖南省司法学校、湖南省图书情报学校、湖南省出版发行学校、湖南省劳动人事学校、武警长沙指挥学校、长沙环境保护学校、长沙卫校、长沙商校、长沙环境保护学校、长沙民政学校等。中专教育主要由各业务主管部门和省教委管理。长沙市直接管理湘江师范、浏阳师范和宁乡师范。

1988年11月，湘江师范学校下设特殊教育师范部。是年，中专学校在长沙市招生近500人。1990年，长沙市内有全日制中专45所，包括师范类5所，工业类19所、农业类2所、林业类1所、医药类3所、财经类6所、政法类2所、体育类1所、艺术类1所、其他类5所。1994年8月，湘江师范并入长沙职业技术师范专科学校。1995年4月，长沙市湘江师范特师部改至浏阳师范举办。1996年，长沙市内有中专46所。

1997年起，长沙市对市属中专进行调整，加快中等职业技术教育的发展。1998年，湖南省调整中专学校管理体制，按属地原则，交地、市管理。是年，长沙市有普通中专46所，其中部省属40所、市属6所；成人中专45所，其中省部属31所、市属14所。

2000年，湖南省第一师范学校升格为大专，湖南林校并入中南林学院。2001年8月，湖南省邮电学校升格为长沙通信职业技术学院。2002年5月15日，宁乡师范加挂长沙市小学教师培训中心牌子。是年，湖南劳动人事学校被省教育厅认定为“湖南省中等职业学校教学工作优秀学校”。2003年1月，宁乡师范改制为中等职业学校，挂长沙信息职业技术学校的牌子。4月，浏阳师范改制为长沙特殊教育职业学院，纳入普通高等学校序列，由长沙市政府主办、主管，教育业务由省教育厅管理。是年，湖南省医药中等专业学校被教育部认定为首批国家级重点中等职业学校。湖南司法学校更名为湖南司法警官职业学院。2004年10月，湖南省广播电视学校（广校）并入湖南大众传媒职业技术学院。这一时期，部分中专学校升格为职业院校，进入高校序列；部分中专学校改为中职学校；部分中专学校或并或撤，中等专业教育退出历史舞台。

第二节 技工学校教育

20世纪80年代，技工学校（以下简称“技校”）是劳动部门举办的中等层次技工教育，属工人序列。长沙市技工学校主要由行业、企业主办，分别由中央和地方的部、局归口管理，并受劳动人事部门综合管理。招生按国家指令性计划和省地方计划（后称调节性招生计划）招收城镇应届高中毕业生和初中毕业生或相当文化程度的社会青年，招收初中毕业文化程度的，学制一般为3年；高中毕业文化程度的，学制一般为2年。技工学校毕业生就业由学校推荐，用人单位择优录用，既可到全民单位，也可以到集体单位，支持和允许自谋职业。1988年，长沙市有技校22所，外地到长沙招生技校33所，招生3678人；在校学生7140人，教职工1837人。

20世纪90年代初起，技工学校招收的新生毕业后当工人均实现劳动合同制。1992年，全市有技工学校28所，其中新开办4所；办学规模扩大，招生4543人，在校学生1.04万人，教职工2247人。1993年，试行招收部分不转户粮关系的农村青年。1994年，湖南省制造管理学院改名为长沙机床厂技工学校。1996年，长沙市开展创建国家级、省级重点技校活动，改善办学条件，提供教学质量，被评为国家级重点技校1所、省部级重点技校4所；当年，长沙市有技工学校41所，招生5024人，毕业5840

人，毕业生就业率 99%，在校学生 1.36 万人，教职工 2412 人。是年开始，技工学校因在城镇招生不足，难以完成招生计划，适当招收农村学生。1997 年，长沙市按“并轨”要求实行初中毕业生考试“一卷五分流”，即普通中专、普通高中、职业高中、技工学校、成人中专统一试卷，分流录取。此后，学生毕业由学校推荐就业，双向选择、自主择业。

2000 年，长沙市机械技校、长沙市第二机械技校、长沙市第二机床厂技校合并成立长沙市机械技工学校，湖南林业技工学校并入中南林学院；全市有技校 43 所，招生 3791 人，毕业 3407 人，在校学生 7706 人，教职工 2418 人。2001 年，湖南公路技工学校、长沙交通技工学校并入湖南交通技术职业学院。2002 年，长沙商业技工学校并入市商贸旅游职业教育集团。这一时期，长沙技工学校有的并入本科院校，有的并入职业院校，有的由于举办企业改制、停办导致学校变更。长沙重型机器厂技工学校改为长沙现代应用技工学校，长沙市机械技工学校与迁入长沙的浦沅职业中专合并成立长沙高级技工学校。

为适应经济全球化及科学技术日新月异对技术工人的要求，长沙市引导各技校按市场需求开设特色专业，促进校企合作和培训就业对接，长沙市技工学校从管理体制、专业设置、专业结构、教学技术、实验、实习条件、资金投入等方面深化改革，更新或新设机械加工、建筑施工、汽车修理、轨道交通、供水、燃气等专业。相当部分技工学校为民营企业或公司、集团举办，主要是培训、提高内部员工职业技能，学制都是根据自身需要确定。2005 年，长沙市技校与三一重工、远大空调、中联重科、浦沅集团等企业开展订单式培养模式，积极拓展学生就业渠道。当年，全市有各类技校 32 所，招生 1.07 万人，毕业生 4902 人，毕业生一次性安置率超过 95%。

2007 年，长沙市职业技术学校组织“培训轻骑队”，实施免费送技能下乡活动，深入农村开放钳工、焊工、计算机知识培训班，全年深入 30 个乡镇，培训 5000 余人，98%参培农民拿到职业资格证书。2009 年，长沙市推行订单培训、定向培训和校企合作培养模式，并在各职业院校全面推行“双证书”制度。2011 年 3 月 19 日，隶属于市工信委的国家重点技工学校长沙电子技术学校迁入长沙职教基地。同年，长沙市促进校企合作和培训就业对接，为企业培养输送 4700 名高技能人才；全年技校在校学生 2.63 万人，毕业生 1.06 万人，毕业生就业率为 98%。

2012 年，长沙市机械技工学校成功申报国家级高技能人才培训基地建设项目。全市有技校 23 所，招生 6366 人，毕业生 7391 人，在校学生 1.8 万人，教职工 1537 人。

表 22-3-2-1　　1988—2012 年长沙市技工学校情况一览表

年份	学校数（个）	招生数（人）	毕业生数（人）	在校学生数（人）	职工人数（人）
1988	22	3678	2402	7140	1837
1989	25	2894	2198	7283	1951
1990	25	3451	3197	8002	2075
1991	24	3973	3024	8989	2095
1992	28	4543	3321	10381	2247
1993	32	5140	3655	11785	2318
1994	31	5112	4264	12951	2398

续表 22-3-2-1

年份	学校数（个）	招生数（人）	毕业生数（人）	在校学生数（人）	职工人数（人）
1995	34	4742	5342	12575	2416
1996	41	5024	5840	13581	2412
1997	40	4850	5793	12686	2696
1998	41	3528	5566	10541	2642
1999	43	2819	4127	9331	2700
2000	43	3791	3407	7706	2418
2001	42	5562	2940	9870	2613
2002	30	5155	2968	12257	2158
2003	32	8262	3478	14942	2026
2004	33	8729	6215	14810	2069
2005	32	10676	4902	18845	2050
2006	32	9221	5841	18736	1876
2007	24	9634	6502	20208	1923
2008	24	12095	7643	22666	2016
2009	26	15271	11206	32981	3124
2010	26	14549	7354	33685	2897
2011	26	10143	10645	26250	2340
2012	23	6366	7391	18003	1537

第三节　职业技术教育

一、学校

20 世纪 80 年中期，长沙加快职业技术教育发展，1987 年，长沙市召开全市发展职业技术教育专题会，制定《职业技术教育发展规划》。是年，市内有 33 所学校开设 41 个专业 102 个职高班，学生 3389 人。《湖南日报》头版头条报道长沙发挥厂矿优势，将 15 所厂矿子弟中学由普高改为职高。1988 年 1 月 20 日，长沙市成立市职业技术教育协调指导委员会（以下简称“职协会”），办公室（以下简称“职协办”）设在市教委。月底，在宁乡县召开长沙市农村教育工作会议，强调实现“三沟通”（把普通教育、职业技术教育和成人教育沟通起来），发展职业技术教育。5 月，市十七中学更名为“长沙市食品商业中等职业学校”（为区别于长沙市食品商业职业中专学校，后改名长沙市商业职业中专）。6 月，国家教委授予长沙县第一职业中学“全国德育先进学校”称号。市财经职业学校、市食品商业中等职业学校、市工艺美术服装学校、长沙县第一职业中学，成为全省第一批省级重点职业中学，占全省第一批重点职校

图 22-3-3-1 长沙市机电职业中专学生在操场上进行短跑测试 （摄于 1992 年，长沙市教育局供图）

总数的 13.3%。

1989 年 3 月，市财经职业学校更名“长沙市财经职业中专学校”，市工艺美术服装职业学校更名“长沙市工艺美术服装职业中专学校”，市食品商业中等职业学校更名“长沙市食品商业职业中专学校”。5 月，城区举行首届城区职业学校专业技能汇报表演。7 月，延风中学改为郊区职业中学。是年，长沙有职业学校 69 所。1990 年 6 月，市十中更名“长沙市电子电器职业中专学校”，成为全省第一所现代化工科职业学校。1991 年年底，长沙市有市属职业高中（含职业中专、电视中专）70 所，开设专业 55 个，在校学生 1.6 万人。

1993 年，《中国教育和改革发展纲要》颁布后，长沙市鼓励和引导社会力量兴办职业教育。在城区发动行业部门兴办职业教育，新开办职业技术学校 15 所。农村根据本地经济建设需要，适当将普高改为职高，开办职业学校 14 所（含部门办学和普改职）。是年秋季开始，长沙市贯彻省政府《关于大力发展职业教育的决定》精神，改善中等教育结构，减少重复教育，率先在全省实行高三分流，选择条件较好的市电子电器职业中专、市财经职业中专、市商业职业中专、市工艺美术服装职业中专、市动力机械中等职业学校试办高三分流班，分别设置办公自动化、财会、商业经营、工艺美术、内燃机维修 5 个热门专业，学制一年，不包分配。是年，长沙电力职业中专学校成立。全市有中等职业学校 101 所。

1995 年，长沙市根据国家教委有关部署和省教委、省计委《关于对全省职业高中（职业中专）进行综合评估的通知》精神，加强重点职业学校建设。2 月，市二十七中并入市财经职业中专，成为其分校，投资 1200 万元改善办学条件。6 月，市电子电器职业中专改为“长沙市电子工业学校”，市十六中改为“长沙市旅游职业中专学校”。8 月，浏阳市龙伏中学改为“浏阳市职业中专学校”，征地 13.47 万平方米，投资 400 万元改善办学条件。望城县四中改为“望城职业中专学校”。长沙县八中改为“长沙县中等职业学校”，投资 1100 万元，收回土地近 6.67 万平方米，扩大校园、兴建综合楼和实训场地。宁乡县二中改为“宁乡县职业中专学校”，贷款 100 万元收购相邻破产企业，再投资 300 万元兴建教学楼及运动场地等。1995 年，长沙建筑工程学校成立。是年，全市各类中等职业技术学校 135 所，在校学生 4.2 万人。市财经职业中专、长沙县第一职业中学被评为国家级重点职高。

1996 年，长沙航天工业学校成立。长沙市有职业学校 112 所（含附设），其中城区 68 所、四县（市）41 所，开设 75 个专业（工种），756 个教学班。市财经职业中专、市电子职业中专、市商业职业中专、市工艺美术服装学校、长沙县职业中专（原长沙县第一职业中学）被评定为第一批省级示范性职业学校。长沙市中等职业技术学校形成公办、民办共同发展，行业、企业双轮驱动的办学格局。

1997 年，出台《长沙市关于深化中等职业教育综合改革的决定》。1998 年，浏阳市职业中专、宁乡县职业中专被评为第二批省级示范性职业学校。是年，因国家调整宏观教育结构，扩大高校招生，刺激普通高中教育的扩大，职业（中专）发展普遍受到较大冲击。长沙市根据省教委提出的“思想不乱，方针不变，力度不减”的指示精神，在努力办好示范性职业学校的同时，对规模小、缺少特色的职业学校采取合并、撤销的办法进行调整，提高办学效益。抓好长沙大学为龙头的高等职业教育的发展，打通职业学校毕业生进一步深造的渠道，加大对中等职业教育的拉力。2001 年，市级投入 1000 万元用于职教发展，长沙县投入 150 万元建设高规格的职教实习基地，望城县决定征地 6.67 公顷建立农科教实验区。长沙中职招生人数不降反升。是年，全国职教协作会在长沙市召开，肯定长沙发展职业教育的做法。《中国教育报》专题推介长沙市的成功经验。2002 年 1 月，将长沙市商业贸易发展局管理的市商业学校、市商业技工学校成建制划归市教育局管理。由市商业学校、市商业职业中专学校、市旅游职业中专学校和市商业技工学校合并，组建长沙市商贸旅游职业教育集团。6 月 9 日，长沙市出台《关于积极推进职业教育改革与发展的决定》。2004 年，长沙市相继召开全市职业教育大会、职业教育现场经验交流会，颁发《关于积极推进职业教育改革和发展的决定》。按照“全市宏观统筹、县区控制分流”工作思路，进一步强化县级政府及教育行政部门合理分流初中毕业生的责任，有效地保证职业学校的生源。

2005 年 1 月，长沙市按照“政府统筹、整体规划、综合开发、资源共享、专业整合、学区分建”的原则整合全市职业学校的资源，创建长沙职业教育基地。2006 年 3 月 21 日，长沙特殊教育职业学院更名为长沙职业技术学院。5 月，市汽车驾驶与维修职业中专学校划入长沙职业技术学院。7 月，市工商职业学校更名为市工商职业中专学校。是年，长沙市继续加大中、高职校（院）建设的指导力度，先后有长沙信息职业技术学校、省劳动人事学校、南方职业技术学院和湖南信息职业技术学院 4 所学校成功申报国家职教实训基地建设项目并获中央财政的项目经费支持。望城县初中毕业生总数为 1.18 万人，有 6000 余人升入县内外职业学校和技工学校就读，并先后与深圳富士康、中联重科、北汽福田、上海广达等知名企业开展校企合作，实行“订单”培养，毕业生就业率 98%以上，被评为长沙地区唯一的“湖南省职业教育工作先进县”。

2007 年，长沙市出台《关于建立健全高校和中等职业学校家庭经济困难学生资助政策体系实施方案》《长沙市高校和中职学校学生资助管理暂行办法》。秋季起，全面推行高校和中职学生入学资助制度，资助面为 90%，其中市直属高校和中职学校资助资金由市财政承担，区县（市）所属中等职业学校资助资金由省、市、县三级按比例分担。长沙市中等职业技术教育经过 10 年的布局调整，到 2007 年，民办中职学校数量减少，公办中职学校招生人数增加，全市各类职业学校竞争力提高，稳住了职业教育的阵脚。

2008 年 9 月，望城县雷锋职业中等专业学校移交市教育局管理。12 月 26 日，长沙市职业教育基地在雨花区洞井镇的湖南环保科技园内奠基。项目首期用地 73.33 公顷，建筑面积为 34 万平方米，概算投资为 14.8 亿元。各入迁院校新校区设计方案接受专家评审，老校区资产处置等工作同步进行。2009 年，雷锋职业中专并入长沙职业技术学院。同年，迁入长沙职业教育基地的 9 所职业院

图 22-3-3-2　长沙财经学校职教基地校区
（摄于 2012 年 3 月，长沙市教育局供图）

校按“主体专业相近的学校合并、个别专业相近的专业整合”进行统筹，对接工程机械等长沙重点产业集群相对独立的6个专业学区，一个学区一所学校，培养长沙六大产业急需的技能人才。同年，长沙市启动职业教育示范性项目建设，有10所学校入围市级示范性中等职业学校，2所学校入围省级示范性中等职业学校。全年创市级示范性职业院校32所。2009年，宁乡县职教中心（含宁乡县职业中专学校）选址金洲新区，规划用地24.33万平方米，首期投资1.24亿元。

2010年3月，长沙市推行的新的职业教育师资管理模式。7月9日，合并职教基地现代服务类校区的长沙市财经职业中等专业学校、长沙市商业职业技术学校、长铁二中（长沙铁路职业中专学校），组建新的市财经职业中等专业学校。8月，长沙市职业教育基地全面完工并投入使用。9月27日，市电子工业学校搬迁到职教基地新校区。市财经职业中专学校入围国家改革发展示范性建设项目。

2011年5月，长沙汽车工业学校被国家级重点中等职业学校。全市创建市级以上示范性职业院校15所、建成实训基地28个，其中长沙商贸旅游职业技术学院为省级示范（骨干）性高等职业院校。是年，各职业院校陆续迁入职教基地。长沙市“政府统筹建设长沙职业教育基地”的实践获“第二届全国改革创新优秀奖”。长沙市推荐宁乡县职业中专、长沙汽车工业学校、望城县职业中专学校申报2011年度国家中等职业教育改革发展示范学校建设。

2012年，根据《长沙市职业教育发展的行动计划（2008—2012）》，出台《校企合作实施意见》，推动产教结合、校企一体化办学，实现职业教育办学规模化、集团化和园区化。巩固发展以长沙商贸旅游职业技术学院为龙头的职教基地集团，打造以长沙职业技术学院为龙头的工科职教集团。推进地方政府统筹高职教育改革试点工作，探索建立普高与职高、中职与高职、高职与本科院校互通体系。有7所学校试行企业与学校共同招生、共同管理、共同教学与共同评价，有7所市属院校与17所重点高校确立合作共建关系，市级改革试点项目工作有序推进。

表22-3-3-1　　1988—2012年长沙市中等职业学校情况一览表

年份	学校数（个）	招生（人）	毕业生数（人）	在校学生数（人）	校本部教职工数（人）
1988	40	10427	6002	23037	6074
1989	39	9256	5994	26152	6915
1990	40	8140	8581	25626	7926
1991	42	9540	8613	26480	7118
1992	43	13091	8536	30544	6157
1993	43	19526	8352	39202	6399
1994	42	16944	7153	47272	6689
1995	42	18477	9508	55438	6352
1996	47	23704	14060	66195	7065
1997	46	27215	16186	76808	6856
1998	47	29772	20282	85987	6899
1999	40	21406	15752	70406	4395

续表 22-3-3-1

年份	学校数（个）	招生（人）	毕业生数（人）	在校学生数（人）	校本部教职工数（人）
2000	40	19334	24192	84113	5238
2001	40	19478	25748	77270	5378
2002	24	22100	25465	64948	2588
2003	105	45505	30059	107475	6041
2004	112	48194	30227	116187	5697
2005	104	43902	36938	112698	4858
2006	84	42673	41176	123870	5935
2007	81	43490	51593	113018	5855
2008	78	39042	38980	99693	6141
2009	79	65028	39894	137568	6417
2010	67	41159	53368	113709	5708
2011	59	46540	35083	115596	4794
2012	50	43426	47767	120945	4890

二、学制与专业

20 世纪 80 年代，长沙市职业高中学制均为 3 年，最初的专业设置主要集中在财会、文秘、美容美发、服装、美术等。80 年代后期开始，为适应市场经济需要，城区职高打破行业界限，调整、改造、新设专业 100 余个，尤其重视经济社会发展需要的电子电器、机械和设备修理、汽车驾驶与维修、空调与制冷等专业。农村职高重点抓种植、养殖、家庭经营等专业设置。1990 年 10 月，市工艺术美术服装职业中专学校参加在上海举行的全国首届职业中学服装制作展评赛中，获民族服装和时装展评一等奖，制作三等奖。1991 年，长沙市提出“职业技术教育优化专业设置，加强对学生实践技能的培养”。1993 年 11 月，长沙市商业职业中专学生刘莉莉、李旭参加在北京举行的首届中国青年奥林匹克技能竞赛，获得女子理发（工种）第九名和第十二名的好成绩，并被授予全省技术能手。1994 年 8 月，走教育和产业相结合的路子，增强职业学校自身发展能力。1995 年，市十一中继开办英语职高班后，又开设“武汉音乐学院长沙附中班”。同年，有 80%的职高毕业生参加市考工委组织的专业技术等级考试，获三级以上等级证书的占 80%，少数毕业生达到五级。市商业职业中专美容美发专业学生代表省赴京参加全国职校美发竞赛，获团体总分第四名。

2001 年，长沙市贯彻教育部发布的《中等职业学校设置标准（试行）》，并按省教育厅规定，积极探索“学分制”改革经验，未修完 3 年学业的学生不能提前发给毕业文凭。是年，职校学生参加省专业技能竞赛，市农校、市卫校、市商校、市旅游职中、市财经职中、市商业职中、市汽车驾校、长沙县职中、望城县职中、浏阳市职中、望城成人中专、省商务学校、省交院职中等学校获金牌 24 块，银牌 30 块，铜牌 22 块，获团体总分第一名。2004 年，旅游、财会、计算机应用、汽车修理四大类专业技能竞赛，长沙有 75 所学校 202 名学生参加 12 个项目的技能竞赛，参赛面、技能覆盖面较为广阔。是年，各职业学校坚持为“三农”服务的宗旨，累计为农村劳动力转移培训近5万人次、农民科技文化培训5万余人次、城镇人员就业和再就业及上岗培训4万余人次。2007年6月，长沙航天学校邹红卫老师参加全国中职学校技术技能“亚龙杯”比赛，获电工电子技术项目电子装配与调试教师组一等奖。

2008年6月，发布《关于印发〈长沙市中等职业学校教学管理规程〉的通知》，开展示范性中等职业学校精品专业、精品课程、专业带头人等重点项目建设，促进长沙市中等职业学校教学管理的科学化、规范化，切实提高职业教育教学质量。2010年后，根据教育部修订的《中等职业学校专业目录》，长沙市中等职业教育开设的专业大类由10个增加到14个，开设的专业由73个增加到88个。增加资源环境、休闲保健、教育、公共管理与服务4个专业大类，新开设花炮生产与管理、汽车车身修复、汽车美容与装潢、汽车整车与配件营销、计算机动漫与游戏制作、计算机平面设计、客户信息服务、通信技术、美容美体、物流服务管理、客户服务与管理、家政服务与管理、老年人服务与管理等15个专业。至2012年，专业设置没有改变。

三、实习与实训

1988年，长沙市提出发展职业技术教育，改善中等教育结构，走联合办学的道路，解决好专业课师资、实习场地、毕业生出路。中等职业学校采用“订单培养”和“预备员工”模式进行实习实训。“订单培养”是指各职业学校建立校企合作专门机构，负责对企业进行调研，学校与企业签订合作培养人才协议，明确双方的权利、义务及责任，校企双方共同参与制定订单人才培养方案。“预备员工”是指校企双方共同招生、共同教学、共同管理、共同评价、共同育人。招生与招工结合，实习与就业同步，学生从进学校起就以企业准员工的身份接受教育和培训，共有职业学校与企业预备员工双重身份。市信息技术学校在学前教育专业实施预备员工制，与诺贝尔摇篮教育集团共同培养预备员工。市湘麓中等职业学校与湖南双舟大药房连锁公司合作培养预备员工，缓解企业员工短缺的问题。1989年，长沙市做出“教育部门的职业学校（班），实行综合定额，按每年400元拨给办学经费”“学生实习期间，由接受实习单位提供必需的实习条件和劳动用品，接受实习任务的车间班组，可视情况，适当放宽其生产定额指标”等决定。是年，长沙航天工业学校围绕专业办产业，创办长沙航天星宇机电厂，是长沙市第一家校办机械加工厂，为市场提供加工机械产品服务，每年获得一定的经济收益，并向国家上缴税金15万元。校办工厂为学生实习、实训提供不出校门的实践操作平台。“学校办厂”模式使得校企合作无缝对接，双主体作用得以充分发挥，极大增强学生就业竞争力和就业岗位能力。

图 22-3-3-3　长沙市财经学校学生在与深沪股市联通的模拟证券交易大厅进行操作学习

（摄于2006年10月，长沙市财经学校供图）

1993年10月，市职业技术教育研究中心成立，负责指导全市职业学校的教育教学及教研工作。1999年，以长沙县第一职业中专为现场召开全市职业教育为农村经济建设服务现场会，树立科教兴农的农职业学校样板。长沙市菜篮子工程领导小组成员在该校视察，要求4县（市）抓菜篮子工程的农业部门领导前往学习。

2006年，三一集团投资2亿元人民币创

办三一机电职业技术学校，通过企业自主办校，建立一支由 92 人组成的企业化、高学历、高职称、高双师比例的“一企三高”教师队伍，并依靠集团优势建立以各事业部为实习场地的实训基地 17 个。“企业办校”模式使得校企合作更直接、更紧密、更有效。此后，中建五局、水电八局、银太公司等企业采取这种模式。位于高新区技术产业园区的长沙高新技术工程学校，利用区位优势，将学校发现规划纳入园区产业发展规划，直接面向园区开展师资、经费、设备、场地、实习、科研、就业等方面的合作，充分发挥“园校融通合作”效应。2008 年，市财经学校推行将理论教学与实践训练有机结合的“教学工厂”合作模式，将学校、培训中心、企业三元合一，在学校内部建立起技术先进、设备完善、环境逼真的教学工厂。美发与形象设计专业聘请省美术协会会长、秘书长担任该专业建设顾问，聘请省内行业人士担任本专业建设专家，在职教师与行业人士担任本专业建设专家，在职教师与行业专家签订师徒合同，在交通便利、人流量大的长沙市蔡锷北路建立占地 240 平方米的“教学工厂”，集洗发、剪发、美容于一体，面向社会开放。学生经过校内实训基地一学期的培训后，从二年级开始，进入“教学工厂”完成校内实习计划，再到不同的企业进行为期 3~5 个月的实习。

2009 年 7 月，长沙中华职业教育社成立，担负团结联系支持职业教育事业的经济界、科技界及有关社会力量，发展职业教育事业职责。9 月，长沙市改革职业教育人才培养模式和教育教学模式，建立中职学校技能训练长效机制，在全省首创中等职业学校学生专业技能抽查制度。12 月，组织抽查包括电子电工、服装制作与设计、旅游服务与管理、机械、会计 5 个专业共 55 所学校，总合格率为 81%，其中优秀率为 33.4%，同时对技能抽查合格率低于 60%的专业实行黄牌警告。这一做法得到教育部和省厅充分肯定和推介。2010 年 8 月，争取到全国高职发展综合改革试点项目。长沙市发布《关于建立我市中等职业学校辅导员制度的通知》，开始实施中等职业学校辅导员制度。2011 年 5 月起，开始实施职业教育实力提升工程，开展示范性项目建设。

2012 年，长沙市职业教育产学研校企合作联盟成立，制定《长沙市产学研究校企合作联盟章程》，按照“平等、合作、创新、共享”的原则，构建“专业共建、人才共育、过程共管、成果共享、责任共担”的合作机制，为解决学校人才培养，解决企业用工需求，解决高校和职业院校研发的成果转化，解决职业院校毕业生就业提供重要平台。

四、招生与就业

1988 年，长沙市职高招生 4 万余人。1989 年，对职业高中招生工作进行两项改革：一是实行统一考试，单独划定录取线。二是农业类职业高中和农科专业实行定向招生。长沙市城区中等职业学校招生数占整个高中阶段招生人数的 52.6%，比上年提高 6%，提前一年实现“1990 年职高与普高招生对等”的要求。农村职业技术教育也有大的发展，招生人数提高，长沙县达到 21%、望城县 18%、浏阳县 28%、宁乡县 26%、郊区 31%。1991 年，城区职业学校（含中专、技校）招收初中毕业生人数已占整个初中毕业生的 60%，提前三年达到职业高中和普通高中招生人数 6:4 的要求，已初步形成以中等职业技术学校为主体，职前与职后并举的多层次的、多形式的中、初等职业技术教育体系。1992 年，市区职业技术教育，主要是理顺管理体制、加强政府统筹、密切配合部门、统一招生计划，重点是解决职高毕业生与技校毕业生统筹安排就业的问题。1993 年，全市有各类中等职业学校 101 所，城区职高招生与普高招生比例为 6.5:3.5，农村为 4:6（含中专、职高、技校）。1994 年，全市有中等职业技术学校 134 所，开设 70 个专业，在校学生总数 4.64 万人。其中职业高中 104 所，在校生 3.1 万人。长沙职高与普高的分流比例，城区 7:3，农村 4:6。

1996年，长沙市贯彻落实《中华人民共和国职业教育法》，提出全面实施“职教工程”，发展职业技术教育。同年，全市招收职高新生1.60万人，城区职高招生数占高中招生总数的53.3%、县（市）占45%。职高在校学生总数3.24万人。职高在校学生占高中阶段在校学生总数的52%。1997年，长沙市实行初中毕业生考试“一卷五分流”，即普通中专、普通高中、技工学校、成人中专一卷考试，分别进行录取。全年全市职业高中招生新生1.63万人，与普高新生比为43.3%。全市中等职业教育招生总数为3.03万人，与普高比5.9:4.1。

2001年开始，长沙市开通中职毕业生升学渠道，每年约有10%的毕业生对口升入高职院校就读专科或本科，实行中职毕业生多样化就业。至年底，长沙市有各级各类中等职业学校67所，中职招生2.3万人，比2000年增长15%，毕业生就业和升学比例98%，就业人数1.44万人。2003年起，长沙市使用国家教育部、省教育厅规定的学籍学历信息管理平台，每年对招收符合规定的学生进行新生注册，对符合标准的毕业生学历进行电子注册。2004年，全市100所中等职业学校招生人数和在校生人数分别达到4.66万人和11.39万人，分别比上年增加1118人和6420人，增幅分别为2.4%和5.97%，普高和职高招生比达到51:49。为规范中职招生行为，市教育局颁发“十条禁令”，严禁擅自变更校名，简化校名、删除“专修”“进修”字样；严禁擅自变更办学地址，擅自设立办学点，或在核定的办学地址之外办学；严禁出租出借办学资质，不得以任何形式将招生、教学等任务委托或承包给其他单位、中介机构和个人；严禁将自考、成教、远程网络教育等非全日制学历教育与普通全日制教育混同，或者有意回避隐瞒“民办非学历高等教育”的事实，进行误导性宣传；严禁将招收的非全日制学历学生学籍注册到全日制学历教育学校等。

2006年，全市中职学校、技工学校累计招收新生5.54万余人，城区和农村普职分流比分别达到7:3和1:1。2007年，长沙市中职毕业生通过学校推荐就业的占80%，通过人才市场就业的占5%，通过招聘信息应聘就业的占3%，通过其他途径就业的占12%。不同专业大类毕业生就业率大体一致：加工制造类专业就业率为95%，现代服务类专业就业率为98%，财经类专业就业率为96%，信息技术类专业就业率为95%，电子电器类专业就业率为93%。其中，高级管理员及以上岗位的占2%，普通管理员岗位的占30%，一线生产操作岗位的60%，其他岗位的占8%。毕业生就业去向以企事业单位为主，其人数超过毕业生总数的85%，从事第二产业类职业的占毕业生总数的98.5%。2008年，长沙市共有各级各类中等职业学校79所，在校学生13.76万人，招生数为6.50万人，毕业生数为3.99万人。

2009年起，每年招生人数逐年递减。2010年，全市共有各级各类中等职业学校67所，在校学生11.37万人，招生数为4.16万人，毕业生数为5.34人，在职教职工5708人，其中专任教师3536人。是年，严格学籍管理。2010—2012年间，每年招生人数保持在1000人以上的学校有：长沙财经学校、长沙汽车工业学校、长沙信息职业技术学校、长沙市电子工业学校、长沙高新技术工程学校、长沙市卫生学校、长沙县职业中专学校、望城区职业中专学校、浏阳市职业中专学校、宁乡县职业中专学校、长沙建筑工程学校、湖南省医药职业中专学校。2012年，长沙市各级各类中等职业学校50所，在校学生9.90万人，招生数3.54万人，毕业生数4.06万人，就业率96%。

第四节　学校选介

一、长沙财经学校

前身为成立于民国 10 年（1921）的湖南含光女子中学。1989 年，学校改为“长沙市财经职业中专学校”。1991 年，国家教育委员会颁发“省级重点职业高级中学”证书，授予“全国职业技术教育先进单位”称号。1994 年，长沙市财经职业中专学校与长沙市第二十七中学合并，定名为“长沙市财经职业中专学校”。1996 年，被评为首批国家级重点职业高中，学校办学规模达 3400 余人。2001 年，学校被确认为“国家级重点职业中专”，2010 年成功入围首批“国家中等职业教育改革发展示范校”公示名单。2010 年，长沙市财经职业中等专业学校、长沙市商业职业技术学校、长沙铁路第二中学三校合并，组建新的“长沙市财经职业中等专业学校”。9 月，学校搬迁至长沙职业教育基地，同时保留荷花池校区。在校学生 7200 余人，教职工 387 人。2011 年，学校更名为“长沙财经学校”。

至 2012 年，学校拥有长沙职教基地和荷花池两个校区，职教基地校区位于市雨花区环保科技园职教城路 68 号，荷花池校区位于市开福区荷花池巷 55 号。校园占地 18.07 公顷，教学班 116 个，学生 5897 名，在职在编教职工 287 人。其中，特级教师 2 人，正高级教师 3 人，副高以上专任教师 120 人，双师型教师达 83.3%，学生就业率 99%。明确服务长沙现代服务业的办学定位，开设会计电算化、电子商务、市场营销、物流服务与管理、商务英语、文秘等 13 个专业。分属于现代商业服务、现代旅游服务、现代休闲服务三大专业群。是职教基地唯一一所现代服务类学校，累计为长沙社会经济发展培养高素质技术技能人才 5 万余人。被誉为“培养长沙现代服务业人才的摇篮”。校内各类实训室 71 间，实训室面积 9635.7 平方米，实训室工位数 3287 个，实训仪器设备总值 3155 万元。学校已建成省级精品专业 1 个、省级示范性特色专业 1 个、省级生产性实习实训（教师认证培训）基地 1 个、省级特色专业 1 个、市级精品专业 2 个、省级精品课程 2 门、市级精品课程 1 门，主持或参与国家共建共享课程 5 门。

二、长沙高新技术工程学校

前身为长沙县延农小学，创办于 1950 年，先后举办小学、初中和高中。1983 年改办职业高中，名为长沙市郊区职业中学，1989 年剥离初中；学校 1989 年被评为“长沙市农村职业教育先进单位”，1997 年划归长沙市教育局主管，更名长沙市工商职业学校，1998 年经省教育厅批准改名为长沙市工商职业中专学校；2000 年划归岳麓区管辖，2005 年划归长沙国家高新技术产业开发区（以下简称长沙高新区）管辖，2011 年更名为长沙高新技术工程学校。学校至今原址办学，地处长沙高新区麓谷科技新城东方红中路 607 号。2006 年，学校占地 4.44 公顷，建筑面积 7500 平方米，有学生 1299 人，在职教师 69 人。2005—2012 年，学校办学条件日益改善，特别是划归长沙高新区后，建成教学大楼、实训楼、食堂、学生公寓、田径场等，校园面积拓展到 8 公顷，注册学生 3444 人，在编教职工 78 人，其中省级“专业带头人”10 人，省优秀“双师型”教师 1 人（全省仅 20 名），全国职业院校首届教学名师 2 人（全国仅 300 名），专业教师 55 人。教师学历均为本科及以上，研究生有 8 人，研究生在读 3 人。专业开设逐步由农字号转向工科类，主要面向长沙高新区园区企业培养学生。

学校办学方向始终坚持为经济社会服务，以培养技能型人才为主。学生综合素养高，专业动手能力强；注重专业师资建设，内培外引；校企合作居湖南前列，2008 年 5 月、2009 年 10 月，电子信息专业与加工制造专业先后与威胜集团有限公司和中联重科股份有限公司合作，“入厂办校”“入校办厂”，校企合作模式被长沙市教育局总结为校企合作七大模式之一。2011 年之后，每年代表湖南省参加全国职业院校学生技能竞赛，数次荣获二等奖、三等奖。2011 年 5 月为“国家级重点中等职业学校”，同年 7 月为“湖南省示范性（特色）中等职业学校”，2012 年被评为“全国重点课题科研单位”“全国‘文明风采’大赛优秀组织奖”“湖南省职业技能鉴定先进单位”“长沙市文明标兵单位”。

三、长沙县职业中专学校

1983 年，长沙县第八中学改办为长沙县第一职业中学；1987 年，根据农村深化经济体制改革的要求，在全国率先创办农村家庭经营专业，1988 年被评为“全国德育先进校”，1989 年，经湖南省教委（现教育厅）批准改名为长沙县职业中专学校。1989 年 10 月，国家教委副主任何东昌、王明达率全国各省主管教育的副省长到校参观，何东昌、王明达联名为学校题词：“面向家庭经营承包，培养有社会主义觉悟的有文化、会技术、懂经营的农民，建设社会主义新农村”。1991 年被认定为首批省级重点职业高中，并被评为全国科教兴农先进学校，1992 年被评为省职教工作先进单位。

进入 20 世纪 90 年代后，随着长沙县二、三产业链的蓬勃发展，学校提出“农业类专业坚持办，非农业类专业适时办，长班与短班结合办”的原则，1994 年被评为全国农村教育综合改革先进单位。1995 年，与长沙市委党校、长沙县委组织部联办农村基层后备干部大专班、与长沙县文化局联办文化艺术专业班，使学校办学思路更加广阔。1996 年 2 月，被国家教委审批为“国家级重点职业高级中学”。2000 年再度被教育部审批为“国家级重点职业中专学校”。

2002 年，学校积极探索“学校+公司+ 基地+农户”办学模式，注册成立长沙韵春园农业科技开发有限公司，开办茶厂和农产品加工厂。开展“送科技下乡”活动和农业技术推广工作，举办 150 余期培训班，培训农民 1.6 万余人次，与 100 余户农民建立合作关系，向农民推广新品种 22 个，累计推广面积 780 公顷，使农户每亩平均增值 500 元，每年产生直接经济效益 600 余万元。2002 年 7 月教育部认定该校种植专业为“国家重点建设专业”。2003 年，学校根据县委县政府“打造工程机械之都”的产业布局，结合县域内 40 余家机械制造企业的人才需求，开设模具设计与工艺专业。2005 年 4 月《求是》杂志以《把职业教育办成实实在在的惠民工程》为题介绍学校服务“三农”的先进事迹。2006 年，模具设计与工艺专业转型为机械加工技术专业。2007 年 9 月 10 日，校长周文迪作为湖南省中等职业教育的唯一代表，在中南海受到胡锦涛、温家宝、曾庆红等党和国家领导人的接见。2009 年，根据市场需求开设汽车制造与检修专业。同年 9 月，长沙县委、县政府决定正式启动长沙县职教中心实习实训基地建设。长沙县职教中心实习实训基地为“长沙县职业中专学校星沙校区”，2010 年 6 月，长沙县发改局就此项目立项，规划建筑总面积为 13.53 万平方米，其中一期建筑面积 7.30 万平方米，二期规划建筑面积约 6.23 万平方米，项目一期总投资约 4.28 亿元。2012 年 9 月，项目所在地星沙产业基地和长龙街道启动拆迁腾地工作，建设工程拉开大幕，学校开始迈入“一校两区、南工北农”的发展新征程。同年，学校在路口校区先后投入 6500 余万元，完成实训楼、综合楼、塑胶运动场、电力扩容改造、校园绿化美化等 10 余项工程建设，购置大批先进的实习实训设备。学校成功申报为省示范性（特色）中等职业学校建设单位，通过省示范性县级职教中心验收，并在省人民政府对长沙县职业教育督导评估中获优秀等第。

第四章　普通高等教育

第一节　高等院校

一、市属高等院校

20 世纪 80 年代初，长沙市属高等院校有长沙市教师进修学院、长沙基础大学、长沙大学、长沙广播电视大学（以下简称“市电大”）。1987 年 3 月，基础大学更名长沙职业技术师范专科学院。1989 年 4 月，市电大升格为正县级事业单位。长沙教育电视台成立，制作联络部设在市电大，属市教委、市广电局双重领导，以市教委为主。是年，市属 4 所大专院校在校学生 7262 人，教职工 549 人。

1990 年 8 月 17 日，市教师进修学院更名为长沙教育学院。1994 年 8 月，湘江师范学校并入长沙职业技术师范专科学校。1996 年 4 月，长沙职业技术师范专科学校并入长沙大学，新组建长沙大学为综合性全日制普通高等专科院校。学校实行市政府和省教委双重领导，以市政府为主的管理体制，为副厅级全民事业单位。长沙大学本部迁址到洪山庙 21 号，原熙宁街校区为南院。1998 年，长沙市开展高校结构调整工作，首次在中师招收小教大专班，为提高小学教师的学历层次开通新的渠道。长沙大学加强对外交流，与匹兹堡大学开展协作活动。

2002 年 9 月，省人民政府致函教育部，请求将长沙大学升格为本科院校。2003 年 4 月，在浏阳师范学校基础上建立长沙特殊教育职业学院，由市人民政府主办主管，省教育厅管理教育业务，为副厅级单位。7 月 1 日，长沙市商业学校和长沙市商业职业中专学校合并，建立长沙商贸旅游职业技术学院。由市政府主办主管，省教育厅管理教育业务。2004 年 5 月 19 日，长沙大学升格为本科院校，改名为长沙学院。学院实行省市共建共管，以长沙市为主管理的体制。

2006 年 3 月，长沙特殊教育职业学院更名长沙职业技术学院。5 月，长沙市汽车驾驶与维修职业中专并入长沙职业技术学院，暂时保留校名不变，对内则成为学院一个系，由市教育局管理。是年，市直高等院校达到 13 所，在校学生 8.5 万人。2009 年 10 月，雷锋职业中专并入长沙市职业技术学院。2011 年 3 月，长沙市卫生学校升格为长沙卫生职业学院（市卫生局主管）。5 月，经教育部备案，定为国家紧缺人才（护理专业）培养培训基地，护理和口腔医学技术专业为中央财政支持提升专业服务产业发展能力的专业。

至 2012 年，市属高等学校有长沙学院、长沙职业技术学院、长沙商贸旅游职业技术学院、长沙卫生职业学院、长沙广播广播电视大学、长沙教育学院，在校学生 2.86 万余人，其中市电大无在校学生。其教育业务均接受省教育厅指导。

二、驻长沙高等院校

20 世纪 80 年代，省教育厅根据“调整、改革、整顿、提高”的方针，加强湖南师范学院、湖南农学院等老本科院校建设，新建长沙水利电力师范学院。着重发展省内急需而又薄弱甚至缺门的公安、税务、财经、法律、土建、电子等专科教育。各业务厅局相继新建和改建长沙交通学院、湖南政法干部学院、湖南商业专科学校、湖南公安专科学校、湖南税务专科学校、省电子计算专科学校、湖南财经专科学校、湖南轻工业专科学校、长沙建设专科学校、长沙有色金属专科学校、长沙基础大学共11所专科学校。1987年，湘雅医学院改名湖南医科大学。

1988年1月27—31日，第三次全国高等教育会议召开，确定高等教育事业发展和改革目标、方针和任务。是年，国务院提出国家机关各部委除教育部外，不再承担管理学校的职责。在长沙的部属高等院校除军队序列的国防科技大学和教育部直属的中南工业大学、湖南大学外，均由省教委接管。1989年8月，湖南师范大学、湖南农业大学相继设立职业技术学院，专门培养职业中专和职业中学的专业课教师，每年限定招生名额。11月，国家教委在长沙召开"全国高校科研管理研讨会"，会上发布我国重点高等院校科学计量多项指标排名，中南工业大学在全国工科重点大学排名中位居第十位。1990年，湖南省卫生职工医学院改为湖南医学专科学校。湖南师范大学内部进行改革，将音乐、美术两系改设为艺术学院，并设立职业学院，将湖南图书情报学校划入，作为相对独立的二级学院。至此，在长沙的全日制高等院校，包括理工、农业、医药、师范。财经、政法、职业等7类共21所（未包括国防科技大学）。其中，理工院校7所、军事院校1所、农业院校1所、医药院校3所、师范院校3所、财经院校4所、政法院校1所、短期职业大学2所。其中有博士授予权的院校6所，有硕士授予权的院校9所，在校全日制本专科学生4.6万人，研究生1933人，含博士237人、硕士1696人；教职工2.23万人，其中专任教师8106人中有教授343人、副教授、高级讲师1861人、讲师3427人。是年开始，省教委根据国家教委"调整结构、提高投资效益、提高教育质量"要求，启动新一轮高校布局调整，较好解决了专科规模小，本、专科比例失调，工、医、商、财、政法等学科专业薄弱，院校地区分布不合理等问题。1991年2月，民办湖南科技大学并入湖南中医学院。

1992年12月，成立湖南大学人文学院。创办与台资合作的长沙工业经济学院，开国内先河。1994年2月，湖南商业专科学校、湖南省商业管理干部学院合并为湖南商学院。1996年，湖南医科大学"211工程"部门预审并以部省共建形式进行建设，隶属于卫生部。中南工业大学、国防科技大学成为首批"211工程"大学。是年，长沙市有高校21所（市办3所）。1997年7月，按照教育部要求，师范、医学、公安类的专科层次全日制普通高等学校则应规范校名后缀为"高等专科学校"，部分学校更名或改办为职业技术学院（班）。12月，湖南大学、湖南师范大学成为"211工程"大学。1998年3月，空军第二职工大学与空军航空工程学校合并为长沙航空职业技术学院。7月18日，长沙工业高等专科学校合并到中南工业大学。是年，创办于郴州的湖南文理专修学院迁址长沙国家高新技术产业开发区，更名为湖南涉外经济学院。9月，中南工业大学、湖南大学再次成为教育部直属高校。

1999年，中共中央、国务院颁发《关于深化教育改革全面推进素质教育的决定》后，高校出现合并潮。长沙民政学校升格为高等职业技术学院，更名为长沙民政职业技术学院。湖南省机械工业局职工大学与湖南机械工业学校合并组建湖南工业职业技术学院。2000年4月19日，湖南教育学院与湖南师范大学合并，组建新的湖南师范大学。20日，湖南大学与湖南财经学院合并，组建新的湖南大学。29日，中南工业大学、湘雅医科大学、长沙铁道学院三院校合并，组建为中南大学。11月，湖南林业学校和湖南林业技工学校并入中南林学院，学校主校区迁至长沙原林学院校址。2001年1月31日，省政法管理干部学院并入湖南师范大学。

2001年起，长沙的高校相继创办"国有民办"性质的独立学院。8月，湖南师范大学举办树达学院。是年，湖南商学院举办北津学院。2002年3月，长沙电力学院、湖南轻工高等专科学校合并为长沙电力学院，湖南医学高等专科学校并入湖南师范大学。5 月 25 日，湖南计算机高等专科学校并入湖南大学。2002 年 6 月，中南林业科技大学与湖南旺湘科教产业发展有限公司合作，举办中南林业科技大学涉外学院。湖南中医药大学举办湘杏学院，湖南农业大学举办东方科技学院。2003 年 4 月，长沙交通学院、长沙电力学院合并组建长沙理工大学。12 月，中南大学成为中央直管、教育部直属的湖南省唯一副部级大学。是年，湖南大学、中南大学成为“985 工程”大学。2004 年 1 月，教育部先后发文批准长沙医学院等一批在长沙的独立学院。是年，长沙市有普通高等学校 39 所，在校学生人数 34.35 万人，教职工 3.99 万人。成人高校 6 所，在校学生人数 3.03 万人，教职工 2234 人。民办其他高等教育机构 43 所，在校学生人数 2.26 万人，教职工 1891 人。国防科技大学成为“985 工程”大学。

2005 年，湖南信息专修学院升格为高职院校，更名为湖南信息科学职业学院。民办高职院校长沙南方职业学院、湖南外国语职业学院、湖南都市职业学院、湖南电子科技职业学院、湖南三一工业职业技术学院挂牌，湖南涉外经济学院升格为本科院校。中南林学院更名为中南林业科技大学。2006 年 4 月，湖南经济管理干部学院并入中南林业科技大学。2008 年 1 月，国家教育部、国防科学技术工业委员、湖南省人民政府三方宣布共建中南大学。2010 年，中国高校国家重大科技进步奖排行榜，中南大学以 6 个一等奖位列第二，仅次于清华大学。2012 年年底，中南大学入选国家“2011 计划”牵头高校，成为首批 14 所牵头高校之一。

表 22-4-1-1　　1988—2012 年高等院校情况一览表

年份	学校数（个）	招生数（人）	毕业生数（人）	在校学生数（人）	校本部教职工数（人）
1988	22	14472	11103	46022	21902
1989	22	12550	12896	46444	321956
1990	21	12787	12726	46041	22297
1991	21	13327	12953	45810	22655
1992	21	15470	12404	48050	18244
1993	21	18769	11737	55810	18270
1994	21	18455	12857	61641	18531
1995	21	19532	15911	64866	18000
1996	21	20013	16365	67420	18205
1997	20	21444	17119	72020	18473
1998	20	23570	17484	78050	18408
1999	23	35823	19152	94493	19913
2000	23	49391	19777	125582	21165
2001	29	54329	21289	158158	24568
2002	30	73379	29094	201881	26331
2003	37	94527	48597	268613	29145

续表 22-4-1-1

年份	学校数（个）	招生数（人）	毕业生数（人）	在校学生数（人）	校本部教职工数（人）
2004	39	107979	60985	329424	33950
2005	45	130337	79277	394399	37698
2006	45	132662	97149	418132	39378
2007	48	147825	108698	454288	47887
2008	49	155192	129419	483917	49401
2009	48	158215	130626	504111	50509
2010	48	149977	140840	508254	50267
2011	50	148780	143310	516765	50930
2012	50	157679	151428	523174	50902

第二节　学制与专业

1988 年之后，长沙各大专院校专业门类日趋齐备。普通全日制高等本科院校学制为 4 年，医科类为 5 年。专科学校的学制为 2~3 年。研究生层次学制为 2~3 年。高职普通专业学制为 3 年，如果再升本，需要参加省里组织的统一专升本考试，被相应本科院校录取后再读 2 年（从大三读起），可以得到 1 个高职毕业证和 1 个本科毕业证。在本科学习过程中修够学分，可取得学士学位证。1990 年 10 月，省教委公布湖南财院、湖南税专、中南工大、湖南大学等 24 所学校为湖南省试办成人高等教育《专业证书》第二批教学班单位。12 月，湖南师大获得博士学位授予权（中南工业大学、湖南大学、湘雅医学院、长沙铁道学院等校于 1981 年首批获得）。

1994 年 3 月，省教委召开首次全省普通高校教学工作会议，出台《关于加强高等学校重点专业建设的几点意见》，推进"211 工程"建设，"三重"（重点专业、重点学科、重点课程）建设成为各高校的热点项目。是年，中南工业大学、中南工学院、中南林学院的体育课被国家教委评为国家级优秀课程。湖南医科大学在 CMB 资助下卫生部进行的全国 17 所顶尖医学高校联考中，成绩名列全国第一。1995 年，全省 17 所高校 76 个队参加全国大学生数学建模竞赛，中南工业大学、中南林学院各有 1 队获全国一等奖，国防科大有 5 个队获二等奖。

1998 年，省教委召开第三次全省普通高校教学工作会议，进一步明确高等学校以专业综合改革为抓手，重组教学体系，做好教学工作在改革、质量、特色三个方面的工作。各高校扩大聘请外专、外教的规模。1999 年，"湖南省高等教育 21 世纪课程教材"改革项目启动，加强马列课、大学英语和计算机课程等基础课程的改革、建设、管理。岳麓山大学科技园建立，成为全国首批 15 个大学科技示范园之一。省内几所高校跨校、跨学科合作建立湖南省生命科学联合研究中心。国防科大和湖南医科大学合作开办七年制临床医学专业，湖南第一个本硕连读专业诞生。中南大学入选第一批国家大学生文化素质教育基地。

2000年6月，中南大学研究生院由教育部批准试办。是年，长沙交通学院进行全面实行学分制和弹性学制试点。大学本科生普遍参加计算机水平等级考试和英语水平等级考试。2001年，实施“新世纪高等教育教学改革工程”，开展“高等教育教学名师奖”“国家精品课程建设”等活动。2002年，国防科大航天与材料工程学院主办首届航天科技文化节。2004年5月，中南大学研究生院获批建立。2005年，各高等院校制定加强本科教学工作，提高教学质量实施细则，确保本科教学中心地位。9月，中南大学入选国家“111计划”（指“高等学校学科创新引智计划”。以国家重点学科为基础，从世界排名前100位的大学及研究机构的优势学科队伍中，引进、汇聚1000余名海外学术大师、学术骨干，建设100个左右世界一流的学科创新引智基地，简称“111计划”），成为首批23所入选高校之一。2006年后，教育部组织专家组对各高校的本科教学进行评估，各高校根据教育部的评估意见对本科教学进行整改，切实加强教学过程监管，努力提高本科教学质量。

2008年，长沙商贸职院获批省示范性教师专业技能认证培训基地。是年，长沙商贸职院和长沙信息科学职业技术学院在国家教育部人才培养水平评估中获得优秀等级。9月，全省第九届大学生运动会在长沙开幕。11月，全省大学生程序设计大赛在长沙理工大学进行。全省加强与改进大学生思想政治教育工作座谈会在中南大学举行。2011年，中南大学被评为“全国工程硕士研究生教育创新院校”，入选全国首批工程博士培养单位。

2012年5月，湖南省职业院校技能竞赛在长沙举行，长沙民政职业技术学院、湖南工业职业技术学院获得共3个团体一等奖中的2个。7月，第十一届“汉语桥”世界大学生中文比赛开幕式在大众传媒职业技术学院举行。至2012年，国防科技大学的航天科技文化节成功举办8届，形成节歌节徽和吉祥物征集活动、航模设计制作大赛、桥梁结构设计大赛、“碧海听浪”访谈节目、“国家、军人、使命”核心价值观诗文朗诵会等系列活动。是年，在教育部学位与研究生教育发展中心组织的全国一级学科评估中，中南大学有9个学科进入全国前5名，其中冶金工程排名全国第一；国防科大有7个学科进入全国前5名，其中软件工程排名全国第一；湖南大学有4个学科进入全国前10名。中南大学入选国家首批“卓越法律人才教育培养计划”，入选教育部、卫生部第一批“卓越医生教育培养计划”项目试点高校。

第三节　招生与就业

20世纪80年代，高等教育实行免费制，“统包统分”。1985年，《中共中央关于教育体制改革的决定》提出，对国家计划内招收的学生，其毕业分配实行在国家计划指导下，由本人志愿、学校推荐、用人单位择优录用相结合的制度。“双向选择，择优录取”的就业模式从此开始。高校开始在公费生和定向生之外招收自费生和委托培养学生（以下简称“委培生”）。

1988年，《湖南省高等学校接受委托培养、自费不包分配学生收费标准和使用范围的暂行规定》，从本年秋季入学的新生起试行。省教委根据国家教委《普通高等学校招收保送生的规定》，明确在湘本科院校和师范专科学校，均可招收保送生，长沙市有保送资格的学校保送学生50名。1989年，省政府决定取消高考预考制度，所有符合条件的高中毕业生和社会青年都可报名参加高考。是年，国家教委出台《1989年普通高等学校试行招收自费生意见》，高校对所有学生实行收费，但公费生与自费生收费差别较大。7月，湖南省发布《关于进一步改革和完善普通高等学校收费制度的通知》，对普通高等学校的收费标准进行适当调整，高校学生分公费包分配学生、收费包分配学生、委培生和自费不包分配学生。10

月，湖南省发布《关于普通高等学校、中等专业学校收取学杂费和住宿费的通知》，对高校、中专收取学杂费和住宿费等做出规定，要求各类学校按标准，向当地物价部门申请办理“收费许可证”手续。1990年10月，“三南”（湖南、海南、云南）改革启动，各高校按文史、理工、医农和地矿四类成绩招生。1992年8月24日，长沙市发布《关于调整长沙广播电视大学、电视中专收费的通知》，调整广播电视大学的收费。9月，湖南省第一师范试招“小教大专班”。是年起，高校招收“国家任务收费定向分配”的学生。湖南高校对三好学生、优秀学生干部、品德评为优等的学生、省级以上学科竞赛和科学发明创造获奖的学生，实行奖励加分录取。1993年，高考实行“2×5方案”，各高校又恢复按文、理科两大类招生。职业高中可推荐5%的优秀应届毕业生参加高考。长沙市根据省教委要求，停止专科招收保送生。是年，高校开始逐步推行收费制度，1992年学年度以前入学的在校的各类学生，仍按照原规定标准执行。

1995年3月，湖南省实行招生“并轨”改革方案，湘潭大学和湖南商学院两所高校进行招生“并轨”试点。长沙市发布《关于〈中国教育改革和发展纲要〉的实施意见》，明确在全面实行缴费上学制度以后，大中专毕业生除师范生、定向生、委培生外，其余学生在国家政策指导下进入劳动力市场，实行双向选择，公平竞争，择优录用。在取消公费包分配国家计划之前，对于国家任务计划招收的毕业生，原则上仍由国家负责在一定范围内安排就业，对要求自主择业的毕业生，在按规定偿还培养费以后，可以进入劳动力市场。1997年，普通高校招生计划实行并轨，不再分国家任务、委托培养、自费生三种计划形式。同时，建立奖学金、助学金、贷学金制度。长沙实行国家任务计划和调节性计划并轨的招生办法，学生全部缴费上学。1998年，首批“并轨”改革后毕业的大学生走向社会，不包分配大规模施行。就业政策进一步放宽，供需市场的调节对学生就业的作用日益明显。1999年，高等教育进入快速扩招阶段。高校对口招收职高毕业生，普通中专毕业生同样可对口升大学。是年，长沙市取消毕业生就业在生源上的限制。从1999年起，湖南高校与全国同步扩大招生录取比例，从上年的20%左右扩大到40%左右。

2000年，二级学院、民办高校收费上学进入新的历史时期。是年起，“全国普通高等学校毕业生就业派遣报到证”“全国毕业研究生就业派遣报到证”停止使用，改用“全国普通高等学校本专科毕业生就业报到证”“全国毕业研究生就业报到证”，包分配制度全面停止。长沙市取消毕业生就业在学历上的限制。2001年2月，省教育厅发布《关于调整2001年普通高校招收保送生政策的通知》，高中除“四大名校”理科实验班外，暂停向普通高校选送保送生。职业高中继续推荐5%的优秀应届毕业生参加高考。毕业生就业从2001届起不再编制和下达“毕业生就业计划”。毕业生就业由学校、毕业生和用人单位三方签订“就业协议书”，签发“就业报到证”。公安部门凭“就业报到证”
办理户口迁移手续。长沙市取消毕业生就业落户指标限制，普通大中专院校毕业生研究生就业工作归口市教委管理。

2002年，实施“以市场机制为主导”人才资源配置新机制。高校改变过去“闭门造车”的人才培养模式，提高对社会需求反应的灵敏度，培养能够满足社会和用人单位不断变化的、多样化需求的毕业生。

7月，省教育厅出台《关于2002年普通中专和五年制高职招生工作改革的通知》，规定5年制高职招生实行注册制，高职由原来的选拔式教育过渡到普及式教育。教育厅下达招生计划，招生学校根据学生报名情况直接免试录取，或自行组织考试择优录取，再到省教育厅注册备案。2003年3月26日，召开全市普通大中专学校毕业生就业工作会议。是年，全市高校招生报名人数3.25万人，比2002年增加3513

人。市教育局被评为1999—2003年度湖南省毕业生就业工作先进单位。2004年6月，《长沙市城乡特困家庭子女高等教育助学金暂行办法》出台，市级安排500万元专项资金补助城乡特困家庭子女高等教育。2006年，长沙市教育考试院被评为“全省研究生考试先进集体”。2007年，实施高校毕业生就业见习制度，确定湖南省农业科学院、中国石化长岭炼油化工有限公司、湘潭电机集团有限公司、长城信息产业股份有限公司、中联重科、湖南山河智能机械有限公司为首批见习基地。

2009年，开始积极推进专业学位研究生教育，研究生扩招再次出现高潮。是年，湖南省公布《湖南省2010年普通高等学校招生考试指导方案》，规定高等学校以高考成绩为主要依据，参考学业水平考试成绩和综合素质评价结果，按照德智体全面考核、择优录取的原则选拔录取新生。考生高考单科成绩（分文、理科）位于全省前万分之一的考生，均增加一次投档机会。将自主招生试点院校从国家教育部直属高校扩大到省属“211工程”大学。扩大国家示范性高等职业院校单独招生规模；扩大高职院校单独招生试点，管理水平高的非示范性高职院校和特色明显的少数专业进行单独招生试点，提高高职院校服务地方经济的能力。2010年，湖南高校本科录取人数12万人，录取率71%。全省报考硕士和博士总人数6.3万人。是年，中南大学被教育部评为全国毕业生就业典型经验高校，入选教育部第一批“卓越工程师教育培养计划”高校名单。2011年，《湖南省教育考试事业发展“十二五”规划》出台。2012年，高校招生实行“国家扶贫定向招生计划”。

第五章　成人教育

第一节　扫盲教育

1987年，长沙市根据省教委提出的“一堵、二扫、三提高”（堵住新文盲，扫除剩余文盲，巩固提高扫盲成果）方针，把扫除青壮年文盲与普及九年制义务教育结合起来。1989年，宁乡县被评为全省扫盲先进县，全县非文盲人口90%。

1990年是联合国确定的国际扫盲年，长沙农村尚有文盲（含半文盲）4.2万人。2月15日，省教委发布《关于广泛开展国际扫盲年活动，大力推动我省扫盲工作的意见》，确定3月为全省扫盲宣传月。长沙市按照省教委的部署，结合长沙市农村教育综合改革，加大农村扫盲工作力度。5月，省教委、省文化厅、省军区、省妇联等单位联合组成调查验收机构，对长沙市扫除文盲工作进行检查验收。9月，全省农村教育工作会议提出“基本扫除青壮年文盲，基本实现九年义务教育，基本形成一支具有中等文化技术素质的农村劳动大军”三大任务。长沙市结合农村教育综合改革，提出通过扫盲和培训，培养出更多懂技术、会经营、善管理的新型农民，加大农村扫盲工作力度。年底，长沙市先后兴办各种扫盲班1537个，参加学习的有2.85万人，全市新增1.63万人达到国家规定的每人能认识1500个常用汉字的脱除文盲标准。省教委授予浏阳县扫除文盲先进县，长沙县双江乡、宁乡县花明楼乡等18个乡扫除文盲先进乡，傅维汉等22人扫除文盲先进工作者称号。1991年，长沙市扫盲教育实行重点转移，城区转到岗位培训、技术培训。参加岗位培训、技术培训和文化教育的干部、职工18万余人，占全员培训率的

34%。农村实行农科教结合的职业技术教育和文化教育，参加实用技术培训和文化教育的25万人次。

1993年，长沙市有青壮年文盲、半文盲1.3万人，占全市青壮年人口总数1%以下，非文盲率高于国务院《扫除文盲工作条例》规定的非文盲率98%的标准。长沙市将扫盲与农科教中心建设同步进行，共扫除文盲9645人。望城县铜官镇、长沙县果园乡、浏阳市金江乡被省教委评为扫盲先进乡镇。内4区和郊区经省教育督导团评审验收定为“基本扫除青壮年文盲”合格区。1994年4月，长沙市对宁乡县、望城县和浏阳市扫盲工作检查验收，非文盲率98.74%，脱盲巩固率95%以上，主要指标均达到或超过国家的无文盲县市标准。至此，长沙市全部达到高标准无文盲市的要求。1995年，长沙市开展“两基”评估验收，9个区县（市）中有6个县区达标合格，浏阳市、宁乡县、望城县未验收。1996年，望城县完成“普九”任务，全市青壮年非文盲率达99.5%。

1997年，长沙市办扫盲班32个，本市脱盲人员的巩固率为100%。1998年，长沙市办扫盲班136个，参加学习的2471人，有2186人达到脱盲要求。全市青壮年非文盲率为99.8%，脱盲人员的巩固率为100%。浏阳市、宁乡县相继通过省验收。浏阳市被评为国家和省“两基”先进单位，宁乡县评为省扫盲先进县。至此，长沙市扫盲工作基本完成。

第二节　农民教育

1986年5月，出台《长沙市合格乡农民文化技术学校标准和验收办法》，由乡人民政府主办的乡农校迅速发展。是年，长沙县创办双江乡农科教中心，教职工29人，校园建筑面积2128平方米，有1栋教学综合楼，1个实验养猪场，1个饲料加工厂；生产实习基地18.33万平方米（其中橘园14.33万平方米、茶园4万平方米）；安装地面卫星接收仪，开展广播电视教学，成为一所全方位、多功能的农科教中心。1987年，农村教育转轨，各县、区在乡农校的基础上，扩充、发展、建设成为全方位、多功能的农科教中心，实行农、科、教结合。长沙县双江乡被评为全国实施“燎原计划先进乡”，获国家教委“燎原奖”。至1987年年底，全市有乡农校223所，符合省乡农校验收标准的有96所，农校的办学面达37.6%。1988年，省教委批准成立望城县农村中等专业学校。1989年，各县（市）相继成立乡农科教中心，实现“七站、二办、一校”（乡农机站、农科站、水管站、农电站、兽医站、林业站、文化站、企业办、多种经营办、乡农校）联合办学，把国家“燎原计划”“星火计划”“丰收计划”融为一体，将教育、科研、生产有机结合。是年，长沙市有乡农民文化技术学校216所，在学4.12万人。1990年，长沙市推广长沙县双江乡农科教中心的模式，长沙县创办10所合格农科教中心。1991年1月，长沙广播电视大学设“长沙燎原广播电视学校”（以下简称“燎原学校”），有计划地在乡镇农村开展对口培训，使参培人员掌握1~2个实用技术，以提高广大农民的文化科学技术素质。是年开始，长沙市试行“绿色证书”制度，条件允许的乡（镇、场）初、高中毕业生未能继续升学的，经过一年以上的职业技术教育，取得“绿色证书”。乡镇企业招收职工，一般要从各类职业和专业技术学校毕业生中录用。县、乡政府和有关部门设立专项贷款，划出农药、化肥、良种等生产的所需专项指标，对取得“绿色证书”和从事农业生产的各类农职业和专业技术学校毕业生，予以扶持，在承包土地、山林、水面和工程项目等方面，给予优先，有的要作为科技示范户、重点户加以支持。是年，农村职业技术教育实行农科教结合，形成培训网络，参加实用技术培训的达26万人次。1993年10月，召开全市农科教结合工作总结表彰会，表彰长沙县双江乡、广福乡、椤梨乡，望城县城关镇、黄金乡，浏阳市溪江乡、牛石乡、乌龙乡，宁乡县停钟乡、七里山乡、唐市乡，郊区东岸乡12个先进农科教中心和尹信达等50个先进个人。是年，省教委授予长沙市“农科教结合工作一等奖”，长沙县白沙乡、望城县雷锋乡、浏阳市大瑶乡、宁乡县夏铎铺乡4所农校被省教委定为省级示范乡镇农民文化技术学校。1995年，长沙市撤区并乡后的142个乡镇、场中有137所乡镇农校（农科教中心），共有校舍面积12.8万平方米，实验实习基地371.6公顷，年培训人数在10万人次以上。至1996年年底，长沙市建立98所农民文化技术学校，其中有75所已达到农科教中心的标准，全年全市开展各类实用技术培训30万人次。1998年，长沙市有两所农校达到国家先进标准。1999年，望城县白箬铺乡农民文化技术学校被评为省级示范乡镇农民文化技术学校。

进入21世纪，长沙市继续开展创示范乡镇农校（农科教中心）活动，加强对农科教中心的指导，突出其培训、示范、推广、服务职能，指导县、乡（镇）坚持多元、灵活的办学形式和“干什么学什么、缺什么补什么”的教育主旨，推进农民文化、技术基础教育经常化与正规化。2000年，长沙市农科教中心共办长班146个，在籍学员5613人；开办各类实用技术培训班5719期，参加培训有47.6万人次，占全市农业人口的10%以上。各县（市）分别举办乡镇成教专干和农校校长培训班，有167人参加培训。2001年，全市有乡镇农校（农科教中心）107所，其中省级示范农校17所、国家级示范农校2所。全市乡镇农校（农科教中心）办长班132个，在籍学员4178人，开办各类技术培训班6115期，参加培训的有50.2万人次，占全市农业总人口11%以上。2002年，各乡镇农校（农科教中心）办长班130余个，在籍学员近5000人，开办各类实用技术培训班5000余期，参加培训的近50万人次。2003年，市教育局与市农办开展对县（市）农科教结合工作调研和考察，指导乡镇农科教机构发挥在农村产业结构调整中的作用。

2007年1月，长沙市提出实施“新型农民培训工程”，全年共培训学员56万人次，有34万余人通过培训实现就业和再就业。2008年10月，长沙市出台《关于建设教育强市推动创业富民的决定》，部署推进乡镇农村建设工程，要求以乡镇农校（农科教中心）为依托，搭建农民实用技术培训平台。市教育局配合劳动、农办、科技局等职能部门，开展职业技能培训和农村成人教育培训，实施“阳光工程”与再就业培训，有效提高农民致富奔小康的能力。全年全市各级各类学校（含成人学校、乡镇农校、职业学校、农民文化技术学校）培训50.8万人次，其中4县（市）职校及各类职业技能培训机构进行农村劳动力转移培训12万人次，技能、文化等培训10万人次，农村技术推广和农村实用技术培训25.8万人次，失地农民培训3万余人次。市教育局被中国成人教育协会授予“2008年全国农村成人教育先进单位”。

2009年后，对农民教育培训工作主要集中在三个方面：一是职业技能培训，如早稻浸种育秧、水稻病虫害防治等；二是实用技术培训，如牲猪养殖、油茶种植、水产养殖、药材种植、蔬菜种植、花卉苗木专业等；三是劳动力转移培训，如电脑维修技术、美容美发、机动车驾驶等。2010年5月，长沙市发布《关于认定2010—2012年长沙市创业、失业人员、农民工、高技能人才培训定点机构的通知》，确定失业人员、农民工职业技能定点培训机构79家，包括湖南省劳动人事学校、湖南省交通科技中等职业学校、长沙市创新电脑培训中心、宁乡县就业服务中心、长沙市雨花区劳动局就业培训中心、长沙县劳动服务公司、湖南颐而康职业技术学校、望城县职业培训中心、浏阳市农机学校等。2012年，长沙市推动农民专业合作社品牌建设，组织引导农户实施专业化、标准化生产，开展规模化、品牌化经营，发展优势产业，开发特色产品，积极参加农业产业化经营，推进现代农业建设。

第三节 职工教育

一、学历教育

20 世纪 80 年代中期，长沙市成人学历教育包括成人初等教育、成人中等教育和成人高等教育，对已经在职而又达不到岗位要求的人员，组织他们有选择地参加中专、“五大”（职工大学、业余大学、广播电视大学、函授大学、夜大）、自考三环连锁的学历教育。1986 年，长沙市成人教育招生对象由在职职工扩大到招录社会青年和往、应届高中毕业生，开始从较低层次的文化、技术教育，向较高层次的文化、技术教育转变；从文化教育为主向学历教育、专业教育、技术教育等多种教育相结合转变；从脱产、半脱产的学习形式为主向半脱产、业余的学习形式为主转变；由封闭型的办学模式向开放型的办学形式转变。1987 年，长沙市有成人高校 19 所，成人中专 41 所。全市共有经审批备案的社会力量办学 43 所，在学人数 1.79 万人。长沙市全年两次组织全市成人高中文化统考、部分职工大学文化抽考。年底，长沙市 1.9 万余“两下”（年龄 45 岁以下、文化程度在初中或初中以下）干部中，有 1.8 万达到高中（中专）以上水平，全市干部中等文化（专业）教育提前一年基本完成。

1988 年，长沙市增设望城县农村中等专业学校、长沙市交通运输职工中等专业学校、长沙市铁路成人中等勘测设计学校、湖南省工运职工中等专业学校、湖南中山职工中等专业学校 5 所成人中等专业学校。1989 年 4 月，市教育局电视台成立。望城县、浏阳县、宁乡县、长沙市郊区成立电大工作站。1990 年，全市有成人高校 17 所，学生 1.51 万人。成人中专 48 所，学生 1.88 万人。全国各地有 54 所高等院校在长沙设立 61 个函授站，在学校人数 1.74 万人。至年底，长沙市成人高校发展到 23 所。1993 年，长沙市开始“三沟通”（高师函授教育、卫星电视教育、高教自学考试之间的沟通）学历进修形式的教育。此时期，省内许多高等学校发挥自身的优势，开办培训班，开设函授站，采取脱产、半脱产或业余方式承担长沙市干部和专业技术人员的继续教育任务，效果明显。是年，长沙市成人高考（以下简称“成考”）报名 3.02 万人，录取 1.45 万人，其中本科 1520 人、大专 9134 人、中专 3895 人，与 1992 年相比，报名人数和录取人数分别增加 7146 人和 3617 人。

1994 年，长沙市成人学校为确保成人高校新生质量，针对在职干部、职工离校时间长、工学矛盾突出、应考上线矛盾较大等，开始举办高考复习班。全市共办成人高考复习班 168 个，参加复习的学员 8211 人。全年成考报名 3.54 万人，录取新生 1.55 万人（不包括补录新生），连续 9 年名列全省第一。1995 年，长沙市有独立设置的成人高校 24 所、成人中专 51 所。全国各地普通高校在长沙设立函授站 67 个。长沙市对成人中专、职工大学、普通高校所设函授站进行检查评估。1997 年，长沙市参与国家学历文凭试点民办高校的招生。全市报名参加成人高校、中专招生统考 3.06 万人，录取 1.11 万人，其中本科 2218 人。1998 年，长沙市成考报名 2.77 万人，录取新生 1.1 万人，其中本科 2264 人。9.86 万人共 22.31 万科次参加第二十八次自学考试，8.04 万人共 19.72 万科次参加第二十九次自学考试。

2000 年，长沙市成考报名 3.88 万人（含党校借考人员 4463 人），比上年增加 1.30 万人，增长 50.3%，为历史上成人高校招生报名人数最多的年份。其中报名人数增长最快的是师范类，为 1.24 万人，占报名总数的 32%。是年，长沙市教委获“湖南省成招工作先进单位”称号。2001 年，长沙市成考报名 3.02 万人，比上年减少 8584 人。2002 年，长沙成考报名 3.14 万人，比上年增加 1171 人，录取率 70%。2003 年，高等学校在长沙设立函授站 78 个。长沙市高等教育协会成立。是年，对全市 142 个高函站进行年审、年检，对少数办学条件不够完善的函授站要求限期整改。长沙市成考报名 3.85 万人，录取 2.75 万人，录取率 63%，均为大专以上学历。2004 年是全国成人高校招生考试改革之年，也是长沙市招生工作首次归口考试管理的第一年。全市成考报名 2.51 万人，录取率 85%，比上年提高 22 个百分点。2005 年 4 月，市电大通过省教育厅“人才培养模式改革和开放性试点”总结性评估，被评为优秀。

2006 年，长沙市由市电大及其所属教学点参与试点并实施教育部“一村一名大学生计划”项目，共招录 982 人，占全省同类招生人数的 20%。是年，长沙市有成人高考函授站 149 个，其中省内普通高校函授站 48 个、高职院函授站 6 个，外省高校函授站 95 个。经年检评估，有 27 个函授站被认定为优秀，112 个函授站被认定为合格，10 个函授站被撤销停办。长沙市成考报名 3.47 万人，录取 2.75 万人，录取率 80%。自学考试（长线）报名 10.47 万人，占全省报名总数的 1/2。全日制自学考试（短线）报名首次突破 10 万人，达到 13.05 万人，占全省同类考生总数的 3/4。市教育考试院先后被评为全国成考工作先进集体、全国自考工作先进集体。2007 年，长沙市有成人高考函授站 146 个，其中，省内普通高校函授站 48 个、高职院函授站 4 个、省外高校函授站 98 个。经年检评估，有 28 个函授站被评定为优秀、114 个函授站被认定为合格，4 个函授站被撤销停办。全市成考报名 4.69 万人，比上年增加 1.22 万人，录取 3.60 万人，录取率 76.8%。2008 年，全市有成人高考函授站 171 个，其中，省内普通高校函授站 3 个、外省高校函授站 104 个。经年检评估，有 27 个函授站被认定为优秀，124 个函授站被认定为合格，20 个函授站被撤销停办。长沙市成考报名 5.58 万人，比上年增长 25%；自学考试报名 40.75 万人，占全省总数的 70%。同年，全市远程教育招生 662 人，开放教育招生 1498 人，面向社会累计培训 8570 余人。市教育局获评“2008 年全国农村成人教育先进单位”。2010 年，长沙市直属成人高等学校 5 所，在校学生 8.72 万人，在职教职工 608 人。2011 年，市委组织部与市电大学长沙、望城、浏阳、宁乡 4 县（市）实施“一村一名大学生”项目开展综合考评。5 年招生 4200 余人，项目推进效果良好。2012 年，长沙市直属成人高等学校 5 所，在校就读学生 10.85 万人。成人高考、长线自考和短线自考报考人数持续增长。

二、职工培训

1986 年起，长沙市加强职工中级技术（业务）培训，全年办有中级技术培训班 76 个，受训职工 3000 人。1988 年，职工参加岗位培训 4.18 万人，比 1987 年增加 57%。中级技术培训完成 46.6%，班、组长培训完成 85.9%，车间主任培训完成 41%。1989 年起，长沙市职工教育以岗位培训为中心，参加各类培训的有 13 万余人，占职工总数的 30%。其中参加岗位培训的有 3.8 万人、参加车间主任培训的有 1367 人，参加班组长培训的有 1521 人。

1990 年 9 月，长沙市设立成人教育委员会，制定和完善成人教育的政策。规定“两下”（45 岁以下，初中或初中以下学历）干部在 1990 年以前未达到高中或中专文化程度的，不能晋升，已有岗位的要调离；工人中级技术培训不合格的，不能晋升高级，也不能评工人技师；职工没有岗位培训合格证书的不能上岗，职工教育不达标的单位不能评为先进企业。1991 年，长沙市同步改革劳动用人制度，实行技术等级证书与学历文凭并重的“双证”制度，凡取得“双证”的毕业生，通过劳动部门推荐，在专业对口的前提下，用人单位择优录用。全市参加岗位培训、技术培训和文化教育培训的有 18 万人，全员培训率为 34%。长沙正圆动力配件厂在完成职工“双补”任务后，新建职工学校，开办各种文化、技术业务培训班 260 余期，全员培训率年均 58.75%。国家教委、劳动部授予长沙正园动力配件厂为“全国职工教育先进单位”。1993 年，长沙市有职工学校 97 所，职工教育培训中心 32 个，举办各类培训班 161 期，培训 11.39 万人次，毕（结）业 10.77 万人，全员培训率为 35%。1994 年，长沙市开展各类干部、职工培训 22.39 万人次，全员培训率为 35%。其中岗前培训 16 万人。

1997 年，长沙市国家公务员培训中心成立，与军队转业干部培训中心合署办公，既是负责全市公务员和军队转业干部培训的专门机构，也是全省专业技术人员继续教育和其他中高级社会紧缺人才培养的示范基地。是年，全市参加各类培训的干部职工有 14.35 万人，开办实用技术培训班 6309 个，培训 21.8 万人次。此后，长沙市的职工培训逐步转向用人单位的岗前培训、下岗职工再就业培训服务、成人学历教育及公务员培训。

第四节　社区教育

20 世纪 90 年代初，长沙市提出建设“学习型城市”，倡导“终身学习”，社区教育在长沙逐步发展起来。1991 年，《长沙市关于教育综合改革的决定》，提出建立社区教育委员会。1998 年，雨花区成立长沙市首个市民学校。1999 年，长沙老干部大学复校。2001 年，雨花区被教育部确定为湖南省唯一的首批“全国社区教育实验区”，并开办全省首家社区教育学院。

2004 年，长沙市争创全国文明城市，加速学习型城市建设活动。2006 年，《长沙市教育事业发展第十一个五年规划》提出，进一步健全长沙市国民教育体系、构建终身教育体系。是年，长沙老年大学建立。2007 年，市教育局以市民学校为依托，提高市民文明素养，实施“千所学校、万名教师、百万市民素质提升大行动”。2008 年，长沙市提出建设教育强市，推动创业富民，大力倡导全民学习、终身学习理念，整合学校教育、企业教育、家庭教育和社区教育资源，构建学有所教、学有所需、学有所用的全民教育体系，切实满足每个市民的学习愿望，为学习者提供多种、多次受教育的机会。

2009 年 1 月 19 日，长沙市决定“依托长沙广播电视大学，建立长沙社区大学”，以社区居民为对象，开展社区教育。10 月，确定芙蓉区浏正街、府后街、五里牌 3 个街道成为试点单位。11 月，长沙社区大学在市电大挂牌成立，社区教育试点培训工作同时在电大启动。社区教育的社区大学、社区学院、社区学校三级培训网络及社区教育远程培训平台等工作有效推进。长沙社区大学的成立标志着社区教育在长沙全面拉开序幕。2010 年 4 月，长沙市成立“长沙市建设学习型党组织工作领导小组”“长沙市社区教育工作领导小组”，出台《关于推进全市学习型党组织建设的实施意见》《长沙市社区教育工作实施意见》，逐步形成“党政统筹领导、教育部门主管、有关部门参加、社会力量支持、社区自主活动、群众广泛参与”的社区教育格局。许多社区建立社区自助书吧，广场舞团队、摄影兴趣组等众多学习团队开展丰富多彩的活动。是年，在社区大学的基础上，依托各社区的电大教学点、党校、职校、大、中、小学校、教研中心等，建立 10 所社区学院和 120 余所社区学校，形成市办社区大学，区县（市）办社区学院，街道（乡镇）办社区学校的三级培训体系。市社区大学开通终身

图 22-5-4-1　2009 年，长沙市依托长沙广播电视大学挂牌成立“长沙社区大学”，社区教育在长沙全面拉开序幕

（长沙市教育局供图）

图 22-5-4-2 2011 年，全民终身学习活动周湖南省总开幕式暨长沙市启动仪式隆重举行 （长沙市教育局供图）

教育学习网，制定《社区教育教学管理制度》。学习网有近 2000 门网络课程，首批配备 500 门优秀精品课程，全市网络注册人数 14 万余人。全市 10 个社区学院依托该网，建设具有地方区域特色的网上学习平台，满足城乡居民的多种教育需求。12 月 20—27 日，由市委、市政府举办“2010 年全民终身学习活动周”启动仪式，10 个学习型机关、10 个学习型企业、10 个学习型社区（村）、100 户学习型家庭和 20 名社区教育先进个人受到表彰。长沙市被授予“全国全民终身学习活动周先进城市”。

2011 年，长沙社区教育进入高潮。雨花区为普及社区教育基础知识、宣传社区教育先进理念，编写《雨花区社区教育巡礼》宣传册，将《长沙市终身学习网学习手册》发放到每一个居民手中。每个街道制作社区教育宣传展板开展社区教育巡展。在终身教育学习网全年学分 3.39 万分。芙蓉区 13 个街道（局、乡）均建立社区学校。社区学校全年开展培训 610 次，3.96 万人次参加。网上注册学习 1.47 万人，全年学分达到 2.2 万分。开福区成功创建湖南省社区教育实验区，望麓园、捞刀河和四方坪 3 个社区学校创建长沙市示范性社区学校。9 月 26 日，中央电大授予市电大“全国示范性地市级电大”牌匾。10 月，芙蓉区开展“2011 年全民终身学习活动周”活动，都正街、府后街、五里牌 3 所社区学校成功申报为市级示范性社区学校。雨花区承办 2011 年“全民终身学习活动周”湖南省总开幕式暨长沙市启动仪式，来自全省 800 余人参加此次会议，社区学院与 9 所街道社区学校联合开展为期一周的社区居民活动，开展活动 7 场，上千名市民参与其中。雨花区“全员、全方位、全人生”的社区教育模式被省教育厅作为“雨花模式”在全省推广。教育部连续两年授予长沙市“全民终身学习活动周优秀组织奖”。

2012 年，长沙市加强社区教育阵地建设，根据《长沙市社区学校建设标准》《长沙市示范性社区学校评估细则》，共评出 20 所示范性社区学校、10 所先进社区学校、6 个优秀社区学习中心建设单位，其中“社区学习中心建设单位”从无到有，使全市社区教育网络由三级（市社区大学、各区县（市）社区学院、各乡镇（街道）社区学校）向四级完善。开福区捞刀河镇社区学校编写的“锦绣沙坪”在全国社区教育特色课程评选中获二等奖；另有 3 门课程被评为湖南省社区教育优秀课程。“长沙终身教育学习网”学习课程 2500 门，实名注册人数 18 万余人。长沙市完成各区县（市）新建乡镇社区学校 23 所，其中，望城区 1 所、长沙县 4 所、浏阳市 10 所、宁乡县 8 所，乡镇社区学校覆盖率 48%。是年，省教育厅授予天心区“2012 年度示范性社区教育实验区建设单位”。开福区获“全国首届社区教育旧物改造-DIY 大赛”组织奖，举办长沙市全民学习活动周启动仪式，在长沙市社区教育骨干班培训上作题为《完善体系、打造品牌，以项目管理全面提升社区教育品质》典型发言。长沙市被评为全国社区教育实验项目 6 个，全国数字化建设先进区、全国社区教育实验区、全国社区教育示范区各 1 个，岳麓区咸家街道、望城坡街道、望城区格塘镇、芙蓉区定王台街道获批全国社区教育示范乡镇。市教育局获全国全民终身学习活动周优秀组织奖。《提升市民学习力，增强城市竞争力——长沙市学习型城市建设的实践与探索》入选《中国学习型城市建设案例（第一辑）》，成为教育部与联合国教科文组织联合举办的首届国际学习型城市大会交流文本。

第五节　长沙广播电视大学

1979年1月，湖南广播电视大学长沙工作站在教育部和中央电大的统一部署下建立，校址在市教育局工农教育科（市少年之家内）。1983年，湖南广播电视大学长沙工作站更名为长沙广播电视大学，长沙市东区工农兵小学（即浏正街校区）成为正式校址。各个县、区及一些大型企、事业单位相继建立电大工作站（教学点），在长沙的城乡形成电大教育系统。1984年，在校学生首次达到7000人，成为长沙地区成人教育的主力军。

1985年，为解决农村教师不足的问题，学校首次开办普通专科师资班。1986年，开办干部专修专科。1989年，长沙教育电台建立，市教育电视台的制作联络部设在学校，两块牌子，一套人马。1993年，长沙市政府启动"高校工程"，该校征收浏正街51号近0.11公顷土地。1997年，学校被省教委评为"注册视听生"先进单位、招生和助学服务先进单位。截至1998年，学校总共招生近3万人，毕业学生2万余人。

1999年，教育部批准中央电大进行"人才培养模式改革和开放教育试点"，该校成为全国首批试点的市级电大分校。2004年12月，学校率先在全省启动"一村一名大学生计划"试点，为社会主义新农村建设提供服务。2005年，学校科研课题"基层电大开放教育教学制度创新研究"获国家级优秀课题奖，学校被中央电大、省电大确定为全国电大和全省电大工商管理专业、英语专业教学改革试验基地；完成英特尔R未来教育师资培训827人，被评为"英特尔R未来教师师资培训项目组织管理先进集体"。2006年，该校"一村一名大学生计划"工作全面铺开，全年招生986人，占全省电大招生人数的20%；学校在校学生超过8000人，其中校本部学生5300余人；市政府将长沙市实验小学原校园（7000平方米）划拨给学校，由此，长沙电大拥有南北两个校园，总占地面积近1万平方米，建筑面积1.3万平方米，教室68间。同年，学校通过国家及省专家"中央电大人才培养模式改革和开放教育试点"总结性评估，荣获湖南省教育厅"人才培养模式改革和开放教育试点优秀单位"称号。2008年，该校成立开放教育学院、远程教育学院和继续教育学院，举办首届"一村一名大学生计划"毕业典礼，学校县级教学点望城县教学点被评为全国电大"一村一名大学生计划"优秀教学点和全省电大示范教学点。

2009年，长沙市依托长沙广播电视大学挂牌成立"长沙社区大学"，社区教育在长沙全面拉开序幕。2010年，市政府批复同意成立长沙市终身教育服务指导中心，设在长沙广播电视大学；学校成为中央广播电视大学社区教育实验中心；协助市教育局承办首届全市全民终身学习活动周，承建全市全民数字化学习平台"长沙终身教育学习网"，在校本部开设手工编织、书法艺术等课程，试点社区教育培训活动，并按局要求在全市推广社区教育工作。同年，学校被评为市级文明标兵单位、全省电大分校办学水平综合考评优秀分校、全国示范性基层电大。

2012年，学校学历教育在籍学生近1.5万人，其中开放教育学生1.37万余人，另有奥鹏、中南网院、成教等学生；校本部在籍学生7000人。全市有电大开放教育教学点23个（其中县级电大教学点4个），另有成教教学点2个，中南网院及奥鹏教学点8个。开设开放教育专科专业34个，本科专业18个；另有"一村一名大学生计划"专科专业7个。同年，湖南省机构编制委员会办公室同意该校加挂长沙社区大学牌子，社区教育工作力度继续加大。长沙终身教育学习网课程达1711门，注册人数15.73万人。

第六章 教 师

第一节 教师队伍

20 世纪 80 年代，长沙市平反教师队伍中的冤假错案，让一批骨干教师重新走上教学岗位，录用“五大”（广播电视大学、职工大学、职工业余大学、高等学校举办的函授大学和夜大学）毕业生，在农村招聘一批民办教师，筹办湘江师范、长沙师专发展师范教育，补充教师队伍。1988 年，长沙市幼儿园教职工 5847 人，小学教职工 2.01 万人，中学教职工 1.96 万人。1989 年，市属高校教职工 549 人。相当多教师学历不合格。长沙市按“教什么学什么、缺什么补什么”的原则，鼓励和支持在职教师通过自考、成人教育和进修培训，提升学历、提高专业素质。

1991 年，长沙市着手民办教师整顿清理工作，录用一批民办教师为公办教师。是年，全市有 6000 余名小学教师取得中师学历，3000 余名中学教师取得专科或本科学历。小学、初中、高中教师学历合格率分别达到 80%、55%、60%。市属中学教师合格率从 1986 年的 60%，提高到 90%以上。1992 年，长沙市完成对 1.3 万余名教师的考核、整顿、发证工作。1994 年，全市 629 名民办教师转为公办，中师、师专招录民办教师 336 人。1995 年，长沙市在编民办教师 6607 人。其中农村户口 6092 人，城镇户口 515 人。5 月，省人事厅下达长沙市民办教师录用指标 629 名，除教师节时从中拿出 20 个指标用于奖励优秀民办教师外，余下 609 个指标分配至县郊。是年，省教委分配长沙市普通中等师范学校国家任务公费生招募小学民办教师 290 人。1996 年，长沙市有 1986 年以前参加工作，经考试、考核合格，从事中小学教育的在职民办教师 5487 人（中学民办教师 684 人、小学民办教师 4803 人），占全市中、小学教师总数的四分之一，其中 80%于 20 世纪 60—70 代从事教育工作，且常年在条件艰苦、任务繁重的边远地区或山区工作。5 月，省计委批准市教委《关于请求一次性解决我市民办教师问题的报告》，同意于年底前将 5487 名在册民办教师一次性录用为国家教师。1997 年，长沙市将合格民办教师全部转为公办，结束民办教师历史。90 年代，长沙市接受国家统分大中专毕业生，采取优惠政策引进省内外优秀教师。与此同时，长沙市实施全员聘任制，启动教师资格认定工作，精减非教学人员，辞退不合格教师。仅 2001 年全市清退代课教师和分流富余人员共 3000 余人。

2001 年起，国家取消大、中专院校毕业生分配制度后，教育行政部门对中、小学缺额教师实行招聘制。12 月 30 日，长沙市决定在 2001 年机构改革职能配置中保留教师调配权。2002 年 5 月 20 日，长沙市明确将原由市计委与市教育局共管的大中专毕业生派遣就业指导工作交由市教育局统一管理。2003 年，市教育局率先在长沙市事业单位实行新进人员的公开招聘工作，按照“公开、平等、竞争、择优”的原则，面向社会实行公开考试、严格考核、择优聘用。市教育局向社会提供空缺岗位 554 个，有 4500 余人报名，699 人进入面试，最终录用大学毕业生 107 人，骨干教师 150 余人。2004 年 8 月开始，长沙市启动城市中小学教师下乡支教工作，2004—2005 年组织市属中小学教师 98 人到 4 县（市）农村学校支教。2005 年，市教育局直属单位录用大学毕业生 105 名，骨干教师 200 余名。2006 年，全市招聘教师948名，其中骨干教师190名、高校毕业生758人。出台《长沙市城镇教师支援农村教育工作的暂行办法》，50名城镇教师到4县（市）支教。

2007年，长沙市严格实行教师资格准入制度，组织非师范生参加教育学、心理学考试和教学基本功测试。启动市级骨干教师评选工作，首届选出中小学教师900人。成立市特级教师工作研究专业委员会。2008年，长沙市组织名优教师开展"志愿支教、送教下乡"活动，75名城镇教师到4县（市）支教。2009年，74名教师到4县（市）支教。2010年，长沙市招聘新教师1067人，定向送培免费师范生69人。市属中、高职校"双师型"教师比例达到64.5%，比2009年上升12.5%。2011年，长沙市出台《关于进一步加强中小学教师师德建设的工作意见》，提出中小教师基本要求，明确中小学教师"十不准"，强调严守法律法规、实行责任追究。2012年，长沙市直属学校公开招聘教师350名。

表22-6-1-1　　2003—2012年长沙市教职工人数一览表　　单位：人

年份	教职工总数	普通高校	成人高校	中等职校	普通中学	小学	特殊学校	幼儿园
2003	99021	35386	2036	6041	28429	19762	176	5366
2004	103014	39925	2234	5697	27783	19330	184	5970
2005	—	—	—	—	—	—	—	—
2006	104056	39378	3400	5935	25580	21593	191	7979
2007	114147	47887	3394	5855	24888	21954	201	9968
2008	116180	49401	1106	6141	24582	22479	198	12273
2009	120245	50509	739	6417	24924	22443	204	15009
2010	120055	50267	608	5709	24716	22391	215	16150
2011	122144	50930	1200	4794	26871	20870	239	17245
2012	126280	51798	566	4890	28063	21410	240	19879

第二节　教师聘用

一、资格认定

1995年，国家教委颁布《关于实施教师资格认定的过渡办法》（以下简称《办法》）的通知，标志着我国的教师资格制度开始全面实施。1996年3月起，长沙市对符合《办法》规定过渡范围内的1994年1月1日前在职教师和其他人，实行本人申请、学校审查、教育行政部门审定的办法，免考过渡，颁发"教师资格证"。对1994年1月1日后进入教育系统的人员，参加统一考试合格者，颁发"教师资格证"。教师资格证书使用全国统一的编号方法。

2001年8月，长沙市转发省教育厅《关于做好首次教师资格认定准备工作的通知》。2002年4月，长沙市根据《湖南省〈教师资格条例〉实施细则（试行）》，发布《关于成立长沙市教师资格认定工作领导小组的通知》。师范教育类专业应届毕业生可以在毕业前的最后一个学期持学校出具的学业成绩单及普通话合格等级证书等，向就读或拟任教学校所在地教师资格认定机构申请认定相应的教师资格。非师范教育类专业毕业人员必须提供相应层次的教育学、心理学的培训结业证书。5月，启动大学毕业生教师资格认定工作，首次认定2.12万余人。

2004年，发布《长沙市教师资格认定教育教学基本素质和能力测试的通知》，首次面向社会进行教师资格认定工作。要求非师范类教育专业毕业生及社会人员，已通过教育学、教育心理学补修考试，成绩合格者；师范教育类毕业生（在教学岗位或非教学岗位）的，在学历提高学习期间教学计划中缺少教育教学实践的申请者，再参加教师资格认定教育教学基本素质和能力测试。是年，幼、小、初中认定7468人，高中（含中职）认定6110人。2005年，幼、小、初中认定2.1万人，高中（含中职）认定3565人。2006年，幼、小、初中认定2503人，高中（含中职）认定5580人。

2007年8月，中国教师资格网成立，是教育行政主管部门教师资格认定机构唯一指定的官方网站，承担教师资格认定的网上注册、报名、查询等工作。自此，教师资格证的获取均需进行网上申报。2007年，幼、小、初中认定5928人，高中（含中职）认定5324人。2008年，幼、小、初中认定8671人，高中（含中职）认定5279人。

2009年，长沙市规定非师范教育类专业毕业人员申请认定高中、中专及以下各类教师资格的，必须到指定的教师培训基地接受不少于一个学期的教师教育专业培训和教育实习，并参加统一测试。长沙市的教师教育专业和教育实习由长沙教育学院统一组织并根据本市具体情况调整实施。教育学、教育心理学考试仍按中学（含中专）和小学（含幼儿园）两个层次，采用省里统一命题、制卷和评卷，长沙市负责报名和组考。2010年，幼、小、初中认定6717人，高中（含中职）认定3737人。2011年，幼、小、初中认定4415人，高中（含中职）认定4079人。2012年，教师资格证的认定程序是网上申报、现场确认、专家审查、公示、颁发证书5个环节。长沙市要求各级教师资格认定机构要严格教师资格申请受理范围，不得受理非本地户籍人员（应届毕业生除外）对高中（中专）及以下教师资格的申请。是年，幼、小、初中认定6088人，高中（含中职）认定4946人。

二、职称评定

1987年，中小学教师系列职称评定工作正式开始。中学高级（以下简称“中高”）由省教委组织评审，中学一级（以下简称“中一”）和小学高级（以下简称“小高”）由市教委组织评审，小学一级由区县教委（局）组织评审，初级由学校认定。6月，长沙市成立中小学教师职称改革工作领导小组办公室（以下简称“职称办”），下设“中学中级专业技术职务评委会”“小学高级教师专业技术职务评委会”“中专系列专业技术职务评委会”。10月，市评委会共评定5115名“中一”和“小高”，省评委会评定396名长沙市“中高”。1989年，首次教师专业技术职称改革结束。全市各级各类学校专业技术职称评定，参评人数3.17万人，获得职称的有2.99万人，占参评总数的94.5%。其中获高级职称1350人，中级职称1.04万人，初级职称1.81万人。

1992年起，职称评定工作常态化。1993年，全市设定100个“中高”地方指标，解决那些具备条件，但受国家指标限制的中、青年优秀教师的职称问题。1994年，继续设定100名“地方粮票”。2001年，省教育厅将“中高”评审权下放给市、州，浏阳市、宁乡县、长郡中学、雅礼中学获得“中一”“小高”职称评审权。是年，长沙市评出“中高”402人、“中一”840人、“小高”848人。

2004年，长沙市出台《关于组织开展申报高级职称的中小学（含职业高中）教师下乡支教工作的通知》，“从2004年起，1954年1月1日以后出生的市直各中学教师需申报高级职称的，必须有一年以上在农村或薄弱学校任教经历，以获准其今后评定高级职称的资格。”是年，长沙市评出“中高”450人、

“中一”711 人、“小高”688 人。2005 年，长沙市评出“中高”568 人、“中一”761 人、“小高”675 人。2006 年，长沙市评出“中高”711 人、“中一”832 人、“小高”689 人。2007 年，长沙市评出“中高”667 人、“中一”707 人、“小高”780 人。2008 年，长沙市评出“中高”684 人、“中一”655 人、“小高”624 人。2009 年，长沙市评出“中高”771 人、“中一”644 人、“小高”588 人。2010 年，长沙市评出“中高”546 人、“中一”512 人、“小高”404 人。

2011 年，长沙市评出“中高”80 人、“中一”85 人、“小高”12 人。2012 年，长沙市评出“中高”333 人、“中一”223 人、“小高”277 人。2012 年年底，长沙市普通中小学教师总人数 4.38 万余人，获得专业技术职称的 4.09 万余人，占总数的 92.98%，其中高级职称的有 4373 人，中级职称 2.82 万余人、初级职称 8020 人。

表 22-6-2-1　　长沙市 1989 年、2012 年中小学专任教师专业技术职称一览表

级别	1989 年		2012 年	
	人数（人）	百分比（%）	人数（人）	百分比（%）
高级	1350	4.25	4673	1.34
中级	10400	32.8	28240	68.51
初级	18100	57.10	8020	19.46
原级	1850	5.84	2892	7.02

三、聘任考核

20 世纪 80 年代中期，长沙每年净增初中学生 8500 余人，高中学生（含职高学生）4600 余人，平均每年需增加初、高中教师 1400 余名，教师队伍处于“量少质差”的不适应状况。1987 年，长沙市提出“开源、稳定、提高、转入、引进”的原则，扩大编制，增加教学人员，将过多的非教学人员和不适合做教学工作的调整到其他适合的工作岗位，综合解决师资问题。合格民办教师全部参加教师职务聘任，并实行职务工资制。

1988 年 3 月起，长沙市在市十四中、市十七中进行教师管理体制改革。在定编定员的基础上，确定高、中、初级专业职务的合理结构比例，实行教师聘任制：建立教师的定期考核制度，由学校根据考核结果对教师一年一聘任，评聘分开，可低职高聘，可高职低聘，不适合教师岗位工作的可解聘，逐步做到把档案工资与实际工资区别开来。6 月，南区教育局在工农桥小学进行教师聘任制改革试点。1990 年 8 月 10 日，长沙市出台《关于进一步加强教师队伍管理的意见》，提出改革教师管理体制，同加强师德教育紧密结合起来。1994 年，各中小学校开始实行教师聘任制，把试聘、自动离职、解聘与开除区别开来。已聘教师实行浮动工资，一年一定薪，奖优罚劣，工资缺口由学校在包干经费和自筹经费中解决。1996 年，人事部颁发《关于人才市场管理暂行规定》。1998 年，出台《长沙市中小学教师职责及考核的暂行规定》，要求各学校根据校情制定“实施方案”和“工作量计算实行办法”，从德、能、勤、绩 4 个方面实施考核。是年，市暑期教育工作会议要求从下半年开始全面实行聘任制。各学校相继建立劳动仲裁和下岗机制。1999 年，长沙市加强编制管理，高中、初中、小学非教学人员比例分别控制在 16%、15%、9%范围内。2000 年，全市教育系统共精简行政人员 215 人，转岗、分流、解聘教师 1357 人。

2001 年，长沙市成立市教育人才交流管理服务中心。严控教师编制总额，精简非教学人员，辞退不

合格教师。全市清退代课教师和分流富余人员 3910 人，提前三年完成“近三年内精简 3000 名教师任务”。中小学实行“教师聘任制、结构工资制”和“优质厚酬”，拉开优秀教师与一般教师、教学岗位与非教学岗位的收入档次。2004 年 1 月，对超编学校结合教师定岗进行分流。未聘教职工以单位消化为主，多层次、多形式安置，可内部转岗、流动调剂，提前退休、离岗、内部待聘等。3 月 31 日，长沙市出台《关于做好民办学校教师人事代理工作的意见》，建立民办学校实行人事代理的工作机制。市教育人才管理服务中心加挂“长沙市人才服务中心教育分部”的牌子，作为民办学校教师实施人事代理的工作机构。5 月，出台《长沙市中小学教职工定岗分流工作实施意见》，按照中央编办新定中小学教职工编制标准，依据“依编定岗、因事设岗、精简高效、合理导向”的原则，正式启动中小学教职工分流工作。成立长沙市教育局人事争议调解委员会。是年，长沙市分流教职工 4659 人，114 名城区教师被选派到 4 县（市）和湘西贫困地区学校任教，公开招聘教师 800 余人，教师队伍进一步优化。2006 年，长沙市针对职业技术教育专业不固定，而教师专业知识相对稳定的特点，提出对职业学校教师统筹调配，充分发挥专业课教师的作用。

2009 年，启动特岗教师招聘计划，浏阳、宁乡的一些农村学校接受特岗教师。是年，长沙市落实“编制到校、经费包干、自主聘用、动态管理”的职业教育管理办法，鼓励学校根据教学需要，从企业行业聘请优秀专业技术人才兼职或专职任教。2010 年，县域内义务教育学校教师均衡配置被确定为湖南省省级教育体制改革试点项目。2011 年以来，省教育厅在芙蓉区开展城区义务教育学校教师均衡配置试点，取得明显成效。2012 年，长沙市执行《湖南省县域内义务教育学校教师均衡配置指导意见》，各区县（市）推行校长、教师定期交流制度和工作任期制度。

第三节　教师待遇

一、工资福利

1988 年 8 月，贯彻省教委发布《关于转发国家教委、人事部〈关于中小学教师工资标准提高 10%部分可作为计发离休、退休费基数的通知〉的通知》。1989 年 12 月，长沙市根据《湖南省调整国家机关、事业单位工作人员工资实施方案》规定，从 10 月 1 日起，全市教育系统专业技术人员以及其他人员的职务起点工资标准和最高工资标准分别提高两个档次，并在普调基础上增调一级工资。1990 年 10 月，全国城市中小学教职工住房建设经验交流会在昆明召开，市教委在会上作典型发言。1992 年，给直属边远学校十九中、二十四中、二十中、二十六中、二十七中教师浮升 1~3 级工资。1993 年，国家进行第二次机关事业单位工资改革，实行结构工资制。教师工资归属事业单位专业技术人员系列，取消等级工资，实施职称工资。教师中级职称工资相当于行政科级工资标准，人均月增 70 元左右。教师月工资还增加“行业补助”10%（特殊教育教师 25%）、教龄津贴 3 元、5 元、7 元、10 元不等。从事教育教学工作满十年的教师退休工资提高 5%。

1993 年，长沙市在南区开始建设教师村。1994 年，首批 108 套新房交付使用。1995 年，下达新建教师村投资计划：用 3~5 年时间，在东区、南区、西区、北区新建 4 个教师村。1996 年，城区教师住宅竣工 347 套，农村教师住房完成 1522 套。至 1997 年年底，兴建教师安居工程 6167 套，城区教师家庭人均居住面积 12.6 平方米，住房成套率 88.5%，进入全国先进行列。1998 年，建成城区教师住房 800 套，面积 7 万平方米。2001 年 11 月 29 日，长沙市召开全市基础教育工作会议，出台《关于贯彻落实

〈国务院关于基础教育改革与发展的决定〉的实施意见》。

2006年，出台《长沙市妥善解决国有企业办中小学退休教师待遇问题实施办法》，移交地方政府管理的原国有企业子校，其尚未移交（包括已移交社区管理）的退休教师，其退休待遇从2004年1月1日算起，参照接收地中小学同类人员退休金标准确定。是年起，岳麓区设立农村教师岗位津贴，对天顶，梅溪等11所农村边远学校的教师给予每人每月100元津贴。

2008年，长沙市义务教育学校正式工作人员从2009年1月起正式实施绩效工资。市直学校和区属学校从2007年5月起欠发的津补贴，在2009年补发到位。长沙县、浏阳市义务教育教师津补贴与公务员存在明显差距，宁乡县、望城县因县级财力制约，公务员与教师均未规范津补贴。2010年，长沙市发布《关于教师绩效工资专项督查的通知》，将区县教师工资落实情况纳入市对区县的年度绩效考核中。2012年，4县（市）全部实现教师津补贴与公务员平均水平保持一致。

二、表彰奖励

1985年9月10日为首届教师节，长沙市表彰、奖励一大批优秀教师、优秀教育工作者。1989年3月，南区教师奖励基金会成立。9月4日，长沙市发布《关于表彰优秀教师和优秀教育工作者的决定》，对全市1250名获荣誉称号的中小学、幼儿园教师表彰奖励。10日，长沙市7名教师获“全国教育系统劳动模范”称号。

1992年是全省尊师重教年。长沙市将4月定为尊师重教宣传月。长沙市召开庆祝《中华人民共和国义务教育法》颁布6周年暨尊师重教大会，给从教满30年（女满25年）的教师颁发荣誉证书。重奖有突出贡献的教师，修业小学体育教师刘庭怀在体操训练方面成绩卓著，获奖8万元。9月，长沙有31名（以上历次均不含省直单位）被评为特级教师。1993年，国家实行特级教师津贴制度，湖南省明确中学特级教师每月30元，小学特级教师每月20元。9月9日，长沙市在《长沙晚报》刊登610名被表彰优秀教师和优秀教育工作者名单。是年，市教育系统开展“徐特立教育奖”“名教师”“名校长”评选活动，并组织一批优秀教育工作者到新加坡、马来西亚、泰国及中国香港、澳门地区考察。1994年，长沙市开展“优秀校长”“优秀中青年教师”评选奖励活动。1995年为全省教师表彰奖励年。是年，长沙市有651名教师受到表彰奖励，其中2人被评为“全国教育系统劳动模范”，23人被评为“全国优秀教师和优秀教育工作者”，126人被评为“湖南省优秀教师和优秀教育工作者”。

1996年9月2日，长沙市成立教育基金会，已筹集教师奖励基金800余万元。长沙市设立“优秀教师华天奖”“教育教学改革通程奖”“教育科研友谊奖”“优秀班主任九芝奖”“教育管理商银奖”，每年奖励优秀教师和优秀教育工作者。开展“园丁之家”活动，组织优秀教师、优秀教育工作者出省、出国考察；制作宣传片、宣传画册、影像资料，宣传优秀教师、优秀教育工作者。1996年9月，长沙市有33人获特级教师称号。1998年9月4日，《关于表彰长沙市优秀教师和优秀教育工作者的通报》发布，“长沙市优秀教师”289人，“长沙市优秀教育者”211人，全国劳模、全国优秀教师15人，全国“十杰青年”1人、省优秀教师95人。1999年，长沙市有37人获特级教师称号。是年，特级教师津贴由每月30元提高到80元。2002年，全市评出中小特级教师57人。

2003年，远大空调有限公司在长沙设立“远大高中生扶助奖金”和“远大教师扶助金”。全市教育基金总额1.17亿元，比上年同期增长15.12%。2004年9月5日，长沙市召开庆祝第二十届教师节暨优秀教师表彰大会，表彰全国模范教师3人、全国优秀教师6人、省教育功臣1人、省优秀教师23人、市优秀教师303人。另表彰奖励华天奖、国寿奖、九芝奖、商银奖、勤工俭学奖、友谊奖，共66项400

余人。2005 年，长沙市评出 45 位特级教师。2006 年，湖南西城集团在岳麓区设置“西城十佳农村优秀教师奖”。2007 年，奖励优秀教师和优秀教育工作者 4499 人。

2008 年 1 月，长沙市根据国务院规定，将特级教师津贴提高到每月 300 元。长沙市进行首届“魅力教师”评选活动，培粹实验中学校长王志昆等 10 人获“魅力教师”称号。9 月 8 日，在第二十四个教师节暨优秀教师表彰大会上，长沙博雅置业开发有限公司和环球教育集团各捐资 100 万设立专项基金奖励民办教育教师。是年，长沙评出特级教师 53 名。2009 年教师节，表彰“长沙优秀教师”314 人，“长沙优秀教育工作者”39 人。2010 年 1 月 21 日，省民办学校“百佳教师”表彰大会在长沙召开，长沙市有 12 位教师受到表彰。3 月 20 日，湖南省“民办学校优秀校长表彰大会”在长沙召开，长沙 15 人获民办学校优秀校长称号。2011 年 9 月 1 日，长沙市出台《关于表彰长沙市首届“培粹磨血育人”奖的决定》。至此，长沙市教育基金会颁奖项目已有：“高新特殊教育优秀学生奖”“市职业教育优秀教师奖”环球奖，“市民办教育优秀教师奖”博雅奖，“市体育工作先进单位与个人奖”百事可乐奖，“市学校后勤与勤工俭学先进个人奖”“市优秀教育工作者奖”（安全与保卫）国寿奖，“市优秀教育工作者奖”（学校内部管理）长银奖，“市优秀班主任奖”九芝奖，“教育科研成果奖”友谊奖，“农村优秀教师奖”友谊奖，“市优秀教师和优秀教育工作者奖”华天奖，“市教育绩效考核奖”东方红奖。2012 年，长沙市评出第二届“感动星城·十大魅力教师”。

第四节　教师培训

一、业务培训

20 世纪 80 年代初，长沙市针对全市中小学教师数量大、水平层次有差别，以及教学任务十分繁重等实际情况，按省教育厅确定的“电教、函授、短期培训为主”的原则，开展教师培训。1987 年，各级师范、进修院校在长沙市共招收在职教师本科生 104 人。是年，为配合职称评定工作，长沙市组织中小学教师“教材教法”过关考试和“专业合格证书”考试。全市有 1.44 万人报名参加“专业合格证书”考试，其中小学 1.02 万人、初中 3499 人、高中 756 人。小、初、高及格率分别为 39%、20.8%、36.3%。1955 名幼儿教师进行“教材教法”过关考试，合格率 53%。全市发放“教材教法合格证书”2.4 万个。1988 年，先后举办子弟学校行政管理人员学校管理学习班，长沙、望城、浏阳、宁乡 4 县中心学校校长和区教育办公室主任培训班。1989 年 12 月，召开全市十年师训总结表彰会。是年，全市中、小学 6010 人报名“教师专业合格证”考试，小、初合格率分别为 73.5%、42%。

1990 年 10 月，长沙市出台《关于初级中学校长培训的意见》，用 3~5 年时间对市、县、区所属初中正、副校长和部分行政人员进行轮训。12 月，出台《关于开展中小学教师继续教育工作的意见》，市区小学和初中教师学历培训基本完成。1991 年，长沙市举办 15 期中小学校长和教育行政干部培训班，受训校长 85%上岗。教师学历达标和专业合格，高中 50%，初中 60%，小学 86.6%。1992 年 1 月，出台《长沙市中小学师资培训“八五”规划》。是年，国家教委把中小学教师“专业合格证书”考试命题权下放到省。长沙市参加成人师范和教师进修院校学习的中小学教师近 4000 人。1993 年 1 月，长沙市发布《关于开办“函授、电教、自考三沟通”培训的初中教师有关事项的通知》。是年，长沙市 1700 名学员参加全省首次“三沟通”单科专业统考，2145 人科次合格，各科平均合格率 87.3%，居全省前列。为缓解教师进修学校学科教师门类不齐全的矛盾，挂牌成立小学干训、师训讲师团。全市举办各类中、小学校长岗位培训班20个，培训中、小学校长900名；举办学科培训和其他各类学科骨干教师继续教育班50个，培训中、小学教师2050名；全市有5634名教师取得“专业合格证书”。1994年12月，出台《关于进一步做好长沙市“三沟通”培训工作的意见》，就“卫星电视教学、函授教育和自学考试”相沟通培训初中教师的模式提出要求。1995年开始，长沙市强调教师基本功训练，包括普通话、三笔字（钢笔字、粉笔字、毛笔字）、简笔画、动手能力。1997年，“三沟通”培训工作结束，长沙市1611名学员取得文凭。

图22-6-4-1 长沙市实验小学教师基本功训练
（摄于1995年12月，长沙市实验小学供图）

1999年，长沙市出台《关于市属中学自行开展教师计算机应用水平等级培训的暂行规定》。启动小学教师二轮继续教育和中学教师一轮继续教育，突出计算机、普通话、教研教改能力、现代教育技术运用能力的培养，举办“长沙市新教师上岗前培训班”等。制定跨世纪的教师队伍建设规划。是年，完成对903名小学教师的中师学历培训、1417名教师岗位培训、1.2万名教师的计算机等级培训、5000名教师的普通话培训。

2000年3月，长沙市选送51名骨干教师参加教育部组织的“跨世纪园丁工程——国家级骨干教师培训”。2001年，长沙市根据省教育厅《关于做好中小学骨干教师省级培训工作的通知》，选送267名骨干教师参加中小学骨干教师省级培训。是年，出台《长沙市中小学骨干教师市级培训方案》，开始中小学骨干教师市级培训。全市参加各类教育培训的干部职工24万余人，全员培训率35%。是年，随着义务教育阶段课程改革的推进，围绕新课改进行的教师培训进入高潮。2002年5月，宁乡师范学校加挂长沙市小学教师培训中学的牌子。2004年，全市组织19个学科的新课改培训，培训中小学教师万余人，逐步实现教师培训由通识培训向学科培训、由义务培训向高中教育转移。2005年，宁乡县教师学习和资源中心成为全省首家挂牌的县级教师学习资源中心，次年6月成为全省首批国家级示范性县级教师培训机构。

2007年2月，长沙市根据省教育厅《关于做好2007年农村小学教师定向培养专项计划提升工作的通知》，发布《关于做好2007年农村小学教师定向培养专项计划有关工作的通知》，提升农村教师队伍整体素质，长沙县20人，望城县20人，浏阳市30人，宁乡县30人参加培训。4月，出台《长沙市中小学市级骨干教师管理办法（试行）》，启动市级骨干教师的评选认定。9月，启动异地培训计划，首批选派37名教育管理骨干赴清华大学参加为期1个月的专题研修。是年，长沙市全面实施以校本培训、远程培训和集中研修为主要形式的教师岗位培训。全年培训中学教师6300余人，小学教师5400余人，幼儿园教师1200余人。2008年1月，发布《关于认定长沙市首批中小学骨干教师的通知》，首批市级骨干教师923位教师（含107名特级教师）。9月，选派44名教育管理骨干到华东师大教育部中学校长培训中心集中研修，部分中学市级骨干教师到清华大学进行高端培训。异地高端培训成为长沙市骨干教师成就名师的新举措。是年，市教育局启动名优教师“送教下乡”活动，建立名优教师支持农村教育长效机制。

“星城杯”片断教学竞赛，促进教师专业成长。2009年，出台《长沙市骨干教师滚动培训方案》，启动骨干教师滚动培训计划。7月，成立首批7个名师工作室，培养、培训中青年教师，破解学科教学难题，引领学科教学健康发展。

2010年，根据省教育厅的统一部署，开始“国培计划”。9月，组织1865名农村骨干教师参加“国培计划——中部农村骨干教师培训项目”培训。2011年，完成3044人送培和参训工作，其中置换脱产研修82人、短期集中培训235人、远程培训2727人。是年，第二批7个名师工作室成立。2012年，完成5544人的送培和参训工作，其中置换脱产研修116人、短期集中培训148人、远程培训4265人，幼儿教师国培615人。是年，长沙市选送名师工作室的首席名师、部分特级教师到清华大学进行高端研修，高规格启动了卓越型教师培养计划。评定第三批首席名师工作室，名师工作室增加至18个。

二、师德师风建设

1987年，长沙市在全市中小学教师中开展“教育育人、为人师表”的职业道德教育，组织先进教师报告团，进行巡回报告会。1990年8月，长沙市出台《关于进一步加强教师队伍管理的意见》。9月，举办“长沙市雷锋式好青年贺学禹先进事迹报告会”。1997年国家教委《中小学教师职业道德规范》出台，长沙市制定《关于遵守教师职业道德规范的若干规定》，强调教师行为41项不准。2000年4月，出台《长沙市园丁工程实施方案（2000—2010)》，以加强职业道德为核心，引导和优化全市各级各类教师整体素质。

2004年，长沙市出台《关于进一步加强中小学教师职业道德教育的意见》，组织“长沙市师德师风报告团”深入天心区、芙蓉区、开福区、雨花区和长沙县、浏阳市、宁乡县及部分市直学校巡回演讲12场，近万名教师与会。长沙市定2006年为“师德师风建设年”。市教育局组织以“知荣辱、强师德”为主要内容的“师德师风建设”集体宣誓活动。是年，报告团在全市进行20余场演讲，听众2万余人。2008年，教育部《中小学教师职业道德规范（2008年修订)》颁布。

2010年，全市教育系统开展“筑牢科学发展堡垒、争当教育强市先锋、办好人民满意教育”为主题的创先争优活动，组织“名师示范课”“青年教师创新课”“名师送教下乡”等活动。2011年，长沙市出台《关于进一步加强中小学教师师德建设的意见》。2012年3月，市教育局召开师德师风建设动员大会，制定《中小学教师从业行为十不准》，规定：（一）不准有违背国家法律、法规的言行；（二）不准在职在编教师学期内受聘于民办培训机构参与培训、管理和兼课，假期兼课须经学校批准；（三）不准对学生有偿补课，随意增加学生课业负担；（四）不准为民办培训机构做招生宣传、动员工作，擅自提供学生个人信息；（五）不准自立项目、自定标准向学生收费或强制、变相强制学生购买商业保险、书籍、资料及其他物品；（六）不准在上课抽烟、使用移动电话以及上班时间进行网络聊天、玩游戏、炒股等。上班时间严禁喝酒；（七）不准侮辱、歧视、体罚和变相体罚学生以及训斥、挖苦、指责家长；（八）不准向学生和家长索要或变相索要财物；（九）不准传播封建迷信、低级庸俗的思想文化和参与情趣低俗的娱乐活动；（十）不准有其他违背教师职业要求的行为。是年，《长沙市中小学教师从业行为准则》《长沙市师德师风建设考评细则》出台，建立师德师风建设督查组，将师德师风建设纳入单位绩效考核。

第七章　教育管理

第一节　教育体制改革

一、管理体制改革

1986年3月，长沙市撤销长沙市教育局，成立长沙市教育委员会（以下简称“市教委”）。根据长沙教育改革与发展的需要，调整、合并、增设机关科室和直属单位、二级机构，进一步建立健全教育管理机构，强化教育服务体系、教育调节体系、教育组织体系。在普通中学建立现代学校制度，确立学校独立法人地位；深化普通高等教育管理方式改革，在管理体制改革上取得新的突破。8月，在长沙大托机场召开全市教育工作会议，提出在雅礼中学、市十四中实行校长负责制试点。是年，各区县相继成立教育委员会。长沙市将教育改革和发展的具体任务以签订《目标管理责任书》的形式下达到区县。市教委协调各区政府，制定出台“双重管理”办学方案，解决区属中学“都管都不管”的问题。

1988年4月30日，在市十四中学召开市直单位负责人会议，推出《长沙市学校管理改革试点方案》，确定“校长招标、教师聘任、经费包干、放权搞活”的内部管理改革原则，决定先在市十四中学试点。市十四中学提出按“发布公告、自愿报名、组织考察、方案评估、讲演答辩、群众测评、专家评审、上级批准、签订合同”程序招聘校长，采用“一年一考核、一年一聘任、一年一归档”的办法实行教师聘任制。6月25日，在市十四中学进行招聘校长现场答辩活动，11人报名，4人参与答辩。由省教委、市委组织部、市政府政研室、市人事局及学校代表12人组成专家评审组，评审应聘者治校方案和答辩，胡立被聘为校长。8月18日，在周南中学召开全市教育工作会议，将市十四中、市十七中定为学校管理改革试点校。不久，市十七中、南区工农桥小学、郊区砂子塘小学相继选择“方案”中的单项进行改革试点。是年，国务院提出国家机关各部委除教育部外，不再承担管理学校的职责。在长的高等院校除军队序列的国防科技大学和教育部直属的中南工业大学、湖南大学外，均由省教委管理。

1989年1月10日，长沙市召开4县5区教委负责人和试点学校负责人会议，研究、部署推动学校内部管理体制改革。1990年1月6日，城市小学根据实际情况参照《浏阳县小学管理工作基本要求（试行草案）》执行。1992年2月，市教育工作会议提出，原实行“校长负责、教师聘任、经费包干”试点的雅礼中学、市十四中、市十七中，在已有基础上不断深化，搞好整体改革。新定市七中、市十一中、市三十七中为教育综合改革试验校。6所学校在学校内部可以实行高职低聘、低职高聘，以进一步完善教师职务聘任制；可保留档案工资，实行结构工资制度，拉开收入档次，体现按劳分配精神；允许实行学校内部待岗制，打破“铁饭碗”“铁工资”，形成竞争与激励机制。其他学校按照“大胆搞改革”的精神，根据本校实际，进行单项改革。所有中小学校逐步过渡到实行校长负责制。8月，全市教育工作会议在井冈山召开。长沙市发布《关于深化改革扩大开放发展社会主义教育事业的若干意见》，共推出14项改革措施。提出在宏观管理体制改革方面，市直属学校管理改革实行“五管”与“五不管”（即管主要负责人的任免，不管中层干部的聘任；管办学规模，不管计划外挖潜招生；管工资总额，不管内部分配形式；管教育教学法规的执行，不管校纪校规的制定；管编制总额，不管具体的人事安排与机构设置），逐步扩大各级各类学校办学的自主权。对校办企业的管理实行“放权搞活，交权收益”，对规模小、产能低、效益差的校办企业采取关、撤、并。市三十七中采用“低职高聘”，将物理、历史学科2名资历不够的年轻教师聘至高级教师岗位，对鼓励青年教师提高教学水平产生积极影响。是年，长沙市高校、中专实行党委领导下的校长负责制。

1995年8月14日，长沙市发布《关于加强中小学校内部管理的若干意见（试行）》提出，进一步完善“校长负责制”，推进“全员聘任制”，实行“结构工资”和“经费包干”（即“三制一包”）为主要内容的中小学校内部管理改革，提出成立仲裁机构，实行劳动仲裁，妥善处理学校内部管理改革中的各种矛盾。改革自该年下学期起在市教委直属中小学实行。1996年定为“教育管理年”和“综合改革年”，确定“内抓管理，外树形象，团结奋进，再创佳绩”的方针。继续推进“三制一包”，实行按需设岗，竞聘上岗，择优聘用和按劳分配，按质计酬，多劳多得，优质优酬，奖勤罚懒，奖优罚劣的办法。强化学校内部管理，改革用人和分配制度。9月，《中华人民共和国职业教育法》开始实施，长沙建立、健全适应社会主义市场经济和社会进步需要的职业教育制度。1997年5月，省教委将中专学校审批、管理权限下放地市。是年，长沙市明确规定，社会力量办学校属地原则审批，实行双重管理。1998年下半年起，市教委直属单位以“三制一包”为内容的内部管理改革全面铺开。各学校相继制定教职工聘任方案，包括管理改革试行方案，目标管理考核细则，结构工资发放实施办法，岗位、职务、津贴试行方案，教职工违规违纪及责任事故经济处罚条款等。严格坚持定编、定员、定岗、定责，建立下岗、待岗机制。市、县（区）教委机关和所属二级机构适应改革开放的要求，简政放权，优质服务，进一步完善岗位责任制，加强宏观管理、目标管理、数据管理、层次管理，实现管理科学化、规范化。是年，省教委成立湖南高等学校管理体制改革和布局结构调整领导小组，推动高校合并。1999年，《中共中央国务院关于深化教育改革全面推进素质教育的决定》提出，“今后3年，继续按照‘共建、调整、合作、合并’的方式，基本完成高等教育管理体制和布局结构的调整”。长沙高校出现合并潮。

2001年，国务院明确农村义务教育“管理以县为主，投入分级负担”后，5月，印发《长沙市人民政府关于批转市教委〈长沙市学校布局调整和标准化学校建设方案〉的通知》。7月，成立“长沙市调整学校布局工作领导小组”，决定逐步落实城区义务教育“以区为主”的办学责任。市教育局将接收的子弟学校交由辖区管理。9月，长沙市按“分区衔接，以校为单位，人、财、物成建制移交，一次到位”的原则移交学校。12月，移交14所市属学校交所在辖区管理，其中芙蓉区3所、天心区3所、开福区3所、雨花区3所、岳麓区2所，加强区级政府办义务教育的责任，逐步理顺分级管理的责任和关系。年底，成立长沙市教育人才交流管理服务中心，以加快人事改革步伐，推行教师聘任制，建立人才“蓄水池”。2002年6月3日，长沙市出台《关于移交部分社会力量办学机构管理权的通知》，将学前教育、学历培训和义务教育为主的社会力量办学机构作为第二批学校移交给区县（市）管理。是年起，长沙市按照国务院和省委、省政府有关文件精神，加大政府统筹力度。理顺管理体制，切实精简优化农村中小学教师队伍；健全保障机制，确保危房改造、办学条件改善任务落实；保障教师工资，实现市、县两级教师工资财政统发，巩固和完善“以县为主”的农村义务教育管理体制。

2003年，开展新进人员的公开招聘，有5000余人报名应聘，1700余人参加招聘考试，通过考试和试教，录用大学毕业生107人，骨干教师150人，全部由市教育人才交流管理服务中心实行人事代理。2004年1月，出台《关于进一步实施聘任制，深化用人制度改革的通知》，要求超编学校结合教师定岗进行分流，市直属学校必须在9月以前全面完成教职工全员聘任制。未聘教职工以单位消化为主，多层次、多形式安置，采取内部转岗安置、流动调剂安置，提前办理退休、离岗、内部待聘等。3月31日，长沙市教育人才管理服务中心加挂“长沙市人才服务中心教育分部”的牌子，建立民办学校人事代理工作机制。6月15日，长沙市按照中央编办新定中小学教职工编制标准，依据“依编定岗、因事设岗、精简高效、合理导向”的原则，正式启动中小学教职工分流工作。出台《关于进一步实施聘任制、深化用人制度改革的通知》，成立“长沙市教育局人事争议调解委员会”，制定出台全员聘任制工作程序。2005年，国务院印发《关于大力发展职业教育的决定》后，长沙市职教城建设启动。2008年，湖南省根据教育部《独立学院设置与管理办法》对长沙的民办高等院校做出进一步规范。是年，长沙市提出“党建不分公办民办、党员不分体制内外”的思路，市、县两级先后成立民办教育党委。4月15日，湖南电子科技职业学院、湖南外国语职业学院、湖南都市职业学院成立党委，隶属市教育局党委领导。年底止，市管60余所民办学校中，符合条件的学校全部成立了党组织。

至2012年，长沙市推进教育人事制度改革，严格执行教师资格制度和聘用制度，建立和完善教育人才流动机制，面向全国招聘教师，积极引进外籍教师，辞退不具备教师资格的人员，对不能履行岗位职责，有严重师德师风的人员实行下岗分流、待聘待岗、严格控编、压缩、精减非教学人员等，学校内部管理机制和制度更加完善、健全。

二、办学体制改革

20世纪80年代，长沙的各级各类学校均以公办为主，同时鼓励社会力量办学。1987年，长沙市经批准设立的民办学校（班）76所（个），包括民主党派省、市机关及其支部主办25所，群众团体或企业单位主办25所，私人（以离、退休教师为主）主办26所。这些校（班）办学自主，多为非学历文化补习性质的培训机构，主要有职工文化补习班、高考补习班、成人夜校、业务培训学校（班）、自考助学培训学校（班）等。3月，为解决“入学难”的问题，长沙市召开企事业单位办学工作会议，决定理顺管理体制，调整基层结构。下半年，企业子弟学校开始“打开校门、相互沟通、统筹安排、就近入学”的试点，实行与市、区属学校校历、教学计划、教材、教师培训和教研活动“四个统一”，教育教学管理、师资分配、仪器调拨、教师培训“四个一视同仁”。市教委分配22名中师毕业生，33名师专毕业生，6名师范本科毕业生到子弟学校任教；对子弟学校百分之百返还教育费附加外，还按标准增加50%作为奖励费，对接受社会上的学生，按学生经常费用标准的两倍拨给，作为补助费，鼓励子校敞开校门，挖掘潜力，多招社会学生，缓解市区学校超负荷问题。是年，长沙市有子弟学校96所，在校学生4万余名。其中市内71所，学生3万余名，占市区学生总数20%。

1988年8月，长沙市在“周南会议”上鼓励社会力量兴办学校。1989年，长沙市教育界一批离退休老干部、老教师借用市第十三中部分校舍作校址创办培粹实验中学，为长沙市最早的一所纯公益性的、直属市教委领导的民办完全中学。1990年，长沙市共有企事业单位办的子弟学校99所（含浏阳、宁乡各4所），其中单设小学的40所，单设初中的3所。进入市场经济时期后，子校成为部分困难企业的负担，企业子校问题成为经济体制改革的重大课题。1991年，根据子弟学校办学条件差，经费不足，决定补助困难企事业子弟学校办学经费20万元。市帆布厂、灯泡玻璃厂子弟小学等25所子弟学校得到补助。1992年11月，全省社会力量办学经验交流暨表彰大会在长沙召开。长沙市教委成人教育办公室被评为“支持社会力量办学先进单位”，长沙市中山业余大学被评为“社会办学先进学校”。是年，长沙英达外语进修学校、长沙市小新星英语学校、湖南省黄埔外语专修学院、湖南公共关系进修学院、长沙博雅职业中专相继兴办。

1993年，中共中央、国务院颁发《中国教育改革和发展纲要》，湖南省政府颁发《湖南省社会团体、私人办学试行办法》后，10月，长沙第一所国有民办学校——长沙麓山国际实验学校创办。是年起，长沙市各种社会力量兴办学校，相继出现国有民办、民办公助、完全民办等多种办学形式。长沙市退休女教师陈竞男创办长沙市第一所非学历高等教育机构——长沙市竞男女子专修学院。宁乡县何广文利用打工7年的积蓄在家乡创办“环球电脑学校”。至年底，长沙市有社会力量开办的各类学校190所，开设专业40余个，在校学生4万余人。累计为社会各行各业培训近30万人次。1994年9月，第一所由企业创办，实行董事会领导下校长负责制的学校——湖南冠亚学校开学。随之，学前教育的天英、天骄幼儿园等，中小学教育的华康、欧亚、青园、同升湖、耀华等学校相继开办。此时，高考补习仍然是民办教育的一个热点，楚材高考补习学校是其中的代表。

1995年年底，长沙被确定为全国优化资本结构“试点”和“城市综合配套”50个试点城市之一。1996年年初，长沙市做出分离企业自办子校（不含铁路系统）的决策，成立分离子校领导小组领导和协调此项工作。5月，长沙市按照“一次分离，分类指导，先易后难，分步实施，平稳过渡，逐校交接”的原则先将水泵厂和化工机械厂两所子校作为分离试点学校，后逐步推开。年底，42所分离企业办子弟学校移交给教育部门接办（另有6所子弟学校根据实际情况及办学单位要求，确定为暂缓分离和内部分离）。是年，湖南经济科技专修学院、长沙照明日本语专修学院相继成立。全市社会力量办学进一步规范，登记在册的学校196所；学校管理人员892人；专、兼职教师2983人；在籍学员4.07万人；开设专业50余个，累计培训学员35万余人。1997年3月，省教委在永州召开全省社会力量办学现场经验交流，长沙市社会力量办学的经验作了交流介绍。10月1日，国务院颁布实施《社会力量办学条例》后，11月起，长沙市对全市民办教育机构进行清理整顿，换发办学许可证，支持、鼓励社会力量规范、有序、积极办学。是年，师大附中兴办广益中学，开启“名校办民校”模式。长沙市留学服务中心成立，进一步推动长沙教育国际化。1999年起，高等学校启动后勤服务社会化改革。

2000年，长沙市落实“自办、联办、社会办”的发展职业技术教育方针，使职业技术教育从教育部门一家办管，发展到教育部门与业务部门联办，企事业单位学校改办，成人学校和普通中专挖掘潜力附设办，民主党派和社会团体协力办。同时，按照“高中教育以市为主，义务教育以区为主”的原则，调整学校布局、整合教育资源、推进集团化办学，加速规模发展。11月，长郡中学与麓山国际实验学校组建长郡教育集团。是年，各区县（市）审批社会办学机构184个，其中幼儿园46所、普通小学19所、中等职业学校12所、培训机构107所。省教育厅审批管理117所，其中高等教育机构80所、中等职业学校14所、普通高中14所、培训机构9所。长沙市社会力量办学初步形成多层次、多规格、种类齐全、灵活多样的新体制，补充政府办学的不足，缓解经济建设与社会发展对人才需求的矛盾，满足不同社会群体的求学愿望，大幅度地挖掘人才资源。2001年起，在长高校相继创办“国有民办”性质的独立学院，湖南师范大学树达学院、湖南商学院北津学院等相继创办。2002年4月12日，长沙商贸旅游职教集团正式成立，形成产、学、研紧密结合的大型职业技术教育与经济活动的联合体。6月，雅礼中学兼并原北大附中湖南分校，成立国有民办完全寄宿制的长沙市雅礼（寄宿制）中学，成立雅礼教育集团。

2003年9月1日，《中华人民共和国民办教育促进法》施行后，长沙市加快改善民办教育办学条件的步伐，鼓励民办教育规范有序发展。是年，师大附中成立国际部，开拓中等教育对外合作交流新途径。此后，长沙市一批省级示范性普通高中相继设立国际部。2004年，社会力量累计投资2亿余元，完成湖南信息科学职业学校、湖南信息管理专修学院、长沙南方职业学院的建设，新建校园14万平方米。民办学校租赁办学的局面逐步改变。2005年3月24日，市民办教育协会第一届学校理事会出台《长沙市民办教育自律公约》，从民办学校组织建设、队伍建设、学校管理、招生工作、依法办学等方面提出具体要求，民办学校加强自主管理。8月，全市教育工作研讨会提出，长沙市民办教育以发展非义务教育和扩充优质教育资源为重点，积极发展学前教育、高中阶段教育和高等教育。年底，长沙市第二批中央企业在长子弟学校移交工作结束。2006年5月，长沙市发布《关于撤销长郡教育集团和雅礼教育集团的通知》，解决共享高中资源的民办学校停止初中招生问题。年底，有13家企业子弟学校移交地方政府管理。2007年年底，长沙市有各级各类民办教育机构802所，在校学生27.16万人。其中，幼儿园470所，在园幼儿3.4万余人；小学9所，在校生1.14万人；初中8所，在校生1.06万人；普通高中29所，在校生3.7万人；职业中专（含职高）36所，在校生1.60万余人；高职学院6所，在校生2.7万人；高等非学历教育机构50所，在校生2.94万余人；其他培训机构185所，在校生10.44万人。

2008年，长沙市出台《关于促进民办教育发展的若干意见》，明确依法保障民办教育的合法权益，切实规范民办学校办学行为和积极支持民办教育健康发展。长沙市社会力量办学逐步进入依法办学、依法管理、规范发展、理性发展的新阶段。是年起，长沙市在教育事业经费之外，每年安排专项经费200万元，重点支持民办教育发展。各区县（市）也设立相应的专项经费，并将民办教育发展纳入教育督导范围。市教育局获省2008年民办教育优惠政策优秀奖。2009年，长沙市社会力量办学抓住社会对高端技能应用型人才需求不断增长的时机，积极创造条件，将原办的非学历高等教育学校或中等职业学校升格为高等职业学院，先后有长沙南方职业学院、长沙社会安全职业学院、湖南信息科学职业学院、湖南软件职业学院、湖南外国语职业学湖南都市职业学院、湖南电子科技职业学院、湖南三一工业职业技术学院等8所民办高职院校成立。2011年，除长沙社会安全职业技术学院因故终止、湖南软件职业学院迁址湘潭市外，其余6所院校在校学生3万余人，并已向社会输送高端技能应用型人才3.69万人。

2012年，长沙市麓山国际实验学校和南雅中学由国有民办改制为公办九年一贯制学校。9月开始实行市属公办学校运行体制，纳入市财政预算管理，按照市属同类公办学校经费预算安排政策执行。是年，长沙市中学阶段形成一中、附中、长郡、明德、周南、雅礼六大教育集团。小学阶段形成芙蓉区大同、育英、育才，雨花区砂子塘、枫树山，天心区仰天湖、青园，开福区清水塘，岳麓区博才等教育集团。长沙市职业教育产学研校企合作联盟成立，制定《长沙市产学研究校企合作联盟章程》，按照“平等、合作、创新、共享”的原则，致力于构建“专业共建、人才共育、过程共管、成果共享、责任共担”的合作机制。是年，出台《长沙市民办培训学校管理办法》《长沙市民办学校设置评议委员会章程》《关于认真做好异地办学清理移交工作的通知》等10余个规范社会力量办学的文件。长沙市民办教育拥有从高等教育到学前教育、从学历教育到培训教育、从基础教育到职业教育、从全日制教育到业余教育的各级各类学校和教育机构1396所，在校学生约24万人。长沙市开展“规范社会办学行为专项治理行动”，并发布《关于规范社会办学行为专项治理实施方案》的通知，明确提出规范社会办学专项治理的工作目标、治理范围和工作任务。

三、教育综合改革

1987年，国家教委批准长沙市为全国15个城市教育综合改革试点之一后，长沙市调整涉及教育内部的各种关系和涉及教育部门同其他部门，特别是计划、财政、劳动、人事、农业、科技等部门之间的关系，强调加强地方党委和政府的统筹作用，协调各部门的关系和作用，深化教育综合改革，逐步建立教育主动适应和超前服务长沙经济建设、社会发展的有效机制。是年，城区已普及初中教育后，适时提出在巩固提高的基础上，普及以中等职业教育为主的高中阶段教育。加强薄弱学校建设，促进均衡发展。把在长的中专院校作为发展长沙教育和长沙经济的宝贵资源，积极主动为在长高校解决水电、交通、周边环境治理等问题，争取在长高校对长沙教育的支持，实行多种形式的联合办学。把发展职业教育和成人教育，造就高素质的劳动大军作为调整教育结构的重头戏和突破口。

1990年，长沙市总结几年来教育综合改革的经验，在管理体制、办学体制、人才培养体制、保障机制、投入机制等为核心的一系列教育制度以及教育管理系统的机构设置、职责范围、隶属关系、权力划分和运行机制等方面进行改革探索。9月，副市长潘贵玉在沈阳召开的全国15城市教育综合改革实验经验交流会上，介绍长沙经验。是年，长沙市提出全面落实“人民教育人民办”的方针，拓宽办学渠道，鼓励多种体制办学，根据长沙教育实行综合改革过程中表现出来的政策措施不配套、办学力量不集中、教育发展不协调等问题，提出“科教兴市”必须先兴科教，紧紧抓住调整教育结构、优化资源配置、确保教育投入、加强队伍建设等几个重点、难点问题进行突破，深化宏观管理体制改革。1991年2月，长沙市发布《关于城乡教育综合改革的决定》，提出以“加大党政统筹力度”为主要特色的城市教育综合改革，自觉做好统筹经济、科技、教育体制改革；统筹城市教育、劳动人事制度改革；统筹各级各类教育的改革与发展，全面提高城市教育质量和效益，充分发挥城市教育的整体功能，更好地为当地经济建设和社会发展服务。要求城区的区、街要象农村县乡（镇）村一样，更多地承担义务教育责任，市区要全面落实“人民教育人民办”的方针，解决财政、劳动、人事、经济等部门与发展教育的关系，调动政府部门支持教育的积极性。召开全市教育工作会议，发布《关于教育综合改革的决定》。确定“巩固提高一片、充分利用一块、大力发展一头”（即巩固提高基础教育；利用在长高校优势；大力发展以中等层次为重点的各类职业教育和成人教育）的调整教育结构的基本方针，促进各类教育协调发展。由市政府继续与4县1郊人民政府签订加强学校领导的《目标管理责任书》，加强地方党委和政府的统筹作用，协调各部门的认识和行动，坚持“两条腿走路”的方针和“分级管理”的原则。市、区县（市）政府多渠道投资、引资、集资、改建、扩建、新建学校。

1992年下半年起，全市实行宏观管理体制改革、学校内部管理改革、教育投资体制改革、教师管理改革，招生制度改革等为主要内容的城市教育综合改革。建立使教育主动适应和超前服务经济建设、社会发展的有效机制，使城市教育更主动、更好地为经济建设服务。1995年，长沙市出台《关于〈中国教育改革和发展纲要〉的实施意见》，全面布置未来长沙市教育发展的“四八工程”（即长沙教育改革与发展分四步走，到20世纪末完成普九、职教、高教、窗口、特色、广厦、德育、教育经济八大工程。到21世纪20年代，全民享受教育年限达12年以上，实现教育现代化），明确各级党委、政府抓教育必须抓“三管”（即管方向、管投入、管队伍）。1997年6月，长沙市第一部地方性教育法规《长沙市城区中小学幼儿园规划建设管理条例》颁布实施。10月16日，全国城市教育综合改革会议在长沙市召开。全国102个教育综合改革试验城市的主管市长和教委主任160人与会。2005年6月17日，长沙市主持承办首届“泛珠三角省会城市教育博览会”，展示教育综合改革成果。来自广州、南宁、成都、昆明、海口、福州6个省会城市100余名代表和全国各地近500家单位出席。签订教育合作项目13个，正式合同5项，金额3亿元。是年，出台《长沙市义务教育阶段家庭贫困学生“两免一补”工作实施细则》，率先在全省启动“两免一补”（即免杂费、面书本费，逐步补助寄宿生生活费）工作。全年全市累计投入贫困生减免补助经费3001.6万元，9.9万名贫困生实现“一费制”全免入学，万余名贫困寄宿生享受生活补助。

2008 年，长沙市实施教育强市战略，推动创业富民进程。提高知识贡献，将建设教育强市作为推动创业富民、建设创业之都的重要基石和持续动力，发挥教育的智力、技术、信息和人才支撑作用，提升教育促进经济社会发展的贡献率；促进教育公平，调整公共财政支出结构，改善农村办学条件，优化教育资源配置，促进教育均衡发展，积极创造公平、均等、便利的入学条件，满足人民群众对教育的多层次需求；打造教育品牌，发挥省会城市优势，挖掘优质教育资源，继续巩固基础教育品牌，突出打造职业教育品牌，形成品牌学校、品牌专业和品牌基地，构建具有长沙特色的教育品牌体系；彰显发展活力，深化办学体制改革、人事制度改革和投入体制改革，扩大教育对外开放与交流，调动学校、教师、学生和全社会发展教育、投身教育、接受教育的积极性，实现教育与经济社会协调发展。10 月 6 日，召开全市建设教育强市，推动创业富民工作会议，提出到 2012 年全市教育整体水平进入全国先进行列，在全省率先基本实现教育现代化，全市教育投入大幅增长，办学条件明显改善，师资素质显著提高，资源配置更加合理，教育环境全面优化，教育切实成为创业富民的重要支撑。全面实施教育“三百”工程，城区各级各类学校在校生总数达到 100 万人，创建市级以上示范性职业院校 100 所，培养培训技能型人才 100 万人；全面普及十五年教育，3~5 周岁幼儿接受学前教育的毛入园率达到 90%，义务教育完成率保持 100%，高中阶段教育毛入学率达到 95%、毕业率达到 98%，中等职业学校学生就业率达到 95%；高等教育毛入学率达到 55%以上；新增劳动力预期受教育年限达到 15 年，全市有创业愿望和创业能力的城乡劳动者的创业培训率达到 100%。2011 年，把教育摆在优先发展的战略位置，重点解决教育城乡一体化问题、教育方式现代化问题、人才培养国际化问题。

第二节 教育督导

一、区县（市）教育工作综合督导（督政）

20 世纪 80 年代后期，长沙市教育督导的重点是对义务教育的实施情况进行评估验收。1989 年，长沙市落实《湖南省县市教育督导评估方案（试行）》，制定督导县（市）政府推动农村教育的方案。1991 年，长沙市配合省督导团对长沙县和郊区进行教育综合督导评估，对城区 32 所中学进行督导评估，对内 4 区及郊区进行“两基”（基本普及九年义务教育、基本扫除青壮年文盲）评估验收。1993 年 12 月，省教委在长沙召开全省督导工作会议，长沙县、郊区成为首批省教育先进县。全市有 10 个乡（镇）成为省教育先进乡（镇），37 个乡（镇）进入省级教育合格乡（镇）。自此，“普九”督导评估制度化，市督导工作的重点转到对“两基”的评估验收上。

2003 年，长沙市出台《长沙市县（市）、区教育督导室考评制度》，开始筹划“两项制度评估”。2004 年 3 月，长沙市成立“两项督导评估考核”领导小组。12 月，全市教育督导工作会议全面部署“两项督导评估考核”（指对县级人民政府教育工作督导评估和县级党政主要领导干部教育实绩督导考核）工作。2005 年 3 月，《长沙市两项督导评估和考核实施办法（试行）》出台。4 月，市督导室配合省督导室对长沙县进行“两项制度”的试评。9 月，市督导室召开县（市）、区督导室主任会议，对县（市）区自评、自查工作进行再动员和部署。是年，市教育局将义务教育作为工作的重中之重，督促并指导各县（市）区对义务教育情况进行实时有效监督和监测。2006 年 2 月 20 日，长沙市启动“两项制度”督导评估工作。4 月，芙蓉区获“全国义务教育监测工作先进单位”称号。是年，长沙县、芙蓉区、天心区、岳麓区、雨花区接受省首批“两项督导评估考核”，5个县、区政府被认定为“省教育工作优秀单位”。开福区、宁乡县、浏阳市、望城县接受市级评估，4个县（市）、区的政府教育工作被评为市级优秀。

2007年4月，国家“两基”督导检查组对湖南省“两基”工作进行全面督导检查。7月，长沙市出台《关于进一步推进义务教育均衡发展的若干意见》《长沙市普通中小学标准化学校建设标准》《关于建立对县级区域义务教育均衡发展监测和评估制度的通知》《长沙市普通中小学办学水平督导评估实施方案》《长沙市幼儿园督导评估指导纲要》《长沙市民办中小学督导评估指导纲要》《长沙市普通中小学标准化学校建设督导评估方案》。长沙市建立标准化学校评估和义务教育办学条件和质量监督检测制度，促进义务教育阶段学校从等级化建设转向标准化学校建设，逐步走向均衡发展。是年，长沙市9个区县（市）政府均接受一轮省“两项督导评估考核”，并全部获得优秀等次。

2008年年初，长沙市出台《关于建立基础教育区域发展水平监测和评估制度的通知》《长沙市标准化学校建设评估方案》。是年，确定全市中小学标准化学校建设达标率为70%，并列为绩效考核内容。市教育督导室组织的标准化学校建设评估结果（包括省定40所合格学校项目）将作为绩效考核的重要依据，直接与区县（市）政府领导班子及党政主要领导年终评优奖励挂钩。

2009年，制定《长沙市第二轮“两项督导评估考核”，教育强县（市）区评估和县级人民政府职业教育评估规划》，简称“三评合一”的督政制度。11月到2010年上半年，市督导室对已接受省首轮“两项督导评估考核”的9个区县（市）及高新区进行首轮“两项督导评估考核”整改情况专项督查，启动教育强县（市、区）评估自查自评工作。浏阳市在第四届全国教育督导常务理事会上介绍“两项督导评估考核”的成效，雨花区在全省首批“两项督导评估考核”总结表彰会上作典型发言。是年，长沙市基础教育质量监测中心成立。浏阳市、岳麓区被列为全国基础教育质量监测样本市、区。2011年上半年，长沙、望城、浏阳、宁乡4县（市）及高新区接受市“三检合一”督导评估。2012年，天心、岳麓、开福、雨花、长沙、浏阳、望城、宁乡8个区县（市）先后完成“三评合一”考核，均被评为省优秀。长沙市被教育部授予教育督导全国先进集体。《长沙市县域义务教育督导评估工作方案》出台，县域义务教育均衡发展指标的检测与评估工作全面启动。

二、普通中小学督导评估（督学）

1988年10月，省督导室制定包括办学条件和学校工作为指标体系的普通中学教育评价方案，12月在雅礼中学等学校试评。1989年，根据省教委颁发的《湖南省普通中学教育评价方案（试行）》，分期分批对普通中学的办学思想、办学行为、办学条件、办学成绩等进行检查评估。

1993年起，出台《长沙市城区中学督导评估方案》《长沙市规范化小学督导方案》《长沙市小学督导评估方案》《长沙市厂矿、企事业子弟学校评估方案》。1995年1月，在市教育督导研讨暨现场会上，东区督导室提出，“教育督导要结合城区特点，主要是对学校进行监督、检查、评估、指导，以保证国家有关教育方针、政策、法规的贯彻执行和教育目标的实现”。市督导室推广东区的经验和做法。是年，中小学、幼儿园等级评估相继开展。

2002年，长沙市开始市级示范性学校的评审，浏阳三中成为第一所被认定市级示范性学校。2003年，长沙市重新修订《中小学幼儿园督导评估方案》及相关评估制度，指导6所省重点中学接受省督导评估，对6所高中、2所初中、10所小学、3所幼儿园进行市级示范性校（园）评估并挂牌。是年起，长沙市根据教育部、省教育厅部署，将所辖区域内的中小学校、幼儿园划分为若干督学区域，对每个区域委派若干名督学，负责区域内学校的经常性督导。2006年，天心区在全省率先建立督学责任区制度。

市督导室在全市推广天心区督学责任区工作经验。2010年，长沙市相继出台《关于建立督学责任区制度的意见》《关于印发〈长沙市督学责任区工作方案〉的通知》，将全市9个区县（市）及高新区划分为10个督学责任区，进一步明确督学责任区督学的职责、权利和义务，督学的管理，责任区内学校的义务等。9月17日，长沙市召开第四届督学聘任大会暨推进督学责任区工作大会，在10个市级督学责任区基础上，划出82个县级督学责任区，将市级评估与县级评估结合起来，市、县联动，整体推进。是年，“长沙市市县两级督学责任区制度建设和工作方法研究”被列为国家级课题。

2011年11月，全国督学责任区制度建设经验交流会在长沙召开。长沙市推进督学责任区创建市县联动机制、整体推进机制、月季讲评机制和考核激励机制等新机制，以及新机制运行中所产生的督导成效等经验被推介。2012年，长沙市贯彻落实国务院颁发的《教育督导条例》和国家教育部出台的《关于加强督学责任区建设的意见》，建立责任区督学培训制度、研修制度、资格认证制度、组长负责制等一系列制度，推动督学责任区制度化、常态化、规范化。区县（市）探索实施责任区督学任职资格制度和职级管理制度。是年，市督导室启动“民办教育优质诚信服务计划”和规范办法行为专项整治行动，加强培训机构非法办学、公办学校教师为培训机构组织生源等违规行为的重点查处。

第三节　教育研究

一、教研机构

20世纪80年代，长沙市的教研机构有市教育科学研究所、市成人教育教学研究室、市电化教育馆，各学科协会、研究会（以下简称“教研会”）。各区县（市）教研机构有的叫教研中心，有的叫科研培训中心，有的与教师进修学校合并。各学校有学科教研组。1987年4月8日，长沙市职业教育研究会成立。是年，长沙市发布《关于在全市各中学建立教育科学研究室的意见》《教科室工作条例》，学校设立教科室，与市教科院和区、县教研室对接，负责学校的教育教学研究。1988年1月，市职业教育研究会举行首届年会。1991年12月，长沙市教育学会重新成立，各学科专业研究会为团体会员。1993年2月24日，长沙市成人教育教学研究室更名为长沙市职业技术教育研究中心。2002年11月，长沙市电化教育馆加挂长沙市教育网络信息中心的牌子。

2003年9月，长沙市民办教育协会成立。2004年3月，创办内部刊物《长沙市民办教育简讯》（后改为《长沙民办教育》期刊），为长沙市民办教育搭建信息交流平台。9月10日，市教科所、市职教研究中心、市电教馆合并，组建成市教育科学研究院，为副县级全民事业单位，设办公室、基础教育研究室、职业技术成人教育研究室、现代教育研究室（加挂长沙市教育信息网络中心的牌子）、规划发展研究室，核定事业编制60名。市教育学会、市民办教育协会均设在市教科院。2009年起，市名师工作室成为新的教研团队。至2012年，全市教研机构以教科院为核心，由市、县、区、学校教研机构组成“内网”，与全国200余个教研单位建立交流信息关系的“外网”，形成研究网络。

二、教研活动

1987年8月，长沙开展第一届中小学课堂教改实验评优活动。1988年12月，郊区砂子塘小学“小学语文部件识字教材教法实验”课题通过省级鉴定评审。1989年，市教委提出教研重点是抓“三个观念”的转变（“学生主体和教师主导”观念、“注重质量”观念、“坚持知识、能力和全面素质培养模式”）。9月，《教育实验与全面发展——湖南师大附中整体教育实验的探索》出版发行，该课题被省教委评为全省普教科研优秀成果。是年起，长沙市贯彻《中共中央关于改革和加强中小学德育工作的通知》，加强德育科研工作。1990年年初，市教科所对“三算结合”“注音识字提前读写”“语文主导式教学法”“数学自学辅导法”检查验收，推动教学方法改革。长沙市《课堂教学评价方案》《中学英语教学评价方案》在省重点课题评审中获优秀等级。

1992年，长沙市贯彻国家教委《关于减轻小学生课业负担过重的若干规定》，市教科所重点抽检北区和郊区25所小学，总结城区各小学减轻学生课业负担的实践，开展课题评优、教改成果观摩、青年教师赛课等活动。长沙市出台《关于学科教研论文评审工作的若干规定》，进一步规范论文评审标准和程序。1993年5月，国家教委、中央教科所推介长沙市小学愉快教育的经验。1994年，长沙市将“普九”作为教研的重点，加强义务教育课程计划、各科教学大纲、新教材、考试命题及试卷分析等研究，开展系列化的教材教法研究课和专题讲座。11月，市教科所在湖南省首次地（市）级教科所工作综合评估中名列第一。1995年2月，市教育科研成果评审委员会成立，举办第二届教育科研成果评奖活动，评出教育实验成果49项，其他教育研究成果103项。该活动此后每年举办一次。4月，市教科所抽调名师，开展高三教学的调研。这一活动与9月的全市高三教学研讨会，此后每年进行，成为定制。是年，第三届全国青少年生物百项活动在长沙举行。1996年起，长沙市相继总结、推介芙蓉区协同教育实验、天心区愉快教育实验、岳麓区礼仪教育实验、开福区主体教育实验、雨花区目标教学实验，被称为长沙教育“五朵金花”。1998年12月，长沙市开展第五届中学课堂教学改革课题评优活动。

2001年4月27日，全国教育科学“九五”课题鉴定会在长沙召开。7月，长沙市基础教育新课程改革试验专家小组和领导小组成立。2003年，市教科所立项“新课程背景下初中毕业升学考试与高中招生毕业升学考试与高中招生制度改革”“新课程情况下教师工作量的考核计算”两个省重点研究课题。2004年起，长沙市建立与课程改革相配合的考试评价制度。长沙市中考中招实行重大改革，城区采取两种不同的毕业升学考试与高中招生录取办法，对未实施新课改的初中毕业生，实行政治、历史、地理开卷考试，体育等级测试；对已实施新课改的开福区初中毕业生实行单列计划，单独命题、单独招生。长沙市将初中毕业生综合素质与高中招生挂钩，采用等级制的录取办法。8月，提出“建立以校为本的教研制度，推动课程改革向纵深发展”，“把教师培训作为推进课程改革实验工作的关键环节来抓”。12月，长沙市出台《关于进一步整体推进以校为本教研制度建设的指导意见》，校本教研成为推进新课程实施的有效途径。是年，长沙市承办全国首届校本教研制度建设经验交流会。2005年，长沙市开展“三评估”（课程实验水平评估、教学质量管理评估、教师专业成长动态评估）活动，以转变教育观念、改进教育方法、提升课堂教学效益。

2007年9月，长沙市普通高中全面启动新课程实验。11月，发布《长沙市普通高中学生综合素质评价实施意见》《长沙市普通高中学分认定实施办法》。是年，全国职业教育学分制研讨会在长沙举行，市教育局在会上介绍长沙市从2003年以来推行职业教育学分制改革的经验。《长沙市职业院校学分制的构建与实施研究》一书由国防科大出版社出版。市教科院制定《长沙市中小学心理辅导室建设标准》，并对各级学校进行督查。2008年4月，市教育局省重点课题“民办学校文化建设的理论与实践”立项开题。9月，市教育局举办“服务外包与职业教育”研讨会，相关部门与企业代表和职业学校师生共同研讨合作共赢模式。

2009年起，长沙市加快教育教学资源平台的建设工作。网络教研成为一种重要教研形式，利用博客、QQ群、微信群进行教研渐成风尚。市教科院成立“教研志愿服务社”，与隶属于长沙教育学院的

"名师志愿活动"一起开展送教下乡活动。是年，开展校本研训示范学校认定工作，长郡中学等22所学校成为首批校本研训示范校。2010年4月，长沙市成功地举办海峡两岸综合实践活动研讨活动。11月，开福区承办全国中小学艺术课程教学与教师成长研讨会，来自全国30余个教改实验区的专家教师及全省各地州市音乐美术教师共400余人参会。是年，芙蓉区全国"十一五"规划课题"区域义务教育均衡发展水平监测的研究与实践"的重大成果《县域内推进义务教育均衡发展的基本模式构建》被省教育厅采纳推广。芙蓉区被评为省教育科研课题管理先进单位。开福区被中国教育学会授予全国教改实验区"先进单位"，"农村艺术教师成长⊥形模式研究"立项为全国教育科学"十一五"规划2010年度教育部重点课题，是本次教育部立项课题中湖南省唯一的一个基础教育课题。岳麓区《青少年健康生活教育——新时期中小学素质教育的探索与实践》由湖南师范大学出版社出版发行，健康生活教育成为岳麓区的又一张教育名片。各区县（市）做好迎接湖南省现代教育技术实验区的评审验收工作。市教育局获"全国教育科研先进集体""全省民族教育先进单位"。

2011年4月，长沙市职校学生开展专业技能竞赛。竞赛专业13个，竞赛项目47项，有34所职校603名学生参赛。5月，长沙市组织13个大类专业47个项目的中职学生参加湖南省职业院校专业技能竞赛，长沙代表队获得团体总分第一名，团体一等奖。获得个人一等奖38个。6月，全市职校学生计算机和英语应用能力考试，考试人数1.4万人次以上。12月，认定第三批校本研训示范学校。是年，长沙市申报全国和省教育科学"十二五"2011年度规划课题分别为10项和101项，立项44项省级课题，申报数与立项数均位列全省地州市第一。申报省电教馆"十二五"规划课题，54个课题成功立项。城区100%的中小学建立了规范的心理咨询室。市一中、长郡中学、明德中学、周南中学、市实验中学、15中、21中、湘府中学成立心理健康教育中心，配置沙盘游戏、宣泄仪器、音乐放松椅、涂鸦墙、团体辅导包等设备。芙蓉区、天心区、雨花区、开福区、岳麓区建成集多种功能室为一体的区级未成年人心理健康辅导中心。在创建全国文明城市评比中，长沙市未成年人心理健康辅导中心接受专家组的严格检查并获得高度评价。2012年为市教育局确定的"高效课堂深化年"，高效课堂建设成为全市教研的中心工作。年底，以浏阳社港中学为中心会场，长沙市六中、长沙市外国语学校、长沙市实验中学、长沙市砂子塘小学为分会场，开展研讨活动。长沙市在中央文明办举办的全国未成年人心理健康辅导中心骨干人员培训会上，作为优秀典型发言。

三、学生课外活动

20世纪80年代，长沙市重视第二课堂，建立各科兴趣小组，学习微电脑、无线电，开展"三小作品"（小发明、小创造、小制作）活动，80%以上的学生参加课外活动小组。在全国微电脑程序竞赛、无线电竞赛、三小作品及主题教育活动中，有的连年获奖，有的一、二、三等奖并获，有的团体总分居全省或全国之首。1985—1987年，全国中学生物理竞赛，连续三届长沙市都有学生代表湖南省参赛并获奖。1987年，高三学生柳翼制作"化学棋"获全国第三届青少年创造发明比赛三等奖。湖大子校学生王荣参加全国27城市联合举行的高中思想政治课小论文获全国一等奖。

1989年10月，国家教委、共青团中央授予市少年宫"'心中有祖国，心中有他人'教育活动"全国先进集体。12月，市少年宫活动馆建成开放，成为各中小学生开展"第二课堂"活动的主要场所。这一时期长沙市中小学校课外活动主要有文化、艺术、体育素质培养和科普创新活动引导。少年宫、科协、各教研会是活动组织主体，活动内容主要是"三小"、"三模"（航空、航海、车辆模型）。中学有学科（理科）奥林匹克竞赛，小学高年级及初中有华罗庚数学金杯赛。

1998 年，市九中多名学生获国内外发明奖，学校成为“长沙青少年创造发明学校”“全国中小学创造教育基地”。指导老师谭迪熬获“全国十杰中小学青年教师”称号，在北京人民大会堂作为获奖代表发言。此时，市明德中学、岳麓区清水塘中学、天心区沙湖桥小学频频获得省、市、国家级奖励，为素质教育核心理念“培养学生的创新精神与实践能力”提供充实的理论和实践依据。

21 世纪初，随着新课程改革的深入，长沙学生的课外活动有相当一部分中由综合实践课程统领。主要表现形式是三、四年级：自我服务活动、社会考察活动、社区服务活动、项目设计活动、传统班队活动；五、六年级：人物访谈活动、社会调查活动、问题研究活动、科学探究活动、发明创造活动；七、八、九年级：问题研究活动、社会调查活动、社会考察活动、科学探究活动、项目设计活动；高一（上），社会调查类研究性学习活动；高一（下）项目设计类研究性学习活动；高二（上）实验研究类研究性学习活动；高二（下）学科拓展和学科应用类研究性学习活动。

2008 年，长沙市决定每年投入 50 万元利用市少年宫的艺术专业师资，全年免费培训中小学生的专业特长，凡符合条件的本市中小学生均可报名，并适当向农民工子女倾斜。这时，随着高中课改的推进和大学自主招生的影响，社团、艺术节、科技节等活动纷纷开展。由于“四大名校”的高度重视，使科技创新活动走向高潮。2012 年，长沙在全国青少年科技创新大赛活动中获一等奖 4 项、二等奖 3 项、三等奖 3 项，在全国明天小小科学家评选活动中获二等奖 2 项、三等奖 2 项。参加“第六届全国中小学劳技教育创新作品邀请赛”，50 项作品获奖。其中，雨花区枫树山鸿铭小学王天宁同学夺得小学组的第一名；湖大附中黎牧星同学夺得初中组的第二名，两人分别获得本次大赛的“现场竞技优胜奖”奖杯。在第八届全国“宋庆龄少年儿童发明奖”，10 件作品全部获奖，其中岳麓区湘仪学校周展获全国省会城市第一名。参加德国举办第六十四届纽伦堡国际发明展览会，马坡岭小学周晅民的作品获金奖，长郡芙蓉中学陈鑫的作品获银奖。这是 64 年来中国少年儿童在德国首获最高发明奖。第七届国际发明展览会上，长沙有 20 个项目获奖，其中 5 人获金奖。长郡中学许令玮在美国第 63 届英特尔国际科学与工程大奖赛 (Intel ISEF) 中获得铜奖，并作为中国青少年唯一代表到瑞典参加 2012 年度诺贝尔奖颁奖典礼。长沙的科技创新活动处于全国领先地位，与北京、上海成鼎足之势。

第四节　教育经费

一、财政投入

长沙市教育经费的主渠道一直是政府投入。1986 年，长沙在省里争取到教育费附加征收的试点，先征收 1%，收 400 余万元。1988 年，长沙市各级财政对教育拨款突破 1 亿元。教育费附加征收比例提高到 2%，收 900 余万元。1989 年 3 月，长沙市出台《拓宽经费渠道，增加基础教育投入》，城市教育费附加的征收比例提高到 3%，并决定区街企业在免交的利税总额中提取 10%用于基础教育，专控商品附加费收入扣除上交部分后，提取 50%用于教育。全年附加费收 1500 余万元。是年，全市教育经费财政经常性增长 6.7%，教育经费增长 7%。各级财政所拨教育经费 1.193 亿元。

1993 年起，长沙市根据《中国教育改革和发展纲要》的规定，建立多渠道筹措教育经费的支撑体系。市政府规定市本级财政预算中安排给教育的部分不得少于四分之一，区县（市）不得少于 30%。1995 年4 月，长沙市出台增加教育投入的 12 条政策和措施，全年市本级新增教育经费 1 亿元以上。1996 年，全市各级财政安排的教育投入、各类学校生均教育经费和生均公用经费与 1986 年相比，分别增长 5 倍和 10 倍。是年起，全市城市教育费附加的征收率提高到 5%，所增加的一个百分点用于解决政府接收的子弟学校的办学经费。此后，城市教育费附加一直按 5%征收。1998 年，城区学生人均公用经费，小学由 12.8 元提高到 15 元，初中由 30.8 元提高到 35 元，高中由 80.8 元提高到 85 元。2000 年，长沙市小学、初中、高中生均预算内教育经费分别达到 448.6 元、567.4 元、1323.5 元。

2001 年 11 月，长沙市《关于贯彻落实〈国务院关于基础教育改革与发展的决定〉的实施意见》明确提出“三个确保”，即财政依法确保教师工资及时足额发放；以学杂费为主，确保学校基本的公用经费；以教育费附加为主，确保改造危房和改善办学条件所需的经费。至 2004 年，长沙市教育投入总量为 24.53 亿元，其中市本级投入 5.71 亿元，各区县（市）投入 18.82 亿元。各级政府财政性教育经费总额为 17.2 亿元，各级政府预算内教育经费总额为 14.08 亿元。2007 年 1 月 4 日，长沙市转发省财政厅、教育厅《关于进一步做好农村义务教育经费保障机制改革工作的通知》。4 月 10 日，长沙市出台《关于进一步推进义务教育均衡发展的若干意见》，提出实行公共教育资源配置向农村学校倾斜，向义务教育倾斜，向弱势群体倾斜。是年，全市财政性教育投入总量达到 27 亿元，其中义务教育投入 19 亿元，占投入总量的 70%。

2009 年，长沙市启动大额授信贷款模式，由市教育局与长沙银行、民生银行长沙分行分别签订银政全面合作协议，实行集中贷款，将学校债务实质性地划至政府承担。是年，分别取得长沙银行与民生银行大额授信贷款 10 亿元和 5 亿元。是年，4 县市农村小学、初中生均公用经费分别达到 300 元、500 元，比 2008 年分别提高 20%和 29%。2012 年，长沙市本级教育经费投入 30 余亿元，财政教育支出达到公共财政预算支出的 13.6%。是年，长沙市农村义务教育生均公用经费、小学、初中分别达到 525 元、735 元，教师“五险一金”实现全额预算。

二、学生收费（学杂费）

1999 年，进一步规范义务教育阶段收费行为。同时适当放开非义务教育阶段收费。城镇重点高中学费由上年的 650 元提高到 800 元，农村高中由上年的 260 元提高到 450 元。长沙县被确定为组织放开非义务教育阶段收费的试点。

2004 年 1 月 18 日，长沙市发布《关于重申严禁收取教育储备金的通知》，重申严禁任何民办学校、幼儿园以任何理由、任何方式收取教育储备金。4 月 6—9 日，为进一步规范民办学校财务制度，提高财务人员专业水平，帮助民办学校提高依法办学意识和防范办学风险意识，举办“长沙市民办学校财务人员培训班”，有 43 人接受培训。对 5 所收取教育储备金的学校、幼儿园进行监督、检查，督促其制定还款计划。是年，学杂费收入 3.57 亿万元，比 2003 年增长 3525 万元。

三、勤工俭学与社会资助

1985—1988 年，社会为教育事业集资 1.80 亿元，其中行业集资 358 万元，群众捐资助学 1439.3 万元。1988 年，长沙市有校办工厂 354 个，校办商店、服务部 322 个，校办农业劳动基地 2117 个，面积 594.13 公顷。是年，全市勤工俭学总产值和纯收入比 1987 年分别增长 73.7%和 77.7%，居全省之首。1989 年，全市开展勤工俭学的学校 2860 所，占学校总数的 80.2%，总产值突破 1 亿元，纯收入 2068.5 万元。1990 年，长沙市按省农村教育工作会议提出的“农村教育事业费附加统一由乡财税部门负责征收”“教育经费（包括城乡教育费附加和集资）应全部拨给教育部门和学校管理使用”的规定，实施教育费附加的征收、管理和使用。1991 年，按省里关于建设校办农业基地的要求和标准，长沙市 4 县 1 郊全部建成校办农业基地（后相继改建为中小学素质教育基地），合计占地 178.23 公顷，在省教委考核评估中，成为全省唯一全部达标的地市。

1992 年 2 月，长沙市提出以南区为试点，采取借、贷、集、捐的办法，多渠道筹集教育经费，改善城市小学的办学条件。3 月 16 日，长沙市发布《关于加强对集资办学管理的通知》，凡是当地人大或政府通过的群众集资办学项目，都不应视为不合理负担或乱摊派。南区出台《关于普及九年制义务教育借款实施细则》，向全区区属小学家长借款，学生毕业时一次性偿还。所借资金由区统一管理，全部投入改造危房和改善办学条件。借款范围为教育部门主办的小学和中学在校学生，每生 300 元。下半年起，长沙市推广南区的经验，向全市中小学生家长借款改善办学条件。

1993 年，长沙市鼓励学校积极创办校办产业，开展勤工俭学，增加创收项目。1995 年，长沙市农村按照分级办学、分级管理的原则，实行乡学乡办、村学村办、人民教育人民办，累计集资 3.8 亿元。1996 年上半年，全市校办产业的产值和利润都比上年同期增长 28%左右。1997 年实现校办企业总产值 5.6 亿元，增长 8.5%，居全省第一。1999 年上半年，全市勤工俭学创总产值 2.8 亿元，纯收入 3131 万元，分别比上年同期增长 6.0%和 4.6%，实现了时间过半任务过半目标。2000 年，全市勤工俭学完成总产值 6.6 亿元，实现利润 8000 万元。2001 年，省教育厅在长沙市召开勤工俭学现场经验交流会，向全省推介长沙的工作经验。2002 年，全市校办产业完成总产值 7.1 亿元，比上一年增长 9%；纯收入为 9120 万元，比上一年增长 8.6%；用于补助教育经费 6000 万元，上缴国家税金 1300 万元。全市各级勤工俭学管理部门和校办企业捐赠人民币 110 万元，设立“长沙市勤工俭学奖励基金”。2003 年起，长沙市开始实施中小学后勤服务社会化。是年，芙蓉、雨花、岳麓 3 个营地被授予“全国勤工俭学研究会中小学素质教育示范基地”。2004 年，捐资助学经费 3776 万元，比 2003 年减少 127 万元；择校费等其他收入 3.38 亿元，与 2003 年基本持平。2006 年，勤工俭学和校办产业总收入和纯收入分别达到 8.6 亿元和 1.17 亿元，继续保持全省领先地位。2010 年，长沙市共有 1219 所中小学校开展勤工俭学活动，全市勤工俭学、校办产业实现总值 8.56 亿元。

四、经费支出

1989 年，长沙市全年教育实际支出 4.48 亿元，占全市财政支出的 20.3%。2000 年起，长沙市根据省政府对乡镇作的统一部署，开展“消赤减债”（1986 年来实施义务教育，集资办学；1989 年来危房改造及集资办学产生的债务）工作。2001 年起，各区县（市）因实施“普九工程”“义务教育工程”，导致债务问题。2002 年，市校办产业收益中 810 万元用于中小学素质教育实践基地建设。2004 年，全市教育支出总量为 24.65 亿元，其中人员经费支出 15.96 亿元，公用经费支出 7.4 亿元，学校建设支出 1.28 亿元。

2005 年，出台《长沙市义务教育阶段家庭贫困生“两免一补”工作实施细则》，秋季起，率先在全省实行“两免一补”（免学杂费、免书本费、补助寄宿生生活费）政策，并对义务教育阶段贫困家庭学生实行“一费制”全免。2006 年 1 月，长沙市将农村义务教育全面纳入公共财政保障范围。印发《关于认真做好 2006 年城乡义务教育阶段贫困学生“一费制”全免和农村义务教育阶段学生秋季免杂费入学工作的通知》，将贫困学生“免补”作为市政府“八件实事”之一。全年用于贫困生“一费制”全免、贫困寄宿生生活补助和农村学生杂费全免的经费总额 7856 万元，其中市、县两级安排 6040 万元，占投入总量的 76.9%，有 10.45 万名家庭贫困学生实现“一费制”全免入学；有 1.24 万名贫困寄宿生享受生活补助。

2007 年 1 月，在乡镇教育机构改革中，做好人员分流和财产清理移交工作的同时，妥善处置教育债务问题。至 2008 年，长沙市农村“普九”债务实际余额为 2.56 亿元。长沙市根据以县为主，中央与省给予适当补助，市（州）财政按照本地区“普九”债务余额的 10%安排化解补助资金，其余由区县（市）统筹安排的规定，中央和省财政给予补助资金 1.59 亿元，市级补助 2560 万元，区县（市）承担 715 万元。长沙市基本完成债务化解任务。

2007 年，长沙市投入免补经费 1.6 亿元，春季共有 34.94 万名农村义务教育阶段学生享受免杂费入学，春秋两季有 55.79 万名学生享受“一费制”全免入学，有 3.27 万名农村贫困寄宿生享受生活补助。投入资金 4400 万元，开启中职学生救助制度。全年享受入学资助的学生达 6.32 万人次。2008 年，长沙市投入资金 1.01 亿元，资助市属高校学生 2.34 万人次，发放中职学生国家助学金 10.5 万人次。2009 年，全面取消农村义务教育学校寄宿费。2010 年，从全市勤工俭学、校办产业收入中用于补助教育经费 9750.63 万元，其中用于中小学生劳动实践基地建设支出 1063.96 万元，用于资助贫困学生支出 1120.40 万元，资助贫困学生 5.14 万人。是年起，长沙市对 6 万余名外来务工人员子女就读长沙市城区义务教育学校学生全部实行“一费制”全免。按市、区分担原则，市财政承担市直学校所需经费，共投入 1370 万元。区财政承担本区所属学校全免所需经费。2011 年起，实行教育经费绩效评估制度和预决算审计制度。严格执行项目预算，禁止超预算建设。教育经费保障体系更加完善。

第五节　基础设施

一、学校建设

1986 年，长沙市有危房面积 32.66 万平方米（市内 5.41 万平方米），其中一级危房 19.31 万平方米（市内 4.05 万平方米）。是年，全市用于校舍修缮经费 1479 万元。1989 年，成立长沙市中小学危房改造领导小组，并设立办公室负责日常工作，拉开全市大规模危房改造序幕。是年，筹措危房改造资金 8852.18 万元，其中群众个人捐款 2698 万元。至年底，拆除中小学危房 21.14 万平方米，新建、重建校舍 41.2 万平方米，消除全市中小学全部严重危房。在全省各地市改造中小学危房工作检查评估中，长沙获总分第一，其中长沙县获省政府授予的一等奖。1990 年，将中小学危房改造、改善办学条件，创合格学校纳入政府工作目标管理，层层签订责任书，用于危改的资金 300 万元。至年底，4 县 1 郊共开工、竣工中小学校舍 45.88 万平方米。1993 年 5 月，长沙市在望城县召开全市农村中小学危房改造工作会议，出台《关于长沙市城区中小学幼儿园规划建设和用地的暂行规定》，明确市区中小学、幼儿园的规划和建设应当根据《长沙市城市总体规划》和长沙市教育事业发展计划的要求，合理布局、配套建设、逐步实施。到 1993 年年底，全市落实危改面积 59.9 万平方米，竣工近 49 万平方米，在建面积 10 万平方米。1994 年，长沙市发布《关于在 3 年内基本解决我市农村中小学危房的通知》。6 年中，4 县（市）及郊区累计投入 5.7 亿元，改造危房、新建校舍 249 万平方米，占校舍总面积 53.2%。1996 年，子校分离移交国土使用面积 26.51 万平方米，移交房屋建筑面积 11.26 万平方米。1996 年，农村按分级办学、分级管理的原则，强化人民教育人民办的观念，加速中小学危房改造，目前已竣工面积 5 万平方米，在建面积约 20 万平方米。城区教师新村地皮已落实，已完成零星教师住宅 296 套，农村完成 678 套。

1997 年，农村中小学危房改造任务基本完成。10 年中全市“双改”资金 14.8 亿元，新建校舍相当于 10 年前校舍总面积的 1.17 倍。2000 年 1 月 31 日，长沙市发布《关于加强中小学校舍危房修缮和改造的紧急通知》，指出“长沙市中小学危房改造工作自 1988 年启动以来，历时 11 年，目前危房率控制在

0.8%以下。”2001 年 6 月 11 日，长沙市发布《关于印发〈全国中小学危房改造工程实施管理办法〉的通知》，要求“中央工程”专款对中西部地区提供适当补助，2000 年年底以后出现新的危房问题，由地方各级人民政府统筹解决。是年，成立市中小学危房改造工程协调小组办公室（以下简称“危改办”）。2004 年，市、县两级投入危改资金 2044 万元，改造 D 级危房 10.75 万平方米，完成改造任务 57.5%，基本达到年初预定目标，其中芙蓉区、天心区、岳麓区、雨花区 率先完成现存 D 级危房改造任务。严格按照政策免收“借读费”“捐资建校费”，多渠道筹措教育经费 3000 余万元，改扩建城区中小学校 48所。

2006 年 1 月，长沙市召开全市农村改水改厕工作专题会议，确定重点完成 200 所农村中小学饮水改造任务。2007 年，启动农村中小学“三改”（改厨、改水、改厕）工作，规定项目任务 150 个。4 月，发布《长沙市普通中小学标准化学校建设标准》，将中小学“三改”与标准化学校建设联系起来。全年总计投入资金 1759.1 万元，其中市本级 437.5 万元，长沙、望城、浏阳和宁乡分别配套安排 267.5 万元、325 万元、460 万元和 269.1 万元。10 月，市本级再拨 375 万元，支持 4 县（市）增加 150 个改造项目。2008 年，累计投入资金 3.6 亿元，完成 212 所农村中小学“三改”项目（含县市自行安排项目 62 个），义务教育阶段公办学校合格学校达标率 70.12%。同年，长沙市总投资 4.5 亿元，建城区中小学、幼儿园 25 个，启动配套学校建设 7 所。

2009 年 1 月，全市召开“两帮两促”（帮助扶持企业发展、推进项目建设，促进民生改善、促进经济增长）动员大会，将 100 所合格学校改造确定为重点工程项目。是年，长沙市完成义务教育合格学校建设 150 所，全市中小学合格学校比例达 80.7%，比上年提高 10.6 个百分点。2010 年，长沙市将合格学校建设与中小学校舍安全工程、中西部农村初中改造工程等工作结合起来，整合资源，发挥资金的最大效益，投入建设资金 1.28 亿元，建设合格学校 90 所。全市义务教育合格学校比例达 88.1%。是年，将校舍安全工程的实施纳入“两帮两促”活动十大民生工程和“为民办实事”重点项目。全市计划加固和重建校舍 103 万平方米，实际完成 116 万平方米，投入资金 14.95 亿元。8 月，全省推进中小学校舍安全工程现场会在长沙县举行，会议推介长沙市推进校舍安全工程建设的经验。2011 年，长沙市新增合格学校 82 所，义务教育合格学校比例达 95%。2012 年，建成义务教育合格学校省实事项目 22 所，备案校 22 所，教学点和非完小改造项目校 48 所，全市规模以上义务教育学校全部达到合格学校标准。

二、教师住房建设

20 世纪 80 年代，长沙教师住房均为单位集体财产，各学校实行住房福利分配制度，教职工只有房屋使用权。到 1989 年，10 年中长沙市为城市教职工新建住房 21.2 万平方米，投资 2855 .9 万元，解决教职工住房 3694 户，职工人均住房 9 平方米（长沙市 7 平方米每人）。1990 年 10 月 8 日，全国城市中小学教职工住房建设经验交流会在昆明市召开，长沙市作经验介绍。

1993 年 11 月，市住房制度改革领导小组同意市教委以试点形式将住房出售给职工，长沙市制定《关于出售住宅给教职员工的实施细则》，并从 12 月 1 日开始实施。是年，长沙市率先在南区开始建设教师村。1994 年 7 月 9 日，长沙市南区教师村首批 108 套新房交付使用。学校在校园内进行住房改造与建设，全市建成教师新房 1448 套。1995 年，下达新建教师村投资计划：用 3~5 年时间，在东、南、西、北新建四个教师住宅。由每个区提供 2 公顷左右的土地，有关征地、拆迁、“三通一平”工作由所在区负责解决，住宅建设投资由市承担。是年，全市新建教师住房 2072 套。

1996 年，根据《湖南省城镇中小学教职工住房建设“九五”计划》，凡学生活动场所达不到国家规定标准的学校一律不在校园内新建教职工住房。要求多渠道筹措资金，逐步建立起国家、地方、学校、个人共同负担的住房投资新体制，加大投资力度；结合住房制度改革，对教职工购买住房给予适当优惠。11月，国家教委、国家计委、财政部《下达1996年补助地方城市中小学教职工住房建设预算内基建非经营性投资和支出预算（拨款）的通知》，补助长沙市教委20万元。是年，城区教师住宅全年竣工347套，农村教师住房完成1522套。至1997年年底，兴建教师安居工程6167套，城区教师家庭人均居住面积12.6平方米，住房成套率88.5%，进入全国先进行列。长沙市教师住房建设经验在全国第四次教职工住房建设经验交流会上被推介。

1998年，推动住房商品化、社会化，福利分房向市场解决住房转变。是年，建成城区教师住房800套，面积7万平方米。1999年6月，传达省住房制度改革领导小组《关于进一步明确房改有关政策的通知》。2000年10月，长沙市出台《关于实施职工住房货币化分配方案有关事项的通知》，全面实施房改，但农村根据实际情况，保留教师周转房。2010年，长沙市落实教育部和省教育厅文件精神，要求各区县（市）专项上报农村教师周转房（含教职工宿舍）建设情况。是年起，长沙市加大农村学校教师周转房建设。

三、仪器设施设备（图书）

1986年，长沙市按照省委、省政府关于教育经费开的5个政策性口子增加教育投资3079万元，比1985年增加1064万元，使市中小学办学条件得到改善。1990年9月起，要求在5年或更长一点时间内，中小学校都要建专门的图书馆（室），藏书达到国家教委规定的标准。1995年，长沙市城乡学校逐步装配电化教学设备、语音室、电脑室。

2004—2005年，长沙市普通中学347所，有实验室2324间，图书室（馆）994个，微机室676间，语音室242间，体育运动场（馆）面积达标校205个，体育器械配备达标校192所，音乐器械配备达标校117所，美术器械配备达标校130所，理科实验仪器达标校263所，建立校园网校159所，计算机3.19万台，运动场地面积251.01万平方米，图书藏量689.97万册，电子图书藏量32.46万册。中等职业学校112所，图书室（馆）485个，实验室、实习场所1699间（个），体育馆336个，会堂145个，运动场面积33.7万平方米，图书211.24万册，电子图书15.48万册，教学用计算机1620台，语音实验室座位数5186个，多媒体教室座位数1.36万个。小学有1433所，实验室8671间，图书馆（室）6322个（间），微机室337间，语音室768间，体育运动场（馆）面积达标校414所，体育器械配备达标校395所，音乐器械配备达标校238所，美术器械配备达标校220所，数学自然实验仪器达标校798所，建立校园网校156所，计算机1.87万台，体育运动场面积245.87万平方米，图书藏量674.31万册，电子图书藏量12.54万册。幼儿园328所，活动室1379间，眠睡室8294间，保健室1082间，图书室860间，校园中户外活动场所26.66万平方米，图书30.17万册，教学用录像录音带4.62万盘。特殊教育学校5所，普通教室3276间，专用教室2422间，实验室192间，微机室186间，图书室177间，图书2.29万册，教学用录像带录音带220盘。

2008年，加强信息化建设，城区全部实现宽带网络"校校通"、优质资源"班班通"，农村规模以上学校分别达到94.6%和41.9%。全市70%的义务教育公办学校达到合格学校建设标准。2010年，装备"班班通"学校30所，农村规模以上学校"班班通"比例达到75.7%，比上年增加25.2%。

2011—2012年，长沙市普通中学280所，有实验室2476间，图书室（馆）1215间（个），微机室729间，语音室267间，体育馆185个，体育运动场（馆）面积达标校211所，体育器械配备达标校221所，音乐器械配备达标校208所，美术器械配备达标校209所，理科实验仪器达标校234所，建立校园网校200所，有校医院（卫生室）校178所，有专职校医校96所，有专职保健人员校97所，计算机3899台（其中用于教学2952台），体育运动场面积212.32万平方米，图书藏量787.71万册，数字资源量31.06万GB（其中电子图书17.02万），校园网出口总带宽1.33万Mbps。中等职业学校59所，图书馆48个，实验室、实习场所2165间，体育馆（室）73个，会堂231个，运动场面积39.90万平方米，图书12.07万册，计算机2147台（其中教学用1762台），语音实验室座位数1.36万个，多媒体教室座位数1.88万个。小学有987所（教学点98个），有实验室758间，图书馆597个，微机室504间，语音室130间，体育馆933个，体育运动场（馆）面积达标校482所，体育器械配备达标校534所，音乐器械配备达标校496所，美术器械配备达标校514所，数学自然实验仪器达标校585所，建立校园网校数413所，有校医院（卫生室）校数383所，有专职校医校55所，有专职保健人员校103所，计算机3.48万台（其中用于教学2.70万台），体育运动场面积205.16万平方米，图书藏量864.88册，数字资源量16.31万GB（其中电子图书14.61万GB），校园网出口总带宽2.83万Mbps。幼儿园1150所，活动室4.23万间，眠睡室25.97万间，保健室3512间，洗手间8.26万间，图书室3330间，运动场地面积45.62万平方米，图书111.89万册，数字资源量7.41万GB。特殊教育学校5所，运动场地面积2.08万平方米，图书20.8万册，数字资源量250GB。

第六节　国际交流

1986年，雅礼中学恢复聘请美国雅礼协会教师来校任教英语的传统。1989年，长郡中学先后与日本鹿儿岛市天保山中学、美国加州拉普托斯中学建立姐妹学校关系。1990年，长沙市按省教委的规定及要求，加强教育外事工作，做好外籍教师聘用、出国人员选派和归国人员的管理。1992年起，长沙市相继出台支持学校根据教学实际需要聘请外籍教师，支持学校参与国际交流、选派学生参加国际竞赛、演出等一系列措施。1994年起，发挥教育在推动现代化国际性城市进程中的作用，长沙市每年选派1000余名中小学生出国参加各种竞赛、比赛和演出和夏（冬）令营活动。

1997年10月，成立长沙市留学服务中心。1999年8月，留学服务中心被教育部、公安部认定为湖南省出国留学中介服务机构（共5个）。2003年8月，留学服务中心更名为“长沙市国际教育交流中心”，负责全市教育的国际合作与交流，负责外籍教师的引进工作，提供办理自费留学的咨询服务和留学人员回国创业、就业咨询服务。是年，师大附中成立国际部，开拓中等教育对外合作交流新途径。2004年，市一中成立国际部。来自五大洲的140余位驻华大使、跨国公司总裁参观雅礼中学。是年起，市国际教育交流中心开展国（境）外学历学位认证受理工作。

图22-7-6-1　同升湖实验学校与美国费舍尔小学成立孔子课堂（摄于2010年6月，长沙市教育局供图）

2008年10月，长沙市建设教育强市，推动创业富民，出台《关于加强我市国际教育交流与合作的规定》。是年，长沙市开展高中生赴美国交流项目，来自雅礼、长郡、一中、师大附中、麓山国际的70名学生到美国交流。2009年，提出将长沙建设为国际化城市。4月，明德中学国际部成立。5月，中国国家汉办暨孔子学院总部与英国文化协会合作组织的2009"汉语桥——英国中小学校长访华之旅"活动，斯普林菲尔特殊学校、圣格雷戈里天主教会学校与市特殊教育学校缔结为姊妹学校。2010年6月，长郡中学AP中心、国际部成立。2011年6月，雅礼中学国际部成立。7月，明德中学参加澳大利亚中国文化年活动，在悉尼歌剧院举行民歌、民乐、民舞专场演出和书画作品展。雅礼中学交响乐团应邀到美国肯尼迪艺术中心，举办"雅礼之声"专场音乐会。是年，长沙市举办首届"外籍教师英语课堂观摩展示活动"。2012年2月，雅礼中学学生社团发起并主办湖南省首届中学生模拟联合国大会（英文简称"HUNMUN"），来自省内10余所学校共150余人参加。3月，国际教育交流中心升格为国际教育交流处，统筹管理出国留学、中外合作办学、外籍人员子女学校，承担教育涉外监管有关工作，负责举办国际教育展览的初审及报批，规划、协调、指导汉语国际推广工作，指导、协调教育对外宣传工作，开展与港澳台的教育交流与合作。是年底，长沙市有1所专门接受外籍人士子女就读的国际学校，有8所普通高级中学开设国际部，有20所学校分别与国外36所学校建立姐妹学校关系，有4所普通中学在国外开设孔子课堂，有80余所学校获得聘请外教资质。国际教育交流处共受理全省范围内国（境）外学历、学位认证3175件，甄别假国（境）外学历、学位证书16件，为海外留学归国人员就业、创业提供良好的服务。

第二十三篇

科学技术　知识产权

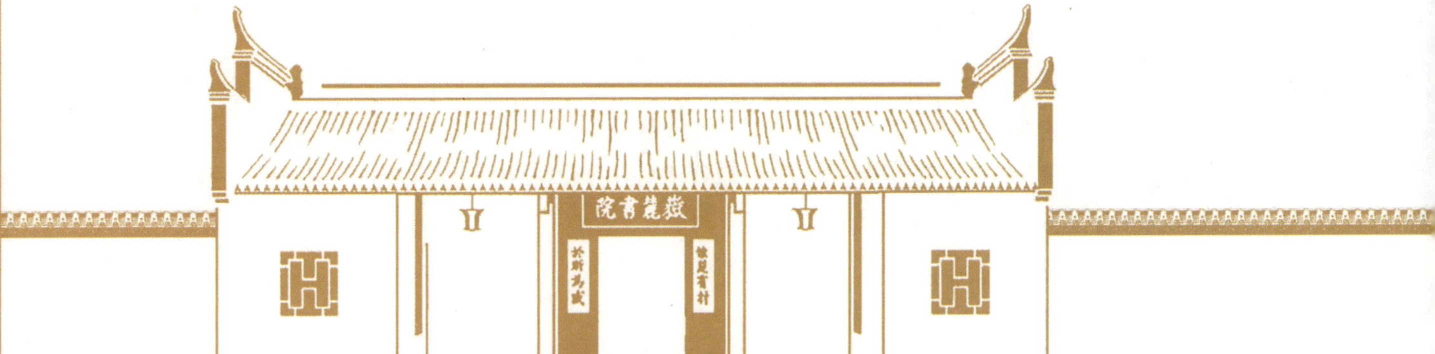

本篇编纂人员

吴汉林（主编） 陈竞哲 陈　静

本篇撰稿人员

第一章　科学技术：曹建明　盛湘饶　钱新成　尹志军

第二章　知识产权：徐拥军　阳　明　龙长佑　薛　红　尹承丽

彭　湛　朱兆鹤　楚峰飚　尹江建　彭国安

第一章 科学技术

长沙科学技术实力雄厚。中国人民解放军国防科技大学（以下简称“国防科技大学”）、湖南大学、中南大学等高校、科研院所聚驻长沙；一大批院士、专家教授等科技人才汇集长沙。20世纪80年代末，长沙市贯彻执行《中共中央关于科学技术体制改革的决定》，大力推行科技体制改革，实行放活科技机构，放宽放活科技人员政策，鼓励科技发明，繁荣技术市场，促进科技体制改革向纵深发展。

1988年10月，长沙科技开发试验区经国务院批准建立。1989年，长沙市出台《关于加速科技进步若干问题的决定》，进一步加强科技宏观管理，健全全市科技网络体系，作出“科技兴县”“科技兴区”战略部署，科技计划项目向大中型企业、现代农业倾斜。

进入20世纪90年代，长沙科技工作重点逐步向发展高新技术产业，改造传统产业，加快科技成果转化和农业现代化进程倾斜。1990年，全省第一个国家重点实验室——医学遗传学国家重点实验室落户长沙。世界首例临床爆破人体胆结石和中国首台汽车计算机驾驶系统等一批国内外领先科技成果在长沙产生。1991年3月，长沙科技开发试验区升格为国家级开发区，有79家高新技术企业，年内实现高新技术总产值2.9亿元。1993年，长沙市提出把科技摆在第一位置，努力推进经济建设向依靠科技进步转移。10月，召开全市科学技术大会，提出适应和促进社会主义市场经济发展科技体制改革目标和任务，聘任周光召等18位学部委员、著名科学家为长沙市高级科技顾问。1996年，长沙市明确“科技兴市”为“九五”时期科学技术主体战略，确定首个“长沙科技年”，在全市上下开展11项科技专题活动。1998年，长沙市被评为全国“科教兴市先进城市”、全国科技系统技术创新试点城市；市科委获“全国科技系统先进集体”称号。1999年10月26日，在北京人民大会堂举行小行星命名仪式上，国际编号为8117号小行星命名为“袁隆平星”。

跨入21世纪，长沙市科技工作紧紧围绕经济结构战略性调整主线，突出“加强技术创新，发展高科技，实现产业化”主旋律，以高新技术产业为重点，加速科技成果向现实生产力转化，着力推进创新型城市建设。2000年，长沙“一园三基地”（大学科技园；软件、新材料、生物医药产业基地）建设全面铺开，全市高新技术产业技工贸总收入210亿元。2003年，长沙市首次举办集高层论坛、成果展示、项目对接、技术交易于一体“中国长沙环保与节能论坛暨科技成果展示（交易）洽谈会”，展出高科技成果和产品1580余项，签约金额23.5亿元。长沙市被评为全省唯一“国家科技进步先进市”和全国首批“技术创新工程示范城市”。2005年，长沙市与驻长高等院校、科研院所建立科技资源共享机制，聘请李健等7位专家为市政府科技顾问。2007年，举办首届中国（长沙）科技成果转化交易会，参会各界代表5000余人，签约金额30余亿元。2008年，长沙市跻身中国城市综合创新能力50强。2009年，国防科技大学研制出中国“天河一号”超级计算机，计算速度世界第一，为每秒2570万亿次。长沙市科技竞争力中部地区第一位，全国排名第六位，被评为国家科技进步示范城市。

2010年，长沙市坚持“自主创新，重点跨越，支撑发展，引领未来”科技工作方针，加快转变经济发展方式，加速推进“新型工业化，城市国际化，城乡一体化”进程，全市经济社会发展支撑引领作用日益突出。高新技术产业总产值2286.3亿元；长沙市成为全国首批创新型试点城市。

2012年，长沙市利用科技实力居全国前列这一优势，继续关注科技惠及民生，夯实重大科技平台，推进科技成果转化，培育科技重大专项，不断提高科技管理服务水平。是年，全市科技研发投入143.22亿元；组建市级工程技术研究中心13家；安排2500万元经费支持各类科技人才创业；专利授权1.04万件；高新技术产业总产值4200.7亿元，科技竞争力日益强劲，长沙市成为首批国家级文化与科技融合示范基地。

第一节 机 构

一、市级机构

1988年，长沙市科学技术委员会（以下简称“市科委”）属市政府职能部门，下设办公室、计划科、成果科和管理科，编制29人。1991年1月，中共长沙市委科技工作委员会成立，为市委工作部门，实行一套人马，两块牌子。1995年7月，市科委机构调整，下设办公室、行政财务科、社会发展科技科（加挂科技合作交流科）、工业农业科技科、科技成果科、科技事业科、技术市场科（对外称长沙技术市场管理办公室）。是年，市委成立科技领导小组，长沙市成立市知识产权协调领导小组，办公室设市科委。1997年，成立市技术创新工程领导小组，办公室设市科委。1998年2月，市科委综合计划社会发展科更名为科技计划科，工业农村科技科更名为社会发展科。2001年9月，市科委更名为市科学技术局，并加挂市高新技术开发局牌子，实行“一套人马、两块牌子”，取消中共长沙市委科技工作委员会，编制30人。2002年1月，科技局机构改革，将原市科委负责的全市专利管理工作职能划到市知识产权局，市知识产权局正式挂牌成立；将市电子信息技术推广应用领导小组办公室工作职能划到市发展计划委员会；将科技项目评估论证工作下放给市技术评估论证中心。市科技局内设机构调整，设办公室（加挂人事处牌子）、科技条件处、政策法规处（加挂市科技领导小组办公室牌子）、发展计划处、农村与社会发展处、科技成果与技术市场处、高新技术开发处、对外科技合作交流处、监察室（单列），编制35人。2005年，市科技局机关行政编制增至37名。2006年10月，增设市校合作处。2009年2月，科技条件处与发展计划处合并为科技计划条件处，高新技术开发处加挂工业科技处牌子，科技成果与技术市场处和市校合作处合并为产学研合作处，农村与社会发展处分设为农业科技处和社会发展科技处，增设科技平台处。2011年4月，市科技局内设处室调整为：办公室（人事处）、发展计划处、科技发展战略研究室（政策法规处）、工业科技处、农业科技处、社会发展科技处、产学研合作与对外交流处、科技平台处、境外高端人才创业服务处、高新技术产业发展办公室、监察室（单列），编制50人。至2012年年底，长沙市科技局仍为11个处室，编制未变。

1988年，长沙市科学技术委员会直属机构有科技市场管理处、专利管理处及专利事务所、《发明与革新》杂志社、科技开发交流中心、科技情报研究所、新技术研究所。7月，市科委成立长沙科技开发试验区办公室。1990年，成立长沙高技术创业服务中心。1991年，《发明与革新》杂志社撤销市建制。是年，长沙科技开发试验区批准为国家高新技术开发区，更名为长沙高新技术产业开发区；岳麓山科技园开工建设；长沙高新技术产业开发总公司成立。1992年，市科技开发总公司成立；专利管理处与专利事务所分设；市科技情报研究所更名为市科技信息研究所，并加挂市科技信息管理处牌子。1994年9月，长沙新技术产业服务中心、长沙科技开发交流中心、市科技开发总公司合并为长沙新技术创业服务中心，加挂市科技开发总公司牌子。12月，市专利管理处更名为市专利管理局。1995年，长沙生产力促进中心成立，与市科技开发交流中心、长沙新技术创业服务中心合署办公。市科委直属机构调整为长沙生产力促进中心、长沙新技术创业服务中心、市专利管理局、市专利事务所、市科技信息研究所。1997年，组建市技术评估认证中心。1999年，市科技风险投资管理有限公司成立。2002年8月，市科技局对所属科技服务机构整合重组，将市科技评估论证中心、市科技开发总公司、市科技情报研究所、市高新技术创业服务中心并入长沙生产力促进中心。内部结构重组，建立产权交易所，风险投资公司、专利、会计、律师事务所。至年底，市科技局直属机构有市技术评估论证中心；长沙生产力促进中心。并业务指导市科技风险投资管理有限公司。2007年，市科技成果转化服务中心从长沙生产力促进中心分设独立。至2012年年底，长沙市科学技术局直属机构有长沙生产力促进中心（与市技术评估认证中心合署办公），市科技成果转化服务中心（加挂市科技信息研究所，对外科技交流合作中心），并业务指导市科技风险投资管理有限公司和市技术产权交易所有限公司。

1988—2012年，先后担任长沙市科技局（市科委、市科工委）主要领导职务的有：易希文、沈克光、易宇欣（女）、周岳云、何寄华、曲海涛、胡石明；其他领导班子成员有：姜令芬（女）、陈湘华、王建明、曾开明、邓建伟、宁枫、龚矜国、刘春光、胡勇、宋新和、张凯、周一平、盛湘饶、举力哈提·阿卜都热依木（挂职）、孙沅、卢异（女）。

二、区县（市）机构

1988年，长沙县、望城县、浏阳县、宁乡县、郊区、东区、南区、西区、北区均设立科学技术委员会。1993年2月，浏阳县改市，更名为浏阳市科学技术委员会。1995年4月，郊区更名为雨花区，为雨花区科学技术委员会。是年，全市区划调整，长沙县、望城县、浏阳市、宁乡县、芙蓉、天心、雨花、开福区科学技术委员会更名为科学技术局。1996年，岳麓区科委更名为科学技术局。1998年，长沙市所属各区县（市）成立技术工作领导小组。2011年5月，望城县撤县设区，改名为望城区科学技术局。至2012年年底，市辖3县（市）6区均设科技局。

三、基层机构

1988年，宁乡县道林区科委成立。长沙、望城、浏阳、宁乡共43个区公所（除道林区）虽未建立科委机构，但都有1名副区长分管科技工作。全市204个乡（镇、场）、35个街道办事处虽未建立科委机构，但都有1名副乡（镇、场）长、副主任分管科技工作。1990年，全市建立乡镇科委192个，占乡镇总数80%，选配科技副乡（镇）长、街道办事处科技副主任282人，配备科技专（兼）职干部366人。1995年，全市撤区并乡、区公所分管科技工作人员自然取消。并乡后，全市农村155个乡（镇、场），市区38个街道办事处均有1名行政副职分管科技工作，全市大型企业都设有科技管理机构。2002年，全市172个乡（镇）街道仍有1名行政副职分管科技工作。至2012年年底，全市农村94个乡（镇）、街道、市区94个街道办事处由1名副乡（镇）长、副主任分管科技工作未变。

四、研究与开发机构

（一）科研院所。1988年长沙市科研院所90个，其中市本级13个。全市13所独立科研所创办“技工贸”“技农贸”一体化科研实体19个，大中型企业建立厂办科研开发机构25个；民办科研机构52个。7月，市民办科技联合会成立，全市40余家机构、院所，科技公司入会。1992年，长沙研究和开发机构发展到240家。其中，中央部属14家；省属56家；市属13家。全市原有民办科技机构91家，当年新增66家。1998年，长沙拥有市以上政府部门所属科技研究与技术开发机构81家，占全省总数

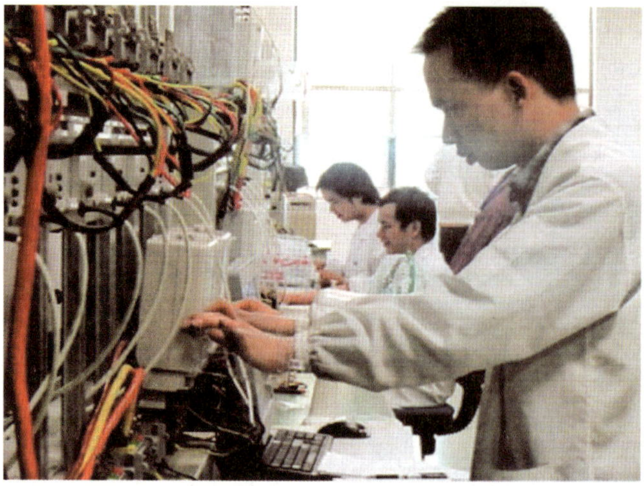
图 23-1-1-1 威胜集团股份有限公司技术人员在进行产品研发（摄于 2012 年 5 月，长沙市科技局供图）

45%；在长大型工业企业拥有科研开发机构 77 个，占全省总数 18.9%；高等院校所属科技开发机构 228 家。2000 年，长沙市民营科技机构 500 余家。长沙科航表面技术研究所聘请中科院院士闻立时为首席技术专家，为长沙市第一家引进院士民营科技机构，并带动中科院沈阳金属所一批博士、硕士到长沙从事科技事业。2001 年年底，全市认定民营科研机构 700 余家，拥有县以上政府或部门所属独立科研与开发机构 96 个。2009 年，长沙启动新一轮科研机构改革。全市 21 家科研所并入企业，18 家注册成为市场主体，12 家并入在湘相关大学。2012 年，长沙拥有市级以上科研院所 105 家。其中中央部属 21 家，市属 26 家，省属 58 家，涉及矿产挖掘、冶金、机械制造，农业科技、水利水电，林业资源开发、新材料、新能源、化工等多领域。由于科研机构改革，上述科研机构绝大部分转制为企业性质。

（二）工程（技术）研究中心。1993 年 12 月，长沙矿冶研究院经国家科委批准组建国家金属矿产资源综合利用工程技术研究中心，成为长沙第一家国家级工程技术研究中心。1995 年，国家杂交水稻工程技术研究中心在长沙成立。1999 年，湖南省南天实业股份有限公司获批组建湖南首个省级工程技术研究中心——湖南省精细化工工程技术研究中心。是年，组建首个市级工程技术研究中心——长沙市阻燃材料工程技术研究中心。2006 年，长沙出台《关于推进长沙市工程技术研究中心建设的意见》，当年新组建 19 家市级工程技术研究中心。是年，长沙新增省级工程技术研究中心 10 家。2010 年，长沙出台《长沙市工程技术研究中心管理暂行办法》，新批组建 9 家市级工程技术研究中心，新增省级工程技术中心 9 家。2011 年，在长国家烧结球团装备系统工程技术研究中心、国家重金属污染防治工程技术研究中心、国家光伏装备工程技术研究中心、国家油茶工程技术研究中心获批组建。2012 年，长沙拥有工程（技术）研究中心 260 家，其中国家工程研究中心 3 家、国家工程技术研究中心 11 家、国家地方联合共建 2 家；省级工程研究中心 80 家、省级工程技术研究中心 79 家，市级工程技术研究中心 85 家。

表 23-1-1-1　　1993—2011 年在长沙的国家工程技术研究中心名录一览表

单位名称	建立（变更）时间（年）	主管部门	所在单位
国家金属矿产资源综合利用工程技术研究中心（长沙）	1993	国家科委	长沙矿冶研究院
国家杂交水稻工程技术研究中心	1995	科技部	湖南杂交水稻研究中心
国家高效磨削工程技术研究中心	1998	科技部	湖南大学
国家金属采矿工程技术研究中心	2003	科技部	长沙矿山研究院
国家农药创制工程技术研究中心	2005	科技部	湖南化工研究院
国家混凝土机械工程技术研究中心	2009	科技部	中联重科

续表 23-1-1-1

单位名称	建立(变更)时间(年)	主管部门	所在单位
国家植物功能成分利用工程技术研究中心	2010	科技部	湖南农业大学
国家烧结球团装备系统工程技术研究中心	2011	科技部	中冶长天国际工程有限责任公司
国家重金属污染防治工程技术研究中心	2011	科技部	中南大学
国家光伏装备工程技术研究中心	2011	科技部	中国电子科技集团公司第四十八研究所
国家油茶工程技术研究中心	2011	科技部	湖南省林业科学院

表 23-1-1-2　　2001—2012 年在长沙的湖南省工程技术研究中心名录一览表

单位名称	建立(变更)时间(年)	主管部门	所在单位
湖南省纳米材料工程技术联合研究中心	2001	湖南省科技厅	中南大学
湖南省矿冶生物工程技术研究中心	2001	湖南省科技厅	中南大学
湖南省干细胞工程技术研究中心	2001	湖南省科技厅	中南大学生殖与干细胞工程研究所
湖南省复合材料工程技术研究中心	2002	湖南省科技厅	国防科技大学、湖南航天磁电公司、株洲广缘复合材料公司、湖南天联复合材料公司
湖南省中药超微工程技术研究中心	2002	湖南省科技厅	湖南省中医药研究院、湖南省国华制药有限公司
湖南省天然产物工程技术研究中心	2003	湖南省科技厅	湖南农业大学
湖南省金融货币识别与自助服务平台工程技术研究中心	2003	湖南省科技厅	湖南金码科技发展有限公司、中南大学、湖南省科学技术研究开发院
湖南省移植医学工程技术研究中心	2003	湖南省科技厅	中南大学湘雅三医院
湖南省柑桔工程技术中心	2004	湖南省科技厅	湖南省农产品研究所、湖南熙可食品有限公司、湖南农业大学
湖南省汽车模具工程技术研究中心	2004	湖南省科技厅	湖南大学
湖南省中药谱效工程技术研究中心	2004	湖南省科技厅	怀化正清制药集团股份有限公司、中南大学、怀化学院
湖南省地理空间信息工程技术研究中心	2004	湖南省科技厅	湖南省基础地理信息中心、中南大学
湖南省蔬菜工程技术研究中心	2005	湖南省科技厅	湖南省蔬菜研究院
湖南省铝加工工程技术研究中心	2006	湖南省科技厅	湖南晟通科技有限公司
湖南省数字动画工程技术研究中心	2006	湖南省科技厅	湖南省生产力促进中心
湖南省特种显示工程技术研究中心	2006	湖南省科技厅	长沙湘计海盾科技有限公司
湖南省汽车车身工程技术研究中心	2006	湖南省科技厅	湖南同心实业股份有限公司
湖南省岩土施工与控制工程技术研究中心	2006	湖南省科技厅	湖南省山河智能机械股份有限公司
湖南省亚健康诊断与干预工程技术研究中心	2006	湖南省科技厅	中南大学附三医院

续表 23-1-1-2

单位名称	建立(变更)时间(年)	主管部门	所在单位
湖南省生物柴油工程技术研究中心	2006	湖南省科技厅	湖南省林业科学院、湖南天源生物有限公司
湖南省马铃薯工程技术研究中心	2006	湖南省科技厅	湖南农业大学、湖南南方马铃薯产业工程技术有限公司
湖南省麻类工程技术研究中心	2006	湖南省科技厅	中国农业科学院麻类研究所
湖南省中药固体制剂工程技术研究中心	2007	湖南省科技厅	九芝堂股份有限公司
湖南省茶叶工程技术研究中心	2007	湖南省科技厅	湖南省茶业有限公司、湖南农业大学
湖南省医药工业用酶工程技术研究中心	2007	湖南省科技厅	湖南福来格生物技术有限公司
湖南省铋工程技术研究中心	2007	湖南省科技厅	湖南有色金属研究院、中南大学
湖南省先进建筑材料与结构工程技术研究中心	2007	湖南省科技厅	湖南省建筑工程集团总公司
湖南省电测仪表工程技术研究中心	2007	湖南省科技厅	威胜集团有限公司
湖南省园林植物工程技术研究中心	2007	湖南省科技厅	湖南天泉科技开发有限公司
湖南省重金属污染综合治理工程技术中心	2008	湖南省科技厅	中南大学
湖南省钢铁烧结团工程技术研究中心	2008	湖南省科技厅	中冶长沙国际工程有限责任公司、中南大学
湖南省电线电缆工程技术研究中心	2008	湖南省科技厅	湖南湘能电工股份有限公司（金杯电工）
湖南省稀土材料工程技术研究中心	2008	湖南省科技厅	湖南稀土金属材料研究院
湖南省食品安全生产工程技术研究中心	2008	湖南省科技厅	长沙市食品质量安全监督检测中心、湖南大学
湖南省兽药工程技术研究中心	2008	湖南省科技厅	湖南农业大学、湖南省畜牧盖医研究所
湖南省服装设计与加工工程技术研究中心	2008	湖南省科技厅	湖南东方时装有限公司
湖南省混凝土机械工程技术研究中心	2009	湖南省科技厅	三一重工股份有限公司
湖南省畜禽健康养殖工程技术研究中心	2009	湖南省科技厅	中国科学院亚热带农业生态研究所
湖南省油茶工程技术研究中心	2009	湖南省科技厅	湖南省林业科学院
湖南省烟花爆竹安全工程技术研究中心	2009	湖南省科技厅	湖南出入境检验检疫局检验检疫技术中心、长沙浏阳花炮工程技术研究中心
湖南省先进涂层工程技术研究中心	2009	湖南省科技厅	湖南省冶金材料研究所、湖南大学
湖南省碳纤维复合材料工程技术研究中心	2009	湖南省科技厅	博云新材料股份有限公司、中南大学
湖南省发酵食品工程技术研究中心	2009	湖南省科技厅	长沙坛坛香调料食品有限公司、湖南农业大学
湖南智能交互工程技术研究中心	2009	湖南省科技厅	长沙合发信息科技有限公司、国防科技大学
湖南省现浇砼空心无梁楼盖工程技术研究中心	2009	湖南省科技厅	长沙巨星轻质建材股份有限公司
湖南省药用辅料工程技术研究中心	2010	湖南省科技厅	湖南尔康制药有限公司、中南大学

续表 23-1-1-2

单位名称	建立(变更)时间(年)	主管部门	所在单位
湖南省现代农业装备工程技术研究中心	2010	湖南省科技厅	湖南农业大学、现代农装株洲联合收割机有限公司、湖南省农友机械集团有限公司
湖南省桥梁工程安全控制技术与装备工程技术研究中心	2010	湖南省科技厅	长沙理工大学、长沙金码高科技实业有限公司、湖南省高管局
湖南省农用微生物应用工程技术研究中心	2010	湖南省科技厅	湖南省微生物研究所、湖南润邦生物工程有限公司
湖南省工程生物应用工程技术研究中心	2010	湖南省科技厅	湖南猎鹰实业有限公司、中联重工科技发展股份有限公司、湖南大学
湖南省城乡生活垃圾处理处置工程技术研究中心	2010	湖南省科技厅	现代威保特科技投资有限公司、长沙威保特环保科技有限公司
湖南省乳腺癌临床医疗技术研究中心	2010	湖南省科技厅	中南大学湘雅医院
湖南省光伏装备工程技术研究中心	2010	湖南省科技厅	中电 48 所
湖南省工业厂房空气治理工程技术研究中心	2010	湖南省科技厅	湖南凯天环保科技股份有限公司
湖南省车用电动空调工程技术研究中心	2011	湖南省科技厅	湖南华强电气有限公司
湖南省高效球磨及耐磨材料工程技术研究中心	2011	湖南省科技厅	湖南红宇耐磨新材料股份有限公司
湖南省药物智能分装与检测工程技术研究中心	2011	湖南省科技厅	楚天科技投份有限公司
湖南省 UV 高分子涂料工程技术研究中心	2011	湖南省科技厅	湖南松井新材料有限公司
湖南省水利水电自动化控制工程技术研究中心	2011	湖南省科技厅	湖南华自科技有限公司
湖南省胆道疾病防治临床医疗技术研究中心	2011	湖南省科技厅	湖南省人民医院
湖南省心血管疾病现代临床医疗技术研究中心	2011	湖南省科技厅	中南大学湘雅二医院
湖南省颅底外科与神经肿瘤临床医疗技术研究中心	2011	湖南省科技厅	中南大学湘雅医院
湖南省心脑血管药物工程技术研究中心	2011	湖南省科技厅	湖南方盛制药股份有限公司
湖南省车辆精密冲压制造工程技术研究中心	2011	湖南省科技厅	湖南晓光汽车模具有限公司
湖南省高压电缆附件工程技术研究中心	2011	湖南省科技厅	长沙电缆附件有限公司
湖南省数控工程技术研究中心	2011	湖南省科技厅	湖南宇环同民数控机床有限公司、湖南大学机械与运载工程学院
湖南省矿山充填装备工程技术研究中心	2012	湖南省科技厅	飞翼股份有限公司、中南大学
湖南省网络教育应用工程技术研究中心	2012	湖南省科技厅	湖南长海科技发展有限公司、湖南师范大学
湖南省地下掘进装备工程技术研究中心	2012	湖南省科技厅	中国铁建重工集团有限公司
湖南省新型热工装备工程技术研究中心	2012	湖南省科技厅	湖南顶立科技有限公司
湖南省钾及伴生物工程技术研究中心	2012	湖南省科技厅	化工部长沙设计研究院
湖南省新型球墨铸铁材料与结构工程技术研究中心	2012	湖南省科技厅	长沙市金龙铸造实业有限公司、湖南大学

续表 23-1-1-2

单位名称	建立(变更)时间(年)	主管部门	所在单位
湖南省作物多熟制工程技术研究中心	2012	湖南省科技厅	湖南农业大学
湖南省葡萄工程技术研究中心	2012	湖南省科技厅	湖南农业大学
湖南省竹木加工工程技术研究中心	2012	湖南省科技厅	中南林业科技大学、湘潭恒盾集团科技实业公司
湖南省竹木加工工程技术研究中心	2012	湖南省科技厅	中南林业科技大学、湘潭恒盾集团科技实业公司
湖南省中药不良成分快速检测及脱除工程技术研究中心	2012	湖南省科技厅	湖南中医药大学、长沙安迪生物科技有限公司、湖南省食品药品检验研究所
湖南省呼吸疾病临床医疗技术研究中心	2012	湖南省科技厅	中南大学湘雅医院
湖南省儿童重症临床医疗技术研究中心	2012	湖南省科技厅	湖南省儿童医院

（三）重点（工程）实验室。1989 年，医学遗传学国家重点实验室和粉末冶金国家重点实验室在长沙成立。1993 年，湖南省开始组建首批省级重点实验室。2003 年，湖南师范大学蛋白质组学与发育生物学省部共建国家重点实验室培育基地获批，成立长沙最早省部共建国家重点实验室培育基地。2007 年年底，全市共有国家重点实验室 4 家，省级重点实验室 13 家。2008 年，中国铁路工程总公司、中南大学等联合组建高速铁路建造技术国家工程实验室，经国家发改委批准立项建设，成为中国首批立项建设 10 个国家工程实验室之一，为长沙首家国家工程实验室。2011 年，新增国家工程实验室 2 家。2012 年年底，长沙有 4 家省部共建国家重点实验室培育基地；省级以上重点（工程）实验室 82 家。其中国家工程实验室 4 家、国家重点实验室 9 家，省部共建国家重点实验室培育基地 4 家，省级重点实验室 65 家。

表 23-1-1-3　　1989—2011 年在长沙的国家重点实验室名录一览表

单位名称	建立(变更)时间	主管部门	所在单位
粉末冶金国家重点实验室	1989	国家计委	中南工业大学
医学遗传学国家重点实验室	1984年获批，1987 年通过论证，1989 年拨款	国家计委	原湖南医学院
化学生物传感与计量学国家重点实验室	2001	科技部	湖南大学
汽车车身先进设计制造国家重点实验室	2006	科技部	湖南大学
深海矿产资源开发利用技术国家重点实验室	2007	科技部	长沙矿冶研究院
建设机械关键技术国家重点实验室	2008	科技部	中联重科
金属矿山安全技术国家重点实验室	2010	科技部	长沙矿冶研究院
杂交水稻国家重点实验室	2011	科技部	湖南杂交水稻研究中心、武汉大学
高性能复杂制造国家重点实验室	2011	科技部	中南大学

表 23-1-1-4　2003—2010 年在长沙的省部共建国家重点实验室培育基地(湖南)名录一览表

单位名称	建立(变更)时间(年)	主管部门	所在单位
蛋白质组学与发育生物学省部共建国家重点实验室培育基地	2003	科技部	湖南师范大学
作物种质创新与资源利用湖南省重点实验室省部共建国家重点实验室培育基地	2007	科技部	湖南农业大学
微生物分子生物学湖南省重点实验室省部共建国家重点实验室培育基地	2009	科技部	湖南师范大学与湖南省疾控中心联合
中药粉体与创新药物湖南省重点实验室省部共建国家重点实验室培育基地	2010	科技部	湖南中医药大学、湖南省中医药研究院

表 23-1-1-5　2008—2011 年在长沙的国家工程实验室名录一览表

单位名称	建立(变更)时间(年)	主管部门	所在单位
南方林业生态应用技术国家工程实验室	2008	国家发改委	中南林业科技大学
高速铁路建造技术国家工程实验室	2008	国家发改委	中南大学等
难冶有色金属资源高效利用	2008	国家发改委	中南大学
稻米及副产物深加工国家工程实验室	2011	国家发改委	中南林业科技大学

表 23-1-1-6　1993—2012 年在长沙的湖南省重点实验室名录一览表

单位名称	建立(变更)时间(年)	主管部门	所在单位
农用化学品湖南省重点实验室	1993	省科技厅	湖南化工院
高分子材料及应用技术湖南省重点实验室	1993	省科技厅	湘潭大学、湖南省塑料研究所
交通建设工程湖南省重点实验室	1993	省科技厅	湖南交通科学研究院
电气科学及其应用湖南省重点实验室	1995	省科技厅	湖南大学、湖南电器研究所
现代优生技术湖南省重点实验室	1995	省科技厅	湖南省计划生育研究所
蛋白质组学与发育生物学湖南省重点实验室	1995	省科技厅	湖南师范大学
水污染控制技术湖南省重点实验室	1996	省科技厅	湖南省环境保护科学研究院
心血管研究湖南省重点实验室	1996	省科技厅	中南大学
林木无性系育种湖南省重点实验室	1996	省科技厅	湖南省林业科学院
有色金属材料科学与工程湖南省重点实验室	1996	省科技厅	中南大学
工程结构损伤诊断湖南省重点实验室	1998	省科技厅	湖南大学
气象防灾减灾湖南省重点实验室	2000	省科技厅	湖南省气象科学研究所

续表 23-1-1-6

单位名称	建立(变更)时间(年)	主管部门	所在单位
杂交水稻分子育种湖南省重点实验室	2002	省科技厅	湖南农科院
麻类遗传育种与麻产品生物加工湖南省重点实验室	2002	省科技厅	中国农业科学院麻类研究所
喷射沉积技术及应用湖南省重点实验室	2003	省科技厅	湖南大学
农业生态工程湖南省重点实验室	2003	省科技厅	中国科学院亚热带农业生态所
有色资源与地质灾害探查湖南省重点实验室	2004	省科技厅	中南大学
深部金属矿产开发与灾害控制湖南省重点实验室	2004	省科技厅	中南大学
物流信息与仿真技术湖南省重点实验室	2004	省科技厅	湖南大学、湖南白沙物流有限公司
风工程与桥梁工程湖南省重点实验室	2006	省科技厅	湖南大学
企业管理与决策支持技术湖南省重点实验室	2006	省科技厅	湖南大学
城市森林生态湖南省重点实验室	2006	省科技厅	中南林业科技大学
生物纳米与分子工程湖南省重点实验室	2007	省科技厅	湖南大学
食品安全科学技术湖南省重点实验室	2007	省科技厅	湖南农业大学
肾脏疾病与血液净化湖南省重点实验室	2007	省科技厅	中南大学
食品科学与生物技术湖南省重点实验室	2007	省科技厅	湖南出入境检验检疫局检验检疫技术中心
水沙科学与水灾害防治湖南省重点实验室	2007	省科技厅	长沙理工大学
煤矿安全开采技术湖南省重点实验室	2007	省科技厅	湖南科技大学
遗传药理学湖南省重点实验室	2007	省科技厅	中南大学
电力与交通材料保护湖南省重点实验室	2008	省科技厅	长沙理工大学
血吸虫病免疫与传播控制湖南省重点实验室	2008	省科技厅	湖南省血吸虫病防治所、中南大学湘雅医学院
嵌入式与网络计算湖南省重点实验室	2008	省科技厅	湖南大学
智能信息处理与应用数学湖南省重点实验室	2008	省科技厅	湖南大学
畜禽遗传改良湖南省重点实验室	2008	省科技厅	湖南农业大学
稀有金属冶金与材料制备湖南省重点实验室	2008	省科技厅	中南大学
企业财务信息与资本市场效应湖南省重点实验室	2008	省科技厅	湖南财政经济学院、湖南大学
耳鼻咽喉重大疾病研究湖南省重点实验室	2009	省科技厅	中南大学
可信系统与网络湖南省重点实验室	2009	省科技厅	湖南大学
农田污染控制与农业资源利用湖南省重点实验室	2009	省科技厅	湖南农业大学
可再生能源电力技术湖南省重点实验室	2009	省科技厅	长沙理工大学
粮油深加工与品质控制湖南省重点实验室	2009	省科技厅	中南林业科技大学、湖南省粮油科学研究设计院

续表 23-1-1-6

单位名称	建立(变更)时间(年)	主管部门	所在单位
特殊环境道路工程湖南省重点实验	2010	省科技厅	长沙理工大学
医学表观基因组学湖南省重点实验室	2010	省科技厅	中南大学湘雅二医院
微纳结构物理与应用技术湖南省重点实验室	2010	省科技厅	湖南大学
植物病虫害生物学与防控湖南省重点实验室	2010	省科技厅	湖南农业大学
林业生物技术湖南省重点实验室	2010	省科技厅	中南林业科技大学
煤炭资源利用与矿山环境保护湖南省重点实验室	2010	省科技厅	湖南科技大学
图像测量与视觉导航湖南省重点实验室	2010	省科技厅	国防科技大学
湖南省微生物分子生物学重点实验室	2010	省科技厅	湖南师范大学、湖南省疾病防控中心
现代工程装备节能关键技术湖南省重点实验室	2011	省科技厅	湖南山河智能机械股份有限公司
基于物联网的工程机械智能化技术湖南省重点实验室	2011	省科技厅	三一重工股份有限公司
水能资源利用关键技术湖南省重点实验室	2011	省科技厅	中南勘测设计研究院
中南公路建设及养护技术湖南省重点实验室	2011	省科技厅	湖南省交通规划勘察设计院
复杂铜铅锌共伴生金属资源综合利用湖南省重点实验室	2011	省科技厅	湖南有色金属研究院
手机动漫湖南省重点实验室	2011	省科技厅	—
工业生产环境技术湖南省重点实验室	2011	省科技厅	凯天环保科技股份有限公司
流程工业节能技术湖南省重点实验到	2011	省科技厅	中南大学
非可控性炎症与肿瘤湖南省重点实验室	2011	省科技厅	中南大学湘雅三医院
智能电网运行与控制湖南省重点实验室	2011	省科技厅	长沙理工大学
体适能与运动康复湖南省重点实验室	2011	省科技厅	湖南师范大学
中医诊断学湖南省重点实验室	2011	省科技厅	湖南中医药大学
园艺作物病虫害治理湖南省重点实验室	2012	省科技厅	湖南省植物保护研究所
精神病学与精神卫生学湖南省重点实验室	2012	省科技厅	中南大学湘雅附二医院
病毒性肝炎湖南省重点实验室	2012	省科技厅	中南大学湘雅医院
电子功能复合材料湖南省重点实验室	2012	省科技厅	国防科技大学

五、科技队伍

（一）高、中、初级科技人员。1988 年，长沙市有各类专业技术人员 15.47 万人。其中，自然科学类人员 8.14 万人。1990 年，自然科学类人员 8.71 万人，比前两年增长 7.1%。1998 年，全市各类专业技术人员 21 万人，占全省总数 19%，每万人拥有专业技术人员数居全国第八位。2000 年，长沙从事科研活动人员 23.14 万人。其中科研、综合服务业从业人数 2.76 万人。2003 年，留学归国人员参与长沙科技发展与创业达 160 余人。2008 年，全市科技人才总量为 25.1 万人。其中科学家、工程师 23.6 万人，研发 1.5 万人。2012 年年底，全市科技人才总量为 40 余万人。其中，大中型工业企业科技人员 5.7 万人，高级技术职称 2 万人，规模以上工业企业高级技术职称 1.5 万人；中、初级和其他科技人才约 30.8 万人。

（二）两院院士（学部委员）。1988 年，没有在长沙的学部委员。1991 年，中南大学王淀佐、湖南大学俞汝勤评为中国工程院学部委员和中国科学院学部委员。1994 年，国家将学部委员改名为院士。是年，中南大学何继善被评为中国工程院院士；1995 年，湖南省农科院袁隆平等 8 人被评为中国工程院院士。1999 年，中南大学黄伯云等 5 人被评为中国工程院院士。2012 年年底，在长沙的两院院士共 32 人（不含双聘院士）。其中科学院院士7 人，工程院院士 24 人，两院院士 1 人。

表 23-1-1-7　　1991—2011 年在长沙的中科院/工程院院士名录一览表

姓名	性别	出生	单位	研究领域	当选时间(年)	院士类别
王淀佐	男	1934年3月	中南大学	矿物加工浮选	1991	中科院/工程院
俞汝勤	男	1935年4月	湖南大学	化学计量学	1991	中科院
周兴铭	男	1938年12月	国防科技大学	计算机组织与系统结构	1993	中科院
何继善	男	1934年9月	中南大学	应用地球物理	1994	工程院
范滇元	男	1939年2月	湖南大学	激光科学与技术学科	1995	工程院
钟掘	女	1936年7月	中南大学	冶金机构	1995	工程院
古德生	男	1937年1月	中南大学	采矿工程	1995	工程院
刘筠	男	1929年11月	湖南师范大学	鱼类发育	1995	工程院
余永富	男	1932年8月	长沙矿冶研究院	选矿工程	1995	工程院
袁隆平	男	1930年8月	湖南杂交水稻研究中心	作物遗传育种	1995	工程院
郭桂蓉	男	1937年10月	国防科技大学	雷达	1995	工程院
左铁镛	男	1936 年 9月	中南大学	有色金属	1995	工程院
刘业翔	男	1931 年 9月	中南大学	有色金属冶金	1997	工程院
高伯龙	男	1928 年 6月	国防科技大学	军用光学精密导航	1997	工程院
刘宝琛	男	932 年 7月	中南大学	采矿工程	1997	工程院
赵伊君	男	1930年 11月	国防科技大学	激光技术	1997	工程院
谭靖夷	男	1921年 11月	中国水电八局	水电工程	1997	工程院
黄伯云	男	1945年 11月	中南大学	材料学粉末冶金	1999	工程院

续表 23-1-1-7

姓名	性别	出生	单位	研究领域	当选时间(年)	院士类别
夏家辉	男	1937 年 2 月	中南大学	医学细胞遗传学	1999	工程院
曾庆元	男	1925 年 1 月	中南大学	桥梁工程	1999	工程院
姚守拙	男	1936 年 3 月	湖南大学	化学	1999	中科院
卢锡城	男	1946年 11月	国防科技大学	计算机科学技术	1999	工程院
庄逢辰	男	1932 年 1 月	国防科技大学	液体火箭发动机	2001	中科院
官春云	男	1938 年 2 月	湖南农业大学	农作物	2001	工程院
金展鹏	男	1938 年 11 月	中南大学	材料科技相图与相变	2003	中科院
沈荣骏	男	1936 年 11 月	国防科技大学	航天工程管理与航天测控	2005	工程院
周宏灏	男	1939 年 5 月	中南大学	药理学	2005	工程院
钟志华	男	1962 年 7 月	湖南大学	车辆设计与制造	2005	工程院
张尧学	男	1956 年 1 月	中南大学	计算机	2007	工程院
于起峰	男	1958 年 4 月	国防科技大学	光学工程	2009	中科院
邱冠周	男	1949 年 2 月	中南大学	矿物工程	2011	工程院
杨学军	男	1963 年 4 月	国防科技大学	高性能计算机	2011	工程院

第二节　工业科技

一、机械工业科技

20 世纪 80 年代末，长沙机械工业科技主要依靠大型国有企业支撑，特别是在机床、冶金、泵阀、工程机械领域取得多项突破性技术成果。1988 年 10 月，长沙变压器厂在变压器铁芯制造中采用非晶态合金新型材料，生产出 PR–500/2.5–8.0 中频变压器，是当时继美国、日本之后能生产高效能变压器第三个国家。1989 年，长沙旭华仪表厂与淮南矿业学院联合研制出 GJY–1 型工程检测仪、KDY–1 型矿井地震仪，获巴黎第 80 届世界发明博览会金奖。6 月，长沙矿山研究院、长沙建筑机械研究院与多家单位联合研制出“一千万吨级大型露天矿开采成套设备”，获国家科技进步特等奖；并研发 YZ–35 型 170–270 毫米孔径牙轮钻机，YZ–55 型 310–380 毫米孔径牙轮钻机，LN3100 型 108 吨电动轮汽车及钻机、装药与填塞、装载、运输、修路、边坡处理大型设备，被冶金工业部定为“六五”国家科技攻关项目。8 月，长沙水泵厂与多家单位联合研制出“年产 52 万吨二氧化碳气提取尿素装置”机械设备，使中国生产尿素机械设备不再完全依赖进口，并获国家科技进步一等奖。10 月，长沙电机厂研制出 Y·YR355 系列电机和长沙锻压机床厂生产出 JH25–40 型开式固定台双点压力机填补国内空白。12 月，长沙炮兵学院研制出中国第一门可以取代真火炮进行训练和教学新型模拟火炮。

1990 年，长沙水泵厂生产出 88LE–18 立式斜流泵和 72TKXA–16 可调斜流泵，是中国当时最大斜流泵，为国际少数能生产同类产品国家。3 月，长沙锅炉厂与省计算技术研究所共同研制出锅炉热力与强度设计计算系统软件，为国内首创。5 月，长沙县清洗设备厂与省机械研究所联合研制出 ZQX–1、11 型机械零件清洗机，获湖南省科技进步二等奖。1993 年，湖南机床厂研制出 G40100、G4080 型锯床，切割规格大、速度快，为国内最大带锯床。10 月，长沙汽车发动机总厂研制出 CF4G-27 汽油机，采用薄壁球壳结构缸体、空间流体气道、超短高速活塞、全平衡曲轴、无冲击凸轮先进结构，具有重量轻、功率大、油耗低、噪声小等特点，填补中国中型豪华带空调旅行车发动机空白。1997 年，长沙市阀门厂等单位研制出 4350D941-0.1C 电动通风切换阀，为国家最大口径金属硬密封蝶阀。3 月，长沙中联建设机械产业公司生产出国内最先进 HBT50、60 拖式混凝土输送泵，输送速度快、距离远。10 月，长沙鼓风机厂研制出 RE-200VT 型高负压罗茨鼓风机，风力大、噪音小、使用寿命长，获湖南省科技进步二等奖。

2001 年，长沙三一重工研制出 PQ190 静液压平地机，填补世界空白。3 月，长沙山河智能股份有限公司生产出多功能静力压桩机；湖南亿利达实业有限公司生产出 WNS2.0-1.25-Y（Q）智能化蒸汽锅炉，均获市科技进步一等奖。省委、省政府将湖南“浦沅集团”“长沙中联重科”“长沙三一重工”等企业核心技术与产品在内工程机械确定为湖南省“十五”标志性项目。12 月 27 日，长沙市与中国工程院签订工程机械领域技术合作协议。2004 年 1 月，中南大学参与 100MN 双动铝挤压技术与装备研制获成功，获国家科技进步一等奖。2 月 24 日，在北京召开科技部技术创新工程区域示范工作会议上，长沙市被科技部命名为“第一批国家技术创新工程示范城市”。8 月 10 日，省科技厅组织专家对长沙市 18 家企业承担包括机械工业在内制造业信息化示范工程课题进行现场考察、测试、评审，长沙正中药品机械厂等 18 家企业完成预定计划目标，列为湖南省进一步实施制造业信息化工程示范企业。11 月，中南大学校长、院士黄伯云团队研发出波音 757 飞机高性能炭/炭刹车材料获省科技进步一等奖。2007 年，长沙市争取国家科技型中小机械工业企业支撑经费 7400 万元，对 6 个机械工业项目技术创新，并重点支持一批骨干企业技术革新和新产品开发。至年底，全市实现高新技术产品产值 916.63 亿元，利税 124.40 亿元。2008 年，长沙机床厂自主研发立式内拉床下线，该产品为国内最大内拉床，且生产效率同比最高。

2010 年，长沙沙锅公司研发出 35 吨/小时双锅筒纵式自然循环快装燃油蒸汽锅炉，为国内首台电站启动锅炉。2011 年，中联重科开发全球最长 6 桥汽车底盘 80 米碳纤维臂架泵车、全球第一大吨位履带式起重机 ZCC3200NP 下线、全球最大塔式起重机 D5200 交付使用、80 米碳纤维臂架泵车创吉尼斯世界新纪录；三一重工研制出世界最长 86 米臂架泵车和世界最大起重力矩履带起重机 SCC80000TM、国内首台 GGH22 型干混砂浆运输车、首台 6 桥 350 吨级全地面起重机 SAC3500、首台 EBH418 悬臂式横轴掘进机、CMSL-30008 型煤矿用整体式深孔定向钻机、首台 5 桥 6 节臂 125 吨级汽车起重机 STC1250 下线；长沙山河智能股份有限公司研发 AuroraSA60L 轻型运动飞机，成为中国第一款具有自主知识产权全复合材料轻型运动飞机。

图 23-1-2-1　中联重科生产出全球最大塔式起重机
（摄于 2011 年 9 月，长沙市科技局供图）

2012 年，长沙设立“先进装备制造产业科技支撑重大专项”，支持包括工程机械、地铁盾构机在内 4 个子项。9 月 28 日，中联重科生产出全球最长臂架 D1250–80 塔机下线，实现超大型塔机核心技术全面突破，整体性能居世界领先水平，为国家重点工程标志性关键装备，打破外资品牌在超大型塔机领域垄断地位，创造新吉尼斯世界纪录。中南大学研发列车结构塑变吸能技术及装置（原名称：列车碰撞可控变形吸能技术及装置）获国家技术发明二等奖；山河智能科技股份有限公司研发 AuroraSA60L 轻型运动飞机获“中国优秀工业设计奖”金奖；长沙机床厂与天津大学联合研发出“圆柱齿轮剐齿加工法”，为国内唯一掌握该加工技术机床企业；中联重科研制出全球最大上回转塔机 D5200，创世界纪录；全国首个泵车智能控制技术展示系统“动力单元及其控制方法”获第十四届中国专利金奖。是年，中联重科突破工程起重重型装备动力控制系统关键技术瓶颈，解决超大动力设计关键技术等难题。生产出搅拌车销量突破 1 万台，国内市场占有率排名行业第一；三一重工主持“混凝土泵车超长臂架技术及应用”项目获国家技术发明二等奖，系列产品为国家安全生产应急救援指挥中心吊装救援设备招标唯一选定供应商。美国《福布斯》杂志发布全球 100 家具有创新力企业，三一重工和中联重科名列其中。

二、汽车工业科技

20 世纪 80 年代末，长沙汽车制造，组装，零部件生产业蓬勃发展。长沙果园汽车改装厂、廻龙客车厂、梅花汽车车身厂等一批乡镇企业，自主研发设计，自主加工制造部分汽车覆盖件，生产、改装小型客车、吉普车、小型货车、汽车车身及其他汽车零部件畅销全国各地。1988 年 11 月 7 日，果园汽车改装厂等企业在市首届技术市场交易会上展出新产品、新材料、新工艺、高技术等科研成果 133 项，首日实现技术交易转让金额 40 余万元。1989 年，国防科技大学研制出中国第一辆具有部分智能自控小汽车；中南工业大学、长沙汽车发动机总厂联合改进 S492C 型汽车发动机配气机构获省科技进步奖。

1990 年，长沙矿山研究院等 10 余家单位联合研制 154 吨电动轮自卸汽车，为国内外大型露天矿开采用一种先进、高效运输设备，为国内载重量最大汽车，该产品获国家科技进步一等奖。是年，湖南浦沅工程机械总厂生产 OY25 汽车起重机，起重量大，稳定性好，获省科技进步二等奖。1992 年，湖南动力机厂研发 6105ZQ 增压柴油机，参加云南汽车改装厂组织赴青藏高原适应性试验获成功，在高原功率恢复、综合性能等方面国内领先。11 月，长沙汽车制造厂、湖南大学研制出 CS620 客车专用底盘获省科技进步奖。1995 年，长沙汽车制造总厂生产大富豪 CS6600 轻型客车下线，该车性能稳定，外观精美。12 月，长沙建设机械研究院《汽车轮胎起重机架特殊截面约束扭转计算》论文获省优秀学术论文二等奖。1999 年，长沙华星机电研究所研发 DJF 系列汽车发电机测试系统获省科技进步二等奖。

2001 年 9 月 26 日，国防科技大学研制出第四代无人驾驶汽车在长沙绕城高速公路上进行全自主无人驾驶试验，最高时速 75.6 千米，创国内新高。10 月，省浦沅集团研发出 PY5630JQZ80 汽车起重机，获省科技进步奖。2004 年，湖南大学组建省汽车模具工程技术中心，成为长沙汽车工业重大科技平台。2005 年，中南大学研发出汽车关键电器性能智能自动测试系统，居国内领先地位；长沙中联重科浦沅分公司生产出浦沅牌 ZLJ5620JQZ100H 汽车起重

图 23–1–2–2 中国（长沙）“科交会”上比亚迪多款节能与新能源汽车产品集体亮相 （摄于 2010 年 10 月 12 日，长沙市科技局供图）

机投放市场。10 月，长沙江背同心实业有限公司研发出同心牌 MH1280 平头汽车翻转式驾驶室获市科技进步奖。2009 年，长沙环通汽车制造有限公司生产第一辆陕汽德龙重卡下线，结束湖南不能生产现代重型汽车的历史。

2010 年，长沙比亚迪电动大巴 K9 顺利下线。该车实现零尾气排放，燃料消耗成本不到同类燃油汽车三分之一，当年推出 3 款新能源电动汽车并投入市场，成为国内新能源汽车领军者。是年，长沙福田汽车科技有限公司生产 BJ3062V3PDB 福田牌国三排放汽车投入市场，获市科技进步奖。2012 年，工业和信息化部授予长沙雨花经济开发区为国家节能与新能源汽车产业、国家新型工业化产业示范基地。

三、电子工业科技

1988 年，省电子产品检测分析所等单位制定电子产品基础标准获省科技进步奖。市科技情报研究所和长沙电池厂研发出干电池密闭生产线电气程控系统，实现干电池生产 15 道工序自动控制，获省优秀项目奖。1989 年，湖南大学承担“大功率单模连续输出二氧化碳激光器”项目，采用大面积均匀放电电子束维持放电技术，系国内首创。湖南计算机厂完成“长岛 G863–2 彩色工业图形显示终端”，通过国家部级生产定型，并投入批量生产，应用于水利、电力、冶金、交通等部门，该项目获国家科技进步二等奖。

1990 年，电子工业部 48 所研发 LC4–700Kev 高能离子注入机，获国家科技进步一等奖。省科技咨询中心、省邮电局、市电信局联合研发“数据通信网系统方案低速数据通信网工程”和省计算机厂研发“长城 HHX–23 中西文显示终端”分别获省科技进步二、三等奖。1991 年，国防科技大学、湖南计算机厂等单位研制出高速三维地形处理实验系统在长沙通过技术鉴定。该系统突破三维地形处理与显示，能快速产生逼真地形画面并将各种景物综合显示，系国内计算机成像技术重大科研成果，达到国际同类先进水平。1992 年，湖南电视机厂自行设计开发 SFC64–4 大屏幕彩色电视机，开中国大屏幕彩电科研、生产先河。填补国内大屏幕彩电生产空白。11 月 29 日，国防科技大学计算机研究所研制出“银河–Ⅱ”10 亿次巨型计算机，其数据综合处理能力 10 倍于“银河–I”系，中共中央总书记、国家主席、国家军委主席江泽民题词“攻克巨型机技术，为中华民族争光”致贺，国务院、中央军委也发来贺电。1994 年，国防科技大学首创“银河重构错多机柔性制造控制系统”，技术性能达国际先进水平，研制出“银河–Ⅱ”系超级计算机在国家气象局投入运行，用于天气中期预报。是年，长沙铁道学院、湖南水文泵站开发“两级计算机控制 PWM 直线明槽转子式流速仪”检定系统，为全省唯一符合一级水槽标准高精度流速仪检测计量装置，系国内首创。1997 年，体积仅为“银河–II”系计算机六分之一的“银河–Ⅲ”系巨型计算机在国防科技大学诞生，其计算速度为每秒 130 亿次。该机实现多处理并型到大规模并型处理跨越。1999 年，国防科技大学研发“银河”高性能分布仿真机系统，在国内首次采用国际高级仿真结构标准，其软、硬件仿真系统达国际先进水平，实现由单系统至多系统仿真重大技术突破。

图 23–1–2–3 新亚胜光电推出的魔幻舞台

（摄于 2012 年 10 月，长沙市科技局供图）

2000 年，湖南华星宇传感技术有限公司生产国内第一把电子水平尺，使中国建筑行业质量验收工具之一跨入国际先进行列。是年，国家火炬计划软件产业基地工作会议在长沙召开，长沙软件园在全国 19 个国家软件产业基地产业收入中排名第三。2004 年，湖南大学“电流传送器电路理论与设计关键技术及其应用”获省科技进步二等奖；湖南创智数码科技实业生产研发“银鲨 SS 系列流媒体视频服务器”获省科技进步三等奖。2007 年，湖南特变电等公司“J–217–1–02750KV 交流输变电关键技术研究、设备研制及工程应用”获国家科技进步一等奖。湖南大学研发“2007–515–242 现代电驱动车辆先进控制技术及其应用”，攻克电驱动多种难题，获省科技进步二等奖。2009 年，国防科技大学等单位开发“大规模网络安全监控数据库系统”获国家科技进步二等奖；“面向高维非结构化数据模式识别与机器智能”获省自然科学一等奖。10 月 29 日，又研制出 “天河一号”中国首台千万亿次超级计算机，计算速度每秒达 2570 万亿次。

2010 年，长沙电子信息产业领域异军突起。形成网络平台软件、嵌入式软件、数字媒体软件三大产业集群，聚集创智软件、蓝猫卡通、长城信息、威胜电子、国科广电等 400 余家软件与电子信息企业，其电子信息产业排名全球第十位。其中，动漫卡通年生产能力占全国总量 50%。11 月 4 日，国际 TOP 组织公布全球超级计算机前 500 强，中国千万亿次 “天河一号” 超级计算机系统名列全球第一。该机从当年起在航天、天气预报、海洋环境模仿等领域投入使用。2011 年，中国电子科技集团 48 所研发出大角度离子注入机进入集成电路生产线。清洗机、扩散炉、PECVD、刻蚀机等太阳能光伏关键设备形成产业化，其光伏装备制造业跻身全球十强。是年，湖南纽曼数码科技有限公司发布全球首款安卓 4.0 平板电脑 “newsmy”。2012 年，国防科技大学高性能计算创新团队获首届国家科技创新团队奖。该团队攻克北斗卫星导航系统“高精度指标、抗干扰能力”两大关键技术难题，使中国卫星系统抗干扰技术达国际先进水平。是年，长沙金霞经开区获批“国家电子商务示范基地”。景嘉微电子、拓维信息、长城信息、国科广电经科技部认定为国家火炬计划重点高新技术企业；蓝思科技、介面光电获市首批“企业科技创新市长奖”。是年，长沙市电子信息产业实现高新技术产值 187.6 亿元。

四、冶金工业科技

20 世纪 80 年代，长沙冶金工业科技在粉末冶金、选矿、控矿、矿山机械等领域不断创新，获得一批重大科研成果。1988 年 2 月，长沙黑色冶金矿山设计研究院等单位研发耐磨 2 号堆焊焊条获省科技进步奖。3 月，省冶金材料研究所生产强韧性 LM1 和 LM2 工模具钢、ITO 透明导电模工艺技术瓷、半导体多功能护目镜获长沙地区首届展览会一等奖。1989 年，长沙矿山研究院、中南工业大学、长沙矿冶研究院针对金川生产建设涉及地质、采矿、选矿、冶炼、加工、环保等技术难题，通过多年联合攻关，完成金川矿区原岩应力测量和构造应力场研究，取得 300 余项成果，实现金川资源综合利用，获国家科技进步特等奖。

1991 年，长沙矿冶研究院等单位主持“包钢现流程铌资源综合利用工艺及产品开发与应用”项目，对包头矿进行系统工艺矿物学研究，开发出综合选矿工艺，获得优质铁精矿（TFE>60%，P0.12~0.14）及稀土精矿（REXOX>60%及 40%）两种产品外，还获得含 Nb–(2)0–(5)1.0%q 富铌产品（富集比达到 8 以上），该项目获国家科技进步一等奖。1992 年，长沙矿山研究院主持“地下矿连续开采工艺技术和装备研究”项目，完成盘区回采振动出矿连续开采方法研究和束状深孔崩矿新工艺研究及设备研制，进行工业试验后，取得满意效果，该项目获国家科技进步一等奖。1995 年，市冶金机械工业局“树脂砂成套技术推广应用”获省科技进步奖。1998 年，中南工业大学研发“图一 154M 飞机国产粉末冶金刹车副盘”获国家技术发明和科技进步三等奖。

2001 年，中南大学等单位主持“硫化矿电位调控浮选理论与实践”项目，确定硫化矿中矿物质电控理论，该成果为相关企业降低生产成本 15%~20%，有价金属选矿回收率提高 2%。2005 年，中南大学等单位研发“铝合金铸轧新技术及设备”，获省科技进步一等奖；湖南飞碟新材料有限责任公司研发“磷青铜双金属材料及烧结工艺”获市科技进步二等奖。2008 年，中南大学参与主持“铝及铝合金现代化热连轧技术与工艺开发”项目，实现国内铝加工技术重大突破，使中国高精铝板带轧制技术达到世界先进水平，该成果获国家科技进步一等奖。是年，邱冠周等创造“基于微生物基因功能与群落分析硫化矿生物浸出法”获国家技术发明二等奖；张起森等主持“废旧沥青再循环利用成套关键技术研究”，含沥青再生剂研制、再生沥青混合料制备工艺，沥青混凝土再生成套设备、双滚筒连续搅拌设备结构设计、斗量方式、热量利用技术等达国内领先水平，获国家技术发明二等奖。

2011 年，中南大学等单位主持“难冶钨资源深度开发应用关键技术研究”，针对占钨储量 78%高钼、高杂难处理白钨矿资源利用和深加工难题，攻关白钨矿氢氧化钠分解、高浓度离子交换、共生钨钼分离及短流程深度除杂、自主调控硬质合金组织结构。从资源利用到高端产品生成，探索出整套关键技术，突破国内外长期认为白钨不能碱分解理论禁锢，使中国钨资源使用年限不足 5 年延长至 25 年以上。该技术获国家科技进步一等奖。2012 年，中南大学主持“复杂难处理镍钴资源高效利用关键技术与应用”，攻克复杂难处理镍钴原料冶炼、高效提取技术难题，并研发复杂原料选矿技术和贫矿资源获取技术，实现冶炼原料适应性供给，该成果获国家科技进步一等奖。

五、化学工业科技

1988 年，浏阳县有机化工厂研制出“异三聚氰脂剂 TBC”填补省内空白，获湖南省首届星火奖。1989 年，长沙化工研究所、湖南催化剂厂等单位联合研制出“B-114 型中变催化剂”“荔枝保鲜剂”通过化工部鉴定，系国内首创。是年，长沙石油厂等单位联合开发“新型极压复合铝基润滑脂”通过中国石化总公司鉴定，填补国内润滑脂领域空白。

1991 年，长沙新技术创业服务中心与长沙市南区联合引进和开发“利用造纸废液生产改性木质素耐油树脂”获国家自然科学基础研发支持，并获国家发明银奖及第三届国际科学与和平周中国科技之光成果展览银奖。1993 年，长沙利达精细化工公司开发“旧电瓶——注回生剂”获 1993 年中国专利金奖。宁乡石油化工总厂建成全国最大柠檬酸纳生产基地，年产柠檬酸钠 2500 吨，且 90%产品供应出口。1994 年，湖南省机械研究所等单位研制出“安达 AW 系列抗磨润滑油添加剂”获中国科技博览会金奖。1996 年，长沙高新技术产业开发区、长沙慧达实业有限公司开发 AD 增艳促显剂和宁乡石油化工总厂研发出“废渣生产柠檬酸钾”均获市科技进步奖。

2000 年，中南工业大学主持“硫化矿电位调控浮选理论与实践”项目，使传统二维参数浮选化学发展到三维参数系统，将浮选化学研究推向新阶段。通过应用“原生电位浮选”工艺，解决电位调控浮选工业应用，为国内解决多金属共生难选有色金属硫化矿分离难度开辟新途径。2004 年，化工部长沙设计研究院等单位主持“罗布泊地区钾盐资源开发利用研究”项目，通过对比研究和成矿分析，确定罗布泊北部凹地，具有成钾矿前景，经实地钻探发现埋藏于第四系盐层中卤水钾矿，探明卤水资源储量 2.5 亿吨，且钾盐资源集中度相对较高，是一个整装超大型钾矿床，并具有硫酸镁亚水型和涌水量大特点，该矿发现被认为是中国找钾工作第二次重大突破。2008 年，海利集团研发“杀虫剂残杀威原药”技术、“呋喃酚”等系列氨基甲酸酯类农药，使中国氨基甲酸酯类农药生产水平跻身世界先进行列，成为继美国后第二家 MIC 工业化生产国家。是年，海利集团开发甲基异氰酸酯成套技术项目填补国内空白，达到世界先进水平。

2010年，湖南大学主持“卟啉化合物合成及其仿生催化烃类氧化研究”项目，获省自然科学一等奖；中南大学主持“铝电解用优质炭阳极生产关键技术开发及产业化”项目获国家科技进步二等奖。湖南省植物保护研究所等单位研发“高效降解有机磷和菊酯类农药残留物光合细菌研究与应用”项目获省科技进步二等奖。2012年，长沙国家农药创制工程技术研究中心从事化工研究和产品开发、农药原药及中间体工程化开发、农药产品化学分析、农药残留与环境毒性分析、农药生物活性测定，化工分析检测、化工仪器仪表计量检定等。开展农药产品与技术自主创新，完善农药技术集成平台、推动集成、配套工程化成果向农药行业和农药生产企业辐射、转移、扩散，成为具有国际竞争力大型农药产业化示范基地。

六、食品工业科技

20世纪80年代末，长沙重点支持开发单细胞蛋白及其系列产品，新型食品酶制剂、食品添加剂和食品加工用生物制剂等研究开发。1988年，浏阳县酒厂“小啤酒生产线”获国家星火科技成果展交会金奖；湖南中医药学院等单位开发“神农”强身饮料获首届长沙地区星火奖。1989年，长沙市化工研究所研制出“无毒保鲜剂二次浸果保鲜工艺”通过化工部鉴定，系国内首创。

1990年，长沙食用菌研究所主持“蘑菇培养料二次发酵技术开发”获省星火科技奖。1993年，湖南农学院主持“高蛋白植物提取蛋白技术研究”，利用沉淀叶蛋白澄清液乳酸发酵后再作沉淀剂，循环使用。4月，这一科研课题通过专家鉴定，该新技术系世界首创。1996年，市蔬菜科研所发表“香菇废基质栽培金针菇试验总结”获市自然科学优秀学术论文二等奖。1999年，湖南省金正方主持“芦荟产业化开发”项目列为国家星火计划，并获省首届农博会金奖。

2001年，全省第一个烟叶品牌“鹤源”在浏阳市诞生。市劳动学会编写“继湘美食系列丛书”获市社会科学优秀成果奖。2005年12月，农业部将省高科技食品工业基地确认为“全国农产品加工示范基地”。该园区农产品加工区建成面积304.67公顷，总投资25亿元。2007年，市科技局安排科技经费50万元，支持鲜湿米粉保鲜技术研究攻关，实现鲜湿米粉保鲜技术重大突破，保鲜保质期由原来2天延至7天。2008年，长沙加强食品安全技术检测研究，支持“无公害蔬菜基础”“天野有机蔬菜标准化生产特色产业科技示范基地”建设。长沙市质量检测中心成功申报省级工程中心。2009年，长沙市拨付大专项资金710万元，支持“食品安全控制关键技术与示范”项目研究与开发。

2010年，市科技局立项投入1100万元，重点支持“现代农业与健康”重大科技专项。2011年，长沙“食品非法添加物高通量筛查技术与装备研究”“旅游餐饮安全保障及基地原材料安全控制技术研究及示范”等一批科技项目获国家、省级经费支持。省食品安全生产工程技术研究中心利用生物探针检测新技术，研发出快速、灵敏、便携高通量电化学微阵列芯片检测试剂盒，打破国外在该领域技术垄断，改变中国基础食品、农产品安全监测机构技术装备落后格局，实现食品安全“从农田到餐桌”全程快速监控。2012年，长沙食品质量安全监督检测中心和湖南大学联合组建省“食品安全生产工程技术研究中心”，该中心项目“超高速卷接包机组研制”列为国家烟草行业中长期科技发展纲要行业科技重大专项。工程技术研究中心先后承担16项食品科研课题，申请8件发明专利，并与企业合作，建立产业化中试基地和应用示范基地。

七、新材料工业科技

1988年，湖南电位器总厂研制合成碳膜电位器导电银浆新材料，经省电子产品检测所测试，各项指标均达日本松下同类产品水平，机械耐久性达3.75万周，导电膜阻值0.5欧姆以下。是年，湖南高性能

图 23-1-2-4 中国工程院院士、中南大学教授黄伯云研发的炭/炭刹车材料获全国技术发明一等奖

（摄于 2005 年 9 月，长沙市科技局供图）

炭/炭航空制动材料制备技术申报国家计委立项，开始工业性实验，经费投入 1.54 亿元。1989 年，市电子材料二厂研制“滤除 200mm 以下致臭氧短波紫外线掺稀土新型石英管–WTS 光源用无臭氧透明石英玻璃管”填补国内空白。

1991 年，长沙新型含油轴承厂开发“FMZ 重负荷代青铜烧结铁基含油轴承”材料，被国家科委、中国工商银行、劳动部、国家技术监督局、国务院引进国外智能领导小组办公室评为国家级新产品。长沙市成立墙体材料改革领导小组。市墙体材料厂投资 2300 万元，从波兰引进蒸压空心灰沙砖生产线，成为国内最大规模蒸压空心灰砂砖生产厂家。1994 年，湖南造漆厂研发 MA–01 各色氨基醇酸烘干汽车漆获省科技进步奖。1998 年，湖南稀土金属材料研究所研发“抗破碎贮氢”新型合金材料，具有机械加工性能好，饱和蒸汽压低、吸氢量大、易于吸氢特点，大量吸氢后不开裂、不掉粉、抗压力大、耐振动、可在动态和非动态恶劣环境条件下使用。

2000 年，长沙创新保温建筑材料厂研发 F–F 新型硅铝复合隔热保温材料，获市科技进步奖。2004 年，中南大学主持“高性能炭/炭航空制动材料制备技术”项目，在核心制备技术、关键工艺装备试验规范和性能评价体系等方面取得重大突破，在国内外首创具有显著特色自主知识产权高性能炭/炭刹车材料制备技术，其关键技术达国际领先水平。2005 年，高性能炭/炭刹车材料形成 11 件国家专利，其中已授权 9 件。研发拥有自主知识产权六大类 30 余台套关键工艺设备。采用高性能炭/炭复合材料生产航空刹车副，与国外同类产品相比，使用强度提高 30%，耐磨性提高 20%，使用寿命提高 9%，价格降低 21%。中南大学创立实验室材料性能测试和评价方法，建立国内首个炭/炭刹车材料地面试验装置，规范并制定国内首个适航标准。2007 年，中南大学主持“铝资源高效利用与高性能铝材制备理论与技术”项目，国内首创铝土矿浮选分离成套技术，将可利用铝资源保证年限由 10 年增至 60 年，铝冶金由技术引进型转变为自主创新型，使中国铝材性能与国际接轨，打破国外垄断与封锁，满足国家重大工程需求。2008 年，湖南开天材料厂承担“镍钴二次资源循环利用及精细粉体制备产业化”项目，产品达国际先进水平，填补国内空白并替代进口。是年，中南大学等单位研究“铝及铝合金现代化热连轧技术与工艺开发”项目获国家科技进步一等奖。2009 年，湘投金天集团生产出国内具有自主知识产权钛焊管，全线打通钛带卷工艺流程，改变国内钛带卷完全依赖进口格局。中南大学校长、中国工程院院士黄伯云领衔创办湖南博云新材料股份有限公司并上市，黄伯云成为湖南科技领军人才创业典范。

2010 年，振升铝材全球第一款紫色系铝合金门窗被评为“中国建筑铝型材行业十大科技创新产品”。2011 年，长沙获批科技部国家先进电池材料及电池高新技术产业化基地，高性能锂离子电池正极材料国内领先，镍氢/镍锌电池材料，汽车动力电池能量包技术领先于国际水平。2012 年，长沙望城成为有色金属材料精深加工国家级高新技术产业化基地。华曙高科技有限责任公司成为全球第一家能同时生产激光粉末烧结设备和选择性激光粉末烧结材料企业，获首批长沙市“企业科技创新市长奖”。湖南晟通科技集团研发出国内第一辆具有完全自主知识产权全铝车身公交车。至年底，长沙国家级研发平台有粉末冶金

图 23-1-2-5 湖南晟通科技集团研制开发出全铝公交车

(摄于 2012 年 7 月，长沙市科技局供图)

国家工程研究中心和先进储能材料国家工程研究中心。新材料产业领域有华曙高科、晟通科技、金瑞科技、杉杉新材、科力远、博云新材、瑞翔新材、众兴新材等 100 余家高新技术企业。是年，长沙市新材料产业实现高新技术产值 596.7 亿元。

八、其他工业科技

1988 年，浏阳县花炮研究所研制出“新型礼花弹”获轻工业部工艺美术一等奖。是年，用于美国夏威夷岛开发 200 周年庆典焰火晚会。1989 年 3 月，市科技情报研究所建立传真微机情报检索系统，将 4 万余项《全国科技成果交易信息数据库》输入微机，对外开展检索服务，国家科委副主任阮崇武视察长沙科技工作时，对此高度赞赏。10 月，长沙亨得利钟表眼镜公司研制出“HC89–I 型”超薄眼镜片。该产品耐用、轻便、使用舒适，填补国内空白。国防科技大学校长、著名控制论专家张良起等人研制出中国第一台 KD–1 号两足步行机器人。

1990 年 1 月，长沙建筑工程指挥部对湘江二桥斜拉索采用喷涂锌铝复合层新技术，增强防腐蚀性能，延长斜拉索使用寿命，经有关专家评定，达国内领先水平。1995 年 3 月，长沙工程兵学院课题组通过 8 年攻关，研制出《新型工事防护门及其优化设计》。防护门具有带吸能装置组合式抗爆结构，极大减小内部人员伤亡和装备受损程度，该成果经 5 级评审，评为全军科技进步一等奖，获全军院校科技成果展览会金奖。1998 年，湖南计算机股份有限公司与省计量测试技术研究所研制出出租汽车税控计价器及管理系统系国内首创。1999 年 11 月，国防科技大学研制出新型汞原子激光器。该产品结构紧凑简单，稳定性好，寿命长。广泛应用于水下通信、激光检测、激光全息、激光干涉测量等多个领域，为国内激光高技术研究领域一项突破性成果。

2000 年 11 月 29 日，国内第一台具有人类外观特征，可以模拟人类行走与基本操作功能类人型机器人在国防科技大学诞生，成为世界少数几个拥有机器人尖端技术国家之一。2002 年，中南大学研究完成“铝带坯铸轧装备与技术”获国家技术发明二等奖。2005 年 5 月，浏阳市东信烟花集团研发“格信”无线音乐焰火燃放控制系统，结束国内音乐焰火燃放设备靠国外引进历史，填补国内空白。8 月，浏阳市和平烟花贸易有限公司研制 AQ–888 烟花增效剂，使烟花燃放留空时间由 1~2 秒延时 4~6 秒，最长延时 8 秒，改变千年来烟花燃放一闪即逝历史。9 月，浏阳市与南京理工大学联合开展“花炮制造工艺和燃放新技术、无烟焰火技术、新型烟花材料、环保花炮技术”研究开发课题，获省级专家论证通过，并在全国烟花爆竹行业推广使用。2007 年，省特变电股份有限公司参与 750 千伏交流输变电关键技术研究，设备研制及工程应用，采用数值分析、物理仿真、真型试验、现场测试等方法，解决输变电工程高海拔、重污秽绝缘配合和电网不稳定等技术难题，并掌握全套电气设备设计、制造、施工、调试电网安全自动控制系列关键技术，该项目获国家科技进步一等奖。

2010 年，湖南省送变电公司参与“三峡输电系统工程”项目，是世界上输变电容量最大，系统复杂、覆盖地域广、受益人口多、建设周期长的，特大型水电外送系统工程。公司参与研发能源资源优化配置，电力安全送出，电荷全国联网等输电系统工程项目，获国家科技进步一等奖。2012 年，中南大学研发列车结构塑变吸能技术及装置，极大降低列车碰撞后受损和提高司乘人员安全度。

第三节 农业科技

一、种植科技

1988 年，宁乡县花明楼、桃林桥等 6 乡 36 村试种晒黄烟 40 公顷获成功。经中国烟草公司科技开发部、长沙卷烟厂等科研单位对烟叶外观进行理化分析、评级鉴定后，为硒黄烟质量全省第一。3 月，市蔬菜局技术推广站成立。8 月，农业部批准长沙县建立国家级食用菌原种场，成为全国 4 个国家级菌种场之一。10 月，全国首家防治蔬菜病虫害及杂草技术性机构——马王堆蔬菜医院成立并开业。是年，市郊区雨花亭乡、东屯渡农场等 9 个乡（场）推广播种大田平菇 5.4 公顷，产鲜菇 40.5 万千克，种菇农民增纯收入 52 万元。1989 年，湖南省农业厅经济作物局“苎麻当年育苗当年移栽当代高产优质”技术获国家科技进步三等奖。

1990 年，省农业厅粮油生产局、湖南农学院等单位“优质稻生产技术体系及其应用理论研究”和湖南省茶叶研究所“机采茶栽培技术研究”分获国家科技进步二、三等奖。1992 年，长沙市优质稻种植面积 5.3 万公顷，居全省地（州）市之首。省农业厅粮油局“杂交稻栽培技术”获国家科技进步三等奖。1993 年，市菜科所选育“湘黄瓜 1、2 号”和“青杂、粉杂 1 号冬瓜”首获国家级成果登记并双获全国星火计划成果展览会金奖。长沙市两系法杂交稻在重点集中示范基础上扩大为多点示范。从浙江引进软盘旱育秧、抛秧技术，在长沙县北山乡进行试验示范。1996 年，郊区黎托乡列入国家南方城郊型高效农业综合发展示范区。该乡实施蔬菜反季栽培技术、花卉栽培保鲜技术，建成高标准菜田 100 公顷，向市场提供花卉苗木 6000 余万株，潭阳村建立无公害蔬菜栽培高标准生产基地 600 余公顷。1998 年，长沙市实施“星火西进示范工程”，选择龙山县砂子坡林场建立千亩烤烟示范基地和百合生产基地。1999 年，湖南超级稻选育取得一系列重大进展，全省开辟 26 个百亩示范区均优质高产。9 月，长沙市优质稻科技研究中心挂牌成立。

2000 年，长沙市无公害蔬菜监测中心投入运行。湖南农科院名誉院长、中国工程院院士、“杂交水稻之父”袁隆平研发出中国独创杂交水稻新品种。全国杂交水稻种植面积 1400 余万公顷，其中超级杂交水稻先锋组合“两优培九”试种 71 公顷，平均亩产 703.5 千克。这一年，超级杂交稻选育研究列入“中国十大科技进展”，杂交水稻种植成为向美国转让第一项农业技术。2002 年，湖南省种子集团公司等单位“水稻籼型优质不育 23A 选育与应用研究”和湖南农业大学等单位主持“水稻大面积高产综合配套技术研究开发与示范”

图 23-1-3-1 中国工程院院士袁隆平观察杂交水稻生长情况（摄于 2004 年 7 月，长沙市科技局供图）

项目均获国家科技进步二等奖。长沙市土肥站实施“4万公顷优质无公害农产品配套技术推广”项目获成功。2004年7月，浏阳市与省、市人民政府签订水稻丰产高效技术集成研究与示范项目执行协议，国家“十五”重大科技攻关项目正式落户浏阳。该市在永安、北盛等5乡镇进行6667公顷大面积丰产示范，并开展超级水稻强化栽培技术、水稻节本高效与保护性耕作关键技术等5个专题研究与示范。湖南杂交水稻研究中心主持“香稻不育系新香A选育及其香型杂交稻应用研究”项目和湖南省农产品加工研究所等单位主持“柑橘产业化综合技术研究”项目获省科技进步一等奖。2006年，市科技局等单位将优质稻配套栽培、中药种植、无公害蔬菜生产等技术确定为长沙市重点推广共性技术。湖南农业大学主持“南方冬闲田马铃薯种植综合套配技术研究”项目获省科技进步一等奖。2008年开始，长沙市实施现代农业特色产业科技示范工程，确定省级特色基地9家、市级57家。市科技局对特色示范基地各投入20万元，支持优质稻集约化生产、百里茶廊、有机蔬菜、花卉苗木种植等。

2010年，长沙市根据四大“百里走廊”农业产业带提质发展需要，重点支持优良种子种苗选育及配套技术研究与推广；支持湖南省蔬菜研究所应用不育系先进技术攻关培育出7个新品种。其中支持长沙部分农民利用冬闲田种植红菜薹，亩产2000千克，亩利润4230元；支持隆平种业有限公司超级稻选良，完成T优6135和准两优527杂交稻综合筛选、标准化种植，获国家两个植物新品权。2011年，湖南隆平种业有限公司、湖南省水稻研究所开发出两优1128、深优9586、丰源优219、陵两优104转基因除草剂两系杂交水稻新品种和农香26、农香29高档优质香稻新品种。其中，两优1128平均亩产568.3千克、深优9586平均亩产512.4千克、丰源优219平均亩产490.23千克、陵两优104平均亩产552.7千克。是年，长沙市蔬菜科研所培育出辣椒雄性不育系“903A”“长辣七号”辣椒、“早优6号”“中优8号”丝瓜、“黑杂1号”“黑杂2号”冬瓜新品种。推广种植6600公顷，农民新增产值8635万元。2012年，长沙市重点支持湖南隆平种业有限公司、湖南省水稻研究所等单位开展水稻新品种选育项目，共选育新品种30余个、广两优2010、Y两优199、C两优608、T300、隆平634A新品种通过审定。其中，湖南隆平种业、省水稻研究所等单位主持“优质早籼高效育种技术及新品种选育应用”项目获国家科技进步二等奖；是年，长沙市支持市菜科所，省湘研种业有限公司选育长研206、长辣5号、湘研806、湘辣6号、湘研808、长丰、湘妃、湘辣704辣椒新品种，全省推广种植面积13.4万公顷，农民增收近2亿元。

二、养殖科技

20世纪80年代末，市水产科技推广站（水产原种场）投入生产。长沙市推广“生猪人工授精与杂交优势利用”获农业部“农业丰收”一等奖。1988年，市郊区畜牧水产局在10个农、渔场和部分乡进行1万亩池塘养鱼高产试验，上半年重点养殖鲢、鳙鱼，下半年重点养殖罗非鱼，中期套养夏花鱼种，经省验收，亩产鲜鱼516.6千克，总产值1280万元；宁乡县牧工商公司

图23-1-3-2 左为宁乡县流沙河镇“花猪”新品种，右为望城县格塘乡示范养殖匙吻鲟获成功

（摄于2010年4月、2006年11月，长沙市科技局供图）

和宁乡县畜牧水产局组织实施禽兔集约化养殖及加工技术列入国家、省、市星火计划，使90%以上禽兔养殖户致富。1989年11月，长沙白猪“湘白一系”通过省科技成果鉴定，列为国家、省科委重点推广项目，在湖南12个县推广。市水产科技推广站在市郊区洞井乡渔场人工繁殖美国加州鲈鱼获成功；长沙、望城、浏阳、宁乡4县和市郊区推广草鱼免疫注射新技术，草鱼成活率由30%~40%提高到70%~80%。

1990年，湖南师范大学主持国家“七五”重点科技攻关项目“鱼类种质资源超低温冷冻保存——鱼类配子和胚胎低湿生物学研究”通过国家级鉴定，达国际先进水平。1993年，长沙市畜牧水产局牵头实施杂交蛋鸡综合生产技术推广项目获省农业丰收一等奖。湖南农学院主持“利用沉淀叶蛋白澄清液乳酸发酵后再作沉淀剂循环使用”新技术为世界首创；长沙科技资源开发总公司引进美国绿头野鸭蛋2100枚，孵化饲养一次成功；省水产科技研究所等单位研究“草鱼出血病防治技术”获国家科技进步一等奖。1994年，长沙罗氏沼虾试养成功，并作“名优水产品养殖技术”推广，列入长沙丰收计划项目；浏阳市“永安鱼药”获1994湖南省新产品科技交流会金奖。5月，农业部将浏阳市列为国家级秸秆氨化养羊示范县建设基地。1995年，市畜牧水产局牵头，引进法国番鸭在宁乡、望城县试养成功。1996年11月，长沙“工程鲫鲤规模繁育中试基地建设与示范”重大科技项目，纳入国家“863”计划。1997年，湖南农业大学等单位研制科技新产品“南方牛羊复合营养舔砖”通过省级鉴定，该产品达同类项目国内领先水平。1998年12月，长沙市及所辖四县（市）列入全国无规定动物疫病第一期工程，并建立市动物疫病诊断室。1999年11月，市水产科技研究开发中心挂牌成立。

2000年6月，农业部将长沙县列入国家级肉牛养殖示范县，并投入10万元扶持该县肉牛生产。2003年，市畜牧水产品质量检测中心成立。2004年，市水产科技研究开发中心先后引进一批特种水产良种，开展扬子鳄、匙吻鲟、美国斑点叉尾鮰示范养殖以及奶牛、黑山羊、宁乡猪、三黄鸡快速繁殖、养殖新技术及产业化研究。2006年，将特种水产养殖、牲猪品种改良技术列为市重点农业推广共性技术。2007年，长沙市安排150万元专项资金支持“长沙百里水产走廊”建设。9月，出台《长沙市现代农业特色产业科技示范基地管理暂行办法》，启动长沙地区现代农业特色产业科技示范基地建设，其中包括养殖科技示范与发展，并予以科技经费支持。2009年，长沙市重点支持珍珠蚌地方良种资源保护与扩繁、精氨酸对动物免疫机能影响及猪饲料开放应用等农业技术专项。

2010年，开展牲猪和肉鸡养殖等技术培训。培训3000余人次，印发技术书籍、资料1.21万份。湖南农业大学主持“保健养猪技术及应用”项目获省技术发明二等奖。2011年，长沙县畜牧水产局支持双江乡富饶农牧开发有限公司大围子猪精养获成功。2012年，长沙市重点支持30余家养殖企业开展肉牛、奶牛、黑山羊、蛋鸽等特种养殖及水产疫病防治、养殖废弃物处理、生态养殖技术创新，使养殖企业在关键技术上有较大突破。

三、林业科技

1988年，长沙市林木种苗站在望城县雷锋乡坪山村建立国外松标准化育苗试点1.3公顷，在严重春旱秋涝气候条件下仍获成功。11月，长沙进行马尾松毛虫综合防治试验，经省有关专家、教授验收评定，防治效果达国内先进水平。1989年，市林木种苗站在浏阳县、长沙县部分生产队推广国内松容器育苗技术，使出苗率大幅提高。

1990年，宁乡县国内松芽苗移栽技术通过省级鉴定，为省内领先水平。1994年，湖南省林科所等单位主持“荒地种树造林生态适应性研究”项目获省科技进步奖。1996年，市林业局“初论长沙发展高效林业的八大关系”获市自然科学优秀学术论文二等奖。1999年，湖南省林科院主持“马尾松材性遗传变异与制浆造纸材优良种源选择”项目获国家技术发明和科技进步二等奖。市林业局主持“速生杨树新品种及栽技术推广”项目获市科技进步奖。2003年，长沙市林业局主持“GGR生根粉应用推广”获国家林业局科技司推广二等奖。2004年，中南林学院主持“马尾松、湿地松生态系统生物产量及物质循环研究”项目获省科技进步一等奖。2007年，宁乡县“ABT与GGD研究与推广”项目，林业部授予特等奖。

图 23-1-3-3 望城县光明村进行花卉苗木栽培技术培训（摄于2010年6月，长沙市科技局供图）

2010年，长沙市推广生态油茶丰产栽培技术，应用测土配方、油茶幼林培育，主要病害防治等技术，扶持浏阳市新造丰产油茶334公顷，成活率达95%以上。是年，长沙牡丹催花技术首次在湖南获成功。2012年，长沙市树立“绿水青山，就是金山银山”理念，在农村大力倡导封山造林、育林、护林；在城市拆违栽绿，机关、企事业单位等拆除围墙，还绿于市民，保护和新造湘江、浏阳河风光带，辖区公路两旁及隔离带改造和新植香樟、银杏、桂花、名贵花卉等。新建多个公园，营造景观树林，使市民出门有一个休闲散步、观赏逸志生态绿色环境。

四、农业机械科技

1988年，湘粮机械厂研发“MNMF15农用喷风碾米机”。加工出大米含碎率低、无糠粉、无杂质、米粒完整、表面光泽，该产品获国家星火项目奖。1989年，市农机研究所开展对长沙地区农业机械化技术发展方向预测，组织开展茶叶精制成套设备、稻种催芽机、65型仿生式插秧机、4L-100小型联合收割机、油菜（水稻）直播机等研制。并推出30余台农业机械新设备用于农业生产，长沙开始向农业机械化迈进。

1990年，长沙市引进稻种催芽机，开始在农村推广稻种机械催芽技术。长沙市农机局引进部分农业机械，在农村部分乡镇实施农活机械操作试点，并逐步推广水稻机械化综合增产技术。1991年，宁乡县田坪乡农机站新开发NF150、NF500碾米机，W40-1Z、W40-2离心清农用水泵，21型、28型农用粉碎机等6个产品，上述产品通过省、市鉴定，各项指标均达国家标准。市农机研究所研制出“6SCF100型茶叶筛分机”，利用鲜叶老嫩不匀、揉捻加工中形成粗细不同条索，经初烘、复烘干后，借助不同规格筛网，通过机械分级后再加工，提高茶叶成型率，降低茶叶碎率，从而提高成品茶质量，该产品获省科技进步二等奖。1994年，省湘粮机械厂研发出VJ15/15A型成套碾米设备获科技进步二等奖。1999年，市农机研究所研制出“种子破胸催芽机”，适用于水稻、玉米、豆类、蔬菜种子破胸催芽，具有发芽率高、质量好、安全可靠等特点，该产品获省第一届农博会优质奖。

2000年，长沙水泵厂研发“28QZ-7.0型抗旱抽水排渍轴流潜水电泵”获市科技进步奖。市农机研究所研制出“ZCY型破胸催芽机”“LBR-19型播种机”获省第二届农博会金奖。2003年，长沙佳宁农业机械制造有限公司研制出“佳宁牌4L-100型小型水稻联合收割机”获市科技进步奖。

2010年，长沙市推广农产品精深加工机械研发和应用，重点扶持大米、葡萄、茶叶、蜂蜜、肉类保鲜、豆制品精深加工等机械引进和研发，使长沙优势农产品保持率先发展势头。

2012年，长沙市设立农产品加工机械和绿色加工关键技术重大专项，扶持加工机械等关键技术8个项目，引导湘粮机械、湘丰茶叶机械、明园蜂业、亚林食品、现代资源、口口香实业等农产品企业加大科技投入。引进现代加工机械，提高产品数量和保证产品质量。

五、农副产品加工科技

1988年8月27日，长沙市食品研究所和市粮油食品厂联合研制蔬菜糕点通过省商业厅技术鉴定，其生产食品、蔬菜糕点品种和质量达国内先进水平。12月5日，宁乡县紫金山加工优质饮用天然矿泉水通过国家技术鉴定。

1990年，长沙县利用山竹加工竹筷竹凉席等产品，其中“双生竹筷生产线及产品技术开发”获市“星火”科技二等奖。1993年4月，湖南农学院主持“高蛋白植物提取饲料蛋白技术研究”项目通过专家鉴定，为国内首创。1997年，市农业局等单位主持“优质稻湘晚籼3号等品种保优高产栽培及精加工技术推广”项目获省科技进步奖。1999年，市林业局“竹笋保鲜与原料保藏技术研究”项目获省科技进步奖。

2000年，长沙市开发稻米、双低油菜、果、蔬、茶、瘦肉型猪肉为主等深加工技术，其代表产品有“野针王”系列名优茶、“王中华”骨宝、“王中华”骨钙蛋白口服液等。是年，湖南省首条新含气调理食品保鲜包装生产线投入使用。2003年，湖南金农生物资源有限公司主持“茶叶提取物系列产品研究与开发”项目获省科技进步一等奖。2006年，省茶叶研究所主持“卷曲形名优绿茶加工技术研究及产业化”项目获省科技进步二等奖。是年始，长沙市以茶叶、稻米、禽、畜、水产品深加工技术研究推广为重点，支持蜂、乳、豆、珍珠、葡萄、蔬菜、食用菌等农产品精深加工技术研究，涌现出湘丰茶业、新五丰、明园蜂业、怡清源、曙光葡萄等农副产品加工销售龙头企业。2008年，长沙“怡清源”茶叶、“金井”茶业、“明园”蜂业获中国驰名商标称号。

2010年，长沙市加强农产品精深加工关键技术开发及产业培育，攻克黑毛茶冷发酵快速醇化处理、鲜肉气调保鲜、豆制品标准化、南方葡萄酒生产等10项农产品精深加工技术，引导企业加大科技投入，不断开发农、副新产品，保持率先发展势头。2011年，长沙市继续重点支持食用菌高效生产、绿色蔬菜冷链保藏、干红葡萄酒酿造、鸭肉熟食加工保质、蜂蜜、茶叶、油茶果壳副产物利用及花生深加工技术研究。推动省致远农业科技、隆平高科蔬菜产业、省曙光山城酒业、华淳庄园酒业、口口香实业、蜜蜂哥哥、金洲茶业、五季风生物、亮之星、亚林食品等一批农业产业化龙头企业自主创新和领衔发展。2012年，长沙市设立农产品加工和绿色加工关键技术重大专项，共支持立项8个项目，涉及加工机械和绿色加工关键技术两个领域，覆盖粮食、茶叶、冷鲜肉、蜂蜜、膨化食品、休闲食品等行业。

第四节　社会发展科技

一、医疗卫生科技

1988年，湖南省首例、全国第3例试管婴儿在湖南医科大学第一附属医院诞生，实现中国生殖医学水平新突破。湖南医科大学进行世界首例临床爆破人体胆结石试验获成功。1989年，湖南医科大学附二医院儿科研发无创伤、无痛苦心功能电脑自动分析诊断系统，其诊断水平国内领先。

1990 年 2 月，中国第一个人类冷冻胚胎库在湖南医科大学建成。8 月，湖南医科大学附一医院、长沙矿山研究院、国防科大共同完成“微爆破碎肝胆管结石与临床研究”，进行世界首例临床爆破胆结石试验获成功。经专家鉴定，该成果达世界领先水平。1993 年，湖南医科大学主持“通过分子生物学技术，揭示脊髓侧索硬化症病因并克隆出致病基因”，轰动美国医学界。美国有线电视新闻网、纽约时报等 8 家新闻单位和学术刊物争相报道。1994 年 8 月，湖南医科大学附三医院，采用人胎胎带血管蒂胸腺、胰腺和脾脏多器官联合移植新术式治疗糖尿病获成功。10 月，长沙市医学会主持召开长沙、鸡西、上海虹口区医学学术交流会。1997 年，省肿瘤医院主持全省首例自体外干细胞移植手术获成功。湖南医科大学附一医院参与“城市和山区长寿老人流行病学比较研究”获卫生部科技进步三等奖。为当时全国老年医学机构唯一获奖项目。1998 年，湖南医科大学成功克隆神经性耳聋基因，为国内实验室首例克隆疾病基因，该成果列入当年中国十大科技新闻。

2000 年 6 月，遗传学国家重点实验室院士夏家辉宣布，已对遗传弥漫性浅表性光敏性汗孔角化症完成基因定位，并在长沙、望城、南县患病家系调查和血样采集标本计 126 人，经过 382 个微卫星标记精细定位，确定该病基因在 12 号染色体长臂上。该成果为世界第一种被定位汗孔角化症病基因位点。

2001 年，联合国工业发展组织（U-MDO）与湖南浏阳生物医药园签约，共建中国浏阳国际医药产业园。

2002 年 10 月，中南大学湘雅医学院教授卢光琇主持“干细胞技术研究”获重大突破，宣告世界第一个人类治疗性克隆胚建立。湖南大学主持的“核壳生物纳米颗粒研究与应用”项目通过专家鉴定。该成果对重大疾病早期诊断等有重大突破，使中国在纳米和生物技术相结合领域中处于世界领先水平。2005 年，中南大学研究成果“J-233-2-01 世界首报中国人类染色体异常核型遗传资源保藏及 B/S 模式共享体系”获国家科技进步二等奖。2007 年，中南大学湘雅医院主持“2007-320-088 神经系统肿瘤 MB1 诊断系列研究”、中南大学湘雅三医院主持“2007-320-116 耳蜗神经元兴奋性损伤与神经营养分子抗损伤研究”项目均获省科技进步二等奖。2010 年，中南大学主持“恶性肿瘤基因治疗及肿瘤基因遗传多态性研究”项目获省自然科学奖。

2012 年，长沙加强重点专科及专病科研创新能力建设，支持特色医疗关键技术开发，加快医疗民生新步伐。是年，长沙市投入科技经费 1337 万元，支持医疗卫生建设 75 个科技项目。至年底，长沙拥有人类干细胞国家工程研究中心和国家医学遗传学重点实验室等重点科研平台。

二、医药科技

1988 年 6 月 7 日，湖南医科大学附属二医院通过应用药物诱导排卵，使供胚移植妊娠分娩获成功，该成果经卫生部和医药专家技术鉴定，达国际水平。

1990 年，长沙生物化学制药厂产品肝素钠经省标准局、省医药局等单位联合检验合格，为全省第一家获国家标准、国际标准新药，并颁发验收合格证。省药材公司、市药材批

图 23-1-4-1 中南大学湘雅医学院卢光琇团队在国内外生殖工程与干细胞领域取得多个领先成果

（摄于 2002 年 10 月，长沙市科技局供图）

发公司主持“中药材仓虫调查研究”项目获国家科技进步三等奖。1993 年，市传染病医院临床应用“小剂量干扰素治疗乙型脑炎”获省科技进步奖。1995 年，省内首家新药开发中心——湖南正清新药开发中心在长沙成立。1998 年，湖南制药厂研发青霉素中间体固定化青霉素酞化酶填补国内空白。九芝堂医药集团研发狂犬疫苗在湖南投入生产。

2000 年，长沙然原医用蛋白线有限公司生产出“医用可吸收蛋白缝合线”获市科技进步一等奖。湖南宏生堂制药有限公司主持“枳实等五种提取物工艺技术研究”项目获市科技进步二等奖。2002 年 4 月，中南大学从“茶叶渣中提取高纯度单体抗癌活性物质”获成功。2005 年，中南大学基础医学院主持“日本血吸虫病疫苗候选分子克隆与鉴定”和省中医学院主持“大宗道地药材种质资源、CAD 及 CAD 基地研究”项目获省科技进步二等奖。2007 年，华纳大药厂有限公司开发左旋奥硝唑手性药物，成为中国少数具有自主知识产权一类新药。2009 年，省中医药研究院、湖南春光九汇现代中药有限公司等单位主持“中药超微粉体关键技术研究及产业化”项目获国家科技进步二等奖。12 月，省发改委批准，成立湖南省手性药物工程研究中心。

2010 年，长沙市浏阳生物医药园和长沙高新区麓谷聚集如斯奇生物、威尔曼、华纳大、九典、九芝堂、双鹤、惠霖干细胞等生物医药知名企业，以生命科学生物技术、医药研发为主攻方向。长沙已成为中南地区成药研发、生产、物流配送重要基地。2011 年，长沙医疗、医药卫生单位国家级科研立项 7 个，部、省级 3 个、省厅 33 个、市级 15 个，其中获科研成果 3 项，验收 7 项。市中心医院重大专项“益肺通络方”获国家专利；科技部重大新药创制专项“长沙国家生物产业基地创新药物孵化基地建设”获国拨资金 1136 万元。是年，长沙尔康制药、三诺生物上市。

2012 年，长沙已聚集尔康制药、九芝堂、大邦生物等 100 余家医药高新技术企业，形成现代中药、生物工程、高端原料药优势领域。是年，长沙生物医药已有 9 家国家火炬计划重点高新技术企业，全市生物与新医药产业产值 541.3 亿元。

三、公共安全与管理科技

1988 年 9 月，国防科技大学研发两足步行机器人能执行维护核设施、排雷、引爆、侦察、警戒等危险任务，替代人工作业，确保人身安全。1989 年，长沙炮兵学院研制出模拟火炮，为中国第一门取代真火炮训练和教学模拟炮，在士兵训练时避免真火炮造成人身意外伤害和炮击点实物损失。

1991 年，长沙市交警支队与湖南大学主持“道路交通安全快速评价法”通过专家鉴定，克服用传统事故统计评价交通安全缺陷，达到小区域地点快速评价交通安全目的，填补中国交通冲突及安全领域空白。1994 年，长沙实施 350 兆赫警用无线系统技术开发项目。12 月，湖南省首家 GPS 卫星定位监控中心站在长沙建成并开通报警系统。1996 年 10 月，长沙市信息化建设 CI2000 计划首期投资 1000 万元，建设全市网控平台中心，确保全市网络使用安全。1997 年 3 月，长沙市列入全国城市信息网络试点城市。

2003 年，长沙市列入全国首批 4 个城市公共安全综合试点城市之一。2004 年，湖南金码科技发展有限公司、中南大学、湖南省科学技术研究开发院、国防科技大学主持“金融货币智能识别系统”项目，改变人工识别假币传统，确保货币流通使用安全，该成果获省科技进步一等奖。长沙市列入科技部 3 个“城市公共安全”综合试点城市。这一年，长沙完成重大危险源普查、重大事故风险评估方法，重大危险源生产企业安全评价模式研究等专项。

2007 年 8 月，经教育部批准，长沙道路灾变防治及交通安全教育工程研究中心立项并开建。2009 年，国防科技大学，国家计算机网络应急技术处理协调中心主持“大规模网络安全监控数据系统”项目获国家科技进步二等奖。

2010年，制定长沙“十二五”科技支撑社会发展和生物医药产业发展两个城市公共管理领域子规划，并投入科技经费1100万元重点支持“食品加工过程中安全控制关键技术研究与示范”“食品安全快速高效检测技术研发产业化”等课题研究和项目开发。2012年，长沙市投入科技经费1015万元，重点支持城市交通、公共安全、应急处理等22个公共管理项目技术研发和产业化推广。在人身安全、网络安全、校舍安全、校车安全、食品安全、消防安全等方面加大投入，规范管理，确保全市各项安全措施到位。

四、环境保护与节能科技

1988年，长沙新技术研究所参与“红泥塑料沼气技术研究与开发”项目获国家科技进步二等奖；长沙县沙坪节能设备厂研发“颜氏油料燃烧器”“颜氏快速熔铝炉”获国家星火科技成果展交会金奖。湖南省化肥公司和长沙化工机械厂研制“Φ600节能折流式氨合成塔内件”，余热回收率达60%~65%，节能节电效果明显，工业部确认为合成工段10项技改项目之一，该节能产品在全国推广。1989年，长沙散热器厂、湖南能源研究所等单位研制出“IZ型椭圆翅片管采暖散热器”，能耗低，散热效果好，获国家星火科技三等奖。

1990年6月，国家科委将长沙市城市环保生态建设规划列入国家软科学研究计划，为国家软科学科研项目第一家。10月，西垅村垃圾卫生填埋场投入使用，为长沙市第一个达到国家卫生标准垃圾无公害处理场所。1992年，中南工业大学牵头主持“锂盐阳极糊节能技术”项目获国家科技进步一等奖。该技术在全国16家电解铝厂应用，年节电500万千瓦时。1993年，长沙市港澳台胞实业公司石化炼油厂利用废塑料生产汽油、柴油，达到既保护环境又废物利用。其工艺技术领先国内，该厂生产出催化剂为国内首创。1996年，望城县太平水泥厂引进“DS高型选粉机”，其选粉能耗比原来降低三分之一，选粉时扬尘扩散少，实现产值、利润翻番。1999年，湖南三环颜料有限公司利用生产废水综合处理回收生产724高色素氧化铁黑颜料，该成果获长沙市科技进步奖。

2000年，长沙“Z氏污水处理成套新技术”为国际首创。该技术运用先进纳米材料，对通用污水处理净水剂、絮凝剂、灭菌消毒剂进行物化改性，形成多元复合新型水处理剂，应用于城市生活污水和工业废水治理，处理后水质达国家一级排放标准。2002年，长沙农业现代化研究所主持“南方红黄壤地区综合治理与农业可持续发展技术研究”，2004年，中南林学院主持“杉木林生态系统功能与过程研究”项目；2006年湖南大学等单位主持“堆肥环境生物与控制关键技术及应用”均获国家科技进步二等奖。2009年，长沙市投入科技资金380万元，重点支持新能源产业重大专项。

图 23-1-4-2 长沙市再生资源循环利用产学研座谈会现场（摄于1998年8月，长沙市科技局供图）

2010年，长沙市经委设立3000万元节能引导资金，支持全市200余个项目节能改造示范工程，率先全省推动公共机构温控系统等建设。中南大学参与“废弃钴镍材料循环再造技术及应用”和湖南大学参与“大型企业综合电气节能技术及应用”项目均获国家科技进步二等奖。2011年，中南大学、湖南大学等单位研发“基于微生物特异性重金属废水深度净化新工艺”获国家发明二等奖。2012年，长沙市投入科技经费1525万元，支持相关企业新能源与节能技术研发、产业化及应用推广计63个项目；对100台比亚迪电动大巴配套补贴2500万元；另对资源与环境技术领域投入科技经费856万元，重点支持城市污染物排放处理、监测和废旧物品回收再利用项目。年底，开展对全市公共机构节能减排年度考核。

五、交通运输科技

20世纪80年代末，长沙交通运输领域科学技术发展迅速，行业新产品、新技术应用水平大幅提升。1988年，长沙公路总段等单位建立地区级公路（路面）养护管理信息系统获省科技进步三等奖。长沙重型机器厂与湘潭电机厂联合承担国家“七五”科技攻关重点项目——城市交通客运轻轨车试制项目，长沙重型机器厂负责车体研制。通过努力，国内第一台城市轻轨车下线，该车达到80年代国际先进水平。

1991年，省首届交通科技工作会议在长沙召开，会上，全省推广长沙交通运输科技创新经验。是年，“三湘客车CK6892”投入市场运营，评为省优质产品，长沙“四星客车”提高科技含量和质量，由普通型逐步向豪华型和环保型过渡，旅客乘坐更为舒适环保。长沙运用先进科技设备挖泥船、泥驳进行湘江航道清淤疏浚。并建成长沙千吨级航道，省会货物水运力大幅提高。霞凝港区一期工程运用先进科技设备进行江底排沙去泥，用科学方法防止泥沙回填，年内竣工并投产。1994年，市公交总公司自行设计研制国内首辆公交助残车在市区投入营运。1998年10月，省交通科研所主持“大中城市出入口公路与城市规划研究”课题，对大中城市出入口公路与城市道路网进行系统、科学、长远统筹规划，提出城市出入公路车辆疏导、处治城市交通拥堵、改善汽车营运质量方案，使汽车在大中城市客运等速度提高10~20千米/小时，交通事故降低20%~30%，该成果获省交通厅科技进步三等奖。1999年，长沙市公共交通线路增至57条，总长度589千米，公交运输车辆1089台。

2000年，省交通科研所研发“公路工程监理信息系统”，该成果获省科技进步奖。6月15日，国防科技大学研制出第四代无人驾驶汽车，标志着汽车客、货运向无人驾驶迈进。2004年，长沙“清洁汽车单一燃料LNC公交车”投入运营。民营资本自行设计建造省第一艘超千吨级货轮“鑫泰”号首航并投入运营。2006年，湖南龙骧巴士有限责任公司168线路为全省首家利用天然气作燃料公交车投入运营。2008年，中南大学参与青藏铁路修建项目，在处理铁路路基冻土层世界难题中，采取路基两侧加装吸热棒，把冻土层吸收太阳辐射热通过金属棒传导到地面以上，保持冻土层低温不融化；架长桥，避开冻土带；每隔一段埋设通风管等办法，创造高海拔铁路修建世界奇迹。由市科技局与长沙理工大学组建长沙城市交通规划研究院。致力于研究城市交通发展战略，制定长沙市域内中、长期交通规划。2009年，长沙理工大学主持“道路网络可靠度研究及交通规划中应用”课题获省科技进步三等奖。9月，长沙轨道交通（地铁）2号线开工建设。工程运用集光、机、电、液、传感、信息技术于一体先进科技设备——盾构机开挖切削土体，输送土渣，拼装隧道衬砌等，使地铁建设进度、质量全面提升。长沙地铁计划开通6条骨干线和6条补充线。

2010年，长沙市进一步加大交通运输等领域科技经费投入，130万元支持“航天航空产业科技支撑重大专项”；500万元支持“汽车和零部件产业重大专项”；200万元支持“长沙轨道交通建设专项”等。6月，长、株、潭城际铁路运用先进科技工程设备快速建成。长沙乘车至株洲、湘潭由原来一小时缩短为半小时。是年，绿色出行工具——比亚迪首款纯电动公交车、轿车下线并投入运营。2012年10月，长沙获批国家“公交都市”第一批试点城市。市公交总公司组织投入以天然气、电能、燃油作为动力新型环保混合动力公交车1352台，在20条公交线路上运营。至此，长沙形成江河、陆、空交通运输科学布局完整立体网络。

六、建筑工程科技

1988年，湖南省建材研究设计院、市马栏山混凝土制品厂等单位研发建筑工程材料“混凝土切块系列”课题获省科技进步三等奖。

1990年，湖南省交通规划设计院设计，省公路桥梁建设公司承建广东九江大桥获国家科技进步一等奖，市规划设计院、中建五局研发“大跨度后张无黏结部分预应力混凝土悬挑梁”获省科技进步二等奖；湖南大学、省公路管理局等单位主持“拱索桥研究”项目获省科技进步三等奖。1992年，长沙铁道学院参与“大瑶山长大铁路隧道修建新技术”项目，打破外国人预言“中国人不可能独自建成特长隧道”千米，建成14.295千米全国最长大瑶山铁路双线隧道，树立中国隧道施工第三座里程碑。1996年，市规划设计院“高层建筑中大直径扩底墩设计”获市自然科学优秀学术论文一等奖。1998年，长沙铁道学院主持“预应力混凝土结构设计基本问题研究”项目，获国家科技进步二等奖。

2000年，市水利局论文“江垭大坝工程建设中若干问题回顾和探讨”获市优秀学术论文一等奖。2002年，中南大学主持“大跨度低塔斜拉桥板桁组合设计与施工新技术”项目，针对芜湖长江大桥设计与施工新技术，解决板桁组合结构公铁两用桥跨度大，运载重，标准高系列难题，对板桁组合结构进行系统理论实验研究，并实际应用于正桥和主跨312米大桥，突破中国铁路重载梁跨度300米大关，为同类桥梁世界第一，桥梁施工技术达国际领先水平。2005年，中南大学等单位主持“铁路大跨度钢管混凝土拱桥新技术研究”项目获国家科技进步二等奖。2009年，长沙理工大学研究出“膨胀土地公路建设成套技术”，通过自主和集成创新，在公路膨胀土边坡滑坍治理、膨胀土弃方合理利用等关键技术获重大突破，属国内首创。形成集理论、勘察、设计、施工技术于一体之膨胀土地区公路建设成套技术。

2010年，长沙市确立科技支撑“长沙轨道交通施工建设”等重大专项，安排科技经费6430万元。中南勘测设计研究院等单位主持的“20米级高碾压混凝土重力坝关键技术”项目和“高混凝土坝整体安全控制新理论及工程应用”项目均获国家科技进步二等奖。2012年9月，长沙市绿色建设发展指导办公室挂牌成立，主要承担长沙绿色建筑等方面技术推广及发展指导工作。

第五节 科技活动

一、科技交流与合作

20世纪80年代末，长沙招才引智，对外科技交流力度大，项目对接合作频繁。1988年9月13日，肝胆管结石国际学术讨论会在长沙举行，来自中国、美国、英国、日本、印度5国180余名肝胆外科专家参加这次盛会。湖南省人民医院肝胆外科主任医师吴金术等3人论文《一至三级肝胆管切开显著经验》《肝胆管变异》《胆道气囊导管造影的临床应用》在大会上宣读，获国内外专家一致好评。21日，比中友好协会主席傅满德和比利时国晴明中医学院院长一行10余人访问长沙，先后参观长沙科技开发试验区、银河超级计算机、不锈钢纤维系列制品、含油轴承材料等项目和生产情况。

1990年11月7日，中国专利局在长沙召开全国专利技术实施和专利宣传工作经验交流会，来自全国30个省、直辖市、自治区，29个中央部委，15个沿海城市，8个计划单列市专利管理部门负责人和全国部分高等院校、科研院所、厂矿企业负责人共230余名代表出席会议。与会人员参观中南工业大学、长沙矿山研究院、长沙颜氏节能设备研究所、长沙电缆附件厂、长沙阀门厂。会上，部分单位就专利技术实施和专利宣传进行交流，长沙市就专利实施和专利宣传在会上介绍经验。1993年5月30日，中国珠算协会、中国台湾地区商业联合会在长沙举行珠算通信经验交流和1993海峡两岸珠算通信赛，长沙市参赛人数1.08万人，获奖1080人。其中长沙市派出选手卢婷和教练张嵩获中国珠算协会特等奖。1995年7月26日，日本国城市交通专家组松冈诚也一行4人访问长沙，与长沙市科委、建委、规划局、环保局、公用事业局、公交总公司、交警支队座谈并交流交通综合治理情况。日本政府就资助长沙市开展市区道路交通环境整治、安全环保设施改造与相关部门达成合作意向。9月21—25日，由长沙市科委和省科委在长沙首次共同举办"95中国国际新技术新产品博览会"，匈牙利、德国、意大利、美国科研机构、科技公司及技术服务组织参加博览会，上述4国先后与长沙银河高新技术开发总公司、湖南新鸿科有限公司、省、市招商局签订项目合作协议。10月，召开首届长沙高新技术及产品交易会。1998年11月6—7日，《中国经济时报》与长沙市联合举办"知识经济与中西部区域经济发展战略研讨会"，国务院发展研究中心副主任鲁志强、湖南省副省长唐之享、中国经济时报社总编包月阳、省科委党组书记曾庆炎等和国内著名专家学者共100余人参加研讨会。

2001年6月，举办中日企业科技合作暨投资贸易洽谈会。5家日本企业与长沙相关企业签订投资贸易合同。洽谈会上，长沙共引进外资企业14家。9月，长沙市应邀派代表团参加第四届亚太经合组织技术展示及交易会，并现场举办经济技术说明会。2003年3月，长沙市举办环保与节能论坛暨科技成果展示（交易）洽谈会，全国600余个单位计200余名代表参会，参展产品2500余个，展出科技成果1000余项，达成技术合作77项，实现技术交易金额3亿元，产品交易2亿余元，经济协作项目5亿余元。2006年10月12—16日，全国中心城市科协暨首届泛珠三角区域城市科协合作联席会议在长沙召开。来自天津、广州、南京、成都等24个城市科协50名代表出席会议。长沙市在会上介绍科学普及、学术交流、国际合作经验和做法。2007年9月，长沙举行苏州—长沙科技与人才互动推介会，美国超威半导体、韩国三星半导体，国内金龙汽车、新宇软件等30家企业参会，并与驻长各大高校、人才培训机构进行交流。12月20日，长沙创业投资恳谈会在香港特别行政区举行，长沙有关方面负责人介绍本市创业投资环境和产业发展状况，香港特别行政区九龙总商会理事余志强、摩根资产管理公司总裁阎宏就投资长沙绿色农业、养殖业作专题发言。会上，长沙市与香港有关公司签订《香港—长沙创业投资战略合作协定》。

2010年5月，清华大学、浙江大学、香港应用科技研究院等11所大学和科研单位在长沙建立技术转移中心，展示最新科技成果，并开展为期3天对接交流活动。10月，长沙参加在中国台湾地区举行的世界科技城市联盟（WTA）会员大会，并提交《科技引领长沙走向创新型国际城市》报告。2011年5月，长沙举行"百年清华教授专家长沙行"活动，18位教授走进10余家企业及科技园区进行对接，提供现场诊断、咨询等技术服务。6月，上海交通大学科技发展研究院与长沙天鹅工业泵股份有限公司开展技术对接；9月，华南理工大学长沙技术转移中心与30余家企业举行食品技术对接活动。2012年4月，清华大学到长沙市天心区文化产业园走访交流，对园区企业技术难题进行解答，并推进湖南三一重工在印度、美国、德国、巴西投资建设工程机械研发制造基地；湖南中联重科进入意大利CIFA工业园并选择农业、机械制造等先进适用技术在全球部分发展中国家建立技术示范基地。9月，长沙主办"第九届海峡两岸信息产业和技术标准论坛"，并召开长沙-台湾地区新技术企业对接会。12月，长沙市组团参加第 15 届部分在国外留学人员广州科技交流会，并实地参观考察广州市南方创业服务中心。

二、科技兴市及创新型城市建设

20 世纪 80 年代末，长沙市注重科技进步、技术革新和创新型城市建设等方面创新工作，坚持科技兴市。1988 年，长沙市以科技开发试验区为龙头带动整个科技工作，并制定试验区、工作规划和管理细则。长沙市作出科技兴县（市）部署，对市辖 9 区县（郊）开展科技进步考核，实行科技激励机制，做到科技与经济紧密结合。是年，全市 13 所独立科研所创办“技工贸”“技农贸”一体化科研实体 19 个，创收 1809.14 万元；大中型企业建立厂办科研开发机构 25 个；民办科研机构发展到 52 个，从业科技人员 864 人。1989 年，长沙市作出《关于加速我市科技进步若干问题决定》，并增加全市科技投入，促进科技成果尽快转化为生产力。

1990 年，长沙市辖 7 个县、区作出“科技兴县”“科技兴区”战略部署，以推动企业和农村科技进步，发展高新技术产业为重点，强化科技意识，优化外部环境，健全科技网络，加强横向联系，促进经济建设和科技事业同步发展。各县、区举办各类科技培训班 2261 期，培训人员 35.5 万人次，其中培训科技专（兼）干 280 人。1993 年，长沙市制定《关于加快科技发展的若干规定》，提出巩固、完善科技管理体系，以科技为依托建立社会化服务网络。1996 年 3 月，长沙开展创“全国科技进步先进县（市）”活动，芙蓉区评为“全国科技进步先进城区”。1997 年，长沙县干杉乡和长沙化工机械厂列入省“科技兴乡”“科技兴企”试点单位。6 月，天心区评为全国“科技进步先进城区”。11 月，长沙县、望城县通过科技进步先进县验收。1998 年 3 月，长沙市列为全国技术创新试点城市。长沙市出台《技术创新实施方案》和《技术创新工程实施方案》，选择 10 家企业为市技术创新试点企业。2001 年，长沙市将“科技进步”纳入目标管理考核范围。芙蓉区、浏阳市获科技进步目标管理考核一等奖。2004 年，市辖 9 个区县（市）在全国科技进步考核中全部验收合格，评为科技进步先进县、市（区）。2005 年，长沙市发布《关于加速科技进步全面提升自主创新能力的意见》，围绕推进小康长沙、和谐长沙建设，强调充分整合科技资源，切实加快全市成果转化，不断拓展产业规模，全面提升城市科技功能。年内，全市催生和转化一批重大科技成果，130 个科技项目获国家、省级科技进步奖；长沙生产力促进中心投入使用；长沙数字媒体技术产业化基地被科技部批准为国家产业化基地。2006 年，长沙市出台《关于加快科技创新大力推进创新型城市建设的决定》，号召全市全力自主创新，开展原始创新，加快集成创新，注重引进、消化、吸收再创新，将推进创新型城市建设作为全市科技工作当前乃至今后重要要务。是年，浏阳市评为全国第二批科技进步先进县。2009 年，长沙市首次评为全国科技进步示范城市。

2010 年，国家发改委将长沙市列入首批国家创新型试点城市。4 月，出台《长沙市国家科技进步示范市发展规划》。2011 年 5 月，长沙市委托中科院科技政策与管理研究所编制《长沙建设国家创新型城市建设总体规划》，并按该方案创建国家创新型城市。长沙市及所属 9 个区县（市）评为全国科技进步先进区县（市）。2012 年 1 月，省发改委下发《关于批复〈长沙国家创新型城市建设总体规划〉的通知》。是年，长沙市支持 289 家单位在创新型城市建设中先行先试，探索创新，总结经验。其中国家级创新型企业 9 家，省级 49 家，确定第五批创新型单位 56 家。

三、科技下乡活动

（一）农村实用技术培训。1988 年，市科学技术协会组织举办先进实用技术培训班 1082 期，培训农民 8 万余人次；科技扶贫 2825 户，其中脱贫 1736 户；扶植乡镇企业发展 75 个，新增产值 1848 万元。1989 年，市科协组织举办专业实用技术培训 569 期，培训农民 5 万余人次。

1991年，长沙市制订《星火人才培训管理办法》，安排星火培训计划项目5个。培养和扶持农村科技示范户300余户，并涌现一批全国科技致富能手；在农村开展实用技术培训和“农村致富函授大学”教育。这一年，全市培训农村青年3.2万人次，“农函大”学员参学6000余人。1992年，召开科技培训工作会议，提出《关于加强我市星火培训工作的几点意见》。全市举办各类培训班5241期，培训74万人次。科学普及工作在科技成果推广与科技示范结合基础上，为农民提供产前、产中、产后一条龙技术服务，组织20余个技术服务小分队下到县郊村组，为农民进行现场示范，把技术及时传授到农户手中。由市科委与教委联合扶植农村职业中学毕业生20余人为科技示范户，并提供3万余元贷款作为启动资金。市、县科协组织农民参加农村致富函授大学学习，全市共招收果苗、特种水产、农产品加工、畜牧等13个专业学员2700余名。1996年，加强农科教中心培训基地建设、星火人才培训等科技兴农工作。长沙县干杉乡列为湖南省科技兴乡（镇）工作试点乡。1997年5月，长沙市发布《关于开展科技兴乡镇活动的通知》，以干杉乡入围省科技兴乡试点乡为契机，通过科学种田、科学种菜、科技办厂，引导农村经济提高科技含量和效益。是年，干杉乡水稻亩产1000千克以上，农户收入60%来源于科学种菜，引进先进技术兴办企业等，全乡新增产值近亿元，新增利税60余万元。1998年，全市组织7次市级送科技下乡活动，送书籍资料20万份。其中，市、县两级开展科普讲座2425次，组织专题科普活动658次，参加49万人次。1999年，全市举办两次大型科技下乡活动，组织农业、蔬菜、花卉、医卫等专家对农民进行现场指导，赠发技术资料6000余册，蔬菜种子1000余包。

2003年，刻制《长沙市农业科技示范户典型经验介绍》光盘，分发给全市科技示范户。市级对每个农村乡镇宣传文化法制站建设补贴2万元建设资金，县财政按1：1配套补贴。市、县（市）两级财政共投入资金1168万元，扶持全市科技示范户率先致富。2004年10月，印发《关于推选赴荷兰进行短期农业科技研修人员的通知》，与上海中国荷兰农业科技培训基地联合组织中青年农民蔬菜技术培训班，并邀请荷兰专家专题授课。组织花卉苗木种植与畜禽养殖方面科技型农民赴荷兰进行短期研修；实施长沙现代农业科技型农民国际化培训工程，用5年时间培训100名科技型带头农民，选送20名科技型农民到国（境）外研修。2005年，举办一期农业科技管理研讨班和三期农村科技示范户培训班，依托高校开展336期实用技术培训班。两次邀请日本专家到长沙进行技术交流和培训，共培训学员60余人，组织5户农业科技示范户赴日本研修，并在日本富山县设立现代农业技术培训基地。举办种植业、蔬菜产销、养殖业、林业、农机具等方面培训班、讲座100余期次，培训农民2万余人。组织“三下乡”（文化、科学、卫生）活动，共向农村赠送图书121.2万册，送戏3040场，送电影2.65万场，科技下乡5.6万人次，举办科技培训班6700场，培训农民112.2万人次，下乡医疗队984支，义务为农民诊治92万人次。2006年3—4月，与湖南农业大学、湖南师范大学对10个社会主义新农村开展调研，编印《农村适用技术手册》两万份，送发到村民手中。2008年，组织专家进入19个新农村建设布点村，开展农业科技培训4500人次。以科技助农直通车专家出诊点、抗冰救灾和20个市领导联系村为主要对象，开展优质稻、蔬菜、畜禽、水果、烟草、楠竹等技术培训28次。2009年，科技助农直通车组织各类专家出诊800余人次，组织农业实用技术培训班1000余期，发放各类技术资料近200万份。9月，选送9名学员赴日本富山县进行花木、蔬菜技术研修。

2010年，组织技术专家进入16个新农村建设示范村，开展以种植、养殖及农产品加工为主科技培训，培训3000余人次，印发技术书籍、资料1.21万份，辐射带动农户1.4万户。2012年，投入科技专项经费280万元；支持科技特派员下乡推广新技术和新品种100余项，举办农村实用技术培训200余期，印发各类实用技术培训手册万余本，使4万余农民直接受益。

图 23-1-5-1 文化、科技、卫生“三下乡”长沙县活动现场
(摄于2001年1月，长沙市科技局供图)

（二）百村百名大学生培育工程。2007年，与湖南农业大学联合组织实施百村百名大学生培育工程。在全市100个市级农村建设示范村中每届挑选100名具有高中毕业文化和三年以上务工务农青年和农村社会青年到湖南农业大学进行专业培训，使之成为“留得住农村科技骨干”、科技带头人和村级后备干部。当年，市级投入资金120万元，将100名农村优秀青年分园艺、兽医、食品加工3个专业到湖南农业大学培训两年。92人顺利结业，71人获湖南农业大学专科文凭。其中兽医专业25人，食品加工专业27人，园艺专业19人。学员郭为波利用市科技局安排10万元大学生创业资助经费，成立肉牛养殖专业合作社，改良肉牛品种，组织农户146户，帮助社员销售肉牛2300头，并在浏阳、南县、长沙县等地建立养殖基地。宁乡县坝塘保安村郑海军通过学成回乡后，组织家乡农户成立保安村顺民实业经济组织，并注册保安村惠民、富民、爱民、德民、亲民、利民专业经济合作组织，其“六民”经济组织为振兴村级经济出谋划策。长沙县黄兴镇光达村谢虎军在蔬菜种植方面，把理论与实践完美结合，总结出种菜致富产、供、销“三步曲”。2008年，谢虎军种植蔬菜实现优质、高产、高效，被村委推选为“远程教育蔬菜种植”学用典型。2009年3月，长沙市启动第二届百村百名大学生培育工程。市级投入经费140万元，培养学员120名，涌现出李宁、唐胜虎等一批农业科技创业典型。设立“长沙市百村百名大学生”培育助学金和奖学金制。80后王升华是北京师范大学毕业生，参过军，做过记者，后回乡自主创业，通过学习畜牧兽医专业，他边学习边创业，进行黑豚繁育养殖。遇到问题经农大老师指导，一举成功，年收入过百万元。之后，王升华当选为浏阳市达峰村党支部书记，并成立浏阳市鑫潇湘农牧科技专业合作社。

2011年，长沙市启动第三届百村百名大学生培育工程。市级投入经费65万元，培训学员118名。学员游鲜云与合伙人创办天心区生生农业科技专业合作社，发展社员1280户、4256人，种植覆盖面积208公顷，合作社成员年均增收1万余元。至2012年年底，三届百村百名大学生培育工程共有71人一次性通过省高等教育自学考试全部课程，其中3人继续升入本科学习。在获得文凭同时，共转化水稻、蔬菜、水果、养殖等农业新技术、新成果和新品种40余项，并通过专业合作社实现农民共同致富。

（三）科技助农“直通车”。2005年，长沙市实施“星火科技“12396”长沙科技助农直通车信息工程”，即农业信息化工程。以现代信息技术为依托，以服务全市农业发展与新农村建设为导向，以促进农民增收、农业增效为目标，充分发挥政府引导和市场驱动作用，建设符合农村实际需要、便捷高效信息化服务平台，打造星火科技“12396”长沙科技助农直通车信息服务品牌，形成资源共享、服务到位、机制灵活、具有可持续发展能力农村科技信息服务体系，全面推进长沙农村农业信息化工作。其主要服务模式有网络专家在线、综合服务平台、网上课堂、电话服务热线、手机短信、直通车QQ群和新浪微博、专家出诊、现场培训等形式。是年，长沙市启动市科技助农“直通车”，建立10人在线专家队伍，发展50个对接点（核心示范农户），直接服务农户50户。2008年，市科技助农“直通车”专家在线网与“长沙远程教育网”“中国.农产品加工网”以及长沙县、望城县、浏阳市、宁乡县科技网、农业网实现互联互通、资源共享，构建全市范围内较为完善农业科技信息综合服务网络。市、县两级专家服务队伍375人，各类核心示范站166个，核心示范户4900余户。2009年，长沙在原“直通车”网络平台和手机短信平台基础上，开通和完善星火科技“12396”电话座机服务热线及直通车“专家在线”网站改版，建立网上培训视频课堂，坚持专家“坐诊”咨询服务，组织专家“出诊”服务现场培训活动。

2010年，全市星火科技“12396”工作站180家，评定望城县格塘乡“12396”信息服务站、宁乡县关山村“12396”信息服务站等首批12家为市级信息服务示范站。9月6日，科技部副部长张来武一行考察长沙市“12396”科技助农直通车，对长沙工作给予充分肯定。2011年3月17日，科技部、中组部和工信部联合发文，同意湖南省开展国家农村农业信息化示范省建设工作，长沙市列为全省重点示范地区。3月，长沙列为全国农村党员干部现代远程教育网络开展国家农村农业信息化示范省建设试点工作示范市。当年，长沙新增15家市级信息服务示范站。2012年，“直通车”专家解答农业技术疑难问题1000余个，专家“出诊”现场服务700余场次，举办“直通车”网上课堂专家讲座20期，发送手机科技短信15万余条，农业科技成果对接和银企对接活动5次，农村科技培训600余期，培训农民3万余人次。至年底，星火科技“12396”长沙科技助农“直通车”市级共投入经费720万元；“直通车”信息服务站点180余家；发展市级信息服务示范站40家；专家服务队伍400余名。

（四）农业科技特派员。2007年，长沙市开始推行农业科技特派员工作，在促进农业科技成果转化，加快转变农业增长方式，促进农业增效、农民增收等方面取得显著效果。长沙从部分高校、院所选派首批20名科技特派员。下乡推广新技术、新品种。2008年，出台《长沙市科技特派员管理暂行办法》，科技特派员每月下到派驻点不少于10天，对科技特派员考核结果将作为评聘技术职务、评优和提拔使用依据。其中农业类特派员主要从党政机关、科研机构、高等院校、企业科技人员和乡镇等基层科技推广人员以及农村科技示范户、种养殖专业大户等农村实用人才中选派，农业类特派员服务期限一般为一年。长沙市选派第二批20名科技特派员，工作试点单位由20个扩大到40个，在浏阳市、宁乡县各选两个乡（镇）开展“农村科技协调员”试点，重点在村培养一批出身农民、植根农民、服务农民农村科技带头人，发展土生土长“科技特派”队伍。两个试点县（市）围绕各自产业发展在试点乡（镇）配备26名科技协调员，在科技协调服务、农技推广应用、管理机制创新等方面，先行先试。是年，长沙市评为“湖南省科技特派员先进单位”。2009年，长沙对第二批农业科技特派员进行考核，评选出12个市级优秀特派员和3个省级优秀特派员。选派第三批20名市级特派员、20名县级特派员，配备25名科技协调员。科技特派员利用各种机会和载体举办技术培训班136期次，培训农民1.27万人次，发放技术培训资料3万份。农业科技特派员组织申报和实施科技开发项目23个，共争取项目资金490万元。驻湖南曙光山城农业科技有限公司特派员彭铁柱，协助企业实施“葡萄酿酒开发特色产业科技示范基地”项目，发展酿酒葡萄标准化栽培基地建设，指导青山铺67公顷酿酒核心基地发展建设，带动葡萄酿酒加工业及农业旅游等第三产业快速发展。

2010年，长沙市从7个中央和省直属高校、院所选派第四批21名农业类科技特派员，组建2个省级特派员工作站，3人被评为省级优秀特派员。特派员共推广新技术和新品种110项，举办农村实用技术培训150余期。2011年，选派第五批特派员21名，投入专项经费105万元。长沙市被授予“2011年度湖南省科技特派员工作先进单位”称号，市内2个省级特派员工作站和1个省级农业科技特派员创业链获省科技厅授牌；秦丹、洪亚辉评为省级优秀特派员。科技特派员共推广新技术和新品种165项，举办农村实用技术培训 148 余期，印发各类技术培训实用手册万余本，使 3 万余名农民直接受益。2012 年，制定《长沙市市派农业类科技特派员工作组织实施意见》，进一步组织实施农业类科技特派员工作。选派第六批特派员 28 名，投入专项经费 280 万元。市内企业获省级科技特派员工作站项目 2 个，省级科技特派员创业链项目 1 个，省级科技特派员项目 1 个。科技特派员共推广新技术和新品种 100 余项，举办农村实用技术培训 200 余期，印发各类技术培训实用手册万余本，使 4 万余名农民直接受益。是年，出台《长沙市农业类科技特派员工作组织实施细则》，明确、细化驻点单位科技计划项目经费管理、特派员与驻点单位职责、工作考核等。至年底，长沙市 6 年里从 9 所中央或省直属院校和科研院机构共选派 131 名农业类特派员。其中石雪晖、周日宝等 23 名特派员评为湖南省优秀农业科技特派员；吕芳德、钟海雁等 76 名特派员评为市级优秀农业科技特派员。是年，给予每位特派员派驻点提供 5 万元项目支持经费，共计 380 万元。科技特派员为派驻点共申报项目 121 个，获得项目经费合计 2281 万元。农业类科技特派员共下乡（企业）7000 余次，推广新技术和新品种 375 项，举办农村实用技术培训 500 余期，印发各类技术培训实用手册 4 万余本，使 10 万余农民受益。

四、中国（长沙）科技成果转化交易会

2007 年 12 月 6—7 日，由科技部、教育部、湖南省人民政府共同主办，省科技厅、省教育厅、中科院武汉分院、长沙市人民政府共同承办，中国科学院支持首届“中国（长沙）科技成果转化交易会（简称“科交会”)”在长沙高新区麓谷开幕，首届“科交会”以“产学研金一体化，科技创业在长沙”为主题。“科交会”组织十大主体活动，1300 余家科技企业和上市公司、科技中介机构和科技园区以及 60 余家金融机构参加。参会代表 5000 余人，参观人数 4 万余人次；签订各类科技合作项目 138 个，金额 302 亿元。是年，主办方决定今后每年在长沙举办一次“科交会”。

2008 年 11 月 5—7 日，第二届“科交会”在长沙高新区麓谷举办，由科技部、教育部、中国科学院和湖南省政府共同主办。本届“科交会”组织 12 个主体活动，4000 余名嘉宾出席，参观人数近 6 万人次。投融资项目 166 项。签约项目 220 个，金额 163.25 亿元。

2009 年 10 月 17—19 日，第三届“科交会”在长沙高新区麓谷举行。“科交会”组织 12 个专场活动，6000 余名嘉宾参加，参观人数 6 万余人次。签订各类科技合作项目 230 个，签约金额 103.05 亿元。首次设立“引进国外先进适用技术和国际高端人才暨留学人员长沙科技创业行”专场，鼓励和推动海外科技人才在长沙创新创业。

2010 年 10 月 11—12 日，第四届“科交会”在长沙高新区麓谷举行。“科交会”组织 12 个专场活动，5000 余嘉宾参加，参观人数达 6 万余人次。签订各类科技合作项目 260 项，签约金额 251.93 亿元。本届“科交会”凸显环保、低碳、“两型”时代主题，围绕转变经济发展方式、建设“两型社会”和创新型城市等主题布置展会。

图 23-1-5-2 长沙“科交会”开幕式现场
（摄于 2012 年 10 月 28 日，长沙市科技局供图）

2011 年 11 月 6—7 日，第五届

“科交会”在长沙高新区麓谷举行。海内外5000余名嘉宾参加。“科交会”组织14个专场对接活动，签订各类科技合作项目251个，金额193.58亿元。

2012年10月28—29日，第六届“科交会”在长沙高新区麓谷举行。5000余位嘉宾参加。组织近18场科技成果对接洽谈会、投资推介会和经验交流会，现场解决和协议解决90余项技术难题。签订各类科技合作项目236个，签约金额149.26亿元。本届“科交会”评为年度中国十佳品牌展览会。

五、科技活动周

2002年5月19—25日，长沙市首次举办“科技活动周”。活动周以“科技创造未来”为主题，确定每年开展一次“活动周”活动，并进行一系列创新主体活动。2003年开展“党政一把手谈第一生产力”“长沙市十佳科技创新青年人才”评选表彰等活动；2004年，开展科技下乡和大、中学生科技创新大赛等活动；2005年，开展“长沙市青少年科学实践活动”“长沙市青年（循环经济）科技创新大赛”等活动。当年，市科技局被评为湖南科技活动周先进单位。2006年，面向农民、领导干部、家庭、高校学生和高新技术企业举办6场专场活动。2008年，开展各类科普活动65项，共60余万人参加。长沙市评为湖南省科技活动周先进单位。2009年，开展“北美留学生长沙科技创业行”“百村百名大学生培育工程”开学典礼等主体活动。

图23-1-5-3 长沙市科技活动周启动仪式

（摄于2012年9月，长沙市科技局供图）

2010年，长沙开展市外高校技术转移中心产学研对接、节能与新能源汽车市民免费体验活动。2011年，开展清华大学与长沙制造产学研融合交流会，全市大学生科技创新创业大赛，全市中小学生科技创新与发明大赛等主体活动。2012年科技活动周以“创新驱动发展，创业成就未来”为主题，开展大中华珍珠文化专业科普馆开馆典礼、市大学生科技创新创业大赛等主体活动。9月，湖南省科协、长沙市政府主办，市科协、天心区政府、省科技馆承办以食品安全与公众健康为主题“全国科普日”湖南长沙主场活动。

第六节 科技管理

一、科技规划

1986年，《长沙市“七五”科学技术发展规划纲要》对外发布。长沙市将科技发展重点放在具有技术、资源优势、传统产业、新兴产业和与人民生活密切相关重大社会问题上。

1991年8月，长沙市发布《长沙市“八五”科技事业发展计划要点》，提出包括长沙科技开发试验区建设、科技攻关、科技成果开发与推广应用、科技事业发展在内四项任务。发展目标是：到1995年，国内外20世纪70年代末先进适用技术在长沙得到初步普及，支柱行业和骨干企业主要产品技术经济指标和主要测试技术达到发达国家80年代初期水平，部分产品技术经济指标达到同期国内外先进水平；至1995年，工农业依靠科技进步在新增产值中所占比重分别为40%、45%；科技开发试验区高新技术产品产值由1990年占全市工业总产值1%上升到10%，利税率25%以上；组织实施各类科技计划565项，投资（包括贷款）5000万元，成果应用率70%；专利申请量4000项，专利授权量2500项，专利实施率40%，技术市场交易总额1.5亿元。

1996年，长沙市出台《“九五”科技事业发展规划》。五年内重点发展农业、工业、社会公益事业。计划到2000年，主要工业行业生产技术水平进入国内同等城市先进行列，达国际20世纪80年代末，90年代初期水平，某些重点产品技术达到或接近当时国际先进水平；农业居国内领先地位，达到国际80年代中期水平。科技进步因素在国民经济增长中所占比重由“八五”时期（1991—1995年）35%~40%上升到“九五”期末50%。抓好全市“科技攻关计划”“星火计划”“火炬计划”“成果推广计划”等实施。“九五”期间（1996—2000年）每年安排科技项目100项以上，其中重点项目20项左右。每年取得科技成果150项左右，其中50%以上达到或超过国内先进水平。“九五”期末，成果应用率80%以上。专利申请、授权量继续保持全省首位，居全国省会城市前列，分别为2100件和1000件以上，实施率30%。技术市场更为成熟与活跃，年技贸合同认定登记书达3000件以上，年技贸金额超过2.50亿元。科研机构结构调整基本到位，民营科技企业有较大发展，95%以上科技人员进入经济建设主要战场，科技投入显著增加，科技人员队伍由“八五”时期2.9万人（其中农业科技人员1400人）上升到“九五”期末4.5万人（其中农业科技人员2000人）。

2001年，出台《长沙市“十五”科技发展规划》，进一步落实“科学技术是第一生产力”重要思想，实现科技发展综合水平明显提高、高新技术产业主导作用明显增强、行业技术水平明显进步、全社会研究与开发经费明显增长、科技事业发展速度明显加快主要目标。到2005年，国家级、省部级重点实验室、市级工程技术研究中心发展到45个；建成国家级大学科技园1个，国家级高新技术产业化基地3个；年专利申请量1500件，年技术贸易额8.5亿元；科技进步对经济增长贡献率比“九五”期末提高8个百分点。长沙高新区进入全国十强。全市高新技术产业产值达到700亿元，占全省高新技术产业产值50%，占全市工业总产值42%，五年内高新技术产业增加值和平均增长率分别达470亿元和25%；“十五”期末，高新技术产品出口创汇4亿美元。全市支柱产业技术水平与装备水平达到或接近发达国家20世纪90年代水平。机械、电子、食品、材料等行业产品质量、工艺技术、生产装备和劳动生产率达到国内先进水平。政府财政科技经费支出增长高于财政经常性收入增长，全社会研究与开发经费占国内生产总值比例提高到1.5%以上。区域内科技资源实现集成和共享，基本形成适应社会主义市场经济体制、符合科技发展规律科研体制、运行机制和技术创新体系，初步成为区域性现代化科教中心。

2006年，制定《长沙市科学技术发展“十一五”规划（2006—2010年）》，提出通过自主创新，把长沙建设成为科技创新能力强、信息化程度高、高新技术产业和现代服务业发达、区域综合竞争力突出创新型城市，成为中国中部地区重要技术研发基地，高新技术产业化基地和区域科技合作基地。到2010年，高新技术产品总值1600亿元，年均增长21%以上，高新技术产业增加值占工业增加值达40%以上，高新技术产业增加值占GDP比重达20%。高新技术企业自主知识产权产品占全部产品比重达85%以上，专利申请量年均增长15%，发明专利占专利总量35%以上。科技成果转化率提高8个百分点。全社会R&D投入占GDP比重达2%以上，企业科技投入占全市科技投入比重超过60%，高新技术企业R&D投入占销售收入比重达5%以上。公众科学素养提高1个百分点，人均科普经费1元/年。

2011年，长沙市发布《长沙市“十二五”科学技术发展规划（2011—2015年）》。提出到2015年，基本建立起以企业为主体、产学研相结合区域技术创新体系。科技创新能力达到全国省会城市中上水平；在重点产业科技创新、重点科技资源利用、科技创新体系重点环节上实现突破，自主创新取得重大进展；依靠科技解决社会发展和资源环境问题取得明显成效，促进经济社会环境和谐发展。全市科技实力居于全国前列，部分领域达到世界先进水平，成为全国重要科技创新人才高地和高新技术产业集聚地，率先基本建成国家创新型城市。主要目标：全市科技进步对经济增长贡献率60%以上；科技成果转化率在“十一五”基础上提高10个百分点；每千人专利申请量3件；高新技术产业增加值占GDP比重达20%；战略性新兴产业主营业务收入4000亿元；全社会R&D投入占GDP比例达2.5%；各类专业技术人员60万人以上。

二、高新技术产业发展

20世纪80年代末，长沙市重视高新技术发展和新项目、新产品研发。1988年，长沙市与省科委联合出台《长沙科技开发试验区内新技术企业核定暂行办法》，由于长沙投资环境优越，当年就有40家新企业入驻。经审核，82个产品列入高新技术产品目录。1989年，《试验区内新技术企业税收征管办法》出台，园区税务机构对新技术企业实施税收征管并落实税收优惠政策。

1990年，长沙市科学技术研究和开发在一些领域已接近或达到国内外先进水平，基本具备开展高新技术研究，发展高技术产业能力。是年，长沙科技开发试验区管委会、长沙新技术创业服务中心成立。长沙科技开发试验区有76家高新技术企业，开发高新技术产品项目179项，年内总产值9075.90万元。1991年，长沙出台《高新技术产业及发展高新技术企业认定办法实施细则》。3月，由岳麓山科技园和城中两个高新技术产业群经批准组建国家级高新区。至年底，高新区内有高新技术企业79家，共开发高新技术项目194项，累计完成年产值2.9亿元，纳税900万元。1994年，全市高新技术产业发展迅速。进入高新区企业达370家，其中“三资”企业88家，开发高新技术项目571项。全市完成高新技术产值12.5亿元，比上年增长66.8%。1998年，长沙市成立高新技术产业发展领导小组，出台《技术创新实施方案》和《技术创新工程实施方案》。年内，新进“高新区”企业77家，开发高新技术项目81项，合同利用外资1.07亿美元。至年底，长沙高新技术产值106亿元，实现利税17.1亿元，出口创汇7233万美元，被国家确定为全国科技系统技术创新试点城市。1999年，长沙市出台《关于进一步加快高新技术产业发展的决定》等系列文件，大力支持全市高新技术产业发展。至年底，全市实现高新技术企业产值132.34亿元，全年销售收入过亿元高新技术企业31家。高精度传感技术产业化基地由国家科技部批复为国家级产业化示范基地。

2000年，长沙高新技术产业发展进一步提速。至年底，全市高新技术产业实现总产值210亿元，比1999年增长13.5%，实现利税32.70亿元。其中，电子信息，先进制造技术、新材料、生物医药工程支柱产业继续稳步发展，有39家企业总收入过亿元，114家企业总收入过千万元。LG曙光、湘电力、华银电力、远大空调年总收入过10亿元。2001年，长沙市出台《关于实施高新技术带动战略的决定》《关于进一步支持加快高新技术产业发展的决定》，对经国家或省批准设立工程技术研究（开发）中心重大科技项目给予资助。至年底，全市高新技术产业实现技工贸总产值234亿元，占全市规模以上工业总产值58.50%。其中，长沙高新区实现产值210亿元，在全国53家国家级高新区综合指标排名13位。是年，长沙市和长沙国家高新区被科技部授予“国家软件产业基地”。2004年8月，长沙市出台《关于加快长沙高新技术产业开发区建设与发展的意见》，提出通过不断完善区域创新体系，积极构建产业发展平台，加大科技投入力度，发挥科技引擎和支柱作用。至年底，全市实现高新技术总产值 500.92 亿元，创利润 40.02 亿元，完成税收 24.78 亿元，出口创汇 4.59 亿美元。2007 年，长沙围绕推进新型工业化，大力促进高新技术产业发展。在全市重点实施“163”产业集群发展科技支撑工程（即围绕一个产业集群建设十大公共技术服务平台；加快工程机械、汽车及零部件、绿色家电、电子信息、新材料、中成药及生物医药发展；实现食品加工、数字媒体技术、节能环保与循环经济新突破）。2008 年，全市按新办法认定高新技术企业 253 家，占全省新认定数 50%，高新技术产品总产值 1094.7 亿元。2009 年，全市高新技术企业总数为 467 家，高新技术产品 2174 种。全年，长沙对高新技术产品投入研发经费 37.34 亿元，186 家企业通过高新技术企业认定。至年底，全市高新技术产业总产值 1483.20 亿元，创利税 203.47 亿元。

2010 年，长沙 7 家企业获全国第一批国家火炬计划重点高新技术企业称号。2011 年，长沙通过高新技术企业复审 209 家，通过率 98%。全市新增高新技术企业 150 家，其中新增 11 家国家火炬计划重点高新技术企业。2012 年，长沙市着力培育工程机械、新材料、生物与新医药、电子信息等优势产业集群发展，高端制造、新材料、新能源与环保、新能源汽车、生物产业、文化创意、信息网络七大战略性新兴产业持续发力，强力支撑高新技术产业发展。是年，全市新认定高新技术企业总数 825 家，有 38 家企业获国家火炬计划重点高新技术企业，实现总产值 2056 亿元，占全市高新技术产业总产值 48.95%。至年底，长沙高新技术产业总产值 4200.70 亿元，出口创汇 42.79 亿美元。

三、科技计划项目及科技经费管理

20 世纪 80 年代末，长沙市开始组织实施科技计划项目有目的下达科技经费，改进科技经费投入方式。科技事业发展采取资金入股方式，民办科研机构以市场为导向，自筹资金、自主经营。1989 年，长沙下达省、市科技计划项目 98 项（其中省级 27 项、市级 71 项），35 项应用于工农业生产，创产值 8341 万元，新增利税 2017 万元，另实施星火计划 44 项。至年底，有 26 项建成投产，新增产值 1.35 亿，创利税 2756.08 万元。

1990 年，长沙市出台《科技发展基金管理办法》，建立科技发展基金 100 万元。科技计划项目侧重科技开发试验区建设，深化科技体制改革。以推动企业和农村科技进步为重点，优先安排科技经费，促进全市高新技术繁荣发展。全市安排各类科技计划项目 216 项，选择其中 8 个科技项目投放科技发展基金 81 万元。并签订合同，实施经费有偿回收。是年，长沙组织实施国家、省、市科委下达科技推广计划项目 91 项，总投入 3130 万元，实现新增产值 1.28 亿元，新增利税 6275 万元；市财政划拨给市科委归口管理科技事业费 306.84 万元，比上年增加 14%。1992 年，各区县（市）采取多种形式多渠道筹集科技经费，提高科技投入总体水平。全市科技项目贷款额度 8000 余万元，比上年增加 3.5 倍。是年，长沙市首次实行科技计划项目经费回收，共回收科技发展基金 57 万元。1994 年，全市科技发展基金增至 286 万元。全市实施市级各类科技计划项目 71 项，安排科技经费 297.80 万元；争取省各类科技计划项目 33 项，安排科技经费 123 万元；争取国家级科技计划项目 3 项，安排科技经费 55 万元。1995 年，全市实施各类科技计划项目 565 项，实现成果应用率 70%。1997 年，长沙市率先全省建立市级科技风险基金，全年投放 200 万元支持风险项目。1998 年，制定《科技经费回收管理办法》，并建立科技经费回收管理制度。全市安排科技计划项目 47 项，其中重点项目 19 项。实施过程中，一批水平高、效益好、有市场前景科技项目脱颖而出。市属单位中有 10 项科技项目获省科技进步奖。

2000 年，市级科技投入 8124 万元，其中市级科技经费 700 万元，推广科技计划项目经费 29 万元，其他 7395 万元。2002 年，长沙市科技计划管理试行资本金注入模式，对部分具有高成长潜力和自主知识产权初创型民营科技企业，在有一定风险产品中试阶段和产业化前期，以政府参股方式注入资本金，以资本运作方式谋求政府科技资金滚动增值。在投入资金同时，向企业派出联系人员，提供全方位服务。通过考察评估，选择7家科技企业项目，分别投入10万元至20万元不等资本金。2003年，全市安排科技计划项目207项，争取上级资金支持8595万元，重点支持电子信息、新材料、先进制造、生物医药等产业。是年，长沙获国家科技计划立项项目188个，争取上级经费支持1.78亿元，市级投入科技项目经费4000万元，其中知识产权专项300万元。

2006年，长沙市实施科技计划管理改革。推进科技计划项目管理由被动受理向主动设计项目、公开招标转变；科技计划项目领域由比较分散向相对集中转变。科技计划管理由只注重立项管理向立项、跟踪、监督管理转变。开展年度科技计划重大专项试行招投标，并下达10批共310个科技计划项目，累计下达资金6490万元。2008年，启动长沙市科技重大专项，首批设立汽车产业共性技术、先进装备制造产业、生物与新医药产业、新能源与资源开发、新材料产业科技支撑重大专项。经公开受理、承担单位申报、专家评审、政府决策等程序后，确定由长丰（集团）有限责任公司等20家项目单位承担。是年，长沙市科技发展资金立项支持金额2610万元。2010年，收集市级科技计划项目2000项，立项830个，经费投入2.37亿元。是年，长沙获得国家科技项目经费支持6亿多元，省科技厅立项支持项目1500个，经费支持1.80亿元。

2011年，全市科技计划立项1218个，科技计划增设“基于超级计算机云平台研发与产业化”“电子标签和读写器关键技术研究与产业化”两个重大专项。2012年，市本级科技发展专项资金投入2.9亿元，涵盖创业富民资金，中小企业发展资金等8个专项，共1105个科技计划项目，增设“科技与文化融合工程”重大专项。至年底，两年里共争取国家科技项目经费支持11.55亿元，省科技项目经费支持3亿元。涉及电子信息，生物与新医药、新材料、新能源与节能、高新技术改造传统产业、现代农业等科技领域。

四、科普基地建设

20世纪80年代末，长沙开始立项支持科普基地建设，利用科普场馆，向全市人民普及科学技术知识。1990年，市科学技术协会设立科学技术普及部。1992年，市科协划出场地，创办《小学生科普》报社，是年小学生科普报发行量18万份。1997年3月，提出“总体规划，分步实施”建设市科技馆方案。8月，对市科技馆建设选址作出决议。1998年，市科技活动中心投入49万元进行改建，总面积为500平方米一楼展览厅、学术报告厅年内投入使用。1999年5月，市科技活动中心正式对外开放，至年底，承办2期展览，开展学术讲座9场次，接待科普活动37场次。2004年，长沙首批科普基地“长沙市博物馆、湖南省少年儿童图书馆、湖南图书馆、长沙岳麓区中小学素质教育实践基地、湖南省优质果茶良种繁殖场（百果园）、湖南农业大学昆虫

图 23-1-6-2 望城县“科普基地开放日”活动现场
（摄于2010年4月，长沙市科技局供图）

标本科技馆、湖南省地质博物馆、开福区青少年科技活动基地”通过省级认定。2007 年，省、市共建省科技馆破土动工。2008 年 7 月，长沙市科技进修学院，市科技展示中心、市科技咨询中心整合为长沙市科技活动中心。2009 年，长沙数字科技馆全年网上点击数突破 60 万人次，成为长沙重要科普教育平台。

2010 年年底，省科技馆建成并对外开放。2011 年 5 月，制定《长沙市科学技术普及专业场馆（基地）认定办法》，首批认定沙坪湘绣博物馆、宏梦卡通科普基地、蓝猫动漫传媒科普基地等 11 家为合格科普专业场馆。2012 年 5 月，“大中华珍珠文化专业科普馆”等 4 家单位认定为长沙市科普专业场馆(基地)。至年底，全市 50 家各类科普场馆（基地）在科技活动周、全国科普日等活动期间向公众免费开放 200 余次，参观者 80 万余人次。

五、科技体制改革

20 世纪 80 年代中后期开始，长沙市决定对科学技术体制进行有步骤、分类别、按层次进行改革。1988 年，长沙市执行中共中央《关于科学技术体制改革的决定》。分级制定相关改革实施内容，从科技机构、科技人员、拨款制度、开拓技术市场，强化企业科技开发能力等方面改革。是年，长沙高新技术产业开发区成立，标志着高新技术及其产业体制改革正式启动。民办科研机构纳入到政府管理范畴；市军工民用研究所改为民办科研所。1989 年 9 月，制定《关于深化改革科技单位事业费拨款和收益分配制度的暂行办法》，根据长沙独立科研机构和科技单位不同类型活动特点，分为全额预算、差额预算、自收自支三种类型。1990 年，长沙市科技系统内部改革起步。先后采取开放技术市场，改革科技拨款制度，放活科研机构，放活科技人员管理，加强科技与经济横向联合，把全市主要科技力量推向为经济建设服务主战场，推动农村、企业及全社会科技进步。1991 年，长沙市《民办科技机构专业技术人员管理暂行规定》出台，明确科技工作者是振兴国民经济主力军，科研机构是经济和生产主战场。《暂行规定》中一些具体改革举措极大提高科技人员积极性和研发活力。相关科技体制改革在长沙高新区先行先试；全市科研机构引入竞争机制，实行所有权和经营管理权分离，科研任务计划下达转变为自由基金申请；园区企业按照“技工贸”一体化方针，实行“自愿组合、自筹资金、自主经营、自负盈亏、自我发展、自我约束”运行机制。改革后，园区企业在激烈市场竞争和严峻经济形势面前充满活力。

20 世纪 90 年代初中期，长沙市科学技术改革步入全面深化阶段。确立“科教兴市”战略，实施“稳住一头、放开一片”改革方针，提出适应和促进社会主义市场经济发展科技体制改革目标和任务，并着手科研院所结构调整工作。1993 年 10 月，长沙市出台《关于加快科技发展的若干规定》，提出进一步巩固和完善科技管理体系，完善以科技为依托服务网络，逐步建立和完善科技与金融、财政、组织、人事等部门相结合工作网络。1995 年，长沙市出台《关于实施科教兴市战略加速长沙科技进步的实施意见》，提出进一步深化科技体制改革，以提高经济质量和效益为中心，以加快科技经济一体化进程为重点，着力提高科技对经济发展支撑力和显示度。12 月 18 日，出台《关于开展“'96 长沙科技年”活动的决定》，提出发挥长沙科技优势，促进科技成果转化，推动社会科技进步，把长沙建设成为全国科技兴市先进城市。“科技年”活动具体为：强化“科技年”系列宣传活动，形成推动科技事业发展，尊重科技人才良好社会氛围；市科技领导小组对全市重大科技经济活动实行统一领导，强化全市各部门协同作战；对全市技术改革，科技攻关，成果推广，重点工程建设项目进行评估和科学决策；扩大对外科技交流与合作，开辟技术投资渠道等 11 大主题活动。“科技年”活动中，围绕全市经济建设和社会发展总体目标，全面深化科技体制改革，加快科技经济一体化进程。1996 年，长沙市在深化科研机构改革中推广“中联重科”“海利化工”成功模式，闯出一条产学研金一体化发展新路。是年，长沙市推进“科教兴市”战略，加快科技系统结构调整和人才分流步伐，从体制上初步理顺和解决科技机构重复设置，力量分散，科技队伍主力军与经济建设主战场严重脱节状况，形成科技成果转化为生产力新机制。

1998年，长沙市科技体制改革进入创新科技体系，科研机构布局结构调整，加速科技成果产业化时期。在科技计划管理上率先全省执行申报、立项、评估三线分离，按照“小实体、大网络、社会化”模式组建和启动技术评估论证中心，建立专家库。1999年，长沙市按照党中央、国务院《关于加强技术创新，发展高科技、实现产业化的决定》，对全市科研院所、高新技术企业实行“调整结构，转变机制，分流人才”等举措。2000年始，长沙市科研院所改革全面深化。省计算技术研究所并入湖南大学，其余科研机构转为科技型企业，从根本上改革科研机构游离于企业和市场之外格局。2003年，长沙积极推进区域创新体系建设，成立市校科技合作协调小组，与驻长高等院校、科研院所建立科技资源共享和科技成果转化机制。

2005年，贯彻落实《国家中长期科学和技术发展规划纲要》目标要求，进一步明确长沙科技体制深化改革与建设创新型城市要求。2006年，长沙市对科技投融资体制进行改革，在财政科技经费法定增长到位同时，大力吸引科技风险投资和社会资本投资科技项目，逐步形成政府投入为引导、企业投入为主体、创新投资和社会资本投入并举多元化科技投入格局。加强区县（市）科技工作管理，积极调整科技工作整体布局，把区县（市）科技工作摆在更加突出位置。

2010年，长沙市进一步完善科技管理体制与机制，规范科技计划立项，科技成果奖励等行政行为，制约权力滥用。市科技局业务处室进行职能调整，使责任更明确，管理更到位。2012年，长沙获得国家级各种科技奖励16项。11月3日，科技部、中宣部在成都召开国家级文化和科技融合建设研讨会，长沙市会上作经验介绍。

第七节 科技成果

一、科技成果奖项设置

1980年，长沙市设立科技进步奖，该奖项设一、二、三、四等奖。20世纪80年代末，长沙市科委继续执行《长沙市科学技术奖励办法》，并每年对长沙市公民和组织在科技创新、科学研究、工程建设、社会发展、科技成果转化及高新技术产业化等方面取得较大成果，对长沙市经济、社会发展贡献特别突出科技项目进行评审，择优予以“科技进步”奖励。

1990年12月，长沙市出台《“星火”科技奖励办法》，并设立一、二等和管理奖；该年评定后取消。是年，长沙市出台《社会科学优秀成果奖励办法》。1995年，长沙市设立威胜科技奖，由湖南威胜电子有限公司董事长邹建华从1996年起每年捐赠100万元，作为市科技奖励专项基金。

2000年，长沙市设立科学技术创新贡献奖，每两年评选一次，奖金总额50万元，其中10万元属获奖者个人所得，40万元由获奖者自主选题，作科研经费补助。并出台《长沙市科学技术创新贡献奖实施细则》，对5个方面科技成果工作者授予创新贡献奖。2005年，长沙市修订《科学技术奖励办法》，调整奖金额度及奖金分配方式。2007年，长沙市首次设置产学研合作奖与科技成果转化奖。2008年，长沙市设置长沙创新发明奖。2009年，再次修改完善《科学技术奖励办法》，增设市产学研合作与科技成果转化奖。市创新贡献奖奖金由50万元增至100万元，获奖者个人所得由20%调整为50%。

2012年，长沙市出台《青年科技奖评选办法》，对科技工作有较大贡献青年实施奖励。是年，长沙市设立“企业科技创新市长奖”。

二、科技成果鉴定与登记

20世纪80年代末，长沙市科技成果管理由多部门组织技术成果鉴定逐步过渡到由科技管理部门实施科技成果登记。1988年，长沙取得科技成果257项，成果应用率84.80%。在长沙市技术市场专题会议上，技贸合同登记159项，成交金额500万元。1989年，制定《长沙市科学技术成果登记办法》。是年，长沙市取得各类科技成果206项，登记成果74项，成果应用率88%。其中100项科研成果录入《中国技术成果大全》。

至1990年，“七五”期间（1985—1990年），长沙市登记科技成果1136项。1991年，长沙完成成果鉴定（评议）52项、对1978年以后全市所有科技成果登记107项，科技成果划密1031项。1995年，全市鉴定科技成果98项，完成市级成果登记89项，上报省级成果登记17项。

2000年7月22日，湖南省计算机股份有限公司自主研制出具有微机用户界面和网络功能，又兼有传统高安全性和可靠性新型网络终端高科技产品“长城CW810网络终端”和“蝴蝶NT6300网络终端”在长沙通过技术成果鉴定，达国内同类产品领先水平。年底，通过有关部门和专家鉴定，由中国科学院院士，中国工程院院士投票评出“2000年中国十大科技进展新闻”中，院士袁隆平主持“超级杂交稻选育研究”和国防科技大学研制出中国第一台类人型机器人上榜。2001年，长沙科技成果登记118项，鉴定项目95项，鉴定项目中企业承担完成81项，大专院校承担1项，独立科研机构5项。2006年，长沙完成科技成果鉴定27项，登记科技成果238项。

2010年，长沙认定登记技术合同2538个，成交金额1.1亿元。2011年，长沙市向省科技厅推荐并受省厅委托主持成果鉴定26项。是年，全市产生科技成果并通过鉴定257项。2012年，长沙市开始推行科技成果评价试点工作。

三、获奖科技成果

（一）国家级奖励。1988年，长沙颜氏节能研究所研发“节能快速熔铝炉及颜氏燃烧器”在北京国际发明展览会上获金奖；湖南医科大学、长沙铁道学院等单位4项科技成果获银奖；浏阳县酒厂等单位3项科技成果在全国星火计划成果展览交易会上获金奖；湖南大学等单位2项科技成果获二等奖；长沙散热器厂、湖南能源研究所新产品“TZ型椭圆翅片管采暖散热器”获三等奖。1989年，湖南省分析测试研究所等单位4项科技成果获国家技术发明三等奖。长沙矿山研究院、长沙建筑机械研究院等单位15项科技成果分获国家科技进步特、一、二、三等奖。

1990年，中南工业大学等单位5项科技成果分获国家自然科学二、三、四等奖。1992年，长沙铁道学院等单位研发的“大瑶山长大铁路隧道修建新技术”获国家科技进步特等奖。1995年，湖南师范大学生物系等单位“青鱼人工繁殖自行产卵受精”新技术获国家技术发明三等奖。1998年，中国水利水电第八工程局等单位的科技成果获国家科技进步二等奖。

2000年，湖南农科院工程院院士袁隆平研究杂交水稻获突出贡献，获国家首届最高科学技术奖。2004年，中南大学工程院院士黄伯云等“高性能碳航空制动材料制备技术”获国家技术发明一等奖。2008年，中南大学等单位“青藏铁路修建新技术”获国家科技进步特等奖。2012年，国防科技大学神经生物信息模式识别与时空分析获国家自然科学二等奖；湖南农业大学等单位4项科技成果获国家技术发明二等奖；国防科技大学等单位11项科技成果分获国家科技进步一、二等奖。

表 23-1-7-1　　1990—2012 年长沙市获国家自然科学奖一览表

年份	项目名称	主要完成单位	主要参与人	获奖等次
1990	粉末压制理论	中南工业大学	黄培云、吕海波、曾德麟、陈振华、贺安安等	四等
1991	无机相图测定及计算的若干研究	中南工业大学	金展鹏、黄培云等	三等
2000	神经性高频性耳聋等遗传性病症基因的克隆和遗传疾病家系的收集	湖南医科大学	夏家辉、唐北沙、潘乾、戴和平	二等
2011	纳米尺度和分子水平上生物信息获取的新原理和新方法	湖南大学	王柯敏、何晓晓等	二等
2012	神经生物信息模式识别与时空分析	国防科技大学	胡德文、王正志、周宗潭、徐昕、刘亚东	二等

表 23-1-7-2　　1989—2012 年长沙市获国家技术发明奖一览表

年份	项目名称	主要完成单位	主要参与人	获奖等次
1989	一类痕量稀土显色剂及其应用	湖南省分析测试研究所	李万选等	三等
1989	氯化石蜡的催化合成新工艺	湖南大学	曹声春等	三等
1989	微孔径激光检测装置	国防科技大学	吕海宝等	三等
1989	全液压凿岩技术优化设计及其装置	中南工业大学	—	三等
1990	立环脉动高梯度磁选机	中南工业大学	熊大和王建敏	三等
1990	CK 系列高效搅拌槽	长沙矿冶研究院	王桂福	三等
1990	钨-铜-银-镍粉末冶金触头	中南工业大学	林炳	四等
1990	空气透过法机器测试仪	中南工业大学粉末冶金研究所	张瑞福	四等
1991	血液循环动力学脉图检测技术与脉图仪	解放军 163 医院等	张大祥、肖行贯等	三等
1991	高效烟囱	湖南省华湘高效烟囱建设公司、中南工业大学	盛惕闻、梅炽等	三等
1991	3、4、5-三甲氧苯甲酸甲酯合成新工艺	湖南医工所等	陈长波、薛守礼等	三等
1991	高强韧性工模具钢 LM1 和 LM2	湖南省冶金材料研究所	李辉、鲍子玉	四等
1991	一种沸腾燃烧装置	湖南大学	姚圣聪、杨志昂等	四等
1991	甲基异硝酸酯制备方法	湖南化工研究院	吴必显、王晓光	四等
1992	热镀锌锅炉防腐涂料	湖南省机械研究所等	李定夷、彭明华等	四等
1993	预测干电池间歇放电容量的方法和仪器	湖南轻工研究所	彭宏熙、徐伯南	四等
1995	新型平衡变压器	湖南大学	刘福生、肖乐军等	三等
1995	青鱼人工繁殖自行产卵受精技术	湖南师范大学生物系（第二完成单位）	高玉华、刘筠	三等
1995	浮法玻璃缺陷在线自动检测装置	长沙铁道学院（第二完成单位）	余干文、刘应龙等	三等

续表 23-1-7-2

年份	项目名称	主要完成单位	主要参与人	获奖等次
1995	块式直连型电液随动系统	湖南省水利水电勘测设计研究院、湖南省新特自控设备有限公司等	周泰经、饶培棠等	四等
1998	抗破碎贮氢材料	湖南稀土金属材料研究所	王明豪、官泽斌、欧阳宇平、唐仁英、文若纯、李勇明	二等
1998	苎麻新品种湘苎 3 号选育	湖南农业大学	陈建荣、郭清泉等	四等
1999	模糊智能鉴伪点钞机	国防科技大学	—	二等
2001	选择性沉淀法从钨酸盐溶液中除钼、砷、锡、锑新工艺	中南大学	李洪桂、孙培梅、李运姣、赵中伟、苏鹏抟、霍广生	二等
2002	铝带胚电磁场、铸轧装备与技术	中南大学	钟掘、毛大恒、肖立弄、丁道廉、郭仕安、赵啸林	二等
2003	复杂体系成分分析及波谱结构解析的化学计量学研究	湖南大学	俞汝勤、梁逸曾、吴海龙、沈国励、蒋健晖	二等
2004	高性能碳航空制动材料的制备技术	中南大学	黄伯云、熊翔、易茂中、黄启忠、张红波等	一等
2005	铁精矿复合粘结剂球团直接还原法	中南大学	邱冠周、姜涛、叶匡吾、孙义龙、马敬喜、朱德庆	二等
2006	均匀广谱伪随机电磁法理论及应用	中南大学	何继善、柳建新等	二等
2006	强化烧结法氧化铝生产工艺	中南大学	李小斌、刘祥民等	二等
2008	基于微生物基因功能与部落结构分析的硫化矿生物浸出法	中南大学	邱冠周、刘学瑞、柳建设、刘新星、黎维中、王军	二等
2008	废旧沥青再循环利用的成套关键技术	长沙理工大学（第二完成单位）、湖南省交通科学研究院（第三完成单位）等	杨林江、张起森、吴超凡、汤薇、聂忆华、胡君明	二等
2009	涂料工业清洁生产工艺和方法	湖南大学	曾光明、单文伟、汤琳、牛承岗、肖汉宁、李小明	二等
2009	精度优于±5′的自动陀螺定向与亚毫米级精度机器人位移监测技术	中南大学、长沙市莱塞电子技术研究所	张学庄等	二等
2009	高耐磨性、高耐蚀性、环保型钨合金电的技术研发及应用	湖南大学、湖南英才科技有限公司、湖南纳菲尔新材料科技股份有限公司	何凤娇、高晖等	二等
2011	基于微生物特异性的重金属废水深水净度新工艺	中南大学、湖南大学等	柴立元、罗胜联等	二等
2011	列车结构塑变吸能技术及装置(原名称:列车碰撞可控变形吸能技术及装置)	中南大学	田红旗、梁习锋等	二等
2012	水稻两用核不育系 C815S 选育及种子生产新技术	湖南农业大学	陈立云、唐文帮、肖应辉、刘国华、邓化冰、雷东阳	二等

续表 23-1-7-2

年份	项目名称	主要完成单位	主要参与人	获奖等次
2012	混凝土泵车超长臂架技术及应用	三一重工股份有限公司	易小刚、周翔、谭凌群、易秀明、刘永红、唐修俊	二等
2012	超精密光学零件可控柔体抛光技术与装备	国防科技大学	李圣怡、戴一帆、彭小强、解旭辉、周林、石峰	二等
2012	基于广域行波的复杂电网故障精确定位技术及应用	长沙理工大学（第二完成单位）、湖南湘能电气自动化有限公司(第三完成单位)	尹项根、曾祥军、张哲、陈德树、苏盛	二等

表 23-1-7-3　　1989—2012 年长沙市获国家科技进步奖一览表

年份	项目名称	主要完成单位	主要参与人	获奖等次
1989	1000 万吨级大型露天矿成套设备研制	长沙矿山研究院、长沙建筑机械研究院	蔡德和等	特等
1989	金川资源综合利用	长沙矿山研究院、中南工业大学、长沙矿冶研究院	吴统顺、杨延庆等	特等
1989	年产 52 万吨二氧化碳气提取尿素装置机械设备	长沙水泵厂	—	一等
1989	人类体外受精、胚胎、供胚及配子输卵管内移植	湖南医科大学	卢惠霖、卢光琇等	二等
1989	水系沉积物、土壤岩石系列国家级地球化学标准物质的研制	湖南省地矿局实验研究中心	谢学锦、鄢明才、沈慧君、李连仲、赵家仁、张佩桦、储亮侪、冯家积、王曼雪	二等
1989	优良种选育及品种资源研究	湖南农学院	—	二等
1989	长岛 CS863-2 彩色工业图形显示终端	湖南计算机厂	孙治成等	三等
1989	高纯钪的研制	湖南稀土金属材料研究所	邱清显、张涛、谢吕凡、陈云锦、曹学忠、梁荣康、胡士奇、王国文	三等
1989	铝型材磨具制作	中南工业大学	钟掘等	三等
1989	铁路隧道小断全面液压凿岩钻车(附配套集成阀)	中南工业大学	何清华等	三等
1989	系统工程在水稻规范化栽培技术中的研究与推广	省农业技术推广总站、省计算中心、长沙市农业局	庄郁华等	三等
1989	苎麻当年育苗当年移栽当年高产优质综合栽培技术推广	湖南省经济作物局	毕秋芳、邓国雄、尹继中、张月英、魏平世	三等
1989	改变林分结构提高松林对松毛虫灾害自控能力的研究	湖南省林业科学研究所	周石涓、彭建文	三等
1989	科技进步奖励微机管理系统	湖南省冶金材料研究所、湖南省科委成果处	吴正伯等	三等
1989	35 千伏小型化变电站微处理机和集成电路 WJBX 型四合一集控台及推广	长沙市湘南电器设备厂	许还春、高振声等	三等

续表 23-1-7-3

年份	项目名称	主要完成单位	主要参与人	获奖等次
1990	154 吨电动轮自卸汽车的研制	长沙矿山研究院等	张怀卿、韩兆锡等	一等
1990	LC4-700Kev 高能离子注入机	机电部 48 所	屈保春、邓星茂等	二等
1990	优质稻生产技术体系及应用理论研究	湖南省粮油生产局、湖南省农学院农学系、湖南师大生物系、湖南省土肥研究所等	覃明周、周广洽等	二等
1990	金花茶基因库建立与繁殖技术研究	长沙市园林管理处、湖南省林业科学研究所实验林场等	陈俊愉、程金水等	二等
1990	半刚性基层沥青路面的研究	长沙交通学院等	林绣贤、张登良等	二等
1990	广大九江大桥	湖南省公路梁建设公司、湖南省交通规划设计院等	牛和恩、上官兴等	二等
1990	地基土几种原位测试技术研究	长沙铁道学院等	谢树彬、罗梅云等	三等
1990	德兴大型露天爆破技术和岩体可爆性研究	长沙矿山研究院等	黄苹苹、占森昌等	三等
1990	中药材仓虫调查研究	湖南省药材公司、长沙市药材批发部等	李家胜、高博明等	三等
1990	机采茶树栽培技术研究	湖南省茶叶研究所	王秀铿、黄仲先等	三等
1990	红麻高产抗病中熟品种 7804 的选育与推广	湖南省农业厅麻蚕科等	刘伟杰、谭石林等	三等
1990	冷弯薄壁型钢结构技术规范(GBJ18-87)	湖南大学等	张中权、陈雪庭等	三等
1990	LD-1 型离子束蚀刻镀膜机	机电部 48 所	安志超、席光荣等	三等
1990	手动泵国家标准 GB80921~2-878596-88	湖南省农机研究所等	周天竹、吴桐林等	三等
1990	掺气条件下不平整度控制标准及临界免蚀掺气浓度的原型研究	中南勘测设计院等	邓正湖、哈唤文等	三等
1990	双低油菜新品种湘油 11 号的选育	湖南农学院农学系	官春云、王国槐等	三等
1991	包钢现流程铌冶炼工艺及产品开发与应用	长沙矿冶研究院等	毕群、董一诚等	一等
1991	拱坝计算机辅助设计系统的研制	中国勘测设计院	孙恭尧、黎显恭等	二等
1991	BCRIMM 乳化炸药及其混装机械化的研究与推广应用	长沙矿山研究院等	汪旭光、程宏盛等	二等
1991	小儿脑水肿临床与实验系列研究	湖南医科大学附一院儿科、湖南医科大学电镜室、湖南医科大学附一院神经外科	虞佩兰、杨于嘉等	二等
1991	中国亚热带东部丘陵山区农业气候资源及其合理利用研究	湖南省气象局等	沈国权、陈道𬍡	二等
1991	杂交水稻新品种威优 64	湖南省杂交水稻研究中心等	袁隆平、孙梅元	三等

续表 23-1-7-3

年份	项目名称	主要完成单位	主要参与人	获奖等次
1991	海南海滨砂矿资源综合利用研究	长沙矿山研究院等	王桂学、程德明等	三等
1991	湖南省第二次土壤普查及应用	湖南省土壤肥料工作站、湖南省农科院土壤肥料所、湖南农学院土壤教研组、湖南省农林工业设计院、湖南测绘局	杨锋、肖泽宏等	三等
1991	珊珀湖养殖技术研究与推广	湖南省水产局、湖南省水产研究局等	张锦亮、徐鸿初等	三等
1991	矿山堵水技术的研究与应用	长沙矿山研究院等	黄树勋、陈勤树等	三等
1991	软铝加工新工艺新设备（连续挤压)的研究	中南工业大学、长沙铜铝材厂等	左铁镛、宋宝韫等	三等
1991	遥感技术在新疆地质找矿中应用研究	中科院长沙大地构造研究所等	郭华东、崔承禹等	三等
1991	混凝土断裂力学在柘溪大头坝裂缝研究和加固中的应用	湖南省水利电勘测设计研究院等	于骁中、涂传林等	三等
1992	大瑶山长大铁路隧道修建新技术	长沙铁道学院等	王梦恕、秦军等	特等
1992	锂盐阳极糊节能技术	中南工业大学等	刘业翔等	一等
1992	铝电解槽数学模拟及计算机仿真研究(简称三场)	中南工业大学等	李洪等	二等
1992	地下矿连续开采工艺技术和装备的研究	长沙矿山研究院等	—	二等
1992	大厂现有选厂提高选矿指标的研究	长沙有色冶金设计研究院等	—	二等
1992	KDY-1 矿井地震仪 GJY-1 工程检测仪的研究	长沙旭华仪表厂等	杨治元、黄秦等	二等
1992	内河浅吃大径深比推轮开发研制	湖南省航运局科学研究所等	陈其华、王德恂等	二等
1992	中华人民共和国 1:100 万土地资源图的编制与研究	湖南经济地理所等	吴传钧等	二等
1992	全国磷矿资源开发系统研究	长沙化学矿山设计研究院等	成思危等	二等
1992	提高电瓷原料质量及其对配方性能影响的研究	湖南大学等	肖汉宁等	三等
1992	大型露天矿 50 万~80 万吨级大区多排微差深孔爆破技术研究	长沙矿冶研究院等	廖先葵、杨承泽	三等
1992	高温烧成细瓷匣钵(碳化硅匣钵)	湖南省建湘瓷厂等	管学宽、潘起雄等	三等
1992	韦氏成人智力量表的修订和应用	湖南医科大学第二附属医院等	陈明等	三等
1992	糖尿病无机盐代谢失衡与慢性并发症的关系	湖南医科大学第二附属医院	伍汉文、超楚生等	三等
1992	杂交稻“双两大”栽培技术	湖南省粮油局等	唐英正等	三等
1992	农作物病虫害动态数据积分自回归滑动平均预报模型的研究及应用	湖南省农作物病虫测报站	李绍石、胡正军、唐启义、成进、张厚良	三等

续表 23-1-7-3

年份	项目名称	主要完成单位	主要参与人	获奖等次
1992	湖南省1989—2000年科技发展规划研究	湖南省科委2000年规划办公室	汪啸风、刘醒夫等	三等
1992	湖南东江水电站双曲拱坝坝后背管的设计与施工	中国水利水电第八工程局	刘炎生等	三等
1992	SHZ20型扫路机	长沙建筑机械研究所等	—	三等
1993	草鱼出血病防治技术	湖南省水产科学研究所等	唐惠、范至刚等	一等
1993	《天马》通风型集成式专家系统开发环境	湖南师范大学等	刘宏等	二等
1993	还原蒸馏联合法制取海绵钛工艺与设备	中南工业大学等	欧阳全胜、赵中伟、祝永红	二等
1993	白云鄂博大型多金属共生矿弱磁—强磁—浮选选矿新工艺研究	冶金部长沙矿冶研究院等	余永富等	二等
1993	蔬菜种质资源的搜集、研究和利用	湖南省农科院蔬菜所等	柳景兰等	二等
1993	高浓度全尾砂胶结充填新工艺和装备的研究	长沙矿山研究院、长沙有色冶金设计研究院等	尹慰农、刘能国等	三等
1993	水厂铁矿露天矿边坡工程研究	长沙矿冶研究院等	熊传治等	三等
1993	BXSZ1/20型安瓿洗干灌封联动机组	中南制药机械二厂等	江志良、王业洲等	三等
1993	龙滩及漫湾水电站混凝土坝与地基联合作用仿真分析	中南勘测设计院等	张有天等	三等
1995	我国双频激电研究及应用	中南工业大学	何继善、鲍光淑等	二等
1995	ⅢJ型双绝热内冷分流(并流分气式)氨合成塔内件	湖南省化肥工业公司	谢定中、严朝建等	二等
1995	球齿钎头系列的开发和研究及推广应用	长沙矿山研究院、株洲硬质合金研究所	李肇和、刘静波等	三等
1995	郑州东站生产管理现代化系统	铁道部科学研究院（第二完成单位）、长沙铁道学院(第三完成单位)	刘春煌、吴兴成等	三等
1995	碳化硼气浮轴承及碳化硼材料的应用研究	中南工业大学	王零森、周荣兴等	三等
1995	非大体积混凝土蓄热冷却计算理论的研究	湖南大学	吴震东、邓寿昌等	三等
1995	优良杂交稻-威优46	湖南杂交水稻研究中心	黎坦庆、张健等	三等
1995	湖南吨粮田开发配套技术的研究及推广应用	湖南吨粮田开发办公室、湖南省粮油生产局	易维希、黄克辉等	三等
1995	老年收缩期高血压临床试验	湖南医科大学第一附属医院(第三完成单位)	刘力生、龚兰生等	三等
1995	《农业科学叙词表》与农业叙词库系统	湖南农业科学院植物保护研究所(第三完成单位)等	方陆明、江昭	三等

续表 23-1-7-3

年份	项目名称	主要完成单位	主要参与人	获奖等次
1996	ABT 生根粉系列的推广	湖南省林业厅林技推广站（第二完成单位）等	王涛、陈国平等	特等
1996	ZXZ-V 型直燃式溴化锂冷温水机（远大 V 型直燃机）	长沙远大空调有限公司	张剑	二等
1996	我国农网变电站研究及推广应用	湖南省电力局农电处(第二完成单位)等	向世隆、徐腊元等	二等
1996	高性能特薄铝板	中南工业大学(第二完成单位)等	贺广瑗、宁洪阃等	二等
1996	国家标准《构筑物抗震设计规范》(GB50191-93)	长沙有色冶金设计研究院（第二完成单位)等	侯忠良、周根寿等	二等
1996	中国荻芦害虫与天地调查研究及主要害虫治理	湖南农业大学(第二完成单位)等	王宗典、游兰韶等	二等
1996	湘白猪新品种选育研究	湖南省畜牧兽医研究所、长沙畜牧水产局等	龚克勤、杨仕柳等	二等
1996	人胚鼻咽上皮细胞的培养、化学转化及鼻咽癌恶性转化基因的克隆	湖南医科大学肿瘤研究所	姚开泰、曹亚等	二等
1996	LD-4 型多离子束溅射镀膜机	电子工业部 48 研究所	安志超、华德清等	三等
1996	复合型竖井楔齿破岩滚刀材料研究	湖南冶金材料研究所(第二完成单位)	姜长春、罗元良等	三等
1996	高压水射流切割及清洗技术的研究与应用	长沙矿山研究院	刘家英、韦颖等	三等
1996	镍熔炼节能降耗、智能决策技术的开发与应用	中南工业大学等	梅炽、帅国权等	三等
1996	高精度托陀螺用大膨胀系数	中南工业大学	王伏生、周载明等	三等
1996	粗颗粒高强度金刚石研究—直径 23 毫米腔体合成工艺	长沙矿冶研究院	陈启武、肖秀等	三等
1996	湘早籼 7 号的选育与应用研究	湖南省种子公司(第二完成单位)等	廖松贵、杨远柱等	三等
1996	猪饲料养分回肠消化率及有效氨基酸需要量的研究	中国科学院长沙农业现代化研究所	印遇龙、钟华宜等	三等
1996	杉木无性系选育和繁殖技术研究	中南林学院、湖南省林科所、中国林科院亚热带林业研究所等	张全仁、陈佛寿等	三等
1996	全泥氰化尾矿处理新工艺	长沙有色冶金设计研究院等	郑晓延、牛继德等	三等
1996	《杂交水稻育种栽培学》	湖南科学技术出版社	袁隆平、熊穆葛（编辑）	三等
1996	《生理学》	湖南医科大学等	周衍椒、张镜如等	三等
1998	普定碾压混凝土拱坝筑坝新技术研究	中国水利水电第八工程局	秦蛟、陈世其等	二等

续表 23-1-7-3

年份	项目名称	主要完成单位	主要参与人	获奖等次
1998	金矿找矿选矿中几个关键理论和技术的应用研究	中国科学院长沙大地构造研究所	蔡新平、周正、涂光炽、易善锋、郭华东、叶连俊、陈国达、刘光鼎、高振敏	二等
1998	预应力混凝土结构设计基本问题的研究	长沙铁道学院	曾庆元等	二等
1998	0~2 周龄肉仔鸡营养参数及饲料配制技术研究	湖南农业大学	文杰、王和民等	二等
1998	千枚岩型有色金属选矿尾矿中的绢云母回收利用	长沙矿冶研究院	王巧玲、曾光明等	二等
1998	银河超级小型仿真计算机系统	国防科技大学	杜铁塔、金士尧等	三等
1998	碎石水泥浆胶结充填采矿法综合技术研究	长沙矿山研究院	周爱民、廖全佳、李龠然、彭家斌、杨耀亮	三等
1998	地下铲运机系列化产品的研制与推广应用	长沙矿山研究院	何正忠、高梦熊、饶绮麟、张栋林、冯仕海	三等
1998	图-154M 飞机国产粉末冶金刹车副(盘)研究与开发	中南工业大学	黄伯云、刘华佾、史继良、谭明福、王建业	三等
1998	HBT50、HBT60 混凝土泵	中联建设机械产业公司	刘权、张建国、许平增、蒋建平、黄亦工	三等
1998	高产多抗优质花生新品种中花 4 号的选育与推广	湖南省作物研究所	唐桂英、王玉莹、廖伯寿、王智昭、李栋	三等
1998	双季杂交晚籼油优晚 3 的选育	湖南杂交水稻研究中心	何顺武、唐传道、黄志强、龙和平、袁光杰	三等
1998	南方 19 个油茶产品种的选育	湖南省林业科学研究所等	庄瑞林、王德斌、蔡肖群、匡元玉、董汝湘	三等
1998	中华按蚊为媒介地区疟疾防治后期流行病学新特点和监测方案研究	湖南省卫生防疫站	汤林华、钱会霖、崔钢、尚乐园、唐来仪	三等
1998	《选矿手册》	冶金部长沙矿冶研究院	张卯均、童国光、丘继存、黄淦祥、赵涌泉	三等
1998	《漫谈凝聚态物质》	湖南教育出版社	冯端、冯步云、谭清莲	三等
1999	桂西北地区岩溶堆积型铝土矿的开发应用	长沙有色冶金设计研究等	杨世杰、梅荣淳、颜学军、李成业、高振文、陈仲泰、殷恩生、江献镔、金嗣桐	二等
1999	长江中下游滩地和低丘综合治理与开发	湖南省林业科学研究所等	江泽慧、彭镇华、吴泽民、蔡登谷、贺善安、程政红、陈放鸣、於凤安、刘立德	二等

续表 23-1-7-3

年份	项目名称	主要完成单位	主要参与人	获奖等次
1999	马尾松材性遗传变异与制浆造纸材优良种源选择	湖南省林科院	王章荣、秦国峰、陈天华、李光荣、徐立安、周志春、李建民、黄光霖、张大同	二等
1999	人体细胞遗传学技术的推广和应用	湖南医科大学	夏家辉、戴和平、李麓晓东、邓汉湘	二等
1999	液体火箭发动机喷雾燃烧的理论、模型及应用	国防科技大学	庄逢辰、周进、王振国、李毅	二等
1999	LC-11 型砷化镓专用强流离子注入机	电子工业部 48 研究所	刘湘德、李时俊、尹田华、王学思、张伟	三等
1999	高陡边坡工程及计算机管理技术研究	长沙矿冶研究院	张四维、杨盘铭、蔡美峰、臧秀平、张家生	三等
1999	生产矿山地质地球物理研究	中南工业大学	—	三等
1999	硬质料压入装置——提高高炉寿命的新工艺与新设备综合技术研究	长沙矿山研究院	冯仕海、刘兆宏、邵鸿德、翟守忠、沈映禄	三等
1999	列车—桥梁时变系统横向振动分析理论与应用	长沙铁道学院	曾庆元、郭向荣、郭文华、王荣辉、江锋	三等
1999	湘中丘陵洞庭湖水系生态经济型防护林体系建设技术研究	湖南省林业科学院、湖南省园林局、湖南省农业气象中心	袁正科、冯菊玲、夏合新、张灿明、李锡泉	三等
1999	中医肝的三类征侯病理生理学基础研究	湖南医科大学附属湘雅医院	—	三等
1999	中医方剂大辞典	湖南省中医药研究院、湖南省中医学院	彭怀仁、陈世发、王旭光、赵国平、田代华	三等
1999	安农 S-1 籼型水稻温敏雄性核不育系的研究	湖南师范大学、湖南杂交水稻研究中心	邓华凤、李必湖、周广洽、郭名奇、尹华奇、陈良碧	三等
1999	活塞外廓测量仪	国防科技大学	崔红娟、杨舜州、陈杰、陈志华	四等
1999	$AgSnO_2$(G)触点材料设计、制备及应用	国防科技大学	堵永国、易阳、白书欣、王乃千、杨广、张家春	四等
1999	两系杂交糯高粱育种技术	湖南省土壤肥料研究所、湖南省粮油生产局、湖南省农科院生物技术室、湖南省长沙农业气象站	陈叔君、杨光立、李光林、汤文光、何英豪、叶桃林	四等
2000	硫化矿电位调控浮选理论与实践	中南工业大学	王淀佐、邱冠周、刘如意、刘侦德、胡岳华、覃文庆、顾帼华、孙水裕、伍敬峰、戴晶平、孙敬峰、戴晶平、孙肇淑、徐竞、聂晓军	一等

续表 23-1-7-3

年份	项目名称	主要完成单位	主要参与人	获奖等次
2000	湘研系列辣椒品种（湘研 1-10 号）的推广	湖南蔬菜研究所	—	二等
2000	杀虫剂残杀威原药技术开发	湖南化工研究所	石峰、杨慧等	二等
2000	常用智力、人格和神经心理测验的研制及推广应用	湖南医科大学附属第二医院	龚耀先、程灶火等	二等
2001	水稻两用核不育系“培矮 64S”选育及其应用研究	湖南杂交水稻研究中心、湖南农业大学	廖伏明等	一等
2001	硬岩无间柱连续采矿技术研究	中南大学	古德生、徐国元等	二等
2001	列车空气动力性能研究及外形、结构设计方法	中南大学、国防科技大学	田红旗等	二等
2001	农田温室气体排放过程和观测技术研究	中国科学院长沙农业现代化研究所	王明星等	二等
2002	薄板冲压工艺与模具设计理论、计算方法和关键技术及在车身制造中的应用	湖南大学、湖南同心实业股份有限公司、长沙交通学院	李光耀等	一等
2002	大跨度低塔斜拉桥板桁组合结构建造技术	中南大学	林国雄、方秦汉等	一等
2002	籼型优质不育系金 23A 选育与应用研究	湖南省种子集团公司、湖南水稻研究所、湖南金健米业股份有限公司	—	二等
2002	南方红黄壤地区综合治理与农业可持续发展技术研究	中国科学院长沙农业现代化研究所	杨炎生、谢为民、侯向阳、徐明岗、彭廷柏、信乃诠、朱钟麟	二等
2002	农田重大害鼠成灾规律及综合防治技术研究	中国科学院长沙农业现代化研究所	张知彬、蒋光藻等	二等
2002	水稻大面积高产综合配套技术研究开发与示范	湖南省农科院、湖南农业大学、湖南省农业厅、湖南师范大学、中科院长沙农业现代化研究所	青先国、邹应斌、李建国、陈良碧、周上游、马国辉、周瑞庆、张玉烛、李一平、李合松	二等
2002	难采难选低品位铜矿地下溶浸、工艺研究设计工程化实践	长沙矿山研究院	赵波、余斌、周罗中、陶星虎、王春、苏国强、吉兆宁、王树琪、常晋元、彭钢	二等
2002	大厂高铟锌精矿锌铟冶炼工艺及铟高新技术产品的开发	长沙矿冶研究院、长沙有色冶金设计研究院	陈志飞、廖春图、姚吉升、胡林轩、蒙在吉、梁杏初、宁顺明	二等
2002	全断全碾压混凝土技术在江垭大坝中的应用	湖南水利水电勘测设计研究总院	张如强、唐荣旭、胡强、李建民、柳胜东、姜长全、杜志达、宋向宁、刘次生	二等
2002	铁道 18 信息无绝缘移频自动闭塞系统	广铁集团长沙铁路总公司等	刘海生、邓迎宏、肖彩霞、谢静高、王雨新、张红、汤占伟、彭立群、宁国英、石先明	二等

续表 23-1-7-3

年份	项目名称	主要完成单位	主要参与人	获奖等次
2003	湘研 11-20 号、湘辣 1-4 号辣椒新品种的选育	袁隆平农业高科技股份有限公司、湖南省蔬菜研究所等	邹学校、周群初、戴雄泽、马艳青、李雪峰、刘荣云、陈文超、张竹青、何青、刘志敏	二等
2003	双低油菜新品种湘油 15 号选育和推广	湖南农业大学	官青云、王国槐、陈社员、李栒、刘忠松、田森林、叶发英	二等
2003	异源四倍体鲫鲤和三倍体湘云鲫(鲤)研究	湖南师范大学	刘筠、朱棒华、周工健、刘少军、张轩杰、杨辉	二等
2003	金属矿床无废害开采技术	长沙矿山研究院等	周爱民、王保生、肖其仁、姚中亮、刘育明等	二等
2003	合成气醇烃化精制新工艺及应用	湖南安淳高新技术有限公司	谢定中、严朝建、卢健、李春阳、戴丰育、李彬、梁恭增、冯勇、黄湘柱、郭震凯、徐天相	二等
2003	铁基、乌基复杂精细零部件注射成形技术	中南大学	黄伯云、李益民、梁叔全、曲选辉、范景莲、李松林	二等
2003	面向对象的分布计算软件平台 StarBus	国防科技大学	王怀民、吴泉源、贾焰、邹鹏、杨树强、史殿习、周斌、刘惠、韩伟红、高洪奎、刘江宁、隋品波、项君、郭长国、腾猛	二等
2003	多塔斜拉桥技术研究	湖南省交通规划勘察设计院、湖南路桥建设集团公司、中南大学、长沙交通学院、湖南大学等	陈常松、颜东煌、方联民、裴炳志、陈璋等	二等
2003	高性能液压静力压桩机的研制及其产业化	中南大学、湖南山河智能机械股份有限公司	何清华、朱建新、郭勇、陈欠根、龚进、柏红专、吴万荣、林宏武、龚艳玲、周宏兵、黄志雄、邓伯禄	二等
2003	强化高压阳极电容器铝箔立方结构的机理、关键技术及产业化	中南大学（第二完成单位）等	张新明、肖亚庆、卢敬华、游江海、唐建国、邓运来、林林、李成利、陈文、黎勇、王文高、刘楚明、陈志永、冯云祥、高晓玲	二等
2003	轿车用高性能水雾化粉末材料的规模化生产技术	中南大学（第三完成单位）等	—	二等
2003	分布式虚拟现实应用系统开发与支撑环境	国防科技大学(第二完成单位)等	李沁平、吴威、沈旭昆、李思昆、王精业、吴恩华、郝爱民、梁晓辉、姚益平、赵龙	二等
2003	地理空间信息的遥感高精度快速提取技术及产业化	湖南省测绘局(第六完成单位)等	林宗坚、程烨、张继贤、李英成、李紫薇、卢健、周一、邱志成、张炳智、孙杰	二等
2004	罗布泊地区钾盐资源开发利用研究	中国地质科学院矿产资源研究所、中国地质大学、化工部长沙设计研究院等	王弭力、刘成林等	一等

续表 23-1-7-3

年份	项目名称	主要完成单位	主要参与人	获奖等次
2004	100 兆牛油压双动铝挤压技术与装备研制	山东丛林集团有限公司、西安重型机械研究所、中南大学、西北工业大学等	谢东钢、张培良等	一等
2004	杉木林生态系统的功能与过程研究	中南林学院	田大伦、康文星等	二等
2004	降低卷烟气中有害成分的技术研究	长沙卷烟厂(第二完成单位)等	王彦亭、谢剑平等	二等
2004	高黏度、易自聚等特殊物质系精馏新技术的研究开发与应用	湖南省湘维有限公司（第三完成单位）	李群生、张泽延等	二等
2004	1500 吨/年呋喃酚技术的研究与开发	湖南化工研究院	王晓光、刘卫东等	二等
2004	铝电解过程智能控制系统及推广应用	中国铝业公司、中南大学等	冷正旭、李劼等	二等
2004	智能集成优化控制技术及其在锌电解和炼焦配煤过程中的应用	中南大学	桂卫华、吴敏等	二等
2004	智能图像信息处理方法及其在工业系统中的应用	湖南大学、湖南安力电子开发有限公司等	王耀南、张文斌等	二等
2004	钢—混凝土组合结构关键技术的研究及应用	中南大学等	聂建国、余志武等	二等
2004	高速列车气动特性、撞击安全动模型试验系统及应用	中南大学	田红旗、卢执中等	二等
2004	汽车碰撞安全性设计与改进理论、方法及关键技术	湖南大学等	钟志华、杨济匡等	二等
2004	鞍山贫赤(磁)铁矿选矿新工艺、新药剂与新设备研究及工业应用	鞍山钢铁集团、长沙矿冶研究院等	陈平、王义达等	二等
2004	铜铅锌锡矿细粒浮选新技术——粗粒的载体—中介—助凝作用	中南大学	岳冠周、胡岳华等	二等
2004	金属矿床开采矿岩致裂与控制技术研究及应用	中南大学等	李夕兵、古德生等	二等
2005	印水型水稻不育胞质的发掘及应用	湖南杂交水稻研究中心(第二完成单位)等	张慧廉、邓应德等	三等
2005	籼粳亚种间优良杂交稻金优 207 的选育与应用研究	国家杂交水稻工程技术研究中心、湖南杂交水稻研究中心	王三良、许可等	二等
2005	巨型精密模锻水压机高技术化与功能升级	中南大学(第二完成单位)等	黄明辉、吴运新等	二等
2005	铁路大跨度钢管混凝土拱桥新技术研究	中南大学(第二完成单位)等	马庭林、陶建山等	二等

续表 23-1-7-3

年份	项目名称	主要完成单位	主要参与人	获奖等次
2005	大跨度钢箱梁斜拉桥关键技术研究	湖南路桥建设集团公司等	陈明宪、戴永宁等	二等
2005	混凝土泵送关键技术研究开发与应用	三一重工股份有限公司	易小刚、吴冬香等	二等
2005	大型水利水电工程视化仿真技术及其工程应用	国家电力公司中南勘测设计研究院(第三完成单位)等	钟登华、张社荣等	二等
2005	交流传动系统及其高性能控制技术的研究与应用	中国南车集团株洲电力机车研究所等	丁荣军、冯江华等	二等
2005	散体动力学应用技术研究	中南大学	吴爱祥、阳雨平等	二等
2005	决策应用软件开发平台 Smart-Decision	中南大学等	陈晓红、罗新星等	二等
2005	有色金属工业重金属废水重复利用综合技术研究	湖南有色金属研究院、湖南大学等	罗胜联、殷志伟等	二等
2005	世界首报中国人类染色体异常核型遗传资源保藏及B/S模式共享体系	中南大学	夏家辉、李麓芸等	二等
2006	柑桔加工技术研究与产业化开发	湖南省农产品加工研究所、湖南大学(第四完成单位)等	单杨、程绍南等	二等
2006	电能质量先进控制方法与装备及其工程应用	湖南大学、湖南博迪电器有限公司等	罗安、章兢	二等
2006	高速灌装生产线智能检测分拣成套装备研制及其应用推广	湖南大学、长沙轻工机械有限公司(第三完成单位)、湖南千山制药机械股份有限公司(第四完成单位)等	王耀南、张昌凡等	二等
2006	新一代互联网高性能路由器	国防科技大学	苏金树、卢泽新等	二等
2006	混凝土桥梁施工期和使用期安全控制的关键技术	长沙理工大学、湖南公路管理局等	张建仁、李传习等	二等
2006	南方山区特殊土公路路基处治关键技术研究及应用	湖南大学、湖南省高速公路管理局等	赵明华、陈昌富等	二等
2006	堆肥环境生物与控制关键技术及应用	湖南大学	曾光明、黄国和等	二等
2006	杉木遗传改良及定向培育技术研究	湖南省林业科学院（第二完成单位）等	张建国、许忠坤等	二等
2006	农业专家系统研究及应用	北京农业信息技术研究中心、国防科技大学、吉林大学等	赵春江、吴泉源等	二等
2006	冷弯薄壁型钢住宅机构体系关键技术研究及产业化	长安大学、北京居其美业西式房屋技术开发有限公司、湖南大学	周绪红、刘永健等	二等

续表 23-1-7-3

年份	项目名称	主要完成单位	主要参与人	获奖等次
2007	铝资源高效利用与高性能铝材制备的理论与技术	中南大学等	钟掘、肖亚庆等	一等
2007	750 千伏交流输变电关键技术研究、设备研制及工程应用	湖南特变电股份有限公司(第二完成单位)等	刘本粹、张雅林等	一等
2008	深海浅地层岩芯取样钻机系列极其勘探工艺	长沙矿山研究院等	万步炎、钱鑫炎等	二等
2008	高速精密磨削加工关键技术与系列高档楼控磨削装备	湖南大学、湖大海捷制造技术有限公司等	宓海青、陶剑波等	二等
2008	大型高强度铝合金构件制备重大装备智能控制技术应用	中南大学等	桂卫华、喻寿益等	二等
2008	中国国家网络	国防科技大学(第四完成单位)等	钱德沛、徐志伟等	二等
2008	柔性桥梁非线性设计和风致振动与控制的关键技术	湖南大学、湖南省交通规划勘察设计院(第三完成单位)等、中南大学(第四完成单位)等	陈政清、胡建华等	二等
2008	特大跨径桥梁钢塔和深水基础设计施工创新技术研究	湖南省路桥建设集团公司(第三完成单位)等	武焕陵、崔冰等	二等
2008	中国新一代多尺度气象数值预报系统	中国气象科学研究院、国家气象中心、国防科技大学等	薛纪善、陈德辉等	二等
2008	隐患金属矿产资源安全开采与灾害控制技术研究	中南大学、洛阳栾川铝业集团股份有限公司、柳州华锡集团有限责任公司等	李夕兵、谷德生等	二等
2008	破碎岩体渗流规律及其在煤矿突水防治中的应用研究	中国矿业大学、湖南科技大学、江苏天能集团公司等	缪协兴、浦海等	二等
2008	青藏铁路	中南大学(第十一承担单位)等	孙永福、李金城等	特等奖
2008	铝及铝合金现代化热连轧技术与工艺开发	中南大学(第三承担单位)、中色科技股份有限公司等	肖亚庆、李凤轶等	一等
2008	社会林业工程创新体系的建立与实施	湖南林业科技推广总站(第五承担单位)等	王涛、胡德焜	二等
2008	禽畜氮磷代谢调控及其安全型饲料配置关键技术研究与应用	中国科学院亚热带农业生态研究所(第一承担单位)、湖南省畜牧兽医研究所(第四承担单位)、湖南农业大学(第五承担单位)等	印遇龙、黄瑞林等	二等
2008	南岭地区钨、锡多金属矿床研究与勘查评价	中国地质科学院矿产资源研究所(第二承担单位)、湖南省地质矿产资源勘查开发局(第四承担单位)、湖南省地质调查院(第七承担单位)等	毛景文、贾宝华等	二等
2008	茶叶功能成分提制新技术及产业化	湖南农业大学、湖南金农生物资源股份有限公司	刘仲华、施兆鹏等	二等

续表 23-1-7-3

年份	项目名称	主要完成单位	主要参与人	获奖等次
2008	高能量密度、高安全性锂离子电池及其关键材料制造技术	中南大学(第一承担单位)等	李新海、王志兴等	二等
2008	新型装配整体式楼盖体系的关键技术及其应用	湖南大学(第一承担单位)、湖南省建筑工程集团总公司(第四承担单位)、长沙合理高强砼模板开发有限公司(第五承担单位)、湖南省沙坪建筑有限公司(第六承担单位)等	周绪红、吴方伯等	二等
2008	水电站过渡过程关键技术与工程实践	中国水电顾问集团中南勘测设计研究院湖南省沙坪建筑有限公司(第三承担单位)等	杨建东、钮新强等	二等
2008	绝经后骨质酥松症的发病机制和临床诊断与治疗	中南大学湘雅二医院	廖二元、伍贤平等	二等
2009	膨胀土地区公路建设成套技术	长沙理工大学、水利部交通部电力工业部南京水利科学研究院、中交第二公路勘察设计研究院有限公司、云南省公路、科学技术研究所、广西壮族自治区交通基建管理局、中国科学院武汉岩土力学研究所、河海大学、广西壮族自治区交通规划勘察设计研究院、湖南省交通规划勘察设计院	—	一等
2009	籼型系列优质香稻品种选育及应用	湖南水稻研究所、中国水稻研究所、湖南金健米业股份有限公司	—	二等
2009	油菜化学杀雄强优势杂种选育与推广	湖南农业大学	—	二等
2009	中国农作物种质资源本底多样性和技术指标体系及应用	中国农业科学院作物科学研究所、中国农业科学院茶叶研究所、中国农业科学蔬菜花卉研究所、中国农业科学院草原研究所、中国农业科学院油料作物研究所、中国农业科学院麻类研究所、中国农业科学院果树研究所	—	二等
2009	油茶雄性不育杂交新品种选育及高效栽培技术和示范	湖南省林业科学院、浏阳市林业局、浏阳市沙市镇林业管理服务站	—	二等
2009	商品包装、储运安全关键技术研究与应用	湖南出入境检验检疫局检验检疫技术中心等	—	二等
2009	化学镀镍动态控制技术与应用	上海交通大学、湖南科力远新能源股份有限公司	—	二等
2009	大规模网络安全监控数据库系统	国防科技大学、国家计算机网络应急技术处理协调中心	—	二等
2009	大型水电站泵高效运行优化控制与成套自动装置及其工程应用	湖南大学等	—	二等

续表 23-1-7-3

年份	项目名称	主要完成单位	主要参与人	获奖等次
2009	高层混合结构体系的关键技术及应用	湖南大学、清华大学、湖南省建筑设计院、中机国际工程设计研究院、湖南省建筑工程集团总公司、湖南省第六工程有限公司	—	二等
2009	钢管混凝土拱桥建设成套技术	重庆交通大学、湖南省交通规划勘察设计院、四川省交通厅公路规划勘察设计研究院、福州大学、招商局重庆交通科研设计院有限公司、长沙理工大学、广西壮族自治区公路桥梁工程总公司	—	二等
2009	高坝工程泄洪消能新开发与应用	四川大学、中国水利水电科学研究院、中国水电顾问集团成都勘测设计研究院、河海大学、长江水利委员会长沙科学院、二滩水电开发有限责任公司、中国水电顾问集团中南勘测设计研究院	—	二等
2009	公路在用桥梁检测评定与维修加固成套技术	交通部公路科学研究所、长沙理工大学、长安大学、东南大学、重庆交通大学、江西省公路管理局、广东省公路管理局	—	二等
2009	中国优秀运动员运动训练的生理生化监控理论与方法	国家体育总局体育科学研究所、北京体育大学、北京市体育科学研究所、江苏省体育科学研究所、湖南省体育科学研究所	—	二等
2009	人类辅助生殖和精子库的关键技术及其在生殖健康中的应用	中南大学、北京大学	—	二等
2009	中药超微粉体关键技术的研究及产业化	湖南省中医药研究院、湖南春光九汇现代中药有限公司、湖南中医药大学	—	二等
2009	南方红壤区旱地的肥力演变、调控技术及产品应用	中国农业科学院农业环境与可持续发展研究所、湖南省土壤肥料研究所等	—	二等
2009	南方蔬菜生产清洁化关键技术研究与应用	湖南省植物保护研究所等	—	二等
2009	磷化工全废料自胶凝充填采矿技术	贵州开磷(集团)有限责任公司、中南大学	—	二等
2009	列车过桥动力互相作用理论、安全评优点技术及工程应用	西南交通大学、北京交通大学、中国铁道科学研究院、中南大学	—	二等
2010	三峡输电系统工程	国家电网公司、中国西电电气股份有限公司、中国电力科学研究院、中国电力工程顾问集团公司、北京网联直流工程技术有限公司、西安西电电力整流器有限责任公司、国网电力科学研究院、国网信息通信有限公司、特变电工沈阳变压集团有限公司、湖北省输变电工程公司等	—	一等

续表 23-1-7-3

年份	项目名称	主要完成单位	主要参与人	获奖等次
2010	无烟不燃木基复合材料制造关键技术与应用	中南林业科技大学、广州市木易制品有限公司、华南农业大学	吴义强、彭万喜、杨光伟、刘元、周先雁、李凯夫、刘君昂、胡云楚、吴志平、李新功等	二等
2010	三一重工工程机械技术创新平台建设	三一重工股份有限公司	—	二等
2010	卷烟危害性评价与控制体系建立及其应用	中国烟草总公司郑州烟草研究院、中国人民解放军军事医学科学院放射与辐射医学研究所、常德卷烟厂（现湖南中烟工业有限责任公司）、重庆烟草工业公司（现川渝中烟工业公司）、长沙卷烟厂（现湖南中烟工业有限责任公司）、南开大学、红塔烟草（集团有限责任公司等）	谢剑平、刘惠民、朱茂祥、钟科军、戴亚、杜文、谢复炜、缪明明、邓家云、聂聪等	二等
2010	废弃钴镍材料的循环再造关键技术及产业化应用	深圳市格林美高新技术股份有限公司、北京工业大学、中南大学、荆门市格林美新材料有限公司等	聂祚仁、许开华、席晓丽、郭学益、刘沙、何显达、叶红齐、夏定国、王志宏、王敏等	二等
2010	大型链篦机—回转窑赤铁矿氧化球团生产的关键技术开发和应用	中南大学、武汉钢铁集团矿业有限责任公司鄂州球团厂、江苏沙钢集团有限公司、铜陵有色金属集团控股有限公司铜冠冶化公司、中国珠海裕嘉矿产品有限公司、柳州钢铁股份有限公司烧结厂、武汉钢铁集团矿业有限责任公司程潮铁矿等	朱德庆、赵荣坤、舒方华、潘建、李启厚、祁超英、徐五七、刘俭、尹小鹏、郑皓等	二等
2010	铝电解用优质炭阳极生产关键技术开发有产业化	中国铝业股份有限公司、中南大学	刘风琴、路增进、周新林、史生文、王金合、蒙建德、杨宏杰、王振才、陈开斌、肖劲等	二等
2010	大型企业综合电气节能关键技术及应用	湖南大学、株洲变流技术国家工程研究中心有限公司、广州白云电器设备股份有限公司、威胜集团有限公司、长沙华能自控集团有限公司、湖南中科电气股份有限公司、长沙博立电气有限公司等	罗安、章兢、帅智康、王卫安、涂春鸣、罗瘐南、赵伟、金维宇、欧阳红林、徐先勇	二等
2010	铜冶炼生产全流程自动化关键技术及应用	江西铜业集团公司、中国瑞林工程技术有限公司、北京矿冶研究总院、中南大学、东北大学、北方工业大学等	李贻煌、桂卫华、周俊武、文辉煌、王福利、阳春华、李晋宏、马英奕、朱劲洁、徐宁等	二等
2010	200米级高碾压混凝土重力坝关键技术	龙滩水电开发有限公司、中国水电顾问集团中南勘测设计研究院、中国水利水电第七工程局有限公司、中国水利水电科学研究院、河海大学、中国水利水电第八工程局有限公司、中国葛洲坝集团股份有限公司等	冯树荣、戴波、吴旭、肖峰、张国新、朱岳明、周建平、周宜红、龙先进、金峰等	二等

续表 23-1-7-3

年份	项目名称	主要完成单位	主要参与人	获奖等次
2010	高混凝土坝整体稳定安全控制新理论及工程应用	武汉大学、清华大学、四川大学、河海大学、中国水电顾问集团中南勘测设计研究院、长沙水利委员会长沙勘测规划设计研究院等	常晓林、杨强、张林、周伟、刘耀儒、邵国建、冯树荣、任青文、王小毛、赖国伟等	二等
2010	烟草物流系统信息协同智能处理关键技术及应用	湖南大学、南昌航空大学、中国科学院计算技术研究所、湖南白沙物流有限公司、长沙理工大学等	赖明勇、谢高岗、姜新荣、杨洪明、聂凯、曹二保、刘征驰、谢奉军、黎福海、肖伟等	二等
2010	金藤酮生物农药产业体系的构建及关键技术集成	华南农业大学、中国科学院华南植物园、广东省植物保护总站、湖南农业大学、广西大学、深圳市华农生物工程有限公司、邯郸市凯米克化工有限责任公司等	徐汉虹、赵善欢、张志祥、黄素青、魏孝义、曾鑫年、江腾辉、李有志、曾东强、黄少鸿等	二等
2011	难冶钨资源深度开发应用关键技术	中南大学、厦门钨业股份有限公司、株洲硬质合金集团有限公司、自贡硬质合金有限公司、仁化县泰和元有限公司	赵中伟、刘咏、贺跃辉、吴冲浒、姜文伟、周建华、王社权、杨金洪、方奇、钟军、梁卫东、周永贵、张忠健、张立、李洪桂	一等
2011	南方砂梨种质创新及优质高效栽培关键技术	中南林业科技大学、浙江大学、湖北省农业科学院果树茶叶研究所、云南省农业科学院园艺作物研究所、株洲市地杰现代农业有限责任公司、云南红梨科技开发有限公司	谭晓风、周国英、腾元文、袁德义、胡红菊、舒群、刘君昂、乌云塔娜、张林、曾艳玲	二等
2011	新型和改良多倍体鱼研究及应用	湖南师范大学、湖南湘云生物科技有限公司	刘少军、周工健、罗凯坤、覃钦博、段巍、陶敏、张纯、姚占州、冯浩、刘筠	二等
2011	动物流感系列快速检测技术的建立及应用	华中农业大学、武汉科前动物生物制品有限责任公司、湖北省动物疫病预防控制中心、湖南省兽医局	金梅林、陈焕春、吴斌、张安定、周红波、邱伯根、宋念华、徐晓娟、郭学波、但汉并	二等
2011	稻米深加工高效转化与副产物综合利用	中南林业科技大学、华南理工大学、万福生科(湖南)农业开发股份有限公司、华中农业大学、长沙理工大学、湖南润涛生物科技有限公司、湖南农业大学	林亲录、杨晓泉、赵思明、程云辉、谭益民、肖明清、黄立新、吴跃、杨涛、吴卫国	二等
2011	工业产品中危害因子高通量表征与特征识别关键技术与应用	湖南出入境检验检疫局检验检疫技术中心、江南大学、中国科学院大连化学物理研究所、福建出入境检验检疫局检验检疫技术中心、天津出入境检验检疫局工业产品安全技术中心	王利兵、胥传来、黄志强、染鸣、许国旺、于艳军、丁利、彭梓、马伟、王晓兵	二等
2011	高品质船板高效化制造关键技术研发与集成创新	新余钢铁集团有限公司、江西理工大学、钢铁研究总院、湖南视拓科技发展有限公司、上海优控科技有限公司、北京科技大学	王洪、赖朝彬、仇圣桃、刘小林、夏文勇、张均生、周国林、龚红根、吕瑞国、何雪平	二等

续表 23-1-7-3

年份	项目名称	主要完成单位	主要参与人	获奖等次
2011	铅高效清洁冶金及资源循环利用关键技术与产业化	河南豫光金铅股份有限公司、中南大学、长沙有色冶金设计研究院	杨安国、郭学益、李卫锋、赵传合、王拥军、田庆华、张小国、余刚、李贵、陈会成	二等
2011	血液净化系统监测与控制系统系列关键技术及整机设备	重庆山外山科技有限公司、重庆邮电大学、中南大学湘雅二医院	高光勇、林金朝、彭佑铭、李昔华、任应祥、罗志勇、滕朝宇、卢继珍、童锦、刘智勇	二等
2011	混凝土桥梁服役性能与剩余寿命评估方法及应用	长沙理工大学、浙江大学、中南大学、长沙金码高科技实业有限公司、广西交通科学研究院、贵州省交通科学研究院	张建仁、金伟良、余志武、刘扬、王磊、杨金喜、彭建新、彭晖、蒋丽忠、王海龙	二等
2011	重大水利水电电工程施工实时控制关键技术及其工程应用	天津大学、华能澜沧江水电有限公司、中国水电顾问集团昆明勘测设计研究院、青海黄河上游水电开发有限责任公司、中国水利水电第十四工程局有限公司、中国水电顾问集团、中南勘测设计研究院、中国安能建设总公司	马洪琪、钟登华、张宗亮、陈玉军、张社荣、艾永平、刘东海、刘兴国、李明超、洪坤	二等
2011	山区拱桥建设与维护新技术研发及应用	重庆交通大学、交通运输部公路科学研究院、中交第一公路勘察设计研究院有限公司、重庆交通建设(集团)有限责任公司、广西壮族自治区公路桥梁工程总公司、中国人民解放军后勤工程学院、长沙理工大学	周建庭、周志祥、张劲泉、刘士林、顾安邦、江世永、王劼耘、乔墩、李传习、杨建喜	二等
2011	2 型糖尿病新治疗方案研究与临床应用	中山大学附属第一医院、中山大学附属第三医院、北京大学人民医院、中山大学孙逸仙纪念医院、南京大学医学院附属鼓楼医院、四川大学华西医院、中南大学湘雅二医院	翁建平、李延兵、纪立农、朱大龙、程桦、田浩明、周智广、曾龙驿、时立新、罗佐杰	二等
2011	复杂难采深部铜矿床安全高效开采关键技术研究与应用	铜陵有色金属集团控股有限公司、中南大学、中国恩菲工程技术有限公司、北京恩菲工程技术有限公司、北京矿冶研究总院、中钢集团马鞍山矿山研究院有限公司、长沙矿山研究院	李冬青、王李管、杨承祥、于润沧、张传信、陈何、吴超、姚中亮、施士虎、唐礼忠	二等
2011	国产铁精矿提铁降硅(杂)的系统研究与实践	长沙矿冶研究院、鞍山钢铁集团公司、太原钢铁(集团)有限公司、酒泉钢铁(集团)有限责任公司、中钢集团马鞍山矿山研究院有限公司、武汉钢铁(集团)公司、本溪钢铁(集团)矿业有限责任公司	余永富、邵安林、张泾生、张兆生、秦同文、陈毅琳、胡义明、刘洋洲、陈雯、祁超英	二等
2012	复杂难处理镍钴资源高效利用关键技术丰应用	金川集团有限公司、中国恩菲工程技术有限公司、昆明理工大学、北京矿冶研究总院、中南大学、东北大学、西北矿冶研究院	杨志强、万爱东、王华、武焌、周民、陈自江、刘玉强、邵剑辉、蒋开喜、段希祥、汪海洲、李尚勇、包国忠、申勇峰、陈爱良	一等

续表 23-1-7-3

年份	项目名称	主要完成单位	主要参与人	获奖等次
2012	创新团队	国防科技大学高性能计算创新团队	国防科技大学高性能计算创新团队	一等
2012	优质早籼高效育种技术研创及新品种选育应用	中国水稻研究所、湖南省水稻研究所、湖南金健米业股份有限公司	胡培松、赵正洪、唐绍清、黄发松、王建龙、罗炬、周斌、张世辉、应杰政、吕燕梅	二等
2012	与森林资源调查相结合的森林生物量测算技术	中国林业科学研究院资源信息研究所、国家林业局中南林业调查规划设计院	唐守正、张会儒、曾伟生、李海奎、胥辉、雷渊才、贺东北、徐济德、王琫瑜、陈永富	二等
2012	难造块铁矿资源制备优质炼铁炉料的关键技术	中南大学、武钢集团昆明钢铁股份有限公司、湖南华菱湘潭钢铁有限公司、湖南华菱涟源钢铁有限公司、包头钢铁(集团)有限责任公司、鞍钢集团矿业公司、太原钢铁(集团)有限公司	姜涛、范晓慧、李光辉、郭宇峰、李春龙、邵安林、唐启荣、贺淑珍、胡友明、杨永斌	二等
2012	面向互联网计算的虚拟计算环境	国防科技大学	王怀民、卢锡城、王戟、李东升、彭宇行、王意洁、褚瑞、刘锋、张一鸣、陈振邦	二等
2012	沥青路面状态设计法与结构性能提供技术及工程应用	长沙理工大学、湖南省高速公路建设开发总公司、武汉理工大学、海南高速公路股份有限公司、广东省长大公路工程有限公司	郑健龙、周志刚、钱国平、曾胜、刘朝晖、赵平、黄绍龙、李宇峙、关宏信、吕松涛	二等
2012	水田杂草安全高效防控技术研究与应用	湖南农业大学、湖南人文科技学院、中国水稻研究所、华南农业大学、湖南省农药检定所、湖南振农科技有限公司、湖南农大海特农化有限公司	柏连阳、周小毛、王义成、余柳青、刘承兰、金晨钟、曾爱平、袁哲明、刘祥英、李富根	二等
2012	海底大型金属矿床高效开采与安全保障关键技术	山东黄金集团有限公司、中南大学、北京科技大学、北京黄金经济发展研究中心	陈玉民、李夕兵、刘钦、修国林、赵国彦、胡乃联、毕洪涛、姜福兴、刘志祥、张炳南	二等
2012	中国东部中生代隐伏金属矿找矿理论技术创新与重大突破	中国地质科学院地球物理地球化学勘查研究所(第二完成单位)	毛景文、王学求、张宗恒、贾宝华、杜海燕、郭保健、刘建明、李春生、田豫才、黄水保	二等
2012	金川镍矿高应力特大型矿床连续开采综合技术	中南大学(第四完成单位)	王永前、姚维信、吴爱祥、陈得信、刘育明、王新民、康红普、马凤山、高谦、王玉山	二等

（二）省级奖励。1988 年，湖南省石化厅化肥公司长沙化工机械厂等单位 12 项科技成果分获省科技进步一、二等奖。长沙县沙坪节能设备厂、颜氏节能技术研究所等单位 8 项科技成果分获省首届星火科技奖奖项。2003 年，湖南省设科学技术杰出贡献奖。中国工程院院士、湖南师范大学教授刘筠获省科学技术杰出贡献奖。2005 年，中国工程院院士、国防科技大学教授卢锡城，湖南杂交水稻研究中心研究员罗孝和获省科学技术杰出贡献奖。2007 年，中国工程院院士、湖南大学教授钟志华，湖南山河智能股份有限公司董事长何清华获省科学技术杰出贡献奖。

2009 年，湖南大学等单位 15 项科技成果分获省自然科学一、二等奖（附表只录入一等奖）。长沙理工大学、华中科技大学、湖南湘能电气自动化有限公司等单位 9 项科技成果分获省技术发明一、二等奖。湖南大学工程院院士俞汝勤获省科学技术杰出贡献奖。

2011 年，中南大学教授卢光琇，中国工程院院士、湖南农业大学教授官春云获省科学技术杰出贡献奖。2012 年，湖南师范大学等单位 6 项科技成果和“新技术”获省自然科学一等奖；湖南路桥建设集团公司等单位 2 项“新技术”获省技术发明一等奖；三一重工股份有限公司等单位 22 项科技成果获省科技进步一等奖。

表 23-1-7-4　　2009—2012 年长沙市获湖南省自然科学奖一等奖一览表

年份	项目名称	主要完成单位	主要参与人
2009	纳米尺度和分子水平上生物信息获取的新原理与新方法	湖南大学	王柯敏、何晓晓等
2009	面向高维非结构化数据的模拟识别与机器智能	国防科技大学机电工程与自动化学院等	胡德文、王正志等
2009	受限空间多相流动传热与传质机理研究	湖南工业大学、湖南大学	王汉青、赵福云等
2009	人类心脏发育基因的鉴定及分子机理研究	湖南师范大学	吴秀山、王跃辉等
2009	转录因子 AP-2 家庭转录调控机理及在癌症和心血管病中的作用	湖南师范大学	张健、周建林等
2010	虚拟计算环境的资源聚合激励	国防科技大学	王怀民、露锡城等
2010	多组元铝合金相图热力学及院子移动性的理论及应用	中南大学	杜勇、张利军等
2010	一维功能半导体纳米结构的合成和光子学研究	湖南大学	潘安练、邹炳锁等
2010	卟啉化合物的合成及其仿生催化烃类氧化研究	湖南大学	郭灿城、刘强等
2010	中国梨自交不亲和性研究	中南林业科技大学等	谭晓风、张琳等
2010	EB 病毒瘤蛋白、LMP1 介导的信号转导分子机制及其功能的研究	中南大学	曹亚、李力力等
2010	非线性泛函微分方程理论及应用	湖南师范大学	唐先华、戴斌祥等
2010	玻色—爱因斯坦凝聚原子的混沌运用及其控制	湖南师范大学	海文华、崇桂书等
2011	声子晶体带隙理论及减振降噪及应用研究	国防科技大学	温熙森、温激鸿
2011	基于界面物理化学作用的复杂矿物浮选分离原理	中南大学	胡岳华、孙伟等
2011	辐射带高能粒子动力学演化理论及建模	长沙理工大学	肖伏良、唐立军等

续表 23-1-7-4

年份	项目名称	主要完成单位	主要参与人
2011	基于条纹方向和条纹等值线的干涉条纹处理方法	国防科技大学	于起峰、伏思华等
2011	时滞系统鲁棒控制的自由权矩阵方法	中南大学	吴敏、何勇等
2012	非线性偏微分方程多解及奇异问题高效计算方法研究	湖南师范大学	谢资清、陈传淼
2012	中国蜘蛛肽类毒素组学及其结构与功能研究	湖南师范大学	梁宋平、刘中华等
2012	可扩展并行计算机系统结构机理及方法	国防科技大学	杨学军、肖侬等
2012	光纤激光相干合成的机理与方法	国防科技大学	刘泽金、周朴等
2012	茉莉素信号传导的分子机理研究	湖南农业大学、清华大学	任春梅、谢道昕等
2012	食品安全与检验检疫危害因子检测新原理新方法	湖南出入境检验检疫局检验检疫技术中心、江南大学	王利兵、丁利等

表 23-1-7-5　　2009—2012 年长沙市获湖南省技术发明奖一等奖一览表

年份	项目名称	主要完成单位	主要参与人
2009	GPS 时差型电网故障高精度行波定位技术及应用	长沙理工大学、华中科技大学、湖南湘能电气自动化有限公司	曾祥君、尹项根等
2009	水稻两用核不育系 C815S 的选育及应用基础研究	湖南农业大学	陈立云、唐文帮等
2009	GBF 蜂巢芯基础技术及其在现浇混凝土双向空腹密肋楼盖中的应用	长沙巨星轻质建材股份有限公司、长沙理工大学、中南大学	邱则有、胡萍等
2009	只能配电网中性点接低阻抗最优控制与接地保护成套技术及装备	长沙理工大学等	曾祥君、尹项根等
2009	野生稻高产基因(yld1.1，yld2.1)分子育种技术体系及其应用研究	湖南杂交水稻研究中心等	邓启云，袁隆平等
2011	柑橘酶法脱囊衣和去皮技术研究	湖南省农产品加工研究所	单杨、李高阳等
2011	酰胺类水田除草剂的植物性安全剂研究与应用	湖南农业大学、湖南人文科技学院	柏连阳、周小毛等
2011	全氯循环法高效利用难处理氧化矿制备高性能镍钴材料	中南大学、湖南海纳新材料有限公司、湖南合纵科技有限公司	李新海、王志兴等
2012	大跨度悬索桥加劲梁“轨道滑移法”架设新技术	湖南路桥建设集团公司、西南交通大学等	胡建华、张念来
2012	电力电子混合和混杂系统先进控制方法及应用	湖南大学、湖南中科电气股份有限公司	罗安、王卫安
1988	Φ600 节能折流式氨合成塔内件的研制	湖南省石化厅化肥公司长沙化工机械厂	谢定中、柳志学等
1993	CF4G27 汽油机	长沙汽车发动机总厂	范崇武、刘晓华等

表 23-1-7-6　　1988—2012 年长沙市获湖南省科学技术进步奖一等奖一览表

年份	项目名称	主要完成单位	主要参与人
1994	QY16-QY50 汽车起重机专用底盘产品系列	湖南省浦沅工程机械总厂	王春阳、吴焱等
1995	ZXZ-V 型直燃式溴化锂冷湿水机	长沙远大空调实业公司	张剑等
1996	双低油菜新品种湘油 13 号	湖南农业大学油料研究所	官春云、王国槐等
1997	HBT50、60 拖式混凝土输送泵	中联建设机械产业公司	刘权、张建国等
2001	高强度超强结合力型泡沫镍	长沙力元新材料股份有限公司	钟发平、陶维正等
2002	多功能静力压桩机	中南大学、山河智能机械股份有限公司	何清华、朱建新等
2002	湘潭湘江三桥主孔斜拉桥关键技术研究	长沙市规划设计院、中南大学、湖南大学(第四完成单位)等	李素平、戴公连等
2003	桁架式折叠准封离型切割与焊接用 1 千瓦级二氧化碳激光器	湖南大学、长沙凤凰激光设备有限公司	—
2003	Builder 智能远程图像监控系统	湖南大学、湖南安力电子开发有限公司	—
2003	WW(S)T“四无”型微机调速器	长沙星特自控设备实业有限公司、福建连江山仔水电站	—
2003	废塑料裂解制取液体燃料技术的研究及示范工程的建设	湖南大学、长沙市环卫资源再生有限公司	—
2003	茶叶提取物系列产品研究与开发	湖南农业大学天然产物研究中心、湖南金农生物资源股份有限公司	—
2004	蜘蛛毒素的结构与功能研究	湖南师范大学	梁宋平、谢锦云等
2004	香稻不育系新香 A 的选育及其香型杂交稻的应用研究	湖南杂交水稻研究中心	周坤炉、阳和华等
2004	马尾松、湿地松林生态系统生物产量及物质循环研究	中南林学院	田大伦、项文化等
2004	药物相互作用的基因调控	中南大学临床药理研究所	周宏灏、王连生等
2004	成人隐匿性自笛免疫糖尿病的研究	中南大学湘雅二医院	周智广、黄千等
2004	SY 系列混凝土泵车技术研究与开发应用	三一重工股份有限公司	易小刚、吴冬香等
2004	金融货币智能识别与自主支付应用系统	湖南金码科技发展有限公司、中南大学信息科学与工程学院、湖南省科学技术研究开发院、国防科技大学电子科学与工程学院	金瓯、贺建飚等
2004	大型航空航天构件模锻和执处理装备智能控制系统	中南大学、西南铝业(集团)有限责任公司	桂卫华、喻寿益等
2004	锅炉负荷煤质通用技术研究	长沙理工大学	陈东林、鄢晓忠等
2004	波音 757 飞机碳/碳刹车材料的研究与开发	中南大学	黄伯云、熊翔等
2004	柑橘产业化综合技术研究	湖南省农产品加工研究所、湖南熙可食品有限公司、湖南农业大学等	单杨、何建新等

续表 23-1-7-6

年份	项目名称	主要完成单位	主要参与人
2004	高速公路沿溶剂采空区路、桥基础设计施工与质量监控方法研究	湖南大学、湖南省潭邵高速公路建设开发有限公司	周伟义、赵明华等
2004	大跨径钢箱梁斜拉桥关键技术研究	湖南路桥建设集团公司、中交公路规划设计院等	陈明宪、戴永宁等
2004	有色金属工业重金属废水重复利用技术研究	湖南有色金属研究院、湖南大学等	罗胜联、李米志等
2005	优质早籼“湘早籼31号”的选育	湖南省水稻研究所、湖南金健米业股份有限公司	赵正洪、余应弘等
2005	亚热带耕作土壤碳氧磷等养分优化调控研究与应用	中国科学院亚热带农业生态研究所、湖南省土壤肥料工作站	吴金水、谢卫国等
2005	南方紫色页岩地区综合改造技术	湖南省林业科技推广总站	葛汉栋、唐苗生等
2005	铝合金铸轧新技术与设备研制	中南大学、华北铝业有限公司	钟掘、蔡洪元等
2005	利用发电废热直接提供制冷、制热或卫生热水的技术	长沙远大空调有限公司	张跃、王劲东等
2005	构件化应用服务器 Star-Appserver	国防科技大学计算机学院	贾焰、吴泉源等
2005	新一代互科网高性能路由器	国防科技大学计算机学院	王宝生、王勇军
2005	电能质量先进控制方法及工程应用	湖南大学、湖南银纳科技有限公司等	罗安、章兢等
2005	复杂工业系统的综合集成智能控制理论方法、算法、实时控制软件及其应用	湖南大学、长沙市莱塞光电子技术研究所等	张学庄、张驰等
2005	恶性肿瘤的蛋白质组学研究及技术平台建立	中南大学湘雅医院	陈主初、肖志强等
2005	高密度高电压平台锂离子电池正极材料钴酸锂的研发及产业化	中南大学、湖南瑞翔新材料有限公司	胡国荣、彭忠东等
2005	高速公路软土路基处理研究及应用	湖南大学、湖南省临长高速公路建设开发有限公司	蒋鹏飞、赵明华等
2006	苏云金芽孢杆菌的研究及其新型高效杀虫剂的应用	湖南师范大学、湖南衡阳莱德生物药业有限公司	夏立秋、丁学和等
2006	南方冬闲田马铃薯种植与综合配套技术研究	湖南农业大学、湖南农业厅农业技术推广总站等	熊兴耀、刘明目
2006	猪氮磷营养代谢调控及环境安全技术研究与应用	中国科学院亚热带农业生态研究所、湖南省畜牧兽医研究所、湖南农业大学等	印遇龙、林映才等
2006	绝经后骨质酥松的发病机制与临床研究	中南大学湘雅二医院	廖二元、伍贤平等
2006	全数控螺旋锥齿轮磨齿机系列化产品的研究与制造	湖南中大创远数控装备有限公司、中南大学等	曾韬、谢沅亮等
2006	一体化液压潜孔钻机	中南大学、湖南山河智能机械股份有限公司	何清华、陈欠根等
2006	网络评审软件开发平台及推广应用	中南大学、湖南省科学技术奖励工作办公室、上海市科技奖励中心	龙军、罗利华等

续表 23-1-7-6

年份	项目名称	主要完成单位	主要参与人
2006	锂离子电池及其关键材料制备技术与产业化	中南大学	李新海、王志兴等
2006	新型杀虫剂硫肟醚(HNPC-A9908)的创制与产业化开发	湖南化工研究院、国家农药创制工程技术中心	王晓光、柳爱平等
2006	载银纳米二氧化钛抗菌材料的研制与开发	中南大学、郴州市金贵有色金属有限公司	柴立元、曹永贵等
2006	高强高模聚乙烯纤维千吨级产业化工程研究	湖南中泰特种装备有限责任公司、总后勤部军需装备研究所	杨年慈、周国泰等
2006	斜拉桥拉索风雨振机原理与振动控制技术研究	湖南大学、湖南省交通规划勘查设计院、中南大学等	陈政清、胡建华等
2006	桥梁特大型深水基础设计新技术	湖南路桥建设集团公司、中交公路规划设计院等	陈明宪、孟凡超等
2007	能够对致死量流感病毒感染提供保护的DNA疫苗研究	湖南师范大学	陈则、方芳等
2007	油菜化学杀雄利用杂种优势的研究与应用	湖南农业大学	官春云、王国槐等
2007	红壤冒地肥力退化与复合调理技术研究	湖南省农业科学院等	曾希柏、罗尊长等
2007	蛋白质化学收蛋白质组学技术平台发展与应用	湖南师范大学	梁宋平、陈平等
2007	鼻咽癌的转录组学研究	中南大学肿瘤研究所	李桂源、熊炜等
2007	深海浅地层岩芯取样钻机系列及其勘探工艺	长沙矿山研究院等	万步炎、钱鑫炎等
2007	输配电关键技术与装备及其工程应用	湖南大学、湖南省电力公司、湖南省电器研究所、长沙博立电气有限公司	罗安、章兢等
2007	面向海量信息的并行数据管理平台 MDMP	国防科技大学、国家计算机网络应急技术处理协调中心	贾焰、杨树强等
2007	烟草物流信息集成与协同管理关键技术研究及应用	湖南大学、湖南白沙物流有限公司、云博信息技术有限公司	赖明勇、姜新荣等
2007	自密实高性能混凝土技术的研究与应用	中南大学、湖南省建筑工程集团总公司等	余志武、谢友均等
2007	新型PK预应力双向配筋叠合楼盖体系关键技术研发及产业化	湖南大学、长沙合力高强砼模板开发有限公司	吴方伯、周绪红等
2007	大跨度自锚式悬索桥设计理论与关键技术研究	湖南省交通规划勘察设计院、湖南大学、中南大学(第四完成单位)等	胡建华、向建军等
2007	斜塔竖琴式斜拉桥的设计与施工	湖南大学、中铁大桥局集团第五工程有限公司、中南大学等	邵旭东、李立峰等
2007	城市生活垃圾的资源化处理技术	湖南大学	袁兴中、曾光明等
2008	工程机械动力节能技术研究与产业化	三一重工股份有限公司	易小刚、陈林等
2008	神经网络动力学理论与应用研究	湖南大学	黄立宏、郭小江等
2008	真空量子涨落及其效应	湖南师范大学	余洪伟、吴普训等

续表 23-1-7-6

年份	项目名称	主要完成单位	主要参与人
2008	南方蔬菜无公害化生产关键技术研究与产业化示范	湖南省农业科学院等	刘勇、张友军等
2008	洞庭湖流域生态功能优化与水土资源利用关键技术研究及应用	中国科学院亚热带农业生态研究所、湖南省农业资源与环境保护管理站、湖南师范大学环境与资源科学学院等	王克林、黄道友等
2008	油茶雄性不育选育与杂交育种研究	湖南省林业科学院、浏阳市林业局、浏阳市沙市镇林业管理服务站	陈永忠、柏方敏等
2008	新型和改良多倍体鱼研究	湖南师范大学	刘少军、刘筠等
2008	脊柱结构病瘫痪患者外科优化治疗方案的实验与临床研究	中南大学湘雅医院	张宏其、郭超峰等
2008	神舟系列飞船和卫星蜂窝结构用高端铝合金材料及制备技术	中南大学、湖南卓聚新材料有限公司(第四完成单位)等	张新明、赵世庆等
2008	超声键合机理、规律与技术研究	中南大学	李军辉、韩雷等
2008	银河麒麟服务器操作系统	国防科技大学计算机学院、湖南麒麟信息工程技术有限公司	罗军、吴庆波等
2008	膨胀土路基设计、加固与施工技术研究	长沙理工大学、湖南省交通规划勘察设计院(第四完成单位)等	陈明宪、胡建华等
2008	青藏铁路恶劣风环境下行车安全基础研究与监测预警指挥系统	中南大学	田红旗、梁习锋等
2008	涂料工业清洁生产工艺和方法	湖南大学	曾光明、单文伟等
2008	肾上腺素受体遗传变异与疾病易感性和药物反应差异的机制研究	中南大学临床药理研究所	周宏灏、刘昭前等
2009	中央空调风管清洗消毒机器人成套设备技术研究	长沙人人康空气净化技术有限公司	雷学军、金银龙等
2009	纳米精度高效光学抛光数字化装备与技术	国防科技大学机电工程与自动化学院	李圣怡、戴一凡等
2009	基于虚拟化技术的高可用刀片服务器	国防科技大学计算机学院、湖南麒麟信息工程技术有限公司等	吴庆波、戴华乐等
2009	大型锌湿法电解生产综合优化控制技术与应用	中南大学等	桂卫华、阳春华等
2009	用增强 RFI/RTM/VIMP 方法制备轨道交通车辆大尺寸复合材料部件	国防科技大学航天与材料工程学院、株洲电力机车广缘科技有限责任公司	肖加余、曾竟成等
2009	废旧物资(铜、塑料)高质化利用关键技术研究与应用	中南大学等	柴立元、闫红杰等
2009	长株潭城市主干道路沥青路面结构、材料与施工动态控制技术	长沙理工大学、长沙市市政工程有限责任公司等	刘朝晖、谭荣鸣等
2009	高速铁路克碴轨道施工关键设备与技术	三一重工股份有限公司、中国中铁二局股份有限公司等	易小刚、黄向阳等
2009	水稻温敏核不育系株 1S 的选育与应用	株洲市农业科学研究所、湖南亚华种业科学研究院等	杨远柱、凌文彬等

续表 23-1-7-6

年份	项目名称	主要完成单位	主要参与人
2009	柑橘优异种质创新及特色品种的选育与推广	湖南农业大学、湖南省经济作物发展中心等	邓子牛、廖振坤等
2009	水稻丰产高效技术集成研究与示范	湖南农业大学、国家杂交水稻工程技术研究中心、湖南省水稻研究所等	青先国、王学华等
2009	仔猪肠道健康及工能性饮料研究与应用	中国科学院亚热带农业生态研究所、湖南广安生物技术股份有限公司、湖南农业大学等	印遇龙、李铁军等
2010	2兆瓦风力发电机组和关键零部件研制及产业化	湘潭电机股份有限公司、湖南科技大学等	周建雄、罗百敏等
2010	系列履带式起重机关键技术研究与产业化	长沙中联重工科技发展股份有限公司等	高一平、黎伟福等
2010	大型电厂冷凝器的污垢检测技术与清洗智能机器人研制及应用	湖南大学、长沙理工大学、三一重工股份有限公司	王耀南、樊绍胜等
2010	多层大型高危地下空区条件下露天强化开采关键技术研究	长沙矿山研究院等	周爱民、高建敏等
2010	稻米深加工高效转化与副产品综合利用	中南林业科技大学、万福生科(湖南)农业开发股份有限公司等	林青录、张行等
2010	食品、化学品中危害因子高通量表征与识别关键技术的研究与应用	湖南出入境检验检疫局检验检疫技术中心等	王利兵、黄志强等
2010	山区复杂地段公路边坡关键技术及推广应用研究	中南大学、湖南省交通规划勘察设计院等	彭立、李亮等
2010	新型混凝土横孔连锁空心砌块干砌墙体应用技术	湖南大学、湖南高岭建设集团股份有限公司等	周绪红、吴方伯等
2010	复杂装备的结构优化设计技术及工程应用	湖南大学等	韩旭、文桂林等
2010	混凝土桥梁耐久性评估理论及其应用	长沙理工大学、长沙金码高科技实业有限公司	张建仁、王磊等
2010	高速铁路干混砂浆搅拌站研究开发及应用	三一重工股份有限公司	易小刚、黄向阳等
2010	列车碰撞安全保护技术	中南大学	田红旗、梁习锋等
2012	集装箱装卸成套设备关键技术研究及产业化	三一重工股份有限公司	李翠英、彭国成等
2012	复合式土压平衡盾构设备研制及其应用	中国铁建重工集团有限公司、中南大学	程永亮、夏毅敏等
2012	湖南省极端气象灾害预警评估技术体系研究与示范作用	湖南省气象科学研究所、湖南大学、中南大学等	汪扩军、蔡荣辉等
2012	芦苇硫酸盐浆氧脱木素和ECF漂白技术	长沙理工大学(第二完成单位)等	廖万坤、贺建洲等
2012	千牛米上回转自升式超大型塔式起重机开发与应用	中联重科股份有限公司、中铁大桥局集团有限公司	喻乐康、阳云华等
2012	高速铁路过渡段路基关键技术研究与应用	中南大学、中南林业科技大学(第三完成单位)等	王永和、卿启湘等
2012	人胚胎干细胞建系、建库及诱导分化的系列研究及初步应用	中南大学、湖南光琇高新生命科技有限公司	林戈、卢光琇等

续表 23-1-7-6

年份	项目名称	主要完成单位	主要参与人
2012	高耐磨高能制动粉末冶金摩擦材料的研制与产业化	中南大学、湖南博云新材料股份有限公司	姚萍屏、熊翔等
2012	自身免疫性疾病的发病机制及其临床应用	中南大学湘雅二医院	陆前进、肖嵘等
2012	汽车用新型铝、镁合金开发、先进挤压成形技术及应用	湖南大学、长沙仲腾金属材料科技有限公司(第三完成单位)等	李落星、娄燕等
2012	新型广义复合地基技术及其在公路软基处治中的应用	湖南大学、湖南省交通科学研究院	陈昌富、张玲等
2012	结构加固新技术	湖南大学、湖南省建筑设计院(第三完成单位)等	尚守平、杜运兴等
2012	大型风力发电机复合材料叶片设计、制备和试验技术	国防科技大学等	曾竟成、杨军等
2012	高油分、高抗逆、高产量"三高"优质油菜新品种选育和推广	湖南农业大学	陈社员、官春云等
2012	黑茶保健功能发掘与产业化关键技术创新	湖南农业大学、湖南省茶业有限公司等	刘仲华、周重旺等
2012	星载新一代统一测控扩频应答机	国防科技大学	王跃科、杨俊等
2012	列车碰撞安全保护技术	中南大学	田红旗、梁习锋等
2012	调整公路养护管理智能化及路面维修技术	长沙理工大学、湖南省高速公路管理局	郑健龙、曾胜等
2012	超级杂交稻"三定"栽培技术研究与应用	湖南农业大学、湖南省水稻研究所	邹应斌、夏胜平等
2012	南方早籼稻垩白改良关键技术的研究与应用	湖南农业大学	肖浪涛、彭克勤等
2012	四磨汤治疗功能性胃肠病的效应及产业化研究	湖南汉森制药股份有限公司、湖南中医药大学	蔡光先、刘令安等
2012	重大建设项目执行控制体系及技术创新管理平台研究	中南大学等	王孟钧、郭乃正等

表 23-1-7-7　　1988—1990 年长沙市获湖南省星火科技奖励项目一览表

年份	项目名称	主要完成单位	主要参与人	获奖情况
1988	工业炉用油燃器及快速熔铝炉开发	长沙县沙坪节能设备厂、颜氏节能技术研究所	颜梦秋、刘显干等	省首届星火科技奖
1988	柑橘特早熟系列技术开发	湖南省山区综合技术开发研究中心等	刘庆民、熊继和等	星火科技奖
1988	脉宽调制酸度(pH)监测器	劳动部劳动保护科研所、烟溪电子仪器厂	王斌、夏吉安	星火科技奖
1988	三(2·3 一二溴丙基)异三聚氰脂(阻燃剂 TBC)	浏阳县有机化工厂	熊孝勇、李文强等	星火科技奖
1988	服装综合生产线装备	望城县雄姿服装厂	钟荣甲、李学益等	星火科技奖
1988	多维蛋白花及"神农"强身饮料寿而康	新化保健食品厂、湖南中医学院	易南炽、杨理武等	星火科技奖
1988	湖南省山区综合技术开发	湖南省科委、湖南山区综合开发研究中心	李邦贵、黄保民等	星火管理奖

续表 23-1-7-7

年份	项目名称	主要完成单位	主要参与人	获奖情况
1988	绿茶碳酸饮料系列产品开发	长沙县酿酒厂	蔡东森	星火示范企业奖
1989	新型耐热铸铁6米焦炉护护设备	湖南大学	—	星火科技二等奖
1989	TZ型椭圆翅片管采暖散热器	长沙散热器厂、湖南省能源研究所	—	星火科技二等奖
1990	一百万礼花弹技术装备及产品开发	浏阳县出口花炮厂	戴朝庆、黄明章等	星火科技二等
1990	蘑菇培养料二次发酵技术开发	长沙食用菌研究所	苏凯帝、李惠华等	星火科技二等

（三）市级奖励。1987年，长沙市出台《科学技术奖励办法》。1988年，全市有37个科技项目获市科技进步奖，其中一等奖3个；二等奖12个；三等奖22个。

1990年12月，根据《长沙市"星火"科技奖励办法》，首次评定市星火科技奖励一等奖2个；二等奖3个；管理奖2个。2000年，长沙市设立科学技术创新贡献奖。每两年评选一次，资金总额为50万元，其中10万元属获奖者个人所得，40万元由获奖者自主选题，用于补助科研经费。2005年，长沙市出台《科学技术创新贡献奖实施细则》。黄伯云、詹纯新获市首届创新贡献奖。2007年，长沙组织首次产学研合作奖和科技成果转化奖评奖。中南大学等14家单位获首届市产学研合作奖；长沙中联重科股份有限公司等8家单位获首届市科技成果转化奖。易小刚获创新贡献奖。2008年，三一重工股份有限公司等7家单位获市产学研合作奖；中联重科股份有限公司等5家单位获科技成果转化奖。2009年，唐景庭获市创新贡献奖。中联重科股份有限公司等6家单位获市产学研合作奖；中国电子科技集团第四十八研究所等10家单位获市科技成果转化奖。

2011年，卢光琇获市创新贡献奖。11月，黄明智等10名青年获市首届青年科技奖。2012年，10名青年被评为"长沙市十佳科技创新青年人才"。

表 23-1-7-8　　1988—2012年长沙市科技进步奖授奖情况一览表　　单位：项

年份	一等奖	二等奖	三等奖	四等奖	小计
1988	3	12	22	—	37
1989	5	14	25	—	44
1990	6	15	28	—	49
1991	4	13	20	—	37
1992	6	16	39	26	61
1993	3	21	28	—	52
1994	3	14	22	—	39
1995	4	12	23	—	39
1996	5	11	24	—	40

续表 23-1-7-8

年份	一等奖	二等奖	三等奖	四等奖	小计
1997	2	10	20	—	32
1998	5	9	18	—	32
1999	3	11	24	4	42
2000	5	9	19	—	33
2001	3	14	21	—	38
2002	3	11	16	—	30
2003	5	9	13	—	27
2004	5	10	14	—	29
2005	5	15	18	—	38
2006	5	13	20	—	38
2007	5	11	23	—	39
2008	4	14	20	—	38
2009	5	14	20	—	39
2010	5	13	28	—	46
2011	6	13	31	—	50
2012	5	17	25	—	47
合计	110	321	561	30	1022

第二章　知识产权

20 世纪 80 年代起，随着中国改革开放和市场经济的发展，中国特色知识产权制度逐步建立并日臻完善，长沙市知识产权事业稳步发展。1984 年 3 月，《中华人民共和国专利法》（以下简称《专利法》）颁布。1985 年 3 月，长沙市建立专利工作管理机制，在长沙市科委设立长沙市专利管理处和长沙市专利事务所，率先全省开展专利管理和服务工作，开始广泛宣传《专利法》，鼓励发明创造，推动企业、高校和科研院所以及广大群众树立专利保护意识。

1989 年 3 月，长沙市深入贯彻国家经委、科委、财政部、中国专利局《关于加强企业专利工作的规定》，建立企业专利工作联络员制度，推动企业建立专利工作体系。1991 年 5 月，浏阳县在县科技局内设专利管理办公室，成为全省第一个县设专利管理机构；望城县、宁乡县相继在县科技局成立专利管理办公室。1996 年 3 月，长沙市成立知识产权工作协调领导小组，建立全市知识产权工作协调机制，统筹推进知识产权行政与司法保护工作。

进入 21 世纪，随着中国加入世贸组织（WTO），长沙市把知识产权工作作为促进技术创新的重要支撑，强化知识产权机构建设，完善知识产权促进政策，加大知识产权投入力度，促进专利技术创新，推进专利技术转化实施。2001年，长沙市发布《关于加强专利工作促进技术创新的意见》，明确加快推进专利技术产业化。2002年11月，长沙市知识产权局挂牌成立，履行全市知识产权（专利）管理职责。2003年8月，长沙市设立知识产权专项资金，加大专利创造与转化投入力度。2004年7月23日，长沙市明确在各区县（市）科技局加挂知识产权局牌子，强化知识产权工作。2005年12月，长沙市进入"国家知识产权示范城市"创建市，以增强经济核心竞争力、培育经济增长点、营造良好发展环境为重点，不断深化知识产权与经济社会发展的融合，推动知识产权工作走向全国先进行列。2006年，国家知识产权局批复同意建立中国专利技术（长沙）展示交易中心，推进专利交易工作。2007年11月，中国专利技术（长沙）展示交易中心组织参加首届"中国专利周"和中国（长沙）科技成果转化交易会，专利技术交易成交24项，金额12.43亿元。2008年，长沙市积极开展示范城市创建，7月，国家知识产权局授予长沙"国家知识产权工作示范城市"称号，长沙知识产权工作迈入全国城市前列。

2009年10月，长沙深入贯彻《国家知识产权战略纲要》，市人民政府出台《长沙市知识产权战略实施纲要》，部署长沙市知识产权中长期发展规划，全面推动知识产权创造、运用、保护和管理工作，引领长沙经济社会跨越式发展。长沙坚持"激励创造、有效运用、依法保护、科学管理"16字方针，不断增强公众知识产权意识，大力培养知识产权人才，着力优化知识产权发展环境，全面提升城市知识产权综合能力和水平，助力建设创业之都、宜居城市、幸福家园和构建"两型社会"，有力支撑率先基本实现全面小康。2010年11月，在国家知识产权局举办的第三届知识产权与城市发展论坛上，副市长何寄华代表长沙市做主题演讲和经验介绍。2012年5月，长沙获"国家知识产权示范城市"称号，知识产权事业得到跨越式发展，为全国知识产权示范城市树立典型和标杆。

第一节 机 构

一、市级机构

1985年3月，在长沙市科学技术委会（以下简称"市科委"）设立长沙市专利管理处和长沙市专利事务所"两块牌子、一套人马"，为正科级事业单位，事业编制10名。1992年8月，长沙市专利管理处和长沙市专利事务所分设，长沙市专利管理处事业编制6名。1993年7月，长沙市专利管理处升格为副县级事业单位，事业编制6名。1994年12月，长沙市专利管理处更名为长沙市专利管理局，事业编制6名。1998年，事业编制增至8名。2002年7月，长沙市专利管理局从市科委分离独立设置，成立长沙市知识产权局，为市政府直属副县级事业单位，2002年11月正式挂牌，内设办公室、专利执法处和综合协调处3个处室，事业编制12名。2005年11月，编制15名。2006年10月，编制17名。2008年7月，长沙市知识产权局升格为正县级事业单位。2008年10月，"三定方案"确立，内设办公室、专利管理处、执法处、协调处，事业编制19名。2010年7月，编制21名。2011年4月，原长沙市新闻出版局（版权局）的版权管理职责划入长沙市知识产权局，内设办公室、专利管理处、专利执法处、协调处（版权管理处）。2012年4月，长沙市新闻出版局（长沙市版权局）工作人员划转，长沙市知识产权局内设办公室、专利管理处、专利执法处、版权管理处、协调处、机关党支部和纪检监察室，编制26名。

1988—2012年，先后担任长沙市知识产权局（专利局）主要领导职务的有：余建国、彭民安；其他领导班子成员有：曾瑛、田晓阳、张虹（女）、陈新堂、张立、熊力。

二、区县（市）级机构

1991年5月，浏阳县在县科技局内设专利管理办公室，成为全省第一个县设专利管理机构。1991年8月，望城县在县科技局成立专利管理办公室。1992年5月，宁乡县在县科技局成立专利管理办公室。1997年1—5月，长沙县和开福、天心、岳麓、芙蓉、雨花区分别在其科技局成立专利管理办公室。2001年11月，浏阳市专利管理办公室更名为知识产权办公室。2004年，望城县成立知识产权局（在县科技局加挂知识产权局牌子），2005年2—8月，浏阳市、长沙县、宁乡县、望城县及芙蓉区、雨花区分别成立知识产权局（在科技局加挂知识产权局牌子）。2008年，长沙高新区管委会成立知识产权局，与经济发展局合署办公。2009年，长沙经开区管委会成立知识产权局，与经济发展局合署办公。2011年，岳麓、天心、开福区科技局内设的专利管理机构升格为知识产权局（加挂牌子），至此，长沙9区县（市），长沙高新区与长沙经开区均成立知识产权局。

2012年3月，宁乡经开区管委会在园区经济发展局加挂知识产权局牌子。

第二节 专 利

1988年，以《中华人民共和国专利法》组织实施3周年为助力，促推长沙市一轻工业公司、市电子工业公司等国有厂矿企业专利申请，企业专利申请开始由被动逐步走向主动，当年专利申请量704件，专利授权量231件。

20世纪90年代初，长沙贯彻落实国家体改委等发布的《企业专利工作办法（试行）》，着力推进企业专利“有制度、有机构、有人员、有投入”，全市大中型企业基本实现“四有”，专利申请不断攀升。1992年，全市年专利申请量首次突破千件大关，达到1193件，其中发明专利144件；专利授权量746件，其中发明专利授权4件。90年代中后期，受国有企业改制影响，专利申请有所回落。

进入21世纪，知识产权成为世界贸易组织的三大支柱之一。随着长沙国有企业改制基本完成，企业把知识产权作为市场竞争力的重要指标，企业技术创新活力进一步增强。2002年，根据湖南省政府发布的《关于加强知识产权工作意见》，长沙加大专利工作力度，当年全市专利申请量1647件，比2001年增长17.8%，占全省申请量的三分之一，其中发明专利申请量389件；专利授权量946件，其中发明专利授权63件。2003年，出台《长沙市专利专项资金暂行办法》，鼓励企业开展专利工作并支持专利申请，对发明专利申请、PCT申请、实用新型和外观设计专利申请给予最高3000元、1万元、500元的资助，当年全市专利申请和授权分别为1922件、1312件，其中发明专利申请779件，授权151件，比2002年分别增长100.3%、139.7%。2004年，全市继续深化专利资助和激励政策，专利申请授权持续保持快速增长，当年全市累计申请专利3662件，

图23-2-2-1 国家知识产权局为长沙市进入国家知识产权工作示范城市授牌 （摄于2008年7月，长沙市科技局供图）

其中申请发明专利1059件，企业成为专利申请的主要力量，占比51%；专利授权量1459件，其中发明专利授权194件。

2006年，制定《长沙市知识产权事业发展“十一五”规划》，明确知识产权事业发展的新5年规划，知识产权投入力度进一步加大，市本级财政资助资金由原来的每年100万提高至300万，集中抓示范企业培育工程，专利申请由上年的3991件增加至4714件，专利授权由上年的1391件增加至3130件。

图23-2-2-2 长沙市首批20家知识产权示范企业授牌现场（摄于2012年8月8日，长沙市科技局供图）

2008年，出台《长沙市知识产权优势企业培育工程管理办法》，市级本级财政资助专利资金提高到每年500万元。全市围绕示范城市创建，深入抓好知识产权优势企业培育和中小企业专利“清零”工作，全年申请专利6314件，比2007年增长36%，其中发明专利3721件，比2007年增长65.3%，占全市专利申请量58.9%，专利授权2807件，其中发明专利授权883件，占31.5%；近百家企业当年实现专利申请“零”的突破。是年，长沙获“国家知识产权工作示范城市”称号。2012年11月，中央电视台《焦点访谈》栏目组专题采访报道三一重工股份有限公司知识产权工作。

2011年，长沙市知识产权公共财政投入提高到每年600万元。制定《长沙市中小企业知识产权战略推进工程实施方案》，中小企业知识产权战略推进工程全面启动。当年专利申请量为1.31万件，比2010年增长44.7%。其中：发明专利5161件，实用新型专利6583件，外观设计1378件。国内发明专利申请量排名全国副省级城市和省会城市第十位。PCT（国际专利）申请385件，居全国省会城市第一位，省会和副省级城市第二位。全年全市共获得专利授权6692件，其中发明专利授权1767件，实用新型专利3932件，外观设计专利996件，国内发明专利授权量排名全国所有城市第十位，每万人拥有发明专利8.5件。

2012年，长沙市知识产权公共项目资金从600万元增加至1075万元，全面启动知识产权“三百工程”，评定“三百工程”首批20家知识产权示范企业，10项转化优秀项目和20名创造领军人物，确定166家中小微企业作为首批战略推进试点企业，专利申请和授权双双突破万件大关。全年全市申请专利1.50万件，比2011年增长14.1%，获得国内专利授权1.04万件，比2011年增长55.1%，高出全国23.5个百分点；全市申请发明专利5883件，占总专利申请量的40%，发明专利授权2180件，居全国副省级城市、省会城市第八名。PCT国际专利申请400件，居全国省会城市第一。每万人拥有发明专利11件。

表23-2-2-1　　1988—2012年长沙市专利申请量、专利授权量一览表　　单位：件

专利申请					专利授权				
年份	年度合计	发明	实用新型	外观设计	年份	年度合计	发明	实用新型	外观设计
1988	704	—	—	—	1988	231	—	—	—
1989	639	—	—	—	1989	331	—	—	—

续表 23-2-2-1

专利申请					专利授权				
年份	年度合计	发明	实用新型	外观设计	年份	年度合计	发明	实用新型	外观设计
1990	832	—	—	—	1990	445	—	—	—
1991	870	105	705	60	1991	626	3	579	44
1992	1193	144	933	116	1992	746	4	688	54
1993	1053	180	817	56	1993	839	29	742	68
1994	1051	210	762	79	1994	521	17	489	15
1995	901	156	625	120	1995	556	25	476	55
1996	938	154	681	103	1996	413	19	322	72
1997	888	146	626	116	1997	427	24	346	57
1998	957	205	584	170	1998	505	31	377	97
1999	1150	175	720	255	1999	947	47	674	226
2000	1422	301	835	286	2000	899	65	584	250
2001	1526	365	860	301	2001	806	59	568	179
2002	1647	389	908	438	2002	946	63	612	271
2003	1972	779	1094	733	2003	1312	151	698	463
2004	3662	1059	1206	1500	2004	1459	194	737	528
2005	3991	1670	1377	944	2005	1391	241	794	356
2006	4714	2475	1615	624	2006	3130	358	1085	1687
2007	4644	2251	1613	780	2007	2410	472	1445	493
2008	6314	3721	1926	667	2008	2807	883	1455	469
2009	6182	2545	2835	802	2009	3756	1278	1901	577
2010	9071	3670	4244	1157	2010	6209	1361	3820	1028
2011	13122	5161	6583	1378	2011	6692	1764	3932	996
2012	14973	5883	7404	1686	2012	10382	2180	6680	1522

第三节 执 法

一、法治建设

20 世纪 80 年代中期，随着《中华人民共和国专利法》颁布与实施，长沙市组织学习宣传与贯彻。1989 年，长沙市发布《关于贯彻原国家经委、科委、财政部、中国专利局〈关于加强企业专利工作的规定〉的通知》，引导企业及时发现与防止侵犯专利权和仿冒专利行为，督查企事业单位落实职务发明的发明人的奖励和报酬。1993 年，长沙市出台《关于加快科技发展的若干规定》，强调加强知识产权保护，凡侵犯公民和法人知识产权的依法处理。1996 年，出台《长沙市知识产权行动计划》，从知识产权保护机构、特别执法期和日常执法等三方面对加强知识产权保护工作进行全面部署。

2001 年，长沙市出台《关于加强专利工作促进技术创新的意见》，着力推动科技创新，支持专利申请和扶持专利技术实施，促进全市专利技术创新和经济快速发展。2002 年，发布《关于加强流通领域专利产品管理的通知》，进一步加强专利产品保护，对维护经营者合法权益作出具体规定。2003 年，出台《长沙市专利资金管理暂行办法》，规范专利资金使用管理、使用范围、申请补助条件和标准，资金使用报告等制度；出台《长沙市专利工作试点实施方案》，进一步规范企业专利工作，引导企业有效运用知识产权制度。2004 年，修订《关于加强流通领域专利产品管理的通知》，印发《关于办理销售专利产品登记工作有关事项的通知》，要求各大商场、药店及批发零售业按规定办理专利产品登记和法律状态检索，进一步规范市场秩序。长沙市发布《关于在全市集中开展查处假冒冒充专利行为的通知》和《长沙市加强专利行政执法开展专项行动的工作方案》，开展执法，打击假冒、冒充专利产品等行为。

2005 年 5 月，发布《长沙市创建国家知识产权示范城市工作方案的通知》，明确创建工作的指导思想、创建目标、创建工作任务、工作步骤、保障措施和创建总体要求，推动长沙市国家知识产权示范创建工作。2006 年，发布《长沙市知识产权事业发展“十一五”规划》《关于加强科技创新型城市建设的意见》，提出实施知识产权优势企业培育工作的要求。2008 年，出台《关于加强企业专利工作的意见》，加快企业专利创新，推进创新型城市建设。出台《长沙市知识产权优势企业培育工程管理办法》，以知识产权为优势培育企业市场核心竞争力，并确定远大空调等 12 家企业为全市首批培育企业。发布《关于组织申报中小学知识产权试点学校的通知》，倡导“教育一个孩子、影响一个家庭、带动全社会”的知识产权教育理念，激发青少年创新意识，推动知识产权工作走进校园，并确定长郡中学等 12 所中小学为长沙市首批知识产权试点学校。

2009 年 2 月，长沙市发布《关于促进专利权质押贷款工作的意见》，促进专利权质押贷款工作，破解科技型企业融资难题。2009 年 10 月，印发《关于发布〈长沙市知识产权战略实施纲要〉的通知》，提出全面把握实施知识产权战略的总体要求，推行知识产权的创造和运用，优化知识产权保护环境，夯实知识产权管理基础，切实保障知识产权战略全面实施。发布《关于在全市商业企业中开展“正版正货”承诺活动的通知》，全面营造尊重知识产权、诚信守法经营的良好氛围，着力提升“诚信长沙”的城市形象。2010 年 8 月，出台《长沙市开展知识产权投融资服务试点方案》，提出投融资服务的目标、重点和行动方法、工作要求等，全面推动知识产权与金融融合，促进科技型企业发展。出台《长沙市打击侵犯知识产权和制售假冒伪劣商品专项行动实施方案》，把全市重点关注的大案要案作为打击目标，把著作权、商标权和植物新品种作为重点保护对象。积极培育发展各种社会组织、中介机构，制定培育和规范知识产权中介服务机构的政策措施的精神，发布《关于促进专利代理服务机构发展的意见》。出台《长沙市展会知识产权保护办法》，就展会活动中有关专利、商标、版权等知识产权进行保护。发布《长沙市专利行政处罚裁量基准》，从“依据认定、处罚依据、违法行为情形和处罚基准”作出相关规定。出台《长沙市知识产权违法行为投诉奖励办法》，鼓励举报知识产权违法行为；发布《长沙市展会知识产权保护办法》，进一步加强会展领域知识产权保护与维权工作。

2012 年，修订《长沙市知识产权补助实施细则》，更加注重专利质量，重点资助发明专利，引导全市专利结构调整；并扩大资助范围，将作品著作权登记以及大学生创业知识产权纳入补助。

二、行政执法

1988年，专利执法工作起步，长沙市调处2起专利申请侵权纠纷案。

20世纪90年代初，长沙十分重视专利纠纷调处，依照专利法有关规定妥善处理专利纠纷案件，维护市场秩序。1993年，查处浏阳达许花炮厂“椰林曲系列烟花”专利产品侵权案，通过调查取证，确认侵权行为，对侵害厂家和个人进行处罚，维护专利权人的合法权益。全年调处专利纠纷案9起。市中级人民法院受理专利案件40起，结案24起，确认专利侵权18起，赔偿金额464.7万元。1994年，市中级人民法院于年初成立全省首家知识产权法庭，是年审结“中华绿豆沙”“南方黑芝麻糊”“洪大妈食品”等136件较大社会影响的商标、专利侵权案，得到最高人民法院和省高级人民法院的肯定。1996年，全市调处专利纠纷18起，帮助当事人挽回经济损失20余万元。

1999年3月，对流通领域的假冒专利进行查处和打击，对长沙市各大商场、药店、超市进行大检查，共查处105个涉嫌冒充专利的产品，对经查实确系假冒专利产品的企业作出行政处罚，并要求限期整改。对生产假冒专利产品企业进行罚款处理，在长沙专利执法中尚属首次。市专利局与省会多家电台、报社联手，对执法行动跟踪报道，切实增强公众知识产权保护意识。

2002年，长沙市出台《关于加强流通领域专利产品管理的通知》，进一步加强专利产品保护，维护经营者合法权益作出具体规定。2003年3月，开展全市商场、药店专利维权打假活动，查处对无效专利50个，调处专利侵权案4起。协调有关部门调处跨省跨地区知识产权侵权案4起。2004年4月，全市开展打击侵犯专利权的专项整治行动，对全市10家大型商场、药店进行30次执法检查，检查专利产品396个，发现125个产品不同程度上存在涉嫌冒充专利和乱用标识等问题，查处3起冒充专利的违法行为，全年调处专利侵权纠纷3起。

2005年4月，长株潭三市执法协作机制的建立，开展跨区域执法合作，建立案件移送和协作办案机制。当年受理移送案件2起。调处专利侵权案7起，调解结案3起。2006年，贯彻实施《中华人民共和国专利法》，加大对流通领域的执法力度。全市共出动38人次，检查商场16个，检查商品610件，查处假冒专利行为案4件。指导沃尔玛步行街店创建“无假冒冒充专利商品”样板商场。

2008年，制定《长沙市知识产权“雷雨”“天网”专利专项行动实施方案》，重点查处医疗器械，大型超市、建材市场等流通领域中假冒他人专利和冒充他人专利行为。专项行动共出动执法人员30人/次，检查市区商场、超市等18家/次，检查商品3000余件，专项行动共查处专利侵权案55起，立案处理专利侵权纠纷案55起，查处假冒11起。移送兄弟省市、案件6起，协助公安查处核实专利评奖诈骗案1起。

2009年，开展知识产权执法协作，开展各类专项执法行动，累计出动执法人员150人次，巡查商场（市场）70余家，检查商品5.8万件，查处假冒专利3起，立案处理专利侵权纠纷案9起，成功化解浏阳一花炮企业以涉嫌专利侵权为由组织群体性上访事件。指导中联、三一重工、中冶长天等优势企业开展专利产品海外市场预警分析。

2010年，长沙市出台《展会知识产权保护办法》，以“天网”行动为契机，建立定期巡查制度和“12330”24小时受理投诉制度，以商品流通领域的大型商场、超市、药店为重点，出动执法人员125人次，巡查商场59个，检查商品8.6万件，立案查处假冒专利案件26起，结案25起，受理侵权纠纷22起，全部结案。

2011年，加大专利日常行政执法力度，实施《长沙市知识产权局系统专利执法专项行动工作方案》，整合市县力量，坚持每月 2 次日常巡查和集中整治结合，共检查商场 110 家，商品 9 万余种，受理专利侵权纠纷 42 起，查处假冒专利案件 32 起，全部结案，案件处理数量居历年之最。制定《长沙市展会知识产权保护办法》，由知识产权部门入驻科交、农博、车博等重要展会，开展知识产权保护和维权援助活动。2011 年年底，长沙市知识产权维权援助中心在全国 24 个中心考核中位居第一位，长沙市知识产权局被评为“全国知识产权保护先进单位”。

2012 年，长沙市贯彻实施《湖南省专利条例》，切实加强区县专利行政执法力度，全市查处专利案件 71 起，结案 71 起；处理专利侵权案 23 起，结案 23 起；调处专利纠纷案 1 起。全市开展“剑网”行动，重点打击盗版和非法出版物，收缴非法书报刊 51 万册，非法音像制品和电子出版物 56 万余件。查处“1.19”非法出版物储存案，涉及人民出版社和湖南科技出版社盗版图书 166 种，45 万册，涉案金额 1.33 亿元。查处非法教辅资料《剑桥少儿英语》和新概念英语 5.96 万余册。

三、保护协作

20 世纪 80 年代末，长沙市注重行政保护和司法保护协作，构建跨部门、跨区域的保护合作机制，推动形成知识产权大保护格局。

1994 年，为加强知识产权司法保护，在市中级人民法院成立全省首家知识产权法庭。知识产权法庭在行政管理部门、科研机构、高等院校及国有大中型企业聘请 10 位专家、教授、高级工程师担任知识产权法庭的技术顾问兼任陪审员，得到最高人民法院和省高级人民法院的肯定。

1996 年 3 月，长沙市成立知识产权协调领导小组。7 月，制订《长沙市保护知识产权行动计划》。在国务院规定的特别执法期内，省、市组成联合执法检查组进行执法检查，查扣、收缴侵权音像制品 4000 余张（盒），对知识产权侵权行为给予有力打击。

2005 年 4 月，长株潭联合签署行政执法协作协议，建立三地知识产权行政执法部门与司法机关、其他行政执法部门密切协作的专利保护机制，标志着长株潭知识产权行政执法协作机制的建立。

2009 年 12 月，中国（长沙）知识产权维权援助中心正式运行。国家知识产权局副局长甘绍宁与长沙市人民政府副市长何寄华共同为中国（长沙）知识产权维权援助中心揭牌。维权援助中心开通湖南省首个知识产权维权援助与举报投诉网站，设立“12330”长株潭知识产权维权援助与举报投诉专用公益电话和分转受理机制，“12330–1”“12330–2”“12330–3”分别对应长沙、株洲、湘潭三个地区，三地知识产权维权援助机制基本建立。

图 23–2–3–1 长沙市知识产权保护行政司法协作第一次联席会议（摄于 2011 年，长沙市科技局供图）

2010 年 10 月，按照国务院统一部署，从 2010 年 10—2011 年 3 月，长沙成立市打击侵犯知识产权和制售假冒伪劣商品专项行动领导小组，集中开展打击侵犯知识产权和制售假冒伪劣商品专项行动。

2011 年，长沙市发布《关于建立知识产权行政司法协作机制的意见》，为知识产权行政执法和司法协作提供依据和支撑。全市打击侵犯知识产权和制售假冒伪劣商品工作领导小组统筹协调全市相关行政执法部门深入开展专项行动，累计出动执法行动 2607 次，出动执法人员 9325 人次，查处案件 1290 起，罚没物品 13 万余件，涉案金额 1.8 亿元，取得显著经济效益和社会效益。7 月 19 日，监察部副部长姚增科率国务院督查组对长沙的专项行动督查后指出：长沙专项行动有认识、有理念、有打算、有做法、有成效、有经验，对推动全国打击侵犯知识产权有很好的借鉴意义。长沙市人民政府被评为全省专项行动先进集体。

2012 年，全面构建“全市统一领导、各级政府负责、部门依法监管、各方联合行动”的打击侵犯知识产权和制售假冒伪劣商品工作长效机制。探索建立“领导协调机构，建立案件报送制度、信息报送制度、联络员管理制度”等 6 项工作制度。积极开展农村市场、食品药品专项执法行动，全年行政执法部门查处各类侵权假冒案件 1270 件，涉案 972 万元，捣毁窝点 53 个，销毁商品 46 件，公安破获侵权假冒案件 80 起，抓获犯罪嫌疑人 2418 名，涉案金额 1.75 亿元。市中院立案 523 起，判决 447 起，市检察院批捕案件 45 起，起诉案件 43 起。

第四节　服　务

一、专利实施

1988 年，由湖南省科委、国防科工办和专利局组织《专利法》实施 3 周年专利申请实施“十佳”评选活动，长沙矿山研究院、中南工业大学等单位发明的 7 项专利实施项目入选获奖，7 项专利的实施，新增产值 1.75 亿元，利税和增收节支 4428.5 万元，为国家节约外汇 800 余万美元。

1990 年，全国专利技术实施和专利宣传工作经验交流会在长沙举行，大会代表 230 余人参观中南工业大学、长沙矿山研究院、长沙颜氏节能设备厂、长沙阀门厂等 5 家专利实施工作优秀单位。1992 年，长沙市帮助发明人签订专利转让实施合同 44 项，总金额 40 余万元。1993 年，组织专利技术参加全国性展览会交易会 4 次。5 月，在中国专利技术博览会及专利技术订货会签订专利转让意向合同 6 个，实现订货合同金额 50 万元。

2000 年，根据湖南省发布《湖南省专利实施奖励办法》《湖南省专利奖励办法实施细则》规定，长沙市共组织 6 个项目送评，5 个项目获奖，其中“Ⅲ J–99 氨合成塔内件”（一种气固催化反应器）、“AE 型乳化炸药连续乳化工艺设备”、“具有智能 IC 卡接口的中配终端”3 个项目获专利实施金奖。2002 年，按照《湖南省专利实施奖励办法》和《湖南省专利实施奖励办法细则》的相关规定，长沙市发布《关于推荐 2002 年度专利（申请）实施评奖项目的通知》。长沙巨星轻质建材有限公司的“现浇钢筋砼填充薄壁筒”、三一重工的“压路机振动轮”、中联重科的“双向随动柱塞式油塞润滑泵”、湖南楚天科技有限公司的“多功能封灌机”等 17 项职务发明专利由企业自身组织实施，长沙铁路医院等单位的 5 个非职务发明专利由株洲天位科技开发公司组织实施，其中 10 个职务发明专利获得湖南省 2001 年度专利实施金奖。

2003 年，长沙市引导、扶持 8 个专利孵化项目，实现年产值 1.41 亿元，利税 1401 万元。千山制药 2003 年申请专利 15 项，实施 25 项，全年专利产品产值 5000 万元，实现利税 400 万元。三一重工等 7 家示范企业的 76 件专利组织实施，年增销售收入 550 万元，增加利税 350 万元，创汇 25 万美元。全年仅示范和试点企业就有 403 项专利技术得到转化实施，实现年产值 119.4 亿元，实现利税 68.1 亿元。全市 25 个项目参加第十四届全国发明展览会，获金奖 1 项，银奖 3 项，铜奖 3 项，其中长沙市九中学生黎锦崴发明的“皮蛋洗蛋清洗器”获全国16岁以下学生专项金奖。

2004年，全市知识产权管理部门与经济、科技高新区、经开区等部门配合，促进专利技术产业化，加快专利实施转化的步伐，湖南继善高科技有限公司的“地电场多道共地同步测量装置及测量方法”等7个专利转化实施项目实现年产值1.1亿元，利税3800万元。中南大学、湖南大学、湖南师范大学、湖南农大等高校和科研院所专门制定政策，鼓励专利技术开发投入和实施推广。中南大学在两年内创办50余家高新技术企业，注册资本10亿元，在高校专利技术产业化方面走出新路子，黄伯云院士率领的团队研发的高性能碳/碳航空材料制备技术获得连续6年空缺的国家发明一等奖。三一重工将上年取得的50余个专利绝大部分投入实施，其主导产品混凝土泵、泵车所申请的专利全部实现转化，成为全省自主知识产权产业化程度最高的民营企业。巨星建材作为全省拥有专利技术最多的民营企业，专利许可转化率达到70%。湖南千山制药开发的37项专利技术转化为软袋大输液自动生产线，实现销售收入9600万元，利税2000万元。湖南神力实现专利产品新增产值1108万元，利税120万元，新增外汇110万美元。2004年全年18个单位732项专利技术得到转化实施，转化率40%，实现产值177.5亿元，实现利税82亿元，创汇225.22万美元。

2008年，探索建立市政府与人民银行银监局在专利质押贷款方面协作合作机制，争取驻长各银行金融机构对专利权质押贷款的支持，联合印发《长沙市人民政府 中国人民银行长沙中心支行 中国银行业监督管理委员会湖南省监督局关于促进专利权质押贷款的指导意见》，成为全国首个以地方政府与当地银行业管理机构名义联合发布的知识产权质押贷款政策的城市。在政策支持下，长沙市知识产权局和长沙银行（原长沙市商业银行）签订专利权质押贷款银政合作协议，并对外发布《专利权质押贷款管理办法（试行）》，推出针对专利型中小企业的专利权质押贷款金融新产品，长沙市商业银行成为长沙第一家正式推出专利质押贷款产品的金融机构。成功举办“2008年中国（长沙）知识产权与资本对接会”，共有109个知识产权成果实现跨国家、跨地区有效对接，签约金额3.39亿元。以高新技术企业为核心，高新科研机构和中介机构共同组建数据媒体，建立起电池材料、汽车零部件、花炮、农产品深加工和空心楼盖6个产业联盟，其中空心楼盖产业联盟（专利联盟）整合5000余件专利资源在国内发展各类成员81个，获得3000余万元的知识产权收益。以三辰、宏梦为代表的原创动漫卡通产业产出量占据全国的50%以上的份额。全年22家优势培育企业通过专利实施，促进专利技术产业化，实现年产值916亿元，实现利税355亿元。

2011年4月，由市知识产权局与浦发银行长沙分行建立知识产权质押融资银政合作机制，促进投融资2.65亿元。2011年11月6日，在“2011中国（长沙）科技成果交易会”的现场，全球首个知识产权网络竞价平台在长沙正式启动上线，举办“专利技术网上拍卖会”，促进299个知识产权项目参与竞拍，12项专利竞拍成功。对11家中小企业启动专利托管服务。三一重工获得第十三届中国专利最高奖——专利金奖，中联重科、湖南万容科技、湖南化工研究院分别获得优秀奖。

2012年11月，长沙启动知识产权投融资服务“金桥工程”，通过深化银企合作，拓展银企合作伙伴，实现多家在湘银行和企业对接，签订总金额30亿元的知识产权投融资“金桥工程”授信协议。全年共收集投融资服务信息97项，向银行推介83项，实现知识产权投融资服务5.58亿。长沙大家物联网络科技有限公司、湖南明和光电设备有限公司、湖南利洁生物化工有限公司、湖南神塑科技有限公司、湖南天鹰投资集团有限公司成功实现银企对接，融资1.7亿元。中联重科的“动力单元及其控制方法”“起重机”分别获得第十四届专利金奖和外观设计金奖。

二、专利宣传

1988年4月1日，《中华人民共和国专利法》实施3周年，全市通过在五一路、火车站广场等街头张贴宣传标语、悬挂大型横幅等多种形式进行宣传，先后张贴宣传标语1000余条，举办板报、栏目宣传60余期。1989年，组织专利法培训31场，培训人数1080人；与普法办联合进行企业管理人员和科技人员专利法普及考试，256家企业的8188人参加考试。1993年，举办专利法普及培训班和报告会8场，受众699人。组织全市2300人参加“多星杯”专利知识竞赛活动。

1995年，纪念《中华人民共和国专利法》颁布10周年，由市专利局组织电子、机械、化工、冶金、纺织、建材、医药等领域项目参加在北京举办的“中国专利10年成果展”，获得金牌10枚、银牌3枚。1996年，运用多种形式开展系列宣传活动，召开新闻发布会5场，省、市电台、电视台、报刊发表相关报道30余篇；组织大规模上街宣传6次，出动宣传车42台次，设置宣传站点56个；摆放宣传展板520余块，发放宣传资料4万余份，为2000余人次提供咨询服务。

2004年，长沙市召开专题会议部署“4·26”知识产权宣传周活动。成立保护知识产权宣传周活动协调领导小组，开展系列专题宣传活动。2005年，“4·26”知识产权宣传日活动连续3天播送新闻字幕标语20次，举办宣传报告会2场，制作宣传展板25件。浏阳作为全省专利试点县，在《中国知识产权报》等报道宣传。2006年，在“4·26”世界知识产权日期间，在电视台滚动播放《天道酬“知”——长沙专利20年》主题片和“创建国家知识产权示范城市，打造知识产权强市” 宣传短片。在长沙晚报开设专栏，宣传知识产权工作典型。开展“创新在身边”社区创新活动。2007年，举办知识产权宣传报告会7场，制作宣传展板520块，印发宣传资料5万份。市级以上电视台采用信息稿件8篇，市级以上报刊发表文章7篇，省、国家知识产权局网站9篇，《湖南专利》采用信息稿件72篇。2008年，在岳麓大道、潇湘大道悬挂道旗，利用公交站台灯箱广告宣传，在湘江二桥，星沙的重要路段悬挂巨幅宣传牌匾。联合长沙晚报开设专版报道，组织改革开放30年知识产权成果系列报道。12月11日，长沙市召开新闻发布会，公开发布《长沙市知识产权保护状况（2006—2008）》白皮书。

2009年，开展知识产权“设立一个知识产权宣传栏，悬挂一条知识产权宣传标语，赠阅一份《中国知识产权报》”进社区活动。举办公众知识产权竞赛活动。在《长沙晚报》开辟“星城发明秀”专栏。全年在各级各类媒体报道长沙知识产权工作357次。2010年，开展以“七个一”活动为主要内容的大规模、广范围宣传活动。11月，在国家知识产权局举办的第三届知识产权与城市发展论坛上，长沙市作主题演讲和经验介绍。《经济日报》等5家中央主流媒体组团到长沙进行专题采访和报道。

2012年，长沙获“国家知识产权示范城市”称号。长沙市知识产权局被评为“全国知识产权人才工作先进集体”。中央电视台专题采访报道了三一重工、中联重科的知识产权工作。举办建局10周年暨迎新晚会。全年共编辑简报18期，印发《知识产权100问》《企业创新指导手册》《长沙市中小企业知识产权工作指引》《企业知识产权（专利）操作指南》1万余册。

三、人员培训

1988年，全市37个单位1000名科技人员参加专利法普及考试培训。1989年，对全市企业专利工作联络员和热衷发明创造的人员举办专利法普及培训班一期。1990年，举办企业专利工作培训班一期，参培30人，派出19名大中企业总工程师和22名专利代理人参加全省领导干部专利研讨会培训。

1993年，全市12.4万人参加全省科技法律知识竞赛，发行法律法规资料5.7万册，举办九期专利知识培训班和知识讲座，参培400人。2001年，结合企事业单位实际，举办新专利法培训班4期，参培人

图 23-2-4-1 长沙市规模以上企业知识产权培训
（摄于 2009 年 3 月，长沙市科技局供图）

员 230 人。湘计算机拨出专款由公司教培中心对各部门进行专利法宣传教育与培训。2004 年，参加国家局、省局各类业务培训 19 人（次），全面提高专利从业人员的业务素质。

2007 年，举办全市各级党政领导、企事业单位负责人知识产权培训班 7 期，培训人员 1500 人次。2008 年 7 月，邀请国家知识产权局副局长张勤为全市党政领导干部作国家知识产权战略专题报告，市直机关 500 人参加。举办第一期知识产权师资教育培训班，培训师资 116 名。确定长郡中学等 12 所学校为知识产权教育试点学校。

2009 年，联合中国知识产权培训中心，举办全市规模以上企业知识产权战略培训班，全市 160 余家企事业单位 260 余人参加。在北京举办企业知识产权战略暨应对国际金融危机高级研修班，集中培训企业老总和知识产权部门负责人 60 人。6 月，承办全国知识产权资产评估培训班，培训市知识产权试点示范企业知识产权资产评估人 150 余人。在浏阳生物产业基地举办生物医药知识产权专题培训班，培训生物医药知识产权人才 180 余人。

2010 年，在北京举办长沙市企业实施知识产权战略，助推经济发展方式转变高级研修班，集中培训企业高管 70 人。举办 12 期服务外包，企业出国参展知识产权保护等各类知识产权实务培训班，培训各类人才 2000 人次，参加培训企业 700 余家。组织知识产权教育试点学校与教师赴外省交流学习，举办长沙市第二期中小学知识产权教育师资培训，培训教师 80 名。通过自愿申请、严格筛选，确定雷锋中学等 6 所学校为全市第二批教育试点学校。2011 年，在北京举办两期企业总裁知识产权战略培训班，培训企业高管 150 人。为长沙四种规模以上企业免费开办知识产权保护培训班共开班 12 期，参培企业 700 家，参培人员 2000 余人次。

2012 年，举办全市首期文化企业版权管理培训班，对全市 60 家文化企业高管和新闻媒体、知识产权负责人进行培训，参培人员 126 人。举办知识产权高管培训班，培训人员 220 人。组织知识产权务实、企业出国参展等各类知识产权专业培训，培养知识产权实务人才 2000 余人次。

第二十四篇

卫生 计划生育 体育

本篇编纂人员

吴汉林（主编） 陈竞哲 陈 静

本篇撰稿人员

第一章 卫　　生：黄杰曾

第二章 爱国卫生运动：胡 边 谢 文 钟玲俐 喻 颂 李挽归

第三章 计划生育：曹建明

第四章 体　　育：孙炳华 王世强 罗同清

第一章 卫 生

20 世纪 80 年代，长沙市按照中共十一届三中全会精神及国务院确定的卫生工作方针政策，探索卫生改革发展，实行保预防保健、放开医疗服务，保农村卫生、放开城市卫生，保基本医疗服务、放开特殊医疗服务的政策措施。重点恢复健全市市、县两级公共卫生服务体系，加强食品、生活饮用水、经营性公共场所、学校卫生监管、传染病地方病职业病防治及妇幼保健工作；逐步放开医疗服务。1988 年，在城区批准个体医疗执业及中药店坐堂医诊所 110 余所。1988 年开始，重点加强农村卫生建设管理，全市 275 所乡镇卫生院下放至乡镇政府管理，全面建设基础设施设备，实施农村初级卫生保健规划，长沙县、浏阳市、望城县、宁乡县于 1996 年前实现农村初级卫生保健最低限目标；城市公立医院开展基础设施设备建设及分级管理达标工作，至 1997 年年底，全市有 61 所省（部）属及市县属（管）公立医院达到相应等级；国有企事业单位医疗机构在开展内部医疗保健工作的同时，逐步向社会开放，参与医疗服务；进一步发展社会医疗事业，1997 年，各种社会（个人）资本举办的小型医院、门诊部、个体诊所增至 210 余所。政府办公立医院在保障城镇职工、城乡居民基本医疗的前提下，探索开展医疗美容、医疗康复、健康保健等特殊医疗服务，成立医疗美容机构 50 余所，医疗康复机构 10 所，健康体检及医学检验机构 11 所，活跃城市医疗服务市场。

1997 年，长沙市全面实施医疗卫生改革。2001 年 4 月，召开全市医药卫生体制及城镇职工医疗保障制度改革工作会议，发布《关于推进全市城镇医药卫生体制改革的通知》，制定卫生发展规划、卫生经费投入、卫生服务价格、医疗医药管理等 13 个政策性文件。2000 年开始，废除城镇职工公费医疗制度，改为实施城镇职工基本医疗保障制度；实行医疗医药监管体制分离改革，将原由卫生部门统一管理医疗医药改为卫生、医药部门分别管理；实行卫生监督与卫生监测体制分离改革，撤销市、县两级卫生防疫机构，分别组建卫生监督和疾病预防控制机构，将原由市、县卫生防疫机构统一负责卫生监督、卫生监测工作，改由市、县两级卫生监督、疾病预防控制机构分别承担；实行医疗机构分类管理，按营利与非营利性质分类核定全市各级医疗机构，执行不同的卫生服务价格、税收及财政补助政策。市、县两级医疗卫生机构探索实行资源调整重组、基础设施设备建设及管理运行机制改革。市中心医院、市卫生监督所、市疾病预防控制中心相继组建成立。全市农村乡镇卫生院全部改为以县为主、县乡共管体制，城区街道卫生院逐步改造建成社区卫生服务机构。全市基本医疗服务、疾病预防控制、妇幼卫生保健、医学教育科研能力水平得到全面提升。

2003 年国内部分地区突发传染性非典型性肺炎（“非典”）严重疫情以后，按照国务院省政府的部署要求，长沙市全面建立突发公共卫生事件应急机制及疾病预防控制、卫生监督执法、农村初级卫生保健、城市基本医疗服务、城乡环境卫生、财政经费保障 6 个体系。市、县两级卫生行政部门成立卫生应急、医疗紧急救援指挥机构及卫生应急处置、医疗救治专业队伍，科学应对处置“非典”“甲流”等重大传染病疫情及其他突发重大公共卫生事件。2009 年，成立医药卫生体制改革领导小组及办事机构。2011 年，发布《关于深化医药卫生体制改革的实施意见》，出台推行基本公共卫生服务、基层医疗机构综合改革、实施国家基本药物制度、疾病双向转诊、健康教育与健康促进、基层卫生人才队伍建设、卫生信息化建设、公立医院改革试点等10余个配套政策性文件。全面加强医疗服务体系、公共卫生服务体系、基本医疗保障体系、药品供应保障体系建设，推行新型农村合作医疗及城镇居民基本医疗保障制度，实施10项基本公共卫生服务和9项重大公共卫生服务项目。全市150余所乡镇卫生院、社区卫生服务中心及1366所行政村卫生室实施管理体制、工作运行机制、人才队伍建设、财政经费保障等综合改革措施，进行基础设施改造提质及标准化建设，推行国家基本药物制度。市、县两级公立医院试行管理运行机制改革，重点改善医疗服务环境，整治医疗工作秩序，推行便民惠民综合服务措施，缓解城乡居民“看病难”看病贵问题。全市卫生改革发展工作取得突破性进展和阶段性成果。

至2012年，长沙市全面恢复健全医疗卫生管理服务体系，坚持推行卫生改革，医疗卫生事业得到全面发展，医疗卫生资源规模得到较快扩展，卫生服务保障能力显著增强，城乡居民健康水平得到较大提高。2012年年末，全市各级各类医疗卫生机构由1987年的3365所增至4270所；卫生技术人员由2.28万人增至5.57万人，住院病床由1.52万张增至5.13万张；城乡居民每千人口的卫生技术人员及病床数由4.58人和3.11张增至7.79人和7.18张，均高于2012年全国平均水平（4.58人和3.8张）；人均期望寿命由男69岁、女71岁增至78.9岁，接近国内发达地区水平，高于2012年全国平均水平（74.8岁）。

第一节　机　构

一、卫生行政管理机构

（一）市卫生行政管理机构。长沙市卫生局承担市政府卫生行政管理职能，1987年，归口市委宣传部管理，编制人员62人，内设办公室、人事科、保卫科、计财科、医政科、药政科、卫防科、科教科、妇幼科、中医科、个体开业管理科、血地慢病防治领导小组办公室、组织科、宣传科、工会办、团委、纪检办17个科室。1995年2月调整为市政府组成部门，由市政府直接管理；撤销个体开业管理科，中医科与医政科合并，宣传科、工会办、团委合并为宣传统战科；内设科室12个；编制行政人员47人、机关后勤及老干部服务事业编制人员5人。1999年9月，药政科划归市药品监督管理局。2002年1月，市卫生局内设科室改为处室，设办公室、计划财务处、卫生法制与监督处、疾病控制处、基层卫生与妇幼保健处、医政处（中医管理处）、科技教育处、人事处、党群工作处、市爱国卫生运动委员会办公室（以下简称“市爱卫办”，由市城管局划入）等处室10个；编制行政人员40人、机关离退休职工管理服务行政人员2人、机关后勤服务事业编制人员4人。2006年10月撤销基层卫生与妇幼保健处，分设妇幼保健与社区卫生处、农村卫生与合作医疗管理处。2007年7月增设干部保健处。2008年5月增设卫生应急办（与疾病控制处合署）。2011年11月，撤销农村卫生与合作医疗管理处，改为基层卫生处；撤销妇幼保健与社区卫生处，改为妇幼保健处；增设药物政策与基本药物制度处；内设处室13个，编制行政人员48人、机关后勤服务事业编制人员4人。增加实施国家基本药物制度及药品集中采购、食品餐饮消费环节安全监管及卫生应急建设管理职能；保健品、化妆品卫生监管职能划归市食品药品监督管理局；新型农村合作医疗管理职能划归市人力资源和社会保障局；作业场所职业卫生监管职能划归市安全生产监督管理局。2012年，市卫生局内设处室13个，即办公室、党群工作处、监察室、人事处、规划财务处、医政处（中医管理处）、卫生法制与监督处、疾病控制处（卫生应急办）、基层卫生处、妇幼保健处、药物政策与基本药物制度处、科技教育处、干部保健处。

1987年，市卫生局代管市红十字会办公室、市爱卫办、市职工公费医疗管理办公室。1995年2月，市爱卫办划归市城管委。1999年11月，市职工公费医疗管理办公室划归市劳动和社会保障局。2002年1月，市血地慢病防治领导小组办公室（全民事业编制人员10人）及市红十字会办公室（编制行政人员3人、全民事业编制人员1人）挂靠市卫生局管理，均为正科级全民事业单位，实行国家公务员制度。2003年3月，市红十字会办公室划出，改由市政府领导联系。2005年5月，市爱卫办划出，挂靠市人民政府办公厅管理。2012年挂靠管理市血地慢病防治领导小组办公室。

1988—2012年，先后担任长沙市卫生局主要领导职务的有：符干灵、黄远超、陈大川、邓长云、何德祥、曾正国、熊开颜、郭墉；其他领导班子成员有：陈涛、刘春贵、高国仕、王正泉、侯孝沛、刘明章、林旗（女）、张海燕、吴敏泉、方向一（女）、黄赣湘、邓云其、侯利华（女）、黄顺玲（女）、欧志明、周英元、贾保全、姚喜林（女）、彭骅。

（二）区县（市）卫生行政管理机构。1988年，长沙市所属9区县均设卫生局，与市卫生局相对应，内设办公、政工、人事、财务、医疗、预防、妇幼保健、科技教育、爱国卫生等科室；各区卫生局人员编制6~8人，各县卫生局人员编制15~20人。1988年长沙高新技术产业开发区成立后，由其管委会内设的社会事业局承担卫生行政管理职能。1993年，浏阳县撤县建市，浏阳县卫生局更名为浏阳市卫生局。1996年长沙市行政区划调整，撤销东区、南区、西区、北区、郊区卫生局，分别更名为芙蓉区、天心区、岳麓区、开福区、雨花区卫生局。2011年，望城县撤县改区，望城县卫生局更名为望城区卫生局。9区县（市）卫生局与市卫生局同步于1995年、2002年、2011年相应进行3次机构改革及工作职能调整。2012年，9区、县（市）卫生局人员编制普遍增至20~30人。

二、医疗卫生机构

1988年，长沙市内有各级各类医疗卫生机构3365所，其中，医院24所，疾病预防控制（卫生防疫、血吸虫病防治、职业病防治）机构14所，妇幼保健机构10所，医疗急救、采供血机构各1所，乡镇（街道）卫生院305所，行政村卫生室2053所，门诊部、诊所、医务室、保健站等915所。此后，因区（县）、乡镇（街道）行政区划调整，发展社区卫生服务，实行卫生监督与卫生监测、疾病预防控制体制分离改革，以及各种社会力量举办医疗机构，至2005年，长沙市内各级各类医疗卫生机构增至3933所，其中，医院增至109所，增加卫生监督机构11所，乡镇（街道卫生院）减少至151所，增设社区卫生服务机构73所。至2012年，全市医疗卫生机构增至4270所，其中，医院（中医医院）144所，卫生监督机构11所，疾病预防控制（血吸虫病防治、职业病防治）机构14所，妇幼保健机构11所，采供血机构1所，医疗急救机构（医疗紧急救援指挥机构与其合署）1所，乡镇卫生院112所，社区卫生服务机构240所（中心52所、站188所），行政村卫生室1366所，各类门诊部、诊所、医务室等2366所。形成以省、市、县三级政府卫生部门举办的公立医疗机构为主体、其他部门、国有企事业单位及社会办医疗机构为补充的医疗服务体系，以省、市、县三级卫生监督、疾病预防控制、妇幼保健机构为主体、城乡基层医疗卫生机构为基础的公共卫生服务体系，以及由乡镇卫生院、社区卫生服务机构、村卫生室组成的城乡基层医疗卫生服务体系。

（一）省（部）属医疗卫生机构。1988年，长沙市内有省（部）属及军队（武警）医疗卫生机构15所，其中，医院（中医院）12所，卫生防疫、职业病防治、妇幼保健机构各1所。1989年及1991年各增设1所医院。2001年，实行卫生监督与卫生监测、疾病预防控制体制分离，撤销省卫生防疫站，组建省卫生监督所及省疾病预防控制中心。2012 年，长沙市内省（部）属及军队（武警）所属医疗卫生机构增至 18 所，其中，医院（中医院）14 所，卫生监督、疾病预防控制、职业病防治、妇幼保健机构各 1所。

（二）市直属医疗卫生机构。1988 年，市卫生局有直属医疗卫生机构 20 所。其中正县级 4 所，副县级 4 所，正科级 12 所；全民所有制 19 所，集体所有制 1 所；医院 9 所，卫生防疫（结核病、皮肤性病、职业病防治）机构 4 所，医学科研机构 2 所，妇幼保健、医学教育、医疗急救、采供血、药品检验机构各 1 所。经过 25 年的建设发展、机构撤并重组及行政隶属关系变更，至 2012 年，市卫生局有直属医疗卫生机构 13 所。其中副厅级 1 所，正县级 6 所，副县级 4 所，正科级 2 所；医院 6 所，妇幼保健、医学教育、卫生监督、疾病预防控制、采供血、医疗紧急救援指挥、医疗急救机构各 1 所。

（三）区县（市）属（管）医疗卫生机构。1988 年，长沙市所辖 9 区县属（管）医疗卫生机构（含其直属及其他部门、国有企事业单位、城乡基层、社会办医疗卫生机构）3325 所，其中，直属医院 11 所，卫生防疫（血吸虫病防治）机构 11 所，妇幼保健机构 9 所，其余为其他部门、国有企事业单位、城乡基层及社会办医疗卫生机构。至 2012 年，增至 4238 所。其中，医院（中医院）124 所（区县市直属医院 17 所、其他各类医院 107 所）、疾病预防控制（血吸虫病防治）机构 11 所、卫生监督机构 9 所、妇幼保健机构 9 所。

（四）基层医疗卫生机构。1988 年，长沙市所辖 9 区县设置基层医疗卫生机构 2358 所，其中农村乡镇卫生院 275 所，城市街道卫生院 30 所，行政村卫生室 2053 所。1988 年以后，经过撤区并乡建镇合村等行政区划调整及城镇化建设发展，基层医疗卫生机构发生大的变化。2012 年为 1718 所，其中，乡镇卫生院减少至 112 所，行政村卫生室减少至 1366 所，城市街道卫生院被撤销，新建社区卫生服务机构 240 所（中心 52 所、站 188 所）。

三、医疗卫生队伍

1988 年，长沙市内各级各类医疗卫生机构有卫生工作人员 3.19 万余人，其中，卫生专业技术人员 2.39 万人（执业医师、助理医师 1.14 万人，注册护士 5933 人，药剂人员 2201 人，检验人员 944 人，其他卫生技术人员 3453 人），财会、经济、工程等其他专业技术人员 1255 人，管理人员 2476 人，工勤技能及乡村医生、卫生员等 4311 人。至 2012 年，长沙市内各级各类医疗卫生机构工作人员增至 6.90 万人，增长 115.9%。其中，卫生专业技术人员增至 5.59 万余人，增长 134.1%。卫生专业技术人员中，执业医师（助理医师）2.03 万人，增长 78.3%；注册护士 2.49 万余人，增长 321.1%；药剂人员 3130 人，增长 42.2%；检验人员 1874 人，增长 98.5%；其他卫生专业技术人员 5725 人，增长 65.8%；其他专业技术人员 2473 人，增长 97.1%；管理人员 4258 人，增长 72.0%；工勤技能人员及乡村医生、卫生员等 6302 人，增长 46.2%。2012 年市卫生局直属医疗卫生机构共有卫生工作人员 8593 人，比 2001 年增长 134.9%。其中，在编人员 4830 人，编外聘用人员 3763 人。按工作岗位分类：管理人员 347 人，各类专业技术人员 7677 人，工勤技能人员 569 人。按学历层次分：研究生 942 人，本科 3535 人，大专 3026 人，中专 605 人。按专业技术职称分：正副高级职称人员 961 人，中级职称人员 1802 人，初级职称人员 1159 人；获有博士学位的 49 人，硕士学位的 933 人。

表 24-1-1-1　　1988—2012 年长沙市内各类医疗卫生机构基本情况一览表　　单位：个

年份	医疗卫生机构总数	各级各类医院（家）			卫生监督机构	疾控（血防、职防）机构	妇幼保健机构	医疗急救机构	采供血机构	乡镇（街道）卫生院	社区卫生服务机构		行政村卫生室	各类门诊部	诊所、卫生所、医务室、保健站等	其他医疗卫生机构	医院（卫生院）病床（张）
		综合医院	中医医院	专科医院							中心	站					
1988	3365	11	6	7	—	14	10	1	1	305	—	—	2053	35	880	42	16158
1989	3471	11	6	7	—	14	9	1	1	306	—	—	2074	35	966	41	17823
1990	3441	20	6	7	—	14	9	1	1	248	—	—	2095	35	967	38	18349
1991	3374	28	6	7	—	14	9	1	1	249	—	—	2116	41	863	39	19352
1992	3461	32	6	6	—	14	9	1	1	259	—	—	2138	41	912	42	19968
1993	3168	34	6	6	—	14	9	1	1	214	—	—	2159	40	665	19	20670
1994	3396	34	6	6	—	14	9	1	1	249	—	—	2181	40	830	24	20878
1995	3303	37	6	7	—	14	11	1	1	236	—	—	2203	32	731	24	20460
1996	3520	41	7	7	—	14	11	1	1	258	—	—	2225	32	901	22	20051
1997	3466	41	7	7	—	14	11	1	1	223	—	—	2248	35	856	22	19650
1998	3551	46	8	9	—	14	11	1	1	254	—	—	2270	35	881	21	19257
1999	3509	50	8	9	—	14	11	1	1	256	—	—	2293	35	813	18	18872
2000	3353	52	8	9	—	14	11	1	1	191	—	—	2317	30	701	18	18495
2001	3440	54	8	9	3	14	11	1	1	217	—	—	2340	47	721	18	14211
2002	3453	54	8	10	3	14	11	1	1	205	7	12	2324	41	746	16	15480

续表 24-1-1-1 表

年份	医疗卫生机构总数	各级各类医院(家)			卫生监督机构	疾控（血防、职防）机构	妇幼保健机构	医疗急救机构	采供血机构	乡镇（街道）卫生院	社区卫生服务机构		行政村卫生室	各类门诊部	诊所、卫生所、医务室、保健站等	其他医疗卫生机构	医院（卫生院）病床（张）
		综合医院	中医医院	专科医院							中心	站					
2003	3569	66	10	10	5	14	11	1	1	197	27	13	2247	30	922	15	17165
2004	3822	73	9	14	6	14	11	1	1	162	22	39	2347	8	1095	20	18344
2005	3933	82	9	18	11	14	11	1	1	151	32	41	2381	27	1139	15	21996
2006	3881	87	10	20	11	14	11	1	1	135	43	68	2262	50	1154	13	23452
2007	4154	94	14	23	11	14	11	1	1	132	44	107	1895	120	1673	13	25423
2008	4305	90	11	20	11	14	11	1	1	130	44	122	1924	96	1823	6	26356
2009	4313	97	12	25	11	14	11	1	1	130	45	137	1608	123	2094	4	29550
2010	4329	91	11	26	11	14	11	1	1	127	43	161	1678	123	2026	5	32937
2011	4336	94	11	36	11	14	11	1	1	116	51	177	1659	151	2000	3	47036
2012	4270	95	11	38	11	14	11	1	1	112	52	188	1366	151	2215	4	51285

说明：其他医疗卫生机构包含医学检验、医学研究、健康检查、健康咨询服务等医疗卫生机构

表 24-1-1-2　2012 年长沙市内各级所属医疗卫生机构情况一览表　单位：个

单位	医疗卫生机构总数	医院（中医院）	疾控（血防、职防）机构	卫生监督机构	妇幼保健机构	采供血机构	医疗急救机构	乡镇卫生院	社区卫生服务机构		行政村卫生室	门诊部	诊所、卫生所、保健站、医务室等	其他医疗卫生机构
									中心	站				
全市总计	4270	144	14	11	11	1	1	112	52	188	1366	151	2215	4
省（部）属	18	14	2	1	1	—	—	—	—	—	—	—	—	0
市本级	14	6	1	1	1	1	1	—	—	—	—	—	—	3
区县（市）小计	4238	124	11	9	9	0	—	112	52	188	1366	151	2215	1
芙蓉区	168	12	1	1	1	—	—	—	11	28	14	12	88	—
天心区	255	16	1	1	1	—	—	1	8	37	13	15	162	—
岳麓区	298	16	1	1	1	—	—	6	10	35	79	22	127	—
开福区	305	14	1	1	1	—	—	3	10	29	40	25	181	—
雨花区	414	36	1	1	1	—	—	1	8	57	27	77	205	—
望城区	354	5	2	1	1	—	—	15	—	0	141	—	189	—
长沙县	455	11	1	1	1	—	—	19	2	2	248	—	170	—
浏阳市	1049	5	1	1	1	—	—	34	3	0	394	—	609	1
宁乡县	940	9	2	1	1	—	—	33	—	0	410	—	484	—

说明：其他医疗卫生机构包含医学检验、医学研究、健康检查、健康咨询等医疗卫生机构

表 24-1-1-3　　1988—2012 年长沙市内医疗卫生机构人员基本情况一览表　　单位：人

年份	在职人员总数	卫生专业技术人员						其他专业技术人员	管理人员	工勤技能人员及乡村医生、卫生员
		合计	执业医师（助理医师）	注册护士	药剂人员	检验人员	其他卫技人员			
1988	31959	23917	11386	5933	2201	944	3453	1255	2476	4311
1989	32871	24606	11868	6497	2210	949	3082	999	2770	4496
1990	34190	26307	12423	6719	2219	954	3992	1129	2344	4410
1991	34834	26546	12297	7153	2228	959	3909	1299	2659	4330
1992	35550	27093	12354	7441	2237	964	4097	1303	2636	4518
1993	34894	25543	11296	7478	2246	968	3555	1326	2721	5304
1994	36473	26875	12210	7516	2255	973	3921	1334	3583	4681
1995	37115	27553	12107	7553	2264	978	4651	1335	3547	4680
1996	37434	27706	11825	7591	2273	983	5034	1335	3512	4881
1997	38107	27966	11526	7629	2282	988	5541	1341	3477	5323
1998	37954	28579	12070	7667	2291	993	5558	1380	3442	4553
1999	38336	28840	12639	7705	2300	998	5197	1412	3407	4677
2000	36225	27460	12345	7744	2310	1003	4058	1227	3324	4214
2001	38397	27766	12841	7789	2319	1008	3809	2258	2467	5906
2002	34795	25074	10141	8516	2839	1148	2430	1212	2786	5723
2003	34357	25744	10287	8983	2982	1347	2145	1923	2593	4097

续表 24-1-1-3

年份	在职人员总数	卫生专业技术人员						其他专业技术人员	管理人员	工勤技能人员及乡村医生、卫生员
		合计	执业医师（助理医师）	注册护士	药剂人员	检验人员	其他卫技人员			
2004	33200	25405	10195	8967	2759	1184	2300	1291	2772	3732
2005	34557	25773	10530	9243	2636	1225	2139	1788	2302	4694
2006	37536	28035	11367	9956	2717	1480	2515	1928	2747	4826
2007	47340	37402	14683	13189	3046	1441	5043	1877	3631	4430
2008	50599	40232	15831	14814	3141	1567	4879	2178	3989	4200
2009	55564	44888	17153	17788	3055	1645	5247	2076	4114	4486
2010	61571	48987	18437	20472	3150	1728	5200	2076	4169	6339
2011	66104	53030	19100	22956	3415	1852	5707	2320	4134	6620
2012	69011	55978	20268	24981	3130	1874	5725	2473	4258	6302

说明：1.其他卫技人员包含医学影像、卫生统计、图书信息等卫生专业技术人员；2.其他专业技术人员包含财会、经济、工程等专业技术人员

表 24-1-1-4 2001—2012年长沙市卫生局直属医疗卫生机构人员基本情况一览表 单位：人

年份	人员总数	录用分类		岗位分类			学位分类		学历分类				职称分类		
		在编	编外聘用	管理人员	各类专业技术人员	工勤技能人员	博士	硕士	研究生	本科	大专	中专	正副高级	中级	初级
2001	3658	2400	1258	300	3053	305	1	10	7	938	1092	1267	410	1303	1707
2002	3732	2532	1200	310	3041	381	2	20	24	1000	1164	1205	442	1270	1791
12003	3903	2603	1300	335	3170	390	2	45	18	1172	1157	1226	468	1327	1827
2004	3999	2690	1309	360	3229	410	3	61	39	1256	1304	1064	518	1376	1808
2005	4451	3001	1450	400	3620	431	3	60	74	1507	1435	1043	571	1466	2140
2006	5086	3091	1995	460	4146	480	5	120	126	1308	1402	1050	620	1520	2023
2007	5916	3710	2206	512	4839	505	10	293	326	2519	1418	899	805	1820	2051
2008	6783	4706	2077	445	5813	525	9	316	404	2070	2453	1011	785	1568	2408
2009	7536	4955	2581	472	6524	540	15	537	537	2562	2871	482	878	1566	1688
2010	7981	4974	3007	503	6820	558	28	530	632	2874	2891	378	712	1505	1557
2011	8478	4802	3676	447	7481	550	32	640	750	2870	2860	450	820	1605	1204
2012	8593	4830	3763	347	7677	569	49	933	942	3535	3026	605	961	1802	1159

说明：1. 各类专业技术人员包含所有卫生专业技术人员及财会、经济、工程等其他专业技术人员；2. 2000年以前，未按该表进行分类统计

四、卫生行业群团组织

1988年，长沙市有市医学会、市中医学会、市护理学会、长沙离退休医务工作协会4个卫生行业群团组织，入会团体会员单位60个、会员1200人。1994年12月成立市预防医学会。2004年3月成立市社区卫生协会。2007年11月成立市公共卫生协会。2009年8月成立市医院协会。2010年8月成立市中西医结合学会。至2012年，长沙市有卫生行业群团组织9个，入会团体会员单位718个、会员4.3万人。25年期间，各学（协）会协助市卫生行政部门及医疗卫生机构开展各类医学学术交流活动1625场次，参加4.2万人次，交流发表临床中西医学及预防医学论文4739篇；开展医药卫生科普宣传活动632场次，义诊523场次，发放卫生科普及防病宣传资料11.67万份；推介临床医学及卫生防疫技术250余项；协助培训基层卫生人员6135人次。市中医学会编辑《名老中医专家临床经验荟萃》《长沙名中医录》《中老年保健知识汇编》等资料、计110余万字。市护理学会协助编制《各类疾病护理常规》《护理基本技能操作》教学片及《护理质量评定标准》《护理健康教育实用手册》等资料，供全市医疗卫生机构使用。市公共卫生协会协助编印《公共卫生管理实用手册》系列丛书8本、计5万余字，供各类经营性公共场所单位使用。长沙离退休医务工作者协会牵头创办长沙市老年康复医院，并派出150余名离退休医学专家与10所基层医院联合办医，与4所医学院校联合举办医疗护理大（中）专班15个，培训学员782人。

第二节　医药卫生体制改革

一、医疗服务体制改革

（一）市、县两级公立医院改革。20世纪80年代初，市、县两级公立医院开始探索实施管理体制及运行机制改革。1987年年初，首先在市口腔医院试行医院党委领导的院长负责制。1988年，市直属9所医院全面实行党委（党总支）领导的院长负责制及院长任期责任制，院长行使各项行政管理职权，医院重大建设发展、重要人事任免等事项由院长提出决策意见，党委（党总支）审定通过，并接受职工代表大会民主监督。实行该项改革，增强院长行政管理决策职权，提高行政管理效能。1989年开始，市、县两级公立医院改变原有的传统、封闭、固定的人事管理模式，实行工人等非专业技术人员合同制及卫生专业技术人员聘任制。1992年，召开卫生改革研讨会，总结试行管理体制及运行机制改革经验，制定进一步实行劳动人事制度、卫生经费预算、卫生产业发展、资金分配、后勤管理服务、卫生基础设施设备建设、单位自主经营7个方面的改革政策措施，进一步扩大市、县两级公立医院院长行政管理决策职权。1993年，市直属医院在发展卫生产业、开展特殊医疗服务等项目中所获得的纯收入，首先提取50%作为事业发展基金，2%作为院长奖励基金，其余48%用于科室、个人劳务提成，自主分配。1995年开始，首先在市一医院、市五医院试行后勤管理服务社会化改革，以后逐步在市直属9所医院推行，将卫生保洁、垃圾清运、环境绿化、被服洗涤、小型维修、内部安保等技术含量较低、易于运作的行政后勤管理服务项目，公开招聘社会管理服务机构和人员承担。2000年，制定完善人事制度改革政策，改干部职工身份管理为岗位管理，固定用人制度为合同用人（人事代理、人才外包）制度，全面实行科室定编定岗定责、职工全员聘任、双向选择、竞争上岗、内部退养、提前退休、停薪留职及专业技术职称评聘分离等人事改革制度，由院长聘任职能及业务科室科长（主任）、护士长等中层管理人员；中层管理人员采取双向选择聘用科室员工；对少数优秀员工或能力较低的员工实行低职高聘或高职低聘，对个别素质较差员工实行待岗、劝退等处理措施，全面建立单位员工能进能出、能上能下的用人机制。是年，市直属9所医院转岗分流精简人员372人，其中，落聘转岗189人，退养98人，停薪留职49人，辞退12人，清退临时工98人。2005年起，市直属医院实行向社会公开招考、择优聘用各类专业技术人员政策，对未进入编制的人员办理人事代理（外包）及相关社会保险手续。

2009年开始，市、县两级公立医院全面执行关于深化医药卫生体制改革的政策部署，推行10项便民惠民措施，实行“无假日医院”“无假日门诊”制度，开展门诊预约诊疗，实行病人挂号、检测、治疗、取药、查询、费用结算等“一卡通”服务。实施优质护理服务示范工程，市及9区县（市）所属公立医院推行优质护理服务示范工程的病室分别为100%和60%，陪护率由原来的90%降至60%。实行同级医院之间的检测结果互认、临床路径管理及单病种诊疗付费控制等措施，临床路径及单病种费用控制的病种30余个。2011年，开展抗菌药物临床应用专项整治，由市卫生局与115所市、县两级所属（管）医院签订临床合理应用抗菌药物责任书，年底进行全面检查，对未达到规定的10所医院通报整改，促使降低抗菌药物临床应用的品种、数量、频率，市及9区县（市）所属公立医院抗菌药物应用品种分别控制在50种和35种以下，住院病人抗菌药物应用率控制在60%以下，门诊病人抗菌药物处方比例控制在20%以下，一类手术病人预防应用抗菌药物比例控制在30%以下，均达到卫生部的规定。2012年年底，浏阳市制定基本药物使用、采购配送及零差率销售、医疗技术服务价格调整、基本医疗保险报销、财政专项补助等政策。浏阳市所属人民医院、中医医院及妇幼保健院按照公立医院改革政策，试行全面改革。2013年起，3所医院实行基本药物制度及零差率销售，基本药物使用量提高至医院药品销售总量的50%，临床用药总量下降6.7%，住院病人自付费用平均降低7.8%，取得初步成效。

（二）城乡基层医疗机构改革及建设

1.乡镇卫生院。1988年全市有建制乡镇卫生院275所，由乡镇政府负责建设管理，其中，符合“三管”（医疗、防疫、计划生育技术服务）、“三有”（业务用房、基本医疗设备、病人生活服务设施）标准的91所。至1996年，在开展农村初级卫生保健工作中，市县乡三级财政投入资金1200余万元，为124所乡镇卫生院改造危房面积9.6万平方米，增加医疗设备200余台（件）。1995年长沙市撤区并乡建镇，全市乡镇卫生院缩减至126所，4个县（市）设立的区卫生所撤销并入所在地乡镇卫生院。1996年，乡镇卫生院改为“县乡共管、以县为主”的管理体制，受医疗服务市场化影响，少数乡镇卫生院出现分散经营、个人承包，个别出现解体或变卖现象。其中浏阳市文家市镇卫生院被变卖为民营医院。2003年发生“非典”严重传染病疫情之后，全市调整乡镇卫生院管理体制，于2004年全部收归区县（市）卫生局统一实行人、财、物、业务管理，统一调配任用乡镇卫生院领导管理人员，废止少数乡镇卫生院分散经营、个人承包的做法。2004—2008年，市、县两级财政投入5000余万元，新改扩建117所乡镇卫生院业务用房、建筑面积21.34万平方米；投入1960万元，配备基本医疗设备1400余台（件）。2008年，市及9区县（市）按照省卫生厅的部署，制定《乡镇卫生院管理年活动实施方案》，开展为期3年的乡镇卫生院管理年活动，以加强公共卫生、基本医疗、人才培养、财务管理为重点，开展全员教育培训，落实各岗位人员职责，健全行政业务管理制度，规范业务技术操作规程，全面提升管理水平及医疗卫生服务质量。浏阳市将全市39所乡镇卫生院分为4个片区，指定专人负责，每个季度进行一次检查评价，指导全市开展乡镇卫生院管理年活动，每年终进行考核评价。2010年，全市抽查考核34所乡镇卫生院，评为优秀的28所，合格6所；抽查病历260份，优良率为96.2%。是年，全市选拔74名乡镇卫生院医生开展职业技能竞赛，其中，2名获“长沙市杰出青年岗位能手”称号，10名获“长沙市优秀青年岗位能手”称号。选派其中4名医生参加省卫生厅组织的职业技能竞赛，长沙市获团体一等奖，个人获一等奖1人、二等奖1人、三等奖2人。浏阳市被评为全省乡镇卫生院管理活动先进单位。2010年，四县（市）将15所一级医院与所在地乡镇卫生院合并，组建成乡镇中心卫生院25所，确定为布局于农村基层的医疗服务中心。

2011年，按照基层医疗机构综合改革工作部署，出台《全市城乡基层医疗机构综合改革实施方案》。9区县（市）将乡镇卫生院确定为差额拨款补助事业单位，实行会计集中报账和财务收支两条线管理。全市核定112所乡镇卫生院人员编制5229人，实行定编定岗、全员聘任、竞争上岗及绩效工资制度。建立以卫生服务数量、质量及群众满意度为主要内容的绩效考核机制，与市、县两级财政下拨乡镇卫生院补助经费及职工工资奖金发放挂钩，实行奖优罚劣，激励基层卫生人员切实做好基本公共卫生及医疗服务工作。2011—2012年，全市相继投入9000万元，进一步改造提质乡镇卫生院60余所，完善基本设备配备，全市80%的乡镇卫生院达到建设标准。2012年全市清理核定并划转乡镇卫生院建设性债务5.34亿元，由区县（市）财政先期偿还1.39亿元，芙蓉、天心、岳麓、开福、雨花、望城5区及长沙县完成债务化解。2012年年底，全市乡镇卫生院完成综合改革任务，全市有建制乡镇卫生院112所，在职人员6856人，其中卫生技术人员5787人，开放病床6895张，业务用房建筑面积50.8万平方米，设备总价值2.3亿元。

2.行政村卫生室。1988年，全市有行政村卫生室2053所，乡村医生3350余人，基本做到“六有”（乡村医生、业务用房、常用药品、血压计、听诊器、体温计）。1992—1996年，全市实施农村初级卫生保健规划，四县（市）采取由乡镇卫生院领办、乡镇卫生院与村委会合办、村委会单独办三种形式，建设管理行政村卫生室。浏阳市制定《村卫生室管理暂行办法》，由乡镇卫生院统一管理村卫生室，实行乡村医生聘任制、工资浮动制、退休保偿制。长沙、望城、宁乡三县政府也采取类似办法，统一管理村卫生室的人员、业务、财务、药品。2004—2007年，按照国务院《乡村医生从业管理条例》，经过3次统一考试认定，注册乡村医生2764人。2007年实行行政村合并后，全市行政村卫生室缩减至1366所，全部为集体性质，考核聘为建制行政村卫生室的乡村医生1366人。2007年，制定《行政村卫生室建设标准》，根据行政村的地域、人口等情况，规定行政村卫生室房屋建筑面积为40~200平方米，单独设立“四室”（诊察室、治疗室、处置室、药房），配备齐全基本诊疗设备。2007—2009年，由市、县两级财政累计投入3480余万元，统一规划设置建设行政村卫生室，每个村卫生室配备16件基本诊疗设备，全部单独设立“四室”。2007年开始连续6年，由市财政每年度拨付1366万元，给每个行政村卫生室乡村医生每年劳务补贴1万元；县级财政按20%的比例配套补助，并按每个行政村卫生室0.8万元的标准，投入2116万元，建设改造业务用房及配备设备。2009—2012年，继续改造提质村卫生室465所。至2012年，全市1366所建制行政村卫生室全部由乡镇卫生院实行人员、行政、业务、药品、财务一体化规范管理，实现建设标准、行政业务管理、乡村医生聘用及工作制度“四个统一”。

3.城市社区卫生服务机构。20世纪80年代末，长沙市所属东区、西区、南区、北区设置街道卫生院30所，均为小集体所有制性质事业单位。1992年全部转为大集体所有制性质事业单位。街道卫生院普遍场地狭窄、规模过小、设备简陋、专业技术水平及医疗卫生服务能力较低，仅负责城市居民一般预防保健及简单医疗服务。同年，西区开始试点建设社区卫生服务机构，首先在新设置的望月湖街道建立社区卫生服务中心，承担社区居民的预防保健及基本医疗服务，至1998年，该区建立社区卫生服务中心6所，覆盖60%的社区居民。1999年开始，开福区、雨花区、芙蓉区、天心区各选择1~2个街道试点建设社区卫生服务中心。2002年，长沙市出台《关于发展城市社区卫生服务的意见》及《全市社区卫生服务发展规划》，全市城区全面推行社区卫生服务工作，按照“政府主导、社会参与、统一规划、科学设置”的原则，根据街道社区范围及人口数量，采取原址改造、选址新建、购房扩建及调配政府房源等形式，统一规划建设社区卫生服务中心。至2007年，城内5区设置社区卫生服务机构151所（中心46所，站105所）。46所社区卫生服务中心中，由原街道卫生院转型举办的30所，区属医疗卫生机构领办的6所，驻区国有企事业单位及社会力量出资承办的10所。2007—2009年，全市开展社区卫生服务中心标准化建设，共投入资金1亿余元，新建业务用房建筑面积2.5万平方米，36所由政府办的社区卫生服务中心完成标准化建设任务。2011年，确定社区卫生服务中心为差额拨款事业单位，核定52所社区卫生服务中心人员编制1489人，由区县（市）统一实行人、财、物、业务管理；并利用中央及市区两级财政资金450万元，继续改造提质创建示范社区卫生服务中心12所。全市社区卫生服务中心实现规划布局、建设标准、机构标识、居民健康档案、管理模式、服务项目、医疗收费、员工收入分配、工作考核评价“九个”统一及业务用房、科室设置、环境建设、管理制度标准化目标。2012年，全市设置社区卫生服务机构240所（中心52所、站188所），全市52所社区卫生服务中心有在职人员2392人，其中卫生技术人员1963人，业务用房建筑面积11.2万余平方米，设备总价值3690余万元，设置日间观察床1482张。全市社区卫生服务机构已覆盖所有社区，全面承担社区居民预防、保健、基本医疗、康复、健康教育、计划生育技术服务“六位一体”的综合服务。长沙市的社区卫生服务工作多次获得国家和省级考评肯定，至2012年，天心区被评为全国社区卫生服务示范区；岳麓区被评为全国中医药特色社区卫生服务示范区；芙蓉区朝阳街道社区卫生服务中心被评为全国示范社区卫生服务中心；芙蓉区浏府街道及东屯渡街道、雨花区雨花亭街道、岳麓区望月湖街道、开福区东风路街道及四方坪街道6所社区卫生服务中心被评为省级示范社区卫生服务中心。

表24-1-2-1　　2012年长沙市辖9区县（市）所属乡镇卫生院基本情况一览表

区县（市）	乡镇卫生院总数（个）	在职人员总数（人）	卫生技术人员数（人）	实有病床（张）	业务用房建筑面积（平方米）	设备总价值（万元）	门急诊总人数（人次）	出院病人数（人次）
长沙县	19	934	745	1098	89855	3323	581093	25875
浏阳市	35	2988	2554	2987	207278	13438.2	1068527	152382
宁乡县	33	1561	1366	1636	128689	4297.9	806564	72455
望城区	15	725	586	612	40172	1071.5	192621	24375
芙蓉区	0	—	—	—	—	—	—	—
天心区	1	66	42	120	5480	50	25435	389
岳麓区	6	385	322	254	18180	293.5	140766	7169
开福区	2	135	116	188	16064	300	110751	10843
雨花区	1	62	56	0	2600	93	51036	0
总　计	112	6856	5787	6895	508318	22867.1	2976793	293488

表 24-1-2-2　　2012 年长沙市辖 9 区县（市）所属社区卫生服务中心基本情况一览表

区县（市）	社区卫生服务中心总数（个）	在职人员总数（人）	卫生技术人员数（人）	实有病床（张）	业务用房建筑面积（平方米）	设备总价值（万元）	门急诊总人数（人次）	出院病人数（人次）
芙蓉区	11	429	322	195	23594	344	344869	5280
天心区	8	252	210	139	11451	359.4	153888	1165
岳麓区	10	461	407	229	17423	672.5	313258	7251
开福区	10	405	345	209	15973	427	244174	1682
雨花区	8	405	304	335	17215	454.9	228084	385
长沙县	2	291	251	215	13500	811	126566	6582
浏阳市	3	149	124	170	13115	622	83196	3444
望城区	0	—	—	—	—	—	—	—
宁乡县	0	—	—	—	—	—	—	—
总　计	52	2392	1963	1492	112271	3690.8	1494035	25789

说明：2012 年，望城区、宁乡县尚未设置社区卫生服务中心

4.城乡卫生对口指导帮扶。20 世纪 80 年代开始，市、县两级医疗卫生机构每年派出医疗卫生骨干 100 余人，指导帮助乡镇卫生院开展卫生防疫及医疗服务工作。1988 年，市卫生局派出医疗卫生人员 64 人，定点帮扶 13 个贫困乡卫生院，培训基层卫生人员 117 人，组织疑难病例会诊、开展新技术 650 余项（次），捐赠医疗设备 200 余台（件）。1991 年，市卫生局继续组织开展卫生支农扶贫活动，拨给 10 所贫困乡卫生院经费 50 万元、医疗设备 25 台，培训人员 32 人。1996 年 5 月，召开全市卫生工作大会，确定由城市医疗卫生机构与农村基层医疗机构实行定点挂钩、结对帮扶。1997 年 2 月，市卫生局组织市、县两级医疗卫生技术人员 200 人，下派到四县（市）60 余所乡镇卫生院，开展为期半年的卫生支农。在 1997 年的全国科技、文化、卫生下乡评比表彰工作中，长沙市卫生局被评为全国“三下乡”先进集体，在全国“三下乡”电视电话会议上介绍经验。1998 年年初，制定实行晋升高、中级卫生专业技术职称人员先到城乡基层医疗机构工作半年的政策。此后，每年派出 180 余名卫技人员到城乡基层指导开展初级卫生保健，推广适宜医疗技术，带教培训医务人员。2009 年，制定实施《医卫科技特派员工作方案》，连续 4 年，每年派出 60 名医卫科技特派员到乡镇卫生院，指导开展基本医疗业务及技术培训，帮助诊治疑难疾病，推广医疗新技术 20 余项。2009 年开始，长沙市城区 19 所二、三级公立医院与就近社区卫生服务中心建立对口帮扶和双向转诊关系，指导开展社区首诊、社区康复工作。2011 年年初，发布《医疗机构病人双向转诊实施方案》，首先在雨花区、岳麓区试点，年底在全市推行。全市县级以上公立医院成立协调联络机构，指派专人负责指导基层医疗机构诊疗工作，与乡镇卫生院、社区卫生服务中心建立社区首诊、双向转诊、分级医疗制度，实行“一增一降一免”的优惠政策：对首先在乡镇卫生院、社区卫生服务中心住院而上转至县级以上公立医院的病人，增加在基层医疗机构住院的医保报销比例 5%~10%，降低病人在基层医疗机构住院自付费用起付线的 50%，免除第二次住院间隔 28 天限制；对由

县级以上公立医院下转至基层医疗机构住院康复的病人，增加在基层医疗机构住院的医保报销比例5%-10%，降低在县级以上公立医院住院自付费用起付线的50%，免除第二次住院间隔28天的限制。2011年，市四医院与岳麓区所属16所乡镇卫生院及社区卫生服务中心建立双向转诊指导协作关系，当年医院收治基层医疗机构上转病人1644人，下转基层医疗机构康复治疗262人，下转率为16%，人均降低医药费用2000元。2011年年底，全市初步形成城乡居民在基层医疗机构首诊、大病进医院、康复回社区的分级医疗制度，平均降低病人自付医药费用50%。同时，继续实施《城乡卫生对口"手牵手"帮扶工程方案》，至2012年，110余所市、县两级公立医院、国有企事业单位医院及民营医院与全市112所乡镇卫生院、52所社区卫生服务中心建立对口指导帮扶关系，派出卫生技术骨干480余人，指导开展医疗预防保健工作，推广适宜医疗技术100余项，免费培训基层卫生人员350余人，指导抢救和接收危重病员415人。经过城乡卫生对口指导帮扶，全市城乡基层医疗机构医疗服务能力得到提升，2012年与2009年对比，门急诊由223.9万人次增至364.5万人次，住院由23.3万人次增至25.69万人次，手术由2.3万例增至3.19万例，分别增长38.6%、9.3%和27.9%。

二、公共卫生服务体制改革

（一）卫生监督执法体制改革。1988年，长沙市及所属9区县未单独设置卫生监督执法机构，由市及区、县卫生防疫站执行卫生行政部门下达的卫生监督执法任务。2002年开始，按照国务院《关于城镇医药卫生体制改革的指导意见》，市及9区县（市）相继实行卫生监督与卫生监测、疾病预防控制体制分离改革。2002年2月，撤并市卫生防疫站及市劳动卫生职业病防治所，抽调其中55人组建市卫生监督所。至2005年，9区县（市）卫生防疫站相继被撤销，抽调人员组建成立卫生监督所，承办卫生行政许可、卫生监督执法等具体事项。

20世纪80年代末，市级行使卫生行政许可审批项目20项。实行部分行政监管职能调整及行政审批制度改革。1999年年底，市及4县（市）承担的药品监管职能由卫生部门划归药监部门。2003年，制定《卫生行政审批程序规定》及《违反卫生行政审批程序规定的责任追究制度》，市、县两级卫生行政审批项目全部纳入市及区县（市）政府政务服务中心管理，设置卫生行政许可审批窗口，集中受理卫生行政许可申请，全面实行"窗口受理、封闭运作、限时办结"及"一站式"审批服务流程，办结时间缩短至规定时间的三分之一。2004年10月，制定《卫生行政执法工作规范》《卫生监督执法案件评审工作流程》等18项制度，实行执法公示制、执法责任制及执法错案追究制，严把卫生行政执法的立案、调查、合议、报批关口，依法受理卫生执法相对人的行政复议（诉讼）申请。2009年6月，依据国家食品安全法规定，市、县两级食品卫生行政许可及监管职能，分别由质监部门核发"食品生产许可证"，工商部门核发"食品流通许可证"，食品药品监管部门核发"餐饮服务许可证"。2011年，依据《中华人民共和国职业病防治法（修订案）》，由市、县两级卫生行政部门继续承担职业人群健康检查、职业病鉴定诊断治疗及职业卫生宣传教育工作职能，其他职业卫生监管职能划归安监部门。至2012年，市、县两级卫生行政部门承担的卫生行政许可审批项目精简至11项。2012年开始，全市实行卫生行政许可与卫生监督分离制度，市县两级卫生行政部门负责卫生行政许可审批，市、县两级卫生监督机构负责日常卫生监督执法。

（二）疾病预防控制体制改革。2001年之前，长沙市由市、县两级卫生防疫（职业病防治、血吸虫病防治）机构承担卫生防疫、疾病预防控制、职业病防治工作任务。2002年，按照国务院《关于城镇医药卫生体制改革的指导意见》，市、县两级相继实行卫生监督与卫生监测、疾病预防控制体制分离。2002年2月，撤并市卫生防疫站及市劳动卫生职业病防治所，组建成立市疾病预防控制中心（市公共卫生检测中心)。3 年内 9 区县（市）卫生防疫站相继被撤销，组建成立区县（市）疾病预防控制中心。由市及区县（市）疾病预防控制中心承担疾病预防控制及公共卫生检测职能。2003 年，发生“非典”严重传染病疫情后，按照国务院《突发公共卫生事件应急条例》，市县成立卫生应急工作领导协调机构及卫生应急工作办公室，制定《突发公共卫生事件应急处置预案》及《传染病预防控制预案》，由所属医疗卫生机构成立疾病防控、医疗救治专家组及卫生应急处置机动队。全市各级综合医院成立传染病管理科，设立呼吸道发热门诊及肠道疾病门诊，实施重点传染病的监测预警，及时报告处置传染病疫情。2004 年，市及 9 区县（市）疾病预防控制中心的 360 余名疾病防控专业人员组成 67 支卫生应急机动队，进行卫生应急知识培训及实战演练，实行 24 小时值班待命，随时执行卫生应急处置任务。2004 年开始，市、县两级卫生应急机动队每年处置传染病疫情及食物中毒等突发公共卫生事件 20 余起。其中，2004 年 1 月市二水厂取水口污染暴发急性胃肠炎疫情；2005 年 5 月湖南生物机电职业技术学院发生伤寒疫情；2006 年 1 月湘江水体发生镉污染事件；2007 年 5 月长房集团长郡工地发生民工食用猪甲状腺中毒事件；2009 年 2 月麓山国际实验学校暴发流感疫情；2010 年 9 月岳麓区坪圹镇连山中心小学暴发菌痢疫情；2011 年 4 月，岳麓区莲花镇五丰村突发食物中毒事件。卫生应急机动队采取现场调查、采样检测、控制疫情、转运救治病员、排除中毒因素等措施，及时消除不良后果。2011 年开始，市及 9 区县（市）建立卫生应急“一网四库”制度，每个卫生应急预案对应建立一个应急组织体系网，一个应急救援人员队伍库，一个应急物资储备库，一个应急救援专家库，一个突发公共卫生事件典型案例库，科学应对处置突发公共卫生事件，至 2012 年，全市卫生应急“一网四库”制度基本形成。

（三）城乡基本公共卫生服务

1.农村初级卫生保健。1991 年 11 月，按照实施农村初级卫生保健规划的部署要求，召开全市农村卫生工作会议，制发《关于进一步加强农村卫生工作的通知》《长沙市农村初级卫生保健规划（1992—2000 年）》《创建先进卫生乡（镇）标准》等文件。1992 年，全市开始实施农村初级卫生保健规划。县乡两级成立领导协调机构及业务指导组织，制订实施计划，确定相关部门工作职责、卫生经费投入、乡镇卫生院危房改造、基本医疗设备配备、行政村卫生室建设、农村合作医疗、基层妇幼保健、农户改水改厕、卫生防病宣传、儿童预防接种、传染病地方病预防控制等 10 余项工作任务目标。4 县（市）确定在提留农民年纯收入 5%的乡村统筹经费中，每年提取 0.3%~0.5%（约 670 万元），用于乡村两级卫生基础建设。1992 年全市改造有危房的乡镇卫生院 104 所、建筑面积 4.7 万平方米，市级专拨经费 30 万元给予奖励。长沙县于 1992 年年底经省级考核评审，全县 13 项农村初保项目基本达到规定标准。望城县、浏阳市、宁乡县相继于 1994 年、1995 年、1996 年经省级考核评审，实现国家规定的 13 项农村初保最低限目标。至 1996 年，4 县（市）卫生经费投入达到同级财政经常性支出的 4.0%，80%的乡镇卫生院初步完成危房改造及基本医疗设备配备，所有行政村建立村卫生室，其中甲级村卫生室为 62%，试行较低标准的农村合作医疗，50%的农户完成改水改厕，儿童预防接种全程接种率 95%，妇女儿童卫生保健系统管理初步形成。长沙市郊区于 1996 年基本完成农村初保工作，因年底实行行政区划调整，郊区被撤销，所属乡镇农场分别划入相应的城内 5 区，郊区初保评审即停止。1996 年 5 月，全市农村初保工作初步实现规定目标后，召开全市卫生工作大会，制发《关于加快卫生发展的决定》，制定农村卫生经费投入及农村基层卫生管理体制改革等政策，市级当年专拨农村卫生经费 3500 余万元，比 1995 年增长 57.2%，主要用于建设乡镇卫生院及行政村卫生室；将乡镇卫生院改为“以县为主、县乡共管”的管理体制，进一步提升乡镇卫生院建设管理水平。2003 年总结抗击“非典”工作成果经验，将农村初保工作重点转为建立农村卫生应急机制及农村医疗卫生服务体系，四县（市）初步建立县乡两级卫生应急工作预案、卫生应急组织协调机构、卫生应急专业队伍及疾病防控、医疗救治转运网络体系。

2.实施基本公共卫生服务项目。2009年，国务院及省政府相继发布《关于深化医药卫生体制改革的实施意见》后，是年9月，长沙市部署开展城乡基本公共卫生服务工作。全市112所乡镇卫生院、52所社区卫生服务中心成立公共卫生服务科室，配备3~5名专兼职人员，1366所行政村卫生室及105所社区卫生服务站安排兼职人员承担基本公共卫生服务工作。当年，中央、省、市、县四级财政预算安排人均15元的基本公共卫生服务专项经费，为基层医疗机构开展基本公共卫生服务提供经费保障。按照卫生部下达的基本公共卫生服务任务，全市确定开展结核病艾滋病等重大传染病防控、国家免疫规划、农村孕产妇住院分娩、贫困白内障患者复明、农村改水改厕、消除燃煤型氟中毒、15岁以下人群免费补种乙肝疫苗、生育期妇女增补叶酸、农村妇女两癌（宫颈癌、乳腺癌）普查9项重大公共卫生服务项目；同时推行居民健康建档、健康教育与健康促进、儿童预防接种、传染病防治、儿童保健、孕产妇保健、老年人保健、高血压、糖尿病、重性精神病管理治疗、卫生监督协管等10项基本公共卫生服务项目。2009年11月，全市启动基本公共卫生服务均等化工作，组织城乡基层医疗机构开展健康教育与健康促进、国家扩大免疫规划、重大传染病防治、重大慢性非传染性疾病管理、城乡居民健康体检、重点人群健康管理、妇女儿童系统保健管理等基本公共卫生服务工作。至2012年年底，全市城乡居民规范化电子健康档案建立率为82.54%；65岁以上老年人健康规范管理57.4万例；高血压、糖尿病规范管理分别为43.6万例和13.69万例；免费为农村居民施行白内障复明手术3.97万例；开展群众性健康教育，受众100余万人次；儿童计划免疫全程预防接种率为95%；生育期妇女叶酸补服率为93%；农村妇女“两癌”普查20余万人次；孕产妇及儿童系统保健管理率分别为90.5%和84.98%；产妇住院分娩率为99.98%；重性精神病管理治疗率为85%。

三、药品监管体制改革

（一）医疗医药监管分离改革。20世纪80年代，市、县两级卫生行政部门统一监管医疗执业、医药生产经营及药品质量。2000年，国务院下发《关于城镇医药卫生体制改革的指导意见》后，长沙市于2001年4月召开全市医药卫生体制改革工作会议，部署推行城镇医药卫生体制改革。是年，市及四县（市）组建药品监督管理局，原由卫生局负责的医药生产经营许可、药品质量监管职能划归药品监督管理局。2001年5月，制定《医院药品收支两条线管理实施办法》，对市属（管）医院实行医疗医药分开核算、分别管理；在制定年度医疗服务总收入计划时，规定将临床药品收入控制在医疗服务总收入的50%以内。2001年起连续4年，统一收缴市直属医院临床药品收支结余的30%（每年300万元），用于临床重点专科建设及医学科研技术开发应用，有效控制医院滥用药品，降低病人医药费用水平，市直属8所医院的临床药品收入占医疗服务总收入的比例逐步降至45%左右。2002年起，市、县两级43所一级以上医院先后在湖南海虹电子商务有限公司、湖南省卫生厅药品集中招标采购机构实行药品（医用耗材及医学检验试剂）集中招标（网上）采购，废止原有的临床药品批临差价收入规定，执行临床药品顺价销售政策。2003年，全市集中招标采购药品金额1.87亿；2005年增至3.1亿元；2007年增至5.2亿元；2009年增至8.7亿元，2012年实行集中招标（网上）采购的市属（管）医院68所，采购药品（医用耗材及医用试剂）金额增至63.5亿元。比原各医院自行采购价格平均降低28%。

（二）实行国家基本药物制度。2009年，国务院下达《关于深化医药卫生体制改革近期重点工作实施方案》后，2010年10月，长沙市确定首先在城乡基层医疗机构实行国家基本药物制度，制定实行国家基本药物制度的具体政策。2011年，全市112所乡镇卫生院、52所社区卫生服务中心及1366所行政村卫生室全部实行国家基本药物制度，在湖南省卫生厅药品集中招标采购机构采购，统一配送，实行临床药品零差率销售，基层医疗机构实行基本药物制度所减少的药品差价收入由财政给予补偿。2012年，全市城乡基层医疗机构平均配备药品由2009年的560种降至325种，品规由1325个降至650个，年药品销售总额由3.99亿元降至2.9亿元，分别下降42%、51%和27.3%。实行国家基本药物制度后，城乡居民在基层医疗机构门诊住院的医药费用负担水平明显下降。2012年全市基层医疗机构门急诊病人次均医药费用由2009年121.2元降至75.22元，下降37.9%，其中药品费用由73.4元降至40.1元，下降45.4%；住院病人次均医药费用由2187.6元降至1641.2元，下降24.98%，其中药品费用由1061.4元降至773.67元，下降21.11%。城乡基层医疗机构因降低门诊住院医药费用水平，城乡居民就诊量显著上升。2012年，全市基层医疗机构门急诊由2009年278.3万人次上升至376.4万人次，住院由24.8万人次上升至32.2万人次，分别上升35.3%和29.8%。

第三节　医疗服务

一、医院

（一）省（部）属医院。1988年，设在长沙市内的省部（属）及军队（武警）医院（妇幼保健院、职业病防治所）14所。1989年11月增设湖南医学院第三附属医院（现中南大学湘雅三医院）。1991年5月增设湖南省中医药研究院附属医院。2012年年底，长沙市内省（部）属及军队（武警）医院（妇幼保健院、职业病防治院）16所，有卫生工作人员2.34万人，业务用房建筑面积153.2万平方米，设备总价值40.8亿元，病床1.93万张，当年完成门急诊1099.1万人次，出院病人61.1万人次。省（部）属医院普遍规模大，设备先进，技术水平高，业务发展全面。其中中南大学附属的湘雅医院、湘雅二医院、湘雅三医院及湖南中医药大学的第一附属医院、第二附属医院为医学院校直属临床教学医院，并承担全省医疗救治、医学科研任务。省卫生厅直属的省人民医院、省脑科医院、省肿瘤医院、省儿童医院、省结核病医院承担全省医疗救治工作任务。省劳动卫生职业病防治院、省妇幼保健院承担全省职业病防治、妇幼保健及医疗救治业务指导任务。省马王堆疗养院承担省内部分干部保健对象疗养康复任务。湖南中医药研究院附属医院承担中医药临床治疗及科研任务。中国人民解放军第163医院及武警湖南省总队医院主要承担军队（武警）内部医疗卫生服务，同时向地方开放医疗卫生服务。

1. 中南大学湘雅医院。清光绪三十二年（1906），由美国雅礼协会医师胡美创办，时称雅礼医院。1951年6月湖南省人民政府接管。1953年10月更名为湖南医学院附属医院。1992年11月9日，复名为“湘雅医院”。卫生部评审为湖南省内首批三级甲等医院。2000年更名为中南大学湘雅医院。为卫生部（教育部）直管，集医疗、教学、科研于一体的大型现代化综合医院，医疗救治、医学教育及医学科研具有国内先进水平。2012年，医院业务用房建筑面积38.45万平方米，各类设备总价值8.21亿元；设置临床医技科室51个、病床3017张；有国家级临床重点专科11个，颅内肿瘤、鼻咽癌、心脑血管疾病及血液疾病治疗、各种内窥镜微创手术、器官移植技术具有国内领先水平。2012年有在职人员4089人，其中卫生专业技术人员3359人（正副主任医师427人）；门急诊211.85万人次，出院病人9.78万人次，大中型手术6万余例。

2. 湖南省人民医院。清宣统三年（1911），由留美医师颜福庆与外国传教士合作创办，时称中国红十字会湖南分会医院。1949 年 10 月湖南省人民政府接管更名为湖南省长沙医院。1959 年 5 月更名为湖南省人民医院。为省卫生厅直属，集医疗、科研于一体的大型三级甲等综合医院及湖南省临床诊疗业务技术指导机构。2012 年，医院业务用房建筑面积 6.69 万平方米，各类设备总价值 3.45 亿元；设置临床医技科室 56 个、病床 1597 张；设有国家级博士后科研工作站、药物临床实验室及肝胆外科研究中心；儿科、骨科、消化内科、肝胆外科、心血管内科、整形美容科为省级临床重点专科；肝胆外科临床诊治及科研成果居国内同类医院前列。2012 年，有在职人员 2069 人，其中卫生专业技术人员 1727 人；门急诊 68.05 万人次，出院病人 5.18 万人次，大中型手术 3.1 万例。

3. 湖南省肿瘤医院。1977 年建成。为省卫生厅直属三级甲等专科医院及全省肿瘤防治业务技术指导机构。2012 年，医院业务用房建筑面积 14.1 万平方米，各类设备总价值 4.26 亿元；设置临床医技科室 47 个、病床 1765 张；设有省癌症医学中心、省肿瘤防治研究所、省抗癌协会等肿瘤防治及临床研究机构；肿瘤科、中西医结合科、肿瘤临床护理为国家级临床重点专科；胸外科、妇瘤科、麻醉科、放疗科、药学部为省级临床重点专科；原发性肝癌综合治疗、肿瘤整形外科治疗、转移性乳腺癌治疗、造血干细胞移植治疗淋巴癌等技术具有国内领先水平。2012 年有在职人员 1613 人，其中卫生专业技术人员 1347 人；门急诊 19.16 万人次，出院病人 5.26 万人次，大中型手术 1.1 万例。

4. 湖南省儿童医院。1987 年建成。为省卫生厅直属大型三级甲等专科医院及全省儿童医学业务技术指导机构。2003 年曾成功救治国内首例全男四胞胎新生儿（最低 1 例体重仅 1000 克）。2005 年成功救治国内首例年龄仅 9 岁的人禽流感患儿。2006 年成功救治国内首例仅 500 克的超低体重早产新生儿。2003—2012 年成功实施 12 例高难度连体婴儿分离手术。2012 年设置临床医技科室 39 个、病床 1464 张；设有儿科医学研究所、国家级医学博士后科研工作站、儿童孤独症诊疗研究中心、儿童肿瘤研究中心；小儿重症科为国家级临床重点专科；新生儿科、小儿急救、小儿外科、儿童康复科为省级临床重点专科；儿科急救、儿童疾病预防康复等专项技术及儿童疑难重症诊治具有国内先进水平。2012 年，医院业务用房建筑面积 8.29 万平方米，各类设备总价值 2.41 亿元；有在职人员 1570 人，其中卫生专业技术人员 1381 人；门急诊 120.13 万人次，出院病人 5.65 万人次，大中型手术 1.5 万例。

5. 湖南省妇幼保健院。1947 年建成。为省卫生厅直属大型三级甲等专科医院及全省妇幼保健、医疗救治业务技术指导机构。承担指导全省县级以上妇幼保健机构的妇女病查治、孕产妇管理、高危孕产妇救治、孕产妇产前筛查、新生儿疾病筛查、人口出生缺陷控制及妇幼保健、医疗救治师资培训等工作。2012 年，医院业务用房建筑面积 2.78 万平方米，各类设备总价值 1.2 亿元；设置临床医技科室 30 个、病床 441 张；设有儿童遗传代谢性疾病、儿童染色体疾病、妇产科中医药治疗临床研究机构；有在职人员 980 人，其中卫生专业技术人员 769 人；门急诊 88.89 万人次，出院病人 3.05 万人次，大中型手术 1.1 万例。

表 24-1-3-1　　2012 年长沙市内省（部）属及军队（武警）医院基本情况一览表

单位名称	成立时间	在职人员总数（人）	卫生技术人员数（人）	病床数（张）	业务用房建筑面积（平方米）	设备总价值（万元）	门急诊总数（人次）	出院病人总数（人次）	地址
中南大学湘雅医院	1906 年	4089	3359	3017	384565	82110	2118486	97761	开福区湘雅路 87 号
中南大学湘雅二医院	1958年8 月	3531	3044	2618	216283	79738	2472771	92369	芙蓉区人民中路 139 号

续表 24-1-3-1

单位名称	成立时间	在职人员总数（人）	卫生技术人员数（人）	病床数（张）	业务用房建筑面积（平方米）	设备总价值（万元）	门急诊总烽（人次）	出院病人总数（人次）	地址
中南大学湘雅三医院	1989 年 11 月	2040	1711	1782	187211	42346	1007111	65120	岳麓区桐梓坡路 138 号
湖南中医药大学第一附属医院	1963年7月	1348	1077	990	55781	17200	921288	33094	雨花区韶山中路 95 号
湖南中医药大学第二附属医院	1934年5月	447	336	606	24263	4634	356746	13530	开福区蔡锷北路 233 号
湖南省人民医院	1911年12月	2069	1727	1597	66875	34459	680478	51828	芙蓉区解放西路 61 号
湖南省脑科医院（湖南省第二人民医院）	1950年7月	1418	1163	1136	84565	3240	242529	25928	雨花区赤岭路 94 号
湖南省肿瘤医院	1977年7月	1613	1347	1765	140979	42646	191572	52561	岳麓区咸嘉湖路 582 号
湖南省儿童医院	1987年	1570	1381	1464	82925	24020	1201274	56512	雨花区梓园路 86 号
湖南省妇幼保健院	1947年	980	769	441	27713	12007	888829	30450	开福区湘春路 53 号
湖南省中医药研究院附属医院	1991年5月	559	446	540	29000	4847	245440	11128	岳麓区麓山路 58 号
湖南省马王堆疗养院	1963年9月	929	817	1000	48878	9495	205980	18320	芙蓉区马王堆路 1 号
湖南省结核病医院	1952年7月	349	255	400	24500	2051	38652	8764	岳麓区咸嘉湖路 519 号
湖南省劳动卫生职业病防治院	1961年11月	389	262	527	30122	5150	50214	14045	雨花区雨花路 21 号
中国人民解放军第 163 医院	1940年11月	1130	873	500	88100	18500	244023	26850	开福区洪山路 1 号
中国人民武装警察部队湖南省总队医院	1952年5 月	540	460	460	26000	9000	125600	13155	岳麓区枫林路 222 号

（二）市属医院。1988 年，长沙市卫生局有直属医院 10 所。1992 年 3 月长沙市结核病医院更名为长沙市第五医院。2001 年 5 月，长沙市第二医院、长沙市第五医院被撤销，合并组建成长沙市中心医院。2004 年 8 月，长沙铁路总公司长沙医院移交长沙市政府管理，更名为长沙市第七医院，2007 年 1 月被撤销，与长沙市中医医院合并组建成新的长沙市中医医院（长沙市第八医院）。2007 年 10 月，长沙市传染病医院被撤销，与长沙市第一医院合并组建成新的长沙市第一医院（长沙市传染病医院）。2010 年 9 月，长沙市仁济医院（集体所有制性质）被撤销并入长沙市第四医院。2012 年，市卫生局有直属医院 7 所，工作人员 8010 人；业务用房建筑面积 55.9 万平方米，资产总值 22.2 亿元，病床 5707 张；当年

完成门急诊 302.4 万人次，出院病人 20.1 万人次。

1.长沙市中心医院。为 2001 年 5 月由市二医院、市五医院、市老年医学研究所合并组建的大型三级综合医院。医院累计投资 2.15 亿元，于 2004 年 12 月相继建成胸科中心、老干部保健中心、行政办公楼、门（急）诊医技楼、住院大楼。并引进荷兰政府优惠贷款 1320 万美元，其中，462 万美元为荷兰政府无偿捐赠；858 万元为长期低息出口借贷（用于购买具有国内领先水平的高精尖设备 30 类、172 台件）。医院为国家药物临床实验基地、国家“十一五”“十二五”科技重大专项（中医药治疗肺结核）临床科研基地、卫生部病理远程会诊及质控试点单位、中南大学和南华大学的临床教学医院及硕士研究生培训基地、湖南省基层医疗机构全科医生培训基地、湖南省专科护理临床实践技能培训基地。肺病科为国家级临床重点专科，老年医学、急诊医学、结核病科为省级临床重点专科。2004 年起，连续 9 年开展具有省内先进水平的业务技术 84 项，获省级科技进步奖 5 项、市科技进步奖 23 项。其中骨关节结核非手术疗法为国内独创，难治性结核空洞介入疗法填补省内该项目空白。2011 年被评为三级甲等综合医院。2012 年，医院占地面积 11.63 万平方米，业务用房建筑面积 9.54 万平方米，资产总值 6.7 亿元；设置临床医技科室 55 个、病床 1523 张；设有市老年医学研究所、市结核病研究所、市肿瘤研究所；有在职人员 1952 人，高、中级专业技术人员分别为 194 人、379 人；博士 19 人，硕士生导师 16 人，硕士 215 人；兼职教授、副教授 36 人；门急诊 76.7 万人次，出院病人 5.53 万人次。

2.长沙市第一医院（长沙市传染病医院）。1920 年成立。时称湖南公医院。1949 年 10 月市政府接管更名为长沙市市立医院。1958 年 2 月更名为长沙市第一医院。1993 年被评为二级甲等综合医院。2007 年 10 月，市传染病医院（市公共卫生救治中心）并入市一医院，组成新的市一医院（市传染病医院）。本部为原市一医院；南院为原市传染病医院；北院为原市传染病医院所设的市公共卫生救治中心。2012 年，医院（三址）总占地面积 15.21 万平方米，业务用房建筑面积 10.76 万平方米，资产总值 3.79 亿元，各类大型医疗设备 150 余台（件）；设置临床医技科室 61 个、病床 1259 张；神经内科、肝病科、艾滋病科、外科、心血管内科、呼吸内科、妇科为省级临床重点专科；设有市神经病学研究所、市肝病研究所、市糖尿病研究所。医院为卫生部在长沙设立的首家内镜诊疗技术培训基地，中南大学和南华大学的临床教学医院及硕士研究生培训基地。2012 年 1 月被评为三级甲等综合医院。2012 年，有在职人员 1470 人，高、中级专业技术人员分别为 163 人、339 人；博士 10 人，硕士生导师 6 人，硕士 157 人；门急诊 33.5 万人次，出院病人 3.83 万人次。

3.长沙市第三医院。前身为 1951 年湖南省人民政府拨款于天心区社坛街组建的临时医院（收治抗美援朝战争中的归国伤病员）。1952 年 6 月—1953 年 11 月，陆续将赎买的私立德生医院、学海医院、协和医院并入，定名为长沙市工人医院。1958 年 2 月更名为长沙市第三医院。1994 年被评为二级甲等综合医院。2002 年被确认为三级规模综合医院。2009 年 1 月被确定为长沙市卫生学校附属医院（行政隶属关系不变）。为中南大学临床教学医院及硕士研究生培训基地。医院骨科、泌尿外科、呼吸内科为省级临床重点专科。曾成功开展肾移植手术 70 例，断指（趾）再植（再造）、高难度膝关节置换翻修术、单侧多功能外固定支架治疗四肢骨折等新技术具有国内先进水平。2012 年，医院占地面积 3.87 万平方米，业务用房建筑面积 9 万平方米，资产总值 2.57 亿元；设置临床医技科室 39 个、病床 954 张；有在职人员 998 人，高、中级专业技术人员分别为 115 人、284 人；博士 5 人，硕士生导师 11 人，硕士 111 人；门急诊 25.1 万人次，出院病人 2.1 万人次。

4.长沙市第四医院。1956 年成立，时称长沙市岳麓医院。1958 年更名为长沙市第四医院。1987 年

10月增署名长沙市中西医结合医院。1995年11月被评为二级甲等综合医院，2006年7月被确认为三级规模综合医院。为中南大学临床教学医院。2010年9月长沙市仁济医院被撤销并入市四医院。医院心血管内科、重症医学科、耳鼻咽喉科、康复医学科为市级临床重点专科。医院自主研创的《慢性副鼻窦炎三联治疗技术》被卫生部确定为“十年百项”推广项目，先后两次在全国性培训班推广。2012年，医院占地面积2.48万平方米，业务用房建筑面积5.38万平方米，资产总值1.76亿元；设置临床医技科室57个、病床585张；有在职人员995人，高、中级专业技术人员分别为140人、247人；博士1人，硕士生导师10人，硕士116人；门急诊36.59万人次，出院病人2.56万人次。

5.长沙市口腔医院。1960年8月成立。为中南大学临床教学医院。2011年被确认为三级口腔专科医院。医院正畸科、修复科、牙体牙髓科具有特色优势，其中正畸科为省级临床重点专科。前牙美容修复、人工牙种植、根管治疗术、玻璃体纤维桩植入术、根尖屏除术、显微根尖手术等项目具有国内领先水平。先后获国家专利4项（其中金奖1项）、省市级医药科技成果奖30余项。2012年，医院三址（含开福区五一路原院区、长沙县星沙口腔门诊部及天心区友谊路新院区）总占地面积1.21万平方米，业务用房建筑面积3.04万平方米，资产总值0.69亿元，配备先进的口腔专科诊疗设备350余台（件）；设置临床医技科室18个、病床50张、牙科治疗椅位248张；有在职人员290人，高、中级专业技术人员分别为65人、55人；博士4人，硕士52人；门急诊22.35万人次，出院病人283人次。

6.长沙市中医医院（长沙市第八医院）。1958年7月成立，时称长沙市南区联合医院，位于天心区书院路542号，为集体所有制事业单位。1979年9月划归市卫生局管理，更名为长沙市中医医院。1987年5月转为全民所有制。1996年10月被评为二级甲等中医医院。1997年4月增署名长沙市张仲景中医医院。因医院地处城区狭小地域，于2004年6月选址长沙县星沙街道新建。新址占地面积10.47万平方米。2004年11月开工建设，累计投资4.53亿元，新建业务用房建筑面积10万平方米，新设临床医技科室51个、病床657张。2007年1月，市七医院（原长沙铁路医院，2004年8月铁道部移交给长沙市人民政府管理）与市中医医院合并，组建成新的市中医医院（市八医院）。为湖南中医药大学临床教学医院。2009年1月被评为三级甲等中医医院。设有市骨伤科研究所及市肛肠疾病防治中心；长沙县医疗急救中心设在该院。医院具有中医药专业特色优势，骨伤科为国家级中医临床重点专科，针灸康复科、肛肠科为省级中医临床重点专科。2012年，医院三址（本部为市中医医院新址、东院为原市七医院院址、南院为市中医院原址）占地总面积12.47万平方米，业务用房建筑面积14.25万平方米，资产总值4.56亿元；设置临床医技科室99个、病床1026张；有在职人员1626人，高、中级专业技术人员分别为193人、351人；博士7人，硕士生导师7人，硕士127人；门急诊50.82万人次，出院病人3.47万人次。

表24-1-3-2　　2012年长沙市卫生局直属医院基本情况一览表

单位名称	成立时间	在职人员总数（人）	人员分类（人）				资产状况			业务工作情况			地址
			卫生技术人员	其他技术人员	管理人员	工勤技能人员	占地面积（平方米）	业务用房建筑面积（平方米）	资产总值（万元）	病床数（张）	门急诊数（人次）	出院病人总数（人次）	
长沙市中心医院	2001年5月	1952	1602	46	112	192	116260	95388	67100	1523	766810	55278	雨花区韶山南路161号

续表 24-1-3-2

单位名称	成立时间	在职人员总数（人）	人员分类（人）				资产状况			业务工作情况			地址
			卫生技术人员	其他技术人员	管理人员	工勤技能人员	占地面积（平方米）	业务用房建筑面积（平方米）	资产总值（万元）	病床数（张）	门急诊数（人次）	出院病人总数（人次）	
长沙市第一医院（长沙市传染病医院）	1920年	1470	1213	0	98	159	152128	107600	37923	1259	334764	38310	开福区营盘路311号
长沙市第三医院	1951年	998	840	51	44	63	38700	90000	25654	954	250647	20759	天心区劳动西路176号
长沙市第四医院	1956年	995	869	15	48	63	24825	53800	17529	585	365944	25639	岳麓区麓山路70号
长沙市口腔医院	1960年8月	290	219	6	41	24	12093	30368	6873	50	223531	283	天心区友谊路389号
长沙市中医医院（长沙市第八医院）	1958年7月	1626	1315	79	99	133	124667	142478	45644	1026	508199	34706	长沙县星沙街道星沙大道22号
长沙市妇幼保健院	1962年10月	750	612	4	88	46	14410	39104	20900	310	574392	26113	雨花区城南东路416号

（三）区县（市）属医院。1988年，长沙市所辖9区县有直属医院（妇幼保健院）20所。1989年12月成立浏阳市精神病医院。2010年6月望城区中医医院被撤销并入望城区人民医院。2012年1月成立望城区脑科医院。2012年，9区县（市）有直属医院21所，工作人员7515人，业务用房建筑面积42.8万平方米，设备总价值7.35亿元；病床7361张；当年完成门急诊248.7万人次，出院病人26.8万人次。

表 24-1-3-3　　2012年长沙市辖9区县（市）属医院基本情况一览表

单位名称	成立时间	在职人员总数（人）	卫生技术人员（人）	病床数（张）	业务用房建筑面积（平方米）	设备总价值（万元）	门急诊总数（人次）	出院病人总数（人次）	地址
芙蓉区人民医院	1961年8月	118	95	94	3226	98	19675	1865	芙蓉区曙光北路109号
天心区人民医院	1958年	37	27	98	3436	82	21410	896	天心区药王街8号
岳麓区人民医院（湖湘中医肿瘤医院）	1956年5月	327	236	300	19528	4040	25715	6211	岳麓区枫林二路220号

续表 24-1-3-3

单位名称	成立时间	在职人员总数（人）	卫生技术人员（人）	病床数（张）	业务用房建筑面积（平方米）	设备总价值（万元）	门急诊总数（人次）	出院病人总数（人次）	地址
开福区人民医院（长沙老年病医院）	1958年	5	3	24	1365	124	8167	0	开福区北正街16号
雨花区人民医院（湖南黄兴医院）	1971年3月	201	167	150	9361	700	15907	3637	芙蓉区远大一路170号
望城区人民医院（望城区中医医院）	1951年	624	497	427	33595	3334	127416	19226	望城区高塘岭镇郭亮路
望城区妇幼保健院	1976年	76	56	44	7000	510.0	19253	780	望城区高塘岭镇郭亮路117号
望城区脑科医院	2012年1月	38	31	80	4670	287	1700	1900	望城区茶亭镇郭亮集镇
长沙县妇幼保健院	1958年	235	203	175	4600	1607.5	191354	12409	长沙县星沙街道板仓路19号
长沙县第一人民医院	1958年	236	211	260	11267	1294	37152	12197	长沙县路口镇锦绣路7号
长沙县第二人民医院	1955年	257	224	254	8849	1187	72210	9095	长沙县㮾梨镇新建路
长沙县中医医院	1980年10月	121	108	95	4701	508	24021	4178	长沙县安沙镇安沙中路42号
浏阳市人民医院	1951年	1342	1064	1110	55408	12414	462884	50716	浏阳市人民路42号
浏阳市中医医院	1956年8月	1111	968	776	45000	22563	411863	31445	浏阳市北正中路67号
浏阳市妇幼保健院	1952年2月	626	550	398	30325	7210.0	274525	23552	浏阳市北正北路55号
浏阳市精神病医院	1989年12月	131	93	400	3538	174	13300	898	浏阳市长南南路80号
宁乡县人民医院	1939年9月	1304	1094	1016	99230	9837	535796	53749	宁乡县玉潭镇一环西路
宁乡县中医医院	1956年2月	562	494	800	53000	4725	332422	20006	宁乡县玉潭镇益阳路
宁乡县妇幼保健院	1953年5月	205	194	136	6259	2421.0	120755	10978	宁乡县玉潭镇白马大道
宁乡县直田眼科医院	1983年9月	18	13	40	3000	20	13500	1500	宁乡县巷子口镇
宁乡县精神病医院	1975年9月	184	135	680	20332	314	31982	2895	宁乡县城郊乡塘湾村

（四）其他部门及国有企事业单位办医院。1988 年，中央、省、市其他部门及国有企事业单位在长沙市内所办医院 61 所（其中二级医院 15 所、一级医院 46 所），病床 2210 张，在职人员 3120 人。2000 年以后，长沙市内部分大专院校合并，所办医院随之合并；国有企业改制（或破产）后，所办医院随之与企业脱钩改为股份制（民营）医院（或被撤销）。2008 年新建市民政局所属的长沙市第二社会福利院康宁医院。2012 年，长沙市内其他部门及国有企事业单位所办医院共 42 所（其中二级医院 9 所，一级医院 33 所）；在职人员 4495 人，业务用房建筑面积 28.3 万平方米，设备总价值 1.5 亿元，病床5250 张；当年完成门急诊 85.2 万人次，出院病人 8.1 万人次。

表 24-1-3-4　　2012 年长沙市内其他部门及国有企事业单位办医院基本情况一览表

单位名称	在职人员总数（人）	卫生技术人员（人）	病床数（张）	业务用房建筑面积（平方米）	设备总价值（万元）	门急诊总数（人次）	出院病人总数（人次）	地址
湖南省人民政府机关医院	58	50	40	1078	280	4706	1902	芙蓉区五一东路 69 号
湖南农业大学医院	49	44	50	4266	324	27149	538	芙蓉区湖南农业大学内
湖南省农业科学院医院	33	26	35	1800	123	3743	562	芙蓉区省农科院内
长沙韶光微电子总公司职工医院	28	23	38	1400	122	4380	800	芙蓉区韶光社区
长沙理工大学职工医院	28	24	30	1200	58	17635	420	天心区赤岭路 45 号
长沙 5712 飞机厂职工医院	30	25	30	2028	103	10452	484	天心区大托镇披塘村
长沙肉类联合加工厂职工医院	32	30	42	512	2	21375	1226	天心区黑石铺
中南大学职工医院铁道分院	36	31	54	1548	366	16217	494	天心区韶山南路 22 号
湖南省财贸医院	380	292	264	8332	391	45549	6578	天心区坡子街 139 号
长沙机床厂职工医院	60	30	37	1500	43	11940	1276	天心区新开铺新石街 1 号
湖南机床厂职工医院	33	28	50	1780	25	7596	1800	天心区新开铺新石街 1 号
湖南省有色地质医院	110	78	20	3835	60	8320	680	天心区书院南路 189 号
湖南师范大学医院	55	46	60	1800	102	50156	749	岳麓区麓山路
湖南大学医院	61	52	80	6300	350	45300	680	岳麓区麓山南路
长沙矿冶研究院职工医院	14	12	21	950	40	16000	139	岳麓区麓山南路 966 号

续表 24-1-3-4

单位名称	在职人员总数（人）	卫生技术人员（人）	病床数（张）	业务用房建筑面积（平方米）	设备总价值（万元）	门急诊总数（人次）	出院病人总数（人次）	地址
湖南大学北校区医院	24	23	30	180	50	6230	168	岳麓区石佳冲6号
中南大学职工医院	75	63	60	6500	390	34520	1086	岳麓区左家垅
湖南航天医院	481	410	408	27094	3743	122155	13903	岳麓区望城坡
湖南省未成年犯管教所医院	24	18	20	1000	60	1950	68	岳麓区燕子山村
湖南省体育运动医疗专科医院	37	30	35	2000	102	18550	475	开福区体育馆路1号
湖南省交通医院	197	146	140	7971	687	13323	837	开福区八一路54号
长沙市按摩医院	296	130	208	7400	162	7890	3730	雨花区人民中路348号
长沙市一七九医院	38	30	100	3000	167	30029	281	雨花区城南东路133号
中铁五局一公司医院	39	32	40	4200	210	3577	615	雨花区洞井铺
湖南省地质矿产勘查开发局职工医院	292	246	200	9250	2264	50624	7049	雨花区雨花巷31号
长沙有色冶金公司职工医院	43	37	60	2000	94	3356	1930	雨花区树木岭路15号
湖南有色冶金公司职工医院	23	17	80	600	10	900	1888	雨花区树木岭路31号
长沙正圆机械厂职工医院	46	39	58	860	150	15852	2146	雨花区树木岭路376号
长沙重型机械厂职工医院	53	41	72	1807	20	13114	753	雨花区东二环一段56号
长沙市军队离休干部医院	29	27	48	1050	40	3688	255	雨花区曙光中路393号
长沙浦沅机械厂医院	26	23	23	1305	11	8680	486	雨花区芙蓉中路三段613号
湖南省司法警察总医院	177	145	153	13650	615	7485	2025	雨花区香樟路
湖南省建设医院	151	126	150	9798	904	8990	5275	雨花区小林子冲26号
湖南省水利水电医院	28	14	24	1980	51	1797	15	雨花区韶山北路370号
长沙市精神病医院	355	283	1097	61663	531	71432	2780	雨花区香樟路62号
长沙市老年康复医院	345	201	498	36337	117	56360	3798	雨花区芙蓉中路三段335号

续表 24-1-3-4

单位名称	在职人员总数（人）	卫生技术人员（人）	病床数（张）	业务用房建筑面积（平方米）	设备总价值（万元）	门急诊总数（人次）	出院病人总数（人次）	地址
长沙市第二社会福利院康宁医院	240	102	480	6261	239	0	238	雨花区边山社区
湖南省核工业地质局三〇三大队医院	85	77	72	4000	160	12219	2560	长沙县暮云镇牛角塘村
长沙理工大学云塘校区医院	28	25	25	3514	210	15685	440	长沙县暮云镇长沙理工大学云塘校区
湖南省荣军医院	259	195	175	30064	1275	65898	4479	长沙县暮云镇
湖南省核工业地质局三〇四大队医院	35	27	39	1800	6	4612	1086	宁乡县城关镇新山路 91 号
湖南省浏阳磷化总厂职工医院	62	43	102	2650	168	21588	2894	浏阳市永和镇磷矿路

（五）社会办医院。1988 年，长沙市内无 1 所社会办医院，仅有个体行医诊所及中药店坐堂医诊室 110 余所。2002 年开始，每年审批设置民营医院 1~2 所。2002 年 11 月，长沙市内第一所民营医院——长沙爱尔眼科医院成立，设置病床 33 张，工作人员 60 人。2005 年之后，长沙市每年增设 3~5 所民营医院。2012 年年底，长沙市内设置社会办医院 68 所（其中三级医院 3 所、二级医院 13 所、一级医院 52 所），共有工作人员 7731 人，病床 5759 张，业务用房建筑面积 62.1 万平方米，设备总价值 6.1 亿元，当年完成门急诊 189.8 万人次，出院病人 13.9 万人次；另设有社会医疗门诊部及个体行医诊所（中药店坐堂医诊室）1800 余所。其中省卫生厅审批设置、具有三级规模的医院有湖南旺旺医院、湘雅博爱康复医院、长沙泰和医院 3 所；市卫生局审批设置的一、二级规模医院多为口腔科、眼科、妇产科、男性病科、生殖、肛肠、医疗美容、皮肤性病、康复等专科专病医院。

表 24-1-3-5　　2012 年长沙市内社会办医院基本情况一览表

单位名称	在职人员总数（人）	卫生技术人员（人）	病床数（张）	业务用房建筑面积（平方米）	设备总价值（万元）	门急诊总数（人次）	出院病人总数（人次）	地址
长沙芙蓉口腔医院	53	42	20	1080	9	35698	0	芙蓉区芙蓉中路二段 88 号
长沙东大肛肠医院	73	49	26	2800	73	5574	1766	芙蓉区远大一路 820 号
长沙长江医院	134	58	20	1100	42	7300	1812	芙蓉区车站北路 251 号
长沙长海医院	90	78	57	3800	610	15460	1900	芙蓉区东二环恒达路 1 号
湖南旺旺医院	934	778	547	86900	11897	426755	18153	芙蓉区人民东路 318 号

续表 24-1-3-5

单位名称	在职人员总数（人）	卫生技术人员（人）	病床数（张）	业务用房建筑面积（平方米）	设备总价值（万元）	门急诊总数（人次）	出院病人总数（人次）	地址
长沙丽人医院	126	102	66	5000	325	53006	3099	芙蓉区人民中路511号
长沙东方男科医院	76	30	20	4000	153	5088	281	芙蓉区芙蓉中路二段16号
长沙民康医院	62	52	73	2800	6	3517	3336	天心区黄兴南路66号
长沙阳光医院	74	58	32	6200	87	18312	1175	天心区城南西路155号
长沙爱尔眼科医院	286	214	100	8800	3441	146372	7215	天心区芙蓉中路396号
长沙五洲医院	87	62	40	4500	501	24177	1723	天心区芙蓉中路三段274号
长沙南湖医院	186	116	167	8000	375	21055	6828	天心区南湖路270号
长沙雅美医疗美容医院	88	38	19	3500	45	4380	745	天心区解放西路358号
长沙协盛医院	118	96	80	2000	438	12937	3196	岳麓区观沙岭银杉路283号
长沙蓝盾医院	80	63	98	4340	225	4592	2130	岳麓区雷锋大道青山路口
岳麓区望城坡医院	63	44	58	2490	50	41263	1703	岳麓区望城坡三里垅
长沙生殖医学专科医院	79	52	100	53500	178	14077	1880	岳麓区枫林三路179号
长沙麓山医院	72	53	68	2000	145	8221	1654	岳麓区枫林二路402号
长沙星灿医院	54	38	45	1299	200	7829	1291	岳麓区桐梓坡西路161号
长沙东雅医院	26	19	20	1000	104	922	70	岳麓区咸嘉湖路516号
长沙普惠医院	85	63	140	4108	34	5693	3997	岳麓区岳北社区综合楼1栋
长沙医学院第一附属医院	200	130	203	20487	2196	29067	4367	岳麓区雷锋大道9公里处
长沙泰和医院	555	439	512	100000	12000	33630	2438	开福区芙蓉北路529号
长沙鸿业皮肤病医院	79	47	50	4000	107	60141	794	开福区五一大道970号

续表 24-1-3-5

单位名称	在职人员总数（人）	卫生技术人员（人）	病床数（张）	业务用房建筑面积（平方米）	设备总价值（万元）	门急诊总数（人次）	出院病人总数（人次）	地址
中信湘雅生殖与遗传专科医院	333	234	50	12253	6327	255559	3465	开福区湘雅路 86 号
长沙仁爱医院	70	44	20	2000	66	12962	77	开福区湘雅路 188 号
长沙中山医院	104	76	40	4000	175	62530	171	开福区中山路 18 号
长沙德福医院	21	16	40	2050	40	3628	286	开福区浏阳河路 239 号
长沙建湘医院	36	16	45	1800	7	9315	1800	开福区浏阳河路 4 号
长沙颐而康按摩医院	58	15	23	2000	60	9650	0	开福区芙蓉中路 573 号
长沙黑石渡医院	67	56	50	3740	74	23738	1888	开福区德雅路 655 号
长沙利慈医院	135	95	99	3800	920	18595	2899	开福区万家丽北路 378 号
长沙友爱医院	42	36	30	3600	1368	2384	0	开福区三一大道 203 号
长沙消防专科医院	121	96	123	5127	27	38579	1492	开福区芙蓉北路二段 178 号
湖南博雅眼科医院	116	70	120	11000	2341	67568	3260	雨花区中意一路 121 号
长沙现代妇科医院	125	69	30	3024	210	14192	522	雨花区劳动中路 138 号
长沙佑康医院	68	58	180	8000	99	12415	3958	雨花区韶山南路 443 号
长沙正和骨科医院	105	70	108	10000	1271	20451	1471	雨花区中意一路 518 号
长沙德雅医院	61	51	98	3950	61	5436	2668	雨花区车站南路 466 号
长沙离退休医协医院	41	37	30	1230	79	10866	1741	雨花区航空路 128 号
长沙康达医院	18	18	50	3662	5	3324	629	雨花区曙光中路 108 号
长沙方泰医院	117	97	50	6000	197	10679	1531	雨花区梓园路 357 号
湖南性保健研究所附属医院	45	41	20	3500	58	25158	82	雨花区车站南路 715 号

续表 24-1-3-5

单位名称	在职人员总数（人）	卫生技术人员（人）	病床数（张）	业务用房建筑面积（平方米）	设备总价值（万元）	门急诊总数（人次）	出院病人总数（人次）	地址
长沙光彩明天眼科医院	24	11	20	2741	50	1599	105	雨花区怡园街紫薇鑫园
长沙爱思特医疗美容医院	101	59	20	1520	110	6314	491	雨花区人民中路568号
长沙百艺医疗美容医院	26	21	9	1633	3	1908	79	雨花区劳动西路446号
长沙安贞妇产医院	104	82	20	3420	207	32342	1904	雨花区韶山中路612号
长沙博大泌尿专科医院	42	33	20	2800	110	13856	54	雨花区韶山北路288号
长沙美奥口腔医院	67	35	20	1800	80	8626	0	雨花区人民中路568号
长沙恒生年轮骨科医院	160	124	120	7000	300	10786	2876	雨花区香樟路
长沙肛泰肛肠医院	98	67	50	4825	26	7568	2900	雨花区东塘
长沙普济医院	92	52	50	3200	12	2290	1327	雨花区城南东路120号
长沙亚韩医疗美容医院	68	52	40	5884	1085	12775	568	雨花区韶山北路256号
长沙仁和医院	195	177	248	11000	207	37197	6410	雨花区井奎路146号
长沙仁德医院	43	38	50	2890	24	2920	960	望城区高塘岭镇
长沙康乃馨老年病医院	213	138	260	64210	2289	5232	2066	望城区星城镇银星路段
长沙融城医院	160	141	170	6694	270	20461	4116	长沙县暮云镇
湘雅博爱康复医院	398	316	340	32000	7000	69762	672	长沙县湘龙街道万家丽北路61号
长沙华夏医院	46	34	20	4000	145	7637	117	长沙县星沙街道北斗路16号
长沙仁康医院	72	52	60	1800	587	21899	6082	长沙县星沙街道金茂路11号
长沙南方骨外科医院	122	91	99	6000	94	7478	2288	长沙县星沙街道漓江路
长沙康明眼科医院	12	12	20	1200	80	4200	150	宁乡县玉潭镇人民南路298号
宁乡现代妇科医院	20	18	20	2000	262	3000	240	宁乡县玉潭镇花明南路
宁乡协和医院	10	10	10	1000	102	3885	293	宁乡县玉潭镇花明路

续表 24-1-3-5

单位名称	在职人员总数（人）	卫生技术人员（人）	病床数（张）	业务用房建筑面积（平方米）	设备总价值（万元）	门急诊总数（人次）	出院病人总数（人次）	地址
宁乡星辰康复医院	20	16	10	1600	100	4500	291	宁乡县玉潭镇一环路
浏阳现代医院	10	6	10	2000	20	8000	2400	浏阳市金沙中路667号
浏阳江晓年轮骨科医院	10	8	6	1500	50	3000	1850	浏阳市淮洲西路20号
湖南博爱康复医院	228	157	300	20000	884	9220	1213	浏阳市生物医药园

二、西医

（一）内科。1988 年，市结核病医院率先省内同级医院开展难治性肺结核空洞介入治疗及经环甲膜穿刺气管内给药治疗支气管内膜结核新技术；采用椎旁抽脓、局部注射抗结核药物治疗骨关节结核，具有损伤小、安全性高、后遗症少、操作简便、疗效高等特点，有效率为 97%，卫生部确定在国内结核专科医院推广。1989 年，市一医院首创应用静脉溶栓治疗急性心肌梗死及小剂量吗啡治疗急性左心衰竭病例，有效率为 95%。1990 年，省人民医院开展自体骨髓移植治疗急性白血病新技术获得成功，填补省内该技术项目空白。1991 年，市一医院运用支气管肺泡灌洗注药治疗难治性肺部感染获得成功，有效率为 100%。1993 年，市一医院采用复方卡托普利、消心痛联合治疗充血性心力衰竭 60 例，能较快改善心衰症状，有效率为 90%。1996 年，省肿瘤医院在省内施行首例自体外周造血干细胞移植术，治疗淋巴系统恶性肿瘤获得成功。1996 年，市一医院采用胃镜下局部喷药及口服药物联合治疗消化性溃疡，提高胃、十二指肠溃疡治愈率 20%。1997 年，市四医院开展冠状动脉造影术、支架植入术、射频消融术、永久性心脏起搏器植入术、经皮二尖瓣球囊扩张术、先天性心脏病封堵术等介入治疗新技术，达到省内同级医院先进水平。1998 年，中南大学湘雅三医院首创应用食管支架植入，治疗食管贲门良性狭窄及食管支气管瘘 205 例，均获得成功；同年，省马王堆疗养院在国内首创脑血管疾病的抢救、治疗、康复一体化模式，联合采取运动治疗、吞咽及言语治疗、水疗、心理认知疗法及其他康复治疗手段，达到国内先进水平。2000 年，省脑科医院引进国外先进的"细胞刀"手术系统装置，治疗帕金森氏病、特发性震颤、肝豆状核变性震颤、痉挛性斜颈等严重运动障碍疾病，有效率为 87.6%，达到国内先进水平。2001 年，中南大学湘雅二医院应用现代心脏起搏技术，快速抢救治疗心律失常及心力衰竭病人，提高抢救治疗成功率 50%。2002 年，省脑科医院在省内首创采用微血管减压术治疗三叉神经痛、舌咽神经痛、面肌痉挛等疾病 500 余例，有效率为 98%，达到国内领先水平。2004 年，市中心医院施行经皮冠状动脉成形术、支架植入术、射频消融术、心脏起搏器植入术、二尖瓣球囊扩张术等新技术治疗各型心脏疾病，均获得成功。2005 年，中南大学湘雅三医院运用异基因造血干细胞、单倍体干细胞移植新技术，治疗血液系统恶性肿瘤 40 例，有效恢复正常造血及免疫功能，达到国内领先水平。2007 年，中南大学湘雅二医院首次运用导管射频消融技术，治疗复杂性心房颤动、心律失常病例获得成功。2008 年，省脑科医院运用神经内镜成功施行巨大脑垂体瘤切除术 60 例，达到省内同级医院领先水平。2010 年，市中心医院采用支气管镜冷冻治疗支气管内膜结核获得成功，有效率为95%。2011年，省人民医院应用干细胞移植新技术治疗严重糖尿病获得成功。2012年，市三医院开展血液透析、血液灌流、腹膜透析、中药灌肠等10余项新技术，治疗肾衰病人，获得良好疗效。

（二）外科。1988年，省肿瘤医院采用带蒂背阔肌皮瓣修复胸壁肿瘤切除术后创面获得成功，为省内首创。1989年，市二医院应用胫骨干骺端切断延长术治疗小儿麻痹后遗症获得成功，为市级医院首创。1990年，市三医院率先市级医院成功施行首例断指再植术；1991年，成功施行游离足趾皮瓣加髂骨移植的拇指再造术及同种异体肾移植手术。1992年，中南大学湘雅二医院成功施行体外循环心内直视手术、新生儿复杂心脏畸形矫治术、巨大脊索瘤切除术、心脏二尖瓣球囊扩张术、腹腔镜下肝囊肿、胆囊切除术等新技术110项。1993年，市中医院成功施行国内第4例、省内首例仿生形态的人工半骨盆置换手术。1995年，省人民医院施行省内首例高难度巨大胰头肿瘤根治术获得成功；1996年，率先省内同级医院采用国际最先进的材料，施行非骨水泥的HG生物复锁型人工髋关节置换术获得成功。1996年，中南大学湘雅医院首创采用显微外科技术，切除颅内鞍上（鞍旁）肿瘤，获得成功，肿瘤全切除率81.6%，术后病死率降低50%。1997年，市一医院采用立体定向微创技术，根治高血压脑出血96例，治愈好转率提高至90%，死亡率降至10%，达到国内先进水平。1999年，市中医医院采用单切口开放性复位内固定治疗胫骨平台骨折、应力螺丝针加小夹板内外固定治疗胫腓骨双骨折，以及骨折三期中药辅助治疗3个项目，达到国内先进水平。2000年，中南大学湘雅二医院成功施行省内首例原位心脏移植术，达到国内领先水平。2001年，省肿瘤医院成功施行首例全肝移植手术；同年，中南大学湘雅二医院采用原位肝移植，成功抢救治疗1名暴发性肝功能衰竭幼儿。2002年，省肿瘤医院率先省内同级医院采用放射性粒子植入治疗难治性肿瘤获得成功。2003年，中南大学湘雅二医院成功施行首例心肺联合移植术，达到国内领先水平。2004年，市三医院成功施行腹直肌带蒂肌皮瓣移植再造乳房术。2005年，中南大学湘雅三医院采用封闭负压治疗技术，治疗修复大面积烧伤后难愈创面104例，达到国内领先水平；同年，中南大学湘雅二医院成功施行省内首例肝肾联合移植手术；市一医院在市级医院首创施行背阔肌移植即时性再造乳房术获得成功。2006年，中南大学湘雅二医院成功施行首例原位肝、异位胰及十二指肠联合移植术。2007年，中南大学湘雅三医院运用腹腔镜成功摘除双侧肾上腺嗜铬细胞瘤，属省内首例；同年，市三医院成功施行肝巨大恶性间质瘤（重17千克）切除术，属国内首例。2009年，市中医医院成功施行经尿道前列腺离子电切术、输尿管镜钬激光碎石术、肾上腺肿瘤切除术、输尿管移植术、尿道下裂成型术、肾癌根治术等高难度手术20例。2010年，市中心医院成功施行关节镜下治疗股骨头缺血坏死、异体肌腱移植治疗跟腱断裂、人工椎体植入等高难度手术，达到省内同级医院先进水平。2011年，中南大学湘雅二医院采用经皮及气管超声介入，置入降主动脉支架，成功治疗复杂性降主动脉异常病例。2012年，中南大学湘雅三医院在省内率先开展消化道肿瘤早期内窥镜下治疗技术，可覆盖食管、胃、十二指肠、结肠、直肠等消化道内外各部位；同年，市中心医院联合使用输尿管软硬镜，为1名12岁患儿取出长达3年的肾内结石，为国内首例采用输尿管软硬镜成功取石的病例。

（三）妇产（儿）科。1989年开始，市妇幼保健院成功施行先天性无阴道成形术、阴道前后壁修补术及乙状结肠代替阴道成形术等高难度手术65例。1990年，市三医院抢救早产低体重新生儿60例，成功率80%，其中1例体重仅1000克、合并败血症的新生儿，经抢救痊愈。1991年，中南大学湘雅医院在国内首创采用“边补边脱”液体疗法，并使用川芎嗪、二甲亚砜等中西药治疗小儿急性脑水肿病例，病死率由65%降至19%，达到国内领先水平。1994年，省肿瘤医院首创施行育龄女性宫颈癌术后卵巢移植手术，成功保留生育功能。2000年，省妇幼保健院运用膀胱镜施行微创技术，治疗子宫脱垂、尿失禁、子宫肌瘤、卵巢肿瘤、子宫内膜异位症、异位妊娠、生殖道畸形等妇科疑难重症病例，达到省内领先水平。2001年，中南大学湘雅二医院运用鼻胃管持续泵入法输送营养及药物，救治低体重新生儿获得成功；施行心脏二尖瓣闭式扩张及剖宫产联合手术，成功抢救1名晚期妊娠、二尖瓣重度狭窄致急性左心功能衰竭的产妇，母子获得平安。2002年，市妇幼保健院成功施行阴式子宫全切除术、宫颈癌根治术及腹腔镜下异位妊娠终止术、筋膜内子宫全切术、子宫内膜异位症等高难度手术。2003年11月，省儿童医院成功救治全男四胞胎新生儿（1例最轻体重不足1千克），均已成活，属国内首例。2004年，中南大学湘雅二医院成功施行经肛门根治小儿先天性巨结肠手术，达到国内领先水平。2005年11月，省儿童医院成功救治国内首例仅9岁的高致病性人禽流感患儿；同年，省妇幼保健院开展产后镇痛、产后康复、新生儿抚触、新生儿游泳、新生儿听力测定、代谢疾病筛查、智能代吸乳、产妇静脉血栓防治、宫颈扩张球囊引产等10余项新技术。2006年4月，省儿童医院成功救治省内首例出生时仅500克的新生儿；同年，市妇幼保健院率先市级医院成功施行尿失禁尿道中段悬吊术、子宫脱垂骶棘韧带悬吊术、子宫及阴道脱垂全骨盆网片悬吊术、腹腔镜下阴道骶骨悬吊术等高难度手术。2007年，省妇幼保健院采用腹腔镜微创技术，成功施行子宫阴道骶骨固定术、子宫脱垂腹直肌悬吊固定术、全骨盆重建术、高位骶棘韧带悬吊术等高难度手术。2009年，中南大学湘雅三医院采用宫腔镜成功施行剖宫产切口部位瘢痕整形修复术，治疗剖宫产后切口部位妊娠，连续4年治愈1万余例，达到国内先进水平。2012年，省儿童医院成功实施分离手术，救治1例出生仅43天、胸膜联体、共用肝脏、心包的连体婴儿，术后婴儿存活，生长发育良好。

（四）五官科。1988年，市二医院成功施行同种异体骨膜修补鼓膜术及支撑喉镜下显微手术，填补市级医院该技术项目空白。1989年，市三医院抢救1名右耳巨大脓肿患儿获得痊愈。1992年，省人民医院成功施行人工晶体植入、眼部激光治疗、经颅眶内肿瘤摘除及穿透性角膜移植等新技术；同年，市三医院率先市级医院开展角膜放射状切开术，治疗高度近视200余例获得成功。1996年起连续17年，市四医院累计开展白内障复明手术2万余例，其中白内障超声乳化、囊外摘除并人工晶体植入、视网膜脱离修复、青光眼复合式小梁切除等新技术处于市级医院领先水平。2000年，中南大学湘雅二医院在省内率先开展晚期咽喉癌切除后功能重建、改良外耳道筒皮瓣移植治疗先天性外耳道闭锁、眼内注气联合激光光凝术治疗黄斑裂孔性视网膜脱离3项技术，均获得成功；同年，市口腔医院成功施行首例上下颌骨、颊部、腮腺、颈淋巴结清扫根治及胸大肌皮瓣移植即时成形术。2001年，中南大学湘雅二医院采用游离腓骨肌皮瓣重建下颌骨，游离胸大肌皮瓣修复口腔颌面部巨大缺损获得成功，使病人重获咀嚼功能。2002年，中南大学湘雅二医院采用颏下肌皮瓣修复舌及口底缺损，施行牙槽骨骨量严重不足的人工种植牙植入并植骨重建术，均获得成功，病人口腔生理功能得到部分恢复；同年，市三医院率先市级医院成功施行同种异体角膜移植术。2003年，中南大学湘雅二医院施行喉癌次全切除术后重建喉功能获得成功，患者吞咽、发声功能得到部分恢复。2005年，省肿瘤医院开展国际上首例利用自体骨髓干细胞构建体外工程骨技术，修复下颌骨肿瘤切除术后缺损，并在再生骨上种植牙齿获得成功，患者咀嚼功能得到部分恢复。2006年，中南大学湘雅三医院成功施行喉部分切除术、任意黏膜瓣修复术及下咽、颈段食管癌根治术后游离空肠移植修复术3项新技术，达到省内领先水平。2009年，市口腔医院开展自体骨髓体外再造下颌骨并种植牙新技术获得成功。2010年，市中心医院开展咽喉重度狭窄扩张术、耳郭畸形整复再造术、喉癌部分切除及喉功能重建术等高难度技术，成功率为100%；同年，中南大学湘雅医院率先省内同级医院施行颅底、翼腭窝及邻近组织肿瘤的高难度手术获得成功；中南大学湘雅二医院使用人工耳蜗植入内耳，治疗极重度感音性耳聋，患者听觉功能得到部分恢复。2011 年，市口腔医院成功开展人工牙种植修复、不同类型根管充填、根尖封闭等高难度技术，临床治愈率提高至 90%。2012 年，市三医院成功开展牙根管及牙周病治疗、牙槽手术、牙列缺失种植修复等高难度新技术 20 余项。

（五）医技科室（检验、病理、医学影像、药剂）。1988 年，市三医院全面开展断层照片、胃肠气钡双重造影、支气管、输卵管、子宫等造影技术，有效提高影像诊断质量，其中应用直肠水囊法超声诊断输尿管梗阻性病变技术获得国际超声学术界认可。1991—1992 年，市三医院自编《临床新药介绍》及《处方药物手册》，开展氨茶碱、环孢素、万古霉素等 10 余个药品的血药浓度监测，指导临床科学合理用药。1992 年，市一医院改进病理石蜡快速制片装置，显著提高病理诊断时效及准确率。1994 年，市二医院采用彩色多普勒超声诊断仪检测心血管、泌尿生殖、消化系统疾病，有效提高影像诊断质量。1999 年，市三医院应用高效液相色谱法检测抗结核药药代动力获得成功，可指导临床准确调整使用抗结核药物。2000 年，市二医院采用非插管小肠低张力气钡双重造影诊断腹部疾病获得成功。2001 年开始连续 10 余年，省儿童医院自主研创生产西药制剂 18 种、中药制剂 10 种应用于临床，其中氯霉素乳膏、银花抗病毒合剂、菟丝育长合剂为医院传统制剂品种，临床使用获得成功疗效。2002 年，中南大学湘雅二医院采用彩色多普勒超声显像导向，开展穿刺活检技术，显著提高骨肿瘤的诊断准确率；采用静脉导管血流频谱分析筛查胎儿复杂心脏疾病新技术达到国内先进水平。2003 年，市三医院配备各种类型心电图、脑电图、脑血流图、肌电图、经颅多普勒检测仪、24 小时动态心电监测仪、骨密度仪、运动平板仪等各种人体电生理检测设备 40 余台（件），为临床提供准确的生理病理图像资料。2005 年，市妇幼保健院研创开展柏氏液化基薄层细胞学检测及 HPV 基因分型检测新技术，筛查诊断妇女宫颈疾患，提高快速诊断准确率。2006 年，中南大学湘雅三医院在省内率先采用超声弹性成像新技术，快速诊断肝脏、甲状腺等肿瘤性质，连续 6 年诊断 824 例，准确率为 100%，达到国内领先水平。2009 年，省脑科医院在省内率先应用脑涨落图仪检测新技术，准确检测精神分裂症、强迫症、抑郁症等难治性精神疾病的脑神经递质功能，达到国际先进水平。2011 年，省人民医院采用乙型脑炎病毒基因克隆技术，成功制备单克隆体，辅助治疗乙型脑炎获得成功。2012 年，中南大学湘雅三医院在省内率先成功施行超声内镜引导下的纵膈、胃周、肝脏、胆道、胰腺等多部位穿刺活检技术，准确提供病理学依据，达到省内领先水平；同年，市中心医院开展所有基础检验及临床生化免疫等检验技术 500 余项，其中微孔板杂交核酸检测、中药辅助治疗肺结核疗效监测等技术达到省内领先水平。

三、中医（中西医结合）

（一）内科。1988 年，市老年医学研究所与市中药一厂联合研制成功中药新方剂——益龄精，应用于临床治疗肝肾疾病取得显著疗效。1991 年，市传染病成功研制中药甘草甜素辅助治疗各型肝炎，有效率提高至 80%。1994 年，市四医院运用健胃愈疡片治疗胃、十二指肠球部溃疡 118 例，有效率为 93.2%，治愈率为 63.6%。1995 年，市二医院研创应用中药治疗男性不育症及性功能障碍，有效率为 92%。1997 年，市传染病医院自制中药肝炎合剂治疗急性重度黄疸型肝炎 60 例，有效率为 91.7%。1999 年，望城县中医医院运用天湖清胆汤治疗慢性胆囊炎，有效率为 98%。2001 年，市中医医院运用益肾活血法治疗肾病综合征 80 例，优于激素类西药疗效，总有效率为 82.5%。2001 年，浏阳市中医医院自拟理气化瘀方剂治疗消化性溃疡 85 例，临床痊愈及显效率为 86.0%。2002 年湖南省中医药研究院附属医院研制冠心通络胶囊治疗冠心病，有效率为 90.4%。2002 年，湖南中医药大学第二附属医院自制跌打促愈片、羌活灵仙通、归附汤、消炎散、克炎健骨散等中药制剂，治疗股骨头坏死、骨髓炎、骨折愈合延迟、创面感染等800余例，有效率为95%。2003年，市中医医院采用分型论治脑卒中病人268例，治愈137例，好转99例，有效率为88.1%。2004年，市四医院运用丹参注射液辅助治疗急性加重期肺心病90例，有效率提高至99.3%。2007年，湖南中医药大学第一附属医院运用益肾疏肝、泄浊祛瘀原理研制中药方剂，治疗慢性肾衰病例，有效率接近100%。2008年，市一医院采用清肝退黄汤口服，并联合血浆置换，治疗慢性重型肝炎46例，比单纯西药治疗提高疗效20%。2008年，市中医医院采用中药四甲丸治疗甲状腺功能亢进症132例，有效率为89.0%，比单纯西药治疗提高10%。2010年，浏阳市中医医院自制通脉调脂丸治疗高脂血症70例，有效率为92.9%。2011年，湖南中医药大学第一附属医院自配中药膏剂，采用三伏穴位敷贴方法，治疗反复发作性呼吸系统疾病，在省内各医院推广应用。2012年，省马王堆疗养院运用中药辨证施治及足部经络按摩方法，预防治疗老年性下肢动脉粥样硬化病例，有效率为97%。2012年，市中心医院运用益肺通络方辅助治疗耐多药肺结核131例，较快促使病菌转阴及肺结核病灶吸收，增强免疫功能，有效率提高至82.0%。

（二）外科（骨伤科）。1988年，市中医医院采用骨折闭合复位、小夹板固定、股骨干骨折髓内针固定、胫骨骨折钳夹法固定等中医整骨传统技术治疗各型四肢骨折，治愈率为97%。1990年，宁乡县中医医院研制接骨散、如意金黄散、肿痛消喷雾剂、活血通筋丸、续骨理筋丸、强筋壮骨丸等中药方剂，治疗各型骨折，愈合时间缩短，疗效显著。1994年，湖南中医药研究院联合湖南中医药大学第一、第二附属医院、省人民医院、市四医院运用中药方剂治疗慢性湿疹、疖肿等皮肤疾病250例，有效率为89%。1997年，市中医医院采用手法复位加小夹板固定及中药外敷治疗肱骨闭合性髁上骨折119例，平均愈合时间缩短至23天，有效率为91.0%。1997年，市四医院采用中药方剂活血益脑汤治疗脑外伤后综合征，经过3个月治疗康复，神经功能障碍明显改善，治愈及显效率为93.5%。1999年，湖南中医药大学第一附属医院研制中药方剂—紫金胶囊治疗慢性前列腺炎，有效率为85.0%。2000年，湖南中医药大学第二附属医院研制抗骨质增生中药制剂，采用离子导入法治疗增生性脊椎炎、肩周炎及各型关节炎共500余例，有效率为96.8%。2001年，市中医医院自制集成疗伤片辅助治疗四肢骨折86例，缩短消肿愈合时间三分之一，显效率为80%。2002年，湖南中医药大学第二附属医院采用中医传统手法复位，使用塑形夹板固定治疗前臂双骨折、髁关节骨折、下肢骨折，操作简便，病人痛苦减轻，骨折愈合快，后遗症少，有效率近100%。2003年，市中心医院运用七味白术散治疗小儿脾虚泄泻100例，其中急性期病例有效率为93.8%，慢性期病例有效率为84.2%。2005年，望城县中医医院自制乌梅虎杖合剂治疗小儿胆道蛔虫症148例，平均治疗时间3天，痊愈136例，治愈率为91.8%。2006年，浏阳市中医医院采用阳和汤治疗腰椎间盘突出症83例，有效缓解腰腿局部疼痛，有效率为97.6%。2009年，宁乡县中医医院施行痔上黏膜环切吻合术及一次性痔疮套扎新技术，具有减少术后出血、减轻术后疼痛、恢复快、并发症少、复发率低等特点，获得良好疗效。2010年，宁乡县中医医院采用臭氧注入病变椎间盘，将射频针植入椎间盘内、加温溶解髓核内物质，治疗椎间盘突出症，具有损伤小、见效快等特点，有效率为80.9%。2011年，湖南中医药大学第一附属医院研制伤速康涂膜液治疗急性软组织损伤100余例，痊愈率为80%。2012年，市中医医院研制肿痛消方剂治疗踝关节损伤90例，止痛、消肿及关节功能恢复明显，显效率为94.4%。

（三）妇儿科。1989年开始，湖南中医药大学第二附属医院采用中药研末调制、穴位敷贴，治疗儿童支气管炎、哮喘、疳疾、遗尿、水痘、腮腺炎、抽动综合征等10余种疾病，方法简便，疗效肯定，有效率为 95%。1994 年，市一医院运用中药方剂治疗妇女更年期子宫功能性出血 50 余例，迅速起到补气、收敛、止崩效果，有效率为 95%。1997 年，市中医医院运用中药方剂治疗小儿温病 40 余例，有效改善小儿虚寒等复杂症候群，痊愈及显效率为 90%。1999 年，市一医院运用全生白术散（加味）治疗孕妇胎水肿满 50 例，获得消肿利水效果，显效率为 92.0%。2003 年，岳麓区人民医院应用消癖汤治疗妇女乳腺小叶增生 118 例，明显缩小增生组织，消除疼痛，痊愈及显效率为 69.5%。2004 年开始连续 9 年，长沙生殖医学专科医院研制中药圣尔康片治疗女性不孕症 1760 例，消除女性附件炎、输卵管阻塞、月经不调等作用明显，痊愈及显效率为 84.4%，29.6%的病例妊娠产子。2006 年，市中医医院应用龙胆泻肝汤治疗非淋性宫颈炎 86 例，清热解毒效果明显，痊愈及显效率为 98%。2008 年，浏阳市中医医院运用银甲丸（加减）辅助治疗慢性盆腔炎 168 例，有效减轻下腹部疼痛、月经紊乱、带下增多等症状，痊愈及显效率为 96%。2009 年，市中医医院研制纯中药膏剂，穴位敷贴治疗小儿腹泻、咳嗽、支气管哮喘，应用纯中药制剂保留灌肠治疗小儿高热，均获得良好疗效。2010 年，市中医医院自制补肾活血消抗汤（加减）治疗女性免疫性不孕症 55 例，经 3 个月治疗后，临床治愈及好转率为 73.3%，30%的病例受孕。2012 年，浏阳市中医医院自制清热利湿止痛方剂治疗慢性盆腔炎 54 例，经过 1 个月治疗，有效率为 94.4%。

（四）五官科。1988—1993 年，宁乡县中医医院研制荠菜明目合剂治疗眼内出血 171 例，治愈 71 例，显效 52 例，有效率为 92.9%。1997 年，市中医医院采用龙胆泻肝汤与银翘散（加减）合用，治疗疱疹性角膜炎 64 例，95%的病例痊愈。1999 年市中医医院自制儿硼散治疗急性咽炎、急性扁桃体炎 62 例，用药 5 天后，100%的病例症状消失；同年，长沙县中医医院使用中药四物汤、八珍汤（加减）等方剂，治疗眼睑痉挛综合征 25 例，有效率为 92%。2000 年，宁乡县中医医院研制近康片等 8 种中药制剂，治疗白内障、青光眼、屈光不正、眼底病、角膜病、泪道疾病，均获得显著疗效。2001 年，市中医医院运用参苓白术散（加减）治疗眼底挫伤 33 例，治愈 16 例，有效 14 例，有效率为 91%。2003 年，浏阳市中医医院采用双黄连滴眼液，并口服清热利湿、滋阴祛邪等中药汤剂，治疗深层型单疱性角膜炎 60 例，经 30 天治疗后，痊愈及好转率为 95.6%。2005 年，湖南中医药大学第一附属医院研制散血明目片治疗眼玻璃体积血，有效率为 100%。2006 年，岳麓区人民医院自制冰连滴耳液治疗化脓性中耳炎 30 例，经 5 天治疗后，炎症消失，穿孔闭合，痊愈 27 例，显效 3 例，有效率为 100%。2012 年，宁乡县中医医院采用复元活血汤（加味）治疗外伤性视神经萎缩 25 例，经半年治疗后，视力明显提高，有效率为 87.9%。

（五）理疗（针灸、按摩）科。1988—1993 年，市中医医院采用头针、体针交替治疗脑血管意外后遗症 94 例，经 3 个月治疗后，患者运动感觉功能得到部分恢复，有效率为 80.9%。1997 年，市一医院运用中药电离子导入治疗骨质增生症 100 例，经 30 次治疗后，患部疼痛、麻木、眩晕等症状显著减轻，有效率为 94%。1998 年，岳麓区人民医院采用蜂针刺血治疗面神经炎 116 例，经 20 天治疗后，患部肌肉弛缓、口眼歪斜等症状消失，痊愈 97 例，有效率为 100%。1999 年，市中医医院运用针刺治疗海洛因成瘾 200 例，经 7 天治疗后，118 例症状消失，有效率为 90.5%。2000 年，市一医院应用针灸辅助治疗脑梗死后遗症 30 例，肢体功能得到明显改善，治愈及显效率为 93%。2001 年，湖南中医药大学第二附属医院采用针刺、艾灸、拔罐、穴位注射（敷贴、埋线、埋针）、耳穴贴压、刺络放血、经穴按摩、经络导平、小针刀松解、梅花针叩刺、电磁脉冲等 20 余项传统中医治疗技术，治疗神经、运动、呼吸、消化、泌尿、内分泌系统 100 余种疾病，均获得肯定疗效，其中，治疗中风偏瘫、面神经麻痹、颈椎病、肩周炎、腰腿痛、腱鞘炎等20余种疾病的有效率近100%。2001年，市四医院运用针刺结合艾灸治疗人流后闭经后遗症30例，经30天治疗后，痊愈20例，显效8例，有效率为93.3%。2003年，市中心医院采用动态针刺法治疗肩周炎50例，经3次治疗后，痊愈及显效率为88%。2004年，望城县中医医院采用电针刺穴，并口服补阳还五汤，治疗脑中风后遗症60例，经治疗1个月后，患者言语、肢体功能得到明显改善，痊愈43例，有效率为95%。2006年，市中医医院采用电针、刺络、拔罐等技术综合治疗膝关节病35例，经10天治疗后，痊愈31例，治愈率为88.6%。2008年，宁乡县中医医院采用醒脑开窍针刺法治疗脑中风，连续5年共3000余例，有效恢复病人言语、肢体功能，有效率近100%；同年，市三医院采用牵引、磁疗、推拿综合治疗颈椎病55例，经30天治疗后，颈部受压等症状不同程度缓解，有效率为85.5%。2010年，市中医医院采用针刺、艾灸、梅花针刺络、拔罐等综合疗法治疗周围性面神经炎60例，痊愈45例，显效13例，有效率为96.7%。2012年，宁乡县中医医院采用针刺治疗颈椎病67例，经30天治疗后，治愈32例，显效20例，有效率为89.6%。

（六）中西医结合科。1988年，市四医院应用中药清胰灵，辅以西药治疗急性胰腺炎115例，全部治愈；1988—1993年，应用脱水、降压、激素等西药，并加服羚角钩藤汤，抢救重度脑溢血92例，经10天左右抢救治疗，显效42例，有效32例，有效率为80.5%，比单纯西药抢救治疗提高疗效20%。1994年，市一医院应用中西医结合方法治疗急性脑梗死40例，比单纯西药治疗提高疗效50%。1997年，市中医医院应用滋阴补肾、活血化瘀中药方剂，配合西药降糖药物治疗糖尿病32例，患者血糖恢复正常，多发性感染得到控制。1998年，市中医医院采用中药方剂辨证加减，同时给予抗炎、强心、利尿、输氧，治疗慢性肺心病90例，显效48例，有效35例，有效率为92.2%。1999年，市四医院应用中西医结合方法治疗慢性肾炎36例，显效率为91.7%，比单纯西药治疗提高疗效25.0%。2001年，市中医医院应用清热利湿通淋中药方剂，并辅以西药解痉治疗肾绞痛36例，痊愈30例，治愈率为83.3%，比单纯西药治疗提高疗效20.8%。2002年，湖南省中医药研究院附属医院应用冠心通络胶囊，并辅以部分西药治疗冠心病52例，有效率为90.4%。2003年，市四医院应用中药葛根素并联合使用血管舒张、溶栓、强心等西药，治疗冠心病40例，有效率为90%，比单纯西药治疗提高疗效20%。2004年，市三医院运用温阳益气、宣肺利水方剂，并加用部分西药治疗充血性心力衰竭52例，近期治愈29例，显效19例，有效率为92.3%，比单纯西药治疗提高疗效32%。2005年，宁乡县中医医院利用生物酶技术研制成功血肿冲洗剂及血块液化剂，运用冲洗、融碎、液化方法，排出颅内血肿，治疗颅内血肿400余例，有效清除颅内血瘀肿块，有效率接为80%。2006年，市中医医院应用银杏注射液，并使用抗凝、降粘、扩容、脱水等西药，治疗脑梗死32例，有效率为81.3%，比单纯西药治疗提高疗效21.9%。2007年，浏阳市中医医院应用活血通络方，并配合西药治疗脑梗死后遗症80例，将单纯西药治疗有效率72.5%提高至88.8%。2008年，岳麓区人民医院自拟复方降逆饮，配合西药治疗肿瘤化疗后顽固性呕吐90例，有效率为96.7%，比单纯西药治疗提高疗效24.5%。2009年，宁乡县中医医院应用健脾和胃、行气活血方剂，并辅以西药治疗慢性萎缩性胃炎40例，有效率由单纯西药治疗57.5%提高至77.5%。2010年，市中医医院应用化瘀软坚片、集成愈伤片等中药方剂，治疗膝关节腔清洗松解手术后遗症80例，有效率为95.0%。2012年，宁乡县中医医院运用中药辨证，辅之西药抗炎给氧，治疗慢性肺心病34例，有效率为91.2%，比单纯西药治疗提高疗效15%。

（七）中医药名人、名著（医案、医论等）。1989年，湖南省中医药研究院李聪甫、刘祖贻、孙光荣等研究人员完成中医古籍《中藏经》的校注、语评工作，填补国内该中医古籍整理研究空白；同年，湖南省中医药研究院中医学术思想研究专题组编辑《刘炳凡中医药学术思想理论及中医药临床经验》一书，细述湖南省著名中医学家、中医药研究员刘炳凡秉承“调理脾胃、滋阴补肾、化瘀通络”“内外并重兼治、以外辅内、以内辅外”等中医临床治疗指导思想，推介其应用辨证施治、疗效显著的典型病例。1990 年，市中医学会广泛收集长沙市各中医医疗机构及中医药名师的临床治疗方剂，编辑《名老中医专家临床经验荟萃》《长沙名中医录》《杏林诗苑》《中老年中医药保健知识》等书，指导全市中医界专业人员的临床诊疗业务。2000 年，长沙名老中医彭润阳编辑出版《杏林拾翠》，介绍传统中医百病治则 63 例，广为中医界人士遵循应用。2008 年，湖南中医药大学第一附属医院冯进等名老中医主编《神农中药文化系列丛书》共 5 册，系统介绍中国历史上的名中医、中药及典型中医药诊疗佳传，在国内出版发行。湖南省中医药研究院研究员刘祖贻从医 60 年，擅长辨证治疗脑病及各类疑难杂症，形成“六辨七治”为核心的刘氏脑病辨治体系，2012 年获湖南省首位“国药大师”称号。省肿瘤医院的省名中医黎月恒总结中医药治疗各类肿瘤的丰富临床经验，至 2012 年相继主编出版《中医内科治疗大成》《中医肿瘤治疗大成》《肿瘤治疗特色中药方剂》《肿瘤中西医结合用药指南》等医学专著。2012 年，中南大学湘雅医院肿瘤中心主任医师、研究生导师、湖南省放射治疗肿瘤创始人雷衍凡与岳麓区人民医院中西医结合副主任医师张支农合编《常见癌症的中西医结合防治》一书在国内出版发行。2012 年，市中心医院被国家中医药管理局定为中医药治疗肺结核临床科研基地建设牵头单位，编辑出版《肺结核中医古籍选论》及《中医名家治疗结核医案医话集》专著 2 本。

四、护理（医院感染管理）

按照世界卫生组织提出的医学模式由生物医学模式向生物—心理—社会医学模式转变理论，长沙市于 1988 年首先在市级医院试行责任制护理。在临床各护理单元成立责任制护理小组，为住院病人制定护理计划，采取个性化护理措施，实行心理、疾病全方位护理管理服务。1989 年，市妇幼保健院实行责任制护理后，重点健全完善护理操作查对、交接班、分级护理、执行医嘱、危急重症抢救、消毒隔离、护理安全及护理不良事件报告处置 8 项核心制度，制定护理风险防范应急处置预案及妇产儿科急救流程，有效促进落实护理责任制。1989 年开始，中南大学湘雅二医院建立护理部主任、科护士长、病室护士长三级护理管理体系，按照卫生部医院分级管理标准，健全落实护理岗位职责、制度、规程 100 余项，在 1992 年创三级甲等医院评审考核时获全省第一名。1994 年，市三医院在创建二级甲等医院工作中，全院护理人员经过近一年的护理基础理论、基本知识、基本技能的“三基”训练，接受省专家组考评时，合格率 100%。1994 年省肿瘤医院成立医院感染管理委员会，并设置院感管理科，制定落实院感管理监控、消毒隔离、传染病隔离报告处置等 10 余项规章制度及技术操作规程。医院感染率由 12%下降至 2.9%，感染漏报率由 80%下降至 11.4%，各种环境标本细菌学检测合格率 98.1%，一次性无菌医疗用品抽检合格率 100%，1995 年经卫生部考核，被评为全国院感管理先进单位。1996 年，省马王堆疗养院严格实行预防控制医院感染的监督监测管理，将院感发生率控制在 3%以下。1998 年，中南大学湘雅医院制定完善《护理工作制度》《护理应急预案》《护理常规》《护理工作流程》《护理技术操作评定标准》等 20 余项；全院临床科室落实患者腕带识别、各种医用管道标识、执行医嘱及护理操作查对、危重病人病情报告处置、卧床病人褥疮预防监控、预防病人跌倒坠床等护理工作制度、护理技术操作规程近百项，降低护理缺陷差错发生率 90%。2002 年，中南大学湘雅二医院建立护理硕士生导师职位及护理硕士生招收培训制度，累计招收培训护理硕士生 76 名。2003 年开始，市中心医院实行入职 5 年以下的护士轮岗各科室及“三基”知识继续教育培训制度，选派 16 名护士长到国内外医学发达地区培训学习，参加省内外各类护理专业培训1300余人次，95%以上的护士胜任各科护理技术操作。2003年起连续10年，中南大学湘雅二医院自主研制成功一次性吸痰瓶、多功能输液架、安瓿助断器、小儿静脉输液贴、多功能手术头罩、一次性给氧口罩、多用途引流器等护理操作器具50项，其中获国家实用新型发明专利22项。2005年，市三医院为全院病室统一配备抢救车及抢救药品，分类培训临床科室的治疗操作、院感管理、药品管理、护理质控等各岗位护士，全面规范临床护理工作流程及护理技术操作。2006年，市、县两级医院全部设置院感及传染病管理科，修订完善消毒隔离、抗菌药物使用、感染病例报告、多重耐药菌感染治疗、手部污染预防、各种内镜、导管、无菌器械污染预防等规章制度20余项，实行全方位院感管控及应急处置，有效控制院感发生率，达到卫生部颁布的控制标准。

2009年，长沙市内各级医院全面实施优质护理示范工程。市中心医院设立护理质量管理、医德医风考评、行政支持保障3个小组，各临床科室实行护理责任小组包干制；为每个病人制定健康教育清单，每个护理单元设立1名领班护士，专职负责接待安置入院病人、介绍入院须知、健康教育指导、出院回访等工作，从病人入院到出院实行全程陪护。经过省市两级考核评价，住院病人健康教育知识知晓率达80%，病人对医院护理满意度达95%，连续两次被评为省级优质护理服务先进单位。同年，中南大学湘雅二医院建立重症监护、血液净化、各类手术、急诊急救、介入治疗、肿瘤治疗、器官移植、新生儿护理、精神心理护理9个护理技能培训基地，连续4年培训省内各大医院护理技术骨干600余名。省肿瘤医院于2010年被卫生部定为优质护理服务示范重点联系医院，全院设立肿瘤化疗、放疗、造口伤口、临床心灵关怀、静脉输液、营养膳食、肿瘤康复、疼痛治疗8个专科护理小组，进行全员理论技术培训，对各护理技术岗位定期考评，及时整改护理缺陷，连续两次被评为湖南省优质护理先进单位，并获卫生部护理考核第3名，乳腺专科被评为全国优质护理服务示范病房。2011年，宁乡县人民医院建立新生儿科、内分泌科、胃肠外科、泌尿外科、心血管内科、神经内科6个优质护理示范病房，培训护理人员，熟练掌握全程护理工作制度、服务要领及技术操作流程，推行规范化、人性化护理管理服务。2012年，中南大学湘雅二医院成立护理发展委员会，设立专科护理、培训管理、护理技术研究、护理文化建设4个分会，以及静脉治疗、护理健康教育、药疗咨询、心理指导、营养咨询、造口伤口护理、疼痛管理、危急重症护理8个护理专业组，护理人员经培训考核合格后，实行挂牌上岗执业，护理人员晋升高级职称前，全部到急诊、重症监护科室轮岗培训；同年，市中医医院承担省级中医护理科研课题，组织护理人员学习掌握中医阴阳平衡理论，建立护理人员心理压力应对机制，运用于中医临床实践，护理人员心理素质和技术水平得到提高。

五、医疗急救保障

20世纪80年代末开始，长沙市根据省会城市每年举办大型经贸政治文化活动、召开大型会议及突发重大公共事件的医疗救治需要，制定卫生保障应急预案，由市医疗急救、卫生防疫及相关医院组织卫生应急处置机动队伍，进行现场应急处置及伤病员紧急救治任务。4县（市）依托县级医院（中医医院、妇幼保健院），设置县域内院前医疗急救指挥调度机构，建立乡镇卫生院至县级以上医院的急救转运系统，实施县域内院前医疗紧急救援及伤病员转运工作。1988年市医疗急救站紧急出动救护车4100余台（次），现场紧急救治转运伤病员4500人。1989年3月长沙催化剂厂、同年5月长沙湘欧化工厂、6月长沙锌厂3个单位因员工操作不慎发生急性砷化氢中毒事件，市医疗急救站、市职业病防治所迅速现场紧急处置，并急救转运7名严重中毒病员住医院治疗，均获痊愈。1991年，市卫生局全同市红十字会在途经长沙地区的106国道、107国道、319国道线上的相关医疗机构设立车辆交通事故医疗急救转运站39

个，1992年开始运行，当年现场抢救转运交通事故伤员410人。1992年5月长沙第一粮食仓库发生急性磷化氢中毒，同年7月郊区观沙岭乡茶子山村发生有机磷中毒，10月望城县红旗氮肥厂发生一氧化碳中毒事件，12月长沙锦纶厂发生急性联苯醚中毒事件，市医疗急救站及时现场救治转运15名严重中毒伤病员住医院治疗，避免死亡。1994年长沙市发生严重洪涝灾害，市及9区、县派出50余支救灾防病医疗队，出动卫生人员1100余人次，在抗洪抢险现场开展卫生防疫及医疗救治工作，免费诊疗4.7万人次，抢救危重病员403人。1997年1月29日，芙蓉区燕山酒家发生特大火灾事故，市医疗急救站等7个医疗机构紧急出动医务人员100多人，救护车30台，现场抢救转运伤员150人。1998年，长沙市续发严重洪涝灾害，市及9区县（市）派出卫生人员1.2万人次，现场诊治病人26万人次，接种疫苗26万人次。1999年1月17日，市公共交通公司一辆6路公交车在五一路韭菜园地段突发爆炸事件，市医疗急救站、市一医院等单位迅速现场抢救转运伤员36人。2002年6—8月，湘江长沙段连续6次发生高洪水位汛情后，共组织卫生人员1000余人次，发放救灾药品100余万元，诊治病人7000余人次，接种疫苗1.1万人份。2003年发生“非典”严重疫情时，市内20余所二、三级医院留治观察发热呼吸道病人1.1万例。2003年8月，长沙市承办第五届全国城市运动会，以市三医院为主救治运动会期间的伤病员共100余人。2004年10月，市公共交通公司一辆7路公交车在韶山路雨花亭地段突发爆炸事件，市医疗急救中心、市中心医院迅速现场抢救转运收治伤员44人。2008年年初，湖南省发生罕见冰冻灾害，市及各区县（市）派出卫生人员100余人，负责救灾抢险人员的医疗救治，收治伤病员700余人。2008年5月12日四川汶川发生地震后，选派123名卫生人员，支援地震灾区的医疗救治工作，接诊病人3万余人次，紧急手术210例，并由市一医院、市中心医院收治98名地震中的康复期伤员。2008年9月，国内发生婴儿食用含三聚氰胺的三鹿奶粉事件后，各医院排查出食用三聚氰胺奶粉婴儿4.6万人，确诊治疗938人，无死亡病例。2010年7月30日，芙蓉区地税分局机关内突发爆炸事件，湖南旺旺医院等4所医疗机构现场抢救转运危重伤员7人。2011年4月23日，岳麓区莲花镇五丰村发生1起食用“瘦肉精”（盐酸克伦特罗）的严重食物中毒事件，卫生人员现场处置、救治中毒病员286人。

附记　长沙市医疗急救中心

1958年11月成立，时称长沙市医疗急救站，设在市一医院，由该院代管。1981年迁至芙蓉区朝阳路1号，直属市卫生局管理，核定人员40名。2001年5月更名为长沙市医疗急救中心，核定人员50名。2003年迁入市中心医院，挂靠该院管理，并在城区分设医疗急救分站7个。承担长沙市城区的院前医疗急救转运任务。2003年国务院颁布《突发公共卫生事件应急条例》之后，市政府加强市医疗急救中心建设，市财政拨专款1000万元，于2004年建成具有快速反应、动态管理、语音通信、自动呼叫、信息播放的全方位、自动化信息资料提取及监控功能的医疗急救通信指挥系统，结束以前仅4台模拟电话机、实行手工操作的医疗急救指挥调度历史。2004—2007年，市医疗急救中心4次获日本捐赠和国家有关部门拨给的各型救护车32台及配套车载急救设备。2007年2月，市政府批准成立长沙市医疗紧急救援中心（核定人员编制8人，与市医疗急救中心合署），建立医疗紧急救援通信指挥平台及医疗急救车辆卫星定位、电子地理信息系统。城区20余所大型二、三级医院纳入院前医疗急救网络，由市医疗紧急救援中心统一调度实施全市院前医疗紧急救援。2007年以后，市医疗急救中心每年出动救护车4万余台次，救治转运伤病员4万余例。2012年，市医疗急救中心有在职人员64人，配备救护车 32 台；执行院前医疗急救转运任务，出动救护车 4.78 万台次，救治转运伤病员 4.34 万人。

六、干部保健工作

20 世纪 80 年代初开始，在市一医院、市二医院、市三医院、市四医院、市中医医院设置老干部病房，开放病床 300 余张，在市口腔医院设置老干部口腔门诊，负责市属离休人员及市级领导干部的医疗保健工作。2007 年 4 月，按照中央和省委加强干部保健工作的部署要求，成立市保健委员会。市中心医院、市一医院、市三医院、市四医院、市口腔医院、市中医医院、市妇幼保健院、市疾病预防控制中心等市直 8 所医疗卫生机构 150 余名专（兼）职医务人员承担市级以上在职（离退休）领导干部的医疗保健技术服务工作。2007 年开始，为全市 170 余名干部保健对象开展“五个一”的医疗保健服务。为每名保健对象配送一个家庭保健药箱，每年两次补充更新药品；免费配送一套健康保健杂志；建立一份电子健康档案，及时补充更新医疗救治保健信息；为每名保健对象拟订健康体检方案，每年组织一次个性化健康体检；每年举办 1~2 次健康教育讲座，邀请国内知名健康教育专家讲授健康保健知识。保健医生以“一对一”的形式开展日常保健服务，提供治疗、服药、饮食、运动等专业指导，接受保健对象 24 小时健康咨询，定期进行电话回访，为保健对象到医院体检及治疗开辟便捷通道，提供冬病夏治、中医理疗、口腔保健等特色医疗保健服务。每年为市级以上在职领导干部参加重大活动及市级以上离退休领导干部外出考察学习开展随行医疗保健。至 2012 年，全市共有 210 余名市级以上在职（离退休）领导干部接受规范化的医疗保健服务。

第四节　疾病预防控制

一、机构

20 世纪 80 年代，长沙市及所属 9 区、县卫生局均设置卫生防疫站，市卫生局设置市劳动卫生职业病防治所、市结核病防治所、市皮肤性病防治所。1992 年，市卫生局撤销市结核病防治所及市皮肤性病防治所，合并组建市慢性病防治所（1996 年 6 月被撤销并入市卫生防疫站）。市、县两级防疫防病机构专职开展卫生防疫、劳动卫生、传染病、地方病、职业病、慢性病防治业务。2000 年，国务院下达卫生监督与卫生监测、疾病预防控制体制分离改革政策后，2002 年，撤销市卫生防疫站及市劳动卫生职业病防治所，大部分人员组成市疾病预防控制中心。2003—2005 年，相继撤销 9 区、县（市）卫生防疫站，组建区县（市）疾病预防控制中心。市及区县（市）疾病预防控制中心专职履行疾病预防控制、突发公共卫生事件应急处置、健康教育与健康促进、疫情报告及健康相关因素信息管理、实验室检测分析、健康危害因素检测评价等工作职能，指导全市各级各类医疗机构开展预防接种、健康教育、传染病防治、慢性非传染性疾病预防控制工作。2007 年，市、县两级财政共投入经费 3740 万元，为 9 区、县（市）疾控中心配备大中型卫生装备 500 余台（件），新（改、扩）建业务用房 3.5 万平方米，保证开展公共卫生监测、卫生检验、疾病防控的需要。2007—2012 年，市及各区县（市）疾控中心每年开展突发公共卫生事件应急演练，重点提高卫生应急能力及重大疫病处置技术水平。至 2012 年，市及 9 区、县（市）疾病预防控制中心（望城、宁乡两县另各设血吸虫病防治站）12 所，业务用房建筑面积 4.2 万平方米，设备总价值 6454 万元，工作人员 888 名。

附记　长沙市疾病预防控制中心

2002 年 3 月，由市卫生防疫站、市劳动卫生职业病防治所、市医药研究所合并组建，位于芙蓉区马王堆街道纬二路 149 号，占地面积 0.4 万平方米。2002 年 12 月增署名长沙市公共卫生检测中心。2010年 7 月增署名长沙市疾病预防控制中心职业病防治所。为中南大学、湖南师范大学、南华大学的公共卫生实践教学及研究生培训基地。承担全市疾病预防控制、突发公共卫生事件应急处置、健康教育与健康促进、传染病疫情及健康相关信息管理、健康危害因素监测干预、实验室检测分析评价、公共卫生技术管理及应用研究等工作职能。2012 年，市疾病预防控制中心建有业务用房建筑面积 0.4 万平方米，资产总值 5320 万元；设置行政、业务科室 28 个；建有艾滋病确认实验室、麻疹流感网络实验室、二级生物安全实验室等重点检测科室；有在职人员 216 人，其中高、中级专业技术人员分别为 49 人、51 人；博士 1 人，硕士生导师 2 人，硕士 22 人。

二、计划免疫

1988 年，按照国家免疫规划，全市推行儿童计划免疫，从市到县（区）及乡镇（街道）建立疫苗储存运输冷链系统，为 300 余所乡镇（街道）卫生院配备冷链设备（冰箱、冰包）储存疫苗。取消 2000 余个村级预防接种点，组织适龄儿童统一到乡镇（街道）卫生院接种“四苗”（卡介苗、百白破、麻疹、脊髓灰质炎），并建立实行儿童预防接种卡（证）、登记报告及查漏补种制度。1990 年全市适龄儿童“四苗”免费全程预防接种率为 95.4%，超过国家规定“以乡（街）为单位 85%”的目标。1990 年开始，全市推行儿童乙肝疫苗预防接种，至 1993 年，全市儿童乙肝疫苗自费接种率为 90%。1993—1994 年，全市连续两次实施预防儿童脊髓灰质炎糖丸强化免疫，共 86 万人份；1995 年起，连续 6 年继续为重点人群补服糖丸共 38 万人份。1996 年开展预防接种效果调查，随机抽取 156 份适龄儿童血样，确认百日咳、破伤风、白喉免疫成功率分别为 90.4%、97.1%、100%。1999 年，市、县两级财政拨专款 90 万元，购买流脑、乙脑、伤寒、钩体、炭疽等疫苗免费接种 100 万人份，减轻农村居民预防接种费用负担。2000 年，市及各区县（市）卫生防疫站共培训基层卫技人员 537 人，规范儿童预防接种技术流程及疫苗安全管理。2000 年全市实现消除脊髓灰质炎目标后，于 2001 年起连续 8 年，实施适龄儿童预防脊髓灰质炎糖丸强化免疫，每年 12 月 5—6 日及翌年 1 月 5—6 日，为全市 0~14 岁儿童强化普服一次糖丸疫苗 143 万人份，使全市适龄儿童保持“无脊灰”状态。2003 年起，按照卫生部规定，将乙肝疫苗纳入儿童计划免疫规划，全部实行免费预防接种，新生儿出生、1 个月末、6 个月末分 3 次全程接种。2005 年，全市适龄儿童“五苗”（卡介苗、百白破、麻疹、脊髓灰质炎、乙肝）全程合格接种率提高至 99.8%。2006—2007 年，宁乡县发生严重麻疹疫情，全县为适龄儿童强化免疫接种麻疹疫苗 9.6 万人份，其他区县（市）查漏补种麻疹疫苗 28 万人份，年底，经考核评价，全市麻疹强化免疫接种率为 99.0%。2008 年开始，全市以儿童为主要人群的免费预防接种疫苗，由原来 5 种增加甲肝、流脑、乙脑、各型流感、风疹、腮腺炎、钩体、流行性出血热、伤寒等疫苗至 14 种，实现有效预防控制 15 种疫苗针对性传染病工作目标。2009—2012 年，在国内大部分地区发生甲流疫情期间，全市累计为甲流疫情集中发生的学校、托幼机构及从事甲流控制工作相关人员预防接种甲流疫苗 58 万人份。

三、重大疾病预防控制

1988年，长沙市纳入传染病预防控制管理的病种为25种。1989年2月，《中华人民共和国传染病防治法》颁布实施后，长沙市纳入传染病预防控制分类监管的病种增加至35种（其中甲类2种、乙类22种、丙类11种）。当年8月，全市开展传染病防治法宣传月活动；10月，抽查全市30余所医院贯彻实施传染病防治法情况，均按规定报告传染病疫情。20世纪80年代，全市传染病发病率居前5位的依次为菌痢、肝类、麻疹、钩体病、百日咳。1990年，在市及各区、县卫生防疫站选聘140名传染病防治监督员，在各级各类医院选聘502名传染病防治检查员，负责传染病疫情报告处置、防治业务指导等工作。1990年，全市基本消除疟疾。1991年6月，全市各级各类医疗机构实行门诊日志制度，及时检诊登记报告传染病例。1993年，全市举办传染病防治法及专业知识培训班72期，培训基层卫技人员4700人次。1994年，全市完成《传染病疫情统计报告信息系统》改造升级，按规定实行统计数据网络报告。1996年，市卫生防疫站进行全市传染病漏报调查，抽查城乡居民4.8万人，查出患法定传染病213例，漏报94例，随即召开专题会议，纠正传染病疫情漏报问题。1997—2000年，连续4年开展传染病防治专项执法行动，重点检查督促各级医院建立门诊日志、肠道门诊、检诊分类登记报告传染病例、严格医院内部消毒隔离、落实新生儿预防接种等制度措施。20世纪90年代，长沙市的传染病发病情况有所变化，发病率居前5位的依次为肝类、菌痢、钩体病、肺结核、淋病。2000年全市消除脊髓灰质类及白喉。2000年开始对部分慢性非传染性疾病实行预防控制管理。2001年，市及各区县（市）卫生防疫站继续开展传染病疫情漏报调查及补报工作，进一步落实门诊日志、肠道门诊、传染病检诊分类及隔离收治等措施，将传染病漏报率降至5%以下。2002年，全市开始实施高血压、糖尿病防治管理。2003年发生“非典”新发传染病后，市及各区县（市）卫生局在机场、客运车站（码头）、大专院校及大中型医院设置卫生监督哨卡，采取控制疫情传播措施；抽查全市62所各级各类医疗机构及10所疾控机构的传染病疫情报告、消毒隔离、消毒技术培训应用等项目，对17所医疗卫生机构未严格执行传染病疫情报告制度、门诊日志不落实、一次性卫生用品采购使用处理不符合规定等问题，作出行政处罚，责令限期整改。2005年，全市开始实施重性精神病防治管理。2005年，全市76所二、三级医院全部增设传染病管理科，专职负责医院消毒隔离、控制内部传染病感染、传染病检诊分类及疫情处置报告等工作。2006年起连续7年全市未发生霍乱病例。2008—2009年，长沙市发生手足口病及各型流感疫情，市及各区县（市）卫生督所重点监督检查中小学校（托幼机构）500余所，督促落实环境消毒、健康巡查、病人隔离等措施。2000年后的10年间，长沙市传染病发病率居前5位的依次为肺结核、肝类、手足口病、淋病、菌痢。2008年，全市消除本土疟疾；当年全市血吸虫病疫区达到国家规定的血吸虫病传播控制标准。2010年，宁乡县地氟病流行区消除地氟病。2011年，全市消除碘缺乏病。是年，长沙市接受省卫生厅的传染病防治专项检查，充分肯定中南大学湘雅二医院、长沙市第一医院等单位的传染病防治管理工作，长沙市的传染病防治管理工作获全省第一名。

（一）传染性疾病

1.肺结核。1991—2000年，长沙市实施为期10年的结核病防治项目，投入资金1110万元（获取世界银行贷款370万元、市县配套安排740万元），全面推行世界卫生组织确定的现代结核控制策略，免费全程抗结核治疗传染性肺结核病人。全市累计筛查接诊肺结核（含疑似）5.8万例，治疗管理活动性肺结核1.56万例，治愈痰涂片镜检阳性肺结核9000余例。至2000年，城乡居民肺结核患病率由1990年的863.6/10万降至440.8/10万，死亡率由33.0/10万降至15.0/10万。2001年起，全市继续实施第2个10

年结核病防治项目，累计投入资金1986万元（获取世界银行贷款及防治基金425万元，中央1041万元，市县520万元），由市及9区县（市）疾病预防控制中心负责结核筛查诊断及督导病人接受组合化学药物短程居家治疗，市中心医院、市传染病医院、省结核病防治院及4县（市）综合医院传染科定点收治肺结核病人。至2012年，全市累计筛查接诊肺结核（含疑似）10.2万例，治疗管理活动性肺结核2.8万例，全市结核病控制管理覆盖率为100%，规范化治疗率为95.0%，治愈率为88.6%，结核病高发态势得到控制，患病率、死亡率比2000年下降50.0%。

2.传染性非典型肺炎（“非典”）。2003年年初，在国内部分地区快速流行。4月初，成立抗击“非典”指挥部，动员组织长沙市内各部门（单位）全力抗击“非典”。成立“非典”防控救治专家组，制定9个“非典”防治方案及11个技术标准；全市成立75支防控机动队，配备200万元的预防控制药品器材，进行紧急实战演练；设置并向社会公布5部热线电话，24小时接报各类疫情信息；市及各区县（市）卫生局、疾控中心实行24小时值班待命，出动卫生应急人员7400余人次紧急处置疫情；66所省、市、县级综合医院设置呼吸道发热门诊及医学观察室，接诊上转“非典”疑似病例；指定市传染病医院负责收治“非典”确诊病例，4县（市）综合医院传染科负责收治“非典”疑似病例。5月初，将位于长沙县安沙镇的长沙县中医医院紧急改造为市级“非典”定点救治医院。5月底，确定在开福区捞刀河镇高源村东如圹地域新建以收治“非典”为主的传染病定点医疗救治机构（定名市公共卫生救治中心）。实行车站、机场、码头的疫情监控，设卡检查来自疫区流动人员145万人次，疫源检索59.8万人次，留治观察发热呼吸道疾病6100余例，治愈“非典”疑似病例268例，严防“非典”疫情传入。经过近半年的工作，最终长沙未传入（发生）1例“非典”病例。

3.流行性感冒（甲型流感、人感染高致病性禽流感）。2004年年初，国内首次发生人禽流感疫情后，长沙市紧急部署防控工作，迅速制发预防控制方案及技术标准；市及各区县（市）迅速实行疫情监测、疫源检索、现症病人定点隔离救治等措施，紧急处置禽流感疫情，切断传播给人群的途径。是年，全市共接诊治疗呼吸道发热病人1.2万例。2009年1月，长沙县星沙街道灰埠农副产品销售市场发生1例人禽流感死亡病例后，卫生应急人员排查隔离密切接触者。处理患病家禽，严密消毒疫点，整顿市场环境，迅速消除疫情，未继发人禽流感病例。2009年4月，甲型H1N1流感由欧美传入国内后，长沙市发生“甲流”疫情326起（主要发生在学校及托幼机构），确诊报告“甲流”2104例，死亡14例。长沙市运用抗击“非典”的成功经验，实行部门联防联控，市及各区县（市）卫生局组织开展疫情监测、医疗救治，为重点人群免费接种“甲流”疫苗58万人份，有效控制暴发甲流聚集性疫情。2010—2012年未再暴发流行。

4.手足口病。2008年4月开始在国内部分地区流行。2009年，长沙市报告手足口病（含疑似）6800例（主要为儿童），重症4例，死亡1例；2010年报告2.06万例，重症86例，死亡16例；2011年，报告2万例，重症11例，死亡6例。市卫生局制定下发手足口病防治技术方案，市及各区县(市)疾控中心实施疫情监测预警，紧急处置聚集性疫情152起。在全市中小学校及托幼机构普遍进行预防手足口病宣传教育，卫生管理人员开展健康询查、卫生消毒、疑似病例上转救治工作。市内20余所综合、妇幼、儿童医院开设手足口病专科门诊及病室，隔离收治手足口病患儿2000余例，抢救重症病例100余例。2012年手足口病疫情得到控制，未再大面积暴发流行。

5.艾滋病。1992年，长沙市首次发现报告1例艾滋病病毒感染者，至2012年，全市累计报告艾滋病病人（艾滋病病毒感染者）4567例，已死亡114例。其中属长沙市户籍的1309例（艾滋病病毒感染者828例、艾滋病病人481例）。病例中农民（农民工）占43.4%；其次为无业人员，占16.5%；20至49岁年龄段的占80.5%；性接触传播感染者占67.3%，其次为针注吸毒感染，占24.1%。2004年9月，成立市艾滋病防治工作领导小组，确定全市防治工作任务及各部门工作职责，推行由世界卫生组织等国际机构资助资金的全球艾滋病防治项目，制定预防控制和救治艾滋病的政策措施。全市全面实行“四免一关怀”政策：免费为城乡贫困艾滋病病人抗病毒治疗900余人次；免费接受艾滋病检测咨询1万余人次；免费为艾滋病毒感染的孕产妇进行母婴阻断治疗100余人次；免费安排50名死亡艾滋病人的孤儿上学；关怀救助生活困难的艾滋病病人113人次、经费140余万元。2005年，市及各区县（市）疾控中心成立艾滋病防控干预工作队，广泛开展社会宣传，进行艾滋病防治咨询教育1万余人次。2007年，全市县级以上医疗卫生机构建立艾滋病病毒抗体检测初筛实验室42个、艾滋病自愿咨询门诊10个、艾滋病综合监测点8个，设立吸毒者戒毒门诊4所，戒毒治疗针注吸毒人员700余例；确定市传染病医院及中南大学湘雅二医院定点收治艾滋病651例。2007—2012年，监测筛查劳改劳教等羁押场所人员、针注吸毒人员及出国务工人员5万人次；市、县两级医疗卫生机构艾滋病抗体检测初筛实验室筛查61万人次，发现艾滋病病毒阳性者685例，治疗623例；在大中型宾馆、娱乐场所发放预防艾滋病宣传资料，推广使用安全套；在生育妇女中开展艾滋病母婴传播阻断治疗27例。采取上述措施后，全市艾滋病发病快速上升趋势得到控制。

6.霍乱、副霍乱。1988年起连续17年，长沙市发生霍乱疫情25起，病人110例，最多为1999年，共7起，确诊霍乱病例45例、带菌者48例。1992年成立霍乱防治工作领导小组，制定防治霍乱政策措施，统一组织开展霍乱防治工作。市、县两级卫生防疫机构成立11支霍乱防控机动队，承担霍乱疫情预防控制及应急处置工作。全市60余所大中型医院在夏秋季节专设肠道疾病门诊，实行“逢泻必检、遇疑必报”制度，采取“四专”（专人、专室、专设备、专登记）、“五统一”（统一挂号、收费、就诊、检验、取药）措施，及时发现并分诊隔离救治霍乱病人。在霍乱流行季节，市、县两级卫生防疫机构重点进行水源、涉水食品卫生监测，每月3次采样检测湘江水质，抽检进入长沙的海产品，及时发现处置疫源。霍乱发病最多的1999年共检测样品1.5万份。对聚餐和特殊食品（原料）所致霍乱疫情，采取疫区控制、疫点封锁等措施，迅速扑灭疫情，防止扩散蔓延。1999年望城县发生2起因聚餐引起的霍乱疫情，市及望城县卫生局组织处置疫点161个，使用消毒药剂近10吨，消毒杀虫面积11.5万平方米，卫生检疫1.1万人次，预防服药8.1万人次，有效防控继发霍乱二代病例。2006—2012年，未再发生霍乱病例。

（二）地方病

1.血吸虫病。20世纪80年代初，长沙市所属望城县、宁乡县的19个乡镇、75个行政村为血吸虫病疫区，钉螺滋生面积453.6万平方米，人群血吸虫感染率为13.94%。市政府于1984年成立血吸虫病防治工作领导小组，制定下发血吸虫病防治中长期规划，确定防治目标任务及卫生、农业、畜牧、水利、交通、财政等10余个部门的血防工作职责。经过10余年的预防控制工作，1994年经国家验收，达到基本消灭血吸虫病目标，人群血吸虫感染率降至2.0%。此后，出现新的血吸虫病疫情，1997年9月，在湘江长沙城区段傅家洲等洲滩发现阳性钉螺，并发现急性血吸虫病7例。2001年查出长沙县果园镇为血吸虫病新疫区。至2001年，长沙市所属望城、宁乡、长沙、岳麓、天心、开福6个区（县）的26个乡镇（街道）、89个行政村（社区）为血吸虫病疫区，疫区面积扩大至966.6万平方米。市血防领导小组针对新发血吸虫病疫情，从1997年开始持续开展血防社会宣传，每年进行疫区乡村两级干部血防知识培训，疫区中小学校每学期开办4个课时的血防知识课，发放血防宣传资料8000余份；每年查螺面积900

万平方米，灭螺灭蚴面积300万平方米，人畜查病及同步化疗1.1万例，普查普治渔船民、挖沙工、水利工程等水上作业人员5000余名；疫区农户改水改厕3000余个；疫区农村实行禁止放牧牲畜及以机代牛耕作措施，控制血吸虫病由牲畜传染给人群。2003年起连续9年，市、县两级财政每年下拨疫区环境整治改造经费200万元。宁乡县对疫区乡镇有螺地带进行沟渠护坡硬化，望城、岳麓、天心、开福区对湘江长沙段10余个有螺洲滩进行翻耕垦种、推土填埋等环境改造灭螺，长沙县对果园镇有螺地带进行综合整治，有效控制钉螺滋生。望城、宁乡两县血防站每年治疗晚期血吸虫病人50余例。2005年以后，全市26个疫区乡镇（街道）未新发急性血吸虫病例，疫区人群血吸虫感染率控制在1.0%以下。2008年，全市89个血吸虫病流行村（社区）达到血吸虫病传播控制标准。2012年，天心区、长沙县的疫区达到血吸虫病传播阻断标准。

2.碘缺乏病（地方性甲状腺肿）。1978—1983年，长沙市普查确认长沙县、望城县、浏阳县、宁乡县的20个乡（镇）为碘缺乏病病区，涉及人口31万，患病率为3%~10%。1983年开始，在病区广泛进行防治宣传，开展碘缺乏病防控，病区居民普食碘盐，每年为适龄人群投服碘油丸16万余人份。1995年起，全市推行全民食用碘盐，碘盐入户率为100%。1996年，继续投服碘油丸65万人份。是年，开展碘盐生产销售的监督监测，查处18个非法销售非碘食用盐的个体商户。经过18年的持续防控，2000年，经省考核验收，全市基本实现消除碘缺乏病目标，疫区人群患病率降至1%。2001年开始，全市继续加强碘缺乏病区的食用碘盐生产销售的监督监测，至2011年，累计查处非法销售非碘食用盐案8起，没收非碘食用盐832吨；累计为适龄人群投服碘油丸100余万人份。2011年，卫生部考核验收长沙市的消除碘缺乏病工作，经抽样检测评价，市场销售食用碘盐合格率及居民食用合格碘盐率均为100%，8~10岁儿童甲状腺肿大率为0，未新发碘缺乏病例，确认长沙市全面实现消除碘缺乏病目标。

3.地氟病。长沙市的地氟病发生在宁乡灰汤镇的灰汤、狮桥、月联、东风4个行政村内，属饮水型地氟病中度流行区，涉及人口1.2万人，系当地居民引用超过国家规定标准15倍的地面含氟温泉水所致。1983年，病区中小学生氟斑牙检出率为95.7%，人群氟骨症（含疑似）检出率为63.1%。1983年起，宁乡县组织开展地氟病防治，病区居民打压泵深井750口，85%以上的居民饮用深井水，不饮用地面含氟水。1988—1991年，累计投资620万元，修建2个大型集中式供水系统，完成改水降氟项目，病区居民全部饮用地下水。2008年经检测，病区居民饮用水合格率为100%，中小学生氟斑牙检出率降至2.81%，人群氟骨症检出率降至4.15%。2010年经省级验收，确认宁乡县灰汤镇地氟病区由中度流行区降至非病区标准，已消除地面含氟水对人群的危害，实现饮水型氟中毒防治工作目标。

（三）慢性非传染性疾病

1.精神病。2004年之前，长沙市未统一实行重性精神病病人的管理治疗。2005年开始，按照卫生部的部署要求，长沙市首先在天心区、浏阳市、开福区、宁乡县实施“中央补助地方卫生经费的重性精神疾病管理治疗项目”，是年，投入经费50余万元，管理治疗重性精神病人500余例。2009年普及至全市。此后，全市每年投入经费100余万元，为3000余名需要药物维持和住院治疗的重性精神病人给予免费或补助。2009年，制发《肇事肇祸精神病人管理办法》《精神病人救助办法》，制定实施《重性精神病管理治疗工作方案》。市及9区县（市）疾病预防控制中心负责组织管理及技术指导，市内8所精神病专科医院负责定点治疗，170余所乡镇卫生院及社区卫生服务中心负责精神病人居家治疗的随访投药。至2012年，全市排查确诊精神病人1.65万例，管理治疗重性精神病人4500余例，监管有肇事肇祸行为病人422例，应急医疗处置1284例，住院治疗补助2709例，解救关锁病人73例，全市实现统一管理治疗重性精神病人。

2.其他慢性非传染性疾病。2001 年以前，长沙市未统一实行高血压、糖尿病防治管理。2002 年，卫生部下发《关于慢性非传染性疾病防治管理工作方案》后，全市逐步统一开展高血压、糖尿病防治管理，由乡镇卫生院及社区卫生服务中心负责登记造册、防治知识宣传及防治技术指导。2009 年，按照国务院《关于医药卫生体制改革近期重点实施方案》要求，全市将城乡居民的高血压、糖尿病管理治疗列入国家基本公共卫生服务项目。至 2011 年，全市创建慢性病管理示范社区 9 个，开展慢性病基线调查和高血压、糖尿病分类管理，乡镇卫生院及社区卫生服务中心人员入户发送防治宣传资料，科学指导病人饮食用药，为病人建立电子档案并适时补充更新项目内容。至 2012 年，全市基层医疗机构管理高血压、糖尿病病人分别为 43.6 万人和 13.69 万人，管理覆盖率分别为 92.70%和 95.66%。

四、公共卫生检验检测

20 世纪 80 年代，长沙市由市及各区、县卫生防疫站承担公共卫生检验检测工作。1988 年，市卫生防疫站公共卫生检验科有检验技术人员 20 人，配置气相色谱分析仪、分光光度计、原子吸收光谱仪等中档检测设备 11 台（件），开展食品、生活饮用水、经营性公共场所的空气及公共用具等各类样品的理化、微生物指标检测技术 150 项。1997 年配置高效液相色谱仪等 5 台新型设备后，新增理化检测 19 项。2002 年，实行卫生监督与卫生监测分离改革，组建成立市疾病预防控制中心，承担公共卫生检测职能，分设微生物、理化实验室各 1 个，并新增艾滋病病毒初筛实验室，检验技术人员增至 25 人。是年，经省级计量认证确认开展微生物及理化指标检测 281 项，涵盖食品、化妆品、食品添加剂、生活饮用水、各类苯系物、农药残留毒、经营性公共场所的空气及各种公共用具等检测项目。检测各类样品的理化、微生物指标 1.3 万份，其中食品 3200 份，生活饮用水 2600 份，经营性公共场所物品 3100 份，化妆品 91 份，消毒用品 74 份，职业卫生监测样品 1370 份。2003 年，市疾病预防控制中心建立省内第一个负压状态二级生物安全实验室，新增微生物检测 13 项，对 32 种病原微生物进行定性定量检测及生物危害评定；各类样品微生物检测增至 194 项，其中，食品（化妆品）类 154 项，经营性公共场所物品 12 项，生活饮用水 5 项、一次性医疗用品 20 项及常见传染病的血清学、免疫学、分子生物学检验 3 项。2005 年，新增微生物检测 19 项。2008 年，配置全自动实时定量 PCR 仪、质谱仪等 6 台高档检测设备，新增理化指标检测 73 项，达到 342 项。是年，共开展各类样品的理化、微生物指标检测 2.3 万份，其中，食品（化妆品）8900 份，生活饮用水 4100 份，经营性公共场所物品 4500 份，职业卫生监测样品 3600 份，医院、学校（托幼）等机构卫生监测样品 1100 份，居室空气检测样品 1500 份，手术室洁净度检测样品 108 份。2010 年，市疾控中心配置液相色谱仪、等离子体质谱仪、水中微生物膜过滤装置等高精检测仪器后，生活饮用水的理化、微生物检测由原 79 项增至 102 项。2012 年，市疾病预防控制中心的微生物检验检测由 1988 年仅开展一般细菌学、病毒定性检测，发展到能开展所有病原微生物的培养、病毒分离、分子水平检测及基因测序等高难度检测 70 大项、250 小项；所开展的麻疹、各型流感实验室检测均纳入国家（省）级网络实验室，经实验室室间比对及能力验证，其检测技术项目及质量均达合格水平，其中，自主研创的金葡菌肠毒素基因 PCR 分型检测技术获国家发明专利。2012 年，市疾病预防控制中心设置艾滋病确认实验室，麻疹及各型流感实验室、二级生物安全实验室、理化项目检测实验室、临床检验室共 6 个（分室 14 个），配备专职检验人员 38 人，其中高中级技术职称人员 22 人。配置各类检测设备 120 余台（件）、价值 3000 余万元，其中高档类 59 台（件），开展理化、微生物指标检测共 550 项。2012 年检测各类样品 2.1 万份，其中，食品（化妆品）2100 份，生活饮用水 3600 份，经营性公共场所物品 3386 份，医院、学校（托幼）等机构卫生监测样品 2200 份，职业卫生监测样品 2900 份，职业人群健康监测样品 4900 份，居室空气卫生监测样品 940 份。

五、健康教育及健康促进

20 世纪 80 年代末，市及 9 区县卫生防疫站均设有健康教育科室。1990 年，专设健康教育所，从事健康教育专职人员 26 人，兼职人员 260 余人；在城市社区及农村乡镇建立健康教育网点 5000 余个，城乡基层健康教育网点覆盖率为 95%，全市形成市、区（县）、乡镇（街道）三级健康教育网络。1990 年开始，在传染病高发季节及突发重大传染病疫情时，在报纸、电视、广播等主流媒体设立卫生防病专题，宣传卫生防病知识；市及各区、县健康教育所每年印发卫生防病宣传资料 1 万余份；各乡镇（街道）、社区（行政村）、医疗卫生机构及基层单位设置卫生防病知识专栏，宣传卫生防病知识。全市中小学校每学期安排 4 个课时，开设健康教育课，1995 年抽查考核，全市中小学校健康教育开课率为 100%，中小学生卫生知识知晓率为 95%，健康行为形成率为 85%。1997 年，发布《公共场所禁烟通告》，在市内各大商场、宾馆、机关、影剧院、公共娱乐场所、医院、客运场站、公共交通车辆等公共场所设置禁烟标志，开展禁烟宣传，劝阻吸烟行为。1998 年开始，在“3·24”世界结核病日、“4·7”世界卫生日、“4·25”计划免疫宣传日、“5·15”世界防治碘缺乏病日、“5·31”世界无烟日、“6·6”世界爱眼日、“6·26”世界禁毒日、“11·14”联合国糖尿病日、“12·1”世界艾滋病日等重大卫生日活动期间，每年集中进行针对性卫生防病知识宣传，免费义诊 5000 余人次，发放卫生宣传资料 1 万余份。2002 年起，全市开展“相约健康社区行”活动，在《长沙晚报》开辟健康教育专栏，在长沙电视台、长沙广播电台播放健康公益广告和健康专题知识；全市 250 余所各级各类医院及 50 余所社区卫生服务中心设立健康教育点，举办卫生宣传专栏，发放卫生宣传资料，提供健康教育处方，向社区居民宣传卫生防病及健康保健知识。2003 年 3 月，国内部分地区突发“非典”疫情后，市健康教育所为防范“非典”的 207 个重点单位、467 名相关人员举办非典预防及消毒知识培训班，发放宣传资料 16 种、6 万余份。2005 年开始，全市健康教育逐步发展到人群健康行为干预，倡导科学饮食、健康运动、戒烟控酒，每年一次，连续 7 年开展全民健康生活方式宣传，每次参与活动的居民近 500 名，由健康教育专家讲课，市、区领导现场动员讲话，参与者进行各种健康运动表演。2007 年，为严格控制艾滋病高发态势，市及各区县（市）健康所向以农民工、青年为主的人群发放防艾宣传读本 40 余万册。2008 年 8 月，举行倡导健康生活方式仪式，给参加活动的全市 52 个街道办事处、49 所社区卫生服务中心发送健康手册及控盐控油壶等健康用品。2009 年开始，市疾病预防控制中心在《长沙晚报》设置“健康长沙人”专版，每周 2 版，发布居民健康指导及健康危害因素信息。2011 年，制发《全市健康教育与健康促进行动实施方案》，市级每年安排专项经费 350 万元，用于开展大型健康教育公益宣传及健康教育促进示范活动，在社区、机关、学校建立健康教育示范点 100 余个，每年开展健康教育大讲坛活动 10 场（次），向居民宣传戒烟控酒、控制食用油盐、适量运动等健康保健知识，进行健康行为指导。2011 年，向市内 100 余所大中型医疗卫生机构征集各类健康教育知识讲稿 418 篇，编印优秀讲稿汇编 5 万份，发放给城乡居民。2012 年，全市开展健康教育讲座、健康咨询活动 4100 余场次，发放健康教育书籍 41.9 万册、健康教育宣传资料 146.9 万份，其中 45 个社区、1.5 万余名居民集中参加健康教育活动，6000 余名居民现场接受心肺功能检测及医学专家的健康指导。

表 24-1-4-1　　1988—2012 年长沙市传染病发病情况一览表

年份	传染病发病数（例）	传染病发病率（/10 万）	甲乙类传染病		丙类传染病	
			发病数（例）	发病率（/10 万）	发病数（例）	发病率（/10 万）
1988	19271	375.85	未分类			
1989	13700	262.84				
1990	22247	408.62	20065	368.54	2182	40.08
1991	16759	303.94	14896	270.15	1863	33.79
1992	11448	206.47	8710	157.09	2738	49.38
1993	9145	164.66	7451	134.16	1694	30.50
1994	10733	192.55	7650	137.24	3083	55.31
1995	8301	147.93	5989	106.73	2312	41.20
1996	8538	151.01	6811	120.51	1727	30.50
1997	9514	167.00	8226	144.39	1288	22.61
1998	10459	182.09	8755	152.42	1704	29.67
1999	11399	196.64	9944	171.54	1455	25.10
2000	11141	191.15	9460	162.31	1681	28.84
2001	13037	223.69	9729	166.93	3308	56.76
2002	11127	191.19	8965	154.04	2162	37.15
2003	10537	177.56	9032	152.20	1505	25.36
2004	10316	171.16	8081	134.08	2235	37.08
2005	13786	226.78	10164	167.20	3622	59.58
2006	19690	322.36	14644	239.75	5046	82.61
2007	21351	348.87	16737	273.48	4164	75.39
2008	29025	473.53	17804	290.46	11221	183.07
2009	41082	668.05	23950	389.46	17132	278.59
2010	50720	822.29	19109	309.80	31611	512.49
2011	48567	689.47	19251	273.29	29316	416.18
2012	50808	716.54	18936	267.05	31872	449.49

说明：1989 年 2 月颁布《中华人民共和国传染病防治法》，规定甲乙丙类传染病为法定传染病，1990 年开始按照甲乙及丙两大类统计；1989 年以前未分类统计

第五节　妇幼卫生保健

一、机构

20 世纪 80 年代，长沙市及所属 9 区县设有妇幼保健机构，90 年代初，全市逐步建立以市、县两级妇幼保健机构为指导、城乡基层医疗机构为主体、其他医疗卫生机构参与的妇幼卫生保健体系。1990 年，市妇幼保健院设立妇幼保健科，配专职人员 5 人，承担全市妇幼卫生保健业务指导工作。1993 年起，各区县妇幼保健机构相继扩大规模，其中内 5 区妇幼保健所设置妇幼保健科室，各配专职人员 10 人；4 县妇幼保健院设置妇幼保健科室，各配专职人员 20 人，另设置妇产、儿科临床诊疗科室；全市 165 个乡镇（街道）卫生院（社区卫生服务中心）设置妇幼保健室，各配专职妇幼保健人员 2~3 人，其中规模较大的 25 所乡镇中心卫生院设置妇产、儿科临床诊疗科室；全市 1500 余所行政村卫生室及社区卫生服务站各配妇幼保健兼职人员 1~2 人，负责简单的妇女儿童保健服务。1993 年开始，全市 172 所设置产科的综合医院、妇幼保健院及规模较大的乡镇卫生院开展创建爱婴医院活动，在产科设置母婴同室病房，为孕产妇培训孕产保健知识，指导产妇母乳喂养新生儿。1993 年，市妇幼保健院创建成省内第一所爱婴医院，1994 年被评为全国模范爱婴医院，爱婴医院 3 项必备指标（母乳早吸吮率、母乳喂养率、24 小时母婴同室率）均为 100%。1994 年，浏阳市妇幼保健院及浏阳市人民医院创建成爱婴医院。1995 年，市一医院、市二医院、湖南医科大学附属第二、第三医院、省妇幼保健院、宁乡县人民医院 6 所医院创建成爱婴医院。1996 年，长沙市内创建爱婴医院 44 所。至 1997 年，长沙市内 172 所设置产科的医院、妇幼保健院及乡镇卫生院均达到爱婴医院（卫生院）标准，母乳喂养率、母婴同室率平均为 89.0%，长沙市被评为省内第一个“爱婴市”。1997 年，市妇幼保健院成立妇幼保健部，设置妇幼健康教育、妇幼卫生信息、遗传优生咨询、儿童早教保健、妇女儿童健康检查、产妇产后康复 6 个业务科室，配妇幼保健专职人员 24 人、兼职人员 108 人，占全院在职人员总数的 30%。2002 年，市妇幼保健院成立省内第一个妇幼保健中心，开展妇女婚前保健、孕期保健、产后康复、更年期保健、妇科整形美容、儿童生长发育监测评价等 15 个项目。2005 年开始，4 县（市）开展创建乡镇卫生院产科建设合格县工作，至 2007 年，全市 112 所乡镇卫生院全部完成创建工作，配备齐全产科医疗设备及专职人员，落实产科医疗护理抢救工作制度，合格率 100%。2008 年，长沙县妇幼保健院、望城区人民医院（区妇幼保健院）、宁乡县妇幼保健院、宁乡县人民医院、浏阳市妇幼保健院、浏阳市人民医院成立县级产科急救中心，专职负责县域范围内危重孕产妇急诊抢救转运等工作。2012 年，市及 9 区县（市）妇幼保健院（所）有在职人员 2010 人（其中妇幼保健专兼职技术人员 490 余人），业务用房建筑面积 9.8 万平方米，设备总价值 2.2 亿元，设置病床 1121 张；全市 165 所乡镇卫生院（社区卫生服务中心）配专职妇幼保健人员 587 人，1500 余所行政村卫生室及社区卫生服务配兼职妇幼保健人员 2200 余名。全市由 197 所市、县（区）、乡（街）医疗卫生机构及 1500 余所村（社区）医疗机构构成完整的妇幼保健工作体系。

附记　长沙市妇幼保健院

1962 年 10 月成立长沙市妇幼保健所。1987 年 11 月更名为长沙市妇幼保健院，设置临床、医技、妇女儿童保健科室 38 个、病床 310 张。1988 年年底迁至雨花区城南东路 416 号新建而成。1993 年被评为省内首家市级爱婴医院，1997年被评为二级甲等妇幼专科医院，2012年3月被评为三级甲等妇幼保健医院。2012年医院占地面积1.44万平方米，业务用房建筑面积3.91万平方米，资产总值2.09亿元；有在职人员750人，高、中级专业技术人员分别为78人、132人；博士2人，硕士87人；门急诊57.44万人次，出院病人2.61万人次。

二、妇女保健

（一）孕产妇保健。20世纪80年代，市及9区、县妇幼保健机构初步建立以控制孕产妇死亡为目标，以高危孕产妇为重点的孕产妇保健工作制度，为孕产妇开展3次以上的产前检查及2次以上的产后访视，建立孕产妇信息资料。1989年，全市孕产妇系统管理率90.3%，产前检查率94.5%，产后访视率99%。1992年，市妇幼保健院重点监测30个乡镇的妇女保健工作，指导开展产科出血预防救治及高危孕产妇全程监护，30个乡镇的孕产妇死亡率比1991年降低15%。1993年开始，全市建立妇女健康教育网络，市、县两级综合医院、妇幼保健院（所）及乡镇卫生院、社区卫生服务中心开办孕妇学校197所，设置婚前保健班、孕妇班、家长班、产后保健班、孕妇分娩班5个班次，编印发放《新婚学校读本》《家长学校读本》等资料5万余份，由妇幼保健专业人员定期授课，进行妇女婚前、孕期、分娩及哺乳期健康教育。1997年，发布《预防艾滋病、梅毒、乙肝母婴传播及生育期妇女增补叶酸实施方案》，向孕产妇宣传并给予指导。1999年，全市以降低孕产妇死亡率为主要目标，加强乡镇卫生院产科建设，配置抢救设备950台（件），培训专业技术人员510人次，落实产、儿科急症抢救制度。1999—2005年，市妇幼保健院累计开展妇女健康教育课756场次，受众3.5万余人次；全市孕产期妇女保健知识知晓率城市92%，农村90%；生育期妇女增补叶酸知识知晓率城市94%、农村87.4%；孕产妇艾滋病母婴传播知识知晓率城市77.7%，农村74.6%。2005年，市妇幼保健院与美国约翰·霍普金斯大学医院开展技术合作，成立VIP国际妇产中心，由知名妇产科专家接诊，为孕产妇实行家庭分娩模式的产前、产中、产后全程服务，成为长沙市内妇产诊疗业务的一个知名品牌。2005年开始，市卫生局建立孕产妇死亡病例评审制度，每半年一次，组织省、市妇产科专家逐个评审孕产妇死亡病例，分析死亡原因，吸取工作教训，并通报各相关医疗救治机构，整改孕产妇管理、抢救、转运等环节的问题。2005年，市及9区县（市）妇幼保健院（所）为5万余名孕产妇进行高危筛查及全程保健管理，取消家庭接生，落实住院分娩制度及高危孕产妇抢救救助政策，孕产妇系统管理率及产妇住院分娩率分别提高至95%和99%，孕产妇死亡率降至23.3/10万。2006年，连续两次筛查孕产妇1.3万例，筛查出高危孕产妇3660例，由县、乡两级医疗保健机构进行孕期全程保健管理指导。2008年，市妇幼保健院首创实行产妇水中分娩，并运用拉玛泽呼吸法调整产妇在产程中的呼吸，减轻产程疼痛，科学促进自然分娩；并建立产后康复中心，运用先进的产后康复治疗仪及推拿等技术，指导产妇进行形体、乳房、盆底、子宫复原、产后催乳、产后内分泌等全面康复训练，使产妇由传统的“坐月子”被动静养转变为主动康复。2008年，全市农村村级妇女保健工作改由村卫生室乡村医生负责，并严格实行考核、准入、培训措施，增强农村基层妇女保健管理能力，全市孕产妇建卡率97.6%，孕产妇住院分娩率99.86%。2008年，全市继续筛查出高危孕产妇1.8万例，全部由市、县两级妇幼保健机构实行全程管理。2008年，市及4县（市）建立产科急救中心后，由产科急救专家组指导乡镇卫生院产科接生业务，建立从乡镇卫生院至县级产科急救中心的孕产妇急救转运快速通道，简化转诊救治程序，所有高危孕产妇及时送县级以上产科急救中心住院分娩。2009年，市县财政拨付经费1171万元，按政策标准为住院分娩的5.03万名农村孕产妇补贴住院费用。2009—2012年，4县（市）产科急救中心共接诊危急重症孕产妇750余例，转省、市级医院救治95例，其余在县级医院（妇幼保健院）救治，抢救成功率为99%。2009年起，全市开展孕产妇艾滋病、梅毒、乙肝母婴垂直传播阻断控制及生育期妇女补服叶酸预防新生儿神经管畸形工作，全市孕产妇艾滋病、梅毒、乙肝检测覆盖率为99.1%。至2012年累计筛查发现孕产妇艾滋病病毒感染27例、梅毒感染321例，实行追踪治疗管理；筛查乙肝病毒阳性产妇的活产婴儿3222例，应用乙肝免疫蛋白治疗控制2879例，乙肝母婴传播阻断率为89.35%；全市生育期妇女叶酸增补率为93%，所生新生儿未发现1例神经管畸形。2012年，全市孕产妇保健系统管理率城市95.43%，农村86.36%；孕产妇保健建档率95.14%；早孕检测率城市97.38%，农村88.88%；全市孕产妇死亡率由1988年的47.20/10万下降至15.64/10万，孕产妇住院分娩率由1988年的35.79%提高至99.98%。

（二）妇女病防治。20世纪80年代初开始，市及9区、县妇幼保健院（所）相继开展妇女四期（经期、孕期、产期、哺乳期）劳动卫生保护业务指导，1987—1988年，全市进行农村妇女病普查16.3万人次，其中103人患有严重妇科病，均得到及时治疗。1989年起，在原有妇女“四期”保健的基础上，增加妇女更年期保健项目，指导开展妇女“五期”劳动卫生保护工作。1991年，市妇幼保健院协助市总工会、市妇联调查解20余家大中型企业执行妇女劳动卫生保护政策情况，指导企业工会、妇女组织落实女职工的劳动卫生保护措施，调整100余名女职工从事有毒有害工种的工作岗位。1995年，市妇幼保健院在市妇联举办的企业妇女管理干部培训班上，专题讲授女职工劳动卫生保护及妇女常见病防治知识。1999年，市及9区、县（市）妇幼保健院（所）为50余个乡镇企业的5000余名女职工进行健康体检，对查出受职业因素影响患病的100余名女职工提出职业病防治指导意见。2002年，4县（市）妇幼保健院共进行农村妇女病普查15万人，查出患病人员210人，指导及时进行治疗。2005年，市妇幼保健院在市内10余所大专院校开展女学生常见多发病的防治知识宣传，发放专题资料5000余份。2008年，长沙市被列入全国女性生殖道感染防治项目市，市卫生局制定《女性生殖道感染防治实施方案》，2008—2009年，全市培训市、县、乡三级妇幼保健专业人员1800余人次，学习掌握女性生殖道感染防治、预防艾滋病母婴垂直传播、生殖健康等专业知识，在全市各医疗机构推行《妇女生殖道感染防治技术指南》，降低妇女生殖道感染率50%。2009年，市妇幼保健院开展农村妇女病筛查诊治技术骨干培训及技术指导，在全市推行妇女宫颈病变规范化诊断治疗。2009年起连续4年，全市开展妇女“两癌”（宫颈癌、乳腺癌）普查，累计35.56万人次，发现宫颈癌160例、乳腺癌27例，均及时追访指导治疗。

三、儿童保健

（一）儿童健康监测指导。20世纪80年代初，市、县两级妇幼保健机构及城乡基层医疗机构负责开展新生儿访视、疾病筛查、儿童生长发育监测、儿童四病（维生素D缺乏症、营养性缺铁性贫血、婴幼儿腹泻、急性呼吸道感染）、弱视、龋齿、早产儿眼底疾病防治、儿童预防接种、传染病防控及0~3岁儿童早期健康保健等工作。1988起连续25年，市妇幼保健院共举办儿童健康保健知识培训班70余期，培训县、乡两级儿童保健专业人员4000余人次。1989年，制定《儿童健康监测及儿童常见病多发病防治技术方案》，每年组织市、县两级妇幼机构开展儿童健康监测及常见病防治。1989年起，连续7年，向全市儿童发放驱蛔药175.8万人份，消除蛔虫重、中度感染。1990年，全市抽样调查0~7岁儿童缺铁性贫血患病率18.78%（城市11.9%、农村22.99%）。1993年，全市抽样调查7岁以下儿童3410人，重度营养不良患病率为4.1%，贫血患病率15.2%。1996年抽样调查全市儿童肥胖症患病率8.86%。1997年调查全市体弱儿童5261人，其中佝偻病患病率3.5%（城市1.58%、农村4.17%），重度贫血患病率为4.94%，重度营养不良患病率3.5%，夜盲症患病率0.04%。1999年抽样调查全市儿童1.16万人，龋齿发生率13.22%。2000年，市妇幼保健院成立儿童早教保健中心，设置高危儿干预室、婴儿脑损伤康复室，为100余名脑瘫患儿进行治疗康复；开设0~3岁儿童早期教育园地，指导开发儿童智力。2003年，全市抽样调查5岁以下儿童2702人，重度营养不良患病率为4.11%（城市1.38%、农村5.74%）。对各年度抽样调查检测出的患病儿童，均给予预防治疗指导。2009年全市筛查新生儿6.21万人，筛查率83.8%，未发现苯丙酮尿症、先天性甲状腺功能低下症等疾病。2010年，调查全市5岁以下儿童7.53万例，死亡705例，其中婴儿（1岁以内）死亡472例，死亡率分别为9.36‰和6.27‰。2012年全市新生儿疾病筛查率由2004年68.16%上升至95.7%，新生儿听力筛查率由2008年23.81%上升至91.9%，对筛查确诊的新生儿疾病均提出医学指导意见。2012年，全市3岁以下儿童系统保健管理率84.98%，7岁以下儿童系统保健管理率为87.51%。2012年全市5岁以下儿童死亡率和婴儿死亡率分别为5.58‰和3.68‰，比1988年(例) 23.75‰和17.38‰分别下降76.5%和78.8%。

（二）托幼机构儿童保健管理。1998年之前，全市托幼机构儿童卫生保健工作未实行统一规范管理。1999年，长沙市发布《关于做好全市托儿所、幼儿园保健工作评审发证的通知》，统一实施全市托幼机构儿童卫生保健规范管理。首次实行托幼机构儿童卫生保健注册颁证及卫生保健人员上岗前业务培训考核制度，全市评价考核950所托幼机构的儿童卫生保健工作，培训卫生保健专（兼）职人员3510人次，指导开展儿童保健及疾病预防控制工作。2000年开始，全市1100所托幼机构均配备专（兼）职卫生保健医师（护士）1~2名，市及各区县（市）妇幼保健院（所）指导托幼机构建立落实儿童入园查验健康体检证、预防接种证、儿童晨检、儿童用餐食品安全检测留验、园内场所消毒杀虫灭鼠灭蚊蝇、传染病疫情报告及患儿隔离等制度，防范发生托幼机构内部食品安全事件及传染病暴发流行。2001年开始，市妇幼保健院连续11年，为全市托幼机构儿童视力筛查5.2万例，视力异常3580例；听力筛查2.8万例，异常47例，对视力、听力异常儿童提出医学指导意见。2002年，市妇幼保健院举办托幼机构儿童保健知识培训班，培训全市托幼机构卫生保健医师（护士）900余人。2003年，市妇幼保健院举办儿童疾病筛查培训班，培训全市示范性幼儿园的卫生保健医师78人。2004年，市妇幼保健院举办集体儿童保健及膳食营养管理培训班，培训全市托幼机构卫生保健医师100余人。2005年，市妇幼保健院继续培训托幼机构卫生保健人员312人。2008—2011年，长沙市内31所托幼机构发生甲流、手足口病等新发传染病聚集性疫情110起，发病儿童1万余例，市、县两级疾控、妇幼机构及时派出人员，采取闭园、消毒隔离、救治患病儿童等紧急措施，有效控制疫情扩散蔓延。2012年，再次考核评价全市托幼机构儿童卫生保健工作，全市1106所托幼机构，有儿童保健专（兼）职人员1192人，首批获“托幼机构卫生保健合格证”458所，获“集体儿童卫生保健人员专业考核合格证”945人，评为托幼机构卫生保健示范单位19所。

四、出生人口缺陷控制

（一）婚前医学检查。1988年开始，市及9区、县妇幼保健院（所）负责开展婚姻对象的婚前医学检查。其中市妇幼保健院于1988—2003年9月检查婚姻对象20.95万对，婚检率逐步上升至65%。2003年10月，发布取消强制婚前医学检查的规定后，婚检率下降，至2007年，城市和农村分别下降至8.74%和0.19%。2007年年底，恢复婚前医学检查并实行免费政策。市及9区、县（市）恢复设立婚检机构，卫生、民政部门协同配合广泛开展社会宣传，实行事先告知、知情同意的原则，动员婚检对象主动接受免费婚前医学检查。对检查出不宜结婚、生育的婚姻对象，及时给予医学指导干预。其中，市妇幼保健院于2007年起连续6年免费婚检7.58万对。2008年，全市免费婚前医学检查率为城市18.75%，农村 1.0%。尔后逐年上升，至 2012 年，全市免费婚前医学检查率为城市 86.58%，农村 81.51%。

（二）新生儿疾病筛查。1989 年，市妇幼保健院设置遗传检验室，开展遗传优生检测业务，进行外周血染色体检测。1993—1997 年进行新生儿苯丙酮尿症筛查及优生（TORCH）检测共 2.1 万例。1997 年，设置产前诊断中心、新生儿疾病筛查中心及遗传优生实验室、基因实验室、内分泌实验室、优生优育检测实验室、新生儿疾病筛查实验室及产前筛查诊断实验室，为孕产妇开展遗传优生咨询、产前血清学检测、羊水检测诊断、脐血检测诊断、外周血及脐带血染色体检测分析、新生儿疾病筛查等 10 个项目；2001 年起，增加四维彩超检测、致畸类疾病检测、激素及肿瘤标志物检测、荧光定量基因病原学检测、乳突状病毒定性检测、地中海贫血筛查等 10 余个项目。2009 年，全市孕产妇产前筛查诊断覆盖率 50.3%，新生儿疾病筛查率 89.2%，新生儿听力筛查率 43.2%，生育期妇女叶酸增补率 79.1%；2010 年，分别提高至 60.4%、92.1%、64.3%、86.3%；2012 年分别提高至 65.2%、95.7%、91.9%、93%。至 2012 年，市妇幼保健院共开展新生儿各类检测 23.4 万余例，其中，产前羊水、脐血诊断 2.3 万余例，筛查出先天性甲状腺功能低下症 227 例、苯丙酮尿症 12 例、葡萄糖–6 磷酸脱氢酶缺乏症 75 例、肾上腺皮质增生症 2 例，均给予及时有效的指导治疗。

五、计划生育技术服务及综合治理

20 世纪 70 年代后期，国家实行计划生育政策后，市、县两级卫生、计划生育行政部门联合开展计划生育技术服务和计划生育综合治理，对开展母婴保健及计划生育技术执业的医疗机构严格实行考核评审及执业许可；对开展人工流产、引产、结扎等终止妊娠手术的卫生专业技术人员严格实行培训考核及注册发证。1990 年，9 区县卫生局与全市开展 B 超及染色体检测技术的 172 所医疗保健机构签订《超声诊断及染色体检测设备管理使用责任书》，建立 610 台 B 超及染色体检测设备台账，对 720 名从事 B 超诊断、染色体检测的专业技术人员实行定人、定岗、定责；为妊娠 14 周以上孕妇进行 B 超及染色体检测时，操作人员实行登记及联合签名备案制度。1991—2012 年，全市 200 余所开展助产业务的医疗机构全部实行孕产妇住院分娩查验准生证、妊娠 14 周以上孕妇终止妊娠手术登记报告、专人专柜专账管理终止妊娠药品等制度；在接诊无准生证的产妇时，及时通报所在区县（市）计划生育行政部门采取相应的处置措施；为妊娠 14 周以上的孕妇施行终止妊娠手术时，查验乡镇以上计划生育行政部门出具的审核证明或县级以上医疗机构出具的医学证明。

表 24–1–5–1　　1988—2012 年长沙市妇女儿童主要健康指标情况一览表

年　份	孕产妇死亡率（1/10 万）	婴儿死亡率（‰）	5 岁以下儿童死亡率（‰）	产妇住院分娩率（%）
1988	47.20	17.38	23.75（7 岁以下）	35.79
1989	55.50	17.85	23.64（7 岁以下）	34.72
1990	64.07	25.43	33.90	34.63
1991	55.55	24.18	35.88	38.94
1992	65.58	22.56	35.39	47.49
1993	58.34	22.43	34.45	55.30
1994	29.35	19.61	29.03	58.77

续表 24-1-5-1

年 份	孕产妇死亡率（1/10 万）	婴儿死亡率（‰）	5 岁以下儿童死亡率（‰）	产妇住院分娩率（%）
1995	40.49	17.13	22.27	58.25
1996	66.39	19.48	23.28	57.39
1997	60.27	17.52	22.20	64.26
1998	43.65	16.72	20.69	71.72
1999	39.81	14.17	17.99	78.23
2000	40.20	15.88	21.46	86.16
2001	32.64	13.25	17.91	90.33
2002	30.05	12.23	16.99	93.57
2003	22.04	9.92	14.03	95.11
2004	10.28	9.44	12.87	97.26
2005	23.29	9.90	13.39	97.39
2006	18.24	9.08	13.15	98.12
2007	20.12	7.20	10.60	98.86
2008	18.57	6.79	9.50	99.90
2009	18.88	6.29	9.71	99.92
2010	14.61	6.27	9.36	99.97
2011	23.01	4.65	6.83	99.98
2012	15.64	3.68	5.58	99.99

第六节 血液采集供应

一、机构

1987 年，长沙市设置市中心血站，负责采集供应城区大部分医院用血，并代行省级采供血机构部分职能（省未设采供血机构）。1994 年迁至芙蓉区马王堆街道新桥社区新建，1996 年建成。1997 年 7 月，市中心血站设立人类血细胞抗原（HLA）实验室。1998 年 3 月设立输血研究室。2000 年，卫生部评审确认具备省级采供血机构基本条件，定名“长沙血液中心”。2003 年 8 月卫生部确定为中国造血干细胞捐献者资料库定点 HLA 组织配型实验室成员单位。2009 年 6 月，在芙蓉区人民中路新建长沙市首个标准化街头献血屋——家润多爱心献血屋，负责接纳公民街头无偿献血。2012 年，长沙血液中心有在职人员 233 人，高中级专业技术人员分别为 24 人、23 人；博士 1 人，硕士 8 人；业务用房建筑面积 4300 平方米，资产总值 0.8 亿元；配备高档仪器设备 75 台（件），流动采血车 18 台；城区内设置采血点 30 个、固定献血屋 4 个；另在望城、浏阳、宁乡 3 县（区、市）人民医院分设血液采集储备供应点；中心内部设置血液采集、检测、成分分离、制备、储存、供应、血液科研、血液质量监管等 18 个职能业务科室，按照卫生部颁布的采供血机构基本标准，能开展血液检测全部技术项目。

4县（市）采供血机构经历从无到有，最后撤并归长沙血液中心直接管理过程。长沙县、望城县紧邻市区，一直未单独设置采供血机构，由县人民医院血库自行采集供应本县所属医院用血。1987年市中心血站设立后，由市中心血站负责供应长沙县、望城县所属医院用血。1989年宁乡县在县人民医院设立血库；1994年7月单独设置宁乡县基层血站（1999年1月撤销并入宁乡县人民医院，更名为宁乡县人民医院中心血库）；负责采集供应宁乡县范围内医院用血。1995年之前，浏阳市未单独设置采供血机构，由各医院自行负责采供血；1995年在浏阳市人民医院设立中心血库，负责采集供应浏阳市范围内医院用血。根据卫生部关于整顿县级采供血机构的部署要求，2005年1月和3月，相继撤销宁乡县人民医院中心血库和浏阳市人民医院中心血库，由长沙血液中心分别在宁乡县人民医院和浏阳市人民医院设立中心储血点，负责采集供应宁乡县及浏阳市范围内医院用血。

二、公民献血

（一）公民义务献血。1987年之前，长沙市主要由公民自发有偿献血供应医院用血。1988年5月，成立市公民义务献血委员会，设立市公民义务献血委员会办公室，组织开展公民义务献血工作。是年，长沙市城区居民义务献血1566人次，献血总量40万毫升。1992年，颁布《长沙市公民义务献血管理办法》，统一管理市、县两级采供血机构，统一组织公民义务献血及采供血，统一建卡造册管理献血员。从1993年起，主要组织农村居民到市中心血站有偿献血，作为全市医疗用血的主要来源；同时，每年按城区内各级机关、企事业单位在职人数5%的比例，下达公民义务献血指标1500名左右，动员组织适龄健康人群义务献血，补充公民义务献血资源，保障长沙市内各医院用血。1994年，在中国红十字会成立90周年之际，全市开展公民义务献血大型宣传，发放宣传资料6万余份。市人大常委会副主任李利麟、副市长张伟玦等领导干部带头上街宣传，带头献血。是年，全市有98个单位、485名职工义务献血13.3万毫升。1996年，长沙市内各机关、企事业单位职工参加义务献血增至4068人次，献血量增至120万毫升。望城县、浏阳市、宁乡县在县（市）医院设立中心血库（宁乡县设基层血站），组织公民义务献血，供应县域范围内医院用血。1998年，市中心血站组织公民义务献血由1988年的7000人次、190万毫升增至1.95万人次、570万毫升。

（二）无偿献血。1998年10月，《中华人民共和国献血法》颁布实施，推行公民无偿献血。长沙市成立市献血促进委员会，设立市献血促进委员会办公室，组织开展全市公民无偿献血工作。是年，市献血促进委员会组织开展大型宣传活动，首次公民自愿无偿献血1738人次，献血量51.3万毫升。1999年起，市献血促进委员会每年召开无偿献血工作会议，部署无偿献血工作任务，下达无偿献血任务指标。各区县（市）成立无偿献血工作办公室，配备专（兼）职人员负责开展工作。长沙市内50余所高等院校由共青团、学生会成立无偿献血工作组织，协助市及区县（市）献血办开展无偿献血。长沙血液中心广泛宣传并严格执行国家制定的无偿献血者用血偿还优惠政策，保障无偿献血者本人及家属的医疗救治用血。市献血促进委员会将公民无偿献血作为社会主义精神文明建设及创建全国文明城市工作内容，在每年“6·14”世界献血日及其他重要卫生日活动期间，组织开展大型社会宣传，宣讲无偿献血优惠政策，发放献血科学知识资料，动员城乡居民参与无偿献血，20余名省、市领导干部走上街头进行宣传动员并带头无偿献血。2000年，市献血办开展“无偿献血进社区”活动，在市内繁华地段及交通要道设置无偿献血宣传栏30余处、户外墙体广告100余处，在全市公交客车及公交站牌设置无偿献血公益广告1000余个。当年，全市公民参加街头无偿献血增至2.65万人次，献血总量782万毫升，占全市采血总量的

70%。其余30%（约1.2万人次）的无偿献血任务，由各区县（市）献血办组织市内各机关、高等院校、企事业单位及军队（武警）单位人员完成。2006年起，长沙市内140余所医疗机构用血全部由无偿献血者供应，全市无偿献血率保持100%；同时，全市每年保持储备稀有血型献血者（熊猫血）670余人、机采献血者1200余人、无偿献血志愿者1500余人、省会卫生系统应急无偿献血者1000余人，全市固定无偿献血人数占无偿献血总人数的62%，形成一支稳定的无偿献血队伍。2008年，市献血促进委员会举办献血法颁布10周年大型宣传活动，聘请省市电视台6名主持人担任“无偿献血形象大使”，在电视台播放无偿献血专题节目，表彰无偿献血先进单位和个人，营造浓厚的社会氛围。2008年5月12日，四川汶川特大地震发生后，市献血办发起“一腔热血献灾区”活动，2156名市民献血64万毫升，支援地震灾区伤员救治。2009年经过抽样调查，城乡居民无偿献血知晓率及认同率达到50%。长沙市实现由公民义务献血向无偿献血过渡，全市无偿献血人数及献血总量年均递增15%。至2012年，全市无偿献血13.1万人次，献血总量4426万毫升；长沙市进入中国造血干细胞捐献者资料库的4.4万名造血干细胞志愿捐献者已有89名配型成功捐献造血干细胞。2012年，长沙市平均每千人口无偿献血18人次，高于全国平均8.7人次的水平；平均每人口无偿献血量6.54毫升，处于全国省会市领先水平。2006年开始，全国开展两年一度的无偿献血工作评比，长沙市连续3次（2007年、2009年、2011年）被评为全国无偿献血先进市。

三、血液采集供应管理

20世纪80年代起，长沙市医疗事业快速发展，辖区内医疗机构数量逐年增加，规模不断扩大，其中，二、三级医院40余所，一级医院100余所，医疗用血量年均递增15%以上。其中，中南大学3所附属医院用血量占全市用血量的43%。而公民献血量增加相对较缓，且每年高等院校寒暑假期间学生离校及寒冬酷暑季节因素影响，献血人数骤减，发生血液供应临时性短缺。在遇到突发公共卫生事件或重大自然灾害时，血液供需矛盾更为突出。1992年起，市公民义务献血委员会办公室制定血液采供应急预案，每年及早部署献血任务。将长沙市内各级机关、企事业单位职工集中安排在学校放寒暑假期间献血，该部分献血人员的献血量占全年献血总量的30%，重点保障血源短缺期间的医疗用血；1998年起，将驻长沙的军队（武警）单位及省市医疗卫生机构定为应急无偿献血单位，储备献血人员2000人以上，重点保障突发重大事件及严重自然灾害时的应急用血。2006年起，市献血办建立一支固定无偿献血和稀有血型人员献血队伍，常年保持在3000人以上，以补充重大紧急情况及急需稀有血型血液的供应。对用血量最大的中南大学3所附属医院，每年由省卫生厅从省内其他市采供血机构调取400万毫升左右的血液予以补充。2006年起，在高等院校放寒暑假、血源骤减、血液供应紧缺期间，市献血办对市内用血量最大的10所三级医院，实行医疗用血周计划预报及日申请制度，暂停供应非紧急的择期手术和需血量特别大的医疗科研用血，重点保障医疗急救用血。在具备技术条件的10所三级医院实行患者自体血回输或亲友互助献血。2008—2012年，每年组织卫生监督及血液专业人员对各医院临床用血情况进行检查指导，共举办临床用血知识培训班10期，培训医院输血技术人员2000余人；宣传推广科学合理用血技术，指导医务人员严格掌握输血指征；积极推行成分用血，长沙市内40余所二、三级医院的成分用血率达100%，充分利用有限的血液资源。

四、血液质量安全管理

1989年，长沙市中心血站内设血液质控室，负责监督管理血液质量安全工作，各业务科室指定兼职人员负责血液采供过程中的血液质量安全检查自控工作。1993年，按照卫生部《采供血机构和血液管理办法》，市中心血站全面建立并执行血液采供技术操作规程及血液质量安全保证制度。为献血员办理“献血证”并造册登记，及时记录献血时间及数量，避免献血员超量献血、频繁献血或冒名顶替他人献血。1994年起，按照卫生部《血液检测技术标准》，开展血液常规（血色素、血液有形成分、血型）、肝功能、各型肝炎病毒抗体、疟原虫、梅毒螺旋体、艾滋病病毒等项目的检测，严格淘汰不合格血液。1996年起，对采集的血液，实行不同检测人员、不同检测试剂、不同检测方法的初、复检制度，筛查排除艾滋病及肝炎病毒感染的血液。2001年，长沙血液中心购置高档血细胞分离设备，开展血小板、粒细胞、红细胞等全血分离新技术，满足医疗救治过程中各种血液制品的需求。2005年建立血液质量计算机管理系统，对血液各项指标、各种检验试剂、各种采供血设备器材物料以及实验室内空气质量等实行自动化检测及质量控制管理。同年，开展冷冻红细胞制备，血小板深低温保存、HLA核酸杂交分型、过滤法去除悬红细胞中白细胞、血小板抗体检测5项新技术，进一步提高血液质量，减少输血引起的副作用。2006年，开展ABO血型基因分型新技术，解决疑难血型的血清学鉴定难题。2006年，长沙血液中心在原有制度的基础上，制定完善《血液采集检测制备技术操作规程》及《血液质量安全工作手册》，经卫生部确认后，组织全员培训掌握，并全面执行。2007年6月，市卫生局抽查全市26所二、三级医院用血情况，对其中10所医院的储血设备不全、存放非血液制品、温度监测记录不合要求、入库血液未进行正反血型鉴定等问题作出卫生行政警告及限期整改的处罚。2008年，卫生部新颁布《血液质量管理规范》及《血站实验室管理规定》后，长沙血液中心连续3次全面修订完善血液质量管理各项制度及技术操作规程，严格执行采供血过程中的消毒灭菌、血液检测、成分血制备、血液储存、各种废弃物无害化处理、采供血人员职业暴露防护等技术措施；并采用从国外进口的检验试剂，进行各型肝炎病毒、艾滋病病毒的复检，检测合格率为100%，达到部颁标准。2010—2012年，长沙血液中心连续3次承办血液质量管理及输血技术培训班，省内各市（州）血站的血液质管、血液检测技术人员500余人参加培训。2012年，长沙血液中心对无偿献血人员采取献血前进行血液常规、乙肝病毒、艾滋病病毒等主要项目的快速检测，先期筛查出明显不合格血液，尽量减少采集入库不合格血液。至2012年，长沙血液中心未发生因血液质量不合格导致发生输血事故，确保医疗用血安全。

第七节　卫生监督执法

一、机构

1988年，市及9区县卫生局和所属卫生防疫站（职业病防治所）承担全市1.1万个各类经营性公共场所、食品餐饮、生活饮用水制备供应、学校（托幼机构）及职业危害企业的卫生监管。1997年3月，市卫生局在市卫生防疫站内设市卫生监督一分所，在市劳动卫生职业病防治所内设市卫生监督二分所，配备专职卫生监督员45人。2002—2005年，市及9区县（市）相继组建卫生监督所，共有卫生监督执法人员210人，专职行使卫生监督执法职能，开展食品餐饮、生活饮用水、经营性公共场所、学校卫生、职业卫生、医疗及计划生育技术执业、母婴保健、医疗广告等卫生行政许可及卫生监督执法具体工作。2006年7月，市及9区县（市）卫生局分别增设卫生法制与监督处（科），专职负责组织卫生监督执法工作。2007年5月，市卫生监督所成立卫生监督执法工作稽查队，负责稽查考评全市卫生监督执法工作。2009年起，全市实行卫生监督协管制度，从全市乡镇卫生院、社区卫生服务中心聘用卫生监督协管员409人，从行政村卫生室及社区卫生服务站聘用卫生监督信息员1328人，协助市及区县（市）卫生监督所开展卫生监督执法工作。2012 年，市及 9 区县（市）卫生监督所共有卫生监督执法人员 268 名，业务用房建筑面积 7900 平方米，卫生监督执法专业设备总价值 1100 万元，负责全市 2.94 万个各类单位的卫生监督管理。其中餐饮经营单位 1.42 万个，经营性公共场所单位 6719 个，生活饮用水制备供应单位 773 个，放射装置使用单位 309 个，医疗卫生机构 4270 个，存在职业危害的企业 1532 个，卫生监督工作覆盖全市城乡基层。

附记　长沙市卫生监督所

2002 年 3 月，由市卫生防疫站、市劳动卫生职业病防治所，并抽调市直部分医院人员组建，编制人员 55 名，承担全市公共卫生监督执法职能。设办公室、政工科、法制稽查科、食品安全监督科、饮用水卫生监督科、学校职业卫生监督科、公共场所卫生监督科、医疗执业传染病防治监督科、科教信息科等10 个职能科室。2010 年 12 月，批准参照国家公务员管理，人员增至 58 名。2012 年，有在职人员 66 名，高、中级专业技术人员分别为 12 名、14 名。

二、公共卫生监督管理

（一）食品（保健品）及化妆品卫生监管

1.食品（保健品）。1982 年国家颁布《中华人民共和国食品卫生法（试行）》后，市及各区县卫生局和卫生防疫站行使食品（保健品）生产经营卫生行政许可及餐饮卫生监管，为监督监测合格的食品(保健品）生产经营单位核发食品卫生许可证。1988 年起实行食品卫生分层级管理，市卫生防疫站卫生监督直管科负责市内 35 个大型食品（保健品）生产经营单位的卫生监管；市卫生防疫站食品卫生监督综合科及 9 区县卫生防疫站负责全市 1.09 万个其他食品（保健品）生产经营单位的卫生监管。全市核（换）发卫生许可证 9274 个，覆盖率 85%。1989 年，监督检查食品（保健品）生产经营单位 3900 余个，销毁不合格米、面、肉制品及保健品共 25.6 吨，取缔非法食品（保健品）经营户 691 个，责令停业整改537 个。1990 年，监督检查城郊地区食品（保健品）生产经营单位 1.6 万个，督促整改 6200 个（次），吊销“卫生许可证”101 个，销毁不合格食品（保健食品）31 吨。1992 年，全市检查食品（保健品）生产经营单位 1.1 万个，查处制售伪劣食品（保健品）窝点 8 个，销毁伪劣食品（保健品）4.2 吨。1993 年，检查食品生产经营户 3.1 万个，行政处罚 328 个，销毁处理不合格食品（保健品）58 吨。1996 年 11 月，长沙乐金曙光彩管公司食堂发生一起误食桐油中毒事件，420 名职工中毒，市卫生防疫站迅速现场处置，经紧急抢救，中毒人员全部脱险。1997 年，全市检查食品调料、豆制品生产经营 2100 户，查处违法经营户 18 个，销毁伪劣酱油、食醋、白酒 1700 瓶、豆制品 0.8 吨。2000 年，调查处理豆制品添加“吊白块”(次硫酸氢钠甲醛）事件，检查农贸市场 86 个、商户 967 个，收缴销毁掺入“吊白块”的豆笋等食品 1.5 吨。2001 年，检查早餐店 327 个、特色餐饮店 32 个、商场超市 200 个，责令整改卫生设施设备不全、从业人员未体检、餐具消毒不合格等问题，取缔无证经营户 79 个，销毁不合格食品 8.1 吨。2002 年，全市开展为期 3 个月的农贸市场食品卫生专项整治，检查农贸市场 113 个、食品经营户 6430 个，责令限期整改 1330 个，取缔 84 个，查处违法制售食品窝点 69 个，销毁伪劣食品 45 吨。2003 年起，全市推行食品卫生监督量化分级（优良、合格、不合格）管理制度，开展创建餐饮食品安全示范社区（街）活动；89 个餐饮单位试行“阳光厨房”，在食品加工制作间安装视频设备，接受消费者现场监督和卫生监督员视频监控。2003年，长沙市承办第五届全国城市运动会期间，培训500余名为运动会直接服务的餐饮、食品供应单位负责人，重点监督运动场馆周边的食品餐饮卫生安全工作，未发生食物中毒事件。2004年，开展婴幼儿食品（乳制品）及豆制品卫生专项整治，检查生产经营户1300余个，抽检样品198个，检出亚硝酸盐超标的101个，销毁严重超标的食品0.5吨，收缴芙蓉区东屯渡一分场乐乐豆制品厂储存的工业用亚硝酸盐20千克。2005年，在创建全国文明城市工作中，重点检查监督城区27条街道的685个餐饮食品店，督促从业人员健康体检办证，改善卫生设施，落实卫生清洗消毒措施，限期整改餐饮卫生问题，向社会公布85个餐饮单位、集体食堂为“食品卫生A级单位”。2006年，全市抽查保健食品样品586个，对无保健食品标识、无批准文号、违规宣传功效的12个经营单位，处罚3个，立案9起，收缴不合格保健食品330千克、伪劣保健食品原材料16吨，取缔制假窝点29个。2007年，全市出动卫生监督人员4000余人次，监督检查各类食品餐饮单位2万余个，取缔无证经营户854个，行政处罚205个，整顿规范餐饮店、食堂、农村聚餐及农家乐餐饮经营行为，无证餐饮单位查处率100%，食品原料采购索证及台账建立率为100%；同年全市实行餐饮卫生监督量化分级、卫生状况公示及动态监管，首次评定卫生状况等级后，每2个月复查一次，及时督促整改存在的问题，并重新评定、公示等级，全市实行卫生监督量化分级管理的餐饮单位1.4万个，占95.7%。2007年开始，全市统一监管集中式消毒餐饮具供应单位，审批卫生合格的18个，取缔非法的5个。2008年，市内5区创建食品卫生示范社区（街）10个（条）、示范餐饮单位110个、示范学校食堂26个。2009年，全市专项整治违法添加非食用物品及滥用食品添加剂问题，检查各类食品餐饮单位8524个，受理群众投诉举报110起，立案查处严重违法添加行为案件19起。2009—2010年，全市检查各类食品餐饮单位1.47万个，培训农村集体聚餐的厨师5200人次，对100人以上农村集体聚餐实行申报备案制度，监督监测农村集体聚餐1.5万余起，抽样检测食品、餐饮具2.6万份，紧急处置食品中毒事件15起，救治食物中毒病人320人。2011—2012年，按照创建全国文明城市工作部署要求，共监督检查餐饮服务单位7.4万个（次），督促整改2.7万个（次），立案查处100余起。

2.化妆品。1989年国务院颁布《化妆品卫生监督条例》后，开始实施化妆品生产经营的卫生行政许可及日常卫生监管，进行重金属、微生物等主要项目的卫生检测。1990年，对全市100个大中型化妆品生产销售单位进行日常卫生监管。1993年，监督检测化妆品样品116个，其中理化指标合格率为100%，细菌总数超标率为8.4%；1995年再次抽检12种化妆品样品315个，均未检出细菌。1996年监测化妆品经营户102个，采样检测165份，卫生行政处罚27个，收缴不合格化妆品1.3万瓶（支）。1997年重点监督检查23个大型商店（化妆品专卖店）的化妆品293种、美容美发店的化妆品50种、特殊化妆品135种，收缴销毁无合格批准文号的化妆品2100瓶。1998年，继续检查化妆品销售单位60个，行政处罚违规销售单位9个；收缴21个商场、2个美容美发店的不合格化妆品47种、470瓶（支）。2000年，重点检测雨花区高桥大市场6个化妆品销售单位的近千个品种，收缴处理无批准文号及过期化妆品共110种、900余瓶（支）。2005年进行化妆品卫生专项整治，检查化妆品生产销售单位77个，抽检样品54个，责令8个单位限期整改。2007年，全市检查化妆品经营户700余个，抽检化妆品135个，理化、微生物指标合格率91.0%，收缴销毁处理无批准文号、保质期已超过的品种18个、共710瓶（盒）。2011年1月起，化妆品卫生监管职能由卫生行政部门划归食品药品监督部门。

（二）生活饮用水卫生监管。长沙市城区及4县（市）城镇主要利用湘江水系的水源制备自来水供应居民饮用。20世纪80年代，市及各区县卫生防疫站对生活饮用水制备单位进行日常卫生监管，办理卫生行政许可手续，监督改进取水设施，严格实行消毒措施，丰水、枯水季节或突发水源污染事件时，增加卫生监督监测频次，防范突发饮用水公共卫生事件。1989年开始，在城区8个自来水厂建立生活饮用水监测点80个，每年进行两次常规卫生检测，是年，抽检水样186个，合格172个，合格率92.5%，对14个监测点水样中酸类物质、汞、游离氯、大肠菌群超标问题指导进行消毒处理。1995年国家食品卫生法颁布实施后，开始对桶装水、直饮水制售单位实行卫生监管。是年，首次核发桶装水、直饮水制售单位“卫生许可证”110个。1998年，对城区216个二次供水单位的1028个储水池进行检测，并指导清洗消毒，清洗后卫生合格率提高至97%。2004年10月，市自来水公司第三、八水厂取水口水体被油状物污染，出厂水中有害物质（石油）超标近200倍，市卫生监督监测人员进驻水厂指导，采取去油污措施，严格过滤消毒，经24小时紧急处置，水质恢复正常。2004年11月，市自来水公司第二水厂取水口水体受产毒大肠杆菌污染，导致河西高等院校地区暴发感染性腹泻，确诊病人2100余例，市及岳麓区组织紧急隔离救治病人，暂停水厂取水，清洗消毒自来水制备供应系统，重氯消毒出厂水，迅速消除水源污染。2006年1月，湘江水体遭受镉污染，市卫生监督所及市疾病预防控制中心及时对城区8个自来水厂进行密集卫生监督监测，紧急投放絮凝剂及石灰等物质，将水中镉含量降至正常范围。2006年，清查整顿全市桶装水、直饮水生产经营活动，核（换）发“卫生许可证”251个，重点检查城区43所学校使用长翔牌中央水处理机的直饮水，抽检水样30份，细菌总数超标24份，即责令停止制备供应，并限期整改合格。2007年起，市疾控预防控制中心将生活饮用水卫生检测项目由35项逐步增至106项，涵盖全部重金属、微生物及其他理化指标的检测。2009年开始，对全市30个集中式供水单位实行卫生监督量化分级管理，首批评定A级单位12个，2010年，评为A级单位增至28个、B级单位2个，均达到合格标准。2010年，检查二次供水单位320个，查处严重违反生活饮用水卫生法规的单位8个。2012年，市疾病预防控制中心检测全市生活饮用水制备供应单位532个，抽取水样230份，综合评定卫生合格率98.7%；出厂水及末梢水合格率均100%；二次供水合格率90%；化学耗氧量、浑浊度、余氯、细菌总数、大肠杆菌数等指标均符合国家规定标准。

（三）经营性公共场所卫生监管。1987年，国务院颁布《公共场所卫生管理条例》后，长沙市于1988年4月21日出台《公共场所卫生分级管理办法》。对七大类28种经营性公共场所单位核发“公共场所卫生许可证”，实行卫生行政许可及日常卫生监管，监督建立落实卫生消毒、从业人员卫生知识培训、健康体检、环境卫生整治、防制蚊蝇鼠蟑等制度。1990年，全市普查经营性公共场所单位4130个，经监督整改，为3928个发放“卫生许可证”，卫生行政处罚存在严重卫生问题的单位202个。此后，每年夏秋季，对游泳场馆进行卫生专项整治，重点核查从业人员健康证，检测池水余氯量；对宾馆、饭店、理发店、澡堂、商场、超市、酒吧、歌舞厅的通风系统、空气质量、公共用品等进行卫生监督监测。1994年，抽查7个地下人防工程（旅社3个、商场2个、舞厅2个），其中空气质量、空气湿度、废气、细菌数等指标超过国家规定标准，督促安装通风、排湿设备，进行定期消毒，解决空气被严重污染问题。1995年，抽查旅店、娱乐场所、浴池、理发店共136个，其中无“卫生许可证”16家，无健康证人员400人，经整改合格及从业人员培训体检后，补发相关证件。1998年，按照卫生部颁布的经营性公共场所12项卫生标准，抽查各类公共场所单位600余个，责令110个单位限期整改细菌数、可吸入颗粒、噪声、有害气体等8项指标超标问题。2002年，检测各类公共场所的公共用具、集中空调通风系统等卫生指标1200余项（次），其中，公共用具合格率94.9%，公共场所集中通风系统合格率91.4%，游泳场馆卫生合格率82.1%。2005年，培训100个设有集中空调系统的单位卫生管理人员200余人次，指导落实清洗消毒措施。2007年，全市检查美容美发场所378个、洗浴场所62个，确认持有效“卫生许可证”分别为72.3%和92.4%，从业人员健康合格率分别为77.5%和92.5%，卫生设施合格率分别为70%和95%，公共用具卫生合格率分别为95%和97%；责令92个单位限期整改无有效“卫生许可证”、从业人员未进行健康体检、卫生消毒不合格等问题。2010年，检查游泳场馆61个，抽检水样688个，合格率为90.8%，指导落实定期更换池水及消毒等措施。2009年开始，对全市5400余个经营性公共场所单位(旅馆、美容美发场所、游泳场馆、洗浴场所）实行卫生监督量化分级管理，评定卫生等级，卫生状况良好率为80%，对存在严重卫生问题的单位，采取限期整改、停业整顿、立案查处等卫生行政措施，督促落实卫生管理制度。2012年，监测整治人工游泳场所99个，水质合格率89.9%；住宿场所78个，公共用品消毒合格率96.3%；洗浴场所14个，公共用品消毒合格率85.7%；大型商场12个，空气质量合格率100%；大型公共场所10个，集中空调通风系统合格率40%，空调冷凝冷却水合格率100%。

（四）学校卫生监管。根据国家教育、卫生行政部门《中小学卫生暂行规定》《学校卫生工作条例》，长沙市每年对学校（托幼机构）餐饮食品、生活饮用水、教学环境、传染病防治、学生（幼儿）生长发育等实行卫生监督监测，核发卫生行政许可证件，组织学生（幼儿）健康检查，开展卫生防病宣传及学生卫生防护知识培训。1988年起连续3年，全市健康体检高中学生6.3万人次，因近视、色盲等疾病致就业专业受限率74.2%；初中学生3.5万人次，体格缺陷率53.2%。通过健康检查，指导学校开展以近视、沙眼、营养不良等疾病为主的卫生宣传及预防控制工作。1990年，全市培训学校卫生管理人员420人次，指导学校开展沙眼、蛔虫病、近视、龋齿、贫血等学生常见病的预防治疗，处置学校突发公共卫生事件，指导学校改善学生学习生活环境。1992—1993年，在全市中小学校开展驱蛔治疗，发放驱蛔药品50万人份；学生蛔虫患病率由40.1%下降至18%。1994年抽查学生隐形眼镜合格率100%。1995年抽查学生用铅笔合格率为100%，教室自然采光合格率91%。1995年、2000年两次检测评估全市中、小学校学生常见病患病情况，其中蛔虫患病率分别为22.3%和12.3%；沙眼患病率分别为19.6%和13.1%；贫血患病率分别为31.9%和12.7%；龋齿患病率分别为10.22%和8.89%；视力低下发生率分别为35.2%和39.2%；营养不良学生分别为13.2%和9.1%；肥胖学生分别为4.1%和6.2%；其间，指导中小学校治疗沙眼1.5万例，驱蛔7.2万例，防龋1.6万例。1998—1999年，在全市学校推广应用氟化泡沫型牙膏防龋4.6万人份，学生龋齿发生率降至10%。2001年，检查各类学校157所（食堂139个、食品小卖部132个）卫生合格率为85%。2003—2005年，长沙市内各类学校（托幼机构）发生传染病暴发及食物中毒事件共48起，发生病人3040例。长沙市及时开展疫源调查、卫生检测、疫点处置及病人救治工作。2005年检查全市43所高校及重点中学的传染病防治工作，2006年检查全市1000余所学校（托幼机构）食品卫生安全工作，监督落实学校食堂卫生、水源消毒保护、传染病疫情紧急报告、结核、菌痢等急性传染病隔离救治等措施。2007年，在春秋两季学校开学时，检查3700余所各级各类学校（托幼机构）的食品餐饮卫生，责令整改1200余所，立案查处11所。2008年，抽查1342所学校（托幼机构）食堂，责令整改392所未办理“卫生许可证”、304所未建立食品采购索证台账、37所食堂内存放有毒有害物品等问题，销毁霉变食品原材料及不合格调味品1300千克，通报并向社会曝光22所学校存在的严重问题。2009—2010年，全市学校发生甲流和手足口病严重疫情109起，涉及9.8万人，发病3925例。市、县两级卫生应急机动队组织学校及时转诊救治病人，消毒学校卫生环境，普及预防知识，落实预防措施，有效防控疫情蔓延。2010年，重点抽查30所中小学校的饮用水卫生，监督落实清洗消毒及预防食物中毒措施。2012年，检查各类学校972所，其中监测学校环境卫生436所，食品及生活饮用水卫生481

所，传染病防治及健康教育910所，评定湖南师范大学附属中学等10所中小学校为全市学校卫生标准化示范学校。

（五）职业卫生监管。1988年普查全市煤矿、化工、冶金等存在职业中毒危害的企业1700个、从业人员20.1万人，检测粉尘、重金属、各类致病化学物质、噪声等项目10余个，为职工健康检查18.3万人，建立企业劳动卫生档案1100份，培训职业病防控管理人员6.1万人次，指导消除职业危害因素，改善作业环境，落实劳动卫生保护措施。1990年，全市调查乡镇企业568个、职工36.7万人，其中接触粉尘、毒物等有毒有害物质的工人1.8万人，抽检82个作业点的工人715人，查出职业病20例，检出率2.8%。1991年，调查统计全市设有放射性同位素设备的单位58个，全部核发“许可登记证”；为162所医疗卫生机构的332台医用放射诊疗装置及执业人员核发“射线装置防护合格证”及“放射工作证”。1994年，市劳动卫生职业病防治所设立职业病门诊及病房，连续8年接诊尘肺病人3.15万人次、职业中毒病人1.18万人次，收治职业中毒病人263例，处置急性中毒、放射线泄漏事件42起。1995年为全市280有粉尘作业企业的3.96万职工进行尘肺普查，普查率95.3%，患病率2.61%，指导企业采取降尘措施。1996年再次普查，尘肺患病率降至1.21%。1996年，为有职业中毒危害企业职工体检10.3万人，特殊作业人群体检1.8万人，高温作业人员体检6.7万人，并建立健康档案及定期复查制度。1996年起连续14年，对6200余个建设工程项目进行预防性卫生评价审查，提出卫生学要求，指导建设卫生设施，落实卫生保障措施。1996—2001年，指导职业中毒危害严重的部分企业改善作业环境及生产流程，停用铅字印刷技术，安装通风排毒设施，有效降低职业危害。其中，长沙蓄电池厂职工铅中毒患病率由1979年36.1%降至1%；长沙美术印刷厂消除铅中毒危害；长沙灯泡厂基本消除汞中毒危害；长沙磷肥厂空气污染治理达到规定标准；湖南汽车修配厂部分车间内苯浓度由超标1000倍降至合格。2002年，对全市240余所医疗卫生机构、120余个设有放射装置单位的近千台放射设备，进行放射防护检测及职业人群健康检查，指导落实放射防护措施。2003年8月，长沙市墙体材料厂丢失5颗废弃放射源（铯137），经过两天排查找到，作出安全处置，未发生放射线损伤病例。2004年，对全市2655个有职业中毒危害企业进行卫生监测，指导整治消除有毒有害因素，覆盖率为98%。2005年后连续7年受理110余名劳动者的职业病诊断鉴定。2006年，开福区金霞体温计厂发生汞中毒事件，63名工人中47人尿汞含量超标，卫生监督监测人员现场指导整改作业场所的通风排污设施，暂停尿汞超标人员作业，给予治疗康复，并建立定期健康体检制度。2007年3月，浏阳市宏达有色金属再生有限公司发生铅中毒事件后，紧急处置，全面体检受污染人群，治疗康复中毒人员177人。2009年2月，长沙湘和化工厂因排放“三废”发生镉污染事件后，迅速开展卫生宣传，检测水源食物镉含量，为可疑人员进行健康检查，历经8个月，成功消除镉污染危害。2010年，依照国务院《病原微生物实验室生物安全管理条例》，对全市医疗卫生机构设置的46个病原微生物实验室进行安全状况评审，全部完成备案登记。2010年10月，按照省市编制部门规定，职业卫生监管、职业卫生许可证核发、职业健康监护、职业病危害因素监测评价及新改扩建、技术改造、技术引进项目的预防性卫生审查等职能由卫生行政部门划归安监部门。2011年年，市疾控中心与市安监部门联合编印《职业病防治知识》5000份，作为培训全市企业管理人员的职业防护基本教材，并集中培训200余个重点企业的职业卫生管理人员。2011—2012年，全市调查检测有职业危害的企业4160余个，主要有粉尘、苯、锰、铅、镉、有机溶剂、噪声等10余种职业危害因素；设立危害因素监测点5570个，检测合格4924个，合格率88.4%；为企业从业人员健康检查37.8万人次；确诊职业病121例（主要为尘肺），为292名职业病病人作出劳动能力鉴定；参与处理53起职业中毒事件。其中，2011 年 8 月 10 日海迪瑞特治苯有限公司发生 1 起硫化氢中毒事件，3 人中毒；2011 年 8 月 19 日湖南省森林公园发生 1 起硫化氢中毒事件，3 人中毒；2012 年 7 月 20 日浏阳市生物药园发生 1 起硫化氢中毒事件，7 人中毒，4 人死亡。市疾控中心职业病防治人员及时进行现场检测，消除中毒因素，指导抢救中毒病人。

三、医疗执业监管

1989 年，全市突击清查隐藏在部分职工医院、个体诊所中的“游医”38 人，收缴非法行医器具及假药，案值近 10 万元。1991 年，突击清查打击在城区非法从事牙科、性病、鼻炎诊治的游医药贩 27 人。1993 年，全市进行医疗市场整治，重点规范个体开业行医，取缔非法行医窝点 32 个、卫生行政处罚 47 人。1996 年，重点清查处理市、县两级公立医院及国有企事业单位职工医院违规对外出租诊疗科室问题，清理终止 18 所医疗机构出租科室 26 个，清退非法医疗执业人员 78 人。2000 年，开展打击非法行医行动，整改社会医疗机构 200 余所，处罚非法行医人员 26 人，没收药品器械、价值 52 万元。2001 年，继续整顿医疗市场秩序，取缔非法行医窝点 100 余个，查处非法开展合资合作医疗项目 100 余个，注销中药店坐堂医诊室 55 个，处理非法行医人员 137 人，没收药品器材、价值 57 万元，查处非法医疗广告 69 起。2002 年起，开展计划生育技术执业专项执法检查，平均每年查处个体诊所非法开展计划生育技术执业 110 余起，查处医疗机构的“两非”行为（非医学需要的胎儿性别鉴定及选择性别人工终止妊娠）30 余起。2004 年，全市抽查医疗机构 581 所，取缔非法行医窝点 129 个，立案查处 35 起，收缴非法行医器具 100 余件、价值 27 万余元。2007 年，全市查处非法医疗执业的医疗机构 61 所、非法行医中药店 31 个，处理非法医疗执业人员 54 人，重点查处省脑科医院违规承包湖南工程技术学院医务室、长沙医学院非法出租医务室、蓝天门诊部雇佣医托诈骗等 9 起严重非法医疗执业案件。2009 年，全市检查 400 余所各级各类医疗机构的医疗技术执业项目，查处非法医疗执业的诊所 54 个、非法医疗执业人员 310 人，没收药品器械 737 件，罚款处罚 80 余万元，移交司法机关立案查处涉嫌犯罪的非法医疗执业案件 7 起。2010 年，召开 200 余所医疗机构负责人会议，布置整顿医疗广告发布工作。全年监测检查 23 家报刊、影视媒体及网站发布的医疗广告 315 条，清查 44 所医疗机构发布的医疗广告，对存在违规行为的 30 所医疗机构法定代表人诫勉谈话，责令整改，行政警告处罚医疗机构 18 所。2011 年，全市出动卫生执法人员 200 余人次，开展打击非法医疗执业及整治违规发布医疗广告专项行动，共取缔非法医疗执业诊所 26 所，立案查处 10 所，没收非法所得 24 万元；检查医疗机构发布的医疗广告 619 条，查处违规医疗广告 357 条，行政处罚医疗机构 58 所。2011—2012 年，重点检查口腔、肛肠、针灸、母婴保健、医疗美容等医疗机构 980 所，责令整改 226 所，依法注销 25 所，取缔 64 所，立案查处 80 所。

四、医药监管

1988 年，依照国家药品管理法，对全市药品生产经营单位进行普查，核（换）发“药品生产企业许可证”17 个、“药品经营企业许可证”210 个，查处无许可证的药品经营户 18 个。1990 年，检查药品销售使用单位 2800 个，抽检药品 10.5 万种（次），收缴伪劣中药饮片 15 吨，西药 1.8 万盒，货值 24 万余元。1991 年，检查医药经营企业 237 个、农村个体药店及诊所 1100 余个，发现土霉素、氯霉素、去痛片等伪药 11 种、470 万片，货值 45 万元，全部收缴并予处罚。1992 年，检查 169 所医疗机构生产的药品制剂质量，核发“药品调剂许可证”150 个，检查中西成药 135 万种（次），查处不合格药品制剂 2.2 万种（次），货值 14 万元，全部收缴销毁。1993 年，全市重新审查核发市、县两级医院麻醉药品使用管理许可证件，督促落实“五专”（专柜加锁、专职药剂人员负责、专建台账、专用处方、专册登记），确保麻醉药品使用管理安全。1994年监督检测1426所基层医疗机构的药品质量11万种（次），销毁不合格药品249种（次），货值83万元。1995年，依法查处违反药品管理法的药品批发零售单位193个，关闭中药材交易市场2个，销毁伪劣药品1926种（次）、22.2万瓶（盒），劣质中药材12.6吨。1996年，开展集中销毁伪劣药品行动，共销毁伪劣药品2259种，其中，中药饮片18.9吨，西药31.6万瓶（盒），货值560万元。1997年，继续开展医药生产销售专项整治，销毁伪劣西药成品3.8万盒、不合格中药饮片10余吨，查处制售伪劣药品案件96起，关闭芙蓉区东大门、宁乡县沙河集镇、岳麓区望城坡的非法中西药材交易市场，处置非法销售医药商户93个。1998年，全市查处制售伪劣药品案件104起，收缴伪劣药品56种、920箱（包），涉案金额362.4万元。1999年年底，药品生产经营监管职能由卫生行政部门划归药监部门。

第八节　卫生事业管理

一、卫生事业经费管理

20世纪80年代初开始，长沙市实行卫生事业经费政策调整及管理制度改革，逐步加大卫生事业建设发展经费投入。1988年，市、县两级投入卫生事业经费3644.25万元，其中，卫生防疫经费237.77万元，妇幼保健经费200.63万元，医学教育科研经费67.55万元，乡镇卫生院补贴经费286.86万元，医院（中医院）补贴经费529.31万元，卫生基础设施设备建设经费2271.73万元。对年度卫生事业经费实行分类管理，重点保障卫生防疫、妇幼保健、医学教育科研、医疗急救、血液采供机构等全额拨款事业单位的人头经费、基本建设经费及专项业务经费，统筹管理该类单位的预算外收入。对医院、中医院、妇幼保健院等差额拨款事业单位，按照编制部门核定的人员编制，给予10%左右的人头经费补贴，其余基本设施建设、设备购置及行政业务运行经费通过医疗业务收入解决；对纳入政府重点工程的医院基础设施建设项目，由财政给予适当补贴或贷款贴息。1992—1995年，长沙市实施农村初级卫生保健规划，市、县两级逐步增加卫生事业经费投入，其中，1992年4158.6万元，1993年4542.8万元，1994年7162.6万元，1995年5832.6万元，每年增加的经费用于农村乡镇卫生院建设改造及卫生防疫、妇幼保健工作。1996年，长沙市发布《关于加快卫生事业发展的决定》，当年，市、县两级投入卫生事业经费增至7256.3万元，比1995年增长24.2%。1999年8873.6万元，比1998年增长15.2%。2000年1.04亿元，至2006年增至1.41亿元，每年递增5%左右。2007年2.71亿元，比2006年增长93.3%。2009年，按照深化医药卫生体制改革工作部署，全市全面推进医药卫生体制改革，市、县两级投入卫生事业经费增至3.48亿元，比2008年增长33.6%。2009—2012年，市、县两级投入卫生事业经费14.2亿元，主要用于补贴基层医疗机构标准化建设、新型农村合作医疗、实施基本药物制度、基本公共卫生服务、重大疾病预防控制、基层中医药事业建设及行政村卫生室乡村医生劳务补贴等项目。2012年，市、县两级投入卫生事业经费3.55亿元，其中，卫生防疫经费5526万元，妇幼保健经费1506.25万元，医学教育科研及人员培训经费5194.6万元，医院（中医院）补贴经费9481.08万元，乡镇卫生院（社区卫生服务中心）补贴经费1305万元，卫生基础设施设备建设等经费1.25亿元。

二、卫生基本建设

（一）卫生基础设施建设。20世纪80年代初，长沙市所属医疗卫生机构普遍规模较小，占地面积及业务用房不足，制约医疗卫生事业发展。80年代末开始，市及区县所属医疗卫生机构投入大量资金，开展基础设施建设。市、县两级将公立医疗卫生机构的主要建设项目作为政府重点工程，优先行政划拨土地，简化审批程序，减免部分建设费用，并给予贷款贴息，为加快卫生基本设施建设提供有力的政策支持。市直属医疗卫生机构与银行建立“存贷合作、互利互惠”关系，1988 年开始连续 25 年，利用国内银行优惠贷款 23 亿元，引进外资 2000 万美元，用于 20 余个大型业务用房建设项目，建筑面积 39.4 万平方米。1988 年，划拨土地 1.5 万平方米，拨款 720 万元，新建成 8500 平方米的市妇幼保健院门诊住院大楼；同年，市四医院投资 234 万元，新建成门急诊大楼；市、县两级拨款 1178 万元，改造 55 所乡镇卫生院危房 5.1 万平方米。1990 年，市一医院投资 459 万元，新建成 7300 平方米的外科住院大楼，增设病床 200 张；是年，拨款 120 万元，新建成 3800 平方米的市药品检验所业务大楼。1993 年，市中医院投资 920 万元，新建成 7750 平方米的住院大楼，设置病床 300 张。1993—1994 年，全市实施农村初级卫生保健规划，市、县两级拨款 2385 万元，改（扩）建乡镇卫生院 64 所、建筑面积 8.1 万平方米。1994 年，划拨土地 8600 平方米，拨款 3000 万元，新建成市卫生防疫站 4000 平方米的业务用房。1995 年，市四医院投资 1150 万元，新建成 9800 平方米的住院大楼，设置病床 500 张。1996 年，划拨土地 7400 平方米，拨款 3000 万元，新建成 4135 平方米的长沙血液中心业务大楼。1998 年，市一医院投资 800 万元，市财政补贴 500 万元，新建成 1.05 万平方米的门急诊大楼；同年，划拨土地 9.2 万平方米，拨款 4000 万元，在长沙县星沙镇新建成 3.2 万平方米的长沙市卫生学校。2000 年，浏阳市人民医院自筹资金 2000 万元，新建成 1.2 万平方米的住院大楼。2002 年，市妇幼保健院投资 2420 万元，新建成 6400 平方米的妇幼保健中心业务用房。2003 年，划拨土地 7270 平方米，市三医院自筹 6457 万元，市财政补贴 1090 万元，新建成 1.75 万平方米的门急诊大楼。2004 年，划拨土地 11.1 万平方米，拨款 6800 万元，新建成 1.7 万平方米的市公共卫生救治中心，设置病床 198 张，用于全市“非典”等重大传染病救治。市中心医院历时 5 年，累计投资 2.9 亿元（其中市财政补贴 3650 万元），2004 年完成胸科中心、老干部保健中心、门急诊大楼、住院大楼、行政办公楼及重点配套设施等 6 个大型单体工程项目，总建筑面积 9.1 万平方米，设置病床 1700 张；是年宁乡县划拨土地 12 万平方米，宁乡县人民医院投资 1.9 亿元，完成新址 7.2 万平方米的医疗业务用房建设，设置病床 1000 张。

2005 起连续 3 年，市、县两级累计拨款 1.05 亿元，完成乡镇卫生院业务用房改造项目 72 个、建筑面积 13.1 万平方米。2006 年，市三医院投资 8164 万元，新建成 2.3 万平方米的外科医技大楼；是年，划拨土地 10.5 万平方米，市中医医院投资 2 亿元，迁址长沙县星沙镇，新建成 5.9 万平方米的综合医疗业务大楼及附属工程，完成医院新址一期建设工程项目。2007 年，市一医院投资 7000 万元，新建成 2.8 万平方米的医技综合大楼；是年，浏阳市中医院投资 2060 万元，新建成 1.9 万平方米的外科住院大楼。2008—2009 年，市、县两级拨款 1.39 亿元，完成乡镇卫生院、社区卫生服务中心、村卫生室标准化建设改造项目 84 个、建筑面积 12.4 万平方米。2010 年，全市投入 1.64 亿元，完成县级医院标准化建设项目 7 个，建筑面积 4.3 万平方米；是年，长沙卫生职业学院投资 2600 万元，新建成 1.54 万平方米的学生实训大楼；浏阳市中医院投资 2250 万元，新建成 1.2 万平方米的门急诊医技大楼。2011 年，市妇幼保健院投资 8960 万元，新建成 2.3 万平方米的医技综合业务大楼；是年，市四医院投资 6500 万元，新建成 1.7 万平方米的外科住院大楼；望城区人民医院投资 5000 万元，新建成 1.3 万平方米的住院医技大楼；长沙县投资 1500 万元，新建成 5500 平方米的县精神病医院。2012 年，市、县两级拨款 7850 万元，完成乡镇卫生院、村卫生室标准化建设改造项目 117 个，建筑面积 6.3 万平方米；市中医院继续投资 1.42 亿元，新建成 4.5 万平方米的第二住院大楼及附属工程；是年，划拨土地 4 万平方米，拨款 2.5 亿元，建成3.2万平方米的市公共卫生中心，市卫生监督所、市疾控中心、市医疗急救中心、长沙血液中心4所专业公共卫生机构；市口腔医院投资1亿元，征地2415平方米，在天心区友谊路新址新建成1.4万平方米的业务大楼。至2012年，市直属医疗卫生机构业务用房建筑面积增至64.5万平方米，资产总值增至23.9亿元，住院病床增至5700张，分别为1988年的6.2倍，59.8倍和2.5倍。

（二）卫生装备配置。20世纪80年代中期开始，长沙市所属医疗卫生机构着手加强医疗卫生装备配备，为发展医疗卫生事业创造基础条件。1988—1990年，市直属17所医疗卫生机构自筹150万元，并利用银行低息贷款133万元，购置B型超声诊断仪、多导心电图机、大型X线机、自动生化检测仪、高压氧舱等中档医疗仪器设备30台（件），初步填补重要医疗设备缺项。1993年3月，市直属9所医院融资350万元，购置市属医院第一台核磁共振装置，并成立长沙市核磁共振检测中心，由市一医院负责操作运行，填补市直属医院无高档医疗设备空白，当年，检测病人600余例。1995年，市一医院投入130万元，购置市属医院第一台高档彩色B型超声诊断仪。1998年，市一医院投入564万元，购置市属医院第一台高档X线计算机断层扫描成像装置。2001年，长沙血液中心购置省内第一台先进的血液细胞分离机，成功开展机采血液自动分离血小板、红细胞、粒细胞新技术，显著提高血液资源利用率。2003年，市一医院投入1290万元，购置全自动生化检测仪、全身彩色B型超声诊断仪、直接数字成像装置、1000mA遥控数字胃肠机、X线数字减影血管造影机5台高精设备；是年，宁乡县中医医院利用外资贷款168万元（人民币），购置计算机X线成像装置，并自筹235万元，购置腹腔镜系列装置，全面开展腹腔微创手术。2004年开始连续5年，市级累计拨款1960万元，为全市乡镇卫生院装备心电图机、B型超声诊断仪、X线机等基本医疗设备1400台（件）。2004年，宁乡县人民医院投入270万元，购置医用氧舱、超声净化设备。2004—2005年，市中医院连续投入758万元，购置螺旋CT 2台。2005年，9区县（市）拨款2870万元，为区县（市）疾控中心配置疾控装备71个品种、904台（件），当年达到卫生部规定的县级疾控机构第一期装备配备标准。2005—2006年，市妇幼保健院投入610万元，购置彩色B型超声诊断仪2台、X线机1台。2006年，市中心医院利用荷兰政府优惠贷款850万美元，购置核磁共振装置、直线加速器、计算机断层扫描装置、血管造影机、全自动生化检测仪、气动物流传输装置等具有国际先进水平的高精尖仪器设备30类、172台（件），初步完成医院大型仪器设备配套。同年，市中医院投入1276万元，购置手术显微镜、彩色B型超声诊断仪、全自动生化检测仪、计算机数字成像装置、八层螺旋CT等进口医疗设备5台。2007—2008年，市三医院利用外资贷款2600万元（人民币），购置彩色多普勒超声诊断装置、40排螺旋CT、数字胃肠机、数字减影X线机、X线成像装置及全自动生化检测仪各1台。2007年，市一医院利用北欧投资银行低息贷款159万美元，购置高档核磁共振装置、双层螺旋CT各1台。2008年，长沙县第二人民医院投入400万元，购置进口高档CT、彩色B型超声诊断仪各1台。2008—2009年，市妇幼保健院投入1100万元，购置各型高档彩色B型超声诊断仪8台。2009年，市级拨款1000万元，为102所乡镇卫生院增配心电图、X光机、B型超声诊断仪、自动生化检测仪等设备13种、593台（件）。2009年，宁乡县人民医院自筹并利用外资贷款2370万元，购置核磁共振、各型X线诊断及脑电诊断装置8台。2009年起连续3年，市中心医院投入3260万元，购置体外循环系统装置、腔镜系统装置、数字减影血管造影系统装置、彩色B型超声诊断仪等设备10台（件）。2010年，市、县两级拨款5202万元，为9区县（市）疾控机构增配卫生检测设备29个品种、396台（件），如期达到卫生部规定的县级疾控机构第二期装备配备标准。2011年，市口腔医院投入169万元，购置口腔三维体层X线摄像装置1套。2011—2012年，市妇幼保健院投入1430万元，购置彩色

B 型超声诊断仪、全数字平板乳腺机、直接数字摄像装置等设备 7 台。2012 年，市一医院投入 257 万元，购置混合动力超声碎石机 1 台、高清晰腹腔镜装置 1 台。2012 年，市中心医院投入 840 万元，购置宫腔镜系统装置、数字化彩色 B 型超声诊断仪、64 排螺旋 CT 等设备 5 台。

表 24–1–8–1　　1988—2012 年长沙市各级财政投入卫生事业经费情况一览表　　单元：万元

年份	总计	中医医院经费	医院经费	卫生防疫经费	妇幼保健经费	医学教育科研经费	乡镇卫生院补贴经费	合作医疗补贴经费	基本建设经费	其他卫生事业经费
1988	3644.25	119.06	410.25	237.77	200.63	67.55	286.86	0.40	51.80	2269.93
1989	3739.71	53.06	478.63	240.78	287.06	55.32	290.49	0.20	58.90	2275.27
1990	4010.09	146.10	572.22	268.25	238.10	67.15	376.00	0.00	110.00	2232.27
1991	4004.36	190.60	558.57	302.08	243.10	82.46	259.76	0.00	91.04	2276.75
1992	4158.62	341.65	474.38	366.43	248.61	97.74	332.20	0.00	40.00	2257.61
1993	4542.81	484.66	597.86	388.37	265.49	96.94	460.44	0.00	56.00	2193.05
1994	7162.56	311.76	974.23	529.56	270.84	126.68	637.41	0.00	237.10	4074.98
1995	5832.56	305.30	812.50	516.22	277.73	102.49	744.31	0.00	380.00	2694.01
1996	7256.26	317.00	1100.50	583.89	315.60	419.50	847.12	0.00	600.00	3072.65
1997	7609.39	433.15	1393.95	794.29	438.10	186.50	827.99	0.00	550.00	2985.41
1998	7704.9	345.50	1523.37	722.65	574.50	115.00	816.36	0.00	597.00	3010.52
1999	8873.58	436.94	1710.20	794.68	662.76	736.16	805.16	0.00	530.00	3197.68
2000	10444.65	431.20	1906.15	803.69	613.10	237.00	770.84	0.00	560.00	5122.67
2001	12714.50	539.50	2719.11	975.69	917.48	202.50	892.52	0.00	1707.75	4759.95
2002	15270.25	591.60	3676.66	1108.95	1014.10	246.38	772.09	0.00	2248.89	5611.58
2003	11691.35	285.10	3294.98	1117.00	433.05	353.60	923.00	311.65	1988.00	3084.97
2004	10743.63	358.15	2394.10	1230.00	536.31	416.16	929.00	332.80	1266.10	3281.01
2005	13508.39	383.60	2257.40	1790.00	649.42	538.43	938.00	1365.40	1611.50	3974.64
2006	14050.75	876.86	2527.90	1936.00	889.25	750.06	954.00	1697.72	1221.16	3197.80
2007	27164.95	1539.29	6324.86	2213.00	1238.08	846.56	973.00	5276.75	5137.64	3615.77
2008	26068.45	1427.08	6749.20	2625.00	1461.56	987.97	981.00	6513.68	1340.55	3982.41
2009	34836.38	1702.52	7002.04	3765.00	1208.58	1014.66	1175.00	9744.28	1853.37	7370.43
2010	39062.39	1461.07	6424.15	3698.00	1044.83	1555.69	1235.00	12192.09	5462.25	5989.31
2011	33023.92	1509.51	7438.88	4867.00	1323.69	2282.36	1291.00	—	6186.61	8124.87
2012	35538.26	1341.32	8139.76	5526.00	1506.25	5194.60	1305.00	—	3714.53	8810.80

说明：其他卫生事业经费主要为人员工资补贴等经费；2011—2012 年的新型农村合作医疗补贴经费由市、县两级财政拨给市及区、县（市）人力资源和社会保障局

表 24–1–8–2　　2012 年长沙市内各级各类医疗卫生机构大型卫生装备配置情况一览表

卫生装备名称	台（件）数
800 毫安及以上数字减影血管造影 X 线机	45
800毫安及以上医用 X 线诊断机	91
500~800毫安医用 X 线诊断机	150
移动式 X 线诊断机	87
X 线电子计算机断层扫描装置	79
X 线—正电子发射计算机断层扫描仪	12
单光子发射型电子计算机断层扫描仪	36
医用电子直线加速器	32
医用电子回旋加速治疗系统	6
质子治疗系统	12
伽马射线立体定位治疗系统（伽马刀）	6
钴 60 治疗机	3
核磁共振装置	43
彩色 B 型超声诊断仪	414
B 型超声诊断仪	379
医学图像存档传输系统	108
危重病人监护系统	892
有创呼吸机	564
无创呼吸机	552
高压氧舱	59
人工肾透析装置	417
牙科综合治疗台	645
全自动生化检测仪	250
血液酸碱气体检测仪	144
医疗救护车	188
其他单价在 500 万元以上医用设备	11

三、医政管理

（一）医疗机构分级分类管理

1.医院分级管理评审。20世纪80年代，长沙市内所有医院按行政隶属关系管理，未实行分级（一、二、三级）管理。1992年，卫生部下达《医院分级管理办法及评审标准》后，成立医院分级管理评审领导小组及评审专家组，发布医院分级管理评审工作计划及实施方案，召开会议动员部署，培训各类人员400余人次，开展市、县直属（管）公立医院分级管理达标评审工作。70余所市、县直属（管）公立医院成立创建工作机构，按照医院级别设置行政业务科室，完善医疗业务管理职能，调整配备行政管理及业务技术人员；配置必备的诊疗仪器设备，改造医疗业务用房；健全落实临床医技科室工作职责、制度及业务技术操作规程；按照评审标准细则补充完善相应等级应具备的诊疗技术项目；开展卫生专业技术人员的基本理论、基本知识、基本技能全员培训考核。1993年开始，开展第一轮医院分级管理评审。其中，二级医院（设置病床100~499张）由市卫生局组织基本标准评审，并申报省卫生厅组织分等标准评审；一级医院（设置病床不足100张）由区县（市）卫生局组织基本标准评审，市卫生局组织抽查复核合格后，组织分等标准评审。1993年年底，市一医院、浏阳市人民医院、长沙铁路总公司长沙医院3所医院首次接受市卫生局组织的基本标准评审及省卫生厅组织的分等标准评审，在省内率先被评为二级甲等综合医院，浏阳市官渡医院被评为全市第一所一级甲等医院。至1997年年底，全市47所市、县直属（管）综合医院、中医医院、专科医院、规模较大的乡镇中心卫生院及国有企事业单位职工医院完成医院分级管理评审，评为二级甲等15所、二级乙等4所、一级甲等23所、一级乙等5所。市一医院、市二医院、市三医院、市四医院、市中医医院、市妇幼保健院全部被评为二级甲等医院。此后，按卫生部的部署，停止评审。2009年开始，按照卫生部新颁布的《医院分级管理标准》及实施细则，市、县所属综合、专科、中医医院进行第二轮分级管理评审。其中，2009年市中医医院被评为三级甲等；2011年市中心医院被评为三级甲等；2012年市一医院被评为三级甲等，市妇幼保健院被评为三级甲等，浏阳市妇幼保健院被评为二级甲等；市三医院、市四医院、市口腔医院经省级评审达到三级医院规模。经过两轮医院分级管理达标评审，市、县公立医院普遍扩大规模，拓展医疗业务，增强医疗服务能力和水平。至2012年，市直属7所医院全部由二级升为三级，并被确定为省内高等医学院校临床教学实习及硕士生培训基地；长沙县及望城区的县级综合医院达到二级规模；浏阳市及宁乡县的县级综合医院、中医医院、妇幼保健院达到三级规模。2012年，浏阳市人民医院、宁乡县人民医院分获全国县级医院竞争力排名第61位和92位；浏阳市中医医院获全国县级中医医院竞争力排名第六位，浏阳市妇幼保健院获全国县级妇幼保健院排名第七位。

2.医疗机构设置审批管理。1992年之前，长沙市各级各类医院未统一实行分级分类设置审批及注册登记管理。1993年，国务院颁布《医疗机构管理条例》，卫生部及省卫生厅下发《医疗机构管理条例实施细则》后，1994年开始，长沙市对所属所管医疗机构实行分级分类设置审批及注册登记管理。按照管理权限，由市卫生局负责二级医院设置审批及三级医院设置初审，区县（市）卫生局负责一级医院及以下医疗机构设置审批及注册登记管理。全市为4100余所各级各类医疗机构办理注册登记，核定法定代表人、医疗机构执业地点、分级管理级别、经营性质（营利性、非营利性）、开放病床数、诊疗科目及人员资质，核发“医疗机构执业许可证”，全部建立医疗机构档案。其中，核定为非营利性质的3902所；核定为营利性质的388所社会办医疗机构（医院、门诊部、个体诊所）均办理工商注册及税务登记手续。市、县所属的15所三级综合医院及精神、妇幼、口腔专科医院，经市卫生局初审后，报省卫生厅核发

"医疗机构执业许可证"。4县（市）内100余所社会办一级医院、门诊部、个体诊所由县（市）卫生局审批管理；城内五区范围内的社会办医疗机构（一级医院、门诊部、诊所）由市卫生局统一批准设置，内5区卫生局负责日常管理。2000年，市及9区县（市）全部完成管辖权限内各级各类医疗机构的核定、注册、登记、建档工作。2000年，将城区170所社会办医疗门诊部、个体诊所全部下放至5区管理。2012年，市及9区县（市）核定政府办非营利性医疗机构2540所，其他部门（单位）办非营利性医疗机构1277所，各种社会（个人）资本办营利性医疗机构488所。

（二）医疗业务管理。20世纪80年代初开始，长沙市所属各级各类医院按照卫生部颁布的《医院工作条例》《医院工作制度》《医院工作人员职责》，逐步建立医院各项规章制度及人员工作职责。重点落实急诊抢救、危重病例会诊、术前讨论、死亡病例讨论、会诊查房、护理分级管理、病例分型管理、病历书写、医护及医技操作查对、医院感染控制、临床药事、医疗差错事故处理等10余项核心医疗护理工作制度，组织卫生技术人员学习并严格执行医疗护理技术操作规程。1989年起，长沙市所属各级各类医院成立医疗质量控制科，临床医技科室成立质控小组，指导监督医护人员严格执行医疗护理质量管理规章制度，对病历书写、各种检测报告、诊疗技术实行全过程环节质量控制，对出院病历进行终末质量评定。每年在市直属（管）医院开展医疗质量检查评比，抽取各医院病历进行质量评定，组织1~2次医疗质量突击检查，及时通报医疗质量安全情况。1993年开始，连续10年开展"白求恩杯"和"南丁格尔杯"优质服务竞赛，每年评选表彰医疗护理服务质量优胜单位。其中市二医院曾连续8年获"白求恩杯"优质医疗服务奖。1994年开始，对引进或研创开展新诊疗技术项目、购置CT、核磁共振等高档诊疗设备，以及外国医师来华短期医疗执业，按审批权限及程序，实行逐级申报审批。1996年起，按照国家颁布的执业医师法及护士管理办法，每年开展全市9000余名执业医师（助理医师）、护士执业资格的国家级考试，对合格者颁发资格证书；对从事医疗执业的医师（助理医师）、护士办理执业注册登记。2000年起，每年对市属（管）120余所一、二、三级医院进行年度校验及医师定期考核，重点审核执行医疗法律法规、医护人员执业资格及诊疗技术项目，依法规范医疗执业行为。2000年起连续8年，在市、县所属20余所二、三级医院开展以病人为中心、以医疗质量为核心的医院管理年活动和优质护理示范活动，促进加强医疗质量及医疗安全管理，落实各项医疗规章制度及操作规程，确保诊疗安全及医疗质量。2005年，全市76所二级以上医院增设传染病管理科，严格落实消毒隔离、院内感染管理、传染病疫情报告等工作。2008年，督查29所市直属（管）二、三级医院开展医院管理年活动情况，重点检查依法依规医疗执业、执行12项医疗核心制度、落实医疗质量安全措施及严格执行医疗收费标准等项目。市中心医院、市一医院、市中医医院开展医院管理年活动成效显著，获省卫生厅表彰。2010年，根据省卫生厅制定的《医疗手术分类标准及批准权限》，对市属（管）59所一、二级医院进行分类手术专项考核评审，规范开展手术项目的申报审批程序，责令取消20所一、二级医院超范围开展的三、四类手术。2011年，制定《抗菌素临床应用专项整治方案》，与市、县所属（管）115所医院签订责任书，年末进行全面检查考核，通报超出规定指标的10所医院，责令整改降低至规定指标。至2012年，依托市属各医院成立全市医疗质量控制组织16个，涵盖医疗急救、重症监护、院感管理、护理、内、外、妇产、儿、口腔、肿瘤、麻醉、医学影像、检验、病理、临床药事等临床医技业务，上述质控组织每年开展医疗质量控制管理知识培训、医疗质量检查及医院年度校验等工作。

（三）医学重点专科建设。1986年起连续10年，市直属各医院根据各自的医疗业务特长及技术优势，开展重点专科建设。市一医院的胸外科、神经外科、心血管内科，市二医院的儿科、妇产科、眼科、耳鼻咽喉科，市三医院的泌尿外科、骨科，市四医院的中西医结合内科，市口腔医院的正畸科、修复科，市结核病医院的结核科，市中医医院的骨伤科、肛肠科，市传染病医院的肝病科，市妇幼保健院的妇产科等10余个科室，均为医院的重点专科，投入资金1000余万元，购置设备，培训人才，引进技术，开展基础性工作，带动医疗业务技术的发展进步。1996年，实施“大专科、小综合”的医院业务发展策略，制定重点专科发展规划；选定市一医院的神经内科、胸心外科，市二医院的眼科、儿科，市三医院的显微骨外科、泌尿外科，市四医院的心血管内科、耳鼻咽喉科，市口腔医院的修复科、正畸科，市结核病医院的结核科，市传染病医院的肝病科，市中医医院的骨伤科，市妇幼保健院的遗传优生实验室等14个科室为市直属9所医院的重点专科；各医院成立重点专科建设领导小组，确定建设目标任务，实行人员、设备、经费配套保障。拨款600万元专项经费补助。经过5年创建，2000年开展中期评估，2009年进行全面考核验收。市中心医院结核科、市一医院神经内科，市中医医院骨伤科，市传染病医院肝病科被评为医学重点专科建设先进单位。2009年，制定《医学重点学科建设管理实施办法》，将医学重点专科建设拓展为医学重点学科建设，并扩展至县级医院。市及4县（市）16所二、三级医院共申报重点学科77个，择优选定其中45个学科为全市2010—2012年医学重点学科建设科室。2011年，市中心医院呼吸病学科、心血管病学科，市一医院神经病学科、传染病学科，市三医院骨科学科，市四医院眼耳鼻咽喉学科，市口腔医院牙种植中心，市中医医院骨伤科学科，市妇幼保健院妇科学科等9个学科，被定为“十二五”（2011—2015年）期间市级医院重点建设医学学科群。从2011年起连续3年，市级每年拨款500万元，给予重点扶持。2012年年底开展考核评定。是年，申报市中医医院的骨伤科、市中心医院的肺病科为国家级医学重点学（专）科；市中心医院的结核病科、老年医学科、急诊医学科，市一医院的神经内科、肝病科、艾滋病专科，市四医院的重症医学科，市口腔医院的正畸科，市中医医院的针灸科、肛肠科为省级医学重点学（专）科。4县（市）医院相继建设具有优势和特色的省、市级重点专科。浏阳市人民医院的烧伤整形科、泌尿外科、内分泌科，浏阳市中医院的烧伤科、中风科及呼吸内科，宁乡县人民医院的泌尿外科、心血管内科，宁乡县中医医院的眼科、针灸科，均为具有特色优势的专科，开展的诊疗技术项目在省内同类医院中具有领先水平。

（四）医疗争议事件处置。20世纪80年代初开始，市及9区、县分别成立医疗事故技术鉴定机构，负责受理所属（管）医院发生医疗事故的技术鉴定。其中市、县所属（管）医疗机构平均每年发生小型、轻微医疗争议事件200余起，大部分由医疗机构自行调解处理；每年发生的20余起重大医疗争议事件，由市及区、县政府牵头，卫生、公安等行政部门参与调解处理。2002年国务院《医疗事故处理条例》颁布之后，按属地管理原则，改由区县（市）负责辖区内所有医疗机构发生医疗争议事件的调解处理；由市医学会成立医疗事故技术鉴定机构，统一承办长沙市内各级各类医疗机构发生医疗争议事件的医疗事故技术鉴定（取消原设立的市、县两级医疗事故技术鉴定机构）。市医学会于2002年8月建立医疗事故技术鉴定工作办公室及工作制度，遴选970余名医学专家组成医疗事故技术鉴定专家库。是年9月开始，以医患双方直接申请、市及区县（市）卫生局移交、地方法院委托3种形式，受理长沙市内各级各类医疗机构发生医疗争议事件的技术鉴定，依法为医患双方提供客观、公正的医学技术鉴定结论。2002年9月起连续10年，市医学会做出医疗事故技术鉴定1150起，其中鉴定为医疗事故的125起。2009年开始，在推进社会管理创新及平安医院创建工作中，建立以行政调解为主，与司法调解、人民调解委员会调解相结合的“三调联动”机制，由公安部门在全市58所二、三级医院建立警务室，派出民警进驻医院，平均每年调解处置医患纠纷200余起，处置严重“医闹”事件10余起，保障医院正常工作秩序及医患双方合法权益。2011年，望城区成立医患纠纷人民调解组织，负责辖区内医患纠纷的调解处置，至2012年，调解处置医患纠纷150起。

四、中医药服务体系建设

20世纪80年代，省（部）属医疗系统建有湖南中医学院两所附属中医医院、湖南中医药研究院及附属医院，11所省（部）属综合（专科）医院设有中医（中西医结合）科。市及4县和郊区设置中医医院6所，市、县两级15所综合医院设有中医（中西医结合）临床科室（中医门诊）及中药房。20世纪90年代初开始，4县（市）开展农村中医药建设工作，重点加强县级中医医院设施设备建设，在乡镇卫生院设立中医诊疗室、中药调剂室，推广应用中医药治疗适宜技术。1991年，浏阳县被定为全省农村中医药建设试点县，1997年被评为全省农村中医药建设先进县（市），1999年被评为全国农村中医药建设先进县（市）。浏阳市中医医院被定为全国县级中医医院建设示范单位，医院设置烧伤、心血管、内分泌等中医诊疗科室5个、病床110张，运用中医药治疗增至150余个病种，取得中医药治疗烧伤、肺病、心血管疾病、糖尿病等10余项国家（省）级科研成果；浏阳市所属43所乡镇卫生院均设有中医诊疗室、中药调剂室，开展针灸、理疗等简易中医药治疗技术25项，中医药临床应用率提高至50%。宁乡县1998年被评为全省农村中医药建设合格县，宁乡县中医医院被评为湖南省农村示范中医医院，运用中医药治疗眼科、骨伤科及中风病人，在省内具有特色优势。2006年，浏阳市古港镇卫生院、宁乡县资福乡卫生院、望城县高塘岭镇卫生院被评为全省基层中医药应用示范单位。2009年，市中医医院创建成三级甲等中医医院。2011年，市中心医院被评为全省中医药应用先进单位。2012年市一医院、市四医院被评为全省综合医院中医药工作示范单位，市中医医院被评为全国中医药行业先进单位。其中，市中医医院以中医骨伤科业务为特色，设置骨伤科病室5个，病床250张，临床中医药应用率80%；市四医院为市级唯一一所中西医结合医院，设置中医科1个、中西医结合内科2个、病床150张，配备中医及中西医结合专业人才150余名，运用中西医结合技术治疗呼吸循环系统疾病，取得省市级科研成果20余项。2012年，岳麓区被定为全国基层中医药建设示范单位，所属16所乡镇卫生院（社区卫生服务中心）全部建立中医药综合服务区，配备齐全中医适宜技术设备及中医药专业技术人员。从2012年年初开始，用3年时间实施全市基层中医药服务能力提升工程。市级预算安排1500万元专项资金。2012年首期投入500万元，在乡镇卫生院（社区卫生服务中心）建立中医药综合服务区104个，配备中医适宜技术设备10种；为1500余所行政村卫生室（社区卫生服务站）配备中医药适宜技术设备4种；培训基层中医药专业技术人员100余人次。全市所有乡镇卫生院（社区卫生服务中心）普遍开展中药配方、理疗、针灸等中医药技术服务；行政村卫生室（社区卫生服务站）开展针灸、按摩、拔火罐、中成药等简易中医药技术服务。城乡基层医疗机构临床中医药应用率提高至30%。

五、医学教育及培训

（一）医学学历教育。20世纪80年代初，长沙市所辖长沙、望城、浏阳、宁乡4县设置县级卫生学校，为乡镇卫生院、村卫生室开办医学中等专业层次的学历教育，至1998年，培养农村基层卫生专业技术人员9000余人，同时，承办基层医疗机构卫技人员在职培训。1998年，国家规定取消医疗中专层次学历教育后，4县（市）卫生学校被撤销并入县级医疗卫生机构，不再面向社会招生开办中专层次的医学学历教育。

长沙市的高等医学教育事业开办较早，规模较大，具有国内领先水平。至2012年开办高等医学学历教育的院校有中南大学湘雅医学院、湖南师范大学医学院、湖南中医药大学、长沙医学院、长沙卫生职业学院5所；还有其他部分高等院校开办的医疗康复、护理、预防医学等专业及卫生函授、成人医学教育专业。

（二）高等医学院校简介

1.中南大学湘雅医学院（原湖南医学院）。民国3年（1914）创办。2012年设有基础医学、公共卫生学、口腔医学、药学、生命科学、护理学等学院6所；直属附属医院5所；设有临床医学、预防医学、药学、口腔医学、护理学、医学检验、麻醉医学、精神医学、医学信息学、法医学、生命科学等本科专业11个；建有临床教学基地24个、一、二级学科博士点71个、硕士点67个、专业学位授权点5个、博士后科研流动站8个；附设世界卫生组织研究合作中心、医学遗传国家重点实验室、人类干细胞国家工程研究中心、国家代谢疾病研究中心及省（部）级医学科技创新平台29个；有国家级医学重点专科9个、国家级特色精品医学专业课程47门、国家（省）级临床重点专科建设项目68个，承担国家（省）级重大医学科研项目200余项；临床医学教育专业获国内医学教育竞争力排名第一。学院累计有获院士学位的医学专家12人。2012年有教职工近万人，其中院士3人，博士生导师700人，正副教授2150人，国家（部）级有突出贡献专家19人。创办100年期间，累计招收并毕业本科以上学生40余万人，为国家培养大批医学人才。

2.湖南师范大学医学院（原湖南省医学高等专科学校）。清宣统三年（1911）创办。2012年，设有基础医学系、临床医学系、医学检验系、预防医学系、药学系、护理学系6个；建有分子生物学、应用生理学、心血管药理学、寄生虫病学、心血管疾病、中西医结合肾病、基因组流行病学7个国家级研究机构，承担国家和省级医学重点科研项目110余项；有非直属附属医院6所，教学医院11所，学生实习基地36个。其中，基础医学为省级重点学科，医学检验及药学专业为省级高校特色专业，基础医学、临床医学、护理学为一级学科硕士点，生理学、诊断学、流行病统计学为省级精品课程；1988—2012年，累计招收本（专）科学生1.21万人，毕业1.1万人。2012年学院有教职工169人，其中高级职称70人、中级职称82人。

3.湖南中医药大学（原湖南中医学院）。民国23年（1934）创办。2012年，设有学院（系）16个，直属附属中医医院3所；开办中医七年制、中医学、针灸推拿、中西医临床、药物制剂、中药资源开发、制药工程、生物工程等本科专业24个，其中国家（省）级特色专业学科建设点11个，国家（省）级精品课程10门。内设国家（省）级中医药科研实验室46个、国家（省）级重点中医专科（专病）研究机构35个、中药临床研究基地3个，承担国家（省）级中医药重大科研专项116项。建有中医及中西医结合博士后科研流动站2个，博士、硕士学位授权点分别为15和30个。中医诊断学研究居国内领先地位；中医辨证诊疗、中药超微技术、针灸经络原理研究、中药材种植研究、心血管、妇科、肝病、眼病、免疫性疾病防治研究具有国内领先水平。1988—2012年，累计招生8.4万人，毕业学生5.3万人。2012年，有教职工1759人，其中，博士生导师124人，硕士生导师446人；正高级职称教师205人，副高级职称教师277人；国医大师2人，省级名中医38人。

4.长沙医学院。原为1989年创办于衡阳市的民营性质的湘南医学高等专科学校。2001年迁入长沙市望城区。2005年，教育部批准为民办全日制普通本科医学院校。2006年进入中国民办高等教育机构20强。2009年被评为中国民办高校毕业生竞争力十佳样板院校。2012年，设有临床医学、中医、口腔、预防医学、检验、护理、药学、生物技术、计算机技术、英语等17个本科专业；设有直属附属医院1所，非直属教学医院21所，实习基地96个；有教学业务用房建筑面积5.37万平方米，教学仪器设备总价值 1.1 亿元，各类图书 250 余万册。有专任教师 1600 余人（博士 96 人、硕士 727 人），其中，教授 228 人，副教授 576 人。2012 年被评为湖南省普通高校毕业生就业优秀单位。1989—2012 年，累计招生 6.2 万人，毕业学生 3.1 万人。

5.长沙市卫生职业学院 。1958 年 10 月创办，时称长沙市卫生学校，位于开福区彭家井长春巷 6 号。主要开办护理专业教育，并开办少数临床医疗、检验、药学、口腔、医学影像等大专（高职）层次学历教育。1998 年迁入长沙县星沙镇新建，占地面积 9.67 万平方米，业务用房建筑面积 7.6 万平方米，资产总值 2.41 亿元。2002 年，经省教育行政部门批准，将开办的大专层次医疗专业教学计划及毕业生注册挂靠永州职业学院至 2010 年。2011 年 5 月，国家教育部批准升格为全日制专科层次普通高等医学学校（学制为 3 年），更为名长沙卫生职业学院；内设行政管理及教学机构 18 个，编制人员 270 人；开办护理、助产、药学、口腔医学技术、眼视光技术、康复治疗技术等高职大专学历教育；当年招生 345 人，并承办农村医疗中专学历教育 310 人。学院建有设备先进的实验实训教学系统，有各类实验室 79 间，多媒体教室 53 间，教学用计算机 475 台，纸质及电子图书 24 万册，中外文期刊 476 种。2011 年学院被定为护理专业紧缺人才培训基地及军队护理士官选送基地，护理教育专业被评为省级教学精品专业；毕业学生在国家统一组织的执业资格考试中，合格率 95.8%，首次就业率 95%。学院累计获市级以上医药卫生科技成果奖 17 项（国家级 7 项、省级 2 项）。2012 年，有在编职工 165 人，其中，高、中级职称专业人员分别为 52 人、54 人；硕士研究生 61 人；另有外聘教师 100 人；有全日制在校学生 4436 人。1958 年至 2012 年累计招生 2.6 万人，毕业 1.97 万人。

（三）卫技人员在职培训。20 世纪 80 年代末开始，主要开展住院医师继续医学教育规范化培训、城乡基层卫技人员培训、全科医生培训等。1988 年，开始筹办继续医学教育工作，成立继续医学教育领导小组及各学科专家考评小组，制定《继续医学教育实施方案》及《住院医师规范化培训实施细则》。1991 年，在市直属 4 所综合医院试点，1992 年推广至市及 9 区县直属 18 所医院。培训对象为毕业后初进入临床的医生，采取以临床实践及自学为主、集中理论辅导为辅的形式，用 5 年时间完成医疗实践、医学理论、科研能力等继续教育科目。其中 2 年实行各科轮训，掌握基本理论、基本知识和基本技能；2 年实行专科定向培养，掌握本专科理论知识及操作技能；1 年实行总住院医师实践培训。培训实行学分制，严格考试考核，评定记录学分，建立培训过程及成绩档案，作为晋升专业技术职称的重要依据。实行该项制度 21 年，有 6100 余名临床医生经过 5 年继续医学教育培训。1997 年制定实施重点卫技人才培养“百星计划”，委托中南大学湘雅医学院每年培养 20 名左右的在职医学硕士研究生，连续 6 年，有 120 余中年青年医学骨干经培训获硕士、博士学位。

2000 年开始连续 12 年，累计送中共市委党校短期培训各类卫生管理人员 156 人次，送清华大学管理知识短期培训 3 批、130 人，送上海、北京等地大型医院进行为期 3 个月学习锻炼的医院领导干部 3 批、18 人。2002 年以后，每年选派 200 余名中青年卫生技术骨干赴国内外医学发达地区进修深造，10 年累计 2100 余人次。2003—2008 年，根据医疗、预防、保健工作需要，每年组织乡镇卫生院、社区卫生服务中心的卫生专业人员到市、县两级医疗卫生机构短期培训 500 余人次。2009 年以后，每年组织的短期培训增至 2000 人次。2009—2010 年，市一医院完成城乡基层医疗机构全科医生在职短期培训 551 人。2011 年，全市基层医疗机构 923 名无规定学历的卫生技术人员由长沙卫生职业学院及湘潭卫生职业学院录取，进行为期两年的中专学历培训。市中心医院于 2010 年建立全科医生培训基地，至 2012 年，为全市乡镇卫生院、社区卫生服务中心开展学期一年的全科医生脱产培训 3 期 318 人。2012 年，全市

112 所乡镇卫生院及 52 所社区卫生服务中心具有大专以上学历人数及高级技术职称人数比 2009 年分别提高 30.2%和 48.2%。

六、卫生信息化建设

20 世纪 80—90 年代，长沙市未全面系统开展卫生信息化建设管理项目。2000 年开始，按照国家卫生部关于卫生信息资料报告管理规定，全市逐步建立各专项卫生信息网络，在卫生行政管理、传染病疫情报告、卫生财务、卫生统计、妇幼保健、疾病防控、医疗服务、医学科研、城乡基层卫生等工作中开始实行计算机管理。2006 年，全市 130 所一级以上医疗卫生机构、122 所乡镇卫生院、40 所社区卫生服务中心全部建立传染病疫情网络直报系统，在省内率先实现乡（街）以上医疗卫生机构传染病疫情网络直报系统建立率 100%的目标。2007 年，全市 324 所基层医疗卫生机构建立儿童预防接种信息管理系统。2008 年，岳麓区建立社区卫生服务信息系统，长沙县和浏阳市建立妇幼保健信息系统，望城县建立所属医疗卫生机构综合信息平台；市卫生电子政务局域网与省卫生厅、9 区县（市）卫生机构连接。2009 年，长株潭电信并网升级后，市医疗紧急救援通信指挥系统进行改造升级，建立救护车卫星定位及电子地理信息系统。

2010 年，17 所市、县两级医院及 18 所市管国有企事业单位职工医院开始建立医院内部信息管理系统，其中市直属 7 所医院进行信息系统改造升级，安装电子病历（处方）、医学影像、医学检验、财务核算等管理软件，形成“数字化医院”雏形。9 区县（市）所属“新农合”经办管理机构与全市 200 余所市以下“新农合”定点医院（乡镇卫生院）全部完成新农合病人住院信息联网，实行病人门诊及住院费用网上审核结算和即时补偿；全市 1366 个行政村卫生室全部配备电脑，协助乡镇卫生院实行传染病及突发重大公共卫生事件的监测预警报告。2011 年，按照国务院《关于深化医药卫生体制改革实施方案》要求，制定实施《长沙市区域卫生信息系统建设规划》，预算安排专项资金 6000 万元，计划到 2013 年建成以居民健康档案和医院电子病历为主要内容的市级卫生信息平台、市、县两级卫生信息数据中心及全市医疗服务协同、基层医疗卫生、大众健康管理、公共卫生管理、卫生行政综合管理等 5 个系统，并与上级卫生行政部门连接，实行卫生信息资源共享。2012 年，全市启动建设，先期投入 2000 万元，初步建成市及 9 区县（市）卫生信息平台和市直属 7 所医院信息系统框架。

七、卫生援助

20 世纪 80 年代初开始，长沙市连续 20 年派出医务人员 11 批 49 人（每批为期 2 年），参加省卫生厅组建的国际援助医疗队，援助塞拉利昂及津巴布韦的医疗卫生工作，帮助培训医务人员，开展医疗救治及预防工作。1990 年起连续 15 年，派出 75 名医疗预防工作人员，援助西藏自治区阿里、林芝地区卫生工作，帮助建设基层医疗卫生机构，指导开展预防保健及巡回医疗。1995 年，市一医院免费接收西藏阿里地区革吉县医院 4 名藏族医务人员，完成为期一年的培训任务。2000 年开始连续 12 年，市及 4 县（市）每年派出 200 余名医务人员，参加湖北三峡库区及省内湘西偏远贫困地区的医疗救治及卫生扶贫工作，帮助建设医疗卫生机构 40 余所，捐赠医疗设备 210 台（件），免费接收医学骨干培训 200 余人。其中市中心医院于 2005—2008 年累计派出医疗技术骨干 80 余人到省内江华、麻阳、通道、靖州、临澧等县医院指导医疗业务建设管理，施行大中型手术 500 余例，培训卫生专业人员 3600 余人。

2011—2012 年，市属医院派出医务人员 73 人，支援省内 11 个贫困地区县级医院工作，授课 240 场次，教学查房 350 次，手术 719 例，推广新技术 20 余项，接诊病人 4500 例，接收医务人员进修 40 人。2012 年，省儿童医院援助西藏医疗事业，免费为 8 名先天性心脏病、100 名唇腭裂患儿成功施行矫治修复手术；同时，承担卫生部下达的“发展中国家新生儿及儿童危重症救治技术培训”任务，为亚洲、非洲50余个国家（地区）培训儿科医护人员313人。

八、卫生交流与合作

（一）国内交流。20世纪80年代初开始，市级各医学学术团体相继参加全国性、区域性或全省性医学学术交流。1988年起，市医学会、市中医学会、市中西医结合学会、市预防医学会、市护理学会、市社区卫生协会、市公共卫生协会、市医院协会、长沙市离退休医务工作者协会9个卫生行业学（协）会，每年组织开展医学学术讲座、医学论文交流活动，25年共1600余场次，交流医学学术论文4700余篇、医疗业务技术1700余项（次）；市医学会举办《长沙医药》期刊41期，为长沙市医疗卫生人员刊载学术论文1200余篇。1988—1989年，香港、台湾医学学术团体及护理专家组3次在长沙与省市医疗机构联合开展西医、中医药及护理学术活动，交流医学理论及临床技术。1991—1998年，长沙市、黑龙江省鸡西市、上海市虹口区缔结经济社会发展友好关系期间，三市（区）轮流牵头，连续8次组织开展医学学术交流活动，互相参观学习，交流卫生行政管理、医院建设及医疗预防工作经验。1992年5月，市口腔医院承办中华医学会第二届口腔矫形技术交流大会，国内500余名口腔著名专家参会，交流口腔医学成果100余项。1994年，市口腔医院承办第三届全国口腔医院管理及学术研讨会，国内200余名口腔医院管理专家参会，交流管理及技术成果100余项。1997年5月，市医学会承办全国第七届衰老生物学学术会议，国内110名代表参会，交流老年医学论文200余篇。

2006年8月，长沙血液中心承办卫生部《血站质量管理规范》培训研讨工作会议，国内50余所采供血机构的120余名管理技术人员参会交流，并观摩长沙血液中心质量管理工作。2007年9月，长沙血液中心承办中南地区输血学术研讨会，300余名参会代表交流血液采供及血液质量管理工作成果。2009年，市直属医疗卫生机构总结医疗预防工作经验，发表医学论文770篇，其中在国家级期刊发表252篇，编辑出版医学专著4本，参加全国性学术会议604人次。2012年，市、县两级医院医务人员参加全国性医学学术会议756人次，省级医学学术会议898人次，发表医学论文1104篇，其中在国家级医学期刊发表522篇。

（二）国外交流。1984年开始，连续10年，长沙市卫生系统与日本开展国际医学学术交流合作，先后10次派出98名卫生行政、医院管理人员到日本参观考察；派出21名医师到日本进行临床专科研修，归国后开展医疗新技术及医学科研30余项；其中市一医院、市口腔医院派出专家参加日本鹿儿岛市的血液疾病、口腔疾病临床研修后，将所学技术应用于临床诊疗工作，获国家（省）级奖励10项。1990—1991年，市妇幼保健院派出20余名人员参加国家卫生部与联合国儿童基金会、世界卫生组织共同举办的“中国基层妇幼卫生、计划生育技术服务项目”培训。1991年10月，世界卫生组织考察组在长沙考察医学研究工作，为省会210名医学骨干授课，传授老年医疗康复技术。1991年市口腔医院的牙病防治研究成果在亚太地区第三届牙科医学研讨会上交流；市老年医学研究所的“100例长寿老人九年纵向观察研究”课题在亚太地区第四届老年医学学术会议上交流；市二医院的“顽固性慢性副鼻窦炎三联疗法”研究成果在亚太地区第七届耳鼻喉医学学术会议上交流。1992年，市医学会接待美国、日本、马来西亚的医学学术研究人员共5批、8人次，在长沙开展医疗讲学及医学学术交流。1993年7月，日本鹿儿岛市血液病专家组在长沙举办血液病诊疗技术讲座，全市120名医学骨干参加学习交流。市中医医院研创成功的U形接骨板获国家发明专利，于1993年10月，派代表参加第十九届世界骨科创伤大会，介绍该发明成果。市老年医学研究所主持的“城市和山区长寿老人健康比较研究”课题达到国际先进水平，于

1994 年 4 月在亚太地区第五届老年医学学术会议上交流。1995 年 5 月，市五医院的“骨膜外自体血充填术治疗慢性脓胸及肺切除术后残腔”课题在亚太地区第十三届胸部疾病会议上交流；同年 6 月，联合国儿童基金会官员在市妇幼保健院考察，并与市、县妇幼保健专业人员交流妇女儿童保健工作。市中医医院研制成功的可吸收性内固定钉、板、棒系列及异种皮质骨材料内固定器获国家发明专利，1996 年 10 月在第十二届世界矫形外科大会上交流。1998 年 6 月，日本鹿儿岛市医学参观团一行 10 人参观市口腔医院，并交流口腔诊疗技术；8 月，无国界医师组织在长沙考察严重洪涝灾害医疗救治工作，慰问抗洪抢险现场医务人员，并赠送 30 万元的救灾防病药品。

2005 年，美国约翰·霍普金斯大学医学院与市妇幼保健院合作建立医院国际妇产中心，传授先进的妇产科临床业务技术。2006 年 10 月，美国、法国、德国、日本 4 国的 4 名牙科医学专家在长沙讲学，与市口腔医院交流牙病防治、口腔修复及牙科新材料应用成果。2006—2008 年，市一医院三次接待世界卫生组织在长沙开展艾滋病防治学术交流，并与瑞典卡罗琳大学医院合作建立艾滋病门诊，联合开展艾滋病诊疗及防治宣传。2009 年，市直属医疗卫生机构参加国际性医学学术会议 26 人次。2012 年 5 月，市一医院神经内科主任医师王爱民在第十五届国际阿尔茨海默病防治协会亚太区域会议上发言交流市一医院神经内科疾病诊疗成果；10 月，市中心医院主任医师傅发年参加第五届国际内镜医师大会，交流临床内镜诊断技术成果，傅本人获恩德斯医学科学技术奖；12 月，市三医院主任医师雷青参加中国与德国联合召开的人工膝关节置换技术高级研讨会，交流骨外科诊疗技术成果。是年，市、县两级医院医务人员参加国际性医学学术会议 41 人次。

第二章　爱国卫生运动

1988 年，为适应城市文明建设的需要，成立由市委书记任主任的市文明城市建设委员会及办公室，并统筹市爱卫办、市城管办、市“五讲四美三热爱”活动委员会办公室的工作，开展爱国卫生运动和文明单位建设工作。1989 年 4 月 19 日，长沙市发布《关于加强爱国卫生工作的通知》，把爱国卫生工作纳入社会发展规划，使卫生条件改善和卫生水平提高与“四化”（工业现代化、农业现代化、国防现代化和科学技术现代化）建设同步发展。

1990 年，出台《长沙市 1990—1995 年创建国家卫生城市规划》，11 月 3 日，发布《长沙市爱国卫生工作十年规划及八五计划（1991—2000 年）》，全面启动创建国家卫生城市工作，进行市容环境整治、除“四害”、健康教育、公共场所控烟、农村改水改厕、卫生单位创建等专项行动。从 1990 年起，市级每年投入上亿资金对城市基础设施（路、桥、水、气等）进行修建和改造，至 1995 年，相继对八一路、解放路、五一路、芙蓉路等城市主干道进行建设和改造。是年，长沙市水冲式公共厕所 302 座，占公厕总数的 82.7%，对全市 132 处集贸市场进行整顿，实现分摊经营；全市各区均成立清洁服务公司，使“门前三包”工作得到落实。长沙市中、小学均成立以校领导为首的爱卫组织机构，中学做到校校有医务室、学生卫生保健室，小学建立健全卫生室，配备保健老师。

1996 年 11 月，全国爱卫办对长沙市灭鼠达标 10 年来的巩固工作进行复查考核，三项考核（居民、一般单位、重点行业）均达标，受到全国爱卫办通报表扬。9月灭蟑工作通过省爱卫办的达标考核，被省爱卫办授予“灭蟑先进城市”。11月，市爱卫办与市城管委合并办公，将爱卫办工作纳入城市综合管理之中，建立起“两级政府（市、区县）、三级管理（市、区县、乡镇街道）、四级网络（市、区县、乡镇街道、社区村）”的爱卫工作管理体系。

1996起，长沙市农村改水改厕采取“群众自筹为主、集资资助为辅、政府适当补贴”的集资原则筹措资金。至2000年，长沙市农村改水改厕共投入资金3.4亿元，其中市、县（区）财政拨款8300元，乡镇投入1.01亿元，群众自筹1.56亿元。2000年，农村改水工作通过省改水办验收，名列湖南省第一名。

2002年10月，长沙县县城创建国家卫生城镇工作通过国家级考核验收，成为长沙市第一个国家级卫生城镇。2003年2月，长沙市发布《开展夏季爱国卫生运动，创造健康的公共卫生环境》《加强公共卫生工作的决定》，号召全市人民开展爱国卫生运动，积极抗击“非典”。2004年9月15日，召开创建文明城市开展爱国卫生运动动员大会，对全市开展以灭蚊灭蝇为重点的爱国卫生运动、创建全国文明城市进行动员部署。

2005年4月，长沙市发布《关于成立创建国家卫生城市领导小组的通知》，创建国家卫生城市领导小组与市爱卫会实行“两块牌子、一套人马”。

2007年，长沙市顺利通过灭鼠灭蟑复核，保持“全国灭鼠灭蟑先进市”称号18年。2009年，长沙市成为首批入选“无烟城市——盖茨中国控烟项目”7个城市之一。2011年，全市改水受益率99.96%，自来水普及率90.24%，饮用自来水的农村人口372.91万，全市农村无害化卫生厕所普及率62.12%，卫生厕所普及率89.83%，均居全省第一。12月20日，在第三届全国文明城市（区）评比中，长沙市成功创建成为全国文明城市。至2012年，全市有省级文明卫生单位418个，市级文明卫生单位749个，省级卫生村12个，市级卫生村23个，市级卫生社区66个。

第一节　机　构

一、长沙市爱国卫生运动委员会办公室

1988年，长沙市爱国运动委员会办公室（以下简称“市爱卫办”），作为政府职能部门由市卫生局代管，无内设科室，编制4名。1989年6月，爱卫办设立健康教育科、技术指导科、综合科，在职人员8人。1992年，市爱卫办编制增加到10名，实有7人，并成立机关党支部。

1994年12月20日，市爱卫办与市城市综合管理办公室、市创建国家卫生城市领导小组办公室合并，成立市城市管理委员会，“三块牌子、一套人马”，编制10人。1995年4月25日，市爱卫办为正县级工作机构，内设政工科、秘书科、市容管理科、社会卫生科、协调监察科、综合管理科、财务审计科，7个职能科室。1996年11月12日，市爱卫办与长沙市城管委正式实行“两块牌子、一套人马”。1997年6月，市爱卫办政工科更改为组织人事科，另增设宣传教育科，内设机构9个。

2002年1月31日，城乡爱国卫生工作（农村改水、改厕、健康教育管理）职能由市城管局划入市卫生局，市爱卫办为长沙市卫生局的内设处室，在编人员4人。2004年12月，市爱卫办主任由长沙市政府1名副秘书长兼任，并设1名副县级常务副主任。

2005年3月16日，市爱卫办由长沙市卫生局内设机构调整为长沙市人民政府办公厅的挂靠单位，

行政编制由4名增加到7名，由市政府1名副秘书长兼任爱卫办主任，设常务副主任1名（副县级），副主任2名（由市卫生局、市城市管理局各1名副局长兼任）；市爱卫办内设综合处。2006年6月16日，市爱卫办搬至市中心医院保健中心办公。2007年7月，市爱卫办行政编制8人，在岗人员8人。2011年12月，市爱卫办增设农村卫生指导处。

2012年年底，市爱卫办设主任1人（市政府副秘书长兼任主任），副县级常务副主任1名。内设综合处、农村卫生指导处。行政编制8名，实有5名，另有3名聘用人员。

1988—2012年，先后担任长沙市爱国运动委员会办公室主要领导职务的有：张国琼、陈海隆、吴念公、龚德昌、成菲菲（女）、彭景坤、于冬阳、刘秋成。

二、区县（市）机构

1988年，长沙县、望城县、浏阳县、宁乡县和东区、南区、西区、北区与市郊区均建立爱卫会。爱卫办设各区县（市）卫生局内，无专职人员，由各卫生局人员兼任。

1997年9月，各区爱卫办调整职能设置、内设机构和人员编制，均加挂区城市管理办公室、区创建国家卫生城市领导小组办公室的牌子，作为区人民政府的工作机构。1998年，市爱卫会要求各区县（市）必须设有爱卫会办事机构，并配备与工作任务相适应的工作人员，爱卫经费纳入财政预算，至2002年，各区县（市）均设立爱卫办。

2002年，长沙市开展行政机关机构改革，区县（市）爱卫办机构及编制被精简，除浏阳市、宁乡县为正科级外，其余区县均取消爱卫办，芙蓉区、岳麓区、开福区、长沙县取消爱卫办编制，其职能划归卫生局或城管办。2003年，区县爱卫办均安排1~2名专兼职工作人员。2004年原有的9个副科级区县（市）爱卫办消减至1个（浏阳市爱卫办）。

2005年10月，长沙市各区县（市）对爱卫办行政编制进行调整：天心区、雨花区爱卫办编制单列；望城县爱卫办调整为县政府办挂靠单位；芙蓉区爱卫工作由卫生局管理调整至由区城管局；岳麓区爱卫办在区卫生局内办公；开福区爱卫办在区城管局内加挂。

2007年，各区县（市）爱卫办人员编制均按照市编办要求配备2~3人，均将爱卫经费纳入财政预算。宁乡、望城两县将爱卫办调整为政府内设机构。至2009年，各区县（市）爱卫办中，宁乡县、望城县为正科级机构，浏阳市、长沙县、岳麓区为副科级机构，芙蓉区、天心区、开福区、雨花区为股级机构。

2012年，各区县（市）均已设立爱卫办。宁乡县、长沙县、望城区、岳麓区爱卫办单列，为政府办直属机构，长沙县爱卫办与生态办、治理办整合为一。芙蓉区、天心区、开福区、雨花区爱卫办挂靠区城管局。

三、基层机构

1988年7月，长沙市内4区（东区、南区、西区、北区）每个街道办事处配备1名卫生专干，市财政局每年下拨卫生专干经费。1989年，市郊农村各乡、镇均成立爱国卫生运动委员会，由一位副乡（镇）长任主任委员，乡（镇）卫生院长任副主任委员兼爱卫办主任，乡（镇）企事业单位领导为委员，乡卫生防疫专干兼爱卫专干。是年，全市卫生专干约50人。

1997年，市爱卫会加强区街爱卫工作力量，完善“两级政府、三级管理、四级网络”的管理体系，理顺全市的环卫体制，在40个街道办事处、乡、镇、场设立市容环卫所。1998年，街道、乡镇、场配备爱卫专干，100人以下的单位有爱卫兼职干部，100人以上的单位有爱卫专职干部。

2002年年底，街道办事处、社区居委会、企事业单位爱卫网络基本健全。2007年，全市各街道均设立爱卫办，社区均配备爱卫专（兼）干，全市卫生专干约 500 人。

2009—2012 年，全市各街道均设有爱卫办，城区所有街道、社区及大型单位均做到爱卫工作定岗定位定人。至 2012 年，长沙市有基层卫生专干约 1000 人。

第二节　农村改水改厕

一、农村改水

20 世纪 80 年代末，长沙市总人口 512.7 万，其中农村人口 400 余万，分布在全市 121 个乡镇、3121 个村。1988 年，长沙市农村饮用自来水人口仅占总人口数的 6.29%，大多数人口还在饮用未经卫生处理的井水、塘水或河水，未达到国家有关农村自来水普及率 30%~50%的标准。6 月，省爱卫会在长沙召开全省农村改水工作会议，要求省与市、市与县、县与乡三级签订集中式改水合同，逐步提高农村自来水普及率。7 月 11 日，长沙市发布《关于 1988 年度农村改水资助办法和签订合同的通知》，对资金来源、集中式供水人数、改水规划及选点、合同签订相关要求作出明确规定。

1989 年 8 月 17 日，长沙市印发《关于签订一九八九年农村改水合同的通知》，通知要求由市爱卫会先与县、郊（区）爱卫会签订改水合同，再由县、郊与乡签订合同；市与县、郊按 1∶1 出资；市级每出资 1 万元，应新增饮用自来水农村人口 4000 人。8 月 31 日，为加速市农村改水的步伐，在钢材紧缺的情况下，长沙市在省里补助 9 吨改水钢材的基础上，再增补 7 吨钢材共计 16 吨钢材用于改水工程。

1990 年，制定《长沙市爱国卫工作十年规划及“八五”计划》，提出农村改水受益人口率到 1995 年为 90%，其中饮用自来水的人口占 30%；饮用卫生合格率 1995 年达 50%。至 1993 年 3 年间，全市农村饮用清洁卫生水人数 397 万人，占农村人口的 91.25%，其中饮用自来水 89.74 万人，占农村人口的 20.63%。1992—1995 年，长沙市农村改水工程，投入资金 379 万元，解决 29.60 万人饮用清洁水问题。到 1995 年年底，农村居民饮用清洁水率 97%，饮用自来水人口为 37%，完成“八五”计划，在省改水办组织的“八五”改水计划考核验收中，长沙市获全省第三名。

1996 年全年改水总投资额 8230 万元，新增饮用清洁承受益人口 13.37 万人，受益率提高 1.21%。1997 年，新增饮用清洁卫生水人数 7.3 万人，累计饮用各类自来水人数 192.22 万人，累计饮用手动泵井水人数 150.55 万人。城区市郊新增饮用自来水人数 1.5 万人，使享有自来水人口的受益率 82.2%。集中式改水工程 10 处，即长沙县黄花水厂、金井水厂扩建工程、望城县桥驿水厂、靖港水厂扩建工程、浏阳市枨冲镇枨冲村、官渡水厂、石湾乡石湾村、宁乡县菁华铺乡、夏铎黄镇、巷子口镇。1998 年，实现全市农村新增饮用自来水人口 16.9 万人。是年，在望城县召开各区县（市）改水改厕现场经验交流会。至 2001 年年底，全市农村累计改水受益 442.41 万人，占农村总人口的 99.5%，其中自来水受益人口 247.02 万人，占农村总人口的 55.72%。

2002 年，省级投入 20 万元，市级投入 30 万元，各县、乡、村及个人共投入 590 余万元，全市完成 11 个改水示范点的工作，增加受益人口 8.3 万人。市农村改水改厕工作按照省爱卫办的要求实行项目管理，全市改水立项 6 个（长沙县江背镇、浏阳市山田乡、宁乡县巷子口镇等）。

2004 年 4 月，在宁乡县召开“长沙市农村改水改厕暨创建卫生示范村现场会”。会后出台《长沙市 2004—2008 年农村改水改厕工作实施意见》，提出到 2005 年，全市农村自来水受益率 65%，到 2008 年，全市农村自来水受益率 70%。对过去实施的改水补贴政策，改为“以奖代补”，激发农民改水积极性。至

2004 年 12 月底，全市有 360 余万人的饮水卫生条件得到初步改善，其中饮用自来水人口为 245 万余人，为 65.7%。2006 年，成立市农村改厕工作小组，出台《长沙市 2006 年农村改水改厕工作方案》，与各区县（市）签订目标责任状，落实任务和经费。3 月 10 日，在雨花区洞井镇同升村举行农村改水改厕技术培训班，各区县（市）爱卫办主任、专干、项目负责人、技术员约 60 人参加培训。

2007 年，农村改水工作开始与农村水利工程建设相结合，并纳入“五改”（改水、改厕、改灶、改圈、改环境）工作，进行综合治理，还把农村学校饮水纳入改水工作。同时，定期开展对集中式供水单位、管网末梢水监测点、二次供水监测点专项督查，饮用水安全得到保障。2009 年，全市投入改水改厕资金 1.13 亿元，完成农村安全饮水工程 49 个，新增安全饮水受益人口 13.5 万人，农村自来水普及率为 73.77%。2010 年起，长沙市启动开展为期 3 年的乡村环境卫生整洁行动，改水工作纳入其中。

2011 年年底，全市改水受益率 99.96%，自来水普及率 90.24%，饮用自来水的农村人口 372.91 万，均居全省第一。2012 年后，农村改水改厕工作侧重点转移到改厕工作，改水工作移交给市水务局管理。

二、农村改厕

20 世纪 80 年代，长沙市农村地区大多使用坑式或直排式厕所，有 90 % 以上人粪便未经任何处理直接用于农田或任意排放，造成肠道传染病、寄生虫病时有发生。1989 年，国务院下发《关于加强爱国卫生工作的决定》 全国和各地爱卫办将农村改厕作为为群众办实事的重点来抓。1990 年，长沙市制订《长沙市爱国卫工作十年规划及“八五”计划》，明确要求改传统式厕所为双瓮漏斗式、三格式或沼气池式等卫生型厕所，农村卫生厕所普及率，按不同经济水平地区，1995 年达到 20%~40%；1990—1995 年间，对全市 3121 个村中的 57 个村，2893 户进行改造，全市 20 个血防疫区（长沙县 3 个、宁乡县 8 个、望城县 8 个、天心区 1 个）改厕 6313 座。

图 24-2-2-1 长沙县血防疫区果园镇云泉村实施联合国儿童基金会农村环境卫生扩展项目，建设双瓮式厕所
（摄于 2000 年 11 月，长沙市爱卫办供图）

1996 年，各县（市）都把农村改厕工作作为农村初级卫生保健的一项重要内容来抓，坚持“政府领导、部门协作、民办公助、多方集约、因地制宜、形式多样、以水养水、科学管理”的方针。长沙市改厕总投资 1715.5 万元，新增卫生户厕 12.68 万座，无害化厕所 2.23 万座，受益人口 50.75 万人。1997 年，农村改厕新增 7.7 万户，累计改厕覆盖率达到 67.6%。1998 年 6 月，举办改水改厕培训班。对岳麓区傅家洲地区血吸虫病疫区农户改厕工作投资近 10 万元。是年，完成卫生厕所普及率 31.2%，粪便无害化处理率 15.4。1999 年，改建卫生厕所 8 万座，其中无害化厕所 1 万座，城郊农村使用卫生厕所人口均达 80%。

2000 年年初，联合国儿基会农村环境卫生扩展项目在长沙市启动。长沙市将改厕工作纳入重要议事日程，先后两次批转实施计划，全国爱卫办、省改水办多次到现场进行指导，各区县（市）从资金上给予保证，当年市、区县（市）投入改厕资金 100 余万元。实行区县（市）、乡（镇）、村四级负责制，签订目标责任状，奖罚兑现；采用全国爱卫会、联合国儿基金统一编印的教材，举办2期市级改水项目管理人员培训班，培训人员110人，举办8期区县（市）改水项目管理人员培训班，培训人员560人；指派工程技术人员进行现场示范指导，为示范县提供42套双瓮改良式厕所本模具；在11个示范乡镇场建立健康教育网络，使改厕与健康教育有机结合。到2000年11月，完成省市级示范点的实施计划，完成3500余户双瓮式厕所、109户沼气池厕所、500余户三格化粪池厕所、12所公共无害化卫生校厕，工作得到全国爱卫办、联合国儿基会的肯定。

2001年，全市农村累计建各类卫生厕所81.85万座，占全市农村总户数的73.85%，其中无害化厕所及率31%。无害化厕所（三格式、改良双瓮式、沼气式）的建造技术与质量，推广与管理工作多次获得全国爱卫办和联合国儿基会项目官员的好评。2002年，市农村改水改厕工作按照省爱卫办的要求实行项目管理，全市改厕立项10个（其中市级项目1个，9个区、县（市）各1个）。全年完成9个改厕示范点工作（除望城项目外），增加受益农户918户，完成13所农村学校改厕，增加受益人口5669人。2003年，市级安排农村改水改厕经费30万元，年底基本完成完成9所农村学校、2000户农户的改厕任务。2004年，经过申报、立项，全市确定改厕项目点26个。

2005年，发布《长沙市2005年实施中央补助地方农村改水改厕项目方案》，市、区（县）都成立改厕项目领导小组，签订项目责任承诺书，筹措专项经费171万元。对区县、乡镇、村三级100余名项目负责人、泥工进行项目管理、改厕技术等相关知识培训，对1.2万余村民开展健康教育培训，发放各种宣传资料4万余份，对项目实施情况进行3次现场督查。11月，国家爱卫办对长沙市实施“中央补助地方农村改厕项目”进行评估，实地视察宁乡县白玉村、保安村改厕情况，对农村改厕项目工作给予肯定。长沙市采取“典型引路、以点带面、以奖代补”的工作机制，推广“山泉引流”集中供水”“深井泵”等农村改水技术和“三格化粪池式”“三联通沼气池式”“改良双瓮式”等改厕技术，推进农村改水改厕进程，建卫生厕所82万余座，占农户总数的77%，其中无害化户厕47万余座，占农户总数的44.8%。截至11月底，全市7000座农户改厕任务全部完成。

2006年，成立市农村改厕工作小组，制定发布《长沙市2006年农村改水改厕工作方案》，与各区县（市）签订目标责任状，落实任务和经费。市和区县（市）加大改厕投入，分别安排改厕经费160万元和200余万元。推行竞争性申报管理制，坚持图纸、材料、施工、验收标准“四统一”，督查、讲评、通报“三定期”，对每户改厕农户造册登记、挂牌编号，确保改厕进度、任务、质量，完成农户改厕1.2万座，经市疾控机构对57个改厕村抽样监测表明，粪便处理合格率为98.1%，1.30万座农户改厕和20所

图24-2-2-2 通过三格式无害化卫生厕所改造，长沙市农村农户周边卫生明显改善 （摄于2009年，长沙市爱卫办供图）

农村学校改厕任务，其中农户改厕超额完成991座。2007年，以建设新农村为契机，动员农民开展农村改厕，年初确定1.2万座农户改厕任务。为提高改厕质量，推行模具现浇三格式化粪池，聘请2名专职技术普查员对全市70个改厕村巡回督查；利用多媒体教学，对14个改厕村2000余村民进行面对面的互动式培训，编印《农村改厕》和《环境卫生与个人卫生》宣传手册10万册。全年完成55个乡镇的68个村的1.23万座三格式无害化户厕建设任务，任务完成率为102%，质量合格率为96%，厕所使用率为68%；完成20座农村中小学校校厕改造。2008年完成农户改厕1.41万座，经抽查考核，合格率为98.37%，接入使用率为84.71%。2009年，市委、市政府对改厕工作提出“合格率、接入率、污水分流率均达100%”的工作要求。对市、区（县）两级爱卫办改厕项目采取“图纸、材料、施工、验收标准四统一”和“督查、讲评、通报三定期”的管理制度，确保项目质量。是年，全市投入改水改厕经费1.13亿元，新建改建三格式无害化厕所1.41万座，完成农村中小学校改水改厕改厨各50个。无害化卫生厕所普及率为57.90%。三格式无害化厕所质量合格率和接入使用率分别达98.37%和85%，污水分流率为87%。无害化粪便蛔虫卵死亡率为100%，大肠菌群值合格率为60%，两项指标达到国家要求。

2010年，全市计划完成改建或新建4.2万座三格式无害化厕所的任务，其中中央补助地方农村改厕3万座，市级任务1万座。通过采取竞争性申报和县（市）、区审核推荐结合的方式，有156个村承担农村改厕任务。通过举办培训班、召开现场交流会等形式，多次组织农村改厕技术培训班对村负责人和施工人员进行专题培训。市爱卫办聘请2名技术总监，定期到各项目村进行监督和指导，并对质量不过关、进度达不上的村下达整改意见书，督促整改期限。11月上中旬，全国爱卫办、财政部分别派出专题组对市农村改厕进行考核评估，对农村改革工程进行改厕质量、工作举措方面都给予肯定。据统计，到11月底，全市完成3.66万农户三格式化粪池建设，占总任务数的87.14%。2011年，接受中央补助农村改厕项目任务2.87万座，10月底，新建或改建农村三格式无害化化粪池10.07万座。

2012年，按照村自愿申报、县（区、市）审核推荐、市级批准同意的程序，全市有99个村承担中央补助地方农村改厕任务1.5万座，举办改厕项目培训班10余期次，对99个改厕项目村负责人和施工人员400余人进行专题培训。当年完成农户无害化卫生厕所建设1.58万座，项目完工率106%，全市农村无害化卫生厕所普及率62.12%。全省改厕工作排名中，长沙市国的第1名，卫生厕所普及率俄日89.83%。

表24-2-2-1　　2012年长沙市农村改厕项目考核情况一览表

区（县）	改厕项目（个）	改厕任务（座）	改厕任务完成（座）	实地抽查厕所（座）	合格（座）	接入使用（座）	污水分流（座）	化粪池编号与花名册一致（座）
长沙县	6	690	664	83	78	37	28	82
望城区	5	1180	1661	86	86	53	38	82
浏阳市	12	1300	1558	186	166	117	68	170
宁乡县	10	1573	1400	164	155	97	67	156

第三节 除“四害”

“四害”指苍蝇、蚊子、老鼠、蟑螂。1986年6月，长沙市出台《长沙市除“四害”管理办法》。从1987年开始，长沙市坚持每年开展春秋两季灭鼠和夏秋两季灭蟑活动。1988年，长沙市达到中央爱卫会规定的无鼠害标准。长沙市政府对内4区、郊区马王堆乡、西湖渔场、望城县杨桥乡、宁乡县城关镇、长沙市二商局等9家给予1.38万元奖励。1989年，在市灭鼠指挥部统一指挥下，城乡同步控制和消灭鼠害，全市灭鼠工作获“全国灭鼠先进城市”称号。是年，长沙市发布《关于向全市各单位和住户筹集灭鼠经费的通知》，实行灭鼠工作“谁受益，谁出钱”。

1991年，《长沙市爱国卫工作十年规划及“八五”计划》要求保持“灭鼠先进市”的称号，到1992年市区灭蟑、灭臭虫达标；到1995年市区灭蚊、灭蝇达标。1994年，长沙除“四害”工作以灭鼠为主。长沙市实行部门配合筹集灭鼠灭蟑经费，保证除害防病工作的顺利开展。各区、街都配有常年灭鼠员，特殊行业、窗口单位、单位食堂防鼠设施做到“四化”，即门底铁皮化，地面墙面硬化，物品堆码货架化，窗口、管道铁网化。在全市设立鼠情监测点和鼠情举报电话，建立一支专群结合的灭鼠队伍。1996年，全国爱卫办派出专家组对长沙市灭鼠达标10年来的巩固工作进行复查考核，其考核结果以居民、一般单位、重点行业3项达标而受到全国爱卫办的通报表扬。市爱卫办编印宣传资料3万份，分发到各区、街道，录制宣传片《持久的人民战争——灭蟑纪实》。浏阳市通过省爱卫会灭鼠考核验收，被省爱卫会授予“灭鼠先进市”称号；长沙市通过省爱卫会灭蟑考核验收，被省爱卫会授予“灭蟑先进市”称号。

图 24-2-3-1 芙蓉区文艺路办事处开展灭蟑知识宣传（摄于1996年8月，长沙市爱卫办供图）

1997年，全市筹集灭鼠灭蟑经费106.5万元，投放灭鼠灭蟑毒饵约94.5吨，培训灭鼠灭蟑骨干8168人次。长沙市获“全国灭蟑先进城市”称号。1998年2月，全国爱卫办派专家组对长沙市城区灭鼠工作进行复查。长沙市组织14个责任部门和市内5区相关部门开展地毯式对口检查和随机抽查，共投放鼠药蜡块2.3吨，杀它仗2.5吨，毒饵70吨，使灭鼠复查取得较好成绩，顺利通过复查。6—8月间筹备35万元灭蟑药物，在全市统一开展灭蟑行动。是年，出台《关于收取灭鼠、灭蟑药物成本费（试行）的通知》，对居民每户按3元，单位按每平方米0.5元，幼儿园、小学、中学按100~250元，农贸市场按占地面积最高不超过1000元的标准收取灭鼠、灭蟑费用。

2000年，在全市城乡开展以春秋季灭鼠、夏季灭蟑为重点的除“四害”活动，全市城区筹集灭鼠灭蟑经费100余万元，举办培训班300场次，发放除“四害”宣传资料8.03万份，出宣传板报1937期，出动宣传车327台次，全年投放灭鼠灭蟑毒饵（药物）200余吨，出动热烟雾机烟熏下水道2万余次。为保证除“四害”工作的落实，市、区两级开展日常检查督查和考核，全市抽查房间1.42万间、单位

1000个、住户1900户。设立除“四害”密度监测点54个，对举报鼠、蟑情严重的地方督促其整改。全市“四害”密度保持在国家标准之内。2000年，长沙县获市级“灭鼠先进县城”称号，浏阳市通过省爱卫办的省级“灭鼠先进市”复查。

2002年，继续在城区开展以灭鼠灭蟑为重点的除“四害”活动，10月底，对城区进行灭鼠灭蟑效果考核，各项指标均控制在国家标准以内。为规范除“四害”药械市场，申请办理经营除“四害”药械和有偿承包除“四害”服务的业主（公司），必须持有市爱卫办对其资格的审核准入意见书，方可在市工商局登记办证。2003年，制定《长沙市2003年统一灭鼠实施方案》《长沙市2003年统一灭蟑方案》，发动群众按照“百物移动清鼠迹”“堵洞抹缝摘卵荚”“翻盆倒灌清积水”的要求大搞室内外环境卫生，清除“四害”滋生场所，完善防鼠防蝇设施。2004年11月，省爱卫会派出专家组，按照全国爱卫办的有关规定和要求，对长沙市创建灭蚊灭蝇先进市工作进行考核鉴定，专家组一致认为各项指标均符合全国爱卫会颁布的“灭蚊灭蝇”标准要求，省爱卫会授予长沙市“灭蚊灭蝇先进市”称号。2005年，长沙市除“四害”工作坚持“把握时机，突出重点，科学管理，分类指导”的原则，按市、区、街三级网络运作，由区爱卫会组织、街道办事处具体实施，开展春秋灭鼠，夏秋灭蟑灭蚊灭蝇和下水道烟熏灭蚊活动，除“四害”药械做到统一购买、统一检测，全年未发生一例中毒事故。至2005年年底，长沙市逐步建立“灭防结合，长期巩固”的一整套防制措施，建立由社会集资解决除“四害”经费的办法，建立交替用药的原则，建立一支专群结合的除“四害”队伍，实现服务频次由突击活动向常年防制转变、服务范围由大面积向重点区域转移，有效巩固了除“四害”成果。

2006年，通过报纸、板报、横幅、科普长廊等阵地进行宣传，提高广大群众对“四害”危害的认识；联合除“四害”专业公司参与长沙晚报“市民热线”专栏，为广大市民解答除“四害”难题；举办各类型培训140余次，培训基层爱卫人员4000余人次，建立一支除“四害”专职工作队伍。加强对有害生物防治公司（PCO）监督和管理，对10余家PCO公司进行实地考察，抽查PCO公司服务的40个客户单位进行灭鼠效果考核，召开专题考核情况讲评会，规范PCO公司作业施工。11月，省爱卫会委托省鼠害与卫生虫害防治协会对长沙市灭鼠、灭蟑工作进行复查，长沙市顺利复查考核，“四害”密度均达到国家规定标准。2007年，鼓励各区、街道、社区加大经费投入，在坚持专群结合的基础上实行公共地带除“四害”市场化运作。芙蓉区率先采取政府买单，由专业公司有偿承包公共环境除“四害”工作，逐步将公共环境除“四害”工作推向市场。其他4区实行下水道烟熏灭蚊灭蟑市场化运作。芙蓉区、雨花区在百余个社区开展“除四害药柜进社区”活动。成立长沙市有害生物防制协会。是年，长沙市顺利通过灭鼠灭蟑复核，继续保持“全国灭鼠灭蟑先进市”称号。

2008年，将群众知晓率、参与率作为考核除“四害”工作的重要内容。组织对街道一级爱卫专干进行除“四害”工作专题培训，提高爱卫专干业务水平。继续鼓励各区、街、社区加大经费投入，在坚持专群结合的基础上，积极实行公共地带除“四害”市场化运作。2009年，市区各级投入除“四害”经费473.5万元。推行公共地带除“四害”市场化运作模式，全市下水道烟熏灭蚊灭蟑和20余个街道的常年灭鼠已经实现市场化运作。启动公共地带除“四害”设施标准化建设，首批60个社区室外毒饵室标准化建设全部完工。联合省市新闻媒体开展除“四害”宣传报道50次，印发灭蚊灭蝇专刊3万余份。长沙市病媒生物密度一直控制在国家规定的标准之内。

2010年，长沙市深入开展病媒体生物防制活动。3—4月，委托市有害生物防治协会对全市519名爱卫干部进行专题培训。完善灭鼠投药设施，新建灭鼠毒饵室6000个。由市疾控中心开展“四害”密度季节消长监测工作，聘请有害生物防治专业公司对灭鼠灭蟑效果进行杀灭效果检测。将《病媒生物防制管理办法》纳入2010年立法计划。2010年年底，率先在全省实现鼠、螂、蚊、蝇四项密度均达到国家标准。2011年，继续推行病媒生物防制市场化运作，全市下水道烟熏灭蚊灭蟑、芙蓉区及20余个街道的灭鼠均实行“政府出资、专业公司承包”的市场化运作。推进公共环境灭鼠毒饵室建设。2010—2011年，市区新建毒饵室2万余个。2011年12月，《长沙市病媒生物预防控制管理办法》发布，为规范、推动病媒生物防制工作的深入开展提供有力保障。

2012年，在雨花区的4个社区投入60余万元建设室外毒饵室1000个，建筑体防鼠挡板（刺）100处，设置灭蚊灯60处，诱蝇笼100余个，受到社区群众好评。建立健全病媒生物防制专家库，为全市病媒生物防制工作提供业务指导和技术保障。是年底，先后获得并保持“全国灭蟑先进城市”“全省灭蚊、灭蝇先进城市”等称号，是湖南省第一个率先实现老鼠、蟑螂、蚊子、苍蝇控制指标均达国家标准的城市。

第四节　卫生创建活动

一、全国卫生优秀城市创建

1989年开始，全国爱国卫生运动委员会办公室（中华人民共和国国家卫生健康委员会疾病预防控制局）开始评选命名国家级卫生优秀城市（包括国家卫生县城乡镇）。1990年，成立长沙市创建国家卫生城市和迎接全国城市卫生检查领导小组，制定发布《长沙市1990—1995年创建国家卫生城市规划》，提出“八五”期间建成国家卫生城市的整体目标及分步实施的年度创建工作计划，长沙市创建国家卫生城市工作正式起步。

1991年，全国爱卫办在全国省会城市和计划单列城市开展全国城市卫生检查评比，1992年在第二次全国城市卫生检查评比中，长沙市获“全国卫生城市”称号。此后，全国城市卫生检查评比暂停。1993年，长沙市城市卫生水平有所下降，脏乱差现象一度抬头。市、区开展为期两年多的治理。1994年年初，由市政府与全市33个有关部门签订创建国家卫生城市、城市管理工作目标责任书，将任务层层分解，做到任务到位，责任到人，奖罚兑现。坚持“市长月末周六卫生检查日制度”和“领导干部现场办公制度”，市领导深入基层调查研究，开展市容检查和现场办公。将1995年定为“城市管理年”，提出“创建国家卫生城市人人有责，个个受益”和“人人都是投资环境，个个都是长沙形象”等口号。

2000年，经国务院批准，长沙市取得实行城市管理综合执法的资格，组建一支城市管理综合执法队伍。对全市5区54个街道开展市容环境卫生综合检查，重点检查主次干道、背街小巷、城郊接合部市容卫生。2001年，城市环境综合整治工程按计划顺利实施，投资1.04亿元的液化气混空气工程于10月建成开通供气；投资1.5亿元的固体废弃外物处理站于8月投入试运行；投资近亿元的星沙污水处理厂建设工程基本完成。是年，宁乡县获省级卫生县城称号。2002年10月，长沙县县城创建国家卫生城镇工作通过国家级考核验收，长沙市创建国家级卫生城镇工作实现零的突破。2003年，爱卫工作纳入长沙市国民经济和社会发展规划，纳入公共卫生建设体系。出台《关于加强公共卫生工作的决定》，召开长沙市农村卫生工作暨爱国卫生表彰大会、卫生防病工作大会、长沙市迎五城会爱国卫生工作大会等，号召全体市民开展爱国卫生运动。市爱卫办多次组织专家对望城县的创卫工作进行指导和督促，使望城县的创省级卫生城市的工作顺利行进。2004年，出台《长沙市创建全国文明城市工作方案》，开展以“争创全国文明城市，改陋习，树新风”为主题的系列爱国卫生宣传和大扫除活动，开展4次全市大扫除活动，出动 50 万人次，清运垃圾近千吨，清除卫生死角 2900 余个次，开展 3 次爱国卫生大型宣传活动，有 500 余个单位、7 万余人参加，近万名群众参加“改陋习、树新风”签名活动，组织卫生知识咨询、义诊 5000 余人次，纠正不文明行为 2000 余人次。6 月，望城县通过省爱卫会考核验收，成为湖南省卫生县城。

2005 年 4 月，成立市创建国家卫生城市工作领导小组，与市爱卫会一套人马两块牌子。8 月，为做好迎接全省城市卫生检查工作，长沙市发布《长沙市 2005 年迎接全省城市卫生检查工作实施方案》，进一步明确各级各部门的迎检工作职责。创建省级卫生城 3 个（浏阳市、望城县、宁乡县）。2007 年，在全省城市卫生检查评比中，取得省检排名第一，获得全省爱国卫生先进城市荣誉。2008 年，各创建单位建立健全爱卫组织机构，成立卫生创建工作领导小组，由 1 名主要领导牵头，具体负责制建工作。各单位建立健全各项卫生制度，如室内外环境卫生管理制度、绿化管理制度、禁烟制度、卫生检查评比制度、周末卫生大扫除制度和职工定期体检制度等。科大佳园社区提出“绿色、安全、文明、和谐”的口号，在全市首创“无烟社区”。

2010 年，长沙县再次通过全国爱卫办审核，保持国家卫生县城称号。2011 年，启动创建国家卫生城市工作，提出通过 3 年努力把长沙市创建成为国家卫生城市。10 月，通过省级调研和考核，认为长沙市已具备申请国家卫生城市的基本条件。2010 年爱卫月活动期间，全市开展环境卫生集中整治行动 220 次，参加人员 30 万次，整治主干道 260 条，填埋暴露垃圾 5750 处，清理卫生死角 8800 处，清理、疏浚排水沟 40 万米，清运垃圾 10 万余吨；编印爱卫专刊 5 万份。2012 年，继续全面创建国家卫生城市，完善《长沙市创建国家卫生城市工作方案》，出台《中共长沙市委、市人民政府关于长沙市创建国家卫生城市的决定》。

二、全国文明城市创建

（见第二篇　中国共产党　第五章 精神文明建设　专记：长沙市创建全国文明城市）

三、文明卫生单位创建

20 世纪 80 年代中期开始，长沙市抓创建文明卫生单位“细胞工程”，包括省市两级文明单位。1987 年全市有省级文明卫生单位 58 个，市级文明单位 103 个。1988 年，长沙市新创省级文明卫生单位 71 个，市级文明卫生单位 83 家。1989 年 4 月 19 日，长沙市发布《关于加强爱国卫生运动的通知》，继续开展文明卫生单位创建活动，建立目标责任管理机制，提出“净化为主、搞好绿化、适当美化”的创建原则。是年，长沙市新创省级、市级文明单位分别为 61 个和 92 个。

1991 年，印发《长沙市爱国卫生工作十年规划及“八五”计划》，要求到 1992 年全市文明卫生单位达到 20%。1994 年，创建省级文明卫生单位 9 家，市级文明卫生单位 37 家。1996 年，全市有省级文明单位 12 个，市级文明单位 48 个。1996 年，市内各区新增省级文明卫生单位 12 个，市级文明卫生单位 48 个。其中湖南宾馆、市五水厂、长沙炮兵学院、望月湖办事处、王家洲居委会、岳麓书院等单位成为长沙市百佳文明卫生单位。1998 年，为巩固文明卫生单位创建成果，对 1993—1995 年命名的省、市级文明单位进行复查，淘汰 5 家省市级文明卫生单位。电信局、省人民银行、长沙工业高等专科学校进入“百佳文明卫生单位”行列。至 2000 年年底，全市申报创建省级文明卫生单位 28 个，市级文明卫生单位 68 个。

2001 年，把创建文明城市与创建卫生城市活动有机地结合起来，全年新创省级卫生单位 25 个、市级卫生单位 60 个、卫生小区 7 个，宁乡县获省级卫生县城称号。截至 2002 年 9 月，按照创建、申报、验收、命名的文明单位创建流程，全市创省级文明卫生单位 329 个，市级文明卫生单位 392 个。

2003 全市新创市级文明卫生单位 68 个，卫生社区 8 个。2004 年新增省级文明单位 16 个、市级文明单位 31 个。2005 年省级文明卫生单位 18 个，市级文明卫生单位 23 个，市级卫生示范社区 7 个，市级卫生示范村 5 个。至 2005 年底，全市累计创建省级文明卫生单位 431 个，市级文明卫生单位 628 个，市级卫生示范社区 39 个，市级卫生示范村 7 个。

2006 年，对全市 2004 年前创建的 431 个省级文明卫生单位进行复查，经省爱卫会审查批准，有 357 家单位保留称号，有 47 家单位因更名、迁址、工作滑坡等原因取消“省级文明卫生单位”的称号。2007 年，新创建省级文明卫生单位 12 个、市级文明卫生单位 31 个、卫生示范社区 8 个。2009 年，全市被省爱卫会命名为省级文明卫生单位 11 个。2010 年新增省级文明卫生单位 10 个、市级文明卫生单位 27 个。2011 年有省级卫生单位 407 个。

2012 年新创省级文明单位 11 个、市级文明单位 42 个、市级文明社区 9 个。宁乡县通过湖南省卫生县城符合和创建国家卫生县城基础评估，望城区以 93.15 分通过湖南省卫生县城复查。至 2012 年年底，有省级文明卫生单位 418 个，市级文明卫生单位 749 个，省级卫生村 12 个，市级卫生村 23 个，市级卫生社区 66 个。

四、卫生村（社区）创建

1988 年，长沙市开展“五好家庭”“双文明户”“文明楼栋竞赛”，推动基层卫生创建工作。1989 年，城区重点抓文明卫生居委会（后为社区）的创建，农村重点抓文明卫生村的创建。1996 年，宁乡县率先在农村开展创建卫生示范户活动，评出卫生示范户 3.5 万户。是年，在全市 40 个街道办事处和乡、镇、场设立市容环卫所，实现基层环卫工作由突击性向经常性转变。

2000 年，按照早计划、勤检查、严考核、常巩固的要求，开展文明卫生单位、村、镇创建工作。2002 年，把创建文明城市与创建卫生城市活动有机地结合起来，创建卫生村、卫生示范户。全年新创卫生小区 7 个、卫生村 2 个、农村卫生示范户 400 户。

2003 年，爱卫工作被纳入国民经济和社会发展规划和公共卫生建设体系，发布《长沙市农村初级卫生保健实施规划（2002—2010 年）》，制定《长沙市区、县（市）爱卫工作目标管理考核办法》《长沙市卫生社区标准（试行）》，在全市一定范围内开展卫生村（镇）、卫生社区创建活动。全年新创建卫生村 5 个、卫生社区 10 个。

2005 年，新创市级卫生村 2 个，全市创建省级卫生村 12 个、市级生村 23 个、市级卫生社区 66 个。2006 年，制定出台《长沙市卫生示范社区（村）命名办法》《长沙市卫生示范社区（村）考核命名标准》，遵循“严格标准、成熟一个、发展一个”的原则，对各申报单位、社区、村进行指导、考核、验收。投资 2.3 亿元对 100 个社区进行环境综合整治。全年新创建省级卫生村 1 个、市级卫生村 5 个。

2007 年，印发《关于开展 2007 年长沙市千村卫生大扫除活动的通知》，在长沙县黄龙新村等百余个村开展“卫生大扫除”活动。将创卫村将改厕与“新农村、新环保、新生活”“农村清洁工程”等新农村建设项目相结合，建设和完善卫生基础设施，加强环境治理和卫生管理，新创建望城县高塘岭镇胜利村等 6 个村市级卫生村。各创卫村均成立以支部书记为组长的创卫工作领导小组。宣传工作方面，各村通过召开村民代表大会、创办学习班等形式，使创建卫生村成为全体村民的共同意愿；检查评比方面，各村均坚持“家庭卫生评比”等活动，发挥村民在创建活动中的主力军作用；长效机制方面，各村因地制宜制定家庭卫生制度、卫生评比制度、大村卫生大扫除制度等。全年有 87 个单位（社区、村）提出创建申请。2008 年，按照“创建一个卫生示范社区（村），带动一片地区；创建一个文明卫生单位，带动一个行业”原则，发挥创建单位的典型示范作用。全市新增省级卫生村5个、市级卫生村5个。2009年，将农村垃圾治理纳入市政府八件实事工程，积极推行“户分类、村收集、镇中转、县处理”的治理模式，启动乡镇垃圾中转站建设项目。实施农村生态建设、实施农村清洁工程和农村环保“三新”工程，重点加强农村养殖污染治理，完成252个“零排放”养殖场（户）试点建设，综合利用畜禽粪便5万吨，削减COD排放1070吨。以改水改厕项目村为重点，开展“千村卫生大扫除”活动，指导各村开展环境治理、家庭卫生评比，探索建立村民卫生自治管理，创建省级卫生村5个，市级卫生村5个。

2010年，出台《关于印发〈长沙市乡村卫生整洁行动方案〉的通知》，在全市启动“四边（整治屋边、路边、水边、田边的裸露垃圾）三大（大清扫、大清理、大清运）”乡村环境卫生整洁行动。成立市乡村环境卫生整洁行动小组，召开新闻发布会和动员部署会。各区县（市）通过召开动员会、发放倡议书等形式，发动农村居民参与治理农村环境行动。全市开展集中整治行动数百次，发动干部群众10万人次。7月初，全市对28个乡镇64个村开展“乡村环境卫生整洁行动”的首轮督查，11月中旬，完成对全市44个乡镇40个村开展“乡村环境卫生整洁行动”的二轮督查，评选出上、下半年“十佳”“十差”乡镇、村，并通过媒体向社会进行公布。通过对4000余人的民意调查，95%以上的群众认为这是一件让老百姓收益的事情。全年，创建省级卫生村5个、市级卫生村15个、市级卫生社区7个。

2011年，各创建村以创建工作为载体，结合城乡一体化建设和环保连片整治工作，完善基础设施建设。如岳麓区雨敞坪镇福胜村一年内硬化村公路6千米，村组公路硬化率90%，入户通道硬化率70%。为让群众参与创建卫生村（镇）的工作，因人制宜发动不同群体参与创建活动。岳麓区雨敞坪镇组织“小手牵大手 共创卫生村”活动，让学生充当环境卫生的宣传员、监督员等；浏阳市小河乡严坪村“五老”队伍成立街道卫生管理委员会，设立党员示范岗，实行党员干部双联制；长沙县白沙乡每月组织村民开展一次公益劳动，定期公布公益活动情况及有关整洁行动的评论和建议。2011年，建成乡镇垃圾中转站96个、村级收集站810个、收集池（桶）65万个，基本完成城乡一体化的垃圾收集处置体系；完善污水处理设施，累计建成乡镇污水处理厂31个。是年，创建省级卫生村12个，市级卫生村23个，市级卫生社区66个。

2012年，长沙市完善创建标准和考核命名办法，修改和出台《长沙市卫生社区标准及管理办法》《长沙市卫生乡镇标准及管理办法》，并加强对各申报创建单位的管理、指导和考核，提升全市卫生创建工作水平。全年，全市评选出60个“十佳”乡镇、村和10个优秀乡镇。全年新创省级卫生镇3个、省级卫生村14个、市级卫生镇6个、市级卫生村38个。

第五节　健康教育和控烟

一、健康教育

20世纪80年代末，长沙市由社区卫生宣传向健康教育过渡，各社区通过开办市民学校、开设健康教育大课堂等形式，向广大群众传播健康防病知识，提升市民卫生意识。1988年，全市有卫生宣传网点3200余个，卫生宣传员3011人（其中专职26人），设立各种宣传栏8980座，大型卫生宣传油画200余块，全年发放卫生宣传资料10.5万份，编印《长沙卫生》4期8万份，发行《大众卫生报》1.86万份，《大众卫生报》成为市民最喜欢阅读的报刊。各中、小学校都把健康教育纳入学校教学大纲，健康教育开课率100%，各小学都建立医疗卫生保健室，配备有专（兼）职保健老师。至1994年，长沙市中、小学均成立以校领导为首的爱卫组织机构，全市中学做到校校都有医务室、学生卫生保健室，小学建立健全卫生室，配备保健老师。每年从教育附加费中拨出 30 万元进行文明卫生建设。全市各学校都有健康教育计划，小学健康教育课已纳入课表安排，中学坚持上好“生理卫生课”“青春期卫生教育课”等课目，定期开展卫生知识测验。长沙市新建校舍均严格按卫生标准设计和施工，做到布局合理，采光照明符合标准，并特别注意加强食堂建设，做到设备齐全、炊具清洁、生熟分开，杜绝学生肠道疾病的暴发流行。每年统一对全市中小学进行体格检查，各校每年查视力两次，并加强学生健康档案管理，建档率达 99.9%以上。全市的视力监测工作得到国家教委的通报表扬。是年，组织开展校医、保健老师的培训，全年全市举办校医、保健老师业务学习班 8 次，统一发放《学校卫生工作条例》《近视眼防治工作方案》等资料。

1995 年，市爱卫办和市健康教育所联合举办两期专干培训班；编发《卫生与健康》简报 12 期；与长沙晚报联合开展健康教育百题知识竞赛，收到答卷 2.5 万余份；开展健康知识电视抢答赛；加强健康教育示范小区的工作。《长沙晚报》、长沙电台、长沙电视台开辟《卫生知识》《健康顾问》《为您健康》等专栏 16 个。全市影剧院利用幻灯片和科普片对群众进行反复的卫生宣传。1996 年 4 月，爱卫月活动期间，全市更换宣传橱窗 1839 个，设立宣传站 30 个，出墙报、板报、简报 771 期，出动宣传车 31 台次，悬挂横幅 1240 米，印发宣传资料 4.3 万份，组织 20 余万名中小学生开展“清除白色污染 净化城市环境”大扫除活动，全市 320 余所学校参与其中。宁乡县在各乡镇均成立健康教育领导小组，培训健康教育人员 3000 余人；浏阳成立健康教育所，配备 4 名专职人员。1998 年，爱卫办联合市健康教育所编写《干部健康教育知识》和《居民建康教育知识》，每星期出一期《健康教育周刊》。

2000 年，爱卫月活动以“清除裸露垃圾 净化生态环境”为主题，开展清除积存裸露垃圾、城乡春季灭鼠、世界卫生日宣传等活动。各区县（市）有群众 3 万人、各级领导 100 余人，参与卫生日的宣传活动。在开展无吸烟单位评比活动方面，得到省爱卫办的肯定。2002 年年初，对全市区以下健康教育专干进行专业培训；全年组织专家深入社区进行健康知识讲座 10 余场次，听课群众达万余人；利用健康、防病宣传日，开展街头健康教育宣传活动 10 次；组织开展“跃动之星”大型健身活动，100 个社区的 160 支代表队参加“益寿保健操比赛，雅塘村社区代表长沙市参加全国总决赛，并进入全国前六名；在“全国食品卫生宣传周”活动中，在步行街中心广场举办食品卫生知识图片展览和食品卫生现场咨询；在防洪救灾期间向抗洪军民发放救灾防病宣传资料 2 万余份。4 月，市疾病预防控制中心成立并加挂市健康教育所牌子。为确保对健康教育队伍的规范化管理，对全市各基层健康教育人员进行重新登记、建立花名册，对各基层健康教育设备、宣传网点等资料建立档案登记，明确各基层健康教育工作有专人负责，区县（市）社区健康教育网络队伍建设完善率 100%，全市有健康教育专（兼）职人

图 24-2-5-1 长沙市爱卫办在望城县黄金乡香桥村学校举行农村环境卫生与健康教育培训班，为学生和家长讲授卫生健康知识

（摄于 2003 年 9 月 18 日，长沙市爱卫办供图）

1000余人。全年开展各类健康知识专题讲座40余次。编印培训教材2万余份，培训从业人员4万余人。

2003年4月，举办“长沙市预防非典型肺炎”健康教育大课堂，聘请广东省非典型肺炎防治专家组成员、广州医学院第一附属医院教授潘俊辉授课。市、区爱卫办工作人员、健康教育专干，社区卫生服务中心、部分大专院校、中、小学幼儿园医务室工作人员，各厂矿医院、区县（市）疾控机构有关人员等500余人。在爱卫月活动中，参加健康教育宣传活动的各级有关领导128余人次、宣传活动的单位150个，出宣传板报472块，组织专家现场义诊、咨询2800余人次，发放健康教育宣传资料约6.5万份。

2004年，编印《预防禽流感》《春季灭鼠》《改陋习，树新风》《世界卫生日》《世界无烟日》《农村改水改厕》6期爱卫专刊共计10万份宣传资料，在68个社区楼栋安装《居民健康卫生行为公约》6000张。湖南卫视、长沙电视台、《长沙晚报》、《潇湘晨报》、《三湘都市报》、《东方新报》等新闻媒体播放、刊登20余篇报道城乡爱卫工作情况。2005年，建立起“政府负责，政策配套，社会参与，卫生指导，法制保障”的健康教育与健康促进工作机制；开展防病知识和健康保健知识的宣传，提高居民健康知识知晓率和健康行为形成率；以“亿万农民健康促进行动”为载体，培养示范村、示范户，让健康知识进农家，引导农民革除陋习，改善环境，提高农民健康意识和健康素质；加强学校健康教育工作，将健康教育纳入中小学校教学内容，让学生掌握疾病预防知识和卫生保健知识，通过开展“卫生小报”评比、“小手牵大手”等活动，培养学生成养良好的卫生习惯。2006年，以社区居民、农民、学生、民工等人群为重点开展健康教育宣传活动。利用“世界卫生日”“世界无烟日”“艾滋病日”“预防人畜共患病”和第十八个爱卫月宣传活动，在全市形成爱国卫生运动热潮。全年，全市开展周末卫生大扫除20次、全市性卫生突击周6次，参加总人数20余万人次，清运垃圾2500余吨，疏通沟渠12万米，清除卫生死角400余个，解决老大难问题近300个。印发各类健康宣传资料近37万份，悬挂横幅标语3000余条，刊展板报近2200块，有效推动健康卫生知识的宣传和普及。

2007年，以纪念爱国卫生运动55周年为主题，结合长沙市“创建全国文明城市”和“建设健康型城市”工作要求，开展爱卫宣传活动，设立宣传活动点185个次，参加人数15万余人，发放宣传资料15万余份，悬挂横幅标语605条，制作板报753期。在全市中小学校开展卫生知识小报评比，组织健康知识讲座；开展建筑工地食堂卫生和居住地卫生巡查，开展艾滋病防治知识讲座，着力提高农民工文明卫生意识和自我保健能力；编印《农村改厕》《环境卫生与个人卫生》宣传手册10万册，促进文明健康生活方式渗透到千家万户。12月，逐步形成“政府主导、部门协作、社会参与”的健康教育工作机制。《长沙晚报》等新闻媒体营造健康氛围，播放、刊登公益广告、举办专栏、专题传播健康知识，倡导健康生活方式。开展送健康知识进工地、进单位、进社区等活动，服务群众。各街道、社区、单位以市民喜闻乐见的形式宣传卫生知识，市民健康知识知晓率和健康行为养成率不断提高。各街道、社区、医院、学校及企事业单位均建立健康教育网点，配备健康教育专（兼）干，定期开展教育宣传，70%的社区建立居民健康档案。

2008年，开福区连升街社区组织开展“健康教育”游艺活动、“我爱我家”为主题的假期活动、“卫生之星”家庭评比活动，活动效果明显，《长沙晚报》进行宣传报道。各创建单位结合卫生创建工作，开展健康有益的群众性体育活动和文明健康的生活方式，革除不健康的陋习。浏阳市机关后勤服务中心把上班群体易患疾病防治作为工作重点，制作《呼吸系统疾病的预防》《颈椎病的防治》《肝炎的防治》等系列干部职工需要且可视性很强的影碟，得到干部职工的好评。2009年，长沙市开展爱卫月、世界卫生日、世界无烟日宣传活动20余次，设置各个集中宣传点100余个，参与人数20余万人，发放各类宣传资料30万余份。举办“我们的节日·端午节”“和谐我生活，健康长沙人”等健康促进系列活动，宣传普及卫生保健倡导健康生活方式。2010年，市级安排健康教育经费20万元，用于健康教育培训，编印资料，设置宣传橱窗。2011年，在全市开展宣传普及中国公民健康素养66条。是年全市城市居民健康知识知晓率85%、健康行为形成率为75%，农村居民健康知识知晓率80%、健康行为形成率为70%。

2012年4月，开展以“爱国卫生人人参与，健康生活人人享有”为主题的健康教育活动。设立各类宣传点、义诊咨询点859个，发放宣传资料50万份，陈列板1256块，治理卫生脏乱差1156处，受理解决群众投诉545件。组织专题讲座、现场示范等多种形式业务培训25班次，培训街道（乡镇）、社区（村）爱卫专干890人次。

二、公共场所控烟

20世纪80年代末，随着人们健康意识的增强，开始关注控烟工作。20世纪90年代开始，长沙市在爱国卫生运动中将控制吸烟纳入宣传活动中。1994年5月31日，在第七个世界无烟日之际，长沙市发布《关于开展大众传播媒介反对吸烟活动的通知》。在火车站设立宣传点，发放宣传资料5000份，长沙卷烟厂停产、停销一天。1995年5月，副市长颜克初在《长沙晚报》发专文倡议市民戒烟。在火车站、商场等公共场所设有专人劝阻吸烟。1998年5月，长沙市出台《关于公共场所禁止吸烟的规定》成为长沙市第一个控烟地方法规。学校、医院、商场、车站、影院等公共场所均禁止吸烟，张贴禁烟标识。

2000年，授予“南方航空湖南分公司”为“无吸烟单位”，授予“定王台书市”等49个单位为“控烟先进单位”，授予李诗荣等1302户家庭为“无吸烟家庭”的称号。2001年，授予“湖南鹜马制药有限公司”为“无吸烟单位”，授予“阿波罗商业城”等22个单位为“控烟先进单位”的称号。2002年，利用宣传板报、会议、课堂、广播电视、报纸杂志等方式在职工及居民中广泛进行吸烟有害的卫生宣传。各医院、机关单位建立控制吸烟制度及罚款制度；医院、学校及各公共场所的醒目处，均贴有禁烟标志，禁止吸烟制度，设立吸烟与禁烟区等。5月30日，市财经职业中专组织学生举行“拒吸第一支烟，做不吸烟的第一代”宣誓签名仪式。

2003年5月31日，开展“讲文明 讲卫生 讲科学 树新风 暨世界无烟日”系列宣传活动。在长沙市部分中小学开展“拒吸第一支烟的万人签名活动”；在全市开展《烟草控制框架公约》的宣传。是年，WHO/中国控烟能力建设项目社区（学校）子项目在长沙市落地。2005年，重申公共场所禁烟的相关规定，采取召开专题会议、开展“世界无烟日”宣传活动、发放公共场所控烟知识问卷、印发2万份禁烟标志在公共场所张贴，对机关、商场、医院、车站（机场、码头）及公共交通工具内的控烟情况进行专项督查，促进落实公共场所的控烟措施。拆除城区内全部烟草广告。5月下旬，在机关、街道、社区、医院等90余个地点发放《公共长沙控烟知识调查问卷》1万份，回收5721

图24-2-5-2 长沙市口腔医院开展“讲文明 讲卫生 讲科学 树新风 暨世界无烟日”宣传活动

（摄于2004年5月31日，长沙市爱卫办供图）

份问卷，通过统计，对公共长沙控烟知识基本了解的市民有4518名，占78.97%，不了解有233名，占5.74%。2007年，发出“创造无烟环境，构建和谐社会”倡议，部署公共场所控烟工作，发放控烟问卷5.46万份。印发各类控烟宣传资料9万余份，悬挂横幅标语200余条，市、区组织3次专题督查，检查各类公共场所500余家次。2008年，长沙市制定《公共场所控烟工作的要求》，将控烟工作与创建文明城市和迎奥运结合起来，因地制宜组织开展相关控烟活动。2009年，长沙市发布《关于进一步落实公共场所禁止吸烟的通知》，统一公共场所控烟“三有四无”标准（有禁烟标志、有灭烟沙盘、有劝阻人员，无烟草广告、无烟具、无烟头、无吸烟者）。组织公共场所控烟督查10余次，检查政府机关、医院、学校、剧院、商场、车站、机场等各类公共场所500余家，下发督查整改意见书200余份。长沙市成为首批入选“无烟城市——盖茨中国控烟项目”七个城市之一。

2011年4月，为推动长沙市公共场所和工作场所禁烟工作，长沙市发布《关于在全市开展创建“无烟单位”和“无烟家庭”活动的通知》，创建“无烟单位”和“无烟家庭”正式启动。2012年5月，旺旺医院等20个单位和100户家庭分别授予“无烟单位”和“无烟家庭”称号。

第三章　计划生育

20世纪80年代末，长沙市处于人口生育高峰期。部分群众“传宗接代，养儿防老”生育观念没有根本转变。1988年，全市出生人口8.77万人，出生率17.54‰，自然增长率9.91‰，计划生育率72.41%。为严格控制人口增长，长沙市出台《关于认真抓好计划生育工作的意见》，并层层落实岗位责任制，市与区、县（郊）及部门签订目标管理责任书，将出生率、计划生育率、多孩控制率等指标分解至各级各部门，年终考核，奖罚兑现。是年，全市施行节育措施14万余例，独生子女领证1.44万户。

1990年1月1日，《湖南省计划生育条例》颁布并实施。19日，召开贯彻实施《湖南省计划生育条例》电视电话会议，各区、县（郊）、乡镇设分会场，1万人参加会议。2—3月，3000名各级干部带头上街、下乡宣传。全市举行报告会112场，计划生育基础知识学习班538场次，印发《湖南省计划生育条例》194万册，宣传辅导资料46万份。是年，全市各级计划生育专职干部402人，农村乡、镇计划生育常年工作队员1000人，计划生育协会会员18.72万人。年底，长沙市排名全省第二，被评为省计划生育先进单位，所辖5区4县进入全省计划生育先进行列。1993年2月，4县（市）、郊区计划生育事业费由人均1元增至1.5元，市辖4区由人均0.3元增至0.8元。11月，全省计划

图24-3-0-1　长沙市政府在湖南宾馆召开各区、县（郊）党政领导计划生育工作会议

（摄于1988年12月，长沙市卫计委供图）

生育经验交流会在长沙县召开，并推广长沙引导群众少快富奔小康经验。1997年6月，召开计划生育优质服务工作会议，部署在区县（市）、乡镇、街道开展计划生育优质服务试点。浏阳市被国家计生委列为全国11个计划生育优质服务试点单位之一。11月，长沙市接待全国计划生育干部队伍建设工作会议现场参观。长沙市连续7年评为省计划生育工作红旗单位。国务委员、国家计生委主任彭珮云视察长沙市计划生育工作，勉励长沙“再领潇湘头，争创全国优”。

2000年11月，出台《流动人口计划生育工作管理实施办法》，流动人口实施流入地与流出地共同负责，以流入地管理为主制度。2002年，长沙市完成省下达各项计划生育指标，评为全省唯一计划生育工作模范市；市计生委评为全国计划生育先进集体。2004年11月，组织计划生育执法大检查，深入9个区县（市）和部分乡镇检查计划生育依法行政，文明执法情况。

2005年1月，长沙市实行人口计划生育综合改革，建立“依法管理、村民自治、优质服务、政策推动、综合治理”新机制。2月，出台《计划生育奖励优惠政策实施办法》，在严格执行中央、省4项奖励优惠政策基础上，对农村部分计划生育家庭、放弃再生育家庭、独生子女死亡、伤残家庭、城市低保户计划生育家庭实施奖励扶助，将奖扶列入市政府八件实事之一，率先全省安排专项资金兑现奖励扶助。4—6月，全市开展专项集中整治“两非”（非医学需要鉴定胎儿性别和非医学需要终止妊娠）联合执法行动，立案查处“两非”案件20余起，全市出生人口性别比回落到100:110.44（设定女性为100）。2006年，国家人口计生委将长沙市定为人口计划生育综合改革试点城市。2007年6月，全市启动符合政策育龄夫妻免费优生检测，当年检测2.16万人，发现阳性病例并跟踪治疗172例。

2009年1月，印发《计划生育三级联创，四到基层工作实施方案》，计划生育工作实行县、乡、村三级联动，责任、投入、指导、考核四到基层，并定为计划生育基层基础建设年。2月，全市开展“十佳”乡镇（街道），“百个”模范村（社区）、“千个”先进村、（社区）创建活动。2012年3月，发布《关于推进全市人口计划生育基本公共服务均等化工作的实施意见》，全市人口计划生育重点项目流动人口均等化服务、免费优生检测、出生缺陷干预、奖励优惠政策、利益导向机制、人口网格化信息管理、群众计划生育自治等创新推进。8月，在全省计划生育重点项目推进会上，国家人口计生委领导决定全国推广长沙市人口计划生育项目管理做法。是年，长沙市人口计划生育利益导向创新机制在全国会议上作经验介绍；全市人口出生率12.62‰；自然增长率6.10‰；计划生育率93.14%；村（居）民自治合格率91.23%；市5项优惠奖励政策落实率100%；免费优生健康检查率100%。长沙市荣获全省“第二届人口计划生育工作创新奖”，连续11年保持全省人口计划生育模范市称号。

第一节　机构队伍

一、市级机构

1988年，长沙市计划生育委员会下设办公室、宣传科、规划统计科。同年10月，增设行财科。编制19人。1989年6月，增设政研信访科。1991年6月，将政研信访科更名为信访科。1993年7月，增设中共纪律检查组。1995年5月，设办公室、宣传教育科、规划统计科、法规信访科、财务行政科、纪检组（监察室），政工科和机关党总支合署办公，编制24人。1996年8月，增设流动人口计划生育管理科。1998年3月，宣传教育科加挂科技科的牌子。2002年1月，设办公室、政策法规处、规划统计处、科学技术处、宣传教育处、人事资产处、机关党总支和纪检监察室，编制27人。2004年8月，增设流动人口管理处。同年10月，长沙市计划生育委员会更名为长沙市人口和计划生育委员会。2009年6月，增设计划生育奖励扶助处，编制37人。2011年4月，设办公室、政策法规处、规划统计处、宣传教育处、科学技术处、流动人口管理处、奖励扶助处、资产管理处、人事处、机关党总支和纪检（监察室）。至2012年12月底，长沙市人口计生委仍为11个处室，编制41人。

1988年，长沙市计划生育委员会直属机构有市计划生育技术服务站，市计划生育药具管理站。1991年7月，成立长沙市乡村计生干部培训示范站。1992年6月，成立长沙市计划生育科学技术研究服务所。同年12月，市计划生育技术服务站与市计划生育科学研究服务所合并为市计划生育科技研究服务所(为副县级全民事业单位)。2000年，市乡村计划生育培训示范站更名为市计划生育培训中心。2003年8月，市计划生育培训中心并入市计划生育科技服务中心。至2012年年底，市计划生育委员会直属机构有：市计划生育科技服务中心、市计划生育药具管理站。

1988—2012年，先后担任长沙市计划生育委员会、人口和计划生育委员会主要领导职务的有：张庭凯、彭可平、叶凯钦、胡静（女）、周敏（女）；其他领导班子成员有：陈扶持、王才英（女）、李银魁、刘元元（女）、王晃初、李亿成、张仁杰、张云桥、燕国浩、何俊英、胡平、袁湘（女）、厉卫东、刘激扬（女）、李淑环（女）、唐翠华（女）、彭水澄。

二、区县（市）机构

1988年，长沙市所辖东区、南区、西区、北区、郊区与长沙县、望城县、浏阳县、宁乡县均设立计划生育委员会。1993年，浏阳县改市，随之更名为浏阳市计划生育委员会。1996年4月，郊区更名为雨花区。同年，长沙市行政区划调整，东区、南区、西区、北区、郊区计生委分别更名为芙蓉、天心、岳麓、开福、雨花区计生委。2002年1月，区县（市）计生委改名为人口计生局。

2011年7月，望城县撤县设区，改名为望城区人口计生局。至2012年年底，长沙市下辖9个区县（市）均设人口计生局。

三、基层机构

1988年，全市240个乡（镇、场）、35个街道办事处（农场、渔场、畜牧场）相继成立计生办，长沙、望城、浏阳、宁乡4县派出机构共39个区公所均配备一名行政编制专干。1989年，长沙县、望城县、浏阳县、宁乡县、南区、北区、西区相继建立计生技术服务站，东区、郊区先后成立“三优”服务站。郊区马王堆乡、长沙县仙人市乡组建长沙市城、乡第一个乡级计划生育技术服务所。

1996年，全市撤区并乡，区公所计划生育行政编制自然取消。市计划生育科技研究服务所设立生殖保健门诊部，9个区、县（市）建立计划生育技术服务阵地。并乡后，全市农村155个乡（镇、场），城区38个街道办事处建立“四位一体”（计生办、人口学校、计生技术服务所、计生协会），3062个村和470个居委会均建立“三位一体”（计生办、计生技术服务室、计生协会室），市、县（区）各级行政事业单位、千人以上厂矿、企业、公司均建立计生办。

2002年，全市172个乡（镇）、街道，568个社区（居委会），2727个村计生办（室）、人口学校、计生技术服务所（室）、计生协会办（室）相继完善，其功能更齐全，场地建设标准更高。

2012年，全市农村94个乡（镇）、街道，城区94个街道办事处及村、社区、各级行政事业单位、千人以上厂矿、企业、公司计生机构无变更。

四、人员队伍

1988年，全市有行政事业编制计生工作人员501人，其中市级37人，区、县、郊（含区公所）176人，乡（镇）街道288人，具有高中以上学历者占81.6%，平均年龄37.4岁。

1990年12月，全市计生招聘干部转录40人，其中长沙县9人，望城县7人，浏阳县14人，宁乡县9人，郊区1人。1991年，全市270个乡镇已配备计生专干372人，农村239个乡（镇、场）建立常年工作队233个，有专业队员2043人。1995年，全市招录计生全民合同制工人270名，是年起，全市陆续招录计生工作人员、技术服务人员、全民合同制工人1598名，分别充实到区县（市）计生服务站，乡（镇）、街道计生办和乡、（镇）街道计生服务所。1998年，市和9个区县（市）计生机构，136个乡（镇）、34个街道办事处有计生行政技术人员1889人，大专以上学历者占97%。

2000年10月，全市675名计生全民合同制工人工资纳入县、乡财政统发。2002年，全市、县、乡级计生行政管理人员通过资格等级评审，58人成为高级、180人中级、1254人初级计生管理人员。

至2012年年底，全市计生系统有市、县、乡级行政事业编制计生工作人员和计生技术服务人员2399人。其中市级98人，区、县（市）级285人，乡（镇）、街道2016人，具有大专以上学历者占98.5%，平均年龄35.3岁。

附记　市计划生育协会

1986年9月4日，长沙市首届计划生育协会（以下简称“计生协”）成立。经选举，刘湘皋任市计生协会长，帅履初任常务副会长。1988年，市编办明确，市计生协定全民事业编制4人。当年，市辖9个区、县相继成立计生协会。3月，市计生协会与长沙电视台联合摄制《农家生育悲与乐》电视片，在城乡播放100场，观众2万多人次。5月，全市各级计生协创办婚姻学校29所，1.09万对新婚夫妇参加学习婚姻法和计划生育政策。8月，全市组建基层协会组织1004个，会员2.09万人。

1989年9月，市计生协召开代表大会，进行换届选举，产生第二届理事会，刘湘皋任会长，帅履初任常务副会长，陈扶持、孙逸樵、张理文、高建昌任副会长，定编4人。至年底，全市各级协会组织发展到3042个，会员7.31万人，城市居委会计生协基本普及，农村乡镇计生协达到75.1%，村达40.8%。1990年8月，市计生协与市电视台、市人寿保险公司联合组织计划生育政策和“三优”（优生、优育、优教）知识抢答赛，活动期间，发放计划生育各类宣传资料15万余份。1992年，市计生协举办《婚前婚后科普知识》《推广科学，走向文明》性知识展览，展出展板170块，图片725张，在城区主要街道设立咨询服务台，接待妇科咨询2000余人次，儿科4000余人次。1993年10月，市计生协开展计划生育系列保险，投保1995人，投保金额2221万元。是年，全市乡镇协会组织创办各类经济实体38个，产值250万元，利润20万元。

图24-3-1-1　市计生协在浏阳市政府会议室召开的“中国计生协联合国人口基金青少年生殖健康项目年度工作会”上进行经验交流　（摄于2005年9月21日，长沙市卫计委供图）

1994年5月，市计生协召开会员代表大会，选举产生第三届理事会，刘湘皋任会长、帅履初任常务副会长，陈扶持、张理文、高建昌、张惟政、刘赞久、孙逸樵任副会长，定编4人。1995年，市计生协拍摄电视专题片《走向美好的明天》发至城乡协会组织播放，观众达5万多人次，印发“三优”知识读本3万册发至会员。12月，市计生协评为全国计生协模范集体。1997年，全市3574个村、社团都建立健全协会组织，其中合格村（居）协会组织2451个。1998年，市计生协成立秘书处，杨建伟任秘书长。2000年，市计生协编印乡、村《计生协会工作手册》，并举办全市“我为计生协会添光彩”演讲赛。

2001年12月，市计生协召开第四届会员代表会议，选举产生新一届理事会，张菊萍任会长，王才英任常务副会长，胡静、刘赞久、朱鹏寿任副会长，杨建伟任秘书长，定编8人。2002年3月，市计生领导小组发出《关于广泛开展“两为两争”》活动通知，全市各级协会组织广泛开展“两为两争”（我为国策做贡献、我为协会添光彩，争创先进协会、争当优秀会员）活动。2003年4月，市计生协召开“两为两争”活动现场会，推介浏阳市、长沙县、雨花区等15个基层协会先进经验。8月5日，市计生协召开四届二次理事会议，选举张仁杰为市计生协常务副会长。2006年，市计生协等13个部门联合下发《“生育关怀——真情扶助”行动实施方案》，为全市2888户独生子女伤残、夭折的家庭，954户放弃再生育家庭开办“计划生育合家欢”保险。2008年，市计生协组织验收评比，全市1493个基层协会组织达合格以上标准，其中先进村545个，模范村324个。是年，国家人口计生委副主任、中国计生协常务副会长潘贵玉视察长沙计生协会工作，肯定长沙市计生协工作扎实，成效显著。

2009年11月，长沙市召开第五届协会代表大会，张菊萍当选为会长，周敏任常务副会长，厉卫东任专职副会长，张平灿、吴建平为兼职副会长，聘请杨建伟为协会秘书长。是年，在市财政安排生育30万元专项资金，各区、县财政安排119.8万元基础上，市计生协从社会各界募集416.8万元，对全市部分计划生育家庭生育关怀，扶贫帮困。

2012年4月，市计生协召开五届二次常务理事会，选举胡平担任市计生协常务副会长。6月14日，国家人口计生委、中国计生协、中国人口福利基金会对长沙市计生协进行为期两天考察，对长沙计生协实行村（居）民自治，广泛开展协会活动，关心计划生育群众生育、生产、生活，参与全市控制人口增长事业等充分肯定。是年，全市人口计划生育村（居）民自治合格率90%，居全省前列。

第二节　政策法规

一、生育政策

1988年，在严格执行生育政策基础上，对计划生育政策作详细规定和补充：农村少数民族（含一方是干部、职工或城镇居民，另一方是农民的）提倡最好生一个，允许生二个；干部、职工（包括招聘干部，合同制工人、民办教师）、城乡居民、省辖市郊区吃统销粮农民及夫妇双方一方是干部职工，另一方是农民的，一对夫妇只生育一个孩子；少数民族夫妇中，双方均在城镇的，执行汉族地区生育政策，一对夫妇只生育一个孩子。安排生育二胎，应间隔4年以上，并需由本人申请，经乡或街道办事处审核，报区、县计划生育委员会批准（其中农村独女户安排生育二胎的，由乡人民政府审批），发给准生证。间隔不到四年生育的，一律按计划外二胎处理。严禁早婚早育和非婚生育，对早婚早育和非婚生育者，必须给予经济和行政制裁。对弄虚作假、出具假证明办理婚姻登记者，严肃处理。

1990年，执行《湖南省计划生育条例》关于生育2胎条件的规定。1991年3月7日，出台《关于进一步提高全市计划生育水平严格控制人口增长的决定》，强调：民政部门必须把住婚姻登记关，做好晚婚晚育工作，严禁非法同居和早婚早育。5月，印发《关于计划生育管理工作中几个问题的规定》，对“半边户”、育龄妇女异动、再婚夫妇、停薪留职人员违反生育政策作出相应规定。1994年11月8日，出台《关于加强计划生育管理的若干意见》，凡达到晚育年龄要求生育第一个孩子的夫妇，必须及时发放“准生证”（含换发准生证）；合法婚姻并达到晚婚年龄，本人未申请“准生证”怀孕者，在补办“准生证”手续时处以50~100元罚款；对已达到晚婚年龄，未办理婚姻登记非法同居怀孕的，在敦促其办理婚姻登记手续后，按计划外怀孕时间每月罚款300元，再补发“准生证”。

图24-3-2-1 长沙市计生委工作人员深入到望城县坪塘镇向育龄妇女宣讲省《计划生育条例》中的生育政策 （摄于1990年9月21日，长沙市卫计委供图）

2007年9月29日，长沙市按照修改后的《湖南省计划生育条例》，取消再生育间隔和生育妇女年龄条件。至2012年，长沙市一直执行2007年《湖南省计划生育条例》中规定的生育政策。

二、奖励扶助政策

1988年，长沙市继续对只生一个孩子的育龄夫妇颁发独生子女光荣证（简称独生子女证）。属全民集体所有制单位干部职工，每年发放奖金30~40元，农村社员奖励工分400分，干部职工退休时增发5%退休金。1989年3月起，为14周岁以下独生子女开办少儿两全保险，全市当年6.1万人投保，金额160余万元。

1990年1月1日起，长沙市对有生育能力夫妻只有一个未满14周岁子或女，夫妻领取独生子女证，从领证之月起至子女14周岁止，每月发给不低于5元独生子女保健费，夫妻双方是国家工作人员，企事业单位职工的，保健费由双方单位各负担一半，另一方是农民或城镇居民的，由职工所在单位支付。5月，长沙市开办计划生育养老保险，保险金来源采取民办公助，每份100元，每人2至3份，约定领取养老金年龄为女55周岁、男60周岁。至年底，全市农村4185户参加计划生育养老保险，投保金额83.69万元。1996年，长沙市出台6个方面奖励优惠政策：独生子女家庭和两女结扎户，乡统筹按低于其他家庭10%标准收取；领取独生子女证家庭可增划一个人宅基地；独生子女、两女结扎户、只生一个女孩家庭，其子女免收10%学杂费；计划生育家庭优先进乡镇企业，招生、招工优先录取；当年实行计划生育家庭减少5个义务工；区县（市）五年内每年安排20万元经费奖励少生快富奔小康家庭。2003年1月1日起，自愿终身只生育一个子女或者未生育且依法收养一个子女的育龄夫妇，领取独生子女证，从领证之月起到子女14周岁止，每月发给5~20元独生子女保健费。

2005年起，夫妻双方为长沙市农村居民或城镇未从业居民，从领取独生子女证之月起至子女14周岁止，发给独生子女父母5~20元独生子女保健费，所需费用由各级计划生育经费分担，长沙市按每人每月5元标准执行。农村只生育一个子女或两个女孩的部分计划生育家庭，夫妻年满60周岁后，由中央财政和地方财政安排专项资金给予夫妻每人每年600元（中央、省财政承担85%，市、县财政承担15%）奖励扶助。对符合《湖南省计划生育条例》规定可以再生育子女夫妻，其女方年龄在40周岁以上49周岁以内，且男方年龄在60周岁以内，提出自愿不再生育的申请，给予一次性放弃再生育奖励。农村居民

图 24-3-2-2 长沙县青山铺镇组织文艺宣传队下村宣传计划生育奖励扶助政策

（摄于 2006 年 8 月 15 日，长沙市卫计委供图）

每户奖励 1000 元，城市居民每户奖励 2000 元。2006 年，长沙市对独生子女死亡伤残家庭实施扶助，凡本市独生子女死亡、伤残家庭，女方年满 50 周岁的夫妇，按每人每年 1200 元标准发放扶助金，资金由省、市、县三级按比例承担。同时，启动城市低保户部分计划生育家庭奖励扶助，对城市低保对象中年满 60 周岁的独生子女父母按享受低保月份每人每月奖励扶助 50 元。2009 年 1 月 1 日起，农村部分计划生育家庭奖励扶助夫妻每人每年提高到720 元。

2010 年，长沙市按照省政府《城镇独生子女父母奖励办法》，对城镇居民中独生子女父母达到规定年龄每人给予一次性奖励 5000 元。并在开福区和浏阳市开展城镇独生子女父母奖励试点工作，试点区、市奖励 1.35 万人，发放奖励资金 6561.31 万元。是年，长沙市 2000 余户计划生育家庭在征地补偿中独生子女“多一份额”，购房时增加一人购房指标，受益 5 亿余元。2011 年，长沙市实施计划生育并发症人员扶助制度，鉴定为一级乙等的每人每年补助 3600 元，二级各等次的每人每年补助 2400 元，三级各等次的每人每年补助 1200 元；一方为农村居民、一方为城镇居民夫妇中符合条件的农村居民一方，纳入农村部分计划生育家庭奖励扶助；夫妻双方无工作单位的独生子女保健费为每人每月 10 元。2012 年 1 月 1 日起，全市独生子女死亡家庭扶助每人每年提高到 1620 元；独生子女伤残家庭扶助每人每年提高到 1320 元；农村部分计划生育家庭夫妻奖励扶助每人每年提高到 960 元。

三、限制与处罚规定

1988 年，长沙市规定，凡出现计划外生育的年终不能评先评奖。计划生育工作纳入厂长、经理、门店负责人目标管理责任制范围。1990 年，长沙市执行《湖南省计划生育条例》中规定的限制与处罚规定。10 月 22 日，市政府成立计划生育行政复议领导小组，群众对计划生育处罚有异议可以申请行政复议。

1994 年 8 月，长沙市规定符合《湖南省计划生育条例》生育条件要求生育夫妻，女方户口所在地乡镇、街道应当及时发放准生证，女方离开户口所在地在男方定居的，由男方户口所在地乡镇或街道发放准生证；计划生育管理部门应当及时掌握已婚育龄妇女孕情，已婚育龄妇女应当接受孕情监测；不符合《中华人民共和国收养法》的收养视为计划外生育。

2001 年 1 月 3 日，长沙市出台《计划生育“一票否决”制实施办法》。2003 年 1 月，长沙市开始执行新颁布的《湖南省人口与计划生育条例》中规定的限制与处罚规定。2004 年，明确社会抚养费征收责权，处罚到位。2007 年，市计生领导小组在组织打击“两非”专项行动中，对侦破的“两非”案件依法依规追究责任外，并予以经济处罚。

2012 年，长沙市仍执行 2007 年 9 月省人大修改的《湖南省人口与计划生育条例》限制与处罚规定。

第三节 宣传教育

一、政策宣传

1988年5月，全市开展宣传车、党的生育政策咨询、标语、宣传图板、人口理论及避孕节育放像、计划生育知识抢答、避孕药具、畸胎标本展、文艺宣传队“九上街”宣传活动。其间，出动宣传车215辆；电视放像300余场次；知识抢答60余场，免费发放避孕药具20万件。7月，长沙市与省计生委联合在湖南大剧院举行“亚洲三十亿人口日”报告会，省、市党政负责人等省会各界人士1400余人参加。

图24-3-3-1 长沙市政府与省计生委联合在湖南大剧院举行省会“亚洲三十亿人口日”报告会

（摄于1988年7月1日，长沙市卫计委供图）

1990年9月25日，为纪念《中共中央关于控制我国人口增长问题致全体共产党员共青团员的公开信》发表十周年和《湖南省计划生育条例》（以下简称《条例》）实施，开展大规模宣传活动，在城区主要街道设立计划生育政策、法规咨询台150个，服务点216个，2700名党政领导、计生干部进行避孕节育、优生优育知识辅导；放映计划生育科普录像片300余场次；陈列计划生育板报500余块；60辆宣传车在市区巡回宣讲“公开信”和《条例》。至年底，全市各级举办省《条例》学习班550期，发放省《条例》194万册，宣传资料18万份，办宣传栏9860个，培训宣传骨干9221人。

1993年3月，市计生委、省演出公司合作，请杭州话剧团来省会各大剧院、乡镇剧院演出话剧《计划生育好》500场，观众15万余人。1994年5月，投资20万元，在浏阳乡村实地拍摄电视剧《天下第一难事》，发至全市各乡（镇）、街道播放。11月，该剧在中央电视一台黄金时段播出。1999年8月18日，组织市委中心组人口理论“三为主”（宣传教育为主、避孕节育为主、经常性工作为主）专题学习，市委常委等300余名党政干部参加，由省计生委主要领导主旨阐述科学人口观。

图24-3-3-2 长沙市计生委组织在宁乡县巷子口乡福寿村宣传计划生育“只生一个好”

（摄于1989年7月10日，长沙市卫计委供图）

2000年4月，聘请湖南师范大学教授朱翔讲解《中共中央国务院关于抓好人口与计划生育工作，稳定低生育水平的决定》和人口与经济社会可持续发展理论，市、区县（市）领导等400多人参加听课。8月，开展两次宣传周活动，宣传党中央公开信发表20周年和新《湖南省计划生育条例》，出动宣传车800多台，发放计划生育

图 24-3-3-3 长沙市在枫林宾馆举行"海信杯"人口与计划生育法律、法规知识竞赛，9 个区、县（市）代表队参加竞赛 （摄于 2005 年 3 月 18 日，长沙市卫计委供图）

宣传资料 100 万份，3 万人上街参加计划生育宣传活动。长沙电视台开辟《党政领导谈人口》，市、区（县）党政一把手参加电视访谈；《长沙晚报》、市电台开辟《人口与计划生育》专栏 22 期，刊播计划生育政策宣传稿件 28 篇，长沙女性频道开设《性不性》专题 13 期。2004 年 6 月，印发《关于开展关爱女孩行动通知》，并成立关爱女孩行动领导小组，发动全市各级关爱女孩，倡导男女平等、生男生女都一样。宣传科学、文明、进步婚育观。2008 年 7 月，省人口计生委与市人口计生委联合举办改革开放 30 年人口计划生育成就展暨"7·11"世界人口日活动。

2010 年，全市继续大力宣传稳定低生育水平和倡导少生快富，树立婚育新风，全面提高人口素质，坚持少生优生，培植新型婚育文化。3 月，实行人口计划生育"四个纳入"（将人口理论和相关知识纳入市委中心组学习计划、纳入各级党委宣传工作计划、纳入全市干部普法计划、纳入各级党校和行政院校教学计划），开展多形式、多层次宣传。号召全市开展"人口婚育文化建设年"系列活动。倡导婚育新风，增强国策意识，转变婚育观念。4 月，市人口计生委部署，在全市开展纪念党中央"公开信"发表 30 周年和"新家庭文化屋""农家书屋"建设活动，使育龄群众在"农家书屋"中了解生育政策，学习避孕节育知识，掌握优生优育方法，提高实行计划生育自觉性。

2012 年，全市继续大力宣传党的计划生育利益导向政策，婚育新风进万家活动内涵和免费优生检测政策等，并利用人口计划生育网络，拓展宣传形式，形成全社会人人遵守党的生育政策的良好氛围。年底，长沙市被国家人口计生委评为基层人口计划生育宣传工作先进单位。

二、基础知识教育

1988 年 5 月，印发《关于在全市广泛深入开展计划生育基础知识教育活动的通知》，将党的计划生育方针、政策、《中华人民共和国婚姻法》、避孕节育、优生优育、青春期卫生知识等作为重点，采取多种形式，有针对性地在全市开展系列化教育。是年，全市各级举办计划生育基础知识学习班 145 期次，其中市计生委、计生协会举办婚前学习班 63 期，1 万余名准备结婚男女接受计划生育、婚姻政策、节育避孕、优生优育优教科普知识教育。1989 年 2—4 月，在长沙县南托乡、果园乡进行人口与计划生育基础知识教育试点，对 15 岁以上男女未婚青年、已婚育龄夫妇，分别进行 5 期（青春期、新婚期、孕产期、育儿期、更年期）教育，两个乡接受基础知识教育 2.39 万人次，并培训 208 名辅导员。7 月 1—5 日，在衡东县召开的全省人口与计划生育基础知识教育经验交流会上，长沙县委、南托乡分别介绍试点经验；市计生委、长沙县、南托乡、果园乡被评为全省开展人口计划生育基础知识教育先进单位。

1991 年 7 月 26 日，长沙市参加省计生委、湖南省电视台举办的人口计划生育基础知识演讲赛、讲课赛，获演讲赛一等奖，讲课赛村级组一等奖，乡（镇）组二等奖，城市组三等奖。10 月，编写发行《人口计划生育知识通俗读本》4 万册。1994 年 4 月，印制五期教育挂图 5000 套（每套 10 张），发至全

图 24-3-3-4 长沙市在市委党校开设人口与经济社会可持续发展课程，部分乡（镇）、街道主管计生负责人参加培训（摄于2000年6月11日，长沙市卫计委供图）

市各乡镇、街、村（居委会）。1995年1月，长沙市实施联合国人口基金会援华P35（联合国人口基金会援助发展中国家第35个）项目，在长沙县委党校开办“人际交流与咨询”（计划生育干部与育龄群众交流技巧、育龄群众向计划生育工作人员咨询计划生育政策知识等解答技巧）培训班15期，各级计划生育干部参加学习培训800余人次。8月，联合国项目官员和国家计生委对长沙市P35项目评估十分满意。9月，在北京项目总评会上宣读项目论文。12月，印发《关于对未婚青年进一步加强计划生育国策教育的通知》，要求各级切实抓好未婚青年计划生育基本国策教育，使广大男女青年树立自尊、自信、自强精神，树立科学婚姻生育观。是年起，全市小学五年级以上至高中开设性知识教育课程。是年，组织40万人参加“三优”（优生、优育、优教）知识答卷竞赛活动，收回答卷39.8万份，对组织得力区、县和答卷优秀个人给予表彰奖励；在南郊公园举办计划生育知识教育展览，展出图文并茂展板110块，并滚动播放性知识科教录像片，历时3个月，观看者1.54万人次。

2000年6月，市委党校开设人口与经济社会可持续发展课程，累计授课52课时，参训党政领导、计划生育干部学员600人。2002年，长沙市在驻长各大学、大专院校开展性健康教育，20余万大、中专学生基本掌握青春期性健康知识。2004年，全市各级举办新型婚育观念和生育文化学习培训班120期，参训党政领导、计划生育行政、技术人员7200人。年底，长沙市代表队参加全省“关爱女孩”知识竞赛荣获第一名，并代表湖南省参加国家比赛。

2010年，在全市“人口婚育文化建设年”系列教育活动中，各区县（市）乡镇、街道利用人口学校，开设“婚育新风、计划生育基础知识、少生孩快致富”等专题讲座，授课300余期次，计划生育干部和育龄群众接受教育2.4万人。2012年，长沙市在“避孕药具知识教育年”中，市和各区县（市）共举办药具使用知识培训班128期，村以上药具员和部分育龄妇女7680人参加学习；岳麓区橘子洲街道在10余所大学、专业院校开展大学生生殖健康“同伴教育”（已掌握药具应用生殖健康知识的大学生向未知大学生传播相关知识）。9月，在全省计划生育药具知识竞赛中，长沙市获团体第一名，个人单项第一名。

三、婚育新风进万家活动

1994年6月，长沙市成立“婚育新风进万家”活动领导小组。3日，出台《婚育新风进万家活动实施方案》，依托村（社区）、面向家庭，把“婚育新风进万家”融入渗透到群众性社会主义精神文明建设各项活动中。宣传科学、文明、进步婚育观念，建设社会主义生育文化，大力倡导晚婚晚育、少生优生、生男生女一样好、女儿也是传后人、男女平等和计划生育丈夫有责等新型婚育观念，普及计划生育生殖保健知识，加强优育优教，增强自我生殖保健能力，提高家庭生活质量和讲求健康生活方式，满足人们

图 24-3-3-5 长沙市在枫林宾馆召开婚育新风进万家活动暨媒体联动协作体成立大会

（摄于 2001 年 3 月 1 日，长沙市卫计委供图）

多层次需求。5 月 22 日，省计生委在新华印刷一厂举办“婚育新风进万家”送书下乡仪式，向长沙市赠书 5.42 万套。9 月 3 日，举办长沙市“婚育新风进万家”文艺调演。

2000 年 1 月，出台“婚育新风进万家”活动实施细则，把“婚育新风进万家”活动纳入全市年度宣传要点和精神文明建设总体规划，根据广大育龄群众需求，为城乡每个计划生育家庭送一份“五期教育宣传折页”、每个村（居）民小组配备一袋计划生育宣传品，一套计划生育生殖健康科普知识录音带、录像带、VCD 光盘，每个乡（镇）、街道人口学校建立一个计划生育图书角。省、市报刊、电台、电视台开辟“婚育新风进万家”专栏和专题讲座。教育部门在学生中进行国情国策、青春期性教育；卫生部门在妇科病查治等方面结合宣传避孕节育和生殖保健知识；其他各职能部门也根据活动细则要求，为“婚育新风进万家”活动添色加彩。2001 年3 月，全市开展为期 1 个月“婚育新风进万家”大型宣传活动。出动宣传车 200 余台，组织千人上街、下乡，悬挂横幅 500 余条，张贴标语 4000 多条，开展讲座 100 余场次，发放资料 1 万余份；市普法办、法制办将人口计生法律法规列入“四五”普法规划；开福区举办“计生模拟法庭”，开设“计生法律援助热线”；芙蓉区精心设计“计博士”卡通画，把婚育知识编写成通俗易懂歌谣，印制成图文并茂宣传折页，免费发放给全区计划生育家庭，获中国第四届“中华人口文化奖”；天心区开设“网上人口学校”；岳麓区设立“国策网站”；长沙县北山乡创办计生电话语音咨询系统；路口乡开办手机短信计生咨询服务，均为全省独创。是年，长沙市评为全省“婚育新风进万家”活动全省唯一红旗单位。芙蓉区、天心区、浏阳市评为全国“婚育新风进万家”活动先进单位。

2005 年 6 月，开展社会主义婚育文化作品创作比赛，将获奖作品编成《婚育新风进万家文艺作品集》，免费发给文艺团体和计划生育家庭；11 月，印制 1 万份《婚育新风进万家》年画、30 万份《婚育新风欢乐万家》年历赠送给全市百万计划生育家庭。12 月，宁乡县以县长证婚、文艺唱戏形式，组织一场简朴、隆重的农民集体婚礼，在思想相对闭塞乡村吹起一股强劲婚育新风。是年，以关爱女孩与社会性别平等为主题，开辟“性不性”“女人私语”“健康在线”“午夜悄悄话”“人口聚集”等系列专栏；推出 10 台宣传婚育新风湘剧、花鼓戏，演出 500 余场，观众 20 万人次。部分街道和社区在休闲风光带及主要街道人群集散地设立固定婚育新风宣传标牌、雕塑、电子屏幕，营造新型婚育文化氛围。年底，市委宣传部、人口计生委、湖南大学、白沙集团、火星街道、青园街道、集里街道、望麓园街道、黄花镇、坪塘镇 10 个单位评为全国“婚育新风进万家”先进单位。

2006 年 3 月，印发《关于“十一五”期间继续深入开展“婚育新风进万家”活动的意见》，确定从当年起五年 5 个主题：建设新型生育文化，促进生育文明；开展关爱女孩行动，促进社会性别平等；加强独生子女教育，提高人口素质；普及生殖健康知识，促进人的全面发展；倡导健康生活方式，促进社会文明进步。要求各区县（市）列入年度计划，不断把“婚育新风进万家”活动引向深入。2007 年年底，全市组织对“婚育新风进万家”活动评估，芙蓉区、长沙县等30个单位评为先进单位。是年，组织参加全省“婚育新风进万家”知识有奖答题竞赛活动。2008年，全市以关爱女孩行动为重点，推出关爱女孩，人人有责“六进”（进社区、进农村、进家庭、进学校、进厂矿、进单位）工作机制，创新活动方式方法，使“婚育新风进万家”活动遍地开花，深入人心。11月，在全国“婚育新风进万家”活动经验交流会上，长沙市被授予全国“婚育新风进万家”活动示范市称号。12月，全市召开“婚育新风进万家”活动经验交流会，芙蓉区等15个单位会上介绍经验。2009年，组织对“婚育新风进万家活动”检查评估，市委宣传部、市人口计生委等100个单位和个人受到表彰。

图 24-3-3-6 长沙市在天心区桂花坪街道举行计生协会员活动周暨天心区第八届人口文化节启动仪式
（摄于2001年5月29日，长沙市卫计委供图）

图 24-3-3-7 中共长沙市委宣传部、市计生委等10余家单位联合在湖南宾馆举行“五下乡”活动启动仪式 （摄于2008年5月，长沙市卫计委供图）

2010年，全市“婚育新风进万家”活动取得实质效果，育龄群众计生政策，优生优育，生殖健康科普知识，普及和接受率达到80%以上，舆论宣传普及率达100%；青春期健康教育普及率达80%以上，在职领导干部婚育新风学习普及率达90%以上。9月，在宁夏召开的全国婚育新风进万家经验交流会上，长沙构建的“党委领导、多方联动、分类指导、制度保障”机制在全国推广。2012年，全市各级广泛开展家庭文化与创建幸福家庭主题年活动，要求“婚育新风进万家”活动坚持“四纳入”“六融入”，开展“五下乡”“文明创建”“青年文明号”“巾帼建功”“芙蓉助学”“社会主义新农村建设”竞赛等活动；不断拓展“婚育新风进万家”活动形式，创新方法，丰富内涵；充分发挥人口计生宣传网络作用，开展多形式，多层次宣传培训；切实抓好家庭文化和创建幸福家庭项目；搞好活动检查，总结，表彰，使婚育新风进万家活动持之以恒，常抓常新。年底，通过检查评比，芙蓉区荷花园街道、浏阳市官桥镇、宁乡县回龙铺镇丰收湾村等20个单位评为“婚育新风进万家”活动先进单位。

四、新家庭文化屋

2008年3月，长沙市按照新闻出版署、国家人口计生委等八部委《关于开展“农村书屋”工程建设的实施意见》精神，把新家庭文化屋工程建设纳入人口计划生育工作总体规划。作为改善农村和社区文化环境、活跃和丰富育龄群众文化生活、提高群众素质和社会文化程度、促进经济社会协调发展一项系统工程来抓。4月，出台《新家庭文化屋工程建设实施意见》，要求各地有计划、有重点、有成效地开展这一工作，以此为重要载体，有效推动新型生育文化建设，提高计划生育工作总体水平。7月，市和各区县（市）成立协调小组，制定切实可行工作方案，进行统一策划，保证投入，确保"新家庭文化屋"建于方便群众进出的公共场所。8月，芙蓉、天心、岳麓、开福、雨花5区将"文化屋""农家书屋""绿色网吧"相结合，统一规划、统一建设、统一管理、一厅多用，建起100余所文化书屋。长沙、望城、浏阳、宁乡4县（市）利用农家书屋、人口学校、村活动室，共建单位文体活动场所，采取政府主导、社会参与、自主管理、村民共享方针，在不重复建设，不增加基层负担基础上，建起200余所新家庭文化书屋。

2009年1月，出台《新家庭文化屋验收标准》，即：统一名称、统一标识、统一配置，文化屋内设置开放式书柜、阅览座椅、电视机、DVD等基本设施。有计生、科技图书、文化、经济、娱乐类书籍等300种以上，有《中国人口报》《健康报》《湖南日报》等5种以上报纸；配有《人口文化》《青春期健康》等5种以上杂志；配有优生优育科学致富光碟50套和各种人口计生宣传资料。须建立日常管理制度，图书管理、借阅、登记制度。且有专人管理。至年底，全市建有310家"新家庭文化书屋"。12月，对全市新家庭文化屋建设验收。其中东郡社区、白沙井社区、后府路社区、富雅坪社区、金地社区、黄龙新村、毛塘社区、星城镇、黄金乡、大围山镇、大成村、沙田乡、凤凰村达标。

2010年5月，根据城乡不同特点实行分类指导，市辖5区将新家庭文化屋建设作为居民提供休闲娱乐、学习、养生好去处，青少年健康成长安全场所，流动人口交流、阅读集结地，育龄群众辅导站，搭起一座缩小城乡文化差距精神桥梁；4县（市）使"书屋"成为育龄群众"精神家园"和致富"加油站"，通过开展"新农村""新观念""新青年""新风采"读书活动，让育龄群众学到知识，找到乐趣，增长见识，提高素质。10月，对文化屋逐个指导，对需补充完善的文化书屋提出建议要求，敦促各单位筹措资金，集中人力，尽快完善。年底组织验收，全市又有月桂社区等13个"新家庭文化屋"合格。

2011年，加强对"文化屋"建设指导，针对"缺东少西"文化屋，建议当地加大投入，专人负责，缺什么，补什么，实现全市"新家庭文化屋"建设平衡发展。年底，组织第三批验收，新增朝阳社区等11个达标单位。

2012年，新增优秀人口文化阵地建设试点单位，户外宣传示范单位项目强点扩面，提倡社会参与，功能互补，营造"新文化、书香屋"文化氛围。以育龄群众需求为导向，把"新家庭文化屋"建成"学习之家""启智之家""知识之家""文明之家"。11月，验收小组观现场、查资料、听汇报，发现一批新典型：芙蓉区德政园社区"新家庭文化屋"面积80余平方米，有电视机、DVD、投影仪、音像200余张，人口文化类图书500余册，杂志10余种，一支文艺宣传队。长沙县路口镇明月村"新家庭文化屋"周边环境优美，室内设施齐全，各类文化书籍琳琅满目。是年，天心区青山寺社区、浏阳市杨家弄村等9个单位评为全市"新家庭文化屋"建设先进单位。

第四节　生育服务

一、服务机构

1988年5月，组织医务人员下乡，利用乡（镇）卫生院阵地为育龄群众施行计划生育手术。12月，

图 24-3-4-1 长沙市政府在枫林宾馆召开计划生育优质服务工作会议（摄于 2008 年 3 月，长沙市卫计委供图）

宁乡县计划生育技术服务站设立皮下埋植避孕术分中心。1989 年，郊区马王堆乡投资 3.7 万元，组建市郊第一个乡计划生育服务所；长沙县仙人市乡投入 5 万元，组建农村乡（镇）第一个计划生育技术服务所，从此，乡（街）级开始有自己的计划生育技术服务阵地。

1991 年，全市城乡建立计划生育技术指导站（所）150 个，每个站所配备 2~5 名医技人员。1992 年，北区成立计划生育“三优”（设施优良、技术优秀、为育龄群众施行计划生育手术优先）服务站，并配备 7 名计划生育技术人员。1993 年 7 月，天心区成立计划生育服务站，负责全区免费上环、取环、皮埋等计划生育手术，对孕妇进行出生缺陷干预、优生筛查、检测、B 超孕检。11 月，投入 1000 余万元的技术服务大楼落成，并开始为流入人口查环孕检，为市区育龄妇女开展生殖保健、计划生育技术服务。至 1996 年年底，芙蓉、天心、岳麓、开福、雨花 5 区全部建立健全计划生育技术服务站或“三优”服务站；长沙县、望城县、浏阳市、宁乡县均有高标准计划生育技术服务站。其中，浏阳市、宁乡县计划生育技术服务站规模大，设施齐，标准高，技术力量雄厚，经常接待外地区、县参观学习。全市 35 个街道办事处，240 个乡（镇、场）全部拥有计划生育技术服务所，岳麓区岳麓山乡、长沙县椤梨镇等一大批计划生育“国策楼”，功能齐全，设备优良，医技精湛，广大育龄群众计划生育各种手术足不出乡。1997 年 10 月，按省颁标准组织验收，浏阳市、宁乡县计划生育技术服务站和 18 个乡镇计划生育技术服务所达到甲级站（所）标准。至年底，全市各村（社区）都有计划生育技术服务室。1998 年 12 月，组织第二批站（所）验收，长沙县、望城县计划生育技术服务站达到省颁甲级站标准。全市有 65 个乡镇计划生育技术服务所达甲级标准，占乡（镇）计划生育技术服务所总数的 61.2%。

2002 年 6—12 月，组织 20 余名技术人员，分成两大组，对 2 个县级计划生育技术服务站，46 个乡（镇）计划生育服务所按照甲级站（所）标准进行实地抽查复检，通过评审，达标率为 98%。2004 年，全市各级投入大量资金开展计划生育优质服务示范站（所）建设，各相关部门组织人力、物力、财力对站（所）提质改造。年底，省人口计生委组织对各地、市计划生育技术服务站（所）验收，长沙市及所属 9 区县（市）全部评为省计划生育优质服务示范区县（市）。是年，将市中心医院定为计划生育技术人员实习、培训基地，118 名乡（镇）街计划生育技术人员在市中心医院妇产科、B 超室、检验科实习进修。2008 年，长沙市利用中央投资国债资金，按照“整体规划，分批实施，城乡统筹，分类推进”原则，持续开展环境优美、技术优良、管理优秀、服务优质、群众满意的“四优一满意”站（所）建设，全市各级筹措 5000 余万元新建和扩建计划生育技术服务站（所）65 个，改扩面积 3.6 万平方米，大部分站（所）实现规范化，标准化。2009 年 3 月，国家人口计生委、中央投资项目检查组对浏阳市洞阳镇、文家市镇计划生育技术服务阵地建设投资项目督查，对 2 个镇资金使用、建设进度、工程质量非常满意。

2010 年，全市推进村（社区）计划生育技术服务室提质改造，大部分村（居）民 B 超查环孕检和一般计划生育措施省时方便。2012 年，省人口计生委组织站（所）评估验收，全市 9 个区县（市）计划生育技术服务站全部达到省级“四优一满意”标准，65个乡级计划生育技术服务所通过评估，达省颁“四优一满意”标准，县站、乡所达标率居全省之首。

二、技术服务

1989年2月，市独生子女病残儿、计划生育手术并发症医学技术鉴定小组成立，决定每年两次对市辖5区、4县病残儿疑难病例进行技术鉴定和一次计划生育手术并发症鉴定。当年，鉴定小组先后两次共用6天时间对全市133名病残儿进行鉴定，符合病残儿条件85名，15名计划生育手术并发症对象，有关部门安排专项经费进行诊治。1992年，全市投资100余万元，为120个乡（镇）计划生育宣传技术指导站配备B型超声显像仪；举办两期B超技术培训班，各乡（镇）共派出131名学员到省市医院系统学习B超运用新技术。1996年，“长沙地区育龄妇女放置宫内节育器效果比较研究”课题获准市科委立项。宁乡县计划生育技术服务站在优生遗传检测中发现2例世界首报染色体异常，得到权威部门确认，引起国内外同行关注，并建议染色体异常者进行诊治，慎重选择怀孕事宜。

2000年，按照三个“三分之一”比例，市级投入160余万元，县、乡两级各投入170万元，为农村乡（镇）更新科技含量高的“三查”B超机，进一步提高育龄妇女查环、查孕、查病准确率。2001年，全市通过优生遗传检测和不孕症、妇科病查治，出生婴儿肉眼可视缺陷发生率减少到10‰，低于全国平均水平。当年妇科病查治率85%；不孕症患者、妇科病患者全部建档治疗，有20%患者治愈。2005年3月，出台《出生缺陷高危人群优生指导服务工作方案》，为高危人群开展优生指导服务，提高全市婴儿优生率。11月，在湖南师范大学举办全市乡级部分计划生育技术人员临床操作规程培训班，108名学员通过一周技术培训，初步掌握有关技术知识和临床操作规程。是年，长沙市对554名计划生育专业技术服务人员开展资格验证；对1个市级服务中心，7个县（区）技术服务站，116个乡级计划生育服务所开展全面检查，取消3个乡级服务所临床服务资格。2007年，长沙市率先全国开展免费优生（TORCH）检查，探索破解孕前出生缺陷高发难题，创建出生缺陷一级预防体系，实现关口前移，有效预防。3月，印发《关于免费开展优生（TORCE）检测实施办法（试行）的通知》，当年起，市级每年投入1000万元，开展弓形体、风疹病毒、巨细胞病毒、单纯疱疹病原体免费检测。至2009年年底的3年里，全市为42.21万名计划怀孕对象开展免费优生检查，发现阳性对象3790人，在自愿原则上全部得到咨询、转诊和治疗。

2010年，国家人口计生委将宁乡县定为全国第一批免费孕前优生健康检查试点单位，浏阳市承担省人口计生委计划生育并发症扶助试点项目。2011年，计划生育并发症由市下放到区县（市）自行医学技术鉴定。2012年，出台《免费孕前优生健康检查工作实施方案》，将目标人群由国家规定的农村人口拓展到城镇人口、流动人口在内的全员人口。

三、节育措施

1988年，计划生育避孕药具工作按照“落实发放，坚持随访”原则，城乡所有育龄夫妇必须落实一项节育措施。全市使用避孕药具13.8万人，其中使用避孕套7.76万人。

1990年，避孕药具供应实行“双轨制”（即无偿发放，设点零售），在城乡相继设立120个零售点，方便群众，满足不同需求，杜绝药具浪费。

2000年，长沙市与浙江武义、武阳、豪发自动售货机制造厂合作，在市辖5区公共场所安装避孕套自动发放机215台，避孕套售价为1~2元/只。是年，全市农村和城市知情选择率分别达60%和90%。2006年，长沙市率先全省独创“六式”（开放式、自助式、开架式、委托式、网络式、开锁式）计划生育避孕药具服务模式，省人口计生委在全省推广长沙避孕药具服务“六式”做法。2007 年 3 月 13 日，《潇湘晨报》整版刊登题为“公共场所支持这一套”长篇文章，对长沙市“开放式”发放安全套取得社会效益予以赞赏。2008 年，全市推进避孕药具“十进”（进机关、厂矿、宾馆、社区、乡村、学校、商场、药店、公厕、工地）工程，选择湖南农业大学、长沙理工大学、长沙大学试点，为 3 所高校日均发放药具 50 人份，校计生专干月均送药具上门 100 余人次。试点高校开辟性教育专栏 30 余个，开展各类宣传 40 余次，发放宣传资料 8 万余份，为 6000 余名大学生上生殖健康教育课，通过生殖健康咨询热线咨询 5000 余人次，帮助 32 名大学女生采取补救措施。并在高校公共场所设立免费药具发放点 200 个，安装免费药具发放箱 120 个。

2010 年，全市在车站、机场、公厕、工地等新增药具服务网点 350 处，安装自动售套机 34 台，开展“五下乡”（理论、法律政策、文化、科技、卫生）活动 6 场次，出动宣传车 3 次，印发宣传资料 10 万余份，发放免费避孕药具价值 1 万余元，育龄群众受教育、得实惠 15 万余人次。2012 年 3 月，长沙市为全省计划生育药具工作会议提供流动现场。4 月，橘子洲街道大学生生殖健康“同伴教育”、德政园社区计划生育药具全程家庭服务、东塘街道药具“网格化”管理，“一卡通服务”在全省药具管理干部第二期培训班上介绍经验，《中国人口报》、《湖南日报》、湖南卫视等媒体分别报道长沙市药具服务与管理特色经验。

第五节　管　理

一、常住人口计划生育管理

1988 年，长沙市常住人口 534.69 万人，其中，已婚育龄妇女 130 万人。7 月 1 日，国家计生委对长沙市进行 15 天生育节育抽样调查。市辖 5 区和 4 县分别抽查 11 个街道和 61 个乡镇。是年，全市人口出生率 17.54‰，比上年下降 0.79‰；计划生育率 72.41%，比上年提高 2.06%。是年起，长沙市每年 2 次组织对 9 个区、县（郊）开展人口计划生育抽样调查。

1993 年 1 月 27 日，召开人口计划生育座谈会，强调坚持党政一把手亲自抓、负总责，完善激励机制和约束机制。1997 年，全市完成县、乡两级微机联网；33 个乡镇（场）街道 178 个村（居委会）开展计划生育优质服务试点工作。

2001 年，全市计划生育工作采取考核内容分线，考核层次分面，考核方法分序办法，使考核评估体系更完善、准确。

2010 年，对人口计划生育采取“分级、分项考核、定级、定量管理”。2011 年，长沙市坚持对常住人口（含流动人口）大规模抽样调查外并成立常年调查队，实行小分队，长流水，不断线，随机下乡入点，进村入户、走街串巷，随时调查，确保人口计划生育水平提升和计划生育数据准确。

2012 年，全市常住人口计划生育抓重点破难点；抓基层强基础，以统筹解决人口问题为抓手，强化综合治理，优化公共服务，构建常住人口“信息采集、严格监管、利益导向、优质服务、考核评估”的管理体系。年底在全省考核评估中，长沙市人口计划生育基础分和总分名列全省第一，完成省下达人口计划生育各项指标，9 个区县（市）继续保持省优。

表 24-3-5-1　　1988—2012 年长沙市人口计划生育情况一览表

年份	年末总人口（人）	年内出生（人）	出生率（‰）	自然增长率（‰）	计划生育率（%）
1988	5346897	87708	17.54	9.91	72.41
1989	5444511	100791	20.60	11.80	63.37
1990	5500533	88309	17.60	9.30	68.90
1991	5535603	59771	11.72	4.18	80.30
1992	5553834	42654	7.99	0.97	97.27
1993	5554172	33420	5.97	−0.54	99.27
1994	5594385	35592	6.20	−0.01	99.37
1995	5628222	47370	7.57	0.82	96.29
1996	5675339	47944	8.60	2.14	99.32
1997	5719062	49607	9.61	2.58	98.03
1998	5768787	52969	10.10	2.76	98.47
1999	5824692	55873	10.50	3.06	97.73
2000	5831894	62026	11.11	3.52	98.00
2001	5870933	53994	9.91	3.83	97.82
2002	5954592	53764	10.20	2.94	97.77
2003	6017624	49683	8.72	1.61	97.84
2004	6103844	56062	9.91	3.10	97.89
2005	6209248	67357	12.56	4.02	96.75
2006	6309958	62960	10.33	5.01	96.81
2007	6373561	64312	10.42	4.22	96.09
2008	6417367	71118	11.84	5.09	92.65
2009	6468350	69777	11.83	5.40	93.24
2010	6501248	71677	12.51	5.41	95.32
2011	6566185	75825	11.78	6.88	93.52
2012	6606166	82741	12.62	6.10	93.14

二、流动人口计划生育服务与管理

长沙市 1986 年始加强流动人口计划生育管理。7 月，发布《关于加强流动人员和个体工商户、纯居民户等的计划生育管理规定》，对流动人口计划生育采取相应管理措施。1988 年 1 月，全市集中清理城区当年部分流入人口 2631 户，动员 359 人落实节育措施。是年，长沙市区流入人口 21.5 万人。其中男性 11.83 万人，占流入人口总数的 55%；女性 9.68 万人，占流入人口总数的 45%，流入人口女性中已婚育龄妇女 5.8 万人，占流入人口女性的 59.9%，落实节育措施 5.68 万人，节育措施落实率 98%。1989 年

11 月 15 日，在南区左家塘街道召开清理城市暂住人口计划生育工作会议，成立“长沙市暂住人口计划生育工作领导小组”。

2000 年，岳麓区计生、公安部门实行流动人口联姻式“五统一”（统一登记、办证、清理、落实节育措施、“一站式”）管理办法。2002 年，全市推行流动人口“一站式”管理模式，在 30 个社区进行试点，对流动人口实行全员信息分类管理、移交管理、托付管理、前置管理。2005 年 1 月 5 日，印发《关于改善农民进城就业环境的意见》，建立城乡统筹流入人口就业制度，依法保障进城就业农民子女接受义务教育权利，改善进城就业农民工居住条件。2006 年 6 月 5 日，出台《流动人口计划生育管理与服务实施规则（试行）》，就流动人口身份管理、子女受教育、创业及培训、社会保障、住房保障、医疗卫生、帮扶救助、老年人优待、政治待遇等方面规范服务与管理内容。7—12 月，全市开展出租房屋集中清理整顿工作。重点清理车站、码头、商业区、城郊接合部、“城中村”及铁路沿线各类大型市场及周边地区暂住人口聚集地复杂场所，建立全市流动人口和出租房屋数据库。2008 年 6 月 12 日，印发《流动人口清查和社会抚养费征收专项行动工作方案》，依法落实流动人口违法生育法律责任。7 月 14—18 日，对全市流动人口违法生育落实法律责任情况专项督查，将督查情况予以反馈和通报。是年，长沙市率先全省网上办理“一孩生育证”，国家人口计生委副主任王培安通过乡镇智能信息系统亲手为来自湘乡市南坪村刘辉夫妇办理一孩生育证。全市各级计划生育部门推动流动人口办证下移到村，经过区县（市）审批认可，乡（镇）、街道根据村（社区）工作基础，可授权村（社区）就地办理流动人口证，构建起“办证下移、信息互动、主动管理、综合服务”流动人口流出地服务管理新机制。2009 年 8 月 5 日，长沙市在湖南省流动人口计划生育服务管理“一盘棋”工作会上作典型发言。与会代表参观考察德政园社区、芙蓉北路第二社区、火焰社区流动人口“一盘棋”服务与管理现场。9 月 17 日，国家人口计生委副主任赵白鸽到长沙视察，赞扬长沙市流动人口计划生育服务管理“一盘棋”工作抓得实、抓得好。

2010 年 3 月 25—26 日，全国流动人口服务管理“一盘棋”机制建设会在长沙召开，国家人口计生委主任李斌出席会议。9 月 21 日，长沙市被国家人口计生委确定为“创新流动人口服务管理体制，推进流动人口计划生育基本公共服务均等化”试点城市。22 日，召开流动人口与出租屋协管员队伍成立誓师大会，1800 名流动人口协管员当天正式走上工作岗位。10 月 22 日，长沙市在国家人口计生委网站上发表文章《湖南长沙市努力构建流动人口市民化服务机制》，其创新社会服务管理方式，构建流动人口基本公共服务均等化运行机制，得到国家人口计生委认可。2011 年，全市推行流动人口计生基本公共服务均等化“5+10”模式（即 5 项计划生育服务加 10 项公益服务），着力保障流动人口基本需要、发展需求和个性需求，推进流动人口属地化、市民化、均等化服务，流动人口在现居地免费接受孕检率达 98%以上，接受免费技术服务达 96%以上，该项工作得到国家人口计生委充分肯定。2012 年 2 月

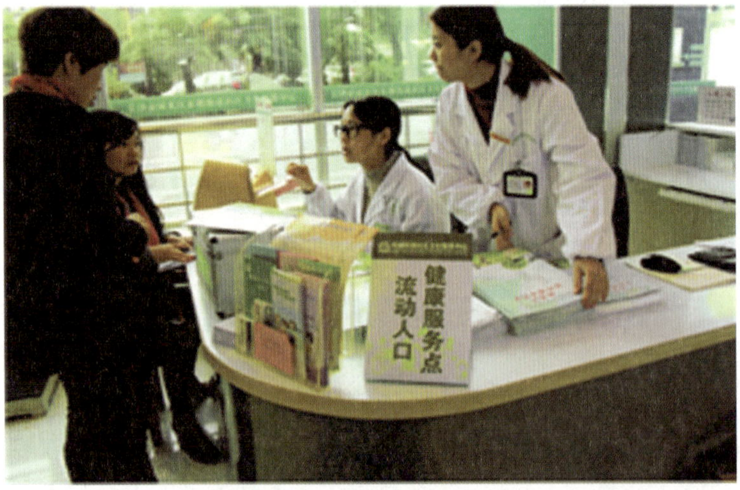

图 24-3-5-1 雨花区东塘街社区卫生服务中心计生技术人员向流动人口中的育龄妇女宣传生殖健康知识

（摄于 2012 年 4 月 10 日，长沙市卫计委供图）

15 日，印发《流动人口与出租屋协管员管理办法（试行）》和《出租屋内发生重大案件事故责任追究的规定（试行）》，规范流动人口与出租屋协管员队伍管理，加强流动人口与出租屋管理服务工作。3 月 4 日，制定《关于推进全市流动人口计划生育基本公共服务均等化工作的实施意见》，要求全市实现计划生育基本公共服务覆盖所有流动人口，建立运转高效和保障有力的流动人口计划生育基本公共服务均等化运行机制。4 月 1 日，国家人口计生委党组书记、主任王侠等到长沙市考察流动人口服务管理工作。5 月 22 日，发出《关于印发〈推进社会管理法制化实施纲要〉的通知》，进一步推进流动人口和特殊人群服务管理法制化，完善流动人口和特殊人群服务管理机制。11 月 5 日，长沙市在全省流动人口计划生育工作座谈会上介绍流动人口网格化管理经验，与会人员现场观摩天心区青园街道社区网格化管理信息系统。2012 年，长沙城区跨省和省内流入 117.58 万人，其中女性 47.13 万人，女性中已婚育龄妇女 27.33 万人，占流入人口女性的 58%，落实节育措施率 98%。是年，长沙市创建的流动人口“一证式”“流动式”“集约式”“基地式”“自助式”工作模式在《中国人口报》作专题报道，长沙市确定为国家首批促进流动人口社会融合示范工程试点市。

三、人口信息化建设

1988 年，长沙市人口信息数据纯靠手工或打印表格以纸质报表形式体现。1993 年起，市和 9 个区、县计划生育行政机关相继采用微机统计计划生育相关数据。

1996—2000 年，每年投入 100 万元作为计划生育科技经费，完善全市统计设施，提高计划生育数据统计水平。1997 年，市级拨款 100 万元，170 个乡（镇）、街自筹一部分资金装备计算机。是年，市、县两级实现微机联网，各乡(镇）街道基本实现微机信息管理。1998 年，全市实现省、市、县、乡四级微机联网，在全省率先实现人口计划生育统计手段现代化。

2006 年，全市进一步完善信息网络建设，建立“社区全员信息分类管理”体系，使人口计划生育数据及各种信息查询更便捷、快速、准确。是年，市辖 5 区开辟网上申请一孩生育服务证工作。2008 年，全市 9 个区县（市）计生部门率先全省实施一孩生育证网上办理。符合条件的育龄夫妇通过登录长沙人口网和网上人口学校学习和考试，在 10 个工作日内申领到“一孩生育证”。并创建社会抚养费阳光征费和计卫妊娠信息实时通系统。

2010 年，全市应用“社区（村）人口统筹系统”，楼况显示平面化，户口显示直观化，针对不同人群差异化需求实施“五色”（红、蓝、黄、绿、橙）管理。是年长沙市评为全省“全员人口信息化建设工作先进市”。2012 年，“人口网格化信息管理系统”在市辖 5 区全面上线。4 月 1 日，国家人口计生委、省委主要领导考察长沙市人口计划生育工作，对“人口网格化信息管理系统”高度赞赏。国家人口计生委在全国推广长沙经验。8 月 8 日，印发《推行人口网格化信息管理系统工作方案》，全市构建人口信息集中式资源数据库，实现“人房关联，以房管人”全员人口管理服务模式。9 月，对长沙市人口网格化管理工作，省委书记徐守盛予以肯定。国家人口计生委以“湖南省长沙市推进人口网格化管理，有效解决人口信息不准和服务管理资源难整合”为题，以简报形式向全国推介，将这一做法专报中共中央办公厅。是年，长沙市将“人口网格化信息管理系统”纳入国家信息惠民工程试点市建设范畴，该系统在全市乡（镇）街道应用率 100%，关联人口 760 余万人。

四、打击“两非”

20 世纪 80 年代，长沙市出生人口性别比偏高，少数育龄群众采取非正常手段鉴定胎儿性别和选择性别终止妊娠，造成男女出生比例失衡。

2005年3月31日，为贯彻省政府《禁止非医学需要鉴定胎儿性别和选择性别终止妊娠》规定，成立市打击“两非”联合执法行动办公室。4月4日，召开联合执法行动办公室会议。8日，召开全市计生系统集中整治“两非”动员培训大会。11日，印发《认真做好全市专项集中整治非法鉴定胎儿性别终止妊娠联合执法行动宣传报道工作的通知》。

2006年4月26日，印发《长沙市集中开展关爱女孩行动综合治理出生人口性别比偏高问题行动方案》。5月初，成立关爱女孩、综合治理出生人口性别比偏高专项行动领导小组。及时通报全市专项集中行动情况，研究解决专项集中行动中存在的问题。各区县（市）相继成立打击“两非”机构，相关部门成立专项工作指导小组，形成各级、各相关部门主要领导亲自抓、负总责；分管领导具体抓、负实责，业务机构牵头负责；有关机构分工负责工作格局。

五、完善制度体系

1988年3月，制定计划生育目标管理责任制度。1989年3月，建立病残儿童、计划生育并发症常年两项技术鉴定制度。

1990年，出台计划生育养老保险制度。5月，印发《关于开展计划生育养老保险的通知》，是年起，为独生子女家庭、两女户按照自己出一点、政府补一点方针投保，解除计划生育家庭老有所养后顾之忧。

2000年3月，制定《计划生育行政执法责任制》，严禁计划生育系统乱收费，乱罚款，严格计划生育行政执法。2001年1月3日，出台《计划生育“一票否决”制实施办法》，把“一票否决”纳入制度建设体系。2005年8月，颁布《计划生育优惠政策奖励实施办法》，对计划生育家庭和群众实施奖励扶助制度。2006年2月，印发《行政处罚裁量权基准》，进一步健全计划生育行政执法制度，维护群众生育权、奖励权、知情权，法律救济权。2008年2月，出台免费优生检测制度。从当年起，市级每年投入优检资金300万元，为合法怀孕妇女免费进行优生检测。3月，率先全国建立网上办理“一孩生育证”制度。

2010年，建立计划生育户征地补偿制度，在征地拆迁中，独生子女补偿“多一份额”，计划生育家庭凭独生子女证增加1人购房补助和1人购房指标。3月，制定《长沙市创建人口和计划生育基层群众示范村（社区）活动实施方案》，强调进一步加强村民自治制度建设，形成“两委总揽，协会主理，单位协同，民主协议，履约自律”的人口计划生育基层群众自治工作机制。2012年，建立项目管理制度，对人口计划生育工作分项目、定指标，明责任实施管理。

第四章 体 育

20世纪80年代，长沙体育顺应时代潮流，以体育社会化为突破口，深化体制、机制改革，推动群众体育与竞技体育持续、协调发展。1987年年初，突破赛事活动一直由体育部门独家包揽体制束缚，尝试采用“冠名”“合办”“赞助”等方式举办竞赛。嗣后，又按照市场规律和借鉴外地经验，对体育场馆实行“以体为主，多种经营”管理运作模式，均取得满意效果，体育运行机制发生深刻变化。1988年年末，长沙市出台《关于加强和改革体育工作意见》，促进体育运动加快发展，体育工作开创新局面。

1989—1990年，群众体育活动在体育社会化推动下形成热潮，全市常年参加长跑、篮球、足球、乒乓球、门球、太极拳等项目锻炼的职工以及老年人、残疾人25万人；中小学校普遍推行《国家体育锻炼标准》，实施面占学校总数的90%，达标质量全省领先，率先跨入全国先进行列；4县1郊深入开展争创体育先进县、乡（镇）活动，举办乡（镇）一级体育竞赛近2000次，参与农民20万余人，农村体育出现新气象。1992年6月，在北京召开的纪念毛泽东“发展体育运动，增强人民体质”题词发表40周年大会上，长沙市被评为全国群众体育先进单位，受到国家体委、全国体总和中国奥委会联合表彰。1995年6月，《全民健身计划纲要》在全国颁布实施后，长沙成立实施全民健身计划指导委员会，举办“安利杯”长跑活动暨长沙市全民健身计划启动仪式，群众性健身活动蓬勃开展。1996—1998年，全市先后组织开展“迎回归”“奔向新世纪”“‘五一’体育周活动”等系列活动300余次，参加活动总人数近500万人次。

1999年，竞技体育经过调整项目布局，实行有偿训练，呈现强劲发展势头。是年全市培养一级运动员5人，二级运动员118人；参加第四届全国城运会获3枚金牌并荣膺后备人才输送奖和优秀后备人才奖。2000年在第27届奥运会上，长沙3名参赛运动员夺得5枚金牌、2枚铜牌，被评为“全国十佳运动员”。2002年参加第九届省运会获金牌、总分及精神文明3个第一，创参加历届省运会最好成绩。2003年后，长沙竞技体育按照“立足省运、目标城运”总体要求，突出重点项目，加强科学选才，通过“三依靠、三依托”（即依靠市教育局、依靠省体育局、依靠社会，依托中小学、依托省专业队、依托高校高水平运动队）全面、有序推进。2005年在全省青少年比赛中，获金牌166.5枚，总分5142.5分，金牌数和团体总分均名列全省第一。同年在第十届全运会上，长沙运动员获4枚金牌。

2007年，全民健身活动以社区、乡（镇）为重点开展。健身辅导站（点）增至711个，拥有各级社会体育指导员4891人。城市社区及农村乡（镇）组织举办各类体育活动400余次，其中在农村开展的“亿万农民健身活动”和“体育三下乡活动”，有近200万人次参加。新建全民健身工程点20个、健身场地205个，投放健身器材250套，群众健身条件明显改善。至2009年，全市体育场地增至6800余个，人均体育场地1.29平方米；拥有国家级、省级群众体育先进社区21个。是年，市体育局被劳动和社会保障部、国家体育总局授予“全国体育系统先进集体”称号。

随着体育健美、体育娱乐及体育传媒等新兴产业兴起，体育产业形成以体为主，多业并举，国家、社会及个人共同开发、经营格局。2010年，全市各类体育及相关产业单位发展到7685家，从业人员3.12万人，体育产业全年实现增加值20.95亿元，与上年同期相比增长18.56%。其中，休闲体育产业异军突起，5区4县（市）从事休闲体育活动单位4868个，从业人员1.66万人，实现增加值5.55亿元，占全部体育及相关产业增加值的26.5%，成为体育产业新的亮点。2011年，长沙体育产业实现增加值25.44亿元，其中体育彩票销售5.8亿元。

2012年全市健身辅导站（点）增至812个，体育场地9183个，常年参加体育锻炼人数占总人口48%。参加全省青少年锦标赛获金牌总数和团体总分第一名，全国和国际比赛获金牌18枚。发行体育彩票7.2亿元，体育产业总产出59.05亿元，比2011年增长16.3%，均创历史新高。是年贺龙体育中心被中国足协确定为“中国之队主场”，从广东引进的全国篮坛老牌劲旅柏宁男子篮球队入驻长沙。全年举办足球、篮球等重要赛事20余次，获得良好社会和经济效益，竞技表演市场日趋成熟，体育事业进入更高发展阶段。

第一节 机 构

一、市级体育机构

长沙市体育运动委员会（以下简称“市体委”）是市人民政府主管体育事业的职能部门。1988年，市体委机关设办公室、组织宣传科、行政科、群众体育科、竞赛科、科学训练科和学校体育科，编制35名（行政编10名、事业编25名）。1991年4月增设保卫科，与行政科“两块牌子、一套人马”，同年7月行政科与保卫科分设。1992年，行政科更名为计划财务科，科学训练科与竞赛科合并为竞赛训练科。2001年9月，市体委更名为市体育局，机关科室改为处室。2002年，市体育局内设机构调整，设办公室、竞技与青少年体育处、社会体育处、体育经济处（加挂“长沙市体育市场管理办公室”牌子）、人事处及机关党委、纪检（监察）机构，机关编制压缩至32名（行政编29名、工勤编3名）。2005年增设政策法规处。2010年机构改革，市体育局仍保留为市政府工作部门，内设1室5处（其中社会体育处改为群众体育处，政策法规处改为宣传法规处）及机关党委、纪检（监察）机构，编制38名（行政编35名，工勤编3名）。2012年，局机关编制增至39名（行政编36名，工勤编3名）。

1988年，长沙市体委直属单位有贺龙体育场（副县级事业单位）、市体育学校、市体育馆、市体操学校和市军事体育学校。1989年，成立长沙市足球学校，市体育学校更名为贺龙体育学校。1990年，成立贺龙体育运动学校（副县级事业单位），由贺龙体育学校、市第三十中学、市军事体育学校和市足球学校合并组成（其中贺龙体育学校于次年更名为长沙市青少年业余体育学校）。1993年，成立长沙市体育科学研究所。1996年，成立长沙市体育彩票销售管理办公室和长沙市体育服务中心，次年市体育服务中心更名为长沙市体育发展中心。2000年，市青少年业余体育学校从贺龙体育运动学校分离单设，并更名为长沙市青少年体育学校。2002年，市体育局直属单位调整，先后撤销市体育科学研究所、市足球学校、市体育彩票管理办公室和市体育发展中心，成立长沙市业余训练管理指导中心、长沙市水上运动训练基地和长沙市体育产业管理开发中心。2003年9月，贺龙体育场更名为贺龙体育中心。2005年11月，贺龙体育运动学校升格为正县级事业单位，此前并入该校的市第三十中学和市军事体育学校建制撤销。2006年2月，贺龙体育运动学校加挂“贺龙中学”牌子。2007年7月，成立长沙市训练竞赛管理中心（副县级事业单位），由市水上运动训练基地、市青少年体育学校、市训练管理指导中心合并组成。2009年6月，市训练竞赛管理中心加挂“长沙市青少年体育运动学校”牌子，次年市体育馆加挂“长沙市全民健身管理指导中心”牌子。2012年年底，市体育局直属单位为贺龙体育运动学校、贺龙体育中心、市训练竞赛管理中心、市体育馆、市体操学校和市体育产业管理开发中心，事业编制254名。

1988—2012年，先后担任长沙市体育运动委员会、市体育局主要领导职务的有：刘治华、魏华松、李卓民；其他领导班子成员有：宋白其、陈平南、张学营、余庄、章定发、谭艳辉（女）、江哲明、杨亿明、陈晓、钟国林。

二、区县（市）体育机构

1988年，市辖长沙、望城、宁乡、浏阳县及东区、西区、南区、北区及郊区均设立体育运动委员会（以下简称“体委”），为县、区（郊）人民政府工作机构。1990年，郊区体委更名为郊区体育局。1993年，浏阳撤县设市，县体委更名为市体委。1994年，望城县体委更名为望城县体育局。次年宁乡县、长沙县、浏阳市体委分别更名为宁乡县、长沙县、浏阳市体育局。是年，南区、西区体委与文化局合并为文化体育局，郊区体育局与文化局合并为文化体育局。

1996 年，长沙市区划调整，原东区、南区、西区、北区及郊区分别更名为芙蓉区、天心区、岳麓区、开福区及雨花区，其文化体育局或体委随之更名。1997 年 6 月，芙蓉区、开福区体委与文化局合并为文化体育局。2001 年，宁乡县、浏阳市体育局与文化局合并为文化体育局，望城县体育局与文化局合并，成立文化体育旅游局。次年，长沙县体育局与文化局合并为文化体育局。

2005 年，芙蓉区、天心区、岳麓区、开福区、雨花区文化体育局加挂新闻出版（版权）局牌子。同年 12 月，望城县从文化体育旅游局析置旅游局，原文化体育旅游局更名为文化体育局。2010 年 12 月，望城县文化体育局与广播电视局合并为文化体育广播电视局，并加挂新闻出版（版权）局牌子。2011 年，市内 5 区文化体育局与新闻出版局合并为文化体育新闻出版局。浏阳市文化体育局与广播电视局合并为文化体育广播电视局，宁乡县文化体育局与新闻出版局合并为文化体育新闻出版局。同年 6 月，望城县撤县设区，其文化体育广播电视局随之更名。2012 年，长沙县文化体育局与广播电视局合并为文化体育广播电视局，并加挂新闻出版（版权）局牌子。

三、长沙市体育总会

长沙市体育总会成立于 1990 年 4 月，为湖南省体育总会团体会员。团体会员 16 个，其中行业体育协会 3 个，即老年人、残疾人、农民体育协会；单项体育协会 13 个，即乒乓球、篮球、排球、足球、田径、体操、武术、桥牌、棋类、信鸽、钓鱼、风筝、网球体育协会。市体育总会成立后，不断加强体育社团组织管理与建设，开展群众喜闻乐见健身活动，为长沙体育事业发展做出重要贡献。1993 年，市体育总会被国家体委授予“全国群众体育先进单位”称号。

1994 年，长沙市明确各单项体育协会（包括行业体育协会，下同）由市体育总会统一管理，体育总会桥梁、纽带和助手作用得到进一步发挥。同年 5 月，长沙市体育总会选举产生第二届委员会。至是年底，长沙各区县（市）均成立体育总会，市体育总会团体会员增至 27 个。1995 年，市体育总会先后承办第四届“炎黄杯”海峡两岸长跑比赛和“国际奥委会主席杯”全国百城市群众自行车赛长沙赛区比赛，并按照《湖南省民间武术管理条例》，对全市武术馆、校进行全面检查与整顿。1998 年 5 月，市体育总会选举产生第三届委员会，团体会员 29 个。2002 年，明确长沙市体育总会与长沙市体育局“一个机构、两块牌子”，此后市体育总会主席均由市体育局局长兼任。同年 10 月，市体育总会选举产生第四届委员会，团体会员 32 个。

2008 年 11 月，市体育总会选举产生由 159 人组成的第五届委员会，团体会员 30 个。同年 12 月，市体育总会首次设专职秘书长 1 名，负责体总日常工作和各单项协会年审。2009 年 8 月 8 日，省体育局、市体育局、市体育总会联合举办长沙市“全民健身日启动仪式暨全民健身展示大会”，有近 5000 人队伍表演太极拳、威风锣鼓、健身秧歌、健身球等项目，近 2000 市民接受“普通人体质测试服务”，参加活动人数逾 1 万人。2010 年 8 月，市体育局局长李卓民接任市体育总会主席。2012 年，长沙市体育总会团体会员增至 38 个，其中单项体育协会 20 个，体育俱乐部 9 个，区县（市）体育总会 9 个；会员超过 20 万人，经常参加体育社团、俱乐部活动外围会员 50 万人。

第二节 群众体育

一、职工体育

（一）职工体育活动。20世纪80年代中期，遵循“形式多样、面向基层”原则，在基层职工中广泛组织开展各种体育竞赛活动。至1987年，全市常年坚持参加篮球、排球、足球、乒乓球、游泳、登山、拔河等活动干部、职工近10万人。特别是足球运动，在“贺龙杯”赛推动下，逐渐成为职工体育热点，全市每年参加职工足球联赛队伍有80余支。长沙肉类联合加工厂、水泵厂、内燃机配件厂、汽车电器厂等许多企业，都建有自己的业余足球队，定期组织开展比赛活动。1988年10月，长沙举办“九星杯”全市职工围棋赛，有1082人参加，历时30余天，人数之多，时间之久，均创历届职工围棋赛之最。是年底市服务公司足球队、市公共汽车公司足球队被评为“全国基层职工足球优胜队”，长沙市被评为“全国基层职工足球先进城市”。

1989年，全市85%厂矿企业都成立体育机构，配备专职和兼职文体专干，做到“每日有活动、每月有比赛、每年有运动会”，职工体育被纳入年终评比内容。是年9月，市体委、市总工会联合举办“长沙市迎国庆40周年职工体育活动月”活动，90个单位、近万名职工参与。至年末，全市开展市一级职工体育活动30多次，参加体育活动的干部、职工20万人。1990年1月，市体委、市总工会在市工人文化宫共同举办首届“力士杯”全市拔河比赛，有10个单位202名职工参加，长沙铝厂获团体拔河冠军，该厂王国保获个人背向拔河冠军。1993年12月，长沙举办纪念毛泽东100周年诞辰军民射击、武术和健身操比赛。射击比赛有20个单位300名运动员参加，国防科技大学、市公安局、市电信局、市广播电视局、市规划局、市政府机关分获团体一至六名；武术、健身操有16支队伍200人参加，西长街办事处获太极拳团体第一名，市太极玄功辅导中心获太极剑团体第一名，左家塘办事处获健身操团体第一名。1995年5月1日，市体委与市总工会、市直机关工委在烈士公园联合举办市直机关拔河比赛，有80余个单位100余支队伍2000人参赛，3000余人参加游园活动。是年市邮政局、市纺织厂、市冷冻加工厂及科文集团、友谊集团均举办本单位（系统）大众体育运动会，半数以上职工参加篮球、乒乓球、拔河、长跑等比赛活动；长沙卷烟厂举办“白沙杯”员工体育周活动，设跳绳、登塔、环厂跑、健美操等10个项目，全厂6200名员工全部参加，中央电视台予以报道。1996—1997年，长沙先后举办全市春季马路赛跑、“五一”体育周活动、职工足球赛、“电信杯”篮球赛以及市直机关广播体操比赛、市直机关健身运动会和首届全市全民健身活动展示等系列活动，其中参加全民健身活动展示职工队伍400余支，参加“五一”体育周活动职工干部超过30万人。1999年11月，长沙举行省会暨长沙市迎新世纪全民健身展

图24-4-2-1 长沙市自行车环城比赛

（摄于2010年，长沙市体育局供图）

示活动。来自市内5区与省、市企事业单位及有关体育协会等单位的216支代表队，分别在贺龙体育场和省邮电学校体育馆参加木兰系列、健身操（舞）、太极系列、体育舞蹈等4个大项16个表演项目展示，参赛运动员和观摩者2万余人次。活动期间，岳阳、湘潭、株洲、郴州等市均派出代表队参加展示与交流。

1999年后，随着国有企业改革不断深入，无论国有企业还是私营合资企业，都以生产经营为中心，职工体育活动开展受到一定限制，尤其是经济效益不佳的中小企业，职工体育活动基本处于停滞状态，职工参加体育锻炼呈现较大自发性趋势。而一些效益好的企业如二十三冶建设集团及电信、银行、电力等行业系统，职工体育活动仍一直坚持开展，在经费上给予适当投入，利用重大节日、庆典组织举办各种体育竞赛活动。其间机关、事业单位职工体育活动较前更为活跃，全市职工体育总体保持发展态势。2000年8月，市体委、市妇联联合举办长沙妇女健身风采展示大会，设跳绳、健身操、保龄球等6个项目，来自全市各区县（市）机关、事业单位134个队2700名女性职工参加展示活动。雨花区、开福区、天心区、芙蓉区、望城县、市直机关妇委会获组织奖，开福区等51个代表队及陈淑平等6名个人获各项等级奖。2002年市体育局、市直工委联合举办市直机关体育活动日通信赛，设登山、象棋、围棋、篮球、排球、跳绳、拔河、保龄球、羽毛球、乒乓球等，直接参与人数3000人。

2006年，长沙举办首届“公仆杯”市直机关篮球赛，2007年后又增设“公仆杯”市直机关乒乓球赛和市直机关职工羽毛球赛。2009年10月，举办“红牛杯”全市职工男子篮球赛，来自长沙电信、湖南大学、湖南师范大学及知名企业的16支职工篮球队参加比赛。2011年市体育局、市直机关工委共同举办首届“公仆杯”市直机关羽毛球赛，参赛男女运动员近200名。此后，“公仆杯”市直机关篮球、乒乓球、羽毛球赛每年一届，成为长沙党政机关传统体育赛事。2012年4月21—22日，市体育局与北京红牛饮料销售有限公司湖南分公司联合举办“羽林争霸”红牛城市羽毛球赛湖南赛区长沙站比赛，来自全市各地34支“羽林”精英队的200余名羽毛球爱好者参加角逐。

（二）职工体育比赛

1.参加湖南省职工体育比赛。1988年6月，“湘彩杯”全省职工桥牌赛在长沙举行，49个队294名男、女运动员参加。长沙男、女队双双摘冠，女队还获体育道德风尚奖。1995年6—9月，第三届全省工人运动会在湘潭、长沙举行，设篮球、足球、游泳、田径、象棋、桥牌、健美操7个项目，长沙获健美操团体第二名、个人第一名，象棋团体第二名、个人第二名，足球第三名及体育道德风尚奖。2005年8—9月，第四届全省工人运动会在娄底、长沙、株洲、湘潭举行，设大众体育、趣味游戏、桥牌、保龄球、象棋、篮球六大类比赛项目，长沙获2枚金牌、3枚银牌、2枚铜牌，并被授予优秀代表团称号。

2.参加全国职工体育比赛。1988年5月，“华康杯”全国职工健美操邀请赛在湖北沙市举行，来自全国22个大、中城市选手参赛，长沙电池厂龙更新和人民路小学陈雯获男女混合第一名，首次为长沙在全国健美比赛中夺得金牌，彭安玲、王可丹、龙更新、陈雯还获团体造型亚军，龙更新获男子70千克级银牌。1992年10月，全国健美冠军赛在北京举行，长沙科文集团乐团分公司健美队派出4名运动员参赛，龙更新、刘小燕在男女混双竞赛中获亚军，刘小燕获女子48千克级第三名，魏兵获男子85千克级第五名。2009年9月，全国公开水域游泳比赛暨第四届全国体育大会在浙江绍兴举行，由5名男子运动员组成的长沙代表队获团体第十一名，并获得代表湖南省参加2010年全国体育大会决赛资格。2011年1月，全国冬泳比赛在湖北襄阳举行，王丽红、马丽亚分获女子200米混合泳第二名和第三名，柳家敏获男子200米混合泳第五名。2012年12月，第十九届全国冬泳锦标赛在湖南湘潭举行，柳家敏获男子50米蛙泳第四名、100米蛙泳第二名，马丽亚获女子100米蝶泳第二名、100米仰泳第六名，王丽红获女子 50 米蝶泳第三名、100 米仰泳第三名，刘超获男子 100 米蛙泳第五名。

二、学生体育

（一）课外体育活动。20 世纪末叶，长沙各中小学按照《学校体育工作条例》《国家体育锻炼标准》要求，在上好每周两节体育课外，每天组织学生参加早操和课间操。早操、课间操以做广播操为主，一些学校还从实际出发，自编“武术操”“素质操”“室内健身操”等。下午两节课后，各学校还根据场地设施条件，或以班为单位组织集体活动，或让学生按照自身爱好、特长自由选择项目参加锻炼，充分保证学生每天有 1 小时以上体育活动时间，使学生身心得到健康发展。1994 年 12 月，根据长沙 46 所课外体育活动开展比较好的学校统计，有 2.15 万名学生在每天 1 小时体育锻炼中参加田径或乒乓球活动，占学校总人数的 90%。

20 世纪 90 年代后期开始，长沙中小学校对早操、课间操进行改革，将早操、课间操发展为大课间活动，时间由原来 10~15 分钟增加到 20~40 分钟，内容在广播操基础上增加球类、游戏和其他操类。下午第二节课后的体育活动除田径、球类、游戏外，还开展棋类及模型、无线电测向等项目。学校每天安排专人对早操、课间操和下午第二节课后的体育活动进行检查、登记和评比。

1999 年，长沙将贯彻实施《学校体育工作条例》纳入学校目标管理，督促各学校因地制宜开展长跑、跳绳、踢毽子、乒乓球、韵律操、广播操等形式多样的课余体育活动。各区县（市）在对各学校进行目标考核时，凡课外活动不到位的一律实行“一票否决”，有效地推动和保证“两操”及课后“1 小时体育活动”开展。是年长沙举行中小学迎接新世纪跳绳比赛，活动分预赛和决赛两个阶段，设个人跳、花样跳和集体跳 3 个项目，历时 1 个多月，全市有 3 万名中小学生参加。

进入 21 世纪，随着社会经济快速发展，学校体育设施条件不断改善，课外体育活动内容日趋丰富。各个学校从实际出发，分别安排有广播体操、器械体操、韵律体操、体育舞蹈及球类、武术、棋类和秋千、轮滑等多种项目活动。有的学校还组织学生春游、秋游、野餐、野炊和举办夏令营、冬令营。2000 年 8 月，长沙成立青少年篮球俱乐部，从高等院校、省篮球队聘请 9 名篮球专业人士和运动员来俱乐部担任教学、训练和管理工作，并在市电信公司体育馆、市体委篮球馆、湖南大学体育馆及高新博才学校建立篮球培训基地，全年培训青少年 600 余人。同年 10 月，国家体育总局批准该俱乐部为国家级青少年篮球俱乐部试点单位。之后，一些条件具备的大学和中小学校相继建立体育俱乐部，课外体育活动形式更加多样。2001 年 10 月，湖南大学体育俱乐部牵头举办“红双喜杯”校园体育文化节，中南大学、长沙大学等 6 所省会高校参加，活动为期近 1 个月，受到师生好评，充分展示体育俱乐部组织开展体育文化活动魅力。

2006 年，教育部、国家体育总局、团中央《关于开展全国亿万学生阳光体育运动的决定》下发后，4 月，省体委、省教育厅在周南中学举行全省中小学阳光体育活动启动仪式，长沙各区县（市）在同一时间也分别举行启动仪式，全市 80 余万名中小学生均停课 1 小时进行体育锻炼。在启动仪式推动下，阳光体育活动在全市全面展开。2009 年岳麓区阳光青少年体育俱乐部被国家体育总局命名为“国家级青少年体育俱乐部”。是年，长沙开展在暑假期间为城区中小学生提供免费游泳场所活动。活动按照政府购买服务，场馆依法提供安全保障，家长负责安全监护的原则操作进行，全市选定 15 家符合开放经营要求游泳场馆统一购买服务。活动自 7 月 15 日开始至 8 月 25 日结束，免费接待中小学生 14 万余人次，既丰富学生暑假生活，又杜绝或减少学生游泳事故发生，获得社会普遍赞誉。此后，又增加篮球场馆和羽毛球场馆暑期向学生免费开放。

在开展课外体育活动中，各学校还十分重视培养学生科技体育意识。不少学校组织学生订阅科普读物，利用课余时间动手制作飞机模型，组装无线电设备等，全市每年参与模型、定向越野运动中小学生1.5万人次。2011年，在参加“全国青少年未来之星阳光体育节”比赛中，明德中学代表队夺得校园定向越野第一名并获体育道德风尚奖，麓山国际实验学校代表队获男子五人制篮球第七名。是年长沙市被国家体育总局确定为“全国科技体育传统项目学校”试点城市，长沙德馨园青少年体育俱乐部、开福区明星阳光青少年体育俱乐部被命名为“国家级青少年体育俱乐部”。

2012年12月，由省体育局、教育厅主办，长沙市雨花区教育局和德馨园小学承办的“湖南省阳光科学健身校园行活动暨长沙市德馨园小学阳光体育节”在德馨园小学举行。活动主题是“走向操场，走到阳光下，参加体育锻炼”。活动内容分启动仪式和展示活动两大部分，其中展示活动安排有开场舞、足球队员球技表演、趣味足球游戏、冠军挑战赛、女足表演和健身知识大讲堂六大板块，参与师生1000余人。活动取得圆满成功，给学生带来健康体育生活理念和快乐体育体验，对培养学生体育运动兴趣，推动学校课外体育活动向科学、健康方向发展起到积极作用。

（二）体育达标。20世纪80年代中期，长沙各中小学普遍开展实施《国家体育锻炼标准》活动。制定《长沙市施行〈国家体育锻炼标准〉测试评比办法》，每年定期进行检测和评估。

1988年，全市有3164所中小学54.89万名学生参加《国家体育锻炼标准》达标活动，经测试平均达标及格率87.19%。是年，长沙市一中、师大附中、长沙县一中等16所学校被评为全省体育达标先进学校，长沙县、宁乡县、浏阳县被评为全省体育达标先进县，长沙市被评为全省体育达标先进市。在实施《国家体育锻炼标准》活动中，地处偏远山区的宁乡县十中因陋就简开展体育达标活动，取得明显成效。达标及格率、良好率和优秀率分别由原来的83.2%、14%、8.6%提高到95.9%、55%、25.7%，并向全国各高等院校培养输送15名体育后备人才。1989年该校获“全国体育达标先进单位”称号。

1990年1月，依据国家体委《国家体育锻炼标准施行办法》《关于在全国各级各类学校推行〈国家体育锻炼标准施行办法〉的通知》精神，重新修订《长沙市施行〈国家体育锻炼标准〉测试评比办法》，在全市组织开展体育达标活动。各学校成立由主管校长牵头，有关部门负责人参加的体育达标工作领导小组，制定具体计划、方案和日程安排。实施过程中，郊区育新小学创新思维，采用“三结合”（即体育教师课堂讲解动作要领、班主任课余组织实施、家长在家支持督促）形式开展体育达标活动；西区部分学校则将体育达标作为家庭作业布置，要求学生按时按量完成，确保体育达标工作落到实处。是年，全市对3365所学校进行《国家体育锻炼标准》测试和评定，及格率92.4%。雅礼中学、杜家塘小学及国防科大等10所学校被评为全省体育达标先进单位，肖福昌、马志超等11人被评为全省体育达标先进个人。

1991年，长沙各级各类学校对体育达标工作更加重视，除有机构有专人分管外，还做到校有达标进度表，班有达标明细表，学生有达标登记证，体育达标质量明显提高。年底经省检查验收，全市体育达标质量合格率均在99%以上，超过省定指标，名列全省榜首。1992年3月，在全省实施《国家体育锻炼标准》总结表彰会上，长沙市被评为全省体育达标先进集体，张先中、章伯友等5人被评为全省体育达标先进个人。

1998年，湖南中考科目调整，初中毕业生升学考试加试体育项目，加试成绩计入招生录取总分。从这一年开始，长沙中考增加体育考试内容，有效地推进体育达标活动开展。2000年，全市2945所中小学校77.95万名学生参加体育达标测试，平均达标率92.9%。长沙市一中等148所学校被评为全市体育达标先进集体，谢慧军等34名体育教师被评为全市体育达标先进个人。

2002 年 7 月 4 日，国家体育总局、教育部发布《关于印发〈学生体质健康标准（试行方案）〉及〈学生体质健康标准（试行方案）实施办法〉的通知》。长沙各级各类学校从 2003 年起统一实施《学生体质健康标准》。2004 年 1 月，对全市各学校体育达标进行综合评定，平均达标率 94.4%，其中及格率 44.2%、良好率 34%、优秀率 21%，进入全国省会城市先进行列。

2007 年 8 月，长沙市发布《关于加强青少年体育增强青少年体质的实施意见》。全市各学校均制订近、中期体育达标工作计划，将体育达标与体育课教学、课外体育活动、体育竞赛、体育考核、评比表彰等有机结合起来，确保体育达标在保证质量前提下深入、持久开展。2011 年，长沙市发布《关于加强教体结合促进学校体育工作意见》。是年，长沙中小学校普遍实施《学生体质健康标准》，覆盖面 100%。

2012 年，实施《学生体质健康标准》进入良性发展阶段。该年全市体育达标合格率为 98.2%，体育中考合格率 95.73%，学生耐力、力量、速度等体能素质得到提高，营养不良、肥胖和近视发生率呈下降趋势，基本达到《学生体质健康标准》要求。

三、农民体育

（一）农民体育活动。1987 年年初，根据国家体委关于创建体育先进县通知要求，制定《长沙市农村体育先进乡（镇）评定细则》，在 4 县 1 郊开展争创全国体育先进县和市体育先进乡（镇）活动，推动农村体育活动开展。浏阳县东门乡和长沙县高岭乡乡、村两级均建立业余运动队，配有队长、教练，平时有训练、节假日有比赛，40%以上农民参加龙舟、龙灯、武术、篮球、乒乓球、田径、象棋等体育活动，是年 12 月被评为全市首批农村体育先进乡（镇）。

1988 年，全市争创体育先进县、乡（镇）活动全面铺开。各县（郊）将农村体育工作列入政府议事日程，制定过硬措施，确保创建活动顺利推进。一些乡（镇）还成立体育领导小组，配备文体专干，做到乡有体育活动中心，村有简易体育场地，定期组织开展小型多样、群众喜爱的体育竞赛活动。年底经检查验收，郊区雨花乡、长沙县果园乡被评为全市第二批体育先进乡（镇），浏阳县岩前乡被授予市“武术之乡”称号。1989 年创建体育先进县、乡（镇）活动进入高潮，全年举行各种农民体育活动 500 余次，参加人数 6.5 万余人次；近三分之一乡镇在开展活动中做到有机构组织、有资金支持、有场地保证。望城县在市体委支持下，投资近 200 万元，在不到一年时间内建成 2 场（田径场、篮球场）、1 池（游泳池）、1 房（训练房）及 27 个乡（镇）水泥球场，为创建全国体育先进县打下坚实基础。1990 年 7 月市农民体育协会成立，随后各县（郊）和部分乡（镇）也相继成立农民体育协会，农村体育进入新的发展阶段。是年 8 月，望城县通过国家体委检查验收，成为全市首个达到标准的“全国体育先进县”；12 月，宁乡县历经铺乡，望城县格塘乡、丁字乡，长沙县黄兴镇、河田乡被评为市体育先进乡（镇）。

图 24-4-2-2 农民舞龙表演

（摄于 2008 年，长沙市体育局供图）

1991 年，郊区大托乡通过创建体育先进乡（镇）活动，全乡经常参加体育活动的人数 1200 人，乡、村运动队发展到 23 支。至 1992 年，全乡用于体育场地建设经费累计 20 余万元，建有篮球场 16 个，多功能文体活动室 21 个，青年之家 12 个；举行大型体育活动近 20 次；常年体育活动经费1.5万元，人均超过0.5元。农民体育活动开展，给该乡带来良好社会效益，社会治安由“三多”（事故多、纠纷多、打架斗殴多）变为“三少”，跨入郊区综合治理先进行列。1993年大托乡被评为“全国亿万农民健身活动先进单位”，受到国家体委、农业部和中国农民体协联合表彰。同年，宁乡县被评为“全国体育先进县”；郊区大托乡以及望城县坪塘镇，长沙县江背镇，宁乡县夏铎铺镇、花明楼镇，浏阳市达浒镇被评为“湖南省体育先进乡（镇)”。至1995年年底，全市达到市体育先进乡（镇）标准的乡（镇）增至99个。1996年浏阳市北盛镇、望城县坪塘镇被评为“全国亿万农民健身活动先进乡(镇)”。1997年4月，长沙市举办4县（市）农民运动会，设舞龙、自行车负重、武术、象棋、篮球、田径6个项目，长沙、望城、浏阳、宁乡4县（市）均组团参赛。1998年经国家体育总局检查验收，浏阳市获“全国体育先进县”称号。

1999年，随着农村生活水平不断提高，农民参与体育活动热情高涨。长沙市以乡（镇）为重点，以“新农村、新体育”为主题，在农村组织开展“亿万农民健身活动”和“体育三下乡（体育人才、器材、经费下乡）活动”。开展的项目有武术、舞龙、舞狮、龙舟、象棋、拔河、举重、掰手腕等，其中舞龙、舞狮和划龙舟等民间传统体育活动开展尤为火爆。是年春节、端午节期间，全市农村有1000余头龙狮上街，近200条龙舟下水，参与人数20万余人。2000年长沙县星沙镇，望城县高塘岭镇，浏阳市文家市镇、官渡镇，开福区国有综合农场被评为市亿万农民健身活动先进乡（镇)；长沙县黄兴镇和浏阳市大瑶镇荣膺全国第五批“亿万农民健身活动先进乡（镇)”称号。是年经国家体育总局检查验收，长沙县被评为第七批“全国体育先进县”，至此，长沙市辖4县（市）全部进入全国体育先进县行列。2004年，长沙县跳马乡、果园镇，望城县靖港镇，宁乡县枫木桥乡、大成桥乡，开福区捞刀河镇被评为市亿万农民健身活动先进乡（镇)。2006年9月，长沙举办第一届全市农民运动会，设舞龙、舞狮、自行车、武术、龙舟等10个比赛项目，全市各区县（市）97支队伍884人参加比赛。

2007年，从政策、资金等方面加大对农村健身工程支持力度。是年全市投入近200万元，新建农村健身场地30余处，并向乡（镇）投放健身器材91套。2008—2010年，长沙在4县（市）各设立2个高规格农民健身示范工程点，并配合省发改委、省财政厅、省体育局下拨专项补助经费166万元，用于全市83个村健身工程建设，同时举办5期培训班，对近400名农村社会体育指导员进行系统培训。这一时期，农民健身意识大为增强，除踊跃参加有组织的龙舟、舞龙、舞狮等传统体育项目外，还自发参与健身器材锻炼、散步、广场舞、太极拳、篮球、乒乓球等运动。2012年全市农村经常参加体育锻炼人数175.6万人，占总人数的41.88%。

（二）农民体育比赛

1.参加湖南省农民运动会。1996年4月，首届全省农民运动会在长沙举行。长沙派出由35人组成的代表团参加武术、自行车、象棋、舞龙4个项目比赛，获3枚金牌、1枚银牌，团体总分列全省第四名，并获舞龙最佳自选套路编排奖。1999年10月，第二届全省农民运动会在湘潭举行，设田径、乒乓球、舞龙、舞狮、武术、中国象棋、自行车载重7个项目，长沙70名运动员参加比赛，获金牌6枚、银牌3枚、铜牌4枚，并获团体总分三等奖。2003年10月，第三届全省农民运动会在郴州举行，长沙56名运动员参加武术、自行车载重、舞龙、舞狮等7个项目比赛，获金牌5枚、银牌3枚、铜牌2枚，团体总分列全省第三名。2007年9月，第四届全省农民运动会在常德举行，长沙92名运动员参加田径、游泳、中国象棋、钓鱼、龙舟、乒乓球、健身秧歌、舞龙、舞狮、男女混合篮球等项目比赛，获金牌10枚、银牌4枚、铜牌6枚，团体总分居全省第二名。2011年9月，第五届全省农民运动会在益阳举行，长沙 94 名男女运动员参加田径、游泳、乒乓球、钓鱼、自行车载重等 12 个项目比赛，获金牌 12 枚、银牌 5 枚，并以 1026 分获团体总分第一名。

2.参加全国农民运动会。1992 年 10 月，第二届全国农民运动会分区赛在湖南桃源举行，长沙女子乒乓球队代表湖南参赛，获得团体冠军。1996 年 10 月，第三届全国农民运动会在上海举行，长沙舞龙队代表湖南在这次运动会上获 1 枚金牌 2 枚银牌。2000 年 11 月，第四届全国农民运动会在四川绵阳举行，长沙“星港”舞龙队代表湖南获得 1 枚金牌。

四、社区体育

（一）社区体育活动。20 世纪末叶，长沙街道体育组织日趋健全，半数以上街道均建立辅导站（点），并配备有固定辅导员。1990 年，全市有 27 个街道办事处先后成立地区文体协会，协会由办事处主管体育工作领导任主任，文体骨干任秘书长，工、青、妇等部门负责人及驻街单位领导任委员。地区文体协会成立，使群众性体育活动由条条管理逐步变为块块管理，由体育部门一家办体育逐步过渡到依靠社会办体育，体育管理模式开始发生变化。1992 年，全市三分之二以上街道、居委会都建立健身辅导站（点），有骨干辅导员近 1000 人，开展的项目有竞技、健身、趣味、传统体育等。遍布于各街道、居委会的辅导站（点），为居民就近进行体育锻炼带来方便，常年坚持参加体育活动人数逐年增加。1994 年，长沙举办“威尔杯”国际家庭年家庭运动会，比赛项目有“罗汉抬轿”“全家同行”“三代接力”。全市 33 个街道办事处组成的 33 个代表队 103 户家庭（含 4 户在长工作的外籍家庭）、350 名运动员参加比赛。

1995 年 6 月，《全民健身计划纲要》在全国颁布实施后，是年 10 月，长沙市成立实施全民健身计划指导委员会，制定《1995—2000 年长沙市全民健身计划》，并举办“安利杯”长跑活动暨长沙市全民健身计划启动仪式等系列群众体育活动。城区各街道、居委会组织开展全民健身宣传月活动，使市民对《纲要》内容、健身知识和健身方法有更进一步了解。此后，“街道体育”名称逐渐为“社区体育”取代，长沙社区体育跨入以全民健身为主要内容新阶段。

1997 年，长沙实施全民健身计划工程展开。全市先后组织举办“三株杯春季马路赛跑”“五一体育周通讯赛”“全民健身万人展示大会”“奔向新世纪全运会火炬接力”等以“迎香港回归”为主题的系列大型体育活动，各区县（市）街道、乡（镇）相应组织开展各种基层健身活动。年末，全市有辅导站（点）415 个，社会体育指导员 1318 名，其中国家级社会体育指导员 9 名、一级 98 名、二级 858 名、三级 353 名。1998 年长沙组建国民体质测试队伍，首次对市直机关部分部、办、委、局和开福区上大垅办事处文体协会等 24 个单位 850 人进行体质测试，取得有效数据 813 份，其中达到优秀标准 68 人，良好标准 210 人，及格标准 366 人，不及格标准 201 人。通过测试，初步掌握全市成年人体质状况，为后阶段市民健身提供可靠依据。是年天心区城南路办事处等 8 个单位被评为全省首批“城市体育先进社区”，开福区上大垅办事处被评为“全国城市体育先进社区”。1999 年芙蓉区火星镇健身站等 12 个单位被授予“湖南省先进辅导站”称号，余平沃等 22 人被授予“湖南省优秀社会体育指导员”称号。2000 年芙蓉区朝阳街道办事处被评为第二批“全省城市体育先进社区”，岳麓区望月湖街道办事处被评为“全国城市体育先进社区”，市体委荣获“全国全民健身宣传周活动优秀组织奖”。2001 年 6—11 月，长沙举办首届全市大众体育运动会，设太极拳、广播体操、木兰拳（剑、扇）、篮球、趣味体育、跳绳、门球、拔河、保龄球、台球等 13 个项目，来自各区县（市）社区参赛队伍 500 余支，参赛人数近 3 万人次。

2002 年，编制《长沙市社区体育近期发展规划》，进一步明确社区体育下一阶段发展目标、步骤和措施。此后，长沙全民健身体育以社区为重点，实施“三边工程”（抓身边组织、建身边场地、搞身边活动），社区体育快速发展。至2004年，全市健身辅导站（点）由2003年的490个增至584个，社会体育辅导员由2003年2880人增至3476人。2006—2008年，全市投入彩票公益金近2000万元，翻修、新建社区健身设施400多处，投放健身器材1000余套。其间，健身体育活动高潮迭起，社区平均每年组织活动150余次，开展项目有田径、球类、棋类、武术以及大众健身操、健身秧歌、舞龙舞狮等10余项。其中以广场舞为代表的社区广场体育活动十分火热，每天早晚，城市广场、公园、湘江风光带、社区花园等处跳广场舞和进行其他项目锻炼的人随处可见，来贺龙体育中心广场进行健身的市民每日5000人。为迎接2009年8月8日全国第一个“全民健身日”，长沙举办以“我锻炼、我快乐、我健康”为主题全民健身进社区活动。活动从6月开始至10月每个周末在各社区进行的“零门槛”、兼具趣味性和运动性健身比赛，吸引成千上万名社区体育爱好者参加。是年，市体育局荣获国家体育总局“全民健身活动优秀组织奖”。2010年，市及各区县（市）均分别成立国民体质监测中心和国民体质检测站，并于是年5—8月按照国家体育总局和省体育局部署，在前两次国民体质测试基础上，开展第三次全市国民体质测试，上报国家有效样本量2787份，省有效样本量7215份，得到国家和省质量检查组充分肯定。市体育局肖渐光撰写的《进一步加强和完善国民体质监测网络和服务体系建设》在第二十二届全国城区体育工作研讨会论文评选活动中获一等奖。

2011年5月，长沙举办以“飞一般的幸福”为主题的首届全市全民健身节系列活动，设趣味体育项目50个，活动历时4个月。10月，出台《关于加强城区全民健身设施建设与管理意见》，将全民健身设施建设和管理纳入为民办实事工程。当年全市用于改造、新建社区健身设施经费累计1760万元。2012年4月，《长沙市全民健身办法》颁布，进一步推动社区全民健身活动开展。5月，举办第二届全市全民健身节系列活动，市、区（县）两级组织安排大型体育活动近100场，基层体育活动1000余场，参与活动人数达200余万人次。健身节期间，编制《长沙市全民健身地图》和《长沙市全民健身指南》，在全市发放5万余册。至年底，长沙社区健身辅导站（点）发展到近800个，拥有各级各类社会体育骨干1.2万余人，新建全民健身工程点200个、健身广场5个、篮球场420个、健身路径248处，并在社区配备健身设施管理员400名，为逐步打造全市布局合理、互为补充、覆盖面广、普惠性强的辅导站（点）和健身设施网络化格局奠定稳固基础。

（二）参加体育比赛。1998年11月，首届全省大众体育运动会在长沙举行，设健身操、台球、飞镖等9个非奥运项目，长沙获金牌11枚、银牌6枚、铜牌3枚，并获团体总分一等奖和体育道德风尚奖。2004年9—11月，第二届全省大众体育运动会在长沙、株洲等地举行，设登山、跳绳、3人篮球等15个项目，长沙获团体总分第三名及8个单项第一名、4个单项第二名。2008年10月，第三届全省大众体育运动会在株洲举行，设大众广播体操、登山、门球等14个项目，长沙获金牌9枚、银牌6枚、铜牌4枚，团体总分居全省第三名。2012年10—11月，第四届省大众体育运动会分别在全省13个市、州举行，设攀岩、秋千、跳绳、双百分等18个项目。长沙在本届运动会上获团体总分第一名及13个单项第一名、7个单项第二名、8个单项第三名。

五、老年人体育

（一）老年人体育活动。20世纪80年代初，长沙老年人体育活动以自发分散为主。1984年4月25日，成立长沙市老年人体育协会（以下简称“老年体协”）。1988年，长沙城区60%以上街道办事处、居委会及厂矿企业均建立老年人健身活动站（点），拥有骨干辅导员近700人，活动内容由武术、象棋、气功、跑步扩展到门球、迪斯科舞、交谊舞等。其中门球发展快速，多数区（县）及乡（镇）都成立门球队，建起门球场。南区门球活动掀起热潮，全区有老年门球队50余支，经常参加门球活动老年人1万人之多。1989年，南区门球队代表长沙参加“避暑山庄杯”全国门球赛获团体第五名。是年5月，全国老年体协秘书长会议在长沙召开，会议印发北区民主东街开展老年人体育活动先进典型材料，长沙老年体协工作经验在全国推广。

图 24-4-2-3 长沙市全民健身展示活力老年人太极拳表演　（摄于2008年，长沙市体育局供图）

1995年，随着《中华人民共和国体育法》《全民健身计划纲要》在全国颁布实施，老年人体育活动在城乡普遍开展。1996年市电业局老年体协开辟室内室外2个活动室，成立4个门球队和2个地掷球队；长沙县江背村新建门球场12片，成立门球队15个，并举办首届全村门球比赛。同年9月，长沙举办第一届全市老年人门球大赛，设城区和县（市）5个赛区，有近100个单位208支门球队2000余名运动员参加，参赛人员中70岁以上的有50余人，其中年龄最大的83岁。1997年市老龄委和市老年体协就基层老年体协组织建设联合发文，要求各区县（市）进一步加强老年体协组织建设，做到有一名在职领导分管。从这一年开始，市老年人体育被列入绩效目标管理，各级党政领导每年听取1~2次老年人体育工作汇报，研究解决1~2个老年人体育活动中出现的具体问题。是年浏阳市老年体协在上一年换届选举基础上，新建老年体协分会55个，发展新会员1250人，体育活动经费由1995年8000元增加到3.5万元，全年举办老年人体育比赛活动21次。

20世纪末至21世纪初，随着城市建设步伐加快，城市广场、主题公园、社区花园及各种健身场地不断增加，开展老年人体育活动更便利。2000年8月7日—9月24日，举办长沙中老年人晨练大赛，全市有42个街道办事处5000余人参加。通过初赛、复赛和决赛，雨花区东塘办事处等10个单位分别获一、二、三等奖以及表演奖、创意奖和活力奖，开福区和雨花区获大赛组织奖。2003年，全市经常参加体育活动老年人20余万，开展项目有太极拳、健身球、地掷球、门球、乒乓球、网球、柔力球、钓鱼、风筝、广场舞、篓竹等20余种，其中门球、广场舞成为老年人体育活动两大热点。至2006年，全市门球队增至2000余个，由各级老年体协组织举办门球赛近1500场，经常参加门球活动人数5万人次；广场舞迅猛发展，城区90%以上社区都成立老年人广场舞队伍，并且迅速向农村蔓延，一些乡（镇）举办老年人广场舞比赛。

2008年5月，市老年体协在长沙县召开全市农村老年人体育工作现场会，总结、交流和推介跳马乡开展老年人体育活动经验，提出到2012年农村经常参加健身活动老年人力争达到老年人总数40%的发展目标。2009年，宁乡县黄材镇经常参加健身活动老年人3800余人，占老年人总数40.3%。2010年，长沙县白沙乡11个村全部成立老年体协，乡域内有老年人体育活动中心3个，老年骨干近80人，龙狮队3支、门球队5支、健身球队3支、柔力球队2支、广场舞队16支、腰鼓队5支，建有门球场4片、地掷球场1片，经常参加健身活动老年人占老年人总数45%，被评为“湖南省老年人体育工作先进单位”。是年6—11月，长沙举行第七届全市老年人运动会，设门球、地掷球、老年排球、钓鱼、象棋、围棋、太极拳等10个比赛项目和舞龙、舞狮、功夫扇、健身舞4个表演项目，来自全市5区、3县（市）及市老年体协直属单位14个代表团2100名运动员参加比赛。

2012年，长沙老年健身活动站（点）发展到700余个，老年健身队伍1000余支，常年坚持健身活动的城区老年人和农村老年人分别达到老年人总数50%和35%。全市各区县（市）以及113个乡（镇）和92%的街道与社区全部成立老年体协，覆盖全市的市、区（县）、街道（乡镇）、社区（村）四级老年体协组织网络初步形成。是年，长沙市老年体协换届，活动经费增至50万元。

（二）老年人体育比赛

1.参加湖南省老年人运动会。1991年10月，第三届全省老年人运动会在长沙举行，设门球、乒乓球、象棋、趣味体育、太极拳5个项目。长沙45名运动员参加全部项目比赛，获太极拳团体冠军，乒乓球男女单打、双打冠军，并获体育道德风尚奖，团体总分居全省第一名。1995年4—11月，第四届全省老年人运动会在长沙、澧县等地举行。长沙70名运动员参加门球、乒乓球、象棋、围棋、地掷球、钓鱼、桥牌等7个项目比赛，获4枚金牌、3枚银牌、2枚铜牌，并获体育道德风尚奖，团体总分列全省第二名。2000年5—11月，第五届全省老年人运动会在湘潭、岳阳等地举行。长沙派出由71人组成的代表团参加门球、象棋、健身球、围棋、乒乓球、桥牌、钓鱼、地掷球、太极拳9个项目比赛，获乒乓球、太极拳团体冠军及体育道德风尚奖，团体总分居全省第一名。2004年4—6月，第六届全省老年人运动会在长沙、永州等地举行。比赛设门球、象棋、围棋、桥牌、健身球、钓鱼、柔力球、地掷球、气排球、乒乓球和太极拳11个项目。长沙85名运动员参加全部项目比赛，获象棋、围棋、桥牌、乒乓球团体冠军，团体总分列全省第一名。2008年4—6月，第七届全省老年人运动会在娄底、邵阳等地举行。长沙85名运动员参加门球、象棋、钓鱼等11个项目比赛，获9枚金牌及体育道德风尚奖，团体总分居全省第二名。2012年4—11月，第八届全省老年人运动会在株洲、常德等地举行。长沙代表团87名运动员参加大会11个项目角逐，夺得太极拳、围棋、乒乓球男女团体金牌以及乒乓球男女单打，象棋男子乙组、女子组金牌，团体总分居全省第一名。

2.参加地区和全国老年人体育比赛。1992年10月，中南协作区老年人登山比赛在湖南张家界市举行，长沙获团体一等奖。1993年10月，“通利杯”全国门球邀请赛在长沙举行，长沙代表队获团体第二名。1994年10月，中南协作区老年人象棋、围棋比赛在长沙举行，长沙分获象棋、围棋团体第一名。2009年9月，第一届全国老年人体育健身大会在福州阜新举行，长沙乒乓球队和网球队代表湖南参赛，获7枚金牌、4枚银牌和1枚铜牌。

六、残疾人体育

（一）残疾人体育活动。20世纪80年代中期，长沙残疾人体育工作受到各级党和政府重视，一些残疾人较集中单位如福利工厂等先后建立盲聋哑体育协会或小组，配备专、兼职体育干部组织开展活动。1985年12月，长沙市残疾人体育协会（以下简称“市残协”）成立。市残协成立后，加强与各方面沟通与联系，开展各项残疾人体育活动。1987年市体委、市残协联合举办首届全市残疾人运动会，5区4县以及市福利公司、市盲聋哑学校50余名残疾运动员参加乒乓球、田径和游泳比赛。长沙残疾人体育运动除盲聋哑人广泛参加外，许多截肢者、小儿麻痹症患者、截瘫者、智残人亦积极参加适合于自己的体育运动。

1990年5月，长沙市残疾人联合会（以下简称“市残联”）成立，市残协工作渐由市残联取代。

1991年长沙市贯彻落实省体委、省民政厅、省劳动厅、省财政厅、省残联《关于认真做好残疾人体育工作的通知》，对开展残疾人健身活动及残疾人运动员训练、就业、奖励等方面作出具体规定，各区县（市）将残疾人体育工作纳入年度绩效目标管理，每年定期进行检查、评比，激发和调动残疾人参加体育健身、运动训练热情与积极性。1994年，举办全市盲人拔河、象棋比赛和聋哑人钓鱼、健身操比赛。1995年，举办全市残疾人游泳、田径比赛。

20世纪90年代中后期，各区县（市）残联相继成立。全市残疾人体育活动广泛开展，常年坚持参加体育锻炼的残疾人日渐增多。市特殊教育学校以及部分区、县特殊教育学校利用自身条件，开展以田径、游泳、乒乓球、举重和射击等为重点的竞技项目训练，运动技术水平不断提高。1996—2004年，长沙先后有董启明、朱伟明、吴永蓉、郭洋等一批高水平残疾人运动员，在全国和国际残疾人运动会上取得突出成绩。其中朱伟明在第四届全国残疾人运动会获2枚金牌、1枚银牌，被评为本届运动会“十佳运动员”；董启明在第十一届残疾人奥运会上获2枚金牌，被誉为盲人泳坛升起的“启明星”，并获“全国劳动模范”称号。

2008年开始，长沙开展创残疾人工作“明星社区”和“明星乡（镇）”活动。创建过程中，各社区、乡（镇）将残疾人体育纳入工作计划，投入一定经费，为残疾人开辟多功能活动室、安装健身器材、修建休闲长廊等。一些社区和乡（镇）还因地制宜组织举办残疾人趣味运动会，进一步丰富和活跃残疾人体育文化生活。至2010年，全市城乡经常参加体育锻炼的残疾人接近4000人，开展的项目有乒乓球、羽毛球、长跑、跳绳、拔河、健身操等。2012年市特殊教育学校和浏阳市特殊教育学校增加资金投入，改善体育设施条件，开展各项运动训练，成为长沙残疾人运动员培训基地。

（二）残疾人体育比赛

1.参加湖南省残疾人运动会。1991年9月，第三届全省残疾人运动会在衡阳举行，长沙20名男女残疾人运动员参加田径、游泳、乒乓球、射击、举重5个项目比赛，获金牌24枚、银牌11枚、铜牌10枚，团体总分居全省第四名。1995年8月，第四届全省残疾人运动会在邵阳举行，长沙23名男女残疾人运动员参加全部5个项目比赛，获金牌23枚、银牌13枚、铜牌12枚，团体总分居全省第三位。1999年9月，第五届全省残疾人运动会在湘潭举行，设田径、游泳、乒乓球、射击、举重、羽毛球、盲人柔道7个项目，长沙24名残疾人运动员参加比赛，获金牌22枚、银牌7枚、铜牌15枚，团体总分列全省第五名。2003年6月，第六届全省残疾人运动会在益阳举行，长沙28名残疾人运动员参加游泳、射击等7个项目比赛，获金牌26枚、银牌12枚、铜牌9枚，团体总分居全省第二名。2006年9月，第七届全省残疾人运动会在株洲举行，设盲人柔道、射击，聋人（男子）篮球、乒乓球、羽毛球、举重、田径、游泳8个项目，长沙32名残疾人运动员参加全部项目比赛，获金牌23枚、银牌10枚、铜牌11枚，团体总分列全省第四名。2010年8月，第八届全省残疾人运动会在湘潭举行，长沙34名残疾人运动员参加举重、射击、飞镖等9个项目比赛，获金牌17枚、银牌13枚、铜牌8枚，团体总分居全省第五名。

2.参加全国残疾人运动会。1992年3月，第三届全国残疾人运动会在广州举行，董启明获女子100米蛙泳、100米仰泳和100米自由泳第一名。1996年5月，第四届全国残疾人运动会在大连举行，郭洋获男子100米蛙泳、200米蛙泳、200米自由泳冠军；朱伟明获男子100米仰泳、200米仰泳冠军，400米自由泳亚军；董启明获女子100米仰泳、100米自由泳冠军。2000年5月，第五届全国残疾人运动会在上海举行，郭洋获男子100米蛙泳、100米自由泳、50米自由泳金牌；朱伟明获男子100米仰泳金牌，200 米仰泳银牌，50 米自由泳铜牌；吴永蓉获女子 100 米仰泳金牌，100 米自由泳铜牌。2003 年 9 月，第六届全国残疾人运动会在南京举行，吴永蓉获女子 200 米自由泳第一名，100 米自由泳、100 米仰泳、4×100 米自由泳第二名；郭洋获男子 100 米蛙泳、100 米自由泳第一名，50 米自由泳第二名。2011 年 10 月，第八届全国残疾人运动会在杭州举行，李佰果获男子 4×400 米接力金牌、4×100 米接力银牌，方晓斌获男子手枪 25 米金牌，李腊枚获女子五项全能银牌。

3.参加国际残疾人运动会。1987 年 8 月，第七届国际夏季特殊奥林匹克运动会在美国印第安纳州举行，长沙社会福利院 22 岁智残青年佟希夺得男子乒乓球单打冠军和双打亚军。1988 年 12 月，亚太地区智残人体育比赛在中国香港举行，长沙运动员佟希、李运生、张琳、苏志在比赛中共获 10 枚金牌、1 枚银牌和 1 枚铜牌，其中佟希夺得男子 4×100 米接力、4×400 米接力、跳远和 100 米邀请赛跑 4 枚金牌。1994 年 9 月，第六届远东及南太平洋地区残疾人运动会在北京举行，长沙有 3 名运动员入选中国代表团游泳队，获金牌 7 枚、银牌 4 枚、铜牌 1 枚，其中董启明获女子 100 米仰泳、50 米自由泳、400 米自由泳、200 米混合泳和 200 米仰泳 5 枚金牌，朱伟明获男子 100 米仰泳、400 米自由泳 2 枚金牌，并以 6′16″ 08 成绩刷新 6′27″ 67 男子 S6 级 400 米自由泳世界纪录。1995 年 9 月，国际残疾人游泳锦标赛在美国亚特兰大举行，朱伟明获男子 100 米自由泳冠军。1996 年 8 月，第十届残疾人奥运会在美国亚特兰大举行，朱伟明夺得男子 100 米仰泳金牌。1998 年 7 月，世界盲人运动会在西班牙举行，董启明获女子 50 米自由泳金牌。1999 年 1 月，第七届远东及南太平洋地区残疾人运动会在泰国曼谷举行，董启明夺得女子 50 米自由泳、100 米自由泳、200 米混合泳、100 米仰泳 4 枚金牌，郭洋获男子 100 米蛙泳金牌，朱伟明获男子 100 米仰泳金牌。2000 年 10 月，第十一届残疾人奥运会在澳大利亚悉尼举行，董启明夺得女子 100 米仰泳、200 米混合泳 2 枚金牌。2002 年 10 月，第八届远东及南太平洋地区残疾人运动会在韩国举行，董启明获女子 100 米自由泳、100 米仰泳和 50 米蛙泳冠军，郭洋获男子 50 米自由泳冠军，吴永蓉获女子 100 米自由泳、4×100 米自由泳、4×100 米混合泳冠军。2003 年 8 月，第二届世界盲人运动会在加拿大举行，郭洋获男子 100 米蛙泳第一名。2004 年 9 月，第十二届残疾人奥运会在希腊雅典举行，董启明获女子仰泳第一名。

第三节　竞技体育

一、体育训练

(一) 学生课余训练。20 世纪 80 年代中后期，长沙课余训练全面开展。制定《课余训练承包试行办法》，在全市范围内开展“百名重视学校体育工作领导及教导主任、班主任”“百名优秀体育教师”“百名优秀教练员”评选活动。全市课余训练规模不断扩大，训练结构更趋合理，逐步形成“小学—初中—高中”的“一条龙”训练体系，课余训练质量不断提高。

1988 年，在全市和全省比赛中，有 26 人打破省、市青少年田径纪录，1 人破省田径纪录，共获省级及以上比赛金牌 54 枚、银牌 42 枚、铜牌 46 枚，并向上级体工队和体育院校输送运动员 102 名。1989 年南区裕明里小学李丹代表湖南参加在成都举行的全国少年儿童分龄游泳赛，获 1978 年组全能、蝶泳两枚金牌以及 4×50 米自由泳、4×50 米混合泳 2 枚银牌。修业学校代表湖南参加全国业余体校体操比赛获女子团体第二名。1990 年，全市有 37 人 10 队 20 项次破省、市纪录，获省级比赛金牌 89 枚，全国比赛金牌 16 枚，5 人达一级运动员标准。1991 年，郊区砂子塘小学在首届全省小学生田径赛上夺得女子团体冠军，并获女子4×100米和女子跳远2枚金牌。8月，在海口举行的全国中学生田径运动会上，长沙县一中女运动员向小丽以12.17米成绩获女子甲组三级跳远金牌，陈伟和队友以3′53″成绩获女子甲组4×400米接力冠军，实现长沙参加全国中学生田径赛金牌零的突破。翌年全国中学生田径赛在岳阳举行，市一中陈洪、阳凌，雅礼中学梁坚，长沙县一中向小丽入选省中学生代表队参赛，获4枚金牌、1枚银牌、1枚铜牌。

1992年4月，省体委和省教委联合下发《湖南省课余训练“0714”工程实施方案》和《湖南省体育“希望之星”标准》，要求全省各中小学在普遍实施学生体育合格标准和国家体育锻炼标准基础上，从中挑选一批7~14岁年龄段学生，按照“体育希望之星”标准，利用课外体育活动时间，有组织、有计划地进行体育锻炼。1993年年初，长沙“0714”工程启动，各区县（市）均先后成立“0714”工程领导小组和技术监测办公室。6月，南区率先举行全区小学生“0714”工程测试运动会，来自该区长塘里、育新、左家塘、桂花村等学校760名学生参加田径、乒乓球、足球项目测试，有近三分之一的学生达到“希望之星”标准。年底，全市有623所小学、80所中学实施“0714”工程，参加测试总人数517人，193人达到“希望之星”标准。是年，市体委与近百名中小学体育教师签订课余承包合同，25名教师获得承包合同奖，其中长沙县一中肖建新和宁乡县十中马志超培养出一级运动员向小甬和肖永红获得一等奖。

1994年，在“0714”工程推动下，长沙课余训练开创新局面。是年，长沙市郊区、长沙县获全省实施“0714”工程先进单位称号；贺龙体育运动学校在省业余体校检查评比中名列全省第一位；南区业余体校及郊区业余体校乒乓球班、宁乡县业余体校田径班和望城县业余体校田径班，被确定为省重点业余体校或重点班；明德中学摘取省重点中学篮球赛男子组桂冠；望城县一中、北区三角塘小学400米标准田径场和排球馆建成投入使用；长塘里小学、师大附小、砂子塘小学体育器材达到省一类标准。1995年全市参加省以上比赛获金牌172枚、银牌111枚、铜牌109枚，向上输送体育后备人才264人，有4人达一级运动员标准、143人达二级运动员标准、342人达三级运动员标准。是年长沙市被评为省实施“0714”工程先进市，长沙县、郊区被评为省实施“0714”工程先进县（区），郊区制定的“层层测试严把质量关，办证建卡严把资格关”工作程序和测试办法在全省推广。1996—1998年，举办“五十佳中小学校课余训练优秀教练员”“五十佳优秀中青年体育教师”“双十佳优秀体育教研组长”评选活动，经基层推荐、层层评选和上级审核，吴军、朱赛芳、康剑平等120名中小学体育教师入选。其间，贺龙体育运动学校教练张建民、文化教员师意娟，雨花区体校校长胡正量获“全国业余训练先进工作者”称号。

进入21世纪，通过全面实施“0714”工程，长沙课余训练方法、手段更加科学规范，竞技运动水平有较大提升。2004年5月，在宁乡县一中举行的“金海杯”全省中学生运动会中，长沙囊括男、女团体和总分3项第一，并代表湖南参加在山东省举行的全国中学生运动会。2005年4月，在田家炳实验中学举行的“长翔杯”全省中学生运动会上，长沙再次获得团体总分第一名，师大附中、长沙市一中分获重点中学组团体总分一、二名。2008年3月，在珠海举行的亚洲雷诺方程式锦标赛（珠海站）中，年仅15岁的雅礼中学初三学生曹宏炜首次参加F3比赛，夺得国际组第二名和亚洲组第一名。2011年4月，在衡阳举行的全省青少年足球锦标赛上，雅礼中学、长沙市一中、麓山国际实验学校获得男队前三名，南雅中学和市十五中获女队第一和第三名。2012年5月，由长郡中学16位选手组成的代表队，代表中国参加在葡萄牙举行的世界中学生羽毛球锦标赛，获男子选拔组团体冠军、女子选拔组亚军及女子学校组第二名，为湖南选手有史以来参加此项赛事取得的最好成绩。

（二）体育传统项目训练。20世纪80年代中期，对全市体育传统项目学校实行分级管理和升降制度，出台《体育传统项目学校管理办法》和《体育传统项目学校检查评比办法》，推动体育传统项目学校发展。至1987年，全市省、市、区（县）属三级体育传统项目学校由原来92所发展到104所，在训学生4000余人，其中经省验收合格的省级体育传统项目学校13所，位居全省第一。是年，长沙参加全省首届田径传统项目学校运动会获26个单项名次，其中金牌6枚；修业小学获“全国霍英东体育发展基金体育传统项目学校奖”；市体委学校体育科被评为“全国群众体育先进单位”；熊伟 、刘庭怀、岑涣湖、邓树林、彭稚鳌5名中小学体育教师被评为“全国优秀体育工作者”。1989年7月，第二届全省体育传统项目学校田径赛在永州举行，长沙市一中、师大附中、雅礼中学、市十一中、长沙县一中、望城县一中和宁乡县一中参加本次比赛，打破省体育传统项目学校纪录7项次，获金牌15枚、银牌9枚，达省标10项次，其中长沙市一中获省辖市组团体总分第一名，长沙县一中获县属农村组团体总分第二名。8月，在娄底举行的全省体育传统项目学校男子排球赛中，市八中以5战全胜成绩独占鳌头。是年底，长沙市一中、长沙县一中被评为“全国体育传统项目学校先进单位”。

1990年长沙体育传统项目学校通过充实师资力量、改善场地设施，在训学生数量、质量均有较大幅度增加和提高。是年8月，在上海举行的第七届全国体育传统项目学校“长江杯”田径邀请赛上，长铁一中获初中女子组团体总分第一和金牌总数第一，捧回“长江杯”；育英小学获小学男子组团体总分第四名。1991年8月在衡阳举行的首届全省小学生体育传统项目学校田径运动会上，砂子塘小学获女子组团体总分第一名，并获女子4×100米和女子跳远2枚金牌；10月在常德举行的第四届全省体育传统项目学校田径赛上，由长铁一中、长沙县一中、长沙市一中、雅礼中学、宁乡县一中、师大附中和望城县一中组成的长沙市队分获初中组和高中组团体总分第一名，并夺得22枚金牌、13枚银牌、9枚铜牌，破2项初中组纪录、18项高中组纪录。是年，砂子塘小学被国家体委、国家教委授予“全国体育传统项目学校先进单位”称号。1993年雅礼中学、都正街小学被授予“全国体育传统项目学校先进单位”称号，至此，全市有9所学校获此殊荣。1994年长沙省、市两级体育传统项目学校增至54所，其中省级试点学校3所，省级体育传统项目学校14所，开展项目有田径、体操等9项，在训学生1030人，专职教练5人，兼职教练149人。1997年7月，在望城一中举行的第五届全省体育传统项目学校田径运动会上，雅礼中学、望城县一中、宁乡县一中分获高中组团总分第一、三、四名，望城县一中获初中组团体总分第三名，并获体育道德风尚奖。1998年8月，明德中学和雅礼中学代表湖南参加全国体育传统项目学校篮球比赛，分别获男子组第二名、女子组第四名，创市中学生篮球队参加全国比赛历史最好成绩。1999年，长郡中学女篮、雅礼中学女篮及周南中学女排被确定为省级体育传统项目学校项目。

进入21世纪，体育传统项目学校朝更高水平发展。2000年4—5月，长沙举办体育传统项目学校田径系列赛，来自全市12所体育传统项目学校的300余名田径运动员参加雅礼中学、师大附中、长沙市一中3站比赛。长沙县一中、长沙市一中、师大附中获团体总分前三名。同年12月，市体委、市教委对全市体育传统项目学校进行检查评比，长沙市一中、师大附中、长郡中学、周南中学、雅礼中学、长沙县一中、楚怡小学、修业小学、黄兴小学、仰天湖小学、博才小学、三角塘小学、砂子塘小学被评为全市体育传统项目学校先进单位，孙新波、盛灿文等39位教师被评为先进个人。2003年11月，雅礼中学获全国第一批“国家体育传统项目学校”称号。2005年7月在岳阳举行的第九届全省体育传统项目学校田径运动会上，长沙获市州组团体总分第一名，同年8月长郡中学晋升为全国第二批“国家体育传统项目学校”。2009年1月，明德中学、宁乡县一中晋升为全国第三批“国家体育传统项目学校”。

2010年，加大对体育传统项目学校管理力度。10月，按照《长沙市体育传统项目学校检查评估办法》，对全市20所已命名体育传统项目学校和10所新申报学校进行检查评估，新命名芙蓉区火星第二小学、宁乡县双江口镇中学等8所学校为市属体育传统项目学校。2011年，在第十二届全省体育传统项目学校田径锦标赛上，长沙夺得团体总分第一名；明德中学代表长沙参加全国体育传统项目学校田径比赛，获金牌3枚、银牌2枚、铜牌5枚。2012年长沙市属体育传统项目学校增至77所，开展项目有田径、足球、体操、篮球等13项，在训学生近4000人。长郡、雅礼、周南、明德、南雅中学及宁乡县十中和麓山国际实验学校等7所学校被评为"湖南省优秀体育传统项目学校"，其中长郡中学（田径）还被评为"湖南省高水平体育后备人才重点校优秀单位"。

（三）体育运动学校训练

1.贺龙体育运动学校。长沙贺龙体育运动学校创办于1990年4月，是一所由市三十中、市军事体育学校、市足球学校和贺龙体育学校合并组成，教体两家联办，体委主管的省级重点中等专业学校。建办初期，学校开设运动训练和体育教育两个专业，有中专学生32人、职高学生113人、初中学生432人，设置有田径、篮球、排球、羽毛球、乒乓球、举重、摔跤、柔道、游泳等多个运动项目。1993年7月，首届中专班29名学生毕业，13名被分到市企、事业单位，16名被分到乡、区、县小学担任体育教师。11月，国家体委主任伍绍祖在副省长潘贵玉等领导陪同下，视察贺龙体育运动学校，对体育、教育两家合办体育中专给予肯定。1996年，贺龙体育运动学校被评为"全国群众体育先进单位"，翌年被评为"全国青少年体育工作先进集体"。2003年，市三十中改由市体育局单一管理，人员编制并入贺龙体育运动学校。

2005年11月，贺龙体育运动学校升格为正县级事业单位，内设8个科室，编制121名。2006年8月，该校搬迁至长沙经济开发区湘龙路28号新址。新校区占地面积13万平方米，建筑面积10万平方米。建有现代教学楼、图书馆、实验综合楼，标准田径场、足球场、网球场、综合训练馆、射击馆、游泳馆、篮球馆、羽毛球馆及学生公寓、食堂等配套设施，教学和训练条件明显改善。是年开始，学校业余训练按照市体育局运动项目布局，在保证摔跤、柔道、举重、射击、跆拳道5个重点专项基础上，开展篮球、羽毛球、足球、网球、武术、游泳等其他项目训练，其中摔跤、柔道于2007年被确定为"省后备人才基地项目"。初中教育在抓好文化教育同时，利用课余时间对学生进行全面、系统体育训练，并与市一中、师大附中、雅礼中学、长郡中学等校高中配套衔接，输送具有体育特长优秀初中毕业生。中等职业教育则着眼于社会和体育市场需求，开设运动训练、高尔夫服务与管理、体育经纪与营销3个专业，采用订单模式，面向全国招生，与深圳、北京等处高尔夫球场及有关企业、商家和体育场馆签订人才培养协议。2008年，贺龙体育运动学校与湖南体育职业学院联合办学，开设体育专业五年制大专班。是年学校被确定为"国家高水平体育后备人才基地"。2009年贺龙体育运动学校被教育部、团中央、体育总局授予"全国第十届中学生运动会优秀组织奖"。

至2011年，贺龙体育运动学校共向社会培养体育从业人员近万名，向国家队，省队及高校输送体育竞技后备人才2000余名，其中包括刘英姿、黎立志、周灿、王宇等一批全国冠军和世界冠军。2012年全校在岗教职工89人，其中高级教师13人、高级教练7人；在校学生885人，其中中专学生517人、初中生368人。

2.长沙市青少年体育运动学校。长沙市青少年体育运动学校前身为市青少年业余体校。1984年8月，市青少年业余体校更名为长沙市体育学校，开设田径、体操、篮球、排球、乒乓球、举重、羽毛球、游泳8个项目，在训运动员200余名，教练31人。1987年市体育学校被评为"全国业余训练先进单位"。

1989年该校更名为贺龙体育学校，1990年4月并入新成立的贺龙体育运动学校，1991年4月恢复原名。

2000年8月，市青少年业余体校从贺龙体育运动学校分离单设并更名为长沙市青少年体育学校，分管羽毛球、乒乓球、网球、游泳、跳水和花样游泳6个项目。2003年，市青少年体育学校被确定为“省羽毛球后备人才基地”，2005年被确定为“国家高水平羽毛球后备人才基地”，2007年被确定为“省网球后备人才基地”。2007年7月，成立长沙市训练竞赛管理中心，由市青少年体育学校、水上运动训练基地、业余训练管理指导中心合并而成，为副县级全额拨款事业单位，2009年6月加挂“长沙市青少年体育运动学校”牌子。学校内设综合部、训练竞赛部、社会体育部和水上运动部，有干部职工81人，其中教练20人，教练中具有高级职称的3人、研究生学历1人、大学本科9人。注册运动员220人，培训班学生320人。管理、开设运动项目16项，即网球、排球、羽毛球、乒乓球、足球、篮球、武术、田径、游泳、花样游泳、跳水、皮划艇、赛艇、模型、定向越野、无线电测向。体育场馆8个，其中羽毛球馆、篮球馆和乒乓球馆各1个，武术训练房和综合练习房各1个，水上训练基地1个，室外网球场2个。

2010年，市青少年体育运动学校被确定为“省皮划艇、赛艇后备人才基地”；参加第十一届省运会获金牌87.5枚、银牌70.5枚、铜牌61枚、团体总分2217分，有12支队伍还获得体育道德风尚奖，为长沙创参加省运会历史最好成绩做出重要贡献，被市政府授予“参加省十一运会突出贡献奖”。翌年，该校被评为“全国业余训练先进单位”。至2011年年底，市青少年体育运动学校为国家队、省队和高校培养输送包括鲍春来、孙文雁、张红、杨之贤、蒋李双等近1000名优秀运动员。2012年，市青少年体育运动学校被评为“省市州级体育运动学校优秀单位”和“省高水平体育后备人才基地优秀单位”。

3.长沙市体操学校。长沙市体操学校于1985年9月由市体育学校试办，试办当初即被列为国家体委直接联系的全国四所重点体操学校之一。首批招收6~7岁儿童21名，设男子体操班和女子体操一、二班，教练4人。1986年7月经市编委批复同意，市体操学校正式挂牌成立，定编20名。至1988年，学校体操专职教练增至8名，在训学生近100人；向省体操训练中心输送优秀运动员5人，其他省、市运动队及体育学校7人；参加省以上比赛获金牌30枚。1989年市体操学校参加全国业余体校体操比赛获团体第三名，翌年参加该比赛获团体第二名。1994年，由学校培养输送至省体操运动学校的李小鹏参加全国少年体操比赛获自由体操冠军。1996年李小鹏入选国家体操队，次年参加世界体操锦标赛获团体冠军、双杠第二名、自由体操第三名。

1999年，市体操学校与黄兴小学签订联合办学协议，对在训学生实行“三集中”管理（即训练、食宿集中在体操学校，文化课集中在黄兴小学），学生学习、训练时间得到保证，办学质量不断提高，是年市体操校被确定为“湖南省体操后备人才基地”。2000年学校增设蹦床项目，训练规模逐渐扩大。2001年，全市运动项目调整，原设置于贺龙体育场的健美操归口市体操学校管理，同年市体操学校荣获“全国体育先进集体”称号。2003年，市体操学校参加第九届省运会获金牌22枚，被市政府授予“参加省九运会突出贡献奖”。此后，学校加强硬件和软件建设，积极引进教练人才，推动各项工作向更高层次发展。

2005—2008年，市体操学校先后被确定为“国家高水平体育后备人才基地”和“湖南蹦床后备人才基地”，其间市财政拨款对学校进行维修、改造，训练馆建筑面积增至1600平方米，学生训练、生活条件进一步改善。2010年参加第十一届省运会获体操团体总分第一名、蹦床团体总分第二名，另获个人单项金牌13枚、银牌12枚、铜牌16枚。2011年，被评为“全国业余训练先进单位”。2012年市体操学校在编职工16人，其中专职教练5人（高级1人、中级3人、初级1人），另外聘合同教练11人。正式注册运动员50名，并建有长郡中学、楚怡小学、修业小学、桔园小学等8个培训基地，在训学生300余人。

附：2012年长沙市体育传统项目学校名录

长沙市一中（篮球、足球、田径、健美操）、长郡中学（田径、体操、武术、乒乓球、篮球）、湖南师大附中（田径、乒乓球）、雅礼中学（篮球、足球、田径）、明德中学（篮球、田径）、市十一中（排球、田径）、地质中学（篮球、定向越野）、长铁一中（网球、羽毛球、定向越野）、市实验中学（游泳、田径、健美操）、麓山国际实验学校（篮球）、南雅中学（网球、足球、田径、定向越野）、师大附中博才中学（乒乓球、田径）、周南中学（网球、田径、健美操、篮球）、稻田中学（田径）、市十五中（足球、羽毛球）、市二十一中学（田径）、长沙县一中（田径）、望城区一中（田径）、雷锋中学（田径）、育英小学（田径、篮球）、双新小学（田径）、育才小学（田径）、火星小学（排球）、朝阳二村小学（田径）、修业小学（体操）、大同小学（篮球）、楚怡小学（体操）、育华小学（武术）、燕山小学（田径）、浏正街小学（乒乓球）、火星二小（健美操）、大同二小（田径）、长郡芙蓉中学（田径）、东郡小学（足球）、东晖小学（足球）、天心区一中（篮球）、黄兴小学（体操）、仰天湖小学（乒乓球、田径）、幼幼小学（足球）、青园小学（田径）、红卫小学（足球）、高新博才小学（篮球）、渫湾路小学（排球）、桐梓坡小学（田径、足球）、阳明小学（武术）、望月湖二小（足球）、博才金峰小学（足球）、三角塘小学（排球）、育德小学（田径）、麻园岭小学（篮球）、新竹小学（田径）、国庆小学（足球）、凤羽小学（田径）、清水塘二小（足球）、马栏山小学（定向越野）、砂子塘小学（田径）、麻园湾小学（篮球）、长塘里小学（足球、乒乓球）、红花坡小学（武术）、金海中学（篮球）、莲湖小学（排球）、德馨园小学（足球）、桂花树小学（篮球）、和平小学（篮球）、浏阳市一中（田径）、浏阳市三中（田径）、关口镇街道中心学校（田径）、大瑶镇中心学校（武术）、宁乡县四中（田径）、宁乡县十中（定向越野）、金海实验中学（田径）、实验中学（田径）、沩山中学（定向越野）、洞庭桥中学（定向越野）、巷子口镇中学（定向越野）、花明楼镇中学（柔道）、双江口镇中学（田径）。

二、田径、体操运动

（一）田径。20世纪80年代中期，田径作为体育运动基础项目在长沙各中小学校广泛开展。至1988年，全市初步建立起由高到低、层层衔接的“一条龙”田径业余训练体系。市体校先后有11名专职教练带队训练，重点为短跑、接力、跨栏、标枪、铁饼、跳高、跳远等；各区、县（郊）业余体校普遍开设田径项目，配备骨干教练，开展系统训练；田径传统项目学校增加到50余所，常年参加训练学生2000人。

1990年10月，长沙举行中学生田径运动会，全市135所中学近3000名学生参加，参赛学校及人数均系历届中学生田径运动会之最。1991年7月，在昆明举行的“长江杯”第八届全国体育传统项目学校田径赛中，长铁一中以64分获初中女子组团体冠军，捧得

图24-4-3-1 长沙市中学生田径运动会在贺龙体育场举行（摄于1988年，长沙市体育局供图）

"长江杯"。1992 年，在岳阳举行的全国中学生田径赛上，长沙市一中陈洪、阳凌，雅礼中学梁坚，长沙县一中向小丽入选省中学生代表队参赛获 4 枚金牌、1 枚银牌、1 枚铜牌。同年周明、胡玲、冷浩东、张轻跻身由中国田径协会组织评选的"全国田径十强"之列，其中胡玲于当年 9 月在汉城举行的第四届世界青年田径锦标赛上，以 23″14 夺得女子 200 米第一名，这是长沙培养输送的田径运动员首次在世界田径大赛中夺得金牌。1993 年，由浏阳输送的田径新秀林永红在全国青年田径锦标赛上夺得男子跳远金牌，并作为中国参加 1996 年奥运会的预备队员入选国家队。1994 年 5 月在宜昌举行的全国少年田径赛中，贺龙体校柳东林以 7.5 米获跳远金牌，并代表中国于当年 8 月在韩国举行的中日韩青少年体育交流大会上获得跳远银牌。1995 年 8 月在孝感举行的全国青少年田径赛上，长沙队夺得 8 枚金牌，其中韩勇获男子 100 米和 200 米第一名、周畅获男子跳远第一名、肖恬获男子跳远全能第一名、黄宇获男子跳高和跳高全能第一名、任妮获女子跳远和跳远全能第一名。

2000—2002 年，全市业余训练布局调整，田径大部分项目陆续下放到体育传统项目学校。这一时期，由于学校体育师资力量雄厚，场地设施齐全，长沙田径运动仍保持发展势头。2002 年 9 月，在益阳举行的第九届省运会田径比赛中，长沙获 14 枚金牌、10 枚银牌、13 枚铜牌，金牌数和奖牌数均居全省第一。2003 年 10 月，邹瀛婷获第五届全国城运会女子 100 米和 200 米第一名，被誉为短跑"双冠王"。2007 年，稻田中学初一女生李竹获厦门国际马拉松 10 公里组比赛第二名。2009 年 10 月，刘春花获第十一届全运会女子标枪冠军，同年 12 月获第五届东亚运动会女子标枪冠军。2010 年 8 月，吴波获全国田径锦标赛三级跳远冠军。2011 年后田径运动在学校进一步受到重视，城区中小学及部分农村中学均建有塑胶跑道田径场，参加田径训练人数不断增加。至 2012 年年底，全市有田径场地 521 个，田径传统项目学校 36 所，在训学生 3500 余人，田径运动进入良性发展轨道。

表 24-4-3-1　　1990—2012 年长沙市中学生男子田径纪录一览表

项　目	成 绩	运动员	赛 会 名 称	时　间	单　位
100 米	10″6	易德胜	全国中学生田径锦标赛	2006 年8 月	师大附中
200 米	21″69	郑　骁	世界中学生运动会	2006 年8月	长沙市一中
400 米	47″86	廖根彪	第十届全国中学生运动会	2009 年8月	雅礼中学
800 米	1′53″6	周劲松	长沙市中学生田径运动会	1993年10月	长沙县一中
1500 米	3′59″6	周　强	长沙市中学生田径运动会	1990年10月	宁乡县一中
3000 米	8′44″2	周　强	长沙市中学生田径运动会	1990年10月	宁乡县一中
5000 米	15′0″7	朱胜强	长沙市中学生田径运动会	1995年10月	宁乡县一中
110 米栏少甲	13″9	喻雨山	长沙市中学生田径运动会	1995年10月	宁乡县一中
400 米栏少甲	52″24	李一品	全国中学生田径锦标赛	2011 年7月	长郡中学
4×100 米	42″	—	湖南省中学生田径运动会	2006 年4月	长沙市一中
4×400 米	3′20″	—	湖南省中学生田径运动会	2006 年4月	长沙县一中
跳高	2.04 米	朱煜敦	长沙市中学生田径运动会	2002年11月	长沙市一中
跳远	7.84 米	黄景能	第十届全国中学生运动会	2009 年8月	长沙县一中

续表 24-4-3-1

项 目	成 绩	运动员	赛会名称	时 间	单 位
三级跳远	16.09 米	胡 雄	全国第五届城运会	2003年10月	师大附中
铅球（6 千克）	16.43 米	彭欢硕	全国中学生田径锦标赛	2007 年8月	师大附中
铁饼（1.5 千克）	49.78 米	吴力昊	长沙市第六届运动会	2005年11月	雅礼中学
铁饼（1 千克）	56.81 米	侯钟鸿	长沙市第七届运动会	2009年10月	青竹湖中学
标枪（700 克）	68.91 米	程自力	湖南省中学生田径运动会	2005 年4月	望城县一中

表 24-4-3-2　1990—2012 年长沙市中学生女子田径纪录一览表

项 目	成 绩	运动员	赛会名称	时 间	单 位
100 米	11″9	徐 珊	长沙市中学生田径运动会	2006年10月	长郡中学
200 米	24″53	谭 蕾	第十届全国中学生运动会	2009年8月	宁乡县一中
400 米	56″10	周艳兰	长沙市中学生田径运动会	1990年10月	长沙县一中
800 米	2′10″4	陈 芳	湖南省中学生田径运动会	1997年10月	长沙县一中
1500 米	4′27″8	易湘良	长沙市中学生田径运动会	1991年10月	长沙县七中
3000 米	9′44″5	易湘良	长沙市中学生田径运动会	1991年10月	长沙县七中
100 米栏少甲	14″3	徐 珊	长沙市中学生田径运动会	2006年10月	长郡中学
400 米栏少甲	1′0″6	何青宇	湖南省中学生田径运动会	2004 年5月	宁乡县一中
4×100 米	47″6	—	湖南省第九届运动会	2002 年9月	长沙市队
4×400 米	3′51″2	—	湖南省中学生田径运动会	2004 年5月	长沙市队
跳高	1.72 米	张玥琦	湖南省中学生田径锦标赛	2012 年9月	长郡中学
跳远	6.41 米	王惠琴	湖南省中学生田径运动会	2007 年4月	长郡中学
三级跳远	13.78 米	王惠琴	湖南省中学生田径运动会	2007 年4月	长郡中学
铅球（4 千克）	13.57 米	程 芳	长沙市第七届运动会	2009年10月	宁乡县五中
铁饼（1 千克）	43.42 米	易超英	长沙市中学生田径运动会	2004年10月	师大附中
标枪（600 克）	47.74 米	饶 晶	长沙市中学生田径运动会	2004 年4月	长沙县一中

（二）体操。20 世纪 80 年代初中期，长沙体操项目主要集中在市业余体校和部分中小学校开展，其中楚怡、修业小学培养出一批优秀体操运动员，成为省、市体操人才摇篮。1986 年市体操学校成立后，全市体操业余训练逐步形成以体操学校为龙头，以长郡中学与楚怡、修业、黄兴小学为支撑格局，体操运动进入新的发展阶段。

1988 年 10 月，市体操队参加首届全国城运会体操比赛获女子团体冠军。1990 年 8 月，在徐州举行的全国少儿体操赛上，修业小学获女子团体第一名，其中李扬获女子自由体操、跳马、平衡木、全能 4 枚金牌，黄丽获女子高低杠金牌。同年 9 月，由楚怡小学输送入选国家队的陈翠婷在第十一届亚运会体操赛上一举夺得女子团体、自由体操、全能 3 枚金牌，被誉为亚洲体操皇后。1991 年 4 月，在北京举行的“中国杯”第四届国际体操赛上，16 岁的长沙姑娘李燕以 39.3 分名列女子全能榜首，5 月在南昌举行的全国体操冠军赛中又获个人全能及自由体操第一名。1992 年在第二十五届奥运会体操比赛中，陆莉夺得女子高低杠冠军，由于其动作“向前大回环转体 360 度成扭臂握接反吊大回环接反吊前空翻”臻于极致，成为世界体操史上唯一让 6 名裁判同时打出满分的运动员，国际体联主席季托夫称赞陆莉高低杠的编排、动作的完美，使高低杠发展进入“陆莉时代”。同年 4 月在澳大利亚举行的第四届泛太平洋地区世界中学生运动会体操比赛中，由长郡中学李杨、李芳、刘恋、李玲组成的中国女子体操队获团体总分第二名，并获个人全能、跳马、平衡木 3 枚金牌及 2 枚铜牌。2000 年 9 月在第二十七届奥运会上，刘璇获女子平衡木冠军，李小鹏获男子团体和双杠冠军。

2001 年后，市体操学校加强体教结合，在全市建立中学训练点 2 个、小学训练点 2 个、幼儿训练点 4 个，初步形成由低到高三级训练网络，体操运动持续、健康发展。2003 年 10 月，长沙参加第五届全国城运会体操比赛获男女团体、男女全能及女子平衡木 5 枚金牌，另获 4 枚银牌、4 枚铜牌。2010 年，参加第十一届省运会体操比赛获男女团体总分第一名，并获单项金牌 9 枚、银牌 9 枚、铜牌 13 枚。2012 年 8 月参加全省青少年体操锦标赛获金牌 17 枚、银牌 10 枚、铜牌 4 枚，金牌数居全省第一名。同年 9 月在昆明举行的全国体操冠军赛上，崔婕获女子自由体操第三名、全能第七名。

表 24-4-3-3　　1989—2008 年长沙运动员参加国际体操比赛获第一名一览表

时间	比赛名称	地点	姓名	单项
1989 年4月	国际体操大奖赛	巴黎	陈翠婷	女子全能
				女子自由体操
1991 年4月	第四届中国杯国际体操赛	北京	李　燕	女子全能
1992 年5月	国际体操大奖赛	巴黎	陆　莉	女子平衡木
1994 年5月	李宁杯国际体操邀请赛	北京	刘　璇	女子高低杠
1994 年5月	中国杯国际体操赛	西安	刘　璇	女子高低杠
1995年10月	国际体操邀请赛	加拿大	刘　璇	女子平衡木
1996 年9月	第一届亚洲体操锦标赛	长沙	刘　璇	女子团体
				女子全能
1996 年9月	第一届亚洲体操锦标赛	长沙	陈　密	女子团体
				女子全能
				女子平衡木
1997 年5月	第二届东亚运动会	韩国	刘　璇	女子团体
				女子全能
				女子平衡木
1997 年9月	第三十三届世界体操锦标赛	瑞典	李小鹏	男子团体
1997年11月	世界杯体操系列赛	瑞典	李小鹏	男子自由体操
1998 年5月	第九届世界杯总决赛	日本	刘　璇	女子平衡木

续表 24-4-3-3

时间	比赛名称	地点	姓名	单项
1998 年5月	第九届世界杯总决赛	日本	李小鹏	男子自由体操
				男子双杠
1998 年9月	中国杯国际体操赛	天津	李小鹏	男子跳马
				男子双杠
1999年10月	第三十四届世界体操锦标赛	天津	李小鹏	男子团体
				男子跳马
2001 年5月	第三届东亚运动会	日本	李小鹏	男子团体
				男子自由体操
2002年11月	第三十六届世界体操锦标赛	匈牙利	李小鹏	男子跳马
				男子双杠
2002年11月	第十届世界杯总决赛	德国	李小鹏	男子双杠
2003 年8月	第三十七届世界体操锦标赛	美国	李小鹏	男子团体
				男子双杠
				男子跳马
2006年12月	第十三届世界杯总决赛	巴西	李小鹏	男子双杠
2008 年4月	第十四届世界杯（德国站）	德国	李小鹏	男子双杠
2008 年5月	第十四届世界杯（天津站）	天津	李小鹏	男子双杠

（三）蹦床。蹦床最初是作为体操、技巧与跳水辅助训练手段，逐渐转化而成的一个新兴体育运动项目。2000 年 6 月，市体操学校组建蹦床队，在训运动员 20 名，首任教练为陈继新。在训练中教练员通过认真研究蹦床特点和训练规律，逐步摸索出一套蹦床启蒙训练独特方法，使蹦床运动技术水平得到稳步提高。

2002 年 5 月，长沙运动员罗丹在张家港举行的全国蹦床锦标赛上首获女子团体冠军并获个人亚军。同年 9 月在第九届省运会蹦床比赛中，长沙分获男女甲组团体冠军并获女子甲组网上个人、单跳个人冠军。2005 年 9 月在荷兰举行的第二十四届世界蹦床锦标赛上，罗丹获女子团体第一名，为湖南赢得首枚世界蹦床金牌。2006 年在第十届省运会蹦床比赛中，长沙获女子二级组、三级组及男子三级组团体冠军，另获单项金牌 7 枚。2007 年 11 月在加拿大举行的第二十五届世界蹦床锦标赛上，罗丹又夺得女子团体第一。2008 年 1 月，国家体育总局给罗丹颁发体育运动荣誉奖章。2010 年，在株洲举行的第十一届省运会蹦床比赛中，长沙获 4 枚金牌、3 枚银牌、3 枚铜牌。2011 年在南昌举行的第七届全国城运会蹦床比赛中，长沙获女子团体第三名、男子团体第七名。

2012 年，蹦床队教练增至 5 名，在训运动员 50 名。参加全省青少年蹦床锦标赛获 1 枚金牌、1 枚银牌、1 枚铜牌。

（四）健美操。20 世纪 90 年代初，长沙健美操在群众中自发开展。1997 年，柔道教练谭著文从北京体育大学进修健美操后，次年在贺龙体育场组建长沙第一支健美操队伍，在训运动员 25 名。2001 年，健美操划归市体操学校管理。2002 年，为加快健美操推广与普及，市健美操队先后在市一中、市九中、地质中学、长郡中学及黄兴小学、修业小学建立训练点，每年举行一次全市健美操比赛。其间，长沙各大专院校和部分区县（市）开展健美操活动，每年均组织举办健美操培训和比赛。

2003 年，长沙参加在深圳举行的首届全国健美操锦标赛获女子三人操第三名。2004 年，参加全省健美操锦标赛获 9 枚金牌、3 枚银牌，参加全国啦啦操长沙站比赛获 5 枚金牌。2007 年 7 月，在美国洛杉矶举行的第十届世界青少年健美操锦标赛上，长沙市一中健美操队首次代表中国参赛获大众组冠军和三人组亚军；青竹湖湘—外国语学校的 7 位小选手在 12~14 岁组比赛中获 1 枚金牌和 1 枚银牌，为长沙在世界性健美操比赛中取得金牌零的突破。

2008 年 2 月，经国家体育总局批准，长沙市一中挂牌成为国家健美操培训中心，这是国家体育总局在 8 个省、市授权的唯一一个中学培训基地。2012 年 8 月，长沙健美操队代表中国参加在美国举行的世界啦啦操锦标赛获女子少年组集体爵士舞蹈啦啦操第六名、集体舞蹈啦啦操第八名。同年 9 月长郡中学健美操队在上海举行的全国健美操联赛中获男子单人、混合双人和六人操 3 项冠军。

三、水上运动

（一）游泳。20 世纪 80 年代，全市每年在江河水库及游泳池游泳的市民 200 万人次。其间，长沙一些有条件的中小学开展青少年游泳业余训练，常年参加训练的中小学生近 500 人。1987 年，在衡阳举行的全省中学生游泳选拔赛中，长沙获 6 枚金牌，其中李竑一人夺得女子 100 米仰泳、400 米自由泳、800 米自由泳 3 枚金牌，并在 100 米仰泳中以 1′13″ 91 破省少年纪录。1990 年，参加第七届省运会游泳比赛获女子甲组 4×100 米自由泳接力、4×100 米混合泳接力及 100 米自由泳、100 米仰泳、200 米混合泳金牌，获女子乙组 100 米蛙泳、100 米仰泳金牌。1996 年参加第八届省运会游泳比赛获男子组 100 米仰泳、仰泳全能、200 米混合泳金牌。

1998 年 7 月市游泳馆落成，结束长沙没有市属游泳馆历史。同年 11 月，市青少年体育学校组建市游泳队，由龚苗、殷黎 2 位教练带队训练。2002 年长沙游泳队参加第九届省运会游泳比赛获金牌 11 枚，居全省第一名。

2004 年，因开发嘉盛国际广场需要，长沙游泳馆被拆除，游泳训练一度陷入困境。市游泳队通过借用和租赁省游泳馆及其他单位游泳池，妥善解决训练无场地矛盾，队员训练未受多大影响。2006 年，市游泳队参加第十届省运会游泳比赛获 29 枚金牌，2010 年，参加第十一届省运会游泳比赛获 12 枚金牌，金牌数均名列全省第一。2012 年，在绍兴举行的全国游泳冠军赛中，长沙运动员杨之贤以 4′11″92 勇夺男子 400 米混合泳冠军，同年 9 月在全国游泳锦标赛上，他以 1′58″40 夺得 200 米混合泳冠军。

表 24–4–3–4　2012 年长沙市青少年男子游泳纪录一览表

项　目	成　绩	姓　名
青年组男子 50 米自由泳	25″49	张海峰
青年组男子 100 米自由泳	57″60	张嘉明
青年组男子 400 米自由泳	4′57″60	瞿诗文
青年组男子 100 米仰泳	1′10″10	孙儒湘
青年组男子 100 米蝶泳	1′01″56	肖　雄

续表 24-4-3-4

项 目	成 绩	姓 名
青年组男子 100 米蛙泳	1′12″22	袁梓轩
青年组男子 200 米混合泳	2′19″03	张嘉铭
青年组男子 4×100 米自由泳接力	4′10″78	长沙市田家炳实验中学
青年组男子 4×100 米混合泳接力	4′40″15	长沙市田家炳实验中学
青年组女子 50 米自由泳	30″23	杨 柳
青年组女子 100 米自由泳	1′03″61	彭 程
青年组女子 400 米自由泳	4′49″73	彭 程
青年组女子 100 米仰泳	1′14″49	杨 柳
青年组女子 100 米蝶泳	1′12″86	杨 柳
青年组女子 100 米蛙泳	1′19″96	邓诗雨
青年组女子 200 米混合泳	2′45″17	章文妖
青年组女子 4×100 米自由泳接力	4′41″69	长沙市田家炳实验中学
青年组女子 4×100 米混合泳接力	5′16″69	长沙市田家炳实验中学

表 24-4-3-5 2012 年长沙市青少年女子游泳纪录一览表

项 目	成 绩	姓 名
青年组女子 50 米自由泳	30″23	杨 柳
青年组女子 100 米自由泳	1′03″61	彭 程
青年组女子 400 米自由泳	4′49″73	彭 程
青年组女子 100 米仰泳	1′14″49	杨 柳
青年组女子 100 米蝶泳	1′12″86	杨 柳
青年组女子 100 米蛙泳	1′19″96	邓诗雨
青年组女子 200 米混合泳	2′45″17	章文妖
青年组女子 4×100 米自由泳接力	4′41″69	长沙市田家炳实验中学
青年组女子 4×100 米混合泳接力	5′16″69	长沙市田家炳实验中学

（二）花样游泳。长沙花样游泳队组建于 1999 年，由原省队运动员李懿担任教练，借用省游泳馆进行训练。此前长沙在省队运动员王晓洁、盛丹、傅燕、陈绚、杨蓓在全国花样游泳比赛中曾获 6 枚金牌、3 枚银牌、9 枚铜牌；有 8 名运动员达到运动健将标准，其中王晓洁、傅燕达到国际级运动健将标准。

2000 年，市花样游泳队选招谢依伊、孙文雁等一批优秀苗子入队。2002 年 9 月，参加在益阳举行的第九届省运会（首设花样游泳项目）花样游泳比赛，获该项目 6 枚金牌中的 4 枚。2007 年 4 月，参加在四川举行的全国花样游泳冠军赛获 2 枚金牌、8 枚铜牌；9 月，在常熟举行的此项比赛中又获 1 枚金牌、4 枚银牌、2 枚铜牌。2010 年 9 月，参加在湘潭举行的第十一届省运会花样游泳比赛获 3 枚金牌、2 枚银牌、1 枚铜牌，团体总分 53 分，金牌数和团体总分均居全省第一位。是年 11 月，在广州举行的第十六届亚运会花样游泳比赛中，孙文雁获集体和集体组合 2 枚金牌。2012 年 10 月在沈阳举行的全国花样游泳赛上，孙文雁获 1 枚金牌，11 月在迪拜举行的第九届亚洲游泳锦标赛上她获 4 枚金牌。

表 24–4–3–6　　1989—2012 年长沙运动员参加全国花样游泳比赛获前三名一览表

时 间	地点	比 赛 名 称	姓 名	单项	名次
1989 年9 月	辽宁	第二届全国青少年运动会	傅燕、盛丹	双人	1
			傅 燕	单人	2
1990 年4月	济南	全国花样游泳冠军赛	盛丹、王晓洁	双人	1
			王晓洁	单人	3
1990年10月	长沙	全国花样游泳锦标赛	傅 燕	单人	1
			盛 丹	单人	2
			傅燕、盛丹	双人	2
1989 年9 月	辽宁	第二届全国青少年运动会	傅燕、盛丹	双人	1
			傅 燕	单人	2
1990 年4月	济南	全国花样游泳冠军赛	盛丹、王晓洁	双人	1
			王晓洁	单人	3
1990年10月	长沙	全国花样游泳锦标赛	傅 燕	单人	1
			盛 丹	单人	2
			傅燕、盛丹	双人	2
1991 年4月	济南	全国花样游泳冠军赛	王晓洁	单人	1
			王晓洁、傅燕	双人	1
1991 年9月	上海	全国花样游泳锦标赛	陈 绚	单人	3
1992 年4月	北京	全国花样游泳冠军赛	傅燕、盛丹	双人	1
			王晓洁	单人	3
1992 年9月	上海	全国花样游泳锦标赛	王晓洁	单人	3
1993 年4月	长沙	全国花样游泳冠军赛	王晓洁	单人	3
			王晓洁、傅燕	双人	3
1994 年4月	成都	全国花样游泳冠军赛	陈 绚	单人	3
1998 年4月	天津	全国花样游泳冠军赛	陈绚、杨蓓	双人	3
1998年10月	温州	全国花样游泳锦标赛	陈绚、杨蓓	双人	3
1999 年4月	成都	全国花样游泳冠军赛	陈绚、谢依伊	双人	3
2000年10月	上海	全国花样游泳锦标赛	陈 绚	单人	3

续表 24-4-3-6

时间	地点	比赛名称	姓名	单项	名次
2006年10月	长沙	全国花样游泳锦标赛	孙文雁	B 组规定动作	1
				A 组集体技术自选	2
				A 组单人技术自选	1
2007年4月	四川	全国花样游泳冠军赛	孙文雁	单人技术自选	1
				单人 B 组规定动作	1
2007年9月	常熟	全国花样游泳锦标赛	奉紫薇	单人规定动作	1
2008年3月	无锡	全国花样游泳冠军赛	孙文雁	单人技术自选	1
2008年10月	上海	全国花样游泳锦标赛	孙文雁	单人技术自选	1
				单人自由自选	2
2011年4月	上海	全国花样游泳冠军赛	龙怡清、张雅怡	B 组双人	1
2011年9月	绍兴	全国花样游泳锦标赛	孙文雁	单人自由自选	1
2012年10月	沈阳	全国花样游泳锦标赛	孙文雁	单人自由自选	1

表 24-4-3-7　　1991—2012 年长沙运动员参加亚洲和世界花样游泳比赛获前六名一览表

时间	地点	比赛名称	姓名	单项	名次
1991年1月	澳大利亚	世界游泳锦标赛	王晓洁	双人	6
			王晓洁、傅燕	集体	6
1991年9月	德国	世界花样游泳比赛	王晓洁、傅燕	集体	5
1995年8月	美国	世界杯花样游泳赛	陈绚	集体	6
1997年7月	中国广州	世界杯花样游泳赛	陈绚	集体	4
2003年8月	中国澳门	第三届亚洲青年花样游泳锦标赛	孙文雁	单人	1
2009年7月	意大利	世界游泳锦标赛花样游泳比赛	孙文雁	自由组合	2
2011年7月	中国上海	世界花样游泳锦标赛	孙文雁	技术自选	1
				自由组合	1
				自由自选	1
2012年11月	迪拜	第九届亚洲游泳锦标赛	孙文雁	单人自主自选	1
				集体技术自选	1
				集体自由自选	1
				集体自由组合	1

（三）跳水。至 20 世纪末，受场地设施等因素制约，长沙一直未开设跳水运动项目，其间参加省以上比赛队员均为在省体校和省体工队训练的长沙籍运动员。1986 年 4 月，由省业余体校输送进入国家队的长沙运动员熊倪在南京举行的全国跳水冠军赛乙级赛区比赛中一鸣惊人，包揽男子 1 米板、3 米板、10

米跳台、全能 4 项冠军。1988 年 9 月，在韩国汉城举行的第二十四届奥运会跳水比赛中，熊倪获男子 10 米跳台银牌。

2001 年，市青少年体育学校组建长沙市跳水队，由杨文光等 2 名教练带队在省跳水馆进行训练，在训运动员 20 名。2002 年，长沙跳水队参加第九届省运会跳水比赛获女子甲组团体冠军并获女子甲组跳台、男子乙组跳板和男子乙组跳台冠军。2006 年参加第十届省运会跳水比赛获男子跳台双人跳、男子跳板双人跳、男子甲组跳板、男子乙组 3 米台、男子乙组 1 米板以及女子团体、女子跳板双人跳、女子丙组 1 米板 8 项冠军。2010 年参加第十一届省运会跳水比赛获金牌 3 枚、银牌 11 枚、铜牌 7 枚，团体总分居全省第二。2011 年 5 月张鹏获全国跳水冠军赛男女混合全能第七名，7 月，获全国青年跳水锦标赛男女混合全能第四名。2012 年 4 月，唐丹获全国青年跳水冠军赛女子双人 3 米板第八名，7 月，获全国青年跳水锦标赛女子双人 3 米板第七名。

表 24-4-3-8　　1990—2004 年长沙运动员参加全国跳水比赛获前三名一览表

时间	地点	比赛名称	姓名	单项	名次
1990年4月	上海	全国跳水冠军赛	熊倪	男子全能	1
				男子 10 米台	2
				男子 3 米板	2
				男子 1 米板	3
1991年10月	福州	全国跳水锦标赛	熊倪	男子 10 米台	1
1999年10月	成都	全国跳水锦标赛	熊倪	男子 3 米板	1
				男子 3 米板双人	1
2000年4月	济南	全国跳水冠军赛	熊倪	男子 3 米板	1
				男子 3 米板双人	1
2004年10 月	成都	全国跳水锦标赛	蒋李双	女子 10 米台双人	2

表 24-4-3-9　　1988—2005 年长沙运动员参加亚洲和世界跳水比赛获第一名一览表

时间	地点	比赛名称	姓名	单项
1988年4月	广州	第三届亚洲跳水锦标赛	熊倪	男子跳台
1989年5月	美国	第六届世界杯跳水赛	熊倪	男子跳台
				男子团体
				混合团体
1991年5月	加拿大	第七届世界杯跳水赛	熊倪	男子团体
				混合团体

续表 24-4-3-9

时间	地点	比赛名称	姓名	单项
1993年5月	中国北京	第八届世界杯跳水赛	熊倪	男子团体
				混合团体
				男子 10 米跳台
1995年9月	美国	第九届世界杯跳水赛	熊倪	男子团体
				混合团体
2000年1月	澳大利亚	第十二届世界杯跳水赛	熊倪	男子团体
				男子 3 米板双人
2005年9月	中国郴州	第七届亚洲跳水锦标赛	蒋李双	女子双人 10 米台
2005年11 月	中国澳门	第四届东亚运动会	蒋李双	女子双人跳台

（四）赛艇。长沙赛艇队于 1987 年 8 月组建，在训运动员 18 名，首任教练王鹏举。队伍成立之初，由于无场地，该队先后辗转于岳阳芭蕉湖、武汉东湖以及浏阳河、沩水、湘江等处训练。1989 年，市体委在望城千叶湖水库建立皮划、赛艇训练基地，训练条件始得改善。

1989 年 9 月，赛艇队参加在岳阳举行的全省青少年赛艇比赛，获男子甲组双人双桨 500 米、1500 米、两项全能及女子乙组双人双桨 500 米 4 枚金牌。1990 年，参加第七届省运会赛艇比赛获 7 枚金牌、4 枚银牌、5 枚铜牌，并获体育道德风尚奖。8—10 月，参加全国青年赛艇锦标赛和全国赛艇锦标赛获 3 枚金牌。1996 年 10 月，该队刘泽武在岳阳举行的全国赛艇锦标赛上获男子 2000 米 4 人单桨第一名。1998 年 4 月，在肇庆举行的全国赛艇冠军赛上刘泽武又获男子 1 万米单人双桨和男子全能第一名，获男子 2000 米单人双桨第二名，男子 250 米单人双桨第三名。

2001 年，赛艇队迁入浏阳赤马湖市水上运动训练基地，运动员 30 名，教练增至 2 人。2002 年，参加第九届省运会赛艇比赛获金牌 7 枚，2006 年，参加第十届省运会赛艇比赛获金牌 16 枚。2008 年，赤马水上运动基地被确定为“湖南省赛艇后备人才基地”。2010 年，参加第十一届省运会赛艇比赛获金牌 21 枚、银牌 11 枚、铜牌 5 枚，运动技术水平在全省名列前茅。2011 年 6 月，易立琴参加全国青年赛艇锦标赛获 2000 米单人双桨第一名、8000 米单人双桨第三名。2012 年 7 月，赛艇队参加全省青少年赛艇锦标赛获金牌 5 枚、银牌 4 枚、铜牌 5 枚。9 月，旷明娜、唐利参加全国青年赛艇锦标赛分获 2000 米 4 人双桨、4 人单桨第二名。

（五）皮划艇。长沙皮划艇队组建于 1987 年 8 月，教练由赛艇教练兼任。此后较长一段时间内，由于教练人手不够，加之重点放在赛艇，皮划艇训练质量提高不快，在全省比赛中成绩平平。2001 年皮划艇队随赛艇队从千叶湖迁入浏阳赤马湖市水上运动训练基地，教练 2 人，在训运动员 34 人。

皮划艇队入驻赤马湖基地后，认真总结前段工作经验教训，制订系统训练计划，在专项训练中采用不同负荷量模式进行科学训练，取得明显效果。2002 年，参加第九届省运会皮划艇比赛，田亮获男子甲组单人皮艇 500 米、1000 米、2000 米金牌，周卓平、周立获男子甲组双人皮艇 500 米金牌，张红获女子乙组单人皮艇 500 米、1000 米、2000 米金牌。2004 年 5 月，在全国青年皮划艇比赛中，田勇获男子 2000 米单人皮艇第一名，次年在江西举行的全国青年皮划艇比赛中张胜军、易世明、方文清又各获 1 枚金牌。2006年5月，张红获波兰世界杯皮划艇比赛第一站、德国世界杯皮划艇比赛第二站女子1000米4人皮艇第四名，同年6月获广州世界杯皮划艇比赛第三站女子500米双人皮艇第四名。2007年6月，张红获大连全国皮划艇夏季冠军赛女子200米单人皮艇第一名，同年9月在首尔举行的亚洲皮划艇锦标赛上，连续夺得女子1000米4人、女子500米4人和女子250米4人皮艇3枚金牌。

2008年后，皮划艇队不断改进训练方法，运动水平达到新高度。2010年9月，参加在湘潭举行的第十一届省运会皮划艇比赛获5枚金牌、4枚银牌、1枚铜牌。同年在新西兰举行的世界皮划艇锦标赛中，张红获女子500米双人皮艇冠军，次年10月，在德黑兰举行的亚洲皮划艇锦标赛中，她夺得女子200米双人皮艇金牌。2012年，皮划艇队参加全省皮划艇锦标赛获1枚金牌、2枚银牌、2枚铜牌，并向省专业队和省体校输送优秀运动员7名。

四、球类运动

（一）篮球。20世纪末叶，长沙篮球运动在城乡普遍开展。学校、厂矿及邮电、商业、金融、电力等行业系统大多组建有篮球队，常年组织开展比赛活动。1991年，市篮协组织举办首届全市“电信杯”篮球赛，有50余支队伍、近600名运动员参加。在“电信杯”赛推动下，篮球竞赛活动广泛开展。1992—1994年，全市举办市级篮球比赛16次，参赛队伍多达700余支。其间，青少年篮球业余训练有序推进。市体育馆、贺龙体育运动学校分别组建有市青少年男子篮球队和女子篮球队，配备专职教练，进行系统训练；长沙市一中、市八中及长郡、雅礼、明德中学等多所体育传统项目学校组织开展篮球课余训练，在训学生500名。1995年后，全市竞技战略调整，篮球业余训练逐步转向学校，并由学校组队代表长沙参加省以上比赛。1999年，长沙市一中、雅礼中学代表长沙参加第三届省青运会篮球赛分别获男、女篮第一名。

2003年后，篮球项目在大、中学校广泛开展，竞技实力不断增强。2005年，在沧州举行的全国青少年篮球俱乐部比赛中，由雅礼中学运动员组成的长沙女队获女子组第一名。2006年，参加第十届省运会获男、女篮冠军，参加第三届全国中学生篮球锦标赛获女篮冠军。2007年4月，在长沙举行的第九届全国大学生篮球联赛西南赛区比赛中，湖南师范大学男、女篮双双夺魁，跻身全国八强。2008年，长沙获全国V17篮球赛女篮冠军，2009年，获第十届全国中学生运动会女篮冠军，2010年，获全国重点高中篮球赛、第十届全国中学生高中篮球锦标赛女篮冠军，并获第十一届省运会少年组男、女篮冠军及成年组男、女篮亚军。2011年，获全国V17篮球赛男篮第四名。

2012年，参加全国中学生篮球锦标赛获女篮第一名。是年市体育局和市篮球协会从广东引进全国男子篮球职业联赛老牌劲旅柏宁男子篮球队，填补省会长沙没有一支高水平篮球队伍空白。

（二）排球。20世纪80年代，长沙排球运动主要在中小学开展。市体校组建有男女排球队，由两名教练带队进行训练。1986年9月，参加第六届省运会排球赛获女子成年组、少年组冠军。此后，排球项目虽仍在基层开展，在省内占有一定优势，但终因长沙地区身材高大者难求，加之指导思想不明确，措施不够得力，难以与先进省会城市抗衡。90年代初至90年代中期，市体委贯彻省体委“女、小、轻、巧、水”竞技体育五字发展方针，先后撤销市体校男女排球队，排球作为群众体育项目在中小学校开展。这一时期，长沙开展排球活动学校和人数均有所减少。

1995年后，随着学校体育工作加强，长沙青少年排球运动出现转机，市八中、周南中学、田家炳中学以及麓山南路小学、火星小学等学校坚持系统训练，在市级、省级比赛中取得好成绩，带动全市校园排球活动开展。1996年，以周南中学队员为主组成的长沙女排参加“振兴杯”全国青少年排球赛获女子组第六名，进入全国中学生排球甲级队行列。此后，长沙参加全省和全国排球比赛，队员均从学校选调。

2002 年，长沙参加第九届省运会获男、女排冠军。2005 年，参加全国中学生运动会排球赛获女子组第七名。2006 年，参加第十届省运会获男、女排冠军，另获全国中学生运动会排球赛女子组第四名。2009 年，市八中男排代表长沙参加全国中学生运动会排球赛获第五名，并晋升为全国中学生排球甲级队。2010 年长沙参加第十一届省运会获男排冠军、女排亚军。2012 年参加全国中学生排球锦标赛获男子组第四名。

（三）足球。20 世纪 80 年代，长沙足球运动十分火爆。至 1987 年年底，全市拥有职工、学生足球队 100 余支，标准、简易足球场 60 余个，常年参加踢足球人数 3 万人次。贺龙体育场组建有市青少年男子足球队，有 6 名教练带队训练，并设有雅礼中学、市十五中和仰天湖、长塘里小学等基层训练点，在训学生 600 余名。1988 年，市女子足球队成立，首任教练王翌、李华，当年参加省女足比赛获第五名。

1989 年 3 月，在昆明召开的全国足球训练工作会议上，长沙被确定为全国 22 个足球重点城市之一。随后，为进一步加强对足球管理与人才培养，市体委相继成立足球办公室和足球学校，在全市组织开展足球业余训练和竞赛活动，长沙足球运动进入新的发展时期。是年 7—8 月，雅礼中学代表长沙参加全国足球重点城市“幼苗杯”男 A 组比赛获第三名，育英小学参加全国“萌芽杯”比赛获第四名，市足球学校参加全国“希望杯”男 A 组比赛获第三名。1990 年，参加第七届省运会（首设女足项目）足球比赛，长沙男、女足球队双双获第一名。1991 年，在贺龙体育场举行的第八届“贝贝杯”全国小足球赛中，望月湖一小夺得冠军，仰天湖小学获第七名。1992 年 11 月，长沙举办首届“市长杯”青少年足球赛，设高中、初中及小学甲、乙、丙 5 个年龄组，42 个学校 68 支足球队 700 余人参加比赛。至 1999 年，全市向省输送足球运动员 40 余名，输送国际级裁判 4 名、国家级裁判 26 名。

1999 年后，由于企业改制，加之贺龙体育场进行大规模改造等原因，全市重大足球赛事活动基本停止，参加踢足球的人数明显减少，足球运动陷入低谷。2004—2007 年，随着第二十八届奥运会足球赛亚洲区预选赛中国队与韩国队比赛在贺龙体育中心举行以及沈阳金德足球俱乐部落户长沙，长沙足球方始走出低迷。2009 年 11 月，市体育局成立校园足球办公室，与教育部门合作在全市 46 所中小学实行挂牌足球训练，促进青少年足球运动加快发展。至 2010 年，长沙先后获第九届、第十届和第十一届省运会男、女足球冠军。2011 年，全市足球传统项目学校发展到 12 所，注册业余足球队员 3000 人，其中中小学生 1000 余人。2012 年，曾在市足球学校训练过的黄博文，入选中国男子足球队出战亚洲杯足球赛，成为湖南入选国家足球队第一人。

（四）网球。20 世纪 80 年代初以前，长沙网球运动均为业余自发开展，以中老年人为主，参加人数很少。至 80 年代中后期，网球运动范围逐步扩大，人数不断增多。1988 年，《体坛周报》与《长沙青年》杂志社联合举办长沙与武汉两市“枫林”杯网球对抗赛，吸引众多网球爱好者。1989 年 12 月，第四届“迎春杯”全省网球赛在长沙举行，长沙获老年团体冠军、双打冠军和青少年女子单打冠军。1993 年，在第七届全运会上，长沙选手陈京京夺得女子网球团体金牌。

1995 年，长沙网球运动进入新的发展时期。是年市体委与香港劲霸国际有限公司合作开发建成耗资 560 万元、占地 5000 平方米、拥有 8 片塑胶灯光标准场地国际网球俱乐部。此后，长沙社会化网球活动广泛开展，网球俱乐部等训练健身场所到处可见，许多居民小区、休闲会所均建有网球场地。

1997 年，市体委开设网球训练项目，刘花谊任专职教练，在训运动员 16 名。2002 年，参加第九届省运会（首设网球项目）网球赛获丙组男单、男双和女单 3 枚金牌。2006 年，参加第十届省运会网球赛获甲、乙、丙组全部18枚金牌中的10枚。同年在天津举行的全国青少年网球赛中，长沙选手邓雅琪获少年女子单打冠军；在武汉举行的第六届全国城运会网球赛上刘畅获女子单打第六名。2007年，网球训练队伍扩大，教练增至4人，在训运动员50名，并建有博才小学和大同三小2个训练网点。是年长沙网球被确定为省网球后备人才基地项目。2010年，市网球队参加第十一届省运会网球成年组、青少年组比赛获金牌8枚、银牌6枚、铜牌3枚，团体总分居全省第二名，2012年，参加全省青少年网球锦标赛获金牌10枚、银牌6枚、铜牌7枚。

（五）羽毛球。20世纪80年代中后期，长沙羽毛球运动在学校、企业、机关普遍开展，参加人数逐年增加。贺龙体育学校组建有羽毛球队，队员30人，教练2人。1990年7月，长沙羽毛球队参加第七届省运会羽毛球赛获男子12~13岁组团体冠军、女子14~15岁组团体亚军、女子12~13岁组团体季军。1996年8月，参加第八届省运会羽毛球赛获男子乙组团体亚军、女子甲组团体季军。2000年，羽毛球项目改由市青少年体育学校管理。从是年开始，学校将羽毛球列为重点，加大扶持力度，训练质量有效提升。

2005年，长沙羽毛球被确定为“国家高水平羽毛球后备人才基地项目”，运动技术水平到达新的高度。2006年9月，羽毛球队参加第十届省运会羽毛球赛获男子16~19岁组团体冠军，男子12岁组团体冠军、双打冠军，男子11岁组双打冠军，男子10岁组单打、双打冠军。2010年9月，参加第十一届省运会羽毛球赛获金牌9枚、银牌3枚、铜牌10枚。是年长沙羽毛球被列入“中国羽协羽毛球后备人才基地项目”。2011年4月长沙羽毛球队肖月、章乐遥获全国少年羽毛球赛女子团体第一名，其中肖月还获双打第一、单打第二名；8月，肖月、李萱、章乐遥、魏雅欣获全国中学生羽毛球锦标赛女子团体冠军，沈义舟获男子团体冠军，肖月、李萱获女子双打冠军。是年，由长沙输送至国家队的鲍春来获第十二届苏迪曼杯羽毛球赛团体冠军，此前他曾获第九届苏迪曼杯和第二十三届、二十四届、二十五届、二十六届汤姆斯杯羽毛球团体冠军，并多次拥有法国公开赛、韩国公开赛、丹麦公开赛、日本超级赛、新加坡超级赛等一系列男单冠军头衔，为祖国赢得荣誉。

2012年，长沙羽毛球队教练增至4人，在训运动员60名，另建有长郡中学、双语中学、双新小学、育才小学等4个训练网点，当年参加全省青少年羽毛球赛获金牌8枚、银牌5枚、铜牌7枚。

（六）乒乓球。20世纪末叶，乒乓球运动在长沙开展十分活跃，参加打乒乓球的人很多，学校、机关、厂矿每年均组织1~2次乒乓球赛。1987年，全国开展迎亚运乒乓球“雏鹰起飞”活动，长沙有半数以上中小学近3万名学生参加，次年长沙市被评为“全国儿童乒乓球‘雏鹰起飞’先进城市”。在“雏鹰起飞”活动推动下，各区（县）业余体校及长郡中学、师大附中、仰天湖小学、都正街小学等10余所体育传统项目学校积极开展乒乓球业余训练，在训学生1000余人，训练规模及运动技术水平均居全省前茅。1989年7月，在慈利举行的全省少年乒乓球赛中，长沙队获男女甲组和女子乙组团体冠军，有4人获单项冠军。1990年7月，在邵阳举行的第七届省运会乒乓球比赛中，长沙获12枚金牌中的10枚，名列全省第一位。1995年7月，参加第四届全省“雏鹰起飞”乒乓球赛获8枚金牌、5枚银牌、4枚铜牌。同年长沙选手蒋贤科获全国青少年南北赛区半决赛男子甲组单打冠军，袁芳获全国少儿乒乓球赛女单第一名。

2000年，市体委加大对乒乓球项目管理力度，增加投入，改善训练条件，训练质量明显提升。8月，周砚文获全国中学生乒乓球锦标赛女子双打冠军，次年8月再获该赛女子双打金牌。2008—2010年，在全国中学生乒乓球锦标赛上，郑琳获2008年女子乙组、2009年女子甲组单打冠军，刘紫萱获2009年女子乙组、2010年女子甲组单打冠军。2010年，长沙获第十一届省运会乒乓球青少年组、成年组团体总分第一名，并获青少年组甲组男双冠军，成年组甲组男单、男双、混双及女单冠军。2011 年，李佳伦获全国中学生乒乓球锦标赛男子甲组双打冠军，2012 年，王昆获全国中学生乒乓球锦标赛女子甲组双打和混合双打冠军。

五、重竞技运动

（一）举重。长沙举重队组建于 1984 年 9 月，隶属市体育学校，首任教练刘伟。1988 年，参加第三届省青运会举重比赛获金牌 1 枚，全国青少年举重比赛获银牌 1 枚。1990 年举重项目归口贺龙体育运动学校管理。1996—2002 年，该队参加第八届省运会获金牌 2 枚，第九届省运会获金牌 5 枚。

2006 年 8 月，举重队迁入新校区。新建的举重训练馆内有 12 个镶嵌式举重台，配备有杠铃等辅助器械。教练增至 3 名，在训运动员 58 名，并在宁乡县一中建举重基地 1 个。2007 年 11 月，由市举重队培养输送至省专业队的运动员黎立志在萨摩亚举行的世界杯举重比赛中夺得男子 56 千克级第一名，2008 年，在全国举重冠军赛上获 56 千克级第一名。2010 年，市举重队参加第十一届省运会举重比赛中获 5 枚金牌、6 枚银牌、5 枚铜牌。2011 年 8 月，黎立志参加在深圳举行的世界大学生运动会举重比赛夺得男子 56 千克级第一名，2012 年 10 月，参加在蒙古举行的亚洲杯举重比赛夺得男子 56 千克级第一名。

表 24-4-3-10　2006—2012 年长沙市青少年男子举重纪录一览表

级别	单项	成绩	姓名	运动会名称	时间	地点
48 千克级	抓举	90	舒昊鹏	湖南省第十一届运动会	2010 年 9 月 9 日	湘潭市
	挺举	100	舒昊鹏	湖南省第十一届运动会	2010 年 9 月 9 日	湘潭市
	总成绩	190	舒昊鹏	湖南省第十一届运动会	2010年 9 月 9 日	湘潭市
52 千克级	抓举	90	胡彪	湖南省青少年举重锦标赛	2011年8月3日	沅陵县
	挺举	120	姜忠	湖南省青少年举重锦标赛	2012年8月13日	桃江县
	总成绩	210	姜忠	湖南省青少年举重锦标赛	2012年8月13日	桃江县
56 千克级	抓举	115	黎立志	湖南省第十届运动会	2006年9月2日	茶陵县
	挺举	155	黎立志	湖南省第十届运动会	2006年9月2日	茶陵县
	总成绩	270	黎立志	湖南省第十届运动会	2006年9月2日	茶陵县
62 千克级	抓举	112	谢宇	湖南省第十届运动会	2006年9月4日	茶陵县
	挺举	137	谢宇	湖南省第十届运动会	2006年9月4日	茶陵县
	总成绩	249	谢宇	湖南省第十届运动会	2006年9月4日	茶陵县
69 千克级	抓举	110	成仁义	湖南省第十届运动会	2006年9月4日	茶陵县
	挺举	130	成仁义	湖南省第十届运动会	2006年9月4日	茶陵县
	总成绩	240	成仁义	湖南省第十届运动会	2006年9月4日	茶陵县
77 千克级	抓举	100	姜必武	湖南省青少年举重锦标赛	2011年8月4日	沅陵县
	挺举	145	姜必武	湖南省青少年举重锦标赛	2011年8月4日	沅陵县
	总成绩	245	姜必武	湖南省青少年举重锦标赛	2011年8月4日	沅陵县

续表 24-4-3-10

级别	单项	成绩	姓名	运动会名称	时间	地点
77+千克级	抓举	143	王学超	湖南省第十一届运动会	2010年9月12日	茶陵县
	挺举	175	王学超	湖南省第十一届运动会	2010年9月12日	湘潭市
	总成绩	318	王学超	湖南省第十一届运动会	2010年9月12日	湘潭市

表 24-4-3-11　　2006–2012 年长沙市青少年女子举重纪录一览表

级别	单项	成绩	姓名	运动会名称	时间	地点
44 千克级	抓举	65	谢晓霞	湖南省青少年举重锦标赛	2012年8月13日	桃江县
	挺举	75	谢晓霞	湖南省青少年举重锦标赛	2012年8月13日	桃江县
	总成绩	140	谢晓霞	湖南省青少年举重锦标赛	2012年8月13日	桃江县
48 千克级	抓举	75	谢晓霞	湖南省青少年举重锦标赛	2012年8月13日	宁乡县
	挺举	85	谢晓霞	湖南省青少年举重锦标赛	2012年8月13日	宁乡县
	总成绩	160	谢晓霞	湖南省青少年举重锦标赛	2012年8月13日	宁乡县
53 千克级	抓举	83	丁彩霞	湖南省第十一届运动会	2010 年 9 月 10 日	湘潭市
	挺举	105	丁彩霞	湖南省第十一届运动会	2010 年 9 月 10 日	湘潭市
	总成绩	188	丁彩霞	湖南省第十一届运动会	2010 年 9 月 10 日	湘潭市
58 千克级	抓举	75	孟晓莉	湖南省第十届运动会	2006年9月4日	茶陵县
	挺举	110	陈　胜	湖南省第十届运动会	2006年9月3日	茶陵县
	总成绩	185	孟晓莉	湖南省第十届运动会	2006年9月4日	茶陵县
63 千克级	抓举	55	贺晓峰	湖南省青少年举重锦标赛	2011年8月2日	沅陵县
	挺举	75	贺晓峰	湖南省青少年举重锦标赛	2011年8月2日	沅陵县
	总成绩	130	贺晓峰	湖南省青少年举重锦标赛	2011年8月2日	沅陵县
69 千克级	抓举	87.5	徐　滔	湖南省第十届运动会	2006年9月3日	茶陵县
	挺举	112.5	徐　滔	湖南省第十届运动会	2006年9月3日	茶陵县
	总成绩	200	徐　滔	湖南省第十届运动会	2006年9月3日	茶陵县
69+千克级	抓举	70	杨　芳	湖南省第十一届运动会	2010年9月12日	湘潭市
	挺举	90	杨　芳	湖南省第十一届运动会	2010年9月12日	湘潭市
	总成绩	160	杨　芳	湖南省第十一届运动会	2010年9月12日	湘潭市

（二）摔跤。长沙摔跤队于 1987 年 11 月组建，由省队退役队员徐建军担任教练，隶属贺龙体育场足球学校。1990 年参加第七届省运会摔跤比赛获 2 枚金牌、2 枚银牌、3 枚铜牌。1992 年，市摔跤队何伟在全国摔跤冠军赛中获 1 枚银牌。1995 年，市体委调整项目布局，摔跤划归贺龙体育运动学校管理。

1996 年，参加第八届省运会获金牌 5 枚、银牌 5 枚、铜牌 3 枚。

2005—2006 年，摔跤队教练增至 2 名，在训运动员 30 名，建有芙蓉区曙光小学、岳麓区望新小学、宁乡县玉潭中学 3 个训练基地。其间，摔跤队始终坚持狠抓专项力量训练，实现专项绝对力量突破，提高把位争夺与控制能力、技术动作强攻能力及跪摔不同把位攻防能力，促进技术水平提高。2007 年，张勇在全国青年摔跤锦标赛上获 1 枚金牌。2010 年，在第十一届省运会上，刘坤获女子甲组 54 千克金牌，梁勇获男子乙组古典式 54 千克金牌，喻程获男子乙组自由式 63 千克以上金牌。2012 年，在全省青少年摔跤锦标赛中市摔跤队获金牌 3 枚、银牌 6 枚、铜牌 4 枚。

（三）柔道。1987 年 12 月，贺龙体育场组建柔道队，由省退役运动员谭著文担任教练。1995 年，柔道项目划归贺龙体育运动学校管理。1997 年后，贺龙体育运动学校又先后调进李跃华、黄泽担任柔道教练，建有雨花区圭塘小学、岳麓区银盆岭小学、宁乡县道林中学、宁乡县九中、宁乡县四中 5 个市级训练基地。2002 年，该队参加第九届省运会柔道比赛获 5 枚金牌、5 枚银牌。

2003—2008 年，柔道队按照“从难从严从实战出发，进行大运动量训练”方针。通过训练和比赛实践，逐步形成“以我为主，以攻为主，以快为主”的技、战术思想和“快狠精活”的技、战术风格。2009 年 6 月，市柔道队黄翠萍在全国青年女子柔道锦标赛中获 52 千克级冠军，同年 12 月，谢狮狮在香港举行的东亚运动会柔道比赛中夺得女子 48 千克级金牌。2010 年 7 月，谢狮狮在天津举行的全国女子柔道冠军赛上获 48 千克级第一名，8 月，阳一帆在北京举行的全国大学生柔道锦标赛中获男子 66 千克级冠军。同年 9 月，在湘潭举行的第十一届省运会柔道比赛中市柔道队获 5 枚金牌、2 枚银牌。2011 年 4 月，谢狮狮在阿联酋举行的亚洲柔道锦标赛中获女子 48 千克级亚军，黄翠萍在全国青年女子柔道锦标赛中获女子 52 千克级银牌。2012 年 5 月，黄翠萍在韩国举行的东亚柔道锦标赛中获女子 52 千克级第二名。同年 9 月，谢狮狮在衡阳举行的全国女子柔道冠军赛上获女子 48 千克级第三名，黄翠萍获女子 52 千克级第五名。

（四）跆拳道。长沙跆拳道队于 2001 年 10 月由国家级裁判员余文负责组建，隶属贺龙体育运动学校。跆拳道队成立后，以“打好基础，强化训练，提高技术、战术和对抗能力”为指导思想，备战首届全省青少年跆拳道锦标赛和第五届全国城运会。2002 年 6 月，省跆拳道队退役运动员曹瑞林任该项目教练。2003 年 10 月，在长沙举行的第五届全国城运会跆拳道比赛中市跆拳道队获 1 枚金牌，12 月，在首届全省青少年跆拳道比赛中获 2 枚金牌。2006 年跆拳道教练增至 2 名，在训运动员 32 名，并建有蓉园小学、博才阳光小学、星沙中学、青山铺中心小学及岳麓区体校、浏阳市体校等训练网点。

2009 年 10 月，市跆拳道队陈维旺参加全国跆拳道青年锦标赛获男子 45 千克级第三名，次年在该锦标赛中，郝琦、陈婷分获中学生组男、女第一名。2010 年，在第十一届省运会跆拳道比赛中曾柱斌获男子乙组 51 千克级、肖微获女子甲组 52 千克级、陈婷获女子乙组 43 千克级金牌。2011 年，在全国青年跆拳道锦标赛上陈婷再获中学生组女子第一名。2012 年，市跆拳道队参加全省青少年跆拳道锦标赛获 5 枚金牌、3 枚银牌、6 枚铜牌，团体总分 139 分，奖牌数和团体总分均列全省第一位。

（五）武术。20 世纪 80 年代，武术作为中国民间传统体育项目，在长沙深受人们喜爱。至 1989 年，全市各区（县）均成立武术协会，并创办有湘威、江南、星沙、浏阳武术馆以及杜心武“自然门”研究会、望城武术院和回龙文武学校等一批武术馆、校，习武之人遍及城乡。市体育馆组建有市武术队，教练 3 名，在训运动员 40 余名。1990 年，市武术队参加第七届省运会武术比赛，获男子甲组规定拳、枪术、刀术金牌和女子甲组枪术金牌。1996 年参加第八届省运会武术比赛获金牌 4 枚、银牌 5 枚、铜牌 5

枚，2002 年，参加第九届省运会武术比赛获金牌 8 枚、银牌 6 枚、铜牌 1 枚。2003 年后，由于教练流失及第十届省运会不设武术项目等原因，武术业余训练一度中断。这一时期，长沙武术馆、校逐渐淡出人们视线，青少年习武者减少，武术作为健身项目主要在中老年人群中自发开展。2007 年，武术划归市训练竞赛管理中心管理，2008 年，市训练竞赛管理中心对外招聘 1 名武术教练，重新组建市武术队，武术业余训练从此转入常态。

2009 年 8 月，长沙举行第七届运动会武术比赛，全市各区县（市）185 名运动员参加 2 类拳术、4 类器械以及老年太极拳比赛，为历年市级武术比赛人数最多的一次。是年市武术队李松参加全国中学生武术比赛获 1 枚金牌。2010 年，长沙参加第十一届省运会青少年组武术比赛获 2 枚金牌、3 枚银牌、4 枚铜牌，团体总分 87 分，奖牌数和团体总分均居全省第二位。2012 年，在全国武术冠军赛中，市武术队余帆获武术传统项目南刀第五、华拳第七名。同年市武术队参加全省青少年武术比赛获金牌 13 枚、银牌 11 枚、铜牌 9 枚，其中武术器械类在全省占据绝对优势。

六、军体运动

（一）射击。20 世纪 80 年代初，全市射击项目归属市体育学校，训练统一在市射击场进行，不再在基层学校开展。1986 年，射击运动改由新成立的市军事体育学校管理，设男女手枪和男女步枪，其中女子手枪被列为国家重点布局项目。至 80 年代末，长沙先后向省专业队、国家队及部队、高校输送文芝芳、廖海燕、单红、尹湘萍、王晓燕、曹英、李晟、刘英姿等一批优秀运动人才，在全国和世界比赛中取得优异成绩。1991 年，文芝芳获亚洲射击锦标赛女子标准手枪慢加速冠军，此前她曾于 1985 年在北京举行的国际射击邀请赛上，以 590 环成绩夺冠，成为全国第一个射击国际级运动健将。1994 年，刘英姿获世界杯女子飞碟双向冠军，1998 年廖海燕获第四十七届世界射击锦标赛女子飞碟双向团体冠军，1999 年，李晟获全国射击锦标赛男子飞碟多向冠军，2000—2001 年，单红两次获世界杯射击总决赛女子运动步枪 3×20 金牌。2002 年，市射击队参加在益阳举行的第九届省运会射击比赛获金牌 9 枚、银牌 3 枚、铜牌 7 枚。

2005 年，市军体校撤销，射击项目归口贺龙体育运动学校管理。2006 年，参加第十届省运会射击比赛获金牌 9 枚、银牌 9 枚、铜牌 7 枚。2007 年，市射击队增设飞碟项目（两年后撤销），教练增至 5 人。是年 9 月，刘英姿在塞浦路斯举行的世界飞碟锦标赛上，以 86 中获女子飞碟多向第一名，同年 12 月，在科威特举行的亚洲射击锦标赛上，又以 183 中获女子飞碟多向团体第一名。2009 年，贺龙体育运动学校射击馆落成（此前市射击场已于 1998 年拆除，手枪训练在市体委办公楼五楼，步枪在省射击中心），建筑面积 5000 平方米，拥有 10 米靶场靶位 42 个，25 米靶场靶位 12 个，50 米靶场靶位 42 个，训练条件大为改善。2010 年，长沙参加第十一届省运会射击比赛获 5 枚金牌、3 枚银牌、3 枚铜牌。同年 9 月，刘英姿获土耳其飞碟世界杯总决赛女子飞碟多向冠军，次年 9 月再获塞尔维亚世界杯飞碟射击锦标赛女子飞碟多向冠军。2012 年，长沙参加全省青少年射击锦标赛获金牌 8 枚、银牌 9 枚、铜牌 14 枚，刘慧参加全国青少年射击锦标赛获女子飞碟多向金牌。

表 24-4-3-12　　2004—2012 年长沙市青少年男子射击纪录一览表

项 目	姓 名	成 绩	赛事名称	时 间	地 点
甲组 10 米气手枪 40 发个人	夏之霖	380 环	湖南省青少年射击锦标赛	2004 年 8 月	湖南省射击中心

续表 24-4-3-12

项目	姓名	成绩	赛事名称	时间	地点
甲组 10 米气手枪 40 发团体	方恩泽、赵一峰、陈宇章	1128 环	湖南省青少年射击锦标赛	2011年8月	贺龙体育运动学校
乙组 10 米气手枪 40 发个人	王思亮	337 环	湖南省青少年射击锦标赛	2008年7月	湖南省射击中心
乙组 10 米气手枪 40 发团体	王思亮、何卓伟、宋百川	1073 环	湖南省青少年射击锦标赛	2008年7月	湖南省射击中心
甲组 10 米气步枪 40 发个人	黄鑫港	391 环	湖南省青少年射击锦标赛	2011年8月	贺龙体育运动学校
甲组 10 米气步枪 40 发团体	蒋虎、骆雨扬、朱庭均	1153 环	湖南省青少年射击锦标赛	2011年8月	贺龙体育运动学校
乙组 10 米气步枪 40 发个人	刘宇昊	387 环	湖南省青少年射击锦标赛	2009年7月	贺龙体育运动学校
乙组 10 米气步枪 40 发团体	刘宇昊、蒋虎、王李东	1121 环	湖南省青少年射击锦标赛	2009年7月	贺龙体育运动学校

表 24-4-3-13　2006—2012 年长沙市青少年女子射击纪录一览表

项目	姓名	成绩	赛事名称	时间	地点
甲组 10 米气手枪 40 发个人	米 子	383 环	湖南省第十届运动会	2006年8 月	湖南省射击中心
甲组 10 米气手枪 40 发团体	王玉玲、熊旎颖、刘祺	1118 环	湖南省青少年射击锦标赛	2012年8 月	贺龙体育运动学校
乙组 10 米气手枪 40 发个人	张嘉玲	381 环	湖南省第十一届运动会	2010年9月	湘乡市
乙组 10 米气手枪 40 发团体	张嘉玲、王玉玲、游卓	1117 环	湖南省第十一届运动会	2010年9月	湘乡市
甲组 10 米气步枪 40 发个人	刘亚伦	395 环	湖南省青少年射击冠军赛	2012年4月	岳阳市
甲组 10 米气步枪 40 发团体	刘亚伦、卢懿轩、文诗瑶	1166 环	湖南省青少年射击锦标赛	2012年8 月	贺龙体育运动学校
乙组 10 米气步枪 40 发个人	刘亚伦	394 环	湖南省青少年射击锦标赛	2011年8 月	贺龙体育运动学校
乙组 10 米气步枪 40 发团体	刘亚伦、卢懿轩、喻娉婷	1166 环	湖南省青少年射击锦标赛	2011年8 月	贺龙体育运动学校

（二）无线电测向和定向运动。20 世纪 80 年代后期，长沙无线电测向和定向越野运动广泛开展，运动成绩一直保持全省第一和全国前三名水平。国家集训队、国家青年队均有 2 名以上长沙队员代表中国参加世界比赛。

1991 年 11 月，在长沙举行的全省无线电测向和定向越野赛中，长沙队包揽男子甲、乙组前三名并获女子甲组第二名、乙组第一名。1993 年 8 月，在桃江县举行的全国青少年无线电测向比赛中，屈洪亮和杨罗获 2 米波段男子团体第一名，屈洪亮获个人 2 米波段金牌和定向越野男子组金牌，章波获 80 米波段女子组金牌。同年10月，在北京举行的第一届国际无线电联盟亚太区无线电测向锦标赛上，黄赞获男子青年组2米波段团体、个人和80米波段团体3枚金牌及80米波段个人银牌。1994年9月，在北京举行的全国定向运动锦标赛中，黄赞获男子个人短距离赛第一名。1995年8月，在甘肃举行的全国无线电测向锦标赛上，黄赞又获80米波段和个人全能2枚金牌。

2003年长沙业余训练布局调整，无线电测向被取消，定向运动进入群众体育领域，作为科技普及和素质教育项目在中小学推广。至2005年全市有50余所中小学开展定向越野活动，其中南雅中学、长铁一中、明德中学、省地质中学、麓山国际实验学校、宁乡十中及高新博才小学涌现出一批优秀定向运动人才。2007年，国家体育总局航管中心无线电定向部特邀高新博才小学无线电定向队到福建武夷山参加全国定向锦标赛表演赛，为在全国小学开展该项目作示范。同年10月，在昆明海梗基地举行的世界定向排位赛暨全国定向冠军赛上，长沙南雅中学6名运动员获3枚金牌、4枚银牌、3枚铜牌，并入选定向越野国家青年队。2008年7月，在三亚市举行的全国中学生定向越野锦标赛上，南雅中学代表队获高中男子团体第一名和高中女子团体第二名。同年8月，长沙雅礼中学9名运动员代表中国参加在韩国首尔举行的第一届亚洲定向锦标赛获9枚金牌。2010年，长沙参加第十一届省运会定向越野比赛获5枚金牌、5枚银牌、6枚铜牌，团体总分143分，奖牌数和团体总分均居全省第一位。2012年，参加全省青少年定向越野锦标赛长沙获28枚金牌，名列全省首位。

（三）模型。20世纪80年代中后期，模型作为一项青少年科技体育运动，在长沙中小学极受欢迎，拥有众多参与者，部分学校还配备有专职模型教练。这一时期，全市模型运动以开展航空模型为主，90年代后，逐步增加航海、航天、车辆、建筑模型及模拟运动。

1990年，长沙举办首届“红领巾杯”航空模型普及赛决赛，有32个队、160名中小学生参加。次年参加全省青少年航空模型比赛获1项团体第一名、3项个人第一名。1994年市体委、市教委、市科协、团市委、市妇联联合举办“飞向北京”全市模型运动选拔赛，报名参加此项活动的中小学生达3万余名。1995年3月市模型协会成立。在该协会组织、指导下，长沙开展由国家体委、国家教委、中国科协、团中央、全国妇联联合主办的“飞向北京—飞向太空”“驾驭未来”“我爱祖国海疆”全国青少年模型竞赛活动，参加人数3.5万人。是年，长沙市被国家委航管中心确定为全国模型运动重点城市。1997年8月，在承德举行的“飞向北京”第三届全国青少年航空模型比赛中，长沙获伞翼模型中学男子组、小学女子组两项团体冠军，并获全国最佳组织奖。

2001年，市模型协会建立模型教育活动信息平台即QQ工作群，实行电子网络办公，同时改革创新竞赛方式，调整、规范项目设置和器材准入，进一步适应和满足模型运动发展需要。从这一年开始，全市每年举办1~2期裁判员、辅导员培训，组织1~2次模型比赛。2010年，国家体育总局航管中心领导视察长沙模型比赛，评价长沙模型运动组织规模、参赛人数、项目设置、思维创新和技术水平均处于全国前列，市训练竞赛管理中心模型教练刘国华被聘为航管中心青少年部主任。2011—2012年，长沙参加全国青少年模型比赛获金牌6枚、银牌4枚、铜牌2枚，举办全市、全国辅导员培训班5期，为各区县（市）培训模型辅导员150余名，参加模型科技教育活动中小学生近4万人次。

七、其他运动

（一）电子竞技。电子竞技是利用电子设备作为运动器械进行人与人之间的智力对抗运动，起源于20世纪90年代韩国。2003年11月，国家体育总局确定其为中华人民共和国第九十九个体育运动项目后，长沙大中学校部分电子竞技爱好者开始自发地开展此项运动。

2004年，在湖南大学举行的全国电子竞技（CEG）联赛湖南赛区比赛中，湖大电子竞技队获团体总分第五名，张明璐获星际争霸项目个人第一名，马玺清获FIFA2004项目个人第三名。同年8月，张明璐入选国家队参加在北京举行的中、韩电子竞技对抗赛中战胜韩国世界冠军林遥焕，成为中国电子竞技战胜世界冠军首位选手。2006年10月，市体育局和市文化局以倡导健康、绿色电子竞技运动为主题，联合举办长沙电子竞技大赛，参赛人数1000人，进一步开拓长沙新型电子竞技运动市场。是年，在长沙注册的职业电子竞技俱乐部发展至3家，分别为湖南BAT、长沙虎锐和长沙优客，拥有职业电子竞技运动员100余人。

2011年10月，长沙在黄兴路步行街中心广场举办第三届“阳光娱乐·创业兴文”网吧电子竞技大赛暨PCGA百事《穿越火线》三城总决赛，有400余支队伍2000余名选手参加比赛。典藏时光、天马东牌楼及飕酷网络会所分别获“阳光娱乐·创业兴文”网吧电子竞技大赛一至三名。在《穿越火线》三城（长沙、西安、哈尔滨）总决赛中，西安战队获冠军，长沙战队获亚军。至2012年，长沙参加电子竞技活动人数接近3万人次，开展的电子竞技项目有魔兽争霸、星际争霸、极品飞车、篮球和反恐精英等。

（二）国际象棋。长沙国际象棋兴起于20世纪70年代，至80年代形成一定规模。1988年11月13—20日，长沙举办首届全市国际象棋比赛，长沙纺织厂队获混合组团体冠军，砚瓦池小学队获少年组第一名。比赛结束后，市棋协为前15名棋手颁发长沙第一批国际象棋等级棋士证书。

20世纪90年代，长沙国际象棋以青少年学生为主体，在大中小学校广泛开展。其间，八一路、长塘里、育英、火星等小学均多次开办培训班，培养出一批较有实力的国际象棋新苗。1991年1月，在衡阳举行的全省国际象棋赛中，长沙包揽少年组除第四名外的一至八名。1995年，在郑州举行的有300名成年选手参加的全国协作区国际象棋锦标赛上，长沙少年选手曾鹏获第二名，次年中国棋院授予其国际象棋“棋协大师”称号，成为湖南获此殊荣第一人。1997年，曾鹏参加“广播杯”全国国际象棋锦标赛获混合组第三名。

2000年后，随着新苗、飞马、海胜及一智棋艺等一批国际象棋俱乐部先后建立，长沙国际象棋运动加快发展，常年参加国际象棋活动人数接近2000人，其中少年儿童1000余人，竞技实力居全省前茅。2010年，市教育局下发文件，要求全市中小学和幼儿园推广、普及国际象棋运动，并将棋类项目列入专长生招生范围。同年10月，全国常青藤国际象棋赛在明德中学举行，比赛期间，世界冠军谢军和国家队总教练叶江川专程到长沙与小棋手下指导棋，吸引众多棋迷。2011年5月，市体总、市棋协和市岁宝百货有限公司联合举办“岁宝杯”首届全市少年国际象棋公开赛，有200余位选手参赛，其中年龄最大的16岁，最小的仅4岁。2012年5月，市棋协在麓山国际实验学校举办第三届全市青少年国际象棋冠军赛，参赛队伍31支，参赛选手700余名。

（三）围棋。长沙围棋运动历史悠久。至20世纪80年代初，全市有多处围棋活动场所，爱好者近万人。1982年1月，东区体委干部杨志存在育才小学创办长沙首所少儿围棋班，自任班主任兼教练，到1987年开办5期，培训围棋新苗215人。1988年，该围棋班朱毅、吴新宇分别在首届全省儿童围棋赛和全国少年围棋锦标赛获第一名。

1989年10月，湖南首次举办全省围棋定段赛，长沙有22名棋手获一至五段，居全省第一位。1990年10月，长沙7名围棋选手到浙江天台参加“龙马杯”全国新苗邀请赛，为湖南棋童在全国比赛中摘取首枚金牌。1995年，长沙15岁棋手黄奕中在第十二届世界青少年围棋锦标赛中获冠军。2002年，在第十六届全国围棋“天元”战中，黄奕中以2:0击败九段常昊夺得亚军并获围棋“天元”称号。2005年，陶欣然参加全国少儿围棋锦标赛获第三名。

至2008年，长沙先后举办“九星杯”“希望杯”“友阿杯”“新春杯”“育苗杯”等少儿围棋杯赛，参赛人数多次突破千人大关；参加省级比赛获金牌25枚，有300人被授予围棋业余初段以上称号；培训围棋少儿数万人次，初步形成幼儿园、小学、俱乐部三级培训网络。2012年，长沙12岁周元俊在全国围棋段位赛中，以9胜4负成绩获得国家专业段位资格，成为职业棋手。

附：长沙市国际级运动健将、运动健将名录

1.国际级运动健将（截至2012年12月）

田径：向赤荣（女）、周灿、胡玲（女）、吴波、刘春花（女）

体操：陈翠婷（女）、马英（女）、陆莉（女）、李燕（女）、李小鹏、刘璇（女）、杨云（女）

射击：文艺芳（女）、王晓艳（女）、廖海燕（女）、张强、刘红艳（女）、刘英姿（女）

蹦床：罗丹（女）

羽毛球：鲍春来

游泳：迟燕平（女）

花样游泳：王晓洁（女）、傅燕（女）、陈绚（女）、孙文雁（女）

跳水：彭园春（女）、熊倪

皮划艇激流回旋：张红（女）

2.运动健将（截至2012年12月）

田径：杨为民、王元、欧阳红（女）、孙长江、贺林林、邹国防（女）、陈文君（女）、张长桂（女）、汤立双（女）、宁波、任妮（女）

体操：陈雄（女）、彭亚平、邹征求、胡景（女）、韩宝珍（女）、李艳萍（女）、周小玲（女）、周琳（女）、谢智敏（女）、刘驰（女）、周晶（女）、周敏（女）、崔婕（女）、廖辉帆（女）、文艺、刘后（女）、周兰（女）、易捷

蹦床：杜晓宇（女）

艺术体操：孙勤（女）、欧阳琴（女）、黄奇志（女）、黄萍（女）、许颖（女）、夏燕飞（女）、郭莎莎（女）、董伟华（女）、袁菁（女）、彭歌谊（女）、彭玲（女）、左小青（女）、肖遥（女）、邹雅（女）、李妍（女）、阿珊（女）

技巧：戴建伟、张淑兰（女）、谭建军、杜晓（女）、匡正南、陈志

举重：刘忠、黄兴东、张正斌、黎立志

柔道：谢狮狮（女）、黄翠萍（女）

跆拳道：吴娜（女）、张志远

射击：肖洛珊（女）、盛海军、尹湘萍（女）、宾子海（女）、龙文、梁艳（女）、王晓东

篮球：张建设、陈玉兰（女）

排球：胡晓宁（女）、刘红云（女）、雷小锋（女）

足球：刘卫民、田琦、易安奇、王燕（女）、程坚、黄博文、刘成

羽毛球：卢青（女）、丁楠（女）、吴慧敏（女）

乒乓球：廖福民、黄坚果、李朔芳（女）、陈文（女）

水球：赵璧龙、花叶盛、王亚东、花叶平、龚大立、周浩、解万林、陈子梁、王明海、夏学海、何创福

游泳：程艳、李竑（女）、龚茜（女）

花样游泳：朱蓉（女）、王晓洁（女）、盛丹（女）、李懿（女）、高小蓉（女）唐灿（女）、杨蓓（女）、谢依伊（女）、沈映沙（女）、庄园（女）曾喆艳（女）、奉紫微（女）、鲁丽琳（女）、陈轲（女）、衣晓晨(女)、吕晓鸣（女）、邵晓莹（女）、周青（女）

跳水：陈菁（女）、陈文（女）、徐君毅、蒋佳潇、蒋佳冀、蒋李双（女）

航模：李楠、何豪

武术：刘险峰、蒋红波、彭介夫（女）

无线电测向：邹国辉（女）、黄赞

第四节　体育竞赛

一、长沙市运动会（以下简称“市运会”）

（一）第二届市运会。1989 年 4—10 月，长沙市举行第二届运动会。比赛设田径、乒乓球、篮球、排球、足球、射击、门球 7 个项目，有 380 个队、5700 名运动员分别参加小学组、中学组和老年组比赛。在历时半年的比赛中，66 人打破 17 项市运会田径纪录。为淡化金牌意识，系统培养优秀体育人才，本届市运会未设团体总分和金牌统计。

（二）第三届市运会。1994 年 9 月 18 日，长沙市第三届运动会在贺龙体育场开幕。在历时 27 天的比赛中，全市 33 个代表团、近 2 万名运动员，分别参加成年组、青年组、少年组及老年组 14 个项目角逐，有 3 队 3 人刷新 5 项市运会纪录。北区、西区、南区获得城区类团体总分前三名，北区、南区、西区获得城区类金牌前三名；长沙县、宁乡县、浏阳市分获县（市）类团体总分和金牌前三名；市电信局、中意集团、长沙卷烟厂分别获市直类团体总分和金牌前三名；师大附中、长沙市一中、长郡中学获城区中学类团体总分前三名，师大附中、长郡中学、雅礼中学获城区中学类金牌前三名。10 月 14 日，第三届市运会在市体育馆闭幕。

（三）第四届市运会。1998 年 9—12 月，长沙市举行第四届运动会。在历时 4 个月比赛中，全市各区县（市）及市直系统、行业和学校的 30 个体育代表团 816 支参赛队伍 7663 名运动员，分别参加篮球、排球、足球、乒乓球、羽毛球、网球、田径、体操、射击、游泳、举重、武术、模型、韵律操、桥牌、中国象棋、围棋、保龄球、台球、健美、龙舟、大众体育、广播操、门球、健美操、钓鱼 26 个大项 350 个小项的比赛，产生金牌

图 24-4-4-1　长沙市第四届运动会开幕式盛况（摄于 1998 年，长沙市体育局供图）

360 枚，有 145 人 3 次刷新 61 项市运会纪录。开福区、岳麓区、芙蓉区获城区类团体总分前三名，开福区、岳麓区、雨花区获城区类金牌前三名；长沙县、浏阳市、望城县分别获县（市）类团体总分和金牌前三名；长郡中学、长沙市一中、师大附中分别获城区中学类团体总分和金牌前三名；市公安局、市建委系统、友谊集团获市直类团体总分前三名，市直机关、市公安局、市建委系统获市直类金牌前三名。

（四）第五届市运会。2001 年 6—10 月，长沙市举行第五届运动会。全市各区县（市）和学校的 22 个体育代表团 6565 名运动员分别参加 17 个项目的比赛，决出金牌 448 枚，创 32 项市运会纪录。天心区、芙蓉区、开福区分别获城区类团体总分和金牌前三名；浏阳市、宁乡县、望城县获县（市）类团体总分前三名，宁乡县、望城县、浏阳市获县（市）类金牌前三名；长郡中学、师大附中、长沙市一中获城区中学类团体总分前三名，长郡中学、长沙市一中、田家炳中学获城区中学类金牌前三名。本届市运会对竞赛制度进行改革，实行竞赛管、办分离，将所设比赛项目全部交由市体育局直属单位和体育协会承办，市体育局和市教育局只进行管理、指导。

（五）第六届市运会。2005 年 4—10 月，长沙市举行第六届运动会。全市 25 个代表团 1.2 万余名运动员分别参加老年、成年、青年、少年 4 个组别 28 个项目比赛。比赛中破 36 项市运会纪录，平 8 项市运会纪录。雨花区代表团以 101.5 枚金牌获城区类金牌第一名，芙蓉区代表团以 4035.1 分获城区类团体总分第一名；宁乡县代表团以 60.5 枚金牌获县（市）类金牌第一名，浏阳市代表团以 2398.3 分获县（市）类团体总分第一名；长郡集团以 69 枚金牌、1760.5 分获城区中学类金牌和团体总分第一名；长沙市公安局获市直类团体总分第一名。芙蓉区等 12 个代表团获体育道德风尚奖。

（六）第七届市运会。2009 年 6—12 月，长沙市举行第七届运动会。为适应竞技体育和群众体育发展需要，本届市运会增设带有群众性和趣味性体育项目，共计 31 个大项 589 枚赛会金牌。长沙各区县（市）以及学校、市直有关单位组成 93 个代表团参赛，参加比赛的运动员、教练员、裁判员、工作人员近 2 万人。芙蓉区、天心区、雨花区获城区类团体总分前三名，雨花区、芙蓉区、岳麓区获城区类金牌前三名；宁乡县、浏阳市、长沙县分别获县（市）类团体总分和金牌前三名；长郡中学、雅礼中学、田家炳中学分别获城区中学类团体总分和金牌前三名；市公安局、长沙学院、市广电局获市直类团体总分前三名，市公安局、市广电局、市房产局获市直类金牌前三名。

二、湖南省运动会（以下简称“省运会”）

（一）第七届省运会。1990 年 7 月 15 日—9 月 4 日，第七届省运会在邵阳、长沙等城市举行。长沙 360 名男女运动员参加 21 个项目中 17 个项目的比赛，获团体总分 1953 分、金牌 74 枚，破 5 项省纪录，10 个代表队获体育道德风尚奖。团体总分、金牌数、奖牌总数、破省纪录项次和体育道德风尚奖队数均居全省第一，长沙赛区被评为全省优秀赛区。

（二）第八届省运会。1996 年 8 月 6 日—9 月 7 日，第八届省运会在永州、常德举行。长沙代表团组成 21 支代表队 421 人参加青少年组射击、游泳、跳水、举重、武术、篮球、网球、田径、体操、摔跤、柔道、皮划艇、赛艇、羽毛球、乒乓球、排球、足球 17 个项目和老年组门球、象棋 2 个项目的比赛，获团体总分 2722.5 分，金牌 79.5 枚、银牌 67 枚、铜牌 62.5 枚，团体总分列全省第一，参赛的 19 支队伍有 14 支代表队获体育道德风尚奖。

（三）第九届省运会。2002 年 9 月 8—15 日，第九届省运会在益阳举行。长沙体育代表团派出领队、教练员、运动员 497 人组成 21 支运动队，参加全部 19 个项目的比赛，获团体总分 5276.455 分，金牌 191.5 枚、银牌 136 枚、铜牌 145 枚，有 17 支代表队荣获体育道德风尚奖，团体总分、金牌数、奖牌总数、精神文明队数均为全省第一。9 月下旬，市政府举行表彰大会，决定对在省九运会上作出贡献的市体育局记集体二等功，授予贺龙体育运动学校等 6 个单位“省九运会突出贡献奖”，长郡中学等 7 家单位“省九运会特殊贡献奖”，另有 14 人记二等功，20 人记三等功，44 人予以嘉奖。

（四）第十届省运会。2006 年 8 月 31 日—9 月 7 日，第十届省运会在株洲举行。长沙组成近 600 人代表团，分别参加本届省运会 19 个项目中 16 个项目比赛。获金牌 241.75 枚，银牌 129 枚，铜牌 123.5 枚，团体总分 6136.25 分，团体总分、奖牌总数均居全省首位。获输送人才奖和体育道德风尚奖。

（五）第十一届省运会。2010 年 9 月 12—19 日，第十一届省运会在湘潭举行。由 680 名运动员和 160 名领队、教练、工作人员组成的长沙体育代表团参加全部 30 个项目（21 个青年组项目、9 个成年组项目）比赛，获金牌 238 枚、团体总分 3897 分，金牌数和团体总分均居全省之冠。

三、全国城市运动会（以下简称“城运会”）

（一）第一届全国城运会。1988 年 10 月 23 日—11 月 2 日，第一届全国城运会在山东济南举行。长沙派出由 22 名运动员组成的代表团参加田径、体操、射击、摔跤、乒乓球、羽毛球 6 个项目的比赛，夺得女子体操团体、女子标枪（汤立双）、男子铁饼（于文革）、男子 65 千克级古典式摔跤（陈平）、女子高低杠（连娅）5 枚金牌，获 4 枚铜牌及 10 个四至七名。金牌数在 40 个参赛城市中居第 15 位。

（二）第二届全国城运会。1991 年 9 月 20—28 日，第二届全国城运会在河北唐山举行。长沙代表团 72 名运动员参加 9 个项目比赛，其中李文、唐英姿、胡翠波、曾艳红以 6′54″ 29 获女子赛艇四人单桨 200 米金牌，熊倪获男子 1 米板、3 米板和 10 米板跳台 3 枚金牌，程艳以 1′13″ 97 获女子 100 米蛙泳金牌，程艳、李娜、舒敏、李竑以 4′25″ 87 获女子 4×100 米混合泳金牌，胡必强获男子 48 千克级古典式摔跤金牌，王丹获女子跳马金牌。本届城运会上，长沙代表团还夺得 6 枚银牌、16 个四名至六名。金牌数列全国第七位。

（三）第三届全国城运会。1995 年 10 月 22—30 日，第三届全国城运会在江苏南京举行，全国 49 个城市 3344 名运动员参加比赛。长沙代表团 80 名运动员参加 10 个项目决赛，其中曾立志以 16 米 33 获得男子三级跳远金牌；曹英以 489.6 环和 685 环获女子气手枪和运动手枪金牌；彭颂在男子 64 千克级举重比赛中，分别以 177.5 千克挺举成绩和 320 千克总成绩打破全国纪录、亚洲纪录和世界青年纪录，并夺得金牌，受到国家体委嘉奖。此外长沙代表团还获 3 枚银牌、3 枚铜牌。金牌数居全国第 12 位。

（四）第四届全国城运会。1999 年 9 月 11—20 日，第四届全国城运会在陕西西安举行，全国 57 个城市 3861 名运动员参赛。比赛中，长沙选手杨云分别夺得女子体操全能、平衡木、跳马 3 枚金牌。在本届城运会上，长沙体育代表团还获 3 枚银牌、3 枚铜牌，并获后备人才输送奖、优秀后备人才奖和体育道德风尚奖 3 个奖项。

（五）第五届全国城运会。2003 年 10 月 18—27 日，第五届全国城运会在湖南长沙举行。作为东道主长沙派出由 328 名运动员和 136 名领队、教练、工作人员组成的代表团参加本届城运会 19 个大项、117 个小项比赛。夺得金牌 19 枚、银牌 17 枚、铜牌 12 枚，超 1 项平 2 项

图 24-4-4-2　迎城运春季马路赛跑

（摄于 2002 年，长沙市体育局供图）

世界纪录，超3项平3项世界青年纪录，超1项亚洲纪录，超2项平1项全国青年纪录。鲍春来、郑波获男子羽毛球双打金牌；刘华勇获男子69千克级举重金牌；王宁获男子73千克级柔道金牌；周冬军获男子60千克级自由式摔跤金牌；廖蓉获女子51千克级自由式摔跤金牌；唐小敏获女子52千克级跆拳道金牌；侯敬多、文艺、符敏、戴而立、邓勇、黄涛获男子体操团体金牌，其中侯敬多还获体操全能金牌；张娉、刘后、韩冰、朱桑桑、张雅珍、廖辉帆获女子体操团体金牌，其中张娉、韩冰还分别获体操全能和平衡木金牌；刘鎏、曾洪华、李伦、范康获男子蹦床团体金牌，其中刘鎏还获蹦床单人金牌；田勤、龚剑获男子激流回旋双人艇金牌；矫桂燕、张旎、谢熔、邹瀛婷获女子4×100米金牌，其中邹瀛婷还获100米、200米金牌；奉文福、王振、康慧中、梁超获男子4×100米金牌；腾海生获男子皮划艇单人划全能金牌。金牌数列全国第五位，取得参加全国城运会历史最好成绩。

（六）第六届全国城运会。2007年10月25日—11月3日，第六届全国城运会在湖北武汉举行，有来自全国74个城市1万余名运动员参加比赛。长沙派出270名运动员参加本届城运会所设25个项目中14个项目角逐。廖雅丽获女子200米仰泳金牌，张亮获男子8千米单人双桨金牌，周文玉获女子63千克级举重金牌，黎立志获男子56千克级举重金牌，何树正获男子85千克级举重金牌，伍阳英获52千克级柔道金牌。在这届城运会上，长沙代表团获3枚银牌、7枚铜牌及体育道德风尚奖。金牌数居全国第11位。

（七）第七届全国城运会。2011年10月16—25日，第七届全国城运会在江西南昌举行。长沙组成340人代表团参加游泳、跳水、田径、羽毛球、网球、乒乓球、皮划艇、赛艇、体操、蹦床、举重、柔道、国际式摔跤、跆拳道、射击15个项目比赛，获金牌6枚、银牌11枚、铜牌10枚。其中，屈端阳、郑鹏、谭迪、龙翔、罗力彰、周乐获男子体操团体金牌，屈端阳获男子跳马金牌，周倩获女子67千克级国际式摔跤金牌，刘志国获男子10米气步枪金牌，夏欢、包宜鑫获羽毛球女双金牌，谌卓夫、包宜鑫获羽毛球混双金牌。

四、全国运动会（以下简称“全运会”）

（一）第六届全运会。1987年11月20日—12月5日，第六届全运会在广东广州举行。湖南有411名运动员参赛，获金牌8枚、银牌15枚、铜牌10枚。其中长沙运动员陈翠婷、马英以381.225分获女子体操团体金牌，陈翠婷以77.60分获女子体操全能金牌，熊倪以1200.18分和619.65分获男子跳水全能及跳台银牌。

（二）第七届全运会。1993年8月15–24日和9月4—15日，第七届全运会分别在四川和北京两地举行。湖南选派267名运动员参赛，获金牌15枚。其中长沙运动员陆莉以9.9分获女子高低杠金牌，陆莉、周敏、刘睿、李毅、王丹以383.141分获女子体操团体金牌，黄赞以472′38" 获男子无线电测向2米80米波段团体金牌，熊倪以404分获男子1米板跳水金牌，陈京京获女子网球团体金牌，此外长沙运动员还获1.5枚银牌、4.5枚铜牌，总分115分，为湖南进入“全国体育十强”做出贡献。

（三）第八届全运会。1997年10月12—24日，第八届全运会在上海举行。湖南选派365名运动员参赛，获金牌17.5枚。其中长沙运动员李小鹏以9.6分获男子自由体操金牌，刘璇以9.85分获女子平衡木金牌，刘璇、王丽君获女子体操团体金牌，熊倪以735.3分获男子3米板跳水金牌，吴慧敏获女子羽毛球团体金牌。

（四）第九届全运会。2001年11月11—25日，第九届全运会在广东广州举行。湖南有210名选手参赛，获金牌18.5枚。其中长沙运动员李小鹏获男子双杠、跳马和团体金牌，刘璇获女子平衡木金牌，熊倪获男子 3 米板、3 米板双人跳水金牌，吴慧敏获女子羽毛球团体金牌。

（五）第十届全运会。2005 年 10 月 12—23 日，第十届全运会在江苏南京举行。湖南派出 224 名运动员参加 14 个大项 22 个分项比赛，获金牌 13 枚、银牌 9 枚、铜牌 6 枚。其中长沙运动员吴慧敏获女子羽毛球团体金牌，蒋李双以 345.960 分获女子双人 10 米跳台金牌，李小鹏以 9.813 分获男子跳马金牌、以 9.800 分获双杠金牌。

（六）第十一届全运会。2009 年 10 月 16—28 日，第十一届全运会在山东济南举行。湖南 202 名运动员参加 14 个大项 20 个分项比赛，共获 18 枚金牌。其中，长沙运动员刘春花以 60.65 米成绩获女子标枪金牌，刘英姿以 92 中获女子飞碟多向金牌，鲍春来获男子羽毛球单打银牌，孙文雁获女子花样游泳集体铜牌。

五、亚洲运动会（以下简称“亚运会”）

（一）第十一届亚运会。1990 年 9 月 22 日—10 月 7 日，第十一届亚运会在中国北京举行。长沙运动员陈翠婷以 196.775 分获女子体操团体金牌，以 39.775 分获全能金牌，以 10 分获自由体操金牌，以 9.837 分获跳马银牌。熊倪以 4099.05 分获男子跳水团体金牌，以 688.65 分获跳台跳水银牌。李文红以 2′01" 04 和 3′33" 57 获女子 800 米和 4×400 米接力金牌。

（二）第十二届亚运会。1994 年 10 月 2—16 日，第十二届亚运会在日本广岛举行。长沙运动员刘璇以 194.375 分和 9.862 分获女子体操团体金牌和高低杠银牌，刘英姿以 94 中获女子多向飞碟第八名。

（三）第十三届亚运会。1998 年 12 月 6—20 日，第十三届亚运会在泰国曼谷举行。长沙运动员李小鹏以 230.200 分获男子体操团体金牌，以 9.7 分获双杠金牌，并以 9.737 分获跳马银牌，以 9.6 分获自由体操铜牌。刘璇以 154.174 分获女子体操团体金牌，以 9.850 分获平衡木金牌，以 38.787 分获全能金牌。刘泽武获男子赛艇轻量级 4 人单桨金牌，王海获男子 4 人皮艇铜牌。

（四）第十四届亚运会。2002 年 9 月 29 日—10 月 14 日，第十四届亚运会在韩国釜山举行。长沙运动员李小鹏以 728.825 分获男子体操团体金牌，以 9.85 分获双杠金牌，以 9.737 分获跳马金牌。鲍春来获男子羽毛球团体铜牌。

（五）第十五届亚运会。2006 年 12 月 2—16 日，第十五届亚运会在卡塔尔多哈举行。长沙运动员鲍春来获男子羽毛球团体金牌和单打第五名。

（六）第十六届亚运会。2010 年 11 月 12—27 日，第十六届亚运会在中国广州举行。长沙运动员刘英姿以 200 中获女子多向飞碟团体金牌，以 68 中获多向飞碟铜牌；孙文雁以 96.625 分获女子花样游泳集体金牌，以 97.125 分获花样游泳自由组合金牌；鲍春来获男子羽毛球团体金牌；罗欢获男子龙舟 200 米、500 米、1000 米金牌。

六、奥林匹克运动会（以下简称“奥运会”）

（一）第二十四届奥运会。1988 年 9 月 17 日—10 月 2 日，第二十四届奥运会在韩国汉城举行。长沙熊倪、文芝芳、陈翠婷、马英等 8 名运动员入选中国代表团出征参赛。在跳水比赛中，年仅 14 岁少年选手熊倪以 637.47 分获男子 10 米跳台银牌，比金牌获得者仅少 1.14 分，为湖南和长沙夺得首枚奥运会奖牌。陈翠婷和马英获女子体操团体第六名。

（二）第二十五届奥运会。1992 年 7 月 25 日—8 月 9 日，第二十五届奥运会在西班牙巴塞罗那举行。长沙运动员陆莉在女子高低杠比赛中获满分 10 分夺得金牌，实现湖南、长沙几代人为之奋斗的奥运金牌零的突破，并以 392.941 分和 9.125 分获女子体操团体第四名和平衡木第二名。熊倪以 600.15 分获男子 10 米跳台第三名，王晓洁获女子花样游泳双人第八名。

（三）第二十六届奥运会。1996 年 7 月 20 日—8 月 4 日，第二十六届奥运会在美国亚特兰大举行。长沙运动员熊倪以 701.46 分获男子 3 米板跳水金牌，成为中国首位在奥运会上夺得该项目金牌运动员。刘璇获女子体操团体第四名，陈绚获花样游泳集体第七名。

（四）第二十七届奥运会。2000 年 9 月 15 日—10 月 1 日，第二十七届奥运会在澳大利亚悉尼举行。长沙运动员熊倪以 708.72 分和 365.58 分获男子 3 米板和 3 米板双人 2 枚金牌；李小鹏以 231.919 分和 9.825 分获男子团体和双杠 2 枚金牌，还以9.737 分获自由体操第五名；刘璇以 9.825 分获女子平衡木金牌，以 38.418 分和 154.008 分获全能和团体第三名。是有史以来长沙运动员在奥运会上取得的最好成绩。

（五）第二十八届奥运会。2004 年 8 月 13—29 日，第二十八届奥运会在希腊雅典举行。长沙运动员李小鹏以 171.25 分获男子体操团体第五名，以 9.762 分获双杠第三名，以 9.386 分获跳马第七名。

（六）第二十九届奥运会。2008 年 8 月 8—24 日，第二十九届奥运会在中国北京举行。长沙李小鹏、刘英姿、鲍春来、周灿四名运动员参加本届奥运会。在比赛中，李小鹏以 286.125 分和 16.450 分获男子体操团体和双杠 2 枚金牌，鲍春来获男子羽毛球单打第五名。

（七）第三十届奥运会。2012 年 7 月 28 日—8 月 13 日，第三十届奥运会在英国伦敦举行。长沙运动员刘英姿、孙文雁参加本届奥运会，其中孙文雁在女子集体花样游泳比赛中，以 194.010 分获该项目银牌。

七、长沙举办的国内和国际比赛

（一）国内大型比赛。1989 年 5 月 18—21 日，第二届全国青运会田径（女子乙组）预赛在贺龙体育场举行。来自全国各省、市（区）及解放军、火车头、银鹰体协共 33 个代表队近 300 名运动员参加比赛。比赛设 100 米、200 米、300 米、100 米栏、300 米栏、跳高、跳远、铅球、标枪、铁饼及五项全能共 11 个项目。110 名运动员获进军沈阳参加全国青运会资格，有 11 人达运动健将级标准，47 人达一级运动员标准。内蒙古 16 岁选手管淑敏以 1.85 米成绩破 1.84 米全国少年女子跳高纪录。

1989 年 6 月 28 日—7 月 9 日，“中意杯”全国足球甲级联赛在贺龙体育场举行。参加比赛的有北京、沈阳、河南、湖北、湖南、大连及北京部队、沈阳部队共 8 个代表队。北京部队获第一名，二名至六名分别由沈阳、北京、河南、大连、湖南获得，沈阳队获得体育道德风尚奖。比赛由长沙市体委和长沙中意电器集团公司联合举办，有近 10 万名观众观看比赛。

1989 年 11 月 10—14 日，第六届“贺龙杯”足球赛在贺龙体育场举行，参加比赛的有八一队、辽宁队、广州队及湖南队。通过 3 轮 6 场角逐，八一队获第一名，获二至四名的依次是辽宁队、广州队、湖南队。比赛期间，贺龙夫人薛明从北京发来贺电。该次比赛由中国足球协会、重庆市足球协会、湖南省足球协会主办，长沙市体委、长沙市足球协会、长沙市工业泵厂联合承办。

1990 年 10 月 28 日—11 月 4 日，全国足球甲级联赛（A 组）在贺龙体育场举行。参赛队有八一队、上海队、广东队、天津队、河南队和辽宁队。其中八一队、天津队各在本赛区比赛 4 场，八一队 2 胜 2 平，天津队 1 胜 1 平 2 负；其他 4 队各比赛 2 场，上海队 1 胜 1 平，广东队 1 胜 1 平，河南队两战皆负，辽宁队 1 胜 1 负。8 场比赛共进球 19 个，平均每场进球 2.38 个。

1992 年 10 月 24—25 日，“东方魔液杯”全国田径精英大奖赛在贺龙体育场举行。来自北京、广东、广西、江西、山西、河北、黑龙江、海南、贵州、湖南及火车头、国家体委集训队、上海体院、武汉体院等 14 个单位参加比赛。湖南队共夺得 9 项第一，5 项第二，4 项第三，名次列各队之首。湖南队邹四新以 16.65 米成绩破 16.25 米三级跳远亚洲青年纪录，广西队陈文忠在男子 100 米赛中跑出 10" 30 亚洲最好成绩。该次比赛是为支持北京申办 2000 年奥运会，促进中国田径运动冲出亚洲走向世界，经国家体委批准，由湖南省体委、省体工大队和邵阳东方制药厂联合举办。

图 24-4-4-3 第五届全国城市运动会在贺龙体育中心隆重开幕 （摄于 2003 年 10 月 18 日，长沙市体育局供图）

1995 年 9 月 3 日，第四届“炎黄杯”海峡两岸长跑比赛在长沙举行，来自河南、贵州、湖北、湖南、台湾的 1000 余名男女运动员参加这次比赛。该次比赛是为庆祝抗日战争胜利 50 周年，上午 6 时 10 分，长跑起跑仪式在贺龙体育场南大门举行，湖南省政府副省长唐之享和台北路跑协会理事长陈石山分别致辞，抗战老战士、原湖南省省长孙国治宣布比赛开始。男子组全程 1 万米，女子组全程 7000 米。2001 年 5 月 18—22 日，第五届全国历史文化名城乒乓球邀请赛在长沙举行。中国乒协主席、原国家体委副主任、国际乒联主席徐寅生以及中国第一位世界女子乒乓球冠军邱钟慧出席在贺龙体育馆举行的开幕式。来自全国 27 个历史文化名城的 420 余名运动员参加比赛。长沙选手在比赛中获 4 个冠军、4 个亚军及 1 个第三名。一年一届的全国历史文化名城乒乓球邀请赛，是中国乒乓球协会于 1997 年创办的一项全国性体育赛事，其宗旨是普及和推广乒乓球运动，促进全国各历史文化名城之间相互交流。比赛由中国乒乓球协会和长沙市人民政府共同主办，长沙市体育局承办。

2003 年 10 月 18—27 日，第五届全国城市运动会在长沙举行，是长沙史上首次举办的全国综合性运动会。来自全国省会城市、计划单列城市、有关地级市、直辖市部分区以及香港、澳门和台湾的台北市、台南市共 78 个市（区）的 6648 名运动员参加 29 个项目的比赛。本届城运会由国家体育总局主办，湖南省人民政府承办，长沙市人民政府协办。10 月 18 日晚，第五届全国城运会在贺龙体育中心开幕。全国人大常委会副委员长李铁映、国务委员陈至立、全国政协原副主席毛致用、国家体育总局局长袁伟民、湖南省委书记杨正午以及国际奥委会代表出席开幕式。开幕式上进行有 1 万余人参加的文体表演《潮涌潇湘》以及飞机跳伞、焰火燃放和放飞丹顶鹤等。经过 10 天比赛，广州市代表团以 39 枚金牌居榜首，南京市、沈阳市分别以 27 和 21 枚金牌获第二名、第三名。10 月 27 日晚，第五届全国城运会在长沙“世界之窗”闭幕。

2005 年 6 月 24—26 日，全国田径锦标赛暨第十届全运会女子田径预赛在贺龙体育中心举行。来自全国各地 40 个参赛单位的 412 名优秀女子运动员参加 100 米等 19 个项目比赛。本次赛事云集国内女子田径所有好手，其中参加过 2004 年雅典奥运会的选手就有 17 人。在 26 日晚上进行的 400 米栏决赛中，湖南选手王星以 55" 39 的成绩为东道主赢得大赛唯一一枚金牌。

2009 年 8 月 16—21 日，第十届全国中学生运动会在长沙举行，由教育部、国家体育总局、共青团中央联合主办，长沙市人民政府承办。此届中运会是历届全国中学生运动会竞赛项目和参赛人数最多的一届，设田径、游泳、篮球、排球、足球、乒乓球、武术、健美操 8 个项目，来自全国各省、自治区、直辖市和新疆生产建设兵团以及香港、澳门特别行政区等 34 个代表团 2790 名运动员参赛。8 月 16 日晚，中运会开幕式在贺龙体育中心举行，政治局委员、国务委员刘延东以及教育部、国家体育总局和省、市有关领导出席。在田径和游泳 17 个男女分项项目比赛中，有 21 人次刷新中运会纪录。北京、广东、上海获得奖牌前 3 名，以长沙中学生为主体的湖南代表团夺得 8 枚金牌、6 枚银牌、9 枚铜牌，列奖牌榜第六名。为举办好这次中运会，赛前，市体育局根据大会组委会部署，举全局之力认真做好各项组织准备工作，确保比赛安全有序，无任何事故发生，贺龙体育中心投入约 400 万元对场地设施进行维修和改造。

2010 年 8 月 4—7 日，全国沙滩排球巡回赛长沙站比赛，在长沙橘子洲沙滩公园举行，来自全国各地的 45 支沙滩排球队参加。八一队分别获男、女冠军，男队第二名、第三名被浙江两个队获得，女队亚军为海南队，季军为山东队。湖南省人民政府副省长郭开朗，国家体育总局排球运动管理中心党委书记张蓉芳，长沙市委副书记、市长张剑飞等领导出席开幕式。

2012 年 10 月 4—6 日，中国·长沙第五届“贺龙杯”体育舞蹈全国城市公开赛在长沙举行，来自广东、重庆、上海、贵州、河南、广西 6 个省份和湖南 11 个市（州）的 45 支代表队 1300 余名选手参加拉丁舞和摩登舞两个舞种的大项比赛。代表队中参赛选手年龄最小的 4 岁，最大的 60 多岁。深圳李承霖、张欣获拉丁舞最高组别冠军，长沙星光国际舞蹈艺术学院吴群峰、胡娟获摩登舞最高级别冠军。“贺龙杯”体育舞蹈全国城市公开赛由长沙市全民健身计划指导委员会、长沙市体育局联合举办，固定为每年一届，旨在给职业选手和业余爱好者提供一个同台竞技交流平台，以此吸引更多的人参与其中。

（二）国际性比赛。1996 年 9 月 26—29 日，“金沙杯”首届亚洲体操（艺术体操）锦标赛在长沙举行。来自印度尼西亚、印度、伊朗、日本、哈萨克斯坦、吉尔吉斯斯坦、韩国、沙特阿拉伯、科威特、马来西亚、菲律宾、朝鲜、泰国、乌兹别克斯坦、越南、孟加拉以及中国 283 名运动员参加比赛。中国运动员获金牌 26 枚，居各参赛国之首。其中湖南选手陈密获女子体操全能冠军和高低杠、平衡木 2 枚金牌，吉丽雅获女子成年组跳马第一名。本届锦标赛系亚洲体操联盟首次举办，也是湖南有史以来第一次承办的洲际体育赛事。

1997 年 8 月 26—31 日，第十一届亚洲滑水锦标赛暨全国滑水锦标赛在位于湘江东岸的市体委水上训练基地举行，有 9 个国家和地区以及来自国内 9 个省、市的代表队参赛。第十一届亚洲滑水锦标赛分男、女两大组 6 个项目进行比赛，韩国队夺得团体总分、男女全能及男子跳跃滑、女子回旋滑、女子跳跃滑 6 项金牌，中国队夺得男子花样滑和女子花样滑 2 项金牌，新加坡队获男子回旋滑金牌。全国滑水锦标赛设 5 项金牌，辽宁队蔺金喜、邢敏分别获男子全能和女子花样滑金牌，四川队谢渝、徐智分获男子花样滑和男子跳板滑金牌，广东队甘卫文获男子回旋滑金牌。本届亚洲滑水锦标赛是长沙首次独立承办的一项国际体育赛事。从赛前的 5 月上旬开始，各部、办、委、局近 70 家单位即紧密配合，认真做好赛场环境整治和美化、交通治安管理、食宿接待、救护防疫、资金筹集、晚会活动安排等方面工作，并筹资 200 余万元，修建长 30 米约 250 平方米的主席台和长 90 米约 360 平方米的观众台以及 1.2 万平方米的运动员活动区。

1999 年 7 月 28 日—8 月 2 日，中国国际滑水公开赛暨全国滑水冠军赛在湖南烈士公园年嘉湖举行，由长沙市人民政府承办。参加比赛的 60 名运动员分别来自欧美和亚洲的荷兰、捷克、瑞士、美国、韩国、马来西亚等 12 个国家和地区以及中国部分省、市、自治区，比赛设男、女跳跃滑水，男、女花样滑水和男、女回旋滑水三大项目。湖南选手黄美丽在国际滑水公开赛中夺得女子回旋滑冠军、跳跃滑亚军。

该次大赛是中国首次举办的国际公开级滑水比赛。

2004年5月1日，第二十八届奥运会足球赛亚洲区预选赛中国队与韩国队比赛在贺龙体育中心举行。近4万名观众现场观看这场比赛。虽然中国国奥队以0:2负于韩国队，失去出线权，但长沙赛区竞赛组织工作和赛场观众秩序却赢得亚洲足联和中国足协好评。此次比赛由国际足联和亚洲足联主办，中国足协承办，长沙市人民政府协办。

2011年9月25—28日，亚洲沙滩排球赛在长沙橘子洲景区沙滩公园举行，由亚洲排球联合会主办，国家体育总局排球运动管理中心、湖南省体育局和长沙市人民政府共同承办。来自澳大利亚、新西兰、印度尼西亚、阿曼、马来西亚、卡塔尔、伊朗、泰国、哈萨克斯坦、越南等13个国家和地区的近300名沙排运动员参加这次比赛。中国黄颖/岳园和王凡/丁晶晶包揽女子组冠、亚军，高鹏/陈诚获男子组冠军。亚洲沙滩排球赛系国际排联和亚洲排联官方赛事，是全球排球顶级赛事之一。比赛期间，大会组委会策划组织“动感沙排零接触”校园社区活动、“浪漫橘洲·阳光宝贝”选拔、“全国沙排总动员”民间竞赛、“浪漫橘洲·激情夜PARTY”沙滩文化节等主题活动。

2011年11月5日，英雄传说·世界自由搏击王者争霸赛在贺龙体育中心举行，有来自法国、南非、泰国、日本和中国5个国家的16位世界职业搏击顶级选手参赛。本次争霸赛是世界上规格最高、阵容最强、影响力最大的职业搏击赛事之一。有近3万人现场观看比赛，湖南卫视向36个国家进行同步直播，网络点击突破2亿人次。比赛由中国国际文化传播中心和长沙市人民政府联合举办。

（三）地区和国际性访问比赛。1988年2月4日，苏联明斯克“迪纳摩”足球队抵达长沙进行访问，5日下午在贺龙体育场与湖南队进行比赛，4万余名观众现场观看“迪纳摩”高超球艺。湖南队以0:3告负。“迪纳摩”足球队是苏联老牌甲级队，曾获1982年、1986年苏联足球甲级联赛冠军。

1989年1月15日，由日本前国家队教练石井义信率领的日本藤田工业足球队一行23人抵达长沙访问，下午在贺龙体育场与湖南湘北足球队进行一场友谊比赛，客队取得胜利。日本藤田工业足球队曾两次获得日本国内足球联赛冠军，长沙是该队访华第一站。

1990年8月21—23日，以前田修为团长的日本国鹿儿岛市太极拳联盟访问团一行26人到访长沙。访问期间，鹿儿岛市太极拳联盟访问团成员和长沙武术界运动员共同表演太极拳，磋商并交流武术技艺及经验，还到贺龙体育场及市体操学校参观运动员田径、足球和体操训练。

1993年10月4—7日，朝鲜“4·25”足球队到长沙访问，6日下午在贺龙体育场与中国奥林匹克足球队进行一场友谊比赛。中国奥林匹克队以2:1力挫朝鲜“4·25”足球队。比赛由长沙市足球协会举办，并得到郊区望岳乡物资供销公司赞助。

1994年10月19—23日，台北市体育舞蹈代表队应长沙体育舞蹈协会邀请访问长沙。21日晚在市体育馆与长沙队进行甲、乙、丙组及少儿拉丁舞个人赛初赛和团体对抗赛，22日晚进行摩登舞甲、乙、丙组，拉丁舞甲、乙组和少儿拉丁舞A、B两组个人决赛。初赛和团体对抗赛双方平分秋色，摩登舞甲、乙、丙组和拉丁舞甲、乙组个人决赛，长沙队获3项冠军，台北队获2项冠军；少儿拉丁舞A、B两组个人决赛12个名次均为长沙队夺得。举办海峡两岸体育舞蹈比赛在长沙尚属首次。是经国家体委批准，由市体育总会主办，市体育舞蹈协会承办。

2005年6月19日和11月16日，中国足球队分别同到访的哥斯达黎加足球队和保加利亚足球队，在贺龙体育中心进行两场国际足球A级比赛。新组建且正处于磨合期的中国队首场比赛即以2:2逼平世界排名第21位的哥斯达黎加队，在11月16日举行的第二场中保足球赛中，双方以0:0握手言和，近6

万名观众和球迷现场欣赏这两场比赛。在比赛中，长沙球迷热情奔放而不失理性，显示出良好的文明素质。

2006年4月26日，中国国家青年足球队与到访的日本国家青年足球队在贺龙体育中心进行一场比赛，中国队以2:0完胜日本队，约有2.5万名观众在现场观看这场高水平国际体育赛事。比赛由中国足协主办，长沙市体育局承办。

2012年2月22日，中国国家足球队与到访的科威特国家足球队在贺龙体育中心进行一场友谊比赛，中国队以2:0胜科威特队。此前两队交锋16次，中国队6胜4平6负。比赛由中国足协、长沙市人民政府主办，市体育局、《潇湘晨报》承办。

第五节　设施 经费 产业

一、体育设施

（一）省属体育场馆

1.贺龙体育馆。坐落在长沙市劳动西路，占地面积11.5万平方米，建筑面积1.56万平方米，总投资5400万元，1991年建成投入使用。馆内有观众席位6500个，其中活动座位1000个。比赛大厅面积58米×30米，能进行体操、网球、手球、篮球、排球、室内足球、艺术体操等12个运动项目比赛，也可举行文艺演出及群众集会。该馆建成后曾举行首届亚洲体操锦标赛以及第五届全国城运会和全省大型运动会室内比赛。

2.湖南省游泳馆。坐落在长沙市体育馆路36号，1969年建成，系全国第一座有10米跳台的室内游泳馆。该馆建筑面积9200平方米，游泳池面积为50米×21米，水深1.2米~5米，建有5米、7.5米、10米跳台，3米、1米跳板，另有1个13米×7米的儿童游泳练习池。馆内有可容纳2000名观众的看台，看台下面有循环过滤水处理装置、水下观察室、男女更衣室和休息室。

3.湖南省游泳跳水中心。位于长沙市体育新城，2003年建成，建筑面积2.3万平方米。内有25米×50米标准游泳池1座，25米×25米标准跳水池1座，1000平方米的戏水池1座。比赛大厅有观众席位3000个，赛场内音像传输、新闻通讯、电子显示等先进设备一应俱全。

4.湖南省网球中心。位于长沙市体育新城，2003年建成，建筑面积2.3万平方米，由训练馆、主赛场以及室外训练场组合而成。训练馆内有5片标准网球场；主赛场安装有音响、音像传输、电子显示、灯光控制等现代设备，还有3021个观众席位；室外有17片网球训练场。

5.湖南省体操训练馆。坐落在长沙市体育馆路36号，1973年建成，2002年进行改扩建。馆内训练场地面积1580平方米，各种训练器械及辅助器械齐备，可进行男子、女子体操各个单项高水平训练。

6.湖南省射击中心。位于长沙市雨花区体院路71号湖南体育职业学院内，是2001—2003年在原省射击场和射击摩托运动俱乐部基础上改扩建而成。占地面积5.74万平方米，内有符合国际标准，功能先进的飞碟多向、双向、双多向靶场，50米步枪、25米手枪、10米气枪靶场及10米移动靶场。

7.湖南省举重中心。位于长沙市雨花区体院路71号湖南体育职业学院内，2003年建成。占地面积2567.84平方米，建筑面积5484.3平方米，由比赛馆、力量训练房、赛前热身房和18片训练场地组合而成。该中心所有场地设施及训练比赛器材均符合国际标准。

8.树木岭体育训练基地。树木岭体育训练基地是湖南大型陆上运动项目综合训练场所，系20世纪80年代中后期在原省射击场和省体育运动学校基础上逐步改扩建而成。该基地位于长沙市雨花区体院路71

号，占地面积31万平方米。基地内有室内训练馆7栋27片训练场地，室外有大型训练场5个10片场地，教学办公用大楼3栋、运动员宿舍4栋、学生宿舍5栋、职工宿舍7栋、食堂7个、礼堂1个。其中建筑面积8400平方米的综合训练馆馆高23.4米，长74.5米，宽56.4米，共两层，每层有训练房4间。训练房既可作篮球、排球训练场地，又可作乒乓球、网球、羽毛球、摔跤、柔道、体操、武术等运动项目训练与比赛之用。

（二）市属体育场馆

1.贺龙体育中心。全国第一座以国家领导人贺龙元帅名字命名的大型综合性体育场地。始建于1951年，原名长沙劳动人民体育场，1984年更名为长沙市体育场，1987年扩建后更名为贺龙体育场，由王震将军题写场名①。2000年12月为迎接第五届全国城运会在长沙举行，市人民政府投资5亿元对贺龙体育场进行大规模改建，2003年9月竣工并更名为贺龙体育中心。贺龙体育中心地处芙蓉路、劳动路、白沙路和城南路交会处，占地面积15万平方米，建筑面积11.75万平方米，场内看台座位能容纳5.5万名观众，为21世纪长沙标志性建筑。该中心以“芙蓉、白鹤、鼓琴”为设计主题，将传统文化与现代艺术融为一体。顶盖像一朵绽放的芙蓉花，南北立面展现白鹤亮翅造型，主体部分似一面大鼓，而东南入口上部则像立着的琴弦。场内有400米标准田径场，铺设国际一流的恩波斯无颗粒塑胶跑道，中国田径协会评定为一级田径场地。内场中央是植有天然草皮，长105米、宽68米的足球场。内场四周设有贵宾、运动员、裁判员休息室，赛前赛后控制中心，新闻中心，电视直播室，并配置先进的灯光、音响、电子屏幕、综合布线系统和ID卡电子门禁系统，能满足举办国际国内大型田径、足球赛事需要。该中心建成后曾举办第五届全国城运会田径赛和国际A级足球赛中国队对韩国队等高水平比赛。2012年5月，贺龙体育中心被中国足协授予“中国之队主场”称号，正式成为中国之队主场赛事首选场地。

2.东风广场。位于长沙市开福区体育馆路1号。清朝末年此地为清军协操坪，民国时期为省公共体育场，解放后改名为人民广场。1951年省文教厅在该场新建400米标准跑道8条和100米×70米足球场1个，总建筑面积1.4万平方米。1966年“文化大革命”开始后更名为东风广场，为长沙市群众大型集会地点。1984年5月东风广场租与省体委使用②。2000—2003年，为迎接第五届全国城运会在长沙举行，省体育局出资对该场进行全面改造。改建后东风广场占地5.77万平方米，场内建有符合国际标准的田径场、足球场以及网球场、门球场、篮球场、轮滑场、体操房、室内游泳池和观众看台、照明灯塔等。

3.长沙市射击场。位于贺龙体育中心西侧白沙井岭，1956年11月建成。占地面积4000平方米，内有50米、25米、10米3个靶场，地线为钢筋混凝土结构两层楼房。一楼南侧为50米小口径步枪靶场射击地线，20个靶位；北侧为25米手枪、10米气枪靶场射击地线，各18个靶位③。1987年国家体委拨给该场6组手枪射击专用活动转侧靶架，3套定时控制设备，1989年

图24-4-5-1 长沙贺龙体育中心

（摄于2003年8月，长沙市体育局供图）

①②③《长沙市志十二卷·体育》（湖南出版社，1996年）已记载。

又拨给30组CN85–101型多功能10米电动输送靶机，训练条件获得较大改善。1998年市体委与湖南对外建设总公司合作开发田径、射击训练小区（后因贺龙体育场改造未果），射击场被撤除。

4.长沙市体育馆。坐落在中山路188号，1973年4月落成。占地面积4150平方米，建筑面积3700平方米，内有33米×19米标准篮球场，看台座位3351个[①]。1987—1994年，市体育馆除承担市男篮、武术等项目业余训练任务外，还多次承办、接待国内外体育赛事和文艺演出，平均每年对社会开放800余场。1995年10月，为扩大体育场馆经营，增加产业收入，体育馆内场出租给广州海天体育娱乐总公司经营滚轴溜冰。2006年，长沙市发布《关于收回市青少年宫活动中心整体改造工程规划范围内国有土地使用权的决定》，为配合市青少年宫整体改造，2007年12月市体育馆被拆除，另行择地重建。

5.橘子洲游泳场。位于橘子洲西侧，20世纪50年代中期建成，长沙人习惯称水陆洲游泳场。此前，为市民自发游泳的地方。1983年市体委先后投资近200万元疏浚此间水域，对原有男女更衣室、寄存室、生活用房等配套设施进行翻修，并新建沿江水泥路面、麻石护坡、石栏杆及下水台阶等。疏浚后橘子洲游泳场水域增至24万平方米，河床平坦，江面开阔，为长沙一处难得的天然游泳场地。1984—2001年，全市每年夏季到此游泳、消夏的市民达50万人次。2002年因市政府统一开发建设橘子洲景区，橘子洲游泳场被拆除。

6.长沙市游泳馆。坐落在贺龙体育中心南通道西侧，1998年7月落成投入使用，占地面积2700平方米，总投资1000余万元。游泳馆主体分上下两层，上层建有25米×50米标准游泳池及儿童娱乐、戏水池，底层为室内卡丁赛车城。2004年因开发建设嘉盛国际广场，该游泳馆被撤除。

7.长沙市水上运动训练基地。位于浏阳赤马湖，2001年8月建成投入使用。占地面积135公顷，其中水域面积近100公顷。此间水位稳定，水质优良，湖面宽阔，可设置9条长2400米、宽10米的标准航道，是水上运动训练、比赛理想场地。基地内有赛艇38艘、皮艇25艘、划艇20艘、跟踪艇3艘，并建有室内皮划赛艇荡桨池、力量训练房、艇库以及网球场、篮球场、宾馆、餐厅、会议室等配套设施，建筑面积3000平方米。基地建成后，曾举办全省青少年赛艇、皮划艇比赛和首届全市农民运动会龙舟比赛。

8.长沙市老年人体育活动中心。位于劳动西路贺龙体育中心南侧。2007年5月动工修建，第一期工程2009年2月竣工，第二期主体工程2012年年底完成，占地面积1765.4平方米，建筑面积3778.36平方米，总投资1040万元。分上、下两层结构，上层有2片门球场和1个气排球综合馆，下层有3片门球场和2片地掷球场。场地内配置有灯光、音响及电子显示屏，可满足省、市门球、地掷球和气排球比赛需要。此外，该中心还设有多功能厅、棋牌活动室及会议室等。中心建成后，每天到此活动的中老年人近200人。

（三）区县（市）体育场馆

1.望城区体育事业发展中心。曾用名望城县雷锋体育中心，1990年3月建成，2002年更名为望城县体育事业发展中心。2008年，望城县政府投资2000余万元对体育中心进行大规模改造。改建后体育中心占地面积5.03万平方米，总建筑面积8041.88平方米。内有400米塑胶跑道标准田径场（包括人工草地足球场）1个，面积3.39万平方米；室外带看台塑胶篮球场1个，1000个座位，面积1400平方米；室外水泥篮球场1个，面积450平方米；门球场3个，面积2000平方米；木制地板训练房1个，建筑面积880平方米；游泳池1个，面积2500平方米。此外，还建有文化广场1个，占地面积1623平方米，健身路径1200米。2011年6月，望城县体育事业发展中心更名为望城区体育事业发展中心。

① 《长沙市志十二卷·体育》（湖南出版社，1996年）已记载。

2.浏阳市体育中心。位于浏阳市车站路131号。主体建筑由体育场和室内多功能体育馆组成，总投资2.3亿元，为浏阳市21世纪标志性建筑。体育场是按照国家标准建造的足球田径运动场，2002年8月动工，2003年9月竣工并投入使用。建筑面积1.69万平方米，拥有省内一流功能设施，可容纳2万名观众。建成后曾举办第五届全国城运会男子足球比赛，“中国足协杯”湘军对上海国际队以及中国足协甲级联赛湘军对南京、湘军对上海九城队2个主场比赛等重要赛事。多功能体育馆建于2010年10月，由篮球馆、训练馆和游泳馆组成，总建筑面积2.6万平方米。其中篮球馆看台座位可容纳观众3226人，比赛场地为27米×41.4米标准篮球场，建成后曾先后举行湖南国际篮球邀请赛、第十二届全运会男子篮球成年组预赛及长株潭男子篮球对抗赛。游泳馆看台座位1116个，比赛场地为50米×26米×2米标准池，能进行游泳、水球等项目比赛。

图 24-4-5-2 浏阳市体育中心

（摄于2003年，长沙市体育局供图）

表 24-4-5-1　　2012年长沙市各类体育场地一览表　　单位：个

场地名	全市	芙蓉区	天心区	岳麓区	开福区	雨花区	望城区	长沙县	宁乡县	浏阳市
合计	9183	841	736	639	992	959	1296	1214	1231	1275
游泳	106	9	14	15	22	12	10	10	5	9
羽毛球	618	48	39	52	60	130	2	67	110	110
田径	521	30	16	25	48	26	143	88	95	50
篮球	2398	201	145	184	177	186	307	370	347	481
排球	184	14	13	13	31	20	12	29	35	17
体育舞蹈	161	21	9	13	40	16	16	10	18	18
健身	530	65	86	41	92	36	76	35	50	49
足球	145	30	23	14	22	14	8	7	15	12
乒乓球	2293	130	86	95	243	235	465	310	360	369
武术	66	4	8	25	9	3	3	3	4	7
门球	181	16	17	7	9	28	16	26	31	31
棋牌	409	58	79	21	68	56	36	8	45	38
保龄球	5	1	—	—	3	—	—	—	1	—
台球	151	23	10	19	15	24	12	15	20	13
壁球	16	2	6	—	6	2	—	—	—	—
体操	109	23	5	9	4	1	11	5	40	11

续表 24-4-5-1

场地名	全市	芙蓉区	天心区	岳麓区	开福区	雨花区	望城区	长沙县	宁乡县	浏阳市
网球	143	16	29	12	13	34	7	16	10	6
棒垒球	3	—	—	1	2	—	—	—	—	—
射击	3	—	—	—	—	1	—	—	1	1
射箭	3	—	—	—	—	—	1	1	1	—
摔跤柔道	6	2	—	1	—	—	—	—	2	1
举重	3	—	—	—	—	1	—	—	2	—
跳水	1	—	—	1	—	—	—	—		—
轮滑	13	1	3	2	3	1	—	—	2	1
高尔夫球	8	—	—	3	2	—	2	—	1	
攀岩	9	1	1	—	2	—	1	—	1	3
卡丁车	1	—	—	—	—	—	—	—	1	—
赛马	2	—	—	1	—	—	—	—	1	—
地掷球	18	1	4	1	2	3	1	4	2	—
健身路径	1062	145	143	84	119	130	167	210	25	39
漂流	15	—	—	—	—	—	—	—	6	9

表 24-4-5-2　　2012 年长沙市体育场地分布状况一览表　　单位：个

区域	合计	广场	公园	学校	居住小区（街道）	机关事业单位	宾馆饭店	乡（镇）村	企业	军营	其他
长沙市	9183	256	147	3652	1631	1333	173	1511	243	34	203
芙蓉区	841	56	22	156	307	169	54	26	30	3	18
长沙市	9183	256	147	3652	1631	1333	173	1511	243	34	203
芙蓉区	841	56	22	156	307	169	54	26	30	3	18
天心区	736	10	19	187	260	148	10	37	26	1	38
岳麓区	639	30	8	245	150	64	9	94	18	0	21
开福区	992	30	41	328	212	170	24	112	55	1	19
雨花区	959	36	12	300	256	238	16	48	42	0	11
望城区	1296	41	36	489	135	175	21	300	65	8	26
长沙县	1214	10	4	634	119	95	15	292	2	2	41
宁乡县	1231	21	1	750	50	120	15	253	5	12	4
浏阳市	1275	22	4	563	142	154	9	349	0	7	25

二、体育经费

20 世纪 80 年代，随着改革开放不断深入和社会经济进一步发展，长沙体育事业经费呈现快速增长态势。至 1988 年，全市体育事业经费由 1981 年 61.23 万元增至 349.5 万元，1989 年 470.75 万元。1990 年，长沙创体育先进县、乡（镇）活动进入攻坚阶段。加大对农村体育投入，下拨专项资金近 300 万元，扶持县（郊）完善和新建农村体育场地 36 个。是年全市体育事业经费支出 611.1 万元。1993 年，体育经费向竞技运动倾斜，投资 186.2 万元对摔跤、柔道、举重、体操等项目训练设施进行改造，全年体育事业经费支出 714.33 万元。

1995 年，全民健身在城乡广泛开展，健身设施建设被提到政府议事日程，是年，全市安排资金 112.5 万元修建健身路径 90 余处。1996 年又追加投资 345.8 万元，修建社区健身场地 200 余个，两年总计体育事业经费支出 1547.4 万元。1998 年，长沙全面落实《全民健身计划纲要》和《奥运争光计划纲要》，组团参加全省民族运动会和全省大众体育运动会，举办第四届市运会及“国际奥委会主席杯”全国百城市自行车赛总决赛等大型赛事活动，全年体育事业经费支出达 1114.20 万元。2003 年，第五届全国城运会在长沙举行，全年体育事业经费总支出 2192.36 万元，比 2002 年将近翻一番。

2005 年后，长沙体育彩票销量加速增长，体育产业获得长足发展，政府对体育投入大幅增加。全市体育事业经费 2008 年 5318.55 万元、2009 年 6119.44 万元。2010 年全市体育事业经费增至 2.34 亿元，其中基建费 1.96 亿元（用于贺龙体育运动学校体育场馆建设）、公务费 807.91 万元、训练费 992.48 万元、设备购置费 439.85 万元，其他费 1543.2 万元。2012 年，为进一步推动全民健身活动开展，积极备战第十二届省运会，加大对健身器材和竞技训练经费投入，全年两项累计投入 3616.31 万元，占该年体育事业经费总支出 57.47%。

表 24–4–5–3　　1988–2012 年长沙市体育事业经费支出一览表　　单位：万元

年份	总计	基建费	公务费	训练费	设备购置费	其他
1988	349.50	150.60	24.60	54.50	11.30	108.50
1989	470.75	221.55	32.80	86.90	10.90	118.60
1990	611.10	268.20	52.10	121.00	13.00	156.80
1991	484.16	—	78.56	165.00	15.80	224.80
1992	569.50	—	90.20	148.50	29.00	301.80
1993	714.33	186.20	76.55	151.60	11.30	288.68
1994	650.20	—	86.00	296.60	17.20	250.40
1995	656.20	112.50	95.00	201.80	22.30	224.60
1996	891.20	345.80	120.00	191.00	15.60	218.80
1997	915.08	—	110.50	182.00	35.98	586.60
1998	1114.20	—	120.14	308.48	51.51	634.07
1999	1306.80	—	189.00	361.60	71.00	685.20
2000	2258.31	1127.45	145.01	428.23	51.22	506.40

续表 24-4-5-3

年份	总计	基建费	公务费	训练费	设备购置费	其他
2001	1060.10	—	128.72	166.83	40.85	723.70
2002	1201.09	—	136.32	543.08	51.53	470.16
2003	2192.36	—	515.87	1071.86	105.78	498.85
2004	4065.12	760.50	224.66	1733.16	590.50	756.30
2005	3211.72	200.00	447.05	747.94	237.66	1579.07
2006	4336.39	210.00	529.78	1400.44	756.81	1439.36
2007	3972.92	—	686.35	832.45	139.17	2314.95
2008	5318.55	—	983.59	710.84	190.47	3433.65
2009	6119.44	—	731.94	734.54	1674.17	2978.79
2010	23433.44	19650.00	807.91	992.48	439.85	1543.20
2011	6925.07	1760.00	744.25	958.04	1295.66	2167.12
2012	6292.52	—	903.09	1793.72	1822.59	1773.12

三、体育产业

(一) 体育产业开发。长沙体育产业开发始于 20 世纪 80 年代中后期。1986 年 12 月，全市体育工作会议明确提出，体育事业尽快适应计划经济向市场经济转型环境下的发展。1987 年年初，长沙体育系统进行体育场馆经营开发改革，开创“以体为主，多种经营”管理运作模式，即在确保竞赛和训练前提下，体育场馆逐步向社会开放，兼顾文艺演出、商品展销等其他经营活动。改革竞赛体制，全市举办的各类大型体育比赛活动均面向社会，采用冠名、联办等方式进行，体育竞赛作为一种新兴产业资源和传媒载体被逐渐推向市场。1988 年 9 月，市体委机关开办体育综合服务部，主要经营体育服装、运动器材及南食日杂等，是年创收 10 余万元。1989 年长沙市被列为全国足球重点城市，1990 年长沙市体育总会成立，并相继成立乒乓球、篮球、足球、棋类等 13 个单项体育协会及老年人、伤残人、农民 3 个行业体育协会，进一步促进体育运动的普及。

1991 年，体育场馆改革进入实质性阶段。市体委与市体育馆签订经济责任承包合同，对体育馆实行“自主经营、自收自支、自负盈亏、自我发展”企业化管理，推动体育场馆由行政管理型向经营创收型转变，全市体育场馆经营创收工作全面启动。1993 年，国家体委印发《关于深化体育改革的意见》《关于培育体育市场、加快体育产业化进程的意见》等文件，确定以转变运行机制为核心、“面向市场，走向市场，以产业化为方向”的改革发展思路；同年“振兴湖南体育彩票”在长沙试发行。1994 年，市体委面向社会开展招商引资，对现有场地资源进行整合与开发。同年，湖南首届规范化足球俱乐部在长沙成立，开始探索以球促商、以商养球的格局；创办于长沙的《体坛周报》，借助对中国甲 A 联赛和欧洲足球联赛的大量报道，逐渐开始占据中国体育传媒市场，为体育产业发展拓宽新路子。至 1995 年，先后与香港劲霸国际有限公司、广州海天经济发展公司、湖南通利房地产公司、湖南威斯卡公司和湖南对外建设公司签订协议或意向，合作开发网球场、游泳馆、滚轴溜冰场、卡丁车赛车城、田径场、射击馆等，引进资金 5000 万元，体育设施供需矛盾得到一定缓解。市体委成立体育市场管理科，协助有关部门对全市经营性体育项目进行规划、界定和布局。同年10月，对全市经营性体育项目进行注册、登记和管理，对从业人员进行定期培训，对收费标准进行审定。

1996年，出台《长沙市体育市场管理暂行办法》，以培育、开拓、服务、管理长沙体育市场。同年，长沙市首次正式发行体育彩票。1997年，成立体育市场领导小组，并根据市场发展需要成立体育市场稽查队，体育市场管理得到加强。1998年，全市体育经营单位发展到90余个，其中市直辖80家，体育经营场所近500家，首批纯商业模式运作的健身房在长沙出现，经营体育项目20余种，体育场所营业收入3000万元，全年发行即开型体育彩票600万元。到2000年，长沙体育健身业的年收入0.5亿元。体育娱乐健身休闲用品及名牌体育服饰用品销售市场也发展迅速，经营单位200家以上，年营业额1000万元以上。体育彩票市场初具规模，全市发行体育彩票1.2亿元，其中除50%返奖，20%为发行成本费外，30%为公益金，主要用于资助全民健身计划，举办大型体育赛事，修整和增建体育设施和扶贫工程。《体坛周报》每周发行265万份，实现销售收入2亿元，利润0.4亿元，被新闻出版署授予“全国地方报刊管理先进单位”称号。是年全市文化体育业营业收入为4.33亿元，占全市文化产业总产值的1.4%。

从2001年起，长沙市每年安排60万元专项经费用于全民健身运动，每年举行的春季马路赛跑、全民健身月活动和专线全民健身活动参与人数逾万人。长沙连续多年被国家体育总局评为全国群众体育先进城市，长沙县、望城县、宁乡县、浏阳市全部跨入“全国体育先进县”行列，内5区一批街道、社区被评为湖南省和全国群众体育先进社区。同时，长沙依靠社会力量，加快场馆建设，建成一批网球场、室内游泳馆、滚轴溜冰场和卡丁车赛车城、室内田径场、射击馆等高档次的体育设施。2002年，对全市体育产业发展现状进行摸底调查，并在此基础上编制完成《长沙市体育产业中长期发展规划》，体育产业步入以“本体产业与相关产业协调发展”阶段。在实施过程中，进一步巩固和发展传统产业，同时积极开发、扶植新兴产业，尤其是突出、强化体育彩票龙头地位，通过整合行政、体育文化和市场资源，营造体育彩票良好环境氛围，促使体育彩票在体育产业中发挥更大作用与效益。此后，体育彩票在政策扶持与引导下，销量不断增加，成为体育产业发展“助推器”。

2003年，贺龙体育中心建成。场馆包括田径中心、网球馆、射击馆、运动员公寓、娱乐场等，是一座可容纳6万人的大型综合体育馆。同年10月，第五届全国城市运动会开幕式在贺龙体育场举行。以五城会为契机，长沙体育场馆形成“二校”（贺龙体育运动学校和长沙市体操学校）“一场”（贺龙体育场）“一基地”（浏阳赤马水上项目训练基地）和多个专项体育运动场馆的空间布局，另有新世纪体育文化中心和体育新城建成，都为体育产业的发展奠定硬件基础。2005年，全市文化体育经营单位500余家，经营项目20余个，主要以健身娱乐休闲为主，从业人员3.5万人，基本形成门类较为齐全的社会体育消费市场，年营业收入突破5亿元；体彩销售1.16亿元。是年底统计，长沙市体育人口（中国体育人口统计标准：每周体育锻炼3次以上，每次不少于半小时）近300万，占总人数45%，高出全国平均水平11个百分点。

2007年，长沙体育产业初具规模，市场开发涵盖体育竞赛、体育健身、体育彩票、体育传媒、体育广告、体育中介、体育娱乐、体育健美、有偿训练及体育人才技术等各个方面，其中休闲体育发展迅速，开展项目20余个，经营场所400余家，攀岩、漂流、轮滑、野外生存、体育游戏等项目尤受青少年追捧，成为体育产业新的增长点。至2009年长沙体育及相关产业单位发展到6990个，从业人员2.85万人，体育产业增加值17.67亿元。2010年全市拥有各类体育及相关产业单位7685家，其中内资企业656家，外资企业7家，体育彩票网点895个，个体户6108家，从业人员3.1万人，全产业总收入40.55亿元，增加值20.95亿元，占全市GDP比重的0.46%。

2012年，长沙市依据体育产业发展趋势，制定《长沙体育旅游发展规划》，成立长沙体育基金会，举办第八届市运会暨重大体育活动推介会，并与湖南中粮可口可乐饮料有限公司签署“长沙市群众体育文化发展事业战略合作协议”，进一步拓展体育产业发展空间。建立长沙体育信息平台——“星城·新动力”体育网站，是全省第一个以体育产业政策信息为核心内容的专业服务系统。通过发布产业政策和赛事信息，提供劳务和健身查询、指导等，为市民提供全方位体育信息服务。是年底，长沙体育及相关产业单位增至8635家，从业人员3.75万人，体育场地9183个，体育产业增加值30.36亿元，占全市国内生产总值的0.47%，体育产业跃上新台阶。

（二）体育产业经营

1.体育有形资产经营。从20世纪80年代末开始，依托体育场地设施进行开发经营，增加服务内容，扩展经营项目，逐步使有形资产产生更大效益。1991年，市体育馆实行责任承包后，发掘馆内潜力，先后开办电脑培训中心、体育用品商店、舞会、茶室及湘菜馆等，组织和接待各种文艺演出、商品展销，创收45万元。1995年10月，该馆与广州海天体育娱乐总公司联合开发海岛船滚轴溜冰项目，年获利40万元。海天体育娱乐总公司投资400万元对体育馆设施进行改造，取得很好的社会和经济效益。贺龙体育场利用场地优势，从90年代初开始，相继办起招待所、露天舞场、停车场以及鸟市、餐馆等，通过场地、房屋出租，举办、承办国内外大型赛事、明星演唱会和商品交易经营活动，每年创收50余万元，1996年创收70万元。1997年，按照市场规律和借鉴外地经验，出台《业余有偿训练管理办法》。从是年开始，各训练单位在训学生一律实行有偿训练，同时羽毛球、乒乓球、篮球、网球、游泳等训练场地在周末、节假日和晚上全部对外开放，实行有偿服务，场馆设施资源得到充分利用。1998—1999年，全市业余有偿训练收费累计近100万元，一定程度上减轻体育经费紧缺压力。2000年，《业余有偿训练管理办法》重新修订，对重点运动员和困难学生实行免收，并严格依照“收支两条线”将所收费用全额上交市非税收入管理局，纳入财政综合预算管理，确保有偿训练收费用于训练和场地设施改造，有偿训练进入良性循环。2003年，全市业余有偿训练收费150万元，2005年增至200万元。这一时期，贺龙体育中心由于场地设施大为改善，经营规模不断扩大，有形资产经营收入成倍增加。至2008年，该中心有形资产经营收入超过1000万元。2012年创历史新高，达1393.76万元，其中文化演出428.67万元，会展活动368.5万元，商务租赁296.59万元，设备综合服务300万元。

2.体育无形资产经营。长沙体育无形资产经营，发轫于20世纪80年代后期兴起的各种杯赛。1987年，对竞赛固有模式进行大胆改革，以冠名、联办及接受赞助等方式筹资举办体育比赛，如“日化杯”全市职工足球甲级队联赛、“服务杯”全市职工足球普及赛和“强华杯”全市职工篮球赛都是通过冠名由企业赞助举办。是年，由长沙承办的第六届全运会女足决赛，赞助单位73家。1989年，在长沙举行的“中意杯”全国足球甲级联赛、“长工泵杯”全国青年足球赛和“贺龙杯”全国足球邀请赛，比赛经费分别由冠名企业长沙中意电器集团和长沙工业泵厂赞助解决。1991年后，每年一届的全市春季马路赛跑、“电信杯”全市职工篮球赛等，也均系通过冠名由企业出资举办，既扩大企业知名度、减轻国家财政压力，又推动群众体育活动广泛开展。1997年长沙承办第十一届亚洲滑水锦标赛，社会各界捐助200万元。进入21世纪，长沙体育以产业形式全面推向社会，根据体育事业发展方针和政策，以市场运作方式开发和发展体育产业，体育无形资产经营出现新局面。2003年第五届全国城运会在长沙举行，为长沙体育产业发展带来机遇。长沙市将体育产业发展定位为：以市场运作为导向，以竞技表演为突破口，形成以体为主，多业并举，共同发展格局，确保长沙体育事业可持续发展。在这一定位下，体育竞技表演全面进入市场化运作，举办的全市比赛或承办的全省、全国和国际比赛均采取社会筹资方式进行，体育无形资产得到充分利用。是年10月，由长沙承办的第五届全国城运会田径比赛，所需经费大部分由社会各界赞助，其中仅友谊阿波罗集团有限公司就捐资90万元。2004年5月，市体育局与长沙晚报报业集团联合举办"五一"中韩足球赛，开启"政府组织，市场运作"新模式。2005年，贺龙体育中心作为高水平竞技表演平台，面向社会全方位开放，按照市场运作方式，积极引进、组织和举办国际、国内重大赛事活动。2005—2011年，该中心先后举办国际足球赛8场、中国足协杯决赛2场、国内足球超级联赛60场、甲级联赛45场、其他大型赛事8场。在足球大赛拉动下，体育与企业联姻更加紧密，体育无形资产开发取得可喜成效。2012年，贺龙体育中心完成年度广告创收132.57万元，并引进国内顶级体育场馆专业运营开发机构——北京体育之窗，达成户外广告、包厢服务、国际国内顶级赛事3项业务开发合作，签订10年首期总价7000万元的项目合作协议。

3.体育彩票发行。1994年，经国务院批准，国家体委在全国开始发行中国体育彩票。1996年8月，成立市体育彩票销售管理办公室。10月，在东风广场首次发行即开型体育彩票300万元，拉开长沙体育彩票发行序幕。1998年，湖南电脑彩票在长沙、株洲、湘潭市相继试点上市。在城区范围内设立电脑彩票销售网点140余家。是年，长沙体育彩票销售超过2000万元，居全省之冠。2001年10月，全国联网足球彩票推出，迅即蹿红长沙彩票市场，体育彩票销量快速增长。至2002年，全市体育彩票销售网点发展到300家，其中形成规模的销售专营点10余家，全年即开型体育彩票和电脑型体育彩票销售5600万元。同年10月，省体育彩票销售管理模式调整，市体育彩票销售管理办公室被撤销，体育彩票销售管理工作交由省体育彩票管理中心负责，市体育产业管理开发中心协助管理。2005年，长沙体育彩票全热线销售系统建设切换完成。全热线销售系统具有安全保密、简便快捷、便于管理等特点，不但可以延长销售时间，统一截止销售时间，还可以在省内实现通兑，为彩民购买体育彩票提供极大方便。是年长沙体育彩票发行实现历史性突破，登上亿元台阶，销售量占全省体育彩票总销量的三分之一。2009年国务院《彩票管理条例》颁布实施后，体育彩票发行销售进入规范化轨道。"超级大乐透玩法""高频玩法""竞彩""幸运赛事游戏"等陆续在长沙上市，体育彩票销量急剧攀升。至2011年，全市体育彩票销售站点增至1150个，从业人员2145人，其中"幸运赛事游戏"网点就有400余个。全年发行体育彩票5.8亿元，年增长率51.43%。其间，长沙县、宁乡县、浏阳市、望城区均先后建立县级体育彩票站，芙蓉区、天心区、雨花区、开福区、岳麓区设立体育彩票工作办公室。2012年，长沙体育彩票经过10余年发展，逐步形成比较完整的彩票游戏系列，彩民群体逐年扩大，销售网点布局不断优化，体育彩票市场获得长足发展。是年，全市发行体育彩票7.2亿元，实现增加值5.56亿元。

表24-4-5-4　　2012年长沙市体育产业一览表

行　业	产业单位数量（个）	产业从业人员（人）	产业总产出（万元）	产业增加值（万元）
合　计	8635	37535	590591	303594
体育组织管理活动	122	1526	19398	9720
体育场馆管理活动	46	634	4195	3123

续表 24-4-5-4

行　业	产业单位数量（个）	产业从业人员（人）	产业总产出（万元）	产业增加值（万元）
体育健身休闲活动	5234	18450	131739	79633
体育中介活动	23	583	19890	5154
体育培训服务	49	356	2874	2048
体育彩票服务	1021	2461	86765	55615
体育传媒服务	13	765	31438	15134
体育展览服务	3	291	5663	2748
体育市场管理服务	4	16	2897	1518
体育服装及鞋帽制造	297	1147	12734	6391
体育用品制造	19	424	17543	4488
相关体育产品制造	3	2747	132907	42561
体育用品、服装、鞋帽及相关产品批发	147	620	19927	12760
体育用品、服装、鞋帽及相关产品零售	1609	6964	83379	58099
体育产品贸易经纪与代理	5	81	1790	358
体育馆房屋工程建筑	32	269	10721	2681
体育场工程建筑	8	201	6731	1563

长沙市志

长沙市地方志编纂委员会 编

(1988—2012)

第六册

方志出版社
Publishing House of Local Records

目　录
（第六册）

第二十五篇　文化

第二十六篇　民族 宗教 风俗 方言

第二十七篇　区县（市）及城镇概况

人物

附录

索引

编后记

第二十五篇

文化

本篇编纂人员

吴汉林（主编）　陈竞哲　陈　静

本篇撰稿人员

概　述：李蕊芳

第一章　管理机构：李蕊芳

第二章　公共文化：李蕊芳

第三章　文学 艺术：陈滋鑫　佘明辉　卢　平　刘保山　张　谦
胡仲衍　宁沙鸥　李蕊芳

第四章　广播 电视 电影：王时江　曾　雄　吴文广　龙朝阳　宁沙鸥　李蕊芳

第五章　新闻出版：戴佐才　高　山　赵柏林　李卫政　余建华
张育华　廖梦君　宁沙鸥　李蕊芳

第六章　非物质文化遗产：宁沙鸥　李蕊芳

第七章　博物馆 纪念馆：李晓华　曹　凛　黄　欢

第八章　文物：李晓华　曹　凛　黄　欢

第九章　文化产业：李蕊芳

第十章　文化市场管理：李蕊芳

概　述

长沙是国务院公布的首批国家历史文化名城。20 世纪 80 年代，长沙文化既继承发扬渊源厚重的湖湘风骨，又随着时代的变迁，不断展现新面貌。

1988 年，长沙市加快文化设施建设，加强公共文化服务供给。全市有各级公共文化馆、图书馆 18 个，博物馆、纪念馆（地）12 个，街道、乡镇基本建有文化站、图书室，以满足市民的精神文化需求。市、县属剧团、歌舞团 5 个。市文联下辖各类文艺协会 11 个，文学文艺创作繁荣。市域内集中省、市级广播电台、电视台、电影制片厂及 10 家图书出版社，黄泥街民营书市发展迅猛。全市有各种社会文化娱乐场所 1000 余家，农村电影放映队 486 支，初步形成城乡结合，国家、集体和个体结合的文化娱乐和文化消费格局。

进入 20 世纪 90 年代，长沙市文学艺术创作呈现“井喷式”的发展，涌现小说《曾国藩》《爸爸爸》、湘剧《杨赛风》、歌剧《马桑树》、电视剧《湖南和平起义》、电影《毛泽东和他的儿子》等优秀作品。全市公共文化建设稳步推进，广泛开展“长沙之夏”等群众文化活动。1993 年，长沙市属各剧团进行体制改革，合并为长沙市艺术剧院，创作出湘剧《铸剑悲歌》等精品剧目，“映山红民间戏剧节”在长沙创办。湖南广电进行首轮改革，长沙广电随之开始推进频道专业化；湖南省出版公司在长沙组建，《体坛周报》等报纸在全国的影响力迅速扩大。市文化局加强对民营歌舞厅、民营书店等的整顿和管理，全市文化事业加快向产业转型的步伐。1995 年，长沙市在“九五”计划中明确文化产业发展要注重转变运作方式。是年，普查和规划出版发行业和文化旅游资源。1996 年，湖南第一家专业动漫制作公司在长沙成立，长沙动漫产业开始全面发展。1997 年，中共十五大报告中首次将中国文化发展领域区分为公益性文化事业和经营性文化产业两部分，开始文化管理体制改革。制定《专业艺术表演团体改革办法》，恢复市湘剧团、花鼓戏剧团、歌舞剧团建制，将歌舞剧团作为重点改革试点对象。是年，湖南卫视上星播出，影响力迅速扩大；市广电局接收内 5 区广电局，并组建有线广播电视网络中心，开始进入广电网络时代。黄泥街民营书市整体搬迁至定王台开业，全市图书发行管理规范化，长沙成为继北京、上海两大传统出版基地之后新的图书交易基地。全市首个文化产业园区长沙软件园也在当年成立。20 世纪 90 年代后期，以王跃文、何顿为代表的湘派小说作家创作进入成熟期，湖湘童话声名鹊起，电影出现《那山那人那狗》等佳作。随着全市文化事业运作方式不断向市场化方向转变，文化基础设施建设不断加强，源自人民群众的创造力助推长沙市文化发展，“电视湘军”“出版湘军”“文学湘军”在全国崭露头角，共同营造出“文化湘军”崛起之势。

2001 年，出台《长沙市文化产业发展规划纲要》，开始将文化产业作为支柱产业来培育，注重改革文化体制、实现科学管理。湖南出版集团、湖南广电集团、长沙广播电视集团、潇湘电影集团等相继成立，带领文化产业进入集团化发展阶段。以“红色旅游”和“歌厅酒吧”为特色的娱乐休闲文化成为长沙城市新特色。2003 年，长沙动漫产量在全国排名第一，动漫产业体系初步形成，“蓝猫”等动漫形象风靡全国。2004 年湖南出版集团整体转制为湖南出版投资控股集团有限公司，长沙出版业体制改革进入新阶段。2005年，长沙市全年文化产业总产出302.19亿元，增加值占全市GDP比重7.7%，建成长沙软件园、印刷科技产业园、湖南湘绣城等文化产业基地，整个产业初具规模。在聚焦产业化发展的同时，长沙市注重综合性公共文化建设，全市博物馆、纪念馆增至23个，市内4区图书馆逐步建成开放；在加强基层文化站、图书室等的建设，为开展群众文化提供支持的同时，全方位启动非物质文化遗产保护工作，挖掘民间文化内涵。2006年，《长沙市文化发展“十一五”规划纲要》发布，确定突出“一带”、聚集“六园”、提升“七片”，“多点”发展的总体结构布局，全市构建起七大文化主导产业。2008年天心文化产业园成立，成为中南地区最具有代表性的文化产业园区。

2010年，整合市文化局、市广播电视局、市新闻出版局主要行政职责，组建成立长沙市文化广电新闻出版局（简称市文广新局）统管全市文化广电新闻出版事业。管理体制理顺后，文化事业发展更为有序、高效。是年“中南传媒”上市，2011年“中南国家数字出版基地”落户长沙，成为中国新闻出版产业区域发展战略重点扶持对象。

2012年，长沙市有各级群艺馆、图书馆23个，博物馆、纪念馆（地）等50余个，所有乡镇（街道）均有综合文化站，农家书屋、职工书屋建设形成规模；群众文艺百团展演发展为“全国群众文化品牌”。市文联下属艺术家协会16家，成员3000余人。市湘剧院、花鼓戏剧院转化为湘剧、花鼓戏保护传承中心，市歌舞剧院转为国有企业，用不同的方式探索艺术发展之路；国家、省、市级非物质文化遗产项目40个。文化产业园区增至15个，广播电视业、新闻出版业、演艺娱乐业均在全国享有盛名，全市文化产业年总收入1298亿元。文化不仅是长沙一张亮眼的城市名片，而且成为经济发展不可或缺的有力支柱。“文化湘军”用20余年的时间，走出一条特色发展之路，持续彰显着创新融合的蓬勃活力。

第一章　管理机构

第一节　长沙市文化局

一、市级机构

1987年，长沙市文化局内设7科1室，包括办公室、人事科、保卫科、计划财政科、文艺科、文物科、群众文化科、社会文化科，编制36人。1988年10月，市文化局决定将文物科和市文管会办公室合并，实行“一套人马、两块牌子”，合署办公。1989年12月，增加新闻出版科，编制39人。1991年7月，成立长沙市文化市场稽查队，与长沙市社会文化管理委员会办公室合署办公。1996年市政府机构改革，市文化局内设9个科室，即办公室、艺术与电影科、文化市场管理科、社会文化科、计划财务科、文物科、人事保卫科、组织宣传科；工会、团委合署办公，纪委（监察室）、机关党总支合署办公。机关行政编制33名。2002年2月，长沙市文化局内设办公室、计划财务处、艺术处、社会文化处、文化市场处、文物处、人事处7个处（室），机关行政编制28名，后勤事业编制4名。2005年3月，组建长沙市文物局，不再设置文物处。2009年9月，增设文化产业处。至2010年，在市文广新局成立之前，长沙市文化局核定行政编制33保，工勤人员4名，实有行政编制31名，工勤人员3名。2010年7月，长沙市政府机构改革，市文化局、市广播电视局、市新闻出版局“三局合并”，成立长沙市文化广电新闻出版局，下设办公室、政策法规处、公共文化处、艺术处、文化市场处、文化产业处、广播影视管理处、出版发行管理处、印刷复制管理处、科技发展处、宣传教育处、计划财务处、组织人事处，核定行政编制 67 名。

1988 年，长沙市文化局有市博物馆、市图书馆、市群众艺术馆、市文物工作队、市歌舞剧院、市湘剧团、市花鼓戏剧团、市戏曲工作室、市艺术教育培训馆、市文化局职工联校、新民学会成立会旧址管理处、毛泽东青年时期革命活动陈列馆 12 个下属机构。1989 年，市湘剧团更名为市湘剧院，市花鼓戏剧团更名为市花鼓戏剧院，文化局职工联校撤销。1991 年 7 月，长沙市文化市场稽查队成立，与长沙市社会文化管理委员会办公室合署办公。1993 年，歌舞剧院、湘剧院、花鼓戏剧院“三院合一”，为长沙市艺术剧院。1994 年，市文物工作队与市博物馆分开办公。1995 年，李富春故居纪念馆成立。1996 年，市戏曲工作室更名为长沙市剧本创作中心；毛泽东青年时期革命活动陈列馆移交湖南省第一师范学校；成立长沙市文物商店。1997 年，市湘剧院、花鼓戏剧院建制恢复。1999 年，长沙市贾谊故居管理处成立。2001 年，市文物工作队改称为长沙市文物考古研究所。2002 年，市简牍博物馆成立；市文化市场稽查队更名为市文化市场稽查支队。2003 年，市艺术教育培训馆加挂长沙市对外文化交流中心的牌子。2005 年，市文物局成立。2007 年，市文物考古研究所加挂市文物科技保护中心牌子；市文物商店转由市博物馆代管。2010 年 7 月机构改革后，原文化局 20 个下属机构全部移交市文化广播新闻出版局管理。

1988—2010 年，先后担任长沙市文化局主要领导职务的有：张芳瑞、杨源明、易肇沅、欧阳晓东、周杏武、柳幸国、周志凯；其他领导班子成员有：沈建羿、罗丹、李小瀛（女）、赵一东、余明辉、曹伟、郭润葵（女）、俞小玲（女）、谭旭、聂勇、朱锦辉、张明清、吴洪、隆建光。

二、区县（市）级机构

1988 年，长沙市东区、南区、西区、北区、郊区 5 区设有文化科，长沙、望城、浏阳、宁乡 4 县均设有文化局。1990 年，市内五区政府陆续撤销文化科设立区文化局。1993 年浏阳撤县建市，县文化局改称市文化局。1995 年各区文化局与区体委合并，成立文化体育局。1996 年长沙市行政区划调整为芙蓉、雨花、天心、开福、岳麓 5 区，各区文化体育局随之更名。2001 年，4 县（市）文化局与体育局合并为县（市）文化体育局。2010 年长沙市政府机构改革，4 县（市）文化体育局与广播电视局合并，设立县（市）文化体育广播电视局；5 区设立区文化体育新闻出版局。2010—2011 年，望城撤县设区，望城县文化体育广播电视局更名为望城区文化体育广播电视局，为区政府工作部门。2012 年，长沙市辖 6 区 3 县（市）均设立文化体育（广播电视）局。

第二节　长沙市新闻出版局

一、市级机构

1995 年 1 月，长沙市新闻出版局成立，为副县级全额拨款事业单位，内设办公室、稽查科和管理科。是年 10 月，加挂市版权局牌子，与新闻出版局“两块牌子一套人员”；12 月，机构升格为正县级，人员编制 18 名。2002 年内设机构调整，设立图书报刊管理处、印刷业管理处、电子出版物市场管理处、版权处（市“扫黄”办）。2010 年 7 月，长沙市文化体制改革，长沙市文化局、长沙市新闻出版局、长沙市广播电视局“三局”合一，成立长沙市文化广电新闻出版局，下设出版发行管理处。

1995—2010 年，先后担任长沙市新闻出版局主要领导职务的有：周贤朴、王体泽、江权度、赵柏林；其他领导班子成员有：郑秋元（女）、吴应龙、宋俊湘、舒华。

二、区县（市）级机构

1988 年，长沙市辖东区、南区、西区、北区、郊区 5 区和长沙、望城、浏阳、宁乡 4 县均无独立新闻出版管理机构。1995—1996 年长沙市划分芙蓉区、雨花区、天心区、开福区、岳麓区，5 区及 4 县（市）文化局内设新闻出版科室或明确相应职能。2010 年，应政府机构改革要求，4 县（市）文化体育局与广播电视局合并，设立县（市）文化体育广播电视局；5 区文化体育局与新闻出版局合并，设立区文化体育新闻出版局。2011 年，望城撤县设区，望城区文化体育广播电视局更名为望城区文化体育广播电视局。

第三节　长沙市广播电视局（台）

一、市级机构

1983 年 6 月，长沙市广播事业局更名为“长沙市广播电视局”，1986 年 12 月，市广播电视局实行局、电台、电视台“三块牌子、一套管理班子”，内设办公室、事业科、音像科、组宣科。定编 18 名，实有 30 人，其中 12 人属“两台”编制。1992 年 8 月，局机关设立宣传科。1993 年机构改革，广播电视局由行政机关改为事业机构。1999 年 4 月 19 日，内设机构调整为 6 个科室：办公室、政工科（纪检监察、机关党委合署办公）、财务科、科技科、社会管理科、保卫科，同时撤销音像科、音像站。是年 11 月，市广播电视局定为市政府直属事业机构，定编 40 名。2002 年 1 月，市广播电视局确定为市政府行政管理机构。1 月 29 日，市政府办公厅印发市广播电视局“三定”（定部门职责、定内设机构、定人员编制）文件规定，内设机构 6 个：办公室、宣传管理处、社会管理处、财务处、科技处、人事教育处，行政编制 29 名，纪检（监察）机构按有关规定设置，编制单列。2003 年 1 月 25 日，长沙广播电视集团成立，为正县级全额拨款事业单位。内设 6 个管理部门，即办公室、宣传管理部、资产财务部、产业发展部、党群工作部、纪检监察室，均为正科级，分别与局机关处室合署办公。集团事业编制总额为 363 名。2011 年 12 月，市广播电视局行政编制 36 名，后勤、老干服务编制 4 名，机关实有人数 125 人，其中在编人员 100 人，占集团事业编制 65 名。12 月 22 日，市政府发文同意不再保留市广播电视局，同时组建长沙市广播电视台，为市政府正县级直属事业单位，内设机构 9 个：办公室、总编室、事业发展部、科技管理部、经营管理部、安全保障部、审计法务部、财务部、人力资源部，另设离退休人员管理服务办公室。

1988 年，长沙市广播电视局有长沙人民广播电台、长沙电视台 2 个直属副县级事业单位；是年 4 月，成立长沙电视台“空中之友”编辑部。1990 年 1 月，成立长沙市音像发行站。1992 年 4 月 21 日，长沙有线电视台成立，为副县级事业单位，直属市广播电视局，实行局台合一管理体制。1993 年 6 月 17 日，长沙人民广播电台加挂长沙之声广播电台的牌子。1994 年 10 月，撤销长沙电视台空中之友编辑部，成立空中之友报社；撤销市广播站，将其编制划拨报社。1995 年 7 月，成立长沙广播电视信息台，12 月，成立长沙市音像市场稽查队。1996 年 1 月 16 日，成立长沙市广播电视广告中心，同时撤销长沙人民广播电台、长沙电视台内设的广告部。11 月 22 日，成立长沙市广播电视发射台（后为发射中心），为副处级全额拨款事业单位，统一管理 663 台、329 台，同时撤销长沙电视台发射台、长沙人民广播电台发射台。1997 年 1 月 9 日，成立长沙有线广播电视网络中心，为副县级全额拨款事业单位。是年底，市广播电视局整合“三台”资源，实行中心运作，12 月 25 日，成立长沙广播电视总编室、长沙广播电视新闻中心、长沙广播综合节目中心、长沙电视社教文体中心、长沙广播电视技术中心，均为副县级全额拨款事业单位，三个台只保留台号，不再作为实体机构，原核定的机构级别、内设机构撤销。1998年，全市音像管理职能统一划转市文化局，1999年4月，撤销长沙市音像发行站。9月29日，成立长沙广播电视艺术中心，为副县级全额拨款事业单位。11月，市音像稽查队更名为市广播电视稽查队。2000年12月15日，长沙有线广播电视网络中心通过工商注册，成立长沙国安广播电视宽带网络有限公司，实行公司化运营。2003年1月长沙广播电视集团成立，下设长沙电视台新闻频道、长沙电视台政法频道、长沙电视台女性频道、长沙电视台经贸频道、长沙广播电视艺术中心，均为副县级全额拨款事业单位；撤销长沙广播电视总编室、长沙广播电视新闻中心、长沙电视社教文体中心、长沙广播综合节目中心、长沙有线广播电视网络中心；同时明确长沙电视台公共频道、长沙人民广播电台星沙之声、长沙人民广播电台音乐频道、湖南城市广播电视报为正科级全额拨款事业单位；保留长沙广播电视技术中心、长沙广播电视发射中心，其机构级别维持不变。同年6月30日，成立“长沙广电数字移动传媒有限公司”，运营长沙移动电视。7月，长沙田汉大剧院整体由市文化局划转至长沙广播电视集团。2004年2月4日，长沙剧院与田汉大剧院合并，定名为长沙田汉大剧院。2007年7月27日，设立长沙市广播电视安全播出调度中心，11月，成立湖南长广户户通电视网络有限公司。2009年8月，市电影管理职能由市文化局划归市广播电视局，2010年1月13日，市电影发行放映中心和市银宫影剧院两个单位由市文化局成建制调整至市广播电视局管理；2011年7月，市电影管理职能划入市文化广电新闻出版局，两个单位随之划归市文广新局管理。12月27日，长沙市广播电视艺术中心转企改制，经工商注册成立湖南和光传媒有限责任公司，并于2012年2月25日举行公司揭牌成立仪式，同时艺术中心的事业机构、事业编制手续报经市编办予以核销。2012年4月，市广播电视稽查队整体划入市文化市场综合执法局归口管理，市广播电视安全播出调度中心整体划归市文广新局管理。是年12月，长沙市广播电视台有独立核算的二级机构20个，为技术中心、发射中心、新闻频道、新闻广播、政法频道、女性频道、经贸频道（报社）、交通音乐广播、嘉丽购、移动电视、经济广播、城市之声、互动频道（发展公司）、国安网络、天择传媒、田汉大剧院、户户通公司、现代女性频道、物业公司和光传媒公司。

1988—2012年，先后担任长沙市广播电视台（局、集团）主要领导职务的有：李云锦、陈大川、李发美、王昌连、周杏武、曾雄；其他领导班子成员有：文吉生、易允武、胡晓亚（女）、崔增伏、陈书林、李建良、黄健南、蒋克工（女）、彭本固、陈志强、龚景顺、汪湘陵、罗浩、胡韶林、许新光、黎政、郭学稳、符洪舟、杨先成、潘开政、刘运喜、周国强、贺大公、于海、胡蓉华（女）、吴文广、肖小敏、苏志、陈佑臻。

二、区县（市）级机构

1988年，长沙县、浏阳县、宁乡县、望城县均设县广播电视局。1993年浏阳撤县建市，浏阳县广播电视局更名为浏阳市广播电视局。2010年，政府机构改革，长沙、望城、浏阳、宁乡4县（市）文化体育局与广播电视局合并，设立县（市）文化体育广播电视局。

三、职工队伍

1988年，长沙市广播电视局职工人数为220人（含离退休10人）。其中有初级职称的50人，中级职称有干部42人，副高职称5人。1996年，面向全省公开招聘采编、技术人员30多人。1997年年初，长沙市理顺城区广播电视体制，成建制接收城内五区广播电视局，共接受人员140人。2003年，长沙广播电视集团成立，时有职工1052人，其中正式职工383人，临聘员工669人。2012年，有正式职工392人，聘用人员2349人，共计2741人，其中男性职工1471人，占53.7%，女职工1270人，占

46.3%。拥有专业技术人员 671 人，其中初级职称 441 人，中级职称 183 人，高级职称 47 人。离退休人员 189 人。

第四节　长沙市文化广电新闻出版局

一、市级机构

2010 年 7 月，长沙市政府机构改革，原市文化局、市广播电视局、市新闻出版局（版权局）机构整合，组建成立长沙市文化广电新闻出版局（简称市文广新局），是全市文化广电新闻出版事业的管理机构。局机关内设办公室、政策法规处、公共文化处、艺术处、文化市场处、文化产业处、广播电视管理处、电影事业管理处、出版发行管理处、印刷复制管理处、科技发展处、宣传教育处、计划财务处、组织人事处、离退休人员管理服务处、机关党委、纪检监察室、团委、妇委会 19 个处室。市文广新局机关行政编制为 67 名（含离退休管理服务行政编制 3 名）。2011 行政编制由 67 名调整到 68 名。2012 年 8 月，增加正科级领导职数 1 名。内设机构未变。

2010 年 7 月，市文广新局成立时，局直属二级机构共有 22 个，其中，参照公务员法管理事业单位 2 个，为市文化市场综合执法局（正县）、市文物局（副县）；全额拨款事业单位 10 个，为市图书馆、市群众艺术馆、市博物馆、市文物考古研究所、长沙简牍博物馆（以上 5 个单位为副县级单位）、贾谊故居管理处、李富春故居纪念馆、新民学会成立会旧址管理处、市剧本创作中心、市广播电视安全播出调度中心；差额拨款事业单位 5 个，为长沙歌舞剧院、市湘剧院、市花鼓戏剧院、市湘剧院剧场（解放剧院）、市花鼓戏剧院剧场（劳动剧院）；自收自支事业单位 5 个，为市电影发行放映中心（副县级、转企改革启动）、银宫影剧院、大众游乐场、市文物商店和市艺术教育培训馆（无工作人员）。2012 年，市歌舞剧院退出事业单位序列，改革转企；市湘剧院更名为市湘剧保护传承中心；市花鼓戏剧院更名为市花鼓戏保护传承中心。

2010—2012 年，先后担任长沙市文广新局主要领导职务的有：赵柏林、周志凯、杨长江；其他领导班子成员有：赵一东、吴应龙、俞小玲（女）、张明清、聂勇、吴洪、周永康、隆建光、郭学稳、贺平生、黎政。

二、区县（市）级机构

2010 年，政府机构改革，长沙、望城、浏阳、宁乡 4 县（市）文化体育局与广播电视局合并，设立县（市）文化体育广播电视局；5 区文化体育局与新闻出版局合并，设立区文化体育新闻出版局。2011 年，望城撤县设区，望城区文化体育广播电视局更名为望城区文化体育广播电视局。

三、职工队伍

1988 年，长沙市文化局机关有干部 38 人，其中 30~40 岁 6 人，40~50 岁 4 人，50~60 岁 25 人，60 岁以上 3 人；具有大专学历 3 人，中专学历 2 人，高中学历 4 人，初中 26 人。1995 年，机关人员精减至 25 人，其中 20~30 岁 1 人，30~40 岁 3 人，40~50 岁 13 人，50~60 岁 5 人；文化程度大专 19 人，中专 1 人，高中 5 人。至 1997 年，整个文化系统有干部职工 729 人，其中干部 475 人。在干部中具有高级职称的 24 人，中级职称 202 人；具有大专以上学历有 163 人，占干部总数的 55.36%；中专 114 人，占干部总数的 24%。254 名职工中也有不少是大专、中专文化。2012 年，全系统（除市文化市场综合执法局外）共有干部职工 1002 人，其中在职干部职工 531 人；中级以上专业技术人员 215 人（含副高级以上专业技术人员 82 人）。

第二章　公共文化

20 世纪 80 年代初，长沙市重建各级公共文化馆、图书馆，并在已有街道和部分乡镇文化站的基础上建立包括电影、文艺、图书、体育、科技等在内的街道、农村文化活动中心，组织开展“长沙之夏”等全市群众文化活动，促进公共文化事业发展。1988 年，长沙市有各级文化馆 11 个，总面积约 1.5 万平方米，基本设有剧场、排练厅、培训室等，定期组织文艺培训。群众文艺队伍 111 支。全市有各级图书馆 7 个，总面积约 11.5 万平方米，总藏书量 404 万册。有街道文化站 30 个，乡镇文化站、图书室 184 个，村办图书室 400 余个，乡镇万册图书馆 11 个。市域范围内 20 余所普通高等学校有校属图书馆，馆舍总面积超过 8 万平方米，总馆藏量接近 900 万册。

20 世纪 90 年代初，长沙市加紧公共文化基础设施建设。1991 年，长沙市图书馆被评为国家二级图书馆。1992 年 6 月，湖南省少年儿童图书馆新馆建成开放。市群众艺术馆被评为省一级群艺馆。乡镇万册图书馆建设进程加快。1997 年，中共十五大报告中首次将中国文化发展领域区分为公益性文化事业和经营性文化产业两部分，提出文化管理体制改革的目标。1998 年、1999 年湖南省图书馆、少儿图书馆相继被评为国家一级图书馆。2000 年，市图书馆开辟送书上门服务点，开始筹划长株潭图书馆资源共享。是年湖南省高校大合并，长沙市域普通高等院校合并为 17 所，促进了高校图书馆建设。中南大学、湖南大学、湖南师范大学、国防科技大学等重点高校的图书馆规模得以迅速扩大，并普遍开始新馆建设。

2002 年，中共十六大提出“国家支持和保障公益文化事业”，为公益性文化事业进一步发展确定方向。长沙市对群众文艺队伍的扶持力度加大，2003 年以“长沙之夏”为龙头的广场文化活动达 1000 场，参与人数超过 200 万人次。2004 年 4 月，全市 19 个中心广场划分给市群艺馆及各区县（市）文化馆作为责任区，各区开展群众团队展演并形成特色品牌，群众文艺队伍迅速增长。2005 年，《中共中央办公厅国务院办公厅关于进一步加强农村文化建设的意见》等文件发布后，长沙市随即开展“农村文化年”活动，扶建农村文艺团队。是年，长沙市内 4 区图书馆逐步建设完成并开放，总面积 6000 平方米，时藏书近 30 万册。2006 年，长沙市制定和完善《乡镇文化站、农村文化活动室标准》等文件，配合建设社会主义新农村“百村示范、千村整治”工作，对全市 100 个社区和 100 个村的文化设施实施规范建设。开展覆盖城乡的群众文艺百团评选和会演活动。2007 年，市群艺馆搬迁至雨花区劳动东路体育新城“一馆三中心”（长沙市群众艺术馆、妇女儿童活动中心、文学艺术创作中心、社科活动中心），馆舍面积 3500 平方米。是年，农家书屋、职工书屋建设逐渐铺开，到 2008 年建成农家书屋近 150 家，国家级、市级示范性职工书屋 17 家。2008 年全市百团会演活动逾 1.2 万场，覆盖全市 300 余个社区和 170 余个乡镇，群众文艺团队夺得多项国家级奖项。2009 年，参演群文团队 870 余支，“群众文艺百团展演”被授予“全国群众文化品牌”。

2010 年，湖南省群众艺术馆新馆正式开馆，建筑面积 2 万余平方米，是当时国内最大的省级群众艺术馆之一。市图书馆实行全面免费开放，启动总分馆制和数字图书馆建设，至年底，八方社区分馆、团市委杜鹃分馆建设完毕。2011 年，长沙市被确定为全国首批国家公共文化服务体系示范区创建城市。

出台《长沙市创建国家公共文化服务体系示范区工作规划》，市辖各区、县都依据该规划制定建设公共文化服务体系的文件。

2012 年，长沙市有各级群众艺术馆 11 个，总面积近 5 万平方米；各级公共图书馆 12 个，藏书量 1058.54 万册。市图书馆新馆完成主体建设，包括长沙市图书馆、区县（市）图书馆和各分馆在内的“总分馆”服务网络建设完成，开始规划全市范围内更多分馆建设。市属各区、县文化馆、图书馆有 12 个达到一级馆标准，所有乡镇（街道）都建成综合文化站，所有村（社区）建立文化活动室或文化活动中心。建成职工书屋 109 个，农家书屋 1364 个。全市登记在册的群众文艺团队 1200 余支。全市形成政府主导、社会参与、全民共享的较为完善的公共文化服务体系。

第一节　文化馆（站）

一、湖南省群众艺术馆

湖南省群众艺术馆直属省文化厅，是省级全额拨款的公益性文化事业单位。1980 年，湖南省群众艺术馆位于坡子街，全馆建筑面积 2000 余平方米，活动面积 1000 平方米左右。省群艺馆的主要职责是辅导、指导、组织全省各地、州、市群众艺术馆和县、市、区文化馆开展业务活动，并对民族民间艺术进行搜集、整理、研究。1983 年，省群艺馆承接国家重点科研项目《中国民族民间舞蹈集成》《中国民间歌曲集成》《中国曲艺音乐集成》《中国民族民间器乐曲集成》《中国曲艺志》的湖南卷编撰工作，1998 年完成编纂任务。2005 年年末，湖南省非物质文化遗产保护中心办公室在省群艺馆挂牌成立。2008 年，省财政投资 15 亿元兴建的湖南省群众艺术馆新馆建成，于 2010 年 11 月 25 日正式开馆。新馆位于长沙市天心区生态新城，占地面积 4.90 万平方米，建筑面积 2 万余平方米，其中办公楼建筑面积 5342 平方米；培训中心建筑面积 3667 平方米；音乐厅建筑面积 4186 平方米（616 座席）；多功能剧场建筑面积 1413 平方米（306 座席），设施先进。另有展览厅、培训楼等，室内功能分区明确，配套设施齐全，室外有群众文化活动场地，是当时国内最大的省级群众艺术馆之一。省群艺馆历年举办各类针对成年人和未成年人的艺术培训班，其中音乐干部培训班、舞蹈干部培训班、摄影干部采风、湘西（湘南、湘中）地区文化馆长班、全省文化站长培训班等各类短期培训班深受基层群众文化工作者欢迎。

二、长沙市群众艺术馆

1982 年，长沙市群众艺术馆，是长沙市政府设立的公共文化服务事业机构。1988 年 12 月 15 日，长沙市群众艺术馆迁址五一广场东北侧黄兴中路，艺术馆大厦为 3000 平方米，内有录像厅、舞厅、游艺厅等活动场所。该馆开放后，举办各类展览，开办声乐、视唱练耳、舞蹈、美术、扬琴、手风琴等学习班。1992 年，市群众艺术馆升级为副县级单位，并被省文化厅授予“一级群众艺术馆”称

图 25-2-1-1　位于雨花区劳动东路的体育新城的长沙市群众艺术馆新馆　（摄于 2007 年 9 月，长沙市文化旅游广电局供图）

号。2003年，长沙市政府决定将长沙市群艺馆迁至位于雨花区劳动东路的体育新城，综合建设标志性文化设施“一馆三中心”（长沙市群众艺术馆、妇女儿童活动中心、社会科学活动中心和文学创作中心），于2005年年末建成，2007年市群艺馆正式搬迁至新址。市群艺馆新馆拥有馆舍面积3500平方米，文化活动厅室18处。全馆共设置戏剧、曲艺、音乐、舞蹈、文学、美术、书法、摄影、“非遗”、调研等12个专业门类，馆内各门类专业人员配备齐全。组织机构分设办公室、事业发展部、活动辅导部、调研培训部、非物质文化遗产保护中心等部室。根据文化部对群艺馆的职能要求，主要担负全市大中型群众文化活动的组织策划；对全市基层文化活动和业余艺术团队进行培训辅导；组织全市业余文艺创作和辅导；对全市非物质文化遗产进行挖掘保护；以及对市民提供多方面的公共文化服务等多项职能。2006年以后，市群艺馆策划组织“爱国歌曲大家唱”暨“百万群众颂祖国”歌咏展演、“百品”“百星”大赛、“千支团队百万群众唱红歌”大型群众歌咏等一系列大型活动。同时致力于非物质文化遗产保护，完善国家、省、市、区级四级名录体系，确立长沙市国家级传承发展基地14个，是湘绣、长沙弹词两个国家级非物质文化遗产项目的保护单位。2007年，文化部对全国文化馆进行第二次评估定级，长沙市文化馆获“国家一级馆”称号。2009年，市群艺馆组织的长沙市“群众文艺百团展演”被授予“全国群众文化品牌”，2010年“长沙群众文艺百团”获全国“群星奖”，市群艺馆被授予“湖南省群众文化工作先进集体”，并获“长沙市群众工作先进集体”称号。2011年8月，市群艺馆开始免费向市民开放。

三、区县（市）文化馆

（一）芙蓉区文化馆。芙蓉区文化馆前身为长沙市东区文化馆，属全民公益性文化事业单位。1984年在人民东路189号新建一栋面积约740平方米的四层楼房，与芙蓉区政府区委党校、老年大学资源共享，场地共用，内设阅览室、排练厅、美术摄影室。1996年更名为芙蓉区文化馆，是组织开展社会宣传教育、普及科学文化知识、组织辅导群众文化艺术（娱乐）活动的场所。2008年被文化部评为一级馆。2012年有编制5名，均达到本科学历，有正高职称1人，副高职称2人。馆内多功能厅、舞蹈教室、书画教室、声乐教室以及演出剧场（会议中心）等场地面向全区居民群众实行免费开放，每天开放8小时，开放场地5200平方米，包括室内活动用房、教室、演出剧场、市民广场、篮球场。开放的项目有舞蹈培训、合唱培训、卡拉OK、健身、讲座、游艺活动、图片展览、电影放映等，并长期免费为芙蓉区的新风艺术团、汉魂艺术团、南泥湾艺术团、潇湘民乐团、潇湘红艺术团提供排练场地。是年开展文艺骨干培训2期，拉丁舞、健美操等培训50期；举办“芙蓉区外来务工人员俱乐部活动”4次，挖掘12支外来务工人员艺术团。

（二）天心区文化馆。天心区文化馆前身为长沙市南区文化馆。1984年在书院路光裕里9号建成一栋两层约1300平方米的新馆，包括办公室、活动室和可容纳700人的小剧场。1996年更名为天心区文化馆。2004年，天心区文化馆利用贺龙新世纪体育文化中心广场的场地优势，打造“欢乐星城”大型广场活动品牌；2005年，天心区文化馆依托“映山红戏剧节”和“戏窝子”传统资源优势，打造“好戏天天演”这一文化品牌；2010年，天心区将“戏窝子”挪至投入200余万元翻修的湘江剧场（坡子街火宫殿对面），并与市文化局共同推出“好戏天天演·欢乐满星城”湖湘戏剧文化公益展演活动，区文化馆随之搬迁至太平老街153号，事业编制7人，分办公室、业务活动部、免费培训部、公益演出部4个部门，设有阅览室、音乐室、舞蹈室、器乐室、书画室、培训室等免费开放的活动场所。2011年在文化部第三次文化馆评估定级中被评为国家二级馆。

（三）岳麓区文化馆。岳麓区文化馆前身为长沙市西区文化馆，1996年更名为岳麓区文化馆。2005年，区文化馆搬迁至岳麓山国家大学科技城负一楼，总面积3000余平方米，馆内有排练厅、健身房、练歌房、培训室、团队活动室、创作室、多媒体演示厅等，全免费向社会公众开放。文化馆工作人员6名，特聘12名文艺名人和艺术院校专业教师为馆员，在活动指导、辅导培训、文化讲座等方面开展志愿服务，收录登记各类文化志愿者200余人，培育发展业余文化辅导员3000余人。2008年被文化部评为一级文化馆。2009年以来，文化馆策划组织、举办各类节庆活动，大型广场演出、会演、比赛200余场次，指导街道（乡、镇）、社区（村）组织各类群众文化活动1700余场次，吸引观众60余万人次，组织送戏、送电影下乡500余场，吸引群众20万人次。成立群众文艺协会，指导全区各文艺团队建设和活动开展。2012年，文化馆日均人流量达300余人次，是全区群众文化活动的重要场所。

（四）开福区文化馆。开福区文化馆前身为长沙市北区文化馆，1988年位于蔡锷北路391号，是由原区委礼堂改建，设有剧场（舞厅）、影展厅（录像厅）、地下活动室、办公室，建筑面积1845平方米。1996年更名为开福区文化馆。开福区文化馆承担着策划、承办区各类大中型群众文艺演出活动，辅导、培训业务文艺骨干，发展壮大业余文艺队伍，深入挖掘和搜集整理民间非物质文化遗产的职责。常年承办开福之春和开福金秋经贸文化节等活动，2004年开启“湘江韵律”等广场活动及公益性演出。2005年，文化馆搬迁至兴汉门。2008年，开福区政府决定在原文昌阁小学校园内建设新文化馆，并投资50余万元专款用于文化馆的装修及设备设施添置。新馆于是年7月投入使用，建筑面积892平方米，拥有舞蹈、声乐、器乐、培训、讲座、展览、文娱、图书借阅、电子阅览等群众文化服务功能与设施场地。

（五）雨花区文化馆。雨花区文化馆前身为长沙市郊区文化馆。1988年位于人民路窑岭，与郊区文教局合用一栋6层楼办公。1993年迁至区政府二、三楼与区文体局合署办公。1996年更名为雨花区文化馆。2005年，雨花区区治大院建成投入使用，区文化馆搬迁至区治大院文体中心，位于万家丽路和香樟路交汇处。建筑面积2500多平方米，专用剧场建筑面积1500平方米，室外活动场地（雨花市民广场）面积2000多平方米。馆内设有多功能文化展示厅、非物质文化遗产展示厅、排练厅、书画室、文娱室、乒乓球室、录音制作室、电教室、服装室、健身房等多个文化及活动厅室，常年免费向广大群众开放。被评定为国家一级文化馆。文化馆稳步推进非物质文化遗产保护传承工作，2008年洞井舞龙成功入选湖南省非物质文化遗产保护项目，2009年长沙谜语入选市级保护项目。

（六）望城县（区）文化馆。1988年，望城县文化馆设在文源中路。2008年，迁入望城县高塘岭镇高裕中路66号的望城文化体育中心内。文化馆建筑面积3670平方米，文化广场面积1万平方米，职工11人。设有老年活动中心和少儿活动中心，有书法美术室、舞蹈排练厅、音乐教室、文化课教室、电子阅览室、“非遗”展厅、文学创作室、档案室、多功能厅等。2011年更名为望城区文化馆，获评国家一级文化馆。后逐步对外免费开放，承担着文化普及宣传、文艺活动组织、群众文艺培训与辅导、业余文艺创作、群众理论研究、大众刊物编辑、民间文化遗产普查与保护等群文工作职能，既是该区的群众文化活动中心，也是业余文艺培训与辅导中心。2012年文化馆成功申报“望城皮影”为第三批市级“非遗”保护项目。

（七）长沙县文化馆。1988年，长沙县文化馆位于榔梨镇。1996年长沙县治迁移到星沙镇，县文化局在星沙文化公园内建办公大楼，1997年，县文化馆从榔梨搬迁到新址办公。文化馆在编人员23名，内设文艺辅导部、创作调研部、美术书法摄影部、综合办公室、非物质文化遗产保护办公室等机构。2004年被评为国家二级馆。成功举办“五彩星沙”广场文化系列活动；开办不同形式的免费艺术培训班；组织艺术专干免费培训辅导全县群众文艺团队；加大非物质文化遗产工作力度。2007年来，成功申报“双江滚灯车”“双江锣鼓亭子”“腊八豆制作工艺”“长沙绿茶”等市级非物质文化遗产保护项目和“长沙陶公庙会”省级非物质文化遗产保护项目。

（八）浏阳县（市）文化馆。1988 年，浏阳县文化馆位于浏阳市解放路 98 号，馆舍面积 3400 平方米左右，主要设施包括多功能厅、宣传廊、辅导培训教室、舞蹈排练室、独立学习室（文学、声乐、书法、美术、器乐等），各设施场地免费向市民开放。1993 年，更名为浏阳市文化馆，同年被评为省一级文化馆及全国标准文化馆。1998 年，文化馆成立浏阳市文化艺术培训学校，开办 20 所农民艺术学校，义务为农民培训职业艺术和文化科普知识；创办青少年文化艺术学校，开办声乐、舞蹈、文学、美术等专业，每年培训学员 2000 余人，推出国家、省市级获奖作品 60 余件。被文化部授牌为“少儿文学培训中心”和“全国十佳文学社”。软硬件设施建设在全国县（市）级中排名前列，被誉为“三湘第一馆”。

（九）宁乡县文化馆。1988 年，宁乡县文化馆位于县城万寿宫，面积 1120 平方米。2001 年搬迁至高家巷 24 号，馆舍面积 3880 平方米，设有演艺厅、展览室及各类文艺业务用房，有职员 28 人。2003 年被评为“全国先进文化馆”；2007 年被共青团中央授予“全国优秀乡村文化活动项目”称号。2009 年，位于金洲大道的宁乡县文体中心启动建设，2011 年竣工，县文化馆同年迁入，馆舍面积扩充至 5230 平方米，内设 10 个业务部室，当年 10 月正式向社会免费开放。该馆也连续 10 年被授予“国家一级馆”。

四、基层文化站

从 20 世纪 80 年代初开始，长沙市就在已有街道和部分乡镇文化站的基础上建立包括电影、文艺、图书、体育、科技等在内的街道、农村文化活动中心，促进社区文化事业发展。1988 年，全市东区、南区、西区、北区有街道文化站 30 个，其中 9 个为标准文化站（面积 200 平方米以上，设施较齐全，独立门户）。浏阳县、长沙县和市郊区 126 个乡、镇、场全部建立文化站；望城县、宁乡县 146 个乡、镇、场有半数以上建立文化站。1989 年，全地区 200 余个乡（镇）建立文化站；1990 年，由市文化局组织的农村文化中心建设大赛历时两年后结束，浏阳县古港镇、长沙县河田乡、宁乡县青山桥乡、望城县格塘乡、市郊岳麓山乡的 5 个文化中心获“最佳文化中心称号”，另有 5 个文化中心获评“优秀文化中心”。

2005 年，《中共中央办公厅国务院办公厅关于进一步加强农村文化建设的意见》和《中共中央办公厅国务院办公厅关于加强公共文化服务体系建设的若干意见》发布后，长沙市 2006 年制定和完善《乡镇文化站、农村文化活动室标准》等文件，配合建设社会主义新农村“百村示范、千村整治”工作，对全市 100 个社区和 100 个村的文化设施实施规范建设。2009 年，长沙市将乡镇综合文化站建设纳入政府为民办实事工程，2009 年和 2010 年，分批建成 38 个示范性乡镇综合文化站（每个示范站室内面积最少 500 平方米，配备多功能活动厅、书刊阅览室、培训教室、文化信息资源共享工程服务室、管理用房；室外活动场所建筑面积最少 2000 平方米）。新建 90 个面积在 200 平方米以上的示范性文化活动室（中心）。2011 和 2012 年又分批建成 20 个示范性乡镇（街道）综合文化站。

2012 年年末，长沙市 6 区 3 县（市）建成乡镇（街道）综合文化站 150 个，另有 29 个筹备在建中；建成社区（村）文化活动中心 1145 个，另有 50 个筹备在建中。全市建成文化广场 352 个。

表 25-2-1-1　2012 年长沙市各区县（市）基层公共文化设施一览表　单位：个

区县(市)	乡镇(街道)综合文化站	社区(村)文化活动中心	文化广场
芙蓉区	13	80	21
天心区	12	86	45
岳麓区	17	139	25
开福区	12	126	5

续表 25-2-1-1

区县(市)	乡镇(街道)综合文化站	社区(村)文化活动中心	文化广场
雨花区	12	111	13
望城区	12	105	48
长沙县	20	35	19
浏阳市	37	332	11
宁乡县	15	131	165
总计	150	1145	352

第二节　群众文化辅导

20 世纪 80 年代，长沙市群众艺术馆就注重开展艺术培训和对基层群众文化的辅导，在 1988 年迁址后继续举办面向市民的声乐、美术、现代舞、戏剧创作等培训班，选派业务干部下区（街）进行辅导工作。1990 年，开展专业艺术队伍后继人才培养工作，全年承担省艺校湘剧科 21 名学生实习辅导任务，录用艺术专业学校毕业生 15 人。开展全市性剧目创作研讨活动并召开优秀剧目观摩学习会。1992 年，组建市艺术教育培训馆，举办 3 期培训班。1997 年举办文化站专干培训班，参训人员 28 人。2000 年举办 8 期各类艺术培训班，为全市基层文化培养人才。

2003 年，《长沙市业余群众文化活动辅导员注册登记制度》发布，旨在提高群众业余文化活动辅导员的综合素质和专业水平，规范业余文化辅导员和业余文艺团队的管理，发挥业余文化辅导员和业余文艺团队在基层文化建设中的作用，各区县（市）按照实际情况，经组织发动、申报、考核、审批、登记等环节，用一年时间完成对下辖街道、社区、乡镇群众艺术团队业余辅导员的注册登记工作。制定《群众业余文化活动辅导员管理办法》，规定群众业余文化活动辅导员的工作职责和培训制度。要求辅导员组织好各自所在社区的群众文化骨干，有条件的要组织固定的艺术团队；辅导员要根据精神文明宣传以及青少年道德教育等活动方面的安排，组织所属群众艺术团队开展活动。2005 年开展“农村文化年”活动，在“送文化”的同时注重“种文化”，扶建农村文艺团队 23 个，扶建外来务工人员业余艺术团 1 个，对口定点辅导乡镇业余文艺骨干 300 余名，逐步培养农村自己的文艺队伍。2006 年对全市社区、农村文化辅导员进行集中培训并重新登记，派出文艺辅导员扶建农村文艺队 20 余个，对口定点辅导农村业余文艺骨干 300 余名。

图 25-2-2-1　长沙市群艺馆举办文化辅导员培训班

（摄于 2011 年，长沙市文化旅游广电局供图）

2007 年，随着基层文化站建设逐步完善，面向社会公开招聘每个文化站的站长。全年组织文化站长、辅导员及业余团队骨干开展 4 期以上培训，邀请省、市专家授课，重在理论知识的丰富和文化理念的更新；同年开展舞蹈、声乐、器乐、时装、书法、美术、摄影等常规培训100次以上，提升文化辅导员和业余团队骨干的专业技能技巧。2009年11月，市群艺馆举办年度4县5区文化站辅导员、业余文艺骨干培训班，会期1天，参训人数350余人。授课老师均为省内专家，主讲内容有《小品、小戏的编排》《从马王堆汉墓看非物质文化遗产保护》《基层艺术创作与实践》《浅谈歌唱、演唱技巧及如何提高合唱水平》等。2010年10月，文化部发布《关于开展全国基层文化队伍培训工作的意见》，指出要加强基层文化队伍培训工作，以“服务大局，按需培训；联系实际，注重实效；与时俱进，改革创新”为基本原则，使专兼职结合的基层文化队伍素质显著提高，逐步建立基层文化队伍培训长效机制。是年12月市群艺馆举办文化辅导员、业余文艺骨干培训班，内容包括“长沙传说与长沙精神”“情系文化不言悔，‘百团千场’广惠民”“舞台表演基础知识”“民族声乐教学”及分组讨论等，理论与实践相结合。2011年，文化部启动全国基层文化队伍培训工作。长沙市群艺馆于11月组织年度文化辅导员培训，邀请高校专家学者讲授《民族民间文化》《合唱的辅导与方法》《群众的舞蹈与创作》等专业课程，6区3县近百名区（市）县、街道文化专干参加培训。2012年，市群艺馆对全市文化站长、社区文化辅导员和群众文艺骨干的培训成为市级和各区县群艺馆的常规工作。此外，群艺馆还与社区合作，开办农民工社区文艺沙龙，每月中旬至少有1次讲课和活动，开展声乐、探戈培训及电影赏析、文学探讨等，丰富群众的文化生活。

第三节 群众文化活动

一、“长沙之夏”

从1980年起，长沙市每年7月、8月、9月都要开展“长沙之夏”活动，以文艺为主要形式，集中社会各方面力量，举办比较集中而有声势的乘凉晚会、游园、联欢及综合性文艺演出和科普体育活动，每年吸引成千上万群众参加，同时各街区也举行各种小型分散活动。1988年“长沙之夏”有12万余人参加，举办“龙年舞龙邀请赛”“首届残疾人调演”“歌厅劳动者协会文艺调演”等活动1269场。1990年除举行第十届“长沙之夏”活动，还进行组织“长沙之夏”十周年优秀节目展演。1992年，“长沙之夏”组织大小活动567项，参加人数17万余人次。1993年第十三届“长沙之夏”，举办活动800余次，演出文艺节目985个，参加者18万余人次。1995年活动时间延长至4个月，围绕纪念反法西斯战争、抗日战争胜利50周年等内容，开展各类文艺活动800余项，参加人数达到120万人次。从是年开始，每年“长沙之夏”活动都会根据当年时代社会发展，融入不同主题，规模更加扩大。如1996年的主题是弘扬“长沙精神”，由市委宣传部、市节目文化局、市教

图25-2-3-1 “长沙之夏”活动，市民在烈士公园广场纳凉、跳舞 （摄于1990年8月，长沙市文化旅游广电局供图）

育局、市广电局、长沙晚报社等 15 家单位联合举办，开展十大群众文化活动，分别举办以家庭、学校、农村、老年人为主题的文艺展演，另有歌咏大赛、读书演讲赛、摄影美术作品展览赛等，参与者逾百万，掀起全市群众文化活动高潮。1998 年则以“讲文明、树新风”为主要内容。1999 年，除“长沙之夏”，市文化局组织首届“长沙之春”活动，全市性的群文活动更加常态化，文化氛围愈加浓厚。2000 年扩展为“长沙之春”“长沙之夏”“长沙之秋”。2001 年以后，“长沙之春”“长沙之夏”转变为全市各区、县（市）根据各自优势和情况，分别举行的广场文化活动，全市群众文化多点开花。2003 年，全市以“长沙之夏（春、秋）”为龙头的广场文化活动达 1000 场，数十种艺术类别，参加人数超过 200 万人次。2006 年，长沙市对“长沙之春”“长沙之夏”“长沙之秋”进行整合，打造“欢乐长沙·和谐家园”文化活动品牌，掀起联动上下、辐射全市、贯穿城乡的群众文化活动高潮。2006 年后，“长沙之夏”系列群文活动逐渐被“群众文艺百团会演”所取代。

二、群众文艺百团会演

2004 年 4 月，为创建全国文明城市、活跃全市文化生活，将全市 19 个中心广场分别划分给市群艺馆及各区县（市）文化馆作为责任区，利用周末开展群众团队定点展演，开展“十佳群众文艺团队”“十佳文艺演出广场”“十佳街道文化站”的“三十佳”评比，采取“以奖代拨”的方针推动这一活动的开展。2006 年起，随着全市群众文艺的迅速发展，按照“向群众要文化、让群众演文化、使群众享受文化”的思路，开展覆盖城乡的群众文艺百团评选，并开始会活动，每年评选出 100 支群众文艺团队进行扶持。2007 年，扩大规模，提高影响，打造品牌，组织全市群众文艺百团会，开展群众文艺百团（百星、百品）评比。2008 年全市百团会演、展演活动逾 1.2 万场，覆盖全市 300 余个社区和 170 余个乡镇，形成“湘江韵律”“广场月月乐”“周末我登台”等 20 几个品牌广场活动，以及“百品、百星比赛”“百团迎春”“百团闹元宵”等活动，在群众中引起强烈反响。群众文艺团队得到迅猛增长，成为长沙精品文化艺术的摇篮。是年，湖南知青艺术团的《洞庭鱼米乡》在第六届中国音乐金钟奖首届合唱比赛中夺得金奖第一名，在第五届国际合唱比赛中获得银奖；盲聋哑学校翼之梦艺术团音乐剧《特别幸福》在第八届中国艺术节上获表演奖和创作奖。2008 年，浏阳功夫龙狮队在全国龙狮赛上获金奖；小杜鹃艺术团舞蹈《银色的黛帕》赴人民大会堂参加全国校园文艺联欢晚会演出。2009 年，长沙市参与百团会演的团队有 870 余支。是年，长沙百团文艺展演被评为全国首批群文品牌。2010 年，为将群众文艺“百团”评比实行科学化、制度化管理，市委宣传部提出此后每两年举行一届，并且将此项活动规模扩大至农村，组织城镇、农村“双百佳”评比。是年“群众文艺百团会演”荣获第九届中国艺术节项目类“群星奖”。2012 年，开展“舞动星城 歌涌湘江”百万群众广场舞蹈歌唱展演，长沙群文经验在全国创建公共文化服务体系示范区督导评估现场经验交流会上被作为典型推介。

图 25-2-3-2 首届“湘江韵律”群众文化活动开幕式上的划水表演（摄于 2004 年，长沙市文化旅游广电局供图）

三、其他活动

20 世纪 80 年代末，长沙市群众文

艺活跃，以开展文艺活动的形式宣传政策，歌咏比赛、文艺晚会尤为常见，1990年开展“在党的阳光下”群众歌咏晚会，1991年举办“社会劳动保险”文艺晚会，1993年组织“弘扬雷锋精神、加快长沙建设”5万市民歌咏大会等。90年代中期，随着居民生活水平的提高，群众文化生活也愈加丰富，开始举办更多类型的群众文艺活动，如1994年伉俪交谊舞和青年卡拉OK大赛；1995年民俗文艺展演联欢；1996年全省最佳歌手大奖赛。90年代中后期，随着公共文化社群建设的逐步完善，长沙市群众文化活动从政府组织的规模化，向以社区、企业、校园、家庭为单位开展的分散化多点发展，内容也更加多样。2000年后举行的“女性风采”合唱比赛和“三项蒲公英”长沙少儿音乐舞蹈大赛逐渐成为常态，成为妇女儿童展现自我的大众舞台。随着“送文化下乡”的深入，群众文化也更注重在农村地区、农民工群体中的开展，如2005年农民工专场慰问演出、2006年开始的农民歌手大赛，“文化下乡、服务‘三农’”公益性演出剧（节）目会演和新农村文艺会演。2006年，湖南省艺术节在长沙举办，期间各区县就势开展丰富群文活动，芙蓉区举办“芙蓉之秋”、天心区千人舞会、岳麓区校园文艺展演、开福区军民联欢、雨花区企业文艺展演、长沙县“五彩星沙”、望城县“希望之城”、浏阳市“广场月月乐”、宁乡县“周末我登台”等，与省、市群众文化活动遥相呼应，将全市群众文化提升至新的水平。长沙市各区县（市）也逐渐形成依托于区域优势的群众文化品牌。2011年，全市群众文化活动呈现百花齐放的局面，囊括歌舞戏剧表演、歌曲创作、声乐器乐、摄影、美术、剪纸等各艺术门类，市民文化生活多姿多彩。2012年在湖南省艺术节上，长沙市群众文艺作品获6金、3银，3个优秀节目奖；同年“长岛人歌”群众文艺晚会赴北京参加国家公共文化服务体系示范区创建城市展演，成为文化部盘点的2012年文化亮点。

第四节　群众文艺团队

1988年，长沙市有民间业余剧团11个，群众业余演出队伍111支，历史悠久的通泰老妈妈合唱团、红领巾歌舞团、工人文工团和友好合唱团等众多群众文艺团队活跃在全市群众文化舞台上。从90年代中期到21世纪初，长沙市努力完善基层文化硬件和体制建设，但群众文艺团队由于缺乏专门的政策和资金支持，发展较为缓慢。到2005年，全市业余演出队伍仅有99支。2006年开始，随着群众文艺百团会演和评选活动的开展，长沙市民的艺术热情被激活，文艺团队迅速增长，年底增长到400余支，到2009年达754支，包括学生、农村、社区、企业在内的文艺团队竞相发展，可独立承担一台节目的团队也有200余个。2010年，全市业余群众文艺团队发展至1087支，骨干10万人。为此，长沙市在评选“百佳群众文艺团队”的基础上，进行“千团星级评定”，通过对文艺团队基础设施建设、设备情况、队伍建设情况、艺术创作、演出情况、社会影响情况等方面进行考察，评出“最佳”“优秀”“先进”“五星级”群众文艺团队等。

图25-2-4-1　湖南师范大学附中艺术团在英国剑桥剧场演出舞蹈《中国红》，师大附中艺术团成立于1990年
（摄于2008年3月，长沙市文化旅游广电局供图）

2012年，全市登记在册的群众文艺团队1206支，其中芙蓉区158支、天心区104支、岳麓181支、开

福 144 支、雨花 136 支、望城区 112 支、长沙县 170 支、浏阳市 102 支、宁乡县 99 支。是年申报参加第四届“百佳群众文艺团队”评选的文艺团队有 203 支，申报参加三星级以上星级评定的文艺团队有 193 支，最终评出最佳团队 20 支，优秀团队 30 支，先进团队 100 支；三星级团队 85 支，四星级团队 42 支，五星级团队 15 支。

第五节　演艺场所

一、湖南大剧院

湖南大剧院位于长沙市韶山北路 139 号，隶属湖南省文化厅，自 1998 年 11 月开始营业，是湖南大规模的综合性多功能大型文艺演出场所之一。剧院大楼占地面积 8000 平方米，总建筑面积 8.4 万平方米，高 29 层（地下 3 层），演出大厅位于第三层，剧场前厅安放着中国现代戏剧奠基人、湖南籍著名艺术家田汉铜像，作者为著名雕塑家朱惟精。自 2002 年起，湖南大剧院由红太阳演艺集团组织进行演出活动。在 2007 年被省委宣传部确定为湖南省文化产业示范基地，2010 年成为国家级文化产业示范基地。

二、田汉大剧院

田汉大剧院位于天心区劳动西路 347 号，1997 年爆破拆除原址上长沙市红旗剧院，总投资近 2 亿元建成，1999 年正式竣工并投入使用。剧院用地面积 1.02 万平方米，占地面积 4049 平方米，总建筑面积 2.81 万平方米，主体建筑高度 24 米，分为大剧场、音乐厅、田汉纪念厅及艺术走廊、前坪田汉群众文化广场等四个部分。剧场拥有 1210 个座位，音乐厅拥有 835 个座位。

1999 年，先后邀请白俄罗斯国家芭蕾舞团、盛中国、濑田裕子夫妇、中国京剧院、上海芭蕾舞团等知名团体演出精品剧（节）目 17 场，观众 2 万人次。2000 年，组织“欧陆风情音乐会”“天鹅湖”等 20 余场中外高雅艺术演出，观众达 2 万人次。2001 年，接待 40 余个国内外演出团体，开展商业演出和租场演出 70 余场。2002 年，组织举办演出 260 多场。2003 年，田汉大剧院移交长沙广播电视局（集团）经营管理。2004 年 2 月 4 日，长沙剧院与田汉大剧院合并，合并后名称为长沙田汉大剧院，长沙广电集团着手对剧院周边硬件环境和内部设施进行改造，将前坪拓展为会展广场，同时对剧院外表进行全面装饰亮化，使其成为该地段标志性建筑，形成长沙又一个美丽的夜景；内部加设地下停车场、中西餐厅、网络俱乐部、酒吧、舞厅、艺术品超市、艺术培训中心等配套项目，使其成为休闲、娱乐为一体的文化中心。2004 年田汉大剧院被文化部授予“文化产业示范基地”（国家级）称号。剧院当年接待中央各部委、各省市文化考察团 800 批次以上，成为长沙“软实力”的重要体现。

图 25-2-5-1　经过改造的田汉大剧院闪亮登场，成为夜长沙一道璀璨风景

（摄于 2004 年，长沙市文化旅游广电局供图）

三、湘江剧场

湘江剧场坐落于坡子街，为湖南省湘剧团的专用剧场，原名“湖南湘剧场”，1972 年改名为“湘江剧场”。1985 年，剧场曾拆除重建，面积达 3930 平方米。进入 21 世纪，长沙市对坡子街进行升级改造，2006 年，耗资 200 余万进行提质装修

的湘江剧场重新开张。为适应传统戏剧的演出，剧场座位减少至350余个，全部为软靠沙发座椅。2010年，长沙市文化局和天心区政府选址湘江剧场建立“湖湘戏剧传统文化基地”，自6月开始“好戏天天演”活动，湘江剧场再度成为长沙湘剧和花鼓戏的固定城市演出剧场。

四、长沙市湘剧院剧场（解放剧院）

长沙市湘剧院剧场（解放剧院）位于解放西路262号，占地566平方米，剧场大厅（含舞台）面积825.78平方米。原名兰陵剧院，后更名为解放剧院。1988年，升级为副科级单位。1989年交由市湘剧剧团管理，并更名为长沙市湘剧院剧场。1995年剧场因危房停业，拆迁就地安置。2005年因开发商的违约致使剧场自有产权偿还在3楼，承租房产在1楼、3楼，安全通道不符合公益性文化事业场地使用的要求，剧场无法正常开展演出活动。

五、长沙市花鼓戏剧院剧场（劳动剧院）

长沙市花鼓戏剧院剧场（劳动剧院）位于黄兴南路137号，1988年升格为为副科级单位。1989年，劳动剧院交由市花鼓戏剧团领导管理，更名为长沙市花鼓戏剧院剧场。剧场为20世纪50年代砖木结构建筑，1997年被列为长沙市消防十大隐患单位，1998年被市有关部门定为危房，2005年关门停业改造。2006年重新改建原剧院房屋，房屋面积由原来的1823平方米增加到3100余平方米，2008年投入使用。由于负债，房屋使用权不归该单位（由债权人经营），无法正常开展演出活动。

六、浏阳县（市）剧院

1988年，浏阳县全县有乡镇影剧院34家，承担演出和电影放映工作。是年投资新建县剧院综合楼一栋，1992年被评为省文明剧院，1993年获湖南省演出基地称号。1998年实施大规模改造装修，增加会务服务。2001年11月，为配合道路改扩建，剧院被拆除，欧阳予倩大剧院开始筹建工作。至2002年，全市仅有镇头、大瑶影剧院接待演出团体，取而代之的是寺庙戏台，其中以沙市仁寿山、大瑶社均庙最具影响。2004年，欧阳予倩大剧院建成投入使用，总占地面积1.37万平方米，总建筑面积1.5万平方米，1号大厅1182座，具有会议、演出、电影等多功能，2号厅是专业IMAX影厅，共347座，是全国电影院第13块IMAX巨幕影厅。同时还有3至6号不同规格的大小影厅，以及各种规格的大小型贵宾厅和会议厅。集歌舞演艺、影视会议、休闲娱乐、艺术教育于一体，是全国县市中品位最高、规模最大、功能最全的大剧院之一。2011年，欧阳予倩大剧院荣登长沙市文化产业示范基地优胜榜。至2012年，浏阳有欧阳予倩和永安影剧院两个较大规模的剧院。

图25-2-5-2 浏阳市欧阳予倩大剧院
（摄于2004年，长沙市文化旅游广电局供图）

七、望城县（区）剧院

1986年，望城全县有影剧院18个。1993年增至25个，其中乙级剧院4个、丙级剧院28个、厂矿俱乐部3个，总座位3.05万个。2002年，全县影剧院减至11个，总座位1.01万个。2012年，望城区政府决定对望城影剧院进行提质改造。同时面向全省公开招标，设计建设“雷锋大剧院”，建筑面积约1.8万平方米，投资额约2.67亿元，招标结果于11月底公示，雷锋大剧院计划于2014年竣工投入使用。

八、宁乡县剧院

1985年，全县有可供演戏、开会、放电影的“三用剧场”33个。1991年减至21个，其中厂矿俱乐部3个。1993年，剧场增至32个，其中乙级剧场4个，丙级剧场28个。建于县文化局文化活动中心的宁乡县剧院建筑面积2228平方米，设座位1302个，为全县戏剧歌舞综艺演出中心，1993年被省文化厅定为“湖南省演出基地”。1996年，宁乡县剧院连续四年被评为 “省文明剧院”。至2012年，宁乡县能够进行演出的多功能影剧院除县剧院，还有楚天科技大剧院及当年新建的宁乡潇湘国际影剧院。

第六节 专业艺术演出

一、进京献演

1988年8月底，湖南省湘剧院应中国剧协邀请，在北京人民剧场演出折子戏《断桥》《回书》《刺目》和新编古代戏《凤箫怨》。12月，省湘剧院《山鬼》赴京参加首届“中国戏剧节”并获优秀演出奖。1990年8月，省湘剧院携《琵琶记》进京演出获好评；市歌舞剧院创作的大型现代民族歌剧《马桑树》经文化部选调，在全国歌剧观摩演出中获得优秀编剧、优秀演出等5个奖项。1991年，省花鼓戏剧院创作演出的《桃花汛》和市歌舞剧院所作歌剧《马桑树》应文化部之邀，被选调进京参加中国共产党成立70周年献礼演出，分别在民族文化宫礼堂和中南海演出4场，并获得全国首届“文华新剧目奖”。11月中旬，为纪念田汉94周年诞辰暨中国左翼剧联成立60周年，湖南、长沙市湘剧团分别在北京首都剧院演出湘剧《新会缘桥》一折和《武松》选段。随后长沙市湘剧院创作排演的湘剧《杨赛风》在北京工人文化宫演出3场，时任文化部副部长陈昌本等领导和专家称赞该剧为“湘剧发展史上的里程碑”。

1992年2月，省歌舞剧院《三湘杜鹃红》进京演出。4月，望城县花鼓戏剧团和浏阳县花鼓戏剧团分别创作《希望的田野》和《石榴湾风情》进京献演，首都各大媒体均进行报道。省湘剧院应文化部艺术局邀请进京演出湘剧《唐太宗与魏征》，并演出经过整理改编的传统湘剧《白兔记》。1993年12月，长沙市艺术剧院组织排练的大型音乐组歌《风华正茂》、湘剧《布衣毛润之》应文化部邀请进京演出，参加纪念毛泽东100周年诞辰演出活动。1994年5月，浏阳市花鼓戏剧团排演的大型现代花鼓戏《蓓蕾的呼唤》应文化部艺术局邀请，5月22日进京公演，5月27日进中南海汇报演出。1995年省花鼓戏剧院创作演出大型花鼓现代戏《羊角号与BP机》，赴北京参加全国现代戏调演，获优秀演出奖和编剧奖、优秀导演奖、音乐奖、舞美设计奖等8项奖励。1996年6月，应文化部艺术局邀请，长沙市艺术剧院创排的湘剧现代戏《布衣毛润之》和新编历史剧《铸剑悲歌》进京献演，演出4场。省湘剧院改编传统湘剧《白兔记》进京参加“文华奖”和第14届“梅花奖”角逐，受到好评。1999年，省湘剧院创作的大型历史故事剧《马陵道》通过审定，入选文化部为庆祝中华人民共和国成立50周年在首都举办的大型展演活动。

2001年，现代花鼓戏《秋天的花鼓》进京演出，参加中共中央宣传部“五个一工程”奖评选，在京汇报演出2场，中央电视台等10余家新闻媒体予以关注报道。2006年7月，省艺术学院创编排演的大型音乐剧《同一个月亮》在北京天桥剧场上演；12月，省歌舞剧院创作大型舞剧《南风》在北京保利剧院演出。2007年，湘剧《古画雄魂》代表湖南进京向中共十七大献礼演出，受到各级领导和社会各界的高度好评。2012年10月，省湘剧院创排的湘剧高腔《谭嗣同》和市湘剧院创排的《古画雄魂》作为2012年全国优秀剧目展演参演剧目进京演出，献礼中共十八大召开。

表 25-2-6-1　　1988—2012 年长沙市域各剧院进京演出情况一览表

时 间	演出单位	演出内容
1988 年 8 月	湖南省湘剧院	折子戏《断桥》《回书》《刺目》；新编古代戏《凤箫怨》
1988 年 12 月	湖南省湘剧院	湘剧《山鬼》
1990 年 8 月	湖南省湘剧院	湘剧《琵琶记》
1990 年	长沙市歌舞剧院	大型民族歌剧《马桑树》
1991 年	长沙市歌舞剧院	大型民族歌剧《马桑树》
1991 年	湖南省花鼓戏剧院	花鼓戏《桃花汛》
1991 年 11 月	长沙市湘剧团	湘剧《武松》选场
1991 年 11 月	长沙市湘剧团	湘剧《杨赛风》
1992 年 2 月	湖南省歌舞剧院	大型歌舞《三湘杜鹃红》
1992 年 4 月	望城县花鼓戏剧团	花鼓戏《希望的田野》
1992 年 4 月	浏阳县花鼓戏剧团	花鼓戏《石榴湾风情》
1992 年	湖南省湘剧院	湘剧《唐太宗与魏征》；传统湘剧《白兔记》
1993 年 12 月	长沙市艺术剧院	大型音乐组歌《风华正茂》
1993 年 12 月	长沙市艺术剧院	现代湘剧《布衣毛润之》
1994 年 5 月	浏阳市花鼓戏剧团	花鼓戏《蓓蕾的呼唤》
1995 年	湖南省花鼓戏剧院	花鼓戏《羊角号与 BP 机》
1996 年 6 月	长沙市艺术剧院	《布衣毛润之》《铸剑悲歌》
1996 年	湖南省湘剧院	新编传统湘剧《白兔记》
1999 年	湖南省湘剧院	大型历史湘剧《马陵道》
2001 年	长沙市花鼓戏剧院	花鼓戏《秋天的花鼓》
2006 年 7 月	湖南省艺术学院	大型音乐剧《同一个月亮》
2006 年 12 月	湖南省歌舞剧院	大型舞剧《南风》
2007 年 9 月	长沙市湘剧院	湘剧《古画雄魂》
2012 年 10 月	湖南省湘剧院	湘剧《谭嗣同》
2012 年 10 月	长沙市湘剧院	湘剧《古画雄魂》

二、参加赛事

1988 年 12 月，首届中国戏剧节在北京举办，湖南省湘剧院携湘剧《山鬼》赴京参演，获优秀演出奖。1989 年 1 月，《中国戏剧》梅花奖评委会公布第六届“梅花奖”获奖者名单，湖南省湘剧院一级演员左大玢榜上有名，这是全省演员首次摘得全国性戏剧奖桂冠。1990 年，省湘剧院在第八届“梅花奖”评选中梅开二度，湘剧演员王永光获奖。长沙市歌舞剧团携歌剧《马桑树》参加全国歌剧观摩演出，获“优秀编剧奖”和“优秀演出奖”，三名主要演员获“优秀演员奖”。1991 年，文化部设立“文华奖”，这是专门用于奖掖专业舞台表演艺术的政府最高奖，长沙市歌舞剧院的歌剧《马桑树》和湖南省花鼓戏剧院的《桃花汛》获得首届“文华新剧目奖”。《桃花汛》在全国戏曲现代戏观摩演出中获“优秀剧目奖”等 6 项大奖。省花鼓戏剧院的花鼓小戏《小街新潮》则获全国话剧小品、戏曲小戏剧比赛剧目三等奖。

在湖南省第二届“映山红”民间艺术节演出中，望城县花鼓戏剧团《希望的田野》和浏阳县花鼓戏剧团《石榴湾风情》均获优秀节目奖及多项单项奖。市花鼓戏剧院《女杰贺英》在湖南省花鼓戏观摩演出中获剧目三等奖和4项个人奖。1992年，市湘剧团创作的戏曲电视剧《杨赛风》在全国戏曲电视剧片评选中获得三等奖。1994年，市艺术剧院创排的湘剧《布衣毛润之》参加第四届“文华奖”评选，获“文华新剧目奖”，演员曹汝龙获“文华表演奖”，编曲王守信获“文华编曲奖”。湘剧《铸剑悲歌》在1994年湖南省新剧（节）目会演中获优秀剧目奖及9个单项奖；同样获得优秀剧目奖的还有省花鼓戏剧院的《乾隆判婚》。省花鼓戏剧院的另外两部戏《人与狗》和《立交桥下》在省首届戏剧小品赛中分获一等奖和二等奖。1995年，《布衣毛润之》获中宣部“五个一工程”奖，名列戏曲类第一名，同时也是长沙市戏剧节目首次获得全国“五个一工程”奖项。《铸剑悲歌》参加在成都举办的第四届中国戏剧节演出，获演出奖及编剧、唱腔设计、优秀表演、优秀配角等5个单项奖。省花鼓戏剧院《羊角号与BP机》参加全国现代戏调演，获优秀演出奖及8个单项奖。《布衣毛润之》获省第二届“文学艺术优秀成果奖”、省首届“红枫文艺奖”、省“纪念毛泽东100周年诞辰文艺成果奖”。省花鼓戏剧院演员陈玉莲获颁1993年度、1994年度湖南省演员“戏剧芙蓉奖”。

1996年，在文化部举办的第六届“文华奖”评选中，省歌舞剧院排演的舞剧《边城》荣获“文华大奖”。市艺术剧院湘剧演员曹汝龙入选第十三届“中国戏剧奖·梅花表演奖”名单，这是长沙戏剧演员首次获得中国戏剧表演艺术最高殊荣。1997年，《边城》获得第五届中国戏剧节“优秀剧目奖”。在当年湖南新剧（节）目会演中，省湘剧院创排的《马陵道》《子血》获田汉大奖，一同获奖的还有市湘剧团《人间知己》，《人间知己》另获表演等10个单项奖。1998年，《人间知己》获评“五个一工程”奖、田汉戏剧文学剧本奖。省歌舞剧院演员杨霞凭借在歌舞剧《边城》中的出色表演，获第十五届“梅花奖”，填补湖南省舞剧类“梅花奖”的空白。1999年，湖南映山红民间戏剧节升级为由文化部艺术司、中国戏剧家协会等联合主办的全国性质民间戏剧节，改名中国映山红民间戏剧节，长沙市花鼓戏剧院创作的《黄泥坳》在戏剧节上获演出一等奖。2000年，省湘剧院演员王阳娟荣获第十七届中国戏剧梅花奖；市湘剧院演员曹汝龙获中国文联颁发的“德艺双馨艺术家”称号。是的，全省新剧（节）目会演中，省湘剧院《太平公主》和市花鼓戏剧院创作的《秋天的花鼓》获“田汉新剧目奖”，《秋》剧还获得湖南省“五个一工程”奖。2001年，《秋天的花鼓》入选中共中央宣传部“五个一工程”优秀作品；市湘剧院《人间知己》参加第六届“映山红”中国民间戏剧节，获得优秀剧目一等奖和7个单项一等奖。2002年，《秋天的花鼓》荣获文化部第十届“文华新剧目奖”。2003年，省歌舞剧院创作的《古汉伊人》在第三届全国舞剧观摩演出中，获评委会大奖及多项最佳、优秀奖。当年起，原本由湖南省文化厅举办、两到三年一届的“全省新剧（节）目会演”经湖南省政府批示，正式更名为“湖南艺术节”，每三年举办一次。市湘剧院的《亲亲社区》在首届湖南艺术节上获剧目奖银奖，市花鼓戏剧院创作的《万年牌》获优秀剧目奖，后者获评湖南省“五个一工程”奖。2004年，《万年牌》剧本获第十六届中国曹禺戏剧奖剧本提名奖；《秋天的花鼓》则入选国家舞台艺术精品工程30台初选剧目，获“精品提名剧目”。6月，省2002—2003年度戏剧芙蓉奖揭晓，省湘剧院的贺希娟、省歌舞剧院的何维获奖

2006年省第二届艺术节举办，省歌舞剧院创排的舞剧《南风》和市湘剧院创排的《古画雄魂》均获得“田汉大奖”；市花鼓戏剧院创排的《手心手背》则获“田汉新剧目奖”；市歌舞剧院《寻梦季节》获“演出奖”。2007年，市湘剧院《古画雄魂》获中宣部“五个一工程”奖。省花鼓戏剧院的《走进阳光》入选“2006—2007年度国家舞台艺术精品工程资助剧目”。2008年，《古画雄魂》赴张家港参加“第三

届长江流域戏剧艺术节”表演，获优秀剧目奖及表演奖、编剧奖。省花鼓戏剧院创作的花鼓小戏《拦车》在首届中国地方戏展演中获“地方戏曲牡丹亭剧目奖”。2009年，市湘剧院和歌舞剧院为第三届湖南艺术节分别创排湘剧《酒村长》和歌剧《圆梦马王堆》，演出后获得“田汉大奖”和“田汉新剧目奖”。同样获得田汉大奖的还有省歌舞剧院创排的歌舞剧《天山芙蓉》。《酒村长》在当年入选湖南省“五个一工程”奖。

2010年5月，湘剧《古画雄魂》参加第九届中国艺术节演出，获“文华优秀剧目奖”，导演黄国强、宋纪刚获“文华导演奖”，曹汝龙获优秀表演奖。省花鼓戏剧院的花鼓小戏《从头再来》获第十五届“群星奖”。2011年，《古画雄魂》入选“2009—2010年度国家舞台艺术精品工程资助剧目”，2012年再次获此殊荣。是年入选国家舞台艺术精品剧目的还有省湘剧院创作的《李贞还乡》，该剧还获得中宣部第十二届“五个一工程”奖，并入选2012年国家舞台艺术精品工程三十台。2012年市湘剧院、市花鼓戏剧院根据国有文艺院团改革方案分别转化为市湘剧保护传承中心、市花鼓戏传承保护中心，创作排演的湘剧《苏秀才》、花鼓戏《太阳出来了》在第四届湖南艺术节中分获“田汉大奖”“田汉优秀剧目奖”。市花鼓戏保护传承中心还创作《城里山歌》，入选当年省“五个一工程”奖。

表 25–2–6–2　　1988—2012 长沙市域各剧院参加国家级表演、评选获奖一览表

时　间	剧（节）目/演员名	演出单位	获得奖项
1988年	湘剧《山鬼》	湖南省湘剧院	首届“中国戏剧节”优秀演出奖
1989年	左大玢	湖南省湘剧院	中国第六届戏剧“梅花奖”
1990年	歌剧《马桑树》	长沙市歌舞剧团	全国歌剧观摩演出“优秀编剧奖”“优秀演出奖”及3名优秀演员奖
1991年	王永光	湖南省湘剧院	中国第八届戏剧“梅花奖”
1991年	歌剧《马桑树》	长沙市歌舞剧团	文化部首届“文华新剧目奖”
	花鼓戏《桃花汛》	湖南省花鼓戏剧院	文化部首届“文华新剧目奖”；全国戏曲现代戏观摩演出优秀剧目等6项大奖
	花鼓小戏《小街新潮》	湖南省花鼓戏剧院	全国话剧小品、戏曲小戏剧比赛剧目三等奖
	刘赵黔	湖南省花鼓戏剧院	中国第九届戏剧“梅花奖”
1992年	戏曲电视剧《杨赛风》	长沙市湘剧团	全国戏曲电视剧片三等奖
1993年	贺小汉	湖南省湘剧团	中国第十届戏剧“梅花奖”
1994年	湘剧《布衣毛润之》	长沙市艺术剧院	文化部第四届“文华新剧目奖”
	湘剧《铸剑悲歌》	长沙市艺术剧院	第四届中国戏剧节演出奖及5个单项奖
1995年	湘剧《布衣毛润之》	长沙市艺术剧院	中宣部”五个一工程”奖，名列戏曲类第一名
	花鼓戏《羊角号与BP机》	湖南省花鼓戏剧院	全国现代戏调演优秀演出奖及8个单项奖
1996年	歌舞剧《边城》	湖南省歌舞剧院	文化部第六届“文华大奖”
	曹汝龙	长沙市艺术剧院	第十三届中国戏剧“梅花奖”
1997年	歌舞剧《边城》	湖南省歌舞剧院	第五届中国戏剧节“优秀剧目奖”
1998年	杨霞	湖南省歌舞剧院	第十四届中国戏剧“梅花奖”
1999年	花鼓戏《黄泥坳》	长沙市花鼓戏剧院	中国映山红民间戏剧节演出一等奖及多个单项奖

续表 25-2-6-2

时 间	剧（节）目/演员名	演出单位	获得奖项
2000 年	曹汝龙	长沙市湘剧院	中国文联“德艺双馨艺术家”称号
2001 年	花鼓戏《秋天的花鼓》	长沙市花鼓戏剧院	中宣部 “五个一工程” “入选作品奖”
	湘剧《人间知己》	长沙市湘剧院	第六届“映山红”中国民间戏剧节优秀剧目一等奖和 7 个单项一等奖
2002 年	花鼓戏《秋天的花鼓》	长沙市花鼓戏剧院	文化部第十届“文华新剧目奖”
2003 年	歌舞剧《古汉伊人》	湖南省歌舞剧院	第三届全国舞剧观摩演出评委会大奖及多项最佳、优秀奖
2004 年	花鼓戏《万年牌》	长沙市花鼓戏剧院	第十六届中国曹禺戏剧剧本奖提名奖
	花鼓戏《秋天的花鼓》	长沙市花鼓戏剧院	入选国家舞台艺术精品工程 30 台初选剧目，获“精品提名剧目”
2007 年	湘剧《古画雄魂》	长沙市湘剧院	中宣部“五个一工程” 奖
	花鼓戏《走进阳光》	湖南省花鼓戏剧院	2006—2007 年度国家舞台艺术精品工程资助剧目
2008 年	湘剧《古画雄魂》	长沙市湘剧院	第三届（张家港）长江流域戏剧艺术节优秀剧目奖及表演奖、编剧奖
	花鼓小戏《拦车》	湖南省花鼓戏剧院	首届中国地方戏展演地方戏曲牡丹亭剧目奖
2010 年	湘剧《古画雄魂》	长沙市湘剧院	文化部第十三届“文华优秀剧目奖”
	花鼓小戏《从头再来》	湖南省花鼓戏剧院	第十五届“群星奖”
2011 年	湘剧《古画雄魂》	长沙市湘剧院	2009—2010 年度国家舞台艺术精品工程资助剧目
2012 年	湘剧《古画雄魂》	长沙市湘剧院	2010—2011 年度国家舞台艺术精品工程资助剧目
	湘剧《李贞还乡》	湖南省湘剧院	中宣部第十二届“五个一工程”奖；国家舞台艺术精品工程三十台；2011—2012 年度国家舞台艺术精品工程重点资助剧目

表 25-2-6-3　　1988—2012 长沙市域各剧院参加省级表演获奖一览表

时间	剧（节）目/演员名	演出单位	获得奖项
1991 年	花鼓戏《女杰贺英》	长沙市花鼓戏剧团	湖南省花鼓戏观摩演出剧目三等奖和 4 项个人奖
	花鼓戏《希望的田野》	望城县花鼓戏剧团	湖南省第二届“映山红”民间艺术节优秀节目奖，演出一等奖和多项单项奖
	《石榴湾风情》	浏阳县花鼓戏剧团	湖南省第二届“映山红”民间艺术节优秀节目奖和多项单项奖
1994 年	湘剧《铸剑悲歌》	长沙市艺术剧院	湖南省新剧（节）目汇演优秀剧目奖及 9 个单项奖
	花鼓戏《乾隆判婚》	湖南省花鼓戏剧院	湖南省新剧（节）目汇演优秀剧目奖
	花鼓戏《人与狗》	湖南省花鼓戏剧院	湖南省首届戏剧小品赛一等奖
	花鼓戏《立交桥下》	湖南省花鼓戏剧院	湖南省首届戏剧小品赛二等奖
1995 年	陈玉莲	湖南省花鼓戏剧院	1993 年度、1994 年度湖南省演员“戏剧芙蓉奖”
	湘剧《布衣毛润之》	长沙市湘剧院	湖南省第二届“文学艺术优秀成果奖”；湖南省首届“红枫文艺奖”；湖南省“纪念毛泽东诞辰 100 周年文艺成果奖”

续表 25-2-6-3

时间	剧(节)目/演员名	演出单位	获得奖项
1997 年	湘剧《马陵道》	湖南省湘剧院	湖南新剧（节）目会演；田汉大奖
	湘剧《子血》	湖南省湘剧院	湖南新剧（节）目会演；田汉大奖
	湘剧《人间知己》	长沙市湘剧团	湖南新剧（节）目会演；田汉大奖及表演等 10 个单项奖
1998 年	湘剧《人间知己》	长沙市湘剧院	湖南省“五个一工程”奖、田汉戏剧文学剧本奖
1999 年	湘剧《马陵道》	湖南省湘剧院	湖南省“五个一工程”奖
2000 年	湘剧《太平公主》	湖南省湘剧院	湖南省新剧（节）目会演优秀剧目奖
	花鼓戏《秋天的花鼓》	长沙市花鼓戏剧院	湖南省新剧（节）目会演优秀剧目奖；湖南省“五个一工程”奖
2001 年	湘剧《太平公主》	湖南省湘剧院	“田汉大奖”
	花鼓戏《秋天的花鼓》	长沙市花鼓戏剧院	“田汉大奖”
2003 年	花鼓戏《万年牌》	长沙市花鼓戏剧院	湖南省首届艺术节优秀剧目奖；湖南省“五个一工程”奖
	湘剧《亲亲社区》	长沙市湘剧院	湖南省首届艺术节剧目奖（银奖）
2006 年	舞剧《南风》	湖南省歌舞剧院	第二届湖南艺术节“田汉大奖”
	湘剧《古画雄魂》	长沙市湘剧院	第二届湖南艺术节“田汉大奖”
	花鼓戏《手心手背》	长沙市花鼓戏剧院	第二届湖南艺术节“田汉新剧目奖”
	音乐剧《寻梦季节》	长沙市歌舞剧院	第二届湖南艺术节“演出奖”
2009 年	歌舞剧《天山芙蓉》	湖南省歌舞剧院	第三届湖南艺术节“田汉大奖”
	湘剧《酒村长》	长沙市湘剧院	第三届湖南艺术节“田汉大奖”、省”五个一工程”奖
	歌剧《梦圆马王堆》	长沙市歌舞剧院	第三届湖南省艺术节“田汉新剧目奖”
2012 年	湘剧《苏秀才》	长沙市市湘剧保护传承中心	第四届湖南艺术节“田汉大奖”
	花鼓戏《太阳出来了》	长沙市花鼓戏保护传承中心	第四届湖南艺术节“田汉优秀剧目奖”
	花鼓戏《城里山歌》	长沙市花鼓戏保护传承中心	湖南省第十一届精神文明建设“五个一工程”奖

三、送戏下乡

1990 年是“湖南省农村文化年”。长沙市直文化部门组织社教文艺宣传队分赴农村演出。长沙县社教宣传队跑遍全县 32 个乡镇，自编节目 17 个，演出 47 场；宁乡县社教宣传队自编 3 个大型节目和 4 个小戏，深入 11 个区、18 个乡演出 65 场，观众达 5.7 万人；浏阳县举办首届农民艺术节。1996 年，根据上级统一部署，长沙市启动文化下乡活动。1997—2002 年，每年演出数量 30 场左右。2003 年，制定“送戏下乡”实施方案，拨出专款 100 万元支持市属三院团到县（市）农村特别是老少边穷地区演出，至年底三院完成演出 476 场，观众 60 万余人次，社会反响强烈。《光明日报》《中国文化报》等均在头版头条予以报道。从 2004 年起，长沙市送戏下乡演出场次呈逐年递增态势。是年，3 个剧团在全市农村演出 1061 场。2005 年，在“送文化”的同时注重“种文化”，选派 25 名文艺辅导员下乡辅导农村文艺骨干，扶建23个农村文艺团队，对口定点辅导各乡镇业余文艺骨干300余名，指导编排当地群众喜爱的剧（节）目。2007年7月，长沙市“文化下乡，服务三农”公益会演启动，在湘江剧场连演3天，农民不仅可以进城免费看戏，还可以与专业评委一起进行送戏下乡节目评选，挑出“最受农民群众喜爱的节目”，这些节目将进入“送戏下乡节目库”，从而保证农民群众能在“送戏下乡”活动中看到自己最爱看的节目。2009年继续开展“演艺惠民、送戏下乡”活动，计划年演出场次414场，至11月底，实际演出585场。

2010年，长沙市创新非物质文化遗产项目活态传承模式，提质打造以天心区湘江剧院为中心点辐射全市范围的长沙新戏窝子文化品牌，在湘江剧院建立“湖湘戏剧传统文化基地”。一批优秀的传统剧目和新创排的获奖剧目轮番登台上演，每周二至周日晚7:30，由长沙市湘剧保护传承中心、长沙市花鼓戏保护传承中心逐周轮换交替演出，市民可凭身份证等有效证件在剧场售票处免费领票观看。该活动自2010年6月启动，每年演出200场以上，上演传统湘剧《金印记》《白兔记》《拜月记》，花鼓戏《泪洒相思地》《梁祝》《海哥与九妹》，新创湘剧《古画雄魂》《苏秀才》，花鼓戏《太阳出来了》等近百部剧目，场场满座，深受好评。2012年，长沙市送戏下乡演出660场，覆盖全市各区县（市），深入到乡村、社区、学校、企业和军营。

四、文化交流

1989年5月，市花鼓剧院、湘剧院组成长沙市文化艺术代表团，应邀赴日本鹿儿岛市访问演出。1997年11月，市歌舞剧团与来访的比利时蒙斯市皇家室内乐团进行联袂演出。5月，应法国和爱尔兰共和国文化部门邀请，市民族歌舞艺术团赴两国进行友好访问演出。

1999年7月，以长沙市歌舞剧院为主组成的长沙民族歌舞团，赴意大利、瑞士两国参加鲁西、阿铁沙、阿维亚诺、弗里堡等4个城市的国际艺术节，演出20场，观众达4万人，受到意大利、瑞士人民的热烈欢迎。11月，比利时蒙斯市皇家室内乐团到长沙市访问，与市歌舞剧院进行联袂演出。

2002年7月，经中国艺术研究院推荐，受台湾传大艺术有限公司邀请，省湘剧院组成演出团前往台湾参加台湾大学中国地方戏曲研讨会演出。演出团带去新编历史剧《马陵道》以及传统湘剧代表剧目《拜月记》《白兔记》《生死牌》等。2004年2月，由市委宣传部、市外事侨务办公室和市湘剧团等单位联合组成的“长沙市文化艺术交流团”在爱尔兰、荷兰举行4场演出，节目包括湘剧、京剧演唱，民族器乐演奏，民族歌舞和杂耍等，中国驻爱、荷两国使馆官员及当地群众等万余人观看演出。

2012年11月，长沙市歌舞剧院、长沙市花鼓戏传承保护中心与韩国龟尾市文化院在湘江剧院联袂上演一台精彩而富有中韩民族特色的文艺晚会，展示两国极具特色、原汁原味的地方文化。韩国艺术家为长沙观众带来的《太平舞》《立舞》《新阿里郎舞》等极具韩国本地特色，长沙艺术家则为观众呈现富有湖湘气息的《湘妃竹笛》《陶俑舞》和花鼓戏《泪洒相思地》选段。

五、其他演出

（一）举办映山红民间戏剧节。1989年由长沙市南区文化馆发起和主办，得到省文化厅、省文联、中国剧协湖南分会、长沙市南区人民政府等单位的大力支持，首届举办时间历时3个月，有15个民间职业剧团参加，演职员700多人，演出戏曲剧目77台。中共中央宣传部、文化部、湖南省委领导给予高度评价，新闻界、评论界予以关注和好评，提出“映山红现象”。1991年9月23日至11月28日，第二届“映山红”民间戏剧节有12个剧团参演，其中有河南省和湖北省的两个剧团，参演人数有700多人，演出58场。1993年9月23日至12月23日，第三届“映山红”在天心区文化馆剧院演出53场，河南省、湖北省、江西省民间剧团加入演出，“映山红”被称为“戏剧沙漠中的一股活水、清泉”。1996年10月9日至11月21日，第四届中国（湖南）映山红民间戏剧节举行，来自浙江、福建、河南、广东、江西、云南、山西、贵州、广西以及湖南各地的14个民间剧团演出28场，越剧、高甲戏、豫剧、晋剧、黔剧等地方剧种让人们大开眼界，湖南“映山红”从此真正成为中国“映山红”，中国戏剧界级别最高的“梅花”“文华”两个大奖向“映山红”开放。从1999年第五届开始，“映山红”成为由文化部艺术司、中国戏剧家协会等单位联合主办的全国性质的民间戏剧节，改名为“中国映山红民间戏剧节”，每两年举办一次，旨在展示民间职业剧团取得的丰硕成果和民间戏剧工作者不断进取的风采。

（二）举办“杜鹃花”文艺会演。2004年，“杜鹃花”专业文艺会演启动，此后每年下半年举办一次，由全市市直和区县（市）专业文艺院团报名参加，每年评选出剧目奖、演员奖若干，涌现出一大批经典剧目和优秀人才。

（三）承办第二届湖南省艺术节。2006年，长沙市承办第二届湖南艺术节。历时17天，22个参赛（演）单位，25台演出，所涉剧种16个，参演人数2000余人，演出50余场；群众文化方面共有7个门类，66件作品组成的6台节目，1000余名演员，以及美术、书法、摄影3个展览，开展以“欢乐长沙·和谐家园”为主题的五大系列16项群众文化活动。《中国文化报》给予专题报道，长沙市获唯一的组织工作奖。

（四）开展高雅艺术进校园活动。2008年，长沙市湘剧院借教育部、文化部、财政部联合开展高雅艺术进校园活动的东风，联合湖南省教育厅艺术教育委员会，启动湘剧《古画雄魂》进校园演出。2009年，由市委宣传部牵头，市教育局、文化局和民盟长沙市委联合在全市的各所大中学校，开展送戏进校园活动，演出精品湘剧《古画雄魂》。此后，高雅艺术进校园演出列入长沙市送戏下乡演出内容。

第七节 图书馆（室）

一、湖南省图书馆

湖南省立图书馆是中国国内第一家以“图书馆”命名的省级公共图书馆。1984年迁入韶山路，同年改名为湖南图书馆。1984年5月，胡耀邦为新馆题写“湖南图书馆”馆名。省图书馆占地面积4.4万平方米，总建筑面积3.5万平方米，书库高12层，可容纳图书400万册。1988年，省图书馆有藏书309万册，年购书经费44.8万元。设有采编部、阅览部、信息咨询部、地方文献部、报刊部、研究辅导部、技术服务部和办公室以及政工科、计财科、保卫科及图书印刷用品厂，在编职工245人。办理读者个人借书证5.8万个。设有综合借阅处、文学艺术图书借阅室、中文报纸期刊借阅室、外文借阅室、中文

图 25-2-7-1 位于韶山路的湖南图书馆阅览大楼
（摄于2005年6月，长沙市文化旅游广电局供图）

参考图书借阅室、地方文献阅览室、古籍阅览室、电子阅览室等服务窗口。1994 年，省图书馆建成国际联机检索系统。同年全国公共图书馆评估，湖南图书馆名列第四，并获“全国文明图书馆”称号。1998 年被评为“全国一级馆”。2004 年，湖南图书馆修建一幢培训楼，投资 1200 万元，地下 1 层，地上 6 层，建筑面积 6964 平方米，配有阅览室、书库、教室、会议厅等。2008 年，湖南图书馆被公布为首批全国古籍重点保护单位，馆藏中不少是稀世的善本、谱、牒、字画、手札等，尤以丰富的地方文献著称。陆续设立独具特色的湖南人物资料中心、毛泽东著作版本室、徐特立藏书阅览室、家谱收藏中心、滋贺文库、音像借阅室、盲人图书馆、湖南图书馆少年儿童分馆、老年图书馆、女子图书馆等。2012 年，省图书馆馆藏实体文献 450 余万册（件），其中图书 308 余万册（件），古籍线装书 80 余万册（件），报刊 55 余万册(件)，藏有众多手抄经文、名人家谱、字画碑帖珍品，另有电子图书、视听与缩微制品等。设有阅览座位 1570 余个。办有《图书馆》杂志和《农村科技文摘》《馆情通讯》《公共图书馆通讯》等刊物。

二、湖南省少年儿童图书馆

湖南省少年儿童图书馆，简称湘少图，坐落于湖南省长沙市开福区中山路 70 号，隶属湖南省文化厅，为正处级省直事业单位。1981 年 12 月 31 日，湖南省少年儿童图书馆正式成立，是中国最早独立建制的省少年儿童图书馆。1984 年 7 月，接收省图书馆中山路原馆舍（面积 1.1 万平方米），1987 年 12 月 15 日，全馆搬迁工作基本完成。1988 年 12 月 31 日，新馆舍建设工程动工。1992 年 5 月，中共中央总书记江泽民亲笔题写馆名；同年 6 月 1 日，新建成的具有儿童特色的、6 层共 1.3 万平方米的新阅览大楼向社会全面开放，其中书库 3400 平方米，阅览室 5000 平方米，设有阅览座位 800 个，时藏书 48 万册。湘少图设有图画王国、综合图书借阅室、文学图书借阅室、电子阅览室、科普外语阅览室、个性手工坊、保存本阅览室、报刊借阅室、声像资料借阅室、盲人阅览室、教育参考室等阅览室和视听室、智力玩具室等。1995 年后，在图书采访、编目、读者管理、图书流通、期刊、检索咨询以及人事、财务等方面逐步实行计算机管理，并开展电脑培训、多媒体电子阅览、网上查询等工作。1996 年，图书馆综合楼书库建设完成。1999 年、2005 年、2010 年被文化部授予“国家一级图书馆”称号。2011 年 7 月 1 日，图书馆全面免费开放。截至 2012 年年末，馆藏书刊近 80 万册，以少年儿童读物及有关教育、教学资料为特色。其中报刊 1400 余种，并注意收藏视听资料和智力玩具。湘少图根据少年儿童的特点，经常组织小读者开展多种形式的读书活动，如书评会、作品欣赏会、故事会、报告会、与作家或科学家见面会以及各种智力竞赛，并举办书法、绘画、电脑、科学育儿等各种培训班。经常采取送书、送活动上门或邮寄借书等方法为失学、失足、低智、残疾儿童及边远地区的儿童、农民工子弟服务。

三、长沙市图书馆

长沙市图书馆属国家公共图书馆，最早是在湖南省图书馆青少年分馆和潮宗街少儿阅览室的基础上筹建的，位于今中山西路先锋厅，使用面积 83 平方米，有职工 5 人。1979 年，省政府正式批准长沙市图书馆在湖南图书馆旧址定王台 37 号兴建阅览楼，先后投资 100 万元，1980 年筹建，1985 年第一期工程竣工，新馆建筑面积 2641 平方米，其中书库 948 平方米，阅览室 1012 平方米。1986 年全馆搬迁至新址，7 月 1 日正式开放。馆内设采编部、阅览部、外借部、参考咨询部、宣传辅导部、少儿阅览室、办公室和方便借书社。1988 年，市图书馆在编职工 35 人，中文藏书 30 余万册，报刊合订本 1 万余册，日本鹿儿岛市赠送的日文书刊 6533 册。市图书馆根据“以用促藏”的原则，有计划有重点地补充藏书，入藏图书以中文新书为主，注重长沙地方文献的收藏和利用，每年购书经费的 3%~5%用于征集购买地方文献，专架陈列，专人管理，设置专门目录。图书依据中国图书分类办法标引，依据普通图书著录规则著录，期刊依据中图法期刊分类表标引，依据连续出版物著录规则著录。普通图书、期刊、古籍、地方文献都设立公务、读者目录。读者目录设分类和题名目录，古籍编印书本式目录，报刊设题名目录，目录有专人管理，图书“五防”（防火、防潮、防蛀、防盗、防尘）措施得力，古籍入樟木箱妥善保管。1990年，市图书馆设立“湘籍著名作家、学者、专家、教授著作专柜”，广泛收集湘籍著名人士的著作、手稿、藏书等，还陆续申请专款添购《四库全书》《古今图书集成》《丛书集成初编》《丛书集成续编》《孔子文化大全》《古本小说集成》《民国丛书》《中华文化通志》等大型历史文化典籍，收藏各类工具书4000余种。1991年，市图书馆被评为国家二级图书馆。恢复星期天开放制度，新辟少儿阅览室，全年接待少儿读者5400多人次。1997年年底开始使用计算机，当年建成馆藏机读书目数据库，开通采访、编目两个子系统，向图书馆现代化目标迈进。1998年，长沙市发布《关于征集地方书刊资料的通知》，要求长沙市内各单位向该馆呈缴、赠送本单位编辑、出版、印刷的书刊资料。通过长期努力，该馆藏书日趋丰富，初步形成具有一定特色的藏书体系。同年被评为国家二级图书馆。1999年，新征文献1000种2500册，书目数据6万余条。2000年，市图书馆开辟送书上门服务点，开始筹划长株潭图书馆资源共享。2001年，建立小型电子阅览室，图书外借实现计算机管理。2005年，长沙市滨江文化园开始规划，市图书馆拟迁址其中，规划面积3.13万平方米，规划藏书140万册。2007年年末，滨江文化园正式动工建设。2008年，根据滨江文化园的建设进展，完善图书馆智能化系统工程，制定《图书馆布展方案》和《图书馆管理运作方案》。2010年，市图书馆计划启动总分馆制和数字图书馆建设，2011年采购总分馆所需服务器、网站协作平台、全文检索系统、信息雷达等软件，并举办分馆专业技术人员培训班，是年8月，长沙市图书馆实行全面免费开放政策，主要服务窗口365天不闭馆，每周开放时长66.5小时，18个服务项目全免费。至年底，八方社区分馆、团市委杜鹃分馆建设完毕，逐步引进一批面向社会公众、政府机构、科研教育人员、企业、少年儿童、残疾人等各类型读者的数字资源。2012年，颐而康分馆和拓维分馆开放，包括长沙市图书馆、区县（市）图书馆和各分馆在内的“总分馆”服务网络建设完成，实现“一站式”搜索，并开始规划全市范围内更多分馆建设。

四、区县（市）图书馆

（一）芙蓉区图书馆。芙蓉区图书馆位于长沙市芙蓉区人民东路67号，建筑面积1500平方米，创办于2005年7月，时藏书7万册。开设图书借阅服务、书报阅览室、电子阅览室、少儿阅览室、文化资源信息共享工程5个服务窗口。2009年，芙蓉区图书馆被评为国家一级馆。2011年，制定《芙蓉区公共图书馆、文化馆（站）免费开放实施方案》，区图书馆公共空间设施免费向市民开放，提供文献资源借阅、检索与咨询、公益性讲座基层辅导、流动服务等基本文化服务项目，并通过设立馆外流通点等方式扩大服务范围。2012年，芙蓉区图书馆馆藏图书8.5万册（以社科类图书为主，包含所有图书种类），报纸、杂志300多种，在用有效借书证3218本。是年举办“芙蓉区外来务工人员俱乐部活动”4次，还开展“候鸟俱乐部”“图书漂流”“读书沙龙”等活动，创造良好的学习氛围，保障全区居民特别是外来务工人员阅读学习的基本文化权益。

（二）天心区图书馆。天心区图书馆，全称长沙市天心区公共图书馆，始建于2005年7月，原址在湘府路258号，馆舍面积1500平方米。2008年搬迁至黄土岭路218号，8月28日对外开放。馆舍面积2120平方米，时藏书10万册，其中纸质图书6万册，报纸期刊200余种，电子图书4万册。该馆综合区电子科技图书馆、党校图书馆、天心一中图书馆的功能，是全国文化信息资源共享工程区支中心之一。2012年，该馆藏书10万余册，设有图书阅览室、电子阅览室、期刊阅览室、多媒体演示厅、少儿阅览室、地方文献室、过刊室等服务窗口。有阅览座席320个，开展书刊、电子文献阅览和外借、文献检索、参考咨询、影视欣赏、专家讲座、报告会等形式多样的读者服务工作。

（三）岳麓区图书馆。岳麓区图书馆位于岳麓区潇湘中路283号2楼，始建于2005年7月，馆舍面积1800余平方米，时藏书7万册。2007年该馆正式成立湖南省文化信息资源共享工程支中心，电子阅览室配有30台电脑，方便全区广大群众就近浏览全国（湖南）文化信息网上的文化信息资源；中心机房配有资源服务器、卫星接收服务器等系统；多功能演示厅配有电脑、投影仪、音响等设备。2009年被文化部评为“国家一级图书馆”。2011年加入长沙图书馆总分馆服务体系，采用联网管理，实现全市范围内通借通还，同时全馆全部实现无障碍、“零门槛”向群众免费开放。2012年该馆总面积3000平方米，藏书17万册，72个门类，报纸杂志200余种，馆内设有图书阅览大厅、少儿阅览室、电子阅览室、盲文及盲人有声读物阅览室、多媒体演示厅，图书馆实行全开架阅览。

（四）开福区图书馆。开福区图书馆成立于2005年，原址在北正街小学，面积1200平方米，时藏书7万册。2007年4月搬至青竹湖湘一外国语学校综合楼，使用面积2554平方米，藏书7.8万余册，报刊241种。馆内设施齐全，设有采编室、过刊室、藏书室、电子阅览室（电脑25台）、多媒体播映室、精品阅览室、少儿阅览室及公共借阅室，可同时容纳422名读者。2011年，图书馆向社会全免费开放，每周开放时间在60小时以上。2012年，该馆使用面积3471.4平方米，纸质藏书9万余册，报刊244种，电子读物及视听文献千余种。馆内阅览座位可同时容纳1273名读者。

（五）雨花区图书馆。雨花区公共图书馆2005年成立，位于长沙市万家丽路雨花区文体活动中心大楼，初时馆舍面积2000平方米，藏书10万册。2009年被评为国家一级馆。2012年，馆舍面积4000余平方米，藏书16万册，电子图书6万册，盲文书籍100多册，中文报纸期刊2000多种。馆内设有多功能文化展示中心、图书综合借阅室、少儿借阅室、电子文献阅览室、文化资源共享工程支中心。配备31台电脑，开放式阅览座席300余个。

（六）望城区（县）图书馆。望城县图书馆于1984年成立，1986年12月位于高塘岭镇郭亮北路278号的新馆落成，时藏书仅4000册。1988年藏书1.06万册。1990年开展军民共建活动，先后有湖南省军区、长沙军分区、长沙炮兵学院等捐书8700册，1993年更名为雷锋图书馆，同年12月26日举行更名开馆典礼。由于藏书不足，1994年参加全国首届评估定级未能达标。1995年4月，县文化系统干部职工捐书。截至1996年年底藏书增至3.5万册。1997年发动各界广泛捐书，先后有团市委、团县委、省少儿馆、市新闻出版局、中国财经出版社、市文化局、市图书馆、九三学社以及全县各乡镇、学校、企事业单位等捐书3.5万册。同年开始实施自动化管理工程。1998年，在长沙市实施“知识扶贫”工程中，向全市发出百万市民捐书活动的通知；先后有市直机关工委、市妇联、市委宣传部、市文化局、市教委、市图书馆、长沙晚报社、市新华书店、市新闻出版局等捐书8万册。同年被评为湖南省优秀乡镇万册图书馆，并经省市评估达标验收，被评定为国家二级图书馆。1999年3月，中国电子工业出版社向该馆捐书1200册，价值3万余元。2012年，该馆有藏书8万余册，馆内设有成人外借处、读者服务部、成人期刊借阅室、过刊咨询室、报纸阅览室、少儿图书借阅室6个服务窗口，并专门设立雷锋图书专柜、地方文献专柜、工具书专柜。为扩大图书馆的社会影响，该馆经常深入街道、农村，举办图书宣传和送书下乡活动，积极开展读书演讲、读书心得征文等活动，推动读书活动的纵深发展，读者队伍不断扩大，馆内持证读者1200人，少儿持证480人，外借册次8万册，年流通读者6万人次。在抓读者活动和阵地服务的同时，该馆积极扶持乡镇万册图书馆的发展，先后扶植辅导乡镇万册图书馆6个。

（七）长沙县图书馆。20世纪70年代，长沙县图书馆与文化馆分开，独立建制，租借原㮾梨区供销社门市部住房，拨款改建为50平方米、能容纳50个座位的成人综合阅览室。1989年，图书馆有藏书8万册，工作人员5人。设有采编、外借、阅览、农村辅导4个服务窗口，全天对外开放。持有县图书馆集体借书证的单位有40余个，持县馆借书证的农村读者1150人，建有少儿图书服务中心26个，且在大部分村、校都建立图书室。同时还在全县辅导和帮助建立120余个图书户，后又在全省率先建立科技图书示范户75户。县图书馆被评为全省先进单位，该县高塘乡被评为全国图书馆、室先进单位，图书户李中笑被评为全国新长征突击手，受到胡锦涛等党和国家领导人的接见。是年图书馆馆舍被评定为危房并发出同意拆除通知。后虽经多年筹备，文化部、省文化厅、市文化局均予以拨款，但由于长沙县规划建立经济开发区，决定停止在㮾梨镇新建图书馆。

1996年，长沙县治迁至星沙，县图书馆先后在文化公园文化馆商业门面、县实验中学（当时称维汉中学）、二区民房办公，辟有外借、阅览等服务窗口。该馆根据实际情况制定以农业科技及科普书籍为主、文学书籍为辅的藏书体系，并改变原来采购由县新华书店送书上门的方法，实行多渠道采集图书，使藏书体系逐步完善。设置图书目录4套，即公务分类目录和公务书名目录、读者分类目录，并按《普通图书著录规则》标引和著录图书，文献的加工整理则按《县图书馆工作规范》统一书标、登录号、馆藏章位置。馆内制定书库保管制度和藏书保护制度、读者借书制度，规范书刊出入手续。该馆采取预约借书、送书上门、流通图书点、馆际互借等多种服务方式。在农村设立安沙等两个流通点，投放图书5000余册，定期组织交换并进行业务辅导，扩大读者队伍，同时利用宣传栏《读者园地》宣传推介新书，利用图书馆宣传活动周送书下乡，另外组织一些规模较大的读书活动，使读者认识到利用图书馆的重要性。1997年组织的百万农民读书活动，全县就有近10万人参加，收到良好效果。该馆一直把工作重点放在农村，抽调2名骨干作为辅导员，长期在基层辅导，并编印《长沙图苑》《致富信息》等资料对基层发放。2001年，图书馆购书经费为2万元/年。2005年，图书馆迁至长沙县广电局附二楼。2007年，长沙县图书馆成为“全国文化信息资源共享示范县”100个试点县之一，至9月上旬，在县图书馆内建成一个10兆光纤的中心机房、一个多媒体室、一个有20台电脑的电子阅览室的县级支中心，以及20个乡镇 和98个村基层服务点，实现文化信息资源与全国联网。2008年，图书馆购书经费增加至10万元/年，同年实行全免费开放，年接待读者5万人。2010年1月，被文化部定为“国家二级图书馆”。2011年建成三级图书管理服务网站，与市公共图书馆共享文化资源。2012年，图书馆藏书达20.5万册，有电脑46台，是湖南省文化信息资源共享工程县级支中心。至年底在全县建设农家书屋287个，首创的《农家书屋评星定级与摘牌淘汰管理办法》成为全县农家书屋管理典范。

（八）浏阳市图书馆。20世纪80年代，浏阳县图书馆恢复单独建制，场所暂安在县文化馆内，时在编人员4人，藏书3万册。1982年在城关下河街4号动工兴建新馆舍，面积1040平方米，设有采编、外借、报刊阅览、少儿阅览、农村辅导5个服务窗口，工作人员5人，1983年6月对外开放，年接待读者2万人次。1988年藏书6.56万册。1991年，浏阳县对图书馆购书经费单列，为1万元/年。1992年，图书馆开办打字复印、租书、电子游戏、幼儿园等以文补文项目，同时不定期开办培训班。同年被评为三级图书馆。1993年随着浏阳撤县建市，更名浏阳市图书馆。增设工具书阅览、地方文献、党政干部读书窗口、过刊查阅4个对外窗口。1994年被文化部定为国家三级图书馆。该馆设置目录4套，即公务分类目录和公务书名目录、读者分类目录，并按《普通图书著录规则》标引和著录图书。文献的加工整理则按《县图书馆工作规范》，统一书标、登录号、馆藏章位置。馆内制定书库保管制度和藏书保护制度、读者借阅制度，规范书刊出入手续。设立专架和专门目录，并由专人保管。1995 年起，购书经费增加至 3 万元/年。1998 年馆内在编人员 16 人，拥有藏书 12 万余册，其中地方文献 300 种 500 册；古籍书 1233 种 8130 册。持证读者 2200 余人。至年底，总外借达 5.15 万册次，流通人次 3.37 万人次。全国公共图书馆评估定级活动中，该馆被评为“国家二级图书馆”。2001 年，图书馆投资 240 余万元，在浏阳市解放路 116 号兴建 3000 余平方米的阅览大楼，并大量添置图书，逐渐形成集收藏社科、自科、古籍文献、地方史志和各时期报纸杂志、现代电子文献于一体的综合性公共图书馆。2003 年藏书量 13.99 万册；2007 年藏书 15.21 万册。2010 年 7 月向市民免费开放。截至 2012 年年底，图书馆藏书 20 万册，古籍文献万余册，年订报刊 300 余种。设有综合外借处、阅览室、采编室、少儿室、电子阅览室、政府信息公开查询等服务窗口。是全国文化信息资源共享工程县（市）级基层服务中心和农家书屋建设工作责任单位。

（九）宁乡县图书馆。20 世纪 80 年代初，宁乡县图书馆位于县文化馆内。1985 年在县城北郊建成新馆，总占地面积 3164 平方米，其中馆舍面积 3053 平方米。1988 年藏书 9.17 万册。1992 年，宁乡县图书馆被评为国家二级图书馆。1997 年开始实行自动化管理。1998 年建成少儿阅览楼。在全国公共图书馆评估定级工作中，该图书馆被文化部授予“国家一级图书馆”。同年 11 月 8 日，该图书馆启用“刘少奇图书馆”名称，全国人大常委会副委员长周光召题写馆名，并举行挂牌仪式。图书馆藏书结构分一般性图书、科技图书、地方文献古籍、综合性图书。在为全县各行各业发展建设服务的原则下，利用有限的经费，采取“多品种、少复本”的购书办法，形成“重点收藏，兼顾一般，内容广泛，范围较大”的藏书特色。常年举办读者评书、座谈、报告会、中小学生手工制作工艺智力测验、诗歌朗诵、演讲以及书画、写作等学习班，联办科技展览、有奖征文。进行文献信息开发服务，及时为决策部门提供最新政治、经济、文化、教育、科技等方面的信息。该图书馆积极发展基层图书网络，扶持乡镇万册图书馆、科技图书示范户、村级千册图书室和农民读书小组。2012 年，该馆藏书 18 万余册，设外借、阅览、采编、读者服务、参考咨询、精品、辅导、少儿、计算机开发等业务部门。有职工 29 人，常年持证读者近 5000 人，年接待读者 10 万余人次，年借阅近 40 万册次，阅览座席 210 个，图书架位 2130 米。服务方式有外借、阅览、情报检索、代借代还、预约借书、电话续借、资料代查、送书下乡、跟踪服务、信息服务、网络咨询等。每年开展图书宣传周活动。外借服务设有普通借书证和通用借书证及党政干部专用借书证 3 种。主要技术设备有计算机 12 台（套），打字、复印机各 1 台（套），音像、电教设备 1 套。2012 年 3 月，因政府城建需要，搬迁至宁乡县第二行政中心临时开放办公。

表 25-2-7-1　　1980—2012 年长沙市域公共图书馆发展情况一览表

年份	公共图书馆(个)	藏书(万册)	年份	公共图书馆(个)	藏书(万册)
1980	5	—	2004	7	507.6
1985	7	—	2005	12	521
1988	7	404	2006	12	539.7
1997	7	461	2007	12	531.6
1998	7	551.6	2008	12	549.9
1999	7	483.9	2009	12	587.2
2000	7	480.1	2010	12	633.1

续表 25-2-7-1

年份	公共图书馆(个)	藏书(万册)	年份	公共图书馆(个)	藏书(万册)
2001	7	481.5	2011	12	953.44
2002	7	485.0	2012	12	1058.54
2003	7	500			

五、高校图书馆

1988年，长沙市20余所高等学校均建有校属图书馆，馆舍总面积超过8万平方米，总馆藏量接近900万册。另有中等专业学校图书馆34所。高等学校图书馆中，馆舍面积最大的是国防科技大学图书馆，面积1.135万平方米；藏书量最多的是湖南师范大学图书馆，达150万册。1989年4月，原湖南省高等学校中心图书馆工作委员会改为湖南省高等学校图书情报工作委员会，继续开展高校图书馆馆际协作，加强图书文献搜集协调，实施图书文献资料共享，逐步实现高等学校图书馆的现代化。其时，中南工业大学与本校计算机系、计算机中心联合研制“西文图书采编及西文期刊联合编目微机管理系统”，是全省高校图书馆界研制的第一个图书馆业务管理自动化系统。到1994年，湖南大学图书馆、湖南师范大学图书馆、中南工业大学图书馆、湖南财经学院图书馆等实现将计算机运用于全馆集成管理。1999年，长沙市绝大部分高校图书馆实现全开架借阅，以便更好地为科研服务。

2000年，湖南省进行高校大合并，长沙市域普通高等院校合并为17所后，中南大学、湖南大学、湖南师范大学、国防科技大学等重点高校的图书馆规模得以迅速扩大。湖南省高等学校图书情报工作委员会于2001年年底举行换届选举，湖南大学图书馆、中南大学图书馆、湖南师范大学图书馆、国防科技大学图书馆、湖南农业大学图书馆、长沙大学图书馆当选为常务委员单位，秘书处设在湖南大学图书馆。2002年开始，全市高校掀起图书馆馆舍建设高潮，新馆面积以2万~4万平方米为主，办馆条件极大改善。2003年，由湖南省教育厅组织，中南大学、湖南大学、湖南师范大学正式签署《岳麓山地区大学资源共享框架协议》，开始建设“岳麓山大学城数字图书馆”。2004年，由湖南省教育厅领导、湖南省高等学校图书情报工作委员会具体指导、依靠全省高校共同参与的“湖南省高校数字图书馆”建设正式启动，项目管理中心设于湖南师范大学图书馆。项目分两期建设，第一期从2004年至2006年，主要是基础设施和资源的建设；第二期从2007年至2009年，主要是数字资源整合共享平台建设。最终通过统一团购和整合各成员高校文献资源，建立多学科、便检索、易获取的中外文献资源保障体系。到2009年，数字图书馆覆盖全长沙17所普通高校和部分高职院校。

图 25-2-7-2 湖南大学图书馆正门

（摄于2011年，长沙市文化旅游广电局供图）

2012年，长沙市域17所普通高等学校校属图书馆总面积接近54万平方米，藏书总量约3500万册。17所高校均为湖南省数字图书馆成员，资源开放供全省高校数字图书馆联盟成员乃至全社会使用。全市其他各类高等院校38所，也基本建有校属图书馆。

表25-2-7-2　　2012年长沙市域部分普通高等学校图书馆情况一览表

图书馆名称	建馆年份	年度	藏书册数（万册）	馆舍面积（平方米）	职工人数（人）	备注
湖南大学图书馆	1926	1988	116	1580	86	2000年与湖南财经学院图书馆合并，2002年湖南计算机高等专科学校并入，共3栋馆舍
		2012	505	3.5万	153	
中南大学图书馆	1952	1988	112	8080	89	2002年原中南工业大学图书馆和原铁道学院图书馆合并；2005年年底原湖南医科大学图书馆以分馆形式并入。2012年新校区新馆投入使用
		2012	470	8.5万	190	
国防科技大学图书馆	1952	1988	90	1.14万	80	1999年长沙炮兵学院、长沙工程兵学院和长沙政治学院并入国防科大，图书馆先后并入。2003年、2007年新建馆舍先后启用
		2012	320	3.35万	77	
湖南师范大学图书馆	1953	1938	150	6125	87	1992年湖南图书情报学校图书馆并入，2000—2002年湖南教育学院、湖南政治管理干部学院、湖南医学高等专科学校图书馆先后并入
		2012	336	4.6万	120	
长沙理工大学图书馆	1978	1988	22	5687	46	2003年，长沙交通学院、长沙电力学院、湖南省水利水电学校、湖南轻工业高等专科学校组建成立长沙理工大学，图书馆随即合并。2007年云塘校区分馆启用
		2012	350余	6.06万	135	
湖南农业大学图书馆	1960	1988	41	4448	48	1994年随学校更名。1999年、2008年两栋新馆舍落成
		2012	200余	4.38万	103	
中南林业科技大学	1958	—	—	—	—	建校后随校址几经变动，2000年迁回长沙原校址，2004年新馆落成，2006年湖南经济管理干部学院图书馆并入，分东、西校区二馆
		2012	300余	3.8万	115	
湖南商学院图书馆	1986	1988	10	1100	17	1994年湖南商业高等专科学校与湖南省商业管理干部学院合并为湖南商学院，1999年图书馆建成；2005年建成新馆
		2012	155余	1.77万	57	
湖南第一师范学院图书馆	1903	1988	10	900	8	2007年河西东方红校区图书馆投入使用
		2012	140	2.58万	60	
长沙学院图书馆	1983	1988	9.5	400	14	1996年与长沙职业技术师范专科学校图书馆合并，1998年新建图书馆大楼
		2012	118	1.16万	47	
湖南中医药大学图书馆	1953	1988	25	5000	33	2006年更名为湖南中医药大学图书馆，是年含浦校区新馆投入使用
		2012	80余	2.5万	35	
湖南涉外经济学院图书馆	1998	1988	—	—	—	2002年新馆舍竣工
		2012	200余	2.69万	66	
湖南财政经济学院图书馆	1979	1988	13	2123	17	2006年兴建现馆
		2012	100余	2.02万	32	
湖南女子学院图书馆	1985	1988	—	—	—	至2012年年底，学校逸夫图书馆建设中，规划面积1.5万平方米
		2012	105	0.995万	35	

续表 25-2-7-2

图书馆名称	建馆年份	年度	藏书册数（万册）	馆舍面积（平方米）	职工人数（人）	备注
长沙医学院图书馆	1989	1988	—	—	—	长沙校区新馆于 2004 年底投入使用
		2012	106	3.44 万	31	
湖南警察学院图书馆	2007	1988	—	—	—	由原湖南公安专科学校图书馆和原湖南省人民警察学校图书馆合并而成
		2012	70	1.48 万	33	
长沙师范学院图书馆	2006	1988	—	—	—	至 2012 年年底图书馆新馆建设中，规划面积 2.3 万平方米
		2012	50 余	1.02 万	21	

六、机关企事业单位图书馆（室）

1988 年，长沙市党政机关、群众团体、事业单位等由于业务工作和单位职工文化生活的需要，基本建有图书资料室。其中湖南省新闻出版局图书资料室，省、市委机关图书室，湖南日报社，长沙晚报社资料室，省、市党委图书馆等藏书较多，借阅开放比较正规。全市部分大中型以上国有工矿企业建立图书馆（室）；市图书馆先后对工会系统图书馆组建协作网片，河西、东区、南区、北区和树木岭地区共 5 个协作片先后组建，共有成员馆（室）44 个，各网片经常组织成员馆开展馆际互借，交流经验，组织检查评比等。市总工会和市图书馆曾多次联合举办工矿企业图书管理人员培训班。20 世纪 90 年代中后期，随着改革开放的深入化发展，长沙市部分国有工矿企业逐渐破产或改组，企业图书馆随之流散，仅剩长沙卷烟厂等国有大型企业保留图书室设置。

2006 年，长沙西城实业集团率先创建职工书屋。2008 年，《中华全国总工会关于开展全国工会"职工书屋"建设的实施意见》《中华全国总工会办公厅关于申报全国"职工书屋"示范点的通知》《湖南省总工会办公室关于开展全省工会"职工书屋"建设的通知》发布后，长沙市积极拓展并延伸职工书屋建设的内涵，将一线职工和农民工列为职工书屋的重点服务对象，将机关事业单位、企业、社区图书馆统一纳入职工书屋的建设范畴，整合社会资源，通过企业赞助、职工和社会捐助等形式来进行书屋建设。职工书屋建设分为国家级示范点和市级示范点。国家级要求藏书量 3000 册、报刊 20 种以上，电子音像制品不少于 80 种（张），有可上网电脑，由同级工会调配 1~2 名工作人员从事"职工书屋"的日常管理；市级要求藏书量 2000 册、报刊 10 种以上，电子音像制品不少于 30 种（张），场地面积不少于 50 平方米，有可上网电脑，由同级工会调配专职或兼职 1~2 名工作人员从事"职工书屋"的日常管理，有足够的阅读用桌椅和摆放书籍的书架。是年，全市建成芙蓉区南阳街社区、

图 25-2-7-3 2011 年开始创建的广汽菲亚特职工书屋，面积达 20 平方米，投入专用资金 20 余万元，书籍共计 2 万余册图书，30 类报刊，85 张电子影像制品

（摄于 2012 年，长沙市文化旅游广电局供图）

开福区清水塘社区、雨花区东塘办事处、湖南鑫源投资集团有限公司、湖南天龙制药有限公司、浏阳市自来水公司工会等13个市级职工书屋示范点；长沙卷烟厂、湖南西城实业集团、长沙市电业局、长沙长途线路局职工书屋4个中华全国总工会首批“职工书屋”示范点。2009年建成芙蓉区恒达社区、长沙鹤祥包装公司、长沙市高新区国税局、长沙新奥燃气有限公司、宁乡县白马桥正农社区等17个市级职工书屋示范点；芙蓉区东郡社区、长沙县湖南同心实业股份有限公司2个国家级职工书屋示范点。2010年和2011年，建成长沙开元仪器股份有限公司、中粮可口可乐饮料有限公司、湖南雷锋纪念馆、长沙房产(集团)有限公司、东方红建设集团有限公司、长沙市长郡中学等32个市级职工书屋示范点；湖南顺天建设集团、天心区大托镇一力社区、望城区师友图书馆、湖南龙骧巴士有限公司、浏阳市官渡镇工会联合会、湖南颐而康保健有限责任公司6个国家级职工书屋示范点。2011年5月，市总工会主办“长沙市首届职工读书节”，向全市市级“职工书屋”赠送电脑，向各农民工业余学校分校赠送书籍。

2012年，建成广汽菲亚特汽车有限公司、湖南顺丰速运有限公司、湖南巴士公共交通有限公司、芙蓉区西湖社区、长沙市殡葬事业管理处、天骄幼儿园等32个市级职工书屋示范点；长沙开元仪器股份有限公司、开福区东风路街道浏河村社区、宁乡县红宇耐磨新材料股份有限公司3个国家级职工书屋示范点。全市有国家级职工书屋示范点15个，市级职工书屋示范点94个。

七、乡镇图书馆（书屋）

20世纪80年代初期，随着农村乡镇文化站的恢复，农村图书室也进入新的发展阶段。有不少农户自发创建书屋，如长沙县黄兴镇的“李中笑图书户”、望城县靖港镇的“应龙图书馆”等。1983年5月23日，胡锦涛视察“李中笑图书户”，当场题词“向李中笑同志学习”。1986年宁乡县出现乡镇与学校联合办图书馆，即由乡镇文化站提供图书、设备和部分经费，学校出场地，既为教学服务，也向农民提供图书。1987年6月，长沙市召开全市建设万册图书馆工作会议，发布《关于建设万册图书馆的意见》，明确在乡镇发展万册图书馆事业。经过3个月的筹备，长沙地区第一个万册图书馆在长沙县廻龙乡建立。至1988年年底4县1郊有乡镇文化站图书室184个，村办图书室400多个。先后办起乡、镇万册图书馆11个，馆舍面积990平方米，藏书11.88万册。1990年全省农村图书馆（室）座谈会和长沙市建设乡镇万册图书馆现场交流会在浏阳召开，当年全市农村新建万册图书馆7个，至1991年，全市有28个乡镇万册图书馆，居全省首位。1993年全市万册图书馆40个。1994年，望城县靖港乡老农胡应龙私人创办的“应龙书社”藏书达万册，达到省文化厅制定的关于农村万册书屋的要求，成为文化部“万村书库”文化扶贫工程的范例，新华社和《人民日报》《农民日报》《湖南日报》等全国30余家媒体相继进行报道，中央、省、市、县电视台多次拍摄专题片、新闻纪录片，传为佳话。1998年和1999年，全市分别在建成长沙县、望城县、宁乡县和雨花区黎托、洞井乡、砂子塘

图25-2-7-4 长沙县“李中笑图书户”创办人李海兰，在农家书屋阅览室里与两个小读者交谈

（摄于2009年，长沙市文化旅游广电局供图）

等新建 7 个乡镇万册图书馆。至 2000 年，全市乡镇、街道图书馆超过 300 个，其中万册图书馆 56 个。

进入 21 世纪，全国乡镇集中力量发展经济，对文化投入普遍不足，加之文化站所体制改革，乡镇政府统揽文化事业的功能难以发挥，长沙市乡镇万册图书馆（室）建设进展缓慢，管理人员流散，乡镇图书室图书或被封存，或移入村民家中保管。2007 年 3 月，新闻出版总署会同中央文明办、国家发展改革委、科技部、民政部、财政部、农业部、国家人口计生委联合发出《关于印发〈农家书屋工程实施意见〉的通知》后，长沙市将农家书屋建设作为全市农村文化建设的重点，对原乡镇万册图书馆资源进行整合、补充，建成试点农家书屋 20 家。望城被列入全国“文化共享工程”试点县，应龙图书馆被纳入“文化共享工程”首批基层示范服务点，该馆新任馆长上任后开展特色服务，利用国家投入的“共享工程”设施设备，走村串户，不定期地为当地村民播放戏曲、电影，帮村民查找致富信息，并结合图书借阅，免费为当地村民提供科技信息服务。2008 年，农家书屋建设写入《中共长沙市委关于推进农村改革发展的实施意见》，当年建成农家书屋 138 家。农家书屋分别建在综合文化站、村级文体活动中心和文化志愿者家中，形成覆盖城乡的高标准书屋网络。制定农家书屋“星级评定”与“摘牌机制”，重点对农家书屋在培训、考核、激励、淘汰等方面进行考核，以此提高书屋管理效率。2009 年成立长沙市农家书屋工程建设领导小组。6 月出台《关于加强农家书屋工程建设的实施意见》，对农家书屋的建设目标、责任单位、建设标准、补助办法、建设步骤、建设管理等内容做出明确规定，并将农家书屋建设纳入全市绩效考核范畴、纳入社会主义新农村建设总体规划、纳入公共文化服务体系建设，写入《关于推进农村改革发展的实施意见》《关于推进国际文化名城建设的意见》等文件；连续多年列入长沙市十大为民办实事工程和学习实践科学发展观活动十二大亮点工程。是年建成农家书屋139 家。2010 年建成 387 家；2011 年建成 329 家，总数达 1013 家。至 2012 年，各级财政累计投入长沙农家书屋建设资金 5042 万元，其中中央财政 1364 万元、省级财政 750 万元、市级财政 1364 万元（不含工作经费）、区县（市）财政 1564 万元(不含专项工作经费)。是年建成农家书屋 351 家。到 2012 年年底，全市建成农家书屋 1364 家，总面积 6.08 万平方米，中央、省、市三级财政配套资金采购的图书 303.69 万（套）册，音像制品 17.59 万盒(张)，平均每个农家书屋配套图书 2226 册，音像制品 129 盒(张)。

八、社会服务

1986 年，长沙市图书馆再度开馆之后，长期坚持开展送书下乡、到工厂、到军营、到学校，开辟馆外流通服务点 9 个。坚持每年为海军“长沙舰”邮寄赠书、送书。每年组织大规模的群众读书活动，如 80 年代末开展的“红领巾读书读报奖章”活动，20 世纪 90 年代开展的“万名青少年游览智慧宫采摘智慧果”活动。1995 年，长沙市图书馆派出 6 名业务骨干到舰上建立起“长沙舰图书室”，被官兵们誉为“精神文明航标灯”，在南海舰队产生广泛的“长沙舰”效应；1996 年在“长沙舰”命名 10 周年之际，“长沙舰”官兵向市图书馆赠送“十年赠书，誉满南疆”的锦旗。

长沙市图书馆充分利用馆藏文献资料组织开展多种形式的群众性读书活动，1996 年以来，该馆连续三年组织“三百万读书活动”，即“百万农民读书活动”“百万市民读书活动”和“百万市民捐书活动”，向社会推荐优秀图书，组织读书经验交流、读书讲演、知识竞赛、征文等系列活动，数百万群众踊跃参加。组织评选长沙市首届十大藏书家、百户优秀藏书户、百户书香家庭，产生广泛而深远的影响。1998 年开展的“百万市民捐书活动”，募集图书 35 万册、现金 13 万元，促进农村图书馆事业的发展。1998 年 6 月 4 日，《新华每日电讯》以“长沙读书热，星城书墨香”为题报道长沙广泛开展的群众性读书活动；同年，市图书馆作为全省公共图书馆系统的唯一代表，出席全国知识工程领导小组在南宁召开的全国知识工程经验交流会，并在大会上介绍经验。市图书馆充分发挥中心馆的作用，加强对全市工矿、学校、街道和农村图书馆（室）的业务辅导工作，为基层培训图书管理员、指导基层图书馆（室）开展各项业务活动，并将基层图书馆（室）按地区或系统组织起来，开展工作经验交流、馆际编印联合书目以及业务研究等多项协作协调活动。在市图书馆的积极指导推动下，长沙市基层图书馆（室）发展较大，是年，全市各类型基层图书馆（室）2000 余个，有专职或兼职管理人员 5000 余人。由市图书馆扶植发展的乡镇、街道万册图书馆 50 个，科技图书示范户 304 户，农民读书活动小组 176 人。市图书馆与所属县图书馆联合编印《长沙市公共图书馆种植业、养殖业书籍联合目录》《毛泽东著作版本联合目录》《刘少奇著作版本联合目录》等。1999 年，长沙市图书馆开辟 9 个馆外流通服务点，最远的到达望城县靖港镇。同年湖南省开展图书馆服务成果评奖活动，市图书馆向省文化厅推荐 20 项优秀服务成果，其中 14 项获奖。

2000 年，长沙市图书馆开辟送书上门服务点。2001 年，向“长沙舰”赠书累计 1 万余册。同年组建电子阅览室，并举办长株潭一体化情报信息理论研讨会。2001 年，社会科学外借部特藏书库（地方文献）方面实现流通自动化，同年组织全市各区县（市）图书馆和 20 多所中小学图书馆参加湖南省少年儿童“争做绿色小卫士”读书征文活动。此后，每年会组织开展大规模读书活动 3~4 次，如“创建平安社会，构建和谐长沙”春联征集评奖活动、少年儿童“构建和谐社会”读书演讲竞赛、“文明长沙，和谐湖南”美文诵读比赛等；长期举办“食品与健康”、家庭保障、外语、青少年教育等系列知识讲座，同时注重面向弱势群体，定期开展为残疾人工厂送书上门、为福利院老人送温暖、盲人阅读交流讲座等。

2005 年，市内 5 区图书馆成立以后，全市市属公共图书馆 10 家。2006 年，长沙市发布《关于进一步加强文化信息资源共享工程建设的意见》，至 2007 年年底，全市 5 区 4 县（市）文化信息共享工程支中心通过试点，全部按国家一级标准建成开放，并与湖南省中心（湖南省图书馆）签订数字资源共享协议。至 2009 年，全市在 1 个市级支中心，9 个县（市）区级支中心的基础上，通过自建，以及与农村党员干部现代远程教育、农村中小学现代远程教育工程合作，共建立 160 余个乡镇（街道）基层点，1000 余个村（社区）基层点；其中城区 57 个乡镇（街道）覆盖率达到 100%。各基层服务点利用共享工程的网络和设备，免费为村、社区居民提供电子图书、期刊、影视展播、信息查询等服务，并开展电脑培训和信息知识讲座，有效弥补农村图书资源的不足。在市图书馆的统一业务指导下，区县各图书馆也联合开展多种形式的读者服务及活动。每年一次的“图书馆服务宣传周”活动，通过有奖知识竞赛、视频展播、读书征文等形式，增强市民利用图书馆的意识。各图书馆还在活动中打造颇具影响力的品牌，如天心区图书馆举办的“国学大讲堂”系列讲座，雨花区图书馆举办的“图书漂流”活动，均得到读者广泛好评。

2011 年，市图书馆面向读者开展“你的 book 我买单”活动，读者通过登录网络图书馆集成管理系统云平台，可在线检索所查找书籍的馆藏情况。这一基于互联网技术的活动不仅为读者提供方便，也为图书馆与读者提供交流沟通的平台，让图书馆对读者需求有深入了解，有助于提高图书采购效率。2012 年，在公共文化数字服务持续推进的同时，市图书馆还协助市政府实施“外来务工人员文化共享”等工程。“书香星城 211”活动实施，全市推广“总分馆”制，整合基层图书馆和农家书屋资源，构建以市图书馆为总馆，区县、街道（镇）、社区（村）图书馆为分馆，图书流动车和部分企业、学校等其他系统图书馆加入的全市图书馆总分馆服务体系，读者只要拥有总馆的读者证，可就近到市内任意公共图书馆借阅资料。

第三章　文学 艺术

改革开放后，长沙市文学艺术经过20世纪80年代中前期的积淀，呈现出井喷式的繁荣。1988年，市文联下辖作家、美术、书法、摄影、音乐、舞蹈、诗人、戏剧、杂技曲艺、民间文艺、嘤鸣诗社11个协会，全年发表文艺作品5000余件，约200件作品在国内外、省、地、市获奖。长篇小说、报告文学创作硕果累累，涌现出一批创作风格各异的作家；艺术方面，歌曲、舞蹈、美术创作呈现出时代风貌与本土风情相结合的特点；长沙本土方言曲艺开始走向全国。市属湘剧、花鼓戏、歌舞剧团顺应时代发展，开始进行体制改革。

20世纪90年代初期，长沙作家持续发力，长篇小说《曾国藩》《杜心武传》等在国内外均获好评；中篇小说创作复苏，《爸爸爸》成为寻根文学的代表作；《长沙诗词选》和《中国新诗史话》接连出版。市直剧院创作的歌剧《马桑树》、戏曲电视剧《杨赛风》获全国大奖。潇湘电影制片厂拍摄的电影《毛泽东和他的儿子》全国公映后深受好评，与香港思远影业合拍的《新龙门客栈》成为武侠电影经典之作。1993年，根据文化部《关于进一步加快和深化艺术表演团体体制改革的通知》要求，长沙市歌剧、湘剧、花鼓戏3个剧院进行体制改革，合并为长沙市艺术剧院，涌现大型音乐组歌《风华正茂》、湘剧《铸剑悲歌》《布衣毛润之》、花鼓戏《蓓蕾的呼唤》等精品。1995年，歌曲《甜甜的山歌》获文化部“群星奖”金奖及全国“五个一工程”奖。“文艺湘军”在全国的影响力不断扩大。

20世纪90年代中后期，不断涌现的“湘派官场小说”与“湘味平民小说”，全方位展示着湖湘文化深层面貌与长沙市井生活趣味；“童话湘军”开始崛起；《新乡土诗派作品》出版，描绘现代都市人对精神故土的向往。1997年，长沙市制定《专业艺术表演团体改革办法》，为扶植不同剧种，市歌舞剧团、湘剧团、花鼓戏剧团恢复成立，确定市歌舞剧团为重点改革试点单位。筹备成立长沙市艺术学校，注重艺术后备力量的培养。戏剧创作力得以激活，湘剧《人间知己》、花鼓戏《黄泥坳》《秋天的花鼓》均是改革的喜人成果。歌曲《又唱浏阳河》家喻户晓。1998年，相声《喜丧》在全国相声大赛中获表演一等奖。1999年，相声《白吃》进入中央电视台春节联欢晚会。长沙市摄影家的作品在全国摄影比赛摘得金、银、铜奖，长沙摄影协会取得全国大赛“三连冠”。国画《寒塘碧玉香》获全国民间工艺美术展金奖。长沙文艺创作整体呈现出更广阔的格局和多样化的审美气象。

2000年以后，随着社会生活的丰富和网络电子技术的发展，长沙文艺创作空前繁荣。长篇小说《沧浪之水》获《当代》年度文学奖一等奖、毛泽东文学奖，《旷代逸才——杨度》获国家图书奖、中国图书奖；短篇小说进入丰产期；散文、报告文学写作者增多，个人文集大量出版；“童话湘军”新作频出，《笨狼的故事》《男孩女孩十六七》分获全国优秀儿童文学奖和冰心儿童文学新作奖，影响力继续扩大。长沙籍音乐家谭盾凭借为电影《卧虎藏龙》创作的配乐获奥斯卡最佳原创音乐奖，跻身世界一流音乐家行列。2002年，市曲协成立培训基地及影视文化公司，保护地方曲艺传承及多样化发展。2003年，湖南省首届艺术节在长沙举办，新排演的湘剧《亲亲社区》、花鼓戏《万年牌》获优秀剧目奖。潇湘电影集团成立，电影制片转向产业化发展。

2005年后，长沙文学界“50后”“60后”作家笔耕不辍，“70后”作家日渐崛起，成为“文学湘军”中坚力量，创作的长篇小说《花炮祖师》、中篇小说《赶马的老三》《哑巴红军传奇》等佳作获全国性文学奖。长沙市对传统艺术的保护力度加强，湘剧、花鼓戏、长沙弹词陆续被列入非物质文化遗产名录。市湘剧院创作大型历史剧《古画雄魂》入选国家舞台艺术精品工程资助剧目。

2012年，长沙市有文学艺术协会16家，成员3000余人。是年出版长篇小说《张之洞》、中篇小说《漫天芦花》、短篇小说《怒目金刚》、杂文《当时明月当时人》等。市湘剧院、花鼓戏剧院转化为湘剧、花鼓戏保护传承中心，市歌舞剧院转为国有企业，用不同的方式探索艺术发展之路。诗词楹联、书画篆刻、音乐舞蹈、曲艺杂技等艺术形式均有精彩作品面世。

第一节　文学创作

一、小说

（一）长篇小说。20世纪80年代末，长沙市作家队伍日益扩大，出版发行的作品不断增多，长沙长篇小说创作呈现繁荣的局面。1988年，骆炬著《血光行动》、残雪著《突围表演》等6部长篇小说出版。1989年，王平著《风雪中的小店堂》由广州文艺出版社出版，该作品获年度《广州文艺》“朝花”奖。1990年，周思全（笔名周人）著《虎将秘闻》《佛帅历险记》《虎鼠龙蛇闹三江》由中国文史出版社出版。6月，刘笃平著传记小说《杜心武传》由解放军文艺出版社出版，40余万字。该作品记述杜心武驰名南北的武林传奇一生。1991年，唐浩明著长篇历史小说《曾国藩》由湖南文艺出版社出版。该作品成功地塑造一个有着多重人格、集功罪于一身的曾国藩的复杂形象。2月，代云（笔名孤独残红）著武侠小说《销魂一指令》由湖南文艺出版社出版。1993年，张华著《新镇》由北岳文艺出版社出版。该作品同年获首届“艾青杯”全国当代文艺作品大赛二等奖。1994年，张华著《月亮河》由北岳文艺出版社出版。该作品同年获年度“世界华人文艺大赛”特别奖。《杜心武传》在台湾省《联合报》连载。1995年，阎真著《曾在天涯》由人民文学出版社出版。11月，何顿（原名：何斌）著《我们像葵花》由作家出版社出版。该作品讲述冯建军、刘建国、李跃进等一些在“文化大革命”中长大的孩子，天真烂漫，怀抱着英雄主义和理想主义的梦幻踏入社会，但在汹涌而来的商品经济大潮的冲击下，他们的人格和命运发生剧烈的变化。是年，《销魂一指令》荣获中华武侠小说大赛“铜剑奖”。

1996年7月，唐樱著《阿鹰》由中国文联出版社出版。该作品次年获全国少数民族文学奖提名奖，后由中国现代文学馆收藏。1997年，韩少功著《马桥词典》获“上海市第四届中、长篇小说优秀大奖”长篇小说一等奖，繁体字版分别由台湾中国时报公司和香港三联书店出版，并分别获《中国时报》与《联合报》该年度“最佳图书奖”。谭仲池、彭海燕合著长篇小说《雷锋》由人民文学出版社出版。该作品细致真切地讲述雷锋从孤儿成长为伟大的共产主义战士的历程。《人民日报》《光明日报》《求是》等主流媒体皆刊发该作品的评论文章。12月，王跃文著《大清相国》由湖南文艺出版社出版。该作品通过塑造以陈廷敬为主要代表的大臣群相，反映特定历史境遇中官场人物的人格、道德和行为的艰难选择，再现300多年前的官场风云。1999年，汤素兰著长篇童话《小朵朵与半个巫婆》由明天出版社出版。该作品描写坐在教室里挨罚的小朵朵遇到真美丽巫婆，丢了扫帚和魔法袋的真美丽巫婆和小朵朵成为好朋友，在星沙城引发一系列神秘事件。是年，该作品获第四届全国优秀儿童文学奖。

跨入21世纪，长沙作家群英奋起，长篇小说创作空前繁荣。2000年，汤素兰著长篇童话《笨狼的故事》由浙江少年儿童出版社出版。该作品获第七届信谊幼儿文学奖、第五届宋庆龄儿童文学奖提名奖、第五届中国作家协会全国优秀儿童文学奖。11 月，代云、李渔村合著长篇历史小说《夹山暮钟》由湖南文艺出版社出版。是年，韩少功著《马桥词典》入选海内外专家共同推选的“二十世纪中文小说一百强”。2001 年，童怀著《忍无可忍》由中国文联出版社出版。该作品通过描写边境斗争的复杂和攻防战斗的残酷，歌颂边防军民、华侨为祖国的尊严不畏牺牲的崇高品德。10 月，李渔村著《夹山暮钟》获湖南省精神文明建设“五个一工程”奖。王跃文著《亡魂鸟》由中国电影出版社出版。2002 年，阎真著《沧浪之水》由人民文学出版社出版。该作品讲述一个有志青年在生活中面对困难如何奋发图强的故事，并获年度“当代”文学大奖、“小说选刊”奖、毛泽东文学奖。2003 年 7 月，唐浩明著长篇历史小说《旷代逸才——杨度》由人民文学出版社出版。作者以杨度为引线，串起袁世凯、曹锟、汪精卫、孙中山、黄兴、蔡锷等诸多人物，淋漓尽致地描绘 20 世纪初中国有识之士的救国之举。该作品获中国图书奖、国家图书奖、国家优秀奖。

图 25-3-1-1 阎真著长篇小说《沧浪之水》出版
（摄于 2002 年，长沙市文联供图）

2004 年，长沙市长篇小说出事业呈现出“井喷式”的发展态势。何顿著《香水百合》、唐樱著《跳跳长沙生》等 13 部出版。2005 年 7 月，唐樱著《男生跳跳》由华文出版社出版。该小说通过一连串妙趣横生的小故事，表现出大人和小孩不同的逻辑思维，以及由此产生种种矛盾冲突，将“跳跳”的梦想和期望呈现于作品之中，引人自省和深思。是年，该作品获湖南首届张天翼儿童文学奖。2006 年，薛媛媛著《六三班的成长报告》由湖南少年儿童出版社出版。该作品反映中国教育现实问题，艺术地展现都市少年的生活，提出家庭、学校、社会该如何对待孩子和引导孩子成长的问题，给读者思考和回味的空间。是年，何立伟著《像那八九点钟的太阳》由北京十月文艺出版社出版。作者用亲切幽默的方言叙事，白描出一幅发生在长沙郊外一个肉类联合加工厂，在“文化大革命”期间青年男女的原生态浮世绘。2007 年，阎真著《因为女人》由人民文学出版社出版。10 月，《六三班的成长报告》获中共湖南省委宣传部第九届“五个一工程”奖；《像那八九点钟的太阳》获湖南省第三届毛泽东文学奖；喻咏槐著《花炮祖师》在中国作协第八届世纪论坛上被评为一等奖。2008 年 6 月，唐樱著长篇小说《南方的神话》由天津教育出版社出版。是年，阎真著《因为女人》获中国出版集团颁发的年度专家五佳奖、读者五佳奖。2009 年，章庭杰著《江鸦》获中华之魂优秀文学作品征文一等奖；易卓奇《迷失》获第一届中国法制文学原创作品大赛一等奖。王跃文著《国画》由百花洲文艺出版社出版；唐樱著关注留守儿童的长篇小说《少年阿山》出版，后入围第八届全国优秀儿童文学奖。

2010 年，王跃文著长篇小说《梅次故事》由百花洲文艺出版社出版。是年，王跃文另一作品《西州月》由新世界出版社出版。8 月，朱赫著《没有军衔的将军》由中国人民文化出版社出版。9 月，韩少功著《马桥词典》获美国第二届纽曼华语文学奖。2011 年，何顿著《黑道》由湖南文艺出版社出版。该作品描写中国社会的转型时期，极少数人私欲膨胀，干着犯罪的勾当赚取第一桶金、进而暴富的故事。李晓敏著长篇军事小说《遍地狼烟》由江苏文艺出版社出版。唐浩明著长篇历史小说《曾国藩》由中央翻译出版社再版。2012年，唐浩明著长篇历史小说《张之洞》由人民文学出版社出版。该作品通过描写晚清重臣张之洞忠君勤政的一生，塑造一个维护清朝封建统治之余，向往西方科技文明，开办实业，提出“中学为体，西学为用”睿智的张之洞的形象。7月，何顿著《湖南骡子》由人民文学出版社出版。

（二）中篇小说。20世纪80年代末，长沙市中篇小说事业处于创作低谷。1988年，楚奇著中篇小说集《骑师和美人鱼》《女囚春楚》由中国文联出版社出版。1989年，残血著集《苍老的浮云》由中国文联出版社出版。20世纪90年代初期，长沙市中篇小说的创作开始复苏，时有优秀的中篇小说涌现，长沙作家创作的一些优秀作品也在国际上崭露头角。1991年，韩少功著《鞋癖》获上海文学奖。1992年，韩少功著《诱惑》法文版与韩少功著《女女女》法文版出版，韩少功著《爸爸爸》法文版出版，韩少功著《归去来》英文版出版。1993年，韩少功著《鞋癖》法文、荷文版出版，意大利文版《爸爸爸》出版。9月，何顿著《我不想事》在《上海文学》当年第九期上发表。1994年，罗丹著中篇童话小说《老狼柯克传奇》由辽宁美术出版社出版。是年，该作品获全国首届“金骆驼”文学奖。

1997年，何顿著《错过的游戏》在《人民文学》当年第十期上发表。1998年，王跃文著《官场无故事》由中国电影出版社出版。该作品着墨于官场之外，深刻地批判和嘲讽了人性的扭曲。

进入21世纪，长沙市中篇小说的创作日趋活跃，不断有优秀作品出版。2000年，宋元著《风景》由人民文学出版社出版。该作品用写实手法描写湘北农民普生在一个寒冬的深夜去湖滩毒杀野鸭，在冰天雪地不停跑圈而死，留下无数脚印形成的巨大圆圈，描绘了计划经济时代中国农民困顿的缩影。2001年，朱赫著《男孩、女孩十六七》获冰心儿童文学新作奖。2004年，《韩少功中篇小说集》繁体字版由台湾正中书局出版。2005年，朱赫著选集《心灵的海花》由湖南文艺出版社出版。2006年，唐樱著中篇小说集《似幻非幻》由云南民族出版社出版。该小说集收录唐樱的《想入非非》《似幻非幻》《古辣娘》等13篇中篇小说。2007年，薛媛媛著《湘绣旗袍》在《北京文学》当年第五期发表。该作品通过一件湘绣精品制作过程，细致刻画出工艺师的技艺、神采和魅力，展示两代人之间的不同心理、敬业操守和人格精神。喻咏槐著《山花》获中国作家杂志三等奖。2008年，纪红建著中篇纪实小说《哑巴红军传奇》获中国作家鄂尔多斯文学奖新人奖和第十一届全军文艺优秀作品文学类二等奖。2009年，王跃文著《漫天芦花》由长江文艺出版社出版。是年5月，薛媛媛著《湘绣旗袍》获第十三届“小说月报”百花奖，入选中国小说排行榜获全国十佳优秀小说称号。2010年，韩少功著《赶马的老三》获“人民文学”2010年度优秀作品奖。翌年4月，《赶马的老三》获首届萧红文学奖。2011年，韩少功著中篇小说集《红苹果例外》由台湾联经出版社出版繁体字版。2012年4月，王跃文著《漫天芦花》获第四届毛泽东文学奖。

（三）短篇小说。1988年，唐樱著短篇儿童文学集《南瓜茶》由中国戏剧出版社出版。1989年，宋元著短篇小说《磬》在《人民文学》发表。该作品运用意识流写法，描写主人公在山区过夜时的所见所闻，使读者感受到作品人物内在强烈的命运感。1994年，汤素兰著短篇童话《狩猎奇遇》由甘肃少年儿童出版社出版。该作品获该年度海峡两岸童话征文佳作奖。1995年，袁慧光著短篇小说集《走出凤凰谷》由湖南文艺出版社出版。1996年，朱赫著《尘缘》，获中国第六届人口文化奖三等奖。1998年，罗丹著童话集《兔子和乌龟第二次赛跑》由湖南少年儿童出版社出版。该作品获全国大奖，并译成英文、日文。1999年，汤素兰著短篇童话《住在摩天大楼顶层的马》由青岛出版社出版，并获第七届陈伯吹儿童文学奖，是年，朱赫著童话《执法星球的故事》，作品获张天翼童话寓言奖——宝葫芦奖。

随着网络电子技术的发展，长沙的短篇小说创作进入了丰产期。2001 年，汤素兰著短篇童话《女孩和栀子花》由外语教学与研究社出版，并获第二届张天翼童话寓言奖银奖。2002 年，何立伟著《马小丁从前很单纯》、宋元著《我家的表叔》《当将军的伯父》、何顿著《蒙娜丽莎的笑》《我的生活》《男人，女人》等 40 余部作品在全国各报纸杂志上发表。2003 年，何顿著《物欲动物》、胡巨保著《不准刊发的新闻》、易照峰著《辛追传奇》等 30 余部作品在《钟山》《作家》《十月》等知名报纸杂志上发表。2004 年，易照峰著《左右逢源》、袁雅琴著《给男人一把钥匙》、薛媛媛著《我们是老师》等 20 余部作品发表。是年，朱赫著《女孩苏婕》获中国宋庆龄基金会“校园风”全国优秀征文大赛一等奖。2005 年，韩少功著短篇小说集《报告政府》由作家出版社出版。李少白著童话集《开往快乐城堡的故事列车》由湖南教育出版社出版。该系列童话由若干独立而又相连的小故事组成。是年，该作品和王树槐创作的《划过心灵的痕迹》获张天翼儿童文学奖。2007 年，薛媛媛著《午夜火车》在《小说月报》当年第二期上发表。2009 年，易卓奇著《另类》获第一届中国法制文学原创作品大赛短篇小说一等奖。是年，韩少功著《报告政府》越文版出版。2010 年，朱赫著《S 市的新闻头条》获小说选刊二等奖。是年，韩少功著《怒目金刚》获首届茅台杯《小说选刊》年度奖。2011 年 9 月，韩少功著《怒目金刚》获“北京文学”优秀作品奖。是年 12 月，韩少功著《怒目金刚》获“小说月报”第十四届百花奖。是月，韩少功著短篇小说集《鞋癖》被评为台湾《中国时报》社开卷周刊主办的开卷十大好书。2012 年，韩少功著《怒目金刚》获第三届蒲松龄短篇小说奖。

二、诗词 楹联

长沙承楚骚厚韵，自古多出诗词楹联。1988 年，谭仲池著诗集《芭蕉雨》由中国文联出版公司出版。该诗集收录《森林印象》《竹筏》《筒车》《吊脚楼》《村姑》《骑牛背的孩子》等作品。在《合同书》《高山电站》《深山舞会》等一部分诗作中，透露出农村改革开放的信息。左宗华创作的诗歌《鸟市》获当年“丁玲杯”征文三等奖。1989 年 8 月，彭国梁著诗集《爱的小屋》、杨里昂著诗歌集《中学生变奏曲》、李少白著诗歌集《淡绿的月亮》由湖南文艺出版社出版。1990 年，由诗人协会编辑整理的《长沙诗词选》出版，该诗词选辑录描写长沙风土人情的诗词 2000 余首。1992 年 2 月，杨里昂著《中国新诗史话》由湖南文艺出版社出版，该作品是新中国第一部关于新诗历史著作，系统记述 1917 年至 1949 年 30 多年间中国新诗发展的历程，重点论述这一时期重要诗歌现象，有代表性的诗歌社团、流派和诗人、诗论家的创作、理论活动，史料翔实，学术性较强，曾被大学中文系新诗研究生班用作教材。8 月，王巨农著作品集《煨芋集》由香港银河出版社出版，其诗作《壬申春观北海九龙壁有作》获 1992 年全国首届诗词大赛一等奖第一名。1993 年，章庭杰著诗歌《四弦琴——写在毛主席纪念堂前》获红太阳诗文大赛特等奖。12 月，彭国梁著诗集《流浪的根》由广西民族出版社出版。1997 年 5 月，长沙市诗词协会编辑的诗选集《长岛人歌》由湖南文艺出版社出版，诗集选载 480 余人的 700 余件诗词作品共 27 万字。

1998 年 6 月，江堤、陈惠芳、彭国梁主编的诗集《新乡土诗派作品选》由湖南文艺出版社出版。“新乡土诗”是 1987 年由长沙诗人江堤、陈惠芳、彭国梁共同提出的一个创作主张，20 世纪 90 年代初有关定义被明确化，评论家将这主张的提出者和实践者统称为“新乡土诗派”。新乡土诗派是围绕“两栖人”和“精神家园”而写作的主题性流派。“两栖人”，就是侨居在城市的农民子孙，他们的父辈或祖辈仍生存在城市之外的村庄。“精神家园”，是指人类生命永恒的家园，是现在时态的人类依据自己的生命需求筑造出的一种精神模型。1998 年，李少白著儿童诗集《说给祖国妈妈的悄悄话》由湖南少儿出版社出版。该诗集收录作品50首，适合少年儿童的阅读需求，诗意鲜明凝重，内涵丰富，翌年获湖南省第五届“五个一工程”奖。1999年，章庭杰著散文诗《迎春雪》获“恩来百年情”全国征文大赛一等奖。伏家芬著诗词《赠杜岚女士·在澳门升起第一面五星红旗的人》获由中华诗词学会主办的“世纪颂”第五届全国诗词大赛第一名。

进入2000年，随着市作协、市书法家协会等一些文艺团体的规范和扩大，长沙诗词楹联界佳作频出。2001年，易仲威著《湖湘楹联集萃》由湖南人民出版社出版，30万字，辑录湖湘历代楹联家的优秀作品2000余幅，作者逐一加以评析，是一本介绍湖湘佳联的专题著作。2002年，祝钦坡著《对联讲座》由湖南人民出版社出版，12万字，著作分章节叙述对联的基本要义和基本法则，对联欣赏及其创作的基础知识和基本分法，是一本楹联知识的专题著作。李少白著儿童组诗《少年的思考》。该作品获冰心儿童文学新作奖。组诗包括：《第三只眼睛》《“好”与“不”》《镜子》《小的美好》《有些东西》五首。2005年，黎泽汉创作的五律《游大沩山》获湖南诗协主办的“心仪密印，缘结沩山”诗词大赛一等奖。刘麟素词《踏莎行》获湖南诗协主办的宁乡首届佛文化节诗词大赛二等奖。符乃若创作的《听唱新翻杨柳词》获古风杯华夏散文大赛优秀奖。2006年，王俨思的作品《怀台湾窗友杨君》获世界华人诗词艺术大赛一等奖。谢胜文的作品《七绝·神舟飞天颂》、黄树诚的作品《乡村学校》获中华诗词学会和《文艺报》联合主办全国诗词之乡诗书画作品联展诗词类一等奖。伏家芬的作品《米菩萨歌》获中华诗词学会主办的“华夏杯”一等奖。张铁山的作品七律《夏荷》、五律《山海关》获中华诗词学会新会员作品优秀奖。2007年，罗传学的作品获纪念孙中山诞辰140周年中华诗词书画大赛“中山艺术奖”和诗词联类三等奖。王振远作品《洞庭歌》获中华环保杯全国诗词大赛一等奖。6月，《动地诗》由湖南文艺出版社出版，33万字，240余人的560件作品选载。2008年，胡静怡著《怀虹斋诗词联语》由中华诗词出版社出版。收录诗词、楹联200首（副），其中包括全国各地各级诗词楹联大赛获奖作品近百首（副）。余海燕著《阴影部分是铅笔的影子》获年度中国最佳诗选。宋赛云的作品获中国艺苑文化艺术研究所主办的“心系奥运笑迎2008年”诗获一等奖。贺迎辉的作品《湘江赋》获《潇湘晨报》全球征稿一等奖。2009年，胡静怡著套曲《山里人家》获“英林杯”海内外中华诗词大奖赛一等奖。胡静怡作品《神农歌》获“炎帝杯”全国诗词大赛二等奖。王俨思的作品《纪念孔子诞辰2560周年》（五言律诗）获全国诗词书画大赛一等奖——孔子金像奖，其创作的《组诗》获全国实力派诗人精品大赛特等奖。周永红的作品《辉煌电力》获中电文艺协会举办的诗词大赛三等奖。是年9月，《击壤新歌》由中国诗词出版社出版，30万字，400余人的近1000件诗词作品编入。

2010年，黎凛创作的诗歌获中国散文协会全国征文优秀奖。向良士创作的诗词获年度中国作家创作笔会征文二等奖。符乃若的作品《卜算子·端午吟》获湖南诗协与《快乐老人报》联合主办的“端午吟”全国诗词曲大赛一等奖。此外，王振远作品《金缕曲·端阳》获“屈原杯”全国诗词大赛二等奖；胡静怡《沧浪行》获“屈原杯”诗词大赛三等奖。吕可夫作品获全国楹联大赛一等奖。2011年6月，《锦绣长沙》由湖南人民出版社出版，20万字，570人的800件作品入书。同年8月，在文化部、中国文联、湖南省政府等主办的首届“中国百诗百联大赛”中，欧阳光作品古体诗《七律·屋漏妻怨笑以作答》、周海斌作品古体诗《西江月·八达岭长城》分获二等奖、三等奖；黄建中的作品《浣溪沙·夏日》获优秀奖。11月，刘瑞清著《苞茅集》由湖南人民出版社出版，收录作者诗词、对联、赋诠、论文、杂俎250余件。12月，《伏家芬辛卯诗文集》由湖南人民出版社出版，收录诗词、楹联和文章400余件；黄政海著《心泉轩诗文集》由湖南人民出版社出版，收录作者诗、词、联300余件和理论专著《中国诗新探》。

2012年，徐拂荣的作品《大桥通车》五律获中华楹联协会主办“矮寨特大桥全国诗词大赛”一等奖。

三、散文　评论　报告文学　杂文

1988年，谭旭著报告文学《天下无难事》获“中国潮”征文三等奖。周建行著报告文学《理想、胆略和现代意识》和谢午恒著报告文学《诱惑与魅力》获省总工会举办的“腾飞的企业，改革者之歌”征文一等奖；何立伟著报告文学《周经理和他的企业》和肖楚奇著报告文学《他把星星撒向人间》获该征文一等奖。胡拥军著报告文学《生命的长虹》获湖南日报组织的“坦途”征文一等奖。12月，民间文学三套集成（《中国民间故事集成》《中国民间歌谣集成》《中国民间谚语集成》）全部出版。该作品是国家艺术科学规划重点项目，是社会主义文化建设的一项宏大工程。为完成三套集成湖南卷长沙分卷的编辑出版工作，由市文联、文化局等单位组成办公室，进行普查、搜集、整理工作，共搜集民间故事3177个，约300万字；民间歌谣7505首，约200万字；民间谚语19373首，约100万字。1989年，祝钦坡著杂文集《爱的回光》由中国文联出版社出版。长沙市青年民间文艺工作者曾应明搜集选编的《湘绣的传说故事》由中国文联社公司出版。该书收集选编湘绣传说故事41个，约11万字，从民间文学的角度系统介绍湘绣的历史、技艺、人物、习俗、名称来历，是一份研究民俗学、社会学的宝贵资料。是年9月，该书获第二届全国民间文学作品评奖三等奖。1990年，王俞著散文集《杜鹃花》、周全胜著散文集《十里香》由中国文联出版社出版。是年，谭仲池著散文集《梦系浏阳河》由广西师范大学出版社出版；何立伟著散文《关于残血女士》获第四届《作家》文学月刊优秀作品奖。1991年8月，彭国梁著散文选编《悠闲生活絮语》由湖南文艺出版社出版。1992年，李少白著童话集《智叟治山》获第十二届陈伯吹儿童文学奖。8月，彭国梁著杂文集《悠闲生活艺术》，贵州人民出版社出版。彭国梁著《中国现代文化名人亲情散文选》由湖南人民出版社出版。是年，朱赫创作的散文《堂客》获中国第二届人口文化奖。1993年，易凤葵著纪实文学《1961·苦日子》由中国工人出版社出版。该作品记录和再现刘少奇在夫人王光美与湖南省公安厅厅长李强的陪同下秘密回乡，开展数十天访贫问苦的历史真实。胡永阳、曾秉炎、易凤葵合著散文集《情满炭子冲》出版。12月，章廷生著散文《庭院的毛杨》、朱赫著散文《小镇寻踪》分获纪念毛泽东100周年诞辰全国征文大赛二等奖、三等奖。

1994年，祝钦坡著诗文集《倾听月光》由漓江出版社出版。市文联征集编辑整理文集《世纪洪峰大战》出版，收录作品80余篇，记录当年抗洪英雄们的光辉业绩。市文联编辑的杂文集《走向辉煌》出版，该书重点记叙在长企业的名牌产品如何走向全国甚至国际市场的经历，受到省市领导的好评。1995年，散文《长沙选美掠影》获湖南省第四届群文写作评比二等奖。1996年，罗丹（原名罗成伟）著童话《兔子和乌龟第二次赛跑》由人民教育出版社选入全国中等师范语文教材。1997年，市委宣传部、市教委、市文联共同编辑的文集《长沙名人故事》由湖南少年儿童出版社出版（小学版10万字，中学版11万字，郑佳明主编）。该书是长沙本土中小学生思想品德教育的辅助读物。4月，市作协与市委组织部联合编写的报告文学集《七月颂》出版。该书记叙长沙市党的先进集体、优秀个人的典型事迹，并获得长沙市“五个一工程”奖。9月，杨里昂著文集《望麓园随笔》由新疆青少年出版社出版。该书收录散文、文艺随笔46篇，分为“初学说事”“死生师友”“文坊内外”3个部分，其中《关于梅花的杂感》一文获湖南省杂文评奖一等奖。1998年5月，残雪著《残雪文集》由湖南文艺出版社出版。该文集收录残雪1985—1998年的作品。11月，易凤葵、易柯明著人物传记《刘少奇与故乡》由湖南人民出版社出版，该作品是为刘少奇百年诞辰献礼作品。1999年，朱赫著散文《浏阳河上的撑排工》获年度中国作协、文艺报散文二等奖。是年，《世纪心声》由湖南文艺出版社出版，16万字，遴选262人的600余件作品选载。

从21世纪起，长沙散文、报告文学工作者队伍不断扩大，出版个人文集的人不断增多，“长沙韵味”开始形成。但相比沿海城市而言，评论这一文体一直是长沙的短板，多年鲜有佳作发表。2000年，市作协编辑的文集《潭州文丛》出版。是年出版的作品还有朱赫著散文集《发现美的眼睛》、何顿著《何顿精品集》、何立伟著散文集《倾诉的欲望》等。2001年，谭仲池著《打捞光明》、童怀著《忍无可忍》、袁雅琴著《给女人一次机会》、龚盛辉著《绝境无泪》、谢宗玉著《平面人》、蒋国鹏著《性灵之旅》、朱赫著《人生履痕》、曾仕让著《心泉》等12部作品在中国作协与中国文联出版社合作编辑的丛书《作家视线》上发表。是年，由市作协主编的征文文集《骄杨》出版。2002年，出版的作品有何立伟著散文集《跟爱情开开玩笑》、谢宗玉著文集《田垅上的婴儿》、王晓利著作品集《爱的散板》、周国清著作品集《此情谁问》、喻长华著作品集《写在青山绿水间》、陈先枢著作品集《湘城文史丛谈》等10余部作品集。2003年，韩少功著《“文革”：妖化与美化之外的历史》获《当代作家评论》理论作品奖。11月，唐樱著散文集《寂静斯语》由中国工人出版社出版。该散文集共计12万字，收录《寂静斯语》《马樱花开》《长沙月亮》《古城遗韵》等作品。是年，何立伟著散文集《南方之城》、彭国梁著作品集《感激从前》、杨学成著杂文集《抱布居杂论》、蒯高毅著作品集《求实斋杂俎二集》等21部作品集出版。2004年，王跃文著杂文集《有人骗你》由中国工人出版社出版。作者以独特的视角、机智幽默的笔触大胆揭露社会现实（尤其是官场），透视身边的一些常识性困惑，刺穿假恶丑。5月，杨里昂著诗集《诗海潮音》由湖南文艺出版社出版。作品对现代新诗各个重要诗派都有比较详尽的论述，彰显诗人，重视流派，见解独到。是年出版的作品还有宋元著散文集《他们》、李冬山著散文集《悲喜为文》、未诚著作品集《清水沉泥集》等10余部作品集。是年，杨学成评论文章《湘江北去话斯文》获中华世纪风金奖。2005年，王跃文著散文随笔集《我不懂味》由金城出版社出版。作者通过虚拟人物之间的对话，对社会、历史、自身进行深刻的反思。纪红建创作的报告文学《天下第一兵》获中国新闻人物报告文学奖，该作品于翌年获中国企业报告文学奖。5月，易允武自选集《雨打芭蕉》由湖南文艺出版社出版。全书包括“散文卷”和“社会记录、杂文、评论卷”，共收录分别发表于全国、省、市报纸、书刊等媒体的作品204件。

2006年，纪红建著中篇报告文学《哑巴红军传奇》由《中国作家·纪实》发表。该作品讲述哑巴入伍当红军，成为中央警备团炊事班的一名挑夫的红色历史奇缘。纪红建另一作品散文《儿时伙伴阿飞》获全国“真情人生”散文大赛二等奖。朱赫创作的散文《责任》获中国文化报全国征文二等奖。2007年，韩少功著长篇散文《山南水北》获“华语文学传媒大奖”之“2006年度杰出作家”奖。11月，韩少功凭借该作品获全国第四届鲁迅文学奖。是年，彭国梁著散文集《长沙沙水水无沙》由南京师范大学出版社出版。该书把晚清和民国时期的文学名人与长沙的地域文化紧密结合，钩沉出一些鲜为人知的史料。彭国梁著《书虫日记》由湖南教育出版社出版。谭晓琴著报告文学《论农民工文化的变革与塑造》获文化部征文三等奖。2008年，王跃文著散文随笔集《胡思乱想的日子》由中国海关出版社出版。该书既有对时下官场不合理现象的批判，又有对历史人物、事件及国内外时政的评论，此外作者还用相当篇幅记录幼时的乡村逸事，及眼下的生活。刘克邦著散文集《金秋的礼物》由湖南文艺出版社出版。该作品通过一个个平凡而真实的人与事，记述着生活中的真诚与友善。作品同年获得第四届毛泽东文学奖散文奖。易凤葵著《刘少奇与花明楼》由中央文献出版社出版。该书以一篇篇生动的历史纪实和人物访谈，揭示刘少奇与故乡的文化关系。谢午恒著杂文集《沐浴阳光》由湖南文艺出版社出版，何立伟配漫画53幅。该作品记载作者的人生状态，在人生的高度，在乡情与风俗、爱情与亲情，历史与现实中回眸挖掘，完善表达人世间最美好情感。2009 年，胡启明长篇报告文学《洞庭作证》入选中国作协重点作品扶持。6 月，何立伟著散文集《亲爱的日子》由作家出版社出版。文集分为远近、面孔、随忆、日常 4 辑，白描式地叙述几十个各色人物，作品以丰富的画面，描绘和记叙许多湖南的人和事，可以清晰地感受到作者深深的乡土浓情。2010 年，蒯高毅著散文《仰慕昭君》获中国散文学会颁发的“中国当代散文奖”。左宗华著《童谣》获中共中央宣传部（以下简称中宣部）举办的全国童谣征集活动优秀奖。章庭杰著《南方第一蠢牛倌》获中国作协创作笔会一等奖。7 月，胡启明著《洞庭作证——湖南血防报告》由湖南人民出版社出版。作品以中国五大淡水湖之一的洞庭湖为背景，讲述洞庭湖用乳浆哺育湖区儿女的同时，也给他们带来深重的灾难。是年出版的作品还有何仲文著作品集《如果爱》、丁纯蓝著作品集《金穗花开》、朱玉喜著作品集《三叶草》、彭晓玲著作品集《挂在城市上空的忧伤》、胡启明著报告文学《韶山：中共特别支部》等 20 余部作品集。2011 年，朱赫著电影文学剧本《尘梦剑胆》获首届剑门关文学奖。朱赫著散文《故乡人物》获“当代散文作家文集”年度最佳散文奖。刘克邦散文集《金秋的礼物》获第四届毛泽东文学奖。彭国梁著杂文集《书虫日记二集》由上海辞书出版社出版。2012 年，何立伟著杂文集《当时明月当时人》由地震出版社出版。10 月，滕叙兖著长篇纪实《铸剑：国防科技大学自主创新纪实》获全国第十二届“五个一工程”奖。该作品主要讲述国防科技大学自主创新团队着眼于国防和军队现代化建设紧迫需求，在计算机、雷达等当代前沿科学方面展开宽正面、大纵深的攻坚克难，为国家研制出一批买不来、引不进的高科技成果的故事。12 月，《洞庭作证——湖南血防报告》获湖南省第十一届精神文明建设“五个一工程”作品奖。

第二节 戏 剧

一、湘剧

湘剧是湖南的地方剧种，以省会长沙为中心，流行于湘、资二水中下游地区及赣西南起修水、北至吉安等地，民间称为“大戏班子”“长沙班子”或“湘潭班子”。

20 世纪 80 年代，长沙市有两个专业湘剧团（院）：省文化厅直属湘剧院和市文化局下属湘剧团。湘剧有传统剧目 600 多个，经常上演的 200 多个，曲牌 300 余支。主要剧目有《白兔记》《琵琶记》《拜月记》等，常在市内的劳动剧院、湘江剧院、湖南剧院、红色剧院、工人文化宫剧院等十几家剧院及湖绸剧场、动力机厂剧场等厂矿剧场演出。知名湘剧演员有刘春泉、左大玢、王永光、唐伯华、曾金贵、曹汝龙、陈爱珠、朱球球、李开国、王阳娟、庞焕励、邵展寰、汪辉、罗志勇、黄耀华、陈玉莲等。

1988 年 2 月，省文化厅在长沙首次召开“湖南省新时期戏剧研讨会”，对戏剧与时代的关系进行探讨，并对当时出现的探索性剧目及新时期戏剧导演、表演、舞台美术、剧场建设等方面展开广泛研讨。3 月 3 日，省会湘剧首次联谊演出周在南区文化馆剧场举行，湘剧界知名老艺人刘春泉、董武炎、左大玢、曾金贵等和老戏迷近 40 人联袂演出，演出剧目包括湘剧传统戏和折子戏《六国封相》《琵琶记》《访白袍》《父子会》《金沙滩》《断桥》等 20 个。4 月 20—29 日，中国剧协湖南分会、湖南省湘剧院、长沙市湘剧团、长沙市湘剧票友社在长沙市联合主办省会湘剧界联谊演出旬，这也是为纪念田汉 90 周年诞辰。长沙湘剧界老中青三代百余人在红色剧院上演田汉当年为湘剧创作的剧目和一批重新恢复的湘剧传统剧目，如《武松》《收姜维》《装疯跳锅》《法门寺》等。演出期间，长沙市湘剧票友社召开成立大会。8 月底，省湘剧院应中国剧协邀请，在北京人民剧场演出折子戏《断桥》《回书》《刺目》和新编

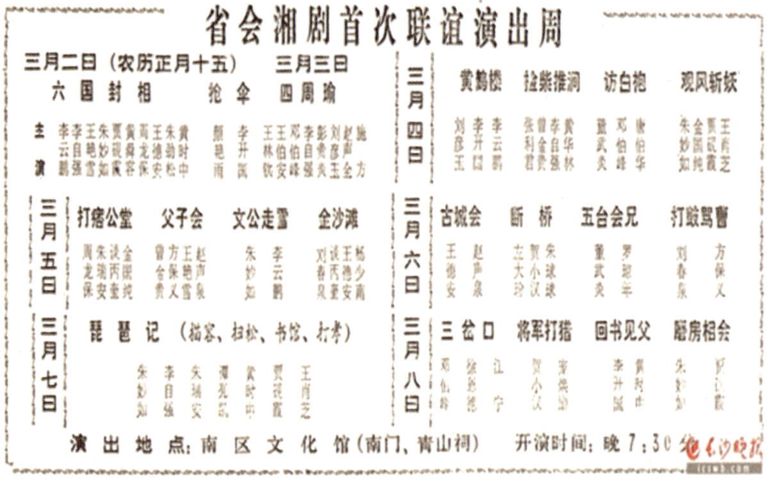

省会湘剧首次联谊演出周

三月二日（农历正月十五）　六国封相

三月三日　抢伞　四周瑜

三月四日　黄鹤楼　捡柴推洞　访白袍　观风斩妖

三月五日　打痞公堂　父子会　文公走雪　金沙滩

三月六日　古城会　断桥　五台会兄　打鞍骂曹

三月七日　琵琶记（描容、扫松、书馆、打考）

三月八日　三岔口　将军打猪　回书见父　醉房相会

演出地点：南区文化馆（南门、青山祠）　开演时间：晚7:30

图 25-3-2-1　刊载于 1988 年 3 月 1 日《长沙晚报》的首届省会湘剧联谊演出周节目表　（长沙市文化旅游广电局供图）

图 25-3-2-2　省会湘剧界联谊演出旬，刘春泉表演《胡迪骂阎》剧照　（摄于 1988 年 4 月，长沙市文化旅游广电局供图）

古代戏《凤箫怨》，8 月 30 日中国剧协为省湘剧院第 6 次进京演出举行座谈会，对这次演出给予热情赞扬。12 月，省湘剧院《山鬼》赴京参加首届“中国戏剧节”获优秀演出奖。是年，由长沙市国营湘剧一团、二团合并而成的长沙市湘剧团进行体制改革，与解放剧院合并，并公开招聘团长，剧团内部普遍实行演出队承包责任制，将剧团一分为二，重新组建成戏剧队、轻音乐队，实行“三定一包”，即定人员、定场次、定收入指标，包基本工资总额和政策性补贴，逐步向自主经营过渡。

1989 年 1 月，省湘剧院一级演员左大玢凭借在新编古装剧《山鬼》中的表演荣获中国第六届“梅花奖”，这是湖南省演员首次摘得全国性戏剧奖桂冠。5 月，由中国艺术研究院戏剧研究所举办的全国第二届戏曲现状研讨会先后在长沙及常德召开，对通俗戏曲的生存模式进行研讨。9 月 23 日至 12 月 25 日，湖南首届映山红民间戏剧节在长沙举行。此次戏剧节由长沙市南区文化馆发起和主办，受到省文化厅、省文联、长沙市南区人民政府等 17 个单位支持，演职员 700 多人，演出戏曲剧目 77 台，其中参加比赛剧目 45 台，内容囊括湘剧、花鼓戏、皮影戏及湖南其他地方戏剧。戏剧节采取观众与专家结合的形式进行评奖，极大地促进长沙地区的戏剧创作。是年，长沙市湘剧院与解放剧场“院场合一”，合并运营。创作湘剧现代戏《杨赛风》。

1990 年，省湘剧院携《琵琶记》进京演出获好评。10 月 8 日，省委宣传部、省文化厅在长沙举办“湖南地方戏曲大汇唱”，湘剧作为大戏剧种，有代表性剧目中的精彩片段和新编剧目上演。1991 年 5 月，第八届中国戏剧梅花奖在京颁发，省湘剧院演员王永光捧奖而归。11 月中旬，为纪念田汉 94 周年诞辰暨中国左翼剧联成立 60 周年，湖南省湘剧院、长沙市湘剧团分别在北京首都剧院演出湘剧《新会缘桥》一折和《武松》选场，剧本均由田汉创作。长沙市湘剧团在北京工人文化宫剧院演出三场《杨赛风》，该剧是一出歌颂农村改革事业，体现新时代、新人物、新风貌的现代戏。文化部副部长陈昌本等领导和专家及各界人士观看演出，称赞此剧为“湘剧发展史上的里程碑”。1992 年，省湘剧院应文化部艺术局邀请进京演出湘剧《唐太宗与魏征》，并演出经过整理改编的传统湘剧《白兔记》。由湘剧《杨赛风》

图 25-3-2-3 长沙市艺术剧院《布衣毛润之》获中宣部“五个一工程”奖后回长沙汇报演出剧照。曹汝龙饰青年毛泽东
（摄于 1996 年 10 月，长沙市文化旅游广电局供图）

改编拍摄的戏曲电视剧获得全国戏曲电视剧片三等奖。宁乡县举办“玉潭杯”振兴湘剧联谊赛，省湘剧院，长沙、湘潭、涟源市湘剧团和省艺校湘剧科参加演出，历时 24 天，演出 21 场，观众 2.1 万人次。

1993 年，省湘剧院演员贺小汉在第十届中国戏剧梅花奖评选中获奖。长沙市湘剧团与长沙市歌剧团、花鼓剧团及长沙市戏工室、艺术教育培训馆进行优化改革，合并为长沙市艺术剧院，试行投入产出包干制。12 月，毛泽东 100 周年诞辰之际，市艺术剧院创作大型现代戏湘剧《布衣毛润之》，并应文化部邀请，到北京公演。《布衣毛润之》反映青年毛泽东 1922—1923 年间在长沙生活、学习、斗争的经历。全剧结构像散文诗，形散而神不散，拓展戏剧舞台的表现领域，延伸艺术空间，运用湘剧这一表演艺术形式来塑造毛泽东早年的形象，是中国戏曲的一个大胆探索和突破。1994 年，该剧被文化部评为“全国第四届文华新剧目奖”。是年，市艺术剧院排演大型新编历史湘剧《铸剑悲歌》，在省政府礼堂上演，该剧以湖南省沅州中华首座炼钢炉史实为背景，讲述清末“洋务运动”实业救国的故事。《铸剑悲歌》获第四届中国戏剧节七项大奖。10 月，省文化厅在长沙举办 1994 年湖南省新剧（节）目会演，来自各地州市和省直 14 个表演艺术品种 24 个专业艺术表演团体 1600 多人，在湖南剧院、红色剧院、省政府机关礼堂、长沙铁路文化宫和湖南仪器仪表总厂共演出 20 台 29 个新剧（节）目 40 余场，观众 3 万人次。1995 年，经过深化加工的《布衣毛润之》获第五届中宣部”五个一工程”奖，名列戏曲类第一名，实现长沙市戏剧节目在全国“五个一工程”奖项上零的突破。扮演毛润之的演员曹汝龙获得“文华表演奖”，编曲王守信获“文华编曲奖”。《布衣毛润之》还获湖南省第二届“文学艺术优秀成果奖”、湖南省首届“红枫文艺奖”、湖南省“纪念毛泽东 100 周年诞辰文艺成果奖”。此外，《布衣毛润之》和《铸剑悲歌》双双荣获湖南省第四届剧本创作奖。1996 年，应文化部艺术局邀请，两剧于 6 月中旬到北京献演，中央电视台文艺频道向全国直播演出实况，扩大湘剧在全国的影响。在两剧中均担任主演的湘剧演员曹汝龙，获得戏剧演员梅花奖，实现长沙市戏剧演员在这一奖项上零的突破。是年，省湘剧院改编传统湘剧《白兔记》赴石家庄参加“东方戏剧展”演出，并到北京参加“文华奖”和第 14 届“梅花奖”角逐，受到好评。

1997 年，湖南省各级文化部门组织实施“5553”艺术工程（即夺取全国 5 项大奖，采取 5 项繁荣创作措施，5 项促进演出措施，设立 3 项大奖），创作演出一批思想性、艺术性、观赏性较强的优秀剧目。长沙市湘剧团恢复成立，创作演出现代湘剧《人间知己》，该剧表现毛泽东与杨开慧的爱情生活，与众多革命历史题材不同，该剧描写伟人而敢于将笔墨从政治视角转向情感形态，艺术化地淡化历史背景，强化和渲染人物感情，把体悟的触角探入老年毛泽东的心灵深处。在 10 月举行的 1997 年湖南新剧（节）目会演中，《人间知己》获全省首届专业艺术最高奖——田汉大奖，同时获奖的还有省湘剧院创作演出的《马陵道》和《子血》等。《人间知己》还获得表演、导演、舞美设计等 10 项单项奖。1998 年，长沙市湘剧团改名为长沙市湘剧院；市文化局下属戏曲工作室更名为市剧本创作中心，作为长沙市唯一的戏曲剧本创作研究机构，担负着为长沙市专业剧团提供优秀戏曲剧本、对戏曲艺术进行研究探讨的工作任务。市湘剧院和剧本创作中心联合对《人间知己》进行修改加工，荣获省”五个一工程”奖和田汉戏剧文学剧本奖。

1999年春节期间，市直三剧院在烈士公园搭台进行长达22天的演出，共推出湘剧、花鼓戏、歌舞演出289场，相当于3个剧院常年一年演出总数，70余个保留剧目、新编创剧目全部呈现在市民面前，其规模在长沙戏剧史上尚属首次。10月，湖南映山红民间戏剧节更名为“中国映山红民间戏剧节”，主办单位由原来湖南省单独举办，发展为由文化部艺术司、中国戏剧家协会、中国戏曲学会和湖南省联合主办，是全国性质的民间戏剧节，每2年举办一次。10月29日至11月25日，湖南省剧协积极参与在长沙举办的第五届中国映山红民间戏剧节的策划、组织、评奖和汇报演出工作。2000年4月，省湘剧院经典作品《马陵道》由中国电影公司、广电总局电影局、湖南省文化厅共同出资拍摄为湘剧电影。7月21—24日，中国剧协主办的第四届“中国少儿戏剧艺术小梅花”大赛在烟台市举行，湖南有4名选手获奖。其中省艺术学校湘剧科学生胡子斐（13岁）表演的湘剧《思凡》、湘剧科学生曹志辉（14岁）表演的湘剧《醉打山门》荣获金奖。市湘剧院湘剧演员曹汝龙经湖南省剧协推荐，荣获由中国剧协颁发的全国“德艺双馨文艺家”称号。10月全省第三届新剧（节）目会演举行，省湘剧院《太平公主》作为新创剧目上演，并获得优秀新剧节目奖。2001年，《人间知己》赴太原参加文化部组织的“映山红”中国民间戏剧节，获优秀剧目一等奖和7个单项一等奖。2003年，长沙市湘剧院创作排演湘剧《亲亲社区》，尝试将传统湘剧唱腔与现代化的灯光、舞美相结合，令古典艺术更具活力和感染力。该剧参加湖南省首届艺术节演出，并获剧目奖（银奖）。5月，市湘剧院选送《打焦赞》参加第七届中国少儿戏曲小梅花奖大赛，演员陈雅敏、张新胜获得银奖。2005年，《亲亲社区》经过重点修改编排，角逐全省精神文明建设“五个一工程”奖。湘剧《古画雄魂》开始创作排演，该剧一反传统湘剧的高腔特色，大胆选用弹腔，弹腔的一个特点便是近于口语似的旋律，它的“说唱性”十分符合剧中人物的市井风味。湖南省戏剧家协会选送省湘剧院折子戏《拦马》和《挂画》参加第九届中国戏剧小梅花奖评选活动，经过激烈角逐，最终获得2个金奖。2006年，湘剧被列入全省第一批省级非物质文化遗产名录。6月，省艺术职业学院戏剧系与省湘剧院联合举办的湘剧演出周开幕，2002级湘剧班进行汇报演出，表演经典湘剧《大破天门阵》。在11月举行的湖南艺术节上，经过市湘剧院精心编排的《古画雄魂》获田汉大奖，后又荣获中宣部第十一届精神文明建设“五个一工程”奖。中央电视台《艺术人生》栏目为此采访《古画雄魂》编剧陈义平以及主演曹汝龙，2007年9月12日在《艺术人生》栏目中播出。《古画雄魂》代表湖南进京向党的十七大献礼演出，并在中国剧协举行座谈会，受到首都专家的赞许。2008年，《古画雄魂》在第三届（张家港）长江流域戏剧艺术节上获优秀剧目奖及表演奖、编剧奖。6月，湘剧被列入第二批国家级非物质文化遗产名录。

图25-3-2-4 湖南艺术节上，长沙市湘剧院创作排演的《酒村长》剧照 （摄于2009年9月，长沙市文化旅游广电局供图）

2009年，湘剧表演艺术家曾金贵、曹汝龙入选第三批国家级非物质文化遗产项目传承人。2009年湖南艺术节上，省湘剧院创排的《李贞还乡》和市湘剧院创作排演的《酒村长》分别上演，获得田汉大奖，以及导演、剧作、音乐、舞美等多个单项奖。

2010年6月起，在湘江剧场建立“湖湘戏剧传统文化基地”，推出“好戏天天演，欢乐满星城”湖湘戏剧公益展演活动。长沙市民凭身份证免费领票，观看戏剧演出。每周二至周日晚上7时30分，湘江剧场会准时上演一出湘剧或花鼓戏，由长沙市湘剧院与市花鼓戏剧院逐周轮换演出，每场演出持续约1小时，深受群众欢迎。活动期间共恢复演出优秀传统剧目近70台，超过此前10年的总和，对湘剧的传承发展具有重要意义。是年，湘剧《古画雄魂》在第九届中国艺术节上荣获“文华优秀剧目奖”，并入选国家舞台艺术精品工程。至2011年，《古画雄魂》演出200余场，足迹遍布长沙4县5区，观众达10万余人。

2012年，根据《湖南省文化厅深化直属国有文艺院团体制改革实施方案》及《长沙市文化广电新闻出版局直属国有文艺院团改革方案》要求，长沙市湘剧院转化为长沙市湘剧保护传承中心，是国家、省、市三级授牌的湘剧传承机构。市湘剧保护传承中心创作排演湘剧高腔《苏秀才》，在第四届湖南艺术节获田汉大奖及剧作、导演等多个单项奖。10月，由湖南省湘剧院创排的湘剧高腔《谭嗣同》在北京举行汇报演出。该剧为“讴歌伟大时代，艺术奉献人民”2012年全国优秀剧目展演的参演剧目，根据湘籍剧作家盛和煜的历史小说《崩霆琴》改编而成，由谢平安执导，王阳娟、邵展凡、庞焕励等中青年演员担纲演出，获2012年湖南省“五个一工程”奖及湖南省第四届艺术节金奖。省湘剧院精品剧目《李贞还乡》获中宣部第十二届“五个一工程”奖，入选“国家舞台艺术精品工程三十台”“国家舞台艺术精品工程重点资助剧目”。

二、花鼓戏

长沙花鼓戏清代末叶流行于原长沙府一带，以农村的山歌、民间小调以及地方花鼓为基础逐渐演变而成。分益阳、西湖、宁乡、醴陵和长沙5个艺术流派，经过100多年的相互交流融汇，形成比较完整的长沙花鼓戏体系。

20世纪80年代，长沙市从事花鼓戏创作演出和保护传承工作的专业剧团有4家，包括省文化厅直属的省花鼓戏剧院，市属长沙市花鼓戏剧院，区县（市）有望城区雷锋艺术团、浏阳市花鼓戏剧团。花鼓戏有传统剧目336个，曲调200余支。主要剧目包括传统剧目《四姐下凡》《三保游春》《安安送米》《扯笋》等，以及新创作的现代剧目《三里湾》《打铜锣》《补锅》等。知名花鼓戏演员有钟宜淳、龚谷英、李小嘉、张力功、刘赵黔、谢晓君、周回生、邢险峰、叶红、王美莲、王亮贤、彭兆安、熊瑾瑜、贺爱芸、毛甲玉、陈年秋、刘少华、黄满斌、张桦等。除在市区各剧场演出外，望城和浏阳两个花鼓戏剧团还常年坚持下乡演出，年均演出都超过300天。

1988年，市花鼓戏剧团进行体制改革，实行演出队承包制，逐步向自主经营过渡，全年经费自给率达到78.3%。1989年长沙市花鼓戏剧团重新整理改编《刘海砍樵》，更名为《海哥与九妹》，东渡日本鹿儿岛访问演出，颇受好评。是年，劳动剧院与市花鼓戏剧院“院场合一”，定名为市花鼓戏剧院剧场。1990年，市花鼓戏剧团创作排演大型现代花鼓戏《焦裕禄》。10月举行的“湖南地方戏曲大汇唱”表演中，长沙花鼓戏作为湖南小戏剧种代表，在“传统戏剪影”“新编剧目集萃”及“19剧种大联唱”中，呈现精彩演出，浏阳县花鼓戏剧团《女人们的痛心事》获得省文化厅颁发的创作剧目演出百场纪念奖。当年市花鼓戏剧院全年演出133场，收入8.22万元，超过此前任意一年的收入。

1991 年，省文化厅根据国家副主席王震“振兴湖南花鼓戏”的指示和省委、省政府领导的意见，制定振兴花鼓戏的三年规划，并举行振兴湖南花鼓戏观摩演出，共 12 个县的专业花鼓戏剧团（院）在长沙市及周边县市巡回演出 12 台共 17 个大小剧目。其中省花鼓戏剧院创作演出《桃花汛》《夕照青山》及 3 个小型花鼓喜剧。《桃花汛》还在全国戏曲现代戏观摩演出中获优秀剧目等 6 项大奖，被选调到北京参加中国共产党成立 70 周年献礼演出，获文化部第三届文华新剧目奖。这年也是湖南省农村文化年，省花鼓戏剧院与省杂技团、省京剧团组成省文化厅文艺支农轻骑队，携《桃花汛》及杂技魔术、戏曲表演等节目，到农村慰问演出 64 场，观众达 11 万人次。省花鼓戏剧院还赴兰州参加文化部艺术局举办的全国话剧小品、戏曲小喜剧比赛，凭借花鼓小戏《小街新潮》获剧目三等奖。是年，市花鼓戏剧团创作演出《女杰贺英》，获湖南省花鼓戏观摩演出剧目三等奖和四项个人奖。望城县花鼓戏剧团和浏阳县花鼓戏剧团分别创作《希望的田野》和《石榴湾风情》，获湖南省第二届“映山红”民间艺术节优秀节目奖，演出一等奖和多项单项奖，并于 1992 年 4 月进京演出，首都各大媒体均进行报道。

1993 年，长沙市花鼓戏剧院与市湘剧院、市歌舞剧院合并为市艺术剧院，试行投入产出包干制。1994 年 5 月，由浏阳市花鼓戏剧团排练上演的大型现代花鼓戏《蓓蕾的呼唤》，应文化部艺术局邀请，于 5 月 22 日到北京公演，5 月 27 日进入中南海汇报演出。离京返浏后，剧团又坚持上山下乡，连续演出 119 场，省文化厅为此颁发“自创剧目演出百场奖”。6 月，省文化厅举办湖南省首届戏剧小品赛，省花鼓戏剧院《人与狗》和《立交桥下》分获演出一等奖和二等奖。10 月，在长沙举行的湖南省新剧（节）目会演中，省花鼓戏剧院的剧目《乾隆判婚》获得优秀剧目奖。1995 年省花鼓戏剧院创作演出大型花鼓现代戏《羊角号与 BP 机》，并赴北京参加全国现代戏调演，获优秀演出奖和编剧奖、优秀导演奖、音乐奖、舞美设计奖等 8 项奖励。

1997 年，长沙市花鼓戏剧团恢复成立，创排花鼓戏《九九》《汤泉恋》等。1998 年，市花鼓戏剧团改名长沙市花鼓戏剧院。1999 年，创排《秋天的花鼓》和《黄泥坳》，其中《秋天的花鼓》“以剧团表现剧团，以花鼓戏艺术塑造花鼓戏艺人”，是一出内蕴深厚的抒情生活喜剧，在全省国庆 50 周年优秀剧目展演中获广泛好评。1999 年 10 月，湖南映山红民间戏剧节更名“中国映山红民间戏剧节”，市花鼓戏剧院创排的《黄泥坳》获得演出一等奖，同时荣获编剧、导演、演员、音乐、舞美等多个优秀单项奖。11 月，省花鼓戏剧院创作的花鼓戏剧《乡里警察》（作者：冯之），荣获第十三届“曹禺戏剧文学奖·剧本奖”。

图 25-3-2-5 长沙市花鼓戏剧院创排的《秋天的花鼓》演出剧照（摄于 1999 年 10 月，长沙市文化旅游广电局供图）

2000 年 7 月，中国剧协主办第四届“中国少儿戏剧艺术小梅花”大赛，湖南 4 名选手获奖。其中省水电厅幼儿园潘杭苇（5 岁）、国防科大附小李沙旻子（6 岁）演出的花鼓戏《刘海砍樵》获得银奖。《秋天的花鼓》参加全省新剧节目会演获一等奖；2001 年该剧到北京汇报演出 2 场，获中宣部“五个一工程”奖，实现长沙市花鼓戏在全国“五个一工程”奖项上“零”的突破。

是年，望城县花鼓戏剧团融入现代歌舞、小品等艺术形式，更名为雷锋艺术团。2002年，《秋天的花鼓》获得文化部第十届文华奖“文华新剧目奖”。经过2年打磨，九易其稿的花鼓戏剧本《万年牌》开始排演并公开演出。市花鼓戏剧院完成演出38场，注重加强剧院中青年演员的艺术培训与考核。12月16—17日，中央电视台戏曲频道《过把瘾》栏目在湖南摄制4个专场节目，其中包括一台花鼓戏，活动由湖南省文联、湖南省戏剧家协会、湖南日报报业集团实业总公司联合主办，中央电视台戏曲频道和湖南电视台都市频道共同拍摄。节目通过戏曲合唱、个人演唱、知识问答等生动活泼的形式宣传湖南各旅游名胜、展现湖南人民高尚的文化生活和精神风貌。2004年，经过深化加工的《秋天的花鼓》入选国家舞台艺术精品工程；花鼓戏《万年牌》的剧本获中国曹禺戏剧奖剧本奖提名，剧目则获省“五个一工程”奖。2005年，省花鼓戏剧院精心编排《老表轶事》，于6月28日在湖南大剧院首次公演，演出中首次采用双簧管等西洋乐器为花鼓戏配乐，使古老的地方音乐更具现代感。

2006年湖南艺术节上，市花鼓戏剧院创编花鼓戏《手心手背》，获田汉新剧目奖；省花鼓戏剧院创排的大型现代花鼓戏《走进阳光》获田汉大奖，并入围2006—2007年国家舞台艺术精品工程初选剧目。2007年5月起，天心区文化馆借助映山红剧场和“戏窝子”品牌，邀请各地民间剧团在上年新建完成的天心区光裕里映山红剧场演出。市民免费观看，以自愿“打彩”的方式赏戏，演出剧目均为优秀传统花鼓戏，并通过执法部门审查把关。9月，《走进阳光》在湖南大剧院为文化部国家舞台艺术精品工程评审小组进行专场献演，湖南省委、省政府领导与来自全国各地的专家评委一同观看演出，《走进阳光》最终入选“十大精品工程”名单。《手心手背》则入选湖南省廉政文化建设优秀展演剧目。10月，在第三届“中国戏曲红梅荟萃”活动中，由湖南省戏剧家协会选送、省花鼓戏剧院表演的花鼓戏《打鸟》获得金奖。2008年7月，首届中国地方戏展演在江西赣州开幕。展演汇聚湖南花鼓戏、安徽黄梅戏、公南花灯、广东粤北采茶戏、赣南采茶戏5个代表团的27个农村题材的地方戏。湖南花鼓戏代表团由长沙市花鼓戏剧院、岳阳市花鼓戏剧团、常德市鼎城花鼓戏剧团、邵东县花鼓戏剧团组成，参演5个小戏，获得大小奖项13个，长沙市花鼓戏剧院的《拦车》获得剧目奖。2009年的湖南省艺术节中，省花鼓戏剧院《作田汉子也风流》、市花鼓剧院创排的花鼓小戏《从头再来》及湖南艺术职业学院创排的花鼓戏《五十二家别墅》参与演出评比，其中《五十二家别墅》获得田汉大奖，《作田汉子也风流》获特别荣誉奖。

2010年，《从头再来》在第九届中国艺术节上获作品类“群星大奖”。6月，为突破传统戏剧发展瓶颈，长沙市创新非物质文化遗产项目活态传承模式，全力提质打造以天心区湘江剧院为中心点辐射全市范围的长沙“新戏窝子”文化品牌，在湘江剧院建立“湖湘戏剧传统文化基地”。自此，长沙花鼓戏和湘剧拥有固定的城市演出剧场，一批优秀的传统剧目和新创排的获奖剧目有展示的舞台，市民可以免费观看精彩的传统戏剧演出。11月，由中国文联、教育部、

图25-3-2-6 长沙市花鼓戏剧院花鼓现代戏《城里山歌》经过精心改编打磨，参选省“五个一工程”奖

（摄于2012年4月，长沙市文化旅游广电局供图）

上海市人民政府主办的第二届“中国校园戏剧节”在上海闭幕，湖南艺术职业学院演出的花鼓戏《五十二家别墅》获艺术类院校组“优秀剧目奖”。是年，长沙市开展一次花鼓戏剧本征集，征得优秀花鼓戏剧本《太阳出来唱山歌》。

2011年5月，长沙花鼓戏列入国务院颁布的第三批国家级非物质文化遗产名录。由剧本《太阳出来唱山歌》改编而来的花鼓戏《城里山歌》投排（后改名为《太阳出来了》）。2012年，《太阳出来了》获湖南省第十一届精神文明建设“五个一工程”奖、第四届湖南艺术节“田汉优秀剧目奖”。9月，省文联召开“传承与振兴：湖南花鼓戏的昨天、今天和明天”研讨会，长沙市花鼓戏剧院代表列席参加讨论。

2012年，省花鼓戏剧院转为湖南省花鼓戏保护传承中心，长沙市花鼓戏剧院转为长沙市花鼓戏保护传承中心，浏阳市花鼓戏剧团转化为浏阳市花鼓戏保护传承中心。

三、歌舞剧

20世纪80年代末，长沙有两家专业歌舞剧表演团体，分别是湖南省歌舞剧院和长沙市歌舞剧院。省歌舞剧院下辖舞剧团、交响乐团、民族乐团、歌剧团、合唱团5个表演团；市歌舞剧院下设演员团、舞蹈团、乐团。

1986年12月，全国歌剧交流演出在长沙举行，长沙市歌舞剧团表演歌剧《灯花》并获演出奖。中宣部副部长、中国歌剧研究会名誉主席贺敬之观看演出并在闭幕式上讲话，称这次文化交流演出是有史以来最成功的一次，并盛赞湖南为“中国的歌剧之乡”。1988年，长沙市直属剧团进行体制改革，市歌舞剧团试行资产抵押承包责任制，面向社会公开招聘团长，逐步向自主经营过渡。1989年，市歌舞剧院与长沙剧场“院场合一”。1990年，省文化厅召开全省歌剧创作座谈会。市歌舞剧院创作的大型现代民族歌剧《马桑树》经文化部选调，在全国歌剧观摩演出中获得优秀编剧、优秀演出等5个奖项。市歌舞剧院与市电视台合拍的音乐片《风华正茂》和《毛泽东的青年时代》在省市台播出后，中央电视台又于“五四”纪念日期间两次转播。

1991年，歌剧《马桑树》应文化部之邀，作为庆祝中国共产党成立70周年剧目到北京献演，分别在民族文化宫礼堂和中南海演出4场，并获得全国首届“文华新剧目奖”。6月29日，省歌舞剧院创作的大型歌舞《三湘杜鹃红》在长沙首演，这台有180多人参演的大型歌舞艺术再现70年来发生在三湘大地上的革命风暴和英雄壮举。1992年2月，《三湘杜鹃红》进京演出。

图25-3-2-7 长沙市艺术剧院和湖南师大艺术学院联合演出的大型音乐组歌《风华正茂》晋京献演归来后在市青少年宫剧场汇报演出剧照。曹汝龙饰青年毛泽东
（摄于1993年12月27日，长沙市文化旅游广电局供图）

1993年，市歌剧院完成体制改革工作，与市湘剧院、市花鼓戏剧院及市戏工室、艺术教育培训馆合并，正式成立长沙市艺术剧院，全员聘用，择优上岗，试行投入产出包干制。改革后的艺术剧院组织排练大型音乐组歌《风华正茂》，于12月中旬进京献演，《人民日报》及中央电视台均有报道。1994年，《风华正茂》

获湖南省纪念毛泽东100周年诞辰优秀作品奖。是年，在省文化厅组织的新剧目会演中，省歌舞剧院创作演出大型无场次民族舞剧《边城》（原名《翠翠》），舞剧对原著剧本进行舞剧化改造，加入具有象征意味的特色道具，改编湘西民间音乐为核心音调，以其独特风姿和艺术魅力赢得观众青睐，并获第六届“文华奖”以及编剧、导演、表演、音乐、舞美等11个单项奖。应邀参加在广州举行的第五届中国戏剧节，荣获“优秀剧目奖”。

1997年，长沙市艺术剧院推进改革，实施专业分流，改革分配方案，确定市歌舞剧团为重点改革试点单位。是年创排歌舞诗剧《大铙颂》，歌剧《西汉魂》完成剧本创作。1999年10月，《大铙颂》在新建田汉大剧院开业仪式上首演。11月，市歌舞剧团与来访的比利时蒙斯市皇家室内乐团进行联袂演出成功。2000年，《大铙颂》赴新疆演出，受到群众热烈欢迎；还参加全省新剧目会演并获奖。2001年，市歌舞剧院新配备流动演出车，充分利用其带来的便利，将高雅表演送到基层，全年为长沙市民演出126场。2002年，歌舞剧《天山湘女》完成剧本创作并开始排演。市歌舞剧院全年完成日常演出122场。2003年12月在福建省举办的第三届全国舞剧观摩演出中，湖南省歌舞剧院创作演出的大型历史舞剧《古汉伊人》荣获评委会大奖及包括服装设计在内的多项最佳和优秀奖。

2006年，省歌舞剧院创作大型舞剧《南风》，该剧讲述舜帝南巡的传奇故事，汇聚国内一流的艺术创作班底，呈现国际化的舞台演出效果。在11月举行的第二届湖南省艺术节上，《南风》获得田汉大奖；市歌舞剧院创作的音乐剧《寻梦季节》借鉴中国传统戏曲“时空高度自由”的手法，使舞台具有流动的韵律美，集音乐、舞蹈、舞美三者魅力于一台，绚烂多彩，极具现代歌舞剧特点，最终获演出奖；群众文艺团队创作的音乐剧《特别幸福》和音乐童话剧《不用颜料的彩色画》也备受好评。湖南艺术职业学院创编排演的大型音乐剧《同一个月亮》也在艺术节上惊艳亮相，该剧以农民工进城务工为题材，融入花鼓戏、通俗音乐和街舞等形式，舞蹈编排和舞美布景也充满想象力，最终获得田汉大奖以及舞台艺术、灯光、最佳男女主角等7项单项奖。7月24日晚，《同一个月亮》在北京天桥剧场上演；12月，《南风》在北京保利剧院演出。2007年，市歌舞剧院创作情景歌舞《湘女》在“历史文化名城年会”期间首演，展示湖湘文化的魅力。

图 25-3-2-8 湖南艺术职业学院创编排演的湖南省首部大型原创音乐剧《同一个月亮》在湖南大剧院公演

（摄于2006年9月，长沙市文化旅游广电局供图）

2008年，市歌舞剧院创排歌剧《梦圆马王堆》，全剧以虚实结合的历史叙述方式展示马王堆文化和巫宫文化，减少繁复情节，采用以声乐形式为主，除使用宣叙调、咏叹调以外，还多使用合唱、小合唱、四重唱、二重唱等多种声乐艺术表现形式，咏唱出一出东方“神曲”，给人带来多元化的视听享受。2009年，在“向祖国汇报——2009年湖南艺术节”中，《梦圆马王堆》获“田汉新剧目奖”。省歌舞剧院创作排演的大型歌舞剧《天山芙蓉》获得田汉大奖，该剧讲述20世纪50年代“八千湘女上天山”的故事。2011年1月，市歌舞剧院与市剧协合作创排的大型歌舞情景剧《长岛星语》在湘江剧场上演，整台剧目分为“星城古韵”“长沙风情”“红色圣地”3个篇章，以音乐歌舞结合电子屏幕画面展示和解说，艺术性地展示长沙独特的文化胜迹、历史典故。7月，《天山芙蓉》作为文化部选派的文化援疆重点剧目，远赴新疆参加第二届新疆国际民族舞蹈节，并在乌鲁木齐、石河子、吐鲁番等地进行为期近一个月的巡演。

2012年4月，湖南省歌舞剧院正式转企改制为湖南省歌舞剧院有限责任公司；5月，市直文艺院团进行改革，长沙市歌舞剧院转为国有企业，更名为长沙歌舞剧院，退出事业单位序列。

四、皮影戏

（见本篇第六章 非物质文化遗产 第二节 非物质文化遗产保护项目选介 三、传统戏剧类项目）

五、剧团体制改革

20世纪80年代中期，伴随着改革开放的不断深入，长沙社会经济和文化生活发生变化，新的娱乐方式如歌厅、录像等逐渐流行，传统戏剧演出观众锐减，长沙湘剧、花鼓戏等剧团开始出现入不敷出的情况，戏剧表演内容、剧团体制等都需要进行变革，以适应社会状况的发展。1988年2月，省文化厅在长沙首次召开“湖南省新时期戏剧研讨会”，探讨戏剧与时代的关系问题。9月，长沙市贯彻执行文化部《关于加强和深化艺术表演团体体制改革的意见》和省文化厅《湖南省加快深化艺术表演团体体制改革的实施意见》，市各级剧团（院）开始推行多种方式改革。长沙市在市属湘剧团和花鼓戏剧团内部普遍实行演出队承包责任制，将剧团一分为二，重新组建成戏剧队、轻音乐队，实行“三定一包”，即定人员、定场次、定收入指标，包基本工资总额和政策性补贴。湘剧团与解放剧院合并，并招聘团长。在市歌舞剧团试行资产抵押承包责任制，面向社会公开招聘团长。各个剧团逐步过渡到相对独立、自主经营的轨道。在进行剧团体制改革的探索过程中也出现一些问题，如剧团单纯追求演出场次和收入，艺术创作质量有所下降，个人分配和剧团积累存在矛盾，以及戏剧人才后备力量不足，出现青黄不接的情况。1989年，加强行政管理，繁荣戏剧创作，制定颁发《关于创作剧目百场演出奖的奖励办法》《专业艺术单位在职人员外出参加业务延伸活动的暂行规定》，促进长沙市戏剧事业的发展和艺术创作表演活动的开展。

1993年9月，长沙市贯彻执行文化部《关于进一步加快和深化艺术表演团体体制改革的通知》，对市歌剧、湘剧、花鼓戏3个剧院和市戏工室、艺术教育培训馆再度进行体制改革，合并成立长沙市艺术剧院，实行优化组合，人员分流、全员聘用，择优上岗，试行投入产出包干制，激活艺术创新能力，培养优秀人才，促进艺术繁荣。长沙市艺术剧院合并成立后，人才和资源得以重新按需分配，集中力量出精品，涌现湘剧《布衣毛润之》《铸剑悲歌》这样形式与内涵都非常丰满的作品。

1997年，长沙市贯彻执行文化部《关于继续深化艺术表演团体体制改革的意见》，7个省直院团的改革继续不断深化、细化，主要从3方面进行：改革国家财政补贴办法和拨款方式，实行演出奖励制度；改革工资制度，实行艺术结构工资制，即由60%固定职务工资和40%活动津贴两部分构成；改革用人制度，实行考评聘任制。长沙市制定《专业艺术表演团体改革办法》，确定“一院三团一艺校”的改革方案。长沙市歌舞剧团、长沙市湘剧团、长沙市花鼓戏剧团恢复成立，筹备成立长沙市艺术学校，确定市歌舞剧团为重点改革试点单位。此次剧团体制改革工作的重点在于恢复和扶植不同剧种，注重艺术后备力量的培养，改制于1999年完成。

2012年，结合长沙湘剧、花鼓戏申报非物质文化遗产成功的实际情况，根据中共湖南省委办公厅、湖南省人民政府办公厅关于转发《湖南省文化厅深化直属国有文艺院团体制改革实施方案》及《长沙市文化广电新闻出版局直属国有文艺院团改革方案》文件要求，省花鼓戏剧院转为湖南省花鼓戏保护传承中心，长沙市湘剧院、市花鼓戏剧院分别转化为市湘剧保护传承中心和市花鼓戏保护传承中心，为差额拨款事业单位，不再保留文艺院团建制。长沙市歌舞剧院转为国有企业，退出事业单位序列，更名为长沙歌舞剧院。

第三节 音乐 舞蹈 曲艺 杂技

一、音乐

20世纪80年代末，长沙的音乐创造在继承传统特色的基础上有新的发展，涌现一批题材广泛、富有时代气息的音乐作品。1988年，李少白作词，欧阳律作曲的歌曲《来吧，来踢球》在日本名古屋举行的世界儿童音乐节上演出并获奖。歌曲节奏欢快，旋律跳跃，给人以强烈的感染，经全国筛选，被选入15首优秀歌曲作品之中。《儿童音乐》于翌年第6期上发表该作品，并在其后的全国少年儿童歌曲评奖中获二等奖。由市音乐家协会编辑整理的《国庆歌选》出版。3月，由尹晓星、彭忠作曲的童声合唱套曲《军徽与红领巾》，拍摄成音乐电视艺术片在中央电视台及多家卫视播出。1989年，谭盾发布以自制乐器演奏的作品《九歌》，并于翌年发行首张专辑《九歌》。徐玮作曲的歌曲《美好的一切属于儿童》获上海人民广播电台三等奖。尤夫、陈楚良作词，殷景阳、徐风作曲的歌曲《我们是人民公仆》和罗军一作词，徐开雄作曲的歌曲《我们是建筑工人》获省政协、省文联、省音协颁发的创作奖。1990年，歌词《忘不了家乡的小河》和《我的选择》获“月亮岛”歌词创作竞赛三等奖。于在熙、肖戈作曲的大型歌剧《马桑树》参加在1990年全国歌剧观摩演出中获演出奖。1991年，陈鑫作词，黄昊肖作曲的歌曲《党是红日我是花》在中国音乐家协会和中华全国总工会主办的全国职工“三热爱”歌曲征集活动中获奖。曲作者以湖南民歌为素材，采用高亢明快的山歌风格来抒发对共产党的赞颂之情。1992年，蔡廷瑞创作的歌曲《储运工人之歌》获全国“中国潮”优秀创作奖。易允武创作的音乐片《歌绕大围山》获全国“金牛奖”一等奖。

1993年元旦，由谭盾作曲配乐的专辑《六月雪》发行。唐勇强创作的歌曲《情满土家寨》、张树德创作的歌曲《这一片土地》分获全国首届乡镇企业“太平杯”征歌特等奖、一等奖。易允武创作的音乐片《弯弯浏阳河》上映。应文化部邀请，郭天柱、陈楚良作词，张瑞芳作曲的组歌《风华正茂——毛泽东青年时期组歌》进京献演，该作品后拍成音乐专题片，相继在中央电视台多次播出。1994年，罗浩创作的歌曲《湘女多情》获湖南年度十大金曲奖。唐勇强、李幼平、张长松等人的20余首音乐作品在全国音乐刊物上发表。1995年，李少白词，鲁颂曲，创作的歌曲《甜甜的山歌》获文化部第五届群星奖金奖，翌年获全国精神文明建设“五个一工程”

图 25-3-3-1 谭盾《交响曲1997：天·地·人》演出现场

（摄于1997年，长沙市文联供图）

奖。该作品歌词形象生动，曲调采用湖南苗族音调，采用童声独唱，衬以较原始的原声伴唱，描写山区优美的自然风光和美好的劳动生活。1996 年，谭盾作品《马可波罗》受日本作曲家武满澈提名获加拿大格兰·格德音乐奖。6 月，郭天柱作词，邓东源作曲，宋祖英演唱的歌曲《又唱浏阳河》发布。作品以家喻户晓的歌曲《浏阳河》起兴，描写浏阳河畔人民群众开拓前行的精神风貌，音乐欢快优美，委婉动情。7 月，曾仕让作词，殷景阳作曲的歌曲《中法集团之歌》获“世纪之声”全国歌曲大奖赛二等奖。9 月，黄持一与马玉珠作词，魏景舒作曲，张也演唱的歌曲《最美的圆月》发布。当时正值海峡两岸交往频繁之际，旋律采用商调，节奏灵活，歌词亲切动人，朗朗上口:“泰山顶上的圆月像一面银锣，阿里山上的圆月像面银锣，一样一样的圆呀，一样一样的亮，银光闪闪地照着你和我，照着你和我。”该作品获当年湖南省精神文明建设“五个一工程”奖一等奖、华人全球征歌中华情创作奖。1997 年，谭盾为香港回归创作《交响曲 1997：天·地·人》，并发行专辑《鬼戏》。李少白作词、鲁颂作曲的歌曲《绿色的小兵》和李少白作词、杨天解作曲的歌曲《手拉手》皆获湖南省“五个一工程”一等奖。葛敬平创作的歌曲《香江谣》获由省委统战部组织的“迎回归，颂中华”征歌比赛金奖。1998 年，宋小明作词，三宝作曲的歌曲《你是这样的人》发布。该歌曲应大型艺术专题电视片《百年恩来》所约而作的主题歌，全曲音域仅九度，歌词集中抓住周总理在人民心中定格的几个具象:有神的眼睛、热情的握手、坦荡的微笑，全词未着周恩来一字，以高度抽象每个人心中永远活着的周恩来形象。李少白作词，杨干之作曲的歌曲《山雾飘来了》获文化部年度歌曲新作二等奖。唐勇强创作的歌曲《哥哥当兵去香港》获得湖南省“五个一工程”奖。

1999 年，唐勇强撰写的音乐论文《从音乐欣赏心理看当前流行歌曲对青少年的影响》发表，并作为优秀文章选入《中国社会主义精神文明建设宝典》一书。是年，金沙作词，尹颂军、尹晓星作曲的大型声乐套曲《张家界之歌》完成创作。是年，李少白作词、易畅作曲的少儿歌曲《世界和我手拉手》创作完成。该作品作为 12 首少儿歌曲之一，在中华人民共和国成立 50 周年时由《中国少年报》、中央人民广播电台少儿部、《儿童音乐》等单位联合向全国推荐，后被选入湖北科学技术出版社出版的小学三年级上册音乐教材。该作品还获全国征歌大赛二等奖、湖南省“五个一工程”一等奖。谭盾凭歌剧《马可波罗》获得格威文美尔作曲大奖。蔡廷瑞创作的歌曲《湘女多情》获文化部“群星奖”铜奖。李少白作词、唐勇强作曲的歌曲《爸爸回来了》获湖南省年度“五个一工程”奖。

进入 21 世纪，一大批深受群众喜爱的歌曲相继问世。2000 年，陈楚良作词，殷景阳作曲，中国人民解放军武警文工团女高音歌唱家潘军演唱的歌曲《党心民心格外亲》发布。该作品通过乐句重复的表述方式赞美党的好干部情系百姓、造福于民的好作风，后半部分节奏拉宽，从衬词“哎”开始，旋律反复咏唱歌曲主题音调，加深听众的印象 。7 月，大型音乐诗歌剧《大铙颂》在“长沙—乌鲁木齐”经贸洽谈会上演出，受到新疆各族同胞的热烈欢迎。2001 年，雷子明作词、张树德作曲的歌曲《我从三峡来》获中国文联和中国音协主办的首届中国音乐金钟奖优秀声乐作品铜奖。作品具有浓郁的地域特点和时代气息，融汇四川、湖北以及湖南的民间音乐素材，三段体曲式结构，在激情飞扬的旋律中，采用船工号子作为伴唱，富有极强的动感和画面感，纵情歌颂新时期三峡人民热爱家乡，建设家乡，追求理想的美好情怀和精神风貌。谭盾凭电影《卧虎藏龙》配乐获得奥斯卡金像奖最佳原创音乐奖。钟黔宁、尹颂军、孟勇、孙旺军主创，由长沙人民广播电台音乐频道录制的音乐广播剧《黎明的歌》获中宣部全国第八届“五个一工程”奖。

2002 年，张长松撰写的声乐论文《心灵的轨迹——读作曲家尹晓星的论著〈心灵歌唱〉》发表于全国中文核心期刊《理论与创作》，荣获湖南省首届音乐评论征集评选二等奖。歌曲《又唱浏阳河》获第十九届中国电视艺术飞天奖、星光奖、文化部“乐动城市——中国城市之歌”城市原创歌曲十佳作品、第二十届电视精英优秀奖音乐电视一等奖。4月，谭盾发行电影原声音乐专辑《英雄》，凭《卧虎藏龙》电影原声音乐获得格莱美奖最佳电影原创音乐专辑奖。2003年，谭仲池作词、徐沛东作曲的歌曲《阳光乐章》获国家电视音乐“星光奖”金奖。是年，按中央、省有关部门的部署，市文联及市音乐家协会组织策划《青年毛泽东在长沙》大型声乐套曲的创作。9月27日，在田汉大剧院成功举办纪念毛泽东110周年诞辰《青年毛泽东在长沙》大型声乐套曲音乐会。经过上海交响乐团、上海歌剧院交响乐团、北京总政等国家级艺本院团的演员以及湖南女子民族乐团、湖南师范大学音乐学院合唱团、湖南省歌舞剧院合唱团、湖南省音乐家协会合唱团，长沙市歌舞剧院合唱团、湖南知青艺术合唱团、长沙市小天使合唱团、长沙市小杜鹃合唱团等500多人的演奏、演唱，真实反映毛泽东青年时代在长沙的革命活动，再现毛泽东成为一代伟人的光辉历程。该作品形式新颖，内容生动，中央、省、市级新闻媒体都进行大量报道。套曲也得到市委、市政府和广大文艺工竹者及社会各界的赞誉和广泛好评。2004年，吴凯作词的歌曲《竹乡谣》获中国音协“金钟奖”声乐作品奖。由谭仲池作词、曹伟、殷景阳作曲的歌曲《长沙晚报发行员之歌》获全国征歌一等奖。2005年，陈晓杰作词、殷景阳作曲的歌曲《那么近》，李大剑作词、白川作曲的歌曲《那一声喊总藏在心中》，唐勇强创作的歌曲《人生能有几回搏》，张支华创作的歌曲《为城动会添彩》等18件音乐作品入选长沙年度音乐作品。肖舞著乐评论集《乐舞散论》出版。2006年，郭天柱作词、张世敏作曲的女声演唱歌曲《月亮谣》获湖南省首届三湘群星奖大赛金奖，9月，该作品参加上海“第十九届亚洲音乐节”演出；翌年获文化部第十四届“群星奖”和“群星创作奖”。该歌曲以苗家青年男女相约“边边场”暨燃起篝火通宵达旦欢歌乐舞的传统习俗起兴，呈现湘西凤凰纳尔山下“四月八”苗歌节盛况。是年，谭盾发行电影原声音乐专辑《夜宴》。

2007年，郭天柱作词、张世敏作曲、红叶组合演唱的歌曲《月亮谣》获文化部中国艺术节第十四届群星奖金奖。吴文峰作词、张长松作曲的少儿歌曲《月月红》获团中央社区和维护青少年权益部组织的“爱心之水、和谐之源社区志愿服务和谐行动”作品征集三等奖。左涛创作的歌曲《守望家园》获全国知识产权征歌三等奖。知青合唱团获金钟奖合唱比赛金奖第一名。市音协获得第六届中国音乐金钟奖合唱比赛组织奖。周跃峰获金钟奖合唱比赛指挥奖。陈楚良作词、鲁颂作曲的歌曲《与世纪同行》，郭天柱作词、唐勇强作曲的歌曲《放飞激情，放飞梦想》，佟文西作词、张树德作曲的歌曲《为繁荣喝彩》在泛珠三角合作与论坛暨经贸合作洽谈会征歌入围奖。袁双洋获第六届中国音乐金钟奖声乐（民族）比赛中获优秀奖。郭天柱作词、杨天解作曲的歌曲《牵手吊脚楼》获省“五个一工程”奖。郭天柱作词、魏景舒作曲的合唱歌曲《刘海砍樵》获湖南“金旋律”合唱比赛特等奖。2008年，陈楚良作词、张世敏作曲的歌曲《簸箕上的麻雀》获湖南省第十届“五个一工程”奖、湖南省第一届“湖人湘歌”作品金奖。作品描述一群生活在苗族山寨的麻雀与苗族阿公阿婆之间发生的故事，展现人与自然的和谐情景，歌颂苗家人的幸福生活。是年，湖南知青艺术团合唱团获第五届世界合唱比赛“民谣自便组”银奖。谭盾为北京奥运会创作徽标Logo音乐和颁奖音乐。2009年，李幼平作曲的歌曲《远方的老阿妈》获年度感动中国暨庆祝中华人民共和国成立60周年全国征歌三等奖。是年，邢卫民作曲的歌曲《幽兰传说》获全国优秀流行歌曲创作大赛华南赛区一等奖。殷景阳作曲的歌曲《我们是中华好儿郎》获全国第十届中学生运动会会歌征集三等奖。尹颂军获湖南省第二届“青年文化名人”荣誉称号。郭天柱作词的歌曲《桂东飞出一支歌》《妈妈不哭》获湖南省“五个一工程”歌曲创作奖。陈楚良作词、张世敏作曲的歌曲《水磨谣》

获湖南艺术节金奖。李大剑作词的歌曲《奋进鼓》获湖南艺术节银奖。刘新权作词、李盼作曲的歌曲《家在农村》获湖南艺术节银奖。邢卫民作曲的歌曲《金凤凰》获省音协中华人民共和国成立60周年征歌一等奖。3月，唐勇强、殷景阳、蔡延瑞作曲的歌曲《沁园春·长沙》在中央电视台三套播出。2010年，徐锡怀、尹晓星撰写的音乐论文《生活艺术化的审美创造——评黎晓阳歌曲〈妈妈你在哪里〉》获“21世纪华人音乐奖”音乐评论一等奖。谭盾担任中国上海世博会全球文化大使，并为上海世博会创作中英文主题曲。11月，红叶组合演唱的歌曲《潇湘红·中国红》、李盼演唱的歌曲《又是八月桂花开》分获由省委宣传部、省文联举办的第二届“湘人湘歌”大赛银奖、铜奖。山水组合演唱的三重唱《新福生活到山村》获湖南省首届农民会演“丰收奖”。

2011年，谭盾发行专辑《武侠三部曲》，并开启《武侠三部曲》全球巡演。2012年，谭盾获俄罗斯肖斯塔科维奇音乐奖。歌曲《今夜想起你》获全国第十二届“五个一工程”奖。李少白作词、唐勇强作曲的歌曲《祖国把我们连起来》获湖南省“五个一工程”奖。胡述斌作词、孟庆云作曲的女声独唱歌曲《永远的雷锋》获中国音协举办的首届“情系雷锋”全国原创歌曲征集大赛金曲奖和湖南省第十三届“五个一工程”奖。湖南知青艺术团获年度中国（广州）星海国际合唱锦标赛、星海国际合唱大赛金奖。杨明国主编，音乐评论集《尹晓星选集》（五卷七部）由湖南文艺出版社出版发行。是年，湖南省音乐评论委员会正式挂牌成立。

二、舞蹈

20世纪80年代后期，长沙的舞蹈艺术活动日趋活跃，舞蹈种类、形式也日趋丰富。1988年7月3—10日，市舞蹈家协会、市电视台、市工人文化宫组织的首届“芝宇杯”新潮舞蹈大赛在市群众艺术馆举行。吸引来自全国各地的500余名选手参赛，比赛中长沙市共有7个作品获得奖项。1990年5月5日，由长沙市文联、市舞蹈家协会等7家单位举办的湖南省“菲菲杯”群众舞蹈大赛，经过7天的紧张角逐，11日晚在长沙市红色剧院落下帷幕。全省各市、县700多名舞蹈爱好者共计270个节目参赛。长沙市毛巾厂群舞《浏阳河》获特等奖。1993年，梁元训指导创作的作品《土家铜铃舞》《小豆豆》在全省学校调演中获一等奖。

2000年前后，随着长沙众多文化广场的修建，广场舞作为一种社会文化现象，悄然走进百姓生活。2001年，张洁创作的少儿舞蹈《赶海》获文化部举办的全国艺术新人选拔赛（北京）银奖。作品以写意的方式，表现孩子们在海边玩耍，尽情享受美妙生活的景象。作者创作的其他舞蹈作品还有：《妈妈的月亮》《和平鸽》《辣娃娃》《吉祥筷子》《永远的雷锋》等。2007年，赵绪元创作的苗族舞蹈《妹儿》获庆祝香港回归十周年紫荆花杯舞蹈大赛紫荆花金奖。作品表现苗寨的民俗民风和苗族人幸福生活为场景。王光辉获第五届新加坡《胡姬花》国际音乐舞蹈比赛最佳指导奖，第三届世界华人青少年艺术育才成果奖。喻新华编导的独舞《忆》获全国青少年艺术展示活动金奖。易扬伟编导的儿童舞蹈《虫虫飞》获青春东亚国际青少年艺术周（北京）创作金奖。2009年，刘佳欣舞蹈《苗儿》、危婉舞蹈《苗儿》获全国“小荷风采”舞大赛小荷之星。姚亚岭舞蹈《苗山春早》获中国香港少儿文艺大赛金奖。喻新华舞蹈《八百里洞庭美如画》、独舞《蛇秀》获全国青少年艺术教育与精品展演一等奖。王光辉获第四届香港国际青少年艺术节“当代名师”称号。2010年，贾捷创作的舞蹈《啦啦米》获全国青少年宫系统“银杏树下的风采”迎春电视晚会优秀节目金奖。舞蹈创作灵感来自孩子们的课间游戏，从孩子们活泼快乐的天性出发，巧妙利用道具空间“橡皮筋、头绳和长麻绳”，新颖、奇特、动感激情的舞蹈动作，变化多端的队形调度设计，舞蹈结构清新明朗欢快，渲染出千变万化的舞台效果，呈现孩子们充满童真童趣和五彩斑斓的校园生活，反映出新时代少年儿童健康向上，朝气蓬勃的精神风貌。2012年，赵绪元、张洁创作的舞蹈《郎打山歌姐来和》获中央电视台“舞蹈世界”百姓健康舞蹈展演（北京）优秀舞蹈节目奖。舞蹈以长沙山歌“郎在外间打山歌，姐在房中织绫罗”为场景，通过男女青年对唱山歌传情表意，将青年男女追求自由、美好爱情的纯真深情，用长沙地花鼓的舞蹈语汇表现，艺术感人，地方特色浓厚。同年，张洁创作的舞蹈《绣女情韵》获湖南省第四届艺术节银奖。舞蹈通过群舞、三人舞的形式与移动绣品的巧妙组合，刻画当代绣女们“以针为笔、以缎为纸、以丝为色”的艺术创作场景，表现绣女们的勤劳、智慧和对湘绣艺术的执着深情。

表25-3-3-1　　1988—2012年长沙市舞蹈家协会获奖一览表

年份	作　品	获 奖 情 况	编　导
1988	舞蹈《赛龙舟》	湖南省纪委举办文艺会演二等奖	张　洁
1990	舞蹈《胡姬花》	第五届国际音乐舞蹈比赛最佳指导奖	王光辉
1996	舞蹈《顶碗舞》	第一届菲律宾国际舞蹈艺术节优秀奖	王光辉
1998	少儿舞蹈《赶海》	文化部举办全国艺术新人选拔赛 一等奖	张　洁
1999	舞蹈《和平鸽》	湖南省教育厅举办少儿才艺比赛一等奖	张　洁
2001	舞蹈《又唱浏阳河》	湖南省直工委举办文艺会演二等奖	张　洁
2002	群舞《芳草魂》	第四届湖南省中师文艺调演一等奖	伍彦谚
2003	舞蹈《雏鹰》	第三届湖南省重点中学文艺调演一等奖	伍彦谚
2004	独舞《瑞雪兆丰年》	第二届湖南省“三湘蒲公英”舞蹈大赛 一等奖	伍彦谚
	舞蹈《妹儿》	香港紫荆花艺术节金奖	赵绪元
2005	舞蹈《花儿为什么这样红》	新加坡第五届“胡姬花”国际舞蹈大赛“胡姬花”政府大奖	王光辉
2007	舞蹈《忆》	全国青少年艺术展示活动金奖	喻新华
	舞蹈《有喜》	（香港）国际青少年艺术节金奖	王光辉
2008	原创舞蹈《奥运小娇娃》	第四届魅力校园全国校园舞蹈展演金奖	方　璐
2009	儿童舞蹈《虫虫飞》	东亚国际青少年艺术周金奖	易扬伟
2010	舞蹈《冬天来了》	第四届（香港）国际青少年艺术节金奖	王光辉
	舞蹈《爬坡上坎》	第六届世界华人青少年艺术节金奖	王光辉
	群舞《莫徭·猎》	第六届“荷花奖”校园舞蹈大赛特别奖	伍彦谚
	音乐剧《钉子的故事》	全国校园剧比赛一等奖	陈文静
	舞蹈《扎西德勒》	马来西亚第二届国际舞蹈艺术节金奖	王光辉
	街舞《圈》	第六届中央电视台电视舞蹈大赛第六名	杨　柳
	舞蹈《苗山春早》	中国香港少儿文艺大赛金奖	姚亚玲

续表 25-3-3-1

年份	作品	获奖情况	编导
2011	舞蹈《苗儿》	全国“小荷风采”舞蹈大赛获“小荷之星	刘佳欣
	舞蹈《蛇舞》	全国青少年艺术精品展演一等奖	喻新华
	舞蹈《生命》	湖南省艺术节金奖	郭贝贝
	舞蹈《阳光伙伴》	湖南省中小学生艺术展演一等奖	王印英
	舞蹈《家长里短》	第七届世界华人青少年艺术节金奖	王光辉
	舞蹈《郎打山歌姐来和》	中央电视台“舞蹈世界”百姓健康展演优秀奖	赵绪元、张洁
2012	广场舞《盛世中华》	湖南省广场舞比赛 全省前十强	张 洁
	舞蹈《喜雪》	第六届（香港）国际青少年艺术节金奖	王光辉
	舞蹈《炫光》	第八届世界华人青少年艺术节金奖	王光辉
	舞蹈《肚皮舞》	亚洲第四届肚皮舞国际邀请赛季军	刘丽娜
	舞蹈《绣女情韵》	第四届湖南省艺术节银奖	易杨伟、张洁
	儿童舞蹈《阳光伙伴》	全国第三届中小学生艺术展演优秀奖	王印英

三、曲艺

20 世纪 80 年代初，杨志淳与搭档周卫星合作，开创深受民众欢迎的本土曲艺形式——湖南方言相声。至 80 年代末，长沙本土曲艺开始走向全国。1989 年，省曲协会同省群艺馆在湘潭举行湖南省首届“笑的艺术”大赛，来自长沙、湘潭、益阳、常德、娄底、怀化、衡阳等地的相声爱好者参加比赛。最终，长沙的杨志淳、周卫星脱颖而出，他们表演的方言相声《欢歌乐舞》获一等奖。1989 年 9 月，中国曲艺家协会湖南分会经过认真考核、评选，授予彭延坤、张友福、黄仲甫、刘海洋、颜祖武、张伯莲、黄凯祥、陶凤球、刘银华以“湖南省优秀民间曲艺艺人”称号。这 9 名艺人都从艺 30 年以上，长期坚持在长沙市城乡民间说书。他们以群众喜闻乐见的悼词和评书的艺术形式，在演唱优秀传统书目《三国演义》《水浒传》《说岳》《说唐》《封神演义》等数十部长篇的同时，还演唱大量的反映中国革命和社会主义建设的新书目：《烈火金刚》《林海雪原》《乔隆飚》《三湘英雄传》等。其中彭延坤，曾多次在省、市曲艺会演中获奖。他配曲的弹词《骂男人》获得曲艺优秀编曲奖，他演唱的长篇弹词《郭亮》《宝钏记》在湖南人民广播电台播出后受到广大听众的热烈欢迎，他口述的中篇悼词《鹦哥记》由湖南人民出版社出版，在群众中受到好评。1990 年，杨志淳、周卫星创作表演的相声《欢歌乐舞》获湖南省首届“笑的艺术”电视大赛一等奖。是年 12 月，杨志淳创作并与周卫星一同表演的相声《欢乐歌舞》获首届“笑的艺术”表演大赛一等奖。该作品表现全国各民族大团结和各族青年在社会主义建设中奋发向上的主题，艺术上继承和发展中国相声艺术的优良传统，融说、唱、舞于一炉，颇有新意。该作品还曾先后在省内工厂、农村、部队、街道、学校演出 60 多场，受到观众好评。1991 年，其创作表演的相声《明星晚会》获湖南省第二届“笑的艺术”电视大赛二等奖。同年 4 月，省曲协参与由中国曲协、中央电视台、文化部群文司、益阳市人民政府联合举办的全国青年相声邀请赛，并组织、推荐《猪言难尽》《母亲颂》《小胖丫》等 3 件相声作品参赛，最终，相声《猪言难尽》（芦克宁创作）获作品二等奖，芦克宁获逗哏二等奖，周卫星获捧哏二等奖，张俊山获捧哏三等奖。1992 年 5 月，省曲协派出芦克宁、刘俊生参加在济南举行的全国三书幽默小段电视大奖赛，芦克宁表演的快板书小段《比爸爸》获金奖，刘俊生表演的快板书小段《口头语》获银奖。是年，杨干音创作，周卫星、谢燕表演的相声《母亲颂》获中国曲协举办的全国青年业余相声邀请赛创作奖、捧哏二等奖、逗哏三等奖。7月，省曲协第五届会员代表大会在长沙召开，中国曲艺家协会湖南分会更名为“湖南省曲艺家协会”。

1993年5月，省曲协与省文化厅联合举办湖南省曲艺调演，来自全省各地、市的14支代表队共42件作品参加比赛。最终，罗丹创作弹词联唱《中流击水显风流》获湖南省曲艺调演创作一等奖、表演一等奖。该作品同年还获文化部群星奖。是年，胡其美创作表演的长沙快板《受骗记》获湖南省曲艺调演创作二等奖、表演二等奖。1994年，杨志淳创作的小品《人与狗》获湖南省专业剧团小品调演创作奖，其另一作品《局长敬酒》获湖南省反腐倡廉文艺创作征文一等奖。张文清创作小品《山村新事》获湖南省专业剧团小品调演创作奖。1995年10月，省曲协组队参加在平顶山举行的第二届中国曲艺节，杨其峙、周安礼、郭新创作，杨其峙、郭新表演的相声《请财神》和芦克宁创作并表演快板书《湘女情》获“牡丹奖”。1996年，杨志淳、周卫星创作表演的相声《打鬼记》获湖南经视相声小品电视大赛特殊贡献奖。杨志淳创作，张旭光、胡亚萍、颜小慧表演的小品《离婚》获湖南经视相声小品大赛一等奖、湖南省文艺调演一等奖、文化部全国调演群星奖。彭延坤创作表演的长沙弹词《游长沙》、彭国泉创作表演的长沙快板《打老鼠》获湖南电视台“湘音俚语电视大赛”特别奖。杨志淳、周卫星表演的相声《母亲颂》获湖南电视台“湘音俚语电视大赛”一等奖。胡其美表演的长沙快板《楼上楼下》获湖南电视台“湘音俚语电视大赛”二等奖。张旭光、胡亚萍、颜小慧表演的小品《局长敬酒》获湖南电视台“湘音俚语电视大赛”三等奖。

1997年，杨志淳用宁乡方言表演的《离婚》在北京获文化部全国第七届群星奖银奖。1998年7月，省曲协与湖南经视台、唐人神集团联合举办“唐人神杯”湖南省第二届电视相声、小品大奖赛。最终，长沙选送的小品《擦皮鞋》获得一等奖。是年，杨其峙、任军创作表演的相声《喜丧》获全国牡丹杯相声大赛一等奖和创作奖，也是长沙相声艺术获得全国性大奖的首例。1999年10月，省曲协第六届会员代表大会在长沙召开，选举新一届协会理事会，杨其峙当选为主席并兼任秘书长。是年，由杨其峙、任军创作、表演的相声《白吃》进入中央电视台春节联欢晚会，开创湖南文艺节目进入中央台春节晚会的先例。随后，中央电视台《综艺大观》开辟“奇志碰大兵”相声专题节目。

2000年前后，长沙的相声事业达到顶峰。2000年，市曲协成立“湘音俚语”喜剧工作室，并与建筑工人文化宫联合成立“长沙市曲艺培训基地”，创作排练相声小品等节目，在湖南卫视、湖南生活频道、“电视金鹰节”等媒体播出，还组织在湖南大剧院“七彩广场”和市“少管所”义演3次。2002年，杨其峙、任军创作表演的相声《治感冒》获中央电视台CCTV相声大赛二等奖，大兵获最佳捧哏奖。2003年，刘谢甫创作

图 25-3-3-2 “奇志碰大兵”节目现场

（摄于2000年，长沙市文联供图）

图 25-3-3-3 笑工场演职人员合影

（摄于 2012 年，长沙市文联供图）

的韵白剧《审皮球》获长沙市第四届曲艺小品大赛金奖、湖南省第三届曲艺小品大赛银奖。2004 年，刘谢甫创作的小品《惨痛的教训》获长沙市第五届曲艺小品大赛金奖。周卫星、何晶晶创作表演的小品《约会》获全国小品大赛金奖。张旭光、胡亚萍创作表演的小品《马路情》获全国小品大赛铜奖。2005 年，周卫星、何晶晶创作表演的小品《婚托》获中央电视台小品大赛优秀表演奖。2006 年，周卫星、朱少宇创作表演的相声《健康歌》获中央电视台中部六省曲艺大赛一等奖。周安礼、刘宁生、邹圆智创作，邹圆智、傅辰生表演的相声《水涨情高》获中央电视台中部六省曲艺大赛二等奖。2007 年，原建邦、曹曙光、陈占国、大兵创作，大兵、赵卫国、李金斗表演的相声《免费电话》获中央电视台春节联欢晚会节目评比二等奖。周卫星、曹曙光表演创作的相声《喧宾夺主》获 CCTV 第四届相声大赛优秀节目奖。2008 年 7 月，大兵创作出品的相声剧《夺宝熊兵》在北京民族宫剧场演出获得成功，在全国巡演近百场，受到各地观众喜爱。是年，长沙弹词入选第二批国家级非物质文化遗产名录。罗树惠创作的长沙弹词《雷锋参军》获湖南省首届曲艺大赛一等奖。2009 年 5 月 23 日，笑工场成立，这是由大兵发起并亲力亲为创建而成的湖南唯一专门从事相声、曲艺表演团队。由青年相声演员李丹担任负责人；2010 年 4 月，省曲协主席团研究，将其正式定名为“湖南笑工场青年相声俱乐部”，聘任本省著名相声、快板演员芦克宁担任主任。7 月下旬，胡其美执笔的曲艺剧《啊，彩要》创演成功。该剧将长沙弹词、长沙大鼓、快板、三句半、评书、双簧、顺口溜等群众喜闻乐见的十余种长沙曲艺门类，以彩民购买福利彩票事件贯穿，融为一体，让观众在一台戏中欣赏多种长沙特色曲艺艺术，是对长沙曲艺艺术的创新尝试。2010 年，童鸣创作表演的相声《明星梦》获湖南省第五届 CCTV 相声大赛三等奖。5 月 28 日，彭延坤表演的长沙弹词《悼潇湘》参加首届“巴黎中国曲艺节”，获得银奖。首届巴黎中国曲艺节参演节目从中国各省区市挑选，包括相声、评书、丝弦、渔鼓、东北二人转等 21 个节目。是中国曲艺艺术在欧洲第一次举办的专场演出和规模最大的集中展示。同年 10 月，周卫星创作的小品《婚礼》获第六届中国曲艺牡丹奖表演奖。2011 年，李丹、郝长鸿创作表演的相声《我要上电视》获湖南省第二届曲艺之星大奖赛一等奖。2012 年，市级投入资金 15 万元用于“长沙弹词”的保护工作，并指定长沙市群众艺术馆为其保护单位。湖南笑工场青年相声俱乐部有限责任公司挂牌成立。

四、杂技

1988 年，赵午双、吴红霞表演的杂技《春蚕吐丝》和邓娅琴、刘娟、陈娜、吴红霞表演的杂技《晃球顶技》在第一届“新苗”杯全国杂技比赛中皆获金奖；1990 年 3 月在比利时“希望之星”国际杂技比赛中分获银奖、铜奖。1995 年，赵午双、吴红霞表演的杂技《技巧造型》第四届全国杂技大赛中获金狮奖；李翀、张静等表演的杂技《抖杠》在第四届全国杂技大赛中获银狮奖。1998 年，唐燕艳、邓力花等表演的杂技《红盖头·抛绢》在全国第三届少儿杂技比赛中获金狮奖和创新奖。1999 年在第七届吴桥国际杂技艺术节中获银狮奖。2000 年在朝鲜“四月之春”国际艺术节中获金奖。2001 年，在第三届匈牙利国际艺术节中获特别奖和总统荣誉奖。2004 年，黄亮、熊文等表演的杂技《秦俑魂·爬杆》在摩纳哥第 24 届蒙特卡洛国际杂技艺术节上获银小丑奖。2006 年，王吉、王佩力等表演的杂技《月影仙踪·杠上蹬人》在第五届全国青少年杂技比赛中获文华杂技节目创作优秀奖。2008 年在中国杂技金菊奖第二次全国比赛中获优秀节目奖。同年，胡韬、邱国盛等表演的杂技《与狼共舞·独轮车》在第五届全国青少年杂技比赛中获文华奖银奖、在第七届中国杂技金菊奖第二次全国杂技比赛中获金奖。2009 年，大型文化旅游杂技剧《芙蓉国里》由湖南省杂技艺术剧院有限责任公司与湖南锦绣潇湘文化创意有限公司合作完成。它通过杂技、舞蹈、武术、魔术等艺术表现形式，结合高科技多媒体的声光电效果，加以时尚的音乐、服装、道具及舞美，综合表现湖湘文化辉煌历程，以湘魂、湘韵、湘情诠释湖湘人民忠诚、多才、多艺、多情的人文特征和湖湘文化千百年来厚重的文化底蕴，是一部精彩纷呈的多媒体梦幻剧。湖南省杂技艺术剧院有限责任公司创编演出的一大批节目，先后在国内、国际杂技大赛中获金奖 8 次，银奖 10 次。2010 年 8 月，李艳、王佩力等表演的杂技《四人柔术》应邀赴越南河内参加第三届国际马戏节时获银奖并荣获优秀团队奖；2012 年，《与狼共舞·独轮车》荣获首届湖南省文学艺术奖。同年，《芙蓉国里》在湖南文化艺术节中荣获田汉优秀剧目奖以及导演奖，优秀表演奖，舞美、灯光、服装等单项奖。

第四节　美术　书法　篆刻　摄影

一、美术

20 世纪 80 年代末，一批长沙画家在中国美术界崭露头角，创作出一批带有“湘味”的作品。1988 年 11 月，长沙市文联原主席、湖南省美协副主席徐芝麟出席全国第五次文代会时创作的国画《不染污泥·花如玉洁》被人民大会堂收藏。1992 年，中国艺术研究院艺术创作院研究员、中央文史馆书画院研究员柯桐枝创作的《故乡月》（版画）入选全国第十一届版画展。刘昕文山水画作品《青山夕照》《深谷流翠》《空山新雨》《峡江晓翠图》获中国美术家协会第八届新人新作展优秀奖。5 月，市美协主席，湖南省美协理事刘昕文应美国洛杉矶南苑艺术协会邀请，赴美国洛杉矶和旧金山举办个人山水画展，并为中国驻洛杉矶总领馆新建办公楼绘制大幅山水画《山乡秋色》。10 月，市美术家协会原主席徐照海积数十年艺术经验创作的《锦绣中华》山水画长卷，历时 13 个春秋艰苦写生、反复创作，终于完成。画卷长 54 米，宽 53 厘米，画作运用虚实相间、工写结合的手法，将黄河、长江、万里长城、三山五岳、八百里洞庭、中原大地、桂林山水、钱塘江潮、江南三大名楼、少林寺、寒山寺、故宫以及中山陵、阿里山姐妹潭等 40 余处风景名胜淋漓渲染。其中许多片段先后在国内外展出，特别是岳阳楼、黄鹤楼、滕王阁三大名楼等佳作，画景传神，给人以艺术享受。1994 年，徐芝麟创作的国画《中国历代名人长寿图系列》《敦煌舞新姿系列》由台湾《中国美术》发表并入编《美术年鉴》。12 月，柯桐枝创作的《潇湘一绝之二——浏阳菊花石雕》（版画）入选全国第八届美展，获湖南省版画展金奖。1995 年，刘昕文创作的山水画《高山流水》获文化部中国艺术研究院美术研究所中国画学术精诚奖。1996 年，刘昕文创作的《把握时代脉搏，与人民息息相关》获湖南省美术理论优秀论文奖。1997 年，周小愚创作的油画《山妹》、黄永谦创作的水彩画《孜孜以求》获得省文联组织的“迎回归”展览银奖。1998 年，徐芝麟创作的国画《人民的公仆》由毛主席纪念堂收藏。1999 年，徐芝麟创作的国画《为八大山人写像》在北京美术馆展出后由中国诗书画院收藏。3 月，柯桐枝创作的《寒塘碧玉香》（国画）入选全国民间工艺美术展，获金奖。9 月，刘昕文创作的《清溪秋韵》获“庆祝中华人民共和国成立五十周年澳门回归全国诗人、书法家、画家作品展”优秀作品奖。是年，卢雨创作的《俑·男人·女人》（油画）入选“第一届湖南省青年美展”获金奖。2001年，熊建鹏与陈恒桂创作的油画《清水塘的灯光》、周小愚创作的油画《源头活水》、李亚辉创作的国画《红的故土》获全国美协展入展资格。

2003年11月，柯桐枝创作的《暑》（国画）入选纪念联合国宣布“世界和平日”一周年在悉尼举办的世界第八届和平书画展，获名家书画奖。2004年，徐芝麟创作的国画《喜悦》获文化部举办的“纪念邓小平100周年诞辰书画展览”特别奖，并印发“纪念封”。8月，柯桐枝创作的《冬塘赋》（国画）入选首届中国美协会员中国画精品展。刘昕文山水画作品《幽谷新秋图》入选《首届中国美术家协会会员中国画精品展》。12月，柯桐枝创作的国画《荷塘月色》入选“中国—马来西亚建交30周年”在吉隆坡展出的第九届世界和平书画展，获金奖。2005年，由长沙市文联与市委宣传部、市文化局联合举办纪念抗日战争暨世界反法西斯胜利60周年美术书法图片联展，组织120件主题性作品参加展览。这些作品，或直抒胸臆，或曲笔天成，代表中国人民唾弃战争，呼唤和平的意愿。由市博物馆设计制作的400余张历史图片，浓缩中国人民十四年浴血抗战的艰辛历程，客观地反映国共两党军队在不同的战场抗击日军、国共合作共同御侮、海外华侨支援抗战、抗战著名将领壮烈殉国、台湾回归祖国、审判日本战犯等史实，使人们重温那段给中华民族带来深重灾难的历史，再现中华民族同仇敌忾、抗日救亡的生动史实。2007年，吴志立国画获建军80周年全国美术展览银奖。肖剑的国画获中国美协主办的美展优秀奖。戴咏强、王礼作品入选第八届全国水彩画展，戴咏强获优秀奖。张奇、欧阳笃材的作品在文化部主办的《文化月刊》上以两个整版的篇幅刊登推介。吴志立、邹晖、童柯敏、成祖诚、向步云、陈乃广6人入选湖南省文联主办的“和谐湖南”美术书法摄影大赛并获奖。柯桐枝、刘昕文、张奇、吴太奇、杨泽琦、罗蜀乔、李建新、童治军、胡长生、唐风、邹和平、周玲子创作的24幅作品参加第二届中国（湘潭）齐白石国际文化艺术节“长株潭”书画精品展。伍艳辉的作品入选湖南省宗教界首届书画艺术展及省中青年中国山水画作品展。成祖诚的油画《城市风景线》获省“和谐湖南”美术书法摄影大赛优秀奖。童柯敏的油画《背朝天——金满地》获省“和谐湖南”美术书法摄影大赛优秀奖。2008年，徐芝麟创作的国画《昨天文小姐今日武将军》参加“艺术湖南”赴北京展出。先后出版《徐芝麟人物画辑》《徐芝麟国画作品选集》等。6月，柯桐枝创作的《荷韵》（国画）入选毛里求斯第十三届世界和平书画展，获优秀奖。肖剑《欣欣向荣》获首届中国画线描艺术大展优秀奖。是年，刘昕文创作的《蜀山情》入选“纪念改革开放三十年艺术湖南美术精品展”在北京中国美术馆展出。《晓雪初开》获第二届中国大城市专业画院作品联展优秀作品奖。2008年12月，卢雨创作的《素纱禅衣》（版画）入选“第三届全国青年美术作品展”。2009年，柯桐枝《游春》（国画）、肖剑《瑞雪》（工笔）入选中国人民对外友好协会“环太平洋国家艺术展”。童柯敏《捕捉白云》（油画）、周彪《奥运冠军陆莉》（油画）入选中央电视台和中国体育总局体育肖像美术作品展。龙跃平《杂交水稻之父——袁隆平）（雕塑）、朱世郎《谭千秋》（雕塑）、戴永强《空蒙》（水彩）、王礼《高原新绿》（水彩）、陈祥杰《远行》（水彩）入选第十一届全国美展。吴志立《力拔山》（国画）入选全国体育美展。廖志频《我的打工兄弟》（国画）入选全国中国画展。王礼《草原秋来晚》（水彩）、黄承谦《村姑娘》（水彩）入选“倡导绿色生活共建生态文明”全国美展。张奇、童治军、李砺、程建军的作品入展第十一届全国美展湖南展区优秀作品展。吴志立《叩问先贤·爱莲》（国画）、赵胜琛《淡淡的阳光》（国画）、肖国华《大爱无疆》（油画）获庆祝中华人民共和国成立60周年湖南省美术书法摄影艺术节金奖。肖剑的作品《季风》（国画）获庆祝中华人民共和国成立60周年湖南省美术书法摄影艺术节大展银奖；戴永强、朱戊扬、王礼、丁超、夏悦、徐海、徐迎春、童柯敏、宋名道、陈乃广的作品获优秀奖。10月，杨东平油画作品《我宝贝》获十一届全国美展湖南省优秀作品展优秀奖。卢雨创作的《丝绵袍衣》（版画）入选“第十一届亚洲艺术节·国际美术大展”。2010年，柯桐枝创作的国画《田园风光》入选国家“东方气象展”。王礼创作的水彩画《祈》入选上海国际水彩双年展并获得日本第二十九届国家美展优秀奖。2011年6月，刘昕文创作的《蜀山情》入选“湖南省重大历史题材美术作品展”获优秀作品奖。2011年，市文联为徐芝麟举办从艺60周年回顾展、座谈会，并出版《徐芝麟画集》《徐芝麟速写集》。2012年全年有30余件作品获奖，其中赵洪琦创作的国画《孤独·深秋·生命》获全国现代工笔画展优秀奖，徐迎春创作的《紫藤花开》入选2012年度吴冠中艺术馆开馆暨全国中国画作品展。

二、书法　篆刻

20世纪80年代后期，长沙的书印艺术日趋活跃，老一辈艺术家如史穆、徐芝麟、胡六皆等仍然保持着旺盛的创作力，功力弥显深厚。中青年一代成长发展，很快也成为创作的中坚力量。1988年，周娟、劳畅、胡柯、刘金浪、胡伟的书法作品在第三届中日青少年书法竞赛上获奖。是年，王保夷、周娟、劳畅书法作品在第三届中日青少年书法竞赛获奖。8月，彭飞作品钢笔楷书《唐诗300字》获首届国际钢笔书法大赛二等奖。1989年8月，西泠印社社员、岳麓印社社长罗光磊篆作品入选“全国第四届书法篆刻展”。1992年6月，胡六皆、谭秉炎、周群艺书法作品，入选“全国第五届书法篆刻展”。是年10月，王孟林、谭秉炎、贾绎作品，入选“纪念怀素全国行草书展”。练肖河、夏时论文入选“全国怀素书学讨论会”。1993年，史穆、胡六皆的对联书法分获毛泽东100周年诞辰省书法展铜奖、优胜奖。周群艺、魏科亮的对联书法在全国中青年书展获奖。1995年谭秉炎、周群艺、张建明、魏科亮、熊华作品入选“全国第六届书法篆刻展”，谭秉炎作品获奖。6月，魏科亮、邹德君、吴敏智、熊华作品入选“全国新人书法作品展”。1996年11月，谭秉炎、周群艺、何光年、张双锡、周桂华作品入编《中国当代著名书法家千米长卷》。1998年，谭秉炎、李运良、李凤龙作品入选“全国第七届中青年书法展”。1999年12月，谭秉炎、周群艺、熊华书法作品，入选“全国第七届书法篆刻展”。

进入21世纪，长沙市书法篆刻界迎来创作的“春天”，爱好者增多，一批新人脱颖而出。2000年12月，胡紫桂、周群艺、刘柯平作品入选“全国第八届中青年书法篆刻作品展”。2002年8月，胡紫桂、谭秉炎、李砺作品入展首届中国书法“兰亭奖”作品展，胡紫桂获提名奖。李砺、李运良作品入展全国第三届正书展。2003年11月，邹和平、刘柯平、胡紫桂作品入选“全国第二届行草书法展”。2004年10月，罗光磊、王勇、谭秉炎、赵为、邹和平、刘擒虎作品入选“全国第八届书法篆刻展”。罗光磊、王勇、杨正良、龚晓秋作品入选“全国第九届书法篆刻展”。11月，罗光磊、刘柯平、陈柳松、李德明、周方旺、胡伟作品，入选“首届全国青年书法篆刻展”。孔小平作品参加“北京·湖南艺术书法展”。12月，中国《书法》杂志第6期刊发夏时文章《北京·湖南艺术书法展观后感》。2005年，《书法》《青年出版》《中国书画报》刊发王勇论文。谭石光、罗光磊参加全国高中《书法·篆刻》教材编写。2006年6月，孔小平、周桂华、王勇、李砺、赵为作品入选由中国书法家协会主办的“全国庆祝中国共产党成立85周年书法作品展”。2007年10月，市书法家协会获全省“五下乡”活动先进集体。李砺书法作品，参加文化部第十四届“群星奖”优秀作品展。11月，吴培勤作品入选“第二届中国职工艺术节全国职工书法展”。湖南省文联“和谐湖南”书画影展览，共计有夏腾煌、邓兴、杨铁军、刘德明、王典辉、周倜、黄春和、葛楚良、成劲9人获优秀奖。2008年，谭秉炎书法作品入选由中国书协主办的“第八届国际书法展”和“当代全国名家草书作品展”。罗光磊篆刻作品入选“第四届全国书法百家精品展”。李砺、王勇、李志群、李杲伟、张东彤作品入选“全国第六届篆刻作品展”，李砺获提名奖。2009年，李砺获全国双拥办展览优秀奖，胡磊作品获第六届“三湘群星奖”金奖。9月，张建明、王勇、李砺作品入选西泠印社组织的“西泠百年·金石缘——诗书画印展”，张建明获多项兼能奖。10月，张建明在杭州西泠印社通过现场测试，被吸收为西泠印社社员。11月，王勇作品入选中国第三届书法“兰亭奖”作品展。是年，钟建良、朱杰作品入选“兰亭奖”新人作品展。2010年6月，谭秉炎、陈迎楷作品入选中国书协当代书法名家系统工程“全国五百人书法展”，参展作品由中国文字博物馆收藏。9月，吴培勤、李砺、周天平、林杰、钟建良作品入选西泠社国际篆刻选拔赛暨第七届篆刻艺术作品评选展，吴培勤作品获优秀奖。12月，佘明辉为纪念白求恩120周年诞辰中华诗书画国际交流展创作的书法作品，获得“国际交流艺术金奖”。2011年，唐运乐、钟全昌、宋立斌作品入选“全国首届手卷展”。谭秉炎、周群艺、李砺书法作品入选由中国书协主办的“中国中部六省书法篆刻作品展”。谢超作品入选“全军第五届书法展”，并获三等奖。谭秉炎、陈迎楷作品入选“庆祝中国书协成立30周年优秀会员作品展”。11月，朱江、朱杰、文佐、钟建良、钟全昌作品入选“全国第十届书法篆刻展”，朱江作品获“获奖提名”。2012年，吴培勤作品入选“瘗鹤铭杯全国书法展”。周天平、曹俊、谢建明作品入选全国第三届青年书法篆刻作品展。吴贤军、胡宜忠作品入选全国第九届刻字艺术展，吴贤军获优秀奖。巢雄辉、王勇、文佐、吴贤军作品入选全国第四届“兰亭奖”书法展。8月，中共中央政治局原常委、国务院原副总理李岚清为岳麓印社题写社名，11月28日，岳麓印社成立。12月28日，在长沙市著名书法家史穆90周年诞辰纪念会上《大家史穆——书法诗词作品集》首发，作品集由山东画报出版社出版，共收集史穆生前114幅书法作品和139首诗词作品。

三、摄影

20世纪80年代末，长沙摄影专业、业余创作队伍蓬勃发展，长沙市摄影作品多次在全省及全国的摄影大赛上获奖。1988年，市文联组织纪念党的十一届三中全会召开10周年的“中国农村摄影作品大赛”，共收到作品100余幅，其中25幅送省展出，另有黄永年摄《五彩林中》等5幅作品在全国和日本获奖。1989年，市文联、市摄影家协会在市博物馆举办庆祝新中国成立40周年摄影艺术作品展，共展出优秀作品217件。1992年，摄影家协会首次评选出“长沙摄影十佳”，并选送56幅作品参加全国的“中国潮”图片展。1993年，市文联、市摄影家协会举办“纪念毛泽东100周年诞辰”摄影艺术作品展，共收到作品200余件，选送4件作品进入省纪念展。1995年，张小林作品《破门而入》获第十七届全国摄影艺术展金奖，实现湖南获全国影展金奖零的突破。1996年获中国第三届摄影艺术“金像奖”。1996年，张小林作品《破门而入》《如梦初醒》《风雪街邻》分别在法国、英国、香港国际摄影艺术展中获得“世界摄影艺术联盟”颁发的FIAP金牌奖；1997年，张黎明作品《和平奏鸣曲》获第十八届全国摄影艺术展金奖。1999年，张黎明作品《生命》获第十九届全国摄影艺术展金奖、中国摄影艺术最高奖项“金像奖”，并被中共中央宣传部、中国文联授予全国100位中青年“德艺双馨”艺术家。张小林作品《愤发》获第十九届全国摄影艺术展银奖。

2000年，张黎明获湖南省摄影艺术成就奖“世纪之星”奖。2002年，张黎明获美国柯达专业摄影师奖和全国最佳摄影师奖。2006年，杨铁军作品《村民最爱致富经》获中共中央宣传部主办建设社会主义新农村暨纪念中国共产党成立85周年摄影艺术展三等奖。罗雄作品《敦煌莫高窟》入选中国摄影家协会主办的中国世界文化遗产摄影活动交流作品。许春作品《城市美容师》获“咱们工人有力量”全国摄影大赛收藏精品奖。龚振欧作品《凤凰组照》湖南省“三湘群星奖”金奖。严其政作品《南岳衡山祝融峰晨雾》湖南省首届文化遗产摄影大赛金奖。2007年，陈明摄影作品《山村如画》获第二十二届全国摄影艺术展艺术类金牌奖。严其政作品《新港乐章》、曾贤君作品《潮涨催舟归》入选中国摄影家协会主办的“中国第十二届国际摄影艺术作品展”。龚振欧作品《凤凰印象（组照）》获全国摄影大奖赛中获一等奖。潘小敏作品《沱江晨曦》获“神秘湘西”全国摄影大赛三等奖。谭杭生作品《盛世芙蓉》获省摄影协会主办的“魅力CBD”摄影大赛一等奖。龚振欧作品《生命的赞歌》获省十四届摄影艺术展艺术类铜奖。谢小年作品《喝彩》获省十四届摄影艺术展纪实类铜奖。毛尚文的《梦》获省十四届摄影艺术展商业广告类铜奖。黄谷子作品《华天一瞥》获省“魅力CBD”摄影大赛二等奖。赵勇的《春意》、刘永新作品《历史街巷百果园》、龚振欧作品《都市夕照》获省“魅力CBD”摄影大赛三等奖。龚振欧作品《古城内外》获“见证新天心”全国摄影大赛一等奖。熊晓峰作品《四羊方尊》、刘永新的《夜色坡子街》获“见证新天心”全国摄影大赛二等奖。向国强作品《神圣的一票》获“见证新天心”全国摄影大赛三等奖。2008年，俞集时作品《看个究竟》获中国汽车博览会“我为车狂”摄影大赛特等奖。向国强作品《新宝贝》、乔育平的《热闹非凡》获二等奖。傅万泉作品《车模风采》、盛勇作品《焦点》、刘永新作品《车模娜娜》、朱为作品《拍个真切》、赵勇作品《各有所摄》获三等奖。2009年，曾贤君作品《漓江渔火》、乔育平作品《洞庭秋影》入选中国摄影家协会主办的“中国第十三届国际摄影艺术作品展”。杨铁军作品《常德油菜花》获全国摄影大赛优秀奖。同年，张黎明获中国文联、中国摄影家协会中华人民共和国成立60周年全国50位“突出贡献”摄影家称号。

2010年，张黎明作品《迸发》获第二十三届全国摄影艺术展银奖、新加坡第十五届国际摄影展金奖、中国摄影家协会FIAP第八届国际摄影铜奖、全国首届黑白摄影艺术金奖、德国“莱卡杯”奖；《车厘子酒》获第二十三届全国摄影艺术展铜奖、中国摄影家协会FIAP第九届国际摄影银奖、第九届全国人像摄影艺术展铜奖、全国首届黑白摄影艺术银奖；陈明摄影作品《冬日的日记》获第二十三届全国摄影艺术展优秀奖；毛尚文作品《鹅、鹅、鹅》、黄向军作品《小沙弥》获第二十三届全国摄影艺术展优秀作品奖。侯谢作品《蛊惑》《液体的变奏》分别获得第二十三届全国摄影艺术展金奖和铜奖。2011年，张小林作品《如梦初醒》获香港四十一届国际摄影沙龙展动态组金奖。严其政作品《穿越大湘西》获“两型湖南”全国摄影大展金质收藏奖。宁静作品《春华渡槽》、罗雄作品《火树银花》获“两型湖南”全国摄影大展铜奖。邓兴作品《启航》获“聚焦两型建设镜采锦绣潇湘”全国摄影大展金奖。乔育平作品《美的梦想》获2011年人民摄影报“今日美图”全国摄影大赛第二季度赛三等奖。李建平组照《和美阳明》获2010—2011年中国阳明山风光摄影大赛二等奖。2012年，叶瑞溪作品《鹊报平安》获中国摄影家协会“中国苏州·四季太湖”全国摄影大赛优秀奖。叶瑞溪作品获中央文明办等中央重点网站举办的“我们的节日”摄影大赛一等奖。王战崎作品《映日荷花别样红》获大众摄影第十五届荷花节优秀奖。黄志平作品《马到成功》《夕照布达拉》入选香港第三届全国摄影艺术展览暨中国摄影金龙奖。

第四章 广播 电视 电影

20 世纪 80 年代，长沙市根据中央、省、地（市）和县“四级办广播电视”，有效调动地方办台积极性的决策，铺排广播电视设备网络。1988 年，市域内有湖南省广播电视台、长沙人民广播电台和长沙电视台；省广播电台有 3 套节目，省电视台、市电台、电视台各 1 个频道播出，东区、南区、西区、北区、郊区 5 区和长沙、望城、浏阳、宁乡 4 县共 9 个广播电台，乡镇均有广播电视站；是年 5 月，岳麓山发射台建成开始播出信号，电视台和电台调频发射覆盖人口 300 万人以上；市域有 1 家国家级电影制作单位——潇湘电影制片厂。1989 年，宁乡建成全市首个农村闭路电视网。

20 世纪 90 年代初，湖南省为激活电视竞争机制，开始实施第一轮改革。湖南有线成为全国首家省级有线电视台。长沙市有线电视随之开通试播。电台创办系列专业台，“星沙之声”“音乐频道”开播，推动广播电台改革。市电视台拍摄的首部历史剧《湖南和平起义》获全国“电视剧”二等奖，从此确定历史题材电视剧的主攻方向，先后拍摄《甲申祭》《无声的歌》《布衣毛润之》等电视剧，均获国家级奖项。广播与电视、“无线”与“有线”的竞争，促使长沙市广播电视事业良性发展。90 年代中后期，湖南经济频道、生活频道相继开播，1997 年湖南卫视上星面向全国播出，以《快乐大本营》等栏目开全国娱乐节目先河。是年，长沙市接收 5 区广播电视局，有线电视归口市级管理；4 县（市）撤销广播电台、成立广播电视台；农村有线电视网络改造逐渐铺开。长沙有线广播电视网络中心成立，进入广电网络时代。长沙电视台成立专业电视频道，全国首家“女性频道”和“政法频道”于 1999 年开播。在提升频道质量的同时，继续着力精品电视剧开发，是年，电视剧《雍正王朝》连续获全国“五个一工程”奖、“金鹰奖”“飞天奖”。在道吾山发射台建立多路微波发射系统，将电视信号传送到全市农村，并开始启动《村村通广播电视实施方案》，至 2000 年年底，长沙市“村村通”工程在全省率先完成 100 个“盲村”通广播电视任务。

2000 年 12 月 27 日，湖南广电集团、湖南电视台总台成立，初步建立现代传媒集团管理机制。省、市电台、电视台所辖各频道开始实行总监负责制。长沙电视台与有线电视台合并，市有线广播电视网络完成升级改造，覆盖长沙市城区和市辖 4 县（市），有线电视和微波用户达 25 万户。各县（市）广播电视局相继成立广播电视宽带网络公司，初步形成有线与无线结合、广播与电视并重的综合覆盖网络。2002 年，湖南广电集

图 25-4-0-1 长沙广播电视集团成立

（摄于 2003 年 1 月 25 日，长沙市广播电视台供图）

团启动第二轮改革，组建湖南经济电视台；同年，潇湘电影制片厂组建潇湘电影集团，湖南电影制片业转向产业化发展。2003年1月，长沙广播电视集团挂牌成立，由20余个单位联合组建，是拥有广播、电视、报纸、网络、影视艺术等的综合性传媒集团，也是全国第三家省会城市广电集团，其成立标志着长沙广电事业进入企业化管理、市场化运作新阶段。是年起，湖南卫视获得中国金鹰电视艺术节永久举办权，每年第四季度在长沙举办。2004年，湖南卫视成为全国第二个实现直辖市、省会城市100%覆盖的地方卫视。市电视台新增新闻直播虚拟演播室系统，广播、电视播出制式开始向数字化转变，数字化硬盘播出系统很快达到全国一流水平。省广电“金鹰卡通”“潇湘电影”等开播，市广电数字电视媒体“现代女性频道”覆盖全国，标志着电视频道专业化发展更加深入。2007年，长沙市城区有线数字电视转换基本完成，拥有数字电视用户55万余户。长沙电台广播频率增加到4套。长沙广电集团出资成立湖南长广天择传媒有限公司，为国有控股全媒体视频内容制作营销公司。2008年，星沙之声、市电视台分别参与第二十九届奥运圣火长沙站传递、残奥会火炬长沙传递的广播、电视直播。同年，政法频道实现在张家界、湘西和益阳的覆盖，覆盖人群250万人。现代女性频道信号覆盖全国90余个大中城市，收视用户超过700万户。长沙农村广播电视也发展迅速，至2009年，4县（市）“村村通”工程建设任务完成率103%，农村无线数字电视逐步纳入“户户通”工程；同年开始，长沙市商业电影放映市场触底反弹。2010年，湖南广电集团撤销，湖南广播电视台暨湖南芒果国际传媒有限公司成立，当年即成为全国首个年收入超百亿的省级广电媒体；湖南卫视成为在海内外具有广泛影响和传播价值的强势媒体。2011年，全国第一家省级农村电影传媒企业——湖南大映公益电影传媒有限公司在长沙成立。

2012年，市广电集团推动广播分频改革；省电台7套调频广播迁至岳麓山与市电台共享发射。年底，长沙市拥有各具特色的电台、电视台（频道）共29个，其中市级电台、电视台13个，县（区）级广播电视台16个；广播信号覆盖长沙全域和株洲、湘潭，及衡阳、岳阳部分地区。在“电视湘军”飞速发展的蓬勃巨浪中，湖南广播电视台、长沙广电集团不断打破常规，打造引领湖湘文化的产业巨舰。

第一节 广 播

一、广播电台

（一）湖南省广播电台。1988年，湖南人民广播电台仅有三套广播节目。第一套是通过中波发射以新闻为主的综合性节目，每天播音时间1140分钟；第二套是以广播教学为主的节目，调频广播，每天播音540分钟；第三套是音乐节目，调频立体广播，覆盖长沙地区，每天播音时间90分钟。到1992年，经过多次酝酿学习广东人民广播电台组建系列台的经验，湖南人民广播电台开始对三套节目进行改革。同年8月8日，湖南经济广播电台正式播出。1993年11月6日，第一套节目改用“湖南人民广播电台新闻台”的名称正式播出。1995年3月28日，湖南文艺广播电台正式播出。1999年8月20日，湖南交通电台播出。为统一各系列专业台的呼号，从文艺台开播起，湖南人民广播电台各专业台分别改呼为“湖南人民广播电台新闻频道，湖南人民广播电台经济频道、湖南人民广播电台文艺频道、湖南人民广播电台交通频道。

到2012年，湖南省广播电台拥有新闻、交通、文艺、经济、旅游、音乐之声、潇湘之声7个广播频率，1个电视频道（湖南移动电视频道）、芒果Radio广播网、以及永州、张家界、湘潭、益阳、吉首、郴州6个地市联盟会。全台自办14套节目，每天总播出时长310小时，年节目生产总能力110050

小时。其中新闻、交通、经济、文艺、音乐 5 个频率全天 24 小时播出，潇湘之声播出时长 20 小时，旅游频率播出时长 18 小时，移动电视播出时长 24 小时，6 个联盟台每天播出时长各 18 小时。2012 年，湖南电台在长沙市场上的收听份额为 69%左右，湖南交通频道高达 33%，893 汽车音乐台稳居第二位。是年，湖南人民广播电台职工总数 855 人，其中管理人员 96 人，编辑记者 174 人，播音主持 148 人，工程技术人员 120 人，广告人员 41 人，离退休 152 人，联盟台 95 人，产业公司 29 人。

（二）长沙市广播电台。1980 年 12 月 1 日，长沙人民广播电台试播，1981 年 1 月 1 日恢复播音，频率为 1323 千赫，每天早、中、晚 3 次播音，全天播音 425~665 分钟，除转播中央人民广播电台、湖南人民广播电台的《新闻联播》及天气预报外，其余均是自办节目。录音设备利用广播站时期的 601 型、602 型盘式录音机，1982 年 5 月设备全面更新，配备 635 型、652 型开盘式录音机。1985 年 10 月 1 日，添置 1 千瓦调频发射机。1990 年前后，电台记者开始配备微型采访机。1993 年 8 月 5 日，长沙人民广播电台进行板块式节目的改革，呼号为长沙人民广播电台星沙之声，节目以直播为主，每天播出时间 18 个小时，播出频率为中波频率 1323 千赫，调频频率为 105 兆赫。1995 年 1 月 28 日，长沙人民广播电台音乐频道正式对外开播，播出功率 3 千瓦，频率 FMl06.1 兆赫，节目以直播为主（含热线互动），每天播出 18 个半小时。1998 年，全局实行中心化运作，星沙之声、音乐频道整体划属广播综合节目中心管理，但对外称号不变。2001 年年初，星沙之声、音乐频道实行频道总监负责制，对外呼号仍分别为长沙人民广播电台星沙之声、音乐频道。2001 年 7 月起，星沙之声与音乐频道均实现 24 小时全天播音。2001 年 7 月，电台两个频道引进的意大利发射设备投入使用，发射功率提升到 5.5 千瓦。2002 年年底前，星沙之声、音乐频道基本淘汰开盘带、卡式磁带，CD、MD、DAT、MP3 成为主流，记者开始使用电脑硬盘采访机。2007 年 9 月 13 日和 2007 年 12 月 4 日，城管之声（FM101.7）和经济广播（FM88.6）两套新的广播频率的申报成功，使长沙电台的广播频率增加到四套。

（三）长沙县广播电台。1984 年，长沙县广播电台建成并开始播音。有 50 瓦调频发射机 2 台，调频收转机 1 台，操控桌 1 台，多功能复制台 1 架等设备。电台发射台塔高 20 米，桅杆高 7 米，距地面 47 米。至 1989 年，建成县、区、乡、村四级水泥杆广播线路 6237.32 杆程千米。安装广播喇叭 11.91 万只，入户率 63.7%。全县 41 个乡镇都建有标准化广播技术用房，每天播音 3 次，全天播音 6 小时。有通讯员 350 人，年来稿在 3000 篇以上。有通讯员、采编人员、设备维护等工作人员 110 人，广播评议员 20 人。至 1997 年，长沙县广播电台共播出各类稿件 54700 余篇、专题 2080 个，在中央、省、市电台播出及中央、省、市报刊刊出稿件 2157 篇；连续八年被评为向省台提供稿先进单位，有 11 篇稿件获省台优稿一、二等奖，有 26 篇获长沙市广播电视系统优稿一、二等奖，6 篇获省报优稿奖。1997 年 9 月 10 日，长沙县广播电视台成立，同时撤销县广播电台。

图 25-4-1-1 长沙县广播员组织参观当时达标的乡镇广播站
（摄于 1989 年，长沙市文化旅游广电局供图）

（四）望城县广播电台。1988 年，经省广播电视厅批准，望城县广播站转为望城县广播电台，各乡镇广播通播率 100%，广播人口覆盖率 85%。县广播电台开办《望城新闻》《家常话》《每周 20 分钟》《说说唱唱》等节目，县内 14 个乡镇广播站有自办节目，有 230 余名业余通讯员接受培训。1991 年，望城县电台与全省 25 家县市电台建立协作关系，拓宽新闻信息渠道，丰富节目内容。1994 年，全县各乡镇广播站广播线路全部采用水泥杆专线，杆程 370 千米，乡镇到户的广播杆线 2175 千米，有 25 个村建立广播室，广播人口覆盖率 90%。县电台有广播节目制作播控设备一套，100 瓦调频发射机 1 台，60 米高发射塔一座，有自办节目 6 套，年播出稿件 5100 篇，形成以县台为中心，以乡镇广播站为基础，以广大农户为听众，有线与无线调频为传输手段的广播覆盖网。1994 年，望城县广播电视台成立，撤销望城县广播电台。

（五）浏阳县（市）广播电台。1988 年 1 月，浏阳县广播电台挂牌成立。有 50 瓦调频发射机 1 台，建成县、区、乡、村四级水泥杆广播线路 4501 杆程千米，安装广播喇叭 10.22 万只，入户率上升到 40.1%，并在经济困难地区和边远山区安装高音喇叭 518 只，全县 64.21 万人能收到县广播节目。开办《浏阳新闻》《新闻聚焦》《午间新闻》《饭后十分钟》和《生活百科》等 8 个栏目。1993 年浏阳撤县建市，县广播电台改为浏阳市广播电台。2002 年，浏阳市广播电视台成立，市广播电台与之合并。2003 年 5 月 18 日，浏阳人民广播电台开通交通生活频道，使用调频频率 99.5MHz 播出，全天播出 16 小时，发射塔址设浏阳市道吾山发射台。

（六）宁乡县广播电台。1988 年 12 月，宁乡县广播站被省广播电视厅批准为宁乡县广播电台，全县广播覆盖率 85%以上。至 1992 年，全县拥有有线广播杆路 1380 杆千米，线路 6500 线千米，乡镇广播电视机房 77 个。1993 年，宁乡县广播电视局开始探索发展农村广播网的新模式，逐步推广乡镇调频广播和载波广播，试办“无线与有线相结合”的乡镇广播网，全县的广播乡通播率 100%，村通播率 93%。1995 年 8 月，全县各乡镇广播电视站的人、财、物全部归属各乡镇管理。1995 年，农户中拥有收音工具的占 63%，其中收录机占 38%，收音机占 23%，广播喇叭占 39%。1997 年，宁乡广播电视播出机构调整合并，使用“宁乡人民广播电台”呼号播出广播节目。2004 年 7 月，宁乡人民广播电台开通交通生活频道，使用调频频率 99.4MHz 播出，发射塔址设老粮仓镇望北峰。2011 年改版为“成功 994”音乐频道，发射塔址迁至道林镇黄矛大岭。

表 25–4–1–1　　长沙市所属各县（市、区）广播电台（站）基本情况一览表

名称	长沙县广播电台	望城县广播电台	浏阳市广播电台	宁乡县广播电台	郊区广播站	东区广播站	西区广播站	南区广播站	北区广播站
建站时间	1955 年 11 月	1956年5月	1957年7月	1956年5月	1982年	1958年	1958年	1958年12月	1958年
改台时间	1984 年 12 月	1985 年 10 月	1987 年	1989 年	1986 年 8 月	1978 年	1978 年	1979 年 12 月	1979 年
调频广播	102.2 兆赫	88.6 兆赫	99.5 兆赫	192.6 兆赫	92.6 兆赫				
扩音机(瓦)	550	50	50	300	500	500	500	500	500
发射机(瓦)	50(2 台)	50	50	100	50	无	无	无	无
每日播出时间(分钟)	375	300	390	395	545	555	555	555	555

续表 25-4-1-1

名称	长沙县广播电台	望城县广播电台	浏阳市广播电台	宁乡县广播电台	郊区广播站	东区广播站	西区广播站	南区广播站	北区广播站
自办节目名称	新闻与服务、农家之声、乡间采风、科技与信息	望城新闻、家常话、每周20分钟、说说唱唱	浏阳新闻、饭后10分钟、在我们浏阳、文艺百花园	宁乡新闻、今日快讯、楚沩大观、乡镇广播之音、农村服务、文艺百花园	郊区新闻、新闻与综合、乡村里外、农民与市民、花鼓戏、听众点播	《东区新闻》、专题3个	《西区新闻》、专题2个	《南区新闻》、专题3个	《北区新闻》、专题2个
职工人数（人）	25	8	10	20	12	7	8	9	6
机构设置	编辑室、新闻部、专题组、技术部、广告部	未另设机构	编辑部、播出部	办公室、新闻部、专题部、播音部、技术部、播出部	编辑部、播出部	未另设机构	未另设机构	未另设机构	未另设机构
与电视合并或中止广播日期（年、月）	1998年夏	1994年	2002年5月	1999年	1996年10月	1991年10月	1991年12月	1990年4月	1991年10月

二、广播专业频道

（一）星沙之声（新闻广播）。1993年8月5日，星沙之声正式播出，大板块式结构的直播热线节目成为电台播出方式的主流，这一时期出现整点播出的新闻栏目并陆续推出《午夜悄悄话》《幸运在午间》《小百灵》《消费者之友》《人才导航》《留学参考》《健康频道》《美夜唱不停》《行家咨询热线》《麓山夜话》等。星沙之声节目安排突出省会城市特色和长沙地方特色，增强时政、经济类节目的分量，如《经济新闻》《文体新闻》《国际新闻》《星沙金桥》《股市风云》等节目。在播出形式上，星沙之声电台一改过去事先录音再播出节目的传播模式，全部采用主持人直播，听众收听的节目与播出同步，传播极为快捷、逼真。1995年，星沙之声耗资60余万元，装备节目制作室和添置全省第一辆现场直播车。1995年10月，星沙之声收听率为51.7%，名列省会广播榜首。1997年，新闻专题《生命在铁轨上延伸》获第七届中国新闻奖三等奖，实现长沙人民广播电台在中国新闻奖这一全国最高级别新闻奖上“零”的突破。从1998年起，节目录制及制作由手动操控变为精确便捷的电脑编辑加工。1999年，星沙之声将单个分散的信息节目整合为板块节目《生命全接触》，新增《经济观察》《的士俱乐部》《城市晚风》等节目。是年，消息《袁隆平品牌价值千亿》获第九届中国新闻奖三等奖。

星沙之声电台使用两套设备发射，调频功率为1000瓦，频率105兆赫，能覆盖评价半径45千米范围；调辐功率10千瓦，频率1323兆赫，可覆盖评价半径20千米范围。每天播出时间，调频和调幅总计为32.5小时。2001年开始，星沙之声注重平民视角，突显广播特点，强调时效性，板块新闻《新闻播报》成为长沙各广播媒体收听率最高的新闻节目。2001年，开始建立电脑办公局域网，实现无纸化办公。听众点歌的途径，基本改由网上短信留言版来实现互动，热线电话延时器则发展到第二代。2003年，星沙之声推出《开心十三点》《新闻快报》等栏目。2005年，星沙之声和中央人民广播电台共同推出《直播中国——走进长沙》节目。2007年，星沙之声在中共十七大召开时，推出中共十七大特别专栏“十七个长沙人的幸福生活”。2008年年初，在冰雪灾害期间，星沙之声推出《众志成城 我们共同抗击冰雪》专栏和大型特别报道《破冰行动》。2008 年，星沙之声与长沙市纠风办合作的“热线 001”节目，为全市行风评议工作发挥电台媒体的监督和宣传作用。2008 年 6 月 4 日，第二十九届奥运圣火在长沙传递，星沙之声应中央人民广播电台邀请，参与奥运圣火在长沙传递的全程直播。本次圣火传递的电台总直播室设在星沙之声播出机房，负责中央人民广播电台、湖南人民广播电台、湘潭人民广播电台、岳阳人民广播电台以及星沙之声 5 个电台直播节目的直播，并将信号覆盖全球五大洲。星沙之声还在圣火传递起点爱晚亭搭建面积 30 余平方米的直播台，并协助省广播电台在贺龙体育广场终点站搭建直播台。直播节目播出 4 个小时，收到来自全国各地的短信 2350 条，创下中央人民广播电台与地方台联播圣火传递特别节目短信数量的记录。2008 年，星沙之声与新闻频道等媒体一起抽调 8 名记者到北京集中报道北京奥运会。进驻北京期间，前方记者先后采访湘籍前奥运冠军刘璇，奥运村部副部长邓亚萍，至北京奥运会结束，前方报道组共向后方发回稿件 140 余条。

2009 年 6 月 19 日，星沙之声更名为新闻广播。2011 年 “两会”期间新闻广播高质量完成“人大开幕”“人大二次全会”“政协闭幕”“人大闭幕”“人大记者招待会”5 场大会直播。在 4 天内直播 5 场，平均每天超过一场，直播密度创下台和频道历史记录。新闻广播“两会”报道在《都市早班车》和《都市新闻》《新闻 90 秒》中播出，每天时长约 1 个小时，比往年增加三分之一。2012 年，新闻广播先后举办“情系上学路·爱的天使团”“爱的火车票”“爱的小字典”“爱的小棉衣”等 5 季爱的系列活动。该活动盘活众多广告资源，使“电视+电台整合”营销思路获得成功。

（二）音乐频道（交通音乐广播）。1995 年 1 月 28 日，音乐频道开播后，历经 7 次大的节目改版，形成以音乐文艺类栏目为主干，综合交通路况、新闻资讯、服务信息等各类栏目交叉覆盖各层次听众的新格局。如《钻石经典》《岁月留声》《卷帘风潇湘》《夜倾情》《愈夜愈美丽》《娱乐超音速》《黄金十二点》《国际流行榜》《交通一时间》等。音乐频道从 2001 年起，斥资百万建立省内一流水准的音乐制作室（含全套 MIDI 编配、数字录音设备、声学条件一流的大录音棚），并以此为依托，成立文化艺术传播公司对外开展音乐制作、录音工程、新闻与艺术人才培训、商演经纪等多项业务。2001 年 9 月，广播剧《黎明的歌》获得第八届全国“五个一工程”奖。

2002 年 10 月，推行音乐+交通节目新机制后，收听指数迅速攀高。据调查，短短两个月内音乐频道在长沙有车一族中的收听占有率跃升 15 个百分点。2004 年 8 月，《三个老乡》获中国广播剧奖一等奖。通过竞标，FM101.7（城市之声）成为 106.1 长沙电台音乐频道主管下的第二套频率，以城市之音为呼号，2005 年 12 月 22 日正式开播，并邀请艺人“五月天”举办开台演唱会。2006 年，通过与广告代理公司合作，全面引进 RCS 数字化播出系统，令 106.1 和 101.7 的播出质量和制播水平上一个台阶。2006 年下半年，106.1 组建信息采集中心，以此为基础，开始尝试“音乐+交通”的节目新模式，后陆续推出《人车无间道》《音乐不塞车》《老口子报路况》《1061 听世界（整半点新闻）》等交通话题与资讯栏目。2006 年广告现金创收首度突破 1000 万元，同比增长 40%。在 2008 年年初南方特大冰雪灾害中，106.1 联手政法频道，推出特别节目《破冰集结号》；围绕“5·12”汶川地震和 2008 年北京奥运会，106.1 与 101.7 展开的主题报道活动，在受众中强化“重大事件在现场”的印象。作为中南地区唯一受邀广播媒体，106.1 委派主持人张燕前往报道华语电影盛事——第 27 届香港电影金像奖，从此拉开 106.1 每年报道金像奖的序幕。音乐频道与金牛角王中西餐厅联合策划、组织，团结长沙本土原创歌手，2008 年 6 月 28 日，展开“106.1 长沙音乐——手写音乐第一季原创歌会”。手写音乐的概念，成为橘洲音乐节的先声。2008 年 9 月，由《中国广播影视》杂志发起的全国广播频率综合实力的调研当中，106.1 音乐频道进入城市台第一阵营，在音乐类名列前五名，并成为湖南唯一入榜的电台媒体。2009年9月25日、26日，首届橘洲音乐节在橘子洲头青年毛泽东塑像下开幕，是有史以来第一次将国际性音乐节的概念引入省会长沙。背景是喜迎国庆60周年，入场观众逾1万人次，在《潇湘晨报》、红网联合举办的“09腔调己丑——潇湘风尚大奖”中，获2009年度风尚大奖。

2010年9月7日，音乐频道更名为交通音乐广播。适应新的地位，深化“音乐+交通”的节目模式，106.1重点打造《快乐畅通》和《快乐5.0》。是年，浩龙音乐界·第二届橘洲音乐节9月22—24日在橘子洲尾的沙滩游乐园盛大开幕，首次赢得冠名赞助招商，并与长沙市旅游局举办的沙雕艺术节捆绑联动举行。2011年，FM101.7原City Fm长沙城市之音更名为MY FM101.7后，以“MY FM101.7，随时随心好音乐”为主要形象，延续“流行音乐第一台”的音乐专业品质，立足打造全长沙第一家由听众自己做主（挑选音乐）的音乐特色电台；106.1与101.7执行承办的第三届橘洲音乐节于9月3—4日成功举行。2012橘洲（国际）音乐节第四度举办，成为长沙广电的一个品牌活动。2012年2—3月，推动分频改革，101.7、88.6两个频率脱离106.1主管开始独立运作。2012年，以服务高端、点对点窄播为特点的长沙随行广播系统，硬件投入近200万元，并交由106.1使用。5—9月，2012丰盛町潮男潮女选拔大赛登场，该活动由1061交通音乐广播与黄兴路商业步行街的香港·丰盛町商业街联合举办，长沙电视移动频道、女性频道协办。前后吸引各阶层1.5万余人参与海选比赛，成为长沙广播与电视频道通过内部资源整合互补、规模最大的一次联手动作。

2012年9月，广播剧《扁担上的影院》获第十二届全国“五个一工程”优秀作品奖。至2012年，音乐频道获省级奖16项，国家级奖7项。

第二节 电 视

一、电视台

（一）湖南省电视台。1970年，湖南电视台建台，初期以1千瓦发射机，主要覆盖长沙地区，至1988年全台仅有一套节目播出，屏幕形象以新闻、老电影、电视专栏为主。1989年7月15日，湖南电视台210米发射铁塔破土动工，1990年9月竣工投入使用，使全台电视覆盖面扩大三倍。1991年，湖南电视台第二套节目开播，推出一批经济类的新栏目。1991年3月15日，湖南有线电视台开始试播，成为全国第一家省级有线电视台。

20世纪90年代初，开启以激活电视竞争机制为目的的湖南电视第一轮改革，成立湖南经济电视台，于1996年1月1日开播。1997年1月1日上午8时，湖南电视台第一套节目正式上星播出，呼号为湖南卫视。节目上星后即在全国18个省级城市，117个地市级城市和5个大型企业有线台入网落地，电视覆盖明显扩大。1998年7月25日，湖南电视台生活频道开播。1999年6月28日，由湖南电视台二套节目改革而来湖南文体频道开播。1999年，湖南有线台将原来有线台二套节目定位为“影视频道”。

2001年，湖南电视台总台成立，投巨资建立全新数字化的节目制作设备和全频道播控系统以及6讯道、10讯道全数字转播车各一辆，1200平方米全数字演播设备1套（1200平方米、600平方米、400平方米的3个演播室共1个视频系统）。2001年10月26日，完成从长沙市德雅路314号老台址迁至长沙市城北浏阳河大桥东马栏山新建的金鹰大厦的整体搬迁。2002年3月31日，湖南文体频道剥离体育节目到湖南信息频道，同时改呼为湖南娱乐频道正式播出。2002年5月18日，由湖南广播电视信息台改革而来的湖南电视台体育频道开播，（2004年6月18日更名为时尚频道）。2002年9月，第二轮改革启动，湖南电视台经济频道、都市频道、生活频道实行联合，共同组建新的湖南经济电视台（简称“新经视”）。2002年12月28日，湖南公共频道正式开播。2003年年底，湖南卫视覆盖的省会城市29个，地级城市300余个，覆盖全国的人口5.6亿余人。与此同时，湖南电视台实现7个频道在全省各市州有线网100%的收转覆盖。2003年起，湖南卫视获得中国金鹰电视艺术节永久举办权。2004年7月2日，湖南卫视信号在南京有线电视网落地，是全国第二个实现直辖市、省会城市100%覆盖的地方卫视。2004年10月29日，湖南金鹰卡通卫视正式开播。2005年12月14日，潇湘电影频道开播。2006年3月17日，电视购物频道“快乐购”开播。2007年9月30日，湖南电视台两家数字付费频道先锋乒羽频道、先锋纪录频道开播。2008年3月12日，由湖南电视生活频道改版而来的“金鹰纪实频道”开播。2009年1月1日，“影视频道”更名为“电视剧频道”。2009年5月20日，湖南电视台国际频道开播。2009年9月28日，湖南卫视高清频道正式开播，在省级卫视中首批跨入高清行列。在电视节目方面，湖南电视台不断创新，《快乐大本营》《玫瑰之约》《晚间新闻》《乡村发现》《新青年》《天天向上》《超级女声》《越策越开心》《奥运向前冲》《金鹰剧场》等一批电视栏目获广大观众的喜爱。

2009年12月18日，湖南广电旗下的网络电视（IPTV）——芒果TV启用新域名，以视频直播，点播平台的形式在金鹰网亮相。2011年8月29日，湖南广电旗下的第三家数字付费频道“快乐垂钓”频道开播。2012年，湖南卫视广告收入50亿元，除中央电视台一套节目外，广告收入位列国内卫视频道第一。

（二）长沙市电视台。长沙电视台1984年3月开始筹建，1985年5月1日正式开播。建台之初，播出的节目除转播中央电视台《新闻联播》外，自办节目有《长沙新闻》《市长与市民》《对话与交流》《古城纵横》等。组编的娱乐栏目《家家乐》收视率居省会之冠。1987年以来，长沙电视台一直承办着长沙市春节电视文艺晚会，如《玉兔迎春》《马蹄流芳》等春节晚会节目经剪辑，均在中央电视台播出。1992年10月1日，长沙有线电视台（一套）正式播出。1992年，新辟《经济潮》《天心阁艺苑》《TV市场》《900点歌台》等栏目，每天播出6个小时。1995年，新增办一档新闻《今晚消息》，1996年，推出《政法大视野》《万家灯火》《凤凰台》《荧屏快报》等新栏目。1997年11月29日，一档以拍卖商品为主题，穿插游戏、娱乐的大型直播节目《周末大轮盘》在长沙电视台直播，以全新的表现样式和参与互动形式引起社会轰动，使全台的收视率节节攀升。1997年12月，与市中级人民法院合办大型直播类法制宣传栏目《法庭直播》，让观众从现场直播中看到法庭审案的全过程。1999年3月28日，长沙电视台女性频道开播。1999年5月1日，长沙电视台在全省市(州）广电局率先实现新闻直播。1999年5月17日，政法频道开播。2001年，庆祝中国共产党成立80周年，长沙电视台与中央电视台合作举办《革命人永远年轻》大型文艺晚会，还摄制7集大型政论片《长沙大变迁》、20集大型专题片《长沙：青年毛泽东的足迹》、20集音乐专题节目《踏歌而行80年》等节目。为实现频道专业化的要求，2001年8月28日，长沙电视台经贸频道正式开播。2006年1月4日，现代女性频道成立，该频道是集团首个通过非上星传输方式覆盖全国数字电视网络的数字电视新媒体。2007年2月25日，现代房产频道成立，该频道是集团在房地产业上一个新的经济增长亮点。2008年，现代女性频道播出信号覆盖北京、天津、济南、太原等全国90余个大中城市，收视用户超过700万户（其中收费用户23万户）。2009年3月27日，家庭消费频道成立，覆盖湖南省。2010年6月4日，嘉丽购作为第一家由市级台开办的电视购物频道成立，成为长沙电视台第五套频道，覆盖长株潭地区。

（三）长沙县广播电视台。1997年9月，长沙县广播电视台成立，同时在星沙镇星沙大道建成发射台，高198米，发射功率1千瓦。同月，县人民政府拨款50万元，添置两台摄像机和一部编辑机，加强长沙县有线电台的采编工作。1999年，县人民政府投资120万，添置数码摄像机3台、编辑机2台、播控设施一套，至此，县电视台拥有摄影机7台，日本出产的线性和非线性编辑线两套，采用双菱全数字自动播出系统工作。1999年9月底，县无线电视开播。2002年5月，县直机关机构改革中，县广电局核定事业编制8名，内设办公室、社会管理科，下设广播电视台。局、台仍为长沙县人民政府直属事业单位。长沙县广播电视台下设总编室、新闻部、专题部、广告部，自办栏目有《新闻15分》《星沙纵横》《百姓》《科技与现代化》等。全天播出时间17小时。主要技术设备有摄像机8台，录像机7台，演播室1个，非编线1条，线编线1条。2012年，长沙县电视台下辖县广播电视中心和县广播电视网络中心两个二级机构。全台有职工121人，其中在职30人，聘用91人。全年制播各类电视节目970档。同年，长沙县网络电视台开播。

图25-4-2-1 长沙县广播电台承办县诗歌朗诵比赛，县电视台主持人在朗诵表演 （摄于2007年，长沙市文化旅游广电局供图）

图25-4-2-2 浏阳电视台自2012年开始制作大型人文专题节目《品读浏阳》，介绍浏阳的社会文化生活 （摄于2012年，长沙市文化旅游广电局供图）

（四）浏阳市广播电视台。1994年3月，浏阳电视台成立。1995年1月，浏阳电视台正式开播。浏阳电视台下设办公室、新闻部、专题部、技术播出部。自办节目《浏阳新闻》《直击10分》《政法时空》《文化视野》等。全天播出时间7个小时以上。1998年，在道吾山广播电视发射基地，建设安装1千瓦电视发射机。7月起开播白天频道，每天播出时间长达12小时，成为全省唯一开播白天频道，且播出时间最长的县（市）级电视台。市有线电视台向城区用户传送38套电视节目，涵盖全国各省、市、自治区所有上星节目和中央八套节目，向三星级以上宾馆传送46套电视节目（含8套境外节目），并将12套有线电视节目通过多路微波覆盖到广大农村。主要设备和设施有DSR-300AP5台，JVC-500 3台，数字编辑线6套，非编线4套，口播室2个。2001年，浏阳市广播电视集团成立。至2010年，下设频道包括新闻频道、经济生活频道、图文信息频道。2012年，浏阳广播电视台有领导班子成员6人，全系统干部职工 639 人。台机关设办公室、政工人事科、计划财务科、总编室。浏阳广播电视台与浏阳广播电视集团有限公司合署办公，下辖浏阳电视台、浏阳人民广播电台、浏阳广播电视广告信息公司、浏阳国安广电宽带网络有限责任公司、国安浏阳数据通信有限责任公司、浏阳市广电无线网络有限公司、浏阳市电影发行放映公司和 16 个乡镇广播电视站。

（五）宁乡县广播电视台。1991 年 8 月 28 日，宁乡县有线电视台成立。1992 年 1 月 1 日，宁乡城区有线电视网正式开通，联网 8800 户用户，传输 11 套电视节目。1994 年 4 月 28 日，长沙市广播电视局批复同意建立宁乡电视台，下设新闻部、专题部、广告部等。自办节目有《宁乡新闻》《周末 18 分》等。全天播出时间 9 小时以上。宁乡县广播电视台在距县城 50 余千米的望北峰山顶建有广播电视播出基地。宁乡广播电视台的主要设备和设施有 KY27C 摄像机 1 台，KYl9 摄像机 2 台，数字特技切换台 2 台，电视编辑系统 2 套，非线性编辑系统 1 套，电视编辑系统 1 套和三维动画特技字幕机等。2012 年，宁乡县广播电台设机关、宁乡电视台、望北峰广播电视转播台和宁乡人民广播电台。全台有干部职工 319 人，其中在职员工 281 人。

图 25-4-2-3　宁乡电视台制作播出的纪录片《楚沩行》栏目截图　（摄于 2012 年，长沙市文化旅游广电局供图）

图 25-4-2-4　望城电视台自制招牌节目《成长 show》（摄于 2011 年 1 月 4 日，长沙市文化旅游广电局供图）

（六）望城县广播电视台。1993 年，望城县广播电视台成立，下设总编室、新闻部、专题部、文艺广告部。自办栏目有《望城新闻》《高塘岭采风》《今日望城》《望城文史》等，全天播出时间 9 小时以上。1995 年 2 月，在望城坡经济开发区建立县有线电视分台。1996 年，有线电视用户 5000 户。1997 年，建立微波发射台，同时加强有线入户建设，形成微波和有线相结合覆盖方式，全县覆盖率 90%以上。主要设备有非编线 2 条，微波发射设备 1 套，有线前端接收设备 46 套。2003 年 12 月 16 日，长沙广播电视集团望城县公司成立。2008 年，长沙市行政区划调整，望城县所划出的 5 个乡镇的广播电视事业，经长沙市广播电视局批准，仍由望城县广播电视局运营。2012 年 7 月，设立长沙市望城区广播电视台，归口宣传部管理。电视台内设办公室，下辖电视台、湖南有线望城网络公司，设台机关办公室、电视台播控中心、新闻中心、专题文艺中心、活动部、广告公司、网络公司综合事务部、县域网客户服务部、工程规划发展部、市场营销部、河西岳麓客户服务部11个部门，有干部职工103人，其中在职在编人员31人，招聘人员72人。有新闻、娱乐、政务信息3个频道。

二、电视专业频道

（一）新闻频道（长沙电视台一套）。1999年4月，长沙电视台一套全面改版，推出时政新闻栏目《长视新闻干线》、评论栏目《今天》、大型杂志栏目《都市新周刊》以及《经济网站》《科技时空》《潮涨潮落》《碧翠家园》等栏目。2000年，由长沙电视台新闻频道采制的《长沙袁隆平等十多位院士成为科技“知本家”》，集中国新闻奖和中国电视奖一等奖等国家最高新闻奖于一身，实现湖南省在中国新闻奖这一代表全国最高级别新闻奖一等奖的“零”的突破。2001年2月，全面实行频道运作和频道总监负责制，分频道签订年度目标责任书并进行考核奖惩。2001年3月26日，新闻频道全面改版，《长沙新闻》《晚间报道》《午间报道》加上新开辟的《在现场》《真相调查》两个栏目形成全天9档，近5个小时的自制新闻，体现新闻立台的办台思想和“新闻频道”的专业特色与“主频道、中心台”的指导思想。从2001年开始，新闻频道推出《创建文明城市》系列报道，为创建全国文明城市和全国未成年人思想道德工作先进城市营造舆论氛围。

2001年5月18日，推出《政府与百姓》栏目，开辟政府与群众对话的沟通渠道。2002年9月6—8日，新闻频道举办第一届“村官论坛”，邀请江苏省华西村、河南省南街村、浙江省上扬村、山东省洛城村、广东省柏桥村和本省株洲市戴家岭村等村支书以及长沙地区的村干部1200余人，就中国农村发展方向、农业产业化土地流转制度改革、农业结构调整和农村基层组织改革等问题进行讨论，全国30余家媒体予以报道。2005年5月31日举行的长沙市人大常委会立法听证会是湖南省自中华人民共和国成立以来首次立法听证会，新闻频道出色地完成6个小时的全程直播，在直播过程中收到参与短信300余条，收视率超过同时直播的其他频道。2005年9月6—9日，承办首届“长沙芙蓉商务节”。2006年5月，推出一档《市民讲坛》，省委常委、市委书记梅克保首期主讲，随后一些著名的学者、经济学家等也都到讲坛开讲。2006年8月，由新闻频道主办的“首届魅力乡镇评选”活动历时4个月，先后主办启动式、伟人故里行、摄影展、颁奖典礼等子活动，市委副书记、市长谭仲池题写片名并参加颁奖典礼。电视评论《“人鱼宝宝”叩问公共卫生体系缺失》获2005—2006年度中国广播影视大奖提名奖，省、市广播电视奖一等奖。2007年，邀请到时任博鳌亚洲论坛秘书长龙永图在“芙蓉商务节论坛”上发表主题演讲；是年，整合资源，突出主流时政特色，撤销《在现场》《真相调查》两个栏目，做强做优《长沙新闻》。2008年，在抗冰救灾报道中，新闻频道在省会诸多媒体中创造三个第一：最早开辟《同心协力抗冰灾》新闻专栏，最早滚动播出宣传片和MTV，最早进行抗冰救灾新闻滚动直播。5月22日，承办的“赈灾助学艺术品拍卖活动”筹集善款77万余元，全部通过湖南省青少年发展基金会捐赠给四川地震中的受灾孩子。同一天，由新闻频道主办的“情系灾区，重建家园”长沙地产行业赈灾义演活动吸引星城20余家爱心地产企业共300余名热情人士的积极参与，义演当天的所有节目全部由各地产企业和新闻频道一线主持人自编自演，当天义演现场的观众就捐献爱心款近8万元。

2010年10月15—17日，由新闻频道策划举办的2010中国长沙（国际）孕婴童产业博览会暨首届亲子嘉年华购物狂欢节，在红星国际会展中心举行。博览会吸引150余家孕婴童厂商和机构前来参展，整个展会成交量8000万元，达成合作意向逾5亿元，使之成为中部规模最大的孕婴童产业博览会，被市政府列为长沙市重点会展，并永久在长沙举办。是年，扩大新闻广播名牌节目《热线001》直播空间，使之成为省会唯一一档电视、电台同步直播的热线节目。2010年、2011年，新闻频道与政法频道联手推出的大型时政访谈节目《对话长沙》，省委常委、市委书记陈润儿以主嘉宾的身份参与节目，对话农民工、国企改制困难职工、残疾人等社会关注度高的弱势群体。首期《对话长沙》创造收视高峰，播出当天收视为 1.75%，峰值 2.6%，均超过平时的收视率，并受到《人民日报》等中央媒体的高度关注。从中共十七大报道开始，新闻频道首次派记者到北京采访，推出“史记新征程”——十七大特别报道。每年年初召开的人大、政协“两会”，新闻频道安排记者驻会，在第一时间发回最快、最全、最权威的新闻报道。

（二）政法频道。1999 年 5 月 17 日，政法频道开播，是国内首家以政法题材为主要报道内容的专业频道，先后开设《政法报道》《政法大视野》《法庭直播》《方圆之间》《长沙警事》《法治现场》《119 视线》等法制专业特色栏目。2000 年，《政法报道》栏目年收视率在省会长沙电视新闻栏目中排名第一位。2001 年，举办“WTO 与中国法制”论坛；与市司法局合办的《直通 148》普法专栏获全国“法制宣传教育”先进单位称号。2003 年，《方圆之间》栏目获中国新闻奖名栏目奖。同年接管《空中之友》报社。从 2004 年开始，政法频道逐步形成以民生新闻和法制报道为特色的频道定位，收视率在省会长沙所有入网节目中稳居前三位，成为区域性强势地面频道。2004 年，停止播出电视剧，推出情感纪实栏目《情动八点》；频道全年收视率排名进入省会所有入网电视频道的前三名；《政法报道》被评为中国百佳电视栏目。2005 年，承办“2005 长沙卡通艺术节”；与北京歌华有线达成协议，电视信号进入北京数字电视网。2006 年，推出悬疑、揭秘类专题栏目《X 档案》。2007 年，推出文化类栏目《世说新语》；承办首届中国城市广电媒体品牌建设高峰论坛；被《中国广播影视》杂志评为“中国年度特色专业地面频道”。2008 年，《X 档案》获“中国广播电视原创栏目四十佳”称号。2008 年，政法频道实现在张家界、湘西自治州和益阳地区的成功覆盖，直接增加有效用户 18 万户，覆盖人群 250 万人，进一步提升在全省的影响力。2010 年，政法频道和长沙电视台公共频道整合，公共频道的节目设置及人财物由政法频道统筹管理。2010 年、2011 年，被国家广电总局授予“全国广播影视系统法制宣传教育先进单位”称号。2011 年，推出全新情感帮助栏目《撞击时刻》；举办中国（长沙）电视栏目交易与研讨会；创收突破亿元大关；在第四届中国品牌媒体高峰论坛中被评为“中国媒体百强——最具价值地面电视台十强”。其中，《方圆之间》被中国记者协会授予“中国新闻名专栏”称号，《政法报道》被中国广播电视协会授予“中国电视百佳栏目”称号。政法频道被司法部授予“全国普法先进单位”称号。2012 年，《夜线》栏目扩版，播出时间延至 180 分钟；3G 直播启动，成为固定版块。至 2012 年，频道电视信号通过有线网络覆盖长株潭地区，覆盖收视人群 1000 余万人，节目生产能力达每日 6 小时，全年广告收入 1.35 亿元。

（三）女性频道。1999 年 3 月，长沙电视台女性频道试播期间，全国人大常委会副委员长彭珮云接受频道独家采访，并为女性频道题字。3 月 28 日，女性频道正式开播。作为全国第一家以“女性”命名的专业电视频道，立足长沙本土，以情感丰富、手法细腻的电视节目而深受广大受众青睐。女性频道秉承“以女人的眼光看世界，以世界的眼光看女人”的宗旨，先后覆盖长沙、武汉、北京、北美华人地区；品牌节目行销全国数十个省市，广告营销规模逐年递增，频道的影响力不断转化为客户的品牌价值。女性频道曾开办的栏目有：以关注民生、反映热点的新闻类节目《女性完全关注》；以精英女性为榜样的《我们做女人》论坛节目；以关照社会各阶层女性人物命运，讲述普通女人情感和生活的专题类节目《女人故事》；以关注女性健康的科普节目《女人私语》；有提供生活服务类栏目《女人当家》；提倡女性“四自”精神（自强、自信、自尊、自立）的励志性节目《蝶变》；反映两性差异、提倡男女和谐的娱乐综艺节目《男左女右》。1999 年 4 月，女性频道首创湖南电视媒体第一档谈话类节目《三个女人一台戏》开播。1999 年 10 月，女性频道第一个大型纪录片《八千湘女上天山》播出，在全国范围引起轰动。2000 年 10 月，该片获“全国电视优秀长纪录片金鹰奖”。

2000 年 3 月 28 日，举办“21 世纪我们做女人——中国精英女性电视大论坛”。2001 年 6 月 11 日，举办《城市与女人——中国女市长》大型论坛。2002 年，女性频道“21 世纪我们做女人——中国女性精英电视大论坛”继续开讲。2003 年 9 月 12 日，频道承办“湖南省国际旅游节博览会”，成功打响女性频道现场直播节目的第一炮。2003 年 11 月 28 日，长沙女性频道电视传媒有限公司注册。2004 年 12 月 18 日，女性频道正式签约进入湖北省武汉市有线电视网络传输，覆盖人口 800 余万人，有 200 余万用户。2005 年 1 月 28 日，长沙女性频道顺利覆盖湖北武汉。2005 年 10 月，《女人故事》专题片《八千里路云和月》获中国广播电视大奖。

2006 年 10 月，女性频道实现硬盘播出，是长沙电视台第一个实现硬盘播出的频道。2007 年 12 月，频道总监陈晓玲被评选为长沙市“十大经济女性人物”，并当选长沙市十届政协委员。2008 年 10 月 18 日，女性频道大型原生态竞技类节目《龙凤呈祥》在长沙烈士公园扬帆启航，它以其独特的主题定位和娱乐竞技性赢得市民青睐。2008 年 12 月，《女人故事》栏目组被评为省级“巾帼文明岗”。2008 年，女性频道被全国妇联授予“全国三八红旗集体”。2009 年 2 月，女性频道交友俱乐部首次倾力打造的跨国“爱情航线第一季”浪漫之旅圆满进行。2009 年 9 月 26 日，女性频道交友俱乐部在南郊公园举办第二季万人相亲活动。人流量超过 2 万人次，现场登记约见量 1200 人次。2010 年 3 月，由女性频道策划执行的“百名星城之星”“百家百艺团体”“百个志愿者团体”3 大系列活动全面启动。2010 年 5 月，在中国（深圳）国际文化产业博览会权威发布的《2010：中国文化品牌报告》中，女性频道成为该年度全国 27 个杰出文化品牌中唯一上榜的湖南品牌。2010 年 10 月，《水晶之恋》在第六届电视制片人论坛暨 2010 名优电视栏目总评榜中，获“2010 年十大最具影响力电视营销活动”称号，成为市级媒体唯一入选品牌。2012 年 4 月 8 日，女性频道以全新的品牌形象，高品质的节目内容，特色化的节目编排，全新改版升级。在升级改造《活色生香每一天》《女人故事》《红尘惊奇》3 档频道原有品牌节目基础上，依托天择节目研发生产队伍，整合《知音人间》《爱情房车》《别对我说谎》和《生活大爆炸》4 档节目。

（四）经贸频道。2001 年 8 月 28 日，经贸频道正式开播。2006 年 10 月 11 日推出《四集剧场》，成为省会电视剧市场的一支劲旅。《经营天下》栏目 2007 年 7 月获得“湖南新闻奖名栏目奖”，成为 2007 年长沙广电所有媒体中唯一获此殊荣的栏目。2007 年 8 月 28 日，长沙电视台经贸频道开播的付费电视现代房产频道，以有线数字方式在湖南省范围内播出。8 月，《经营天下》与中央电视台《赢在中国》《百家讲坛》等栏目一起被评为“中国十大最具商业投资价值栏目”。2008 年，经贸频道拥有《每日房产报道》《新楼市》《健康播报》《影评吧》4 大栏目，其中《四集剧场》成为“全省规模最大的电视剧场”，《影评吧》成为“收视率最高的影评栏目”。2007 年全国省会台创收增长率为 1.47%，经贸频道的创收增长率为 60%，创收增速是全国平均水平的 40 倍。2009 年 5 月，频道首创《电视购车》栏目《汽车 GOGOGO》。2010 年，频道总编室被评为“湖南省巾帼文明岗”。2011 年，频道人均创收过 50 万元，创收增幅及人均创收两项指标继续蝉联长沙广电集团首位。《五集剧场》也成为全国收视率最高的“主旋律剧场”。2012 年，经贸频道 19:30—24:00 时段收视率高达 3.10 点，《五集剧场》成为省会电视剧市场收视冠军。2012 年 3 月获“长沙市文明标兵单位”称号，频道房产部被评为“省级青年文明号”。

第三节 广播电视技术与设施

一、制作与播出

1988—1998年，长沙电视台的制作与播出设备尚处于模拟化时代，相对比较简单和落后，摄录设备主要采用SONY-3/4英寸磁带，VO和BVU系列录像机和编辑机，而音频、灯光、舞美、演播、转播设备基本以国产设备为主。1999年，筹资近3000万元投入长沙电视三个频道的前期、后期、播出以及传输、覆盖等领域设备的数字化改造和升级，4月，一台居全省领先地位的8讯道大型数字直播车正式使用。

图 25-4-3-1 六讯道电视直播车投入使用

（摄于1999年4月，长沙市广播电视台供图）

2000年上半年，完成对新闻频道直播系统、总控系统、自动播出系统的技术改造，使电视播出质量明显提高。2003年，建立音频工作站，促进广播播出的数字化，使星沙之声与音乐频道的播出质量登上一个新台阶。2004年上半年，新闻直播机房新增加一套虚拟演播室系统，并对演播室地面和灯光进行改造。2005年，数字硬盘播出系统项目改造基本完成。2005年，技术中心《盛世笑开颜》获广电总局电视节目技术质量二等奖，是技术创优获奖的历史性突破。2006年，对广播电视数字化播出系统进行升级改造，数字硬盘播出系统通过专家验收，认为长沙广电播出系统创造5个全国第一，即一流的设计、指标、布局、设备和集成，是长沙广电六大媒体实现数字化播出的里程碑。

2007年，投入近千万元进行设备更新和技术改造。技术中心购买全套数字传输设备，从国安网到广达网单独架设光纤，提高电视在省市网络的传输质量，解决电视播出信号传输隐患。2008年8月31日，北京2008残奥会火炬在长沙接力传递。此次残奥会火炬接力长沙站创造长沙广电电视直播工作的四项第一：第一次实现中央、省、市台联合直播；第一次摄制如此大场面，大影响力的活动；第一次使用中继车移动跟踪直播电视节目；第一次进行两台卫星车、三套光缆信号同时传输。技术中心拍摄的专题片《浏阳河的桥》获国家广电总局节目技术质量奖（金帆奖）三等奖。2011年下半年，技术中心在一个月内完成嘉丽购物频道的系统方案制定、设备选型，并在11月12日完成嘉丽购物频道的开播。2012年4月，完成随行广播车的建设并投入使用，随行广播车的装备，使电台的户外直播能力提升，扩大长沙台在省内的影响力。2012年5月，长沙网络电视正式上线，从理论上成功覆盖全球因特网和无线手持终端（包括智能手机、平板电脑等）。访问长沙网络电视的客户反馈，画质清晰、传输流畅，能更随心的收看长沙广电各频道的节目，在提高收视率的同时提升客户满意度。

二、城区有线广播电视网络

1990年8月31日，长沙市提出有线电视建网方案。1991年10月，开展市、区两级的建网工作。3个月后，架设主干线62千米，支线300千米，开通用户3万余户。在五一路市委大楼5楼建立有线电视信号总前端。系统于1992年2月1日开通试播，传送12套电视节目。有线电视管理体制实行台网合一，市、区两级共建、分级管理的体制。总前端设在市台，在5个区分别设立分前端。市台负责整体规划，架设、维护主干线，建设管理总前端机房，自办有线频道节目和转播其它台的节目，给各区分前端提供节目信号源；各区负责架设、维护、安装支干线和入户设施，发展用户，向用户收取一次性安装开通费和收视维护费。1995年年初，长沙有线广播电视台投资249万元，铺设从位于劳动路的长沙广播电视中心大楼到岳麓山发射台的10千米的光缆，建立一套MMDS全向多路微波发射系统。发射点定在岳麓发射台，覆盖半径超过40千米。1995年5月10日试播，传送8套电视节目。到12月完成市有线台与宁乡县、望城县、长沙县、郊区、浏阳市的微波联网。至1996年年底，长沙有线广播电视网络用户近18万户（包括MMDS微波联网的7万户）。1996年市广电局投资1200余万元进行主干线的光缆升级改造。至1997年春节前，传输22套电视节目，入网用户20万户。

1997年，市、区两级有线电视统一归口市级管理。4月8日，成立长沙有线广播电视网络中心，对长沙市有线广播电视网络实行统一规划、统一建设、统一运营、统一维护、统一管理。2000年12月15日，成立长沙国安广播电视宽带网络有限公司。2001年10月，市有线广播电视网络完成双向HFC升级改造，投入资金1.5亿元，建成宽带交互式860兆赫光缆同轴电缆网（HFC）和MMDS混合覆盖网、建成1个总前端机房和5个分前端机房。改造后的有线网络总长度达5520千米，其中干线网络1320千米，分配网4200千米，实现光纤到小区，覆盖长沙市城区和市辖4个县（市），传送模拟电视节目48台套，调频广播节目2套，有线电视和微波用户25万户。2002年10月21日完成安全监控网的建设并通过国家验收。2006年5月11日，长沙市发布《关于实施整体转换加快发展有线数字电视的通知》，要求2006年全面启动长沙市有线数字电视整体转换。由于体制原因，长沙市形成“一城三网”的格局，由市广电局管理的长沙国安网，由省广电局管理的长沙广达网（后改名为湖南有线网络长沙公司），由市电信公司建设和管理的多媒体宽带网，省网和市网的用户数大体相当，均为32万户左右，三张网在长沙市城区交叉覆盖。2006年9月20日，长沙国安网络公司率先启动长沙市有线数字电视整体转换，2007年9月基本完成城区整转。长沙城区的数字电视整体转换基本完成，省、市两网共有数字电视用户55万余户，市内5区整转率86%，数字电视的发展使电视机变成家庭多媒体信息终端，用户能收看到比模拟电视更丰富、更清晰、更有个性化的节目。2009年，国安网络深入开展优质服务活动，通过新增营业厅、开通“银行终端自缴收视费业务”和“网上银行缴费业务”、上门设点收费等方式方便用户缴费。开始进行互动电视试点工作。2010年，实施广播电视“低保工程”，惠及广大低保户。推进三网融合试点工作，启动有线电视网络双向改造，完成32万户双向改造，超额完成省局下达的任务。2011年，国安网络公司自筹资金5000万元全面启动网络双向改造。4月，城区双向网改基本完成，建设完成IP城域网和有线电视环网，推出高清TVMAX和宽带TVE家两大融合业务品牌。5月17日，国安网络互动电视业务正式上线，向广大用户推出时移回看、视频点播和预约录制3大电视新业务体验，让用户真正由“看电视”转变为“用电视”。2012年，国安网络公司与湖南有线集团签署网络整合协议，实现统一呼号、统一技术平台、统一业务运营、统一服务规范，形成全程全网、互联互通的格局。

三、城区广播电视

1997年1月8日，因长沙市原东区、南区、西区、北区、郊区5个区广播电视局撤销，成建制划归市广播电视局统一管理，城区广播电视从此划归市级。

（一）芙蓉区（东区）。1988年，东区有线广播站设在东区人民政府大院内，有办公用房1间、机房

1 间、播音室、器材仓库兼设备维修 1 间。配备 2.5 千瓦扩音机 1 台，L–60 录音机 2 台，采访录音机 1 台；牵引外线主干线路 150 对千米，有线广播线路延伸到全区 7 个街道 67 个居委会；广播用户 5000 余户，全部使用动圈喇叭。1990 年 7 月，东区有线广播站搬迁至区机关综合楼 5 楼，有办公用房 2 间、机房 1 间，采编室 2 间、录播室 1 间、库房 1 间。主要设备有播出设备 1 套，录音设备 3 套，采编设备 3 套。全区广播用户增至 6000 余户。

1988—1992 年，节目编排主要为 3 种形式，即转播节目、直播重要文件、自办节目。1989 年，东区有线广播站选送的录音述评《谁来分担这份忧》，获长沙地区广播作品一等奖，并获得全省广播电视节目优秀节目奖。1990 年选送的广播评论《莫让孩子当看客》获“中国新闻奖”，被录入湖南省广播电视年鉴，并被列为北京广播学院教材。

1993 年 12 月，东区有线电视台建成，区政府综合楼 7 楼第一层全部给区有线电视台使用。有办公用房 12 间，其中有投资 40 余万元建成的高档次的 80 余平方米演播厅 1 间，另有播出机房和编辑机房 60 余平方米，资料库房 30 余平方米。主要设备有摄像机 4 台，监视设备 10 台，播出设备 2 套，编辑设备 3 套，录音采访机 2 台，场强仪（维修设备）2 套，工具车、摩托车 5 辆。全区架设电视电缆主干线 30 余千米，支干线 200 余千米，用户 1.3 万户。区有线电视台 1993 年 12 月 28 日开播，至 1996 年，共播出 1.75 万小时。专题类栏目《星沙屋檐下·逸响亭》获得 1996 年度长沙市电视专题节目一等奖。

（二）天心区（南区）。1988 年，南区广播事业科着手建立一支多领域、多层次、多渠道、多形式的通讯报道网络队伍，凡经调整后被聘为通讯员的重新颁发“南区特约通讯员证书”，举办通讯员业务培训班，邀请新闻单位的专家授课，开展优稿评析，征文竞赛等活动。10 月 1 日—12 月 31 日，开展“经济工作新闻竞赛”。是年，专题节目《花儿朵朵》在区县广播优稿（节目）评比中获三等奖，窦雪松获得区、县播音员业务竞赛三等奖，侯家塘街道被评为长沙市 1988 年度广播电视工作先进集体。1989 年，组织“我身边女能人”广播征文竞赛，制定南区新闻通讯稿奖励办法。

1993 年 6 月开始，区广播电视局先后与市有线电视台、省有线电视台磋商，在省、市两个网络内，承接有线电视工程安装，发展自己的用户。11 月，以区政府的名义同省有线电视台签订协议，促进有线电视安装的迅速增长。至 1995 年 8 月，共安装集体户 6760 户、零散户 3225 户，总计 9985 户。其中市台 348 户，省台 9637 户。分布在西区 100 户，东区 153 户，北区 146 户，郊区 230 户，合计 719 户，南区实用户 9266 户，除去市台、省台 8931 户，平均每年发展用户 4992 户。

（三）岳麓区（西区）。1988 年，西区广播站有 1694 只广播喇叭，广播线路 40 对千米。每天播出时间 11 小时，自办节目 15 分钟，全年来稿 4300 篇。其内容大都以经济工作为主线，为发展全区经济鼓与呼，起到十分重要的推动作用。1989 年广播喇叭增加 6500 只，1990 年又增加 3950 只。全年编发稿件 2986 篇。1990 年 9 月，区广播站装修一个小演播厅，并配有隔音室、录音房、有比较适用和理想的硬件设备。1991 年，开办音像租带业务（3 个点）。

1991 年 10 月 29 日，成立区有线电视筹建领导小组。至此，区广播站正式停播。1992 年 2 月初，区有线电视正式开通用户 1 万户。5 月，设河东、河西两个有线电视维护管理站，调入专业技术维修人员 7 名。成立区广播电视服务公司，属集体事业性质。6 月，区广播事业科改称区广播电视局。电视由无线变有线，由过去只能收到 3 套电视传送节目，发展到可以向用户传送节目 11 套，极大丰富群众的业余文化生活。年底发展用户 6000 户，建设费（安装）收入 50 万元。1993 年全区有线电视用户发展到 2.1 万户，收入 300 万元。

1994 年 3 月 29 日，设立长沙有线电视台西区记者站，定编 4 人。7 月开展工作，半年内在省、市媒体播发电视新闻 75 条。新增有线电视用户 5642 户，总数 2.76 万户。

（四）开福区（北区）。1987 年，北区广播事业科在区文化馆内设立北区有线广播站，设正副站长各一名，播音员男、女各 1 名，机务人员 6 名，采编 3 人，外线班工人 7 人，共 18 人（其中两位播音员同时兼职采编）。广播节目以转播省、市电台新闻为主，自办节目为辅。1989 年，连通主干线 153 对千米，入户喇叭 7134 只，分布全区 6 个办事处，61 个居委会，下设 11 个通信小组，150 名通讯员，组成北区广播事业通信网络，听众 23 万人，普及率 100%。1990 年，北区开始筹备创办区有线电视。1991 年投入施工建设，招聘 36 名网络布线 2 人。开通有线电视用户近 2000 户。至 1992 年，有线电视网络事业收入 350 万元。1996 年，北区有线电视用户发展近 3 万户，有线电视网络事业收入 480 万元。

（五）雨花区（郊区）。1989 年 4 月，郊区黎托乡东山镇率先在全省乡（镇）一级实现有线广播电视的电缆传输。1993 年下半年，郊区有线广播电视开始起步，区有线广播电视台设区党校内、逐步与省、市有线台联网。至 1995 年年底，全区在东南西北四片建设有线电视前端站 5 个，架设网络 180 千米，开通 13 个乡（镇、场）、40 个村（分场）、38 个单位，有用户 1.2 万户，覆盖率 30%。是年，区广播电视局被评为省广播电视网建设先进单位。至 1996 年，全区有广播线路 1392 杆千米，喇叭 3.16 万只，入户率 72%，音响率 95%，村通广播率 100%，有 17 个乡（镇、场）、106 个村（分场）广播电视站（室）被审定为合格广播电视站（室）。《刹刹无偿钓鱼风》获省台二等奖。

四、农村广播电视

1988 年，长沙市农村主要通过电视差转台，采用无线微波进行广播电视信号传输。1989 年，宁乡县唐市广播电视站在唐市集镇建起全市第一个农村闭路电视网，是年，宁乡县组建电视共用天线工程队，为全县 12 个单位安装和维护电视共用天线系统（即单位闭路电视网），开启全市农村有线电视序幕。1991 年，宁乡县有线电视台成立，望城县开始有线电视台机房建设，长沙县在北区潘家坪县直机关大院内规划设计有线电视网络。全市有 29 个乡镇达到省厅制定的乡镇广播电视技术标准（即：广播电视覆盖面 80%，广播站的机房设备和线路传输质量达到乙级以上技术标准，用户喇叭安装达到“五有”，乡、村两级有标准的广播站/室，乡站要有 2~3 名专业人员和常年广播经费）。1992 年，宁乡县、望城县有线电视网开播，可传输中央、省、市 11 套电视节目。

1993 年，长沙农村广播电视以无线传输和有线传输的方式并行发展。是年，望城县架设县城中轴线从白马巷至茂林园 5.3 千米有线电视主干线，建立播出机房。1994 年浏阳加强对有线电视的管理，逐步实行“并网”；宁乡县开通县城至望北峰的广播电视信号微波传输网，节目可用过微波当天传送，结束由县城送录像带至望北峰播出的历史。1995 年，宁乡县在巷子口建立全县首个乡镇有线广播电视站；望城县则在望城坡经开区建立县有线电视分台，解决开发区居民“看电视难”的问题，同年还架通茂林园至望城一中主干线，总长 2000 米。至 1995 年年底，浏阳市区实现有线电视“一城一网”。

1997 年，解决原来城区有线电视干线采用同轴电缆传输信号衰减严重，终端用户收视效果差和单向下传节目套数少的问题，浏阳广播电视局投入 200 余万元，对区域网络进行改造升级，架设光纤干线 60 余千米，安装光接收平台 40 余处，建成城区 750 兆光/电混合网。是年，宁乡县微波有线电视中心成立，全市农村有线电视网络改造逐渐铺开。1998 年，市广播电视局在道吾山发射台建立多路微波发射系统，将 12 套电视节目传送到全市农村，并实现与部分乡镇联网，在规范管理的基础上，全市建地面卫星接收站 201 座，成为解决偏远分散农户收看电视的有效辅助手段。是年，望城县建成乌山电视全向微波台；

宁乡县在望北峰电视转播台建立 MMDS 多路微波发射站，微波覆盖全县乡镇和周边区域，该县大成桥乡长龙村投资 34 万元全村安装 474 户微波电视，成为全县第一个微波有线电视村。

1999 年，浏阳市率先启动《村村通广播电视实施方案》，建立统一的有线电视专用网。宁乡县开始对全县 MMDS 信号进行加密传输，并于 4 月建成花明楼 MMDS 中继站，以微波方式实现全县电视信号联网；10 月，对有线电视信号进行加密改造，改电缆传输为光纤传输。望城县为杜绝社会上大量仿制的微波天线，停止微波信号发射，2000 年 3 月开始与省国防光缆指挥部合作，敷设县城有线电视光缆，全年敷设主干线 15.5 千米。浏阳在全市范围内实现城乡光纤联网，推进农村电视网络化，提高村级有线电视网络覆盖率，改善信号传输质量，逐步解决农村地区特别是偏远山区看电视难的问题。至 2000 年年底，长沙市“村村通”工程在全省率先完成 100 个“盲村”通广播电视的任务。

2001 年，各县相继成立广播电视宽带网络公司，启动农村有线电视信息传输网络建设，初步形成有线与无线结合、广播与电视并重的广播电视综合覆盖网络。2 月，望城县组建望城广达广播电视宽带有限公司，投入网改资金 120 万元，改造县城支线 50 千米，改造 500 户分配网，使省网络二级干线延伸到望城，并建立基站；2001 年上半年，投资 40 万元对电视台采、编、制、播设备进行更新配置，优化机房设备组合和运行程序，实现数字化运行；修建变电机房，扩充电力容量；新建茶亭、新康、含浦、白箬 4 个乡镇站。随后进行县城网络扩展和望城坡网络升级改造，建立并开通县城至望城坡的光纤干线，实现与省、市网络的信号对接，与县城内中南传动机械厂有线网并网。2001 年 12 月 18 日，宁乡县以微波有线电视中心为基础，组建县电广微波有线电视有限公司，下辖全县 11 个乡镇有线电视站；随后县有线电视台与湖南电广传媒股份有限公司合作组建宁乡广达广播电视宽带信息网络有限公司，宁乡县广播电视局控股 51%，公司运营后投资 1500 万元启动广播电视宽带信息网建设，以宁乡县城为中心向全县 35 个乡镇延伸，光缆联通全县 30 个乡镇，全县微波用户有 90%以上并入有线电视网络。2003 年，长沙县成立星天广播电视网络有限公司，性质为国有独资企业，公司股东为长沙县广播电视局，由县广播电视局管理和经营，负责全县农村行政区域内有线电视信息传输网络的建设；整合原黄兴、安沙两个乡镇有线电视网，开通长沙县有线电视网，传输方式为模拟信号传输，传输节目 30 余套，联网有线电视用户 1500 余户，对有线电视模拟信号进行加密改造，安装加密收费系统，实行有线电视系统自动加密、系统收费。浏阳市 3 年间组织架设专杆光缆干线 850 余千米，光纤入村 530 余个，入村率 60%，光纤有线电视用户 8.3 万户，建成一张上连国家、省、长沙市主干网，覆盖全市 3 6 个乡镇的广播电视综合信息网。2003 年年底，长沙广播电视集团望城县公司成立，建设并开通县城至乌山镇的光纤干线，将县有线电视台的 46 套节目传送到望城坡、雷锋大道沿线及乌山镇。

2005 年，随着各乡镇光纤建设的全面推进，全市农村广播电视网络快速发展，逐步实现全国、省、市主干网与乡镇、山村的并网互联，全市农村有线电视开始探索“三网融合”发展模式（即看电视、宽带上网、打电话可同时进行）。当年，湖南省干线网公司开通长沙到宁乡的 SDH 传输网，配合市政建设启动城网光缆电缆下地工程；宁乡广达广播电视宽带信息网络有限公司与湖南中信通信公司合作发展宽带网络业务；是年宁乡广达广播电视宽带信息网络有限公司更名为宁乡电广宽带信息网络有限公司，接收县广播电视局转让的农村有线电视网络资产，让宁乡城区和农村有线电视网络实现统一管理。长沙县城区有线电视网并入星天网络公司管理，公司开始负责全县行政区域内有线电视信息传输网络的建设。望城县有线网络加快向村、组的覆盖，当年敷设光纤干线 62 千米，架设支干线 42.8 千米，新增乡镇联网用户 8000 余户，新增联通行政村 70 余个，在全县 179 个行政村中实现“村村通”联网的有 112 个；

河西14个乡镇、2个园区全面实现与县网的互联，48套电视节目送到河西14个乡镇。是年12月初，望城县广播电视中心启动建设，2006年12月21日投入运行，添置近300万元电视台采编制播设备，建设高标准的演播厅，为望城广电事业的发展提供强有力的硬件支持。2006年，浏阳市完成城区有线数字电视整体转换工作，并筹建首个大型无线数字电视信号发射基站。宁乡、浏阳、望城的有线数字电视整体转换工作也相继展开。2007年9月底，望城全县统计在册的13943户的转星工作全面完成。2008年宁乡有线模拟电视进行升级改造，模拟节目增至54套。同年，开通长沙至宁乡的有线电视数字信号，从此结束使用卫星信号源的历史。2008年9月，宁乡县广播电视台投资50万元成立宁乡户户通无线数字电视网络信息有限公司。2009年全年，长沙4县（市）完成310个20户以上自然村的“村村通”工程建设任务，完成率103%。

2009年起，无线数字电视项目在全市4县（市）全面启动，并逐渐纳入广播电视“户户通”工程。星沙星天公司启动全县广播电视数字化工程，先后投入4500万元，进行机房建设、网络改造、环网建设、数字平移等工作；2010年，正式进行全县数字电视整体转换。宁乡数字移动电视有限公司在全县启动农村无线数字电视“户户通”工程，向偏远山村群众传送40套以上高质量电视节目，以无线和有线相结合的方式实现广播电视覆盖；开通完成全县400余个自然村的主干网建设，并全部实现并网，解决1.86万余户家庭收看广播电视的问题；同时向西部山区有线信号未覆盖到的农户赠送安装广播电视直播卫星设备2500余套。2010年7月，望城县数字电视整体转换工作全面启动，首先在铜官镇开始实施有线电视“户户通”工程。

2011年起，长沙下属各县（市）乡镇有线电视数字化转换全面铺开。长沙县先后投入1000余万元，架设光缆近400千米，联通星沙城区至全县各乡镇的广播电视网络，将有线数字电视信号下传至全县各乡镇；宁乡县采取有线电视和无线数字电视相结合的入户方式实施“户户通”工程建设；望城县组织数字电视集中平移，年内发放机顶盒2.6万个，进行双向网改造2.55万户。至2012年，长沙县完成有线电视城域环网建设，全网有线电视用户突破10万户；望城区由网络公司负责全区有线电视网络的覆盖和节目传输，网络覆盖原望城区划的19个乡镇和岳麓区望城坡部分区域，全网覆盖用户11.5万户，网络公司用户5.8万户；宁乡县乡镇有线电视站增至27个，“户户通”工程全年为偏远乡村1.59万户农户开通电视信号，同时在沩山、黄材等覆盖难度大的乡镇安装211套直播卫星设备，将沩山乡八角溪村建设为广播电视户户通示范村；浏阳市全年完成“户户通”工程建设任务1.7万户，所有乡镇全面完成有线电视数字化整转工作，实现有线数字电视的城乡同网，全市有线电视用户17.3万户，其中乡镇用户11.13万户，无线数字电视信号覆盖市域面积的92%，无线用户6.2万户。是年，全市农村基本形成以光纤有线电视、无线开路发射、多路微波传送、卫星地面设施接收和数据平台传递等传输方式立体覆盖的格局。

五、广播电视发射台（塔）

（一）市区广播电视塔。20世纪80年代以来，全市建广播电视无线发射台（站）5个，电视转播（差转）10座，广播发射总功率64.5千瓦，电视发射总功率36千瓦。1987年5月28日，岳麓山发射塔动工，1988年5月1日即播出电视节目，长沙电视台四频道和长沙电台的调频发射覆盖面积扩大7倍。1993年，岳麓山发射塔配置一套全向多路微波系统，向市属的浏阳、宁乡两县传输8套电视节目，基本实现市与县（市）的联网。

1996年11月22日，长沙市广播电视发射台（后为发射中心）成立，统一管理663台、329台。同时撤销长沙电视台发射台、长沙人民广播电台发射台。2006年，完成星沙之声与音乐频道在衡阳的覆

图 25-4-3-2 岳麓山广播电视发射塔建成投入使用 (摄于 1988 年 5 月 1 日，长沙市广播电视台供图)

盖。2008 年，湖南遇到史无前例的冰灾，岳麓山发射塔结冰厚度达 35 厘米，发射塔时刻有裂损甚至倒塌的危险，发射台台长寻一夫带人冒着生命危险上塔除冰，确保电视信号的安全发射。同年，在“奥运会”安全播出重要保障期内，启动各项安全措施，严防非法插播、破坏事件，确保无线广播电视安全播出。

2011 年，长沙市广播电视台（集团）投入 200 万元，购置 3 台世界一流、美国进口的哈里斯发射机，新闻广播、音乐频道、城市之音发射效果得到很大提升，同时完成四套调频广播浏阳河隧道的覆盖。2011 年 5 月，长沙市把发射塔的亮化作为湘江两岸夜景亮化的重点，发射台根据自身情况，反复修改设计方案，对比市规划设计院设计方案，节省 155 万元费用。2011 年，市规划局确定 329 台搬迁选址在开福区中岭变电站北侧，划拨用地 1 公顷，完成 1.08 公顷土地的征地拆迁。2012 年 7 月，省电台 7 套调频广播正式搬到岳麓山与发射台 4 套调频广播共馈发射。到 2012 年，FM105、FM106.1、FM88.6、FM101.7 等 4 套信号除覆盖长沙、株洲、湘潭 3 座城市外，还覆盖衡阳、岳阳两地的部分地区、两套电视信号覆盖长沙市及 4 区县（市）全境，东到浏阳的永安镇、西到宁乡的沩水，南到株洲、湘潭，北达湘阳。

（二）长沙县电视发射台（塔）。1988 年 12 月，长沙县筹建第一个电视差转台——金井电视差转台。该台建于金井农科村礼仪堂山上，基高海拔 202 米，1989 年 3 月设计施工，采用 5 节 120 毫米钢管焊接，四周 4 条钢索入地紧扣，塔高 46 米，功率 10 千瓦，10 频道发射第一套节目。1990 年 10 月，投资 18 万元在福临区兴建全县第二个电视差转台，修建于双起乡古华山上，基高海拔 184 米，塔为钢架四面体自立式，高 46 米，后又移至福临镇政府机关大院内，功率 3 千瓦，发射 10 频道第一套节目。1999 年 9 月，投资 625 万元在龙喜路与望仙路交会处修建广播电视发射塔，塔身净高 198 米，重 540 吨，塔身为四边形自立钢架铁塔，相邻腿距 45 米，连塔基、山丘水平垂直高度超过 240 米，塔身高度时居全省第三位。发射塔采用全固态发射机，发射功率为 2 千瓦，功率发射半径 50 千米以上，可覆盖全县 20 个乡镇、93.8%的村及紧邻长沙县的浏阳、平江、汨罗、湘潭、株洲等

图 25-4-3-3 长沙县境内修建的广播电视发射塔，塔高 198 米，后成为城市亮化工程 (摄于 1999 年，长沙市文化旅游广电局供图)

县、市的部分地区。

（三）浏阳县电视发射台（塔）。1986年，由省、市、县三级投资103万元修建的浏阳县道吾山五老峰广播电视转播台建成开播。转播台共建成机房248平方米和52.4米高铁塔一座，安装四层蝙蝠翼天线、156米37馈管和两台发射机，发射功率分别为50千瓦、300千瓦，同时建成6米极状全自动卫星地面站。转播台建成后，解决省电视台迁往南岳后浏阳成为电视盲区的问题，使全县电视人口覆盖率80%左右。1998年，市广播电视局投入200余万元，在道吾山发射台建立多路微波发射系统，并新增1台1千瓦发射机，扩大浏阳台的空中覆盖范围。

图25-4-3-4 浏阳县电视发射台（塔）隐现于云雾中的浏阳道吾山电视发射塔 （长沙市文化旅游广电局供图）

（四）宁乡县电视发射台（塔）。1986—1987年，沩山区人民筹资10余万元在沩山九折仑建立电视差转台，发射功率50千瓦，铁塔高30米，转播湖南电视台第一套节目，成为当时全县覆盖面最大的电视差转台。1988年，沩山电视差转台由县广播电视局接管。1991年，七一六矿、煤炭坝、省灰汤温泉职工疗养院、湖南电力职工温泉疗养院分别在黄材、煤炭坝、灰汤建有差转台。1990年，宁乡县投资450万元在宁乡县老粮仓、横市（云山）、双凫铺（麦田）3个乡镇的地理交界处望北峰建立电视转播台，1992年正式开播，成为宁乡县第一个省级骨干无线电视转播台。该台最高海拔523.1米，发射塔高40米，信号覆盖全县84.7%区域，具备同时转播四套电视和二套调频广播的规模。1997年，建成花明楼电视转播台，发射塔高141.8米，1998年9月30日开播，全国政协常委、前国家主席刘少奇夫人王光美为发射塔题名“花明楼电视塔”。

（五）望城县电视发射台（塔）。1994年，望城县广播电台建有60米广播信号高发射塔一座，发射功率100千瓦。1994年后，随着电视普及率迅速提高，广播的功能渐被电视替代，广播信号发射塔逐步停用。1998年6月，投资300余万元建成乌山电视全向微波传送台，可向全县发送中央、省、市、县共10套电视节目。1999年6月后由于社会上自行仿制微波天线大量出现，县广播电视局停止微波信号发射。2001年，原广播信号塔被拆除。

第四节 事业与产业经营

一、电视剧生产

长沙电视台是长沙市唯一持有电视剧生产甲级许可证的电视剧专业制作单位。20世纪80年代，长沙电视台的电视剧生产以短篇电视剧、儿童电视剧为主攻方向。1985年，生产第一部电视剧《新年礼物》。1986年生产一批儿童电视剧。

1990年，生产第一部历史题材电视剧《湖南和平起义》（10集），获湖南省首届重大文化成果奖及全国电影制片厂“电视剧”二等奖。在文艺专题方面，长沙电视台1990年拍摄的《湘江风情》在中央电视台《地方台三十分钟》播出后，被收入《诱惑与回响》《祖国各地》的解说词精选集，并纳入北京广播电视学院教材。1991 年《宁乡四髯》等中篇历史电视剧的生产，逐渐使长沙电视台在全国声名远播。1991 年生产的《寄走夏日》获中南六省电视剧“金帆奖”并在中央电视台播出 3 次。1992 年拍摄的《可喜的同一》，在中央电视台播出后，海外观众反映良好。1993 年《甲申祭》（3 集）获全国戏曲电视剧一等奖。1994 年生产的《无声的歌》在中央电视台播出后被评为全国“五个一工程”奖，实现湖南电视这一奖项“零”的突破，这一阶段形成清新细腻和活泼童真的儿童剧表现风格。1996 年自拍的纪录片《放歌》进入国际电视市场，在 59 个国家 137 部纪录片的竞争中，成为上海电视艺术节短纪录片的 4 个入围奖之一。1996 年拍摄的《中国湘绣》，用精美的电视画面和散文似的解说词，向观众展示神奇的湘绣技艺和巧夺天工的湘绣精品，被评为第十一届全国电视文艺“星光奖”综艺节目类三等奖。《布衣毛润之》（上、下集）获第十七届中国电视剧“飞天奖”、戏曲电视剧一等奖。1997 年成立电视剧部，1998 年成立长沙广播电视艺术中心，以生产电视剧为主。长沙电视台还致力于儿童音乐电视的创作，其拍摄的《翘辫辫》《毛笔字》《小陀螺》分别获第二、三、四届中国儿童音乐电视大赛的金奖。

图 25-4-4-1 长沙电视台摄制的 44 集电视连续剧《雍正王朝》
（摄于 1999 年，长沙市广播电视台供图）

1999 年以后在中央电视台播出电视剧 5 部、140 余集。长沙电视台历史电视剧具有标志性品牌意义的是 44 集电视连续剧《雍正王朝》，1999 年 1 月 2 日在中央电视台黄金时段播出后，在全国范围内迅速引起强烈反响，并且波及东南亚华人地区，连获全国“五个一工程”奖、中国电视“金鹰奖”、中国电视剧“飞天奖”3 项国家级奖和最佳编剧、最佳美术等14 项单项奖，创造风靡全国的“雍正王朝”文化现象，成为中国电视剧发展史上的经典作品。2002 年 11 月，长沙电视台历时 4 年，耗资 3000 余万元，拍摄完成 59 集电视连续剧《走向共和》。《雍正王朝》和《走向共和》以及 2007 年的《恰同学少年》均在中央电视台黄金时段播出，在全国形成反响，不仅成为长沙电视台电视剧生产的精品力作，也成为中国电视剧发展史上的经典作品。至2008 年的 23 年间，长沙电视台生产制作电视剧 500 余部，获国家级大奖 18 次，获省级大奖 30 余次。2009 年 3 月 19 日起，24 集《国家行动》在中央电视台一套黄金时段播出。2011 年，电视剧《黎明

图 25-4-4-2 长沙电视台摄制的 23 集电视连续剧《恰同学少年》剧照
（摄于 2007 年，长沙市广播电视台供图）

前的暗战》获“飞天奖”，《毛泽东遗物的故事》获“红旗飘飘九十年”经典中国红色纪录片精品作品奖，再一次展示长沙广电在电视剧制作拍摄方面的强大实力。

二、新媒体开发

进入21世纪之后，长沙广电积极开发新媒体，继上海之后全国第二家上马的“移动电视”于2003年开始在长沙公交、出租车上安装。2007年，移动电视稳步发展，CMMB手机电视全面开展商业运营此外，还在网络增值服务、星卡业务、手持电视、高清电视、无线数字城市等领域开始进行研究开发，特别是网络增值业务实现突破，2010年付费节目收入1300万元，相当于2009年的9倍。继“移动电视”之后，长沙广电集团又开办4个数字电视频道：现代女性频道2006年12月21日开播；现代房产频道2007年8月28日开播；家庭消费频道2010年3月29日开播；嘉丽购物频道2010年11月12日开播。2010年，集团利用有线电视网络资源，先后开办汽车频道、现代理财频道、收藏频道。

图25-4-4-3 长沙电视台摄制的59集电视连续剧《走向共和》在中央电视台播出（摄于2003年，长沙市广播电视台供图）

三、经营与创收

1988年，长沙广电经营创收开始起步，是年总收入170万元。此后直至20世纪90年代末期处于稳步增长阶段。2000年以后，市广电在打造品牌、扩大影响、增强合力、增加创收等方面的步伐明显加快。2003—2007年，连续三年创收增幅25%以上，2007年全年总收入3.58亿元，总资产和年创收在全国省会城市（含副省级省会城市）排名第七位。2008年总收入4.03亿元，比上年同期增加4500万元，增幅12.5%。2009年，各媒体积极应对金融危机带来的影响，经营创收逆市上扬。累计创收4.89亿元，较上年同期增加8600万元，增幅21.5%。2010年，创收6.08亿元，比上年增加1.19亿元，增长24.38%。是年5月28日，位于黄兴路步行街中心广场的银星时尚国际影城正式开业。影城有座位536个，屏幕6张，是长沙广电对电影产业实体经营的初次尝试。2011年创收9.36亿元，增幅54%，实现“井喷式”增长。2012年，长沙广电秉承“对内整合、对外拓展”，经营状况总体稳健，总收入13亿元，同比增长40%，可支配财力逾1.3亿元。新中心建设等方面投入累计逾4000万元。

四、天择传媒

2007年4月，由长沙广电集团和湖南天绎文娱传媒有限公司共同出资500万元组建的天择传媒成立。公司的第一个合作项目——湖南教育电视台合作项目的启动拉开制播分离大幕。2008年4月，公司首个跨区域合作项目——海南海口电视台经济频道合作项目启动，迈出跨地域合作第一步。2010年7月，长沙广电集团对天择传媒实施第一次增资，将旗下品牌节目资产打包注资，2011年5月完成首轮股权融资，引进天图资本，实现融资5200万元，此时对应的公司估值1.86亿元。2011年12月，长沙广电集团将旗下非新闻类节目资产整合打包，再次对天择传媒进行增资，同时引进新的战略投资机构。2012年8月底，第二轮增资扩股完成。公司与深圳国信弘盛和长沙先导投资达成合作，募集资金1亿元，对应公司估值10亿元。2012年8月10日，广电总局发布《关于表彰2012年广播电视创新创优栏目的决定》，对全国64家卫视的18个电视栏目提出表彰。其中由天择传媒策划制作的《士兵突击》《花样年华》《大爱东方》3档节目占获奖栏目的六分之一。天择传媒每天生产节目时长达6个小时以上，内容涵盖情感、故事、文化、生活、娱乐等多个领域，一批栏目获国家级大奖：《观点致胜》获“城市台电视栏目6强”，《知音人间》获“年度地面频道品牌栏目”，《X档案》获评“全国原创栏目40强”，《情动八点》为“全国地面频道20强栏目”，还有《女人故事》《非常故事汇》《我是传奇》等一批制作精良的节目，深受观众喜爱。天择联供网以湖南为起点，北至内蒙古、吉林，南抵海南，西至新疆，连接宁夏、四川、安徽、河南、河北、湖北、江苏、浙江、江西、广西、广东、云南，打造独具天择特色的联供网体系。省会联供网与30余家省级和省会台达成合作，凭借优质的节目输出，各合作台收视率大幅提升，广告经营也实现快速增长。在省会联供网逐渐铺开的同时，天择网内地市节目联供网也逐步搭建成型，分别与90余家地市媒体展开深度合作。2012年11月，在国家广电总局和《中国广播影视》主办的全国电视栏目综合实力大型调研成果发布会上，天择传媒获“年度最佳电视节目制作机构”大奖。

五、田汉大剧院

1999年12月，长沙田汉大剧院建成并投入使用。田汉大剧院是差额拨款事业单位，位于长沙市劳动西路与芙蓉路交汇处，建筑总面积2.8万平方米，投资1.2亿元建成，以专业演出为主的多功能现代化剧院，由大剧场、音乐厅、田汉文化广场及其他附属设施组成。2002年，开始剧院与香港中华集团合作，打破国有事业单位运行机制，打造365剧场模式，做到每晚在田汉大剧场都能观看到综艺演出。田汉大剧院推出的剧院演出产业化运作模式，得到市场的认可，确立在演艺市场的领先地位。

2003年7月，田汉大剧院由长沙市文化局划转至长沙广电集团。2004年2月4日，长沙剧院与田汉大剧院合并。2004年田汉大剧院被文化部授予“文化产业示范基地”（国家级）称号。剧院当年接待中央各部委、各省市文化考察团800批次以上，成为长沙“软实力”的重要体现。中央电视台《新闻联播》在“两会一年间”专栏中对田汉大剧院重点报道，中共中央宣传部也以《田汉大剧院的品牌打造和品牌经营》《田汉品牌跨国运营 湖湘文化走进英国》为题对田汉大剧院重点推介。田汉大剧院开拓海外市场，举办“田汉维也纳音乐会”“田汉英国文化艺术节”等各种活动，还组织到美国纽约、华盛顿、洛杉矶等地进行“亲情中华”慰问演出和文化交流。2006年9月策划组织田汉艺术团到日本进行文化艺术交流，得到一致好评。2007年2月，组织田汉雅礼青年交响乐团到香港参加香港回归十周年庆典活动。2007年8月，组织田汉雅礼青年交响乐团、田汉青少年民乐团、田汉砂子塘儿童合唱团“圆梦金色大厅”，该场演出也作为2007年中奥文化年的闭幕式演出。2008年3月，策划组织英国2008北京奥林匹克艺术节长沙文化周活动，该活动在伦敦举行，引起强烈反响。2008年8月，策划组织湖南省侨联侨心艺术团奥地利维也纳“亲情中华”慰问演出。到奥地利参加慰问演出的湖南华侨侨心艺术团参加奥地利萨茨堡举行的国际合唱节，并获银奖。2009年2月，策划组织英国田汉国际艺术节，在英国伦敦等十余个城市进行巡演，演出场次20余场，10万余观众观看演出，受到英国民众和当地华侨的一致好评，湖南卫视《新闻联播》节目全程连线报道本次活动。2010年2月，策划组织“2010亲情中华田汉·长郡艺术团赴美慰问演出活动”，该次活动在美国纽约、华盛顿、旧金山、洛杉矶等地进行4场慰问演出，演出场场爆满，深受美国民众和当地华侨的热烈欢迎，中国洛杉矶领事馆领事及文化参赞出席并观看演出。2010年9月，策划组织中美青少年体育文化交流活动。2011年7月策划组织“2011中澳文化年——田汉·明德艺术团悉尼歌剧院专场音乐会暨书画作品展活动”，7月18日晚在艺术殿堂悉尼歌剧院向1800余位澳洲朋友和华侨献上一场精彩的音乐盛宴。2012年7月12—20日，由田汉国际交流中心和长沙市国际交流服务中心共同组织“2012快乐足球中日体育文化交流活动”。

六、长沙广播电视报

由长沙市广播电视局主办的《空中之友》报，1985年4月25日创刊，周报4开4版。该报初创时系内部刊号，自办发生，期发行量10万份，最高时达18万份。1992年1月，《空中之友》报列为正式出版物，面向全国公开发行。1993年10月，该报扩为4开8版，报道内容延伸。1995年，该报添置激光照排系统，自行制版。1996年，该报被省委宣传部、省新闻出版局评为全省一类报纸。在中国广播电视报优秀作品评选中，1995年评论《一分钟的重量》获三等奖；1996年通讯《不眠的六天六夜》获二等奖。1998年1月，彩版问世，1—5月为12版，6月起增加为16版。同年8月，经新闻出版署批准，《空中之友》报从总696期开始更名为《湖南城市广播电视报·长沙广播电视（空中之友）》。1999年，该报再次对版面大调整，四版联排无中缝，以声屏和娱乐信息为主打。2001年1月，该报启动“十万户免费送报”工程，组织50余名下岗职工当发行员送报上门，一时引起轰动。这年，该报通讯《挑刺长沙——丈量文明的距离》、评论《明星的另一面》获湖南广播电视奖一等奖、中国广播电视报刊好新闻三等奖。2002年1月，该报邀请中国残疾人艺术团到长沙，举办大型文艺晚会《我的梦》。该年的系列报道《大话湘江长沙水》获湖南广播电视奖一等奖。2007年，市广电局（集团）将长沙广播电视报社划归政法频道托管，在报经省新闻出版局许可下，《湖南城市广播电视报·长沙广播电视》更名为《品读》。2009年年底，重组媒体资源，将长沙广播电视报社划入经贸频道托管。2010年10月，长沙广播电视报恢复启用原报名《湖南城市广播电视报·长沙广播电视》。长沙广播电视报每周出版一期，共16版。内容包括：中央、省、市各频道电视节目预告，生活百科、养生保健、军事瞭望、奇闻轶事、史海钩沉、名人往事等。

七、市广播电视中心建设

20世纪70年代，长沙广播电视的制作播出及办公场地设在五一路原市委大楼5楼东侧，办公用房仅10余间。随着长沙市广播站、长沙人民广播电台、长沙电视台相继于1976年、1980年、1985年开始播出，办公场地狭小的矛盾日益突出。1990年8月，长沙市广播电视中心筹备工作启动，地址位于劳动西路，贺龙体育馆西侧，占地面积0.82公顷，主楼高13层，建筑面积9000余平方米，工程造价1050万元。1991年12月19日，被列为长沙市“八五”计划重点工程的市广电中心项目举行奠基仪式，湖南省委常委、长沙市委书记夏赞忠、市长张明泰、省广播电视厅副厅长李青林等到工地为基石培土。1994年10月，广电中心办公大楼竣工投入使用，市广电局机关及所属媒体全部搬入新楼。1995年年底，与之配套的600平方米的演播厅建成使用，结束长沙电视台没有专业演播厅的历史。

图25-4-4-4 长沙广电中心大楼（原）竣工投入使用 （摄于1994年10月，长沙市广播电视台供图）

2005年，在雨花区圭塘街道月塘村选址，建设长沙广电产业园，占地48.53公顷，项目包括办公大楼、制播中心、影视基地、住宅小区等，共分二期建设。长沙广电中心新址位于雨花区湘府东路，是市属重点文化工程和“六个走在前列”重大项目。新广电中心主体大楼占地3.67万平方米，地下2层，地上23层，建筑高度96.75米，规划建设10.27万平方米，其中地下3.26万平方米，地上7.01万平方米。地上部分包括技术用房3.52万平方米，媒体生产区2.78万平方米，办公用房及辅助配套用房6985.24平方米。主体大楼工程概算投资5.38亿元，属于政府投资项目。2011年年底，该项目主体大楼工程动工。

第五节 电 影

一、制片

1988年，长沙市区域内有一家国家级电影制作单位——潇湘电影制片厂。20世纪90年代初期，各地国营电影制片厂普遍出现生存危机，潇影厂面临亏损，仍坚持艺术追求，制作多部口碑良好的影片。1991至1993年，潇影厂共生产故事片21部，多以主旋律为主题材，其中《毛泽东和他的儿子》《刘少奇的四十四天》《秋收起义》3部影片为潇影厂赢得良好声誉。期间，潇影厂与香港思远影业公司联合制作商业电影《新龙门客栈》（1992年），该片由香港著名导演徐克拍摄，成为中国影史经典武侠电影。1992年5月，潇影厂正式实行厂长负责制。1993年以后，潇影厂连续4年亏损。期间，潇影厂又恢复党委领导下的厂长负责制。1996年3月4日，潇湘电影制片厂划属湖南省广播电视厅，电视剧生产上升到主业地位，当年共拍摄电视剧12部60集。1997年，潇影厂制作的电影《埋伏》获第六届中国电影“金鸡奖”评委会特别奖，当年，全厂实现盈利13.9万元。1998年，潇影和北京电影制片厂联合制作《那山那人那狗》，先后在金鸡电影节、蒙特利尔国际电影节、印度国际电影节获得大奖。年末又开机摄制电影《国歌》，该片获得第五届华表奖优秀故事片奖、第二十三届百花奖最佳故事片奖、第十九届金鸡奖特别奖等荣誉。此后，潇影厂连续5年实现扭亏增盈，至2002年年底，企业总资产增加到1.3亿元。2002年5月31日，组建潇湘电影集团，是事业性质、企业化管理的法人实体，标志着湖南电影制片业转向产业化发展。2003年6月9日，湖南广播影视集团的子集团潇湘电影集团正式成立。10年间共出品故事片80部。其中《辛亥革命》被中共中央宣传部、国家广电总局列为纪念辛亥革命100周年三部电影之首，并荣获中宣部第十二届精神文明建设“五个一工程”奖，《湘江北去》荣获中宣部第十二届精神文明建设“五个一工程”奖；《孝行天下》获第四届中国澳门国际电影节最佳电影提名奖和最佳导演奖。

图25-4-5-1 潇湘电影制片厂和北京电影制片厂联合制作的电影《那山那人那狗》海报 （摄于1998年，长沙市文化旅游广电局供图）

2011年3月29日，由省新闻出版广电局联合14个市州农村数字电影院线公司共同组建湖南大映公益电影传媒有限公司，是省新闻出版广电局旗下唯一的农村电影经营服务实体，也是全国第一家省级农村电影传媒企业。2012年，大映传媒公司创办服务三农的栏目《映山红》，每月一期，每期15分钟；以政策播报《权威发布》、系列轻喜剧《欢乐农家》等形式将政府推广的新政策、新技术、新典型制作成专题节目，与52万场农村电影同步播映。是年，大映传媒启动“湖南农村电影地方戏曲工程”，拍摄并发行戏曲电影《五女拜寿》（花鼓戏）。至2012年年底，长沙区域有两家电影制作公司，即潇湘电影集团和湖南大映公益电影传媒有限公司。

图 25-4-5-2 潇湘电影集团制作的影片《湘江北去》海报 （摄于2010年，长沙市文化旅游广电局供图）

二、发行

20世纪80年代，长沙电影院主要为公有制经营，具有代表性的影院有红色剧院、市青少年宫电影院、银宫电影院、东风电影院、湖南剧院电影院等。1988年，长沙市全年电影发行收入突破600万元。1989年，全市电影发行收入达722.88万元。1990年，发行收入突破800万元。1991年发行收入827万元。

自1992年起，全市电影工作改变过去的发行办法，遵循市场经济规律开始实行按效益排片法，全年发行收入761万元。1993年，在四县（市）农村推行16毫米影片买拷贝、35毫米影片发行收入大包干的经营方式，带动长望浏宁电影业务收入分别上升2%、25%、16%、4%。1996年全市电影发行收入1097.6万元。1998年，市电影发行放映公司引入竞争机制，对三部优秀国产电影的首映权实行公开竞标，用这种新的电影发行方式调动影院的积极性；全市电影发行收入为1001万元。

2000年，长沙市电影发行放映中心和潇湘电影集团合资创立“潇湘院线”，拥有全国经营权。2001年，国家广电总局、文化部联合颁发《关于改革电影发行放映机制实施细则》，进一步推动全国各地院线制改革，随后，湖南省电影发行放映公司、湖南大剧院、湖南省演出公司共同出资成立湖南楚湘影业有限责任公司，2002年4月25日，楚湘院线正式成立。湖南影院形成“潇湘院线”与“楚湘院线”两大本土品牌并立的格局。

2005年，国务院出台《关于非公有资本进入文化产业的若干决定》后，非公有资本进入电影院和电影院线，商业院线开始兴起。潇湘、万达、中影等18家全国性知名电影院线陆续进入长沙。

2010年开始，一直以胶片发行为主的楚湘院线启动加盟影院提供数字放映设备租赁服务，至2011年，楚湘院线胶片转数字放映工作全面完成。是年，发行影片223部。

2012年，潇湘院线拥有自营或加盟影院105家，银幕412块，院线影院覆盖全国23个省、市、自治区。潇湘院线在进入湖南市场的全国性院线中票房收入排第一。楚湘院线旗下加盟影院33家，银幕140块，主要分布在湖南14个地州市。成立10年间院线共发行影片1644部。

三、放映

（一）城区电影放映。1988年，长沙市电影发行放映公司为市文化局直属电影放映单位。长沙市新华影剧院恢复“银宫电影院”旧名，省文化厅、省电影公司、市文化局、剧院管理处拿出电影改造资金

图 25-4-5-3 位于长沙市中山路的“银宫电影院”旧址 （摄于1998年，长沙市文化旅游广电局供图）

兴建全省首家多功能电影娱乐中心，影厅座位720个，另设有可容纳180人的舞厅，可坐100人的录像厅，以及咖啡厅、电子游艺室、小卖部等，总建筑面积3300平方米。影厅拥有70毫米立体声电影放映设备，银幕宽19米高13米，每天放映8场电影。当年银宫电影院共放映电影3000场，接待观众140万人次，放映收入达101.5万元。是年全市有电影放映单位817个，其中电影影剧院50个，包括甲级电影院3家，乙级电影院21家，全年放映电影18.44万场，观众1.24亿人次，电影放映收入首次突破1000万元。

1990年，省电影公司拨出电影专项资金改造银宫影剧院为70毫米电影院，由4声道光学还音改为6声道音效磁性还音；是年放映突破1600万元。1991年，建设电影院、银星电影院、文化电影院、市电影公司四个单位陆续合并为长沙市电影发行放映中心；对潇湘、青少年宫、望城雷锋等电影院进行改造；市属银宫电影院连续三年放映收入超100万元。1992年，全年放映量14.32万场次，观众7842.47万人次，放映收入1151.3万元；银宫电影院放映收入突破110万元。

1993年，随着进口立体声大片引进，票房大幅度提升，当年票房升到300多万元，日放映收入达到10万元，超过北京首都影院、上海大光明影院名列全国第一。1994年，在经历全国性电影经济滑坡的情况下，银宫电影院多方位宣传，与商家合作开展电影促销活动，举办首届中小学生电影节、开办夜市电影放映专场、组织优秀影片展等，同时强化电影放映规程，严肃处理非正常放映活动，加强稽查，查禁盗版带，维护电影知识产权。1995年，市电影公司进行引进片分账改革尝试，银宫电影院年放映收入首次突破300万元。1996年全市大力推进电影改革，放映6.2万场，观众1726万人次，放映收入达1967.4万元。其中，《泰坦尼克号》票房收入达到567万元，创造全市单片票房纪录最高纪录。1998年全市电影放映收入1795万元，随着大环境的变化，银宫电影主业经营出现严重亏损，主业开始变成“送电影下乡”，并首创流动电影队伍，参加1998年抗洪，深入一线为百姓送上精神食粮。

表 25-4-5-1 1988—1998年长沙市电影放映一览表

年份	放映单位（个）	其中：电影院影剧院（座）	观影人数（万人次）
1988	817	50	12415
1989	802	48	10111
1990	807	47	11044
1991	812	46	10064
1992	771	48	7842
1993	657	34	4899

续表 25-4-5-1

年份	放映单位（个）	其中：电影院影剧院（个）	观影人数（万人次）
1994	641	32	3765
1995	644	31	2261
1996	589	30	1726
1997	580	31	1345
1998	581	36	707

1999 年全市电影放映 5.23 万场，观众 484 万人次。2000 年放映场次未超过 2 万场，电影院入不敷出，大多转向其他经营项目或关闭。2002 年长沙市电影发行放映公司又斥资 400 万元对电影城进行装修改造：安装中央空调、更换大厅座椅、改造地下停车场。2004 年起，银宫停止商业电影放映，专注于公益电影流动放映队，把公益电影送到老百姓的家门口。到 2008 年年底，全市仅有电影院 8 家。

2009 年开始，长沙市商业电影放映市场触底反弹，全市票房 9472 万元；2010 年达 1.37 亿元，较上年增幅 44.5%，影院数量 12 家；2011 年票房 1.55 亿元，较上年增幅 13.3%，影院数量 20 家。2012 年，一批高质量电影形成票房热点，暑期、国庆、春节构成电影市场三大热映期，涌现王府井横店电影城等一批现代数字电影院的领先者。至 2012 年 12 月，长沙市有现代特色的全数字多厅电影院（城）29 家，银幕 174 块，座位 2.73 万个。全年放映电影 25.68 万场，观影人数 672.69 万人次，票房收入 2.34 亿元。

图 25-4-5-4 万达国际电影城长沙解放西路店开业，长沙由此也成为继北京、上海、武汉、东莞之后全国第 5 个拥有 IMAX 巨幕影厅的城市

（摄于 2008 年 5 月，长沙市文化旅游广电局供图）

表 25-4-5-2 2009—2012 年长沙市与湖南省电影票房收入比较一览表

年份	长沙市		湖南省		占全省比重（%）
	收入（万元）	增幅（%）	收入（万元）	增幅（%）	
2009	9471.98	12.7	13102.35	31	72.2
2010	13693.58	44.5	22339.29	70.5	61.3
2011	15513.57	13.3	28157.24	26.0	55.10
2012	23407.49	50.9	43120.42	53.1	54.28

（二）农村电影放映。1988年，长沙市下辖长沙县、浏阳、宁乡、望城4县电影公司努力开发农村电影市场，新辟放映售票点26个，放映16毫米影片。宁乡县是长沙较早开展送电影下乡活动的县市，1989年，宁乡县电影公司发动全县放映工作人员积极组织观众，深入农村送电影上门，全年创发行收入94万元。1991年，长沙4县（市）有售票放映场所234个，占全市放映单位的36%。1995年，宁乡县建立218支电影队深入乡村，每村平均年放映电影30多场。

1998年，文化部、国家广播电影电视总局提出农村电影放映“2131工程”，即在21世纪初，在广大农村实现一村一月放映一场电影。5月，首届湖南农民电影节开幕式在长沙县黄花镇黄垅村举行，以此为标志，长沙地区启动“2131工程”。当年，全市区县（市）两级文化部门向农村送电影973场。1999年农村电影村平均年放映达14.8场。其中，宁乡县电影公司全年放映电影长短片合计1.38万场，观众人数达572万人次。2000年全市农村村平均年放映电影超过12场；2001年村平均年放映13.1场，发行放映收入322万元。2004年，市属影剧院送电影下乡496场。2005年“2131工程”广泛开展，全年实现放映1.26万场；2006年，“2131工程”更名为“农村电影放映工程”，长沙市所有乡镇实现年放映1.36万场。

2008年，湖南省文化厅成立“湖南公益电影传媒中心”（简称“传媒中心”），由湖南省农村电影放映工程领导小组办公室授权相关农村电影服务工作职能。7月17日，由长沙市电影发行放映中心牵头，联合区县（市）电影公司通过资本纽带和效益链接，成立湖湘新农村数字电影有限责任公司，即湖湘院线。是年，全市农村电影“2131”工程的放映补贴从50万元提高到187.5万元，成立92支农村电影放映队，累计放映1.62万场电影，观众460余万人次。

2009年，湖湘院线被评为“中国电影发行放映协会农村电影院线分会”理事单位。2010年，湖湘院线旗下77支流动放映队全面实现数字放映。2011年，52套国家下拨的放映设备再次升级，加装GPS定位和GPRS信息传送设备。是年，湖南大映公益电影传媒有限公司成立，该公司拥有1727支流动数字电影放映队、4.20万个行政村放映点，每年执行50万场电影放映任务、全年观众达1亿人次。2012年7月，长沙市发布《关于加快电影产业发展促进电影事业繁荣的实施意见》，在国家、省级各项投入的基础上，继续落实市本级400元每场的公益电影放映补贴，并随着地方经济增长逐步增加。各区县（市）逐步落实每场400元的公益电影放映补贴，大幅提升公益数字电影服务质量，加强放映队伍的管理，增强放映场次的宣传和广告，年均惠及观众500万人次。

2012年，长沙农村公益电影放映共有流动电影放映队77支，覆盖全市农村所有区域，每年在农村、城市广场、学校、敬老院、固定放映点和军营等场地开展公益数字电影放映，全年放映公益电影2万余场，观众达500余万人次。

第五章 新闻出版

长沙新闻出版事业历史悠久，至1988年，全市有图书出版社10家，电子音像出版社1家；省报《湖南日报》等18种，市报《长沙晚报》等2种，区县报4种；市直管期刊13种，公开发行期刊155种。1990年，湖南出版社在长沙成立，随后湖南省出版公司组建，集合图书出版、印刷、发行等环节，为出版产业化发展奠定基础。

进入20世纪90年代，长沙各出版社各展所长，陆续出版大量精品图书。反映思想道德建设的《中国革命史话》，青少年民族教育读本《精神之火》，科技、科普类《中微子之谜》《科学的历程》，艺术类《湖南民间美术全集》《齐白石全集》，大型古典辑录《船山全书》等图书，市场和社会反响良好。《今日女报》《体坛周报》等报纸影响力加速扩大，学报类期刊总体水平在全国处于领先地位。1995年湖南电子音像出版社成立，为全国首家有电子出版权的电子音像出版社。

1996年首届中国出版成就展中，长沙各音像出版社有多种音像制品获精品荣誉证书，填补湖南在出版成就展中的空白。1997年3月，长沙继北京、上海两大传统出版基地之后，成为新的图书出版基地。1999年，第十届全国书市在长沙举办，接待各地来宾超80万人次。2000年6月，湖南出版集团组建。“九五”期间（1996—2000年），长沙市共有6种出版物获中共中央宣传部“五个一工程”奖，9种获“国家图书奖”，14种获“中国图书奖”，3种期刊获“国家期刊奖”，4种电子出版物获“国家电子出版物奖”。

2001年，长沙晚报报业集团、湖南日报报业集团相继成立，长沙出版业进入集团化发展阶段，逐步构建多元经济成分的出版产业体系。是年，《潇湘晨报》在长沙创刊，迅速成为具全国影响力的综合日报。2002年，湖南出版集团各出版社优势品牌初步形成，音乐、医卫科普、古典名著等在全国分类图书市场占有率排名高居前三。2004年9月，湖南出版集团整体转制为湖南出版投资控股集团有限公司，推进市场化经营，标志着湖南出版体制改革进入新阶段。“十五”期间（2001—2005年），长沙有26种图书获国家图书奖、“五个一工程”奖和中国图书奖等国家级大奖，21种音像制品和电子出版物获国家级奖项；长沙晚报社、体坛周报社等获“全国地方报社管理先进单位”称号；《船山学刊》等11种期刊获国家期刊奖，体育类期刊在全国处于领先地位；湘版古典文学和音乐图书市场占有率位居全国第一。

进入“十一五”时期（2006—2010年），长沙域内报纸稳步发展，《潇湘晨报》获“全国十大创新都市报”荣誉，《湖南日报》跻身全国日报强势品牌方阵。2008年，湖南出版投资控股集团启动改制上市战略，设立中南出版传媒集团股份有限公司（简称“中南传媒”），旗下出版社开始转企改制。2010年，《湖南省文化强省战略实施纲要》出台，加快推进出版产业文化体制改革工作。10月，“中南传媒”即完成A股上市，成为全国第一支全产业链整体上市的出版传媒龙头股。中宣部、新闻出版总署评价中南传媒不仅树立文化体制改革的新标杆，也创造资本市场的成功案例。“中南传媒”旗下出版单位改制基本完成，与民营公司合作力度加大，出版规模迅速扩张，全年出书超过6000种。在当年国家级图书奖评选中，湘版图书、音像出版物入选及获奖数均名列前茅。

2011 年，中南传媒图书在全国市场占有率跃居第四位，实现总营业收入 58.57 亿元，入选全国文化企业 30 强，跻身《财富》中国最大企业集团 500 强。11 月，中南国家数字出版基地在长沙落成，为第四个国家数字出版基地。

2012 年，长沙地区省级报纸发展至 32 家，市级报纸 5 家。《潇湘晨报》《体坛周报》期均发行量稳定在 65 万份以上。全市 12 家出版社，其中 7 家隶属“中南传媒”。有 5 家出版社进入全国百强，总数列全国地方出版集团第二。图书构建起畅销书、常销书、外向型图书三大类图书产品群，其中科普、古典名著、作文、音乐图书品牌，保持细分市场前三名的地位。电子音像出版单位 16 家；公开发行期刊 205 种。中南国家数字出版基地资产总额达 77.27 亿元，名列全国第二位。长沙出版产业出版销售总额居全国第三位，利润达 9.19 亿元。长沙出版业从单一纸质媒体出版，向磁、光、电、数字、网络等多媒体立体出版转变，形成图书、报纸、期刊、音像、电子和数字出版物门类齐全，编辑、印刷、发行、供销、科研、贸易各环节协调发展的产业体系，取得整体推进，成为湖湘文化产业中不可或缺的支柱。

第一节 报 纸

一、省级报纸

1988 年，在长沙注册公开发行的省级报纸共 18 家，至 2012 年，发展到 32 家。在 32 家省级报纸中，党报、机关报主要有中共湖南省委主管的《湖南日报》（1949 年创刊）和政协湖南省委主管主办的《湘声报》（1987 年创刊）2 种；群团组织主办的报级主要有湖南省总工会主办的《湖南工人报》（1950 年创刊）、湖南省妇联主办的《今日女报》（1956 年创刊）、湖南省国际商贸联合会主办的《当代商报》（1985 年创刊）、湖南省文联主办的《小天使报》（1992 年创刊）等 5 种；大专院校报纸主要有湖南大学主管主办的《湖南大学报》（创刊于 1926 年）、湖南农业大学（前身为湖南农学院）主管主办的《湖南农业大学报（创刊于 1951 年）、湖南师范大学主管主办的《湖南师大报》（创刊于 1953 年）、湖南中医药大学主管主办的《湖南中医药大学报》（创刊于 1988 年）、中南大学主管主办的《中南大学报》（创刊于 2000 年）等 11 种；大型国企主办的报纸主要有由湖南广播影视集团主管主办的《金鹰报》（1956 年创刊时名《湖南广播节目》，2007 年更名为《金鹰报》）、湖南日报报业集团主管主办的《三湘都市报》（创刊于 1995 年）、湖南出版投资控股集团主管主办的《潇湘晨报》（创刊于 2000 年）等 14 种。

（一）《湖南日报》。创刊于 1949 年。国内统一刊号 CN43–0001，对开 4 版，周七刊。由中共湖南省委主管，湖南日报社主办。为中共湖南省委机关报，是湖南省最具权威的综合性日报。以引导舆论、传递主流思想为办报宗旨；以关注湖南政治、经济、文化各项事业发展情况和省内外重要新闻事件为主要报道内容。为省内各级党政机关、企事业单位广大干部群众热读的日报。

1988 年，《湖南日报》仍维持对开 4 版，沿用铅字排版印刷。但对重要节日的主标题以及重大新闻、重要庆典、重点事件等采用标题（或全篇）套红印刷。1989 年，报社引进激光排版系统，开始采用电脑照排和平面胶印技术，报纸版面印制质量得到提高，出版周期缩短。1998 年，《湖南日报》扩版为对开 8 版。其中第一版为要闻，第二、三、四版为省内新闻，第五版为国内新闻，第六版为《湘江副刊》，第七版为法规宣传专版，第八版为本省其他方面的事件新闻报道。1998 年 12 月，增扩《星期六双休刊》，为对开 4 版，全彩色印刷。

2008 年开始，《湖南日报》全部采用彩色印刷，对报纸各版内容进行较大幅度调整。一版为要闻，主要刊登（转载）中央、省内和国内国际重大新闻；二、三版为省内新闻版，内辟“长沙新闻”专栏；四版为国际时事，辟有《国际博览》《国际采风》等；五版以后主要为国内新闻，辟有《市场与消费》《潇湘热土》《旅游热线》《法制与社会》《家庭顾问》《洞庭》等文艺副刊栏目。同时，报社实施发行体制改革，以“自办网络、整合资源，以我为主、多元结合，市场运作、整体营销”为原则，实行多元化自主发行。跻身于全国日报强势品牌方阵。

2012 年，《湖南日报》再次扩版为对开 12 版。日发行量最高达 30 多万份，期均发行量约 26 万份。

（二）《湘声报》。创刊于 1987 年，创刊时名《湖南政协报》，国内统一刊号 CN43–0018，4 开 4 版，每月逢十出版。由政协湖南省委员会主管主办。报纸以宣传党的方针政策、宣传人民政协职能、积极反映社情民意、见证民主进程、记录时代发展为办报宗旨。秉承“理性、建设性、推动力”的办报理念，是湖南政协履行职能的重要宣传载体。

1988 年 1 月，《湖南政协报》扩期为周一刊。铅字印刷，逢重要节点或重大新闻时，重点标题采用套红印刷。报纸一、二版为省内要闻，三版为政协工作专论，四版为《潇湘》副刊。

1992 年 7 月，经新闻出版总署和湖南省新闻出版局批准，同意《湖南政协报》更名为《湘声报》。1993 年 1 月，逢政协湖南省第七届一次全会召开之际，《湘声报》正式以新刊名出版，报纸改版扩篇为对开 4 版，周一刊。其中一版为省内要闻，二版为综合新闻，三版为《社会纵横》，四版为《文化广场》副刊。是年 10 月底，《湘声报》推出月末专刊。1996 年 9 月，推出经济专刊。1997 年 6 月 25 日，报纸一、四版开始采用彩色印刷。1998 年 1 月，《湘声报》扩期为周二刊，每周二、五出版。

2002 年 1 月，在全国“两会”（是“中华人民共和国全国人民代表大会”和“中国人民政治协商会议”的统称）期间，报纸首次连续推出 8 期“两会特刊”，共发对开 32 版，并以此形成惯例，成为纸媒在两会报道中的亮点。同时，报纸将周二刊分类编排，其中周三出主刊 4 版，设《要闻》《时政》《观点·发现》《芙蓉》副刊 4 个专版；周四出《观察》周刊，辟《特稿》《经济》《文化》《社会》4 个版面。从 2002 年 6 月开始，出刊日期分别改为周四、周五出版。

2006 年 8 月，《湘声报》首次引进战略投资，引入湖南金利投资置业有限公司资金 1000 万元。对报纸实施“扩版瘦身”，将每周两期版面合并编辑，扩篇为 12 版。其中周五出 4 版，周六出 8 版。采用窄幅纸张全彩色印刷。改扩版后，报纸主要栏目有《三湘要闻》《三湘统战》《经济纵横》《法治调查》《理论探索》《特别关注》《时事评论》《综合资讯》《读书·沧桑》《芙蓉》副刊等。在发行方式上采用周五、周六两期合并邮发。通过改版提质，报纸版面设计活泼新颖，形态更具时代感，由于使用窄幅纸张，更方便读者阅读，内容更具有权威性、人文性和可读性。

2010 年 8 月，经政协湖南省委办公厅、省政府新闻办批准，《湘声报》通过湖南政协新闻网开通上线，报社形成一报（《湘声报》）一网（《湖南政协新闻网》）。

2012 年，《湘声报》对版面内容再次调整。其中周五 4 版，设重点标题目录（一版）、《论坛》（二版）、《读书》（三版）、《调查》（四版）；周六 8 版，分设《要闻》《综合新闻》《特别报道》《统战·探索》《经济》《关注》《天下湘菜》《〈芙蓉〉副刊》8 个版。其中《天下湘菜》出 10 期后改为《〈湘菜〉周刊》。报纸期均发行量 6 万余份。

（三）《今日女报》。源自于 1956 年创办的《湖南妇女报》，国内统一刊号 CN43–0016。周一刊，4 开 4 版，由湖南省妇联主管主办。报社以“凤眼看世界、见证她时代”为办报理念，提出“以女性的视角观照大千世界，以细腻的笔触关注女性自身”的编辑思路，在宣传妇女事业发展、维护妇女儿童合法权益的同时，报道女界新闻，传播时尚潮流，推介现代健康生活方式，揭示女性内心世界，展示现代女性风采。

1988年，报纸扩为4开8版。1993年1月，报纸推出月末版，开始走向市场，面向广大读者。1994年，《湖南妇女报》更名为《今日女报》，辟《女性聚焦》《女性沙龙》《非常男女》《环球女性》《夫妻剧场》《妇幼康乐》《女报说法》《感情写真《都市丽人》《美容时尚》《衣香饰美》等主要栏目。报纸内容更贴近读者，订户迅速提升至数十万户，单期零售量最高达26万份。

1998年1月，报纸扩期为周二刊，类分为《新闻周刊》和《生活周刊》，全报扩篇为4开16版。其中《生活周刊》于1998年年底采用全彩色印刷。是年，报社获第一届全国地方报纸管理百强先进单位称号。2000年，再次荣获第二届全国地方报纸管理百强先进单位称号。2002年3月，报纸先后推出《时尚周刊》《新家周刊》，成为第一张以女性视角全面关注房产家居的专业周刊。2003年1月，报纸先后推出《女报星期8》和《经营男人》两张周刊，将目标读者群锁定城市成熟职业女性和“追星族”。2004年3月，报纸增推《美容周刊》；4月，将原来的《时尚周刊》升级为《品位周刊》；9月，新推《精读女人》周刊。2005年1月，今日女报社面向高端市场推出《今日女报》C版——《顶级TOP》半月刊，并被新闻出版总署评为“全国地方报社管理先进单位”。2006年被评为“中国最具潜力创新传媒”，形成品牌效应。

2010年4月，报纸增开城市生活服务类周刊《风雅周刊》，11月，《顶级TOP》升级为拥有国际国内公开刊号的《TOP旅行》月刊。2011年年底，《今日女报》再度改版升级提质，全报扩版为4开18版。期均发行量约16万份。

（四）《体坛周报》。创刊于1988年7月1日，国内统一刊号CN43–0028，周三刊，4开4版，由湖南省体委主管。报纸秉承“更快、更高、更强”的奥林匹克精神，以“更新、更深、更精”为办报理念。拥有遍布全球的专业体育编辑、记者团队、专业人才150多人，应用超过12种语言采编世界各地体育资讯。报纸辟有《中国足球》《国际足球》《CBA》《NBA》《综合体育》《奥运》《彩票》《视频》等主要栏目。创刊当年，期均发行量约5000份。

1989年，《体坛周报》开始套红（标题）印刷，1990年6月，开始采用胶印技术，并以4开8版篇幅全面报道世界杯足球赛，引起读者关注。年底，推出“欧洲各国足球联赛速报”专栏。1991年6月，推出“欧洲足球总结”专辑，借此确立其在国内纸媒报道欧洲足球联赛的地位。1992年，借通过“NBA大决战连续报道”和巴塞罗那奥运会系统报道，将新闻采编范围扩大至足球以外领域。1993年，《体坛周报》扩版为4开8版，当年期发行量突破25万份。

1994年，借助对中国职业足球甲A联赛和欧洲足球联赛的大量报道，《体坛周报》迅速占据中国体育传媒市场制高点，奠定在国内体育传媒中的坚实地位。1996，报纸再次扩版为4开16版，其中8版为《足球周刊》。1997年，期发行量达到120万份。在1998年世界杯举行期间，创下期发行量186万份的纪录，为满足广大读者需求，在全国共设15个分印点以及时将报纸分发各地读者。1999年3月，报纸由周刊改为周二刊，周一、周五出版，其中周五刊为全彩色印刷，周发行量达265万份。2000年年底，报社建立卫星传版系统，设立《体坛周报》北京会所，实现北京、长沙两地零距离零时差办公。2001年1月，报纸扩版为4开24版，同时投资创办《足球周刊》《棋道》杂志。2002年，由周二刊扩期为周三刊，报社经济增长点转化为以广告销售为主。2004年，报纸再度扩编为32版。

2005 年，以《体坛周报》为旗舰、以体坛系列报刊为主体经营业务的体坛文化传播有限公司正式组成，成为多媒体集团，并把运营中心迁到北京。2006 年，主报期均发行突破 160 万份，周发行量超过 500 万份。2008 年，《体坛周报》广告经营收入突破 1 亿元。

2009 年 6 月，成立“手机体坛”，进军新媒体全面提速。2010 年 6 月，《体坛周报》手机客户端正式上线。至 2012 年，以《体坛周报》为核心的体坛传媒集团旗下，拥有体网、《足球周刊》《扣篮》《全体育》《健康女性》《高尔夫大师》《户外》《汽车画刊》等众多媒体。以其影响力，成为全球各大体育组织在中国的首选合作伙伴。期均发行量稳定在 65 万份以上。

（五）《三湘都市报》。创刊于 1995 年，国内统一刊号 CN43–0041，周七刊，4 开 8 版，由湖南日报社主管主办。报纸版面设置为《要闻》（一版）、《华声焦点》（二版）、《华声速览》（三版）、《华声重点》（四、五、六、七版）、《广告》（八版）。报纸秉承“好看、好用、好玩”的办报宗旨；确立“立足省会，覆盖全省，面向全国”的发展目标；以“本土、事件、实用、服务、信息”为发力点，及时、准确、充分地报道城市读者共同关心的新闻事件，展示丰富多彩的都市现代生活，集指导性、服务性、知识性、趣味性于一体。期均发行约 12 万份，为湖南域内发行量、影响力较大的偏财经类综合性城市日报。

《三湘都市报》创刊伊始，以其鲜明的都市特色、真实可靠的信息来源、及时准确的新闻报道、严谨而通俗的文字手法，迅速得到社会佳评。1996 年，被列为全国新闻界精神文明建设示范单位。1998 年，发行量突破 20 万份，1999 年突破 30 万份。2004 年，该报策划“湖南十大文化遗产评选”和“寻找家园深处的珍藏”大型文化专题报道。2005 年 1 月，报社启动《三湘都市报》读者俱乐部，加强与读者的互动。2005 年 11 月，报纸新辟《特别报道——平凡百姓》副刊，专注于平凡人的生活、命运，成为广大读者阅读热点。

2009 年 8 月，报纸全面改版升级，版面增至 4 开 48 版。同时，通过强化报纸与读者、报纸与网络、报纸与户外新媒体的互动，以“新闻、资讯、广告、产品、销售、互动、博弈、服务”为构架，形成以报纸为基础，网络为骨架，移动显示屏为终端，多媒介互补的新型产业链。

2010 年，报纸日发行量近 60 万份，进入中国平面媒体第一方阵。

（六）《潇湘晨报》。创刊于 2001 年 3 月，国内统一刊号 CN43–0057，周七刊，创刊时为对开 24 版。由湖南出版投资控股集团有限公司主管主办。报纸以“立足湖南、放眼世界、秉承正义、关切民生、恪守真实”为办报宗旨。坚持以新闻立报，以服务取胜，凭借新颖超前的办报理念、庞大丰富的资讯空间，全面融入湖南社会经济发展进程，迅速成为具有较大影响力的大型综合类日报。

《潇湘晨报》充分发挥政府、媒体、商家、读者资源优势，通过新闻树立品牌，以活动巩固品牌。2002 年，独立研发“湖南报媒广告研究系统”，形成系统的《广告监测周报》《湖南报业广告月度分析报告》《湖南报业广告年度蓝皮书》报告体系，吸引客户广告投放趋向，有效增强办报经济基础。2004 年，通过承办长沙春季房交会和举办“长沙国际名车展”等活动，从而奠定该报在重大会展活动中的社会影响力。通过与亚华乳业、长沙移动通讯的联合，先后推出“看《潇湘晨报》，喝南山牛奶”“高端对接，完美覆盖”大型宣传活动，为“走新权威媒体之路”开辟了道路。2005 年，先后推出《湖南市场白皮书》、组织在湖南四水源头立碑公益活动、举办“潇湘爱心助学”行动以及“飞播青绿·放养富庶·感恩潇湘”“重返知青点·建设新农村”“和湖南一起奔跑”等主题读者节系列活动，报纸发行量达 30 余万份。

2006 年起，报社通过改革管理和经营机制，在遵循媒体管理惯例同时，大胆借鉴酒店、工业、资本管理等系统的诸多管理经验，秉承“策划先行、服务制胜”“精细化管理、数字化经营”先进理念，实现超常规发展。报纸扩编为对开32版，期发行量突破50万份。2010年，期发行量再创60万份新纪录，平均期阅读率达到25.4%，广告量稳居湖南纸媒之首。先后获得“全国十大创新都市报”“全国晚报都市报30强”“百度中国都市传媒影响力状元媒体”等称号。

2012年年底，《潇湘晨报》策划大型节日特刊——《中国·七夕》，引起广大读者关注和期待。期均发行量约65万份。

表25-5-1-1　　1988—2012年长沙市域省级报纸一览表

报纸名称	国内统一连续出版物号	刊期	开张及版数	创刊年份	出版单位	主管单位	主办单位	平均期发行量（万份）
湖南大学报	CN43-0804/(G)	周一	对开4版	1926	湖南大学	中共湖南大学党委	中共湖南大学党委宣传部	1
湖南日报	CN43-0001	周七	对开12版	1949	湖南日报报业集团	中共湖南省委	中共湖南省委	25.99
湖南工人报	CN43-0033	周二	对开8版	1950	湖南工人报社	湖南省总工会	湖南省总工会	5.05
湖南农业大学报	CN43-0812/(G)	旬刊	对开4版	1951	湖南农业大学学报编辑部	中共湖南农业大学委员会	湖南农业大学党委宣传部	0.85
湖南师范大学报	CN43-0806/(G)	周一	4开4版	1953	中共湖南师范大学宣传部	中共湖南师范大学党委	中共湖南师范大学党委	0.8
湖南科技报	CN43-0034	周二	4开8版	1957	湖南科技报社	湖南省科学技术协会	湖南省科学技术协会	16.1
大众卫生报	CN43-0036	周二	4开16版	1958	大众卫生报分公司	湖南日报报业集团	湖南日报报业集团	8.5
今日女报	CN43-0016	周二	4开16版	1982	今日女报社	湖南省妇联	湖南省妇联	16
科教新报	CN43-0044	周一	4开16版	1982	湖南日报报业集团科教新报	湖南日报报业集团	湖南日报报业集团	4
文萃报	CN43-0032	周二	4开20版	1984	湖南日报报业集团文萃报	湖南日报报业集团	湖南日报报业集团	50
中学生理化报	CN43-0701/F	周三	4开20版	1984	湖南中学生理化报社	湖南师范大学	湖南师范大学	4.97
湖南电大报	CN43-0819/(G)	半月报	对开4版	1984	湖南广播电视大学	中共湖南广播电视大学委员会	中共湖南广播电视大学委员会	0.5
湖南邮电报	CN43-0021	周一	对开4版	1985	湖南邮电报社	中国电信股份有限公司湖南分公司	中国电信股份有限公司湖南分公司	1.2
当代商报	CN43-0022	周七	4开24版	1985	当代商报社	湖南省国际商贸联合会	湖南省国际商贸联合会	3.4
湘声报	CN43-0018	周二	对开4版	1987	湘声报社	政协湖南省委员会	政协湖南省委员会	6.02

续表 25-5-1-1

报纸名称	国内统一连续出版物号	刊期	开张及版数	创刊年份	出版单位	主管单位	主办单位	平均期发行量（万份）
体坛周报	CN43-0028	周三	4开32版	1988	体坛周报社	湖南体育产业集团有限公司	体坛周报社	65
南方财经导报	CN43-0053	周七	4开24版	1988	南方财经导报社	体坛周报社	体坛周报社	1.2
湖南中医药大学报	CN43-0814/(G)	双周	对开4版	1988	湖南中医药大学学报编辑部	中共湖南中医药大学委员会	中共湖南中医药大学委员会	1
小天使报	CN43-0059	周六	8开16版	1992	小天使报社	湖南省文联	湖南省文联	18
三湘都市报	CN43-0041	周七	4开48版	1995	湖南日报报业集团	湖南日报报业集团	湖南日报报业集团	50.75
湖南商学院报	CN43-0813/(G)	半月	对开4版	1996	湖南商学院校报编辑部	中共湖南商学院委员会	中共湖南商学院委员会	0.5
湖南警察学院报	CN43-0833/(G)	半月	4开4版	1999	湖南警察学院报社	中共湖南警察学院委员会	中共湖南警察学院委员会	0.3
潇湘晨报	CN43-0057	周七	对开24版	2000	潇湘晨报社	湖南省出版投资控股集团有限公司	湖南省出版投资控股集团有限公司	63.23
中南大学报	CN43-0803/(G)	其他	对开4版	2000	中南大学报社	中共中南大学委员会	中共中南大学委员会	2
湖南女子学院报	CN43-0842/(G)	其他	对开4版	2000	湖南女子学院学报编辑部	中共湖南女子学院委员会	中共湖南女子学院委员会	0.3
人才就业社保信息报	CN43-0052	周二	4开16版	2001	人才就业社保信息报社	湖南省人才流动服务中心	湖南省人才流动服务中心	8.09
长沙理工大学报	CN43-0810/(G)	周报	对开4版	2003	长沙理工大学学报编辑部	长沙理工大学党委	长沙理工大学党委	1.1
法制周报	CN43-0029	周三	4开16版	2005	金鹰报刊社	湖南广播影视集团	体坛周报社、湖南广播影视集团	12
金鹰报	CN43-0015	周二	4开36版	2007	金鹰报刊社	湖南广播影视集团	湖南广播影视集团	3.5
投资者报	CN43-0023	周一	4开80版	2008	投资者报社	湖南电视总台	湖南电视总台	1.21
快乐老人报	CN43-0024	周二	4开16版	2009	快乐老人报社	湖南出版投资控股集团有限公司	潇湘晨报社	75
长株潭报	CN43-0027	周七	4开32版	2011	长株潭报社	潇湘晨报社	潇湘晨报社	4.64

二、 市级报纸

（一）发展概况。《长沙晚报》是中共长沙市委机关报，1956 年 7 月 1 日创刊，国内统一刊号 CN43–0002。1988 年，《长沙晚报》制定“我与报社共荣辱，团结实干创一流”的奋斗理念以激励职工，每天出版 4 开 4 版单色报纸，拥有职工 295 人，固定资产 545 万元，年总收入 386 万元，利润 232 万元。1989 年开始自办发行，发行费率为 18.7%，比邮发节约 6.3%。

1993 年，《长沙晚报》由 4 开 4 版，扩为每周一、三、五 4 开 8 版，其他时间仍为 4 开 4 版。1994 年扩为每天 4 开 8 版，并于 10 月 1 日出版湖南省第一张彩色新闻报纸。1996 年，扩版为每周一、四对开 8 版，以“创全国省会城市和计划单列市党委机关报一流报纸”为奋斗目标来激励全体职工。1997 年，改为每周一至周六对开 8 版（周日为对开 4 版），且在全省率先实现每天出版彩色新闻报纸。是年，报社名誉社长、高级编辑左润明被评为全国“百佳新闻工作者”，由他采写和编辑的新闻有 3 次获得全国好新闻奖；1998 年，《长沙晚报》被国家新闻出版总署评为第一届“全国地方报社管理先进单位”。10 月，《科学晚报》收归长沙晚报社主管主办，后更名为《星沙时报》。1999 年 6 月 15 日，《军事博览报》移交长沙晚报社，后更名为《知识博览报》。

2000 年，报社实现“创办全国省会城市和计划单列市党委机关报一流报纸”的奋斗目标。7 月 1 日，《中小学音乐报》由长沙晚报社接管主办，后更名为《品周报》。

2001 年 9 月 26 日以《长沙晚报》为基础，成立湖南省首家全民事业性质的报业集团——长沙晚报报业集团（以下简称“集团”）。出版对开 16 版彩色报纸，拥有职工 483 人，固定资产 2.3 亿元，年总收入 1.04 亿元，利润 983 万元。2003 年扩为周一至周五对开 20 版，制定“创一流报业，做一流报人”的集团精神，以统领全盘工作和激励职工。8 月 28 日，《学生·家长·社会》杂志划归集团主管，其前身为《经贸导刊》。是年，《浏阳日报》归由集团主管主办。《长沙晚报》及系列媒体每年都有百件以上的作品获得各级各类奖项，2005 年，消息《3.5 万救命钱留给病友》获第十六届中国新闻奖一等奖。是年，集团党委副书记、副社长、总编辑邬恩波被国务院授予“全国劳动模范”。

2006 年扩为周一至周五对开 24 版，7 月 1 日，为纪念《长沙晚报》创刊 50 周年推出“见证五十年感动五十年”特刊，出版 100 个版。2007 年，《长沙晚报》扩版为周一对开 16 版，周二至周五对开 32 版，周六周日对开 8 版，提出“区域强势媒体、企业强势集团、城市强势名片”的企业精神。2011 年集团以“做中国一流传媒”为奋斗目标，将品牌策划部改为品牌战略部，并成功策划“震·痛”玉树强震、“党旗飘飘——纪念中国共产党成立 90 周年”等特别报道。

2012 年，集团辖有五报（《长沙晚报》《知识博览报》《壹早报》《星沙时报》《浏阳日报》）、两刊（《学生家长社会》《晚报文萃》）、一网（星辰在线网站）、一手机报（湘江手机报）、一区县专刊（《高新麓谷》）等 10 个媒体。同时建立起较为完整的数字报业平台，形成主流媒体与系列媒体、区域媒体、网络媒体以及卫星报、掌上长沙、云报纸、数字报等各类新媒体相互融合的立体传播布局。是年，集团逐步形成多元化的报业产业格局，拥有长沙晚报传媒有限公司、集团印务公司、利德印务公司、房产经营公司、天际传媒公司、问讯文化传播公司、楚天文化传播公司等 8 家经营性公司。出版对开 36 版彩报，有职工 664 人，固定资产 2.8 亿元，年总收入 2.8 亿元，利润 6782 万元。

表 25-5-1-2　　1988—2012 年长沙市市级报纸一览表

（以创刊时间先后为序）

报纸名称	国内统一连续出版物号	刊期	开张及版数	创办时间	出版单位	主管单位	主办单位	平均期发行量（万份）
长沙晚报	CN43-0002	周七	对开 28 版	1956 年 7 月 1 日	长沙晚报报业集团	中共长沙市委	中共长沙市委	26
湖南城市广播电视报长沙广播电视报	CN43-0043/01	周一	4 开 16 版	1985 年	长沙广播电视报社	湖南省新闻出版局	长沙电视台	3
知识博览报	CN43-0060	周二	对开 20 版	1999年 7 月 1 日	知识博览报社	长沙晚报报业集团	长沙晚报报业集团	10
品周报	CN43-0042	周刊	8 开 40 版	2006 年	品周报社	长沙晚报报业集团	长沙晚报报业集团	5
星沙时报	CN43-0026	周五	对开 8 版	2012 年	长沙天际传媒有限责任公司	长沙晚报报业集团	长沙晚报报业集团	4.8

（二）机构队伍。1988 年 1 月，长沙晚报社实行党委负责制，含二级部门、机构共 17 个，其中行政系统 4 个，（长沙晚报）采编系统 7 个，经营系统 6 个。在职职工 295 人，其中中共党员 168 人；大专以上学历 44 人，相当大专水平的 20 人，中专 9 人；各类专业技术人员 62 人，其中副高以上职称 17 人，中级职称 31 人，初级职称的 14 人。1996 年 9 月，长沙晚报社实行社务委员会负责制。

2001 年 9 月，长沙晚报报业集团实行党委领导下的集团社务委员会分工负责制；2007 年 3 月至 2012 年 12 月，集团实行党委负责制。

2001 年集团成立时，有在职职工 483 人，其中中共党员 272 人；大专以上学历 370 人；各类专业技术人员 237 人，其中副高以上职称 47 人，中级职称 89 人，初级职称 101 人。

2002 年，集团有二级部门、机构共 35 个，其中行政系统 11 个，《长沙晚报》系统 13 个，系列媒体 4 个，经营系统 7 个。2012 年，集团二级部门、机构共 38 个，其中行政系统 8 个，《长沙晚报》系统 13 个，系列媒体 7 个，经营系统 10 个。集团在职职工 664 人，其中中共党员 329 人；大专以上学历 589 人，其中硕士研究生 59 人，大学本科 429 人，大学专科 101 人；各类专业技术人员 288 人，其中正高职称 9 人，副高职称 58 人，中级职称 138 人，初级 83 人。

1988—2012 年，先后担任长沙晚报报业集团（社）主要领导职务的有：饶定国、左润明、李发美、刘耀杰、彭勃、龙钢跃；其他领导班子成员有：黄林石、吉任忠（女）、邬恩波、吴安定、徐辉、任福鹏、黄小宁、唐伯勋、朱振国、张依依、谭云龙、葛剑骐、毛念东、李英（女）、潘开政、庄居湘（女）、刘绍佳、符洪舟、董小林、肖和平（女）、李万寅。

三、区县（市）级报纸

1988 年，长沙市在省内公开发行的县（市）级报纸有《长沙县报》《望城报》《浏阳报》《宁乡日报》4 种。1996 年，《浏阳报》更名为《浏阳日报》。2003 年 8 月，根据中办、国办联合发出《关于进一步治理党政部门报刊散滥和利用职权发行，减轻基层和农民负担的通知》精神，以及国家新闻出版总署、湖南省新闻出版局关于治理整顿报刊的《实施细则》文件精神，长沙市召开全市治理党政部门报刊工作会议，决定停办《长沙县报》《望城报》《宁乡日报》；《浏阳日报》由浏阳市委主管主办变更为由长沙晚报报业集团主管、浏阳日报社主办，成为《长沙晚报》的子报（保持相对独立性）。至2012年年底，长沙市县（市）级公开发行的报纸仅存《浏阳日报》。

（一）《长沙县报》。创刊于1956年1月，1961年停刊。1992年7月经湖南省新闻出版局批准复刊，为省内登记公开发行的报纸。报纸为4开4版，周一刊。由中共长沙县委宣传部管理，为中共长沙县委机关报。年发行量为3万~5万份。

1996年4月，报社从县委宣传部分立，成为具有独立法人资格的正科级全民事业单位，实行总编辑负责制。社本部工作人员9人，其中编辑、记者6人，另在全县聘用通讯员120人。

《长沙县报》以“面向农村、传播信息、服务中心、丰富生活”为办报宗旨。以其特有的指导性、针对性和实用性，成为长沙县域重要的舆论阵地。报纸设有《要闻》《综合新闻》《国际国内新闻》《文艺副刊》等版面，辟有《星沙漫谈》《快人快语》《致富之路》《家和万事兴》《实用技术》等栏目。其中以向农民推介现代家庭农业科技知识、介绍增产增收实用技术、传递高科技成果实用信息为重点内容，为广大农民致富奔小康起到了良好的促进作用，深受广大农民读者喜爱。先后有74件作品在省新闻学会县（市）报分会组织的“好新闻、好副刊作品”评选活动中获奖，其中21件作品先后获得通讯、消息、专栏、散文、摄影、版面类一等奖。1996年，《长沙县报》在全省各类报纸质量综合评比中，被湖南省委宣传部、湖南省新闻出版局评定为省内刊一类报纸。1997年，报纸改为邮政发行。

2001年5月，经新闻出版总署批准，报纸面向全国公开发行，国内统一刊号CN43–0066。是年，《长沙县报》被选举为全国县（市）报研究会常务理事单位。

2002年，《长沙县报》改为周二刊。2003年1月，在全国报纸调整编制时，《长沙县报》停刊，2003年8月正式注销。共出报648期。

（二）《望城报》。始创于1957年，1959年停刊。1989年12月复刊，列为省内登记公开发行的报纸。由望城县委宣传部主办，为中共望城县委机关报。

报纸复刊时为4开4版，周一刊。辟有《要闻》《社会生活》《经济生活》《文艺副刊》4个主要版面。年发行量约1万份，1991年增至5万份。1993年1月，报纸专辟《来自重点工程的报道》栏目，对县内雷锋大道、石（门）长（沙）铁路、长（沙）常（德）高速公路、望城电厂、捞（刀河）铜（官）大道等重点工程建设情况进行系列报道，社会影响很大。是年，报纸经新闻出版总署批准，面向社会公开发行，国内统一刊号CN43–0054。

1995年，《望城报》跻身全省20家一类报纸行列。1996年、1997年先后成为湖南省新闻学会和湖南县市报协理事单位、湖南省县市级报协分会副会长单位。1998年增期为周二刊。2000年获得全省十佳报社荣誉称号。

2002年，报纸再次扩期为周三刊，每周三、五、日出版。其中周三、周五为新闻专版，以传播要闻、宣传法制、聚焦时政为主要内容。周日为周末版，以文娱、生活为主要内容。年发行量达5.5万份。2003年7月，根据中办、国办通知精神和新闻出版总署关于落实中办、国办通知的实施细则的通知，经湖南省新闻出版局研究决定，《望城报》撤编。2004年1月，《望城报》正式停刊。自复刊始，共出版发行1075期。

（三）《浏阳日报》。源自于1956年4月创刊的《浏阳报》，后停刊。1988年，《浏阳报》复刊，时为4开4版，周一刊。为省内登记公开发行。1993年，报纸扩编为周二刊。1994年1月，经湖南省新闻出版局批准，《浏阳报》由中共浏阳市委主管，浏阳报社主办，在全国公开发行。国内统一刊号

CN43–0010，是当时长沙唯一可向全国公开发行的县（市）级报纸。是年，报社被评为湖南省报纸系统经营管理先进单位。1995 年，报社成为“中国县市报研究会”团体会员单位，在湖南省报纸质量评比中获评二类报纸。

1996 年 1 月，《浏阳报》更名为《浏阳日报》。扩编为周四刊。报纸以坚持四项基本原则，坚持“两为”方向，以地域新闻为脊梁、以中心工作为主线的办报宗旨；以“写实在的人，登实在的事”为办报理念。设置《要闻》《经济生活》《文学》《社会生活》四大版块，辟有《社会大透视》《生活特刊》《人世间——镜头下的人生》《百花园》《曝光台》等专栏。增设周末版，辟《人世间》《社会经纬》《生活时尚》《读书》专栏。报纸关注社会焦点、热点，内容贴近群众、贴近实际、贴近生活，为广大读者所热读。

2000 年 10 月，浏阳日报社建成办公大楼，报纸扩编为 4 开 8 版，《周末版》改为《社会生活》专版。2001 年 1 月，报社成立浏阳日报报业发展有限责任公司。4 月，组建公司发行部，实行自办发行与邮政发行相结合。9 月，开始出版发行周五彩色日报。

2003 年，根据新闻出版总署关于整顿县区（市）级报刊有关精神，《浏阳日报》划归长沙晚报报业集团（保持相对独立性）。2004 年，报纸启用新报徽。2005 年 1 月，浏阳日报报业发展有限责任公司投资近百万元，在全国县（市）级报纸中率先成立发行投递公司。2006 年 12 月，在庆祝报纸创刊 50 周年时，开通湖南唯一的县级新闻门户网站“浏阳网”，报纸改刊期为周 4 刊，并扩版为 4 开 12 版。期均发行量约 4 万份。2007 年 5 月，《浏阳日报》新办公楼迁入市行政中心。2009 年，《浏阳日报》经营收入稳步增长，全年创收突破 1200 万元。2010 年，报纸再次扩版为 4 开 16 版，采用全彩印刷。报纸增设与浏阳市经济发展紧密结合的 5 个周刊《花炮周刊》《新城周刊》《成长周刊》《人居周刊》《消费周刊》。2011 年，报纸在新闻版块布局上，扩大民生新闻模块，增加“现场”“热线”“街道”“镇坊”等专栏。2012 年，在湖南省报纸副刊好作品评选中，《浏阳日报》的《一垄蝉声》《欧阳予倩：浏阳人(上下)》两件作品获得金奖；《幽默的色》《动物悲怆》两件作品获银奖；《草木一冬》《和农民一起过年》《做贼》三件作品获铜奖。报纸期均发行量为 3.83 万份。

（四）《宁乡日报》。源自 1956 年创刊的《沩江报》，后停刊。1989 复刊时改名为《宁乡报》，列为省内登记公开发行的报纸。由宁乡县委宣传部主办，为中共宁乡县委机关报。

报纸在 1989 年 1 月复刊时为 4 开 4 版，铅字排版印刷，周一刊。复刊后，在全国县市级报界创下五个第一，得到中国县市报研究会认可，其办报经验获《中国新闻年鉴》《中国地市报人》推介。其重大报道《党最有凝聚力》《凄丽人生》《震惊世界的宁乡青铜器之谜》《雷锋式少年赵宁》《寻访故乡人》《世纪沩江行》等 1000 余篇稿件先后被《人民日报》（海外版）、《北京青年报》、《侨报》、《湖南日报》等国内外大报转（摘）载，其中 155 篇作品获省以上奖励。

1991 年，经新闻出版总署批准，《宁乡报》获准在全国公开发行，国内统一刊号 CN43–0011。1992 年，报纸改周二刊，年发行量突破 3 万份。1994 年，报纸开始采用激光照排。1995 年，报纸发行量突破 5 万份，居全国县（市）报前列。1997 年改周三刊，被评为湖南省一类报纸。

1999 年，报纸复名《宁乡日报》，并扩编为周四刊。2002 年扩编为周五刊，当年广告收入跃居世界全省县（市）级报纸第二。2003 年改周六刊，其中周六特辟《世纪视窗》专刊，为 8 版彩报。

2003 年 8 月，在全国县市级报刊调整中，报纸奉命停刊。2004 年 1 月，报社正式注销。自 1989 年复刊始，《宁乡日报》共出版发行 2000 余期。

第二节　图书　电子音像　期刊

一、图书

1987年8月，湖南省出版事业管理局改名为湖南省新闻出版局，主管全省图书报刊出版工作。1988年，省出版局下有7家直属图书出版社，包括湖南人民出版社、湖南文艺出版社、湖南科学技术出版社、湖南教育出版社、湖南少年儿童出版社、湖南美术出版社、岳麓书社等。其中湖南美术出版社原本由美术读物出版社、湖南画报社和省新闻图片社三个部分组成，于是年7月单独建制。域内还有中南工业大学出版社、国防科技大学出版社、湖南大学出版社。省属出版社共出书1683种，其中新出品种1021种。有136种图书获奖，其中获国际奖2种，全国奖59种，中南地区和省级奖75种；并有422种、6.65万册图书进入国际图书市场。1989年4月，湖南师范大学出版社成立。10月起，省出版局对全省出版社进行整顿，关停湖南大学出版社，全省有图书出版社10家。省直属7家出版社出版图书共计1582种，其中初版书1086种，总产值（包括总定价、销售额，下同）达9.2亿元，实现利润5779万元。1990年10月31日，湖南出版社成立。省直属出版社全年出版图书1406种，其中初版704种，重版702种，总产值98339万元，实现利润6679.6万元。1991年，长沙11家出版社共出版图书1975种（其中初版1091种，重版884种），省新闻出版局直属出版社出书1701种（其中初版书834种，重版书867种），总产值达126162万元。1992年，长沙图书出版社共出版图书2124种；其中省直属出版社出书品种1835种，包括初版书729种，年产值达14.9亿元，实现利润9532万元。1994年，长沙各图书出版社总计出版图书2249种。省直属出版社出版图书1873种，其中新版图书813种。湖南出版社的《现代点石成金术——价值转换工程》《大较量：国力·球力论》《青年马克思评传》等分别获第八届中国图书奖、第一届中国青年优秀图书奖及优秀图书提名奖；湖南文艺出版社出版的《曾国藩》获全国优秀畅销书奖；湖南教育出版社的《科学家谈物理丛书》获第一届中国青年优秀图书奖，《中微子之谜》获第二届全国优秀科普作品一等奖；湖南少儿出版社的《妈妈讲给孩子听的故事丛书》获第五届冰心儿童图书奖；湖南科技出版社的《两系杂交小麦理论与实践》获第八届中国图书奖；岳麓书社《道藏精华》和《中国医学大成续编》获全国第三届古籍优秀图书奖。岳麓书社被中宣部和新闻出版署评为优秀出版社；国防科技大学出版社被评为优秀大学出版社，受国家教委表彰。1995年，全市获奖图书212种，获各种奖励258项。

1996年，为贯彻落实《中共中央关于加强社会主义精神文明建设若干重要问题的决议》精神，长沙出版业遵循湖南省出版界制定的“讲政治、讲大局，上质量、上效益，争大奖、争市场，出精品、出人才，促繁荣、促发展”30字工作思路，实施“精品名牌和精品群战略、出版产业经济发展战略、出版经营管理战略、出版高科技发展战略、跨世纪人才培养战略”五大发展战略，以期促进新闻出版事业在“九五”期间更大的繁荣发展。全市12家图书出版社全年出版图书2976种，其中新版图书1311种，总计3.96亿册。岳麓书社《船山全书》和湖南美术出版社的《齐白石全集》全面完成；湖南出版社的《汉英对照中国古典名著丛书》初具规模；湖南科技出版社《科学的历程》和湖南少儿出版社《中国革命史话》等获中宣部1995年度“五个一工程”一等奖；岳麓书社《敦煌愿文集》等4种图书获第十届“中国图书奖”。湘版图书重版率提高至58%。1997年7月，全国图书出版治理工作在长沙召开。12月，第八届全国地方科技出版社发行研讨会在长沙召开，全国34家地方科技出版社与会，参与讨论如何深化出版改革，加强各地方科技出版社之间的联合，促进科技出版事业繁荣。长沙出版社全年出版图书 2893 种，其中新版图书 1224 种，总印数 3.75 亿册。《精神之火》《九亿农民健康教育读本》获第六届“五个一工程”奖；《齐白石全集》《船山全书》《旷世逸才——杨度》获第三届国家图书奖。湖南人民出版社、湖南教育出版社、湖南少儿出版社被新闻出版署评为年度全国良好出版社，湖南跻身全国新出版基地行列。

1998 月，长沙市 10 家出版社代表携 1197 种（册）图书参加第七届北京国际图书博览会，面向全国书商征订湘版图书码洋 51 万元。全市出版社共出版图书 3262 种，其中新版图书 1601 种。《中国舞蹈艺术史图鉴》《宏观经济学的产生与发展》《中国最新动物小说》《湘绮楼日记》4 种图书获第十一届“中国图书奖”；27 种图书获第四届湖南图书奖；11 种图书获湖南省“五个一工程”奖。1999 年，全市出版社共出版图书 3367 种，其中新版图书 1877 种。《道德建设论》《苍山如海》《大科学家讲的小故事》3 种（套）图书获第七届全国“五个一工程”奖；《中国军事史图集》《大科学家讲的小故事》获第四届国家图书奖，《海外藏中国历代名画》《海国图志》《亚洲陆海壳体大地构造》获国家图书奖提名奖。岳麓书社精心策划的《长河随笔丛书》在北京首发，引起首都文化界、新闻界和广大读者关注。9 月—10 月，第十届全国书会在长沙举行，全国 500 多家出版社、2500 多家书刊发行单位、200 多家期刊社、近 3000 家新华书店参会，有 4500 多种历年获国家图书奖、“五个一工程”奖等奖项的优秀图书期刊、电子出版物共计 13 万余种进入书市。书市包括全国图书（期刊、电子出版物）订货会、展销会、版权贸易等，分别在省展览馆和湖南图书城举行，其间另有农村分市、高校分市，书会举办期间接待各地来宾、读者超 80 万人次。

2000 年，湖南出版集团组建，集团拥有湖南人民出版社、湖南文艺出版社、湖南科技出版社、湖南教育出版社、湖南少儿出版社、湖南电子音像出版社、湖南美术出版社、岳麓书社、湖南新闻图片画报社、新华印刷一、二、三厂、省新华书店、省印刷物资公司、省印刷科技研究所、《潇湘晨报》、省远景科技有限责任公司、省远景光电有限责任公司等 18 个直属二级单位。全市 12 家出版社全年出版图书 3156 种，其中新版图书 1734 种，总印数 2.48 亿万册。《西方思想家研究丛书》《长沙窑珍品新考》等 6 种图书在第十二届中国图书奖评比中获奖。2001 年全市出版社共出版图书 3342 种，其中新版图书 1958 种，总印数 2.38 亿册。《信念丛书》《中国现代版画经典文献》获中宣部第八届“五个一工程”奖；《大中华文库》等 7 种图书获得第五届国家图书奖荣誉奖和提名奖。2002 年，全市 12 家出版社总计出版图书 3538 种，其中新出图书 2273 种，总印数 3.26 亿册/张。《黑洞物理学》《诗学中的时间概念》《湖南杂交水稻发展史（1964—2000)》《冷固结球团直接还原》《高科技知识读本》5 种图书荣获第十三届“中国图书奖”；30 种图书获第六届湖南图书奖。各出版社优势品牌初步形成，湖南文艺出版社的“音乐”图书、湖南科技出版社的“医卫”“科普”图书、岳麓书社的“古典名著”图书等优势品牌，在全国主要分类图书市场占有率排名中高居前三。在第十三届全国书会上，湘版图书以 6790 万元的总订货码洋创历届书会最高纪录，仅次于京版，名列全国第二位。

2003 年抗击“非典”斗争中，长沙出版界在省新闻出版局组织下，4 月底《传染性非典型肺炎防治手册》面世，使长沙成为全国最早出版此类图书的地区之一。5 月出版发行《农村卫生人员预防传染性非典型肺炎必读》图书和配套挂图，向 14 个市州捐赠图书 30 万册、挂图 20 万张。防治期间，出版《SARS 胸部影像图谱》，为快速诊断治疗“非典”提供有力武器；疫情得到控制后，推出《大众心理健康指南》《换个角度看非典》《让历史作证》，为卫生防疫和民众心理疏导服务。截至 2003 年 11 月，

图 25-5-2-1 《湖湘文库》，岳麓书社 2006—2012 年陆续出版，全 700 册，32 开精装。图为书店展示的《湖湘文库》部分书籍。全套书书目总共为 1105 种，其中文献字数较少的并两种或若干种为一册，成书 700 册，总字数约在 3 亿以上

（长沙市文化旅游广电局供图）

长沙出版社共出版防治“非典”图书 11 种 75 万册，挂图 2 种 80 万张，为抗击“非典”做出积极贡献。是年，全市出版社出版图书总量 3702 种，其中新版图书 2366 种，总印数 2.96 亿册/张。在第六届国家图书奖评选中，有 10 种图书入围，9 种获奖，荣誉奖和正式奖获奖数量均名列全国首位。2004 年，省新闻出版局和湖南出版集团实行政事分开、政企分开、管办分离，9 月，湖南出版集团整体转制为湖南出版投资控股集团有限公司，为省管国有大一类文化企业。全市出版社共出版图书 3909 种，其中新版图书 2532 种，总印数达 3.05 亿册/张。《嵌入原子方法理论及其在材料学科中的应用》《活化构造成矿学》《化学抑尘》3 种图书获第十四届中国图书奖。2005 年，全市出版社共向省新闻出版局上报图书选题 1729 种，增补选题 1906 种，总计 3635 种，其中出版 3218 种。湘科版科普图书继续保持全国市场第一，岳麓版古典文学图书和湘艺版音乐图书市场占有率跃居全国第一，湘少版《开心作文》图书市场份额跃居全国第三位。2006 年全市出版社向省新闻出版局上报选题 3644 种，总册数 6832 万册。《湖湘文库》正式启动。《湖湘文库》是湖南省委、省政府主导的重大文化出版工程，也是国家“十一五”出版重点项目，丛书以整理出版湖湘文献为主，对湖湘人物、湖湘历史、湖湘风物等进行广泛发掘、深入研究，以供人们全面了解湖湘文化、深入认识湖南。是年，在首届中华优秀出版物奖评选中，湖南美术出版社《长沙窑》、中南大学出版社《隧道凿岩机器人》和湖南人民出版社《中国抗日战争图鉴》等三种图书获奖。2007 年，全市出版社向省新闻出版局上报图书选题 4513 种并通过审批，实际出版图书 2535 种，总册数 8231 万册。《吴冠中全集》《机器》《哈军工传》等 12 种出版物入选首届中国出版政府奖和中宣部第十届“五个一工程”奖。

2008 年，湖南出版投资控股集团有限公司启动改制上市，设立中南出版传媒集团股份有限公司（简称“中南传媒”），旗下 8 家出版社开始全面转企改制。全市有出版社 13 家，共出版图书 4230 种，总册数 1.26 亿册。《恰同学少年》等 5 种图书入选新闻出版总署“向全国青少年推荐百种优秀图书”书目；《恰同学少年》《世界是平的——21 世纪简史》等 6 种图书进入“百家出版单位百种图书”行列，入选数量居全国第二；《地学思想史》《钪和含钪合金》在第二届“中华优秀出版物”评选中获奖。2009 年，中南传媒集团进入上市辅导培训和申报材料准备阶段，下属 8 家出版社基本完成改制方案审批。全市有 6 家出版社被评为一级出版单位，获得“全国百佳图书出版单位”称号；2 种图书获中共中央宣传部“五个一工程”奖；湖南少儿出版社的《道德好榜样丛书》《小樱桃系列》、湖南科技出版社的《乔治开启宇宙的秘密钥匙》等 6 种图书入选“向全国青少年推荐百种优秀图书”。2010 年中南传媒集团成功上市，首发市值 248 亿元，是国内收入规模最大、市值最高，也是第一支全产业链整体上市的出版传媒

龙头股。旗下 8 家经营性图书出版单位转企改制基本完成。改制后的出版湘军与民营出版公司合作力度加大，出版规模迅速扩张，全市出版社全年出书超过 6000 种，湖南少儿出版社、教育出版社出书都在 1600 种以上。在当年“中华优秀出版物”评选中，《20 世纪中国科学口述史》《春华秋实·1949—2009 新中国版画集》等 8 种图书获正式及提名奖，入选数量居全国各省市首位。在中国出版政府奖评选中，有《高性能炭/炭航空制动材料的制备技术》等 3 种书获图书正式奖，9 种图书及音像出版物获提名奖，获奖数在全国名列前茅。出版湘军不断加强版权贸易，积极推动出版“走出去”，在第十七届北京国际图书博览会上，达成版权合作意向 218 个，全年实现版权输出 130 种；岳麓版历史教材输出到韩国，中国教材首次走出国门。

2011 年，全市出版社出版图书超过 8000 种，其中新书 6000 多种。中南传媒在全国市场占有率居第四位。当年开展首届湖南出版政府奖评选工作，评出《吴冠中全集》《恰同学少年》《世界是平的》等图书奖 24 个，其中正式奖 8 个、提名奖 16 个。在第二届中国出版政府奖各奖项中，湖南省有《高性能炭/炭航空制动材料的制备技术》、《陈国达全集》（共 9 卷）、《春华秋实·1949—2009 新中国版画集》3 种图书获图书奖，此外 8 种图书获提名奖。2012 年，全市 12 家图书出版单位出版图书 9526 种，其中新出版书 5500 种。全年有 27 种图书多次登上开卷分类畅销书榜前 30 位。在中共中央宣传部第十二届“五个一工程”奖中，湖南文艺出版社的《长津湖》和《湖南科技出版社的《铸剑》两种图书获奖。新闻出版总署向全国青少年推荐百种优秀图书，湖南有《阳光寄给你：青春期心理健康故事》《乌船》《红色精神》《风华正茂》4 种图书入选。全年实现版权引进 110 种，版权输出 70 种，出版“走出去”成效显著。“出版湘军”构建起畅销书、常销书、外向型图书三大类图书产品群，打造出文学、少儿启蒙、艺术、动漫、经营、生活读物等 13 条产品线和近 20 个畅销书品牌，其中科普、古典名著、作文、音乐图书品牌，保持细分市场前三名的地位，全市有 5 家出版社进入全国百强，总数列全国地方出版集团第二。

表 25-5-2-1　　1988—2012 长沙市域图书出版数量一览表

年份	出版社数量（个）	出版图书种数（种）	总出版册数（万册）	课本（万册）
1988	10	2157	37293	23396
1989	10	2157	35055	19728
1990	11	1892	32135	21393
1991	11	1969	35086	21392
1992	11	2124	36436	20686
1993	11	2069	33503	19726
1994	11	2249	29597	18693
1995	11	2357	33677	20146
1996	12	2976	39390	21957
1997	12	2893	37512	22139
1998	12	3262	36375	22489
1999	12	3367	30680	21171

续表 25-5-2-1

年份	出版社数量（个）	出版图书种数（种）	总出版册数（万册）	课本（万册）
2000	12	3156	24844	18342
2001	12	3342	23810	18007
2002	12	3538	32632	23135
2003	12	3702	29556	19222
2004	12	3909	30525	18830
2005	12	3218	8228	21000
2006	12	3221	6832	20838
2007	12	2535	8231	22735
2008	13	4230	12577	16342
2009	13	4421	14084	11820
2010	13	6222	18783	12202
2011	12	8362	21427	12858
2012	12	9526	22328	13831

二、电子音像

1983 年 5 月，湖南音像出版社成立，初并于省广播电视事业局音像制品管理科（处）建制，1985 年年底分设机构。成立初始以编辑出版盒式原声带为主，地方戏曲占比较大。1985 年 4 月湖南科教语言音像出版社成立，主要出版科技及语言教学用音像资料。1987 年湖南音像出版社开始录制发行音乐、专题歌曲磁带，并拍摄制作法制教育片、电视故事片等，完成《老子儿子刀子》《绿林女杰》《紧急返航》三部 7 集成片，为全国首家独立摄制电视故事片的音像出版社。

1988 年，湖南音像出版社出版盒式录音带编号 50 个，制作盒式带 150 万盒，发行 90 万盒；出版电视录像节目编号 11 个，发行录像带 2 万盒，其中代理发行 1.25 万盒）。该社出版发行的音带，集湖南地方戏曲之大成，摄制的 10 集电视剧和 6 部科教片在全国音像出版行业得到充分肯定。年底，湖南音像出版社更名为“湖南金蜂音像出版发行总公司”，将省电视艺术中心并入总公司，集音像制作、出版、发行于一体，同时担负湖南电视台的电视剧制作任务。1989 年，湖南省教育音像出版社成立，主要出版发行普通教育、高等教育、职业技术教育、成人教育及社会教育等方面的音像教材。湖南金蜂音像出版发行总公司全年生产电视剧 83 部（集），生产译制片 81 本。录像片《原子弹爆炸前的秘闻》在首届全国优秀录像片评奖展播中获二等奖。1990 年，金蜂音像出版发行总公司生产电视剧和录像带 24 部、67 集，摄制科教像带 5 本，出版音带 9 个版号，共计加工复制磁带 160 万盒。音像出版发行的重点由城市转向农村，加强对县级音像站发行的直接管理，保证基层放像点的片源。1992 年，金蜂音像出版发行总公司全年发行像带 3 万多盒，发行节目 514 个，交换节目 294 个，出版像带 8 个篇目，自编音带 31 个编号，引进像带、音带各 1 个，发行音带 127 万盒，营业额 770 万元。

1993 年，湖南科教语言音像出版社、湖南教育出版社音像部、湖南少年儿童出版社音像部合并，更名为湖南华星音像出版发行总公司。1994 年，潇湘电影音像出版社在长沙成立。在全国音像市场空前萧条，盗版、水带现象严重，假劣产品廉价销售的形势下，金蜂、华星、潇湘电影、教育音像、文化音像5家音像出版社和出版发行公司积极宣传，促进销售，引进出版录像片、录音带和CD唱盘等。其中金蜂音像出版发行总公司采用积极培养本土歌手，制作本土作品，并组织签售等手段促进音像制品销售。1995年，为适应长沙电子出版事业发展，湖南华星音像出版发行总公司更名为湖南电子音像出版社。这是全国36家电子出版单位中最早核准的有电子出版权的电子音像综合出版社。长沙域内5家音像出版社全年出版音像制品196种。1996年，全市5家音像出版社出版音像制品304种，比上年增长50.4%。潇湘电影制片厂音像出版社的《太阳花》获湖南省“五个一工程”奖和国家“骏马奖”；在当年举办的首届中国出版成就展和全国少儿出版成就展中，长沙各家音像出版社向全国推介优秀音像作品40多种，湖南电子音像出版社出版的《欢庆的节日》、湖南教育音像出版社出版的《中国校园歌曲》《学前班教学有声读物》及湖南金蜂音像出版发行总公司出版的《中国成语故事》等被选为精品展出，并获荣誉证书，填补湖南在历届出版成就展中的一项空白。5家音像出版单位经营状况出现改观，全部实现扭亏为盈。11月，由新闻出版署音像管理司和湖南省新闻出版局联合召开的“全国电子出版物管理研讨会”在长沙举行，来自全国28个省、自治区、直辖市新闻出版局电子出版物管理部门的负责人和总政宣传部的代表48人参加会议。1997年8月底，省新闻出版局组织长沙5家音像出版社联合组成“湖南电子音像展团”，参加在长春举行的全国第八届书市电子出版物音像制品展销订货，湘版电子音像出版物首次进入全国书市，接受订货30余万元，居全国前列。10月，新闻出版署下发《关于价拨给湖南电子音像出版社被查缴的光盘生产线的通知》，价拨给湖南电子音像出版社单头光盘生产线一条，设备估价评估值合计81.33万元，于当年11月运抵长沙，并开始安装调试生产，为长沙乃至湖南第一条光盘生产线。是年，位于长沙的5家音像出版单位共出版音像制品430种，比上年上升41.4%。音带《巧学国际音标》《三国演义智慧奇趣故事》分别获新闻出版署首届音像制品评比二等奖和广电部第三届优秀音像制品“双向奖”。

图25-5-2-2 湖南金蜂音像出版发行总公司在20世纪90年代引进发行的各类磁带，内容有影视剧原声歌曲、中外流行歌曲等 （长沙市文化旅游广电局供图）

1998年2月，由湖南电子音像出版社、岳麓书社与湖南华天集团合作出版的全文检索电子光盘版《四库全书》座谈会在人民大会堂举行，对将中华传统文化与电子技术结合出版全文检索电子光盘版《四库全书》进行研讨；7月，《当代中国》丛书电子版合作出版仪式在北京举行，由当代中国研究所与省新闻出版局合作策划，当代中国出版社与省电子音像出版社联合出版，湖南远景信息发展有限公司设计制作；9月，由中共中央文献研究室编辑，中央文献出版社、湖南电子音像出版社合作出版的大型多媒体只读光盘《毛泽东》出版座谈会在北京人民大会堂举行。是年，长沙市共出版音像制品（含引进版）240种，再版399种；电子出版物新版50种。发行音像制品320.89万盒，发行金额为1545.5万元。其中《中小学生安全教育》《红领巾之声》获“全国第二届优秀教育音像出版物”三等奖。当年湖南远景光电实业有限公司和湖南远景信息有限公司在长沙成立。远景光电实业有限公司是长沙首家经国务院和新闻出版署批准设立光盘复制的企业，由湖南省出版公司、湖南少儿出版社、湖南电子音像出版社共同投资，注册资本1000万元，主要从事CD、VCD、CD-ROM等光盘的制作与生产，研制、开发光电产品及电子产品。曾开发“新闻出版管理信息系统”，是一套服务于省级新闻出版行业管理、业务管理和日常办公的大型计算机网络管理信息系统，被新闻出版署作为全国新闻出版行业信息化建设“金榜工程”的主干系统和省级模式向全国省市推广运用。1999年9月，省新闻出版局完成《辉煌五十年·湖南》多媒体光盘的编辑、制作、出版和复制加工任务。该光盘共分9部分，涵盖50年来全省政治建设、法制建设、经济发展、科学教育、文化事业等诸多方面，光盘界面新颖、清晰，充分展示全省电子出版制作水平。远景信息有限公司的“新闻出版计算机管理信息系统”获全国新闻出版系统1999年度科技成果一等奖。2000年，长沙主要音像出版公司录像带和音带出版物发行总量分别达到1035.112万盒/张和182.2万盒/张。举行首届优秀湘版电子音像出版物评奖活动，评出《毛泽东》（多媒体光盘）、《挑战数学奥林匹克》（多媒体光盘）、《中国成语故事》（录音带）、《世界自然遗产——张家界》（VCD）等38种优秀电子音像作品。

2001年，湖南电子音像出版社与深圳大鹏证券公司合作经营，成立湖南大鹏湘音出版有限责任公司，使业外资金首次进入长沙出版行业，拓宽融资渠道。全市音像出版发行公司共出版录音制品294种，其中新版139种，发行总量179.26万盒/张。2002年，各音像出版社共出版各类电子音像出版物1495种，发行总量达446.55万张/盒。其中，《中国共产党组织史资料（全文检索光盘）》荣获第二届电子出版物一等奖，《中国名家诗文精品欣赏系列》《蓝猫淘气3000问》《跟周铭教授学钢琴》《小学生英语歌谣》《可爱的湖南》5种音像制品荣获第四届全国教育音像制品奖。2003年11月，中南大学音像出版社成立，湖南文艺出版社增加音像出版权，长沙地区新增音像制品制作单位2家，新增电子出版物制作单位4家。2004年，湖南三辰影库卡通节目公司成立，长沙市的音像电子出版单位增加到8家。湖南省文化音像出版社与湖南大剧院、湖南文化娱乐中心统一管理。金峰音像出版社的《清宫秘档》获第三届国家音像制品奖，为湖南音像出版物首次获国家级奖项；湖南电子音像出版社《千年学府》获第三届国家电子出版物奖；另有《英达美语儿童英语》《初中地理教学资源超市——乡土地理》等7种音像制品在第五届“全国优秀教育音像制品奖”评选中获奖。

2005年长沙市电子音像出版单位向省新闻出版局上报选题共计452种，出版《大长今》《虹猫蓝兔系列》等一批电子出版物，2种电子音像选题入选新闻出版总署公布的全国纪念抗日战争胜利60周年的40种重点电子音像选题，2种音像制品、1种电子出版物分别入选新闻出版总署向青少年推荐的百种优秀音像制品和百种优秀电子出版物选题。2006年，湖南电子音像出版社出版的《湘音湘韵》获首届中华优秀出版物音像奖。湖南金蜂音像出版社出版发行由湖南经济电视台、湖南文理学院、常德电视台、常德细菌战调查委员会联合摄制的纪录片《常德细菌战》DVD，被英国皇家人类学学会电影委员会收藏。在新闻出版总署公布的《国家“十一五”重点图书出版规划项目》中，湖南有12种电子音像出版物入选重点规划项目，至年底，完成《咪咪羊》等2种。

2007年10月，湖南科学技术电子音像出版社在长沙成立，促进湖南医疗卫生、“三农”、科普等科技类音像电子出版物的出版。年内还有湖南教育音像社新视野音像公司和长沙盛艺港数码科技有限公司两家音像制品制作单位成立。《清宫秘档》获音像电子网络奖提名奖；湖南文化音像出版社《亲情》系列，湖南电子音像出版社《聆听经典》系列、《红蚂蚁》系列，湖南教育音像出版社《双语阅读·童话/

儿歌》《中华传统美德故事/格言》等6种有声读物入选新闻出版总署公布的“100种全国重点有声读物”选题，入选数量居全国第三。2009年，经新闻出版总署批准，长沙市有6家出版单位增加音像电子和网络出版权，其中湖南文艺出版社增加电子出版权并设立国风电子音像出版社，湖南美术出版社设立湖南美术电子音像出版社，湖南大学出版社增加电子和音像出版权，湖南科技出版社、中南大学出版社、湖南地图出版社获准从事互联网出版服务，至此，长沙范围内共有音像出版单位10家，电子出版单位6家，跨媒体出版产业格局初步形成。是年，湖南电子音像出版社《风物长存——毛泽东遗物的故事》《60年回眸·故事湖南》《歌唱祖国——经典爱国歌曲选》、湖南科技出版社的《共和国飞天梦》、湖南美术出版社的《走向共和——图说中华56个民族》、湖南文化音像出版社《国歌嘹亮》、潇湘电影制片厂音像出版社的《袁隆平》7种音像制品入选全国庆祝中华人民共和国成立60周年重点出版物选题。

图25-5-2-3 金峰音像出版社发行的电视纪录片《清宫秘档》(14碟装DVD)
(摄于2004年，长沙市文化旅游广电局供图)

2010年1月，长沙市音乐音像著作权保护协会成立，是湖南省首个行业著作权保护协会，主要为会员提供著作权许可证办理、法律咨询和协助维权等。7月，新闻出版总署正式批复同意湖南建立中南国家数字出版基地，这是继上海、重庆、杭州之后第四个国家数字出版基地，也是“十二五”（2011—2015年）期间新闻出版产业发展战略和区域发展战略的重点扶持对象。当年长沙音像出版单位向省新闻出版局上报选题超900个，比上年增加40%。在第三届中华优秀出版物奖评选中，湖南文化音像出版社的《同一个月亮》、湖南教育音像电子出版社的《小学生安全教育》、湖南电子音像出版社的《“红蚂蚁”经典国学系列》和湖南科技出版社的《健康农家》入选音像出版物提名奖，湖南科技出版社的《漫步太空书系（电子光盘）》入选电子出版物提名奖。

2011年，省新闻出版局检查长沙市16家音像出版单位两年来的出版工作，换发音像制品出版许可证。在当年公布的“十二五”时期（2011—2015年）国家重点出版规划中，湖南有98个项目入选，其中包括《龙乐——中国民族音乐动画艺术库》《湖湘文库》等电子音像出版物。11月15日，中南国家数字出版基地在长沙天心区解放垸落成揭牌，现场签订8个重大文化项目，总投资23.7亿元，中国卫星通讯集团、中国移动通讯集团、中国联通集团、华为集团、高通、诺基亚、苹果、索尼、富士康等世界500强企业，以及湖南青苹果数据中心、湖南拓维信息等重点文化企业与该基地签订合作协议。2012年1月，首届湖南出版政府奖评选揭晓，《洞庭鱼米乡》、《纽曼电子书》、《光明日报》网络版、《中国有色金属知识库》4种音像制品、电子出版物和网络出版物获奖，另有《袁隆平》《国歌颂》《中华针灸大成》《飞天梦》《申报（网络版）》《红色青春季》《华声手机报》《“你说话吧”网络特刊》8种音像电子和网络出版物获提名奖。

三、期刊

1987年，新闻出版署及省新闻出版局成立，长沙市期刊出版管理工作由新闻出版署、省级新闻出版行政管理部门管理。1988 年 11 月 24 日新闻出版署发布《期刊管理暂行规定》，对期刊的定义、管理归口、创办审批流程、登记出版及期刊社的经营都做出相关规定。按照规定对长沙地区期刊进行整顿，在上年进行刊物整顿的基础上完成全市期刊重新登记工作，公开刊物开始实行全国统一标号。年底，在长沙召开全省文学期刊主编会议，研究提高文学期刊的质量。长沙市范围内共有公开发行的期刊 155 种（含中央、省直管刊物），类型涵盖学术理论类、工作指导类、政治法律类、文学艺术类、社科学术理论类、教育辅导类等，基本为政府机关、研究所、行业协会、各出版社及高校等主办。其中市直管刊物 13 种。另有内部期刊 21 种。

表 25–5–2–2　　1988 年长沙市直管期刊一览表

期刊名称	主办单位	创办时间	刊期
新创作	长沙市文联	1982 年 4 月	双月
长沙大学学报	长沙大学	1983年10月	半年
环境求索	省环境保护局、长沙市环保局	1983年	季
发明与革新	长沙市科委中国发明协会	1984年	月
长沙文史资料	长沙市政协	1984年	半年
市委党校校报	长沙市委党校	1985年	双月
长沙社联	长沙市社科联	1986年	季
长沙宣传	长沙市委宣传部	1986年	季
长沙教育	长沙市教委、市教科所	1987年	双月
长沙经济	长沙市政府经济中心	1987年	双月
教育与科研	长沙有色金属专科学校	1988年	季
长沙论坛	中共长沙市委	1988年	双月
行政监察	市监察局	1988年	双月

1989 年，长沙市范围内新增 5 种公开期刊，包括《三湘风纪》《企业技术开发》《湖南文史》《中国卫生政策》《有色金属文摘》；全市有期刊 160 种，年度总印数 4968 万册。4 月，在国家教委科技司和新闻出版署期刊司联合主办的“全国自然科学学报编辑质量优秀奖”评选中，《国防科技大学学报》获一等奖，《湖南师范大学学报》获二等奖，《长沙铁道学院学报（自科版）》荣获三等奖。1990 年，长沙有《当代警察》《模糊系统与数学》两种新刊创刊，原《戏剧春秋报》改为期刊发行。1991 年，长沙范围内新增《当代医师》《内陆水产》《毛泽东思想论坛》等 8 种公开期刊，全市对公开和内部发行的期刊进行整顿，经省新闻出版局重新审核换证。期刊总数 146 种，年度总印数 6349 万册。1992 年年底，市直管期刊有 15 家，其中党委部门主办的期刊 3 家，文艺性期刊 1 家，专业性期刊 8 家，教育期刊 3 家。除《新创作》是全国统一刊号外，其余均是省内期刊号，大多属内部期刊交流性质。新增《经济导刊》《当代党建》《长沙电力学院学报》《经济潮》等公开发行期刊，全市范围内有期刊 149 种，全

年总印数7700万册。是年，全国首部《中文核心期刊要目总览》于9月问世，“核心期刊”指的是刊载与某一学科（或专业）有关的信息较多，且水平较高，能够反映该学科最新成果和前沿动态，受到该专业读者特别关注的期刊。长沙有35种期刊被收录为核心期刊，包括《学习导报》《湖南教育》《湖南农业科学》《湖南有色金属》《理论与创作》《湖湘论坛》《长沙铁道学院学报》《求索》《国外医学·生理病理科学与临床分册》《杂交水稻》《古汉语研究》等。1993年，长沙市市直管期刊15家，其中正式期刊1家，非正式期刊14家。新增《小学生导刊》《中国普通外科杂志》《中国临床心理学杂志》《实用预防医学》《湖南水利》《事业财会》等期刊，全市范围内有期刊165种，全年总印数7899万册。1994年，有市级公开出版期刊1家，内部期刊19家。全市范围内有期刊162种，全年总印数7288万册。1995年，长沙市直管期刊除《新创作》有全国统一刊号外，又新增《中外建筑》，另有内部期刊18种。全市范围内新增《书屋》《科学启蒙》《中国内镜杂志》《药膳食疗研究》等刊物，期刊总数178种，全年总印数7636万册。1996年，全市范围内有期刊180种，全年总印数7700万册。长沙市学术理论类期刊水平在全国范围内处于领先地位。《湖南师范大学学报（社科版）》文摘率居全国高校学报之首，在全国社科理论期刊中位居前5名，1996年度有11篇文章被《新华文摘》转载、摘要、摘目；《求索》当年有10篇文章被《新华文摘》转载、摘要、摘目。高校自然科学学报均被国内外著名检索系统定期收录，总体水平在全国排前列。在中宣部、新闻出版署、国家科委联合组织的第二届全国优秀科技期刊评比中，湖南参评的期刊，连同在湘部委办的获奖期刊一起，共有16种期刊获奖，其中有14家在长沙市，包括一等奖《湖南师范大学学报（自科版）》《中南工业大学学报》；二等奖《湖南大学学报（自科版）》《湖南农业》《电池》《湖南农业大学学报》《有色金属学报（英文版）》；三等奖《国防科技大学学报》《湖南地质》《湖南林业》《湖南医科大学学报》《湖南中医杂志》《湖南医学》《杂交水稻》。是年，全省决定开展对正式期刊的等级评定工作，省委宣传部、省新闻出版局、省科委联合发文，制定《湖南省期刊等级评定标准》，首先从社会科学类期刊开始进行试评，试评结果内部通报。1997年3月10日，新闻出版署下发《关于期刊业治理工作的通知》，对全国期刊出版业散滥状况治理工作进行部署。省新闻出版局开展期刊治理工作，长沙有《同力》《毛泽东思想论坛》等期刊被压缩或合并；内部报刊原则停办，逐步转化为内部报型、刊型资料。省委宣传部、省新闻出版局、省科委根据《关于全省期刊等级评定实行分级管理的决定》，按照《湖南省期刊等级评定标准》，对长沙市上年度出版的正式期刊进行等级评定，《学习导报》《湖南党史》等60多种刊物被评为一级期刊。3月底，由国家科委、中宣部、新闻出版署联合举办的第二届全国优秀科技期刊评比揭晓，《湖南农业大学学报（自科版）》《中南大学学报（自科版）》《湖南大学学报（自科版）》《电池》《湖南师范大学自然科学学报》《湖南农业》等刊入选获奖名单。当年全市范围内

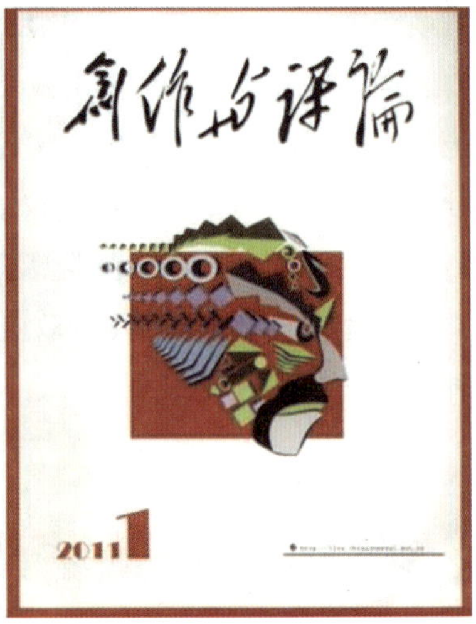

图25-5-2-4 创刊于1988年1月的《理论与创作》，湖南省文联主办。1992年被北大《中文核心期刊要目总览》收录；湖南省一级期刊。2011年更名为《创作与评论》

（长沙市文化旅游广电局供图）

图 25-5-2-5 《杂交水稻》创刊于 1986 年。中国农业科技类核心期刊。中科双效期刊 2000 年度国家期刊奖提名奖；湖南省首届“十佳”科技期刊　（长沙市文化旅游广电局供图）

有期刊 180 种，全年总印数 7515 万册。

1998 年 2 月，新闻出版署发布通知，决定建立普通高校学报类期刊刊号系列，省新闻出版局对全省普通高校学报进行调查清理，于 6 月底完成学报申报工作，长沙有《湖南大学学报（社科版）》《中南工业大学学报（社科版）》《长沙大学学报》等高校学报转为公开发行学报。6 月 17 日《湖南日报》刊登《湖南省报刊治理公告》，公布压缩正式期刊的名单和停办的内部报刊名单，以及内部刊物转化为内部资料的原则，长沙市原 23 家内部刊物有 13 家将转为刊型内部资料，并对一些质量不高的正式期刊进行压缩，省新闻出版局对长沙市期刊治理取得阶段性成果。10 月，第九届全国书市召开，省新闻出版局组织《小溪流》《书屋》《年轻人》《当代警察》等 8 家期刊参展，展览期间共订货 15.48 万册，总码洋 55.36 万元。其中《书屋》与近 20 家书店和图书发行公司初步达成代理协议，其他几种期刊也表现出良好市场前景。省期刊工作者协会成立大会在长沙召开。省期刊工作者协会是省出版工作者协会下设的专业工作委员会，拥有 160 个团体会员。是年，新闻出版局先后出台《关于加强出版社社办期刊工作的意见》和《〈关于加强出版社社办期刊工作的意见〉的实施办法》，提出充分发挥各出版社优势，实行期刊主编负责制和人员聘用制，创办精品名牌期刊的意见，湖南教育出版社申办《中学生百科》，岳麓书社申办《网上俱乐部》，湖南美术出版社申办《视觉 21》，加上原湖南文艺出版社的《芙蓉》、湖南少儿出版社的《少年作文辅导》及湖南新闻图片社的《经济潮》，长沙有社办期刊 6 家。至年底，全市范围内有期刊 171 种，其中长沙市直管国内统一刊号期刊 2 种，全年总印数 8695 万册。全市期刊形成以社会科学类和自然科学类为两翼，以工作指导类、教学辅导类、政治法律类、文学艺术类、学术理论类和专业技术类、文摘信息类为分支的完整体系。

1999 年 5 月 4 日至 31 日，省新闻出版局根据新闻出版署文件精神，对全省正式期刊进行重新登记换证。全市范围内有期刊 183 种，其中市直管期刊 2 种，全年总印数 12271 万册。11 月 28 日，新闻出版署和科技部组织的首届“国家期刊奖”评出，长沙市有《中南工业大学学报》进入科技类刊物获奖名单，《小溪流》和《湖南师范大学学报（自科版）》分别获得社科类和科技类提名奖。《小溪流》同时获评第二届“全国百种重点社科期刊”。2000 年 5 月 16 日，省委宣传部、省新闻出版局、省科学技术厅联合举行的湖南省首届“十佳社科期刊”“十佳科技期刊”评选揭晓。《学习导报》《求索》《湖湘论坛》《湖南师大学报（社科版）》《当代警察》《小溪流》《初中生》《中学生百科》获评“十佳”社科期刊；《中南工业大学学报》《湖南师范大学学报（自科版）》《湖南农业大学学报》《湖南大学学报（自科版）》《电池》《杂交水稻》《湖南林业》《湖南农业》等获评“十佳”科技期刊。长沙市有省直管和市属期刊共 198 种，全年总印数 1.04 亿册。

2001 年，长沙全市范围内有期刊 203 种，全年总印数 9867 万册。市内新增《足球周刊》等 5 种期刊；9 种期刊更名：《药膳食疗研究》更名为《药膳食疗》，《中南汽车运输》更名为《公路与汽运》，

《国外公路》更名为《中外公路》等。11月，中华人民共和国成立以来规模最大的期刊展在北京举行，参展期刊7000多种。湖南展团有213种期刊参展，全省37种期刊进入“中国期刊”方阵，其中《中南大学学报》《电池》进入“双高”（高知名度、高学术水平要求）期刊，《小溪流》《湖南师大学报》进入“双奖”（国家期刊奖、国家期刊奖提名奖）。2002年，长沙市范围内新创刊期刊11种，包括《中国感染控制》《中南药学》《动力学与控制学报》等。更名期刊22种，包括《初中生（二年级版）》更名为《大学时代》，《机械工业高教研究》更名为《大学教育科学》，《楚风》更名为《新故事》，《湖南现代道路交通》更名为《人车路》等。在年末举行的第二届国家期刊奖评比中，《中南工大学报（自科版）》《杂交水稻》获国家期刊奖提名奖，《散文诗》《船山学刊》《湖南师大学报（社科版）》《电池》《湖南农业》《湖南大学学报》《湖南师大学报（自科版）》被评为第二届国家期刊百种重点期刊，获奖总数比上届增加4种。

2003年，长沙市新闻出版局审核报批报（刊）型内部资料出版单位32家。全市范围内新增期刊两种，更名期刊9种，13种期刊停刊。全市范围内有期刊219种，全年总印数1.24亿册。2004年，全市范围内新增《文学界》1种期刊，更名期刊包括:《经贸导刊》更名为《学生·家长·社会》，《综合经济导刊》更名为《F1方程式赛车》，《财经窗》更名为《出版人》，《湖南中医药导报》更名为《中医药导报》等。其中，《学生·家长·社会》《F1方程式赛车》《出版人》等杂志，都是对原部分刊名老化、市场萎缩的报刊，在政策法规允许和避免重复的基础下帮助其进行调整，另创填补市场空白的刊物。至年底，全市范围内有期刊192种，全年总印数1.89亿余册。2005年9月20日，新闻出版总署发布《期刊出版管理规定》，于当年12月1日起实施，全省报刊管理工作会议12月20日在长沙召开。省新闻出版局还召开规范期刊刊期管理的专门会议，整顿缩短刊期、变相“一号多版”的问题。全年长沙市有6种期刊更名；《湖南内参》停办。全市范围内有期刊202种，全年总印数1.09亿册。2006年，全市范围内更名期刊13种，注销登记期刊1种，变更登记地期刊1种，暂缓核验期刊1种，期刊总量198种，全年总印数9622万册。省新闻出版局10月在长沙召开高校学报发展研讨会，探讨如何拓展办刊思路，提升高校学报学术水平，支持各学报出版单位调整期刊定位。在当年举行的湖南省第三届双十佳期刊评选中，长沙市内有《学习导报》《老年人》《足球周刊》《金融经济》《小学生导刊》《芙蓉》《文史博览》被评为十佳社科期刊；《电池》《中国有色金属学报》《科学启蒙》《杂交水稻》《矿冶工程》《中国内镜杂志》《中国锰业》《中国动脉硬化》《湖南大学学报（自科版）》《湖南农业大学学报（自科版）》被评为十佳科技杂志。

2007年，全市范围内有7种期刊更名，期刊总数181种，全年总印数8143万册。省新闻出版局不断完善“湖南省双十佳期刊”评选办法，大力推进期刊品牌建设，引导期刊实施“走出去”战略。在7月举行的“纪念建军80周年百种优秀期刊进连队”活动中，长沙市有《芙蓉》《文史博览》2种期刊入选。2008年，全市范围内有7种期刊更名，6种刊物休刊或未出刊，全市期刊184种，全年总印数8467万册。本年初湖南省冰灾发生后，长沙市各期刊社在省新闻出版局的组织下积极配合救灾，《新湘评论》《人民之友》《时代邮刊》等社科类期刊安排专版对抗冰情况进行深入报道，《湖南农业》《湖南林业》《大众用电》等自然类期刊从专业角度推出多篇重要文章指导科学救灾开展。“5·12”汶川地震发生后，省新闻出版局下发《关于抗震救灾报道的通知》，《新湘评论》《高中生》《科学启蒙》等刊物推出抗震救灾专刊、增刊，发挥期刊的舆论阵地作用。这3家期刊也被中国期刊协会评为“全国抗震救灾先进期刊”。是年，长沙期刊出版与数字出版积极对接，《足球周刊》和中南大学、湖南大学主办的20多家期

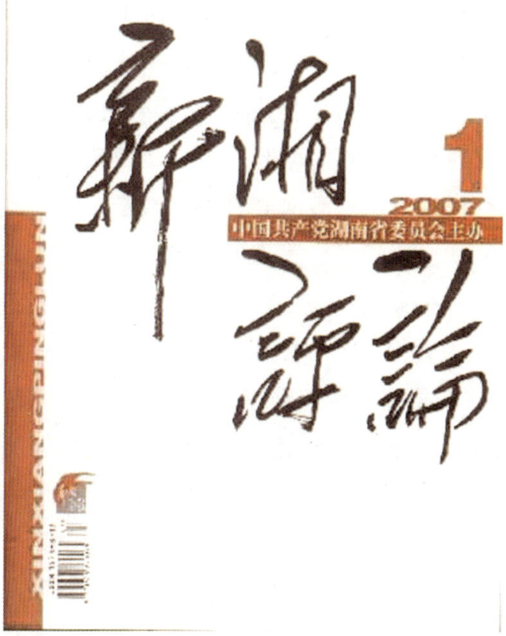

图 25-5-2-6 《新湘评论》创刊于 1952 年，中共湖南省委主办，刊名系毛泽东亲笔题写。1980 年曾更名《学习导报》，2007 年恢复旧名

（长沙市文化旅游广电局供图）

刊创办数字版，《中学生百科》《书屋》等推出光盘版，提高市场占有率。《足球周刊》的期均销售量、覆盖率在全国体育类刊物中排名第一，达 44.94%。2009 年，以弘扬廉洁文化为主旨的《清风》杂志在长沙出刊；7 种期刊更名；15 种期刊变更主管主办单位；4 种期刊未出刊。全市范围内实有期刊 204 种，全年总印数 1.13 亿册。时值中华人民共和国成立 60 周年之际，《新湘评论》策划推出“大典、画卷、辉煌”和“主政湖南:1949—2009”系列，以翔实资料记录新中国成立以来湖南各个阶段的历史；《湖南教育》推出“纪念新中国成立 60 周年专辑”，获得高度赞扬。学术类期刊方面，《中国有色金属学报》在中国科学引文核心板（CSCD）材料冶金类刊物中，影响因子排名第一，并被中国期刊协会评为“新中国成立 60 周年最有影响力期刊”；《中南大学学报（英文版）》《湖南大学学报（自科版）》《矿冶工程》等 7 种刊物进入国际权威索引《工程索引》（EI）；《长沙理工大学学报（自科版）》《中国感染控制》等 12 种期刊成为 CSCD 或 CA（美国化学文摘）、AJ（俄罗斯文摘）收录刊物。是年，在众多综合文化类老牌名刊保持良好发展的基础上，位于长沙的体坛周报社、湖南广电影视集团、湖南出版投资控股集团、湖南教育报刊社等 20 多家单位办理期刊变更刊名或主管主办单位的呈报手续，对期刊品种、定位进行调整。由原《美术教师》更名而来的《虹猫蓝兔》首期订货量达 35 万份，引起业界轰动；由原《少年作文辅导》更名的《花火》月发行量也达 30 万份。湖南教育报刊社因此成为长沙首家产值过亿的期刊社。另外，《小溪流》《科学启蒙》《幼儿时代》被评为全国优秀少儿报刊。

2010 年，长沙市有 3 种期刊更名，4 种期刊变更主管、主办单位，全市范围内有期刊 201 种，全年总印数 1.25 亿册。11 月，省新闻出版局组织湖南大学期刊社、《时代邮刊》杂志社、《花火》杂志社、《创作》杂志社等期刊单位参加在杭州举行的第二届亚太数字期刊大会，与台北、辽宁等地期刊界同仁开展座谈交流。年内《新湘评论》等 40 多种期刊创办数字刊；《新潮流》等 10 多种期刊在北京等一线城市设立广告中心。长沙期刊界积极参与“农家书屋”等公共文化项目，《湖南农业》《文史博览》《农家致富顾问》3 种期刊进入全国农家书屋推荐目录。长沙期刊的品牌影响力不断增强，《小学生导刊》月发行量超 200 万册，《初中生》月发行量超过 100 万册，《科学启蒙》获得第二届中国出版政

图 25-5-2-7 《小溪流》创刊于 1980 年，湖南省作家协会主办。曾被评为“社科双奖期刊”。图为分册封面

（摄于 2012 年 12 月，长沙市文化旅游广电局供图）

府奖期刊提名奖。同时，以出版体制改革为契机，《书屋》《虹猫蓝兔》等期刊的转企改制工作也在年内完成。12月，天闻动漫传媒有限公司创办《天漫》杂志。2011年，长沙有3种期刊名称变更，全市范围内有期刊205种，全年总印数1.21亿册。长沙市期刊社的转企改制工作继续推进，《体坛周报》所属的8种期刊在年内全部完成改制，为全国非时政类报刊改革树立典型。当年湖南开始设立出版政府奖期刊奖，经过评比，长沙有《新湘评论》《湖南农业》两种期刊获得湖南出版政府奖首届期刊奖。数字期刊持续发展，中南大学期刊社、湖南大学期刊社、湖南教育报刊社、《华声》等省内重要期刊均建立起数字平台，其中“华声在线”成为湖南文化产业引导基金重点扶持项目。

2012年6月，省新闻出版局组织《新湘评论》杂志社、湖南教育报刊社、体坛周报社、中南出版传媒集团等参加在银川召开的全国书博会，展示长沙乃至湖南期刊的品牌形象和整体实力。9月，省新闻出版局根据《关于报送第二批非时政类报刊出版单位体制改革方案的通知》规定，确定全省第二批体制改革的非时政类报刊出版单位名单和改革方案。9月14日，全国核心期刊与期刊国际化、网络化研讨会在长沙市召开。会议关注和研讨国家期刊改革和发展政策，在媒体融合和数字出版技术大发展的环境下，深入探讨期刊经营的国际化、网络化发展。至年底，首批非时政类期刊转企改制全部完成。12月，第五届湖南省“双十佳期刊”评选，长沙市有《爱你》《第二课堂》《电力科学与技术学报》《湖南警察学院学报》《临床小儿外科杂志》《清风》《稀有金属与硬质合金》等16种刊物获奖。至年底，长沙全市范围内登记在册的期刊205种，主要分为社会科学类、自然科学类和高校学报，以及一小部分教辅类期刊，全年期刊总印数1.25亿册。

表 25-5-2-3　　2012年长沙地区社会科学类主要期刊一览表

期刊名	刊　号	主办单位	创刊年份	刊　期
新湘评论	ISSN:1006-4591 CN:43-1001/D	中共湖南省委	1952	月刊
求　索	ISSN:1001-490X CN:43-1008/C	湖南省社会科学院	1980	双月刊
湖湘论坛	ISSN:1004-3160 CN:43-1160/D	中共湖南省委党校	1978	双月刊
船山学刊	ISSN:1004-7387 CN:43-1190/C	湖南省社会科学界联合会	1915	季刊
财经理论与实践	ISSN:1003-7217 CN:43-1057/F	湖南大学	1980	双月刊
财务与金融	ISSN:1674-3059 CN:43-1485/F	中南大学	1986	双月刊
经济地理	ISSN:1000-8462 CN:43-1126/K	中国地理学会；湖南省经济地理研究所	1981	月刊
消费经济	ISSN:1007-5682 CN:43-1022/F	湘潭大学、湖南师范大学、湖南商业学院	1985	双月刊
系统工程	ISSN:1001-4098 CN:43-1115/N	湖南省系统工程学会	1983	月刊
湖南社会科学	ISSN:1009-5675 CN:43-1161/C	湖南省社会科学界联合会	1988	双月刊
时代法学	ISSN:1672-769X CN:43-1431/D	湖南师范大学（原为湖南省政法管理干部学院）	1985	双月刊
图书馆	ISSN:1002-1558 CN:43-1031/G2	湖南图书馆，湖南省图书馆学会	1977	月刊

续表 25-5-2-3

期刊名	刊　号	主办单位	创刊年份	刊　期
高校图书馆工作	ISSN:1003-7845 CN:43-1032/G2	湖南省高等学校图书情报工作委员会	1981	双月刊
伦理学研究	ISSN:1671-9115 CN:43-1385/C	湖南师范大学伦理学研究所	2002	双月刊
古汉语研究	ISSN:1001-5442 CN:43-1145/H	湖南师范大学	1988	季刊
外语与翻译	ISSN:2095-9648 CN:43-1527/H	中南大学	1982	季刊
民族论坛	ISSN:1007-8592 CN:43-1009/C	湖南省民族宗教事务委员会	1983	半月刊
中国文学研究	ISSN:1003-7535 CN:43-1084/I	湖南师范大学	1985	季刊
健康必读	ISSN:1672-3783 CN:43-1386/R	湖南省健康教育所	1993	月刊
文史博览	ISSN:1672-8653 CN:43-1433/K	中国人民政治协商会议湖南省委员会	1960	月刊
湘潮	ISSN:1003-949X CN:43-1345/D	湖南省委党史研究室	1982	月刊

表 25-5-2-4　　2012 年长沙地区自然科学、科技类主要期刊一览表

期刊名	刊　号	主办单位	创刊年份	刊　期
公路工程	ISSN:1674-0610 CN:43-1481/U	湖南省交通科学研究院	1975	双月刊
中外公路	ISSN:1671-2579 CN:43-1363/U	长沙理工大学	1976	双月刊
中国临床心理学杂志	ISSN:1005-3611 CN:43-1214/R	中国心理卫生协会	1993	双月刊
中国当代儿科杂志	ISSN:1008-8830 CN:43-1301/R	中南大学	1999	月刊
中国普通外科杂志	ISSN:1005-6947 CN:43-1213/R	中南大学	1992	月刊
中国内镜杂志	ISSN:1007-1989 CN:43-1256/R	中南大学；卫生部肝胆肠外科研究中心	1995	月刊
中国现代医学杂志	ISSN:1005-8982 CN:43-1225/R	中南大学；卫生部肝胆肠外科研究中心	1991	旬刊
中国耳鼻咽喉颅底外科杂志	ISSN:1007-1520 CN:43-1241/R	中南大学	1995	双月
肿瘤药学	ISSN:2095-1264 CN:43-1507/R	湖南省肿瘤医院	2011	双月刊
实用预防医学	ISSN:1006-3110CN:43-1223/R	中华预防医学会；湖南预防医学会	1994	月刊
食品与机械	ISSN:1003-5788 CN43:1183/TS	长沙理工大学	1984	双月刊
矿冶工程	ISSN:0253-6099 CN:43-1104/TD	长沙矿冶研究院；中国金属学会	1981	双月刊
矿业研究与开发	ISSN:1005-2763 CN:43-1215/TD	中国有色金属学会；长沙矿山研究院	1981	双月刊
计算机工程与科学	ISSN:1007-130X CN:43-1258/TN	国防科技大学计算机学院	1973	月刊
国际精神病学杂志	ISSN:1673-2952 CN:43-1457/R	中南大学	1974	季刊

续表 25-5-2-4

期刊名	刊号	主办单位	创刊年份	刊期
国际神经病学神经外科学杂志	ISSN:1673-2642 CN:43-1456/R	中南大学	1974	双月刊
国际病理科学与临床杂志	ISSN:2095-6959 CN:43-1521/R	中南大学	1981	双月刊
作物研究	ISSN:1001-5280 CN:43-1110/S	湖南省作物学会；湖南农业大学	1984	双月刊
中国麻业科学	ISSN:1671-3532 CN:43-1467/S	中国农业科学院麻类研究所	1979	双月刊
中南药学	ISSN:1672-2981 CN:43-1408/R	湖南省药学会	2003	月刊
生命科学研究	ISSN:1007-7847 CN:43-1266/Q	湖南省师范大学	1997	双月刊
粮食科技与经济	ISSN:1007-1458 CN:43-1252/TS	湖南省粮食科技学会；中储粮管理总公司湖南分公司	1975	双月刊
中国医师杂志	ISSN:1008-1372 CN:43-1274/R	中华医学会；湖南省医学会	1996	月刊
粉末冶金材料科学与工程	ISSN:1673-0224 CN:43-1448/TF	中南大学	1996	双月刊
湖南林业科技	ISSN:1003-5710 CN:43-1096/S	湖南省林业科学院；湖南省林学会；湖南省林业厅科技信息中心	1974	双月刊
医学临床研究	ISSN:1671-7171 CN:43-1382/R	湖南省医学会	1984	月刊
计算技术与自动化	ISSN:1003-6199 CN:43-1138/TP	湖南大学	1982	季刊
电池	ISSN:1001-1579 CN:43-1129/TM	全国电池工业信息中心；湖南轻工研究所	1971	双月刊
临床小儿外科杂志	ISSN:1671-6353 CN:43-1380/R	湖南省医学会	2002	双月刊
茶叶通讯	ISSN:1009-525X CN:43-1106/S	湖南省茶叶学会	1962	季刊
湖南农业科学	ISSN:1006-060X CN:43-1099/S	湖南省农业科学院；湖南农业大学	1971	半月刊
中国锰业	ISSN:1002-4336 CN:43-1128/TD	全国锰业技术委员会；湖南特种金属材料厂	1983	季刊
公路与汽运	ISSN:1671-2668 CN:43-1362/U	长沙理工大学	1985	双月刊
交通科学与工程	ISSN:1674-599X CN:43-1494/U	湖南省教育厅、长沙理工大学	1985	季刊
湖南中医杂志	ISSN:1003-7705 CN:43-1105/R	湖南省中医药研究院	1985	双月刊
杂交水稻	ISSN:1005-3956 CN:43-1137/S	国家杂交水稻工程技术研究中心、湖南杂交水稻研究中心	1986	双月刊
模糊系统与数学	ISSN:1001-7402 CN:43-1179/O1	国防科技大学理学院	1987	双月刊
数学理论与应用	ISSN:1006-8074 CN:43-1334/O1	湖南省数学学会	1981	季刊
中国现代手术学杂志	ISSN:1009-2188 CN:43-1335/R	中南大学湘雅二医院	1996	双月刊
国防科技	ISSN:1671-4547 CN:43-1365/E	国防科学技术大学科研部	1978	双月刊

续表 25-5-2-4

期刊名	刊　号	主办单位	创刊年份	刊　期
烧结球团	ISSN:1000-8764 CN:43-1133/TF	中冶长天国际工程有限责任公司	1976	双月刊
中南林业调查规划	ISSN:1003-6075 CN:43-1095/S	国家林业局中南林业调查规划设计院	1982	季刊
稀有金属与硬质合金	ISSN:1004-0536 CN:43-1109/TF	中国有色金属学会；长沙有色冶金设计研究院	1973	双月刊
精细化工中间体	ISSN:1009-9212 CN:43-1354/TQ	湖南化工研究院	1971	双月刊
湖南有色金属	ISSN:1003-5540 CN:43-1045/TF	湖南省有色金属管理局	1985	双月刊
金属材料与冶金工程	ISSN:2095-5014 CN:43-1476/TF	湖南省金属学会	1973	双月刊
湖南交通科技	ISSN:1008-844X CN:43-1193/U	湖南省交通科学研究院； 湖南省公路学会； 湖南省航海学会	1975	季刊
档案时空	ISSN:1672-3627 CN:43-1415/G2	湖南省档案局； 湖南省档案学会	1981	月刊
湖南农业	ISSN:1005-362XCN:43-1051/S	湖南省农业厅	1980	月刊

表 25-5-2-5　　2012 年长沙地区文学艺术类主要期刊一览表

期刊名	刊　号	主办单位	创刊年份	刊　期
创作与评论	ISSN:2095-2554 CN:43-1515/I	湖南省文联	1988	月刊
创　作	ISSN:1007-3876 CN:43-1317/I	长沙市文联	1982	双月刊
芙　蓉	ISSN:1004-3691 CN:43-1079/I	湖南文艺出版社	1980	双月刊
文学界	ISSN:2095-9168 CN:43-1526/I	湖南省作家协会	2004	旬刊
书　屋	ISSN:1007-0222 CN:43-1243/G2	湖南省新闻出版局	1995	月刊
文艺生活·艺术中国	ISSN:1005-5312 CN:43-1143/I	湖南省群众艺术馆	2009	月刊
艺　海	ISSN:1673-1611 CN:43-1208/J	湖南省艺术研究院；湖南艺术职业学院	1951	月刊
音乐教育与创作	ISSN:1673-5986 CN:43-1432/I	湖南省音乐家协会	1978	月刊
花　火	ISSN:1674-6473 CN:43-1497/G4	湖南少年儿童出版社有限责任公司	2002	月刊
飞言情	ISSN:1673-0259 CN:21/1517/I	湖南长沙魅力文化有限公司	2008	半月刊
学前教育研究	ISSN:1007-8169 CN:43-1038/G4	中国学前教育研究会； 长沙师范学校	1985	月刊
现代大学教育	ISSN:1671-1610 CN:43-1358/G4	湖南省高等教育学会； 中南大学	1985	双月刊
当代教育论坛	ISSN:1671-8305 CN:43-1391/G4	湖南省教育科学研究院	2002	双月刊
教育测量与评价	ISSN:1674-1536 CN:43-1482/G4	湖南省教育考试院	2008	月刊

表 25-5-2-6　　2012 年长沙地区教育类主要期刊一览表

期刊名	刊　号	主办单位	创刊年份	刊　期
创新与创业教育	ISSN:1674-893X CN:43-1503/G4	中南大学	2010	双月刊
初中生	ISSN:1004-5546 CN:43-1043/G4	湖南教育报刊社	1985	旬刊
第二课堂（A、B、C版）	ISSN:1005-4103 CN:43-1054/G4	湖南省青少年科技活动领导小组	1985	月刊
湖南教育（A 版）	ISSN:1000-7644 CN:43-1034/G4	湖南教育报刊社	1950	月刊
科学启蒙	ISSN:1007-3019 CN:43-1251/N	湖南师范大学出版社	1996	月刊
小溪流（成长校园、故事作文版、作文画刊）	ISSN:1005-5150 CN:43-1081/L	湖南省作家协会	1980	月刊
小学生导刊（低年级、中年级、高年级）	ISSN:1673-3983 CN:43-1289/G4	湖南教育报刊社	1993	月刊
中学生百科	ISSN:1008-3057 CN:43-1275/C	湖南教育出版社	1999	旬刊
学生·家长·社会	CN43-1450/C	长沙晚报报业集团	2004	旬刊
花火 B 版	ISSN:1005-5231 CN:43-1036/G4	湖南少年儿童出版社	1982	月刊
花　火（小学生作文辅导）C 版	ISSN:1674-6473 CN:43-1797/G4	湖南少年儿童出版社	1982	月刊

表 25-5-2-7　　2012 年长沙地区学报类主要期刊一览表

期刊名	刊　号	主办单位	创刊年份	刊　期
中国有色金属学报	ISSN:1004-0609 CN:43-1238/TG	中国有色金属学会	1991	月刊
中国有色金属学报（英文版）	ISSN:1003-6326 CN:43-1239/TG	中国有色金属学会	1993	月刊
湖南中医药大学学报	ISSN:1674-070X CN:43-1472/R	湖南中医药大学	1979	月刊
中南林业科技大学学报（社科版）	ISSN:1673-9272 CN:43-1478/F	中南林业科技大学	2007	双月刊
湖南师范大学学报（医学版）	ISSN:1673-016X CN:43-1449/R	湖南师范大学	1999	季刊
中南大学学报（医学版）	ISSN:1672-7347 CN:43-1427/R	中南大学	1958	月刊
中南大学学报（自科版）	ISSN:1672-7207 CN:43-1426/N	中南大学	1956	月刊
Journal of Central South University 中南大学学报（英文版）	ISSN:2095-2899 CN:43-1516/TB	中南大学	1994	月刊
湖南财政经济学院学报	ISSN:2095-1361 CN:43-1510/F	湖南财政经济学院	1985	双月刊

续表 25-5-2-7

期刊名	刊　号	主办单位	创刊年份	刊　期
湖南农业大学学报（自科版）	ISSN:1007-1032 CN:43-1257/S	湖南农业大学	1951	双月刊
湖南农业大学学报（社科版）	ISSN:1009-2013 CN:43-1325/C	湖南农业大学	1999	双月刊
湖南大学学报（自科版）	ISSN:1674-2974 CN:43-1061/N	湖南大学	1956	月刊
湖南大学学报（社科版）	ISSN:1008-1763 CN:43-1286/C	湖南大学	1987	双月刊
铁道科学与工程学报	ISSN:1672-7029 CN:43-1423/U	中南大学；中国铁道学会	1979	双月刊
湖南师范大学社会科学学报	ISSN:1000-2529 CN:43-1541/C	湖南师范大学	1956	双月刊
湖南师范大学自然科学学报	ISSN:2096-5281 CN:43-1542/N	湖南师范大学	1956	双月刊
湖南师范大学教育科学学报	ISSN:1671-6124 CN:43-1381/G4	湖南师范大学	1994	双月刊
电力科学与技术学报	ISSN:1673-9140 CN:43-1475/TM	长沙理工大学	1986	季刊
长沙理工大学学报（社科版）	ISSN:1672-934X CN:43-1447/C	长沙理工大学	1986	双月
长沙理工大学学报（自科版）	ISSN:1672-9331 CN:43-1444/N	长沙理工大学	1988	季刊
国防科技大学学报	ISSN:1001-2486 CN:43-1067/T	国防科技大学	1956	双月刊
动力学与控制学报	ISSN:1672-6553 CN43-1409/O2	中国力学学会；湖南大学	2003	季刊
激光生物学报	ISSN:1007-7146 CN:43-1264/Q	中国遗传学会	1992	双月刊
湖南商学院学报	ISSN:2096-4315 CN:43-1539/F	湖南商学院	1994	双月刊
湖南警察学院学报	ISSN:2095-1140 CN:43-1511/D	湖南警察学院	1989	双月刊
保险职业学院学报	ISSN:1673-1360 CN:43-1434/F	保险职业学院	1987	双月刊
长沙大学学报	ISSN:1008-4681 CN:43-1276/G4	长沙大学	1987	双月刊
湖南第一师范学院学报	ISSN:1674-831X CN:43-1504/Z	湖南第一师范学院	1998	双月刊

第六章　非物质文化遗产

长沙是湘楚文化发源地，是一座历经3000年城址不变的古城，拥有丰厚非物质文化遗产资源，精美绚丽如湘绣、浏阳花炮，独特别致如菊花石雕、铜官陶瓷，婉转动听如湘剧、长沙弹词，都见证着湘楚大地源远流长的历史，蕴含着湖湘精神的独特审美，体现着湖湘人民的勤劳与智慧。

20世纪80年代末，长沙对湘剧、花鼓戏、皮影戏等艺术表演形式，由市、县设立专门的剧团、剧院，持续创作演出，保护其活态传承；对湘绣、浏阳花炮、铜官陶瓷、菊花石等实物和制作技艺，则设立博物馆、进行现代化产品开发等。

1989年，国家文物局批准并拨款兴建长沙窑址博物馆，集陈列展览、保护修复、科研、仿制于一体，是全省唯一一座古瓷窑遗址博物馆。1996年，由省、市、县三级文物主管部门组成长沙铜官窑文物保护宣传队，到铜官实地宣传。2000年，长沙望城县华夏剪纸博物馆建成开馆。

2005年3月，长沙市贯彻执行国务院《关于加强我国非物质文化遗产保护工作的意见》。4月1日，出台《长沙市人民政府办公厅关于加强非物质文化遗产保护工作的意见》，部署全市非物质文化遗产保护工作。2006年3月，市非物质文化遗产保护工作领导小组和非物质文化遗产保护中心成立，颁布《市级非物质文化遗产代表作申报评定暂行办法》《长沙市非物质文化遗产项目普查工作方案》《长沙市非物质文化遗产保护“十一五”规划》《长沙市市级非物质文化遗产代表性传承人保护办法》等一系列文件；组建非遗保护工作专家评审委员会；市、县两级联合建立非物质文化遗产普查保护专业工作队伍；建立国家、省、市三级非遗名录体系和非遗传承机制。2006年5月，湘绣、浏阳花炮制作技艺成功申报第一批国家级非物质文化遗产代表性项目名录。长沙弹词、长沙湘剧、麻山锣鼓、菊花石雕刻技艺、火宫殿火神庙会5个项目列入第一批省级非物质文化遗产名录。6月10日，中国首个文化遗产日，长沙市主办“长沙文化遗产保护成果展”，在市博物馆向市民免费开放。2007年，公布市级首批17个非物质文化遗产名录；刘爱云（湘绣）入选国家级第一批非遗代表性传承人。6月，策划四大“非遗”主题活动，包括“湖湘觅珍”文物征集展、专家免费鉴定暨十大民间收藏文物珍品评选、“家有收藏”非物质文化展演等。2008年，长沙湘剧、长沙弹词、火宫殿火神庙会、菊花石雕刻技艺4个项目入选第二批国家“非遗”名录；火宫殿传统小吃制作技艺等5个项目入选第二批省级“非遗”名录；8人入选省级第一批“非遗”代表性传承人，其中4人入选第三批国家级代表性传承人。11月，市“非遗”保护中心编写出版《星城览珍——长沙市非物质文化遗产保护成果荟萃》一书，对长沙“非遗”保护工作进行阶段性总结。

2009年，长沙市“非遗”保护工作深入基层，重点完成1366个项目的普查；公布长沙花鼓戏等10个市级第二批“非遗”名录。长沙市在全市范围内确定14处“非遗”保护项目传承基地，湘剧、长沙弹词等传统戏剧曲艺走进校园。开福区启动沙坪湘绣文化广场建设项目，筹建沙坪湘绣博物馆；长沙玉和醋文化博物馆也开始筹建。2010年，4人入选省级第二批“非遗”代表性传承人，23人被确认为首批市级“非遗”代表性传承人。长沙铜官窑考古遗址公园获国家文物局第一批国家考古遗址公园立项。2011年启动编制《长沙市非物质文化遗产保护和管理暂行办法》。中国花炮博物馆在浏阳建成开园。10

月，望城区靖港古镇开设“皮影艺术博物馆”。11月，由市“非遗”保护中心编辑出版的《长沙市非物质文化遗产普查成果——资源目录及分布图》面世，分区域对全市“非遗”基本情况进行总结介绍。2012年，湖南湘绣城（金霞湘绣公司）被评为国家级文化产业示范基地；6月5日，长沙铜官窑考古遗址公园开园。公布第三批市级“非遗”名录项目14个，新增省级“非遗”项目4个。至2012年年底，长沙市有国家级“非遗”项目7个，国家级“非遗”代表性传承人5名；省级“非遗”项目8个，省级代表性传承人12名；市级“非遗”项目25个，市级代表性传承人32名。

第一节 非物质文化遗产保护

一、非遗项目整理、公布

2005年3月26日，长沙市贯彻执行国务院《关于加强我国非物质文化遗产保护工作的意见》，随即启动非物质文化遗产保护工作。是年，成立长沙市非物质文化遗产保护工作领导小组，制定《长沙市人民政府办公厅关于加强非物质文化遗产保护工作的意见》，对全市非物质文化遗产保护工作进行研究和部署。2006年，市非物质文化遗产保护中心成立，实施《市级非物质文化遗产代表作申报评定暂行办法》，成立市级、区（县）非物质文化遗产普查工作小组，制定《长沙市非物质文化遗产项目普查工作方案》，全市非物质文化遗产的普查工作全面展开。同年，制定和实施《长沙市非物质文化遗产保护“十一五”规划》，将“非遗”保护工作经费纳入财政预算。全年下拨专项经费10万元。2006年5月，湘绣、浏阳花炮制作技艺成功申报第一批国家级非物质文化遗产代表性项目名录。长沙弹词、长沙湘剧、麻山锣鼓、菊花石雕刻技艺、火宫殿火神庙会5个项目列入第一批省级非物质文化遗产名录。

2007年，全市非物质文化遗产普查和保护试点、培训工作继续展开，邀请省、市“非遗”保护工作专家授课，各区县分管“非遗”工作的领导、文体局、文化馆及保护中心专干参加非遗专题培训，内容涉及“非遗”保护的内容、方针和原则，普查工作的步骤和方法等。全年非遗普查工作专项经费增加至50万元。是年，公布长沙市首批17个非物质文化遗产代表作名录。2008年，长沙湘剧、长沙弹词、火宫殿火神庙会、菊花石雕刻技艺4个项目入选第二批国家“非遗”名录；火宫殿传统小吃制作技艺5个项目入选第二批省级“非遗”名录。至2008年12月，长沙市非物质文化遗产数据库初步建立，重点项目资料基本完备。

2009年，长沙市非物质文化遗产保护深入基层，普查工作在各区县铺开，重点完成1366个项目的普查；公布长沙花鼓戏等10个市级第二批“非遗”名录。2011年启动编制《长沙市非物质文化遗产保护和管理暂行办法》。2012年，公布第三批市级“非遗”名录项目14个，新增省级“非遗”项目4个。至此，长沙市有国家级“非遗”项目7个，省级“非遗”项目8个，市级“非遗”项目25个。

表25-6-1-1 长沙市国家级非物质文化遗产代表性项目一览表

项目名称	项目类别	项目编号	公布年份	批次	项目保护单位	属地保护
湘 绣	传统美术	Ⅶ-19	2006	第一批	长沙市群众艺术馆	开福区
浏阳花炮制作技艺	传统技艺	Ⅷ-86	2006	第一批	浏阳市烟花爆竹总会	浏阳市
湘 剧	传统戏剧	Ⅳ-127	2008	第二批	长沙市湘剧保护传承中心	天心区
长沙弹词	传统戏剧	Ⅴ-51	2008	第二批	长沙市群众艺术馆	岳麓区

续表 25-6-1-1

项目名称	项目类别	项目编号	公布年份	批次	项目保护单位	属地保护
庙会（火宫殿庙会）	民　俗	X-84	2008	第二批	长沙饮食集团长沙火宫殿有限公司	天心区
石　雕（菊花石雕）	传统美术	Ⅶ-56	2008	第二批	浏阳市菊花石行业协会	浏阳市
长沙窑铜官陶瓷烧制技艺	传统技艺	Ⅷ-56	2010	第三批	长沙市望城区铜官陶瓷行业协会	望城区

表 25-6-1-2　　长沙市省级非物质文化遗产代表性项目一览表

项目名称	项目类别	公布年份	批次	项目保护单位	属地保护
麻山锣鼓	传统音乐	2006	第一批	宁乡县文化馆（宁乡县艺术剧团）	宁乡县
火宫殿八大传统小吃制作技艺	传统技艺	2006	第二批	长沙饮食集团长沙火宫殿有限公司	天心区
民间剪纸	传统美术	2008	第二批	长沙市望城区文化馆	望城区
龙舞（洞井龙舞）	传统舞蹈	2008	第二批	长沙市洞井经济发展实业公司	雨花区
棕编（长沙棕叶编）	传统技艺	2008	第三批	长沙市天心区文化馆	天心区
长沙玉和醋传统酿醋技艺	传统技艺	2008	第三批	长沙玉和酿造有限公司	天心区
长沙陶公庙会	民　俗	2010	第三批	长沙县榔梨商会	长沙县
花鼓戏（长沙花鼓戏）	传统戏剧	2010	第三批	长沙市花鼓戏保护传承中心	开福区

表 25-6-1-3　　长沙市市级非物质文化遗产代表性项目一览表

项目名称	项目类别	公布年份	批次	项目保护单位	属地保护
浏阳皮影	传统戏剧	2007	第一批	浏阳市皮影戏协会	浏阳市
浏阳客家山歌	传统音乐	2007	第一批	浏阳市文化馆	浏阳市
长沙县双江锣鼓亭子	传统音乐	2007	第一批	长沙县文化馆	长沙县
宁乡对子花鼓	传统舞蹈	2007	第一批	宁乡县文化馆（宁乡县艺术剧团）	宁乡县
长沙县双江滚灯车	传统舞蹈	2007	第一批	长沙县文化馆	长沙县
岳麓山民间故事	民间文学	2009	第二批	岳麓区文化馆	岳麓区
长沙谜语	民间文学	2009	第二批	雨花区文化馆	雨花区
宁乡周氏双龙舞	传统舞蹈	2009	第二批	宁乡县文化馆	（宁乡县艺术剧团）
宁乡县长沙杨裕兴鸡蛋面制作技艺	传统技艺	2009	第二批	长沙饮食集团杨裕兴有限公司	天心区
长沙玉楼东六大传统湘菜制作技艺	传统技艺	2009	第二批	长沙饮食集团玉楼东有限公司	芙蓉区
长沙捞刀河刀剪制作技艺	传统技艺	2009	第二批	开福区文化馆	开福区

续表 25-6-1-3

项目名称	项目类别	公布年份	批次	项目保护单位	属地保护
巫家拳	传统体育、游艺与竞技	2012	第三批	长沙市天心区文化馆	天心区
子午棍	传统体育、游艺与竞技	2012	第三批	长沙市天心区文化馆	天心区
天顶杂技	传统体育、游艺与竞技	2012	第三批	岳麓区文化馆	岳麓区
长沙弹词（拓展项目）	曲　艺	2012	第三批	岳麓区文化馆	岳麓区
炭精画	传统美术	2012	第三批	开福区文化馆	开福区
望城影戏	传统戏剧	2012	第三批	长沙市望城区文化馆	望城区
江氏正骨术	传统医药	2012	第三批	浏阳市文化馆	浏阳市
长沙棕编（拓展项目）	传统技艺	2012	第三批	开福区文化馆	开福区
手工热锻嵌钢（夹钢）菜刀技艺（拓展项目）	传统技艺	2012	第三批	开福区文化馆	开福区
彩带编制方法（拓展项目）	传统技艺	2012	第三批	开福区文化馆	开福区
腊八豆制作技艺	传统技艺	2012	第三批	长沙新景原食品有限公司	长沙县
浏阳河酒制作技艺	传统技艺	2012	第三批	浏阳市文化馆	浏阳市
唐市金银首饰加工技艺	传统技艺	2012	第三批	宁乡县文化馆（宁乡县艺术剧团）	宁乡县
长沙绿茶制作技艺	传统技艺	2012	第三批	湖南金井茶业有限公司	长沙县

二、“非遗”项目传承

中华人民共和国成立前，长沙“非遗”项目传承主要是通过技艺传人口授相传，或子承父业，或招收徒弟，使得技艺得以传承。中华人民共和国成立后，各级政府有计划地对传统戏剧、民间手工技艺等进行挖掘整理并不断丰富，应用于服务经济发展，繁荣地方文化。20 世纪 80 年代后，湘剧、花鼓戏得到蓬勃发展，市、县设有湘剧团、花鼓戏剧团、皮影剧团等，传统剧目和创新剧目持续在全市十几个剧场上演。浏阳花炮、菊花石、湘绣等开办工厂、手工作坊，进行产业化开发，旧式传承转为通过招收学徒、工人进行，浏阳花炮研究所、湘绣研究所相继成立。铜官窑设立博物馆，对铜官陶瓷进行保护修复和科研仿制。20 世纪 90 年代，市属湘剧院、花鼓戏剧院经过数次改制，加强剧院中、青年演员的艺术培训与考核，在市政府的支持下，传承方式更为规范和系统。至 2000 年，浏阳全县拥有花炮企业 800 余家，40 余万人从事烟花生产。湘绣、花炮、菊花石等成为长沙乃至湖南标志性文化产品，经济收益和传承发展均得到保证。

2005 年，长沙市“非遗”保护启动之初，就明确把“人”作为“非遗”保护的第一要素来抓，建立科学有效的非物质文化遗产传承机制，鼓励非物质文化遗产传承人（团体）进行传习活动，通过社会教育和学校教育，使非物质文化遗产的传承后继有人。2006 年，《长沙市市级非物质文化遗产代表性传承人保护办法》《长沙市非物质文化遗产代表性传承人申报评审扶助办法》（暂行）相继出台。省湘绣研

图 25-6-1-1 刘爱云（左二）、江再红（左一）向徒弟张语廷（左三）传授刺绣技艺

（摄于 2010 年，长沙市文化旅游广电局供图）

究所与湖南工艺美术职业学院联合设立“湘绣设计与工艺班”，学员毕业后进入湘绣研究所工作，继续实行在职培训，提升专业水平，开创院校全日制培养刺绣专业人才的先河，改变师傅带徒弟这一传统培养刺绣人才的模式，为刺绣队伍增添新生力量。

2007 年，刘爱云（湘绣）入选国家级第一批非物质文化遗产代表性传承人。2008 年，曾金贵（湘剧）、曹汝龙（湘剧）、彭延坤（长沙弹词）等 8 人入选省级第一批非物质文化遗产代表性传承人，其中 7 人被上报参评第三批国家级代表性传承人。2009 年，曾金贵、曹汝龙、彭延坤、钟自奇 4 人入选国家级第三批非物质文化遗产代表性传承人。是年，芙蓉区曙光路小学、长沙商贸旅游职业技术学院、湖南信息职业技术学院 3 所学校被确定为国家级非物质文化遗产传承发展基地，湘剧、长沙弹词等传统戏剧曲艺走进学校，通过学校教育促进“非遗”传承事业的发展。

2010 年，左季纯（湘绣）、刘坤庭（铜官陶瓷制作技艺）等 4 人入选省级第二批非物质文化遗产代表性传承人。第一批市级非物质文化遗产代表性传承人名单公布，左季纯、陈玉莲（湘剧）等 23 人被确认为首批市级“非遗”传承人。“长沙弹词活化石”彭延坤身体状态欠佳，市文广新局牵头促成彭延坤收 2 位大学生跟随学习长沙弹词。2011 年 5 月，长沙市花鼓戏剧院转换为长沙市花鼓戏保护传承中心，浏阳市花鼓戏剧团转换为浏阳市花鼓戏保护传承中心。2012 年，市湘剧院转化为长沙市湘剧保护传承中心，是国家、省、市三级授牌的湘剧传承机构。因为机构人员变化，市文广新局将“长沙弹词”保护单位由长沙市文联变更为长沙市群艺馆，以求更好保护传承长沙弹词项目。是年，柳建新（湘绣）、江再红（湘绣）入选国家级第四批非物质文化遗产代表性传承人。至 2012 年，长沙市有国家级“非遗”代表性传承人 5 名，省级代表性传承人 12 名，市级代表性传承人 32 名。

三、“非遗”项目展览

长沙“非遗”项目在民间有广泛的群众基础。20 世纪 80 年代末市属湘剧、花鼓戏剧院每年均演出上百场，经常上演的剧目各 200 余个，创新剧目数次进京、出国公演。博物馆陈列方面，1989 年兴建的长沙窑址博物馆是长沙最早的“非遗”博物馆，集陈列展览、保护修复、科研仿制于一体，也是全省唯一一座古瓷窑遗址博物馆。1999 年 9 月，“湖南湘绣博物馆”开馆，馆内陈列有清末民初的湘绣工艺品和 200 余幅顶级湘绣珍品。2000 年 7 月 12 日，由秦石蛟剪纸世家私人创建的望城华夏剪纸博物馆建成开馆，这也是全国唯一的剪纸专业博物馆。全馆展出面积 210 平方米，设 1 个收藏室、4 个陈列室和 1 个工作室。收藏室内有藏品 1 万余件，包括全国历年出版的剪纸专著 360 部和 20 余个省市的民间剪纸、现代剪纸原作近万件，陈列室则展出秦石蛟剪纸世家作品、望城原生态剪纸作品、湘楚剪纸代表之作等。2004 年，位于长沙县中部的湖南湘绣城被列为市重点工程，2005 年，被列入《长沙市“十一五”文化产业发展规划纲要》重点扶植的八大湘绣城主导产业。2006 年，湖南湘绣城被省人民政府授予“湖南省涉外旅游定点单位”。

2006年，长沙铜官窑考古遗址公园获国家文物局第一批国家考古遗址公园立项。6月10日全国首个“文化遗产日”（自2006年起的每年6月第二个星期六），“长沙文化遗产保护成果展”在长沙市博物馆向市民免费开放，除文物展示外，菊花石雕刻技艺、棕编等非物质文化遗产也在成果展上展出，让长沙市民直观解“非物质文化遗产”的概念。2007年，湘绣城被湖南省文化产业领导小组确定为“文化产业示范基地”。是年3月，湖南工艺美术协会联合全省湘绣、陶瓷、浏阳菊花石雕、烟花、银饰等14家工艺美术行业龙头企业，紧邻星沙湘绣城以北征地20公顷，创建湖南省工艺美术产业基地，形成以湘绣产业为龙头，拥有鑫达国银、顺龙银饰、醴陵国瓷、大红陶瓷、铜官窑、岳州扇、凤凰蜡染印花、湘西土家织锦、浏阳菊花石雕、郴州游杰辉雕刻坊等多个工艺美术品牌及产品的文化产业集群，30余家企业在星沙湘绣城聚集。6月，市文化局围绕“保护文化遗产、构建和谐社会”主题，组织策划四大主题活动，包括“湖湘觅珍”文物征集展、专家免费鉴定暨十大民间收藏文物珍品评选、“家有收藏”非物质文化展演等。

2008年，浏阳市永和镇被文化部命名为中国民间文化艺术之乡。2009年，在全市范围内确定14处非物质文化遗产保护项目传承基地，包括：湖南省湘绣研究所、湖南湘绣城、开福湘绣研究所、青竹湖绣庄、湘女绣庄、金球湘绣有限公司、伊飞湘绣有限公司、天利湘绣有限公司、芙蓉区曙光路小学、湖南信息职业技术学院、浏阳淮川精艺斋、浏阳集里明珠石艺、浏阳东信烟花有限公司、长沙商贸旅游职业技术学院。开福区启动沙坪湘绣文化广场建设项目，在文化广场西北角筹建沙坪湘绣博物馆。长沙玉和酿造有限公司投资15万元，在位于长沙古城小西门（今太平路、坡子街一带）的“玉和酱园”原址筹建“长沙玉和醋文化博物馆”，面积1200余平方米，分醋史馆、老作坊、陈列馆三大主体展馆，陈列有玉和醋园使用的器皿，以及一个体验馆，观众可以在馆中解玉和醋的历史源流，还原生产过程。玉和酱园原址建筑内还有极为珍贵的清代老墙（有清代石碑纪年）。

2010年5月，沙坪湘绣博物馆对外开放。该馆是由长沙湘绣企业家在省、市、区、镇各级领导批准和支持下创建的民间博物馆，其前身为“五一路天利湘绣艺术馆”和“太平文化古街湘绣艺术馆”。移址重建后的湘绣博物馆建筑面积近4000平方米，其中展馆面积810平方米，由“湘绣的历史渊源”“湘绣的崛起”“当代湘绣撷英”3个主题展厅构成，馆藏湘绣作品1200余件，其中不乏精品、珍品，如荣获中国工艺美术百花奖金杯奖、并双双入选中国工艺美术国家珍品的“鬅毛针”湘绣《雄狮》和《饮虎》；贺香港回归的大型湘绣双面座屏《百鸟朝凤洞庭春色》等。是年，长沙铜官窑考古遗址公园获国家文物局第一批国家考古遗址公园立项。2011年，中国花炮博物馆建成开园，该博物馆建立在浏阳市大瑶镇路东村原李畋阁遗址上，由村民自筹资金1200万元建成，占地近千平方米。该馆内设“千年巡礼”“传

图 25-6-1-2 沙坪湘绣博物馆内部陈列

（摄于2012年，长沙市文化旅游广电局供图）

统工艺”“现代科技”“辉煌业绩”四间展室，收藏有明清时期的花炮印刷版、手推车等180余件实物，以及各时期图片210余幅。中国花炮文化博物馆是全国首家村办博物馆，享有“中国花炮第一馆”的美誉。是年10月，望城区靖港古镇开设“皮影艺术博物馆”，面积440平方米，一楼有4个展厅，二楼是互动区和观看区。艺术馆展出有望城皮影世家第五代传人、“非遗”传承人朱国强搜集整理的剧本、乐器、道具、历史文献等皮影戏相关展品近2000件，可为游客进行演出，并现场制作皮影人偶。

图 25-6-1-3 浏阳花炮博物馆玄关处矗立着“花炮祖师”李畋雕像

（摄于2012年，长沙市文化旅游广电局供图）

2012年，湖南湘绣城（金霞湘绣公司）被评为国家级文化产业示范基地。6月，太平路周边地块棚户区改造项目启动，位于征收红线范围内玉和醋文化博物馆拟进行迁址重建。6月5日，升级改造后的长沙铜官窑考古遗址公园开园并向市民免费开放，公园拥有68万平方米的核心保护区，包括世界上保存最为完好的唐代龙窑谭家坡1号龙窑，并有13件在长沙窑出土的珍贵文物。10月24日，开始施行《长沙市民办博物馆管理办法（试行）》，明确要设专项资金对民办博物馆进行补助，其中就包括玉和醋博物馆、华夏剪纸博物馆、沙坪湘绣博物馆3家“非遗”主题博物馆。至2012年年末，长沙市建立国家级非物质文化遗产传承发展基地14个，建立非物质文化遗产专题博物馆6个。

四、“非遗”项目出版宣传

2005年，湖南湘绣城举办“湖南首届文化产业发展高峰论坛”。2006年，由凌翼云、张九等编著的《湘剧诗联选》一书出版，收录从抗日战争到新中国成立后多篇湘剧唱段与相关诗文。2008年8月，由秦石蛟、苏运红主编的《剪纸之乡——望城民间剪纸》由湖南美术出版社出版，全书收录来自望城的数十位民间剪纸艺人创作的剪纸作品上百幅。是年，湖南人民出版社出版《湘绣》一书，作者田顺新。书中对湘绣的历史渊源、工艺技巧、经营状况等进行介绍，并对代表性湘绣精品进行赏析。11月，市非物质文化遗产保护中心编写出版《星城览珍——长沙市非物质文化遗产保护成果荟萃》一书，由刘新权主编，对长沙“非遗”保护工作进行阶段性总结。2009年，湖南湘绣城总经理曾应明编著《手工艺大市场——湘绣走向世界启示录》一书。年末，朱用休、唐寿明编著的《中国雅乐活化石——浏阳古乐》由湖南文艺出版社出版，以丰富的内容和图片，记载浏阳祭孔古乐的历史源流和传承发展。

图 25-6-1-4 2008年出版的《剪纸之乡 望城民间剪纸》

（长沙市文化旅游广电局供图）

2010年6月12日，在国家第五个文化遗产日上，组织文化遗产知识宣传文艺会演、文化遗产宣传展览等系列活动。“再红湘绣杯”长沙市非物质文化遗产知识竞赛举行，

图 25-6-1-5 2011 年出版的《菊花石雕》 (长沙市文化旅游广电局供图)

吸引全国各地 1300 余人参加。是年，首届中国湘绣文化艺术节暨第三届湖南工艺美术品博览会在湖南湘绣城成功举办，节会期间举办湖南省工艺美术产业基地奠基、沙坪湘绣街开街、中国刺绣高峰论坛、湖南绣女技能风采大赛、工艺美术作品展示等主体活动。中国少数民族非物质文化遗产项目调演活动——“潇湘风情——湖南专场”进京汇报演出前在长沙演出，省会观众有幸目睹独特的潇湘风情。2011 年，组织湘绣、棕编等特色项目参加“湘台文化周”艺术交流活动。湖南首届非物质文化遗产展览在省森林公园开展，湘绣、铜官窑瓷器、剪纸等“非遗”文化吸引不少观众看展。5 月，省人民出版社出版《菊花石雕》，田顺新编著。书中对菊花石雕的分布形成、发展历程、传承方式及代表性传承人进行介绍。长沙市湘剧院策划出版《湘剧——国家级非物质文化遗产》一书，主编周志凯。书中详细介绍湘剧的源流、艺术特色、代表性剧目和传承人等。是年 11 月，由长沙非物质文化遗产保护中心编辑出版的《长沙市非物质文化遗产普查成果——资源目录及分布图》面世，分区域总结介绍全市“非遗”基本情况。

2012 年 6 月 10 日，中国第七个“文化遗产日”，长沙开展非物质文化遗产保护宣传活动。在湘江剧场举办“活态传承、重在落实”湘剧“师徒情”专场演出，曾金贵、曹汝龙、陈玉莲、黄耀华、汪辉、罗志勇等国家级和市级“非遗”代表性传承人携徒同台表演，为观众呈现《打孝》《回书》《柜中缘》3 部湘剧传统折子戏。芙蓉区举办非物质文化遗产保护与传承研讨会；岳麓区举办《走进古琴艺术》专题讲座；雨花区举办亲子谜语对抗赛；开福区在捞刀河沙坪湘绣广场展示湘绣、捞刀河刀剪、棕编、剪纸、炭精画技艺等手工制作项目；望城区开展铜官陶艺现场制作展示、剪纸表演、花鼓戏、皮影戏演出等活动。

第二节　非物质文化遗产保护项目选介

一、民间手工技艺项目

（一）湘绣。湖湘刺绣源远流长，早在两千多年前的西汉时期就发展到较高水准，长沙烈士公园和马王堆汉墓曾出土西汉年间的绣花绢残片及“绢地长寿秀”“绢地乘云秀”等多件织物。清末民初，湖南民间刺绣吸收苏绣、粤绣精华，形成风格独特的刺绣方法，最突出的特点是因地制宜，选用产自湖北的绒线、丝线，经过蒸煮拭擦的特殊处理后，再分股劈丝，极为精细；其次是受巫楚文化影响，绣线色彩十分丰富，有 88 种原色，并以深浅染制成 745 种不同色彩，运用“掺针”技法，以几十种原色绒线在底料上叠加调和，生动表现出色彩的深浅变化。1898 年，长沙司门口成立第一家绣庄——吴彩霞绣庄，到 20 世纪 20 年代末，在长沙城设立的绣庄就达 32 家。湘绣不再局限于官绅贵族使用，更出现在寻常百姓家，迅速占领国内外刺绣市场，成为“四大名绣”中最年轻的一个绣种。

清末民初众多画家参与推动湘绣发展，将诗、书、画、绣、金石各种艺术融为一体，形成湘绣以中国画为基础，构图严谨，质感强烈，刻画形象神形兼备的特点。1928 年，孙中山入葬中山陵，其灵柩上

图 25-6-2-1　罗斯福总统绣像（摄于 2012 年，长沙市文化旅游广电局供图）

的湘绣棺罩是由长沙广华绣庄的李凯云设计绣制的。李凯云擅长各种湘绣日用品设计，为后来的湘绣日用品设计创新打下基础。与其他绣种相比，湘绣题材广泛，绣山水花草有国画风韵，绣人惟妙惟肖，绣狮虎尤为出色。这一时期，湘绣在“掺针”技艺基础上，独创“鬅毛针法”，用交换施针细致勾勒狮虎等毛发蓬松之感。开设于药王街的锦华丽绣庄成为长沙最具规模的绣庄，在长沙沙坪、宁乡麻山、湘潭咸家老屋等处设立分厂，在上海设立分庄。锦华丽绣庄多次在国内外举办或参加展览会，声誉日著，1933 年在美国芝加哥举行的百年进步博览会上，绣庄送展的《罗斯福总统绣像》引起全场轰动，后被赠予罗斯福。1935 年“西湖博览会”上，湘绣获得“唯一褒奖”赞誉，《猛虎大幅挂额》及《双马中幅挂额》备受好评。

1949 年 8 月，长沙市接办长沙锦华丽绣庄，组建国有红星湘绣厂，后来发展成为湖南省湘绣厂（省湘绣研究所），多家国有湘绣厂成立。1980 年湘绣全行业从业人员近 10 万人，生产总值突破 1000 万元。通过数代手工艺人的传承发展，这一时期鬅毛针法更加完善，湘绣技艺形成平绣类、织绣类、网绣类、纽绣类、结绣类五大类共 72 种完整的针法体系。1982 年，湖南省湘绣研究所研发出“双面全异绣”工艺，获轻工业部表彰。“双面全异绣”是在同一块透明底料的正反两面，可以呈现出画面、色彩、针法迥然不同的绣品，如《花木兰》绣屏，正面是花木兰女扮男装、披坚执锐的英雄形象，反面是“对镜贴花黄”的女儿娇态，两相对比形象更加生动，构思之巧、绣艺之精，堪称巧夺天工。

图 25-6-2-2　双面全异绣《花木兰》（摄于 2012 年，长沙市文化旅游广电局供图）

1995 年后，随着市场经济深入发展，长沙国有湘绣厂相继破产或转产改制，仅湖南省湘绣研究所维持国有，部分从原单位出来的技艺人员逐渐开办私营绣庄，如柳建新开办“湘女绣庄”，江再红开办“再红绣庄”等。1996 年，“湖南湘绣博物馆”立项，1999 年 9 月 16 日，“湖南湘绣博物馆”开馆并对外开放，馆内陈列有清末民初的湘绣工艺品和 200 余幅顶级湘绣珍品。2001 年国庆 52 周年前夕，长沙市沙坪湘绣厂根据董希文同名油画精心绣制湘绣《开国大典》，绣片长 201 厘米，宽 124 厘米，由 8 名绣工历时 14 个月完成。2004 年，湘绣传人江再红创作世界上最大的刺绣——面积 50 平方米的双面湘绣《阴阳轴》，被法国人誉为“惊世的传世之作”；除此之外，江再红还有两幅湘绣作品——《厚德博学，强军兴国》和毛主席诗配画，分别登上神舟六号、神舟七号，后被北京现代艺术博物馆收藏。

2006 年 5 月 20 日，湘绣成功申报第一批国家级非物质文化遗产名录，项目保护单位为长沙市群众艺术馆。著名湘绣艺人李凯云、黄淬峰、周金秀、刘爱云等分别被授予“中国工艺美术大师”称号。刘爱云、江再红当选为“国家级非物质文化遗产项目代表性传承人”。2007 年，湖南湘绣研究所将湘绣与

图 25-6-2-3 沙坪湘绣广场举行绣女技能比拼（摄于 2012 年 1 月，长沙市文化旅游广电局供图）

图 25-6-2-4 湘绣作品《韶山》长 7 米、高 2 米。2011 年为纪念毛泽东 118 周年诞辰，由 20 余名高级绣工绣制近半年完成

（摄于 2011 年，长沙市文化旅游广电局供图）

现代科技结合，研制声光电立体湘绣《洞庭天下水，岳阳天下楼》。2009 年，湖南省湘绣研究所、湘女绣庄被授予“国家级非物质文化遗产传承发展基地”。2010 年，湘绣作品《经天纬地·和平中国》获上海世博会“迎世博全球华人旅游纪念品设计大奖赛”最佳刺绣艺术奖；10 月，首届中国湘绣文化艺术节在长沙举行，展出凝聚人物刺绣巅峰水平的精品《人民的总理》，以湖南青山秀水为主题、8 米长的湘绣精品《锦绣潇湘》，12 米长的湘绣精品《中国古代十二位明君像》等。2011 年 3 月，在第七届中国（深圳）国际文化产业博览会上，作品《天歌》、双面全异绣《藏獒狮子》、新生代作品双面虚实交叉异绣《雨后》、红妆映象梳妆镜系列《镜花缘》等作品参展，这些作品在保留湘绣传统国画风格元素的同时，吸收现代油画、水粉、摄影等多种表现形式和手法，其中《天歌》被评选为特别金奖。11 月，湖南湘绣研究所研制的仅重 50 克的湘绣请柬《锦绣潇湘请你来》搭载神舟八号遨游太空，被航天英雄杨利伟誉为“最有文化底蕴的搭载物”。2012 年 5 月，第七届中部投资贸易博览会在长沙举办，长沙三家湘绣企业参展，展出鬅毛针、双面全异绣熊猫《国宝》，国家博物馆收藏的《富春山居图湘绣合璧卷》复制品等 10 余件国宝级湘绣珍品。9 月的第二届湘绣文化艺术节上，除众多精品的展出，还举行绣工技能比赛，更多年轻绣工用精湛的技艺和作品，展示着湘绣古老又年轻的魅力。

（二）浏阳花炮。浏阳花炮起源于唐朝年间，唐人李畋为驱散山间野兽，以小竹筒装硝，导引点燃，制作最早的爆竹。李畋后来被奉为花炮行业的祖师，因其是浏阳人，浏阳亦被看作是花炮的起源之地。两宋时期（960—1234 年），火药广泛应用，花炮行业得以兴盛，据《中国实业志》记载，花炮“始于唐，盛于宋，发源于浏阳”。当时的“架子烟火”和“盆景烟花”具有相当规模，词人辛弃疾有“东风夜放花千树，更吹落，星如雨”的词句，正是描写花炮燃放的情景。清朝年间（1616—1911 年），浏阳有“十家九爆”之说，花炮制造成为产业。雍正时期（1723—1735 年），浏阳烟花鞭炮成为贡品，清廷放的“架子烟花”，即来自浏阳。至光绪元年（1875），浏阳鞭炮大量出口，如“保生号”经营汕头庄，从港澳转口，运销南洋；“丰绥永”号经营汉口庄，从汉口转运上海出口。

1949 年后，浏阳花炮实现从分散作坊向集中工厂的转变。这一时期知名的花炮厂有城关出口花炮厂、浏阳县出口花炮厂等，产品也由单一的鞭炮向烟花、鞭炮两大类并举的趋势发展。当时的花炮没有颜色，品种只有天鹅炮弹、地老鼠、冲天炮等几种。1963 年，浏阳成立花炮研究所，开展烟花新品种研究，改观花色，逐渐研究出“小火轮”“孔雀开屏”“桃李争春”等一批新产品。同时，烟花氧化剂得到更新换代，花炮从单色变为红、橙、蓝三色。

图 25-6-2-5 浏阳花炮在鸟巢和水立方上空绽放（2008 年 8 月 8 日，长沙市文化旅游广电局供图）

图 25-6-2-6 北京奥运会开幕式上燃放的浏阳花炮（摄于 2008 年，长沙市文化旅游广电局供图）

1986 年，浏阳烟花代表中国参加摩纳哥第二十一届国际烟花大赛，获第一名。这一时期，浏阳花炮工匠曾培敢发明的花炮产品“大地花开”，畅销数十年经久不衰。曾培敢被授予工艺美术大师称号。1995 年浏阳市被国家授予“中国烟花之乡”的称号；1998 年 10 月，浏阳在连续举办三届国际花炮节的基础上，邀请 6 个国家的 200 余家国际花炮经营商，把全美花炮质量标准研讨会从美国搬到浏阳来开。至 2000 年，浏阳全县拥有花炮企业 800 余家，其中花炮出口专厂 40 余家，40 余万人从事烟花生产，占全县人口的三分之一。2002 年，成立国际烟花协会（IFA），总部常设浏阳；2003 年，国家质量监督检验检疫总局对浏阳花炮实施原产地域产品保护；2004 年，国家工商总局注册“浏阳花炮”驰名商标，随后，湖南省政府将浏阳花炮列入省政府重点支持产业，浏阳成为中国最大的花炮产销地。

2006 年 5 月 20 日，浏阳花炮制作技艺成功申报第一批国家级非物质文化遗产名录，项目保护单位为浏阳市烟花爆竹总会。钟自奇为浏阳花炮制作技艺国家级代表性传承人。2008 年，浏阳获北京奥运会开闭幕式焰火燃放权。在开幕式的 20 余分钟时间里，有 12 万发礼花绽放，浏阳烟花占整个燃放量的 70%。浏阳花炮在国际上首次使用体现最新科技成果的芯片礼花弹，即把电脑芯片安装在礼花弹内，通过电脑控制，在规定的高度、方位、朝向爆炸，组成各种特效的文字、图案，如大脚印、五环、笑脸和其他特殊图案等，令人印象深刻。2009 年 10 月 1 日晚，浏阳花炮在天安门广场燃放，3 幅焰火画面以天安门广场中央的网幕烟花绘画为中心，围绕天安门城楼形成高、中、低空焰火阵地布局，此外还燃

图 25-6-2-7 焰火在杜甫江阁上燃放，不同的灿烂在湘江中交相辉映（摄于 2012 年，长沙市文化旅游广电局供图）

劳动创造

图 25-6-2-8 浏阳花炮生产逐渐现代化和规模化。图为花炮厂工人在进行机械敷球（摄于 2012 年，长沙市文化旅游广电局供图）

图 25-6-2-9 2012 年 7 月 28 日凌晨，伦敦奥运会开幕式上燃放的焰火，浏阳花炮占了很大部分

（长沙市文化旅游广电局供图）

放“笑脸”“60 只和平鸽”等五种特效焰火。2010 年 4 月 30 日晚上海世博会开幕式上，浏阳烟花最新研发的控制发射系统应用到燃放中，使焰火变化配合音乐的节奏，成为当时音乐与歌舞表演中的一个重要组成部分。2010 年 8 月 28 日起的每周六晚，长沙在橘子洲专用燃放场所燃放浏阳烟花，每场燃放时间长 20 分钟。11 月 12 日的广州亚运会开幕式上，直径 150 米的“太阳”腾空而起，猎德大桥上升起 4 张“巨帆”，燃放面积 12960 平方米，创造世界纪录。

2006—2010 年，浏阳花炮每年改进、研发新品花炮 1000 余个，其中有 317 件是国家知识产权局授权的专利产品，花炮产业在省市县各级政府的重视扶持下，逐渐形成集生产、经营、研发、物流、印刷、包装、文化创意、焰火燃放于一体的花炮产业集群，2011 年全年实现总产值 141.4 亿元。浏阳成为全球最大的花炮生产、销售基地，国际、国内市场占有率分别为 55.4%和 50%。2012 年 5 月 10 日，国际标准化组织烟花爆竹技术委员会（ISO/TC264）秘书处在浏阳宣告成立，是落户湖南的第一家国际标准化机构，打破烟花爆竹国际贸易中的技术壁垒。5 月 15 日，第十四届国际烟花论坛在浏阳举行。国际烟花论坛由加拿大、美国、德国、日本等主要烟花生产销售国的行业专家和烟花公司发起举办，每 18 个月举办一次，主要包括论文宣讲、产品展览和焰火燃放三大内容。是该组织首次将论坛放在中国举办。7 月 27 日，浏阳烟花亮相伦敦奥运会，浏阳两家工厂供应的烟花占伦敦奥运和残奥会的开、闭幕式所需烟花的四分之三。

（三）浏阳菊花石手工雕刻技艺。菊花石雕刻技艺是流传在浏阳地区的一种传统石雕技艺。菊花石产生于 2 亿年前，是中国三大奇石之一。菊花石因石材含有“菊花花纹”而得名，主要分布在湖南浏阳一代。浏阳当地人见菊花石花纹美丽，精雕细刻成工艺品，因此形成一门传统的工艺美术技术。菊花石雕刻讲究因材施艺、定题选材，因为菊花石料形体千姿百态，在艺术造型中，要尽可能保留材料自然美的形式，根据石形、花形的大小、朝向和分布，合理安排景物形态设计，充分发挥石料的有效面积，使大材、小材甚至废材都能做到物尽其用。浏阳菊花石

图 25-6-2-10 蕴含天然纹理的菊花石原石（摄于 2012 年，长沙市文化旅游广电局供图）

图 25-6-2-11 略经雕琢的彩色菊花石，石中菊花绽放如生

（摄于 2012 年，长沙市文化旅游广电局供图）

图 25-6-2-12 兼具艺术美感与实用性的各类菊花石雕刻作品

（摄于 2012 年，长沙市文化旅游广电局供图）

雕的制作过程主要有：采石、选料、开花、粗磨、造型设计、雕刻、打磨抛光等步骤。雕刻手法又分为镂空、浮雕、圆雕、线刻等多种，必须根据石形和题材，运用适当的雕刻技法进行创作。在雕琢中要求转折自如、顿挫有致、生动流畅、轮廓分明、整体感强。在具体创作过程中，要区分石质硬软、粗密，以扬长避短；先对材料进行一次性清理，去掉石料中的杂石，尽可能避免裂纹。雕刻应先外后内，先打磨外沿边角、皮层，再清理内面裂纹、杂石，由表及里，步步深入。经过粗雕、打磨、细雕、细打磨、上漆等数道工序，每一件作品都独一无二。

菊花石的发现和加工在清乾隆年间（1736—1795 年）。有人在永和镇侧的河床中发现花纹奇特的菊花石，由当地秀才欧阳锡藩雕刻成菊花石砚，菊花石雕由此声名远播。清同治《浏阳县志》载：“菊花石堪称菊石花，在县东永和镇侧，大溪水过永和市，中流石亘如洲，无甚花卉，一望如漩涡堆积凹凸万状，如镂如封，色苍然可爱，有纹而晶莹，作菊花状，跗萼宛然。其中式含苞半吐，殊极有趣。每秋高水落，益玲珑可喜。”据《故宫博物院院刊》记载：“清代内府中已藏有菊花石砚多方，其大者近尺半，小者约七八寸不等。”至光绪（1875—1908 年）年间，浏阳出现菊花石雕作坊，产品主要为浅刻和平台雕刻的砚台。清末，浏阳县内菊花石雕相当发达，有石雕艺人 20 余人，并有阳长厚开设的“补天石菊花石雕作坊”，产品有砚台、笔筒、水池笔架、镜屏、帽筒等。浏阳老艺人戴清升在早期传统手工线刻的基础上，将圆雕、浮雕、透雕、镂空雕等技法引入菊花石雕中，并创造尖平、斜平二凿等刀法，解决石质脆硬难以精雕的困难。雕刻花形也由简到繁，如“梅兰竹菊”四君子、蝴蝶采菊、蜜蜂采花、金鸡采菊等作品，成为工艺美术珍品。

清宣统二年（1910），在清政府举办的南京南洋劝业展览会上，戴清升雕刻的“仿古假山”菊花石雕，获“稀世珍品奖章”二枚。1915 年，戴清升所雕的梅菊瓶和梅兰竹菊横屏展品，在巴拿马万国博览会上获金质奖，并被誉为“全球第一”。1925 年，戴清升在长沙药王街开设“全球菊花石商店”，产品远销欧美。1929 年，英皇二世受冕盛典庆祝大会上，中国政府赠送的菊花石工艺品，博得英国女皇和各国公使的高度赞赏。

中华人民共和国成立后，浏阳县政府重视这一独有艺术资源的开发，建立菊花石工艺厂。戴清升老艺人被国家授予“高级工艺美术家”的称号。菊花石艺人们传承先辈技艺，不断推陈出新，创作出一批造型新颖、刀法精练的新作品，如“山巅巨瀑”“群蝶采菊”“秋菊夜吟”“琼阁赏菊”“彩蝶恋菊”等，从大型屏雕到中小型珍镌，都因石造型，各具神态，获得国内外人士的广泛赞誉和喜爱。1972 年举办的全国首届工艺美术展览会上，《蟹菊花》《金鸡报晓》等工艺菊花石作品获奖，鼓舞和推动菊花石雕事业的发展，浏阳建立起菊花石工艺厂、工艺社、老字号天然菊花石精品行等作坊 10 余家。2000 年，

图 25-6-2-13 非遗省级代表性传承人曹明珠在进行菊花石雕刻 (摄于 2012 年，长沙市文化旅游广电局供图)

在广州举办的首届旅游购物节上，浏阳送展的《艳菊迎秋》《菊花石山》《梅菊》香炉、砚池等 9 件展品获“天马银奖”。

2005 年 7 月，菊花石行业协会成立，同年 10 月，浏阳菊花石在全省 30 余个参选项目中脱颖而出，成为“湖南十大民族民间文化遗产”之一。2006 年，浏阳登记注册的菊花石工艺品加工厂和销售门店有 26 家，从业人员 500 余人，年产值 2000 余万元，已探明的菊花石储量 2340 余吨。为保护这一稀有资源，尽量满足市场需要，浏阳市确定“限量开采，提高品质，规范经营，扩大影响”的总方针，旨在进一步规范发展，抢占市场份额，提高知名度和影响力。2006 年 4 月，浏阳市成立非物质文化遗产保护工作领导小组，把菊花石纳入保护范畴，纳入全市国民经济和社会发展的“十一五”规划。

2008 年，浏阳菊花石手工雕刻技艺成功申报第二批国家级非物质文化遗产名录，项目保护单位为浏阳市菊花石行业协会。陈继武、曹明珠成为菊花石雕刻技艺省级首批代表性传承人。2012 年 2 月，中国非物质文化遗产生产性保护成果大展在北京开幕，浏阳菊花石雕作为湖南省“非遗”项目的生产性保护成果进京参展。12 月 27 日，在第三届湖南省旅游商品博览会上，非物质文化遗产传承人、工艺美术大师陈继武的菊花石雕作品《桃花源记》获金奖。

（四）长沙窑铜官陶瓷技艺。铜官陶瓷是长沙市望城县铜官镇的地方传统手工艺品。铜官镇地区陶土资源丰富，含有铜官山天然云母的料土（黏土），既有可塑性，又有骨架支撑力，内在结构严实、致密。传承至今的长沙窑铜官陶瓷技艺，内容涵盖陶瓷制作的各道工序，包括釉下多彩、拉坯成型、捏坯成型、雕塑成型、贴花装饰、画花装饰、堆花装饰、烧成法则等，各项技艺随着铜官陶瓷的发展逐渐形成，与贴花、印花、雕塑、刻画等技艺结合，烧制出的陶瓷产品细腻、润泽、坚固，耐摔打碰撞和高温蒸煮，且不含镉、铅之类有毒物质。铜官窑以其创新、高档和精湛的艺术，赢得世人的喜爱，产品销往全国乃至世界许多国家和地区。

图 25-6-2-14 形制用途各异的古代铜官陶瓷 (长沙市文化旅游广电局供图)

据考证，铜官镇制陶技艺起源于唐代，称为长沙窑，现名铜官窑。从铜官窑至石渚湖，沿湘江东岸十里河滨，发现唐代烧窑遗址 19 处，范围最小 300 余平方米，最大 1 万余平方米，可见当时铜官镇已广设民间瓷窑。铜官窑制釉技术的发

图 25-6-2-15 铜官窑考古遗址公园开放后，市民参观龙窑遗址 （摄于2012 年，长沙市文化旅游广电局供图）

展经历青釉、颜色釉、釉下彩三大阶段，唐朝时已能烧制釉下多彩瓷，湖南省博物馆考定长沙铜官窑是中国釉下多彩瓷器的发源地。唐朝的铜官窑以产出日用器具为主，出土陶瓷器具多为常见的碗、碟、盘、钵、盂、洗、壶以及人物、禽兽等小玩具，还包括形制独特的瓮坛和大小缸。唐末至五代时期对外贸易中断，长沙铜官窑产品出口锐减，铜官窑逐渐衰落。明清时期，长沙铜官窑陶瓷业渐渐得到复兴，清康熙中后期清政府实行“减官窑，兴民窑”的政策，到清末，铜官已有陶工数千人，生产的产品有日用陶、建筑陶和美术陶几大系列，号称十里陶城，成为全国五大陶都之一。至今保存完好，仍在生产的清代义兴窑遗址已列为市级文物保护单位。

民国元年（1912），铜官镇有陶窑 160 余座，窑工 9000 余人。其后，陶业生产几经起伏。1949 年，镇区商业萧条，只有工商业 204 家，仅剩陶工 700 余人。中华人民共和国成立后，铜官陶业迅速恢复，产品畅销全国，包括日用陶器、日用炻器、建筑陶、美术陶、工业陶五大类。

1980 年，铜官陶瓷公司接受国家科委下达的精细铁炻器科研项目，经数以千次的试验，1982 年成批投入生产，当年就被评为部优新品。其建筑陶瓷，产品 180 余种，其琉璃瓦在国内仍独领风骚，釉色绿如翡翠，蓝似碧玉，黑如油漆，任凭日晒雨淋、严寒冰冻，釉层永不剥落，釉彩永不褪色。用这种琉璃瓦装饰于宫殿、楼台、亭阁、屋脊上的龙凤麒麟，檐垛上的鳌鱼玉兔，门头上的雄狮怪兽，既有独特的民族风格和艺术效果，又显得富丽堂皇，美不胜收。故宫、岳阳楼等名胜古迹的陶质龙凤，北京人民大会堂的绿釉花缸，以及诸多古建筑所用的琉璃盖瓦、雕花栏杆等，均为铜官陶瓷公司的产品。1988 年，长沙铜官窑遗址被国务院公布为第三批全国重点文物保护单位。1989 年，由国家文物局批准并拨款，兴建长沙窑址博物馆，该馆集陈列展览、保护修复、科研、仿制于一体，是全省唯一一座古瓷窑遗址博物馆。2006 年，铜官窑遗址被纳入全国 100 个重要大遗址保护项目，核心保护区面积 3.3 万余平方米。

2010 年，长沙窑铜官陶瓷烧制技艺成功申报第三批国家级非物质文化遗产名录，项目保护单位为长沙市望城区铜官陶瓷行业协会。彭望球被评为代表性传承人。同年，长沙铜官窑考古遗址公园获国家文物局第一批国家考古遗址公园立项。

图 25-6-2-16 长沙铜官窑考古遗址公园 2012 年 6 月 5 日正式开放 （长沙市文化旅游广电局供图）

望城区政府于2011年组织成立铜官陶瓷地理标志保护产品申报领导小组，开展铜官陶瓷地理标志保护产品监督检查工作，向国家质检总局提出将铜官陶瓷列入地理标志产品保护的申请，并通过初审。

2012年6月5日，投资2.8亿元进行升级建设的长沙铜官窑考古遗址公园开园并向市民免费开放。公园核心保护区面积扩展到68万平方米，园内有世界上保存最为完好的唐代龙窑：谭家坡1号龙窑，有13件在此出土的珍贵文物长期展出。游客可以通过3D影像观看唐代龙窑从取泥、拉胚、上釉到烧造等铜官陶瓷生产全过程。至年底，铜官有陶瓷生产企业38家，拥有各种生产机械560余台（套），窑炉30余座，其中微电脑控制全自动高温烧成辊道窑3座，大部分引进天然气技术，降低制作成本。拥有从业人员1.3万人，铜官陶瓷烧制技艺传承人约800人，国家、省级工艺美术大师10余位，生产的釉下多彩日用餐具出口30余个国家和地区，年工业总产值2.4亿元。

（五）火宫殿八大传统小吃制作技艺。火宫殿是长沙乃至湖南的集民俗文化、火庙文化、饮食文化于一体的具有代表性的大众场所。长沙火宫殿传统小吃系指长沙火宫殿现存的、为市民大众所熟知的各种风味小吃品种，是长沙地方菜的龙头和代表。火宫殿小吃以八大传统名小吃为主体，即油炸臭豆腐、姊妹团子、龙脂猪血、三角干子、牛肉蒸馓、红煨蹄花、荷兰粉、八宝果饭。八大传统小吃都有其独特制作工艺，传承已久，其他小吃如糖油粑粑、白粒圆、兰花干子、神仙钵饭等，都有其鲜明特色和独到技艺，也有深厚的群众基础。

图25-6-2-17 火宫殿代表性传统小吃臭豆腐、糖油粑粑等 （长沙市文化旅游广电局供图）

火宫殿又名火官殿，又名乾元宫，位于长沙市天心区坡子街，始建于明万历五年（1577），清乾隆十二年（1747）重修。火宫殿顾名思义是用来祭火神的，也是火文化、烹饪文化集中之所。当时便有小商小贩杂居其中，而又以经营饮食者最多，其风味小吃为老长沙居民及南北美食家所称道。时有童谣“进门火宫殿，出门钱圆工”，钱圆工三字是乾元宫的谐音，意思是进火宫殿，为饱口福，情愿倾囊，从中可以看出火宫殿的小吃地道，湘菜正宗。

1949年中华人民共和国成立后，长沙修缮在文夕大火中被焚毁的火宫殿，饮食摊贩重新聚集于此，有23间棚屋在此开饭店的李子泉一家的生意更是兴旺。1956年，李子泉一家参与公私合营成立李合记饭店，设饭菜、小吃两个门市部，出售有油炸臭豆腐等传统小吃。后改为国有饮食店，取名为火宫殿饮食店。1958年4月12日，毛泽东回长沙，到火宫殿视察，品尝臭豆腐、东安鸡等小吃。毛泽东还题词：长沙火宫殿的臭豆腐闻起来臭吃起来香。1959—1960年，长沙先后投资兴建圆凸新楼一栋和两层民族式楼房，并改名为火宫殿酒家，经营面积进一步扩大。1992年，火宫殿又对店堂进行大规模的改建装饰，同年9月恢复营业，推出40余个风味小吃品种。1993年，为纪念毛泽东100周年诞辰，火宫殿推出毛泽东当时视察火宫殿时的用餐菜谱。

2008年，经湖南省人民政府批准，长沙火宫殿传统小吃成功列入第二批省级非物质文化遗产名录，项目保护单位为长沙饮食集团长沙火宫殿有限公司。

二、曲艺项目——长沙弹词

长沙弹词是湖湘曲艺四大说唱曲种之一（四大说唱曲种为：丝弦、弹词、渔鼓、小调），是湖南现存的古老曲种，具有“古、多、广、情、谐”的基本特征。其流传地域不但遍布湖湘主要城镇农村，而且远及港台和东南亚地区。

图 25-6-2-18 被誉为“长沙弹词活化石”的传承人彭延昆在表演（长沙市文化旅游广电局供图）

长沙弹词又称长沙道情，所谓道情，是指唐朝道教在道观内所唱的经韵，最初内容为升仙道化戏、修贤劝善等。长沙弹词形成于清朝初年，清朝长沙戏剧家杨恩寿在戏剧理论集《坦园文录》中就记叙长沙道情艺人张跛的表演，称其“以鼓板唱道情”“惟妙惟肖”。长沙弹词的音乐特点是曲本散文、韵文相间、说唱结合，以韵文的歌唱为主，唱词多为七字句。早期唱腔简单，后吸收民间小调和地方戏唱腔，形成上下句结构的板腔体，有九板九腔：九板有平板、慢板、快板、散板、哭板等；九腔有平腔、悲腔、欢腔、柔腔等，不同的腔调分别用在各种板式中。

清末至民国年间，长沙被辟为商埠，茶馆茶寮开始兴起，成为弹词艺人主要的演出场所。当时长沙的弹词说唱艺人有四五十人，出现廖福兴、周寿云、舒三和等知名艺人，形成廖、周、舒三大流派。廖福兴创立廖派，咬字行腔比较懒，唱词较为精炼；周寿云所创周派唱腔铿锵有力，唱词中喜欢加衬词；舒三和所创舒派唱腔圆润甜美。3 人的弹词各有特色，但板式变化较少，比较呆板。辛亥革命时期，许多进步的知识分子曾运用长沙弹词宣传民主革命思想，如陈天华创作散韵夹杂的弹词作品《猛回头》，在当时产生强烈影响。1927 年，弹词表演进入说书场，弹词的题材内容更加丰富，历史故事和传奇公案等内容成为表演的主流，传统的长段有《说岳全传》《水浒传》《宝钏记》等，中短篇有《鲁提辖拳打镇关西》《武松打虎》《闯王斩弟》《东郭救狼》等。

中华人民共和国成立后，贯彻党的“百花齐放、推陈出新”文艺创作方针，弹词创作得到发展，其题材内容有一定创新，创作出一批反映现实生活的新弹词，有《三块假光洋》《雷锋参军》《骂男人》《奇缘记》等。这一时期，弹词艺人逐渐减少，只余彭延坤一脉，彭延坤师从胡兆林和舒三和，继承和发扬胡兆林的唱腔，对廖、周、舒三派唱腔取长补短，并融进湘曲高腔、昆曲、小调山歌等唱腔元素，使得彭派唱腔独树一帜。湖南人民广播电台、湖南电视台和长沙广播电视台与彭延坤合作连续录播《三湘英雄传》《宝钏记》《桥龙飚》《野火春风斗古城》《郭亮》《游长沙》《武松怒打观音堂》《旺老回乡》《烈火真情》《鲁迅藏稿》《雷锋参军》《翠花遇难》等，深受广大人民的喜爱，也成为保护传承弹词的重要文献资料。2002 年，彭延坤受邀到长沙市火宫殿演出，持续 3 个多月。

2009 年，长沙弹词入选第二批国家级非物质文化遗产，项目保护单位为长沙市群众艺术馆；2010 年，彭延坤受邀参加当年法国巴黎中国曲艺节，他以《红楼梦》中一折《悼潇湘》，摘得银奖；彭延坤也成为第三批国家级非物质文化遗产项目代表性传承人。

三、传统戏剧类项目

（一）长沙湘剧（见本篇第三章 文学 艺术 第二节 戏剧 一、湘剧）

图 25-6-2-19 望城皮影艺术团在乡间剧场上演的经典皮影戏《斩包勉》 （长沙市文化旅游广电局供图）

（二）长沙花鼓戏（见本篇第三章 文学艺术 第二节 戏剧 二、花鼓戏）

（三）望城皮影戏。皮影戏又叫“影子戏”或“灯影戏”，是一种以兽皮或纸板做成的人物剪影表演故事的民间戏剧。皮影的制作程序通常要经过选皮、制皮、画稿、过稿、镂刻、敷彩、发汗熨平、缀结合成八道工序、手工雕刻 3000 余刀，是一个复杂奇妙的过程。皮影的艺术创意汲取中国汉代帛画、画像石、画像砖和唐、宋寺院壁画之手法与风格，具有收藏价值。表演时，艺人们在白色幕布后面，一边操纵影人，一边用当地流行的曲调讲述故事，同时配以打击乐器和弦乐，有浓厚的乡土气息，是一门集音乐、文学、美术、民俗于一身的古老民间艺术。

皮影戏兴起于汉代，流行于宋代，宋代“靖康之变”后，皮影艺人流落四方，将皮影戏与当地的戏曲、方言、民俗结合起来，形成皮影戏的各支流派。长沙在清代就有皮影演出，主要集中在浏阳、望城等地，又以望城皮影最为出名，俗语有言：“浏阳的鞭子、河西的班子”，所谓“河西的班子”，就是指望城的皮影戏班，当时名声能与浏阳的鞭炮并称。

民国初年，长沙南门里仁坡、北门头卡子就有“天益”“雅秀”等 40 个皮影戏班。1938 年，田汉组织 7 支湘剧抗敌宣传队，皮影艺人也自发组织 1 支皮影抗敌宣传队，宣传抗日。解放前夕，“长沙县影戏业同业公会”下设 7 个支部，其中第一支部杨国兴和第二支部张德勋分别住望城莲湖和龙洞张家湾。1949 年 10 月长沙成立洞庭湘剧团，何德润、谭德贵、杨寿廷等 5 位皮影艺人被编为第五分队皮影戏分队。

1951 年，望城县文化馆建立后，组织专门班子，对全县皮影班社活动情况进行调查摸底。长沙著名皮影艺人何德润、谭德贵、夏少春等 10 人参加湖南省木偶皮影艺术团，与美术家翟翊合作，创作寓言皮影剧《龟与鹤》。该剧 1956 年参加罗马尼亚布加勒斯特第三届木偶皮影节，获最佳演出奖，还受邀到苏联、法国、日本等 10 余个国家访问演出。1958 年，艺人夏少春受命到蒙古人民共和国帮助组建皮影剧团，获“蒙古人民共和国国家荣誉奖”，他是新中国委派出国任教的第一位皮影艺术家。

图 25-6-2-20 孩子们学习体验皮影表演 （长沙市文化旅游广电局供图）

图 25-6-2-21 望城皮影代表性传承人朱国强在进行表演 （长沙市文化旅游局供图）

中共十一届三中全会后，望城等县仍有半农半艺的皮影戏班 90 余个，皮影艺人 200 余人，活跃于城镇山乡。1981 年，望城县皮影艺术学会成立，县文化馆还组织皮影艺人进行会演，参加的皮影队有 10 余个。1997 年，由省木偶皮影剧团创作的皮影戏《三只老鼠》获文化部颁发的第七届“文华新节目奖”，2000年到捷克布拉格参加国际木偶节，获“最佳传统表演奖”。2000年，望城皮影代表艺人朱国强参与创作、省木偶皮影剧团表演的皮影戏《龟与鹤》在斯洛文尼亚举行的第十一届国际木偶节上获“二十五星”大奖。

2010年，望城皮影戏被列入长沙市第一批非物质文化遗产名录，项目保护单位为长沙市群众艺术馆；朱国强、何志明等成为市级“非遗”项目代表性传承人。2011年10月，望城区靖港古镇开设“皮影艺术博物馆”，面积440平方米，一楼有4个展厅，二楼是互动区和观看区。艺术馆展出有望城皮影世家第五代传人、“非遗”传承人朱国强搜集整理的剧本、乐器、道具、历史文献等皮影戏相关展品近2000件，可为游客进行演出，并现场制作皮影人偶。

四、民间音乐项目

（一）宁乡麻山锣鼓。宁乡麻山锣鼓是湖南宁乡域内流传的一种民间吹打乐，所用乐器基本为大小唢呐、笛子、竹引子、管、堂鼓、汉钞、锣、小锣、云锣、大筒、中胡、统胡等，因发源于宁乡县麻山而得名。麻山锣鼓格调清新，秀丽大方，节奏变化多样，富有韵律，并且每个曲牌都冠以形象生动的名字，其乐曲古老、源远流长。

宁乡麻山锣鼓最初形成于明末清初，相传由一云游僧所传授，当时作为庙宇化斋时用的礼乐。清光绪、宣统年间，麻山锣鼓的音乐得到大幅度地发展，经过当地民间艺人的逐步完善，形成一个拥有丰富曲牌的乐曲体系，具有独特的演奏形式、音乐名称、乐器形制和曲目内涵，并在省内宁乡、湘乡、湘潭、望城、益阳等几个县域流传开来。

图 25-6-2-22　麻山锣鼓呈现新面貌

（长沙市文化旅游广电局供图）

20世纪40年代，当地人杨文台将麻山锣鼓整理成工尺谱，编印成册，让散播于民间几百年历史的“麻山锣鼓”得以较系统地传承下来。1959年3月，彭德怀元帅到宁乡视察，宁乡县花鼓剧团演奏麻山锣鼓《接姐》欢送观众离场，彭德怀对这一乡土音乐赞不绝口。

图 25-6-2-23　杨天福带领麻山锣鼓表演队在刘少奇纪念馆民俗文化展览村进行表演

（摄于2012年6月14日，长沙市文化旅游广电局供图）

改革开放后，麻山锣鼓得到进一步发展，1993年，省艺院杨向东录制大量“麻山锣鼓”的音频、视频资料。2000年，湖南省文艺出版社出版的《中国民间吹打乐》曲集中收录《四季青》《接姐》等8首“麻山锣鼓”曲调牌。2002年开始，麻山锣鼓演奏家杨天福在湖南艺术职业学院戏剧系开设“麻山锣鼓培训班”，将大筒等麻山锣鼓相关演奏知识、技巧列入教学内容。此后，他到县老年大学任教，开设培训班。

2006年，宁乡麻山锣鼓入选第一批省级非物质文化遗产名录，项目保护单位为宁乡县文化局。杨天福当选省级第一批“非遗”代表性传承人。

图 25-6-2-24 市级代表性“非遗”传承人张文清正在整理他收集的浏阳客家山歌 （长沙市文化旅游广电局供图）

（二）浏阳客家山歌。浏阳客家山歌主要流传于浏阳域内张坊、大围山、官渡、文家市4个镇的客家人（汉族民系之一，主要分布在粤赣闽等地）当中，是使用客家语言咏唱的山歌。浏阳客家山歌是客家人民一种口头咏唱文学，在原有的客家山歌中，加入模仿锣鼓的声音衬词，丰富山歌的音乐形式，加强山歌的节奏感。

从宋末元初开始，就有客家人先后大批入迁浏阳，他们在山区辛勤劳动时会用唱山歌的方式来娱乐解乏，浏阳客家山歌自此流传开来。早期的浏阳客家山歌，演唱内容以缓解疲劳、向往自由为主。

土地革命战争时期，浏阳山区成为工农红军、游击队的根据地，山歌融入歌唱共产党、宣传革命的内容，记录大量的革命史实。“文化大革命”时期，主要传唱革命歌曲，民俗、爱情方面的山歌较少传唱，不少青少年不识山歌。

进入20世纪80年代，当地政府开始重视对山歌的保护传承。1986年，浏阳市文化馆编写客家歌手群资料记载，收录歌手数十人。2006年起，浏阳市文化馆设立客家山歌专干，明确专人手记、整理客家山歌。2007年，浏阳客家山歌成功列入第一批市级非物质文化遗产名录，项目保护单位为浏阳市文化馆；张文清当选为市级“非遗”代表性传承人。2008年，浏阳市举办首届客家山歌艺术节和浏阳客家山歌研讨会。2009年，重启客家山歌改革工程，2010年建立客家山歌歌曲档案。

图 25-6-2-25 旧时文庙祭孔古乐演奏队伍
（长沙市文化旅游广电局供图）

（三）浏阳文庙祭孔古乐。浏阳文庙祭孔古乐，源于古《韶乐》，是在远古流传的古乐基础上加以修正丰富而成，具有浏阳特色，故又称为“浏阳古乐”。它以祭祀儒家文化的创始人孔子为专门内容，形式上融乐歌、舞、礼于一体，其乐、舞程序完整，内涵丰富，形式独特。

明洪武年间（1368—1398年），曲阜孔氏一脉迁徙到浏阳达浒镇金石村，至明万历年间，浏阳孔氏人口逾500丁，批准按祖制建立家庙。清道光七年（1829），浏阳知县聘请邱之稑组建浏阳文庙礼乐局，创制一整套独具风韵的祭祀古乐，史称“浏阳古乐”，也称浏阳文庙祭孔古乐。浏阳文庙祭孔古乐有“八音”“六章”，即匏埙、土埙、革鼓、柷、敔(木属)、石磬、编钟(金属)、琴瑟、箫笛八种乐器；迎神昭和、初献雝和、亚献熙和、终献渊和、撤馔昌和、送神德和六章，64个人同时演舞，气势宏大壮观。清朝道光年间，恢复一年三奏，即农历每年二月上旬和八月上旬丁日，及八月廿七日孔子生日，谓之春、秋、诞日祀孔用乐。清朝咸丰十一年（1861）十一月二十七日，曾国藩在日记中记下浏阳古乐乐师应邀到安徽演奏古乐的情况，因曾国藩父子的鼎力推荐，浏阳古乐在全国名声大噪，就连山东曲阜的孔府，也派人到浏阳观摩古乐，仿制全套古乐器。

图 25-6-2-26 祭孔古乐在新时代的演绎

（长沙市文化旅游广电局供图）

图 25-6-2-27 传承人邱少求(左)、刘百祥在浏阳文庙前唱起少年时曾唱过的文庙祭孔古乐歌

（长沙市文化旅游广电局供图）

民国37年（1948）8月27日，浏阳在孔子诞辰举行祭孔大典，260余人参加。仪式依照古制，笙、埙、鼓、柷、磬、钟、琴、箫，八音齐鸣。中华人民共和国成立后，人民政府为抢救浏阳古乐和古乐器，20世纪50年代初向民间广泛征集，征集1000余件古乐器和古乐舞器，其中包括一套完整的祭孔古乐器。同时组织翻译古乐谱15章。浏阳古乐“八佾”乐谱在抗日战争时期流失日本，其他全部器物今藏于湖南省博物馆内。“文化大革命”期间，祭孔大典中断。

2004年，浏阳市请乐师、舞生回忆演奏场景，并进行记录，收集原始资料，同时对浏阳古乐的器具、道具进行资料收集。2005年，浏阳市对近年来关于古乐的资料进行整理，重新编著《浏阳文庙祭孔音乐》等资料。2008年，浏阳文庙祭孔古乐被列入省级非物质文化遗产名录，项目保护单位为浏阳市文化馆，代表性传承人为邱少求、刘百祥。2009年，长沙市推荐其申报第三批国家级名录。2012年8月，浏阳市文化局邀请邱少求和刘百祥两位传承人，在文庙教市文化馆的工作人员浏阳古乐知识，并亲自表演示范。

五、民俗项目——长沙火宫殿火神庙会

火宫殿庙会起源于上古时代人类对于“火”的崇拜，它是一种敬火、拜火、用火、管火的祭祀礼仪。而长沙的火宫殿庙会将餐饮文化与祭祀文化紧紧联系在一起，形成一个多元文化载体的文化现象，在国内独具特色，使得火宫殿成为长沙历史文化名城一个重要符号和不可缺少的文化元素。火宫殿庙会以火庙戏剧、曲艺说唱、民间绝活、手工业品和其他少数民族风情表演为主，表演形式多样，文化内涵丰富。火神庙会祭祀，分官祭和民祭。官祭由长沙府主持，湖南巡抚主祭，长沙、善化两县文武官员数百人参

图 25-6-2-28　火宫殿坡子街总店的庙会盛况
（长沙市文化旅游广电局供图）

加。民祭由民间社团主持。

火神庙会祭祀兴起于清朝初年，清《文宗实录》卷八七记载，清文宗（爱新觉罗奕泞）咸丰皇帝于咸丰三年（1853）为长沙火神庙御书“德威烜赫”匾。从此，火神庙祭祀愈加兴盛。据清光绪《善化县志》记载，火神庙祭期“每岁以季夏月下旬三日为官祭，”由长沙府主祭，长沙县、善化县文武官员参加。每年还有春、秋仲月两次民祭，由长沙县、善化县民间团体主祭，县城百姓参加。火神庙庙会除与祀典同时举行之外，每年春节和农历六月二十三日也有盛大庙会。长沙火宫殿火神庙会，主要内容有祭祀、社戏、民间小吃、民间手工艺、民间说唱艺术等。民国27年（1938）文夕大火，火宫殿殿宇焚毁殆尽，民国30年（1941）虽进行重修，但仅恢复火神庙堂，废墟搭建棚屋，长沙火宫殿火神庙会中断。

2000年，长沙市重修火神庙，搭建小型古戏台，修饰“古牌坊”，恢复火神庙——“紫气腾升”、古牌坊——“古坊夕照”、古戏台——“一曲薰风”、回廊小亭——“凉亭幽境”等火宫四景，火神庙会重新恢复。2005年10月1日，坡子街民俗美食街开街之际，在火神庙前坪举行大规模祭祀火神典礼。2006年拆除东栋茶楼，重建古戏台、财神殿、观音阁和火博馆，并恢复部分祭祀礼器和祭祀钟鼓乐及演奏。同年火神庙庙会入选湖南省首批非物质文化遗产名录。

至2007年，火宫殿连续七年在农历六月二十三日举行祭火神祈福庙会，另有春节、元宵节、“五一”、端午节、国庆节大型文化庙会49次，其他各类小型庙会100余次。庙会期间恢复卖古玩、做糖画、捏面人、棕编、手工编织、剪纸、打糍粑、手工微雕等小手工艺摊担和手工技艺传承。2008年，长沙火宫殿火神庙会入选为第三批国家级非物质文化遗产项目名录。

六、传统美术——望城民间剪纸

望城民间剪纸是一种民间艺术，主要分为“喜期窗花”“格子花”“绣花样稿”及有较多楚文化积淀的“纸菩萨”4类。其作品细腻而不见其假，粗犷而不失其真，具有精美、繁富、纤秾的风格，极具湖湘文化特色。楚文化尚巫，与南方其他地区剪纸不同，望城剪纸除平时用的吉祥喜庆图案，还有不少用于祭祀，比如“格子花”和“纸菩萨”就多为“祭祀剪纸”。

望城剪纸具体起源时间已无从考究，清同治十年（1871）撰修的《长沙县志》中有“元宵剪纸为灯，或悬之庭户，或列之街衢，或为龙灯鳌山游绕里巷”和中元“剪纸为衣”“焚之以荐祖”的记载。可见望城域内的民间剪纸在清代以前就广为流传。

20世纪30—40年代，望城民间剪纸出现很多著名专业匠人，望城邹易氏人称邹七娭毑，剪出来的人物拙朴，花花鸟鸟生动传神，一生剪过的纸，堆起来足有一屋。50—60年代，望城艺术家何德润在剪纸中借鉴皮影戏的造型，创作出一批历史人物故事剪纸，代表作有《五哥放羊》。20世纪80年代时，望城全县能剪花的有3500人之多。当地艺人所创作作品多次进京和出国展出，备受好评。1984年，文震坤创作的《百鸟朝凤》作为长沙市政府的礼物赠送给日本鹿儿岛市议会，现由该议会收藏。邹易氏作品

《七鸭游湖》《福寿平安》作品在1987年选入湖南民间美术进京展出，受到国内外观众好评。

2000年，中国第一家私人剪纸博物馆——华夏剪纸博物馆在望城县开馆。馆内珍藏有中国剪纸协会副会长、望城人秦石蛟四代家传的2000多幅作品，还有海内外剪纸家赠送的剪纸作品数百幅。秦石蛟独创交织套色剪纸，是用不同颜色的彩纸剪出图案的不同部分，然后按事先设计好的接缝拼插在一起，连胶水也不用却可织上七八层，交织套色剪纸作品从不同角度观赏，能呈现出不同的图案，令人叹为观止。2008年，望城剪纸被列为第二批省级非物质文化遗产保护项目，项目保护单位为长沙市望城县文化馆，望城民间剪纸优秀传承人秦石蛟当选为省级代表性传承人。2010年，望城剪纸入选上海世博会，7月23—27日在"湖南活动周"展示。2012年，望城剪纸被列为长沙市第三批非物质文化保护遗产，秦岭春为市级代表性传承人。

图 25-6-2-29 望城剪纸省级代表性传承人秦石蛟展示自己创作的百余幅造型各异的龙形剪纸 （长沙市文化旅游广电局供图）

七、传统舞蹈项目

（一）宁乡对子花鼓。宁乡对子花鼓是流传于长沙市宁乡域内，集歌、舞、乐于一体的民间综合艺术表演形式。明末清初，每逢新春或婚寿喜庆，民间广泛流传一种简单活泼的歌舞，随着独具江南风情的插秧、采茶等乐曲，一对青年男女翩翩起舞，称之为"打花鼓"。后经演变和发展，产生独具特色的民间艺术品种——宁乡对子花鼓。早在19世纪中期，即与龙灯、鱼灯、狮灯等风俗记载于志；清同治年间，宁乡流沙河的土坝，已有花鼓的正式社班，对子花鼓是花鼓戏的祖宗之一。

宁乡对子花鼓没有专门的班底，由一丑一旦两个演员表演，连同乐队10人左右。每逢新春或婚寿喜庆，由爱好者聚集出去演唱，即为"出花鼓"。演员面部表情丰富是宁乡对子花鼓的一个重要特征。旦角动作幅度小，柔中带刚，既稳重又含蓄；丑角常以耸肩、伸颈等动态来表达情感，并招观众发笑。对子花鼓的演出不受场地限制，可以在晒谷场演出，也可以在堂屋中上演，有的还能站在用两条条凳摆成的丁字形凳上或一张方桌上表演，极为方便灵活。

图 25-6-2-30 宁乡对子花鼓舞台表演 （长沙市文化旅游广电局供图）

20世纪90年代以来，因为各种社会文化现象风靡各个角落，宁乡对子花鼓等传统民间文化受到强烈冲击。2007年，宁乡对子花鼓成功申报第一批市级非物质文化遗产名录，项目保护单位为宁乡县文化馆（宁乡县艺术剧团）；阳许华为市级代表性传承人。

（二）长沙县双江滚灯车。双江滚灯车是一种生活习俗舞蹈，流传于长沙县双江镇赤马村。双江镇赤马村村民大多是江西迁移而来，他们在江西车子的基础上予以改进，逐步形成独具特色的滚灯车制作

图 25-6-2-31 双江滚灯车市级传承人吴乐华在制作滚灯车
（长沙市文化旅游广电局供图）

表演形式。

双江滚灯车制作是一种独创的民间手工技艺，自明朝永乐年间就流行于庙会等祭祀活动，逐步衍变为在庙会、拜会、喜庆等活动中表演。不仅有丰富的文化内涵，同时也有很高的艺术特质。双江滚灯车为竹木结构制品，由滚把、立柱、四方台板、木轮、内灯笼、外灯架组成。制作包含木工、纸扎、民间彩绘等内容；每一个制作过程都是一种文化的展示，每一盏滚灯就是一件民间工艺美术品。

双江滚灯车表演时演奏的民间曲谱包括《送春归》《梅花歌》等 10 首曲牌。双江滚灯车的舞蹈动作与器乐的节奏同步，出入场有固定的表演形式，具备相对完整的表演体系。比如：祭祀时对菩萨三点头，以示对菩萨的尊重；拜年时对主人三点头，以示对主人的尊重。

由于经济和技术的发展，市场商品经济的繁荣，双江滚灯车制作表演传承后继乏人。2007 年，双江滚灯车列入首批市级非物质文化遗产保护名录，项目保护单位为长沙县文化馆。吴乐华当选为市级代表性传承人。

（三）洞井龙舞。长沙市雨花区洞井镇盛行的洞井龙舞，是湘派龙舞的杰出代表，是整个长沙地区民间龙舞的缩影。

洞井地区龙舞的种类较多，大致分为“布龙”“三节龙”“人龙”“长龙”等。各种龙舞都有它不同的表现形式，流派和风格，表演套路各不相同。经过当地农民代代相传，洞井龙舞较好地保留湖南龙舞原始的艺术风格。龙的制作工艺严格、考究。舞龙演员的衣服，一般采用彩布镶边，绑腿，布袜套草鞋，头扎三角巾，演出服要求颜色鲜艳、统一、美观、大方，便于起舞。舞龙音乐没有固定曲牌，舞龙音乐宜欢快、热闹，音乐节奏要轻快、明朗、干脆、富有喜庆气氛。洞井龙舞有着固定的舞龙队列，舞龙出动分前导队、龙、后卫队，有着自己的基本舞龙步子。洞井龙舞源远流长，至今已难究其具体师徒谱系。近年来，在龙狮运动著名教练周招娣的教导下，洞井龙舞在舞法和动作等方面不断注入新的活力。

图 25-6-2-32 明德洞井中学的长沙第一支少年舞龙队在雨花区社会福利中心舞龙
（长沙市文化旅游广电局供图）

2008 年，洞井龙舞列入第二批省级非物质文化遗产保护名录，项目保护单位为长沙市洞井经济发展实业公司；周招娣当选代表性传承人。

第七章　博物馆　纪念馆

长沙历史悠久，留存众多的历史文化遗存和丰富多彩的人文资源。1982年，长沙被国务院公布为国家历史文化名城。1988年年末，长沙有博物馆3个，纪念馆（地）9个，馆藏文物及资料10余万件（套）。

20世纪90年代以后，国家逐年加大对文博事业的投入，博物馆、纪念馆建设改造步伐加快。1990年11月，为纪念杨开慧烈士90周年诞辰，在烈士陵园中央塑建杨开慧烈士汉白玉像和汉白玉浮雕花圈。翌年，浏阳市博物馆开放。1993年，湖南省第一师范学校在妙高峰上新建青年毛泽东铜像广场（铜像由江泽民题名、李铁映书写碑文）。同年，为纪念毛泽东100周年诞辰，长沙市博物馆兴建毛泽东诗词对联书法艺术碑廊。1995年，李富春故居纪念馆、徐特立故居纪念馆、胡耀邦故居陈列馆相继建成开放。1998年，谭嗣同故居陈列馆对外开放。是年，刘少奇100周年诞辰之际，中央下拨专项经费400万元，扩建刘少奇铜像广场。1999年，政府投资1.2亿元，新建湖南省博物馆陈列大楼。同年，湖南湘绣博物馆、贾谊故居陈列馆先后建成开放。2002年，湖南省政府投入1.4亿元，建成占地4.8万平方米的地质博物馆新馆舍，设地球厅、矿物厅、资源厅等8个展厅，展厅面积8000余平方米。拥有200平方米的报告厅、3000余平方米的引展厅，640平方米的馆藏库房以及相关科普、科研配套设施，成为一处具备现代先进高科技的科普场所。2003年，政府投资3000万元（包括1990年和1998年改扩建）对雷锋纪念馆进行第三次改扩建，至此该馆占地总面积10.4万平方米，建筑面积1万平方米，成为弘扬雷锋精神的全国爱国主义教育基地。2004年9月，胡耀邦纪念馆建设工程启动，翌年10月竣工。2005年11月20日，胡耀邦90周年诞辰，中央、江西、湖南分别在北京、江西共青城、湖南浏阳市举办系列纪念活动。2005年，中宣部和国家旅游局公布秋收起义文家市会师纪念馆为第一批全国百家红色旅游经典景区，完成故居修缮及纪念广场建设。

2006年1月，长沙市贯彻执行国家颁布的《博物馆管理办法》，提倡优化配置，鼓励扶持建立专题博物馆、民办博物馆。2007年11月，集简牍收藏、保护、整理、研究和陈列展览于一体的现代化专题博物馆——长沙简牍博物馆建成开放。尔后，沙坪湘绣博物馆、开元博物馆等多家民办博物馆建立。湖南中国书院博物馆建成开放。长沙基本完成覆盖城乡的公共文化服务，全市博物馆、纪念馆深化体制改革，坚持内涵发展，加强文化遗产保护，开发革命历史资源和民族文化资源，提升长沙文化软实力；保证窗口建设与休闲娱乐，人文景观相结合，加速提质改造，扩大规模、更新设施、优化环境，馆区面积大幅度增加；刘少奇纪念馆、岳麓书院、杨开慧纪念馆等积极争创国家旅游高等级景区，环境明显改善；湖南省博物馆、简牍博物馆，湖南地质博物馆等采用现代高科技技术提升展陈水平，完善藏品科学保护。

2008年，长沙市贯彻执行中共中央提出的博物馆、纪念馆面向社会实施免费开放的要求。3月，湖南省博物馆、刘少奇同志纪念馆、秋收起义文家市会师旧址纪念馆成为全国首批免费开放单位。10月28日，长沙简牍博物馆、贾谊故居等8家博物馆、纪念馆（地）在全省率先实现免费开放。2009年，雷锋纪念馆、胡耀邦纪念馆等6家实行免费开放。国家惠民措施落地实施，博物馆、纪念馆观众数量迅速增长，市属博物馆、纪念馆年接待观众100万人次上，同比增长5倍。2009年，湖南试点“馆藏文物调查及数据库管理系统建设”工程结项，统计全市馆藏文物约25万件（套）。

2012年9月，出台《长沙市民办博物馆管理办法（试行）》。将民办博物馆事业发展纳入经济社会发展规划、城乡规划和公共文化设施体系建设规划。年底，长沙市对外开放的博物馆、纪念馆、纪念地（点）和历史文化遗产景区有50余处；全市建立爱国主义教育基地47个，其中，全国爱国主义教育示范基地6个、省级爱国主义教育基地21个、市级爱国主义教育基地20个；被国家核准登记的博物馆、纪念馆25家，其中，国家一级博物馆2家，二级博物馆2家，三级博物馆1家。全市博物馆总建筑面积11.12万平方米，展厅总面积10.2万平方米，库房总面积3.51万平方米，馆藏文物30余万件（套）；在岗人员816人，在编人数430人；专业技术人员343人，其中，高级职称101人。

第一节 博物馆

一、湖南省博物馆

位于长沙市东风路50号，正处级事业单位，隶属湖南省文物局。1956年建立。

20世纪70年代初，重大考古发现即马王堆汉墓群的发掘，成为长沙地区考古发掘最辉煌的成果。3000余件珍贵文物和保存完好的汉代女尸，全部收藏于湖南省博物馆。1973年，经国务院批准，修建一座面积为3510平方米具备恒温恒湿条件的马王堆汉墓文物库房，同时兼作马王堆汉墓文物陈列馆，使用至1998年。1999年，国家和省级财政投资1.2亿元，新建陈列大楼，面积1.4万平方米。2001年6月，湖南省博物馆被公布为全国爱国主义教育示范基地。至2003年，湖南省博物馆发展成为占地近5万平方米，公用建筑面积3.05万平方米的新型综合历史艺术馆。同年1月18日，对外开放。湖南省博物馆的主要陈列有“马王堆汉墓陈列”“湖南商周青铜器陈列”“湖南名窑陶瓷陈列”“馆藏明清绘画陈列”（与“馆藏明清书法陈列”定期轮换）“湖南十大考古新发现陈列”。“马王堆汉墓陈列”为湖南省博物馆的基本陈列，吸收学术界30余年来的科研成果，在原陈列的基础上，进行大幅度修改、扩充。展览分：考古大发现、走进轪侯家、彩棺巨椁、千古遗容4个部分。展示汉初政治、经济、科技、文化、宗教、习俗和贵族生活风貌的各个方面。在艺术设计上，营造汉文化大气恢宏的气势，突出汉代贵族文化雍容华贵的特点。展出文物284件（组），其中，重要展品朱地彩绘棺为马王堆1号汉墓木椁中四层木棺中的第三层，国宝级文物。长230、宽92、通高89厘米。棺内外通体髹朱漆，外表在朱漆地上又用青绿、粉褐、藕褐、赤褐、黄白等明亮的颜色，彩绘龙、虎、朱雀、鹿和仙人等“祥瑞”的图案。棺体的纹饰图案各异，内容丰富，绘画技巧极其高超。展室面积2283.1平方米，展厅按照汉代美学特征构建，大气、简洁、灵动、秀逸，营造出神秘、古朴、浪漫的艺术氛围。该展获2003—2004年度全国博物馆十大陈列展览精品奖。

2005年，湖南省博物馆入选国家AAAA级旅游景区。2008年3月20日，湖南省博物馆在全国范围内率先实行免费开放，年接待观众150万人次。同年5月18日，被评为国家首批一级博物馆。是年，被财政部和国家文物局确定为中央地方共建8家国家级重点博物馆（院）之一。至2012年，湖南省博物馆藏品总数为15.03万余件（套）。其中，一级文物1428件，二级文物2044件，三级文物20987件。

2012年5月，湖南省发改委获准湖南省博物馆改扩建工程项目，工程投资总概算8.5亿元，总建筑面积8.3万平方米，计划2017年建成开放。同年6月18日，湖南省博物馆闭馆。

二、长沙市博物馆

位于长沙市八一路538号，副处级事业单位，隶属长沙市文化广播电视新闻出版局。

图 25-7-1-1 长沙市博物馆陈列大楼
（摄于 2010 年 10 月，长沙市文化旅游广电局供图）

馆舍占地面积 4.2 万平方米，建筑面积 1.2 万平方米，园林绿化面积 1.8 万平方米。馆区分中共湘区委员会旧址、毛泽东塑像广场、毛泽东诗词对联书法艺术碑廊、陈列大楼、文物库房等区域。

中共湘区委员会旧址为全国重点文物保护单位，是中国共产党早期的省委组织——中共湘区委员会机关所在地，也是毛泽东与杨开慧婚后第一个家；占地面积 179 平方米，建筑面积 112 平方米，为 1 幢二进三开间木结构小平房；1951 年对外开放。陈列大楼位于馆区东侧，为湖南省文物保护单位，仿苏式建筑，1969 年竣工，建筑面积 3857.82 平方米，有序厅 1 个，展厅 16 个，面积约 2330 平方米。馆区广场中央的毛泽东塑像，为湖南省文物保护单位，1969 年由东北轻合金加工厂塑造，黑龙江省革命委员会赠送；塑像系铝镁合金铸造，高 7.1 米，寓意中国共产党的成立日，基座高 5.16 米，总高度 12.26 米，寓意毛泽东诞辰日。1986 年，长沙市博物馆在中共湘区委员会旧址陈列馆的基础上成立。1993 年，纪念毛泽东 100 周年诞辰兴建毛泽东诗词对联书法艺术碑廊，全长 198 米，亭廊曲折相连，由中共中央总书记江泽民题写碑名，著名诗人臧克家撰写颂词，廊内嵌置白玉石碑，镌刻毛泽东诗词、对联和手书古诗词 104 首。

长沙市博物馆建馆以后，举办多个重要展览。其中，为纪念开馆举办“长沙历史文物展”，展出长沙地区从原始社会新石器时代到封建社会明清时期的各类文物 600 余件；1997 年举办“长沙三国吴简暨历年出土文物精品展”，首次将上年发掘的三国吴简及其发掘现场复原场景向社会展出，1998 年，该展陈荣获首批全国博物馆“十大精品陈列”；2008 年举办“越来越好——改革开放 30 年湖南民生发展展览”，从衣、食、住、行、娱乐、通信、教育、卫生、保障九个板块，展示湖南改革开放 30 年来人民生活发生的巨大变化，从百姓生活反映改革开放的成就。2008 年 10 月，向社会免费开放，年接待观众 100 余万人次。

2009 年起，长沙市博物馆负责托管湖南自修大学旧址、八路军驻湘通讯处旧址、湖南省工委旧址三处爱国主义教育基地工作。2009 年 5 月，入选国家二级博物馆。至 2012 年，馆藏文物 4.4 万余件（套），其中一级文物 167 件，二级文物 545 件，三级文物 6497 件。

三、长沙简牍博物馆

位于长沙市天心区白沙路 92 号，副处级事业单位，隶属长沙市文化广播电视新闻出版局。

1996 年 6—12 月，在长沙市五一广场平和堂商厦建设区域编号 J22 古井中发掘 10 余万枚三国吴纪年简牍。2002 年，长沙简牍博物馆批准成立，为国内首座集简牍收藏、保护、整理、研究和陈列展示于一体的专题博物馆，占地 2 万平方米，主体建筑面积 1.41 万平方米，绿化广场 8000 余平方米，展览面积 5000 余平方米。2007 年，完成基本建设和陈列布展，对外开放。基本陈列“文明之路”分三国吴简、中国简牍、世界文字载体、中国简牍书法 4 个部分，系统介绍三国吴简的形制、内容，通过场景复原、幻影成像及宣传片，再现古代简牍的制作、使用及简牍发现、发掘过程。专题陈列：“长沙出土文物精

图 25-7-1-2 长沙简牍博物馆

（摄于 2010 年 12 月，长沙市文化旅游广电局供图）

华展”，由青铜神韵、湘楚瑰宝、两汉遗珍、瓷釉华彩 4 个部分组成。临时展览“长沙 12·29”系列古墓葬被盗案侦破成果展”，展览公布被盗的 100 余件珍贵文物以及大量的实物、图片。2008 年，博物馆向社会免费开放，年接待观众约 90 万人次。2009 年，评为国家二级博物馆。2010 年 7 月，被公布为湖南省爱国主义教育基地。

至 2010 年，完成近 8 万枚有字简牍脱色脱水科技保护工作，这在国内大规模饱水简牍科技保护历史中尚属首次。2011 年，完成所有有字吴简脱色和脱水处理与修复包装工作，并入藏登记。简牍博物馆文物库房面积 3000 余平方米，采用恒温、恒湿设备。至 2012 年，馆藏 10 余万件（枚），其中，西汉初年纪年简牍 2000 余枚；西汉长沙王后“渔阳”墓简牍、漆木、青铜、玉石、金银等文物以及书画艺术作品约 3500 件，三国孙吴时期纪年简牍约 14 万枚。

四、湖南省沙坪湘绣博物馆

位于长沙市开福区捞刀河镇沙坪风情小镇湘绣文化广场 1 号，业务主管为长沙市文物局。2006 年，湖南沙坪天利湘绣有限公司在长沙市五一路 300 号，建立湘绣艺术馆。2007 年，在太平街创建湘绣博物馆，馆长毛勇臻。2009 年，开福区政府建沙坪湘绣文化广场，天利湘绣有限公司投资近 1000 万元，建湖南省沙坪湘绣博物馆，占地 4000 平方米，2010 年 5 月 18 日对外开放，为艺术类民办博物馆。展厅 2000 平方米，基本陈列“沙坪绣天下”，展示 354 幅刺绣顶级珍品。展品有：湘绣早期工艺品，清末民初的被套、被面、枕套、床花、堂彩、服饰、鞋帽等，当代著名画师作品，毛泽东、邓小平等人物系列。重要藏品《富春山居图》湘绣合璧卷，长 13 米，宽 0.5 米，馆长毛勇臻用两年时间精心策划，特邀中国工艺美术大师、湘绣文化遗产项目代表性传承人刘爱云女士，指导 30 余位省级湘绣大师，历时 5 个月，绣出与原作同尺寸的湘绣合璧长卷，将绘画、书法、印玺、诗文融汇，作品还运用不同的针法表现卷中 956 字题跋的笔画；2011 年 5 月 18 日封针，8 月 5 日，国家博物馆举办入藏仪式，中共湖南省委常委、省委宣传部部长路建平、国家博物馆馆长吕章申等出席，沙坪湘绣博物馆将《富春山居图湘绣合璧卷》捐赠给国家博物馆。至 2012 年，博物馆馆藏 1207 件（套）。

图 25-7-1-3 湖南省沙坪湘绣博物馆

（摄于 2010 年 2 月，长沙市文化旅游广电局供图）

沙坪湘绣博物馆先后挂牌“国家级非物质文化湘绣遗产传承发展基地”

“全国科普教育基地”“中国民间文艺家协会湘绣文化传承与发展产业中心”“非物质文化遗产湘绣科学技术普及场馆”“长沙市爱国主义教育基地”“长沙市特色旅游示范单位”。

五、湖南省开元博物馆

位于长沙市开福区营盘东路 19 号，业务主管为湖南省文物局，2010 年建立，是以华夏名匾、中医药古秘方为主的综合类民办博物馆，馆长黄彬荣。

博物馆总面积 5980 平方米，展厅 2980 平方米，展出藏品 9000 余件。展厅分为“华夏名匾”“中医药古秘方”“科举考试”“中国传统银器”“古沉香文化”“中国近现代史”“中华奇石”七大基本陈列。华夏名匾馆，汇集自东汉至近代的匾额近 1000 块，其中，有国内发现最早的东汉时期光武帝驸马郭璜所题的“超然”匾，距今近两千年，还有朱元璋、乾隆、慈禧、曾国藩、李鸿章、康有为、左宗棠、孙中山、蒋介石、刘少奇等历代政要名人的匾额；传统银器馆，展出春秋战国至民国时期的中原传统银器 2700 余件；中医药古秘方馆，收录、装订自明末至民国时期数百年间中医秘籍手写本近 3000 册，疑难病治疗秘方 10 万余个；中华奇石馆，以三湘矿产晶体奇石为主体；古沉香木馆，展出古沉香木雕佛像、文房器物、白木家具等 100 余件。至 2012 年，馆藏 3.7 万余件，其中，一级文物 4 件（套），二级文物 2 件，三级文物 27 件。

表 25-7-1-1　　2012 年长沙市域博物馆一览表

名　称	建立时间	地　址	类型	性　质	级别
湖南省博物馆	1956 年 2月	长沙市开福区东风路 50 号	历史类	文物部门所属博物馆	一级
长沙市博物馆	1986年2月	长沙市八一路 538 号	综合类	文物部门所属博物馆	二级
浏阳市博物馆	1991年2月	浏阳市圭斋东路 81 号	历史类	文物部门所属博物馆	无
湖南湘绣博物馆	1999年8月	长沙市车站北路 39 号	艺术类	行业性国有博物馆	无
长沙简牍博物馆	2002年11月	长沙市天心区白沙路 92 号	历史类	文物部门所属博物馆	二级
湖南省沙坪湘绣博物馆	2007年9月	长沙市沙坪湘绣文化广场 1 号	艺术类	民办博物馆	无
湖南省地质博物馆	2009年3月	长沙市天心区杉木冲西路 49 号	自然科学类	行业性国有博物馆	无
湖南省谭国斌当代艺术博物馆	2009年7月	长沙市解放西路三兴街永安宝苑南栋 6 楼	艺术类	民办博物馆	无
长沙县伯瑜万福源博物馆	2010年8月	长沙县暮云镇牛角塘村黄风坡组	历史类	民办博物馆	无
湖南省开元博物馆	2010年9月	长沙市营盘东路 19 号省展览馆南 5 厅	历史类	民办博物馆	无
长沙玉和醋文化博物馆	2010年9月	长沙市天心区坡子街 202 号	历史类	民办博物馆	无
中国书院博物馆	2012年7 月	长沙市岳麓区湖南大学岳麓书院内	历史类	行业性国有博物馆	无

第二节　纪念馆

一、湖南雷锋纪念馆

位于长沙市望城区雷锋镇正兴路 42 号，副处级事业单位，隶属中共长沙市望城区委管理。

图 25-7-2-1 湖南雷锋纪念馆
（摄于 2004 年 12 月，长沙市文化旅游广电局供图）

1968 年 11 月 20 日，湖南雷锋纪念馆建成开放。1990 年，扩征土地近 2 万平方米，兴建雷锋塑像广场、雷锋故居、领袖名人学雷锋题词碑廊、综合服务楼等，参观环境得以改善。是年，复建雷锋故居，按原貌复原陈列雷锋苦难童年的生活场景，为湖南省文物保护单位。1991 年 3 月 5 日，雷锋塑像落成，为湖南省文物保护单位。像高 5 米，底座 3 米，寓意毛泽东为雷锋题词即 3 月 5 号。是年 3 月 16 日，中共中央总书记江泽民为湖南雷锋纪念馆题词。1998 年和 2003 年，纪念馆改扩建 2 次，总投资近 3000 万元。新建陈列馆面积 1072 平方米，文化活动中心面积 2124 平方米，接待服务中心面积 1956 平方米。纪念馆比原来扩大近 3 倍，占地面积 10.4 万平方米，建筑面积 1 万平方米，馆区包括陈列馆、雷锋故居、雷锋塑像和国防教育馆等组成。其中，长沙国防教育馆开辟军事主题、中国国防教育、长沙国防历程、兵器模型、长沙驻军风采和军事演示 6 个展厅。2005 年 12 月，雷锋纪念馆评选国家 AAAA 级旅游景区。2009 年 5 月，被公布为全国爱国主义教育示范基地。同年，向社会实行免费开放。2010 年，投资 500 余万元对雷锋生平事迹陈列馆进行提质改造。展陈“向雷锋同志学习”分“苦难的童年”“平凡的人生”“伟大的精神”“永远的榜样”4 个部分。展出展品 560 余件，其中珍贵文物和实物 146 件，照片 165 张，雷锋日记诗文等 30 余篇。采用多媒体、动漫、微缩场景展示等多种形式的艺术设计。年接待观众 100 余万人次。至 2012 年，馆藏文物 488 件，其中一级文物 2 件，二级文物 5 件，三级文物 39件。

二、杨开慧纪念馆

位于长沙县开慧镇开慧村，副处级事业单位，隶属中共长沙县委管理。

杨开慧纪念馆景点主要包括：杨开慧故居、烈士陵园、杨公庙、陈列馆等。杨开慧故居，为湖南省文物保护单位，始建于 1795 年，占地面积 1400 平方米，建筑面积 680 平方米，系土砖木结构四合院式民居。坐西朝东，三面环山，屋前是三合土坪和池塘。三进，东西两厢，木质梁架、门窗，小青瓦，坡屋顶，土砖墙，保持清代湖南农村民居的历史风貌。1966 年 11 月，杨开慧故居对外开放。1969 年 9 月烈士陵园对外开放。墓区有杨开慧烈士墓及毛泽东手书《蝶恋花》诗词碑、杨开慧的祖父杨书樵与父亲杨昌济的合葬墓、杨开慧堂弟开明烈士墓。1990 年 11 月，为纪念杨开慧烈士 90 周年诞辰、英勇牺牲 60 周年，在陵园中央塑建杨开慧烈士全身汉白玉像。2002 年，杨开慧故居被公布为湖南省爱国主义教育基地。2004 年，被评为全国 100 家红色旅游经典景区之一。2008 年 12 月 21 日，经中共中央办公厅批准，毛岸青与邵华的骨灰由北京八宝山迁至开慧烈士陵园安葬。2009 年，向社会免费开放，年接待观众100 万人次。

2011 年 8 月，晋升国家 AAAA 级旅游景区。同年 11 月 15 日为纪念毛岸英烈士牺牲 60 周年，长沙县政协第七届委员会全体委员出资捐建毛岸英雕像。同年，扩建陈列馆，建筑面积 5000 平方米，陈列面积 2000 平方米。基本陈列为杨开慧生平业绩陈列。专题陈列“杨昌济生平事迹陈列”“毛岸英、毛岸青生平事迹陈列”“三湘女杰风采展”。至 2012 年，馆藏文物 11 件，其中：一级文物 2 件，二级文物 4 件，三级文物 5 件。

三、黄兴故居纪念馆

位于长沙县黄兴镇杨托村，隶属长沙县文化体育广播电视剧局。

黄兴故居始建于清同治元年（1862）。为全国重点文物保护单位。占地1.8万余平方米，硬山顶、小青瓦土坯木结构建筑。主体建筑坐西北朝东南，二进五开间，并配有东西厢房。黄兴纪念馆1980年成立。从黄兴的长孙黄伟民处征集黄兴故居使用过的家具原物及用品共28件。在上堂屋内，复原陈列黄兴及其父母的住房。2001年，维修12间正屋，修复厢房41间。征集晚清时期的家具、农具和生活用品，进行复原陈列。2002年，被公布为湖南省爱国主义教育基地。2004年，修复故居的护庄河和后花园。举办基本陈列“黄兴生平事迹陈列”，通过100余件历史图片、手稿资料、油画展现黄兴青少年时期至魂归岳麓山的人生历程。展出藏品32件，其中国家一级文物1件；二级文物1件；三级文物30件。

四、刘少奇同志纪念馆

位于湖南省长沙市宁乡县花明楼镇，正县级事业单位，隶属于中共长沙市委办公厅。纪念馆占地面积80万余平方米，总建筑面积3.5万平方米。景点主要包括刘少奇故居、纪念馆、铜像广场、文物馆及花明楼等。

刘少奇故居1980年恢复，为全国重点文物保护单位。1982年，邓小平为故居题写“刘少奇同志故居”匾额。通过修葺和科学复原，再现20世纪初叶江南民居的典型风貌以及刘少奇在这里生活、学习和工作的部分场景。

纪念馆1985年奠基，1988年1月竣工，占地面积5000平方米，陈列面积为3000平方米，呈三级阶梯展开，分散自由群体型庭院结构。大门上汉白玉雕字铂金匾额“刘少奇同志纪念馆”为邓小平题写。是年11月24日，刘少奇90周年诞辰纪念日举行开馆典礼，国家主席杨尚昆为开幕式剪彩。基本陈列“伟大的探索者，卓越的领导人——刘少奇生平业绩陈列”，展示刘少奇生平、思想及功绩。展陈面积1600平方米，展线长600米，藏品3000余件，其中刘少奇生前遗物800件。

1988年11月，刘少奇铜像在其90周年诞辰时落成，中华全国总工会捐建。国家主席杨尚昆揭幕。铜像通高7.1米（像高3.0米，座高4.1米）。1997年6月，刘少奇同志纪念馆被公布为全国首批爱国主义教育示范基地。1998年，在刘少奇百周年诞辰之际，经中共中央办公厅批准，并下拨专项经费400万元，扩建铜像广场，占地面积8000余平方米。是年，修建花明楼，楼高33.02米，共五层，建筑面积2030平方米，主楼顶层檐面悬挂赵朴初题写的“花明楼”匾额；陈列有“宁乡十景”“湖湘文化名人”和省内名家题写的楹联。2001年1月，刘少奇同志纪念馆晋升国家AAAA级旅游景区（点）。馆区建成大花明楼旅游景区，将“湖湘文化博物馆”“社建历史博物馆”“少奇之路”陈列，全国名家书写刘少奇《论共产党员的修养》碑刻长廊等数十个景点，导入大花明楼景区建设布局。

图25-7-2-2 刘少奇故居

（摄于2008年7月，长沙市文化旅游广电局供图）

刘少奇同志纪念馆自重新对外开

放以后，接待来自海内外100余个国家和地区的观众2400万余人次。杨尚昆、江泽民、胡锦涛、习近平等党和国家重要领导人先后前往参观。2008年，纪念馆向社会免费开放，年接待观众300万人次。是年5月，刘少奇同志纪念馆被评为国家一级博物馆；“公众喜爱的中国十大经典红色景区（点）”。2010年5月，被列为“全国廉政教育基地”。至2012年，馆藏文物12173件，其中：一级文物36件，二级文物93件，三级文物442件，一般文物1.08万件。

五、胡耀邦故居陈列馆

位于浏阳市中和镇苍坊村。副处级事业单位，隶属浏阳市文化体育局管理。1995年建立。馆区由胡耀邦故居、陈列馆、耀邦广场和廉政箴言书法碑墙（廊、林）、游客中心等部分组成。胡耀邦故居为湖南省文物保护单位。始建于清朝咸丰年间，占地面积450平方米，土木结构，小青瓦屋面。所存房屋为胡耀邦的曾祖父胡名钟和其兄胡明镜共有，自中轴线以西为胡耀邦故居，以东部分为胡氏宗亲住房。胡耀邦父亲胡宜仓家约200平方米。1995年，长沙市和浏阳县政府投入70万元修复，恢复胡耀邦童年时代的住房以及正厅、横厅、客厅、厨房等7间，12月1日对外开放。2002年，胡耀邦故居被公布为湖南省爱国主义教育基地。陈列馆2005年11月胡耀邦90周年诞辰之际建成开放，占地1.3万余平方米，建筑面积3800平方米，展厅面积2100余平方米，基本陈列“活在人心便永生——胡耀邦生平业绩陈列”，采用声、光、电、雕刻、蜡像等展示手段，复原展示胡耀邦生平的9处场景，展出图片330余幅，文物170余件，举办临时展览：“胡耀邦同志90周年诞辰艺术作品展”“胡耀邦精品文物展”。2005年，胡耀邦故居陈列馆晋升国家AAAA级旅游景区，2009年5月，入选国家三级博物馆。同年，向社会实行免费开放，年接待游客100万人次。至2012年，馆藏文物2260件（套）。

表25-7-2-1　　2012年长沙市域纪念馆一览表

名　称	建立时间	地　址	类型	性　质	级　别
毛泽东与第一师范纪念馆	1963年10月	长沙市书院路356号	历史类	行业性国有博物馆	无
湖南雷锋纪念馆	1968年11月	长沙市高新区雷锋镇振兴路2号	综合类	文物部门所属博物馆	无
杨开慧纪念馆	1966年11月	长沙市长沙县开慧镇开慧村	历史类	文物部门所属博物馆	无
秋收起义文家市会师旧址纪念馆	1971年11月	浏阳市文家市镇人民路34号	历史类	行业性国有博物馆	无
黄兴故居纪念馆	1981年	长沙县黄兴镇黄兴新村	历史类	文物部门所属博物馆	无
新民学会成立会旧址陈列馆	1987年12月	长沙市岳麓区新民路周家巷2号	历史类	文物部门所属博物馆	无
刘少奇同志纪念馆	1988年1月	长沙市花明楼镇	历史类	文物部门所属博物馆	一级
李富春故居纪念馆	1995年3月	长沙市解放西路三兴街2号	历史类	文物部门所属博物馆	无
徐特立故居纪念馆	1995年7月	长沙县江背镇特立村	历史类	文物部门所属博物馆	无
胡耀邦故居陈列馆	1995年11月	浏阳市中和镇苍坊社区	历史类	文物部门所属博物馆	三级
谭嗣同故居陈列馆（谭嗣同纪念馆）	1998年9月	浏阳市北正南路101号	历史类	文物部门所属博物馆	无
贾谊故居陈列馆	1999年9月	长沙市天心区太平街28号	历史类	文物部门所属博物馆	无
王震同志故居纪念馆	2007年10月	浏阳市北盛镇马战村江背组	历史类	文物部门所属博物馆	无

第八章　文　物

长沙是国务院首批公布的24个历史文化名城之一，素有“楚汉名城，革命圣地”之称。文物遗存十分丰富，宁乡炭河里“四羊方尊”“人面纹方鼎”青铜器、马王堆汉墓的珍贵文物、长沙铜官窑遗址、岳麓书院等蜚声中外；近代长沙涌现出曾国藩、左宗棠、黄兴、蔡锷、谭嗣同、毛泽东、刘少奇、胡耀邦、何叔衡、杨开慧、李富春、谢觉哉、王震、田汉、雷锋等一大批杰出人才以及第一师范、中共湘区委员会旧址、新民学会旧址、文家市秋收起义旧址等重要革命史迹，这些光辉历史成为长沙爱国主义教育的重要题材。20世纪80年代末，长沙共发现古文化遗址1135处、近现代革命遗址47处；有文物保护单位65处，其中，全国重点文物保护单位1处、省级文物保护单位44处、市级文物保护单位20处；有博物馆3个，纪念馆（地）9个；馆藏文物及资料10余万件（套）。文物、博物馆事业常年经费10万元。

1988年，刘少奇故居、岳麓书院等4处历史文化遗址被国务院公布为第三批全国重点文物保护单位。3月，在打击盗掘和走私文物活动中，查处盗掘、走私文物案件，缴获被盗文物2000余件，将犯罪分子绳之以法。是年，在长沙县广福乡发现腰塘遗址，与此前发掘的南圫大塘遗址同为新石器时代文化遗存。是年，刘少奇同志纪念馆建成开放。

随着国家经济建设加快发展，基本建设中的抢救性考古发掘项目增加。1991年，在浏阳永安镇首次发现旧石器，随后，又在市区袁家岭、高桥、张公岭一带发现旧石器，这是长沙地区人类活动的最早遗物，距今10至20万年。1993年2—7月，在湖南财经学院的基本建设中，发现西汉长沙王后“渔阳”墓，发掘随葬器物3000余件，此次发掘被评为年度“全国十大考古新发现”。同年，长沙市公布橘子洲头等14处市级文物保护单位。1995年，李富春故居纪念馆、胡耀邦故居陈列馆建成开放。财政对文物事业常年经费投入增至50万元。

1996年，对地处五一广场的平和堂商厦建设区域内的古井群进行发掘，发现三国孙吴纪年简牍10万余枚，为三国吴长沙郡临湘县（侯国）的行政文书，史料价值极为珍贵。该项考古获评年度全国“十大考古新发现”，并列入20世纪中国百项考古发现。是年11月，通过《保护修复贾谊故宅的决议》。1997年，开始征地规划筹备。1998年，拨款600万元进行修复。1999年7月，贾谊故居对外开放，成为长沙古老历史文化街区的标志建筑。文物事业常年经费200万元。

21世纪初，在黄兴路与坡子街交界处发掘南宋时期大型木构涵渠遗址，为古长沙城区涵渠管道供排水系统设施，体现古人高超的建造艺术和环保意识。望城县含浦镇蚂蚁山考古发现明藩王谷王乳母张妙寿墓葬，是湖南省发现最大的砖室墓。在文物普查中，长沙县跳马镇新发现明吉王大型墓葬群18座，长沙吉王陵遗址是迄今为止长江以南发现的规模最大、保存最完整的的明代藩王陵区，其规模宏伟、森严凛然、豪华富丽。

2004年，颁布《长沙市历史文化名城保护规划》。设立历史文化名城保护预算经费1000万元/年。2005年，长沙市文物局成立。是年，开展国家“馆藏文物调查及数据库管理系统建设”工程湖南试点工作。2006 年，投资 6000 余万元的长沙简牍博物馆主体工程竣工。2007 年，开展第三次全国不可移动文物普查工作。2008 年，全市博物馆、纪念馆免费向社会开放。2009 年，长沙破获 2008 年“12·29”古墓葬系列被盗案。为保障田野文物安全，落实“末端”守护，实施构建文物安全网，建立市—区县—乡镇—村—保护员五级安全联防机制，全市 2450 处文物点得到安全保护。至 2010 年，“馆藏文物调查及数据库管理系统建设”工程湖南试点工作结束，调查确定长沙市属文博单位馆藏文物 6.13 万件（套）；第三次全国不可移动文物普查核准登记长沙不可移动文物 2468 处。开展白果园程潜公馆维修、中山亭维修，太平街历史文化街区整治、靖港古镇整治先后竣工开放。

2011 年，长沙市公布《长沙市文物保护单位管理办法》。翌年，出台《长沙市民办博物馆管理办法》。至 2012 年，全市有国家、省、市、区县各级文物保护单位 289 处。有注册博物馆、纪念馆 25 家，其中民办博物馆 6 家，馆藏文物 40 万余件；有爱国主义教育基地 21 个，其中，国家级 6 个、省级 21 个、市级 20 个；有 15 处（60 点）历史文化遗产申报全国重点文物保护单位；公布地下文物埋藏区 68处；设置历史文化史迹标志 91 处。公布近现代保护建筑 72 处，历史旧宅 23 栋，历史文化街区 5 处，历史文化名镇（村）7 个，其中，国家级 1 处，省级 1 处。

第一节　考古发掘与调查

20 世纪 80 年代初，长沙文物考古开始相对独立开展本地区考古发掘工作。在 1985—1987 年文物普查的基础上，一批重要的史前文化遗址得到科学发掘，如长沙县南托大塘遗址、广福腰塘遗址等，考古学基本廓清长沙地区新石器时代考古学文化的谱系和编年。1991 年，在浏阳市永安镇首次发现旧石器，随后在市区袁家岭、南郊高桥、东郊张公岭均发现旧石器，时代为旧石器时代的中期至早期，距今 10 万~20 万年，这是长沙地区人类活动的最早遗物。

长沙考古工作主要是围绕配合城市建设加强对古代墓葬的抢救性考古发掘以及国家的考古课题进行。其中，重要的考古发现如：1993 年，发掘河西望城坡西汉长沙王后“渔阳”墓；1996 年，发掘长沙走马楼三国吴简和茅亭子楚墓；开始对宁乡炭河里商周古城址调查；1997 年，发掘科文大厦简牍；2000 年，发现东牌楼战国城墙遗址；2002 年，发掘三公里一号楚墓；2003 年，发掘五一路省供销社西汉简牍；2004 年，发掘东牌楼东汉简牍、唐代护城河遗址、坡子街南宋大型木构建筑遗址；2006 年，发掘望城风篷岭一号汉墓；2007—2011 年，考古调查发现长沙国汉王陵区墓葬群 20 余座、明吉王陵 18 座王室墓葬等等。

2011 年 9 月—2012 年 6 月，在开福区万达广场建设工地，发现一段宋元明清时期古代长沙的西向城墙遗址，呈南北向分布，长 120 米，其中，宋代墙体底宽 6 米，采取两边砌砖，中间夯土的建筑手段。明清城墙在宋代基础上夯筑，加宽加高，两边以麻石护边，底宽 19 米。遗址时代特征清晰，记录长沙古城格局的片段，反映长沙古城局部地貌变化，印证相关文献记载。至 2012 年，长沙发掘春秋战国时期楚墓近 4000 座，出土一大批反映当时社会制度、经济文化发展的各类文物，充分表明长沙为楚国的南方军事重镇。其中，发现战国时期夯土城墙，表明至迟在战国中期长沙已修筑城池。通过考古分析：战国长沙楚城东接蔡锷路，南近坡子街，西临下河街，北连五一西路，为东西长约 700 米，南北宽约 600 米的格局。从而考证 2000 余年来，长沙城的中心位置一直在五一广场区域；发掘汉墓、古井近 4000 座处，其中一批重要的王侯级墓葬出土的珍贵文物，为研究汉代长沙国的政治经济制度、历史地理、文化

图 25-8-1-1 西汉长沙王后“渔阳”墓全景照
（摄于 1993 年 4 月，长沙市文化旅游广电局供图）

艺术等方面提供丰富的资料；发掘明代墓葬及古井 200 余处，其中，重要考古发现蚂蚁山明墓和长沙县跳马镇明藩王王室墓群 18 座（遗址），其墓葬结构特殊、墓葬群地域广阔，规模宏大，足以展现长沙藩王强大的经济实力。

一、西汉长沙王后“渔阳”墓

1993 年 2—7 月，长沙市文物工作队对湖南财经学院基本建设中发现的西汉长沙王后“渔阳”墓葬进行抢救性发掘。该墓葬位于长沙市咸嘉湖西侧，东距湘江边约 2500 米，为带斜坡墓道的竖穴岩坑木椁墓，平面呈“甲”字形，方向 287°。现存长 37 米，由封土、墓道、墓坑和墓室 4 部分组成。随葬器物有金、玉、石、铁、漆木、骨角、陶器和纺织品等，总数 3000 余件。墓葬形制保存较为完整，其随葬的牲俑、庖厨、车马丛葬、大型泥胎木质“偶人”大量针刻“渔阳”的漆器、瑟、筑乐器以及特殊的“黄肠题凑”葬制，为研究汉初诸侯王葬制提供丰富的资料。西汉长沙王后“渔阳”墓的考古重要发现，入选国家文物局 1993 年“全国十大考古新发现”。

二、走马楼三国吴简

1996 年 6—12 月，长沙市文物考古研究所对地处五一广场的平和堂商厦建设区域内的古井群进行抢救性发掘，在原走马楼街 50 号房基下编号为 J22 的古井中发现大批三国孙吴纪年简牍。据初步统计，简牍总数 10 万余枚。从释读的部分来看，这批简牍被认为是三国吴长沙郡临湘县及临湘侯国的行政文书。书写年代大部分在东汉建安至吴嘉禾年间（196—237 年）。内容大致分为吏民田家、黄簿民籍、缴纳各种赋税的簿籍、米布线等物出入调运账簿、司法文书、官府上下行文书及名刺、信札等类，涉及政治、经济、军事、文化诸多方面，史料价值极为珍贵，对于深入研究三国时期吴国的土地制度、赋税制度、司法制度及有关的典章制度，具有非常重要的价值。这次发掘，被誉为 20 世纪中国继甲骨卜辞、敦煌文书和居延简牍之后中国古代文献最重大的发现，并填补长沙三国时期历史空阙。长沙三国吴简出土后，受到各级领导高度重视。1996 年 11 月，时任国家文物局专家组副组长、著名考古学家张忠培等到长沙考察考古实地，对三国吴简的重大价值作出充分的评价。12 月，湖南省文物局、长沙市文化局、市文物工作队派人赴国家文物局向时任国家文物局局长张文彬作专题汇报，并在北京召开长沙走马楼三国孙吴纪年简牍重大发现新闻发布会。该项考古获评 1996 年度全国“十大考古新发现”，并列入 20 世纪百项考古大发现。

三、长沙铜官窑遗址

窑址位于长沙市望城县丁字镇彩陶源村。20 世纪 50 年代末发现，并进行初步勘探，确定为中国釉下彩瓷器发源地。1983 年，进行科学发掘。1995 年，在灵官嘴配合古城大桥北桥墩的修建时，长沙市文物考古研究所对此进行抢救性考古发掘，发现新石器时代晚期的陶窑；1999 年，长沙市考古研究所在窑区蓝岸嘴发掘，在最底地层中发现其瓷器种类为单一青瓷系列，说明长沙铜官窑早期产品为青瓷器，与岳州窑为同一窑系。2006 年，为配合做好大遗址保护规划，长沙市考古研究所、长沙铜官窑遗址管理处、望城县文物管理所联合调勘，共调查出龙窑 46 条，挖泥坑 19 处，基本明确窑区的范围面积为 40 余万平方米，窑址均始于山坡底，沿坡势向上延伸，长度一般为 30~40 米。考古探明长沙铜官窑的功能布局分为作坊区、生活区、货藏区、市场、码头以及墓葬区。

长沙铜官窑是在岳州窑的基础上受唐三彩、大食伊斯兰教、佛教艺术的影响而逐渐创烧形成的一种独具特色的釉下彩瓷工艺，其装饰风格有釉下彩、题诗题款、绘画、模印贴花、西域风情等。该窑大致兴起于唐“安史之乱”的 8 世纪中后期，鼎盛于中晚唐，衰落于五代。2007 年，长沙铜官窑遗址被列入国家文物局及财政部国家“十一五”（2006—2010 年）期间大遗址保护 100 个重点项目之一。

四、东牌楼东汉简牍

2004 年 4—6 月，长沙市文物考古研究所对市五一广场东南侧的湘浙汇商业大厦建设区域内的古井群进行考古发掘。在编号为 J7 的古井中清理出一批东汉简牍。经过初步清理统计，有 426 枚简牍，其中有字简 218 枚、无字简 208 枚。简牍上记载有建宁（168—172 年）、熹平（172—178 年）、光和（178—184 年）、中平（184—189 年）等年号，均属东汉灵帝时期。这批简牍可分为木简、木牍、封检、名刺、签牌以及异形简等六大类。级别有郡、县及乡等，以临湘县为多；内容以邮亭公私书信最多，另有官府往来文书、“自相和”私自调节民事纠纷法律文书以及户籍档案等。这批汉简所见书体有篆、隶、草、行、正书五种形态。相对马王堆汉墓、西汉长沙王墓葬群，长沙东汉时期出土文物比较薄弱，此次发掘为继 2002 年在湖南湘西发现里耶秦简后，长沙发现较早的东汉文献资料，对研究东汉时期长沙的政治经济制度具有重要的科学价值。

五、坡子街南宋大型木构涵渠遗址

图 25-8-1-2 南宋大型木构涵渠遗址

（摄于 2004 年 11 月，长沙市文化旅游广电局供图）

2004 年 8—12 月，长沙市文物考古研究所在黄兴路与坡子街交界处发掘一处南宋大型木构涵渠遗址。涵渠建筑分布范围较大，自西向东，由三角形木构涵渠建筑以及木构槽式建筑两大部分构成，发掘木构件 496 块。三角形木构涵渠建筑位于遗址的西侧，略呈东西向，长度为 38.1 米。从构筑形式分析，为一地下建筑，即先在表面开挖一条沟槽，再在沟底铺设底板，底板两端各有一 0.03 厘米的凹槽，上面两侧依次竖侧板，侧板底嵌于凹槽内。建筑木构件相互套合严密。沟槽式木构建筑遗迹位于三角形木构涵渠建筑东侧，系并列的两条南北向沟槽式木构建筑，东侧槽残长 17 米，宽 1.5 米，西侧槽长 32.25 米，宽 1.5 米，两槽之间由一形制相同的短槽相连。据专家考证，涵渠为南宋时期长沙城区大型城市涵渠管道供排水系统设施，构造严谨，排列整齐，规模宏大，设计科学，体现古人建造艺术和环保思想，是研究长沙城市建设发展史不可多得的历史物证。

六、蚂蚁山明墓

2005 年 4 月 19 日—9 月 16 日，长沙市文物考古研究所和望城县文物管理所组成联合考古发掘队，对位于望城县含浦镇湖南工业职业技术学院内的蚂蚁山一号明墓进行抢救性发掘。墓葬为一大型砖室墓，

图 25-8-1-3 蚂蚁山明墓全景照
（摄于 2005 年 9 月，长沙市文化旅游广电局供图）

墓坑呈“中”字形竖穴土坑，总长 19 米，最宽处 14.5 米。墓道位于墓葬的南端，为一竖穴式墓道，墓道内发现有石塔建筑，石塔建筑内藏有一座精美的石质喇嘛塔，高 1.56 米。塔内发现一件漆函，内装有纸质书籍。书名有《太上洞玄灵宝高上玉皇本行集经》及《金刚般若波罗蜜经》，为道家及佛教经书，书名系楷书金粉手写体。墓室由前室、后室以及东、西两个侧室构成，券顶有 20 层，其中第 5~6 层为松香砂石砖层，十分严密、坚固，可有防水、防潮及防盗等功用。墓葬前、后室之间有隔墙及石门，后室内葬具为一椁一棺，墓葬内盗扰严重。墓葬出土金、银、铜、铁、石及木质等各类重要文物 146 件。墓主为谷王乳母张妙寿，卒于永乐十一年（1413）。墓葬的建造形制，融佛、道思想于一体，是湖南省所发现的最大的砖室墓，对研究明朝早期的宗教史、思想史、丧葬史等均具有重要的学术价值。

七、风篷岭汉墓

2006 年 3—10 月，长沙市文物考古研究所与望城县文物管理所在望城县星城镇风篷岭发掘一座大型西汉木椁墓。墓葬为带墓道的竖穴岩坑木椁墓，平面呈“中”字形，方向 347°，长 30.3 米，宽 14.6 米。墓道位于墓室北面，为斜坡台阶式。墓葬采用“黄肠题凑”葬制。墓葬内出土重要文物 200 余件（套），有金器、银器、青铜器、漆器、玉器、铁器、陶器、丝织品、水晶及石蜡制品等。其中在一件青铜灯圈足边缘部发现有一圈铭文，内容为“铜鐙一高二尺重廿二斤七两长沙元年造”。并首次在湖南省发现金缕玉衣、玉圭。另在 3 件漆盘上发现有红漆书写的“张姬榜檠”，在 5 件漆耳杯上发现有红漆书写的“长沙王后家杯”等文字，字迹清楚，为汉隶。此外，漆器上文字还有“厨”“宜酒食”等文字。考证墓主为西汉某代刘姓长沙国王后。墓葬的发掘填补西汉晚期长沙王室墓的考古缺失，对于研究汉代丧葬形制及其演变提供非常珍贵的资料。

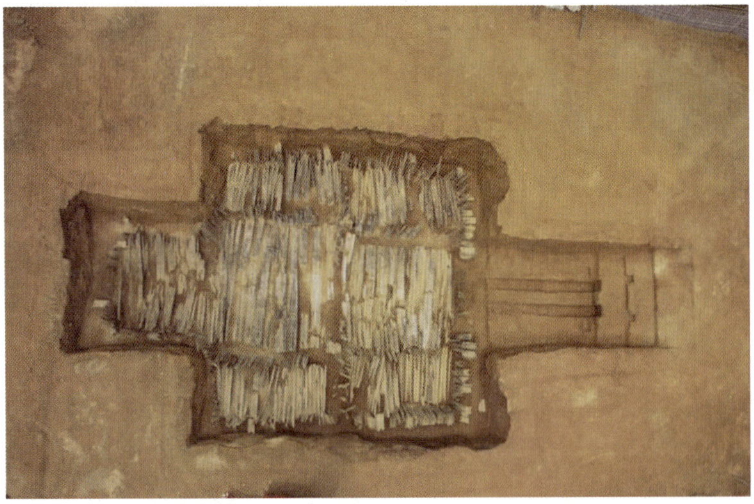

图 25-8-1-4 风篷岭汉墓俯视照
（摄于 2006 年 9 月，长沙市文化旅游广电局供图）

经过考古调查，位于长沙市岳麓区和望城县区域内的汉长沙国王（后）陵墓，累计 27 座，并存有城址 1 处。长沙市人民政府将此合并为汉长沙国王陵墓群保护项目，被国务院列入代表中华文明的 150 处大遗址保护名录。国家社科重点课题《长沙汉墓》正在整理之中。

八、五一广场东汉简牍

2010年6月22日，在长沙地铁2号线五一广场站东南侧的地下水管改造工程中发现一口埋藏有大量简牍的古井（窖）。古井井底距地表约6米余深，处于五一大道南侧与人行道之间的路面地表之下。7月10日—8月26日，长沙市文物考古研究所对古井（窖）进行考古发掘。古井（窖）口距地表3.8米，海拔高度为41.3米，平面略呈圆形，直径3.6米，深1.5米，井壁规整，微呈袋状，井（窖）底平整。古井（窖）内出土文物以简牍为主，同时也出土较多的漆木器和陶瓷器。简牍有竹简和木简两类。形制有木牍、两行简、小木简、封检、签牌、竹简、竹牍、削衣、异型简等，总数约7000枚，系东汉时期长沙郡或临湘县的官方文书档案。这批简牍数量众多，保存较好，形制规整，字迹清楚，对研究东汉时期的长沙地区政治、经济、文化现象，对历史学、简牍学、古文献学研究有着重要意义。

九、潮宗街古城墙遗址

遗址位于长沙城区内，西邻湘江。2011年9月至2012年，长沙市文物考古研究所在潮宗街南侧的万达广场建设工地上发现一段古城墙，长120余米，宽7.2米，大体呈东北—西南走向。城墙主体为内外侧均包砖的大型夯土墙体，断面呈梯形，为宋元明清时期古代长沙的西向城墙遗址。其中，宋至元代墙体底宽6米，采取两边砌砖，中间夯土的建筑手段，从底至顶逐步向内收分，部分青砖上刻有“忠义军”“善化梁五砖”等字样。明清城墙在宋代基础上夯筑，加宽加高，两边以麻石护边，底宽19米。现已对其中20米长的一段墙体进行原址保护。遗址时代特征清晰，记录长沙古城格局的片段，反映长沙古城局部地貌变化，印证相关文献记载，具有重要的学术研究价值。

第二节　文物保护单位

1987年，长沙有文物保护单位58处，其中，全国重点文物保护单位1处，省级文物保护单位44处，市县级文物保护单位13处。1988年，国务院公布第三批全国重点文物保护单位，其中长沙地区有岳麓书院等4处；1993年，长沙市人民政府重新公布橘子洲头等14处历史文化遗址为第一批市级文物保护单位；1996年，国务院公布第四批全国重点文物保护单位，长沙地区有谭嗣同故居1处。湖南省人民政府公布第六批省级文物保护单位，其中长沙地区有西汉长沙王后“渔阳”墓等8处；2000年，长沙市人民政府公布云麓宫等9处为第二批市级文物保护单位；2002年，湖南省人民政府公布第七批省级文物保护单位，其中长沙地区有谢觉哉故居等11处。2005年，长沙市人民政府公布火宫殿牌楼等47处为第三批市级文物保护单位；2006年国务院公布第六批全国重点文物保护单位，其中长沙地区有第一师范学校旧址等4处。湖南省人民政府公布第八批省级文物保护单位，其中长沙地区有白沙古井等8处；2007年，长沙市人民政府公布肖劲光故居等17处为第四批市级文物保护单位；2011年，湖南省人民政府公布第九批省级文物保护单位，其中长沙地区有田汉故居等52处。至2012年，长沙市有中央、省、市、区县各级人民政府公布的文物保护单289处，其中全国重点文物保护单位10处（11个点），湖南省文物保护单位114处，长沙市文物保护单位45处。并有县级文物保护单位119处。

一、岳麓书院

时代为清。位于长沙市岳麓区岳麓山东麓。

北宋开宝九年（976）潭州知州朱洞创立。宋真宗祥符八年（1015）赐名“岳麓书院”。南宋时，理学家张栻、朱熹主持讲学，生徒达千人，有“座不能容，饮马池水立涸”的盛况，是岳麓书院的全盛时期，为宋代四大书院之首。自宋以后，书院数经兵灾，屡经修复。至清康熙，赐书“学达性天”匾额，书院大兴。清乾隆时，赐书“道南正脉”匾额，重振书院旧观，奠定现存书院的规模。光绪二十九年(1903)，湖南巡抚赵尔巽奏准改书院为湖南高等学堂，1926年建立湖南大学至今。

主体建筑由书院、文庙和园林三部分构成，坐西朝东，占地面积近3万平方米，建筑面积近9000平方米。主要建筑有大门、二门、讲堂、御书楼、教学斋、半学斋、百泉轩、湘水校经堂、专祠、照壁、牌楼、大成门、大成殿、东西廊庑、崇圣祠、明伦堂、文昌阁、碑亭、碑廊、时务轩、屈子祠、吹香亭、风雩亭、极高明亭、道中庸亭、泉竹山房、后山门等。大门刻“惟楚有材，于斯为盛”门联，讲堂嵌“忠孝廉节”“整齐严肃”碑文为世所咏。书院历史上人文荟萃，古代著名的哲学家、思想家朱熹、张栻、王阳明、王夫之等在此著书立述，近代史上曾国藩、左宗棠、郭嵩焘、胡林翼、谭嗣同、陈天华、蔡锷等也都曾就读于此，毛泽东、蔡和森也曾在半学斋学习。今存建筑为清康熙二十四年（1685）重修。1985—1987年全面修缮，基本恢复书院原貌。

1988年，公布为全国重点文物保护单位。1995年，岳麓书院恢复文庙建筑群。

二、黄兴故居及墓

时代：故居1874年、墓1917年。黄兴（1874—1916）原名轸，号克强，湖南长沙人，近代民主革命家、辛亥革命重要领袖、同盟会创始人之一。黄兴故居位于长沙县黄兴镇凉塘。始建于清同治元年(1862)，坐北朝南，占地2.34万余平方米，四合院建筑。原有大小房间53间，现存房间41间，建筑面积1.8万平方米。土砖木结构，青瓦平房，主体建筑为两进五开间的上、下2栋，有堂屋、住房、轿厅、谷仓、厢房等10余间，左右配有天井走廊，室内走廊与八字槽门连接。房屋周围水田纵横，前有水塘，后有花园，左有枫树林，右有紫竹园，1条宽5米、长1600米的护庄河环绕四周。清同治十三年(1874) 10月25日黄兴诞生于此，并度过青少年时代。

黄兴墓位于长沙市岳麓山云麓峰北小月亮坪上方。1916年10月31日，黄兴在上海病故，1917年4月15日，国葬于长沙岳麓山。墓地坐西朝东，占地面积1913.6平方米。由三层92级石砌台阶步入墓地，墓上建有方尖碑，以整块乳白色花岗岩琢成四棱形，通高11米，正面镶嵌紫铜墓碑，镌刻“黄公克强之墓”，墓碑四周以石柱、铁栏围护，前有拜台、石凳，花岗石地面。南、北两向各树立4块各省督军题碑。墓右下500米处建黄兴墓庐，占地494.1平方米，辟为黄兴生平事迹陈列室。1988年，黄兴故居和墓合并公布为全国重点文物保护单位。

图 25-8-2-1 炭河里遗址全景

（摄于2001年，长沙市文化旅游广电局供图）

三、炭河里遗址

时代为商至西周。位于宁乡县黄材镇寨子村，地处湘江支流沩水上游黄材盆地西部。

1973年，湖南省博物馆对遗址进行小规模发掘，确认遗址时代为商末至西周初期。1994年，湖南省文物考古研究所对遗址进行重新调查。2001—2005年，湖南省文物考古研究所、长沙市文物考古研究所对遗址进行3次发掘，发掘面积约3000平方米。

遗址范围分布于黄材河北岸与土段溪河交汇处的扇形地带内，保存面积约2万平方米。遗址最大堆积厚约 2 米，其中下层堆积约 1 米，为商周时期遗存堆积，上层厚约 1 米，为秦汉以后遗存，且以清代至民国时期遗存为主。主要遗迹有：宫殿基址、城墙、城壕以及城外附属墓葬。两座西周早期大型宫殿建筑基址呈东西向南北排列，规模宏大，单体建筑面积约 800 平方米，有大型木结构回廊，柱坑径超过 1 米。城墙现存长度 200 米，宽 12~15 米，高约 3 米，呈圆弧形，推算城址面积约 15 万平方米。城外壕沟 1 条，宽约 6 米，深约 1 米。内壕沟 2 条，宽约 14.2~14.5 米，深约 2.5 米。城外有西周至战国竖穴土坑墓 12 座，其中西周墓 7 座。出土遗物主要为陶器和少量铜器、石器。陶器器类丰富，以罐、鼎、釜、钵最多，盆、簋、碗较少。城内发现较多铜器残片和铜块，表明应有铜器作坊。出土铜器近百件，分别属于不同个体的残片或部件，器类有鼎、卣、尊、爵、铲、刮刀、矛等，玉器 200 余件，主要为管、珠，陶器极少。通过分析可以基本确定炭河里城址的始建年代不早于商末周初，使用年代主要为西周早中期，废弃时代为西周晚期。遗址可能为商末周初一个区域青铜文化的中心聚落，或是西周时期某个地方国的都邑所在地。2006 年，公布为全国重点文物保护单位。

四、湖南省立第一师范学校旧址

位于长沙市天心区书院路 324 号。

学校前身为南宋时城南书院。清光绪二十九年（1903），在城南书院原址建湖南师范馆。整体由师范部与附属小学部两大建筑群组成，几次更名后，1914 年定名为湖南省立第一师范学校。校舍仿日本青山师范（今东芸大学）建筑风格。坐东朝西，占地 6.6 万平方米，建筑面积 2.1 万平方米，砖木结构，平房与二层楼有机结合，盖小青瓦，着青灰外墙，嵌白色条边。建筑之间亭廊相连，形成四合院落。1914—1918 年、1920—1922 年，毛泽东先后在此学习和工作。蔡和森、何叔衡、任弼时、李维汉、萧三，徐特立、杨昌济等也曾在此学习或工作。原校舍毁于 1938 年“文夕”大火。

1950 年 12 月，毛泽东为学校题写“第一师范”校名，“要做人民的先生，先做人民的学生”校训。徐特立题写“实事求是，不自以为是”。1968 年，经中共中央、国务院批准，学校按原貌重建。校内辟有毛泽东读书时的第八班教室、工作过的一师附小主事室等复原陈列参观点 14 处。2006 年，公布为全国重点文物保护单位。

五、蔡锷墓

时间为 1917 年。位于长沙岳麓山白鹤泉后方山上。蔡锷（1882—1916）字松坡，湖南宝庆人。辛亥革命时在云南领导推翻清朝统治的新军起义，1916 年领导反对袁世凯称帝的护国军起义。同年 11 月 8 日在日本病逝，1917 年 4 月 12 日国葬于长沙岳麓山。墓地坐西朝东，占地面积 1974.72 平方米。墓为花岗岩构造，平台基座上建方形墓碑，底部周长 12 米，通高 9.1 米。墓碑高 4.8 米，正面嵌铸紫铜，楷书镌刻“蔡公松坡之墓”碑文。墓四周以花岗石围栏，东辟入口，嵌碑 24 块分别刻湖南、湖北、江西、贵州、广

图 25-8-2-2　蔡锷墓

（摄于 2004 年，长沙市文化旅游广电局供图）

东、广西等省省长、督军的题字挽词，墓地周围筑以围墙，外围辅以石砌围栏。墓地左右均砌有石梯导入。墓前石坪上有石桌、香炉、石鼓。墓区正下方建有蔡锷墓庐，庐悬孙中山“平生慷慨班都护，万里间关马伏波”，梁启超“吾见子之出，而不见其入也；天未丧斯文，而忍丧斯人哉”等人的挽联。2006年，公布为全国重点文物保护单位。

六、马王堆汉墓

时代为西汉。位于长沙市芙蓉区五里牌马王堆疗养院。

相传为五代时楚王马殷的墓地，故称马王堆。1951年调查发现。1956年7月24日，公布为湖南省级文物保护单位。1972—1974年，湖南省博物馆与中国科学院考古研究所分期发掘，有3座大墓，发现其系西汉初期吴氏长沙国丞相轪侯家族墓地，出土珍贵文物7000余件，为研究西汉初期手工业和科学技术发展史，以及长沙国的历史文化和社会生活等方面提供极为重要的实物资料。

马王堆一号墓：1972年1—4月发掘，是中国20世纪考古史上最重要的考古发现之一。墓葬为长方形土坑竖穴木椁墓，封土高4米，墓口长19.5米，宽17.8米，深16米。方向正北，自墓口向下，墓穴四壁内收缩成四层台阶，墓室长7.6米，宽6.7米。墓室正中放置棺椁（一椁四棺），椁的上下四周填筑木炭及白膏泥，由于白膏泥的黏性强，可塑性好，渗透性极低，使椁室形成一个高标准的恒温、恒湿、缺氧、无菌的密封环境，所以棺椁、随葬物和尸体均保存完好。出土随葬器物1000余件，有帛画、丝织物、漆器、木俑、兵器、竹简、陶器等。马王堆一号墓打破同墓地中的三号墓，其封土又叠压着二号墓的封土，其下葬年代晚于后二者，当在公元前168年以后数年。因墓中出土“妾辛追”印章，确认其墓主是第一代轪侯利苍的妻子辛追。

马王堆二号墓：1973—1974年年初发掘。封土被一号墓叠压，呈圆形，高6米，底径31米。墓室上部呈椭圆形，直径8.9~11.23米。下部墓室为长方形，长7.25米，宽5.95米，深3.27米。位于墓室正北的斜坡墓道，残长9米，坡度24.5度。葬具为两椁两棺，仅存底板和壁板。随葬品主要是漆器、陶器和少量铜、玉器。漆器有壶、卮、耳杯、盘、平盘、夹纻胎风纹盘、木胎风纹盘、奁、剑、箭杆，以及器架、六博、叶形饰等。陶器有鼎、钫、熏炉、匕、勺、泥珠玑、泥金饼、泥半两。铜器有小铜鼎、镶玉铜卮、玳瑁铜扣卮、错金铜弩机。其他有铜带钩、银带钩、玳瑁璧、玳瑁梳、篦和玉环等。马王堆二号墓出土有篆体白文“长沙丞相”“轪侯之印”龟纽铜印和“利苍”篆体白文玉印，表明该墓墓主为吴氏长沙国第一代轪侯利苍。据《史记·惠景间侯者年表》和《汉书·高惠后文功臣表》记载，轪侯利苍死于西汉吕后二年（前186），下葬时间当在此年至吕后三年（前185）之间。

马王堆三号墓：1973年11—12月发掘。三号墓位于一号墓正南，封土堆较小，为带斜坡墓道的长方形土坑竖穴墓。方向正北，墓室上部南北长16.3米，东西宽15.05米，墓口以下有3级台阶，至墓底深9.9米。墓道坡度为18~19度，墓道两侧各有1个偶人。木椁四周有木炭、白膏泥，葬具为1椁3棺，规模较小。尸体已腐，仅存离散骨骸，经鉴定，为男性，年龄30余岁。出土随葬品1000余件，包括帛书、帛画、地图、简牍、丝织品、漆器、兵器及陶器等。马王堆三号墓出土的1件记事木牍有“十二年二月乙巳朔戊辰”等字样，并出土刻有利豨字样的玉印封泥一件，表明该墓的下葬时代为汉文帝初元十二年（前168）。墓主为辛追之子，即第二代轪侯利豨。

2009年9月，湖南省推荐申报第七批全国重点文物保护单位。

七、天心阁古城墙

时代为明。位于长沙市天心区天心路3号（天心公园内）。

长沙城始建于西汉高祖五年，由汉迄宋，历经扩建，至元代始成定局。天心阁古城墙初为土筑，明洪武年间（1368—1398 年）长沙守御指挥邱广将元代土城墙全部改为石基砖墙。城墙砖多有年号及窑户名字。明末，张献忠率大西军攻入长沙，城墙曾遭破坏。清顺治十一年（1654）洪承畴经略湖南，拆明藩王府砖石修筑城墙，使长沙“城池崇屹，甲于他郡”。清咸丰二年（1852）太平军进攻长沙时曾在此激战，城墙损坏严重。后湖南巡抚骆秉章等先后重修，增设炮台 9 座，增建月城，使古城墙成半环拱式内双城格局。1914 年拆除长沙城墙，修筑环城公路，唯留下天心阁一段古城墙作为胜迹。今存天心阁古城墙，石基砖砌，砖墙内为夯土结构，长 226.2 米（为明代城墙的三十五分之一），高 14.5 米，顶面宽 6.1 米，占地 5125 平方米。有南北两个月城，南月城底 340 平方米，北月城底 362 平方米。

1938 年，长沙大火，此段城墙亦遭损严重，雉堞全无。1983 年重建天心阁，从民间广集旧城墙砖，改为雉堞，以复旧观。1983 年，被公布为湖南省文物保护单位。2005 年，古城墙出现裂缝，采取灌浆法维修加固。2010 年 5 月，湖南省推荐申报第七批全国重点文物保护单位。

八、何叔衡故居

时代为清。位于长沙市宁乡县沙田乡长冲村五组。何叔衡故居始建于清乾隆五十年（1785），坐东朝西，占地面积 2600 平方米，建筑面积 800 平方米，砖木结构、青瓦平房，有正房、左右厢房计 23 间，清光绪二年（1876）五月二十七日何叔衡诞生于此。何叔衡（1876—1935）又名瞻岵，湖南宁乡人，清末秀才。1920 年参加长沙中国共产党早期组织。1921 年 7 月，和毛泽东到上海出席中国共产党第一次全国代表大会，为中国共产党创始人之一。1935 年 2 月 24 日，在福建牺牲。

1972 年 9 月 1 日，何叔衡故居被公布为湖南省文物保护单位。1978 年进行全面维修， 1980 年 10 月对外开放。2009 年，湖南省推荐申报第七批全国重点文物保护单位。

九、浏阳文庙

时代为清。位于长沙市浏阳市圭斋东路 72 号。

始建于南宋嘉定元年（1208），清嘉庆二十三年（1818）迁建县城东，即今址，现存建筑为清道光二十三年（1843）重建，为仿山东曲阜孔庙宫殿式建筑群，坐北朝南，占地面积 6000 余平方米，砖木石结构，四周筑有朱色围墙。中轴线上依次有棂星门、万仞宫墙、泮池、大成门、御道、大成殿、御碑亭、奎文阁等建筑。万仞宫墙左右两侧设“德侔天地”“道冠古今”门亭，大成门外两侧设忠孝祠、更衣所、名宦祠、乡贤祠等。大成门内两侧有钟、鼓亭，靠边设东西庑与长廊；甬道尽头上筑台阶，上建舞亭二座；大成殿为文庙主体建筑，高 18.3 米，正南面朱漆镂空雕隔扇门，其他三面均为砖墙，重檐歇山顶，黄色琉璃瓦，青花瓷脊，中置五色葫芦宝顶，鳌鱼刺吻。殿内立细砂岩方石柱32 根，东西北向设回廊，南向镌刻历代帝王撰写的长联多幅。大屋顶的脊饰、檐口、滴水均采用青花瓷檐饰剪边，门窗、角饰、挂落等木构雕作精细，山墙墀头部位泥塑彩画栩栩如生。文庙为祭孔场所，原大成殿中立有孔子牌位，两侧为历代贤士牌位。道光时仿制祭孔的古乐器，习以八佾之舞（浏阳文庙古乐器现藏湖南省博物馆），后山奎文阁为文庙附属建筑。

1983 年，公布为湖南省文物保护单位。1986 年，对文庙进行大修。2012 年，湖南省推荐申报第七批全国重点文物保护单位。

十、曾国藩墓

时代为清。位于长沙市望城县坪塘镇桐溪村伏龙山。曾国藩（1811—1872）湖南双峰人，号涤生，谥文正。晚清重臣，湘军的创立者、统帅，官至两江总督、直隶总督，翰林庶吉生。清同治十一年

图 25-8-2-3 曾国藩墓
（摄于 2000 年，长沙市文化旅游广电局供图）

(1872）二月病逝于南京，时年 62 岁。同年 4 月浅葬长沙金盆岭，同治十三年（1874）八月十三日，曾国藩夫人欧阳氏去世，择善化县坪塘镇铜溪村伏龙山为墓地，于同年十一月五日夫妇合葬于此。曾国藩其子曾纪泽兄弟遵清代皇室葬制，修建拜台、石阙、草庐、牌坊、神道等建筑，至光绪三年（1877）全部竣工。墓地坐北朝南，占地面积 3000 平方米，由神道、墓庐、拜堂、墓冢等组成。墓冢用糯米混碎瓷、砂石青砖等浇筑，外铺砌花岗石，呈半圆形，底径 5 米，高 2 米。墓地以花岗石墙围护，立石碑 5 通，主碑高 3.5 米，宽 1.2 米。碑额上刻云龙纹浮雕，正中阴刻楷书“皇清太傅大学士曾文正公、一品侯夫人欧阳夫人之墓”。二侧石碑均饰云龙纹浮雕。墓前有拜台、祭坪，面积约 60 平方米，东西各立石阙 1 个，高 3 米，分别刻有“曾太傅墓东阙”“曾太傅墓西阙”。石梯通道沿桐溪寺围墙而下，与墓庐槽门相连，通道两侧立有石翁仲、石马、石狮、石虎各一对。距墓庐 300 米处为御碑亭，墓庐，现存有龟趺石碑一通，碑额为：“太傅大学士毅勇侯曾文正公神道碑”。碑文为李鸿章撰、黄自元书。碑为花岗石质，由碑首、碑身、碑座 3 部分组成，碑高 2.776 米，宽 1.08 米，同治十一年（1872）立。碑文楷书，约 2800 字，记述曾国藩生平史实。出碑亭有牌坊兀立，在墓庐与牌坊间有古银杏、罗汉松等珍稀树木。

1996 年，公布为湖南省文物保护单位。2000—2002 年，陵园按原有规模进行修复。2012 年，湖南省推荐申报第七批全国重点文物保护单位。

十一、湖南省苏维埃政府旧址——锦绶堂

时间为 1931 年。位于浏阳市大围山镇楚东村。

始建于清光绪二十三年（1898），为当地大户涂氏所建的典型庄园建筑。坐北朝南，占地面积 4800 平方米，建筑面积 2800 平方米。砖木结构，三进院落，封火墙，硬山顶，小青瓦，原有大小房屋百余间。中轴线上依次为门厅（槽门）、庭院、前厅、天井、中厅、过亭、后厅。

1930 年 7 月 30 日，湖南省苏维埃政府在长沙成立，主席李立三（未到职）、副主席杨幼麟。8 月，湖南省苏维埃政府机关移驻平江长寿街，1931 年 3 月迁浏阳市东门楚东村锦绶堂，至 1931 年 9 月。湖南省苏维埃政府领导湖南人民开展政治、经济、军事、文化等方面的斗争，推动当地革命形势的发展。现建筑内外墙上仍保存有大量的红军标语，且保存有大量木雕、雕塑、彩画，内涵丰富、格调高雅。1998 年进行局部维修。2002 年，公布为湖南省文物保护单位。2009 年进行全面维修。2009 年，湖南省推荐申报第七批全国重点文物保护单位。

十二、白沙古井

时代为明。位于长沙市天心区回龙山北麓白沙路。

开凿于明。明《长沙府志》载“白沙井，县东南二里，井仅尺许，清香甘美，通城官民汲之不竭，长沙第一泉”。清初与山东济南趵突泉，贵州贵阳漏趵泉，江苏惠山陆子泉并称为中国四大名泉。泉水来

图 25-8-2-4 白沙古井(摄于 2002 年,长沙市文化旅游广电局供图)

自于地质学上称为的白沙井层，此层形成于第四纪早期，以石英砂岩为主的砂夹砾石层，其透水性强，能吸纳周围的地下水，泉源旺盛。白沙井水水质洁净，清冽甘美，透明度高，水味纯正，含盐很低，水温在 16℃~20℃之间。为花岗石铺砌，依山而建，井台呈扇形。正面立石坊，泉穴为四孔，一字排开，均以石砌成长约 1 米，宽 0.4 米，深 0.5 米的井。清时建有井亭，亭废后建石坊，题刻“玉醴流甘”“星泉溥润”。

2001 年，对古井及周边环境大整修，现辟为白沙古井公园，占地 1.12 公顷。2006 年，公布为湖南省文物保护单位。

表 25-8-2-1　　2012 年长沙市全国重点文物保护单位一览表

名 称	时代	类别	公布时间	位 置
秋收起义文家市会师旧址	民国 16 年（1927）	近现代	1961 年 3 月	浏阳市文家市镇人民路 33 号
岳麓书院	清	古建筑	1988 年 1 月	岳麓山清风峡，湖南大学内
黄兴故居及墓	1874—1917 年	近现代	1988 年 1 月	岳麓山小月亮坪上方
长沙县黄兴镇黄兴新村凉塘长沙铜官窑遗址	唐—宋	古遗址	1988 年 1 月	望城区丁字镇彩陶源村
刘少奇故居	清	近现代	1988 年 1 月	宁乡县花明楼镇炭子冲村
谭嗣同故居	清同治四年（1865）	近现代	1996 年 11 月	浏阳市北正路 98 号
蔡锷墓	民国 5 年（1917）	近现代	2006 年 5 月	岳麓山古麓山寺后方
湖南省立第一师范学校旧址	1913—1920年	近现代	2006 年 5 月	书院路 262 号
中共湘区委员会旧址	1921—1923年	近现代	2006 年 5 月	开福区八一路 538 号清水塘
炭河里遗址	商周	古遗址	2006 年 5 月	宁乡县黄材镇栗山村沩河、炭河组

表 25-8-2-2　　2012 年长沙市省级文物保护单位一览表（114 处）

名 称	时 代	类 别	公布时间	位 置
八路军驻湘通讯处旧址	民国 26 年（1937）	近现代	1983 年 10 月	芙蓉区蔡锷中路徐祠巷 19 号
马王堆汉墓	西汉	古墓葬	1983 年 10 月	芙蓉区马王堆疗养院内
贾谊故居	清	古建筑	1983 年 10 月	天心区太平街 19 号

续表 25-8-2-2

名　称	时　代	类　别	公布时间	位　置
赵汝愚墓	南宋庆元二年（1196）	古墓葬	1983 年 10 月	天心区妙高峰
天心阁古城墙	明	古建筑	1983 年 10 月	天心区天心路 3 号
蒋翊武墓	民国 5 年（1916）	近现代	1983 年 10 月	岳麓区岳麓山半山亭侧
刘道一墓	民国元年（1912）	近现代	1983 年 10 月	岳麓区岳麓山清风峡
焦达峰墓	民国 5 年（1916）	近现代	1983 年 10 月	岳麓区岳麓山黄兴墓北侧
陈作新墓	民国元年（1912）	近现代	1983 年 10 月	岳麓区岳麓山北峰
禹之谟墓	民国元年（1912）	近现代	1983 年 10 月	岳麓区岳麓山
陈天华、姚宏业墓	清光绪三十三年(1907)	近现代	1983 年 10 月	岳麓区岳麓山
黄爱、庞人铨烈士墓	民国 16 年（1927）	近现代	1983 年 10 月	岳麓区岳麓山
北津城遗址	汉	古遗址	1983 年 10 月	岳麓区观沙岭街道
麓山寺碑	唐	石窟寺及石刻	1983 年 10 月	岳麓区岳麓书院内
新民学会旧址	民国 7 年（1918）	近现代	1983 年 10 月	溁湾镇新民路
爱晚亭	1913—1918	近现代	1983 年 10 月	岳麓山青枫峡
禹王碑	宋	石窟寺及石刻	1983 年 10 月	岳麓山西北侧禹碑峰东
西汉长沙王室墓	西汉	古墓葬	1983 年 10 月	长沙市望城坡古坟垸
麓山寺	晋泰始四年（268）	古建筑	1983 年 10 月	岳麓区岳麓山
魏家大堆汉墓	汉	古墓葬	1983 年 10 月	雨花区黄土岭
湖南烈士纪念塔	1958 年	近现代	1983 年 10 月	开福区东风路烈士公园
中共湖南省工作委员会旧址	民国 36 年（1947）	近现代	1983 年 10 月	开福区三角塘 32 号
湖南自修大学旧址	1921—1923 年	近现代	1983 年 10 月	开福区中山路 74 号
开福寺	清	古建筑	1983 年 10 月	开福区开福寺路
杨开慧故居	清末	近现代	1983 年 10 月	长沙县开慧乡开慧村
徐特立故居	清光绪十五年（1889）	近现代	1983 年 10 月	长沙县江背镇特立村
谭嗣同墓、祠	清光绪二十七年（1901） 民国 2 年（1913）	近现代	1983 年 10 月	浏阳市北正路 98 号
浏阳文庙	清	古建筑	1983 年 10 月	浏阳市奎斋东路 81 号浏阳市一中内
密印寺	中华民国	古建筑	1983 年 10 月	宁乡县沩山镇
云山学校	民国 6 年（1917）	近现代	1983 年 10 月	宁乡县横市镇云山村
裴休墓	唐	古墓葬	1983 年 10 月	宁乡县沩山乡沩清村
张南轩墓（含张浚墓）	宋	古墓葬	1983 年 10 月	宁乡县巷子口镇官山村二组
何叔衡故居	清光绪二年（1876）	近现代	1983 年 10 月	宁乡县沙田乡堆资村五组

续表 25-8-2-2

名 称	时 代	类 别	公布时间	位 置
郭亮墓	民国 17 年（1928）	近现代	1983 年 10 月	望城区茶亭镇郭亮村
覃振墓	民国 37 年（1948）	近现代	1996 年 1 月	岳麓区岳麓山青枫峡
陶公庙	清光绪十九年（1893）	古建筑	1996 年 1 月	长沙县榔梨镇陶公庙社区
左宗棠墓	清光绪十六年（1890）	近现代	1996 年 1 月	长沙县跳马乡白竹村
新算学馆——奎文阁	清光绪二十三年（1897）	古建筑	1996 年 1 月	浏阳市奎斋东路 81 号浏阳市一中内
胡耀邦故居	民国 4 年（1915）	近现代	1996 年 1 月	浏阳市中和乡苍坊村
西汉长沙王后“渔阳”墓	西汉	古墓葬	1996 年 1 月	岳麓区望城坡
曾国藩墓	清	古墓葬	1996 年 1 月	望城县坪塘镇
欧阳予倩故居	清光绪十五年（1889）	近现代	2002 年 5 月	浏阳市人民中路 49 号人民医院内
湖南省苏维埃政府旧址（锦绶堂）	民国 19 年（1930）	近现代	2002 年 5 月	浏阳市大围山镇楚东村
北伐阵亡将士纪念塔	民国 16 年（1927）	近现代	2002 年 5 月	岳麓区岳麓山南大门北侧
长沙海关公廨旧址	清宣统三年（1911）	近现代	2002 年 5 月	岳麓区橘子洲中段
谢觉哉故居	清光绪十年（1884）	近现代	2002 年 5 月	宁乡县沙田乡堆资村五组
长沙天主教堂	清光绪二十七年（1901）	近现代	2002 年 5 月	开福区湘春巷 8 号
长沙基督教城北堂	清光绪三十二年（1906）	近现代	2002 年 5 月	开福区外湘春街 70 号
长沙基督教北正街教堂	民国 4 年（1906）	近现代	2002 年 5 月	开福区黄兴北路 128 号
天心阁	中华民国	近现代	2002 年 5 月	天心区天心阁公园内
湖南大学礼堂	1951年	近现代	2002 年 5 月	岳麓区湖南大学内
雷锋塑像	1991 年	近现代	2002 年 9 月	望城区雷锋镇雷锋纪念馆内
白沙古井	明	其 他	2006 年 5 月	天心区白沙路白沙公园内
七十三军抗日阵亡将士墓	民国 36 年（1947）	近现代	2006 年 5 月	岳麓区湖南师范大学赫石坡
杨公庙	清道光三十年（1850）	近现代	2006 年 5 月	长沙县开慧乡开慧村
柳直荀故居	清	近现代	2006 年 5 月	长沙县高桥镇中南村
新安桥	明成化十年（1474）	古建筑	2006 年 5 月	浏阳市社港镇新安村
状元易祓墓	宋	古墓葬	2006 年 5 月	宁乡县巷子口镇巷市村
惠同廊桥	清	古建筑	2006 年 5 月	宁乡县沙田乡沙田村
中山亭	1930年	近现代	2006 年 5 月	开福区中山路与黄兴路交汇处
乐诚堂	1931年	近现代	2006 年 5 月	开福区湘春路
“谷山砚”采石场遗址	宋—清	古遗址	2011 年 1 月	岳麓区天顶乡

续表 25-8-2-2

名称	时代	类别	公布时间	位置
义兴窑	清	古遗址	2011 年 1 月	望城区铜官镇袁家湖社区
炭河里遗址	周	古遗址	2011 年 1 月	宁乡县黄材镇
谭仲麟墓（含碑亭）	清光绪三十二年（1906）	古墓葬	2011 年 1 月	岳麓区坪塘镇
张百熙墓	清	古墓葬	2011 年 1 月	长沙县春华镇洞口村
杨坦园墓	清	古墓葬	2011 年 1 月	雨花区雨花亭街道石马铺
李朝斌墓	清光绪二十年（1894）	古墓葬	2011 年 1 月	望城区星城镇马家河社区
梅岭官兵合葬墓	清	古墓葬	2011 年 1 月	天心区新开铺
何绍基墓	清	古墓葬	2011 年 1 月	天心区新开铺
谭继洵墓	清	古墓葬	2011 年 1 月	浏阳市
惜字塔	清道光十八年（1838）	古建筑	2011 年 1 月	望城区茶亭镇九峰山村
沈家大屋	清同治四年（1865）	古建筑	2011 年 1 月	浏阳市伏龙镇新开村
毛公桥	清	古建筑	2011 年 1 月	宁乡县巷子口镇
田冲兰花屋场	清	古建筑	2011 年 1 月	宁乡县巷子口镇
司徒岭驿道	清	古建筑	2011 年 1 月	宁乡县巷子口镇
肖劲光故居	清光绪二十九年（1903）	近现代	2011 年 1 月	岳麓区橘子洲街道
湖南和平解放秘密电台工作站旧址	民国 38 年（1949）	近现代	2011 年 1 月	望城区桥驿镇洪家村
雷锋故居	1994 年	近现代	2011 年 1 月	望城区雷锋镇雷锋纪念馆旁
李富春故居	清	近现代	2011 年 1 月	天心区三兴街
缪伯英故居	清	近现代	2011 年 1 月	长沙县开慧乡缪家祠
田汉故居	清光绪二十四年（1898）	近现代	2011 年 1 月	长沙县果园乡田汉村
春华渡槽	1976 年	近现代	2011 年 1 月	长沙县春华镇
许光达故居	清光绪三十年（1904）	近现代	2011 年 1 月	长沙县黄兴镇光达村
李维汉故居	清道光十八年（1838）	近现代	2011 年 1 月	长沙县高桥镇维汉村
王首道故居	清光绪三十二年（1906）	近现代	2011 年 1 月	浏阳市张坊镇上洪村
中共湘鄂赣省第一次党代会旧址——楚东山大屋	民国 20 年（1931）	近现代	2011 年 1 月	浏阳市大围山镇楚东村
文家市大捷遗址	民国 19 年（1930）	近现代	2011 年 1 月	浏阳市文家市镇文家市居委会
红一方面军后方医院旧址——范家祠堂	民国 19 年（1930）	近现代	2011 年 1 月	浏阳市小河乡田心村
寻淮洲故居	民国元年（1912）	近现代	2011 年 1 月	浏阳市社港镇淮洲村
杨勇故居	民国 9 年（1920）	近现代	2011 年 1 月	浏阳市文家市镇
程潜公馆	中华民国	近现代	2011 年 1 月	芙蓉区解放路街道百果园

续表 25-8-2-2

名　称	时　代	类　别	公布时间	位　置
李觉公馆	中华民国	近现代	2011 年 1 月	开福区通泰街街道
圣经学校旧址	中华民国	近现代	2011 年 1 月	芙蓉区文艺路街道
湘雅医院早期建筑群	中华民国	近现代	2011 年 1 月	开福区湘雅路
何南薰墓	民国 21 年（1922）	近现代	2011 年 1 月	宁乡县沙田乡长冲村
陈昌墓	民国 19 年（1930）	近现代	2011 年 1 月	浏阳市镇头镇土桥村
红一方面军成立会旧址——李家大屋	民国 19 年（1930）	近现代	2011 年 1 月	浏阳市永和镇石江村
秋收起义部队第三团驻地旧址——刘家祠堂	民国 16 年（1927）	近现代	2011 年 1 月	浏阳市大围山镇上坪村
上坪会议旧址	民国 16 年（1927）	近现代	2011 年 1 月	浏阳市大围山镇白沙社区
王震故居	清光绪三十四年（1908）	近现代	2011 年 1 月	浏阳市北盛马战村江背组
黄钺墓	民国 32 年（1943）	近现代	2011 年 1 月	宁乡县东湖塘镇方塘村
柘湘公路纪念塔	1960 年	近现代	2011 年 1 月	宁乡县龙田镇白花村
炭子冲学校	清光绪三十二年（1906）	近现代	2011 年 1 月	宁乡县花明楼镇炭子冲村
林修梅墓	中华民国	近现代	2011 年 1 月	岳麓区岳麓山
湖南第一纱厂旧址	中华民国	近现代	2011 年 1 月	岳麓区银盆岭街道
唐生智公馆	中华民国	近现代	2011 年 1 月	岳麓区橘子洲头
岳麓山忠烈祠	中华民国	近现代	2011 年 1 月	岳麓区湖南师大
半山亭（蒋公亭）	中华民国	近现代	2011 年 1 月	岳麓区岳麓山
长沙会战第九战区司令部指挥所旧址	1941 年	近现代	2011 年 1 月	岳麓区岳麓山
中共湘区委员会旧址纪念馆	1968 年	近现代	2011 年 1 月	开福区八一路
毛泽东铝镁合金塑像	1968 年	近现代	2011 年 1 月	开福区八一路
武堂纪念亭	1969 年	近现代	2011 年 1 月	长沙县春华镇

表 25-8-2-3　　2012 年长沙市级文物保护单位一览表（45 处）

名　称	时　代	类　别	公布时间	位　置
浏城桥墓地（原名：浏城桥楚墓）	战国	古墓葬	1993 年 10 月	芙蓉区浏正街道浏正街社区建湘路 225 号
刘崑涛墓	民国 9 年（1920）	近现代	1993 年 10 月	岳麓区橘子洲街道湖大社区岳麓山云麓宫北面
岳王亭	民国 25 年（1936）	近现代	1993 年 10 月	岳麓区橘子洲街道师大社区湖南师范大学内岳王路西

续表 25-8-2-3

名称	时代	类别	公布时间	位置
橘子洲头	近代	近现代	1993 年 10 月	岳麓区橘子洲街道橘子洲头 2 号（桔洲公园内）
舍利塔	隋仁寿二年（602）	古建筑	1993 年 10 月	岳麓区橘子洲街道湖大社区岳麓山清风峡爱晚亭后方
胡子靖墓	民国 37 年（1948）	近现代	2000 年 8 月	岳麓区岳麓街道科大社区岳麓山南麓湖南教育公墓
云麓宫	明成化十四年（1478）	近现代	2000 年 8 月	岳麓区橘子洲街道湖大社区岳麓山云麓峰顶
桃树湾清代民居	清道光二十九年（1849）	近现代	2000 年 8 月	浏阳市金刚镇丹桂村桃树湾组
飘风塔	近代	近现代	2000 年 8 月	长沙县开慧乡双华村新屋组
程潜公馆	中华民国	近现代	2005 年 8 月	芙蓉区韭菜园街道蓉园社区
火宫殿牌楼	清乾隆十二年（1747）	古建筑	2005 年 8 月	天心区坡子街街道黄兴南路社区坡子街 127 号
伍厚德堂	民国 35 年（1946）	近现代	2005 年 8 月	天心区坡子街街道坡子街社区坡子街 148 号
西文庙坪牌坊	清同治五年（1866）	古建筑	2005 年 8 月	天心区学院街道文庙坪社区文庙坪巷西文庙坪
南托大塘新石器遗址	距今 7000 年前	古遗址	2005 年 8 月	天心区暮云镇南托乡（长沙城南 20 千米，西距望城县禾洲尾 1 千米，北距李家坪木材站约 500 米）
自卑亭	清嘉庆十七年（1688）	古建筑	2005 年 8 月	岳麓区橘子洲街道湖大社区湖南大学校园内
高继青烈士墓	1949 年	近现代	2005 年 8 月	岳麓区橘子洲街道师大社区岳麓山东麓知新村陵墓区
白鹤泉	南宋	其他	2005 年 8 月	岳麓区橘子洲街道湖大社区岳麓山
印心石屋石刻	清道光十八年（1838）	石窟寺及石刻	2005 年 8 月	岳麓区橘子洲街道湖大社区岳麓山黄兴墓庐南门下方
辛亥援鄂汉阳阵亡将士公墓	民国元年（1912）	近现代	2005 年 8 月	岳麓区橘子洲街道湖大社区岳麓山麓山景区管理处办公楼后
丁文江墓	民国 25 年（1936）	近现代	2005 年 8 月	岳麓区岳麓街道科大社区岳麓山南麓
程宣烈士墓	民国 17 年（1928）	近现代	2005 年 8 月	岳麓区橘子洲街道湖大社区岳麓山麓山寺通往万景公园公路拐弯处右侧
辛亥援鄂民五护国阵亡将士公墓	民国 5 年（1916）	近现代	2005 年 8 月	岳麓区橘子洲街道湖大社区岳麓山进山门楼前约 100 米
湖南省会警察纪念堂	民国 34 年（1945）	近现代	2005 年 8 月	岳麓区橘子洲街道湖大社区岳麓山南大门
临水戏台旧址	民国 16 年（1927）	近现代	2005 年 8 月	望城区靖港镇保建所 99 号

续表 25-8-2-3

名称	时代	类别	公布时间	位置
植基塔	清光绪二十三年（1897）	古建筑	2005年8月	开福区新港镇植基社区芙蓉北路
棠坡大屋（原名棠坡清代民居遗址）	清咸丰四年（1854）	近现代	2005年8月	长沙县安沙镇和平村董家嘴村民组
鹿芝岭新石器遗址	距今4000年前	古遗址	2005年8月	长沙县黄兴镇高塘乡（长沙城东约30千米，东距鹿芝岭500米，南距浏阳河2千米）
洗笔泉石刻	唐	石窟寺及石刻	2005年8月	望城区书堂乡书堂村书堂山组
石霜寺	唐	古建筑	2005年8月	浏阳市金刚镇石庄村霜华山
易雄墓	西晋	古墓葬	2005年8月	浏阳市枨冲镇嘉园村将军组
孔氏家庙	明万历十四年（1586）	古建筑	2005年8月	浏阳市达浒镇金石村
宁乡战役抗战阵亡烈士纪念塔	民国35年（1946）	近现代	2005年8月	宁乡县玉潭镇新山路116号
大夫堂庄园古墙	清	古建筑	2005年8月	宁乡县花明楼镇大夫堂村染坊组
高氏祠堂	清	古建筑	2005年8月	宁乡县沩山乡沩水村
北山书屋	1928	近现代	2005年8月	长沙县北山镇北山村
白云寺	唐	古建筑	2005年8月	宁乡县双凫铺镇栗山村
积谷仓	民国16年（1927）	近现代	2005年8月	浏阳市文家市镇人民路
金九活动旧址	中华民国	近现代	2007年7月	开福区通泰街街道连升街社区楠木厅6号
又一村组亭	清末	近现代	2007年7月	开福区望麓园街道中山路社区青少年宫内
王易墓	1956年	近现代	2007年7月	天心区裕南街街道南站社区金陵墓园地字新9号
洞阳寺	明	古建筑	2007年7月	望城区桥驿镇洞阳村黑糜峰
谢祖尧墓	民国35年（1946）	近现代	2007年7月	岳麓区橘子洲街道湖大社区岳麓山云麓宫附近
刘氏节孝坊	清光绪二十六年（1900）	近现代	2007年7月	岳麓区观沙岭街道办事处岳华村
李氏家庙	清嘉庆二十年（1815）	古建筑	2007年7月	浏阳市大围山镇浏河源村
高氏祠堂	清	近现代	2007年7月	宁乡县沩山乡沩水村

第三节 馆藏文物

1987年，长沙地区统计各类文物和资料计10万余件。在市文物部门收藏的3万余件和省文物部门收藏的11万余件藏品中，许多重要、精美的文物大多出自于长沙。1988年至2012年，经过逐年考古发掘、新建博物馆、纪念馆设施和开展文物征集工作以及打击文物犯罪收缴文物，长沙市馆藏文物增至近40万件（套），其中，出土文物13万余件（含三国吴简10万余件）；馆藏文物6万余件；社会征集文物近4000件；省级单位收藏文物近20万件。长沙的馆藏文物数量大幅度增长，对保护文化遗产，弘扬优秀文化，起到重要作用。

一、古代文物

（一）商·象纹大铜铙，一级，长沙市博物馆藏。时代为商。1983年宁乡县月山铺出土。铜质。高103.5厘米，鼓间宽48厘米，重221.5千克。乐器。钲部作合瓦形，上宽下窄，甬呈圆管状，与钲腔相通。钲面饰以粗线条组成的兽面纹，兽面以长鼻为界，左右两侧对称，半浮雕两眼略微凸出，上刻云雷纹。隧部浅浮雕一对相向站立的大象，钲之周边、甬部满饰云雷纹。此铙呈褐绿色，形体高大，是迄今为止国内发现的商周铜铙中最大最重的一件。

（二）商·龙纹带斧铜刀，一级，长沙市博物馆藏。时代为商。1988年宁乡县朱良桥乡出土。铜质。长26.4厘米，柄长10厘米，连斧宽6厘米，重154克。生活用具。刀身略呈弧形，刀尖上翘，前刃圆弧。扁圆形细长柄中空，两侧饰卷尾夔龙纹。此刀特殊之处是脊背上联有一小斧，斧上饰三角纹和回纹，造型奇特。

图25-8-3-1 商·龙纹带斧铜刀
（长沙市文化旅游广电局供图）

（三）商·兽面纹铜铙，一级，长沙市博物馆藏。时代为晚商。1993年宁乡县老粮仓出土。铜质。通高54厘米，铣间宽35.5厘米，鼓间宽27.7厘米，重28.5千克。乐器。甬空通腔，平舞直铣，阔腔。于口弧曲稍大，于部内有卷唇。无枚，铙面装饰为风格精细兽面纹，以兽面的鼻梁部分表现。浮雕的兽面眼部突出，上装饰阴刻的云雷纹。钲部边缘还装饰13个泡钉形乳钉。

图25-8-3-2 商·兽面纹铜铙
（长沙市文化旅游广电局供图）

（四）周·云雷纹铜甬钟，二级，长沙市博物馆藏。时代为西周。1994年9月24日，宁乡县回龙铺乡回龙铺村出土。铜质。高44.5厘米，铣口宽24.5厘米，甬长14厘米，重11.5千克。鼓部饰纹，身两侧置3行乳钉，每行6枚。乳钉间饰云纹和细圈点纹，纹饰线条极细，铸造精工，为少见的西周早期甬钟。

（五）春秋·“缪叔义行之用”铭文铜戈，一级，长沙市博物馆藏。时代为春秋。征集。铜质。长27.7厘米，内长8厘米，栏长11.5厘米，重363克。兵器。长援，短胡三穿，

图25-8-3-3 春秋·“缪叔义行之用”铭文铜戈 （长沙市文化旅游广电局供图）

援中脊起方形凸棱。内部一长方形穿，有双线勾勒的凤纹，内末下端有缺齿。胡部一面阴刻“缪叔义行之用”篆体铭文，字体纤秀。

图 25-8-3-4 春秋·带鞘扁圆茎四箍铜剑 （长沙市文化旅游广电局供图）

（六）春秋·带鞘扁圆茎四箍铜剑，一级，长沙市博物馆藏。时代为春秋。征集。铜质。通长 31.8 厘米，剑长 26.2 厘米，宽 3.6 厘米，重 311 克。兵器。剑身较短，中脊起凸方棱，末端收刹成锋。剑格、茎、首均嵌入木柄内，木柄断面呈扁圆形，上髹黑漆，有 4 道凸箍，椭圆形剑首。鞘为 2 木片拼合而成，髹黑漆，上宽下窄，两面脊部起棱，饰有弦纹 19 道。鞘的一面前部雕刻“山”字纹，后部有长方形缺口，应是饰剑珥之处。此剑漆木剑柄与剑鞘均保存完整。

图 25-8-3-5 战国·十二叶四竹叶四山纹铜镜 （长沙市文化旅游广电局供图）

（七）战国·透雕双龙纹玉剑璏，一级，长沙市博物馆藏。时代为战国。1988 年长沙市韶山路友谊商店出土。玉质。残长 5.1 厘米，宽 2.6 厘米，高 0.9 厘米。剑饰。剑璏身饰谷芽状勾连纹，正面上部透雕虎纹，尾部残缺。

（八）战国·十二叶四竹叶四山纹铜镜，一级，长沙市博物馆藏。时代为战国。1990 年长沙市燕山街出土。铜质。直径 15.8 厘米，厚 0.6 厘米，重 373 克。梳妆照容用具。圆形。素缘窄卷边。三弦纹钮，方形钮座，钮座四角各伸出连贯的草叶纹，草叶纹之间羽状地纹上饰四山字纹。铸工精细，纹饰层次分明，排列布局规整，色泽光亮如新，是四山字纹铜镜中的精品。

图 25-8-3-6 战国·三十眼琉璃珠 （长沙市文化旅游广电局供图）

（九）战国·三十眼琉璃珠，一级，长沙市博物馆藏。时代为战国。1990 年长沙市浏城桥出土。 琉璃质。直径 1.2 厘米，孔径 0.7 厘米，高 2 厘米，重 6.4 克。装饰品。圆管状，中间有圆孔可以贯穿佩带。通体呈蓝色，器表突出 30 个半球形颗粒，颗粒底部饰白色圆圈纹，状似蜻蜓眼。该珠形体硕大，为同时期的琉璃珠中所罕见。经激光检测分析，琉璃珠成份中含钠、钙，不含铅，钡仅微量，表明此类琉璃珠非我国产品，应是通过贸易由西亚传入。

图 25-8-3-7 西汉·八铺首云纹铜杯 （长沙市文化旅游广电局供图）

（十）西汉·八铺首云纹铜杯，一级，长沙市博物馆藏。时代为西汉。2002 年长沙市清水塘文化艺术品市场征集。铜质。高 21 厘米，口径 14 厘米，底径 9 厘米，重 1.193 千克。饮酒器。器形似觚，喇叭口，束腰，高圈足。杯口与圈足均饰三圈卷云纹，纹饰微凸起于器表。上下各有四个兽面纹衔环铺首。

图 25-8-3-8 西汉·五弦漆木筑 （长沙市文化旅游广电局供图）

（十一）西汉·五弦漆木筑，一级，长沙简牍博物馆藏。时代为西汉，1993 年在长沙望城坡古坟垸一号汉墓中发掘出土。

木质。长 117.4 厘米，宽 7.2 厘米，通高 16 厘米。五弦漆筑为整木剜制，大头细颈，其形制如棒槌状。大头部分为共鸣箱，长条形，中空。箱底部镶嵌一薄板，箱面皆平整，箱体两侧呈弧形微鼓，宽于面板。首岳上有五道弦槽，外侧一方孔，插立一蘑菇状弦枘。细颈部为持握的筑柄，呈上棱下圆状，尾端呈桃形，尾岳嵌其上。除音箱部分外，通体髹黑漆。筑为相和打击乐器，在秦汉时期广为流行，到宋代就已失传。此件漆筑的出土，为国内筑类实用器的首次发现。

（十二）西汉·蓝色玻璃环，一级，长沙市博物馆藏。时代为西汉。长沙出土。琉璃质。断径 8.1 厘米，边宽 1.2 厘米。装饰品。环呈宽边圆，宽边内外沿斜面较薄，中间凸起 0.5 厘米宽的平面。平面两边现两周弦纹。正反两面均一样，蓝色透光润亮。

（十三）三国（吴）简牍——嘉禾吏民田家莂，一级，长沙简牍博物馆藏。时代为三国。嘉禾吏民田家莂，1996 年出土于长沙走马楼 22 号古井，共二千一百四十一枚，杉木质，长 49.8~56 厘米，宽 2.6~5.5 厘米，厚 0.5~1.6 厘米，而一般简牍的长度多在 23 厘米至 28 厘米之间，因此称为大木简。“莂”，是可剖分的契约文书，一式两份或多份。嘉禾吏民田家莂详细记载孙吴时期长沙郡临湘县佃户租佃土地的数量及向官府交纳钱粮、布匹等赋税的数额，自上而下分多栏书写，将佃农土地状况、纳税数量等数据书写两份，在顶端大书一个“同”字或几条直线作为“同”字的简写。而后从中间一剖为二，一份留在官府备案，一份由租佃田地的农民保存，官府要核对时，将两份木简合在一起，核对顶端的“同”字能否合准。政府归档时，将这些田家莂编连成册，莂上多有用以系绳的契口，正背面亦见编痕。

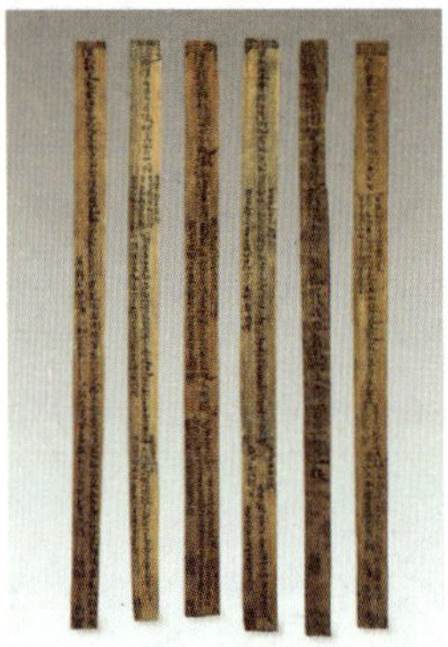

图 25-8-3-9　三国（吴）简牍——嘉禾吏民田家莂
（长沙市文化旅游广电局供图）

（十四）东晋·湘阴窑青釉鸡首瓷壶，一级，长沙市博物馆藏。时代为东晋。1986 年长沙市南湖路征集。瓷质。高 15.4 厘米，口径 8.2 厘米，底径 9.6 厘米。盘口，束颈，溜肩，球腹，平底假圈足。流呈鸡首状，张喙，中有一孔与腹腔相通，两眼圆鼓，鸡冠竖立。盘口与肩部之间侧立一弧形柄，肩部饰有弦纹。通体施青釉，釉色莹润。

图 25-8-3-10　东晋·湘阴窑青釉鸡首瓷壶　（长沙市文化旅游广电局供图）

（十五）唐·莲花纹二十六齿金梳，一级，长沙市博物馆藏。时代为唐。1987 年长沙市中南工大唐墓出土。金质。高 3.1 厘米，宽 4.6 厘米，重 6.8 克。装饰品。金梳均呈马蹄形，26 齿，棰叠而成。柄部边缘饰联珠纹，中饰一朵盛开的莲花，旁饰花苞和莲蓬。齿端平直，金色纯正，纹饰具有典型的唐代风格。

图 25-8-3-11　唐·莲花纹二十六齿金梳　（长沙市文化旅游广电局供图）

（十六）唐·长沙窑青釉褐彩“君生我未生”诗文陶执壶，一级，长沙市博物馆藏。时代为唐。长沙窑遗址出土。陶瓷质，高 17.6 厘米，口径 8.9 厘米，喇叭口，长颈，圆肩，

图 25-8-3-12 唐·长沙窑青釉褐彩“君生我未生”诗文陶执壶（长沙市文化旅游广电局供图）

瓜棱腹，平底假圈足，曲柄。多棱短流（壶嘴）下方以褐彩书“君生我未生，我生君以（已）老。君恨我生迟，我恨君生早。”该诗文执壶的功用为酒壶，同时也作注茶汤的茗瓶。流所在的部分对于饮者而言最为醒目，书画皆饰于此，注汤斟酒时最为显眼醒目。

（十七）清·何绍基石墓志，一级，长沙市博物馆藏。时代为清。2003 年长沙市郊区文管所采集。石质。长 65 厘米，宽 44 厘米，厚 3.5 厘米。墓志立于清同治十三年（1874），长条形，楷书通篇可释，直书 34 行，满行 20 字，全文 672 字。主要介绍何绍基生平事迹。墓志内容：“皇清诰授中宪大夫翰林院编修加六级，封资政大夫候选道加四级，显考何公子贞府君墓志。府君讳绍基……。”

（十八）清·银镶玛瑙盖菊花瓣纹碧玉壶，一级，长沙市博物馆藏。时代为清。2008 年宁乡县文物管理所征集。玉质，碧绿色。通高 13 厘米、口 6.9 厘米、腹 9.8 厘米，重 725 克。用具。保存完好。平底、鼓腹、束颈。器身为菊瓣，饰龙纹，器盖纽镶玛瑙，盖沿镶银，周边均匀镶小玛瑙。

二、近现代文物

（一）湖南省立第四师范学校同学录，一级，长沙市博物馆藏。时间为 1913 年。1968 年原省立第四师范学校预科二班学生张盛珊捐赠。纸质。宽 14.5 厘米，高 24.4 厘米。全书有 19 页，详细记载 1913 年期间学校教职员名录和预科 1~3 班、简易科 1~4 班同学录。1913 年春，毛泽东以第一名的优异成绩考入湖南省立第四师范学校，被编入该校预科第一班。毛泽东为预科 1 班学生，排名 4 页 2 行。

（二）湖南省立第一师范学校职教员学生一览表，一级，长沙市博物馆藏。时间为 1914 年。1968 年原省立第一师范学校预科一班学生黄受松捐赠。纸质。宽 15.3 厘米，高 23.3 厘米。全书有 69 页，收录湖南省立第一师范学校 1914 年职员、教员、附属高等小学部、附属初等小学部职员名录，三级 1~4 班，预科 1~5 班、讲习科 1~3 班，高等小学 1~3 班，初等小学 1~4 班同学录。毛泽东为预科 3 班学生，载第 26 页第 13 行。1914 年春，湖南省立第四师范学校与湖南省立第一师范学校合并，毛泽东随校编入一师预科 3 班学习。

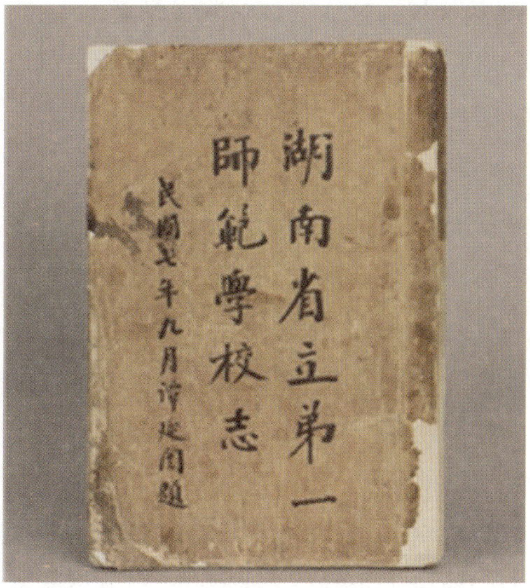

图 25-8-3-13 湖南省立第一师范学校志 （长沙市文化旅游广电局供图）

（三）湖南省立第一师范学校同学录，一级，长沙市博物馆藏。时间为 1917 年。1968 年原省立第一师范学校预科一班学生黄受松捐赠。纸质。宽 14.2 厘米，高 24.7 厘米。《湖南省立第一师范学校同学录》收录有 1917 年学校职员表、教员表，学生第一部 6~17 班，第二部 1 班同学录。毛泽东为一部八班学生，排名第 10 页第 70 行。1916 年 9 月具有近代民主教育思想的孔昭绶再次接任湖南省立第一师范学校校长。他顺应新文化运动的潮流，运用在国外考察教育的成果，进一步发展“一师”的民主教育，并使之章程化、制度化。毛泽东所在班编为第八班。

（四）湖南省立第一师范学校志，一级，长沙市博物馆藏。时间为 1918 年。1968 年毛主席纪念地办公室工作人员征集。纸质。宽 18.4 厘米，高 25 厘米。其中，记录有毛泽东在“湖南省立第一师范学校”求学期间的活动。如，“人物互选”，1917 年 6 月全校四百多名学生进行“人物互选”，当选的 34 名同学中，毛泽东得票最多，最全面，其中“胆识”和“言语”两项为毛泽东所独具。又如，1915—1917 年夏毛泽东担任“一师”学友会文牍，1917 年 10 月当选学友会总务兼教育研究部部长。又如，毛泽东在主持一师学友会工作期间，表现出极大的工作热情和出色的组织才能，其中一项重要工作就是续办工人夜学。他认为开办夜学既可以使社会中坚力量工人和农民得到受教育的机会，又可作师范三四年级学生实习场所。为此他起草一份白话文招生广告，并自任工人夜学历史教员。

（五）湖南省立第一师范学校一览，一级，长沙市博物馆藏。时间为 1923 年。1968 年毛主席纪念地办公室工作人员征集。纸质。宽 19.2 厘米，高 26.2 厘米。《湖南省立第一师范学校一览》“去职教员一览表”（1920 年 8 月至 1923 年 1 月）中有毛泽东任“一师”国文教员的真实记录。1921 年下期毛泽东受聘担任湖南省立第一师范学校第 22 班国文教员。

（六）湖南自修大学附设补习学校学生同学录，一级，长沙市博物馆藏。时间为 1922 年。1968 年毛主席纪念地办公室工作人员征集。纸质。宽 14.7 厘米，高 25.2 厘米。《湖南自修大学附设补习学校学生同学录》全书有 6 页，记录该校 1922 年 12 月的“教职员名录”和“第一期学生”同学录。在“教职员”一览表中有何叔衡、毛泽东、易礼容、夏明翰、罗学玷等任职的记载。湖南自修大学是中国共产党成立后，中共湖南支部 1921 年 8 月创办的全国第一所研究、传播马克思主义、培养革命干部的新型学校。1922 年 9 月湖南自修大学附设补习学校，何叔衡任学校主事，毛泽东任指导主任，夏明翰任校务主任。

（七）湘江学校同学录，一级，长沙市博物馆藏。时间为 1927 年。1968 年毛主席纪念地办公室工作人员征集。纸质。宽 15 厘米，高 20.8 厘米。《湘江学校同学录》分别载有校董名录，中学第二班，农村师范第 2 班至第 6 班，农民运动讲习班同学名录。毛泽东排名校董名录第 1 页第 3 页。1923 年 11 月 20 日，继承湖南自修大学革命精神的湘江学校正式成立。先后参加学校校董会的有毛泽东、李维汉、何叔衡、易礼容、罗学玷、夏明翰等。原自修大学附设补习学校的师生、大部分进入湘江学校继续学习。

（八）新民学会部分会员在上海召开半淞园会议后留影，二级，长沙市博物馆藏。时间为 1920 年。1968 年由新民学会会员李思安捐赠。纸质。宽 19 厘米，高 12.8 厘米。新民学会成立于 1918 年 4 月 14 日。五四时期进步社团。上海半淞园会议是新民学会一次十分重要的会议，这次会议对新民学会的态度、学术研究、会刊、吸收新会员、会友态度、是否设分会等六个问题进行讨论。这张照片是与会人员的会后合影。自左至右：肖子暲、熊光楚、李思安、欧阳玉生、刘明俨、张百龄、毛泽东、彭璜、刘望成、魏璧、劳君展、周敦祥。

（九）杨开慧手稿，一级，长沙市博物馆藏。时间为 1930 年。1990 年 8 月在杨开慧故居发现。纸质。宽 45.5 厘米，高 25.5 厘米。共四页，为长方形毛边纸，内容行草竖排，每页 21 行，每行约 20 字。手稿系杨开慧 1930 年 1 月前后为怀念毛泽东而作。是所发现杨开慧生前最后的手稿。

（十）红军歌曲，一级，浏阳文家市秋收起义纪念馆藏。时间为 1932 年。由浏阳县王名实捐赠。竹纹纸质，长 14.25 厘米，宽 18.3 厘米，厚 0.25 厘米。封面上有“红军歌曲”正楷字体，呈上拱半月形。中央部位有一地球图案，上有镰刀、铁锤，两旁附有稻穗、麦穗。下向印有“中华苏维埃共和国湘鄂赣军区政治部”正楷字体。整体为红色格调。内容共计分为序言、唱歌须知、国际歌、少共国际歌、红军歌、打倒帝国主义歌、武装保护苏联、打倒反革命派歌、工农歌，共计 25 小节。红军歌曲是 1932 年中华苏维埃共和国湘鄂赣军区政治部印发的。

（十一）湖南省立第四师范学校教职员及预科学生摄影，一级，长沙市博物馆藏。时间为1914年。原第四师范胡日旺之子胡希文捐赠。纸质。宽27.3厘米，高20.6厘米。1913年春，毛泽东考入湖南省立第四师范学校，被编入该校预科一班。此照系四师预科学生与教职员合影，第六排左起二人为毛泽东。这是所发现毛泽东最早的照片。

（十二）李富春关于向苏联专家报告1958年成就和1959年计划问题给各部党组的指示函手稿及附件，一级，李富春故居纪念馆藏。时间为1959年2月5日。国家计划委员会赠。纸质。共有4页。长25.8厘米，宽19厘米。纸张为16行红色格信笺纸，底端印有繁体字说明："覆文时务请注明原文的年月日及公文号"。文件字迹为蓝黑墨水钢笔手写，由手稿说明和数据资料(即附件）2部分组成。手稿1张，抬头"各部党组"，内容为解释2月4日应苏联专家要求做出的关于1958年成就和1959年计划中涉及的数据比现在要低，为取得一致，以后之数据要以本文件的附件为准云云。落款："李富春1959年2月5日"。附件3张：标题为"附件：富春同志2月4日向苏联专家报告会上应用的有关1959年计划的数字"，附件内容即为工农业总产值等各种数据详情。手稿对研究中华人民共和国成立初期国家经济状况、20世纪50年代的中苏关系等具有重要价值。

第四节　民间收藏

2002年10月，新修订的《中华人民共和国文物保护法》指出，属于私人所有的纪念建筑物、古建筑和祖传文物以及依法取得的其他文物，其所有权受法律保护，允许文物收藏单位以外的公民、法人、和其他组织可以收藏文物。2006年，文化部公布《博物馆管理办法》，鼓励个人、法人和其他组织设立博物馆。国家对民间收藏放宽政策，长沙一批民间收藏大家开始尝试举办非国有博物馆，将个人收藏有效地转化为社会馆藏。至2012年，长沙市民办博物馆共计6家，共收藏藏品7万余件（套）。

图 25-8-4-1　东汉·"超然"纪事木文匾　（长沙市文化旅游广电局供图）

一、东汉·"超然"纪事木文匾，一级文物，开元博物馆藏

时代东汉。秦汉前纪事文多为甲骨文、青铜器铭文或石碑文，极少以匾额为载体进行记录。"超然"匾材质为金丝楠木，题刻匾文共80字，是国内迄今发现最早的、保存完整的东汉时期纪事匾额。

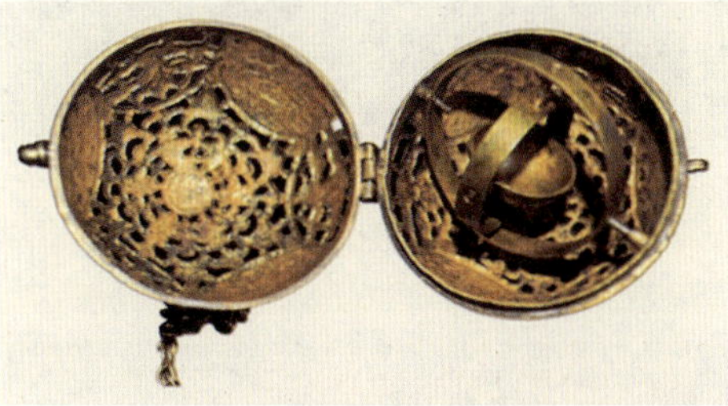

图 25-8-4-2　唐·花鸟纹镂空鎏金银薰球　（长沙市文化旅游广电局供图）

二、唐·花鸟纹镂空鎏金银薰球，一级文物，开元博物馆藏

时代唐。银质，直径5厘米，球中心有燃香的香盂，由两个持平环支起，安装时使通过盂身的轴与内外两环的轴相互垂直并交于一点。在香盂本身重力的作用下，盂体始终保持水平状态，无论薰球怎么滚动，香火总不会倾洒，其作用原理与现代航空陀螺仪的三自由度万向支架相同。2个半球的结合处安装有1个小巧的卡轴，以方便开合。银薰球遍体镂空，球面上刻画数组形态各异的花鸟，显示唐代制造工艺技术高超。仅发现2件存世，另1件藏于中国国家博物馆。

三、宋·掐丝双龙纹葵瓣纹银熏香盒，一级文物，开元博物馆藏

时代宋，银质。纯银花丝工艺编织而成的双龙戏珠熏香盒，直径12.5厘米，高5厘米。妙手神编，

造型别致，玲珑剔透，双龙戏珠，栩栩如生。发现存世仅两件，另 1 件在北京故宫博物院。

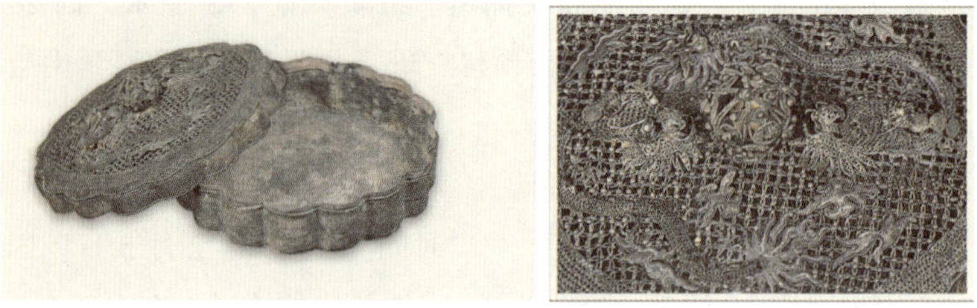

图 25-8-4-3 宋·掐丝双龙纹葵瓣纹银熏香盒

（长沙市文化旅游广电局供图）

四、1944 年版《毛泽东选集》，伯瑜万福源博物馆藏

1944 年 5 月出版，纸质，晋察冀日报社编印。当时印刷平装五卷本和精装合订本两种版本，博物馆收藏的是精装合订本。该书共编入毛泽东著作 29 篇，约 45 万字。“毛选”为红色布制封面，烫金书名“毛泽东选集”自右至左横排，右下方有“锡三 1944 年 9 月 18 日”签名。扉页上还有邵华和毛新宇于 2006 年的签名。该部“毛选”是国内迄今发现较早的毛泽东选集版本之一。

图 25-8-4-4 1944 年版《毛泽东选集》

（长沙市文化旅游广电局供图）

五、共产国际授予中共支部的印章，伯瑜万福源博物馆藏

1919 年制造。金属质。印盒为带环怀表形，直径 35.5 毫米；印章直径 24.5 毫米，图案为斧头镰刀。1919 年，列宁在莫斯科建立第三国际，号召和组织世界革命。1920 年 4 月，共产国际代表维经斯基来到中国，结识李大钊、陈独秀等人。1921 年，中国共产党成立，这枚党章是国际共产组织授予中共支部的印章。

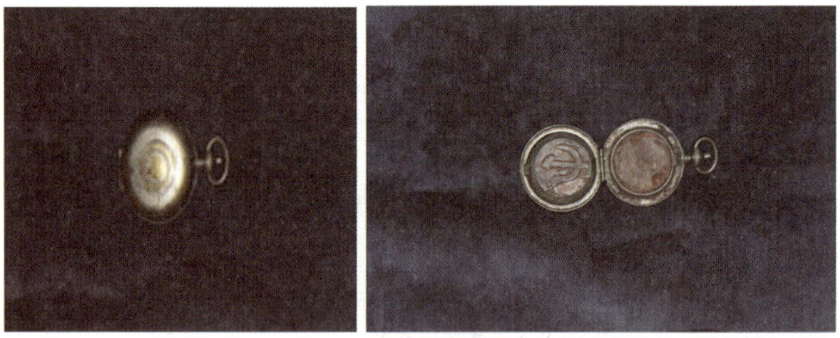

图 25-8-4-5 共产国际授予中共支部的印章

（长沙市文化旅游广电局供图）

六、清·状元及第单面湘绣堂彩沙坪湘绣博物馆藏

时代晚清。棉布质。172 厘米×34 厘米，红地彩绣，运用直针针法，绣面描述高中状元的仪仗队，两人前导举旗，状元骑马居中，身后一人举遮阳伞，仪仗队前后绣牡丹和凤鸟图案，画面人物栩栩如生，为上好佳品。

图 25-8-4-6 清·状元及第单面湘绣堂彩

（长沙市文化旅游广电局供图）

七、清·花鸟蝇纹单面湘绣门帘，沙坪湘绣博物馆藏

时代晚清。棉布质。48 厘米×62

图 25-8-4-7 清·花鸟蝇纹单面湘绣门帘
（长沙市文化旅游广电局供图）

图 25-8-4-8 清·齐白石款菊花石砚
（长沙市文化旅游广电局供图）

厘米，运用直针、交叉针法。上部为绿地彩绣菊花图案布盖，帘部为红地彩绣花鸟蝇虫图案，底边镶黄色锦丝挂须。

八、清·齐白石款菊花石砚，吴胜利收藏

时代晚清。石质。20.3 厘米×13.1 厘米×2.5 厘米。此砚正面开出两朵白色菊花，叶脉便是墨池，砚堂在菊花下部，石细腻发墨，雕工为晚清风格。砚背面刻有：天生奇石四个大字，落款为：白石藏砚，岁在丙午。（查：丙午年齐白石 42 岁）刻字刀法苍劲，古拙霸气。

九、清·何绍基论书句行书立轴，谭国斌艺术博物馆藏

时代清。纸质。立轴 127.5 厘米×62 厘米。何绍基（1799—1873），湖南道州人，字子贞，号东洲，别号东洲居士，晚号猿叟。为清代诗人、学者、书法家。该行书立轴为其晚年所作，变化奇特，苍秀浑朴。是其晚年作品中的精品。

表 25-8-4-1　　2012 年长沙市民办博物馆基本情况一览表

名　称	时间	地　点	馆藏	馆　长
湖南省谭国斌当代艺术博物馆	2009 年 7 月	长沙市解放西路三兴街永安宝苑南栋 6 楼	1136	谭国斌
华夏剪纸博物馆	2010年5月	望城县旺旺路	19000	秦石蛟
湖南省沙坪湘绣博物馆	2010年5月	长沙市沙坪湘绣文化广场 1 号	1207	毛勇臻
长沙县伯瑜万福源博物馆	2010年8月	长沙县暮云镇牛角塘村黄风坡组	15000	傅伯瑜
湖南省开元博物馆	2010年9月	长沙市营盘东路 19 号省展览馆南 5 厅	37000	黄彬荣
长沙玉和醋文化博物馆	2010年9月	长沙市天心区坡子街 202 号	1000 余	胡立东

第五节　文物普查

1985—1987 年，长沙市开展第二次全国文物普查工作，发现春秋战国以前的古文化遗址 95 处，古城址 14 处，古窑址 61 处，古墓群 203 处，古墓葬 595 座，古建筑 71 处，石刻 96 处（件），近现代革命纪念遗址、纪念建筑物 47 处。这次普查基本摸清长沙市文物分布情况。

2007 年，国务院发布开展第三次全国文物普查通知。11 月 12 日，发布《长沙市人民政府关于开展第三次全国文物普查的通知》。成立长沙市第三次全国文物普查领导小组。2007 年 11 月，完成市、区县（市）两级普查工作队的组建工作。2008 年 5 月，完成以望城县为试点的田野普查工作。其间，投入资金 40 万元，技术人员 28 人，车辆 2 台，照相机 2 台，PDA 测量定位仪 2 台和其他设备。文物普查试点

经验正式全面推广。长沙第三次全国文物普查共聘请41位省、市文史、古建筑、规划、文物等学科专家组成田野调查指导组，全市建立县域普查工作队12支，划分普查小组36个，抽调、招聘普查工作人员127人（含北京大学、西北大学、湖南大学等专业人员）；市、区县两级设立专项资金，逐年列入财政预算。其中，市级投入400万元、长沙县投入110万元、望城县投入120万元、浏阳市投入180万元、宁乡县投入180万元、内5区投入资金不少于20万元；添置普查专用设备，市级投入40万元，为市、区县配备数字进口全站仪、彩色激光打印机、传真机等设备。2009年9月，全市建立文物普查目标考核机制，纳入年度目标考核范畴。整个文物普查期间，共计举办培训班25期，培训课目41个，培训业务骨干800余人次。开展普查宣传，全市放映电影24场，送文博展览26次，发放宣传资料2万余册，发掘文物线索8549条。2010年7月，完成田野调查及文化遗产认定，12月底普查工作结束，历时3年。这是市域范围大规模的文物普查，是在国务院和湖南省人民政府的统一部署下实施的重大国情国力调查。长沙对全市5个市辖区、3个县、1个代管县级市，合计1.18万平方千米的行政区域进行调查。普查文物点2676处，累计安排资金929.3万元。宁乡县文物局李乔生获评国务院第三次全国文物普查领导小组颁发“第三次全国文物普查实地调查阶段突出贡献个人奖”。

图25-8-5-1 浏阳市李氏家庙

（摄于2010年，长沙市文化旅游广电局供图）

长沙市第三次全国文物普查，有效登陆不可移动文物2468处，其中，对前次文物普查的登记数量进行复查440处，新发现2028处，确认因自然界因素、社会生产以及人类活动等原因造成损毁消失不可移动文物208处。有效登陆的文物中：古遗址类244处，占总量的9.89％；古墓葬类900处，占总量的36.47％；古建筑类610处，占总量的24.72％；石窟寺及石刻类29处，占总量的1.17％；近现代重要史迹及代表性建筑类685处，占总量的27.75％。登陆不可移动文物分布状况为：开福区：新发现118处，复查16处；芙蓉区：新发现28处，复查4处；天心区：31处，复查13处；雨花区：新发现23处，复查2处；岳麓区：新发现127处，复查56处；长沙县：178处，复查98处；望城县：新发现83处，复查60处；浏阳市：新发现201处，复查116处；宁乡县：新发现1239处，复查75处。所登陆的不可移动文物特色鲜明、类型齐全、数量丰富，充分体现长沙古城深厚的历史文化底蕴，从而高度提升长沙作为首批国家历史文化名城的地位和影响，为市委、市政府实施“文化强市”战略，创建国际文化名城奠定强有力的条件。

2012年，编制完成《长沙市第三次全国文物普查工作报告》，共收集资料30余万字、图纸（照片）2万余张、建议120余条，上报国家第三次全国文物普查领导小组办公室。

第六节 文物修缮

1988年后，根据文物保存状况，市、县（市）先后拨专款对一批文物保护单位进行维护修缮。长沙市重要文物修缮有：1995年，国家和湖南省计委下拨专款450万元，重新修复李富春故居；长沙市和浏

图 25-8-6-1 位于三兴街的李富春故居

（长沙市文化旅游广电局供图）

阳县拨款70万元修复胡耀邦故居；长沙县修复柳直荀烈士故居；1997年，明德中学投资1万元修复位于岳麓山的第一任校长胡子靖先生墓；1998年，为纪念戊戌变法100周年浏阳市修复谭嗣同故居；1999年，长沙市拨专款600万元修复贾谊故居一期工程；2001年，园林局重新修复位于岳麓山的北伐阵亡将士纪念塔；2002年修复曾国藩墓、中山亭等。

2004年以后，根据新修订的文物保护法对文物修缮的规定，长沙组建一支具有甲等文物修缮资质的专业队伍，坚持“修旧如旧”的文物修缮原则，进行文物修缮。2004年，维修谢觉哉故居、岳麓山忠烈祠、湖南第一纱厂旧址；2005年，维修七十三军抗日战争阵亡将士墓、许光达故居、廖伯英故居、李维汉故居等处；对天心阁古城墙裂缝进行灌浆加固处理；全面修缮密印寺；2006年，修复宁乡惠同廊桥、浏阳欧阳予倩故居；2007年，维修长沙县陶公庙、重新修复宁乡县张栻、张浚墓和浏阳市上坪会议旧址；2008年，重新修复铜官窑遗址内的龙窑、浏阳的王震故居、王首道故居；2009年，修复白果园程潜公馆；2011年，修缮肖劲光故居等。文物修缮除文化部门以外，还有包括建委、教育、园林、宗教、社会团体等部门的共同投入，约2亿元的经费，有效地改善全市98%以上的文物保护单位的保存状况。

一、李富春故居修缮

李富春故居位于三兴街。该房屋始建于清朝末年，为李富春祖父李世馨房产。李富春（1900—1975），在此度过童年和青少年时代。民国8年（1919）10月，李富春离开长沙，赴法国勤工俭学。民国11年（1922），加入共产党，从此走上革命道路。中华人民共和国成立后，任国家计委主任，国务院副总理等职，是党和国家的重要领导人之一。1975年1月，李富春在北京逝世。1993年，故居被公布为长沙市文物保护单位。1994年，国家计委、湖南省计委拨款450万元，对故居进行修葺，1995年竣工，并对外开放。2011年，公布为湖南省文物保护单位。

故居占地480平方米，建筑面积700平方米，坐东朝西，三层，砖木结构，前后两进，以天井分隔。房屋为商铺民居格局，前为店铺，后为作坊，底层经营，楼层住人。朝西临街向，有木质板楼梯上下相连，木楼栏槛。房间均为红漆木板铺地，房间顶棚为清漆木檩，房与房之间有红漆木间壁相隔。小格玻璃窗，木板门。“李福星扇店”铺面，为李富春祖父李世馨所经营。店门为老式木质散装店铺铺板，双合木插门。店堂内陈设有老式砖木结构长柜台，立式大货架。柜台顶端立“货真价实”匾，店堂内进小门，门额置“陶朱第”横匾，二、三楼住人。

二、贾谊故居修缮

贾谊故居位于太平街28号。贾谊（前200—前168），河南洛阳（今河南洛阳市东）人。西汉初年著名的政治家、文学家。文帝时召为博士，太中大夫。因遭群臣忌恨，被贬为长沙王的太傅，居长三年，称“贾长沙”。其著作主要有散文和辞赋两类。散文如《过秦论》、《论积贮疏》、《陈政事疏》（《治安策》)，辞赋有《吊屈原赋》《鵩鸟赋》。

贾谊故居旧址又称贾太傅祠，毁建相继，历代大修百余次。明清时达到鼎盛，有田产40公顷，白银基金数千两。贾谊故居每年春秋两季的祭祀，全城官绅、名流倾城而至。历代大修均由巡抚、太守亲自主持，并刻碑纪念。光绪二年（1876），贾谊故居大修，此次大修为有记载以来最大规模的修建，计占地14667平方米，除原有的贾谊故宅和贾太傅祠建筑外还增建清香别墅、怀忠书屋、古雅楼、大观楼等，又叠石造池，形成典雅的园林式建筑群。但这一盛景毁于民国27年（1938）“文夕大火”，仅存太傅殿、古井等。

图25-8-6-2 修复前的贾谊故居
（摄于1989年7月，长沙市文化旅游广电局供图）

1983年，贾谊故居公布为湖南省文物保护单位。1988年6月，驻原太平街18号、19号（贾谊故居遗址）的市信托贸易公司，在单位基建中发现清顺治年刊刻的“屈贾双祠序”石碑，碑文记叙屈贾双祠的位置、撰写的缘由、时间，以及屈原和贾谊的水平等。碑刻为确定故宅原址提供重要依据。1989年7月14日，长沙市人民政府办公室发布《关于保护贾谊故居遗址问题的会议纪要》：“迁出市信托贸易公司及市食品二厂的6户职工，保护贾谊故居遗址。贾谊故居复建限于财力，暂不修复，待市财力允许时再予安排，由市文物部门负责修建遗址保护围墙”。1996年11月27日，长沙市第十届人大常委会第23次会议通过《长沙市人民代表大会常务委员会关于保护修复贾谊故宅的决议》。贾谊故居1997年开始进行征地规划筹备工作。1998年10月，长沙市拨款600万元，修复贾谊故居一期工程，长沙市规划设计院按清代建筑风格设计，施工。1999年7月竣工。9月正式对外开放。维修后的贾谊故居占地面积1144.379平方米，建筑面积644平方米。坐东朝西，呈三进长方形布局。建筑群由门楼、照壁、贾太傅祠、太傅殿、寻秋草堂、贾谊古井、佩秋亭、古碑亭、碑廊9部分组成。贾谊故居位于太平街历史文化街区内，成为历史古街的轴心建筑。每日观光的游客络绎不绝，先后有20余位党和国家领导人，200余批次国家副部级以上领导前来参观。也先后接待余光中、金庸、黄永玉、宋楚瑜等一批海内外知名人士前来凭吊。

图25-8-6-3 重新修复后的贾谊故居
（摄于1999年9月，长沙市文化旅游广电局供图）

三、谭嗣同故居修缮

谭嗣同故居位于浏阳市圭斋路口。始建于明朝末年，原属周姓祠宇，后由谭嗣同父亲谭继洵买下作

图 25-7-6-4 重新修复的谭嗣同故居
（摄于 1998 年 6 月，长沙市文化旅游广电局供图）

为私第，改造为庭院式民宅建筑。谭继洵官至湖广总督兼湖北巡抚，其私第奉旨命名为“大夫第官邸”，简称“大夫第”。谭嗣同（1865—1898），湖南维新运动志士，清光绪二十四年（1898）六月，光绪帝召其进京参与新政，同年 9 月，慈禧发动政变，谭嗣同被捕，慷慨就义，为戊戌六君子之一。

1996 年，谭嗣同故居被公布为全国重点文物保护单位。1998 年，纪念谭嗣同殉难 100 周年，国家文物局拨款 50 万元及浏阳市人民政府配套投资，搬迁故居内 6 户居民，全面整修故居。谭嗣同故居占地 1200 平方米，建筑面积 762 平方米。坐西南朝东北，砖木结构，三进院布局，封火山墙，硬山顶，覆小青瓦，面阔 5 间，进深 3 间，以穿斗式为主，抬梁式为辅的木框架。现存中轴线上前、中、后 3 栋及过亭等建筑，通高 8 米，大小房间 24 间。同年 9 月 28 日，对外开放。

四、白果园程潜公馆修缮

公馆位于今长沙市芙蓉区解放路街道白果园 23 号。程潜（1882—1968），字颂云，国民党元老，早年加入同盟会。辛亥革命时，参加武汉保卫战。北伐战争中，担任国民革命军第六军军长。民国 37 年（1948）出任长沙绥靖公署主任兼湖南省主席。民国 38 年（1949）8 月，与陈明仁共同宣告起义，推动湖南和平解放。中华人民共和国成立后，任湖南省省长、全国人大常委会副委员长等职。程潜将该房交由省机关事务管理局所有。湖南省粮食局作为住宅安排职工租住。

2005 年，程潜公馆被列入长沙市第一批 23 处历史旧宅保护维修改造名录。2009 年，迁出居民住户，进行修缮；2011 年 1 月，公布为湖南省文物保护单位。4 月，维修整治，7 月竣工。现房屋产权归长房集团所有。公馆建筑面积 326.66 平方米。坐北朝南，二层，红石砖外墙，青石瓦屋顶，内房为砖木结构，设有天井，二层设走廊和木栏杆，有 14 间房屋，全为木棱花格窗户。公馆外墙正中为石库大门，其门梁弧度处理符合建筑力学特征。进门为宽大客厅，高齐屋顶，坡屋顶上安有亮窗，极具采光，尽显古朴典雅之风，代表民国时期长沙民居建筑的典型风格。

五、伍厚德堂维修

伍厚德堂位于长沙市天心区坡子街 121 号。建于民国 35 年（1946），系民国时期长沙裕顺长钱庄伍芷清的住宅。中华人民共和国成立后，这里是江南机械厂驻长沙的办事处即招待所。2005 年，被公布为长沙市文物保护单位。同年，在恢复改造坡子街历史文化街区风貌时，迁出办事处，复原伍厚德堂的历史原貌。

该建筑面积 1200 平方米，坐南朝北。建筑风格西式为表，中式为体。公馆建在 1 米高的台基上，琉璃筒瓦，尖坡屋顶，砖木结构，粉墙围护。整栋分前、中、后 3 部分，以天井分隔出前厅和后厅。前部两层，西侧附突出的八角楼，上为攒尖屋顶。中部 4 层，后部 1 层，以通廊、回廊相勾连，既利于冬夏室温调节，又兼顾采光、通风、避雨多重功能。后栋设有金库暗室，室口隐蔽，高宽各 1 米，暗道曲折，壁厚 70 厘米。

六、中山亭修缮

中山亭位于长沙市中山路与黄兴路交会处的先锋厅。原为清朝中期建筑，清咸丰三年（1853）重修，当时的清提督衙门府位于现在的市青少年宫，中山亭位置驻扎着保卫衙门府的“先锋卫士营”，因此该建筑又称先锋厅。民国19年（1930）新建中山路，与先锋厅主楼相连建起附属钟楼，为纪念孙中山，此建筑正式命名为中山亭。时为长沙的标准钟楼，为长沙市使用公共标准时钟之始。

20世纪50年代后，移交长沙市图书馆管理。2001年，延建黄兴北路时，因占路本拟议拆除，后采纳市政协提案，予以保留，并按照“修旧如旧”的原则进行修缮。2002年，公布为长沙市近现代保护建筑。2005年，公布为长沙市文物保护单位。2006年，公布为湖南省文物保护单位。2008年，长沙市落实省“八件实事”惠民工程，又第二次大规模修复改造，建成街心花园，种植草地与雪松。主体建筑坐南朝北，建筑面积565平方米，为5层西式方形楼阁建筑，南北向成“山”字形，砖混结构，主楼5层，高16米，两翼为3层。将楼梯起步恢复到进大门左边靠北向外墙处，与始建时的位置一致。主楼最高处四向原装有德国进口时钟，现新装国产巨型时钟，钟盘下部有穗状装饰。建筑实施“亮化”工程，在一楼、二楼、塔顶安装多盏投光灯。夜色之下，灯光交相辉映，甚为靓丽。

七、太平街古街整治

太平街位于长沙市天心区，为长沙老城区南部。以太平街为主线，北至五一大道，南到解放路，西接卫国街，东至三兴街、三泰街，呈鱼骨街状，200年未变。太平街是长沙古城的核心，是古老长沙的缩影。2004年，《长沙市历史文化名城保护规划》确定为历史文化街区予以保护。2005年，同济大学城市规划设计院与国家历史文化名城研究中心，编制《长沙太平街历史文化街区保护规划》。同年，政府筹资1.5亿元启动太平街历史文化街区一期保护整治工程，2007年竣工。

整治后的太平街，恢复乾益升粮栈旧址，利生盐号旧址，太平街杨隆泰钉子铺旧址，西牌楼洞庭春茶馆等多家老字号。小青瓦、坡屋顶、白瓦脊、风火墙、木门窗，是这一带民居的共同特色。老式公馆则保留石库门、青砖墙、天井四合院，回楼护栏等。店铺分公馆型和当街型。公馆型店铺为砖石墙壁，黑漆木制大门，正厅设香案财神、茶几靠椅等；当街型店铺为二层坡屋顶民房，一层为店铺全部裸露，二层为住房，设临街走廊木栏杆围护。古街建筑再现明清街巷的格局、清末民初民居风貌及长沙市井生活气息。突出体现屈贾文化纪念地、商业民俗传承地、辛亥革命发源地三大特征。

八、靖港古镇整治

靖港位于长沙市望城区。旧为繁华商埠，清末民初有粮行50余家，还有不少经营淮盐的商号。20世纪30年代，与津市、洪江并列为湖南繁盛三镇，有“小汉口”之称。1957年以后，因沩水改道，公路替代水路，靖港商贾繁华口岸地位渐渐逊色，繁华不再。为保护历史文化遗产，保存、突出古镇的原真性，政府和社会各界作出努力工作。2004年，《长沙市历史文化名城保护规划》强调对文物保护单位的原址原貌进行严格保护，不得更改和破坏。提出对市域内靖港镇、铜官镇等9个历史文化村镇进行系统保护；2008年，国家住房和城乡建设部、国家文物局联合评定为第四批“中国历史文化名镇”。是年，启动靖港的保护与开发工程，由湖南大学工程学院规划设计。

整治后的靖港，复原过去的历史风貌。保存“8街4巷7码头”即保粮街、半边街、保健街、保安街、少先路、兴农堤、横堤、南岸堤；大巷子、桐仁巷子、当铺巷子、正义巷子；大河码头、义正码头、蔡家码头、卞河码头、楚河码头、桐仁码头、庙湾码头。古镇保留木结构建筑占整个建筑的三分之一以上。其中，“宁乡会馆”“宏泰坊”“育婴堂”等清代晚期砖木结构建筑保存较为完好。从紫云宫到杨泗庙一条麻石街，长约 2000 米，街两厢布满各类店铺。店铺大多为一开间，二进深，二层楼木柱支撑的木板房，建在约半尺高的台阶上，一层铺面用编号木板组成大门。二层临街大多设走廊外置木栅栏。古镇建筑既保存清代的建筑风格，又突出江南水乡的建筑特色。

第七节 文物管理

一、管理机构

1981 年，长沙市文化局设立文物管理科。长沙市文物管理委员会办公室设于市文化局。1988 年，长沙县、望城县、宁乡县、浏阳县及长沙市郊区，建立文物管理所（股级），隶属县、区文化科；郊区文管所负责市管单位以外的市区文物管理工作，县、区文物管理机构在编人员约 15 人。2002 年，文物单位实行机构改革，长沙市文物工作队更名长沙市考古研究所，升格为副县级单位。2005 年，成立长沙市文物局（由长沙市文化局文物处与长沙市文物管理委员会办公室合并升格副县级单位）主管全市文物、博物馆工作，编制 8 人。2006 年，长沙县、望城县、浏阳市、宁乡县文物管理所统一更名并升格为副科级文物局，隶属县（市）文化体育局，在编人员 40 余人。2007 年，芙蓉区、天心区、雨花区组建文物管理所（原郊区文物管理所并于雨花区）。2008 年，开福区、岳麓区完成组建文物管理所。各区文物管理所隶属区文化体育局，编制 1 人。2012 年，全市有 38 个文物保护管理机构，在编人数约 780 人。并建立群众性文物保护组织，有义务文物保护员约 900 人。全市建立健全以纵向文物行政管理机构，横向相关部门以及文博专门管理单位为主的文物保护管理体制网络。

二、文物经费

1988 年，文物、博物馆事业发展的常年经费为 10 万元/年。另外用于文物保护、执法案件、博物馆建设及文物修缮等设立专项经费。1996 年以后，文物事业得到繁荣发展，出现像西汉长沙王后“渔阳”墓、三国吴简等重大考古发现；增加多批国家级、省级和市级文物保护单位；兴（扩）建李富春故居、胡耀邦故居、雷锋故居等博物馆、纪念馆基础设施，文物经费增长为 50 万元/年。1999 年以后，长沙市用于文物保护的经费增加到 200 万元/年。2004 年，贯彻执行《长沙市历史文化名城保护条例》和中央关于文物保护工作“五纳入”指导方针，设立历史文化名城保护预算经费 1000 万元/年，加上文物常年经费 200 万元，共计 1200 万元/年。2008 年，全市实施博物馆向社会免费开放，市级一次性投入 589 万元；2009 年，投入 730 万元，对博物馆免费开放设立专项补助经费。是年，长沙市成功破获上年“12·29”古墓葬系列被盗案。为切实保障占文物总量 46.59%田野文物的安全，落实“末端”守护，长沙市实施构建文物安全网，设立文物安全经费 350 万元/年。2010 年以后城市建设中棚户区改造的历史文化遗存保护工作加剧，为切实加强文物安全管理的各项保障，长沙实施市—区县—乡镇—村—保护员五级安全联防机制。全市有 2450 处文物点，市、区县（市）两级配套安全经费为 4000 元/处。2011 年，市、区县（市）将 1000 万元的文物安全管理经费纳入常年预算。

三、文物研究

（一）青铜器研究。长沙地区商西周时期青铜器的发现，自宁乡县月山乡龙泉村村民姜景舒兄弟在转耳仑山山腰开荒挖出四羊方尊后，在沩水流域，先后出土完整器件 312 件，另有未修复的青铜器约 100 件。出土的青铜器数量多、地域集中、器类齐全、造型独特，纹饰精美，吸引大批学者对其分析研究。1979 年以前，研究方向主要是对单件或者多件器物本体开展研究，分析判别年代。研究学者有高至喜、何介钧、张欣如等，论文有高至喜《湖南宁乡黄材发现商代铜器和遗址》，在《考古》1963 年第 12 期发表；至 2001 年以前，随着青铜器不断出土，研究机构秩序逐步正常，对青铜器的研究不仅针对单件器物而且更多的重视青铜器群的研究，重视对与青铜器同时期的其他类遗存的研究，重视对其他地区同类青铜器的研究。考析商周之际中原移民曾在湘江、资水下游地区建立过政治实体，并认为湘江、资水下游的土著居民很可能是三苗后裔东方越族的一支。学者以高至喜、何介钧、熊传薪、熊建华、向桃初、黄纲正等为主，论文有熊传薪 1986 年著《湖南商周青铜器的发现与研究》、高至喜 1999 年《商周青铜器与楚文化研究》等；2001 年以后，对炭河里遗址进行三次发掘，揭露出包括宫殿性质的大型建筑基址、壕沟、城墙在内的城址和 20 余座墓葬及遗物，通过考古分析得出炭河里城址是区域青铜文化的中心聚落和都邑所在地，为当时的政治实体或方国，主要研究学者有向桃初教授等。论文有向桃初 2006 年著《炭河里城址的发现与宁乡青铜器群再研究》等。至此，长沙地区商西周时期青铜器研究学术问题，获得阶段性成果。

（二）简牍学研究。1996 年，长沙市文物工作队配合城市基本建设，对长沙五一广场旁平和堂商厦建设区域内古代文化遗存进行抢救性考古发掘，在原走马楼街 50 号房基下编号为 J22 的古井中发现三国孙吴纪年简牍，总数为 10 万余枚，数量超过全国已出土简牍数量的总和，内容涉及吴国的政治、经济、军事、文化、赋税、户籍、司法、职官诸方面。该次考古发现，被誉为 20 世纪继甲骨卜辞、敦煌文书之后在古代出土文献资料方面又一重大发现，被评为 1996 年全国重大考古新发现与 20 世纪中国百项考古大发现之一。国家文物局总第 126 期《文物要情》（1996 年 12 月 21 日）以《湖南长沙走马楼出土大批弥足珍贵的三国孙吴纪年简牍》为标题，报道这一考古发现。中共中央政治局委员、国务委员李铁映对《文物要情》反映的“湖南长沙出土大批三国纪年简牍”一事作出重要批示。

1997 年 5 月，长沙成立走马楼孙吴纪年简牍保护工作领导小组。1999 年 10 月，长沙市文物考古研究所与中国文物研究所、北京大学历史系专家，整理出版《长沙走马楼三国吴简·嘉禾吏民田家莂》上、下册，并在长沙举行吴简首卷发行仪式。2001 年 8 月，中国社会科学院历史研究所、中国史学会、长沙市人民政府在长沙共同主办“长沙三国吴简暨百年来简帛发现与研究国际学术研讨会”，中国社会科学院院长李铁映向大会发来《继承优秀文化传统，弘扬伟大民族精神》书面讲话。参加该次国际学术研讨会的中外学者 170 余名，其中来自美国、英国、加拿大、瑞士、比利时、日本、韩国等国家，及中国台湾和中国香港地区的学者 70 余人。知名学者有，英国剑桥大学鲁惟一、日本东京大学池田知久、香港中文大学饶宗颐、台湾“中研院”史语所邢义田、北京大学裘锡圭、清华大学李学勤等。至 2002 年，完成全部吴简的揭取、清洗工作，清理出吴简 14 万余个编号，其中有字简 76551 枚，有墨痕简牍 2 万余枚，另有 4 万余个编号无字。2005 年，中华书局出版，宋少华著《长沙保护整理与研究新进展》《长沙三国吴简暨百年来简帛发现与研究国际学术研讨会论文集》。

2008 年，长沙简牍研究会成立。编制的国家科研课题和国家科技攻关项目《长沙走马楼三国简牍保护整理项目总体方案》《高新技术在出土竹木类文物修复复原与保存技术的应用研究》，获国家文物局批复，科技部结项验收。至 2010 年，完成近 8 万枚有字简牍脱色脱水的科技保护工作，在国内大规模饱水简牍科技保护历史中属首次。至 2012 年，先后整理出版《长沙走马楼三国吴简·嘉禾吏民田家莂》1 卷、《长沙走马楼三国吴简·竹简》1~4 卷、《长沙走马楼三国吴简暨百年来简帛发现与研究国际学术研讨会论文集》、《长沙吴简研究》（一、二、三）辑。同时，积极推进吴简学术研究的交流与合作，与故宫博物院、北京大学、清华大学、中国文化遗产研究院、武汉大学、北京师范大学、岳麓书院等研究机构和高等院校的专家学者长期合作，并与中国台湾、香港地区及日本、韩国等国家频繁开展学术交流。

（三）学术专著《长沙重大考古发现》。20 世纪 70 年代至 2006 年，长沙的考古事业取得重大发展，其中，炭河里商周遗址、西汉长沙国王陵、马王堆汉墓、三国吴简、唐代铜官窑等重大考古发现成果得到国家认定和业内的认同。2006 年年初，长沙计划编写反映新中国成立六十年来，在国内乃至世界范围内有影响的长沙地区重大考古发现专集。参与编辑的有长沙市博物馆、长沙市考古研究所、长沙简牍博物馆。2012 年下半年，《长沙重大考古发现》收官。全书 430 千字，由《长沙文物考古六十年综述》《长沙地区商西周时期青铜器的发现与研究》《西汉长沙国王陵发掘与研究》《长沙马王堆汉墓》《长沙走马楼三国吴简的发现与研究》《唐代长沙窑》6 个篇章组成，反映长沙历史进程阶段的重大考古发现，促进并形成关于文化遗产的保护、研究与利用的思考与方略。该书由长沙市文物局主编。王立华、宋少华、何旭红、黄朴华、李鄂权、邱东联等编辑。与该书同时出版的还有《长沙考古发掘图录》。

四、法制建设

1982 年 11 月，国家颁布《中华人民共和国文物保护法》后，长沙文物保护机构依据国家法律开展文物保护工作。1997 年，国务院发布《关于加强和改善文物工作的通知》后，长沙市根据通知要求，将文物保护纳入经济和社会发展计划、纳入城乡建设规划、纳入财政预算、纳入体制改革、纳入各级领导责任制（简称“五纳入”）。2002 年，中组部，国家文物局授予浏阳市文物管理处“五纳入”工作“全国文物系统先进集体”称号。2004 年，出台《长沙历史文化名城保护条例》，提出历史文化名城的保护要突出楚汉名城、革命圣地、湖湘文化、山水洲城的人文和自然特色，首次明确对长沙历史文化资源的保护和合理利用进行整体规划。要求历史文化名城的保护坚持统筹规划、有效保护、抢救第一、合理利用、科学管理的原则，正确处理保护与建设的关系。2007 年，颁发《长沙市历史街巷保护管理办法》；2008 年，出台《关于建设单位在办理报建手续前开展地下文物保护评审工作的通知》《关于加强地下文物调查勘探及考古发掘管理工作的通知》；2009 年，印发《长沙市不可移动文物安全管理办法》。2010 年，《文物保护单位安全管理办法（草案）》报送国家文物局审批。2011 年，公布《长沙市市级文物保护单位申报与退出管理办法》《长沙市文物保护单位管理办法》。2011 年 3 月，国家文物局《关于加强文物行政执法工作的指导意见》高度肯定来自“长沙经验”的文物执法检查、巡查和督查的执法形式，强调执法重心适度下移，逐步建立健全地市、县区级文物执法机构为执法主体的执法体制。2012 年，公布《长沙市民办博物馆管理办法》等系列法律法规。

五、文物执法

1987 年 5 月 26 日，国务院发布《关于打击盗掘和走私文物活动的通告》后，1988 年，对上年侦破的盗掘和走私长沙窑文物重大案件进行认真查处，缴获被盗文物 2000 余件，赃款 18 万元，由东区人民法院对该案 7 名主要罪犯进行判决。1989 年，4 县集中打击文物犯罪活动。其中，曾国藩墓被盗一案收审 110 人。全年破获犯罪团伙 28 个，逮捕 25 人，罚款 20 万元，收回文物 600 余件。1992 年，长沙铜官窑盗墓首犯吴某某、陈某某，分别于 4 月 28 日，6 月 18 日被处以死刑，该案为文物犯罪的最高刑处。1993 年，国家文物局授予长沙市文物管理委员会办公室“保护文物先进集体”称号，杨应缮获一等奖。1995 年 5 月，长沙公安、文物、海关等部门经过两年时间的侦查，在深圳追回宁乡村民张某某、喻某某等人盗运、走私国家一级文物，商周大铜铙。2001 年，长沙市中级人民法院向长沙市博物馆移交林某某涉案文物 780 件，经省文物鉴定委员会鉴定，二级文物 1 件，三级文物 24 件，其余为一般文物。2008 年 12 月 29 日，长沙发生古墓葬被盗掘系列案件，称“12·29”古墓葬系列被盗案。该案是近年来全国少有的文物违法犯罪重案要案之一。“12·29”古墓葬被盗系列案共发案 11 起。涉案犯罪嫌疑人高达 60 余名，分别来自国内 8 个省的 23 个市、县；盗墓涉及多个省、市，除长沙市 20 座历代墓葬外，江西、山东等省均被涉案。公安部和国家文物局高度重视并督办此案，文物部门专门组织 10 余名专业力量和工作人员配合专案组办案。2009 年 7 月，案件成功告破，抓捕涉案犯罪嫌疑人 53 人，主要犯罪嫌疑人全部落网。收缴涉案文物 304 件，经湖南省文物鉴定委员会专家鉴定，其中国家一级文物 12 件，二级文物 48 件，三级文物 89 件。并追缴一批涉案物资。是年 10 月，国家文物局与湖南省人民政府在长沙联合召开表彰大会。公安部、国家文物局和湖南省人民政府充分肯定“12·29”古墓葬被盗掘系列案件侦办工作。中共中央政治局委员、国务委员刘延东对此作出重要批示：“此次案件侦破力度大，打击有成果，望再接再厉。”2011 年 9 月，长沙文物安全巡护机制受到国家文物局的高度肯定，在长沙召开全国田野文物安全现场会，来自全国的 16 个文物重点省（市、自治区）文物行政部门负责人及 50 个地市政府和文物部门的代表参加会议，与会代表参观长沙近年来的文物保护成果，重点考察文物保护的安防监控系统，观摩文化站文物管理工作。长沙市和望城区文物保护经验作为“长沙模式”向全国推广。

第九章 文化产业

20 世纪 80 年代中期，长沙文化系统由统收统支向自收自支转型，实行“事业单位、企业管理”，从事业模式向产业模式转变。1988 年，长沙市影视、出版、博物行业有较好的基础，体育、文化旅游事业社会化经营逐渐加强，民营歌厅、民营书业兴起并迅速发展。

1992 年，湖南广电实施首轮改革，湖南省出版公司成立，探寻产业化发展道路。长沙黄泥街民营书市成为全国四大书市之一。1994 年，长沙市营业性歌舞厅有 217 家。1995 年，长沙市“九五”规划明确文化产业发展要注重转变运作方式。对出版发行业和旅游资源进行普查、规划和管理；对经营性体育项目进行界定和布局；全国糖酒交易会首次在长沙举行，长沙展会数量快速增长。1996 年，湖南第一家专业动漫制作公司在长沙成立，长沙动漫产业开始全面发展。首次发行体育彩票，《体坛周报》在全国发行量激增，产业发展拓宽新路子。1997 年，黄泥街书市整体搬迁至定王台，全市图书发行管理更为规范，民营印刷企业发展到上千家，长沙继北京、上海两大传统出版基地之后，成为新的图书出版基地；省、市广电系统深入改革，湖南卫视上星播出，影响辐射全国；歌厅向精品化、大规模发展，涌现出琴岛、红太阳等豪华歌厅；成立全市首个文化产业园区长沙软件园。1999 年，长沙市文化产业总产值为 120 亿元左右，占第三产业增加值的 40%，民营企业数量占全市文化企业的 80.3%。

2000 年后，出台《长沙市中长期经济社会发展战略纲要》等文件，把文化产业作为长沙支柱产业来培育和发展。2001 年 9 月，长沙市召开发展文化产业工作会议，根据国务院及湖南省人民政府相关文件精神，在全国率先出台《长沙市文化产业发展规划纲要》。电广传媒、湖南出版集团、湖南报业集团、长沙晚报报业集团、潇湘电影集团相继成立，成为相关产业的龙头，集团化、产业化发展趋势增强。动漫《蓝猫淘气三千问》问世，“蓝猫”形象迅速风靡全国，成为长沙动漫产业突出代表。娱乐休闲业出现新变化，“酒吧一条街”开始成型；网吧有 1300 余家。长沙会展中心、湖南国际会展中心陆续完工，金鹰电视艺术节永久落户长沙，文博会展业初具规模。2005 年，长沙市文化产业总产出 302.19 亿元，实现增加值 147.25 亿元，增加值占全市 GDP 比重 9.7%，占全省文化产业增加值比重的 54.3%；从业人员 25.22 万人。

2006 年年初，《长沙市文化发展“十一五”规划纲要》发布。全市文化产业体系逐步形成，构建起媒体传播、文化旅游、出版发行、文娱休闲、卡通动漫、文博会展、文化体育七大主导产业。2007—2008 年，橘子洲文化景区、太平街历史街区、星沙湘绣城、锦绣潇湘文化广场等 12 个文化项目基本完工。2010 年《湖南省文化强省战略实施纲要》出台，为省会长沙文化大发展提供强有力的政策支撑。全市文化产业园区建设亮点纷呈：长沙天心文化产业园申报国家级文化产业实验园获肯定；动漫产业基地形成较完备产业体系；锦绣潇湘文化创意产业园等创意聚集区成为全市文化产业的主力军。全市文化产业经营单位发展到 5 万余个，从业人员 50 余万人，占全社会从业人员的 12.3%；文化产业总产出 948.73 亿元，增加值实现 453.84 亿元，增加值占全市 GDP 比重 8.6%。

2011 年，长沙天心文化产业园获批“国家级文化产业试验园区”；“中南国家数字出版基地”在长沙揭牌。2012 年 1 月，长沙市印发《长沙市文化创意产业发展规划（2011—2015 年）》。至年底，全市有文化产业园区、基地 15 个，文化产业单位 6 万余家，从业人员 55 万人，文化产业总收入 1298 亿元，增加值 556.5 亿元，占 GDP 比重 8.7%。

第一节 规划布局

1988 年以后，长沙文化系统逐步实现由统收统支到差额补贴，再到自收自支的转型，文化经营单位实行“事业单位、企业管理”的管理模式，使文化产品和服务的商品属性显露出来。为促进全市文化产业发展，长沙市加大文化设施投资建设，投入 850 余万改扩建电影院、图书馆、群艺新馆。1989 年，全市有各类营业性文化场所 1000 余个。1991 年，长沙市首次引进外资进入文化娱乐业，组建“长沙国际文化娱乐城有限公司”。1992 年国家颁布加快发展第三产业的方针政策后，长沙加快文化事业向产业转型的步伐。1994 年，全市开展“建设现代化国际性城市”大讨论，将长沙定位为“历史文化名城和现代文化新城”；确立硬实力和软实力协调发展的战略思想，形成“中部崛起率先推动文化崛起、‘两型’产业重点发展文化产业”的发展理念。1995 年，长沙注重创新机制，转变运作方式，为文化产业的快速发展奠定基础。1999 年，长沙文化产业总产值 120 亿元左右，占第三产业增加值的 40%。民营企业数量占全市文化企业的 80.3%，产值则占全市文化产业总产值的 64.6%。“九五”（1996—2000 年）期间，湖南金鹰影视文化城、湖南新闻大厦、湖南图书城、湖南出版大厦、湖南大剧院、湖南省博物馆、湖南出版科技园、毛泽东文学院、田汉大剧院、长沙晚报报业中心十大标志性工程先后落成并投入使用，长沙文化产业整体保持年均 15%的增速。

2000 年起，长沙把文化产业作为支柱产业培育和发展。是年，全市人均文化消费为 1049 元，占消费性支出比为 14.2%；全市文化产业总产值 150 亿元左右，占全市国内生产总值的 5.94% ，较上年增长近 25% ，高于全市 GDP 增长速度，从业人员 11.2 万人。初步形成以媒体传播、文化旅游、出版发行、休闲娱乐、文教体育、文博会展为基础的文化产业体系，涌现出一批大型文化企业和集团，其中产值过 1000 万元的企业 58 家，过 5000 万元的企业 28 家，过亿元的企业 12 家，过 10 亿元的 2 家。电广传媒、湖南出版集团、湖南报业集团、长沙晚报报业集团、潇湘电影集团等一大批优势企业成为相关产业的龙头。

2001年，落实中共湖南省委提出的“发展文化产业，建设文化强省”发展战略，长沙市召开全市发展文化产业工作会议，在全国率先出台《长沙市文化产业发展规划纲要》，明确长沙文化产业发展的基本思路是树立政治和经济属性相统一的思想观念，实施非均衡发展战略与均衡发展目标相统一的发展模式，建立文化产品经营和文化资本运营相统一的运行机制，处理好文化产业和文化事业发展相统一的关系。在此发展思路上，实现长沙文化产业的总体目标。正式提出“以文立市”“文化带动”的城市发展观念，并将其列入长沙发展的三大战略。发布《关于加快文化事业和文化产业发展若干政策的意见》，明确将文化事业、文化产业发展规划与城市总体规划、土地利用总体规划和同期国民经济与社会发展总体规划有机结合起来，将文化产业园及其重大项目的建设纳入城市建设的中长期规划和年度计划。出台《长沙市“十五”期间文化产业发展规划纲要实施方案》，明确长沙文化产业发展的总体目标和布局结构。至2004年，全市实现文化产业产值和销售收入287.5亿元，同比增长20.9%，增加值占全市GDP比重的7.1%，文化产业从业人员达到17万人。2005年，长沙市响应中共中央《关于深化文化体制改革的若干意见》号召，开始对全市文化产业发展状况进行统计调查及梳理规划。当年全市文化产业总产出302.19亿元，实现增加值147.25亿元，增加值占全市GDP比重7.7%，占全省文化产业增加值比重的54.3%；吸纳从业人员25.22万人。长沙文化产业初具规模。“十五”（2001—2005年）期间，湖南文化信息广场、湖南出版物流中心、湖南出版印务中心、卡通数字电视节目生产基地、湖南芙蓉演艺中心、全省书报刊零售网络项目、国研艺苑大厦、湖南日报报业文化城等八大新文化产业标志性工程相继在长沙建设或落成，长沙博物馆、长沙图书馆、滨江音乐厅、铜官窑遗址博物馆等一批重大文化建设项目进行前期论证，规划立项，启动建设开发，形成文化产业发展的整体规模。至“十五”期末，文化产业体系逐步形成，构建起媒体传播、文化旅游、出版发行、文娱休闲、卡通动漫、文博会展、文化体育七大主导产业。

2006年年初，《长沙市文化发展“十一五”规划纲要》发布，确定突出“一带”、聚集“六园”、提升“七片”、“多点”发展的总体结构布局。即把湘江文化带作为长沙“山水洲城”总体城市形象格局和历史文化、文化旅游、文娱休闲等文化活动的精华集中地带。产业发展的重心进一步突出湖南报业文化基地、湖南出版科技园、长沙文化产业基地、长沙卡通产业基地、长沙印刷包装科技工业基地、长沙新广电中心6个园区。提升岳麓山历史文化功能区、天心阁综合文化功能区、清水塘文博会展功能区、金鹰文化城、新世纪体育城、金星文化园、城南文化功能区；重点建设和完善分布在全市范围内的文化旅游景点、文化事业项目和文化产业基地。把文化产业为全市六大产业增长点之一，重点加强区域性文化产业中心的建设，加快发展媒体传播、出版发行、卡通动漫、文化旅游、文化休闲、文博会展、文化体育产业，突出打造传媒产业、人文旅游、文化休闲三大最具潜力的文化产业品牌。以湘江两岸为重点区域，规划到2012年建成100个文化项目。这100个文化项目规划与湖南省“十一五”文化发展规划、长株潭“两型社会”规划、长沙大河西先导区规划对接。同年出台《关于深化文化体制改革推进文化发展的意见》，明确从2007年起，市区每年设立不少于3000万元的文化发展引导资金。2007年10月，湖南省公布首批16个文化产业示范基地名单，其中有13个在长沙。2007—2008年，全市有17个超亿元投资的文化建设项目开工，其中投资13亿元的橘子洲文化景区、投资14亿元的“两馆一厅”（博物馆、图书馆、音乐厅）、投资超过5亿元的长沙新广电中心和长沙报业文化基地、投资1.5亿元修复的太平街历史街区、投资2亿元的靖港古镇、星沙湘绣城、锦绣潇湘文化广场、拓维集团、宏梦卡通、大红陶瓷制作和展示中心、青竹湖高尔夫灯光球场等大型项目基本完成。2008年，全市文化产业总产值529.6亿元，增加值293.1亿元，同比增长17%，占全市GDP增加值的8.4%。2010年湖南省出台《湖南省文化强省战略实施纲要》，为省会长沙文化大发展提供强有力的政策支撑。是年，全市从事文化产业活动的各类经营单位发展到5.62万个，从业人员52.2万人，占全社会从业人员的12.3%，文化产业总产出948.73亿元，产业增加值实现453.84亿元，比上年增长21.2%，增加值占全市GDP8.6%。全市文化产业内在结构得到优化，产业核心层、外围层和相关层占比由“十一五”（2006—2010年）时期的35.6∶3.1∶25.3调整为20.0∶41.6∶38.4。是年，全市开工、在建文化项目有52个，投资总额近180亿元；在建项目中投资额过亿的有26个。文化产业园区建设成绩显著：长沙天心文化产业园作为全省唯一代表申报国家级文化产业实验园区迎接文化部实地考察，并得到充分肯定；动漫产业基地聚集动漫企业20余家，动画工作室100余家，形成集研发、制作、播出、发行、教育培训、衍生品开发于一体的产业体系；锦绣潇湘文化创意产业园、青竹湖文化创意产业基地等创意聚集区成为全市文化产业的主力军。是年，《长沙市文化体制改革实施方案》《长沙建设国际文化名城战略纲要》《长沙“十二五”文化发展规划》《长沙市战略性新兴产业——文化创意产业发展规划》等文件相继发布，为全市文化产业下一阶段的发展做出规划。重点建设十大标志性文化项目，即长沙市文化艺术中心、长沙市美术馆、长沙汉文化系列项目、铜官窑遗址公园、炭河里遗址公园、曾国藩文化园、青苹果“华文报刊文献数据库”基地、月亮岛文化乐园、长沙动漫文化创意园、梦幻湘江大观天下，推进文化基础工程建设。为确保目标实现，自2011年起，长沙市设立十大文化工程保障基金、文化遗产保护和开发基金、社科创新基金、文艺精品创作基金、文化交流基金等，确保每年投入1亿元以上支持公共文化设施和公共文化服务体系建设；文化产业引导资金达到1亿元并逐年递增，主要用于研发补贴、贷款贴息、公共平台与孵化器建设。加大金融机构对文化产业的信贷支持，创新贷款融资模式、信贷产品和服务方式，着力解决中小文化创意企业融资问题。经过“十一五”期间的发展，长沙按照“一江两岸”文化走廊的总体布局，以湘江两岸为主轴，以河东主城区、河西先导区为两翼，打造十多个产业园区，引导产业向园区聚集、资源向基地集中。2011年，长沙天心文化产业园获批“国家级文化产业试验园区”；“中南国家数字出版基地”在长沙揭牌。全市开工建设文化项目55个，其中新建项目30个，竣工项目11个，投资过亿项目32个，总投资规模328.52亿元。橘子洲生态文化公园、杜甫江阁、长沙简牍博物馆等建成，“两馆一厅”（市图书馆、博物馆、音乐厅）建设进展顺利。全年文化产业总产出1041.75亿元，比上年增长24.9%，增加值488.92亿元，占全市GDP8.7%；全市文化单位6.2万家，比上年增长9.7%，从业人员54.28万人，比上年增长3.9%。文化产业迈入千亿级产业行列，成为名副其实的支柱产业。

2012年1月，发布《长沙市文化创意产业发展规划（2011—2015年）》，明确提出围绕一江（湘江）一山（岳麓山）作文章，形成“一带一圈多点，二城五区六街”的文化创意产业格局。“一带”即把湘江文化带作为长沙“山水洲城”总体城市形象格局和历史文化、文化旅游、文娱休闲等文化活动的精华集中地带。“一圈”即重点建设岳麓山文化创意圈。

图25-9-1-1 2007年，中共中央办公厅批准长沙在橘子洲头建设青年毛泽东头像，历经3年多建设，橘子洲风景区成为风景秀丽、文化内涵丰富的长沙标志性景点

（摄于2010年，长沙市文化旅游广电局供图）

“多点”包括分布在全市范围内的文化旅游景点、文化事业项目和文化产业基地，重点开发：马王堆汉墓遗址建设以及由此衍生的古汉文化与创意作品；湖湘文化园开发以及由此衍生的湖湘文化与创意产品；铜官窑遗址开发以及由此衍生的遗址文化与创意产品；浏阳以文化创意对烟花、园林、菊花石等传统产品进行提质改造所形成的特色文化创意产品；以湖南广电集团、湖南出版集团为依托，形成影视传媒、新闻出版等文化创意增长点；宁乡县以佛文化、养生文化、茶文化等衍生出来的休闲文化创意产业。“二城”分别为麓谷动漫城和金鹰影视城。“五区”指芙蓉新闻出版产业发展区、星沙特色创意产业发展区、贺龙体育馆为中心的文化创意体验区、麓山创意设计与文化旅游区、青竹湖文化休闲旅游区。“六街”则有劳动路演艺娱乐休闲文化街，解放西路酒吧一条街，从坡子街到太平街的美食民俗文化一条街，定王台出版交易一条街，以望城的铜官镇、丁字镇、靖港镇和乔口镇为中心的四大古镇文化旅游休闲创作交易一条街等。根据各区域产业发展基础与资源优势，突出重点、适度交叉、协调推进、错位发展，形成各具特色、各展其长的功能区域，实现文化创意产业合理布局、集约发展。是年，全市开工建设文化项目 84 个，其中新建项目 61 个，竣工 9 个，51 个项目投资过亿元，总投资规模超过 400 亿元。截至年底，全市文化产业单位 6.2 万家，从业人员 55 万人，实现文化创意产业总收入 1298.2 亿元，增加值 556.5 亿元，占 GDP 比重 8.9%。

表 25-9-1-1　　1999—2012 年长沙市文化产业发展情况一览表

年份	总产值（亿元）	GDP 增加值（亿元）	增加值占全市 GDP 比重（%）	从业人员（万人）
1999	120	—	—	—
2000	150	—	5.94	11.2
2001	185.9	—	4.90	—
2002	200.0	—	5.20	—
2003	257.0	—	5.96	—
2004	287.5	117.78	7.1	17
2005	302.2	147.25	7.7	25.22
2006	352.2	171.6	8.1	25.81
2007	413.5	223.8	8.1	29.3
2008	529.6	293.1	8.4	42.0
2009	654.4	319.2	8.5	47.0
2010	948.7	453.84	8.6	52.2
2011	1041.8	488.9	8.7	54.28
2012	1298.2	556.5	8.9	55.0

第二节 主导产业

一、影视传媒业

改革开放后，随着民众生活水平的日益提高，广播和电视从原来的“奢侈品”逐步开始普及，广播电视台也从官方宣传渠道向大众媒介转变。20 世纪 80 年代后期，长沙市广电局注重提高广播电视普及覆盖率，加紧城乡无线、有线电视网络建设。1988 年，长沙市有省、市电视台频道各 1 套，电视信号覆盖全市 300 万以上的人口。为满足日益增加的观众需求，湖南省广播电视台、长沙市广播电视台不断开发新频道、创作新内容。1991—1992 年，湖南省有线电视台、长沙市有线电视台相继开播，节目更加多元化，贴近观众需求。1993 年，湖南省广播电视台在长沙马栏山规划影视产业园，以“由计划型向产业型转变，由松散型向紧密型转变”为改革思路，率先在全国进行广电传媒产业的市场文化和产业改革，不仅在产业组织方面率先完成以频道制管理为标志的产业资源整合，而且超前将产业经营完全纳入市场化运作轨道。1996 年，湖南经济电视台开播，1997 年湖南卫视上星向全国播出，省、市电视台深化改革，相继开播湖南文体频道、影视频道、长沙电视台女性频道等专业频道，同时注重精品电视剧创作，影响逐渐辐射全国，成为文化支柱产业。2000 年，长沙市媒体传播业营业收入 13.4 亿元，占全市文化产业总产值的 8.9%。2001 年年初，湖南广电集团成立。2002 年，湖南娱乐频道播出；湖南电视台经济频道、都市频道、生活频道联合组建新的湖南经济电视台。2003 年年初，长沙广电集团成立。2004 年湖南卫视成为全国第二个实现直辖市、省会城市 100%覆盖的地方卫视，综合竞争力仅次于中央电视台 3 个频道，位居全国第四。长沙广电业注重媒体机制改革，推行频道细分，不断打造王牌创意节目：长沙广电的政法频道、女性频道、经贸频道收视率稳居省会前十；湖南卫视《快乐大本营》成为国内综艺节目第一品牌，2004 年推出的“快乐中国，超级女声”首开大众娱乐先河，开创出崭新的电视节目样式，其后的“快乐男声”“快乐女声”等节目，把“大众娱乐”不断推向高潮，席卷全国。据中国社会科学院公布的“文化产业蓝皮书”，2005 年“超女”各利益方直接收益约 7.66 亿元。是年长沙影视传媒业实现增加值 16.27 亿元，比上年增长 27.4%。与名牌电视栏目交相辉映，湖南广电、长沙广电也注重精品电视剧的打造。湖南广电的琼瑶系列剧，尤其是“还珠格格”更形成独特的文化现象；长沙电视台艺术中心拍摄《雍正王朝》《走向共和》《恰同学少年》《国歌》等优秀影视剧，成为全国“十大优秀摄制组”。2008 年，长沙市电影服务行业实现产值 2.3 亿元。2009 年和 2010 年，长沙影视传媒业增加值分别达到 18.91 亿元和 20.53 亿元。2012 年，全市广播电视电影业实现增加值 23.9 亿元，同比增长 5.6%；拥有限额以上（即从业人

图 25-9-2-1 2004 年起，湖南卫视倾力打造的电视音乐选秀节目《超级女声》火爆全国，长沙影视传媒影响力随着空前扩大。图为《超级女声》全国五强在表演现场

（摄于 2005 年，长沙市文化旅游广电局供图）

数在 50 人及以上或年营业收入在 500 万元及以上的文化和娱乐服务业）广播影视类企业 39 家，从业人数 8429 人，拥有资产 228.8 亿元，实现营业收入 6.6 亿元。在整体规模扩大的同时，广播影视精品不断呈现，如和光传媒联合省话剧院、市歌舞剧院、市花鼓戏保护传承中心和市湘剧保护传承中心打造《毛泽东》和《长沙保卫战》，激发演艺资源活力，加速和光传媒向建设中南地区最大影视拍摄基地发展。长沙广电旗下天择传媒积极探索体制内制播分离新模式，是年合作媒体 74 家，其中省会台 23 家，地市媒体 51 家，制作的节目销往全国 100 余家电视台，其中《士兵突击》《花样年华》《大爱东方》等获国家广电总局 2012 年广播电视创新创优栏目表彰，在获表彰作品中占据六分之一的席位。

二、出版发行业

20 世纪 80 年代初，国家召开图书发行体制改革座谈会，并于 1983 年发布《关于加强出版工作的决定》，改革新华书店图书发行体制，逐步建立以“新华书店为骨干，多种购销渠道、多种经济形式、多种购销方式，减少流通环节的图书发行网”，为民营书业的产生和发展开辟道路。随后，长沙民营书摊逐渐兴起、增多，慢慢集中于黄泥街及附近街巷，1985 年有 30 余家，1987 年增加至 80 余家。1989 年，全市出版社产值 10 亿元，实现利润 6000 万元以上；黄泥街书市则汇聚三湘报刊服务部、中南书刊经营部、《发明与革新》杂志社、省影视文化书社、树人书店、南洋书局、芙蓉图书音像公司等书店或图书报刊发行公司近 100 家，年成交额 7000 万元，黄泥街书市出现第一个发展高峰期，一跃成为全国四大书市之一。是年 11 月，新闻出版署和国家工商行政管理总局联合下发关于加强个体私营书店（摊）的管理规定，长沙市开始对黄泥街民营书店进行清理整顿。依托于民间书市的开创发展，经过政府部门的整治提升，长沙出版、发行、印刷行业在 20 世纪 90 年代实现全面进步。

1990 年，湖南出版社在长沙成立，随后湖南省出版公司组建，集合图书出版、印刷、发行等环节，为出版产业化发展奠定基础。1993 年，长沙集中全省全部 10 家图书出版社、电子音像出版社和音像复制单位，绝大部分报纸、期刊出版单位；黄泥街书市有 130 家二级批发书店、140 家零售书店，年发行 2 万余种 5000 万册，销售码洋 1.5 亿~1.8 亿元。1993 年，省、市书报刊发行行业协会联合举办 ’93 长沙春潮书市，骨干队伍为以黄泥街书市为主题的民营书业经营者，全国各省市均有书商参会，3 天交易会成交额即突破亿元。1994 年，黄泥街规模更加扩大，并有公司准备引进外资开发书市。1995 年后，长沙民营书业与新华书店合作步步深入，随着每年书会的举办，图书发行渠道愈加通畅。1996 年，黄泥街书报刊经营单位增加至 284 家，从业人员近 2000 人，年销售总量 1800 万~2000 万册，销售码洋 2 亿元以上。同年，对黄泥街书市进行整体搬迁，以期规范化的管理和更健康发展。1997 年，黄泥街书市整体搬迁至定王台，长沙市图书发行管理得以理顺；全市印刷企业也从由政府主导的二三十家，发展到上千家民营印刷厂。是年 3 月，新闻出版署指出，湖南长沙继北京、上海两大传统出版基地之

图 25-9-2-2 1997 年，黄泥街书市整体搬迁至定王台，各出版社均在定王台书市设立门市部

（摄于 1997 年，长沙市文化旅游广电局供图）

后，成为新的图书出版基地。

2000年，湖南出版集团在长沙组建，是年全市出版发行业拥有资产总额3106亿元，出版书籍种类3000余种，总印数3亿余册，占全国的3.8%，杂志总印数1.23亿份，报纸总印数6.26亿份，实现总产值49亿元，占全市文化产业总产值的32.7%。2004年，湖南出版集团整体转制为湖南出版投资控股集团有限公司，推进市场化经营，标志着湖南出版体制改革进入新阶段。2008年，湖南出版投资控股集团启动改制上市，设立中南出版传媒集团股份有限公司，并于2010年完成A股上市，首发3.98亿股，募集43.43亿元，成为全国第一支全产业链整体上市的出版传媒龙头股。2011年，中南传媒图书在全国市场占有率跃居第四，实现总营业收入58.57亿元，入选全国文化企业30强，并跻身《财富》中国最大企业集团500强。11月，中南国家数字出版基地在长沙落成，总投资23.7亿元，为第四个国家数字出版基地。2012年，全市出版业营业收入290.1亿元，同比增长19.6%。图书、期刊、报纸、录音制品出版种类占全国比重均达2%以上。以中南传媒出版集团、湖南日报社、长沙晚报社、体坛周报社、潇湘晨报社等大型企业为主的产业群不断筑牢“出版湘军”的发展高地。除出版社取得长足发展外，出版发行业的中游——印刷业和下游图书报刊批零业亦步步紧追，当年全市有规模以上图书报刊印刷企业13家，实现营收18.4亿元，利润总额1.3亿元，同比增长7.6%；有限额以上图书报刊批零企业21家，实现营收34.0亿元，利润总额2.0亿元，此外集体、个体零售网点775个，较上年增加352个，共提供就业岗位3058个。长沙出版发行形成一条完整、有序及层次分明的产业链。

三、文化旅游业

1988年，长沙市旅游主要列为外事的一部分，接待外国游客、外籍华人、华侨和港澳台同胞9143人次，旅游创汇1771.09万元（外汇人民币，下同）。接待国内游客1.8万人次，收入357万元。20世纪90年代初，长沙市旅游业迎来复苏，开始对行业进行治理整顿，加强资源开发和基础设施建设。1990年全市接待国外、港澳台入境游客3.1万人次，创外汇收入3424.35万元，同比增长42.96%和42.77%；市属4家三类旅行社全年接待国内旅客3.2万人次，创收入349.33万元；烈士公园、岳麓山公园等4个市内主要景点统计接待游客3.2万人次，创收388.98万元。1995年，开始对全市旅游资源进行摸底普查，建立第一套旅游资源档案；新世纪文化城、湘江风光带、浏阳大围山旅游度假中心、宁乡灰汤温泉度假区等一批重点项目在年内规划立项和开工兴建；全市拥有各类旅行社54家，星级宾馆12家；全年接待入境游客8.1万人，境内游客620万人，实现旅游创汇1800万美元，创收28亿元。全市旅游产业结构逐步优化，开始进入全面快速发展。1998年，长沙市成为首批中国优秀旅游城市。1999年全市接待入境和国内游客分别为19.44万人次和1815万人次，旅游外汇收入和国内收入分别为8.69亿元和52.9亿元。

图25-9-2-3 太平老街提质改造工程完成后，成为游客最爱逛的长沙文化景点之一 （摄于2008年，长沙市文化旅游广电局供图）

2000年，长沙市出台《关

于加快培育旅游支柱产业的决定》，将旅游业纳入全市国民经济和社会发展计划，鼓励外资、社会资本开发旅游项目。全市有旅游度假区 5 个，景区景点 170 余处，旅游从业人员 6 万人；有星级宾馆 41 家，其中五星级 5 家、四星级 2 家、三星级 21 家，旅行社 120 家，无论旅游资源还是接待能力，长沙均具备重要旅游目的地应有的相关产业规模及服务功能。是年全市接待海外旅游者 22.17 万人次，接待国内旅游者 1900 万人次，旅游收入 51.1 亿元，其中旅游创汇 1.19 亿美元，占文化产业总产值的 34.1%。初步形成以观光、购物、度假休闲、会展、修学、文博为主体的特色旅游模式，旅游综合实力在 54 个首批中国优秀旅游城市中排名第十八位。

2005 年，全市有国家级风景名胜区 1 处、国家级森林公园 2 处，省级风景名胜区 1 处、省级森林公园 2 处，167 处文物保护单位（其中国家级 7 处、省级 56 处、市级 63 处、县级 41 处）和 1000 余处历史文化遗址。是年接待国内游客 2489 万人次，国内旅游收入 175.2 亿元；接待海外游客 25.55 万人次，旅游创汇 2.02 亿美元；旅游业总收入 191.2 亿元。其中红色旅游更面临巨大机遇和发展空间。2006 年，长沙旅游产业总收入 222.6 亿元，占全省旅游收入的 37.8%，成为湖南国民经济的支柱性产业。2007 年，全市旅游产业总收入 259 亿元，相当于全市 GDP 的 12%，旅游产业增加值占全市 GDP 比重超过 7%。2008 年 4 月，全市旅游大会召开，旅游业被确定为建设“两型社会”综合配套改革试验区的先导产业、率先发展的支柱产业。2009 年，长沙市获评“中国十大最具幸福感城市”和“中国十佳休闲宜居生态城市”，是年为长沙“旅游发展年”，各区县（市）把旅游业作为支柱产业或主导产业优先发展。岳麓山、橘子洲等风景区的提质改造工程完成；靖港古镇的开发引领新一波古镇文化游热潮。年底通过的《长沙市旅游业发展总体规划（2009—2020）》，提出将长沙建成以山水洲城为依托、以娱乐休闲为特色的中国旅游之都和世界级旅游目的地。“十一五”期间（2006—2010 年），长沙不断创新旅游工作思路，整合优势资源，大力实施文旅联动战略、红色文化战略、城市营销战略、城乡并举战略，使全市文化旅游实力不断增强。2010 年，长沙市实现旅游总收入 458 亿元，其中文化旅游收入 300 亿元，占旅游总收入的 65.5%。

2011 年，国务院、国家旅游局调研组赴长沙考察，充分肯定长沙旅游产业发展的成功经验。是年，喜来登等国际知名品牌旅游酒店陆续登陆长沙，外商独资在长沙开办旅行社。全年实现旅游总收入 582.9 亿元。2012 年，长沙市召开全市旅游发展大会，推进全市“一带三圈旅游产业功能区”建设。全市有全国旅游强县 1 个；全国休闲农业与乡村旅游示范县 1 个、示范点 1 个；全国农业旅游示范点 5 个；国家 A 级旅游景区 39 家，其中 AAAAA 级 2 家、AAAA 级 18 家；星级饭店 83 家，其中五星级 12 家、四星级 22 家；旅行社 218 家，有出境游组团资格的 22 家；农家乐 2000 余家，其中星级农庄 182 家。年营业收入过亿元的旅游企业30 家。全市全年接待游客 8088.07 万人次，其中入境旅客 105.19 万人次，创汇 41.3 亿元；国内游客 7989.18 万人次，收入 741.8 亿元，实现旅游总收入 783.1 亿元。旅游从业人员 30 万人。全市旅游业形成较大规模，产业实力显著增强，成为第三产业的支柱产业。长沙市当年被评为“中国十大文化旅游城市”之一。

四、文娱休闲业

1988 年，长沙出现第一家室内歌厅“航空”，随后又出现“蝴蝶”“琴岛”两家，最初以歌舞、本土曲艺表演为特色，成为生活日渐改善的长沙市民夜间休闲和商务往来的重要方式。1990 年，随着激光视盘的引进，卡拉 OK 在长沙兴起。至年底有 15 家，每天近千人进入卡拉 OK 厅消费；全市营业性歌厅、舞厅、卡拉 OK 厅及音乐茶座共 76 家。1991 年全市娱乐场所举办各项活动 3 万余场，接待人数超

300 万人次，门票收入逾 1000 万元。1992 年，全市“四厅”（舞厅、歌厅、歌舞厅、卡拉 OK 厅）有 88 家；电子游戏经营户 475 户；另有桌球室、气枪射击室等 50 余家，从事文化娱乐项目人员 5607 人，全年门票收入在 1200 万元左右。1994 年全市有营业性“三厅一会”（歌舞厅、舞厅、卡拉 OK 厅、夜总会）217 家。由于市场竞争日渐激烈，部分歌厅节目流于低级趣味，长沙市开始对歌厅、舞厅进行不定期暗访监督，进行考核评级，同时通过举办卡拉 OK 大赛、时装模特大赛等大众娱乐比赛，引导市场健康发展。到 90 年代后期，长沙歌厅经过市场洗牌，开始向规模经营方向发展，1997 年琴岛歌厅搬迁至青少年宫新场地，可容纳 600 余人，并积极打造具有自身特色的演出节目。

图 25-9-2-4 2001 年后，酒吧文化在长沙兴起，逐渐形成解放西路“酒吧一条街”，历经更新换代，依然越夜越美丽（摄于 2002 年 8 月，长沙市文化旅游广电局供图）

1999 年长沙新建中国最豪华的欧美风情式演出剧场“红太阳演艺中心”，创造出融杂技、芭蕾、音乐、舞蹈为一体，高雅与通俗并重的“后剧场表演形态”。2000 年后，长沙开始兴起“吧文化”，仅 2001 年长沙解放西路就有 8 家酒吧相继开业，“酒吧一条街”开始成型，代表性的“金色年华”等演艺酒吧，更具互动性，更符合 21 世纪年轻人的审美需求。演艺酒吧的火爆被誉为娱乐业中的“长沙现象”。洗浴休闲和互联网上网服务营业场所（俗称“网吧”）也渐渐兴起，同年全市有网吧 1371 家。2002 年开始，“红太阳演艺中心”入驻田汉大剧院，常换常新的表演加上国际一流的舞台设备，令剧院再度火爆，全场 1400 个观众座席日均上座率 90%以上，月经营收入 100 万元左右。2003 年，全市歌厅接待观众 170 万人次，全行业营业收入约 1 亿元。2004 年“苏荷酒吧”在解放西路开业，是中国第一家真正意义上的本土化“慢摇吧”，特点是专业音乐 DJ 表演取代原本炫目的舞台演艺。长沙“慢摇吧”模式迅速被模仿并走向全国。2005 年，全市有“三厅一会”和特色演艺酒吧、休闲屋、游戏室 2500 余家，网吧经过整治后有 1500 余家，电影经营单位 476 家，艺术表演团体 12 家，文化馆 10 家，形成多门类、多层次、多形式、多投资主体的多元化市场格局。全年文化休闲娱乐服务和网络文化服务产业增加值分别为 47.44 亿元和 0.7 亿元，同比增长 26.7%和 23.2% 。2007 年，全市洗浴业从业人员 15 万人，年营业额 30 亿元。2008 年，长沙市作为全国卡拉 OK 内容管理服务系统工作四个试点之一，在全国率先完成安装工作；积极引导形成车站北路购物餐饮娱乐街和化龙池清吧街灯特色文化街；演艺业创新发展，琴岛歌厅重新开张，成为国内“第一歌厅”和湖南省“商务大歌厅”。全市歌厅、酒吧总数超过 400 家，其中接待规模在 500 人以上的有 19 家，年接待消费者 5000 万人次以上，当年拉动消费 50 余亿元；有洗浴场所 1793 家，KTV 近千家，娱乐文化服务实现产值 92.33 亿元。

2009 年，经过 20 年的市场洗礼，长沙最具影响力的 4 家大型歌厅红太阳演艺中心、琴岛演艺中心、港岛演艺中心和欧阳胖胖歌厅，都形成鲜明特色。2012 年，《长沙市文化创意产业发展规划（2012—2015 年）》明确提出，通过提质改造，进一步发挥长沙演艺娱乐品牌优势，把长沙打造成娱乐之都。至年底，全市有各类娱乐场所 2761 个，其中歌舞厅 387 个、电子游戏及游戏机经营场所 171 个、卡拉 OK 厅等综合娱乐场所 515 个、连锁及非连锁网吧 1688 家；总营业面积 1185 平方千米；各娱乐业从业人员 4.4 万人左右；主营业务总收入达 12.92 亿元。全市娱乐文化服务和网络文化服务产业增加值分别达到 113.0 亿元和 3.2 亿元。

五、文博会展业

20 世纪 80 年代末 90 年代初期，长沙的博物业依托于湖南省博物馆、长沙市博物馆、国有文物商店及清水塘的艺术品市场，主要以文物博览、文物仿制品、文物商业为主，在全国小有名气。1995 年，长沙举办改革开放后首次全国性的交易会，即全国糖酒交易会，来自全国、港澳台及美国、日本等 11 个国家的 9 万余名客商参加，参展国内外企业 3500 余家，商品成交额 119.29 亿元。此后，长沙文博会展产业进入起步培育阶段，展会数量快速增长。1997 年，长沙市博物馆举办的《长沙三国吴简暨历年出土文物精品展》获当年全国十大文物精品展。1998 年举办第二次全国糖酒会，4000 余名商人、超过 10 万人流汇聚长沙，带来巨大的经济拉动力，使长沙市社会消费品零售总额增幅跃升至全国首位。

1999 年，由原马王堆蔬菜批发交易市场新扩建而来的长沙会展中心、在世界之窗附近的湖南国际影视会展中心（后更名湖南国际会展中心）接近完工，展厅面积 810 平方米的湖南湘绣博物馆建成，相继承办全国文化用品交易会、中国体育用品博览会等重要展会。2000 年，金鹰电视艺术节以展馆面积 10 万平方米的湖南国际会展中心为舞台，固定在长沙举行。当年文博会展业实现总收入 10.3 亿元，占全市文化产业总产值的 6.9%。2002 年，可兼做展馆使用的长沙新世纪体育文化中心完工投入使用，占地面积 30 万平方米的中国现代农业博览交易中心也在建设中，全市有专业会展机构 50 余家。是年，全国第三次糖酒交易会举行，为长沙带来国内外人流共计 16 万，成交额 310 亿元，带动全市 20 亿元的消费。2003 年，长沙在全国率先成立会展工作管理办公室，大型专业会展场馆由 1 个增至 3 个，包括湖南省展览馆、中国现代农业博览交易中心（长沙红星国际会展中心）、湖南国际会展中心；另建成 800 平方米展厅的湖南省美术馆。年度会展活动在当年首次突破 100 个，2004 年达到 151 个。

2005 年，出台《长沙市会展管理办法》，为全国首部涵盖会议、展览、节庆、演出、比赛五大子系统的政府规范性文件。是年，全市举办各类会展活动项目 223 个，其中国际性会展 9 个，全国性会展 45 个，直接收入 31 亿元，带动会展相关行业收入 28 亿元，会展活动签订的活动或意向金额突破 700 亿元，拉动相关产业经济增长近 150 亿元。长沙文博会展逐渐向专业化、品牌化、市场化迈进，中国金鹰电视艺术节、浏阳国际花炮艺术节被评为中国十大专业节庆。2006 年，青竹湖国际会展中心建成投入使用，一期占地约 7 万平方米，二期预留地 7.5 万平方米，总建筑面积约 4 万平方米，其中主展厅建筑面积约 9000 平方

图 25-9-2-5　2000 年起，中国金鹰电视艺术节永久落户长沙，是年金鹰节开幕式上举行巨星演唱会，邀请刘欢、那英、刘德华、林忆莲、王力宏等明星现场表演

（摄于 2000 年 9 月，长沙市文化旅游广电局供图）

米，副展厅一层建筑面积约6000平方米，层高9.5米，副展厅二层建筑面积约5000平方米，层高约14米，内部展览面积2万余平方米，可提供国际标准展位2000余个。全市展览面积90万平方米，标准展位5万余个，全年举办各类会展活动312个，同比增长40%。会展带来的直接收入4.5亿元，带动相关产业收入40亿元，签订的合同或意向金额首次突破1000亿。其中，第二届中国（长沙）国际汽车博览会在上年的成功经验中扩大规模，吸引20余个国家的200家汽车生产销售企业参加，成交额6.37亿元。长沙车展成为中部地区规模大、影响广、运作规范的标准式展会。2007年，长沙市简牍博物馆建成，室内展厅面积6000平方米，全市展览面积95万平方米。是年长沙重点打造“泛珠三角区域合作发展论坛暨经贸洽谈会”等6大展会活动，全年举办的408个展会中有35个是在长沙首届举办。2008年，在长沙举行的第七十九届全国糖酒交易会展览总面积12万平方米，成为长沙现代会展业规模之最；“中国科技成果转化交易会”永久落户长沙。2009年全市展会面积102.9万平方米，举办会展505个，其中全国性大型会展19个。

到2010年，长沙连续四年获评“中国最佳会展城市”“中国十大节庆城市”“中国十大品牌城市”“会展十年管理大奖”。长沙市重新调整完善会展机构、加大专业人才培养力度，重点打造“湘菜美食节”等本土会展品牌。全市专业展览场馆的平均出租率由2007年的不到20%上升到60%以上。2012年，长沙总展览面积135万平方米，全年举办展览175次，会议类168次，其他节庆演出赛事类共350个，展览数量创历史新高。大型文博类会展22场，且有56%的文博类会展是长期连续性的。全年会展活动带来直接收入12亿元，带动相关产业收入超过109亿元。

六、动漫游戏业

1993年，第一套全国中小学生动漫教材由长沙三辰影库公司（后更名蓝猫卡通公司）承制，长沙市动漫产业由此发轫。1996年，湖南第一家专业动漫制作公司湖南东方卡通公司在长沙成立，标志着长沙动漫正式诞生。2000年，东方卡通公司吸引北京投资，合作成立湖南三辰影库发展有限公司，并于6月推出系列动画片《蓝猫淘气三千问》，卡通形象“蓝猫”一举成名，在短时间内风靡全国。2002年行业收入3亿余元。2003年，长沙市动漫产量开始在全国排名第一，行业收入7亿元。2004年，湖南宏梦卡通集团成立，长沙动漫企业由1家发展到“三辰卡通”“宏梦卡通”“哆咪七彩”“艺文国际”等8家，动漫工作室60余个。9月，金鹰卡通频道开播。初步形成较完整的动漫产业体系，是年全行业收入16亿元。

图25-9-2-6 2000年6月，湖南三辰影库推出系列动画《蓝猫淘气三千问》，短时间内风靡全国。2010年，“蓝猫”入选“中国十大卡通形象”

（摄于2000年6月，长沙市文化旅游广电局供图）

2005年，发布实施《长沙市人民政府关于进一步加快动画产业发展若干政策的意见》；当年全市原创动漫电视节目1.53万分钟，年产量占全国总量的50%以上。是年11月举办的“长沙动漫艺术节”，共有国内外207家动漫机构、近700名动漫企业代表和数十万市民、游客参加，签订合作协议和意向书金额29.37亿元。2006年，（湖南）国家动漫产业振兴基地在长沙软件园挂牌，湖南成为继上海、四川、大连后的第四个“国家动漫游戏产业振兴基地”。基地总体规划面积1.5平方千米，由动漫游戏产业园、衍生产品产业园和辐射区组成。全市有卡通创意研发、传播运营机构26家，动画工作室200多家，原创人员1642人，相关从业人员2万人；年原创动漫2万分钟以上，出版发行动漫书报刊1800余种共2200余万册，金鹰卡通等电视媒体年播出动漫节目10万分钟。同年拓维集团同步推进手机动漫原创信息平台建设，手机动漫年下载和转发量达10亿条。2007年长沙生产原创动漫5万分钟，占全国总量的50%。2008年生产原创动漫近3万分钟，产量连续五年稳居全国第一。当年拓维集团成功上市，成为全国“动漫第一股”。

2009年，长沙动漫游戏产业生产规模急速扩大，全市有宏梦卡通、蓝猫动漫、山猫卡通、拓维信息、拓肯文化、星野软件等在内的动漫游戏企业55家，动漫工作室300余家，动漫原创人员近3000人，相关从业人员3万余人，动漫衍生产品相关从业人员超过10万人；是年获文化部首批认定的动漫企业，长沙占1/10；以动漫原创为核心的数字媒体产业总收入约为10亿元，动漫游戏衍生品种类多达2万种，全年全产业相关产值超过30亿元。从2009年开始，长沙动漫产业从急速扩张发展中逐渐转型，各动漫企业在竞争中寻找自我发展定位，如拓维定位于“短、新、快”的手机动画，蓝猫定位于民族化风格，山猫注重向欧美输出。企业之间也注重横向联合，优势互补。动漫生产由重“量”转向重“质”，全年制作电视动画片1.31万分钟。长沙动漫游戏中大量原创作品和动漫形象成为中国动漫行业极具影响力的品牌，形成“三猫一鹰”即蓝猫、虹猫蓝兔、山猫和金鹰几个龙头企业。2010年，“蓝猫”入选“中国十大卡通形象”；《虹猫蓝兔七侠传》获当年“中国原创动漫大奖最佳电视动画大奖”；湖南宏梦卡通集团被评为国家重点动漫企业和最佳动漫企业，成为中国最大的国产原创动画生产制作基地之一。2012年，（湖南）国家动漫产业振兴基地聚集动漫游戏企业50余家，从业人员5万人以上，动漫节目制作达10万分钟/年，全市动漫游戏业产值达100亿元。长沙成为中国动漫游戏研发、制作和人才培养、输出的重要城市之一。

七、文化体育业

（见第二十四篇卫生 计划生育 体育 第四章 体育 第五节 二、体育产业）

第三节 文化产业园区建设

20世纪80年代末，随着市场经济的发展，长沙按照国际惯例和产业发展趋势开始产业园区建设，1988年在麓谷创建高新技术开发区，1991年经国务院批准为首批国家级高新技术产业开发区，由城中区和岳麓山集中新建区两部分组成，麓谷园区内以计算机产业、电子信息技术公司为主。1997年经国家科委批准，长沙高新技术开发区对区域范围进行调整，形成“一区四园”（岳麓山高科技园、星沙工业高科技园、隆平农业高科技园、远大高科技园和市内政策区）格局。其中，全年投入1682万元建设岳麓山高科技园，是长沙国家高新技术产业开发区内的软件及电子信息产业专业园区，规划初占地35万平方米，成为长沙首个文化类产业园区——长沙软件园的雏形。2000年经科技部批准为“国家火炬计划软件产业基地长沙软件园”，启动扩建工程，总规划面积265万平方米，当年完成扩建区120万平方米范围的基础设施工程。是年9月，长沙软件园发展中心正式成立，具有独立事业法人资格。市政府出台《长沙市人民政府关于进一步加快长沙软件园建设的通知》。2001年，市政府发布《关于加快文化事业和文化产业发展若干政策的意见》，提出将文化事业、文化产业发展规划与城市总体规划、土地利用总体规划和同期国民经济与社会发展总体规划有机结合起来，将文化产业园及其重大项目的建设纳入城市建设的中长期规划和年度计划。长沙软件园被国家计委和信息产业部批准为10个国家级软件产业基地之一，是年有入园企业170多家，年总收入44亿元，其中软件及服务收入近20亿元，利税6亿元，软件出口创汇800万美元。营业收入过千万元的企业44家，其中过亿元的企业10家。同年，市新闻出版局、市印刷行业协会计划筹建印刷科技产业园，选址位于长沙黄花机场西侧的黄花产业基地，经湖南大学设计研究院规划设计。总规划用地20万平方米，总投资4亿元，分两期投入。

2003年2月，“湖南湘绣产业园”专家论证座谈会召开，后经半年筹备，“湖南星沙湘绣城”于8月破土动工，规划建筑面积达40万平方米，拥有商铺1200个，建成后将成为集湘绣、服装、家纺、陶瓷、银饰等特色工艺的生产、研发、观光展示、旅游购物、休闲娱乐于一体的文化产业基地。同年，长沙软件园被评为“全国优秀火炬计划软件产业基地”；黄花印刷科技产业园首期用地7.4万平方米的拆迁、平整、主干道建设基本就绪，招商企业40余家。2004年9月黄花印刷产业园由省新闻出版局正式批准挂牌，至年底开工建厂的印刷企业6家，2家开始试生产；湖南湘绣城被列入长沙市政府重点工程，是年有4家企业入园并投入生产，另有30家生产企业提出入园意向，年产值4800万元。

2006年，长沙软件园被科技部批准为“国家数字媒体技术产业化基地”。同年12月，（湖南）国家动漫游戏产业振兴基地由文化部批复并在长沙软件园挂牌，基地核心区面积大约150万平方米，规划布局为“两园一区”，即动漫游戏产业园、衍生产品产业园、辐射区。其中辐射区含湖南省范围内的动漫游戏教育研究培训机构、金鹰卡通频道、金鹰动漫游乐园、宏梦动漫园、出版物交易中心等。该基地规划建筑总面积120万平方米，预计新增投资25亿元；是年，动漫基地总产值突破60亿元。黄花印刷科技园云集印刷企业23家，园区总产值突破5亿元。星沙湘绣城落户企业20家，总产值突破3亿元。2007年，长沙国家软件产业基地在“2007年度中国创意产业年度大奖”调查与评选活动中，获“中国最佳创意产业园区奖”。湖南星沙湘绣城形成以文化产业为主，拥有直属控股企业8家，配套生产企业45家的产业集群，当年7月获评“湖南文化产业示范基地”。是年长沙还有首批省级文化产业示范基地“雨花创意产业园”和“岳麓文化艺术产业园”正式挂牌成立。雨花创意产业园北起体育新城，南至湘府路，西起圭塘河生态景观区，东至京珠高速，园区内有长沙出版物交易中心、喜乐地卡通公园等，总面积4.7万平方米，主要引进和扶植创意设计、传播、应用、服务以及创意产品的生产和销售企业。岳麓文化艺术产业园（锦绣潇湘文化创意产业园）东起潇湘大道南段，西至麓山南路，南临二环线西南段，北止阜埠河路段，面积300万平方米，规划分两期，其中第一期由锦绣潇湘文化创意中心、文化艺术长廊（文化宾馆和艺术家公馆组成）、大学科技港（国储电脑城天马店）、金苹果天马创意城、创意都乐街（由两列创意列车、文化酒吧街、后湖艺术城和艺术沙龙组成）、后湖培训城和天马艺术村七大子项目组成，总投资预计12亿元；第二期为后湖文化城项目。园区坚持以企业主导、政府支持为原则，依托岳麓山国家大学城的平台资源，打造成“锦绣潇湘文化创意园、锦绣潇湘现代教育服务业园和锦绣潇湘创业孵化园”。

2008年1月，长沙高新开发区被批准为湖南省移动电子商务产业园。4月，长沙天心文化产业园成立，园区北起五一路、东至芙蓉路、西临橘子洲、南抵南湖路，总面积850万平方米。园区集中长沙70%的历史文化资源，有数十处文物保护单位和非物质文化遗产，囊括黄兴路步行街、太平街、解放西路酒吧一条街、琴岛演艺、田汉大剧院等休闲娱乐区，更容纳长沙广电集团、潇湘晨报、定王台书市等传媒骨干主体，以及拓维、酷贝拉等新兴文化旗舰企业，文化产业业态丰富。6月，原长沙望城坡经济开发区并入长沙高新区，并于11月获省政府正式批复为省级电子信息产业园，12月接受国家发改委、工信部的验收，授牌为国家级软件产业基地。园区规划面积由655万平方米扩大到964万平方米，位于岳麓大道以北、雷锋大道以西、绕城线以东，长沙大河西先导区的核心区域。是年，还有湖南金霞湘绣公司创建“金霞湘绣园”，位于长沙市开福区芙蓉北路与三汊矶大桥交汇处，建筑面积5万平方米，其中湘绣馆面积1.4万平方米，住宅1.7万平方米，办公面积1.9万平方米。

2009年，长沙市贯彻实施国务院《文化产业振兴规划》，建设加快一批产业示范基地，发展具有地域和民族特色的文化产业群。2月，位于浏阳市主城区地带的浏阳河文化产业园开始规划建设，园区东起双江口、南至石山下、西临双枫浦、北抵花炮广场，将南区文家市秋收起义纪念园、胡耀邦故里风景区、大瑶花炮博物馆全都纳入园区建设范畴，核心区面积10.2平方千米。6月，锦绣潇湘文化创意产业园首个项目“国储电脑城天马店”试运营。开福区青竹湖科技生态园引入青苹果数据中心、牛耳教育等大型文化企业，配合已有的图书馆、影剧院、会展中心等，在园区东部建设以设计、装潢、视听觉艺术和计算机服务为重点的文化创意产业基地。雨花创意产业园与区劳动保障局合作的创业培训班正式开学，雨花创意产业园正式向集创（就）业培训、创业项目推荐、职业介绍、政策兑现、创业实践等功能为一体的综合性创业基地转型，成立两年，引进创意文化企业100余家，提供就业岗位1000余个。是年，湖南星沙湘绣城完成生产总值10亿元；金霞湘绣园被授予“全国非物质文化遗产保护研究基地”；长沙软件园获“中国软件和服务外包杰出园区”称号。年底公示的长沙市“十大文化产业基地（街区）”，分别为解放路文化休闲特色街、定王台书香街、新世纪娱乐文化产业街区、高新区国家动漫游戏产业振兴基地、锦绣潇湘文化创意产业园、靖港古镇文化旅游基地、青竹湖文化创意产业基地、雨花创意产业园、湖南星沙湘绣城、长沙印刷科技产业基地。

2010年5月，位于长沙市开福区的沙坪湘绣产业园建成开园。项目规划总占地面积约67万平方米，项目总投资7.5亿元，项目建设期5年。规划建设沙坪湘绣文化广场、沙坪湘绣商业新街、旅游购物中心、工艺美术家村、湘绣配套产业基地等板块，形成沙坪湘绣产品生产、研发、展览、销售、培训教育与旅游观光于一体的湘绣文化整合体系。9月，长沙市天心文化产业园启动“国家级文化产业示范园区”创建。2011年2月，“国家级文化产业试验园区”挂牌，成为中南五省唯一的国家级文化产业园区。11月，“中南国家数字出版基地”落户天心区文化产业园，成为继上海、重庆、浙江后国家准建的第四个国家数字出版基地，是中国新闻出版产业发展战略和区域发展战略的重点扶持对象。中南国家数字出版基地主体园区落户天心区解放垸，投入近50亿元基础设施建设资金，引进、培育一批具有广泛影响的数字出版龙头企业，如中国移动、中国联通、华为集团、诺基亚、苹果、索尼、富士康等世界500强企业；也包括中南出版传媒集团、湖南拓维信息、湖南青苹果数据中心、湖南快乐阳光互动娱乐等省内重点文化企业。是年，湖南湘绣艺术学院落户湖南湘绣城。动漫游戏产业振兴基地全年原创动漫6部5268分钟，企业产值突破10亿元。浏阳花炮文化产业园在浏阳大瑶建立，园区面积76平方千米，由一城（国际花炮文化名城）、两区（花炮原辅材料生产制造区、花炮文化商贸旅游区）、三轴（319国道、106国道、长浏高速）、四中心（花炮材料制作中心、花炮民俗文化中心、花炮休闲体验中心、花炮商贸物流中心）构成。沙坪湘绣产业园拥有各类湘绣企业30余家，湘绣产业年产值2.1亿元，解决农村就业人口1.7万余人。

2012年4月，长沙（国家）广告产业园作为中南地区唯一，也是全国首批9家之一的“国家广告产业园区”落户天心区省府新区，在省府新区开工建设长沙天心广告创意产业园，园区按照贺龙文创集聚区、创谷文创广告产业核心区、“南部片区”文创拓展区建设。创谷文创广告产业核心区总占地面积30万平方米，总建筑面积约80万平方米，总投资35亿元，分三期建设。其中，一期园区占地7.3万平方米，总建设面积21万平方米，总投资18亿元。2012年8月，天心文化产业园晋升为“国家级文化产业示范园区”，成为全国十家示范园区之一。长沙市天心区也在全国范围内率先形成国家级文化产业“两园一基地”（国家级文化产业园、国家广告产业园、国家数字出版基地）发展格局，汇聚演艺娱乐、文化旅游、艺术、创意、传媒各类文化产业，有文化企业1700余家，占片区企业60%以上，其中龙头企业16家，规模以上文化企业45家，文化从业人员10.8万人，区域文化产业生产总值超过175亿元，其中产业增加值超过75亿元，同年获评“中国文化创意产业最具发展潜力十大园区”。长沙黄花印刷科技产业基地已建面积1.8平方千米，有43家企业入驻，其中主导产业印刷类企业有26家，从业人员1909人，年工业总产值16.67亿元，其中印刷包装产业实现工业总产值11.36亿元，产业规模和影响力在中国印刷产业较集中的地区仅次于北京、上海、广州和武汉，排名第五。高新区动漫游戏产业振兴基地汇聚动漫开发、创制、教育和传播运营机构60余家，动画工作室160家，从业人员4万余人，其中原创动画生产企业16家。金霞湘绣公司获“国家级文化产业示范基地”授牌，浏阳河文化产业园拥有各类文化企业1200余家，从业人员近30万人，实现产业增加值119亿元，占长沙市文化产业增加值的24.39%，占全省的12.2%。浏阳花炮文化产业园经过一年多的发展，实现固定资产投资14.93亿元，规模工业总产值24.54亿元。至年底，境内有文化产业园区、基地共15个，包括长沙软件园、信息产业园、麓谷动漫游戏产业振兴基地、雨花创意产业园、锦绣潇湘文化创意产业园、湖南星沙湘绣城、金霞湘绣园、沙坪湘绣文化产业园、青竹湖文化创意产业园、天心文化产业园、浏阳河文化产业园、黄花印刷科技产业基地、天心广告创意产业园、中南国家数字出版基地、浏阳花炮文化产业园。其中，长沙信息产业园与长沙软件园规划整合发展，金霞湘绣城规划建设湖南湘绣科技园，与湖南星沙湘绣城整合发展。文化园区总面积约164.36平方千米，全市近5000家民营文化企业中有3000余家聚集在相关基地和相对集中区域，文化产业基地总产出占全市文化产业总产出的50%以上。

第四节　文化园区选介

一、长沙软件园

1997年，投入1682万元建设长沙国家高新技术产业开发区内的软件及电子信息产业专业园区——岳麓山高科技园。该园区位邻岳麓山风景区西侧，规划初占地35万平方米，成为长沙首个文化类产业园区——长沙软件园的雏形。建成10万余平方米的软件企业用房，配有完善的市政和通信设施。2000年经科技部批准为“国家火炬计划软件产业基地及长沙软件园”，并启动扩建工程，总规划面积265万平方米。是年完成扩建区120万平方米范围的基础设施工程。9月，长沙软件园发展中心正式成立，具有独立事业法人资格。是年出台《长沙市人民政府关于进一步加快长沙软件园建设的通知》，至12月底基地拆迁工作基本完成。2001年长沙软件园被国家计委和信息产业部批准为10个国家级软件产业基地之一，是年有入园企业170多家，年总收入44亿元，其中软件及服务收入近20亿元，利税6亿元，软件出口创汇800万美元。营业收入过千万元的企业44家，其中过亿元的企业10家。在嵌入式软件和数字化终端、分布计算软件平台、电子商务平台、远程教育平台、大型多媒体数据库系统、大型行业应用软件系统、视音频压缩技术等方面，居国内领先或先进水平，形成一批具有自主知识产权的拳头产品。入园软件企业的产品中有2项获国家科技进步二等奖，12项列入国家级新产品、承担2项国家“九五”科技攻关项目和10项“863”计划项目、14项国家火炬计划项目、16项获创新基金支持，7项目获国家计委产业化专项支持。

图25-9-4-1 位于长沙高新区的中电软件园，是中国电子与湖南省、长沙市共建的国家级软件产业基地。2011年前完成一期建设，完成投资10亿元以上

（摄于2012年7月，长沙市文化旅游广电局供图）

2006年，（湖南）国家动漫游戏产业振兴基地由文化部批复并在长沙软件园挂牌。总体规划面积150万平方米，由动漫游戏产业园、衍生产品产业园和辐射区组成。设有原创·出版·科研中心、原创制作中心、传播及原创制作中心、手机内容制作中心等15个动漫基地产业中心。主要在教育培训、产品研发、产业孵化与国际合作等方面开展工作。是年基地参与主办首届中国原创手机动漫大赛。2008年11月成立长沙信息产业园，为省级电子信息产业园。12月，省政府与中国电子信息产业集团签订“共建长沙国家软件产业基地”合作协议，随后成立长城信息公司；2009年，长沙市政府与长城信息公司签订“共建长沙国家软件产业基地”合作协议，规划成立长沙中电软件园，入户麓谷高新区并举行奠基仪式。长沙中电软件园的开发建设，被列入湖南省战略性新兴产业信息产业专项规划。中电软件园规划面积100万平方米，建筑面积150万平方米，总投资逾30亿元，分三期开发建设。其中，一期建设20万平方米，计划投资10亿元以上；二期建设27万平方米，计划投资12亿元以上；三期建设53万平方米，累计完成投资30亿元以上。至年底，长沙软件园共有1200余家电子信息企业落户，数量居全国软件园第四位，其中国家火炬计划软件产业基地骨干软件企业9家，经认定的软件企业462家，服务外包企业155家，动漫企业55家，从事嵌入式系统开发的企业247家，上市企业6家，年收入过亿元企业26家，软件出口过100万美元的企业15家；开发各类软件产品4000余种，其中软件著作权登记达1500余种，形成基础软件、行业应用软件、嵌入式软件、数字媒体软件、医疗信息软件、服务外包产业集群及移动电子商务等特色产业集群。是年园区企业技工贸总收入突破170亿元，居中部地区第一，实现软件出口创汇8820万美元，实现利税7.9亿元，在湖南软件产业中所占比重接近80%。2010年，（湖南）国家动漫游戏产业振兴基地聚集50余家动漫游戏企业，200余家动漫工作室，相关从业人员2万余人。基地企业生产动漫电视手机节目30余部3800集，约35000分钟；塑造“山猫”“吉咪”“小宝”“奇奇”等一批动漫形象。基地品牌“蓝猫”2010年入选“中国十大卡通形象”，是动漫界唯一的中国驰名商标。拓肯文化制作的《平安出行60法》获中宣部一等奖；九天星文化公司制作的中国戏曲经典原创动画《凤台关》获广电总局第四批优秀国产动画片播放奖。基地在文化部的支持下，以蓝猫动漫和拓维信息为主体，构建中国（湖南）电视动漫公共技术服务和中国（湖南）手机动漫公共技术服务两个国家级的技术平台，并通过验收正式对外运营。参与主办湖南动漫游戏展。是年9月，长沙中电软件园一期总部大楼主体完成封顶，总部大楼及配套设施建筑面积近6万平方米。2011年7月，中电软件园一期建设完成并举行开园仪式，一期除总部大楼外，还有培训孵化楼、创业公寓、研发科技楼、专家公寓等。是年，

（湖南）国家动漫游戏产业振兴基地原创动漫生产 6 部 5268 分钟，企业产值突破 10 亿元。

2012 年，（湖南）国家动漫游戏产业振兴基地共聚集卡通动漫开发、创作、制作、教育和传播运营机构 60 余家，动漫工作室 160 家，从业人员 4 万余人，其中原创动画生产企业 16 家。中电软件园创业基地开工建设；辰泰科技园在高新区软件园奠基。长沙软件园还拥有国家火炬计划软件产业基地、中部地区唯一的国家软件产业基地、国家软件人才国际培训（长沙）基地、国家 863 软件专业孵化器、国家数字媒体技术产业化基地、中国服务外包基地城市示范园区、湖南移动电子商务产业园等多个园区品牌，吸引包括戴尔佩罗系统、思科、摩托罗拉、诺基亚等多家世界一流电子信息类企业入园发展，并与微软、IBM、HP 等一批世界 500 强企业建立战略合作关系，用这些世界品牌充实麓谷软件产业的厚度。

二、长沙黄花印刷科技产业园

2003 年 6 月，长沙黄花印刷科技产业基地创立。该基地位于长沙市东郊国家级长沙经济技术开发区黄花产业基地，距市区 20 千米，毗邻黄花国际机场及多条高速、省道等交通要道。总规划用地 80 万平方米，总投资 4 亿元，分两期投入。首期用地 50 万平方米的拆迁、平整、园区主干道建设基本就绪，签约企业 40 家。年底，基地总产值约 800 万元。到 2008 年，长沙黄花印刷科技产业园工业总产值 5.9 亿元，上缴税金 1680 万元，其中印刷包装产业实现工业总产值 4 亿元，上缴税金 1107 万元。2010 年，园区企业完成工业总产值 25.8 亿元，上缴税金 1.2 亿元，完成工业总投资 4.5 亿元，完成招商引资到位资金 10.2 亿元，其中市外境内资金 7.6 亿元，县外市内资金 2.6 亿元，实际合同利用外资 327 万美元。到 2010 年年底，园区内有印刷、包装装潢、纸业、制版等企业 32 家，投产运行 27 家。鸿发印务、中成机械等老牌规模企业保持高速稳定发展，佳顺玛钢等新兴规模企业也取得飞跃发展。黄花印刷科技产业园在发展印刷产业的同时，也注重带动房地产等第三产业和教育业发展，是年引进 3 家房地产开发企业，引入湖南都市职业学院、长沙市机械技工学校 2 所民办大中专院校，改善园区产业结构。是年，黄花印刷科技产业基地被评为湖南省印刷示范基地。

2011 年，园区开发土地面积 500 余万平方米，拥有各类项目 88 个，建成 78 个。企业共建生产厂房 17.71 万平方米。拥有先进设备 110 多台（套）并与省内外 50 余家出版社保持着良好的合作伙伴关系。园区入驻有长沙晚报报业集团的利德印务、省邮政印刷、鸿发印务、凌华印务、美印、华商、东运制版等大型印刷企业。2012 年，园区已建面积 180 万平方米，拥有 11 万伏供电主网，日供水 5 万吨的自来水厂，通信、宽带网络、广电传媒等覆盖园区，商业、教育、休闲、医疗卫生机构完备。园区有企业 43 家，其中主导产业印刷类企业有 26 家，占园区企业 60%；印刷业从业人员 1909 人，占园区企业职工总人数 3173 人的 60%。园区工业总产值 16.67 亿元，上缴税金 6055 万元，其中印刷包装产业实现工业总产值 11.36 亿元，上缴税金 4162 万元，占园区上缴税金的 68.7%。形成以印刷包装为主导，以汽车配件、机械加工、新型建材、塑胶模具等为支柱的产业格局。产业规模和影响力在全国印刷产业较集中地区仅次于北京、上海、广州和武汉，排名第五。

三、长沙天心文化产业园

长沙天心文化产业园于 2008 年 4 月成立。园区北起五一路、东至芙蓉路、西临橘子洲、南抵南湖路，总面积 8.5 平方千米，位于天心区核心地带，也是全市文化底蕴最深厚、文化资源最集中、文化业态最丰富的区域。园区拥有以田汉大剧院（琴岛演艺中心）、解放西路酒吧街等为代表的演艺娱乐产业，以橘子洲风景区、黄兴路步行街、天心阁等为代表的文化旅游业，以长沙广电集团为代表的影视传媒产业，以潇湘晨报、定王台书市为代表的出版发行业，以及拓维、红网、嘉丽购、酷贝拉等新兴文化产业。

园区成立后，相继制定《长沙天心文化产业园管理办法》《文化产业发展扶植和奖励办法》《园区招商引资优惠政策》等文件，通过坚持政府主导与企业自主相结合、政策指引与资金支持相结合、项目引进与创业扶持相结合、规范管理与贴心服务相结合，突出主导产业，整合产业资源，优化发展环境；形成园区产业文化企业孵化和融资平台，投资5000万元建成天心文化创意中心；当年投资300万元整合贺龙体育中心周边场地资源，提供5000平方米免费办公场所打造文化企业孵化平台，供26家成长性良好的中小型企业免费使用；与省内各大金融机构签订定向授信协议，对园区文化企业提供长期、优质、便利的贷款资金支持，仅与中国农业银行就签订协议信贷5亿元；增加产业引导资金规模，将之前的每年200万元增加至700万元，园区企业发展积极性得到激发。2009年，举办首届“阳光娱乐 创业兴文”系列活动，以“百万市民进歌厅”“歌王争霸赛”“酒吧艺术节”等形式，拉动园区文化娱乐业热度。是年，天心文化产业园完成文化产业总产值65.74亿元，实现产业增加值23.52亿元。2010年，投资10亿余元的太平老街历史文化街区二、三期工程全面启动；“好戏天天演 欢乐满星城”湖湘戏剧公益展演落户天心区湘江剧场，盘活文化事业单位资源，实现“非遗”项目活态传承。园区全年完成产业总产值82.18亿元，同比增长25%。

2011年2月，天心文化产业园被文化部授予“国家级文化产业试验园区”，为中南五省唯一的国家级文化产业园区。长沙市先后制定《国家级长沙天心文化产业园文化产业发展奖励办法》《关于进一步优化长沙天心文化产业园区经济发展环境的意见》，对入园企业文化进行扶助。11月，“中南国家数字出版基地”落户天心区文化产业园，成为继上海、重庆、浙江后国家准建的第四个国家数字出版基地，是中国新闻出版产业发展战略和区域发展战略的重点扶持对象。中南国家数字出版基地投入近50亿元基础设施建设资金，引进、培育一批具有广泛影响的数字出版龙头企业，包括中国卫星通讯集团、中国移动通讯集团、中国联通通讯集团、华为集团、苹果、索尼等世界500强企业；也包括中南出版传媒集团、湖南拓维信息、湖南青苹果数据中心等省内重点文化企业。基地产业涵盖数字产品创意、制作、出版及销售，数字平台运营、技术开发和海量数字信息处理等方面，打造中国数字出版企业和数字内容运营企业集聚中心、数字版权认证维护中心、无线终端阅读内容制作中心、数字出版投融资中心和数字出版技术研发中心。是年园区被省委、省政府列入省“十二五”发展规划，省委宣传部提出将全省重点文化产业项目在园区集中布局的初步设想。园区全年完成文化总产值102亿元，文化产业从业人员近10万人。

2012年4月，长沙（国家）广告产业园作为中南地区唯一，也是全国首批9家之一的“国家广告产业园区”落户天心区，在省府新区开工建设长沙天心广告创意产业园，园区按照贺龙文创集聚区、创谷文创广告产业核心区、“南部片区”文创拓展区建设。创谷文创广告产业核心区总占地面积30万平方米，总建筑面积约80万平方米，总投资35亿元，分三期建设。其中，一期园区占地约7.3万平方米，总建设面积21万平方米，总投资18亿元。2012年8月，天心文化产业园晋升为“国家级文化产业示范园区”，成为全国十家示范园区之一。长沙市天心区也在全国范围内率先形成国家级文化产业“两园一基地”（国家级文化产业园、国家广告产业园、国家数字出版基地）发展格局，汇聚演艺娱乐、文化旅游、艺术、创意、传媒各类文化产业，有文化企业1700余家，占片区企业60%以上，其中龙头企业16家，规模以上文化企业45家，文化从业人员10.8万人，区域文化产业生产总值超过175亿元，其中产业增加值超过75亿元，同年获评“中国文化创意产业最具发展潜力十大园区”。

第十章 文化市场管理

第一节 歌舞演出市场管理

20世纪80年代初期，长沙市民业余文化生活日渐丰富，1982年出现首个音乐茶座“水陆洲音乐茶座”，成为长沙歌厅的前身。1988年，长沙出现第一家室内歌舞厅“航空”，不久又出现“蝴蝶”与“琴岛”两家歌厅，开始以歌舞、本土曲艺表演为特色。1989—1990年，长沙市第一家歌厅——“航空歌厅”从舞厅向歌厅转变，形成上半场舞会、下半场听歌的娱乐方式。1990年长沙市向航空歌厅颁发第一张有“歌厅”字样的经营许可证。同年，长沙市场兴起卡拉OK热，成为深受年轻人喜爱的文娱活动。年底，长沙市的卡拉OK厅有15家，全市营业性歌厅、舞厅、卡拉OK厅及音乐茶座76家。1991年全市娱乐市场举办各项活动3万余场，接待人数超3百万人次，门票收入逾1000万元。1992年，长沙社会文化娱乐市场形成“舞厅、歌厅、歌舞厅、卡拉OK厅”“四厅”网络。1993年，“航空歌厅”成为全国20万家文化娱乐场所中的佼佼者；“琴岛歌厅”开业。由于市场竞争激烈，部分歌厅节目流于低级趣味，长沙市开始对歌厅、舞厅进行不定期暗访监督，同年出台《长沙市加强文化娱乐场所管理的暂行规定》，加强对歌舞市场的调控与管理，对歌厅、演艺人员进行考核评级，引导市场健康发展。1994年全市有营业性“三厅一会”217家，其中歌舞厅21家，舞厅78家，卡拉OK厅71家，夜总会47家。1995年，在贺龙体育馆举行最佳歌手大奖赛暨颁奖文艺晚会，作为对每年一度的歌手考核定级制度实行以赛代考的一次尝试性改革。1998年完成长沙地区演艺人员考核、培训、换证工作。1999年，长沙市贯彻执行国务院《娱乐场所管理条例》，对全市娱乐场所严格审核，实施明码标价。2000年，全国娱乐市场演出节目交流会在长沙召开，长沙娱乐业在全国影响力扩大。

2001年以后，随着歌厅文化的发展，演艺型酒吧在长沙市解放西路兴起，当年就有8家酒吧相继开业，迅速发展成为火爆全城的“酒吧一条街”。它们将酒吧文化和演艺文化有机地融合到一起，成为长沙歌厅文化一个重要分支。2002年，田汉大剧院开业，推动长沙的娱乐休闲业向高档化发展。长沙娱乐演出场所开始推行价目申报制度。2003年，组织第二届“湖南长沙文化市场和文化娱乐产业经验交流会”，长沙娱乐场所在全国的知名度提升。是年全市歌厅接待观众170万人次，全行业营业收入近亿元。2004年，港岛演艺中心亮相，豪华歌厅的增多加速缺乏特点的小歌厅淘汰，加上歌厅节目的创新滞后于观众的需求，歌厅数量逐渐减少。2005年，长沙拥有大小歌厅110余家，通过随机抽样的6家歌厅统计，平均每晚接待观众4500人次，总营业额约35万元；年接待观众170万人次，营业收入逾亿元，平均上座率相比上年下降15个百分点，从市民对休闲娱乐方式的选择比例来看，到歌厅听歌（12%）已落后于酒吧（23%）、上网（19%）、KTV（18%），排在第四位。但“田汉”“港岛”“欧阳胖胖”“琴岛”“大中华”“华天”6家豪华型歌厅，依旧每晚平均接待观众6500人次，以“歌厅文化”为代表的长沙知名文化品牌在变革中继续保持良好态势。2006年3月，文化部颁布实施《娱乐场所管理条例》，实行“娱乐经营许可证制度”，加强娱乐场所监管。长沙市在严格执行“娱乐经营许可证制度”的同时，组织策划“八荣八耻”和优秀廉政歌曲进歌厅等活动。是年，长沙市文化局被评为全国“扫黄打非有功集体”“全国文化市场执法工作先进单位”。

2007年，长沙市文化娱乐演艺协会成立，标志着文化娱乐演艺行业走上自我约束、相互监督、携手共进的自律性管理轨道。成立大会上，评选出12家“2006年度长沙五星级歌厅”并进行授牌。同年4月20—23日，由文化部文化市场司、省文化厅、市人民政府等共同主办的首届中国演出娱乐博览会暨歌厅文化节、第六届中国音乐金钟奖首届全国合唱比赛广场展演活动和湖南（长沙）第二届酒吧文化艺术节在长沙举行，博览会主要内容包括演出娱乐经营单位形象展示、项目交易、产品推广、产业发展论坛等，活动期间开展“百万市民进歌厅”活动，让普通市民亲身感受长沙娱乐文化的魅力，树立长沙文化娱乐行业的形象。2008年，长沙市成为全国卡拉OK内容管理服务系统工作四个试点城市之一。芙蓉区积极引导形成车站北路购物餐饮娱乐街和化龙池清吧街灯特色文化街，实现“凝聚人气、解决就业”的综合效应。2009年，琴岛歌厅重新开张，成为国内“第一歌厅”和湖南省“商务大歌厅”；魅力四射酒吧等获评全省优秀文化单位。是年，为进一步加强全市娱乐场所管理，制定《长沙市娱乐场所日常巡查方案》，加强对娱乐场所证照、消防、节目申报等方面的日常巡查。2009年以来，长沙连续四年在全国率先开展的“阳光娱乐 创业兴文”系列活动。活动每年吸引80余万人次参与，发放10万余张优惠和免费票，邀请市民群众进歌厅，惠及普通群众，系列经验在全国娱乐发展新趋势与管理创新座谈会上做典型推介。

2010年以校园周边环境整治为重点，对学校周边网吧、音像店、娱乐场所等260家文化经营场所进行摸底调查。2012年，以未成年人进入娱乐场所为重点，抓好文化市场专项整治行动。8月，长沙市文化娱乐行业召开会议，号召各业主自觉文明经营管理，升级管理水平和服务质量。同时，对全市文化娱乐场所进行集中综合整治，查处打击违法违规经营行为，并成立专项督查组明察暗访，问责追责。

第二节 网吧市场管理

20世纪80年代末至90年代中期，长沙休闲娱乐市场除歌舞厅外，还有电子游戏室、桌球室等，成为青少年更多选择的娱乐方式。随着现代经济与网络科技的发展，1996年，全国第一家网吧在北京诞生，网吧作为一种新生事物逐渐在全国兴起，受到年轻人的欢迎。2000年，长沙第一家网吧开张后，全市范围内陆续有网吧出现，每家普遍有20台左右电脑，生意迅速火爆。2001年，长沙市成立互联网上网服务营业场所清理整顿工作领导小组，开展为期6个月的网吧清理整顿工作，以5区4县（市）为单位，摸清网吧底数，取缔无证网吧，查处违规网吧。5月底，全市有网吧1371家。6—7月在全市同步开展的网吧清理整顿集中联合行动期间，组织集中行动59次，其中公安、电信、文化、工商等部门联合行动有36次，共计出动警力934次，清理整顿专项行动中破案216起，收缴电脑72台，罚款56.88万元。以《湖南省互联网上网服务营业场所经营许可申请审批表》和《长沙市清理整顿互联网上网服务营业场所重新审批申请表》为基础，开展重新审批登记工作，各审批部门明确勘验、签章、发证、存档等工作的流程，保证重新审批登记工作的质量。为规范网吧经营行为，宣传网吧管理有关政策法规，举办“长沙市首届网络文化知识讲座”，组织全市近900家网吧经营业主参加讲座。为提高管理执法人员对计算机网络知识的了解，举办文化市场管理执法人员计算机知识学习班，加强业务培训。对社会各界公布举报电话，在每家网吧悬挂“未成年人不得入内”的告示牌，加强社会监管力度。

2002年，全市开展互联网上网服务营业场所专项治理行动。市委、市政府成立互联网上网服务营业场所专项治理工作协调领导小组，在市文化局设立办公室，并从文化、公安、工商等部门抽调专门人员联合办公。7 月，在田汉大剧院召开全市专项治理动员大会，职能部门 700 余人参加会议。面向社会发布《长沙市人民政府关于开展“网吧”等互联网上网服务营业场所专项治理工作的通告》。是年 8 月底，全市网吧总数为 2042 家，其中证照齐全的 780 家，受理或证照不齐的 1044 家，利用居民住宅开办的 180 家。针对实际情况，制定长沙市网吧专项治理整顿的标准，要求市区最少要有 120 平方米经营面积，60 台终端，乡镇标准则减半，必须距离中小学 200 米以外，且不准利用居民住宅开办。11 月，举办“长沙市未成年人告别网吧宣誓仪式暨现场签名活动”。2002 年 9 月 20 日起，面向全市网吧发放重新审核登记表，各区县（市）采取集中、联合上门查验的办法进行初审，由市文化、公安、工商部门联合审批，统一发证，规范市场行为。2003 年，全市网吧专项治理重点查处未成年人进入网吧和经营场所消防安全隐患等问题。贯彻《互联网上网服务经营场所管理条例》，取缔无证黑网吧，打击网吧经营中违法违规行为。2004 年，长沙市积极探索建立全市网吧长效管理机制。建立完善文化市场监控体系，开展行业协会试点，聘请市场监控管理员，初步形成市、区县、乡镇、社区共同参与管理的网络，并启动“青少年上网专区”试点工作。2005 年 9 月，长沙市网吧协会成立。全市开通 24 小时网吧举报热线，落实上网实名登记制度；实行网吧管理分片包干责任制。在全省乃至全国率先创新实名登记无纸化；推出星级评定模式，引入行业竞争和激励机制，评出长沙市首批 10 家“五星级网吧”。2006 年，长沙市在网吧长效管理的相关经验，如重点网吧监控制度，致力于解决未成年人上网问题的“校队共建”活动，“星级网吧”评定模式，网吧分片包干责任制等经验在全国推介，得到国务院领导的肯定。

2007 年，发布《长沙市网吧长效管理工作方案》，定于是年 11 月起，集中一年半时间推进网吧长效管理。依法查处网吧接纳未成年人等违法违规经营行为，加大公益性投入，打造公共平台，开辟绿色上网通道；探索严格准入、堵源截流、行政问责等治本之策；解决网吧安全隐患多、管理不到位、信息不健康、环境卫生差等问题；推动网吧连锁经营、公司化管理，对规模小、环境差、经营困难的网吧，限制发展，逐步淘汰；通过明确责任，健全制度，建立市、区县（市）、街道（乡镇）、社区步调一致，各职能部门齐抓共管的长效管理机制。当年全市建成开放绿色上网场所 58 家，摸排并基本取缔黑网吧 320 家；积极推进网吧连锁经营，组建全联盟、上机堂等 12 家网吧连锁公司，对全市网吧进行收购、兼并、参股和托管，按照“统一标识、统一服务、统一定价、统一采购、统一管理”的模式实行连锁经营；对高校电子阅览室、科技信息及远程教育网站进行规范，予以界定和明确，加强管理。

2008 年，深化全市网吧长效管理，支持网吧连锁公司发展壮大，长沙市出台《关于扶植网吧连锁公司发展的几点意见》和《关于扶植网吧连锁公司发展的补充意见》，明确支持连锁网吧公司，放松注册资本要求，给予垫息扶持等一系列政策。“建绿网、扫黑网、促连锁”的网吧长效管理机制基本形成，实现“五个确保”，并得到中宣部的大力推介。取缔 320 家黑网吧，确保黑网彻底铲除，动态清零；15 家网吧连锁公司运营良好，确保连锁化经营全面铺开；300 余家网吧加入连锁，确保网吧总量逐步减少；严格落实分片包干责任制，对室内 1103 家网吧检查 1.6 万余家次，确保经营秩序和经营环境明显改善；新建未成年人绿色上网场所 100 家，总量达到 158 家，确保绿色上网场所普遍确立。2009 年，全市新建绿色上网场所 100 家，“绿网”总量达到 258 家。安装“网乐潇湘”监控平台。制定《长沙市未成年人绿色上网场所管理暂行办法》，推出“孩子上网家长登记联动机制”特色措施。长沙经验在全国未成年人思想道德工作经验交流会上作为典型推广。出台《关于深化网吧长效管理的若干规定》，实行错时执法。全市网吧行业朝连锁化、规模化、规范化方向加速发展，15 家网吧连锁公司旗下直营及加盟店 430 余家，上机堂网吧连锁公司获评全国优秀网络文化企业。2010 年，以网吧长效管理建设为龙头，积极推进文化市场精细管理。16 家网吧连锁公司旗下直营及加盟店达到 450 家，网吧总量、规划布局进一步优化。通过召开全市绿色上网场所管理工作会议，制定《长沙市未成年人绿色上网场所违规处罚标准》等措施，开展大型网吧、连锁公司与绿色上网场所结对扶帮等活动，巩固网吧长效管理成果。开展文明创建活动，加强对网吧等文化场所证照标识核查，加快证照年检年审手续办理；严格执行网吧分片包干责任制，守点控面，确保网吧市场的规范有序。2011 年，全市加强网吧市场治理，开展“扫黄打非”行动和“6·28”枪击案蹲守巡查活动，巡查 3 万余次，关停搬迁中小学校园周边 200 米范围内网吧 36 家，查处违规网吧 22 家，取缔黑网吧 2 家。加强“绿网”建设管理，开展“绿网”和十佳“绿网”管理员评选表彰活动；规范城区网吧连锁经营，网吧连锁直营及加盟店 456 家。

2012 年，全市拥有网吧 1689 家，从业人员 2.14 万人，计算机终端台数 18.86 万台，营业面积 53.8 万平方米，实现主营业务收入 7.77 亿元。其中，网吧连锁公司 17 家，拥有门店 537 家，从业人员 8914 人，计算机终端数 8.86 万台，经营面积 22.5 万平方米，实现主营业务收入 1.24 亿元，分别占全市网吧总数的 31.8%、41.7%、47.0%、41.8%、16%。全市网吧全部安装“网乐潇湘”，在线率达到 97%以上。经过多年的发展和规范，长沙形成“建绿网、扫黑网、促连锁”的网吧长效管理机制，成为全国 9 个网吧长效管理机制试点的城市之一。

第三节 出版物市场管理

1983 年，随着国务院《关于加强出版工作的决定》的贯彻实施，长沙民营书市再度兴起。1988 年，全市有书刊发行网点 475 处，其中个体发行网点 424 处。黄泥街民营书市已然成形。1989 年，黄泥街书市发展迅猛，一跃成为全国四大书市之一，拥有三湘报刊服务部、中南书刊经营部、南洋书局、越华图书音像公司、知音、四海、远大等书店或图书报刊发行公司近 100 家。为保证文化市场健康发展，文化、公安、工商等部门密切配合，全年进行“扫黄”活动 254 次，共清查出版、印刷、销售单位和流动书摊 986 个，收缴销毁各类淫秽色情、非法书刊等 101 万册，取缔非法书摊 299 个，立案查处“制黄”“贩黄”重大案件 27 起，罚没款近 80 万元。当年 11 月，新闻出版署和国家工商行政管理总局联合下发关于加强集个体私营书店（摊）的管理规定，至年底全市有全民、集体、个体书店共 285 家，为整顿前的 54%。1990 年，开始将书刊经营单位、个体书商、印刷厂家纳入依法审定管理的范围。全年对书刊市场开展近 20 次大规模清扫和 300 次小规模行动，清查淫秽和非法出版物 130 余万册。1991 年，长沙书刊市场管理体制愈加健全，6 月，“黄泥街书刊市场管理办公室”成立，加强对黄泥街书市的管理工作；7 月，加强文化市场管理执法工作。全年对书刊市场开展 4 次大规模清扫，60 余次小规模检查。1992 年，全市发展书店 77 家，黄泥街书市书店增加到 120 余家，图书品种超过 2 万种，年成交额达 1.8 亿元，占全市总量的 70%。成立“黄泥街书刊市场综合治理办公室”，保护合法经营、查处违法行为、维护治安秩序和环境卫生。9 月，长沙市“书报刊发行业协会”成立。协会拥有新华书店等国有发行主渠道单位 14 家，全民集体二级批发书店 175 家，区、街零售店 70 余家。

1993 年，书刊发行市场一手抓“扫黄打非”，一手抓繁荣发展，组织检查 400 余次，取缔非法经营的店、摊、点、厂 200 多处，收缴非法出版物 30 万余册和淫秽出版物 4 万余册，查处各类案件 151 件。新发展书店 96 家，发行总量达 8000 万册。是年，在市博物馆举行长沙首届图书交易会，是全国首次以第二渠道发行单位为主参加的书市，参加交易、洽谈的有6000余人，其中90%以上来自全国集体、个体书店，交易书刊等9000余种，成为继全国书市和北京图书订货会之后的“全国三大书市”之一，被称为“春潮书市”。1994年，长沙开始对书刊市场实行“书报刊准提、准运证”审查办法，办理2200万册书刊的“准提、准运证”，总计码洋1.2亿元。举办全市稽查队培训班，制定公开办事制度。同时，对黄泥街书市开展为期一个月的彻底清查，共计清查245家书刊经营户和136个仓库，收缴非法出版物86种计2万余册，对检查中发现的无证经营、证照不全书店进行取缔和查封，实行经济处罚。出台《长沙市书报刊市场管理暂行办法》。

1995年，全市国有新华书店21家，其中市区17家，县（市）4家；集体、个体书店94家，其中市区768家，县（市）178家；二级批发单位120家；以黄泥街为主体的图书市场集中240家经营单位与个体书店。在对以黄泥街为代表的长沙图书报刊市场进行深入调查基础上，制定全市图书报刊发行业人员岗位资格培训制度；坚持年度审查换证制度；加强书报刊运输管理，规范准提准运手续的办理；调控市场建设格局，确定以黄泥街为主、三泰为辅的图书市场发展格局。全年对出版物市场进行检查210余次，收缴非法出版物8.4万册。对《长沙市书报刊市场管理暂行办法》进行修改。1996年，规范“准提准运”手续，全年办理“准提准运证”1.67万起，比1995年增加近1倍。加强书市检查监督，每月不少于15次。开始筹划黄泥街图书市场的整体搬迁。1997年，成立整体搬迁领导小组办公室，逐步做好书商动员、新址建设、铺面分配、开业准备等工作。11月7日晚，黄泥街书市关闭，11月8—15日，定王台书市试营业，16日举行开业典礼。为配合书市开业，举办长沙市第五届图书交易会。长沙书市管理由粗放型向质量效益型、由自发型向有序型、由分散管理向统一集中型转变。截至年底，长沙市有集体、个体书店1127家；对原有136家二级批发单位进行审核整顿，压缩至86家；定王台书市有208家书刊经营单位，其中二级批发单位53家；电子出版物经营单位发证40余家。1998年，长沙市重点规范定王台书市管理，建立健全规章制度，举办图书交易会，促进书市繁荣。全市有集体、个体书店1034家，其中二级批发单位53家；电子出版物经营发证单位109家。在长沙电脑城设立电子出版物批销中心，吸纳经营单位56家。6月，省新闻出版局将出版物鉴定职能移交市新闻出版局。1999年，全市有集体、个体书店1085家，分布在4县（市）的266家，市区819家，其中二级批发单位91家；集中在定王台的书刊经营户250家，其中二级批发单位38家；电子出版物经营单位发证153家，其中二级批发单位7家。对电子出版物市场的管理愈加深入和细化，严格取缔无证经营，严惩盗版经营，同时根据市场需要，确立“一个中心（电子出版物批销中心）、三个分区（国储、合一、朝阳电脑城）”的市场新格局，对三个分区经营户进行严格审查，共计颁发81户经营许可证。

图25-10-3-1 新闻出版署署长于友先（左一）考察黄泥街书刊市场
（摄于1996年5月12日，长沙市文化旅游广电局供图）

2000年，对定王台书市实行全面规范管理，通过实行优胜劣汰机制，创造良性竞争环境。全市有集体、个体书店1007家，其中二级批发单位 82 家；在定王台集中经营的 261 家，其中二级批发经营单位 31 家；电子出版物经营单位发证 22 家，其中归市的 17 家。对长沙新闻出版、版权事业进行长期规划，制定“十五”及中长期发展规划草案。集中整治盗版侵权和“扫黄打非”。2001 年，着重抓以定王台书市为龙头的图书报刊市场和以电脑城为依托的电子出版物市场管理两大块，帮助民营发行单位建立现代企业管理制度，扶持优秀民企扩大规模、拓展市场，出现如弘道文化传播公司、三和图书发行公司等具有规模的民营企业。

2002 年，对定王台书市的管理愈加规范，形成联组长联系制度、书协常务理事会议制度，实现综合管理。“扫黄打非”形成领导负责，横跨宣传、政法、新闻出版、文化、公安、工商、教育等部门，贯通省、市、区县（市），直达各街道、乡镇场乃至居委会的工作网络模式。10 月，市版权保护协会（反盗版联盟）成立，发展团体会员 80 个，理事 80 人，成为全国首个地级市反盗版联盟组织。2003 年，健全和完善《市场准入条件》《定王台书市管理规定》，结合年度检审工作，对辖下的各类书报刊经营单位 901 家进行调查摸底。依据《电子出版物管理规定》，对 8 家电子出版物市场进行清理整顿，引导正版化经营，形成以朝阳市场为中心，国储、定王台、合一等市场为辅的电子出版物市场经营格局。5 月 20 日，建设长沙市出版物交易中心，选址雨花区蔡家冲路以北、雨花大道以南、火星南路以东，建成后将成为中南地区最大的出版物集散中心，集合各类出版物的展示、交流、交易、版权服务、电子商务、仓储、运输、作家沙龙、文峰论坛、读者俱乐部等多种功能。

2004 年，将“扫黄打非”列为出版物市场管理的重中之重，纳入社会治安综合治理和精神文明创建活动目标考核，将版权管理工作落实到基层。运用市场经济的办法，拓展社会监管渠道，跨越地域限制、跨越环节（出版、印刷、发行）分别，建立广泛的反盗版联盟。年底，有京版 15 家出版社成为长沙市版权保护协会会员单位，由市新闻出版局、市版权局提供在长版权保护。2005 年，对出版物市场坚持属地管理原则，强化市场主办单位职责。对定王台书市产权、购物环境和学校方面有关问题进行协调，明确芙蓉区政府承担长沙文化广场综合整治的属地管理责任，加强对定王台周边环境的整治和管理。10 月下旬，市出版物交易中心试营业。2006 年，全市有书报刊经营单位 980 余家，电子出版物经营单位 320 余家，产业规模扩大，发展速度也不断加快。长沙图书交易会举办到第十三届，民营书业在全国范围内保持着影响力和辐射力，同时带动长沙宾馆、餐饮、交通、运输、旅游、娱乐等相关产业发展。2007 年，坚持开展版权保护宣传，打击非法预装计算机软件，积极推进长沙市企业使用正版软件工作。是年举办的第十四届长沙图书交易会成交额近 10 亿元。年底全市有书报刊经营单位 931 家、电子出版物经营单位 60 余家。2009 年，全市有出版物经营单位 1027 家。4 月 22 日，在田汉大剧院前坪对收缴的盗版出版物进行集中销毁，起到打击和震慑盗版侵权违法犯罪行为的作用。全年对出版物市场进行检查 1.71 万家（次），收缴非法出版物 28.56 万册（张），其中盗版图书 7.77 万册，盗版音像制品 19.57 万张，非法电子出版物 1.22 万张，非法报纸期刊 8300 份。

2010 年 7 月，成立市文化市场综合执法局，着力健全出版物市场长效管理机制，对 5 区出版物市场进行指导和暗访检查，将问题及时反馈给 5 区执法人员予以纠正。全年“扫黄打非”工作对出版物市场进行检查 1.5 万家（次），收缴非法出版物 77 万余册（张），取缔关闭非法出版物店档摊点 1900 余个，行政处罚 50 余起。2011 年，全市有出版物发行企业 1046 家，从业人员 7116 人。2012 年 4 月，在市文广新局设立印刷复制、出版发行两个处室，负责新闻出版工作。全市有民营出版物批发企业 149 家，出版物发行机构（网点）1588 个，从业人员 1.04 万人，销售收入 50.76 亿元，出版物发行行业产值近 100亿元。

第四节 印刷市场管理

20 世纪 80 年代，新闻出版总署提出“激光照排，电子分色，胶印印书，装订联动”的印刷业发展 16 字方针。1988 年，长沙市印刷业以国有为主，有人民印刷厂、花纸印刷厂、彩色印刷厂、美术印刷厂等几家大型印刷厂，以包装装潢印刷为主，年总产值 9427 万元。1989 年，胶印印书席卷长沙印刷行业，且胶印单色机减少，多色机兴起，与此同时，激光照排普及，铅印彻底退出历史舞台。机关及学校、出版社等事业单位的下属印刷厂还没有走向市场，随着民营书业的蓬勃发展，个体私营印刷厂数量发展很快，但普遍规模偏小。长沙市造纸印刷工业总公司下属 26 厂代表长沙印刷行业主流。1989 年，对全市私营印刷企业多、滥、乱的状况进行清理整顿，通过颁发许可证，将印刷企业纳入文化市场进行监督和管理。

1990 年，图书报刊印刷企业和其他印刷品印刷企业纳入依法审批范围，核发“文化市场经营许可证”。10 月，举办首次印刷法规培训班，109 名厂长参加培训；首次进行全面清理整顿，重点查缴非法明信片和黄色书刊。1991 年，对城乡印刷厂换发“文化市场经营许可证”共计 139 家，完成对执有“书籍、报刊印刷许可证”的 99 家印刷厂的检查工作。2 月召开全市“扫黄打非”工作会议，成立长沙市文化市场稽查大队，加强印刷业监管。1992 年的“扫黄打非”集中行动中，查获省总工会机关印刷厂等 4 家印刷厂的非法出版物 90 种，计 582 万册（张）。

1993 年，《长沙晚报》耗资 200 万元引进一台上海产彩色轮转胶印机，9 月 8 日印出首张彩色报纸；全年新发展印刷企业 43 家。1994 年，长沙印刷企业达到 965 家。1995 年，草拟《长沙市印刷企业管理暂行办法》，对印刷企业审批后颁发“长沙市印刷许可证”。机关及学校、出版社等事业单位下属的印刷企业核发“长沙市印刷许可证”，参与市场竞争。长沙市造纸印刷工业总公司下属印刷企业办理“长沙市印刷许可证”，承接图书报刊印刷。长沙市印刷企业达到 1000 余家，其中发有图书报刊印刷许可证的企业 140 家，从业人员 8000 余人，承印书报杂志 27.8 亿余册，产值 9 亿元。

1996 年，长沙拥有印刷企业近 800 家，彩色桌面系统 20 余套。印刷企业中，发有图书报刊印刷许可证的企业 137 家。年内取消 2 家印刷企业印制书报刊的资格，18 家书报刊印制单位限期整改。1997 年，核发书“报刊印刷企业许可证”167 个，吊销许可证 3 个。对书报刊印刷企业实行目标责任制管理，组织学习《印刷业管理条例》。4 月 28 日，为引导印刷企业自律管理，长沙市印刷行业协会成立，会员单位 160 家。1998 年，全市有印刷企业 1016 家，其中出版物印制企业 136 家，排制版、装订专项企业 23 家。对出版物印制企业进行审核，报省新闻出版局审查批准，128 家企业取得书报刊印刷资格，对其余未达标的企业进行督促整改，对 41 家一般印刷企业换发其他印刷品印制许可证，对 5 区 4 县（市）的 853 家其他印刷品印制企业进行摸底，汇总上报省新闻出版局。1999 年，对全市原有的 1070 家印刷企业（其中：出版物印刷企业 137 家、排制版企业 13 家、装订企业 15 家、包装装潢企业 28 家、其他印刷企业 319 家、打字复印社 558 家）再次进行压缩整顿，保留印刷企业 765 家（其中：出版物印刷企业 97 家、排制版企业 9 家、装订企业 4 家、包装装潢企业 28 家、其他印刷企业 250 家、打字复印社 377 家）。2000 年，彩色桌面系统开始在长沙印刷行业普及。在对印刷企业进行压缩调整后，增加先进印刷设备，补充一批优势企业，全市有印刷企业 1000 余家，其中出版物印制企业 107 家，排制版、装订专项许可企业 24 家。全年深入印刷企业调研 200 余人次，进行执法督察 110 余次，查处参与非法书刊印制的 20 家印刷企业。

2001 年，对长沙印刷企业进行战略性结构大调整。个体私营企业获得大发展，机关印刷企业从市场收缩，回归服务机关；学校及出版社等事业单位和长沙市造纸印刷工业总公司下属印刷企业机制不优、投入不足弊端显现，逐渐式微。经清查，全市有印刷企业 1400 家，其中定点企业 21 家，非定点出版物企业 84 家，排制版、装订专项许可企业 21 家，出版物印制企业（内部）35 家，市局直接发证的其他印刷企业 30 家，区县（市）发证企业（包括打字复印社）826 家，新申报包装装潢企业 12 家。经过整顿，总量压缩到 1080 家。2002 年，按照《印刷业管理条例》，长沙市将包装装潢印刷企业由市经委移交市新闻出版局管理。经过又一轮压缩整顿，长沙市印刷企业下降到 900 家。对出版物印制企业打破资格终身制，实行优胜劣汰的动态管理。2003 年，根据《印刷业管理条例》《印刷业经营者资格条件暂行规定》及《印刷企业“十五”后三年总量、结构、布局宏观调控指导意见》，对全市印刷企业进行严格审查，共 577 家印刷企业通过并办理年检手续。开展“盗版教材教辅专项整治”“挂历印刷专项检查”“变更经营范围督查”等多项集中行动，规范印刷经营行为。6 月 16 日，长沙印刷科技产业园落户长沙县黄花镇，总规划 12 万平方米，总投资 4 亿元，第一期 7.4 万平方米的拆迁、平整、主干道建设等工作于当年完成，签约入园企业 40 余家。2005 年，全市全行业有 625 家企业，其中出版物印刷企业 151 家，包装装潢印刷企业 206 家，其他印刷品印刷企业 268 家，从业人员 2.53 万人，总产值 34.2 亿元，占全市文化产业总产值 29%以上。2006 年，黄花印刷包装科技产业园有 23 家企业进驻。2007 年，全市有印刷企业 644 家，年总产值 3 亿元。进入长沙印刷科技产业园区企业 30 家（其中投产 13 家，在建 4 家，新落户 9 家）。2008 年全市有印刷企业 1298 家。是年开始，长沙印刷行业大规模引进以德国海德堡为代表的进口印刷设备，缩短与沿海发达地区差距。市印刷行业协会与行政机关脱钩，湖南省东广彩印有限公司董事长高金海当选为行业协会会长。2009 年，全市有印刷企业 1288 家。长沙师范学校设立数字出版与印刷传媒系，为业界培养人才。

2010 年 10 月，包括子公司湖南天闻新华印务有限公司在内的中南传媒集团股份有限公司在上海证券交易所挂牌上市。是年印刷企业 640 家（不含“三印”），总产值 62.77 亿元，长沙印刷科技产业园区新增 27 家印刷企业，年总产值 15 亿元，其中三家企业产值过亿。在“扫黄打非”工作中，有 12 家非法印刷复制企业被关停。2011 年，新闻出版总署和环保部发布《关于实施绿色印刷的公告》后，取缔关闭 6 家非法印刷复制企业。全市有印刷企业 1388 家（含区县“三印”企业），年总产值 72 亿元，从业人员 3.2 万人。2012 年，湖南天闻新华印务有限公司获得中国首批“国家印刷复制示范企业”称号。湖南天河数码文化传播有限公司领取首张数字印刷经营许可证。80 余家单位添置 100 余台海德堡、罗兰等产自欧美日的世界一流设备。有 4 家企业通过绿色印刷认证。至年底，全市印刷企业 741 家，年总产值 76.53 亿元。

第五节 音像市场管理

1988 年，随着长沙市广播电视事业的迅速发展，架设电视共用天线的单位不断增加，为保障电视共用天线工程质量，制定《长沙市电视共用天线管理暂行规定》，统一管理全市共用天线工程，清理整顿全市电视共用天线施工队伍，通过考核审查，给 96 个工程队发放施工执照，并办理工商登记手续。全市音像市场和发行放映工作稳步推进，至年底，城乡录像放映队有 180 个，内部放像单位 368 个，闭路电视单位326个，家庭放像165家。全年发行各种录像节目带2154盒，城区观众630万人次。

1989年，加强对音像工作的管理。全市城乡有录像放映队189个，内部放像单位415个，闭路电视312个，家庭放像1800家。全年发行、出租像带3346盒，放映4.7万场，观众223万人次。配合全市“扫黄”工作，净化音像市场，取缔不合格录像放映队51个，收缴非法翻录的音带3.6万盒、非法销售的像带342盒，存封内部资料带和译制片4677盒，焚毁走私录像带和非法翻录的录音带共8000余盒。1990年，结合“严打”和“扫黄”，检查音像市场169次，收缴非法翻录出版的录音带32178盒、录像带343盒，取缔58个无证经营放映点和一个地下录制点。1991年开展音像市场“扫黄打非”和压缩整顿工作，共组织音像市场检查24次，检车单位134个，收缴非法录像带3146盒、录音带1707盒，整顿压缩录像放映队13个。1992年，对音像市场开展14次执法检查，收缴无版权录音带1707盒，撤销11个违规经营的音像厅。1993年，市广播电视局音像部门共收缴非法版权音带9398盒，走私像带6685盒，激光片116张，淫秽像带2盒。1994年，发挥长沙市有线电视台市、区、街三级管理的优势，做好安装后的服务工作。查处破坏有线电视设施、网络的事件，全年查处偷装私接信号的80余户。1995年，开展“扫黄打非”行动28次，取缔放像、出租、销售点41个，查处传播、放映淫秽带窝点2个，收缴各类非法音像制品4000余盒，关闭全市所有激光放映场所，并广泛开展创建文明放像厅、文明出租点的活动。

1996年，开展音像市场稽查，先后组织15次扫黄打非行动，收缴各类非法音像制品和电子出版物2万余盒（张），关闭激光影视厅28家，取缔无证经营放映点34个。8月，组建长沙市音像市场稽查队。1997年，由市广播电视局完成对各区广播电视分局的收编工作，根据《广播电视管理条例》规定，配合省厅工作组对4县（市）的散滥现象进行整治，规范对区域内广播电视的管理。对音像市场的管理坚持“一手抓繁荣，一手抓治理”方针，全年组织“扫黄打非”行动71次，检查2014个（次）单位，查处各类违规问题204起，收缴各类非法音像制品12816盒（张），取缔无证经营点27个，关闭19个，51个无证经营点停业整顿。1998年，长沙市音像市场的管理责任由市广播电视局移交到市文化局，由文化市场稽查队负责。5月，组织对音像市场的普查，确定市区音像制品批发、放映，大市场、大商场、连锁店的音像制品经营由市局管理，零散的音像制品出租、零售由各区文化体育局管理的原则。对全市音像制品实行总量控制，对发行、放映、出租、零售经营户重新登记审核、换发证，对原有音像零售集市重新规划布局，确立晓园、朝阳、定王台3家专业音像批零销售市场，在每个市场均设立联合办公室，设立稽查人员，并首次召开全市600余家音像经营户大会。全年收缴非法音像制品3.2万张（盒）。经过整治，三大市场正版带占有率均达70%以上。1999年，开展对音像市场的评估工作，进一步规范3个专业音像市场，使正版带占有率均达60%以上。开展“扫黄打非”，取缔不规范音像经营场所90余处，收缴非法音像制品4.6万余张（盒）。2000年，市文化局取缔下河街等非法音像市场，销毁非法音像制品30余万张。

2001年，长沙市集中力量落实定王台、朝阳、晓园3个音像市场的整体关闭工作，进行全面查缴，端掉2个销售盗版音像的黑窝点，查处违规经营户32家，收缴非法音像制品2.38万张，查处贩黄活动6起，收缴淫秽光碟95本，向公安机关移交涉嫌人员3人。9月，三大音像市场全部关闭，长沙市相继成立新的音像超市：晓园建立南艺、南雅、华夏音像超市；朝阳建立长沙市朝阳音像超市；定王台建立金鹰、金弦、金城音像超市等。对新的音像超市加强管理，要求做到统一进货、统一管理、统一经营、统一销售、统一收银。2002年，收缴非法音像制品30余万张，破获非法音像大案19起，移交公安机关处理3起。8月13日，由文化部统一部署，在田汉大剧院前坪销毁60余万张非法音像制品。2003年，长沙市重点打击娱乐场所播放激光故事片等违规经营活动，全年查处非法音像制品6万余张。2004年，查处违规音像制品20余万张，淫秽色情光盘800余张。2005年，先后开展非法音像制品统一销毁行动3次，查处和收缴非法音像制品150余万张。2006年，加大音像市场“扫黄打非”的执法力度，全年组织专项检查行动数百次，收缴非法音像制品400余万张。市文化局被评为2006年度“全国文化市场执法工作先进单位”。2007年，查获盗版淫秽光碟2.4万余张，集中销毁非法音像制品20余万张。2008年查获盗版音像制品20余万张，销毁非法音像制品50余万张。2009年销毁非法音像制品20余万张。

2010年，“扫黄打非”共销毁盗版音像制品50余万张。2012年，开展“规范境外电视接收”专项工作，对社会上自行接收境外电视的行为进行集中检查。查处高桥泰轩音像店贩卖淫秽光盘案，现场扣押淫秽光盘32张、盗版光盘2万余张。全年销毁盗版音像制品50余万张。

第二十六篇

民族 宗教 风俗 方言

本篇编纂人员

贯志远（主编） 贺孝武（主编） 黄 磊 刘 殷

本篇撰稿人员

第一章 民族 宗教：王自书 李 斌

第二章 风 俗：贺孝武 顾庆丰 刘钦武 李競秋

第三章 方 言：陈立中 贺孝武 戴佳文 张 玮 蒙子霖

第一章　民族 宗教

1988 年，长沙市有少数民族 24 个，7005 人。宗教有佛教、道教、伊斯兰教、天主教、基督教，宗教场所 66 处，教职人员 358 人。为维护宗教和少数民族合法权益，1989—1994 年，基督教城北堂、岳麓山道教云麓宫大殿等宗教场所被占用的历史遗留问题，通过协商调处，产权、场所全部归还原主，对其他存在的权益问题均进行妥善处理，同时，批准新建伊斯兰清真大殿。1997 年，发布《关于进一步落实散居少数民族优惠政策的通知》。重点落实少数民族学生升学优惠加分，提高穆斯林食品补贴，增加少数民族活动经费，强调尊重少数民族信仰和风俗。为支持少数民族经济，发布《关于加强少数民族工作若干优惠政策的通知》，1998 年，组织长沙少数民族企业产品参加在深圳举办的“少数民族商品交易会”，沙坪金球湘绣厂定为民族贸易定点企业，并获贴息贷款 800 万元，其他少数民族企业、商铺给予税收减免。支持、鼓励宗教界开展爱国活动和宗教文化交流，宗教人士热爱祖国、热爱和平、友情慈善的热情高涨，麓山寺方丈圣辉作为中国宗教代表成员分别于 2000 年 8 月、2001 年 4 月出席联合国“宗教与精神领袖世界和平千年大会”和“联合国第五十七届人权大会”，宣传中国政府维护和平立场，并在大会上做“破邪扬善、热爱和平、维护人权”发言。2006 年，长江中下游发生百年不遇洪灾，长沙市宗教界开展“洪水无情人有情”募捐活动，将 200 万元捐款及时送到长沙灾民手中。培养少数民族干部，省、市、区县（市）人大、政协换届安排少数民族名额，推荐选举少数民族人大代表、政协委员，发挥其当家做主作用。2007 年，出台《2007—2011 年培养选拔少数民族干部工作规划》(以下简称《规划》)。2010 年，建立全市 1156 名少数民族干部电子数据库。《规划》期间，少数民族干部增加至 1278 人，长沙市少数民族队伍快速壮大，宗教场所有序发展。2010 年第六次全国人口普查，长沙市少数民族 53 个、人口 7.72 万人，分别比 1988 年增加 29 个和 7.02 万人，增长 1.2 倍和 9 倍。至 2012 年，全市宗教场所 201 处，比 1988 年增加 135 处，增长 2.04 倍；教职人员由 358 人增加至 380 人。

第一节　机　构

一、市级机构

1987 年，长沙市人民政府民族事务处和长沙市人民政府宗教事务处合并为长沙市民族宗教事务处，升格为副县级单位，下设民族工作科和宗教工作科。1992 年更名为长沙市民族事务委员会和长沙市宗教事务局，增设办公室，实行“两块牌子、一套班子”，合署办公。1993 年，设长沙市宗教自养事业指导办公室，为正科级全民事业单位，局属二级机构。1995 年，长沙市民族事务委员会和宗教事务局为市人民政府管理全市民族宗教事务的职能部门，人员编制 12 名。2001 年 9 月，更名为长沙市民族宗教事务局（以下简称“市民宗局”)，升格为正县级，属长沙市人民政府工作部门，内设机构为：办公室、民族工作处、宗教工作处，编制 15 名。2005 年，增加监察室（正科级)。2008 年，政策法规处从办公室单列，2009 年，内设 5 个职能处（室）即：办公室、民族工作处、宗教工作处、政策法规处、监察室，2012 年，市民宗局内设机构无变化，机关行政编制调整为 17 名。

1988—2012 年，先后担任长沙市民族事务委员会、宗教事务局、民族宗教事务局主要领导职务的有：阮昌八、卢万杰、周剑球、朱建人、姚仁智、刘佳勇；其他领导班子成员有：肖寒露（女）、穆豫湘、彭晓军、黄必成。

二、区县（市）机构

1989 年，长沙市所辖东区、南区、西区、北区和长沙、望城、浏阳、宁乡 4 县人民政府先后设有民族宗教（以下简称“民宗”）事务管理机构。1990 年浏阳县（1993 年县改市）和 1995 年长沙县、望城县、宁乡县分别设立民宗事务办公室（以下简称“民宗办”)。1996 年，市区划调整，东区、南区、西区、北区、郊区分别更名为芙蓉区、天心区、岳麓区、开福区、雨花区。2001 年，雨花区设立民宗办。2002 年，望城县、浏阳市、宁乡县民宗办改民宗事务局。2004 年，芙蓉区、天心区、岳麓区、开福区分别设立民宗办，长沙县民宗办改为民宗事务局。2006 年芙蓉区、开福区和 2007 年岳麓区分别由民宗办改为民宗事务局，2011 年，芙蓉区、开福区民宗局改为民族宗教和外事侨务局；望城县改区，更名为望城区民宗局。2012 年，区县（市）机构无变化。

第二节 民 族

一、少数民族概况

1988 年，长沙市少数民族有回族、土家族、苗族、壮族、满族、侗族、瑶族、蒙古族、维吾尔族、藏族、朝鲜族、布依族、白族、高山族、纳西族、畲族、仫佬族、锡伯族、布朗族、黎族、撒尼族、哈尼族、傣族、俄罗斯族等 25 个族别，加入中国籍外国人 2 名，共 7005 人（男性 4211 人，女性 2794人）。

1990 年第四次全国人口普查，长沙市有少数民族 41 个族别，加入中国籍外国人 9 名，较 1988 年增加仡佬族、彝族、土族、哈萨克族、水族、拉祜族、傈僳族、佤族、景颇族、毛南族、达斡尔族、阿昌族、羌族、怒族、珞巴族、撒拉族 16 个族别，减少撒尼族 1 个族别。少数民族总人数为 1.80 万人，比 1988 年增加 1.10 万人。100 人以上的族别为土家族、苗族、回族、侗族、满族、壮族、瑶族、白族、蒙古族、藏族、朝鲜族、布依族、黎族。长沙常住人口在 10 人以下的族别为哈萨克族、拉祜族、傈僳族、佤族、景颇族、俄罗斯族、毛南族、达斡尔族、布朗族、阿昌族、羌族、怒族、珞巴族、撒拉族。

2000 年第五次全国人口普查，长沙市少数民族有 48 个族别，加入中国籍外国人 1 名，较 1990 年增加京族、东乡族、普米族、鄂温克族、塔吉克族、塔塔尔族、独龙族、基诺族 8 个族别，减少哈萨克 1 个族别。少数民族总人数为 4.86 万人，比 1988 年增加 4.16 万人。彝族、维吾尔族、畲族等 3 个族别人数分别增加到 100 人以上。长沙常住人口在 10 人以下的族别为傈僳族、景颇族、达斡尔族、鄂温克族、布朗族、阿昌族、怒族、珞巴族、东乡族、普米族、鄂温克族、塔吉克族、塔塔尔族、独龙族、基诺族。

2010 年第六次全国人口普查，长沙市有少数民族 53 个族别，加入中国籍外国人 17 名，较 2000 年增加乌孜别克族、柯尔克孜族、裕固族、鄂伦春族、赫哲族、门巴族 6 个族别，减少怒族 1 个族别。少数民族总人数为 7.72 万人，比 1988 年增加 7.02 万人。仡佬族、哈萨克族两个族别人数分别增加到 100 人以上，除土族由 250 人减少到 32 人外，凡 2000 年百人以上族别人数到 2010 年均有增无减。常住人口在 10 人以下的族别为高山族、景颇族、阿昌族、珞巴族、普米族、鄂温克族、塔吉克族、塔塔尔族、独龙族、基诺族、乌孜别克族、裕固族、鄂伦春族、赫哲族、门巴族、珞巴族。人口较多的几个民族依次为土家族、苗族、侗族、瑶族和回族，占全部少数民族人口的比重依次为37.4%、23.9%、7.3%、7.0%及6.7%。其中土家族和苗族占全市少数民族人口的61%以上。其他少数民族人数都在5000人以下，基诺族、乌孜别克族、鄂温克族和珞巴族为1~2人。15~59岁的少数民族劳动力人口为6.71万人，占全市少数民族人口的87.0%；60岁以上人口为0.27万人，占3.5%；0~14岁人口0.73万人，占9.5%。少数民族男女性别比为95.6%，即女性为100，男性为95.6，低于全市人口男女性别比（103.4%）7.8个百分点。少数民族中女性多于男性的状况主要集中在10~34岁年龄段。具有中专、高中文化程度1.12万人，大专以上3.76万人，21年里分别增加7.66倍和25.81倍。少数民族人口所从事的职业类型主要为商业服务业人员、专业技术人员以及生产、运输设备操作人员和有关人员，分别占30.7%、28.3%及16.8%。

表26–1–2–1 2010年第六次人口普查长沙市少数民族受初中以上教育情况一览表 单位：人

族别	初中		高中		大专		本科		研究生	
	男	女	男	女	男	女	男	女	男	女
土家族	2250	2220	2142	2494	3914	4295	3155	3442	471	455
侗族	418	437	502	475	848	867	677	652	69	64
瑶族	245	263	364	411	848	850	883	822	89	95
藏族	19	16	75	44	124	108	90	112	0	1
黎族	14	36	17	16	49	67	60	39	1	3
畲族	18	9	13	13	27	20	31	27	5	5
仡佬族	9	15	5	4	11	6	34	20	1	1
苗族	1479	1804	1511	1690	2457	2617	1846	1816	246	248
满族	129	101	197	182	288	296	648	546	78	73
白族	130	119	123	137	209	231	206	205	18	25
朝鲜族	12	12	28	23	39	38	78	74	5	5
彝族	50	70	34	32	27	41	88	54	10	6
土族	44	63	74	62	100	94	56	61	6	21
哈萨克族	5	11	42	33	2	1	37	27	0	1
回族	406	392	422	439	501	554	702	764	103	97
壮族	200	255	164	193	242	272	562	485	50	53
蒙古族	61	58	76	70	146	149	278	287	27	42
布依族	105	72	48	40	28	38	77	56	5	7
维吾尔族	120	41	99	68	37	31	98	106	7	1

说明：在长沙人数不足100人的民族未列入

二、民族政策宣传、落实

1989年，首次召开长沙市民族团结进步表彰大会，表彰在宣传、贯彻、落实少数民族政策工作中，为民族团结进步作出突出贡献的少数民族人士和从事民族工作的干部。从此，每年表彰一次。1997年，针对中华人民共和国成立后不同时期所颁布的少数民族若干优惠政策和长沙少数民族居所分散及各地落实不平衡情况，发布《关于进一步落实散居少数民族优惠政策的通知》，将以前所有优惠政策进行梳理、甄别，重新颁布实施，高考加分重新作出调整，穆斯林食品补贴有所提高，少数民族活动经费逐步增加等。2001年，纪念中国共产党成立80周年，举办长沙市首次“各少数民族同胞热爱党”知识抢答赛，赛题基本涵盖民族政策主要内容，来自市区10支代表队30名队员参赛，其中有23名少数民族代表。2002年，发布《长沙市培养选拔少数民族干部的意见》。是年，启动市民族团结进步行动宣传月活动，《长沙晚报》《东方新报》《星沙之声》均开设专栏进行1个月民族政策和知识宣传，编印以贯彻民族政策为主要内容的《民族工作常识》2000册发至基层单位。为解决有的市民对民族政策和法律法规认识不够、宣传步调不一和出现不尊重少数民族风俗习惯现象，2004年，面向社会开展以民族政策为主要内容的知识竞赛，收到全国各地答题卡710份。是年，开展创建民族工作三级信息队伍尝试工作，确定小西门社区为民族工作点。次年，芙蓉区批准为全省唯一的民族工作联系点。2008年，确定748人为区县(市)、街道、社区（村）三级信息员，基本建成全市民族宗教网络。是年，《长沙晚报》《东方新报》《星沙之声》等同步开展“民族团结进步行动宣传月”活动，推介在中共民族政策引导下，长沙少数民族团结及少数民族取得的成就，并确定每年9月为“民族团结进步行动宣传月”。2009年，在市第四次民族团结进步表彰大会上，20个先进单位和70名先进个人受到表彰，并首次设立“少数民族优秀创业者”奖，授予9人为“长沙市少数民族优秀创业者”称号。2010年，新增高桥街道、白沙井社区为普及民族政策理论知识联系点。是年，通过区县（市)、街道、社区（村）三级信息组成的民族宗教信息网，全市100多个乡（镇)、社区设立宣传窗1000多个，宣传民族政策和民族知识，市7家媒体编印民族知识画册1万份分送给市区机关单位。连续3年宣传民族政策“三进”（进学校、进企业、进社区）试点单位与少数民族优秀个人先进事迹。2011年，采取巡回展览、文艺演出、编印宣传手册、政策咨询等方式，组织媒体联合行动，对全市“三进”试点单位和少数民族优秀代表作系列报道。2012年，针对少数民族流动人口激增，矛盾增多，处理难度大等情况，发布《关于进一步探索做好少数民族流动人口服务管理工作办法的意见》，加强少数民族流动人口服务管理。

三、少数民族合法权益保障

1992年，针对石马铺村回民墓地（即清代开始，山西、陕西的回民到长沙经商成为羁旅，死后葬于长沙地域的石马铺村，1953年经长沙市人民政府划定回民墓地红线范围，占地6.19公顷）因“文化大革命”期间毁坏严重，产权关系没有清理，时常引发纠纷情况，经与石马铺村干部群众协商，除历史原因被一些单位和农户占用的约2.57公顷土地收回外，帮助石马铺村回民收回尚存的3.62公顷坟山，重新划定红线，立定界桩，发放土地证、产权证，确定为长沙市伊斯兰教回民墓地。2002—2008年，长沙市财政下拨64万元用于石马铺回民墓地的维护与围墙建设。2004年3月16日，新疆鄯善等县100余名农民来长沙追收40万元余购买葡萄干欠款，因未找到当事人，导致来长沙的新疆农民情绪激愤。市民族部门联合有关单位配合查找，依法全数追回拖欠款项，100余名新疆农民登门道谢。此事及时预防处理得当，得到国家民族委员会表扬。2005年，成立汉回村和石马铺两个墓地管理委员会，维护和加强墓地管理。

四、民族干部培养

1992年，在省人大代表、省政协委员中各安排长沙市的少数民族1个名额，选举产生少数民族市人大代表6名，市政协委员14名。以后，市少数民族代表在省人大代表、省政协委员安排的人数，在历届换届选举中均保持不变；市人大代表、市政协委员安排的人数，20年里，市人大代表由6名增加到10

名，市政协委员由14名增加到19名。为培养少数民族干部，1994年开始，长沙市每两年开办一次民族干部学习班，开办9期，每一期都有优秀学员被推荐走上领导岗位，培养300余名少数民族干部。2004年，长沙市（不含省直单位）有少数民族干部767人，其中行政机关165人，事业单位602人，副科级以上135人，副县级以上9人。2007年，出台《长沙市2007—2011年培养选拔少数民族干部工作规划》，推动市少数民族培养工作的制度化、规范化、经常化。2009年，推荐15名少数民族干部录入全市县级后备人才库。2010年5月24—27日，对全市9个区、县（市）以及市公安、教育局、卫生局少数民族干部工作进行一次全面督查。2010年，建立全市1156名少数民族干部电子数据库。2011年，长沙少数民族干部比2003年增加511人，8年增加量超过100%。2012年，出台《长沙市2012—2016年培养选拔少数民族干部工作规划》。

五、尊重少数民族信仰与风俗

1988年，回族、维吾尔族配给的牛肉由前商业部门供应改为长沙市伊斯兰教协会穆斯林服务部供应，长沙市清真饮食问题得以解决。在白沙井旁为回族、维吾尔族专设的穆斯林服务部，四边邻近地无屠宰、出卖或加工生猪、猪肉和猪肉菜肴商铺、摊贩。1989年开始，每年对回族、维吾尔族等民族居民发放牛肉票，实行凭票限价，保证鲜冻清真牛肉供应。1990年，长沙城区各清真饮食店选送5名职工参加省组织的清真烹饪技术班。1991年，对清真专店干部职工进行培训。1994年8月，专门召开宣传、文化、媒体等单位负责人会议，强调党对民族工作宣传的一贯政策和应注意的问题，杜绝在宣传报道中出现有伤民族感情和有辱民俗信仰风俗现象发生，纠正忽视和侮辱少数民族宗教行为。1997年，长沙市筹备有穆斯林选手参加的第十一届亚洲滑冰赛，发现首次公布的吉祥物有碍穆斯林信仰，及时提出修改意见，赛事组织者迅速予以纠正。1999年10月，国内贸易部、国家民委等9部门联合举办第四届中国烹饪技术比赛（清真赛），长沙市清真民族饭店吕晓海获金牌，清真李合盛餐馆海勇获银牌。2002年，拨专款38万元用于回族、维吾尔族等民族肉食补贴和清真冷库补贴。此后每年将专款列入财政预算。2003年，为接待参加第五届城市运动会的伊斯兰教少数民族运动员，拨专款90万元对清真民族饭店整改装修，并在新世纪体育中心前新辟清真供应点一处。2006年开始，对城区非农户口回族、维吾尔族等10个有特殊饮食习惯的民族3215人每人发放牛肉补贴50元。2009年，回族、维吾尔族等民族牛肉补贴由原来每人每年50元增加到72元，清真冷藏费用也有所增加。每逢少数民族特有的节日，市、县都派员慰问隆重庆祝，增进与少数民族友情。2012年，8月19日穆斯林的开斋节和10月26日的古尔邦节，市有关领导到清真寺祝贺，雨花区、长沙市商贸职业学院各慰问新疆班学员2.04万元。同年的藏历新年，长沙县有关领导前往长沙师范学院，与藏族学生一起开展文娱活动，共同庆祝藏历新年，并为80名藏族学生每人赠送一份礼物。

六、发展少数民族经济

1988年开始，针对长沙市少数民族散居特点，发展扶植少数民族经济。清真民族饭店、李合盛餐馆、沙坪金球有限公司等民族商铺、企业每年都获得减免税收的优惠政策。2001年，组织长沙少数民族企业产品参加在深圳举办的“全国少数民族商品交易会”，获优秀组织奖。2004—2005年，先后有金球湘绣厂被确定为民族贸易定点企业、巨州酒店东来兴清真餐馆选定为清真副食品供应点。金球湘绣厂被定点后，每年的税收和贷款利息得到减免。2006年，设立“十一五”期间（2006—2010年）少数民族经济发展专项资金，每年列入财政预算。2010年，沙坪金球有限公司获贴息贷款800万余元。2012年，有3家民族企业申报“十二五”规划期间（2011—2015年）“全国民族特需商品定点生产企业”，5年内享受国家民族优惠政策。

七、扶持少数民族教育、文化体育事业

1988年以后继续落实中、高考招生民族优惠政策和严格执行个别公民民族成分更改的规定。1990年，长沙市规定参加高考的少数民族学生承前政策照顾5分计录取线外，新增加初中升高中和小学升初中的少数民族学生分别实行照顾1.5分和2分。是年，全市接受政策照顾的少数民族学生有240余人。1991年，配合中央电视台、中国电视剧制作中心联合摄制电视剧《墨海新蕾》，宣传全国十佳少先队员之一的长沙市回族少年陈俊的成长过程，1993年专门为其举办个人书法展。组织长沙少数民族代表队参加湖南省历届少数民族传统体育运动会，且人数和奖牌数逐届增加。1998年组成16名运动员的代表队参加省第四届少数民族运动会，获1金1银3铜，总成绩列乙组14个地州市第5名。2007年为解决长沙城区少数民族部分学生分散上学诸多不便的问题，市民族宗教局协助明德中学开办黄兴班。2008年，参加高考的少数民族学生照顾人数有488名，为历届高考照顾加分人数最多的一年。2009年由74人组成代表队参加省第七届少数民族运动会，获得9金6银5铜，奖牌总数居乙组第三名。2010年参加中考的少数民族学生享受政策照顾人数445名，为历届中考政策照顾加分人数最多的一年。2012年，明德中学成立以著名歌唱家李谷一为名誉校长的“明星艺术学校”，侧重招收少数民族有艺术特长的学生，到少数民族地区选拔民歌、民舞、民乐培养对象50名，该校艺术团代表湖南省赴澳大利亚访问演出。是年，湖南大剧院在高桥大市场民族之家指导开办“名城长沙、三湘之美”各族同胞摄影展。

八、加强民族团结与合作交流

1989年4月2日，长沙市湘西各民族同胞联谊会成立，1992年更名为长沙市民族联谊会。是长沙市成立的首个民族联谊社团组织，600名成员由在省直、市直各单位工作的少数民族人员组成。1990年5月，长沙市湘西各民族同胞联谊会与长沙市南区政府结为友好会区，双方在经济合作、资源开发、技术合作、科技咨询、信息交流等方面对湘西少数民族地区进行广泛协作和交流。选择所属长沙市输变电设备厂作为双方经济合作的试点厂家，与花垣、保靖、凤凰、龙山、桑植等县签订水利水电工程业务近100万元，并实行“三优一追二延期”（即价格优惠、产品优质、供货优先，追踪服务，延长保修期、延长付款期）的服务措施。1991年1月，长沙市郊区马王堆乡与吉首市万溶江乡签订协议，结为友好乡。马王堆供销社向万溶江乡供销社提供有关规章制度，议定交流与合作的项目。3月，长沙市南区计划经济委员会与湖南省民主建国会华翔科技公司湘西分公司签订联合销售产品协议，在吉首设点销售南区生产的工业泵等少数民族地区急需的产品；是年，长沙县向花垣县捐赠人民币11.08万元，粮票面额3万千克，粮食30吨，以及价值5万元的救灾物资；万溶江乡遭受严重洪涝灾害，马王堆乡捐款3万元，粮票面额1.5万千克。1993年，长沙郊区与吉首市、吉首市河溪镇和郊区雨花亭乡、吉首市吉首乡和郊区岳麓乡签订建立经济技术友好协作文件。互设经济技术窗口，开展商品物资交流，互派经济技术管理人才，进行信息交流和劳务互输，促进双方经济发展。是年，市民族联谊会组织由长沙汽车电器厂和湖南橡胶厂成立民族联谊会或联谊小组。1994年10月，由中南工业大学少数民族中高级知识分子参加的民族联谊分会和由湖南大学教职员工参加的民族联谊会相继成立。1997年，长沙市民族联谊会实施的“民族联谊111工程”，即倡导每一个会员在一年中为少数民族和民族地区办一件有利于民族团结的事情。从1997年起，民族联谊会每年参与组织春节期间的“省会各民族联谊联欢活动”，开展每年一度的全市少数民族迎新春联欢会和回族、维吾尔族同胞三大节日的庆祝活动。1998年长沙遭受特大洪灾，一位不愿留姓名的少数民族干部为抗灾捐款10万元。2002年，市民族联谊会在北大附中湖南分校举行大型联

谊活动，近千名少数民族群众参加。2004 年，市民族联谊会组织省会各民族同胞迎新春联欢会，有关省市领导、驻长省直单位及市各级各部门少数民族干部 1300 余人在省展览馆举行联谊活动。2005 年，长沙市民族联谊会被省政府授予“全省民族团结进步模范集体”称号。2008 年长沙市举办首次省、市、区、县（市）三级少数民族人大代表、政协委员学习班，专题培训联谊活动。2009 年市民族联谊会在全市 9 个区、县（市）、市直机关相继成立 18 个分会，倡导组建长株潭三市民族联谊机制，并首次开展联谊活动。2012 年，中共芙蓉区委、区政府在生物机电学院举行“民族一家亲”系列活动启动仪式。7 月 24 日，开福区首个村级慈善机构“汉回一家亲互助会”成立。是年，市民宗局组成 22 人考察团到新疆伊宁、乌鲁木齐、吐鲁番等地考察，给吐鲁番民宗局对口援助现金 4.5 万元和价值 1 万余元物资。

附记　汉回民族村

图 26-1-2-1　汉回民族村

（拍摄于 2012 年，长沙市宗教管理事务局供图）

汉回民族村位于长沙市开福区捞刀河镇，是长沙唯一的少数民族聚居村。清代为大贤都九甲，1955 年定名汉回农业合作社，1988 年更名“汉回民族村”。全村 1328 名居民中，回族有 508 人，占全村人口的 38.3%，共 428 户，组成 11 个村民小组。1989 年，汉回民族村对外交通靠一条绕镇公路，贯穿全村的是一条土路，自汉回民族村成立后，政府每年对村办企业、养殖业、种植业采取各种扶持措施，并无偿赠送钱、粮及各种物资，市医院专家为村小学师生免费身体检查和赠送药品。1999 年，村民人均纯收入增加到 6100 元，12 年翻 8 番。2008 年，全村农村经济总收入 4434.6 万元，其中企业总收入 954 万元，农业总收入 240 万元，工业总收入 501 万元，建筑业总收入 546 万元，运输业总收入 510 万元，商饮业总收入 526 万元，服务业总收入 204 万元，其他收入 216.6 万元；人均总收入 3.34 万元；全村水冲厕从无到有，144 户拥有水冲厕。2010 年，开福区安排 1100 万元专项资金，改造汉回民族村 30 户回族民居，修建汉回民族团结门楼，完成白霞路入口、环线跨桥和村部、湾坡、黄乌线等村级干道和组级公路硬化，建成 1860 米汉沙（汉回至沙坪）公路复线，完成风景渠建设，建成 0.2 平方千米的农业标准化生产基地，修建垃圾中心站、小垃圾池，完成 100 户改水改厕等工作。是年，对口支援单位为汉回民族村购置 10 台电脑，10 万册图书。2011 年，打造回民民俗、民风特色一条街；汉回民族村纳入开福区民族工作重点和城乡一体化示范点，公路修到村民的家门口，户户通水泥路。2012 年，省民委拨款 5 万元用于汉回民族村小学民族文化宣传及村文化广场相关建设，纳入“全省少数民族特色村寨”保护与发展试点单位，全村拥有完善的电信和有线电视设施，是年，村民人均纯收入比上年增加 2000 元。

第三节 宗 教

一、宗教概况

（一）宗教场所与人员。1988年，长沙市有宗教场所66处、教职人员358人。1996年城区有79处宗教活动场所，领取登记证和临时登记证的有75所。2000年，登记发证的宗教活动场所119处，其中佛教场所46处，道教场所6处，伊斯兰教场所1处，天主教场所3处，基督教场所63处。2001年，全市有各类宗教团体教职人员210人，其中登记发证的203人，有7人缓登。佛教155人，道教15人，伊斯兰教3人，天主教11人，基督教19人。2012年，登记发证的宗教场所201处，其中佛教场所85处，道教场所17处，伊斯兰教堂2处，天主教堂3处，基督教堂点94处。登记发证的教职人员380名。其中佛教199人，道教142人，伊斯兰教2人，天主教10人，基督教27人。

（二）宗教协会。1988年，长沙市有佛教协会、道教协会、伊斯兰教协会、长沙市基督教“三自”（自治、自养、自传）爱国运动委员会、基督教协会、天主教爱国会、天主教教务委员会等。1990年，浏阳县天主教爱国会成立。1991年，望城县佛教协会成立。2006年，长沙县佛教协会成立。

（三）民间信仰活动场所。长沙民间信仰盛行于唐朝，除土地小庙外，长沙民间信仰场所以关羽庙最多。有“无关不立庙”之说。长沙对有固定地点的民间信仰活动纳入政府的管理范围，对诸如扶乩、堪舆、占卦、看相、拆字、算命、烧包、送亮之类的无定点活动，也在不断完善有效的管理办法。据2011年统计，长沙市有民间信仰活动固定场所1000余处，发证纳入登记管理的有497处。浏阳市批准同意发证的426处场所中，已发证310处；望城区批准同意发证的15处场所中，发证13处；长沙县批准同意发证的36处场所中，发证16处。此后，各区县（市）按照“成熟一处，登记一处”的要求验收。是年开始，为使民间信仰活动场所的管理监督落到实处，探索成立民间信仰事务协调管理小组，分片建立联系点，以及推行联席会议等民间信仰活动场所管理机制。

二、宗教政策宣传贯彻

1988年，举办全市宗教界人士学习班，宣传贯彻宗教政策和提高宗教人士的政策与综合水平，从此成为每年定例。结合不同时期长沙市各派宗教活动的新特点，深入学习《湖南省宗教事务管理条例》。1992年发布《关于进一步做好宗教工作的通知》，1993年出台《宗教活动场所登记工作实施意见》。1999年11月，转发全国人大常委会通过《关于取缔邪教组织，防范和惩治邪教活动的决定》，组织专题学习班宣传学习有关文件。2004年，成立市天主教神职人员帮教工作领导小组，组织神职人员学习政策法规。2007年，发布《关于依法治理乱建庙宇和基督教私设聚会点的意见》和《治理乱建庙宇和基督教私设聚会点工作方案》。2011年，发布《关于长沙市宗教教职人员认定登记发证工作的实施意见》《长沙市民族宗教事务局推进社会管理创新工作方案》《长沙市基督教传道员认定办法（试行）》《关于加强佛道教教职人员管理的通知》。是年，制定《关于在全市民间信仰活动场所推行规范化管理的通知》《关于加强长沙市民间信仰活动场所登记管理的实施意见》，汇编市民间信仰活动场所主要管理制度，细化《长沙市民间信仰活动场所规范化管理验收考核指标》。举办专业培训班，对全市民族宗教干部队伍进行宗教政策和宗教工作系统培训，以“畅谈党的宗教工作基本方针”为主题召开宗教界人士座谈会。2012年，发布《关于加强长沙市民间信仰活动场所文化建设的意见》，对首批13处民间信仰优秀传统文化建设示范场所授牌，宣传党对民间信仰的政策，促进长沙市民间信仰事务管理依法提质创新。

三、宗教合法权益维护

1988 年，长沙市天主教爱国会、天主教教务委员会和天主教长沙教区在长沙天主堂举行李主明、胡赛龙两修士晋铎大典，由屈天赐主教主持。这是中国天主教独立自主、自办教会后培养的第一批神甫。位于北区外湘春街 50 号市基督教城北堂（原名永恒堂），20 世纪 60 年代被汽车附件厂占用，1989 年通过协调，由市基督教会补偿 45 万元，汽车附件厂全部迁出，其场所还原于城北堂。为解决有的教会没有中心教堂，依照政策许可新建或调整宗教场所，1990 年，伊斯兰教新建清真寺落成。位于岳麓山道教重要场所云麓宫大殿，“文化大革命”时期被岳麓山公园改为小卖部和南杂店，1991 年 6 月 20 日，140 平方米房屋由岳麓公园移交给长沙道教协会管理使用。1998 年 4 月 1 日，召开有关部门负责人会议，并安排 200 万元，解决天主教长青巷 10 号被占用的全部场地。1994 年，麓山寺举行中华人民共和国成立 45 年来首次方丈升座庆典，圣辉荣膺麓山寺方丈入院升座。2001 年，转让部分富余宗教场所历史遗产用于城市建设，妥善拆除全市佛教、基督教、天主教自养有余的房产 6000 平方米（其中基督教黄兴南路 369 号 3000 平方米、位于樊西巷、粮道街等 5 处约 1800 平方米），均依照政策标准给予补偿。2002 年，确定始建于 1902 年的长沙市基督教城北堂、始建于 1905 年的北正街基督教堂和始建于 1901 年的长沙市天主教堂为省级文物保护单位。是年 10 月，长沙市基督教三自爱国运动委员会、长沙市天主教爱国会与长沙市文物局签订文物保护责任书。协商处理 20 世纪 50 年代初长沙市佛教僧尼合作社与立新织布厂在开福寺合办工厂，20 世纪 80 年代厂寺分家，产权划分久拖不决等问题，2004 年 12 月，立新织布厂由开福寺付给 950 万元之后从开福寺全部搬出。是年，新河小学退出占用开福寺房产 4000 余平方米。同年，修缮一新的基督教北正街教堂正式复堂。2006 年，圣辉晋升古麓山寺法主和尚。2007 年，开福寺举行湖南首次丘比尼升座方丈法会，净能法师荣膺升座方丈。是年 11 月 4—5 日，省、市主要领导、省内外社会各界人士及海外陶氏后裔等万人参加的中国湖南首届道文化暨陶公庙 1500 周年庆典在长沙县榔梨镇举行，其间，约有 200 余名警察和保安人员现场维护秩序。之后，凡有大型重要宗教活动，均派警力、保安现场值班维护，确保活动顺利举行。为维护和改善宗教场所周边环境卫生，2008 年，迁走位于长沙天主教堂门前和开福寺围墙内两个公共厕所。2009 年，长沙市玉泉寺和宁宝寺举行异地重建奠基法会，大和尚圣辉主持。维护改观铁炉寺、清泉寺及意大利翁得明主教 1909 年修建的市天主教教府楼等。2011 年 11 月 12 日，望城区洗心禅寺举行悟圣法师升座庆典，全国政协常委、中国佛教协会名誉会长一诚等来自省内外 4000 余名大德高僧、居士义士参加。

四、宗教场所管理

从 1988 年开始，每年对市属 10 个重点宗教活动场所进行年底财务审计，并在审计基础上进行年检审查，处理存在的问题。1995—1996 年，开展首次宗教活动场所登记工作。1999 年，对麓山寺等 13 处“五好”宗教活动场所进行表彰，对天主堂、城北堂等 7 处省级重点宗教活动场所和城南堂等 3 处市级宗教活动场所授牌。2000 年 12 月 30 日完成宗教活动场所第二次登记发证。2006 年对全市各区县（市）50 个乡镇申报的 85 处庙宇宫观和其他固定宗教活动处所逐一进行现场甄别复查，核实 50 处佛道教寺观基本符合开放条件。2009 年，制作《长沙市民间信仰活动规范管理示范场所宣传册》，对规范管理提出具体要求。2010 年开福寺、麓山寺、望城县洗心禅寺、长沙市基督教城南堂 4 个单位获首届全国创建和谐寺观教堂先进集体；长沙市基督教城北堂、北正街教堂、长沙县松柏寺、陶公庙、浏阳市中心教堂被省宗教局评为先进宗教场所。2011 年，组织开展“争创民间信仰活动规范管理示范场所”活动，11 月30

日，公布长沙市首批民间信仰活动规范管理示范场所26处和长沙市首批民间信仰优秀传统文化建设先进场所13处。到2012年，全市登记发证的宗教场所201处，纳入宗教管理范围的民间信仰场所1000余处。

五、开展宗教界爱国活动

1995年，长沙市佛教、道教、伊斯兰教、天主教、基督教各界分别举行祈祷世界和平活动，隆重纪念中国抗日战争和世界反法西斯战争胜利50周年。9月4日，释自然作为中国政府代表团的正式代表赴北京参加联合国召开的第四次世界妇女大会，宣传中国解放妇女和信仰自由的政策。2000年，长沙市天主教召开常委会和座谈会，学习中国天主教“一会一团”关于抗议梵蒂冈“封圣”活动的严正声明，声讨梵蒂冈“封圣”。8月28—31日，圣辉作为中国宗教代表团成员到美国出席联合国召开的“宗教与精神领袖世界和平千年大会”，宣传中国政府维护世界和平的立场，为挫败美国反华提案出力。2001年4月4—6日，圣辉作为中国非政府代表团成员出席在瑞士日内瓦召开的联合国第五十七届人权大会，以《破邪扬善、热爱和平、维护人权》为题在联合国人权大会“公民权利和政治权利”的讨论会上发言，用亲身经历和大量无可辩驳的事实向与会各国代表陈述中国的人权是把生存权放在首位的真实人权。

六、宗教文化交流

1993年，台湾佛教界晓云法师在麓山寺举办“清凉艺展”，展出晓云法师创作的禅画和山水画。2001年，市伊斯兰教协会会长马翔林到伊斯兰教圣地沙特阿拉伯的麦加朝觐。2002年，麓山寺方丈圣辉先后两次率团护送“舍利”赴中国台湾地区和泰国供奉；市佛教5位法师赴韩国参加“中日韩”三国佛教友好交流活动。2003年，全国各地伊斯兰教负责人分12批300余人次参观长沙市清真寺。2005年，举办中国宁乡首届佛文化节，香港佛教联合会会长长老觉先等大德高僧、信士学者13人参加，并召开“佛文化演证会”，推出大型佛教音乐剧——梵呗剧《四海宁乡——沩仰宗风》。2006年，台湾星云法师参访麓山寺；市天主教组织教友70余人分两批到上海朝圣；市佛教协会组团前往新加坡、马来西亚、泰国等地出访参学。2007年，在长沙县㮾梨镇陶公庙举行中国湖南首届道文化节暨陶公庙1500年庆典活动期间，举办书画展会和斋醮法会以及民俗文艺表演。2008年，美国国会议员助手一行12人访问基督教北正街教堂；香港祖文锐牧师和刘牧师到长沙与基督教内部交流；第十一世班禅额尔德尼·确吉杰布到长沙诵经礼佛；泰国第一世皇慈善基金会泰国佛教副僧王、泰国第一世皇慈善基金会主席连俊荣恭送四面佛像到望城县洗心禅寺安座。2010年，长沙市基督教北正街教堂方舟合唱团赴浙江绍兴参加有80余个国家和地区470支合唱团参赛的第六届世界合唱比赛，获宗教音乐组银奖。

七、宗教慈善活动

1988年，长沙市发生严重的洪涝灾害，全市宗教团体和信徒捐款1万余元、粮票面额2797斤、衣服数百件。1996年、1998年长沙市遭受特大洪水，全市宗教界两次捐款68.5万元和大米35吨以及大量衣物。2003年印度洋海啸，全市宗教界捐款5万元救助灾区。2006年长江中下游发生百年不遇的洪灾，长沙市宗教界开展“洪水无情人有情”的募捐活动，捐款捐物累计200万元，及时送到长沙市灾民手中。2007年，全市宗教界捐助慈善资金和物资折合500万余元；2008年，募集用于扶贫帮困、捐资助学的资金400万余元。是年，在湖南遭受罕见冰灾和汶川大地震期间，长沙市区宗教界募集资金280万余元济灾民燃眉之急。2010年4月27日，东林寺护生会首次在长沙组织放生活动，此次放生由福源阁及长沙众居士联系和组织，参与居士约200人。7月31日，长沙慈济护生会护生放生组湘江放生，放生雄鱼26.5千克、鲤鱼29.3千克、鲫鱼177千克、水鱼大小50千克。是年，全市宗教团体与机关单位共同为玉树地震、舟曲泥石流捐款捐物，其中捐助资金 35.5 万元。2011 年 6 月 28 日，长沙开福寺举办“爱国爱教 同心同行”名家笔会暨书画展，募集书画作品近百幅，成为佛教界、书画界的一件盛事。开福寺方丈净能法师捐出自己两幅作品《福》《和谐》，其中《和谐》拍出 5 万元，创下此次竞拍的最高纪录，《福》拍出 3 万元，活动募集善款 21 万元，竞拍所得善款全部捐赠给安化县大福镇麻风病院。同年，浏阳市宗教界捐资慈善公益事业 300 万余元。2012 年 5 月，长沙市宗教界部署开展“慈善周”活动。浏阳市制定《关于在浏阳宗教界开展“宗教慈善周”活动的方案》，确定 9 月第 3 周（9 月 17 日至 9 月 23 日）同步开展以“慈爱浏阳、五教同行”为主题的“宗教慈善周”活动；长沙县宗教界开展系列慈善活动，金井镇龙头庵在自身财力偏紧情况下，筹资 30 万元修建一条长约 1.5 千米的村级公路，解决当地村民出入不便的“老大难”；佛、道教界代表人士慰问干杉乡新建村 6 户困难党员和村民；李公庙、东兴寺、松柏寺、陶公庙等宗教场所对困难群众及贫困学子照例实行长年帮扶结对，逢年过节进行走访慰问帮助，解决他们生活中的实际困难；法藏寺组织住寺居士每年按常例向贫困学生捐款数万元；白沙乡上华山每年按常例都要向当地贫困学生捐款 2 万~3 万元；法藏寺、陶公庙等场所设立“爱心慈善基金会”、长年积攒善款，用于助困、助残、助学、赈灾等慈善事业；新安寺为江背镇改善农田水利，修缮堤塘赞助 3000 元，并为跳马镇当地品学兼优的学生捐资 6000 元，使其顺利升学；慰问跳马敬老院孤寡老人，送去水果、油、米；开元寺向甘肃陇南市礼县捐赠 2 万套衣服以及 200 床棉被，委托甘肃雷音寺转发给贫困群众。2012 年 5 月 3 日，望城区洗心禅寺慈善基金会举行募捐颁奖典礼，3 天时间的募捐祈福法会收到 600 余人捐献的近 140 万元人民币善款，以此作为原始基金。洗心禅寺慈善基金会所有善款用于弘法印经，捐资助学、放生护生、扶贫济困。至 2012 年，洗心禅寺连续 6 年捐助贫困大学生 240 名，累计 96 万元。在汶川地震、玉树地震发生的第一时间捐款捐物 200 万余元。是年，全市开展公益慈善大行动，全年累计捐助慈善款 500 万元，主要用于捐资助学。

附记　　宗教场所简介

长沙市区著名宗教场所云麓宫、开福寺、河图观、陶公庙、古升冲观、麋峰古观、古斗姥阁、东岳宫、天竺山、麓山寺、密印寺等已载于《长沙市志（第十五卷）·宗教》（湖南人民出版社，2000 年）。

洗心禅寺（佛）　洗心禅寺位于长沙市望城区金山桥街道金坪社区，为明末清初（1620 年）汉月法藏禅师所创建，称洗心寺。民国期间，寺院规模宏大，殿堂屋宇建有三进 107 间，住僧 70 余人，置水田 200 亩，山林菜地 200 余亩，实为长沙河西的一大寺宇。20 世纪 50 年代，洗心禅寺彻底被毁灭。

长沙开福寺方丈体辉与中国佛教协会名誉会长一诚均于民国时期曾在洗心寺出家。1999 年，大和尚一诚发愿回到望城筹备恢复洗心寺并改名洗心禅寺。重建后的洗心禅寺占地 48 公顷，主体建筑 12 栋，总建筑面积 3 万余平方米，按十方大丛林的格局全寺四进三院配套建设，为湖南省内著名寺院。洗心禅寺有全国各地佛学院毕业的研究生 9 名，本科和大专生十数名。寺院长期安排讲经共修活动。2006 年，洗心禅寺举办“中国望城首届‘和’文化节暨洗心禅寺落成开光庆典”。2008 年，举办泰国赠送四面佛安奉法会。2010 年获中共中央统战部、国家宗教事务局授予的“首届全国创建和谐寺观教堂先进集体”。2011 年举办法师悟圣升座庆典，先后前来参加活动或致电祝贺的有中共中央委员、全国政协民宗委主任钮茂生、“泰国第一世皇慈善基金会”主席连俊荣、泰国副僧王塔西朋、全国人大常委会副委员长司马义·铁力瓦尔，还有佛教及各界名流，如中国佛教协会顾问李玉玲，大和尚一诚、圣辉、明学、觉醒、明生、佛源，以及港澳台佛寺住持、诸山长老、六小龄童等。今洗心禅寺长老一诚为座元，大和尚悟圣任方丈，常住比丘20人、沙弥12人。

星沙松柏寺（佛） 松柏寺位于长沙经济技术开发区星沙文化公园旁东升路44号。相传松柏寺始建于宋神宗（1048—1085年）年间。宋神宗下诏、颁赐“藏经”“袈裟”的一代名僧圆鉴大师，曾在此禅扬佛法，让松柏寺名噪一时。宋、明、清年间历代烟火相传，尤以清康乾盛世，松柏寺香火之旺可谓登峰造极。信徒众多，梵音不断，成为当时佛家的重要布道场所，僧人居士的归隐胜地，骚人墨客吟诗作赋的会友场所。后因时境变迁，松柏古刹，几经浩劫，徒留下断壁颓垣，废墟一片。1992年，台胞居士陈之迈购地二亩，筹资恢复古寺，取名松柏精舍。2001—2002年，陈之迈将松柏精舍、松柏山庄全部房地产及配套设施，分批捐赠给长沙县。2003年，长沙县为弘扬佛教文化重点打造松柏寺。是年，安徽省释照观法师到湘，接管松柏寺住持之职。募得资金千万余元，按原规划进行建设，2010年大功告成。占地面积约20000平方米，建筑面积4000平方米。殿堂鳞次栉比，疏落有致。

宁乡白云寺（佛） 白云寺位于宁乡县双凫铺镇沩水河畔，始建于唐大中十二年（858)。清末至民国，规模宏大，有大小寺屋300余间。香火旺盛时，有僧人300余人。寺中有大型佛像30余尊，其中以二十四诸天菩萨最为威风，山上宿客常达千人。以“南岳山的香，回龙山的烛”之口碑而扬名海内外。民国6年（1917)，青年毛泽东徒步来寺中歇宿一晚，留有趣闻轶事。“文化大革命”时白云寺被毁，留下山门、石阶和寺门等残物。1987—1989年，信众捐资重修山门、正殿、牌楼。1989年，被宁乡县人民政府批准列为县级重点文物保护单位。1991年成为宁乡县佛教协会会址。1997年后，陆续修复完善。有建筑面积3642平方米。寺内文物甚多，历代官府、名流赠匾刻碑随处可见。有乾隆御匾题“回龙望祖”，李东阳题词“此处可成仙”，山门所题：“南楚灵山”则出自左宗棠手迹。白云寺作为佛教南宗（临济宗）的弘发基地，列入《中国旅游名胜大辞典》，居全国旅游名胜之列。被长沙市人民政府评为“五好宗教活动场所”。2010年被市民宗局评为“长沙市创建和谐寺观教堂先进集体”。

长沙玉泉寺（佛） 玉泉寺位于长沙市金盆村烈马组，原址位于长沙市南门口西侧登仁桥。长沙玉泉寺始建于明洪武元年（1368)。据清光绪三年（1877）《善化县志·卷之三十·祠庙》关于天妃宫记载：“昔名玉泉寺，建自明初。雍正九年（1731)，藩宪张创修，改名天妃宫。乾隆五十四年（1789)，众姓重修，四抵均以墙基为界。嘉道年间，累有修造。咸丰二年(1852)，兵焚复修。光绪三年(1877)，柱栋被蚁。众复捐建，轮焕一新”。即雍正九年（1731)，长沙府布政使张凤仪维修玉泉寺，增塑天妃圣像，并按其所好，将玉泉寺更名为天妃宫。“文夕”大火后重建，其时住天妃宫侧的著名国画家齐白石捐银两千文，在此所作著名国画“英雄独立”，上曾题写“齐璜制时居长沙天妃宫侧”。著名中国女权运动先驱唐群英曾以玉泉寺为据点开展革命工作，并在此创办中国女性第一份报纸《女权日报》。2004年易地重建天妃宫，将天妃宫重新恢复为玉泉寺。定址长沙市金盆村烈马组，占地0.83公顷。2009年动工，2011年第一期工程告竣。初步形成“西麓山、北开福、南玉泉”的长沙市佛教活动场所新格局。

霖瑞寺（佛） 霖瑞寺坐落在岳麓区莲花镇龙洞村脚下。始建于南宋，规模宏大，僧众云集，名重一时。20世纪50年代被毁，1992年法师大镜着手修建三间民房供奉观音菩萨，取名“意西园”。1994年法师法雄接手寺院管理，陆续建起大雄宝殿、千佛塔、斋堂、寮房、化身窑，并恢复霖瑞古寺寺名。继法雄之后，霖瑞寺当家法师旭慈带领四众弟子多方筹集资金，在原有基础上完善寺院布局，霖瑞寺成为长沙城区弘扬佛法的庄严道场。2010年评为长沙市和谐寺观教堂先进单位。

大围山红莲寺（佛） 红莲寺坐落于湖南省浏阳市大围山国家森林公园之巅，距大围山最高主峰七星岭约 2.5 千米，海拔高度约 1400 米。由南朝时期龙树菩萨传人开山建造，距今约 1600 年。寺院的第一个兴盛时期是在唐朝，至北宋复又扩建，南宋时期又进入第二个鼎盛时期，相传当时常住僧众达数百人。及至明初，寺院因战火而毁；后得到简单修复，更名为玉泉寺，规模形制已大不如前。到清末，玉泉寺再度被毁后，恢复小庙一座，改称玉泉寺。

红莲寺重建工程自 2009 年启动，占地 6.67 公顷，耗资近 2 亿元，于 2012 年举行竣工庆典活动暨舍利安奉仪式。重建后，寺院总面积近 6.67 公顷，分为宗教活动区、文化体验区、公共设施区。其中宗教活动区与公共设施区占规划用地的近 50%。宗教活动区由山门、天王殿、钟鼓楼、大雄宝殿、观音殿、藏经阁、三圣殿、药师殿、佛舍利塔及其拜谒广场、僧房、方丈室、斋堂组成。文化体验区由浏阳名人纪念馆、佛学苑、功德楼、万佛塔、茶楼、素食馆等组成。公共设施区由停车场、广场、放生池等组成。其中舍利塔塔高 51.8 米，分九层设置，一层为释迦牟尼佛生平展示大厅，二层供奉舍利，三层至九层由信众供奉千尊玉佛。寺院外围设有佛教文化中心、红莲书院和居士修学院，规模宏大、威严壮观。

星沙李公庙（道） 李公庙坐落于长沙县星沙街道办事处松雅社区龙潭山，占地面积 2.6 公顷，建筑总面积 8000 平方米，系道教真人庙。相传李公真人庙始建于宋徽宗年间，距今有 1200 余年历史。庙宇几经兴废，清雍正年间大举复修，遂成规模。1966 年“文化大革命”期间，庙宇被毁。2003 年新庙落成，2006 年由望城县黑麋峰仙姑庙耒的胡永玄道长住持庙务。星沙李公庙珍藏古迹较多，正殿居中高悬九芝堂前身“劳九芝堂药铺”创始人劳志腹所献金匾，已历 400 余年，完好无损，“劳志腹敬献，乙卯秋月榖旦”字迹清晰可见。有青石碑数块，清楚可辨地有“道光二十岁次庚子七月二十一日立”与“光绪二十一年立”。汉白玉残碑“敕封广济李公真人”，相传为朱元璋在位时所立。李公真人被皇帝敕封的谥号颇多，如“宣威”“灵感”等，而“广济”较常用。

长沙清真寺（伊） 清光绪《善化县志》记载：“古清真寺建自前唐，祀天方圣人穆罕默德。寺基前抵官街（臬后街），后抵雷祖殿，左有铺面抵朝阳巷。”明末清初，迁建于金线巷，清康熙三年（1644）再建于三王街。康熙五十年（1711），穆斯林商人集资于三兴街复建清真寺，称客寺。民国 27 年（1938）毁于“文夕大火”。后于“客寺”废墟重建普通民居式清真寺，长沙市穆斯林礼拜及重要活动均在此进行。1989 年长沙市拨款在天心区回龙山白沙井岭新建一座占地 3860 平方米，建筑面积 2700 平方米的阿拉伯式清真寺，称“白沙井清真寺”。三兴街清真寺一直使用到 1991 年。1992 年白沙井清真寺开放后的当年，每个主麻日（星期五）有国内外穆斯林 600 余人做礼拜，开斋节和古尔邦节有近 2000 国内外穆斯林前来参加活动。

基督教长沙城北堂（基） 长沙市城北堂位于长沙市开福区外湘春街 80 号。清光绪二十八年（1902）英国伦敦会购地建造，民国 6 年（1917）北美长老会在原址建造新堂，民国 19 年（1930）北美长老会改建，取名为永恒堂。占地面积 467.68 平方米，建筑总面积 1002.40 平方米，系湖南省基督教规模最大的教堂。城北堂为长沙市基督教三自爱国运动委员会和长沙市基督教协会所在地。1995 年湖南省宗教事务局将城北堂列为“湖南省重点宗教活动场所”。城北堂是中西方建筑文化融合在全市乃至全省的典型代表。2002 年湖南省人民政府公布城北堂为省级文物保护单位。是年，基督教城北堂公布为长沙市近现代保护建筑，成为湖南省基督教重要的活动中心。

北正街教堂（基） 长沙市基督教北正街教堂位于黄兴北路 76 号，原名中华圣公会三一堂，清光绪三十年（1904），黄兴因领导华兴会起事反清被当局搜捕，曾避难于圣公会礼拜堂，次年为爱国牧师黄吉亭所创立。教堂内墙上仍保存着民国元年（1912）黄兴题写的碑文：耶稣圣名、敬拜宜诚、辞尊居卑、为救世人。辛亥革命前后教堂系孕育革命青年民主思想的摇篮。中华人民共和国成立后曾作长沙市百货公司火柴仓库等，2004 年重新复堂。北正街基督教堂典型的哥特式建筑风格，是长沙仅存的唯一一座麻石教堂。2002 年湖南省人民政府公布为省级文物保护单位，长沙市人民政府公布为近现代保护建筑。其后列为长沙市宗教旅游景点。教堂有牧师 2 人，义工近 90 位。2010 年参加第六届世界合唱锦标赛，获“宗教音乐组”银牌。2011 年荣获首届湖南省创建和谐寺观教堂先进集体。

应许堂（基） 长沙县基督教中心教堂——应许堂，1997 年开始经过多年筹备与施工，于 2010 年 10 月举行献堂典礼。应许堂高踞星沙松雅湖南畔一孤峦之巅。为哥特式西洋建筑，系长沙县一道亮丽风景。占地面积 1 万平方米，建筑面积 1400 平方米，工程总投资 300 万余元。它是长沙县最大的基督教堂，也是长沙县基督教“三自”爱国运动委员会所在地。每逢星期天参与活动者达 200 余人。

浏阳基督教堂（基） 浏阳基督教堂现位于浏阳天马大桥旁环线路 6 号地块。清光绪二十八年（1902）福音传入浏阳，在浏阳成立循道公会。光绪三十年（1904）在县正东街建立教堂，名为“福音堂”，设立循道公会和祈祷所。民国 2 年（1913）在东城外老桥湾创立修善小学，后迁至唐家洲。民国 6 年倡办“春林女校”，民国 12 年（1923）与红十字会合办协和医院。民国 13 年（1924）上学期加设中学班。民国 17 年（1928）改名“淮新女校”，中华人民共和国成立后基督教进行“三自”革新，“文化大革命”期间教会停办。1988 年，收回教产 320 平方米，并于 4 月 12 日复堂。当时教堂面积 60 平方米，开始聚会的人数 20 人。新教堂于 2008 年建成投入使用，建筑面积 2380 平方米，共 5 层，主体建筑高 21 米，总造价 300 万余元，一次可容纳 800 余人聚会。

宁乡福音堂（基） 宁乡福音堂原位于县城南门桥沩水河畔，清光绪二十八年至二十九年（1902—1903）由挪威信义会传教士戈德白、艾香德主持修建。光绪三十二年（1906）前后，挪威女传教士哈思白在教堂内筹办西药房，为宁乡西医之始。此后被当地民众烧毁，传教士艾香德等胁迫政府惩办肇事者，宁乡县政府勒令民众赔款修复教堂。民国 33 年（1944）县城沦陷，福音堂堂毁物散。民国 37 年（1948）后牧师熊楚林主持重建福音堂。1950 年教会事务由牧师陶述生等人接管。1959—1979 年教会活动停止，教堂移作他用。1983 年福音堂开始恢复活动。1991 年建教堂及商业楼。2007 年旧城区改造被拆另建，2009 年举行新堂庆典。2011 年福音堂被评为长沙市创建和谐寺观教堂先进团体。2012 年修建办公、培训、餐厅为一体的综合楼。

大瑶财神庙（民间信仰） 浏阳市大瑶镇“财神庙会”有近 300 年历史。自清乾隆三十四（1769）年鄢大儒始，曾为鄢氏家族组织的“祀会”。每次庙会商贾云集，赴会人数常有 10 万以上。原财神庙早年毁于战乱，导致“财神庙会”有会无庙。1994 年由鄢姓村民发起组成建庙筹备理事会，1995 年破土动工，至 1999 年财神庙初具规模。以后庙宇建设不断完善，2002 年之后连年评为“浏阳市宗教活动场所管理工作先进单位”和“长沙市五好宗教活动场所”至 2007 年总建筑面积为 2000 余平方米。

第二章 风　俗

长沙人在长期与所处地理环境和谐共处及经济发展过程中，创造、享用和继承涉及民众社会生活的衣、食、住、行、婚、丧等方面的行为模式或规范，构成长沙风俗。长沙风俗文化源远流长，丰富多彩。其产生、形成、演变和发展同整个中华民族的风俗一样，既有共同的历史进程和共同的时代特征，又有它本身独特的地方风貌。

古代长沙风俗的表现是多方面的，首先表现在对各种图腾的崇拜，对鬼神的信仰和对天、对神、对死者、对祖先的祭祀以及具有特色的歌谣舞蹈方面。

公元前6世纪，楚国入主长沙，楚俗信鬼神、崇巫术、喜祭祀、擅歌舞。屈原的《九歌》《楚辞》，生动地描述了当时的楚风俗民情，其中记载了楚人信鬼神、崇巫术、拜龙凤、喜祭祀的习俗；好食水产异兽、嗜酸辣苦冷的饮食习俗；戴高冠佩玉饰、好奇装异服的服饰习俗；酷爱园林、层台累榭的居住习俗；能歌善舞、楚乐喧阗的娱乐习俗；不重媒妁、男女自由婚恋的婚姻习俗。

春秋战国时期，长沙的风俗文化就是这样在原有土著杨越族习俗的基础上吸收和融汇楚风俗文化，并在当时社会政治、经济、思想的影响下形成。

秦、汉时期，随着封建制度的进一步确立，儒家的“三纲五常”“三从四德”“男尊女卑”等一整套封建的礼教和伦理道德观念逐步流传，使长沙的风俗蒙上一层浓重的封建主义色彩。随着佛教传入中国（至西晋传入长沙）以及在长沙流传已久的道教的社会影响。儒、释、道三教的哲学思想、伦理道德观念也对长沙民间传统的风俗习惯产生深刻影响。特别是佛教的因果报应、六道轮回、修行成佛，道教的科仪斋醮、符箓禁咒、禳灾祈福、役神驱鬼、潜心修炼、得道成仙，以及相应的一套教规、礼仪、传统节日等宗教思想和行为，很容易与古老的传统民间风俗相吻合而为人们所接受。这种吻合经过千百年来的传承、变异，使得长沙的风俗有不可避免地具有一些神秘的宗教色彩。如立春时敬“芒神”，二月二日祭“土地神”，二月二十九日祭观音菩萨诞辰，七月半过“鬼节”祭祖宗，腊月二十三日送“灶神”，以及丧葬习俗中的许多仪式邓等。但是人们祈求平安幸福，禳灾除祸，赞颂忠贞善良，诅咒奸佞邪恶和在营造群体间敦厚、朴实、淳良、与人为善、助人为乐的和谐、互利、有序的行为规则，用以自教、自律方面，在社会发展的历史进程中还是起到了一定的“美教化，移风俗”的积极作用。

长沙的风俗风情除以上特点外，历史上蒙古族、满族入主中原，也给长沙带来了少数民族的风俗文化。历代频仍的战争、天灾造成的人口的大流动、大迁徙，大量的外地人特别是赣（江西）人迁居长沙，不同地域的风俗也给长沙的风俗注入了新的内容；至近代，西方的某些习俗、习尚也为长沙风俗增添了异域色彩。

清末民初，长沙风俗文化的内涵在继承历代传统风俗文化的基础上，吸收外来少数民族、外地区和西方风俗文化中的积极因素而使自身不断创新、演变和发展，其内容渗透至社会生产、生活的深层，包括农业、工商运输业和生活中的服饰、饮食、居住、行旅，礼仪习俗中的丧葬、婚姻、人际交往，民间乡土文化中的戏曲、娱乐、技艺、体育等各个方面。

中华人民共和国成立后，大力提倡移风易俗，对于旧风俗中某些不相适应的部分逐步予以改革。社会主义的新思想、新风尚逐渐成为社会风俗中的主流。

20 世纪 90 年代起，长沙城市经济快速发展，城区迅速扩容，“一年一个样，三年大变样”，外来务工人口迅速增多，长沙市民的日常生活也发生一些变化：吃得有味、住得高兴、行得方便，成为长沙人的生活常态和习惯。

生活的改善，也带来长沙人生育、生日、婚姻和丧葬礼仪的变化。西式婚礼的婚纱照成为长沙婚礼的重要内容和形式。

2000 年以后，长沙的节日时令和休闲娱乐生活习俗，在农事节日、祭祀节日、纪念节日、庆贺节日及社交游乐中，对传统礼仪有了一些恢复。

长沙的风俗文化不仅是整个湖湘文化的文化的一个重要组成部分，也是社会主义精神文明建设的一个重要方面和重要内容。

第一节 农业习俗

一、农事节令

（一）立春。立春为农事重要节日。民间有“打春牛”习俗，长沙俗称“打春”，即人们用黄土制成一泥牛供一泥人（芒神）役使状。民间通用的历书“黄历”上均注明立春时刻，但长沙城乡普遍承认时差。为准确判断立春时刻，人们在立春日将一个鸡蛋静置桌面，如发现鸡蛋稍有震颤或竖立，民间即谓此时“正式交节立春”，要鸣放鞭炮迎春。各家用红纸印刷“春至福临”“迎春接福”等吉祥语，并饰以花纹，由妇孺持送各家，俗称“报春”，还有少数汉子腰挂小鼓，手提小锣，且敲且唱，俗称“打春的”。

立春日如遇晴天，预示这年风调雨顺，农谚谓“若得立春晴一日，农夫不用力耕田”。农谚谓“春来一日，水热三分；春来三日，水都烫人”。

立春日禁忌：忌泼油，忌打破器皿，忌说不吉祥语，服孝的人忌去人家作客；立春后第五个戊日忌动土，忌动针线，俗称“禁戊”。恰逢农历正月初一立春叫“岁朝春”；全年没有立春叫“聋年”“寡年”，若遇“寡年”，人们认为不宜举行婚礼；农历年有两个立春叫“两头春”，为农家所忌，谓“一年两个春，黄豆贵如金”。

（二）惊蛰。是日宜有雷声，农谚中有“惊蛰闻雷米似泥”之说。惊蛰以前鸣雷，谓有“四十九天阴雨”，故俗传“未蛰先蛰人吃狗食”。惊蛰过后数天为立春后第五个戊日，古称“社日”，农家有宴请亲友习俗，名“春社酒”。惊蛰这天，老人教小孩执单子爆竹，边放边念：“惊蛰惊蛰，爆得虫蚁笔直”，以祝愿当年不遭虫灾。

菜农于惊蛰这天播菜种，称“早春秧”或“头春秧子”，可使夏季瓜果菜类多结实。20 世纪 70 年代以后，菜农多用薄膜育秧，立春过后即可播种。

农谚“过了惊蛰节，春耕不停歇”，指春耕大忙开始。惊蛰过后，农家于住房阴暗处洒生石灰除虫，俗话“春杀一虫，胜过夏杀三千”“除虫冒得巧，只要动手早”；有的于暗室点油灯，写“穿山甲在此”字样张贴，因穿山甲擅食虫蚁。

（三）清明。长沙地区有“清明断雪，谷雨断霜”之说。清明如出现在农历二月要迟下禾种，如在农历三月应早下种，农谚谓“二月清明迟下种，三月清明早下泥”。夏秋作物应及时播种，农谚谓“清明前后，种瓜得豆”。同时，家畜要及时配种，鱼苗由小池移入大塘；老农于清明日插柳枝以卜水旱，如插柳后下雨则春夏有大水；妇女插嫩柳于发鬓，谓可辟邪防老，故民谣谓“清明不戴柳，红颜成皓首”。农村妇孺摘嫩蒿叶、夏枯草、地菜子捣碎和米粉做粑粑吃，俗称“吃青”，吃“艾叶子粑粑”，有“清明吃了青，走路一身轻”之说。

清明前后，城市居民下乡春游，旧称“踏青”“寻春”。明清前三天及后七天下乡扫墓，俗称“挂坟”，浏阳谓“挂山”。在“扫墓”时，要铲除坟台杂草，插上“挂山条子”，并以三牲（20世纪80年代后以水果代替）酒醴祭奠，以表“慎终追远，怀念先人”之情。20世纪80年代后，各单位职工和学校师生集体到烈士公园、杨开慧故居、雷锋纪念馆等革命纪念地追悼革命先烈，蔚然成风。至2012年，经久不衰。

清明前后，长沙地区常有寒流风暴过境，发生在农历二月上旬的叫“土地暴”，发生在二月十九日前后的叫“观音暴”，风暴准确程度不会超过四天或提前三天，俗云“前三后四”。农民塞好塘涵，准备蓄水。

清明前后，浸种育秧，旧时不准妇女翻晒谷种，严禁孕妇和经期妇女进入浸种场地。中华人民共和国成立后，此禁忌消失。

（四）谷雨。谷雨，长沙农俗认为系牛神生日，是日不役使牛耕田，谓“牛歇谷雨马歇社（日）”：如天气闷热有青蛙叫，为寒流先兆，农谚谓“谷雨麻拐（方言词：青蛙）叫，禾种下三道”。早稻种谷萌芽即可择晴天下泥，农谚谓“清明拌种，谷雨下泥”。旧时讲究播种时不与人交谈，不要回头张望，不要中途停顿。播种毕不要敲打空箩。

茶农于谷雨前采摘的茶叶名“谷雨前茶”，俗称“白芽子茶”茶水清香，为长沙特产。谷雨以后的茶叫“谷雨后茶”，茶水黄褐稍苦，为茶厂收购加工成茉莉花茶。

（五）立夏。农家认为，立夏这天宜下雨，否则夏秋主旱。农谚谓“立夏不下雨，犁耙高挂起”“立夏不下雨，虾公（方言词：虾子）细鱼一锅煮（意谓塘水干涸）”。

立夏以前应插完早稻，农谚谓“春插日，夏插时”，立夏后插的早稻比立夏前插的早稻有明显的生长劣势。

插田有互相帮工习俗，主人用盐蛋、大鱼、粉蒸肉款待。插田工于上、下午各休息一次，上岸吃米酒和点心，叫“打腰餐”。插田高潮爱唱插田歌，有“插田不唱歌，禾少稗子多”之说。插田歌一般由中老年人领唱，青少年和妇女应和。插田收工时，户主向帮工馈赠熟盐蛋、炒黄豆和大块粉蒸肉或腊肉。

立夏日吃糯米粉拌鼠曲草做的汤丸，名“立夏羹”。俗话说“吃了立夏羹，麻石踩成坑”“立夏吃个团，一脚跨过河”。

立夏前后常有大风出现，名“龙王暴”。立夏日发东风有水灾，谚谓“立夏东风雨涟涟”。立夏日打雷，日后必多雷雨，谓“雷打立夏，三天来一下”。

（六）芒种。秋收旱粮作物应及时播种或栽插薯苗，谚谓“芒种忙忙种”。

过了芒种不宜点播秋收作物。

晚稻及时浸种，叫“吃芒种水”。早稻应在芒种以前中耕完毕，过了芒种不准下田，以免踩断秧根。早稻此时打苞即将抽穗，农谚谓“芒种忙打苞，夏至要禾交”；应在田中灌一寸深的水，俗称“芒种水”，谚谓“禾怕苞中死，人怕中年坏”。

芒种后第一个壬日“入梅（霉）”，叫“黄梅时节”，常有日夜霪雨，古诗“黄梅时节家家雨，清明时节处处蛙”。入梅日下雨主旱，谚谓“高田只怕迎梅雨”。长沙地区多晴雨相间，有“黄梅天，十八变”之说。黄梅日如有寒流过境主旱，谚“黄梅寒，井底干”。

（七）夏至。夏至后卯日为“吃新节”。选掐早稻穗，取米煮饭，配上新熟瓜菜及鱼肉等，先祀天地祖先神灵，然后合家尝新，举酒相劳。

过了夏至，天气开始炎热，蝉始鸣。民间有《数九歌》：“一九二九，扇子不离手，三九二十七，喝茶如喝蜜，四九三十六，争向露天宿，五九四十五，枝枯秋叶舞，六九五十四，乘凉不入寺，七九六十三，夜晚寻被单，八九七十二，单被添夹被，九九八十一，家家打炭急”。

夏至后第三个庚日起头伏，四庚为中伏，立秋后初庚为末伏。起伏用路边荆煎水炖雄鸡，或老姜炒仔雄鸡，民谚云：“起伏吃只鸡，一年好身体。”有的一只鸡加半斤姜，谓：“冬吃萝卜夏吃姜，不劳医生开药方。”头伏晒制的盐姜名“伏姜”，可驱寒止呕；伏日晒酱可保长期不变质，名“伏酱”，甜美可口。菜农在三伏天将菜土挖成大块休闲，名“烤伏土”，可使土壤中二氧化碳增多，并减少虫害。秋菜种植大忙，农谚谓“头伏萝卜二伏菜，三伏种荞麦”。

（八）小暑。小暑出霉，天气开始干燥酷热，地面水分蒸发迅速，丘陵地区多旱。是日如发南风，有“小暑南风十八朝”之说，俗称“火南风”。川康高原冰雪融水顺长江而下，使江水陡涨，倒灌入洞庭湖，湘江泄水不畅，俗称“发西水”。如遇暴雨，长沙西北乡（即今望城区）常发生水灾。2006年后，因三峡工程建成，坝下流水位降低，“发西水”之患消失。

小暑下雨主旱，农谚谓“小暑一声雷，又是倒黄梅（与黄梅雨季相反）”。

小暑过后，早稻开始收割，俗谓“小暑小扮，大暑大扮”（方言词：“拌禾”：收割稻谷）、“大暑前三天没禾扮，大暑后三天扮不赢”。

（九）立秋。立秋日如下雨，长沙之后21天内必多雨，俗称“犯秋”，农家赶种秋菜、秋荞麦。立秋后多出现高温不雨天气，民谣谓“六月的太阳不要躲，还有二十四个秋老虎”。

（十）处暑。此时宜种萝卜，能使块茎肥硕，且不易空心，俗称“处暑萝卜”。

处暑期间的农历七月半，民间认为“七月半，鬼门关”，有为亡人“烧包”（点上香烛，烧以冥钱或纸屋，以备亡人在阴间享用）的习俗。

（十一）白露。白露后，早晚天气转凉，农谚谓“过了白露节，两头冷（凉快之意），中间热。”

此时宜播白菜种，农谚谓“处暑萝卜白露菜”。白露时蟋蟀色黑体大善斗，行家谓“白露将军出，人人爱色青”。

（十二）秋分。秋分后如发北风，天必晴朗；发南风，则多雨。农谚有“秋发北，干起坼（谓田土龟裂）；秋发南，灌满塘”之说。

（十三）寒露。寒露后，长沙气候凉爽。晚稻应在寒露以前吐穗，过了寒露稻穗短而多空壳，农谚谓“寒露不出（穗）真不出，霜降不黄（谷）真不黄”。寒露前如有寒流霪雨叫“寒露风”，如连续出现寒露风，将严重影响晚稻扬花。

（十四）霜降。红薯、芋头在霜降前挖回，晾干后入窖做种，过了霜降的块茎不能越冬。此时油菜和春小麦播种。

中华人民共和国成立前，霜降后长沙地区有“朝南岳”习俗。妇孺、老翁多到小古道巷南岳行宫朝拜，虔诚的则亲往南岳朝圣，俗称“朝南岳”。有时朝圣者成群结队，由年长者领队，均着青衣，胸前挂黄袋，上书南岳朝圣字样，朝圣队伍如遇庙宇或十字路口，均要匍匐跪拜，庄严肃穆。

20 世纪 80 年代后，朝南岳的仪程规矩被简化。2000 年以后，朝圣队伍已少见。

（十五）立冬。立冬日不宜鸣雷，谚“雷打冬，十个牛栏九个空”，预示冬季将有严寒，宜加意护理好耕牛过冬。

（十六）小雪。小雪时节，长沙地区天气暖和，寒流罕见，古称“小春”，俗称“十月小阳春”。长沙此时菊花盛开，且历有菊展习惯。

小雪后长沙有做剁辣椒、用扑菜坛腌菜的习惯，此时做腌菜可保明春不腐。

（十七）大雪。大雪后，进入农闲季节，农村历来有冬修塘坝堤垸和积肥的习俗。民间老人在这个节气中，有的不进晚餐，谓“四日八餐，可以长寿”。

（十八）冬至。冬至俗称“冬节”，长沙农村有聚族人于宗祠祭祖的习俗。届时人们杀猪宰羊，办“冬至酒”。这一天无论城乡都有吃糯米饭的习俗，谓可润皮肤，防手脚冻裂。长沙人还在冬至后炕腊肉，将猪肉用盐腌四五天后挂当风之处晾干，然后用木屑、谷糠、橘皮、花生壳等熏烤，或挂柴灶上薰烟，至其色金红，叫“冬肉”，别具风味，可留至次年夏日。

长沙流传有冬至过后的《数九歌》：“初九二九，相逢不出手；三九二十七，檐前倒挂笔（冰柱）；四九三十六，行人路途宿（回家过春节）；五九四十五，穷汉阶前舞（赞春、送财神）；六九五十四，枯丫枝发嫩刺；七九六十三，行人路上脱衣裳；八九七十二，麻拐子田中嗝；九九八十一，脱去蓑衣戴斗笠”（或谓“九九八十一，穷汉受罪毕，刚要伸脚眠，蚊虫跳蚤出”）。

（十九）大寒。此时池塘出现冰冻，为长沙地区全年最冷的时期，俗谓“冷在三九”。城乡居民吃狗肉，谓可驱寒保暖，不生冻疮。长沙人在炖狗肉时，置鸭蛋 3 个于汤中，谓幼儿吃了夜不尿床。有的家庭此时吃龟鹿驴胶等滋补成药，农民则炖老母鸡作为冬令补品。

二、种植

（一）水稻。20 世纪 80 年代，长沙农村种植的水稻为早稻、晚稻和中稻。生产程序从选种到收割，有 10 余道工序。水稻种植有很强的季节性，长沙有农谚：“春插日，夏插时”。

20 世纪 90 年代后，水稻秧苗移植稻田时，有的农民改变行距整齐的插秧模式而使用“抛秧”方法。

（二）烟。长沙农民种烟历来有精耕细作的习惯，对土壤品质的要求较高。种烟，首先需育好苗，“苗好五成收”，然后是管理。烟苗要求在五月中下旬移栽大田，施足肥料。管理需做好起垄、中耕、打顶、抹杈、除虫。烟叶的生长过程比较娇贵，“一碰一个疤 ”，烟厂收购时要求成品烟叶完整无伤，因此烟叶的种植和采收均十分讲究：“生不采，熟不丢”，成熟一片，采收一片。采收，长沙烟农称之为“割烟”，日期在农历八月十五日之后。早晨割烟，叫“割露水烟”，但割烟时间上午 8 时至 10 时最好。割好的烟叶，按熟叶、未熟叶、过熟叶、病残叶分好类，分别绑竿，两片一束，四叶一扎，背靠背绑在烟杆上。

（三）蔬菜。惊蛰过后，夏收菜播种，此时生的菜秧子，叫“头春秧子”，生长力旺盛，可提早挂果。播菜种时忌与人交谈，谓有鼠害；有乌鸣或飞乌经过时不宜播种，谓有鸟啄。农历二月底黄瓜出芽，为最早的春菜。黄瓜喜湿润，农谚谓“天晴的苋菜，落雨的黄瓜”。晚春时蔬菜进入旺季，俗谓“春菜如马草”。

瓜菜扬花时有不能用手指点的习俗，认为用手指，以后会落瓜。挂果的蔬菜宜早晨浇水，以防落叶。

南瓜结得过多谓不吉，俗说“行时萝卜背时瓜”。

（四）茶。长沙茶叶产地以湘江以西地区（俗称河西）及高桥、金井一带为主。茶叶多种在畦土间隙，因养分充足、阳光充沛，叶嫩味浓，俗称“园茶”。园茶主要产于岳麓山、三汉矶、白沙洲一带，故有“河西园茶”之称。

长沙无吃新茶的习惯，谓新茶上火使人朦眼，俗以隔年茶为最佳。民间以菩萨腹中灌入的茶或敬菩萨的茶谓之“神茶”，迷信“能治百病”“消灾避邪”。以茶叶水洗涤外伤或将茶叶泡湿敷盖患处，可消炎止痛。

采茶工艺以长沙市湘江以西的地区最为讲究。每年在谷雨前开始摘茶，俗称“谷雨前茶”。茶农重视谷雨这一天称“头茶”“白芽子茶“谷雨前茶”。

20世纪80年代，茶叶摘采以人工为主，采取分批多次留叶方式采摘。在茶叶制作时，有将烘青绿茶用黄藤根或枫球根进行烟熏，以增加茶叶香味的传统。

三、养殖

（一）养牛。长沙农户普遍饲养耕牛，牛为农家之宝，备受重视。

耕牛的选择以牙齿为首选项目，谚谓“六齿溜光，七齿遭殃，八齿年年富，九齿买田庄，十齿王中王”。九齿十齿的牛为好牛，俗称“顺时牛”。其次看牛毛的旋窝，左右肩各一旋的叫“穿棕旋”，谚谓“牛婆穿棕，十栏九空；公牛穿棕，到老英雄”。再次看牛蹄牛乳，牛蹄应为偶蹄，有五趾的为灵官牛，谓主凶灾。牛肚皮有白毛者难养活，有“花牛不见天，不死被人牵”之谚。耕牛体态的综合评价有“八子歌”：“耳朵蒲扇子，嘴巴茶络子（圆形），肚腹甑皮子，眼睛铜铃子，四蹄蒸钵子，牛头风扇子，尾巴扫帚子，双角铁叉子，有这八个子，犁田丢鞭子。”

除夕，用红纸写上“牛力如虎”等语贴在牛栏上。立春过后，在牛头上系红布条，择晴天牵牛下田犁几丈远，放鞭炮，俗称“起春”。春耕大忙时，给牛喂棉饼、白酒、鸡蛋、米糠等精料，以保强体抗寒，其他季节则以稻草和青草为主。大雨时犁田要盖牛蓑衣防雨，冬天用稻草垫遮牛栏屋以避风寒，夏天则薰烟驱蚊。

长沙农户无饲养公牛习惯，小公牛两岁左右必须去势，否则喜斗，不堪役使。小牛两岁开始受教耕田，此时牛如果偷懒或不听使唤，要狠狠鞭挞，使其驯服。

牛在3岁时供役使，黄牛10岁、水牛12岁进入老龄期，供辅助性役使。牛非病残不能宰杀。有的不忍杀掉，让其自然老死，然后葬之。

（二）养羊。20世纪80年代，长沙农村养羊以湘东黑山羊（俗称浏阳黑山羊）为主。养羊户多为山区农民，以放牧为主。放牧时，以绳系之，定桩放牧，日换地三五处，晨出暮归，冬季则围栏舍饲。养羊大户则建有专门的羊舍，羊舍南面设空坪若干平方米，供羊群运动和补饲。

（三）养猪。长沙农村有“养猪过年”“杀年猪”习俗。长沙农村以养猪为主要副业，谓“富人靠读书，穷人靠养猪”。农民寒暄，彼此必互谈养猪，俗谓“三个相公就讲书，三个农民就讲猪”。

购买仔猪先看母猪体态，所谓“捉猪仔看猪娘”。购买小猪全凭目测。仔猪肤色红润，皮光毛亮，动作矫健，身长身高适度者为上品。小头猪肯长，大脑壳猪叫“木脑壳猪”，生长迟滞；短嘴巴猪会吃潲，长嘴猪爱拱壁撬栏；尖嘴猪不好喂，谚谓“尖嘴猪，潲如牛，要它长，磕响头”。耳朵边薄的猪叫“蝴蝶耳朵”，好喂养。白猪头上一线黑毛叫“破头猪”，黑猪头上一线白毛叫“带孝猪”，均不是良种。有五趾的叫“灵官猪”，视为不祥，屠宰灵官猪的人要戴假面具，谓“防止灵官菩萨寻仇”。

猪仔买回应停食一天，使它饥不择食，容易接上槽口；头几天要定时驱赶猪仔到指定地方排便，俗称“禁栏”。猪仔养至30~50千克叫架子猪，超过70千克的叫肉猪。

母猪俗称“猪婆”，要另栏喂养。挑选成年猪做母猪时首先看猪奶，谚谓“三奶六婆九齿牯，猪婆奶子要十五”。有15个奶头的母猪可以哺育15头小猪，如母猪奶数少于生下来的乳猪，应将多余的乳猪处死。母猪13只奶头，靠后档的三奶成品字形的也是好猪婆。

猪发病时，一般在猪耳上针刺放血；有的用旧菜刀或半片剪刀插于栏柱之上，谓可以镇邪。自宰肥猪，应将熟猪血分赠左邻右舍，讨几句赞誉贺词。

（四）养鱼、捕鱼。长沙郊县有养鱼的传统，池塘养鱼多为鲢、鳙、草、鲤等类。长沙县谷塘鲤鱼肉味鲜美，明代曾选为贡品，现今犹享有盛誉，为长沙风物特产之一。

鲶、鳅、鳝等叫“无鳞鱼”，婚、丧、寿庆不上席。

河鱼俗称“活水鱼”，肉嫩味鲜。捕河鱼有撒网、围网、卡钓等方式，其中围网、卡钓素有地域之分，渔民遵守传统习俗，互不越界。

清明前后，雌鱼常在河溪沿岸产卵，俗称“撒子鱼”，肉味不佳。旧俗认为雌鱼到河岸边产卵，要蹦跳上岸翻腾昏睡，很是可怜，故不提倡捕捉撒子鱼，谓有恶报。

湘江支流有鸬鹚捕鱼户。鸬鹚见鱼即扎入水中，小的吞食，叼到大的即浮出水面，伸长脖子，示意主人用鱼篓接住，主人必奖鸬鹚小鱼。调教鸬鹚历为市郊潘、江二姓秘传，不传外姓，俗称“潘家鱼，江家水”。如有外姓或外地鸬鹚捕鱼户擅自到长沙地区水域捕鱼，多引起械斗。

望城县（今望城区）新康一带还有捞养鱼苗的专业户，每年在捞鱼苗时节，渔民聚会敬奉“唐公菩萨”。

（五）养鸡、养鸭。长沙农户都养鸡，鸡蛋换钱买油盐。农家养鸡自孵鸡雏，立春前后出壳的鸡叫“头春鸡”，生长迅速，产蛋率高。端午前后孵出的鸡常患嘴壳疮疤而引起失明或夭亡，俗称“露水疮”。入秋后出壳的鸡叫桂花鸡或重阳鸡，成活率不高。能孵鸡的蛋叫种蛋，不能孵鸡的叫“寡蛋”。拿寡蛋向邻居兑换种蛋宜以大兑小或以多换少。雏鸡出壳后涂上红绿颜色，谓可吓鹰犬。孵蛋数宜成双，但忌讳“六”字，十六、二十六均不吉。

雏鸡叫“鸡崽子”，未成年雌鸡叫“鸡巷子”，阉鸡叫“线鸡”。半成形的鸡或闷死在壳内的鸡雏俗称“晕鸡子”，营养虽好，但农家多不煮食。

母鸡下第一个蛋叫开臀蛋。宜当家主妇吃，谓可发财。母鸡宰杀后腹内的未产蛋叫阴蛋，据说闺女吃了红脸。鸡埘常置于卧室窗外。鸡埘门宜朝南背北，谚谓“埘门朝南，鸡鸭成行”。

20世纪80年代，长沙农户采用自然孵化繁殖方式养鸡养鸭。养鸡一般是“粗放天养”，白天放养任其自行觅食，晚上捉赶归窝；养鸭多数放养于水塘、沟港间觅食。养鸭专业户则赶鸭群于沟、渠、湖泊之间逐水面而迁移，长沙俗称为“赶湖鸭子”。

（六）养猫、养狗。因狗能看家，猫能捕鼠，故农家素有饲养猫狗风俗，俗谓“农家有三宝，鸡鸣狗叫娃娃吵”。小狗满月，主家即分赠亲友邻居。小狗抱回时，新主家要在离家门不远处扯杂草为狗刮屁股，并用杉树叶尖刺狗的眉心，谓可使小狗日后聪明，不随地排便。外人不得擅自打狗，俗谓“打狗欺主”。个别家犬凶恶咬人，俗称“偷咬子狗”，常被近邻用毒饵毒死，为此而引起口角、械斗甚至诉讼的事屡见不鲜。

养猫逼鼠，城乡皆然。母猫下崽时，不准小孩偷看或抚摸小猫，否则母猫会将小猫叼走或咬死。母猫产子数宜少不宜多，俗谓“一龙二虎，三猫四鼠”。

别人家的狗进屋则喜，猫进屋必驱赶。俗话：“猪来穷，狗来富，猫来戴孝布”。

除夕夜晚，应喂饱关好家禽家畜，防止喧闹和打翻瓶罐碗盏。俗谓除夕家禽鸣叫，来年不吉；灯油泼地，必主凶灾。

20 世纪 90 年代后，猫狗的看家捉老鼠作用日趋弱化，开始将猫狗作为宠物来饲养。

养狗养猫的品种，城乡有别，城区，注重养名贵品种，而农村，多养称“土狗”（中华田园犬）、“土猫”（中华田园猫）。

第二节 工商习俗

一、行业

（一）木匠。木工分大木、小木。从事建筑和造船的木工属大木，其他做家具、用具的木工属小木。木匠祀鲁班为神。

建房的木工在建房时，掌本师傅与奥地师（地仙）进行三择，即择地、择向、择吉日时辰。房屋方位和界址勘定后举行莫基。

莫基时先举行“发马”，即在新房址中央摆神案香烛，案前放一木马象征鲁班先师，木马上嵌一把开山子（斧头），木工班头焚香礼拜，拔斧，在屋基砌几块墙脚砖表示开工，然后放爆竹，主人赠红包，备酒宴款待。

建房工程的高潮是正厅上梁，俗称圆顶。梁木古称“方椽”，习用梓树，取多子多孙之意。梁木中央画太极图和蟠龙彩凤，并书建造时间。

上梁仪式由泥、木两行师傅主持，首由掌本师傅祭梁，宰雄鸡血滴梁木，撒酒米，放爆竹。泥木两行师傅互唱赞梁词，赞毕抛掷糖饼，围观者互相争抢，喧笑欢腾。贺客向主人献礼品礼金，与泥木工同宴，俗称吃圆垛酒。上梁不宜超过午时，因“午”“忤”谐音，认为将招致子孙不孝。

做家具的木工分木器工和雕花工，均称小木。小木为待婚少女做嫁妆，俗称“陪嫁”。

水作，木匠行业中造船的水木匠，长沙俗称“水作”。长沙的水作师傅，以长沙一年一度在各水域开展的端午龙舟赛为市场，手工建造龙舟，让这一古老的技艺传承保护下来。在广州亚运会中国女子龙舟队的 29 条赛用龙舟，就是由长沙县黄兴镇浏阳河边的黄正兴龙舟作坊订造。

章子客，指宁乡老粮仓地区雕刻各类印章的匠人。20 世纪 80 年代后，章子客开始向金银首饰加工服务转型。到 2012 年，老粮仓地区走出 2 万余名章子客。他们在全国各地商场开设金银珠宝柜台和门店 8000 余个，由行商变成坐贾，成了经营金银首饰的老板。

（二）理发。中华人民共和国成立前，理发工俗称剃头师傅，主要工具为剃头刀。理发工一般都附带两道工序——推拿和取耳。

推拿俗称拉寒筋，手法有推、拿、控、扯、摇、揉、扣、拍、打等，部位分开头面、扯手、捶背、掐脚、拉筋，行家称“五和”。操作者双手功力适度，使人备感舒适，据说还能治关节炎和肌肉疼痛。

取耳俗称挖耳朵，师承严格，技巧有一定难度。挖耳工具计九件，行话称“九小龙”，其工具为：乌龙车边，圈龙下海，起龙撬边，泥龙取石，卧龙掏底，双龙出洞，尾龙扫灰，锋龙勾结（石），二龙戏珠。其中二龙戏珠一项，工匠右手将鹅绒球靠近耳洞某敏感点，左手执镊子震动绒球棒，使耳朵感觉轻震微痒，倍极舒坦。浏阳农村过年理发时，有不取耳之俗，谓挖掉了财气。有的家庭将小孩剃个“一片瓦”或“蝌蚪头”。长沙民间有“二月二，剃龙头”的习俗，认为大人、小孩在这一天剃头，大人会鸿运当头，小孩则会吉祥如意。

中华人民共和国成立后，妇女一般为短发或双辫，男士多西式头或平头。20世纪80年代后，男女发型开放，式样多达100余种。

20世纪80年代，长沙乡下仍沿袭旧时理发匠肩挑小担、走街串巷经营生意的习俗。长沙城区则主要是在理发店剃头，长沙理发店主要是几家国有和一些集体所有制的理发店。最著名的理发店，是解放路上的南京理发店（创办于1935年），原名“上海南京理发厅”，一直以上海、广州等地的流行发式为样式，引领长沙的主流时尚。1990年后，个体发廊经济发展，发廊遍布城乡。理发方式也产生了变化，除单个的坐式理发外，增加了躺式洗发，再到日式、泰式、香薰蒸汽洗。

（三）洗浴。长沙沐浴业始于清光绪二十四年（1898）。

澡堂工人由店主供给食宿，其工资全靠顾客小费。澡堂附设擦背、修脚服务。

擦背属按摩手术之一，即背部四肢重搓，胸肋均匀适度。

修脚称“小活”“挖壕子”，修脚操作特点：指活、腕稳、力匀、心细、刀快，对鸡眼和胼胝有短暂缓解作用，对足部进行按摩，能治足疾疼痛患者。

20世纪90年代后，长沙出现桑拿浴、足浴，以足浴（足底按摩保健）尤甚，大小规模足浴室（城、中心）散布长沙城区许多街巷。长沙一度以“脚都”闻名。

（四）拜师学徒。匠作学徒一般从十二三岁开始学艺，俗称“徒弟伢子”。学徒拜师须经人引荐，学徒在进师、出师时，均要宴请师傅及同行好友。进师酒由师傅指名请，出师酒由学徒邀请。出师后，四时八节仍要向师傅送礼，俗云“三代不忘师，九代不忘媒”。

师徒关系确立后，学徒第一年熟悉行业，实际上是帮师娘干家务活。有的店家对学徒要求甚严，故有“三年徒弟，三年奴隶”之说。

学徒头两年，由师傅供应食宿，不给工资，勤奋的学徒有时可获点鞋袜费、压岁钱。学满两年后，学徒可得少量工资，约为应得工资的20%。

学徒满3年出师，由师傅办出师酒，俗称“出金门”。学徒出师后帮师傅一年，方可自行营业或做上门工，也可充当店铺店员，但不准投靠外帮。

传承有家传和师传两道谱系。20世纪80年代后的家庭多为独生子女家庭，手艺家庭若因孩子天赋或志趣不合，家传方式就难以为继。因此，长沙的行业传承状况，家传手艺数量逐渐减少，师传远远多于家传。

二、商业

（一）摊贩。长沙小摊贩历史久远，主要分为两种类型：

1.摊担型。在街道两旁隙地或寺庙门口的小商，一般经营香烟、水果、日杂、副食，俗称“摆摊子”；另外，菜农、鱼肉贩多在早晨聚集摆摊，正午星散。

2.叫卖型。叫卖商贩穿街走巷，叫卖声各有特色。

20世纪80年代，城乡民众生活习性简朴，购物多是即用即买，小商小贩很有市场。小商贩边推车挑担，边用各自特有的类乎吟唱的腔调吆喝叫卖于街巷村庄。“甜酒，小钵子甜酒！”诸如此类的吆喝，是长沙城乡随处可见的场景。20世纪90年代后，城乡民众开始海选海购，小商小贩的市场需求萎缩。2000年后，能够在市内街头巷尾做生意的小商小贩，仅限于“夜市”这一类，而走街串巷地吆喝买卖的商贩，则罕见了。

（二）店铺。店铺，长沙人称门面大的商店为“店”“店子”，门面小的为“铺”“铺子”。当街型商店的铺房全部裸露，入夜时用木板嵌合封闭（20 世纪 80 年代后，用铝合金卷闸门），俗称“关板子”。摆设样品的玻璃柜俗称“宝笼”。鱼行、日杂分架摆设，不用宝笼。当街店铺要选择交通方便或人烟稠密处所，特别以街道拐角处最佳。江西客商素来讲究“拐角码头”，俗有“江西老表真正恶，跑到长沙古拐角”之遥。当街型店铺多为中、小型商店，约占商店的 80%。

20 世纪 80 年代，大批国有企业和单位改制，许多下岗职工进入商业市场创业。店铺经济大发展，一时间，家庭经营式店铺遍布长沙街头巷尾。“万元户”成为这些个体户的代名词。20 世纪 90 年代后，“店”“铺”多注重门面装潢设计，店铺招牌、名称一般尚属传统化。21 世纪后，店铺有奢简分化趋向，“店”必装修，店名亦五花八门，夸张、洋味，风格各异。“铺”则简朴，一般无门面装饰，部分铺子甚至不取铺名。

（三）集市 市场。长沙乡镇各地村民有每逢单、双日或某一固定日子，约定俗成地集中于某地交易的习俗，称为“赶集”。20 世纪 90 年代以后，长沙的城市经济在个体经济的参与和推动下，长沙城区不少立交桥下都被规划开辟成小商品日用市场，同时还在老城区的一些街道和地段，开设许多市场，个别市场如下河街食品批发市场、黄泥接（定王台）市场等名扬省内外。农村则随着村民收入提高，购买力的增长，乡镇集市成为常设市场，呈集中定点行销发展趋势。集市的数量和规模萎缩，但作为乡村购物、享受生活的传统习俗方式，仍一直存在。

（四）招牌。店铺招牌讲究醒目，以引起行人注意。有的招牌用横幅悬于街心，或用布帘竖挂，有的木招牌矗立于人行道上，叫“座牌”。茶楼、酒店、当铺则挂一面大旗，旗上写“茶”“酒”“当”字样。店铺招牌的定名，讲究吉祥、发达或含纪念祖辈之意。采用的字眼可概括成下列诗句：“国泰民安福永昌，兴隆正利同吉祥，协益长裕全美瑞，和合元亨金顺良，惠丰成聚润发久，谦德达生洪源强，恒义万宝复大通，新春茂盛庆寿康。”

连号招牌有两个字相同，“如裕源长”“裕源益”“裕源通”钱庄称“裕源”连号；有的连号冠方位词，如中药店有“东协盛、西协盛、南协盛、北协盛”，铜器店有“南天成、西天成、北天成”等。

招牌的质量和书写极为讲究，常用整块楠木、紫檀木制成，多年亦不变形。字形鎏赤金粉，俗称“金字招牌”。如果请名家书写，一经品题，则身价 10 倍。八角亭“天申福”绸庄 3 个字据说花了 3 两黄金作润笔费，字体为一米见方。招牌书写者中的佼佼者如何绍基、黄自元、谭延闿等，均各显风骨。人们漫步街头，如置身碑林，招牌艺术为长沙古城增添光彩。

（五）行话。行话有明行话和暗行话之分。

明行话的使用，表示讲行话的人是长沙市人或老顾客，以免受骗上当。如进面食馆使用“轻挑”“重盖”“带迅干”等行话。

暗行话是不明言其意，而借其他的词语表达。同行业互通业务信息时，为保密业使用暗行话，俗称“局障”。

至 2012 年，部分行话仍存在，但“局障”基本不再被使用。

第三节 生活习俗

一、服饰习俗

(一) 服装。长沙市民服装在与全国大体同步流行的步调下，也呈现出一些地域个性。但乡衣着仍以简朴为主流。湖南和平解放前夕，妇女上衣为女式，裤子为男式，时称“父母装”；赶时髦的妇女俗称“摩登”，其所着长袍下摆升高，露出大腿；另外一种父母装为大裤脚，裤口径大于0.33米。

中华人民共和国成立后，社会风尚俭朴，男女均穿布料衣服。女士穿列宁装，小披领，两侧有斜形口袋。男上服装类似中山装，时称“干部服”。男女服装大多灰色、蓝色，故有“近看蓝黑灰，远看大堆”之说，西服、旗袍曾一度绝迹。

“文化大革命”时期，草绿色军服风靡一时。20世纪70年代，化纤布料时兴，妇女开始穿花格、花条上衣。花色品种不断推陈出新，歌谣谓“讲排场，的确良；讲阔气，四合一”。

20世纪80年代后，从广州、香港进入长沙的服装式样增多，特别是年轻妇女趋向欧美时尚，一度流行喇叭裤、牛仔裤、夹克衫等逐渐以紧身为时髦。以后又推出春秋衫、蝙蝠衫、T恤衫、文化衫、一步裙、超短裙。中青年妇女爱穿健美裤，时尚裸露或内衣外穿，以显示其曲线美态；男士多穿毛料西装、皮夹克，并系领带。

20世纪90年代，受影视剧中人物、时尚杂志、广告的推介及发达地区的衣着款式等因素影响，穿着开始向款式多样、颜色多彩变化。日本电视剧《血疑》中的女主角幸子的学生衫，男主角大岛茂的单双排西装，都迅速流行在长沙人身上。长沙九龙服装厂的西服品质高档，但价格不菲，一般年轻人结婚，有鉴于此，一些照相馆就增设西装出租业务。一时间，“出租西服”的牌子，醒目地挂在照相馆的婚纱橱窗。

大量的时装杂志和广告遍布于长沙城区各公共场所，为人们提供丰富的衣着样式信息，人们参照杂志和广告的推荐，依据自己的审美趣味选择购买不同颜色、款式的服装。

长沙服装的进货渠道，是南下广州，东往江浙和株洲。江苏、浙江、广东为相对高档服装的进货地，而株洲1989年建芦淞服装批发市场，汇聚国内外3000余个知名品牌和海量款式，为全国30万余个门店进货批货。株洲市场经营的服装相对低档，被戏称为“波罗”（抵挡、劣质）货，但款式新颖。这些进货渠道，满足了不同收入和不同层次群体对服装的需求。

2001年，上海APEC（亚太经济合作组织）峰会20位各国领导人，身着中国传统唐装集体亮相，将唐装推向世界。此后，唐装开始在长沙流行。此后，长沙城乡的许多家庭步入上班正装，下班休闲装，锻炼是运动衫的“一日多衣”时代。

(二) 巾帽。长沙的农民热天戴宽檐草帽，扮禾时戴竹编棕叶尖顶帽，俗称“禾笠”“蓼笠壳”，轻巧透风，妇孺皆宜。此帽源出滨湖，又叫“湖斗笠”。青壮年冬季用青布白布缠于额头，布尾拖垂后颈及两耳，用以防风，俗称“包头”（缠头）。老人和小孩冬天戴冲天炮帽，冰冻时戴绒毡帽，帽形如钟，仅露出脸部。

传统长沙年轻妇女无戴帽习惯，有的冬季在头上罩一块丝绸方巾或戴顶小博士帽；劳动妇女用花毛巾缠头。老年妇女戴给帽。帽似两块河蚌而略长，系于前额及两鬓，帽前额中心饰玉石或珍珠。有的老妇用青绉纱缠头。入学儿童戴学生帽，帽形与20世纪60—70年代解放军帽相似；婴儿戴猫形帽，猫耳竖起，绣眉毛、眼睛，用棉花做胡须。猫形似虎，也有的在帽前饰银质罗汉和虎头像，据说可以辟邪。另一种猫形帽有后坠及肩背部，坠以银铃或铜铃，有的坠一块长形铜质牌，上镌“长命百岁”“泰山石敢当”等字样。

长沙民间有戴帽子系围巾的习惯。家庭生活中的逢年过节，有向老人送帽子的习俗。男女青年恋爱，也有女性织围巾、男性送丝巾的习惯。20世纪80年代，人们只在冬天戴帽子且只是男性，样式多是礼帽、鸭舌帽和军帽等。20世纪80年代后，女式帽子多仿效欧美，式样繁多，色彩鲜艳，般多作为装饰品，趋向时髦而已。男性仍以鸭舌帽为主。

20世纪90年代后，开始突破季节与性别界限。冬天是各种款式的皮帽或绒布礼帽；春、夏、秋季，是亚麻、夏布等质地的休闲帽，女帽的款式更是多种多样。围巾，只在冬天和初春、深秋系。除长围巾、中短围巾，还有丝巾、纱巾。系巾者，多为中老年人和女性。

（三）佩饰。传统长沙妇女喜戴头簪，常见的有金簪、银簪、珍珠花簪和牛骨簪等。珠花簪以龙、凤、花、蝶为最多。后头簪逐渐淘汰，只有新婚或老年妇女戴头饰，用绸绢制成各色假花，或作环形半圆箍戴在额顶，或在两鬓插花。

老年人多戴玉镯，据说可以防止中风，也有的腕上挂一串佛珠。中老年妇女戴金镯、银镯。小孩佩银质“长命锁”和带响铃的脚手圈，乡下农家在端午节用7把旧禾镰尖子掺入铁中，请匠人打成手镯，刻上“南无阿比陀佛”字样给小孩戴上，传说可以“驱邪”。

戒指有金、银、玉3种，有的金戒指嵌宝石、钻石或珍珠，俗称“宝石戒”“钻戒”；最名贵者为白金戒指，其价格相当黄金的数倍。大钻戒的价值不低于铂戒。戴戒指以男左女右为常见，戴食指表示未婚，中指表示订婚，无名指表示已婚，小指表示离婚。

20世纪80年代后，中青年妇女在马尾束发上戴各色花饰或发夹，小姑娘多系红色橡皮箍，发饰多用塑料或化纤假花，色彩鲜艳，价格低廉。戴戒指的习俗又兴，市场有专营金饰的商店。男士戒指型大，妇女宜小，有的妇女戴几枚戒指以示阔绰。妇女上衣无竖领，上胸部分裸露，饰以项链，以示美态。项链多24K金、18K金或镀金。秋冬女性多戴珍珠项链。

20世纪90年代，男人重视领带和领带夹，身上讲究“手表、钱包、皮带”三大件。女人则佩戴珠宝、项链、手链、玉镯、金戒指、耳坠、胸针、名包等。进入2000年以后，长沙人的佩饰开始变化。佩戴金银的少了，把玩佛珠的多了。青年男女则多佩戴情侣表，情侣手串。还有一些佩饰，如肩包、双肩包、手袋、挂件、硅胶手机套等，广受长沙年轻人的喜爱。

（四）鞋子。传统长沙平头百姓穿平口布底鞋，鞋面为青布，鞋底为白布或染色布叠成。小孩的鞋面有绣虎头花形的，老年人有穿鞋面两条筋的青布“双桥鞋”的。穷困人家有穿稻草编成称“蒲鞋”的(又名凉窝子)，草鞋中还有麻草鞋、布草鞋等。

20世纪50—70年代，布鞋逐渐被淘汰，橡胶鞋极为普遍，如足球鞋、网球鞋、力士鞋等，特别是解放军用鞋适用于晴雨天气，为干部、学生、工人所喜爱，时称“解放鞋”。同时，塑料鞋开始流行，如塑底布鞋、塑料凉鞋、塑料拖鞋等，因造价低廉，城乡不分男女老少都穿。20世纪80年代以前，长沙人穿的鞋花式不多。男女鞋主要有皮鞋、胶鞋、塑料鞋和布鞋。皮鞋，男款主要是三节头；女款主要是海棠平跟。胶鞋，是解放鞋和下雨穿的“套鞋”。塑料鞋，是夏天穿的凉鞋。布鞋，即棉布鞋或塑底布鞋。20世纪80年代以后，高档牛皮鞋，白色羊皮旅游鞋盛行。国外进口的牛皮鞋、鳄鱼皮鞋，虽然售价昂贵，亦为年轻人喜爱，俗称“抖抻”“甩派头”。

20世纪90年代后，长沙的男士喜欢上时尚的老人头皮鞋；女士则迷上尖头皮鞋，高跟的、半跟的、细跟的、舌式的；此外，平底、软底的轻便鞋亦逐渐受到青睐。2000年后，中年人和年轻人，大多喜欢穿运动鞋、休闲鞋和旅游鞋。

二、饮食习俗

20世纪80年代，长沙本地口味菜以“土菜”为俗名，流行在长沙城乡。凡土菜都以辣椒为佐料。长沙人喜爱菜肴的咸、酸、辣，尤爱辣味。无论荤素，无论蒸煮炒溜，都要放入辣椒，民间有“不放辣椒不成菜”的俗语，还有大师傅“冇得辣椒就不晓得做菜”的戏语。20世纪90年代左右，人们的饮食开始讲究营养，以前的大油、大味、大份色浓的湘菜渐渐向“清淡”转变。伴随着经济社会发展，人们生活节奏加快，快餐开始出现市民生活当中。2000年前后，海鲜出现在长沙的餐饮市场。高档的餐饮店，华天酒店、鸿基酒楼，域内的路边餐饮店“四娭毑”“杨眼镜”均生意火红。

长沙一般家庭都是一日三餐。早餐，大都是到粉舗去吃面粉，也有不少人在家下面粉吃。年轻人也有喝牛奶、吃蛋糕的。中餐，比较随便，上班族家庭多是家庭成员各吃各的。晚餐，比较重视，一般要做三四个菜。主食，除早餐外，都是大米饭。

进入21世纪，长沙的家常菜，被大大小小的餐馆吸纳，并以民间土菜为名，成为长沙大小餐馆的主菜。

(一) 主食。长沙地区的居民一日三餐以稻米作主食，其中以早、中两餐为重。冬季日短，有的人家只吃两餐。城市摊贩则习惯用米粉制成熟食，如米包子、凉发糕、葱油粑把白粒丸、米豆腐、汤圆及米粉等。

长沙农村产红薯，俗称“他饭”。有的将红薯刨丝晒干，掺入大米煮饭，几乎成为秋冬贫苦人家的主食，俗谓“红薯半年粮”。

中华人民共和国成立后，特别是20世纪80年代以后，随着人民经济收入的增加和生活的改善，饮食结构有了显著变化。城市居民、职工大多不做早饭，选购馒头、包子、面粉及花色繁多的油炸食品。20世纪90年代以后，牛奶、面包、蛋糕、方便面等也成了中等收入的市民的早点；为了抓紧午休，人们在职工食堂或私营餐厅就中餐或吃盒饭；晚餐家人团聚，菜肴较为丰盛。

(二) 蔬菜。长沙地区常见蔬菜有包心菜、芹菜、甘蓝、排菜、莴苣、冬苋菜、菠菜、蕹菜、芫荽菜、豆角、四月豆、刀豆、扁豆、芋头、茄子、冬瓜、南瓜、菜瓜、苦瓜、丝瓜、韭菜、香葱、蒜、筒蒿、油菜、西红柿、黄牙白、藕、辣椒、高子、葫芦瓜、黄瓜、花菜等。野生菜有椿芽、蕨、寒菌、洋姜、笋等；人工温室内培养的黑木耳、麻菌、香菇、猴头菇、豆芽菜等。

加工菜有黄豆酱、蚕豆酱、麦酱、辣酱、花生酱、芝麻酱、辣椒萝卜、辣椒油、紫油姜、剁辣椒、酱辣椒、白辣椒、豆腐、腊八豆、雪里蕻、香腐乳、臭腐乳等。其中以臭腐乳、浏阳豆豉、“德”字牌香干为长沙特产；宁乡县的紫油姜、刀豆花、五香萝卜被誉为“宁乡三碟”。

(三) 特色菜品。长沙特色的菜品有辣椒炒肉、剁椒鱼头、宁乡口味蛇、腊味合蒸等。

1.辣椒炒肉。作为一道大众喜欢的菜并正式列入湘菜谱，源于谢荣华。谢荣华，绰号“谢光头”。1989年，“谢光头菜馆”开业。谢荣华亲自下厨。他以青辣椒和猪前胛肉、五花肉，配以青蒜、酱油等调料炒作。炒熟后，不急于起锅，再放进大盆，让青椒的鲜辣与猪肉的肉香相互渗透，然后将其端上桌，这样，人制作出的辣椒炒肉味道极佳。自“辣椒炒肉”列入湘菜菜谱后，凡湘菜学徒出师另立门户，做师傅的会要求徒弟炒一盘辣椒炒肉，作为考核出师的标准。

2.剁椒鱼头。用新鲜鱼头与新鲜剁辣椒相蒸，做出的一道菜。这道菜的特点是鱼头的鲜与剁辣椒的辣互相渗透，吃起来，鱼肉的鲜与剁椒的咸、辣混合在一起，色、香、味俱佳。

3.宁乡口味蛇。20世纪90年代，这道菜，由一个开餐馆的叫胡建明的师傅在宁乡创制。以蛇肉为原料，佐以蒜子粉、尖椒粉、姜粉及10余种香料烧制而成。菜品色泽鲜红，鲜辣爽口，汤汁浓烈，有祛湿滋补的作用和功效。

4.油炸臭豆腐。臭豆腐，长沙人称“臭干子”。吃法是油炸。臭豆腐坯用香菇蒂、笋头、苋菜梗、曲酒、虾壳、蟹壳及10余种原料制成卤水浸泡过后油炸，出锅后，滴入辣椒水、芝麻油等调味汁。这样炸出的臭豆腐，鲜、香、辣，外焦内嫩，味道鲜美可口，有“黑如墨、香如醇、嫩如酥、软如绒”之感，“闻起来臭，吃起来香”是长沙臭豆腐闻名全国的特点。

5.长沙米粉和长沙汤面。长沙米粉是长沙传统小吃，俗称“扁粉”，以区别其他地区传至长沙的圆粉。扁粉洁白柔软，厚薄一致，切条均匀，有拉力，碗底多用猪油，汤汁鲜美。

长沙传统面食，俗称“碱面”“鸡蛋面”，汤鲜味美，油码鲜嫩，面香浓郁。烹饪粉、面时，配佐料，加荤素菜肴盖码，码子和吃法上有许多讲究。如“落锅起”“带迅干”“溶排”“二排”“轻挑”“重挑”“免油”“轻油”“重油”“双油”“宽汤”“原汤”“双码”“码子过桥”“重挑轻盖”“轻挑重盖”“重青”“免汤”“免青”“免红”“免味”和多种炒码。传统的油码煨制，以牛肉、杂酱最具特色。改革开放后，食材丰富，吃炒码的多起来。

6.酱板鸭。1996年由湘都酒店推出的一种介于零食和正餐熟食之间的食物，称“湘都酱板鸭”。它以长沙域内两年以上的水鸭为原料，用浙江酱鸭的制作方法，结合长沙口味，腌制、烘烤和卤制而成。味道香、辣，酱香浓郁，肉质有嚼劲，吃起来，回味无穷。

7.口味虾。2000年左右兴起的一道风味小吃。它以小龙虾为食材，依据长沙人嗜辣味重的口味偏好，用20余种配料，秘制而成。样式有：油爆虾、虾尾、卤虾等。每个摊点和店铺，都有其秘诀，风味各异，但不离香辣、味重特点。

（四）烹调特色。酸味：长沙自古有酸食习惯。盐腌菜有两种：一种是泡菜，即将高头、豆角、黄瓜、萝卜等放入浸水坛内，加米汤水适量，常温下使其发酵变酸，有开胃解暑之功效；另一种是盐菜，即用排菜、芥菜、包菜等晾干加盐，贮于坛内使其发酵，晒干后再蒸再贮，使其发黑喷香，可以蒸肉吃。长沙的盐菜包子为很有特色的副食。

辣味：长沙人爱吃辣椒，源出于湘西山区，该地自古多疫瘴，辣食使人毛细血管扩张，可减少风寒引起的疾患。长沙人在菜的调料中少不了辣根、生姜、大蒜、香葱、胡根。习惯于夏秋晒制红辣根、白辣椒、酱辣椒等。还喜欢将辣椒用油爆炒，放豆豉，专作“送饭菜”，能开胃爽口。

生脆：常见的凉拌菜，突出“生、脆、香”，如芹菜、韭菜海带、芫荽菜（香菜）等用开水撩过后放佐料生食，味美爽口；黄瓜、凉薯、藕放盐拌匀后加糖醋。清代有凉拌地菜子，为有名的斋菜。20世纪80年代以后，长沙各饮食店的卤菜品种繁多，除用蔬菜、海带凉拌以外，还用猪耳、瘦肉条、香干子、牛肉，掺以调味油、蚝油等调料，比传统的凉拌菜更为鲜美，用于筵席上的冷碟，颇具特色。

苦味：东汉文学家王逸解释《楚辞》中的“大苦”就是豉。早在唐朝，八方僧侣来浏阳道吾山云游，餐席间尝到豆豉，芳香四溢，食欲顿开，即袋之云游四方，得尼僧喜爱，使浏阳豆豉名扬天下。豆豉可蒸鱼、肉，也可做佐料，特别是大蒜炒豆豉辣椒，为湘菜中名菜之一。另外蔬菜中的苦瓜，也是长沙人喜吃的家常菜，且有清热解毒之效热菜：吃热菜为长沙烹调的重要特色，俗有一热赶三鲜”之说。火锅为居家必备，亦为湘菜名菜。20 世纪 80 年代后推出的铁板牛肉、铁板烧鸡、小笼汤包，均强调一个“热”字。热食可刺激消化腺分泌活跃，其营养成分能更多地为人体吸收。

香、臭味：鲜菜常见的香菜为葱、蒜、韭、芹、芫荽菜；干果香菜有茴香、芥末、花椒、桂皮。加工的香菜有火充菜（或冲菜”)，是将嫩芥菜切碎，炒半熟密封数日后，散发出冲鼻子气味，加佐料冷食。另一种为臭豆腐干和臭豆腐乳，闻起来臭，吃起来味道鲜美，能刺激食欲，为长沙人特别喜爱的下饭菜

腊味：俗有冬至腌肉，腊八煮豆的习惯。各种家禽家畜及鱼类均可制成腊味。腊月藏制，腊肉可保长久不腐。农历十二月俗称腊月，腊月初人相传是释迦牟尼得道成佛之日，寺庙煮粥供佛，称“腊八粥”，流行于民间，演变为煮黄豆。有的于腊月初八这天，蒸煮黄豆置于木盆或竹器内，发酵起霉后，拌盐和生姜放入坛内，叫“腊八豆”。长沙人除喜吃腊制品外，每年清明过后还将鸭蛋加工成皮蛋、盐蛋，因俗谓“鸭蛋过了谷雨，蛋白就不充实”。

（五）宴席。长沙地区的宴席食谱，是由民间食谱、宗庙祭祀菜和官绅家的菜肴综合而成。其口味麻辣有别于四川，甜淡有别于江浙，鲜嫩有别于广东、广西。城乡习俗，凡婚丧、寿诞，要摆筵席，有钱人家办海参席或蛏干席，中等人家办鱼肉饭，每桌 10 道菜。头道菜用笋干、粉丝、黄花菜、肉丝、肉丸掺合成“杂烩”，菜面加盖少许蛏干的叫蛏干席，加盖海参的叫海参席。至第八道菜为鲜鱼，“鱼到酒止”，客人开始吃饭。宴席中座次分上下，斟酒论左右，菜的摆法根据碗数多少而变化。

20 世纪 80 年代后，宴席的菜肴品种增加为 12 道、14 道或 16 道菜。宴席品种增加了鲍鱼席和鱼翅席两种。

第一道菜为冷菜，由几种卤菜拼凑成一大盘的叫“拼盘”，分成四碟的叫“四冷碟”。宾主坐定后，第一道菜为海参、鱼肚或鱼翅，分别以“海参席、鱼肚席、鱼翅席”命名。依次可选用龟羊汤、清蒸甲鱼、面包鸭、蹄筋、牛百叶、牛肉、黄鳝、肚片、整鸡、兔肉、乳鸽、甜菜等，一共四冷碟四热碟、八大菜、四色点心、四随菜等。其中最名贵者为“鱼翅烧烤”席，即第一道菜为鱼翅，第二道菜为一只烤熟的小乳猪。狗肉蛇肉、青蛙肉过去视为厌物，不上桌上席，20 世纪 90 年代后，成为席上佳肴。但上品位的宴席乃不上狗肉而以羊肉替代。

（六）饮茶。长沙自古即有饮茶习俗。人们普遍认为，喝茶能生津止渴、助消化、提神，故俗有“饭后一杯茶，我是皇帝老子的爷（音 yā)”之说。长沙人习惯喝绿茶，尤爱喝谷雨前茶，农民则喜欢喝自己熏制的园茶。农家以大瓦壶“老母叶”泡茶，俗称“包壶茶”。来客时，用本地产的茶叶冲开水，俗称“泡茶”。铜官、靖港一带的农民习惯喝姜盐茶，称“煎茶”。有的在茶内加放芝麻、炒黄豆和些许姜盐，俗称芝麻豆子茶。在浏阳北乡，一年四季茶炉生火不息，客人来时倾壶斟茶；西乡则以黄练牙泡茶，甘凉清爽，沁人心脾。

以茶款待来客为长沙传统礼俗。待客时，将盖碗茶茶盘托出置于茶几，茶几靠近神龛一边为上首，对座为下首。宾主坐定，主人前伸右掌表示请客用茶。如主人端茶碗向前平举则表示送客，客人应即起身告辞。

中华人民共和国成立前，著名茶馆有八角亭的大华帝、育婴街的新华楼、南正街的九如春、老照壁的徐松泉、道门口的德园、西牌楼的洞庭春、游击坪的半江楼、北正街的湘华斋、大西门的望江楼及岳麓山的白鹤泉、天心阁的天心茶楼等。普通茶楼一般摆方桌三四张，大店多至数十张；桌四周摆条凳，不分上下，随便入座。坐茶馆的人包括各阶层各行业，有的洽谈生意，互通市场信息；有的调解纠纷，

宁人息事有的是邀朋呼友，歃血为盟；有的故旧重逢，互诉离衷；更多的茶客为养天年的老叟，他们或畅谈小道消息，或闭目养神。虽然人群庞杂，良莠不齐，但有一个共同之处，即闲谈时轻言细语，保持安静。如有大声喧哗者，则斥之为“不懂味”（方言词：言行举止不合时宜）。

长沙的茶馆在20世纪60—70年代开业者不多。20世纪80年代以后，茶馆又恢复到100余家。除银苑、爱群、德园、又一村等规模较大外，也有一些小店利用早晨在街道两旁隙地摆几张折叠椅和小圆桌，放几个热水瓶，供茶客自斟自饮，别具风味。

茶馆的茶多谷雨后粗茶，投放量多。精于茶道的人谓“头遍茶香，二遍茶浓”，茶客多爱喝略带苦涩的浓茶，饮之使人心旷神怡。

1991年底，银苑茶厅为弘扬濒临失传的长沙饮茶文化，由精于茶道的“老长沙”培养一批服务小姐表演茶艺。先用沸水将茶杯冲热，然后投放产自长沙市湘江以西地区的毛尖，再将沸水凌空注入茶杯，茶叶尖翻腾出水，宛似笋尖出土，继而徐徐沉入杯底，有如旗枪林立再冲沸水，茶叶复出水面，三起三落，茶水淡绿，清香甘醇。

20世纪90年代后，随着广东茶、福建茶、云南茶大量入市，长沙人的茶饮品种丰富起来。90年代后，茶室（楼）饮茶者，青壮年人居多。茶室提供的品种更加丰富如叶药草茶、花草茶、青草茶、五谷茶和调配的风味茶等。请客去茶室（楼）喝茶，也成了人们的一种新的社会交际方式。2000年后，长沙人开始喝普洱茶、黑茶、白茶、乌龙茶和大红袍。长沙老城区，中老年男人保持着坐茶馆喝茶的传统习惯。他们除了喝早茶，还喜欢喝日茶、晚茶。喝的是茶馆内部配制的混合茶。其中有毛尖、炒青、陈茶等，再加香片、茉莉、白兰等香花窖压。茶馆提供包子、瓜子、花生之类的点心，供茶客品茶、聊天。

（七）饮酒。在战国时期，今长沙地区就有酿酒、饮酒习俗。《楚辞》中的“楚沥”“醴”“酎”，即酒的原始称呼。“醴”就是将米粮发酵后压榨的酒汁，相当现今的伏汁酒，俗称“酒糊子”。用醴经过蒸馏即现今饮用的白酒。“酎”即醇酒，南宋时曾在岳麓书院讲学的理学大师朱熹解释“酎”：“春酿之，孟夏始成。汉亦以春酿，八月乃成。”前者今称“桃花酒”，后者称“桂花酒”或“重阳酒”。因为这两个季节的气温适宜发酵，出酒率高，长沙农村至今仍沿袭此俗。,

长沙地区酿酒原料多用谷或米，俗称“谷酒”“米酒”。农村在节庆中习惯做橘米甜酒，用甜酒冲蛋或煮蛋，有的放红枣、荔枝、桂圆、蜜枣等。长沙酒市场大体上分烧酒、绍酒和药酒3类。

烧酒即白酒，以酒精浓度高，能点燃而命名。优质烧酒清澈如镜，商家以“镜面酒”命名；另外在酒杯中能堆出杯口而不外溢，俗称“堆花酒”。

绍酒亦称苏酒，有“甜苏”“苦苏”之分，含酒精量低，为讲究养身之道的酒客所喜爱。

药酒以湖南商药局的虎骨酒、劳九芝堂的参茸酒最为著名。

中华人民共和国成立后，酿酒工艺不断改进，浏阳生产的浏阳河小曲和长沙酒厂生产的“白沙液”，酒味绵长，纯香四溢，畅销省内外。

（八）槟榔。长沙人嚼槟榔，据说传自湘潭。20世纪40年代，湘潭客商在坡子街开设甘记槟榔店，引用湘潭槟榔加工技术，放少量石灰糖浆，俗称“改良槟榔”。这种槟榔咀嚼时对口腔刺激不大，为长沙市民所喜爱。

20世纪80年代以后，吃槟榔成为与烟酒并列的社交方式之一。敬酒、敬槟榔俗称“开烟、开槟榔”。至90年代，出现真空包装的湿槟榔或干槟榔，便于携带，久放不变质，吃起来方便。长沙市场槟榔以海南产品最佳，肉细嫩，残渣少，口感强烈，为盛宴后解油腻、助消化之佳品，甚为中年男士所喜爱。

三、居住习俗

旧俗建房前，须请人择屋场风水。择完房屋风水后，在动土和打地基时，要举行献牲仪式，场面大的，杀头猪或牛；场面小的，杀只公鸡。新房一般建两层，均为砖粉结构房。择屋场风水。旧俗建房注意屋场风水，俗有“三择”：择地、择向、择日。择地时，首选屋前有池塘，屋后靠丘陵，屋左畔流水，屋右傍道路，取《易象》“前朱雀后玄武，左青龙，右白虎”之意。房屋大门忌对白崖和山尖，否则对屋主不吉。择向以坐北朝南为最好，俗谓“有钱难买向阳居”；“朝南起个屋，子孙好享福”。

农村大屋有泥夯围墙和槽门，把地坪和小水塘包入围墙内。房屋四周植常绿乔木，取四季常青之意。有的栽上枫树，“枫”与“丰”谐音，寓意吉祥。俗有“屋前不栽伸开树（竹），屋后不栽打锣锤(桐子树)”；大门口不栽棕树，谓其叶似箭，主凶；庭院不植松树，忌其不发蔸，日后子孙不发达；屋四周不栽果材，谓多口舌。房屋整体结构多曲尺形，即正面三间，曲尺部分竖三间，俗称“一把锁”。如正屋两边均为曲尺形，俗称“一担柴”。正屋中间为堂屋，两侧为正房。曲尺部分为厨房、杂屋、猪栏、厕所。门前有三合土做成的地坪，供晒谷、乘凉用。无论城乡，室内卧具多木板床，床位朝东、南，不朝西、北，卧室内有三屉书桌，梳妆台或面架，木质靠椅等。少数富裕人家置雕花“宁波床”，床前有木踏板。

中华人民共和国成立后，城市居民住房大多由地方政府修建，旧式民房逐渐被淘汰，由砖瓦和钢筋水泥结构房取代。职工宿舍和商品房一般不超过7层，住房以套间为单位，每套间一室一斤、两室一厅或三室一厅、三室二厅不等，人均居住面积不断增加，住房设施更趋完善，装饰也更为讲究，住房设施逐渐向现代化发展。

20世纪80年代后，长沙城镇的住房，民房和单位所建职工房及商品房相混杂。民房建于街巷，房间布局无章法，多为砖瓦结构，亦有钢筋结构房；单位建房则以套间为主，均面积狭小，多使用公厕和公共厨房，但租金低廉。

20世纪90年代，农村建房开始讲究起来，楼房用的是框架式，厕所厨房。宽大明亮，门窗多为彩色玻璃，外墙也是各种颜色的瓷砖贴片。1994年，城市进行住房市场化改革，原有公房向居住者出售，大多数家庭购得住房，居住面积逐渐扩大。

2000年以后，长沙城区开始建高档住宅小区。小区的管理模式推行物业管理，按设施条件分别实行等级物业和非等级物业管理。长沙市民开始形成，入住新房前必先装修的习惯，即使是购买了“精装修房”，入住前也会在装饰上考究、完善一番。城市农村大多将老房拆掉，建成与住宅配套的庭院。长沙农村建房也多是钢筋水泥和窑砖，建房时，已无梁可上，于是换成盖楼板时举行盖板封板仪式，以求房屋建设的吉祥顺利。

四、出行习俗

20世纪80年代，长沙的主要交通工具是自行车、公交车及脚踏三轮车和摩托三轮车。出市或出省，则换乘长途汽车、火车或飞机。市内出行一般骑自行车或乘公交车，若出行目的地乘公交车不便，则乘摩托或脚踏三轮车。摩托三轮车“叭叭”地带着响声，长沙人称之为“叭叭叭”；脚踏三轮车，称为“踩士”。因1972年建成橘子洲大桥，人们一般不乘轮渡过湘江，但过浏阳河、捞刀河，则有的仍需选择乘船过河。20世纪90年代，长沙城市扩容，交通需求增大，引入个体中巴车。中巴车随叫随停，方便乘客。乘客多以“踩一脚”叫停。这一时期，许多家庭开始添置摩托车、助动车和电瓶车。城市交通道路、桥梁发达，乘轮渡过河成为历史。市区禁摩、淘汰中巴，但新增公交线路和公交车，以方便群众出行。长沙一般家庭的旅游，开始于20世纪90年代。这时期的旅游，多依托于各旅行社，游的多是国内。2000年后，人们的旅游出现自驾游，而旅游地，则变成了世界各地。随着新农村建设和山清水秀、自然生态环境的恢复，"农家乐"也成为长沙人的旅游休闲方式。同时，私家小轿车与出租车和电动车一起，成为人们市内出行的主要交通工具。长沙城乡对马路上的所有车辆，依法依规进行管理；对于行人，只有交通规则约束，没有法规要求，尤其是穿越马路时，对行人约束性较小。随着政府有关部门及社会各界民众长期呼吁、劝导及城市交通设置的不断完善，行人横穿马路现象逐渐减少。道路上，机动车礼让过马路行人，行人遵守红绿灯规则，正逐渐形成新的社会文明风习。

2009年12月，武（汉）广（州）客运高速铁路建成通车，长沙人出行进入高铁时代。

五、器用习俗。长沙一般家庭对家具的追求是长沙俗话中的"三十六条腿"，即床、立柜、半截柜、写字台、圆桌、四把椅子（这些家具共有36条腿）。

20世纪90年代后，人们开始追求融装饰、书柜、沙发于一体的组合家具。

家电从"旧三样"（手表、收音机、缝纫机）的需求中，发展到"新三样"（彩电、冰箱、洗衣机）。空调也进入长沙市民家庭，从窗机开始，到分体机和柜机，再到中央空调和地暖。通信工具也从一个家庭一台座机提升到人手一台手机。电脑开始在市民家中成为不可缺少的家庭配置之一。2000年后，小轿车进入普通家庭。

第四节 交往称谓

一、家庭

20世纪80年代，长沙城乡家庭多为三口之家的小家庭，大家庭中上一辈的老人，无论城乡，大都单住。城市的，多住原单位盖的房改后的住房；农村的，则多留守在自己的老屋。老人年长体弱或生病时，子女会请人或自己前往照顾。也有一些老人，选择进老年公寓和养老院，但家庭养老仍是主要方式。

传统的长沙家庭，其成员的责任观念，大多是男主外，女主内。20世纪80年代，长沙家庭和家务多由夫妻共同分担。农村则不同，除夫妻都在外打工的家庭外，也还是女人承担家务，男人承担经济。改革开放前，长沙一般家庭带孩子，包括媳妇坐月子和护理婴儿，都是由婆家负责。20世纪90年代，城市中的青年夫妇，虽然大多是小家庭单住，但小孩的照看和产妇的护理仍有婆家负担，婆家或接媳妇到婆家，或婆婆到小家庭照看。若是小家庭请保姆，婆家则承担保姆费。2000年后，独生子女一代结婚，小家庭虽然另居，但坐月子护理婴儿则开始转移由娘家负责。形成"妈妈生，外婆养"的新现象。

二、朋友 街邻

长沙人同学、同事、朋友和战友间的交往一般是喜事互贺和抚慰丧事病痛，相互问候遨游，相互帮贫扶困等；交往的形式，20世纪90年代之前，一般是写信或电话。手机普及后用短信联系。2000年以后随着互联网普及，越来越多人使用QQ（网络即时通信软件）、网络邮箱（2011年后用微信）联系。每逢节假日、特别是长假，交往的形式有聚会、休闲、郊游、娱乐或饭局等。

随着生活方式和居住环境的改善，部分民众的邻里关系，是回家后开门即关门，对门对户，往往没有往来。一部分市民居住在老城区街巷和棚户区中，街邻之间则仍保持着和睦相处、互相帮衬和扶持的传统关系，逢街邻中某一家红白喜事或困难，往往会相互致贺礼、赙仪或帮扶。

三、交往礼节

20 世纪 80 年代前，长沙人见面时打招呼问好，一般是问："吃饭了吗？"答："吃了。"因为，在温饱这一基本需求尚需关注时，"吃饭了吗"语义就是问候"你好吗"，自然答"吃了"，就是"我还好"。20 世纪 90 年代后，见面打招呼，就改为直接打招呼："你好！"。老人见面，相互问"你好吗？"则是关注其身体的健康状况。20 世纪 90 年代起，长沙人喜欢上门串门。2000 年后，随着茶吧、酒吧、会所和歌厅的兴起，长沙人的交往慢慢移到这些社会活动场所。2011 年起，随着移动互联网手机微信的诞生和推广，长沙人的交往有了众多类型的微信群，长沙人的交往进入日常生活的互联网时代。

四、请客

长沙人请客，主要是请"吃""唱"和游玩；吃以家宴为主，玩以游园、郊游和看戏看电影为主。卡拉 OK、按摩、足浴保健、夜总会、酒吧等兴起后，增加了请"唱"和请休闲娱乐。2000 年以后，请吃多在酒家饭店。家宴仍保留，宴请的对象一般是亲朋好友，而在饭店的请客，则多为同事和朋友间的相聚或工作业务的交往。

五、称谓

父母：爸爸、妈妈，昵称爷 [ia13] 老倌、娘老子，乳呼爷爷 [ia13ia13]、嗯妈；祀称显考、先妣。

祖父母：爷爷、奶奶，乳呼爹爹、娭毑，曾祖父母称老爹爹、老娭毑；高祖父母称祖爹爹、祖娭毑。

兄弟姐妹：哥哥、弟弟、姐姐、妹妹，乳呼弟伢子、妹伢子、某伢子、某妹子。嫂嫂称某姐、某嫂，弟媳妇称某妹子或直呼其名。

叔伯：伯伯、伯父、伯妈、伯娘、伯母、叔叔、某叔、婶婶、某婶、姑姑、姑妈、姑爹。对婶昵称某姆妈，某妈妈。

侄：某伢子、某妹子，或呼名不呼姓。

母系：外公、外婆（亦称爷爷、奶奶），外祖父、外祖母；舅舅、舅妈、姨、姨妈、姨爹。

姻系：对岳父母的称呼常与妻同，亦有称岳老子、岳母娘或伯父母的。妻家的家属或亲戚的称谓常与妻同。平辈长者互称亲家、亲家母。对上一辈亲家称亲家爷、亲家娘或称某叔（伯）。姐夫称姐夫哥、姐夫、某哥；妹夫称某弟、某伢子或呼名。

幼年子女：宝宝、崽崽。

陌生青年人：帅哥、美女。

陌生中年人：叔叔、伯伯、大哥、阿姨、大姐。

陌生老年人：你郎家（郎："老人"的和音）。

第五节 人生礼仪

一、生育

20 世纪 80 年代，长沙城区市民对生男生女一般不介意，重要的是生育健康孩子。年轻夫妇在孕期，都讲究生理的和心理健康卫生，以利优生优育。女子怀孕后，讲究一个良好心态和环境，以利胎儿正常发育，日常生活中孕妇自己会约束自己，避免做任何可能影响胎儿健康生长的事情。农村虽仍存在一些重男轻女观念，但在强大的政策和舆论宣传引导下，该观念亦日渐单薄，在现实的表现中，一般不过是生女喜，生男更喜而已。极端地重男轻女现象罕见。

孩子生下来后，产妇一般是回娘家坐月子、休产假。娘家住房条件不好或不方便的话，则是母亲到女儿家照顾女儿；条件好的，则是请月嫂上门或让产妇住进专业化的月子中心。

纪念孩子出生，多为孩子做满月。孩子满月这一天，要给婴儿剃去胎发胎眉，以利于婴儿的眉发更黑更亮，同时，设宴邀请亲友庆贺。这一天，母亲抱婴儿回娘家一趟，俗称“出窝”。婴儿满百日，用小鲫鱼一条蒸汤吃，俗称“开荤”。也有吃小游鱼的，取游鱼灵活上游之意。

2000年前后，人们开始重视于婴儿诞生百日之时设宴，俗称“做百日”，做百日寓意好，百日百福，长命百岁，也方便母婴赴酒店答谢宴客，因而逐渐形成风习。

此期间，婴儿父母必反复斟酌为婴儿取名。一般正名外还有乳名，乳名多取长寿吉祥之意，或词意文雅；有的又担心孩子的名字太高贵反而折福减寿，特意取猫、狗、铁牛、石头等贱名。

二、生日

长沙人重视出生日的纪念。男子生日个位数逢九，女子逢十叫“整生”，其他年份称“散生”，长沙人逢“整生”一般会设宴庆贺。俗云“男做进，女做满”。20世纪80年代，三口之家每逢成员生日，都会多做几个菜，或上酒店庆祝一番。但长沙人对男子三十、女子四十整生，则一般不做生日，叫“男不做三十，女不做四十”。原因可能与谐音有关。“三”谐音“散”，“四”谐音“死”，不吉利。

年龄12及其倍数，这一年长沙人称“本命年”。年初友人会送样贴身的红色日用品如红短裤、红袜子、红手链、红佩戴等给逢本命年的人辟邪，“本命年”生日，长沙人也很重视，一般也会过生日。

60岁及以下的叫生日，60岁以上的叫寿。凡做寿，长沙人不论男女都做九不做十。个位数的“九”与“久”谐音，寓意长寿。生日宴上，寿面、寿桃必不可少，因面条瘦、长，谐音“长寿”。20世纪80年代起，仿效西方风俗，吃生日蛋糕。另外，长沙民间重视做“喜寿”“米寿”“白寿”“茶寿”。喜寿是指77岁，因为喜的草体看上去像汉字“七十七”；“米寿”是88岁，拆字法，把“米”字拆开，上中下由汉字“八十八”组成；“白寿”是指99岁，因为“百”去“一”为“九十九”；“茶寿”是指108岁，因为“茶”可分拆为“廿”和“米”；“米”就是“八十八”，20加88，刚好就是108。120岁的“天年”寿罕见。

三、婚姻

男女双方缔结姻缘的过程，始于相亲。相亲前，男女双方家长及双方当事人均会将双方的家境、职业、籍贯、身高、性格、相貌、学历、价值观、生活习惯、婚后家庭生活模式预期等方面作综合考量，部分家长甚至对双方生辰属相是否相冲亦有苛求，但一般只粗略到属相，而不像老观念那样细化到生辰八字的月、日、时辰。恋爱双方第一次见对方长辈，均需备份礼物以表孝心，而长辈则会备更重的礼物作为回赠。男女双方到民政部门登记结婚，长沙民俗称订婚。订婚前，双方家长须见面协商子女的婚礼事宜。见面时，男方将备厚礼给亲家，并问亲家办婚礼有何具体要求。在农村，女方一般会提出索要若干彩礼的要求，而在城市，女方家长一般不会索取彩礼。一部分家长甚至谢绝彩礼。订婚之后，是择期举办婚礼。婚礼的择期除依传统黄历所记载的吉日外，还时兴日期数字上的吉利。婚礼筹办主要由男方负责。

20世纪80年代，长沙人的婚礼一般比较简单。照结婚照是必备程序。90年代左右，婚礼开始讲排场、重妆奁。开始出现具有一定仪式感的中西合璧式婚礼。结婚照也升级为婚纱照。完成婚纱照后，就是新房布置。新房布置也是中西合璧，融合着传统的铺床和滚床习俗与现代的时尚装饰。婚礼的绪端是接亲。90年代后，开始用“迎亲车队”接亲，接亲的成员、礼物、仪式悉以传统。车队是硬性要求，特别是农村，必须有车。接完亲后，是婚礼婚宴，城市一般设在宾馆或饭店，农村则在家搭篷开流水筵席。设宴是婚礼中最重要的程序。男女双方向亲友、同事分送请帖，被邀者须备礼金。婚宴现场有专司受礼者进行登记。金额数量视亲疏和经济能力有较大差异。80年代，一般为几十元。90年代一般为100元。2000年以后一般为400~800元。婚宴一般由主持人主持，一番喜庆吉祥之语后，请出新郎，接着，请出由父亲陪伴的新娘，由父亲将新娘交给新郎，新郎或牵手或将新娘抱起，走过长长的过道台，再放下，一同站在舞台中央。主持人接着将新娘、新郎赞扬一番，再请双方父母见证新人表白，戴婚戒。然后新郎新娘敬改口茶，父母双双送红包。婚礼程序中，传统的证婚人这一环节已经消失。

新婚当晚，是闹新房。传统的闹新房，其隐义是基于以众人的“阳气”驱除新房中可能存在的阴秽之气，给新人一个舒适宜人的环境，现代的闹新房就是图个热闹和喜气。城里新添恶搞新郎的内容和环节，直到尽兴而散。农村闹新房一般不在新房，而是在外面“闹夜”。由专业公司到家门前搭起配有灯光和音响的台子，然后由主持人依当地的习俗进行闹夜仪式，以娱乐乡亲。2000年以后，长沙的婚庆公司迅速发展，婚庆公司从实景的婚纱照，到花车、到婚礼现场的布置和主持，为新婚夫妇提供专业的“一条龙”服务。

除以上婚礼外，长沙也有在教堂举行婚礼的。不过在教堂举行婚礼的，一般是信徒或信徒的子女。

四、丧葬

长沙民间重视“慎终追远”。家庭长辈病危，子女一般全天守候，尽力给以临终抚慰。民间认为，“送终”是尽孝道的重要体现；能有亲人送终，也是逝者的福分。

死亡，长沙俗称“落气”。一旦“落气”，家人即须尽快请专人为其擦洗身子，换上寿服，俗称“入殓”。逝者，之遥是成年人，一般将举办丧礼。未成年人去世，被俗称为“化生子”，一般不举办丧事。丧事于入殓后第二日晚上举办。丧事操办时，邻里自动帮忙，有“人死饭甑开，不请自己来”的习俗。传统的长沙人办丧事称为“做道场”“唱夜歌子”。20世纪80年代后，俗称“弹四郎”。丧事隆重，但有贫富简繁之分。一般分上下两场进行。上场是追悼，由死者生前单位或街道社区领导主持。内容主要是介绍死者的生平事迹和同事、街坊及亲友发表追思讲述；下场是演出，主要是花鼓戏、湘剧和语言类节目及流行歌曲的演出，约4小时，像一台综艺演出。“弹四郎”中的演出因有专业和民间艺人参加，一般水准较高。一般请两套班子，10余人规模，一套班子为管乐，一套班子为国乐。演出时，国乐、管乐轮换进行，管乐班子只奏乐，国乐班子则吹拉弹唱俱全。

次日晨送遗体（去殡仪馆火化或上山下葬），为“出殡”，俗称“出门”。是时，鸣放爆竹，管乐、国乐班子随行。沿途，连续放爆竹、抛冥钱。灵柩通过时街邻于自家门前放爆竹送行，孝子即对其跪拜致谢。出殡的队伍，孝子捧遗像在前，灵柩在尾。2000年后，丧葬礼仪大多移至殡仪馆举行，其内容移风易俗成遗体告别仪式。殡仪馆从死者运送到入殓整容和火化，家人择陵园或墓地入土。入土需择吉日，与老黄历标注的相宜日为准。提供“一条龙”服务。但在长沙城区的街头巷尾“弹四郎”仍是弦笙不辍。

农村的葬仪也有变化。丧事一般由民间红白理事会操持，时间一般3天，大致是第一天给死者念经（如果是女人，则念《血盆经》）、第二天唱戏、第三天做道场。隔日早晨出殡。

长沙城乡对死者的祭奠，仍有烧包习俗。每年的“七月半”（农历的七月十五日）前三五日，是人们“烧包”祭奠死者的时间。若是新坟，则于临近春节时上坟烧包。

第六节 岁时节令习俗

一、传统节日

（一）小年、除夕、春节、元宵节。从腊月二十四日过小年开始，长沙市就开始准备过年，俗称“备年”（准备年货）。民间有传统童谣：“二十三，祭灶王；二十四，扫房子；二十五，磨豆腐；二十六，去买肉；二十七，去杀鸡；二十八，去杀鸭，二十九，去打酒”。还有“辞了灶、年来到，妹子要花，伢子要炮，娭毑要新衣，爹爹要新帽”。20 世纪 80 年代后，人们的备年内容，已不遵守这些内容，但采购过年物资仍是长沙人家庭生活的重要内容。农村还有“杀年猪”备年的习俗。完成备年后，就是贴春联、粘窗花、挂彩灯。除夕的年夜饭（或中餐），长沙人俗称“团年饭”。团年饭特别讲究“团年杂烩”“团年鱼”“团年肘子”3 样菜。杂烩讲究丰盛；鱼讲究有头有尾，完整无缺；肘子讲究厚实（3 千克左右）。吃过团年饭后，人们会守在家里，围坐在电视机前，看中央电视台专为春节准备的“春晚”。半夜 12 点，长沙的很多家庭都会燃放鞭炮，在鞭炮声中辞旧迎新，进入农历新年。春节期间，长沙城区民众亲友之间相互走访、问候、祝福拜年。传统的拜年方式是相互登门走访。这时，主家必备什物点心招待，客人必备礼品及给主家少年儿童的红包（压岁钱）。拜年的主角，长沙民间有“初一崽，初二郎，初三、初四拜干娘，初五、初六拜街坊”的说法，长沙市民大致遵守这一约定。

春节期间，长沙城乡玩龙灯。传统的“玩龙灯”，是由商家或主家主动相邀的。舞龙舞狮，20 世纪 80 年代，则是由龙灯队主动出击。大街小巷的商店铺面前，常常出现进城的龙灯队玩龙灯，赚喜钱。乡下，则是村村“玩龙”“接龙”（盛情接待来村里玩龙舞灯的人）。20 世纪 80 年代后，长沙人玩龙灯，一般不舞狮，其技术含量不高。

元宵节以烈士公园为首的几个公园的“灯会”年年红火。最热闹的是以橘子洲为中心会场和各区、县（市）设分会场的“长沙元宵焰火观灯晚会”。

20 世纪 90 年代前，人们在家里做团年饭。20 世纪 90 年代后，随着大小酒家和饭店适时推出年夜饭服务，很多的家庭开始选择在酒家和饭店吃团年饭。

长沙春节的前后几天，因新增外地到长沙人口回家过春节，导致长沙出现空城现象：白天，大街小巷不见往日的人来车往；晚上，住宅楼栋，大部分家庭不见灯火。

长沙人拜年方式除传统方式外，还有很多现代方式，20 世纪 80 年代是信函和电话拜年；90 年代是贺年卡和 BP 机（寻呼机）拜年；21 世纪后，是手机短信和彩信拜年；2011 年后流行手机微信和视频拜年。

（二）端午节。农历五月初五旧名“端五”。五月蚊蝇滋生，疠疫流行，俗称“恶月”，初五日为“恶日”，民俗忌“五”，遂改成“端午”。

旧俗，是日各家门口悬挂菖蒲、艾叶、葛藤。据说菖蒲似剑可斩妖邪，艾叶芬芳可驱蚊避秽，葛藤可捆妖孽；家中燃雄黄蚊烟用以驱邪除毒；大人吃雄黄酒，小孩涂雄黄于前额作“王”字形，谓可保清吉平安；清水一杯放少量雄黄服用，或用雄黄水洗眼，谓可免眼疾；用雄黄水遍洒室内，可除蟑螂跳蚤。有的地方，小孩于胸前佩戴香袋、符箓、大蒜，谓可避邪。

午餐家人团聚，吃用箬叶包糯米煮成的粽子、盐蛋、大蒜籽烧肉。

端午日赛龙舟是必备仪式，热闹隆重，历经千年，经久不衰。

（三）重阳节。农历九月初九为“重九”。此日多酿酒，称“重阳酒”或菊花酒。此时长沙地区的平均气温适合于发酵温度，故出酒率高，酒味浓烈。旧时的重阳酒发酵时间为一年，俗称“老窖”，为酒中上品。

重阳前后如有风雨，为立秋后第一个寒流信号，俗称“重阳信”，可预卜冬季雨水调匀，谚谓“重阳无雨看十三，十三无雨冬干”。过了重阳，蚊蝇即蛰伏过冬，俗谓“九月九，蚊虫叮石头”。

1988 年，中华人民共和国民政部规定重阳日为老人节，各机关、企事业单位于是日组织离退休老人登高，举行爬山比赛等文娱体育活动。

（四）中元节。农历七月十五为中元，又名“鬼节"，长沙俗称“七月半”为烧包节。民间传说，农历七月初一至十五，閰王大开鬼门关，鬼魂前来享受祭祀，故有俗语“七月半，鬼乱窜”之说。农历七月初十各家取下祖先牌位，消除灰尘，放在正厅方桌上，并供奉香烛鲜果，称“接祖宗”。从农历十一日至十五日，每日设酒饭菜肴于桌上供奉敬飨。如先辈死于去年七月半以后，要早一天迎接，称“迎新客”。农历七月十五日具备酒宴祭祀，送祖宗回归地府，焚化用纸袋装好的者钱。纸钱一般用扎着小孔的“纸钱”，装钱纸袋分两色绿色纸袋的纸钱供已故先人使用，每袋 49 张，纸袋封面按邮封格式写“寄”钱者的姓名、先人姓名及年月日，至少要烧 3 袋红色纸袋也装 49 张，供土地菩萨。另外要烧点给孤魂野鬼享用多少不论，俗称买路钱，意谓鬼魂在阴间也有钱用。

长沙各佛教寺庙于农历七月十五举行“盂兰盆法会” (“盂兰盆为梵语，意译“救倒悬”)，烧纸扎宝塔，放河灯，各家亦于野外焚化纸钱，取赈济孤魂野鬼之意，又称“敬孤节”。中华人民共和国成立后，破除迷信，此风消失。20 世纪 90 年代起，市民受香港等地区民众影响，“七月半”接祖宗的习俗又逐渐兴起。

衣家于农历七月十五日以前将新米煮饭祀祖，谓“请祖宗尝新”，旧称“收祭”，向祖先预报今秋丰收。至 2012 年，此风不兴。

二、外来节日

外国节日，长沙民间称之为“洋节”，以情人节、万圣节、平安夜、圣诞节为代表。随着对外经济、文化交流的日益增多，洋节在长沙出现。以圣诞节最红火，过洋节的人，以大专院校学生为主。在长沙的各教会也利用节日举行活动，扩大其影响。部分商家亦通宵达旦营业、促销，赚取丰厚利润。2000 年后，中共长沙市委、市政府加大对传统节日的保护和推广，洋节的影响力趋于淡化，逐渐限于特定的人群和场所。

三、庙会节庆

长沙庙会是融民间艺术、宗教信仰、物质交流、文化娱乐为一体的民俗文化盛会，庙会的日期，是寺庙所祭祀的神人生日。规模大的庙会有陶公庙会、戴公庙会、开福庙会和火宫殿火神庙会 4 个。

（一）陶公庙会。陶公庙位于榘梨镇，建于北魏正始二年（公元 505 年）。该庙因保存有陶真人肉身而闻名遐迩。陶公庙会是一种古老的传统民俗及民间祭祀文化活动，是湖南城乡庙会中规模大的之一。庙会会期一天，但在庙会前一天榘梨镇便热闹非凡，有来自省内外数万名香客赶会朝拜。朝拜者用“朝肉香”形式（将小香炉用线吊于手肘皮下）顶礼膜拜。庙内古戏台上好戏连台，24 小时不间断；庙四周商贾云集，生意红火。民间有俗语“庙会一天，吃足一年”。

（二）戴公庙会。戴公庙会始建于唐，位于谷山七峰山下，是民间祭祀戴宗德、戴宗仁、戴宗义三真人的寺庙。戴公庙香火绵延久远，从未曾中断。每逢农历八月初一，戴公生期（成道之日）的前后半个月时间，会有10万余人前往戴公庙朝拜或游览。很多人认为该庙的药签很灵验。他们会到驻寺道人手中求得药签，再到药铺照方抓药。

（三）开福寺庙会。开福寺位于开福区新河，主体建筑南北向，为佛教临济宗杨岐派寺院，始建于五代时期，殿宇巍峨，规模宏大。民间有“先有开福寺（佛教庙宇）后有长沙城（民间信仰））”的说法。自“文化大革命”结束后，开福寺恢复宗教活动，就一直是僧尼杂修，20世纪90年代初住持戒圆去世，开福寺成为众尼修道之所。开福寺庙会办在观音菩萨的诞生日（农历二月十九日）、成道日（农历六月十九日）和出家日（农历九月十九日）。庙会无固定仪式流程。每逢庙会之日，成万香客涌至庙内烧香许愿，人流摩肩接踵，交通堵塞，热闹非凡。

（四）火宫殿庙会。火宫殿建于明代，祭祀火神。清末民初起，火宫殿周边逐渐形成以经营饮食为主的市场。20世纪90年代，周边的饮食市场更加繁荣，成为品尝长沙美味小吃的著名地方。2002年，火宫殿举办首届火宫殿庙会，庙会期间，以民间戏舞、曲艺汇集的形式吸引观众，增添食物品尝情趣。此后，每年举办一次美食节庙会，打造南方独特的火文化盛况。

四、新兴节会

20世纪80年代，长沙利用秋天的物产和宜人的气候，争办国家和区域性节会。是长沙创办节会的起始阶段。最有名的现象是“橘子红了的时候”，全国的区域性节会蜂拥而至。一时间，长沙的大小宾馆和招待所，无一空床。节会场地，忙不过来。有关方面，就选择一段马路，将两头一拦，作为节会场地。

20世纪90年代，长沙不断兴建场馆，加强节会环境营造，巩固已有节会，花样翻新，增设娱乐节目和形式吸引客商。使人们在考察和选择节会举办地时，因“长沙好玩”而把节会继续或就放在长沙举办。2000年以后，很多节会落户长沙。至2012年，落户长沙并从长沙走向全国、走向世界的节会有：长沙红星农博会、映山红民间戏剧节、中国长沙图书交易会、中国浏阳国际花炮艺术节、中国金鹰电视艺术节、中国长沙印刷产业博览会、长沙国际动漫游戏展、岳麓山红枫艺术节等。

第七节 文娱习俗

一、象棋

长沙市民喜爱下象棋者很多，城乡普及。街头阡陌、公园、茶室均可见人们对弈，一般无赌注，故多有围观者。虽有“落子不悔”“观棋不语真君子”行规俗语，但长沙的象棋爱好者除旁观正式对局和陌生人对局外，一般都不守这个规矩，倒是多开口评棋乃至为对弈者、口出谋划策者，常令输家恼火，甚至发生口角。长沙的业余象棋水平居全国中上水平，曾产生过全国冠军。

二、围棋

20世纪80年代，围棋娱乐开始出现于长沙城区，有围棋娱乐室10余家，规模均不大。中高档以上茶室均备有为其供客人手谈。到围棋娱乐室下棋者，弈者多以赌注作输赢，赌注大小，十元至千元不等。对弈者通宵达旦，乐此不疲，下棋中，“落子不悔”“观棋不语”是铁律，弈者、观者均严于遵守。这类棋局叫“下野棋”，常有设局骗生手者，叫“杀猪”。10余家棋室，以顺星桥卢某开的家庭棋室最著名。长沙市业余高手多到此室休闲，连围棋高段位专业棋手梁鹤年亦常到此下指导棋以赚外快。其时长沙围棋业余棋手整体水平居全国中流。20世纪90年代后，长沙围棋整体水平呈上升趋势。2000年后，围棋教室出现并逐渐增加数量，但培训对象均为中小学生。

三、麻将

20 世纪 80 年代，长沙兴起麻将。长沙麻将特点是 108 张牌，和牌需二、五、八作将。20 世纪 90 年代后，自动麻将机出现，麻将室（馆）增多，逐渐遍及城乡，成为民众喜爱的休闲娱乐场所。2000 年后，又兴起“转转麻将”的玩法。牌局中，只碰对子，不吃顺子。和牌后下局，另一人接替继续玩下一局。

四、扑克

扑克源于欧洲，清末传入。长沙人扑克玩法中，桥牌不普及，最普及的玩法有 3 人玩的“跑得快”及 4 个人玩的“双百分”“三打哈”（一人叫牌后做庄，三人攻庄）等几种。

五、票友

20 世纪 80 年代，戏曲重回民间，票友亦重现。长沙票友多为中老年人，他们喜欢聚在一起，京腔京韵或湘剧、越剧、花鼓戏唱一番。公共大戏台，就是票友们聚会活动搞出来的一个群众文化活动品牌。该活动每年定期举办，由票友组团结社或单挑比艺，口号是“公共大戏台，你方唱罢我登台”，电视台直播或录播。

六、歌舞厅

长沙人听歌是从 20 世纪 80 年代的音乐茶座开始的。人们一边喝茶，一边向歌手点唱自己和朋友喜欢的歌。90 年代，这一形式被琴岛歌厅发展为“听歌、点歌，台上台下互动、说说唱唱”的演艺模式。2000 年，这一模式被中华人民共和国文化部定名为“琴岛模式”，向全国推广。2002 年，田汉大剧院上演一台综艺演出“星光灿烂歌舞晚会”。演出以市场为取向，用舞台演出的形式，结合时尚、流行、精彩的中外演出节目和现代化的灯、服、道、效，组合而成。演出获得轰动效应，成为当时中国著名的演艺现象。全国许多省市纷纷效仿，有 20 余个省、直辖市、自治区，曾将田汉大剧院的演出模式，移植复制到当地。它与琴岛歌厅一起，成为长沙这一时期演艺娱乐文化现象的标志。2004 年，田汉大剧院被文化部评为首批“中国文化产业示范基地”。至 2012 年，其演艺活动均不间断举行，生意红火。

第三章　方　言

20 世纪 80 年代后，长沙市城区急剧扩张，长沙城区话呈现出向周边扩散的趋势。与此同时，人口新老更替，普通话大力推广，大量外地居民带着或浓或淡的乡音进入长沙城区，导致长沙话发生了不少变化。20 世纪以前存在的长沙话的城郊差异、新老差异已经基本消失，仅留下些微痕迹，个别人还留有-ŋ尾，主要是一些通摄字，但这已属于又读性质，不具有区别意义的作用。此外，长沙话中也出现新的语言现象。一些中古见组字开始出现以舌面前音代替舌根音的情况，两者混读，形成文白叠置，“简”念成tɕiẽ^{42} 或 kan^{42}；“监狱”“间谍”等词中的“监”和“间”，以前念 kan^{45}，现在常被念成tɕiẽ^{45}。一些原本韵母读əu 的字，如今韵母念成 u，例如“助人为乐”中的“助”原本念tsəu^{45}，现在很多年轻人念成tsu^{45}。部分阳去字和入声字变读成阴去调，比如“厚”[xəu^{21}]变读成 xəu^{45}，“户口”的“户”[fu^{21}]变读成 fu^{45}。“策略”一词原本念入声，读成ts^{h}ə^{24}io^{24}，但是现在很多年轻人都念成ts^{h}ə^{45}io^{45}；“或”原本读入声 xo^{24},但现在有时被读成 xo^{45}。这些变化总体上体现了长沙话向普通话靠拢的趋势。

年轻人在念韵母为 a、ia 的字时，主要元音 a 前会出现短暂的 u 滑音，如“花”[f^{u}a^{33}]、“茶”[ts^{u}a^{13}]、“沙”[s^{u}a^{33}]、“那”[l^{u}a^{45}]、“家”[tɕi^{u}a^{33}]等等。

长沙话中一些常用词语有新的说法，且更常被年轻人使用。“卫生丸子”[uei^{45}sən^{33}yẽ^{13}tsɿ^{0}]，现在常说“樟脑丸子”[tsan^{33}lau^{42}yẽ^{13}tsɿ^{0}]；“热臭哒”[ye^{24}ts^{h}əu^{45}ta^{0}]，现在常说“热死哒”[ye^{24}sɿ^{42}ta^{0}]。“垫下　”[tiẽ^{21}xa^{21}tsau^{13}]（意思是先吃点东西垫垫，不至于饿着），现在一般说“垫下肚子”[tiẽ^{21}xa^{21}təu^{42}tsɿ^{0}]。“有寸用”[iəu^{42}ts^{h}ən^{45}in^{21}]、“冇寸用”[mau$^{21\text{-}24}$ts^{h}ən^{45}in^{21}]，现在常说“有卵用”[iəu^{42}lõ^{42}in^{21}]、“冇卵用”[mau$^{21\text{-}24}$lõ^{42}in^{21}]。长沙话以前不说“嗦粉”[so$^{33/24}$fən^{42}]，都是说“呷粉”[tɕ^{h}ia^{24}fən^{42}]。

年轻一代长沙人受网络的影响，将网络词语带到日常交际中，如“菜鸟”[ts^{h}ai^{45}ȵiau^{42}]、“顶”[tin^{42}]（我～你）等。

一些词语的外延扩大。“了难”[liau^{13}lan^{13}]，原指两个团伙要发生械斗，由中间人来调停，现在这个词有“解决、完成”等意思，适用范围更广：“咯只事你帮我去～啰！”“这个工作，我还要两个小时才可以～。”

一些来自其他方言的词语进入长沙话，甚至替代了原本长沙方言里与之意义相同的词语，如“爆棚”（来自粤方言，如今长沙方言经常使用，比喻人多或形容程度达到极点）；“买单”[mai^{42}tan^{33}]（来自粤方言词“埋单”，长沙方言以前一般说“算账”[sõ^{45}tsan^{45}]、“收钱”[səu^{33}tɕiẽ^{13}]）。

长沙话中一些具有浓厚方言色彩的语法结构也发生改变。“哎呀，今天睡咖一觉舒服的。”表状态或程度的形容词或副词通常在后面加上“的”，放在动词后面，这是长沙话中一种非常典型的特色结构形式。如今也有人会说：“哎呀，今天舒舒服服地睡咖一觉。”表状态或程度的形容词或副词位于动词前面，充当状语，这就与普通话的结构形式相同了。在普通话中，当动词带有宾语和结果补语时，语序一般是“动+得+补+宾”，而长沙话中宾语与补语的位置正好相反，一般使用“动+得+宾+补”格式，如：“你搬得咯箱书动啵？”可是现在很多人会说成：“你搬得动咯箱书啵？”与普通话趋同。

从广义上讲，长沙方言可以理解为对分布于今长沙市所辖的芙蓉区、天心区、岳麓区、开福区、雨花区、望城区、长沙县及浏阳市、宁乡市域内的各种方言的总称。部分区县（特别是浏阳、宁乡）

域内方言较为复杂，与长沙话存在较大差异，同时部分区域的方言也有向长沙话靠拢的趋势。

岳麓区南部雨敞坪镇一带说卯田腔；坪塘镇观音港以南的太平、白泉、落家湾一带和含浦镇以南毗邻湘潭县一带说湘潭腔。坪塘街道、含浦街道、莲花镇的中心一带口音已与望城区的河西（长沙市湘江以西地区）腔趋同。开福区北部的青竹湖镇、新港镇、捞刀河镇一带的方言与望城区桥驿镇、丁字镇所说河东（长沙市湘江以东地区）腔相同。雨花区南部的跳马镇域内有所谓的“跳马话”。

望城区域内的方言属湘方言长益片，内部区别不大，大致可以分为河西腔、围子腔、河东腔、湘阴腔。其中，河西腔大致分布于湘江以西、沩水以南的各街道和乡镇，以高塘岭街道、黄金街道为代表；围子腔大致分布于湘江以西、沩水以北的几个乡镇，以乔口、靖港为代表；河东腔大致分布于湘江以东、沙河以南的桥驿、丁字两镇；湘阴腔大致分布于湘江以东、沙河以北、毗邻岳阳市湘阴县的铜官、东城、茶亭三镇。

长沙县内的方言也属于湘方言区长益片。但是长沙县域南北狭长，东邻浏阳市，北靠岳阳市所辖的平江县和汨罗市，形成以“黄花话”为代表，“金井话”“福临话”“北山话”“江背话”等并存的状况。域内各乡镇的方言在知庄章组字的读音、是否分尖团音、中古全浊声母清化后是否送气、文白异读等问题上存在或大或小的差异。但是，随着长沙城区的快速发展和扩张，城乡交通越来越便捷，人际交往越来越频繁，全县城乡大部分地方的方言总体上与长沙市区方言趋同。

浏阳市域内有湘方言、客家方言和赣方言。浏阳西乡的镇头、柏加、官桥、葛家、枨冲及北乡的永安等乡镇地理上靠近长沙，所说西乡话受长沙话的影响较大，属于湘方言的长益片。东乡、南乡的大围山、小河、张坊、官渡、七宝山、中和等山区乡镇部分人说的“客姓话”,属于客家方言。说“客姓话”的人其先祖大都来自广东、福建，如今一般都会说浏阳话，大部分人对内仍使用客家话。传统意义上的“浏阳话”属于赣方言的宜浏片，政治、经济、文化、人口等方面的优势使这种话成了浏阳市域内的强势方言。浏阳话广泛分布于城关和东乡、南乡、北乡，内部存在一定的差异，例如城关、北乡和东乡部分地方声母存在平翘舌音的区别，而南乡大部分地方和东乡小部分地方没有翘舌音声母；流摄开口一等字北乡话念 ei 韵母，城关话和东乡话、南乡话念 iau 韵母。

宁乡市域内方言的差异也较大，对其区分历来有两种思路：一种思路是四分法。大致是把玉潭街道、城郊街道、白马桥街道、菁华铺乡，以及历经铺街道的一部分划为第一区（城关片）；把双江口镇、金洲镇、夏铎铺镇以及历经铺街道的一部分归入第二区（双江口片）[①]；把道林镇、大屯营镇、花明楼镇、东湖塘镇以及坝塘镇的一部分（原南田坪乡）归入第三区（花明楼片）；把沩山乡、巷子口镇、龙田镇、青山桥镇、流沙河镇、沙田乡、黄材镇、横市镇、老粮仓镇、双凫铺镇、喻家坳乡、煤炭坝镇、大成桥镇、灰汤镇、资福镇、回龙铺镇以及坝塘镇的一部分归入第四区（流沙河片）。另一种思路是两分法。大致是把辖域西部，包括黄材、流沙河、沩山等地在内的沩水上游广大山区地带的方言称为上宁乡话；以城区为代表的东部地区的方言称为下宁乡话。下宁乡话大致对应于第一区（城关片）、第二区（双江口片）、第三区（花明楼片），属于湘方言长益片；上宁乡话大致对应于第四区（流沙河片）[②]，属于湘方言娄邵片。

①有人主张整个历经铺街道以及夏铎铺镇都可归入第一区（城关片）。
②有人主张第四区（流沙河片）的煤炭坝镇、大成桥镇、回龙铺镇及坝塘镇的方言可归入下宁乡话。

第一节　语　音

一、长沙（城区）方言音系

（一）声韵、韵母、声调。长沙方言有 20 个声母，包括零声母在内。

p 巴步	pʰ披派	m 美门	f 飞回	
t 堆同	tʰ太体			l 脑老
ʦ资知	ʦʰ此尺		s 思事	z 人日
ʨ焦骄	ʨʰ秋丘	ȵ泥娘	ɕ选显	
k 阶高	kʰ考开	ŋ牙我	x 和红	
ø禾耳衣屋雨				

长沙方言不分 n、l。古泥（娘）、来母一、二等字同音，一般念 l，也有人念 n，有的人 n、l 混杂。三、四等字一般有分别，来母念 l 或 n，泥（娘）母念ȵ，但有的人也把泥（娘）母念成 l 或 n。

长沙方言有 38 个韵母，包括声化韵在内。例字下加单线表示白读。

ɿ司诗	i 皮地	u 布姑	y 居朱
a 他马	ia 佳假	ua 瓜夸	ya 抓刷
o 多梭	io 岳学		
ə车舌	ie 些结	uə国	ye 靴决
ai 台才		uai 乖快	yai 衰揣
ei 杯岁		uei 归卫	yei 追水
au 刀跑	iau 标妙		
əu 都路	iəu 丘粟		
õ欢钻			
ə̃扇展	iẽ天见		yẽ专劝
an 丹当	ian 乡粮	uan 关光	yan 窗庄
ən 根公	in 金穷	uən 昆文	yn 君纯
n̩你～郎家 嗯～啰			
m̩姆～妈			

长沙方言中 a、ia、ua、ya 等韵母的 a 比ᴀ偏后。“车、舌、得、格”一类字中的韵母读音比普通话的ɤ松弛一些，故记为ə。ian、yan 韵中的 a 实际音值在æ与 a 之间。

长沙方言有阴平、阳平、上声、阴去、阳去、入声 6 个声调。例如：

表 26-3-1-1　　长沙（城区）方言声调一览表

调类	调值	例字
阴平	˧33	高低
阳平	˩˧13	田园
上声	˦˨42	美好
阴去	˦˥45	胜利
阳去	˨˩21	寺庙
入声	˨˦24	铁塔

长沙话的上声有的学者记做 41，通过语音实验分析，我们认为记做 42 更为合理。长沙话的一部分阳去字在文读层或读书时会改读为阴去，但也有仍旧习惯读阳去的；另有一些字只有阳去一个读法。因此，长沙方言的去声仍须分阴阳两个调类。长沙话的入声起点比 2 略低。

（二）声韵调配合关系。长沙话语音内部结构可从声母与韵母的配合关系及声韵调之间的配合关系两个方面来进行描写和分析。

表 26-3-1-2　　长沙方言声韵配合关系一览表

韵声	开口呼	齐齿呼	合口呼	撮口呼
p p^h m	班攀忙	边偏棉	布普○	○○○
f	番	○	胡	○
ts ts^h s z	簪餐三让	○○○○	○○○○	○○○○
tɕ $tɕ^h$ ȵ ɕ	○○○○	鸡欺泥西	○○○○	居区女书
k k^h x	甘康酣	○○○	关匡○	○○○
ŋ	安	○	○	○
ø	阿	衣	乌	淤

说明：表里把韵母分成开、齐、合、撮四类，声母分成八组，○表示声韵不相拼合

从表中可以看出长沙方言声韵配合关系主要有以下特点：

1. p、p^h、m 只拼开、齐、合三呼，不拼撮口呼。

2. f 只拼开、合二呼（合口限于 u 韵），不拼齐、撮二呼。

3. t、t^h、l 只拼开、齐二呼，不拼合、撮二呼。

4. ts、ts^h、s、z 和ŋ两组声母只拼开口呼，不拼齐、合、撮三呼。

5. tɕ、$tɕ^h$、ȵ、ɕ只拼齐、撮二呼，不拼开、合二呼，k、k^h、x 只拼开、合二呼，不拼齐、撮二呼，两组声母形成互补局面。

6. ø声母四呼俱全。

表 26-3-1-3　　长沙方言声韵调配合关系一览表

韵 / 调 / 声	ʅ						i					
	阴平 33	阳平 13	上声 42	阴去 45	阳去 21	入声 24	阴平 33	阳平 13	上声 42	阴去 45	阳去 21	入声 24
p							屄*	皮	比	髲		笔
pʰ							披		鄙	屁		匹
m							*	弥*	米	眯*		密
f												
t							低	题	底	帝	地	笛
tʰ							梯		体	替		踢
l								梨	礼	丽	痢	力
ts	资	池	纸	制	寺	汁						
tsʰ	痴		此	刺		赤						
s	思	时	始	四	市	识						
z						日						
tɕ							鸡	齐	己	计	聚	集
tɕʰ							妻		启	气	淬	七
ȵ								泥	拟	义	艺	逆*
ɕ							希	徐*	洗	戏	系*	习
k												
kʰ												
ŋ												
x												
∅							医	移	以	意	易*	益

屄 pi^{33}　女阴。又音[pie^{24}]

　mi^{33}　～碎的：很碎

弥 mi^{13}　又音[mei^{13}]

眯 mi^{45}　笑～哒。又音[mi^{33}]

聚tɕi^{21}　收集，积累：～钱 | 把报纸～好

逆ȵi^{24}　又音[i^{24}]

徐ɕi^{13}　又音[ɕy^{13}]姓

系ɕi^{21}　筦箕、木桶等器物上的鋬（pàn）：筦箕～。又音[tɕi^{21}]

易 i^{21}　～得：容易。用做姓氏时念[i^{24}]

续表 26-3-1-3

韵 调 声	u						y					
	阴平 33	阳平 13	上声 42	阴去 45	阳去 21	入声 24	阴平 33	阳平 13	上声 42	阴去 45	阳去 21	入声 24
p		蒲	补	布	步	不						
p^h	铺*	潽*	普	铺*	扑*	勃						
m												
f	夫	胡	府	妇	傅*	忽						
t												
t^h												
l									女*			
ts												
ts^h												
s												
z												
tɕ							居	除	主	巨	住	菊
$tɕ^h$							区		处*	处*	杵*	出
ȵ									女*			
ɕ							书	殊	许	恕	薯*	
k	姑	跍*	古	故	咕*	骨						
k^h	枯		苦	库		哭						
ŋ												
x												
ø	乌	吴	午	务	误	物	淤	鱼	雨	预	芋	入

铺 p^hu^{33} ～设｜〈量〉一～帐子

潽 p^hu^{13} 液体溢出器皿。又音[pu^{13}]

铺 p^hu^{45} 店～

扑 p^hu^{21} 拟声词：～通

傅 fu^{21} 师～

跍 ku^{13} 蹲：～哒

咕 ku^{21} 含口水～几下

处 $tɕ^hy^{42}$ 相～

处 $tɕ^hy^{45}$ ～所

杵 $tɕ^hy^{21}$ 噘：嘴巴一～起。又音[$tɕ^hy^{42}$]铁～磨成针

女 $ȵy^{42}$ 又音[ly^{42}]、[y^{42}]

薯 $ɕy^{21}$ 红～｜凉～。又音[$ɕy^{42}$]～片

续表 26-3-1-3

韵 调 声	a						ia					
	阴平 33	阳平 13	上声 42	阴去 45	阳去 21	入声 24	阴平 33	阳平 13	上声 42	阴去 45	阳去 21	入声 24
p	巴	爬	把*	霸	稗	八					□	
p^h	汃*		趴*	怕		拔*			撇*		□	
m	妈	麻	马	□	骂	抹				□		
f	花	华		化	话	法						
t			打	大*		达	爹*	提				滴
t^h	他					塔						缔
l	拉	挪*	哪	那	喇	辣	嗲*	□	□	□	□	累*
ts	渣	茶	鲊*	诈	扎*	杂						
ts^h	叉			岔		察						
s	沙		傻	射*	射*	杀						
z												
tɕ							加	茄	假	驾		裌
$tɕ^h$							掐					洽
ȵ							黟*	黟*	惹	肏*	黏	
ɕ							虾	霞	暇	夏*	下	狭
k	痂	蛤*	嘎*	架	*	夹						
k^h	抲*		卡	胯		掐						
ŋ	桠	伢	哑	咬*	砑*	鸭						
x	虾		哈*		下	瞎						
∅	阿						鸦	衙	雅	亚	夜	押

ma[45] 击打

pia[21] ～泻：很稀～泻的泥巴

p^hia[21] ～泻：很稀～泻的泥巴

mia[45] ～黑的：很黑

lia[13] 爬

lia[42] 伸出：～舌子

lia[45] ～腔：蛮横不讲理的话

lia[21] ～皮：办事拖沓的人

把pa[42] ①控制，掌握：～握。②给：～东西｜～他

汃 p^ha[33] 食物煮得过烂：～泻的

趴 p^ha[42] 两腿分开：一～开

拔 p^ha[24] 又音[pa[24]]

大 ta[21] ～学

挪 la[13] 腾～。又音[lo[13]]

鲊tsa[42] ～辣椒：把拌好的糯米粉和辣椒放进坛子里腌制而成

扎tsa[21] ～扫把：用竹枝扎的扫帚。又音[tsa[24]]～根农村｜一～啤酒

射 sa^{45} ～石头：扔石头
射 sa^{21} 溢出下洒：眼泪水是咯样～
蛤 ka^{13} ～蟆：青蛙
嘎 ka^{42} ～白：惨白
ka^{21} ①〈量〉手指伸开或两腿迈开的距离。②〈动〉跨：～过去
抲 kʰa^{33} 用手的虎口紧紧扼住
咬ŋa^{45} 猫～老鼠（为训读字）
砑ŋa^{21} 压，碾：～胡椒
哈 xa^{42} 愚蠢
撇 pʰia^{42} ～淡的：很淡
爹 tia^{33} ～～：祖父
嗲 lia^{33} 撒娇的声音和样子：发～
累 lia^{24} 疲倦（训读字）
黏ȵia^{33} 沾：～点咖子边
黏ȵia^{13} ～泥婆：鼻涕虫
㑳ȵia^{45} 交合
夏ɕia^{45} 姓

续表 26-3-1-3

韵 / 调 / 声	ua						ya					
	阴平 33	阳平 13	上声 42	阴去 45	阳去 21	入声 24	阴平 33	阳平 13	上声 42	阴去 45	阳去 21	入声 24
p												
pʰ												
m												
f												
t												
tʰ												
l												
ts												
tsʰ												
s												
z												
tɕ							抓	瘸	爪	□		
tɕʰ										踹*		
ȵ												
ɕ									耍*	涮*	刷*	刷*
k	瓜		寡	挂	□	刮						
kʰ	夸		垮	跨	垮*							
ŋ												
x												
∅	蛙	娃	瓦	滑*		袜				哕*		

kua^{21} ～涩的：很涩｜～泻的：很烂

tɕya^{45} 大叫

垮 k^{h}ua^{21} 松弛下垂：脸一～起

滑 ua^{45} 又音[fa^{24}]

踹tɕ^{h}ya^{45} 踢：～他一脚

耍ɕya^{42} （少）

涮ɕya^{45} ～羊肉（少）

刷ɕya^{21} ～锅

刷ɕya^{24} ～子

哕 ya^{45} 大声喊

续表 26-3-1-3

韵 调 声	o						io					
	阴平 33	阳平 13	上声 42	阴去 45	阳去 21	入声 24	阴平 33	阳平 13	上声 42	阴去 45	阳去 21	入声 24
p	波	婆	□	播*	薄*	钵						
p^{h}	坡		颇	破		泼*						
m	摸	模	母	慕	磨*	目						
f						佛*						
t	多	驼	朵	剁	舵	夺						
t^{h}	拖		妥	唾		脱						
l	啰*	罗	裸	烙	糯	落						
ts		昨	左		坐	捉						
ts^{h}	搓		挫	错		戳						
s	梭		所	謶*		塑						
z												
tɕ												脚
tɕ^{h}												却
ȵ												疟
ɕ												学
k	哥		果	过		各						
k^{h}	科		可	课		阔						
ŋ			我			握*						
x	呵	河	火	货	祸	活						
∅	窝	禾		卧	饿	恶						药

po^{42} ～萝货：品质差的货物

播 po^{45} 广～。又音[po^{33}]～音

薄 po^{21} ～荷。又音[po^{24}]（与厚相对）

泼 p^{h}o^{24} ～水。又音[po^{24}]活～

磨 mo^{21} 石～子。又音[mo^{13}]～刀

佛 fo^{24} 又音[fu^{24}]

啰 lo^{33} ～嗦

烙 lo^{45} ～铁。又音[lo^{24}]～印

謥 so^{45} 骗，哄

握ŋo^{24} 今又音[o^{24}]

续表 26-3-1-3

韵 调 声	ə						ie					
	阴平 33	阳平 13	上声 42	阴去 45	阳去 21	入声 24	阴平 33	阳平 13	上声 42	阴去 45	阳去 21	入声 24
p						北	憋		瘪			屄*
p^{h}						魄			瞥*			撇
m				墨*		脉						灭
f												
t						得						跌
t^{h}						特						铁
l				捋*		肋				捩*		列
ts	遮		者	蔗		则						
ts^{h}	车		扯	择*		策						
s	奢	蛇	舍*	赦	社*	舌						
z			惹									
tɕ								茄	姐	借		结
tɕ^{h}												切
ȵ												聂
ɕ							些	邪	写	卸		血
k		蛤*	弆*	锯	嗝	格						
k^{h}			剋*	去		刻						
ŋ						额						
x			很			黑						
ø		而	耳	二*	二*		椰	爷	也	腋	焫*	乙

墨 $mə^{45}$ ～黑的。又音[$mə^{24}$]～水

捋 $lə^{45}$ 手握着东西向一端抹取：～禾线子

择$ts^hə^{45}$ ～菜

舍 $sə^{42}$ ～不得

社 $sə^{21}$ 长沙县有地名“社港”

蛤 $kə^{13}$ ～蟆：青蛙

弆 $kə^{42}$ 藏：把书～起

剋 $k^hə^{42}$ 省俭：伙食不能太～哒

二$ə^{45}$ 蠢：～爷

二$ə^{21}$ 数目词

屄 pie^{24} 女性生殖器。又念[pi^{24}]

蹩 p^hie^{42} 脚踝或手腕扭伤了：～哒脚

捩 lie^{45} 不正，歪：画挂～哒

敥 ie^{21} 以手撒物：～点石

续表 26-3-1-3

韵 / 调 / 声	uə						ye					
	阴平 33	阳平 13	上声 42	阴去 45	阳去 21	入声 24	阴平 33	阳平 13	上声 42	阴去 45	阳去 21	入声 24
p												
p^h												
m												
f												
t												
t^h												
l												
ts												
ts^h												
s												
z												
tɕ										倔*	倦*	决
$tɕ^h$									□			缺
ȵ												
ɕ							靴					说
k						国						
k^h												
ŋ												
x												
ø									抈*	悦*		热

tɕʰye^{42} 折断：把竹子～成两截

倔tɕye^{45} 发～脾气

倦tɕye^{21} 疲乏：～咖哒

抈 ye^{42} 折断

悦 ye^{45} 喜～。又音[ye^{24}]

续表 26–3–1–3

韵／调／声	ai						uai					
	阴平 33	阳平 13	上声 42	阴去 45	阳去 21	入声 24	阴平 33	阳平 13	上声 42	阴去 45	阳去 21	入声 24
p	跰*	排	摆	拜	败							
pʰ			□	派								
m		埋	买	卖								
f		怀		坏	坏							
t		台	歹	带	大							
tʰ	胎		奤*	太								
l		来	奶	奈	癞							
ts	灾	才	宰	再	在							
tsʰ	猜		彩	菜								
s	腮		洒	晒								
z												
tɕ												
tɕʰ												
ȵ												
ɕ												
k	该		改	盖			乖		拐	怪		
kʰ	开		楷	概					蒯	快	*	
ŋ	哀	崖	矮	爱	艾							
x		孩	海	亥	害							
ø	唉*						歪		踒*	外	外	

pʰai^{42} 成人两臂左右伸平时两手之间的距离

跰pai^{33} ～子：跛子

奤 tʰai^{42} 身体过胖的人缓慢行走的样子

唉 ai^{33} ～声叹气

kʰuai^{21} ～起书包：背上书包

踒uai^{42} 扭：他走路有点子两边～。｜～伤脚

续表 26-3-1-3

韵 调 声	yai						ei					
	阴平 33	阳平 13	上声 42	阴去 45	阳去 21	入声 24	阴平 33	阳平 13	上声 42	阴去 45	阳去 21	入声 24
p							杯	培	鄙*	闭	倍	
p^h							胚		呸*	配		
m							痗*	迷	美	媚	妹	
f							飞	回	悔	肺	会	
t							堆	颓		对		
t^h							推	颓*	腿	退		
l							*	雷	吕	类	内	
ts								贼	嘴	醉	罪	
ts^h							催			脆		
s							虽	随		岁		
z												
tɕ			转*									
tɕ^h			揣									
ȵ												
ɕ	衰		甩*	帅								
k												
k^h												
ŋ												
x												
ø												

转tɕyai^{42} ～格：摆架子

甩ɕyai^{42} ～牌子：炫耀身份

鄙 pei^{42} ～人

呸 p^{h}ei^{42} ①用言语训斥或震慑：～他几句。｜我～住他。②吐（痰）：～他一口痰

痗 mei^{33} 神情沮丧，脸色不好：他受哒处分，～咖哒

颓 t^{h}ei^{13} 今也念[tei^{13}]

lei^{33} ～胖的

续表 26-3-1-3

韵 调 声	uei						yei					
	阴平 33	阳平 13	上声 42	阴去 45	阳去 21	入声 24	阴平 33	阳平 13	上声 42	阴去 45	阳去 21	入声 24
p												
pʰ												
m												
f												
t												
tʰ												
l												
ts												
tsʰ												
s												
z												
tɕ							追	垂		赘		
tɕʰ							吹					
ȵ												
ɕ								谁	水	睡		
k	归	葵	鬼	桂	柜							
kʰ	亏		跪	愧								
ŋ												
x												
ø	威	唯	伟	胃	位					锐		

续表 26-3-1-3

韵 调 声	au						iau					
	阴平 33	阳平 13	上声 42	阴去 45	阳去 21	入声 24	阴平 33	阳平 13	上声 42	阴去 45	阳去 21	入声 24
p	包	袍	保	报	刨		标	瓢	表			
pʰ	抛		跑	炮			飘		漂*	票		
m	猫	毛	卯	貌	帽		猫	苗	秒	妙	庙	
f												
t	刀	桃	岛	到	道		刁	条	屌*	钓	掉*	

续表 26-3-1-3

tʰ	滔		讨	套			挑		斢*	跳		
l	膀*	劳	老		闹		撡*	撩	了*	廖	料	
ts	糟	曹	早	灶	皂							
tsʰ	抄		草	躁								
s	骚	韶	嫂	潲								
z		饶	扰									
tɕ							交	桥	饺	叫	藠	
tɕʰ							锹		巧	窍		
ȵ									鸟		尿	
ɕ							消	淆	小	笑		
k	高		搞	告								
kʰ	敲		考	靠								
ŋ	熬*	鏖	袄	奥								
x	蒿	豪	好*	浩	号							
ø							妖	摇	舀	耀	鹞*	

膀lau³³ 膻，象羊肉的气味

熬ŋau³³ ～菜

好 xau⁴⁵ ～坏

漂 pʰiau⁴² ～白

屌 tiau⁴² ①男性生殖器。②倨傲、炫耀的样子：他有蛮～。

掉 tiau²¹ 摆动，摇动：～脑壳

斢 tʰiau⁴² 调换

撡 liau³³ ①抬脚：～起二郎腿。②踢：～了他一脚。《集韵·萧韵》憐萧切：动作，击也

了 liau⁴² ～结

续表 26-3-1-3

韵 调 声	əu						iəu					
	阴平 33	阳平 13	上声 42	阴去 45	阳去 21	入声 24	阴平 33	阳平 13	上声 42	阴去 45	阳去 21	入声 24
p												
pʰ												
m		谋	某	茂*								
f												
t	都	头	堵	度	豆	读	丢					
tʰ	偷		土	兔		突						
l	镉*	奴	鲁	陋	路	六	溜*	流	柳	溜*	溜*	

续表 26-3-1-3

ts	租	锄	祖	做		足						
ts^h	粗		楚	助		族						
s	苏		手	素	受	速						
z		柔				肉						
tɕ							纠	求	九	救	就	踘*
$tɕ^h$							丘					曲
ȵ								牛	纽	扭*		
ɕ							休		朽	秀		粟
k	勾		狗	够	格*							
k^h	抠*		口	叩		抠*						
ŋ	欧		藕	怄								
x	齁	侯	吼	候	厚							
Ø							优	油	友	幼	又	

茂 mau^{45} 多念又读音[mau^{42}]

镅ləu^{33} ①锈。②生锈。③品质差的：这个人有蛮～。

格 kəu^{24} 丢～：形容丢面子

抠 k^həu^{33} ①〈动词〉用手指挖。②〈量词〉表小：一～～子，形容身体瘦小。

抠 k^həu^{24} 悭吝：～得很

溜 liəu^{33} 开～

溜 liəu^{45} ①～刷：形容动作利索。②〈量词〉行，排

溜 liəu^{21} ～渣坨：本指炉渣，现比喻令人讨厌、不思上进、自甘堕落的人

踘tɕiəu^{24} 歪扭不顺：单车内胎～咖哒

扭ȵiəu^{45} 身体摇动

续表 26-3-1-3

韵 调 声	õ						ə̃					
	阴平 33	阳平 13	上声 42	阴去 45	阳去 21	入声 24	阴平 33	阳平 13	上声 42	阴去 45	阳去 21	入声 24
p	搬	盘		半	伴							
p^h	潘			判								
m		瞒	满									
f												
t	端	团	短	段	氹							
t^h												
l	脔*	鸾	暖	乱	乱							
ts	钻		*	钻*			沾	缠	展	占	黵*	

续表 26-3-1-3

ts^h	汆			窜								
s	酸			算				禅	闪	扇		
z												
tɕ												
$tɕ^h$												
ȵ												
ɕ												
k	官	灌*	管	贯								
k^h	宽		款	墈	□							
ŋ												
x	欢	桓	缓	唤	换							
Ø		完	碗									

k^hõ^{21} 器物口朝下放置或覆盖别的东西：桌上～哒一只碗

脔 lõ^{33} 委靡不振：～起～起

钻tsõ^{33} 动词

tsõ^{42} 戳

钻tsõ^{45} 名词：～子。

灌kõ^{13} 弯（腰）：～起个腰

黵tsə̃^{21} 因接触而被东西附着上：～哒一身灰

续表 26-3-1-3

韵 调 声	iẽ						yẽ					
	阴平 33	阳平 13	上声 42	阴去 45	阳去 21	入声 24	阴平 33	阳平 13	上声 42	阴去 45	阳去 21	入声 24
p	边	骈	匾	变	辫							
p^h	偏		□	片								
m		棉	免	面	面							
f												
t	颠	田	点	电	簟							
t^h	天		舔									
l		连	脸	练	链							
ts												
ts^h												
s												
z												
tɕ	肩	钱	检	剑	件		专	权	捲	眷	倦	

续表 26-3-1-3

tɕʰ	千		浅	欠			穿		犬	劝		
ȵ	拈	鲇	碾	念	酽							
ɕ	先	贤	选	宪	县		宣	玄		眩		
k												
kʰ												
ŋ												
x												
ø	烟	言	演	厌			冤	元	软	怨	愿	

pʰiẽ⁴² 蘸：～点酱油

续表 26-3-1-3

韵 调 声	an						ian					
	阴平 33	阳平 13	上声 42	阴去 45	阳去 21	入声 24	阴平 33	阳平 13	上声 42	阴去 45	阳去 21	入声 24
p	班	旁	板	棒	瓣							
pʰ	攀		*	盼					*			
m	鞔*	蛮	莽	漫	慢							
f	番	凡	纺	范	饭							
t	耽	谈	党	荡	淡		粘*			钉*		点
tʰ	汤		坦	探					挺*			
l	□	男	朗	滥	浪			良	两	谅	晾	
ts	簪	肠	斩	赞	暂							
tsʰ	餐		产	灿								
s	山	常	伞	尚	上							
z		然	壤	让	让							
tɕ							江	墙	奖	酱	匠	
tɕʰ							枪		抢	戗*		
ȵ								娘	仰*			
ɕ							香	降*	响	向	像	
k	甘		敢	鉴	扛							
kʰ	堪		砍	抗								
ŋ	安	昂	眼	暗	岸							
x	酣	含	喊	汉	苋							
ø							央	羊	养	恙	样	

lan³³ ～薄的：很薄

pʰan⁴² ①打：～他一坨。②将门虚掩不上锁：他把门～上

鞔 man^{33} 遮盖：桌上～块塑料布

p^{h}ian^{42} “　” 表“打”义时也可念做[p^{h}ian^{42}]

粘 tian^{33} 贴

钉 tian^{45} 打：～他一拳

点 tian^{24} ～砚子：很少一点。又音[tian^{45}]

挺 t^{h}ian^{42} 凸出或挺起（胸、腹）

戗 tɕian^{45} 斜：～对门

仰 ȵian^{42} 又音[ian^{42}]

降 ɕian^{13} 投～

续表 26-3-1-3

韵 / 调 / 声	uan						yan					
	阴平 33	阳平 13	上声 42	阴去 45	阳去 21	入声 24	阴平 33	阳平 13	上声 42	阴去 45	阳去 21	入声 24
p												
p^{h}												
m												
f												
t												
t^{h}												
l												
ts												
ts^{h}												
s												
z												
tɕ							庄	床		壮	撞	
tɕ^{h}							窗		闯	创		
ȵ												
ɕ							双		爽	涮		
k	关	狂	广	惯	掼*	□						
k^{h}	筐		□	旷								
ŋ												
x		桓										
ø	弯	王	往	安	忘							

kuan^{24} ～绿的：很绿的

k^{h}uan^{42} 打：～哒他几个嘴巴

掼 kuan^{21} 轻撞

续表 26-3-1-3

韵 调 声	ən						in					
	阴平 33	阳平 13	上声 42	阴去 45	阳去 21	入声 24	阴平 33	阳平 13	上声 42	阴去 45	阳去 21	入声 24
p	奔	盆	本	笨	笨		宾	平	丙	并	病	
pʰ	烹		捧	喷*			拼		品	聘		
m	蒙*	盟	猛	闷	梦			民	敏	命	命	
f	分	魂	粉	愤	份							
t	灯	同	等	冻	洞		丁	亭	顶	钉*	定	
tʰ	吞		桶	痛	捅*		厅		艇	听*		
l	聋	轮	冷	弄	嫩		□	林	领	令	另	
ts	尊	存	总	粽	澄*							
tsʰ	村		宠	寸								
s	孙	巡	省	送	剩							
z		人	忍	任	认							
tɕ							斤	秦	井	进	近	
tɕʰ							亲		请	庆		
ȵ								宁*		佞		
ɕ							辛	形	醒	信		
k	跟		耿	贡	共							
kʰ	坑		肯	控								
ŋ	恩*		□	瓮	硬	頞*						
x	风	痕	讽	恨	缝*							
ø	恩						因	银	引	印	用	

ŋən^{42} 触着凸起的硬东西觉得不舒服：～哒脚

lin^{33} ①〈动〉悄悄地走，潜行：～进屋里。②〈形〉～～子：悄悄地｜下～钩子：私下使坏

喷 pʰən^{45} ～香的：很香的。又音[pʰən^{33}]～腥的：很腥的

蒙 mən^{33} 遮盖

捅 tʰən^{21} 又音[tʰən^{42}]

澄tsən^{21} ～子：沉到溶液底层的杂质

恩ŋən^{33} 又音[ən^{33}]

頞 ŋən^{24} 将头埋入（物中）：～泅子，潜入水中

缝 xən^{21} 一条～

钉 tin^{45} 〈动〉～钉子

听 tʰin^{45} ～话｜～他去。又音[tʰin^{33}]～～啤酒

宁ȵin^{13} 又音[lin^{13}]

续表 26-3-1-3

韵 / 调 / 声	uən						yn					
	阴平 33	阳平 13	上声 42	阴去 45	阳去 21	入声 24	阴平 33	阳平 13	上声 42	阴去 45	阳去 21	入声 24
p												
pʰ												
m												
f												
t												
tʰ												
l												
ts												
tsʰ												
s												
z												
tɕ							君	群	准	郡	菌	
tɕʰ							春		蠢			
ȵ												
ɕ							勋	纯	瞬	训	顺	
k			滚	棍								
kʰ	昆		捆	困								
ŋ												
x												
∅	温	文	稳	问	问	揾*	晕	云	永	泳	孕	

揾 uən[24] 埋藏：身体潜入水中。《说文解字》：揾，没也，从手昷声，乌困切。今念入声调，又音[ŋən[24]]

说明：表 26-3-1-3 里同一横行的字声母相同，同一直列的字韵母和声调相同。空格表示拼不出字。有音有义而无适当字形可写的，表里用方框“口”表示，并在表下加注。表中带“*”号的字也在表下加注。字下加双线“＿”表示文读音，加单线“＿”表示白读音，加浪线“～”表示特殊读音。有关字的出处参见后文“同音字汇”。因 n̩、m̩两个韵母涉及的音节和词语数量有限，为节省篇幅，未将其列入表中

（三）文白异读

长沙话文白异读的类型很多，有的是声母、韵母、声调的单项异读，也有的是声母、韵母、声调的双项或多项异读。现分别举例如下：

1. 声母异读

例字	文读	白读
蓄	ɕiəu^{24} 储～	tɕ^{h}iəu^{24} ～起头发

“蓄起头发”的“蓄”也有人念[ɕiəu^{24}]。

（以上例字文读为擦音，白读为塞擦音）

例字	文读	白读
较	tɕiau^{45} 比～	ɕiau^{45} ～量

“较量”的“较”有人念[ɕiau^{45}]，但不多。

（以上例字文读为塞擦音，白读为擦音）

例字	文读	白读
覆	fu^{24} ～没	p^{h}u^{24} ～辣椒

（以上例字文读为擦音，白读为塞音）

例字	文读	白读
秘	mi^{45} ～书	pei^{45} ～密/mi^{24} ～书

（以上例字文读为鼻音，白读有读塞音的情况）

例字	文读	白读
编	piẽ^{33} ～辑	p^{h}iẽ^{33} ～书
蝶	tie^{24} ～恋花	t^{h}ie^{24} 蝴～子

（以上例字读为不送气音，白读为送气音）

2. 韵母异读

例字	文读	白读
滴	ti^{24} 水～	tia^{24} ～水

（以上例字文读为 i，白读为 ia）

例字	文读	白读
只（隻）	tsɿ^{24} ～言片语	tsa^{24} 一～鸡

（以上例字文读为ɿ，白读为 a）

例字	文读	白读
扯	ts^{h}ə^{42} ～皮	ts^{h}a^{42} 笑得一～起

（以上例字文读为ə，白读为 a）

例字	文读	白读
野	ie^{42} ～外	ia^{42} 打～
爷	ie^{13} ～～：祖父	ia^{13} 指父亲

（以上例字文读为 ie，白读为 ia）

例字	文读	白读
钉	tin^{45} ～书机	tian^{45} 打：～你一窑头粘
挺	t^{h}in^{42} ～胸收腹	t^{h}ian^{42} ～起肚子

（以上例字文读为 in，白读为 ian）

例字	文读	白读
啄	tso^{24} ～木鸟	tsa^{24} 鸡～米
很	xən^{42} 好得～	xə^{42} ～好

3.声调异读

例字	文读	白读/
艺	ȵi^{45} 曲～	ȵi^{21} 手～
造	tsau^{45} 创～	tsau^{21} ～孽/ts^{h}au^{45} 制～

（以上例字文读为阴去，白读为阳去）

例字	文读	白读
实	sɿ^{24} 事～	sɿ^{45} 鼻子～起哒
择	ts^{h}ə^{24} 选～/tsə^{24} ～优录取	ts^{h}ə^{45} ～菜

（以上例字文读为入声，白读为阴去）

例字	文读	白读
煎	tɕiẽ^{33} ～熬	tɕiẽ^{45} ～猪油
腥	ɕin^{33} ～骚味	ɕin^{42} ～气/ɕin^{45} 鱼有～气

（以上例字文读为阴平，白读为阴去）

例字	文读	白读
凌	lin^{13} 壮志～云	lin^{21} ～杠子
门	mən^{13} ～户	mən^{21} 胸～口：胸口附近

（以上例字文读为阳平，白读为阳去）

4.声母、韵母异读

例字	文读	白读
锯	tɕy^{45} 电～	kə^{45} ～子
去	tɕ^{h}y^{45} 失～	k^{h}ə^{45} 回～

（以上例字文读声母为舌面前音，韵母为 y，白读声母为舌根音，韵母为ə）

例字	文读	白读
家	tɕia^{33} 国～	ka^{33} ～娘
虾	ɕia^{33} 口味～	xa^{33} ～子

（以上例字文读声母为舌面前音，韵母为 ia， 白读声母为舌根音，韵母为 a）

例字	文读	白读
胶	tɕiau^{33} ～水	kau^{33} 驴～ | 阿～
敲	tɕ^{h}iau^{33} 推～	k^{h}au^{33} ～打

（以上例字文读声母为舌面前音，韵母为 iau，白读声母为舌根音，韵母为 au）

例字	文读	白读
减	tɕiẽ^{42} 缩～	kan^{41} ～少
奸	tɕiẽ^{33} ～诈	kan^{33} 汉～

（以上例字文读声母为舌面前音，韵母为 iẽ，白读声母为舌根音，韵母为 an）

例字	文读	白读
牙	ia^{13} 狼～山	$ŋa^{13}$ ～齿
鸭	ia^{24} ～绿江	$ŋa^{24}$ 鸡～

（以上例字文读声母为零声母，韵母为 ia，白读声母为ŋ，韵母为 a）

例字	文读	白读
颜	$iẽ^{13}$ 喜笑～开	$ŋan^{13}$ 姓～丨～色
淹	$iẽ^{33}$ ～没	$ŋan^{33}$ 水～咖哒

（以上例字文读声母为零声母，韵母为 iẽ， 白读声母为ŋ，韵母为 an）

例字	文读	白读
黄	fan^{13} ～帝	uan^{13} ～芽白

（以上例字文读声母为 f，韵母为 an，白读声母为零声母，韵母为 uan）

例字	文读	白读
缚	fu^{45} ～住苍龙	xo^{45} ～紧

（以上例字文读声母为 f，韵母为 u，白读声母为 x，韵母为 o）

5.韵母、声调异读

例字	文读	白读
夜	ie^{45} 宵～	ia^{21} ～歇子
萦	yn^{13} ～绕	ian^{33} ～线

6.声母、韵母、声调异读

例字	文读	白读
下	$ɕia^{45}$ ～榻	xa^{21} 底～/$ɕia^{21}$ ～级
蚊	$uən^{13}$ ～香	$mən^{33}$ ～子

长沙话的文读音有向普通话靠拢的趋势。

（四）同音字汇

下列同音字汇以韵母为序，同韵的字以声母为序，声韵相同的字以声调为序。

字前中括号内数字表示声调调值，字下加双线“＿”表示文读音，加单线“＿”表示白读音，加浪线“～”表示特殊读音。“（又）”表示又读音。“（多）”表示多数情况下的读音，对应的少数情况下的读音不加标注。方框“□”表示有音有义但暂时写不出字形。不同的义项分别用①②③等序号加以区分。“〈名〉”“〈动〉”“〈形〉”“〈副〉”“〈助〉”“〈量〉”“〈方〉”等分别表示后文所注是名词、动词、形容词、副词、助词、量词、方位词等。注文中用代替号“～”代替所注的字。举出多个例子时，例子之间用“｜”隔开。

ɿ

tsɿ [33]资姿咨滋～生辎～重知支枝肢栀～子花之芝□用手指甲挠人：脸上～哒一条印子。 [13]瓷餈～粑兹慈磁滋～长辞词祠池驰迟持 [42]紫姊子梓滓纸只～有脂旨指止趾址辎～重（又） [45]自～由丨独～巳制智致至痔峙对～治志痣蛰惊～窒掷炙脍～人口 [21]自～家寺字牸～牛子：母牛 [24]置执汁侄质直值织职殖植只（隻）～言片语蜘指～脑子：指头

$ts^hɿ$ [33]雌疵痴嗤跐脚下滑动：～哒一跤摛伸：莫～手 [42]此侈耻齿 [45]刺赐次伺～候滞翅稚 [24]秩赤斥尺

sɿ [33]斯厮撕私师狮司丝思施尸诗豉豆～ [13]时 [42]死矢屎始使史驶 [45]四肆祀饬饲伺嗣～

位丨无~侍士仕事故~俟世势逝氏示视嗜饰似恃式试实被堵塞：鼻子~起哒 [21]是市柿事似 [24]十什湿拾实事~失室食蚀识適释石

zɿ [24]日

i

pi [33]屄（又） [13]皮疲脾琵痹 [42]彼比鄙（又） [45]蔽（又）陛~下弊（又）币（又）斃裨痹臂（又）避篦（又） [24]鼻笔必毕碧逼弼璧壁煏用火烘干

pʰi [33]批披 用刀将竹木的枝桠削下，或将竹片破开。《集韵·支韵》攀糜切：，刀折也，剥也 [42]丕鄙庇痞 [45]屁 [24]匹辟僻霹劈

mi [33] ~碎的：很碎的眯（又） [13]糜~烂弥（又） [42]米 [45]眯泌秘~书密严丝~缝：严密无缝 ~融的（又） [24]密蜜秘~书觅

ti [33]低 [13]堤题提蹄啼 [42]底抵的 [45]帝递地弟第蒂隶（又） [21]地弟第递~给他 [24]笛敌嫡滴水~狄

tʰi [33]梯 [42]体剔 [45]替涕剃隶 [24]踢

li [13]梨犁黎离篱璃厘驴~胶 [42]旅礼履你李里理鲤律纪~（又） [45]丽例厉励荔吏粒利~害隶（又）栗 [21]利痢~疾 [24]历立力律~~率效~捋~箕：滗米汤用的篾器。《集韵·术韵》劣戌切，去滓汁曰~。

tɕi [33]鸡稽羁饥肌基屐姬机讥箕箢~：竹篾等编成的用来挑土送粪的器具 [13]齐脐~带奇骑鳍祁其棋旗祈期时~ [42]挤几茶~几~多已纪杞 [45]祭际济脐肚~荠荸~聚~会计继寄记忌既季系~带子唧①摹状吸吮之声，借重叠形式指乳汁；②引申指奶头：奶~~；③再引申指事物的小的凸起部分：一只~~子稷妓（又）技（多）冀 [21]聚~钱：把报纸~好 [24]集疾绩缉辑即鲫积跡脊籍藉慰~吉诘击激急级汲吸极给棘戟寂（又）

tɕʰi [33]妻凄栖（棲）趋蛆欺□把烧红的炭柴、金属等放到水里，或者用水浇到烧红的柴炭、金属上面蛐~~：蟋蟀 ~~话：悄悄话 [42]启起岂取娶 [45]气汽砌趣企器弃妓技契 [24]七漆戚寂乞迄讫睩①视：近~子，近视眼；②窥视。《广韵·霁韵》七计切：视也

ȵi [13]尼泥呢~子倪宜谊仪疑 [42]拟你 [45]义议蚁蚂~子毅艺呓腻~人逆（又）溺（又）暱（又） [21]艺腻~人 [24]逆溺暱

ɕi [33]希稀嘻熙兮奚溪绥犀胥西牺栖（棲）（又）嬉（又）髓 [13]徐携 [42]戏洗嬉禧徙玺 [45]系~统细絮序叙隙（又） [21]系箢箕、木桶等器物上的鋬：箢箕~、尿桶~ [24]习隙泣悉锡析袭戌昔恤惜息席夕熄媳膝吸（又）

i [33]医伊 [13]移夷姨怡贻饴胰~子油：肥皂宜不~（又）谊（又）仪（又）疑（又）亦 [42]以已椅矣 [45]意异肄翼羽~丰满腋~下亿弋忆缢懿易知难行~诣匿毅（又）艺（又）邑 [21]易~得：容易佾（量）行栽六~ [24]易姓氏一逸揖抑益译液匿（又）

u

pu [13]蒲菩潽液体沸腾溢出：牛奶~咖哒 [42]补捕逮~ [45]部~署布怖 [21]部簿步埠□碰（试探）：明天清早去~下看，说不定买得到 [24]不

pʰu [33]铺~设铺（量）一~帐子 [13]潽液体溢出器皿浮轻~ [42]谱普甫浦脯辅捕~人 [45]铺店~ [24]勃璞卜扑仆曝瀑覆把物件底部朝上：把碗~起放

fu [33]夫肤敷乎呼赴~汤蹈火 [13]胡湖狐壶瓠俘符扶糊 [42]虎浒府腑俯斧釜腐辅~导（又）抚□①掀；

把被窝一~就走哒；②拨：把豆子~做三堆 [45]户滬戽~水互护付父瓠~子赋傅姓赴讣附妇负富副幅鑊~锅拂 [21]附附带：~到一路给你丨~毛猪：没有煺毛的猪傅师~缚~住苍龙 [24]忽弗佛彿斛~桶：量具蝠复腹福覆~没服伏

ku [33]姑辜箍孤估~价 [13]跍①蹲：~得地下；②待：他在家里~咖一天。《集韵·虞韵》空胡切：跍，蹲也 [42]古贾商~股鼓瞪大眼睛估~堆：大约估计牯牛~子，公牛 [45]故固顾雇 [21]咕象声词：含口水~几下 [24]骨谷

k^hu [33]枯 [42]苦 [45]库裤 [24]哭酷

u [33]乌污坞巫诬 [13]吴吾梧无 [42]午五伍武舞侮鹉 [45]误悟恶厌~务雾勿 [21]误雾 [24]物屋

y

ly [42]女（又）

tɕy [33] 居俱~乐部猪诸车~马炮朱蛛株硃珠诛拘驹猪~子疽炭~ [13]除渠廚瞿 [42]褚煮举主 [45]著箸巨拒距据锯电~具惧剧柱支~驻注铸俱句□用不正当的手段把次品推销给对方 [21]矩住柱 [24]橘菊局

tɕ^hy [33]区驱枢中~趋（多） [42]处相~杵取（又） [45]趣（又）处~所去失~屈~子：用金属或其他质料做成的小环，作固定物件之用 [21]杵噘：嘴巴一~起 [24]出屈姓：~原丨委~

ȵy [42]女

ɕy [33]书舒墟虚嘘输胥须需 [13]殊徐（又） [42]暑署~名鼠黍许 [45]墅庶恕署部~成竖树~人絮（又）序（又）叙（又）绪戍恤（又）术述 [21]薯竖树

y [33]淤 [13]如鱼渔余于盂榆愉愚虞娱 [42]汝语与雨宇禹羽乳女（又）愈~演~烈与参~ [45]御誉预豫愈吁呼~裕喻遇寓玉禹（又）愉（青）郁疫 [21]芋 [24]入域役欎使弯曲：把竹子~弯。《集韵·物韵》纡勿切：欎，拗戾也熨~贴：①干净整洁；②井井有条；③事情完全办妥

a

pa [33]巴芭笆疤琶粑~~：饼类食物 [13]爬耙扒~手 [42]把~握 ~~：屎，也泛指肮脏之物 [45]霸把锄头~坝罢~工□~根子草，白茅 [21]罢~是，特意，故意稗~子 [24]八爸

p^ha [33]汃食物煮得过烂（一般指米饭） [42]啪象声词：气球~咖哒趴①两腿分开：把脚~开；②腿与腿之间的距离上窄下宽：桌子脚带~势 [45]怕 [24]拔

ma [33]妈 [13]麻蟆蛤~ [42]马码蚂 [45]□击打 [21]骂 [24]抹

fa [33]花 [13]华铧划~船 [45]化划规~ [21]划画话 [24]法乏发罚伐筏滑~雪猾

ta [42]打 [45]大~学 [24]答搭达

t^ha [33]他 [24]踏塔逷邋~，肮脏榻塌獭拓~片

la [33]拉拿~得来 [13]拿~手挪腾~ [42]哪□~胡：①马虎；②脏，不讲卫生 [45]那 [21]喇~叭 [24]纳腊蜡捺辣邋~遢：肮脏旯旮~垃~圾

tsa [33]渣 [13]茶搽查调~ [42]鲊~辣椒：把拌好的糯米粉和辣椒放进坛子里腌制而成 [45]乍诈榨炸~弹炸油~ [21]扎~扫把：用竹枝扎的扫帚 [24]杂眨闸扎~针丨驻~札轧~钢铡啄~鱼鸟丨鸡~米蚱~蜢炙烤：~下子火啰。《广韵·昔韵》之石切：“说文曰炮肉也。”□~秤：压秤：湿柴火~秤扎~木，质地坚硬的木头只（隻）一~鸡

ts^ha [33]差~评叉杈汊三~矶 [42]扯笑得一~起 [45]诧岔汊河~ [24]插擦察

sa [33]沙纱砂痧挲手张开。《集韵·麻韵》师加切：挓挲，开貌 [42]傻 [45]射①扔、投：~石头；②形容行动十分迅速：他一~就不见哒 [21]射~火星：流星 [24]霎萨杀煞靸把鞋后帮踩在脚后跟下：~哒咯双拖鞋四路里走

ka [33]家~娘痂~子 [13]蛤~蟆：青蛙 [42]嘎~白：惨白 [45]架嫁 [21] ①大姆指和食指或中指引开的距离。②跨：~过去。《集韵·祃

韵》枯化切："举足越，一曰一步也。"溪母读如群母嘎因笔不好写或纸粗糙，书写不流利：～纸 [24]夹□这么：～老，意为很老里指～隔馋～子：涎布（旧）

k^ha [33]抲用手的虎口紧紧扼住：～喉咙。《集韵·麻韵》丘加切：抲，扼也 [42]卡 [45]胯 [24]掐

ŋa [33]丫～开桠树～子 [13]牙～齿芽伢 [42]哑 [45]咬训读字：猫～老鼠讶～浒，乖戾，不相合，喜欢扯皮：他蛮～，你莫去找他。《集韵·马韵》：讶，语下切；浒，侧下切。浒讶言戾。按今长沙俗作讶浒 [21]砑压，碾：～胡椒。《集韵·祃韵》鱼驾切：砑，碾也 [24]压鸭鸡～

xa [33]哈笑～～｜～气虾～子□食油或含油食物的味道变坏了：腊肉～咖哒 [42]哈～宝：傻子 [21]下底～下（量）看一～下（副）表范围，都：～来哒 [24]瞎

a [33]阿～哥～妹

ia

pia [21]□～泻的泥巴：很稀的泥

p^hia [42]撇～淡的：很淡 [21]□～泻的泥巴：很稀的泥

mia [45]□～黑的：很黑

tia [33]爹～～：祖父 [13]提～节：节庆之日送给尊长礼物 [24]滴～水

t^hia [24]踢缔系：～鞋带。《广韵·霁韵》特计切："结也。"

lia [33]嗲形容撒娇的声音和样子：～声～气 [13]□爬 [42]□①伸出：～起个舌子，把舌头伸出来。②张开，敞开：～起衣服□斜：～肩胛，溜肩膀，也指撂挑子 [45]□～腔：形容讲话无道理且气势逼人，一种要打架扯皮的腔调肏性交（又） [21]□～皮：办事不讲原则，拖拖沓沓，也指这样的人 [24]累训读字，劳累，疲倦：～得要死

tɕia [33]家国～傢加嘉佳 [13]茄 [42]假贾 [45]驾架打～稼嫁出～价□～湿的：很湿 [24]夹袷甲嘎脾气倔

$tɕ^h$ia [33]掐 [24]吃洽恰

ȵia [33]䅶沾：～点咖子边 [13]䅶粘。《集韵·麻韵》女加切：䅶，黏着也 [42]惹 [45]肏性交 [21]黏肉～肉：肉挨着肉

ɕia [33]虾口味～ [13]霞瑕遐 [42]暇 [45]夏①姓。②一年的第二季（又）下～榻泻①稀：～泥巴。②形容人品差，不正经，不靠谱 [21]夏一年的第二季：春～下～级 [24]侠挟狭峡匣狎辖瞎

ia [33]鸦丫～鬟 [13]牙狼～山芽衙涯爷父亲 [42]雅哑野打～｜～猫子脚讶 [45]亚 [21]夜～间子 [24]押鸭～绿江压

ua

kua [33]瓜 [42]寡剐 [45]挂卦褂 [21]□～涩的：很涩 [24]括刮虢

k^hua [33]夸 [42]垮 [45]跨 [21]垮松弛下垂：脸一～起

ua [33]蛙洼鸦老～子 [13]娃 [42]瓦□象声词，呕吐时嘴里发生的声音 [45]滑溜～的 [24]袜挖猾（又）

ya

tɕya [33]抓 [13]瘸脚跛或手残，活动不便：～把子 [42]爪 [45]□大叫

$tɕ^h$ya [45]踹①踢；蹬：～他一脚；②鸡爪快速向后扒

ɕya [42]耍（少） [45]涮～羊肉（又） [21]刷～锅 [24]刷～子

ya [45]哕大声喊叫

o

po [33]波玻簸颠~播~音 [13]婆 [42]□~萝货：品质差的货物 [45]播广~簸~箕 [21]薄~荷 [24]钵拨泼活~博薄剥驳勃（多）

p^{h}o [33]坡 [42]颇剖（多） [45]破 [24]泼~水

mo [33]摸 [13]魔磨~刀摩模膜 [42]母拇 [45]暮慕墓募幕 [21]磨~粉子｜~子 [24]末沫寞莫木沐目穆牧

fo [24]佛（又）

to [33]多 [13]驼陀阿弥~佛坨（量）砣秤~驮~东西｜~土，代人打一会儿麻将 [42]朵躲 [45]惰堕剁 [21]舵誃把一物压放在另一物上。《集韵·哿韵》待可切："加也。"□~栗子：颗粒较小的一种栗子 [24]夺

t^{h}o [33]拖 [42]妥 [45]唾□压：拿石头~哒纸 [24]脱讬托乇用于地名：大~，南~铎拓开~

lo [33]啰~嗦 [13]罗锣箩骡螺脶挪腾~（又） [42]裸打~：舌头不听使唤。《集韵·过韵》卢卧切：《说文》不均也，一曰丝有节 [45]烙~壳：麻烦摞（量）一大~脔萎靡不振：~起~起 [21]糯 [24]落赂诺骆酪洛络乐

tso [13]昨 [42]左佐 [21]坐座 [24]作桌捉着酌卓绰琢啄~木鸟镯浊拙~劣｜笨~

ts^{h}o [33]搓 [42]挫 [45]锉措错凿 [24]戳辵哄骗撮—~毛

so [33]唆梭蓑娑飕风~~ [42]所锁琐 [45]誜差；不好謶哄骗。《广韵·药韵》之若切：欺也。古章母今读书母，古入声今读阴去 [24]塑朔索硕

ko [33]哥歌戈锅 [42]果裹 [45]个过 [24]各鸽葛割阁郭廓角佮与人结交。《集韵·合韵》葛合切：佮，《说文》合也咯这：~本书

k^{h}o [33]科轲苛窠 [42]可棵颗敤敲。《集韵·果韵》苦果切：敤，击也 [45]课搁把物件放在支撑物上，使下面留有空隙 [24]磕渴阔扩确壳

ŋo [42]我 [24]握沃鄂鳄斡

xo [33]呵~护｜笑~~ [13]何河荷~花｜薄~｜~兰（又）和 [42]火伙 [45]货贺缚~紧惑荷~兰和唱~ [21]祸和打~声□液体涌流 [24]活喝曷豁~出去鹤霍藿镬或获合盒盍蓋蜇：毛虫~人。《广韵·药韵》丑略切：虫行毒，亦作蠚，又烙切

o [33]阿~胶窝蜗涡莴屙 [13]蛾鹅俄禾何~得了：怎么得了 [45]卧焳烫：~哒，用来提醒人家小心的话。《集韵·沃韵》吾沃切：灼也。古入声今读阴去 [21]饿 [24]恶握（多）沃（多）鄂（多）鳄（多）斡（多） 《集韵·合韵》遏合切：，藏火也罯严密地覆盖或封闭起来：白菜~黄了。《广韵·合韵》乌合切：罯，覆盖也愕表程度之甚，限作补语：快得~。《广韵·铎韵》五各切：愕，多也

io

tɕio [24]脚爵角货币辅助单位觉知~

tɕ^{h}io [24]却觉~悟雀鹊确（多）

ȵio [24]疟

ɕio [24]学削

io [24]略掠岳姓；~飞嶽跃钥约药若乐音~弱虐

ə

pə [24]北白柏伯珀帛百

p^{h}ə [24]泊帕魄拍

mə [45]墨~黑的 [24]墨默麦脉陌没沉~

tə [24]得德陀～螺

tʰə [24]特

lə [45]捋～禾线子 [24]肋勒□①〈动〉开玩笑：莫～啰！②〈形〉风趣幽默：他好～的

tsə [33]遮 [42]者 [45]蔗贼～牯子：小偷 [24]则侧窄摘责折浙哲厕～所（多）

tsʰə [33]车 [42]扯～皮 [45]择～菜 [24]策册测恻泽择～优录取宅彻撤辙拆厕～所（又）□抽搐：脸上的肉直咯～

sə [33]奢赊 [13]蛇 [42]舍～不得 [45]社舍宿～赦射～击 [21]社～港，长沙县地名 [24]色塞瑟虱涉摄设舌失遗失

zə [42]惹

kə [13]蛤～蟆：青蛙 [42]弆藏。《广韵·语韵》姜举切：弆，藏也 [45]锯～子 [21]嗝打～ [24]格革隔～开｜馋～子：涎布

kʰə [42]剋省俭 [45]去回～ [24]刻克客咳

ŋə [24]额厄扼轭

xə [33]□开玩笑：莫跟他～ [42]很～多 [24]黑核吓赫骇

ə [13]而儿 [42]耳饵尔 [45]二蠢：～老倌｜好～的贰 [21]二数目词

ie

pie [33]憋 [42]瘪 [24]别～个（又）屄女性生殖器

pʰie [42]蹩～哒脚 [24]别～个撇

mie [24]灭篾搣掰：把咯只橘子～开。《广韵·薛韵》亡列切：手拔也，摩也，批也，捽也

tie [24]跌迭叠喋①叹词，放在句前表提示：～，咯是你的书。②语气词，放在句末表提示：咯是你的书～。蹀半路上顺便停留：你过河的时候，在桥头～一下碟～子蝶～恋花

tʰie [24]铁帖贴蝶蝴～子谍

lie [45]捩歪：画挂～哒。《集韵·屑韵》力结切："拗也。"古入声今读阴去 [24]列烈裂劣猎

tɕie [13]茄 [42]姐 [45]借 [24]接节劫孑揭结洁截捷（又）杰（又）

tɕʰie [24]切妾怯杰捷～克斯洛伐克｜～报

ȵie [24]业聂镊孽捏

ɕie [33]些 [13]邪斜携（又）偕白头～老谐和～ [42]写 [45]卸谢泻一～千里泄发～蠍 [24]雪薛泄～漏屑协胁歇血穴恤（又）亵～渎

ie [33]椰 [13]爷祖父：～～ [42]也冶野～外 [45]夜～宵腋翼～胛：翅膀 [21]敥以手撒物：～点石灰。《集韵·艳韵》以赡切：敥，以手撒物 [24]乙叶页靥

uə

kuə [24]国

ye

tɕye [45]倔发～脾气 [21]倦疲乏：～咖哒 [24]决诀掘孓厥橛绝～对

tɕʰye [42]□折断 [24]缺

ɕye [33]靴 [24]说

ye [42]抈折：把棍子～脱。《广韵·月韵》鱼厥切：抈，折也 [45]悦喜～（又） [24]月热悦阅越粤曰

ai

pai [33]跰跛 [13]排牌 [42]摆 [45]拜败 [21]败

p^hai [42]□（量）两臂左右平伸时两手之间的距离 [45]派

mai [13]埋 [42]买 [45]卖迈

fai [13]怀槐淮 [45]坏破~ [21]坏~人

tai [13]台抬苔~藓 [42]歹 [45]待怠殆戴代人大~表贷带袋~鼠 [21]袋~子大~小代一~人

t^hai [33]胎苔青~ [42]奤身体过胖的人缓慢行走的样子 [45]太态泰

lai [13]来�~田：在水田中进行中耕除草 [42]乃奶 [45]奈耐忍~赖无~ [21]癞~子耐心~赖耍~

tsai [33]灾栽斋 [13]才财材裁豺柴 [42]宰载一年半~崽 [45]再载~重债寨山~版 [21]在寨~子□~雨：淋雨

ts^hai [33]猜差出~ [42]彩採睬 [45]菜蔡

sai [33]腮鳃筛 [42]洒~水 [45]晒赛

kai [33]该皆阶街 [42]改解 [45]介界芥疥丐盖届戒械概（又）溉（又）

k^hai [33]开揩 [42]楷凯恺~切 [45]概溉慨

ŋai [33]哀唉挨~在一起娭~毑埃（又） [13]呆死~埃挨~打崖岩 [42]矮蔼霭 [45]爱碍妨~隘艾~青 [21]碍~手~脚艾~叶子

xai [13]孩鞋 [42]海蟹 [45]亥懈害危~ [21]害~人解姓

ai [33]唉~声叹气

uai

kuai [33]乖 [42]拐□坏（限于指人） [45]怪

k^huai [42]块傀蒯 [45]快筷会~计刽 [21]扻佩戴；背；带着；挎：~起篮子去买菜

uai [33]歪 [42]跩扭：他走路有点子两边~ [45]外见~ [21]外~国人

yai

tɕyai [42]转~格：摆架子

$tɕ^h$yai [42]揣

ɕyai [33]衰 [42]甩摔 [45]帅蟀蟋~

ei

pei [33]杯悲卑碑婢~女（又） [13]培陪赔焙烘~箅甑~子 [42]鄙~人 [45]贝闭蔽弊币毙辈背婢臂备秘~密被~动 [21]篦箅倍焙火~鱼被

p^hei [33]胚坯丕 [42]呸~他几句 [45]配佩譬辔沛

mei [33]霉倒~痗神情沮丧，脸色不好：~相。《广韵·队韵》莫佩切："病也。"古去声今读阴平 [13]眉靡风~弥霉发~迷谜~语梅枚玫媒煤 [42]每美 [45]媚楣味寐妹 [21]妹谜猜~子沕躲着；暗暗地：他~起~起用功。《集韵·队韵》莫配切：沕，潜藏也

fei [33]飞灰恢非麾妃挥辉徽 [13]回肥 [42]悔贿毁匪 [45]绘废肺吠晦慧彗惠秽穗费痱沸卉讳汇外~ [21]会汇~款

tei [33]堆 [13]颓 [45]对队兑碓

lei [33] ～胖的：很胖 [13]雷擂①研磨：～钵。②挤，撞：莫放肆～ [42]吕屡垒累～赘儡馁 [45]类内～人泪虑滤 [21]内累劳～

tsei [13]贼 [42]嘴 [45]醉 [21]罪

ts^{h}ei [33]崔催摧炊（多） [45]翠脆悴粹

sei [33]虽 [13]随 [45]岁遂隧碎

uei

kuei [33]归龟规窥（又）圭闺 [13]葵揆逵夔 [42]鬼诡轨晷 [45]桂贵癸鳜瑰刽～子手 [21]柜

k^{h}uei [33]亏魁盔奎窥 [42]跪 [45]溃愧

uei [33]威煨巍微～信 [13]为危维惟帷唯微～小｜轻～薇围违桅 [42]尾委诿推～苇伟纬 [45]伪魏畏喂慰胃谓蝟未～来味～精卫保～ [21]位味～道未～必卫～护

yei

tɕyei [33]追锥 [13]垂锤槌 [45]缀坠赘

tɕ^{h}yei [33]吹炊

ɕyei [13]谁髓（又） [42]水 [45]税睡瑞

yei [45]锐瑞（又）

au

pau [33]包胞褒 [13]袍浮 [42]保宝堡饱 [45]报暴豹鲍爆曝（又）抱～负 [21]抱刨菢

p^{h}au [33]抛泡松软的样子：～～果 [42]跑剖（又） [45]泡炮□十：～把天（十来天）

mau [33]猫 [13]毛矛茅冇（动）没有：屋里～人 [42]卯□偷：偷东～西□瞎猜：～中的□打：～你一拳 [45]貌冒～出茂（又）贸（又） [21]冇（副）没有：～来帽

tau [33]刀叨 [13]桃逃陶萄涛淘～宝 [42]岛祷倒打～ [45]稻盗导到倒～水道～路 [21]道～理

t^{h}au [33]滔掏涛波～（又） [42]讨 [45]套

lau [33]膀膻，象羊肉的气味捞（又） [13]劳捞牢痨～病壳挠～痒｜阻～铙（又） [42]老脑恼 [21]闹痨（动）毒杀。《广韵·效韵》郎到切：痨，《说文》曰朝鲜谓饮药毒为痨

tsau [33]糟遭朝今～召～开昭招诏～书（又）沼～气 花生、瓜子等炒得很脆。《说文》： ，焦也。从火曹声。作曹切 [13]曹巢嘈～杂饿：肚子～。《集韵·豪韵》财劳切：脆也；一曰腹鸣朝～代潮槽～房 [42]早枣蚤澡皂肥～爪（又） [45]灶罩赵兆预～肇召号～照诏～书造创～ [21]皂～角造～孽兆～头

ts^{h}au [33]操早～抄钞超 [42]草吵炒 [45]造制～躁操曹～

sau [33]骚梢捎烧 [13]韶勺～子 [42]嫂稍叟扫～地少多～ [45]潲扫～把少～年绍邵

zau [13]饶 [42]绕扰

kau [33]高膏羔糕胶跤 [42]搞稿 [45]告教～书窖觉睏～

k^{h}au [33]敲～打 [42]考烤 [45]靠犒

ŋau [33]熬～菜 [13]熬煎～鏖 [42]袄咬 [45]傲奥懊坳拗扷量：用手～一下。《集韵·号韵》，於到切：扷，量也

xau [33]蒿薅 [13]豪毫号～呼 [42]好～坏 [45]浩耗号～召好爱～ [21]号几～

iau

piau [33]标膘彪 [13]瓢嫖 [42]表

p^hiau [33]飘 [42]漂~白瞟短暂快速地偷看：~学 [45]票漂~亮漂~雨

miau [33]猫花~ [13]苗描 [42]秒渺藐 [45]妙谬 [21]庙

tiau [33]刁貂雕 [13]条调~和笤~刷桠子□①离开：刚落屋就~咖哒。②跑开：小偷~咖哒 [42]屌~里~气 [45]钓掉~咖东西调吊上~ [21]掉~脑壳吊

t^hiau [33]挑 [42]斢调换 [45]跳粜

liau [33]撩踢：~他一脚。《集韵·萧韵》怜萧切：动作，击也蹘跷：~起二郎腿。《集韵·爻韵》力交切："足相交。" [13]撩燎辽聊寥疗 [42]了~结瞭明~ [45]廖尥丢掉；把这个~咖啰。长沙有切口"丢河里"指廖姓料~事如神 [21]料香~

tɕiau [33]骄娇矫交郊胶橡~跤摔~浇焦椒 [13]乔桥樵瞧轿~正（多） [42]绞狡饺缴搅剿 [45]教~书叫较比~校学~｜~对醮觉睡~轿~子 [21]噍嚼：三扒[pa21]两~，鼓眼一吞□~伙：合伙轿~子藠撬~门

$tɕ^h$iau [33]敲推~锹缲~边劁~猪婆悄邀~个伴 [42]巧 [45]窍俏鞘撬~门

ȵiau [42]鸟 [21]尿

ɕiau [33]消宵霄硝销萧箫嚣淆（多） [13]淆 [42]小晓 [45]笑啸孝效酵较~量校~对

iau [33]妖邀~请腰要~求夭么~二三 [13]摇谣窑姚尧铙肴淆（又） [42]舀 [45]耀要重~ [21]鹞

əu

məu [13]谋眸 [42]某亩牡 [45]茂贸

təu [33]都兜 [13]头徒屠途涂图投 [42]堵赌抖陡斗~~米｜北~星肚~子 [45]度杜渡轮~镀~金逗~乐豆红~生南国斗~争蠹 [21]渡摆~镀金~豆~子肚~脐眼｜~里 [24]独读牍笃督毒妒嫉~

t^həu [33]偷 [42]土吐~痰 把衣服~开 [45]兔透 [24]突秃腯肉很肥或食物油太重，~得使人不想吃

ləu [33]鏂锈；生锈。《集韵·侯韵》郎豆切：鏉也。又大透切：鏉鏂，铁生衣 [13]奴卢炉庐楼驴毛~｜~子，喻指不正经的女性 [42]鲁橹努虏卤缕搂篓 [45]戮陋路露暴~漏泄~漉湿~~ [21]路露漏 [24]六陆鹿禄绿录漉湿~~（又）

tsəu [33]租邹周舟州洲 [13]锄愁绸稠筹酬售~货员仇 [42]组祖阻走肘帚 [45]做奏纣昼宙咒 [24]卒猝（又）足竹筑祝粥烛嘱蜀𥑮塞。《广韵·屋韵》侧六切：塞也

ts^həu [33]粗初抽搊~把椅子 [42]楚础丑醜 [45]醋助凑臭□擦 [24]促族逐骤猝畜轴触束曲~蟮子：蚯蚓

səu [33]苏酥梳疏蔬搜蒐飕馊收 [42]数（动）手首守 [45]素诉数（名）嗽漱瘦受寿兽授售（多）夙~愿（又） [21]受寿 [24]速宿肃夙缩俗续叔淑熟赎属

zəu [13]柔 [24]肉育辱褥狱欲浴

kəu [33]勾沟钩阄拈~ [13]格 [42]狗苟 [45]够构购 [24]格丢~：丢脸

k^həu [33]抠（量）一~~子 [42]口 [45]扣叩寇蔻 [24]抠小气

ŋəu [33]欧讴殴 [42]藕偶呕 [45]沤怄

xəu [33]齁扯~ [13]侯喉猴浮漂~ 贪：细伢子~东西。《广韵·侯韵》胡遘切： 瞜，贪财之貌 [42]吼否 [45]后皇~后前~厚忠~候气~ [21]厚~薄后前~候时~

iəu

tiəu [33]丢

liəu [33]溜开~ [13]留流刘榴硫琉□肢体酸疼无力：~胀子胀 [42]柳 [45]溜（量）一~白纸（一长条白纸）溜~刷：形容动作利索

tɕiəu [33]纠鸠揪~辫子阄拈~ [13]球求囚揪攀附：莫~车梂（量）繁多丛聚为梂：一~大蒜。《说文》段注：今俗语谓繁多丛聚曰一梂 [42]酒久九韭 [45]救究臼咎柩灸舅~~旧~居就成~ 拧；绞：把瓶盖~紧。《集韵・宥韵》居又切：，《说文》揉屈也 [21]舅旧就 [24]跼歪扭不顺：单车内胎冇上好，~咖哒。《广韵・烛韵》渠玉切：蹗跼，又曲也，俛也，促也

tɕ^{h}iəu [33]丘秋 [24]曲戏~蓄~头发

ȵiəu [13]牛 [42]纽扭 [45]扭摆动：莫~，好生走

ɕiəu [33]休修羞 [42]朽□①（形）自高自大，目中无人。②（动）呵斥：~人 [45]嗅秀袖绣锈宿星~ [24]粟畜~牧蓄储~旭

iəu [33]优忧悠幽 [13]尤由油邮游犹揉[42]有友酉 [45]诱莠宥祐柚釉幼 [21]右又

õ

põ [33]搬 [13]盘 [45]半伴伙~ [21]伴做~

p^{h}õ [33]潘 [45]判叛

mõ [13]馒瞒 [42]满

tõ [33]端 [13]团 [42]短 [45]段锻缎断~然 [21]断~水氹

lõ [33]脔萎靡不振：~起~起 [13]鸾圝~心 [42]暖卵 [45]乱动~脔萎靡不振：~顿。《广韵・桓韵》落官切：脔脔，病瘠貌 [21]乱~搞

tsõ [33]钻动词 [42] 戳 [45]钻~石

ts^{h}õ [33]氽 [45]窜

sõ [33]酸 [45]算蒜

kõ [33]官观冠衣~ [13]彏弯（腰）：~起个腰。《集韵・删韵》巨班切：弓曲貌[42]管馆[45]贯灌罐观寺~冠~军

k^{h}õ [33]宽 [42]款 [45]墈水田或池塘等的岸边 [21]□器物口朝下放置或覆盖别的东西：桌上~哒一只碗

xõ [33]欢 [42]缓 [45]唤焕幻患宦 [21]换

õ [13]完（又） [42]碗豌腕宛婉皖

ə̃

tsə̃ [33]瞻沾粘 [13]缠禅~宗（又） [42]展 [45]占战颤打~ [21]黵因接触而被东西附着上：~哒一身灰。《集韵・琰韵》止染切："黑污也。"长沙今读阳去

sə̃ [13]禅 [42]陕闪 [45]扇搧~风善膳擅赡

iẽ

piẽ [33]边鞭编~辑 [13]便~宜骈 [42]匾扁蝙 [45]变便~利辩辨 [21]辫便方~

p^{h}iẽ [33]篇偏编~书 [42]□蘸：~点酱油 [45]骗汴片

miẽ [13]棉绵眠 [42]免勉娩缅 [45]面情~ [21]面全~

tiẽ [33]颠癫 [13]田甜填 [42]点典 [45]店电奠佃殿宫~ [21]垫簟殿~后

t^{h}iẽ [33]天添 [42]舔

liẽ [13]连莲联怜廉镰簾奁妆~严（又）年（又）阎（又） [42]脸敛 [45]练炼恋敛验殓入~ [21]链□~常：常常

tɕiẽ [33]坚肩奸~诈兼尖煎~熬歼~灭 [13]钳乾~坤虔钱潜前泉 [42]检茧剪践减缩~溅血~俭（又）拣挑~ [4

5]见建健腱键件条~剑俭煎~猪油渐僭箭溅~哒一身水贱下~荐 [21]贱~鬼件一~旋~窝子健~旺

tɕʰiẽ [33]牵谦千笺迁歼（又）签纤铅~锌矿丨~笔（又） [42]遣歉浅且 [45]欠

ȵiẽ [33]研拈 [13]严鲇年阎 [42]俨碾辇撵捏 [45]念纪~砚~瓦池 [21]酽砚~子念~书

ɕiẽ [33]掀轩先鲜仙暹 [13]贤弦嫌涎谚（又）咸~阳衔军~（多） [42]险显选癣鲜朝~ [45]宪献羡现表~ [21]县现

iẽ [33]烟咽~喉淹~没阉醃焉 [13]炎盐簷颜喜笑~开延筵言芫~荽菜沿（多） [42]演掩眼 [45]厌艳焰燕宴谚咽~饭

yẽ

tɕyẽ [33]专砖捐涓 [13]传~达船权拳全痊泉源~（又） [42]捲转~眼 [45]篆卷答~眷绢倦疲~传转~螺丝撰~写 [21]倦传~记赚~钱（又）

tɕʰyẽ [33]穿川钏圈 [42]犬喘 [45]串劝舛

ɕyẽ [33]宣喧 [13]玄弦（又）椽（又）悬旋镟蝉 [45]眩

yẽ [33]冤渊 [13]员椽缘边~沿铅~笔（旧）元原源袁园援垣然燃圆 [42]远软染 [45]院阮愿心~怨 [21]愿许~

an

pan [33]班颁斑扳~手帮邦浜般 [13]旁滂傍~晚磅~礴庞~大 [42]板版榜绑 [45]扮谤棒蚌~埠办 [21]办瓣蚌~壳傍~大款

pʰan [33]攀 [42] 打：~他一坨。《集韵・讲韵》普讲切：，击也 [45]盼胖绊襻

man [33]鞔遮盖。《集韵・桓韵》谟官切："覆也。" [13]蛮忙芒茫盲 [42]晚~崽莽 [45]漫幔谩~詑 [21]慢墁积在人身上的一层汗垢

fan [33]番翻荒慌方芳 [13]凡帆还归~环藩~后街烦繁黄~帝皇蝗防肪妨矾樊 [42]反恍谎倣纺仿彷 [45]范贩泛梵犯逃~ [21]犯~法饭

tan [33]单当应~铛丹担~当耽觇抬（头）；~起脑壳。《集韵・覃韵》都含切："缓颊也，一曰举首" [13]潭谭谈痰檀坛弹~琴堂螳唐糖塘 [42]胆党挡[45]旦担~子诞惮蛋笨~当上~丨~铺 [21]淡弹但蛋鸭~

tʰan [33]贪坍滩摊汤 [42]坦倘躺毯 [45]探炭叹烫趟

lan [33]□~薄的：很薄 [13]男南蓝篮婪难~处兰拦栏郎螂狼囊 [42]朗览揽榄缆□把杯子~下子 [45]滥烂灿~浪波~难患~ [21]烂稀~的浪起~哒

tsan [33]簪脏赃张章樟瞻沾（又）粘（又）毡 [13]蚕惭谗残馋①（动）好吃。②（名）口水藏长~沙肠场~地缠纠~（又）禅~宗 [42]斩盏崭~齐攒~劲长生~涨掌展（又） [45]赞藏西~站~立葬脏心~ ①缝：~被子。②钉：~扣子绽占（又）战（又）丈万~高楼杖仗帐账胀怅障栈~道 [21]丈一~长站车~暂~时栈客~赚~钱

tsʰan [33]餐参~加仓苍疮昌倡娼 [42]产铲惨厂敞 [45]灿忏唱畅

san [33]三山衫桑丧~事商伤 [13]常尝 [42]伞散嗓爽（又）赏偿馓~子：一种油炸的面食 [45]散分~丧~失尚上皇~讪搭~ [21]上~下

zan [13]然自~ [42]壤攘嚷酿酝~ [45]让谦~ [21]让~座

kan [33]甘柑泔潲水~子干饼~肝竿（又）艰间肛缸奸汉~冈岗刚纲钢 [42]感敢橄减~少竿竹~杆秆赶简港柬请~拣挑三~四讲~话 [45]监鉴舰间~断谏杠 [21]扛

k^{h}an [33]堪龛勘嵌刊康糠缸子还~一截。《方言》：，空也坎~坷 [42]一只~｜门~砍侃慷 [45]看~守｜~望抗炕嵌~玻璃

ŋan [33]安鞍庵谙肮淹水~咖哒 [13]颜姓~｜~色昂严把门关~谚（又） [42]眼~睛 [45]暗岸东~按案雁大~南飞晏 [21]岸~边

xan [33]酣鼾媄做事拖沓；做事很~。《集韵·寒韵》虚乾切：“老妪貌。” [13]邯含函咸菜~咖哒衔军~寒韩闲行——航杭汗可~ [42]喊罕~见 [45]旱汉汗阿富~撼憾陷翰限期~项罕稀~ [21]苋巷~子汗出~限~制

ian

p^{h}ian [42] 打（见 p^{h}an42）片一大~

tian [33]粘贴；紧跟 [45]钉打，踢：~他一拳｜~你一脚点~砑子 [24]点~砑子

t^{h}ian [42]挺凸出或挺起（胸、腹）

lian [13]良粮凉量商~梁粱 [42]两辆 [45]谅量质~亮~点酿~酒 [21]亮天~哒｜~壳子：灯笼晾

tɕian [33]江姜姓姜生~将~来｜~军浆僵~尸疆新~ [13]强墙祥吉~详 [42]讲~话奖桨 [45]降下~将大~酱匠独具~心□用力踩：~他一脚 [21]像相~｜~他哥哥匠木~

$tɕ^{h}$ian [33]腔羌疆~域僵~硬枪戕匡姓 [42]强勉~抢摤磨：~刀磨剪。《集韵·养韵》楚两切：摤，磨滌也 [45]戗斜：~对门

ȵian [13]娘 [42]仰~望□①游逛：到街上去~。②抖：~咖点灰□外露：真开水不响，真财主不~

ɕian [33]乡香相互~箱湘厢襄镶 [13]降投~祥吉~ [42]响享想饷 [45]向象大~｜~征像画~相长~ [21]像~他哥哥

ian [33]央秧殃蘘~绳子 [13]羊洋杨扬阳瓤西瓜~子烊燃料烧过了头，火势不旺了：火~哒 [42]养痒仰（又） [45]恙 [21]样~子

uan

kuan [33]关光 [13]狂 [42]广 [45]惯 [21]掼撞，碰 [24]□~绿的：很绿的

k^{h}uan [33]匡~扶正义筐倾~水 [42]□打：~他几个嘴巴 [45]旷矿况

xuan [13]桓

uan [33]弯湾汪枉冤~ [13]王黄~芽白亡忘~眼畜生顽玩游~｜古~（多）完~蛋 [42]晚挽往网 [45]旺妄望~月湖万~岁横~子：床铺、桌子、窗户等器物上的横木条玩古~ [21]望打~万~岁爷忘~记

yan

tɕyan [33]庄装桩赃坐地分~ [13]床 [45]壮状~况 [21]状告~撞~一下赚~钱

$tɕ^{h}$yan [33]窗 [42]撞闯 [45]创

ɕyan [33]闩拴栅删珊双霜孀 [42]爽 [45]涮

ən

pən [33]奔崩绷 [13]盆溢液体溢出容器外彭澎朋棚篷蓬蹦奔走《玉篇》：蹦，步登切，走也 [42]本 [45]笨愚~迸~发（又） [21]笨~蛋

p^{h}ən [33]烹喷~腥的：很腥 [42]捧 [45]喷~香的：很香

mən [33]蚊~子蒙遮盖懵~咖哒 [13]门~户萌~芽盟蒙~古 [42]猛懵~懂 [45]闷孟梦红楼~□扯：蚂蟥咬哒脚，~都~不脱

[21]梦做~门胸~口

fən [33]分芬纷昏浑婚风（又）蜂（又）锋（又） [13]魂馄坟焚浑（多）冯（又）逢（又） [42]粉讽（又） [45]奋粪忿愤喷~水混~合风（又）俸（又）缝 [21]混~在一起份有得~

tən [33]灯登敦墩东冬蹲饨（多） [13]腾藤誊屯~兵囤豚臀同铜桐筒童瞳 [42]等戥礅磉~：柱子底下的石礅董懂抍举，《说文》抍，上举也。从手升声，或从登，蒸上声 [45]顿凳沌瞪盾遁邓敦竖立。《广韵·慁韵》，都困切，竖也冻栋动行~洞~若观火钝迟~ [21]动~作洞~口邓~小平

tʰən [33]吞通饨（少） [42]桶统捅把钱~得荷包里隥~子：台阶儿。《广韵·嶝韵》都鄧切，梯隥震震动：车子~得厉害□踩：~他一脚□汗水直流 [45]痛 [21]捅~他一刀（力度大）

lən [33]聋□~薄的：很薄□搓（线） [13]轮沦伦崙论~语能龙笼隆农浓脓垅山间平原 [42]冷拢陇垄 [45]论议~嫩弄怒 [21]嫩

tsən [33]尊遵增曾姓僧~人争睁筝珍真征蒸贞侦针斟正~月宗踪棕鬃中忠终钟盅赠~送（又）憎~恨（又） [13]存层橙陈尘臣澄承丞呈成诚城沉从崇从虫重~复松~树 [42]枕整拯诊总冢种~子肿□朽，腐，丝织品因久置或别的原因而变质 [45]赠~送憎~恨俊竣镇振震证正~确症政郑朕阵~地粽纵皱~纹绉起哒~中射~仲众种~植甑~箅子 [21]澄~子：沉淀物阵一~拵按。《广韵·慁韵》子寸切：拵，《左传》曰涉佗~卫侯之手重头~脚轻

tsʰən [33]村皴手~哒称~重量撑蛏聪葱匆囱从~容充冲~床｜韶山~春抻~透 [42]惩宠拵推：~板车 [45]寸趁衬秤称相~铳冲①冲压：~头。②言语顶撞人：~人｜犯~

sən [33]孙生牲笙甥参人~身申伸升声深松~香松轻~嵩娠（又） [13]巡神辰晨娠乘绳 [42]损笋省审婶沈耸擤~鼻子 [45]逊渗慎肾胜盛圣甚葚送宋诵颂讼 [21]剩~下

zən [13]人仁 [42]忍 [45]任妊认承~刃~刀 [21]认~得

kən [33]跟根更~换｜打~羹耕公工功攻弓躬宫恭供~给｜~他读书 [42]耿哽粳~稻米梗~子巩拱汞□完整的 [45]更~加亘贡供提~共~产党𤝞钻：~来~去《集韵·送韵》古送切：飞至也 [21]共总~

kʰən [33]坑空~气 [42]肯啃恳垦孔恐 [45]控空~缺

ŋən [33]恩翁壅遮盖 [42]□触着凸起的硬东西觉得不舒服：~哒脚 [45]瓮蕹壅埋藏：有事莫~在心里 [21]硬 [24]頞~泅子：潜入水中。《广韵·没韵》乌没切：“内头水中。”

xən [33]风疯封峰蜂锋丰烘轰亨 [13]痕恒衡红宏洪鸿虹彩~冯逢缝弘横~幅 [42]很好得~讽哄 [45]恨风奉~献俸横蛮~ [21]缝一条~奉~承

ən [33]恩（又）

in

pin [33]宾槟殡~出彬冰兵 [13]贫凭平评屏瓶萍频 [42]丙秉柄饼禀 [45]并併迸 [21]病

pʰin [33]拼 [42]品 [45]聘牝

min [13]民泯明鸣名铭冥缗~线 [42]敏悯皿闽~南 [45]命~令 [21]命~好

tin [33]丁钉疔汀 [13]亭停廷庭蜓 [42]顶鼎 [45]钉~得门上 [21]订定锭

tʰin [33]厅听一~可乐 [42]艇挺~胸收腹 [45]听~话｜~他去

lin [33]□①〈动〉潜行：小偷~进屋里。②~~子：悄悄地 [13]林淋临邻鳞燐陵凌壮志~云菱灵铃玲伶零宁（又）凝（又） [42]领岭凛廪 [45]吝令另~类佞（又） [21]另~外凌~冰

tɕin [33]斤巾筋京兢荆擎引~鲸惊经今金襟连~津精睛晶旌 [13]勤芹琴禽擒秦晴情寻穷穹琼~瑶 [42]紧景谨警颈锦井 [45]敬镜竟競径禁境劲茎近~代史尽~心~力侭~早进晋净纯~水静~止 [21]

尽~量静安~净干~近远~噤~令干浪：忐忑不安

tɕ^{h}in [33]轻钦卿亲青清蜻侵 [42]请寝鋟头垂着：~起个脑壳。《广韵·寝韵》钦锦切：鋟，曲颐之貌。又五感切。《说文》低头也 [45]庆磬仅浸~老倌：鬼的讳称亲~家清凉，使人凉：水还~人丨~凉的：很凉

ȵin [13]宁吟凝 [45]佞

ɕin [33]欣兴~旺馨心辛新薪星腥~骚味兄胸凶 [13]形行~为刑型熊雄 [42]醒腥~气擤~鼻子（又） [45]幸行品~杏兴高~衅信讯迅性姓腥鱼有~气焮小火焖饭。《广韵·焮韵》香靳切：焮，火气

in [33]因姻殷英鹰莺鹦樱婴缨音阴荫雍 [13]银寅蝇迎赢营淫戎绒融茸容镕庸茔萤~火虫萦（又）吟（又）凝（又）冗 [42]引隐影颖饮勇甬湧拥 [45]印应映用运~揺量：~尺码丨~米。《集韵·焮韵》於靳切：湧，剂也，一曰平量[21]用有~

uən

kuən [42]滚 [45]棍

k^{h}uən [33]昆崑坤 [42]捆 [45]困

uən [33]温瘟 [13]文纹蚊~香闻 [42]稳吻刎 [45]问~题 [21]问请~ [24]揾埋藏：身体潜入水中。《说文》：揾，没也，从手昷声，乌困切。今念入声调

yn

tɕyn [33]军君钧均谆 [13]群裙 [42]准窘迥~然不同（又） [45]郡菌细~俊（又）竣（又）浚 [21]菌~子

tɕ^{h}yn [33]春倾~向 [42]蠢顷

ɕyn [33]勋熏薰兄（又）胸（又）凶（又） [13]纯醇荀旬询循殉~国（又）熊（又）雄（又） [42]瞬迥~然不同 [45]顺~利训舜殉~国 [21]顺~便

yn [33]晕雍（又） [13]云匀荣萦戎（又）绒（又）融（又）茸（又）容（又）镕（又）庸（又）冗（又） [42]尹永允陨勇（又）甬（又）湧（又）拥（又） [45]运运~帷幄熨韵詠泳孕~妇（多）闰~土润滋~ [21]运~气丨走~孕怀~闰~年润~气

二、浏阳（城区）方言音系

（一）声母。浏阳（城区）方言有 27 个声母，包括零声母在内。

p 饱八	p^{h}爬白	m 门灭			
			f 飞灰	v 翁尾	
t 东搭	t^{h}天读				l 老脑
ts资接	ts^{h}粗切		s 师削		
tʂ知竹	tʂ^{h}唱直		ʂ收石		
tɕ猪局	tɕ^{h}除出	ȵ女	ɕ书树		
c 救急	c^{h}舅杰	ɲ年人	ç休黑		
k 高刮	k^{h}开共	ŋ岸月	x 房害		
Ø衣网圆雨一若					

声字“爬”念[pʰa^{45}]、“平”念[pʰin^{45}]，仄声字“抱”念[pʰau^{12}]，“白”念[pʰa^{42}]；从母平声字“才”念[tsʰai^{45}]、“全”念[tsʰĩ^{45}]，仄声字“坐”念[tsʰo^{12}]、“杂”念[tsʰa^{42}]。这一特点使之带有典型的赣方言特色，而与长沙（城区）、宁乡（城区）方言中古全浊塞音、塞擦音声母今不论平仄都念不送气清音的特点形成鲜明的对照。

中古晓、匣母合口韵字今声母念 f，不念 x，例如晓母字“魂”念[fən^{45}]，匣母字“红”念[fəŋ^{45}]，而非、敷、奉母宕摄阳韵合口三等字声母却念 x，不念 f，例如非母字“方”念[xoŋ^{33}]，奉母字“房”念[xoŋ^{45}]。

中古泥（娘）母字和来母字在洪音前不分（读为 l），在细音前则分别为ɲ和 l。例如泥（娘）母字“脑”和来母字“老”均读[lau^{24}]，而泥（娘）母字“娘”读[ɲioŋ^{45}]、来母字“良”读[lioŋ^{45}]。

目前[tɕ tɕʰ ȵ ɕ]主要出现在[y]韵母前，尚不十分稳定，如“女”有时念[ȵy^{24}]，有时念[ɲy^{24}]；而在实际话语中，[c cʰ ɲ ç]和[ts tsʰ s]两组声母逢齐齿呼韵母有时存在变读为[tɕ tɕʰ ȵ ɕ]的倾向。

中古微、影、喻等母合口韵字今部分人声母读 v。所调查的青女“尾$_{微}$”念[vei^{24}]，“云$_{喻}$”念[vən^{45}]，“翁$_{影}$”念[vəŋ^{33}]，部分字甚至存在两读，如：闻$_{微}$[uən^{45}/vən^{45}]，武$_{微}$[u^{24}/vu^{24}]，文$_{微}$[uən^{45}/vən^{45}]。老男则未录得读 v 声母的材料。

（二）韵母。浏阳（城区）方言有韵母 37 个，包括声化韵 m̩、n̩和ŋ̍。

ɿ四事	i 衣一	u 布古	y 耳局
ʅ世十			
a 爬白	ia 野笛	ua 刮袜	
o 河木	io 若药		
ø北舌			
	ie 灭黑		
ai 菜介		uai 怪快	
ei 妹灰		uei 贵围	
au 草桃	iau 漏口		
əu 手竹	iəu 九六		
an 三淡		uan 晚关	
ən 门蒸	in 心用	uən 文运	
aŋ生硬	iaŋ病星	uaŋ横	
oŋ房床	ioŋ娘让		
əŋ东冯		uəŋ翁瓮	
	ĩ天等		
õỹ安酸			
m̩姆$_{\sim妈：妈妈}$			
n̩你			
ŋ̍五			

浏阳（城区）方言虽说四呼齐全，但撮口呼韵母只有一个[y]。

中古流、臻、曾等摄开口一等韵字今有 i 介音，如“斗漏走口厚”韵母今均念 iau，“根”和“凳等燈增僧”韵母今均念 ĩı，“得黑”韵母今均念 ie。

韵母[ĩı]中的介音较弱，实际读音有时接近[ĩ]。

（三）声调。浏阳（城区）方言有阴平、阳平、上声、去声、入声 5 个声调。

表 26-3-1-4　　浏阳（城区）方言声调一览表

调类	调值	例字
阴平	33	天东高开秋酸衣猪安
阳平	45	田虫河门年穷唐才移
上声	24	保草短好九米纸手椅
去声	12	布步贵舅妹树用坐爱
入声	42	八六一白月药十切木

浏阳（城区）方言的阴平调为中平调。阳平调高且有抬升，记为 45，与长沙（城区）、宁乡（城区）方言的阴去调很相似。上声调为中升调，前端略有下降，降幅较小，记为 24。去声为低升调，记为 12。该调在语流中常变调为低降调 21。入声调为中降调，记为 42。

浏阳城区方言的新老差异很小，这里不作赘述。

三、宁乡（城区）方言音系（老派）

（一）声母。宁乡（城区）方言有 23 个声母，包括零声母在内。

p 布白	pʰ普怕	m 门木	f 方胡		
t 东田	tʰ天铁				l 老脑
ts走全	tsʰ菜七		s 四新		
ʧ猪虫	ʧʰ抽直		ʃ扇湿	ʒ闰运	
c 九桥	cʰ杰丘	ɲ娘年	ç胸歇		
k 古专	kʰ口缺	ŋ安鹅	x 好红		
∅衣武雨让					

宁乡城区方言的声母系统存在较大的新老区别，主要体现在：

宁乡城区老派方言有一套舌叶音声母ʧ ʧʰ ʃ ʒ，这套舌叶音在新派方言中已变读为舌尖后音 tʂ tʂʰ ʂ ʐ。如下表：

表 26-3-1-5

例字	老派	新派	例字	老派	新派
招	ʧɔ^{33}	tʂɔ^{33}	出	ʧʰy^{24}	tʂʰʮ^{24}
帐	ʧɔŋ^{45}	tʂaŋ^{45}	湿	ʃʅ^{24}	ʂʅ^{24}
陈	ʧən^{13}	tʂən^{13}	说	ʃuæ^{24}	ʂuɛ^{24}
支	ʧʅ^{33}	tʂʅ^{33}	税	ʃuei^{45}	ʂuei^{45}
局	ʧy^{24}	tʂʮ^{24}	勋	ʃuən^{33}	ʂuən^{33}
尺	ʧʰa^{24}/ʧʰʅ^{24}	tʂʰua^{24}	玄	ʃuĩ^{13}	ʂuĩ^{13}

表 26-3-1-5

昌	tʃʰɔŋ^{33}	tʂʰaŋ^{33}	树	ʃy^{21}/ʃy^{45}	ʂʮ^{21}
抽	tʃʰəɯ^{33}	tʂʰəɯ^{33}	闰	ʒən^{21}	ʐuən^{21}
直	tʃʰʅ^{24}	tʂʰʅ^{45}	运	ʒən^{45}	ʐuən^{45}

宁乡城区老派方言有一套舌面后音声母 c cʰ ɲ ç，新派没有这套声母。

宁乡城区老派分尖团，古见系字今声母逢细音念 c cʰ ç，古精组字今声母逢细音念ts tsʰ s，新派则均念舌面前音tɕ tɕʰ ɕ，如下表：

表 26-3-1-6

见组字			精组字		
例字	老派	新派	例字	老派	新派
九	ciəɯ^{42}	tɕiəɯ^{42}	积	tsi^{24}	tɕi^{24}
丘	cʰiəɯ^{33}	kʰəɯ^{33}/tɕʰiəɯ^{33}	秋	tsʰiəɯ^{33}	tɕʰiəɯ^{33}
桥	ciɔ^{13}	tɕiɔ^{13}	全	tsĩ^{13}	tɕĩ^{13}
歇	çie^{24}	ɕie^{24}	锡	si^{24}	ɕi^{24}
雄	çin^{13}	ɕin^{13}	谢	tsia^{21}/sie^{45}	ɕie^{45}

老派的ɲ声母新派读为ȵ、ʐ或零声母。如下表：

表 26-3-1-7

例字	老派	新派	例字	老派	新派
娘	ɲiɔŋ^{13}	ȵiaŋ^{13}	认	ɲin^{21}/ʒən^{21}	ȵin^{21}/ʐən^{21}
人	ɲin^{13}/ʒən^{13}	ȵin^{13}	日	ɲi^{24}/ʒʅ^{24}	ʐʅ^{24}
女	ɲy^{42}	ȵy^{42}	严	ɲĩ^{13}	ĩ^{13}

部分宁乡城区老派念 f 声母的晓匣母字，新派念 x 声母；少数老派念 x 声母的晓匣母字，新派念 f 声母。如下表：

表 26-3-1-8

例字	老派	新派	例字	老派	新派
花	fa^{33}	xua^{33}	昏	fən^{33}	xuən^{33}
化	fa^{45}	xua^{45}	婚	fən^{33}	xuən^{33}
灰	fei^{33}	xuei^{33}	胡	fu^{13}	xu^{13}
魂	fən^{13}	xuən^{13}	冯	xən^{13}	fən^{13}

宁乡城区老派部分见系字和知章组字与洪音相拼时念 k kʰ x 声母，新派念成tɕ tɕʰ ɕ或tʂ tʂʰ ʂ声母。如下表：

表 26-3-1-9

例字	老派	新派	例字	老派	新派
夹	ka^{24}/cia^{24}	ka^{24}/tɕia^{24}	专	kuĩ^{33}	tʂuĩ^{33}
架	ka^{45}/cia^{45}	ka^{45}/tɕia^{45}	去	kʰəɯ^{45}/tʃʰy^{45}	tɕʰi^{45}
间	kã^{33}	kã^{33}/tɕĩ^{33}	确	kʰɷ^{24}	tɕʰiɷ^{24}
琼	kuən^{13}	tɕin^{13}	缺	kʰuæ^{24}	tʂʰuɛ^{24}
船权	kuĩ^{13}	tɕyĩ^{13}	厚	xəɯ^{21}/xəɯ^{45}	ɕiəɯ^{21}
展卷	kuĩ^{42}	tɕĩ^{42}	衔	xã^{13}/çĩ^{13}	xã^{13}/çĩ^{13}
群	kuən^{13}	tʂuən^{13}			

与长沙城区方言相比，宁乡城区老派方言多了一套舌叶声母和舌面中声母，少了一套舌面前声母，长沙城区方言有 z 无ʒ，宁乡城区老派方言有ʒ无 z；宁乡城区新派方言比长沙城区方言多了一套舌尖后声母。

（二）韵母。宁乡（城区）方言有 34 个韵母，包括声化韵 n̩。

ɿ资师	i 米七	u 布福	y 雨书
ʅ知直			
a 花八	ia 姐架	ua 刮袜	
ɷ河木	iɷ削若		
	ie 野接		
æ开白		uæ怪国	yæ月
ɔ高桃	iɔ桥绕		
ei 飞对		uei 贵围	
əɯ初六	iəɯ九秋		
ən 粉东	in 新用	uən 文琼	
ɔŋ床方	iɔŋ枪让	uɔŋ碗网	
ã三胆		uã关晚	
	ĩ天全	uĩ展权	yĩ圆软

m̩姆～妈；妈妈 么～子 冇没有

n̩你

ŋ̍碗汗官

宁乡城区方言的韵母系统同样存在老派和新派的区别，主要体现在：

宁乡城区老派方言的æ uæ韵母，新派念成了ɛ uɛ yɛ或 a ua。如下表：

表 26-3-1-10

例字	老派	新派	例字	老派	新派
白	pæ^{24}	pɛ^{24}	国	kuæ^{24}	kuɛ^{24}
才	tsæ^{13}	tsɛ^{13}	缺	kʰuæ^{24}	tʂʰuɛ^{24}
菜	tsʰæ^{45}	tsʰɛ^{45}	月	ʒuæ^{24}	yɛ^{24}
舌	sæ^{45}/sæ^{24}	ʂɛ^{45}/ʂɛ^{24}	麦	mæ^{24}	ma^{24}

表 26-3-1-10

黑	xæ^{24}	xɛ^{24}	窄	tsæ^{24}	tsa^{42}
爱	æ^{45}	ŋɛ^{45}	介	kæ^{45}	ka^{45}
耳	æ^{42}	ɛ^{42}	怪	kuæ^{45}	kua^{45}
说	ʃuæ^{24}	ʂuɛ^{24}	帅	sæ^{45}	ʂua^{45}

宁乡城区老派方言的ɔŋ、iɔŋ、uɔŋ韵母，新派已念成了 aŋ、iaŋ、uaŋ（宕摄、江摄字）或ω̃、ŋ̍（山摄合口一等舒声字）。如下表：

表 26-3-1-11

例字	老派	新派	例字	老派	新派
房	fɔŋ^{13}	faŋ^{13}	娘	ɲiɔŋ^{13}	ȵiaŋ^{13}
党	tɔŋ^{42}	taŋ^{42}	枪	ts^{h}iɔŋ^{33}	tɕ^{h}iaŋ^{33}
床	tsɔŋ^{13}	tsaŋ^{13}	让	iɔŋ^{21}/iɔŋ^{45}	liaŋ^{21}
桑	sɔŋ^{33}	saŋ^{33}	光	kɔŋ^{33}	kuaŋ^{33}
帐	ʧɔŋ^{45}	tʂaŋ^{45}	望	ɔŋ^{21}/ɔŋ^{45}	uaŋ^{21}
唱	ʧ^{h}ɔŋ^{45}	tʂ^{h}aŋ^{45}	盘	pɔŋ^{13}	pω̃^{13}
讲	kɔŋ^{42}/ciɔŋ^{42}	kaŋ^{42}	短	tɔŋ^{42}	tω̃^{42}
良	liɔŋ^{13}	liaŋ^{13}	碗	uɔŋ^{42}	ŋ̍^{42}

部分流摄开口一等、假摄开口二等、梗摄开口二等字，宁乡城区老年发音人念开口呼韵母，青年发音人念齐齿呼韵母；部分假摄开口三等、梗摄开口三等字，宁乡城区老年发音人念开口呼韵母，青年发音人念合口呼韵母。如下表：

表 26-3-1-12

例字	老年发音人	青年发音人	例字	老年发音人	青年发音人
斗$_{\text{流开一厚端}}$	təɯ^{42}	tiəɯ^{42}	怕$_{\text{假开二祃滂}}$	p^{h}a^{45}	p^{h}ia^{45}/p^{h}a^{45}
厚$_{\text{流开一厚匣}}$	xəɯ^{21}/xəɯ^{45}	ɕiəɯ^{21}	拍$_{\text{梗开二陌滂}}$	p^{h}a^{24}	p^{h}ia^{24}
漏$_{\text{流开一候来}}$	ləɯ^{21}/ləɯ^{45}	liəɯ^{21}	蛇$_{\text{假开三麻船}}$	sa^{13}/sæ^{13}	ʂua^{13}
爬$_{\text{假开二麻並}}$	pa^{13}	pia^{13}	尺$_{\text{梗开三昔昌}}$	ʧ^{h}a^{24}/ʧ^{h}ʅ^{24}	tʂ^{h}ua^{24}
麻$_{\text{假开二麻明}}$	ma^{13}	mia^{13}			

（三）声调。宁乡（城区）方言有阴平、阳平、上声、阴去、入声 6 个声调。

表 26-3-1-13　　宁乡（城区）方言声调一览表

调类	调值	例字
阴平	33	初东光开三师天新衣猪
阳平	13	虫床河门娘全田围圆桥
上声	42	草耳古九老手五雨纸米
阴去	45	布凳贵十四线六饭妹用
阳去	21	到步旧市硬住大饭妹用
入声	24	白毒福国黑七一直药六

区老派和新派方言都有一些入声字念成阴去调（调值 45）。如下表：

表 26–3–1–14

例字	老派	新派	例字	老派	新派
罚	fa^{45}	fa^{24}	逸	i^{24}	i^{45}
别	pʰie^{45}	pie^{24}	若	iω^{24}	ʐω^{45}
约	iω^{45}/iω^{24}	iω^{24}	割	kω^{24}	kε^{45}
石	ʃa^{45}/ʃʅ^{24}	ʂʅ^{24}	直	ʧʰʅ^{24}	tʂʰʅ^{45}
活	xω^{45}/xω^{24}	xω^{45}	舌	sæ^{45}/sæ^{24}	ʂε^{45}/ʂε^{24}

宁乡城区新派方言有一些字的读音体现了向普通话靠拢的趋势。如下表：

表 26–3–1–15

例字	老派	新派	例字	老派	新派
危	uei^{13}	uei^{33}	郭	kω^{24}	kω^{33}
微	uei^{13}	uei^{33}	窄	tsæ^{24}	tsa^{42}
滴	ti^{24}	ti^{24}/ti^{33}	若	iω^{24}	ʐω^{45}
失	ʃʅ^{24}	ʂʅ^{24}/ʂʅ^{33}	绕	iɔ^{42}	ʐɔ^{45}

“危微滴失郭”普通话中念阴平调，新派宁乡城区方言也念成了阴平调。“窄”普通话中念上声调，新派宁乡城区方言也念成了上声调。“若绕”普通话中念去声调，新派宁乡城区方言也念成了去声调。这些字在新派宁乡城区方言中改变了原属的调类，与普通话的调类趋同。

四、长沙（城区）、浏阳（城区）、宁乡（城区）方言字音比较

表 26–3–1–16　长沙（城区）、浏阳（城区）、宁乡（城区）方言声调例字比较一览表

例字	长沙	浏阳	宁乡
诗	sɿ^{33}	ʂʅ^{33}	ʃʅ^{33}/ʂʅ^{33} 青
时	sɿ^{13}	ʂʅ^{45}	ʃʅ^{13}/ʂʅ^{13} 青
使	sɿ^{42}	ʂʅ^{24}	ʃʅ^{42}/ʂʅ^{42} 青
矢	sɿ^{42}	ʂʅ^{42}	ʧʰʅ^{33}/ʂʅ^{42} 青
是	sɿ^{21}	ʂʅ^{12}	ʃʅ^{21}/ʃʅ^{45}/sɿ^{21} 青
士	sɿ^{45}	sɿ^{12}	sɿ^{45}
试	sɿ^{45}	ʂʅ^{12}	ʃʅ^{45}/ʂʅ^{45} 青
世	sɿ^{45}	ʂʅ^{12}	ʃʅ^{45}/ʂʅ^{45} 青
事	sɿ^{21}/sɿ^{45}	sɿ^{12}	sɿ^{21}
侍	sɿ^{45}	sɿ^{12}/sɿ^{33} 青	sɿ^{45}
识	sɿ^{24}	ʂʅ^{42}	ʃʅ^{24}/ʂʅ^{24} 青
石	sɿ^{24}	ʂa^{42}	ʃa^{45}/ʃʅ^{24}/ʂʅ^{24} 青
食	sɿ^{24}	ʂʅ^{42}	ʃʅ^{24}/ʂʅ^{24} 青

续表 26-3-1-16

梯	tʰi^{33}	tʰi^{33}	tʰi^{33}
题	ti^{13}	tʰi^{45}	ti^{13}
体	tʰi^{42}	tʰi^{24}	tʰi^{42}
弟	ti^{21}/ti^{45}	tʰi^{12}	ti^{21}/ti^{45}
替	tʰi^{45}	tʰi^{12}	tʰi^{45}
第	ti^{21}/ti^{45}	tʰi^{12}	ti^{21}
滴	tia^{24} 张（又）、贺（又） /ti^{24}	tia^{42}/ti^{42} 青（又）	ti^{24}/ti^{33} 青（又）
笛	ti^{24}	tʰia^{42}	ti^{24}
衣	i^{33}/i^{45} 贺（又）	i^{33}	i^{33}
移	i^{13}	i^{45}	i^{13}
椅	i^{42}	i^{24}	i^{42}
以	i^{42}	i^{24}	i^{42}
意	i^{45}	i^{12}	i^{45}
异	i^{45}	i^{12}	i^{45}
一	i^{24}	i^{42}	i^{24}
逸	i^{24}/i^{45} 青	i^{42}	i^{24}/i^{45} 青
灯	tən^{33}	tĩ^{33}	tən^{33}
棉	miẽ^{13}	mĩ^{45}	mĩ^{13}
等	tən^{42}	tĩ^{24}	tən^{42}/tĩ^{42} 青
免	miẽ^{42}	mĩ^{24}	mĩ^{42}
凳	tən^{45}	tĩ^{12}	tən^{45}
面	miẽ^{21}/miẽ^{45}	mĩ^{12}	mĩ^{45}/mĩ^{21} 青
得	tə^{24}	tie^{42}	tæ^{24}/tɛ^{24} 青
灭	mie^{24}	mie^{42}	mie^{24}
方	fan^{33}	xoŋ^{33}	fɔŋ^{33}/faŋ^{33} 青
房	fan^{13}	xoŋ^{45}	fɔŋ^{13}/faŋ^{13} 青
天	tʰiẽ^{33}	tʰĩ^{33}	tʰĩ^{33}
田	tiẽ^{13}	tʰĩ^{45}	tĩ^{13}
初	tsʰəu^{33}	tsʰəu^{33}	tsʰəɯ^{33}
锄	tsəu^{13}	tsʰəu^{45}	tsəɯ^{13}/tʂʮ^{13} 青
昏	fən^{33}	fən^{33}	fən^{33}/xuən^{33} 青
魂	fən^{13}	fən^{45}	fən^{13}/xuən^{13} 青
胸	ɕin^{33}/ɕioŋ^{33} 贺	ɕin^{33}	ɕin^{33}/ɕin^{33} 青
雄	ɕin^{13}/ɕioŋ^{13} 贺	ɕin^{45}	ɕin^{13}/ɕin^{13} 青
碗	õ^{42}	øỹ^{24}	uɔŋ^{42}/ŋ̍^{42} 青
晚	uan^{42}	man^{24} 青/uan^{24}	uã^{42}
委	uei^{42}	uei^{24}	uei^{42}

续表 26-3-1-16

尾	uei^{42}	uei^{24}/vei^{24} 青	uei^{42}
隐	in^{42}	in^{24}	in^{42}
引	in^{42}	in^{24}	in^{42}
比	pi^{42}	pi^{24}	pi^{42}
米	mi^{42}	mi^{24}	mi^{42}
九	tɕiəu^{42}	ciəu^{24}	ciəɯ^{42}/tɕiəɯ^{42} 青
有	iəu^{42}	iəu^{24}	iəɯ^{42}
卷	tɕyẽ^{42}	tʂø̃y^{24}	kuĩ^{42}/tɕyĩ^{42} 青
远	yẽ^{42}	ø̃y^{24}	yĩ^{42}
付	fu^{45}/fu^{21} 贺	fu^{12}	fu^{45}
妇	fu^{45}	fu^{12}	fu^{45}
附	fu^{45}	fu^{12}	fu^{45}
到	tau^{45}	tau^{12}	tɔ^{45}
稻	tau^{21} 贺/tau^{45}	tʰau^{12}	tɔ^{21}/tɔ^{45} 青（又）
盗	tau^{45}	tʰau^{12}	tɔ^{45}/tɔ^{21} 青
四	sɿ^{45}	sɿ^{12}	sɿ^{45}
似	sɿ^{21} 贺/sɿ^{45}	sɿ^{12}	sɿ^{45}
寺	tsɿ^{21}	tsʰɿ^{12}/sɿ^{12} 青（又）	tsɿ^{21}/sɿ^{45} 青
试	sɿ^{45}	ʂʅ^{12}	ʃʅ^{45}/ʂʅ^{45} 青
市	sɿ^{21}	ʂʅ^{12}	ʃʅ^{21}/ʂʅ^{21} 青
示	sɿ^{45}	ʂʅ^{12}	ʃʅ^{45}/ʂʅ^{45} 青
注	tɕy^{45}	tɕy^{12}	tʃy^{45}/tʂʯ^{45} 青
柱	tɕy^{21}/tɕy^{45}	tɕʰy^{12}/tɕy^{12} 青（又）	tʃy^{45}/tʂʯ^{21} 青
住	tɕy^{21}/tɕy^{45} 贺（又）	tɕʰy^{12}	tʃy^{21}/tʂʯ^{21} 青
见	tɕiẽ^{45}	cĩ^{12}	cĩ^{45}/tɕĩ^{45} 青
件	tɕiẽ^{21}/tɕiẽ^{45} 张	cʰĩ^{12}	cĩ^{21}/tɕĩ^{21} 青
健	tɕiẽ^{21} 贺/tɕiẽ^{45}	cĩ^{12}	cĩ^{45}/tɕĩ^{45} 青
救	tɕiəu^{45}	ciəu^{12}	ciəɯ^{45}/tɕiəɯ^{45} 青
舅	tɕiəu^{21} 张（又），贺（又）/tɕiəu^{45}	cʰiəu^{12}	ciəɯ^{45}/tɕiəɯ^{45} 青
旧	tɕiəu^{21}/tɕiəu^{45} 贺（又）	cʰiəu^{12}	ciəɯ^{21}/tɕiəɯ^{21} 青
汉	xan^{45}	xø̃y^{12}	xã^{45}
旱	xan^{45}	xø̃y^{12}	xã^{45}/xã^{21} 青
汗	xan^{21} 张（又），贺（又）/xan^{45}	xø̃y^{12}	xã^{21}/xã^{45}/xŋ̍^{21} 青
八	pa^{24}	pa^{42}	pa^{24}
拔	pa^{24}/pʰa^{24} 贺（又）	pʰa^{42}	pʰa^{24}/pa^{24} 青
发	fa^{24}	fa^{42}	fa^{24}
罚	fa^{24}	fa^{42}	fa^{45}/fa^{24} 青

续表 26-3-1-16

督	təu^{24}/təu^{33} 张（又）	təu^{42}/təu^{33} 青（又）	təɯ^{33}/təɯ^{24} 青（又）
毒	təu^{24}	tʰəu^{42}	təɯ^{24}
桌	tso^{24}	tso^{42}	tsɷ^{24}
浊	tsʰo^{24} 张/tso^{24} 贺，青	tsʰo^{42}	tsʰɷ^{24}/tʂɷ^{24} 青
失	sɿ^{24}	ʂʅ^{42}	ʃʅ^{24}/ʂʅ^{24} 青/ʂʅ^{33} 青
实	sɿ^{24}	ʂʅ^{42}	ʃʅ^{24}/ʂʅ^{24} 青
湿	sɿ^{24}	ʂʅ^{42}	ʃʅ^{24}/ʂʅ^{24} 青
十	sɿ^{24}	ʂʅ^{42}	ʃʅ^{45}/ʂʅ^{45} 青/ʂʅ^{24} 青
高	kau^{33}	kau^{33}	kɔ^{33}
猪	tɕy^{33}	tɕy^{33}	ʧy^{33}/tʂʮ^{33} 青
专	tɕyẽ^{33}	tʂø̃ỹ^{33}	kuĩ^{33}/tʂuĩ^{33} 青
尊	tsən^{33}	tsən^{33}	tsən^{33}
低	ti^{33}	ti^{33}	ti^{33}
边	piẽ^{33}	pĩɪ^{33}	pĩɪ^{33}
安	ŋan^{33}/an^{33} 贺（又）	ŋø̃ỹ^{33}/ŋan^{33} 青	ŋã^{33}
开	kʰai^{33}	kʰai^{33}	kʰæ^{33}/kʰɛ^{33} 青
抽	tsʰəu^{33}	tʂʰəu^{33}	ʧʰəɯ^{33}/tʂʰəɯ^{33} 青
初	tsʰəu^{33}	tsʰəu^{33}	tsʰəɯ^{33}
粗	tsʰəu^{33}	tsʰəu^{33}	tsʰəɯ^{33}
天	tʰiẽ^{33}	tʰĩɪ^{33}	tʰĩɪ^{33}
偏	pʰiẽ^{33}	pʰĩɪ^{33}	pʰĩɪ^{33}
婚	fən^{33}	fən^{33}	fən^{33}/xuən^{33} 青
伤	san^{33}	ʂoŋ^{33}	sɔŋ^{33}/ʂaŋ^{33} 青
三	san^{33}	san^{33}	sã^{33}
飞	fei^{33}	fei^{33}	fei^{33}
穷	tɕin^{13}/tɕʰioŋ^{13} 贺（又）	cʰin^{45}	cin^{13}/tɕin^{13} 青
陈	tsən^{13}	tʂʰən^{45}	ʧən^{13}/tʂən^{13} 青
床	tɕyan^{13}	tsʰoŋ^{45}	tsɔŋ^{13}/tsaŋ^{13} 青
才	tsai^{13}	tsʰai^{45}	tsæ^{13}/tsɛ^{13} 青
唐	tan^{13}	tʰoŋ^{45}	tɔŋ^{13}/taŋ^{13} 青
平	pin^{13}	pʰin^{45}	pin^{13}
寒	xan^{13}	xø̃ỹ^{45}	xã^{13}
神	sən^{13}	ʂən^{45}	sən^{13}/ʂən^{13} 青
徐	ɕi^{13} 张（又），贺（又）/ɕy^{13}	tsʰi^{45}	tsi^{13}/ʂʮ^{13} 青
扶	fu^{13}	fu^{45}	fu^{13}
鹅	o^{13}	ŋo^{45}	ŋɷ^{13}
娘	lian^{13} 张，青/ȵian^{13} 贺	ɲioŋ^{45}	ɲiɔŋ^{13}/ȵiaŋ^{13} 青

续表 26-3-1-16

人	zən^{13}	ɲin^{45}	ɲin^{13}/ʒən^{13}/ȵin^{13} 青
龙	lən^{13} 张，青/loŋ^{13} 贺	ləŋ^{45}	lən^{13}
难	lan^{13}	lan^{45}	lã^{13}
麻	ma^{13}	ma^{45}	ma^{13}/mia^{13} 青
文	uən^{13}	uən^{45}/vən^{45} 青（又）	uən^{13}
云	yn^{13}	uən^{45}/vən^{45}	ʒən^{13}/yn^{13} 青
古	ku^{42}	ku^{24}	ku^{42}
展	tsə̃^{42}/tsan^{42} 青	tʂø̃ỹ^{24}	kuĩ^{42}/tɕĩ^{42} 青
纸	tsɿ^{42}	tʂʅ^{24}	tʃʅ^{42}/tʂʅ^{42} 青
走	tsəu^{42}	tsiau^{24}	tsəɯ^{42}
短	tõ^{42}	tø̃ỹ^{24}	təŋ^{42}/tɷ̃^{42} 青
比	pi^{42}	pi^{24}	pi^{42}
碗	õ^{42}	ø̃ỹ^{24}	uəŋ^{42}/ŋ̍^{42} 青
口	k^{h}əu^{42}	c^{h}iau^{24}	k^{h}əɯ^{42}
丑	ts^{h}əu^{42}	tʂ^{h}əu^{24}	ts^{h}əɯ^{42}/tʂ^{h}əɯ^{42} 青
楚	ts^{h}əu^{42}	ts^{h}əu^{24}	ts^{h}əɯ^{42}
草	ts^{h}au^{42}	ts^{h}au^{24}	ts^{h}ɔ^{42}
体	t^{h}i^{42}	t^{h}i^{24}	t^{h}i^{42}
普	p^{h}u^{42}	p^{h}u^{24}	p^{h}u^{42}
好	xau^{42}	xau^{24}	xɔ^{42}
手	səu^{42}	ʂəu^{24}	səɯ^{42}/ʂəɯ^{42} 青
死	sɿ^{42}	sɿ^{24}	sɿ^{42}
粉	fən^{42}	fən^{24}	fən^{42}
五	u^{42}	ŋ̍^{24}	u^{42}
女	ly^{42}	ȵy^{24}/ɲy^{24} 青	ɲy^{42}/ȵy^{42} 青
染	yẽ^{42}/zʅan^{42} 贺（又）/zan^{42} 青	ø̃ỹ^{24}/ŋø̃ỹ^{24} 青	ĩ^{42}/ȵĩ^{42} 青
老	lau^{42}/nau^{42} 青	lau^{24}	lɔ^{42}
暖	lõ^{42}	lø̃ỹ^{24}	ləɯ^{42}/lɷ̃^{42} 青
买	mai^{42}	mai^{24}	mæ^{42}/ma^{42} 青
网	uan^{42}	oŋ^{24}	uəŋ^{42}/uaŋ^{42} 青
有	iəu^{42}	iəu^{24}	iəɯ^{42}
近	tɕin^{21}	c^{h}in^{12}	cin^{45}/tɕin^{21} 青
柱	tɕy^{21}/tɕy^{45}	tɕ^{h}y^{12}/tɕy^{12} 青（又）	tʃy^{45}/tʂʮ^{21} 青
是	sɿ^{21}/sɿ^{45} 贺（又）	ʂʅ^{12}	ʃʅ^{21}/ʃʅ^{45}/sɿ^{21} 青
坐	tso^{21}	ts^{h}o^{12}	tsɷ^{21}/tsɷ^{45} 老（又）
淡	tan^{21}	t^{h}an^{12}	tã^{21}/tã^{45} 老（又）
抱	pau^{21}/pau^{45} 贺（又）	p^{h}au^{12}	pɔ^{21}/pɔ^{45} 老（又）

续表 26-3-1-16

厚	xəu^{21}/xəu^{45} 张（又）	ɕiau^{12}	xəɯ^{21}/xəɯ^{45}/ɕiəɯ^{21} 青
社	sə^{21} 贺（又）/sə^{45}	ʂa^{12}	sæ^{21}/sæ^{45}/ʂɛ^{45} 青
似	sɿ^{21} 贺/sɿ^{45}	sɿ^{12}	sɿ^{21} 老（又）/sɿ^{45}
父	fu^{21} 贺（又）/fu^{45}	fu^{12}	fu^{45}
盖	kai^{45}	kai^{12}	kæ^{45}/kɛ^{45} 青
帐	tsan^{45}	tʂoŋ^{12}	ʧɔŋ^{45}/tʂaŋ^{45} 青
正	tsən^{45}	tʂən^{12}	ʧən^{45}/tʂən^{45} 青
醉	tsei^{45}	tsi^{12}/tsei^{12}	tsʰei^{45}/tsei^{45}/tɕi^{45} 青
对	tei^{45}	tei^{12}	tei^{45}
变	piẽ^{45}	pĩĩ^{12}	pĩĩ^{45}
爱	ŋai^{45}	ŋai^{12}	æ^{45}/ŋɛ^{45} 青
抗	kʰan^{45}	kʰoŋ^{12}	kʰɔŋ^{45}/kʰaŋ^{45} 青
唱	tsʰan^{45}	tʂʰoŋ^{12}	ʧʰɔŋ^{45}/tʂʰaŋ^{45} 青
菜	tsʰai^{45}	tsʰai^{12}	tsʰæ^{45}/tsʰɛ^{45} 青
怕	pʰa^{45}	pʰa^{12}	pʰa^{45}/pʰia^{45} 青（又）
汉	xan^{45}	xø̃ỹ^{12}	xã^{45}
世	sɿ^{21} 贺（又）/sɿ^{45}	ʂʅ^{12}	ʃʅ^{45}/ʂʅ^{45} 青
送	sən^{45}/soŋ^{45} 贺	səŋ^{12}	sən^{45}
放	fan^{45}	xoŋ^{12}	fɔŋ^{45}/faŋ^{45} 青
共	kən^{21}/kən^{45}/koŋ^{21} 贺/koŋ^{45} 贺	kʰəŋ^{12}	kən^{21}/kən^{45} 老（又）
阵	tsən^{21} 张（又）、贺（又）/tsən^{45}	tʂʰən^{12}/tʂən^{12} 青（又）	ʧən^{21}/ʧən^{45}/tʂən^{45} 青
助	tsʰəu^{45} 张（又）、贺（又）/tsəu^{45}	tsʰəu^{12}	tsəɯ^{45}/tsəɯ^{21} 青
贱	tɕiẽ^{21}/tɕiẽ^{45}	tsʰĩĩ^{12}	tsĩĩ^{45}/tɕĩĩ^{45} 青
大	tai^{21}/ta^{45}	tʰai^{12}	ta^{21}/ta^{45} 老（又）
病	pin^{21}	pʰiaŋ^{12}	pin^{21}/pin^{45}/piaŋ^{21} 青
害	xai^{21}/xai^{45} 贺（又）	xai^{12}	xæ^{21}/xæ^{45}/xɛ^{21} 青
树	ɕy^{21}/ɕy^{45} 贺（又）	ɕy^{12}	ʃy^{21}/ʃy^{45}/ʂʮ^{21} 青
谢	ɕie^{45}	tsʰia^{12}	tsia^{21}/sie^{45}/ɕie^{45} 青
饭	fan^{21}	fan^{12}	fã^{21}/fã^{45} 老（又）
岸	ŋan^{21}/ŋan^{45}	ŋø̃ỹ^{12}	ŋã^{21} 老（又）/ŋã^{45}
让	zan^{21}	ɲioŋ^{12}	iɔŋ^{21}/iɔŋ^{45}/liaŋ^{21} 青
漏	ləu^{21}	liau^{12}	ləɯ^{21}/ləɯ^{45}/liəɯ^{21} 青
怒	ləu^{45}/loŋ^{45} 贺（又）	ləu^{12}	ləɯ^{45}
帽	mau^{21}	mau^{12}	mɔ^{21}/mɔ^{45} 老（又）
望	uan^{21}/uan^{45} 贺（又）、青（又）	oŋ^{12}	ɔŋ^{21}/ɔŋ^{45}/uaŋ^{21} 青
用	in^{21}/ioŋ^{21} 贺	in^{12}	in^{21}/in^{45} 老（又）
急	tɕi^{24}	ci^{42}	ci^{24}/tɕi^{24} 青

续表 26-3-1-16

竹	tsəu^{24}	tʂəu^{42}	tsəɯ^{24}/tʂəɯ^{24} 青
织	tsɿ^{24}	tʂʅ^{42}	tʃʅ^{24}/tʂʅ^{24} 青
积	tɕi^{24}	tsi^{42}	tsi^{24}/tɕi^{24} 青
得	tə^{24}	tie^{42}	tæ^{24}/tɛ^{24} 青
笔	pi^{24}	pi^{42}	pi^{24}
一	i^{24}	i^{42}	i^{24}
曲	tɕʰiəu^{24}	cʰiəu^{33}	cʰiəɯ^{24}/tɕʰiəɯ^{33} 青
出	tɕʰy^{24}	tɕʰy^{42}	tʃʰy^{24}/tʂʰʮ^{24} 青
七	tɕʰi^{24}	tsʰi^{42}	tsʰi^{24}/tɕʰi^{24} 青
秃	tʰəu^{24}	tʰəu^{33}	tʰəɯ^{45}/tʰəɯ^{24} 青
匹	pʰi^{24}	pʰi^{42}	pʰi^{24}/pʰi^{42} 青
黑	xə^{24}	çie^{42}	xæ^{24}/xɛ^{24} 青
湿	sɿ^{24}	ʂʅ^{42}	ʃʅ^{24}/ʂʅ^{24} 青
锡	ɕi^{24}	sia^{42} 老（又）/si^{42}	si^{24}/ɕi^{24} 青
福	fu^{24}	fu^{42}	fu^{24}
割	ko^{24}/kə^{45} 贺（又）/kə^{24} 青	kø^{42}	kɷ^{24}/kɛ^{45} 青
桌	tso^{24}	tso^{42}	tsɷ^{24}
窄	tsə^{24}	tsie^{42}/tsa^{42} 青	tsæ^{24}/tsa^{42} 青
接	tɕie^{24}	tsie^{42}	tsie^{24}/tɕie^{24} 青
搭	ta^{24}	ta^{42}	ta^{24}
百	pə^{24}	pø^{42}/pa^{42} 青（又）	pæ^{24}/pɛ^{24} 青
约	io^{24}	io^{42}	iɷ^{45} 老（又）/iɷ^{24}
缺	tɕʰye^{24}	tʂʰø^{42}	kʰuæ^{24}/tʂʰuɛ^{24} 青
尺	tsʰɿ^{24}	tʂʰa^{42}	tʃʰa^{24}/tʃʰʅ^{24}/tʂʰua^{24} 青
切	tɕʰie^{24}	tsʰie^{42}	tsʰie^{24}/tɕʰie^{24} 青
铁	tʰie^{24}	tʰie^{42}	tʰie^{24}
拍	pʰə^{24}	pʰa^{42}	pʰa^{24}/pʰia^{24} 青
歇	ɕie^{24}	çie^{42}	çie^{24}/ɕie^{24} 青
说	ɕye^{24}/so^{24} 贺（又）、青	ʂø^{42}	ʃuæ^{24}/ʂuɛ^{24} 青
削	ɕio^{24}	sio^{42}	çiɷ^{24}/ɕiɷ^{24} 青
发	fa^{24}	fa^{42}	fa^{24}
月	ye^{24}	ŋø^{42}	ʒuæ^{24}/yɛ^{24} 青
入	y^{24}	y^{42}	y^{24}/ʮ^{24} 青
六	ləu^{24}	liəu^{42}/ləu^{42} 青	ləɯ^{45} 老（又）/ləɯ^{24}
纳	la^{24}	la^{42}	la^{24}
麦	mə^{24}	ma^{42}/mø^{42} 青（又）	mæ^{24}/ma^{24} 青
袜	ua^{24}	ua^{42}	ua^{24}

续表 26-3-1-16

药	io^{24}	io^{42}	iɷ^{24}
局	tɕy^{24}	tɕy^{42}	tʃy^{24}/tʂɥ^{24} 青
宅	tsʰə^{24}/tsə^{24} 贺，青	tsa^{42} 青（又）/tsie^{42}	tsæ^{24}/tsa^{24} 青
食	sɿ^{24}	ʂʅ^{42}	ʃʅ^{24}/ʂʅ^{24} 青
杂	tsa^{24}	tsʰa^{42}	tsa^{24}
读	təu^{24}	tʰəu^{42}	təɯ^{24}
白	pə^{24}	pʰa^{42}	pæ^{24}/pɛ^{24} 青
合	xo^{24}	xø^{42}	xɷ^{24}
舌	sə^{24}	ʂø^{42}	sæ^{45}/sæ^{24}/ʂɛ^{45} 青/ʂɛ^{24} 青
俗	səu^{24}	səu^{42}	səɯ^{24}
服	fu^{24}	fu^{42}	fu^{24}

表 26-3-1-17　长沙（城区）、浏阳（城区）、宁乡（城区）方言声母例字比较一览表

例字	长沙	宁乡	浏阳
布	pu^{45}	pu^{45}	pu^{12}
步	pu^{21}	pu^{21}	pʰu^{12}
别	pie^{24}/pʰie^{24} 贺	pʰie^{45}/pie^{24} 青	pʰie^{42}
怕	pʰa^{45}	pʰa^{45}/pʰia^{45} 青（又）	pʰa^{12}
盘	põ^{13}	pəŋ^{13}/pɷ̃^{13} 青	pʰø̃y^{45}
门	mən^{13}	mən^{13}	mən^{45}
闻	uən^{13}	uən^{13}	uən^{45}/vən^{45} 青（又）
飞	fei^{33}	fei^{33}	fei^{33}
灰	fei^{33}	fei^{33}/xuei^{33} 青	fei^{33}
冯	xən^{13}/fən^{13} 青	xən^{13}/fən^{13} 青	fəŋ^{45}
红	xən^{13}/xoŋ^{13} 贺（又）	xən^{13}	fəŋ^{45}
符	fu^{13}/fu^{45} 青（又）	fu^{13}	fu^{45}
胡	fu^{13}	fu^{13}/xu^{13} 青	fu^{45}
到	tau^{45}	tɔ^{45}	tau^{12}
道	tau^{21}/tau^{45}	tɔ^{21} 老（又）/tɔ^{45}	tʰau^{12}
夺	to^{24}	tɷ^{24}	tʰø^{42}
太	tʰai^{45}	tʰæ^{45}/tʰa^{45} 青	tʰai^{12}
同	tən^{13}/toŋ^{13} 贺（又）	tən^{13}	tʰəŋ^{45}
难	lan^{13}/nan^{13} 青	lã^{13}	lan^{45}
兰	lan^{13}/nan^{13} 青	lã^{13}	lan^{45}
怒	ləu^{45}/lən^{45} 张（又）/loŋ^{45} 贺（又）	ləɯ^{45}	ləu^{12}
路	ləu^{21}	ləɯ^{21}	ləu^{12}
女	ȵy^{42} 张/ly^{42} 贺、青	ɲy^{42}/ȵy^{42} 青	ȵy^{24}

续表 26-3-1-17

吕	lei^{42}/ly^{42} 青	ləɯ^{42}/lei^{42} 青	lei^{24}
连	liẽ^{13}/niẽ^{13} 青	lĩ^{13}	lĩ^{45}
年	ȵiẽ^{13}/niẽ^{13} 青	ĩ^{13}/ȵĩ^{13} 青	ɲĩ^{45}
严	iẽ^{13}/liẽ^{13} 贺	ɲĩ^{13}/ĩ^{13} 青	ɲĩ^{45}
贵	kuei^{45}	kuei^{45}	kuei^{12}
跪	kʰuei^{42}	kʰuei^{42}	kʰuei^{24}
杰	tɕie^{24}/tɕʰie^{24} 张（又）	cʰie^{24}/tɕie^{24} 青	cʰie^{42}
开	kʰai^{33}	kʰæ^{33}/kʰɛ^{33} 青	kʰai^{33}
葵	kuei^{13}	kuei^{13}	kʰuei^{45}
岸	ŋan^{21}/ŋan^{45}	ŋã^{21} 老（又）/ŋã^{45}	ŋø̃y^{12}
案	ŋan^{45}	ŋã^{45}	ŋø̃y^{12}
化	fa^{45}	fa^{45}/xua^{45} 青	fa^{12}
话	fa^{21}	fa^{21}/ua^{21} 青	fa^{12}
围	uei^{13}	uei^{13}	uei^{45}
危	uei^{13}/uei^{33} 青	uei^{13}/uei^{33} 青	uei^{45}/uei^{33} 青
微	uei^{13}/uei^{33} 贺（又），青	uei^{13}/uei^{33} 青	uei^{45}/uei^{33} 青
午	u^{42}	u^{42}	u^{24}
武	u^{42}	u^{42}	u^{24}//vu^{24} 青（又）
精	tɕin^{33}	tsin^{33}/tɕin^{33} 青	tsin^{33}
经	tɕin^{33}	cin^{33}/tɕin^{33} 青	cin^{33}
节	tɕie^{24}	tsie^{24}/tɕie^{24} 青	tsie^{42}
结	tɕie^{24}	cie^{24}/tɕie^{24} 青	cie^{42}
秋	tɕʰiəu^{33}	tsʰiəɯ^{33}/tɕʰiəɯ^{33}	tsʰiəu^{33}
丘	tɕʰiəu^{33}	cʰiəɯ^{33}/kʰəɯ^{33} 青/tɕʰiəɯ^{33} 青	cʰiəu^{33}
齐	tɕi^{13}	tsi^{13}/tɕi^{13} 青	tsʰi^{45}
旗	tɕi^{13}	ci^{13}/tɕi^{13} 青	cʰi^{45}
修	ɕiəu^{33}	siəɯ^{33}/ɕiəɯ^{33} 青	siəu^{33}
休	ɕiəu^{33}	siəɯ^{33}/ɕiəɯ^{33} 青	ɕiəu^{33}/siəu^{33} 青
税	ɕyei^{45}/suei^{45} 贺，青	ʃuei^{45}/ʂuei^{45} 青	ʂei^{12}/ʂuei^{12} 青
费	fei^{45}	fei^{45}	fei^{12}
全	tɕyẽ^{13}	tsĩ^{13}/tɕĩ^{13} 青	tsʰĩ^{45}
权	tɕyẽ^{13}	kuĩ^{13}/tɕyĩ^{13} 青	tʂʰø̃y^{45}
趣	tɕʰi^{45}/tɕʰy^{45} 贺，青	tsʰi^{45}/tʂʰʮ^{45} 青	tsʰi^{12}
去	kʰə^{45}/tɕʰy^{45}	kʰəɯ^{45}/tʃʰy^{45}/tɕʰi^{45} 青	tɕʰy^{12}/cʰie^{12} 青
旋	ɕyẽ^{13}/ɕiẽ^{13} 张（又）	tsĩ^{13}/ʂuĩ^{13} 青	sĩ^{45}
玄	ɕiẽ^{13}/ɕyẽ^{13} 贺，青	ʃuĩ^{13}/ʂuĩ^{13} 青	ʂø̃y^{45}
糟	tsau^{33}	tsɔ^{33}	tsau^{33}

续表 26-3-1-17

招	tsau^{33}	tʃɔ^{33}/tʂɔ^{33} 青	tʂau^{33}
焦	tɕiau^{33}	tsiɔ^{33}/tɕiɔ^{33} 青	tsiau^{33}
仓	tsʰan^{33}	tsʰɔŋ^{33}/tsʰaŋ^{33} 青	tsʰoŋ^{33}
昌	tsʰan^{33}	tʃʰɔŋ^{33}/tʂʰaŋ^{33} 青	tʂʰoŋ^{33}
枪	tɕʰian^{33}	tsʰiɔŋ^{33}/tɕʰiaŋ^{33} 青	tsʰioŋ^{33}
曹	tsau^{13}	tsɔ^{13}	tsʰau^{45}
巢	tsau^{13}	tsɔ^{13}/tʂɔ^{13} 青	tsʰau^{45}
潮	tsau^{13}	tsɔ^{13}/tʂɔ^{13} 青	tʂʰau^{45}
桥	tɕiau^{13}	ciɔ^{13}/tɕiɔ^{13} 青	cʰiau^{45}
散	san^{45}	sã^{42}	san^{12}
扇	sə̃^{45}/san^{45} 青	ʃuĩ^{45}/ɕĩ^{45} 青	ʂøỹ^{12}
线	ɕiẽ^{45}	sĩ^{45}	sĩ^{12}
祖	tsəu^{42}	tsəɯ^{42}	tsəu^{24}
主	tɕy^{42}	tʃy^{42}/tʂʯ^{42} 青	tɕy^{24}
举	tɕy^{42}	tʃy^{42}/tʂʯ^{42} 青	tɕy^{24}
醋	tsʰəu^{45}	tsʰəɯ^{45}	tsʰəu^{12}
处	tɕʰy^{45}	tʃʰy^{45}/tʂʰʯ^{45} 青	tɕʰy^{12}
去	kʰə^{45}/tɕʰy^{45}	kʰəɯ^{45}/tʃʰy^{45}/tɕʰi^{45} 青	cʰie^{12}
从	tsən^{13}/tsoŋ^{13} 贺（又）	tsən^{13}	tsʰəŋ^{45}
虫	tsən^{13}/tsoŋ^{13} 贺（又）	tʃən^{13}/tʂən^{13} 青	tʂʰəŋ^{45}
穷	tɕin^{13}/tɕioŋ^{13} 贺（又）	cin^{13}/tɕin^{13} 青	cʰin^{45}
苏	səu^{33}	səɯ^{33}	səu^{33}
书	ɕy^{33}	ʃy^{33}/ʂʯ^{33} 青	ɕy^{33}
虚	ɕy^{33}	ʃy^{33}/ʂʯ^{33} 青	ɕy^{33}
增	tsən^{33}	tsən^{33}	tsĩ^{33}
争	tsən^{33}	tsən^{33}/tʂən^{33} 青	tsaŋ^{33}/tsĩ^{33}
蒸	tsən^{33}	tʃən^{33}/tʂən^{33} 青	tʂən^{33}
僧	tsən^{33}/sən^{33} 贺（又），青	tsən^{33}/sən^{33} 青	sĩ^{33}
生	sən^{33}	sən^{33}	saŋ^{33}/sĩ^{33}
声	sən^{33}	ʃən^{33}/ʂən^{33} 青	ʂaŋ^{33}/ʂən^{33}
粗	tsʰəu^{33}	tsʰəɯ^{33}	tsʰəu^{33}
初	tsʰəu^{33}	tsʰəɯ^{33}	tsʰəu^{33}
锄	tsəu^{13}	tsəɯ^{13}/tʂʯ^{13} 青	tsʰəu^{45}
除	tɕy^{13}	tʃy^{13}/tʂʯ^{13} 青	tɕʰy^{45}
丝	sɿ^{33}	sɿ^{33}	sɿ^{33}
师	sɿ^{33}	sɿ^{33}/ʂʅ^{33} 青	sɿ^{33}
诗	sɿ^{33}	ʃʅ^{33}/ʂʅ^{33} 青	ʂʅ^{33}

续表 26-3-1-17

认	zən^{21}	ȵin^{21}/ʒən^{21}/ȵin^{21} 青/ʐən^{21} 青	ȵin^{12}
硬	ŋən^{21}	ŋən^{21}	ŋaŋ^{12}
绕	zau^{42}/zau^{45} 青	iɔ^{42}/ʐɔ^{45} 青	iau^{24}/ʐau^{12} 青（又）
脑	lau^{42}/nau^{42} 贺，青	lɔ^{42}	lau^{24}
袄	ŋau^{42}	ŋɔ^{42}	ŋau^{24}
若	io^{24}/zo^{24} 青	iɷ^{24}/ʐɷ^{45} 青	io^{42}
约	io^{24}	iɷ^{24}	io^{42}
闰	yn^{21}/yn^{45}	ʒən^{21}/ʐuən^{21} 青	uən^{12}/ʐuən^{12} 青
运	yn^{45}/yn^{21} 贺（又）	ʒən^{45}/ʐuən^{45} 青	uən^{12}
而	ə^{13}	æ^{13}/ɛ^{13} 青	y^{45}
日	zʅ^{24}	y^{24}/ȵi^{24}/ʮ^{24} 青	ȵie^{42}/y^{42}
延	iẽ^{13}	ĩɪ^{13}	ĩɪ^{45}
言	iẽ^{13}	ĩɪ^{13}	ȵĩɪ^{45}/ĩɪ^{45} 青（又）
然	yẽ^{13}/zan^{13} 青	yĩ^{13}	ø̃ỹ^{45}
缘	yẽ^{13}	yĩ^{13}	ø̃ỹ^{45}
元	yẽ^{13}	yĩ^{13}	ŋø̃ỹ^{45}/ø̃ỹ^{45} 青
软	yẽ^{42}	yĩ^{42}	ŋø̃ỹ^{24}
远	yẽ^{42}	yĩ^{42}	ø̃ỹ^{24}

表 26-3-1-18　长沙（城区）、浏阳（城区）、宁乡（城区）方言韵母例字比较一览表

例字	长沙	宁乡	浏阳
资	tsɿ^{33}	tsɿ^{33}	tsɿ^{33}
支	tsɿ^{33}	ʧʅ^{33}/tʂʅ^{33} 青	tʂʅ^{33}
知	tsɿ^{33}	ʧʅ^{33}/tʂʅ^{33} 青	tʂʅ^{33}
耳	ə^{42}	æ^{42}/ɛ^{42} 青	y^{24}
爬	pa^{13}	pa^{13}/pia^{13} 青	pʰa^{45}
河	xo^{13}	xɷ^{13}	xo^{45}
蛇	sə^{13}	sa^{13}/sæ^{13}/ʂua^{13} 青	ʂa^{45}
第	ti^{21}/ti^{45}	ti^{21}/ti^{45} 老（又）	tʰi^{12}
地	ti^{21}/ti^{45} 青	ti^{21}/ti^{45} 老（又）	tʰi^{12}
架	ka^{45}/tɕia^{45}	ka^{45}/cia^{45} 老（又）/tɕia^{45} 青（又）	ka^{12}/cia^{12}
姐	tɕie^{42}	tsia^{42}/tsie^{42} 老（又）	tsia^{24}/tsia^{45} 青（又）
故	ku^{45}	ku^{45}	ku^{12}
花	fa^{33}	fa^{33}/xua^{33} 青	fa^{33}
过	ko^{45}	kɷ^{45}/ku^{45} 青	ku^{12}
野	ia^{42} 张，贺/ie^{42}	ie^{42}/ia^{42} 青	ia^{24}
以	i^{42}	i^{42}	i^{24}

续表 26-3-1-18

雨	y^{42}	y^{42}	y^{24}
色	sə^{24}	sæ^{24}/sɛ^{24} 青	sie^{42}
虚	ɕy^{33}	ʃy^{33}/ʂʮ^{33} 青	ɕy^{33}
靴	ɕie^{33} 张/ɕye^{33}	sua^{33}/sæ^{33}/ʂuɛ^{33} 青	ʂa^{33}/ʂø^{33} 青（又）
直	tsʅ^{24}	tʃʰʅ^{24}/tʂʰʅ^{45} 青	tʂʰʅ^{42}
日	zʅ^{24}	ɲi^{24}/ʒʅ^{24}/zʅ^{24} 青	ɲie^{42}/y^{42}
辣	la^{24}	la^{45}	la^{42}
舌	sə^{24}	sæ^{45}/ʂɛ^{45} 青	ʂø^{42}
合	xo^{24}	xω^{24}	xø^{42}
割	ko^{24}/kə^{24} 贺（又）	kω^{24}/kɛ^{45} 青	kø^{42}
北	pə^{24}	pæ^{24}/pɛ^{24} 青	pø^{42}
百	pə^{24}	pæ^{24}/pɛ^{24} 青	pa^{42}/pø^{42}
急	tɕi^{24}	ci^{24}/tɕi^{24} 青	ci^{42}
接	tɕie^{24}	tsie^{24}/tɕie^{24} 青	tsie^{42}
夹	ka^{24}/tɕia^{24}	ka^{24}/cia^{24} 老（又）/tɕia^{24} 青（又）	ka^{42}
铁	tʰie^{24}	tʰie^{24}	tʰie^{42}
踢	tʰi^{24}	tʰi^{24}	tʰia^{42}
落	lo^{24}	lω^{24}	lo^{42}
鹿	ləu^{24}	ləɯ^{24}	ləu^{42}
緑	ləu^{24}	ləɯ^{24}	ləu^{42}/liəu^{42} 老（又）
木	mo^{24}	mω^{24}	mo^{42}
出	tɕʰy^{24}	tʃʰy^{24}/tʂʰʮ^{24} 青（又）	tɕʰy^{42}
刮	kua^{24}	kua^{24}	kua^{42}
各	ko^{24}	kω^{24}	ko^{42}
郭	ko^{24}	kω^{24}/kω^{33} 青	ko^{42}
国	kuə^{24}	kuæ^{24}/kuɛ^{24} 青	kø^{42}
活	xo^{24}	xω^{45}/xω^{24} 老（又）	xø^{42}
确	tɕʰio^{24}	kʰω^{24}/tɕʰiω^{24} 青	kʰo^{42}/cʰio^{42}
缺	tɕʰye^{24}	kʰuæ^{24}/tʂʰuɛ^{24} 青	tʂʰø^{42}
月	ye^{24}	yæ^{24}/yɛ^{24} 青	ŋø^{42}
欲	zəu^{24}	ʒəɯ^{24}/y^{45}/ʮ^{45} 青	iəu^{42}
药	io^{24}	iω^{24}	io^{42}
盖	kai^{45}	kæ^{45}/kɛ^{45} 青	kai^{12}
介	kai^{45}	kæ^{45}/ka^{45} 青	kai^{12}
倍	pei^{21}	pei^{21}/pei^{45} 老（又）	pʰei^{12}
妹	mei^{21} 张（又）、贺（又）/mei^{45}	mei^{21}/mei^{45}	mei^{12}
饱	pau^{42}	pɔ^{42}	pau^{24}

续表 26-3-1-18

保	pau^{42}	pɔ^{42}	pau^{24}
桃	tau^{13}	tɔ^{13}	t^{h}au^{45}
斗	təu^{42}	təɯ^{42}/tiəɯ^{42} 青	tiau^{24}
赌	təu^{42}	təɯ^{42}	təu^{24}
丑～八怪	ts^{h}əu^{42}	ts^{h}əɯ^{42}/tʂ^{h}əɯ^{42} 青	tʂ^{h}əu^{24}
母	mo^{42}	mɷ^{42}	mo^{24}
怪	kuai^{45}	kuæ^{45}/kua^{45} 青	kuai^{12}
桂	kuei^{45}	kuei^{45}	kuei^{12}
贵	kuei^{45}	kuei^{45}	kuei^{12}
帅	ɕyai^{45}/suai^{45} 贺	sæ^{45}/ʂua^{45} 青	sai^{12}
条	tiau^{13}	tiɔ^{13}	t^{h}iau^{45}
流	liəu^{13}	liəɯ^{13}	liəu^{45}
烧	sau^{33}	sɔ^{33}/ʂɔ^{33} 青	ʂau^{33}
收	səu^{33}	səɯ^{33}/ʂəɯ^{33} 青	ʂəu^{33}
短	tõ^{42}	tɔŋ^{42}/tɷ̃^{42} 青	tø̃ỹ^{24}
胆	tan^{42}	tã^{42}	tan^{24}
党	tan^{42}	tɔŋ^{42}/taŋ^{42} 青	toŋ^{24}
酸	sõ^{33}	sɔŋ^{33}	sø̃ỹ^{33}
三	san^{33}	sã^{33}	san^{33}
桑	san^{33}	sɔŋ^{33}/saŋ^{33} 青	soŋ^{33}
竿	kan^{42}/kan^{33} 青	kã^{33}/kã^{42} 青	kan^{24}/kø̃ỹ^{24} 老（又）
间	kan^{33}	kã^{33}/tɕĩĩ^{33} 青（又）	kan^{33}
含	xan^{13}	xã^{13}	xø̃ỹ^{45}
衔	xan^{13} 张（又），贺（又）/ɕiẽ^{13}	xã^{13}/ɕĩĩ^{13} 老（又）/ɕĩĩ^{13} 青（又）	xan^{45}
根	kən^{33}	cĩĩ^{33} 老（又）/tɕĩĩ^{33} 青（又）/kən^{33}	cĩĩ^{33}
庚	kən^{33}	kən^{33}	cĩĩ^{33}
减	kan^{42}	kã^{42}	kan^{24}
检	tɕiẽ^{42}	cĩĩ^{42}/tɕĩĩ^{42} 青	cĩĩ^{24}
紧	tɕin^{42}	cin^{42}/tɕin^{42} 青	cin^{24}
讲	kan^{42}/tɕian^{42}	kɔŋ^{42}/ciɔŋ^{42}/kaŋ^{42} 青	koŋ^{24}
连	liẽ^{13}	lĩĩ^{13}	lĩĩ^{45}
林	lin^{13}	lin^{13}	lin^{45}
邻	lin^{13}	lin^{13}	lin^{45}
灵	lin^{13}	lin^{13}	lin^{45}
心	ɕin^{33}	sin^{33}/ɕin^{33} 青	sin^{33}
新	ɕin^{33}	sin^{33}/ɕin^{33} 青	sin^{33}
星	ɕin^{33}	sin^{33}/ɕin^{33} 青	siaŋ^{33}/sin^{33}

续表 26-3-1-18

光	kuan^{33}	kɔŋ^{33}/kuaŋ^{33} 青	koŋ^{33}
官	kõ^{33}	kɔŋ^{33}/kŋ̍^{33} 青	kõỹ^{33}
关	kuan^{33}	kuã^{33}	kuan^{33}
良	lian^{13}/nian^{13} 青	liɔŋ^{13}/liaŋ^{13} 青	lioŋ^{45}
廉	liẽ^{13}/liẽ^{33} 贺（又）/niẽ^{13} 青	lĩ^{13}	lĩ^{45}
魂	fən^{13}	fən^{13}	fən^{45}
横	xən^{13}	fən^{13}	uaŋ^{45}/fən^{45}
红	xən^{13}/xoŋ^{13} 贺（又）	xən^{13}	fəŋ^{45}
温	uən^{33}	uən^{33}	uən^{33}
翁	uən^{33}	ŋən^{33}	uəŋ^{33}/vəŋ^{33} 青
东	tən^{33}/toŋ^{33} 贺（又）	tən^{33}	təŋ^{33}
权	tɕyẽ^{13}	kuĩ^{13}/tɕyĩ^{13} 青	tʂʰõỹ^{45}
船	tɕyẽ^{13}	kuĩ^{13}/tɕyĩ^{13} 青	tʂʰõỹ^{45}
床	tɕyan^{13}	tsɔŋ^{13}/tsaŋ^{13} 青	tsʰoŋ^{45}
圆	yẽ^{13}	yĩ^{13}	õỹ^{45}
云	yn^{13}	ʒən^{13}/yn^{13} 青	uən^{45}
羣	tɕyn^{13}	kuən^{13}/tʂuən^{13} 青	tʂʰən^{45}
琼	tɕyn^{13} 张/tɕin^{13} 贺，青	kuən^{13}/tɕin^{13} 青	tʂʰən^{45}/tsʰin^{45} 青
穷	tɕin^{13}/tɕioŋ^{13} 贺（又）	cin^{13}/tɕin^{13} 青	cʰin^{45}
勋	ɕyn^{33}	ʃuən^{33}/ʂuən^{33} 青	ʂən^{33}
胸	ɕin^{33}/ɕioŋ^{33} 贺（又）	çin^{33}/ɕin^{33} 青	çin^{33}

说明：1. 长沙城区、浏阳城区、宁乡城区方言字音的对照表分为《长沙（城区）、浏阳（城区）、宁乡（城区）方言声调例字比较表》《长沙（城区）、浏阳（城区）、宁乡（城区）方言声母例字比较表》《长沙（城区）、浏阳（城区）、宁乡（城区）方言韵母例字比较表》三个表格。表中的字分别出自中国社会科学院语言研究所《方言调查字表》的声调、声母、韵母调查表。白读音下加单横线“__”，文读音下加双横线“__”；2. 长沙方言的读音后注有“张”的是张帆的发音，注有“贺”的是贺孝武的发音，注有“青”的是青年发音人贺翊翔的发音，注有“（又）”的是某人的异读音，未加标注的是其他人或三人共同〔贺孝武或青年发音人的发音后注有“（又）”时〕的发音；3. 浏阳、宁乡方言的读音后注有“青”的是青年发音人的发音，注有“（又）”的是某人的异读音，未加标注的是老年发音人或两人共同〔青年发音人的发音后注有“（又）”时〕的发音

第二节　词　汇

一、长沙（城区）方言的词汇特点

（一）词形。长沙方言中有一部分词用普通话的同义语素造词，往往是方言用此，普通话用彼，使长沙方言同普通话的一些词语虽然意义相同，声音形式和书写形式却不同。这种用同义语素造成的异形同义词很多。

表 26-3-2-1

长沙方言	普通话
铺	床
抵（一般用于骂人）：莫～到中间。	挡
粘	贴
操：他咯手工夫是～出来的。	练
燥：我心里～得要死。	烦
寻：～钢笔 | 到处～你	找
间：我～哒三天才到他屋里去。	隔
倾：～屑子（倒垃圾） | ～水	倒
融：雪～哒。	化
衬：～两块钱。	垫
癫子	疯子
发痴	发呆
清白：他讲不～。	明白
望头子	盼头

长沙方言中有些词语富有形象性和概括性，又极口语化，在普通话中难以找到与之相应的词语来表达。

出窝——小孩生下后第一次出房门，又说“出窠”

野猫子脚——形容在家呆不住、成天在外面跑的人，一般用来数落小孩：你硬是一双～，成天在外面跑。

打里手架——“里手架”指双方打架，故意给外人看的：莫去扯杠（劝架），他们是～。

扯里手皮——双方扯皮是为了故意叫外人知道的

（二）词义。长沙方言中有一部分词和普通话词形同义异。

表 26-3-2-2

例词	长沙方言词义	普通话词义
路径	事情：今天碰到么子好～啦?	〈书〉①道路。②门路
角色	在某方面有代表性或具有某种特点的人：湖南出哒不少大～。 | 那只～了不得。	戏剧或电影中，演员扮演的剧中人物
吃亏	费力：她一个人又要上班，又要带细伢子是蛮～咧。	①受损失。②在某方面条件不利：这次竞赛，他们劳动不少，～了。
听讲	听话：到学校要～，莫跳皮。	听人讲课或演讲
清澈	整洁、干净：他穿咯种衣服显得好～。	（水）清而透明
下榻	把死人放进棺材	〈书〉（客人）住宿
卫护	偏袒：妈妈总是～妹妹。	捍卫保护
捅	装在口袋里：把钱～在荷包里。	①戳、扎。②碰、触动。③戳穿

续表 26-3-2-2

敞	行事举止太外向，讲话过多、太露骨：他今天讲得太~哒。	①（房屋、庭院等）宽绰。②张开、打开

这些词在长沙方言和普通话中，词义引申的方向有别，意义差别较大。

长沙方言中有些词和普通话意义基本相同，但有的用法不同，有的在基本意义的基础上各自发展出了不同的意义。

表 26-3-2-3

例词	长沙方言词义	普通话词义
杀	①同普通话。②割：~禾｜~草。③锯：把板子~开。④剖：~西瓜	①使人或动物失去生命（其他义项略）
细	①同普通话。②在体积及数量方面不及比较的对象（与“大”相对）：~桌子｜我比他~一岁。③排行最末：~崽	①横剖面小（跟“粗”相对）。（其它义项略）
气色	①同普通话。②气味：咯坨肉好新鲜，有得~。	人的精神和脸色
放肆	①同普通话：你也太~哒。②不拘束：住在我屋里莫客气，~点。②使劲地：~喊	（言行）轻率任意，毫无顾忌
跌	①从高处落下。②遗失：~哒一支笔。	①摔跤。②落下
家伙	凡指东西都可称家伙：你手是拿的么子~｜今天早上吃么子~。	①指工具和武器。（其他义项略）

长沙方言中有些词语和普通话词汇意义和语法意义相同，但色彩意义不同。例如：

表 26-3-2-4

长沙方言	普通话
驮肚婆	孕妇
驮毛毛	怀孕
后来娘	继母
后来爷	继父
落气亭	太平间
四路里	到处
射火星	流星
扫把星	彗星
嫁二嫁	再嫁

方言词口语色彩更浓厚（如“驮肚婆、驮毛毛、后来娘、后来爷”），更具写实性（如“落气亭、四路里”），显得更加形象生动（如“射火星、扫把星”）；普通话词语多用学名（如“流星、彗星”），书面色彩更浓厚（如“孕妇、再嫁、继父、继母”），也更倾向

于雅化（如“太平间”）。

（三）造词理据。不少长沙方言词语是从不同于普通话的角度、基于不同的习惯造出来的。

表 26-3-2-5

长沙方言	普通话
蛋壳子球	乒乓球
吃蕻子菜（接受恭维）	戴高帽子

长沙话的“蛋壳子球”重在摹形，普通话的“乒乓球”则是重在摹声。长沙方言的“吃蕻子菜”的“蕻”与“奉承”之“奉”同音双关。

（四）补语的特殊用词。长沙方言中补语的位置、功能和普通话是一致的，但充当补语的词语是比较特殊的。例如：

气臭哒——气坏了

冷臭哒——冷死了（臭：表程度很高）

像死火哒——像极了

讲死火哒——讲绝了：话莫～（“死火”放在“像、讲、猜、想、懒、蠢”等动词、形容词后面表示绝对确定，达到极限）

喜仰哒——高兴得摇晃着身子（非常高兴的样子）

喜饱哒——高兴到极点

吓懵哒——吓了一大跳

吓散哒——吓坏了

恨毒哒——恨极了

喜欢不恋哒——高兴极了。

多得巧/泻[çia^{45}]/起敥[iẽ^{21}]——多得很（敥：以手撒物，也指细小的物体洒下）

烂得统——烂得厉害：衣服～

嫨[xan^{33}]得匀净——做事拖沓得很

懒得匀净——懒得很

笑得一哆[ts^{h}a^{42}]起——笑得口大开

搞得一巴焦——搞得一塌糊涂

（五）特殊的量词。长沙话有的量词是普通话中不用或没有的。例如：

铺：一～毯子（一床毯子）

坨：一～泥巴（一块泥巴）| 一～肉（一块肉）

蒲：一～草（一丛草）| 一～一～地吃（指吃菜时大口大口地吃）| 吐他一～馋（啐他一口唾沫）| 那～脚色（那些人，含轻蔑意）

梂：一～大蒜 | 一～葡萄

有的量词虽在普通话中也有，但在普通话里不能像长沙方言里一样与某些词语搭配。例如：

把：一～土车子

只$_{(隻)}$：咯～角色丨那～人丨三～鱼

二、长沙（城区）方言分类词表

（一）天文

太阳 t^{h}ai^{45}ian^{13}

　日头 zɿ^{24}təu^{0}

　太阳公公 t^{h}ai^{45}ian^{13}kən^{33}kən^{0} 〈儿〉

月亮 ye^{24}lian^{45}

　月亮粑粑 ye^{24}lian^{45}pa^{33}pa^{0} 〈儿〉～，肚里坐个爹爹……（长沙儿歌）

星星 ɕin^{33}ɕin^{33} 星

射火星 sa^{45}xo^{42}ɕin^{33} 流星

扫把星 sau^{45}pa^{42}ɕin^{33} 彗星

阵脚云 tsən^{21}tɕio^{24}yn^{13} 乌云

毛毛风 mau^{13}mau^{13}xən^{33} 小风

旋窝子风 tɕiẽ^{21}o^{33}tsɿ^{0}xən^{33} 旋风

　转窝子风 tɕyẽ^{45}o^{33}tsɿ^{0}xən^{33}

斗风 təu^{45}xən^{33} 〈动〉顶风

发风 fa^{24}xən^{33} 刮风

响雷 ɕian^{42}lei^{13} 打雷

炸雷 tsa^{45}lei^{13} 急而响的雷

扯闪 ts^{h}ə^{42}sə̃^{42} 打闪

毛喷子（雨） mau^{13}fən^{45}tsɿ^{0}(y^{42}) 毛毛雨

□雨 tsai^{21}y^{42} 淋雨

泡雪 p^{h}au^{33}ɕie^{24} 鹅毛雪

雪籽子ɕie^{24}tsɿ^{42}tsɿ^{0} 雪珠，霰

凌冰 lin^{21}pin^{33} 冰

凌杠子 lin^{21}kan^{45}tsɿ^{0} 冰锥

　凌构子 lin^{21}kəu^{45}tsɿ^{0}

构凌 kəu^{45}lin^{21} 冻成冰，结冰

下黄沙 ɕia^{21}uan^{13}sa^{33} 下雨之前天色发黄，俗谚：“一日黄沙三日雨，三日黄沙九日晴。”

西狗吃日 ɕi^{33}kəu^{42}tɕ^{h}ia^{24}zɿ^{24} 日食

西狗吃月 ɕi^{33}kəu^{42}tɕ^{h}ia^{24}ye^{24} 月食

（二）地理

田 tiẽ^{13} 水田

土 t^{h}əu^{42} 旱地

白水田 pə^{24}ɕyei^{42}tiẽ^{13} 冬季灌了水的田

冷清田 lən^{42}tɕ^{h}in^{45}tiẽ^{13} 山间常年低温的田

湴田 pan^{21}tiẽ^{13} 底不平，有深坑的水田

甩亩 ɕyai^{42}məu^{42} 湖边及水库边的田，只能种一季

田塍间子 tiẽ^{13}sən^{13}kan^{45}tsɿ^{0} 田埂

河墈 xo^{13}kʰõ^{45} 较高的河岸

沁水眼 tɕʰin^{45}ɕyei^{42}ŋan^{42} 渗透而出的泉眼

石头牯 sɿ^{24}təu^{13}ku^{0} 石头

麻石 ma^{13}sɿ^{24} 一种花岗石，表面呈麻点状花斑

磨郎牯 mo^{13}lan$^{13-33}$ku^{0} 鹅卵石

沙婆子 sa^{33}po^{13}tsɿ^{0} 沙子

泥巴坨 ȵi^{13}pa^{33}to^{13} 土块

泻泥巴 ɕia^{45}ȵi^{13}pa^{0} 稀泥：～糊不上壁（多用来形容一个人没用）

托 tʰo^{24} 地理通名：大～｜南～

塅 tõ^{21} ①指面积较大的平坦之地，用于地名：田心～（在株洲）｜竹鸡～（在韶山）。②指地势较低且平坦的大片田野

（三）时间

今年子 tɕin^{33}ȵiẽ^{13}tsɿ^{0} 今年

明年子 min^{13}ȵiẽ^{13}tsɿ^{0} 明年

去年子 kʰə^{45}ȵiẽ^{13}tsɿ^{0} 去年

前去年 tɕiẽ^{13}kʰə^{45}ȵiẽ^{13} 前年

早年子 tsau^{42}ȵiẽ^{13}tsɿ^{0} 往昔，多年以前

平常年子 pin^{13}san$^{13-45}$ȵiẽ^{13}tsɿ^{0} 往年，一般的年份

年年子 ȵiẽ^{13}ȵiẽ^{13}tsɿ^{0} 每年

初头子 tsʰəu^{33}təu^{13}tsɿ^{0} 月初：～的月亮——不明不白（歇后语）

今日子 tɕin^{33}zɿ^{24}tsɿ^{0} ①今天。②如今

明日子 min^{13}zɿ^{24}tsɿ^{0} 明天

昨日子 tso^{24}zɿ^{24}tsɿ^{0} 昨天

前去日 tɕiẽ^{13}kʰə^{45}zɿ^{24} 前天

黑早 xə^{24}tsau^{42} 大清早（天未见曙光，天色尚不明晰之时）

清晨八早tɕin^{33}sən^{13}pa^{24}tsau^{42} 清早，天刚亮时

断黑 tõ^{21}xə^{24} 傍晚

煞黑 sa^{24}xə^{24} （比断黑略晚）

夜间子 ia^{21}ka^{0}tsɿ^{0} 晚上

半夜间子 põ^{45}ia^{21}ka^{0}tsɿ^{0} 半夜

年是年 ȵiẽ^{13}sɿ^{45}ȵiẽ^{13} 一年左右：你～冇来哒。｜咯件事拖哒～。

几月间子 tɕi^{42}ye^{24}kan^{33}tsɿ^{0} 几月（用于询问是何月份）

一世 i^{24}sɿ^{45} ①一辈子。②一段长时间

一料世 i^{24}liau^{21}sɿ^{45} 指接近或稍超过所预期的时间（一般不用于较长的时间段）：等他～还冇来。

（四）农事

皮箩 pi^{13}lo^{13} 箩筐的一种，用篾片编成

皮撮箕 pi^{13}tsʰo^{24}tɕi^{33} 竹篾制成的簸箕

簸子 po^{45}tsɿ^{0} 篾制的扁圆盘，直径不足两尺，用来簸扬或盛晒谷米、豆类等

篼箕 yẽ^{33}tɕi^{33} 竹篾等编成的器具，多用来挑土送粪

蒲滚 pu^{13}kuən^{42} 用来打碎泥块、平整水田的一种农具。人站在上面，用牛拖着在水田里滚动

板锄 pan^{42}tsəu^{13} 锄头的一种。锄面宽而薄，一般用于松软的土地，或用来薅草皮、整田塍

杀禾 sa^{24}o^{13} 割稻

扮桶 pan^{45}tʰən^{42} 扮禾时用来安放禾刷，承接谷粒的大木桶，多为方形，长宽约 4 尺，高约 2 尺

扮折子 pan^{45}tsə^{24}tsɿ^{0} 扮禾时围插在扮桶上方的粗篾席，用以防止谷粒散落

扮禾 pan^{45}o^{13} ①举起稻子，在扮桶上用力摔打，使脱粒。②指收割水稻的全过程

吊麻拐 tiau^{45}ma^{13}kuai^{42} 指车水时，脚没踩到踏脚（此时形似悬挂的青蛙）。吊是悬的意思。麻拐指青蛙

吊桶 tiau^{45}tʰən^{42} 汲水桶

踩田 lai^{13}tiẽ^{13} 在水田中进行中耕除草。以前用脚踩，推广良种密植后也有用手抓的

踩田棍 lai^{13}tiẽ^{13}kuən^{45} 踩田时用以扶手的棍子

粪凼 fən^{45}tõ^{21} 沤粪、储粪的坑

凼粪子 tõ^{21}fən^{45}tsɿ^{0} 粪凼里沤制的肥料

补蔸 pu^{42}təu^{33} 补苗

插禾 tsʰa^{24}o^{13} 插秧

  插田 tsʰa^{24}tiẽ^{13}

土车子 tʰəu^{42}tsʰə^{33}tsɿ^{0} 农村里用的手推独轮车

桶瓢 tʰən^{42}piau^{13} 大粪瓢，形似小桶，柄较长，用来从粪坑里把粪水舀上来倒入粪桶中

晒簟 sai^{45}tiẽ^{21} 用来晒稻谷等的粗篾席

架子禾 ka^{45}tsɿ^{0}o^{13} 按划好的格子插的秧

随手佾 sei^{13}səu^{42}i^{21} 不打格子就田势插秧，区别于“架子禾”

散 san^{45} 间苗：～萝卜秧子

散凼 san^{45}tõ^{21} 取出凼肥，均匀地撒在田里

洒牛 sai^{42}ȵiəu^{13} 用牛犁田、耙田

草索子 tsʰau^{42}so^{24}tsɿ^{0} 草绳

  草绳子 tsʰau^{42}sən^{13}tsɿ^{0}

上田塍间子 san^{21}tiẽ^{13}sən^{13}kan^{45}tsɿ^{0} 一种农活。犁田后插秧前，在田塍的里侧加一层稀泥，以防漏水

禾毛子 o^{13}mau^{13}tsɿ^{0} 收获稻谷时夹杂在谷粒中的碎稻草

禾镰子 o^{13}liẽ^{13}tsɿ^{0} 用来割稻子的镰刀

禾堂（坪） o^{13}tan^{13}(pin^{13}) 晒谷子的地方

（五）植物

禾线子 o^{13}ɕiẽ^{45}tsɿ^{0} 稻穗

谷 ku^{24} 稻谷

早糯 tsau^{42}lo^{21} 插秧期比较早或生长期比较短，成熟期比较早的糯稻

早禾 tsau^{42}o^{13} 早稻

占米 tsə̃^{33}mi^{42} 籼米

瘪谷子 ie^{24}ku^{24}tsɿ^{0} 秕谷

　瘪秕子 ie^{24}pʰi^{42}tsɿ^{0}

老糠 lau^{42}kʰan^{33} 谷壳

融糠 in^{13}kʰan^{33} 米糠

　细糠 ɕi^{45}kʰan^{33}

川豆 tɕʰyẽ^{33}təu^{21} 豌豆

麦豌子 mə^{24}uan^{33}tsɿ^{0} 蚕豆

麦线子 mə^{24}ɕiẽ^{45}tsɿ^{0} 麦穗儿

麦梗子 mə^{24}kən^{42}tsɿ^{0} 麦杆儿

豆角（子） təu^{21}ko^{24}/kʰo^{24}(tsɿ^{0}) 豇豆

四季豆 sɿ^{45}tɕi^{45}təu^{21}

　藤豆 tən^{13}təu^{21}

芋头婆子 y^{21}təu^{13}po^{13}tsɿ^{0} 母芋

芋头崽子 y^{21}təu^{13}tsai^{42}tsɿ^{0} 子芋

芋头莴子 y^{21}təu^{13}o^{33}tsɿ^{0} 芋头叶柄，可食用

洋芋头 ian^{13}y^{21}təu^{13} 马铃薯

槟榔芋头 pin^{33}lan^{13}y^{21}təu^{13} 一种淀粉多、长而大的芋头

脚板薯 tɕio^{24}pan^{42}ɕy^{21} 薯蓣（山药）的变种

凉薯 lian^{13}ɕy^{21} 豆薯

茭瓜 tɕiau^{33}kua^{33} 茭白

瓠瓜 fu^{45}kua^{33} 瓠子

冬苋菜 tən^{33}xan^{21}tsʰai^{45} 冬葵

　糯米冬苋菜 lo^{21}mi^{42}tən^{33}xan^{21}tsʰai^{45}

牛皮菜 ȵiəu^{13}pi^{13}tsʰai^{45} 莙荙菜

　泥白菜 ȵi^{13}pə^{24}tsʰai^{45}

　猪婆菜 tɕy^{33}po^{13}tsʰai^{45}

富菜 fu^{45}tsʰai^{45} 芹菜（讳称）

黄芽白 uan^{13}ia^{13}pə^{24} 大白菜

大炮筒 tai^{21}pʰau^{45}tən^{13} 大白菜的变种

　齐心白 tɕi^{13}ɕin^{33}pə^{24}

红萝卜 xən^{13}lo^{13}pu^{45} 胡萝卜

树尖子 ɕy^{21}tɕiẽ^{33}tsɿ^{0} 树梢

树蔸子 ɕy^{21}təu^{33}tsɿ^{0} 树根

树丫子 ɕy^{21}ŋa^{33}tsɿ^{0} 树杈

树筒子 ɕy^{21}tən^{13}tsɿ^{0} 树棺柮

松树 sən^{33}ɕy^{21} 《集韵·鍾韵》思恭切："木也。关内语。"

松球子 sən^{33}tɕiəu^{13}tsɿ^{0} 松树的球果

松毛须 sən^{33}mau^{13}ɕi^{33} 松针

松木 tsən^{13}mo^{24} 松材。《广韵·鍾韵》祥容切："木名。"

松木板子 tsən^{13}mo^{24}pan^{42}tsɿ^{0} 松木加工成的板材

桃子骨头 tau^{13}tsɿ^{0}ku^{24}təu^{0} 桃核儿

桐子树 tən^{13}tsɿ^{0}ɕy^{21} 油桐

橙子 tsən^{13}tsɿ^{0}

南桔 lan^{13}tɕy^{24} 本地产的一种桔子

毛栗子 mau^{13}li^{45}tsɿ^{0} 一种野生的，颗粒较小的栗子

□栗子 to^{21}li^{45}tsɿ^{0} 栗子的一种，颗粒较小

箭栗子 tɕiẽ^{45}li^{45}tsɿ^{0} 颗粒不大，呈长圆形，一头尖尖的，肉似板栗

糖罐子 tan^{13}kõ^{45}tsɿ^{0} 金樱子

梨瓜 li^{13}kua^{33} 甜瓜的一种，形状较圆

八方瓜 pa^{24}fan^{33}kua^{33} 长形带棱的一种甜瓜

马鞭子 ma^{42}piẽ^{33}tsɿ^{0} 笋鞭

楠竹 lan^{13}tsəu^{24} 竹子的一种

水竹 ɕyei^{42}tsəu^{24} 竹子的一种

竹丫子 tsəu^{24}ŋa^{33}tsɿ^{0} 竹子分叉的地方

绊根子草 pa^{45}kən^{33}tsɿ^{0}tsʰau^{42} 白茅

水浮莲 ɕyei^{42}xəu^{13}liẽ^{13} 风眼莲

太阳花 tʰai^{45}ian^{13}fa^{33} 铺地锦，因太阳照耀而绽开红色小花，故名

（六）动物

牛牯子 ȵiəu^{13}ku^{42}tsɿ^{0} 公牛

牛婆子 ȵiəu^{13}po^{13}tsɿ^{0} 母牛

　牸牛子tsɿ^{21}ȵiəu^{13}tsɿ^{0}

水牛婆 ɕyei^{42}ȵiəu^{13}po^{13} 母水牛

牛崽子 ȵiəu^{13}tsai^{42}tsɿ^{0} 小牛

狗公子 kəu^{42}kən^{33}tsɿ^{0} 公狗

狗婆子 kəu^{42}po^{13}tsɿ^{0} 母狗

狗崽子 kəu^{42}tsai^{42}tsɿ^{0} 小狗

猪婆 tɕy^{33}po^{13} 母猪

猪崽子 tɕy^{33}tsai^{42}tsɿ^{0} 小猪

猪啰啰 tɕy^{33}lo^{13}lo^{45} 〈儿〉小猪

脚猪 tɕio^{24}tɕy^{33} 公猪

草猪 tsʰau^{42}tɕy^{33} 没有下过小猪的母猪

养猪 ian^{42}tɕy$^{33-0}$ 100 斤左右的猪

架子猪 ka^{45}tsɿ^{0}tɕy^{33} 60 斤左右的猪

肉猪 zəu^{24}tɕy^{33} 比养猪再大一些的肥猪

劁猪 tɕʰiau^{33}tɕy^{33} 阉猪，指行为

公鸡 kən^{33}tɕi^{33}

母鸡 mo^{42}tɕi^{33} 雌性的鸡（多）

鸡婆 tɕi^{33}po^{13}

鸡崽子 tɕi^{33}tsai^{42}tsɿ^{0} 小鸡

子鸡 tsɿ^{42}tɕi^{33} 嫩鸡

鐓鸡 ɕiẽ^{45}tɕi^{33} 阉过的（公）鸡

菢鸡婆 pau^{21}tɕi^{33}po^{13} 孵小鸡的母鸡

赖菢 lai^{21}pau^{21} 菢窝

醒菢 ɕin^{42}pau^{21} 母鸡脱离菢窝状态

鸭公 ŋa^{24}kən^{33} 雄性鸭子（多）

公鸭 kən^{33}ŋa^{24}

鸭婆 ŋa^{24}po^{13} 雌性鸭子（多）

母鸭 mo^{42}ŋa^{24}

鸭崽子 ŋa^{24}tsai^{42}tsɿ^{0} 小鸭

野兽 ie^{42}səu^{45} 野生的凶猛走兽

野物 ia^{42}u^{24} 打来食用的野生动物

野味 ie^{42}uei^{21} 做成菜肴的野生动物

老虎 lau^{42}fu^{42}

老虫 lau^{42}tsən^{13}

大猫 tai^{21}mau^{33}

黄鼠狼 uan^{13}/fan^{13}ɕy^{42}lan^{13}

黄竹筒（子）uan^{13}/fan^{13}tsəu^{24}tən^{13}(tsɿ^{0})

翼胛 ie^{45}ka^{0} 翅膀

老哇子 lau^{42}ua^{33}tsɿ^{0} 乌鸦

雁鹅 ŋan^{21}ŋo^{13}/ŋan^{45}o^{13} 雁

阳雀子 ian^{13}tɕʰio^{24}tsɿ^{0} 杜鹃

猫头鹰 mau^{33}təu^{13}in^{33}

鹰婆（子）in^{33}po^{13}(tsɿ^{0}) 鹰

啄鱼鸟 tsa^{24}y^{13}liau^{42} 鱼鹰

檐老鼠 iẽ^{13}/ŋan^{13}lau^{42}ɕy^{42} 蝙蝠

土狗子 tʰəu^{42}kəu^{42}tsɿ^{0} 蝼蛄

曲蟮子 tsʰəu^{24}sə̃^{45}tsɿ^{0} 蚯蚓

屋毛虫 u^{24}mau^{24}tsən^{13} 线串子

黐泥婆 ȵia^{13}ȵi^{13}po^{13} 蛞蝓。软体动物，身体圆而长，多黏液。也叫鼻涕虫，有的地区叫蜒蚰

巴壁虎 pa^{33}pi^{24}fu^{42} 壁虎

蕴辣子 xo^{24}la^{45}tsɿ^{0} 一种毛虫

米虫子 mi^{42}tsən^{13}tsɿ^{0} 肉虫

蚁子 ȵi^{42}tsɿ^{0} 蚜虫

蚊子 mən^{33}tsɿ^{0} 苍蝇和蚊子

青头蚊 tɕʰin^{33}təu^{13}mən^{33} 绿豆蝇

饭蚊子 fan^{21}mən^{33}tsɿ^{0} 家蝇

鸡屎蚊子 tɕi^{33}sɿ^{42}mən^{33}tsɿ^{0} 一种极小的蚊子

沙虫子 sa^{33}tsən^{13}tsɿ^{0} 孑孓

虱婆子 sə^{24}po^{13}tsɿ^{0} 虱子

蛐蛐 tɕʰi^{33}tɕʰi^{0} 蟋蟀

灶蛐蛐 tsau^{45}tɕʰi^{33}tɕʰi^{0} 灶马。一种昆虫。头小，触角细长，背部隆起，后肢长大，善于跳跃。生活在阴暗的地方，常在夜间叫。长沙以其形似“蛐蛐”（蟋蟀）故名

纺纱婆 fan^{42}sa^{33}po$^{13\text{-}0}$ 纺织娘（昆虫）

禾老虫 o^{13}lau^{42}tsən^{13} 螳螂

蝉□子 ɕyẽ^{13}lian^{21}tsɿ^{0} 蝉

萤火虫 in^{13}xo^{42}tsən^{13}

打屁虫 ta^{42}pʰi^{45}tsən^{13} 臭板虫儿

飞蛾子 fei^{33}o^{13}tsɿ^{0} 蛾的总称

洋咪咪 ian^{13}mi^{33}mi^{0} 蜻蜓

铁牯牛 tʰie^{24}ku^{42}liəu$^{13\text{-}0}$ 天牛儿

哼哼 xən^{21}xən^{45} 金龟子

偷油婆 tʰəu^{33}iəu^{13}po$^{13\text{-}0}$ 蟑螂

柴鱼 tsai^{13}y^{13} 黑鱼

鱼脬 y^{13}pʰau^{33} 鱼鳔

划翅 fa^{13}tsʰɿ^{45} 鳍

鱼嫩子 y^{13}lən^{45}tsɿ^{0} 一寸左右长的小鱼

浮筒 pau^{13}tən^{13} 浮子

脚鱼 tɕio^{24}y^{13} 鳖

水鱼 ɕyei^{42}y^{13}

团鱼 tõ^{13}y^{13}

甲鱼 tɕia^{24}y^{13}

麻拐 ma^{13}kuai^{42} 青蛙

蛤蟆嫩子 ka^{13}ma$^{13\text{-}33}$lən^{45}tsɿ^{0} 蝌蚪

癞头蛤蟆 lai^{21}təu^{13}ka^{13}ma^{0} 蟾蜍

螺蛳 lo^{13}sɿ^{33}

螺坨 lo^{13}to^{0} 田螺

（七）房屋、器具

屋 u^{24} ①指整所房子：起新～｜塘边头一只～。②指不住人的房间，如“灶～、堂～、灰～、杂～”等

房子 fan^{13}tsɿ^{0} ①指整所房子。②指单间的住房

房 fan^{13} 单间的住房

走楼 tsəu^{42}ləu^{13} 旧式房屋楼上窗前的走廊，今也指楼层中的过道

堂屋 tan^{13}u^{24} 正对大门的一间房，不住人，一般用来接待客人或祭祀

茅司（屋） mau^{13}sɿ^{0}(u^{24}) 厕所

五号 u^{42}xau^{21}

茅屋 mau^{13}u^{24} ①指茅草房。②指厕所

牛栏屋 ȵiəu^{13}lan^{13}u$^{24-0}$ 牛栏

牛盆子 ȵiəu^{13}pən^{13}tsɿ^{0} 牛槽

猪楼（屋）tɕy^{33}ləu^{13}(u^{24}) 猪圈

鸡埘 tɕi^{33}tsɿ^{45}/tsʰɿ^{45} 鸡笼

门搭子 mən^{13}ta$^{24-33}$tsɿ^{0} 门上的搭扣

乓锁 pʰan^{42}so^{42} 撞锁、碰锁

牛尾锁 ȵiəu^{13}uei^{42}so^{42}一种大型的铁锁，形状类似弯曲的牛尾。农村常用来锁仓库

椽皮（子） ɕyẽ^{13}pi^{13}(tsɿ^{0}) 椽子

磉柱（子） san^{42}tɕy^{21}(tsɿ^{0}) 屋檐下的柱子

磉礅 san^{42}tən^{42} 柱子底下的石礅

隥子 tʰən^{42}tsɿ^{0} 台阶儿。《广韵·嶝韵》都邓切：隥，梯隥。

阶基 kai^{33}tɕi^{33} 门外屋檐下的过道

土砖 tʰəu^{42}tɕyẽ^{33} 把黏土放在模型里压紧制成的长方形土块，晒干后用来砌墙

窑砖 iau^{13}tɕyẽ^{33} 砖头

窑砖牯 iau^{13} tɕyẽ^{33}ku^{0}

窑砖头 iau^{13} tɕyẽ^{33}təu^{0}

明瓦 min^{13}ua^{42} 玻璃瓦

亮瓦 lian^{21}ua^{42}

瓦渣子 ua^{42}tsa^{33}tsɿ^{0} 瓦片

瓦鎈子 ua^{42}tsʰa^{45}tsɿ^{0} 破瓦片

瓦片子 ua^{42}pʰiẽ^{45}tsɿ^{0} 整块无破损的瓦

瓷瓦渣子tsɿ^{13}ua^{42}tsa^{33}tsɿ^{0} 瓷器碎片

筒子瓦 tən^{13}tsɿ^{0}ua^{42} 筒瓦

沟瓦 kəu^{33}ua^{42} 走水用的瓦

毛瓦 mau^{13}ua^{42} 旧式小瓦，今少有制作

角（子）灰 ko^{24}(tsɿ^{0})fei^{33} 成块的生石灰

洋灰 ian^{13}fei^{33} 水泥，也可指灰浆

亮窗 lian^{21}tɕʰyan^{33} 窗户

亮窗布 lian^{21}tɕʰyan^{33}pu^{45} 窗帘

间壁（子） kan^{45}pi^{24}(tsɿ^{0}) 房屋内部用竹篾或木板之类做成的起间隔作用的屏障

间墙（子） kan^{45}tɕian^{13}(tsɿ^{0}) 房屋内部用砖头砌成的起间隔作用的屏障

床当头 tɕyan^{13}tan^{45}təu^{13} 床头

床脚下 tɕyan^{13}tɕio^{24}xa^{21} 床底下

床弯里 tɕyan^{13}uan^{33}li^{42} 床铺靠里边的地方

床程 tɕyan^{13}tʰin^{33} 床边沿较粗的横木，人坐时主要靠它的支撑

帐缨子 tsan^{45}in^{33}tsɿ^{0} 帐簷儿

印心 in^{45}ɕin^{33} 被面

包被 pau^{33}pei^{21} 被单

垫被 tiẽ^{21}pei^{21} 褥子

稿铺 kau^{42}pʰu^{33} 草垫子

簟子 tiẽ^{21}tsɿ^{0} 凉席

包壶 pau^{33}fu^{13} 陶制的大茶壶，罐形，有小嘴

炊壶 tsʰei^{33}fu^{13} 烧水的壶

肥皂 fei^{13}tsau^{45} （洗衣服用的）

香皂 ɕian^{33}tsau^{45}

毛巾 mau^{13}tɕin^{33}

罗布手巾 lo^{13}pu^{45}səu^{42}tɕin^{33} 一种质地粗糙的手巾，多用来洗澡

高凳子 kau^{33}tən^{45}tsɿ^{0} ①板凳。②某些工种因工作需要而特制的较高的凳子

矮凳子 ŋai^{42}tən^{45}tsɿ^{0} 矮小的凳子

骨牌凳 ku^{24}pai^{13}tən^{45} 方形的木凳子，一般为长方形

细凳子 ɕi^{45}tən^{45}tsɿ^{0} 圆形的小凳子

亮壳子 lian^{21}kʰo^{24}tsɿ^{0} 灯笼（讳称）

灶屋 tsau^{45}u^{24} 厨房

潲水 sau^{45}ɕyei^{42} 泔水

米潲水 mi^{42}sau^{45}ɕyei^{42} 淘米水

白炭 pə^{24}tʰan^{45} 木炭

火炽（子） xo^{42}tsʰɿ^{21}(tsɿ^{0}) 部分炭化的木柴，可以用来引火

烟脑壳 iẽ^{33}lau^{42}kʰo^{24} 未烧过心的木炭头子，一烧就冒烟

瓮坛 ŋən^{45}tan^{13} 烫罐

炉锅 ləu^{13}ko^{33} 泛指锅子

汤锅 tʰan^{33}ko^{33}

铝锅 lei^{42}ko^{33}

镔铁锅 pin^{33}tʰie^{24}ko^{33}

炉桥 ləu^{13}tɕiau^{13} 炉条

漏瓢 ləu^{21}piau^{13} 笊篱

刷把 ɕya^{24}pa^{0} 炊帚

端子 tõ^{33}tsɿ^{0} 一种舀子，多为竹筒制成，有长柄

瓜瓢 kua^{33}piau^{13} 葫芦状的瓢

品锅 p^{h}in^{42}ko^{33} 一种带盖有耳的海碗

把缸子 pa^{45}kan^{33}tsɿ^{0} 搪瓷茶缸

　洋瓷缸子 ian^{13}tsɿ^{13}kan^{33}tsɿ^{0}

　洋瓷把缸 ian^{13}tsɿ^{13}pa^{45}kan^{33}

饭瓢（子）fan^{21}piau^{13}(tsɿ^{0}) 饭勺儿

调羹 tiau^{13}kən^{33} 汤匙

擂钵 lei^{13}po^{24} 陶制的研磨器具

胡椒研子 fu^{13}tɕiau^{33}ŋa^{21}tsɿ^{0} 研磨胡椒的木制器具

捭箕 li^{24}tɕi^{33} 滗米汤或盛新鲜蔬菜用的竹蔑器具

甑箅子 tsən^{45}pi^{13}tsɿ^{0} 甑里用来括住米饭的屉子

蜂窝煤 xən^{33}o^{33}mei^{13}

　藕煤 ŋəu^{42}mei^{13}

针抵子 tsən^{33}ti^{42}tsɿ^{0} 顶针儿

花针子 fa^{33}tsən^{33}tsɿ^{0} ①绣花针。②一种绒线编织法。③编织绒线时漏了针，出了错

大婆针 tai^{21}po^{13}tsən^{33} 大号的缝衣针

二婆针 ə^{21}po^{13}tsən^{33} 二号缝衣针

烂布筋子 lan^{21}pu^{45}tɕin^{33}tsɿ^{0} 碎布条儿

衬壳子 ts^{h}ən^{45}k^{h}o^{24}tsɿ^{0} 袼褙

家伙 tɕia^{33}xo$^{42\text{-}0}$ ①东西（物件）。②食品

线坨子 ɕiẽ^{45}to^{13}tsɿ^{0} 线轴儿

扎扫把 tsa^{21}sau^{45}pa$^{42\text{-}0}$ 用竹枝扎的扫把

笤刷桠子 tiau^{13}ɕya$^{24\text{-}33}$ŋa^{33}tsɿ^{0} 用来驱赶鸡鸭猪牛或打小孩的竹枝

（八）人品、亲属

细伢子 ɕi^{45}ŋa^{13}tsɿ^{0} 小孩儿

伢子 ŋa^{13}tsɿ^{0} 男孩儿

伢崽子 ŋa^{13}tsai^{42}tsɿ^{0} 小男孩儿

妹子 mei^{21}tsɿ^{0} ①女孩儿，姑娘：青年～｜去年她生哒一只～。②女儿：～哎，快来帮爷看下！按：“妹”有时念成阴去调（45），带有特指或强调的意味

妹崽子 mei^{21}tsai^{42}tsɿ^{0} 小女孩儿

毛坨 mau^{13}to^{13} 婴儿

　毛毛 mau^{13}mau$^{13\text{-}0}$

　毛毛坨 mau^{13}mau$^{13\text{-}0}$to^{13}

老爹爹 lau^{42}tia^{33}tia$^{33\text{-}0}$ ①曾祖父。②老人家

老钉钉 lau^{42}tian^{45}tian^{0} 多用于对老人的称呼（含贬义），有的老人也用以自称

老同 lau^{42}tən^{13} 同庚

家门 ka^{33}/tɕia^{33}mən^{13} 同姓的

里手 li^{42}səu^{42} 内行

角色 tɕio^{24}sə$^{24\text{-}0}$ 在某方面具有代表性或具有某种特点的人：那个人是只～。| 咯只～不是好惹的。

码子 ma^{42}tsɿ^{0} 表人的名词后缀（含贬义）：外～（外行、外团体的人）| 厉害～（厉害的人）

白师傅 pə^{24}sɿ^{33}fu^{0} ①一窍不通、无用的人。②外行

内伙子 lei^{21}xo^{42}tsɿ^{0} 同伙

作田的 tso^{24}tʰiẽ^{13}ti^{0} 农民

码碗的 ma^{42}õ^{42}ti^{0} 锔碗的

镥锅的 ləu^{42}ko^{33}ti^{0} 补锅的

教书郎中 tɕiau^{45}ɕy^{33}lan^{13}tsən^{33} 指教师

小工 ɕiau^{42}kən^{33}

　副工 fu^{45}kən^{33}

化生子 fa^{45}sən^{33}tsɿ^{0} ①败家子。②不听话、不争气的青少年。③未满六十且先于父母而亡的人

油皮渣子 iəu^{13}pi^{13}tsa^{33}tsɿ^{0} 不求上进、吊儿郎当的人

流子 liəu^{13}tsɿ^{0} 二流子

水老馆 ɕyei^{42}lau^{42}kõ^{33} 对不正派的年青人的称呼

叫脑壳 tɕiau^{45}lau^{42}kʰo^{24} 爱称王称霸的人

辵巴子 tsʰo^{24}pa^{33}tsɿ^{0} 骗子

贼老倌 tsei^{24}lau^{42}kõ^{33} 贼

　贼牯子 tsei^{24}ku^{42}tsɿ^{0}

辣利婆 la^{24}li^{45}po^{13} ①能干的女子。②多嘴、好管闲事的人

叨老倌 tʰau^{33}lau^{42}kõ^{33} 不好打交道的男人

抠老倌 kʰəu^{33}lau^{42}kõ^{33} 吝啬的男人

画符子 fa^{21}fu^{13}tsɿ^{0} ①指情夫或情妇。②指意外事件。③〈形〉指乱套的

癫子 tiẽ^{33}tsɿ^{0} 疯子

蠢宝 tɕʰyn^{42}pau^{42} 傻瓜

　哈宝 xa^{42}pau^{42}

贵爹 kuei^{45}tia^{33} ①花钱大手大脚的人。②容易上当的人

贵大爷 kuei^{45}tai^{21}ie^{13} 因被人奉承而在钱财上遭人占便宜的人

糯米坨 lo^{21}mi^{42}to^{13} 性格软弱的人

二世嫔驰 ə^{21}sɿ^{45}ŋai^{33}tɕie^{0} 糊涂人

你郎家 n̩^{42}lan^{0}ka^{0} 对中老年人的尊称。“郎”[lan^{0}]为“老人”的合音

　你郎 n̩^{42}lan^{0}

爷爷 ia^{13}ia$^{13\text{-}0}$ 父亲

爷老倌 ia^{13}lau^{42}kõ^{33}

爷 ia^{13}

姆妈 m̩^{33}ma^{33} 妈妈

叔子 səu^{24}tsɿ^{0} 丈夫的弟弟

晚叔 man^{42}səu^{24} 最小的叔叔

婶婶 sən^{42}sən^{0} 婶母：叔叔的妻子

爹爹 tia^{33}tia^{0} ①祖父。②对老年男子的尊称

娭毑 ŋai^{33}tɕie$^{42\text{-}0}$ ①祖母。②对老年妇女的尊称

崽 tsai^{42} 儿子

媳妇 ɕi^{24}fu^{21} 儿子的妻子

女儿 ly^{42}ə^{13}

女 ȵy^{42}/ly^{42}

家爷 ka^{33}ia^{13} 媳妇对丈夫的父亲的称呼

家娘 ka^{33}ȵian^{13} 媳妇对丈夫的母亲的称呼

岳老子 io^{24}lau^{42}tsɿ^{0} 岳父

丈人老子 tsan^{21}zən^{13}lau^{42}tsɿ^{0}

岳母娘 io^{24}mo^{42}ȵian^{13} 岳母

黎山老子 li^{13}san^{33}lau^{42}tsɿ^{0}

丈人婆 tsan^{21}zən^{13}po^{13} 父母对儿子的岳母的称谓

郎 lan^{13} 女婿

郎崽子 lan^{13}tsai^{42}tsɿ^{0}

姑子 ku^{33}tsɿ^{0} 姑母（比父亲小）

姨子 i^{13}tsɿ^{0} ①妻子的姐妹。②姨母（比母亲小）

姨妹子 i^{13}mei^{21}tsɿ^{0} 妻妹

伯爷子 pə^{24}ia^{13}tsɿ^{0} 丈夫的哥哥

舅子 tɕiəu^{21}tsɿ^{0} 妻子的兄弟

老倌子 lau^{42}kõ^{33}tsɿ^{0} 老头儿

老倌 lau^{42}kõ^{33} 丈夫：咯是我～。

婆婆子 po^{13}po^{13}tsɿ^{0} 老太婆

婆婆 po^{13}po^{13} 妻子：咯是我～。

堂客 tan^{13}k^{h}ə$^{24\text{-}0}$ 妻子，也泛指已婚的妇女

堂客们 tan^{13}k^{h}ə^{24}mən^{0} 已婚妇女（单、复数都可用）

随母下堂的 sei^{13}mo^{42}ɕia^{21}tan^{13}ti^{0} 妇女改嫁时随带的子女

（九）身体、疾病

脑壳 lau^{42}k^{h}o$^{24\text{-}0}$ 头

额头 ŋə^{24}təu^{0}

把脑壳 pa^{45}lau^{42}k^{h}o$^{24\text{-}0}$ 特别突出的后脑勺

光蒂油 kuan^{33}ti^{45}iəu^{13} 光头

光蒂脑么旋 kuan^{33}ti^{45}lau^{42}mo^{0}tɕiẽ^{21} 剃光的头（戏称）

脑壳蒂子 lau^{42}k^{h}o^{24}ti^{45}tsɿ^{0} 头顶

颈根 tɕin^{42}kən^{33} 脖子

颈根窝 tɕin^{42}kən^{33}o^{33} 后脑窝子

　后颈窝 xəu^{21}tɕin^{42}o^{33}

风皮子 xən^{33}pi^{13}tsɿ^{0} 头屑

气门（子）tɕ^{h}i^{45}mən^{13}(tsɿ^{0}) 囟门，婴儿头顶骨未合缝的地方

脸块 liẽ^{42}k^{h}uai^{42} 脸的两侧：～冻得通红

水色 ɕyei^{42}sə^{24} 指面部的肤色

气色 tɕ^{h}i^{45}sə^{24} 指面部表现出的健康状况

眼眨毛 ŋan^{42}tsa^{24}mau^{13} 睫毛

鼻窦脓 pi^{24}təu^{45}lən^{13} 鼻涕

馋 tsan^{13} 口水、唾沫

　痰 tan^{13}

馋泡子tsan^{13}pau^{21}tsɿ^{0} 因说话多或发羊癫疯口里冒出的白沫

板牙 pan^{42}ŋa^{13} 臼齿

獠牙 liau^{13}ŋa^{13} 虎牙

墁痂子 man^{21}ka^{33}tsɿ^{0} 积在人身上的一层污垢

牙巴骨 ŋa^{13}pa^{33}ku^{24} 上下颚骨及牙齿

兜腮胡子 təu^{33}sai^{33}fu^{13}tsɿ^{0} 络腮胡子

旋 tɕiẽ^{21} 头顶上由毛发围成的旋窝

　旋窝子 tɕiẽ^{21}o^{33}tsɿ^{0}

肩胛 tɕiẽ^{33}ka^{0} 肩膀

手把子 səu^{42}pa^{45}tsɿ^{0} 胳膊

手拐子 səu^{42}kuai^{42}tsɿ^{0} 胳膊肘儿

胁肋窝 ɕie^{24}lə^{0}o^{33} 腋窝

　胳肢窝 ka^{24}tɕi^{33}o^{33}

手指脑 səu^{42}tsɿ^{24}lau^{0} 手指

　手指嫲 səu^{42}tsɿ^{24}ma^{0}

拳头骨 tɕyẽ^{13}təu^{13}ku^{0} 拳头

手板 səu^{42}pan^{42} 手掌

奶子 lai^{42}tsɿ^{0} 乳房

奶唧唧 lai^{42}tɕi^{45}tɕi$^{45-0}$ ①乳头。②乳汁：吃～（儿语）

唧唧 tɕi^{45}tɕi^{0} 乳汁（儿语）

腿把子 t^{h}ei^{42}pa^{45}tsɿ^{0} 大腿

脚把子 tɕio^{24}pa^{45}tsɿ^{0} 小腿

鲇鱼肚子 ȵiẽ^{13}y^{13}təu^{42}tsɿ^{0} 腿肚子

膝头骨 tɕ^{h}i^{24}/ɕi^{24}təu$^{13-0}$ku^{0} 膝盖骨

螺拐 lo^{13}kuai^{42} 踝子骨

脚板 tɕio^{24}pan^{42} 脚掌

脚趾脑 tɕio^{24}tsɿ^{42}lau^{42} 脚趾头

  脚趾嫲 tɕio^{24}tsɿ^{42}ma^{0}

近瞭子 tɕin^{21}tɕʰi$^{24\text{-}33}$tsɿ^{0} 近视眼

缺子 tɕʰye^{24}tsɿ^{0} 豁嘴儿

跰子 pai^{33}tsɿ^{0} 跛子

挑针子 tʰiau^{33}tsən^{33}tsɿ^{0} 麦粒肿

疱疖 pau^{33}tɕie^{24} 疱和疖子的统称：生哒～

诊 tsən^{42} 医治

医生 i^{33}sən^{33}

郎中 lan^{13}tsən^{33} 中医医生

拿脉 la^{33}mə^{24} 诊脉

  捉脉 tso^{24}mə^{24}

单方 tan^{33}fan^{33} 药方

扯痧 tsʰə^{42}sa^{33} 民间治疗中暑、寒湿等急症的一种方法。用手指在背、颈部位夹扯致该部位皮肤红肿，使体内暑寒之气发散出去，以达到驱病效果

（十）饮食、穿戴

现饭（子） ɕiẽ^{21}fan^{21}(tsɿ^{0}) 剩饭

灰面 fei^{33}miẽ^{21} 面粉

浆糊 tɕian^{33}fu^{13}

面 miẽ^{21} 面条

光头面 kuan^{33}təu^{13}miẽ^{21} 清汤面

码子 ma^{42}tsɿ^{0} 盖在面条等之上的菜肴

炒码 tsʰau^{42}ma^{42} 〈行〉现炒的码子

盖码 kai^{45}ma^{42} 〈行〉预先炒好的码子

盖码饭 kai^{45}ma^{42}fan^{21} 盖浇饭

心子ɕin^{33}tsɿ^{0} ①馅儿。②菜的中心部分：白菜～

小菜 ɕiau^{42}tsʰai^{45} 蔬菜的统称

坛子菜 tan^{13}tsɿ^{0}tsʰai^{45} 放在罈子里制作的酱菜、咸菜等的通称

牛百叶 ȵiəu^{13}pə^{24}ie^{24} 加工成菜肴的牛间隔瓣胃

现菜 ɕie^{21}tsʰai^{45} 剩菜

豆笋 təu^{21}sən^{42} 腐竹

猫乳 mau^{33}y^{13} 腐乳（讳称）

子油姜 tsɿ^{42}iəu^{13}tɕian^{33} 用酱油泡制的嫩姜

百页 pə^{24}ie^{24} 千张（一种很薄的豆腐干片）

人参米 zən^{13}sən^{33}mi^{42} 用大米加工成的爆米花

泡泡果 pʰau^{33}pʰau^{33}ko^{42} 用电机将米磨碎加热再挤出来制成的一种长形管状食品，松脆

可口

玉米大王 y^{45}mi^{42}tai^{21}uan^{13} 玉米加工成的爆米花

漆醋 tɕ^{h}i^{24}ts^{h}əu^{45} 一种黑色的醋

猪脚 tɕy^{33}tɕio^{24} 猪蹄子

蹄花 ti^{13}fa^{33}

下脚 ɕia^{21}tɕio^{24} 猪牛羊内脏

镰铁 iẽ^{13}t^{h}ie^{24} 猪的脾脏，加工后类似猪肝

拆骨肉 ts^{h}ə^{24}ku^{24}zəu^{24} 从煮熟的猪牛羊等头骨或其他部位的骨头上剔下来的肉

火焙鱼 xo^{42}pei^{21}y^{13} 将小鱼除去内脏，放到锅中焙干而成

甜酒 tiẽ^{13}tɕiəu^{42} 把糯米煮熟再放入酒曲酿制而成

扯麻糖 ts^{h}ə^{42}ma^{13}tan$^{13-0}$ 一种用麦芽糖经反复拉扯做成的糖食

糖粒子 tan^{13}li^{45}tsɿ^{0} 糖果

麻圆坨 ma^{13}yẽ$^{13-33}$to^{13} 将糯米湿粉搓成球状，外粘一层芝麻，再放到油里炸成的一种食品

糖油粑粑 tan^{13}iəu$^{13-33}$pa^{33}pa$^{33-0}$ 把糯米湿粉做成饼状，放到有红糖的油锅里炸成的一种食品

葱油粑粑 ts^{h}ən^{33}iəu$^{13-21}$pa^{33}pa^{33} 米浆加碎葱油炸而成的薄饼

米豆腐 mi^{42}təu^{21}fu$^{42-0}$ 把米磨成米浆，然后掺碱蒸煮制成类似豆腐的一种食品

白粒丸 pə^{24}li^{45}yẽ^{13} 圆粒状米豆腐

绿豆豆腐 ləu^{24}təu^{21}təu^{21}fu$^{42-0}$ 用绿豆和米磨成浆蒸煮制成的类似豆腐的食品

魔芋豆腐 mo^{13}y^{13}təu^{21}fu$^{42-0}$ 把蒟蒻（俗称魔芋）磨成浆加工制成的一种食品

覆豆壳 p^{h}u^{24}/pu^{24}təu^{21}k^{h}o$^{24-0}$ 将豇豆洗净切碎晾干，加盐搓揉，放入罈内塞紧并密封（从前多采用将罈倒覆于水中的方法使之密封，现在多用泡菜罈盛放），过一段时间即可食用。用这种方法制成的豇豆叫～

覆辣椒 p^{h}u^{24}/pu^{24}la$^{24-33}$tɕiau^{33} 用制覆豆壳的方法制作的辣椒

白辣椒 pə^{24}la$^{24-33}$tɕiau^{33} 把青辣椒洗净，开水烫后切开，加盐搓揉，然后晒干食用，制作过程中辣椒由青变白

剁辣椒 to^{45}la$^{24-33}$tɕiau^{33} 将红辣椒剁碎，拌盐放人罈中，腌一段时间，即可食用

泡辣椒 p^{h}au^{45}la$^{24-33}$tɕiau^{33} 在泡菜罈子里泡制的辣椒

浸辣椒 tɕin^{45}la$^{24-33}$tɕiau^{33}

擂茶 lei^{13}tsa^{13} 用擂碎的芝麻豆子泡的茶。按湖南风俗，用这表示对客人的殷勤招待

芝麻豆子茶 tsɿ^{33}ma^{13}təu^{21}tsɿ^{0}tsa^{13} 用炒香的芝麻黄豆泡的茶。长沙人喜欢用这种茶招待客人

裤子 k^{h}u^{45}tsɿ^{0}

绳子衣 sən^{13}tsɿ^{0}i^{33} 毛衣

袄袋 ŋəu^{42}tai^{21} 口袋

丫裆裤 ŋa^{33}tan^{33}k^{h}u^{45} 开裆裤

圞裆裤 lõ^{13}tan^{33}k^{h}u^{45} 不开裆的裤子

馋隔子 tsan^{13}kə^{24}tsɿ^{0} 涎布

　馋枷子 tsan^{13}ka^{24}tsɿ^{0}

兜兜 təu^{33}təu$^{33-0}$ 肚兜

寮叶子 liau^{13}ie^{24}tsɿ^{0} 箬叶

寮笠壳 liau^{13}li$^{24/45}$k^{h}o^{24} 一种斗笠

折扇 tsə^{24}sõ^{45}

蒲扇 p^{h}u^{13}/pu^{13}sõ^{45} 用蒲葵的叶、柄制成的扇子

（十一）红白喜事

做媒 tso^{45}/tsəu^{45}mei^{13}

相亲 ɕian^{33}tɕ^{h}in^{33}

定亲 tin^{21}tɕ^{h}in^{33}

提节 tia^{13}tɕie^{24} 逢年过节时，上门给亲戚中的长辈送礼，多指女婿给岳父岳母送礼品

嫁妆 tɕia^{45}tɕyan^{33}

　陪嫁 pei^{13}ka^{45}

上亲 san^{45}tɕ^{h}in^{33} 女方送亲的人（不论大小）

伴娘 põ^{21}ȵian^{13}

嫁二嫁 ka^{45}ə^{21}ka^{45} 再嫁

下堂 ɕia^{21}tan^{13} 小孩随改嫁的母亲而去

遗腹子 i^{13}fu$^{24-33}$tsɿ^{0}

驮肚 to^{13}təu^{21} 怀孕

　驮毛毛 to^{13}mau^{13}mau^{0}

驮肚婆 to^{13}təu^{21}po^{13} 孕妇

四眼狗 sɿ^{45}ŋan^{42}kəu^{42} 戴眼镜的人，略带贬义，又指孕妇

长尾巴 tsan^{42}uei^{42}pa^{0} 小孩或年轻人过生日

做寿 tso^{45}/tsəu^{45}səu^{21} 为老年人办酒席庆祝生日

守亘岁 səu^{42}kən^{42}sei^{45} 通宵守岁

料 liau^{21} 棺材：不看十八岁大姐上轿，要看八十岁婆婆进～。

落气 lo^{24}tɕ^{h}i^{45} 断气

吃烂肉饭 tɕ^{h}ia^{24}lan^{21}zəu^{24}fan^{21} 某家办丧事，帮忙者到丧家去吃饭

守灵堂 səu^{42}lin^{13}tan^{13} 守在灵堂内

守夜 səu^{42}ia^{21} 出殡前通宵守在灵堂

破血湖池 p^{h}o^{45}ɕie^{24}fu^{13}tsɿ^{13} 旧时一种迷信仪式，产妇死了后，用泥打成一个池子，里面盛水，放一纸船，用一条小鲫鱼系在纸船上，使船跟着鱼走。道士背上背着纸菩萨，嘴里念着咒语，以减灾免罪

发猖 fa^{24}ts^{h}an^{33}〈迷〉为了消灾灭病而进行的一种迷信活动。由两人抬着某个受崇拜的神象，后面跟着一群人，敲锣打鼓，列炬呵斥，在穿过大街以后，还要到旷野去游行，直闹到半夜还不休止。引申指人胡闹：他在咯里～啊。｜我发假猖啊？

风水先生 xən^{33}ɕyei^{42}ɕiẽ^{33}sən^{33} 指专为人看宅基地和坟地等地理形势的人

流年 liəu^{13}ȵiẽ^{13} 时运：～不利

算命先生 sõ^{45}min^{21}ɕiẽ^{33}sən^{33} ①八字先生。②泛指各类替人预测祸福的术士

算运程 sõ^{45}yn^{21}tsən^{13} 算命的人将人生的年月日时排成干支八字，再依据命理五行推算某年应如何

打财神 ta^{42}tsai^{13}sən^{13} 〈旧〉旧时指每年新岁（一般是正月初十到元宵）时节，有些玩灯笼的人将小孩装扮成财神模样，让他手里拿着金鞭元宝，然后簇拥着他上某家。今指烧香祭拜财神

打煞 ta^{42}sa^{24}〈迷〉灵柩起肩前，把饭放在一个碗里，装一点水。然后把碗猛地打烂，喊声“打煞，起哎”，众人便把棺材抬起。今喊“预备，起”或“一二三，起”

打神福 ta^{42}sən^{13}fu^{24} 〈旧〉指旧时每月初一、十五买肉供神，借此机会每月吃两次肉，又称“初一十五打牙祭”

神福肉 sən^{13}fu^{24}zəu^{24} 〈旧〉指打神福时用来供神的肉

讨百家衣 tʰau^{42}pə^{24}tɕia^{33}i^{33} 〈迷〉就是向人讨取碎布缝成“百家衣”，现在主要是通过网络向网友讨要童衣，据说给小孩穿上可以驱病

土地包 tʰəu^{42}ti^{21}pau^{33} 〈迷〉包好的冥钱

烧包 sau^{33}pau^{33} 〈迷〉把纸钱包成包，在封面上写上接受纸钱的死者姓名，然后烧掉。按迷信的说法，这样可以使在阴间的亲人得到一笔钱。这种活动多在农历七月半进行

（十二）动作、行为

打敞 ta^{42}tsʰan^{42} 敞露在外：咯件绳子衣（毛衣）可以～穿。

打流 ta^{42}liəu^{13} 没有职业，在社会上闲荡、鬼混

打屌胯 ta^{42}tiau^{42}kʰua^{45} 裸体，一丝不挂

打赤膊 ta^{42}tsʰɿ^{24}po^{0}/pu^{45} 光着上身

光哒屁股 kuan^{33}ta^{0}pʰi^{45}ku^{0} 下身赤裸

打隥 ta^{42}tʰən^{42} ①说话不连贯。②做事过程中有间歇

打□ ta^{42}lo^{42} 舌头不听使唤：紧张得舌头直～，话都讲不圞哒。

打住 ta^{42}tɕy^{21} 暂停

歇 ɕie^{24} 住宿

打和声 ta^{42}xo^{21}sən^{33} 随声附和

打平伙 ta^{42}pin^{13}xo^{42} 大伙儿凑钱买东西吃

吃斗伙 tɕʰia^{24}təu^{45}xo^{42}

打冒诈 ta^{42}mau^{45}tsa^{45} 冒认欺诈

打□坨子 ta^{42}lin^{33}to^{13}tsɿ^{0} 乘人不备时打人

吃豆腐 tɕʰia^{24}təu^{21}fu^{0} ①性骚扰（多指男子对女子进行的）。②指占他人便宜

打牌子 ta^{42}pai^{13}tsɿ^{0} 炫耀或假冒身份（中性词）

打码牌子 ta^{42}ma^{42}pai^{13}tsɿ^{0} 冒充、假冒某种名义（贬义词）

打啵 ta^{42}po^{45} 接吻

打背躬 ta^{42}pei^{45}kən^{33} 手头拮据

打掉 ta^{42}tiau^{21} ①物体下垂：他老得皮～哒。②闲逛

打斢 ta^{42}t^{h}iau^{42} 交换

打转 ta^{42}tɕyẽ^{42} 返回

打讲 ta^{42}kan^{42} ①交谈，引申指闲谈。②商量

打野 ta^{42}ia^{42} 读书或做事时心不在焉：上课时莫～！

打油祸 ta^{42}iəu^{13}xo^{21} 借端生事，找茬

放油赖 fan^{45}iəu^{13}lai^{21} 故意找茬

搭帮 ta^{24}pan^{33} 托福、多亏：～党的好领导

p^{h}i^{33} 用刀将竹木的枝桠削下，或将竹片破开：～树桠子

p^{h}ian^{42}/p^{h}an^{42} 打：～他一坨（拳）

晾 lian^{21} ①把衣服放在通风或阴凉的地方，使之干燥。②晒（东西）

盪 tan^{42}/t^{h}an^{42}/lan^{42} 涮洗（器皿）：把碗～一下。《说文》：“涤器也，从皿汤声，徒朗切。”

觇 tan^{33} 抬（头）：把脑壳～起

歉tɕ^{h}iẽ^{45} 很久没有吃的东西，现在很想吃到，或者见到别人有什么自己也想得到：～吃冇吃，～得馋滴滴（儿歌）。

壅 ŋən$^{33/24}$ 蒙，遮盖：用被子把头～起

tɕiəu^{45} ①拧：瓶盖要～紧。②绞：把手巾～干

救 tɕiəu^{45} 留，剩下：～点饭喂猫吃｜买哒衣服后就只～十块钱哒

短 tõ^{42} 截住，拦住：～车｜～住他

盘 põ^{13} ①摆弄：这部机子被他～得烂熟的。②抚养：她总算把两只崽～大哒。③经营：店里的生意拿他给～活了。

□ p^{h}iẽ^{42} 蘸，搽：～点酱油吃｜～墨

□ t^{h}ei^{45} 涂抹（肥皂）

对 tei^{45} ①相亲：～堂客。②嫁：把晚妹子～把/给他。③娶：他还冇～过堂客。

抠 k^{h}uai^{21} ①佩带：～符号。②背：～书包。③带着、装着：口袋里～哒五块钱。

揪 tɕiəu^{13} 向上抓，以获得支持物：莫～车

彉 kõ^{13} 弯（腰）：他～起个腰在插田。

搊 ts^{h}əu^{33} 移动物体的位置：把椅子～过来

坙 tsəu^{24} ①塞：把那只洞～起。②用拳击：～他一坨（打他一拳）。③因韧带扭伤而淤血：打排球～哒手。④以语抵人：他平常太恶哒，我今天～咖他几句狠的（我今天狠狠地说了他几句）。

鍽 ləu^{33} ①锈：铁桶子生～哒。②生锈：钉子～咖哒。③差，不好。有人认为可能是英语 low 的音译词：咯号桌子好～。

t^{h}əu^{42} ①把包着或卷着的东西抖开：把衣服～抻晾起来。②把已经用肥皂或洗衣粉搓揉过的衣物放在清水中漂洗干净：再～一道水

斗 təu^{45} ①凑：～钱。②装配：～锄头把子。③迎：～哒风走

蹽 liau^{33} 跷：～起二郎腿

斢 t^{h}iau^{42} 调换

潦 liau^{13} 把青菜或其他食物放到开水里稍煮片刻，随即捞起：把白菜～一下

□ tɕian^{45} （用力）踩：～他一脚

仰 ȵian^{42} ①游逛：你莫到街上去～啰。｜你四路里～么子啰。②抖：～咖点灰

烊 ian^{13} 燃料烧过了头，火势不旺了：火～咖哒，水烧不开哒。

熛 piau^{33} 飞溅：火星子～到我身上来哒。｜汽车一来，～哒我一身泥巴。

猋 piau^{33} ①迅速奔走：他一下就～到城里去哒。②突然发怒：发～

咬 ŋau^{42} ①药物等刺激皮肤，使人感到疼痛：石灰水～人。②使物体受腐蚀：咯是洗衣粉～烂的。③用盐浸渍食品：把白菜～一下

痨 lau^{21} 毒害：咯种药可以～死人。

跐 tsʰɿ^{21} 脚下滑动：～哒一跤

摛 tsʰɿ^{33} ①伸：～手动脚｜～脚动手｜～～捏捏（手脚不停地乱动）。②插（手）：我的事不要你～手。

齿 tsʰɿ^{42} 理睬，理会：莫～他，让他哭个够！

□ tsɿ^{33} 用手指甲抓人：脸上～哒一条印子。

攰 y^{24} 使弯曲：把竹子～弯

杵 tɕʰy$^{42/21}$ 向前伸出、突出貌：嘴巴一～起

ku^{42} 瞪大眼睛：～起眼睛

跍 ku^{13} ①蹲：～得地下。②呆：他昨天在厂里～咖一天。

㕦 fu$^{45/21/42}$ 用手扬物：莫把水～到我身上。

覆 pʰu$^{24/45}$ ①物体底部朝上：把盘子～起放。②指人身体俯卧或背朝上胸部贴在桌面等物上：他喜欢～哒睏。｜～在桌子上

瞡 tɕʰi^{24} ①近距离看：眼睛～到书上去哒。②窥视：他站在窗户外面～咖好久。

抈 ye^{42}/tɕʰye^{42} 折断：把棍子～脱

㞞 ie^{24} ①〈动〉陷：～下去哒。②〈形〉颗粒不饱满：～谷子

敥 ie^{21} 以手指撒物：～点石灰

搣 mie^{24} 掰：把桔子～开

跌 tie^{24} ①从高处落下：从床上～下来。②遗失：～咖一支笔

弆 kə^{42} 藏：你把书～到哪里去哒啰?

罯 o^{24} 严密地覆盖或封闭起来：把香蕉放到米缸里～熟｜白菜～黄哒。

呵 xo^{33} ①哄：～小孩。②用手段拉拢某人：你要想他帮忙，就要～哒他。

蠚 xo$^{24/33}$ 蜇：毛虫～人。｜咯床毯子有点～人。

敤 kʰo^{42} 敲：把钉子～进去

佮 ko^{24} 结交：他～哒几个好朋友。

过 ko^{45} 死的婉辞：他姆妈上个月～咖哒。

嗍 so^{33} ①吸气：辣得直～。②吮吸：～面｜～粉

窜 tsʰõ^{21} 快速移动：他一～就过去了。

梭 so^{33} ①快速移动，犹“窜”：他一～就（跑）过去了。②滑（从高处往低处）：你让他从上面～下来嚎。

謶 so⁴⁵ 骗，哄：你莫～我啰。

乭 tsʰo²⁴ 骗：他～你的。

□ fu⁴² ①掀：他把被窝一～就走哒。②用手把米、豆子之类的东西拢在一起或向侧面扒开：把豆子～拢到一起来

脱 tʰo²⁴ 断：锄头把～做两截｜打～牙齿往肚里吞

拸 to²¹ ①把锅子等器皿放在炉火上：～一壶水。②把一物压放在另一物上：把棉絮～到箱子上头

哕 ya⁴⁵ 大声喊叫

哇 ua⁴⁵ ～喊～叫

黟 ȵia¹³/³³ 黏贴

□ tɕia¹³ 解释，争论：～不清场（说不清场）。

策 tsʰə⁴⁵ 越～越开心。本字疑为“择”。“策”在长沙话中无阴去调读音。“择”可念[tsʰə⁴⁵]，与“菜”搭配，表示洗菜之前去除烂的或老的叶子，保留好的嫩的以备烹饪，可引申指分辨好坏是非

缔 tʰia²⁴ ①捆：用绳子～起。②系，打结：～鞋带子

o²⁴ 把火种藏起来，使它不熄灭：～火种

砑 ŋa²¹ ①轧：～棉花｜～胡椒。②擦：～哒一身灰。③拖延：从初一～到十五

丫 ŋa³³ 本是合拢的东西张开了一部分：柜门～开哒。

咬 ŋa⁴⁵ 咬；啃：猫～老鼠｜狗～骨头

掉 tiau²¹ ①从上面垂下来：裤带子～出来哒。②摆动；摇动：～～手，街街走（儿歌）｜～脑壳。③散步；闲逛：上街去～下子。④赋闲，搁置：他进厂后，一直～在那里，冇安排工作。｜咯只案子一直～到咯里哒，冇审判。

射 sa⁴⁵ ①投，扔：～石头牯｜～手榴弹。②攻击：他拿石头～人。③快跑：他刚才还在咯里，不晓得一下子就～到哪里去哒。

漉 ləu²⁴ 从水中或其他液体中捞取东西：～湖草｜把菜从缸里～起来

挲 sa³³ （手、树枝）张开，伸开：～开手

□ tən¹³ 把拖把或毛笔放在水中洗（上下晃动）：把笔放到水里～一下

扟 tən⁴² 举：把旗子～高一点

揺 in⁴⁵ 量：～尺码｜～米

津 tɕin³³ 吮吸：～奶｜～糖粒子

镔 pin³³ 用别针等把另一样东西固定在纸、布等物上：把校徽～起

挑 tʰiau³³ 选：～些好蚕豆做种

□ ŋən⁴² 硌，即触着凸起的硬东西觉得不舒服：打赤脚走，会～脚咻

抚 ŋau⁴⁵ 量：用手～一～

玵 kan⁴⁵ ①钻：从人堆里～出来｜在被窝里～来～去。②到某地去，一般不用于庄重的场合：暑假里我～到广州去玩哒一个月。

揿 tsʰən²¹ 按：莫～我的手！

笼 lən¹³ ①双手插进袖筒：～起个手。②穿：鞋子一～就走。

捅 tʰən^{42} 装入：把钱～得荷包里

□ tʰən^{42} 汗水直流：他从外面跑进来，汗直个～

顿 tən^{45} ①竖立：把竹铺子～起放。②站立（训斥语）：你跟我好生～在那里。

溢 pən^{13} 液体溢出容器外：水～哒，快关龙头。

倾 kʰuan^{33} 倒：～屑子（垃圾）｜～水

掼 kuan^{21} 轻撞：你何什总是～我啰？｜～手～脚（碍手碍脚）

kʰan^{33} 盛物的器皿没装满：坛子还～哒一截

粘 tian^{33} ①贴：把图片～上去。②紧挨着：伢子哎，莫～到姆妈啰，姆妈要做事咧/啦！

练 liẽ^{45} 在地上或床上乱滚动：莫在床上～来～去！

掼 kuan^{21} 轻撞：你何什总是～我啰？｜～手～脚（碍手碍脚）

kʰan^{33} 盛物的器皿没装满：坛子还～哒一截

粘 tian^{33} ①贴：把图片～上去。②紧挨着：伢子哎，莫～到姆妈啰，姆妈要做事咧/啦！

练 liẽ^{45} 在地上或床上乱滚动：莫在床上～来～去！

招呼 tsau^{33}fu^{33} 留神：～莫跸哒啦！

罩严 tsau^{45}/tsan^{45}ŋan^{13} 管死；盯死：你莫～哒我，还是管下子自家。

操发 tsau^{33}fa^{24} 指能力、财力、地位、见识等大有长进：兰英妹子咯下子～哒啦，当哒技师咧。｜他～哒，当哒万元户。

冇 mau^{21} ①〈动〉没有：咯本书～看首（这本书没有看头）。②〈副〉没有：～来｜～吃

冇得 mau^{21}tə^{24} 〈动〉没有

冇得听 mau^{21}tə^{24}tʰin^{45} 希望渺茫或无成功希望：他调动的事还～。

冇探白 mau^{21}tʰan^{45}pə^{34} 没有理会

洒起 sai^{42}tɕʰi^{0} 瞧得起，把人放在眼里：我～他？

冇洒起 mau^{21}sai^{42}tɕʰi^{0} ①不予理睬：班长批评他，他根本～。②不把别人放在眼里：他那号角色，我～他。

咬筋 ŋa^{45}tɕin^{33} 故意找岔子，挑剔毛病：他做事太～哒。｜咯只人～啰。｜那他就～啦！

到堂 tau^{45}tan^{13} ①到场。②到位：你帮忙要帮～。

接脚 tɕie^{24}tɕio^{24} ①接着用（多指衣物）：她的鞋子冇得人～。②接班：崽伢子接哒爷的脚。

出不得湖 tɕʰy^{24}pu^{24}tə^{0}fu^{13} “湖”指洞庭湖，代指湖南。清雍正元年（1723）两湖分闱前，湘人需过洞庭去武昌参加举试。洞庭湖波涛汹涌，是为险途。能去武昌参加举试者当为“有大出息”之人，而不能参加举试（乡试在本地进行）的人虽然也可能小有成就，但终究无大出息。所以“出不得湖”意思是虽有小本事，但不能出湖南，只能呆在本地，无大出息

穿不出湖 tɕʰyẽ^{33}pu^{24}tɕʰy^{24}fu^{13} （衣物）不值得穿出去显摆，且有的降低身份的感觉。语源同“出不得湖”

拿不出手 la^{13}pu^{24}tɕʰy^{24}səu^{42} 指羞于拿出去示人

抖抻 təu^{42}tsʰən^{33} 本指将衣物等抖动使之熨帖，引申为：①〈动〉表示使自己好看，以吸引他人眼球，有显摆的意思：我穿咯件衣服出去～去。②〈形〉表示好看，整洁：咯件衣服好～咧！

来煞哒 lai^{13}sa^{24}ta^{0} 某种事情或行为即将发生或发作：快莫闹，他的脾气又～哒。

装□ tɕyan^{33}so^{45} 装傻、装洋蒜

装佯码六 tɕyan^{33}ian^{13}ma$^{42-0}$ləu^{24}

装佯意子 tɕyan^{33}ian^{13}i^{45}tsɿ^{0}

充狠 ts^{h}ən^{33}xən^{42} 没有本事却要显示自己有本事

现狠 ɕiẽ^{45}xən^{42}

赌狠 təu^{42}xən^{42} 比本事：莫～啰，你比不过我的。｜自家冇得一点本事，还赌么子狠啰！

松皮 sən^{33}pi^{13} 训打（小孩子）：再不听讲，我就松你的皮。｜你咯向是皮冇松得吧？

亲像 tɕ^{h}in^{33}tɕian^{21} 很相像

捏像 ȵie$^{24/45}$tɕian^{21}

运神 yn^{45}sən^{13} 思忖

韵味 yn^{45}uei^{21} ①〈动〉指入神地欣赏艺术品：唱机都停咖哒，他还在那里～。②〈动〉指由于对某种活动很感兴趣，而亲自去尝试或体验一下：你也想去～呀。③〈形〉表示好：他唱的咯只歌蛮～。④〈形〉表示惬意：下班回来坐得沙发上看下子电视，蛮～。

成器 tsən^{13}tɕ^{h}i^{45} 成功：咯件事又冇搞～。

摸风不到 mo^{33}xən^{33}pu^{24}tau^{45} 一点都不明白：初中生听微积分，简直是～。

摸不到风 mo^{33}pu^{24}tau^{45}xən^{33}

摸螺拐 mo^{33}lo^{13}kuai^{42} 讨好，奉承。螺拐指足踝。摸人足踝，需蹲下俯身，故以“摸螺拐”形容人的媚态：这个人专门会～。

扯麻纱 ts^{h}ə^{42}ma^{13}sa^{33} 闹纠纷

扯筋 ts^{h}ə^{42}tɕin^{33}

扯络壳 ts^{h}ə^{42}lo^{45}k^{h}o$^{24\text{-}0}$ （让人感觉有点无理取闹）

扯□绊 ts^{h}ə^{42}tɕia^{13}p^{h}an^{45}/fan^{45} （让人感觉有些无厘头）

扯佯码子 ts^{h}ə^{42}ian^{13}ma^{42}tsɿ^{0} （让人感觉有点荒谬）

扯齁 ts^{h}ə^{42}xəu^{33} 哮喘

扯鼾 ts^{h}ə^{42}xan^{33} 打鼾

扯抻 ts^{h}ə^{42}ts^{h}ən^{33} ①拉平整：把衣服～。②理清头绪：咯一向子，我们的工作连冇～。

得路 tə^{24}ləu^{21} 占便宜：得一猛路（占了个大便宜）

捏白 ȵiẽ^{24}pə^{24} 撒谎

吵场合 ts^{h}au^{42}tsan^{13}xo^{0} 吵架

闹场合 lau^{45}tsan^{13}xo^{0} 闹事，惹麻烦：猪崽子天天～。

现话（得） ɕiẽ^{21}fa^{21}(tə^{0}) 没关系，无妨碍

yẽ^{13}kən^{33} ①事情做完：吃～哒｜作业做～哒。｜搞得～才晓得搞错哒。

圆场 yẽ^{13}tsan^{13} ①了结。②调解

打圆场 ta^{42}yẽ^{13}tsan^{13} 调解

转贩子tɕyẽ^{45}fan^{45}tsɿ^{0} 耍手腕

谩詑 man^{45}to^{13} 批评：我被～哒。｜谩了我的詑。

扳俏 pan^{33}tɕ^{h}iau^{45} ①自以为了不起，翘尾巴：有点本事就～，象什么话啰！②故意摆架子：莫～噻！

探脉 t^{h}an^{45}mə^{24} 过问：屋里的事他从不～

探白 t^{h}an^{45}pə^{24}

探 tʰan^{45}
喊应 xan^{42}in^{45} 叮嘱：我～他莫去，他偏生要去。｜我～你哒啦，今天要多穿件衣服啦！
答白 ta^{24}pə^{24} ①同意：这件事是他～的。②搭话：大人子讲话，细伢子莫～。
答野白 ta^{24}ia^{42}pə^{24} 两人在说话，第三者搭腔：大人子讲话，细伢子莫～
斗把 təu^{45}pa^{45} ①开玩笑。②故意作对（语气较轻）
斗腿 təu^{45}tʰei^{42}
斗脚 təu^{45}tɕio^{24}
斗捩把 təu^{45}lie^{45}pa^{45} ①开不合适的玩笑。②故意作对（语气较“斗把”重）
丢格 tiəu^{33}kəu^{13} 丢脸；出洋相
失格 sɿ^{24}kə^{24} 失去了身份甚至人格
开叫 kʰai^{33}tɕiau^{45} 大声喊叫
叫咆哒 tɕiau^{45}pau^{13}ta^{0} 大声地叫喊，吵闹
服六急 fu^{24}ləu^{24}tɕi^{24} 非常仓促，引申指随意敷衍：～写出来的
过拗 ko^{45}ŋau^{45} 过硬：他的技术很～
有味 iəu^{42}uei^{21} ①有意思：那出戏蛮～。②可爱：咯只妹子长得蛮～咧，眼睛溜圞的
有听 iəu^{42}tʰin^{45} 有希望
有边 iəu^{42}piẽ^{33} 有几成把握
触瞌睏 tsʰəu^{24}kʰo^{24}kʰuən^{45} 打瞌睡
发梦天 fa^{24}mən^{21}tʰiẽ^{33} 呓语
发梦冲 fa^{24}man^{21}tsʰən^{45} 梦游
摆格 pai^{42}kə^{24} 摆架子
拽格 tɕyai^{42}kə^{24}
现阔 ɕiẽ^{45}kʰo^{24} 显示自己的阔绰；要排场
发潮气 fa^{24}tsau^{13}tɕʰi^{45} 做傻事或说傻话
发宝气 fa^{24}pau^{42}tɕʰi^{45}
吃伴甑饭 tɕʰia^{24}põ^{21}tsən^{45}fan^{21} 依靠别人
吃住 tɕʰia^{24}tɕy^{21} 欺压
塌场 tʰa^{24}tsan^{13} ①演员该上场而未上场。②误事
拐场 kuai^{42}tsan^{13} 坏了事：咯就～哒啦，钥匙冇带哒。
捡 tɕiẽ^{42}tsan^{13} ①收拾。②开始：我们～搞咧。
架场 ka^{45}tsan^{13} 开始：一～他就占了上风。
架势 ka^{45}sɿ^{45}
打反口 ta^{42}fan^{42}kʰəu^{42} ①否定对方的要求和意见。②否定承诺
讲桥 kan^{42}tɕiau^{13}
吵桥饭 tsʰau^{42}tɕiau^{13}fan^{45} 吵嘴；找麻烦
巴家 pa^{33}tɕia^{33} 为自己家争利，特指妇女为娘家争利
捡 tɕiẽ^{42}ləu^{42}tsɿ^{0} 轻易获得便宜
不得脱符 pu^{24}tə^{0}tʰo^{24}fu^{13} 脱不了身

不服行 $pu^{24}fu^{24}xan^{13}$ 不服输

敲栗壳 $k^{h}au^{33}li^{24}k^{h}o^{24-0}$ 弯曲食指和中指敲打头部

敲丁公 $k^{h}au^{33}tin^{33}kən^{33}$

送枕头 $sən^{45}tsən^{42}təu^{13-0}$ 暗中作梗

画符 $fa^{21}fu^{13}$ ①画制符箓。②比喻乱写乱画。③作出判断；断言

画洞庭子 $fa^{21}tən^{45}tin^{13}tsɿ^{0}$ 本为“切口”，是“画符”的异形。因长沙话“符”“湖”同音，所以“画洞庭子”即画符，意谓乱写乱画。也引申指评论人家：他在背后画你的洞庭子。

杀短锯子 $sa^{24}tõ^{42}kə^{45}tsɿ^{0}$ 有意抓人家的“小辫子”，背地里使坏：你有意见就提噻，何什要～咧！

听壁脚（子） $t^{h}in^{45}pi^{24}tɕio^{24}(tsɿ^{0})$ 在墙外偷听屋里人的谈话

合大伴 $xo^{24}tai^{21}põ^{21}$ 合群；随大流

（十三）性质、状态

溜清的 $liəu^{45}tɕ^{h}in^{33}ti^{0}$ 水很清澈

溜青的 $liəu^{45}tɕ^{h}in^{33}ti^{0}$ 指头发或布等很黑

溜尖的 $liəu^{45}tɕ^{h}iẽ^{33}ti^{0}$ 很尖

嘎白的 $ka^{42}pə^{24}ti^{0}$ 惨白

嘎粗的 $ka^{21}ts^{h}əu^{33}ti^{0}$ 皮肤、纸等很粗糙

嫩白的 $lən^{45}pə^{24}ti^{0}$ 很白

□白的 $sən^{45}pə^{24}ti^{0}$ 很白，多指墙壁、瓷器、纸张等而言

墨黑的 $mə^{45}xə^{24}ti^{0}$ 很黑

□黑的 $mia^{45}xə^{24}ti^{0}$

黚黄的 $kən^{13}uan^{13}/fan^{13}ti^{0}$ 很黄

菲嫩的 $fei^{33}lən^{21}ti^{0}$ 很嫩

钉绿的 $tin^{45}/tian^{45}ləu^{24}ti^{0}$ 深绿

□绿的 $kuan^{21/45}ləu^{24}ti^{0}$ 很绿（绿得使人讨厌）：湖水～，那水只怕吃不得

津咸的 $tɕin^{33/45}xan^{13}ti^{0}$ 很咸

揪酸的 $tɕiəu^{33/45}sõ^{33}ti^{0}$ 很酸

浸酸的 $tɕin^{45}sõ^{33}ti^{0}$

清甜的 $tɕ^{h}in^{33/45}tiẽ^{13}ti^{0}$ 很甜

挖苦的 $ua^{24/45}k^{h}u^{42}ti^{0}$ 味道很苦

哕苦的 $ya^{45}k^{h}u^{42}ti^{0}$

□苦的 $mia^{45}k^{h}u^{42}ti^{0}$

□苦的 $lia^{45}k^{h}u^{42}ti^{0}$

□苦的 $ȵie^{45}k^{h}u^{42}ti^{0}$

透鲜的 $t^{h}əu^{45}ɕiẽ^{33}ti^{0}$ 味道很鲜美

撇淡的 $p^{h}ie^{42}/p^{h}ia^{42}tan^{21}ti^{0}$ 味道或颜色很淡

糜融的 $mi^{33/45}in^{13}ti^{0}$ （食物煮得）很烂

巴酽的 pa^{33}ȵiẽ^{21}ti^{0} 很稠，很浓合

捞稀的 lau^{33}ɕi^{33}ti^{0} 织物或头发稀疏

□泻的 p^{h}ia^{21}ɕia^{45}ti^{0} 很烂，呈稀泥状

钉重的 tian^{45}tsən^{21}ti^{0} 很重

捞轻的 lau^{33}tɕ^{h}in^{33}ti^{0} 很轻

烧热的 sau^{33}ye^{24}ti^{0} 指人或物温度很高

滚熩的 kuən^{42}o^{45}ti^{0} 很烫（一般指液体）

　翻熩的 fan^{33}o^{45}ti^{0}

清凉的 tɕ^{h}in^{45}lian^{13}ti^{0} 指水很凉

梆硬的 pan$^{33/45}$ŋən^{21}ti^{0} 很硬

　绷硬的 pan$^{33/45}$ŋən^{21}ti^{0}

蜡软的 la^{24}yẽ^{42}ti^{0} 很软

梆紧的 pan^{33}tɕin^{42}ti^{0} 很紧

　绷紧的 pən^{33}tɕin^{42}ti^{0}

腊扁的 la^{24}piẽ^{42}ti^{0} 很瘪

溜圞的 liəu$^{33/45}$lõ^{13}ti^{0} 很圆

捞松的 lau^{33}sən^{33}ti^{0} ①很松散（跟“紧”相对）：背包冇捆紧，～。②指车厢、戏院等场所，人的密度不大：里面～。

捞空的 lau^{33}k^{h}ən^{33}ti^{0} 很空

脬臊的 p^{h}an^{33}sau^{33}ti^{0} （尿）很臊

脬臭的 p^{h}an^{33}ts^{h}əu^{45}ti^{0} 很臭

喷腥的 p^{h}ən^{33}ɕin^{45}ti^{0} 很腥

巴䵑的 pa^{33}ȵia^{13}ti^{0} 很黏

令光的 lin^{45}kuan^{33}ti^{0} ①很光滑。②一点也不剩

拎　的 lin^{33}tsau^{33}ti^{0} ①指饼干、瓜子等食物很脆。②很干燥

崭齐的 tsan^{42}tɕi^{13}ti^{0} 很整齐

纠圞的 tɕiəu$^{33/45}$lõ^{13}ti^{0} 很圆

□薄的 lan^{33}/lən^{33}po^{24}ti^{0} 很薄

　菲薄的 fei^{33}po^{24}ti^{0}

纠麻的 tɕiəu$^{33/45}$ma^{13}ti^{0} 很差，很乱

　统麻的 t^{h}ən^{42}ma^{13}ti^{0}

稀烂的 ɕi^{33}lan^{21}ti^{0} 很破、很碎

稀碎的 ɕi^{33}sei^{45}ti^{0} 很碎

稀烊的 ɕi^{33}ian^{13}ti^{0} 衣物、纸等皱得很厉害

　腊烊的 la^{24}ian^{13}ti^{0}

糜痨的 mi^{45}/mie^{45}lau^{13}ti^{0} 很疲倦，很不顺心

刮浑的 kua^{24}fən$^{13-33}$ti^{0} （水）很浑浊

刮瘦的 kua^{24}səu^{45}ti^{0} 很瘦

□胖的 lei^{33}p^{h}an^{45}ti^{0} 很胖

□壮的 lei^{33}tɕyan^{45}ti^{0} 指人胖，也指动物很肥

拍饱的 p^{h}a^{24}pau^{42}ti^{0} 很饱

　□饱的 lən^{33}pau^{42}ti^{0}

拍密的 p^{h}a$^{24/21}$mi$^{24/45}$ti^{0} 很密

拍满的 p^{h}a^{24}mõ^{45}ti^{0} 很满

拍实的 p^{h}a^{24}sɿ^{45}ti^{0} 里面塞得很满或很紧的样子：肚子里～

□涩的 kua^{21}tɕie^{24}ti^{0} 很涩口

□老的 ka^{24}lau^{42}ti^{0} 指食物不嫩，也指人老

冰清的 pin^{33}tɕ^{h}in^{45}ti^{0} 冰冷

绷抻的 pən^{33}ts^{h}ən^{33}ti^{0} 布或绳索两头拉得紧

　捞抻的 lau^{33}ts^{h}ən^{33}ti^{0}

壁顿的 pi^{24}tən^{45}ti^{0} 竖得很直

壁陡的 pi^{24}təu^{42}ti^{0} 非常陡

密严的 mi$^{24/45}$ŋan^{13}ti^{0} 严密无缝

严丝密缝 ŋan^{13}sɿ^{33}mi$^{24/45}$xən^{21} 两物结合很紧，没有缝隙

挤密砑密 tɕi^{42}mi$^{24-33}$ŋa^{21}mi^{24} 密密麻麻

□詑唎詑 tɕia^{13}to$^{13-33}$li^{45}to$^{13-33}$ 形容人说话办事啰嗦，不利索

沕起沕起 mei^{21}tɕ^{h}i^{0}mei^{21}tɕ^{h}i^{0} 不声不响地埋头做事。“沕”指把头低着

作古正经 tso^{24}ku^{42}tsən^{45}tɕin^{33} ①形容很规矩、很庄重。②慎重其事

无情冇事 u^{13}tɕin^{13}mau^{21}sɿ^{21} ①无所事事。②平白无故

　无钱冇事 u^{13}tɕiẽ^{13}mau^{21}sɿ^{21}

神不愣通 sən^{13} pu$^{24-0}$lən^{33}t^{h}ən^{33} ①楞头楞脑。②发呆。③神经质

杨五六宗 ian^{13}u^{42}ləu^{24}tsən^{33} 不三不四

结筋掼筋 tɕie^{24}tɕin^{33}kuan^{21}tɕin^{33} ①啰嗦；不干脆。②纠结于某事

　结丝掼筋 tɕie^{24}sɿ^{33}kuan^{21}tɕin^{33}

噤令干浪 tɕin^{21}lin^{45}kan^{21}lan^{45} 忐忑不安

死洋蜡气 sɿ^{42}ian^{13}la^{24}tɕi^{45} 有气无力的样子

雷急火急 lei^{13}tɕi^{24}xo^{42}tɕi^{24} 形容很着急的样子

清丝蜜甜 tɕ^{h}in^{33}sɿ^{33}mi^{24}tiẽ^{13} 味道很甜

焦巴捩干 tɕiau^{33}pa^{0}lie^{45}kan^{33} 很干

活弄哒 xo^{24}lən^{45}ta^{0} 活蹦乱跳的样子

劲格哒 tɕin^{45}kə^{13}ta^{0} 形容人神气十足的样子，含贬义

　劲□哒 tɕin^{45}kan^{21}ta^{0}

大等哒 tai^{21}tən^{42}ta^{0} 在他人面前摆资格，显摆

老　哒 lau^{42}tɕiəu^{45}ta^{0} 形容人老得很厉害（含有不尊重的意味）：那只婆婆子～

不庄相 pu^{24}tɕyan^{33}ɕian^{45} 不成样子；不成体统

□腮 ȵia^{45}sai^{33} 好

不□腮 pu²⁴ȵia⁴⁵sai³³ 〈詈〉不好

朽 ɕiəu⁴² 自高自大，目中无人：～敥[ie²¹]哒（自大极了）｜～掼[kan²¹]哒

秀气 ɕiəu⁴⁵tɕʰi⁴⁵ 表示体积小、数量少或程度浅，用于否定式：他咯次病得不～｜咯场雪就不～啦。

晏 ŋan⁴⁵ （时间）晚；迟

嫨 xan³³ 做事拖沓

细 ɕi⁴⁵ ①在体积、数量等方面不及一般的或比较的对象（与“大”相对）：～桌子｜声音太～。②排行最末：～崽｜～姑子

捩 lie⁴⁵ 不正；歪：画挂～哒｜～哒颈（脖子扭伤了）

宝 pau⁴² ①傻。②傻子

夹 tɕia²⁴ 脾气倔

圞 lõ¹³ ①圆形：～圈。②完整的：～蛋

水 ɕyei⁴² ①指人作风不正派，流里流气。②〈动〉指办事不力或不依承诺。③事情搞砸了：这事情～咯哒。④山寨版的：～货（手机）

� lə²⁴ ①〈动〉开玩笑：你莫～我嚏！②诙谐：咯个人好～的。

累 lia²⁴ （训读） ①疲倦。②〈动〉让人家辛苦：～你跟我帮下忙！

下 ɕia⁴⁵ ①小气：你大方点啰！莫～啰！②行事下作

抠 kʰəu²⁴ 小气

嗲 lia³³ 形容撒娇的声音或样子：～声～气

倦 tɕyẽ²¹ 很疲倦：～咖哒

瘸 tɕya¹³ ①四肢肌肉萎缩，活动不便：～把子（手瘸了的人）。②四肢因冻而变得不灵活：手冷～咖哒。

□ so⁴⁵ 差、不好：字写得～

痨 lau¹³ ①瓜果蔬菜因放置过久失去水分：白菜～咖哒。②形容人无精神，萎靡不振

拐 kuai⁴² 坏：事情搞～哒。｜咯只人很～的。

凊 tɕʰin⁴⁵ ①〈形〉水很凉。②〈动〉使人凉：河里的水～人。

咬筋 ŋa⁴⁵tɕin³³ ①扯皮。②固执

松活 sən³³xo²⁴ 工作轻松

　松 tʰəu⁴²sən³³

乱坨 lõ²¹to¹³ ①乱套：咯件事要是冇人管，就会～。②捣蛋

灵泛 lin¹³fan⁴⁵ 机灵、聪明

达模 ta²⁴mo¹³ 形容人肥胖或物件粗大

靥勺 ie²⁴sau¹³ 本指男根不举，引申表示“完了、糟糕”的意思

　靥哒卵 ie²⁴ta⁰lõ⁴²

　靥卵 ie²⁴lõ⁴²

毛热子 mau¹³ye²⁴tsɿ⁰ 温热

邋遢 la²⁴tʰa⁰ 肮脏、不干净

硬衬 ŋən²¹tsʰən⁴⁵ 指衣物、纸张挺括

犞实 ŋau^{13}sɿ^{24} 一般指年岁大的人身体健康

经事 tɕin^{33}sɿ^{21} 指物件结实耐用

得色 tə^{24}sə^{24} 有脸面，了不起（含贬义）：你搞特殊化，还以为蛮～！

嫩妥 lən^{21}tsʰo^{0} 处事不够老道

利霸 li^{45}pa^{45} ①能干。②强悍

撩撇 liau^{13}pʰie^{0} 做事说话干脆，不麻烦别人

溜刷 liəu^{45}ɕya^{24} 动作利索、灵活

尖钻 tɕiẽ^{33}tsõ^{45} 狡滑

蛮绊筋 man^{13}pʰan^{45}tɕin^{33} 蛮横，不讲道理

霸蛮 pa^{45}man^{13} ①不顾客观条件蛮干。②刻苦

（十四）程度、范围

蛮 man^{13} 很（限作状语，不能作补语）：～多｜～好

僫 o^{24} 很（限作补语，不能作状语）：多得～｜好得～

得 tə^{24}/tə^{0} ①〈形〉罢了（不能读轻声）：再穷，无债也～；再冷，无风也～。②〈助〉表示前后成分具有述补关系：他做～对。｜他霸～蛮。③〈助〉放在动词后，念轻声，表示有某方面的能力：他做～。④〈助〉放在动词后，念轻声，表示能经受得住：冷～｜他痛～。⑤〈助〉放在动词后，重读并拖长，表示程度到了极点：痛～！

一下 i^{24}xa^{21} 表范围，相当于“都”：人～到齐哒。

下 xa^{21}

更发 kən^{45}fa^{0} 更加：他～轻松。

越更 ye^{24}kən^{45}

捞共 lau^{13}kən^{21} 总共

捞总 lau^{13}tsən^{0}

□ liẽ^{21}tsan^{13}/san^{13} 常常

打常 ta^{42}tsan^{13}/san^{13}

tɕyẽ^{33}mən^{13}

经常 tɕin^{33}tsan^{13}/san^{13}

是咯样 sɿ^{21}ko^{24}ian^{21} 不停地：～哭｜汗～流

是咯 sɿ^{21}ko^{24}

直个 tsɿ^{24}ko^{45}

慢点 man^{21}tiẽ^{42} 等一会儿：我在咯里等你，～你一定要来！｜讲话细声点，～把他吵醒哒！

横直 xən^{13}/fən^{13}tsɿ^{24} ①总是：他～要我去买菜。②反正：莫急，～不是么子大事。

横去 fan^{13}kʰə^{45}

左莫 tso^{42}mo^{24} 干脆，索性：～你自己去一趟。｜你～自己去！

以莫 i^{42}mo^{24}

叫莫 tɕiau^{45}mo^{24}

严刚 ŋan^{13}tɕian^{33} ①刚刚。②正好

严严 ŋan^{13}ŋan^{13} 正好：～好

流是 liəu^{13}sɿ^{21} 马上（多用以修饰已完成的动作）：听到好消息，他～跳了起来。

多是 to^{33}sɿ^{21} 早就：咯件事我～晓得哒。

紧 tɕin^{42} 表动作的持续：他一个人～讲。

尽 tɕin^{21} 全：～讲好话

一路来 i^{24}ləu$^{42/21/24}$lai^{13} 向来：他～不喜欢吃馒头。

路来 ləu$^{24/42}$lai^{13}

时刻子 sɿ^{13}kʰə$^{24/45}$tsɿ^{0} ①经常。②表肯定语气：乡下的空气～比城里的好。

怕莫 pʰa^{45}mo^{24} 恐怕：他～不会来哒。

得幸 tə^{24}ɕin^{45} 幸而：～我跑得快，要不然就会迟到。

得喜 tə^{24}ɕi^{42}

喜得 ɕi^{42}tə^{0}

过硬 ko^{45}ŋən^{21} ①确实：小王的手艺～有蛮好。②能经受考验的：他有两手～工夫。

硬 ŋən^{21} ①一定：今天下午的会你～要参加。②同“过硬”。

作兴 tso^{24}ɕin^{33} ①也许：他～还冇走。②时兴：如今～咯号式样。

liẽ^{13} 压根儿：～不喜欢｜～冇见过

前世 tɕiẽ^{13}sɿ^{45} ①前生：你～冇吃过东西啊？②从来

正慢 tsən^{45}man^{0} 正要：我～出去，他就来哒。

罢是 pa^{21}sɿ^{21} 特意：我今天～来看你。

原直 yẽ^{13}tsɿ$^{45/24}$ ①原来一直：你～是咯样一个人哦。②还是，仍然：我讲咖半天，你～不懂。｜你～走咯里去啰。③到头来，结果：走哒半天，～又回到现地方来哒。④重新，再次：你跟/给我～做一遍。

刚或 tɕian^{33}/kan^{33}xo$^{24/45}$ 刚刚

大套子 tai^{21}tʰau^{45}tsɿ^{0} 大概；一般

（十五）数量、方位

晚 man^{42} 排行最末的：～叔｜～崽子。

一炮 i^{24}pʰau^{45} 一十：～个人

张tsan^{33} 〈量〉一～桌子

条 tiau^{13} 〈量〉一～墨

餐 tsʰan^{33} 〈量〉打一～｜骂一～

铺 pʰu^{33} 〈量〉一～帐子｜一～毯子

只 tsa^{24} 〈量〉一～猪｜一～杯子｜咯～人

□ ka^{21} 〈量〉大姆指和食指或中指引开的距离为一～

□ pʰai^{42} 〈量〉两臂左右伸开，两手之间的距离为一～：咯根竹篙有两～长。

把 pa^{42} 〈量〉一～土车子

坨 tʰo^{13} 〈量〉一～泥巴｜一～肉｜一～墨

梂 tɕiəu^{13} 〈量〉繁多丛聚为～：一～葡萄｜一～辣椒。

蒲 pu^{13} 〈量〉一～草｜一～菜

佾 i²¹ ①〈量〉一行禾苗谓之一～。②〈动〉随手～，不划行而插的禾苗

隥 tʰən⁴² 〈量〉一级台阶或楼梯谓之一～

肚里 təu²¹li⁰ 〈方〉里面：箱子～尽是书

高头 kau³³təu⁰ 〈方〉上面：桌子～也是书

后背 xəu²¹pei⁴⁵ ①〈方〉后面：～有人。②表时间，指后来

门口 mən²¹kʰəu⁴² ①〈方〉前面：眼～。②〈方〉附近，紧邻的地方：胸～，胸口附近｜屋～，房屋附近，借指街邻。③用于表时间：站哒～就发拽。（“站哒门口”是马上的意思）

开边 kʰai³³piẽ⁰ 远处：～有一条公路

团转 tõ¹³tɕyẽ⁴⁵ 周围：屋～尽是果树。

周围团转 tsəu³³uei¹³tõ¹³tɕyẽ⁴⁵

说明：

1. 本词表按意义分为15类。凡同普通话仅有语音差别的词，一般不收。

2. 每条先写汉字，后标读音，再加注释。标音时，字调用阿拉伯数码表示，一律标在音节的右上角，本调与变调之间加以连接符号“-”，轻声音节右上角标数字0。不同义项用①②③等加以区别。

3. 意义大体相同的词排在一起。首条顶格排列，同义词语后缩一格排列。

4. 字下加浪线“＿”的是同音字，音下加浪线“＿”的是特殊读音。“□”表示有音节但暂时无法找到合适的字。“～”表示复举前面的词语。

5. 词条中圆括号（ ）里的字、（ ）里的音表示可带可不带。如果某字有两读或多种读音，则在不同读音之间用斜线“/”隔开。

6. 释义前用“〈儿〉”表示是儿童语，“〈行〉”表示是行业语，“〈迷〉”表示是迷信的说法，“〈旧〉”表示是旧时的说法，“〈詈〉”表示是詈语，“〈书〉”表示是书面语。

三、长沙（城区）、浏阳（城区）、宁乡（城区）方言核心词比较

表 26-3-2-6 长沙（城区）、浏阳（城区）、宁乡（城区）方言核心词比较一览表

条目	长沙	浏阳	宁乡
我	我ŋo⁴²	我ŋo²⁴	我ŋω⁴²
你	你 li⁴²	你 ŋ̍¹²	你 ŋ̍⁴²
他	他 tʰa³³	他 xa³³	他 tʰa³³
我们	我们ŋo⁴²mən¹³	我哩ŋo²⁴li⁰	我们ŋω⁴²mən⁰ 我哩ŋω⁴²li⁰
你们	你们 li⁴²mən¹³	你哩 ŋ̍²⁴li⁰	你哩ȵi⁴²li⁰/ŋ̍⁴²li⁰ 你们ȵi⁴²mən⁰（青）
他们	他们 tʰa³³mən¹³	他哩 xa³³li⁰	他们 tʰa³³mən⁰ 他哩 tʰa³³li⁰
这	咯 ko²⁴/kai²⁴	□i²⁴	咯 kω²⁴

续表 26-3-2-6

那	那 la^{45}	咯 ko^{12}	那 la^{45} ｜ lω^{45}
这里	咯里 ko^{24}li^{0}	□唧 i^{24} tsi^{0}	咯里 kω^{24}li^{0}
那里	那里 la^{45}li^{0}	咯唧 ko^{12} tsi^{0}	那里 la^{45} ｜ lω^{45}li^{0}
谁	哪个 la^{42}ko^{45}	□人 man^{24}ɲin$^{45-0}$	哪个 la^{42}kω^{45}
什么	么子 mo^{42}tsɿ^{0}	么哩 ma^{12}li^{0}	□子 ŋ̍^{42}tsɿ^{0} 么□mω̃$^{42-33}$ȵie^{0}
哪里	哪里 la^{42}li^{0}	嗨唧 xai^{12}tsi^{0} 嗨□xai^{12}k^{h}ai^{33}（青） 嗨□子 xai^{12}k^{h}ai^{33}tsi^{0}（青）	哪里 la^{42}li^{0}
什么时候	么子时候 mo^{42}tsɿ^{0}sɿ$^{13-21}$xəu^{0} 哪时候 la^{42}sɿ$^{13-21}$xəu^{0} 什么时候 sən^{21}mo^{0}sɿ^{13}xəu^{21}（青）	么哩时唧 ma^{12}li^{0} ʂʅ^{45}tsi^{0}	□子时候 ŋ̍^{42}tsɿ^{0}ʃʅ^{13}xəɯ^{21} 么子时节 mω̃^{42}tsɿ^{0}ʂʅ$^{13-21}$tɕie^{45}（青）
如何	何什 o^{13}sɿ$^{24-0}$	□子ɲie^{24}tsɿ^{0}	□□i^{13}ka^{33}
不	不 pu^{24}	唔 ŋ̍^{45} 不 pu^{42}（青）	不 pu^{24}
所有	所有 so^{42}iəu^{42} 全部tɕyẽ^{13}pu^{45}	所有 so^{24}iəu$^{24-33}$	全部tsĩ^{13}pu^{21} 所有 sω^{42}iəɯ^{42}
多	多 to^{33}	多 to^{33}	多 tω^{33}
一些	一些 i^{24}ɕie^{33}	一些 i^{42}sia^{33} 一堆 i^{42}tei^{33}（青）	一些 i^{24}sia^{33} ｜ i^{24}ɕia^{33}
少	少 sau^{42}	少ʂau^{24}	少ʃɔ^{42} ｜ ʂɔ^{42}
其他	别的 pie^{24}/p^{h}ie^{24}ti^{0} 其他tɕi^{13}t^{h}a^{33}	其他 c^{h}i^{45}t^{h}a^{33}	其他 ci^{13}t^{h}a^{33} ｜ tɕi^{13}t^{h}a^{33}
一	一 i^{24}	一 i^{42}	一 i^{24}
二	二ə^{21}	二 y^{12}	二æ^{21} ｜ ɛ^{21}
三	三 san^{33}	三 san^{33}	三 sã^{33}
四	四 sɿ^{45}	四 sɿ^{12}	四 sɿ^{45}
五	五 u^{42}	五 ŋ̍^{24}	五 u^{42}
大	大 tai^{21}	大 t^{h}ai^{12}	大 ta^{21}
长	长tsan^{13}	长 tʂ^{h}oŋ^{45}	长ʧɔŋ^{13} ｜ tʂaŋ^{13}
宽	宽 k^{h}õ^{33}	宽 k^{h}øỹ^{33}	宽 k^{h}ɔŋ^{33} ｜ k^{h}ω̃^{33}
厚	厚 xəu^{21}	厚ɕiau^{12}	厚 xəɯ^{21} ｜ ɕiəɯ^{21}
重	重tsən^{21}	重 tʂ^{h}əŋ^{12}	重ʧən^{21} ｜ tʂən^{21}
小	细ɕi^{45} 小ɕiau^{42}（青）	小 siau^{24} 细 si^{12}/si^{45}（青）	细 si^{45} ｜ ɕi^{45} 小 siɔ^{42} ｜ ɕiɔ^{42}
短	短 tõ^{42}	短 tøỹ^{24}	短 tɔŋ^{42} ｜ tω̃^{42}
窄	窄tsə^{24}	狭 xa^{42}	窄tsæ^{24} ｜ tsa^{42}

续表 26-3-2-6

		窄tsie^{42}（青）	狭 xa^{45}
薄	薄 po^{24}	薄 p^{h}o^{42}	薄 pɷ^{24}/p^{h}ɷ^{45}
女人	堂客 tan^{13}k^{h}ə^{24} 堂客们 tan^{13}k^{h}ə$^{24-33}$mən^{0} 女的 ly^{42}ti^{0}（青）	女子人哩ɲy^{24}tsɿ^{0}ɲin^{45}li^{0} 婆娘人哩 p^{h}ɵ̃ỹ^{45}ɲioŋ$^{45-0}$ɲin^{45}li^{0}/p^{h}o^{45}ɲioŋ$^{45-0}$ɲin^{45}li^{0}（青）	堂客们 təŋ^{13}k^{h}æ$^{24-33}$mən^{0} | taŋ^{13}k^{h}ɛ$^{24-33}$mən^{0} 女人家ɲy^{42}ɲin^{13}ka^{33}
男人	男子汉 lan^{13}tsɿ^{0}xan^{45} 男人 lan^{13}zən^{13}	男子人哩 lan^{45}tsɿ^{0}ɲin^{45}li^{0}	男人家 lã^{13}ɲin$^{13-33}$ka^{33}
人	人 zən^{13}	人ɲin^{45} 人哩ɲin^{45}li^{0}（青）	人ɲin^{13}
小孩	细伢子ɕi^{45}ŋa$^{13-33}$tsɿ^{0}	细人唧 si$^{12-45}$ɲin$^{45-33}$tsi^{0}	细伢唧 si^{45}ŋa$^{13-33}$tsi^{0} 细屄ɕi^{45}pie$^{24-33}$
妻子	堂客 tan^{13}k^{h}ə^{24} 老婆 lau^{42}po$^{13-0}$ 婆婆子 po^{13}po$^{13-33}$tsɿ^{0}（青）	婆娘 p^{h}oŋ^{45}ɲioŋ$^{45-0}$	堂客 təŋ^{13}k^{h}æ$^{24-33}$ | taŋ^{13}k^{h}ɛ$^{24-33}$ 婆婆子 pɷ^{13}pɷ$^{13-33}$tsɿ^{0}
丈夫	丈夫tsan^{21}fu^{33} 老倌 lau^{42}kõ^{33} 老公 lau^{42}kən^{33}（青）	男子 lan^{45}tsɿ^{0}	老倌子 lɔ^{42}kəŋ^{33}tsɿ^{0} 男人 lã^{13}ɲin$^{13-33}$
母亲	娘老子ȵian^{13}lau^{42}tsɿ^{0} 妈妈 ma^{33}ma^{0} 姆妈 m̩^{33}ma^{0}	娘老子ɲioŋ^{45}lau$^{24-33}$tsɿ^{0} 姆妈 m̩^{33}ma^{0}（青）	妈妈 ma^{33}ma^{0} 娘ɲiɔŋ^{13} | ȵiaŋ^{13} 姆妈 m̩^{33}ma^{0}
父亲	爷老倌 ia^{13}lau^{42}kõ^{33} 爷老子 ia^{13}lau^{42}tsɿ^{0} 爸爸 pa^{24}pa^{0}	爷老子 ia^{45}lau$^{24-33}$tsɿ^{0} 爹 tia^{33}（青） 爹爹 tia^{33}tia^{33}（青） 爸爸 pa^{33}pa^{0}（青）	爷爷 ia^{13}ia^{0} 爷老子 ia^{13}lɔ$^{42-21}$tsɿ^{0} 爷 ia^{13} 爸爸 pa^{33}pa^{0}
动物	动物 tən^{45}u$^{24-0}$	动物 t^{h}əŋ^{12}u$^{42-33}$	动物 tən^{45}u$^{24-0}$
鱼	鱼 y^{13}	鱼ȵy^{45} | ɲy^{45}	鱼 y^{13} | ʮ^{13}
鸟	鸟 liau^{42}	鸟哩 tiau^{24}li^{0}	鸟唧 tiɔ^{42}tsi^{0}
狗	狗 kəu^{42}	狗 ciau^{24}	狗 ciəɯ^{42} | tɕiəɯ^{42}/kəɯ^{42}
虱子	虱婆子 sə^{24}po$^{13-33}$tsɿ^{0}	虱婆哩 sie^{42}p^{h}o^{45}li^{0}	虱婆子 sæ^{24}pɷ$^{13-33}$tsɿ^{0} | sɛ^{24}pɷ$^{13-33}$tsɿ^{0}
蛇	蛇 sə^{13}	蛇ʂa^{45}	蛇 sa^{13} | ʂua^{13}
虫	虫tsən^{13} 虫子tsən^{13}tsɿ^{0} 虫咬咬tsən^{13}ŋa^{45}ŋa^{0}	虫崽 tʂ^{h}əŋ^{45}tsai^{0}	虫ʧən^{13} | tʂən^{13} 虫子ʧən^{13}tsɿ^{0} 咬咬ŋa^{45}ŋa^{0}
树	树ɕy^{21}	树ɕy^{12}	树ʃy^{21} | ʂʮ^{21}
树林	林子 lin^{13}tsɿ^{0}	树林tɕ^{h}y^{12}lin^{45}	树林子ʃy^{21}lin$^{13-33}$tsɿ^{0}

续表 26-3-2-6

	树林子çy^{21}lin^{13}tsɿ^{0}	林子 lin^{45}tsɿ^{0}（青） 林 lin^{45}（青）	林子 lin^{13}tsɿ^{0}
棍子	棍子 kuən^{45}tsɿ^{0}	棍哩 kuən^{12}li^{0} 棍崽 kuən^{12}tsai^{0}（青）	棍子 kuən^{45}tsɿ^{0}
水果	水果çyei^{42}ko^{42} 果子 ko^{42}tsɿ^{0}	水果çy^{24}ko^{24} 果子 ko^{24}tsɿ^{0}	水果ʃuei^{42}kω$^{42-0}$ ｜ çyei^{42}kω$^{42-0}$ 果子 kω^{42}tsɿ^{0}
种子	种子tsən^{42}tsɿ^{0}	种子 tʂəŋ^{24}tsɿ^{0}	种子tʃən^{42}tsɿ^{0} ｜ tʂən^{42}tsɿ^{0}
叶子	叶子 ie^{24}tsɿ^{0}	叶哩 ie^{42}li^{0}	叶子 ie^{45}tsɿ^{0}
根	根 kən^{33}	根 cĩ^{33}	根 cĩ^{33} ｜ tɕĩ^{33}
树皮	树皮çy^{21}pi^{13}	树皮çy^{12}pʰi^{45}	树皮ʃy^{45}pi^{13} ｜ ʂʮ^{21}pi$^{13-33}$
花	花 fa^{33}	花 fa^{33}	花 fa^{33} ｜ xua^{33}
草	草tsʰau^{42}	草tsʰau^{24}	草tsʰɔ^{42}
绳子	绳子 sən^{13}tsɿ^{0} 索子 so^{24}tsɿ^{0}	绳哩ʂən^{45}li^{0} 索子 so^{42}tsɿ^{0}	绳子ʃən^{13}tsɿ^{0} ｜ ʂən^{13}tsɿ^{0} 索子 sω^{24}tsɿ^{0}
皮肤	皮肤 pi^{13}fu^{33}	皮肤 pʰi^{45}fu^{33}	皮肤 pi^{13}fu^{33}
肉	肉 zəu^{24}	肉ɲiəu^{42}	肉ɲiəɯ^{24} ｜ ȵiəɯ^{24}
血	血çie^{24}	血ʂø^{42}	血çie^{24} ｜ çie^{24}
骨头	骨头 ku^{24}təu$^{13-0}$	骨头 kuei^{42}tʰiau^{0}	骨头 kuæ^{24}təɯ^{0} ｜ kuei^{24}tiəɯ^{0}
脂肪	脂肪tsɿ^{33}/tsɿ^{42}fan^{13}	脂肪 tʂʅ^{33}xoŋ^{45}	脂肪tʃʅ^{42}xəŋ$^{13-33}$ ｜ tʂʅ^{42}faŋ$^{13-33}$
蛋	蛋 tan^{21} 蛋个个 tan^{21}ko^{45}ko^{0}	饽饽 po^{42}po^{0}	蛋 tã^{21} 蛋个个 tã^{21}kω^{45}kω^{0}
角	角 ko^{24}	角 ko^{42}	角 kω^{24}
尾巴	尾巴 uei^{42}pa^{0}	尾巴 uei^{24}pa^{0}	尾巴 uei^{42}pa^{0}
羽毛	羽毛 y^{42}mau^{13} 毛 mau^{13}	羽毛 y^{24}mau$^{45-0}$ 毛 mau^{45}	毛 mɔ^{13}
头发	头发 təu^{13}fa$^{24-0}$	头发 tʰiau^{45}fa$^{42-0}$ 发 fa^{42}	头发 tiəɯ^{13}xua$^{24-0}$
头	脑壳 lau^{42}kʰo$^{24-0}$ 头 təu^{13}	脑壳 lau^{24}kʰo$^{42-0}$	脑壳 lɔ^{42}kʰω$^{24-0}$
耳朵	耳朵ə^{42}to^{0}	耳朵 y^{24}təu^{0}	耳朵æ^{42}tω^{0} ｜ ɛ^{42}tω^{0}
眼睛	眼睛ŋan^{42}tɕin^{45}	眼睛ŋan^{24}tsiaŋ^{33}	眼珠ŋã^{42}tʃy^{33} ｜ ŋã^{42}tʂʮ^{33}
鼻子	鼻子 pi^{24}tsɿ^{0}	鼻子 pʰi^{42}tsɿ^{24}	鼻子 pʰi^{45}tsɿ^{0} 鼻头 pʰi^{45}tiəɯ^{0}
口	嘴巴tsei^{42}pa^{0}	嘴巴tsi^{24}pa^{0} 口 cʰiau^{24}（青）	嘴巴tsəɯ^{42}pa^{0} ｜ tsei^{42}pa^{0} 口 cʰiəɯ^{42}

续表 26-3-2-6

牙齿	牙齿ŋa^{13}tsʰɿ^{42}	牙齿ŋa^{45}tʂʰʅ^{24}	牙齿ŋa^{13}ʧʰʅ$^{42-21}$
舌头	舌子 sə^{24}tsɿ^{0} 舌头 sə^{24}təu$^{13-0}$	舌哩ʂø^{42}li ^{0}	舌子ʃæ^{45}tsɿ^{0} 舌头ʂɛ^{45}təɯ^{0}（青）
指甲	指甲tsɿ$^{42-24}$ka$^{24-0}$	指甲 tʂʅ$^{24-42}$ka^{0} 指甲哩 tʂʅ$^{24-42}$ka^{0}li ^{0}（青）	指甲ʧʅ$^{42-24}$ka$^{24-0}$ 指甲子 tʂʅ$^{42-24}$ka$^{24-33}$tsɿ^{0}（青）
脚	脚tɕio^{24}	脚 cio^{42}	脚 ciɷ^{24} ｜ tɕiɷ^{24}
腿	脚把子tɕio^{24}pa^{45}tsɿ^{0} 腿把子 tʰei^{42}pa^{45}tsɿ^{0} 腿 tʰei^{42}	腿把哩 tʰai^{24}pa^{12}li^{0}	腿把子 tʰəɯ^{42}pa^{45}tsɿ^{0} ｜ tʰei^{42}pa^{45}tsɿ^{0} 脚把子tɕiɷ^{24}pa^{45}tsɿ^{0}（青）
膝盖	膝盖ɕi^{24}kai^{45} 膝头骨tɕʰi^{24}təu^{0}ku^{0} 膝tɕʰi^{24}	膝头公哩tsʰi^{42}tʰiau^{45}kəŋ^{33}li^{0}	膝头骨tsʰi^{24}təɯ^{0}ku^{0} 膝盖tɕʰi^{24}kɛ^{0}（青）
手	手 səu^{42}	手ʂəu^{24}	手ʃəɯ^{42} ｜ ʂəɯ^{42} 手把子ʂəɯ^{42}pa^{45}tsɿ^{0}（青）
翅膀	翅膀tsʰɿ^{45}pan^{0} 翼胛 ie^{45}/i^{45}ka^{0}	翼网哩 ie^{42}maŋ^{24}li^{0} 翼胛网哩 ie^{42}ka^{0}maŋ^{24}li^{0}（青）	翼胛 ie^{45}ka^{0}
腹部	肚子 təu^{42}tsɿ^{0}	肚子 təu^{24}tsɿ^{0}	肚子 təɯ^{42}tsɿ^{0}
肠子	肠子tsan^{13}tsɿ^{0}	肠子 tʂʰoŋ^{45}tsɿ^{0}	肠子ʧəŋ^{13}tsɿ^{0} ｜ tʂaŋ^{13}tsɿ^{0}
脖子	颈根tɕin^{42}kən^{33}	颈箍 ciaŋ^{24}ku^{33}	颈骨 cioŋ^{42}kuei$^{24-0}$ ｜ tɕiaŋ^{42}kuei$^{24-0}$
背部	背 pei^{45} 背心 pei^{45}ɕin^{33}	背上 pei^{12}ʂoŋ$^{12-33}$ 后背里ɕiau^{12}pei^{12}li^{0}（青）	背心 pei^{45}sin^{33} ｜ pei^{45}ɕin^{33}
乳房	奶子 lai^{42}tsɿ^{0}	奶□哩 lai^{24} pu^{33}li^{0}	奶子 læ^{42}tsɿ^{0} □□tsi^{45}tsi^{0} 奶窝子 la^{42}ɷ^{33}tsɿ^{0}（青）
心脏	圞心 lõ^{13}ɕin^{33} 圞心蒂子 lõ^{13}ɕin^{33}ti^{45}tsɿ^{0}（青）	圞心 lõỹ^{45}sin^{33}	圞心 ləŋ^{13}sin^{33} ｜ lɷ̃^{13}ɕin^{33} 含=心 xɷ̃^{13}ɕin^{33}（青）
肝	肝 kan^{33}	肝 kõỹ^{33}	肝 kã^{33}
喝	吃tɕʰia^{24} 喝 xo^{24}	吃 cʰia^{42}	吃 cʰia^{24} ｜ tʂʰa^{24}
吃	吃tɕʰia^{24}	吃 cʰia^{42}	吃 cʰia^{24} ｜ tʂʰa^{24}
咬	咬ŋa^{45}	咬ŋa^{42}	咬ŋa^{45}
吸	吸tɕi^{24} 津tɕin^{33} 嗍 so^{33}	津tsin^{33} 嗍 so^{33}	津tsin^{33} ｜ tɕin^{33} 吃 cʰia^{24} 吸 cʰi^{24}
吐	吐 tʰəu^{42}	吐 tʰəu^{24}	吐 tʰəɯ^{42}
呕	呕ŋəu^{42}	呕ɲiau^{24}	呕ŋəɯ^{42} ｜ ȵiəɯ^{42}

续表 26-3-2-6

吹	吹tɕʰyei^{33}/tsʰuei^{33}	吹tɕʰy^{33}	吹tʃʰy^{33} ｜ tʂʰɥ^{33}
呼吸	出气tɕʰy^{24}tɕʰi^{45} 呼吸 fu$^{33-24}$ɕi$^{24-33}$（青）	呼气 fu^{33}cʰi$^{12-0}$ 敨气 tʰəu^{24}cʰi^{12}（青）	抽气tsʰəɯ^{33}tɕʰi^{45} 呼气 fu^{33}tɕʰi^{45} 提气 tia^{13}tɕʰi^{45} 出气 tʂʰɥ^{24}tɕʰi^{45}（青）
笑	笑ɕiau^{45}	笑 siau^{12}	笑 siɔ^{45} ｜ ɕiɔ^{45}
看	看 kʰan^{45}	看 kʰø̃ỹ^{12}	看 kʰã^{45}
听	听 tʰin^{45}	听 tʰiaŋ^{33}	听 tʰin^{45} ｜ tʰiaŋ^{45}
知道	晓得ɕiau^{42}tə^{0}	晓得tɕʰiau^{24}te^{0} ｜ 晓得 cʰiau^{24}te^{0}	晓得ɕiɔ^{42}tæ^{0} ｜ ɕiɔ^{42}tɛ^{0}
想	想ɕian^{42}	想 sioŋ^{24}	想 sioŋ^{42} ｜ ɕiaŋ^{42}
嗅	闻 uən^{13}	闻 uən^{45} 嗅ɕin^{12}（青）	嗅ɕin^{45} ｜ ɕin^{45}
怕	怕 pʰa^{45}	怕 pʰa^{12}	怕 pʰa^{45} ｜ pʰia^{45}
睡觉	睏觉 kʰun^{45}kau^{45} 睡觉ɕyei^{45}kau^{45} ｜ ʂuei^{45}kau^{45}	睏觉 kʰuən$^{12-33}$kau^{12}	睏觉 kʰuən^{45}kɔ^{45}
活	活 xo^{24}	活 xø^{42}	活 xɷ^{45}
死	死 sɿ^{42} 挂 kua^{45}（青）	死 sɿ^{24}	死 sɿ^{42}
杀	杀 sa^{24}	杀 sa^{42}	杀 sa^{24}
打斗	打架 ta^{42}tɕia^{45} 斗 təu^{45}（青）	斗 tiau^{12} 打架 ta^{24}cia^{12}（青） 打架崽 ta^{24}cia^{12}tsai^{0}（青）	打架 ta^{42}cia^{45} ｜ ta^{42}tɕia^{45}
打猎	打猎 ta^{42}lie^{24}	打铳 ta^{24}tʂʰəŋ^{12} 打猎 ta^{24}lie^{42}（青）	打猎 ta^{42}lie^{24}
击打	pʰan^{42} 敤 kʰo^{42} 钉 tian^{45}	□tsei^{42} □paŋ^{12}（青）	□mən^{42} □pən^{42} 擂 lei^{13}
切	切tɕʰie^{24}	裁tsʰai^{45} 切tsʰie^{42}（青）	切tsʰie^{24} ｜ tɕʰie^{24}
分	分 fən^{33}	劈开 pʰia^{42}kʰai^{24} 分 fən^{33}（青）	分 fən^{33}
刺	tsõ^{42} 刺tsʰɿ^{45} 钻tsõ^{45}（青）	□tsi^{33} 劖tsʰan^{45}（青）	□tsoŋ^{42} 刺tsʰɿ^{45}（青）
挠	抠 kʰəu^{33} 抓tɕya^{33} ｜ tʂua^{33}	抓tsa^{33}	抠 kʰəɯ^{33} 爪tsʰɔ^{13}（青）
挖	挖 ua^{24}/ua^{33}	挖 ua^{42} ｜ ua^{33}	挖 ua^{24} ｜ ua^{33}

续表 26-3-2-6

游泳	游泳 iəu^{13}yn^{45}	洗冷水澡哩 si$^{24-33}$laŋ^{24}çy$^{24-33}$tsau$^{24-33}$ li^{0} 游泳 iəu^{45}yn^{12}（青）	洗冷水澡 si^{42}lən^{42}ʃuei$^{42-21}$tsɔ$^{42-21}$ ｜ çi^{42}laŋ^{42}ʂʮ$^{42-21}$tsɔ$^{42-21}$
飞	飞 fei^{33}	飞 fei^{33}	飞 fei^{33}
走	走tsəu^{42}	走tsiau^{24}	走tsəɯ^{42} ｜ tɕiəɯ^{42}
来	来 lai^{13}	来 lai^{45}	来 læ^{13} ｜ lɛ^{13}
躺	躺 tʰan^{42}	睏 kʰuən^{12}	躺 tʰɔŋ^{42} ｜ tʰaŋ^{42}
坐	坐tso^{21}	坐tsʰo^{12}	坐tsɷ^{21}
站	站tsan^{45}	站tsan^{12}	踦 ci^{21} ｜ tɕi^{21}
转	转tɕyẽ^{45}/tɕyẽ^{42}	转 tʂɤ̃y^{24} ｜ tʂɤ̃y^{12}	转 kuĩ^{45} ｜ tʂuĩ^{45}
跌落	跌 tie^{24} 落 lo^{24}	跌 tie^{42}	跌 tie^{24} 跸 pã^{45} 落 lɷ^{24}（青）
给	把 pa^{42} 给 kə^{42}	把 pa^{24}	给 cie^{24} ｜ kei^{42} 把 pa^{42}
拿	拿 la^{33} ｜ la^{13}	拿 la^{33} ｜ la^{42}	拿 la^{33}
挤	挤tɕi^{42}	挤tsi^{24}	挤tsi^{42} ｜ tɕi^{42}
磨动词	磨 mo^{13}	磨 mo^{45}/mo^{12}	磨 mɷ^{13} ｜ mɷ^{21}
洗	洗çi^{42}	洗 si^{24}	洗 si^{42} ｜ çi^{42}
擦	擦tsʰa^{24}	擦tsʰa^{42} □tsʰei^{42}（青） 抹 ma^{42}（青）	擦tsʰa^{24} 抹 ma^{24} □tsʰi^{45} ｜ tɕʰi^{45}
拉	拉 la^{33}	拉 la^{42} 拖 tʰo^{33}（青）	拉 la^{33}
推	搡tsʰən^{42} 推 tʰei^{33}	□tsʰəŋ^{24} 推 tʰei^{33}	□tsʰən^{42} 推 tʰəɯ^{33}
扔	丢 tiəu^{33} 射 sa^{45} 扔 zən^{33}	丢 tiəu^{33} □ʂɤ̃y^{12}（青）	丢 tiəɯ^{33} 摔ʃuæ^{42} 尥 liɔ^{45}
系动词	系tɕi^{45} 缔 tʰia^{24}	系 ci^{12} 缔 tʰia^{42}	系 ci^{45} ｜ tɕi^{45} 缔 tʰia^{24}
缝	缝 xən^{13} ｜ fən^{13}	连 lĩ^{45} 缝 fəŋ^{45}	连 lĩ^{13} 踩tsʰa^{42}（青） 绞tɕiɔ^{42}（青）
计算	算 sõ^{45} 算数 sõ^{45}səu^{45}	算 sɤ̃y^{12}	算 sɔŋ^{45} ｜ sɷ̃^{45}
说	讲 kan^{42} 说çye^{24}	讲 koŋ^{24} 话 ua^{12}	讲 kɔŋ^{42} ｜ kaŋ^{42}

续表 26-3-2-6

		说ʂø^{42}	
唱	唱tsʰan^{45}	唱 tʂʰoŋ^{12}	唱tsʰɔŋ^{45} | tʂʰaŋ^{45}
玩	玩 uan^{13}	耍 sa^{24}	耍 sa^{42} | sua^{42}
浮	浮 pau^{13}/xəu^{13}	浮 pʰau^{45}/pʰiau^{45}	浮 pɔ^{13}
流	流 liəu^{13}	流 liəu^{45}	流 liəɯ^{13}
冻	冻 tən^{45}/toŋ^{45} 构 kəu^{45} 凌 lin^{21}	打构 ta^{24}ciau^{12} 构 ciau^{12} 构凌 ciau$^{12-33}$lin^{12}（青）	构 kiəɯ^{45} | tɕiəɯ^{45} 冻 tən^{45}（青）
肿	肿tsən^{42}	肿 tʂəŋ^{24} 泡 pʰau^{33}（青）	肿ʧən^{42} | tʂən^{42}
太阳	太阳 tʰai^{45}ian$^{13-0}$	日头ɲie^{42}tʰiau^{0} 日头公哩ɲie^{42}tʰiau^{0}kəŋ^{33}li^{0}	日头ɲi^{24}təɯ^{0} 太阳 tʰai^{45}iaŋ$^{13-0}$（青） 太阳□□tʰai^{45}iaŋ$^{13-0}$pia^{33}pia^{0}（青）
月亮	月亮 ye^{24}lian^{45}	月亮ŋø^{42}lioŋ^{0}	月亮ʒuæ^{24}liɔŋ^{0} | ye^{24}liaŋ^{0}
星星	星星çin^{33}çin^{0}	星哩 siaŋ^{33}li^{0}	星子 sin^{33}tsɿ^{0} 星星çin^{33}çin^{0}（青）
水	水çyei^{42}/suei^{42} | ʂuei^{42}	水çy^{24}	水ʃy^{42} | çyei^{42}
雨	雨 y^{42}	雨 y^{24}	雨 y^{42} | ʮ^{42}
河	河 xo^{13}	河 xo^{45}	河 xɷ^{13}
湖	湖 fu^{13}	湖 fu^{45}	湖 fu^{13}
海	海 xai^{42}	海 xai^{24}	海 xæ^{42} | xɛ^{42}
盐	盐 iẽ^{13}	盐 ĩ^{45}	盐 ĩ^{13}
石头	石头 sɿ^{24}təu^{0} 石头牯 sɿ^{24}təu^{0}ku^{0}	石头ʂa^{42}tʰiau^{0} 石头牯哩ʂa^{42}tʰiau^{0}ku^{0}li^{0}（青）	石头ʃa^{45}təu^{0} | ʂʅ^{24}təu^{0}
沙子	沙婆子 sa^{33}po^{13}tsɿ^{0} 沙子 sa^{33}tsɿ^{0}	沙哩 sa^{33}li^{0}	沙婆子 sa^{33}pɷ^{33}tsɿ^{0} 沙子 sa^{33}tsɿ^{0}（青）
灰尘	灰 fei^{33} 灰尘 fei^{33}tsən$^{13-0}$	灰 fei^{33}	灰 fei^{33} 灰尘 fei^{33}ʧən^{13}
地	地 ti^{21}	地 tʰi^{12}	地 ti^{21}
云	云 yn^{13}	云 uən^{45}	云ʒən^{13} | yən^{13}
雾	雾 u^{21}	雾露哩 u^{12}ləu$^{12-33}$li^{0} 雾 u^{12}	雾 u^{21}
天	天 tʰiẽ^{33}	天 tʰĩ^{33}	天 tʰĩ^{33}
风	风 xən^{33}	风 fəŋ^{33}	风 xən^{33} | fən^{33}
雪	雪çie^{24} | çye^{24}	雪 sie^{42}	雪 sie^{24} | çie^{24}
冰	冰 pin^{33}	凌 lin^{12}	凌构子 lin^{21}ciəɯ^{45}tsɿ^{0} | lin^{2}

续表 26-3-2-6

	凌冰 lin^{21}pin^{33} 凌 lin^{21}	冰 pin^{33}	^{1}tɕiəɯ^{45}tsɿ^{0}
烟	烟 iẽ^{33} 烟子 iẽ^{33}tsɿ^{0}	烟 ĩɪ^{33}	烟 ĩɪ^{33}
火	火 xo^{42}	火 xo^{24}	火 xɷ^{42}
灰烬	灰 fei^{33} 灰屑子 fei^{33}ɕie$^{24-33}$tsɿ^{0}	灰 fei^{33}	灰 fei^{33}
烧	烧 sau^{33}	烧ʂau^{33}	烧ʃɔ^{33} | ʂɔ^{33}
路	路 ləu^{21}	路 ləu^{12}	路 ləɯ^{21}
山	山 san^{33}	山 san^{33} 岭 liaŋ^{24}	山 sã^{33} 岭 lin^{42}
红	红 xən^{13}	红 fəŋ^{45}	红 xən^{13}
绿	绿 ləu^{24}	绿 liəu^{42} | ləu^{42}	绿 ləɯ^{24}
黄	黄 uan^{13}/xuan^{13} | fan^{13}	黄 oŋ^{45}	黄ɔŋ^{13} | uaŋ^{13}
白	白 pə^{24}	白 pʰa^{42}	白 pæ^{24} | pɛ^{24}
黑	黑 xə^{24}	黑çie^{42}	黑 xæ^{24} | xɛ^{24}
夜晚	夜咖子 ia^{21}ka^{33}tsɿ^{0} 夜里 ia^{21}li^{0} 晚上 uan^{42}san^{21}	夜里 ia^{12}li^{0}	夜里 ia^{21}li^{0}
白天	日里 zɿ^{24}li^{0} 白天 pə^{24}tʰiẽ^{33}	日里ɲie^{42}li^{0}	日里ɲi^{24}li^{0} | ȵi^{24}li^{0}
年	年ȵiẽ^{13}/liẽ^{13}	年ɲĩɪ^{45}	年ɲĩɪ^{13} | ȵĩɪ^{13}
暖和	暖和 lõ^{42}xo^{0} 热和 ye^{24}xo^{0}	热和ɲie^{42}xø^{0}	暖和 ləɯ^{42}xɷ^{0} | lɷ̃^{42}xɷ^{0}
寒冷	冷 lən^{42}	冷 laŋ^{24}	冷 lɔŋ^{42} | laŋ^{42}
满	满 mõ^{42}	满 mø̃ỹ^{24}	满 mɔŋ^{42} | mɷ̃^{42}
新	新ɕin^{33}	新 sin^{33}	新 sin^{33} | ɕin^{33}
旧	旧tɕiəu^{21}	旧 cʰiəu^{12}	旧 ciəɯ^{21} | tɕiəɯ^{21}
好	好 xau^{42}	好 xau^{24}	好 xɔ^{42}
坏	□so^{45} 坏 fai^{21}	坏 fai^{12}	□ʃuæ^{21} □ɕiɷ^{45}（青）
腐烂	烂 lan^{21} 腐 fu^{42} 朽ɕiəu^{42} 醒ɕin^{42} 泻ɕia^{45}	烂 lan^{12} 坏 fai^{12} 朽ɕiəu^{24}（青） □in^{45}（青）	腐 fu^{42} 朽ɕiəɯ^{42} 烂 lã^{21}（青）
肮脏	邋遢 la^{24}tʰa$^{24-0}$	漓濑 li^{45}lai^{0}	邋遢 la^{24}tʰa^{0}
直	直tsɿ^{24}	直 tʂʰʅ^{42}	直ʧʰʅ^{24} | tʂʰʅ^{45}

续表 26-3-2-6

圆	圞 lõ^{13} 圆 yẽ^{13}	圞 lø̃ỹ^{45}	圞 lɔŋ^{13} ｜ lω̃^{13} 圆 yĩ^{13} (青)
尖	尖tɕiẽ^{33}	尖tsiĩ^{33}	尖tsiĩ^{33}
钝	不快 pu^{24}kʰuai^{45}	钝 tʰən^{12} 鎘ləu^{33} (青)	钝 tən^{21} 不快 pu^{24}kʰuæ^{45} ｜ pu^{24}kʰua^{45}
滑	溜 liəu^{33} 滑 ua^{24}	滑 ua^{42}	溜 liəɯ^{33} 滑 ua^{45}
湿	湿 sɿ^{24}	湿ʂʅ^{42}	湿ʃʅ^{24} ｜ ʂʅ^{24}
干	干 kan^{33} tsau^{33}	干 kø̃ỹ^{33} tsau^{33}	干 kã^{33} ｜ kω̃^{33}
对	对 tei^{45}	对 tei^{12}	对 təɯ^{45} ｜ tei^{45}
近	近tɕin^{21}	近 cʰin^{12}	近 cin^{21} ｜ tɕin^{21}
远	远 yẽ^{42}	远ø̃ỹ^{24}	远 yĩ^{42}
右	右 iəu^{21} 右边 iəu^{21}piẽ^{33} 右手边 iəu^{21}səu^{42}piẽ^{33}	右 iəu^{12} 右边 iəu^{12}piĩ^{33} 右手边 iəu$^{12-33}$ʂəu$^{24-42}$piĩ^{33}	右 iəɯ^{21} 右边 iəɯ^{21}piĩ^{33} 右手边 iəɯ^{21}ʃəɯ$^{42-21}$piĩ^{33} ｜ iəɯ^{21}ʂəɯ$^{42-21}$piĩ^{33}
左	左tso^{42} 左边tso^{42}piẽ^{33} 左手边tso^{42}səu^{42}piẽ^{33}	左tso^{24} 左边tso^{24}piĩ^{33} 左手边tso^{24}ʂəu$^{24-33}$piĩ^{33}	左tsω^{42} 左边tsω^{42}piĩ^{33} 左手边tsω^{42}ʃəɯ$^{42-21}$piĩ^{33} ｜ tsω^{42}ʂəɯ$^{42-21}$piĩ^{33}
在介词	在tsai^{21}/tə^{0} 坐～地上	在tsʰai^{12} 跍哒 kʰu^{45}ta^{0}	在 tæ^{21} ｜ tɛ^{21}
里面	肚里 təu^{21}li^{0} 里头 li^{42}təu^{13} 里面 li^{42}miẽ^{21} 里 li^{42}	内里 lei^{12}li^{0}	里 li^{42} 里头 li^{42}təɯ^{0} 肚里 təɯ^{21}li^{0} (青)
与介词	和 xo^{13} 跟 kən^{33} 同 tən^{13}	同 tʰəŋ^{45}	跟 kən^{33} 同 tən^{13}
和连词	和 xo^{13} 跟 kən^{33}	同 tʰəŋ^{45}	跟 kən^{33} 同 tən^{13}
如果	假如tɕia^{42}y^{13} 要是 iau^{45}sɿ^{21} 如果 y^{13}ko^{42}	如果 y^{45}ko^{24} 假如 cia^{24}y^{45} (青) 要是 iau^{12}ʂʅ$^{12-33}$ (青)	要是 iɔ^{45}ʃʅ^{21} 假如tɕia^{42}ɥ^{13} (青) 碰得 pʰən^{45}tɛ^{0} (青)
因为	因为 in^{33}uei^{13}	因为 in^{33}uei^{45}	因为 in^{33}uei$^{13-33}$
名字	名字 min^{13}tsɿ^{21}	名字 miaŋ^{45}tsʰɿ$^{12-0}$	名字 min^{13}tsɿ^{21}
	名称 min^{13}tsʰən^{33}	名 miaŋ^{45}	

说明：1. 本表借鉴了美国语言学家莫里斯·斯瓦迪士提出的核心词表（Swadesh list），列出了 207 个基本词在长沙城区、宁乡城区、浏阳城区的词形和读音；2. 同一条目有不同说法时，各条目均顶格列出。词后注有“（青）”的是青年发音人的说法。宁乡青年发音人和老年发音人读音差别较大，遇到词形相同读音不同的以竖线“｜”隔开，竖线前是老年发音人的读音，竖线后是青年发音人的读音。未加标注的是老年发音人的说法或老年、青年发音人词形、读音都相同的说法

第三节　语　法

一、词法

（一）名词后缀举例

子[tsɿ⁰]

“子”是长沙方言中用得非常普遍的一个后缀，它的分布比普通话要广泛得多。大凡普通话里能带后缀“子”的词，长沙话里也能带。长沙话能带后缀“子”的词，普通话里许多却不能带，例如：麻雀～｜喜鹊～｜班鸠～｜蜜蜂～｜蜘蛛～｜老鼠～｜蚂蚁～｜飞蛾～｜叫驴～｜穷人～｜病人～｜干娘～（干妈）｜驼背～｜痞话～。

普通话里一些不带“子”的表时间的名词，在长沙话里却常带后缀“子”，如：今日～｜明日～｜昨日～｜今年～｜明年～｜去年～｜夜间～。

长沙话没有后缀“儿”。普通话中许多带“儿”缀的词，在长沙话中都带后缀“子”，如：笔尖～｜山尖～｜花瓶～｜米虫～｜炭末～｜露珠～｜算盘～。

长沙话中还有许多带后缀“子”的特色名词，如：近瞭～｜凌杠～｜乭巴～｜禾线～｜蝉灵～｜化生～｜八眯[mi⁴⁵]～｜改劁～｜爬山～｜猛～｜澄～｜屑～。

后缀“子”的语法意义较为复杂：有的表示小称，如前面所举的“蜜蜂子”“蚂蚁子”“米虫子”“炭末子”。有的表示厌称或有消极意义的事物。例如“好笔”不带“子”，而“烂笔”常常带“子”。有的词加上“子”后改变了词性。如“猛”（形容词）——“猛子”（名词），“大概”（形容词或副词）——“大概子”（名词，指大概的情况：由于时间关系，只讲哒一个大概子），“倒立”（动词）——“倒立子”（名词，倒立的动作）。有的名词加上“子”后改变了意义，如“脚”——“脚子”（沉淀物），“尾”——“尾子”（尾数），“菩萨”——“菩萨子”（画的或用其他方法制作的小人儿）。

以上这些语法意义不是绝对的。有些带“子”的词并不表示小事物，如“叫驴子”。有的也不含消极意义，如“干娘子”（干妈）、“大人子”、“伯爷子”。大多数情况下后缀“子”并不表示明显的附加意义。

长沙话中的“子”，不仅可以作名词的后缀，还可以接在某些代词、形容词以及数量短语、指量短语和某些四字短语后。如：咯样～｜那样～。

能带“子”尾的代词限于双音节指示代词。

形容词带“子”尾有一些限制，多放在状态形容词的后头，常见的有两类：

偏正式双音节形容词+“子”，词性不变，形象性有所增强，例如：雪白～（的）｜通红～（的）｜菲嫩～（的）。

单音节形容词的重叠式+“子”，例如：轻轻～｜高高～｜白白～｜少少～。这些形容词后所带的“子”尾相当于普通话中的结构助词“地”或“的”，组合在一起以后在句中可作状语或谓语。

成百、千、万的整数后可以带“子”，表示约数，如：两百～｜三千～｜一万～。

数词+量词+“子”表示主观量少。如：一个～｜两回～｜一张～｜一点～｜两下～。

指示代词+量词+“子”如：咯号～｜那号～｜咯回～｜那阵～。

指示代词+单音节形容词+“子”这类结构表示主观量少，具有描摹形状和状况的作用。如：咯高～｜咯大～｜那多～｜那长～。

单音节副词+形容词+“子”这类结构通常接于“有、冇”的后面，表示主观量多。如：蛮高～｜好远～｜蛮干净～｜蛮发狠～。

四字短语+“子”这类结构用于表示事物的状态比较适中或积极。如：不大不细～｜不多不少～｜有条有理～｜一清二白～｜一干二净～。

头[təu^{0}]

长沙话中的后缀“头”，不仅可以接在单音节名词性语素后面构成双音节名词，如“木～、石～、骨～、锄～、耙～”，而且可以接在方位词和某些名词性语素或其他语素后面，构成普通话里没有的一些合成方位词或表时间处所的名词，如：边～（边上）｜高～（上面）｜当[tan^{45}]～（条状物的一端）｜脚～（底下或人躺下时靠脚的一端）｜早晨～（早上）｜后背～（背后）｜屁股～（屁股后面、背后）。

长沙话的后缀“头”也能接在个别单音节动词性或形容词性语素后面构成像“看头、甜头”一类的名词。如：咯本书冇得看～（这本书没有看头）｜这电影冇看～（这部电影没有看头）｜尝到甜～。

首[səu^{0}]

接在动词性语素后面，构成抽象名词，表示动作行为的价值、必要性，如：看～｜听～｜玩～｜搞～｜去～｜来～。

这种用法的“首”，跟普通话里接在动词性语素后面构成抽象名词的“头”很相似，但也有一点不同：普通话里的“头”只能接在单音节动词后，而长沙话里的“首”则还可接在双音节动词后，如：计较～｜讨论～｜考虑～｜休息～。

由后缀“首”构成的抽象名词，一般用于动词“冇、冇得”或“有”后面作宾语，如：

咯本书冇看～。（这本书没有看头。）

今天你冇去～。（今天你没有必要去。）

咯点小事冇得计较～。（这点小事不必计较。）

咯只问题你决定算哒，冇冇得讨论～。（这个问题你决定算了，不必讨论。）

我们冇得休息～，接哒搞。（我们不必休息了，接着干。）

咯只电影还有点看～。（这个电影还有点看头。）

不过有时候也可以用作其他成分，如：

你莫搞哒，搞又搞不像，让他去搞～啰！

“首”还可以接在动宾短语后构成名词性短语。这种短语限用于“有”或“冇得”后面，如：

今天晚上冇去看电影～。

咯点小事冇得请示领导～，我来做个主算哒。

这里的“首”表示商量余地大，有减弱语气的作用。这种用法就不好称之为名词后缀，倒有些像是句末语气词了。

场[tsan13]

跟前文所述的“首”是同义语素。接在动词性语素或动宾短语后，构成抽象名词或名词性短语，表示动作行为的价值、必要性。构成的抽象名词可用于“有、冇得”或“有”后面，构成的名词性短语则限用于“冇、冇得”后面。例如“冇（得）看首”也可说成“冇（得）看场”，“有看首”也可说成“有看场”；可以说“咯只路冇得请示领导首”或“咯只路冇得请示领导场”，但不能说“咯只路冇请示领导首”或“咯只路冇请示领导场”。

“场”今年轻人多读轻声（调值为 4）。

公[kən33]

后缀“公”与性别无关，仅作名词标志，如：虾～（虾）｜蒂～（瓜、果、花的蒂，也指烟头）｜丁～（弯曲的食指和中指，用以击人头部）｜蔸～（蔸子）｜驼背～（驼背的人）。

婆[po13]

后缀“婆”作名词标志，其用法或表示某些小动物、无生命事物，与性别无关，如：偷油～（蟑螂）｜虱～（虱子）｜蛆～（蛆）｜沙～（沙子）｜落沙～（一种水鸟）｜纺纱～（一种昆虫，即纺织娘）。

或用于指称具有某种性格的人，如：辣利～（做事能干、言语犀利或动作麻利的人）｜能干～（能干的人）。由“婆”构成的这类名词总体倾向于指称妇女儿童。例如“能干婆”不能用于男性，称能干的男人要说“能干人”。

或用在小孩的名字或其重叠式后，构成小名，含有亲昵意味，多用于女孩，极少用于男孩。如：建～｜扬扬～｜莉莉～。

佬[lau42]

表示对从事某些工作的人的俗称，部分带有轻蔑意味，如：打鼓～（司鼓的人）｜打卦～（以打卦方式行乞的人）｜打禾～（出卖劳力为别人收割水稻的人）｜阉猪～（以阉猪为业的人）｜荒货～（以收废品为业的人）。

或表示对有某些不良习性的人（多指小孩）的俗称，如：好吃～（嘴馋的人）｜好哭～（爱哭的人）｜跳皮～（调皮不驯顺的人）。

家里[ka0li0]

接于单音姓氏后，用以指称某人，如：张～｜李～｜刘～。

“张家里”相当于说“姓张的”，但不是泛指，在具体语境中总是确指某人。

“家里”多用于背称，也有用于面称的。用于背称时一般为中性。面称则一般用于相互之间关系较为亲密的人，含狎昵意味。

码子[ma42tsɿ0]

本指数码或计数的筹码。虚化后作名词后缀，表示具有某些特点的人，有的含轻蔑意味，如：转业～（指转业军人）｜派～（派头）｜外～（外行，也指外来的未入伙的人）｜阴～（指阴险的人）｜厉害～（待人厉害的人）｜苦力～（旧时指干苦力活的人）。

（二）动词的态。长沙话的动词有“态”的不同。主要的动态有持续态（进行态）、完成态、尝试态和经历态，其表示法与普通话有许多不同的地方。

1.持续态（进行态）。 长沙话表示动作的持续不用“着”，而用“动词+‘哒’”“动词+‘起’”“动词$_1$+‘餐’（+动词$_2$）”“动词+‘咖’+数量+‘哒’等4种格式来表示。

“动词+‘哒’”格式如：桌上放哒一杯茶｜门口站哒一群人｜睡哒看书易得坏眼睛｜老教师想坐哒讲课。这种格式中的动词通常是表示静态动作的，表示动态动作的持续往往不能加“哒”。不过如果动词表示的动态动作具有持续伴随性则可以加“哒”，如普通话的“笑着说”，长沙话里说成“边笑边说”，也能说成“笑哒说”。

“动词+‘起’”格式的后面通常都带有宾语，如：勾起腰｜鼓起眼睛｜挺起肚子｜穿起一双新皮鞋｜骑起一部新单车。

也可以用介词“把”将宾语前置，如：把腰勾起｜把鞋子穿起｜把红领巾戴起｜把电灯开起睡觉。

还可以把宾语提前，将动宾结构变成主谓结构，不过要在主谓之间加上个“一”，如：腰一勾起｜眼睛一鼓起｜新皮鞋一穿起｜新单车一骑起｜红领巾一戴起。

“动词$_1$+‘餐’（+动词$_2$）”格式表示动$_1$正在进行中出现动$_2$的动作。动$_1$一般是单音节动作动词，“动$_1$+“餐”要重叠，后接成分前往往加“就”或略作停顿。如：讲餐讲餐（就）笑起来哒｜走餐走餐（就）天黑咖哒｜看餐看餐书，伏得桌上睡着哒。

“动词+‘咖’+数量+‘哒’”格式表示动作行为一直延续到说话的时候，如：走咖五十里哒｜病咖一个月哒｜等咖三天哒｜看咖一百页哒。若去掉数量词后面的“哒”，就不再表示动作的持续，而表示动作的完成。

2.完成态。 长沙话口语中没有动态助词“了”，动词的完成态以“动词+‘哒’”“动词+‘咖’”“动词+‘咖哒’”“动词+‘咖’+宾语+‘哒’”来表示，例如：

买哒一本书｜在街上吃哒饭｜成本降低哒｜产量提高哒

洗咖衣｜做咖作业｜把门关咖｜规模扩大咖两倍｜讨论咖三天

吃咖哒饭｜洗咖哒澡｜开会的人都到咖哒｜账目都核对咖哒｜房子打扫咖哒

吃咖饭哒｜洗咖衣哒｜做咖作业哒｜动咖手术哒

动词的完成态可以表示过去完成的、正在完成的动作，也可以表示将来要完成的动作，如：

昨天晚上我吃咖饭就睏咖哒。（过去完成）

我放咖书包就跟你走。（现在完成）

明天你下咖班到我屋里来一下。（将来完成）

“咖”和“哒”都能表示动作的完成，但二者在意义和用法上都有些区别。

在意义上，“哒”不仅可以表示动作的完成，还可以表示动作的持续，而单用“咖”不能表持续（括号内“×”表示没有这种说法，后同）：坐哒讲（×坐咖讲）｜睡哒看书（×睡咖看书）。

“哒”不仅可以作动态助词，还可以作语气词表肯定语气，而“咖”不表语气：饭太硬哒（×饭太硬咖）｜天气太热哒（×天气太热咖）。

“咖”除了表示动作的完成，有时还含有“去除”的意思。在这种情况下，“咖”不能换成“哒”。例如：把黑板擦咖（×把黑板擦哒）｜把烂的丢咖（×把烂的丢哒）｜把邋遢衣服换咖（×把邋遢衣服换哒）。

在用法上，“咖”和“哒”也有所不同，两者都表示动作的完成，但“咖”强调动作的结果，表示完成的意味更重，因此动结式动词或短语后一般只用“哒”而不用“咖”，如：质量提高哒（×质量提高咖）｜规模扩大哒（×规模扩大咖）｜做完哒作业（做咖作业‖×做完咖作业）｜衣服洗干净哒（衣服洗咖‖×衣服洗干净咖）。

但是，如果动结式后面接有数量词，则既可用“哒”，也可用“咖”，如：扩大哒三倍（扩大咖三倍）｜增加哒十个人（增加咖十个人）｜产量提高哒两成（产量提高咖两成）。

3.尝试态（短时态）。 长沙话动词尝试态的表示法有些和普通话是相同的，这就是动词的重叠式、动词（重叠或带数量词）后加助词“看”。前者如：把我看看（给我看看）｜吃哒饭出去走一走｜我们来研究研究｜大家动动脑筋。后者如：你想想看｜我们两个比下看看｜先做几天看｜让他写几个看。

此外，长沙话还可以用动词（重叠或带数量词）后面加“着”表示，如：给他看看着｜让我想下着｜先做几天着。用这种格式表示尝试态，含有“先试试看再说”的意味。

4.经历态。 动词后面加“过”，表示曾经发生过的事情，这是跟普通话相同的，如：我看过这部电影｜他到过杭州｜他去美国留过学。

此外还可以用动词（或动词性短语）加助词“去来”表示。句中如无表时间的词语，一般指前不久发生的事，如：他到外面玩去来｜他到岳母娘屋里去来｜他买菜去来｜借书去来。

句中如有时间词，也可指很久前发生的事，如：我到北京去来（指前不久）｜我还是“大串联”的时候到北京去来的（指很久以前）。

（三）形容词的生动形式。 形容词的生动形式有构词的和构形的两种。

1. 长沙方言中有一种很有特色的XA式双音节形容词，其构词方式为偏正式：第二个音节A是形容词性词根，是构词的核心；前一音节X修饰限制后一音节。造句时，XA后面通常带有“的”。由此种方式构成的形容词生动、形象，富有表现力。这类词在长沙方言中数量很多，其中又可分为两类。

第一类，前一音节X为名词性、动词性或形容词语素，有较明确的意义，如：墨黑｜嫩白｜壁陡｜梆硬｜绷硬｜蜡软｜梆紧｜绷紧｜垮松｜稀散｜溜清｜刮浑｜透鲜｜寡涩｜冰冷｜滚热｜焦干｜密严｜锋快（指刀刃锐利）｜飞快（指速度）｜刮瘦。

第二类，前一音节X意义不明确，如：糜碎｜糜融｜津咸｜撇淡｜浸甜｜啰苦｜嚢胖｜钉重｜捞轻｜白酸｜膖臭｜喷[$p^hən^{33}$]臭｜菲薄｜纠麻｜纠圞｜班厚｜嘎粗。有的X有音无字，如：ka^{24}老｜$tɕia^{45}$湿｜la^{24}扁｜lan^{33}薄｜$sən^{45}$白。

无论是第一类还是第二类，X对A都不只是一般的修饰限制，而且有强调程度的作用，含有“很”的意味。XA比单音节A的语意要强得多。在语音上，X常常重读，而且常有变读形式，例如“墨黑”的“墨”，一般不读[$mə^{24}$]，而读成[$mə^{45}$]。

在功能上，此类形容词多用作谓语，也可作定语、补语，一般不作状语，作主语、宾语的也极少。

2. 构形的生动形式主要是重叠式。长沙话形容词的重叠式，与普通话相同的有AA式、AABB式、A里AB式。

AA 式后面不带“的”，而带“子”，含有程度轻微或适中的意思，如：高高子｜胖胖子｜白白子｜慢慢子｜轻轻子。

一般人口语里很少 ABB 式形容词。

长沙话形容词有几种特殊的重叠式：

（1）“很 A 八 A”式。此种形式能类推，有加重语意的作用，如：很多八多｜很高八高｜很快八快｜很慢八慢｜很早八早｜很晏八晏｜很冷八冷｜很重八重。

（2）“XA 子 A”式。此种形式不大能类推，语义上略带消极色彩，如：死咸子咸｜死矮子矮｜死慢子慢｜死呆子呆｜干冷子冷｜嘎白子白｜沤热子热(十分闷热)｜哑红子红(红得不艳)。

（3）“XAYA”式。此种形式结构固定，不可类推，如：捞松垮[k^hua^{21}]松｜挤密砑密｜播急火急。

二、句法

（一）宾语的特殊位置

1.宾语可插入动结式之中。 动结式指动词加表示结果或可能的补语组成的动补结构，如“吃得完、吃不完”之类。普通话中此类结构中的动词若带宾语，则宾语要放在补语之后，长沙话却可以把宾语插入动补结构之中，如：

他一餐吃得两斤米完。（他一餐吃得完两斤米。）

咯间房住得十个人下。（这间屋子住得下十个人。）

我找他的衣服不到。（我找不到他的衣服。）

他心里留话不住。（他心里留不住话。）

咯一向搞手脚不赢。（这一向忙不过来。）

在否定式里，宾语还可以放在“不”和补语之间，如：找不衣服到｜留不话住｜走不路稳｜搞不手脚赢。

2. 双宾句中直接宾语可以放在间接宾语之前。 双宾句指一个动词带两个宾语（两个宾语之间没有直接的结构关系）的句子，如：“给他一本书。”其中“他”离动词近，是近宾语，又叫间接宾语；“一本书”离动词远，是远宾语，又叫直接宾语。

普通话中总是间接宾语在前直接宾语在后。长沙话中，当带双宾语的动词为单音节时，直接宾语可以放在间接宾语之前。例如：把本书我（给我一本书）｜送支笔他（送他一支笔）｜借两块钱你（借给你两块钱）｜派个助手我（派给我一个助手‖给我派个助手）。

不过，长沙话也可以像普通话一样，间接宾语在前直接宾语在后。如说“借你两块钱”亦可。

在今天的长沙话中，更常见的说法是在间接宾语前再加动词“给”或“把”：把本书给/把我｜送支笔给/把他｜借两块钱给/把你｜派个助手给/把我。

（二）状语的特殊位置

普通话里作动词状语的形容词，在长沙话里常变成“形+的”的“的”字结构并位移到动词的宾语后面，原来若是重叠的不再重叠。这种格式中的宾语一定是数量结构。例如：吃咖一餐饱的（饱饱地吃了一顿）｜睡咖一觉好的（好好地睡了一觉）｜打咖他一餐狠的（狠狠地打了他一顿）｜玩咖几天痛快的（痛快地玩了几天）｜做咖几天扎实的（扎扎实实地干了几天）。

语序不同，语法结构也不一样了。长沙话里后移的形容词不再是动词的状语。“形+的”构成名词性的“的”字结构，它前面的数量结构应看成它的定语，数量结构+“的”字结构整个充当动词的宾语。

普通话里作状语修饰动词的“净”“光”之类，长沙话里常移到动词后面，但也可放在动词前面。如：下咖班打净扑克‖下咖班净打扑克（下了班净打扑克）｜玩净的‖净玩（光玩）｜吃光饭‖光吃饭（光吃饭。指有菜却不吃菜）。两种说法何种更常用，往往取决于语言习惯。如：吃净菜‖净吃菜（净吃菜）｜斗净把‖净斗把（净开玩笑）。这两组说法中，“净吃菜”“斗净把”更常用。

普通话里作状语的方位词、序数词，长沙话里常移到动词后面，但也可放在动词前面。如：你走头，我走后‖你头/先走，我后走（你先走，我后走）｜我看头，你看二，他看末｜我头看，你二看，他后看（我第一个看，你第二个看，他最后看）。

（三）补语的特殊情况

1. 特殊的中补搭配。 长沙话里中心语和补语有一些特殊的搭配，例如：累[lia²⁴]臭哒（累极了、累坏了）｜喜*仰[liẽ⁴⁵]哒（高兴得跳起来了）｜吓散哒（吓得骨架都散了）｜喜饱哒（高兴极了）。

这种格式里的中心语和补语通常都是单音节的。

“臭”作补语可以跟许多中心语搭配，其意义往往不表示气味，而表示程度很高，例如：吓臭哒｜饿臭哒｜热臭哒｜冷臭哒｜被他害臭哒｜被他骂臭哒。

双音节形容词“新鲜”“匀净”常作形容词的补语，表示程度高甚至是过了度，例如：多得新鲜｜少得新鲜｜慢得新鲜｜快得新鲜｜懒得匀净｜嫫[xan³³]得匀净（拖沓得很）。

动词“有”也可作动词的补语，表示数量（动量）多，例如：

山珍海味他吃得有。（指他吃过很多）

他一天到晚玩得有。（玩得很多）

皮货毛货他穿得有。（穿过很多）

2. 结构助词“得”的特殊用法。 长沙话句末的表示程度很高的补语常常省略，省略的条件是把中心语后的结构助词“得”加重拖长，例如：

咯碗汤咸得……（咸得很，咸极了）

咯号药苦得……（苦极了）

街上的人多得……（多极了）

接哒录取通知他喜欢得……（高兴得不得了）

在比较句里，作中心语的形容词与后面的数量补语或用数量词组充当的程度补语之间可以加“得”（普通话里这种情况是不加“得”的），例如：

小李比他哥哥还高得一公分。

我比他重得两公斤。

你写的字比他的要好得一些。

今天做的比昨天少得一点。

不过，随着普通话的推广，不加“得”的情况已经更为普遍。

（四）否定式。普通话里某些动补式动词的否定式是把否定词“不”插入动补结构之中。插入“不”后，如果原有结构助词“得”，则“得”要省略。如：听见——听不见｜看见——看不见｜犯得着——犯不着。

长沙话里，否定词“不”常放在整个动词之前：不听见（听不见）｜不看见（看不见）｜不犯着（犯不着）你~跟他吵。

与普通话里“（连）+一·量·名+也（都）不（没有）+动”的彻底否定式不同，长沙话里常把“一·量·名”置于动词之后，说成“连+不（冇）+动+一·量·名”，如：

连不做一点事（连一点事都不做）

连不讲一句话/连不做一句声（连一句话也不说）

连不认得一个人（一个人也不认识）

连冇看过一回戏（一场戏都没看过）

与普通话里“一点儿都（也）不+形”的彻底否定式不同，长沙话常把“一点”置于形容词之后，说成“（连）不+形+一点”。这里的“连”具有强调作用。如：

（连）不能干一点（一点儿都不能干）

（连）不谦虚一点（一点儿都不谦虚）

（连）不细致一点（一点儿都不细致）

（连）不干净一点（一点儿都不干净）

（五）疑问句。由双音节动词或形容词按肯定否定相叠的方式构成的正反问句，普通话通常是双音节完全重叠（AB 不 AB），长沙话常采用不完全重叠（A 不 AB），如：干不干净（干净不干净）｜愿不愿意（愿意不愿意）｜漂不漂亮（漂亮不漂亮）｜商不商量（商量不商量）。

普通话里由“有+没有”构成的正反问句，长沙话说成“有不有”，如：

屋里有不有人?

你还有不有那多钱?

你有不有他高?

咯条鱼有不有三斤?

普通话里是非问句句末用语气词“吗”，长沙话是非问句句末一般加语气词“唉”，句末语调念平调。如：

咯本书是小张的唉?

他还冇得 30 岁唉?

厂长是他唉?

他姓李唉?

不过，也可不加语气词“唉”，但句末念成高升调。

有时句末用语气词“啵”，不过这时已不是单纯提问，而是构成含有猜测语气的猜度问句了，如：

咯本书是你的啵?

他还冇得 30 岁啵?

厂长是他啵?

他姓李啵？

你到过北京啵？

“啵”可能是否定副词“不”与语气词“啰”的合音。

有时句末用否定副词“冇”或“不”，不过这样构成的问句实际上已不属是非问句，而是正反问句的一种省略形式，如：

屋里有人冇？（“屋里有不有人”的省略）

你有钱冇？（“你有不有钱”的省略）

你去不？（“你去不去”的省略）

你晓得不？（“你晓不晓得”的省略）

这里的“不”可替换为“啵”。

普通话询问时间用“什么时候”；询问数量用“多少+量词（或名词）”；询问程度或数量用“多+形容词”，这三种情况长沙话一律用“好+形容词”表示。句末可加语气词“啰”“唉”，以增强疑问语气。如：

你是好久来的（啰）？（你是什么时候来的？）

他有好多岁（啰）？（他有多少岁？）

咯口井有好深（啰）？（这口井有多深？）

题目到底有好难（啰）？（题目到底有多难？）

你带哒好多钱（唉）？（你带了多少钱？）

三、长沙（城区）、浏阳（城区）、宁乡（城区）方言语法例句对照

1. 小张昨天钓了一条大鱼，我没有钓到鱼。

长沙：张伢子/小张昨天钓到一条大鱼/好大的鱼，我冇钓到（一条）/钓得到。tsan^{33}ŋa$^{13-33}$tsɿ^{0}/ɕiau^{42}tsan^{33}tso^{24}tʰiẽ^{33}tiau^{45}tau^{0}/ta^{0}i^{24}tiau$^{13-33}$tai^{21}y^{13}/xau^{42}tai^{21}ti^{0}y^{13},ŋo^{42}mau^{21}tiau^{45}tau^{45}(i$^{24-33}$tiau^{13})/tiau^{45}tə^{0}tau^{45}.

浏阳：小张/小张崽昨日钓到/咖一条大鱼，我冇钓到鱼/是一条都冇钓得。siau^{24}tʂoŋ^{33}/siau^{24}tʂoŋ^{33}tsai^{0}tsʰo^{42}ɲie$^{42-0}$tiau^{12}tau$^{12-33}$/ka^{0}i$^{42-33}$tʰiau$^{45-33}$tʰai^{12}ɲy^{45},ŋo^{24}mau^{12}tiau$^{12-33}$tau$^{12-33}$ɲy^{45}/ʂɿ^{12}i$^{42-33}$tʰiau^{45}təu^{33}mau^{12}tiau^{12}tie^{0}.

宁乡：张伢子昨日子钓咖一条大鱼啊，我就一条都冇钓得到啊。ʧɔŋ^{33}ŋa$^{13-33}$tsɿ^{0}tsω^{24}i^{45}tsɿ^{0}tiɔ^{45}ka^{0}i$^{24-33}$tiɔ$^{13-33}$ta^{21}y$^{13-33}$a^{0},ŋω^{42}tsiəɯ^{21}i$^{24-33}$tiɔ^{13}təɯ^{33}mɔ^{21}tiɔ^{45}tæ^{0}tɔ^{45}a^{0}.｜小张昨日子钓嘚一条大鱼，我冇钓到鱼。ɕiɔ^{42}tʂaŋ^{33}tsω$^{24-21}$ȵi^{45}tsɿ^{0}tiɔ^{45}tɛ^{0}i$^{24-33}$tiɔ$^{13-33}$ta^{21}ʮ^{13},ŋω^{42}mɔ^{21}tiɔ^{45}tɔ^{45}ʮ^{13}.

2. a.你平时抽烟吗？b.不，我不抽烟。

长沙：a.你平常吃烟（的）不？b.不（咧），我不吃（烟的）。a.li^{42}pin$^{13-21}$san$^{13-21}$tɕʰia^{24}iẽ^{33}(ti^{0})pu^{0}?b.pu^{24}(lie^{0}),ŋo^{42}pu^{24}tɕʰia$^{24-33}$(iẽ^{33}ti^{0}).

浏阳：a.你平时吃烟啵？b.不/唔，我唔吃烟。a.n̩$^{24-21}$pʰin^{45}ʂɿ^{45}cʰia^{42}ĩɪ^{33}po^{0}?b.pu^{42}/n̩^{45},ŋo$^{24-21}$n̩^{45}cʰia^{42}ĩɪ^{33}.

宁乡：a.你平时吃烟不喽？b.不，我不吃烟。a.n̩^{42}pin^{13}ʃʅ^{13}cʰia^{24}ĩɪ^{33}pu^{24}ləɯ^{0}?b.pu^{24},ŋω^{42}pu$^{24-33}$cʰia$^{24-33}$ĩɪ^{33}.｜a.你平时吃烟吧？b.不，我不吃烟。a.n̩^{42}pin^{13}ʂʅ$^{13-33}$tʂʰa^{24}ĩɪ^{33}pa^{0}?b.pu^{24},ŋω^{42}pu$^{24-33}$tʂʰa^{24}ĩɪ^{33}.

3. a.你告诉他这件事了吗？b.是，我告诉他了。

长沙：a.你告诉他咯只/件事（哒）有（啦）？b.（是的咧，/是的，/嗯喏，）我告诉（他）哒（咧）。a.li$^{42-33}$kau^{45}səu$^{45-33}$tʰa^{33}kai$^{24-33}$tsa^{24}/tɕiẽ^{21}sɿ^{21}(ta^{0})mau^{21}(la^{0})?b.(sɿ^{21}ti^{0}lie^{0},/sɿ^{21}ti^{0},n̩^{33}no^{0},)ŋo$^{42-33}$kau^{45}səu^{45}(tʰa^{33})ta^{0}(lie^{0}).

浏阳：a.你告□他□件事哒/告□哒他□件事啵？b.是个/咖，我告□他哒。a.n̩$^{24-21}$kau^{12}cʰi^{45}xa^{33}i^{42}cʰĩĩ$^{12-21}$sɿ^{12}ta^{0}/kau^{12}cʰi^{45}ta^{0}xa^{33}i^{42}cʰĩĩ$^{12-21}$sɿ^{12}po^{0}?b.ʂʅ^{12}ko^{0}/ka^{0},ŋo$^{24-21}$kau^{12}cʰi^{45}xa^{33}ta^{0}.

宁乡：a.你告诉他咯件事有喽？b.嗯嘞，我告诉他哒嘞。a.n̩$^{42-21}$kɔ^{45}səɯ^{45}tʰa^{33}kω^{24}cĩĩ^{21}sɿ^{21}mɔ^{21}ləɯ^{0}?b.n̩^{21}næ^{0},ŋω$^{42-33}$kɔ^{45}səɯ^{45}tʰa^{33}ta^{0}læ^{0}.｜a.你告诉他咯件路嘚有啦？b.嗯，我告诉他嘚。a.n̩$^{42-21}$kɔ^{45}səɯ^{45}tʰa^{33}kω^{24}tɕĩĩ^{21}ləɯ^{21}tɛ^{0}mɔ^{21}la^{0}?b.n̩^{21},ŋω$^{42-33}$kɔ^{45}səɯ^{45}tʰa^{33}tɛ^{0}.

4. 你吃米饭还是吃馒头？

长沙：你吃饭/米饭还是吃馒头？li^{42}tɕʰia$^{24-33}$fan^{21}/mi^{42}fan^{21}xai$^{13-21}$sɿ^{21}tɕʰia^{24}mõ^{13}təu^{0}?｜你是吃饭还是吃馒头啰？li^{42}sɿ^{21}tɕʰia^{24}fan^{21}xai$^{13-21}$sɿ^{21}tɕʰia^{24}mõ^{13}təu^{0}lo^{0}?

浏阳：你吃饭还是吃馒头啰？n̩^{24}cʰia^{42}fan^{12}xai^{45}ʂʅ^{12}cʰia$^{42-33}$moŋ^{45}tʰəu^{0}lo^{0}?｜你是吃饭嘞还是吃馒头嘞？n̩^{24}ʂʅ^{12}cʰia^{42}fan^{12}lei^{0}xai^{45}ʂʅ^{12}cʰia^{42}moŋ^{45}tʰəu^{0}lei^{0}?

宁乡：你呐是吃饭还是吃馒头喽？n̩^{42}na^{0}sɿ^{21}cʰia$^{24-33}$fan$^{21-24}$xa^{13}sɿ^{21}cʰia^{24}mã^{13}təu^{0}ləɯ^{0}?｜你吃饭还是吃馒头？n̩^{42}tʂʰa$^{24-33}$fan^{21}xa^{13}sɿ^{21}tʂʰa^{24}mã^{13}təu^{0}?

5. 你到底答应不答应他？

长沙：你到底答不答应他（啰）？li$^{42-33}$tau^{45}ti$^{42-21}$ta^{24}pu^{24}ta$^{24-33}$in^{45}tʰa^{33}(lo^{0})?

浏阳：你到底是答应他还是不答应他啰？n̩$^{24-21}$tau^{12}ti$^{24-42}$ʂʅ$^{12-21}$ta^{42}in^{12}xa^{33}xai^{45}ʂʅ$^{12-21}$pu^{42}ta^{42}in^{12}xa^{33}lo^{0}?｜你到底答不答应他啰？n̩^{24}tau^{12}ti$^{24-33}$ta^{42}pu$^{42-0}$ta^{42}in^{12}xa^{33}lo^{0}?

宁乡：你到底还是答不答应他喽？n̩$^{42-33}$tɔ^{45}ti$^{42-21}$xa^{13}sɿ^{21}ta^{24}pu^{24}ta^{24}in^{45}tʰa^{33}ləɯ^{0}?｜你到底答应他不啦？n̩^{42}tɔ^{45}ti$^{42-21}$ta^{24}in^{45}tʰa^{33}pu^{24}la^{0}?

6. a.叫小强一起去电影院看《刘三姐》。b.这部电影他看过了。

长沙：a.喊小强一路/一起去电影院看《刘三姐》（啰）。b.咯部电影他看过哒。a.xan^{42}ɕiau^{42}tɕian^{13}i$^{24-33}$ləu^{21}/i^{24}tɕʰi$^{42-21}$kʰə$^{45-33}$tiẽ^{45}in$^{42-21}$yẽ^{45}kʰan^{45}liəu^{13}san^{33}tɕie^{42}(lo^{0}).b.kai^{24}pu^{21}tiẽ^{45}in$^{42-21}$tʰa^{33}kʰan^{45}ko$^{45-33}$ta^{0}.｜a.喊倒小强一起去电影院看《刘三姐》不？b.咯部电影他看过哒。a.xan^{42}tau^{0}ɕiau^{42}tɕian^{13}i^{24}tɕʰi^{42}kʰə^{45}tiẽ^{45}in$^{42-21}$yẽ^{45}kʰan^{45}liəu^{13}san^{33}tɕie^{42}pu^{0}?b.ko^{24}pu^{21}tiẽ^{45}in$^{42-21}$tʰa^{33}kʰan^{45}ko$^{45-21}$ta^{0}.

浏阳：a.喊（哒）小强（啊）一起去电影院（里）看《刘三姐》。b.□部电影他看过哒。a.xan^{24}(ta^{0})siau^{24}cʰioŋ^{45}(a^{0})i^{42}cʰi^{24}cʰie$^{12-21}$tʰĩĩ^{12}in$^{24-45}$õỹ$^{12-21}$(li^{0})kʰõỹ^{12}liəu^{45}san^{33}tsia^{24}.b.i^{24}pʰu$^{12-21}$tʰĩĩ^{12}in$^{24-42}$xa^{33}kʰõỹ^{12}ku^{12}ta^{0}.

宁乡：a.喊小强一路去电影院看《刘三姐》喽。b.咯部电影他看咖哒嘞。a.xã^{42}siɔ^{42}ciɔŋ^{13}i^{24}ləɯ^{21}ʧʰy^{45}tĩĩ^{45}in$^{42-21}$yĩ^{45}kʰã^{45}liəɯ^{13}sã^{33}tsie^{42}ləɯ^{0}.b.kω^{24}pu^{21}tĩĩ^{45}in$^{42-21}$tʰa^{33}kʰã^{45}ka^{0}ta^{0}læ^{0}.｜a.喊嘚小强一路去电影院看《刘三姐》。b.咯部电影他看过嘚。a.xã^{42}tɛ^{0}ɕiɔ^{42}tɕiaŋ$^{13-21}$i^{24}ləɯ^{21}tɕʰi$^{45-33}$tĩĩ^{45}in$^{42-21}$yĩ^{45}kʰã^{45}liəɯ^{13}sã^{33}tɕie^{42}.b.kω^{24}pu^{21}tĩĩ^{45}in$^{42-21}$tʰa^{33}kʰã^{45}ku^{45}tɛ^{0}.

7. 你把碗洗一下。

长沙：你把碗洗（一）下啰。li^{42}pa^{42}õ^{42}ɕi^{42}(i$^{24-33}$)xa^{21}lo^{0}.

浏阳：你把碗洗一下啰/喽。n̩^{24}pa$^{24-42}$õỹ^{24}si^{24}i^{42}xa^{12}lo^{0}/ləu^{0}.

宁乡：你把碗洗一下喽。n̩^{42}pa^{42}ɔŋ^{42}si^{42}i$^{24-33}$xa^{21}ləɯ^{0}.｜n̩^{42}pa^{42}ŋ̍^{42}ɕi^{42}i$^{24-33}$xa^{21}ləɯ^{0}.

8. 他把橘子剥了皮，但是没吃。

长沙：他把橘子（皮）剥咖哒，但是/但还有吃。tʰa^{33}pa^{42}tɕy^{24}tsɿ^{0}(pi^{13})po^{24}ka^{0}ta^{0},tan^{21}sɿ^{21}/tan^{21}xai^{13}mau^{21}tɕʰia^{24}.｜他把橘子剥哒皮，但是有吃。tʰa^{33}pa^{42}tɕy^{24}tsɿ^{0}po^{24}ta^{0}pi^{13},tan^{21}sɿ^{21}mau^{21}tɕʰia^{24}.

浏阳：他把橘崽（呀）剥哒/咖哒皮，还是/就是有吃。xa^{33}pa$^{24-42}$tɕy^{42}tsai^{0}(ia^{0})po^{33}ta^{0}/ka^{0}ta^{0}pʰi^{45},xai$^{45-21}$ʂʅ$^{12-21}$/tsiəu$^{12-21}$ʂʅ$^{12-21}$mau^{12}cʰia^{42}.

宁乡：他把橘子剥咖皮嘚，但是他有吃。tʰa^{33}pa^{42}ʧy^{24}tsɿ^{0}pɷ^{24}ka^{0}pi^{13}tæ^{0},tã^{21}sɿ^{21}tʰa^{33}mɔ^{21}cʰia^{24}.｜他把橘子剥咖嘚皮，但是有吃。tʰa^{33}pa^{42}tʂʮ^{24}tsɿ^{0}pɷ^{24}ka^{0}tɛ^{0}pi^{13},tã^{21}sɿ^{21}mɔ^{21}tʂʰa^{24}.

9. 他们把教室都装上了空调。

长沙：他们把教室都装上哒空调。tʰa^{33}men^{0}pa$^{42-21}$tɕiau^{45}sɿ$^{24-33}$təu^{33}tɕyan^{33}san^{21}ta^{0}kʰən^{33}tiau$^{13-21}$.

浏阳：他哩把教室（里）都装上啦/咖哒空调。xa^{33}li^{0}pa^{24}ciau^{12}ʂʅ$^{42-33}$(li^{0})təu^{33}tsoŋ^{33}ʂoŋ^{12}la^{0}/ka^{0}ta^{0}kʰəŋ^{33}tʰiau$^{45-0}$.

宁乡：他哩把教室都装咖哒空调。tʰa^{33}li^{0}pa$^{42-21}$ciɔ^{45}ʃʅ$^{24-33}$təɯ^{33}tsɔŋ^{33}ka^{0}ta^{0}kʰən^{33}tiɔ$^{13-33}$.｜他哩把教室都装嘚空调。tʰa^{33}li^{0}pa^{42}tɕiɔ^{45}ʂʅ$^{24-33}$təɯ^{33}tsaŋ^{33}tɛ^{0}kʰən^{33}tiɔ^{13}.

10. 帽子被风吹走了。

长沙：帽子被风吹咖哒/走哒。mau^{21}tsɿ^{0}pei^{21}xən^{33}tɕʰyei^{33}ka^{0}ta^{0}/tsəu^{42}ta^{0}.

浏阳：帽子惹啦/哒风吹走哒/咖哒。mau^{12}tsɿ^{0}ɲia^{24}la^{0}/ta^{0}fəŋ^{33}tɕʰy^{33}tsiau^{24}ta^{0}/ka^{0}ta^{0}.

宁乡：帽子都被风吹咖去嘚。mɔ^{21}tsɿ^{0}təɯ^{33}pəɯ^{21}xən^{33}ʧʰy^{33}ka^{0}cʰi^{45}tæ^{0}.｜帽子被风吹起走咖嘚。mɔ^{21}tsɿ^{0}pei^{21}xən^{33}tʂʰʮ^{33}tɕʰi$^{42-21}$tɕiəɯ^{42}ka^{0}tɛ^{0}.

11. 张明被坏人抢走了一个包，人也差点儿被打伤。

长沙：张明被坏人抢咖/走哒/哒一只包，人也/还差（一）点砑子被打伤（哒）。tsan^{33}min^{13}pei^{21}fai^{21}zən^{13}tɕʰian^{42}ka^{0}/tsəu^{42}ta^{0}/ta^{0}i$^{24-33}$tsa$^{24-33}$pau^{33},zən^{13}ie^{42}/xai$^{13-21}$tsʰa^{33}(i^{24})tiẽ^{42}ŋa^{45}tsɿ^{0}pei^{21}ta^{42}san^{33}(ta^{0}).

浏阳：张明被/惹坏人哩抢走哒/咖（一）只包，人也差滴唧/滴砑唧 被/惹（人）打伤哒。tʂoŋ^{33}min^{45}pʰei$^{12-33}$/ɲia^{24}fai^{12}ɲin^{45}li^{0}tsʰioŋ^{24}tɕiau^{24}ta^{0}/ka^{0}(i$^{42-21}$)tʂa$^{42-21}$pau^{33},in^{45}ie$^{24-21}$tsʰa^{33}ti^{42}tsi^{0}/tsʰa^{33}tia^{42}ŋa$^{12-33}$tsi^{0} pʰei$^{12-21}$/ɲia^{24}(ɲin^{45})ta^{24}ʂoŋ^{33}ta^{0}.

宁乡：张明被坏人抢咖一只包，哎人差点砑子也被哎坏人打伤嘚。ʧɔŋ^{33}min$^{13-33}$pei$^{21-24}$ʃuæ^{21}n̩$^{13-33}$tsʰiɔŋ^{42}ka^{0}i^{24}ʧa$^{24-33}$pɔ^{33},æ^{33}ɲin^{13}tsʰa^{33}tiɔŋ^{42}ŋa^{45}tsɿ^{0}ia^{42}pəɯ^{21}æ^{42}ʃuæ^{21}n̩$^{13-33}$ta^{42}sɔŋ^{33}tæ^{0}.｜张明被坏人抢走嘚一只包，人也差点砑子被打罢嘚。tʂaŋ^{33}min^{13}pei^{21}fa^{21}zə̧n^{13}tɕʰiaŋ^{42}tsəɯ$^{42-21}$tɛ^{0}i^{24}tʂa$^{24-42}$pɔ^{33},in^{13}ia$^{42-21}$ɕiɔ^{33}tĩĩ^{42}ŋa^{45}tɕi^{0}pei^{21}ta^{42}pa^{21}tɛ^{0}.

12. 快要下雨了，你们别出去了。

长沙：快要/快 下/落雨哒（啦），你们莫出去哒（啰）。kʰuai^{45}iau^{45}/kʰuai^{45} ɕia^{21}/lo^{24}y^{42}ta^{0}(la^{0}),li^{42}mən^{0}mo^{24}tɕʰy^{24}kʰə^{45}ta^{0}(lo^{0}).

浏阳：快要/就快落雨哒，你哩莫出去哒。kʰuai$^{12-33}$iau^{12}/tsʰiəu^{12}kʰuai$^{12-33}$lo^{42}y^{24}ta^{0},n̩^{24}li^{0}mo^{42}tɕʰy$^{12-33}$cʰie$^{12-21}$ta^{0}.

宁乡：快要落雨嘚，你哩莫出去首。kʰuæ^{45}iɔ^{45}lɷ^{24}y^{42}tæ^{0},ɲi^{42}li^{0}mo^{24}ʧʰy$^{24-33}$ɕi$^{45-33}$səɯ$^{42-21}$.｜快要落雨嘚，你哩莫出去嘚。kʰua^{45}iɔ^{45}lɷ^{24}ʮ^{42}tɛ^{0},n̩^{42}li^{0}mo^{24}tʂʰʮ^{24}tɕʰi^{45}tɛ^{0}.

13. 这毛巾很脏了，扔了它吧。

长沙：咯条/只毛巾邋遢死哒（的），（把它）丢/射咖算哒。kai^{24}tiau$^{13-21}$/tsa$^{24-33}$mau^{13}tɕin33la^{24}tʰa^{0}sɿ^{42}ta^{0}(ti^{0}),(pa^{42}tʰa^{33})tiəu^{33}/sa^{45}ka^{0}sõ^{45}ta^{0}.｜咯条毛巾很邋遢哒，丢咖它啰。ko^{24}tiau$^{13-21}$mau^{13}tɕin^{33}xə^{45}la^{24}tʰa^{0}ta^{0},tiəu^{33}ka^{0}tʰa^{33}lo^{0}.

浏阳：□条毛巾（真）蛮漓濑哩哒，丢过算哒/顺□去不。i$^{24-21}$tʰiau$^{45-33}$mau^{45}cin^{33}(tʂən^{33})man^{45}li^{45}lai^{0}li^{0}ta^{0},tiəu^{33}ko^{0}sõỹ$^{12-21}$ta^{0}/ʂøỹ^{12}kai^{33}cʰie$^{12-33}$pu^{0}.

宁乡：咯条毛巾邋遢死嘚，把它丢咖算嘚。kɷ^{24}tiɔ$^{13-21}$mɔ^{13}cin^{33}la^{24}tʰa^{0}sɿ^{42}tæ^{0},pa^{42}tʰa^{33}tiəɯ^{33}ka^{0}sɔŋ^{45}tæ^{0}.｜咯只毛巾很邋遢嘚嘞，尥咖它喽。kɷ^{24}tʂa$^{24-33}$mɔ^{13}tɕin^{33}xɛ^{42}la^{24}tʰa^{0}tɛ^{0}lɛ^{0},liɔ^{45}ka^{0}tʰa^{33}ləɯ^{0}.

14. 我们是在车站买的车票。

长沙：我们是在车站买的票/车票。ŋo^{42}mən^{0}sɿ^{21}tsai^{21}tsʰə^{33}tsan^{21}mai^{42}ti^{0}pʰiau^{45}/tsʰə^{33}pʰiau^{45}.

浏阳：我哩（是）在/跍倒车站里买咖车票。ŋo^{24}li^{0}(ʂʅ$^{12-21}$)tsʰai$^{12-21}$/kʰu^{45}tau^{0}tʂʰa^{33}tsʰan^{12}li^{0}mai^{24}ka^{0}tʂʰa^{33}pʰiau$^{12-21}$.

宁乡：我哩是在车站买的车票嘞。ŋɷ^{42}li^{0}sɿ^{21}tsæ^{21}tsʰæ^{33}tsã^{21}mæ^{42}ti^{0}tsʰæ^{33}pʰiɔ^{45}læ^{0}.｜我哩是在车站买的车票。ŋɷ^{42}li^{0}sɿ^{21}tsɛ^{21}tʂʰɛ^{33}tsã^{21}ma^{42}ti^{0}tʂʰɛ^{33}pʰiɔ^{45}.

15. 墙上贴着一张地图。

长沙：墙上贴哒一张地图。tɕian^{13}san^{21}tʰie^{24}ta^{0}i^{24}tsan^{33}ti^{45}təu$^{13-21}$.

浏阳：墙/壁上⿱黎多哒/咖一张地图。tsʰioŋ^{45}/pia^{42}ʂoŋ$^{12-21}$ɲia^{45}ta^{0}/ka^{0}i$^{42-33}$tʂoŋ^{33}tʰi^{12}tʰəu$^{45-33}$.

宁乡：墙上贴着一张地图。tsiɔŋ^{13}sɔŋ^{21}tʰie^{24}tʃɷ^{0}i$^{24-33}$tsɔŋ^{33}ti^{21}təɯ$^{13-33}$.｜tɕiaŋ^{13}ʂaŋ^{21}tʰie^{24}tʂɛ^{0}i$^{24-33}$tʂaŋ^{33}ti^{21}təɯ^{13}.

16. 床上躺着一个老人。

长沙：床上睡/躺哒一只老人/老人家。tɕyan^{13}san^{21}ɕyei^{45}/tʰan^{42}ta^{0}i$^{24-33}$tsa$^{24-33}$lau^{42}zən$^{13-21}$/lau^{42}zən$^{13-21}$ka^{0}.

浏阳：床上睏哒一个/只老人哩。tsʰoŋ^{45}ʂoŋ$^{12-21}$kʰuən^{24}ta^{0}i$^{42-33}$ko$^{12-33}$/tʂa$^{42-33}$lau^{24}ɲin^{45}li^{0}.

宁乡：床上睏着一个老人家。tsɔŋ^{13}sɔŋ^{21}kʰuən^{45}tʃɷ^{0}i$^{24-33}$kɷ^{45}lɔ^{42}in$^{13-21}$ka^{33}.｜床上躺起一个老人家。tsaŋ^{13}ʂaŋ^{21}tʰaŋ^{42}tɕʰi^{0}i^{24}kɷ^{45}lɔ^{42} ȵin$^{13-21}$ka^{33}.

17. 河里游着好多小鱼。

长沙：河里游哒好多细鱼子/小鱼。xo^{13}li^{0}iəu^{13}ta^{0}xau^{42}to^{33}ɕi^{45}y$^{13-21}$tsɿ^{0}/ɕiau^{42}y^{13}.｜河里有好多游鱼子。xo^{13}li^{0}iəu^{42}xau^{42}to^{33}iəu^{13}y$^{13-33}$tsɿ^{0}.

浏阳：河里有蛮多（的）细鱼崽/鱼崽 跍哒/跍倒咯唧游（啊游）。xo^{45}li^{0}iəu^{24}man^{45}to^{33}(ti^{0}) si^{12}y^{45}tsai^{0}/ɲy^{45}tsai^{0} kʰu$^{45-33}$ta^{0}/kʰu^{45}tau^{0}ko^{12}tsi^{0}iəu^{45}(a^{0}iəu^{45}).

宁乡：河里头还游着很多细鱼唧啊。xɷ^{13}li^{0}tiəɯ^{0}xa^{13}iəɯ^{13}tʃɷ^{0}xən^{42}tɷ^{33}si^{45}y$^{13-21}$tsi^{0}a^{0}.｜河里游着很多细鱼唧。xɷ^{13}li^{0}iəɯ^{13}tʂɛ^{0}xɛ^{42}tɷ^{33}ɕi^{45}ʮ$^{13-21}$tɕi^{0}.

18. 前面走来了一个胖胖的小男孩。

长沙：前头来哒/走来/走过来一个 胖/圆滚哒的细伢子。tɕʰiẽ^{13}təu^{13}lai^{13}ta^{0}/tsəu^{42}lai^{13}/tsəu^{42}ko^{45}lai^{13}i^{24}ko^{45}lei^{33}pʰan^{45}/yẽ^{13}kuən^{42}ta^{0}ti^{0}ɕi^{45}ŋa$^{13-21}$tsɿ^{0}.

浏阳：面前走拢来一只　胖唧咖细伢崽。mĩ^{12}tsʰĩ^{45}tsiau^{24}ləŋ^{24}lai^{45}i$^{42-33}$tʂa$^{42-33}$lei^{33}pʰoŋ^{12}tsi^{0}ka^{0}si$^{12-45}$ŋa$^{45-33}$tsai^{0}.｜面前有只　胖个细伢崽朝□边走过来哒。mĩ^{12}tsʰĩ^{45}iəu^{24}tʂa$^{42-33}$lei^{33}pʰoŋ^{12}ko^{0}si$^{12-45}$ŋa$^{45-33}$tsai^{0}tʂʰau^{45}i$^{24-33}$pĩ^{33}tsiau^{24}ku$^{12-21}$lai^{45}ta^{0}.

宁乡：前面走来一个胖胖的小伢子。tsĩ^{13}mĩ^{21}tsəɯ^{42}lai$^{13-21}$i^{24}kω^{45}pʰəŋ^{45}pʰəŋ^{45}ti^{0}siɔ^{42}ŋa$^{13-21}$tsɿ^{0}.｜前面走来了个胖胖的细伢唧。tɕĩ^{13}mĩ^{21}tsəɯ^{42}lɛ$^{13-21}$la^{0}kω^{45}pʰaŋ^{45}pʰaŋ^{45}ti^{0}ɕi^{45}ŋa$^{13-21}$tɕi^{0}.

19. 他家一下子死了三头猪。

长沙：他屋里一下/一下子（就）死咖/哒三只/头猪。tʰa^{33}u^{24}li^{0}i^{24}xa^{21}/i^{24}xa^{21}tsɿ^{0}(tɕiəu^{21})sɿ^{42}ka^{0}/ta^{0}san^{33}tsa$^{24-33}$/təu^{13}tɕy^{33}.

浏阳：他哩屋里一下唧死咖三条猪。xa^{33}li^{0}u$^{42-33}$li^{0}i^{42}xa^{12}tsi^{0}sɿ$^{24-33}$ka^{0}san^{33}tʰiau^{45}tɕy^{33}.

宁乡：他屋里一下就死咖三只猪啊。tʰa^{33}u^{24}li^{0}i^{24}xa^{21}tsiəɯ^{21}sɿ^{42}ka^{0}sã^{33}tʃa$^{24-33}$tʃy^{33}æ^{0}.｜他屋里一下就死咖三只猪。tʰa^{33}u^{24}li^{0}i^{24}xa^{21}tɕiəɯ^{21}sɿ^{42}ka^{0}sã^{33}tʂa^{24}tʂʮ^{33}.

20. 这辆汽车要开到广州去。

长沙：咯部汽车要开到广州去。kai^{24}pu^{21}tɕʰi^{45}tsʰə^{33}iau^{45}kʰai^{33}tau^{45}kuan^{42}tsəu^{33}kʰə^{45}.

浏阳：□张汽车要开哒/到广州去。i^{24}tʂoŋ^{33}cʰi$^{12-21}$tʂʰa^{33}iau$^{12-33}$kʰai^{33}ta^{0}/tau^{0}koŋ^{24}tʂəu^{33}cʰie$^{12-21}$.｜□张汽车要开到去广州。i$^{24-33}$tʂoŋ^{33}cʰi^{12}tʂʰa^{33}iau$^{12-33}$kʰai^{33}tau^{0}cʰie$^{12-21}$koŋ^{24}tʂəu^{33}.

宁乡：咯辆汽车□要开到广州去啊。kω^{24}iɔŋ$^{42-21}$cʰi^{45}tsʰæ^{33}xɔ^{21}iɔ^{45}kʰæ^{33}tɔ^{45}kɔŋ^{42}tʃəɯ^{33}tʃʰy^{45}æ^{0}.｜咯辆车要开到广州去。kω^{24} liaŋ$^{42-21}$tʂʰɛ^{33}iɔ^{45}kʰɛ^{33}tɔ^{45}kuaŋ^{42}tʂəɯ^{33}tɕʰi^{45}.

21. 学生们坐汽车坐了两整天了。

长沙：咯些学生伢子/学生们坐汽车坐咖/哒　两天/两天亘的/整整两天（哒）。kai^{24}ɕi^{33}ɕio^{24}sən^{33}ŋa$^{13-33}$tsɿ^{0}/ɕio^{24}sən^{33}mən^{0}tso^{21}tɕʰi^{45}tsʰə^{33}tso^{21}ka^{0}/ta^{0} lian^{42}tʰiẽ^{33}/lian^{42}tʰiẽ^{33}kən^{42}ti^{0}/tsən^{42}tsən^{42}lian^{42}tʰiẽ^{33}(ta^{0}).

浏阳：学生伢崽坐汽车坐咖两个趸天哩哒。ɕio^{42}sĩ^{33}ŋa^{45}tsai^{0}tsʰo$^{12-33}$cʰi^{12}tʂʰa^{33}tsʰo^{12}ka^{0}lioŋ^{24}ko$^{12-21}$tei^{12}tʰĩ^{33}li^{0}ta^{0}.

宁乡：学生们坐咖亘亘两天汽车哒嘞。ɕiω^{24}sən^{33}mən^{0}tsω^{21}ka^{0}kən^{42}kən$^{42-21}$liɔŋ^{42}tʰĩ$^{33-21}$cʰi^{45}tʃʰe^{33}ta^{0}læ^{0}.｜学生们坐汽车坐咖两日整的嘚。ɕiω^{24}sən^{33}mən^{0}tsω^{21}tɕʰi^{45}tʂʰɛ^{33}tsω^{21}ka^{0}liaŋ^{42}ȵi$^{24-33}$tʂən^{42}ti^{0}tɛ^{0}.

22. 你尝尝他做的点心再走吧。

长沙：你试下子/下/一下他做的点心（的味）再走啰/噻。li$^{42-33}$sɿ^{45}xa^{21}tsɿ^{0}/xa^{21}/i$^{24-33}$xa^{21}tʰa^{33}tsəu^{45}ti^{0}tiẽ^{42}ɕin^{33}(ti^{0}uei^{21})tsai^{45}tsəu^{42}lo^{0}/sai^{0}.

浏阳：你试下唧他做个呈茶再走啰/啵。ȵ$^{24-33}$ʂʅ^{12}xa$^{12-33}$tsi^{0}xa^{33}tsəu$^{12-33}$ko^{0}øỹ^{12}/xøỹ^{12}tsʰa^{45}tsai$^{12-33}$tsiau^{24}lo^{0}/po^{0}.

宁乡：你尝下他做的点心再走吧。ȵ^{42}ʃɔŋ^{13}xa^{21}tʰa^{33}tsəɯ^{45}ti^{0}tĩ^{42}sin^{33}tsæ^{45}tsəɯ^{42}pa^{0}.｜你试下他做的点心再走喽。ȵ^{42}ʂʅ^{45}xa^{21}tʰa^{33}tsəɯ^{45}ti^{0}tĩ^{42}ɕin^{33}tsɛ^{45}tɕiəɯ^{42}ləɯ^{0}.

23. a.你在唱什么？b.我没在唱，我放着录音呢。

长沙：a.你在唱么子/什么（啰）？b.我冇（在）唱咧，我在放录音/放的是录音（咧）。a.li^{42}tsai^{21}tsʰan^{45}mo^{42}tsɿ^{0}/sən^{21}mo^{0}(lo^{0})?b.ŋo^{42}mau^{21}(tsai^{21})tsʰan^{45}le^{0},ŋo^{42}tsai^{21}fan^{45}ləu^{24}in^{33}/fan^{45}ti^{0}sɿ^{21}ləu^{24}in^{33}(le^{0}).

浏阳：a.你跍哒/跍倒唱么哩啦/啊？b.我冇（跍倒）唱（啊），我跍哒/跍倒放录音嘞/呐。a.ṇ24kʰu45ta0/kʰu45tau0tʂʰoŋ12ma12li0la0/a0?b.ŋo24mau12(kʰu45tau0)tʂʰoŋ12(ŋa0),ŋo24kʰu45ta0/kʰu45tau0xoŋ12ləɯ42in33nei0/na0.

宁乡：a.你在唱么子啰？b.我冇唱么子啊，我在放录音呐。a.ṇ42tæ21ʧʰɔŋ45m̩21tsɿ0lω0?b.ŋω42m̩21ʧʰɔŋ45mω42-21tsɿ0a0,ŋω42tsæ21xɔŋ45ləɯ24in33na0.｜a.你在唱么口喽？b.我冇在咯里唱啊，我放录音呐。a.ṇ42tɛ21tʂʰaŋ45mω̃42ȵie0ləɯ0?b.ŋω42mɔ21tɛ21kω24li0tʂʰaŋ45ŋa0,ŋω42xaŋ45ləɯ24in33na0.

24. a.我吃过兔子肉，你吃过没有？b.没有，我没吃过。

长沙：a.我吃过兔子肉，你吃过冇/吗？b.冇（咧），我冇吃过。a.ŋo42tɕʰia24ko45-33tʰəu45tsɿ0zəu24,li42-33tɕʰia24ko45mau21/ma0?b.mau21(le0),ŋo42mau21tɕʰia24ko45.

浏阳：a.我（是）吃过兔崽肉，你吃过冇啰/啵？b.冇，我冇吃过。a.ŋo24(ʂɿ12)cʰia42ku12-21tʰəu12tsai0ɲiəu42,ṇ24cʰia42ku12-21mau12lo0/po0?b.mau12,ŋo24mau12cʰia42ku12-21.

宁乡：a.我吃过兔子肉，你吃过冇啰？b.冇嘞，我冇吃过。a.ŋω42cʰia24kω45-33tʰəɯ45tsɿ0ɲiəɯ24,ṇ42cʰia24kω45mɔ21lω0?b.mɔ21læ0,ŋω42mɔ21cʰia24kω45.｜a.我吃过兔子肉，你吃过冇啊？b.冇，我冇吃过。a.ŋω42tʂʰa24kω45-33tʰəɯ45tsɿ0ȵiəɯ24-33,ṇ42tʂʰa24kω45mɔ21a0?b.mɔ21,ŋω42mɔ21tʂʰa24kω45.

25. 我洗过澡了，今天不打篮球了。

长沙：我洗过澡哒，今天不（去）打篮球哒。ŋo42ɕi42ko45tsau42ta0,tɕin33tʰiẽ33pu24(kʰə45)ta42lan13tɕiəu13ta0.

浏阳：我洗咖啦/哒澡，今日不/唔打篮球哒。ŋo24-21si24ka0la0/ta0tsau24,cin33ɲie42-33pu42/m̩45ta24-33lan45cʰiəu45-33ta0.

宁乡：我洗过澡哒嘞，今日子不打篮球哒嘞。ŋω42si42kω45tsɔ42ta0læ0,cin33i24tsɿ0pu24ta42lã13ciəɯ13-21ta0læ0.｜我洗咖澡嘚，今日子不打篮球嘚。ŋω42ɕi42ka0tsɔ42tɛ0,tɕin33ȵi24tsɿ0pu24ta42lã13tɕiəɯ13-33tɛ0.

26. 我算得太快算错了，让我重新算一遍。

长沙：我算得太溜刷/快，算错哒，让我重/原直/重新算一遍（啰）。ŋo42sõ45tə0tʰai45liəu42ɕya24-21/kʰuai45,sõ45tsʰo45ta0,ian21ŋo42tsən13/yẽ13tsɿ24-33/tsən13ɕin33sõ45i24piẽ45(lo0).

浏阳：我算的/得太快（哩），算口/错哒，等/随我重新算一到/遍（喽）。ŋo24-33søỹ12ti0/tie0tʰai12-33kʰuai12(li0),søỹ12-33lau12/tsʰo12ta0,tĩ24/tsʰi45ŋo24-33tʂʰəŋ45sin33søỹ12i42tau12/pʰĩ12(ləu0).

宁乡：我算得太快嘚，算错嘚，让我再算一下喽。ŋω42sɔŋ45tæ0tʰæ45kʰuæ45tæ0,sɔŋ45-33tsʰω45tæ0,iɔŋ21ŋω42tsæ45sɔŋ45i24-21xa21ləɯ0.｜我算得太快，算错嘚，让我再重新算一遍。ŋω42sω̃45tɛ0tʰa45kʰua45,sω̃45-tsω21tɛ0,iaŋ21ŋω42tsɛ45tʂən13ɕin33sω̃45i24-21pʰĩ45.

27. 他一高兴就唱起歌来了。

长沙：他一高兴就唱起歌来哒。tʰa33i24kau33ɕin45tɕiəu21tsʰan45tɕʰi42-21ko33lai13-21ta0.

浏阳：他一高兴就唱起歌来哒/唱歌哩啰。xa33i42-33kau33çin12-21tsʰiəu12-21tʂʰoŋ12-21cʰi24-42ko33lai45ta0/tʂʰoŋ12ko33li0lo0.

宁乡：他一高兴哎就唱起歌来哒嘞。tʰa33i24kɔ33çin45æ0tsiəɯ21ʧʰɔŋ45cʰi42-21kω33læ13-21ta0læ0.｜他一高兴就唱起歌来嘚。tʰa33i24kɔ33ɕin45tɕiəɯ21tʂʰaŋ45tɕʰi42-21kω33lɛ13-33tɛ0.

28. 谁刚才议论我老师来着？

长沙：哪个才前/刚才（在）讲/议论我（的）老师去来/啊？la^{42}ko^{45}tsai^{13}tɕiẽ^{13}/kan^{33}tsai^{13}(tsai^{21})kan^{42}/i^{45}lən^{45}ŋo^{42}(ti^{0})lau^{42}sɿ^{33}kʰə^{45}lai^{13}/a^{0}?

浏阳：正/正嘛唧□人跍倒议论/讲我的老师（个□话哩）啊？tʂaŋ^{12}/tʂaŋ^{12}ma^{45}tsi^{0}man^{12}ɲin$^{45-33}$kʰu^{45}tau^{0}i$^{12-21}$lən$^{12-21}$/koŋ^{24}ŋo^{24}ti^{0}lau^{24}sɿ^{33}(ko^{0}ʂo^{45}fa^{12}li^{0})a^{0}?

宁乡：刚才唧哪个在议论我的老师嘞？kɔŋ^{33}tsæ$^{13-21}$tsi^{0}la^{42}kω^{45}tæ^{21}ɲi^{45}lən^{45}ŋω^{42}ti^{0}lɔ^{42}sɿ^{33}læ^{0}? | 才前唧是哪个在里讲我的老师？ tsɛ^{21}tɕĩĩ$^{13-45}$tɕi^{0}sɿ^{21}la^{42}kω^{45}tɛ^{21}li^{0}kaŋ^{42}ŋω^{42}ti^{0}lɔ^{42}sɿ^{33}?

29. 只写了一半，还得写下去。

长沙：只写哒一半，还要写下去。tsɿ^{24}ɕie$^{42-21}$ta^{0}i^{24}põ^{45},xai^{13}iau^{45}ɕie^{42}xa^{21}/ɕia^{21}kʰə^{45}.

浏阳：只写咖一半（唧），还要写下去。tʂɿ^{42}sia^{24}ka^{0}i^{42}pøỹ^{12}(tsi^{0}),xai^{45}iau$^{12-33}$sia^{24}xa$^{12-21}$cʰi$^{12-21}$.

宁乡：只写哒一半啊，还要写嘚下去嘞。ʧɿ^{24}sia$^{42-21}$ta^{0}i^{24}pɔŋ^{45}a^{0},xa^{13}iɔ$^{45-33}$sia$^{42-33}$tæ^{0}ɕia^{21}ʧʰy^{45}læ^{0}. | 只写嘚一半，还要写下去。tʂɿ^{24}ɕia$^{42-21}$tɛ^{0}i^{24}pω̃^{45},xa^{13}iɔ^{45}ɕia^{42}xa^{21}tɕʰi^{45}.

30. 你才吃了一碗米饭，再吃一碗吧。

长沙：你头前只吃哒一碗饭吧？再吃碗不啰？
li^{42}təu^{13}tɕiẽ^{13}tsɿ^{24}tɕʰia$^{24-33}$ta^{0}i^{24}õ^{42}fan^{21}pa^{0}?tsai^{45}tɕʰia$^{24-33}$õ$^{42-33}$pu$^{24-33}$lo^{0}? | 你只/才吃哒一碗饭/米饭（啦），再吃一碗啰/噻！li^{42}tsɿ^{24}/tsai^{13}tɕʰia^{24}ta^{0}i^{24}õ^{42}fan^{21}/mi^{42}fan^{21}(la^{0}),tsai^{45}tɕʰia$^{24-33}$i$^{24-33}$õ$^{42-33}$lo^{0}/sai^{0}!

浏阳：你（正）只吃哒一碗饭（呐），还吃一碗啰/啵！ n̩$^{24-21}$(tʂaŋ^{12})tʂɿ^{42}cʰia$^{42-33}$ta^{0}i$^{42-33}$øỹ^{24}fan$^{12-21}$(na^{0}),xai^{45}cʰia^{42}i$^{42-33}$øỹ^{24}lo^{0}/po^{0}!

宁乡：你只吃哒一碗饭，还吃一碗饭吧！n̩^{42}ʧɿ^{24}cʰia$^{24-33}$ta^{0}i$^{24-33}$ɔŋ^{42}fã^{21},xa^{13}cʰia$^{24-33}$i$^{24-33}$ɔŋ^{42}fã^{21}pa^{0}! | 你才吃嘚一碗饭，还吃一碗喽！n̩^{42}tsɛ^{13}tʂʰa^{24}tɛ^{0}i^{24}ŋ̍^{42}fã^{21},xa^{13}tʂʰa^{24}i$^{24-33}$ŋ̍$^{42-21}$ləɯ^{0}!

31. 让孩子们先走，你再把展览仔仔细细地看一遍。

长沙：让/要细伢子先走，你再把展览好生地/过细看一遍。zan^{21}/iau^{45}ɕi^{45}ŋa$^{13-21}$tsɿ^{0}ɕiẽ^{33}tsəu^{42},li^{42}tsai^{45}pa^{42}tsõ^{42}lan^{42}xau^{42}sən^{33}ti^{0}/ko^{45}ɕi$^{45-33}$kʰan^{45}i^{24}piẽ^{45}.

浏阳：等/随 伢妹崽/细伢妹崽先走，你再把展览作古认真/作古正经看一到。tĩĩ^{24}/tsʰi$^{45-33}$ŋa^{45}mei^{12}tsai^{0}/si^{45}ŋa^{45}mei^{12}tsai^{0}sĩĩ^{33}tsiau^{24},n̩$^{24-21}$tsai^{12}pa$^{24-42}$tʂøỹ^{24}lan$^{24-33}$tso^{42}ku^{24}ɲin$^{12-21}$tʂən^{33}/tso^{42}ku^{24}tʂən$^{12-21}$cin^{33}kʰøỹ^{12}i^{42}tau$^{12-21}$.

宁乡：让细伢唧去咖喽，你再把展览过细看一遍喽。ɲiɔŋ^{21}si^{45}ŋa$^{13-21}$tsi^{0}sĩĩ^{33}cʰie^{45}ka^{0}ləɯ^{0},n̩^{42}tsæ^{45}pa$^{42-21}$kuĩ^{42}lã^{42}kω^{45}si$^{45-33}$kʰã^{45}i$^{24-21}$pʰĩĩ^{45}ləɯ^{0}. | 让细伢唧先走，你再把展览过细地看一路。liaŋ^{21}ɕi^{45}ŋa$^{13-21}$tɕi^{0}ɕĩĩ^{33}tɕiəɯ^{42},n̩^{42}tsæ^{45}pa$^{42-21}$tʂã^{42}lã$^{42-21}$kω^{45}ɕi^{45}ti^{0}kʰã^{45}i$^{24-45}$ləɯ^{21}.

32. 他在电视机前看着看着睡着了。

长沙：他在电视机头前一路看一路睡着哒。tʰa^{33}tsai^{21}tiẽ^{45}sɿ$^{45-33}$tɕi^{33}təu$^{13-33}$tɕiẽ$^{13-33}$i^{24}ləu^{21}kʰan^{45}i$^{24-21}$ləu^{21}ɕyei^{45}tso$^{24-33}$ta^{0}. | 他在电视机前面/前看电视，看哒看哒（就）睡着哒。tʰa^{33}tsai^{21}tiẽ^{45}sɿ^{45}tɕi^{33}tɕiẽ^{13}miẽ^{21}/tɕiẽ^{13}kʰan^{45}tiẽ^{45}sɿ$^{45-33}$,kʰan^{45}ta^{0}kʰan^{45}ta^{0}(tɕiəu^{21})suei^{45}tso^{24}ta^{0}.

浏阳：他跍哒电视机面前（看，）看哒看哒就睏着哒。xa^{33}kʰu^{45}ta^{0}tʰĩĩ^{12}ʂɿ$^{12-33}$ci^{33}mĩĩ^{12}tsʰĩĩ^{45}(kʰøỹ^{12},)kʰøỹ^{12}ta^{0}kʰøỹ^{12}ta^{0}tsʰiəu$^{12-21}$kʰuən^{12}tʂʰo$^{42-33}$ta^{0}.

宁乡：他电视机前看着看着睏住去哒。tʰa^{33}tĩĩ^{45}ʃɿ^{45}ci^{33}tsĩĩ^{13}kʰã^{45}ʧω^{0}kʰã^{45}ʧω^{0}kʰuən^{45}ʧy^{21}cʰi^{0}ta^{0}. | 他在电视机门口看起就睏咖嘚。tʰa^{33}tɛ^{21}tĩĩ^{45}ʂɿ^{45}ci^{33}mən^{13}tɕʰiəɯ^{21}kʰã^{45}tɕʰi^{0}tɕiəɯ^{21}kʰuən^{45}ka^{0}tɛ^{0}.

33. 你算算看，这点钱够不够花？

长沙：你算下/一下子看（看），咯点/点砑子钱够不够用（啰/啊）？li$^{42-33}$sõ^{45}xa^{21}/i$^{24-21}$xa^{21}tsɿ^{0}kʰan^{45}(kʰan$^{45-0}$),ko^{24}tiẽ^{42}/tiẽ^{42}ŋa^{45}tsɿ^{0}tɕiẽ^{13}kəu^{45}pu$^{24-33}$kəu^{45}in^{21}(lo^{0}/a^{0})?

浏阳：你算下唧看啰/喽，□点钱唧/□滴唧钱 够不够用啰/够用啵？n̩$^{24-33}$sø̃ỹ^{12}xa^{12}tsi^{0}kʰø̃ỹ^{12}1o^{0}/ləu^{0},i^{24}tĩĩ$^{24-33}$tsʰĩĩ^{45}tsi^{0}/i$^{24-33}$tia$^{42-33}$tsi^{0}tsʰĩĩ^{45} ciau^{12}pu^{42}ciau$^{12-21}$in^{12}no^{0}/ciau^{12}in^{12}po^{0}?

宁乡：你算下看喽，看咯点钱够不够用喽？n̩$^{42-21}$sɔŋ^{45}xa^{21}kʰã^{45}ləɯ^{0},kʰã^{45}kɷ^{24}tĩĩ$^{42-21}$tsĩĩ^{13}kəɯ^{45}pu$^{24-33}$kəɯ^{45}in^{21}nəɯ^{0}?｜你算下唧看，咯点钱经用吧？n̩^{42}sɷ̃^{45}xa^{21}tɕi^{0}kʰã^{45},kɷ^{24}tĩĩ$^{42-21}$tɕĩĩ^{13}tɕin^{33}in^{21}pa^{0}?

34. 老师给了你一本很厚的书吧？

长沙：老师给/把哒你一本很/好厚的书吧？lau^{42}sɿ^{33}kə^{45}/pa^{42}ta^{0}li^{42}i$^{24-33}$pən^{42}xə^{42}/xau^{42}xəu^{21}ti^{0}ɕy^{33}pa^{0}?

浏阳：老师把咖一本蛮厚的书把你/把哒你一本蛮厚哩个书吧？lau^{24}sɿ^{33}pa^{24}ka^{0}i$^{42-33}$pən$^{24-21}$man^{45}çiau$^{12-33}$ti^{0}çy^{33}pa^{24}m̩^{24}(←n̩^{24})/pa^{24}ta^{0}n̩^{24}i$^{42-33}$pən^{24}man^{45}çiau$^{12-33}$li^{0}ko^{0}çy^{33}pa^{0}?

宁乡：老师是不是把哒一本很厚的书把你哒喽？lɔ^{42}sɿ^{33}sɿ^{21}pu^{24}sɿ^{21}pa^{42}ta^{0}i^{24}pən$^{42-21}$xən^{42}xəɯ^{21}ti^{0}ʃy^{33}pa^{42}n̩$^{42-21}$ta^{0}ləɯ^{0}?｜老师给哒你一本很厚的书吧？lɔ^{42}sɿ^{33}kɛ^{42}ta^{0}n̩^{42}i$^{24-33}$pən$^{42-21}$xɛ^{42}çiəɯ^{21}ti^{0}ʂʮ^{33}pa ^{0}?

35. 那个卖药的骗了他一千块钱呢。

长沙：那只卖药的乭/骗 咖/哒他一千块钱（咧）。la^{45}tsa$^{24-33}$mai^{45}io^{24}ti^{0}tsʰo^{24}/pʰiẽ^{45} ka^{0}/ta^{0}tʰa^{33}i$^{24-33}$tɕʰiẽ^{33}kʰuai^{45}tɕiẽ^{13}(lie^{0}).

浏阳：咯只卖药个□/乭咖他一千块钱（去哒）嘞。ko^{12}tʂa$^{42-33}$mai^{12}io^{42}ko^{0}ʂo^{42}/tʂʰo^{42}ka^{0}xa^{33}i$^{42-33}$tsʰĩĩ^{33}kʰuai$^{12-33}$tsʰĩĩ^{45}(cʰie^{12}ta^{0})lei^{0}.

宁乡：那个卖药的骗咖他一千块钱哒嘞。la^{45}kɷ^{45}mæ^{45}iɷ^{24}ti^{0}pʰĩĩ^{45}ka^{0}tʰa^{33}i$^{24-33}$tsʰĩĩ^{33}kʰuæ$^{42-21}$tsʰĩĩ$^{13-21}$ta^{0}læ^{0}.｜那只卖药的□咖他一千块钱嘞。lɷ^{45}tʂa$^{24-33}$ma^{45}iɷ^{24}ti^{0}çiəɯ^{45}ka^{0}tʰa^{33}i$^{24-33}$tɕʰĩĩ^{33}kʰua$^{42-21}$tɕʰĩĩ^{13}lɛ^{0}.

36. a. 我上个月借了他三百块钱。（指借入）b. 我上个月借了他三百块钱。（指借出）

长沙：a.我上个月借哒他/问他借哒三百块钱。b.我上个月借把他三百块钱/借给他三百块钱/借咖三百块钱把他。a.ŋo^{42}san^{21}ko^{45}ye$^{24-33}$tɕie^{45}ta^{0}tʰa^{33}/uən^{21}tʰa^{33}tɕie^{45}ta^{0}san^{33}pə^{24}kʰuai^{42}tɕiẽ^{13}.b.ŋo^{42}san^{21}ko^{45}ye$^{24-33}$tɕie^{45}pa^{42}tʰa^{33}san^{33}pə^{24}kʰuai^{42}tɕiẽ^{13}/tɕie^{45}kə^{45}tʰa^{33}san^{33}pə^{24}kʰuai^{42}tɕiẽ^{13}/tɕie^{45}ka^{0}san^{33}pə^{24}kʰuai^{42}tɕiẽ^{13}pa^{42}tʰa^{33}.

浏阳：a.我上个月借咖/哒他三百块钱。b.我上个月借咖三百块钱把他/借哒把他三百块钱。a.ŋo^{24}ʂoŋ$^{12-33}$ko$^{12-33}$ŋø^{42}tsia^{12}ka^{0}/ta^{0}xa^{33}san^{33}pa$^{42-33}$kʰuai^{24}tsʰĩĩ^{45}.b.ŋo^{24}ʂoŋ^{12}ko^{12}ŋø^{42}tsia^{12}ka^{0}san^{33}pa$^{42-33}$kʰuai^{24}tsʰĩĩ^{45}pa^{24}xa^{33}/tsia^{12}ta^{0}pa$^{24-42}$xa^{33}san^{33}pa$^{42-33}$kʰuai^{24}tsʰĩĩ^{45}.

宁乡：a.上个月我跟他借咖三百块钱。b.上个月嘞我借咖三百块钱把他嘚。a.sɔŋ^{21}kɷ$^{45-33}$uæ$^{24-33}$ŋɷ^{42}kən^{33}tʰa^{33}tsia^{45}ka^{0}sã^{33}pæ^{24}kʰuæ$^{42-21}$tsĩĩ^{13}.b.sɔŋ^{21}kɷ$^{45-33}$uæ$^{24-33}$læ^{0}ŋɷ^{42}tsia^{45}ka^{0}sã^{33}pæ^{24}kʰuæ$^{42-21}$tsĩĩ^{13}pa^{42}tʰa^{33}tæ^{0}.｜a. 我上个月借咖他三百块钱。b. 我上个月借嘚他三百块钱。a.ŋɷ^{42}ʂaŋ^{21}kɷ^{45}ye$^{24-33}$tɕie^{45}ka^{0}tʰa^{33}sã^{33}pɛ^{24}kʰua$^{42-21}$tɕĩĩ^{13}.b.ŋɷ^{42}ʂaŋ^{21}kɷ^{45}ye$^{24-33}$tɕie^{45}tɛ^{0}tʰa^{33}sã^{33}pɛ^{24}kʰua$^{42-21}$tɕĩĩ^{13}.

37. a. 王先生的刀开得很好。（王先生是医生）b. 王先生的刀开得很好。（王先生是病人）

长沙：a.王先生的刀开得几/很好。b.王先生的刀开得几/很好（的）。a.uan^{13}ɕiẽ^{33}sən^{33}ti^{0}tau^{33}kʰai^{33}tə^{0}tɕi^{42}/xə^{42}/xən^{42}xau^{42}.b.uan^{13}ɕiẽ^{33}sən^{33}ti^{0}tau^{33}kʰai^{33}tə^{0}tɕi^{42}/xə^{42}/xən^{42}xau^{42}(ti^{0}).

浏阳：a.王先生开刀开得真蛮好哩。b.王先生咖刀开得真蛮好哩。a.oŋ^{45}sĩ^{33}sĩ^{33}kʰai^{33}tau^{33}kʰai^{33}tei^{0}tʂən^{33}man^{45}xau$^{24-33}$li^{0}.b.oŋ^{45}sĩ^{33}sĩ^{33}ka^{0}tau^{33}kʰai^{33}tei^{0}tʂən^{33}man^{45}xau$^{24-33}$li^{0}.

宁乡：a.王先生的刀开得很好。b.王先生的刀开得很好。a.ɔŋ^{13}sĩ^{33}sən^{33}ti^{0}tɔ^{33}kʰæ^{33}tæ^{0}xən^{42}xɔ^{42}.b.ɔŋ^{13}sĩ^{33}sən^{33}ti^{0}tɔ^{33}kʰæ^{33}tæ^{0}xən^{42}xɔ^{42}.｜a.王先生的刀开得真的好。b.王先生的刀开得真的好。a.uaŋ^{13}ɕĩ^{33}sən^{33}ti^{0}tɔ^{33}kʰɛ^{33}tɛ^{0}tʂən^{33}ti^{0}xɔ^{42}.b.uaŋ^{13}ɕĩ^{33}sən^{33}ti^{0}tɔ^{33}kʰɛ^{33}tɛ^{0}tʂən^{33}ti^{0}xɔ^{42}.

38. 我不能怪人家，只能怪自己。

长沙：我不能怪别个，只能/能够怪自家/自己。ŋo^{42}pu$^{24-21}$lən$^{13-21}$kuai^{45}pʰie^{24}ko^{45},tsɿ$^{42-21}$lən^{13}/lən^{13}kəu^{45}kuai^{45}tsɿ^{21}ka^{33}/tsɿ^{21}tɕi^{42}.

浏阳：我不可能/可以怪别人，只能够//可以怪自己。ŋo^{24}pu^{42}kʰo^{24}lĩ^{45}/kʰo$^{24-33}$i$^{24-33}$kuai^{12}pʰie^{42}ɲin$^{45-0}$,tʂɿ$^{24-42}$lən^{45}ciau$^{12-21}$/kʰo$^{24-42}$i$^{24-42}$kuai$^{12-33}$tsʰɿ^{12}ci$^{24-42}$.

宁乡：我不能怪别个，我只能怪自家。ŋɷ^{42}pu^{24}lən$^{13-21}$kuæ^{45}pʰie^{24}kɷ^{45},ʧʅ$^{42-21}$lən^{13}kuæ^{45}tsɿ^{21}ka^{33}.｜ŋɷ^{42}pu$^{24-33}$lən$^{13-21}$kua^{45}pie^{24}kɷ^{45},tʂʅ$^{42-21}$lən^{13}kua^{45}tsɿ^{21}ka^{33}.

39. a. 明天王经理会来公司吗？b. 我看他不会来。

长沙：a.明天王经理会来公司不/吧？b.我看只怕不会来。a.min^{13}tʰiẽ^{33}uan^{13}tɕin^{33}li^{42}fei^{21}lai^{13}kən^{33}sɿ^{33}pu$^{24-0}$/pa^{0}?b.ŋo^{42}kʰan^{45}tsɿ^{24}pʰa^{45}pu^{24}fei^{21}lai^{13}.｜a.明天王经理会到公司来不？b.我看他不得来哒。a.min^{13}tʰiẽ^{33}uan^{13}tɕin^{33}li^{42}fei^{21}tau^{45}kən^{33}sɿ^{33}lai^{13}pu$^{24-0}$?b.ŋo^{42}kʰan^{45}tʰa^{33}pu^{24}tə^{0}lai^{13}ta^{0}.

浏阳：a.明日王经理会来公司里啵？b.我看他（是）不/唔得来。a.miaŋ^{45}ɲie$^{42-21}$oŋ^{45}cin^{33}li$^{24-33}$fei$^{12-21}$lai^{45}kəŋ^{33}sɿ^{33}li^{0}po^{0}?b.ŋo^{24}kʰø̃ỹ$^{12-33}$xa^{33}(ʂʅ$^{12-33}$)pu^{42}/n^{45}tie^{0}lai^{45}.

宁乡：a.明日子王经理会来公司不喽？b.我看他不得来。a.min^{13}i$^{24-33}$tsɿ^{0}ɔŋ^{13}cin^{33}ni$^{42-21}$xuei^{21}læ^{13}kən^{33}sɿ^{33}pu$^{24-33}$ləɯ^{0}?b.ŋɷ^{42}kʰã^{45}tʰa^{33}pu^{24}tæ^{0}læ^{13}.｜a.明日子王经理会来公司吧？b.我看他不会来。a.miaŋ^{13}ȵi$^{24-33}$tsɿ^{0}uaŋ^{13}tɕin^{33}li$^{42-21}$fei^{21}lɛ^{13}kən^{33}sɿ^{33}pa^{0}?b.ŋɷ^{42}kʰã^{45}tʰa^{33}pu^{24}fei^{21}lɛ^{13}.

40. 我们用什么车从南京往这里运家具呢？

长沙：我们用么子车/车子从南京望/往咯里运家具啰/咧？ŋo^{42}mən^{0}in^{21}mo^{42}tsɿ^{0}tsʰə^{33}/tsʰə^{33}tsɿ^{0}tsən^{13}lan^{13}tɕin^{33}uan^{21}/uan^{42}ko^{24}li^{0}yn^{45}tɕia^{33}tɕy^{45}lo^{0}/lie^{0}?

浏阳：我哩用么哩车从南京运家具到□唧咧？ŋo^{24}li^{0}in$^{12-21}$ma^{12}1i^{0}tʂʰa^{33}tsʰəŋ^{45}lan^{45}cin^{33}uən^{12}tɕia^{33}tɕy$^{12-21}$tau$^{12-21}$i^{24}tsi^{0}lie^{0}?｜我哩用么哩车从南京往□唧运家具嘞？ŋo^{24}li^{0}in$^{12-21}$ma^{12}1i^{0}tʂʰa^{33}tsʰəŋ$^{45-33}$lan^{45}cin^{33}uoŋ$^{24-33}$i^{24}tsi^{0}uən$^{12-21}$cia^{33}cy^{12}1ei^{0}?

宁乡：我哩用么子车得南京往咯里运家具嘞？ŋɷ^{42}li^{0}in^{21}m̩^{42}tsɿ^{0}tsʰæ^{33}tæ$^{24-33}$lã^{13}cin^{33}ɔŋ^{42}kɷ^{24}li^{0}ʒən^{45}cia^{33}ʧy^{45}læ^{0}?｜我哩用么子车从南京往咯里运家具嘞？ŋɷ^{42}li^{0}in^{21}mɷ^{42}tsɿ^{0}tʂʰe^{33}tsən^{13}lã^{13}tɕin^{33}uaŋ^{42}kɷ^{24}li^{0}yən^{45}tɕia^{33}tʂʮ^{45}lɛ^{0}?

41. 他像个病人似的靠在沙发上。

长沙：他像只/个 病人子/病人 一样的/似的靠得沙发上。tʰa^{33}tɕian^{21}tsa^{24}/ko^{45} pin^{21}zən^{13}tsɿ^{0}/pin^{21}zən^{13} i$^{24-33}$ian^{21}ti^{0}/sɿ^{21}ti^{0}kʰau^{45}tə^{0}sa^{33}fa^{24}san^{21}.

浏阳：他像只病人哩样个靠倒沙发上。xa^{33}tsʰioŋ^{12}tʂa^{42}pʰiaŋ^{12}ɲin^{0}li^{0}ioŋ$^{12-21}$ko^{0}kʰau^{12}tau^{0}sa^{33}fa^{33}ʂoŋ^{12}.｜他同咖一只病人一样个靠倒沙发上哩。xa^{33}tʰəŋ^{45}ka^{0}i$^{42-33}$tʂa$^{42-33}$pʰiaŋ^{12}ɲin^{0}i^{42}ioŋ$^{12-21}$ko^{0}kʰau^{12}tau^{0}sa^{33}fa^{33}ʂoŋ^{12}1i^{0}.

宁乡：他像一只病人子靠在沙发上啊。tʰa^{33}tsiɔŋ^{21}i$^{24-33}$tsa$^{24-33}$pin^{21}ɲin^{13}tsɿ^{0}kʰɔ^{45}tæ^{21}sa^{33}fa$^{24-33}$sɔŋ^{21}a^{0}.｜他像只病人子一样的靠在沙发上。tʰa^{33}tɕian^{21}tsa^{24}pin^{21}zən^{13}tsɿ^{0}i$^{24-33}$ian^{21}ti^{0}kʰau^{45}tə^{0}sa^{33}fa^{24}san^{21}.

42. 这么干活连小伙子都会累坏的。

长沙：（是）咯样/咯样子 搞/做事连（个）小青年/青年哥哥/年轻满^{1}哥都会累死/醉去。(sɿ^{21})kai^{24}ian^{21}/ko^{24}ian^{21}/ko^{24}ian^{21}tsɿ^{0} kau^{42}/tsəu^{45}sɿ^{21}liẽ^{13}(ko^{45})ɕiau^{42}tɕʰin^{33}ȵiẽ$^{13-21}$/tɕʰin^{33}ȵiẽ$^{13-21}$ko^{33}ko^{0}/liẽ^{13}tɕʰin^{33}man^{42}ko^{33}təu^{33}fei^{21}lia^{24}sɿ$^{42-21}$/tsei^{45}kʰə^{45}.

浏阳：□子舍命搞后生个都会累坏哩去。i^{24}tsɿ^{0}ʂa^{24}miaŋ$^{12-21}$kau^{24}ɕiau^{12}saŋ^{33}ko^{0}təu^{33}fei$^{12-21}$lei$^{12-21}$fai^{12}li^{0}cʰie$^{12-33}$.｜□子做连后生伢崽都会累病哒去。i^{24}tsɿ^{0}tsəu$^{12-21}$lĩĩ^{45}ɕiau^{12}saŋ^{33}ŋa$^{45-33}$tsai$^{24-33}$təu^{33}fei^{12}lia^{42}pʰiaŋ^{12}ta^{0}cʰi$^{12-33}$.

宁乡：咯样做事啊连青年哥哥都会累坏去。kɷ^{24}iɔŋ^{21}tsəɯ^{45}sɿ^{21}a^{0}lĩĩ^{13}tɕʰin^{33}ȵĩĩ$^{13-33}$kɷ^{33}kɷ^{0}təɯ^{33}xuei^{21}ləɯ^{45}ʃuæ^{21}cʰi^{45}.｜咯样做路连满哥都会累坏去。kɷ^{24}iaŋ^{21}tsəɯ^{45}ləɯ^{21}lĩĩ^{13}mã^{42}kɷ^{33}təɯ^{33}fei^{21}lia^{24}fɛ^{21}tɕʰi^{45}.

43. 他跳上末班车走了。我迟到一步，只能自己慢慢走回学校了。

长沙：他跳上（哒）最后一班车走咖哒/哒。我迟咖/迟到啦/去迟咖一步，只好/只能（自家/自己）慢慢子/慢慢地/慢慢细细地走回学校去/哒。tʰa^{33}tʰiau^{45}san^{21}(ta^{0})tsei^{45}xəu^{21}i^{24}pan^{33}tsʰə^{33}tsəu^{42}ka^{0}ta^{0}/ta^{0}.ŋo^{42}tsɿ^{13}ka^{0}/tsɿ^{13}tau^{45}la^{0}/tɕʰy^{45}tsɿ^{13}ka^{0}i$^{24-33}$pu^{21},tsɿ^{24}xau^{42}/tsɿ^{24}lən$^{13-21}$(tsɿ^{21}ka^{33}/tsɿ^{21}tɕi^{42})man^{21}man^{21}tsɿ^{0}/man^{21}man^{21}ti^{0}/man^{21}man^{21}ɕi^{45}ɕi^{45}ti^{0}tsəu^{42}fei^{13}ɕio^{24}ɕiau^{45}kʰə^{45}/ta^{0}.

浏阳：他飙/蹿上（哒）最后一班车走过哒/咖哒，我迟到一脚/一脚唧，□子就只能够/只好自己慢慢/慢慢唧走回学校去哒（啰）。xa^{33}piau^{33}/tsʰøỹ^{33}ʂoŋ$^{12-21}$(ta^{0})tsei^{12}çiau^{12}i$^{42-33}$pan^{33}tʂʰa^{33}tsiau^{24}ku^{0}ta^{0}/ka^{0}ta^{0},ŋo^{24}tʂʰʅ^{45}tau^{12}i$^{42-33}$cio^{42}/i$^{42-24}$cio^{42}tsi^{0},i^{24}tsɿ^{0}tsʰiəu$^{12-21}$tʂʅ$^{24-42}$lĩĩ^{45}ciəu$^{12-21}$/tʂʅ$^{24-33}$xau$^{24-33}$tsʰɿ^{12}ci$^{24-42}$man^{12}man$^{12-33}$/man^{12}man^{12}tsi^{0}tsiau^{24}fei^{45}çio^{42}ciau$^{12-33}$cʰie^{12}ta^{0}(lo^{0}).

宁乡：他跳上末班车走咖嘚。我晏咖一步，只能自家慢慢地走起回学校。tʰa^{33}tʰiɔ^{45}ʂaŋ^{21}mɛ^{24}pan^{33}tʂʰɛ^{33}tɕiəɯ^{42}ka^{0}tɛ^{0},ŋo^{42}ŋã$^{21-13}$ka^{0}i$^{24-33}$pu^{21},tʂʅ^{24}lən$^{13-21}$tsɿ^{21}ka^{33}man^{21}man^{21}ti^{0}tɕiəɯ^{42}tɕʰi^{0}fei^{13}ɕiɷ^{24}ɕiɔ^{45}.

44. 这是谁写的诗？谁猜出来我就奖励谁十块钱。

长沙：咯只诗是哪个写的？哪个猜得出我就奖励他十块钱。kai^{24}tsa$^{24-33}$sɿ^{33}sɿ^{21}la^{42}ko^{45}ɕie^{42}ti^{0}?la^{42}ko^{45}tsʰai^{33}tə^{0}tɕʰy^{24}ŋo^{42}tɕiəu^{21}tɕian^{42}li^{45}tʰa^{33}sɿ^{24}kʰuai^{45}tɕiẽ^{13}.｜咯是哪个写的诗（啰）？哪个（能）猜出来我就奖励/奖（给）哪个十块钱。ko^{24}sɿ^{21}la^{42}ko^{45}ɕie^{42}ti^{0}sɿ^{33}(lo^{0})?la^{42}ko^{45}(lən^{13})tsʰai^{33}tɕʰy^{24}lai^{13}ŋo^{42}tɕiəu^{21}tɕian^{42}li^{45}/tɕian^{42}(kə^{42})la^{42}ko^{45}sɿ^{24}kʰuai^{45}tɕiẽ^{13}.

浏阳：□是□人写咖诗啰/啦？□人猜中/出来哒我就奖（哒把）□人十块钱。i$^{24-42}$ʂʅ$^{12-21}$man^{24}ɲin^{45}sia^{24}ka^{0}ʂʅ^{33}lo^{0}/la^{0}?man^{24}ɲin^{45}tsʰai^{33}tʂəŋ^{12}/cʰy$^{42-33}$lai^{45}ta^{0}ŋo$^{24-21}$tsʰiəu$^{12-21}$tsioŋ^{24}(ta^{0}pa$^{24-33}$)man^{24}ɲin^{45}ʂʅ$^{42-21}$kʰuai$^{12-21}$tsʰĩĩ^{45}.

宁乡：咯是哪个写的诗？哪个猜出来嘚就奖励他十块钱。kɷ^{24}sɿ^{21}la^{42}kɷ^{45}sie^{42}ti^{0}ʃʅ^{33}?la^{42}kɷ^{45}tsʰæ^{33}ʧʰy$^{24-33}$læ$^{13-33}$tæ^{0}tsiəɯ^{21}ciɔŋ^{42}li^{45}tʰa^{33}ʃʅ^{45}kʰuæ$^{42-21}$tsĩĩ^{13}.｜咯是哪个写的诗啊？哪个猜出嘚我就奖哪个十块钱。kɷ^{24}sɿ^{21}la^{42}kɷ^{45}ɕia^{42}ti^{0}ʂʅ^{33}a^{0}?la^{42}kɷ^{45}tsʰa^{33}tʂʰʮ$^{24-33}$tɛ^{0}ŋɷ^{42}tɕiəɯ^{21}tɕiaŋ^{42}la^{42}kɷ^{45}ʂʅ^{45}kʰua$^{42-21}$tɕĩĩ^{13}.

45. 我给你的书是我教中学的舅舅写的。

长沙：我把/给你的书是我教中学的舅舅写的。ŋo^{42}pa^{42}/kə^{42}li^{42}ti^{0}ɕy^{33}sɿ^{21}ŋo^{42}kau^{45}/tɕiau^{45}tsən^{33}ɕio^{24}ti^{0}tɕiəu^{45}tɕiəu$^{45-0}$ɕie^{42}ti^{0}.

浏阳：我把你咖书是我/我哩教中学个/咖舅唧写个/咖。ŋo^{24}pa$^{24-42}$n̩$^{24-21}$ka^{0}ɕy^{33}ʂʅ$^{12-21}$ŋo^{24}/ŋo^{24}li^{0}kau^{12}tʂəŋ^{33}ɕio^{42}ko^{0}/ka^{0}c^{h}iəu^{24}tsi^{0}sia^{24}ko^{0}/ka^{0}.

宁乡：我把你的咯本书是我教中学的舅舅写的。ŋω^{42}pa^{42}n̩^{42}ti^{0}kω$^{24-33}$pən$^{42-21}$ʃy^{33}sɿ^{21}ŋω^{42}ciɔ^{45}tʃən^{33}ɕiω$^{24-33}$ti^{0}ciəɯ^{45}ciəɯ$^{45-0}$sia^{42}ti^{0}.｜我给你的书是我教中学的舅舅写的。ŋω^{42}kɛ^{42}n̩^{42}ti^{0}ʂɥ^{33}sɿ^{21}ŋω^{42}kɔ^{45}tʂən^{33}ɕiω$^{24-33}$ti^{0}tɕiəɯ^{45}tɕiəɯ$^{45-0}$ɕia^{42}ti^{0}.

46. 你比我高，他比你还要高。

长沙：你比我高，他比你还高（些）。li^{42}pi^{42}ŋo^{42}kau^{33},t^{h}a^{33}pi^{42}li^{42}xai$^{13-21}$kau^{33}(ɕie^{33}).｜你比我高，他比你还要高。li^{42}pi^{42}ŋo^{42}kau^{33},t^{h}a^{33}pi^{42}li^{42}xai^{13}iau^{45}kau^{33}.

浏阳：你比我高，他比你还要高（咧）。n̩^{24}pi$^{24-33}$ŋo^{24}kau^{33},xa^{33}pi$^{24-33}$n̩$^{24-21}$xai^{45}iau$^{12-21}$kau^{33}(lie^{0}).｜你比我高，他比你还要高。n̩$^{24-33}$pi^{24}ŋo^{24}kau^{33},xa^{33}pi^{24}n̩^{24}xai^{45}iau^{12}kau^{33}.

宁乡：你比我高，他还比你高些。n̩^{42}pi^{42}ŋω^{42}kɔ^{33},t^{h}a^{33}xa^{13}pi^{42}n̩^{42}kɔ^{33}sie^{33}.｜你比我高，他比你还高些。n̩^{42}pi^{42}ŋω^{42}kɔ^{33},t^{h}a^{33}pi^{42}n̩^{42}xa^{13}kɔ^{33}ɕia^{33}.

47. 老王跟老张一样高。

长沙：老王跟老张一样高（的）。lau^{42}uan^{13}kən^{33}lau^{42}tsan^{33}i^{24}ian^{21}kau^{33}(ti^{0}).

浏阳：老王哩同老张哩一样高个/咖。lau^{24}oŋ^{45}li^{0}t^{h}əŋ^{45}lau$^{24-33}$tʂoŋ^{33}li^{0}i^{42}ioŋ^{12}kau^{33}ko^{0}/ka^{0}.

宁乡：老王跟老张啊一样高啊。lɔ^{42}ɔŋ$^{13-21}$kən^{33}lɔ^{42}tʃɔŋ^{33}a^{0}i^{24}iɔŋ^{21}kɔ^{33}ua^{0}.｜老王跟老张一样高的。lɔ^{42}uaŋ$^{13-21}$kən^{33}lɔ^{42}tʂaŋ^{33}i^{24}iaŋ^{21}kɔ^{33}ti^{0}.

48. 我走了，你们俩再多坐一会儿。

长沙：我走哒/咖哒，你们两个再多坐下/下子/一下下子（啰）。ŋo^{42}tsəu^{42}ta^{0}/ka^{0}ta^{0},li^{42}mən^{0}lian^{42}ko^{45}tsai^{45}to^{33}tso^{21}xa^{21}/xa^{21}tsɿ^{0}/i^{24}xa^{21}xa^{45}tsɿ^{0}(lo^{0}).

浏阳：我走咖哒/啊，你哩两（个）人还多坐下唧喽/噢。ŋo$^{24-21}$tsiau^{24}ka^{0}ta^{0}/a^{0},n̩^{24}li^{0}lioŋ^{24}(ko$^{12-33}$)in$^{45-33}$/ɲin$^{45-33}$xai^{45}to^{33}ts^{h}o$^{12-21}$xa$^{12-21}$tsi^{0}ləu^{0}/au^{0}.

宁乡：我走咖嘚，你哩两个再多坐一下子。ŋω^{42}tsəɯ^{42}ka^{0}tæ^{0},n̩^{42}li^{0}liɔŋ^{42}kω^{45}tsæ^{45}tω^{33}tsω^{21}i$^{24-33}$xa^{21}tsɿ^{0}.｜我走咖嘚，你哩两个还多坐一下唧喽。ŋω^{42}tɕiəɯ^{42}ka^{0}tɛ^{0},n̩^{42}li^{0}liaŋ^{42}kω^{45}xa^{13}tω^{33}tsω^{21}i$^{24-33}$xa^{21}tɕi^{0}ləɯ^{0}.

49. 我说不过他，谁都说不过这个家伙。

长沙：我讲他不赢，哪个都讲不赢咯只家伙。ŋo^{42}kan^{42}t^{h}a^{33}pu^{24}in^{13},la^{42}ko^{45}təu^{33}kan^{42}pu^{24}in^{13}kai^{24}tsa^{24}tɕia^{33}xo^{0}.｜我讲不赢他，哪个都讲不赢咯个家伙。ŋo^{42}kan^{42}pu$^{24-33}$in^{13}t^{h}a^{33},la^{42}ko^{45}təu^{33}kan^{42}pu^{24}in^{13}ko^{24}ko^{45}tɕia^{33}xo^{0}.

浏阳：我是讲不过他噢，□人啊讲得过□只家伙喽？ŋo^{24}ʂʅ$^{12-33}$koŋ^{24}pu$^{42-33}$ku$^{12-33}$xa^{33}au^{0},man^{24}ɲin^{45}a^{0}koŋ^{24}tei^{0}ku$^{12-21}$i^{24}tʂa$^{42-33}$cia^{33}xo^{0}ləu^{0}?｜我讲不赢他，□人都讲不赢□只家伙三哩。ŋo$^{24-21}$koŋ^{24}pu$^{42-33}$iaŋ^{45}xa^{33},man^{24}ɲin^{45}təu^{33}koŋ^{24}pu$^{42-33}$iaŋ^{45}i$^{24-33}$tʂa$^{42-33}$cia^{33}xo^{0}san^{33}li^{0}.

宁乡：我讲不赢他，哪个都讲不赢咯只家伙。ŋω^{42}kaŋ^{42}pu^{24}iaŋ^{13}t^{h}a^{33},la^{42}kω^{45}təɯ^{33}kaŋ^{42}pu^{24}iaŋ^{13}kω^{24}tʂa$^{24-33}$tɕia^{33}xω^{0}.｜ŋω^{42}kaŋ^{42}pu^{24}iaŋ^{13}t^{h}a^{33},la^{42}kω^{45}təɯ^{33}kaŋ^{42}pu^{24}iaŋ^{13}kω^{24}tʂa$^{24-33}$tɕia^{33}xω^{0}.

50. 上次只买了一本书，今天要多买几本。

长沙：上回/上次只买哒一本书，今天要多买几本。san^{21}fei^{13}/san^{21}tsʰɿ^{45}tsɿ^{24}mai^{42}ta^{0}i^{24}pən^{42}ɕy^{33},tɕin^{33}tʰiẽ^{33}iau^{45}to^{33}mai^{42}tɕi^{42}pən^{42}.

浏阳：上回/上回唧只买哒一本书，今日要多买几本。ʂoŋ^{12}fei^{45}/ʂoŋ^{12}fei^{45}tsi^{0}tʂʅ$^{42-33}$mai^{24}ta^{0}i$^{42-21}$pən^{24}ɕy^{33},cin^{33}i$^{42-33}$/ɲie$^{42-33}$iau$^{12-21}$to^{33}mai^{24}ci$^{24-21}$pən^{24}.

宁乡：上次只买哒一本书，今日子还多买几本。sɔŋ^{21}tsʰɿ^{45}ʧʅ^{24}mæ^{42}tæ^{0}i^{24}pən^{42}ʃy^{33},cin^{33}ɲi^{24}tsɿ^{0}a$^{13-33}$tɷ^{33}mæ^{42}ci^{42}pən$^{42-21}$.｜上次只买嘚一本书，今日子要多买几本。ʂaŋ^{21}tsʰɿ^{45}tʂʅ^{24}ma^{42}tɛ^{0}i^{24}pən^{42}ʂʮ^{33},tɕin^{33}ȵi^{24}tsɿ^{0}iau^{45}tɷ^{33}ma^{42}tɕi^{42}pən$^{42-21}$.

说明：1. 以上 50 个语法例句条目取自教育部语言文字信息管理司、中国语言资源保护研究中心编著《中国语言资源调查手册·汉语方言》（商务印书馆，2015 年 7 月第 1 版）之“肆 语法”。

2. 每个语法例句条目先列普通话说法，再分别列出长沙（城区）、浏阳（城区）、宁乡（城区）的说法；

3. 因宁乡（城区）老年、青年发音人方言差别较大，故将他们的说法完整列出，并用竖线“｜”区隔，竖线之前是老年发音人的说法，后头是青年发音人的说法。

4. 长沙（城区）、浏阳（城区）新老派的发音区别不大，故不特别区分；句中一些词或短语有不同说法时在汉字和音标中均用斜线“/”区隔（斜线“/”前后分别是老年发音人和青年发音人的表达方式），并在下面加粗的下划线，遇到同一个词语不同的人存在发音上的差异时也采用类似的方式标明；可出现也可不出现的词或短语前后加圆括号；遇到整句的表达方式差别较大的，也用竖线“｜”区隔。

第四节　方言语料

一、长沙（城区）方言语料

（一）新旧南门口（快板）（音标略）

刚才报幕员把幕报，
要我来讲一段莲花闹。
讲莲花闹我冇开过张，
走上台来心里慌。
大家鼓掌又发笑，
不讲会说我扳翘。
我三脚二步走上台，
打起莲花闹唱起来。
自从四九年得解放，
国家的面貌大变样。
远的不讲讲近的，
单讲那个长沙的省城里。
省城里有个南门口，
一讲大家都清楚。
你从那乡里进城来，
汽车两边是对哒开。
柏油马路人行道，
真是一片新面貌。
四处建起哒高楼房，
中间就一个大广场。
广场两边喇叭叫，
北京的声音都听得到。
国营铺子气象新，
接待顾客如亲人。
银钱物件冇拿走，
马上跟你送到手。
若拿现在比从前，
新旧社会两重天。
提起过去的南门口，
冇事莫往那里走。
几条小小的麻石街，
破烂摊子两边排。
屎尿臭水到处流，
蚊子苍蝇碰鼻头，
人又多，路又窄，
清早挤得到断黑。
劳动人民难谋生，
把头恶棍成了群。
反动党团十多个，
都是一帮叫脑壳。
王昌贵、张春和，
两只家伙就官职多。

西湖党的左右膀，
军统特务就兼队长。
手下喽啰百多员，
号称长沙的南霸天。
碰哒这帮坏东西，
你不死也要脱层皮。
记得那年子腊月底，
屋里冇得过年米，
捉哒家里几只鸡，
一肩担到省城里。
担子刚到南门口，
碰哒一群野豺狗，
这个扯，那个拖，
我只好放下两只箩。
晓得是帮拦路虎，
看中了我咯只二百五。
我的心里暗猜疑，
招呼他们买兵鸡。
我两只眼睛只顾看，
脑壳上挨了一木棒，
回头一看是警兵，
骂我担箩不小心。
我说我是乡里客，
城里的规矩就不晓得。
一句话，冇回好，
箩筐被踢得满街跑。
你看咯帮溜渣砣，
混水摸鱼就捉鸡婆。
我一时慌张急得哭，
今日冇得米进屋。
旁人劝我快走开，
不然箩筐会开小差。
果然来了个对头人，
王昌贵这个害人精。
你看他，
青色短衣十粒扣，
手上卷起个马蹄袖，
细裤脚，尖皮鞋，
咯嗒咯嗒走拢来：
“各位兄弟们抬举下，
咯几只鸡婆我买哒。”
拦路虎一看都松了手，
三三两两溜起走。
我打起笑脸把价谈，
看他说话好大方：
“跟我送到乌春巷，
法币随你要几万。”
我捉哒鸡婆稍安心，
担起担子就望前行。
前头汽车压死哒狗，
后背又喊抓扒手，
南食店子冷清清，
米铺门口挤死个人，
老板只喊要涨价，
听哒我心里就害怕。
好多叫化子在讨饭，
死尸就摆在阶基上。
饥荒景象实难看，
不觉来到哒乌春巷。
哎呀！
咯只屋里真正阔，
便衣警兵围几桌，
推牌九，抽大烟，
吆喝喊六闹翻哒天。
当时禁烟又禁赌，
咯里却是冇人管。
我心里觉得好稀奇，
屋里走出来买鸡的。
王昌贵这个大坏蛋，
转身就变成了凶煞像。
质问我是哪里的，
我说是等你把钱的。
“把钱”两字刚出口，
这个家伙就下毒手，
劈手就是一罩拳，
打得我一个脸朝天：
“去你妈的王八蛋，
哪个该哒你的账？”
一脚踢出大门口，
只喊快些滚起走。
我挨了打抢了鸡，
作田汉子好受欺。
我一步一步望回赶，
走到家里更凄惨。
原来出门去卖鸡，
地主又把账来逼，
堂客吊死在楼栿上，
一屋打得稀巴烂。
堂客总算入了土，
自己又望哪里走？
想起表哥李本固，
南门口上开饭铺，
我一口破席一口锅，
当晚又望城里拖。
表哥见我冇办法，
留在店里当水杂。
两人哭得泪汪汪，
进来一个黑和尚。
油头嘴，铁芝麻，
蔀子眼睛狗屎牙，
手里提瓶虎骨酒，
口里含着黑烟斗，
一看样子不必讲，
探防队的田队长。
我不知厉害想伸冤，
从头至尾说一遍。
田麻子一听笑嘻嘻，
胸脯一拍算我的：
“社会治安我负责，
田某我哪个不晓得。
只不过今天不得闲，
我太太还冇开晚餐。
隔壁送我咯瓶酒，
差盘腊味难下肚。”

表哥一听喜洋洋，
拿刀动手就切香肠。
我恭恭敬敬送上手，
他连盘带碟端起走。
三日九，九日三，
田麻子原来是吃冤枉。
惩办凶手从不提，
揩油倒是算他的，
一来哒，就喫酒，
喫哒还要拿起走。
有回跟他讲好话，
要请田先生照顾下。
田麻子认为失了礼，
狗须胡子倒顿起，
蔫子眼睛翻几翻，
说出话来好猖狂。
“穷小子，你莫出劲，
慢点就来把回信。”
时间还有得半点钟，
进来几个伪警兵。
我抬起头来打一望，
链子就套在颈根上。
这真是，
前浪有平后浪又来，
穷苦人难于脱苦胎。
晚上公堂上呷一惊，
堂上三个对头人，
左边恶霸王昌贵，
右边保长凶煞像，
田七麻子坐中间，
好比三只恶豺狼。
豺狼当道害人民，
今天被我看得清，
挺身站在公堂上，
看他把我怎么办。
可恨保长毒良心，
说我赖账躲壮丁。
王昌贵，心肠辣，
倒说我当街偷鸡鸭。
手拍惊堂吓死人，
要一百块大洋顶壮丁。
表哥实在对我好，
辑茶据借来作保。
我遍体鳞伤出牢门，
满腹冤仇万丈深。
卖尽被服与锅灶，
还想望上把状告。
好过隔壁刘老头，
从头至尾就说根由：
保长，警察，探防队，
一张床上共头睡；
西湖党、南霸天，
后台老板是柳森严；
当年何健当省主席，
柳森严与他是亲戚；
流氓把头恶棍成一捆，
蒋介石是个大总统。
层层叠叠是靠山，
黎明百姓谁敢当？
好多卖儿又卖女，
好多氽河或吊颈，
好多妇女被他们奸，
好多被逼得走他乡。
不怕你状子写得妙，
走遍天下无处告。
长夜漫漫黑沉沉，
劳苦大众盼天明。
可喜东方太阳升，
解放大军进了城。
我水杂翻身当了厨师，
从此过的是好日子。
劳动起来尽是咯劲，
同志们选我当先进。
旧社会使人变成鬼，
新社会使鬼变成人。
我三十岁脸上皮打褶，
四十岁又转桃红色。
还有一件事情有想得到，
书记与我作介绍。
婆婆子就住在贴隔壁，
还是一个老积极。
这真是，
枯木逢春发嫩生，
今晚我又做新郎公。
欢迎大家来喫酒，
我家还住在南门口。

（原作由长沙市效区文化馆李子科于 1960 年创作。讲述人：张帆）

（二）话说长沙（音标略）

长沙咧，是国务院首批公布的二十四个历史文化名城之一。它在全国咯只名城中间咧有几个特点。

典型的一个特点咧，就是长沙市一直由西望东有个山水洲城的咯样的特色。山是岳麓山，水是湘江，湘江河中间有个洲叫水陆洲，又叫橘子洲。毛泽东有首诗，叫做“长岛人歌动地诗”，长岛就指的咯只橘子洲。城，原来的城市主要在河东，河西咧就一种乡里去哒。所以咧咯是个特色，山水洲城。

另外的话咧，它还有一个特色，在我们国家，唯独的两个城市，建城以来，是城市冇经过变迁的，一个是长沙，一个是成都。城市冇迁移的只有两个。

地势上咧，从南望北，南高北低。湘江水咧经流长沙市望北去的。因此最近有本书咧就讲湖湘人的特点咧，它的名字就叫做《湘江北去》，看湖湘文化咧的特色就是湘江北去。咯都何解喊《湘江北去》咧？就是说我们按照中国的传统的讲法，它是北上南下，湘江北去咧却是往上走，因此体现以咯地理历史学的角度来分析湖南人的咯特点嘟，就是讲，他总有那么独特的思维，如果戗哒搞。嗯，咯是一个特点。

地势上咧，我们中国，按照堪舆学，风水学上的咯只概念来讲咧，在湖南在长沙来讲咧属于是咯九龙盘踞之地，就说长沙城区里头嘟有大概咧有九处咯地势蜿蜒稍微高的这个山势，一分析是的咧，大概是有九条，于是风水先生把它当做龙来看待，是九龙盘踞之地。而且咧，咯只长沙的风水有只么子特点咧？就咯只地方很具有灵气。但是咧，人要在咯里享受到灵气的时候咧，然后要走出洞庭湖他才有大出息。所以咧，长沙语言中间有只叫做“出啦湖”。我们晓得现在交通比较发达，在古代的时候咧，长沙望北啊要走出洞庭湖啊走出湖南啊多半是水路。洞庭湖原来也很宽阔。因此走出洞庭湖咧，也是个很艰辛的过程。因此湖南的人到哒长沙来接受哒咯只湖南的这个地势的灵气来熏陶咧，那都要走出咯只长沙，走出湖南才有大出息。咯是咯只长沙大概咧就是有咯样两个特点。

城市本身来说，它还有一只么子特点咧？一个是庙多，一个是井多。井噻，古代的时候咧城市人民的咯只么子供水系统是不够发达的，主要是靠咯只井啦来供应人民的生活。长沙人民咧井多。极端的例子是么子咧？就都正街，那条街一十九户人家咧，有一十二口井。再一个是庙多。庙咧多半是么子咧？它庙咧著名的啊是麓山寺和开福寺。再就是一个主要是观多，道教的观多。咯只东西为什么有只咯特点咧？它主要是和长沙的咯只历史经济地位有关。

长沙的名字咧，是有几个别名。就是说从历史上有个在咯里建过临湘城，又叫临湘。还有咧唐宋以后咧，咯里建哒是潭州府的州，咯只府所在地，因此咧它又叫潭州。

但是唐代以前咧，长沙的经济不够发达，它咯只地方噻很苦。曾经在古书高头记载咧，就是讲长沙咯只人咧，一个是有只溺死，把咯只生下来的女婴把她淹死的咯只陋习。后来是有个长沙太守到哒咯里来之后咧，就把咯只陋习把它煞下来哒。但是人民很穷的时候就养不起人。而且咧多半那时候是不高寿。有句话就是么子咧？长沙城里的市民啊，很少有咧脑壳发白的老头子。但是家家屋里很多屋里咧细伢子死咖哒的人。那就说生活很苦。因此咯只祈求长寿噻，是长沙人的愿望。

因此长沙就有个咯样的么子咧？曾经咧就是说按照古代天文学上说有二十八个星宿。咯只星宿咧，中间有个轸宿，轸宿旁边有一个星，就叫做长沙星。咯只长沙星咧，按照中国古代传统讲它是主寿的。它主寿。因此我们又有只咯传说，咯都不一定科学，就是讲长沙星噻，正好对哒天星阁，垂直的距离正好对得是天星阁。而天星阁咧是长沙城内的最高，南边的最高处。因此天星阁的由来咧和咯只东西有关。长沙市又叫星沙，也和咯只东西有关。

长沙的庙宇多咧，也和，因为当时有史书记载么子咧，就是说，如果那只长沙星闪亮，那天文学上看哒它亮的话咧，那么长沙人就有福。一是这个五谷丰登。二是人安平泰。是不啰？因此长沙人中间有那只对于祈求长寿的咯只愿望。街道有时候姓个等等咯样的街名。

但是咯两个特色咧可以说是在应该说是五十年前，或者是六十年前咧仍然具有咯样的特色。咯是咯只长沙城咧咯样一个特色。

另外的话咧，长沙的街道由于是湖湘文化的熏陶，可以说长沙是湖湘文化的咯只大本营。岳麓书院是千年学府，是吧？它孕育哒一代一代的咧这个在中国近现代史上叱咤风云的人物。咯些人有么子特点咧？是吧？一讲得救国救难的事情咧，那一飙就去咖哒。是吧？如果讲起其他的咯名啊利啊的事情咧，他就慢慢吞吞咧，是吧？他是有咯样的特点。

因此咧，咯只长沙城市中心咧它是以明代的王府为主要规模。我们现在居住的地方就是王府的府城边上。五一马路王府就是以黄兴路步行街的这个周边环境咧为明朝的吉王府，然后在咯里扩展开来的。

因此咧，咯只长沙的街道地名嚟，由于它湖湘文化中间咧它有个特点，它重文，它重读书，不太重经济，甚至有点轻视咯只么子什么经济。咯只长沙的地名中间的那关于咯文化底蕴嚟，地名中间还有着很深厚的文化底蕴。是吧？咯就是咯个长沙的地名的特点。你比如说咯只都正街，是吧？有清香流。我们咯只住的咯只地方望上走那中山亭那只边上，就有只天仪炉，就是当时咧曾经在长沙出文，做过最大的官的一个人，他回来哒，于是当地的咯只官员咧就组织咧迎接他，因此他住的那只街咧就叫做接贵街。是吧？接贵街。它的后背，它周围团转起的名字咧，下起的咯吉祥的名字，连升街，高升门。那只他的大门对门咧叫做接贵街。是吧？都有咯样的特点。

另外的话咧，一直到解放前夕，长沙的街道只有两条马路。一条马路就是我们咯里过去的那中山马路。还有只贡院街。那是三几年建的，第一条马路。大多数街还都是麻石街。咯只麻石街现在基本上冇得哒。仍然为哒保留长沙什么咧仍然长沙市还留哒三条麻石街。咯是它一个特点。

你比如说为什么我们北正街过去喊二马路咧？咯只往开福寺过来一点喊二马路，是何解咧？城外头建立哒城外那条马路。他觉得么子咧？咯只马路是城市外的一只附属的马路，就喊二马路。我们因为语言学当中二嚟就算是那个的嘟。他喊二马路。它都是咯样特点的。

城市街道的地名咧又富有咯只文化底蕴。有时候去探讨咯只长沙市街道的地名特点嚟，有时能够往往能够捉捕到长沙的历史文化的一些文脉。咯就是一个咯样的特点。

另外还有个特点咧，就是长沙城里头嚟，还具有着么子咧？很丰富的历史存遗。我们大家晓得的，有马王堆，是吧？西汉古尸。最近咧省博物馆啊，你们有时间去看，真的值得去看一下。现在新搞的那声情并茂的那，它的那马王堆的帛书嘟它都可以动，等于是按照现代的声像咯设备搞的嘟。非常漂亮。咯是你们可能大家都晓得的。

实际上你们大家可能一般还不蛮晓得的咧，就比如说最古的遗存就是炭河里。炭河里它是古代的，原来我们你们中学什么咧？都有个那个四羊方尊，是吧？是放得中学历史书高头作为典型的，也是青铜器的代表。后来最近几年大量的发现，炭河里面很多的咯青铜器。咯算历史遗存咧。

要么咧，如果是讲，殷商城那只河南那边带过来的，咯多青铜器，似乎不可能。那么就是讲长沙的先民啦很早咧就是说已经能够制作，掌握哒咯只青铜器的作术啊。所以最近咧炭河里的文化遗址咧变成哒国家什么东西咧？在咯里搞，也就最近几年搞起来。咯是只历史遗存。可以说是最新的，也是年代最久的。炭河里遗址。主要是青铜文化。然后再才是么子咧？

马王堆。

还有只咧，就是咯只汉代的竹简。也被誉为当时二十世纪的最大的考古发现。是那隶书写的。沕得井里的东西。

最近咧还有个历史遗存，就是我们现在咯里看到的咧，走出去戗对门的。叫做九龙仓。是个香港老板开发的，目前是长沙市最高楼，八十几层楼。基本上要封咖顶哒。在搞咯只过程咧，发现哒宋城的遗址，就宋代的城墙遗址咧。当时咧，我们为哒咯事情嘟，要想把咯只宋城保护起来，要跟九龙仓的老板去谈判啊东西啊。结果最后还是冇谈成。现在宋城遗址基本上毁得差不多哒，冇达到想要照顾他建只咯东西的效果嘟。大概就讲得咯我们长沙市的咯个几个特点咧作个一般性的介绍。谢谢！

（讲述人：贺孝武）

（三）梅子姨（音标略）

那气子我做细伢子的时候，街上一片繁茂，而不是现在的繁荣，仅仅是社会上的，亲切的，形形色色的，有街头踩士“熗哒，熗哒”提醒行人让道的吆喝，有油饼春卷的香味，有夏日太阳光落得路旁边的树上，树叶过滤的点点残影，有混着平房里的酒气，烟气，潮湿的地面上盘着燃烧的雄黄蚊香，灶头的炊壶里煮着的艾叶水汩汩地流到行人鼻孔里的舒适的香气，有街坊邻居在射卵谈，有市场里争争吵吵的叫喊。

梅子姨是菜市里摆鱼摊子的。那个时候，她大概三四十岁。不晓得何是形容她的样子，不高，清秀，职业性的邋遢，坐得鱼摊子旁边看报纸，有生意来的时候，她就把报纸放一边，麻利地从水池里面捞出顾客挑选的鱼，用挂钩称好，等到对方点头，她就把鱼对得砧板上一扮晕，熟练地打鳞，去内脏，拿绳子一穿，银货两讫。手随便在旁边的水桶里探几下，来回在围裙上擦一擦， 又自顾自地看报纸，又或者跟旁边的人随便答几句粟壳。

街上的人三教九流，在咯块子赚碗饭吃，光靠老实是不行的，特别是一个女人。梅子姨对外，那是吃不得一点亏。

别个来买鱼，问个价，她报只两块三块钱一斤，对方嫌贵，讲话不好听：“你咯卖得咯样贵，你怕是有钱捡吧?”梅子姨就扯起喉咙， 指哒街尾反道：“那边有只提篮子的船码子都是卖死鲢子壳，两块钱一堆，你去他屋里买啰，吃得个把月得!”

有只五不烂过来图嘴巴子快活，指哒摊子上摆的长条型鱼泡问：“梅子屄，你看咯只鱼泡像只么子家伙啰？”梅子姨看哒眼睛一横，黜着鼻子讲：“咯你还看不出啊？像你爷老倌跟我做你的那根东西噻！”旁边的人一番讥笑，五不烂讨不到便宜，扫兴而去。

我那时候还不蛮调皮，喜欢在街上到处去玩，经常也帮屋里到梅子姨摊上来买鱼。梅子姨晓得我是湘红面馆边头百货店李大娭毑的孙，碰哒我就是笑。

有回子过年，不晓得是我犯得么子事，被娭毑追起来抽嘴巴子，梅子姨一过身，一把把我护哒，喊道：“算哒，娭毑欸，过年哒，莫打他，细伢子不懂事!”

后来我到梅子姨屋里买鱼，有时候是买鱼籽，她不拿外面的给我，拿脚边头的给我。娭毑讲，外面的是死鱼子杀出来的，放久哒，只咯脚边头的才是新鲜的。回回子去买鱼，两块钱三块钱，梅子姨总是要多找我一角钱两角钱，把我去买转转糖或者是鸡蛋饼吃。

我一直以为梅子姨的生活就是卖鱼，直到有几次晚上路过她屋里，听到她那只不做事的天天喊吃酒的老公一吃醉哒就老是骂她，打她。梅子姨对她老倌完全没有对待社会上那些五不烂的勇气，从来冇看见她还过手和还过嘴。有一次还看见梅子姨只穿哒一只单衣一只鞋子就从屋里被打出来，跑她老公不赢，在街上跪哒求饶。

我又以为梅子姨会被她老公打一世，直到那回子她坐得摊子上看报纸，不晓得听得哪个电打鬼讲，她老公带只画符子在文化宫看电影，她摊子也不管哒，拿哒把杀鱼刀就跑过去砍．．．．后来发生么子事情就不晓得哒。

梅子姨的鱼摊子最后冇摆哒，再后来就听得她讲离婚哒，到她娘屋里门口摆摊子去哒。至于她娘老子屋里住得哪里，我也搞不清。

（节选自《长沙小故事：我生命中的几个长沙女人》 讲述人：贺翊翔）

二、浏阳（城区）方言语料(音标略)

金刚石霜寺的传说

相传咧跍哒唐朝个僖宗年间，浏阳县咧金刚咯只地方咧，有一只里正姓陶，他是一只有钱有势个大户人。

有一日夜里，咯只姓陶个里正咧就做咖一只梦，梦哒他哩屋里后山咖祖坟上哩盘哒一条大黄龙。咯条黄龙咧看哒他咧就摇头摆尾哒。但是咧也冇去伤害他。不过他跍哒梦内里咧也是吓咖一身冷汗哩出来哒。

第二日，他吃咖早饭，就带啦一咯人咧上啦后山， 看家里屋里祖坟咧是不是出哒么的事。到哒祖坟边上啊就看得一只穿黄色袈裟咖和尚，跍哒坟前咖麻石上哩睏着哒，还打起咧鼾哩。

里正呐就把和尚一喊啊醒，讲啊：“你咯只出家人呐搞么哩有店也不睏呐，睏哒我哩屋里祖坟上哩咧？”

咯只和尚醒咖哒咧，就觉得对不起只里正，他咧就同他讲：“请施主咧恕罪。贫僧咧我从出家以来就还冇得一只立足咖地方，昨日哩来到你只贵地，就觉得你风水就蛮好哩，可以作为贫僧咖安家之所啊。施主愿不愿意把一坨建庙个地方送哒把我？”

咯只里正听咖之后就问：“你要一坨好大唧咖地方啦？”

和尚就讲啊：“只要一坨唧大地盘子就可以哒。”

里正就哈哈笑：“袈裟之地，何足道也，随你选。”

和尚就反过来问：“好施主呀，你冇得戏言啵？你不得□我啵？”

里正就当哒手下哩一帮人就讲：“我陶某人讲话从来都是算数咖，当哒□子当面咖面呀，一言为定。”

咯只和尚咧就向里正咧施咖只礼，表示咧道歉，他接到讲：“施主呀，你要□子大方咧，我就以我咯块袈裟衣咖影子所盖咖地方咧，就作为施主赠哒把贫僧建庙个地盘子，要得啵？不晓得施主咧你觉得怎么样？”

里正就讲：“咯就照你咖意思办啰。”

和尚啊得到哒里正咖同意，就随手咧把袈裟往天上一丢，咯只袈裟咧就随哒风啊就飘咖去啦。袈裟咖影子咧就一下盖到哒墨庄、都庄同石庄三只村庄咖阳光。

当地咖老百姓咧不晓得出咧么哩大事，咯只里正咧同他手下咧人咧就吓恶哒。里正就晓得咯只面前咖和尚咧肯定不是一般唧咖人，麻□咧就打躬啊作揖呀，就同他讲：“请问法师啊高姓大名，我正□唧咖话咧蛮难办到哩，不晓得法师啊要□子大一块地盘子。”

咯只和尚咧就麻□唧还礼，就哈哈笑。他讲：“贫僧咧是庆诸和尚。施主咧如果你要感觉到为难咧，就以石庄咧送哒把我要得啵？”

里正咧看庆诸咧通情达理，自己咧也唔好改口，就答应啦划哒把石庄咧把咯只和尚建庙。

咯咖咧就是千年古刹石霜寺咖来历。

（以上语料讲述人：王章辉、耿郑振）

三、宁乡（城区）方言语料（音标略）

话说沩山擂茶

那咯号吃擂茶嘞，还是我哩咯里到安化那一带，从沩山一带，它是民间吃一吃，哎吃吃擂茶遗下来的。那家伙，我哩咯里不蛮吃。我哩下头不吃，只有上头搞。

它是那个那号么子那只花生呐芝麻呀咯只家伙，再把擂碎，豆子，黄豆子咯些家伙，擂得糜融的，再搞点茶叶子一起擂碎，放点姜唧。

再有个嘞，它有只嘞擂钵，搞得只擂钵嘞好治这家伙。再还有根那棍子，棍子要是那茶树棍子，这个结茶油的那茶树棍子。啊要棍子要好，放哒肚里去擂，磨。浑哒浆以后，再□咖嘞？放得茶壶去烧。把它烧开。有的就放糖，有的放盐。爱吃盐的就放盐，爱吃糖的就放糖，就喊擂茶。

你到哪里做客喽，等于你就是一般他是有做客人，蛮尊敬的，他就搞来擂茶把你吃。他嘞□□尽是个䤈，咯只壶在炉锅唧在这里烧。如果等你吃咖哒喽，碗□咖哒嚜，他就你那么舀他又是碗里跟圞碗样。□归有人吃得完工有不吃哒喽，哎不晓得的嘞就尽是接，他尽就尽是个添。你要完工去吃咖完工，你要你不要嘚，你就碗覆哒喽，他就不跟你加嘚。但是你如果是你你说加哒就不吃咖喽，他又不快活。咯是咯只吃擂茶。那是有时碰哒不晓得的啊，是吧？他就，他哩是爱客气，他□归尽都尽都个掠，尽都个掠。你吃好多，就看掠好多啊。

咯是吃擂茶，在我哩沩山上头喽还是搞。黄材一过以下都不搞擂茶。要到那边冲里那边就搞。

咯里旅游就那才盛搞擂茶。那是干脆他营业性质的。那就做生意呀赚钱。

过去擂茶它硬要他擂啊硬要。擂碎再装倒去烧啊要。那就喊真正的擂茶，那就喷香的。好吃。

沩山在宁乡、安化、桃江的交界地方，咯里山高路陡，群山环绕，常年雾气大，湿气重。当地的擂茶有去热解暑，疏肝理肠，提神醒脑的功效。为应对咯种天气，多少年来咯里人一直都有吃擂茶的习俗。其实吃擂茶还有只历史渊源。

相传在唐僖宗时，安化的梅山，有一个名叫张钟的恶霸，勾结哒当地的一些流氓地痞，二流子，占山为王，打家劫舍，咯一带的老百姓是苦不堪言。

潭州刺史裴休晓得后，就带兵前来围剿。但是当时咯里是正是七月咖唧，很多士兵到嘚咯里就水土不服，病咖嘚。

裴休就很急。有一日，他确实是冇得办法嘚，就来到啦密印寺，求菩萨保佑士兵赶快好起来，并且问咯只密印寺的住持灵佑，有么子解决的办法。

灵佑听嘚之后，就拿出来一大包家伙，交给裴休，然后就讲：“你把咯些家伙放得锅子里炒熟，再把茶放得擂钵里，用山里的香树棍擂得粉碎，然后再把开水倒进去，放些盐，那士兵的病就会好咖去。

裴休就半信半疑，他又有别的办法，就只好按照灵佑讲的做。神奇的是，那些当兵的吃嘚咯只家伙，不得几日，病情就有好转嘚。再休息咖三日之后，士兵们就个个都变得扎实的。后来裴休带领咯只士兵，在沩山一只叫接龙的地方，把张钟他们打得四处逃窜，并且活捉嘚张钟。

（讲述人：李国强、杨彭鼎）

方言发音人：

张　帆，男，1953 年出生于长沙市天心区工农桥，现仍居天心区工农桥，大专文化程度，退休干部，操长沙市城区口音。

贺孝武，男，1957 年出生于长沙市开福区学宫街，现居开福区东风路王家垅街道，硕士研究生文化程度，退休干部，操长沙市城区口音。

贺翊翔，男，1983 年出生于长沙市开福区中山西路，现仍居该处，大专文化程度，现为个体户，操长沙市城区口音。

王章辉，男，1949 年出生于浏阳市城关今淮川街道西正社区，现仍居淮川街道西正社区，高中文化程度，曾下放到本市达浒镇当过农民，从事过舞台美术和汽车运输公司调度工作，现已退休，操浏阳城区口音。

耿郑振，女，1975 年出生于浏阳市城关今淮川街道人民西路，现居淮川街道梅花三街，本科文化程度，从事幼师工作，操浏阳市城区口音。

李国强，男，1942 年出生于宁乡市城关玉潭镇玉潭中路，现仍居玉潭镇玉潭中路，小学文化程度，退休前一直为供销社职工，操宁乡市城区口音。

杨彭鼎，男，1990 年出生于宁乡市城关玉潭镇，现仍居玉潭镇，本科文化程度，县档案局职员，操宁乡市城区口音，因父亲原籍本市横市镇，受其影响而略微带有上宁乡口音。

调研人：

陈立中，男，南京大学文学院教授。

贺孝武，男，中国人民政治协商会议长沙市委员会退休干部。

戴佳文，女，南京大学文学院 2017 级汉语言文字学专业硕士研究生。

张　玮，女，南京大学文学院 2018 级汉语言文字学专业硕士研究生。

蒙子霖，女，南京大学文学院 2018 级汉语国际教育专业硕士研究生。

第二十七篇

区县(市)及城镇概况

本篇编纂人员

贾志远（主编） 黄 磊 王丹丹

本篇撰稿人员

第一章 区县（市）概况：

鲁素爽 王富英 陈志云 杨 伟

刘科明 李富强 周进银 唐学雷

蔡水林

第二章 城 镇：黄 磊 鲁素爽 王富英 陈志云

杨 伟 刘科明 李富强 周进银

唐学雷 蔡水林

第一章　区县(市)概况①

第一节　芙蓉区

一

芙蓉区前身为长沙市东区，于1996年7月经长沙市行政区划调整并入原郊区二乡一镇一场设置而成。1997年，芙蓉区撤销火星镇、马王堆乡，改设火星街道、马王堆街道，并在东屯渡农场增设东屯渡街道。1999年3月，长沙市湘湖管理局（原湘湖渔场）移交芙蓉区管理，同年12月，芙蓉区增设湘湖街道。2011年12月，芙蓉区实施街道行政区划调整，调整后设13个街道。

芙蓉区位于湘江东岸、长沙城区中东部，经纬度为北纬28°10′31″~28°13′42″、东经112°58′08″~113°06′09″。东与长沙县相交，南与雨花区、天心区毗邻，西与天心区、开福区交界，北与开福区、长沙县接壤。辖区面积42.8平方千米（含浏阳河水域）。2012年，全区年末户籍总人口40.81万人，比1996年增加39.33%，其中城镇人口37.31万人、乡村人口3.5万人。有土家、苗、回、瑶、侗、满、壮族等33个少数民族。人口自然增长率为2.32‰。区治原设长沙市韭菜园68号，2003年10月迁址长沙市人民东路189号。

芙蓉区是长沙市政治、经济、文化中心。长沙火车站坐落辖区中心，京港澳高速公路贯穿境区东部，浏阳河自南而北流经域内。五一大道、芙蓉路交会于域内，大道两厢高楼林立、商厦密集，有友谊商店、新世纪百货、平和堂商业大厦及国内各大银行机构入驻，形成省会中央商务区。华天、通程、蓉园、湖南、豪廷等高级宾馆酒店均驻区内。全球最大的单体建筑——万家丽国际商城2012年主体建筑全面完工。省、市党、政、军领导机关多驻域内。辖区内的马王堆西汉古墓为20世纪惊动世界的重大考古发现，东牌楼出土的三国孙吴纪年简牍被称为中国第五次文史资料大发现。

二

1996年长沙市实施区划调整前，辖区经济主要为工业和商业服务业，区划调整后增加农业经济。1996年，全区国内生产总值10.39亿元，其中第一、二、三产业分别为8941万元、5.85亿元、3.65亿元，比例为8.6:56.28:35.12；全区地方财政收入7396万元，城镇人均可支配收入4400元，农民人均可支配收入2310元。1996—2000年，芙蓉区全面实施企业产权制度改革，大力扶持非公有制经济，积极发展第三产业。2000年，全区国内生产总值17.37亿元，其中第一、二、三产业分别为1.12亿元、6.5亿元和9.75亿元，比例为6.5:37.4:56.1，第三产业占全区经济半壁江山；地方财政收入1.43亿元。城镇人均可支配收入7993元，农民人均可支配收入4391元。21世纪初，芙蓉区实施“强西拓东”的发展战略，推进产业结构调整，加快芙蓉工业科技园建设，利用区位优势，发展楼宇经济，建设芙蓉中央商务区。2004年，

①《长沙市志(第一卷)·区县概况》(湖南人民出版社,2004年)对市辖9区县(市)的记述均已至1995年,且1996年6月,长沙市人民政府对市辖区行政区划进行了较大调整,故本章从1996年起记述。

全区生产总值 126.31 亿元，其中第一、二、三产业分别为 1.55 亿元、31.88 亿元、92.88 亿元，比例为 1.2:25.3:73.5；地方财政收入 5.70 亿元。2001—2004 年，居全省城区第一。2012 年，全区生产总值 798 亿元，其中第一、二、三产业分别为 1.34 亿元、144.6 亿元、652.09 亿元，比例为 0.2:18.1:81.7。财政总收入 77.67 亿元，其中公共财政预算收入 30.1 亿元。城镇居民人均可支配收入 32885 元，农村居民人均可支配收入 21582 元。

工业经济发展。1996 年区划调整，原郊区一批有实力的乡镇企业与原东区的城市区街企业成为芙蓉区工业发展的坚实基础。全区区街乡镇工业企业 192 家，其中区街企业 148 家，乡镇企业 44 家，工业总产值 13.52 亿元，其中区街工业 5.05 亿元、乡镇工业 4.98 亿元，私营个体工业 3.49 亿元。从 1997 年开始，芙蓉区全面推行集体企业改制，实行企业产权制度改革。原区街企业陆续与相关单位脱钩，重新变更登记为私营、个体工业；65 家集体企业改制为股份合作制、股份制，或被兼并、出售，或实行破产，还有部分企业因城市建设用地的需要而解体。2000 年全区集体所有制工业企业 93 家，工业产值 4.07 亿元。与此同时，芙蓉区工作重心转向民营经济，为扶持、壮大民营工业企业，占地 1500 亩的芙蓉工业科技园建设步伐明显加快，引进湖南经阁集团、豪意电器公司、明园蜂业公司、怡清源茶业公司等一批知名企业相继入园，全区形成新型建材、精细化工、服装制鞋、电子电气四大主导行业。2002 年，长沙亚大高分子化工厂有限公司、长沙经阁集团跻身长沙市推进工业化进程十大标志性工程企业之列，湖南振升铝业公司实现 B 股上市融资扩张。2003 年 11 月，湖南省人民政府明确由芙蓉区整合工业科技资源，组建长沙高新技术产业开发区隆平高科技园。是年，有 15 家企业在园区开工投产，园区工业总产值达 8 亿元，缴纳税金 4500 万元。2004 年，芙蓉区工业形成以非公有制经济为主体，国有、集体、民营经济共同发展的多元经济结构。是年全区工业总产值达 47.88 亿元，其中非公有制企业工业总产值 42.6 亿元，占全区总值的 89%。2005 年，天康生物、中大生物、飞翔纸业、银都印务等 7 家入园企业建成投产；重点骨干企业潇湘玻璃、亚大科技、振升铝材等进行技术改造和资产重组。2006 年，开展“工业项目年”活动，建立县级领导联点重点工业企业和工业项目制度，每年安排 1000 万元用于发展工业经济，150 万元用于中小企业贷款贴息，100 万元用于企业改制。是年引进国家数字电视产业化基地、韩国三星技术等项目 5 个。2007 年，全区开始实施新型工业化考核，新引进和重点技改项目美地思服饰、华建混凝土、农标普瑞纳、国科广电、鑫基旺电子、恒祥机电等企业发挥效益，产值超亿元的企业达 20 家，全区工业总产值突破 100 亿大关，达 107.6 亿元。2008 年，开展“服务经济建设百日大行动”，新增中业科技、天鹰金属、顾地节能门窗等规模以上工业企业 11 家，园区规模以上企业达 52 家，占全区规模工业企业总数 64.2%，获省政府发展非公有制经济先进城区称号。2009 年，引进隆泰微波、松井化工、金刚铝材等规模以上企业 15 家。2010 年一批新建成的优质项目（如茶叶、稀土、微波热工等）及配套企业成为全区工业生产新的增长点，全区有 55 家企业产值超过亿元，达 171.45 亿元，占全区规模工业产值 77.87%，开展“两帮两促”活动，为 16 家工业企业融资 800 万元以上。2012 年，形成有色金属加工、食品农产品精深加工、电子信息等为主导产业的工业产业结构体系。全区工业总产值达 342.2 亿元，其中国有工业 2.89 亿元，占 0.84%；集体工业 5.25 亿元，占 1.53%；股份合作制工业 2.70 亿元，占 0.79%；股份制工业 228.91 亿元，占 66.89%；外商及港澳台企业 17.80 亿元，占 5.20%；其他经济类型工业 84.66 亿元，占 24.74%。隆平高科技园规模以上企业工业产值达 255.4 亿元，占全区规模以上企业工业总产值 83.4%。其中湖南经阁投资控股集团有限公司、长沙新振升集团有限公司进入长沙工业 20 强，主要产品“经阁”铝型材、“振升”铝材、“怡清源”茶叶、“明园”蜂蜜、“君山银针”等 16 个品牌被认定为中国驰名商标。

发展商贸经济。1996 年，芙蓉区有商贸服务企业 148 家，年销售额 14.1 亿元，利润 1227 万元，实现社会消费品零售额 9.49 亿元，居长沙市城内五区之首。1997—2001 年，全区实施商业企业改制，区、街（乡、场）居委会企业基本变更为私营企业。并实施“三产强区”的战略规划，扶持非公有制经济，发展第三产业。在城区打造朝阳电子科技街、宝南街通信器材市场、解放中路湘女服饰街、定王台书市、解放西路酒吧休闲街等特色街市；在市东郊远大路、马王堆两厢发展商贸市场，改造、提升南湖市场、三湘大市场，建设马王堆陶瓷建材城、万家丽建材超市、马王堆汽配城等专业市场群。2004 年 4 月，制定《关于加快发展楼宇经济的若干意见》，按照制定的芙蓉中央商务区发展规划，以长沙市五一大道和芙蓉路为主轴，构建长沙芙蓉中央商务区。2006 年 8 月经长沙市人民政府批准，芙蓉中央商务区正式挂牌。核心区东起韶山北路，西至黄兴路，南临人民路，北接八一路、中山路，面积约 2.7 平方千米，并辐射周边，形成约 9 平方千米的协调区。2007 年，芙蓉区有专业贸易市场 50 家，其中建材家居市场 12 家，服装鞋帽市场 11 家，IT 市场 6 家，电器市场 6 家，通信器材市场 6 家，物流市场 5 家，蔬菜果品粮油市场 4 家，汽车配件市场 3 家，其他市场 7 家，总营业面积 126.3 万平方米。朝阳电子科技街、三湘南湖大市场、万家丽家居广场、旺德府国际家居超市、马王堆蔬菜批发市场、金苹果服装批发市场成为全省乃至全国知名贸易市场。友阿集团、玉楼东、杨裕兴、又一村、新华楼、老杨明远等一批名牌老字号企业经多年扩充实力，生意红火；新创建的香港新世界、百联东方、大润发、苏宁电器等商贸企业品牌效应日益增强，销售额年年攀升。“商务楼”经济为芙蓉区商贸经济发展中的一大特色。2012 年，芙蓉中央商务区有楼宇 130 余栋，面积超过 400 万平方米，其中，建筑面积 1 万平方米以上的有顺天国际财富中心、亚大时代大厦、第一大道、和府大厦、中隆国际大厦、中天广场、华美欧大厦等楼宇 69 栋，入驻企业 4000 余家，引进西门子、中国石油、飞利浦、英特索兰、韩国三星、家乐福、汇丰银行、中国香港西武等 21 家世界 500 强企业投资或设立办事机构。核心区范围内高端产业发达，聚集金融、证券、保险机构及其营业网点 300 余家。核心区年吸引固定资产投资近 50 亿元，年实现社会消费品零售总额近 140 亿元，居全省区（县）首位，每平方千米年创税收 3.2 亿元，为全省平均水平的 285 倍，对全区的财税贡献率超过 30%。年末，全区实现社会消费品零售总额 502.63 亿元，其中：批发业 91.89 亿元、零售业 340.32 亿元、住宿业 15.44 亿元、餐饮业 54.98 亿元。通信器材、家用电器和音像器材、金银珠宝三大类商品零售额均较上年增长 40%以上，全年 14 个亿元以上商品交易市场完成商品成交额 396.57 亿元。

调整农业结构。1996 年，全区农业总产值 1.49 亿元，耕地面积 718.4 公顷，以种植蔬菜为主，仅浏阳河河东部分耕地种植水稻，水田面积 179.93 公顷。2000 年，全区农业总产值 1.88 亿元。从 2001 年开始，除辖区内省农科院保留 800 亩科研水稻田外，芙蓉区全面退出水稻生产，农产品主要为蔬菜、生猪、鲜鱼。随着城镇化建设加快推进，耕地面积减少，农业结构调整步伐加快，重点发展精品、高效农业，扶持农业产业化龙头企业。优质杂交饲草、复合无土基质草毯和无公害蔬菜、草莓、花木等经济作物的种植面积不断扩大。2012 年，全区农林牧渔业总产值 1.94 亿元，耕地面积 180 公顷，粮食总产量 2084 吨，蔬菜总产量 3.67 万吨，水产品 360 吨。

对外开放、招商引资。1996 年，芙蓉区拥有“三资”企业 52 家，签订引资协议 5 项，合同利用外资 1864 万美元，实际到位外资 564 万美元，创利税 187 万美元。长沙经阁集团与台湾新沪机械有限公司签订新阁汽车轮毂合资项目，为湖南省第四届港交会签订的最大工业合作项目。长沙荣昌鞋业有限公司与香港瑞鼎国际贸易公司合作，产品顺利打入国际市场。1997 年，全区三资企业主营业收入 2.5 亿元，创利税1000余万元。1998—2003年，芙蓉区通过参加广州、乌鲁木齐、香港、昆明、长沙高科技经济贸易洽谈会和商品交易会，广交朋友、扩大合作。同时，先后在长沙、香港、上海、北京、深圳、温州等地开展经济合作项目推介和宣传活动，促成一批重大建设项目的合作。至2003年，全区三资企业发展到144家，实现进出口总额8775万美元，引进内资56.17亿元人民币，合同引进外资1.97亿美元，实际到位外资2.1亿美元。2006年，突出项目招商，对芙蓉中央商务区、芙蓉生态新城等重点项目进行整合、包装，先后在长沙、上海等地举行经贸交流活动，与香港恒隆集团、北京辉煌集团、上海曾氏集团相继签约或达成合作意向。是年引进投资过亿元的项目39个，到位外资1.76亿美元，引进省外境内资金27亿元人民币。2009年，举办长沙芙蓉CBD（香港）投资说明会、长沙芙蓉（北京）地产项目恳谈会等经贸活动，引进华夏银行、广发银行、亿万豪、步步高等重大项目和品牌企业。实际到位外资2.95亿美元，实际到位市外境内资金36.2亿元。2012年，实际到位外资4.21亿美元，实际到位省外境内资金58.68亿元，市外境内资金形成固定资产投资137.3亿元。

三

城市建设。1996—2001年，芙蓉区投入1200万元改造朝阳路、蓉园路、曙光路、解放路等10多条主次干道，对杜家园、尚德街、人民新村等小区进行整修。2001年，芙蓉区确立“三区一带”城市建设发展布局，即在京广线以西所辖地区重点发展信息、文化、娱乐和特色商贸业，形成都市文明典范区；在京广线至浏阳河所辖地区，以路网建设为契机，沿远大路高标准规划建设陶瓷、建材、农副产品等大型专业市场，形成商贸市场核心区；在浏阳河以东所辖地区，依托芙蓉科技工业园、农业科研院校及高效农业示范基地，逐步建成集中连片、集约经营的工业农业精品区；在辖区浏阳河两岸进行综合开发，形成集园林绿化、旅游、休闲娱乐于一体的浏阳河风光带。6月，芙蓉区成立棚户区改造领导小组，启动府后街、东牌楼、文运街、南阳街等地棚户区改造，至2005年，实施改造项目15个（含城区道路改、扩建项目），45万平方米，拆迁安置居民8000余户。2006年1月，区内最大的朝阳二村改造启动，一、二期拆迁房屋建筑21万平方米、3772户，2010年，全部顺利回迁。至2012年，拓宽改造五一路、韶山路、中山路、蔡锷路、人民路等老城区主次干道，新建车站北路、晚报大道、万家丽路、人民东路、火星北路、荷花路、浏阳河大道、红旗路、望龙路、隆平路等20余条大道，形成纵横有致、四通八达的主次干道交通网络。建成10层以上的高层建筑140余栋，其中30层以上的60余栋，建成凯通国际城、东方新城、东郡、王府花园、西街花园、爵士名邸、辉煌国际等居民住宅小区30余处。

城区公用设施。1994—2000年，芙蓉区分别投入资金3.2亿元，对辖区内12.1千米长善垸大堤进行整治，2001年9月，大堤全面达到200年一遇防洪标准；1996年起先后投入资金6900万元，对6.44千米东岸垸进行建设和整治，至2002年达到100年一遇防洪标准。大型供排水道得到改造，至2003年，连续5年改造街沟30余条，总长1.9万米。改造下水管道715米，新建检查井40口，泄水井69口。2004—2012年，对辖区市政设施进行精心维护，确保辖区主干道215.47万平方米，次干道8.63万平方米，街巷道路14.92万平方米，人行道102.13万平方米，排水管道28.18万米的路平沟通设施完好。供水管网运转正常，城区供水普及率100%。居民用电优先保障，城区燃气供应率达100%，其中燃气管道入户率95%以上。区内公共交通便利，有火车站和省际汽车站各1个，市内公共汽车驶经区内137条，占全市总线路的79%。

城区管理水平。1996年，芙蓉区确立争创“城管名区”的目标，1997年，组建区城市管理监察大队，实行目标管理并与街道形成条块结合管理体制。1999年，率先全市实行城管体制改革，确立“精减、效能、人财物统一、责权利配套”目标。2000年，组建城管“110”和城管监督信息员两支队伍，拆除违法违章建筑17万平方米。2001年实施“全民绿化、全面亮化”工程；2003年，实施“洁净穿衣戴帽、城市夜景灯光、街巷提质改造、道路整修、美化绿化”等五大工程，在国务院法制办召开的“全国城管综合执法现场会”上，芙蓉区经验作为典型推广；2004年，完成犁头后街、西鱼塘街、落星田等20条背街小巷改造任务；2005年，投资1亿元，建成百果园、化龙池两条历史文化街，并完成116条背街小巷改造，建设或改造垃圾站、公厕20所；2006年，完成20个社区综合整治任务；2007—2008年，投入1.2亿元实施“品质工程”“畅通工程”“蓝天工程”“素质工程”打造精美宜居城区，完成34个社区改造任务。2011年，全区按照建设“两型”（资源节约型和环境友好型）城区的要求加强城区建设管理，圆满完成东荷路、维力巷等10条道路的提质改造。2012年，投入2000万元改造古汉路、紫薇路等6条道路。绿化覆盖面积776.54万平方米，绿化覆盖率为47.99%；城区基本建成烟尘控制区和噪声控制区，空气优良率89%。

社会治安管理。1996年，芙蓉区被省委、省政府授予“社会治安治理先进单位”称号；1997年，开展创建治安模范区、治安模范单位、治安模范小区和治安模范街建设活动；1998年，实行“黄牌警告”和“一票否决”制度，开展创建星级安全文明小区（单位）竞赛活动；1999年，被省委、省政府授予“社会治安综合治理先进区”称号，并在全省经验交流会上介绍经验，得到中央综治委的充分肯定。2000—2004年，进一步落实维稳工作责任制，开展“严打斗争”和全区不稳定因素大排查活动，创建一批“无毒社区”。2005年，区委、区政府提出“打造平安芙蓉，进入一类城区”目标，并设置政法工作目标管理奖400万元，新增2000万元用于社区基层基础建设和平安创建工作。2006年，投入1000万元在全省率先建设“信息互动、资源共享、网络对接、一网多用”的科技防范工程。2007年，区技防工作、长沙火车站综治工作得到中央政法委肯定和中央综治委推介，全区社会治安综合治理进入全省一类城区。2008年，建立健全“大稳定、大治理、大平安”工作格局，公众安全感测评位居湖南省前列，并被评为全省“社会治安综合治理先进区”。2009年，探索实践“网格化”管理模式，逐步形成以街道为代表的“定王台模式”和“朝阳模式”，工作经验被中央政法委工作动态转发。2010—2012年，按照全市“天网”工程建设统一规划，建成区监控指挥中心1个，监控平台16个，主要道路、广场、车站、学校、案发高发地监控探头1698个，接入6000多个社会资源视频监控信号。开展平安铁路示范县（区）创建活动，全区铁路护路联防工作连续三年被省综治委评为“优秀”，2011年，评为省级“平安铁路示范区”，2012年评为全国“平安铁路示范区”。

四

教育事业发展。1996年，全区幼儿园47所，在园幼儿7544人。小学38所，学生2.2万余人；中学2所，学生1127人，在职教师1137人。教育基础设施建设和学生全面发展。1998年10月和12月，区燕山小学、育才小学被评为长沙市首批“素质教育示范小学”。1999年建成全省中、小学图书馆（室）建设达标区。1998—2000年，区投入3000万元，完成15所中、小学新（改）建工程。2001年，获“湖南省素质教育先进区（县）”和“两基”达标优秀区（县）。2002年8月，芙蓉区成为省新课程实验区。2004年，举办面向全省开放的“省级新课程、新课堂培训展示活动”，校本课程开发经验在“全国第八届区域教育论坛校本课程理论与案例研讨会”上作介绍，2005年获湖南省教改成果二等奖，长沙市一等奖。2006年，芙蓉区被评为“全国义务教育监测工作先进单位”“湖南省教育工作优秀单位”。2007年，率先在全省对义务教育阶段学生实行一费制全免，被评为“全省教育两项评估先进区”，2009年，全区中小学均建成市级以上现代教育技术实验学校。2010年，率先在全省对包括进城务工子女在内的所有义务教育阶段学生实行“零收费”政策，同年12月，被省政府评为“建设教育强县（市、区）”先进集体。2012年辖区内有幼儿园100所，在园幼儿1.42万人。小学32所，中学4所，在校学生36840人，在职教师1861人。小学生入学率达100%，初中毕业生升学率98.42%。

科技事业发展。从1991年开始，实施科技兴区的“百果计划”。1996年，全区拥有科研机构129个，万人拥有专业技术人员1136人。安排科技三项费用50万元，科技成果37项，其中省以上21项。2000年，全区安排科技费用125万元，乡以上民营科技企业145家，工业总产值2.08亿元。湖南亚大高分子化工有限公司评为全省10家明星民营科技企业之首，经阁集团列入国家“星火计划”建材生产科研基地。2001—2005年，投入创新资金770万元，实施科技重点项目48项，“紫外光固化皮革涂饰剂”“液态感光阴焊绿油”“野针王优良茶树品种资源利用与开发”等19个项目获市科技进步奖。2006—2010年，全区投入资金3365万元，实施科技重点项目79项，扶持国家重点实验室1个，省工程技术研究中心2个。“畜禽氢磷代谢调控及安全饲料配制”“作物耐旱基因克隆鉴定与分子机理研究”等4个项目获国家科技进步二、三等奖，另有25个项目获省、市科技进步奖。至2010年连续14年被国家科技部评为“全国科技进步先进区”，至2011年，连续4年被中国科学技术协会命名为“全国科普示范区”。2012年，投入科技发展经费3462万元。全区拥有国家级重点实验室2家，省级5家，各类科技人员8.1万人，其中两院院士3人，省科技领导人才30人，省百人计划14人。高新技术企业31家，高新技术产业总产值240.70亿元，占全区工业总产值70.34%。卫生医疗条件全面改善。1996年，辖区医疗单位176家，其中省市医疗机构5家，区级1家，街道卫生院9家，拥有病床2650张，医务人员3867人。1997年建成区卫生防疫检验大楼；2000年，成立区计划生育技术服务中心；2002年，启动世界银行贷款和英国赠款的区结核病控制项目；2003年，成立“区公共卫生监督所”和“区疾病预防控制中心”。在全面抗击“非典”中，区疾病防控中心获省抗击“非典”工作先进集体。2004年，投入3000万元建成区公共卫生综合大楼；2005年，制定省级社区卫生服务示范区的创建方案，按“一个街道一个中心、一个社区一个站”的要求，完善区街医疗机构配置。2006年，食品卫生监控工作获全省第一。全面实施基本公共卫生服务项目，为居民免费提供服务11项。2011—2012年，火星、朝阳街道社区卫生服务中心先后获“全国示范社区卫生服务中心”称号。2012年，辖区医疗卫生单位300个，其中省、市级医院6家，区级4家，街道社区卫生服务中心12家，拥有病床6803张，医务人员6620人。

计划生育工作。1998—2003年，连续6年保持省计划生育模范城区称号，2003—2007年连续5年被国家人口计生委授予“全国计划生育优质服务先进区”称号。

群众文化。1996年，芙蓉区拥有文化馆站14个，区属文化群众业余团体50个，队员2000余人。2000年，开展“芙蓉之春”“芙蓉之夏”“芙蓉之秋”系列群众文化活动。2002年开始，以五一市民广场为主场地，火车站、芙蓉、锦泰广场为分场地，开展“牵手芙蓉”广场文化活动，承办中央电视台“激情广场大家唱”群众歌咏活动和中博会开幕式文艺展演及省、市举办的大型广场文化活动。2003年，五一市民广场被评为全省首个优秀文化广场。至2006年，全区每年开展大型广场文化活动40多场次，观众达10多万人次。2006年，建成化龙池历史街巷。2008年，全区文化产业总产值达81.4亿元。2010年建成韭菜园“长沙古玩一条街”。2012年，建成区文化信息资源共享中心和13个街道文化信息服务点，70个社区文化活动中心。区文化馆为国家二级馆、区图书馆为国家一级馆。全区拥有群众业余文艺团队156余支，队员7000余人，有各类文化企业2000余家。群众体育成果丰硕。1996年，区内拥有健身辅导站点 39 个，网球、门球、桥牌等体育协会 6 个，各类健身场所 100 余处。1998 年，组织 91 支队伍 2197 名运动员参加市第四届运动会，夺团体总分第三名。1999 年，参加市“家庭趣味运动会”比赛，获总分第一。2001 年，参加市第五届运动会获团体总分第三名。2003 年，区老年体协等 3 个单位在全省城市社区老年体育工作会上作经验介绍。2005 年，在长沙市第 6 次体育运动会上，夺得 80 金、91 银、104.5 铜，团体总分第一。2007 年，成功承办国家体育总局“全民健身与奥运同行”社区行活动；2008 年，全区共开展体育活动 200 多场次，参加人员达 10 多万人次；10 月组队代表长沙市参加省第三届大众运动会，夺得 7 金、6 银、3 铜。2006—2008 年，连续 3 年被授予全国“全民健身活动先进单位”称号。2012 年，全区拥有各类球场和健身场所 2000 余处，其中体育馆 10 座，运动场 32 个，游泳池 12 处。

民生福利事业。1996 年，全区社会救济人数 2331 人，救济金额 27.12 万元。1997 年开展城市最低生活保障制度，是年参保 588 人，低保额 33.11 万元。2004 年，启动全区农村低保工作，城乡低保保障金逐年提高。2005 年，新建区敬老院，对辖区内独居的“五保”对象实行集中供养；对残疾人员实行多种形式的资助。2006 年，全区低保实现应保尽保，获全省“低保工作先进单位”、“全省民政工作先进区”称号。2011 年，形成“政府主导、政策扶持、市场运作、社会参与”的社会化养老服务模式，投入养老资金（包含民间资本）400 万元，建成居家养老服务中心 13 家、居家养老服务站 65 家，开通“96880——就来帮帮您”居家养老服务热线，构建 15 分钟养老服务圈，形成具有芙蓉特色的社会养老服务品牌。有 527 位老人由政府购买服务，各种服务机构为他们以及社区的 3.2 万位老人提供白托、医疗等 10 多个服务项目。2012 年，全区再次调高城乡低保金标准，分别为每人每月 400 元和 290 元，集中供养“三无”（无亲属、无生活来源、无劳动能力）人员每人每月 600 元；全区保障城乡低保家庭 2957 户 5705 人，年发放低保金额 2242 万元。

社会保障体系。1996 年，芙蓉区社会养老保险参保单位 50 家，参保职工 2327 人。同年全面启动工伤保险工作。1997 年，区属 32 家企业参加工伤保险，收缴保险金 3.87 万元。1998 年达 14.6 万元。1998 年，按照国务院要求，建立统一的企业养老保险制度。1999 年，启动失业保险。2002 年，启动区基本医疗保险。2003 年，启动个体工商户和自由从业人员养老保险。2007 年，开展城镇居民基本医疗保险。2008 年，全区企业基本养老保险参保 1920 户 3.60 万人，保险金结余 2.95 亿元；机关事业单位 138 户 6080 人，累计结余 1720 万，基本医疗 1140 户 2.39 万余人，资金累计结余 8711 万元。2012 年，全区城镇登记失业率为 2.37%，城镇职工基本养老、医疗、失业、工伤、生育五大保险覆盖率均达到 100%；新型农村合作医疗的农村居民参合率 97.9%，连续三年保持长沙内五区之首。

社区建设。1996 年，全区居委会 87 个，家属委员会 6 个。是年，芙蓉区作出《关于进一步加强居委会建设的决定》，有 1 个居委会评为省级文明单位，7 个居委会评为市级文明单位。2000 年 11 月，芙蓉区在文艺路街道进行居委会改社区试点。2001 年 4 月，印发《关于大力推进城市社区建设的实施意见》，将原有的 121 个居委会整合成 52 个社区。2002 年 8 月，芙蓉区被民政部授予“全国社区建设示范区”称号。2003 年，确定为全省城市基层民主政治试点单位，并开展社区建设“六创”活动。2005 年，出台《关于创造和谐社区的意见》。2007 年，全区建成全国学习型社区 1 个，省级和谐社区 6 个，市级示范社区 12 个，和谐社区 18 个。2009 年，抓“精品”社区创建，社区服务大厅按照“统一标牌标徽，统一外观风格，统一服务窗口设置，统一功能布局，统一服务大厅工作人员行为规范”的标准全面实现“五统一”。是年民政部授予芙蓉区“和谐社区建设示范城区”称号。不断优化社区服务，推行“党政主导，社区主理，市场介入，居民参与”的社区服务新模式，形成“一街一品、一社区一特色”的社区服务新格局，《中国社会报》予以专题报道进行推介。“零家庭暴力社区”创建活动产生广泛影响，先后有联合国消除对妇女歧视委员会等有关国际组织和专家、全国人大、全国政协、全国妇联、中央党校的有关领导和专家到区考察、调研，4 次应邀参加中澳国家级反家庭暴力等国际和全国有关会议作经验介绍。2011 年开始，全区实施群众工作“直通车”，走访群众 3.6 万余户，收集群众意见（建议）6000 余条，答复并办理 4000 多条，化解各类民生问题 3400 多件，解决历史遗留问题 61 个。至 2012 年，全区 3 个社区获市精品示范社区、16 个社区获精品社区、2 个社区获市“两型”社区称号。

五

1996 年，全区广泛开展“三义”（爱国主义、集体主义、社会主义）、“三德”（社会公德、职业道德、家庭美德）、“三观”（世界观、人生观、价值观）和“三为服务”（为经济建设、为居民群众、为驻区单位服务）教育。韭菜园街道办事处等 10 多个单位获得或继续保持全国“街道之星”、全国“模范居委会”和省级文明单位称号。2001 年，区委、区政府制定创建全国文明城区发展纲要、计划和实施方案，是年投入精神文明建设经费 1740 万元。2002 年，以社区作为文明创建工作的立足点，在完善社区功能的基础上，开展科技、文体、卫生、法律“四进社区”活动，着力提升社区建设品位。芙蓉区获湖南省“文明城区”称号。2003 年，全区又创建 2 个省级文明社区、5 个省级文明单位和 2 个省级文明示范窗口，进一步巩固和扩大文明创建成果。2003 年开始，全区在加强文明城区硬件建设的同时，以道德、文化、情感为主线，注重市民群众的思想引导，不断促进市民文明素质和社会文明风尚的提升。2007 年，芙蓉区未成年人思想道德建设工作经验在全国推广。全区 13 个街道、79 个社区（村）及省、市、区三级文明单位均设立高标准道德讲堂，街道、社区、学校、企业、机关广泛深入开展“中国好人”“身边雷锋”“美德少年”评选活动、“关爱他人、关爱社会、关爱自然”的志愿者服务活动和“传承雷锋精神，建设和谐芙蓉”十大创评活动；打造“公德红绿灯”等市民教育品牌。截至 2012 年，全区有国家级文明社区 1 个，省级文明社区（村）12 个，市级文明社区（村）39 个，区级文明社区 15 个，创建省级文明标兵单位 3 个、文明单位 10 个，市级文明单位 81 个。

第二节 天心区

一

天心区位于长沙南大门，踞长株潭经济一体化最前沿。地域南北长东西窄，地势东高西低，地形呈波状起伏。东南面仙姑岭公园，海拔 293 米，为域内最高峰。域内分布红色砂岩，沙砾岩、粉砂岩和页岩。辖区北起五一大道，与开福区接壤；南与长沙县暮云镇毗邻；西以湘江主航道中心线为界，与岳麓区隔江相望；东与芙蓉区、雨花区接壤。京广铁路、107 国道穿行域内，湘江大道、芙蓉路、韶山路纵贯南北，人民西路、劳动路、湘府路连接东西，一、二、三环线、绕城高线环环相绕，主次干道纵横交错，交通网络四通八达。2004 年，区治由原驻地香樟园 9 号迁至湘府中路 298 号。

1996 年，市区划调整，南区更名为天心区，7 月，原西区的坡子街、学院街和原郊区的大托乡、市园艺示范繁殖场、市畜牧农场划入天心区，原南区的圭塘、左家塘、侯家塘、井湾子划至雨花区，8 月，撤销南大路街道，设立新开铺街道，年末，全区辖坡子街、学院街、城南路、书院路、裕南路、金盆岭、新开铺 7 个街道和 1 乡 2 场（大托乡、畜牧农场和园艺场），107 个居委会和 13 个村民委员会，2 个管区。2001 年大托乡改为大托镇，园艺场改为桂花坪街道、畜牧农场改为青园街道。年末，辖 9 个街道 1

个镇，69个社区、12个行政村和1个管委会。2012年，撤销坡子街、学院街、书院路街道，合并组建新的坡子街街道，将金盆岭街道析置为金盆岭、赤岭路街道，将新开铺街道析置为新开铺、文源街道，调整后辖12个街道，73个社区、12个行政村和1个管委会。全区面积71.97平方千米。是年末，总户数14.09万户，总人口39.38万人，其中农业人口3.1万人，常住人口45.1万人。少数民族35个，以土家族、苗族和回族为主。

天心区生态环境优美。东有天心公园，古朴典雅。白沙古井，清新怡人；西有湘江风光带，临江望岳、山水相映；中有南郊公园，绿树成荫，南有仙姑岭公园，植被完好。2008年获全国生态示范区。

二

1997年，天心区实现国内总产值12.85亿元，第一、二、三产业结构为12.4:39.7:44.6，人均国内生产总值11085元，完成财政总收入6146万元，财政支出1.16亿元。2002年，国内生产总值24.26亿元，产业结构比例变为8.9:33.6:57.5，人均国内生产总值1.61万元。2006年，地方财政收入10.28亿元。2008年，地方财政收入和一般预算收入双双突破16亿元，居中部39个省会城区第二。2012年，实现地区生产总值（GDP）528.06亿元，三次产业结构比为0.2:41.6:58.2，全年完成财政总收入65.63亿元，其中公共财政预算收入25.86亿元，公共预算财政支出32.44亿元。城镇居民人均可支配收入28945元。调整农业结构。1996年，随一乡两场划入，天心区始有农业。1996年开始，主要建立蔬菜、水果、花卉、生猪养殖基地，发展城郊型农业。柑橘、草莓和西瓜深受欢迎，解放垸大围子猪俗称“四脚踏雪”“才子花”，是湖南省三大著名良种猪之一。1997年，全区发展鲜花、切花基地8公顷，年产切花100万支、盆花1.2万盆、盆栽1.1万盆。2002年，全区基本退出原本少量的水稻生产，至2003年，全区有花卉苗木20公顷。2004年，率先全省取消农业税及附加税。2008年，以发展都市旅游休闲农业、农产品深加工业作为重点，至2012年，全区耕地面积710公顷，农村人口3.78人；农民人均可支配收入2.25余万元。

工业发展。1996年，因区划调整，天心区工业企业减少至411家。为加快工业发展步伐，区委、区政府对12家大集体和211家小集体工业企业实行改制。至2001年，全区完成企业改制130家。2002年，始建湖南天心环保工业园，占地38.87公顷，引进投资中信新城、长沙电机厂、长庆科教仪器、天鹅工业泵等24个项目，总投资80亿元。2002—2003年年底，完成12家企业改制，整个企业改制过程中，全区有209家企业通过拍卖变为私人企业；改制成股份制企业的1家；股份合作制企业的6家；改为股份合作制后由外资兼并的2家；由外资收购进行房地产开发的5家。2003年，区属工业企业发展至1243家，其中规模以上工业企业40家，总产值19.96亿元，主要产品有机械、电子、高低压电器、环保、建材、金属制品、服装、鞋帽等。至2006年，天心环保工业园建成项目11个，完成固定投资13.69亿元，实现园内生产总值28.02亿。规模工业总产值19.49亿元，上缴利税46457万元，增加就业岗位近3000个。园区工业成为全区工业支柱。2012年，完成规模以上工业总产值178亿元，实现利润10亿元，其中入库税收3亿元，园区经济成为全区经济发展增长极。2012年，全区工业总产值431.69亿元，其中规模以上工业企业78家，完成工业总产值398.70亿元，同比增长25.5%，实现增长值99.62亿元，同比增长21.8%。2012年，全区有省建六公司、长大建设集团、湖南鑫远投资、湖南北山建筑公司等建筑业资质企业79家（不包括劳务分包企业），其中特级3家、一级企业17家、完成建筑业总产值465.82亿元，实现建筑业增加值80.06亿元。

商贸发展。1996年开始，天心区私人个体商业快速发展，和街道、居委会商业成为全区商贸主体。1998年，区商业企业3家，年销售额976万元；区街道、居委会的商业和私人个体商店分别为133家和

1702家，年销售总额分别为3035万元。2002年，随着黄兴路步行商业街、解放西路酒吧街、万达购物广场、大洋商业广场等投入运营，外资、合资和股份制商业企业成为天心区商业主力军。2003年10月，一力物流园投入运营，4条总长3.98千米专线与京广铁路连接，年吞吐量能力1000万吨、露天货物60万平方米，市内仓库10万平方米，入居商户480多户，年交易额百亿元。至2003年，全区外贸企业发展到40家，年销售收入14.33亿元，对外贸易进出口总额完成分别为1.40亿美元和1730万美元。2007年，区委、区政府进一步落实流通活区战略，加大招商引资力度，5年相继引进中国建筑、中化石油湖南分公司、华南电力湖南总部、华菱集团、现代投资、保利国际广场大型企业集团项目，稳步推进汽车6S街区建设，引进亿元以上规模以上项目150个，引进内资173亿元，利用外资13.2亿美元，新增个体工商户9985家、企业7409家。2012年，全区限额以上贸易138家，实现社会消费品零售总额292.5亿元；驻区三资企业销售收入111.19亿元、外资进出口总额7.02亿美元。

三

城乡道路建设。1988年，全区有劳动西路、书院路等12条主次干道，全长15.22千米。至2003年，新修芙蓉中路，芙蓉南路、白沙路等道路40条。市区3条环线道路均从区内通过，与主次干道连接，构成辖区四通八达的交通网络。2004—2012年，新城区“六纵六横”（六纵：湘江大道天心段、书院南路、石竹路、新姚路、芙蓉南路、万芙路；六横：木莲冲路、友谊路、新韶路、湘府路、杉木冲路、黑梨路）骨干路网全部竣工，总投资27亿元以上，如刘家冲路、披塘西路、青园前路、乌塘路、时代阳光大道、迎新路、五凌路等20条主次干道建成投入使用。乡村道路明显改观，修建县道8.5千米、乡道22.6千米、村道12.8千米，形成城区主干道与县道、乡道、村道对接，村通水泥路，户通公路的交通网络。

交通设施。随着城区道路的发展，至2012年，天心区先后新建侯家塘、三环线芙蓉南路跨线桥和跨越湘江的猴子石湘江大桥、黑石铺湘江大桥等11处桥梁。黑石铺大桥总投资4亿元，主桥长1810米，是湖南规模最长的桥梁之一，主桥11连拱和3跨钢管拱的规模在全国同类型桥梁中名列第一。二环线芙蓉中路立交桥总投资2.3亿元，为大型四层互通式立交桥，京广铁路沿东向西贯穿立交桥中部，是湖南省规模最大的立交桥。

旧城改造。天心区是长沙的老城区，200多条背街急待改造提质。2003年，对古潭街、西文庙坪、小古道巷、大古道巷、天心街等24条背街小巷进行提质改造，2004年，全区背街小巷改造119条投资1492万元，2005年，全区113条背街小巷竣工完成。至2005年年底，全区232条背街小巷完成改造提质。

公用设施。至2012年，天心区高标准建成湘江东岸“1071”防洪工程和解放垸防洪大堤及配套工程；建成木莲冲110千伏变电站，基本完成旧城区和农村电网改造；建成长沙市第八水厂，罗家坡特勤消防站；建成田汉大剧院、长沙简牍博物馆、贺龙体育馆和新世纪体育文化中心和“三馆一中心”（省群众艺术馆、省地质博物馆、省科学技术馆、省青少年活动中心）等公用设施。

房地产建设。1992年，天心区开始启动房地产开发。2000年，大规模旧城改造和房地产开发形成高潮，棚户区改造快速推进。至2003年，全区拆迁旧房屋建筑面积667.91万平方米，其中市政基础建设征地拆迁314.36万平方米，农民“两安”用地拆迁314.36万平方米，其他住宅安置房开发征地拆迁193.83万平方米；新建住宅小区29个461栋、建筑面积121.55万平方米。建成广厦新村、创远景区等住宅小区29个461栋，建筑面积121.55万平方米。新城区安置农民居住的友谊住宅小区，住户484户，住房110栋，建筑面积22.93万平方米，户均面积达474平方米。2004—2012年，全区建设经济适用房64万平方米、127栋、7655户，廉租房7.3万平方米，农民安置房91万平方米，筹建公共租赁房货币1800套

(间)，发放经济适用房货币补贴 7048 户 3.8 亿元、廉租房货币补贴 3355 万元。至 2012 年，建成中信新城、省建工集团、长大彩虹都、华菱嘉园、华铁天天向上、天心创业大厦、康园大厦、鑫运杰座、标志商务中心、御邦大厦等商务楼宇 54 栋，友谊小区、青园小区、青山小区等 10 多家农民安置小区，总面积约为 1.6 万平方米;建成白沙世纪佳园、阳光嘉园、天一康园、湘府东苑等商品住宅房近 21.6 万套，总建筑面积 3250 万平方米。

城区绿化。进入 21 世纪后，天心区在市政建设、小区开发中有规划地植树种草，增添绿地。劳动西路、黄兴南路改扩建后、绿化带的园林小品以及步行街的景观绿化新颖别致。蔡锷南路、湘江大道、解放西路在道路拓改中开辟绿化带 9.32 公顷。2001 年，全区新增绿地 14 公顷。2003 年，全区绿地面积从 1998 年的 65.5 公顷增至 78.8 公顷，平均增长 20%。绿地覆盖率 34.22%，人均公共绿地面积 1.16 平方米。至 2012 年，"六纵六横"骨干路网配套建成绿化隔离带，道路两厢植树、增添公共绿地 70.3 公顷，建成开放石人冲、湘园文化创意、迴龙山等 13 个社区公园和省府文化公园。全区绿化总面积 1463.7 公顷，绿地率为 52.3%，绿化覆盖率 58%。有省级园林式单位 28 家，市级花园式单位 88 家，区级花园式单位 65 家。

2002 年，先后建成妙高峰、铁道学院—新开铺、肉联厂—黄合村、青园、大托机场 5 个烟尘控制区，拆除不符合要求的燃煤锅炉 100 余台；油烟治理中，拆除餐饮业大小煤炉 4000 余个。2003 年 3 月拆除青园砖厂，关闭砖厂 11 家。至 2004 年年底，创建 5 个面积共 23.3 平方千米的噪声控制达标区。至 2008 年年底，创建绿色社区 17 个，绿色学校 21 所。其中，铜铺街小学 2002 年获首批国家级"绿色学校"称号，大托镇被命名为"全国环境优美镇"，天心区被国家环保总局授予"国家级生态示范区"。2009 年 6 月，历时三年投资 6.8 亿元建设的新开铺污水处理厂顺利投入运行，日处理污水量 7 万吨，服务面积 23.56 平方千米，服务人口 16.5 万人。2006—2010 年，关停严重污染水环境企业 30 余家，治理噪声源 450 余个，先后督促 130 多家噪声污染扰民的单位和门店搬迁、关停或拆除污染设备。

四

教育事业发展。1994—1995 年，天心区被评为国家教委首批"两基"合格区和湖南省"尊师重教"先进区。1996 年，砂子塘、枫树山、育英、仰天湖小学等名校聚集天心区。2000 年，"警校共建"青少年法制教育经验在全省推介。2002 年，拆除改造区划调整后新增的 5000 余平方米学校危房。2003 年，全区中小学入学率、普及率、巩固率均达到 100%，被评为"湖南省素质教育先进区""全国教育改造实验基地"。2005 年，对薄弱学校进行改造，对优质教源进行重组，撤并小学 15 所、初中 1 所，分离九年一贯制学校 2 所，新建扩建相府英才、青园等 6 所小学。是年，铜铺街、黄兴小学成为"中国发明协会中小学创造教育基地"。2008 年，全区开始实行义务制教育阶段和外地贫困生"一费制"全费。沙湖桥小学被评为国家级"宋庆龄少年儿童科技发明示范基地"。2009 年，区政府投入近千万元，修复 36 所中小学校园宿舍。2010 年，35 所学校仪电设备达国家一类标准、10 所达二类标准；天心区被科技部、中央教科所授予"中小学创造能力培养案例研究基地"，创造教育课题列入国家教育部重点规划课题。2012 年年底，全区拥有区属中学 6 所，普通小学 32 所、幼儿园 95 所，幼师 1800 人，入托儿童 12791 人。城乡学生均公用经费，小学生 440 元，初中生 603 元，小学生毕业合格率 100%。全区拥有高级讲师 367 人，讲师 1448 人，助理讲师 294 人，教员 86 人；拥有国家级骨干校长 1 名、骨干教师国家级 8 名、省级 28 名、市级 238 名，市区级学科带头人和教学能手 80 名。

科技创新。1990 年，天心区提出"科技兴区"发展思路，聘请科技副区长，各街道聘请科技副主任。1994 年，区首届科技大会召开，制定《关于加快科技发展的若干规定》，聘请中科院中科集团总裁张云岗和湖南化工研究院院长范涤尘为科技顾问。1996 年，建立科技信息网络机制和科技投入机制，促进民营科技企业发展，加速区科技中介市场的建立，天心区成为高新技术和专利项目中试基地，12 月通过验收，成为全国第一批、全省第一个科技工作先进城区。1997 年，创办中国农村致富技术函授大学天心区分校。1998 年，投资 100 万余元建立区科技信息中心。1999 年，全区建立基层技术协会 10 个、专业技术协会 11 个、农民技术协会 8 个。2000 年，建立科普工作网、技术市场管理服务网、全区信息局域网。“十五”期间（2001—2005 年)，民营科技企业由 15 家增加到 25 家，产值由 2.48 亿元增加到 7.78 亿元；高新技术企业由 3 家增加到 15 家，高新技术产值由不足 5000 万元增长到 6.07 亿元；科技三项费用由 50 万元增加到 570 万元。2005 年 3 月，制订《长沙市天心区“十一五”科技工作及高新技术产业发展规划》，科普经费达到人均 3.2 元以上，全区总投入每年达到 600 万元以上。2012 年，全区实现科普进社区（村）率 100%，建成国家级工程技术中心 2 个、省级共性技术服务中心 5 个，拥有中级以上技术职称的科技人员 4031 名，成为全省唯一的知识产权教育试点区。连续两届通过国家科技进步先进城区的检查考核验收。2012 年完成高新技术年总产值 198.8 亿元，完成科技新产品开发 107 项，专利申请 1019 项，专利授权 724 项，分别为 1996 年的 187.7 倍、1.33 倍、5.7 倍和 3.9 倍。2012 年中国科协、财政部授予天心区“社区科普益民计划”奖。

文化事业。1989 年 9 月，首届“中国（湖南）映山红民间戏剧节”在天心区文化馆拉开序幕。2002 年，区第二次党代会提出建设文化名区奋斗目标。2004 年开始，在新世纪体育文化中心组织千人广场晨练、“欢乐星城”广场群众舞会、假日文化超市三大主体活动，年开展 260 余场次。2005 年，投资 300 多万元的区图书馆投入使用。至 2006 年，“中国（湖南）映山红民间戏剧节”在天心区成功举办 7 届，先后有 20 个省、市的 35 个剧种 227 个剧目参演，进京汇报演出 5 次，成为全国唯一被文化部保留的民间戏剧节。2009 年，长坡社区绿色上网场所作为优秀建管典型，被中央电视台《焦点访谈》栏目报道，在天心区召开全国未成年人思想道德建设经验现场交流会。2009 年开始，区每年举办“书香天心”读书节，是年，天心区获得全省第四届公共图书馆服务成果评比一等奖。2010 年，完成先锋、黑石等 5 间书屋创建。65 个社区建立图书室和法制宣传室，区街社区三级图书馆藏书 12 万余册。全区建成文化站 11 个，示范性综合文化站 4 个，示范性社区文体活动中心 30 个，绿色上网场所 67 个，农家书屋 13 个，文化馆 1 座；公共图书馆 1 座，全区有注册艺术表演团体 9 个，湖南田汉艺术中心被授为“湖南省文化产业示范基地”。2010 年 4 月，天心文化产业园成立，精心打造坡子街民俗名食、解放西路酒吧文化街、白沙路茶文化街、文庙坪—社潭街—太平街历史文化街、青山祠戏剧街等全国知名品牌；打造以全国唯一的长沙简牍博物馆以及“古阁—古街—古巷—古井—古渡—古院—古馆”为特色的寻古探史精品旅游线;在湘江剧场启动“好戏天天演”公益演出活动，在区文化馆坚持免费接纳各地民间剧团，被誉为新老“戏窝子”，成为长沙又一新的城市文化名片。至 2012 年，天心文化产业园区拥有 1500 多家各类文化经营管理企业，逐步形成歌厅演艺、影视传媒、出版印刷、酒吧娱乐及文化旅游五大产业片区，实现年产值 65.74 亿元，增加值 23.52 亿元，产值年均保持 20%以上的增长速度。

群众体育事业。1990 年，南区体育总会成立，群众性体育组织和体育协会相继建立。1993 年 5 月，区门球协会在北京首届“运动杯”门球邀请赛获得第二名。第十届、十二届老年运动会参赛人员 500 余人。2000 年，天心区全区 36 个健身辅导站组织 150 多场健身操比赛。24 支社区 1200 多名队员参加群众腰鼓展示，参加市第五届运动会和首届大众运动会，获金牌 35 枚。2002 年区健身协会成立，下设基层健身辅导站 45 个，每年开展大型健身活动 40 多场次，健身项目有太极拳、腰鼓、激灵圈等 10 多种。

2012年，有区一级文体协会12个，全区拥有社会体育指导员1800余人，公共体育场地60余个，新增社区健身器材100套。是年开展全民健身项目19项次，参加人数36万人次。参加湖南省第四届大众运动会，获5金5银2铜。全区各校文体活动“一校一品”，有长沙市体育传统学校16所，仰天湖小学的足球、黄兴小学的体操在全国有名。在长沙市第四届、第五届体育运动会上，取得金牌总数和总分第一的好成绩。

旅游业发展。天心区文化底蕴深厚，名胜古迹颇多。西汉贾谊故居、南宋城南书院及儒家祭孔传道之所文庙，至今犹存遗址。天心古阁、白沙古井、火宫殿等闻名遐迩。李富春故居以及毛泽东、蔡和森等革命先驱早年学习、工作过的湖南第一师范等坐落区域内。长郡中学、幼幼小学、黄兴小学、铜铺街小学等建校有百年历史。坡子街、太平街、药王街、古潭街、文庙坪、学宫门、太傅里等明清老街古韵犹存。

公共医疗卫生服务建设。1990年后，区内逐步建立起卫生防疫宣传网点1099个。2001年，农村改水改厕工作被评为全国先进。2002年，卫生监督和卫生监测分离，撤销卫生防疫站，成立公共卫生监督所和疾病控制中心。年初，在全省率先创新社区卫生服务中心。至是年，天心区妇幼保健工作在长沙市城区连续13年排名第一。2004年，成为长沙市唯一的全国首批社区卫生服务示范区。2006年7月，启动天心区新型农村合作医疗。2009年，在全省率先建成首个区级公共卫生中心，率先实行重性精神病“三免”救治，免费婚前医学检查，建成首个视控厨房系统。2009—2010年，投入3000万元对8个街道社区卫生服务中心、1个卫生院、39个服务站和13个村卫生室进行全面的标准化建设和改造。2011年1月起，在5个街道社区卫生服务中心、1个卫生院和13个村卫生室全面实施国家基本药物制度，依托辖区12个预防接种点进行免费疫苗接种。2012年，区妇幼保健获“全国巾帼文明岗”称号。全区建立食品安全监管三级网络，精心打造坡子街、白沙路和学院街3条市级食品安全示范街，全力培植火宫殿、白沙源等食品安全示范门店。至2012年，全区有医疗机构309个，其中区妇幼保健所、区卫生防疫站，区人民医院各1所，社区服务中心（站）48个，驻区企事业单位医疗机构42个，区级注册卫生技术人员2206人，其中医生1313人。驻区大型医疗机构有长沙市第三医院，民营医疗机构有湖南博雅医院。连续14年全区未发生一起达到突发公共卫生事件级别的甲类传染病、地方病疫情，新型农村合作医疗参保率达99%。

社会民生保障。2000年11月，全区实现企业离退休人员养老金社会化发放，2001年，公费医疗制度改为基本医疗保险制度。2002年8月启动“社会老年福利服务星光计划”，机关事业单位的养老保险并入劳动保障线；12月，启动区城镇职工基本医疗保险和大病医疗互助。2004年，天心区被评为“省再就业先进集体”。2005—2006年，连续两年被评为全国人口和计划生育优质服务先进区县。2007年，被评为全国人口和计划生育外事工作先进集体、全国婚育新风进万家活动先进县（区）。2009年，创建全省首个区级创业指导服务中心，打造2个创业基地，增设社区公共服务站，全区民办社工服务机构14家，社工服务站40个，社区助残服务中心及各类服务网点500多个。2010年，计划生育工作综合排名首次位列全省25个“国优”区县的第一名。2012年，全年企业养老保险累计参保7.27万余人，工伤保险新增参保9253人，失业保险新增参保1.35万人，对全区城市低保对象4087户7694人发放各种补贴3131.6万元，对农村低保对象363户732人发放153.7万元;廉租房补贴2477户5790人;城乡困难居民医疗救助1121人、229万元。至2012年，成立20个社区养老服务协会、50个老年协会，打造17个居家养老服务中心、60个居家养老服务站、30个居家养老服务网点。

第三节 岳麓区

一

岳麓区是全国创建文明城市工作先进城区、全国社区建设示范城区、全国科技进步先进城区、全国生态示范区。位于北纬 27°58′ 30″~28°16′ 37″，东经 112°36′ 17″~112°57′ 21″，地处长沙市湘江中心航道以西，东与开福区、天心区隔江相望，南与湘潭县九华乡、龟头镇相连，西与宁乡县道林镇、花明楼镇、夏铎铺镇接壤，北与望城区白箬铺镇、黄金镇、星城镇毗邻。属亚热带季风性湿润气候，气候温和，四季分明。湘江是流经域内最大的河流，观音港、靳江河、龙王港、长茅岭四大支流属湘江水系。域内矿藏有石灰岩、砂岩、铁矿、锰矿等 10 余种，主要分布在坪塘街道、雨敞坪镇。辖区东西最大距离 35.3 千米，南北最大距离 33.5 千米，总面积 558 平方千米。区治驻金星北路一段 517 号。

1996 年区划调整，撤西区设岳麓区，辖 4 街道 3 乡 4 场及 1 个管委会。1998—2008 年，经 5 次微调后，2012 年年末辖 15 个街道 2 个镇。总人口 62.70 万人，为 1996 年 27.48 万人的 2.28 倍。总人口中汉族 60.68 万人，占 96.8%；少数民族 2.02 万人，占 3.2%。人口出生率 13.1‰，自然增长率 8.1‰。域内自然环境优良，有山（岳麓山）、有水（湘江）、有洲（橘子洲）；历史文化厚重，有岳麓书院、麓山寺、西汉王陵、三国古城墙等国家、省、市级文物保护单位 49 处；科教优势突出，有中南大学、湖南大学等高等院校 10 多所、省级以上科研机构 20 多家；旅游资源丰富，有 AAAAA 级旅游景区岳麓山风景名胜区、岳麓山—橘子洲景区 2 个，全国休闲农业与乡村旅游示范点 1 个，省级工农业旅游示范点 1 个，四星级以上农家乐 11 家，2012 年，接待国内外旅客 1097.2 万人次，旅游总收入 89.2 亿元，占地区生产总值 14.1%。

二

1996 年，岳麓区工业、农业总产值分别为 10.9 亿元、1.17 亿元，一、二、三次产业结构比为 11.7:63.6:24.7。2000 年，三次产业结构比为 10.4:49.0:40.6，第三产业比重增加。2008 年，三次产业比为 4.8:50.0:45.2。2012 年，地区生产总值（GDP）631.6 亿元，一、二、三次产业增加值分别为 17.6 亿元、371.8 亿元、242.2 亿元，三次产业结构比为 2.8:58.9:38.3。

农业经济结构调整。1996 年区划调整前，西区只有橘洲村是农业单位，耕地面积 7.7 公顷，以发展种植业、养殖业为主。区划调整后，农业经济比重增加，耕地面积 2247 公顷，以种植水稻、蔬菜为主。1997 年，实施科学种稻，采用旱育、软盘抛秧等高产栽培技术，粮食产量连年增长，1998 年双季稻粮食总产量 2.14 万吨，平均亩产 1008.7 千克，岳麓区步入吨粮县区行列。2000 年，实施农业经济结构调整和稻田耕作制度改革，粮食种植面积逐年减少，到 2002 年，75%的稻田改种蔬菜、水果等经济作物。建成蔬菜基地 700 公顷，桃花岭蔬菜基地成为全省第一个无公害蔬菜基地；引进葡萄、草莓等水果，种植面积 202 公顷，天露牌葡萄成为知名品牌。2004 年，落实中央粮食直补政策，免征农业税，“三农”（农业、农村、农民）问题缓解。2008 年，坪塘、莲花、含浦、雨敞坪 4 镇划入，耕地面积增至 9406 公顷，全区以农业增产、农民增收奔小康为目标，继续优化结构，围绕优质稻、生猪、蔬菜、林果、草食动物、特种水产、花卉苗木等产业，实行区域化布局，规模化生产。投入资金 6700 万元，完成水利工程 2400 处，抵御自然灾害能力增强。新建现代农业示范园区和农业生产基地 25 个，蔬菜基地面积 900 公顷，花卉基地 435 公顷，特种养殖基地 5 个。莲花、桐木、白泉 3 个基地被列为长沙市标准化蔬菜基地。特种动物有湘野猪、野兔、黑豚、珍珠鸡等，湘野猪被列入省科委农业科技发展项目；名优特农产品有隆平发呀红牌稻米、天露牌葡萄、圣峰果业黄金梨等；深加工产品有凤源熟食、湘美食品、酱板鸭熟食等。2012年，粮食种植保面增收，畜禽养殖随着城区退出养殖逐步减少，水产养殖依托生态休闲农业发展逐步回升，农林牧渔业总产值22.9亿元，农民人均可支配收入1.37万元，为1996年的5.3倍。

工业化进程。1997年，岳麓区实施以产权制度改革为重点的企业改制，区街、乡镇集体所有制工业企业实施股份合作、整体兼并、内部兑卖、资产量化等多种形式的企业改制，至2002年年末，全区316家集体所有制企业完成改制。改制改活体制，促进经济发展，是年，工业产值、利润、税金分别为1996年的1.9倍、2.5倍、2.4倍。2002年，快速推进工业化进程，实施兴工强区战略，乡镇企业向园区化发展，区街企业向民营化转体，全区工业步入新型工业化轨道。到2007年，投入资金6.5亿元，完成技改项目107个，开发新产品142个，引进企业307家，累计到位外资5.5亿元；开发和引进CVT项目、康达塑胶、航天磁电、新沙锅炉、晚安家居等名牌产品20多个，规模以上工业企业由2002年的54家增加到114家。2009年，开展“产业发展年”活动，引进1亿元以上产业项目3个，外资项目2个，到位市外境内资金5.9亿元、外资1420万美元；全区规模以上工业企业增加到166家，实现规模以上工业增加值121.8亿元，万元GDP能耗降低6%。2012年，加速推进新型工业化进程，新增规模以上工业企业81家，规模以上工业实现增加值301.9亿元；岳麓区获湖南省加速推进新型工业化考核一等奖。

园区工业。岳麓区先后成立5大工业园区。观沙岭工业园（原名观沙岭工业基地），占地面积18公顷，1994年有橡胶机械厂、建筑涂料总厂等8家工业企业进入基地；1997年，更名观沙岭工业园，占地面积扩大到33公顷，引进益湘铝业、凤源食品、德康制药、山河机械等企业39家；到2002年，园内企业183家，工业总产值4.17亿元。1998年，成立东方红工业园，引进湖南省兴农、长效复合肥、巨星建材等公司入园，园内工业企业55家，年工业产值2.2亿元，2005年划入高新区。1999年，成立岳麓山国家大学科技园，从事技术创新和企业孵化，2001年被科技部、教育部定为首批22家国家大学科技园之一；至2002年，入园企业129家，注册资本9.4亿元；2005年，更名为岳麓山大学科技园创业服务中心；至2012年，入驻企业300家，转化成果400项，在孵企业132家，为长沙市各工业园区输送毕业企业30家，其中年产值过亿元企业有山河智能、继善高科、一派数控等5家；是年，获科技部“国家级科技企业孵化器”称号。2001年，成立西城民营科技工业园，园内有特种铜合金研究所、电子研究所，入园企业4家；2003年，建立博士后工作站，获国家专利22项；2009年，轿车无级变速器产品成功上市，2012年，完成销售收入18.2亿元，上缴税金6900万元。2002年，成立岳麓科技产业园，至2012年，引进企业64家，有中铁轨道、晚安家居等工业产业，继善高科、天和钻具等科技产业，省奥林匹克中心、海普科技等文化产业，入园项目固定资产总投入130亿元，工业总产值50亿元。2012年，各园区引进1亿元以上项目2个，到位市外境内资金15.5亿元、外资1.8亿元。

商业贸易。1992年邓小平南方讲话后，个体私营商业蓬勃发展。至1995年，岳麓区建成培育综合市场、专业市场15个，新办商业企业182家，新辟商业网点13.8万个。是年，实现社会消费品零售总额7122万元。1996年，作出加快商贸、旅游业发展决定。引进通程、新一佳、华银旺和等连锁品牌综合商场和茉莉花国际大酒店；建设时代帝景、郡原商务、湘西部落等餐饮服务业；培育湘浙小商品、安居乐建材、广大环球家具、郁金香装饰材料等专业化市场群。1997年开始，提升商贸硬件设施，新建、扩建集贸市场。建成银盆岭、竹马塘、望城坡等32个室内集贸市场；新建、提质12个农贸市场。至2012年，全区各街道（镇）农贸、集贸市场完成提质、改造。2008—2012年，新型商业业态不断涌现，先后建成金星中路国际商街、未来城商业中心区、银盆南路步行商业街、麓山南路文化创意街等商业街区；建成世茂滨江、奥克斯广场、步步高广场等大型综合商业超市，形成溁湾镇、市政府、滨江、望城坡、大学城五大商圈。2012年，实现社会消费品零售总额176.9亿元，其中限额以上企业实现零售额68.6亿元。实现第三产业增加值242.2亿元，为地区生产总值的38.3%。

财税增长。1996年，岳麓区地方财政收入8366万元。1998年作出加强财源建设的决定，实施“奖、贴、投”政策，实行财政改革，挖掘增收潜力，2001年，财政总收入首破亿元大关，达1.1亿元。2002年，通过稳定骨干财源，发掘重点财源，落实新增财源，纳税总额过100万的企业由上年的22家增加到31家；财政总收入1.33亿元。2004年，继续实施“经济强区”战略，培植稳定财源，建设金融安全区；财政收入突破4亿元大关。2009年，围绕“产业发展年”活动，发挥财政政策导向，培育新的经济增长点，经济园区效益显现，农村经济快速发展；地方财政总收入14.1亿元。2012年，加强财税征管，提升公共财政实力，财政总收入41.7亿元，公共财政预算收入18.6亿元；财政支出28.26亿元，68%用于民生保障。

人民生活。1995年，岳麓区在岗职工人均工资5676元，城市居民人均可支配收入5302.5元。1996年区划调整之后，地域面积扩大，财源建设快速增长，综合经济实力增强，城乡居民收入提高。2002年，在岗职工人均工资1.82万元，城市居民人均可支配收入9020.6元，农民人均可支配收入4828元，分别为1996年的3.4倍、1.7倍、1.9倍。随着城镇规模扩展，城乡统筹发展，房地产业兴起，刺激资金需求，城乡居民生活水平进一步提高。2007年，城市居民人均可支配收入1.38万元，农民人均可支配收入7560元。2008年、2012年，地区生产总值由304亿元增至631亿元，年均增长16.3%；城市居民人均可支配收入由1.80万元增至3.06万元，年均增长17%；农民人均可支配收入由1.05万元增至1.37万元，年均增长14.5%。

三

城乡建设。1996年，全区6条主干道长11.5千米，乡村公路总里程206千米。1997年开始，举全区之力抓道路建设，到1999年，新建、扩建桐梓坡路、金星中路、麓山南路、银盆岭路等13条段，总长65.75千米；新建、改建乡村公路122.6千米；架设公路桥11座，241延米；涵洞1186处。2000年，加大城乡基本建设力度，把市政建设资金纳入区财政预算。到2003年，完成城市基本建设投资27亿元，潇湘大道北段、府后路、二三环连接线相继通车。2004年，完成投资34.5亿元，岳麓大道、二环线西南段，金星大道北A段、观沙南路、银盆西路竣工通车。至2007年，实施重点工程270项，新增通车里程140千米，建城区面积扩大到50平方千米。到2012年，潇湘南路，坪塘大道、岳麓大道西延线等66条主干道竣工通车，新增通车里程120千米；新建、改建农村公路总里程1025.9千米；加固改造桥梁122座，2943延米。全区形成以国道、省道、市道为骨架，乡村公路为分支的交通网络。

市政公共设施。2000年，全区通信、有线电视系统完善，无线网覆盖全境，无线通话无盲区。2008年，随着4镇划入，农村设施建设加快，至2012年，治理病险水库，竣工水利工程2808处，解决农村居民安全饮水问题；全面完成管网延伸工程和城乡电网改造；提质改造社区68个、背街小巷87条；有城区自来水厂2座，铺设干线水管530千米，日生产能力29.6万吨，工业用水、生活用水得到保证；开通公交汽车线路19条，公交运营车247辆，年客运总量3000万人次，市民出行方便。

市容治理。1996年，加大市容治理力度，创建国家卫生城市；望月湖小区被列为全国创建文明城市示范点。1998年，全面部署文明城区创建工作，设立文明创建专项资金，实施亮化、美化、硬化工程，城区环境改观。1999年，岳麓区被评为创建全国文明城市工作先进城区。2003年，开展“城市管理综合整治年”活动，实施五大整治（整治乱贴乱画、裸露垃圾、渣土污染、车辆乱停、违章建筑）和五大工程（净化、亮化、美化、绿化、硬化），城市形象改观。2004—2007年，继续加大文明城区创建力度，完善城市管理长效机制，开展文明单位、社区、村镇和文明户创评活动，市民素质和城市文明程度提升。2008年，推进城管品质工程，完成新民路等特色景观街和桔洲新苑等社区公园建设。落实数字化城管，对接市级数字化平台。是年，岳麓区评为长沙市特色景观街建设、数字化城管建设工作红旗单位。2009年，实施路网建设、市政疏堵、园林绿化、环境综合整治工程，对重点路段、社区实行环境专业维护，市容环境全面改观。是年，岳麓区评为长沙市城市管理工作红旗区。2010年，作出文明创建工作考评奖惩规定，文明创建整体提升，是年，岳麓区被评为全国城市公共文明指数测评工作优秀集体。

园林绿化。1996年，潇湘路湘江一桥至溁银桥段绿馆潇湘、望月凌波等6景落成。1997—2007年，溁湾镇广场、老鸦冲、火炬城等绿化广场相继开放，枫林路、咸嘉湖路等特色景观街建成，新增绿地面积311万平方米。2008—2010年，实施环保三年行动计划，推行绿色GDP考核指标体系，桔洲新苑等15个社区公园相继开放，白泉、新塘等生态绿心区域得到保护，新增绿地面积140.58公顷。2012年，全区有绿地面积2495公顷，其中公园绿地1062公顷，绿化覆盖率59.4%。

生态文明建设。1999年，作出生态示范区建设总体规划，实施在生态保护中推进工业化、农业产业化、开发生态旅游产业；岳麓区被纳入全国第四批生态示范区建设试点城区，望月湖第二小学被联合国环境规划署评定为“全球500佳”。2002年，建成桃花岭无公害蔬菜、谷丰花卉苗木、联络葡萄、白果药材等基地；新建赵家洲污水排渍站；鼓励农村植树造林；望岳乡被评为全国造林绿化百佳乡。2004年，岳麓区被评为全国生态示范区。2005年开始，全面进行环境保护和综合治理，建成岳麓污水处理厂、洋湖再生水厂和莲花、雨敞坪镇污水处理厂，污水处理能力21万立方米/日，污水处理率90%；取缔水上餐饮和地摊式砂场，地表水水环境功能区达标率100%，湘江饮用水源保护区水质稳定达标；城区生活垃圾无害化处理100%，农村垃圾收集处理体系建成；坪塘老工业基地21家污染企业全部退出，成为全国传统工业区再生改造和污染治理样板工程。2009年，农村环境综合整治见成效，莲花、雨敞坪镇被评为全国环境优美乡镇。2012年，区域空气质量优良率91.9%，区域环境噪声稳定达标。是年，岳麓区被评为湖南省环境监察标准化建设先进单位。

宜居岳麓建设。1997年，房地产开发兴起，岳麓区在培育区内房地产企业发展同时，引进外地企业，给予政策、资金等支持。到2005年，投资18.51亿元，建成咸嘉新村、阳明山庄、橘洲移民安置小区及天马山大学生公寓，建筑面积110万平方米。沁园春、江岸锦苑、麓山名苑、枫林绿洲、阳光100国际新城等知名楼盘相继落户域内。2006—2012年，滨江新城、梅溪湖、美林银谷、尖山生态区等品质楼盘集聚岳麓，助推区域经济发展。2012年，商品房销售额166亿元。为保障中低收入家庭住房需求，1998年，麓山南路拆迁户、金华坪棚户区1439户购买经济适用房；1999年，龙王港、咸嘉新村等处建设经济适用房，到2007年，竣工经济适用房44.5万平方米。2008年，加大经济适用房建设力度，至2012年，建成经济适用房182万平方米，配建廉租房18万平方米，筹集回租公租房3094套，住房保障体系形成。

四

教育事业。1993年，全区加强教育督导评估，32所学校“两基”（基本普及九年义务教育、基本扫除青壮年文盲）验收达标。是年，望月湖二小、师大附小首批认定为长沙市规范化小学。1997年，推行教育体制改革，百分制改为等级制，减轻学生课业负担；改革教学方法，完善课程体系，提高教育质量。1999—2001年，投入教育经费5860万元，新建校舍面积3.4万平方米，扩征校园面积3.2公顷，添置电教仪器14.1万，添置图书26万册，各学校设备设施达省一类标准，岳麓区进入湖南省素质教育先进区行列。2002年，岳麓区评为湖南省课题改革试验区。2004年，开通教育城域网，实现全区“校校通”。2006年，中小学素质教育基地被评为全国示范基地。2007—2010年，投入6.5亿元，建设规范化学校85所，其中34所成为省市现代教育技术实验学校。2010年，岳麓区获湖南省现代教育技术实验区称号。2012年年末，有幼儿园84所，在园幼儿1.38万人，教师1735人；小学78所，在校学生3.3万人，教师1675人，小学适龄儿童入学率100%；初中13所，在校学生1.24万人，教师728人，初中适龄人口入学率100%，小升初升学率100%，九年义务教育覆盖率100%；普通高中3所，在校学生2961人，教师262人；社会力量办学17所，在校学生5017人，教师534人；普通高等院校10所，在校学生15.72万人，教师1.71万人。

科学技术普及。1996年，岳麓区实施“科技兴区”战略，加大科技经费投入，形成“以政府投入为引导、企业投入为主体、银行贷款作支撑、社会投入作补充”多元化科技投入格局，推动农业、工业、社会发展领域科技进步。1997年，岳麓区被评为全国科技工作先进城区。1998年为“科技普及年”，推介望岳科技兴乡经验，普及种养科学技术。1999年，岳麓区被评为全国科普示范区。到2002年，有49项科技项目获奖，其中获国家部级奖15项、省级奖3项；被国家专利局授予专利权1829项，组织实施539项。2003—2010年，加强区校合作，加快科技成果就地转化，涌现岳麓科技产业园、湖南继善高科、西城集团等好园区、好企业。2011年，岳麓区评为全国科技进步先进城区，连续六届获此殊荣。2012年，投入科技经费2855万元，支持发展高新技术科技项目；引进世界先进生物膜法生活污水处理系统，建成清旦娘山庄处理生活污水样板工程；全年专利申请4618件，授权专利13394件，其中授权发明专利845件。54家高新技术企业，承担国家和省级科技项目105项，引进和转化成果200多项，新增产值近100亿元。

文体活动。元宵灯会、重阳诗会、爱晚艺术、银星诗社为群众文化系列品牌。1996年2月，中央电视台国际部对外转播岳麓元宵灯会盛况。2004年，咸嘉社区评为全国文化先进社区。2009年，投资8000万元，建成锦绣潇湘文化创意产业园、创意都乐街等文化产业项目；举办创意艺术节、文化节等活动，舞蹈《生命》，美术作品《美术老师》获湖南省艺术节金奖，舞蹈《月亮粑粑》获全国第七届残疾人艺术节金奖。2010年，加大公共文化服务体系建设力度，15个街道（镇）综合文化站达国标，100%社区（村）文化活动中心达标，是年，区图书馆评为国家一级图书馆。2011年，岳麓区被评为湖南省热心服务群众先进文化单位。2012年年末，区文化馆建筑面积3800平方米，服务项目13项；区图书馆藏书8万册。全区17个街（镇）163个社区（村）均建有综合性文化站和文化活动室，娱乐设施齐全。区属公益性质艺术表演团体15个，主要有青年艺术团、爱晚艺术团、阳光100艺术团等。体育运动广泛开展。1996年，在湖南省八运会上，区体育代表队夺得1金、4银、4铜；有5所学校被定为长沙市传统体育竞技学校，4所小学定为长沙市奥运人才培训基地。1997年岳麓区获全国体育教学赛课金奖。1998—2010年在市组织的各届运动会上均获好成绩，向上级输送运动员110名。2010年，岳麓区被评为湖南省全民健身活动先进单位。2012年年末，有区级文体总会、老年体协、门球协会各1家，街道（镇）文体站17家，社区（村）体育活动组织91家。各类运动场馆345个，社区健身房80余个，体育健身人数26万余人。是年，岳麓区获湖南省群众体育工作先进集体称号。

卫生事业发展。1996年，岳麓区增加农村卫生工作，成立区血防站，公共卫生监督所和疾病防治控制中心。1997年，作出公费医疗管理规定，改革公费医疗，行政事业单位干部、职工医疗费由财政、单位、个人按比例负担，在农村推行合作医疗。1999年，开展整治医药购销不正之风，加强区内医疗、医药市场规范管理，打击违法违规行为；2000年，岳麓区获长沙市整治医药购销不正之风工作一等奖。1998—2004年，扩建、维修12个街道卫生院和社区（村）卫生服务中心，公共卫生体系建设不断完善，医疗机构进一步健全。2005—2010年，稳步推进新型农村合作医疗，实施基本药物制度试点，对0~6岁贫困残疾儿童进行抢救性康复工作，提高新型农村合作医疗住院补偿率。2012年，医药卫生体制改革实现新突破，区财政安排专项补助资金108万元，在72个村卫生室实行国家基本药物制度，基本药物配备比例100%。实行基本药物制度后，基层医疗机构门诊月均人次上升12.2%，次均费用下降30.4%。年末，有区属医疗卫生机构18个，村卫生室72个，个体诊所123家，卫生技术（工作）人员1078人，乡村医生（持证人员）178人。农村安全饮用水普及率83.5%，农村卫生厕所普及率95.1%；新型农村合作医疗参合率98.8%。城乡居民规范化电子健康档案建档率82%。

社会保障体系。1997年1月，岳麓区率先在全省城区实施城市居民最低生活保障制度，成为全省城市低保试点区。1998年1月，实施农村最低生活保障制度，对人均年收入不足600元的农村村民、人均月生活标准低于130元的城市居民，全部实行最低生活保障。2000年10月开始，城乡居民最低生活保障提标扩面。2003年，街道、乡镇设立劳保和低保管理服务站，社区、村设立劳保和低保服务中心，实行市、区、街（乡镇）三级联网管理。2006—2012年4次提高保障标准，城市低保标准提高到400元/月，农村低保标准提高到290元/月，2012年，发放城乡低保资金1.2亿元，城乡低保实现应保尽保。关注孤寡老人生活，对全区1324名“五保”对象供养到位。建立以大病救助、门诊救助、社会精神病人药物和住院救助等多种形式医疗救助体系，2012年救助精神病人药物40.8万元，免费住院医疗救助重症精神病人112人次；救助特困对象3024人次，发放救助金635万元；救助因突发性原因造成基本生活困难人员248人次，46.9万元，医疗救助做到应救必救。全区参加城乡居民养老保险19.1万人，社会养老金发放率100%。33.7万人参加城乡居民医疗保险，新型农村合作医疗住院补偿率75.8%。有63个居家养老服务中心和服务站，实现城区服务网点全覆盖。

落实各项优抚安置政策。为优抚安置对象解决住房困难，实现再就业，帮助看病就医等，1999年，岳麓区获民政部爱心献功臣先进单位称号。2008年，区财政自筹资金为1~6级无工作伤残军人购买城镇职工医疗保险。2012年发放优抚金1172.55万元；支付医药费257.86万元；退伍安置到位率95.6%。是年，岳麓区被评为长沙市双拥模范区。

第四节　开福区

一

开福区因千年古刹开福寺而得名。位于北纬28° 11′ 55″~ 28° 23′ 35″，东经112° 54′ 07″~113° 04′ 39″。地处长沙市北部，湘江下游，东部与长沙县相邻；南部由东向西，依次与芙蓉区、天心区接壤；西部濒湘江，由南向北，依次与岳麓区、望城区隔江相对；北部由西向东，依次与望城区、长沙县交界。区治驻长沙市芙蓉北路1段588号。

开福区地处湘中丘陵向洞庭湖平原过渡地带，地势南高北低，由东南向西北倾斜。地形岗丘绵延，谷地起伏，河涧纵横，湖塘星布。域内最高峰三宫殿，位于青竹湖镇新源村，海拔 234.8 米，最低点山窑潭西北，位于捞刀河镇凤羽村，海拔 28 米。域内主要河道有一级河湘江，流经开福区长度 19.67 千米；二级河浏阳河、捞刀河、沙河，流经开福区总长 29.7 千米；三级河白沙河，流经开福区长度 11.29 千米。

区内自然资源主要为麻石（花岗岩）、磷矿、石英砂和矿泉水。麻石集中分布在捞刀河镇金霞村，属于全国有名的丁字湾麻石矿脉带；磷矿主要分布在捞刀河镇，其储量均未探明；石英砂主要分布在新港镇沙河流域一带；区内矿泉水资源充裕，可开发优质矿泉水。2012 年区内森林总面积 4.35 千公顷，森林覆盖率 23.69%，林木绿化率 34.45%。

1996 年，长沙市区划调整，撤销原北区，成立开福区，并对区辖范围进行调整。划入开福区的有：原西区如意街、通泰街、西长街 3 个街道办事处，原郊区福安乡和综合农场，望城县霞凝乡，长沙县捞刀河镇。调整后的开福区位于长沙市东北面。辖 11 个街道，3 个镇，2 个农（鱼）场，有居委会 145 个，村委会 43 个。面积由 1995 年的 14.3 平方千米扩大到 188 平方千米。2006 年，撤并 3 个街道，调整 3 个街道的区划范围，撤并调整后辖洪山、清水塘、望麓园、湘雅路、新河、伍家岭、东风路、四方坪、通泰街、芙蓉北路 10 个街道办事处及青竹湖、捞刀河、新港 3 个镇，有 98 个社区居委会、33 个村委会。截至 2012 年年末，常住人口数 56.74 万人，人口密度为 3017 人/平方千米；按户口性质分，非农业人口 34.77 万人，人口自然增长率 4.46‰；以汉族人口为主，占总人口数的 98.93%；有土家族、苗族、回族、侗族、瑶族等 32 个少数民族，占总人口的 1.07%。

开福区生态环境优美，人文资源丰富，是著名的国家级生态示范区。区内有开福寺、潮宗街历史文化街区、烈士公园、省博物馆、市博物馆、长沙世界之窗、海底世界、风帆广场、沙坪风情小镇、汉回民俗文化村等名胜古迹和观光景点。还有毛泽东、何叔衡等早期从事活动的望麓园，被湖南人民誉为“革命策源地”的船山学社，以传播新文化为宗旨的文化书社，解放战争期间中共湖南省地下党组织最高领导机关所在地的中共湖南省工委旧址等革命遗址及纪念地。

二

20 世纪 90 年代，开福区提出工业、商业并举的发展战略，逐步建立以商品市场为主体的市场经济体系，经济增长呈现多引擎拉动的发展格局。1996 年，全区国内生产总值 8.92 亿元，三次产业比为 0.1:0.53:0.37，地方财政收入 8411 万元，其中工商税完成 6324 万元，增长率居原内四区之首。2000 年，国内生产总值完成 16.70 亿元，三次产业比为 12.65:39.48:47.87，地方财政收入 1.43 亿元。2005 年，实现地区生产总值 145.47 亿元，三次产业比为 2.3:26.6:71.1，完成地方财政收入 8.10 亿元，居全省城区第二位；城镇和农村居民人均可支配收入分别为 1.22 万元、6857 元。2006 年，地方财政收入 10.18 亿元，成为全省 3 个财政收入突破 10 亿元大关的城区之一。2012 年完成地区生产总值 532.2 亿元，三次产业比重为 0.9:25.4:73.7，完成地方财政总收入 70.55 亿元，全年投入民生资金 12.6 亿元，占全年财政支出的 44%；城乡居民人均可支配收入分别为 3.18 万元、2.33 万元。

农业经济结构调整。1996 年，开福区开始农业产业结构调整，提出建设“三大基地、四大规模、五大企业”为核心的农业发展规划及实施措施；全年实现农业总产值 2.52 亿元，粮食播种面积 13.59 万亩，总产量 5.36 万吨，农民纯收入 2115 元。1997 年，落实市政府《关于加速推进农业产业化的决定》，制定万亩蔬菜、万亩水果、万亩优质鱼池和万亩高效农业发展带工程规划；是年，完成新河垸防治大堤治理等 10 项水利工程建设，建成商品秧基地 34 亩，新开发高效蔬菜基地 1100 亩，陈家渡成为省级无公害蔬菜示范基地。1999 年，在捞刀河镇广胜村建立现代农业综合示范基地——开福区生态农业观光园，集优质水果、花卉、苗木、水产养殖和休闲观光于一体。2000 年，制定《关于加快农业结构调整的意见》，提出“重菜、优鱼、稳畜、促加”八字方针；蔬菜、花卉、时鲜水果及水产品等新的农业增长点发展较快，全年完成农林牧渔总产值 3.27 亿元，其中蔬菜产值占总产值的 20.59%，农民人均收入 3902 元。2005 年，有农业产业化龙头企业 7 家；完成农林牧渔总产值 5.15 亿元，粮食种植面积 7.88 万亩，粮食总产量 3.15 万吨。至 2012 年年底，休闲农业基地累计投资 7.5 亿元，开发休闲垂钓水面 6000 亩，休闲绿地 6500 亩，发展大小度假村、农家乐 150 多家，解决农村剩余劳动力 3000 多人，有 20 多家农家乐被省、市两级部门评定星级单位，其中五星级 5 家。2012 年，全区粮食总面积 4.30 万亩，粮食总产 2.60 万吨，完成农、林、牧、渔业总产值 7.91 亿元，其中农业产值增加 4.17 亿元，牧业产值增加 1.49 亿元，渔业产值减少 2028 万元。

工业经济。1996 年，区划调整后全区有企业 3213 家（个体为主），其中，乡镇企业 2015 家，区街企业 298 家；全区工业总产值 13.49 亿元，乡镇工业产值 7.55 亿元，区街工业产值 5.94 亿元；乡镇企业在建筑、建材、湘绣、仪器仪表、彩印、包装等领域具有行业优势。1997 年，42 家企业完成改制，其中整体出售 13 家，破产 7 家，实行股份制和股份合作制 22 家，被评为全市企业改革工作先进单位。2000 年，完成工业总产值 19.76 亿元，规模以上工业经济中，非公有制工业经济占 69.17%；规模以上工业企业不断提高产品质量，整体上有了新的活力，华英实业集团、金龙电缆有限公司等国家企业生产的产品被省、市科委认定为高新技术产品，长沙电镀表厂、大中木业公司顺利通过 ISO9002 质量认证。2005 年，完成工业总产值 66.8 亿元，其中化工原料及化学制品业、医药制造业、纺织业完成工业总产值 15.99 亿元，规模以上工业企业 63 家，完成规模工业总产值 56.04 亿元。2010 年，完成规模工业增加值 53 亿元，沙坪工业基地出具雏形，引进统一集团、佳海工业园、山河实业等 6 个重大工业项目。2012 年，金霞经济开发区入驻企业 146 家，初步形成能源、粮食、医药、钢贸等四大“百亿级”产业板块；全区工业总产值 186.52 亿元，规模以上工业企业 74 家，完成规模工业总产值 144.09 亿元（其中股份制企业完成工业总产值 110.4 亿元，占 76.6%），以建筑、化工、重工为主；工业总产值过亿元的企业有新奥燃气、梦洁家纺、丽臣实业、统一、九芝堂、中立工程机械、湘江涂料、康普制药、天天清茶业等 23 家，完成工业总产值 120.8 亿元，占全部规模工业总产值的 83.8%。

商贸流通。1992 年，北区确立“三业（工业、商业、城建开发）并举”“横联外引、形成规模”的发展思路，逐步形成多种经济成分、多条流通渠道、多种经营方式的商业体制。1996 年，成立北区招商局，出台《关于进一步加强招商引资工作发展外向型经济的决定》，是年商业网点营业面积 5 万多平方米，从业人员 2 万多人，商业销售总额 10.42 亿元；区属毛家桥水果蔬菜批发市场、北大桥副食品批发市场、湘楚文化艺术品市场、长捞路建材市场、二马路和东风路农贸市场、伍家岭花鸟虫鱼市场、东风家具城、北正街灯饰市场等专业特色市场初具规模。2005 年，实现社会消费品零售总额 125.13 亿元，限额以上企业 114 家，实现零售额 64.5 亿元，商业销售形成以通信器材、石油及制品、家用电器为龙头的特色。2006 年 7 月 28 日，中国中部地区第一个海关保税物流中心——金霞海关保税物流中心封关试运行，145 家物流企业汇集于此，3 家现代物流企业正式签约入园。2008 年，金霞保税物流中心通过海关总署批复，成为全国新增的 17 个保税物流中心之一；长沙新港和火车北站货运吞吐量约占全市的 2/3；引进中远物流、香港招商物流、国药控股中南物流中心等大型物流公司。2012 年，长沙铁路货运新北站开通运营，货物吞吐能力提高 4 倍；长沙新港国际集装箱运输线增值 7 条，吞吐量突破 10 万标箱；金霞经济开发区获批国家电子商务示范基地，金霞物流园主营业务收入 181 亿元，260 余家企业、3000 余种商品通过金霞保税物流中心流转业务，业务覆盖全省；民俗游、生态游、宗教游持续升温，全年接待游客620万人次，旅游总收入70亿元；全区实现社会消费品零售总额430.8亿元，其中批发业零售额53.5亿元，零售业零售额334.2亿元，住宿业零售额12.7亿元，餐饮业零售额30.4亿元，全区限额（2000万）以上企业实现零售额215亿元，占社会消费品零售总额的50%。

三

道路交通建设。1997年，开福区市政维修沥青路面5.29万平方米，完成潮宗街麻石路灯10多条街巷的维修改造，维修人行道9977平方米，修补水泥路面734平方米。“十五”（2001—2005年）期间，累计投入158.6亿元，新建和改造芙蓉北路、湘江大道、开福寺路、火星北路、中青路、车站北路、新世纪大道、金霞新城路网、青竹湖路网，完成农村公路建设155千米。“十一五”（2006—2010年）期间，新建市政主、次干道48条，通车里程近90千米，实施“北拓东延”战略，继续推进黄兴北路、车站北路、万家丽路北上，同时全面完成栖凤路、滨河南路、青竹湖大道建设，形成全区“六纵九横”的基础交通网络。2012年，福元路湘江大桥建成通车；区内有县道23千米，乡道41千米，村道595千米，全区公路总里程数659千米，县乡公路全部硬化，村级公路硬化535千米，硬化率90%以上，提前实现村村通水泥路目标，基本形成干支相连、城乡贯通的公路交通网，少数村组实现“户户通”。

城区建设与管理。1996年，以旧城改造和新区开发为重点，进一步完善北星城、富雅花园、姚正街、德雅小区；新开工安居房9150平方米，竣工1.2万平方米；辖区内16条主要道路和56条背街小巷落实路段长负责制，拆除违章建筑1000多处。1998年，为旧城区改造和城区基础设施建设引入资金19.87亿元，签约建设改造项目46个。2006年，印发《关于提升老城区价值的实施意见》，提出加大旧城改造和商业开发力度，产业发展和提质改造采取整体规划，分步实施，突出重点。同年6月，区委第三次代表大会提出全面实施“东进北拓”目标，拓展新区，提高承载能力。至2012年，全区棚户区改造拆迁2.3万户，拆迁房屋面积310万平方米，投入棚户区改造建设资金133亿元，包括中山西路、火车北站、湘春路西入口等重大棚改项目。2012年，拆除违章广告、违法建筑22万平方米，新建月岛、河畔等社区公园4个，提质改造背街小巷4条，景观街、“平改坡”任务全部完成；主城区面积由14.16平方千米扩大到50平方千米，城市品位提升。

房地产开发。1995年前，北区房地产开发主要以老城区改造为主，年开发量在10万平方米左右。1997年，中共开福区委召开第一次代表大会，对城市建设和管理提出“高起点规划，高效能管理，高标准建设”的总要求，在“经营城市”新理念指导下，按照“政府领导，市场运作，统一管理，滚动开发，政策支持，项目平衡”的原则，有序开展房地产开发。2008年，举办开福金秋·经贸文化周——宜居福城房产交易会；以湘江世纪城为代表的房地产企业全年完成商品房销售144.7万平方米，在全市九区县（市）中唯一保持正增长。2012年，房地产业全年投资193亿元，销售商品房194万平方米，万达广场、北辰三角洲、泊富国际等代表性城市综合体进展顺利，全区在建商业商务面积超过300万平方米。1996—2012年，开发建设楼盘、住宅小区216个，3395栋，建筑面积5026万平方米。2000年至2012年，开福区农村安置房建设用地2239.24亩，建房621栋，建筑面积164.33万平方米，设计套数1.5万套。

村镇建设。1996年区划调整后，开福区辖2乡1镇1场172平方千米的农村区域，为加快发展农村经济，确立“以服务城市，致富农民为目标，以市场为导向，结构优化为重点”的发展战略。1997年，全区农民人均纯收入2891元，成为全省首批小康区（县）之一。2006年2月17日，印发《关于推进社会主义新农村建设的实施意见》；制定2006—2010年五年工作目标，选定捞刀河镇大明村作为全区建设小康社会示范村；同年，在大明、沙坪、汉回3个村开展城乡一体化试点工作，加快镇（街道）、村（社区）城乡一体化发展，以农村公路通达、电力扩容、安全用水、环境整治4大工程建设为重点，推进基础配套设施城乡对接延伸、联网共享；是年投入水利建设资金3.6亿元，完成水利工程300多处，加固堤防7千米，福安垸、苏托垸、捞湖垸后河、楚家湖综合整治等重点水利工程全部完工，获得全省水利建设芙蓉杯“十佳县区”称号。2009—2012年，区政府对农村危房进行全面调查，查出危房380栋，整改完成110栋，受益面积1.5万平方米，合格率100%。至2012年年底，完成30个村的村庄规划编制；投入8250万元改善农村基础设施；完成农村固定资产投资10.4亿元；全区完成农村公路建设77.1千米；鸭子铺、捞刀河两个纯净水厂顺利投产，解决1万余农村人口的安全饮水问题，完成450户民居改水改厕工程，新建农贸市场、垃圾收集站、公共停车场以及污水处理站10处；全区统筹推进城乡一体化建设的格局基本形成，开福区被评为湖南省“新农村建设先进区”。

环境保护与生态环境。针对区内噪声和工业污染问题，1988年，北区开始烟尘控制区建设，1994年年底，建成烟尘控制区4个，总面积19.1平方千米，覆盖率100%。1996年12月，开福区召开全区第一次环保大会。1999年创建西长街环境噪声达标区。2004年，金帆小区创建为省级园林区单位，左岸春天、圣爵菲斯、金鹰小区和市博物馆被评为市级花园式单位。2005年，新增公共绿地面积36.6万平方米，新增绿地面积61.25万平方米，完成城市林业生态圈32.3公顷，城市气化率95.4%，城市活水处理率60%，顺利通过国家和省级生态示范区验收。2009年，开始实施“蓝天、碧水、绿地、静音”生态建设工程，至2012年，投入环保资金2120万元，筹建开福、大明、沙坪、新港4家污水处理厂，在青竹湖镇建设星月水库水质净化人工湿地生态系统工程；在汉回村推行移动式污水处理设施，探索农村污水处理新模式；关闭淘汰大星机砖厂等一批落后产能企业，关闭搬迁新宇化工、金彩丽印务有限公司等不符合本区产业发展规划的企业，取缔18艘非法经营水上餐饮的渔船和茶饮船；创建区级节能环保社区83家，市级节能环保社区24家，创建区级绿色学校16所，市级绿化学校12所；大力开展生态创建，巩固“国家级生态示范区”创建成果，在捞刀河东北部地区实施生态补偿机制，创建青竹湖镇、捞刀河镇2个国家级优美乡镇，创建沙坪、汉回2个国家级生态村，创建群力、大明、茶子山等9个省级“生态村”；全区城市集中式饮用水源地水质达标率100%；创建6个噪声控制达标区，面积26.38平方千米，噪声控制区达标率100%；建成7个烟尘控制区，面积48.93平方千米，城区烟尘控制区覆盖率100%；城市生活垃圾无害化处理率95%以上，医疗固体废弃物和危险固废弃物处理率100%。

四

科技工作。进入20世纪90年代后，开福区与15所大专院校科研院所建立经济合作关系，共同开发新产品和进行技术改造。1996年，召开区第四次科技大会和区四届四次科协会议，制定《关于加速科技进步的决定》等8个政策性文件，增聘钱仁等6位专家教授为区政府科技顾问，成立区新上项目论证委员会。全年新产品开发和技术改造项目8个，其中SL976电子车速路程表通过部级鉴定，防火阻燃电缆通过省级鉴定，达到国内同类产品先进水平。1997年，认真实施科教兴区战略，通过验收，跨入首批科技工作先进城区行列。1999年，全年区财政落实科技三项经费60万元，科技服务领域不断扩展，膨化鱼饲料、中式肉类熟食、富钙辣酱被列为省级星火计划项目，区农业科技培训服务中心建成开学。2002年，落实科技三项经费287万元，全年完成高新技术工业总产值1.52亿元，同比增长26.7%，高新技术工业总产值占规模以上工业总产值的比重达24.5%。2004年，科技工作保持“全国科技进步城区”称号，安排科技三项经费675万元，占全年财政总支出的1.3%。2006年，投入科技三项经费1430万元，为区财政支出的 1.31%。高新技术企业完成产值 12 亿元，增长 34.06%。2009 年被评为“长沙市创新型城区”，2011 年成功通过“全国科普示范城区”验收，被中国科协认定为“全国科普示范县（区)”。2007—2008 年度、2009—2010 年度全国科技进步考核连续 2 届获得“全国科技进步先进城区”称号。2012 年，辖区内拥有独立科研与技术开发机构 3 个，国家级重点实验室 3 家，省级重点实验室 2 家，市级工程技术研究中心 1 家，省级高新区 1 个，国家级高新技术特色产业基地 1 个，拥有各类科技人员 4.2 万人，其中两院院士 2 人，省科技领军人才 30 余人，省级百人计划 60 余人。1988—2012 年，开福区（含原北区）企业实施各类科技项目 1080 项，开发新产品 860 项，其中 102 项获省、市新产品证书，260 项获省级以上科研成果奖，81 项获市级科技进步奖，新产品产值超过亿元。2007—2012 年，开福区内企业、科研机构与外界完成科技项目合作签约 26 项，涉及签约资金达 1.2 亿元，发布技术、融资需求各 120 余项，展示科技成果 60 余项。

教育事业。1996 年，全区有各类学校 111 所，在校学生 3.58 万人，有幼儿园 91 所，在园儿童 7926 名；以素质教育为核心的主体教育综合改革实验在全区教育系统推行，经省市专家论证，被列为长沙市素质教育重点改革实验课题之一。1997 年，主体教育综合改革获市素质教育实验课题一等奖，被确定为省重点课题，并被列为“二十一世纪国民素质建构与素质教育改革”的实验课题；三角塘小学、东风路小学成为市级规范化小学。2000 年，完成开福区主体性教育区域改革实验。2001 年，被正式批准为全国 34 个国家基础教育课程改革实验区之一，并成为牛耳教育学会在全国确定的首批 15 个教改实验区之一。2005 年获得第一届湖南省基础教育教学成果二等奖。2006 年，安排 2674.3 万元学校基础建设资金，重点改善农村学校办学条件，全面落实“两免一补”政策，全区 6306 名贫困学生享受“一费制”全免，4699 名农村学生免交杂费。2010 年，开福区创建为湖南省现代教育技术实验区、全国未成年人思想道德建设工作先进单位。2011 年被评为“十二五”全国教育改革实验区、湖南省示范性社区教育实验区建设单位。2012 年，投入教育经费 55718 万元，预算内教育经费支出（5.41 亿元）占地方财政一般预算支出的 19.28%，生均预算支出 1.23 万元；是年，全区有区属中学 5 所、小学 46 所（含 4 个教学点），在校中小学生 3.08 万人（含城市新居民子女 7093 人）；在编在岗教职工 1573 人；区域内有省级示范性高中 4 所（长沙市一中、周南中学、明德中学、田家炳实验中学)，附中及附小 6 所（湘雅中学、长大附中、科大附中、科大附小、长师附小、一师二附小)，民办九年一费制学校 1 所（青竹湖湘一外国语学校)，民办培训学校 37 所，公(民）办幼儿园 88 所（区属公办 5 所)，在园幼儿 1.3 万余人。

繁荣群众文化。1997 年举办“开福之春”迎春会演；区文化馆文学曲艺干部杨志淳创作的小品《离婚》，获全国第七届群星奖银奖。2004 年打造以湘江风光带为主阵地的“湘江韵律”精品文化工程。2005 年至 2012 年，相继举办“首届元宵灯会”“玫瑰花开·福结秦晋”集体婚礼、迎奥运体育运动会、“万名市民游开福”“开福金秋经贸文化节”“湘绣文化艺术节”等大型文化活动；提质建设以人口文化为主题的捞刀河社区文化集市、以民俗文化为主题的汉回民族村文化集市、以湘绣文化为主题的沙坪湘绣文化广场、以和谐共处为主题的四方坪老百姓文化广场，以湘江韵律为主题的滨江文化广场，搭建创建平台，形成文化品牌。各街镇建成综合性多功能文化活动室 13 个、图书信息资源共享网点 13 个，形成区、街镇、社区（村）三级文化信息资源共享网络，实现城乡文化信息资源共享。2010 年，在沙坪成功举办全国首届“湘绣文化节”。2012 年，辖区内有金鹰艺术团、通泰街老年合唱艺术团、中山艺术团、爱心妈妈艺术团等文化艺术团体 81 个，从业人员约 3300 人，其中高级职称 20 人，中级职称 39 人。全区有国家级文物保护单位 1 处，省级文物保护单位 13 处，市级文物保护单位 3 处，不可移动文物 134

处，有市、区文化馆6个，街、镇文化站13家，文化娱乐场所28家，农家书屋33家，网吧156家，电玩城15家，音像市场20家。2012年全区登记注册的文化市场经营户412家，其中，体育健身场所4家，印刷企业83家，演出场所2家，游艺娱乐场所19家，歌舞娱乐场所34家，网吧152家，文艺表演团体5家。

群众体育。1996年举办开福区成立后的首届全民健身“三评优”活动，1997年举办迎回归（香港），庆十五大系列群众体育活动。1998年举办湖南省第二届全民健身节。1998年3—10月，开福体育代表队参加长沙市第四届运动会，获得金牌、奖牌、总分三个第一。2003—2004年，全区举办健身活动（比赛）97次，开设健身讲座18场，印制宣传资料5000份，投入专项经费40余万元，5.5万人次直接参加健身活动。2004年，举办湖南省首届青竹湖长跑活动，开创区县承办省级运动会的先河。2007年，举办“迎奥运五环·开福行”系列活动。2012年6—7月，参与长沙市第二届全民健身节系列活动，先后举行“千龙湖龙舟赛”开福选拔赛、开福区“阳光杯”少儿围棋定段定级赛、开福大众体育运动会篮球赛、开福区“非凡”杯羽毛球赛。

开展公共卫生服务。1997年，初级卫生保健试点全面推开。1998年，开展医药市场整顿，取缔游医假药，对全区医疗机构进行全面执法检查，查处170家，换发证167家，限改6家，取缔非法行医10家，查处过期变质、假冒伪劣药品60余件。2003年，制定《关于加强公共卫生工作的决定》，建立健全区、街镇、社区（村）三级疫情监测网络，积极开展传染病、血吸虫病及动物疫情防治工作。2003年，开展新型农村合作医疗试点。2006年7月1日，“新农合”工作全面启动。2006年，辖区拥有各类医疗机构291家，其中省级5家，部队2家，以及医院2家，区属医疗机构282家，拥有床位2870张，每千人拥有医生5.97名，护士4.57名。新港镇卫生院建成运营，妇幼保健和疾病预防控制工作扎实推进，迅速果断处置“华英”突发禽流感疫情。2010年10月，“新农合”参合率100%，农民住院实际补偿率77.99%。2012年，全区有各级各类医疗卫生机构374个，其中医院20所（综合医院10所、中医院1所、专科医院9所），疾病预防控制机构3所，卫生监督机构2所，乡镇卫生院4所，村卫生室40所，城市社区卫生服务中心10所，社区卫生服务站30所。20所医院中，三级医院3所（三级甲等），二级医院4所。病床9494张，每千人拥有医疗床位10.48张。专业卫生人员8757人，其中执业医师2481人，执业助理医师384人，注册护士4949人，平均每千人拥有卫生技术人员13.44人，平均每千人拥有执业（助理）医师0.21人，平均每千人拥有注册护士0.14人。基本医疗制度不断完善，城乡居民医疗保险参保人数由2009年8.21万人增加至2012年的21.1万人，城镇职工医疗保险参保人数由2009年1.4万人增加到2012年3.75万人，参保率均达到95%以上。全区开展慢性病管理、老年保健、妇女保健等11项基本公共卫生服务，以政府购买的方式将基本公共卫生服务普及到城乡居民，实现城乡一体化的公共卫生服务。

社会保障体系。1996年，开福区有242人享受“五保户”待遇，“吃、住、穿、医”由政府负责，定期救济金由1989年25元/月·人增至60元/月·人。1996年，长沙市区划调整，全区享受政府定期救济的各类人员有4654人，救助金额28.30万元。1997年1月，施行最低生活保障制度，城市低保标准为120元/月。1999年，对登记在册的571名失业人员发放救济金114万元，举办再就业培训班23期，培训下岗职工1270人，通过各种渠道，使1579名下岗职工实现再就业，再就业率81%。2005年1月，实施农村低保，低保标准为100元/月，同年，城市低保标准为200元/月。2004年，在城乡居民中施行大病救助制度，对低保、贫困家庭中患癌症等8种大病的对象进行住院医疗救助，低保户一年不超过5000元，困难户一年不超过3000元。2009年被民政部授予“全国和谐社区建设示范城区”，并荣获首批“全省社会救助工作示范区”，2010 年荣获“全省五保供养先进区县”称号。2012 年，城乡居民养老保险参保人数 1.62 万人，机关事业单位参保人数 4356 人，新型农村社会养老保险参保人数 5.04 万人，城乡居民医疗保险登记参保人数 21.51 万人。

第五节 雨花区

一

1996 年，长沙市撤销郊区，设立雨花区。7 月 10 日，雨花区挂牌成立。12 月，区划微调，设东塘、砂子塘、左家塘、侯家塘、圭塘、井湾子 6 个街道和雨花亭、高桥、黎托 3 乡，洞井镇，井湾子街道与雨花亭乡合署以乡建制。1997 年 7 月，雨花亭、高桥撤乡置街。2010 年，洞井镇、黎托乡以街道建制。2012 年 1 月，洞井街道析置为洞井、同升街道，黎托街道析置为黎托、东山街道，恢复井湾子街道，至此，全区辖 12 个街道，97 个社区，37 个社区筹委会。全区面积 115.23 平方千米。2012 年年末总户数 17.99 万户，总人口 55.65 万人，是 1996 年的 1.6 倍，其中农业人口 6.85 万人；少数民族 40 个，人口 1.65 万人，占总人口 2.97％，人口较多的有土家族 5526 人，苗族 3472 人，回族 1419 人，其次有瑶族，侗族等，是全市少数民族人数最多、人员最为集中的城区。

雨花区位于北纬 28°02′30″~28°11′30″，东经 112°57′30″~113°06′30″。地域南北长、东西较窄，地势南高北低，地形呈波状起伏。东南面黄狮山海拔 146 米，为域内最高峰。域内分布红色砂岩，沙砾岩、粉砂岩和页岩，矿产地 23 处，探明储量的矿产有矽砂 386 万吨、石灰石 392 万吨、红砖黏土 1048 万吨。东面以浏阳河为界，与长沙县黄兴镇和㮾梨镇相接；南部和东南面相邻长沙县跳马镇、暮云镇；西面以芙蓉路、韶山路（至井湾子）和井湾子街道红星村与文源、青园两街街界、洞井街道与桂花坪街道街界、先锋街道街界为界，与天心区接壤；北以人民路（识字岭至花桥）和浏阳河为界，毗邻芙蓉区。区治原位于人民中路 245 号，2004 年迁至圭塘。

雨花区占据长沙市东、南两个方向的出城口，京广铁路复线、沪昆高铁、武广高铁纵贯全境，长沙机场高速、京珠高速公路、107 国道穿行域内。芙蓉路、韶山路、曙光路、车站路、万家丽路纵贯南北，人民路、长沙大道、劳动路、香樟路、湘府路连接东西，沪昆高铁、武广高铁交汇于长沙火车南站，黎托高速汽车站连接全国主要城市，长沙汽车南站坐落于韶山路洞井铺，二环线、外环线、京珠高速在域内环形穿越，京珠高速雨花互通、李家塘互通成为东南进入长沙的交通门户。

浏阳河自长沙县黄兴镇入境东山街道，经黎托街道花桥进入芙蓉区，蜿蜒 32.6 千米；发源于长沙县跳马乡鸭巢冲的圭塘河由南向北贯穿雨花区，在人民东路浏阳河大桥处汇入浏阳河，流经雨花区 20.6 千米，是长沙唯一的城市内河。域内植被覆盖率高，有省林业科研院试验林场等林用地 1526.1 公顷，立木蓄积 6.32 万立方米；有湖南省森林植物园，总面积 340 公顷，为市区最大的“绿肺”。1997 年雨花区验收成为长沙市唯一的省级绿化标准县区，2012 年全区公共绿地面积 315 万平方米。

二

经济综述。1997 年，雨花区国内总产值 12.85 亿元，第一、二、三产业结构为 12.4:39.7:44.6，人均国内生产总值 1.11 万元，完成财政总收入 6146 万元，财政支出 1.16 亿元。2002 年，国内生产总值 24.26 亿元，产业结构比例变为 8.9:33.6:57.5，人均国内生产总值 1.61 万元。2004 年，区一般财政预算收入总量跃居全省城区第一。2006 年，地方财政收入 10.28 亿元，为全省城区之首。2008 年，地方财政收入和一般预算收入双双突破 16 亿元，居中部 39 个省会城区第二。2012 年，实现地区生产总值（GDP）727.67 亿元（不含长沙卷烟厂的 441.17 亿元），三次产业结构比为 0.3:39.7:60.0，完成财政总收入 920.46 亿元，完成公共财政预算支出 42.37 亿元。财政总收入在全省 122 个区县排名第二、城区排名第一；财政总收入、地方公共财政预算收入总量连续 11 年保持全市内五区第一。

农业经济。雨花区素有省会“菜篮子”的美誉。1997 年，雨花区耕地面积 3167.67 公顷，农业总产值 2.71 亿元，占全区国内生产总值的 21%，农民人均纯收入 3327 元。1999 年，建立蔬菜、水果、花卉、生猪养殖基地，发展城郊型农业和实施农业产业化。2002 年，全区基本退出水稻生产，并随之兴起农家乐休闲农业。2004 年，率先全省取消农业税及附加，对全区蔬菜、花卉、水果等农作物种植户实行直接补贴。2008 年，把发展都市旅游休闲农业、农产品深加工业和农业商贸流通作为重点，培育和扶持农业龙头企业，推进农业产业化，长沙红星农副产品大市场被农业部根据、发改委等 9 部委评定为“农业产业化国家级重点龙头企业”，被湖南省政府评定为“全省农业产业化龙头企业”。2012 年，全区完成农林牧渔服务业总产量 3.35 亿元。农民人均纯收入 3.25 万元。

工业经济。1996 年，雨花区工业企业 516 家，完成工业产值 15.67 亿元。1997 年，针对全区工业企业少，无规模、无定型产品、名牌产品少、科技含量低的状况，制定《关于进一步加速经济发展的决定》，调整产业、产品结构，转换企业机制，改革区街乡镇集体企业产权制度，到 2000 年，全区集体工业企业全面实施改制，民营工业成为全区工业的支柱，工业企业 955 家。建筑建材、食品、医药、机械机电、铸造、化工塑料、服装等成为工业主导产业。2002 年，全区工业企业 1471 家，从业人员 1.30 万人，实现工业总产值 51.26 亿元，利税 8161 万元。工业发展较快，但工业总体结构仍不优，企业拳头产品少，管理粗放，融资难度大，缺乏大企业集团等因素，不同程度地制约工业的发展。2003 年初全面启动湖南环保科技产业园建设。2008 年，工业总产值 300.91 亿元，规模工业总产值 275.89 亿元，规模工业增加值 127.84 亿元，规模工业企业增加到 110 家，高新技术企业 23 家。2012 年，全区实现工业总产值 444.22 亿元，工业增加值 210.84 亿元，其中规模工业总产值416.60 亿元；基本形成以烟草食品、机械制造、汽车及零部件、电子信息为主的四大支柱产业，并在新能源汽车、节能环保、新材料、生物医药等战略性新兴产业领域具备一定的发展基础。拥有“白沙”“亿利达”“中理”“时代阳光”4 个全国驰名商标，“艾格森”“广湘”“军安”“星悦”等省著名商标 13 个。其中雨花经济开发区（原湖南环保科技产业园）入园企业 350 家，实现规模工业总产值 181.37 亿元，获批为“国家新型工业化产业示范基地（汽车产业）”，成为工业企业发展的优质平台。

商业贸易。1996 年，雨花区有专业市场 5 个；农贸市场 31 个，年成交额 10 亿元，社会消费品零售总额 6.72 亿元。区政府提出“兴市富区”发展方针，多元化建设市场，加快综合类和专业市场建设，推进以高桥、东塘、洞井铺为起止点，沿二环线、韶山路的市场和商业网点建设，逐步形成高桥、东塘、红星三个商圈和长钢市场群。1996 年 9 月，高桥大市场开业，1997 年 1 月，红星大市场开业。1998 年，高桥大市场举办'98 年秋季全国糖酒交易会，成交总额 300 亿元。1999 年，湖南省首届名优特新农副产品博览会在红星大市场召开，从此，农博会成为湖南农业的品牌，每年定期在红星大市场召开。2001 年 10 月，红星大市场建成可提供 1500 个国际标准展位的红星国际会展中心。井湾子家居广场被评为 2001 年“全国百强家具市场”和“诚信市场”。2002 年，红星大市场发展成占地 87 公顷的国家级重点综合性农产品交易市场，经营辐射全国 28 个省、直辖市、自治区，3000 多个县（市），2003 年 10 月，全国市场诚信建设组织委员会授予红星大市场“诚信建设示范单位”。2008 年，雨花区全面提质改造高桥、红星、东塘商圈。高桥大市场发展成占地近80公顷、建筑面积80多万平方米的中南地区规模最大的国家级综合批发市场和全国第四大市场，拥有经营户4800多户。2012年，全区有专业市场31个，大型生活超市15家，大型商场21家。实现社会消费品零售总额467.21亿元。商品交易额亿元以上市场15个，其中高桥大市场216.52亿元，红星大市场270.53亿元。

三

城区道路。区划调整后，除韶山路、人民路、劳动路等几条城市道路外，雨花区大都是乡村道路。雨花区利用地处长、株、潭三市融城结合处的地理优势，制定“东进南拓”城市发展规划，建设网络化道路，1997年，开工修建雨花大道，2000年9月竣工通车。以雨花大道为起点，建设长沙大道、火星大道、湘府路、劳动东路、湘府路、环保大道、新韶山路、香樟路等路网骨干工程。2004年，万家丽路(原火星大道)、湘府路全线通车，开工环保大道建设。2005年，动工兴建武广高速铁路、圭塘河风光带等。至2006年，雨花区累计修建城市主次干道16条，整修、拓改道路20余条，总长89.09千米，道路硬化面积301万平方米，新增道路面积131万平方米，基本形成“六纵七横”的现代化交通路网。通过人民路、长沙大道、劳动路、香樟路、湘府路、时代阳光大道建设，实现城区东西的延伸；通过万家丽路、韶山南路、沙湾路的建设，实现城区南北的拓展。2007年始，先后新建、改造长沙大道、湘府东路、洞井路等主次干道50条，至2012年，新增城市道路53.7千米，现代化交通路网更为完善。

城区管理。雨花区成立时，城区面积11.55平方千米，雨花区实为半城半乡，抑或小城大乡。1997—1998年，雨花区投资40多万元，整治10条主次干道。1998年，按一百年一遇防洪标准整治黎托三垸（合丰、侯照、潭阳）防洪大堤，按两百年一遇防洪标准建设长善垸大堤城市防洪工程。1999年，创建高桥烟尘控制达标区，全区烟控区总面积38.6平方千米。开展圭塘河流域环境污染综合整治。2001年，投资200多万元，在梓园路修建区内首条文明示范街。2003年，在芙蓉路以东启动旧房“平改坡”(将多层住宅平屋面改建成坡屋顶)、“洗脸打粉”工程（即建筑物外墙清洗和外墙粉饰)，为全市首创；实施“洁净穿衣戴帽、城市夜景灯光、街巷提质改造、道路整修、美化绿化”等五大工程。2008年实施“品质工程”“畅通工程”“蓝天工程”“素质工程”打造精美宜居城区。2011年，全区按照建设“两型”（资源节约型和环境友好型）城区的要求，实施城市市容网格化精细管理。至2012年，雨花区城区面积增至71.1平方千米；城市道路盲道、公用电话、人行过道、灯光设备齐全；市民普遍用上清洁天然气，电力供应充足，通讯方便畅通，邮电业务全面开展，住宅管理物业化，成为环境优良的现代化宜居城区。

房地产开发。1997年，引进民营企业湖南省成功开发投资有限公司出资修建雨花大道，并以道路两厢200米土地作回报，民营资本开始进入雨花区土地开发市场。1998年，圭塘河建设项目、同升湖山庄建设项目相继上马，一批有实力的民营股份制企业进入房地产市场；区内以建安企业为主体、资本充足的企业也纷纷成立房地产开发企业。到2002年，全区在册的房地产开发企业162家，115家在长沙市有开发业绩。2006年，雨花区房地产楼盘总量225个，总投资超400亿元。2012年，全区具有资质等级的总承包和专业承包建筑企业完成建筑业总产值931.54亿元（不含省外完成建筑业总产值344.24亿元)，实现增加值77.8亿元。房屋建筑施工面积7584.38万平方米，竣工1139.56万平方米。全区实现房地产开发投资178.38亿元，商品房销售面积259.26万平方米，其中住宅235.96平方米；实现商品房销售额182.01亿元，其中住宅销售额153.32亿元。

住房保障。20世纪90年代末起，雨花区大部分行政村都面临整村开发建设，农民逐步成为无地农民。为安置农民先后建成红星、洞井、高桥、五一、友谊农民安置小区。1998 年，集农民居住、劳动力安置为一体，建设建筑面积 10 多万平方米的高桥 1 号农民安置小区 43 栋，深受农民转业转户者欢迎。2000 年，建设香樟路段安居工程 42 万平方米。2002 年，21 个农业村进入整体拆迁安置，拆迁 2026 户，建安置房 661 户。2003 年，高升村实行“四化一分离”（生活安置公寓化、生产安置集约化、工程建设规范化、居住管理社区化，生产生活两分离）的安置模式，莲湖村首开全省高层公寓安置先河。2006 年，率先全省试点农村集体建设用地流转改革，出台武广客运站项目拆迁安置新方案；新建续建生活安置房 86.3 万平方米，安置 2087 户 8140 人。至 2007 年，全区完成生活安置房建设面积 216.6 万平方米，生产安置房面积 17.3 万平方米。2008 年，建设黎郡新宇一期农民保障住房，至 2012 年，启动 15 处安置点、348 万平方米的农民安置住房建设，规模居全市之首。

1996 年开始公房改革，实施住房公积金制度。2000 年，自管房出售工作结束，全区 71 个单位出售公房 2062 套，建筑面积 14.39 万平方米；2002 年对未享受实物分房或实物分房未达到个人控制标准的职工实行货币化分房。2003 年，直管公房房改结束，全区出售房屋 82 栋 2130 套，建筑面积 10.21 万平方米。2006 年资格审查区属单位及区内无单位城镇无房户购买经济适用住房对象登记 1411 户；2009 年，开工建设凤凰苑、天凯东苑、栗塘 3 个廉租房项目，至 2012 年，雨花区建成廉租住房 5740 套，26.55 万平方米，建设公共租赁住房 3882 套，廉租住房租赁补贴累计保障 1074 户。实物配租累计保障 426 户，发放经济适用住房货币补贴凭证 352 户。

四

教育事业。1996 年，区属公办中小学 76 所（普通高中 3 所，职业高中 1 所、初中 8 所，小学64 所），学生 4.65 万人（中学 1.27 万人，小学 3.38 万人）。重点巩固“两基”教育成果，全面推进素质教育和开创现代教育技术工程。1998 年，《学校素质教育质量“目标—评价”体系研究》实验在全区 73 所学校 635 个教学班全面实施，砂子塘小学被教育部定为“国家级现代教育技术实验学校”。1999 年，以最高分获全省唯一素质教育和“普九”双优县区。2001 年，中小学现代教育网开通，全区实现电脑“校校通”。2002 年，砂子塘教育集团成为国内首家股份制小学教育集团。几经撤并后，雨花区有小学 50 所。2003 年，雨花区进入湖南基础教育课程改革实验区，评为全国科学教育实验区。2006 年，雨花区被教育部确定为《教育管理信息化标准》应用示范区。2009 年，首批认定 13 个学校特色项目，涵盖艺术教育、校本教研、足球、少年军校、科技教育等方面。2010 年，在稻田中学试点，积极开展有效课堂教学探索，构建高效课堂。2011 年，6 所学校成为“全国写字试验区实验学校”。2012 年，雨花区区属公办中小学 66 所（普通高中 4 所，职业高中 1 所、初中 9 所，小学 52 所），在校人数 7.43 万人（中学 2.19 万人，小学 5.24 万人），学前教育登记注册幼儿园 109 所，在园幼儿 1.80 万人，民办培训机构 50 所。小学、初中适龄人口入学率、小学毕业生升学率持续保持 100%。砂子塘小学、枫树山小学、雅礼中学、稻田中学、广益中学、长郡雨花外国语学校等各大名校聚集区内。

科技发展。1997 年 6 月，出台《关于加强科学技术普及工作的决定》，实施科技兴区战略，推动农业农村、企业和社会发展领域的科技进步。是年，国家科委授予雨花区“全国科技先进城区”称号；天华村被授予“省星火科技示范村”；6 个社区被授予“省科普文明示范社区”。1998 年，区政府聘请刘筠等 12 位科技专家成立政府顾问团，为科技兴区提供咨询服务、提供技术中介服务、对技术开发项目、成果转化项目进行评估论证。亿利达实业有限公司开发的中央供热机组项目纳入科技部项目指南，此项目于翌年被列入国家火炬计划；1999 年，长沙泰宝药业公司的泰宝胶囊被列入国家重点新产品开发计划。

2002 年 2 月获“全国科普工作先进城区”；2004 年 10 月创建为“全国科普示范城区”。是“2007—2008 全国科技进步先进城区”和“2009—2010 年全国科技进步考核先进城区”。2012 年，全区申请专利 2008 件，其中发明专利 723 件，授权专利 1282 件；获得国家科技进步奖励的科技成果 2 项，获得省部级以上奖励的科技成果 21 项。

文化体育活动。1997 年，雨花区组织驻区 40 家单位、演出人员 6000 余人举办为期一个月的'97 雨花之春高桥广场群众文化体育活动月活动，与高桥大市场“百万春节物资交易会”同期开幕，首开长沙地区广场文化先河。1998 年，成立“雨花区群众文艺联合会”。1999 年，举办首届群众文化艺术节，历时三个月，耗资 100 多万元；全省第一届农博会演出活动，出动演职人员 500 余人，演出节目 200 余个。2000 年，开展“百、千、万读书藏书活动”，广泛建立居委会千册图书室，家庭百册图书架，助推学习之风。2002 年，举办首届“社区文化节”，并举办 6 场社区广场文化活动展演活动。街、乡、镇相应成立文化活动中心。2004 年。区文化馆被评定为国家一级馆。2007 年，“洞井舞龙”成功入选市文化局公布的首批长沙市非物质文化遗产代表名录。创立以圭塘街道为核心，占地面积约 20 平方千米的雨花创意产业园，被省人民政府授为首批“湖南省文化产业示范基地”。2009 年始，每年举办“书香雨花”读书节。2011 年，投资 58 万元打造区多功能文化展示中心，成为文化建设的又一亮点。2012 年，开展创建国家公共文化服务体系示范区活动，高桥街道“新市民服务平台”项目获文化部“全国农民工文化服务示范项目”奖，区电子阅览室获“全国示范性公共电子阅览室”荣誉。组建“雷锋号”文化志愿服务队，开展活动 300 余场次。全区有注册艺术表演团体 11 个；文化馆 1 座；公共图书馆 1 座，藏书 24.52 万册，国家综合档案馆 1 座，馆藏档案 44975 卷，资料 4100 册。

全民健身活动。1997 年，雨花区相继成立木兰拳协会和门球协会，举办 2000 人参加的全民健身运动会，30 个代表队进行木兰拳、木兰扇、太极拳、太极剑、健身操、秧歌、武术的表演。2001 年成立区体育总会，设单项协会 4 个，健身辅导站 34 个。是年，举办雨花区首届运动会，近 5000 名运动员参加比赛；组队参加长沙市第五届运动会和首届大众运动会，获金牌 32.5 枚，银牌 22 次，铜牌 20 枚。2002 年成立区、街（乡、镇）全民健身指导委员会，开展全民健身活动。2003—2007 年，组织各类比赛和展示 400 场次，参与活动人达 10 万人次；选送代表队参加全国、省、市比赛活动，获得国家金奖 2 个，铜奖 1 个，省级金奖 10 个，银奖 9 个，铜奖 12 个，市级金奖 26 个，银奖 23 个，铜奖 20 个。2008 年，举办区第二届运动会；组队代表长沙市参加省第三届大众运动会的篮球、乒乓球比赛，获将牌 8 金 5 银 1 铜。2009 年，参加长沙市第七届运动会，总分 3295 分，获得 115.6 枚金牌、94 枚银牌、84.5 枚铜牌，金牌排名五区四县第一。2012 年，全区有各种体育场地 452 个，62.3 万平方米。举办区级体育竞赛 14 次；开展全民健身项目 36 项次，参加湖南省第四届大众运动会，获将牌 4 金 4 银 1 铜。

医疗卫生。1996 年市区划调整，雨花区卫生局辖区妇幼保健所、区卫生防疫站，湖南黄兴医院。有洞井、黎托、韶山路、红色、左家塘、侯家塘、圭塘 7 个基层医疗单位，在编职工 89 人，其中中级职称 5 人；村级卫生室 28 个，获“乡村医师证书”的 56 人。个体诊所 36 家，个体药店 25 家。驻区大型医疗机构有中医附一医院、省儿童医院、省脑科医院、市中心医院、市妇幼保健医院、市精神病医院。民营医疗机构有长沙方泰医院、长沙德雅医院。2002 年，卫生监督和卫生监测分离，撤销卫生防疫站，成立公共卫生监督所和疾病控制中心。创建于 2003 年的长沙现代女子医院，是湖南省首家以妇科为特色专科的综合性民营医院，同年创建的湖南博雅眼科医院是湖南最大的现代化眼科民营医院。2005 年 12 月 31 日开始营业的湖南旺旺医院，是大陆首家台湾独资医院。2006 年 7 月 1 日，启动雨花区新型农村合作医疗，至2010年年底，全区参合农民5.88万人，参保率99%。2012年，全区拥有医疗卫生机构457个，其中医院、卫生院39个，医院、卫生院拥有床位907张，辖区内持证卫生技术人员1.13万人。

社会保障。1997年，雨花区建立城市最低生活保障制度。1998年，改革公费医疗制度，门诊医药费按个人标准分发到人，分片包干，超支自负，节余归己；住院医疗由区财政统一投保，卫生部门管理。建立农村最低生活保障制度，启动个体和私营经济的基本养老保险。农村特困户、残疾人最低生活标准人均每年800元。2000年11月，全区实现企业离退休人员养老金社会化发放。2001年，公费医疗制度改为基本医疗保险制度。2002年8月，机关事业单位的养老保险并入劳动保障线；12月，启动雨花区城镇职工基本医疗保险和大病医疗互助。2003年，区政府在全区低保户中开始实施看病、住房、自来水补助、小孩上学等配套优惠政策；农村特困户、残疾人最低生活标准提高到每年1200元，创全市第一。2005年4月，实施特困家庭医疗救助制度。2006年6月，启动精神病人药物救助工作。2010年，率先全省对80岁以上高龄老年人发放高龄保健补助，为4981名老人发放高龄津贴61万元。至2012年年底，雨花区建立健全较为完备的社会救助体系，全区累计参加区级基本养老保险职工9.09万人，农村社会养老保险投保人数2.52万人。城镇居民最低生活保障113.4万人次，发放保障经1.95亿元；农村低保1684户次，11.5万人次，发放保障金1281万元，覆盖率100%；实施特困家庭大病医疗救助5733人，发放救助金1458.92万元；为精神病人巡诊312次，救助1.25万人次，发放精神病人药物救助药品70.18万元；发放高龄保健补助962.4万元。救助流浪乞讨人员和流浪儿童5128人次；发放孤残儿童基本生活费107.2万元。

文明城区建设。1997年1月，雨花区作出《关于加强社会主义精神文明建设的决定》。1999年，实行精神文明建设区级领导联街责任制。2001年3月，开展全国文明城区创建工作。廖家湾社区创建为全国青年文明社区。2002年，开展创建学习型城区活动和创评“星级文明农户”活动，进行“农村向城市、农民向市民、小康向文明”三个转变的宣传教育。2003—2011年，雨花区精神文明建设以创建全国文明城市为重点，着力形成创建工作合力。2008年，雨花区创建为省级文明城区，黎托乡黎托村被评为“全国文明村”，区地税局、区工商局获“全国文明单位”，高桥建筑装饰材料市场获“全国精神文明建设工作先进单位”，2010年，怡园社区、金科园社区、中南院社区获批省级文明社区。2012年，文明创建按照“工作不松、班子不撤、劲头不减”的工作要求，全面保持良好的创建态势，确保全市领先。

第六节　望城区

一

望城是雷锋的故乡。2011年5月，撤县设长沙市望城区。2012年，综合经济实力居全国市辖区百强第57位。

望城区位于湘中东北，位于北纬28°08′~28°33′，东经112°38′~113°02′。地处湘中丘陵向洞庭湖平原过渡地带，兼有低山，以岗地、丘陵、平原为主。东北、西北部为湖区，土地平旷，湖泊密布，其中团头湖面积最大。域内最高峰点位于桥驿镇黑麋峰，海拔590.5米；最低点位于乔口镇湛湖，海拔23.5米。望城因湘江分东西两翼，两翼前沿部地势较高，如向东南展翅高飞的大雁。东连长沙县，南接开福区、岳麓区，西南与宁乡县水陆相邻，西北与益阳市赫山区、北与湘阴县隔水相望，东北沿京广铁路与汨罗市一线相连。设区后，辖区东西最大距离58千米，南北最大距离39千米，总面积969平方千米。区治驻高塘岭街道。

属亚热带季风性湿润气候，气候温暖，四季分明。湘江是流经域内最大的河流，其自三汊矶大桥南入境，纵贯域内南北35千米，有一级支流8条，二级支流13条，至东城镇团鱼洲北下洞庭。各级支流呈叶脉状向东西两侧展开，斜贯全区。域内探明地下矿藏有30多种，其中花岗岩储量约37亿立方米。广泛开采的有花岗岩、砖瓦陶瓷用黏土和建筑用砂。南部富藏石灰岩。域内有野生动物216种，列入国家二级保护动物有白额雁、鸢、雀鹰、穿山甲、虎纹蛙等11种；野生种子植物272种，其中国家一类保护树种有水杉，白鹤山麓发现的朱玉兰长沙地区首见。

1995年6月望城县撤销7个县属区公所，并乡建镇，调整后全县设14个镇7个乡和2个县属农场。1996年6月，霞凝乡、天顶乡分别划入长沙市开福区、岳麓区。2008年6月，含浦镇、坪塘镇、莲花镇划入岳麓区，雷锋镇由长沙市高新技术开发区托管；11月，雨敞坪镇划入岳麓区。2012年7月、8月，经两次区划调整，撤销高塘岭镇 、星城镇、丁字镇、黄金镇，新设高塘岭、喻家坡、白沙洲、大泽湖、月亮岛、丁字湾、书堂山、金山桥、黄金园、廖家坪街道。2012年年末，区辖10个街道、10个镇、1个乡，有126个村民委员会，30个社区居民委员会。全区户政总人口52.43万人，城镇常住人口25.50万人。总人口中，汉族占99.5%，土家族、苗族等少数民族占0.5%。

望城历史文化厚重，旅游资源丰富。有古城桥地段新石器时代屈家岭文化遗址，有距今5000年以上、总面积约2万平方米的团头湖遗址群，有商周高沙脊文化遗址。有国家级重点文物保护单位长沙铜官窑遗址，有北津城、郭亮纪念亭等9处省级重点文物保护单位，有中国历史文化名镇靖港古镇、国家湿地公园千龙湖、国家森林公园黑麋峰。杜甫、文天祥、王夫之、郑板桥等无数历代名人流寓域内题诗作赋，圣贤之风，山高水长。随2009年靖港古镇开街运营，旅游资源深度挖掘。2012年9月，第四届中国休闲农业与乡村旅游节在望城举行，农业部确定旅游节每年主办一届，长驻望城；靖港、乔口、铜官、新康4个古镇组成的“望城乡村古镇游”，被评为全国十大乡村旅游精品路线。望城传统土特产品有靖港“八大碗”美食、铜官陶瓷、小河谷、河西园茶、河西蜜橘、湘莲、湘粉丝、靖港香干、火焙鱼等。

二

农业逐步由传统走向现代。1995年2月，成立湖南省高科技农业示范区，包括134个村429平方千米范围。1997年8月，黄金乡被定为现代农业试点乡，现代农业在域内起步。1999年1月，省农业厅在黄金乡建成国家果茶良种场。2001年9月成立国家级农业科技园区望城国家农业科技园区。其后，域内调整单一水稻种植模式，出现“西瓜村”“莲藕村”“香葱村”等一村一品新典型。2007年，引进3000万美元投资的中国台湾新东阳农业精品园项目，并举办县（市）“两岸农业合作论坛”。2000年，全县农业总产值10.6亿元，比1995年（含未划出乡镇，下同）高出29%。2004年，贯彻落实中央一号文件“多予、少取、开放”方针，“三农”（农业、农村、农民）问题缓解，至2006年，全县农业总产值33亿元，农民人均可支配收入5264元。收入增加同时，农民市场意识增强。2009年年初，光明村成立全省首家土地流转专业合作社，对入社的土地统一进行承包权流转。是年，全县实现流转土地1.2万公顷，组建农民专业合作组织140多家。2012年，全区农业总产值50.3亿元，农民人均可支配收入1.64万元。

商品粮基地建设。望城是国家商品粮基地，种植业以水稻种植为主。1995年11月，农业部确定望城为“粮食、饲料、经济作物三元结构”南北两个试点县之一。1997年 ，被列为全省吨粮田开发重点县，率先全省推广实施“三秧”（早育秧、软盘抛秧、小苗带土）技术，改造低产田、推广优质稻等新技术。是年，全县水稻良种普及96.5%。亩产1008.9千克，实现吨粮县的目标，粮食总产53.79万吨，创历史最高纪录；获全省农业综合开发一等奖。2000年，被定为国家优质粮生产示范基地县。2004年，获“全国粮食生产先进县”称号。2010年，承办全国农作物病虫防治经验现场会，是年被评为“全国粮食生产先进县”。至2012年，隆平高科在域内开发优质农产品之一“乌山贡米”三获国际农博会金奖。是年，生产水稻34.52万吨（因区划调整耕地面积减少），再次被评为全国粮食生产先进县（区）。其他作物蔬菜、果茶等，传统的零星种植被挤出市场，形成规模化、集团化，品种、品质、技术含量比传统种植都有质的飞跃。

生猪养殖。望城是全国商品瘦肉型猪生产优秀基地、全国生猪生产百强和全国农业综合开发项目县。1995年，贯彻湖南省人民政府《关于加快养殖业产业化进程意见的通知》，发展瘦肉型猪生产，是年评为全省畜牧生产先进县。1998年，在生猪价格低谷阶段，天鹰公司投资2000万元，在域内建猪场12个，饲养瘦肉型良种母猪1200头，为生猪养殖增添活力。2000年后，家户养猪因价格波动被不断压缩，生猪养殖以场养为主。为适应市场变化，2009年，全县首家生猪行业协会成立，促进生猪生产良性发展。2012年，出栏生猪110.66万头。域内奶牛养殖从21世纪初开始。2001年，作出《关于加快奶业发展的决定》，是年引进奶牛526头，年底发放奖金70.4万元。此后，因养殖效益有限，奶牛养殖积极性不高，2012年，存栏900头。其他畜禽养殖规模较小，历年变化不大。2012年，畜牧业总产值17.74亿元，是1995年的近5倍。

水产养殖。域内另一养殖主业水产养殖亦独具特色。在青、草、鳙、鲢四大家鱼基础上，1995年，推广精养水面套养鳜鱼，套养水面200公顷。1997年后，特种鱼和其他特种水产不断增加，鳜鱼养殖发展到667公顷，成为望城特色鱼；翘白鱼、湘云鲫等特种鱼和珠蚌、甲鱼、闸蟹养殖渐成规模。2004年，望城被列为长沙“百里水产走廊”建设主要分布带。2009年后，乔口古镇以渔活镇，渔业产供销一条龙，建成“三湘渔都”。2012年，以休闲渔业和特种鱼、珠蚌、闸蟹等名特水产养殖为主的水产养殖水面7656公顷，水产品总产值3.24亿元，产量2.35万吨。

林业。林业转“重经济”为“重生态”。望城山地面积占区域总面积31.4%，林业发展空间较大。20世纪90年代初，域内消灭宜林荒山。1996年，机关、厂矿、学校、路渠绿化与高效林业同步，实现全面绿化。1999年，划分生态公益林与商品林。2000年，启动长江防护林工程，2002年，启动“退耕还林”“薪炭林”工程，林业生产步入生态效益优先发展轨道。2004年，落实市政府“林业生态圈”建设，在环线、高速两侧完成植树造林。是年，望城被评为全省林业工作先进单位。2012年，全区林业用地2.7万公顷，森林2.6万公顷，林木覆盖率26.9%，活立木蓄积141.2万立方米，林业产值6224万元。

水利建设。水利建设治“水害”成“水利”。全区有万亩以上堤垸8个，有十万亩以上堤垸大众垸，防洪堤线总长164.3千米，有中型水库格塘水库、有小（1）型水库7座，排灌装机412处容量2.55万千瓦。水利工作一直围绕提振基础设施展开。1995年，历时10年的大众垸综合治理一期工程竣工。1998年夏特大洪水对水利设施破坏严重。是年冬，开展大规模水利工程建设，修复水毁工程4849处，加固大堤73千米。2000—2005年，完成各类水利工程6.12万处，其中，加固堤防46千米，整治水库45座，改建涵闸32处。2007年起，每年财政对水利投入过2亿元。2011年，全县入围省洞庭湖区沟渠清淤疏浚试点，至年底，更新改造大众垸5条骨干沟渠23.5千米，配套渠系300千米。2012年，争取中央、省、市水利资金6.32亿元，数额创历史之最。在财政投入水利的同时，开展融资治水和生态治水，实现水资源高效资本化和效益最大化，至2012年，融资累计净收益17.8亿元。

工业化建设。望城凭区位优势和交通便捷优势，逐步实现由农业县过渡到工业县。1995年起，总产值中，工业稳超农业。是年，工业、农业总产值分别为29.36亿元、8.23亿元，2012年，全区工业总产值667.2亿元，工农业总产值结构为13:1。20世纪80年代初起，乡镇企业是望城工业企业主要力量。适应社会主义市场经济发展需要，1995年，“旗帜型”乡镇企业坪塘氧化铁颜料厂率先实行股份制改造。1996年，全县乡镇企业推行以出售为主兼顾风险抵押、承包、租赁、股份制等多种形式的乡镇企业改革。至1998年年末，全县207个乡镇办工业企业改制195家。经过企业改制、技术改造、引进开发，望城工业步入规模化新型工业轨道。2002年，作出《关于推进工业兴县的决定》，扩大招商引资，推进园区兴工，推进企业制度、技术创新。2003年，全县工业投入技改资金8.5亿元，启动技改项目79个，并且提升开放格局，加快工业化建设步伐，工业经济继续快速发展。2004年，完成工业总产值77亿元，工业对经济增长贡献43.2%，高于全省水平9.2%。2006年，全县工业总产值145亿元，规模工业迅速发展，年产值过亿元的工业企业15家。2007年，工业总产值过200亿元，其中规模工业200家，产值139亿元。2012年，全区有规模以上工业企业217家，完成产值534.5亿元，占全部工业总产值的80%；其中有色金属材料、食品医药、先进制造、电力能源四大主导产业产值占全部规模工业产值的72%。是年，引进全区首个年产值过百亿元的龙头企业晟通科技。

园区经济。从1992年起，望城先后成立望城坡开发区（划入岳麓区）、湖南望城经济开发区、湖南望城国家农业科技园、湖南省高科技食品工业园、湖南省台商投资区、长沙含浦科教产业园（划入岳麓区）、铜官循环经济工业基地和望城区滨水新城。1998年，制定招商引资工作若干规定，加大招商引资工作力度，至年底，引进省新闻出版基地、天龙医药实业公司等48个重点企业和项目，实际到位资金2.6亿元，“三资”（中外合资、中外合作、外资）企业实现销售收入11亿元，上缴国家税金3600万元。2000年，县委确定“工业兴县、园区兴工”的发展方针，经济稳步发展。2001年，园区招商引资成果显著，全年各大园区共引进外资1607万美元，投资过亿元项目12个。2002年，被定为“招商引资年”，全县优化招商环境，年内签约项目117个，协议引进资金150多亿元，实际到位资金80多亿元，比利时优美科、中联重科、光明派派、亚华乳业等15家上市公司在县投资兴业。在优化招商环境同时，望城充分利用节会招商，2005年10月，湘台经贸交流与合作论坛在望城举办，会上签约资金4亿美元；2007年，望城主办长沙湘江西岸（望城）大工业区投资推介会，签约项目17个；2008年6月，望城组团参加省人民政府组织的“上海商务洽谈周”活动，签订航天工业园、有色控股、金龙铜业3个大型项目，协议引进资金70余亿元，引资居全市县区之首。2012年，全区各大园区引进过亿元项目226个，到位区外境内资金561亿元，各大园区规模工业总产值突破400亿元，财政总收入突破20亿元，财政贡献率52%。

个体私营商业。1995年，个体商业户6355家，拥有从业人员1.17万人，实现商品零售额5亿余元，占全县总额的61%。2000年5月，作出《加快县属国有、集体企业改革的实施意见》，并在县属国营商业、供销系统先后展开，推进产权制度改革，置换职工身份，明晰产权，盘活企业。改革使商业活力增强，2002年，社会消费品零售总额15亿元。2004年，提升商贸硬件设施，始建雷锋农产品批发大市场、丁字湾建材市场，至2011年，全县各乡镇农贸、集贸市场全部完成提质改造。2005年，实施“万村千乡”市场工程（农村现代流通网络建设工程），在全县19个乡镇建立农村生活超市30家，至2012年，建成“万村千乡”农家店350家。2008年后，新型商业业态不断涌现，至2012年，先后建成开业的有省级交易市场湖南省废旧物资大市场，大型连锁商贸企业国美、苏宁、通程电器，步步高、新一佳、家润多等大型超市和商业步行街；国际商业连锁巨头奥特莱斯进入域内。2012年，有商业网点4000个，从业 6 万人；全区实现社会消费品零售总额 54.75 亿元；完成外贸进出口总额 1 亿美元。

财税收入。1994 年，实施增值税为主体税种的税制改革，促进全县税收增长，全年完成税收 1.18 亿元，首破亿元大关。1996 年，财政收入 2.01 亿元。2001 年，开展农村税费改革。至 2002 年，农民负担由上年占人均纯收入的 2.4%减至 0.4%，农村经济快速发展；经济园区效益凸显，企业改制活力增强。是年，完成财政总收入 3.29 亿元，登上 3 亿元台阶。2003 年，继续深入实施“融城强县”战略，经济稳步发展。是年，完成财政总收入 5.18 亿元，县域经济综合实力排名全省第四位。2004 年，全县财政总收入 6.50 亿元，地方财政收入 5.36 亿元，人均 762.93 元高于全省水平 59.61%；全县经济综合实力显著增强，排名全省第三位。在先后有望城坡经济开发区和 7 个乡镇等发展热点区域划出或交托管后，全县人民攻坚克难，强力推进县域经济发展，2009 年，实现地区生产总值 219 亿元；财政总收入 15 亿元，其中地方财政收入 12 亿元，经济实力跻身全国百强行列。2012 年全区财政总收入 37.8 亿元；完成财政支出 38 亿元，73%用于改善民生。

金融行业。1995 年，对全县农合基金会全面清理，接收存贷款 6000 万元。1997 年，随着域内经济的发展，人民生活水平不断提高，金融部门年末存款余额突破 20 亿元，为 23.13 亿元；是年，全县实施拓展县城、开发县域东西经济带、壮大域内主要工业产业经济发展战略，贷款需求大增，贷款余额 20.37 亿元，增长 40%。1999 年 6 月，全县创建“望城金融安全区方案”出台，确保金融事业健康发展；同时，区域经济对外开放，城镇规模拓展，刺激信贷需求。次年，贷款余额上升到 20.78 亿元，增长 11%。21 世纪初，大量资金进入经济园区，县域经济快速发展，居民收入逐年提高，至 2002 年，年末存、贷款余额分别为 28.54 亿元、16.82 亿元。2008 年，先导区建设、城乡统筹发展、房地产业的兴起，刺激资金的需求，居民生产生活水平提高，存、贷款均大幅增长。至 2010 年金融机构存、贷款余额分别为 152 亿元和 112 亿元。2011 年撤县设区，城市化建设加快，带动资金活跃。至 2012 年年末，全区银行业金融机构各项存款余额 202.67 亿元，各项贷款余额 176.83 亿元。

三

道路建设和城镇建设。1996 年，望城县成为省内第一个乡镇公路无砂路的县。1998 年，开展“公路建设年”活动，新修公路，升级改造县乡主干道，乡村公路拓宽改造，实现“乡乡通 油路，村村通砂路”目标。2001 年，定为“城镇建设年”，县委、县政府依据“融城强县”战略，采取与岳麓山大学城、长沙高科技产业开发区、长沙经济技术开发区多点对接，分步实施办法，作出加快小城镇建设的决定，全年投入资金 2 亿多元，新修、改造、硬化城镇道路 47.79 千米，县城及重点镇完成 30 项城镇建设重要工程。2005 年，雷锋大道、旺旺路、郭亮路拓改通车。至 2006 年，县城扩容提质，品位提升，高塘岭镇街路先后拉通并硬化、绿化、美化、亮化，交通形成网络，城区面积 11 平方千米，是 1987 年城区面积的 3.06 倍，被授予省级文明卫生县城；高塘岭镇、丁字镇跻身全国重点镇行列，全县城镇化率 35.9%。同年，启动 20 个新农村建设示范村建设，白箬铺镇光明村建设成为全省示范村、全国特色旅游名村。2009 年 8 月，潇湘大道北延线（望城段）开工建设；10 月，湘江航电枢纽工程开工建设，2012 年 10 月蓄水通航。至 2012 年，全区形成公路、铁路、水路相互衔接，以国道、省道为主骨架，以区乡公路为分支的交通网络，公路总里程 2770 千米，其中高等级公路 360 千米。城区道路总长度 180 千米，道路铺装面积 3.8 平方千米。

市政公用设施。1995 年 6 月，望城县率先全省开通移动电话。至 2004 年，全县通讯、有线电视系统完善，无线网覆盖全境，无线通话无盲区。1997 年，县城新建设计日供水能力 15 万吨自来水厂，工业用水、居民供水得到保证。2006年年底，开通县城至市区公交。2007年8月，黑麋峰抽水蓄能电站关闸蓄水。同年10月，域内华电长沙电厂投产发电。2008年，城区开通公共汽车线路3条，有公交运营汽车140辆，出租车140辆。2012年，有35千伏以上变电站13座，35千伏以上高压输电线路20条。城区天然气管线260千米，天然气用户12000户。是年底，自来水厂二期工程启动，铺设干线水管98千米，实现生产能力10万吨/日，实际日供水6万~8万吨。

文明县城创建。1999年10月，望城县加大整治县城容貌、建设开放文明省会卫星城的力度，全面部署文明县城创建工作 。是年，高塘岭镇被评为全国创建文明村镇工作先进单位。2000年，制定《望城县文明公约》《望城县创建文明县城责任明细表》，投入资金1.5亿元，实施亮化、美化、硬化工程，县城环境有较大改观。2001年，继续加大“创建”力度，是年，被评为市级文明县城。2003年年底创建为省级卫生县城，其后创建省级卫生村3个。2006年12月，12.6公顷斑马湖生态公园景区开放。2012年10月，滨江风光带潇湘北路全线拉通。2012年年末城区公园3个，园林绿化47.2公顷；拥有公共绿地274.95公顷，绿化覆盖率21%。

环境保护。2004年6月，望城创建全国生态示范区达标，成为全国第五个示范区建设区。2007年9月，建立县水质自动监测站。2008年12月，望城污水处理厂投入运行，设计日处理污水8万吨。2011年5月，区大气自动监测站投入使用，测出空气质量达到二级和好于二级的天数占全年天数的95.2%。2012年，城区空气质量优良率95%，环境空气质量达到国家二级标准；是年底，污水处理厂二期工程竣工，实现工业污水处理能力2万吨/日，处理率100%；生活污水处理能力5.5万吨/日，处理率90%。

房地产开发。基础设施的完善和环境的优化，使望城成为宜居佳地。2002年，第一个房产小区“家馨园”108套对外销售；2009年、2010年分别举办两届“我的家·在望城”购房节，推进市场持续发展；至2012年，有和记黄埔、南山地产、中兴、恒大等70家房地产企业落户望城，完成开发投资35亿元，销售商品房近550万平方米，创收相关税费20多亿元，助推区域经济发展；2012年，商品房销售额86.6亿元。为保障社会弱势群体的住房需求，2007年起，采用新建、改建、配建等方式，在乔口等8个乡镇建设廉租房；2010年推出职工自建经济适用房模式，在全市推广；至2011年，共筹建廉租房1144套、5.72万平方米，1999户低收入住房困难家庭入住；2012年，选址高塘岭街道、规模1000套廉租房小区开建。

四

教育事业。1995年，望城县被定为“全县教育年”，加强教育工作。是年，财政投入教育经费4416万元，全县建成中小学各类教学实验室198间，达到省颁标准。1996年，加大教育经费投入体制改革力度，以财政拨款为主，教育投入不断增加，教育“两基”（基本普及九年制义务教育、基本扫除青壮年文盲）达国标。2000年，印发《关于进一步深化教育改革的意见》，强调提高教育现代化水平，县一中、雷锋中学和成人中专等8所窗口学校列入省、市现代化实验学校。2002年，教育投入1.5亿元，加强“普九”（普及九年制义务教育）工作，是年被省委、省政府授予“普九工作先进县”称号。2002—2006年，完成新建校舍面积10万平方米，完成危房改造5.3万平方米。2007—2011年投入4.4亿元，建设合格学校78所，高标准建成星城镇实验中学、实验小学、东马小学和高塘岭中学。教育基础的巩固推动教育发展，教师队伍建设、素质教育水平不断提高。从2002年起，县属学校每年举办一届“教育科技节”“体育艺术节”；2009年，开展“立师德、正师风、铸师魂”活动，全县评出10名首届师德标兵；2010年，率先全国推行海选、竞聘校长的任用机制改革，校长队伍优化。在重视教育硬件、软件建设同时，望城将教育安全管理前移，2011 年 6 月，望城率先全省推出校车管理新模式，力保学生安全出行。2012 年，财政投入教育 8.0 亿元，是 1995 年的 18 倍，其他渠道投入 1.8 亿元。是年，全区完成 20 所义务教育合格学校建设。年末，有幼儿园 77 所；小学 83 所，小学适龄儿童入学率 100%；初中 23 所，初中适龄人口入学率 100%，小升初升学率 100%，九年义务教育覆盖率 100%；有各级各类民办学校和教育机构 21 所，区属高中（职中）主要有望城区第一中学、第二中学、第六中学、职业中等专业学校，其中望城一中为省示范性普通高中，职业中等专业学校为国家重点职业中专学校。有在职教职工 3582 人，其中小学 1653 人、初中 1246 人、高中 683 人。域内有普通高等院校湖南信息职业技术学院、湖南商学院北津学院、湖南电子科技职业学院、长沙职业技术学院、中南林业科技大学涉外学院、长沙医学院。

科技工作。1996 年 3 月，全县召开第五次科技大会，确定是年为“科技活动年”，推动农业、工业、社会发展领域科技进步，建立全县重大决策专家论证制度。1997 年，望城被评为“全国科技工作先进县”。2004 年，全县有各类在岗专业技术人员 1.08 万人，其中具有高级职称的 410 人，袁隆平等 5 位院士和 30 位博士在经济园区企业创业发展，科技进步对工农业总产值贡献率 48%，高出全省 6%，为“全国科技进步先进县”。其后，望城突出开发高新技术，突出建设创新平台，突出引进高端人才，突出推进农村信息化，科技工作卓有成效，2008 年、2010 年，望城两次被国家科委授予“全国科技进步先进县(区)”。2012 年，承担国家和省级科技项目 100 多项，引进和转化成果 300 多项，新增产值过百亿元；科技贡献率由 1995 年的 37.6%上升到 46.8%。

医疗卫生事业。1995 年撤区并乡后，全县 43 个区、乡镇卫生院调整为 21 所中心卫生院，进一步提升技术和管理水平。1997 年，县委、县政府作出进一步改革与发展卫生事业的决定，在农村推行合作医疗，促进卫生事业的发展。2004 年，医疗器械设备总值 2197 万元，有各类医疗卫生机构 598 个，实现“小病不出乡，大病不出县，疑难病亦能治”目标。2005 年 9 月，纳入全省第三批新型农村合作医疗试点县。年底参加新型农村合作医疗 47.3 万人，参合率 78%。2008—2010 年，投入 2.6 亿元，全部乡镇院和 138 个村卫生室完成改造。2011 年，区人民医院综合楼建成。2012 年年末各级各类医疗卫生机构 436 个（因区划调整减少），其中国家级二等甲级医院 1 个，国家级一等甲级医院 9 个，在职在编卫技人员 1081 人，其中高级职称 30 人，中级职称 312 人。农村安全饮用水普及率 99.8%，农村卫生厕所普及率 79.3%；新型农村合作医疗参合人数 41.4 万人（因区划减少），参合率 98%。

文化建设。1995 年，首部《望城县志》出版发行，1996 年获全国地方志奖二等奖；2012 年，第二部《望城县志》获全省方志成果一等奖。传统文化接续创新，2002 年，世界釉下彩发源地长沙铜官窑生产的仿唐瓷系列产品，获全国旅游产品博览会银奖；2011 年，长沙铜官窑陶瓷烧制技艺列入国家级非物质文化遗产名录。21 世纪初开始，先后恢复建设靖港、乔口、铜官、新康古镇，因其浓郁的古镇文化成为“全国十大乡村旅游精品路线”。2008 年，完善和兴建 10 个农村文化共享工程基层示范点，开展远教和文化共享工程基层服务员培训，获“全国文化共享工程示范县”称号。2009 年 5 月 8 日，温家宝总理为民办师友图书室签名赠书。2012 年年末有文化艺术院团 55 个，从业人员 2000 人；文化馆（站）15 个，建筑面积 4150 平方米。主要文化艺术机构、团体有电影公司、新华书店、雷锋图书馆、区文联、雷锋艺术团、作协、书协、诗协等。其中，雷锋艺术团久负盛名，《春草闯堂》《黄泥坳》等剧目先后在全国获奖；雷锋图书馆为国家二级图书馆；文化馆为国家一级文化馆。

社会保障。1997 年 1 月，颁发《望城县实施农村和城镇最低生活保障制度暂行办法》，城镇居民按家庭平均月收入低于 120 元的给予现金补差，是年救助 6800 人。2003 年、2004 年，相继启动医疗保险和生育保险，社会保障体系基本健全，至 2006 年，全县“五险”（养老保险、医疗保险、失业保险、工伤保险、生育保险）参保人数 9.3 万人。2005 年 2 月，出台《望城县农村最低生活保障制度实施细则》，启动农村低保，按农村人口的 4.2%下达指标，全年为 13879 户、27149 人发放低保金 990 万元。2006—2011 年，建立城乡一体的社会救助体系，累计救助城乡低保对象 93 万户 191 万人，实施医疗救助 13200 人次，完成“五保户”危房、农村安居工程建设 1431 户，发放慈善救助金 2380 万元，新建敬老院 19 所。2012 年，发放城市低保 3169 万元，发放农村低保 4514 万元，危房改造 1200 户，“五险”参保人数 17.4 万人，归集保费 5.8 亿元。

五

望城是雷锋的故乡，雷锋是望城的骄傲。50 余年，全县人民坚持学习雷锋，使雷锋精神成为兴县育人的坚强支柱。1968 年，建成望城雷锋纪念馆；2002 年投资 8400 万元对纪念馆进行扩建；2009 年，被中宣部确定为全国爱国主义教育基地；至 2012 年，雷锋纪念馆共接待参观者 1200 多万人次。

1996 年，深化“岗位学雷锋，行业树新风”活动，岗位学雷锋的先进典型不断涌现，“学雷锋班组”“学雷锋柜台”“学雷锋科室”遍及城乡，次年，雷锋国税分局获得“五一劳动奖章”。望城“雷锋班”——望城县公安消防大队，坚持以雷锋精神建队育警，多次扑火救灾，长期扶危济困，特别是在汶川地震救灾中贡献卓越。大队先后被评为“全国优秀公安基层单位”“全国公安系统青年文明号”等国家级荣誉。2012 年，望城开展“雷锋家乡学雷锋，全民行动树新风”系列活动，把学雷锋活动推向深远。

在雷锋精神的感召下，见义勇为、助人为乐、尊老爱幼的先进典型不断涌现。1998 年，为抗击百年不遇的洪灾，翻身垸堤委会主任甘德贵和靖港镇魏家湖村村民侯德云，连续作战，终因劳累过度不幸牺牲，分别被授予长沙市“见义勇为先进个人”和全国“抗洪模范”称号。1999 年，长沙县交警大队民警望城县桥驿镇人易钦，同战友、群众一道从一辆翻倒水坝旁的客车中救出 29 名乘客过程中，因触电不幸牺牲。被公安部追授二级英模称号。2002 年，高塘岭镇高塘村积极开展村风、民风、家风建设，评选“十星级文明户”（热爱集体、遵纪守法、文明道德、环境卫生、移风易俗、邻里相亲、家庭和睦、计划生育、土地管理、义务教育十颗星）的经验在全省推广，被评为全国文明单位。乌山敬老院院长殷海斌把老人当亲人，因事迹突出被评为 2009 年度“中华孝亲敬老之星”。高塘岭街道居民李群庆，身残志坚，艰难创业，被评为 2012 年度“中国诚实守信好人”。

第七节　长沙县

一

长沙县位于湖南省东部偏北、长沙市东部，处湘江下游东岸。东邻浏阳市，南接株洲市、湘潭市，西毗长沙市芙蓉区、雨花区，北靠平江县、汨罗市。1996 年，县治由长沙市开福区潘家坪迁址星沙镇，县城与长沙经济技术开发区（以下简称“长沙经开区”）融为一体，“有县无城”成为历史。

1996 年 7 月，捞刀河镇划入开福区，长沙县辖 13 个镇 7 个乡。1997 年撤销广福乡、北山乡，建立青山铺镇、北山镇。2002 年撤销双江乡，建立双江镇。2004 年 9 月，全县村级行政区划调整，原有 494 个行政村合并成 238 个行政村，38 个居委会调整为 36 个社区居委会。2011 年，撤销跳马乡、开慧乡，建立跳马镇、开慧镇，撤销星沙镇设立星沙、湘龙、泉塘 3 个街道办事处。2012 年 4 月，撤销㮾梨镇设立㮾梨街道；9 月，新设长龙街道办事处。至 2012 年年底，全县辖 18 个镇、5 个街道、218 个行政村和

76个社区居委会；总面积1997平方千米，户籍总人口81.3万人，其中回族、苗族、朝鲜族等37个少数民族1.29万人。

地质地貌。东、北、西三面环山。龙华、乌川诸山雄峙于东，影珠、明月两山蜿蜒于西北，兴云山耸立于北。浏阳河、捞刀河自东向西流经县境，汇入湘江。域内岗地、平原、山地、丘陵、水面五类地貌齐全，红壤、紫色土、潮土、水稻土四种土壤兼备。

自然资源。矿产有花岗石、矽砂、石灰石、高岭土、绿柱石等非金属矿和钴、铌、钽、铜等金属矿。树种80科412种，其中银杏、水杉、胡桃、鹅掌楸等被列为国家级保护植物。药用植物200多种，野生动物100余种，大灵猫、穿山甲、绶带鸟等被列为国家级保护动物。金井茶叶、湘丰茶业相继被评为中国驰名商标。

交通网络。京广铁路（复线）、武广高铁和正在兴建的沪昆高速铁路贯穿县境，长沙地铁2号线在黄兴镇设站。京港澳高速（G4）、长（沙）永（安）高速、长沙机场高速、长沙绕城高速、长（沙）株（洲）高速以及107国道、319国道、207省道、万家丽路北延线、黄兴大道、人民东路东延线等在域内纵横交错，镇（街）通柏油路，村村通公路，大部分镇（街）实现汽车入组到户。域内黄花国际机场为"全球机场百强"，至2012年，开通航线90余条，航班辐射全国（含港台）及韩国首尔等68个大中城市，年旅客吞吐量超1000万人次。

历史人文。域内有距今7000年的大溪文化遗址，距今4500年的龙山文化遗址；有新石器时代后期和春秋战国时期古文化遗址6处；有黄兴故居、徐特立故居2处全国重点文物保护单位，有杨开慧烈士陵园、陶公庙等7处省级文物保护单位，还有许光达故居等19处市级文物保护单位。双江镇锣鼓亭子及滚灯车、"长沙金茶制作工艺""安沙腊八豆制作工艺"入选长沙市非物质文化遗产，榔梨陶公庙庙会为湖南省非物质文化遗产，黄兴故居、田汉故居为全省首批涉侨文化遗产。有国家AAAA级景区杨开慧纪念馆、石燕湖和长沙生态动物园等休闲、旅游胜地。2010年，湖南省最大城市生态湿地湖泊——松雅湖成功蓄水，2011年获国家林业局批准，被纳入国家湿地公园建设试点。

二

1996年，全县财政总收入3.22亿元，地区生产总值（GDP）54.70亿元，其中第一产业12.9亿元，第二产业31.06亿元，第三产业10.74亿元，三产业比值为23.6:56.8:19.6，人均GDP7426元，工农业总产值95.0355亿元，固定资产投资总额2398万元，社会消费品零售总额9.9164亿元；随着长沙经开区的迅速发展，县域经济屡上台阶，2003年、2011年全县财政收入分别为10.86亿元、120.6亿元；2012年，财政总收入150.4亿元，实现地区生产总值880.1亿元（一、二、三产业比值为6.7:72.4:20.9），人均GDP8.87万元，工农业总产值1707.5亿元，固定资产投资总额488.3亿元，社会消费品零售总额219.6亿元。2007年，跻身全国"三百强县"（全国县域经济基本竞争力百强县、全国社会经济综合发展百强县和全国中小城市综合实力百强县）；2008年，被中央确定为改革开放30年全国18个典型地区之一；2012年，在第十二届县域经济基本竞争力排名中跃升至第15位，在全国中小城市科学发展百强县（市）评比中跃居第13位，连续五年稳居中部第一，荣膺"中西部第一县"。

农业大县。1993—1998年，以"面向国内发展市场农业，面向城市发展城郊农业，面向世界发展创汇农业"为战略，重点发展高效农业，推进产业化发展。1996—1999年，累计投入8.7亿元实施调整产业结构、推广水旱轮作、改造中低产量田等七大生态技术。1998年，被财政部列为国家综合农业开发项目县，1999年，被农业部等授予"全国生态农业建设县"。2000年7月，启动农村税费改革试点工作，农民人均免税 68.2 元，并于 2004 年率先全省在全县免征农业税。2001 年，建设黄兴现代化农业科技园，形成黄兴万亩花木和万亩蔬菜产业带；开发 107 国道和长永高速公路两侧，建立花卉苗木和蔬菜基地 533.33 公顷；提升茶叶、蔬菜和花卉苗木三大产业，形成百里茶叶长廊和“10 万亩花木长廊”。2008 年起，着力推进“2571 工程”，建设现代农业科技管理创新基地、社会主义新农村示范基地 2 个基地，高档生态有机稻等 5 个精品园，超级杂交水稻生产、优质茶叶生产、花卉苗木生产等 7 个产业优势区和 100 个现代农庄，2010 年 8 月，被农业部整建制列为全国首批“国家现代农业示范区”；至 2012 年，四年间共引进各类农业产业项目 255 个，立项批准现代农庄 63 个，水稻、茶叶、蔬菜、苗木四大优势产业规模化生产、标准化种植面积分别达 3 万公顷、6666.67 公顷、6666.67 公顷、8000 公顷，流转土地总面积 2.4 万公顷。

产粮大县。1996 年，双季稻田成建制过吨粮，亩产 1018 千克；粮食总产量 58.49 万吨，是长沙地区第一个实现成建制过吨粮的县。1997 年，建设优质粮食基地，形成优质口粮、优质饲料粮和优质加工粮的“三优”粮食结构，总产粮食 60 万吨，被列为湖南省优质稻基地县。之后，水稻种植面积和产量出现波动，但粮食总产量基本稳定在 60 万吨左右，2003 年、2004 年、2007 年三获全国粮食生产先进县。2011 年，被列为全国 50 个整县整建制高产创建试点县之一。2012 年，建成 26 个万亩高产示范片（总面积 2.13 万公顷），粮食播种面积 8.83 万公顷，总产量 57.5 万吨，被评为湖南省粮食生产标兵县。

养殖业。养殖业为全县农业经济的支柱产业之一。生猪是长沙县拳头产品，罗代黑猪为地方优良品种。1996 年，出栏生猪 162.39 万头；此后，生猪出栏数量等指标稳定增长；至 2003 年，每年均出栏生猪 170 万头以上；2004 年，出栏生猪 210.67 万头，首次突破 200 万头；2007 年，出栏生猪 236.1 万头，列全国生猪调出大县第二位，之后连续四年保持全国生猪调出大县殊荣；2008 年起，制定养殖污染治理规划，划定生猪养殖区、限养区、禁养区，实行生态养殖；至 2012 年，累计投入 1 亿多元，治理生猪养殖场（户）4616 户，治理面积超 113 万平方米；实行生猪退养后，每年出栏生猪仍保持在 200 万头左右。牛羊养殖经历波折，1997 年，被列入全省养牛重点县，养殖牛羊 16.84 万头。2000 年，被农业部列为国家级秸秆养牛示范县，至 2002 年，全县养牛 18.09 万头，养羊 8.5 万只。此后，牛羊养殖数量因农业机械的普及、效益和市场等原因有所减少，至 2012 年，全县存栏牛 2.9 万头，存栏羊 2.85 万只。家禽、水产养殖发展平稳，鸡、鸭、鹅等家禽出笼数量由 1996 年的 148 万羽增至 2012 年的 265 万羽；特种水产养殖以及休闲渔业渐成水产养殖业亮点，观赏鱼、鲟鱼、龙虾等水产品由 1996 年的产量 121 吨、产值 450 万元增至 2012 年的产量 1.7 万吨、产值 2 亿元。

工业经济发展。20 世纪 90 年代初，随着星沙开发区（后为长沙经开区）的建立和以乡镇集体工业企业为重点的“兴工强县”战略的实施，以机械制造、建材、建筑、化工、纺织与皮革等为重点的工业经济得到较快发展。1995 年，第二产业增加值 24.50 亿元，首次超过农业总产值（19.52 亿元），长沙县始由“农业大县”向“工业大县”过渡，工业对县域经济的贡献率逐步上升。1996 年，三一重工、力元新材料等一批规模大、高技术的企业先后入驻长沙经开区，有力带动包括乡镇企业在内的全县工业的发展。1997 年，全县乡镇企业总收入为 210.13 亿元，连续 11 年居全省各县（市）之首。但乡镇企业辉煌背后潜在的“先天不足”以及市场疲软等因素使其发展举步维艰，1998 年起，全县推行乡镇集体企业和县属国营、集体企业产权制度改革，并于 2001 年起实施“以区带园”战略，发挥长沙经开区的优势，带动暮云、椑梨、黄花、江背、金井、黄兴六个工业园的发展，乡镇企业发展由此提质。至 2002 年年底，乡镇企业完成财政收入 4.21 亿元，占全县财政收入的 55.83%。至 2006 年，全县工业形成以电子信息、新型材料、生物工程、光机电一体化等高科技产业为主的产业结构，工业经济对 GDP 和财政收入的贡献率近 70%，农民新增收入的 70%来自工业经济，长沙县由此跻身“工业强县”。2011 年，以长沙经开区为龙头，带动七个配套园区加快打造“世界工程机械之都”和“全国汽车产业集群新板块”，以工程机械、汽车及零部件产业为核心的制造业迅猛发展。1992—2012 年，长沙经开区累计引进企业 1021 家（其中世界 500 强企业 29 家），固定资产投资总额 654.52 亿元，基础设施投资总额 10.95 亿元。20 年间，长沙经开区先后获得“2008—2009 年度中国最具投资潜力十佳开发区”“国家新型工业化产业示范基地”等称号。2012 年，全县实现工业总产值 1654.3 亿元，工程机械、汽车及零部件、电子信息三大产业实现规模工业总产值 1157.8 亿元，占全县规模工业总产值的 76.8%。

工程机械行业。2002 年以前，县内主要的工程机械公司尚处于起步阶段。2003 年起，在国家基础设施建设热潮的推动下，中联重科与浦沅机械签订重组协议，山河智能整体搬迁至长沙经开区山河智能第一产业园，全县工程机械行业快速发展，至 2007 年，中联重科、三一重工、山河智能组成的工程机械集群市值超过 1000 亿元，中联重科、三一重工跻身世界工程机械 50 强。2008 年，长沙县提出“打造中国工程机械之都”的目标，依托龙头企业，整合资源，完善工程机械的零部件、整机、销售与服务的产业链，建立中国工程机械核心技术开发研究中心等公共服务平台。2012 年，三一重工成为中国最大、全球第五的工程机械制造商，中国最大的混凝土机械制造商，中联重科工程起重机分公司成为中国大吨位移动起重机的领军者之一，山河智能的“SUNWARD”商标在全球数十个国家注册；是年，全县工程机械行业规模以上企业 15 家，完成产值 919.2 亿元，占全县规模工业总产值的 61%，产值占全省工程机械行业五分之三、销售占全国七分之一的市场份额。

汽车及零部件产业是长沙县本土成长起来的主导产业，因体制、市场竞争等原因，20 世纪 90 年代中后期陷入困境，90 年代末，随着外来汽车企业的入驻重新崛起。2002 年起，北汽福田车辆股份有限公司、长丰汽车股份有限公司、陕汽集团、广汽集团、上海大众湖南（长沙）项目等相继落户长沙县，逐渐形成以工程车、特种车、客车、乘用车、越野车、重型卡车、轻型卡车及农用车生产为主的汽车产业链条。众多汽车整车制造企业入驻，给汽车零部件生产提供空前机遇。2004 年起，总建筑面积 200 万平方米的中南汽车世界陆续完工并投入使用，形成新车交易市场、二手车市场等六大板块，全县汽车产业链向销售终端拓展。2012 年，全县汽车及零部件产值 190.2 亿元，占全县工业总产值的 11.5%。

商品贸易。1996 年，全县社会消费品零售总额 9.92 亿元。1997 年，县供销社系统实现商品销售总额 17.28 亿元，被人事部、全国供销总社评为“全国供销系统先进单位”。同年，泰阳商城创销售收入 7.5 亿元，居全省供销系统第一，在全国供销系统商品销售“百强商场”中列第三位。自 1996 年 8 月长沙县享有外贸进出口经营权后，对外贸易不断扩大；2003—2007 年，进出口总额 41.78 亿美元，2004 年起连续四年获“湖南省出口十强县”称号。作为商务部“万村千乡”市场工程首批试点县，2005—2012 年，全县累计改造和新建“农家店”465 个、配送中心 470 个，面积 5 万余平方米，有力激活农村消费市场；提质改造 30 个生鲜市场，实施“商务下乡”工程，构建农产品购销、农村日用品消费口和农业生产资料供应三大网络，形成城乡双向流通格局。2008 年以后，加快发展新兴服务业，星沙湘绣城、宏梦卡通、湖南快乐淘宝等企业先后落户，文化创意、电子商务、现代物流等成为现代服务业的生力军。2009—2012 年，连续举办三届“星沙商圈”购物消费节，实现社会消费品零售总额近 94 亿元，年均拉动社会消费品零售总额增长 1.8%。2012 年，实现社会消费品零售总额 219.6 亿元。

旅游产业。1998 年开始，全县旅游业由自发生长向有序发展，至 2002 年，全县有规模较大的旅游企业22个；“农家乐”130余家，营业收入6476万元。2003年，对规模型“农家乐”实行卫生许可证和接待许可证管理；2004年，出台《星级“农家乐”评定标准》，评定星级“农家乐”35家。2005年起，以杨开慧纪念馆等红色旅游景点为重点，重点推出红色教育游、乡村体验游、工业观光游等旅游线路。2007年，接待游客319万人，实现综合收入2.5亿元；2012年，接待游客456万人次，实现综合收入49亿元。

人民生活水平。1995年，提出“达小康、进百强、搬县城”、将长沙县建成湖南省首个小康县的奋斗目标，并从农村收入、物质生活消费、精神文化生活、人口素质、生活环境、社会治安与社会保障六个方面量化小康标准。1996年，农村居民人均纯收入2684元，农村居民人均住房面积35.17平方米（当时仅有两项统计数据）。1997年10月，被省委、省人民政府授予“小康县”称号。至2007年，农村居民人均纯收入为7000元，城镇居民可支配收入为1.58万元，消费性支出呈结构性上升态势。2011年以后，在“三个共同”（幸福与经济共同增长，乡村与城市共同繁荣，生态宜居与发展建设共同推进）理念的指引下，人民生活幸福指数进一步提升。2012年，全县农村居民人均纯收入1.71万元，城镇居民人均可支配收入2.74万元，农村居民人均住房面积62.3平方米。

三

城市管理。1998年，作出《关于加强县城管理工作的决定》，县城管理综合执法、市容环境卫生管理、园林绿化管理、市政设施管理、乡镇集镇管理等工作走上正轨。2002年9月，县城创建国家卫生镇工作通过国家验收。2006年7月，在全县各乡镇建设生活垃圾压缩中转站，新建污水净化中心。2011年起，先后对黄花机场、机场高速、长永高速周边开展环境综合整治，以榔梨、黄兴等10个镇（街）为重点开展城乡接合部环境综合整治，拆除违章建筑等180多处面积1.4万多平方米，拆除大型户外招牌广告209块4万多平方米，累计投入6000多万元提质改造园林绿化。2012年6月1日，投入近2000万元的数字化城管信息系统正式运行，实时监控县城星沙内各路面情况，远程调度城管执法车辆和环卫车辆，为全省首创，至年底，受理和调处各类案件3.02万件，城市管理效率大幅提高。至2012年，县城星沙先后获得“国家卫生镇”“国家园林县城”等荣誉称号，两度摘取“中国人居环境范例奖（城市管理与市容环境建设）”。

城镇化建设。1996年起，以基础设施建设为重点，以支柱产业为依托，改善招商引资环境，全面推进城镇化，先后投入4.2亿元加强重点镇和建制镇建设。2000年7月，长沙县被省委、省政府定为全省农业和农村现代化建设五个试点县（市）之一。特别是2000年，长沙经济开发区晋升为国家级开发区后，县城（开发区）建设跨越发展。至2002年，各集镇用电普及率100%，自来水普及率97%，道路铺装率86%，人均绿地面积8平方米。2004年10月，着力推进以城乡统筹、城乡一体、产城互动、节约集约、生态宜居、和谐发展为基本特征的新型城镇化建设进程。2006年，确定新农村建设示范村23个，村庄整治示范村47个，对各示范村改水、改厕等实行“以奖代投”补助。探索特色典型城镇建设，启动金井“茶香小镇”、榔梨“绿色水乡古镇”、开慧“板仓小镇”建设，开展“引导农民集中居住、推进城乡一体化发展”试点。2012年，长沙经开区规划用地面积由1992年的14平方千米拓至100平方千米，县城星沙建成区面积达53平方千米，全县城镇化率52.4%。

道路交通等市政设施。1996年，全县通车公路总里程为899千米。1997年，投资430万元完成金（井）开（慧）线砂改油，成为全省第一个实现乡乡（镇）通柏油路的县。1998—2002年，累计投入1.65亿元，新修改造公路22条计160.27千米。2003—2007年，累计投入12.5亿元，实施公路和桥梁建设项目432个（含农村公路），计1412.8千米。2008—2012年，全县交通道路建设总投资30多亿元，其中新建农村公路2300千米，改造农村公路危桥34座，完成207省道、黄兴大道北延线、开元大道东延线等一批干线公路建设，启动黄兴大道南延线、人民东路东延线等道路建设，基本形成“八纵十六横”的交通网络格局。2006年起，推进农村客运公交化和城乡客运一体化建设，2011年先后开通城乡公交1号、2号、3号、4号线，率先全省启动城乡公交一体化试点，至2012年年底，累计建设城市公交候车亭203个、农村客运招呼站57个；是年，全县通车公路总里程4886.7千米，高速公路总里程95.1千米，供水、供气、污水处理、数字电视、公共交通“五网”基本实现县域全覆盖。

邮电通信。1996年，全县邮电业务收入为5570.6万元，邮路总条数68条2286千米，农村电话户2.40万户。之后，邮电通信由单一的邮电部门囊括服务发展为邮政、电信、移动、联通等多部门服务的局面，服务“三农”作用凸显。随着“电话县”建设的推进，至1999年4月，累计装机55159户，全县电话普及率8.05%，电话入户率28.09%，成为全省第一个“电话县”。2007年，全县邮政业务总收入5021万元，在全省各县（市）中排名第一；“三农”配送业务收入突破100万元，是全省“三农百万县局”之一。2012年，实现邮电业务收入10.8亿元，年末拥有固定电话用户32.4万户，移动电话用户115.9万户，互联网宽带接入用户15.82万户。

房地产业。至1999年，全县未形成以资本增值为目的的房地产业。2000年，湖南永泰房地产开发有限公司在天华北路签订首个房地产开发建设项目用地合同，拉开以住宅开发为主的房地产开发序幕。至2002年，全县房地产开发企业30家，欣安小区、山水芙蓉等一批住宅小区相继建成，完成房地产开发投资4.05亿元，房地产开工面积超过100万平方米。2012年，全县房地产开发投资122亿多元，房屋建筑施工面积1135万余平方米，竣工面积200万多平方米；商品房销售面积276万多平方米，商品房销售额131亿多元；6月，中国志愿服务基金会捐建的首个农民工廉租房项目——“幸福家园”开园，总建筑面积5.34万平方米。

环境保护。始终坚持“生态立县”，环境质量不断优化。1996年起，先后取缔、关停严重污染环境的小电镀、小造纸等企业44家，关闭化工、冶炼等重点污染企业51家；2000年，投资3000余万元在安沙镇汉山村建设垃圾处置场，日处理垃圾1000吨；2002年，依法关停黄兴镇13家硫酸锰企业。高度关注水质环境，1996—2000年，常规监测浏阳河、捞刀河流域水质，累计投资850万元完成两河流域排污治理项目17个；2002年，投资9900多万元新建日处理污水8万吨的星沙污水处理厂，有效解决县城向浏阳河排放污水的问题；2007年，建立健全饮用水源水质安全预警制度等，2011年关停两河流域所有造纸、制革企业。着力生态创建，江背镇乌川湖实施的“四洁”（清洁家园、清洁水源、清洁田园、清洁能源）工程为全省典范；2004年，长沙县创建全国生态示范区工作通过验收；2008—2012年，围绕创建“国家生态县”，全面完成18座中心集镇污水处理厂建设，配备农户生活垃圾桶3.65万个，拆除禁养区、限养区养殖设施98.8万平方米，安装LED路灯7000余盏，完成4万多户农户家庭生活污水处理工程，在全省率先实现中心集镇污水处理设施全覆盖、农村生活垃圾处置全覆盖、畜禽养殖总量控制等。

四

教育事业。1996年，被国家教委确定为全国实施素质教育10个实验县（市）之一后，出台《长沙县实施素质教育总体方案》，选择县一中等6所学校试点，1997年起在全县全面推行素质教育：先后投入1亿多元新建电教楼、添置计算机等；推行“愉快教育”，建立5000多个课外兴趣小组，培养学生的动手能力、创造能力；完善学校基础设施，基本消灭中小学危房。1999年，获教育部“全国素质教育实验先进县”称号。2001年6月，被教育部等授予“全国‘两基’工作先进地区”称号。2002年起，实施教育强县战略，义务教育、普高教育、职业教育、学前教育、特殊教育等各类教育协调发展；2005年，引进浙江大学“校校通”网络应用平台，全县各学校均实现“校校通”；2009年，在全省率先实现孤儿、聋哑和弱智儿童免费就读、就餐、住宿；2012年，全县拥有高等院校18所，各类中小学、职业中学202所，公办幼儿园21所，中学、小学、幼儿教育纵向衔接以及普高、职高、成人教育横向沟通的大教育体系和学校教育、继续教育、在职教育、远程教育并存的开放式教育网络基本形成。截至2012年，县财政累计投入教育经费51.67亿元。

科学技术和知识产权工作。1996年起，大力实施科技兴县战略，推动农业农村、企业和社会发展领域的科技进步。至2000年，完成科技开发、示范、成果推广、丰收计划项目405个，投入资金12.3亿元，取得科技成果148项，工业科技进步、农业科技进步的贡献率分别达到50%、60%。2007年，高新技术产业总产值占全县工业总产值的65%。2012年，在全省首次设立县级专利奖，奖励300万元；全县高新技术产业产值1225亿元，实现高新技术增加值386亿元，占地区生产总值的43.86%。至2012年，全县本级科技三项经费和科技发展专项经费累计投入2亿元以上，累计申请专利8221件，其中国家级专利700多件；6项科技成果获得国家级科技进步二等奖；2000年、2003年、2007年、2009年、2011年，五获“全国科技进步县”，2009年获批国家首批知识产权强县工程单位。

文化事业。完善农村文化网点。始终坚持“为人民服务，为社会主义服务”“百花齐放，百家争鸣”，文化艺术活动精彩纷呈。1996年，投资2000万元新建的星沙大剧院成为县城标志性建筑，在杨开慧纪念馆新建1栋3020平方米的爱国主义教育活动基地；1997年9月，县文化艺术团成立；2003年，举办首届采茶艺术节、“庆国庆，迎城运”文体展示活动；2004年，举办中国湖南星沙（首届）茶文化艺术节、“五彩星沙”广场文体之夜活动启动仪式；2007年6月13日，举办中国·湖南首届道文化节暨陶公庙1500周年庆典活动；2008年，被授予“全国文化信息资源共享工程示范县”。2010年6月，投资近3亿元的星沙文化中心开工建设。2011年，县图书馆被列为全国“县级数字图书馆推广计划”首批推广试点单位之一，实现常年免费开放。同年9月，在全县深入开展为期三年的国家公共文化服务体系示范区创建工作，北山镇青田村农家书屋被评为“全国示范性农家书屋”，开慧镇和黄龙新村基层服务点被授予“全国文化信息资源共享工程、公共电子阅览室示范点”。2012年，湖南高速好相惠超市、长沙县新华书店在临长（临湘至长沙）高速长沙服务区设立“高速驿站”书店，为全国首创。至2012年，累计送文化下乡演出546场次，免费送电影下乡3万余场次，免费送图书下乡18万余册，举办县治迁移10周年庆典等各类活动400余场次，开展大型节日文化活动500余场次，先后成功举办田汉诞生110周年、许光达诞生100周年等大型晚会或纪念活动50余场次；全县有各级各类图书馆（室）471个，总计藏书220余万册，县、乡、村三级公共文化服务体系建设实现全覆盖。

体育事业。广泛开展群众性体育活动，学校体育、竞技体育、群众体育取得可喜成绩。1996年，被国家体委、国家教委授予“实施国家体育锻炼标准先进单位”称号；同年8月，在湖南省第八届运动会上，获举重2金2银和射击双多向银牌；1997年9月，陈芳在全国中学生田径比赛中获女子800米金牌；1998年11月，承办第三届“国际奥委会主席杯”全国百城市自行车赛“长沙县杯”总决赛；1999年9月，承办湖南省首届农村门球赛；2001年6月，承办“石燕湖杯”国际龙舟邀请赛；2003年10月，承办第五届全国城市运动会射箭比赛；2008年3月，承办“迎奥运”第二届湘鄂赣县（市）乒乓球赛；2010年11月，金井镇罗欣在广州亚运会上获女子龙舟比赛金牌3枚。全民健身活动蓬勃开展，举办全县首届广场健身舞、首届柔力球比赛、“新长海”杯2012年长沙县百里自行车拉力赛暨自行车健康骑行活动等大型全民健身活动或群众体育比赛200余场次。累计投入3亿多元用于体育场馆建设，新建县实验中学体育馆、县门球中心、长沙贺龙体校游泳馆等各类体育场地47个，面积78.4万平方米。至2012年年底，累计获得国家级奖牌74枚、省级奖牌324枚、市级奖牌442枚，多次获得“全国体育先进县”“全国群众体育先进单位”等荣誉称号。

计划生育工作。1996年起，继续深入开展“少生快富奔小康”活动，始终坚持计生工作“一票否决”制，大力开展婚育新风进万家活动，实施出生缺陷干预工程，至2002年，每年均被评为“湖南省计划生育工作先进单位”。2003—2007年，连续五年保持全省计划生育模范县荣誉。2006年，被评为“全国人口文化先进县”。至2007年，全县100%的行政村（居委会）实现计划生育村（居）民自治。1996—2012年，全县人口出生率年均10‰左右，人口自然增长率年均3‰左右，计划生育率年均99‰以上。

医疗卫生事业。1991年，长沙县被确定为全国“三优工程”（优生、优育、优教）试点县后，全面加强妇幼卫生管理，至1996年，孕产妇系统管理率达95.65%，儿童系统管理率达93.73%，管理覆盖率100%，是年被评为全国“三优工程”试点工作先进县。1998年起，重点加强卫生系统目标管理，加强医疗卫生单位配套建设，县一医院6000平方米住院综合楼等相继建成；深化医疗卫生体制改革，积极推进农村合作医疗试点工作，2003年被列为全省首批农村合作医疗五个试点县之一。2005年，率先全省在全县推行爱心助医制度，是年募集善款1457万元，救助病困家庭418户，荣获“全国新型农村合作医疗先进试点县”称号。2009年起，推进实施建立居民健康档案等9项基本公共卫生服务，累计建立居民电子健康档案72.96万份，规范管理糖尿病患者1.69万人；同年7月，在全省农村县中率先启动自愿免费婚检。2012年，投入3282万元贯彻实施国家基本药物制度，各基层医疗机构门诊率上升28.81%。至2012年年底，全县有各类医疗机构458个，卫生专业技术人员2354人，卫生服务总收入近3亿元。

社会保障体系。1996年，着手建立失业保险制度、养老保险制度，率先在全省实施最低生活保障制度，农村最低生活保障线为550元。同年启动实施城镇企业职工基本养老保险、机关事业单位养老保险、新型农村社会养老保险（城乡居民养老保险），并不断扩大提高保障标准，扩大保障范围，至2012年，全面覆盖到全县所有农村和城镇居民、机关事业单位职工及离退休人员。2003年起，对城乡特困家庭实行最低生活保障制度，至2012年累计享受城镇低保51.28万人次，发放低保金2.18亿元；享受农村低保127.92万人次，发放低保金1.72亿元。农村“五保”对象集中供养率16%，城镇“三无”（无劳动能力、无生活来源、无赡养人）对象集中供养率36%。2005年起对特困家庭实行医疗救助，至2012年累计救助2.69万人次，发放救助金4312.42万元。2011年起，实施“革命烈士后代幸福计划”，建立总额660多万元的“红色关爱基金”，对革命烈士后代困难家庭实施“助学”“助医”“助居”“助创业”等。

文明县城创建。1999年起，掀起创建文明县城热潮，2001年，县城星沙被评为“全国创建文明小城镇示范点”称号。重点开展送理论、文化、科技、法律政策、医药卫生“五下乡”活动，在人民群众中弘扬爱国主义精神。学雷锋树新风活动保持常态，志愿者服务站遍布各镇（街）和村（社区），注册志愿者近1万人。2009年起，启动人民满意县建设，实行人民满意县城、满意集镇、满意村（社区）三级联创，在全市县城文明指数测评中三获“金牌县城”荣誉称号。1996—2012年，全县有全国文明示范窗口单位、全国创建文明小城镇示范点等4个，省、市、县级文明单位500多个，“十星级”文明标兵和“三好”文明市民标兵450多人。

第八节 浏阳市

一

浏阳市位于湘赣边境、湖南省东部偏北、长沙市正东方，居北纬 27°51′~28°34′，东经 113°10′~114°15′。东与江西省铜鼓县、万载县接壤，南与江西省宜春市、上栗县及本省醴陵市为邻，西与株洲县、株洲市郊区、长沙县相连，北与平江县连接。辖区东西最大距离 105.8 千米，南北最大距离 80.9 千米，总面积 5007.75 平方千米。市政府驻浏阳市关口街道环府路 8 号行政中心。

1996 年，全市辖 4 个街道、20 个镇、16 个乡。2005 年，白沙乡与大围山镇、山田乡与淳口镇、赤马镇与淳口镇分别合并。至 2012 年年末，全市辖 4 个街道、27 个镇、6 个乡、401 个村（社区）。总人口 143.62 万人，其中苗、土家、壮、侗、瑶族等少数民族 3040 人。

浏阳地形多为山地、丘陵，地势东北高，西南低。主要山脉有大围山、连云山、九岭山，主要河流有浏阳河、捞刀河、南川河，发源或穿流其境，分途汇入湘江或渌江。域内最高峰位于大围山七星岭，海拔 1068 米，最低处位于柏加镇杉湾里，海拔 37.5 米，地势高低起伏大。

浏阳属中亚热带季风湿润气候，四季分明，雨量丰沛，阳光充足，无霜期长，土壤肥沃，气候随山地垂直差异明显。域内探明矿产 61 种，开发利用 26 种，主要矿产有煤、铜、铅、锌、铁、钨、钼、金、银、磷、海泡石、菊花石、石灰岩、石膏、高岭土、花岗岩等。域内地表水资源 41.3 亿立方米，地下水储量约 2.9 亿立方米，人均占有 3842 立方米。全市有银杏、水杉、苏铁、伯乐树、南方红豆杉、台湾穗花杉等野生保护植物 47 种，云豹、白鹳、黄腹角雉、白颈长尾雉、山鹧鸪、黑麂等野生保护动物 49 种。全市旅游资源丰富，有大围山、道吾山、西湖山、石柱峰、周洛、浏阳湖等景点，有"浏阳松"等古树名木 1800 多棵。

浏阳市市中心距长沙市、株洲市、湘潭市中心分别为 68 千米、73 千米、120 千米，距黄花国际机场 42 千米。319、106 国道穿境而过，浏（阳）醴（陵）、大（围山）浏（阳）、长（沙）浏（阳）3 条高速相继建成。2012 年，全市高速公路总里程达到 220 余千米，成为湖南省高速公路通车里程最长的县市；全市农村公路路面优良率 74.2%。

浏阳为千年古县，历史悠久，人文荟萃。2012 年，域内有国家级重点文物保护单位 2 处、省级文物保护单位 21 处、市级文物保护单位 7 处、县级文物保护单位 76 处，国家级旅游景区 6 个。永安镇芦塘村旧石器出土点，是发现的长沙地区最早的人类活动遗迹；浏阳城西樟树潭古住房遗址出土的细沙灰陶鬶，为新石器时代大汶口文化和龙山文化的代表器形之一。石霜、兴华、大光、宝盖 4 寺为域内著名的佛教四大祖庭。高坪镇与永和镇交界处的天崖寨、龙伏镇与社港镇交界处的石牛寨为有名的古军事遗址。浏阳文庙是江南地区保存最完整的古建筑，还有全国第一个科学技术团体算学馆旧址奎文阁，谭嗣同故居大夫第、谭嗣同专祠等。秋收起义文家市会师旧址、省苏维埃政府旧址大围山镇锦绶堂、中和镇胡耀邦故居等皆在浏阳域内。从浏阳走出去的党和国家领导人有胡耀邦、王震、宋任穷、王首道、杨勇、彭珮云，开国将军李志民、唐亮、李贞等 30 位，著名烈士有潘心源、邵振维、寻淮洲、李白、郭陆顺、彭士量等，两院院士有"一门三院士"黎鳌、黎介寿、黎磊石等 9 位，还有文化名人中国现代话剧创始人、中国戏剧奠基人欧阳予倩、欧阳山尊父子，齐白石弟子娄师白，著名电影表演艺术家王人美、徐悲鸿纪念馆馆长廖静文等，他们为民族独立和人民幸福做出不可磨灭的贡献。

二

1996年，浏阳市实现国内生产总值43.52亿元、工农业总产值91.76亿元、人均国内生产总值3288元，完成财政总收入3.71亿元、财政总支出2.87亿元，一、二、三产业结构比例为33.7:42.7:23.6。1997年，提出“进百强、冠三湘”目标，11月，在文家市镇召开全市企业产权制度改革现场经验交流会，全面推介并积极稳妥地推进以拍卖转让产权为主要形式的企业产权制度改革。通过改革，盘活国有、集体企业资产，释放民营企业的活力，推动市域经济持续、快速、健康发展，全市主要经济社会发展综合指数保持高速增长，产业结构不断调整完善。2000年，全市完成国内生产总值67.55亿元，实现财政总收入5.03亿元，三次产业结构比为25.5:47.5:27。2006年完成国内生产总值206.94亿元，财政总收入18.11亿元，三次产业结构比为14.45:59.86:25.69；是年，浏阳首次进入全国百强县，位列第92位。2012年全市实现国内生产总值811.13亿元、工农业总产值1565.28亿元、人均国内生产总值6.31万元，三次产业结构比为8.8:70.9:20.3，完成财政总收入55.31亿元、财政总支出46.05亿元。

农业生产。1996年，浏阳市选准“粮、猪、油、茶、菜、禽、鱼、果、花、药”十大主导产业，按照“稳粮猪、兴羊菜、重林牧、抓渔禽、上加工”的发展思路，调整结构50万亩，建立水果、干果、药材、楠竹、油茶、松脂松材、蔬菜、黑山羊、种子九大商品基地，投入资金600万元，开发各类基地面积1.23万公顷，全年出栏生猪122.8万头、黑山羊33.4万只，生产蔬菜60万吨，有效地加快全市农业产业化进程；从日本引进、示范并大面积推广水稻旱育秧技术，全年粮食总产66.98万吨；实现农业总产值23.66亿元，被评为“全国农业引进国外智力先进集体”。1997年，全市战胜特大洪涝灾害，粮食产量、猪牛羊肉产量继续保持在全国百强县（市）之列，农业综合开发、农村能源建设跨入全国重点示范县（市）行列。1998年，围绕农业增产、农民增收、农村稳定继续深化改革，稳定家庭联产承包责任制，完善土地延包工作，全市双季稻田面积4.58万公顷，产粮69.2万吨，平均亩产1007千克，实现吨粮市目标。2000年后，全市克服农产品价格下滑、结构性、区域性、阶段性卖难矛盾突出的不利影响，以农业现代化为总揽，以推进农业产业化经营为主线，着力推进农业产业结构战略性调整，强化抗灾补损增收措施，抓好农产品安全和禽流感等动物疫病防治工作，组建金叶农业开发、浏阳河花木、银峰茶叶3大农业公司和13家农业企业为主体的农副产品加工企业。2005年，全市实现农业总产值45.11亿元。2008年，启动浏阳河百里新农村示范走廊建设，加快农业科技产业园和柏加、大瑶、永安3个新农村示范片以及35个新农村示范村的建设，有序推进集体林权制度改革和土地流转，继续扶持烤烟、花木、蔬菜、水果等优势产业带。2009年，抓住新农村建设主线，架起银信部门与农户、农产品加工龙头企业与新型农民专业合作社组织桥梁，突出抓好土地流转、农民专业合作组织、农民培训工作。2010年，大力发展粮食生产，全面遏制耕地抛荒，全市农作物播种面积16.02万公顷，其中水稻7.43万公顷，实现农业总产值80.06亿元，大旱之年实现农业增效农民增收。到2012年，全市农业总产值108.44亿元，其中农业、林业、牧业、渔业分别为58.89亿元、11.96亿元、31.75亿元、3.18亿元，农林牧渔服务业2.66亿元；全市粮食总产量55.14万吨，蔬菜总产量111.03万吨；年内采伐木材15.36万立方米，产油茶籽5.6万吨；年内生猪出栏197.55万头，山羊出栏68.12万只；水产品总产量2.27万吨，其中鲜鱼2.11万吨。1996—2012年，浏阳先后被评为“全国生态农业建设先进市”“国家烟叶标准化生产示范县市”“国家农业标准化示范区”“全国粮食生产先进县（市）”“全国农产品检验检测体系建设示范县（市）”“全国平安农机示范县（市）”“全国高标准基本农田建设示范县（市）”“全国机械化育插秧示范县（市）”。

工业集约化发展。1996 年，浏阳工业发展围绕“扶优扶强、兼并联合、破产重组、放小搞活”的重点，联合组建 3 家大的公司或总厂，对 8 家企业实施破产，1 家进行股份制改造，7 家实行“退二进三”（退出第二产业，进入第三产业）租赁经营；实施环保工程和可持续发展战略，对 18 家严重污染企业强制关停，全市实现工业总产值 68.11 亿元。随后，继续淘汰一批能耗高、效率低、污染严重的小化工厂、小纸厂、小水泥厂，壮大提升以鞭炮烟花为主的传统产业和竹制品等劳动密集型产业。在注重生态保护的前提下，积极开发以利用自然资源为主体的农副产品加工、储运保鲜、饮料、食品、采矿、建材、化工、电力、交通等产业，培植引进生物医药、电子电讯、环保产品和新材料工业。1997 年起，采取面向社会公开拍卖、转让和破产重组等形式，对全市国有、集体企业进行全面置换国有、集体产权性质，置换职工全民、集体身份并建立社会保障制度的深层次改革，全市 235 家工业企业置换资产总收入 2.96 亿元，8534 名国有、集体企业职工解除与企业的劳动关系，企业成为产权明晰、自主经营、自负盈亏的市场主体。20 世纪 90 年代中期，市委、市政府坚持在工业发展中推行“新技术、集约化、外向型、高质量、高效益”的兴工强市战略，决定跳出浏阳老城区，发展浏阳西北区，以园兴市。1997 年浏阳工业园奠基创建，1999 年又将主导产业调整为医药方向，聚集生物制药、化学制药、中成药制药及医药辅助工业企业，一跃成为具有较大规模的抗生素制剂、中药标准化提取物、中药戒毒药物及生化疫苗生产基地和出口基地。2000 年，花炮精品园、现代农业园相继创建；同年，全市有乡镇企业 5.92 万家，在厂职工 31.68 万人，完成总产值173.34 亿元，被评为“全省乡镇企业综合实力十强县（市）”；全市工业生产目标管理连续三年位居长沙地区四县（市）之首。2003 年制造产业基地创建。园区成为浏阳多层次全方位开放总格局中的排头兵，对传统产业的改造提升起到试验、示范、引导作用，烟花鞭炮、健康食品、汽车配件、生物医药等产业获得较大发展，质量提升，出口扩大。2005 年，全市以工业投入、园区建设为重点，实现工业总产值 209.95 亿元，过亿元企业 17 家，工业对经济的贡献率 53.2%，拉动经济增长 7.9 个百分点。2010 年，通过狠抓烟花鞭炮、生物技术、机械制造、食品饮料、农林产品、材料能源六大产业，全市实现工业总产值 902.9 亿元，万元 GDP 能耗下降 5.65 个百分点，工业对全市经济贡献率上升到 76.84%，拉动经济增长 12.1 个百分点。2012 年 3 月，国务院批准长沙国家生物产业基地（浏阳工业园）升格为国家级浏阳经济技术开发区。是年，全市实现工业总产值 1456.83 亿元，其中，浏阳经济技术开发区实现工业总产值 377 亿元，完成财税收入 12.5 亿元；制造产业基地实现工业总产值 141.38 亿元，完成财税收入 5.07 亿元；现代农业园更名为“两型”产业园，实现工业总产值 40.1 亿元，完成财税收入 4060 万元；三个园区工业总产值、财税收入，分别占全市总数的 38.34%、32.51%。

鞭炮烟花产业。1996 年，花炮行业坚持“开放、发展、搞活、治乱”的原则，实行“扶优扶强、调优调高”政策，打击非法生产，规范生产经营，走科技兴厂之路，不断开发和生产新的花炮品种，重点扶持一批大型花炮生产企业和大型经营公司，淘汰一批个体小厂，全市实现花炮产值 12.15 亿元，创税 1.5 亿元。2000 年之后，全面实施产业整合提升战略，大力推进现代化、标准化工厂改造，加快全行业技术、产品改造和花炮机械改造，使全市烟花爆竹产业健康发展，重大安全事故得到有效遏制，“浏阳花炮”成为享誉全球的安全品牌和质量品牌。2004 年被认定为国家原产地域产品保护的产品；2005 年 12 月，与南京理工大学正式签署“浏阳花炮科学技术研究开发（委托）合同”，确定对烟花工艺与燃放技术、无烟焰火技术、花炮新材料技术和环保花炮进行科研合作；2007 年被认定为中国驰名商标；2008 年被马德里国际商标组织认定为“世界知名品牌”，在全球 79 个国家和地区受到保护；2009 年获“最具竞争力地理标志商标”称号；2010 年浏阳花炮先后在上海世博会、广州亚运会绽放，并在长沙橘子洲头举办为期一年的周末焰火暨音乐焰火大赛，全年承办各类焰火燃放 920 多场次；2011 年品牌价值 1028.17 亿元，位居中国第七，是湖南唯一进入中国前 10 位的文化品牌。到 2012 年，相继举办十届国际花炮节，浏阳花炮节被评为“全国十大物品类节庆”“中国节庆产业十大魅力节庆”，浏阳花炮在世界焰火、音乐烟花比赛中五次获得金奖。花炮产业经过发展、整合、提升，2012 年全市花炮企业 1024 家，占全国产能的 70%，产品畅销世界五大洲 120 多个国家和地区；全年实现花炮产值 276.11 亿元，创税 10.66 亿元，分别比 1996 年增长 21.73 倍和 6.11 倍。

贸易与招商引资。1996 年，全市出口供货 8.8 亿元、自营出口创汇 3001.89 万美元、实现利润 413 万元，均保持全省地县（市）外贸第一位；全市实现社会消费品零售总额 13.2 亿元，社会出口额 7.2 亿元。1997 年，获得鞭炮烟花进出口经营权，先后获得此类商品进出口经营权的企业有 33 家，使外贸机制更加灵活。浏阳四大传统特产花炮、夏布、豆豉、菊花石雕，以及纺织、服装、化工、医药、机械、电子、食品和花木、黑山羊、烤烟等产品，均有较好的国内外市场，丰富的名优特产支撑出口创汇，浏阳外贸进出口总额连续 17 年居全省第一。2000 年，全市国合商业加快改制步伐，获处置资产收入 2.53 亿元。同时，大力加强市场规划建设，湘东建材家具大市场、浏阳国际花炮展示交易中心、柏加花卉苗木市场等一批市场动工兴建。2005 年，浏阳被商务部列入“万村千乡”市场工程试点县（市），纳入全国百县农村市场监测系统，是年全市有进出口企业 121 家。2009 年，全市完成自营进出口总额 2.8 亿美元，外贸总额超过省内 9 个地级市，实现逆势上扬。至 2012 年，举办“幸福浏阳”购物消费节、城市商务节、浏阳河休闲观光节、车展、家博会等一系列本土节会活动，有效拉动和激活城乡消费市场。2012 年，实现自营进出口总额 11.74 亿美元；248 家乡、村级“农家店”覆盖全市各乡镇；全市有个体工商户 29137 户、私营企业 6695 家；全年实现社会消费品零售总额 158.1 亿元；招商引资引进项目 172 个，其中过亿元项目 36 个，到位资金 108.36 亿元，其中外商直接投资 13269 万美元，实现长沙市外境内固定资产投资 57.82 亿元，其中省外境内固定资产投资 35.21 亿元。

旅游业。1996 年，出台《浏阳市旅游行业管理暂行办法》，成立旅行社、旅游学校、旅游开发公司、国际交流服务公司、旅游运输总公司 5 家服务实体，带动旅游产业蓬勃发展；全市有旅游景点 520 个，8 月 1 日大围山国家森林公园正式开园，接待游客 10 万余人次，创收 200 余万元。2000 年，各旅游景区（点）累计接待游客 65.01 万人次，旅游总收入 1.8 亿元。2001 年 4 月，大围山国家森林公园被评为全国首批 AAA 级景区。2005 年，秋收起义文家市会师旧址被公布为全国首批红色旅游经典景区。2006 年 1 月，浏阳市被授予“中国优秀旅游城市”称号。2010 年，全市接待游客 570 万人次，实现旅游总收入 35 亿元。2012 年，域内有国家级旅游景区 6 个、县级以上文物保护单位 106 处；全市接待旅游人数 898.28 万人次，旅游总收入 82.23 亿元。

县域金融安全区建设。1996 年，加大金融监管力度，对社会金融进行清理整顿。1999 年 4 月，印发《关于创建浏阳金融安全区的决定》，构建一种金融与经济良性互补、协调促进、共同发展的全新格局。2000 年，省政府召开“浏阳市创建金融安全区工作座谈会”，在全省推广浏阳经验。2001 年 9 月，被授予“创建金融安全区达标单位”称号。2003 年 6 月，金融安全区第二期目标基本实现，长沙市政府、长沙市金融安全区创建工作领导小组正式授予浏阳市为全省首家金融安全区。2005 年起，开始把握社会信用体系建设主线，优化区域金融生态环境，开展金融生态指标体系评估，在省创安办多次“回头看”考核验收中，浏阳名列全省县（市）前列。2012 年，金融机构年末各项存款余额 313.03 亿元，各项贷款余额 232.98 亿元，分别比 1996 年的 22.41 亿元和 16.64 亿元增长 12.97 倍和 13 倍。

人民生活。1996 年，全市年末职工总数 5.52 万人，年工资总额 2.96 亿元，年平均工资 5447 元，农民人均纯收入 1957 元，城乡居民年末储蓄余额 17.58 亿元。1998 年，全市农民人均纯收入 2718 元，超过 2545 元的省规定小康标准，经验收合格，被评定为“湖南省小康市”。2004 年 5 月，全省农村全面小康示范村现场启动会在浏阳召开，按照“一年初见成效，三年初具雏形，五年基本小康”的要求，柏加镇渡头村、淳口镇鸭头村等 10 个村被确定为全省农村全面小康示范村，数量居全省之首。2007 年，浏阳被评为“全国绿色小康县（市）”。2010 年，全市城镇居民人均可支配收入 2.13 万元，人均生活消费支出 1.49 万元。2012 年，农民人均纯收入 1.57 万元，比 1996 年增长 7.03 倍；农民人均可支配收入 1.53 万元，农民人均生活消费支出 1.08 万元；城镇居民人均可支配收入 2.73 万元，城镇居民人均生活消费支出 1.78 万元。全市城乡人民生活条件日益得到改善，生活质量不断提高。

三

交通融城。为解决交通瓶颈问题，自 20 世纪 90 年代开始，浏阳人民发挥自力更生、艰苦奋斗的优良传统，连续 20 年进行大规模的交通建设。1996 年 10 月，全长 33.086 千米的 319 国道浏（阳）永（安）高等级公路全线竣工通车，开创国道县修的先例，缩短浏阳至长沙的车程，极大地提高浏阳的区位优势，改变浏阳的封闭状况。继完成 319 国道浏永、浏（阳）大（瑶）高等级公路建设之后，又全面改扩建永（安）社（港）、大（瑶）文（家市）、浏（阳）跃（龙）、浏（阳）东（门）公路，四路全长 169 千米。各乡、镇和村级公路也相继进行改造。同时，加快市域环线（东南干线、西南干线、东南支线）建设步伐，2004 年完成百里花木走廊公路带建设。2001—2005 年，新增公路总里程 2300 千米，成功构建市域一小时经济快速通道。2009 年，浏阳域内长浏、浏醴、大浏 3 条高速公路以及开元东路等重大交通项目全面启动，掀起第三轮交通建设高潮。2012 年 12 月，大浏高速、浏醴高速相继实现通车，在浏阳域内设 10 个互通口，经互通连接线与地方交通路网相接，浏阳自此拥有更快捷通道。2012 年，全市公路客运量 4582 万人次，公路旅客周转量 20.90 亿人千米，分别比 1996 年的 1650 万人次、7.12 亿人千米增长 1.78 倍和 1.94 倍；公路货运量 3014 万吨，公路货物周转量 18.99 亿吨千米，分别比 1996 年的 726 万吨、4.92 亿吨千米增长 3.15 倍和 2.86 倍。

电力通信。1996 年，解决 1 个无电乡、15 个无电村的用电问题，乡、村通电率分别达 100%、98.2%；总投资 8000 万元的集里 220 千伏变电工程竣工合闸送电。1997 年，实现村村通电。1998 年，实现农村电气化。1999 年，撤销浏阳市农村电力管理总站，组建浏阳电力局农村供电营业所 18 个。2000 年，全市完成售电量 4.2 亿千瓦时；2005 年 7.37 亿千瓦时；2010 年 16.54 亿千瓦时；2012 年 26.03 亿千瓦时。邮政通信设施不断完善，信息网络逐步畅通，信息化稳居全省县（市）级前列。1996 年开始大力实施“121”通信工程，12 月底全市 40 个乡镇（街道）全部实现电话交换程控化。2000 年年末，全市电话交换机容量 12 万门，100%的行政村通程控电话；成为全省首个电话用户突破 10 万户的县（市），累计 13.50 万户。2005 年，电信浏阳分公司进入全省“县级分公司二十优”，列全省业务收入 6000 万元以上等级县级分公司第三，完成 1.29 亿元。2010 年，完成业务收入 1.61 亿元。至 2012 年，全市构建浏阳综合信息网络系统，逐步实现政务电子化和经济信息化。2012 年年末，全市拥有移动电话用户 114.03 万户，市内固定电话用户 15.16 万户，农村固定电话用户 13.97 万户，国际互联网宽带用户 7.83 万户；全市实现邮电业务总量 8.84 亿元，比 1996 年的 6731 万元增长 12.19 倍。

城乡建设。1996 年，将西湖山和 319 国道禧和至蕉溪岭隧道段两厢用地纳入城市规划区，市区面积增加 10 平方千米，达到 40 平方千米；建制镇 20 个；全社会固定资产投资 2.72 亿元。1999 年 4 月，组建城市建设投资开发公司。至2000年，完成北正中路、车站路的硬化、亮化及人民路、解放路、才常广场的改扩建工程，投资4000万元改建的新文路步行街成为城市建设的亮点。2005年，城区建成面积由2000年的14平方千米拓展到20平方千米，城镇人口从32万人增加到47万人，城镇化水平从24.6%提高到35.4%。2010年，城镇化率45.96%。至2012年，城区建成面积扩展到30平方千米，城镇化水平提升至50.01%。按照总体规划，浏阳河上游先后建成中塅、板贝两座防洪水库，扩建、整修、加固一批水利设施，新增引、蓄水量2.49亿立方米，并在城区和部分低矮河段筑堤挡洪，全市抵御水患、预防灾害和生态保护的能力得到加强。2012年，全社会固定资产投资435.99亿元，比1996年增长159.29倍，建制镇发展到27个。1996—2012年，浏阳先后被授予“中国花木之乡”“中国红檵木之乡”“全国造林绿化百佳县（市）”“中国油茶之乡”“全国经济林建设先进县（市）”“全国绿化先进集体”“全国中小城市综合实力100强”“全国最具投资潜力中小城市50强”荣誉称号。

住房建设。20世纪90年代，以优惠售房、集资建房为主要内容的房改稳步推进，住房分配实现货币化的市场运作。1996年，全市城乡改建、新建住宅41.72万平方米，城市人均居住面积12.7平方米。1998年后政府相继实施国家对房地产业的扶植政策，促进房地产业快速发展。2000年，位于浏阳河畔唐家洲、占地1.59平方千米、预算投资4.98亿元的浏阳河文化娱乐综合区开发启动，实施城市南拓。2005年，成交商品房3100多套39.7万平方米，成交金额4.03亿元，城镇人均居住面积35平方米；为3000多户居民提供廉租房，解决1万余城市低收入人群的住房问题。2006年，浏阳获得“中国人居环境范例奖”。2010年，全市商品房销售64.83万平方米，销售额17.96亿元；建设廉租住房2.16万平方米，年内累计发放廉租住房补贴846户、96万元，4151户城区最低收入住房困难家庭实现应保尽保。2012年，建设廉租、公租等各类保障性住房5292套，改建农村危房5357栋；全市建筑业实现产值48.49亿元，完成房地产开发投资35.76亿元，分别比1996年增长41.18倍和361.68倍；实现商品房销售面积94.45万平方米，商品房销售额42.06亿元，分别比1996年增长90.31倍和534.15倍。

生态环境保护。1996年11月，印发《关于坚决取缔关停一批严重污染环境的企业的通知》，至年底，32家严重污染环境的企业全部取缔、关停，废气、废渣、废水排放量削减，浏阳河水质量明显提高。1997年，下达南川河、捞刀河及大、中型水库水体功能区划的通知，科学规划建立2.5平方千米的噪声控制达标区，完成“浏阳市生态农业工程”立项及调查提纲编写；7月被国家环保总局列为“全国生态示范区建设试点县（市）”。2000年，颁布《浏阳市机动车尾气污染防治工作管理规定》《2000年达标排放工作方案》《污染物总量控制实施纲要》等文件，检测机动车辆3400台、治理500余台；对全市73家企、事业单位作出限期治理达标的决定，并与40个乡镇、街道和20个企业主管部门签订达标排放目标责任书，全年征收排污费342.5万元。2001年，全市通过工业污染源达标排放验收的企业44家，自然停产4家，停产治理5家，转产11家，关闭9家，达标率93%；10月开始兴建浏阳市大栗坪日处理能力为8万吨的污水处理厂。2002年3月，被授予第二批“国家级生态示范区”。2005年，全市102家造纸企业，有80余家完成废水治理任务。2010年底，33个乡镇垃圾收集处置体系项目建设全面完成，葛家、洞阳、大瑶、永安等11个污水处理厂建成投入运行。市城区的环境空气质量达到国家二级标准，浏阳河市区断面水质达到国家标准，捞刀河、南川河断面水质符合国家地面水环境质量三类标准。多年罕见的野生动物种群如野兔、野山羊、白鹭和一些珍稀鱼种重新出现，森林植被基本恢复，生态环境逐步得到改善。2012年，全市工业二氧化硫排放量4032吨，比上年下降20.1%；工业废水排放达标率90.8%，工业烟尘排放达标率93.86%，城镇生活污水处理率75%。

四

科技工作。1996年6月，浏阳市召开第四次科技大会，作出《关于实施科教兴市战略加速科技进步的决定》，全市经济进一步向依靠科技进步和提高劳动者素质方面转化，全年安排各级各类科技计划39项，投放资金147.8万元，获县级以上科技进步奖15项。1997年，成立市科技成果推广领导小组，农业技术推广中心、生产力促进中心也先后成立；全市40个乡镇、街道都建立农技、林业、水利、农机、畜牧、经营六站及农科教中心，96.7%的行政村建立农技服务站。2000年，出台《浏阳市科学技术奖励办法》《浏阳市科技创新单项奖奖励细则》，为全市科技创新营造良好环境；全年引进新技术项目111个，有2个项目列入国家科技部火炬计划和星火计划；浏阳市被列为全省唯一的专利工作试点县（市），申请专利120件，居全省前列。2002年，全市专业技术人员30507人，其中高级325人、中级5402人；各级科技示范户7530户，其中长沙市级以上136户、浏阳市级510户。2005年，编制《浏阳市国家科技进步示范市建设与发展规划（2005—2010)》，全市科技开发项目近400项，其中高新技术产业完成产值21.44亿元；全年专利申请249件，完成技术合同成交额650万元。2010年，全市申请长沙市级以上科技项目180个，争取项目经费2800万元；申请专利457件，专利授权303件。2012年，全市组织申报科技项目120余个，申请专利706件，完成国家、省、长沙市项目结题验收120个，取得科研成果240余项，开发新产品472个、新技术80余项，全市80家高新技术企业实现产值348.5亿元。2012年年末，全市拥有独立科研与技术开发机构440余家、省级工程技术研究中心5家、国家级科技服务平台1家，拥有各类科技人员22.9万人，其中两院院士2人。1996—2012年，浏阳10多次获得“全国科技进步先进县（市）”“全国科技进步示范县（市）”“全国科普示范县（市）”“首批国家知识产权强县（市）工程县（市）”等称号。

教育事业。1996年，全县有各类学校1089所，教职员工1.23万人，在校学生25.38万人，招收学生5.98万人，毕业学生4.52万人。教育系统相继实行“目标管理责任制”“教师聘用聘任制”和“结构工资制”。逐年加大教育经费投入，1997年9月，全市顺利通过“两基”（基本普及九年义务教育、基本扫除青壮年文盲）验收；1998年12月，被评为全国“普及九年义务教育扫除青壮年文盲先进单位”。在不断巩固“普九”成果的基础上，累计投入资金2.6亿多元，2001年提前一年顺利实现“高中翻番”，长期困扰政府和人民的教育需求在很大程度上得到缓解，先后被评为“全国特殊教育先进市”“全国‘两基’工作先进地区”。2005年，投入改造学校危房、改善基本办学条件资金4900万元，新建、改建、维修校舍8.1万平方米，消除危房3.48万平方米；浏阳教育经费“三个增长”（各级人民政府教育财政拨款的增长应当高于财政经常性收入的增长，并使按在校学生人数平均的教育费用逐步增长，保证教师工资和学生人均公用经费逐步增长)、贫困学生“两免一补”（免杂费、免书本费、补助寄宿生生活费）以及义务教育巩固提高等通过国家专项督查。2010年，有15个乡镇（街道）实现教育强乡镇（街道）目标，227所学校达到合格学校建设标准。通过整合优化，使教育资源配置不断合理，教学手段不断更新，教学质量不断提高，浏阳一中、浏阳三中、浏阳河小学等一批中小学达到省颁“示范性”学校标准和“规范化”学校标准。2012年，全市有各类学校289所，教职员工8722人，在校学生15.37万人，招收学生3.78万人，毕业学生3.40万人。另有幼儿园290所，幼师1694人，在园幼儿4.39万人。全市初中毕业生升学率97.71%，职业学校毕业生就业率98%以上，高考录取4691人，总录取率84.7%。

医疗卫生事业。1996年，全市有卫生机构78个，其中医院51个，卫生机构床位数1862张，其中医院床位数1832张；卫生技术人员2444人，其中医生1098人；年内诊疗141万人次，入院人数5.08万人；治愈率60.7%，病死率0.2%。医疗卫生在整合卫生资源中，重点加强中心医院和乡镇卫生院产科及急诊室建设，并在部门内部实行严格的准入制度和人事制度改革，还鼓励市级医疗保健机构、民营企业和个人领办乡镇卫生院。2000年7月，文家市医院尝试进行产权制度改革，其房屋和固定资产采取整体拍卖，拍卖后，市卫生局对该医院的从业人员实行准入制度，并对医疗服务行为和价格等方面依法进行监管；改革后，该院医疗环境和医疗技术得到明显改善，门诊人数、住院人数、业务收入明显增加。计划免疫工作三次通过达标验收，严重危害人民身体健康的传染病得到有效控制，全市甲、乙类传染病发病率显著下降。2005年，浏阳被确定为全国新型农村合作医疗试点县（市），至年底有96.62万位农民参加合作医疗，占全市农民的81.5%。2010年，全面启动公共卫生均等化服务项目，免费为居民建立健康档案35万册，完成65岁以上老年人健康体检8.97万人，麻疹疫苗强化免疫7.08万人，乙肝疫苗补种11.36万人次，叶酸补服1.59万人。2012年，浏阳被确定为全国县级公立医院改革试点县（市），将破除“以药养医”机制，改革管理体制和运行机制，解决老百姓“看病难”“看病贵”问题；至年底，全市有卫生机构50个，其中医院42所；卫生机构床位数6225张，其中医院床位数5845张；卫生技术人员6337人，其中医生2658人；年内诊疗301万人次，入院人数27.41万人；治愈率49.5%，病死率0.04%；白喉、脊髓灰质炎连续10余年无病例报告。计划生育实行行政管理与村民自治相结合，并逐步朝着村民自治为主的方向转变，居于全省先进行列。2012年内出生人口18637人，人口出生率13‰；年内死亡人口8277人，人口死亡率5.8‰；自然增长人口1.04万人，人口自然增长率7.2‰。1996年至2012年，浏阳先后被授予“全国农村初级卫生保健先进县（市）”“全国农村中医工作先进县（市）”，以及全国生殖健康/计划生育项目“先进项目县（市）”等荣誉称号。

文化体育事业。文化体育除进行内部人事管理制度改革外，积极面向市场，做大做强文体产业，并加大投入，完善文化公共设施建设。1996年，全市有文化馆、站41个；电影放映单位161个，放映电影1.18万场，电影观众534万人次；有艺术表演团体1个，观众20.8万人次；公共图书馆藏书8.4万册。全市有体育运动场馆室849个，1996年定为“全民健身年”，举办县以上运动会24次，参加人数17.5万人，获省级以上奖牌17块，其中金牌6块、银牌7块、铜牌4块。1997年省八运会武术比赛中，有1人夺得金牌1枚、银牌铜牌各2枚。在全国残疾人运动会上，有3人相继获得田径800米第四、三级跳远第一和田径200米冠军。2000年，浏阳被列为全省唯一的文物保护“五纳入”试点县（市），从2001年开始将每年10万元的文物维修经费纳入财政预算。2001年机构改革，市文化局和市体育局合并成立市文化体育局，投入400余万元，举办各类群众文体活动400多次，直接参与群众200多万人次。2005年，先后举办纪念谭嗣同140周年诞辰、胡耀邦90周年诞辰及抗日战争胜利60周年等系列活动；启动广场“月月乐”活动，全年在浏阳河广场演出20多场。2010年，投资1.2亿元总建筑面积2.6万平方米的室内多功能体育馆竣工，先后举办市首届全民健身运动会和CBA季前赛（浏阳赛区）。2012年，相继策划组织大型文艺活动10余场，开展“欢乐浏阳河”等各类公益性群众文化活动及组织各类文艺演出50余场次；承办“体彩杯”第八届市直机关运动会、环城自行车骑行等大型赛事活动10多次，仅篮球活动即举办16次740场，观众7.48万人次。文学艺术时有佳作问世，五律《壬申观北海九龙壁有感》、花鼓戏《石榴湾风情》《蓓蕾的呼唤》、油画《曙光初照》、根雕《九龙汇中华》、菊花石雕《傲霜图》等多件文艺作品在全国获奖。《中共浏阳党史大事记》《新浏阳50年党史资料汇编》《中共浏阳地方史(1949—2002年)》《浏阳人民革命斗争史》等党史读物相继出版。1996—2012年，编辑印出《浏阳年鉴》17部。2007年12月出版《浏阳市志（1988—2002)》，第二轮修志规划的1部市志、40部乡镇街道志、

60 部行业部门志绝大部分均出版或印刷。2012 年年底，新建成综合档案馆，有馆藏档案 26.16 万卷；年末市图书馆藏书 17.91 万册。2012 年，《浏阳日报》每期发行量 3.83 万份。全市广播综合人口覆盖率 100%，电视综合人口覆盖率 98%，闭路电视用户 23.5 万户。浏阳网、浏阳新闻网等媒体，关注社会焦点、热点，贴近群众、生活。1996 年至 2012 年，浏阳先后进入“全国文化先进县（市）”“全国体育先进县（市）”行列，被评为“全国武术之乡”“中华诗词之乡”“全国楹联文化城市”。

精神文明建设。1996 年后，加大精神文明建设力度，相继开展的新时期干部思想教育和以淳化民风教育为主要内容的公民道德教育，不断丰富文明单位创建活动的内容、提高创建水平。1999 年 3 月，浏阳进入全国精神文明建设先进市行列；2003 年被授予“全国村民自治模范县（市）”称号；2006 年获评“全国法制宣传教育先进市”；2010 年在 25 个省文明城市文明指数测评中排名第一；2012 年被评为“法治城市创建工作全国先进县（市）”。1996—2012 年，株树桥水库管理局、浏阳市房产局乡镇房管办先后获评“全国青年文明号”，浏阳市爱心车队被评为“第七届中国百个优秀志愿者服务集体”，集里医院被评为“全国巾帼文明示范岗”，浏阳市检察院被评为“全国文明接待示范窗口”，淳口镇南冲村被评为“全国文明村”。实施《公民道德建设实施纲要》，践行社会主义核心价值观，见义勇为、舍己救人、诚实守信的传统道德在市场经济大潮中依然闪闪发光。涌现出肖庆友、刘尚义、李行庆、屈细茶、陈顺英、唐勇等舍己救人和李科林、魏发祥、李承平等为抢救国家和人民财产而献身的烈士或英模。带病坚守农田倒在丰收路上的全国农技推广标兵王汉清；身患癌症仍带领村民脱贫致富的现代版“愚公”黄增科；心系群众一心为民的“草帽乡长”李孝全；带着患先天性心脏病的弟弟一起读大学的“向日葵女孩”何平；拾荒助学数十年如一日的张坊镇老干部朱自明等百姓模范，为新时期思想道德建设树立光辉的榜样。

第九节　宁乡县

一

宁乡是原国家主席刘少奇的故乡。地处湘东偏北的洞庭湖南缘地区，东与长沙市望城区为邻，南与湘潭市雨湖区、韶山市、湘潭县、湘乡市接壤；西与娄底市娄星区、涟源市、安化县交界；北与益阳市赫山区、桃江县毗连，是湖南省内唯一与五个地级市辖区相邻的县。地里坐标，北纬 27°52′56.6″~28°29′21.4″，东经 111°53′25″~112°47′16.5″。位于雪峰山余脉东缘和湘江尾闾东侧，属湘中丘陵向滨湖平原的过渡地带区，地势西高东低，南陡北缓，最大跨度东西长 88 千米，南北宽 69 千米。2012 年，县域总面积 2905.92 平方千米（据县国土资源局、县统计局 2007—2009 年第二次调查确定，未含岳麓区含浦镇槛子村飞地面积 617.28 公顷），其中耕地面积 9.42 万公顷。

中华人民共和国成立后，宁乡先后属益阳、湘潭专区。1983 年 7 月，由隶属益阳地区划归隶属长沙市。1990 年，有 12 个区、1 个区级镇、65 个乡、11 个乡级镇。1995 年 5 月，撤区并乡建镇后，全县设 15 个乡 16 个镇 4 个办事处。1998 年 9 月取消 4 个办事处，恢复城关镇，更名玉潭镇；恢复白马桥乡、历经铺乡、城郊乡。至此，全县有 17 个镇、18 个乡。2004 年，村级区划调整，行政村由 2002 年的 908 个调整为 392 个，40 个居委会调整为 33 个社区。2005 年 12 月祖塔乡与沩山乡合并，设立沩山乡，崔坪乡与黄材镇合并，设立黄材镇。2007 年 3 月大成桥、青山桥，2009 年 11 月金洲，分别撤乡建镇。至 2012 年，有 33 个乡镇，（其中 12 个乡、21 个镇）370 个村，52 个社区居委会，人口总数 137.75 万人，比 1996 年增长 6.83%。据第六次全国人口普查登记，县域内居住的 32 个民族中以汉族为主，少数民族占总人口的0.17%。

宁乡生态环境良好，土地肥沃，山川秀丽，多为丘陵地带，山地、平原、江河相映成趣。气候属中亚热带向北亚带过渡的大陆性季风湿润区，四季分明，雨量充沛，日照适中。年平均气温17.1℃，无霜期268天，日照1682.5小时，降水量1450.7毫米。

自然资源丰富。水资源总量21.452亿立方米，矿产资源探明的有煤、铁、锰、硅、铀、钒、金刚石等31种，矿点137处，蕴涵着巨大的开发潜力。山区森林茂盛，面积10.44万公顷，有松、杉、樟、柏、竹等木本植物691种，其中属于国家和省保护的珍稀树种30种，野生动物近150种。2000年，宁乡被列为全国水土保持生态环境建设示范县，2003年被列为国家级生态示范区——长沙生态示范区建设试点县。2012年全县森林覆盖率41.07%。

宁乡人杰地灵，英才辈出，文化渊源深厚。炭河里文化遗址为西周时期城垣和宫殿基地，成为2004年全国十大考古发现之一。四羊方尊、人面纹方鼎等青铜器的出土震惊中外，被世界考古界誉为“南中国青铜文化中心”。唐朝宰相裴休奏建的沩山密印禅寺，乃佛教沩仰宗祖庭，其中由12182尊鎏金佛像砖镶嵌而成的万佛殿，堪称寺庙建筑奇观。回龙山白云寺，素有“南岳山的香，回龙山的烛”之美称，被列入《中国百大名寺》《中国寺庙宝典》《中国旅游名胜大辞典》。灰汤温泉水温89.5℃，是全国三大高温复合温泉之一，日出水量3500立方米，保健功能极好。花明楼镇炭子冲村是中华人民共和国原主席刘少奇的诞生地，景区内有刘少奇故居和纪念馆，为红色旅游热线景点。宁乡人才辈出，涌现宋代状元易祓，明清时代被誉为“楚陶三绝”的陶汝鼐，艺苑精英王文清、黄本骥，雕刻家周义，画师杨世焯，公路建设专家欧阳镜寰，桥梁专家周凤九，湘绣“针神”萧永霞，辛亥革命人仁志士周震鳞、抗日名将齐学启，中共一大代表何叔衡，全国政协原副主席谢觉哉、陶峙岳、欧阳钦，中国人民解放军上将甘泗淇和全国人大常委会原副委员长、“两弹一星”勋章获得者周光召等一大批风流人物。朱剑凡、周凤九、贺耀组等近代著名人士都是宁乡人民的杰出代表。

二

20世纪90年代，确立“农业稳县、工业富县、流通活县、科教兴县”的发展战略，经济结构不断调整优化，全县经济快速增长。1993年财政收入1.1亿元，首破亿元大关。1996年，县域生产总值47.56亿元，人均3927元，三次产业比值为36.1:37.7:26.2，财政收入2.37亿元，财政支出2.09亿元。2008年，县域生产总值323.29亿元，人均2.59万元，三次产业比值15.6:58.6:25.8，财政收入14.05亿元，支出22.2亿元，在第八届全国县域经济基本竞争力百强县（市）评选中排名97位，首次进入全国百强。2009—2012年，财政年净增额7亿多元。2012年，县域生产总值732.5亿元、人均6.22万元，三次产业比值为11.6:68.5:19.9，财政收入40.81亿元，支出48.12亿元；位列全国县域经济基本竞争力百强县（市）第61位。

农业经济。宁乡是闻名全国的农业大县，素有“鱼米之乡”“生猪之乡”“茶叶之乡”美誉。1990年，国家首次公布全国粮、棉、油、肉百强县，宁乡位列粮食百强第12位。1996年，粮食种植面积14.24万公顷，粮食总产量89.49万吨，其中稻谷85.87万吨；生产油料1.01万吨、烟叶553吨、茶叶1363吨、水果1.56万吨；全县农林牧渔业总产值27.99亿元。1997年，沩山牌系列茶叶继1995年获中国国际新技术、新产品博览会金奖之后，获湖南省首届林业博览会金奖，恢复中国十大名茶之一。1998年，宁乡县被省政府授予“双季稻成建制亩产吨粮先进县”称号。其后，调整产业结构，减少种粮面积，粮食总产量有所下降，但特色水果、有机茶叶等产业基地加快发展，蔬菜、花卉苗木等形成规模产业。2012年，粮食种植面积12.91万公顷，其中稻谷种植面积11.97万公顷，粮食总产量85.25万吨，其中稻谷 80.11 万吨，东湖塘有机稻基地通过有机认证，再获“全省粮食生产标兵县”荣誉；生产茶叶 5030 吨，沩山茶叶基地和金洲茶叶基地扩面提质，产品出口至俄罗斯及东欧国家；烟叶种植面积 6400 公顷，有 15 家烟叶专业合作社，生产烟叶 1.41 万吨，居全省第二；生产油料 1.44 万吨、水果 5.97 万吨、蔬菜 136.8 万吨，宁韶线蔬菜走廊连片种植 1333.33 公顷；农林牧副渔总产值为 128.04 亿元。

拳头产业。宁乡花猪为联合国粮农组织推荐品种，全国三大优良地方品种之一。1990 年宁乡县位列全国肉类百强第九位。1996 年出栏肉猪 156.31 万头，出笼家禽 407.8 万羽，水产总量 2.04 万吨。2006 年，宁乡花猪被农业部列入《国家级畜禽遗传资源保护名录》；2007 年，又通过国家无公害农产品产地认证和产品认证；2009 年，宁乡获“国家级宁乡猪保种场”和“国家级宁乡猪保护区”称号，2011 年，农业部颁发《宁乡花猪地理标志登记保护证书》。2012 年，出栏肉猪 241.69 万头，生猪出栏数量连续三年位居全国第一；出笼家禽 4122.55 万羽，水产总量 3.34 万吨；是年，宁乡花猪被评为“中国驰名商标”，并注册成立宁乡花猪产业发展有限公司；建成集养殖、展示、文化、休闲、观光、科研为一体的宁乡花猪青龙寨文化养殖园。

工业经济。1996 年，全县工业企业单位 1.53 万家，总产值 65.17 亿元，其中，全民所有制工业 8.79 亿元，集体所有制工业 17.72 亿元，国有工业企业单位 69 家、集体工业企业单位 1577 家、私营工业企业 1.36 万家；工业企业固定资产原值 31.52 亿元，产品经营涵盖 21 个行业、800 多个系列、上千个品种，柠檬酸、金属化复合介质移相电容器、平板量具、喷雾器、甜红葡萄酒等 20 多种产品获部优、省优；车刀、铸铁、微型碾米机等 23 个产品行销英、德、意、日、港、澳等国家和地区。2000 年 5 月，制发《宁乡县产权制度改革若干规定》，成立产权交易中心，以改革产权结构为突破口，以“两个置换”和建立完善现代企业制度为核心，全面推进企业改革。至 2002 年，通过资产重组、整体拍卖、租赁经营、依法破产等方式，全县仅有国有、集体企业 56 家，占全县工业企业总数的 1%，从业 9490 人，产值 4.28 亿元，税收 3840 万元；私营工业企业 5613 家，占全县工业企业总数的 99.01%，从业 13.67 万人，产值 70.15 亿元，税收 2.83 亿元，分别占全县工业从业人数的 93.51%、全县工业总产值的 94.25%、税收比重的 88.05%。一批股份制企业、外商及港澳台商投资企业脱颖而出，企业规模扩大，工业经济迅速突起。2005 年全县形成矿产、食品、服饰鞋帽、造纸、烟花鞭炮、新材料新能源、机电七大支柱产业。工业企业主要产品产量大幅增长，2000—2012 年，服装由 128.3 万件到 2100 万件、机制纸及纸版 7.77 万吨到 26.71 万吨、酱油 1.52 万吨到 22.8 万吨、原煤 362.16 万吨到 477.65 万吨、水泥 88.63 万吨到 484 万吨；产品中拥有中国名牌 1 个、中国驰名商标 4 个、国家免检产品 9 个、湖南名牌 13 个、湖南著名商标 14 个，高新技术产品 14 个，有 55 家企业 55 个产品获得长沙名牌。2012 年，全县完成工业总产值 1467.82 亿元，其中规模工业总产值 1192.11 亿元，先进装备制造、食品、新材料新能源三大主导产业实现产值 705.65 亿元，占全县规模工业比重的 59.1%，全县规模以上工业企业 555 家，其中产值过亿元企业 180家。

工业园区建设。1998 年，成立宁乡县民营工业园（为“宁乡经济技术开发区”前身），2002 年宁乡经济技术开发区（以下简称“宁乡经开区”）升格为省级开发区，是年，香港华燊燃气、大连明辰振邦氟涂料，台湾宏全国际股份有限公司等 15 家企业投产。2005 年，金洲新区创建。两大园区产业发展各有特色，宁乡经开区主攻食品、机电、循环经济等产业，金洲新区重点发展先进装备制造、新材料新能源、光电信息等战略性新兴产业。2008 年，宁乡经开区成为湖南省首批“循环经济试点园区”；2009 年，成为全国“中小企业信用体系示范园”，全省“两型”试点园区，累计引进企业 120 余家，建成投产企业 80 余家，完成工业总产值 101.4 亿元。2010 年 11 月，宁乡经开区经国务院批准升格成为国家级开发区。

2011年9月，金洲新区获批长沙国家节能环保新材料高新技术产业化基地。2012年，宁乡经开区获批“全国首家循环化改革试点园区”，金洲新区获批“省级工业集中区”，两大园区分别完成工业总产值560亿元、220亿元，实现财政总收入13亿元、10亿元。与此同时，玉潭、城郊、白马桥、夏铎铺、花明楼、双凫铺、煤炭坝、老粮仓等乡镇工业园区也加快发展；加加集团、红宇新材2家本土企业先后上市。2012年，全县园区规模以上工业实现产值612.6亿元，占全部规模工业的51.4%。

商贸经济。20世纪80年代中期，宁乡“国合”一统的商业（即国有商业和供销合作社商业）流通体制逐步被多种经济成分、多种经营方式、多种流通渠道、少环节的经营体制打破。1993年实行商品价格、经营项目、用人制度和分配待遇“四放开”，城乡集体商业、个体私营商业和集贸市场蓬勃发展，全县社会消费品零售总额为6.72亿元。随着体制改革进一步深化，除国家直管的盐业、烟草和石油等行业外，县属国有和集体及供销合作社商业基本上不复存在，一批具有一定经营规模、档次较高的民营商业企业在县城不断涌现。1993年、1997年沙河农产品大市场两期分别竣工开业、投资1.02亿元，总建筑面积15.2万平方米，营业门面1800间。2002年拆除宁乡县交易市场建成宁乡商业步行街，经营门店179户，主营服装、鞋帽、日用百货，成为宁乡商业黄金海岸。2006年“苏宁”“通程”“步步高”等商家入驻县城，2009年引进大润发项目，2011年豪德大市场一期和人人乐商业广场分别建成营业，聚集一批品牌经营商店，这种以连锁超市经营为特征、以商业巨头进驻为潮流、以商业网点遍地开花的发展趋势，极大地推动宁乡消费品市场的全新发展。2012年，实施商务部“万村千乡市场工程”八年，全县乡村建合格农家店500家，建设配送中心3个、配送终端3000多个，构筑遍布城市、辐射农村的流通网络，被商务部评为全国先进县；是年，全县社会消费品零售总额为152.17亿元，比1996年增长14.26倍，实现进出口总额2.4亿美元。贸易业成为拉动消费品市场的主力。

旅游业。1996年，灰汤温泉国际旅游度假区成立，1998年成为全国43个“中国旅游业面向21世纪优先发展项目”中湖南省唯一入选的项目。2000年全县接待旅游人数110万人次，实现旅游收入6000万元。2001年，刘少奇纪念馆成为首批“全国AAAA级旅游景区”。2004年，沩山被列入长沙市“三山两水”（岳麓山、大围山、沩山、湘江、浏阳河）重点开发项目，投资3000万元贯通全长24千米的黄祖沩旅游公路。2005年9月20日，中国·宁乡首届国际佛文化节在沩山密印寺启幕。2007年6月，宁乡成为首批全国旅游强县17个试点县之一，并成功创建“中国旅游强县”。2009年，投资2亿元在沩山风景区打造以千手千眼观音为核心的主题文化公园，兴建四星级密印山庄，完善沩山漂流等一批旅游配套项目；12月，举办中国·长沙（灰汤）首届温泉旅游节，之后一年一届。2012年1月，灰汤紫龙湾创建国家AAAA级旅游景区，10月，沩山风景名胜区获国务院批准为“国家级风景名胜区”，密印寺景区被评为国家AAAA级景区。是年，完成旅游项目建设投入63.3亿元。2012年，全县拥有AAAA级景区2个（刘少奇纪念馆、紫龙湾），AAA级景区5个（密印寺、沩山漂流、千佛洞、东鹜山、白云寺），年接待海内外游客达963万人次，实现旅游收入78.6亿多元。

三

城乡建设。宁乡在加快城镇化过程中，坚持高起点规划、高标准建设、高速度推进，走招商引资、以地生财、滚动开发、配套发展，经营城市的路子，城乡面貌巨变。1990年，县城区面积为8.2平方千米，人口4.92万人。1998年，以宁乡苗圃为基础的少奇公园（后改为玉潭公园）建成，县城自此始有公园。2001年，县城区取缔正三轮摩托车运营。1991—2002年，全城拆除旧房7.43万平方米，改建新建房27.98万平方米，为绿化、亮化、净化、美化玉潭路、人民路，拆除违章建筑1.1万平方米；2002年创建成为省级卫生县城。2001 年 1 月—2003 年 3 月，投资 2.5 亿元建成长 580 米、宽 22 米的步行街；同时，文化超市、金海花园，东为、玉潭、紫金三广场先后建成。2004 年，按城市标准综合性主干道要求改造一环路、花明路，小巴车下线，先后成立四家出租车公司，投入营运出租车 368 台，开通公交线路 16 条。2006 年，县治易地搬迁，行政中心及市民广场投入使用，县城以玉潭镇为中心向四面扩展，主城区面积 21.3 平方千米，人口 20.9 万人；县城新区开发扩展，划分商业区、工业区、住宅区、公务及服务业区，功能区域布局合理，城市配套功能不断完善，形成宽敞流畅、纵横交错、四通八达、平稳坚实的街巷网络；居民用上管道燃气；县城绿化总面积 260.66 万平方米，人均 12.47 平方米；再次创建成为省级卫生县城。2007 年启动一江两岸三洲（沩江、沩江东西两岸、鳝鱼洲、溜子洲、珍洲）建设。2011 年，新建白马桥汽车站、汽车东站、豪德汽车站，2012 年，全面整治县城“四溪一渠”（化龙溪、正龙溪、朝阳溪、东沩溪、民兵渠），解决城区暴雨内涝现象。2007—2012 年，改造供水管网和扩建第三水厂，水厂生产能力由 10 万吨/日提高到 12 万吨/日；加强环境卫生工作，年完成收运垃圾由 6.25 万吨提高到 9.9 万吨，清扫街道由 280 万平方米扩大到 400 万平方米；垃圾运输车由 17 辆增至 27 辆，洒水车由 3 辆增至 7 辆；构建公共交通网络，城市公共汽车营运车辆由 84 辆增至 113 辆，营运线网长度由 135 千米延长到 248 千米，年客运总量 1400 万人次上升到 2039 万人次；加强环境治理，年工业废水排放总量由 1542 万吨下降到 1317 万吨；城区主干道及背街小巷绿化、亮化、美化、净化；修建沿江风光带、玉潭公园、金洲坝、金洲湖等公共绿地。2012 年，主城区面积增至 40.67 平方千米，人口增至 33.48 万人；县城人居环境改善，城市品质提升，成为宜居、宜工、宜商，集休闲商贸于一体的秀美山水城市。

小城镇建设。1988 年，宁乡县有建制镇 5 个，集镇人口不足 7 万人，1994 年，县委、县政府以花明楼、流沙河两镇为重点，开展全县小城镇建设。2000 年，宁横公路建成，带动沿路集镇建设。县委根据党中央提出的“小城镇，大战略”指导思想，重点建设夏铎铺、花明楼、道林、煤炭坝等 12 个乡镇。2004 年 4 月，印发《关于进一步加快小城镇发展的意见》。各乡镇增加投入、加强基础设施建设，优化环境，城镇化率不断提高，2006 年，全县 18 个建制镇，面积 1829.34 平方千米，集镇人口 37.71 万人，全县城镇化率 34.32%。2008 年，花明楼镇、双凫铺镇创建市级示范镇。至 2011 年，全县建制镇增至 21 个，老城镇经过改造、扩大、基础设施和功能逐渐完善，面貌焕然一新，少奇故里入选“新潇湘八景”。2012 年，全县全力推进以道路建设、立面改造、污水处理、垃圾处置、河流整治、绿化亮化等为重点的新型城镇建设，投入城镇基础设施资金 37.4 亿元，集镇人口 66.34 万人，城镇化率 44.75%；玉潭跻身中部唯一的全国城镇综合实力百强镇，花明楼成为全国第三批发展改革试点城镇，灰汤获全省示范镇称号，灰汤、双凫铺获全省中心镇称号，花明楼镇、夏铎铺镇、沩山乡、黄材镇、巷子口镇获“全省特色镇”称号，关山村成为全国生态文化村。

水利建设。20 世纪 90 年代，全县水土流失治理以水流域治理为主，成立县水土保持工程建设指挥部，采用以点带面推进方法，对沩江、乌江、楚江上游和 35 个公社进行重点治理，生态环境得到有效改善。1990 年宁乡县获“全国水土保持先进县”。1999—2000 年，沩水上游和宁乡县被水利部、财政部分别命名为“全国水土保持生态环境建设示范小流域”“全国水土保持生态环境建设示范达标县”。2004 年，宁乡被列入全国水土保持科技示范园项目建设县。2006 年，建成覆盖全县的防汛视频会商系统；2012 年，全县完成水利建设投入 5.35 亿元，完成安全饮水、水库除险加固、山塘清淤等工程建设。

新农村建设。2006 年宁乡成为首批国家开发银行支持新农村建设全国 3 个试点县之一，2007 年全县完成 23 个乡镇和 96 个村建设规划修编，形成县、乡、村三位一体、协调统一、科学合理的新农村规划体，并以基础建设为切入点，以群众受益最直接的事情入手，强化项目和市场运作，积极拓宽融资渠道，引导多方资金投放到水、电、路等基础建设当中。至2008年启动炭子冲、永盛、关山等36个村示范点建设，上级财政投入1.829亿元，社会融资6035.9万元；2009—2011年启动青泉、常青、香山冲等38个村示范点建设，后盾单位支持1795.5万元，争取上级支持7963万元。至2011年，新建或改造农村公路469.3千米，硬化村组公路1557.6千米，改造山塘水坝1288口，整修河道渠道310.6千米，新建户用沼气池5690个等基础建设。至2012年，完成166个村和13个乡镇的新农村电气化建设；全县形成通信无缝覆盖，供电较满足，电视“村村通”的新局面；农民专业合作组织达到818家，12家合作社入选首批国家级示范社名录；农业机械在全县迅速推广，2012年农业机械总动力157.57万千瓦，比1996年增长4.4倍；新农村和城乡一体化“两个建设”统筹推进，以关山、灰汤、花明楼为典型代表的一批城乡融合、生态宜居的秀美村镇不断涌现。

房地产建设。20世纪80年代中期，国家放宽对私人建房的限制，1986—1998年，除房产部门和企业出售的私房以外，经国土和规划部门批准在城镇建设私房3.94万户；2001年先后有25家房地产开发企业进驻宁乡开发商品房建设；2003年3月，县政府发文规范私房建设，鼓励和支持房产开发商建房出售，严格控制居民自行建房，居民自建房减少，房产开发进入热潮，是年，开发房产22.7万平方米，县城商品房均价680元/平方米，2004年达到900元/平方米，2006年商品房销售均价由年初1100元/平方米，年底增长到1250元/平方米；2007年始，先后开发中源花园、碧桂园、水晶郦城、绿地·中央花园、兆基·君城等一系列中高档楼盘。2012年，全县有房地产开发企业105家，商品房销售均价2970元/平方米。为社会弱势群体保障住房需求，1999年开始，相继启动廉租房和经济适用房建设。2002—2009年建成廉租房4万平方米、经济适用房2.1万平方米，2009年3月全国保障性住房工程工作会议在长沙召开，其间，宁乡首个廉租房小区和德家园代表湖南接受中央5部委及与会人员的检查、考察。2011年，投入14.6亿元，启动保障性住房建设70.08万平方米，为全县中低收入家庭提供各类保障性住房新房源近3000套；2012年，建成廉租房709套、公租房2322套，改造棚户1260户，发放廉租房租赁补贴174户，总户数2910户，获“湖南省安居工程先进县”称号。至2012年，全县“农村危房改建三年行动计划”实施两年，投入资金7264万元，完成农村3208户危房改造。

交通运输。20世纪90年代公路建设速度加快，一批新的公路陆续建成投入营运。1995—1998年，国道319经县境24.72千米，投资千万元，改建加宽，两旁高标准绿化，建成文明样板路；长常高速公路宁乡段建成，成为宁乡公路建设史上的里程碑。2005年启宁乡至长沙城市快速干道——金洲大道建设。2006年全长77千米的长花灰韶旅游公路启动建设，至2009年项目变更为长韶娄高速公路，并对接规划建设中的娄益衡高速公路。2012年，金洲大道竣工通车，金洲互通距长沙市委、市政府驻地仅26千米。在加强国道、省道建设的同时，宁乡加大对县道、乡道、村道建设的投入，对原有的公路普遍进行扩建改造，全面优化公路网络，加速提升公路等级。至2012年，县域内拥有各级公路2305条5994千米，其中高速公路和一级公路4条56.1千米，省道4条172.7千米，乡镇和行政村通公路率达100%，县到乡镇公路水泥路面通畅率达100%。县域内拥有2条过境铁路68千米。全县道路交通逐步形成以金洲大道为核心，依托长常高速、319国道、石长铁路、洛湛铁路，规划建设中的长韶娄高速、长益常城际轻轨、娄益衡高速、京珠高速西线、沪昆高铁，形成7条大道对接长沙、3条高速连接周边、3条铁路通达全国的大交通格局。

电力、邮政、电信、物流业。1994年年底全县农村全部通电，用电农户达99%，随之对电网进行大规模增容和技术更新改造。1993—2005 年，新建变电站 11 个，新装主变电器 17 台，新增容量 49.425 万千伏安，新增农村 10 千伏输出线路 83 条 224.4 千米，400 伏和 220 伏低压线路 4329.39 千米、改造 950.17 千米。2002 年供电 5.24 亿千瓦时，2012 年达到 19.95 亿千瓦时，增长 3.81 倍。1992 年 9 月开通无线寻呼，随后不足十年逐渐消失淘汰。1993 年 10 月开通 EWSD5000 门程控自动电话，1994 年 6 月，全县所有"摇把式"电话退出历史舞台。1998 年 9 月，邮政电信分营。1999 年 7 月，移动与电信分营。2002 年 4 月成立中国联通宁乡分公司。2004 年 10 月，速递专业与邮政局剥离。2008 年电信收购联通 CDMA 网络。2012 年，邮电业务总量 2.47 亿元，比 1996 年增长 4.64 倍；全县逐步实现传统通信向现代化综合信息通信网络转变，使网络无缝隙覆盖；固定电话用户 10.7 万户，移动电话用户 92.6 万户，比 1996 年分别增长 5.43 倍和 298.7 倍；国际互联网用户 7.28 万户；全县工商注册登记的物流企业有省邮政速递物流有限公司宁乡营业部、县申通快递、敦豪航空快件有限公司等 14 家。

四

教育事业。1993 年，提前两年完成《宁乡县九年义务教育实施规划》。1996 年，全县有职业中专 1 所，教师 87 人，在校学生 876 人；职业中学 2 所，教师 105 人，在校学生 1458 人；普通中学 97 所，教师 3851 人，在校学生 6.43 万人；小学 767 所，教师 5800 人，在校学生 15.67 万人；幼儿园 5 所，教师 658 人，在园儿童 1.58 万人；特殊教育学校（班）3 所，教师 5 人，在校学生 35 人。推行"两基教育"（基本普及九年制义务教育和基本扫除青壮年文盲教育），1997 年，经省检查评估达到合格标准。整合教育资源，调整学校布局，至 2002 年增加普通中学 4 所（其中高中 1 所，初中 3 所），减少公办小学 319 所。2003 年被教育部确定为全国 60 个"普九"教育监测点之一。2002—2004 年，投资实现宁乡一中、宁乡十三中、宁乡县教师学习与资源中心的易地扩建和整体搬迁。2005 年春季，宁乡开始实行教育阶段"两免一补"政策。2007 年春季开始，全县实行义务教育经费保障机制，义务教育阶段学生全部免费入学。2006—2009 年，全县中小学危房改造投入资金 7300 万元，拆除学校危房 5.17 万平方米，新建和改建校舍 6.8 万平方米。2009 年，县职业教育中心易地建设，实行整体搬迁。2012 年，全县学校占地面积 503.95 万平方米，校舍总面积 174.7 万平方米；实验室、仪器室、图书馆、科技楼、教师住宿楼和体育场、馆建设快速发展，教学仪器总值 1.53 亿元，与 1990 年相比增长 10 倍多，中小学图书 339.84 万册，学生人均由 1.5 册增加到 17.4 册，其间完成适龄儿童入学率 100%，九年制义务教育完成率 100%；初中毕业生升学率超过 97%。2012 年，全县有各类中小学校 561 所，在校学生 20.6 万人，在职教师 9663 人；财政拨款 10.15 亿元。社会力量办学发展迅速，2012 年，全县有各类民办学校 161 所，在校学生 3.5 万人。

科技事业。在人力、物力、财力等方面重视科技事业，从 1989 年以后，配备专抓科技的副县长，各乡镇也明确一名领导抓科技工作。1996 年，财政安排科技经费 104.4 万元；国有企事业单位有各类专业技术人员 1.03 万人；实施科技项目 85 项，25 项通过验收，其中 8 个项目获市级以上科技进步奖。是年，被评为"全国科技工作先进县"。1998 年被评为"全国科普示范县"，1999 年被评为"全省农村技术市场示范县"。2005 年，有高新技术企业及高新技术产品 10 家，高新技术产值 5.48 亿元。2007 年，加加等 70 多家企业成立科研研发机构，楚天科技等 20 多家企业均拥有自己的专利产品，资源集团等 10 多家企业与大专院校、科研院所建立合作关系。2012 年，全县各类科技人员有 2.93 万人；财政安排科技经费 5721 万元，全县高新技术企业和生产高新技术产品企业 59 家，高新技术产值 324.4 亿元，推广和应用科技成果 628 项，申请专利 721 件，授权专利 667 件，组织实施国家、省市重大科技专项 77 项转化科技成果 180 项。2012 年科技进步对县域经济增长的贡献率为 60%，再次被评为"全国科技工作先进县"和

"全国科普示范县"，列入湖南省可持续发展实验区。

文化事业。1996 年，全县有乡镇文化站 35 个，新建电视差转台 1 个，电视覆盖率 85%，有线电视用户 1.8 万户。1997 年举行宁乡人民迎香港回归大型文艺晚会，1998 年举行纪念刘少奇 100 周年诞辰诗词楹联大赛，2005 年举办"庆祝抗日战争胜利 60 周年全民大合唱"和"军民团结，共建和平"八一专场文艺晚会等一系列活动。2007 年被评为"全国乡村青年文化活动先进县"。至 2012 年，先后组织"腾飞的宁乡""周末我登台"等广场文化活动，举办首届文化艺术节、庆祝建党 90 周年文艺晚会、"欢乐新春·幸福宁乡"春节系列活动等各类大型群众文化活动近 100 次；文化娱乐经营户由 1998 年的 231 户增加到 1456 户，从业人员 5490 多人，逐步形成有报刊服务、出版印刷发行、广播、演艺娱乐、文化旅游、文化创意、动漫游戏、文化会展、广告、工艺美术 10 大门类的市场体系；文学戏曲、音乐舞蹈、书法美术等文艺创作日益繁荣。2012 年，全县拥有广播电台 1 座，电视发射台和转播台 2 座，有线电视用户11 万户，广播、电视综合人口覆盖率均达到 98%；公共图书馆 1 座，馆藏图书 19.3 万册；县档案馆馆藏档案资料 15.52 万卷（册）；全县累计建成 15 家乡镇综合文化站、403 家农家书屋、120 支群众文艺团队。

体育事业。1992 年实施《国家体育锻炼标准》检查，有 84.5%的学生达到及格以上标准，44.5%的职工经常参加体育锻炼；同年 8 月，宁乡籍女子体操运动员陆莉在巴塞罗那第 25 届奥运会上，以满分 10 分夺得高低杠冠军，并获得平衡木银牌和女子团体第 4 名。1996 年，参加省八运会获县级团体总分第一名。1998 年，宁乡县代表队参加长沙市运动会，获金牌 36 枚。2001 年，举办农村大众体育比赛，有 25 个乡、镇 584 名运动员参赛；老年体育多次在省、市比赛中获得优异成绩；宁乡被评为"全国群众性体育先进县"。2003 年开始，先后承办全国第五届城市运动会女子篮球赛、全国定向运动锦标赛、湖南省定向越野赛等赛事。2005 年，宁乡被评为"全国体育先进县"。2011 年，宁乡成为"湖南省体育后备人才重点县"。1991—2012 年，宁乡运动员在全国各类比赛中获金牌 6 枚、银牌 7 枚，在省级比赛中获金牌 29 枚、银牌 20 枚、铜牌 9 枚。2012 年，全县累计建设 124 个全民健身工程；有体育场馆 4 座、400 米田径场 7 个、乡镇门球场 8 个，有 11 个体育协会。

卫生事业。1996 年，全县有卫生医疗机构 49 个，病床 1756 张卫生工作人员总数 2663 人，其中卫生技术人员 2285 人。医疗卫生在改革中试行股份合作制，扩大医疗单位自主权，乡、镇卫生院管理由县、乡共管改为乡（镇）管理为主。2001—2005 年，县委、县政府重视卫生事业基础设施建设，先后有县人民医院、县中医院、县妇幼保健院等医疗单位易址新建。其中，投资 1.6 亿元，建筑总面积 5.8 万平方米，集医疗、教学、科研、康复、休闲于一体的新人民医院，被誉为县级"三湘第一院"。其他医疗单位都进行改建或扩建。2006 年，宁乡被确定为乡镇卫生院国债项目建设试点县，投入 450 万元，用于 19 家乡镇卫生院项目建设。2009 年全县形成 8 家县直医务卫生单位为中心，33 个乡、镇中心卫生院为枢纽，425 家村卫生室（社区服务站）为网点的三级公共卫生服务网络，公共卫生服务网络实现全覆盖。2012 年，全县共有卫生机构 47 个，其中县直医疗卫生单位 8 个、乡镇卫生院 33 个、民营医院 6 个，医疗床位 4351 张，卫生工作人员 3569 人，其中卫生技术人员 3090 人，比 1996 年增加 35.2%。医疗用房建筑面积 305.32 万平方米，一批现代化的新技术、新设备被推广使用，医疗技术水平大幅度提高。加强对劳动、食品、环境、学校等公共卫生监督监测，维护公共卫生安全，严格控制霍乱、钩端螺旋体、流行性出血热、病毒性肝炎、脊髓灰质炎、血吸虫、肺结核等七类疾病的发生和疫情传播。妇幼保健工作进一步加强，2012 年，全县孕产妇死亡率 17.78/10 万，5 岁以下儿童死亡率 6.37‰，住院分娩率99.98%，比 2002 年分别下降 8.98/10 万、5.21‰和提高 1.45%；一些常见的儿童疾病得到控制。2012 年，县人民医院入选“全国县级医院百强”，县妇幼保健院被评为“全国百强县级妇幼保健院”。

人口和计划生育工作。1995年至2012年，人口出生率控制在9.3‰至13.04‰之间，最高的13.04‰是2000年，最低的9.3‰是2002年。自然增长率在2.60‰至6.16‰之间，全县总人口由1995年的130.64万人增加到2012年的137.75万人。1991年至2005年，多次被评为全国计划生育先进集体。2006年和2009年两次被授予“全省人口计划生育工作优质服务先进县”，2010—2012年，连续三年保持全省计划生育模范单位，全市计划生育红旗单位。

社会保障。1986年起，全县逐步实施城镇职工养老保险、失业保险、农村养老保险、农村计划生育保险、城镇居民养老保险、工伤保险、基本医疗保险。1996年，农村初级卫生保健工作通过省级评审验收，合作医疗覆盖率30%。2006年，宁乡县启动新型农村合作医疗（简称“新农合”）参合率85.3%，获得救助农民4.8万户3700多万元，被评为全省合作医疗试点先进县。2011年，“新农合”与城镇居民医保整合为城乡居民养老保险，并纳入全国试点，累计全年发放养老金2.46亿元。2012年，全县五险（养老、失业、生育、工伤、医疗保险）参保总人数32.69万人；新型农村社会养老保险参保人数91.6万人，城乡居民基本医疗保险参保总人数117万人，企业养老保险和基本医疗保险覆盖率96%；发放60岁以上居民基础养老金1.92亿元，做到应发尽发；全县有社会福利院、敬老院33所，有“五保”对象1.39万户，发放“五保”供养金4753万元，全额资助“三无”人员1.38万人参加农村合作医疗和城镇医保；发放大病医疗救助金1704.4万元，救助4715人次；城市低保对象4691户8258人，发放保障金3652万元；农村低保对象1.71万户3.72万人，发放保障金4837.47万元。

人民生活水平。1996—2012年，农民和城镇居民人均收入由1980元和5242元增加到1.38万元和2.40万元，分别增长6.95倍和4.58倍；人均消费支出由1362元和2196元增加到9875元和1.84万元，分别增长7.25倍和8.37倍，其中增长最快的是居住、交通通信和衣着消费支出；人均住房面积成倍增加，1990—2012年，城镇居民居住面积由18.8平方米增加到64.81平方米；农村居民居住面积由21.4平方米增加到67.05平方米。城乡居民人均储蓄余额由281元增加到1.58万元，增长29.3倍。全县乡村99.9%的农户饮用清洁卫生水，80%的农户用上清洁卫生厕所。2012年，城镇居民平均每百户家庭拥有家用汽车24辆、家用电脑76台、移动电话244台，城镇居民恩格尔系数为34.2%。农村居民平均每百户家庭拥有家用汽车15辆，家用电脑16台、移动电话206台，农村居民恩格尔系数为43%。

精神文明建设。1997年3月，制定《宁乡县1997—1999年社会主义精神文明建设规划》，推行“文明小区”“文明机关”“人民满意公仆”“五好文明家庭”“十星文明户”等评选项目，并对精神文明创建工作必须坚持“量化标准、条块结合、动态管理、督查评比、定期通报、表彰奖励”的动作模式，评选出来的文明单位，颁发合格证，授予光荣匾，给予适当物质奖励。1998—1999年，投入精神文明建设经费1.2亿元。2001年11月26日，作出进一步加强社会主义精神文明建设的决定，坚持“两手抓、两手都硬”的方针，把精神文明建设纳入各单位年度目标责任考核，作为衡量各级领导班子，特别是各级党政一把手工作能力和政绩的基本依据之一；市级文明县城和省级卫生县城通过验收。2002年，县城获得“省级文明县城”称号。2005年10月，中央授予花明楼镇“全国文明村镇”称号。2008年，全县以“增加农民收入，建设小康农村”为主题，广泛开展文明村镇创建活动。2012年，中国好人榜上榜好人6人，市级道德模范1人，县级道德模范22名；创建全国文明村镇1个、省级文明标兵单位1个、省级文明单位4个、省级文明村镇4个、市级文明社区2个、市级文明标兵单位10个、市级文明村镇9个、市级文明单位71个，县级文明单位65个、县级文明村43个、县级文明社区9个。

第二章 城 镇

第一节 市区辖镇

一、捞刀河镇

捞刀河镇地处开福区东北部，1988 年置镇，1995 年，沙坪乡并入捞刀河镇，1996 年长沙城区区划调整，捞刀河镇从长沙县划至开福区。辖区总面积 83.37 平方千米，其中陆地 75.92 平方千米，水域 7.45 平方千米。地势北高南低，中部为丘陵，南部为捞刀河中下游冲积平原，域内有长沙地区唯一的少数民族村“汉回民族村”。域内有绕城高速、北二环、中青路、兴联路、长青公路、卫沙公路等干线交汇。耕地面积 2320 公顷，林地面积 4047 公顷，森林覆盖率 48.54%。农业以种植水稻和蔬菜、饲养牲猪和家禽、淡水鱼养殖为主，工业以机械制造、湘绣、建筑为主。辖捞刀河、彭家巷、沙坪 3 个社区和广胜、大安、板塘、大明、金霞、钟石、茶子山、百安、成功、竹坡、海棠、告塘、双湖、汉回、乌溪、伍家岭、罗汉庄、大星、白霞、中岭、高源、捞刀河、凤羽、高岭 24 个村。2012 年年末，全镇总人口 5.86 万人，其中城镇常住人口 4.88 万人，城镇化率 32.05%，另有流动人口 9753 人，全镇农业生产总值 18 亿元，工业生产总值 51.7 亿元，社会商品销售总额 17.09 亿元，实现财政收入 3308 万元，其中地方财政收入 1275 万元。

捞刀河镇是著名的“湘绣之乡”“建筑建材之乡”“刀剪之乡”，被评为“全国环境优美乡镇”“全国民间文化艺术之乡”。沙坪是中国四大名绣之一湘绣的发源地。

二、新港镇

新港镇地处开福区西北部，1988 年，为霞凝乡，属望城县，1992 年 7 月，经省政府批准在霞凝乡建立长沙金霞经济开发区，1996 年区划调整，霞凝乡从望城县划至开福区，2000 年 9 月 6 日，撤销霞凝乡，设置新港镇。辖区总面积 31.4 平方千米，其中陆地 26.87 平方千米，水域 4.53 平方千米，地势由东南向西北渐次降低。2001 年经省计委批准在新港镇新安寺社区的顺口湖、西湾段建立千吨级深水码头，2007 年经铁道部批准在新港镇竹隐、荷叶、湘粤、大塘村建立京广铁路南北货运站。2008 年 12 月经国家有关部门批准新港镇设立物流保税中心。域内有兴联、创远、高冲、彩霞、鹅秀等公路与干线交汇，耕地面积 300.87 公顷，林地 598.67 公顷，森林覆盖率 67.7%。农业以种植水稻和柑橘、茶叶、蔬菜、饲养生猪和家禽、淡水鱼养殖为主，工业产品以机电、高新技术、化工、金属轧机及零件为主。2012 年，辖宿龙桥、戴家河、大塘基、霞凝港、综合场、新安寺、兴联 7 个社区和金霞、鹅羊山、荷叶、湘粤、大塘、竹隐 6 个村。年末，全镇总人口 2.38 万人，其中城镇常住人口 1.68 万人，城镇化率 70.6%，另有流动人口 7011 人，全镇农业生产总值 1.76 亿元，工业生产总值 12.8 亿元，社会商品销售总额 7.66 亿元，实现财政总收入 3.1 亿元，其中地方财政收入 1.63 亿元。

镇内景点有鹅羊山公园、秀峰山公园。

三、青竹湖镇

青竹湖镇地处长沙城北部，1988 年，青竹湖地区原属长沙县捞刀河镇和望城县霞凝乡，1996 年区划调整时划入开福区，2003 年 6 月，在青竹湖外商城和青竹湖生态科技（产业）园的基础上，从捞刀河镇划入 5 个村、新港镇划入 2 个村成立青竹湖镇。辖区总面积 17.76 平方千米，其中陆地 17.4 平方千米，水域 0.36 平方千米。地势由北高南低，中部多丘陵，域内有太阳山、青竹湖大道、星月路、北一路、北二道、南一路、西一路、天井路等公路与干线交汇。耕地面积 400 公顷，林地面积 800 公顷，森林覆盖率 65%。2012 年，辖青竹湖畔、群力、新源、植基、金盆丘、天井、霞凝、太阳山 8 个社区，年末，全镇总人口 1.85 万人，其中城镇常住人口 1.63 万人，城镇化率 82.43%，另有流动人口 2195 人。全镇农业生产总值 1250 万元，工业生产总值 2.64 亿元，规模工业完成增加值 2.05 亿元，社会商品销售总额 3.09 亿元，实现财政总收入 4615 万元，其中地方财政收入 3475 万元。

青竹湖镇是“全国环境优美镇”“湖南省服务外包示范园区”“长沙市服务外包示范园区”“两型社会建设改革试点镇”。

四、大托镇

大托镇地处天心区的南端。1988 年，原为大托乡，属郊区。1996 年 7 月大托乡划归天心区管辖，2001 年 10 月，大托乡撤乡改镇。全镇总面积 42.25 平方千米，耕地面积 577.5 公顷，森林绿地 686.7 公顷；辖一力、黑石铺、牛角塘、融城和暮云 5 个社区和新路、先锋、披塘、九峰、黑石、黄合、兴隆、桂井、大托和新港 10 个村。域内 107 国道、绕城高速、芙蓉南路、书院南路、湘江大道、湘府西路、黑梨路、环保大道等干线交会。进入 21 世纪后，大托镇经济快速发展，镇域内形成以物流产业、房地产业、都市工业、商贸业和创意产业为主的五大产业板块。2011 年年末，全镇总人口 5.4 万人，其中城镇常住人口 3.1 万人，另有流动人口 2 万人。全镇农业生产总值 1.8 亿元，完成规模工业总产值 142.1 亿元，社会消费品零售总额 8.99 亿元，完成地方财政收入 1.68 亿元。2012 年 7 月，大托镇析置为黑石铺、大托铺和先锋街道 3 个街道。

大托镇是“全国环境优美乡镇”“湖南和谐示范乡镇”。

五、火星街道（镇）

1988 年，火星镇（街道）前身是原郊区马王堆乡火星村，1989 年实行整村开发，1990 年 1 月撤村建置火星镇，1996 年 7 月区划调整，火星镇划入芙蓉区，1998 年 9 月，原火星镇更名为火星街道，1999 年 12 月，芙蓉区街划调整，火星街道辖区面积由原来的 1.24 平方千米增至 1.4 平方千米，2012 年 1 月，芙蓉区第二次区划调整，划出龙柏社区，划入曾家坪、陶家山、兴和 3 个社区，辖区总面积增至 1.77 平方千米，辖凌霄、月桂、紫薇、曾家坪、陶家山、兴和 6 个社区。2012 年年末，街道总人口 5.6 万人，其中城镇常住人口 3.5 万人，城镇化率 100%，另有流动人口 2.1 万人。街道工业生产总值 0.8 亿元，社会商品销售总额 16.5 亿元，实现财政总收入 0.5 亿元，其中地方财政收入 0.4 亿元。

火星街道（镇）是“全国绿色社区先进集体”“全国平安家庭创建活动先进集体”“省级文明社区”。

六、洞井街道（镇）

洞井街道地处雨花区南端，1988 年，为洞井乡，1996 年 12 月，洞井乡改乡为镇，2010 年 12 月，洞井镇更名为洞井街道，面积 45.32 平方千米。2012 年 1 月以绕城高速为主界线，析置为洞井、同升两个街道，新的洞井街道总面积 22.3 平方千米，下辖牛头、洞井、天华、桃花、和平、板塘、鄱阳 7 个社区筹委会，高升、新城、商贸城、丰园、新裕、湘天、中天 7 个社区。随着城市建设的发展，镇内农业生产基本退出，工业以高新技术、医用新材料、塑料制品企业为主。2012 年年末，洞井街道辖区总人口 8 万人，其中城镇常住人口 4.02 万人，城镇化率 50.23%，另有流动人口 3 万多人。街道工业生产总值 5.1 亿元，社会商品销售总额 66 亿元，实现财政总收入 3.76 亿元，其中地方财政收入 3.09 亿元。

2007 年 6 月，洞井龙舞列入“长沙市首批非物质文化遗产”名录，2009 年 8 月，列入湖南省非物质文化遗产名录。

七、坪塘镇

坪塘镇地处岳麓区东南部，1985 年坪塘乡并入坪塘镇，1995 年白泉乡、太平乡并入坪塘镇，2008 年区划调整，坪塘镇从望城县划入岳麓区，地势南高北低，北部为平原，南部为丘陵，全镇总面积 112 平方千米，耕地面积 2753.3 公顷，森林绿地 3465 公顷，辖坪塘、新生、桐溪港、观音港、白庙子 5 个社区和洋湖、连山、蓝天、山塘、狮峰山、红桥、长塘、花扎街、太平、新合、兴丰、新塘、白泉、双湖、鹅洲 15 个村。域内矿产资源主要有石灰石、矽砂、耐火泥、黏土等，农业以粮食作物和养殖为主，工业以建材，铸造、机械加工、化工为主，交通便利，绕城高速横贯东西。长潭西高速纵通南北，猴子石大桥、湘府路大桥、黑石铺大桥直达域内。2012 年年末辖区总人口 5.98 万人，其中城镇常住人口 4.59 万人，城镇化率 30 %，另有流动人口 1.39 万人，全镇农业总产值 28.87 亿元，工业生产总值 26.82 亿元，社会商品销售总额 6.3 亿元，财政总收入 1 亿元，其中地方财政收入 5000 万元。

镇内的洋湖湿地公园是长沙城区最大的湿地公园，为国家 AAAA 级景区；桐溪寺后伏龙山上葬有曾国藩墓，为省级文物保护单位。

八、含浦镇

含浦镇地处岳麓区西南部，1984 年撤公社设乡，1998 年撤乡建镇，2008 年 6 月自望城县（现望城区）划入岳麓区。地形地貌为丘陵，主要矿产资源主要有花岗石、石灰石、高岭土等。农业以粮食作物和养殖为主，工业以建材，制造、化工、超硬材料为主，域内交通有长潭西高速和绕城高速及市内公交，全镇总面积 91.8 平方千米，其中陆地 65.9 平方千米，水域面积 25.9 平方千米。辖白鹤、含浦社区和玉江、联丰、学士、九江、芝字港、官埠口、干子、大坡、东山湾、新田等 10 个村，2012 年年末，辖区总人口 6.14 万人，其中城镇常住人口 2.29 万人，城镇化率 69 %，另有流动人口 3.85 万人，全镇农业总产值 9.45 亿元，工业生产总值 24.1 亿元，社会商品销售总额 4.7 亿元，财政总收入 1.24 亿元，其中地方财政收入 1.04 亿元。

2011 年，含浦镇荣获“全国计划生育优质服务示范所”称号。

九、莲花镇

莲花镇地处岳麓区西南，1988 年为莲花乡，1995 年，五丰、桐木 2 乡并入，3 乡合并更名为莲花镇。2008 年 5 月区划调整时，由望城县划入岳麓区。辖区地貌属低山丘陵，地势西南高东北低，主要矿产资源以石灰石、石英石为主。农业以粮食作物和养殖为主，工业以建筑材料、制造加工、印刷品为主，域内有长韶娄高速、京珠西高速、黄桥大道等公路干线。全镇总面积 113.9 平方千米，其中陆地 109.92 平方千米，水域面积 3.98 平方千米，耕地面积 2600 公顷。辖莲花社区和新桥、中长、金华、大华、立马、桐木、华宝、军营、金凤、龙台、龙洞、集贤、云友、五丰、东塘、云盖 16 个村。2012 年年末辖区总人口 4.99 万人，其中城镇常住人口 4100 人，城镇化率 8.5%，全镇农业总产值 2.8 亿元，工业生产总值 3.7 亿元，社会商品销售总额 2000 万元，实现财政总收入 1056 万元，其中地方财政收入 995 万元。

莲花镇是湖南省“两型社会”建设示范镇，被评为“全国环境优美乡镇”。

十、雨敞坪镇

雨敞坪镇位于岳麓区西南，1995年6月，由原望城县嵇山乡和麻田乡合并更名为雨敞坪镇，2008年9月，雨敞坪镇划归岳麓区。地貌属丘陵，地势南高北低，东西平缓，最高点嵇伽山海拔474.9米。主要矿产资源为石灰石、玄武岩、花岗岩、高岭土、磷矿等。农业以粮食作物和养殖为主，工业以石灰石、制鞋、机械、木业、服装为主，域内有惊西路、雨九路、青卯路、南花路等公路干线。全镇总面积83.7平方千米，其中陆地81.6平方千米，水域面积2.1平方千米，耕地面积2650公顷，森林总面积4600公顷，森林覆盖率65%。辖雨敞坪社区和福胜、嵇家山、潘家山、泉宏、西湖、红叶、麻田、瓦灰、泉水湖、新卯10个村。2012年年末，辖区总人口3.57万人，其中城镇常住人口1722人，城镇化率4.9%，另有流动人口1796人，全镇农业总产值2.4亿元，工业生产总值2.8亿元，社会商品销售总额1亿元，实现财政总收入3031万元，其中地方财政收入2479万元。

雨敞坪镇被评为“全国环境优美乡镇”。

十一、东方红镇

东方红镇地处岳麓区西部，1988年，原名为“长沙市第一畜牧农场”“国营洪家坝农场”“国营东方红农场”，2000年12月更名为东方红镇。辖金南、华龙、荷叶坝3个村。地貌为丘陵地带，农业以粮食作物和养殖为主，工业以蔬菜加工（如蚕豆粉丝）和建筑业为主，2010年后因析出麓谷街道，成为长沙高新区的核心开发区，工业产业（如：先进制造业、生物医药、光伏产业）快速发展。域内有绕城高速、岳麓大道、雷高公路、东方红路、青山路等干线纵横交错。全镇总面积16.35平方千米，耕地面积460公顷。2012年年末，辖区总人口1.2万人，其中城镇常住人口6000人，城镇化率50%，另有流动人口1200人，全年实现财政总收入2500万元。

第二节 长沙县辖镇

一、星沙街道（镇）

星沙镇，为长沙县治所在地，位于长沙县中部偏西。1988年原名为望新乡，1994年撤乡建置星沙镇，辖13个村，1995年螺丝乡并入星沙镇，辖17个村，2009年12月撤销星沙镇，析置为星沙、泉塘、湘龙3个街道。2012年，星沙街道辖牛角冲、杉仙岭、黄金塘、杨梅冲、封刀岭、望仙桥、大西冲、广生塘、开元路、金茂路、凉塘路、灰埠、松雅、星城、碧桂园15个社区。总面积24.53平方千米，其中陆地20.5平方千米、水域4平方千米。域内有大众传媒、长沙卫校等大中专院校，耕地面积284.5公顷，以种植水稻和经济作物为主。工业以化工、铸造、塑料制品、机械加工、建筑材料为主，拥有全国驰名商标3个，省优产品5个。2012年，辖区总人口16.13万人，其中常住人口15.8万人，城镇化率100%，另有流动人口3300人，工业生产总值116亿元，社会商品零售总额26.2亿元，地方财政总收入30.2亿元。

二、榔梨镇

榔梨镇，位于长沙东郊浏阳河畔，1988年，辖土岭、大园、陶公庙3个社区及金托、花园、保家、三合、龙华5个村。镇域总面积34.8平方千米，其中陆地面积27.8平方千米，水域面积7平方千米。属丘陵地带，河渠纵横，镇区交通便利，有机场高速、长株高速和人民东路、黄兴大道、东十线和东六线等交通干线，耕地面积1000公顷，以种植蔬菜等经济作物为主。工业以汽车配件、工程机械、食品加工为主，园区企业近180余家，其中规模企业达50家。2012年年末，辖区总人口31159人，其中常住人口2.97万人，城镇化率94.38%，另有流动人口1432人，农业总产值1.95亿元，工业生产总值54.6亿元，社会商品零售总额0.6亿元，财政总收入18.22亿元，其中地方财政收入4.6亿元。

榔梨镇内因存有建于南北朝时期梁天监六年（507年）的陶公古庙而有“千年古镇”之称，并荣获“中国十大幸福乡镇”和“湖南省小城镇建设示范镇”称号。

三、安沙镇

安沙镇，位于长沙县中部偏西，1988年时为鼎功乡，1994年撤乡建置安沙镇。1995年5月“撤区并乡”时，由原唐田乡、安沙镇和水塘乡合并成现安沙镇。全镇总面积160平方千米，其中陆地面积151.2平方千米，水域8.8平方千米。属丘陵地形，地势由东北向西南倾斜，域内水资源丰富。有捞刀河、白沙河、浔龙河纵横，并有小（1）型水库2座，主要矿产资源为花岗石，交通便利，107国道、京珠高速、黄兴大道纵贯南北，绕城高速横贯东西。耕地面积4653公顷，山林面积7449公顷，森林覆盖率46.56%。以种植水稻和蔬菜为主，主要经济作物为茶叶及果蔬，畜牧业以养猪和家禽为主，工业以木地板生产、建筑材料加工为主。辖双冲、宋家桥、万家铺、唐田新、五龙山、油铺、太兴、和平、文家塅、花桥、黄桥、鼎功桥、泗洲、新华、龙华新、梅塘、水塘垸、三合、白塔、杨梓冲、谭坊新村21个村和安沙、毛塘2个社区。2012年年末，辖区总人口5.32万人，其中城镇常住人口2676人，城镇化率3.18%，另有流动人口7965人，农业总产值8.19亿元，工业生产总值8.78亿元，社会商品零售总额2.32亿元，财政总收入3893万元，其中地方财政收入1228万元。

安沙镇为省级生态乡镇，域内的“十方河图观”为中国现存唯一的坤道观。

四、春华镇

春华镇位于长沙县东北部，1988年时为春华乡，1995年5月，原春华山、茶业、大鱼塘3个乡合并建置春华镇，总面积132平方千米，其中陆地120平方千米，水域12平方千米，属丘陵地带，北高南低，北部多山林，南部为河谷平原，捞刀河由西向东流经域内，交通区位条件较好，有开元大道东延线以及S207、S103、长永高速直达或贯穿，主要矿产资源为黄岗岩、高岭土、石英土等，耕地面积3697公顷，山林面积4238公顷，森林覆盖率32.6%，春华镇农业在全省久负盛名，农业优势产业有绿色蔬菜、珍稀食用菌、优质稻、特色小水果和名优茶等，工业以制茶、制衣、制鞋、铸造、新材料、机械加工、木制品加工、纺织印染为主。辖春华山社区和九木、九田、洞田、花园新村、春华山、石塘铺、官塘、金鼎山、大鱼塘、武塘、龙王庙、松元12个村。2012年，全镇总人口4.45万人，其中常住城镇常住人口3235人，城镇化率7.48%，另有流动人口1230人，农业总产值3.96亿元，工业生产总值4.56亿元，财政总收入2103万元，其中地方财政收入169万元。

春华镇旅游资源有全国著名的春华渡槽和武塘纪念亭、风光秀丽的红旗湖、近代教育之父张百熙之墓等自然和人文景观。

五、福临镇

福临镇位于长沙县境东北，1988年名福临乡，1992年撤乡建镇，1995年5月撤区并乡时，双起乡并入福临镇。总面积82平方千米，其中陆地面积77.4平方千米，水域面积4.6平方千米，域内大部为丘陵地带，多花岗岩，地势东、北、西三面略高，麻林河支流经域内，公路交通便利，耕地面积1860.33公顷，山林面积3816.8公顷，森林覆盖率57%，农业以种养业为主，是全县的农业发展重点乡镇之一，工业以玻璃制品、农业机械、汽车零配件加工为主。2012 年辖福临铺社区和金坑桥、双起桥、古华山、泉源、孙家桥、石牯牛、影珠山、开物、西冲、同心 10 个村，年末全镇总人口 2.97 万人，其中城镇常住人口 2838 人，城镇化率 10.34%，另有流动人口 2234 人，农业总产值 4.77 亿元，工业生产总值 2.15 亿元，社会商品零售总额 0.26 亿元，财政总收入 287 万元，其中地方财政收入 128 万元。

福临镇的影珠山 2011 年获批为省级森林公园，山上有抗日战争遗址。

六、高桥镇

高桥镇位于长沙县东北部，1988 年原名为高桥乡，1994 年撤乡建镇，镇域面积 103.5 平方千米，其中陆地面积 91.3 平方千米，水域面积 12.2 平方千米，域内大部为丘陵地带，地势西高东低，中部平坦，省道 207 线从域内通过，域内公路硬化里程达 400 千米，镇级公路全部硬化。耕地面积 2460 公顷，山林面积 6975 公顷，森林覆盖率 55%，农业以种植水稻、经济作物和养殖为主，工业以铸造、机械加工、食品加工、建筑材料为主，拥有省著名商标 4 个。上市公司 1 家。2012 年，辖荷塘社区和高桥、白石源、凤山、维汉、百录、合兴桥、桐仁桥、范林、金桥、双龙 10 个村，年末全镇总人口 2.98 万人，其中城镇常住人口 3352 人，城镇化率 11.25%，另有流动人口 180 人，农业总产值 10.62 亿元，工业生产总值 2.32 亿元，社会商品零售总额 3.1 亿元，财政总收入 1050 万元，其中地方财政收入 508 万元。

高桥镇是革命先辈李维汉、革命先烈柳直荀的故乡，也是原中央领导李铁映的家乡，域内景点有白鹭湖景区。

七、果园镇

果园镇位于长沙县中部，1984 年撤乡建果园镇。镇域面积 72 平方千米，其中陆地 64 平方千米，水域 8 平方千米，域内大部为丘陵地带，地势东高醇西低，三面环山，金井河、麻林河、浔龙河、捞刀河流经域内，国道 107 和省道 207 线从域内通过。耕地面积 1367 公顷，山林面积 3259.7 公顷，森林覆盖率 65%，农业以种植水稻、经济作物和养殖为主，工业以汽车零部件配套产业为主。2012 年，辖杨泗庙、大河、月形山 3 个社区和新明、古楼、田汉、花果、双河、红花、金江 7 个村，年末全镇总人口 2.42 万人，其中城镇常住人口 4058 人，城镇化率 16.77%，另有流动人口 2539 人，农业总产值 2.2 亿元，工业生产总值 10 亿元，社会商品零售总额 0.8 亿元，财政总收入 549 万元，其中地方财政收入 151 万元。

果园镇为全国环境优美乡镇，是已故著名戏剧家、国歌词作者田汉的故乡，浔龙河特色生态小镇成为长沙近郊的旅游休闲聚集地。

八、黄花镇

黄花镇位于长沙县中部偏东，原名黄花乡，1988 年改乡为镇，1995 年“撤区并乡”时，黄花乡、回龙乡、并入黄花镇。镇域面积 169 平方千米，其中陆地 166 平方千米，水域 3 平方千米，属丘陵地形，捞刀河流经镇北，镇内有 12 座小（2）型水库，黄花国际机场坐落镇域中心，开元东路、长永高速公路、G319、机场高速公路、人民东路东延线横贯东西，S207、长株高速、绕城高速纵横南北，114 路、205 路公交直达长沙市区。耕地面积 7010 公顷，山林面积 3732 公顷，森林覆盖率 62.7%，农业以种植水稻、蔬菜和养殖为主，工业以印刷包装、机械制造、汽车零部件、模具为主。2012 年，辖黄花路、黄谷路、机场口 3 个社区和崩堪、大兴、龙湖、银龙、回龙、梁坪、黄龙、合心、华湘、大路、高岸、谷塘、鱼塘、金塘、东塘、黄花、长龙、新江、茶塘、长丰、湘峰 21 个村，年末全镇总人口 8.44 万人，其中城镇常住人口 2.82 万人，城镇化率 33.45%，另有流动人口 3210 人，农业总产值 7.4 亿元，工业生产总值48亿元，社会商品零售总额0.97亿元，财政总收入5.8亿元，其中地方财政收入1.92亿元。

九、黄兴镇

黄兴镇地处长沙市东南，浏阳河畔，原名为高塘乡，1988年撤乡建镇，改名为黄兴镇，1994年原仙人市乡并入黄兴镇。全镇总面积84.2平方千米，其中陆地77.9平方千米，水域6.3平方千米，属浏阳河畔平原地形，兼有山丘、岗地，地势由东南向西北倾斜，浏阳河由东向西流经域内，域内有长株高速、长沙绕城高速，泉沿公路、黄江公路在域内交汇。耕地面积3323公顷，山林面积3333公顷，森林覆盖率55%，农业以种植水稻、蔬菜、花卉苗木和养殖为主，是长沙百里花木走廊的重要组成部分，蔬菜种植总面积1403公顷，是全省大型的无公害蔬菜基地之一。工业以工程机械、汽车零部件、新材料为主。2012年，辖接驾岭社区和沿江山、仙人市、蓝田、打卦岭、鹿芝岭、黄兴、金凤、光达、太平、荣河、高塘11个村，年末全镇总人口5.05万人，其中城镇常住人口1.06万人，城镇化率21.07%，另有流动人口4500人，农业总产值8.1亿元，工业生产总值10.5亿元，社会商品零售总额1.8亿元，财政总收入9122万元，其中地方财政收入1632万元。

黄兴镇是辛亥革命伟人黄兴、共和国开国元勋许光达的故乡，域内有4600年前的新石器时代遗址月亮山和有1050年历史的龙喜县城。

十、金井镇

金井镇位于长沙县北部，1988年，原名金井乡，1992年4月撤乡建镇，1995年原脱甲乡、观佳乡并入金井镇。镇域面积144平方千米，其中陆地137.8平方千米，水域6.2平方千米，域内多山，溪流众多，有中型金井水库和小（1）型水库2座，省道207线贯穿全镇，镇村组公路全部硬化。耕地面积3263公顷，山林面积8700公顷，森林覆盖率60.3%，农业以种植水稻、蔬菜、养殖和茶叶生产为主，工业以铸造、机械制造、农副产品加工及制革为主，打造出“金铸、金革、金茶、金米、金菜、金薯”六大品牌。2012年，辖金井、脱甲2个社区和金龙、惠家、沙田、九溪源、涧山、王梓园、观佳、龙泉、拨茅田、新沙、脱甲、西山、蒲塘、东山14个村，年末，全镇总人口4.26万人，其中城镇常住人口3600人，城镇化率8.46%，另有流动人口850人，农业总产值2.2亿元，工业生产总值23.16亿元，社会商品零售总额20亿元，财政总收入2144万元，其中地方财政收入652万元。

金井镇为全国环境生态镇和湖南省茶叶专业乡镇。

十一、开慧镇

开慧镇位于长沙县北部，1988年，原名开慧乡，2011年4月撤乡建镇，镇域总面积62平方千米，其中陆地59.9平方千米，水域2.1平方千米，属丘陵地貌。大部分为山前平原，主要矿产为石英石和黑麻石，域内有京珠高速穿越，京珠联络线穿过镇中心与107国道相接。耕地面积1722公顷，山林面积3200公顷，森林覆盖率60%，农业以种植水稻、蔬菜和养殖为主，工业以家具、锻造、化工、湘绣等为主。2012年，辖板仓社区和开慧、开明、葛家山、清泰桥、枫林市、飘峰山6个村，年末，全镇总人口2.18万人，其中城镇常住人口1310人，城镇化率6%，另有流动人口27人，农业总产值2.7亿元，工业生产总值2.87亿元，社会商品零售总额2400万元，财政总收入1062万元，其中地方财政收入595万元。

开慧镇是杨开慧烈士的故乡，也是中国共产党第一位女党员缪伯英的故乡，2006年，杨开慧纪念馆被列为全国百个红色旅游基地建设之一，为国家AAAA级风景旅游区。

十二、路口镇

路口镇位于长沙县北部偏东，1988年，原名路口乡，1992年撤乡建路口镇，1995年5月撤区并镇时，原麻林乡并入，镇域面积89平方千米，其中陆地83.8平方千米，水域5.2平方千米，小（1）型水库3座，属丘陵地貌，东部和西南略高，中部平坦，207省道、黄兴大道北延线贯穿全镇，镇内公路通村达组，耕地面积2414公顷，山林面积4533.33公顷，森林覆盖率80%，农业以种植水稻、经济作物和养殖为主，主要经济作物为蔬菜、板栗，工业以机械加工、服装生产、建筑材料为主。2012年，辖路口、麻林2个社区和路口、花桥湾、荆华、明月、长春、上杉市、麻林、万年桥8个村。年末，全镇总人口2.83万人，其中城镇常住人口3418人，城镇化率12.09%，另有流动人口1200人，农业总产值4.46亿元，工业生产总值1.84亿元，社会商品零售总额4.5亿元，财政总收入1952万元，其中地方财政收入482万元。

路口镇域内有麻林温泉和国家级大山冲森林公园。

十三、暮云镇

暮云镇位于长沙县西南，1988年，原名南托乡，1992年撤乡建镇，镇域面积64.96平方千米，地势平缓，多为岗地和平原，湘江风光带、万家丽路、芙蓉南路、新韶山路等长沙城市主干道均延伸至此。耕地面积1352公顷，森林覆盖率55%，农业以种植水稻、经济作物和养殖为主，工业以汽车配件、食品加工、新材料、建筑材料为主，2001年8月成立暮云工业园，2006年暮云工业园批准为省级开发区。2012年，辖南托岭、暮云、云塘、黄月湖4个社区和暮云新村、兴马、北塘、许兴、高云、西湖、莲华、牛角塘、兴马、三兴、沿江11个村，年末，全镇总人口3.67万人，其中城镇常住人口6100人，城镇化率8.35%，另有流动人口3.51万人，农业总产值2.8亿元，工业生产总值43.5亿元，社会商品零售总额5050万元，财政总收入8.59亿元，其中地方财政收入2.29亿元。

暮云镇先后被评为“省级安全生产示范乡镇”“国家级生态乡镇”。

十四、青山铺镇

青山铺镇位于长沙县西北，1988年，原名广福乡，1997年12月撤乡建置青山铺镇，镇域总面积46.7平方千米，其中陆地44.4平方千米，水域2.3平方千米。域内大部为山地丘陵，地势北高南低，属捞刀河水系，洪家河流经域内，有响水坝中型水库，矿产资源有花岗石、石英、高岭土等，交通便利，有京珠高速和107国道穿境，村村干道全部硬化，耕地面积1167公顷，山林面积1985公顷，森林覆盖率41.7%，农业经济以葡萄产业、水稻种植、生猪养殖为主，工业经济有饲料加工、生活锅炉、兽药、建筑建材、饮料等产业。2012年，辖青山铺社区和赛头、天华、青山、黄鹄、洪河、梅数、广福7个村，年末，全镇总人口1.88万人，其中城镇常住人口4826人，城镇化率25.6%，另有流动人口182人，农业总产值2.17亿元，工业生产总值1.14亿元，社会商品零售总额1786万元，财政总收入665万元，其中地方财政收入265万元。

青山铺镇为全国优美乡镇和省小康示范镇。

十五、双江镇

双江镇位于长沙县北部，是长沙县唯一的革命老区。地处长沙、平江、浏阳三县（市）交界处，1988年，原名双江乡，2002年8月撤乡建镇。镇域面积66.4平方千米，其中陆地61.07平方千米，水域5.33平方千米，属丘陵地貌，地势东北高，西南低，主要河道有青山河、龙华河、石板河，有小（1）型龙华水库和小（2）型水库9座，域内交通有拨署线、罗石线交汇。耕地面积4580顷，山林面积3800公顷，森林覆盖率60.15%。以种植水稻为主，主要经济作物有茶叶、蘑菇、蔬菜等，养殖方面有“罗代黑猪”产业，工业以制造业为主。2012年，辖罗代社区和农裕、大桥、团山、青山、龙华、赤马、双江、石板、山笔、石井 10 个村，年末，全镇总人口 2.11 万人，其中城镇常住人口 5643 人，城镇化率 26.8%，另有流动人口 620 人，农业总产值 3.7 亿元，工业生产总值 1.12 亿元，社会商品零售总额 7764 万元，财政总收入 97 万元，其中地方财政收入 30 万元。

十六、跳马镇

跳马镇地处长沙县东南，1988 年，原名跳马乡，1995 年 5 月撤区并乡时，原团然乡、石门乡并入跳马乡，2011 年 5 月撤乡建镇。镇域面积 183 平方千米，其中陆地 181.2 平方千米，水域 1.8 平方千米，丘陵地貌，东部略为平坦，南高北低，浏阳河自东往北流入湘江，有小（1）型水库 1 座和小（2）型水库 13 座，矿产资源为石灰石，域内有京珠高速、沪昆高速、长株高速和绕城高速经过。耕地面积 3800 公顷，山林面积 2800 公顷，森林覆盖率 73%，以种植水稻、蔬菜、花卉苗木为主，工业以建材、机械加工、食品加工为主。2012 年，辖金屏、斑竹塘 2 个社区和跳马、关刀、嵩山、杨林、沙仙、复兴、双溪、三仙岭、石桥、梅怡岭、曙光垸、冬斯港、白竹、喜雨、石燕湖、新田、田心桥 17 个村，年末，全镇总人口 6.08 万人，其中城镇常住人口 3147 人，城镇化率 5.17%，另有流动人口 1145 人，农业总产值 9.3 亿元，工业生产总值 12.42 亿元，社会商品零售总额 0.6 亿元，财政总收入 1.39 亿元，其中地方财政收入 1 亿元。

跳马镇是长沙百里花卉走廊的主要区域，被授予全国首批“花木之乡”和“红继木之乡”，并被评为国家级生态乡镇。旅游资源有 AAAA 级旅游景区石燕湖生态公园。

十七、北山镇

北山镇位于长沙县西北，1988 年，原名北山乡，1995 年撤区并乡时，原石常乡、牌楼乡并入，1997 年 8 月撤乡建镇。镇域总面积 148.5 平方千米，其中陆地 143.7 平方千米，水域 4.8 平方千米，丘陵地貌，地势略为西高东低，北高南低，域内东部有白沙河自北向南经捞刀河汇入湘江，有小（1）型水库 4 座和小（2）型水库 10 座，主要矿产资源花岗岩、板页岩，麻石资源丰富，域内有京珠高速、武广高铁、长青公路穿经全境，镇级公路全部硬化。耕地面积 5080 公顷，山林面积 6632.2 公顷，森林覆盖率 45.63%，以种植水稻、蔬菜为主，特色农业有茶叶、丰梅等，工业有装备制造、机械加工、新材料、生物制药等产业。2012 年，辖蒿塘、荣合桥、新桥 3 个社区和北山、金星、福安、五福、新云、西湖、官桥、福高、福田、新中、常乐、王公桥、牌楼、新桥、高仓、狮山、明月、青田 18 个村，年末，全镇总人口 5.32 万人，其中常住人口 5.07 万人，城镇化率 12.6%，另有流动人口 4280 人，农业总产值 6.95 亿元，工业生产总值 6.21 亿元，社会商品零售总额 5300 万元，财政总收入 1300 万元，其中地方财政收入 411 万元。

十八、江背镇

江背镇位于长沙县南部偏东，1988 年时就名江背镇，1995 年撤区并乡建镇时，原五美乡、梅花乡并入江背镇，镇域总面积 175 平方千米，其中陆地 172 平方千米，水域 3 平方千米，丘陵地貌，地势略为东高西低，北高南低，浏阳河流经西南部，有中型水库 1 座、小（1）型水库 2 座和小（2）型水库 10 座，主要矿产资源硅土，储量丰富，域内有长浏高速、浏醴高速、沪昆高铁、省道 103 线穿经，镇级公路全部硬化。耕地面积 5018 公顷，山林面积 8866.67 公顷，森林覆盖率 50.49%。以种植水稻、油菜、花卉苗木为主；畜牧业以生猪、家禽为主；工业有水泥生产和汽车配件等产业，“印山台”水泥为国家免检产品、中国优质名牌产品、国家绿色建材产品，同心实业为湖南省第一家在海外上市的民营股份制企业。2012 年，辖江背、梅花、五美、朱家桥 4 个社区和印山、楠木、特立、金洲、湘阴港、福田、乌川湖、肖排、五福、古井、阳雀新村、砖田新村12个村。2012年年末，辖区总人口5.89万人，其中常住人口5.76万人，城镇化率9.7%，另有流动人口1243人，农业总产值5.15亿元，工业生产总值62.7亿元，社会商品零售总额0.7亿元，财政总收入9720万元，其中地方财政收入2660万元。

江背镇为全国小城镇建设重点镇，湖南省首批小城镇示范镇。

第三节 望城县（区）辖镇

一、高塘岭镇

高塘岭镇是望城区（县）治所在地，为望城区行政中心。地处望城区中部，1985年4月，原高塘岭乡撤销并入城关镇。1988年原名为城关镇，1995年6月，城关镇更名为高塘岭镇。总面积42.6平方千米，陆地36.8平方千米，水域5.8平方千米。域内属长衡丘陵向洞庭湖平原过渡地带。南部为丘陵，北部为平原，地势略为南高北低。石长铁路横贯东西，并在高冲村设有火车站，域内有101省道和069、901县道等公路干线，湘江航电枢纽位于胜利村。镇内有普通高等院校1所，在职教育培训学院1所，职业教育中等学校1所。耕地面积981.8公顷，以种植粮食作物、经济作物为主，畜牧业以饲养生猪、家禽为主。工业以食品加工、机械加工、饮料加工、建筑材料为主，拥有驰名商标6个，省优产品1个。2011年，辖高塘岭、莲湖、仁和、喻家坡、旺旺路、白芙塘、西塘街、雷锋路、高塘9个社区和胜利、原佳、高冲、裕农4个村，辖区总人口5.75万 人，其中常住人口5.75万人，城镇化率100%，另有流动人口2.42万人。年末，全镇农业总产值3.6亿元，工业生产总值57.84亿元，社会商品零售总额17亿元，财政总收入2.94亿元，其中地方财政收入2.1亿元。2012年8月，望城乡镇区划调整，高塘岭镇拆分设置为高塘岭街道和喻家坡街道。

高塘岭镇先后被评为“中国乡镇之星”、首批“经济百强镇”。镇内的华夏剪纸博物馆馆内藏有清代剪纸画谱和国内剪纸名家的作品13000余件，为国内首家民间剪纸艺术博物馆。

二、丁字镇

丁字镇地处望城区中部偏北，湘江东岸，1988年时丁字镇镇域面积较小，1995年6月，原丁字乡、书堂乡并入，合并建置丁字镇。辖区面积89.4平方千米，其中陆地72.7平方千米，水域16.7平方千米。域内大部为低山、丘陵，西南部、西北部为滨湖冲积平原。域内矿产资源主要为花岗岩和铍、铌、钽，花岗岩地质储量1.3亿立方米，集中分布在西部麻潭山一带。域内有京广铁路和102省道、064县道交汇，丁白汽车轮渡于1987年6月建成并投入运行。耕地面积2645.6公顷，以种植粮食作物和蔬菜、油料等经济作物为主。林地面积2437.2公顷，森林覆盖率为31.9%，工业以石材加工、建筑材料为主。2011年，辖双桥、翻身垸、金云、书堂山、石渚湖、彩陶源、中山、何桥8个村和兴城、丁字湾2个社区，辖区总人口4.37万人，其中常住人口3.92万人，城镇化率23.6%，另有流动人口2004人。年末，全镇农业总产值3.95亿元，工业生产总值22.5亿元，社会商品零售总额2.8亿元，财政总收入1.5亿元，其中地方财政收入7578万元。2012年8月，望城乡镇区划调整，丁字湾镇拆分设置为丁字湾街道和书堂山街道。

丁字镇是历史悠久的花岗石之乡、“全国重点镇”，书堂山是唐代大书法家欧阳询的出生地。域内主要旅游景点为铜官窑遗址和书堂山景区。

三、桥驿镇

桥驿镇地处望城区东北部。1988 年，桥驿镇镇域面积较小。1995 年 6 月，由原杨桥乡和黑麋峰乡并入，合并建置为桥驿镇。2002 年，辖区面积 103 平方千米。属较典型的丘陵山区，地势西部缓和，东部山峦叠嶂，域内最高峰黑麋峰海拔 590.5 米，为长沙市第一高峰。域内有小（1）型水库 3 座，主要矿产为花岗石，黎家尖、曾家山花岗岩矿为大型矿床。耕地 2510 公顷，以种植粮食作物、经济作物为主，林地面积 3810 公顷，森林覆盖率为 46.7%。畜牧业以生猪饲养为主，黑山羊、黄牛、家禽等养殖业也较发达。工业以铸造、机械加工、能源再利用为主。域内交通方便，京广铁路贯穿南北，并设有杨桥、桥驿 2 个车站，102 省道和 057、058、064 县道交汇。2012 年，全镇辖洞阳、联合、沙田、龙塘、禾丰、丁家、民福、力田、白石、永丰、群力、马鞍、民望、杨桥、峰北、洪家 16 个村和桥头驿社区，年末，全镇总人口 3.80 万人，农业总产值达 4.14 亿元，工业总产值 7.89 亿元，财政总收入 4082 万元。

桥驿镇的桥头驿曾是长（沙）岳（阳）古道上的重要驿站，黑麋峰国家级森林公园山上有建于明万历四年（1576）的黑麋古寺。

四、茶亭镇

茶亭镇地处望城区东北部，1988 年为茶亭乡。1995 年 6 月茶亭乡、西湖乡合并建置茶亭镇。镇域总面积 89 平方千米。域内大部分为低山冈地，地势东北高、西南低，以山间盆地为主，域内东部的茶亭水库属小（1）型水库，域内矿产资源有花岗岩、陶土、沙金等，花岗岩主要分布在九峰山，域内交通便利，102 省道与 057、062、063 县道交会。耕地面积 3041.7 公顷，林地面积 3211.3 公顷，森林覆盖率为 42.2%。以种植粮食作物、经济作物为主，工业以编织、包装、铸造、竹木加工为主。2012 年，辖梅花岭社区和九峰山、望群、戴公桥、西湖寺、郭亮、中兴、狮子岭、洪开桥、谭家园 9 个村。辖区总人口 3.36 万人，年末，全镇农业总产值 3.65 亿元，工业生产总值 19.2 亿元，财政总收入 4200 万元。

茶亭是革命烈士郭亮的故乡，郭亮烈士陵园坐落在郭亮村文家坝，为省级重点文物保护单位和全省爱国主义教育基地，九峰山村的惜字塔建于清道光十八年（1838），为市级文物保护单位。

五、铜官镇

铜官镇地处望城区北部偏南，1985 年 4 月铜官乡、铜官镇合并建置铜官镇，面积 29.6 平方千米，其中陆地 21.5 平方千米，水域 8.1 平方千米。域内大部为低山冈地，地势东南高西北低，主要矿产资源为陶瓷黏土，铜靖汽车轮渡于 1974 年 6 月投入运行，域内有 061、062、063 县道。耕地面积 622.8 公顷，林地面积 688.2 公顷，森林覆盖率为 25.8%。农业以种植粮食作物、经济作物为主，工业以陶瓷、塑料制品为主，铜官循环经济工业园位于镇的北部，面积约 800 公顷。2012 年，辖铜官街、洪家洲、袁家湖、高岭、誓港 5 个社区和万星、太丰、花果、华城 4 个村，辖区总人口 2.35 万人，年末，全镇农业总产值 0.89 亿元，工业生产总值 37.11 亿元，财政总收入 3200 万元。

铜官镇是全国四大陶都之一，是湖南省首批历史文化名镇，也是革命老区，郭亮领导铜官陶业工人成立湖南最早的工人党支部。

六、东城镇

东城镇位于望城区北部，湘江东岸。1988 年为东城乡，1995 年 6 撤乡建东城镇，面积 56 平方千米，陆地 31 平方千米。域内交通有 061 县道，地势东南高西北低，东南部多丘陵，西北部为滨湖冲积平原。土壤呈土母质第四纪红色黏土，耕地面积 1711.1 公顷，林地面积 753 公顷，森林覆盖率为 22%。粮食作物以水稻、大豆、薯类为主，主要经济作物为油料作物、蔬菜等。渔业以淡水养殖为主，域内黄龙水库盛产味道鲜美的刁子鱼。工业以冶金、铸造、机械加工为主，2012 年，辖慎家桥社区和杨家坪、泉丰、大龙、金钩寺、苏蓼、东闸、静慎 7 个村。辖区总人口 1.96 万人。年末，全镇农业总产值 1.58 亿元，工业生产总值 2.9 亿元，财政总收入 3150 万元。

东城镇为全国环境优美乡镇，聂家坡的文星塔建于清光绪五年（1879），秀如鞭锏。

七、乔口镇

乔口镇地处望城西北部，湘江西岸。东隔湘江与东城镇、铜官镇相望，南与靖港镇接壤，西南与格塘镇、宁乡县朱良桥镇为邻，西及西北连益阳市赫山区欧江岔镇，北隔柳林江与湘阴县岭北镇相望。1988 年，辖区面积 46.23 平方千米，其中陆地 30.7 平方千米，水域 13.7 平方千米。域内大部为冲积平原，地势略为南高北低，湛湖海拔 23 米，为长沙市域内最低点，团头湖位于域内西部，是长沙市最大的自然湖泊。域内交通干线有 101 省道和 071 县道，耕地面积 2247.7 公顷，林地面积 79.1 公顷，森林覆盖率为 1.5%。以种植粮食作物和经济作物为主，工业以包装、制砖、农副产品加工为主。2012 年，辖乔口社区和柳林江、大垅围、水星、团头湖、蓝塘寺、鲜鱼塘、湛水、盘龙岭、田心坪、荷叶湖 10 个村，总人口 3.40 万人，年末，全镇农业总产值 5.7 亿元，工业生产总值 3.25 亿元，财政总收入 3689 万元。

乔口镇先后被评为“全国都市农业休闲第一镇”“全国环境优美镇”，乔口镇域内有团头湖遗址和湖尾遗址。

八、靖港镇

靖港古名芦江，唐李靖曾驻军于此，更名靖港。1995 年 6 月，原靖港乡、靖港镇合并建置靖港镇，镇域面积 45.88 平方千米，其中陆地 33.5 平方千米，水域 12.3 平方千米。域内皆为滨湖冲积平原，地势平坦，交通便，有 101 省道与 069、070 县道交会，耕地面积 2475.2 公顷，林地面积 61.2 公顷，森林覆盖率为 0.3%，以种植粮食作物、经济作物为主，工业以农产品加工、船舶制造为主。2012 年，全镇辖芦江社区和农溪、前榜、复胜、石毫、新峰、福塘、金星 7 个村，辖区总人口 3.49 万人，年末，全镇农业总产值 3.39 亿元，工业生产总值 12.97 亿元，财政总收入 5800 万元。

靖港镇是“中国历史文化名镇”“中国特色旅游名镇”“全国环境优美乡镇”。2011 年 12 月，评定为“国家 AAAA 级旅游景区”。

九、格塘镇

格塘镇地处望城区西北部，1988 年为格塘乡，2011 年 3 月撤乡建镇。辖区面积 46 平方千米，其中陆地 37.6 平方千米，水域 9 平方千米，域内属丘陵向平原过渡地带，地势西北高、东南低，域内有中型格塘水库（千龙湖），有 090、070 县道和乡道构成交通网络。耕地面积 2385.9 公顷，林地面积 423.2 公顷，森林覆盖率为 13.5%，农业以种植粮食作物、经济作物为主，工业以农产品加工、建筑材料为主。2012 年，辖众兴社区和三桥、合池、杨家山、格塘、高桥、凌冲、柏叶 7 个村，总人口 3.09 万人，年末，全镇农业总产值 0.7 亿元，工业生产总值 6.5 亿元，财政总收入 7265 元。

格塘镇是湖南省农村体育工作先进乡镇，域内的千龙湖、万虎岭生态旅游度假村是独具特色的旅游胜地。

十、乌山镇

乌山镇地处望城区西部，1988 年为乌山乡，1995 年 2 月撤乡建镇。辖区面积 78.5 平方千米，其中陆地 65.5 平方千米，水域 10.4 平方千米，地势西南高东北低。西北部为丘陵带，东北部为平原，东部低山。域内主要矿产资源是青石，矿区面积 1.2 平方千米，储藏量达 3 亿立方米。耕地面积 3272.3 公顷，林地面积 1783.1 公顷，森林覆盖率为 22.2%，农业以种植水稻、经济作物为主，“乌山贡米”于 2009 年、2010 年、2011 年连续 3 次荣获国际农博会“金奖”，工业以机械制造、农副产品加工和科技研发为主，乌山创业园位于域内南部。2012 年，辖徐家桥社区和团山湖、八曲河、金树、双丰、乌山、双兴、蓟家巷、茶园、龙王岭、黄花岭 10 个村，总人口 4.15 万人，年末，全镇农业总产值 3.5 亿元，工业生产总值 12.1 亿元，财政总收入 8715 万元。

乌山镇是湖南省基层党风廉政建设示范乡镇、全国环境优美乡镇。

十一、星城镇

星城镇地处望城区东南部，1995 年 6 月，由大湖乡、谷山乡合并建置星城镇，辖区面积 87 平方千米，其中陆地 58.3 平方千米，域内属长衡丘陵向洞庭湖平原过渡地带，地势略为南高北低，石长铁路贯穿东西，并在马桥河村设望城站，域内干线有 401 国道、101 省道、068 县道、069 县道，耕地面积 1540.4 公顷，林地面积 1111 公顷，森林覆盖率为 15.8%，农业以种植水稻、经济作物为主，工业以化工、建筑材料、机械加工为主，房地产业发展较快，望城经济开发区位于境内西部，2011 年，辖月亮岛、东马 2 个社区和回龙、西塘、中华岭、南塘、银星、戴公庙、马桥河、白沙洲、腾飞 9 个村，总人口 6.58 万人，其中城镇常住人口 4.02 万人，城镇化率 61.2%，另有流动人口 2.22 万人，年末，全镇农业总产值 3.3 亿元，工业生产总值 34.2 亿元，社会商品零售总额 8.4 亿元，财政总收入 4.17 亿元。2012 年 8 月，望城乡镇区划调整，星城镇拆分设置为白沙洲街道、大泽湖街道、月亮岛街道。

星城镇是国家农村生态环境及基础设施建设试点镇和省小城镇建设示范镇。域内旅游景点有谷山体育公园和月亮岛公园。

十二、白箬铺镇

白箬铺镇地处望城区西南部。1988 年为白箬铺乡，1995 年 9 月与原友仁乡合并，仍名白箬铺乡，2001 年 11 月撤乡建镇，辖区总面积 106 平方千米，其中陆地 91.5 平方千米，水域 7.1 平方千米，域内属丘陵兼有间山盆地和小块河谷平原，地势西南高西北低，域内属湘江水系，域内有白箬河和小（1）型古冲水库，域内交通干线有 319 国道、金洲大道、076 县道交会。耕地面积 3295.4 公顷，林地面积 4059 公顷，森林覆盖率为 41.4%，农业以种植粮食作物、经济作物为主，工业以铸造、机械加工、制鞋、建筑材料为主，2012 年，辖集镇社区和白箬铺、龙唐、齐天庙、龙莲、桃林、金良、黄泥铺、洪山、古村、胜和、金峙、金峰、大塘、光明 14 个村，总人口 4.55 万人，年末，全镇农业总产值 4.62 亿元，工业生产总值 20 亿元，财政总收入 1800 万元。

白箬铺是“全国城镇建设示范镇”“省级特色产业镇”。域内光明村是全省新农村建示范村。

十三、黄金镇

黄金镇地处望城区南部偏北，1988 年为黄金乡，1995 年 6 月原白马乡并入黄金乡，2010 年 2 月撤乡建镇，辖区总面积 71.5 平方千米，其中陆地 66.3 平方千米，水域 5.2 平方千米，地势东南、西北高，以低山间盆地为主。域内有黄金河、观音岩水库〔小（1）型〕，域内矿产资源有沙金，主要分布在黄金园。域内交通干线有 410 国道、101 省道、068 县道、069 县道，耕地面积 1987.4 公顷，林地面积 2536.9 公顷，森林覆盖率为 36.7%，农业以种植水稻、经济作物为主，工业以编织、包装、铸造、竹木加工建筑材料为主，2011 年，辖桐林坳、金坪、金山桥 3 个社区和黄金园、三益、廖家坪、白马、桂芳、英雄岭 6 个村，总人口 3.77 万人，其中城镇常住人口 3.23 万人，城镇化率 66.1%，另有流动人口 9036 人，年末，全镇农业总产值 1.81 亿元，工业生产总值 14.6 亿元，社会商品零售总额 8.4 亿元，财政总收入 1.39 亿元。2012 年 8 月，望城乡镇区划调整，黄金镇拆分设置为金山桥街道、黄金园街道、廖家坪街道、大泽湖街道、月亮岛街道。

黄金镇是“长沙市经济发展十快乡镇” “省级环境优美乡镇”。坪塘村的洗心禅寺是清初日藏禅师开山的一方大寺。

十四、雷锋镇

雷锋镇地处望城区南部，1988 年为雷锋乡， 1993 年 3 月撤乡建镇，2008 年 6 月划归长沙市高新技术产业区托管，辖区面积 60 平方千米，其中陆地 55 平方千米，水域 4.9 平方千米，域内总体为低山丘陵区，地势略为南北略高，中部平坦，有牌楼坝、石冲 2 座小（1）型水库。矿产资源主要为石灰岩。交通干线有 319 国道、5513 国道、401 国道、069 县道，耕地面积 1703.2 公顷，林地面积 2425.2 公顷，森林覆盖率为 52.7%，农业以种植水稻、经济作物为主，工业以化工、铸造、机械加工、塑料制品、建筑材料为主。2012 年，辖荷花塘社区和雷锋、坪山、牌楼坝、真人桥、桥头铺 5 个村，总人口 3.20 万人，年末，全镇农业总产值 7.79 亿元，工业生产总值 24.05 亿元，财政收入 1.12 亿元。

雷锋镇是建设部、省、市小城镇建设的重点镇，也是共产主义战士雷锋的出生地，镇内有雷锋纪念馆和雷锋故居供参观教育。

第四节 浏阳市辖镇

一、淮川街道（原城关镇）

淮川街道，1988 年为城关镇，位于浏阳市中部，是浏阳市的经济、文化、交通、科技、信息中心，1993 年 8 月撤销城关镇，设立淮川办事处，1995 年 6 月，淮川办事处更名为淮川街道。总面积 12.3 平方千米，其中陆地 11.9 平方千米，水域 0.34 平方千米。工业以印刷、包装业为主，一品香豆豉、城东素食菜为浏阳名特产。2012 年，辖朝阳、北正、西正、城西、城东、联城、北园、新北 8 个社区，辖区总人口 16.4 万人，其中城镇常住人口 11 万人，城镇化率 100%，另有流动人口 5.4 万人，年末，工业生产总值 10 亿元，社会商品零售总额 42.5 亿元，财政总收入 2.47 亿元，其中地方财政收入 1.7 亿元。

淮川风景名胜、文物古迹有国家级文物保护单位谭嗣同故居、省级文物保护单位浏阳文庙等。

二、古港镇

古港镇位于浏阳市东部，1988 年古港镇地域面积比现在小，1995 年 6 月撤区并乡时，原宝盖乡并入，合并而成现古港镇，总面积 154 平方千米，其中陆地 141.7 平方千米，水域 12.3 平方千米，镇域地处浏阳河上游大溪河畔，地势起伏较大，整体由东北向西南倾斜。大浏高速和浏东公路穿经域内，主要矿产资源磷矿石、石灰石、白云石、水晶石等。耕地面积 1614 公顷，山林面积 10749 公顷，森林覆盖率 65.32%。粮食作物以种植水稻为主，主要经济作物有蔬菜、花卉、果木、茶叶等，养殖业以生猪和黑山羊为主，主要工业有化工、建材、花炮、电力、竹木加工、生日乐制造等，2012 年辖古港、桃园、古城 3 个社区和仙洲、高联、范市、梅田湖、港星、中坪、燕塘、新园、沔江、宝盖寺 10 个村，辖区总人口 3.9 万人，其中城镇常住人口 1.35 万人，城镇化率 34.6%，另有流动人口 5000 人，年末，农业总产值 3.9 亿元，工业生产总值 29.4 亿元，社会商品零售总额 1.9 亿元，财政总收入 4310 万元，其中地方财政收入 1350 万元。

古港镇域内有皇龙峡生态旅游景区和千年宝盖禅寺。

三、沿溪镇

沿溪镇位于浏阳市东部偏中，1988 年为沿溪乡，1994 年撤乡建镇，1995 年 6 月，原大光乡并入沿溪镇，总面积 119.6 平方千米，其中陆地 103.4 平方千米，水域 16.2 平方千米，地势北高南低，由东北向西南倾斜。矿产资源有煤、砷砂、钨、石灰石、菊花石等。大浏高速、309 国道、浏东公路经过域内，耕地面积 1301 公顷，山林面积 8850 公顷，森林覆盖率 72%。粮食作物以种植水稻为主，主要经济作物有蔬菜、花卉苗木、茶叶、油茶、金橘等，养殖业以生猪、羊、家禽为主，主要工业有烟花、建材、机械加工、家具制造等。2012 年，辖沿溪桥、大光、建设 3 个社区和沙龙、礼花、金桔、大光湖 4 个村，辖区总人口 3.19 万人，其中城镇常住人口 1.26 万人，城镇化率 39%，另有流动人口 2120 人，年末，农业总产值 2.1 亿元，工业生产总值 31.05 亿元，社会商品零售总额 0.78 亿元，财政总收入 4405 万元，其中地方财政收入 925 万元。

沿溪镇是浏阳花炮精品园所在地，为中国乡镇企业科技示范园区和中国金橘之乡。

四、永和镇

永和镇位于浏阳市东部偏北，1988 年时即为浏阳市 2 个最早的建制镇之一，总面积 63.6 平方千米，其中陆地 62.6 平方千米，水域 1 平方千米，地势南北高，中间低，丘陵地貌，宝山河穿境而过，汇入大溪河，水库山塘较多。域内矿产资源丰富，有磷矿石、菊花石、海泡石、石灰石等 20 余种，其中磷矿是全国六大基地之一，海泡石占世界海泡石储量的五分之一。沿宝公路经过域内。耕地面积 891.06 公顷，山林面积 4113.6 公顷，森林覆盖率 64.68%，以种植水稻、花卉苗木为主，畜牧业以生猪、羊、家禽为主，主要工业有烟花、磷肥生产、化工、机械制造、磷矿石和海泡石开采等，菊花石雕曾享有“全球一”的美誉，2012 年，辖菊溪社区和孚田、金盆、永宝、新联、佳成、石佳 6 个村。辖区总人口 2.37 万人，其中城镇常住人口 6581 人，城镇化率 27.82%，另有流动人口 90 人，年末，农业总产值 1.9 亿元，工业生产总值 9.59 亿元，社会商品零售总额 1.33 亿元，财政总收入 2342 万元，其中地方财政收入 880 万元。

永和镇曾因菊花石雕刻工艺两次被文化部授予“中国民间艺术之乡”。永和镇也是革命老区，李家大屋曾是中国工农红军第一方面军的成立旧址，被列入湖南省级文物保护单位。

五、永安镇

永安镇位于浏阳市西北，1988 年为永安乡，1995 年 6 月，原永安乡与原丰裕乡合并，建置永安镇。面积 112.2 平方千米，其中陆地 109 平方千米，水域 3.2 平方千米，地处长平盆地东北角，为丘岗平区，捞刀河自东向西横贯域内，域内有小（1）型水库 1 座，小（2）型水库 9 座。长浏高速、浏醴高速、开元东路、319 国道穿境而过。域内主要矿产为石膏矿，耕地面积 3169.6 公顷，山林面积 2800 公顷，森林覆盖率 38%，永安地区土地肥沃，适宜双季稻和各种喜温作物生长，形成以超级杂交稻、万亩现代烟草、万亩油菜为主导的特色农业产业，畜牧业以生猪养殖为主，工业有工程机械、汽车零配件、金属及建筑材料、烟辅材料等产业。2012 年，辖心源、永安、丰裕、永新 4 个社区和坪头、督正、建新、礼耕、芦塘、西湖潭、大安、永和、水山 9 个村。辖区总人口 6.99 万人，其中城镇常住人口 4490 人，城镇化率 6.4%，另有流动人口 7000 人，年末，农业总产值 5.9 亿元，工业生产总值 141.4 亿元，社会商品零售总额 3.5 亿元，财政总收入 5.07 亿元，其中地方财政收入 1.84 亿元。

永安镇为全国小城镇试点镇、湖南省十大魅力乡镇，是浏阳制造产业基地所在地，浏阳经济技术开发区的重要组团。

六、中和镇

中和镇位于浏阳市南区偏东，1988 年为中和乡，2000 年 1 月撤乡设镇。面积 152.6 平方千米，其中陆地 141.9 平方千米，水域 10.7 平方千米。属丘陵地形，东北高西南低，南川河、浏阳河流经域内，矿产资源有钨、钼、铜、辉绿岩、花岗岩等。省道 310 支线穿经域内。耕地面积 1350 公顷，山林面积 1.54 万公顷，森林覆盖率 75%，农业以水稻和经济作物为主，畜牧业以生猪和家禽养殖为主，工业以烟花爆竹、建筑材料为主。2012 年，辖苍坊、雅山 2 个社区和丁字桥、清江、中和、长安、小江、山枣潭、江河 7 个村，辖区总人口 2.31 万人，其中城镇常住人口 542 人，城镇化率 2.17%，另有流动人口 2967 人，年末，农业总产值 0.6 亿元，工业生产总值 1.9 亿元，社会商品零售总额 8223 万元，财政总收入 2100 万元，其中地方财政收入 454 万元。

中和镇是胡耀邦的家乡，全国 AAAA 级红色旅游景区。

七、张坊镇

张坊镇地处浏阳东边，1988 年为张坊乡，1992 年 5 月撤乡建置张坊镇。1995 年 6 月，原上洪乡、人溪乡并入张坊镇。面积 319.7 平方千米，其中陆地 291.7 平方千米，水域 28 平方千米。地处大围山南麓，多山地，地势东北高西南低，浏阳河水系，小溪河为域内主要河流，矿产资源有钼、铜等，有国家、省级保护珍贵树种 12 种，各类野生动物、野生药材数十种。交通干线有大浏高速、309 省道和县乡公路。耕地面积 1973.5 公顷，山林面积 2.67 万公顷，森林覆盖率 83%，农业以水稻和经济作物为主，畜牧业以生猪和家禽养殖为主，工业以烟花爆竹、粮食加工为主。2012 年，辖张家坊、上洪 2 个社区和茶林、陈桥、白石、田溪、七星岭、江口、人溪、富溪 8 个村，辖区总人口 3.20 万人，其中城镇常住人口 1678 人，城镇化率 5.25%，另有流动人口 500 人，年末，农业总产值 1.45 亿元，工业生产总值 6 亿元，社会商品零售总额 5733 万元，财政总收入 980 万元，其中地方财政收入 450 万元。

张坊镇域内有大围山东麓园风景名胜区，长沙市文物保护单位王首道故居。

八、文家市镇

文家市镇位于浏阳市东南部，1983 年，原文家市大队与文家市集镇合并建置文家市镇，1995 年 6 月，原岩前乡并入文家市镇。总面积 147.9 平方千米，其中陆地 136.4 平方千米，水域 11.5 平方千米。地处九岭山脉西南部、南川河上游，地势起伏较大，整体由东向西倾斜，岭谷相间，有中型水库 1 座，小型水库 3 座，山塘较多，大文公路穿经域内，主要矿产资源有煤、铜矿、铁矿等，野生动、植物种类繁多。耕地面积 1215 公顷，山林面积 1.17 万公顷，森林覆盖率 75%，粮食作物以水稻和红薯为主，经济作物有棉花、黄豆、油茶、药材等，养殖业以生猪、牛、山羊为主，工业有造纸、花炮等产业，2012 年，辖文家市社区和玉泉、岩前、白溪、五神、永丰、双田、文华、大成、新发、沙溪、湘龙 11 个村。辖区总人口 5.28 万人，其中城镇常住人口 1972 人，城镇化率 3.74%，另有流动人口 121 人，年末，农业总产值 3.5 亿元，工业生产总值 31.21 亿元，社会商品零售总额 1.76 亿元，财政总收入 1.15 亿元，其中地方财政收入 2350 万元。

文家市镇为浏阳花炮重镇，域内有国家一级文物保护单位秋收起义旧址（里仁学校），秋收起义纪念馆、杨勇将军故居等。

九、太平桥镇

太平桥镇位于浏阳市西部，1988 年原名太平桥乡，1995 年 6 月撤乡设太平桥镇，总面积 99 平方千米，其中陆地 91.1 平方千米，水域 7.9 平方千米，地势东北多山地，西部临浏阳河较平坦，主要矿产资源有板岩、金矿等，省道S103线横贯东西。耕地面积1116公顷，山林面积7200公顷，森林覆盖率72.73%，粮食作物以水稻种植为主，经济作物有蔬菜、苗木、油菜、油茶等，养殖业以生猪为主，工业有花炮、食品加工、竹地板、造纸等，属浏阳花炮主产镇，有花炮企业86家。2012年，辖太平桥、锦美2个社区和星镇、唐家园、宏源、合盛4个村，辖区总人口2.15万人，其中城镇常住人口1206人，城镇化率5.62%，另有流动人口181人，年末，农业总产值3.8亿元，工业生产总值37.58亿元，社会商品零售总额5916万元，财政总收入6486万元，其中地方财政收入1822万元。

十、社港镇

社港镇位于浏阳市北端，1988年原名为社港乡，1993年撤乡设镇，1995年6月，原大洛乡并入社港镇。镇域总面积171平方千米，其中陆地162平方千米，水域9平方千米，为中低山丘陵地貌，地势呈东西高中间低。捞刀河由南向北流经域内，有中型水库1座，交通干线有106国道、永社、浏醴高速交汇。域内矿产有铜、锌、铅、金等。耕地面积3064.2公顷，山林面积1.17万公顷，森林覆盖率58.5%，粮食作物以水稻种植为主，主要经济作物有烤烟、蔬菜等，养殖业以生猪、牛羊、家禽为主，工业有化工、花炮、铸造、竹木加工、机械加工等。2012年年末辖社港、镇北、新光3个社区和浏北、永兴、源田、合盛、清江、清源、汇源、龙华、淮洲、石牛、高寿、丹霞、周洛13个村，辖区总人口4.67万人，其中城镇常住人口1.22万人，城镇化率26.02%，另有流动人口2514人，年末，农业总产值4.5亿元，工业生产总值121.7亿元，社会商品零售总额1.8亿元，财政总收入3378万元，其中地方财政收入1289万元。

社港镇有名扬全国的特色骨伤科医院和周洛旅游区。

十一、沙市镇

沙市镇位于浏阳市西北部，1988年为沙市乡，1993年8月撤乡设镇，1995年6月原秀山乡并入沙市镇。2006年4月原赤马镇并入沙市镇。总面积209.7平方千米，其中陆地205.4平方千米，水域4.2平方千米，丘陵地貌，地势西北高东南低，捞刀河流经域内，有中型、小型水库8座。域内矿产资源有钾、锑、铜、重晶石等，交通干线有岳汝高速、永社公路等。耕地面积2508.6公顷，山林面积7389.2公顷，森林覆盖率35.36%，粮食作物以水稻为主，主要经济作物以种植烤烟、油茶、蔬菜为主，养殖业以生猪、羊、家禽为主，工商业以纺织服装、现代家居、食品加工、商贸旅游为主。2012年，辖沙市、河背、秀山、长兴4个社区和团农、东门、杨林、黄花、中洲、秧田、莲塘、白山、敦睦、友助、赤马、荷芳、龙凤、大源、桃花15个村。辖区总人口6.74万人，其中城镇常住人口1931人，城镇化率2.87%，另有流动人口131人，年末，农业总产值5.8亿元，工业生产总值33.6亿元，社会商品零售总额1.28亿元，财政总收入3030万元，其中地方财政收入2271万元。

沙市镇是全国油茶生产示范基地和湖南省现代烟草示范区，域内有赤马湖休闲旅游景区。

十一、高坪镇

高坪镇位于浏阳市东部、浏阳河上游，1988年原名高坪乡，乡域面积较现在小，1995年6月，原高坪、石湾、杨潭、船仓乡合并为高坪乡，2005年10月撤乡建镇。总面积256平方千米，其中陆地248平方千米，水域8平方千米。地势东高西低，半山区、半丘陵地貌。域内有株树桥水库和浏阳河支流小溪河、大溪河流经。公路干线有杨高、荷石、荆石公路贯穿。域内矿产资源有钨、磷、铁、铜、煤、水晶石、海泡石、石灰石等。耕地面积2649.86公顷，山林面积1.98万公顷，森林覆盖率68%，以种植水稻、蔬菜、小水果、花木为主，养殖业以生猪、羊、家禽为主，工业以烟花、水泥、采石为主。2012

年，辖高平社区和志民、船仓、沿甸、兰花园、桃花、双江、太坪、新建、河西、马鞍、向阳、杨潭、南枫、石湾、三合水、株树桥16个村，辖区总人口3.76万人，其中城镇常住人口7559人，城镇化率20.16%，另有流动人口6250人，年末，农业总产值11.3亿元，工业生产总值13.6亿元，社会商品零售总额6.5亿元，财政总收入3892万元，其中地方财政收入1410万元。

十三、三口镇

三口镇位于浏阳市北部，因宝盖河、小湘河、严坑河汇合于花城口而名“三口”，1988年原名为三口乡，2009年1月撤乡建镇。总面积55.7平方千米，其中陆地54.6平方千米，水域1.1平方千米，平原地形，兼有山地和低丘陵，地势西北高，东南低。大浏高速、浏东公路穿经境。域内河道属浏阳河流域，有小（1）型水库2座，有小（2）型水库3座，主要矿产有煤、磷、石灰石等。耕地面积1108公顷，山林面积3549公顷，森林覆盖率65%，以种植优质稻、蔬菜、油菜、烤烟为主，养殖业以生猪、羊、家禽为主，工业以烟花、塑料制品、化工、农产口加工为主。2012年，辖郭家亭社区和华湘、东盈、鹤源、白路、金园、花城6个村，辖区总人口2.33万人，其中城镇常住人口625人，城镇化率2.68%，另有流动人口85人，年末，农业总产值1.23亿元，工业生产总值16.11亿元，社会商品零售总额1055万元，财政总收入3023万元，其中地方财政收入999万元。三口镇为省级生态乡镇。

十四、官渡镇

官渡镇位于浏阳东区的中部，素有“浏东重镇”之称，为浏阳东区的中心和交通枢纽，1988年名为官渡乡，1992年4月撤乡建镇，2000年12月确立为浏阳东区中心镇。总面积200平方千米，其中陆地188平方千米，水域12平方千米，地势东北高、西南低，多为丘陵及平原地貌，大溪河、金鸡河、粟田河流经域内，有中小型水库8座，域内矿产主要为石灰岩和煤，交通干线有大浏高速、309省道、浏东公路等，耕地面积1840公顷，山林面积6460.8公顷，森林覆盖率51.95%，农作物以水稻、蔬菜、烤烟、油菜为主，养殖业以生猪为主，工业以烟花爆竹生产为主。2012年，辖南岳、新安、竹山3个社区观音塘、田郊、兵和、云山、竹联5个村，辖区总人口3.01万人，其中城镇常住人口1236人，城镇化率4.11%，另有流动人口189人，年末，农业总产值2.95亿元，工业生产总值11.55亿元，社会商品零售总额2.17亿元，财政总收入4456万元，其中地方财政收入1183万元。

官渡镇建置历史悠久，元末明初曾为浏阳县治所在地。

十五、达浒镇

达浒镇地处浏阳东部，1988年为达浒乡，1995年6月撤乡建镇，总面积202平方千米，其中陆地195.9平方千米，水域6.1平方千米。地势北高南低，多为低山丘陵地貌。大溪河流经域内，有中型水库1座，小型水库3座。矿产资源有钾长石、铌、钽、铍、镁等。浏东公路贯穿域内。耕地面积2026公顷，山林面积1.87万公顷，森林覆盖率82%，农作物以水稻、蔬菜、烤烟、油菜为主，畜牧业以生猪、山羊、家禽为主，工业以化工、烟花、竹木加工为主。2012年，辖长益、麻洲2个社区和金坑、象形、金石、书香、椒花、达兴、丰田、石源8个村，辖区总人口2.66万人，其中城镇常住人口3600人，城镇化率15%，另有流动人口1940人，年末，农业总产值1.8亿元，工业生产总值13.99亿元，社会商品零售总额6416万元，财政总收入2003万元，其中地方财政收入771万元。

达浒镇为省级生态乡镇，是浏阳花炮主产区，域内象形山水素有湘东“小桂林”之称。

十六、大围山镇

大围山镇位于浏阳东部，1988年原为大围山乡，1995年6月由东门镇、中岳乡、大围山乡合并建置大围山镇，2006年3月原白沙乡并入，总面积410平方千米，其中陆地404.7平方千米，水域5.3平方千米，地形为丘陵山地，大溪河两岸为冲积小平原，域内河道为浏阳河源头，浏东公路贯穿东西，主要矿产资源有钨、锑、金等，耕地面积1529公顷，山林面积3.25万公顷，森林覆盖率82.79%，农作物以水稻、棉花、蔬菜、油茶、水果为主，畜牧业以生猪、山羊为主，工业以造纸、竹木加工、化工、水力发电、豆制品加工为主。镇内人口多属客家籍，系清康熙时广东、福建迁浏移民之后裔。2012年，辖白沙、东兴2个社区和泥坞、永幸、田心桥、三元桥、都佳、楚东、长鳌江、中岳、鲁家湾、同幸、中塅、金钟桥、北麓园、上坪、浏河源15个村，辖区总人口2.63万人，其中城镇常住人口2447人，城镇化率8.9%，另有流动人口2322人，年末，农业总产值1.69亿元，工业生产总值5.41亿元，社会商品零售总额0.64亿元，财政总收入1020万元，其中地方财政收入493万元。

域内有AAAA级旅游景区大围山国家森林公园和被列为省、市级文物保护单位的锦绶堂、楚东山大屋、围山书院等各类清代建筑群，域内古桥众多，皆建于清朝中后期，大围山曾经是湘东最大的佛教圣地。

十七、大瑶镇

大瑶镇于浏阳市东南部，1988年原名大瑶乡，1994年4月撤乡建镇。总面积75.8平方千米，其中陆地69.7平方千米，水域6.1平方千米。地势北高南低，东西山脉之间自然形成开阔平坦狭长槽形谷地。南川河由北而南流经域内。矿产资源主要有煤、草炭、石灰石等。交通干线有国道319、106、省道1855通过，公路硬化到村组，耕地面积1722公顷，山林面积5021公顷，森林覆盖率68%，农作物以水稻、油菜、蔬菜为主，畜牧业以生猪、山羊为主，工业以花炮生产、造纸、彩印、化工、机械加工、采煤为主。2012年，辖汇丰、南川、崇文、天和4个社区和上升、三元、南山、南阳、强盛、李畋6个村。辖区总人口6.37万人，其中城镇常住人口2.02万人，城镇化率32%，另有流动人口2.2万多人，年末，农业总产值2亿元，工业生产总值78.8亿元，社会商品零售总额15.2亿元，财政总收入1.29亿元，其中地方财政收入5495万元。

大瑶镇是浏阳市花炮主产区，花炮始祖李畋故里，先后被评为全国小城镇建设综合改革试点单位、国家星火计划农村现代化小城镇建设示范镇、全国优秀乡镇。

十八、金刚镇

金刚镇位于浏阳市南端，1988年原名金刚乡，1993年12月撤乡建镇。总面积79.9平方千米，其中陆地75.7平方千米，水域4.1平方千米，东西两侧高中间低，南川河、灌江河流经域内，矿产资源有煤、铁、金、粉石英、石灰岩等，交通干线有长浏高速、106国道，耕地面积1428公顷，山林面积4146公顷，森林覆盖率51.89%，农业以种植水稻、油菜、蔬菜、花卉、果木为主，工业有鞭炮、烟花、造纸、皮鞋制作、煤炭开采、水泥、石英石加工、花炮机械。2012年，辖李畋、金声、金市3个社区和山虎、沙螺、太子湖、石霜、南岳、丹桂、星星7个村民委员会，辖区总人口6.15万人，其中城镇常住人口1931人，城镇化率3.14%，另有流动人口231人，年末，农业总产值1.9亿元，工业生产总值23.13亿元，社会商品零售总额1.42亿元，财政总收入5833万元，其中地方财政收入1437万元。

金刚镇是浏阳市花炮重镇，域内有始建于唐朝的石霜禅寺，有1400多年的佛教文化历史。

十九、澄潭江镇

澄潭江镇位于浏阳市南部，1988年为澄潭江乡，1995年6月，原澄潭江、山下、大圣3乡合并为澄潭江乡，1998年撤乡建镇。总面积157.8平方千米，其中陆地147.7平方千米，水域10.1平方千米，丘陵地貌，地势东北高西南低，南川河流经东西，交通干线有310省道及县乡公路，主要矿产资源为煤炭，储量丰富。耕地面积1486.67公顷，山林面积1.19万公顷，森林覆盖率75.42%，农业以种植水稻、油菜、玉米为主，畜牧业以生猪养殖为主，工业以花炮、煤炭为支柱产业，另有化工、包装、造纸等产业。2012年，辖集镇、槐树2个社区和虎形、吾田、和家、渠城、山下、达坪、碧溪、小源、洲田、大圣、荆坪、大源12个村。辖区总人口6.51万人，其中城镇常住人口1970人，城镇化率3.03%，另有流动人口233人，年末，农业总产值2.5亿元，工业生产总值57亿元，社会商品零售总额1.5亿元，财政总收入0.95亿元，其中地方财政收入2420万元。

二十、枨冲镇

枨冲镇位于浏阳市西南部，1988年为枨冲乡，1995年6月原青草乡并入枨冲镇。总面积198平方千米，其中陆地188.7平方千米，水域9.9平方千米。为丘陵地形，地势东北高西南低，浏阳河、枨冲河、杨洲河、董家塘在域内交织，另有众多小溪交汇。公路干线有新杨路、西南干线等。矿产资源有金、铅、锌等。耕地面积2309公顷，山林面积1.26万公顷，森林覆盖率63.6%，农业以水稻、烤烟、蔬菜、花卉、果木为主，养殖业以生猪、黑山羊为主，工业主要有鞭炮烟花、造纸、食品加工、建筑材料、采矿等。2012年，辖青草、橙冲2个社区和平息、和平、黄板桥、三元、新南桥、牙际山、张家店、沿河、红卫9个村。辖区总人口4.3万人，其中城镇常住人口1200人，城镇化率2.79%，另有流动人口209人，年末，农业总产值4亿元，工业生产总值58亿元，财政总收入0.7亿元，其中地方财政收入2100万元。

2007年10月枨冲红炮燃放创吉尼斯纪录，有“红炮之乡”之称。

二十一、龙伏镇

龙伏镇位于浏阳市上北区，1988年为龙伏乡，1995年10月，原泮春乡并入，1997年12月撤乡建镇。总面积117.4平方千米，其中陆地108.8平方千米，水域8.6平方千米。地处捞刀河上游河畔，地形以山地和丘陵为主，东西高中间低。水系完整，河网密布。交通干线有浏醴高速、106国道、永社公路过境。矿产资源有高岭土、玄武岩、钾长石、水晶、黄金、铍等。耕地面积3374.2公顷，山林面积6697公顷，森林覆盖率58.75%，龙伏镇是浏阳的农产业大镇，农业机械化程度较高，以种植富硒米、有机蔬菜、甜糯玉米、烤烟为主，养殖业以生猪、黑山羊为主，工业主要有鞭炮烟花、食品加工、灶具铸造、木业制造等。2012年，辖泮春、龙伏2个社区和石柱峰、尚埠、柘庄、相市、新开、焦桥、坪上、达峰、黄桥、石江10个村，辖区总人口4.67万人，其中城镇常住人口563人，城镇化率1.21%，另有流动人口93人，年末，农业总产值2.5亿元，工业生产总值8.96亿元，社会商品零售总额5000万元，财政总收入1029万元，其中地方财政收入712万元。

龙伏镇有晚清江南民居标本沈家大屋和始建于宋朝的石柱峰樱桃观，有2000多年历史。

二十二、官桥镇

官桥镇位于浏阳市西南部，1988年为官桥乡，2009年10月撤乡设镇。总面积88平方千米，其中陆地83.3平方千米，水域4.7平方千米。丘陵地形，东西南三面环山，地势由南向北倾斜。浏阳河支流涧江流经域内，有小（1）型水库2座。交通干线有浏醴高速、沪昆高速、普官公路穿经域内。矿产资源有河砂、沙金。耕地面积1872公顷，山林面积4206公顷，森林覆盖率47.80%，种植业以水稻、烤烟、花卉、蔬菜为主；养殖业以生猪、黑山羊为主，工业主要有鞭炮烟花、食品加工、造纸等。2012年。辖集镇社区和八角亭、林塘、德慎、九龙、苏故、保华、一江、新元、石灰嘴9个村。辖区总人口2.72万人，其中城镇常住人口1.04万人，城镇化率38%，另有流动人口440人，年末，农业总产值6.8亿元，工业生产总值4.5亿元，社会商品零售总额2.3亿元，财政总收入1165万元，其中地方财政收入825万元。

二十三、洞阳镇

洞阳镇位于浏阳市西北部，1988年为洞阳乡，1995年6月，原砰山乡并入，2001年12月，撤乡设镇。总面积103平方千米，其中陆地99.5平方千米，水域3.5平方千米。为低山丘陵地形，地势东南高西北低，主要矿产为石灰岩，捞刀河自北向西南流经域内，长浏高速、浏醴高速、大浏高速在域内交会，319国道、永社公路、牛泸公路贯通。耕地面积1527.8公顷，山林面积6271公顷，森林覆盖率61%，洞阳是湖南省“两型”农业试点乡镇，以优质水稻种植为主，养殖业以生猪、黑山羊为主，工业以塑料、建材、花炮为主。2012年，辖东园、北园、南园、洞阳、幸福泉5个社区和龙洞、九溪、观前、砰山、西园、长东6村。辖区总人口3.99万人，其中城镇常住人口2581人，城镇化率6.5%，另有流动人口5.5万人，年末，农业总产值2.43亿元，工业生产总值29.2亿元，社会商品零售总额1.08亿元，财政总收入2803万元，其中地方财政收入1133万元。

镇内的洞阳山是道教二十四洞天福地之一，山中的隐真古观是江南正一派道教祖庭，有1400多年历史。

二十四、普迹镇

普迹镇位于浏阳市西南部，1988年为普迹乡，1993年撤乡建镇。1995年6月，原金江乡并入普迹镇。总面积176.5平方千米，其中陆地171.3平方千米，水域5.2平方千米。为丘陵地形，地势由东南向西北倾斜，高低起伏大。浏阳河流经域内，支流较多，有大型官庄水库和小（2）型水库8座。矿产资源有金、钴等。沪昆高速、岳汝高速穿经域内。耕地面积2533公顷，山林面积12667公顷，森林覆盖率66.37%，农业以种植水稻、蔬菜、油菜、烤烟、花木为主。工业以烟花鞭炮、针织、造纸、食品加工、建筑材料为主。2012年，辖金江、新府、新街3个社区和普泰、普花、普官、团结、双洲、书院、古寺、五丰、大鸡头9个村。辖区总人口4.2万人，其中城镇常住人口5200人，城镇化率12.4%，另有流动人口600人，年末，农业总产值3.63亿元，工业生产总值12.8亿元，社会商品零售总额7824万元，财政总收入1580万元，其中地方财政收入540万元。

“普迹狗肉”源于康熙年间的普迹“八月会”（又称狗会），有400多年历史。特点是“烂香”且“辣”，无骨留皮，香气四溢，味道可口。

二十五、淳口镇

淳口镇位于浏阳北区中部，1988年为淳口乡，1994年12月撤乡设镇，1995年6月，原路口乡并入淳口镇，2006年3月，原山田乡并入淳口镇。总面积234平方千米，其中陆地228.4平方千米，水域5.6平方千米。地形以丘陵为主，地势由东南向西北倾斜，域内河流密布，有2条支流自东北向西南注入捞刀河，有南康、马尾皂2座中型水库，矿产以锌、铅、石灰石为主，交通干线有106国道和永社公路等。耕地面积4017.8公顷，山林面积14125.6公顷，森林覆盖率60.37%，以种植水稻、烤烟、茶叶、油茶为主，养殖业以生猪、牛羊为主，工业有烟花鞭炮、茶叶加工、竹木加工、木制扶手等产业，2012年，辖鹤源、羊古滩、农大3个社区和炉烟、杨柳、黄荆坪、高田、谢家、鸭头、南冲、洞庭、金源、狮岩、山田、同辉、佛岭、枫林、永乐、向坪16个村。辖区总人口6.44万人，其中城镇常住人口2123人，城镇化率3.30%，另有流动人口599人，年末，农业总产值4.2亿元，工业生产总值15.8亿元，社会商品零售总额1.42亿元，财政总收入2491万元，其中地方财政收入1273万元。

二十六、北盛镇

北盛镇位于浏阳市北部偏西，1988年为北盛乡，1992年11月撤乡建镇，1995年6月，原乌龙乡并入北盛镇。总面积77.9平方千米，其中陆地72平方千米，水域5.9平方千米。地势东北高西南低，四周高中间低，属河谷冲积平原，捞刀河自北向南贯穿全境，有3大支流自东向西汇入。浏醴高速、319国道、永社公路、开元大道穿经域内。耕地面积2420公顷，山林面积1813.5公顷，森林覆盖率23.28%，以种植水稻、烤烟、油菜、瓜果蔬菜为主，养殖业以生猪、家禽为主，工业有针织、家具、食品、木业等产业。2012年，辖北盛仓、乌龙2个社区和环园、马战、闸口、波扬、芭蕉、联芳、边洲、燕舞洲、窑金、卓然、亚洲湖、拔茅、百塘13个村。辖区总人口5.67万人，其中城镇常住人口721人，城镇化率1.28%，另有流动人口132人，年末，农业总产值2.3亿元，工业生产总值10.15亿元，社会商品零售总额1.69亿元，财政总收入2105万元，其中地方财政收入690万元。

二十七、柏加镇

柏加镇位于浏阳市最西端，1988年为柏加乡，2000年6月撤乡建镇。总面积87.5平方千米，其中陆地82.3平方千米，水域5.3平方千米，属丘陵地形，按山脉走势，东南略向西北倾斜，地处浏阳河下游，地表水丰富，主要矿产为石灰石，长株高速、沪昆高铁、南横线和X036公路穿经域内，耕地面积2850公顷，山林面积2135公顷，森林覆盖率57.3%，花卉苗木是柏加农业的龙头产品，拥有桂花、玉兰、红桎木等花木品种1200余个，拥有花木精品苗木园及花木生产基地100余个，工业以服装和建筑材料为主。2012年辖柏铃社区和楠洲、仙湖、双源、渡头4个村。辖区总人口2220人，其中城镇常住人口4600人，城镇化率20.7%，另有流动人口331人，年末，农业总产值4.56亿元，工业生产总值2.3亿元，社会商品零售总额7200万元，财政总收入1584万元，其中地方财政收入1150万元。

柏加镇是全国花卉苗木生产示范基地、中国花木之乡、全国绿化百佳乡（镇），域内曾出土战国时期的乐器“编钟”。

二十八、镇头镇

镇头镇位于浏阳市西南部，浏阳河中下游，是浏阳市四大中心镇之一，1988年建镇。1995年6月，原跃龙乡、北星乡并入镇头镇。总面积158平方千米，其中陆地150.8平方千米，水域7.2平方千米。浏阳河自东向西流经域内，属丘陵亚区，冲谷交错，波状起伏，溪流水渠交错，矿产主要有沙金、锡、石灰石等，211省道、103省道、镇美公路等公路干线穿经域内。耕地面积3208公顷，山林面积9066公顷，森林覆盖率58.8%，农业有水稻种植、花卉苗木、无公害蔬菜、名优水果、特色养殖等产业，工业有纺织、花炮、食品加工、造船、建筑、印刷等产业。2012年，辖北星、田坪2个社区和江东、柏树、南门、金田、土桥、连山、干口塅、甘棠、双桥、金牌、跃龙11个村，辖区总人口5.65万人，其中城镇常住人口1.81万人，城镇化率32%，另有流动人口5649人，年末，农业总产值3.6亿元，工业生产总值18.24亿元，社会商品零售总额1.37亿元，财政总收入2684万元，其中地方财政收入1023万元。

第五节 宁乡县辖镇

一、玉潭镇

玉潭镇位于宁乡县东部偏北，为宁乡县治所在地，是宁乡的政治、经济、文化中心。1984年名为城关镇，1995年置玉潭办事处，1998年9月，更名为玉潭镇。总面积12.61平方千米，其中陆地11.48平方千米，水域1.13平方千米。为丘陵地貌，地势较平坦，沩江自南向东流经域内，有长石铁路、长常高速公路、319国道、金洲大道四条主干道对接长沙，耕地面积117.9公顷，以种植水稻、蔬菜为主，主要工业有医疗器械、机械和家电制造等产业，商贸和房地产业发展迅速。2012年，辖楚沩、通益、文中、香山、南苑、新城、八一、花明、学庵9个社区，辖区总人口6.67万人，其中城镇常住人口6.18万人，城镇化率92.7%，另有流动人口3060人，年末，农业总产值0.33亿元，工业生产总值86.72亿元，社会商品零售总额56.62亿元，财政总收入11.08亿元，其中地方财政收入7.21亿元。

玉潭镇先后荣获“中国最具竞争力百强乡镇”“中国旅游百强乡镇”“中国最具发展潜力百强乡镇”“中国可持续发展百强乡镇”。

二、金洲镇

金洲镇位于宁乡东北部，1988年为全民乡，1995年5月撤区并乡，全民乡和泉塘乡合并为全民乡，2007年6月更名为金洲乡，2009年11月，撤乡设镇。总面积61.26平方千米，其中陆地56.11平方千米，水域5.15平方千米，为丘陵地形，地势较和缓，东北低、西南高，属沩江水系，石长铁路、长张高速、金洲大道穿经域内，耕地面积1770公顷，山林面积1380.8公顷，森林覆盖率22%。以种植水稻、蔬菜、葡萄为主，养殖业以生猪和家禽为主，工业以机械、农产品加工和建筑材料为主，2012年，辖全民、关山2个社区和沩桥、同兴、颜塘、龙桥、双金、泉塘、箭楼、南洲、坪石9个村，辖区总人口3.16万人，其中城镇常住人口1074人，城镇化率3.4%，年末，农业总产值3.98亿元，工业生产总值10.98亿元，社会商品零售总额1.57亿元，财政总收入4100亿元。

金洲镇是长沙市城乡一体化示范区，被评为为湖南省环境优美乡镇和长沙市十快乡镇。

三、道林镇

道林镇位于宁乡县东南端，1993年建镇，1995年由原道林镇、善山岭乡、金华乡合并成新道林镇。总面积141.21平方千米，其中陆地72.22平方千米，水域5.38平方千米。丘陵地形，地势东南高西北低，靳江河由西而东流入湘江，域内有小（2）型水库11座，主要矿产资源有矽沙、耐火黏土、石灰石、海泡石等。长湘高速（京广澳复线）、长娄高速、沪昆高铁在域内交汇。耕地面积3597.8公顷，山林面积5933公顷，森林覆盖率42%。以种植水稻为主，主要经济作物有烟叶、花木、红枣等，养殖业以生猪、黑山羊、家禽为主，工业以机械加工、泡塑、建筑材料、耐火材料为主。2012年，辖道林社区和华鑫市、天石、清石、盘龙、烧汤河、启仁、垅枫、善山岭、鑫星、奇石、金华、靳水、富豪、河清14个村。辖区总人口5.55万人，其中城镇常住人口2863人，城镇化率5.2%，年末，农业总产值4.21亿元，工业生产总值24.5亿元，社会商品零售总额2.97亿元，财政总收入1.22亿元。

四、老粮仓镇

老粮仓镇地处宁乡县中西部，1988年为老粮仓乡，1995年5月撤区并乡时，由原毛公桥乡、老粮仓乡、唐市乡合并建置老粮仓镇，镇区面积121.88平方千米，其中陆地106.4平方千米，水域15.84平方千米。地形为丘岗山地，地势由西向东呈阶梯状倾斜，楚江河流经域内直入沩江，域内有小（1）型水库3座、小（2）型水库6座，主要矿产资源为花岗岩，洛湛铁路和省道S209线贯穿全境。耕地面积3866.67公顷，山林面积8666.67公顷，森林覆盖率71%。粮食作物以种植水稻、玉米、小麦为主，主要经济作物有蔬菜、烟叶、棉花、油菜等，养殖业以生猪、牛、羊、家禽为主，工业以烟花鞭炮、金银首饰加工、建筑材料为主。2012年，辖老粮、唐市2个社区和插花、长田、楚江、大龙、红旺、回春堂、金石、毛公、藕塘湾、石家山、石梁、石清、双舞、仙洪坝、新郑、星光、杨华江、竹溪坝18个村，辖区总人口 6.39 万人，其中城镇常住人口 2995 人，城镇化率 4.7%，年末，农业总产值 3.8 亿元，工业生产总值 7.25 亿元，社会商品零售总额 2.84 亿元，财政总收入 0.27 亿元。

老粮仓镇获得“中国青铜文化之乡”“中国首饰文化之乡”“中国石器文化之乡”等美誉。

五、煤炭坝镇

煤炭坝镇位于宁乡县中北部，1988 年原煤炭坝镇规模较小，1995 年撤区并乡时，由原煤炭坝镇、煤炭坝乡、贺石桥乡合并建置并新煤炭坝镇。总面积 72.54 平方千米，其中陆地 69.82 平方千米，水域 2.72 平方千米。属雪峰山余脉向滨湖平原过渡的丘（陵）岗（地）地貌，地势西南高、东北低，自西南向东北呈梯状降低，有小河流群英河和黄材灌渠由西而东流经域内，有小（2）型水库 3 座。主要矿产资源为烟煤和石灰石，交通有省道 206 线、县道煤双线、煤回线等 3 条公路干线交会。耕地面积 1866 公顷，山林面积 3600 公顷，森林覆盖率 53.60%。以种植水稻、玉米、油菜、蔬菜为主，养殖业以生猪、家禽为主，工业以煤炭开采、建筑材料、烟花鞭炮、制鞋、新材料、机械制造、电子产品为主。2012 年，辖煤炭坝社区和贺石桥、龙石、张家湾、傅家冲、石新、楠竹山、双龙、楷树、砖塘、菖丝、贺家湾 12 个村。辖区总人口 5.07 万人，其中城镇常住人口 1.63 万人，城镇化率 32.2%，年末，农业总产值 4.2 亿元，工业生产总值 90.1 亿元，社会商品零售总额 4.36 亿元，财政总收入 1.42 亿元。

六、双凫铺镇

双凫铺镇位于地处宁乡中部，沩水中游。地形以丘陵、山地为主，地势西南、东南偏高，中北部偏低。1988 年 12 月撤乡建镇，1995 年 5 月，由原麦田乡和喻家坳乡西艺村并入双凫铺镇。总面积 87.92 平方千米，其中陆地 81.76 平方千米，水域 6.16 平方千米。属沩江水系，沩江流经镇区，有小（1）型水库 1 座、小（2）型水库 3 座。矿产资源主要有石灰石、石煤、钒、铀等。交通干线有省道 209、宁横公路、煤双公路、灰黄公路等，公路硬化到村组。耕地面积 3450 公顷，山林面积 3261 公顷，森林覆盖率 37%。以种植水稻、烟草、蔬菜、西瓜为主，养殖业以生猪、牛、羊、家禽为主，工业以制鞋、烟花鞭炮、彩印包装、建筑材料为主。2012 年，辖双凫铺社区和双凫、双桂、双燕、江河、麦田、月华、合轩、粟溪、回龙山、泉井、余新 11 个村。辖区总人口 3.96 万人，其中城镇常住人口 3068 人，城镇化 7.7%，年末，农业总产值 4.51 亿元，工业生产总值 32.8 亿元，社会商品零售总额 2.84 亿元，财政总收入 2700 万元。

双凫铺镇是国家小城镇建设重点镇、省市小城镇建设示范镇。镇内回龙山景区是国家 AAA 级旅游景区。

七、坝塘镇

坝塘镇位于宁乡中部，1988 年时原坝塘乡规模较小，1995 年撤区并乡时，由原坝塘乡、沩乌乡、油麻田乡合并建置坝塘镇。镇域面积 99.27 平方千米，其中陆地 87.6 平方千米，水域 11.67 平方千米。属丘陵地貌，地势西高东低，南高北低，沩江、乌江两条河流穿境而过，辖区内有小（1）型水库 4 座，小（2）型水库 4 座；省道宁灰线纵贯南北，县道边资、南坝公路横跨东西；主要矿产资源有锰、矽砂等。耕地面积 4369 公顷，山林面积 7466.7 公顷，森林覆盖率 60.1%。以种植水稻、蔬菜和花卉苗木为主，养殖业以生猪、牛、羊、家禽为主，工业以铸造、机械加工、农产品加工为主。2012 年，辖坝塘社区和坝塘、保安、油麻田、长新、铺岭、乌鸣、沩乌、沿江、繁荣、金河、乐安、龙佳、金洲、旱安 14 个村，辖区总人口 4.27 万人，其中城镇常住人口 2150 人，城镇化率 5%，另有流动人口 4500 人，年末，农业总产值 4.84 亿元，工业生产总值 8.71 亿元，社会商品零售总额 2.04 亿元，财政总收入 1000 万元。

八、黄材镇

黄材镇位于宁乡县西北部，沩江上游，1986 年 3 月撤乡建镇，1995 年，原井冲乡、月山乡、沙坪乡和黄材镇合并，建置黄材镇，2006 年崔坪乡合并入黄材镇，镇域总面积 229.41 平方千米，其中陆地 209.08 平方千米，水域 20.33 平方千米。地貌以山地、丘陵地为主，地势西高东低；属沩江水系，段溪、峡溪、黄涓支流均汇入沩江，黄材水库汇流 240.8 平方千米，水面达 1.2 万亩，是 20 世纪 60 年代初湖南省修建最早的大（2）型综合水利工程；矿产资源主要为石灰石、铁、铀、锰、锑、瓷泥等；公路干线有横雷公路、灰黄公路等。耕地面积 2384 公顷。以种植水稻、烟叶、蔬菜、西瓜为主，养殖业以生猪、牛、羊、家禽为主，工业以建筑材料、矿产开发、农产品加工为主。2012 年，辖新街社区和清洋、黄材、龙溪、沙坪、宁峰、鹤塘、松华、石山、石狮、胜溪、栗山、蒿溪、新桥、涓水、井冲、松溪、段溪、龙泉、月山、石龙洞、峡塘、崔坪、烟溪、通溪 24 个村，辖区总人口 6.54 万人，其中城镇常住人口 4819 人，城镇化率 7.4%，年末，农业总产值 5.6 亿元，工业生产总值 13.26 亿元，社会商品零售总额 3.1 亿元，财政总收入 1600 万元。

黄材镇为历史文化名镇，曾出土“四羊方尊”和“商代大铜铙”以及“编钟”等数十件青铜器，被誉为“南中国青铜器文化之乡”，炭河里西周古文化遗址 2006 年被国务院公布为第六批全国重点文物保护单位。

九、灰汤镇

灰汤镇位于宁乡县西南，1988 年为灰汤乡，1992 年 9 月改乡设镇。镇域面积 48 平方千米，其中陆地 46.08 平方千米，水域 1.92 平方千米。乌江自西往东穿越域内，地貌为低丘岗地和河床冲积过渡带，域内有高温、高氟、碱性、硅酸盐型地热温泉，水温常年在 88℃~96℃之间；交通干线有长韶娄高速、宁灰旅游公路交会，镇级公路通村达组。耕地面积 4520 公顷，山林面积 8668 公顷，森林覆盖率 46.5%。以种植水稻、玉米、蔬菜为主，养殖业以生猪、牛、羊、家禽为主，工业以建筑材料、农产品加工为主。2012 年，辖汤泉社区和灰汤、双建、新联、泉江、花果、宁南 6 个村。辖区总人口 2.36 万人，其中城镇常住人口 1888 人，城镇化率 8%，年末，农业总产值 3.74 亿元，工业生产总值 1.6 亿元，社会商品零售总额 2.47 亿元，财政总收入 4000 万元。

灰汤镇是“全国环境优美乡镇”“中国绿色名镇”“全国生态文明先进镇”“湖南省环境优美乡镇”“湖南省特色旅游名镇”，有国家 AAAA 级东鹜山景区。

十、花明楼镇

花明楼镇位于宁乡县东南部，1988 年为花明楼乡，1989 年撤乡建镇，1995 年撤区并乡时，原朱石桥乡、杨林桥乡并入花明楼镇。镇域面积 113.46 平方千米，其中陆地 102.76 平方千米，水域 10.7 平方千米。丘陵地貌，地势较平坦，靳江河自西向东穿越辖区；长韶娄高速公路、省道 S208 线、县道东林公路、花石公路等交通干线贯穿全镇；主要矿产资源有石灰石、黏土、耐火泥、煤等。耕地面积 5772 公顷，山林面积 4667 公顷，森林覆盖率 41%。以种植水稻、特色水果、油料作物、蔬菜为主，养殖业以生猪、羊、家禽为主，工业以耐火材料、非标螺丝、玻璃制瓶、机械制造为主。2012 年，辖黄家冲、花明楼 2 个社区和炭子冲、花明楼、双树、三江、常青、杨林、金元、石立、芙蓉寨、戚佳山、靳源、朱石桥、大夫堂、一新、二桥、竹湖、靳江 17 村。辖区总人口 4.92 万人，其中城镇常住人口 3371 人，城镇化率 6.9%，年末，农业总产值 4.21 亿元，工业生产总值 31.7 亿元，社会商品零售总额 2.93 亿元，财政总收入 2700 万元。

花明楼是原国家主席刘少奇故里，国家首批 AAAA 级旅游景区，“第三届全国文明镇”“全国环境优美镇”“第三批全国发展改革试点城镇”“湖南省最具发展潜力乡镇”“长沙市首届魅力乡镇”。

十一、回龙铺镇

回龙铺镇地处宁乡县中部，1988 年原回龙铺乡规模较小，1995 年由原回龙铺乡、万寿山乡合并为回龙铺乡，2002 年撤乡设镇。镇域面积 71.81 平方千米，其中陆地 64.83 平方千米，水域 6.98 平方千米，地貌为丘陵岗地，地势西高东低、南缓北陡。沩水自西向东从流经域内，有小（1）型水库 1 座，小（2）型水库 1 座；交通干线有省道 209、宁横、宁灰公路，镇级公路通达组；主要矿产资源为煤炭。耕地面积 3267 公顷，山林面积 2133 公顷，森林覆盖率 33.49%。以种植水稻、蔬菜为主，养殖业以生猪、羊、家禽为主，是湖南省最大的商品肉鸡生产基地，年饲养量 2500 万羽以上，工业以食品、建筑材料为主。2012 年，辖万寿山社区和回龙铺、段家桥、黄山、华田、泉福、白云、天鹅、新开河、袁家河、东车、森金、左家河、沩河 13 个村。辖区总人口 3.84 万人，其中城镇常住人口 1588 人，城镇化率 4.1%，年末，农业总产值 5.25 亿元，工业生产总值 14.08 亿元，社会商品零售总额 2.42 亿元，财政总收入 1600 万元。

十二、横市镇

横市镇位于宁乡县中北部，1988 年原横市乡规模较小，1995 年 9 月撤区并乡时，由原铁冲乡、横市乡、云山乡合并建置横市镇，镇域总面积 124.08 平方千米，其中陆地 117 平方千米，水域 7.08 平方千米。地貌为丘陵山地，西北高东边低、南高北低。沩水自西向东从流经域内，有小（1）型水库 1 座，小（2）型水库 5 座；域内交通干线有洛湛铁路、益娄衡高速、省道 209 及县道 104、县道 103 等；主要矿产资源有石灰石、铁、石煤等。耕地面积 2500 公顷。以种植水稻、烟叶、蔬菜为主，养殖业以生猪、牛、家禽为主，工业以烟花鞭炮、铸造、造纸印刷包装、建筑材料为主。2012 年，辖横市社区和向阳、合金、横市、泉柳、利民、望北峰、金棋、云山、铁冲、金丰、仁桥、界头、关圣 13 个村。年末，辖区总人口 5.49 万人，其中城镇常住人 2334 人，城镇化率 4.2%，农业总产值 4.1 亿元，工业生产总值 13.25 亿元，社会商品零售总额 2.89 亿元，财政总收入 900 万元。

横市是“中国烟草名镇”“湖南省烟花鞭炮之乡”。也是宁乡最早县治所在地。

十三、流沙河镇

流沙河镇位于宁乡县西南部，1988 年原流沙河镇地域规模较小，1995 年 5 月撤区并乡时，由原流沙河镇、草冲乡、瓦子坪乡和大田方乡合并而成。镇域面积 140.51 平方千米，其中陆地 132.3 平方千米，水域 8.2 平方千米。域内大部为丘陵，地势略为东高西低、北高南低；流沙河由西而东入沩江，草冲河由北向南入流沙河；矿产资源主要是花岗岩、脉硅矿等；。交通干线有省道 209、洛湛铁路斜穿全镇。以种植水稻、烟叶为主，养殖业以生猪、牛、家禽为主，工业以石材加工、木业加工、农产品为主。2012 年，辖流沙河、荷林 2 个社区和高华、大田方、码联、赤新、高山、瓦子坪、清江、长盛、洪塘、合兴、红梅、石奇、罘罳、莲花桥、山林街、草冲、扶冲、苏家亭 18 个村，年末，辖区总人口 6.85 万人，其中城镇常住人口 2719 人，城镇化率 4%，农业总产值 5.29 亿元，工业生产总值 6.89 亿元，社会商品零售总额 3.52 亿元，财政总收入 1200 万元。

流沙河镇是国家优良畜种“宁乡猪”的发源地。

十四、龙田镇

龙田镇位于宁乡县西部，1988 年为龙田乡，1995 年原七里乡、龙田乡合并建置龙田镇。镇域面积

71.84 平方千米，其中陆地 70.32 平方千米，水域 1.52 平方千米。属山地丘陵地貌，地势西高东低，三面环山。域内是沩水、流沙河、涟水的发源地，有中、小型水库 9 座，矿产资源丰富，探明的矿产有锰、钨、钒、银、石英、萤石、石煤、稀土、磷、花岗岩等，交通干线有 S311 线和 X209 线穿经域内。耕地面积 1407.2 公顷，山林面积 3820 公顷，森林覆盖率 82.6%。以种植水稻、中药材为主，是长沙有名的“药材之乡”，养殖业以生猪、家禽为主，工业以机械加工、农产品加工、矿产开采及加工为主。2012 年，辖龙田社区和月塘、冬塘、黄泥田、白花、七里、隔山冲、横岭、石屋 8 个村，年末，辖区总人口 2.34 万人，其中城镇常住人口 1377 人，城镇化率 5.9%，农业总产值 1.46 亿元，工业生产总值 8.82 亿元，社会商品零售总额 1.12 亿元，财政总收入 1200 万元。

龙田域内有省级文物保护单位柘湘公路纪念塔，该塔修建于 1960 年。

十五、青山桥镇

青山桥镇位于宁乡县西南边境，1988 年为青山桥乡，1995 年，由原青山桥乡、田坪乡、花园乡和心田乡合并设立青山桥乡，2007 年撤乡改镇。镇域面积 132.21 平方千米，其中陆地 119.78 平方千米，水域 12.43 平方千米，域内大部为中低丘陵地貌，地势略为西高东低、南高北低，流沙河自西南而东北流经域内，有大（2）型水库 1 座、小（1）型水库 1 座，小（2）型水库 3 座；洛湛铁路、益娄衡高速穿经域内，S311 和 S209 在镇内交汇；主要矿产资源有花岗岩、锰矿石、钾长石等。耕地面积 2786.7 公顷，山林面积 5800 公顷，森林覆盖率 45%。农业以种植水稻、烟草、药材、油菜、蔬菜等主，畜牧业以猪、羊、牛、家禽为主，工业以石材、铸造、机械加工、塑料制品、建筑材料为主。2012 年，辖青山桥社区和芙蓉、友园、竹峰、田坪、太和桥、桥北、栗狮、石桥铺、上流、楼霞新、花园堂、永峰、造福、心田、田心铺、甘江 16 个村。年末，辖区总人口 5.15 万人，农业总产值 5.65 亿元，工业生产总值 10.13 亿元，社会商品零售总额 2.93 亿元，财政总收入 1005 万元。

十六、东湖塘镇

东湖塘镇位于宁乡县东南部，1988 年为东湖塘乡，1995 年撤区并乡时，由原东湖塘乡、麻山乡、西冲山乡合并设置东湖塘镇。全镇总面积 131.61 平方千米，其中陆地 105.11 平方千米，水域 26.5 平方千米，域内大部为丘陵，地势西北与东南略高，中部为冲积平原；域内属韶山灌区，靳江自西向东流经域内入湘江；矿产资源主要有耐火泥、煤、铁矿石等；交通干线有长韶娄高速、省道 S208 线及县道东花公路穿经域内。耕地面积 2913 公顷，山林面积 6800 公顷，森林覆盖率 51.6%。农业以种植优质稻、油菜、蔬菜、玉米为主，畜牧业以猪、羊、家禽为主，工业以机械加工、建筑材料、铸造、砖瓦业、塑料制品为主。2012 年，辖东湖塘社区和在凤、麻山、泉山、太平桥、许家坝、火扇、泉湾、南竹、燕山、西冲山、手板塘、陶家湾、秦塘、牛山 14 个村。年末，辖区总人口 4.87 万人，其中城镇常住人口 1846 人，城镇化率 3.8%，农业总产值 3.82 亿元，工业生产总值 10.23 亿元，社会商品零售总额 2.46 亿元，财政总收入 700 万元。

十七、双江口镇

双江口镇位于宁乡县东北，1988 年原双江口镇面积较小，1995 年 5 月，原檀树湾乡并入双江口镇。全镇总面积 75.12 平方千米，其中陆地 72.02 平方千米，水域 3.1 平方千米，域内属洞庭湖平原地带，地势比较平缓，东北低，西南高，沩江由西向东入湘江，黄材水库主灌渠沙河渠道纵贯南北，有小Ⅱ型水库 3 座；域内有石长铁路、长常高速、省道 209 和宁朱、梅双、双青、朱双公路等交通干线交汇。耕地面积 4133 公顷，山林面积 1400 公顷，森林覆盖率 19.5%。是宁乡的主要产粮大镇，农业以种植优质水稻、蔬菜为主，畜牧业以生猪和水产养殖为主，工业以电瓷、机械、塑胶、针织、混凝土为主。2012年，辖白玉、双福、新香、双江口4个社区和双江口、双青、高田寺、五一、杨柳桥、山园、双东、长联、檀树湾、长兴10个村。年末，辖区总人口4.80万人，其中城镇常住人口2193人，城镇化率4.6%,，农业总产值5.2亿元，工业生产总值8.9亿元，社会商品零售总额2.7亿元，财政总收入1200万元。

十八、夏铎铺镇

夏铎铺镇地处宁乡县东部，1988年改乡设夏铎铺镇，1995年原龙凤山乡并入夏铎铺镇。全镇总面积103.2平方千米，其中陆地98.04平方千米，水域5.16平方千米。域内大部为丘陵地形，地势较平坦，属沩江水系，乌江、八曲河流经域内，有小（1）型水库2座，小（2）型水库2座；国道319线、省道宁韶线和金洲大道贯穿域内，镇级公路通村达组。耕地面积4625公顷，山林面积3799公顷，森林覆盖率 36.8%。农业以种植水稻、蔬菜为主，畜牧业以生猪、家禽为主，工业以机械加工、服饰、化工、铸件、水泥为主。2012年，辖夏铎铺、高新、凤凰3个社区和天马新、六度庵、兴旺、福安、龙凤山、新一家、长丰、三桥、嵇龙、香山10个村。年末，辖区总人口3.99万人，其中城镇常住人口1590人，城镇化率4%，农业总产值4.47亿元，工业生产总值101.72亿元，社会商品零售总额2.46亿元，财政总收入1.73亿元。

夏铎铺镇是全国环境优美乡镇、长沙“两型社会”建设示范镇，域内有凤凰山国家森林公园。

十九、巷子口镇

巷子口镇位于宁乡西部，1988年为巷子口乡，1995年原巷子口乡、官山乡、直田乡合并设置巷子口镇，镇区面积105.67平方千米，其中陆地96.86平方千米，水域8.81平方千米。地貌以山地为主，地势西、南、北三面高，中东部平缓，地处沩水上游，汇集有多条支流，有小（1）型水库2座，小（2）型水库7座；交通干线有原省道1810线、县道103贯穿镇域；矿产资源主要有硅、钨等。耕地面积2705公顷，山林面积5285公顷，森林覆盖率50%。农业以种植水稻、蔬菜、特色水果为主，畜牧业以生猪、羊、家禽为主，工业以劳动密集型、专利产品型产业为主。2012年，辖巷子口社区和巷市、花桥、黄鹤、金枫园、扶峰、联花、南亩田、官山、双河、仙龙潭、直田、狮冲12个村，年末，辖区总人口4.61万人，其中城镇常住人口1913人，城镇化率4.1%，农业总产值2.7亿元，工业生产总值7.1亿元，社会商品零售总额2.1亿元，财政总收入0.11亿元。

巷子口镇是国家生态公益林重点保护区，为全国量具之乡和湖南省历史文化名镇。

二十、偕乐桥镇

偕乐桥镇位于宁乡县中南部，1988年为偕乐桥乡，1994年撤乡改镇，1995年5月，原东务山乡并入偕乐桥镇。镇域总面积74.97平方千米，其中陆地64.02平方千米，水域12.48平方千米，地势西北高东南低，西北部属低山缓丘地形地貌，东南属平原型风貌特色；乌江自南而北，横贯全镇，有小（1）型水库2座，小（2）型水库7座；交通干线有长韶娄高速、县道宁灰公路、偕双公路穿经；矿产资源主要是花岗岩。耕地面积1893.3公顷，农业以种植水稻、烟叶、油茶为主，畜牧业以生猪、羊家禽为主，工业以采矿和加工制造业为主。2012年，辖偕乐社区和金农、福建、将军、双盆、竹田、汾华、八石、水南、康宁9个村，年末，辖区总人口3.42万人，其中城镇常住人口1689人，城镇化率4.9%，农业总产值4.1亿元，工业生产总值7.7亿元，社会商品零售总额1.7亿元，财政总收入600万元。

二十一、大成桥镇

大成桥镇地处宁乡中部，1988年原大成桥乡规模较小，1995年撤区并乡时，原大成桥乡、成功塘乡和油麻田乡的新洲村合并设置大成桥乡，2007 年 3 月撤乡改镇。镇域总面积 58.75 平方千米，其中陆地 52.88 平方千米，水域 5.87 平方千米。丘陵地貌，地势东低西高、南低北高，域内河道有沩水、大成桥河，有小（2）型水库 3 座；主要矿产资源为煤炭；交通干线有省道 S209 线、大喻、宁横公路穿经。耕地面积 1826.34 公顷，山林面积 2579.2 公顷，森林覆盖率 43.9%。农业以种植水稻、玉米、柑橘、蔬菜为主，畜牧业以生猪、牛、羊、家禽为主，工业以铸造、机械加工、烟花鞭炮、鞋服加工为主。2012 年，辖青泉、大成桥、成功塘、永盛、梅鸣、鹊山、玉河、玉新、二泉 9 个行政村、社区。年末，辖区总人口 3.37 万人，其中城镇常住人口 1517 人，城镇化率 4.5%，农业总产值 4.6 亿元，工业生产总值 52.8 亿元，社会商品零售总额 1.9 亿元，财政总收入 4600 万元。

人物

本篇编纂人员

吴汉林（主编） 陈竞哲 陈 静

本篇撰稿人员

张列群	黄 磊	陈竞哲	刘 殷	何玮奇	欧阳乐天
肖 晟	郭 冰	谭丽霞	苏 洁	黎银华	黄 波
郭海燕	陈姿斌	王富英	王新宇	申解生	陈志云
吴冬良	刘科明	李富强	张姣美	周进银	张 娜
万 好	刘晓柏	唐继武	高 丽	彭智勇	谢仲舒
杨旺兴	唐丽娟	曾小立			

从“屈贾之乡”到“潇湘洙泗”，历经千余年历史文化的交融与积淀，长沙成为“惟楚有才，于斯为盛”的人文荟萃之地。近代以来，在急遽变化的社会历史大潮中，湖湘人才辈出，出现“楚境一隅，经营天下”的局面。作为省垣的长沙，则成为湖南人才成长的基地和施展才能的舞台。一批怀有“经邦济世”远大抱负的人物在长沙风云际会，留下浓墨重彩的篇章。他们或力挽狂澜，扶大厦之将倾；或涤荡旧制度，引领新思潮，开辟新天地；或舍生忘死，驰骋沙场，抗击侵略，保家卫国；或立足专长，锲而不舍，勇攀高峰，成为各行各业的佼佼者……长沙孕育了他们，他们也给长沙带来荣耀，为长沙增添物质和精神财富。记录他们的生平轨迹、成败得失，可以“记功司过，彰善瘅恶”、启迪后人。

本篇取“传”“录”两种体裁，以传为主。人物传遵循“生不立传”“隐恶扬善”和时限、地域原则，收录1988—2012年去世、在长沙有影响的本、客籍人物和在外地有影响的本籍人物共159人(首轮志书已立传人物不再收录)，补遗55人。列入收录范围的有：本籍任省、部、军级（含副职）以上职务的领导干部；获“战斗英雄”称号、“一等功”以上荣誉和省委、省政府以上号召学习的烈士；获中国人民解放军红星功勋荣誉章（一、二级）者；中共全国党代会代表、全国人大代表、全国政协委员；省、部级以上表彰的优秀党员、劳动模范、先进工作者等先进模范人物和在体育比赛中获全国冠军、世界冠军、奥运会奖牌人员；两院院士、国家级有突出贡献专家、国家级名老中医、国家级工艺美术大师、国家级非物质文化遗产传承人、民间绝活艺人、社会道德模范人物等；有较大影响的民主党派、少数民族、宗教界、工商界人士，侨胞社团首领等社会各界人士；流寓境内，对境域有较大贡献或重大影响的人士；符合上述标准，上部志书未录人物，如：清末将领、知名学者、辛亥革命志士、革命战争年代牺牲的县团以上革命先烈。名录，以表格形式收录1988—2012年逝世或追认的烈士，共61人。对于有突出贡献或较大影响的在世人物，在本志其他篇章以事系人或附名录等形式予以记述。

人物传、录均以人物逝世时间先后为序排列，年份相同的，按月份先后为序。人物传以志传体定位，据实而书，求真存实，依时记述，述而不作，纵贯人物生平，突出人物业绩，反映人物精神。

本篇编纂工作以长沙市地方志办公室（编纂室）为主，由长沙市所辖9区县（市）地方志机构共同承担，一般按人物籍贯或活动区域属地编写。历经制定收录标准、收集考证资料、确定入选范围、审定人物名单、试写规范、分工编写、评议修改、审查定稿诸环节。因缺少资料，部分符合收录标准的人物未能收录。

人 物 传

万天石

（1913—1989）

万天石，民国2年（1913）11月出生于浏阳县靖卫乡（现浏阳市柏加镇）。祖父和父亲均为秀才。万天石六岁启蒙，民国15年（1926）考入长沙广益中学读书，毕业后任《国术月刊》编辑兼记者。民国22年（1933），第二届全国国术比赛在南京举行，万天石作为随团记者，来到金陵，结识武术家王子平、刘百川、杜心五、吴鉴泉等，经常向他们了解武林趣事。不久，万天石被委任为湖南国术馆教官。他除继续主编《国术月刊》外，还兼任《湖南晚报》记者，以《武士小纪》为题连载文章。并先后在长沙《国民报》《衡报》《湘珂画报》《晚晚报》《长沙晚报》等兼任体育记者，着力宣扬武林新闻，成为湖南体育记者“第一人”。

万天石在采访报道中，因伸张正义，受到反动势力刁难迫害，不久，他被迫离开报社，考入湖南防空学校。毕业后，任国民政府湖南省民防司令部参谋主任，后任零陵防空指挥部参谋主任。民国29年（1940）长沙沦陷后，随部到邵阳，兼任战时后方服务团团长。民国34年（1945）日军投降后，万天石回到长沙，升任湖南省民防司令部少将参谋长。民国35年（1946），任湖南省政府防空科科长。民国37年（1948），任湖南省保安司令部防空科科长兼防空情报所所长。民国38年（1949）4月，中共华中局社会部长沙第七总队负责人王灿然动员万天石为解放湖南出力，万天石表示赞同，参与营救被保安司令部谍报队逮捕的中共地下工作人员任迪良等3人出狱。7月1日，湖南省民防司令部成立，程潜任司令，苏公望任中将副司令，万天石任少将参谋长。8月4日，程潜、陈明仁通电起义，苏公望和万天石也发出通电起义。10月1日，湖南省民防司令部改编为中国人民解放军长沙警备司令部防空科（旋又改为湖南省军区防空科），万天石任科长。

1949年，中华人民共和国成立后，万天石被调到湖南省林业厅工作。1957年，任湖南省林业厅秘书，同年，被错划为“右派”。1979年中共湖南省委和人民政府对其平反，恢复国民党起义将领名誉，聘任为湖南省人民政府参事室参事、兼任湖南省体委文史委员、湖南省武术协会主席、顾问等职。1983年退休。晚年，他从事文艺创作，先后出版《神腿杜心武》《武林怪杰》《武林传奇》等著作。湖南省军区政治部将其业绩收录入《创立共和国的功臣》一书。

1989年9月20日，万天石病逝于长沙。

陈芸田

（1908—1989）

陈芸田，又名初元，清光绪三十四年五月十一日（1908年6月9日）出生于湖南省湘乡县白杨乡

（今双峰县龙田乡）。因家境贫困，幼年丧母丧父，高小未毕业便辍学。民国 16 年（1927）春考入湘乡公学，同年加入中国国民党。“马日事变”后辍学回乡任小学教员。民国 18 年（1929）到上海投考劳动大学未成，入厚昌酒店做杂工。次年冬，入上海市工会讲习所，后任棉织工会文书。后自筹资金在闸北开办莫愁酒店。“一·二八”事变日军进攻上海，酒店被毁，返原籍。民国 22 年（1933）在邵阳协助堂兄经营万泰福绸布店。民国 24 年（1935）与人合办衡光工业社。又与侄子、外甥合伙开设聚丰匹头庄。他善经营，一年内盈利 2000 余元，资本增长 10 倍，在商界声誉逐渐上升。当选邵阳绸布业公会理事长、商会常务理事。

抗日战争初期，他利用战争时期物价不稳定的特点获巨利。民国 29 年（1940）相继在邵阳创办仁丰匹头庄、爱臧炼油店，在湘乡兴办永丰纺织厂。民国 33 年（1944）被选为湖南省商业联合会常务理事。民国 35 年（1946）春迁居长沙，创办益大钱庄，并恢复申州棉织厂（长沙毛巾厂前身），著有《湖南物产概述》一书，出席全国商联筹委会。他提出反对苛捐杂税，反对湖南矿产非法管制，在商界影响日增。民国 36 年（1947）冬当选为湖南省商业联合会理事长，旋竞选为国民政府立法院立法委员。民国 37 年（1948）5 月出席立法院首届院会。同年秋，因不满豪门资本垄断国民经济，停止赴院会。后参与全省工商界反对“八一九”限价政策和策动反对湖南金银外运，参与组织农、工、商团体公开发表联合宣告，反对国民党政权的各种“征借”。民国 38 年（1949）8 月 5 日，与唐生智等人联名通电，拥护程潜、陈明仁起义。

湖南和平解放后不久，陈芸田率先将自己在邵阳和长沙的企业财产全部无条件捐献给人民政府，成为全省工商界上层唯一无定息、无存款、纯靠工资生活的人。1950 年 4 月，加入中国民主建国会。他发挥自己的特长，积极主动为国家创办多家盈利的经济实体，如组织合营湖南投资公司和湖南企业公司（“五反”运动后撤销），并在此基础上集资兴办建湘瓷厂、建湘药厂、建湘搪瓷厂等。他提出许多中肯建议被省政府采纳，使长沙乃至全省于 1955 年 5 月提前完成全行业公私合营，在全国名列前茅，并因此受到毛泽东、周恩来的接见和宴请。

“文化大革命”期间，曾蒙冤受辱。中共十一届三中全会后，陈芸田重新受到党和人民的重视和信赖。1980 年，创办湖南国际信托投资公司，相继与 90 多家外商企业建立业务关系，与国际上 20 多家银行、财团建立通融资金的信贷关系，该公司成为湖南省颇具规模的大型企业和对外开放的重要经济窗口，对发展海外联谊、增进海峡两岸交往做了许多有益工作。

陈芸田历任湖南省工商联副主任、主任，民建湖南省副主委，第四、五届省政协副主席，第六、七届省人大常委会副主任，第六届全国政协委员，全国工商联常委，民建中央委员。

1989 年 12 月 5 日，陈芸田在长沙病逝。

黄仲子

（1947—1990）

黄仲子，民国 36 年（1947）10 月 26 日出生于长沙县铜官乡（今望城区茶亭镇双桥村）。1960 年，黄仲子小学毕业，因其父错划右派，未能继续升学，在生产队放牛。1964 年，进铜官陶业子弟学校半工半读一年，因家庭生活无着而辍学。

1965年10月，黄仲子到湖北省蒲圻县拜木工王绍云为师。黄仲子受身为知识分子父亲的影响，喜爱学习钻研。王师傅讲木工理论知识时，他专心听，晚上将其整理成册，成为随时可取的学习资料。一年后，师傅为他介绍一位张姓老木工师傅。黄仲子经王、张两位师傅的严格指教，于1968年学成归乡。回乡后，他开始登门从艺，以其所得养家糊口，并把全部精力放在木工手艺的研究和改进方面。一次，他为生产队修理风车，稍作改良即事半功倍，从中得到启示，决心将木工匠人在农具制造和维修方面积累的经验编写成书，以便木工工艺在传统的师徒相传的同时，可以辅以书本自学。开始时，困难重重，遇到制图、计算和语言文字方面的难题，便就近到西湖中学请教老师；专业技术方面的疑难之处请教同行师傅；对于介绍农具的维修与使用，请老农座谈补充订正。他白天在生产队劳动，晚上在灯下编写，为写书，他聚精会神到极点，经常弄出笑话。初稿写好后，就念给同行听，征求他们的意见进行修改。1974年6月，20万字、150多幅插图的《农具制造与修理》由湖南人民出版社出版，初版后供不应求，当年再版。1983年3月，湖南科技出版社出版黄仲子编写的《木工工艺》，全书45万字、500多幅插图，先后再版4次，累计印刷12.75万册。

1983年8月，他当选为中华全国青年联合委员会委员，出席在北京召开的第六届青联大会，受到党和国家领导人的接见。9月，湖南省广播电台播放其先进事迹，《长沙晚报》以《勤能补拙 自学成才》为题进行报道。12月，黄仲子被选为长沙市第八届人民代表大会代表。

1990年2月14日，在长沙病逝。

谭 克

（1913—1990）

谭克，原名王贤珍，民国2年（1913）11月出生于浏阳县同仁乡（现浏阳市澄潭江镇）桥湾村，8岁入学，10岁开始给地主家放牛。

民国18年（1929）任同仁乡儿童团团长，民国20年（1931）1月加入中国共产主义青年团。同时参加湘赣革命根据地万载、永新、棠市、沙市等地反“围剿”战斗。同年9月从浏阳县苏维埃武装模范排编入湘赣红军独立第一师。民国21年（1932）1月转为中国共产党党员。民国22年（1933）在永新红军学校学习半年，次年8月随红六军团西征，途中参加龙家寨、陈家河等战役。民国25年（1936）随红二方面军长征。民国26年（1937）起，历任三五九旅七一七团特派员、旅毛巾厂政委、团政治处保卫股股长、营副政治教导员、团侦察队政委等职。参加华北抗日战争的灵邱、五台、神池、岢岚等战斗。民国28年（1939）随师部回陕甘宁，参加保卫党中央。次年年底参加南泥湾大生产运动。民国33年（1944）11月，参加八路军南下支队南下北返的战略行动，冲破日伪顽封锁过黄河、渡长江，先后多次参加激烈战斗。部队到达湖南后，在湘阴县作扩军和争取伪军的工作。民国34年（1945）10月，北返中原，参加中原军区对国民党发动内战的自卫反击和突围战斗，历任三五九旅管理科科长、营长等职。参加蟠龙、沙家店、青化砭、宜川、瓦子街、壶梯山、宝鸡等战役和战斗。

民国38年（1949）9月，随部队进军新疆，投入屯垦戍边工作。历任新疆军区通信团政委，新疆军区后勤部马政兽医处处长、军马部部长等职。中华人民共和国成立后他负责筹建伊吾军马场，并将尼勒克、昭苏、特克斯三个长期亏损的地方马场改办成军马场，改变军区部队军马供不应求和生产技术落后状况。1955 年 6 月，谭克获三级八一勋章、三级独立自由勋章、三级解放勋章，同年 9 月被授予中校军衔。1960 年 9 月晋升为上校军衔。1970 年，谭克任军区后勤部生产管理部部长，统管部队的军工、军马和部队农场生产。“文化大革命”期间，谭克立场坚定，旗帜鲜明，领导军工、军马、军农战线广大广大干部职工排除干扰，坚持生产，并亲自抓好两个汽车修理厂的建厂工作和水泥厂的搬迁扩建工程。

1976 年 7 月，唐山地震，他认真执行国务院和中央军委关于“支援灾区，恢复生产”的指示，组织挑选 4644 匹良马，带病跋涉 7 天将马送到唐山灾区。1978 年，谭克任军区后勤部顾问，1981 年离休。1988 年 7 月被授予二级红星荣誉勋章。

1990 年 4 月 10 日，谭克在乌鲁木齐市病逝。

李聪甫

(1905—1990)

李聪甫，名明、号老聪，幼称凤池，光绪三十一年四月二十五日（1905 年 5 月 27 日）出生在湖北省黄梅县一个贫苦的小手工业者家庭。自幼聪颖好学，由于家贫，读过五年私塾和一年小学便辍学。民国 7 年（1918），到江西省九江市赵恒兴中药铺当学徒，打下中医理论基础。民国 11 年（1922）随黄梅县名医石椿山学医 3 年。

民国 14 年（1925），李聪甫在黄梅县“福生祥药号”坐堂行医，并以医生身份作掩护积极参加革命活动。民国 19 年（1930），在九江为危重病人治好噤口痢，名声大振。民国 26 年（1937）抗日战争全面爆发，流寓湖南各地行医。民国 29 年（1940），将多年行医经验著成《麻疹专论》出版，在湘西南救治不少濒临死亡的婴孩，从此声名鹊起。民国 35 年（1946）初春定居长沙。次年，针对“废医存药”扼杀中医的主张，他撰文力辟其谬，得到群众广泛支持。1950 年著《对余岩〈中医问题处理大纲草案〉的批判》一书，捍卫中医事业。

1952 年奉命接管湖南国医院，后改为湖南省立中医院，任院长，兼湖南省中医进修学校校长。他除负责课程设置、教学计划制订等工作外，还讲授中医经典、基础理论。1956 年，加入农工民主党；同年，参加国务院组织的《全国十二年科学远景规划》制定工作，并受到毛泽东和周恩来的接见。

1957—1965 年，任湖南省中医药研究所所长，并兼任湖南省血吸虫病研究委员会副主任委员。1966 年，任湖南中医学院副院长，兼省中医药研究所所长，1979 年获中医研究员职称。1980 年后任中医名家学说专业硕士学位研究生导师。1982 年，李聪甫主持卫生部第一批中医古典重点课题《中藏经》（1990 年）的研究整理工作，填补国内中医古籍研究的空白。同时，亲自指导国家“七五”攻关课题“李聪甫整体脾胃观中医疹疗专家系统”的医理设计内容。1988 年 4 月，83 岁的李聪甫加入中国共产党。

李聪甫致力于中医药事业 70 年，先后发表学术论文 70 余篇，出版专著 10 部，计 250 余万字。他在任湖南省中医药研究院名誉院长期间撰写的《中医研究工作之我见》《中西医结合创立中国统一的新医学新药学之我见》《中医应按自身的规律发展》等多篇文章，在国内产生积极影响；代表著作有《麻疹专论》《中医生理学之研究》《李聪甫医案》《李聪甫医论》，主撰《〈脾胃论〉注释》，主编《传统老年医学》，并有日文翻译出版。

李聪甫还先后担任湖南省人民政府委员，第一、第二、第五届湖南省人大代表，第三届全国人大代表，长沙市政协副主席，第二、第五、第六届湖南省政协常务委员，第五届全国政协委员，国家卫生部医学科学委员会委员，湖南省血吸虫病防治研究委员会副主任委员，中华全国中医学会常务理事，湖南省中医学会会长、名誉会长。

1990 年 4 月 14 日，李聪甫在长沙逝世。

李科林

（1959—1990）

李科林，湖南省宁乡县灰汤镇洞庭桥人，1959 年 5 月出生。1978 年前，在宁乡县读小学和中学。

1978 年 12 月，李科林高中毕业后应征入伍，分配到省消防总队直属中队任战士。1980 年 12 月浏阳县组建消防中队，李科林作为骨干由省消防总队直属中队调到浏阳县中队，既当班长又当业务教员，两次受到嘉奖，并被评为全省消防部队优秀共青团员。他历任班长、司务长、副队长、队长等职，上尉警衔。1982 年 10 月，加入中国共产党。

1982 年李科林担任中队司务长时，中队刚刚组建，条件差、底子薄。他率领战士利用业余时间挖鱼池、砌猪圈、垦菜地，发展副业生产，一年时间甩掉中队后勤工作落后的帽子。1983 年，其负责管理的食堂被省武警总队评为先进食堂。1984 年，他担任分管战训工作的副队长，坚持严格训练、严格要求，连续两年夺得全大队消防业务考核第一名。1984 年中队因教育整训成绩突出，受到省武警总队嘉奖。1986 年，李科林担任队长，加强中队建设，浏阳县消防中队因全面建设成绩突出被省消防总队记集体三等功一次。1989 年在落实基层中队“四个秩序”工作中，浏阳县中队被评为先进单位，李科林荣立三等功。

1990 年 5 月 19 日 21 时 45 分，浏阳县总工会工人文化宫招待所发生火灾。县消防中队在李科林指挥下，全力扑救，半小时后大火扑灭，楼下 3 家商店价值 200 多万元的商品得以保全。在灭火过程中，他三次不顾生命危险，深入房屋二楼察看火情，指挥战斗。大火扑灭后，为防止余火复燃，李科林再次摸着滚烫的墙壁，爬上二楼遮阳板，因烟雾熏燎影响视力，从 4 米高的二楼失足掉落在人行道上，头部严重受伤，经浏阳县人民医院全力抢救无效，李科林于当晚 23 时 10 分牺牲，年仅 31 岁。

李科林牺牲后，长沙市政府、省公安厅、省消防总队和浏阳县委县政府领导及 5000 余名干部、工人、学生，为他举行隆重的追悼大会。公安部、武装警察部队总部批准李科林为革命烈士，并追记一等功。武警湖南省消防总队发出通知，号召全省消防部队官兵向革命烈士李科林学习。

慈云桂

（1917—1990）

慈云桂，安徽省桐城县（今铜陵市枞阳县麒麟镇杨树湾外坂庄）人。民国 6 年（1917）4 月 5 日出

生。民国27年（1938）8月考入西南联合大学航空系，因病借读于湖南大学机械系，后转入电机系。民国32年（1943）7月毕业于湖南大学电机系。同年8月保送清华大学无线电研究所攻读研究生。民国35年（1946）1—7月赴英国考察雷达技术。同年8月留校任物理系助教，后任讲师。

1950年4月任大连高等海军学校指挥系副教授，1953年任雷达通信系副主任。1954年11月调任哈尔滨军事工程学院海军系雷达教研室主任，负责筹建雷达声呐专业。1955年3月任电子工程系副主任。1956年加入中国共产党。1957年夏，接受鱼雷快艇指挥仪研制任务。1958年5月，提出把数字计算机用于指挥仪的方案并组建计算机研制小组；9月8日，中国第一台电子管专用数字计算机样机901诞生。1961年5月晋升为教授，9月提出研制晶体管计算机。1964年年底研制成功中国第一台晶体管通用电子计算机441B/I型机。1965年2月通过国家鉴定。同年提出研制集成电路计算机。年底，研制成功441B/Ⅱ型机。1966年1月起，率团赴英国参观考察8个多月，期间谋划集成电路计算机上马问题。4月创建电子计算机系，任系主任。1969年11月4日，在“远望”号科学测量船中心处理机方案论证会上阐述国产化、百万次级、集成电路化、双机系统的计算机方案。1970年年初，中国第一台具有分时操作系统和标准汇编语言的441B/Ⅲ型计算机问世。同年秋任长沙工学院（哈军工主体南迁长沙，更名长沙工学院，1978年6月更名国防科技大学）电子计算机系主任。1972年该系扩建为电子计算机系和计算机研究所，慈云桂兼任所长。同年夏，受托起草向中央申请尽快开展亿次巨型机研制的报告。1973年秋起，历时4年进行元器件测试、生产和调机，第一台百万次级集成电路计算机151–3于1977年夏研制成功。1978年3—5月接手亿次巨型机研制任务，担任工程技术总指挥和总设计师。10月，二百万次级集成电路计算机151–4通过国家鉴定，装上“远望1号”科学测量船，并获国防科委科技成果一等奖，研制人员荣立集体一等功。1979年7月任国防科技大学副校长，兼电子计算机系主任和计算机研究所所长。1980年当选为中国科学院技术科学部委员、院士。1983年11月，“银河–I”亿次巨型计算机通过国家鉴定，达到国际先进水平，打破西方大国在超高性能计算机上对中国的封锁。1984年，该巨型机获中央军委科技成果特等奖，计算机研究所荣立集体一等功，慈云桂获个人二等功。1985年1月任国防科工委科技委常委，1989年7月改任科技委顾问。

慈云桂曾任国务院电子振兴领导小组计算机顾问组组长，国家科技进步奖和发明奖评委，国务院学位委员会计算机学科学位评审组评委，中国自然科学基金会计算机学科评委，中国电子学会理事，中国计算机学会副理事长和名誉理事，跨国电气电子工程师学会（IEEE）高级会员，《中国科学》《科学通报》《电子学报》和《计算机学报》编委，以及荷兰未来计算机系统FGCS杂志的国际编委和《科技导报》的中国编委。1974年、1979年分别当选为中共第十届、第十一届全国代表大会代表。

1990年7月21日病逝于北京。1995年，国防科技大学设立“慈云桂计算机科技奖金”。

何实山

(1905—1990)

何实山，女，湖南省宁乡沙田人，清光绪三十一年（1905）出生。何实山早年就读宁乡女子职业学校，在父亲何叔衡的影响和支持下，投身革命活动。

民国 14 年（1925）何实山入工厂做工。翌年 3 月，何实山参加中国共产主义青年团，民国 16 年(1927）转为中国共产党党员，民国 18 年（1929）秋与幼年同伴、少时同学的中共地下党员夏尺冰结婚，至民国 20 年（1931）初，先后在宁乡、长沙、湘阴等地中共机关工作，参加组织宁乡县委的工作，担任中共湘东南特委妇女部长。

民国 20 年（1931）2 月抵达上海，在毛泽民、钱之光领导下从事秘密印刷工作。不久，秘密印刷厂遭反动派破坏，何实山被捕入狱。关押三个月，经受残酷斗争考验，表现坚定。经党组织营救出狱，继续从事印刷工作，同年夏，丈夫夏尺冰被捕牺牲。次年 2 月，仍在上海，调到中共中央交通局工作，负责联络、沟通上下关系和传递文件、输送经费等工作。她是外地人，经常要携带钱物出入各处，不但要躲避警察特务，还要防范地痞流氓，凭着她的胆大心细，虽几次身处险境，都化险为夷。她与交通局负责人陈刚由相识到相知，经组织同意，两人于当年结婚。民国 24 年（1935）8 月，何实山受党中央派遣去苏联莫斯科列宁学院学习。民国 26 年（1937）回国，辗转到达延安。翌年去新疆迪化执行任务。民国 28—34 年（1939—1945），先是在延安中央党校学习，结业后留延安中共中央情报部合作社工作。民国 34 年（1945）6 月作为中央机关代表参加中共七大。年底，何实山与陈刚远赴东北，从这时起，她更名为石础。先是到黑龙江省佳木斯市敌产委员会工作，后任该市民政科副科长。民国 36 年（1947），调回中央情报部，担任人事处副处长。

1950 年 6 月，何实山跟随丈夫陈刚到四川工作，任中共内江地委委员、组织部副部长。1953 年，调任中共四川省委党校副教育长、党委副书记。1955 年，调四川省委监察委员会，任处长。1956 年，任监委常委、副书记。任职期间，何实山经常深入四川农村调查老百姓的生活情况，关心群众疾苦，深受群众爱戴。

1966 年“文化大革命”爆发，何实山受到批判、斗争，在“五七”干校劳动，丈夫陈刚先是被勒令停职反省，后被关押。1967 年， 陈刚去世。1973 年，何实山夫妇的问题得以解决，何实山担任中共四川省委组织部副部长。

1977 年 12 月，何实山当选为四川省政协副主席。1978 年，被选为四川省委委员、全国政协委员。1979 年，四川省委纪律检查委员会成立，被选为常委、副书记。她经常带病到基层调查研究，积极参政议政。1983 年 12 月，离职休养。1986 年 5 月 27 日，何实山回到宁乡沙田参加父亲何叔衡 110 周年诞辰的纪念活动。

1990 年 9 月 17 日，何实山在成都病逝。

左大康

（1925—1992）

左大康，湖南长沙人，民国 14 年（1925）2 月 7 日出生。民国 33 年（1944）9 月，就读于浙江大学史地系。民国 37 年（1948）加入中国共产党，积极从事当的地下工作，是该校学生运动的领导人之一，为迎接解放做出积极贡献。民国 38 年（1949）5 月毕业，获学士学位，分配至浙江省农林厅、财委工作。1953 年调入中国科学院地理研究所。1956 年 11 月，被选送赴苏联莫斯科大学地理系攻读，

1960年获副博士学位。回国后一直在中国科学院地理研究所工作。

1960年他在地理所创设辐射气候组，成为中国第一个专门研究辐射气候的组织。他首次研究出中国各纬度带晴天条件下的总辐射值；建立月总辐射计算公式；最早绘出全国月、年总辐射分布图《中国太阳总辐射量分布图》；改进云的反射率和云面的射出辐射的计算方法；在中国最早提出卫星辐射研究的思想，1966年撰写《人造地球卫星的辐射测量及其应用》一书；最早提出可供利用的有效太阳能的计算方法。

20世纪70年代后期，左大康创建并领导“禹城综合实验站”，以农田水分循环和水量平衡为主要研究方向，重点开展农田蒸发试验研究，建立符合中国实际情况的农田蒸发和农田水量平衡模式，将中国农田蒸发研究推向世界同类研究的先进行列，推动中国地理学的定量化研究进程。1978年晋升为副研究员。80年代，他主持“黄淮海平原的治理与开发”“南水北调及其对自然环境的影响”等国家重大研究任务。1984年任地理所所长，1986年晋升为研究员。1988年起，他主持国家基金委重大项目“黄河流域环境演变与水沙运动规律”。结合国家重大项目，他还组织领导对黄淮海地区进行地貌类型和土地类型等的划分，查明水资源和土地资源，调查研究出各种低产土类的分布与数量，提出水、土资源合理利用与开发的方向，研究旱涝盐碱等灾害的时空变化规律，提出对黄河下游的治理途径和调整农业结构的意见，提出加速黄淮海平原经济振兴的措施，建立黄淮海平原农业资源、农林经济开发的配置配型等。

他主编论著11本、地图多幅，发表学术论文100余篇；贡献突出，多次获得嘉奖，其中有国务院颁发的“黄淮海平原农业开发试点中成绩突出”奖、国家进步奖二等奖、山东省科委授予的一等奖，“政府特殊津贴”等。1991年任国家自然科学基金委员会地球科学部主任、中国科协第四届全国委员会委员。他还任中国地理学会常务理事、国家气候委员会委员、第三届国家自然科学奖励委员会委员、中国地方志指导小组成员、中国水利学会黄河研究会副主任、中科院水问题联合研究中心主任和禹城综合试验站学术委员主任委员等职；还担任《中国地理》（英文版）副主编、《地理研究》副主编，《中国科学》《科学通报》等7种科学报的编委。

1992年1月3日，左大康在北京病逝。

王向天

(1930—1992)

王向天，原名王炽，湖南省长沙人，民国19年（1930）2月出生于长沙市一店员家庭。民国37年（1948）9月考入南岳国立师范学院历史、地理系，同年参加革命工作。次年2月加入中国共产党。曾任院地下党支部书记、学生会主席。学院并入湖南大学后，任校党支部书记，并受党组织指派参加竞选，任校学生会主席，以学生身份从事党的工作。1951年入湖南省委党校学习。1952年毕业于湖南大学历史系。

1952年5月王向天到宁远县土改工作队工作。同年6月调到湖南大学任党总支副书记，后任教育科副科长，校长李达的秘书。1953年2月调至长沙市政府文教部党委任干事。1954年任市委宣传部秘书。1954—1968年，先后在湖南省委高校党委、省文教部、省委宣传部及省委肃反办公室材料组工作。1968年9月，到湖南省革委会毛泽东思想学习班学习。1969年下放到绥宁县武阳公社茅坪大队劳动。

1971年后，先后任湖南省“五七”干校总校教育组副组长，省教育局高教处处长、副局长。1981年9月任省教育厅厅长、党组书记。1983年1月，任中共湖南省委常委、宣传部部长。1985年7月，任湖南省委常委、省人民政府副省长，兼省教育委员会主任。

任职期间，他对教育工作有深入的研究和独特的见解，敢于和善于实事求是，能够通过深入细致的调查研究，找出解决问题的有效办法，创造性地提出贯彻中央决策的有效措施，卓有成效地推动湖南省教育事业的改革和发展。例如20世纪80年代初湖南省辖五市学生升中学难问题的解决、“小学教育和师资建设”两个永恒重点的确立、教育经费“五个口子”的提出以及发展职业教育、推进农村教育综合改革、创办家庭经营专业等；在工作中，他还注意抓典型，用先进典型推动工作。1991年4月，他当选为第七届湖南省人大常委会副主任。曾任国家教委副总督学、中国教育学会副会长。

1992年3月20日，王向天因病在长沙去世。1999年4月，王向天文集《求实与创新》由湖南科学技术出版社出版。

刘子振

（1906—1992）

刘子振，清光绪三十二年（1906）九月三十生于长沙县临湘都铜官（今望城区铜官街道）一陶工家庭。读私塾三年，13岁拜师学艺，出师后自立门户，开办窑场。因其技艺精良，窑场生意红火，个人声望渐高。

中华人民共和国成立后，刘子振成为铜官陶瓷公司的技术骨干。1950—1975年间，曾多次应邀赴衡阳、杭州、北京、天津等地参加修复国家文物艺术珍品、重塑建筑物装饰。先后为中国广州交易会设计制作高达3米的盘龙花瓶、大型黄釉坐狮、绿釉麒麟等，受到国际市场关注，产品成批销往美国、日本、新加坡等国家和地区，为铜官陶瓷产品出口打开局面。1986年，刘子振等主持烧制的中国第一幅大型陶瓷釉下彩壁画《中国姑娘》，装饰在湖南郴州中国女排训练基地。1987年，指导烧制成大型陶瓷雕塑《鹰》，陈列于北京人民大会堂。

刘子振的陶瓷雕塑艺术自成一体，创造一种憨厚、朴实而又富有风趣的“童格”。他总结出塑造人物形态的“武人无颈、文人无肚、美人无肩”的“三无”口诀和“站七、坐五、跪三半”的比例。存有“关公辞曹归汉”雕塑和“关公秉烛夜读兵书”台灯座陶瓷工艺品。晚年，他先后被聘为湖南省美术工作者协会会员、中国美术家协会会员、中国科协自然科学专门学会全国陶瓷美术学会会员。1990年1月，湖南省人民政府授予刘子振为湖南省工艺美术大师。

1992年4月2日，刘子振因病在长沙去世。

陈正仁

（1914—1992）

陈正仁，民国3年（1914）2月8日出生于湖南省长沙县一个贫苦工人家庭，因为父亲在长沙雅礼中学做工，得以在该校就读，毕业后，考入湘雅医学院，民国29年（1940）毕业。

毕业后，陈正仁就职于湖南省卫生防疫处，兼任常德县卫生院院长和湖南省卫生试验所所长。当时常德遭受日本帝国主义投放的细菌武器攻击，鼠疫开始流行，陈正仁参与对鼠疫的调查和防治工作；随后他去昆明从事防疫工作，任昆明卫生防疫处主任。民国32年（1943）春，被派往印度孟买哈夫金研究所，专攻鼠疫防治。民国34年（1945）到北平中央防疫处任技佐、技正。民国36年（1947）受国民政府卫生署的派遣，作为世界卫生组织的学员，到丹麦国立血清研究所学习卡介苗的制造、检定及使用，半年结业后又到瑞典、挪威、瑞士、意大利、法国、英国和美国调查卡介苗的制造和使用情况，经过1年的学习与考察，掌握卡介苗的全套技术，于民国37年（1948）10月返回北平。此时国内无法顺利开展工作，他想方设法保藏从国外带回的卡介苗菌种，建立起中国第一个国立卡介苗制造室。1949年北平和平解放后很快制出卡介苗。1949年中华人民共和国卫生部成立卡介苗推广委员会，陈正仁任副主任，编写学习资料，举办三期卡介苗培训班，培育出一批专业人员，使卡介苗预防工作很快推广到全国各地。1950年和1951年分别接种60多万人，使全国结核病死亡率明显降低。还培养一些新菌苗，如冻干鼠疫菌苗、冻干布氏病菌活菌苗、痢疾菌苗等。50年代中期，陈正仁与何秋民等开展百日咳菌苗的效力试验，选育出抗原性和稳定性均较好的百日咳优良菌株，长期被全国各生物制品研究所用于生产。

1961年副霍乱传入中国，陈正仁受卫生部委派去广东、新疆、山东等地进行现场调查和实验室鉴定工作，作出正确诊断，为防治该病做出贡献。1972年开始，陈正仁领导在全国开展疟疾免疫治疗的专题研究，在疟原虫红内期体外培养方面获得成功，为疟疾疫苗制造创造有利条件。1981年，他参与创办《中华微生物学和免疫学杂志》并担任编委。1983年1月，应邀前往美国夏威夷大学作学术访问，从此建立有关疟疾防治研究的国际联系。1985年，陈正仁主编的《免疫预防传染病》出版，深受基层防疫人员和医学生的欢迎。

陈正仁曾多年担任卫生部生物制品委员会副主任委员和卫生部药典委员会委员、中华医学会常务理事及微生物学和免疫学分科学会副主任委员，以及中国微生物学会第三、四届常务理事兼医学微生物学及免疫学专业委员会副主任委员和主任委员、北京微生物学会理事长等职。1991年参与筹建中国免疫学会并当选为第一届名誉理事。

1992年8月25日，陈正仁在北京逝世。

何志远

(1912—1992)

何志远，民国元年（1912）6月出生于浏阳县（现浏阳市）张坊镇茶林村一贫苦农民家庭。民国15年（1926）参加农民自卫军。“马日事变”后，转入地下斗争。民国18年（1929）任乡赤卫队小队长。民国19年（1930）10月，加入中国共产党。

民国20年（1931），何志远参加中国工农红军，先后担任红七军第十九师五十五团特务连战士、班长、排长、瑞金卫戍司令部警卫连政治指导员等职。民国22年（1933）春，调任赣南军区独立第三师三团政治委员兼东北分区特派员，中共赣南县委书记等职，参加过中央苏区第一、二、三次反“围剿”作战。民国 22 年（1933）底，调任福建军区政治部宣传队队长。民国 23 年（1934）10 月中央主力红军长征后，何志远留在闽西南地区坚持游击战争，曾任中共闽西南区委书记、岩连宁中心县委书记等职。参与指挥闽西地区历次反“围剿”战斗。

民国 27 年（1938）1 月，何志远被调任新四军第二支队三团第三营副营长。民国 29 年（1940）3 月，任第三支队第五团政治处副主任。7 月，任新四军第七师十九旅五十团政治处主任兼皖中军区无为县总队副队长，转战于皖南、皖东地区。民国 30 年（1941）1 月起，先后担任新四军江南西路保安司令部第七师五十五团政治处主任、沿江独立团政治部主任兼中共桐东县委书记、沿江独立团政治处主任等职。民国 34 年（1945）7 月，调任新四军第七师含和支队政治委员兼含和军分区政治委员、中共含和地委书记。

民国 35 年（1946）6 月，含和支队编入华东野战军。何志远随军北上，民国 36 年（1947）3 月，任华东野战军第七纵队第二十一师政治委员兼政治部主任。民国 38 年（1949）1 月，任第三野战军第二十五军第七十五师政治委员，率部参加济南战役。该战役共歼敌 10 万余人，生俘国民革命军第二绥靖区司令官王耀武。这一战役的胜利，使华北、华东两大解放区完全连成一片，加速全国解放的步伐。七十五师在该役中打得勇敢、主动，出色地完成阻击任务，受到军党委的表彰。

1949 年 10 月，中华人民共和国成立后，何志远任中国人民解放军第二十五军政治部主任、副政治委员、政治委员。1954 年 8 月，相继调任解放军第二十六军政治委员、济南军区人民武装动员部部长、山东省军区第二政治委员等职。1955 年 9 月，被授予少将军衔，获二级八一勋章、二级独立自由勋章、二级解放勋章。

何志远是中国共产党第八、九、十、十二次全国代表大会代表。1981 年 6 月，任济南军区顾问，1982 年离职休养。

1992 年 9 月 11 日，何志远在济南病逝。

刘雪初

(1913—1992)

刘雪初，字康吉，民国 2 年（1913）出生于宁乡同文镇（今流沙河镇山林村）。民国 15 年（1926）进入云山高等小学读书。民国 20 年（1931）考入湖南省立第一师范学校。民国 23 年（1934）在宁乡第一女子学校任教。

民国 26 年（1937）12 月，刘雪初奔赴延安，先后在陕北工学院、延安马列主义学院学习。翌年 2 月，加入中国共产党。随后，相继任陕甘宁边区留守兵团文化教员、宣传股股长、中国人民解放军总政治部宣传干事、团政治处副主任。

民国 36 年（1947），刘雪初任冀察热辽军区第十七旅第五十团政委，参加辽西地区隆化、冠山等地的激烈战役。1949 年，刘雪初任第四野战军第十三兵团政治部秘书长，第四野战军政治部副秘书长等职，参与解放广东、广西的战斗指挥。

中华人民共和国成立后，刘雪初先后任中南军区公安军政治部副主任、第四野战军兼中南军区政治部组织部副部长。随后，调任国防工业部坦克局担任首任局长，为新中国坦克制造业的发展做出开创性的贡献。

1957年，刘雪初担任北京工业学院党委书记。1960年，担任南京工学院（今东南大学）党委第一书记兼院长。在南京工学院期间，他悉心致力于组织教学，科研工作，创办自动控制、电子工程等一批新专业及研究生班，重视基本知识、基本理论、基本技能的教学训练。同时强调理论联系实际，把毕业设计结合生产、科研项目进行，有计划地提高青年教师的外语、教学、科研水平，把政治思想工作融入业务中去，为国家造就大批建设人才。

1977年，刘雪初任教育部副部长、党组成员。针对高考制度恢复之后青少年学生体质下降的实际问题，提出加以解决的途径与办法，得到社会各界和学生家长的高度关注与认同。

1980年，刘雪初调任化学工业部副部长、党组成员兼南京化学工业公司党委书记。1982年起，刘雪初先后参加中央机构改革领导小组、中央整党工作指导委员会工作，两度担任驻湖南省工作组组长，为湖南老干部落实政策做出重要成绩。是第六、七届全国政协委员。

1992年10月，刘雪初病逝于南京。

李绍平

（1908—1992）

李绍平，原名许远荣，清光绪三十四年（1908）五月出生于浏阳县中和乡（现浏阳市中和镇）一贫苦农民家庭。民国15年（1926）参加农民协会工作，民国18年（1929）加入中国共产主义青年团，次年加入中国共产党，并于当年参加中国工农红军，任湘鄂赣独立师政治部宣传员、连指导员、中心指导员。民国23年（1934）参加长征。民国26年（1937）抗日战争全面爆发后，李绍平先后任八路军一二〇师五十一团四连指导员、七一四团三营总支书记。率队在冀中平原抗击日寇，被授予“英勇模范”称号。后调任晋西凤县游击大队政委，七一八团总支书记、营教导员。民国34年（1935）赴延安参加中共七大。此后，先后任晋绥军分区供给部政委、独立第五旅供给部副政委、晋南新兵师第二团政治委员。中华人民共和国成立后，李绍平历任西北军区后勤部军需部副政委、西北军后勤部长沙办事处副处长、湖南军区训练团政委等职。1955年被授予上校军衔，荣获三级八一勋章、三级独立自由勋章、三级解放勋章。1962年离职休养，享受副军职待遇。1988年被授予二级红星功勋荣誉章。

1992年10月21日，李绍平在长沙病逝。

陈新民

（1912—1992）

陈新民，民国元年（1912）11月18日生于河北省清苑县（今保定市清苑县），祖籍安徽省望江县。民国14年（1925），考入天津南开中学。民国20年（1931），考入清华大学化工系，民国24年（1935）毕业，先后在天津和南京的水泥公司做助理化学师。

“七七事变”后，他不愿在敌占区为日本服务，撤到兰州，先后在甘肃省建设厅任技士和省科学教育馆任助理研究员。民国 38 年（1939）冬，辗转到达昆明，在中央研究院化学研究所从事润滑油、精盐等抗战急需物资的生产研究。民国 30 年（1941）考取公派留学生，入美国麻省理工学院冶金系学习，民国34 年（1945）获博士学位。抗日战争胜利后，他放弃在美国的优厚待遇，于民国 35 年（1946）回国，先后任天津北洋大学、清华大学等校教授。民国 37 年（1948）12 月，中共地下党组织师生护校，推选出以周培源、钱伟长为首的巡防委员会和以陈新民、王遵华为首的生活委员会，负责维持学校秩序。陈新民还与师生代表与解放军联系，请求接管学校。

1951 年冬，陈新民受命筹建中南矿冶学院。他带领师生发扬延安抗大精神，在荒凉的山丘洼地上自己铺路、修操场，开辟一个万人规模的校区。1952 年 11 月 1 日，中南矿业学院成立，陈新民任院长。他参照苏联经验，设计中国有色冶金类各专业，组织制订教学计划，发动教师编译教材，规划科研方向，鼓励教师多承担科研课题，使人才脱颖而出，成为中国有色冶金教育开拓者。

1957 年，他被划为“右派”，下放教研室改造，但仍以一个普通知识分子的报国之心履行教师职责。1959 年冬，他被摘掉“右派”帽子，担任教研室主任，创设冶金物理化学新专业，并以有色冶金为特色。“文化大革命”中，他再次受到冲击，被剥夺科研权利，直到开展“教育革命”，他才有机会跟随进行“现场教学”的工农兵学员去武钢、涟钢接受劳动改造。为解决工厂遇到的实际问题，他和教研室老师商量，以实验室工人师傅出面承担课题，不计较经费，解决一个问题算一个问题。师生都把他当领路人，基层负责人有事也找他商量。十一届三中全会后，他得以平反，先后任中南矿业学院副院长、常务副院长和中南工业大学名誉校长，他主编的《物理化学》《冶金热力学导论》《火法冶金物理化学》等教材先后出版。

他是中国第一批获得博士学位授予权的导师，从 1978 年起先后招收和培养 20 多名博士生。他对火法冶金、湿法冶金、氯化冶金理论及熔体热力学理论均有深入研究，特别是“金属—氧系热力学和动力学”“高温熔体物化性质”的研究成果，为中国有色金属重点建设基地的综合利用提供了理论依据，奠定与发展了有色冶金物理化学的学科基础，为促进中国有色冶金工业的发展做出卓越贡献。1980 年 11 月，增选为中国科学院学部委员。

陈新民还先后担任湖南省第五、六、七届人大常委会副主任，第三、四届湖南省政协常委、副主席，第五、六、七届全国政协委员，民盟中央常委和湖南省委主任委员等社会职务。

1992 年冬，陈新民在北京参加民盟第七次全国代表大会时，突发心脏病，于 12 月 23 日逝世。根据他生前要求，25 日，中共湖南省委追认他为中国共产党正式党员。

林增平

（1923—1992）

林增平，江西萍乡人，民国 12 年（1923）11 月 23 日出生。民国 31 年（1942）考入国立中正大学(1949 年后改为南昌大学，现为江西师范大学）文史系，专攻史学。民国 36 年（1947）毕业留校任教，1951 年晋升为讲师。

1953 年，调湖南师范学院历史系，承担中国近代史教学任务。他自己编纂讲义，每年不断对讲义修改校订、充实提高，经过“四次轮回”“五易其稿”，讲义冠名《中国近代史》于 1958 年 4 月由湖南人民出版社出版，61 万字，为中华人民共和国成立后第一部采用分期法全面研究叙述中国近代通史的著作。先后4次出版，被多所高校及社会科学院指定为中国近现代史教材或必读书。

在编撰中国近代通史过程中，林增平较多注意到辛亥革命的问题。1958年出版小册子《黄兴》。1960年中华书局约他撰写《辛亥革命》，为他将辛亥革命史确定为科研主攻方向提供契机。1962年《辛亥革命》（知识丛书）出版。1963年晋升为副教授。“文化大革命”中，他遭到批判，研究工作被迫中断。粉碎江青反革命集团后，他以宽容豁达的心态，重新投身史学研究。1979年任湖南师范学院历史系主任，1980年晋升为教授。1980—1981年他与章开沅合作主编120万字的《辛亥革命史》（上、中、下册）由人民出版社出版。该书初稿出自多人之手，质量参差不齐，风格也不一致，林增平受委托承担全书整合工作，为保证全书质量，他呕心沥血、历时6年，始终以团结为重，从不争名、不争利。该书出版后，被海内外同行誉为“30年来辛亥革命史研究的集大成者”。

1981年任湖南师范学院副院长，1983年任院长，1984年学院改大学而改任校长。他还主持或组织编撰《中国近代史话》《辛亥革命在湖南》《资产阶级与辛亥革命》《辛亥革命运动史稿》《辛亥革命研究备要》《清代人物传稿》《熊希龄集》等学术著作20余种，700多万字，对中国近代资产阶级的研究也做出重要贡献。1988年，在《历史研究》发表论文《近代湖湘文化初探》，开创国内湖湘文化研究新领域。

林增平在教育战线上辛勤耕耘，从不以大家、长者、尊者自居，任职副院长乃至校长仍坚持为本科生开课，并不断吸收史学界前沿信息，认真备课。他创建湖南省第一个文科博士点——中国近现代史，培养大批人才，为中国历史学的发展作出重要贡献。1989年被评为湖南省优秀教师和劳动模范，并获“全国优秀教师”称号。他还当选为民进省委主任委员，被省政府聘任为省文史研究馆馆长，还担任过省社科联副主席，第七届全国政协委员，第六、七届省人大常委会委员，中国史学会理事、中南地区辛亥革命研究会副理事长等职务。

1992年12月27日，林增平在长沙病逝。

杨应修

(1912—1993)

杨应修，字可宾，号慎斋。民国元年（1912）11月6日出生于宁乡县一户清贫的教师家庭。自幼从父学画，读小学时就能揣摩各类画的技法。民国15年（1926），考入长沙长郡中学，后改入宁乡师范学校，后因病辍学。20岁时，入长沙广华湘绣庄学习绘画设计，曾拜著名画家粟子稀、曾醒椎、文澜、刘松斋等为师。他研习石涛、任伯年的艺术风格，逐渐把国画技法运用到湘绣的工艺上；坚持练习王羲之、颜真卿、柳公权、赵孟頫的名帖，形成湘绣作品中他常用的题款字体。民国24年（1935），杨应修正式成为画工，后又成为流动画家。

1949年开始，杨应修学习吴昌硕的画，并形成个人特点和风格。1956年，他加入国有湘绣企业，担任锦霞湘绣厂绘画车间主任。1957年8月，赴京参加全国工艺美术艺人代表会议。1958年，赴北京参加首都国庆十大建筑中的湘绣画稿征集工作。1959年，推出一批新作品，如《屈原》《嫦娥奔月》《关云长》，改变以虎为题材的画风，如《单虎芦草》《松月双虎》。1965年，为北京人民大会堂湖南厅创作景屏《墨竹》《墨梅》。1969 年，杨应修在农村劳动时构思《白描花卉写生集》。1974 年，为广州商品交易会创作《草泽雄风》。1977—1978 年，创作的巨幅绣品《花开翠屏喜东风》《猛虎》，入选全国工艺美术展览会，陈列于北京人民大会堂湖南厅。是年，杨应修担任湖南省美术家协会副主席。1979 年，创作湘绣《百鸟朝凤》，该作品画了 38 个品种、102 只鸟。8 月，杨应修被国务院授予“中国工艺美术家”称号。1980 年，《中国艺术家辞典》收入杨应修词条。1981 年，杨应修担任湖南省湘绣研究所副总工艺师、副所长。他创作的《雄狮》，收藏于中国工艺美术馆。1982 年，《杨应修画辑》由湖南美术出版社出版。1983 年，杨应修担任湖南省工艺美术学会名誉理事，第六届全国人大代表，湖南科技大学教授。他创作的双面湘绣《荷花野鸭图》，作为国家主席李先念访问罗马尼亚的赠品。创作的绣品《洞庭情趣》，陈列于北京人民大会堂湖南厅。1986 年 4 月，杨应修在中国美术馆举办个人画展。《当代中国工艺美术》一书，“献身工艺美术事业的人”章节，专文介绍杨应修生平事迹。1988 年，《杨应修画集》由北京荣宝斋出版。6 月，杨应修被国家轻工业部授予“中国工艺美术大师”称号。

1993 年 1 月 4 日，杨应修在长沙逝世。

李凯云

（1903—1993）

李凯云，字晓岚，号登俊，长沙市开福区沙坪街道茶子山村人。清光绪二十九年（1903）生。民国 9 年（1920），入长沙沙坪李豫章湘绣铺当学徒，苦练《芥子园画谱》，打下深厚的白描功底。民国 17 年（1928），入广华绣庄从事各种湘绣日用品设计，如堂彩、椅披、帐帘、庙宇神袍和戏装幕布等。翌年 2 月 3 日，广华绣庄接到为孙中山的灵柩设计棺罩的任务，李凯云花费 6 天时间完成车技和描缎工作。6 月 1 日，举行“奉安大典”，该棺罩随同灵柩入葬江苏南京中山陵。

1954 年，李凯云入湖南湘绣厂成为一名画师。他借鉴中国花鸟画的折枝画法，运用于湘绣图案设计，其风格简练明快、省工省线、新颖美观。1956 年，经李凯云设计的散花形式的百花被面，以及后来设计的百鸟、百蝶、百鱼、百子被面，被称为“五百”被面，成为湘绣定型产品和湘绣名牌出口产品。加上他设计的“花鸟八页”“四页中屏”和条屏等精品，约占湘绣出口产品的 60—70%。他设计的“梅花被面”“团花被面”被选送中央美术学院参展获得好评。1957 年，李凯云作为艺人代表，赴京出席全国工艺美术艺人代表会议，受到国家领导人朱德的接见。他设计的百花被面以梅花、天竹、水仙为主花，间以数十种花卉组成百花，参加首届全国工艺美术展览。他创作的“十锦彩花被面”收入 1959 年出版的《中国工艺美术》画册。1963 年 8 月，李凯云被选为中国美术家协会会员。1964 年 9 月，当选为湖南省第三届人民代表大会代表。1973 年，他仿照马王堆出土文物图案，设计玄鸟靠垫成为出口热销产品。李凯云编绘的牡丹、月季、芙蓉、茶花等 6 册花卉白描画稿，彩色蝴蝶画稿和《湘绣花鸟画谱》等，成为培训湘绣设计人员和绣工的教材。1977 年和 1983 年，李凯云被特邀为中国人民政治协商会议湖南省第四届、第五届委员会委员。李凯云是湖南美术研究所一级画师、顾问。1989 年被评为湖南省工艺美术大师。其湘绣代表作品有《蝴蝶》《牡丹》《茶花》等。

1993 年 2 月 15 日，李凯云在长沙逝世。同年 12 月，在第三届中国工艺美术大师评选中，李凯云被授予“中国工艺美术大师”称号。

涂焕陶

（1911—1993）

涂焕陶，号泽之，字诚中，笔名水余，清宣统三年（1911）十月出生于浏阳县（今浏阳市）大围山镇都佳村一书香门第。幼年就读于围山学校，15岁时，因抗拒包办婚姻避走长沙，在长沙平民工艺厂当学徒。他利用工余，刻苦读书，民国16年（1927）考入唐生智在长沙办的军事政治学校。不久，转入黄埔军校第六期，接受正规的军事培训。毕业后分配到国民革命军第九十四军，先后任连长、营长、团参谋长、团长、师参谋长、整编旅旅长等职。

民国29年（1940）秋，涂焕陶奉命在湖北宜昌西部山地对日作战。日本侵略军利用宜昌机场，派飞机狂轰滥炸，给守军阵地造成很大威胁。宜昌机场距阵地10千米左右，中方阵地没有远程大炮，日机更加有恃无恐。涂焕陶通过观察，请求师部从水路调来大炮支援。师部批准他的请求，用木船运来三门俄式大炮，进入指定阵地。随着涂焕陶一声令下，宜昌机场笼罩在一片火海之中。这次战斗，炸毁敌机十余架。后来，涂焕陶率部转战各个抗日战场。因他精通战术，爱护士兵，作战勇敢，累建战功，民国34年（1945）4月，晋升为上校军衔。次年升任少将旅长。民国36年（1947），涂焕陶奉命率部与解放军作战，在山东鲁西羊山集被包围。他早已厌倦内战，向往光明，立即通过广播电台，发表声明脱离国民党，加入中国人民解放军行列。

1950年，部队改编后，涂焕陶调华北军政大学（后为中国人民解放军石家庄步兵学校）任战术教官和战术系主任，1956年3月被授予大校军衔。获二级解放勋章。1958年11月当选政协河北省委员。1969年冬，被错划为历史反革命，遣回原籍参加生产劳动。他始终襟怀豁达、乐观对待。1979年拨乱反正平反恢复名誉，调回石家庄，享受离休干部待遇。1984年9月当选民革河北省祖国统一委员会委员。1988年7月被中央军委授予中国人民解放军胜利功勋荣誉章。1988年10月当选河北省黄埔军校同学会理事。

1993年2月21日，涂焕陶在石家庄病逝。

柳志强

（1931—1993）

柳志强，民国20年（1931）11月（农历十月）出生于长沙县临湘镇（今望城区茶亭镇）号马岭柳家大屋。家境贫寒，14岁即到长沙市下营盘街一家皮鞋店当学徒。

1949年，长沙和平解放后，柳被选调到一家军鞋加工厂当工人。1951年4月，调到3245工厂（湖南橡胶厂前身）当制帮工人。1953年，做橡胶机械维修工，从此与钳工结缘。他苦练实干，潜心钻研技术，熟练掌握全厂10多种主要机械设备性能、组件，解决修理技术上的棘手难题，从一个普通工人成长为机械工程师，他主持技术革新，和其他技术人员一道，先后完成30多项重大技术革新项目，改进生产工艺流程，提高产品质量和生产效益。一次，革新胶鞋成型车间地下传送带要在地道壁上浇铸60余个地脚螺栓，由于场地狭窄，工具用不上，他跳下地道，弓着身子，用双手把水泥、砂石往地道壁上的洞眼里灌，浓烈的碱性物质不断侵蚀他的双手，他忍住疼痛，不顾流血，苦战两天两夜终于攻克难关。工人们称赞说“柳师傅手上有钢，心上更有钢，真是钢钳工”。此后，“钢钳工”之名在全厂传播。

1965年6月，柳志强加入中国共产党。从此，他以共产党员标准更加严格要求自己，带头为工业生产做出贡献。湖南橡胶厂是国务院总理周恩来树立的全国勤俭办企业的5面红旗之一，柳志强是该厂的节约标兵。1966年，他作为湖南赴京观礼代表团成员，应邀出席国庆观礼，受到毛泽东和周恩来等党和国家领导人的接见。“文化大革命”中，柳志强被扣上“埋头拉车”的帽子，遭到残酷迫害，腰脊椎骨被打断，不得不穿上钢夹背心，但他身残志不屈，继续奋斗在生产第一线，赢得全厂干部、工人的尊敬。1977年，当选为中共第十一次全国代表大会代表，8月出席党的十一大，当选为中央候补委员。1979年，被国务院授予“全国劳动模范”称号。

1993年2月，柳志强在长沙病逝。

李性永

（1920—1993）

李性永，字依轩，别号有秋，民国9年（1920）8月出生于浏阳县金刚乡清溪村（现浏阳市金刚镇丹桂村）一贫苦农民家庭。7岁入学，先后就读于柘溪初小和大瑶紫微堤大枫金高小。11岁辍学务农。

中华人民共和国成立初期，他参加土改复查，曾任文昌乡二村代理村长。1952年响应党的号召，带领群众走合作化道路，组建金刚地区第一个互助组，很快得到县人民政府的肯定。1953年2月加入中国共产党。1954年年初，李性永互助组转为星星初级农业生产合作社，是全县第一批4个社之一。当年粮食产量比上年增长14%，成为全县先进典型。1956年春节期间，星星初级农业生产合作社建成辖5个片，1077户的星星高级农业社，成为全县第一大社。

为提高单位面积产量，他坚持实事求是，革新农业技术，改一季稻为双季稻，实行合理密植，提高单位面积产量。经他研究发明的中耕器在全县得到广泛应用和推广，被誉为“土专家”“活鲁班”。1957年，李性永被评为全国首届农业劳动模范，进京受到毛泽东、周恩来等党和国家领导人的接见。

1958年8月，红旗人民公社成立（辖大瑶、金刚、杨花三个乡镇，次年春更名为大瑶人民公社），李性永任社长，在此期间，他亲自挑选一批具有高、初中文化的优秀青年在大瑶连心村创建农科所，对水稻、红薯、蔬菜等农作物的品种和栽培技术进行研究、改良和推广。同时在大瑶新建村兴办“三八”养猪场，繁殖良种，取得突出成效。1959年，李性永当选为全国科协委员，再次进京与会，又一次受到毛泽东等党和国家领导人的接见。

1961年以后，李性永历任中共金刚公社委员会书记、大瑶区副区长、金刚人民公社社长、文家市区农技站站长、县原种场（河东农场）场长等职。并先后荣获农业部颁发的“爱国丰产奖章”、湖南省人民委员会颁发的“农业劳动模范奖章”，相继出席全国农业社会主义先进单位代表会议、湖南省农业技术革新工作者代表会议、湖南省农业社会主义建设先进单位和先进生产者代表会议。1978年，他又一次参加全国科技大会。1979年，李性永退休。

1993年6月20日，李性永因病在浏阳市金刚镇逝世。

李同文

(1913—1993)

李同文，民国2年（1913）出生于浏阳县白沙乡阳家田村（现浏阳市大围山镇小南京村）一贫苦农民家庭，少年时在当地纸厂学徒。民国15年（1926）10月参加赤色工会，民国16年（1927）加入中国共产主义青年团，次年3月转为中共党员。土地革命战争时期，历任浏阳东门总工会青工部长，浏铜边游击队交通员、党代表，浏阳东门区苏维埃政府主席，浏阳四区苏维埃政府工农检查部部长，中共浏阳县委常委，中共万载中心县委常委、组织部部长，东南特委常委兼少共特委书记，中共宜萍县委书记，湘鄂赣省委白区工作部部长，平修铜中心县委书记，湘鄂赣第五支队政委等职。民国23年（1934），为配合主力红军长征，他率游击队在江西万载、宜春等地炸毁敌人6个碉堡，中共湘鄂赣省委、省政府为他记一等功、二等功各一次，并授予战斗英雄称号。他参与创建平修铜中心县模范根据地，受到中共湖南省委表彰。

民国26年（1937）9月，李同文任新四军修水通讯处主任，12月到延安中央党校学习，后任党校副秘书长、中央马列学院保卫科副科长，八路军三五九旅除奸科副科长、三五九旅团政治处副主任、团副政委，湘北地委副书记兼湘阴县委书记、湘北军分区副政委，鄂东地委副书记、鄂东军分区副政委等职。在南泥湾大生产运动中被授予西北模范青年称号，在南下湘南粤北中曾三次立功受奖。

民国34年（1945）9月后，历任鄂中大洪山地委副书记、军分区副政委，江汉军区教导团团长兼政委，鄂西北军分区襄河总队政委，均县中心县委书记，湘北工委副书记兼平江县委书记，湘赣工委副书记，湘南地委副书记、中国人民解放军湘南支队副政委。配合中原突围战役率部沿襄河老百公路一线阻击敌人数月之久，参加解放桂东、汝城、资兴等作战。

中华人民共和国成立后，历任郴州地委副书记、军分区副政委，平桂矿务局党委书记兼局长，广西壮族自治区工业厅副厅长、区建委副主任、区人委副秘书长、区党委监委副书记、区机关事务管理局党组书记兼局长、区党委副秘书长、区党委组织部副部长、区党委人事安排领导小组顾问、区党委老干部局顾问，并当选为自治区第四次党代表大会代表、自治区第五届人大代表、1979年12月—1983年5月任广西壮族自治区第四届政协副主席。

1993年8月9日，李同文在南宁病逝。

贺国清

(1928—1993)

贺国清，宁乡县贺石桥乡茅栗岭（现宁乡县煤炭坝镇茅栗岭村）人，民国17年（1928）8月27日出生。

贺国清出身贫寒，只有小学文化，但朴实坚韧，勤奋上进。1951—1953年，任宁乡县菁美乡副乡长。1955—1956年，任张公塘农业社主任，任期内工作出色。1956年7月，加入中国共产党。1958—1964年，任贺石桥乡茅栗岭大队党支部书记。1965—1985年，任宁乡县贺石桥公社党委副书记兼茅栗岭大队支部书记。该大队2884亩山地，从1961年开始实行全封育林和造林。虽然经历十年“文化大革命”，但茅栗岭大队在贺国清的带领下坚持实事求是，注重工作方法，保护山林植被，10年后，山清水秀，社员烧柴用材基本自给，成为全省丘陵地区发展林业的先进典型。1971年，贺国清出席全国林业工作会议。1973年当选为中国共产党第十次全国代表大会代表。

20世纪70年代中期，在全国掀起的学习毛泽东著作和农业学大寨热潮中，贺国清带领茅栗岭大队根据当地实情，进一步走农、林、牧三结合的道路，兴修水利，封山育林，全大队造林150多公顷250万株，整修36口山塘，新建一座水库，改造低产田35公顷，发展粮食生产，发展集体养猪和家庭养猪，农居村貌发生很大变化。1974年全村人均养猪2.2头，亩产粮食625千克，成为湖南省农、林、牧三结合的先进典型，被评为全省“农业学大寨”先进单位。其间，贺国清还担任湖南省贫协常委及宁乡县贫下中农协会副主席。1975年，《湖南通讯》第12期专题推介茅栗岭大队的先进事迹。1976年8月4日，《人民日报》以《顶逆风寸步不让——记湖南省宁乡县茅栗岭大队党支部书记贺国清》为题，对贺国清的先进事迹进行全面报道。

1977年，贺国清当选为中国共产党第十一次全国代表大会代表。他还担任湖南省第五届人大代表、长沙市第五届政协委员、宁乡县第四届党代表、宁乡县第四至第九届人大代表。1982年，被评为湖南省劳动模范。1985年退休。

1993年8月24日，贺国清在宁乡县贺石桥茅栗岭村病逝。

谭君实

（1923—1994）

谭君实，民国12年（1923）12月12日（农历十一月初五）生于长沙县临湘镇谭家园（今望城区茶亭镇谭家园村）。自幼爱好文学艺术，后考入安徽大学文学系学习，未毕业便投身抗日运动。民国32年(1943)，任《湖南国民日报》战地记者，深入抗日前线采访，写有多篇激励军民投身抗日救亡运动的长篇通讯。民国35年（1946），供职于国民革命军联勤总部四十二补给区司令部，先后组织并参与演出话剧《深渊》《风雪夜归人》《嫦娥奔月》等剧目。1949年12月，参加国民党军昆明起义后，谭君实被选送进入西南军政大学学习。毕业后分配至解放军第二野战军第十四军任军部文工团研究员。1951年转业，分配到湖南省戏曲改进委员会。1956年，调省湘剧团任编剧。与省文史馆馆员朱少希合作，将关汉卿的杂剧《闺怨佳人拜月亭》改编为湘剧《拜月记》。在长沙、武汉、北京、天津、上海等地演出，引起轰动，成为湘剧久演不衰的保留剧目。6月15日，该剧为第一届第三次全国人民代表大会作专场演出，周恩来等国家领导人观看演出并给予赞扬。随后，谭君实又将《拜月记》改编为同名电影剧本，由上海电影制片厂拍摄后在全国放映。《拜月记》成为首部搬上银幕的湘剧，获湖南省文艺创作一等奖。在电影拍摄期间，谭君实被划为“右派”，遣往衡山等地“劳动改造”。

1962年，谭君实摘掉“右派”帽子，回省湘剧院工作，先后改编、创作《金印记》《辕门斩子》《三击掌》等大小剧目30余个。“文化大革命”期间，被下放到道县。他一边劳动，一边学习，深信自己仍有用武之地。1976 年，借调到零陵地区戏曲工作室，创作湘剧现代戏《响姑》，由零陵地区湘剧团参加全省专业剧团创作剧目调演，获创作奖和演出奖。1978 年，他被错划“右派”问题得以改正，调往衡阳市戏曲工作室，创作湘剧现代戏《夏明翰》。1979 年，调回省湘剧院任编剧，与叶蔚林合作创作现代戏《金家三只凤》。

1983 年，调至省戏曲研究所。1985 年 11 月，被聘为《中国戏曲志·湖南卷》编辑委员会委员。1986 年 1 月，被聘为中国戏剧家协会湖南分会名誉理事，兼任《中国戏曲志》特约编审员。1988 年 10 月，被文化部等单位授予先进工作者。随后，又抱病担任《湖南地方剧种志·湘剧志》主编，并克服困难完成任务。

1994 年 1 月 8 日，谭君实因病在长沙去世。

朱端绶

(1908—1994)

朱端绶，女，原名慧吾，长沙县锦绣都白莲塅（今属长沙县路口镇）人，清光绪三十四年（1908）二月生。

6 岁时，因家道中落，便带妹妹上山打柴等，练就勇敢泼辣的性格。民国 11 年（1922），入自立女子职业学校就读。民国 13 年（1924）考入长沙女子师范学校，积极参加爱国学生运动。翌年 3 月经黄颐介绍加入中国共产党。入党后，她遵照毛泽东的指示，深入湖南农村地区调查当地阶级状况，为毛泽东提供了许多宝贵素材。民国 16 年（1927），任教于株洲铁路职工子弟学校。马日事变后，调湘潭县委负责交通工作。民国 17 年（1928）春，到汉口济难会工作。8 月，到上海参加党的中央机关工作。以“老板娘”身份组成“家庭”，协助和掩护开设“福兴商号”的熊瑾玎开展革命工作。不久，与熊瑾玎结婚，夫妻二人在党内被称为“老板”“老板娘”。民国 21 年（1932）5 月，到湘鄂西苏区政府秘书处工作。次年年初返回上海后，丈夫熊瑾玎因叛徒出卖而在上海被捕；朱端绶也因叛徒指认入狱 8 个月，最后因缺乏证据得以无罪释放。出狱后的朱端绶在与党组织失去联系的情况下，从容面对敌人屠刀，在法租界开办一个小酒店维持生计，每周两次给狱中的丈夫送上菜和书报，每月给监狱中的难友送食品和日用品。民国 26 年（1937）9 月，熊瑾玎经党组织营救出狱后，朱端绶与其一起于翌年 1 月到汉口，筹备《新华日报》创刊事宜，任会计科科长。同年 6 月赴重庆，负责《新华日报》迁移事宜，并负责报纸发行工作。民国 35 年（1946）到延安，任《晋西日报》会计科副科长。民国 37 年（1948）8 月至中华人民共和国成立初期，历任中国人民救济总会秘书组副组长、办公室副主任、监委办公室副主任等职。1952 年年底，任建筑工业部主任、监委办公室副主任等职。1953 年年底，任建筑工业部财务司副司长、部党委常委。1965 年，鉴于朱端绶在长期艰苦斗争环境中积劳成疾，组织上安排她休养，但她仍尽力为党工作，报答党的关怀，始终保持一名共产党员的本色和坚定的共产主义信念。朱端绶是第三届全国人大代表和第五、第六届全国政协委员，在担任全国政协委员期间，为巩固党的统一战线做了许多有益工作，晚年致力撰写党史。

1994 年 1 月 24 日，朱端绶病逝于北京。

童浩生

（1910—1994）

童浩生，清宣统二年（1910）八月出生于浏阳县（现浏阳市）古港镇一贫苦农民家庭。民国 15 年（1926）在当地参加农民运动。民国 19 年（1930）参加中国工农红军，次年加入中国共产党，随部参加中央苏区五次反“围剿”战斗和二万五千里长征。到达陕北后，历任新四军老八团后方留守处副主任、四支队八团总支书记兼组织股长、三营营教导员和大队政委、政治处主任等职。

民国 32 年（1933），调任新四军第二师十三团政委，在率部攻打敌韩德勤部的战斗中，出奇制胜，英勇奋战，一次俘敌官兵 300 余人，受到军部通令嘉奖。民国 34 年（1945）8 月后，解放战争时期，历任新四军第二师东北干部一团政委，松江军区哈东军分区政治部主任、副政委，一纵队二师政治部主任，独立七师政治部主任等职，参加辽沈、平津等重要战役。

中华人民共和国成立后，童浩生相继担任江西省军区上饶军分区副政委，江西省公安总队副政委，江西省军区上饶军分区第二政委等职。1955 年被授予上校军衔。1960 年晋升为大校，曾获二级八一勋章、二级独立自由勋章、二级解放勋章。1965 年离职休养，享受副军职待遇，撰写革命回忆录《总司令员和我们一块插秧》等，1988 年获二级红星功勋荣誉章。

1994 年 2 月 20 日，童浩生在长沙病逝。

胡安吉

（1902—1994）

胡安吉，原名谢国珍，清光绪二十八年（1902）十一月出生于浏阳县凤溪乡（现浏阳市小河乡）。8 岁起在本地私塾发蒙，二年后因交不起学费辍学回家种田。大革命时期，参加农民运动，任乡农民协会秘密联络员。后因身份暴露，转入地下坚持斗争。土地革命战争时期，胡安吉参加苏维埃政府工作，民国 19 年（1930）6 月，浏阳部分赤卫武装改编为红军第三十四师一〇二团二连，胡安吉任连部文书；7 月加入湖南农民赤卫军浏阳第三大队十一中队，先在后勤股工作，后在大队部当通信员；8 月，参加红一方面军攻打长沙的战斗，他肩中两弹，身负重伤，转到江西吉安治疗，一天，他在一家店名叫吉安的理发店理发，心情畅快，认为这个店名很好，将自己姓名改为胡安吉。民国 19 年（1930）10 月，胡安吉加入中国共产党。不久，随部上井冈山，参加中央苏区第一、二、三次反“围剿”战斗。民国 21 年（1932）12 月，任红三十五团机枪连政委（指导员）。民国 23 年（1934）10 月，随红一方面军长征，任红一团技术书记。途中参加飞夺乌江、巧渡金沙江、四渡赤水、攻占腊子口等著名战斗。民国 24 年（1935）8 月，红军到达哈拉布市，遵照中央军委决定，部队进行整编，胡安吉被调到红一大队卫生队任指导员，随部到达陕北。

民国 26 年（1937），抗日战争全面爆发后，胡安吉任八路军一一五师独立团文书参谋，同年 8 月，其所在独立团参加平型关战役以及冀西平原和山区游击战，粉碎日本侵略军多次“扫荡”，创建冀中、冀西平原十几个县联成一大块的抗日根据地。民国 29 年（1940）1 月，胡安吉进入抗大二分校上干科学习。民国 30 年（1941）10 月，被调到晋察冀军区第一军分区武装部任科长。

民国 34 年（1945）8 月后，胡安吉历任察哈尔省军区第十三军分区卫生处科长，一分区政治部保卫科科长，二十三兵团六纵队卫生部政委，二十三兵团后方留守处主任等职，参加平津等重大战役。

中华人民共和国成立后，胡安吉历任湖南省公安总队政治部主任、中南军区公安军军法处处长、湖南省邵阳军分区第一副政委等职。1955 年被授阳上校军衔。1964 年晋升为大校，获三级八一勋章，二级独立自由勋章，二级解放勋章。1975 年，离职休养，享受副军职待遇，1988 年 8 月，被授予二级红星功勋荣誉章。

1994 年 4 月 6 日，胡安吉在长沙病逝。

于 刚

(1914—1994)

于刚，原名陈泽云，号少松。湖南长沙人。民国 3 年（1914）5 月 20 日出生于长沙。少时入湖南省立第一师范学校附属小学、妙高峰初中。民国 19—22 年（1930—1933）就读于湖南省立第一师范学校。民国 23 年（1934）夏，考入北平师范大学历史系；任学生自治会主席和北平大学学生代表，积极参加中共领导的“一二·九”运动，开始用“于刚”作笔名，在北平报纸上发表文章对右翼作战。

民国 25 年（1936）2 月加入中共秘密外围组织中华民族解放先锋队，4 月加入中国共产主义青年团，5 月加入中国共产党。民国 26 年（1937）抗日战争全面爆发后，回湖南积极参加抗日救亡活动和地下党的工作，任中共湖南省工委青委书记兼湘（乡）宁（乡）中心县委常委、宣传部部长。民国 27 年（1938）1 月 25 日，《观察日报》在长沙创刊，为报社主要负责人之一。同年冬，从湖南到延安出席西北青年救国联合会的代表大会，回湘后在沅陵传达会议精神，指导全省的青年运动。民国 29 年（1940）10 月，由中共南方局介绍到重庆《新华日报》工作，担任党支部书记、管理委员会委员，并参加《群众》周刊编辑工作。民国 30 年（1941）1 月皖南事变时负责报馆人员疏散工作。同年秋，因国民党加紧封闭《新华日报》的发行，调任报馆营业部主任，着重领导发行方面的反封锁斗争，使报童队伍由 12 人发展到 100 多人，并在该报发表大量文章。民国 33 年(1944) 10 月，调延安中央党校学习一年多。民国 35 年（1946）2 月到重庆，任《新华日报》馆经理，兼管理委员会委员、社论委员会委员，直至次年 3 月 9 日撤返延安。旋参加中共中央城市工作部的工作，任青年训练班主任、中央统战部资料室主任、新政协筹备会党组干事会秘书、第 1 小组秘书等职。

中华人民共和国成立后，任政务院周恩来总理办公室秘书兼政务院参事、人事部办公厅副主任。1952 年后任中央统战部党派处副处长、处长，1960 年任部副秘书长，长期从事统一战线理论及政策研究。“文化大革命”中，被批斗、审查、监护。1977 年平反后任中央统战部副秘书长、研究室主任，1979 年任第五届全国政协委员、全国政协文史委副主任。1982 年 6 月离休后，任中央统战部咨询组组长、中国统战理论研究会副会长等职。编著有《中国各民主党派》《社会主义统一战线研究》《霜叶集》《燕山蜀水录》等。

1994 年 4 月 16 日，于刚在北京病逝。

马辉之

(1901—1994)

马辉之，善化县三都干杉（今属长沙县黄兴镇）人，清光绪二十七年（1901）十一月二十日生。原名马星荣，化名王得山、吴泽民、冯俊斋、冯楚才。

民国6—8年（1917—1919），他在粤汉铁路长沙工程处当学徒，民国9—16年（1920—1927），在粤汉铁路武昌徐家棚材料总厂当木工。民国11年（1922）参加工人运动，先后参加粤汉铁路南段工人罢工和民国12年（1923）二七大罢工，逐步成长为工人运动骨干。民国15年（1926）9月，加入中国共产党，后任中共徐家棚特别支部组织干事、徐家棚材料总工厂工会主任、工人武装纠察队第一队队长。次年8月—民国19年（1930）9月，先后在莫斯科东方劳动者共产主义大学、莫斯科中国劳动者共产主义大学、莫斯科列宁学院工人班学习。民国19年（1930）7月，被指定为中国职工候补代表出席赤色职工国际第五次代表大会；9月，任上海印刷总工会特派员；12月，先后任中共奉天省委候补常委兼职工运动委员会书记、奉天省委常委兼职工部部长。民国20年（1931）5—6月，任中华铁路总工会党团书记并参加河北省委工作，历任河北省委委员、省委代理书记兼铁总党团书记，同年11月因叛徒告密在北平被捕入狱。民国25年（1936）8月出狱后，10月任中共北方局天津组成员，负责天津市委、华北抗日救国联合会、冀东特委工作。翌年4月，受命主持重建中共河北省委，后任河北省委组织部部长、省委书记等。民国27年（1938）7月，参与领导冀东人民抗日大起义，发动群众20万人（其中矿工7000余人），组织抗日联军40余个总队等武装10万余人，与八路军一起攻克迁安等9座县城和开滦矿区，摧毁冀东日伪反动组织，建立抗日政权。同年11月，受命开辟冀热察抗日根据地，任中共冀热察区党委书记，继任八路军冀热察军政委员会副书记，并代管中共平津唐点线工作委员会的工作，领导边区人民粉碎日伪军多次扫荡，使根据地得到巩固和发展。

民国31年（1942）4月—民国33年（1944）10月，马辉之历任中共北岳区委常委、民运部部长，中共冀中区委副书记、组织部部长，中共冀中区工作委员会主任。民国34年（1945）4—6月，作为晋察冀代表团成员出席中共七大；8月—次年4月，历任晋察冀中央局民运部部长、中共晋察冀民运委员会书记。民国34年（1945）9月—民国37年（1948）5月，兼任晋察冀边区工会主任，参与组织领导边区人民恢复和发展生产。民国37年（1948）8月—民国38年（1949）9月，任中华全国总工会执行委员。

中华人民共和国成立后，马辉之调至东北局工作。1950年8月—1953年1月，任最高人民检察署东北分署副检察长。1951年3月—1953年1月，任中共东北人民政府人民监察委员会副书记；1952年12月—1954年11月，任中共东北局纪律检查委员会副书记；1953年1月—1954年8月，任东北行政委员会委员、人民检察委员会副主任。1955年5月—1964年7月，任交通部副部长、政治部主任、党组成员。党组副书记。“文化大革命”中受到迫害，1978年党中央为其平反。1978年12月—1982年9月，任中央纪律检查委员会常委。是第二、第三届全国政协委员，第四、第五届全国政协常委，中共七大、八大代表。

1994年4月24日，马辉之病逝于北京。临终前留下遗嘱：丧事从简，不举行追悼会，不搞遗体告别仪式，不送花圈，遗体送医院作科学研究，不留骨灰。

郭哲群

(1970—1994)

郭哲群，湖南省宁乡县流沙河镇苏家亭村草冲组人，1970年8月出生。1977—1982年，在苏家学校读小学。1982—1985年，在草冲中学读初中。1985—1989年，在家务农。

郭哲群1989年应征入伍，任广西53025部队二营战士。在新兵集训的几个月时间里，他敢于吃苦，所训科目全部达到良好以上。他助人为乐，被新兵连领导称为“雷锋式的新同志”。1990年调任部队军械股保管员。1991—1993年，在武汉军械士官学校学习，学成回部队后任修理所技师、服务社出纳。他到军械修理所任班长后，深入探索研究新时期带兵方法，协助所长抓好管理工作，总结带兵经验。他在日记中写道:“干部尊重士兵不仅要尊重他们的人格，更重要的是尊重他们的民主权利和参与意识……爱兵是干部带兵之本，爱兵至诚，兵心必齐。”1994年春节期间，部队放假四天。郭哲群却在修理车间维修枪炮，抢修枪支118支、火炮5门。

在服务社工作期间，为减少开支，他挑起采购物资的重任，每次装卸、搬运物资都自己动手，2个月内节约搬运费用近千元。他经常送货上门，解决官兵购货难的问题。1994年6月，军区在郭哲群所在团部召开现场会。因人员少、时间紧、任务重、标准高，修理所请郭哲群帮忙。郭哲群在白天干好服务社工作的同时，晚上回到修理所帮助工作，利用休息时间焊制训练材料120余件。

1994年，广西发生特大洪灾。郭哲群所在的53025部队受命赶赴梧州等地抗洪救灾。7月25日下午2点30分，劳累大半天的郭哲群突然发现洪水中有一个小孩在拼命挣扎，并连呼“救命”。郭哲群奋不顾身跳进洪水中，当游到小孩身边时，他又潜入水中，用尽全身力气将小孩托出水面，并用头和双手将落水小孩推上附近的轮胎筏。小孩得救，郭哲群由于疲劳过度被卷入洪水中，英勇牺牲。

根据郭哲群的一贯表现和英雄壮举，某集团军党委作出决定，追认他为中共正式党员，授予革命烈士称号，追记一等功。1994年11月16日，郭哲群被评为全国抗洪模范，受到国家防汛抗旱指挥部、人事部、水利部和总政治部的表彰。

佘亚雄

(1917—1995)

佘亚雄，民国6年（1917）12月2日生于长沙县霞凝乡（今望城区铜官街道）会子塘。其13岁到比利时，就读于马龙（Malonne）中学和比利时鲁文大学医学院。民国33年（1944）毕业于上海震旦大学医学院，并获博士学位。

中华人民共和国成立前夕回国。1950年任上海广慈医院外科副主任。1953年，任上海第二医科大学小儿科教研室主任，开展小儿外科诊疗和小儿外科手术，是中国小儿外科专业的奠基者之一，同年，他在国内首次使用结肠直肠切除肛门外吻合术（Swenson）治疗小儿巨结肠病。1959年，他领衔研究成功“空气灌肠治疗小儿叠套肠”技术。采用自动控制压力空气灌肠法治疗小儿肠套叠，免除开刀给小儿患者带来的痛苦，在全国各大医院和第三世界国家推广。该项成果获上海市重大科技成果奖和1978年全国医学卫生科学大会奖。1980年任《中华小儿外科杂志》副主编。1982年，他主刀进行国内第一例胸腹连体婴儿分离手术，获得成功。1987年，中华小儿外科学会成立时，任副主任委员和上海分会主任委员，兼《国际小儿外科杂志》第一任中国编委。1987年，他的课题《先天性巨结肠诊断研究》获上海市科技进步奖。1989年，课题《小儿食管下端疾病横膈缺陷有关的超微解剖研究》获国家自然科学基金三等奖，1992年，《小儿食管动力学与食管PH24监测研究》获国家教委科技进步二等奖。他三次承担国家自然科学基金资助课题，主持完成课题8项，指导完成课题4项，鉴定结果均达到国内领先或国际先进水平。

他先后编写《小儿外科学》《肠套叠》《小儿外科医疗手册》《小儿肿瘤学》等专著，都被纳入医学院校儿科医学教材，还发表论文150余篇。多部小儿外科著作被翻译成多种文字，对国外小儿外科学产生重大影响。佘亚雄培养大批儿外科专业人才，是国务院学术委员会首批颁布的博士生导师，先后培养博士3名、硕士10名。1994年获上海市侨界烛光奖。佘亚雄还经常受邀去美国、法国、瑞士、加拿大等作学术报告，在国际同行中享有很高声誉，被法国斯特拉斯堡大学聘为客座教授（1986年），英国剑桥大学将佘亚雄的名字和业绩载入《世界名人录》。曾任上海市政协第四、五、六、七届委员及常委。

1995年1月20日，佘亚雄在上海病逝。

蔡杞材

（1909—1995）

蔡杞材，字可庵，又名修慝，湖南省益阳县兰溪乡（今益阳市赫山区兰溪镇）人。清宣统元年（1909）二月一日出生。民国9年（1920）读毕《四书》《幼学》《左传》《古文观止》。民国11年（1922）初入兰溪小学，是年夏应考益阳县立第一高小，榜列第一。民国14年（1925）毕业，插班考入益阳教会学校信义中学二年级。次年10月经同学孙玠、蔡庠介绍加入国民党。民国16年（1927）考入中央军事政治学校第三分校，次年春转入南京中央军官学校第六期步兵科。民国17年（1928）秋毕业，分派到国民革命军第8军3师见习，旋即升中尉连附。

民国18年（1929）9月，经唐生智介绍任国民政府国民革命军编遣委员会中尉科员。因唐、蒋反目离职，先后任津浦、陇海两路运输司令部中尉军车管理员。民国20年（1931）任国民革命军第一集团军独立第五旅政治部少校总务科长兼政治指导员。次年年初入南京军事委员会干部训练班，11月化名余去非加入复兴社外围组织“革命军人同志会”。民国22年（1933）初训练班结业后任中央军校军官训练班政治指导员。次年任南京复兴社总会军事处处员兼首都护卫队队附，后任训练总监部少校科员兼暑期训练班中校队长。民国26年（1937）初任湖南省第三届高中学生集训总队上校大队长兼湖南省国民军事训练委员会专员。抗日战争全面爆发后任湖南省军管区司令部军训处上校科长兼复兴社湖南分会干事。民国28年（1939）8月任湖南省军管区司令部编练处上校处长，9月晋升为少将处长，参加四次长沙会战。民国30年（1941）奉军政部令发动湖南国民捐献飞机，募得可购两架飞机的款项，因此功获中央航空委员会奖章和国防部“忠勤勋章”各1枚。民国31年（1942）参加军政部召开的第四届全国兵役会议，获军政部陆军甲等奖章1枚。民国34年（1945）晋升为湖南省军管区司令部少将参谋长。居长沙，建公馆(蔡杞材公馆位于长沙市开福区望麓园街道蔡锷北路稻谷仓一条巷老16号，今17号。砖木结构，红砖清水墙2层楼房，建于1947—1948年间)。民国36年（1947）11月当选为“国大”代表。民国37年（1948）春出席南京行宪国民代表大会，会后未接受戡乱建国委员会委员和宪政督导委员会委员任职。民国38年（1949）3月经陈云章介绍，加入“湖南省进步军人民主促进社”，并与中共湖南省工委涂西畴取得联系，秘密参加湖南和平运动小组；4月任湖南省保安司令部副司令；5月任湘东师管区司令；7月任湖南省第五区（益阳）行政督察专员兼保安司令；8月3日参加湖南益阳起义，后任中国人民解放军第21兵团第53军副军长。

1950年5月入军政大学学习，6月任湖南省人民政府参事室参事。1954年加入民革，先后任民革长沙市委委员、民革中央团结委员、民革中央监察委员、民革湖南省委副主委。1955年当选为第一届湖南省政协委员。1957年被错划为“右派”，1979年予以平反。1982年任湖南省人民政府参事室副主任。后任第五、六届湖南省政协常委，民革湖南省委副主委，民革中央监察委员（积极参政议政，撰写不少提案并被有关部门采纳），第五届省政协副秘书长，湖南省黄埔军校同学会副会长、顾问。1984年，邓小平提出“一国两制”和平统一政策，蔡为和平统一积极奔走。1986年后致信蒋经国，为祖国统一大业尽力。同时，长期与侨居欧美、加拿大的王东原、刘伟民等36位湘籍名人保持联络，以省政协常委身份走访、会见中国台湾地区及海外老友在大陆的亲属，协助有关方面为他们解决生活困难，以及调整或安排他们子女工作。1987年夏天，参加浙江海外联谊工作研讨会。同年下半年先后接待原国民政府驻德武官、青年军中将师长、国民政府国防部厅长潘华国和原国民党中委周翼斌，并邀请去台人员回大陆探亲访友、旅游观光，甚至回乡定居，共建家园。

1995年4月9日，因病在长沙逝世。

刘新屏

(1917—1995)

刘新屏，原名树藩，民国6年（1917）11月出生于浏阳县七宝山乡（今浏阳市永和镇）一贫苦农民家庭。民国18年（1929）4月，加入中国共产主义青年团。不久，担任团横山乡宣传委员。民国19年（1930）5月，调任县儿童局书记。民国21年（1932）4月，加入工农红军，被编入红十六军第七师三团任宣传员、文书等职，随部参加攻打排埠、黄茅、永安等多次战斗，表现勇敢，受到师部的嘉奖。民国23年（1934）4月，转为中国共产党党员。民国23年成立少共湘鄂赣省东北特委，刘新屏任书记，民国24年（1935）任少共修（水）铜（鼓）宜（丰）奉（新）县委书记，民国25年（1936）任中共湘鄂赣特委常委兼军分区东北游击大队政委，民国26年（1937）任铜鼓县委书记。当时，国民党调集10万兵力进驻修水、铜鼓、宜丰、奉新、上高、高安等县城，为保存革命力量，抗击敌人的进犯，刘新屏和大队长吴嘉民冒着生命危险，几次下山侦察、探路、突围。在他们的指挥下，游击大队转移到安全地带。

民国27年（1938），刘新屏回新四军军政治部任干事，后入教导队学习，后历任科员、特派员股长、正副科长、正副部长、淞沪警备区军法处副处长兼警政保卫部长。抗日军政大学第八分校二队指导员，多次参加抗日战斗。民国34年（1945）8月至民国38年（1949）9月，先后担任华东军政大学保卫科科长，渤海军区政治部保卫部副部长、部长，淞沪警备区司令部军法处副处长。

中华人民共和国成立后，刘新屏先后担任华东公安司令部情报处处长，公安第十四师政治部主任，上海警备区政治部秘书处代处长，江苏无锡市兵役局副政委，镇江军分区副政委兼政治部主任，苏州军分区副政委、顾问等职。1955年，刘新屏被授予上校军衔，获二级独立自由勋章、二级解放勋章、二级八一勋章，1988年8月，获中国人民解放军红星功勋荣誉章，享受副军职待遇。刘新屏坚持业余创作，在军内外报刊上发表大批文艺作品，与人合作编写电影剧本《斗鲨》《波斯猫在行动》《狼影》等，其中《狼影》由珠江和长春电影制片厂联合拍摄发行放映。

1995年4月15日，刘新屏在苏州病逝。

彭雨新

(1912—1995)

彭雨新，民国元年（1912）9月出生于浏阳县中庸乡柳家冲村（今浏阳市集里街道太平桥社区）。当地小学毕业后，考入县立中学和长沙广益中学。民国24年（1935）考入中央政治学校大学部财政系，民国28年（1939）大学毕业进入中央研究院社会研究所读研究生，民国31年（1942）毕业获硕士学位，留院任助理研究员，重点研究地方财政，后升为副研究员，兼同济大学教授。

民国34年（1945）发表专著《县地方财政》，是对近代地方财政进行系统研究的开山之作。又发表论文《清末中央与各省财政关系》，引起国外学者注意，屡被引述。民国37年（1948）9月，赴英国曼彻斯特大学经济学院进修。原拟进修两年，后闻中华人民共和国即将成立，报国心切，于民国38年（1949）9月经由香港回归内地，任岭南大学经济系教授。1952年，全国高等院校调整，岭南大学并入中山大学，任中山大学经济系教授。1953年中山大学经济系并入武汉大学，彭雨新调任武汉大学经济系教授兼财政金融教研室主任，1956年3月转入武汉大学任历史系任教授，重点研究清朝及近代财政史与经济，同年，加入中国民主促进会，著作《清代关税制度》出版，该书是国内学者系统研究清代关税的重要著作，既扼要介绍鸦片战争前户部关和工部关的设置及征税制度，又论述鸦片战争后中国海关和关税权的被侵占。此后，他曾任历史系副系主任多年，主管教学与科研工作。他以三年时间协助双目失明的历史学家李剑农修改《中国经济史稿》三卷（先秦两汉、魏晋南北朝隋唐、宋元明分编），并代写“魏晋南北朝赋役制度”一章，于1958—1960年分卷出版。1959年发表《抗日战争前汉口的洋行和买办》一文，在国内外史学界较有影响。在历史系工作的30多年间，他编著出版《清代土地开垦史》《清代土地开垦史资料汇编》，共计80多万字，还发表学术论文30多篇。这些著作和论文，多为填补社会科学空白之作，受到学术界的高度重视，彭雨新成为著名的中国财政经济史专家。

彭雨新曾任民主促进会武汉大学支部委员、主任，并担任湖北省政协委员。1979年，任中国社会科学院经济研究所研究员。1986年，退休后定居天津。

1995年4月18日，彭雨新在天津病逝。

谢启光

(1950—1995)

谢启光，1950 年 11 月出生于宁乡县煤炭坝镇联华村一个农民家庭。1956 年 9 月—1967 年 7 月，先后在宁乡县煤炭坝乡尚志小学、煤炭坝附中、宁乡县五中读书。在校读书期间，他勤奋学习，乐于助人，是优秀少先队员和“三好学生”。在家里积极参加劳动，还经常为五保老人和邻里挑柴打水做好事，在学校和邻居中留下良好印象。

1968 年 2 月，谢启光应征入伍，同年 4 月任沈阳空军雷达兵 14 团教导连报务员。1969 年加入中国共产党。历任班长、排长、连指导员，团政治处副主任等职，多次被评为团、军、大军区的优秀指导员，并被树为标兵，受到沈阳军区的通报表彰。他先后自学完中等专业和大专所有课程，获得大专文凭。1987 年至 1992 年 7 月先后任中国人民解放军长沙政治学院正营职教员、副团职管理员，连续三年受到学院嘉奖表彰。

1992 年 8 月，谢启光转业到长沙市郊区洞井乡任党委副书记，分管纪检工作，连续两年被评为区优秀党务工作者。

洞井乡金井村机砖厂由于经营不善，连年亏损，1994 年亏损 30 多万元，欠国家税金 20 余万元，村民反映强烈。乡企业办多次去查账，均遭厂会计邹某拒绝。1995 年 6 月 1 日，乡政府成立专项审计组，决定将该厂财务账本和凭证调乡审计站审查。6 月 5 日下午 4 时 45 分，谢启光带领 3 名审计人员到金井村部，邹某仍以身体不适为由拒绝交出账本。谢启光耐心说服，态度坚决，邹某见其贪污挪用罪行将要暴露，遂起杀心，佯称回家拿钥匙取账本，暗中将可折叠的猎枪与账本一并放入编织袋内带来藏在厕所边。邹某返回村部后，谎称要向谢启光单独反映一件重要的事情，将他骗到厕所边，随即取出枪支，对准谢启光，谢启光面对枪口毫不畏惧，冲上去夺枪时，被邹某击中，谢启光带伤与之搏斗，直到审计组 3 人赶到，将邹某制服。谢启光在送往医院途中，因伤势过重，不幸牺牲。

1995 年 6 月 15 日，中共长沙市委发出《关于开展向谢启光同志学习的通知》。《湖南日报》和《长沙晚报》分别以《热血贯长虹》和《党的好干部谢启光》为题报道了谢启光的优秀事迹。7 月 10 日，湖南省政府批准谢启光为革命烈士，并作出向反腐败卫士谢启光学习的决定。

张　敏

(1927—1995)

张敏，女，长沙县北山乡响水坝村人，民国 16 年（1927）10 月 29 日出生。民国 34 年（1945）参加工作，担任长沙市第一、第四中心小学语文教员。

1949 年开始，张敏先后在东区定王台小学、城东一校、都正街小学、复兴街小学、文建中学、长沙市第十四中学、育华小学、育才小学等学校担任语文教师。1956 年 12 月加入中国共产党。历任少先队总辅导员、班主任、教导主任、校革委会副主任、副校长、校长、校党支部书记等职务。1958 年，张敏在长沙市教师进修学校语文专科毕业。8月，被评为小学高级教师。1973年始，她先后担任湖南省教育学会理事、常务理事，湖南省社联会员，湖南省科技辅导员协会理事，湖南省妇女人才开发委员。1978年6月，张敏被中共湖南省委员会、湖南省革命委员会授予“湖南省模范教育工作者”称号。1979年，她率先在小学开辟第二课堂，建立课内课外两条渠道并驾齐驱的教学新体系，提出“开发智力、培养能力、减轻负担、提高质量”的教改思想，引进各项教改实验，使育才小学成为全市第一所对外开放学校，先后接待过美国、日本、苏联、刚果、澳大利亚等国家的教育参访团，及全国各省市教育参访团。张敏在国家下拨经费有限、学校财力困难的情况下，克服重重困难，建成育才小学的四层教学楼和教师宿舍，把育才小学打造成为花园式学校。张敏善于从实践中总结经验，注重研究教学理论、教学方法、教学管理、国内外教学现状及发展状况，她先后在《辅导员》《教育科学研究》《湖南教育》《第二课堂》等杂志发表50余篇论文。

1981—1982年，张敏被湖南省教育厅青少年科技活动领导小组评为“湖南省优秀青少年科技辅导员”，有7篇论文被教育科学出版社《全国小学校长经验汇编（1982—1988）》收录。1983—1984年，她被教育部青少年科技活动领导小组评为“全国优秀青少年科技辅导员”，她主持参与的“组织科技活动开发儿童智力”课题被湖南省教育厅评为一等奖。1985年9月10日，张敏应邀参加在北京人民大会堂举行的新中国第一届教师节庆祝活动。1987年6月，她被评为中学高级教师。1988年12月，被湖南省人民政府授予“湖南省劳动模范”称号。张敏多次应邀赴京参加全国青少年科技表彰大会，在全国教育系统经验交流会上介绍经验。

1995年7月25日，张敏在长沙逝世。

徐庆誉

（1889—1995）

徐庆誉，字荣章，清光绪十五年（1889）十二月十五日出生于浏阳县靖卫乡（今柏加镇）。民国4年（1915）长沙长郡中学毕业后，考入湖南法政专门学校（湖南大学前身）。民国12年（1923），由基督教会资助，赴英国牛津大学攻读哲学，成为该校研究院研究员。民国15年（1926）回国，先后在上海华光大学、湖南大学和山东齐鲁大学任教授，并任国民政府中央考试院编译局主任。

民国23年（1934）后，徐庆誉曾任国民政府军事委员会秘书及中央内政委员会委员等职。民国26年（1937）抗日战争全面爆发后，徐庆誉任湖南第一区行政督察专员兼浏阳县长。他坚持国共合作共御外侮的主张，将浏阳关押的100多名“政治犯”（大多是共产党员）全部释放，并启用共产党员刘济尘为专署第一科科长，负责组织抗日救亡宣传队，以话剧和歌舞剧等形式，下农村集镇宣传抗日救亡。戏剧家田汉当年到浏阳访问，特写《赠徐庆誉兄》七绝一首称赞此举。民国29年（1940）秋，徐庆誉任湖南第十区行政督察专员兼保安司令，驻洪江。是时，洪江赌风甚炽，鸦片流行。他到任后，一边抓抗日救亡工作，一边抓禁烟禁赌，收缴烟具赌具。民国34年（1945）抗日战争胜利后，徐庆誉被调任国民革命军第四方面军政治部主任，授中将衔。民国35年（1946）9月任山东省第一绥靖区政治部主任。次年冬回湖南任长沙民国大学教授。1950年春赴香港，应聘香港大学教授。退休后，1958年，随儿媳等旅居美国纽约市，从事著述及文化工作。他与美国前总统里根交谊颇深，曾受聘担任总统委员会及美国安全理事会顾问委员。

徐庆誉精通英、法、德语，对中国古典文学亦有较深的造诣，岳阳楼、天心阁等名胜，均留有他的题咏。在从政、从教的同时，致力于哲学研究，先后出版《美的哲学》《爱的哲学》《西方政治现代思想》《中国问题》《同富主义与新时代》《中国政治思想史》等著作。其生平事略已被载入《美国名人录》和《世界名人录》。

徐庆誉十分怀念祖国，关心家乡。1988 年他给浏阳县柏加完全小学师生的信中，附有五言绝句一首："身居纽约市，心在柏加山。寄语诸昆季，兴邦爱故乡"。他在给亲友的信函中，亦附有类似的诗句："韶华易逝又逢春，常念宗邦且念君。留有余生酬故国，相期携手访燕京"。他还将柏加山旧居全部赠送给柏加小学作校舍。

1995 年 7 月，徐庆誉病逝于纽约。

晏良遂

(1909—1996)

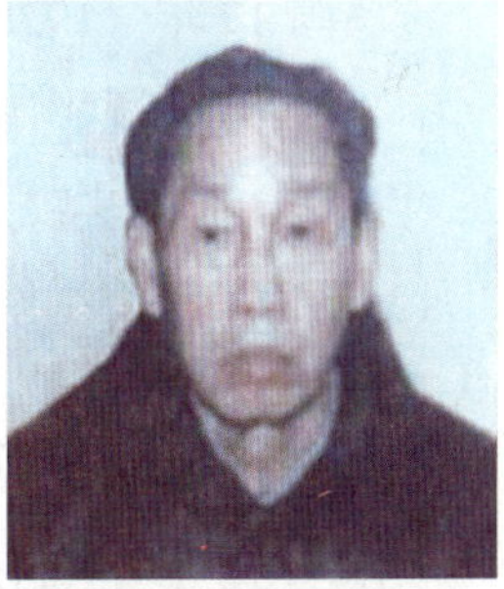

晏良遂，浏阳县中乎乡（现浏阳市关口街道）人，清宣统元年（1909）十二月十八日出生。民国 19 年（1930）毕业于长沙明德中学，同年进入湘雅医学院。民国 27 年（1938）毕业，授予医学博士学位。毕业后从事临床工作，民国 31 年（1942）8 月，受聘于南昌国立中正医学院，任病理学讲师、副教授。其间曾赴上海医学院进修，师从著名的病理学家谷镜。

南昌解放后，中正医学院改编为中国人民解放军中南军区医学院，后更名为第六军医大学，1954 年六、七军医大学合校至重庆，定名为第七军医大学（1975 年改名为第三军医大学），晏良遂先后任军医大学病理解剖研究室主任、教授。1956 年，晏良遂转入中国人民解放军。同年开始进行医学科学研究工作。通过研究人体及实验性山羊乙型脑炎，首次提出脑实质炎性病变具有沿血管分布形成细胞结节、树样病灶等，以及脑内软化灶与血管的关系，为乙脑病理学及发病机制的研究作出贡献。1959 年首次描述四川、云南地区肺吸虫病的一种特殊类型（后证明为斯氏并殖吸虫所致），特别是其病理变化，并命名为"皮下型肺吸虫病"。1963 年，《中华病理学杂志》《中华医学杂志》分别发表以上两项科研成果中文版和英文版，并于 1964 年荣获总后勤部政治部二等功一次。

从 20 世纪 60 年代初起，晏良遂在重庆地区发现一种特殊的嗜酸性细胞浸润症，命名为"急性恶性嗜酸性细胞浸润症"，描写其临床症状、病理变化，这一发现解决了长期存在的临床与病理解剖诊断问题。此间，在皮下型肺吸虫病病变的启发下，他探索出卫氏肺吸虫病、日本血吸虫病、丝虫病等的病变及其演变，总结出单核与多核嗜酸性细胞在病灶中的特殊分布与病变发展规律。同时，首次观察到烧伤炎性细胞主要为单核细胞，并阐述其发病机理，有关论文在《中华病理学杂志》发表。在烧伤肾脏病变的研究中，提出肾小球病变是肾机能障碍的主要原因，1978 年，该论文在《中华内科杂志》发表。1979 年，晏良遂加入中国共产党。1980 年主持编写四所军医大学统一病理解剖学教材。1981 年，由他亲自指导拍摄的教学电影片《急性炎症》获卫生部颁发的"优秀教学电影片"奖。1984 年进入第三军医大学专家组，兼任总后勤部卫生部科学技术委员会委员，《解放军医学杂志》编委会顾问、全军病理专业组顾问，中华病理学会四川分会副主任委员。他长期从事病理学教学及研究工作，先后培养硕士 10 名、博士7名。

1996年1月3日，晏良遂在重庆逝世。

陈永清

（1905—1996）

陈永清，原名成仲青，宁乡清四都大屯营（今大屯营乡鸣凤村）人，清光绪三十一年（1905）出生。

民国14年（1925），陈永清积极参加毛泽东在韶山组织的“雪耻会”，加入中国共产主义青年团，同年10月加入中国共产党，并担任湘潭县银田寺党支部书记，在银田寺白庙小学组织“知行合践社”，秘密开展党的交通联络工作。

民国16年（1927），毛泽东、彭公达回湖南领导秋收暴动。陈永清与朱少连等分别率领武装暴动队伍，先后攻占株洲团防局与株洲火车站。

民国17年（1928），陈永清作为湖南省党代表，出席在莫斯科召开的中国共产党第六次代表大会。同年8月，担任湖南湘东特委书记。翌年，他在汉口被捕。后经保释出狱，任上海沪东区委书记。民国22年（1933）11月，陈永清再次被捕。直至民国26年（1937）8月，国共合作后才被释放出狱。次年3月，湖南省工委派他以特派员身份到衡阳，开展党的地下工作。5月，中共衡阳县工作委员会成立，任县工委书记，8月改称中共衡阳县委书记。民国28年（1939）3月，迫于严峻形势离开衡阳，秘密从事其他革命工作。

民国29年（1940）1月，湖南省工委根据党中央指示，决定撤退不适宜在蒋管区继续进行地下工作的干部，前往延安学习和工作，陈永清11月到达延安。翌年，经中央组织部批准，调至陕甘宁边区政府，担任边区政府党组秘书和中财委秘书。

民国32年（1943）9月，陈永清到中央党校学习。民国34年（1945），担任陕甘宁边区政府贸易公司经理。民国36年（1947）1月，调任中央办公厅行政处工作。3月，任中央前委政治部供给处处长。民国37年（1948）5月，他随中央前委离开陕北到西柏坡，在新中国经济建设公司任副总经理。

1952年后任建工部党组成员、办公厅主任、计划司司长等职。1958年，他被错划为“党内极右分子”，受到开除党籍的处分，下放到湖南株洲玻璃厂劳动。党的十一届三中全会召开后，陈永清得以平反。

1979年开始，陈永清先后任中共中央办公厅信访局第一副局长、机关党委书记（副部级）、厅党委委员、顾问等职，1982年8月离休。

离休后，陈永清继续发挥余热，参加湖南省机构改革，撰写湖南党史，并参加中国延安精神研究会工作。

1996年2月6日，陈永清在北京病逝。

汤 池

(1909—1996)

汤池，原名汤代春，又名汤壬海，清宣统元年（1909）三月出生于浏阳达浒镇一贫苦农民家庭。9岁时在亲友资助下发蒙，小学毕业后在家务农。

民国13年（1924），汤池随父亲加入当地农民协会，民国15年（1926）7月，北伐军叶挺独立团途经浏阳时，汤池受乡农民协会派遣，为部队带路，运送弹药。在北伐军的影响下，回乡后报名参加农民自卫军。民国19年（1930）4月，加入中国共产主义青年团，先后担任乡团支部书记、少年先锋队大队长，负责筹款、扩军等工作。同年秋天，红三军团和红一方面军两次攻打长沙，汤池受苏维埃政府指派，带领130多名少先队员参加战斗。因作战勇敢，回浏阳后加入中国共产党。民国19年（1930）10月，汤池编入地方红军浏阳县总队任宣传员。民国20年（1931）4月，总队改编为浏阳县警卫团，汤池任军需处会计科会计。次年3月，汤池被调任湘赣边区独立一师会计科科长，9月任该师经理处副处长。当时环境恶险，物资十分缺乏，他精打细算，多方筹措，较好解决部队供应问题，被指战员誉为“红管家”。民国23年（1934）6月，汤池随部队编入红六军团第十八师五十二团，任团供给处主任。8月，参加西征。他一边行军，一边想方设法筹集粮草，为十万坪、陈家河等战斗胜利提供充足的粮草供应。民国24年（1935）1月，调任湘鄂川黔军区卫生部供给部主任。同年11月，随红二、六军团突围长征，任红六军团供给部会计科科长。部队到达贵州毕节县时，他在驻地一个军阀大院的夹墙里发现短枪、子弹和大批黄金珠宝等贵重物品，当即全部上交，为部队解决经费困难问题，受到军团的通令嘉奖。部队出草地时，他千方百计买到几万斤面粉和几千头牛羊，不但解决红六军团的生活困难，还调出一部分支援红二军团，受到总指挥部的赞扬和奖励。到达陕北后，汤池调任中央红军教导团军需科科长。

民国26年（1937）抗日战争全面爆发后，汤池任延安留守团供给处科长。民国28年任西安八路军办事处经理科科长，负责八路军交通、车辆调配、运输等工作。民国32年（1943）起任抗日军政大学总校供给部部长，为解决八路军西安办事处过往人员吃、住、车辆，延安总部药品、布匹、纸张等物资筹集作出突出成绩。在担任抗日军政大学供给部部长期间，参与组织全校数千名师生开展“自力更生”运动，开荒种地。

民国34年（1945）8月后，汤池先后担任冀热辽军区供给部部长、东北军区第二部财务处处长。民国38年（1949）任第四野战军十二兵团后勤部副部长，参加辽沈、平津、衡宝等战役。

1952年，汤池任湖南军区后勤部部长。1955年9月被授予少将军衔，获二级八一勋章、二级独立自由勋章、二级解放勋章。1965年2月，经中央军委批准离职休养，享受副兵团级待遇。1988年8月，被授予一级红星功勋荣誉章。

1996年4月，汤池因病在长沙去世。

朱仲芷

（1904—1996）

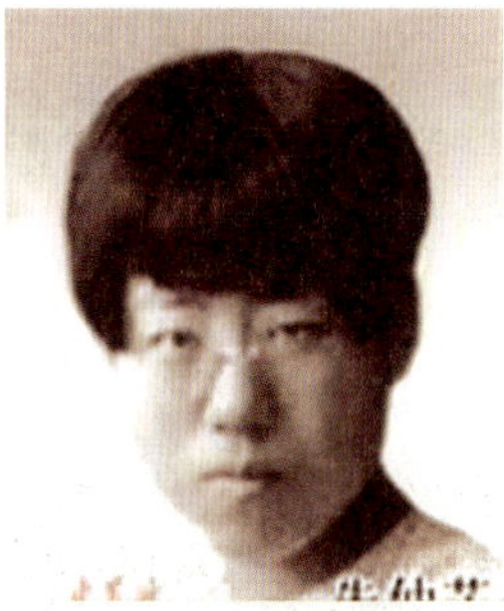

朱仲芷，女，原名朱声慧，又名朱慕慈，清光绪三十一年（1905）八月三十一日生，祖籍宁乡大屯营乡石家湾。

清宣统二年—民国11年（1910—1922），朱仲芷在父亲朱剑凡创办的周南女校上学，学习上进，成绩优异。中学毕业后考入南京金陵女子大学。她受父亲进步思想影响，青少年时期就投身民主革命运动。民国15年（1926）秋参加北伐军进驻湖南后的革命群众运动。是年11月入加共青团，在湖南省党校指导科负责训练妇女干部工作。民国16年（1927），加入中国共产党，担任长沙青年团宣传部训练委员、湖南省党校女生队指导员和汉江市特别党部妇女部秘书，开展革命活动。同年与肖劲光在武汉相识并结婚，11月被派往莫斯科东方大学和中国共产主义劳动大学学习。民国19年（1930）秋与肖劲光一道回国，在上海任党内翻译。民国26年（1937）9月在延安参加革命，任陕北公学秘书长、外语学院英语系主任。在此期间被评为模范工作者，荣获毛泽东、朱德合影奖章。民国27年（1938）5月5日，马列学院成立，设立编译部，朱仲芷在编辑部负责马列著作的翻译工作。民国29年（1940）朱仲芷与肖劲光离婚，改嫁时任晋察冀边区参议会副议长的邢肇棠。民国31年（1942）抗日战争期间，朱仲芷积极参加边区大生产运动，带动妇女干部投身生产活动，手把手教大家织毛衣。

中华人民共和国成立后，朱仲芷历任宁夏省政府办公厅副主任，河南省人民委员会办公厅副主任、交际处处长，全国科协国际活动办公室副主任、国际联络部副部长等职。“文化大革命”中被错打成“叛徒”“反革命”，下放劳动改造。1972年平反，恢复名誉。1980年6月，增补为第五届全国政协委员。1983年离休，享受副部长级待遇。

1996年7月18日，朱仲芷病逝于北京。

朱伯权

（1947—1996）

朱伯权，宁乡县喻家坳乡涌泉山村人，民国36年（1947）11月9日出生。

朱伯权出生于一个贫农家庭，初中毕业后回乡务农。1965年加入中国共青团，曾任民兵排长、团支部委员。1972年11月招收进入煤炭坝煤矿工作。1972—1994年，在原湘煤32队（现湘煤35队一分队）采煤。自1985年以来，每年向井口接待室汇报安全生产工作情况330次以上，抓三违30次以上，义务处理瞎炮、安全进出口、缺筒缺柱等隐患50次以上，提出整改措施80条以上，共处理违章人员罚款112元。1988年起年年被评为矿劳动模范。1989年12月被中国煤矿统配公司授予“全国煤矿优秀群安员”称号。在1991—1993年的3年中朱伯权攻克难关80多起，与小煤窑非法行为做斗争12次；多次走访慰问职工家庭，拿自己的积蓄解决职工困难、调解矛盾、参加捐款等。1992年被评为采煤技师。1993年7月16日，在一次采掘中，与小煤窑不期而遇，大量的废风从煤窑流出来，他和其他3个职工正准备去观察一下情况，谁知小煤窑人员正好引爆雷管，他们被煤矸埋住，自救生还后，他不顾浑身伤痛，奔赴小煤窑的巷道，劝阻和制止小煤窑人员的非法行为，将小煤窑炸烂的地方支护好，并切断小煤窑的贯通口才出井，出井后才知道自己在井下足足干了14个小时。9月23日，他出完晚班，刚走到井底车场，听到负24二石门工作面与小煤窑贯穿的险情，便立即动员跟他出班的几个职工，一同奔赴现场，直到险情消除，保证正常生产，他才拖着疲劳的身子出班。同年，他创造了全矿“五个第一”（出勤第一、工效第一、收入第一、质量第一、安全第一）。

1994年，朱伯权调湘煤36队一分队工作，矿井1402回采工作面遇断层，与水平工作面形成8米落差，在断层处，两米多高的棚高被压得只有一米高，且有一股很大的淋水，朱伯权主动请战到最危险的地段架棚，连续奋战10天；12月，朱伯权被授予“全国煤炭工业劳动模范”称号。1995年4月，被授予“全国劳动模范”称号、“湖南省煤炭工业劳动模范”称号。1996年6月24日成为中共预备党员。

朱伯权在采煤一线连续奋战24年。24年中，有18个春节是在井下度过。他担任小工不到一个月，一直担任采煤大工。他年平均出勤345天，几十年如一日，班班严守操作规程，从未出过大小事故，从未请过一天工伤假，所在的分队没出过重伤以上事故。

1996年9月9日凌晨，朱伯权因突发性心肌梗死，牺牲在工作岗位上。1996年9月14日，中国共产党湖南省煤炭坝煤矿委员会追认朱伯权为中共正式党员。

熊 晃

(1913—1996)

熊晃，民国2年（1913）11月出生于浏阳县北盛乡（现浏阳市北盛镇）。由于家庭经济困难，9岁才入学。在校期间，正值浏阳早期共产党员潘心源、田波扬等回乡传播革命思想，他深受影响。小学毕业后，因筹措不到学膳费，辍学务农。在随父亲去县城做勤杂工期间，积极参加城区工人运动。后在家乡加入农民协会，担任村儿童团团长。他带领儿童团员参加打土豪、清财产、斗贪官的活动，多次受到乡农协的表扬。“马日事变”后，他以学缝纫作掩护，在县城从事革命活动。民国18年（1929）底，加入王震、张正坤、苏劳等组建的浏阳游击队北乡第一支队（简称浏北一支队），担任文书，随队参加攻打蕉溪、淳口、砰山和玉皇殿等战斗。民国19年（1930）加入中国共产党。

土地革命战争时期，民国21年（1932）6月，熊晃随浏北一支队部分人枪编入湘鄂赣红军独立第一师，历任连副指导员、指导员等职。独立一师归建红六军团后，任红十八师第五十二团政治处俱乐部主任。在此期间，先后参加攻打永安市（今永安镇）、株木桥战斗和湘鄂赣苏区、中央根据地历次反“围剿”作战。民国23年（1934）8月，随红六军团西征，参加湘西十万坪、陈家河、桃子溪、忠堡、板栗园等多次重大战斗。民国24年（1935）11月随部长征。

民国26年（1937）熊晃任八路军一二〇师第三五九旅七一七团政治处宣教股股长，民国28年（1939）入延安马列学院学习。后任第七一八团政治处主任、副政治委员、代理政治委员等职。民国32年（1943）10月，调任三五九旅特务团副政治委员。次年11月后，任八路军南下支队第四支队政治委员、湘东军分区司令员、鄂北军分区副政治委员兼政治部主任。民国35年（1946）3月，任中原军区第一军分区副政治委员，参加陕甘宁边区建设、保卫冀中根据地和北岳区反“扫荡”作战行动。参与组织、指挥南泥湾大生产运动和挺进湘南粤北等重要战略行动。他常利用战前动员和战后休整的机会，深入连队和前沿阵地，做思想政治工作，对鼓舞和激发部队斗志，增强部队战斗力，保证任务的完成和战斗的胜利起重要作用。

民国 35 年（1946）7 月，任华东军区新编第十一师教导旅副政治委员。同年 12 月，调任西北野战军第二纵队独立第六旅副政治委员。民国 38 年（1949）6 月，调任第一野战军第一兵团第二军第六师副政治委员，参与指挥保卫延安、解放大西北等多次重要战役。

中华人民共和国成立后，熊晃历任第一野战军第一兵团第二军第六师政治委员兼新疆军区焉耆军分区政治委员，中共焉耆地委书记，新疆军区政治部副主任、主任，新疆军区副政治委员等职。1955 年 9 月被授予少将军衔，荣获二级八一勋章、二级独立自由勋章、二级解放勋章。熊晃关心和支持家乡浏阳经济社会建设，多次回浏阳，并为浏阳党史工作提供大量丰富翔实的资料。1986 年 1 月，熊晃回忆录《浏阳河情思（回忆浏阳革命烈士）》由新疆人民出版社出版。1987 年 6 月，当选为第六届全国政协常务委员。随后，任乌鲁木齐军区顾问、中共新疆维吾尔自治区顾问委员会副主任。1988 年 7 月被中央军委授予中国人民解放军一级红星功勋荣誉章。

1996 年 10 月 13 日，熊晃在新疆病逝。

2013 年 11 月，由熊晃生前遗作汇编成集的《浏阳河与天山》在解放军出版社出版。

梁百先

（1911—1996）

梁百先，祖籍山西灵石县，宣统三年（1911）十月十一日生于长沙市北门。民国 17 年（1928）9 月在雅礼中学读书，受到物理学教师桂质廷博士的影响，立志献身于中国的物理科学。民国 19 年（1930）因成绩优良保送到华中大学物理系。大学 4 年他依靠雅礼奖学金和勤工俭学完成学业。

民国 23 年（1934）毕业后，受聘于母校雅礼中学任物理教师，同时兼任雅礼协会所办的湘雅医学院讲师。民国 24 年（1935）秋考入上海中央研究院物理所攻读研究生，之后参加民国 25 年（1936）上海日偏食对电离层影响的观测和研究，当年发表的《关于 1936 年 6 月 19 日上海日偏食对电离层效应的观测结果》，成为中国科学家首次用脉冲垂测仪研究电离层的成果。同年南京国民政府招考英国庚子赔款中国赴英留学生，他以湘籍考生参试，获总成绩第二名，当年即赴英国帝国理工学院物理系研究生部学习，民国 27 年（1938）获伦敦大学理学硕士学位，随后留在英国帝国理工学院做研究工作。次年武汉沦陷，耳闻国土沦丧，他毅然放弃在英国较好的研究条件和薪俸，于民国 28 年（1939）9 月辗转数国从越南回到昆明。受聘于国立武汉大学物理系任教授，先后从事普通物理学和电磁学的教学工作。民国 34 年（1945），桂质廷与梁百先两教授征得美国华盛顿卡内基学院的支持和美国海军的帮助，设立游离层观测站。武汉大学的这项观测研究，成为中国科学家早期参与国际科研合作的一个成功典范。梁百先分析民国 35 年（1946）两分时全球 foF2 的分布与地磁纬度的关系，发现 foF2 的分布与地磁赤道很好地对称，并在赤道南北有双峰值，而午夜 foF2 分布只有赤道上空一个峰值，他把研究结果撰写论文《F2 层电离程度与地磁纬度的关系》，投寄著名学术期刊《自然》(《Nature》),于民国 36 年(1947)11 月发表。这一自然现象由英国科学家阿普尔顿(Appleton)与梁百先各自独立地发现,先后都发表于《自然》,也称作阿普尔顿-梁(Appleton-Liang)异常。这是在电离层研究领域中国科学家作出的第一个受到国际学术界认可的重大发现。

1949 年中华人民共和国成立后,他曾和苏联专家一起合作开展电波传播的研究。1956 年在中国科学院地球物理研究所的支持下,建立武汉地球物理观象台,担任首任台长,主持电离层探测、研究工作。1958 后他在普通物理教研室教授电学、电磁学、无线电基础、电动力学等基础课程,编写普通高等院校理科普通物理《电学》和《电磁学》。1978 年武汉大学空间物理系正式成立。他亲自筹划创建、领导空间物理研究室,组织中青年教师开展适合中国条件的日地物理探测和理论研究。1980 年 3 月作为教育部第二批赴美考察团成员,他考察多所美国著名学府和研究实验室,并与他们开展学术交流和科研合作。1980 年梁百先作为国务院第一批授予的博士生导师,开始招收博士生。他治学严谨、一丝不苟、诲人不倦,从思想上、学术上、生活上多方面关心关怀青年师生的成长。1988 年,梁百先、龙咸灵等主持的"中低纬电离层及电离层电波传播的研究"获得国家自然科学三等奖和国家教委科技进步一等奖。

梁百先曾任中国民主建国会湖北省委常委、顾问。1985 年 5 月,加入中国共产党。他曾兼任中国科学院地球物理研究所研究员、武汉地球物理观象台台长、中国地球物理学会理事、中国电子学会电波传播专业委员会理事、湖北省暨武汉市物理学会副理事长、名誉理事,武汉市科协常委、《武汉大学学报(自然科学版)》编委、《地球物理学报》副主编、《电波科学学报》名誉主编等职。1992 年获国务院政府特殊津贴。

1996 年 11 月 17 日,梁百先于武昌病逝。

刘明夫

(1915—1996)

刘明夫,宁乡县枫木桥乡牛角村人,民国 4 年(1915)11 月 12 日出生。

民国 19 年(1930)在上海附中读书。民国 25 年(1936),他考入复旦大学土木系后,不久改学政治。翌年,刘明夫通过八路军驻湘通讯处徐特立与王凌波介绍,与谢觉哉之子谢放、王凌波之子王燮权及刘赞平等人一道,先后去延安。达到延安后,在抗日军政大学和马列学院学习,并兼任抗大、陕北公学、中国女子大学政治经济学教员。民国 27 年(1938)4 月,加入中国共产党。

民国 30 年(1941),被评为中央研究院研究员,专门研究中国经济。参与编著的《抗战中的中国经济》由解放社出版,抗敌书店发行。后从事革命进步书籍编辑工作。

民国 36 年(1947),刘明夫担任李富春的秘书,后任齐齐哈尔三区代理区长,民国 37 年(1948)11 月,刘明夫任哈尔滨市商业局局长,1949 年 12 月 2 日,任哈尔滨市副市长。1952 年,刘明夫调往中央人民政府计划委员会工作,先后任国家计划委员会局长、计划委员会委员。1956 年任国家计划委员会副主任。"文化大革命"中,刘明夫受到排挤和打击。

1978 年,刘明夫复出担任中国社会科学院财贸经济研究所所长,专门从事中国经济研究工作。1979 年年初,中央成立财经委员会,派出七个小组到全国各地调研,刘明夫带领其中一组进入四川。刘明夫在向四川省委汇报调查情况时,提出"城市是经济发展中心"的概念。他主张对现行城市体制进行改革,让城市突破行政区划，充分发挥城市在经济发展中的独特作用，由城市发展带动区域经济发展。刘明夫的观点被中央高层重视并采纳，在全国产生积极影响。“中心城市”这个概念，也随后出现在中国“六五”计划中。

1979 年，刘明夫所写的《社会主义经济的经济形式问题》一文，比较集中地论证社会主义经济是商品经济的观点。1981 年 11 月 30 日，国务院学位委员公布中国首批博士和硕士学位授予单位及导师名单，刘明夫因其在探索社会主义市场经济理论中做出的重要贡献，成为中国首批 24 位经济学博士生导师之一。

1985 年，刘明夫的经济理论著作《经济体制改革若干问题的探讨》，由中国社会科学出版社出版。该书集中反映刘明夫自中共十一届三中全会后从事经济研究工作取得的一系列成果，产生广泛而深远的影响。由此，刘明夫成为中国社会主义市场经济理论的探索者之一。1991 年 3 月，他在北京召集陈永清等在京宁乡籍人士，倡议修复云山学校，个人捐资 5000 元。

1995 年，刘明夫离职休养。1996 年 12 月 4 日，在北京病逝。

张怀安

（1917—1996）

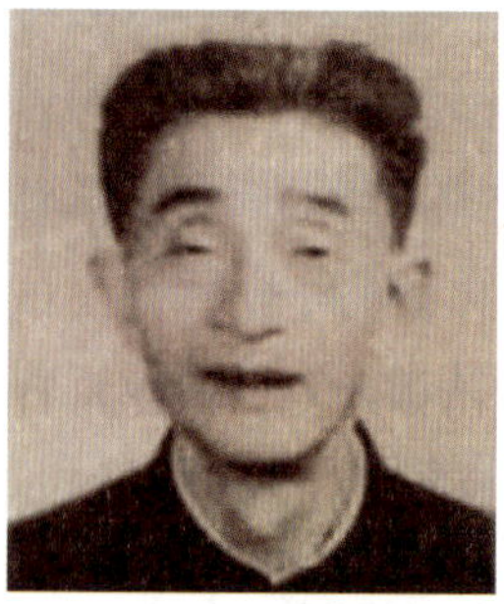

张怀安，民国 6 年（1917）10 月 6 日（农历八月二十一日）出生于长沙县河西镇高冲（今望城区乌山街道高冲村）。民国 18 年（1929）毕业于长沙县第七高级小学，目睹家乡疫病流行，他立志学医济世，拜宁乡名医文日新为师，习内科、眼科 4 年，潜心攻读医书经典，熟读眼科专著。民国 22 年（1933），业成归家，与从医的胞兄对贫苦患者常免费治疗，深受乡邻赞扬。1951 年获卫生部颁发的中医师证书。

1960 年 8 月，张怀安到长沙县白马公社卫生院工作，主诊内科，兼攻眼科，坚持“崇古法应有创新，采众方切忌庞杂”，精心研制多种眼科用药，疗效显著，前来求医者与日俱增。1974 年后，转为专治眼病患者。因医治有方，名声日噪，求诊的有来自全国各地的眼科患者，年诊治病人在 1 万人次以上。

1979 年春，全国选调乡村名医充实国家大医院，张怀安被选调至湖南中医学院第一附属医院。其时，他已年过六旬，十分珍惜这次机会，更加刻苦钻研，主攻多项课题，临床疗效显著。1981 年，晋升为眼科主治医师，1986 年，晋升为眼科副主任医师，全国中医眼科学会聘其为名誉委员。1987 年 4 月，治疗日本静冈县沼泽市牟田口裕之患视网膜色素变性案例，获成功，被国内外新闻媒体称为“奇迹之光”。日本、新加坡、印度尼西亚、韩国、美国等国家和中国香港地区的眼病患者慕名前来就诊或来函来电咨询。

进入晚年，张怀安抓紧时间总结临床经验，1980—1988 年，在国家和省市级医学杂志发表学术论文 20 多篇。科研课题《微型机专家咨询系统——中医诊疗》和《明眼丸治疗视网膜色素变性的临床观察》，获湖南省科技进步奖。他以“常将人病如己病，救得他生似我生”作为座右铭，不分城乡老幼，急其所疾，情同至亲。1988 年 3 月，湖南省卫生厅授予他“全省卫生文明建设先进工作者”称号。同年 12 月，卫生部授予他“全国卫生文明建设先进工作者”称号。1989 年 4 月被评为湖南省劳动模范。1991 年 8

月，被人事部、卫生部、国家中医药管理局确定为继承老中医药专家学术经验指导老师。他言传身教，毫无保留地将自己的经验传授给年轻医师，培养多名眼科专家。1993 年 10 月，张怀安成为首批享受国务院特殊津贴专家之一。

1996 年 12 月 22 日，在长沙病逝。

张 凯

(1913—1996)

张凯，原名张运涵，字海涵，民国 2 年（1913）10 月 20 日出生于浏阳县高坪乡（现浏阳市高坪镇）一贫苦农民家庭。民国 17 年（1928）7 月，加入高坪游击队。为便于活动，改名“张凯”。次年 3 月，入红五军二纵队七大队六中队当勤务兵。6 月，加入中国共产主义青年团。民国 19 年（1930）10 月，转为中国共产党党员。先后参加过两次攻打长沙，中央苏区五次反“围剿”等多次战斗。民国 21 年（1932）冬，张凯被送往江西红军学校高级干部队学习。结业后，相继担任红五军第一师政治部青年股股长，组织科副科长、科长，红五师十五团政治委员等职。民国 23 年（1934）3 月，被调任红五军第三十四师政治部主任。不久，在福建源口地区与敌作战身负重伤，被送到红军总医院医治。10 月，中央主力红军开始长征，张凯被任命为总医院政治部主任。11 月，改任中央军区卫生部政治部主任，主要负责安置中央苏区各红军医院的 6000 余位重伤病员。民国 24 年（1935）2 月，中央苏区部队突围前夕，被调任江西独立第三团政治委员，参与指挥湘赣边界和井冈山地区的反击战。

民国 26 年（1937）后，张凯历任新四军政治部宣传部干事、军政治部组织部组织科副科长、科长，江北指挥部政治部组织科科长。民国 30 年（1941）1 月皖南事变后，任第二师政治部组织部部长，新四军政治部组织部副部长、部长兼直属政治部主任等职。

民国 34 年（1945）后，张凯历任新四军兼山东军区政治部组织部部长，山东野战军、华中军区、华东军区政治部副主任，苏北军区兼苏北兵团政治部主任并兼两淮（淮阴、淮安）军管会主任，第三野战军特种兵纵队政治委员，华东军区兼第 3 野战军政治部副主任等职。参与组织华东战场的反顽斗争和两淮保卫战以及莱芜、孟良崮、淮海、渡江等重大战役。民国 38 年（1949）5 月，在上海战役中率领特种兵纵队，解放上海。

1954 年 11 月，张凯被任命为中华人民共和国卫生部副部长兼中国阿富汗友好协会主席。1958 年，当选为中央国家机关党委委员。1962 年兼任中国阿富汗友好协会主席。1964 年 10 月，张凯受命率领卫生部机关和直属单位干部到湖南湘阴县参加“四清”（清政治、清思想、清组织、清经济）运动时，为这一带防治血吸虫病、消灭钉螺和扩大耕地等做出成绩，获得党中央和中共湖南省委的表彰。同年 11 月，张凯当选为第三届全国人民代表大会代表。

“文化大革命”中，他被下放到江西永修县卫生部“五七”干校。1978 年 3 月，党中央、国务院为张凯落实政策，调任民政部副部长、部党组成员，并兼任民政部政治部主任。1980 年 10 月兼任民政部机关党委书记。1978 年 12 月—1980 年 10 月连任两届中央纪律检查委员会委员。1982 年 5 月，退居二线，任民政部顾问。1984 年 8 月，被批准享受正部长级待遇。

1996年12月24日，张凯在北京病逝。

谭惕吾

（1902—1997）

谭惕吾，女，原名谭湘凤，曾用名慕愚、健常。清光绪二十八年（1902）十月九日出生于湖南长沙。民国6年（1917），考入湖南省立第一女子师范学校（现长沙市稻田中学）。

民国8年（1919）“五四运动”暴发后，谭惕吾被推举为学生代表与湖南第一师范学校的学生代表洽谈，5月28日共同组织成立湖南学生联合会（以下简称省学联）。为响应新民学会领导的学生运动，她号召、组织全校师生上街游行、罢课、焚烧日货。12月，参与“驱张（张敬尧）”运动，是省学联“驻省驱张团”的干将，为激起长沙民众爱国热情四处奔走演讲，力劝民众不要乘坐日本商船，使其常空船而返。

民国11年（1922），考入北京大学法学院。“五卅惨案”后，多次组织反帝游行示威活动，并不顾自身安危奋力营救进步人士。民国15年（1926）4月，因人身安全受到威胁，被迫终止学业逃到上海。民国16年（1927）回到长沙，在中华民国大学院任科员，兼任南京女师历史教员。后因带领学生游行在南京被捕入狱，保释流亡日本8个月后回国。

民国19年（1930）6月至民国34年（1945）3月，在中华民国内政部统计司历任科员、代理科长、编审、视察。其间，谭惕吾联合社会各界妇女，成立中国妇女联谊会总会、中国战时儿童保育总会、中国妇女爱国护士队等团体组织并任负责人。在邓颖超的领导下，推动各界妇女参与抗日民族统一战线工作。当被国民党威胁逼迫时，发出“宁肯不做公务员，不能不做中国人”的声音。

民国30年（1941），参与建立中国民族大众同盟，配合南方局贯彻抗日民族统一战线政策。民国34年（1945）初，任“三民主义同志联合会”中央组织委员。3月，因起草《对时局的宣言》受到国民党威胁。为保障人身安全，8月，撤出内政部，任国民政府立法委员。任职期间，多次为“反内战”发声；接济、营救被迫害的进步人士；对国民党的倒行逆施提出质询；将秘密情报转交中共地下党。

1949年10月，出席全国政协第一届全体会议；参加开国大典。1949年12月16日—1982年9月27日，历任政务院参事、中国国民党革命委员会（以下简称民革）中央委员会常务委员、国务院参事。

谭惕吾是全国人大第一、五届代表，全国妇联第五届副主席，全国政协第五至八届委员、常委，民革第六届中央委员会中央监察委员会副主席、主席。提出的《关于加强对台工作的统一领导及合作配合的建议》，于1989年被评为全国政协优秀提案。

1995年，93岁的谭惕吾发表文章怒斥“台独”分裂分子。1997年2月10日，她处在弥留之际仍不忘祖国统一大业，断续说出“港澳回归，疏而不漏；祖国统一，大势所趋”。凌晨，谭惕吾在北京逝世。

吴 彪

(1910—1997)

吴彪，原名德彪，长沙县尊阳都承祖乡山笔村（今属金井镇石井村）人，清宣统二年（1910）十月六日生。

6岁入私塾就读，学习勤奋，尊重师长。民国15年（1926），加入农会。民国19年（1930），参加赤卫队。民国22年（1933）参加工农红军，同年加入中国共产党。土地革命战争时期，任红五军团十三师三十八团政治处宣传队中队长，红四方面军三十八军八十九师政治部宣传队队长等职。后参加中央苏区第四、第五次反“围剿”斗争和长征。民国27年（1938）入延安抗大学习，先后任中国人民抗日军政大学第一大队三支队宣传干事，第二分校上干科政治协理员、大队政治教导员。结业后赴抗日前线，任八路军一一五师三四三旅六八五团参谋长，参加平型关大战等多次战斗。民国32年（1943）到延安中央党校学习。民国34年（1945）随10万大军进军东北。解放战争时期，历任冀热辽军区干部学校政治部副主任兼教育科科长，乌丹军分区政治部主任，晋察冀军区冀中纵队一旅政治部副主任，热河军区独立十三旅政治部主任，冀热辽军区第二十二军分区政治部主任。民国37年（1948），任东北野战军第十一纵队三十三师政治部主任。1949年，任第四野战军四十八军一四四师政治部主任、副政委兼政治部主任，参加保卫承德、锦西阻击战及平津、湘赣等战役。1950年，任驻波兰人民共和国大使馆武官（首任）。离任回国后，吴彪任中央军委情报部办公室主任、中国人民解放军总参谋部第二部副部长。1955年，被授予大校军衔，获授三级八一勋章、二级独立自由勋章、二级解放勋章。1964年，晋升为少将。1978年，吴彪当选为第五届全国政协委员。1988年7月，获授一级红星功勋荣誉章。

1997年3月12日，吴彪病逝于北京。

童恩正

(1935—1997)

童恩正，宁乡县夏铎铺企石冈人，民国24年（1935）8月27日出生于江西庐山。民国30年（1941）在宁乡私塾启蒙，民国32年（1943）进入长沙成智小学读书。民国36年（1947）考入雅礼中学，1950年转学到长沙一中。1952年因患肺结核休学一年，他利用在家养病期间开始自修中国文学。1954年高中毕业，随父母迁往广州继续养病。其间又自修俄语和古代汉语，并阅读古今中外文学作品。1956年因父亲调往成都电讯工程学院任教，童恩正跟随前往成都，同年秋考入四川大学历史系首届考古专门化班。

1957年，童恩正发表第一篇小说《我的第一个老师》。1959年，参加四川巫山大溪新石器时代遗址发掘。同年，写作第一篇科幻小说《五万年以前的客人》。1960年出版《古峡迷雾》，他走上专业文学工作者的道路。1961年，童恩正大学毕业后，在峨眉电影厂担任编剧。1962年，调入四川大学担任冯汉骥教授的科研助手，讲授《西南考古学》和《古文字学》课程，开始同时徜徉于文学与史学两个领域。

在“文化大革命”中，童恩正因写作《古峡迷雾》受到批判。1978 年，搁笔十余年的童恩正又开始科幻创作，修改《古峡迷雾》和《珊瑚岛上的死光》，后者当年获得全国第一届优秀短篇小说奖，被评议为中国科幻小说重文学流派的代表作，并且拍摄成中国第一部科幻电影。同年，童恩正任四川大学历史系讲师、四川省科普协会副会长、中国作协会员。1979 年，任四川大学历史系副教授、硕士生导师、四川省政协常委、中国科普协会常务理事、四川电影协会常务理事。1980 年，在美国洛杉矶加州大学人类学研究所做访问学者。所著《雪山魔笛》获第二届全国青少年文学奖。1981 年，在美国哈佛大学人类学系做访问学者，《古泪今痕》获四川省文学一等奖。1984 年，任四川大学博物馆馆长，中国古代铜鼓研究学会理事长，四川大学历史系教授、博士生导师。1985 年，指导四川甘孜藏族自治州石器时代遗址调查。1987 年，任中国西南民族研究学会副理事长。1989 年当选中国考古学会理事。

1989 年赴美，先后在加州大学、宾州大学、密兹安州立大学、华盛顿州立大学讲课。1990 年，童恩正被德国考古研究所聘为通讯院士，出版《中国西南民族考古论文集》。1991 年，童恩正赴美讲学，后移居美国，发表《苹果园随想》《中国考古学的三十年(1949—1979)》《文化人类学与中国的社会改革》等作品。

1997 年 4 月 20 日，童恩正因患急性肝炎在美国康涅狄克州逝世。

佘君由

（1935—1997）

佘君由，民国 24 年（1935）3 月 29 日（农历二月二十五日）生于长沙县九福乡马号村（今望城区桥驿镇 群力村）。民国 35 年（1946）入长沙市文艺中学初中部，因家境贫寒，两年后辍学回家务农。1952 年，在人民政府的劝学运动中进入思益初级中学。1956 年，毕业于长沙市第七中学，考入湖北医学院医疗系。1961 年大学毕业后，毅然选择回到家乡桥驿公社卫生院工作。

1962 年 3 月，调入望城县人民医院工作，并进入长沙市第一医院进修普外科。他刻苦钻研，很快掌握普外科各项手术，尤精于妇产科手术操作，成为医院外科的技术骨干。20 世纪 70 年代，佘君由主攻计划生育手术，他做手术时，总想到“医生一刀子与手术者一辈子”的问题，严谨、认真、细致对待每一个受术者，对手术室的安排，人员的配备和必备的药物等他都一一过问。手术后，他认真观察病人。他还经常到全县 54 个乡镇巡回医疗，把医术送到各个乡村角落。在长期摸索中，佘君由总结出一套安全、快速、稳妥的节育手术技能，缩短了手术时间，使受术者由原来 3~5 天还不能下床变为手术后仅休息 1~2 小时即可下床活动。他曾举办学习班讲授理论和技术知识课，操作示范传授基本手术技术，先后为全县各基层医院培养技术骨干 50 余名。东南亚一些国家的友好代表团来湖南省参观学习计划生育手术技术，佘君由受命作女性结扎技术操作演示。他行医 20 余年施行女性结扎手术多例，零纠纷、零事故。1982 年 4 月，佘君由当选政协长沙市委员会委员。7 月，省人民政府授予其省劳动模范称号。1984 年 4 月，任望城县卫生局长。5 月，当选政协望城县第一届委员会委员副主席。1986 年 3 月，国家计生委授予他全国计划生育先进个人，并出席在北京召开的计划生育“双先会”。1987—1997 年，佘君由连任政协望城县二、三、四届委员会委员、副主席。1995 年 4 月，国家计生委、卫生部授予佘君由“计划生育万例无事故先进个人”荣誉称号。

1997 年 4 月 28 日，佘君由患肺癌去世。

李淑一

（1901—1997）

李淑一，女，又名伯仪、守一，清光绪二十七年（1901）农历六月初二出生于善化县七都（今望城区白箬铺镇淑一村）书香门第之家。自幼勤奋好学，民国4年（1915）3月随父亲李肖聃去北京，入直隶省女子师范学校。民国6年（1917）返湘，入湖南省立第一女子师范学校本科。

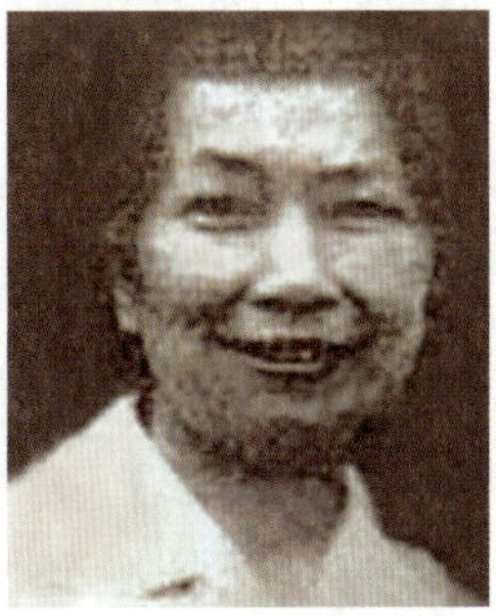

民国9年（1920）9月，入长沙私立福湘女子中学就读3年。其间与杨开慧同校读书，两人相知，感情甚笃，经杨开慧与毛泽东介绍与当时湖南农运领导人之一的柳直荀相识，于民国13年（1924）10月结为伉俪。在柳的影响和帮助下，接受革命思想，曾掩护郭亮、夏曦、李维汉等从事地下革命活动。民国16年（1927）5月“马日事变”后，柳直荀被迫离开长沙，李淑一携子女回到娘家，以教书为生。民国18年（1929）5月，柳从天津来信，被国民党当局查获，因在家搜出李淑一在背面题写“何日平胡虏，良人罢远征”的柳直荀照片而被捕。后经柳、李两家多方奔走营救出狱。民国21年（1932）9月，柳直荀牺牲后，李淑一独自抚育孩子，女儿和儿子相继毕业于蓝田国立师范学院、上海交通大学。

中华人民共和国成立后，李淑一继续在福湘女中（后改为长沙市第二女子中学、第十中学）任教，并得以和毛泽东通信。1950年4月18日，毛泽东在给李淑一的亲笔复信中，称赞她在柳直荀牺牲后“抚孤成立，艰苦备尝，极为佩慰”。1957年1月，毛泽东的《沁园春·长沙》等18首诗词发表，轰动全国，李淑一在当年春节写信给毛泽东，谈她学习这些诗词的感受，并附去她在1933年写的怀念柳直荀的《菩萨蛮·惊梦》一词；信中还请求毛泽东将过去写给杨开慧的一首词抄给她。5月11日，毛泽东回信赠《游仙》词，以寄托他对杨开慧和柳直荀的哀思。该词后公开发表，并改题为《蝶恋花·答李淑一》。1959年6月27日，毛泽东在长沙接见李淑一。同年9月，李淑一退休。1962年，被聘为湖南省文史研究馆馆员。1977年，被聘为中央文史馆馆员。曾任湖南省政协第二届委员会委员。

1997年6月13日，李淑一因病在北京去世。

曹建猷

（1917—1997）

曹建猷，善化县三都榔梨市（今长沙县榔梨街道）人，民国6年（1917）5月19日生。

上小学时，受爱国主义思想影响，多次参加抵制日货运动与游行。进入初中后，通过阅读《生活周刊》等进步杂志，爱国意识不断增强。民国25年（1936）考入上海交通大学电机工程系。民国29年（1940）毕业，拒绝待遇优厚的上海电力公司的邀请，长途跋涉到昆明，入西南联合大学任教。民国34年（1945）考取公费留学，赴美国麻省理工学院读研究生，主攻电力系统及自动化。1950年获博士学位，在美国纽约市立学院任客座讲师。1951年8月回国，任唐山工学院（1952年改名唐山铁道学

院）教授。1952 年，任唐山铁道学院电机系系主任。其间，为适应中国铁路电气化需要，创办中国铁路电气化专业，培养出数千名专门技术人才。1956 年，参与国务院组织的中国科技发展 12 年规划制定工作。1960 年，参加中国第一条电气化铁路宝鸡至凤州区段的通电试车，任领导小组副组长，提出许多创造性建议，并亲临第一线指挥，解决不少关键技术问题，使通电试车获得圆满结果，为中国实现铁路电气化作出开创性贡献。1963 年，主持开发的宝成铁路宝凤段无接点综合远动装置获国家新产品二等奖。20 世纪 60 年代，领导并主持用模拟电子计算机进行电力牵引计算的研究，之后开始应用数字计算机的研究。在理论上对交流牵引供电系统的设计计算方法进行系统研究，针对牵引网电流、电压、能耗以及设计供电系统的计算极其复杂的情况，采用概率论和随机过程作工具，结合中国实际，提出一套有自己特色的计算和设计方法，在《高等学校自然科学学报》《铁道电气化专业学术会议报告集》上先后发表《交流牵引网电计算的普遍公式》《牵引网电计算的严格公式》等论文，并编著《电气化铁道供电系统》《电力铁道供电》《牵引变电所》等，为推动中国在铁道电气化供电系统理论研究做出贡献。1978 年至 1983 年，任西南交通大学副校长，1980 年当选为中国科学院学部委员。

1997 年 9 月 19 日，曹建猷在北京逝世。

胡爱龙

（1916—1998）

胡爱龙，民国 5 年（1916）5 月 25 日（农历四月二十四日）生于长沙县干杉乡大岭村。民国 26 年（1937）南京蒙藏学校边政专修科肄业。民国 31 年（1942）8 月，长沙县北乡杨桥湖南私立思益初级中学初创，胡爱龙被聘为教务主任，后被学校董事会聘为校长。

抗日战争时期，胡爱龙坚持办学，为贫困家庭的孩子上学提供求知机会。民国 33 年（1944），日军犯境，思益中学被迫停办一年多。翌年 8 月，学校复课，共有学生 70 余人。民国 35 年（1946）下期，毕业 26 人中有 14 人分别录取普高以及农、林、医、师等中等专业学校。至此，省教育厅对学校认可，批准立案。

1949 年湖南和平解放，胡爱龙仍任思益中学校长。1951 年秋，胡爱龙组织教师走村串户，动员和劝说农家子女入校读书，一次招收 3 个班，至 1956 年秋季，学校共招收 16 个班，思益中学成为长沙地区颇具规模的中学。在湘潭专区考试中，思益中学名列前茅。1958 年 3 月，思益中学更名为桥驿中学，创办高中班。胡爱龙身为校长，仍担负数学课教学任务，还专门为高中班编写高考复习资料。1961 年上期，高中部首届学生毕业，胡爱龙担任数学教研组组长，组织学生系统复习。7 月高考中，桥驿、高仓两所中学毕业学生成绩列入甲等。1961 年下期至 1964 年上期，胡爱龙行使校长职权，抓教学质量，学校第二届至第四届高中毕业生，大部分升入高等学校深造。桥驿中学成为与长郡、雅礼等中学齐名的省内名校。1962 年胡爱龙被评为长沙市甲等先进工作者。

“文化大革命”时期，胡爱龙遭到迫害。1970 年，重新走上教学岗位，他心情激动，一次从补发的工资中拿出 400 元添置数学教具和工具书。1971 年，县文教局分配 13 名高中毕业经过短期培训的青年教师到学校，任数学教研组长的胡爱龙对分到数学组的 5 名教师关心备至，手把手地教他们如何备课上课、如何布置与批改作业。这些青年教师在他的指导下，通过教学实践，水平不断提高，成为教学骨干。

1977年，在胡爱龙建议下，开设历届高中毕业班学生文化复习班。当年高考中，霞凝区共录取121人，其中桥驿中学91人。1978年，桥驿中学改为县办，更名为望城县第二中学，胡爱龙恢复校长职务。1979年10月，省人民政府授予胡爱龙“特级教师”称号。1982年7月，胡爱龙被评为湖南省劳动模范。1983年8月，加入中国共产党。1984年1月，胡爱龙调县人大常委会从事普及义务教育工作；4月，当选为望城县第六届人民代表大会常务副主任。1987年1月，退休。1995年，胡爱龙将八十寿辰的8000元礼金捐献给望城县第二中学教育奖励基金会。

1998年1月28日，胡爱龙在长沙病逝。

程仕云

(1921—1998)

程仕云，民国10年（1921）出生于长沙县格塘土蛟湖（今望城区靖港镇杨家山村）。自幼家贫，成年后以淘粪营生。1950年，程仕云进入长沙市东区环卫所当工人。程仕云甘为万家洁净的同时，总是按照群众生活习惯来安排自己的工作。居民吃饭时间，他掏公厕，不淘私厕；过狭窄街巷，他事先打招呼；遇到居民晒有衣物，他事先替其移开，事后复原；淘粪溅漏粪水他冲洗干净后才离去；有人不慎将贵重物品失落粪坑，他下坑为其找回。凡他工作过的地段，群众都为他这种把脏累留给自己、把洁净送给别人的精神所感动，称他师傅。在单位，他深得领导和同事的好评，被推选为环卫所工会主席。1955年加入中国共产党。

1959年冬，党支部号召全所职工提前24天完成全年人粪收储计划。他积极带领工友们广寻粪源，连续苦干，提前1个月完成全年人粪收储计划。1960年，出席全国群英会，被授予“全国劳动模范”称号。程仕云还积极关心和帮助后进同事，发挥传帮带作用，先后帮带14名后进同事转变为先进生产者。20世纪70年代起，程仕云一直担任东区环卫所所长、岳麓环卫所所长，1981年在东区环卫所离休。工作期间，多次被评为省、市“先进工作者”，获得多项荣誉。

1998年2月，程仕云在长沙病逝。

徐　彪

(1915—1998)

徐彪，民国4年（1915）6月出生于浏阳县社港镇竹峰村一贫苦农民家庭。民国19年（1930）9月参加中国工农红军，次年11月加入中国共产党。先后任工农红军班长，湘鄂赣军区侦察队队长。参加第三、四、五次反“围剿”作战和三年游击战争。抗日战争时期，担任新四军一师三旅七团三营营长，参加“梅岭突围”和两进两出皖南和苏北、孝丰反顽（指国民党顽固派军队）以及高邮、宜家堡、峰枣、苏中“七战七捷”战斗。解放战争时期，任华东野战军四纵队十二师三十五团团长、二十九团团长；华东军政大学工人子弟团团长，率部参加莱芜、孟良崮、淮海、济南、渡江等战役。在长期的军旅生涯中，出生入死，英勇作战，负伤十余次，为中华民族的解放事业立下功勋。

1949年后，徐彪先后任第三高级步兵学校参训班班主任，济南铁路运输处处长、党委书记；济南军区司令部交通运输部部长、党委书记；山东省泰安军分区副司令员、司令员、顾问；山东省军区顾问（副军职）。

1955年徐彪被授予上校军衔，获三级八一勋章、三级独立自由勋章、二级解放勋章。1963年晋升为大校军衔。1988年被授予“二级红星功勋荣誉章”。

1998年6月12日，徐彪在山东省泰安市病逝。

田保洪

(1914—1998)

田保洪，民国3年（1914）8月出生于浏阳县（浏阳市）古港镇一个贫苦农民家庭，民国17年（1928）春加入少年先锋队，参加当地农运工作和反封锁、反清乡斗争。民国19年（1930）5月，田保洪参加工农红军，在红三军团第八军第四师任战士，参加红三军团和红一方面军两次攻打长沙的战斗。民国20年（1931）11月，调入瑞金红军总司令部无线电通信学校学习。民国21（1932）年毕业后分配到红三十一师无线电台任见习员、后相继调任红十一军、红十九师和红三军团司令部报务员、报务主任等职。参加中央苏区第一至第五次反“围剿”作战。民国21年（1932）5月，加入中国共产主义青年团，在团内先后担任过小组长和支部副书记等职。民国22年（1933）5月由团员转为中共正式党员。民国23年（1934）10月，田保洪随部长征，途中参加强渡金沙江、大渡河等战斗，经历爬雪山、过草地等艰难险阻的考验。民国24年（1935）调中央军委三局工作，同年12月，胜利到达陕西省保安县吴起镇，在此休整待命。民国25年（1936）1月，田保洪调红二十八军无线电队任队长，10月调回中央军委三局。11月，由中共中央派往上海，从事秘密无线电地下电台通信工作。民国27年（1938）2月，调八路军武汉办事处无线电台任报务员。不久，去八路军重庆办事处工作。民国28年（1939）7月，受命携带电台跟随中央首长由重庆办事处回到延安，进入中央党校学习。毕业后，被调回中央军委三局通信科任参谋和无线电队队长。在此期间，他经组织介绍与曾宪静结为伴侣。此后，田保洪相继担任陕甘宁边区保安司令部无线电区队长、延安物资总局无线电区队长、延安警备区司令部无线电防空台区队长。民国36年（1947）又调入中央军委三局任无线电收信集中台副台长。田保洪还先后担任过所在单位的党支部书记、党总支书记、党委书记、副书记、委员等职，做了大量的思想政治工作和组织工作。

1952年，田保洪入中央军委南京高等军事学院第二期高级速成系学习三年，毕业后调任南京军区司令部通信兵处副主任。1955年被授予上校军衔，1965年晋升为大校军衔。1966年2月调中央军委重庆通信兵工程学院任副院长，学院党委常务委员等职，为培养和建设现代化通信队伍做出贡献。1982年，田保洪因体弱多病，经中央军委批准离职休养，享受正军职待遇。

1998年6月19日，田保洪在石家庄逝世。

齐　新

(1907—1998)

齐新，女，光绪三十三年（1907 年）生，祖籍宁乡清五都杨林桥乡（今花明楼镇杨林桥村）。民国 23 年（1934）毕业于湖南大学政治经济系后，任中学教师。

民国 26 年（1937）全面侵华战争开始后，大量落难儿童流落长沙，生活异常悲惨。国共合作组织“战时中国儿童保育会”，拯救落难儿童。齐新积极投身战时儿童保育事业，接收保育会湖南分会赋予的重任，于民国 28 年（1939）7 月在长沙雨花亭创办湖南第二保育院，收容 300 余名难童。

生活甫定，战火蔓延到长沙。齐新冒着敌机轰炸的危险，带领孩子们经湘潭、过衡山，逃难到茶陵。途中克服物资匮乏、缺衣少食、孩童出现麻疹等重重困难。在茶陵相对稳定的五年中，她始终不渝地向孩子们进行爱国主义教育，教他们“痛恨日本侵略者，绝不做亡国奴”，要做“长期抗战收复国土的后备军”，同时对儿童进行文化知识、生产劳动、生活自理能力的教育，使孩子们得以或升学或就业。民国 33 年（1944）夏，日军步步紧逼，保育院不得不再迁汝城。到达汝城土桥时，孩子们无隔夜之粮，齐新不得不向汝城的某司令及其夫人（分会负责人）乞粮，夫人说：“什么时候了，你们还不解散！交地方也好，送老百姓也好，死活责任不在你们。”她坚决不同意，说：“孩子一散，死路一条。要死我们死在一起！”齐新的这种恳求，令二人十分感动，粮食问题终于得到解决。这时湖南第一保育院的同学也逃难到汝城。途中，该院院长潜逃，湖南保育会便令齐新兼任一院院长。在这种极端困难中，当地土匪劫走二院的几个孩子，齐新不顾个人安危，深入虎穴，终于把孩子全部救出来。齐新一直坚持到抗战胜利。

民国 34 年（1945）8 月，齐新带领孩子们重归长沙。翌年 3 月，湖南和平解放后，主动移交保育院给新人民政府，中国人民解放军湖南省军管会派王首道之妻易纪军任保育院军代表，更名为湖南省育幼院。中华人民共和国成立后历任湖南省人民政府机关第一、三幼儿园园长。1951 年，任湖南省保育委员会委员。1954 年当选湖南省第一届人大代表，1958 年当选湖南省第二届人大代表，她还是省第一至四届政协常委、湖南省妇联执委。齐新终身未婚，一心扑在幼儿教育的事业上，离休后，继续办社会保育员学习班。1981 年，为纪念中国共产党成立六十周年，中国邮政发行了一套专门纪念巾帼英雄的邮册，齐新榜上有名。由于齐新的杰出贡献，1983 年齐新获“全国三八红旗手”称号。

1998 年 6 月 27 日，齐新在长沙病逝。

侯德云

(1956—1998)

侯德云，1956 年农历九月十三生于望城县青峰乡（今靖港镇复胜村），1976 年 12 月入伍，同年加入共青团。1979 年，侯德云参加对越自卫反击战，作战英勇，立三等功，受嘉奖一次。1980 年，退伍回乡。

1996 年冬，村上自主修路，要求村民投工投劳，也可以钱代工（1 个工日约抵20元），他家境拮据，仍凑齐200元钱送村上，同时带头义务修路，直至路通，没缺一天勤。1998年6月，大众垸遭遇百年不遇特大洪水袭击，险情频发。6月26日，青峰撇洪渠溃口，大宗防汛器材一时调不过来，侯德云带头卸下自家门板，搬来准备建房的木材，还拆开床铺，拿出垫铺的编织袋，投入堵口复堤。7月31日，魏家湖撇洪渠突然溃口，他一听说溃垸，丢下筷子，快步奔赴现场，吆喝10来个年轻人跃入决口，带领大家紧箍手臂，用身躯抵挡洪水肆虐，减轻对打桩和填垒沙包的冲击，苦战3个小时，终于堵住决口。8月23日凌晨3点多，靖港电排站哑河口一处涌沙冒水，侯德云得知后，穿着背心和短裤跑到管涌现场，扎在涌水处和大家填压沙包。拼命战斗近6个小时。次日上午10时，险情得到控制。侯德云离开现场不到1个小时，终因劳累过度不幸牺牲。

8月26日，长沙市作出向抗洪模范侯德云学习的决定。9月3日，中共中央总书记江泽民在洞庭湖区视察时，指示全线抗洪军民向抗洪英模侯德云学习。9月17日，湖南省人民政府批准侯德云为革命烈士。9月21日，中共湖南省委追认侯德云为中共党员。

戴 坚

（1911—1999）

戴坚，字铁肩，长沙县淳化都（今属长沙县安沙镇）人，清宣统三年（1911）二月生。

年少好学，追求进步，民国13年（1924）冬加入北伐军学生军。因意志坚定、勤奋好学，进步很快，民国15年（1926）考入陆军军官学校第七期。民国18年（1929）毕业后，被分配至国民革命军第八军担任排长。民国22年（1933），以优异成绩考入陆军大学第十三期。其间，开始着手翻译德国鲁登道夫的《大战回忆录》。民国26年（1937）抗日战争爆发后，戴坚受命提前毕业，与陈明仁在江苏镇江共同组建预备师，待命参加东线作战。后因时局变化，为保卫武汉，受命移师江西九江，阻滞长沙南岸的日军向北进犯，完成阻击任务后，即赴桂西增防，在昆仑关战役中，率预备师与友军紧密配合，重创日军。

民国30年（1941），戴坚任远征军荣誉二师少将师长，率部远征缅甸，参加对日作战，率荣誉二师配合孙立人的新三十八师对日军实施反包围，成功解救被日军围困的英军官兵、美国传教士及500余名新闻记者等。日军退出东南亚战场后，戴坚率部赴越南攻击日军残敌。抗日战争胜利后，率荣誉二师在越南海防、南安担任北纬16度以北地区的对日受降任务。民国35年（1946）底，戴坚调任国防部新兵处处长。民国36年（1947），出版长篇著作《兵学研究》。翌年10月，国民党组建美国式机械化青年军部队，戴坚任机械化部队青年军二〇九师中将师长，参加内战。1949年，任中华民国政府驻联合国军事代表团代理团长，常驻华盛顿。1950年，晋升陆军中将。后定居美国，继而移居巴西。1971年1月25日，中华人民共和国进入联合国后，戴坚毅然脱离台湾军界，正式加入美国国籍。

中美建交后，戴坚热心促进两国人民之间友好关系，在华盛顿创办新中国学会，发行杂志《亚洲之声》。1984年，黄埔同学会在北京成立，任理事。1987年7月，“七七事变”50周年时，戴坚应邀回到大陆参加纪念抗战活动，在上海凭吊抗战遗址后，戴坚说：“一个民族，尤其不能忘记自己的过去。筚路蓝缕，哀鸿遍野，都须经常重头说。尤其要记住：‘把我们的血肉，筑成我们新的长城’！”并带领大家高唱国歌。他关心祖国统一，再访上海时曾说："两岸当局和全国同胞，都要以'一个中国'和'民族大义'为重，不能再争高低胜负。"20世纪80年代，著有《七七抗战诗词史话》。主要著译军事著作16，总计1500余万字。

1999年5月，戴坚在巴西逝世。

黎 鳌

(1917—1999)

黎鳌，别名升旭，浏阳县青草乡（今浏阳市枨冲镇青草村）人，民国6年（1917）5月4日出生于湖南长沙。6岁时进长沙广益小学，后到上海上初中，民国24年（1935）8月，考入国立上海医学院。民国26年（1937）7月，因战乱，转入湘雅医学院就读。民国28年（1939）9月，国立上海医学院迁到昆明，黎鳌回到国立上海医学院就读，民国30年（1941）毕业，分配到江西国立中正医学院任助教。民国38年（1949）5月南昌解放，中正医学院更名为中国人民解放军第六医科大学。后，第六医大迁至重庆，与第七军医大学合并为第三军医大学，黎鳌被聘为该大学附属西南医院普通外科副教授，主持普通外科工作。1955年，该医院成为南京军区总医院，1958年，黎鳌负责筹建烧伤医学科，创造性地改传统"包扎治疗法"为"暴露疗法"，改"彻底清创"为"简单清创"，这一治疗新技术被国内外仿效。1959年，黎鳌在全军首届烧伤学术会上，报告第三军医大学"30例大面积烧伤病人救治情况"，得到与会专家学者的高度评价。1962年黎鳌升任外科教授。1963年5月任野战外科教研室主任兼军事医学科学院野战外科研究所烧伤研究室主任，筹建小型烧伤研究实验室。开始从休克、感染、创面早期处理、内脏并发症以及免疫学等方面对烧伤进行系统研究，总结简化隔离、简化清创、扶植机体抵抗力、早期防治败血症及内脏并发症等救治原则。1966年，黎鳌领导救治小组又以成功救治四川合江32111钻井队发生井喷被严重烧伤的数十位病人震惊世界。"文化大革命"期间，黎鳌曾被下放军马场劳动，他系统整理资料，奋力著书，1970年恢复工作，主编出版《外科手术学》（1975）。1977年，《烧伤治疗学》问世，这部著作成为中国烧伤学科的权威理论著作。1981年11月经国务院批准第三军医大学为首批有博士学位授予权的专业点，黎鳌为博士生导师。1985年，黎鳌带领科研人员着手研究吸入性损伤这个世界性难题，总共完成40余项100余个分课题研究，提出对吸入性损伤的病例形态、生理变化、发病规律的科学有效救治原则。该成果1986年获国家科技进步一等奖。1986年11月，黎鳌任第三军医大学副校长。1989年国家教委批准第三军医大学烧伤研究所为全国重点学科点。1994年黎鳌获美国国际烧伤学术奖——伊文思奖，被选为中国工程院医药与卫生学部首批院士。1996年获全军重大科技贡献奖。1997年，黎鳌带领科研人员着手国家自然科学基金的重大项目——损伤早期损害的发病机制及创面愈合机理研究课题，并取得成功。1998年被国务院授予"中国工程院资深院士"称号。

1999年8月21日，黎鳌在重庆病逝。

易钦

（1975—1999）

易钦，1975年4月10日出生，望城县杨桥乡马鞍村（今望城区桥驿镇群力村）人。自幼品学兼优，酷爱书法，擅长毛笔字、粉笔字，就读期间经常主动为班级、学校书写黑板报。从杨桥初级中学毕业后考入望城县第二中学，中学期间，担任学生会干部和学校治保员。1994年高中毕业后，以优异成绩考入长沙铁道学院投资经济专业。在大学里，他学习勤奋保持优等，助人为乐，进大学时父亲特意给他置办的一套仅有的西服，总是无私的借给同学穿。1996年12月，尚未毕业的他参加公开招考，考录为长沙市公安局交通民警。政审时听说另1名考察对象家庭困难时，他主动向考察组提出把名额让给对方。1997年3月1日，分配至长沙县交警大队三中队工作。参加工作后，他积极上进，勤奋好学，先后两次向党组织递交入党申请书，刻苦自学事故处理知识和法律法规条文，记下厚厚两本学习笔记。曾冒着酷暑在长坪公路连续处理完3起交通事故，全身汗水湿透，没顾上吃午饭，晕倒在事故现场。交警工资不高，他生活朴素，对中队组织的慰问老人和助学，他从来都是慷慨解囊。有次回家途中他用身上仅有的10元钱帮坐错车的老人买了票，自己步行20余里路回家。

1999年8月27日，一辆客车在长沙县黄花镇黄龙新村地段发生事故，车上30多名乘客受伤。在中队值班的易钦接到报警后，立即赶赴现场。他和战友一起从变形的车窗中救出29名受伤乘客。在车内乘客被救出后，有群众反映可能还有乘客被抛入水坝，易钦阻止准备下水的队长和2名实习警察，说完“我会游泳，我去！”，便跳入水中，刚入水，便向战友喊道：“有电，别下来！”在大家集中精力抢救伤员时，没有注意到被撞倒的电杆拉断了电线，电线掉入水坝的草丛中。易钦因此献出年轻的生命。

1999年12月，易钦被追授为“长沙市1999年度学雷锋最佳个人”；被团省委追授为“优秀共青团员”称号；12月7日，中华人民共和国公安部追授其“二级英模”称号。2000年，省人民政府追认易钦为革命烈士，同年被追认为中国共产党党员。

郑瑛

（1917—1999）

郑瑛，女，长沙市人，民国6年（1917）生。民国25年（1936）在长沙宪明中学读书时参加学生运动，加入中华民族解放先锋队，民国27年（1938）到延安，先后在陕北公学、中共中央党校、马列学院学习，同年加入中国共产党。民国29年（1940）到重庆，在中共中央南方局、中央西南工委、川东特委从事地下党的工作，任秘书。后调到重庆八路军办事处，在周恩来、邓颖超的领导下工作。民国33年（1944）按照中央的指示，随丈夫廖志高返回延安，在干招处任大队长，兼党支部书记。民国36年（1947）随中央支队到河北平山中央组织部工作，后调石家庄市第一区政府任秘书、副区长，民国37年（1948）到北京军管会任秘书，后任北京市十七区

区委常委、区人民政府副区长、区长。1949年中华人民共和国成立后，郑瑛历任西康省妇联主任、党组书记，四川省司法厅副厅长、厅长、党组书记，四川省人民法院党组副书记，西南科学分院党组副书记，四川省委妇委书记，省妇联主任、党组书记。从1975年起，郑瑛先后任福建省委统战部副部长，福建省政协常委、福建省第四届政协副主席。郑瑛是第三届全国人大代表，第六、第七届全国政协委员，离休后享受中组部离休干部待遇。

1999年9月30日，郑瑛在北京逝世。

唐达成

(1928—1999)

唐达成，笔名唐挚，长沙人，民国17年（1928）生。民国37年（1948）毕业于上海新闻专科学校新闻系，毕业后任新华社新闻训练班学员，1950年任北京《文艺报》编辑、总编室副主任。1956年9月加入中国共产党。

1958年因《烦琐公式可以指导创作吗?——与周扬同志商榷几个关于创造英雄人物的论点》被斥责为《文艺报》编辑部“右派”思想代表，安排到柏各庄农场劳动改造，1961年摘帽后，安排到作家协会创作研究室工作。“文化大革命”开始后，再次被打入另册，下放到太原钢铁厂当工人。1978年重返《文艺报》任编辑。1979年后，先后担任《文艺报》副主编、中国作家协会党组副书记、党组书记、书记处常务书记、中国作家协会台港澳暨海外华文文学联络委员会主任等职。他没有把自己当作文艺官员，而是深深意识自己肩负的责任，全身心投入文学组织工作，力求全面贯彻执行党的文艺方针政策。他与文学艺术界前辈一道，为文学界解放思想、实事求是推波助澜，为发展社会主义文艺事业奔走呼号。

唐达成是中国著名文学评论家，发表过许多文学评论，“文化大革命”结束恢复工作后，在繁忙政务事务之余，孜孜不倦地著述创作，著有评论集有《艺文探微录》《南窗乱弹》；散文杂文集《淡痕集》、《世象杂拾》（获全国1995—1996年鲁迅文学奖优秀杂文奖）、《书林拾叶》；传记文学《贝多芬》；主编有《中国新文艺大系·短篇小说集》《文艺鉴赏辞典》。1987年唐达成当选为中国共产党第十三次全国代表大会代表，1996年在中国作家协会第五次全国代表大会上当选为全委会委员、主席团委员。

1999年10月5日，唐达成在北京病逝。

曹国智

(1915—1999)

曹国智，女，长沙市人，民国4年（1915）11月29日（农历十月二十三日）出生。民国11—22年（1922—1933），就读于周南附小和周南女中，民国22年（1933）夏考入北平师范大学历史系，在校期间，积极投身民国24年（1935）“一二·九”爱国学生运动，当年加入中国共产党。曾任北平妇女救国会党团书记。

民国25年（1936）暑假后，在长沙、沅陵等地从事抗日救亡活动。民国26年（1937）大学毕业后，曹国智回到长沙，投入家乡的抗日救亡运动，参与组织

“前进社”，并积极撰稿，《前进》周刊成为当年长沙市第一份救亡刊物。她积极组织妇女界的救亡工作，宣传抗日，慰劳伤兵，救济难民。民国27年（1938）11月长沙“文夕大火”后，撤往广西桂林，先后任广西建设干部学校女生指导员、广西妇女工作委员会文化事业组组长、《广西妇女》杂志主编。皖南事变后，桂林形势逆转，民国30年（1941）3月，曹国智转移到香港，参加香港救国会妇女组，太平洋战争爆发后，香港形势紧张，曹国智随同大批进步文化人士撤离香港，由地下党护送，回到内地。因怀孕、生病，与组织失去联系。但她仍继续在党的周围从事进步的文化教育事业，向学生宣传革命真理。中华人民共和国成立前夕，任行素中学代理校长，在地下党南方局长沙特支领导下，她积极参与组织“新中等教育研究会”，探讨如何学习苏联的社会主义教育，并积极参加“迎解联”的工作，为长沙的和平解放做出贡献。1950年冬，调至湖南省教育厅工作，历任中教科科长、师范教育科科长、省教育科学研究所所长、省教育学会副会长兼秘书长等职。1964年当选为第三届全国人大代表。在“文化大革命”中，受到冲击。1973年，重新回到省教育厅工作。1979年12月9日，重新加入中国共产党。1983年4月，当选湖南省第五届政协副主席。1986年12月离职休养。她长期从事教育行政及教育科学研究的领导工作，经常深入全省各地学校考察，审编全省中、小学教材和教学参考资料，主编《徐特立教育思想讲座》，主持教育实验工作，提出一系列独到中肯、切实可行的见解和建议，并撰写教育论文多篇，为湖南教育事业做出贡献。

1999年10月15日，曹国智在长沙病逝。

张兴玉

（1922—1999）

张兴玉，民国11年（1922）5月出生于山西省五台县坪沟掌村。民国27年（1938）投身抗日活动，民国29年（1940）6月加入中国共产党。民国30—37年（1941—1948）先后任山西省崞县五区抗联主任、阳曲县五区区委书记。1949年南下，任湖南省湘阴县十二区区委书记、湘潭地委纪检会秘书。

1953年6月，张兴玉调望城县任县委书记。1954年2月，建立全县第一个农业生产合作社西塘社，并在全县推广开展农业合作化运动，他注意深入基层，调查研究，抓好典型，指导面上的工作。他选择较为贫困的大湖乡西塘蹲点，采取典型引路办法，培养吴吟钦等一批骨干，带动农民开展互助合作运动。张兴玉特别注重发展农村养猪事业。他以西塘农业社为试点，发展集体养猪。在取得成功经验后，于1956年3月主持召开全县生猪生产扩大会，推介西塘养猪经验。当年，全县户平养猪3.4头，生猪生产总值占农业生产总值22.40%。至1956年12月，全县建立起452个高级农业社，完成农业社会主义改造任务。

1956年年底，雷锋（雷正兴）调至县委机关工作，张兴玉关心其成长，把他留在身边工作。鼓励他向刘胡兰、董存瑞、黄继光等英雄模范学习，并把《毛泽东选集》借给他阅读，使雷锋在政治上进一步树立崇高的理想。张兴玉发现雷锋热爱学习，便特意让他参加业余中学学习班。有时，张兴玉和雷锋一起探讨人生，一次张兴玉捡起掉在地上的一枚螺丝钉，便对雷锋说，国家建设就像一台大机器，螺丝钉虽小但用处大。雷锋在日记中写下这件事，并决心像“螺丝钉一样，干一行，爱一行”。雷锋因此连年评为工作先进。张兴玉对雷锋的关心与爱护，为其成为一名伟大的共产主义战士打下坚实基础。

1957年2月，望城县被评为全国养猪丰产县。2月18日，张兴玉出席全国农业劳动模范代表大会，被推选为大会主席团成员，在大会上发言介绍经验，受到毛泽东等党和国家领导人的接见。同年4月，农业部组织南方13省有关领导干部共95人到望城参观学习养猪事业，同时拍摄纪录片《望城养猪》在全国放映。张兴玉在西塘办点其间，还培养回乡女知识青年冯健为饲养员。冯健在张兴玉教育下打破世俗观念，在养猪工作中作出显著成绩，被评为全国青年社会主义建设积极分子，并两次出席共青团全国代表大会，当选为团中央委员。

1958年1月，张兴玉担任中共望城县委第一书记。1959年2月，调离望城，担任岳阳县委书记，1960年7月，任湘潭地委副书记，1962年5月，任益阳地委副书记兼宁乡县委书记，1964年11月，任湖南省林业厅党组副书记、副厅长，1973年任省农业厅党组副书记、副厅长，1982年12月离休。

1999年12月23日，张兴玉在长沙病逝。

阎子祥

(1911—2000)

阎子祥，山西省临猗县人，宣统三年（1911）八月六日生。从小热爱学习，刻苦读书，渴望进步，接受“五四”运动的进步思想，民国16年（1927）秋考入运城师范学校，同年10月加入中国共产党，在白色恐怖下，他积极组织青年学生开展反对国民党反动派的斗争，常置生死于度外，去恢复和重建基层党的组织，先后任山西运城师范学校党支部书记，太原兵工厂党支部书记，正太铁路阳泉站（晋绥军运处）文书，太原市委书记，山西省特委成员兼运城地委特派员。

民国26年（1937）9月起，阎子祥先后任晋西南河东工委书记、延安鲁迅艺术学院党总支书记、中央马列学院学员、陕甘宁边区银行农贷处处长、晋绥十分区专员，为保证和促进陕甘宁边区的经济发展、为抗日战争的胜利做出贡献。解放战争时期，阎子祥先后任山西吕梁区党委秘书长，晋中区党委委员、组织部部长。民国38年（1949）8月，阎子祥随军南下，参加长沙市的接管工作，并担任长沙市第一任市长、市委副书记。在长沙工作的几年时间，他推着自行车深入民众调研，解决市民急切的问题。当他看到市民饮水困难，在市政经费困难的条件下，组织修建两个自来水厂。南下时，上级计划安排一位党内同志担任城建局局长，他发现起义人员中有一位城建专家，于是大胆启用这位党外人士担任局长，党内的同志任副职，使全市的城市建设和规划位居全国前列。1952年9月，阎子祥主持长沙市五一路的建成典礼，据说为修这条道路，他曾因道路修太宽而受到上级的批评。1953年，阎子祥调入国家机关工作，先后任建筑工业部中央设计院院长、建筑工业部设计总局副局长、局长、建筑工业部设计局局长、建筑工业部党委委员、建筑工程总局党组副书记、副局长。1966年起，先后任中国建筑学会第四届理事会理事长，第五届、第六届理事会副理事长，第七届、第八届理事会顾问。1979年他担任国家建工总局副局长，并兼任中国建筑学会理事长。1983年11月，离职休养。

2000年1月7日，阎子祥在北京逝世。

黄仁宇

(1918—2000)

黄仁宇，美籍华人，民国7年（1918）6月25日出生于长沙县福林镇竹山里，其父为同盟会会员。曾就读于长沙市第一中学。他从十四五岁开始向长沙的报刊投稿，当时《湖南日报》副刊连载他写的世界名人传记，每篇都有他手描的人物画像。民国25年（1936）考入天津南开大学电机工程系。

全面抗日战争爆发后，黄仁宇放弃学业，在长沙参加《抗战日报》，做编辑采访工作。后考入成都中央军校，民国29年（1940）毕业后，任陆军十四师排长及代理连长。民国32年（1943）加入驻印远征军，任新一军上尉参谋。民国33年（1944）5月在缅甸密支那负伤，授予海陆空军一等奖章。抗战结束，任第三方面及东北保安司司令部少校参谋。民国35年（1946）参加全国考试后，获保送入美国陆军参谋大学，民国36年（1947）毕业后曾任国防部参谋。1950年以中国驻日代表团少校团员的身份退伍。这一时期广泛的社会阅历，让黄仁宇开始注意到中国传统社会的问题在于统治者无法实现精准的“数目字管理”，也看到中国内陆与沿海城市之间的差距及其产生的社会效应，这对于他“大历史观”的酝酿有着至关重要的作用。

1952年，黄仁宇再度赴美求学，进入密歇根大学读书，先读新闻后转历史系，1954年毕业，取得学士学位，继续在该校研读，分别于1957年和1964年获得硕士和博士学位，后在南伊利诺伊斯大学任教。1967年起，任纽约州立大学纽普兹分校副教授、教授其间，1967年到哥伦比亚大学做访问副教授，参与《明代名人传》工作；1970年任哈佛大学东亚研究所研究员，专题研究写作《十六世纪中国明代之财政与税收》一书；1972年到剑桥大学做研究员，帮助李约瑟撰写《中国科学与文明》的明朝部分。20世纪70年代后期，用英文写作两本专著《万历十五年》和《中国大历史》。1980年，黄仁宇被纽普兹分校解聘，之后专事写作，当年，《万历十五年》在中华书局出版，立即成为学术界最畅销图书，一场“万历十五年热”席卷中国，随后其英文版在美国出版，中文繁体版、德、法、日、韩文版也相继问世。之后，黄仁宇的系列著作《赫逊河畔谈中国历史》《资本主义与二十一世纪》《从大历史角度解读蒋介石日记》等相继出版。他以“大历史观”而蜚声史界，自成一家之言，也是史学界的“异数”，提倡长时间、远距离、宽视界地检讨历史；强调抓“大环节”，通过透视社会组织结构和群众运动，来把握历史发展的大趋势和变化规律。在具体研究方法上，强调综合归纳、比较和技术分析。他“将宏观及放宽视野这一观念引导到中国历史研究里去”的“大历史”观，在史学界影响深远。

2000年1月8日，黄仁宇在美国纽约病逝。

徐梵澄

(1909—2000)

徐梵澄，原名徐琥，又名梵澄，谱名诗荃，字季海，笔名冯珧、梵可。长沙市东乡人，清宣统元年（1909）十月二十六日出生。

徐父从商，经营丝绸，家境富裕。少时，徐梵澄就学于家塾，师湘中巨子王闿运之门人，读汉魏六

朝古文；后入新式修业小学，毛泽东为地理老师；再后入长沙雅礼中学。民国 15 年（1926）入湘雅医学院。翌年入武汉国立第二中山大学历史社会学系。民国 17 年（1928）考入上海复旦大学西洋文学系。在此结识鲁迅。民国 18—21 年（1929—1932）留学德国海德堡大学哲学系攻读艺术史专业，研究美术史，练习木刻艺术，创作一幅中年鲁迅像。民国 21 年（1932）8 月，因父丧回国，在上海从事写作，经鲁迅推荐，为《申报》副刊《自由谈》撰写杂文，出版《泥沙杂拾》。民国 23 年（1934）翻译出版尼采的《苏鲁支语录》《朝霞》《快乐的知识》《尼采自传》和《歌德论自著之浮士德》（以上为德译汉）等著作。抗战期间，他先任教于中央艺专，民国 29 年（1940），任重庆中央图书馆《图书月刊》编辑，兼任中央大学教授。

民国 34 年（1945）初，徐梵澄受国民政府教育部委派，参与中印文化交流，到印度泰戈尔国际大学任教，并研究古印度哲学，译成《安慧三十唯识疏释》。1951 年，徐入南印度室利阿罗频多学院国际教育中心任华文部主任，翻译、著述、讲学 27 年。1957 年，译著《薄伽梵歌》（梵译汉）出版。他深修梵文，埋头研读百种古印度精神哲学典籍《奥义书》，并翻译这部内容庞杂、文字古奥、对佛教和近现代欧洲哲学思想都产生过重要影响的宝典。

1978 年，他回国任中国社会科学院世界宗教研究所研究员，提出“不参加政治学习、不带研究生、不接受任何采访”三项要求。1984 年，徐梵澄用汉语古文体从印度古雅语梵文译出的《奥义书》出版，全书 86.6 万字。该译著获得中国社会科学院的译著优秀奖，被评为中国学术研究中的瑰宝。他致力于向世界介绍中国哲学和宗教，出版多种英文著作，如 1966 年的《孔学古微》，1976 年的《小学菁华》，1978 年的《周子通书》，1985 年的《肇论》，1990 年的《唯识菁华》。其中《孔学古微》（华东师范大学出版社出版）在“2015 年度中国好书颁奖典礼”上，获人文社科类大奖。

徐梵澄精通梵、英、法、德、希腊、拉丁等 8 种古今语言，会通中西印三大文化，在诗歌、书画、文艺理论上造诣精深。尝试以“精神哲学”的进路重新阐释古典，形成独特的学术体系，其学术成就多方面、多领域，是著名的精神哲学家、翻译家和印度学专家。三联书店出版《徐梵澄文集》（2006 年），16 册 36 卷。

2000 年 3 月 6 日，徐梵澄在北京逝世，终身未婚，无子女。葬于八宝山革命公墓，墓碑上镌刻着“哲人其萎，仰之弥高”八个字。

陶炳生

（1923—2000）

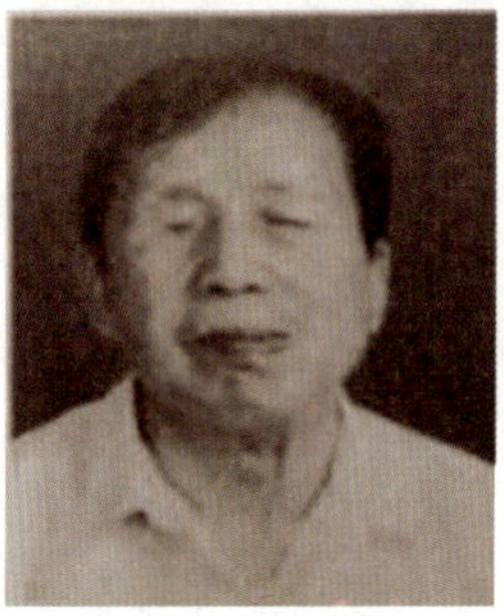

陶炳生，民国 12 年（1923）4 月 22 日（农历三月初七）出生于长沙县霞凝乡（今望城区丁字街道）大字岭。其父陶尧夫民国 15 年（1926）参加革命，曾任中共湖南省委委员，民国 16 年（1927）“马日事变”后，遭国民党当局抓捕，民国 18 年（1929）惨遭杀害。其时 4 岁的陶炳生因患麻疹而双目失明。8 岁，在姑父的资助下入长沙盲哑学校读书，至高小毕业。

中华人民共和国成立后，陶炳生作为烈士后代，受到党和政府的照顾，得以继续读书。先后创作和编写《骗婚》《洪水恨》《劝母借粮》等戏剧作品和 200

多首诗歌。其中花鼓戏《劝母借粮》，1955年在湘潭专区第一届群众戏曲会演中，获创作奖。同年，陶炳生加入中国共产党，在丁字镇储蓄所工作。1957年，任储蓄所所长，当年全所储蓄额达8000多元，被评为望城县特等储蓄先进单位，他本人被评为全县先进工作者。1958年10月，陶炳生带领13个盲人和5个健全人在丁字镇筹建盲人福利工厂。在既无厂房和设备，也无资金和技术的困难条件下，他带领大家从河里捞砂卵石，动手挖地基、运泥土，节约基建费用。在县民政部门的扶助下，福利工厂当年年底便开工生产。同年，当选为县盲聋哑协会副主席。年底，出席湖南省军属、烈属社会主义建设积极分子表彰大会，获省人民委员会颁发的奖状。1960年5月，陶炳生出席全国第一届盲聋哑代表大会，当选为全国盲聋哑协会委员。1961年，盲人福利工厂由丁字镇搬迁至望城坡。至1980年，盲人福利工厂累计上交国家税金40余万元。1980年2月，陶炳生出席湖南省第二届盲聋哑代表大会，在会上作《二十二年如一日，掏尽红心办工厂》的典型发言。同年11月，陶炳生当选为望城县第五届人大代表。1986年，工厂更名为望城东升福利厂，职工增至200多人，年总值过百万，拥有固定资产103万元。同年6月，陶炳生被评为全省盲聋哑人学习文化技术的先进个人。陶炳生还致力于盲人文化事业。与黄兴之子、中国残联副主席黄乃，共同对原盲文不带调等问题持续进行磋商与改进，为1995年出台的《汉语双拼盲文方案》作出贡献。陶炳生还特别注重对盲人中的文盲进行扫盲教育。退休后，被省民政厅聘为盲人按摩培训班政治文化教员。

2000年4月19日，陶炳生因病去世。

刘廷芳

（1900—2000）

刘廷芳，湖南衡山人。清光绪二十六年（1900）出生。少年时随父母移居福建；长沙大麓中学毕业，入长沙市小四方塘青年会第二届英语补习班学习。父早丧，因家境变化，20岁即成婚就业，就职于长沙华昌实业公司，任赴美翻译人员。

民国14年（1925）秋赴美留学，入哥伦比亚大学冶金学系，攻读有色金属专业。民国17年（1928）秋毕业后回国，任熊希龄主办的平民大学英语教师，任长沙私立大麓中学商科主任。民国18年（1929）任湖南省建设委员会委员，主管湖南模范劝工场。民国19年（1930）1月成立湖南国货陈列馆（今中山路百货大楼）筹备处，选择中山路旧贡院（前清乡试考场）地址为建馆地点，并几经筹措解决建馆资金难题，于民国23年（1934）落成开业，蒋介石偕宋美龄来湘视察时称之为“全国首屈一指的国货陈列馆”。当时刘还创办湖南省银行，后开设国货展览会、国际贸易处，提倡保护国货和实业救国。随后任国防设计委员会委员。他还在铁佛东街（今开福区铁佛东街72号）修建公馆，并在此居住。民国25年（1936）1月任设立在长沙沙河街的资源委员会锑业管理处首任处长。抗日战争期间，任国民政府资源委员会专门委员。民国31年（1942）任经济部燃料管理处长，掌握全国煤炭燃料，后燃料管理处更名煤焦管理处，他继任处长。抗日战争胜利后，改任汉口工商管理处长、桂林有色金属管理处长，并以中国首席代表身份赴日内瓦出席世界动力会议，后因病留海外就医。回国后，辞去南京政府职务，赴香港，后在阿根廷滞留。民国38年（1949）因病赴美就医，加入美国国籍，从事教育和商业。中美建交后，多次访问中国，与王震、钱昌照等多有来往，共同致力于中国统一事业。1981年创办廷兴实业公司，任董事长，专为湖南矿产和土特产输美服务。1980—1985 年先后五次回国。1986 年 2 月发表《记两广“六一事变”未曾公开的一段内幕——我说服蒋介石先生化解一场内战危机的经过》。1994 年重游湖南国货陈列馆。

2000 年 4 月 20 日在美国病逝。

周　里

(1903—2000)

周里，原名周策海，曾用名周礼。清光绪二十九年（1903）十一月二十五日出生于湖南省酃县（今炎陵县）。民国 16 年（1927），衡阳省立第三师范学校毕业。同年，考入湖南省党校学习。

马日事变后，回酃县凉桥秘密地恢复农民协会。6 月，加入中国共产党，任凉桥党支部书记，组织农民开展武装斗争。在毛泽东的领导下参加井冈山斗争。

民国 17 年（1928）1 月中旬，任中共酃县特别区委宣传委员。3 月中旬，参与领导在石洲、安土等地的农民举行武装暴动。3 月 20 日，任中共酃县县委宣传部长。民国 18 年（1929）4 月上旬，任中共酃县委书记。5 月 10 日，任中共湘赣边界特别委员会委员。民国 22 年（1933），任中共酃遂中心县委委员。民国 23 年（1934）7 月，任酃遂中心县委书记兼新九营政治委员。当湘赣根据地在敌人反复进剿下遭到严重破坏时，带领独立新九营转移到白区打游击，补充部队的物资。民国 24 年（1935），任中共湘粤赣特别委员会组织部长兼游击支队政治部主任，开辟活动范围为 10 余县的湘粤赣边游击区。12 月，代理湘粤赣特委书记兼支队司令部政治委员。

民国 25 年（1936）5 月—民国 34 年（1945），历任湘南军政委员会副主席、中共湘南特委书记、重组后的湘南特委组织部部长、湘南特委代理书记、湘南特委书记、湖南省工作委员会书记兼中共湘中地委书记、八路军第四支队政委，持续领导湘南地区开展抗日民主斗争。

民国 34 年（1945）8 月后，国民党挑起内战的危机骤起，周里继续领导三湘农村的武装斗争。同时化名唐积德、唐光前、唐裕厚等，扮成布商或游方郎中外出活动。民国 37 年（1948）7 月，程潜任长沙绥靖公署主任兼湖南省政府主席，周里直接领导统战策反小组，为争取程潜走和平道路做了大量艰苦细致的工作，特别是帮助程潜解除惩办战争罪犯和没有掌握军队实力问题的两大顾虑，坚定程潜起义的决心。民国 38 年（1949）6 月，程潜请省工委将决定起义的备忘录送交党中央。8 月 4 日，湖南宣告和平解放并成立新的中共湖南省委。

1949 年 8 月—1952 年，历任中共湖南省委常委兼组织部副部长、部长、湘南区党委书记；1952 年 9 月—1956 年 7 月，任省委常委、省委副书记；1956 年 7 月—1965 年 8 月，任湖南省委常委、省委书记处书记；1958 年 2 月，兼任湖南省副省长；1979 年 4 月—1983 年 1 月，任省委书记。他是全国人大第三、五届常委会委员，政协湖南省委第一、二、三届副主席，第四届主席，中共十三大、十四大、十五大特邀代表，中共顾问委员会顾问。

1984 年，任湖南革命老根据地经济开发促进会理事长，到 20 余个老区县视察工作，研究采取措施，扶持和促进老区发展经济，改变贫困状况。1992 年，离休。

2000 年 5 月 22 日，周里在长沙逝世。

程千帆

（1913—2000）

程千帆，字伯昊，号闲堂。长沙县新康镇土蛟湖竹山湾（今望城区靖港镇杨家山村）人，民国2年（1913）9月21日出生于长沙市清福巷。程千帆幼承家风，熟读古代典籍。民国12年（1923），因为军阀混战，举家迁居湖北武昌。民国17年（1928）秋，考入金陵大学附属中学，民国21年（1932）8月进入金陵大学中文系，民国25年（1936）毕业后，回母校金陵中学任教。翌年抗日战争全面爆发后，他避难至安徽屯溪，在安徽中学任教。此后辗转于长沙、武汉、重庆、康定等地。直到民国29年（1940）才重归教育界，是年2月—次年7月在四川乐山中央技艺专科学校任国文教师。民国30年（1941）8月至次年7月任乐山武汉大学中文系讲师。民国31年（1942）8月—次年7月任成都金陵大学中文系副教授。民国32年（1943）8月—次7月任成都四川大学中文系副教授兼金陵大学副教授。民国34年（1945）8月起在武汉大学中文系工作，历任副教授、教授、系主任等。

1954年他与沈祖棻出版《古典诗歌论丛》，尝试将文学批评建立在考据基础上，该方法是其一生学术研究的精髓。1957年被划为“右派”，被剥夺教学科研权利，在艰难处境里，他仍不懈地坚持学术思考。1975年，摘掉“右派”帽子，随即退休。

1978年8月，以65岁高龄被聘为南京大学中文系教授，在其后十多年中出版了十多部重要的学术著作，如《校雠广义》《史通笺记》《文论十笺》《程氏汉语文学通史》《两宋文学史》《唐代进士行卷与文学》《闲堂文薮》《古诗考索》《被开拓的诗世界》《史通笺记》《文论十笺》《古诗精选》《读宋诗随笔》等，在校雠学、历史学、古代文学、古代文学批评等领域取得卓著成就。其中《程千帆诗论选集》获首届国家教委人文社会科学优秀成果一等奖，《校雠广义》获中国国家图书奖。尽管有许多著作要撰写和整理，他仍把大量时间和精力用在教学上，在他的精心指导下，一批获得博士、硕士学位的年轻人成为学术界的后起之秀。南京大学中国古代文学专业成为全国重点学科之一，程千帆做出了重大贡献。他也是一位诗人，存世作品有《闲堂诗文合钞》和《新诗少作》。

程千帆曾任第一届湖北省政协委员，第五、第六届江苏省政协委员、九三学社江苏省委员会委员、国家古籍整理出版规划小组顾问、江苏省文史馆馆长、南京市文联主席、中国唐代文学学会会长、中国旅游文学研究会会长、中华大典编纂委员会副主任委员等职。

2000年6月3日，程千帆在南京病逝。

周再和

（1933—2000）

周再和，长沙县尊阳乡大元冲（今高桥镇金桥村）人，民国22年（1933）6月13日出生。

13岁在高桥邹同福药店当学徒，17岁回乡务农承担家庭生活重担。1953年12月参加工作，先后任高桥公社营业员、金井区供销社副主任；1956年加入中国共产党。1959年，任县委组织部干事；

1970—1973年，任双江公社党委书记；1973年至1994年1月，任路口区供销合作社党支部（总支）书记、理事会主任。1980年年初，在路口区供销社推行“五定一核算”（即定人员、定任务、定品种、定资金、定利润和简易核算）的内部责任考核制。1983年，根据供销社机制和销售变化的新情况，制定既能保持全社群体优势又能调动干群积极性的“区社所有，分社经营，商店核算，柜组依实考核”新核算体制和“五定”“两联”（任务与工资相联，利润与奖金相联）经营管理方案。新方案出台后，周再和大幅精简人员，撤销不合理机构，严把进货关，删减进销调存中的不合理环节，调整经营机制，立足支农，并积极组织实施。由于“五定两联四级核算网”责任制贯穿于路口区供销社工作的全过程，干部职工积极性高涨，企业在改革的浪潮中不断发展。1985年，路口区供销社销售利润64万元，比1984年增加20%；同年10月，商业部在长沙县召开经营承包责任制座谈会，肯定该社改革做法与经验。1986年，周再和被评为长沙县劳动模范、湖南省供销社系统优秀企业家。1987年，路口区供销社首次成为全省第一家年利润100万元的基层社，被评为全省先进企业、国家二级企业；商业部在拟订全国供销系统承包责任制方案时，将路口区供销社“五定两联一核算”的经验作为全国供销系统商业经营单位责任制的基本形式予以推广。1988年，路口区供销社销售额2860万元，利润100.33万元，上缴税金89万元，比1983年增长134%，职工年收入1838元，比1983年增长143%；同年，周再和被商业部授予“全国优秀商业企业家”称号，省供销社作出在全省供销社系统开展向路口供销社学习的决定。1989年，周再和被评为“湖南省特级劳动模范”，同年被国务院授予“全国劳动模范”称号，并参加庆祝中华人民共和国成立40周年的国庆观礼。在其带领下，路口区供销社与200余家工厂和乡镇企业建立直接进货关系，经营品种发展到74类，购销业务良性循环，新办工厂11个。1994年1月退休。

2000年6月，周再和病逝。

饶子健

(1909—2000)

饶子健，原名国汉，清宣统元年（1909）九月二十八日出生于浏阳三口乡华湘村（原小湘村）一贫苦农民家庭。14岁拜师学裁缝。民国14年（1925）参加本地农民协会、缝业工会和工农自卫军。民国16年（1927），加入共产主义青年团，民国18年（1929）转为中共党员。民国19年（1930）9月参加工农红军，任红四军第十师二十九团机枪连战士、班长。参加中央苏区第一、二、三次反“围剿”作战和漳州战役。民国21年（1932）5月进入瑞金红军学校学习，毕业后，任红十五军第四十五师一三五团机枪连排长和红十三师连、营长和团参谋长等职，相继参加中央苏区第四、五次反“围剿”和金溪、资溪战役。战斗中几次负伤。民国23年（1934）10月，随部长征。在突破湘江、四渡赤水等战斗中，率部掩护主力，勇敢善战，多次得到上级表彰。

抗日战争初期，饶子健任新四军第六支队三团团长。民国29年（1940）6月，黄克诚率八路军第十八集团军第二纵队主力从冀鲁豫边区南下豫皖苏边区，与新四军第六支队合编为八路军第十八集团军第四纵队，饶子键任第四纵队六旅十六团团长，不久，任六旅代理旅长。7月，第四纵队为扩大根据地，解决财经困难，派饶子健部南下怀远、风台，抵达淮河北岸。开辟淮北抗日根据地，并建立淮北办事处，形成可以随时支援新四军第四、五支队作战的有利局面。民国 30 年（1941）1 月“皖南事变”后，八路军第四纵队改编为新四军第四师，饶子健被任命为该师十二旅代理旅长，率部参加豫皖苏边区的反“扫荡”斗争。民国 31 年（1942）11 月，淮北军区成立后，饶子健任军区副司令员，不久，调华中局党校学习。民国 33 年（1944）1 月毕业后，被调任新四军第四师十一旅副旅长兼二分区副司令员。民国 34 年（1945）8 月，在大反攻中重建十二旅，饶子健任旅长。9 月 6 日，他指挥十二旅二十六团发起永安集攻坚战，俘伪第五纵队司令刘永贵及以下官兵 700 余人，打死打伤伪军 300 余人，缴获大批武器弹药。接着，他又在指挥攻打时村战斗中，歼灭伪军 1 个师，活捉师长胡泽普，为豫皖苏地区抗日战争的胜利，建立重要的功勋。

解放战争时期历任华中野战军第九纵队副司令员、淮北支队司令员兼政治委员兼中共淮北第七地委书记、淮北军区独立旅旅长兼政治委员、江淮军区副司令员、第三野战军第三十四军副军长、南京警备司令部参谋长，率部参加解放华东的多次重要战役。

中华人民共和国成立后，饶子健于 1949 年 12 月任三野第九兵团第三十军军长。1950 年 3 月，任华东海军第六舰队司令员兼政治委员。1951 年 1 月，入南京军事学院高级系学习。1952 年 7 月，任苏北军区司令员。同年 12 月，任江苏军区第一副司令员。1955 年 8 月，任第六十军军长。1955 年 9 月，被授予中将军衔，获一级八一勋章、一级独立自由勋章和一级解放勋章。1960 年 12 月，调任上海警备区司令员。1966 年 1 月，任南京军区副司令员。1978 年 2 月，当选为中国人民政治协商会议第五届全国委员会委员。1988 年，获一级红星功勋荣誉章。

2000 年 9 月，饶子健在南京病逝。

陈耀祖

（1927—2000）

陈耀祖，湖南长沙人，民国 16 年（1927）3 月 8 日出生于长沙市一个高级知识分子家庭。民国 35 年（1946）考入湖南大学化学系，一年后转入浙江大学化学系，民国 38 年（1949）毕业，参加解放军，投入杭州市军事接管工作。

中华人民共和国成立后，回浙江大学化学系任助教，从事新型磺胺药的合成研究。1952 年院系调整，调至复旦大学化学系任教。1953 年加入中国共产党，同年晋升为讲师。1955 年 9 月，积极响应国家支援大西北、加强三线建设的号召，调至兰州大学任教。在艰苦落后的条件下，与同事们因陋就简建立起恒温恒湿防震的微量分析实验室，自此投入有机结构分析和天然产物化学的研究、教学工作。

1957 年，陈耀祖被打成“右派”，遭到轮番批斗、降级降薪、逐出教师队伍。但他没有放弃科研工作，在最困难的境遇中，选定第一个课题——“有机化合物微量系统鉴定法”。他在自己宿舍埋头苦干，没有设备，就自己找酒精灯，做铜环炉，收集学生做试验剩下的试剂，偷偷做试验，三年困难时期也未中断。经过上百次试验，终于获得成功。在 1963 年召开的全国高等学校有机化学学术讨论会上，陈耀祖报告这项研究成果，引起轰动，学术界称之为“兰州大学少壮派”。与此同时他还完成《半微量有机分析》书稿，于 1965 年出版，并撰写大量科技论文。他未报姓名，将 2000 多元稿费捐给国家。

1978 年《有机微量定量分析》出版发行，同年他主持的“有机化合物微量系统鉴定法及有机官能团的定量分析研究”获全国科学大会奖。1979 年晋升为教授。1981 年成为国家首批博士生导师，出版著作《有机分析》。1987 年出版《近代有机定量分析》。1988 年“有机分析新技术”获国家教委科技进步二等奖。1991 年当选为中国科学院学部委员（1994 年改称院士），当年他主持的“有机质谱在立体化学研究中的应用”获国家自然科学奖三等奖，“天然产物质谱研究”“上矛科杀虫植物的化学成分及生物活性”分别获 1991 年、1992 年国家教委科技进步二等奖。

陈耀祖长期从事有机分析教学与研究工作，在有机质谱分析的研究上，创立反映质谱立体化学分析法，开辟质谱分析的新途径；还为研究有机分子的立体化学提供一种超微量分析手段，并分析 48 种药用和香料植物挥发性化学成分；在天然产物的结构分析方面，他运用现代波谱分析技术结合化学反应，测定 43 种青藏高原特产药用植物的化学成分，为综合利用中国西北高原地特产的药用植物资源提供科学依据；在抗癌药物自旋标记分析法和有机化合物微量系统鉴定法的研究中，他也做了大量开拓性工作。

历任兰州大学有机化学研究所有机分析研究室主任、兰州大学测试中心主任和名誉主任。1994 年任浙江大学有机化学研究所所长。1999 年 8 月任浙江大学药学院院长。他也是中国著名的化学教育家，为国家培养 37 名硕士和 13 名博士，他培养的学生已经成为高校院校或研究机构的骨干力量和学术带头人。

2000 年 11 月 24 日，陈耀祖在杭州病逝。

马积高

(1925—2001)

马积高，笔名野马，湖南省衡阳县人，民国 14 年（1925）11 月 29 日出生。民国 37 年（1948）毕业于国立师范学院国文系，获教育学士学位。毕业后，相继在衡阳市含章中学、市立第一中学、第八中学工作，历任语文、政治、历史教员及校长。

1956 年秋，离开衡阳，调长沙师范专科学校任讲师。1958 年，长沙师专合并到湖南师范学院（现湖南师范大学），任湖南师院古代文学教研室副主任，中文系副主任。期间，出版著作《关汉卿的生平和作品》，发表论文《从金圣叹谈起》。“文化大革命”期间遭批斗，后期参加省委宣传部领导的《柳宗元诗文选》评注工作和《辞源》的修订工作。

1978 年，马积高恢复中文系副主任职务，并被评为副教授。1979 年任系主任。1980 年加入中国共产党。1985 年被评为教授。在教学与行政工作之余，潜心从事科研工作，先后出版《赋史》（1987 年）、《宋明理学与文学》（1989 年）、《清代学术思想的变迁与文学》（1996 年）等著作，其中，《赋史》是中国出版的第一部系统的中国辞赋专史，受到国内外同行的广泛重视和好评，获湖南省第一届社会科学优秀成果一等奖、国家教委首届人文社会科学研究优秀成果奖中国文学类二等奖。还发表学术论文 80 余篇。

1991 年，马积高被评为全国教育系统劳动模范。1992 年开始，主持编校《历代辞赋总汇》，列入国家古籍整理“八五”重点书目。1993 年退休。1996 年被聘为湖南省文史馆馆员。1998 年被省委、省政府授予“湖南省荣誉社会科学专家”称号。他还担任过全国赋学会理事长，湖南省古代文学学会会长等社会职务。

2001 年 5 月 20 日，马积高在长沙病逝。

陈友生

（1914—2001）

陈友生，原名王贤仁，民国 3 年（1914）11 月出生于浏阳县澄潭江乡（现浏阳市澄潭江镇）。8 岁时读过几个月私塾。13 岁时父亲病故。一年后开始学木匠，后又学做鞭炮，因左脚腕被炸药烧伤改学理发，并在当地参加工人运动。民国 18 年（1929）7 月加入中国共产主义青年团。此后，他以理发作掩护做党的情报工作，改名换姓为陈友生。

民国 19 年（1930）春，陈友生参加黄公略领导的红三军，被分在八大队当勤务兵。不久，在攻打文家市战斗中，右腿和腹部负伤，被送到白沙医院治疗。伤愈后，被分配到红军总部勤务班当战士。因曾替朱德总司令刮过胡子，朱德得知他原是理发师，从此，原不想再干理发行当的陈友生，在总司令的亲切教导下，又当上红军总部的理发员。民国 23 年（1934）他由康克清（朱德夫人）、王飞介绍加入中国共产党。民国 24 年（1935）8 月，随朱德参加长征，次年 1 月到达陕北后，陈友生入红军大学学习。

民国 26 年（1937）2 月，陈友生从红军总部调到八路军第十八后监部当副官，同年 8 月，赴战场参加前线抗日。民国 30 年（1941）调石嘴骥交通站任站长。石嘴骥交通站是延安到各地的必经之路，山高林密，不仅土匪多，豺狼也多。交通站除保障过往人员的安全外，还要负责他们的食宿，任务艰巨。陈友生领导全站指战员在站里站外精心驻守，并挤出时间开荒种地。几年中，交通站安全地迎送不少中央领导人和部队官兵，还帮当地群众解决不少生产生活问题，受到广泛好评，曾被授予“爱民交通站”称号。

民国 34 年（1945），解放战争初期，陈友生被调任东北民主联军兵站部第五兵站站长，负责转送从前线下来的伤病员到佳木斯后方医院治疗。他常常冒着生命危险奔波在林海雪原，支援前方部队，为东北的解放做出贡献。

中华人民共和国成立后，陈友生随大军南下到达郑州，担任第四野战军郑州复员大队主任，负责安排数千名伤病战士回乡。这是一项十分艰巨的任务，陈友生做大量思想政治工作，并帮助他们解决一些实际问题，受到上级领导的表彰。1953 年陈友生入速成中学学习文化知识。

1955 年，陈友生被授予上校军衔，获三级八一勋章，三级独立自由勋章，三级解放勋章。1957 年，陈友生调东北齐齐哈尔五九六军械仓库任政委。1960 年任北城子办事处农场政委，参与组织领导全场官兵开荒 3.3 万余公顷。1964 年，中央军委批准陈友生离职休养，从东北回到湖南安度晚年，享受副军职待遇。他利用部分时间撰写回忆录，为开展革命传统教育提供真实生动的教材。1988 年 8 月，陈友生被授予二级红星功勋荣誉章。

2001 年 6 月 13 日，陈友生在武汉病逝。

胡恒觉

(1931—2001)

胡恒觉，湖南省长沙县沙坪乡长婆塘（今开福区青竹湖街道太阳山社区长婆塘）人。民国20年（1931）7月8日出生。1951年9月考入北京农业大学农学系，1955年7月毕业。1955年9月—1956年10月在北京俄语学院学习，期间加入中国共产党。1956年11月赴苏联乌克兰农学院研究生院学习。1960年5月毕业于乌克兰农学院研究生院，获副博士学位，完成留学回国，暂时安置在农业部等待分配。9月，到甘肃农业大学任教。

1960年9月执教于甘肃农业大学起，历任副教授、教授、博士生导师。1969年因保存一张赫鲁晓夫与中国联欢节共青团员合影的照片被开除党籍。1971年冬恢复党籍。1982年任中国耕作制度研究会副董事长。1983年任甘肃农业大学副校长兼党委副书记。1984年任中国农业科学院第二届学术委员会委员，甘肃省科技成果评奖委员会委员、专业评选组成员，中国作物学会第二届理事会副理事长。创办以旱农耕作为特色的作物栽培学与耕作学学科点，1985年获硕士学位授予权（1990年被确定为省级重点学科，1994年获博士学位授予权）。1986年被国家授予“有突出贡献中青年专家”称号。1987年任甘肃省高校教师职务评审委员会委员及农林学科评议组组长。同年任中国农学会第五届理事会副会长、甘肃省自然科学研究高级职务评审委员会副主任委员、甘肃省科技进步奖评审委员会委员、甘肃省科委专家顾问团成员。1988年5月任甘肃农业大学校长兼党委副书记、纪检委书记和教育工会主席。1989年任甘肃省农学会理事长。1990年，被评为全国高校先进科技工作者。1991年任国务院学位委员会学科评议组成员，享受国务院政府特殊津贴。同年任北京农业大学兼职博士生导师。1992年任西北农业大学兼职博士生导师。1996年，任河南农业大学名誉教授。

胡恒觉潜心于旱农耕作制度、旱农生态和集约持续农业工程研究，先后主持完成国家和省级重点科研项目17项，获省部级和厅局级科研成果奖16项。主编《甘肃土地生产力与承载力》《旱地农业生态学》《旱地农业与绿洲农业研究》《新型多熟种植研究》等专著，参编《作物栽培学》《耕作学》《旱农学》等全国教材和《中国耕作制度》《多熟种植》《中国大百科全书》《中国农业百科全书》等著作。在国内外学术会议和学术期刊上发表旱农耕作、农业生态方面的研究论文80余篇。

2001年6月18日在兰州病逝。

何德润

(1910—2001)

何德润，清宣统二年（1910）正月十五出生于善化县七都坪田冲（今望城区白箬铺镇齐天庙村）。13岁拜师学唱皮影戏。跟随师傅在湖南各地演出，技艺日进，成为戏班主角。

民国38年（1949）8月，长沙和平解放，何德润加入湖南省军区洞庭湘剧团灯影（皮影）队，演出《九件衣》《刘胡兰》《王贵与李香香》等现代革命题材的皮影戏。1952 年，参加中南区文艺会演获演出奖。同年，和几位老艺人一起改进影人造型和关节结构，扩大窗幕，创造能移动的布景；改用多个日光灯管作光源，使窗幕上不见操纵杆。1953 年在美术家翟翊帮助下，创作并演出具有浓厚民族风格的《鹤与龟》《两朋友》《背老婆》等剧目，开创湖南皮影表现童话寓言的新格局。同年，何德润随队参加中南局赴朝慰问团，在抗美援朝前线，冒着生命危险深入战壕为志愿军战士演出。回国后，何德润担任省皮影队队长。

1956 年，参加赴东欧国家访问演出，中国皮影戏第一次走出国门。1957 年，何德润出访西欧等国演出获得成功，被誉为“东方杰出的傀儡艺术家”。1960 年，何德润出席第三次全国文代会。1965 年 9 月至 11 月，参加“第三届国际木偶节”，其皮影获“最佳演出奖”。“文化大革命”前几年，皮影剧团下放，何德润被定罪名“黑线人物”。1974 年，何德润退休。1975 年后，逐步恢复皮影演出。何德润以团为家，仍然参加全国木偶皮影调演。

1979 年，他出席第四次全国文代会，当选为中国戏剧家协会理事。1980 年，中国木偶皮影艺术学会成立，何德润被选为副会长。1981 年，由曹禺、冰心等 16 位文化名家签发、中国国际名人学术委员会等组织向何德润颁发《荣誉状》。其艺术成就被录入《中国当代艺术界名人录》大型辞书。他制作的王宝钏、梁红玉等皮影人物，被莫斯科艺术博物馆和柬埔寨王国亲王西哈努克、越南社会主义共和国主席胡志明等收藏。

1983 年，何德润离休。是年，加入中国共产党，被推选为政协湖南省第五届委员会委员。何德润毕生献身于皮影艺术事业，耄耋之年仍经常深入农村，与皮影艺人共商发展皮影事业之策。

2001 年 7 月 21 日，何德润在长沙病逝。

叶济安

（1926—2001）

叶济安，又名叶金海，民国 15 年（1926）2 月 14 日出生于长沙县临湘镇晳港（今望城区铜官街道晳港社区）。毕业于长沙维新中学。民国 33 年（1944），叶济安怀着救国救民的决心，考入国民政府举办的装甲兵学校。结业后分配到远征军第五军第二师装甲兵团，编入战车营，开赴印度对日作战。入印后又转赴密支那战场，在进击八莫、南坎、腊戍等战役中，叶济安驾驶装甲车，屡屡突破敌人的防线，摧毁数十个坚固的堡垒。

1949 年，叶济安随国民党入台湾，被安置在少年辅导院工作，他眼见院内情况复杂，管理混乱，如实上书，招致院方解除他的职务。之后，从事新闻编辑工作，曾任台湾《公论报》都市版主编。因经常发表一些评论时政的文章和表达去国怀乡之感的诗词，得罪当局，被迫离开报社。1967 年 10 月，叶济安离开台湾到阿根廷首都布宜诺斯艾利斯在餐馆就业。1971 年，叶济安独自创建“琼楼餐馆”和“南京餐馆”，经营出色。叶济安在阿期间，以文会友，惟德成邻，人缘极好，他的文章和诗词也经常出现在华人创办的报刊上，在旅阿华侨中声望日高，成为公认的侨界领袖。1972 年 2 月，中国与阿根廷建交，叶济安主动帮助派赴驻阿使馆人员选购建馆场地。中阿建交后，双方交往增多，中国歌舞剧团赴阿访问演出时，叶济安率领华侨社团人士到机场迎接，并亲自陪同提供服务，使全体演职人员深受感动。1989 年 10 月 9 日，叶济安应国务院邀请回国参加 40 周年国庆观礼，后又回乡探亲，受到省市领导盛情接待。1990年，国家主席杨尚昆出访阿根廷，叶济安组织侨界知名人士热情接待。1994年10月1日，叶济安应国务院侨务办邀请，以贵宾身份参加国庆45周年观礼。1997年8月，全国人大委员长乔石访问阿根廷时，叶济安率华侨华人代表前往欢迎，并向乔石委员长赠送“行社会主义，开万世太平”的牌匾。2001年冬，叶济安著作《劫余诗草》在长沙付梓成书。

2001年9月，叶济安在上海病逝。

文 强

(1907—2001)

文强，字念观，清光绪三十三年（1907）九月十九出生于善化县七都（今望城区白箬铺镇）。民国14年（1925）11月，考取黄埔军校。翌年1月，加入中国共产党，同时由邵力子介绍加入中国国民党。随后参加北伐战争和“八一”南昌起义。历任连、营、团、旅、师级军官。民国19年（1930）5月，任中共四川省委常委兼军委代理书记。翌年7月，因叛徒出卖被捕，经多方营救出狱，后与党组织失去联系。

民国25年（1936）1月，入杭州中央警官学校，历任警校情报参谋训练班中校政训员、苏浙行动委员会上校人事科科长、抗日忠义救国军少将政治部主任、国民政府军事委员会调查统计局北方区区长、军统局东北办事处处长兼国民政府东北行辕督察处处长。民国34年（1945）10月，授中将军衔。民国37年（1948）8月，任国民政府长沙绥靖公署办公厅主任兼第一处处长。同年9月，调任徐州“剿总”前进指挥部副参谋长、代参谋长。民国38年（1949）1月，在淮海战役中，被中国人民解放军俘获。1975年3月，获人民政府特赦。此后，开始他生命新的历程，并先后担任全国政协文史资料委员会专员、文史专员学习组组长、文史军事组副组长。1982年加入中国国民党革命委员会，任中央委员会顾问、中央监察委员会委员、中央祖国和平统一促进会委员。1983年6月至1993年3月，任全国政协第六、七届委员会委员。1989年12月，增补为黄埔军校同学会理事。他热心参加各项社会活动，关心祖国统一大业，积极投入对海内外黄埔同学的联谊、联络工作；向台、港、澳和海外亲朋故旧宣传祖国改革开放和现代化建设成就，同国民党高层要员陈立夫、蒋纬国等常有书信往来，为促进祖国和平统一大业不懈努力。

文强在文史资料的撰写和研究工作中卓有建树，1984年出版14万字的回忆录《新生之路》，与沈醉一起合写《戴笠其人》，撰写《淮海战役亲身经历记》。1990年3月，《文强将军回忆录》在香港三联书店出版发行。文强酷爱诗词写作，留下诗词4000多首，1998年8月，中国文史出版社精选300多首出版《文强诗选》。

2001年10月22日，文强在北京病逝。

李默庵

(1904—2001)

李默庵，字霖生，长沙县大贤都北山村（今属长沙县北山镇）人，清光绪三十年（1904）九月九日

出生。

从小帮助父母卖柴、养猪。民国 5 年（1916），在家乡读完小学后，即停学在家。经在楚怡学校当教员的堂兄帮助，入该校就读 2 年，继入乙种工业学校就读 1 年。辍学后，在酒店当学徒 1 年。民国 9 年（1920）起，考入长沙师范就读 3 年。每年寒暑假及停学期间，在堂兄辅导下，文字功力得以提高，养成勤于动脑独立思考的好习惯。民国 12 年（1923）12 月，考入黄埔军校第一期，民国 14 年（1925）春加入中国共产党。翌年 1 月，参加东征，任第一军第六十团党代表，其间因“孙文主义学会”“青年军人联合会”之争脱离中国共产党。是年秋，先后任第一军第一师第六十五团一营一连连长，随军北上，攻入武昌，后移师东征，攻克南昌。民国 16 年（1927）春，进占上海，因战功卓著而晋升为六十五团副团长；同年夏，在龙潭战役中打败孙传芳部队，并乘胜追击尽歼其残部，受军部嘉奖；同年秋，率部攻克蚌埠，占领徐州，晋升为六十五团团长。翌年 4 月攻入济南以后，任第十一师三十一旅少将旅长。民国 19 年（1930）中原大战中，率部激战，腹部中弹，伤愈后任第十师中将师长。民国 24 年（1935 年）驻闽第二绥靖区司令官兼第十师中将师长。

民国 26 年（1937）7 月 12 日，任陆军第十四军军长，率所部第十师及第八十三师北上抗日，后参加忻口战役，与八路军紧密配合，给日军以沉重打击；同年 12 月，率第十四军转移至晋南之中条山，创建抗日游击根据地，动员军民合作，一致抗日，命令所部学习八路军严守纪律、爱护人民。翌年 3 月，任第三十三军团军团长。民国 28 年（1939）4 月，以敌后游击战才干而出任南岳游击干部训练班教育长，与该班时任副教育长叶剑英合作培训抗日游击骨干 2000 余人；其间，参加昆仑山战役，任第三十八集团军副司令。民国 29 年（1940），任浙江第三十八集团军总司令。翌年，任第三十二集团军总司令，驻防第三战区的浙江域内继续开展敌后游击战，直至日寇投降。民国 34 年（1945），当选为国民党第六届中央执行委员，奉命主持浙东地区日军受降事宜。次年 6 月，调任第三方面军司令官、徐州绥署第一绥靖区司令官，指挥所部进攻苏中解放区。民国 37 年（1948）春，任长沙绥署副主任兼第十七绥靖区司令官。同年秋，他率部从南通移师常德，住长沙，参与湖南和平解放事业，随程潜筹备长沙起义事宜。

民国 38 年（1949）夏，退出军政生涯，移居香港；同年 8 月，在香港参加原国民党高级军政要员 44 人联名的起义通电。1951 年移居阿根廷，1964 年移居美国。虽然身居国外，但深情眷恋祖国，始终关心祖国的建设与发展。1984 年年初，与宋希濂等发起成立黄埔同学会筹备会，同年 7 月回国参加黄埔同学会成立大会，被推为理事和副会长。1990 年回国定居，致力祖国统一大业。1993 年 12 月，任中国辛亥革命研究会顾问；1995 年 6 月，接任中国黄埔军校同学会会长。是全国政协第七届、第八届常委，第九届委员。

2001 年 10 月 27 日，李默庵在北京逝世。

黄克虎

（1911—2001）

黄克虎，原名康富，宁乡县偕乐桥镇人，清宣统二年（1911）十二月二十二日出生。民国 15 年（1926）随共产党员李笏森开展农民运动。翌年考入黄埔军校长沙分校，5 月加入共青团，11 月东渡日本留学，进入日本陆军士官学校工程兵科学习。民国 20 年（1931）学成回国。历任国民党部队教员、科长、工兵营长、团长、旅长、兵团代参谋长等职。系国民革命军陆军少将。其间参加李济深、唐生智等领导的反蒋军事委员会。

民国26年（1937），抗日战争爆发后，黄克虎奔赴河南陕县等地抗日前线，担任前线指挥员，屡战屡胜。民国37年（1948）初，因同情和支持“反饥饿、反迫害、反内战”的爱国学生运动，遭国民党特务迫害，被关押审查，经营救恢复自由。同年冬，弃军回湘。

翌年4月，黄克虎参加“中共中原局武汉区第七总队”地下策反组织，策动驻守在浏阳河和捞刀河的国民党白崇禧部工兵连长起义。随后，参加湖南人民自救会，协助程潜、陈明仁等倡导湖南和平解放运动，取得成功。

1949年，中华人民共和国成立后，黄克虎先后任中国人民解放军二十一兵团司令部副参谋长、中南军区工兵司令部高参、副参谋长、高级工程兵学校训练部部长。1956年，授予大校军衔。他在任训练部部长期间，给教员示范讲课，从提高教员素质入手，提高教学质量，培养出一批高素质的工程兵技术干部。

黄克虎自1956年转业后，先后任湖南省交通厅副厅长、顾问，省政协副秘书长等职，1978年3月，当选为第五届全国政协委员，1983年6月，当选为第六届全国政协委员。黄克虎是第一、二、三届湖南省政协委员，第四、五届湖南省政协常委。在交通厅工作期间，他主管交通工业和机务管理，钻研交通业务，深入基层调查研究，发展交通科技，受到领导和群众好评。在省政协工作期间，他担任湖南省黄埔同学会会长、湖南省海外联谊会副会长等社会职务，广泛联络中国港澳台地区和旅居海外的黄埔同学，为宣传和平统一政策、沟通两岸关系发挥积极作用。

黄克虎在“文化大革命”中受到冲击，却从无怨言，始终坚定对共产党的信念。1983年11月，他75岁高龄时加入中国共产党。1990年年底离休，享受副省级待遇。

2001年12月19日，黄克虎在长沙病逝。

张　藩

(1909—2002)

张藩，原名环继，曾用名张伍成。浏阳县张坊镇人，清宣统元年（1909）二月二日出生。民国18年（1929）7月，加入中国共产主义青年团，同年12月转为中共党员。民国19年（1930）9月，任浏阳县少先队总队长。不久，调任湘赣省少先队总队长、少共省委委员。民国22年（1933）底，省委组织以胡梓为团长、张藩为副团长的巡视团去鄂东南道委纠正肃反扩大化错误。在此期间，他先后担任鄂东南少共道委书记、中共道委常委、中共道委代理书记等职。民国24年（1935），任湘鄂赣省“反帝大同盟”主任。民国25年（1936）7月后，张藩曾任湘鄂赣军区第一参谋、红十六师政治部主任。红军主力长征后，在湘鄂赣边坚持极其艰苦的三年游击战争。

民国26年（1937），抗日战争全面爆发后，张藩任新四军一支队一团一营副营长、团副参谋长、先遣支队一大队副大队长。民国27年（1938）6月17日参加镇江西南的韦岗地区截击日军汽车队战斗，取得江南新四军抗日斗争第一个胜利。民国 28 年（1939），调任新四军挺进纵队参谋长，参与指挥郭村自卫战。不久，任新四军黄北指挥部第一纵队参谋长，参与指挥黄桥战役，并乘敌混乱溃败之机，带领司号长等一次俘敌 500 余名，这一奇迹被载入抗日军事史册。还参与指挥曹甸战役。“皖南事变”后，张藩任重建的新四军一纵一师一旅副旅长兼参谋长。民国 31 年（1942）春，进入中共华中局党校学习。苏中军区三分区成立后，兼任副司令员、参谋长。民国 33 年（1944），先后任苏中军区参谋长，苏中公学党委书记、副校长，苏中军区副司令员兼参谋长。

解放战争时期，张藩相继担任华中野战军第七纵队副司令员，华中军区军工部部长兼政委，山东野战军第一纵队第一副司令员，华东野战军特种兵纵队政委，第十一纵队政委，南京警备区司令部副政委、政委、党委副书记、书记等职。1949 年下半年，任华东空军司令部副司令员。

中华人民共和国成立后，张藩入南京军事学院学习。毕业后留任战术教授会副主任、高级兵团教授会主任、战役法教授会主任、副教育长兼研究部部长。1955 年，张藩被授予中将军衔，获二级八一勋章，一级独立自由勋章，一级解放勋章和淮海战役、渡江战役纪念章。1956 年，任军事学院副院长。主持编写中国人民解放军《合同战术条令概则》。

“文化大革命”中，张藩遭受迫害，到湖北襄樊卫东机械厂参加劳动。1972 年 11 月恢复工作，任兰州军区副司令员。1975 年后，相继担任兰州军区顾问、顾问组组长、纪委副书记等职。1978 年 10 月，当选为第五届全国政协委员。1984 年，离休回南京安度晚年，享受大军区正职待遇。1988 年，被授予红星一级功勋荣誉章。1996 年春，军委副主席、上将张震亲笔题赠陈毅诗句：“西山红叶好，霜重色愈浓。革命亦如此，斗争见英雄”，对张藩品格特征和几十年战斗业绩给予高度评价。

2002 年 3 月 2 日，张藩在南京病逝。

李叔平

（1934—2002）

李叔平，民国 23 年（1934）8 月 30 日出生于长沙县第八区（今望城区乌山街道双丰村）。1953 年，在华中高等艺术学校毕业后任小学美术教师。1957 年 8 月，调望城县文化馆任美术专干。

李叔平在担任美术教学和辅导工作的同时，刻苦学习雕塑艺术，有《饲养员》《少先队员》《妈妈戴上大红花》《小海军》等作品发表或展出。1963 年，与他人合作，创作《毛主席的好战士——雷锋》系列雕塑作品。1966 年春，创作的毛泽东像竖立在岳麓山东方红广场。1966—1971 年，李叔平先后三次参加湖南雷锋纪念馆展品的创作和陈列工作，主持其中《家史》《打柴》《送棉衣》《开推土机》《学习毛主席著作》等雕塑作品的创作。他创作的《雷锋》半身座像安置在雷锋纪念馆大厅。1967 年创作的《毛主席在工人中》陈列在湖南第一师范纪念馆；1969 年创作的《秋收起义》陈列在浏阳县文家市秋收起义纪念馆；1971 年创作的《农业学大寨》入选中国共产党成立 50 周年美术作品展览；1972 年创作的《赤脚医生》入选湖南省美术作品展览。1972 年 5 月，李叔平被选调到湖南省木偶皮影艺术剧团，任木偶造型师。其创作的《潘冬子》《真假牡丹》《西游记》等人物形象，受到国内外专家和观众赞赏。他还和同行共同努力，完成湖南木偶造型艺术从木偶到泥塑的衍变，简化木偶制作的工艺流程，对木偶造型艺术的发展做出重要贡献。

1976 年，李叔平为毛主席纪念堂创作《中国人民从此站起来了》《为实现共产主义理想而奋斗》等群雕作品。1983 年，创作的铸铜雕塑《卧佛》入选全国雕塑艺术展览，并在缅甸、马来西亚、新加坡等国展出。1989 年，创作的歌颂人民拥护革命军队主题的雕塑《娘》，获第七届全国美术作品展览铜奖，是湖南省雕塑界第一位获全国美展大奖的雕塑家。

2002 年 3 月 7 日，李叔平病逝。

周　政

(1924—2002)

周政，原名周鼎勋，民国 13 年（1924）7 月 26 日出生，宁乡县大屯营镇白洋村人。

周政出生于宁乡玉潭杨家亭子。3 岁时，父亲由于在大革命时期参加农民运动，遭到国民党迫害致死，母亲李淑元改嫁大屯营名绅庞卓吾，他和兄姐一起随母去庞家生活。13 岁去道林“周源泰”杂货店当学徒。民国 29 年（1940），继父庞卓吾在靳江中学当董事，周政随去学校当事务员。翌年去韶山如意亭思三学校搞庶务，边补习功课，边参加校内进步人士周太暄、庞柱中、彭卓夫、成治平等秘密成立的“一一二六”读书小组，学习马列主义基本知识。民国 34 年（1945）2 月，周政加入中国共产党；同年省工委成立韶山、银田、高露、石潭区工作委员会（简称区工委），周政任高露区工委组织委员。民国 36 年（1947）调入在长沙的中共湖南省工委秘密机关担任联络工作，同年任中共湖南省工委驻醴陵特派员，协助地下党开展工作，并以办武术学校为名，组织武工队，开展反敌特的游击活动，敌伪曾悬赏1000 银圆捉拿周政。民国 37 年（1948）8 月，任中共潭湘宁（湘潭、湘乡、宁乡）边区县工委区委书记。

民国 38 年（1949）4 月，县工委成立中国人民解放军湘中二支队，周政任政委；5 月，省工委成立中共湘中地区工作委员会，周政任宁乡县工委书记。8 月宁乡解放，成立中共宁乡县委，与地下党宁乡县工委会师，周政以地下党县工委书记的身份向县委书记李瑞山详细汇报地下党的历年工作和起义武装的情况，周政随被选为中共宁乡县委委员、青年团宁乡县委书记。1951 年 9 月任中共宁乡县委第一副书记兼宁乡县县长。1953 年 5 月—1954 年 10 月任宁乡县委书记。1954 年调任湘潭地委委员兼地委组织部部长，任内正值农业合作化高潮，他发现湘潭强迫农民加入高级农业社，造成农民反感，与湖南省委书记周小舟出面制止混乱局面。后周小舟被带上“小脚女人走路”的帽子，周政因此也作为“反党分子”而被批斗。1956 年，周政被选为中共第八次全国代表大会代表。1959 年，调任湘潭地委书记兼任湘潭市委第一书记。1960—1962 年执行中共中央“调整、巩固、充实、提高”的方针，解散农村公共食堂，发展农业生产、修建湘潭大桥（当时属湖南第一大桥）、湘潭宾馆；利用湘潭锰矿的矿渣，在电化厂研制生产“二氧化锰”，此原料系全国首家研制生产。1966 年，“文化大革命”开始，周政被造反派抓去湘潭纺织厂等批斗、关押，下放到“五七干校”接受监督劳动，后拨乱反正。1972 年 9 月走上工作岗位，历任长沙矿山通用机械厂党委书记、革委会主任，邵阳地委副书记兼冷水江市委书记、革委会主任。1978 年 6 月，调任株洲市委书记。1979 年 12 月，在湖南省第五届人民代表大会第二次会议上当选为湖南省人民政府副省长。1980 年任湖南省常务副省长，主抓工业战线。1984 年 10 月组织在长沙举办的“湖南首届对外经济技术合作洽谈会”，为湖南省的对外开放做出贡献。1985 年 7 月，因超龄辞去副省长一职。1985—1992 年先后担任湖南省政协第五届、第六届副主席、党组副书记。他高度重视科技咨询事业，指导成立湖南首家科技咨询机构。1992 年，从领导岗位上下来后，任全国老年科协副会长、湖南省老年科协会长。1996 年 11 月离休。

2002 年 5 月 30 日，周政在长沙病逝。

孔石泉

（1909—2002）

孔石泉，原名孔石苏，清宣统元年（1909）十一月出生于浏阳县达浒大团（今官渡镇竹联桥村）。高小毕业后在家乡参加劳动。民国 8 年（1919）6 月参加当地抵制日货的游行示威活动。民国 15 年（1926），参加当地农民运动。马日事变后，参加浏东游击队。民国 19 年（1930）8 月参加红军，9 月加入中国共产党。民国 20 年（1931）4 月，任红军总部特务营二连（警卫连）政委。民国 21 年（1932）底起，任红军总部第一局参谋，参加第四、五次反“围剿”作战，参加长征。遵义会议后，孔石泉即在毛泽东、周恩来等领导人身边工作。民国 25 年（1936）6 月入抗日红军大学学习，毕业后同年 12 月起任陕北红军独立师政治部主任，红军驻西安办事处秘书。西安事变后任周恩来秘书。

抗日战争爆发后，民国 26—30 年（1937—1941），任八路军驻西安、武汉办事处秘书，河南西华抗日自卫军二支队政治处主任，新四军游击支队三团政委，第六支队一总队政治委员，八路军第四纵队第五旅政治委员。民国 30—32 年（1941—1943），任新四军第四师十一旅政委、第四师政治部副主任。民国 32—35 年（1943—1946），在延安中共中央党校二部、一部学习。民国 34 年（1945）4—6 月，作为华中代表团成员出席中共七大。

民国 35 年（1946）起，任东北民主联军吉东军区副政委，吉东军区独立师政委。民国 36 年（1947）起，任东满独立师政委，东北民主联军、东北野战军第十纵队第三十师政委。民国 37 年（1948）3 月，调任东北野战军第十纵队政治部主任。9 月，辽沈战役打响，孔石泉参与指挥第十纵队阻击敌廖耀湘第九兵团西援，为解放锦州、全歼守敌第六兵团创造有利条件。参与指挥张家口、天津和北平战役。北平和平解放后，孔石泉主持改编傅作义部两个师的工作。民国 38 年（1949）春，任解放军四十七军政治部主任。4 月调任第四十一军副政委兼政治部主任。9 月底，四十一军奉命参加中路衡宝战役，歼灭国民党军队 5000 多人，俘虏其第七军少将副军长凌云上、十二师少将师长刘月鉴及以下官兵 3500 多人。11—12 月中旬，孔石泉参与指挥解放桂林，配合兄弟部队解放广西全境。

中华人民共和国成立后，孔石泉任陆军第十五兵团兼广东军区政治部副主任，广东军区政治部主任，华南军区政治部第二副主任，江西军区副政治委员。1952—1956 年任中央军委总政治部、解放军总政治部干部部副部长、部长。1955 年 9 月被授予中将军衔。1957 年 4 月起任解放军总干部部政治干部任免部部长。1958 年 11 月起历任解放军政治学院政治部主任、学院副院长、政治委员。1966 年 11 月起历任广州军区第四政治委员、第三政治委员、军区党委第四书记、书记，1972 年 3 月—1974 年 4 月任广州军区第二政治委员、军区党委书记。1968 年 2 月—1974 年 4 月曾任广东省革委会第一副主任。1974 年 4 月—1977 年 9 月任广州军区政治委员、军区党委书记。1977 年 9 月—1979 年 7 月历任成都军区第二政治委员、军区党委书记、军区顾问。1979 年 7 月—1983 年任济南军区顾问。曾获二级八一勋章、一级独立自由勋章、一级解放勋章。1988 年 7 月被授予中国人民解放军一级红星功勋荣誉章。曾任中共第九、十、十一届中央委员，中共八届十中全会增选为中央监察委员会候补委员，中共十一届一中全会任中央军委委员，中共十二大、十三大相继当选为中央顾问委员会委员。

2002 年 6 月 22 日，孔石泉在北京病逝。

刘 英

(1905—2002)

刘英，女，原名郑杰，长沙县尊阳都仙凤桥（今金井镇）人，清光绪三十一年（1905）十月十四日生。

民国 9 年（1920），就读于长沙县衡粹女子职业学校。民国 13 年（1924）夏考入长沙女子师范学校。翌年 3 月，加入中国共产党，任该校党支部书记。民国 16 年（1927），任湖南省总工会职工运动委员会秘书、干事，开展党领导下的工人运动。同年 10 月，任中共湖南省委妇女部部长，在长沙近郊开展农村妇女工作。民国 18 年（1929）2 月—民国 21 年（1932），先后在莫斯科中国劳动者共产主义大学、莫斯科列宁学院、国际无线电学校学习。民国 22 年（1933）6 月，先后任少共中央局巡视员、共青团福建省委书记，少共中央局宣传部部长、组织部部长。

民国 23 年（1934），红军第五次反“围剿”期间，刘英担任“扩红”突击队队长。她带领从当地抽调的十几名干部连夜奔向于都，借用当地老百姓的打山歌形式进行宣传，动员和发动群众参加红军，仅用 1 个半月就“扩红”3300 名，由此受到当时苏区刊物《红军中华》表扬。同年 10 月，刘英参加红军长征，先后担任“红章”纵队巡视员、“红章”纵队三梯队政治部主任。遵义会议后，刘英被调到毛泽东、张闻天、王稼祥等中央领导所在的中央队任秘书长。

民国 24 年（1935）11 月，任陕北少共中央局宣传部部长、组织部部长。翌年 6 月，与张闻天结婚。抗日战争爆发后，刘英被调到党中央机关工作。民国 28 年（1939）3 月，任中央秘书处处长兼张闻天机要、政治秘书。民国 31 年（1942）1 月，她参加延安农村调查组，到陕北、晋西北开展社会调查。民国 32 年（1943）初，参加延安整风，任高级干部学习组分组组长、中央办公厅行政处学委会副主任。

民国 34 年（1945）10 月，刘英随张闻天赴东北开拓根据地。其间，先后担任宁安县委副书记，合江省委常委、组织部部长，哈尔滨市委常委、组织部部长，辽东省委常委、组织部部长等职。中华人民共和国成立后，刘英先后任驻联合国经社理事会副代表、驻苏联大使馆参赞，外交部党委委员、部长助理，部监委书记兼人事司司长。1959 年“反右倾”运动中，刘英受张闻天牵连，被错误地撤销党内外职务。1964 年 3 月至 1966 年，她在中国科学院近代史研究所从事研究工作。“文化大革命”中，刘英遭到迫害。

1976 年 4 月，重病中的张闻天与刘英商定将夫妻二人积蓄 4 万余元全部交给党，并立下字据。张闻天逝世后，刘英于 1977 年 5 月向中共中央办公厅特别会计室上缴特别党费 4 万元。1978 年，当选为全国政协委员、常委；在中共十一届三中全会上，当选为中央纪律检查委员会委员。1985年9月，刘英离职休养，之后担任中国少年儿童基金会理事、中国党史学会顾问、中国关心下一代工作委员会顾问等职，为少儿工作和党史工作竭心尽智。1987年6月，向少年儿童福利基金会捐赠存款4万元。刘英是中共七大、八大、十四大、十五大代表，第二届全国人大代表，第一届全国妇代会代表。

2002年8月26日，刘英在北京逝世。

何莹台

（1917—2002）

何莹台，民国6年（1917）9月19日出生于浏阳县，民国28年（1939）毕业于军政部兵工专门学校军械技术专业。民国28—38年（1939—1949）历任国民政府兵工署技术司炮兵器材科技士，工业司火炮科科长，联合勤务总司令部兵工署科长。1950—1978年任国营七二四厂（东北机器制造厂）工程师、设计所所长，东北兵工专科学校教授，七二四厂工人大学教研室主任，助理总工程师等职。

何莹台长期从事兵工引信技术教学与研制工作，研制成功反坦克破甲弹引信，主持设计无认力炮弹榴弹碰炸引信，使其最小发火距离提高近四倍。1950—1953年，他设计的88式瞬发引信改进设计、105榴弹底火设计、82迫弹改100式磁炸引信设计等产品成为抗美援朝的主要弹药。1954—1966年，他先后参加122榴宣传弹改89式及改T-6式药盘时间引信设计，B-23引信主管生产技术等。主持的海榴-6引信设计，首创双球转子结构，获国家专利，并获兵器工业总公司科技进步二等奖，国家发明三等奖。主编《火炮诸元》一书，由兵工署研究发展司出版。编有《引信设计》讲义，撰写有《仿制引信的自力更生》《八八式瞬发引信性能探讨》《膛内惯性发火机构发火设计的表解法》等论文。1978—1985年调沈阳工业学院（现沈阳理工大学）工作，历任教授、系主任、院长、学术委员会主任，兼任中国兵工学会弹药学会第一届副主任。1982年被选为第六届全国人大代表。1984年6月加入中国共产党。1990年获国家教委授予的从事高校科技工作40年成绩显著荣誉称号，1992年获国务院颁发的特殊津贴。

2002年10月11日，何莹台在沈阳逝世。

凌国康

（1936—2003）

凌国康，湖南省醴陵姜湾人，民国25年（1936）12月1日出生。

凌国康1951年7月参加工作，先后在醴陵县陶画供销社合作所、地方国营陶画二厂、醴陵国光瓷厂当工人。他爱唱爱演，痴迷花鼓戏，是厂里业余剧团演员。1958年，他主演的花鼓小戏参加株洲市业余戏剧会演，受到省花鼓戏院专家的关注。1959年1月，他被选调到湘潭地区群众艺术团；同年5月，调入湖南花鼓戏院成为专业演员。

在剧团，他扬长避短，克服基本功的短板，在刻画人物和唱腔上下功夫。他在花鼓戏舞台上塑造50余个性格鲜明的艺术形象，在长期的艺术实践中形成自己独特的艺术风格。传统的如《打铁》中的毛国金、《荷珠配》中的赵旺、《丑人计》中的王麻子、《访友》中的四九；现代的如《打铜锣》中的蔡九、《八品官》中的刘二，还有《野鸭洲》中的杨队长、《牛多喜下轿》中的秦干部等，塑造出各式各样的人物，或主或配，或大或小，都闪烁着戏剧亮点。其表演诙谐幽默，朴实自然，富有浓厚的生活气息。其演唱高昂，充满激情，曾创下七句唱腔一气呵成的纪录。其中《野鸭洲》被珠江电影制片厂摄制成舞台艺术片。1964年，凌国康和导演密切合作，在实践中进行探索，大胆地运用、革新传统戏的程式。凌国康认为在运用改造传统程式时，一定要结合人物的行动，进行提炼、加工，切忌滥用。他提出一个重要的艺术原则，运用传统的目的是为人物服务，又因是现代新的人物，传统程式就必须经过加工改造。在《打铜锣》一剧中他塑造蔡九哥这一憨厚、幽默、富于韧性的艺术形象。该剧在1965年中南地区戏曲会演取得成功，同年被拍成舞台艺术片在全国放映。“蔡九哥”这个艺术形象为全国观众知晓。他一上街，就被人喊作“蔡九哥”。《打铜锣》成为湖南省花鼓剧团经典保留剧目。

1972年，凌国康加入中国共产党。他历任湖南花鼓戏剧院副团长、团长、副院长、党委书记，曾任湖南省政协第五届、六届委员，湖南省和国家戏剧家协会会员。1987年，凌国康被文化部授予全国优秀尖子演员称号，湖南省首批评聘的国家一级演员。

1998年12月退休后，凌国康还活跃在全国各大城市的舞台上、边远山区的土台子上。2002年，京鹰文化传播有限公司经理、湖南省政协委员李建凤倡议并组织，白沙集团出资录制《打铜锣》《补锅》两部戏的VCD光盘10万张，凌国康抱病完成录制。

2003年1月31日，凌国康因心脏病突发在长沙逝世。

叶子龙

（1916—2003）

叶子龙，原名良和、佐臣，浏阳县石湾乡（今浏阳市高坪镇）人，民国5年（1916）12月29日出生。民国19年（1930）8月加入中国工农红军，参加第一次反“围剿”作战。民国20年（1931）2月加入共青团，8月，被送入红军总部无线电培训班学习，结业后分配到红一军团司令部任译电员。民国21年（1932）2月，加入中国共产党。

民国22年（1933）10月，在攻打福建三明市、龙溪县的战斗中，及时准确地完成译电任务，受到军团司令部的表彰。民国23年（1934）7月调任中华苏维埃政府国家政治保卫局红军工作部科员，10月16日随中央机关参加长征。民国24年（1935）10月，调任毛泽东主席处军事参谋、中央军委机要股股长。民国25年（1936），任中央军委机要科科长，毛泽东秘书。民国26年（1937）1月1日，与抗日军政大学学生蒋英喜结良缘，毛泽东亲自出席他们的婚礼。民国31年（1942）8月，调任中央书记处任机要科科长。民国36年（1947）3月，中共中央成立中央前方工作委员会司令部，任弼时任司令员，陆定一任政委。叶子龙被任命为参谋长。民国37年（1948）5月26日，中共中央搬迁至西柏坡，叶子龙被任命为中央书记处办公处副处长。民国38年（1949）3月5日，调任中央办公厅机要室主任。23日，随中共中央机关前往北平。同年8

月、9月间，叶子龙随毛泽东等中央领导人一道搬进中南海。

1949年12月、1957年11月2日毛泽东两次率团出访苏联，叶子龙随团出访。在苏期间，他还利用工作之便，为中苏领导人拍摄许多照片。这些照片都成为弥足珍贵的史料。叶子龙根据多年从事机要工作的经验，建立一套比较完善的机要秘书管理制度，定期召集中央首长的专职和兼职机要秘书开会，听取汇报，及时安排下一阶段的工作。他采用速记和电子技术，建立“中央工作大事记”，为中央保存大量珍贵历史资料。1962年4月28日，叶子龙被调离毛泽东身边。5月7日，叶子龙到北京市委报到，分配担任北京市委工业部副部长、工交政治部副主任等职。

“文化大革命”中，叶子龙受到迫害，被监护审查8年。1973年5月，叶子龙获得自由。1974年7月，叶子龙出任北京市机械工业局革命领导小组副组长、副局长。

1979年5月后，叶子龙相继任中共北京市委常委、北京市副市长、市委政法委副书记。1982年11月，任北京市委顾问委员会副主任。1992年6月离职休养。离休后，他还先后担任北京市社会福利基金会副会长、房地产协会名誉会长、公安部及安全部咨询委员会委员等职。叶子龙还是中共七届二中全会候补代表，中共八大代表。

2003年3月11日，叶子龙在北京病逝。

黄纲正

（1947—2003）

黄纲正，湖南省长沙市望城县白箬乡（现望城区白箬铺镇）光明村人，民国36年（1947）4月12日出生。

1964年12月，插队落户长沙县㮾梨镇高塘公社。1976年3月，参加省、市文化部门举办的第一期工农考古训练班。1979—1983年，多次对长沙铜官窑遗址进行调查和考古发掘。1981年9月，到北京大学考古专业进修。1983年，参加省、市文物部门联合组织的唐代长沙铜官窑遗址考古发掘工作。作为长沙市文物工作队考古现场负责人，主持发掘一座完整的长41米的唐代龙窑。1985—1987年，参与主持长沙市文物普查工作，走遍长沙地区四县五区247个乡镇和31个街道，发现、清理和抢救大量文物，基本摸清长沙地区文物分布情况。同时参与完成《长沙地区文物普查资料汇编》《中国文物地图集·湖南卷》《长沙文物名胜志》编撰工作。1986年，主持长沙县南托乡大塘遗址考古发掘工作。1988年，任长沙市博物馆馆长兼长沙市文物工作队队长。同年，唐代长沙铜官窑遗址公布为全国重点文物保护单位。1989年获“湖南省劳动模范”称号。1993年，长沙市宁乡县老粮仓一次性出土10件青铜编铙，黄纲正对其进行科学研究保护和开发利用。1994年，继任长沙市博物馆馆长。同年，长沙市博物馆被国家文物局授予“全国优秀社会主义教育基地”称号。1996年，主持编写《湘城沧桑之变》，对长沙名城的渊源，长沙古城的建城时间，南、北津城之谜的破解，明代长沙王城规模等问题作出科学论述。1998年，推出“中国南方青铜大铙古乐”表演。1999年，市委、市政府授予“长沙市首届社科优秀人才”称号。2001年，评聘为文博战线“研究馆员”高级职称。

黄纲正曾主持修建毛泽东诗词对联书法艺术碑廊、长沙市博物馆文物库房、湘楚文化艺术品市场，先后在国家级、省级与海外刊物发表学术论文30余篇，主编和参编的重要学术专著6部，参加国家重点社科课题《长沙铜官窑》《长沙楚墓》的编研工作，是《长沙铜官窑》课题出版编委之一，《长沙楚墓》主要撰稿人之一。

黄纲正曾任湖南省博物馆学会理事、湖南省考古学会常务理事、长沙市名城建设推委会委员、长沙市政协文史和学习委员会副主任等职。

2003 年 5 月 5 日因患脑溢血逝世。

刘正斌

(1959—2003)

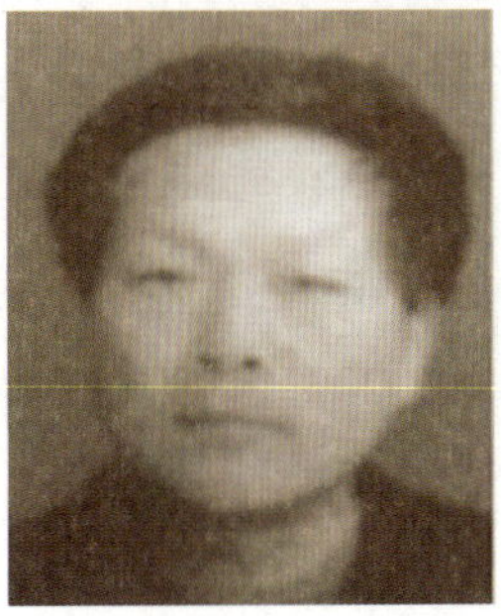

刘正斌，1959 年 7 月 10 日生，望城县格塘乡（今望城区靖港镇）凌冲村人。1995 年开始在村委会工作，1998 年加入中国共产党，历任村委委员、会计。刘正斌家境贫寒，患有高血压，自己连每个月两元钱 1 瓶的降压药都舍不得吃，对村民却十分慷慨。高塘组“五保户”刘伯璜儿子意外去世，生活无人照顾，他安排妻子每天送饭，自掏腰包为老人购买方便面等生活物资。他总是骑着一辆旧摩托车义务接送村民看病，经常筹钱帮助困难村民缴纳统筹款、医药费。工作上兢兢业业，1998 年抗洪，他在金凌垸大堤上坚守 40 多天。2001 年 4 月，他个人举债 1000 多元，为东塘组垸子修建了一个简易机台，解决周边 60 亩稻田排涝问题；2002 年摔断腿养伤期间，他婉拒同事的帮助，硬是拄着拐杖上户，按期完成统筹款收缴任务；2003 年 4 月 22 日开始，他一直奋战在抗击非典型肺炎第一线，和妻子一起负责全村的消毒防疫和抗击“非典”宣传工作，对村里务工人员和外地探亲人员上门走访，免费接送至乡卫生院进行检查。因劳累过度，5 月 15 日晚，在用电话向乡防“非典”办公室汇报时，突发脑溢血，经抢救无效于 16 日上午 7 时殉职。望城县委、县政府追认刘正斌为抗“非典”模范。6 月，湖南省委追授其“全省防治非典型肺炎工作优秀共产党员”称号。6 月 28 日，中共中央组织部追授其“全国防治非典型肺炎工作优秀共产党员”称号。

陈琮英

(1902—2003)

陈琮英，女，长沙县清泰都新桥（今属长沙县北山镇）人，清光绪二十八年（1902）十二月七日生。

陈家与汨罗任家是姑表亲，陈琮英与任弼时由双方父母指腹为婚，是娃娃亲。因两岁丧母、父亲常年在外谋生，陈琮英自幼随兄嫂生活，稍大后便帮助嫂子操持家务。民国 3 年（1914），到长沙一家织袜作坊做童工。翌年夏，任弼时考入长沙第一师范附设高小部就读。在长沙求学的几年中，任弼时家中经济日益拮据，心地善良的陈琮英尽管收入微薄仍省吃俭用，全力资助任弼时上学。民国 9 年（1920），任弼时加入俄罗斯研究会，后到莫斯科留学，从此与陈琮英分别 6 年。次年，陈琮英考入半工半读的女子职业学校学习，文化水平得以提高。民国 15 年（1926），到上海参加党的地下工作。同年 3

月，与时任共青团中央总书记任弼时结婚；4 月，经任弼时介绍加入中国共产主义青年团，开始从事秘密交通和油印文件等工作，义无反顾地投身革命。其后几年中，随丈夫任弼时辗转汉口、香港、汕头、潮州等地，从事秘密交通等工作，并兼管一部分中央经费。民国 21 年（1932），毅然只身赴中央苏区江西瑞金，其间经邓颖超、蔡湘云介绍加入中国共产党，并在中央机要科工作。民国 22 年（1933），任弼时调任湘赣省委书记兼军区政委，陈琮英随伴同行，并在湘赣省委机要科工作。民国 23—26 年（1934—1936），参加长征，并负责机要工作，是 30 位走完长征的红军女战士代表之一。民国 27 年（1938），陈琮英伴随和协助任中共驻共产国际代表团负责人的任弼时到莫斯科工作。民国 30 年（1941）回国后，组织决定陈琮英担任任弼时处机要秘书。民国 36 年（1947）3 月，解放战争开始，任弼时协助毛泽东、周恩来转战陕北，陈琮英带着小儿子转移到晋西北解放区。1950 年任弼时因病逝世不久，陈琮英便把斯大林送给任弼时的“吉姆 150”轿车以及他使用过的软床、钢琴全部交还公家，包括女儿骑的自行车也一并上交，挺住中年丧夫之痛，独立支撑起有 4 个孩子的家庭，同时一如既往地做好所负责的中央机关工作。同年，任中央机要局机要处处长，后因病长期休养。1978 年，当选为第五届全国政协委员，1982 年离职休养。陈琮英还是全国妇联第八届常委。

2003 年 5 月 31 日，陈琮英在北京病逝。

王三一

（1929—2003）

王三一，浙江桐庐人，民国 18 年（1929）1 月 1 日出生，民国 37 年（1948）考入唐山工学院土木系（后与清华大学水利系合并）。

1950 年，朝鲜战争爆发，正在读大学的王三一响应国家“抗美援朝，保家卫家”号召，参加中国人民志愿军空军。在战争前线，他冒着敌机不断轰炸的危险抢修机场。由于表现勇敢，战绩突出，被部队授予二等功。

1953 年 10 月从清华大学水利系毕业后，进入中南勘察设计研究院，开始水利水电设计工作。1958 年，王三一担任湖北白莲河工程设计组组长，他设计的白莲河水电站是当时国内最高（69 米）的一座风化陡边坡的薄心墙坝，在压力隧洞设计中首次提出围岩与衬砌是一个整体结构的新思路，并在设计中率先使用。

1972 年，王三一担任贵州乌江渡水电站勘测设计副总工程师。为摸清电站坝址和库区的地质条件，掌握空洞岩溶发育规律，他和地质人员一道，攀缘 70 度以上的悬崖陡壁，钻进勉强能进人的洞子，一块一块地敲打、检查坝基岩块，在掌握第一手资料的基础上，科学论证，提出坝与地基一体化设计理念，并应用于设计。1984 年，乌江渡水电站工程获国家优秀设计金质奖，王三一作为设计负责人，1985 年获国家科技进步一等奖。20 世纪 80 年代，他主管的东江水电站技术设计是当时大陆最高的薄拱坝及新型的窄缝式溢洪道。90 年代，他在五强溪工程中设计的新型联合消能工、高水头船闸、大弧门及高吨位预应力闸墩，均达到国际领先水平，获“全国优秀工程设计奖”。1991 年起王三一享受国务院政府特殊津贴。1994 年被授予“中国工程设计大师”称号。

王三一还参加和主持上江、柘溪、东风、大广坝、五里冲、龙滩、三板溪、向家坝、虎跳峡等大批水利水电工程的设计工作，以及二滩、三峡等工程的咨询，尤其是龙滩水电站，除存在许多技术难题，还是一个跨省区工程，地区社会利益关系复杂，影响工程顺利开发，他都尽力促进协调解决。1998年秋，他的肝硬化已很严重，仍坚持到虎跳峡现场考察，大家劝他休闲两天，他说“我不去看比我病了还难受”。他总是习惯亲自现场察看，掌握主要的第一手资料后才提出处理意见。2001年王三一当选为中国工程院院士。

2003年8月5日，王三一在长沙病逝。

张杰明

(1972—2003)

张杰明，宁乡坝堂镇双安村人，1972年10月16日出生。

1992年，长沙市公安局面向社会招录巡警。1993年1月，高中毕业的张杰明以优异的文化考试成绩和体能成绩，被录为巡逻民警。1993年，张杰明联系住在芙蓉区火星街道的李桂英老两口作为帮扶对象。他自掏200元钱，帮助年近八旬的李奶奶整修房屋，多次到医院看望、照料李奶奶。1995年因在抗洪战斗中表现突出被长沙市公安局嘉奖。1998年，在家乡双安村，一家3个年幼的孩子因父亲服刑母亲出走面临失学，张杰明与收养人协商，为大孩子交学费，以后多次资助三个孩子，使其得到较好安置，其中一个日后考上大学。1999年8月，为处置某居民烧开水遗落钥匙出门而引发的火灾险情，张杰明冒着浓烟徒手攀爬护窗，上到五楼阳台，入室关掉燃气开关，排除险情。

2001年6月15日，张杰明驾驶巡逻车接到市公安局110报警中心指令：向韶村地段发生持枪抢劫出租车案，搜寻犯罪嫌疑人时，张杰明再次接到市局110报警中心指令：长沙铁路一中的门卫发现两个小偷。张杰明判断这很可能就是这起警情中抢劫出租车的犯罪嫌疑人。张杰明立即驾车飞驰到长铁一中，刚到传达室门口，看见犯罪嫌疑人握枪对着门卫，他迅速将持枪抢劫的犯罪嫌疑人罗某扑倒在地，当场缴获自制仿“六四”手枪一支，子弹两发。2002年6月张杰明加入中国共产党。8月，长沙车站北路发生一起恶性持刀抢劫出租车案，张杰明发现在逃嫌疑人，对方挥舞砍刀，二人在街头展开搏斗。将嫌疑人制服后，张杰明又去长岛舞厅抓住另一犯罪嫌疑人，抢劫案告破。张杰明和专案民警一起顺藤摸瓜，一举捣毁“衡阳帮”“邵阳帮”两个恶势力犯罪团伙，抓获犯罪嫌疑人30余人。2002年、2003年因打击街头“两抢”犯罪业绩优异，两度被评为支队“抓获能手”“侦破能手”。张杰明抓获的街头各类违法犯罪嫌疑人195人，破获各类街面刑事案件78起。以张杰明牵头为主摧毁的犯罪团伙6个，依法逮捕21人。10年里，张杰明因工作突出两次被评为优秀公务员，四次被支队评为优秀民警。张杰明办案十年，无一退回、申诉。

2003年8月31日凌晨4点，3名盗贼翻墙进入长沙市芙蓉区育英小学实施盗窃，张杰明在出警过程中与歹徒搏斗，身中18刀，血洒23.6米，但仍以惊人的毅力死死抓住歹徒不放手，直到5分钟后战友赶到将歹徒擒获。他却因伤重不治壮烈牺牲。育英学校财务室十几万元钱款无一损失。同年9月8日，张杰明追悼大会在湖南烈士陵园举行。9月25日，公安部追授张杰明为“全国公安系统一级英雄模范”，12月18日，省人民政府追认其为“革命烈士”。

张 庚

（1911—2003）

张庚，原名姚令圭，曾用名姚禹玄，湖南省长沙人，清宣统三年（1911）一月二十二日出生。民国15年（1926），长沙楚怡学校毕业。民国16年（1927），先后就读于中央军事政治学校武汉分校、上海劳动大学学习。

民国21年（1932），参与组织中国左翼戏剧家联盟武汉分盟。次年年底-民国24年（1935），在上海任左联总盟常委。期间（1934年）加入中国共产党；用笔名张庚在报刊、杂志上发表文章，为群众普及戏剧知识、展开戏剧理论批评。民国25年（1936），出版《戏剧概论》，初步构建中国戏剧理论框架。

民国27年（1938）2月-民国34年（1945），任鲁迅艺术学院戏剧系主任、教务主任，教授戏剧概论和中国话剧运动史。民国28年（1939），发表《话剧民族化与旧剧现代化》，提出戏剧理论研究的世纪性课题，揭示中国戏剧发展的规律。民国31年（1942）至1951年，发表多篇论文，对秧歌剧、新歌剧展开研究。

民国33年（1944）5月15日，发表《鲁艺工作团对于秧歌剧的一些经验》，首次提出“剧诗”说理论。民国35年（1946），任东北鲁迅文艺学院副院长兼鲁艺文工四团团长。民国37年（1948），完成新中国第一部话剧史《话剧运动大事编年》，与后期发表的论文共同描绘了中国话剧发展总轮廓。1949年，被选为全国戏剧工作者协会副主席。1950年4月，任中央戏剧学院副院长。

1953年2月，调任中国戏曲研究院副院长，后兼任中国戏曲学院院长。1959—1974年，在“反右倾”运动和“文化大革命”中被下放。

1976年，任文化部文学艺术研究院（1980年改名中国艺术研究院）副院长兼《人民戏剧》主编。1978年，组建并兼任研究生部主任，是中国艺术研究院第一批博士生导师。1980年，与郭汉城共同主编的《中国戏曲通史》《中国戏曲通论》相继出版，奠定中国戏曲学科的基础理论知识。20世纪80年代，张庚不断在论文、专著中深入研讨“剧诗”说，从秧歌剧、新歌剧等领域扩展到戏曲艺术，成为在中国的戏曲改革和现代化探索实践中对民族戏剧理论作出的新开拓思想。1987年，创建民间学术组织中国戏曲学会，任首届会长。1991年，经国务院批准，享受政府特殊津贴。

张庚是文化部艺术科学规划领导小组副组长、国务院学位委员会第一届学科评议组成员，全国政协第六、七届委员。他通过戏曲教育和革新实践培养了大批戏曲研究工作者和创作者；主编中国第一部戏曲专业志书《中国戏曲志》（1999），为中国戏曲研究开拓了戏曲方志学研究的新领域；主编《中国大百科全书·戏曲、曲艺》（1983），并撰写《中国戏曲》一文；个人著作有《戏剧艺术引论》（1942）、《论新歌剧》（1958）、《论戏曲表现现代生活》（1958）、《张庚戏剧论文集》（1981）等。

2003年9月23日，张庚在北京逝世。

李代伟

(1983—2003)

李代伟，1983 年 8 月生，中共党员，望城县高塘岭镇（今望城区乌山街道）高冲村人。先后就读于高冲小学、高塘岭镇二中和望城县第一中学，成绩优异，多次被评为“三好学生”。李代伟读书期间便以雷锋为榜样，助人为乐。同学中有的一时经济拮据，他就找父母借钱给他们，还常带寄宿的同学回家吃饭改善伙食，经常带头捐款资助家庭困难的同学。放学回家，看到邻里推车、收谷等他都会主动帮忙。2002 年他高中毕业时，被评为望城县第一中学“2001 年度学雷锋先进个人”荣誉称号。

2002 年 12 月，受退伍军人父亲影响，应征入伍，分配至衡阳市消防支队石鼓消防中队。在部队，作为新兵参与灭火救援作战的机会很少，他就全力给前方的战友做好后勤工作。营房、消防车抢着打扫，战友因负伤或生病不方便时，他总是跑上跑下，问寒问暖，为其买药、洗衣服等，得知石鼓中队安徽籍士官郑永付家中遭受特大洪水，主动给他家里寄去 200 元。为尽早冲锋陷阵，他苦练本领。耐力差，他就加倍地练长跑；臂力弱，就加大俯卧撑的运动量；身体协调性不好，就反复练习单双杠。每天睡觉前都把战斗服放在床边，利用睡前和觉后练习提高着装速度，为练好水带接口这一关，他手指多次被砸出血泡。在 2003 年二季度支队组织的新兵军事业务考核中，达到三级战斗员的标准。

2003 年 11 月 3 日 6 时 13 分，衡阳市石鼓消防中队接到支队增援命令，赶赴火灾现场。李代伟所在的战斗二班首先为特勤中队的消防车供水，作为供水员，李代伟一直坚守阵地。6 时 40 分，指挥部命令石鼓消防中队出两支水枪助攻。李代伟受命参与近距离灭火。他和周忠君随二班副班长王征宇到相邻二楼平台设水枪阵地进行灭火，火势很快得到控制。8 时许，他替换吴征宇，和战友周忠君深入仓库火场内部灭火，身上多处灼伤和划伤，他和战友们没有后退半步，坚持靠前灭火。8 时 30 分左右，就在他们向余火展开攻击时，大楼突然坍塌，李代伟被埋压在废墟下壮烈牺牲。

2003 年 11 月 8 日，公安部追认李代伟为革命烈士。2004 年 3 月 31 日，湖南省公安厅追记其一等功。

何义芳

(1919—2003)

何义芳，民国 8 年（1919）6 月 3 日（农历五月初六）出生于长沙县新康镇亭梓庙（今望城区靖港镇三桥村），仅上了一年小学便因家庭困难辍学。

中华人民共和国成立后，何义芳积极参加农村民主改革运动，被选为胜利乡政府委员。土地改革后，部分农民因缺耕牛、缺农具、缺劳力，有田难种。何义芳凭借自己身强力壮，经常帮助他人耕种田地，终因个人力量太小，难以解决众人的困难。于是在 1951 年春，他联合 9 户农民成立全县第一个劳动互助组，采取自愿、民主、互利原则开展互助活动。1952 年，率先试种双季稻，亩产超 500 千克，对全县推广双季稻种植起到示范作用，何义芳被评为望城县特等劳动模范。同年，被评为湖南省水稻丰产特等模范，获中南军政委员会农林部授予的“爱国丰产”奖章，并被评为全国水稻丰产特等模范，获农业部授予的“爱国丰产”奖章，出席全国农业劳动模范代表大会，受到毛泽东等党和国家领导人接见。同年12月，在望城县第四届各界人民代表大会第一次会议上，何当选为县人民政府委员会委员。1953年12月30日，加入中国共产党。

1954年春，何义芳带头成立三桥初级农业合作社，为望城县最早建立的3个农业社之一。1955年春，他将农业社由9户扩大到72户。同年，再次被评为湖南省特等劳动模范。1956年春，三桥农业社由初级社转为高级社，何继续担任社长，他带领社员改良水稻品种，改进耕作技术，粮食连年获得丰收。1956年、1957年，三桥农业社每年完成国家征购粮80万千克，连续2年被评为湖南省特等农业生产合作社。1958年人民公社化后，何担任靖港人民公社三桥大队党支部书记。1960年，调任公社万头猪场场长，在农村经济困难、资金和饲料匮乏的条件下，千方百计发展公社生猪生产。1961年，调靖港公社大众大队任大队长。1962—1975年，连续14年担任格塘公社三桥大队党支部书记，在“文化大革命”时期，排除“唯生产力论”干扰，带领社员努力发展生产，深受群众拥戴。

2003年12月27日，何义芳在长沙病逝。

周士一

(1930—2003)

周士一，民国19年（1930）9月出生于宁乡县城东门外历经铺谭家山（今历经铺街道谭家山）。

民国34年（1945），入长沙明德中学读书，担任明德旬报社社长，并被推选为该校“反饥饿、反内战委员会”主席。因触怒当局，被开除学籍。民国37年（1948），考入湖南大学。随后加入中国共产党领导的外围组织湖南大学“世纪社”，在校期间积极参加地下党组织的学生运动，未能完成学业。

中华人民共和国成立后，周士一先后在宁乡县莲花小学、宁乡县第三中学任教。20世纪70年代，周士一调至湘潭师范专科学校中文系任教，后晋升为副教授、教授。从20世纪80年代开始，他根据科学技术是第一生产力的历史唯物主义观点，深入研究中国科技史，并以《周易》体系为线索，对东西方文明作比较研究。1981年9月，周士一和潘启明合著的《周易参同契新探》由湖南教育出版社出版。中国科协主席钱学森如此评价：“周士一同志用完全不同的观点，在收集综合二十一种此书注释的基础上，使用密码学的知识，另辟蹊径，以炼内丹的观点看周易参同契，从新注释此书为练气功中发展过程的记录，这是有独到见解的，而且把周易参同契的研究与现代科学技术的前沿人体科学结合起来，所以有很高的学术价值，也得到英国著名中国科技史专家李约瑟教授的赞许”。

1983年，周士一当选为第六届全国人民代表大会代表。1984年，应英国皇家学会会员李约瑟博士邀请，周士一到剑桥大学用英文翻译《周易参同契》。1985年，湘潭师范专科学校升格为湘潭师范学院，周士一任湘潭师范学院中国科技史研究室主任。1988年，应邀参加美国加州大学第5届国际中国科技史会议，发表《英译周易参同契》《周易参同契与科学技术的发展》等专论。1990年，应邀赴英国剑桥大学参加第六届国际中国科技史会议，发表论文《星海潮音》。1992年，参加在长沙举行的马王堆汉墓文物国际研讨会，发表英译《马王堆汉墓文物》论著。1993年，应邀赴日本京都关西科学城参加国际第七届东亚科技史会议，发表论文《中国传统天文学的特色》和《一行和尚的黄道仪、大衍历与曼荼罗》。1998年，出版学术专著《中华天启》。

周士一从事教育工作50多年，主要担任中文和英文教学。他是第六届全国人大代表，第六、七届湖南省政协常委，同时兼任国际中国哲学会顾问、国际东亚科技史学会会员、云南省彝族文化所研究员、湖南省文史研究馆馆员、湘潭市《周易》研究会会长等社会职务，参与过《辞源》修订。他在担任全国人大代表和湖南省政协常委期间，积极参政议政，提案“关于修复炎帝陵的建议”得到党中央、国务院采纳，炎帝陵得以修复，国务院批准酃县改名为炎陵县，江泽民为炎帝陵题词。

2003年，周士一在湘潭逝世。

姜亚勋

(1913—2004)

姜亚勋，宁乡五里堆乡太白冲人，民国元年（1912）12月20日出生。

民国10年（1921）入当地私塾读书，后就读于湘乡春元中学和湖南省立第一师范。民国24年（1935）回到家乡担任小学教员。翌年9月入中央陆军军官学校学习两年。

民国27年（1938）12月，姜亚勋在宁乡秘密加入中国共产党。受地下党组织的派遣，打入宁乡县政府保安队，并任队长。次年9月，因党的单线领导人调走，从此与党失去联系。他于同年11月投入国民党军队，历任国民革命军第十一师上尉参谋、桂林第六军分校副队长、第三师少校参谋、中校参谋。民国33年（1944）9月闲住在家。次年7月进入国民党西南干训班学习，结业后到重庆国民政府中央军事委员会军令部一厅工作，任少校参谋。民国35年（1946）后，历任济南国民政府军警督察处副处长、新三十六师一〇八团副团长、济南第十兵站分监部中校参谋、第二十集团军总部科长。民国36年（1947）9月任整编第三十二师副参谋长（未到职）。在解放战争大好形势鼓舞下，他在济南积极参与策动武装起义，起义未遂之后，脱离国民党反动军队。

民国37年（1948）初姜亚勋回到家乡宁乡，在黄材流光小学以教书为名，积极从事武装起义的准备工作。他联络大革命时期参加过共青团或共产党的黄绢乡乡长陈仲怡等人，于民国38年（1949）2月10日发动黄绢乡一带农民、学生70余人举行起义，袭击黄材、唐市警察所和大涡乡公所，建立中国人民解放军湖南军区第三纵队。4月中旬，终于与中共湖南省工委及湘中工委取得联系，重新加入中国共产党。5月上旬，根据省工委的决定，姜亚勋所率部队与湘中地区各县党领导的革命武装共6000余人，统一整编为湖南人民解放总队湘中第一支队，由他担任司令员，成为省工委领导的一支重要武装力量，配合南下大军解放湖南。同年9月，全省游击武装集中进行整编，湘中第一支队被编入益阳军分区独立第一、二团和部分县大队，姜亚勋出任益阳军分区副司令员。中共湖南省委副书记金明对他率领的湘中一支队在解放湖南斗争中所作的贡献给予高度赞扬。

1950年10月，姜亚勋任常德专署副专员。1955年1月起，任省水利厅副厅长、农业厅副厅长兼水产局局长。在反右派斗争中，他被定为右倾反党错误，受到党内严重警告处分，并降职为省农业厅副处长。1962 年 8 月，经甄别，撤销结论和处分。“文化大革命”开始后受审查，入“五七”干校学习。1973 年 8 月恢复工作，任省农业厅副厅长、党组成员。1983 年起，任湖南省政协副主席。1990 年 5 月离职休养。

2004 年 1 月 23 日，姜亚勋在长沙病逝。

黄　乃

(1917—2004)

黄乃，原名黄一寰，长沙县龙喜乡凉塘（今属长沙县黄兴镇）人，民国 6 年(1917) 1 月生，是辛亥革命元勋黄兴之遗腹子。

自幼受父亲和兄长的民主革命思想影响，黄乃十分关心国家前途和民族命运。在长沙楚怡小学上五年级时，北伐军打到长沙，时任学生自治会主席的黄乃带领小伙伴走出校门欢迎北伐军。读完小学后，和母亲一起到南京。在南京读初二时，开始接受马克思主义启蒙教育，并参加由中国共产党秘密领导的“读书会”。高中时，黄乃开始为进步文艺刊物《新野》《文友》等撰文。

民国 19 年（1930），入日本大学攻读社会科学，“九一八”事变后，在日本参加左翼团体组织的救亡活动。民国 23 年（1934），黄乃因意外导致右眼失明，遂休学回到长沙老家。民国 25 年（1936）初，东渡日本留学，加入中国共产党东京特别支部的外围组织——社会主义青年同盟和世界语进步团体“留日世界语协会”，参加进步留日学生举办的“现代问题座谈会”。翌年 8 月回国，参加上海留日同学救亡会并任组织部长；同年到陕西省三原中学任教，加入中国共产党。民国 27 年（1938）3 月，到延安入抗日军政大学学习，后入马列主义学院学习，并任马列主义学院哲学研究所副主任。5 月 6 日，领导成立延安世界语协会，是红色边区成立的第一个世界语组织。民国 28 年（1939），黄乃任中央宣传部干事，专门研究日本问题，后调入八路军总政治部敌工部工作，任日本问题研究秘书兼组长。民国 30 年(1941)，任《解放日报》副刊《敌情》主编。民国 36 年（1947）任新华通讯社国际部主任，次年调中央统战部工作。

1949 年，他双目失明后，潜心研究盲文。1952 年，设计出《新盲文方案》，该方案参照布莱叶盲文体系，利用“心目克明盲字”声韵拼写结构，采用部分外国盲文字母，经改进形成以普通话为基础、以北京语音为标准的分词连写的拼音盲字，有 18 个声母、34 个韵母，声韵双拼为一个音节，用另一个盲符作调号。1953 年，任教育部盲聋哑教育处处长，所创《新盲文方案》经教育部批准在全国推广；7 月 27 日当选为中国盲人福利会副主任。1954 年 3 月 15 日，创办《盲人月刊》。1960 年 5 月 20 日，当选为中国盲人聋哑人协会第一届全国委员会副主任。1975 年，初步完成《带调双拼盲字方案（草案)》，是一种可表示汉语声、韵、调三要素的独立于汉语拼音的盲人专用文字体系，其特点是声介合一、韵调合一，以点位变化反映语言结构的内在联系，并在两方盲符内字字标调，后于 1991 年定名《汉语双拼盲文方案》，该发明彻底改变几代盲人命运。1991 年 12 月，黄乃被国务院批准为做出特殊贡献享受政府特殊津贴的专家，是全国获此荣誉的唯一一名残疾人。他还是中国残疾人联合会第一、二届主席团副主席，中国盲人聋哑人协会第一至第三届全国委员会副主任，第二至第七届全国政协委员。

2004 年 1 月 30 日，黄乃在北京逝世。

周锡卿

(1915—2004)

周锡卿，原名周世正，民国4年（1915）9月出生，系民国元勋周震鳞次子，宁乡县东湖塘镇许家坝村人。

民国21年（1932），周锡卿就读于上海交通大学管理系。民国25年（1936）毕业后被公派到美国留学。次年7月中日战争全面爆发后，周锡卿与蔡维屏（后任台湾“外交部”次长）、岳尚忠（后任职于中国银行纽约分行）一道创办一份以美国读者为主要对象的英文月刊《远东》杂志，主要刊登与抗日有关的社论、论文、新闻评论。民国27年（1938）美国宾夕法尼亚大学研究生院毕业，获经济学硕士学位，同年，抱着救国之心返回祖国，先后任湖南省抗战统一战线工作委员会设计组副组长、长沙行政署秘书、省政府专员，从事接待盟军、组织钱粮、支援前线工作。翌年任《国民日报》经理。民国29—31年（1940—1942）任桂东县县长，在任时，组织征兵征粮，支持抗日。民国31年（1942）3月—民国33年（1944）5月，调常德汉寿县担任县长，支持常德保卫战。民国33年（1944）7月—民国34年（1945）12月任湘乡县县长。抗战胜利后，民国35年（1946）5月，受国际法庭检查处委托，向哲浚回国招聘有专业知识、精通英语、年富力强的青年担任翻译，周锡卿（1946年1月更名为周锡卿）闻讯后赶赴上海参加考试，并被录用，5月10日左右，他与同时被录用的高文彬、张培基、刘继盛和郑鲁达到达东京，在远东国际军事法庭担任起诉日本甲级战犯所需人证、物证等的翻译工作。民国36年（1947）7月—1952年3月在“驻日代表团赔偿及归还物资接收委员会”任文秘技术专员。

1954年从日本回国。1956年，周锡卿加入中国国民党革命委员会，任全国侨联联络委员、欧美同学会会员。1964年在北京外国语专科学校英语系任教。1973年调入北京第二外国语学院英语系任教，主讲多种课程，兼二外学报《外国教学》主编、北京市高校教师职称评定委员会委员。1982年6月，任中国翻译工作者协会第一届理事。1987年5月至1994年1月任北京市朝阳区第六、七届政协副主席。1988年12月5日至1994年7月5日，被国务院聘为国务院参事。1989年受到江泽民接见并合影留念。1992年国务院批准给予“早期回国定居做出贡献”的专家津贴，1992年12月至1997年11月任民革第八届中央监察委员会秘书长。1999年10月1日应邀参加国庆观礼。

周锡卿几十年来主要从事高校教育工作与中日文化交流工作，翻译日本史学、经济学等经典著作。主要著作有《现代英文词汇概论》《英语词汇学讲义》《语言词汇学讲义》等，译著有《日本资本主义发展史》《日本现代史》《日本经济史》《管理学概述》等，1987年主编《英语谚语词典》，填补英语词典空白。

2004年3月16日，周锡卿因病在北京逝世。

陈国达

(1912—2004)

陈国达，广东省新会人，民国元年（1912）1月22日出生。民国23年（1934）中山大学地质系毕

业，次年北平研究院研究生毕业。

民国 25—34 年（1936—1945），任两广地质调查所和江西地质调查所技士、技正。民国 25 年（1936），广东灵山（今属广西）发生强烈地震，他冒着余震危险，赶赴震中地区调查研究，发现与当时世界流行的“地槽—地台”学说不相符合的地质现象，历经 10 年野外考察研究，写成大量论著，对传统大地构造理论提出挑战。民国 35 年（1946）至 1951 年，任中山大学教授、地质系主任。1952 年，中南矿冶学院在长沙创办后，陈国达调入任地质系主任、教授。

1956 年，加入中国共产党；发表论文《中国地台“活化区”的实例并着重讨论“华夏古陆”问题》，标志着地洼学说的诞生。1961 年，中国科学院中南大地构造与地球化学研究室成立，陈国达任主任。1963 年被评为一级教授。1956—1965 年，他发表 20 多篇论著，自成体系创建地洼（活化）构造学说和递进成矿理论，为人类进一步认识地壳演化规律及找矿开辟了新思路，形成一个源于中国的国际性学派体系，从 20 世纪 60 年代起被陆续介绍和应用于数十个国家。

“文化大革命”中，中南大地构造与地球化学研究室被解散，他足不出户，潜心撰写中国第一部成矿构造专著——《成矿构造研究法》（1978 年出版）。1978 年，中国科学院长沙大地构造研究所成立，重点任务是为中国找矿勘探服务，陈国达任所长兼党组书记，他开始为找矿四处奔波，成功找到多处矿藏。1980 年，当选为中国科学院学部委员（1994 年改称院士）；出席第二十六届国际地质大会，被推选担任国际地科联矿床大地构造委员会副主席。1982 年，地洼学说的代表性项目《地洼区（活化区）——大陆地壳第三构造单元》获国家自然科学奖二等奖。1983 年，地洼学说被列入《简明世界科学技术史年表》。1991 年，陈国达又提出壳体大地构造学。1995 年，他主编的《亚洲陆海壳体大地构造图》获国家科技进步二等奖。1998 年被授予中国科学院资深院士称号。

陈国达是中国第一批获得博士学位授予权的导师，培养大批硕士、博士、博士后和访问学者，还先后去过欧、亚、美洲的 30 余个大学和研究所讲学，在晚年仍孜孜不倦地投身科研和教育工作，悉心指导研究生。他先后被选为第四、五、六、七、八届全国人民代表大会代表，被授予“湖南省特等劳动模范”“全国先进工作者”称号（1989 年）；入选《国际杰出领先者名人录》（美国，1988 年）、《世界五千名人》（英国，1989 年）等。

2004 年 4 月 8 日，陈国达在长沙逝世。

张季元

(1921—2004)

张季元，长沙市（今芙蓉区复兴街）人，民国 10 年（1921）10 月 29 日出生。1950 年 12 月湖南人民革命大学毕业，大专学历。1952 年 12 月参加工作，任长沙市扫盲委员会、长沙市文教局干部。

1954 年 10 月，张季元调任长沙市东区楚怡小学体育教师。1961 年，他成立楚怡小学第一支业余体操队。为培育体操新苗，张季元买来体操训练书籍，自己对着书本一一比画，领会动作要领。当物色到学生中的体操苗子，他就上门跟学生和家长介绍练习体操的益处。他坚持早晚的业余时间开展体操训练，还经常到湖南省体操队邀请专业教练来学校看课、评课，提升体操训练效果。1965年始，他担任湖南省中小学体操代表队教练员。由张季元率领的楚怡学校业余体操队参加全国少年体操比赛10场次，先后为国家体操队输送陈翠婷、陆莉、陈雄、周晶、邹征求、王平等61名优秀运动员。1974年始，张季元先后任中华体总湖南省体总委员、政协湖南省委员会委员及体育组常务副组长、湖南省体操协会理事兼小学组组长、湖南省教育学会体育研究会顾问。1977年始，被选为政协湖南省委员会第四、第五、第六届委员。1978年10月，被国家体委评为“全国业余体校优秀教练员”。1979年5月，被教育部评为“全国学校体育先进工作者”。1980年3月，被湖南省总工会评为“湖南省增产节约能手”。1980年7月，被湖南省人民政府评为“特级教师”，同年8月，被国家体委评为“全国体育先进工作者”。1983年张季元加入中国共产党。1987年，他被评为政协湖南省委员会“湖南省各级政协委员为社会主义两个文明建设服务先进个人”。根据湖南省体委资料数据统计：张季元训练的体操队员参加全省体操比赛获得金牌93枚、银牌63枚；代表湖南省参加全国比赛获得金牌11枚，银牌2枚，铜牌6枚；输送到专业队的运动员参加国际赛获得金牌19枚，银牌7枚，铜牌7枚。张季元的事迹被载入《中国名人大辞典》《中国优秀教师名录》《中国特级教师辞典》《当代湖南名人辞典》《中等教育名师大典》。

2004年5月25日，张季元在长沙逝世。

郭俊秀

(1942—2004)

郭俊秀，山东省莱芜县人，民国31年（1942）3月生。1956年8月加入共青团。1963年考入中国人民大学，1966年4月加入中国共产党。1968年8月大学毕业分配到第四机械工业部曙光电子管厂（即长沙770光电子管厂）工作，先后担任车间副指导员、党支部副书记、组织干事，组织科副科长，厂办公室副主任、主任。1982年7月，任770厂党委副书记。1984年1月任770厂党委书记。担任曙光电子管厂党委书记期间，精准地抓住当时电视机普及率低，大规模升级换代还未到来的大好时机，全力上马黑白显像管生产线，自1985年7月生产线建成投产，由于产品质量过硬，供不应求，在国内树立牢固的品牌地位，使770厂从此结束四处借贷、扎纸盒糊口的日子，逐步进入良性循环轨道。1989年他荣获中宣部、全国总工会、国家体改委“全国优秀企业思想政治工作者”和中组部“全国优秀党务工作者”称号，荣获“湖南省优秀企业管理者”“长沙市劳动模范”等光荣称号。1990年9月，任长沙市委副书记。1993年1月，任长沙市委副书记、市人大常委会主任。在任长沙市委副书记分管政法工作期间，公安机关的城乡派出所没有职级，在他的关心推动下，基层公安派出所最终作为一级行政机关的派出机构进入行政职级序列。1995年2月任省人大常委会党组成员、秘书长、办公厅党组书记。1998年1月和2003年1月，在省第九、十届人民代表大会第一次会议上，连续当选为省人大常委会副主任。郭俊秀历经多个领导岗位，对做好思想政治工作有着深刻的体会，他认为，思想政治工作的效力，首先要靠领导干部自身的一言一行，来影响带动周围的人。为留住思想政治工作领域的人才，创造性地提出“对从事政治工作的专职干部进行职称评定”，即在当时国家明文规定已有的八个职称系列后面，加列一个政工系列，使政工干部享受相应的政治、经济等各项待遇。

2004年6月12日，郭俊秀在长沙病逝。

陈云章

（1911—2004）

陈云章，字仪曾、思默，湖南省益阳县欧江岔乡人。宣统三年（1911）十月出生。民国6年（1917）在本乡入私塾，民国12年（1923）考入长沙兑泽中学，民国19年（1930）考入湖南大学，主修土木工程。民国25年（1936）毕业于湖南大学土木工程系。

毕业后任南京城塞局技佐。民国26年（1937）应聘任重庆工业学校土木科主任。民国27年（1938）任四川公路局副工程师，主修川湘公路龙潭桥工程，晋升工程师。民国29年（1940）任中央工业学校土木科主任。返湘后得湖南大学校长胡庶华荐于湖南省主席薛岳，赴沅陵筹办省立第九职业中学，任校长。民国32年（1943）任常德《新潮日报》社长，极力宣传抗日救亡。民国34年（1945）抗战胜利，辞去第九职业中学校长及《新潮日报》社长。9月，在长沙时务学堂旧址（今开福区中山西路三贵街15号）创办中原建筑公司，并定居于此。

民国35年（1946）冬选为湖南省参议员。次年，在省参议会揭露蒋介石独裁统治，反对钦定包办中央监察委员、立法委员选举，被称为“大炮参议”。民国37年（1948）春，任湖南省工业会理事长，后选为全国总工业会常务理事，随后推为湖南省、长沙市工农商六团体联谊会主席。3月，在省参议会上提议致书国民代表大会，停止内战，呼吁和平，被公推草拟《致国大代表书》。7月，国民党成立各级戡乱委员会，省参议员即为戡乱委员，陈云章发表声明决不接受“戡乱委员”头衔。期间通过走访程潜，拜会章士钊、唐生智欲使湖南脱离蒋政权。10月，蒋介石密令将湖南中央银行库存黄金、白银转运台湾。在省政府秘书长邓介松支持下，陈云章率领省市工农商六团体50余名代表，封存长沙中央银行企图转运的黄金、白银、银圆及美元，后银行将部分金银偷运出省。陈云章以工农商六团体名义，电中央政府财政部声明：如不将金银追回，湖南将停止纳税。还向报界发表谈话，把事实真相公之于众，激起公众抗议。民国38年（1949）1月8日，陈云章以工农商六团体名义分别致电蒋介石和毛泽东，呼吁和平。接着任湖南省市51个公法团体和平促进会主席。1月22日，陈云章等代省参议会草拟呼吁和平的电文。2月，陈云章表示“愿意无条件接受共产党的领导”。湖南和平起义前夕，陈云章与程潜、陈明仁等商议促湖南和平解放。1951年3月被错误关押，1952年年末无罪释放。1953年2月任中央水利部参事，执教于南京水利学院。1958年借调任湖南大学土木工程系教授。1959年当选为第三届全国政协委员。1966年任湖南省政府参事室参事。1978年至1992年，担任政协湖南省第四、五、六届常委。1989年3月任湖南省文史研究馆名誉馆长。

2004年11月11日在长沙逝世。

刘明铎

（1914—2004）

刘明铎，民国3年（1914）9月29日出生，湖南省长沙市人。民国28年（1939）10月，国民革命军贵州安顺军医学校大学部医本科毕业。

民国 29—38 年（1940—1949），历任国民政府国防部军医署陆海空第二总医院外科医生、南京海陆空总医院外科主治医生、青岛总医院外科总主任。1950 年 7 月参加革命后，任中南军区第二陆军医院神经外科主任。1953 年 3 月，被卫生部选派到中国第一期神经外科进修班旁听学习，师从赵以成教授。

1954 年，组建广州军区总医院脑神经外科，任科室主任。组建初期，条件十分艰苦，刘明铎带领科室迎难而上，开展许多国内较有影响的新技术，尤其是颅脑损伤的救治，取得突破性进展。20 世纪 50 年代中期，率先在国内开展脑血管造影术，解决脑血管病的诊断和治疗难题。

1965 年 8 月 15 日，参与为头部受到重创的“战斗英雄”麦贤得进行的 4 次脑部手术，最长一次手术持续 18 个小时，将颅内深部残留的弹片取出，成功挽回麦贤得的生命，使其重返工作岗位，刘明铎因此受到周恩来总理，陈毅、贺龙元帅的接见和表彰；20 世纪 70 年代初，在国内率先开展脑室腹腔分流术，获得成功；1978 年，采用冷冻干燥脑膜和冷冻干燥羊膜作脑膜修补材料。

1979 年 2 月，刘明铎加入中国共产党。对越南的自卫反击战打响后，随军赴前线，任广西方面军野战外科顾问组顾问，负责指导颅脑战伤的救治，参与实施开颅手术 1080 例，荣立集体三等功。

刘明铎是新中国培养的第一批神经外科人才，是广东地区神经外科的奠基人；1981 年，被全军科学科技大会评为“建设社会主义精神文明先进个人”；他多次主办培训班，培养年轻技术骨干。1982 年，捐献 1 万元作为广州军区总医院中青年技术人员奖励基金；所做的科研及论文，均重视颅脑战伤的救治问题，研究成果《火器性颅内血肿及其分类》在 1983 年香港第 6 届亚澳神经外科国际会议上作大会报告，并获 1984 年全军科技进步四等奖；20 世纪 80 年代，在仪器设备不配套的情况下，带领全科医师开展科研创新，科研项目《经口鼻蝶窦入路显微手术切除垂体瘤 40 余例》获军队科技进步三等奖；1985 年，入选美国《世界神经外科医生名人录》；1991 年 7 月，经国务院批准，享受政府津贴。

刘明铎是全军神经外科专家组成员、广州军区神经外科专业组长、中华医学会广东神经外科学会名誉主任委员，是《中华神经外科杂志》《中国神经精神病杂志》编委；著有《颅脑损伤》（1975 年出版）、《实用颅脑损伤》（1992 年出版）等书籍。

2004 年 12 月 18 日，刘明铎在广州去世。

朱之悌

(1929—2005)

朱之悌，长沙县清泰乡青山铺人（今属青山铺镇青山铺社区），民国 18 年（1929）10 月 1 日出生。

从小受到良好家教，尊师好学。民国 36—38 年（1947—1949），就读于湖南私立广益中学高 35 班，成绩优秀，物理和化学更好。1950 年 7 月从湖南省立第一中学高中毕业后，同年秋考入武汉大学园艺系，两个月后离开武汉就读于北京林学院。1954 年毕业后留校任植物生理学助教。1956 年 3 月加入中国共产党。

1957 年 11 月被公派到苏联莫斯科林学院学习，1961 年获该院生物学副博士学位。同年7月回国后，供职于北京林学院，并任林木遗传育种研究室主任、毛白杨研究所所长。其间，朱之悌主要从事毛白杨生根抑制剂的分离和转化研究，证明毛白杨扦插难于生根的原因在于其皮部存在两种生长抑制剂。1980年，受林业部委托，主办全国林业院校数量遗传学教师培训班，致力于数量遗传学在林木育种中的普及与提高；主持编订全国林木遗传育种学教学大纲，将林木遗传学的理论基础定位于现代遗传学的科学体系中；同年，承担并主持全国科研攻击重点课题——毛白杨良种选育，以解决中国造纸木浆原料问题。1986年，其科研项目“毛白杨成年优树幼化繁殖”获林业部科技进步二等奖。1988年，朱之悌获国务院“黄淮海开发优秀科技人员”二等奖，被林业部授予有突出贡献的中青年专家称号。1990年，编撰出版《林木遗传学基础》，是中国第一部全国高等林业院校林木遗传学试用教材，同年被选聘为林业部科学技术委员会委员。1991年，朱之悌享受政府特殊津贴。1993年，朱之悌带领团队历经10余年努力，采用染色体部分替换和染色体加倍的技术，将传统38根染色体的二倍体毛白杨改造为57根染色体的三倍体毛白杨，形成毛白杨新品种，具有短周期（五年）采伐、产量高、木材白、纤维长的优点，是造纸的优质原料。1993年和1998年，林业部和国家科委对毛白杨良种选育的课题进行鉴定与验收，认为是“具有国际领先水平的细胞染色体工程高科技成果”。在培育出毛白杨三倍体之后，成功突破毛白杨育苗的繁殖关，形成多圃配套系列育苗的新繁殖系统，该成果获1996年林业部科技进步二等奖，1997年国家科技进步二等奖。同时，重视毛白杨优良基因资源的收集与保护研究，是中国首次根据联合国1975年“森林基因资源保存方法学”而实施的阔叶树种保存方案，获林业部科技进步一等奖、国家科技进步二等奖。1999年，三倍体毛白杨获得国家首批林木新品种保护权证书，列入国家科技成果推广项目；同年4月，他当选为中国工程院农业、轻纺与环境工程学部院士。他长期从事林木遗传育种的教学和科学研究，是中国林木遗传育种学科开拓者之一。著有《核桃杂交和嫁接试验》（在苏联出版）、《林木无性繁殖与无性系育种》《毛白杨B301等异源三倍体新品种选育》《毛白杨天然本三倍体选种研究》等专著和论文70余部（篇）。

2005年1月22日，朱之悌在北京病逝。

杨志淳

（1942—2005）

杨志淳，艺名杨五六。宁乡县人。民国31年（1942）2月17日出生。

1956—1961年先后就读于长沙市六中、长沙市工业学校。毕业后先后从事文艺表演及美术、艺术教学等工作，当过演员、工人、工会干事、教师。20世纪70年代开始曲艺创作，专攻顺口溜、长沙快板的创作和表演。1981年调长沙市北区文化馆，历任文学专干、曲艺专干、副馆长、馆长。20世纪80年代初与搭档周卫星合作，开创本土曲艺形式——湖南方言相声，创作演出《欢歌乐舞》《“湘”音难改》《算命》《方言漫谈》等相声和《离婚》《广播迷》《常回家看看》等小品40余件，其中宁乡方言表演的《离婚》于1997年获文化部全国第七届群星奖银奖；顺口溜《闯讲台》《护像》参加全国曲艺调演获奖，《票》载入《中国曲艺精品选》并获湖南省曲艺调演二等奖；方言相声《欢歌乐舞》获湖南省首届笑的艺术大奖赛一等奖，《明星晚会》获湖南省笑的艺术电视大奖赛二等奖等。1998年起，投身电视短剧的创作与表演，在湖南经视和湖南娱乐频道分别参与创办《故事酒吧》和《一千零一夜》栏目，创作主演400余集方言喜剧——《杨五六笑传》《眯子县官》，塑造的“杨五六”形象成为本土文化知名品牌，创下全国电视综艺栏目白天档收视率之最。同时创作湖南省第一部方言喜剧电影《辣妹子辣》和20集电视连续剧《麻将楼的故事》，成为湖南方言相声、小品、影视创作的主创作家，推动湖南本土曲艺发展与创新，为6000余万湖南观众带来无尽的欢歌笑语。

杨志淳历任中国曲艺家协会会员、湖南省曲艺家协会理事、长沙市曲艺家协会主席。从事曲艺创作及表演30余年，在省、市报刊上发表曲艺作品百余件，代表作有《护像》《票》《鸭管家》《搭中巴》《麻将杀手》等。后期创作与表演愈加成熟，特别是湖南方言运用方面，开创湖南风格的相声及小品先河，给湖南曲艺注入新活力。

2005年2月11日，因病在长沙逝世。

陈希孺

(1934—2005)

陈希孺，民国23年（1934）3月25日（农历二月十一日）生于长沙县书堂山（今望城区铜官街道）一个农民家庭。民国35年（1946），考入长郡中学。1951年，转入湖南省长沙市第一中学。1952年秋，考入湖南大学数学系，一年后，因院系调整转到武汉大学数学系就读。1956年毕业后分配到中国科学院数学研究所改修概率统计。期间，他一边去北京听概率统计基础课程，一边自学名著，打下初步基础。1957年秋，被选派去波兰科学院进修，原定三年，后因“反右”运动牵连，1958年10月被提前调回国，不久下放陕西洛川劳动一年。1960年夏调至新成立的中国科学技术大学任教，教授从基础到专业的大量课程，当时教材缺乏，多数课程自编自讲，任务繁重。到1962年秋，其教学工作走上正轨，开始有余力顾及研究工作。到1966年，他已在参数估计、U-统计量和秩统计量等领域开展研究，发表论文10余篇，在统计届崭露头角。“文化大革命”期间，受到批斗，科研中断。但他豁达开朗，对逆境处之泰然。

“文化大革命”结束后，他选择线性回归模型的大样本理论作为突破口，全身心投入到数理统计的理论研究和人才培养工作。1980年晋升为教授，参与创建中国概率统计学会，被推选为第一届理事长，推动中国科学技术大学设置概率统计专业和博士点。同年，他以《线性模型中误差方差估计的相合性》获中国科学院科技成果二等奖。1981年获准为首批博士生导师。1984年，以《数理统计中的若干极限理论问题》获中国科学院科技成果一等奖。1985年，成为国际统计学会（ISI）会员。1986年9月—1988年5月，应邀访问美国匹兹堡大学，与外籍教授进行合作研究。1990年，以“关于非参数统计的若干问题”获中国科学院自然科学奖二等奖，1991年，该项目获国家自然科学奖三等奖。1997年，陈希孺当选为中国科学院院士。1998年，以《线性统计模型大样本理论的研究》获中国科学院自然科学奖一等奖。2002年，当选国际数理统计学会会士。

陈希孺在国内外学术刊物上发表论文130多篇，出版专著和教科书14本，其中，《数理统计引论》是国人撰写的统计教材中影响最大的著作之一，被广泛用作研究生及青年教师和研究人员的基础教材。在统计队伍衰微的情况下，他先后在武汉、开封、广州、九江、屯溪、成都、郑州等地开办统计讲习班，担任主讲，引进和推广若干重要领域的研究成果，带领、培养和联系一批人投入到研究工作中。在中国首批 18 名博士中，3 名统计专业的博士都是陈希孺指导的，他先后带出 11 名统计学博士，对中国统计教育做出重要贡献。

2005 年 8 月 8 日，陈希孺在北京病逝。

刘祖慰

(1922—2005)

刘祖慰，宁乡县历经铺（今历经铺街道）鹤溪人，民国 11 年（1922）出生。民国 29 年（1940），考入上海圣约翰大学化学系学习，因抗战时期上海沦陷，民国 31 年（1942）被迫辍学后，赴安徽绩溪担任英国驻华军事代表团译员。次年进入重庆中央大学政治系学习。民国 35 年（1946）1 月—翌年 11 月，任重庆中央大学政治系助教。民国 37 年（1948）1 月留学，进入美国哥伦比亚大学研究院深造，攻读硕士学位。同年夏，在联合国秘书处任实习口译。

1949 年，中华人民共和国成立后，刘祖慰毅然决定回国，参加社会主义建设。10 月 12 日，他离开纽约。11 月 6 日，搭乘哥登轮抵达香港。12 月 22 日，经天津后辗转到达北京。他在回国科技人员登记表上填报工作志愿道："但望有机会多学习，多服务，任何岗位都是一样。"同年年底，分配到新华社担任英文翻译。1957 年，因受政治运动影响，被迫中断翻译工作。在遭受不公正待遇的 20 余年里，他没有气馁，翻译才智不断显露，曾为公安部等单位效力，并担任英语教学等工作。1978 年落实政策后，调至中国科学院科学史研究所任英文翻译。

1979 年，刘祖慰调到上海交通大学外语系任教，先后被评为副教授、教授。1981 年担任上海交通大学外语系主任。由于精通中外文，又有着深厚的古汉语和科学史方面根底，刘祖慰在翻译界地位日显。1982 年开始，先后任中国译协第一至三届理事和第五届名誉理事。1984 年，被教育部任为大学英语教学访英代表团团长，赴英国访问。1985 年，由胡乔木任顾问、卢嘉锡任主任委员的中国科学院《中国科学技术史》翻译出版委员会遴选他为常务理事兼翻译召集人。1985 年 1 月，上海市科技翻译学会成立，刘祖慰连续担任第一至二届理事会理事长，成为该学会创始人之一。同年，还被中国译协选派为参加香港当代翻译学术讨论会的代表之一。1990 年，由上海交通大学派往德国柏林工业大学，协助该校成立中国科技哲学史研究中心。1992—1995 年，刘祖慰在德国担任柏林工业大学中国科技哲学史教授。

刘祖慰一生奋发努力，笔耕不辍，译著颇丰。他的主要译作有李约瑟的《中国科学技术史》第 5 卷第 1、3 分册（化学篇）、《中国古代科技成就》（英译）、《敦煌数学史手抄稿》（英译）、《中国造纸史》（英译）、《中国火箭史》（英译）等。在口译方面，先后担任过美国前总统卡特和前财政部长布鲁门撒尔来上海交通大学时的口译，担任过英国剑桥大学李约瑟博士到沪作学术演讲时的口译。同时，他参与策划并多年担任顾问的会刊《上海科技翻译》，被评定为全国常用外语类核心期刊之一。

2005 年 12 月 5 日，刘祖慰在上海病逝。

刘立青

(1908—2006)

刘立青，宁乡县大成桥（今宁乡县大成桥镇）人，清光绪三十四年（1908）二月出生。

他是黄埔军校第五期学员。民国 15 年（1926）参加北伐战争，历任国民革命军第三军战时宣传员，第八军三师营指导员，第三军警卫团营指导员，武汉要塞堡垒营连长、营长。翌年，蒋介石发动“四一二”政变，刘立青被捕，后经组织营救出狱。民国 19 年（1930）5 月加入中国共产党。民国 26 年（1937）奔赴延安，后进入中国人民抗日军事政治大学学习。

民国 27 年（1938）起，刘立青先后任中央组织部干事，八路军西安办事处干部科科长，中央办公厅警卫科科长。

抗战胜利以后，刘立青被派往东北工作。他先后担任中共抚顺市委委员兼保安团团长，安东地委民运部部长，西满分局二地委民运部部长。

民国 36 年（1947）3 月，刘立青任中共泰来县委书记。6 月，泰来县民主运动政治部为了在全县开展砍挖斗争，在县城召开 400 余人参加的翻身大会，训练骨干。会后，政委刘立青亲自带领工作队进驻大五家子区铁明窝堡村进行砍挖斗争试点。随后，刘立青调任中南铁路运输司令部副政委兼政治部主任。

1950 年 4 月，先后任柳州铁路分局副局长兼政治处主任、党委书记兼政治处主任，铁道部设计总局副局长，铁道部第三设计院副院长，铁道部基本建设总局副局长等职务。1964 年当选为第四届全国政协委员。“文化大革命”中，刘立青遭受打击和迫害。

1978 年 2 月，刘立青再次被推选为全国政协委员，同时他还担任铁道部人事局长兼落实政策领导小组成员。1982 年至 1984 年，刘立青积极参加《宁乡人民革命史》的筹备编撰工作。该书 1984 年由湖南人民出版社出版，成为全国第一本地方革命史。1987 年，刘立青和邓存伦、苏从周等人一道，写出《全国铁路规划及宏观控制问题研讨》的论文，后在《铁道工程学报》第三期上发表，对中国铁路建设规划及宏观控制的比例关系、方针政策和路网建设等重大问题提出许多建设性观点和看法。1988 年，刘立青离休。1991 年，他和刘明夫、陈永清、周光召、王定国、刘雪初等宁乡籍知名人士一道，发出集资修复云山书院的倡议书，使宁乡这一早期革命摇篮得到较好的保存和维护。

2006 年 2 月 18 日，刘立青在北京病逝。

沈其益

(1909—2006)

沈其益，清宣统元年（1909）十二月十七日出生于湖南省长沙市。民国 18 年（1929），考入国立中央大学生物系。民国 21 年（1932）参加中央大学义勇军奔赴淞沪前线营救伤病员，获得十九路军奖章和奖状。民国 22 年（1933）毕业，获学士学位，留校任助教，讲授植物病理学课程。大学时期，进入中国科学社生物研究所参与研究真菌学，先后发表论文《中国两属半知菌》《中国黑粉菌志》，是中国早期真菌研究的重要文献。

民国 23 年（1934），沈其益受聘于中央棉产改进所，负责棉病研究室工作。他深入全国棉区调查研究，发表《中国棉作病害》和《中国棉病调查报告》，对中国棉病的研究和防治工作有重要指导作用。民国 26 年（1937），赴英国留学，在伦敦大学皇家学院和洛桑斯特农业研究试验场，师从著名植物病理学家布朗·格纳特教授。民国 28 年（1939）获伦敦大学哲学博士学位。同年，赴美国入明尼苏达大学，任名誉研究员。民国 1929 年（1940），沈其益回国，任中央农业实验所技正。民国 30—37 年（1941—1948）任中央大学生物系教授，先后教授植物生理学、真菌学和植物生态学等课程，发表《马铃薯病害及其防治》等成果。在重庆参加中国民主革命同盟，加入民主救国运动。民国 37 年（1948）冬，动员几十位关内专家教授秘密前往解放区，对中国科技界投身革命事业产生深远影响。

1949 年 9 月，北京大学、清华大学、华北大学三校农学院合并成立北京农业大学，沈其益任教授、教务长。1955 年加入中国共产党。1956 年任副校长。为北京农业大学创建动植物生理、生化，微生物，农业气象等专业，建立农业遥感研究室，组织开展赤霉素、抗生素、遗传工程的研究工作，培养大批高级科技人才。

20 世纪 60—70 年代，全国普遍发生棉花枯、黄萎病，棉区损失严重。1962 年他向中央提出《加强病虫害防治的紧急建议》，推动全国的农作物保护工作。1972 年，农业部请他主持研究解决棉花重大病害问题的科研课题。他制定计划，进行科学实验，确定防治策略措施，培育出抗病、丰产、优质的新品种。同年，着手组织华北黄淮海大平原土地资源综合治理的重大科研课题，赴邯郸考察，并委派教师解决邯郸、曲周县的旱、涝、盐、碱灾害。经过 4 年的综合治理，得到有效治理。

1979 年，任中国植物保护学会代表团团长，先后三次赴美、英、菲等国参加国际植物保护大会，介绍中国植保科学发展情况，当选为国际植物保护大会的常务委员和名誉副会长。1981 年，兼任国家科委发明奖总评审委员会委员和农业生物学组组长。曾任第一、二、三、五届全国人大代表，第一、六届全国政协委员，中国科学技术协会书记处书记，中国农业科学院植物保护研究所所长，中国植物保护学会理事长，中国农学会副理事长，全国科普协会秘书长。

2006 年 5 月 25 日，沈其益在北京病逝。

刘　正

（1929—2006）

刘正，湖南长沙人，民国 18 年（1929）1 月出生于长沙市。

民国 36 年（1947）夏，在南岳国师附中学习期间，发动和组织“六·二”反饥饿、反迫害大游行。民国 37 年（1948）在湖南大学就读期间，组织“火星社”与歌咏队，从事反对国民党反动派的学生运动，并于民国 38 年（1949）1 月加入中国共产党。同年 5 月，由中共党组织派往湖南人民解放总队湘中一支队参加武装斗争，任政治部副主任。

1949 年 10 月—1952 年 10 月，历任湖南省益阳军分区司令部秘书、湖南省委征粮与土改调查队队员、益阳地委办公室干事、湖南省土改委员会调研科科员、副科长。1952 年 11 月—1954 年 11 月，任湖南省委副书记周惠秘书。1954 年 11 月—1957 年 6 月，先后任长沙县委副书记、书记。积极参与土地改革，努力恢复和发展经济。1957 年 6 月—1967 年 1 月，历任中共湖南省委农村工作部办公室主任、省委政策研究室副主任、省委农村政治部副主任。他坚持深入农村调查研究，为省委决策提供大量有益建议，总结黔阳县秀建大队实行超产全奖、减产全罚的产量责任制即包产到户的试点成功经验，并建议在全省农村推广。

“文化大革命”期间，刘正受冲击，被下放五七干校劳动。1972 年 9 月—1976 年 10 月，先后任中共衡东县委副书记、县革委会副主任、中共湖南省委社队企业调查组组员。1976 年 10 月—1981 年 12 月，先后任中共邵阳地委秘书长、邵阳地委副书记、行署专员。他团结和带领广大干部群众，坚决贯彻党中央一系列拨乱反正的方针政策，清除“左”的影响，维护社会稳定，积极发展生产，促进当地经济和各项社会事业进步。

1981 年 12 月—1983 年 2 月，任中共湖南省委常委；1983 年 2 月—1985 年 6 月，任中共湖南省委书记（时设省委第一书记）、省长；1985 年 6 月—1988 年 1 月，任中共湖南省委副书记。他坚持解放思想、实事求是，全力实施适合湖南省情的经济发展战略；推动全省农村和城市经济体制改革，促进私营经济发展；推进以拓宽公路为突破口的交通基础设施建设和以张家界为龙头的旅游开发，成功举办湖南省第一届“湘交会”。他注重以史为鉴，恢复和主持编纂湖南省志，致力于湖南文学艺术的繁荣和文化产业的发展。

1988 年 1 月—1989 年 12 月，任中共湖南省委副书记、省政协主席。1989 年 12 月—1998 年 1 月，任湖南省政协主席。第五、六届全国人大代表，第七、八、九届全国政协委员。在担任省政协主席期间，围绕推进教育体制改革，发展素质教育，加大洞庭湖治理力度和国有企业改革等问题，深入开展调查研究，提出许多重要的意见和建议。1998 年 1 月，刘正退出领导岗位后，担任湖南省人民政府督学总顾问、炎帝陵基金会会长、湖南省全面修复南岳大庙委员会主任、湖南书画研究院名誉院长等职务。

2006 年 6 月 6 日，刘正在长沙逝世。

佘景行

(1919—2006)

佘景行，又名金堂，谱名时夏，笔名企禹。民国 8 年（1919）5 月生于长沙县霞凝乡三安堂（今望城区丁字湾街道翻身垸村）。民国 22 年（1933）夏考入长沙市明德中学，其间受章东岩老师启发，经常阅读、传播进步书籍，参加抵制日货、支持淞沪爱国运动。民国 26 年（1937）被学校开除后，参加组织全市性学生抗日救亡运动。

民国 27 年（1938）初，长沙八路军办事处成立。经姑母佘肇湘（周恩来秘密交通员）介绍，认识徐特立、王凌波等党中央和湖南省委领导。徐、王写信给平江嘉义涂正坤（省委书记）介绍他参加新四军，被父亲发现，将他押送回乡劝导监管。时日军轰炸长沙，他抗日情绪高涨，砍下左手小指一节，血书“打日本，（救中国)”，“救”字只写一横，昏死过去。后逃家出走，坐火车到武汉，经姑母引荐，由董必武、罗炳辉介绍去延安参加革命。5 月到达延安，入抗日军政大学学习，亲聆毛泽东教诲。6 月加入中国共产党。民国 28 年（1939）冬赴华北敌后抗日最前线。民国 32 年（1943）2 月，原在苏中军区东台县的抗大九分校（佘任政治指导员）奉命转移。渡过长江，跨越沪宁铁路，南去北返、迂回曲折到达苏南抗日根据地。4 月 12 日，将九分校、苏中党校、新四军一师各旅教导队 1200 余人在营防口东到达江北马家集，粉碎日伪妄图制造第二个“皖南事变”的阴谋。

民国 38 年（1949）春，人民解放军挥师南下，佘景行所在二十三军六十九师二〇七团和二〇〇团作为渡江先锋突击团。3 月 31 日，任团政委的佘景行与团长杨绍良等领导部队到达泰兴以南七圩港，一边训练，一边与干部战士和船老大商量，形成“半帆待命”（船帆升一半，用人拉着，不系缆，不抛锚，命令一下就放船）的启渡方案。4月21日19时30分，命令下达，百船齐发，佘景行所在二〇七团比兄弟团早十多分钟登岸，成为渡江第一团，率先头部队完成渡江任务。

佘景行一生参加过“百团大战”“苏北反清乡”“解放高邮”“孟良崮”“苏中七战七捷”“豫东”“淮海”“渡江”“解放上海”及朝鲜三八线争夺战、珍宝岛自卫反击战等战斗。历任连指导员、团政治委员、组织部长、干部部副部长、师副政治委员、师政治委员、军区工程兵政治部副主任、军副政治委员。1971—1975年，担任中共哈尔滨市党的核心小组组长、中共哈尔滨市委副书记、哈尔滨市革命委员会副主任、哈尔滨市革命委员会主任等职。1980年，在中国人民解放军第二十三军副政治委员岗位离休。曾获三级独立自由勋章、二级解放勋章、独立功勋荣誉章，朝鲜民主主义人民共和国授予自由、独立勋章各一枚，以及获突击队员称号一次（毛泽东亲自颁奖）、获模范工作者奖项两次。出版有《天堑通途》《亲聆毛主席教诲二三事》《渡江先锋突击团》《戎马生涯》等革命回忆录。

2006年11月，佘景行在南京病逝。

柯　蓝

(1920—2006)

柯蓝，原名唐一正，笔名亚一、木人，长沙县五美乡上高冲（今属长沙县江背镇）人，民国9年（1920）3月3日出生。

民国25年（1936），柯蓝毕业于湖南省立第一师范53班。翌年“七七事变”后，参加中华民族解放先锋队。民国27年（1938），经徐特立介绍到延安，先后入陕北公学和鲁迅艺术学院学习。次年加入中国共产党。民国29年（1940），为纪念其牺牲的恋人“柯蓝”，始用笔名“柯蓝”。民国30年（1941）从陕北公学和鲁迅艺术学院第二期文学系毕业后，先后任陕甘宁边区文化协会和《边区群众报》记者、主编。翌年开始发表作品，民国33年（1944）创作小说《洋铁桶的故事》，是解放区第一部用章回体形式反映人民抗日斗争的中篇小说，在11个解放区以9个版本印行，受到毛泽东推荐，后在香港出版，流行东南亚，被日本、苏联翻译。民国34年（1945），写出反映边区大生产运动的小说《红旗呼啦啦飘》。民国38年（1949）9月，任新成立的中华全国文学工作者协会上海分会副主席；同年，创办《劳动报》，任副社长兼总编辑。1953年1月，任上海市文联党组成员、上海市文协党组书记；11月，中华全国文学工作者协会上海分会改建为华东作家协会，柯蓝当选为第一届理事会秘书长、理事。1954年，出版儿童长篇小说《雾海枪声》。1957年，出版反映海军战斗生活的长篇小说《祖国海岸》。1958年，出版电影文学剧本《铁窗烈火》、散文诗集《早霞短笛》，是中华人民共和国第一部题材和形式多样的散文诗集，首倡以中国散文诗的联组形式、载体论和散文诗的四大美学特征等理论，改变中国散文诗的历史面貌。1961年，从上海回到湖南，从事专业创作，与妻子文秋合作写出革命历史长篇小说《秋收起义》，后改名《风满潇湘》。1962年11月湖南省文学艺术工作者第三次代表大会以后，柯蓝兼任湖南省文化局副局长。1964年，出版花鼓戏剧本《打铜锣》。1979年，调任北京红旗杂志社文艺部副主任，直到离休。1985年5月，任中国散文诗学会会长。1989年12月，任中国作家代表团团长并率团出访泰国。2001年，被中国作家代表大会授予中国作家协会荣誉委员。2006年，《中国散文诗创作概论》（中华人民共和国第一本散文诗创作概论）出版，是对柯蓝一生从事散文诗创作的系统总结。他还曾任中国作家协会荣誉委员、中国散文诗学会会长、（香港）中国散文诗杂志社社长兼总编辑等。

2006年12月11日，柯蓝在深圳逝世。

金石言

(1942—2007)

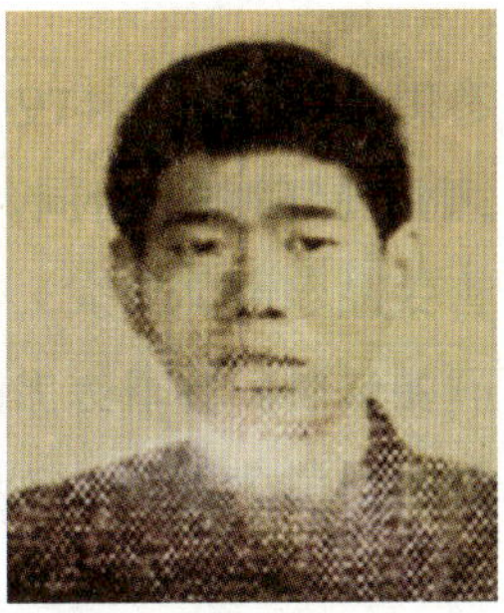

金石言，江西省丰城县董家堡人，民国31年（1942）12月29日出生于湖南醴陵县，幼时家境殷实，就读至初中。

1958年6月进入长沙农业药械厂，始学车工5年，继而从事机床、夹具、刀具调试4年，1967年起转行维修钳工，从事机床维修工作。金石言喜爱维修工作，工作踏实，勤于钻研维修技术，尤其在液压设备和组合机床维修方面日臻精深。

1983年后，长沙农业药械厂转型演变为长沙汽车底盘厂、长沙汽车制造厂，金石言所在的二车间已经成为全厂最大的机械加工车间，拥有142台设备，其中不少是组合机床和大型专用机床等液压、自动设备，维修难度加大。他不仅拼命补习文化，攻读专业技术书籍，而且勤动脑筋，不少别人认为无法修理的设备在他手中起死回生。金石言一心扑在工作上，为做到正常的维修工作和钻研革新两不误，他经常义务加班加点，1984—1994年十年间累计加班800多天，却没有索要一分钱额外报酬。

1984年10月金石言加入中国共产党，并于1986年获“长沙市优秀共产党员”称号。1987年晋升为工人技师，1989年先后当选为长沙市劳动模范和湖南省劳动模范。

在20余年的维修工作中，金石言从事技术革新和改造设备达157项，为企业创造经济价值70万。1995年8月退休，由于工作踏实、维修技术水平颇高，仍被个别私企礼聘。

2007年3月15日，金石言在长沙病逝。

周光宇

(1919—2007)

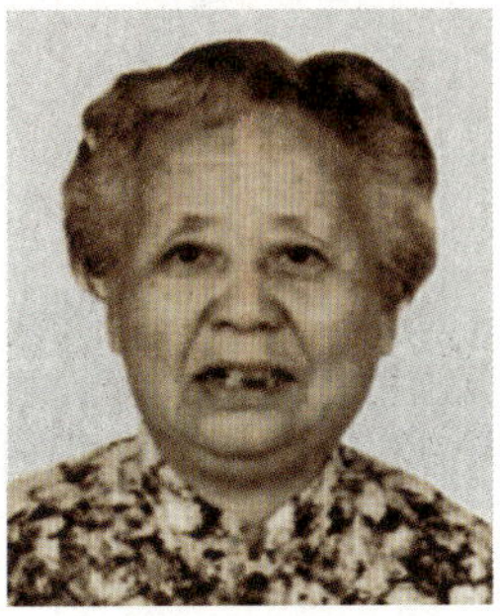

周光宇，女，宁乡双江口檀树湾人，民国8年（1919）2月出生。

民国31年（1942），周光宇毕业于中央大学农业化学系。1951年获比利时卢汶大学农学院农学博士学位。1952年，周光宇响应国家号召从比利时回国，任中国科学生物化学研究所研究员；1952年至1957年，在北京生物制品研究所工作，建立生化研究室，并研究确定生物制品的一些生化法规，解决生产上血清蛋白沉淀等一系列问题，同时培养中国首批生物制品生化人员，主攻应用生物化学代谢调控的理论和技术，最早开展小型谷氨酸发酵生产味精的研究，为中国谷氨酸发酵工业作出贡献。1954年获北京市劳模称号。1957年，应王应睐之邀，到上海生物化学研究所工作，她到生化所后充分利用生化的理论和技术，指导发酵生产的研究和探索工作。用不到一年时间完成“甲烯琥珀酸”发酵的研究；

接着她通过查阅国外文献和对国内“谷氨酸发酵”现状的调查，通过对发酵条件的艰苦研究，建立从发酵液中定性和定量分析谷氨酸以及从发酵液中分离谷氨酸等技术。1959年，周光宇被评为中国首届全国“三八”红旗手；“谷氨酸发酵”的有关论文被评为上海市优秀论文。1964年12月—1975年1月，任第三届全国人大代表。1974年提出分子育种DNA片段杂交理论，进行农业远缘杂交的调查，取得重大成果。1978年“谷氨酸发酵”获中国科学院与上海市的重大成果奖；1978年3月—1993年3月，任第五、六、七届全国政协委员。

1983年周光宇在美国权威杂志《酶学方法》（*Methods in Enzymology*）上发表国际上开创性的植物分子育种技术的论文，引起学术界的重视，该技术不断在国内外得到广泛的理论上的验证和育种应用，周光宇应邀在美、欧、亚洲10个国家的大学和科研单位讲学50余次，在国内外的国际学术讨论会上报告18次。1986年，周光宇创造的植物分子育种技术在由中国科学院科技合作局和农牧渔业部共同主持召开的院（部）级评议会上得到充分肯定，在育种上，这是一个有应用价值的新途径。1987年，分子育种获得中国科学院科技进步奖二等奖。1988年，美国康乃尔大学和西德马普植物育种研究所的研究组分别发表论文，对周创建的分子育种技术作重复性的分子验证。1989年，分子育种又获国家科技进步奖二等奖。1993年，周光宇主编出版“植物分子育种”论文集。1994年在荷兰召开的第四届国际植物分子生物学学术会议上，以色列特拉维夫大学植物系与西德马普植物育种研究所合作报道，用周光宇创立的将外源DNA导入植物的花粉管通道转基因技术，将NPTⅡ和Bar基因转化12个春小麦，转化率高达6%；同年出版《植物分子育种研究》文摘。1995年，她在重病缠身的情况下，写出《关于申请发展我国农业植物分子育种的报告》，为完成第二阶段的研究工作仍做着不懈的努力。

为推动发展中国植物分子育种事业，周光宇分别于1988年5月在山东德州、1991年12月在上海、1994年5月在长沙主持召开三届全国植物分子育种学术讨论会，使中国分子育种技术得到普及。在她的理论方法指导及她的推动下，该技术在国内得到广泛验证和应用。

2007年5月24日，周光宇在中山医院病逝。她把毕生的精力献给科学事业，终身未婚。

段云龙

(1936—2007)

段云龙，湖南省衡阳市常宁县人，民国25年（1936）12月14日出生于一个贫苦农民家庭。段云龙从小勤奋好学，1950年以全县第一名的高分被常宁县一中录取，靠国家助学金完成初中学业。

1953年考入湖南第一师范学校，1956年加入中国共产党，同年毕业后，分配到长沙市西区如意街完全小学任教。后担任教导主任兼少先队总辅导。段云龙热爱教育事业，以感恩的思想积极探索教学规律，不仅搞好自身的教学工作，组织好少先队活动，还努力提高全校教学质量，注意调动教师的积极性。常利用晚上进行走访，帮助教师缓解夫妇间紧张关系；帮助有悲观情绪的老师振作精神安心教学；帮助青年教师克服自由散漫习气，全心投入教学；帮助背着历史包袱的老师放下包袱在教学上发挥其特长。1958年，段云龙被抽调到京广西区民工团任秘书兼共青团总支书记。他天天和民工一起出工，共同劳动，发现好人好事，及时编成快板宣传，并充分发挥青年团员的先锋、突击作用，出色完成上级交给的任务，被评为长沙市特等筑路功臣。

1959年，段云龙任如意街完小代校长。1960年出席全国文教群英会，被授予全国先进工作者称号。

段云龙担任小学校长20余年，不断探索教育规律，坚持按教育规律办事，始终以教学为中心，使学生在德智体三方面全面发展；还认识到教育的发展关键在于教师，善于做教师的思想政治工作，对教师既尊重、理解、关心，又严格要求，充分调动教师的积极性，使学校教育质量名列全区前茅。西区裕南街、新风等小学，在其任职期间都由普通小学成为全省重点小学。

1981年8月—1984年5月，段云龙担任西区教育局副局长。1984—1990年，任西区人民政府常务副区长，主管民政工作，负责抓全区居委会建设。1990年3月—1995年12月，担任西区人大常委会主任，为群众办实事办好事800余件。1996年退休。

在工作岗位40年，他先后荣获长沙市先进工作者和湖南省先进工作者等荣誉称号30多次。他撰写的《人民当家作主的好形式》被收入《中国跨世纪改革发展文献》《中国发展思考与创业文集》《回顾与展望：面向新世纪——当代中国党政及企事业领导干部文选》等大型文集中。段云龙的先进事迹已被编入《中华创业功臣大辞典》《中华魂·中国百业领导英才大典》等多种大型文献中。

2007年5月29日，段云龙在长沙病逝。

黎东汉

(1914—2007)

黎东汉，湖南浏阳市北盛镇窑里村人，民国3年（1914）10月出生于一个农民家庭，民国16年（1927）春加入中国共产主义青年团，民国19年（1930）8月，参加工农红军，分配到独立一师特务连。10月，加入中国共产党。民国20年（1931）春，任连支部书记。民国22年（1933）1月，被选送到军区学习无线电。结业后，分配在军区电台工作。民国23年（1934）8月，随红六军团西征。红二、六军团在印江会师后，调军团指挥部任无线电大队报务员。民国24年（1935）11月，任红十八师电台队队长。民国25年（1936）10月，红二、六军团到达陕北，黎东汉先后调任红六军团、八路军一二〇师三五九旅电台队队长。

民国26年（1937），抗日战争全面爆发后，他组织为部队培训紧缺的报务骨干。民国31年（1942），黎东汉任三五九旅三科科长，民国33年（1944）冬，黎东汉任三五九旅三科科长兼电台中队长，跟随三五九旅南下支队进军湘粤边，开辟五岭抗日根据地。在一年多的时间里，南下支队在极其恶劣的环境下，行程7900余千米。黎东汉一边行军作战，一边想方设法保证通信畅通，为三五九旅南下支队粉碎敌军的围攻和阻拦，南下广东并胜利返回延安做出突出贡献。

民国35年（1946），黎东汉任中原军区通信处处长，随司令员王震到汉口执行停战小组工作，之后随董必武到重庆办事处工作。民国36年（1947）3月，国民党20万大军进攻陕甘宁边区。毛泽东、周恩来、任弼时等组成中央前委，率中共中央和人民解放军总部的精干机关，继续留在陕北，指挥全国的解放战争。为保障统帅部的指挥顺畅，中央前委成立代号为一大队的通信联络大队，由黎东汉担任队长，跟随毛泽东转战陕北，在地上有敌人的通信侦测、天上有飞机轮番轰炸的情况下，黎东汉带领电台既保护中央前委的安全，又保障通信及时。

中华人民共和国成立后，黎东汉先后任军委通信兵部干部处和业务处副处长等职务。1950年，黎东汉作为全国英模代表，出席全国英雄代表表彰大会，受到毛泽东接见。1952 年调任志愿军司令部通信处处长。正准备奔赴抗美援朝前线时，因部队开展“三反”运动，被留任通信部三反办公室主任。三反结束后，黎东汉去南京军事学院学习。1955 年，黎东汉被授予少将军衔，被授予二级八一勋章、二级独立自由勋章、二级解放勋章。1955 年冬，黎东汉调任中国人民解放军通信工程学院第一副院长。当时没有院长和政委，他和副政委张可增、副院长刘克东共同主持工作，1961 年 8 月，黎东汉任院长。1963 年 7 月，黎东汉任军委通信兵部副主任。1973 年，718 工程通信系统领导小组成立，黎东汉任副组长。1980 年，中国进行第一枚洲际导弹发射试验，黎东汉带领大家充分利用现有通信手段，圆满完成导弹发射试验的通信保障任务。1988 年，被授予一级红星功勋荣誉章。

2007 年 6 月 7 日，黎东汉因病在北京逝世。

周楚湘

（1934—2007）

周楚湘，民国 23 年（1934）1 月出生于长沙县（今望城区茶亭镇）。早年就读于望城思益中学和长沙市第五中学。高中毕业后考入中南矿冶学院（现中南工业大学）探矿系。1955 年毕业，被分配到新疆地质局工作。主要从事野外地质勘探和科技情报研究、专业坑探工程设计与施工和软科学研究。

1956—1978 年，完成探矿工程设计和机掘坑深工程设计各 20 余项，负责施工组织和技术指导，完成井巷工程近万米，并撰写年度生产总结和专项技术报告。

1982 年，加入中国共产党。同年，被省人民政府授予湖南省“职工劳动模范”称号、省科院研究员任职资格、享受国务院颁发的政府津贴。1994 年，退休后担任中国老科技工作协会理事，湖南省老科技工作协会、省科委分会副会长。1996 年，个人传略入编《中国专家人名辞典》和《中国大文化英才传略会典》及《中国专家人才库》。至 1997 年，主持或参与科技情报研究和软科学研究课题 10 余项，在公开或内部刊物上共发表论文 20 余篇。其中：参与“湖南省（1986—2000）科技发展规划研究”中的规划纲要、倾斜方案与项目研制，获国家科技进步三等奖，“湖南省全社会科技投入研究”课题获湖南省科技进步三等奖；主持“关于湖南省有色金属冶金工业生产和科学技术发展预测”获湖南省科技成果四等奖，“湖南省重点非金属矿、石材资源开发利用前景研究”获湖南省科技进步三等奖。

2007 年，周楚湘因病在长沙逝世。

周泽良

（1969—2008）

周泽良，1969 年 10 月 12 日生，长沙县雷锋公社（今望城区雷锋街道）坪山村人，初中文化。出生农家，他一直梦想能开车，1996 年，他勤学苦练考取驾驶证。婚后育有一儿一女，一直靠货运维持一家人生计。2007 年 1 月，他被聘为长沙红光巴士公司 915 线路公交车司机。每天天不亮就起床，离家时妻子总要叮嘱他注意安全。在公司，他技术娴熟，出班收班准点，总是把车打扫得窗明几净，呵护有加，同事戏称车是他的第二任老婆。他生性善良，性格温和，富有正义感。

2007年4月6日，周泽良驾驶公交车到桐梓坡路段时，车厢内1名女乘客发现手机被偷并看到了小偷，两个人发生争执，小偷拿出凶器。乘客没人敢站出来阻止，周泽良立即停车，大吼一声，冲上前抓住小偷的手，将手机归还给乘客，在其他乘客的帮助下把小偷扭送到派出所。

2008年1月19日，长沙城内地面结冰，温度降至-3℃。当天周泽良并不当班，但为保证915公交车正常运营，他主动帮生病的同事替班。当天，周泽良驾驶的是185号公交车。因为冰冻，每一趟车，周泽良都开得特别小心。因为路滑，每一趟车的时间都延长了。中午1点多才到站房值班室，匆匆扒了几口午饭顾不上休息，他便上车准备发车。傍晚6时左右，他驾驶着公交车沿城南路由东往西行驶。突然，公交车一个急刹，乘客们都吓了一跳。他们发现周泽良脸色苍白，在做了一次深呼吸后，他继续驾车前行。车行至市妇幼保健院时，周泽良突然趴倒在方向盘上，前方就是人流车流量非常大的城南路与韶山路十字路口，公交车再次急刹，周泽良拼尽全力踩住刹车，公交车在路口靠边稳稳地停下。随后周泽良被送至医院，抢救无效死亡。2008年4月，中华总工会授予其“全国五一劳动奖章”，5月26日，湖南省人民政府追认其为烈士。

陈火旺

(1936—2008)

陈火旺，福建省安溪县长坑乡玉南村人。民国25年（1936）2月5日出生。1953年考入上海复旦大学数学系。1956年毕业留校任助教。同年加入中国共产党。

1958年，被复旦大学选派到北京大学进修数理逻辑。1965年9月，被教育部派往英国伦敦国家物理所进修计算机软件。1967年春回国并借调到上海华东计算机研究所。1970年入伍，任长沙工学院（哈军工主体南迁长沙，更名长沙工学院，后改名国防科技大学）教员，后历任（电子）计算机系副教授、系副主任、教授、博士生导师、研究生院副院长。

1974年，完成441B-III Fortran编译系统（1978年获全国科学大会奖）。1975年，被派往湘西农村支援农业学大寨。1978年完成研制远望号测量船中心计算机DJ151语言系统。1978年3月，国防科技大学计算机研究所接受“银河I”亿次巨型计算机项目研制任务，陈火旺担任该项目软件系统总负责人，负责软件系统总体设计。1983年12月，该巨型计算机通过国家级鉴定，填补国内巨型电子计算机空白。1984年，该巨型计算机获国防科技成果特等奖，陈火旺个人获国防科技一等奖，荣立二等功。同年1月，经国务院学位委员会批准，陈火旺成为国防科技大学计算机软件专业学科第一位博士生导师。

1987年率先在国内开展“面向对象的集成化软件开发环境”项目研究，1990年3月通过国家教委成果鉴定，1991年获国防科技进步一等奖。1989年主持研制非单调推理系统GKD-NMRS，1991年10月通过国家“863计划”计算机专家组鉴定，1993年获国防科技进步一等奖。1989年，YH-2 FORTRAN编译系统获国防科技进步一等奖。1990年授予少将军衔。1991年授予国家有突出贡献的中青年专家称号，同年获光华科学基金一等奖。1997年当选为中国工程院院士。1998年，银河-Ⅲ并行编译系统与程序设计环境获国防科技进步一等奖。2001年，获国防科技进步一等奖。2002年，获国家科学技术进步一等奖。

陈火旺曾是国务院学位委员会计算机学科评议组成员、解放军总装备部科技委委员、中国计算机学会计算机科学理论专业委员会名誉主任、全国工科院校计算机专业教学指导委员会主任、国家“863 计划”信息领域第一届专家委员会委员、中国软件行业协会副主任委员。撰有《能行连续泛函》《串行运算向量化》等论文、研究报告 60 余篇，《数理逻辑与控制论》《程序设计语言编译原理》《程序设计方法学基础》等著作 4 部，主编和参编的教材和课程、主持研究的项目获奖次数 36 次。

2008 年 2 月 2 日，陈火旺在长沙病逝。

杜 屏

(1915—2008)

杜屏，曾用名杜本谦，民国 4 年（1915）2 月 25 日出生在湖南省长沙县（今岳麓区含浦街道芝字港）一个知识分子家庭。

杜屏少时受胞姐杜章蕴的影响，倾向进步。民国 25 年（1936）加入中国共产主义青年团，同年参加中国工农红军，并转为中国共产党党员。历任中央军委总政治部统战部干事兼俘管训练队队长、红军前敌总指挥部特务团连长、副营长等职。

民国 26 年（1937）入延安抗日军政大学学习，任副中队长。民国 27 年（1938）9 月调往新四军，历任新四军教导总队第七队队长、第二支队教导队队长、新四军江南指挥部教导大队大队长、江南指挥部老二团参谋长等职。民国 29 年（1940）赴苏北作战，任苏北指挥部第二纵队参谋长，参加黄桥战役和开辟苏北抗日根据地的斗争。民国 30 年（1941）皖南事变后，历任新四军第一师第二旅参谋长兼第二军分区参谋长、抗日军政大学九分校教育长、副校长兼教育长。协助校长粟裕主持学校工作，为新四军和根据地培养一大批抗日干部。

民国 34 年（1945）抗战胜利前夕，杜屏任苏中军区第三军分区参谋长，参加曹甸、苏北反“扫荡”、江南第一次“反顽”、苏中七战七捷、涟水保卫战以及苏中区攻占石庄镇、兴化城、泰兴城等战斗，他多次直接组织指挥部队作战，不畏艰险，出生入死，表现机智英勇。解放战争时期，民国 34 年（1945）11 月，任华中野战军第七纵队参谋长、第七纵队第二十一旅副旅长。民国 36 年（1947）任华东野战军第六纵队参谋长、第四纵队第十二师副师长。民国 37 年（1948）任第四纵队第十师师长。民国 38 年（1949）1 月任第三野战军二十三军第六十七师师长。杜屏率部参加解放华东的莱芜、孟良崮、豫东、淮海、渡江多次重大战役和战斗。他多次独立指挥较大规模战斗，考虑情况周密，布置战斗周到，处理情况果断，为中国人民的解放事业做出优异成绩。

中华人民共和国成立后，杜屏历任中国人民解放军第二十三军六十七师师长、第二十三军副军长。1952 年任志愿军第二十三军副军长，参加抗美援朝战争。他两次指挥石砚洞北山作战，始终战斗在一线，歼灭美军两团两营。1955 年回国后，被授予三级八一勋章、二级独立自由勋章、一级解放勋章，并被授予大校军衔，1961 年晋升为少将军衔。历任中国人民解放军总参谋部装备部副部长、总参谋部装备计划部副部长，总后勤部装备部副部长，1975 年任总参谋部装备部部长，1982 年任顾问，1984 年 4 月离职休养。1988 年被授予一级红星功勋荣誉章。

2008 年 2 月 19 日，杜屏因病在北京逝世。

彭金山

(1911—2008)

彭金山，长沙市五里牌人，清宣统三年（1911）二月出生。

民国18年（1929）2月，彭金山参加中国工农红军。民国22年（1933）6月，他所在部队被编为中国工农红军第一方面军第一军团第二师。长征中彭金山担任二师电话员，每日除背包、武器外，要背10公斤重的电话线，随时随地架设电话线，保证中央领导指令畅通。红二师作为前卫师之一，彭金山参加过突破乌江、抢渡大渡河、四渡赤水等战斗。民国24年（1935）4月加入中国共产党。抗日战争时期，他调115师通讯排，参加平型关、百团大战等战斗。与日军作战时握指挥旗的左手被子弹打成贯通伤造成粉碎性骨折，白求恩医生为其手术保住无名指不被截去。解放战争时期，彭金山参加辽沈战役。

彭金山历任通讯员、班长、排长、侦察队队长、辽西分区警卫团营长、独立团副团长、四野南下工作团大队长、湖南省公安总队长沙市大队大队长、湖南省邵阳军分区后勤部部长等职。1955年获三级八一勋章、三级独立自由勋章和三级解放勋章各一枚。1955年被授予中校军衔，1961年晋升为上校军衔。1964年6月离职休养，住湖南省军区东湖干休所。1988年被授予二级红星功勋荣誉章。

2008年3月4日，彭金山在长沙逝世。

吴建安

(1913—2008)

吴建安，湖南长沙市人，民国2年（1913）出生。民国20年（1931）考入福建马尾海军学校，学习航海，民国25年（1936）毕业，成为中华民国海军“楚同舰”的枪炮官，民国27年（1938）参加武汉会战，在长江江面迎击日军，吴建安操控一门奥里肯高射机关炮击伤一架日机。民国32年（1943），国民党海军在全国考试选拔海军军官代表中国赴英国参战，对抗纳粹德国海军，吴建安被选拔上。在英国皇家海军军舰担任上尉副鱼雷官，在地中海战役中捕获一艘德军潜艇，并押解回英国。二战结束后，到英国格林威治皇家海军学院学习，民国35年（1946）毕业。后历任中华民国海军“太平”号军舰副舰长、海军总司令部科长、“惠安”号军舰舰长。民国38年（1949）1月，吴建安被任命为中华民国海军第一编队舰队长。第一编队是师的编制，直属总部，总部命令吴建安带领“惠安”舰等15艘舰艇到定海待命。在参加李宗仁召集的师长以上军官会议后，反对内战的吴建安看出国民党当局仍要打内战，就决心起义，并积极说服和辅佐中华民国海军第二舰队司令林遵起义。4月23日，为配合解放军的渡江战役，林遵率永绥舰、楚同舰、惠安舰等25艘舰艇在南京以东江面宣布起义，使人民解放军顺利渡江，解放南京时解放军无一人伤亡，并于4月30日发表起义通电，5月18日毛泽东、朱德在复电中称该起义为“南京江面上的壮举”。

中华人民共和国成立后，吴建安先后任解放军华东军区海军舰长、军区海军司令部参谋，第一海军学校教研室主任，海军水面舰艇学校副校长，海军水面舰艇学院副院长。1982 年加入中国共产党，同年 3 月，当选为辽宁省第四届政协副主席。吴建安是第五至七届全国政协委员。

2008 年 3 月 5 日，吴建安在大连逝世。

石荫祥

(1917—2008)

石荫祥，民国 6 年（1917）4 月 6 日出生于长沙市城东一户普通厨师家庭。民国 22 年（1933），入长沙曲园酒家学习厨艺。三年学徒期满上灶掌勺。民国 26 年（1937），师傅史玉和将女儿史秀英许配给石荫祥，并把烹饪绝活传授给他。次年，长沙“文夕大火”，曲园酒家被焚毁，石荫祥入潇湘酒家。后来，石荫祥携家小外出避难，先后入衡阳远东酒家，湘潭明花园为厨。民国 33 年（1944）冬，他再次回到长沙潇湘酒家。石荫祥的厨艺逐渐形成原味、创新、精细、美观的特色，以炒、熘、煎、贴、烧等技术见长，首创出水晶、锅贴、麻仁香桃等菜式。潇湘酒家请他以技术入股，成为该酒家的股东。民国 34 年（1945），石荫祥被推选为设在永庆巷詹王宫长沙烹饪同业公会总管，并成为该会的常务理事。

1951 年，石荫祥入湖南省行政处第一招待所工作。1954 年，石荫祥被抽调为来湘视察的中央首长服务。1959 年正式调到湖南省委接待处工作。担任烹饪主理和技术顾问。1959—1975 年，毛泽东每次来湘视察工作，石荫祥都被安排作为厨师掌勺。石荫祥注重原汁原味、口味适中、浓淡适度，“真正的湘菜应该是辣而不烈”。在菜品的创新上，他逐步改革烹制方法，保持湘菜特色；改变菜品结构，调整材料组合；运用造型艺术，增添菜肴美感；注意就地取材，力求综合利用。

从 20 世纪 80 年代始，石荫祥作为湖南省烹饪协会名誉会长和国家烹饪竞赛评委，先后赴京、沪、港、鲁、陕、江、浙等地，开展技术交流，举办湘菜文化讲座，推介湘菜美食。他指导多名弟子成为湘菜发展的领军人物。1983 年，石荫祥编写的《湘菜集锦》出版，汇集 500 多种湘菜菜品，涵盖正宗的湖南名菜。1984 年，湖南省人民政府授予石荫祥“湘菜大师”称号。1988 年，他编写的《湘菜集锦续集》《湘菜集锦续续集》《湘菜集锦·豆制品集》出版发行。1991 年 6 月，湖南省人民政府授予石荫祥“湘菜大师”称号，评为“湖南省劳动模范”。2001 年 11 月，被中国商业联合会、中国烹饪协会授予他“中国烹饪大师”称号。2002 年，他编写的《湘菜·创新菜》出版发行。2007 年 4 月，石荫祥获得全国餐饮业特殊贡献奖。他创作的《湘菜·豆制品集》出版发行。2008 年 4 月 17 日，石荫祥仍在与家人商量《湘菜集锦·素食集》写作计划，拟定他百岁时出版。

2008 年 4 月 21 日，石荫祥在长沙逝世。

王安城

(1946—2008)

王安城，长沙市（今芙蓉区火星街道龙柏社区）人，民国 35 年（1946）12 月 11 日出生。1968 年

在水利电力部长沙电力学校毕业后，分配到安徽省合肥华东电力建设局任宣传干事，开始绘画创作。1971 年调回长沙，任湖南林业机械厂工会干事，从事宣传工作。1979 年，在湖南长华工业总厂工作。有一天，酷爱画画的王安城看到火柴盒上的漂亮图案后，萌发设计创作火花的欲望。1980 年，他带着作品到长沙火柴厂毛遂自荐，年底他被正式调入该厂工作，成为长沙火柴厂第一位从事火花设计的员工。王安城秉承持着“方寸间精心勾画，不能人云亦云，要有自己特色”的理念，分别收集到 120 余个国家的 10 万枚火花，设计创作近万枚火花图案。1984 年 4 月，他突破传统火花设计框架，在国内首次把漫画图案搬上火柴盒。他创作的“刺玫瑰”8 枚套漫画火花系列，获得全国首届火花评比一等奖；“龙年书法”火花获全国火花展评二等奖；“武陵源风光”火花获全国轻工博览银奖、中南星银奖。他在长沙、北京、深圳等地举办“王安城火花设计和藏品展”20 余次。1996 年，他的火花设计获得大世界吉尼斯纪录证书；还获得磷画（字）火柴设计（京剧脸谱、火眼金睛、佛光普照、十八般武艺）发明专利。1997 年，被评为湖南省包装设计家。由他创意、策划大型“中外名鸟幽默造型展”，在长沙、郑州、杭州、南宁、贵州等城市巡回展出。1998 年入选《中国专家名人辞典》第八卷。

2002 年，在首届张家界旅游商品设计开发中，作品“张家界风光精品火花册”设计获得由中国美术家协会评定的银奖。2003 年，策划设计《中华人民共和国第五届全国城市运动会精品火花册》，作为运动会纪念品馈赠国际奥委会官员和国家领导人。他还完成对毛泽东使用过的火柴与火花研究，该设计获国家发明专利。2004 年，在首届“中国齐白石国际文化艺术节”时，策划设计包含“世纪丹青”和“见物思齐”主题的《齐白石作品/传记火花典藏》系列作品，共 200 枚。作品包括齐白石的绘画、篆刻、书法、木雕图片以及齐白石的生活照，并被齐白石纪念馆、湖南图书馆等多家机构收藏。2007 年，与女婿唐巍合作创作以奥运为题材的火花册 3 部，涉及火花 1000 余枚。2008 年 4 月，他设计的 3 册奥运题材火花《2008 年北京奥林匹克运动会》《奥运点燃爱国热情》《国际奥林匹克博物馆》，通过国家相关部门的审核。

王安城从事火花设计工作 28 年，先后任中国火柴工业协会会员、中国火柴工业协会火花组顾问、湖南省包装技术协会会员、湖南省美协会员、湖南省收藏协会理事。

2008 年 4 月 29 日，王安城在长沙逝世。

唐稚松

（1925—2008）

唐稚松，长沙市人，民国 14 年（1925）8 月 7 日生。民国 29—33 年（1940—1944），在明德中学初中部和省立第一中学高中部学习。民国 34 年（1945）—1950 年在西南联合大学及清华大学哲学系本科学习，学习期间，他各科成绩均突出，尤擅长诗词。1950—1952 年，在清华大学研究生院数理逻辑专业学习。

1952 年 8 月任中国人民大学数学教研室讲师。1956 年 10 月任中国科学院数学研究所逻辑室助理研究员。1962 年 10 月起，先后任中国科学院计算技术研究所助理研究员、副研究员和研究员。1965 年，唐稚松在《数学学报》发表一篇关于计算机指令系统性质的论文，提出转移指令可用循环替代。这一重要结果比国外同行的类似结果早发表一年。20 世纪 70 年代中期，他在分析总结国际上结构程序设计研究方面的大量资料基础上，完成长篇论文《结构程序设计与结构程序语言》。在此基础上，他设计一个广谱的结构程序语言，取名为系列化语言族，简称 XYZ 系统。1978 年，唐稚松在 IFIP（国际信息处理协会）专家组会议上，介绍 XYZ 系统的概念及设计思想，引起与会者的强烈反响。1979 年，应邀访问美国斯坦福大学。此后又应邀先后到欧美等国和日本的 30 多所大学、科研机构讲学和访问。在此期间，他为 XYZ 建立时序逻辑基础。1980 年，他成为来自中国的第一位 IFIP 专家组成员。在访问斯坦福大学将近结束时，曾有美国记者问他，以他所具备的条件，为什么不争取留在美国？他回答很简单："我爱中国，她是我的祖国，我在美国没有根。"（纽约时报杂志，1981 年 11 月 15 日）。1983 年 IFIP 巴黎大会上，他提出世界上第一个可执行时序逻辑语言 XYZ/E。该语言第一次将状态转换的控制机制引入到逻辑系统之中，又第一次将这种时序逻辑形式化理论与最新软件技术结合起来。这一成果被国际著名计算机专家称为软件工程领域中发展可执行时序逻辑的先驱。

1985 年 3 月起，唐稚松任中国科学院软件研究所研究员，计算机科学国家重点实验室名誉主任。1991 年当选为中国科学院学部委员、中科院院士。他是中国计算机科学和软件领域的主要学术带头人，在结构程序设计理论、程序语言、形式文法、汉字信息处理、软件工程等多个方面均有卓越建树。唐稚松曾任《计算机学报》《软件学报》《自然科学进展》和《符号计算杂志》（*Journal of Symbolic Computation*）等杂志的编委，中国软件行业协会顾问、中文信息处理学会常务理事、自然辩证法学会理事等；曾任武汉大学、重庆大学、中南工业大学名誉教授，中国科学技术大学、西北大学、贵州大学等校兼职教授。他治学严谨，对学术腐败现象深恶痛绝，经常教导学生，作为科研人员，首先应具备科学的人生观与世界观，科学研究是探索真知，来不得半点虚假与投机取巧。

由于在基于时序逻辑的软件工程环境理论和系统方面的研究成就，他荣获 1989 年国家自然科学奖一等奖和 1996 年何梁何利科学技术进步奖。唐稚松在国内外发表学术论文逾百篇，专著《时序逻辑程序设计与软件工程》获 2003 年国家图书奖正式奖和全国优秀科技图书奖一等奖，还著有诗词作品集《桃蹊诗存》（桃蹊是他的笔名）。

2008 年 7 月 21 日，唐稚松在北京病逝。

毛更甦

（1919—2008）

毛更甦，原名毛长浩，湖南长沙人，民国 8 年（1919）12 月出生于长沙市，少年时代在长沙雅礼中学读书。民国 27 年（1938）5 月赴延安参加革命，到陕北公学分校学习，同年 8 月加入中国共产党。

民国 30 年（1941）皖南事变后，任新四军四师政治部干事。四师转移津浦路东后，先后任宿东县委副书记、书记，灵北县委书记，淮北二地委城工部长等职。民国 34 年（1945）10 月调任华中八地委联络部长。次年 11 月，任中共商亳鹿柘县委书记。在此期间，他领导该县人民迅速建立 3 个区，打通华中八地委与水东地区的联系。

豫皖苏区党委成立后，调任区党委干部科科长。中华人民共和国成立后，历任云南省工业厅副厅长，工业部部长，经委主任、省委常委，省经委主任、省财办副主任，为新中国的建立和建国初期云南省的国民经济恢复与发展作出贡献。“文化大革命”中，毛更甦受到不公正待遇，但他坚定对党的信念，表现共产党员的立场和原则。1976 年粉碎江青反革命集团后，毛更甦先后任云南省机械局副局长、党组副书记，局长、党组书记，云南省经委主任、省政府党组成员。1981 年 3 月，他调到湖北工作，先后担任湖北省进出口管理委员会主任、党组书记，省顾委委员，省经济研究中心副总干事、党组副书记。1986 年 5 月，在湖北省政协五届四次会议上，毛更甦增选为第五届省政协副主席。他认真执行党在新时期政协、统战工作的方针政策，为人民政协事业的发展做了大量工作。离开工作岗位后，毛更甦一如既往地关心党的建设，关心改革开放事业，关注国计民生和社会问题。

2008 年 8 月 8 日，毛更甦在武昌逝世。遗体火化后骨灰由其亲属撒入长江。

瞿同祖

(1910—2008)

瞿同祖，字天贶，后改天况，湖南长沙人。宣统二年（1910）七月十二日出生于长沙，后全家迁居上海，在沪入小学。幼承庭训，少年时代先后就读北京育英中学、汇文中学。民国 19 年（1930）保送至燕京大学，主修社会学。民国 23 年（1934）获文学学士学位，旋入燕京大学研究院，主修中国社会史研究。民国 25 年（1936）获硕士学位，硕士学位论文为《中国封建社会》，翌年由商务印书馆出版。

民国 27 年（1938）任国民政府贸易委员会调查处处员。次年任云南大学社会、政经、法律三系讲师，开设“中国社会史”“中国经济史”“中国法制史”三门课程，后升任副教授、教授。民国 33 年（1944）兼任西南联合大学讲师。任教期间完成著作《中国法律与中国社会》（后作为《社会学丛刊》甲集第五种于 1947 年由商务印书馆出版）。民国 34 年（1945）春任哥伦比亚大学中国历史研究室研究员，从事汉史研究，其间完成《汉代社会结构》初稿，对汉代家庭、婚姻、妇女地位、社会阶级、豪族等专题进行讨论和分析（英文版于 1972 年由华盛顿大学出版社出版，中文版于 2007 年由上海人民出版社出版）。1955 年任哈佛大学东亚研究中心研究员兼讲师，从事中国史研究，与人合开“中国法律”课，期间完成《清代地方政府》编撰（英文版于 1962 年由哈佛大学出版社出版，中文版于 2003 年由法律出版社出版）。1962 年任加拿大不列颠哥伦比亚大学亚洲系副教授，讲授中国通史和古汉语课。1965 年 9 月辞职回国。1971 年被安排在湖南文史馆工作，历任湖南文史研究馆馆员、湖南省政协文史资料研究委员会副主任。1976 年借调中国社会科学院近代史研究所。同年与夫人合译的《艾登回忆录》由商务印书馆出版。1978 年调任中国社会科学院近代史研究所二级研究员。先后享受局级、副部级待遇，继而评上首批博士生导师。同年编译的《史迪威资料》由中华书局出版。1980 年 8 月出席在罗马尼亚举行的第 15 届国际历史科学会议，9 月出席在瑞士举行的第 27 届欧洲汉学会议，作《清代法律的延续性和演变》报告。1983 年在香港大学演讲《法律在中国社会中的作用》。1985 年以高级学者名义访问美国哈佛大学、芝加哥大学、华盛顿大学，多次阐述法律在中国社会中的作用。同年起享受终身在职专家待遇。1998年，《瞿同祖法学论著集》由中国政法大学出版社出版。2006年被聘为中国社会科学院荣誉学部委员。

著有《中国封建社会》《中国法律与中国社会》《清代地方政府》等专著7部，编译出版《艾登回忆录》《史迪威资料》，论文《中国阶级结构与其意识形态》《清律的继承和变化》《儒家思想与中国传统法律之发展》等10篇。

2008年10月3日在北京协和医院病逝。

吴立民

(1926—2009)

吴立民，号吴明，曾用名吴作森，法名信如。民国15年（1926）2月16日出生于湖北省新阳县。幼时父母双亡，生长于汉口孤儿院，后因战争流浪街头，辗转被湖南省东安儿童教养院收养。

民国28年（1939），被顾伯叙收为义子，跟随修学佛法。同年5月—民国34年（1945）8月，就读于湖南省东安县耀祥书院（今为耀祥中学）。毕业后在学院担任教员。在此期间，参与中共地下党革命工作，接触进步人士，宣传中国共产党的政策，并协助唐生智举行和平起义。1949年9月，加入中国共产党。

1950年1—5月，先后在湖南人民军政委员会、湖南省人民政府办公厅工作，任唐生智秘书；1952年，协助唐生智筹建中国佛教协会；1954年7月—1958年4月，调任湖南省政协秘书处副处长；1958年4月—1962年3月，调任中共湖南省统战部办公室副主任；1962年，下放农村任长沙县黎托公社党委副书记；1963年，任湖南省政治学校副教务长；1968年10月，在湖南省毛泽东思想学习班九期和省“五七”总校学习；1970年，下放至浏阳县船仓公社插队落户并任下放干部连连长；1972年3月—1973年3月，调任浏阳县卫生局局长。

1976年，回到湖南省统战部，任办公室主任。1977—1979年，历任省政协秘书处副处长、副秘书长；1983年，任省统战部副部长，主抓落实宗教政策的工作，对南岳大庙的修复等工作起到推动作用。1988年，兼任省政协文史委员会主任。

1991年，被中央统战部聘为中国佛教文化研究所所长，主抓佛学研究工作，兼任中国佛学院教授、研究生导师、湖南省佛教文化研究会会长，并主持国家“八五”规划社会科学基金课题《佛教寺院及禅宗宗派源流》。主办《中国佛教与传统文化》等50多部著作。在行政、编务、教学、研究之余，经常接待外宾来访，率团到日本、法国、新加坡等地进行友好访问，交流佛学研究成果。

1994年，离休后的吴立民对陕西省扶风县法门寺佛指舍利塔地宫里唐代密宗的曼荼罗（即密教传统的修持能量的中心）进行考证，著有《法门寺地宫唐密曼荼罗研究》（1995），研究成果被国家文物局认为是继法门寺地宫发掘后的又一重大发现，填补国内关于唐代密宗研究的空白。10月，在日本举办的第五届中日佛教学术交流会上，作主题发言，为法门寺及唐代密宗的研究提供资料。

吴立民通晓儒、释、道三家，潜心研究佛学，挖掘和弘扬佛教文化中的积极因素，到多地讲学，推动佛教与社会主义社会相适应。佛法研究著作有20多部。到晚年仍悉心指导西安大雁塔、苏州重元寺、南岳藏经楼等佛教圣地的修复、重建工作。

2009年1月31日，吴立民在长沙逝世。

汤 杨

(1982—2009)

汤杨，长沙县福临镇古华村人，1982年2月25日生。1987年，就读于开慧小学，深受杨开慧烈士精神感染和熏陶。中学时代，连续担任班干部、课代表，乐于帮助同学。

1996年5月，加入中国共产主义青年团；1999年7月，通过高考进入湖南公安高等专科学校就读；2002年9月，加入中国共产党；2002年12月—2004年12月在驻香港部队服役，两次获得优秀士兵称号。2005年2月，任聘到长沙县城市管理局执法大队工作，任一中队二组组长，多次获得执法工作先进个人称号。2006年9月，通过湖南省公务员考试，分配到长沙县金井镇人民政府工作，任司法助理员；2007年10月任金井镇人民政府综治办副主任；2008年6月后兼任纪检专干和武装干事。主持和参与调处矛盾纠纷390余起，成功率98%。

2009年2月11日下午3时许，金井镇新沙村因村民烧田塍引发山林大火，汤杨得知灾情后，立即与其他干部群众一起赶赴火场，参与灭火战斗。下午5时，由于风力加大，火势越来越猛烈，严重危及灭火人员生命安全。在此紧急关头，接到上级撤离命令的汤杨发现另一组干部群众仍在火场后，毅然冒着生命危险返回火场组织他们迅速撤离，而汤杨不幸被大火吞噬，壮烈牺牲。2月16日，经湖南省人民政府批准，湖南省司法厅追授汤杨为烈士，并号召全省司法行政干警向汤杨学习；3月11日，司法部追授汤杨为全国司法行政系统“一级英模”称号，同时决定在全国司法行政系统开展向汤杨学习的活动；6月，人力资源和社会保障部、监察部追授其为“全国纪检监察系统先进工作者”，《人民日报》等新闻媒体在《时代先锋》专栏中介绍其先进事迹。

欧阳山尊

(1914—2009)

欧阳山尊，原名欧阳寿，湖南浏阳市城关镇人，民国3年（1914）5月出生。小时候过继给父亲的胞兄——中国话剧艺术的创始人之一欧阳予倩。

欧阳山尊7岁开始登台演戏，民国20年（1931），进入杭州电厂工作，经常受邀参加“左联”领导下的五月花剧社演出活动。民国22年（1933）夏，考入上海大夏大学数学系。和同学一起组织大夏剧社，开展抗日救亡演出活动。先后导演过《压迫》《救命圈》等剧目，同时也参加过一些大型的救亡演出活动，并与聂耳一起从事过戏剧效果。与金山、辛汉文、王莹等人发起组织四十年代剧社，演出夏衍的《赛金花》和《自由魂》。

民国26年（1937），欧阳山尊大学毕业，加入上海救亡演剧队第一队，8月20日离开上海，途径武汉、郑州、开封、洛阳、西安等地，奔赴华北抗日前线演出，当年冬，他们受到朱德、彭德怀、任弼时、贺龙、杨尚昆接见。民国 27 年（1938）春，欧阳山尊受到毛泽东接见。不久，他参加陕甘宁边区文协，后又参加总政组织的部队文艺工作小组，曾陪同美驻华使馆参赞埃文斯·卡尔逊到华北敌后各根据地进行月访问。民国 28 年（1939）初，欧阳山尊被调入抗大总校文工团，2 月 8 日，加入中国共产党。7 月，调任八路军第五纵队宣传队副队长。民国29 年（1940）1 月—民国 34 年（1945）8 月，欧阳山尊先后任八路军一二〇师战斗剧社副社长、社长等职。相继导演《麻袋》《一万元》《黄河三部曲》《第四十一个》《旧恨新仇》《宣传》《警备队长》《贺宝元回家》等 10 余部戏剧，并在多部戏剧中担任演员。

民国 31 年（1942）春，欧阳山尊参加延安文艺座谈会，并在座谈会上发言，书面向毛泽东汇报工作。毛泽东在延安观看他们的戏剧后，亲自写信给他和剧社，高度评价他们的演出活动。

抗日战争胜利后欧阳山尊受周恩来指派任新华总社记者。民国 35 年（1946）年 11 月，欧阳山尊到达东北。先后担任东北军区军事工业部科长、沈阳汽车总厂副厂长、东北工业部机械局计划处处长等职。

1950 年春，欧阳山尊调任北京人民艺术剧院党组书记、副院长，兼副总导演。1983 年，欧阳山尊应广东电视台邀请，导演电视剧《燃烧的心》，获全国电视剧评比“飞天奖”一等奖，欧阳山尊获得“荣誉导演奖”。至 1988 年，先后导演歌剧《王贵与李香香》《日出》《关汉卿》《霓虹灯下的哨兵》《上海屋檐下》《雷雨》《松赞干布》等多部剧目。随同以梅兰芳、欧阳予倩为首的中国京剧代表团出访日本。

欧阳山尊还担任许多影剧刊物的主编和编审，主编期刊《剧本园地》《中外电影》，主编出版专集《苏联著名电影专集》《日本著名电影专集》。他主编的《中国魂》在首届“中国青年读书节”上，被评为青年最爱读的书。他还经常辅导专业或业余作者的剧本创作，到大学或专业团体讲课。由于他在文化艺术事业的杰出贡献，先后获得文化部“老有所为精英奖”，享受国务院特殊津贴。

2009 年 7 月 2 日，欧阳山尊在北京逝世。

唐子奇

（1907—2009）

唐子奇，清光绪三十三年（1907）三月，出生于浏阳县永和镇（今浏阳市永和镇）。6 岁发蒙，初中期间因家庭困难辍学。

民国 15 年（1926），参加第一次大革命，不久，加入中国共产主义青年团。民国 16 年（1927）春，当选为永和区自治委员会主席兼军粮筹备领导小组组长。4 月，唐子奇任永和区团区委书记。5 月，参军入贺龙领导的国民革命军第二十军教导团，随部队参加“八一”南昌起义，南昌起义失败后，在转战福建途中因病落伍，不幸被捕入狱，在狱中任凭敌人酷刑拷打，坚贞不屈。被营救出狱后，民国 17 年（1928），唐子奇在洪湖市从事党的秘密工作。民国 19 年（1930）中共长江局调他到汉口工作，在长江局领导下在汉口设立一个秘密联络点，曾接待、帮助任弼时、陈赓等多人安全转移。民国 20 年（1931）7 月，在湘赣苏区参加中国工农红军，历任团文书、师见习参谋，民国 21 年（1932）6 月，由王震、刘生标介绍重新入党。调任二十二师参谋。民国 22 年（1933）任红十七师作战科科长，民国 23 年（1934）起历任红六军团司令部作战科科长、侦察科科长、通讯主任等职。参加湘赣苏区第二、三、四、五次反“围剿”斗争，受到过上级通报嘉奖。长征中，他组织侦察工作，为红六军团长征的胜利做出重要贡献。民国25年（1936）入延安军政大学学习。

民国26年（1937），唐子奇任八路军一二〇师司令部参谋，随部奔赴晋绥、晋西北抗日前线，攻克宁武等7座县城。民国27年（1938），任八路军一二〇师三五九旅参谋长，陪王震一起实地考察南泥湾，参与策划、组织南泥湾大生产运动。民国28年（1939）10月，任绥米葭吴清警备区司令部参谋长。民国30年（1941）在中央党校学习，参加延安整风运动。民国33年（1944）7月，任陇东东华池抗大七分校教育长。民国34年（1945）10月，任晋绥军区第六军分区司令员，按照军区指示，率部向神池、宁武一带的敌人展开进攻，连克神池、宁武等据点，并控制同蒲铁路，扩大解放区。

民国35年（1946）11月，任晋绥军区总兵站站长，负责组织战场急需的兵源、物资、运输等，为战斗战役提供强有力的供应保障。民国36年（1947）10月，任西北野战军六纵队参谋长，为保卫解放区，解放大西北出生入死，浴血奋战，为中国人民的解放事业和建立新中国屡建功勋。

1950年，任林业部林政司司长，1956年，任林业部部长助理，1959年任林业部副部长、党组成员。1963年9月—1966年5月，在中央高级党校研究班学习。其间，曾在贵州黔南自治州省委工作组任组长、北京市海淀区四清工作团任组长。

“文化大革命”期间，唐子奇遭到迫害。1978年起，唐子奇历任农林部顾问、国家林业总局顾问、林业部副部长、党组成员。参与组织制定改革开放初期国家林业建设的各项方针政策规划措施，提出许多重要的指导性意见，为林业的恢复和发展做了大量卓有成效的工作。1982年退居二线。1995年5月离职休养。唐子奇是第五、六届全国政协委员。

2009年9月23日，唐子奇在北京逝世。

任雨农

(1912—2009)

任雨农，民国元年（1912）10月8日（农历八月二十八日）出生于长沙县（今望城区靖港镇）挂榜村，毕业于湖南第一师范学校。民国23—26年（1934—1937）任教湖南醴陵女子师范。

民国26年（1937）4月在《湖南国民日报》发表政治人物左右教育的言论得罪当局，5月定居马来西亚槟城，开始为当地报纸撰写散文和时政论文。翌年4月在槟城创办南风社，出版《南风杂志》月刊，任总编，呼吁侨胞支援国内抗战，《南风杂志》成为当时海外华侨中极具影响的刊物。民国29—30年（1940—1941），在郁达夫主编的《星洲日报》副刊《星辰》和《繁星》上发表不少散文、诗词和杂文。在东南亚沦陷于日本侵略军铁蹄之下的三年多时间里，任雨农靠做小贩艰难求生。日本投降后，民国34—36年（1945—1947）受聘为北海中华公学校长，从此全身心致力于华文教育。他不顾英殖民主义者的统治，为维护中华文化的延续与发展仗义执言，20世纪50年代，在《南洋商报》发表长文《当前教育课题》，被指为“左派分子”“颠覆分子”逐出学校。1957年马来西亚独立，任雨农被聘担任吉隆坡国家语文学院中国古典文学讲师。在任教之外，任雨农还发表很多文章，对华文教育提出建言，深受华侨华人爱戴。马来西亚成为东南亚国家中华文教育最完整、最系统的国家，与任雨农这样的有识之士的坚韧不拔分不开。

任雨农古文根底深厚，擅长诗词与写作，著有《唐诗三百首注》《风雨南洲》《江山灵秀》《青山云外》《湘芬堂诗词集》等。《风雨南洲》1982年内两次再版，仍供不应求；1984年该书在国内出版，任雨农写信将全部稿酬捐献给湖南省人民医院。20世纪80年代后，任雨农分别向故乡望城一中、望城六中、望城靖港中学等捐赠人民币30多万元。1992年，任雨农协助马来西亚艺术学院东方艺术研究中心筹募经费，捐出100幅书法作品，在连城画廊义展，所得款项全部捐赠给湖南省人民医院。1993年，被聘为湖南省海外交流协会顾问。2000年，任雨农被《中华侨杰列传》列入72位杰出华人名录。

2009年12月20日，任雨农因病在马来西亚去世。

史 穆

（1922—2009）

史穆，字荫嘉，湖南省长沙县（今开福区捞刀河街道麦子坡）人。民国11年（1922）11月出生。幼承庭训，临池学书，稍长则遍临颜、柳、欧、赵诸帖。民国25年（1936）入湖南国学专科学校，研习古汉语、经史及诗古文辞，后专修书艺，始习唐楷，继习兰亭、圣教两序，随后致力于北碑。

民国29年（1940）考入陆军军官学校第18期步科。民国31年（1942）毕业，随即考入军令部参谋班，毕业后任国民党军事机关参谋，授少校军衔，专事研究日军情报。民国34年（1945）始研究解放军情报，同年结婚。民国37年（1948）淮海战役后，在南京国防部一次学术会上作全国各地区军事形势演讲。民国38年（1949）4月，在武汉和中共华中局社会部取得联系。

1950年春，回到长沙。先在湘剧院从事宣传工作，担任工会小组长，后开办一家美术社，不久，走合作化道路为国营企业吸收，成为长沙市第二商业局照相总店的美术技师。既是13家照相店专职美工，又是“红专学院”语言教师，还要为照相器材厂画幻灯片。20世纪50年代中期到80年代末，一直从事商业美术、造型设计等方面工作。

1982年离休后，致力于书法教学。先后应邀到常德、株洲、双峰、宁乡等市、县讲学或交流，并在国防科技大学、省教育学院、省职工美术大学、省轻工业高等专科学校等大专院校讲课，还在省、市图书馆举办“书法直讲”“书法十二讲”，在省、市书协搞“字外功”讲座、诗词知识讲座等。1986年参加纽约中国大使馆展出的“李振翩纪念会书画展”。1986年9月起开办书法班。1987年聘为湖南省文史研究馆馆员。1989年1月随团赴日本鹿儿岛市访问及书艺交流。1990年，《史穆自书诗卷》专集由四川省人民美术出版社出版。1991年5月参加湖南赴新加坡书画展。1994年3月参加长沙市鹿儿岛市文化交流协会举办的书画展。1995年3月再次应邀赴鹿儿岛市及大和市开展书法讲学及举办书法展。1996年11月获第二届国际书法大展金奖，作品大量流入东南亚及美国。1998年，应邀赴美参加“首届国际书法教育现场会”并在大学讲授书法。

史穆书法讲究布局完美，以王书为胎息，融合部分北碑，形成秀劲洒脱、清新自如的独特风格。其作品古老苍劲，浑厚扎实，适宜于文物古迹、旅游胜地的永久性题词，岳阳楼、桃花源、天心阁均为其书作；长沙市许多著名商店招牌，如银苑、玉楼东、东塘北货亦出自他的手笔；北京毛主席纪念堂展厅

8尺长书法作品《减字木兰花》：“韶峰毓秀，旷代英名垂宇宙；文采风流，汉武秦皇孰与铸。湘江北去，翘首燕云鹏正举；遗爱甘堂，四卷雄文鲁殿光”即为史穆手书。其书艺作品被选入《中国现代书法选》《当代中国书法作品集》《毛主席纪念堂珍藏书画集》《当代楹联墨迹选》《古诗文行书字帖》《中日百人书法集》等10余种全国性大型专集。同时，其诗词亦自成一体，常有“诗名每被书名掩”和“七言推巨擘”的赞叹，与人合办的诗刊《嘤鸣集》油印5年又铅印5年多，共出版100余期。其诗词作品常在《华夏吟友》《当代诗词》《当代诗词点评》《湖南诗词》《湖南诗词选》等刊上发表。

史穆历任民革湖南省委委员，政协长沙市第五、六、七届常务委员，中国书法家协会会员，中华诗词学会会员，黄埔同学会湖南分会副会长，湖南省书法家协会常务理事、顾问，长沙市书法家协会主席、顾问，长沙市文学艺术界联合会常委，湖南省文史研究馆馆员，中南工业大学、长沙大学客座教授。

2009年12月25日，史穆逝世。

沈立人

(1916—2010)

沈立人，曾用名沈盛道、沈默、默子、孙健，望城区高塘岭莲湖村人，民国5年（1916）4月17日生（农历三月十五日）。民国26年（1937）毕业于长沙市明德中学。翌年，任长沙县战时工作团第五大队副大队长。民国28年（1939）先后在靖港、铜官、新康、沱市和丁字湾一带从事抗日救亡宣传活动。民国30年(1941)，被聘为《慰劳抗日将士半月刊》特约通讯员，以沈默、默子为笔名，撰写大量宣传抗日救亡、呼唤民众觉醒的文章。民国31—34年（1942—1945），沈立人被党组织派到湘潭盐矿，利用担任事务员、董事会秘书等职务之便，继续开展革命活动。民国36年（1947）1月，与陈静山，蒋绍葵等加入中国共产党，并组建党支部。先后担任地下党长沙县支部书记，长沙县委委员。被派往湘阴县高家坊（现属汨罗县）青江中学建立青江党支部，任组织委员。8月，任中共长沙县委书记，长沙市工委书记。随后，他奉命到香港南方局接受工作训练。回湘后，投入恢复与发展长沙基层党组织工作。

长沙和平解放前夕，沈立人遵照中央“隐蔽精干、长期埋伏、积蓄力量、以待时机”的指示。发动各界爱国人士和进步学生，有理、有利、有节地在国民党统治区开展反饥饿、反内战、反迫害和反对假和平、争取真和平的斗争。组织学生、工人和平民群众，开展应变、保产、护局、护校、筹粮、迎解、支前等工作。民国38年（1949）7月，沈立人冒着生命危险，公开以长沙地下党组织负责人身份策反警察局长刘人爵等，为长沙和平解放提供了安全保障。8月2日，长沙市工委成立“长沙市各界迎接解放联合会”。沈立人全盘负责迎接解放军进城的筹备和指挥工作。

长沙和平解放后，沈立人先任市委委员、组织部副部长。为加强地下党干部与南下干部的团结，培养选拔知识分子干部，团结、关怀民主人士等方面创造条件，他发表《告迁居港、澳、台等地工商界人士书》，为建设新长沙发挥了重要作用。1956年12月，在长沙市第二届人民代表大会上当选为长沙市人民委员会副市长，主管财贸和文教工作。1960年3月，担任长沙市副市长兼政协长沙市第二届委员会副主席。“文化大革命”中遭受迫害。1979年11月平反，重新走上工作岗位。1981年6月，沈立人担任政协长沙市第四届委员会副主席。1983年8月，担任政协长沙市第五届委员会主席。

2010年2月27日，沈立人在长沙病逝。

高　戈

(1918—2010)

高戈，原名黑鸿俊，回族，民国7年（1918）12月出生在长沙市一个普通铁路职工家庭。在湖南楚怡学校读完小学和初中。民国26年（1937）进入雅礼中学高中部学习，在中国共产党的抗日政策感召下，民国27年（1938）7月和同学相约投奔延安，考入延安鲁迅艺术学院学习，同年11月加入中国共产党。民国28—36年（1939—1947），先后任八路军野战政治部教育干事、《新华日报》华北分馆编辑和编委、秘书长，太行区胜利报社社长，延安新华通讯社总社解放区编辑部部长。民国36年（1947）2月起，历任新华通讯社东北总分社社长、东北人民广播电台台长、东北人民政府文教委员兼新闻处处长等职，向新华总社报道和编发许多东北人民解放军战略反攻、取得辽沈战役伟大胜利、恢复工农业生产、推介发展财政经济工作经验等各方面新闻稿件。1951年1月，历任新华通讯社总社副总编辑、中宣部办公室主任、北京电影制片厂厂长、中央新闻纪录电影制片厂厂长，中央新闻纪录电影制片厂拍摄制作了许多反映当时党中央、国务院领导重大活动的新闻纪录片和《新闻简报》。1956年任文化部电影事业管理局副局长，1958年8月—1966年5月历任中共北京市委文化部副部长、统战部部长和市委副秘书长。1967年“文化大革命”期间受审查，下放到邯郸军分区劳动改造。1972年恢复工作，任北京市建材局木材工业公司党委副书记、市革委会文化卫生组组长。“文化大革命”结束后，先后任北京市委统战部部长、市委秘书长、市民族事务委员会党组书记、市委党史资料征集委员会主任等职。高戈曾任全国政协第五、六、七届委员会委员，1982年当选为中国共产党第十二次全国代表大会代表，1996年离休。

2010年3月7日，高戈在北京病逝。

黎磊石

(1926—2010)

黎磊石，浏阳县青草乡（今浏阳市枨冲镇青草村）人。民国16年（1927）11月19日（农历十月二十六日）出生于长沙市一个贫苦知识分子家庭。民国32年（1943）考入国立中正医学院医疗系学习。民国38年（1949）6月毕业后，受聘为南京中央医院（又称金陵医院，1955年5月更名为南京军区总医院）住院部医师。

20世纪50—60年代，他主要从事热带病的防治与研究。在国际上首创兔肝血吸虫卵皮试抗原，在国内首先证实中药“黎芦”治疗血吸虫病的疗效。1963年4月黎磊石参加中国人民解放军。60年代后期开始肾脏病病理研究与诊治，在慢性肾炎、继发性肾脏病如红斑狼疮性肾损害、紫癜性肾炎，急慢性肾衰的诊断治疗及发病机理方面开展大量研究工作，创造一系列新技术、新疗法，开启中国肾脏病研究与治疗走向世界的大门。他首创IgA

肾病（原发性肾小球疾病）分型治疗，革新肾活检免疫病理技术，创造斜角进针法，成功率达 99.7%；发明雷公藤治疗肾炎，大黄素治疗尿毒症，在肾脏病领域进行的传统医学现代化工作在国际上享有盛誉；在国际上首创霉酚酸醋及普乐可复治疗狼疮性肾炎；倡导持续性血液净化技术救治危重病例，成功创造免疫吸附疗法治疗脂蛋白肾病。他在诊断治疗上的贡献遍及肾脏病的各个领域，特别是运用现代医学研究手段，为传统医药的现代化作出贡献。1980 年中华肾脏病学会及亚太地区肾脏病学会成立，黎磊石是创始人之一。1981 年 4 月加入中国共产党。1986 年 4 月—1986 年 9 月，受聘为澳大利亚墨尔本大学皇家医院客座教授。1990 年黎磊石成为首批国家政府特殊津贴获得者。1993 年黎磊石当选为第八届全国政协委员。1994 年当选为首批中国工程院院士，任医药卫生部常委。1990—1997 年，任国际肾脏病学会理事。1996 年，黎磊石获军队专业技术重大贡献奖。1998 年入选为中国工程院主席团成员。1999 年被评为全国百名优秀医生，获得“何梁何利”基金奖、中国医师奖。2003 年，被授予国际肾脏病学会终身荣誉会员称号。2009 年被江苏省评为新中国成立 60 周年十大杰出科技人物。荣立一等功 1 次、二等功 6 次、三等功 8 次。先后发表论文 600 多篇，主编、出版《中国肾脏病学》等专著 13 部。先后培养博士生、硕士研究生及博士后逾百名。

2010 年 3 月 16 日，黎磊石在南京逝世。

柳同仁

(1932—2010)

柳同仁，民国 21 年（1932）5 月（农历四月）生于长沙县临湘镇梅花岭（今望城区茶亭镇梅花岭社区）。出身贫苦，13 岁到长沙市一家私营百货商店当学徒，受到虐待，右胳膊曾被老板打断。

1951 年 6 月，考入国有中山百货商店当营业员，后任中山路百货商店日用化妆品组组长。他以三尺柜台为阵地，全心全意为顾客服务。柳同仁不仅在柜台上热情为顾客服务好，还把服务送到柜台以外。一天，一位外地顾客看中柳同仁柜台的一只钢精锅，顾客钱包寄在旅店里，因要赶火车，取钱再来买又来不及。柳同仁便骑上单车，把钢精锅送到火车站旁的勤余旅社顾客手里。柳同仁热情服务的事迹很快在商业部门传开。随着知名度的提高，找他排忧解难的还有不少单位。有个地质队急需购买一批器材，可是资金不够，来找调到工矿业务组的柳同仁商量。柳同仁帮助该单位推销一批积压物资，凑足买器材的钱。省冶金厅勘探公司急需一批晒图纸，四处没买到，来找柳同仁帮忙。他为此跑遍全市相关销售单位没找到。最后在交通厅规划设计院借到一批晒图纸，解决勘探公司之急。柳同仁的事迹，得到党和政府的肯定与表彰。1955 年 12 月加入中国共产党，连年被评为单位的先进工作者，多次被评为市、省级劳动模范，1958 年评为全国劳动模范。

1959 年年初，河西一家药铺有个姓李的职工慕名给柳同仁写信，希望帮助买市场上见不到的旧式皮包拉链。柳同仁一直放在心上，每次到外出差，他总要到各商店、货摊上顺便寻觅。1959 年国庆，柳同仁被授予全国先进生产者称号，并出席全国群英会。他在北京参会期间，也不忘顾客的需要，利用会休时间，在一家寄卖商店买到那种拉链，送给那位同志。

1964 年当选为全国人大代表。1973 年 5 月—1974 年 11 月，柳同仁任长沙市委副书记，1980 年 9

月，任中共长沙市委委员。1981年6月后，历任长沙市第七、八、九届人大常委会副主任，主管代表联络工委。1983—1985年调中共湖南省委党校领导干部文化专修科带职学习。走上领导岗位后，他从未放松对自己和家人的严格要求。其女儿1978年高中毕业后，一直在街道工厂做临时工。其子柳建明1984年高中毕业，希望父亲帮忙找一个工作，遭到一口回绝。柳建明此后当了3年临时工，直到1987年才考进长沙兵站做一名普通工人。1993年8月，柳同仁退休。

2010年7月14日，柳同仁在长沙病逝。

单先麟

（1914—2010）

单先麟，原名单厚康，湖南省平江县瓮江乡人，民国3年（1914）5月5日（农历四月初七）出生。民国10年（1921）入平江第四高小读书，大革命时期参加当地工农运动并当选儿童团团长。民国16年（1927）“马日事变”后，举家迁往长沙。民国18年（1929）入长沙协均中学，翌年起先后在大麓中学、广雅中学就读。

民国21年（1932）中学毕业后，在长沙市三公祠和春电池厂当工人。民国24年（1935）到湖南省国术馆师范班求学。次年春毕业，回平江开办国术馆并任馆长，年底与任弼时胞妹任培辰结婚。民国27年（1938）在中央陆军军官学校长沙分校第二期学员班学习，同年年底任安仁县抗日自卫团直属队队长。民国28年（1939）秋任国民革命军陆军第九十五师技术教官兼中医师，义务为士兵治疗。民国30年（1941）1月任耒阳保安训练所区队长兼国术教官，4月在耒阳开设竹益堂中医诊所。

民国32年（1943）6月出任平江县警察局长兼保安大队大队长。次年5月平江沦陷前夕释放几十名抗日志士，6月获湖南省政府主席薛岳颁发的《中医证书》。平江沦陷后，率警察大队坚持守土抗战，开展游击战，取得袭击大桥、安定、三市、三阳、梅仙、浯口、栗山等据点的胜利。其中民国33年(1944)12月23日，率部在浯口乡黄棠伏击日军，击毙日军少佐大队长小林兴吉祥及官兵30余人，缴获日军军旗1面、轻机枪1挺、步枪30余支，获第九战区司令长官部传令嘉奖，个人记大功1次。民国34年(1945）2月，平江国民自卫警察大队由100余人发展到1000余人，2月23日收复县城。6月任平江县县长兼自卫团司令。以警察局长和县长名义先后与八路军联络员耿俊猛和周家义接头，掩护王震率领的八路军南下支队顺利通过平江。同年秋被迫离开平江偕妻潜往上海。民国35年（1946）两次写信给任弼时，要求去延安，但未能如愿。次年2月任上海高等法院看守所所长，掩护戴宗义、吴克坚的情报工作。

民国38年（1949）4月，单先麟夫妇绕道香港到达北京，受到中共中央统战部秘书长童小鹏的接待，同年8月回到上海。1950年1月回长沙，与湖南省军区合伙开办信记大米加工厂，平价供应前线部队和政府机关。1953年10月1日作为工商业代表到北京参加国庆观礼活动。1954年春将米厂上交当地政府后，在长沙设竹益堂诊所从事中医师业务。1956年加入中国国民党革命委员会。1959年任长沙市北区医院院务委员、常委兼门诊部主治医师。

“文化大革命”中因国民党经历被关押，至1974年释放。1980年2月任湖南省人民政府参事室参事，8月参与编写《长沙中医验方选编》。任湖南省第五、六届政协委员。1983—1984年邀请国防科大加盟，与平江县联合创办全国第二家云母纸厂。1988年，因云母纸厂亏损，单接手任云母纸厂厂长。同年与儿子兴办中南林学院平江科研基地。1993年，以80高龄创办“长沙红十字会中医门诊部”。1998年获全国“老有所为奉献奖”。1999年被中宣部列为全国重阳节宣传的四位典型之一。2000年5月个人投资50余万元开办中药材种养场。9月，捐资10万建立平江语口镇文化中心。多次为平江捐款，累计近60万元。2004年4月任湖南省黄埔同学会副会长。2005年9月2日应邀赴京参加海内外抗日战争暨世界反法西斯战争胜利60周年纪念活动，受到胡锦涛等党和国家领导人接见。2008年10月国务院总理温家宝对单先麟给国务院的信作出批示，对其生命不息、工作不止的无私奉献精神给予赞扬和肯定，并委托湖南省参事室负责人登门看望和慰问。

2010年7月7日，单先麟在长沙病逝。

江 文

(1914—2010)

江文，原名陈辉侃，别名江腾芳。湖南浏阳市张坊区人溪乡古塘村人，民国3年（1914）出生于一个贫苦农民家庭。民国16年（1927）参加少先队，次年加入中国共产主义青年团。民国19年（1930），先后随少先队、赤卫队配合红军攻打张坊、浏阳城和长沙。10月，调中共红军第一方面军总前敌委员会（以下简称红军总前委）秘书处，在总书记毛泽东的直接领导下工作。经历过中央苏区第一、二、三次反“围剿”斗争。

民国20年（1931），红军总前委改组为中共中央苏区中央局，江文在苏区中央局秘书处工作，并于当年转为中共正式党员。民国21年（1931）4月，江文被派到江西瑞金军委无线电学校学习无线电技术，毕业后分配到红军总司令部电台工作，参加中央苏区第四次反“围剿”斗争。民国22年（1933）4月，江文随红军总司令部回到瑞金。5月，参与筹建军区无线电中队，任中队政治委员。民国23年（1934）8月7日，红六军团奉命从湘、赣突围，开始西征。原湘、赣军区的无线中队更名为军团无线电中队，江文任政委。

民国26年（1937）抗日战争全面爆发后，江文历任一二〇师无线电队政治委员、冀中军区兼三纵队无线电中队政治委员、晋察冀军区无线电大队政委、军区通信科科长等职，先后参加过忻口、齐会、百团大战、反“扫荡”等战役战斗，为各战役取得胜利提供有力的通信保障，受到参战部队的高度评价。

民国34年（1945）抗战胜利后，江文任军区通信处处长兼热河省电政管理局局长、开源实业公司经理、军区办事处主任兼政委、冀察热辽工矿管理局局长、东北化工局局长、东北军区通信处处长等职。

1950年，江文任东北军区通信处处长。是年，抗美援朝战争爆发。根据总参指示，东北军区通信处为志愿军建立军邮通信网和后勤通信网。架设从东北集安到志愿军总部全程300千米的通信线路。东北军区通信处为志愿军培训和补充各类通信人员，在沈阳和长春建立转信台，为参战的空军建立通信导航网。1955年，江文调任总参谋部通信部副部长。7月，被授予少将军衔。1956年成立军委通信兵部，江文任通信兵副主任兼参谋长。1960年任中国人民解放军通信兵主任。1964年8月，为支援越南抵抗美帝国主义的侵略，江文率通信代表团赴越南考察。1968年后，江文历任兰州军区副司令员、武汉军区副司令员、总参通信兵部主任、总参谋部顾问。1979 年，对越自卫还击作战，江文带领机关人员到总部前指通信组，组织实施战役范围的通信保障工作，除逐级建立无线电网外，还建立专向越级通信，开设转信台，空军派出转信飞机，设立无线电旁抄台和值班台，增强无线电通信的可靠性。

江文荣获二级八一勋章、二级独立自由勋章、一级解放勋章和一级红星功勋荣誉章，是第三、第五届全国人民代表大会代表，中国共产党第十一次全国代表大会代表，全国政协第七届、第八届委员，中央无线电管理委员会副主任。

2010 年 8 月 18 日，江文因在北京病逝。

范新弼

(1921—2010)

范新弼，长沙市人，民国 10 年（1921）10 月出生。毕业于明德中学。民国 33 年（1944）毕业于重庆中央大学电机系，同年赴美国留学，学习物理、雷达、无线电专业，1951 年获美国斯坦福大学电子学博士学位， 在电子器件研究与应用领域曾获 8 项美国专利，他磁控管方面有独到的见解，发明的电子管在美国被命名为范氏管。美国政府的阻拦和大公司的挽留，都没能打断他回祖国报效的信念，历经重重险阻，于 1954 年 10 月回国。先后任中国科学院计算技术研究所副研究员、研究员，研究室主任，研究所学术委员，计算机学会存储器分会委员。

1956 年 3 月，范新弼成为国务院科学规划委员会下设的计算技术和数学规划组成员；6 月 15 日，毛泽东、周恩来等党和国家领导人在中南海接见参加 12 年科学规划的 500 多位科学家，范新弼参加接见并合影。9 月，他作为中国赴苏计算机技术考察团成员，到苏联学习考察计算机技术的科研、生产与教育。1957 年，为开拓中国计算机磁心存储技术和满足 103 与 104 计算机主存储器的使用需要，范新弼主持成立一个磁心实验室，在磁心工艺、电路实验和测试设备等方面，全面开展试制工作。用 15 个月时间，在 1958 年“五一”节前夕试制出中国计算机用的第一批记忆磁芯。随后，范新弼等人又开始磁芯存储器的研制工作，并同时开始新磁芯和工艺测试设备的研制。1959 年 8 月，存取周期只 32 微秒的磁芯存储器试制出来并完成联调。这是中国第一台没有完全依赖苏联的帮助而自己研制出来的电流重合法存储器，当时苏联的 M-3 机上和苏联计算所都还没有配上这种类型的存储器。它体现了中国是有能力发展自己的计算机事业的。由于磁芯存储器的试制成功，它使得八一型（103）计算机运算速度提高 60 倍。在以后几年的时间内，范新弼等人相继研制出性能较好的 101、102 等记忆磁芯，促进 119、109 乙、109 丙机和以后几台大型计算机的研制；还研制出自动化工艺及测试设备，保证大量磁芯的生产。这些工作推动中国磁芯及磁芯存储器的迅速发展，有力地支持计算机技术事业的开展。在他的领导下，中国自主研制的记忆磁芯不断创新发展，采用一些新的化学成分配方，如加入少量镧等元素，研制出性能较好的记忆磁芯，在磁芯存储器技术性能上仅次于美国，使中国计算机技术水平得到飞跃，为国家的重点工程、尖端武器及航天飞行器的研制发挥重要作用。1992 年，范新弼享受政府特殊津贴。

2010 年 10 月 10 日，范新弼在北京逝世。

梅嘉陵

(1940—2011)

梅嘉陵，祖籍湖南省汉寿县。民国29年（1940）1月年出生于重庆市嘉陵江畔。在长沙上小学，1961年7月毕业于湖南省第一师范学校。

梅嘉陵读书时就注意收集革命烈士事迹，1961年写成文学传记《夏明翰的故事》，《中国青年报》和《红旗飘飘》丛书分别作过长篇选载。此后又陆续发表40多位革命烈士的传记故事，还协助《我的一家》作者陶承撰写大量革命回忆录。60年代，成为长沙市文学协会会员。

梅嘉陵先后在长沙市裕敏里小学、碧湘街小学、长沙市第二中学和长沙市第十七中学任教。1972年1月，为参加长沙市南区纪念毛泽东《在延安文艺座谈会上的讲话》发表30周年文艺会演，任碧湘街小学语文教师的梅嘉陵接受学校任务，编写一个有特色的文艺节目。从小喜爱地方戏的梅嘉陵决定创作一出反映教育现状的花鼓小戏，经过半个月的座谈、走访、查资料，完成《新教师在成长》的五场花鼓戏剧本初稿，经过30余次修改，最终由多幕剧改为独幕剧，更名为《新教师》。1972年4月28日，《新教师》从南区179个节目中脱颖而出，荣获创作奖与演出奖。随后，湖南省筹备专业团体调演，长沙市文化部门挑选出《新教师》纳入再编排加工之列。同年9月，在梅嘉陵提供的改编稿基础上，长沙市湘剧队的柳振甫经过艺术加工，将其改为湘剧高腔《园丁之歌》。1973年2月，在全省各分片演出的节目中，《园丁之歌》被评为全省优秀节目，红极一时。同年，中央新闻电影制片厂将湘剧《园丁之歌》改编成电影，但很快即被江青反革命集团定为“反攻倒算”的“坏戏”，受到批判。1974年11月，毛泽东在长沙调养期间，观看该电影后给予高度评价。1975年8月，国务院副总理王震到湖南视察，明确肯定《园丁之歌》是部“好戏”。1976年10月，影片《园丁之歌》重新上映。1979年3月，在省委宣传部、省文化局和省剧协召开的大会上，宣布给受到错误批判的《园丁之歌》等剧目和受牵连的人平反。

1981年，梅嘉陵编注的《湖南革命烈士诗抄》出版，1983年加入中国作家协会湖南分会，后又出版《古今名人对联故事》《先驱者诗联选》等。好几家条件优越的出版社、杂志社调他去工作，他都一一谢绝，继续在教育教学岗位上工作。1984年，梅嘉陵调到长沙市南区教研室，不久，担任教研室主任。他主持组织的“愉快教育”实验、“小学作文教学”实验，曾在全国、省、市有关研讨会上作专题介绍，受到专家和同行好评，并荣获省、市优秀教改成果奖，发表、出版教育教学专著、合著400余万字。先后被评为省、市优秀教育工作者、全国小学语文教研积极分子，并当选为省小学语文教研会理事和长沙市小学语文教研会理事长。1996年被评为长沙市有突出贡献的专家。2000年梅嘉陵在天心区教育教学研究室主任岗位退休。

2011年3月10日，梅嘉陵在长沙逝世。

潘基礩

（1914—2011）

潘基礩，宁乡县双凫铺人，民国3年（1914）12月29日出生。6岁入宁乡玉潭小学。12岁考入长沙明德中学。20岁考入武汉大学土木系。

民国27年（1938）大学毕业后投笔从戎，参加国民政府航空委员会建筑处工作，被派驻常德，督率3万民工赶修军用机场。同年12月调贵阳航空站工作。翌年，调汉渝公路修建嘉陵江渡口工程。民国29年（1940）回到湖南，任省水利局工程师。民国33年（1944）赴沅陵，任川湘公路局湘西业务工务科长。抗日战争胜利后，奉命率领日军俘虏广岛师团修复长益公路。竣工后，接受湖南省城乡兴建委员会聘任，参与长沙、衡阳、株洲等被毁城镇的规划。还亲自设计闻名中外的芷江抗日战争胜利受降纪念坊。民国38年（1949）7月，在湖南地下党的支持下，他利用自己担任长沙市工务局长的有利条件，为保护省会城市的工矿企业、公用设施和房屋住宅作出积极贡献。

湖南和平解放后，潘基礩任长沙市城建局局长。他组织工程技术人员完成长沙市第一个总体规划，并新建自来水厂、湘江轮渡、沿江大道、五一西路、儿童医院，向北开辟建湘路、浏阳河路，向南开辟新兴路、劳动路，向东延伸中山路。同时还在城东北兴建占地156.33公顷的烈士公园，在城南修建多层看台的马蹄形体育场。1951年他加入民革，先后被选为民革湖南省委委员、常委。“文化大革命”中，潘基礩遭打击，下放农村劳动4年。

1973年重新回到长沙市城建局工作。1981年7月当选为长沙市副市长。1982年当选为民革湖南省委副主任委员。1984年1月，当选为长沙市人大常委会副主任。1988年当选为第七届湖南省人大常委会副主任、第八届民革湖南省委主任委员。1994年他率领民革参政议政课题组三下郴州开展调研工作，提出《加速开发“郴州过渡试验区”的考察与建议》，受到省委领导的重视，并批示给郴州组织实施。1995年，他就如何解决湖南能源问题献计献策，写出《湖南煤炭生产与经济发展关系的考察报告》，提出湖南能源仍应以煤炭为主，并立足本省，再次受到省委省政府的重视。

他是第三、五、六届湖南省人大代表，第四届湖南省政协委员，第五、六届湖南省政协常委，第五届民革中央候补委员，第六、七届民革中央委员。1997年后，他虽然不再担任民革湖南省委主委，但作为省人大常委会副主任、民革中央监委常委，仍为湖南的建设和履行民主党派的职责尽力。2008年6月4日，94岁的他参加奥运圣火在长沙站的传递，成为全国年龄最大的奥运火炬手。

2011年4月26日，潘基礩在长沙逝世。

侯良

（1927—2011）

侯良，原名侯寅秋、侯国良，河南林县人，中共党员。民国16年（1927）4月13日出生。

民国36年（1947）1月进入河南开封师范学校学习。民国38年（1949）毕业，于5月25日加入中国人民解放军，参加解放大西南作战。1950年成为川东军区《战斗报》和第二野战军《人民战士报》通

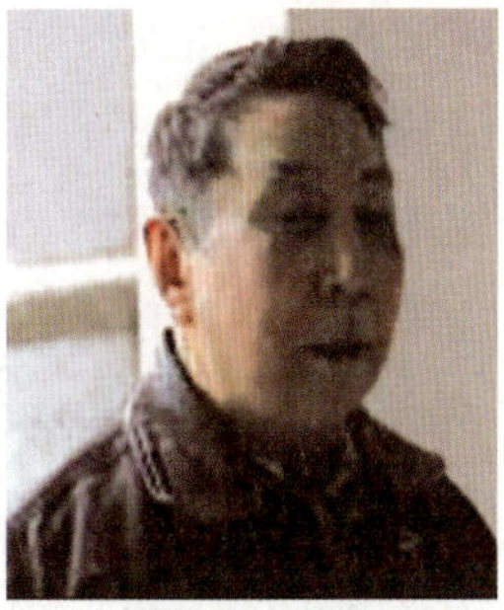

讯员，先后两次被评为模范通讯员。1951年3月入朝作战，1952年6月任副连级干部，1953年2月加入中国共产党，同年7月在朝鲜战场荣立三等功1次，两次被《志愿军报》评为模范通讯员。1952年、1954年两次荣获朝鲜民主主义人民共和国军功章。1954年4月回国，历任记者、秘书。1956年11月转业到湖南省文化局，任党总支秘书。1958年8月组建湖南艺术学院，历任人事科副科长、党支部书记，后任湖南省戏剧学校党支部书记。1962—1964年率队到安化、郴州、岳阳等地演出，后下放湖南省靖县甘棠公社建国大队二队。1969年11月调任湖南省博物馆业务副馆长。1970年任湖南省博物馆革命委员会副主任。1972年2月—1974年年初，组织参与长沙马王堆汉墓的发掘及后续保护、展陈、整理、研究等工作。期间，他和同事同住工地简易工棚，每天最早到工地，最后离开工地。数千件文物出土后，其多次奔走各地，克服困难，完成文物珍品妥善保护和陈列展览工作。同时注重马王堆汉墓及其出土文物的科普推介工作，撰写的代表作有《神奇的马王堆汉墓》《马王堆传奇》《尘封的文明——神秘的马王堆汉墓》。1977年11月任湖南艺术学校副校长。1980年1月任湖南省文化局文物处第一副处长。1981年11月任湖南省文化局文物处处长，主持全省文物博物馆工作。当月国家文物局在湖南板仓开办文博干部培训中心，侯任班主任，编写《博物馆学讲稿》，多次为培训班讲课，共计培训全国文博学员13期746人，其中湖南学员222人。1982年3月组织对公布的省级文物保护单位进行调查、调整和增补，共计154处，由湖南省人民政府于1983年10月10日重新公布。1982年6月任新成立的湖南省博物馆学会副理事长，两年后代理理事长，1986年选为理事长。1983年被湖南省文化厅任命为《湖南省志·文物志》主编，同年协助查处湖南省工艺品进出口公司走私文物案件，获武汉海关颁发的奖章，被文化部和湖南省人民政府授予二等奖。1984年10月—1987年组织完成全省文物普查1.67万余处。1985年12月任湖南省文化局文物处调研员，同年被文化部授予全国文物博物馆系统先进工作者称号。1986年12月，文化部授予板仓培训中心一等奖。1989年9月离休。2003—2009年，挂着湖南省博物馆№01志愿者胸牌，每周3天到馆内作讲解服务。

侯良曾任中国博物馆学会理事，中国文物学会理事，副研究馆员。1969—1989年，发表研究文章180余篇，专著13篇（本），参编书籍9本，如《中国博物馆志》《当代中国的博物馆事业》《湖南大辞典》等。2000—2004年，编写《博物馆学纲要》《考古学纲要》《文物保护管理学纲要》3部专业教材，约80万字。1981—2005年在各类培训班讲授博物馆学相关知识近1000个课时。1950—2007年，获得各类奖励表彰43次。

2011年8月24日，侯良在长沙病逝。

李义兵

(1965—2011)

李义兵，宁乡县横市镇天坪村白禾冲（今横市镇向阳村白禾冲组）人。1965出生于宁乡县祖塔乡。随即因黄材水库库区正常蓄水，按国家政策举家移民，搬迁至横市公社天坪大队白禾冲生产队（今横市镇向阳村白禾冲组）定居。

1970年，李义兵就读于横市公社天坪小学。1977年考入云山学校。1979年考入宁乡一中。1981年考入华中工学院（今华中科技大学）。1985年从华中工学院毕业后，留校任教。1991 年，获华中理工大学（今华中科技大学）电子材料博士学位。同年，《层状结构中的电声波Ⅰ沿界面传播的研究》在《华中科技大学学报（自然科学版)》04 期上发表。1992 年，调任长沙铁道学院（今中南大学）副教授。1993 年，应邀赴联合国教科文组织工作，在意大利国际理论物理中心任研究员，提出能同时求解表面振动膜和电磁波传输特性的 P 矩阵法，比国际上有关文献提出的图解法更简单实用，比 T 矩阵法适用范围更广。同年破格晋升为长沙铁道学院教授。1994 年，他在意大利国际理论物理中心任研究员期间，解决贵金属表面等离子激元各向异性的悬案，该成果称之为李方法（Li Approach），被国际同行普遍采用。1995 年赴美国，先后进入美国海军实验室和乔治梅森大学作研究工作。1997 年获美国乔治梅森大学计算科学博士学位。在此期间，他多年与美国海军实验室和乔治梅森大学开展带电纳米电子材料的计算机模拟研究，提出一种处理纳米级材料的多体势函数，很好地模拟纳米晶体的结构和动力学特征。该结果获得美国材料学年鉴的高度评价，得到国内外著名专家李荫远院士、周炳琨院士和意大利 A.C.LEVE 院士及美国海军实验室复杂系统部主任等人的高度评价，为新一代纳米电子器件及材料的研制做出重要贡献。

2000 年 4 月，中南工业大学、长沙铁道学院和湖南医科大学合并组成中南大学，李义兵受聘为中南大学教授、博士生导师，并担任中南大学材料研究所所长。2003 年，受聘为国家教育部第五批“长江学者奖励计划特聘教授”，成为中国材料物理与化学领域的高端人才。至 2011 年，他先后承担国家科研项目 14 项，在国际学术刊物上发表论文 100 余篇。其国内外主要学术成果还包括首次在国际上获得 Ag 电子元激化谱，首次在国际上创立电磁波在铁磁薄膜、多层膜和超晶格中的传输理论等。并先后获得中国高校科学技术奖自然科学二等奖、湖南省十大杰出青年科技工作者、第五届霍英东青年教师奖、全国优秀教师等一系列荣誉。李义兵还是中国电子学会高级会员，美国物理学会会员，国际知名的纳米电子材料专家。

2011 年 9 月 29 日，李义兵因病在美国华盛顿逝世。

柏克寒

(1929—2011)

柏克寒，湖南祁阳人，民国 18 年（1929）11 月出生。民国 38 年（1949）毕业于衡阳船山中学，4 月加入中国共产党。曾任祁阳县新华书店经理等职。1952 年，因“出身不好”和“社会关系问题”被开除党籍，作为“有问题的人”到湘南党校学习、下放农村劳动、到东江水电站建设工地劳动。1961 年，分配到湘中供电局湘潭工区技术培训班工作。他没有学过电业，没有进过高等学校，但他刻苦钻研，发奋自学，成为电业工程技术人员，同年在湖南省科协主办的《科技报》上发表《带电作业》一文。1962 年，调到局生产技术科负责技术革新工作，被评为省水利电力厅“红旗手”。

1966 年“文化大革命”开始，柏克寒被剥夺科研权利。但他仍坚持科研，从“牛棚”一出来，便白天和工人一起爬山越岭，逐基查勘，晚上在住地翻阅资料，查证数据，分析研究。1970 年下半年，以他为主组织和指挥，顺利进行柘溪至常德 11 万伏输电线路带电升压的施工，被国家经委列为全国推广项目；1971 年，他找出柘乡 11 万伏线路带电螺压时发生事故的原因，并试验出消除办法，其技术措施被列入部颁规程；1974—1976年，他与省矿冶研究所合作研究出新型爆炸压接能源——太乳炸药获得成功并推广。1978年9月，调湖南省高压送变电维修公司工作，任公司科研室工程师。1979年，为解决人体入50万伏超高压电场带电作业问题，研制超高压屏蔽服，并冒着生命危险亲自试验。

1981年，柏克寒恢复党籍，很快投入工作。1982年4月被省人民政府评为省劳动模范；其研究的“PB-Ⅰ、Ⅱ、Ⅲ屏蔽服”获1982年湖南省科学技术进步二等奖；同年6月，调长沙电业局供用电科研所担任主任（教授级高工）。1984年，获水力水电部特等劳动模范；同年他和同事一起研制出新型超高直流屏蔽服，1985年他再次登上试验台进行50万伏直流等电位试验，通过部级鉴定，1986年批量生产。1987年他研制出具有件数少、重量轻、携带方便和实用等特点的更换50万伏绝缘子的新型带电作业工具，1988年，在能源部筛选定型的17个带电作业项目中，有6项为柏克寒课题组所研制。1989年，被评为湖南省特等劳动模范，9月被国务院授予全国劳动模范称号；同年12月，离职休养。1992年10月开始享受政府特殊津贴。1994年经湖南省电力工业局党组批准，享受处级离休待遇。2009年，湖南申报国网公司带电作业实训基地，柏克寒为特聘专家。

柏克寒作为中国带电作业的先行者、探路者，与同行一道，先后完成50余个科研项目，其中4项填补国内空白，3项获1978年全国科学大会奖，5项获国家专利权。他牵头编写行业标准《电业安全工作规程》带电作业部分，撰写爆炸压接和带电作业质量检查等四本规程，完成《带电作业》《爆炸压接技术问答》《500kV带电作业》等专著，其中《带电作业》一书被评为全国电力系统优秀岗位培训教材。承担全国爆炸压接和带电作业的培训任务，共培训学员5000余名。

2011年10月，柏克寒逝世。

李履礼

（1928—2011）

李履礼，湖南省沅江县琼湖镇人，民国17年（1928）12月7日出生于长沙市潮宗街楠木厅巷。先后在长沙沅江县立初级中学、崇德中学、妙京峰中学学习，在妙京峰中学求学时，接受共产党地下组织影响、指导，主编校刊和校报。中华人民共和国成立后到长沙市总工会工作，主要从事职工教育工作并兼任《工地报》《钢铁战报》主编。1951年7月，担任湖南机床厂职工业余学校教师的李履礼被评为“长沙市特等模范教师”，8月出席省政府召开的全省首届职工业余教育模范代表大会，被评为劳动模范。

1964年，参加农村社会主义教育活动工作团，获一等功，其撰写的《青年女工周梅秀的思想转变》一文，由中共中央政治局转批，被全国总工会、共青团中央、全国妇联作为学习材料印发全国。

1973年6月—1981年12月，任长沙金属压延厂工会专干。1982年年初调入中国农工民主党长沙市委机关工作。1983年7月，加入农工党组织。在农工党长沙市委工作期间，认真履职、克己奉公，为农工党加强自身建设，发挥参政党作用及社会服务做了大量工作，当选为中国农工民主党第十至十二次全国代表和第一至四次湖南代表。1985年11月，被湖南省人民政府授予“省级劳动模范”荣誉称号。1986年撰写的《把智力转化为直接生产力》《廉洁奉公的改革者》在中国农工民主党和湖南统战系统推广。在研讨长沙市发展规划时，率先提出“依法治市”发展战略；代表农工党长沙市委所选题的参政议政材料，分别获得长沙市诤言奖、优秀提案奖和参政议政奖。

李履礼历任农工党长沙市委第六、七、八届委员会副秘书长、秘书长、专职副主委。1998 年 7 月退休，仍积极发挥余热，被农工党湖南省委评为“老有所为”优秀党员。

2011 年 11 月 9 日，李履礼在长沙病逝。

黄培云

（1917—2012）

黄培云，祖籍福建省闽侯县（今福州市），民国 6 年（1917）8 月 23 日出生。

民国 23 年（1934），黄培云考入清华大学化学系。民国 27 年（1938）9 月毕业后留清华大学金属学研究所任助教。民国 29 年（1940）考取清华大学第五届留美公费研究生，次年赴麻省理工学院留学，民国 34 年（1945）毕业获科学博士学位后，留麻省理工学院从事科学研究工作。民国 35 年（1946）底回到祖国。次年春受聘到武汉大学矿冶系任教授和系主任。民国 38 年（1949）4 月，参加中共的外围组织“新民主主义教育协会”。

1952 年，黄培云受命参加中南矿冶学院筹备工作，同年 11 月学院成立后任副院长兼教务长。1954 年，黄培云参与创办中国第一个粉末冶金专业。1956 年，在他的主持下，中国第一批硬质合金专门化的学生毕业；同年，中国科学院矿冶研究所在长沙成立，黄培云兼任副所长；他作为冶金专家代表，参加国家“1956—1967 年科学技术发展远景规划纲要”的制定工作。1958 年 3 月，加入中国共产党。

1960 年，黄培云根据国防尖端工业对特殊材料的需要，创办新材料研究室，从事粉末冶金及其新材料科学研究，开始承担国家重大科研项目——浓缩铀多孔分离膜的研究。20 世纪 60 年代初，黄培云提出粉末冶金烧结过程综合作用理论，得到国内外学者的广泛承认和验证。60 年代中期到 80 年代初，提出双对数粉末压型理论，在学术界被称为“黄氏粉末压制理论”，得到国际粉末冶金界的高度评价。他研制成功多种用于核、航天、航空、电子等领域的粉末冶金材料，为中国第一枚人造卫星、第一枚洲际导弹、第一艘核潜艇等的研发做出重大贡献。1979 年，该研究室扩建成粉末冶金研究所，黄培云兼任所长，之后，该所先后成立粉末冶金国家重点实验室和粉末冶金国家工程研究中心。

1982 年，黄培云当选为中共十二大代表。1984 年退居二线后，任中南工业大学学术顾问、博士生导师。1985 年 8 月，黄培云的“粉末压制理论”获国家自然科学奖；1986 年获国家教委科技进步一等奖、湖南省十大科技成果奖。1988 年，黄培云获得国防科工委颁发的献身国防科技事业荣誉证章；1990 年，中共湖南省委和湖南省人民政府授予他“优秀专业技术工作者”称号。1991 年 12 月，黄培云作为主要研究人员的“无机相图测定及计算的若干研究”项目获国家自然科学三等奖，同年，他主持的“快速凝固粉末及其材料的制备原理和技术的研究”项目获国家教委科学进步二等奖。1994 年，黄培云当选为中国工程院首批院士，1998 年被授予中国工程院第一批资深院士，被誉为“中国粉末冶金之父”。他先后培养硕士、博士生 30 余人；主编的《粉末冶金原理》成为粉末冶金专业的经典教材。

黄培云先后担任湖南省科协主席、名誉主席，中国金属学会和中国有色金属学会的理事、常委理事和副理事长，中国金属学会和中国有色金属学会粉末冶金学术委员会主任委员、中国机械工程学会粉末冶金学会副理事长和美国粉末冶金学会（APMI）国际联络委员会委员等职。

2012年2月6日，黄培云在长沙病逝。

何耀东

(1941—2012)

何耀东，宁乡县流沙河镇石柱人，民国30年（1941）1月出生。

何耀东出身于农民家庭，初中肄业后在家务农。1958年，响应国家号召，应征入伍，在广西当兵，历任战士、文书、宣传干事、班长等职。1965年加入中国共产党。1966年提干，先后担任宣传股长、宣传科副科长、秘书科长、团副政委等职。1979年，参加对越自卫反击战，任团政委，他根据敌军和战场特点，深入细致做好战前思想政治工作，使全团士气高昂，在参战部队中第一个完成战斗任务，打了一个漂亮的歼灭战，毙敌100多人、抓获俘虏80多人，战况成为全军“战报”第一篇。1983年，从团政委晋升为广西军区副政委。1990年9月，下派到湖南省军区湘潭军分区任政委（保留副军级）。1992年3月，任湖南省军区副政委，当时南湾湖部队农场遗留问题多且久拖不决，他先后4次率工作组到农场蹲点，历时一年，做了大量艰苦细致的工作，最终使一些多年来难以解决的棘手问题得到解决；同年被授予少将军衔。

1994年3月，任广州军区后勤部政委（正军职）。担任政委期间，正值改革开放不久，广东又处于改革开放的前沿阵地，各种思潮汇集，部队经商风气盛行，他在党内从端正风气入手，突出抓部队讲政治的问题，开展抵御“酒绿灯红”和拒腐防变教育，扭转部队的风气，确保部队建设的正确方向。他对官兵的冷暖疾苦体贴入微。他到衡阳某部视察时发现哨所没有水，他当即亲自带队到山脚察看水源，到县城买抽水设备，到哨所值勤点丈量，和机关研究设计方案和落实经费，不到一个月时间就让官兵用上自来水。1997年，当选为中共第十五次全国代表大会代表；香港回归时期，全力做好驻港澳部队基地营房工程建设。1998年，抗洪救灾期间，他参与“长江抗洪”后勤保障工作，率队深入一线，忍受着腰椎间盘突出带来的疼痛，与守堤官兵同吃同住一个月。1998年部队企业移交地方接收，他积极参与和指导军队企业移交工作。何耀东多年来结合工作实践，研究探讨部队思想政治工作，有近40万字的论文、体会发表于多种报纸杂志，1998年出版《思想政治工作探要》等书籍。2001年4月，他退出领导岗位。

何耀东对自己要求很严，对家人和部属要求也很严格，他经常教育官兵和家人，在各种诱惑面前，要敢于、善于抵制，做一个老实人，老实人最终不吃亏，吃亏在于不老实。他还专门制定“家规”，对家属和子女约法三章，不准他们打着他的旗号办私事，更不许参政议政。

2012年6月5日，何耀东在广州病逝。

吴吟钦

(1920—2012)

吴吟钦，民国9年（1920）8月出生于长沙县西塘（今望城区大泽湖街道西塘村）。1952年7月，加入中国共产党。

1953年创办西塘初级农业社，并担任西塘村农业社总支书记，积极发展养猪事业。西塘农业社入社农户20户，成立望城第一个初级农业生产合作社，介绍西塘社养猪的经验。1956年年底，西塘被评为全县先进农业社。1956年9月中共湖南省委李瑞山、华国锋等带领全省地市委书记前来考察，并提出全省养猪大户向西塘学习的口号。1957年年初，吴吟钦出席湖南省1956年度劳动模范会议；2月18日至26日，吴随同县委书记张兴玉出席中共中央、国务院在北京召开的全国农业劳动模范代表会议，获“爱国丰产奖章”，受到毛泽东和周恩来等中央领导人接见。4月，农业部组织南方13省（市）及华中、西南农业科学研究所负责人来社考察养猪。农业部电影社在望城县拍摄《望城养猪》纪录片在全国放映，其中重点讲述西塘农业社养猪事迹。后来，西塘的养猪先进事迹送全国农业展览馆展出，西塘被周恩来誉为南方13省的“养猪典型”。

吴吟钦自1953年担任西塘支部书记，共18次出席部省市县重要会议，并多次获荣誉奖章，3次进京，受到中央主要领导接见。

2012年8月29日，吴吟钦在长沙病逝。

黄彰任

(1916—2012)

黄彰任，原名彰信，字叔昭，号兆民，民国5年（1916）11月22日生于浏阳县城，年幼时因其父黄颖初在粤汉铁路工作，随父母居武汉。黄彰任从小聪明好学，未满五岁就被送进武汉徐家棚粤汉铁路附小读一年级。读中学时因闹学潮被革除学籍。后持已故二哥彰任的文凭考入武汉大学土木系，从此一直沿用“彰任”之名。民国27年，黄彰任大学毕业后，投身抗日，他在芷江机场供职时，与衡东籍的名门少女欧阳遇邂逅并结为伉俪。抗日战争胜利后，黄彰任作为中方技术代表随部队去台湾接管日本在台的机场。先后任国民革命军空军总部科长、工程处工程师、副处长。1949年到台湾。1950—1951年，任台湾大学土木系副教授。1952年赴美留学，获美国密歇根大学工程学硕士。1953—1954年，任美国密歇根州公路局桥梁工程师，美国J.G.WHITE纽约总公司结构工程师。1955年起赴泰国经商，后入泰国籍。在泰国经营石油20多年，建立日炼6.5万大桶原油的炼油厂和遍布泰国全国的150余个加油站。特别是在1973年能源危机，其他石油公司减产减运的情况下，他的公司反而提高产量，除每日7.5万桶外，还超运数千万美元的原油交ESSO炼油厂代炼，从而使泰国安然度过能源危机。1976年，英国出版的《世界名人录》，黄彰任被列为经济名人。1980年，其公司销售额达10亿美元，列东南亚各公司第8位。20世纪80年代初，黄彰任重返美国，与新加坡石油公司、美国一家石油公司合资经营海洋石油公司，黄彰任任副董事长，被邀为美国国会顾问、美国斯坦福大学研究院特约会员。1993年被聘为湖南省海外交流协会名誉会长。

黄彰任热爱公益事业，关心家乡建设，先后两次在浏阳投资扩建人民医院和浏阳市人民医院员工宿舍。1992年捐资建成湖南衡东县欧阳遇实验中学，并在学校设立学生奖学金及教职员奖学金。先后在美国纽约设立黄彰任基金会，在美国史丹福大学、康州州立大学等处设立奖学金。在瑞士设立欧阳遇基金会，资助赴欧美留学深造的家乡学子。捐资修建长沙雅礼中学彰任图书馆和平江县欧阳遇图书馆。他捐资给世界各地的金额超过1000万美元，是一位享誉世界的华人实业家、慈善家。1995年，在黄彰任80

寿辰之日，美国旧金山市将这一天定为“黄彰任日”，对黄彰任一生杰出成就给予崇高的荣誉。2008年，黄彰任被评为湖南改革开放30年杰出人物，获得“兴湘奉献奖”。

2012年10月30日，黄彰任在美国洛杉矶病逝。

颜家龙

(1928—2012)

颜家龙，民国17年（1928）1月6日出生于湖南省湘乡县延福乡（今属涟源市）。六岁始从叔祖父颜昌峣学习书法，扎实练习，苦练临摹，打下坚实的楷书基础。随着年龄的增长，颜家龙发现行、草书更适合自己张扬的个性，于是将精力转移，主攻行草书。中学阶段师从书画家周达学习国画和书法，开始对魏碑进行研究和临习，并将魏碑的笔意、精神揉进行草书的创作中。民国37年（1948）肄业于国立中央大学艺术系。后考入华中军政大学湖南分校。

1957年，湖南省举办第一届全省美术作品展览，其作品《帮忙》获二等奖，开始在湖南美术界崭露头角，并被选为湖南省美术家协会常务理事。1959年，颜家龙到浙江美术学院进修，进修内容以国画人物为主。1961年，到湖南师范学院美术系从事人物画教学。1964年，调湖南日报社任美术组组长。

20世纪70年代末，全国兴起一股学习书法的热潮。其时，颜家龙在湖南省美术家协会担任常务理事，分管书法方面的工作。他全心致力于湖南书法的普及与提高，发现和培养一大批湖南书坛的中坚力量。期间，他广泛学习、博采众长。到20世纪80年代初期，他的书法风格已经基本形成，作品雄强、稳重、厚实，格外注重点画的精到与结构的合理。

1983年，颜家龙成为中国美术家协会会员。同年，调回湖南师范学院美术系工作，从事书法课教学。1984年，兼任书法和山水画两门课程的教学。期间，颜家龙举办《张家界写生作品展》，其中15幅作品先后发表。至20世纪末，颜家龙把注意力转向草书，重点研习米南宫、黄山谷和王铎，并关注现代派书法，尝试创作少字作品，使书艺登上新台阶。2000年，颜家龙被中国书法家协会授予“德艺双馨会员”称号。2004年9月，颜家龙在中国美术馆举行《颜家龙书法艺术展》，受到艺术界同仁及书法爱好者的一致好评。2006年被评选中国最具影响力的书法家。

颜家龙的书法作品先后参加全国第一、三、五、六、七届书法篆刻作品展览及其他一些重要的国际性和全国性的书展。他的传略被收入《中国现代书法家辞典》《中国当代书法家辞典》。先后出版《颜家龙书法集》《颜家龙书法新作集》《颜家龙扇面书法》《得德楼文稿》等个人书法集。

2012年11月2日，颜家龙在长沙病逝。

饶 兴

(1910—2012)

饶兴，长沙县尊阳都双江高塘（今属长沙县金井镇）人，清宣统二年（1910）二月十八日生。

幼年就读私塾3年。民国13年（1924），到麻林桥大顺号染铺当学徒。民国16年（1927）春，参加工人纠察队。民国19年（1930）红三军团攻克长沙，后撤出长沙，他随尊阳区苏维埃赤卫大队回到双江；10 月加入中国共产党，11 月参加红十六军。民国 21 年（1932），任湘赣苏区独立师政治部宣传队队长，后任十七师五十一团政治处主任、湘赣军区政治部组织科科长。民国 23 年（1934）10 月，任红二方面军五十二团政委。参加湘赣、湘鄂川陕苏区反“围剿”斗争和长征，参与开创湘鄂川黔根据地，参加剿匪、打恶霸、肃清残敌和地主武装的斗争以及发展红军的工作，随红军先遣队浴血奋战。民国 29 年（1940）3 月，任晋西北新军暂编第一师政治部主任兼党委书记。民国 34 年（1945）9 月 12 日，任绥蒙军区政治部主任，后率部开辟晋西北、大青山抗日根据地，参加大反攻作战；解放战争时期任绥蒙军区副政治委员，参加绥包、集宁等战役，参与领导对绥远傅作义部的和平起义和整编工作。

1949 年年底转业后，任中共川北党委秘书长，领导开展土地改革，分化地富、打击首恶。1952 年年底，任西南军政委员会水利部副部长兼党委书记。1954 年 5 月，任国务院长江规划委员会副主任。1956 年 9 月，任中央水利部部长助理。1957 年 8 月后，任中央气象局副局长兼党组书记。1964 年 10 月起，任中央气象局局长、党组书记等职，同年当选为第三届全国人大代表。在长期从事和负责气象工作的岗位上，他身体力行，组织制定中国气象工作方针，加快气象服务网建设，进一步明确以服务农业为重点并兼顾其他。积极推进发展全国气象服务网，普遍开展县气象站补充订正气象预报，提出和总结出一系列措施及办法，提高气象预报准确率；倡导农业气象试验研究一定要从生产实际出发，提出农业气候区划的搞调查、找问题、抓资料、选指标、作分析、划界线、加评述、提建议八个工作步骤；在中央气象局成立“云雾物理研究室”，推广和扩大人工降雨和防雹试验，并逐步建立人工影响天气科技队伍，创建气象院校并建议在大学开设气象专业和农业气象专业。致力推进中国气象现代化建设，提出气象工作要逐步实现“观测自动化、预报客观化、服务专业化”。从引进设备到自行研究制造环节，力促气象观测业务自动化建设。推进气象卫星接收系统工程的建设，有力提高中国气象业务现代化整体水平。

1982 年离职休养。2000 年 4 月 14 日，经公证，自愿将自己的遗体无偿捐献给国家医学科学事业。

2012 年 11 月 19 日，饶兴在北京逝世。

烈士名录

姓名	出生时间	籍贯	职务/职业	政治面貌	生前所在单位	牺牲时间、原因、地点	追认/授予烈士荣誉情况
张月阶	1892年	岳麓山荷叶塘	副庙长	—	省会第160乡农民协会	1927年农历三月十三日，参加省会农民大会后过河途中被资本家的船撞翻落水牺牲	1991年10月8日由湖南省政府批准为烈士
王桂生	1903年	长沙县五美乡夜塘	纠察队员	中共党员	长沙近郊区第三乡农民协会	1927年5月，被国民党暗杀于长沙近郊	1988年11月长沙市郊区人民政府追认为革命烈士
罗养真	1903年3月	桥驿镇洞阳村	省委组织局干事兼长沙市委组织部长	中共党员	—	1928年1月22日，就义于长沙市伍家岭	1992年8月13日，湖南省人民政府
黎海云	1905年	黎托平阳四组	中共长沙市委委员	中共党员	—	1928年8月，被捕遇害于长沙市教育会坪	1988年11月长沙市郊区人民政府追认为革命烈士
王菊茂	1907年	左家塘向公塘	纠察队员	—	长沙近郊区第三乡农民协会	1930年6月，随红军回长后失踪	1988年11月长沙市郊区人民政府追认为革命烈士
黄　智	1907年3月13日	黎托乡黎托村	联络员	中共党员	长沙县明道区地下党中心区委	1931年4月13日，被国民党暗杀于长沙近郊	1988年11月长沙市郊区人民政府追认为革命烈士
王仁六	1900年	黎托乡川河村胡婆桥	战士	—	—	1930年，参加红军，1932年大围山战斗中牺牲	1988年11月长沙市郊区人民政府追认为革命烈士
王仁伏	1897年	黎托乡川河村	战士	—	—	1930年，参加红军，1932年大围山战斗中失踪	1988年11月长沙市郊区人民政府追认为革命烈士
李　雄	1904年	黎托乡大桥村陈家巷	战士	—	—	1934年，长征至贵州时负伤离队归家次年伤口恶化去世	1988年11月长沙市郊区人民政府追认为革命烈士
张鉴秋	1892年	浏阳县金刚镇太子湖村枫树组	湘鄂赣省边区任执委	中共党员	湘鄂赣省边区委	1936年9月，率领不足一个连的兵力，从湖北转入湘、赣，在浏阳小河乡严坪地区与敌许克祥部一个团的兵力相遇，被围在一座高山上，坚持九昼夜，因势孤力薄，无法突围到粮尽弹绝，以身殉职	经省民政厅同意补录发补革命烈士证

姓名	出生时间	籍贯	职务/职业	政治面貌	生前所在单位	牺牲时间、原因、地点	追认/授予烈士荣誉情况
秦　武	1905年	白箬铺镇（夏铎铺金柳寺村）	士兵	—	十八师五二旅一零四团第三营	1937年8月13日，在淞沪会战中阵亡	2014年10月11日，被湖南省人民政府追认为烈士
蔡　云	1908年12月18日	湖南省资兴县兴宁镇	上尉连长	—	国民党第18师103团7连	1938年，参加武汉会战，在武汉武圣庙与日军作战中阵亡	湘烈〔2015〕6号 关于评定蔡云为烈士的批复（由在浏阳定居的子女申报）
杨佩峰	1906年8月5日	宁乡县坝塘镇油麻田村	国军少校连长	—	国民党革命军第77师230团2营5连	1942年1月6日，在第三次长沙会战（湘北会战）中阵亡	2014年4月11日，被湖南省人民政府追认为烈士荣誉
谭天觉	1905年	茶亭镇	代理参谋长	—	国民党27军	1942年6月，在晋中地区对日作战中，负伤被俘，押解南京，狱中不屈，农历十一月十一日被日军杀害，葬于浦口新炭场	1992年，被湖南省人民政府追认为烈士
刘文礼	1896年9月21日	浏阳县金刚镇	二等兵	—	国民革命军陆军58军工兵营二连二等兵	1943年12月8日，在湖南常德参加抗战阵亡	湘烈〔2016〕9号 关于评定刘文礼为烈士的批复
张效宽	1892年6月2日	长沙县九峰镇	—	中共党员	—	二战失踪军人	1988年3月长沙市郊区人民政府追认为革命烈士
彭友丰	1905年	雨花亭乡	—	—	—	二战失踪军人	1988年3月长沙市郊区人民政府追认为革命烈士
邬一之	1911年	雨花亭乡	—	—	—	二战失踪军人	1988年3月长沙市郊区人民政府追认为革命烈士
胡桂初	1895年	雨花亭乡	—	—	—	二战失踪军人	1988年3月长沙市郊区人民政府追认为革命烈士
房平生	1930年2月	浏阳县凤溪乡	侦察兵	—	中国人解放军湘鄂赣边区第一纵队直属2大队	1949年6月13日，前往凤溪乡的“石马”向部队汇报工作途中，被国民党48军包围，突围中中弹牺牲	湘烈〔1991〕13号 关于追认房平生为革命烈士的批复
阳永存	1962年9月	浏阳县镇头乡	排长	中共党员	解放军53610部队66分队	1988年，在哈尔滨市执行工作任务时因病去世	〔1988〕军需字（712）号，解放军总政治部 追认阳永存为革命烈士的批复
陈立福	1951年8月	湘乡县	联防队员	—	长沙市北区浏阳河地区联防队	1988年10月12日，在北区新河执勤时，与歹徒搏斗中被刺伤牺牲	1989年5月4日，湖南省人民政府追认陈立福为革命烈士

姓名	出生时间	籍贯	职务/职业	政治面貌	生前所在单位	牺牲时间、原因、地点	追认/授予烈士荣誉情况
杨反修	1959年	长沙市岳麓区	—	群众	—	1989年3月7日，从溁湾镇湘江去长沙市区，行至水陆洲边，为抢救落水女工牺牲	共青团长沙市委、长沙市军分区政治部追授“优秀青年”“优秀民兵”称号
肖友庆	1957年2月20日	浏阳县杨花乡端里村	农民	—	杨花乡端里村新塘组	1989年3月18日，在醴浏铁路浏阳县金刚乡六栋堂村路段铁路线上为抢救一名三岁小孩牺牲	湘烈〔1989〕18号 关于追认肖友庆为革命烈士的批复
刘尚义	1934年1月27日	浏阳县北星乡高桥村	村民组长	中共党员	北星乡高桥村冲口组	1989年7月18日，为抢救落水儿童牺牲	湘烈〔1989〕28号 关于追认刘尚义为革命烈士的批复
李科林	1959年5月17日	宁乡县灰汤镇新风村	中队长	中共党员	浏阳县消防中队	1990年5月19日，在浏阳县工人文化宫火灾战斗中壮烈牺牲，安葬在长沙革命烈士陵园	1990年5月24日，被中华人民共和国公安部授予烈士荣誉并追记一等功
袁春良	1968年1月6日	宁乡县沙田乡长冲村	农民	中共党员	宁乡县沙田乡长冲村村民	1990年8月，在沙田乡抢救落水儿童时光荣牺牲，安葬在沙田乡六寨村	1993年7月12日，被湖南省人民政府授予烈士荣誉
成文山	1969年8月4日	宁乡县花明楼镇花明楼村	战士	共青团员	空军武汉部队	1990年9月6日，在武汉市阻击歹徒伤害战友负伤牺牲，安葬在宁乡县花明楼镇	1990年9月13日，被空军武汉指挥所政治处授予烈士荣誉
陶明科	1964年4月2日	宁乡县东湖塘镇麻山村	战士	—	怀化308部队	1991年12月24日，在怀化抢救人民生命中壮烈牺牲，安葬在东湖塘镇	1993年1月6日，被中华人民共和国民政部授予烈士荣誉
李承平	1948年11月30日	浏阳县张坊镇禹门村	村党支部书记	中共党员	浏阳市张坊镇禹门村	1992年6月22日，在乘张坊至浏阳城的汽车上，因制止扒窃犯罪，被犯罪分子毒打牺牲	湘烈〔1993〕06号 关于追认李承平为革命烈士的批复
易国军	1966年10月	乌山镇	农民	—	望城县乌山镇八曲河村	1992年7月13日，在八曲河渡口为抢救落水学生牺牲	1992年8月，被湖南省人民政府追认为烈士
周海清	1944年10月13日	茶亭镇	副局长	中共党员	福建省劳动局	1992年12月30日，被歹徒杀害于福州市	1995年7月7日，福建省人民政府批准为革命烈士
张　晋	1970年1月	湖北省鄂城县	司机	群众	长沙市公交公司三车队	1993年1月5日，因乘客不购票辱骂推打乘务员，为保护乘务员安全，制止犯罪，被犯罪分子杀害	1994年1月10日被湖南省人民政府追认为革命烈士

姓名	出生时间	籍贯	职务/职业	政治面貌	生前所在单位	牺牲时间、原因、地点	追认/授予烈士荣誉情况
胡卫林	1963年10月	湖南省双峰县	工人	群众	涟邵大矿务局洪山煤矿蛇形山工区	1993年5月11日，在洪山煤矿宿舍附近为保护他人安全，制止犯罪，被犯罪分子杀害	1994年8月22日由湖南省人民政府批准为烈士
郭哲群	1970年8月	宁乡县流沙河镇	修理技师	追认为中共党员	中国人民解放军41军123师368团	1994年7月25日，在广西资县抗洪抢险中抢救儿童牺牲，安葬在宁乡烈士陵园	1994年，被某集团军党委授予烈士称号
谢启光	1950年11月	宁乡县煤炭坝	郊区洞井乡党委副书记	中共党员	长沙市郊区洞井乡	1995年，对洞井乡金井村机砖厂进行账务审计时被犯罪分子杀害	1995年7月10日由湖南省政府批准为烈士
胡　辉	1967年5月	长沙县黄花镇黄花村	军人	中共党员	长沙政治学院汽车队	1995年8月6日，在外出执行任务途中，在宁乡煤炭坝为抢救落水群众牺牲	1997年4月11日，被中国人民解放军总政治部直属工作部授予烈士；1999年2月4日，由长沙县民政局核发革命烈士证明书
冯石奇	1968年	湖南省岳麓区	农民	群众	务农农民	1996年3月10日，因雨敞坪稽山粮仓起火抢救国家财产身负重伤，经抢救无效	1996年由湖南省人民政府批准为烈士
陶　维	1978年	左家塘办事处	战士	—	靖州苗族侗族自治县消防大队	1996年7月16日，因抢救群众被洪水卷走牺牲	1996年8月5日由中国人民武装警察部队政治部批准为烈士
杨勇山	1957年7月26日	宁乡县喻家坳乡高田村	海军中校	中共党员	38201部队南油920船机电长	1996年9月9日，在抗击广东湛江9号强台风中，为保护人民财产牺牲	1996年9月13日，被中国人民解放军总政治部授予烈士荣誉
罗余良	1959年1月18日	浏阳县蕉溪乡樟树村	村民小组组长	中共党员	浏阳市蕉溪乡樟树村迎集村民小组	1997年6月7日凌晨，浏阳市蕉溪乡樟树村发生百年不遇的特大洪灾，为抢救他人生命而献身	湘烈〔1998〕3号　关于追认罗余良为革命烈士的批复
赵杰龙	1973年8月27日	宁乡县坝塘镇南田坪村	农民	—	宁乡县坝塘镇南田坪村村民	1998年6月14日，在南田坪乡因抢救落水村民牺牲	1999年7月5日，被湖南省人民政府授予烈士荣誉
侯德云	1956年9月13日	靖港镇	退伍军人	追认为中共党员	望城县靖港镇中南村	1998年8月23日，在大众垸抗洪抢险时牺牲	1998年9月17日，湖南省人民政府批准其为革命烈士，9月21日，中共湖南省委追认其为中共党员

姓名	出生时间	籍贯	职务/职业	政治面貌	生前所在单位	牺牲时间、原因、地点	追认/授予烈士荣誉情况
张杰明	1972年10月21日	宁乡县坝塘镇双安村	警察	中共党员	长沙市公安局巡警支队芙蓉大队	2003年8月31日凌晨,在芙蓉区育英小学与犯罪嫌疑人搏斗的过程中，身中18刀,英勇牺牲	2003年9月16日,中共长沙市委、长沙市人民政府授予“人民卫士”称号。2003年9月25日,公安部追授他为“一级英雄模范”。2003年12月18日，湖南省人民政府追认他为革命烈士
陈桂华	1975年9月	宁乡县沙田乡五里村	中尉军官	中共党员	衡阳市公安消防中队	2003年11月3日,在衡阳市衡州大厦特大火灾中因抢救保护国家、集体财产壮烈牺牲	2003年11月6日,被公安部政治部授予烈士荣誉
贺华东	1982年11月26日	宁乡县黄材镇沩滨村	战士	中共党员	衡阳市公安消防中队	2003年11月3日,在衡阳市衡州大厦特大火灾中因抢救保护国家、集体财产壮烈牺牲	2003年11月6日,被公安部政治部授予烈士荣誉
李代伟	1983年8月	高塘岭镇	战士	—	衡阳市消防支队石鼓中队	2003年11月3日,在扑灭衡阳衡州大厦火灾中牺牲	2003年11月8日,公安部追认李代伟为革命烈士。2004年3月31日，湖南省公安厅追记其一等功
易长庚	1973年11月	浏阳县荷花乡	警察	中共党员	长沙铁路公安处株洲车站派出所	2004年2月9日，在株洲火车站执行抓捕任务时与罪犯搏斗牺牲	2004年11月18日,公安部、铁道部、中华全国铁路总工会分别追授易长庚“全国公安系统二级英模”“人民铁道卫士”“火车头奖章”荣誉称号。2005年4月4日,被湖南省人民政府追认为革命烈士
蔡卫国	1976年6月28日	宁乡县青山桥镇心田村	站长	追认为中共党员	沙田乡社会保障与劳动服务管理站	2005年3月，在沙田乡五里堆搏兵寨大火中抢救保护国家财产壮烈牺牲	2007年6月18日,湖南省人民政府授予烈士荣誉
徐佩辉	1948年11月1日	宁乡县流沙河镇流沙河社区	农民	—	流沙河镇流沙河社区村民	2006年8月23日,因抢救落水儿童英勇牺牲	2014年4月11日,被湖南省人民政府授予烈士荣誉
李新前	1952年12月14日	宁乡县青山桥镇竹峰村	农民	—	宁乡县青山桥镇竹峰村村民	2007年2月1日，在青山桥镇竹峰村山林救火时壮烈牺牲	2010年7月15日,被湖南省人民政府授予烈士荣誉
邱庆先	1976年1月8日	宁乡县青山桥镇竹峰村	农民	—	宁乡县青山桥镇竹峰村村民	2007年2月1日，在青山桥镇竹峰村山林救火时壮烈牺牲	2010年7月15日,被湖南省人民政府授予烈士荣誉

姓名	出生时间	籍贯	职务/职业	政治面貌	生前所在单位	牺牲时间、原因、地点	追认/授予烈士荣誉情况
肖荨清	1966年10月20日	宁乡县青山桥镇竹峰村	农民	—	宁乡县青山桥镇竹峰村村民	2007年2月19日，在青山桥镇竹峰村山林救火时负伤因医治无效壮烈牺牲	2010年7月15日，被湖南省人民政府批准授予烈士荣誉
李卫东	1983年8月	浏阳县镇头镇金牌村	一级士官	共青团员	解放军91498部队修理厂飞机车间机械员	2007年9月16日，在浏阳河镇头镇金牌村，休假回家期间，救人溺水牺牲	中国人民解放军总政治部革命烈士通知书：〔2007〕军烈字(第13034号)
熊大勇	1985年9月9日	宁乡县双江口镇新香社区	职员	中共党员	太平洋保险公司	2008年1月16日，因冰雪灾害，在茶陵县执行任务抢救客户时牺牲	2008年2月29日，被湖南省人民政府授予烈士荣誉
周泽良	1969年10月12日	望城区雷锋镇坪山村	公交司机	—	长沙市红光巴士915线路	2008年1月19日，驾驶公交车忽遇事故时为抢救乘客牺牲	2008年4月，中华全国总工会追授“全国五一劳动奖章”，5月26日，湖南省人民政府追认其为烈士
罗长明	1975年	涟源市白马镇	送电线路架设合同工	—	省送变电建设公司	2008年1月26日，长沙电厂输电线路上进行人工除冰不幸从高空坠落，壮烈牺牲	2008年1月28日，被省人民政府追认为烈士，2008年4月，中华全国总工会追授“全国五一劳动奖章”
罗海文	1974年	涟源市白马镇	送电线路架设合同工	—	省送变电建设公司	2008年1月26日，长沙电厂输电线路上进行人工除冰不幸从高空坠落，壮烈牺牲	2008年1月28日，被省人民政府追认为烈士，2008年4月，中华全国总工会追授“全国五一劳动奖章”
段志云	1955年8月	岳麓区观沙岭街道岳华村	农民	群众	—	2008年1月30日，在岳华村抢修因冰灾冻坏的自来水管时，摔倒在工作现场牺牲	2008年5月26日，被湖南省人民政府追认为烈士
周景华	1972年	新邵县潭溪镇	送电线路架设合同工	—	省送变电建设公司	2008年1月26日，长沙电厂输电线路上进行人工除冰不幸从高空坠落，壮烈牺牲	2008年1月28日，被省人民政府追认为烈士，2008年4月，中华全国总工会追授“全国五一劳动奖章”
苏湘泉	1962年8月	芙蓉区韭菜园街道汤家岭社区	董事长	中共党员	湖南润泽实业有限公司	2008年2月6日凌晨，因特大冰灾运送救灾物资从郴州返回长沙时，在京珠高速耒阳段355公里处发生车祸牺牲	2008年5月26日，被湖南省人民政府追认为烈士
汤杨	1982年2月25日	长沙县福临镇古华村	公务员	中共党员	长沙县金井镇人民政府	2009年2月11日下午5点，在金井镇新沙村扑救山林大火过程中，为返回火场通知和组织其他干部群众迅速成功撤离而壮烈牺牲	2009年2月16日，经湖南省人民政府批准，湖南省司法厅追授其为烈士；3月11日，司法部追授其为全国司法行政系统“一级英模”称号；6月，人力资源和社会保障部、监察部追授其为“全国纪检监察系统先进工作者”

前志补遗

曾国藩

(1811—1872)

曾国藩，初名子城，字伯涵，号涤生，清嘉庆十六年十月十一日（1811年11月26日）出生在湖南长沙府湘乡荷叶塘白杨坪（今娄底市双峰县荷叶镇大坪村）。

曾国藩出身地主家庭。他5岁启蒙，6岁入家塾“利见斋”。清道光十四年（1834），曾国藩进入长沙岳麓书院演习，同年参加湖南乡试中举。十八年（1838）会试后更名国藩。殿试中进士，入翰林院，累迁内阁学士，礼部侍郎，署兵、吏部侍郎。在北京10余年间，官至二品，十年七迁。

清咸丰二年（1852）因母丧回家。十一月二十九日（1853年1月8日），奉命帮办地方团练，称为湘勇，1月29日，自湘乡来到长沙。设立“湖南审案局”，严惩不法分子。从春节始不到百日，杀人400余人，被百姓称为“曾剃头”。八月，湖南提督鲍起豹部与湘勇发生械斗。九月，湖南营兵多次与湘勇发生械斗，曾国藩离开长沙前往衡阳练兵。建船厂造战船，派人赴广东购买西洋火炮，筹建水师。曾国藩将清朝的世兵制改革为募兵制，主张不在市民而在乡农中招募兵员，用儒家学说治军。

咸丰四年（1854）初，湘军组成陆军十三营，水军十营，共1.7万余人。二月，奉命出师与太平天国军作战。四月初三（4月28日），亲率湘军进军靖港，被太平军击溃，曾国藩愧愤投江获救。五年（1855）与太平军石达开作战受挫，次年在九江座船被夺，险丧生。八年（1858），湘军在太平军军事重地三河镇遭惨败，阵亡6000余人。十年（1860）曾率八万湘军包围安庆。四月十九日（6月8日），奉命以兵部尚书衔代理两江总督，六月二十四日（8月10日），以钦差大臣身份督办江南军务。次年八月初一（1861年9月5日），湘军攻陷安庆。十月十八日（11月20日），奉旨督办江、浙、皖、赣四省军务，巡抚、提督以下悉归指挥。十一月，在安庆创办内军械所。清同治三年六月十六日（1864年7月19日），湘军攻破天京（南京），对城内民众实施烧杀抢掠。曾国藩获赏加太子太保，一等侯爵。四年四月二十九日（1865年5月23日），奉旨率军攻剿山东捻军。同年，与李鸿章组建成江南制造总局。

六年（1867），设造船所试制船舰，同时拟设译书馆。七年（1868）四月，改授为武英殿大学士，八月调任直隶总督。九年，调任两江总督。十一年（1872）二月，曾国藩领衔上奏，促请对“派遣留学生一事”尽快落实，提出在美国设立“中国留学生事务所”。

十一年二月初四（1872年3月12日），曾国藩在南京病逝。朝廷闻讯，辍朝三日，追赠太傅，谥号“文正”，五月十二日（6月25日），灵柩运抵长沙。六月十四日（7月19日），浅葬长沙金盆岭。十三年十一月初四（1874年12月13日），与夫人合葬于长沙城西南善化县坪塘镇桐溪寺后伏龙山（今属望城区）。

清光绪二年（1876），由李瀚章编撰，李鸿章等34人校勘，传忠书局刻印第一版《曾文正公全集》

（全16册），全集包括曾国藩的奏稿、论文、诗集、文集、日记、年谱、传记、墓志铭等。2011年中国书店出版社参考市面其他曾国藩的文集版本，多方考证，修订错误，以简体版的形式出版《曾文正公全集》（全书12册）。

左宗棠

（1812—1885）

左宗棠，字季高，一字朴存，号湘上农人。清嘉庆十七年十月初七（1812年11月10日），出生于湖南长沙府湘阴县东乡左家塅（今岳阳市湘阴县金龙乡新光村）。

左宗棠出生在农村知识分子家庭，父左观澜以教书为生。二十一年（1816）随父迁居长沙。清道光十年（1830），入长沙城南书院读书。20岁乡试中举，此后在会试中屡试不第。十七年（1837），主讲醴陵渌江书院（山长），期间结识两江总督陶澍。十八年（1838）第三次会试不第后无意科场，潜心学习。二十至二十七（1840—1847）年，在安化陶家任私塾教师，同时博览藏书。二十九（1849）年，来到长沙，在朱文公祠开馆授徒。十一月二十一日（1850年1月3日）与林则徐长沙湘江舟中相见，彻夜长谈，两人对治理国家的根本大计，特别是关于西北军政的见解不谋而合，林称左为“非凡之材”。

清咸丰二年（1852）太平天国大军围攻长沙，十月，左宗棠受湖南巡抚张亮基之聘入城守卫。太平军围攻长沙三月不下，撤军。四年（1854）应邀入佐湖南巡抚幕府，辅佐骆秉章，任职六年。六年（1856），因接济曾国藩部军饷有功，被任命为兵部郎中用，八年（1858），加四品卿衔。十年（1860）四月，奉诏以四品京堂衔候补，随曾国藩襄办军务。在长沙金盆岭募集操练“楚军”5000余人。八月初八（9月22日），率军从长沙出发攻打太平军。次年二月，击败太平军于乐平。十二月，升任浙江巡抚，督办军务。清同治二年（1863）四月升闽浙总督兼浙江巡抚。同治三年（1964）二月攻入杭州。十月始南下福建至广州。至四年十二月二十四日（1866年2月9日），攻灭太平军余部，左获赏戴双眼花翎。

五年（1866）五月，左宗棠上书朝廷，主张加强海防，建造自己的现代造船厂，获准。遂择址福州、派员出国购买机器、创办船政学堂，培养造船技术和海军人才。同年九月，左宗棠调任陕甘总督，平定陕甘及宁夏回民起义。

六年（1867）以钦差大臣身份督统军队，平定捻军。七年（1868）协助李鸿章消灭西捻军，获赏太子太保衔。八年（1869），派军攻宁夏、甘肃，回民首领马化龙父子投降后被杀，甘肃马占鳌投降。十一年（1872），左宗棠进驻兰州，在兰州创办“甘肃机器制造局”。十二（1873）年，西宁回军首领马桂源、肃州马文禄先后投降后被杀。马文禄部属七千人被杀。白彦虎退至新疆。左宗棠获授协办大学士。十三（1874）年，补授东阁大学士。

清光绪元年（1875年5月3日），左宗棠被授以钦差大臣督办新疆军务，全权节制三军。他命西征军前锋部队驻军哈密兴修水利、屯田积谷，建立运输军粮三条路线。二年（1876）四月始，出兵新疆，相继收复乌鲁木齐、吐鲁番等，阿古柏服毒自杀。三年（1877），攻克被外寇侵占的南疆八城，至四年（1878年1月），收复除伊犁以外的新疆领土，历时15年的新疆战乱平定。左宗棠被封二等侯。

六年（1880）四月十八日，左宗棠抬棺出关进兵伊犁。七月，应召回京。八月，筹备已久的兰州机器织呢局开工，为中国第一个机器纺织厂。七年年初（1881 年 2 月），入军机大臣兼总理衙门行走，管理兵部事务。九月，调任两江总督兼办理南洋通商事务大臣。

八年（1882），沙俄正式交还伊犁后，左宗棠第五次奏请新疆建省。十年（1884），新疆省建立。是年（1884 年 6 月），左宗棠入京任军机大臣。时值中法战争，七月，奉旨以钦差大臣身份督办闽海军务。十一年七月二十七日（1885 年 9 月 5 日），左在福州任所病逝。追赠太傅，谥号“文襄”，入祀京师的昭忠祠、贤良祠。同年十一月十五日（12 月 10 日），葬于善化八都杨梅河柏竹村（今长沙雨花区跳马镇白竹村）。

著有《楚军营制》等，其奏稿、文牍等由其子广泛收集辑为《左文襄公全集》（杨书霖编校，共 135 卷，128 册，约 450 万字；十六年（1890）长沙萃文堂刻刷局开雕）。

刘炳昌

(1841—1897)

刘炳昌，又名为昕、维兴、字振邦，号炳昌，清道光二十一年（1841）出生于浏阳县（现浏阳市）大瑶镇黄花村一个贫苦农家。自幼习武，仅读一年私塾，便随兄打铁糊口。

清咸丰十一年（1861），刘炳昌加入湘军曾国藩部当兵。后调署闽浙海军，历任福建漳州城守营及台湾镇标中营守备、漳州城守营及台湾噶玛兰营都司、漳州镇中营及台湾恒春营游击、闽浙水师营及邵武营参将、台湾恒春营及汀邵镇中协右协副将、署理福建漳州镇总兵等职。

刘炳昌英勇善战。清光绪十年（1884），中法战争期间，任漳州镇中营游击的刘炳昌，因保署有功，被破格提升为副将（协台）。二十年（1894），甲午中日战争中，刘炳昌率部与日军激战，坚守台湾。但因清政府腐败无能，导致北洋舰队覆灭，并于次年与日签订丧权辱国的《马关条约》，割台湾给日本。在反割让斗争中，刘炳昌与义军统领刘永福在台中门户新竹，率民团与日军展开抗争；新竹失守后，又与刘永福率军孤守台南数月，后因粮尽弹绝而内渡厦门；内渡后，奉命练军福清。刘炳昌因积劳致疾，二十三年（1897）三月病逝，归葬大瑶樟树湾。

柳年铸

(1887—1924)

柳年铸，字仙涛，清光绪十三年（1887）出生，浏阳县（现浏阳市）永安镇人。父亲柳献廷是清武举人。柳年铸幼年在浏阳北乡读私塾，后到长沙求学，开始接触新学。19 世纪末，柳年铸被公费选派到日本留学，考入日本陆军士官学校，并在日本结识黄兴、焦达峰等革命进步人士，在他们的影响下，成为同盟会早期会员，投身民主革命，反对清朝政府封建统治。20 世纪初期，柳年铸从日本回国，在广州负责革命联络工作，参加广州起义。起义失败后负责同盟会联络工作。宣统三年（1911），孙中山约集黄兴等同盟会骨干举行秘密会议，决定以新军为骨干，命柳年铸联络防营与会党，再次在广州发难，占领广州。辛亥革命成功后，柳年铸先后担任国民军事临时广州联络站站长、广州税务局局长。

民国 13 年（1924）春，柳年铸受孙中山之命，与唐才常长子唐圭良到湖南浏阳、平江、醴陵等地，秘密组织国民革命军，被湖南军阀赵恒锡派人暗杀。

刘宜民

（1894—1927）

刘宜民，又名绍樵，清光绪二十年（1894）三月生于湘阴县文洲乡竹山湾（今湘阴县岭北镇沙田村）。4岁随父母定居长沙县新康都（今望城区乔口镇）。

民国2年（1913），刘考入湖南省立第一师范学校，编入第七班，与毛泽东为同一年级。辛亥革命后，资产阶级民主思想在学生中广为传播。刘绍樵与毛泽东等先进青年在新文化运动和湖南青年运动中结下深厚的情谊。民国7年（1918）7月，刘绍樵在第一师范毕业，即从事教育工作，先后在湘阴文洲乡高小、县城女子高小担任校长。刘绍樵从自身薪资中出钱购买教材帮助困难学生，以弥补学校经费不足。

民国8年（1919）5月，刘绍樵在城关女子中学编写通俗易懂歌谣，声援“五四”运动。民国10年（1921）春，到一师附小任教兼训育主任，成为毛泽东的同事和助手。同年10月，由毛泽东介绍加入中国共产党。民国14年（1925）5月，刘绍樵与张四维一同组建“湘阴救国讲学团”“青沪惨案雪耻会湘阴分会”，动员各界群众参加反帝斗争。民国15年（1926）春，受中共湖南区委派遣到湘阴县开展工作，在制鞋工人和缝纫工人等手工业者中发展党员，创建党的组织，并发动农民运动。5月，湘阴县第一个党支部——中共湘阴城关中心支部成立，直属中共湖南区委领导，刘绍樵任支部书记。此间，毛泽东接办第六届广州农民运动讲习所之后，他奉命去广州任农讲所事务主任，成为毛泽东办农讲所的得力助手。是年10月，北伐军攻占武汉后，调任武汉国民党中央组织部科长。民国16年（1927）3月，毛泽东在武昌主办中央农民运动讲习所，刘绍樵任讲习所校务。“四一二”反革命政变后，刘参加讨伐湖北叛军夏斗寅的斗争，并编写歌谣鼓励杀敌，写道：“夏斗寅，夏斗寅，他是一个害人精。害怕工农大革命，发动叛乱罪不轻。号令一声齐出动，誓把夏军一扫平。”

是年7月，刘奉命赴江西南昌工作，与国民党左派一道推举国民党左派人物谢宝树为县长，对右派势力“五人团”头目周新亚等进行坚决的斗争。7月下旬，在去南昌为谢宝树申辩途中，被“五人团”爪牙暗杀于南昌沙婆岭。

罗养真

（1903—1928）

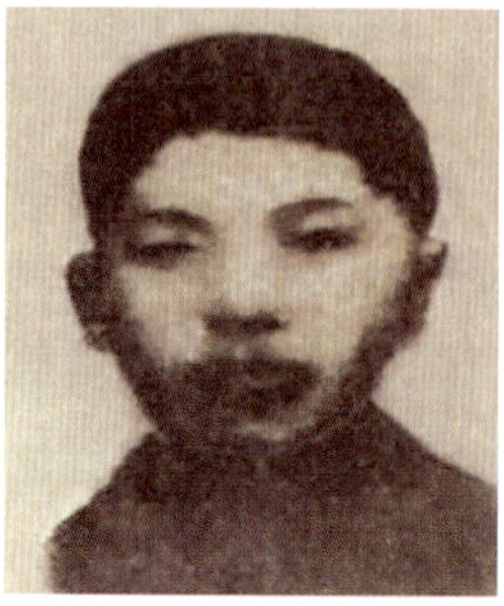

罗养真，别号月梅，清光绪二十九年（1903）三月出生于长沙县临湘都罗家大山（今望城区桥驿镇洞阳村）。民国7年（1918）在县立第三高小毕业后，考入长沙师范学校。受“五四”运动影响，牵头创办“求真学社”，组织进步学生参加驱逐军阀张敬尧的斗争，成为学生运动领导骨干，并结识毛泽东、郭亮等进步青年。

民国10年（1921），加入中国共产党。同年，受中共湖南支部委派，赴河南开封工作。返湘后，在中共湘区委员会领导下，同郭亮、夏曦等，在长沙、岳阳开展青年运动，发展党团组织。民国13年（1924）5月，在长沙铜官庆元宫主持召开成立铜官青年工人同乐部大会，并书写对联：“烈火烧窑成赤化，荡平妖孽进大同”称赞铜官工人的革命斗志。

民国15年（1926）7月，受中共湖南区委派遣到茶陵县，以女子学校教员身份为掩护，担任湘东茶陵特区支部书记，并负责酃县（今炎陵县）、攸县、安仁一带的组织联络工作。其间，主办茶陵农民运动讲习所，建立和发展革命群团组织，在洮水农协挑选120名优秀会员组建洮水农民自卫军，湘东地区工农运动得以迅速开展。

民国16年（1927）“马日事变”后，6月上旬，罗养真等趁夜取水道转移到长沙。随后被派赴宁乡担任中共宁乡县委书记。9月，调任中共湖南省委组织局干事兼长沙市委组织部部长。12月10日，长沙“灰日暴动”失败后，罗养真和20余名党员领导人相继被捕入狱。面对敌人的严刑逼供，罗养真坚贞不屈。民国17年（1928）1月22日，在长沙北门外伍家岭被杀害。1992年8月13日，湖南省人民政府追认罗养真为革命烈士。

夏明翰

(1900—1928)

夏明翰，字桂根，湖南省衡阳县人，清光绪二十六年（1900）八月出生于湖北省秭归县。宣统十三年（1911）回到老家衡阳，入衡阳县石鼓国民高等小学读书。民国6年（1917）春入湖南省立第三甲种工业学校学习。秘密组织革命团体“学友互助会”，开展反对北洋军阀的斗争。民国8年（1919），与蒋先云等发起成立湘南学生联合会，任湘南学联第二届总干事，并负责主编和发行《湘南学生联合会周刊》，开展反帝反封建的爱国斗争。在查禁日货的斗争中，他首先发动弟妹们把祖父藏匿的日货烧毁，继而与蒋先云等带领国货维持调查组和学生义勇军到市内各大商场清查收缴，并在湘江边举行声势浩大的焚毁日货大会。民国9年（1920）3月，领导湘南学生并发动各界全力投入“驱张运动”。同年秋，到长沙，结识毛泽东等人，阅读马克思列宁主义和有关俄国十月革命的新书刊。

民国10年（1921）8月，在新创办的湖南自修大学，由毛泽东、何叔衡介绍加入中国共产党。民国11年（1922）9月，任湖南自修大学补习学校教务主任。10月8日，与罗学瓒一道发动长沙人力车工人大罢工。12月初，任湖南省学联干事长，并兼任《湖南学生联合会周刊》第一编辑。民国12年（1923）6月，长沙发生日本水兵枪杀中国工人学生的惨案，夏明翰和郭亮以“外交后援会”的名义发动群众进行反帝斗争。同年，任中共长沙地区执行委员会书记。

民国13年（1924），负责中共湘区委农民运动委员会工作。民国14年（1925），任中共湖南区委执行委员。他经常化装深入农村，了解和指导农民运动；注意培养农运干部，保送革命青年到广州农民运动讲习所学习，为湖南农民运动培养大批骨干。民国15年（1926）12月1—25日，全省第一次农民代表大会和工人代表大会联合召开，他与郭亮共同主持大会、起草决议。民国16年（1927）2月，去武汉任全国农民协会秘书兼武昌中央农讲所秘书。同年4月，任北伐军政治部宣传部部长，参加第二期北伐。

大革命失败后，奉命由武汉回湖南，任中共湖南省委委员兼组织部部长。8月，兼任平、浏特委书记，帮助平江建立新县委，成立秋收暴动委员会。9月21日，他亲率暴动武装，攻占平江县城。10月，又去浏阳，传达省委指示，帮助恢复县委，组织暴动。

民国17年（1928）初，任中共湖北省委委员。3月18日，因交通员叛变告密，在汉口东方旅社被捕。敌人对他严刑逼供，他宁死不屈。3月20日在汉口余记里刑场英勇就义。临刑前他写诗述志：“砍头不要紧，只要主义真。杀了夏明翰，还有后来人。”2009年9月，由中共中央宣传部等11部门联合组织开展全国“双百”人物评选，夏明翰入选“100位为新中国成立做出突出贡献的英雄模范人物”。

杨锡纯

（1910—1928）

杨锡纯，女，又名叙勋，化名马淑纯。长沙县万寿都水波坳（今属长沙县春华镇）人，清宣统二年（1910）6月生。少年时代起，便协助兄姐们分担家庭生活重担，养成不怕困难、勤劳勇敢的品格。民国8年（1919）就读于关圣殿小学堂，学习刻苦，每期成绩均名列前茅；毕业后考入长沙县立第一女子高小，受校长黄叔毅教育和影响，阅读进步书刊，思想不断进步。

民国14年（1925）夏，杨锡纯考入湖南省立稻田女子师范学校，在徐特立的教育熏陶下，思想倾向革命。北伐军进入长沙后，她积极参加拥护北伐和反帝、反封建、打倒军阀的宣传活动。民国15年（1926）下学期，加入中国共产主义青年团，并任校团支部委员，在校内外积极开展团的活动。同年底，从稻田女子师范学校毕业后，回到家乡负责共产主义青年团和儿童团的工作，带领青年和儿童投入轰轰烈烈的农民运动，被群众赞为“女秀才”。

民国16年（1927）1月，杨锡纯受党组织派遣到安源煤矿，以工人学校教员身份作掩护，在工人中开展团的工作。“马日事变”后，受党指派回到家乡，在大鱼塘、罗家塅、大坝桥等地继续开展革命活动。不久，受党组织派遣，到湖北省黄石县石灰窑工人子弟小学任教，继续从事地下工作。离家前夕，她对全家人说：“现在革命形势处于低潮，白色恐怖遍及全国，希望妈妈和兄嫂都要保持镇静，决不能向反动派屈服，也不必为我的命运担忧。我这次出门，能不能活着回来很难预料。要革命，就没有不杀头、不流血的。为革命流血牺牲是最光荣伟大的。”10月，共青团湖南省委在长沙南门外樟树园3号重建地下机关，因杨锡纯对敌斗争机智勇敢、办事谨慎，善于开展宣传工作，因此受命调回长沙，任团省委秘书并协助宣传工作，为恢复被破坏的团组织，杨锡纯夜以继日地拼命工作。

民国17年（1928）2月，设于樟树园的团省委机关被敌人包围。团省委书记马英为掩护其他同志脱险，开枪拒敌。正在赶印宣传材料的杨锡纯闻警立即销毁重要文件，将一份写有绝密暗码的共青团员名册贴身藏好，攀上邻居屋顶，不幸被敌人发现。为免落入敌手，杨锡纯决心以死殉党，毅然从屋顶以头朝下倒冲地面，伤重被俘。敌人将其押至监狱，施以酷刑，但杨锡纯始终坚贞不屈。敌人从其身上搜出共青团员名册后，更加残酷折磨。而这本以暗号编写的名册，只有马英和杨锡纯知其内容。敌人又以金钱和保释出狱等条件妄图诱其招供，杨锡纯一脚踢翻公案，怒斥敌人：“我是革命青年，只能为党献出自己的一切，哪能向你们这帮野兽屈服。”民国17年（1928）5月18日，在长沙教育会坪英勇就义。

彭公达

(1903—1928)

彭公达，字振尧，号镇远，湖南省湘潭县（今韶山市）人，清光绪二十九年二月初三（1903年3月1日）出生。民国9年（1920）秋考入长郡中学附设甲种师范。民国12年（1923）在学校加入中国共产党。毕业后，回湘潭创办湖湘小学，开办平民夜校，从事建党和工农运动。参与创建中共湘潭城区第一个支部和国民党湘潭县党部。

民国15年（1926）三月，经毛泽东推荐任国民党中央农民部农民运动委员会秘书。不久任广州第六届农民运动讲习所党支部书记，协助毛泽东为全国农民运动培养一大批骨干。国民革命军北伐前夕，回湘潭任中共湘潭地方执行委员会军事委员。

民国16年（1927）春任中共湖南区委农民部部长兼湖南省农民协会秘书。5月任临时秘密省委委员。之后奔走于湘潭农村，组织工农义勇军，准备攻打长沙。工农义勇军进攻长沙失败后，国民党反动派在湖南对共产党人和工农武装进行“清剿”，共产党的活动被迫完全转入地下。彭公达辗转到达武汉向毛泽东、蔡和森汇报湖南斗争情况。6月7日任中共长沙特委书记。6月23日任中共湖南省委农民部部长。6月24日，中共中央常委会决定派毛泽东回湘组织新省委，任书记，彭公达等17人被选为省委委员。7月初，省委人员重新分工，彭公达任农民部部长。8月7日，中共中央在汉口召开紧急会议（“八七”会议），彭公达代表湖南省委出席，与毛泽东都当选为中共临时中央政治局候补委员。8月9日，临时中央政治局召开第一次会议，任彭公达为中共湖南省委书记，和中央特派员毛泽东回湘一起改组省委，领导秋收暴动。8月11日回到长沙，16日主持召开湖南省委会议改组省委；18日主持省委继续开会，讨论制定秋收起义计划；30日主持省委开会，讨论秋收起义区域、时间、策略等，决定不再打国民党旗帜，打共产党红旗，取消地租制度，建立工农政权；决定发动长沙为中心的湘中七县暴动，成立毛泽东为书记的前敌委员会，以易礼容为书记的行动委员会，并派毛泽东到平江、浏阳的农军中去当师长。9月8日主持下令各路起义武装会攻长沙；9日，秋收起义爆发；15日，根据敌强我弱的形势及各地暴动失利的实际情况，决定停止16日的长沙暴动。这一决定事实上对毛泽东率领秋收起义部队实现战略转移起到支持和帮助作用。10月24日，中共中央改组湖南省委，免去彭公达书记职务，改任湘西特委书记。11月上旬，中央临时政治局扩大会议认为他领导湖南暴动不力，撤销其省委委员和中央政治局候补委员职务，并给予留党察看半年处分。虽受到错误处分，但他丝毫不计较个人得失，仍兢兢业业为党工作。赴常德，主持成立中共湘西特委积极发动农民武装斗争，组建湘西工农革命军第四支队记各县游击队，以太浮山为中心进行游击活动。民国17年（1928）7月中旬，在安源被捕。8月7日，在长沙小吴门外校场坪就义。1953年4月，毛泽东亲笔写信给他的亲属，褒扬其为革命牺牲的献身精神。

卜荣贞

(1904—1929)

卜荣贞，女，曾化名王越桢，长沙县人，清光绪三十年（1904）生，毕业于衡阳第三女子师范学校，在校期间积极参加革命活动。民国14年（1925），赴莫斯科共产主义劳动大学学习，民国16年（1927）自莫斯科回国后加入中国共产党；8月，受中共湖南省委指派到岳阳开展地下活动，负责重建中共岳阳县委，并担任县委书记。民国17年（1928）春节，卜荣贞在岳阳县立中学被国民党逮捕，后经中共湖北省委机关工作人员彭文（女）与其兄彭抟黄多方奔走营救，得以保释出狱。之后，卜荣贞寄住岳城颜家巷彭抟黄家中，彭抟黄厚待卜荣贞，并护送其到长沙。卜荣贞在长沙找到湖南省委后，将彭抟黄留在长沙工作，并介绍彭抟黄入党，不久两人结为夫妻。是年7月，因叛徒告密，卜荣贞与丈夫彭抟黄被湖南省政府清乡督办公署逮捕，关押于湖南陆军监狱。此时，卜荣贞已怀孕3个月，但在法庭上坚贞不屈，被判处死刑并立即执行。经彭抟黄母亲奔走营救，以600元银币求赎，获法庭同意。生下孩子后，卜荣贞于1929年上半年在长沙北门经武门外英勇就义。刑前，卜荣贞镇定自若，沿途高呼“共产党万岁”“共产党人精神不死”。

梁焕奎

(1868—1930)

梁焕奎，字星甫，一字璧垣（也作辟园），晚号青郊居士，祖籍广西桂林，清同治七年（1868）十月十二日出生于湖南湘潭，清光绪十三年（1887）中秀才，十九年（1893）中举人。

光绪二十二年（1896），梁焕奎任湖南矿务总局文案，受维新思想感染，力主“破迷信以开民智，办学别倡科学”，又坚持“官不夺民利”之说。通过大力勘察，发现新化、益阳、沅陵数十处锑矿，其中新化锡矿山蕴藏最多，在他倡议推动下，矿务总局在新化、益阳等地设立矿场。由于管理不善，各矿场终未获利，益阳板溪矿（今属桃江县）亏损尤多。二十五年（1899），新任巡抚俞廉三决定招商承办。梁焕奎筹措资金、变卖家产，接办益阳板溪锑矿场，成立“久通公司”。

二十八年（1902）湖南省创设学务处，梁焕奎兼任学务处文案，他建议从乡试落第的试卷中选拔可造人才派赴日本留学，被采纳，并负责组织实施，应试者万余人。二十九年（1903）春，任湖南留日学生监督，护送杨昌济、陈天华、刘揆一等35名湖南学生前往日本。同年五月，被荐回国赴京应试“经济特科”，列二等。同年任湖南矿务总局提调，报请巡抚赵尔巽设立矿业学校，培养矿业人才，赵采纳，于同年冬创办湖南省垣实业学堂（后改称湖南公立工业专门学校，1926年商专、法专合并为湖南大学），为全国最早开班的三所高等实业学堂之一，梁焕奎任学堂首任监督。三十年（1904）正月，梁焕奎等12人在《湖南官报》发表“募捐启”，向社会各界募集资金，在长沙定王台创建湖南图书馆兼教育博物馆，二月正式向社会开放，为中国第一个公共图书馆，也是中国第一个由民间捐资创办的省级图书馆。同年春夏之交，梁焕奎赴江苏，任火药局提调。患眼疾，翌年赴日本求医，仍未治好。三十二年（1906），因见于官场腐败，辞去公职回到长沙，已双目失明，但仍致力于发展民族工业。在同乡、挚友杨度大力帮助下，筹措资金，在益阳“久通公司”的基础上引进国外先进技术及设备，于三十四年（1908）在长沙创建“华昌炼锑公司”，翌年正月开工生产，所出纯锑质量超过英国，于是决定集股投资，又奏准获得新法炼锑专利权10年。从此，全省各锑矿土法炼锑，均由华昌代炼纯锑，采用华昌“双环”商标统一出口。辛亥革命后，又延长专利权15年。第一次世界大战期间，需锑量猛增，华昌炼锑公司获利甚巨。民国7年（1918）大战结束后，锑价暴跌，加以外商竞争，军阀政客横征暴敛、敲诈勒索，公司内部人员冗杂等因素，华昌公司面临破产，至民国9年（1920）关闭，翌年宣告破产。梁焕奎灰心之至，皈依佛教。民国16年（1927）出游上海，民国18年（1929）隐居江西庐山。

民国19年（1930）1月21日在庐山病逝，3月归葬湖南湘潭。

谭延闿

（1880—1930）

谭延闿，初名宝璐，字祖安、祖庵（组庵），号无畏、畏三、切斋，别号慈卫，湖南茶陵县人，两广总督谭钟麟之子。清光绪六年（1880）出生。十八年（1892）应童子试，入长沙府学。十九年（1893）始应乡试。二十二年（1896）科考列一等。二十三年（1897）六月贡试第二名。二十八年（1902）乡试中举。翌年夏担任明德中学校董，并与龙绂瑞等创设湖南民立第一女学。三十年（1904）三月清末最后一次科考会试第一名，贡士；同年四月殿试，列二甲第三十五名，赐进士出身，入翰林，选为庶吉士，旋授编修，返湖南办学。

光绪三十二年（1906）任长沙中路师范学堂监督，投身于近代新式教育事业。同年创办简易师范学堂。三十四年（1908）辞师范监督，任粤汉铁路湘路集股会会长，投身保路运动。宣统元年（1909）七月代表湖南各界与粤汉铁路督办大臣张之洞会商湘省筑路之事；十月选为湖南省咨议局议长，投身湖南立宪运动。二年（1910）以简易师范学堂为基础创设湖南中路公学。三年（1911）十月二十二日湖南推翻清朝封建统治，革命党人焦达峰、陈作新公举为正、副都督，谭被推举为临时参议院议长；十月三十一日立宪派杀害正副都督，谭被立宪派和新军将领推举为湖南都督。民国元年（1912）4月加入同盟会；7月被北京袁世凯政府任命为湖南都督；9月兼任湖南军政府民政部长，加入国民党，任国民党湖南支部支部长，完成裁军，组织省、县议会和国会议员选举工作。民国2年（1913）3月15日湖南省议会召开成立大会。3月20日“宋教仁案”发生，7月25日宣布湖南独立，谭为讨袁军总司令，并发表讨袁宣言，8月13日取消湖南独立，10月谭被袁撤去都督之职，先后避居青岛、上海近三年。

民国4年（1915）底袁世凯称帝，谭参与护国运动。民国5年（1916）5月29日都督汤芗铭宣布湖南独立；6月6日袁世凯暴毙；7月5日汤被驱逐；8月4日谭被北京段祺瑞政府任命为湖南省长兼督军。民国6年（1917）6月14日张勋借调停黎元洪、段祺瑞矛盾率辫子军入京；7月1日张扶持溥仪重登帝位，谭组织“讨逆军”北上讨逆，未战张已败逃；8月谭被免去督军之职；9月向北京政府电辞省长，前往上海。离任前，将湘军刘建藩部和林修梅部调至湘南一带，保存革命势力。

民国7年（1918）初护法战争起，7月被南方军政府任命为湖南督军，推动南北议和。民国8年（1919）6月谭驱逐程潜，驻郴州，自任湘军总司令和湖南督军。民国9年（1920）6月驱逐湘督张敬尧，自任省长兼湘军总司令；11月底被赵恒惕取代而离开长沙赴上海。期间与孙中山书信来往甚密，为北伐大业筹集湘饷累计达几十万。民国12年（1923）3月受孙邀请任广州海陆军大元帅大本营内政部长，5月改任大本营建设部长，6月任湖南省长兼北伐军总司令，回湘讨伐赵恒惕未果，复南下追随孙中山致力于国民革命。民国13年（1924）1月任国民党第一届中央执行委员会委员，7月任军事委员会委员。民国14年（1925）7月任中华民国国民政府委员、常务委员及军事委员会委员，9月兼任国民革命军军政部长。民国 15 年（1926）1 月任国民党第二届中央执行委员会委员、常务委员；4 月被国民党中央、国民政府联席会议选为中央政治委员会主席；5 月代理国民政府主席；7 月兼代理政务会主席；11 月主持召开国民党中央政治会议，决定迁都武汉，随后主持迁都工作。民国 16 年（1927）3 月国民党二届三中全会上推选为大会执行主席；4 月作为国民党代表参加中共第五次全国代表大会；7 月与汪精卫主持召开国民党中央常务委员会扩大会议，正式宣布“分共”。其间，蒋介石的政治野心随南京、上海等大城市的攻克而日益膨胀，建立南京国民政府，与武汉国民政府对抗。谭居中调和，并促成宁汉合流，9 月宁汉沪三方在上海成立国民党中央特别委员会，任大会主席。民国 17 年（1928）2 月任南京国民政府主席，10 月，在国民党中央委员会常务会议上，由国民政府主席改任行政院长。

谭延闿是民国四大书法家之首，擅长真书，素有“南谭北于”之誉。广州黄埔军校校名“陆军军官学校”、中山陵半山腰碑亭内巨幅石碑上“中国国民党葬总理孙先生于此”为谭氏所题，且曾应毛泽东之请，为潮宗街文化书社题书牌匾。

民国 19 年（1930）9 月 22 日突发脑溢血病逝于南京。

沈绍藩

（1902—1930）

沈绍藩，别号述仲，化名述志，曾用名沈熙、沈粟。清光绪二十八年（1902）十月十九日出生于湖南省长沙县北山向家坝村。民国 6—10 年（1917—1921），在长沙县立师范学校学习，开始接受新文化、新思想。

毕业后，先后在长沙市周南女子中学、广益中学、楚怡小学、长沙第一高等小学任教。民国 13 年（1924），投身革命。民国 15 年（1926），加入中国国民党。

北伐战争时，从事支前和宣传工作。民国 16 年（1927）5 月 21 日“马日事变”时，将在学校的中共湖南省委宣传部长曹典琦、干事廖锡瑞安全转移。次日，参与中国济难会的善后工作，成为济难会会员。此后的济难活动中，他为营救同志、安抚家属日夜奔忙。不顾自身被暴露的危险，积极寻找并收敛烈士田波扬及夫人陈昌甫的遗体。7 月，加入中国共产党，任中共长沙县委秘书。12 月，参加湖南省委、长沙市委领导的“灰日暴动”，参与攻打新河警察局的战斗。

民国 17 年（1928）初，沈绍藩在身份暴露遭到特务追捕后离开长沙，被安排在上海的济难会工作。适逢济难会经费拮据，他写信回家谎称考上大学，用母亲筹集的约值四十担谷的助学款项当作济难会的经费。两年时间里，他为营救被捕的革命战士、救济死难烈士的家属做了大量工作。民国 19 年（1930）5 月，中国济难会改名中国赤色革命互济会全国总会，沈绍藩当选为总会秘书长。

7 月，沈绍藩受中共中央派遣，到武汉任中共中央长江局秘书处处长。他在汉口中山中路租几间房，将母亲、妻子、孩子接来与秘书处女干部帅孟奇住在一起，对外佯称帅孟奇是寡居的大嫂。在家庭的掩护下，常常在夜晚抄送、传递秘密文件。同时以家庭作为据点，掩护中共中央长江局委员、武汉市委书记兼湖北省委书记任弼时与其他同志开会，沈绍藩负责记录、整理会议内容。

10 月 17 日晚，沈绍藩外出与苏区来的同志秘密接头时，因叛徒告密而被捕，被关押在武汉警备司令部军法处。三天时间里，他意志坚决、宁死不屈，没有供出住址和知晓的机关位置。几天后，沈绍藩被害。因事发突然，11 月 7 日，中共中央长江局才得知沈绍藩遇害一事，在上报中央的报告中写道：

"他对党是忠实的，其牺牲的事实更证明他为党斗争的决心。"

邓岳生

(1911—1931)

邓岳生，又名握僊，清宣统三年（1911）五月三十日出生于浏阳县砰山乡（现浏阳市洞阳镇）一户小康人家。7岁时入本地国民学校念书，毕业后读3年私塾。民国14年（1925）春，到共产党举办的平民夜校学习。翌年，农民运动在浏阳兴起，被选为九溪乡农民协会委员长。此后，他带领广大会员投入减租减息、支援北伐、打土豪分田地斗争。同年8月加入中国共产党。民国16年（1927）底被中共浏阳县委派往本县东山里游击队工作。民国18年（1929），奉命派到向坪开展武装斗争，组织一支200人的赤卫队，在白区开展惩霸、筹款等斗争。民国19年（1930）5月，被任命为浏阳赤卫军第六师第一团副团长。同年7月率部配合红三军团参加攻打长沙的战斗。8月被任命为浏阳赤卫军第六师副师长兼第十九团政治委员。率部随红一军团参加全歼文家市敌军等战斗。民国20年（1931）年1月，随红一方面军攻打敌重兵驻守的长沙，攻打浏阳淳口玉皇殿时，久攻不克，撤退时不幸腹部中弹牺牲。

王俊斌

(1898—1932)

王俊斌，号丙生，化名左之前，清光绪二十四年（1898）十二月出生于浏阳县官渡乡（现浏阳市官渡镇）松洲村。民国15年（1926）参加农民运动，任达浒区农民协会土地委员、乡赤卫队队长。同年春加入中国共产党。历任中共达浒区委书记，中共浏阳县委组织部部长，湘鄂赣边暴动委员会平浏办事处主任等职。民国19年（1930）9月，任中共浏阳县委书记。民国20年（1931）任红十六军第九师一零八团政委。民国21年（1932）在江西省万载县小源作战中牺牲。

李为德

(1901—1932)

李为德，化名李正平，清光绪二十七年（1901）出生于浏阳县（现浏阳市）永和镇一农民家庭，8岁启蒙。湖南第一师范毕业后回乡任教并担任永和大团学务委员。民国15年（1926）春加入中国共产党，同年秋浏阳农民村协会公开成立，李为德被任命为莲溪区特派员。民国16年（1927）大革命失败后，奉命转移到上海，从事中共党组织地下工作，任中共上海市威海卫区委书记。民国21年（1932），奉中共中央指示，前往湖北洪湖做地下工作，不久被捕牺牲。

李笠渔

(1896—1933)

李笠渔，字有赕，号水璞，清光绪二十二年（1896）十月出生于浏阳县中岳乡（现浏阳市大围山镇）中岳村。七岁入蒙读私塾，十岁进围山学校接受新学教育，高小毕业后，先到本县南乡教书。其间，受到俄国十月革命和“五四”运动影响，思想倾向进步。民国12年（1923）回到围山学校教书，利用讲课，向学生传播新思想、新文化。民国14年（1925）6月，参与组织围山学校、窑前女校的师生举行示威游行，声援“五卅惨案”受害者。同年冬加入中国共产党。民国15年（1926）8月16日，参与组织建立国民党上东区党部和区总工会，区农协，区妇联和工人纠察队。民国16年（1927）参与组织农民赤卫队参加攻打长沙。7月上旬，组织30多人参加浏阳工农义勇队。9月9日，秋收起义爆发，浏阳工农义勇队改编为中国工农革命军第一军第一师第三团，李笠渔任连党代表，参加攻打白沙、东门市的战斗。三湾整编后，李笠渔被编入干部队，跟随毛泽东上井冈山。民国17年（1928）冬，红四军开往赣南，李笠渔因病留守井冈山，调入红五军政治部。后随军转战于赣西南。民国19年（1930）4月，参加攻打万载，铜鼓战斗。7月27日，再次随红三军团攻打长沙。民国20年（1931）冬，调任红三军团保卫部副部长。参加中央苏区第一至第五次反“围剿”作战。民国22年（1933）7月，在攻打福建硝石战斗中牺牲。中华人民共和国成立后被追认为革命烈士。

李　勤

(1900—1933)

李勤，化名李雄，李成案，清光绪二十六年（1900）四月出生于浏阳县永和乡（现浏阳市永和镇）石港村。三十四年（1908）上初小，毕业后到永和菊溪高小就读，结业后在家务农。民国13年（1924），在家乡参加农民运动。民国16年（1927），在革命教师暑期讲习班学习。“马日事变”后，坚持对敌斗争。民国19年（1930）8月，李勤参加红一军团在浏阳文家市举办的训练班，随后参加红军并加入中国共产党。同年冬调到红四军历任连指导员、团政治委员、师政治部主任等职。民国20年（1931）冬，调任红五军团十三军三十九师政委。民国22年（1933）7月在江西省南丰县大雄战斗中牺牲。

王　豪

(1912—1933)

王豪，原名袁凤起，民国元年（1912）2月出生于浏阳县上洪乡上洪村（现浏阳市张坊镇上洪村）。民国14年（1925）参加儿童团，积极参加农民运动。14岁从张坊洞溪高小毕业，补习2年考入长沙长郡中学。民国16年（1927）春加入中国共产党。民国18年（1929）初，被任命为中共浏阳县张坊区委书记。同年2月，任中共浏阳县第七区区委书记，6月，被派遣到醴陵工作，任中共醴陵县委组织部长，同时兼任醴陵苏维埃政府筹备委员会副主任。民国19年（1930），任醴陵苏维埃政府副主席，中共湘赣省委候补委员，翌年2月，调任中共湘赣省北路行委书记、中共湘赣省委候补委员。民国22年（1933）

秋牺牲于江西省永新县。

王　直

(1905—1933)

王直，原名李瑞日，清光绪三十一年（1905）八月出生于浏阳县人溪乡（现浏阳市张坊镇）红沙村天子屋场。民国12年（1923）入长沙岳云中学。毕业后回乡任教，继续参与省学联和县教联的进步活动。民国16年（1927）“马日事变”后，加入中国共产党。同年10月任浏东特委宣传委员。民国18年（1929）3月，任中共浏阳县委宣传部干事，民国19年（1930）年3月，任县委宣传部部长。同年冬，任中共平江县委书记，亲自带队攻打敌人，同时，组织选送1500名青年参加红军，并成立1000余人参加的红军预备团。为打破国民党的经济封锁，他主持开采金矿、盐矿，成立制药厂、织布厂、造币厂、被服厂，设立机械局，同时大力发展农副业生产。他还注重苏区文化教育事业的建设，开办各种形式的学校、训练班、图书馆，并创办《苏维埃》《平江农村周报》。民国22年（1933）夏，任湘鄂赣省军区政治部宣传部部长。同年7月，任中共万载中心县委书记。同年冬，因“左倾”错误路线被诬为“托派”错杀于江西万载。1983年12月被追认为烈士。

刘　彦

(1905—1934)

刘彦，清光绪三十一年（1905）四月三十日出生于浏阳县古港船舱（现浏阳市高坪镇），幼年读私塾三年，后在甸溪高小毕业。民国15年（1926）秋，任浏阳县船仓乡农民协会秘书。民国17年（1928）加入中国共产党。后任党支部书记。民国18年（1929）4月当选为浏阳第六区苏维埃政府主席。次年10月，调任浏阳县第十三区苏维埃政府主席。11月当选为浏阳县苏维埃政府执委，负责财务工作。民国20年（1931）9月，赴平江出席湘赣鄂边区第一次工农兵代表大会，当选为湘鄂赣省苏维埃政府执行委员，并任省苏维埃政府经济部部长。民国21年（1932），在省苏维埃财政管理工农兵银行票币发行和铸造银圆的造币厂工作，同年4月以省委巡视员主持修（水）、铜（鼓）、宜（丰）、奉（新）边工作，参与筹备修（水）、铜（鼓）、宜（丰）、奉（新）县县委的创建，为发展湘鄂赣苏区的经济事业做出突出贡献。民国23年（1934）春，随湘鄂赣省党政机关向修（水）、铜（鼓）、宜（丰）、奉（新）边突围时牺牲。

万桂芬

(1901—1934)

万桂芬，又名宝兴，参加革命后改名张四维，清光绪二十七年（1901）八月出生于浏阳县凤溪乡乌石村（现浏阳市小河乡）一个乡村中医之家。民国13年（1924）入长沙楚材中学读书，系学校学生运动领导人之一。翌年，因纪念国耻，焚毁日货，曾与警察搏斗而被捕。同年年底，加入中国共产党。民国

16 年（1927）初，考入黄埔军校武汉分校，未毕业即被国民党清党回家。民国 17 年（1928），两次随浏东游击队攻打张坊团防局。同年冬，被派往红五军一纵队任宣传队队长，后任中队党代表。随部转战于平江、修水、铜鼓的渣津、马坳、龙门厂、虹桥、丰田、大虾等地，以能谋善战著称。后又到红五军二纵队五大队三中队任党代表，并在作战中被纵队司令部记大功一次。民国 19 年（1930）6 月，红三军团成立，调任第一师第三团政委。不久，在攻打长沙外围之五里牌战斗中，左臂负伤，但仍坚持到战斗结束。此后，调任湘鄂赣省红军军事政治学校第五分校政治处主任兼政治教官。民国 23 年（1934）7 月，肃反中在江西省被误杀。1983 年 12 月万桂芬被追认为烈士。

朱桂生

（1899—1934）

朱桂生，清光绪二十五年（1899）八月出生于浏阳县沙市团淳口乡（现浏阳市淳口镇）一农民家庭。少时曾读过两年私塾。后随父学木工手艺。16 岁出师后，到汉口一家木工厂做工。民国 11 年（1922）在汉口参加工人夜校学习。民国 15 年（1926）加入中国共产党。次年大革命失败后，回浏阳淳口，秘密从事革命宣传活动。民国 18 年（1929）与当地中共党组织取得联系后，积极参加地下武装斗争；6 月，率数十人攻打淳口团防局，救出被捕的共产党人和革命群众。不久，当选为中共淳口区委委员和区赤色工会委员长。民国 20 年（1931）任中共淳蕉区委书记，次年先后任浏阳县委组织部长和县委书记。在艰苦的反“围剿”斗争中，率领全县群众积极开展武装斗争，发展和加强党的组织，恢复各地苏维埃政权。民国 22 年（1933）2 月，任中共湘鄂赣省委组织部部长；5 月，调任中共宜（春）萍（乡）县委书记，虽身患重病仍积极开展工作，很快打开局面。民国 23 年（1934）“六七月事件”后，中共鄂东南道委受到重大损失，省委特派其接任道委书记。因日夜奔波，疟疾复发，被送往阳新县红花园的一山洞内养病。由于叛徒出卖，被杀害于洞内。

刘　畅

（1906—1935）

刘畅，原名心正，清光绪三十二年（1906）十月出生于浏阳县社港区泮春乡（现浏阳市社港镇）晏家滩。民国 9 年（1920）考入长沙妙高峰中学。民国 11 年（1922）回乡任教，开办农民夜校，为农民运动做宣传工作。民国 15 年（1926）春加入中国共产党，不久任尚埠支部书记。同年 10 月调任共青团全吉区委书记。“马日事变”后，继续从事党的地下工作。民国 19 年（1930）加入中国工农红军，同年 7 月，任红三军团第五军第一师二团团部秘书。民国 20 年（1931）调任红五军第一师师部秘书兼制图科长。民国 21 年（1932）任师政治部宣传科科长。同年秋，任红三军团第五师参谋长，率部参加第四次、第五次反“围剿”作战。民国 23 年（1934）10 月随部参加长征。民国 24 年（1935）5 月 26 日，在强渡大渡河时遭遇敌人袭击，身负重伤后跌落大渡河牺牲。

龙　云

(1904—1936)

龙云，字普林，清光绪三十年（1904）出生，浏阳市人。大革命时期加入中国共产党。民国 17 年（1928）7 月参加平江起义并参加中国工农红军。任红五军连长。同年冬随彭德怀率领的红五军主力到井冈山。民国 18 年（1929）任红五军第五纵队十一大队大队长。参加保卫井冈山和发展湘赣苏区斗争。他作战勇敢，多次受到上级表彰。同年秋，被调任红五军随营学校大队大队长。民国 19 年（1930）夏任红三军团第八军第一纵队支队长、团长。率部参加两次攻打长沙和中央革命根据地第一至第三次反“围剿”作战。民国 20 年（1931）秋任瑞金中央军事政治学校第一队队长。次年夏任红三军团第七军二十一师师长。同年 10 月赴湘赣革命根据地，统一指挥第二十一师和湘赣独立第十二师，在遂川一带开展游击战争。民国 22 年（1933）初任湘赣军区参谋长兼湘赣红军学校第四分校校长。6 月任湘赣红军新独立师师长，率部参加湘赣边区革命根据地反“围剿”作战。民国 23 年（1934）任红六军团第十八师参谋长、师长，率部随红六团西征，10 月 7 日在贵州石阡县甘溪遭国民党军袭击，在突围中被俘。民国 25 年(1936) 2 月 2 日，龙云在狱中病逝。

刘理铭

(1911—1938)

刘理铭，乳名冬生，又名益舟，清宣统三年（1911）十二月八日出生于浏阳县永和镇泉塘村的一个佃农家。六岁时入刘氏族学，13 岁进永和菊溪高等学堂。民国 15 年（1926）春，加入共产主义青年团。曾任区学联副主席。民国 17 年（1928）下半年，中共派刘理铭负责在刘氏族学地下交通站的联络工作。由于工作出色，民国 18 年（1929），刘理铭调任少共浏阳县常委兼宣传部部长。民国 21 年（1932）冬，刘理铭参加工农红军，先后任红独立一师政治部宣传科长、五十二师政治部主任、红十八师政治部副主任。民国 23 年（1934）随部参加长征。抗日战争全面爆发后，刘理铭任八路军一二〇师三五九旅七一七团政治部主任。民国 26 年（1937）11 月，三五九旅进入晋西北抗日根据地开展抗日作战。民国 27 年（1938）3 月，在山西苛岚县抗日前线收复三井镇的战斗中中弹牺牲。

罗　汉

(1897—1939)

罗汉，谱名罗均簧，字雪岑，号燕山，化名“海潮”“罗汉”，清光绪二十三年（1897）出生，浏阳县小河乡田心村人。早年在浏阳、长沙读书。民国 7 年（1918）罗汉考取北京大学文科哲学系，受陈独秀、李大钊新思想、新文化的影响，与同乡同学罗章龙、李梅羹等人积级组织和参加学生爱国运动。“五四”运动中，参加“痛打章宗祥，火烧赵家楼”的斗争。民国 9 年（1920）首批加入社

会主义青年团，北京马克思学说研究会。年底，赴法国勤工俭学，被派往法国里昂附近的一家工厂做工，学习制陶和电木专业。民国10年（1921）10月，罗汉、李立三、陈公培、蔡和森等104人因参与留法学生进占里昂中法大学的行动，被“武装押送回国”。民国11年（1922）1月，与陈公培、鲁易、徐天成在琼州成立社会主义青年团，罗汉担任书记，并经鲁易介绍加入中国共产党，参与创办仲恺农工职业学校，自任校长，培养工农骨干。

民国13年（1924），赴广州，在中共两广区委工作，与周恩来、陈延年共事。受中共中央派遣到黄埔军校担任政治教官。翌年秋，罗汉任国民革命军第四军党代表、政治部主任，参加东征。民国15年（1926），随第四军南征琼崖，任国民党琼崖特别委员会主任委员、中共琼崖特别党支部书记、中共琼崖地市委员会委员兼国民党工作部长。9月，赴苏联东方劳动大学学习。参加托派活动。

民国17年（1928）秋，罗汉离苏回国，参与北方党的组织活动。民国19年（1930）春，在北京与刘仁静等留苏学生组织“十月社”，编辑《十月》刊物，宣传托洛茨基的理论观点，并与中国共产党脱离组织关系。民国20年（1931）5月，罗汉当选“中国共产党左派反对派”中央执行委员会常委，陈独秀为书记处书记，自此，罗汉成为陈独秀“托派”重要骨干。不久，“托派”中央组织被国民党当局破获，陈独秀、彭述之在上海被捕，罗汉因匿居苏州而逃过一劫。

抗日战争全面爆发后，第二次国共合作初期，罗汉在宜兴陶瓷学校当教员，与中共南京办事处叶剑英交往颇多，曾与叶剑英、博古交谈，向组织表达回党工作意向。民国27年（1938），罗汉及其家人由武汉转移到重庆，照顾陈独秀的晚年生活。为了生计，以电木工程师的身份担任国民革命政府军事委员会少将技术委员，从事技术工作。

民国28年（1939）5月3日，罗汉在重庆遭遇日军飞机大轰炸失踪，时年42岁，国民政府确认罗汉罹难，为其家属颁发“抚恤证”，按少将阵亡待遇给予抚恤。

任作民

（1899—1942）

任作民，湖南省湘阴县（今汨罗市）人，清光绪二十五年（1899）十月三十一日出生。自民国4年（1915）起，先后就读于长沙私立开物乙种农业学校、湖南省立甲种农业学校。民国9年（1920）秋在陈独秀举办的外国语学社补习俄语，翌年4月赴莫斯科东方共产主义劳动大学学习。民国11年（1922）1月由刘少奇、罗亦农介绍加入中国共产党，2月由共产国际分配到远东负责苏联境内的中国工人运动，先后任远东职工会中国分会会长、赤塔工联中国工人部部长，主编赤塔《工人之路》报。

民国14年（1925）4月奉调回上海，在中共中央秘书处工作。民国16年（1927）1月赴武汉筹划中共中央机关搬迁工作，任总书记办公室负责人，是中共五大的主要工作人员之一。同年9月，被中共中央派往开封任中共河南省委宣传部部长。民国17年（1928）参与领导确山、信阳、汝南、商城、固始等地的农民起义。4月15日，设在开封的省委秘密机关遭到破坏，他和省委书记周以栗同时被捕，被判刑一年。民国19年（1930）1月出狱后，在中共中央举办的短期训练班学习，后分配到中共江苏省委，任省委组织部副部长和沪东区委书记等职。

民国21年（1932）冬，任中共山东省委书记。民国22年（1933）2月27日，因叛徒出卖，被国民党特务绑架，被国民党山东高等法院以“组织和宣传不容三民主义之团体”的罪名，判7年徒刑。在狱中，他发动全体政治犯进行斗争，迫使所方答应改善伙食、批准阅读书报等。民国26年（1937）2月，他和华岗等19人被押送到武昌“反省院”，仍带领难友进行斗争。10月6日，经董必武营救出狱，回到八路军驻武汉办事处。

11月，他任中共湖南特委书记，领导整顿恢复和新建两个区委、24个支部。他和八路军驻湘办事处代表徐特立共同指导成立中苏文化协会湖南分会，并建立中共党支部，出版《中苏》半月刊、《中苏小丛书》，还办有俄文补习学校。民国17年（1938）1月16日，任中共湖南省工委宣传部部长、统战部部长兼长沙市委书记，创办《观察日报》。民国18年（1939）冬，他奉命“携眷赴延”。翌年3月，进马列学院学习，10月任中共中央西北局秘书长，分管机关党务及西北局工、青、妇等工作。因在国民党反动派的监狱中长期遭受酷刑折磨，身体遭到摧残，染上重病，民国31年（1942）2月20日在延安病逝。23日，中共中央、西北局、留守兵团和延安各机关团体3000余人为他举行隆重的追悼大会。毛泽东亲笔为他题写碑文：“作民同志为党奋斗二十年如一日，临难不苟，大义凛然。入殓时全身烙刑伤痕宛然，布尔什维克气节与世长存。”

彭士量

(1904—1943)

彭士量，号秋湖，浏阳县西乡北星桥（现浏阳市镇头镇）人，清光绪三十年（1904年）八月五日出生，小学就读于浏阳金江书院。民国13年（1924）进入湖北明德大学学习，在校期间正逢黄埔军校在武汉地区秘密招生，便赴广东加入国民革命军。民国14年（1925）考入黄埔军校第四期。毕业后被分配到陆军第十师服役，并参加北伐战争，历任排长、连长、营长等职。因战功卓著晋升为三十一师副团长、团长。民国21年（1932），考入陆军大学正则班（11期）深造，结业后任第八十三师上校参谋处长、第五补训处团长，预备第四师参谋长、副师长。

民国26年（1937）10月，他参加忻口战役；次年8月参加武汉保卫战；屡立战功，获陈诚嘉奖。民国30年（1941），奉调第六战区长官司令部高级参谋兼干训团教育处长。民国32年（1943），调七十三军暂编第五师任师长。同年夏，日海陆空配合，进犯洞庭湖地区。彭士量率师在湖南华容抗敌，相持月余，大挫敌锋。日军广播称彭军为不可轻侮之师。同年11月，日军以10万兵力再犯常德、桃源。彭士量率部固守石门县，多次打退敌人进攻，他身先士卒，率部与敌肉搏，将士死伤遍地，防御工事濒于全毁。在新关以南岩门口时身中数弹牺牲，时年39岁。收殓遗体时，在其衣袋中发现一份遗书“余献身革命，念年于兹，早具牺牲决心，以报党国。兹奉令守备石门，任务艰巨，当与我全体官兵、同胞与阵地共存亡之决心，歼彼倭寇，以保国土。倘于此次战役中得以成仁，别无遗憾，惟望我全体官兵服从副师长指挥，继续杀敌，达成任务”。

其骸骨运长沙举行公祭后，葬于南岳衡山。民国33年（1944）2月2日，国民政府追赠为陆军中将，并厚恤其家属。2014年9月1日，彭士量被列入民政部公布的第一批300名著名抗日英烈和英雄群体名录。2015年12月，抗日名将彭士量将军殉国处纪念碑落成。

李明秋

(1901—1945)

李明秋，清光绪二十七年（1901）五月二十七日出生于浏阳县上东区石坳乡（现浏阳市大围山镇）一贫苦农民家庭。民国15年（1926）参加农民协会。民国18年，担任石坳乡苏维埃政府土地分配员；民国19年（1930）加入中国共产党。翌年，任上东区苏维埃政府主席，不久又调任县苏维埃政府裁判部长。后调湘鄂赣省苏维埃政府工作；民国23年（1934）冬，任湘鄂赣省苏维埃政府财政部部长。民国26年（1937）秋，任湘南特委委员兼职工部部长。次年任中共资（兴）汝（城）桂（东）中心县委副书记兼宣传部部长。民国28年（1939）冬到延安，入中共中央党校第四部学习。在延安大生产运动中被评为模范。民国34年（1945）4月，作为湖南的代表，参加中共第七次全国代表大会。9月，奉命前往东北解放区，任中共吉林省农安县委书记兼吉林省军区农安独立第八团政治委员。同年12月26日，在与敌人作战中中弹牺牲。

徐少保

(1879—1946)

徐少保，湖南省益阳县人，清光绪五年（1879）出生。青少年时期读过几年私塾，后随父驾船谋生。其父死后在泉交河镇开粮行。民国15年（1926）参加农民运动，10月加入中国共产党，不久任泉交河区委副书记。马日事变后，被国民党当局通缉，先后转移至沅江、南县、华容、石首等地从事联络工作，恢复、重建党的组织，建立农民武装。民国17年（1928）春任中共南（县）华（容）安（乡）特委委员，参与组织暴动队50余人，在洞庭湖滨开展游击活动。7月任中共湘西特委委员，次年3月任特委书记，在安乡山区建立游击队，作战20余次。民国19年（1930）9月任中共湘鄂西特委委员，分管南华安地区党的工作。

民国20年（1931）9月，中共中央决定成立中共湖南省工作委员会，任省工委书记，领导长沙、南县、安乡及湘中一带的地下工作。次年1月，省工委改为长沙中心市委，行使省委职权，任代理书记，领导长沙市郊和株萍、粤汉两路沿线城市及水口山矿区与湘中地区的地下斗争。民国21年（1932）底长沙中心市委机关遭破坏，他潜往湖北公安，以挑货郎担为掩护，秘密串联从洪湖突围出来的共产党员。民国24年（1935）与共产党员廖果生筹办自强中学，在江南、江北联络一些与党组织失去联系的党员，将学校作为革命活动的秘密据点。民国25年（1936）3月成立党小组。10月，在公安县成立中共荆（州）沙（市）地下党支部，任副书记。

民国27年（1938）夏季以后，历任中共公安县委委员、县委书记，公南特委宣传委员、组织委员，领导抗日救亡活动。民国29年（1940）冬，公南特委改为湘鄂边特委后，任组织部部长，积极贯彻白区工作方针，建立新的联络点，为石首党组织的重建打下基础。并参与领导湖南的南县、华容、常德、安乡、澧县和湖北松滋、石首、公安等地的斗争。

民国30年（1941）1月皖南事变后，继续坚持在白区工作。民国31年（1942）任中共湘鄂边特委书记，在极端险恶的环境中，以家庭织布厂为掩护，领导湘鄂边各县发展党组织，开展抗日民主斗争。抗日战争胜利后，由安乡陈家嘴秘密迁居东南洲，以教书、种田身份作掩护，坚持秘密斗争。民国35年(1946) 9月19日，他与妻子夏晨辉、通讯员王赐信，一同被叛徒李崇高出卖，遭国民党当局逮捕，押至常德监狱。22日，运至盐关河心被勒死，沉入江底。

金　九

(1876—1949)

金九，原名金昌洙，号白凡，韩国人。1876年7月11日出生于朝鲜黄海道海州白云房农民家庭。1885年，私塾学习汉文和韩国文字，并修读通鉴、史略、兵书、大学、唐诗等。

1891年，应考科举但落榜。1893年，加入朝鲜新兴宗教组织东学。1895年，支援海州东学农民运动，对抗日本军。后藏身至中国东北，参加以金利彦为首的朝鲜独立运动义兵团“议变党”。1896年明成皇后被日本人杀害，金九在鸱河浦报复性杀死日本陆军中尉土田让亮并入狱。1898年3月9日被关仁川监狱，始接触《泰西新史》《世界地理》等新学书籍。1899年5月逃狱，后在公州麻阁寺出家，同年在黄海道各地设立学校。1903年信奉基督教。1909年任黄海道安岳杨山学校教师。1910年参加新民会。1911年因105人事件被捕，被判无期徒刑。同年因减刑而出狱，在东山坪农场担任管理人，并进行农村启蒙运动。

1919年“三一运动”后亡命至上海，参与韩国临时政府的组织，历任警务局长、内务总长、国务领。1928年与李始荣、李东宁等人组织韩国独立党，任总裁。同年组成秘密结社韩人爱国团，开始用武力恐怖手段进行抗日活动。1931年组织爱国团。1932年1月8日安排李奉昌在樱田门刺杀日本天皇未遂；后与王亚樵策划虹口公园爆炸案，同年4月29日联手王亚樵，安排尹奉吉在上海虹口公园对天长节与“一·二八”事变祝捷典礼会场投掷炸弹，日军大将白川义则、日本驻沪留民团行政委员长河端贞次等人被炸死，多名日本军政要员被炸伤。此后避难嘉兴，曾藏身于湖上游船，并在南湖游船上召开韩国临时政府国务会议，商议抗日复国大计。1935年组织韩国国民党。1937年中国抗战全面爆发，11月率韩国抗日光复战线三党人员及其家属百余名西迁长沙，设三党总部于连升街楠木厅。1938年5月6日，与玄益哲、柳东悦、李青天等在楠木厅开会时遭韩国人李云焕枪击，金九重伤被送往湘雅医院抢救，痊愈出院后在岳麓山上修养。

1940年大韩民国临时政府迁至重庆，金以临时政府主席身份组建韩国光复军，开展军事活动。1944年被选为韩国临时政府主席。1945年以大韩民国之名发布对日宣战布告，组成光复军伞兵部队，实施本国登陆训练。同年8月15日朝鲜光复，归国。以韩国独立党委员长身份，反对莫斯科美、英、苏三国外相会议声明，主导反对朝鲜信托统治运动。1948年2月10日发表《向三千万同胞泣诉》声明，反对韩国独自建立政府。1949年反对韩国独自实施大选的联合国决议，提出应由南北协商建立统一政府。进入朝鲜与金日成进行政治协商，但失败。

1949年6月26日在京桥庄被陆军步兵少尉安斗熙暗杀。以国民葬方式（类同于国葬，但不是以政府而是以全国人民名义）安葬于孝昌公园。1962年追授大韩民国建国勋章。进入21世纪，楠木厅成为韩国人到长沙游览的必到之地。

任凯南

（1884—1949）

任凯南，字拱辰，又字戆忱。清光绪十年（1884）十月十一日出生于湘阴县塾塘乡（今汨罗市弼时镇）。

任凯南自幼聪明好学，曾考取秀才，后考入湖南高等实业学堂，毕业后考取官费留日，进入早稻田大学深造。留日期间，追随黄兴加入同盟会。1911年辛亥革命后回国。民国元年（1912），在汉口法租界与杨端六、周鲠生、皮宗石、李剑龙等湘籍留日学生一起创办国民党机关报《民国日报》。民国2年（1913），该报被查封，他机智逃脱逮捕，后在长沙《湖南大公报》工作，继续撰文宣传民主革命。民国4年（1915），他获准公费留英，考入英国伦敦大学经济学院，勤研苦学，对西洋经济史、西洋经济思想史造诣尤深，并掌握日、法、英、德四门外语。

民国10年（1921），取得经济学博士学位回国，践行"教育可以救国"理念。同年，被任命为湖南商业专门学校（湖南大学经济与管理学科前身）校长，锐意革新校政。他还与雷铸寰等筹建长沙大麓中学（20世纪50年代改为长沙市九中），并兼任省立图书馆馆长。大麓中学建成后，他陆续任该校董事长、校长十余年，学校以平民教育为宗旨，大量吸收贫困子弟入学。民国15年（1926），湖南商业、工业、法政3个专门学校合并为省立湖南大学，他任经济系教授兼教务长。民国17年（1928）4月聘为湖南大学校长，8月，被任命为国立武汉大学筹备委员会委员。民国18年（1929）7月，辞去湖大校长职务，任武汉大学经济系教授，民国21年（1932）10月任经济学主任，民国24年（1935）兼任法科研究所经济学部主任，其间，经济学界已有"南任北马（马寅初）"之称。民国26年（1937）7月，湖南大学改国立，他回长沙任湖南大学教务长兼图书馆馆长。

任凯南爱书如命，所得工资除生活必需费用和资助困难学生外，大都用来购书，成为省内有名的藏书家和版本学家。民国27年（1938）4月10日，日本飞机狂炸湖大，图书馆被炸毁，任凯南亲自带领师生员工冲入火海抢救书籍，他于事前将馆藏真本善本书籍装箱转移，才避免了更大损失。在日军的炮火中，湖大被迫迁往辰溪，任凯南任迁校负责人，从选址到建校舍，从迅速复课到师生安危，他都亲力亲为从不懈怠。

民国29年（1940）他担任大麓中学校长，抗日战争胜利后，辞去校长职务，回湖南大学任经济系主任。民国38年（1949），长沙临近解放，白崇禧军队驻扎在大麓中学，他担心白兵败退时破坏校舍，每天在湖大上完课，必过江赶回大麓中学。因积劳成疾，7月16日，猝逝。身后一无所蓄，由湖南省政府特拨银洋500元治丧，安葬于岳麓山。后人遵其遗命，将其万余册藏书捐赠给湖南大学和大麓中学。

柳肇云

（1906—1952）

柳肇云，又名柳肇仁，字茂松，清光绪三十二年（1906）十一月出生，浏阳县永安市（现浏阳市永安镇）人。

民国元年（1912），柳肇云入学读书，民国13年（1924）毕业于浏阳师范学校，次年考入国民革命军第八军学兵队，民国15年（1926）被保送入黄埔军校潮州分校第二期步兵科。7月9日，国民革命军誓师北伐，柳肇云提前毕业，参加北伐，被分配在国民革命军第六军十九师五十七团，先后参加攻打南昌、南京等战役。担任过排长、连长、营长等职务。民国19年（1930），柳肇云被调任五十三师一五八旅司令部少校参谋。民国21年（1932），调任第十五师司令部少校参谋。民国22年到湖南陆军干部学校高级训练班学习。民国23年（1934），调回第十五师任中校参谋。民国26年（1937），抽调到湖南保安一团任副团长，先后参加淞沪会战、武汉会战、第一次长沙会战。民国27年（1938），调第八预备师司令部任上校主任。民国28年（1939），调任湘、鄂、赣边区抗日挺进军第四纵队司令部参谋长。民国29—30年（1940—1941），柳肇云被调到江西修水西南游干班学习游击战术抗日，任阵地演习团团长，整训游击干部，开展敌后工作，加强敌后地区的抗日力量。民国31年（1942）调任第九战区二纵副司令，参加第三次、第四次长沙会战。民国34年（1945）春，调任第二十七集团军总司令部少将高参兼中央军官学校毕业生调查处长沙分处副主任，后任中央训练团第二十七军官总队第二大队少将大队副。民国37年（1948）加入中国农工民主党，民国38年（1949），任国民革命军第一兵团联防指挥部少将高参，并于当年加入江南地下军第四军。同年5月，以国民革命军少将身份，营救出20多名中共地下党员。8月4日，随程潜、陈明仁参加湖南和平起义。

1950年，柳肇云到北京参加农工党中央委员会学习，受到国务院总理周恩来接见，后被安排到湖北省参加土改工作。土改结束后被分配到湖南省人民政府人事厅工作。1952年3月，柳肇云逝世。

2015年9月，柳肇云被中共中央、国务院、中央军委颁发“中国人民抗日战争胜利70周年纪念章”。

彭国钧

(1877—1952)

彭国钧，原名深梁，号贤访、潜舫、泉航，后更号全方。清光绪三年（1877年12月）出生于湖南安化县小淹沙湾张家冲。

彭国钧出身贫农，自幼苦读。二十四年（1898），考取秀才，二十六年（1900）入长沙岳麓书院。二十九年（1903），考入明德学堂速成师范第一班，三十一年（1905），应聘至修业学堂任教。三十三年（1907）年任小学部堂长，次年，任修业中学部监督（校长）。他注重教育质量，尤其重视学术研究和体育锻炼，倡导“习劳耐苦，崇实尚朴”的校风。

民国元年（1912），彭国钧倡议原长沙府属十二县的驻省中学合并于长沙府中学，得到响应。4月，长郡公立中学在三府坪原长沙府中学堂旧址开学，府中学及各县中学学生加新生，学生超千人。长郡集中各县财力、人力，经费充裕。彭国钧任董事长和校长，制定“朴实沉毅”校训，秉持“做学问需有益于国计民生”的理念。民国2年（1913）赴日本考察，历时半年，赞赏日本教育界视身体锻炼与科学研究同等重要的做法。在长郡举办湖南省中学第一次运动会。在校内实行兵式体操，学生上操穿制服，扎绑腿，社会上称为“长郡丘八”。

民国3年（1914）8月，政府拨款分别将修业中学部移都正街，小学部移马王街。民国4年（1915），彭任修业校长，修建两部楼房教室，学校规模初具。彭制校训校歌。校训为“艰苦朴素”四字。民国7年（1918），彭建议修业校董会停办中学，改办农科。民国8年（1919）后，增聘毛泽东、周世钊等来校任教。

民国11年（1922）6月，彭以反对赵恒惕离开长郡。民国12年（1923）2月，修业农业部在长沙南郊新开铺开学。民国16年（1927），彭任反共的“救党委员会”委员。后又任国民党湖北省党部特派员，中央监察委员，湖南第一届省参议员，第二届国民参政员等职。民国18年（1929），彭国钧任职南京，函辞校长。校董会复函挽留。

民国23年（1934），农业部独立设校，成立“湖南私立修业农校”，后又更名为“湖南私立修业高级农业职业学校”（中华人民共和国成立后改为长沙农校）。修农除在长沙南郊有农场400余亩，又在洞庭湖南县租地为棉稻试验场。它的师资力量及教学设备，已接近大专水平。民国27年（1938）7月，日军逼近长沙，修业学校迁往安化。“文夕大火”让修业学校几乎化为废墟。抗战胜利后，彭国钧筹款重建新开铺修业农校教学大楼，同时由湖南善后救济分署资助，马王街修业小学校舍亦得到修建。民国34年（1945），获政府颁发“胜利勋章”，民国35年（1946）湖南省政府呈准教育部，评彭国钧等5人为教育家，尊为湖南教育界五老，各赠羊裘、手杖。

民国38年（1949）春，彭国钧以湖南省教育会理事长名义，电南京国民政府请接受中共和谈条件。白崇禧在长沙搜捕共产党人，彭先后保释掩护多人。同年6月，彭国钧辞去两校校长职。湖南军政委员会成立，程潜邀彭任顾问，彭以老病辞。1951年4月，突以“确系不法”被捕。1952年5月，在押解安化途中落水资江逝世。

1982年5月9日，中共湖南省委统战部证明彭国钧为起义人员；同年6月28日，长沙市人民法院为之平反。

杜心五

(1869—1953)

杜心五，又名星武，字慎媿，号儒侠，道号“斗米观”居士。清同治八年十一月初三（1869年12月5日），出生于湖南省慈利县江垭乡岩板田村。父杜佳珍，曾任清军都司，官居四品。

杜心五自幼文武双修，9岁师从严克习文；13岁师从徐矮师，14岁去慈利县的渔浦书院学习，读经史，练书法。后入常德高等普通学堂。16岁时，去四川峨眉山，向徐矮师专攻自然门轻功，是自然门第二代掌门人。清光绪十三（1887）年，18岁的杜心五到重庆金龙镖局当镖师。他来往于川、桂、滇、黔一带走镖，声名鹊起。十五年（1889）辞去镖师一职，回慈利老家。后到北京清宫任守卫，在北京结识革命党人宋教仁。三十（1904）年夏，东渡日本，考进东京帝国大学，专攻农科。留日期间，曾在日比谷公园比武，战胜日本著名相扑力士斋藤一郎，赢得柔道比赛冠军。三十一年（1905），经宋教仁等介绍，加入同盟会，投身反清行列，从事革新运动，并担任孙中山的保镖。其间，他两次挫败清廷刺杀孙中山的企图。三十四年（1908），他衔命回国，投入反清洪流。民国元年（1912），先后在北京、河南等地任相关农事职务。

民国2年（1913）3月，宋教仁被刺。杜心五弃官去职，隐身江湖，当了青红两帮的“双龙头”。他走南闯北，踪影浪迹。民国11年（1922）冬，杜心五回到长沙。何键主湘时，杜应何键请求创办国术馆。民国24年（1935），日军入侵华北，杜心五寓北京榆钱胡同。一日目睹日军坦克一连辗死三个中国小孩，他义愤填膺，写下“祖国沉沦堪痛哭，同胞应起拯危亡”的诗句以言其志。他拒绝土肥原贤二诱使其担任“华北自治政府主席”的请求，当场撕毁日方馈赠的200万元支票。后伺机逃出，回到长沙，举家寓居人民西路百果园31号。

民国27年（1938）秋，日军犯湘，长沙吃紧，杜心五举家迁至老家慈利。国民政府迁往重庆后，蒋介石派员邀请杜心五赴渝任全国抗日群众动员委员会主任之职。在渝一年，杜氏从事抗日救国活动，并以青帮身份帮助中共地下组织派党员和进步人士去外地工作。民国31年（1942），辞职回慈利，隐居不仕。

民国38年（1949）7月底，慈利解放。1951年年初，中南军政委员会聘请杜心五为参事。同年1月，杜任湖南人民军政委员会顾问、省政协委员，遂离开慈利，携眷迁居长沙，寓居今开福区北正街西园北里49号。1953年7月6日，去天心阁跟一些老朋友告别，当众表演轻功。7日，爱国将领傅作义、刘斐到西园北里看望杜心五。杜心五不顾高龄和疾病，起床为客人表演轻功。在10多平方米的房间里，他施展轻功，飞动身躯，用壁虎功粘在房间的横梁上。当日夜，因旧伤复发而咯血数升，与世长辞。

杜心五墓葬位于长沙市岳麓区湖南大学的凤凰山，墓碑前方立有“自然门后代”碑和“杜心五生平”碑。徐悲鸿在他辞世当年的7月25日写给杜修嗣的唁信中，说“尊人心五先生卓艺绝伦，令德昭着”。

胡美

(1876—1957)

胡美（Edward Hicks Hume），美国人，通用译名爱德华·希克斯·休姆。1876年5月13日生于印度阿迈德那格尔传教士家庭。

在孟买度过童年和少年时光，随后返回美国接受中学和大学教育。1897年毕业于耶鲁大学，1900年获约翰·霍普金斯大学医学院博士学位，旋被美国公共卫生署派到印度处理腺鼠疫。1902年在印度孟买开办医院。1905年夏，受美国耶鲁大学雅礼会邀请，携妻儿来到长沙，在庐山牯岭和武汉汉口学习中文一年。1906年9月19日，在长沙西牌楼借他人名义买下一小块地皮开设诊所，即湖南第一家西医医院——雅礼医院并任院长，11月16日在医院对面开办雅礼学堂。1911年，设立雅礼男女护病学校，雅礼学堂因辛亥革命停办一年。1912年3月雅礼学堂复校。1914年，雅礼学堂更名雅礼大学；12月8日，雅礼会与湖南育群学会合作创办的湘雅医学专门学校在潮宗街成立，胡美任学校教务长。1915年2月，雅礼男女护病学校更名湘雅护士学校；雅礼医院更名湘雅医院，胡美任院长。1919年，湘雅医院和湘雅医学专门学校迁至城东北留芳岭一带，随后由雅礼大学接办湘雅医学专门学校。1920年任雅礼会总干事。1923年任湘雅医学院院长。1924年被美国雅礼会董事会任命为雅礼大学校长。1925年5月8日，湘雅医学专门学校更名湘雅医科大学。1927年1月辞职回到美国。

1934年7月31日，此时已是纽约大学医学院研究生院院长和医院院长的胡美再次来到中国，担任国立上海医学院顾问，同时受北美海外宣教会议咨询与顾问委员会指派，为成立北美中央医药传教署作准备。1935 年 1 月 29 日—2 月 1 日，出席在上海举行的专为中国教会大学召开的高等教育年会。1935 年 3 月下旬，时任中华医学会医事委员会干事的胡美担任教会医事委员会专职联络员，负责公共卫生运动推广事宜。1935 年 5 月 27 日中华全国基督教协进会上作题为《新时代的基督教医疗事业》的讲话。1935 年 10 月至 1936 年 4 月，走访中国 12 个省 35 个城市 133 个医疗机构，为政府卫生部门与教会医疗机构合作寻求机会。1938 年前往印度开展类似的工作。同年参与创办海外基督教医务理事会并担任秘书。

著有《道一风同——一个美国医生在中国的生活》《中国式医学》。

1957 年 2 月 9 日逝世于美国。

戴凤翔

（1881—1962）

戴凤翔，字钟奇，号光晔，长沙县大贤都三多桥（今属长沙县北山镇新云村）人，清光绪七年（1881）二月二日生。

4 岁入私塾，15 岁开始接受新式教育。19 岁投军南京两江总督府，任勤务兵兼督府子弟陪读，光绪二十八年（1902）考入江南将弁学堂，开始接触西方军事指挥理论。光绪三十年（1904）毕业，分配到新军第九镇任排长，同年入江南骑兵学校。光绪三十二年（1906）毕业回第九镇马标，任队官（连长），驻防南京仪凤厅内淮军会所。受该镇三十三标统带赵声（黄花岗起义总指挥）影响加入同盟会，在新军中积极宣传革命思想，秘密开展武装反清活动。光绪三十四年（1908），考入保定陆军速成学堂炮科（保定军校、陆军大学前身）同期。

清宣统三年（1911 年 10 月 10 日），武昌起义爆发。戴凤翔闻讯兴奋不已，思谋湖南若能起义响应，则湖北方面便可解除后顾之忧，对全国影响亦将重大，便以奔母丧为由昼夜兼程潜回湖南老家长沙，联络在新军中任职的同学，积极策划在长沙起义响应事宜，促成同年（1911 年 10 月 22 日）长沙起义，一举推翻清朝政府在湖南的统治。随后，配合湖南军政府组织湘军援鄂，并亲临前线督战，先后组织三批湘军援鄂，接任湘军总指挥，率部英勇作战，自己两处负伤，为保卫武汉立下战功。湘军班师后，经黄兴举荐任湖南都督府军务部长，兼任湖南陆军小学校长，潜心陆军小学建设，致力提升湘军整体素质。民国元年（1912），授陆军少将军衔。民国 13 年（1924），孙中山创办黄埔军校，受该校教练部主任李济深邀请，赴广州参与建立黄埔军校。后退出军界，赴日本考察军事教育，潜心军事学术研究，期间多次上书国民政府，应对日本随时可能发动的侵略。日军侵华期间严拒伪职，重回陆军大学授课（1938 年迁长沙时），鼓励学生殊死抵抗。抗日战争胜利后，任辛亥革命湖南同志会会长，潜心研究军事学术，著有《兵要地理》《骑兵要术》《九一八以来之中日关系》等。

中华人民共和国成立后，潜居老家的戴凤翔由其老部下程潜接至长沙。经程潜专题报告，由国务院总理周恩来亲笔签署，戴凤翔被认定为爱国民主人士，后受聘为湖南省政协文史委员。

1962 年 5 月，戴凤翔病逝于长沙。

钟　瑛

(1901—1962)

钟瑛，字绍卿，号焕群，浏阳县（现浏阳市）大瑶镇雄心村钟家老屋人，清光绪二十七年（1901）出生，少时在家乡读小学，民国15年（1926）3月考入国民革命军中央军事政治学院第五期，民国16年（1927）8月毕业，进入国民革命军第十师二十八旅五十六团任见习连长。民国18年（1929），先后参加蒋桂战争和蒋冯战争。民国20年（1931）任独立旅第三旅副参谋长，民国21年（1932）任八十师高级参谋兼二三八旅参谋长。民国27年（1938）任预备二师高级参谋，抗日战争期间随部先后参加武汉会战、桂南会战和入缅作战等战役。民国30年（1941）冬任七十一军高级参谋。民国35年（1946）随部进入东北，四平战役后回到祖籍浏阳县大瑶镇。民国37年（1948）6月任七十一军整编师师长。后历任国民革命军第一兵团司令部少将高参，少将副师长、师长等职。民国38年（1949）2月参与长沙和平起义前期工作，并以第一兵团高参身份阻止国民党长沙警备司令部镇压学生运动，8月4日，钟瑛随程潜、陈明仁在长沙参加和平起义，后整编在中国人民解放军第二十一兵团，中华人民共和国成立后，钟瑛任湖南省参事室参事。1950年钟瑛在中南军政大学被捕入狱，1952年被浏阳县人民法院判处有期徒刑15年，1962年病故。

1980年6月湘潭地区中级人民法院认定钟瑛属起义人员，并撤销对钟瑛的判决，恢复名誉。1983年10月14日，中共湖南省委统战部下发《关于对钟瑛同志按起义人员对待的通知》。

徐绍清

(1904—1969)

徐绍清，清光绪三十年（1904）出生于浏阳县城一个鞭炮工人家庭。民国3年（1914），在县城澄中高小毕业，由家族资助，入长沙妙高峰中学，肄业一年。后到浏阳县城一百货店当学徒。民国5年（1916），到金刚头（现浏阳市金刚镇）老案堂湘戏班，先后从名师彭申贤、暨镇保学戏。经过刻苦磨炼，融做工和唱工于一身，发展“大靠须生”的演唱艺术，形成自己的流派风格。

民国27年（1938），参加田汉组织的湘剧抗敌宣传队，担任第二队队长。巡回湘、黔边界各地上演爱国锄奸的《江汉渔歌》，并自编自演《骂汉奸》等剧，激发群众抗日热情。民国33年（1944），长沙沦陷后，辗转流亡到桂林，组织“岳云湘剧团”，演出新编历史戏《史可法》等，继续坚持抗日宣传。20世纪50年代初，曾随中国慰问团赴朝鲜前线，慰问中国人民志愿军。

1951年，参加中国人民解放军十二兵团政治部所属洞庭湘剧团。1953年转为湖南省湘剧团。后改团为院，徐绍清曾任副院长。在新社会，他的表演艺术得到尽情发挥，塑造很多各具典型性格的舞台艺术人物。1952年全国戏曲观摩会演，徐绍清饰演《琵琶上路》中的张广才获演员一等奖，并被毛泽东、周恩来接见。后录制唱片，发行全国各地。1956年，湖南省湘剧院到京、津、沪等12大城市巡回演出，徐绍清饰演《广才扫松》和《潘葛思妻》成为每处观众必点唱的两出好戏。戏剧家田汉看完他的《扫松》后曾写诗赠他："世间能觅几广才，长安古道听歌来"。上海人民美术出版社专为此剧编印出版连环画册。他参加电影湘剧艺术片《拜月记》《生死牌》的演出，还在《春雷》《山花颂》等现代戏中塑造新的艺术形象。

徐绍清精于湘剧高腔牌曲。与李文恭合作，编撰《长沙湘剧高腔变化初探》，由湖南人民出版社出版，成为研究湘剧艺术的一部重要著作。他写的《我学湘戏》是一篇难得的戏史资料。他具有编、导、演的全面才能，改编剧本有湘剧高腔《琵琶记》《古城会》等。徐绍清是中国戏剧家协会会员、湖南省剧协副主席。

1957年，徐绍清被错划为"右派"。"文化大革命"中，他再次蒙冤。1969年3月24日被迫害致死。1978年，徐绍清被平反昭雪，恢复名誉。

赵恒惕

(1880—1971)

赵恒惕，字夷午、彝午，号炎午。衡永郴桂道衡州府衡山县（今衡阳市衡山县）白果镇棠兴村人，清光绪六年（1880年1月11）日出生。

三十年（1904），赵恒惕从武汉方言学堂毕业后，赴日本留学，入东京振武学校。翌年，加入同盟会和黄兴的铁血丈夫团，三十四年（1908），日本陆军士官学校炮科毕业。清宣统元年（1909）回国。三年（1911），任广西新军协统、广西督练公所会办等职。辛亥革命被湖北都督黎元洪任为左翼军司令，率湘桂联军参加湘军援粤。民国2年（1913），追随谭延闿参加二次革命，率师攻鄂，旋被袁世凯派遣入湘的汤芗铭俘获，押解入京判刑10年。民国4年（1915），经黎元洪、蔡锷等具保，获释出狱。次年，回湖南，任湘军第一师师长。民国9年（1920）4月，被广东军政府任为湘军总司令。12月，他成立湖南制宪筹备处，发表"联省自治"主张，组织省宪法规定起草委员会，草拟宪法。

民国10年（1921）8月，他领兵"援鄂自治"，战争使湘鄂两省经济损失两万万元以上，人员死亡超一万。翌年1月，《湖南省宪法》正式公布。1月，下令逮捕并杀害领导湖南第一纱厂工人罢工的工运领袖黄爱、庞人铨，封闭湖南劳工会及《劳工周刊》，消息震惊全国。是年9月，赵恒惕被选为湖南省省长，成为中国首任民选省长。为纪念制宪成功，他下令铸造湖南省宪成立纪念币，分为银、铜及银模金铸等三种材质。

民国12年（1923）5月，赵恒惕批准湖南公立法政专门学校、工业专门学校和商业专门学校三校合并成立湖南大学。11月，派兵会同衡山的豪绅，摧毁岳北农工会，逮捕70余人，枪杀3人。民国14年（1925），毛泽东在韶山组织领导农民运动，8月，赵恒惕密令通缉毛泽东。9月，他派出手枪队，协助江西军阀镇压安源煤矿工人运动，打死工人4人，捕杀工运骨干黄静源。12月，秘密逮捕回长沙养病的刘少奇，判刘死刑，翌年1月刘被保释。

民国15年（1926）3月，长沙万人集会声讨赵，湘军唐生智起兵逼近长沙。12日，赵恒惕被迫辞职，当晚离长，隐居上海，学佛诵经。民国26年（1937），赵恒惕复出任湖南省军事参议会会长，民国28年（1939）任临时参议会议长，国民政府军事委员会上将军事参议官。民国34年（1945）后，任湖南省参议会议长。是年，湖南大灾，赵恒惕赶赴重庆，与各方联系救济湘灾。翌年当选为国民大会代表。

民国 37 年（1948），去台湾医病，病愈不返。1952 年，受聘为“国民政府”资政。晚年从事佛教活动，曾任台湾佛教会会长。

1971 年 11 月 23 日，赵恒惕在台北荣总医院病逝，葬于台北。

丁继光

(1903—1972)

丁继光，清光绪二十九年（1903）出生于长沙市。民国 16 年（1927）毕业于上海圣约翰大学化学系。民国 17 年（1928）8 月，丁继光开始在上海龙华水泥公司上海水泥厂工作。民国 20 年（1931）7—8 月，赴日本、朝鲜学习水泥制造。民国 22 年（1933）1 月 6 日，任上海水泥厂化验师的丁继光等人解决德国工程师束手无策的水泥厂转窑内的水泥熟料结成特大硬块难题。攻克这一技术瓶颈，加上化验室对质量的把关，使上海水泥厂的象牌水泥成为畅销品。民国 25 年（1936）6 月，丁继光结束在上海水泥厂的工作，同年 8 月—民国 27 年（1938）12 月，他奉派先后赴德国、奥地利、英国、荷兰等国学习水泥机械制造技术，不断的工作和学习让他积累丰富的技术经验。

民国 28 年（1939）10 月—民国 30 年（1941）10 月，任重庆建国水泥公司和贵州水泥公司筹备委员，并兼任贵州水泥公司总工程师。民国 31 年（1942）4 月—民国 32 年（1943）12 月，调任成都建成洋灰厂负责人。民国 33 年（1944）2 月—民国 34 年（1945）8 月，在四川长寿中国火柴原料厂任化学工程师。民国 44 年（1945）11 月—民国 46 年（1947）10 月，调上海水泥厂任制造课主任。民国 37 年（1948）8 月—民国 38 年（1949）4 月，任上海资源委员会材料供应所技术顾问，1949 年 5—12 月，在上海华东军委会重工业处任实验组长。1949 年 12 月—1950 年 6 月，在上海华东工业部材料处任实验组长。1950 年 6 月—1953 年，在重工业部上海综合供应实验所任型材组长。1953—1955 年 3 月，在第一机械部上海综合工业试验所任建筑材料组组长。1955 年 3 月—1957 年 1 月，在重工业部建筑材料工业管理局综合研究所任水泥室主任。1957 年 1 月，任建筑工程部水泥研究院副院长，同年，研制成功用于紧急工程和水下建筑等工程的高强快硬水泥——800 号水泥，为中国水泥工业的发展作出较大贡献。1959 年 5 月，调北京建筑工业学院工作，任系主任、教授。曾任北京市第三届政协委员。

1972 年，丁继光逝世。

陈明仁

(1903—1974)

陈明仁，号子良，湖南醴陵市洪源乡洪源村陈家岭人。清光绪二十九年（1903）四月七日生。民国 9 年（1920）考入长沙兑泽中学，毕业后回乡教书。民国 13 年（1924），考入广州陆军讲武学校学习军事，后转入黄埔军校第一期，任教导二团五营见习排长。翌年，参加第一、二次广东革命政府东征，任连长、营长。民国 17 年（1928）后，任第十师五十六团团长、第三独立旅少将旅长、第八

十八师中将师长。民国24年（1935）入陆军大学第十三期学习。抗日战争期间，曾参加九江保卫战和桂南会战，历任预备第二师师长，长沙等地警备司令，后任第七十一军副军长、军长。民国36年（1947）6月，陈明仁率部拼命抵抗、死守四平，升任第一兵团司令官。后调任南京总统府中将参军。翌年10月，陈明仁应国民政府华中剿总总司令白崇禧恭请赴武汉，任华中剿总副司令、武汉警备司令兼任第二十九军军长。他与倾向和平的国民党长沙绥靖主任兼湖南省主席程潜接触密切。

民国38年（1949）初，程潜在刘斐帮助下，到武汉要求白崇禧将陈明仁部移驻湖南整训。2月，陈明仁率部移师，兼任长沙警备司令。4月，毛泽东委托章士钊转达对程潜走和平道路的期望。经过中共湖南地下党一系列工作，程潜和陈明仁共同表示与中国共产党合作，走和平道路的意愿。7月21日，陈明仁与南下的人民解放军建立联系。8月4日，由程潜、陈明仁发出通电，率部7万余人在长沙起义，宣告湖南和平解放。陈明仁任湖南省政府临时主席，兼中国人民解放军第一兵团司令员。9月，毛泽东电邀陈明仁到北京出席全国政协第一届全体会议，并被选为全国政协委员。11月，陈明仁所部改编为中国人民解放军第二十一兵团，任司令员。

1950年12月，陈明仁率部参加广西剿匪任务，歼匪特3万余人。1952年1月，陈明仁所部改编为水利工程队司令部，参加荆江分洪工程建设。10月，任中国人民解放军第五十五军军长。1955年，陈明仁被授予中国人民解放军上将军衔，获一级解放勋章。1958年，率部到粤西、桂南参加国防施工建设。陈明仁对苏联专家提出的一线防御设计表示异议，坚持搞纵深工事、梯次防御的正确意见。1960年，蒋介石阴谋反攻大陆，陈明仁提出防守桂林必守荔浦的主张。陈明仁是第三、四届全国政协常委，第一、二、三届全国人大代表，第一、二、三届国防委员会委员。

1974年5月21日，陈明仁在北京病逝。其骨灰安放在北京八宝山革命公墓。2009年8月2日，归葬仪式在长沙岳麓山举行，由陈明仁的儿子陈扬钊、陈扬铨等亲属，护送陈明仁的骨灰盒与陈明仁妻谢芳如合葬于长沙岳麓山。

黄士衡

（1889—1978）

黄士衡，字体楷，号剑平。清光绪十五年（1889年）七月二十七日出生于湖南省郴县永丰乡长冲村（今郴州市苏仙区）。清宣统三年（1911）中学毕业后，先后就读于湖南省立一中和广益中学大学预科。民国2年（1913）被选派公费留学美国，民国3年（1914）转学到埃阿瓦州立大学，民国6年（1917）夏毕业，获学士学位。在此期间，加入中国国民党。同年秋，赴哥伦比亚大学研究院研习历史和政治学，次年获历史学硕士学位，继续留校学习，专攻社会教育学。

民国7年（1918），黄士衡在《留美学生季报》上发表《中国人患问题之解决》，次年发表续篇。该文是20世纪初期中国学术界最早讨论人口问题的文献之一。民国9年（1920），黄士衡回国，在四川成都高等师范学校任文史系主任。8月，应湖南省学生联合会邀请，就人口问题发表演讲，认为中国如不控制人口，必将人满为患，对当时湖南的知识界产生超前的影响。

民国12年（1923），任湖南商业专门学校、工业专门学校教授。次年，任商专校长。民国15年（1926）初，湖南商专、工专、法专3校并入湖南大学，黄士衡任湖南大学政委员兼商科学院教授、院长。民国16年（1927)、18年（1929)，两次出任湖南省政府委员兼教育厅长。在职期间，着力充实湖南大学，整顿职业教育，恢复中山图书馆，兴建公共体育场，筹建各县民众图书馆，坚持教育经费独立，艰苦兴学，任人唯贤，反对何键荐用私人任中学校长。民国21年（1932）1月辞去教育厅厅长之职，回湖南大学任教。民国25年（1936）1月—26年（1937）2月，兼任省立湖南大学校长。他将担任省府委员两年全部薪资捐赠湖南大学，在长沙城内犁头街建造房屋一栋，开设湖南大学办事处；成立“湖南大学毕业考试委员会”，狠抓学风、考风，不但保证湖南大学毕业生的质量，还为湖南大学由省立改国立创造条件。民国26年（1937）7月，教育部正式通知将湖南大学改为国立。次年9月，黄士衡被推选担任湖南私立广益中学董事长。10月，日军进犯湘北。黄士衡坚持办学，在长沙召开广益董事会，决定将学校南迁到常宁。民国29年（1940）任湖南省第二届临时参议会参议员。民国29—31年（1940—1942）兼任私立船山中学校长。抗战胜利后，广益中学迁回长沙熙宁街继续办学，黄士衡回湖南大学任教授，并为第一届“国民大会”代表。

中华人民共和国成立后，黄士衡继续在湖南大学任教。1951年10月，黄士衡召开广益最后一次董事会，宣布广益中学交给人民政府，由省文教厅首批接办，改为省立中学。因院系调整，1953年，任湖南师范学院研究员。1959年年底，任湖南省文史研究馆副馆长，兼任省文史工作委员会副主任。

黄士衡古稀之年，仍每天看书学习、撰稿。先后著有《世界史大纲》《中国移民美国史》《汉语难词解释》《英汉语词典》等。他曾以特邀代表身份列席中南军政会议，参加湖南省首届各界人民代表会议，当选为第二、三、四届省人大代表，湖南省人民委员会委员，第一届湖南省政协委员，第二、三、四届省政协常委。

1978年6月12日，黄士衡在长沙逝世。

杨正元

(1956—1979)

杨正元，1956年6月29日出生，宁乡县大成桥乡灌塘村保安塘人。高小文化，就读于大成桥乡农科站学校。1976年应征入伍，55军163师489团（53562部队）3营9连1排2班机枪手。1979年2月参加对越自卫还击战，3月4日在攻打谅山391高地战斗中消灭敌人火力点多处，头部负重伤，仍坚持战斗，最后壮烈牺牲，荣立一等功，被追认为中共党员。葬于广西壮族自治区凭祥市匠止烈士陵园。

史海林

(1905—1980)

史海林，长沙市洪山地区涝湖垸史家老屋人。清光绪三十一年（1905）十月初七出生。1952年1月，成立洪山地区第一个农业生产互助组——“史海林互助组”，带头试种水稻良种“万粒籼”，创长沙市水稻高产纪录，当年评为湖南省特等劳动模范，授予中南军政委员会金质奖章，“史海林互助组”评为省级农业生产先进单位。1954年12月，联合其他互助组，成立太阳升初级农业合作社，任社长。全面推广水稻良种“万粒粘”“南特号”等，亩产突破1000斤，实现粮食大丰收。1955年冬，再次评为湖南省农业劳动模范，并用45元劳动模范奖金开办洪山地区第一个湘粉加工厂，后陆续创办7个湘粉厂，成为长沙市湘粉加工、销售主要基地。用豆渣作饲料，建起一个大型养猪场，养猪200余头。1956年12月，成立太阳升高级农业合作社，继任社长。1957年10月，太阳升高级农业合作社所辖捞湖一社转为长沙市国营农场，史海林先后担任渔业分场党支部书记、农场联合工厂党支部书记、湘粉厂党支部书记。1965年退休。1980年9月9日去世。

何德全

（1897—1983）

何德全，原名何正杰，善化县三都贤塘尾（今属长沙县黄兴镇石弓湾社区）人，清光绪二十三年（1897）九月五日生。

高小未毕业就到长沙城里做杂役工。民国3年（1914），投奔湘军第二师六团一营一连当兵，因机智勇敢屡立战功，民国11年（1922）入湖南讲武堂学习，后任排长。民国15年（1926），参加北伐战争，任国民革命军第二军连长。后入武汉中央军事政治学校学习。民国18年（1929），因放走被抓的共产党人，被裁减回乡务农。民国19年（1930）7月，参加中国工农红军，任红军特务营三连排长，入伍当晚加入中国共产党。随即又升任机枪连连长。随红三军团两次攻打长沙，民国20年（1931）9月，任红三军团三师特务营营长，翌年7月任第10团团长。在第五次反“围剿”的高虎垴战役中，带病指挥作战，英勇杀敌，被中革军委授予“英勇指挥”红旗和二等功红星奖章。民国23年（1934）10月，参加二万五千里长征，先后任红四师参谋长、红十团参谋长、陕甘支队第二纵队第十二大队大队长、军团教导营营长、军团随营学校校长等职，率部参加千家市激战及抢渡清水河、吴起镇、直罗镇等战斗。

民国26年（1937）“七七”事变后，历任八路军一一五师随营学校校长、晋察冀军政干部学校校长、独立旅参谋长兼鲁西军区参谋长、一一五师三四三旅参谋长、教导第三旅旅长，协助杨勇指挥作战，取得樊坝战斗和米庄战斗胜利，为开辟和巩固鲁西敌后抗日根据地作出贡献。民国30年（1941）回延安，任八路军十八兵站部部长，坚持敌后抗战，率部在延安七里铺开展大生产运动，打制农耕工具300余件，与大家一起开荒900余亩，解决兵站100余人的粮食和蔬菜供应。民国32年（1943），在延安大生产总结大会上，获毛泽东、朱德签署的“建立革命家务”奖状，并被陕甘宁边区政府授予劳动模范称号。翌年，当选为中共七大代表。民国34年（1945）12月，任东北护路军司令员；民国36年（1947），任松江军区军政干校校长、第四野战军军政大学副教育长，致力提高部队军政素质，培养出大批军政干部。

民国38年（1949）8月长沙和平解放后，何德全随军南下到长沙，任中南军政大学湖南分校校长。其间，何德全唯一的亲生儿子何罗生恳请父亲给他安排合适工作，离开农村到城里落户，经何德全教诲，儿子最后安心并终生务农。1950年11月，任中南军区公安部队副司令员。1955年被授予中将军衔，获二级八一勋章、一级独立自由勋章和一级解放勋章。1955—1964年任湖南军区副司令员，致力于培养高素质军政人才。生活上始终勤俭清廉，一顶用了多年的旧蚊帐打了17个补丁仍在使用。1958年秋，在长沙郊区163医院住院期间，何德全特地带上粪筐和铲子，每天清晨散步时捡拾畜禽粪便，送至附近生产队作肥料。1964 年离职休养后，仍积极关心国家大事和军队建设，所撰重要回忆资料在广州军区获奖。他是中国人民政治协商会议第三、四、五届全国委员会委员，1979 年 4 月任政协湖南省第四届委员会副主席。

1983 年 3 月 20 日，何德全在北京病逝。

刘 斐

(1898—1983)

刘斐，字为章。清光绪二十四年（1898）十月二十五日生于湖南省醴陵县姚家坝乡潭湾村的一户农民家庭。民国 9 年（1920），先后入广西南宁、广东西江讲武堂。民国 15 年（1926），任北伐军总司令部上校主任作战参谋，协助广西绥靖公署参谋长白崇禧商定两广统一和出师北伐。11 月，辞职赴日学习军事，先后毕业于日本陆军步兵专门学校和日本陆军大学。民国 26 年（1937）后，刘斐任对日作战大本营作战组中将组长，掌管作战计划。民国 27 年（1938），刘斐到长沙、南岳参加高级军事会议期间，深受周恩来宣传国共合作和坚持抗战思想的影响。12 月，任军令部次长。民国 35 年（1946）5 月，任国民政府国防部参谋次长。刘斐敢于陈述和坚持自己的意见，国民党内称他为“霸王次长”。

民国 36 年（1947），刘斐、程潜保释被蒋介石以共产党嫌疑分子罪名拘捕在台湾的程星龄。返回长沙后，程星龄代表程潜与中共湖南地下党联系，表示和平起义的决心，翌年秋，毛泽东发表关于中共和平谈判的八项条件。12 月，刘斐被免去参谋次长职务。他与长沙绥靖公署主任兼湖南省主席程潜频繁接触。刘斐将武汉行辕总参议唐星调回湖南任长沙绥靖公署副主任，担任国民党和平谈判代表团首席代表，协助程潜、陈明仁举行和平起义。民国 38 年（1949）1 月 17 日，刘斐应约到武汉，提议白崇禧调陈明仁的部队到湖南归程潜指挥。2 月 18 日，陈明仁率部到湖南整训，兼任长沙警备司令。4 月，刘斐随“南京政府和平商谈代表团”飞抵北平谈判。其间，他和黄绍竑受到中共中央主席毛泽东的接见。当国共双方代表拟定的《国内和平协定（最后修正案）》被国民党政府拒绝后，刘斐和代表们决心不回南京。6 月刘斐秘密飞抵广州，力劝国民党代总统李宗仁、华中军政长官白崇禧结束内战，但未能奏效。刘斐到香港，保持与程潜的联系，为湖南和平解放尽力，并与黄绍竑等国民党高级将领、军政要员策划起义事宜。8 月 13 日，刘斐联合 44 位国民党知名人士，签名发表《我们对于现阶段中国革命的认识与主张》，同国民党政府公开决裂。8 月下旬，刘斐应邀赴北平出席中国人民政治协商会议。中华人民共和国成立后，刘斐历任革命军事委员会委员，国防委员会委员，中南军政委员会委员兼水利部部长、体育运动委员会主任、文教委员会副主任；全国政协第二、三、四届常务委员，第五届副主席；全国人大第一、二、三届代表，第四、五届常委会委员，第五届常委会法制委员会委员，民革中央常务委员、副主席等职务。

1983 年 4 月 8 日，刘斐在北京逝世。

杨定安

（1902—1984）

杨定安，清光绪二十八年（1902）四月出生于湖南省长沙市，民国14年（1925）毕业于上海南洋大学电机科（后为上海交通大学电气工程系）。早在学生时代，他就追求真理，抱着科学救国的志向，发愤读书，成绩优异，多次参加反帝爱国学生运动。

民国17年（1928）进南京首都电厂，历任技师、机务课课长、工程师、副总工程师。1948年3月，赴美国奇异电气公司洽商首都电厂扩建事宜。

民国38年（1949）4月初，国民政府反动当局采取各种手段扼杀首都电厂，军舰封锁江面造成电厂燃煤运输中断。除特务破坏以外，还冻结下关发电所购买发电用煤的资金。杨定安抱病从长沙赶回南京，发动全厂职工集资，每人捐献2块银圆购买煤炭，以解燃眉之急，不让电厂停电。他带病主持工作，团结大多数工友，分两班坚守岗位，一班坚持发电，一班巡逻护厂，还将发电所围墙的铁丝网通上电，严防特务爬墙进厂搞破坏。按照中共地下组织的部署，胜利完成护厂任务。南京解放后，南京市人民政府、市总工会筹备会授予下关发电所“发扬工人阶级团结友爱，坚决粉碎敌人破坏”的锦旗一面。1949年5月—1950年5月，杨定安任南京首都电厂总工程师兼下关发电所所长，并兼任南京大学、南京工学院教授。

1950年4月，南京电厂根据中央燃料工业部电业管理局关于招聘工程技术人员支援东北电力工业建设时，杨定安在工程技术人员座谈会上第一个报名。5月20日，他率领首批26名工程技术人员赴东北支援电力建设。后历任中央燃料工业部技术监察处电业科科长、华东电业管理局生产技术处处长、上海杨树浦发电厂副厂长兼总工程师，上海电业管理局生产技术处处长。1953年6月，杨定安组织在国内自制25千瓦汽机叶片，修复被美机炸坏的汽轮机。同年，定为一级工程师。1958年3月，调任北京电力建设总局系统设计院总工程师、水利电力部规划总局副总工程师、北京电力学院教授、华北电力学院教授等职。他多年从事电力技术、教育工作，亲自主持解决许多重大技术难题，培养大批科学技术人才。著有《汽轮机的叶片制造装置及动平衡》，先后翻译英文科技论文9篇，并参加编译《射流技术译文集》。

杨定安是第一、二、三、五、六届全国人民代表大会代表，河北省第五、六届人大常委会副主任，河北省政协常委。他积极履行人大代表职责，提出建议与提案。身患癌症后，仍抱病出席第六届全国人民代表大会，商讨国家大事。

1984年5月8日，杨定安在北京病逝。

涂作潮

（1903—1984）

涂作潮，曾用名涂保生、唐宝生、宋有才、蒋贵庭等。长沙县万寿都郭公渡（今属长沙县黄花镇）人，清光绪二十九年（1903）五月十一日生。

9岁起靠勤工俭学读书，13岁时辍学当木匠。涂作潮不满15岁便随大哥到长沙学木工。民国10年（1921）1月，参加劳工会，积极投身湘区工人运动。翌年参加长沙泥木工人大罢工。民国13年（1924）加入中国共产党，国共合作时加入国民党。次年5月，参加全国第二届劳工大会。“五卅”运动之后，到苏联莫斯科东方大学工人班学习。民国17年（1928）6—7月间，中国共产党第六次全国代表大会在莫斯科召开，涂作潮作为东方大学的代表到会旁听，任会议庶务科庶务员。会议期间，周恩来闻其经历，称其为“木匠”，并推荐他去学无线电。从此，“木匠”成为涂作潮从事隐蔽工作的代号和终身别名。是年11月，到列宁格勒伏龙芝军事通讯联络学校学习通讯技术，主攻机务。民国18年（1929）10月，到“共产国际远东支队”当机务员；12月，在海参崴的“契卡”电台学习。次年3月回国，到上海中央特科负责无线电技术工作，开通并改进中央独立掌握的第一部电台；年底，红军在第一次反“围剿”中缴获到敌军电台，并争取到一批俘获的电讯人员，涂作潮潜至赣南，任无线电大队技术骨干，克服所缴获的电讯器材残缺不全等困难，凭借精湛技术解决种种难题。民国20年（1931）3月，在红军总司令部负责电台技术工作，侦破国民党绝密电报，为粉碎国民党对红军的第三次“围剿”发挥重要作用。同年11月，任红军无线电通讯材料处主任，带领大家白手起家，仅用1把克丝钳、1把扳手和几把起子修好收发报机和充电机，并以无线电零件为赣东北苏区装配出1台50瓦电台，使苏区与中央建立无线电通讯联络。民国25年（1936）夏到西安，毛泽东、周恩来几次要其到中央电台工作，叶剑英、刘鼎等却因西安工作需要将其留下。涂作潮花15块大洋买到1台日本收音机，仅用2天就改装出1部5瓦电台，从而沟通东北军与陕北红军的电讯联络，为促成西安事变发挥重大作用。民国26年（1937）初，到上海，在潘汉年的领导下筹建党在上海的秘密电台，后挂牌“恒利无线电修理公司”作为职业掩护；6月，延安所派报务员李白（电影《永不消逝的电波》主人公李侠原型）到上海负责地下党秘密电信工作。翌年，涂作潮奉命与李白合作，教李白修电台，使其成为一个能发能修的全能无线电报务员，还与李白一起在威海路333号办起“福声无线电公司”，为其装配电台。民国32年（1943）1月，任新四军军部电台机务主任。翌年7月，任中央军委三局材料厂厂长。其间，涂作潮除具体负责军委通讯器材的装配、维修等技术工作外，还受命主持开办三局高级机务人员培训班，为抗日战争提供通信保障。

1949年，任“中央无线电公司”和“中央有线电公司”军代表。1952年秋，任一机部上海机电研究所处长。1954年，研制出铀矿探测仪的心脏——盖革计数管。1957年，任上海电机厂厂长助理。“文化大革命”期间，受到迫害。中共十一届三中全会后，四机部党组在反复核查历史事实的基础上，为涂作潮彻底平反。晚年参加党史、军史特别是隐蔽战线史料的整理撰写工作。

1984年12月31日，涂作潮病逝于北京。

柳子明

(1894—1985)

柳子明，1894年1月13日出生于朝鲜南部忠清北道忠州郡利柳面永平里，朝鲜族。1916年从朝鲜水原农林专科学校毕业后，到忠清北道农业学校教书。

1919年，朝鲜爆发反对日本殖民主义的“三一运动”后，柳子明在“韩国国父”金九的引领下，任韩国临时政府议政会议员，“朝鲜义烈团”“朝鲜民族革命党”等革命组织领导人，奔走于朝鲜和中国两地。民国27年（1938），柳子明在武汉接受周恩来的领导，担任“朝鲜义勇队”政治指导员，与中国抗日队伍并肩作战，足迹遍布中国的上海、北京、天津、武汉、福建、重庆等地。民国35年（1946）4月，柳子明到台湾农林部门工作，历任农林处技术室主任、合作农场管理处主任、台湾农事试验所副所长、试验所园艺系主任等职。1950年6月26日，他携妻儿离开台湾，计划经香港返回故里，因朝鲜战争爆发，滞留香港。8月，柳子明凭湖南省副省长程星龄从长沙寄来的亲笔信和湖南大学校长李达邀请他到湖南大学农学院任教的聘请信进入长沙，到湖南大学农学院园艺系执教（1951年该校院系调整组建为湖南农学院，1994年更名为湖南农业大学）。历任湖南农学院农艺系系主任、园艺系系主任、实验农场场长，园艺教学研究室主任（教授）。他先后讲授过《耕作学》《农业史》《果树学》《蔬菜栽培学》《花卉园艺》等课程。1951年，应邀到长沙市人民政府园林处举办的花卉学习班主讲《花卉学》，他为该班讲学7年，风雨无阻，上门授课。1957年，他撰写的《中国古代农学与唯物主义思想》论文，刊载在《湖南农学院学报》上，提倡“古为今用”。20世纪60年代始，湖南农学院承担指导全国葡萄生产试验的重点科研项目，由柳子明担任技术和试验的总指导。他撰写《葡萄一年多次结果的技术》一文发表在浙江省《园艺通讯》和湖南省长沙市的《科技报》上，他把苦心繁育的60个葡萄品种和一年生的杂交苗，全部无偿送给长沙市园艺场种植，并建议湖南大力推广种植葡萄。1964年11月，撰写《中国的蔷薇和世界的蔷薇》发表在《中国园艺学报》上，该文是关于中国蔷薇最系统和权威的概说。1972年，柳子明应中国政府邀请，参加长沙市马王堆汉墓出土的农产品考证工作。撰写论文《中国栽培稻的起源和发展》在《湖南农学院学报》和中国《遗传学报》上发表，他认为世界稻谷起源地的中心在中国云贵高原。1973年，撰写《柑橘类的起源和发展》，指出中国才是世界柑橘果树的原生地。1978年柳子明与北京林学院、上海植物园等单位合作编写的《园林花卉》出版，该书总结了他对植物遗传学变异研究及中国花卉栽培的历史和进展等论述。是年，朝鲜民主主义人民共和国主席金日成授予柳子明三级国旗勋章。1984年，柳子明获中国农学会表彰，他的事迹收录在1984年出版的《中国现代农学家传》书中。

1985年4月17日，柳子明在长沙逝世。

1991年大韩民国总统卢泰愚追授柳子明建国勋章·爱国章。1996年被湖南省科学技术协会命名为首届“湖南科技之星”。2002年3月，韩国政府移接柳子明的骨灰回国，并举行国葬。

赵则三

(1908—1987)

赵则三，原名赵德美，曾用名赵足三、赵德三，善化县四都（今属长沙县江背镇）人，清光绪三十四年（1908）5月生。

少年时代，就读于徐特立创办的长沙县五美小学。民国13年（1924）2月考入湖南省立第一师范，其间受革命思想熏陶，积极投身大革命洪流，曾任学运工农股长，参加驱逐校长李济民的罢课斗争和反英讨吴（佩孚）驱赵（恒惕）的示威游行以及下农村进行革命宣传等活动。民国15年（1926）冬加入中国共产主义青年团。翌年2月，回乡任教于五美学校，任团支部书记、乡农民协会执行委员。“马日事变”后，参加徐特立组织的五美乡农民自卫队。大革命失败后，避难外乡，以教育工作为掩护，积极寻找党组织，直到民国25年（1936）随一师校友、共产党员毛达恂赴上海，始更名赵则三。同年8月参加党领导的上海职业界救国会，在工人夜校进行救亡宣传等。民国26年（1937）9月，任上海青年救国服务团军事股长；同年11月，参加普及教育服务团，西行南昌，参加新四军，先后任五团政治处宣传员、新四军战地服务团分队长。翌年3月，任新四军战地服务团第三大队大队长；6月，加入中国共产党；8月，到南京汤山沦陷区开展工作，建立抗日政权。此后，历任新四军第一支队民运服务团团长、老二团（持团）政治处民运股股长，江南丹北地区四县抗委会组织科长兼机关党总支书记。民国29年（1940）起，历任新四军苏北指挥部第二纵队政治部民运科长、东台独立团政治处主任、新四军一师二旅五团政治处副主任、一师二旅政治部组织科科长、苏中二地委组织部副部长兼二分区政治部组织科科长、新四军苏中军区东台独立团副政委兼政治处主任、台北独立团政治委员兼县委书记、江都独立团政治委员兼县委书记、苏中军区教导旅二团政治委员等，参加过九里、李堡、句容等战斗。民国34年（1945）10月起，历任新四军山东野战军第一纵队二旅五团政治委员，胶东军区卫生部政治部主任、滨北分区政治部主任，参加兴化、如皋、兖州、大汶口、鲁南等战役战斗。

1950年被选为山东省人民代表。1952年起，调中国人民解放军南京军事学院工作，历任基本系政治协理员、基本系政治处主任、哲学和苏共党史训练班主任、中共党史教授会副主任、化学兵指挥系副政治委员、政治工作教研室副主任、高级速成系副政治委员。1955年被授予大校军衔。1957年，被国防部授予二级独立自由勋章和二级解放勋章。1961年2月起，调任国防部第十研究院第十四研究所政委兼党委书记。“文化大革命”期间，遭受残酷迫害。1973年恢复工作，任国防科委第十研究院1013研究所党的核心领导小组第一组长、中国科学院计算技术研究所党委书记。1978年1月起，任电子工业部第十四研究所党委书记，后任顾问。粉碎江青反革命集团以后，当选为中共第五届南京市委委员、第六届南京市政协常委，长期致力于中华人民共和国军事教育和国防科研工作。1982年9月离职休养（副部长级）。著有自传体回忆录《平凡的足迹》《革命文集》等。

1987年1月9日，赵则三在南京逝世。

李　觉

(1900—1987)

李觉，又名淑志，号云波，清光绪二十六年（1900年）六月二日出生于湖南省善化县六都碴塘（今长沙市岳麓区含浦镇碴塘村）。三十二年（1906）进长沙县立初小读书。民国2年（1913）入长沙修业中学，民国5年（1916）毕业，考入北京陆军第一预备学校。

民国9年（1920），在湘军第一师第二旅第三团任排长，参加援鄂战役，后被保送保定陆军军官学校第九期深造，毕业后回三团任连长。后升为营长。民国13年（1924）被调到何键第九旅第二七团三营任营长。民国15年（1926）6月升任国民革命军第八军第二师团长，7月参加北伐。民国18年（1929）秋任第四集团军第十九师五十七旅旅长。民国19年（1930）任第十九师师长。民国23年（1934）任湘鄂川黔四省边区剿匪总部第四纵队司令。次年4月升任陆军中将。

民国26年（1937）8月，李觉任第七十军军长兼十九师师长，担任镇海一带防卫。在淞沪抗战中，他率部与日本侵略军浴血苦战20余天，屡挫敌锋，被评为会战中前线最佳师之一。民国27年（1938）担任武汉外围和九江以东湖防河防守备，连续三次击败日军进攻。还率部参加南昌会战、湘北会战、上高会战及长沙会战等，与日军奋勇作战。民国30年（1941）8月，任第二十五集团军副总司令。民国31年（1942）3月改任第二十三集团军副总司令，5月任第二十五集团军中将总司令，负责湘赣铁路沿线的侧面抗战。民国34年（1945）5月，李觉当选国民党第六届候补中央执行委员。

民国35年（1946）1月调任第一绥靖区副司令官，未到职又改任中央训练团重庆分团主任。民国36年（1947）夏任国防部战地视察组组长，同年秋任国防部中将高参兼战地视察官训练班主任。年底，任第十四绥靖区司令官。民国37年（1948）7月坚请辞职获准，改任总统府中将参军兼中央训练团视察官训练班主任。同年冬回湘，担任湖南绥靖副总司令、第一兵团副总司令。

民国38年（1949）任粤汉铁路线区司令，4月，与唐生智合作组织湖南人民自救委员会，7月，任湖南省绥靖总司令部副总司令，积极投入湖南和平解放运动。他奔走于上海、南京、香港、长沙之间，联络同仁，共商和平民主之策。他积极沟通程潜与唐生智合作，筹划湖南和平起义事宜。他多次穿梭于长沙、邵阳，促成程、唐与中共代表的联系。8月4日，李觉参加程潜、陈明仁领衔签署的通电，宣布湖南和平起义。9月，程潜、陈明仁赴北京参加中华人民共和国第一届全国政治协商会议，李觉受命全权处理湖南起义部队接受中国人民解放军整编事宜，部队改编后李觉任中国人民解放军第二十一兵团副司令。

1953年，李觉任中南军区高级参谋、中南军政委员会参事。1954年，被推选为中国人民政治协商会议第二届全国委员会委员，并连任第三、第四、第五、第六届委员会委员。1981年，李觉任中国人民政治协商会议第五届全国委员会常务委员，并连任第六届委员会常务委员。晚年，李觉坚决拥护“一国两制”方针，积极联络在中国台湾地区和国外的亲朋故旧，为促进祖国和平统一大业做出贡献。

1987年7月31日，李觉因病在北京逝世。

向哲浚

(1892—1987)

向哲浚，清光绪十八年（1892）一月二十八日生，原名向哲文，别号明思，湖南宁乡县全民乡向家塅人（今金洲镇全民社区）。

少年时期，向哲浚在乡村小校成绩出众，被族亲父老资助到长沙修业学校学习，清宣统二年（1910）考入游美肄业馆（1911年定名清华学堂，1912年更名为清华学校），民国6年（1917），游美肄业馆学成后，被派送到美国耶鲁大学文学院学习。民国8年（1919），中国“五四”运动期间和查良钊一起被选为中国学生代表。翌年，获耶鲁学院文学士学位，并进入耶鲁法学院学习，曾任耶鲁中国学生会会长和耶鲁世界学生会会长。民国11年（1922），获美国国会图书馆资助，转入乔治·华盛顿大学法学院。民国14年（1925）获乔治·华盛顿大学法学士学位。是年秋，向哲浚回国，先后在北京大学、北京交通大学、河北大学、中国政法大学教授英语和法律，并任“收回法权筹备委员会”秘书。民国16年（1927）起，在国民政府司法行政部和法院任职。民国17—19年（1928—1930），在中央大学讲授《国际公法》。民国21年（1932），任江苏省吴县法院院长。次年，任上海第一特区地方法院首席检察官。民国31年（1942），到重庆，任司法行政部参事，后任国防最高委员会秘书。次年7月，任最高法院湘粤分庭检察官。

民国 34 年（1945），向哲浚出任上海高等法院检察处首席检察官。8 月，日本无条件投降后，中国作为战胜国参加远东国际军事法庭的组建。12 月，根据外交部、司法行政部提名，向哲浚、梅汝璈二人被批准为远东国际法庭中国代表。在参与东京审判的中国法律专家中，向哲浚最早到东京，承担压力最重、最艰难的取证工作。向哲浚排除万难，频繁带领工作人员前往中国过去的敌占区寻找人证和物证，还前往查阅被查封的日本陆军省档案库存，从字里行间发掘日本侵华罪行的证据。由于中国检察官团队以及国际检察局同仁的努力，法庭接受了大量证词与证据，审判中出庭证人 419 名，书面证人 779 人，受理证据 4300 余件。最终，东京审判工作取得伟大胜利，判处日司令官松井石根绞刑、日师团长谷寿夫引渡到中国处死。

民国 37 年（1948）底，东京审判结束后，向哲浚从日本抵南京，国民党政府先后委任他为最高法院检察署检察长、司法院大法官等要职，都被他婉拒。民国 38 年（1949）2 月，留在上海的向哲浚接受大夏大学和东吴大学的聘请，讲授《国际公法》《国际私法》《国际审判》等课程，接着参加思想改造运动和院系调整。1952 年，在复旦大学法律系任教，1958 年，向哲浚调往社会科学院；1960 年，在上海财经学院（即上海财经大学）工作，任财经学院基础部外语教研组主任，直至 1965 年退休。“文化大革命”结束后，向哲浚不顾年迈，多次接待司法和新闻界朋友，解答与国际法有关问题。

1987 年 8 月 31 日，向哲浚病逝于上海。

彭鸿文

（1908—1987）

彭鸿文，湖南省长沙县人，清光绪三十四年（1908）一月二十一日出生。民国 13 年（1924），进入上海大夏大学经济系学习，为参加北伐，三年级时投笔从戎。民国 17 年（1928）后，考入中央陆军军官学校第三分校（黄埔军校长沙分校）第六期步科。

毕业后投入北伐战争和抗日战争中，历任国民革命军排、连、营、团长。民国 28 年（1939）3 月，任国民党江苏省八十九军一旅副旅长，下辖两个团。后历任旅长、少将副师长、江苏省政府保安司令部第四挺进纵队司令。

民国 32—38 年（1943—1949），先后任国民革命军第十战区徐西游击纵队司令官兼军区中将司令官、镇江警备区副司令、江苏省水警第三局局长、江苏省政府保安司令部少将参谋长。

民国 38 年（1949），在中华人民共和国成立前夕赴台湾。退役后任“退役官兵就业辅导委员会彰化训练中心”主任。1974 年后，移居加拿大。

1982 年 7 月，彭鸿文回北京定居，他是中华人民共和国成立后第一位回到祖国定居的国民党军队将领。因在退役军人中声望较高，回国定居之后在台湾的军、政界及退役军人中产生良好影响。1983 年 12 月 27 日，受到习仲勋、杨尚昆等国家领导人的会见，勉励其为祖国建设贡献力量。

1983 年，放弃加拿大国籍，由习仲勋为彭鸿文主持恢复中国国籍仪式。之后，任第六、七届全国政协委员、黄埔军校同学会会员等职。任职期间，是提出提案数量最多、涉及范围最广的人士之一。他在国外侨居多年，认真总结各项经验，结合中国实际，提出《重视岛屿的开发和利用案》《关于普及电话的意见》《改善机场车站服务设施》等一系列涉及社会生活、人民福利的提案。

彭鸿文在回国后拥护中国共产党，多次寄语在中国台湾地区和海外的亲朋故旧，希望他们为统一祖国、振兴中华贡献力量。

1987 年 10 月 9 日，彭鸿文在北京逝世，葬于八宝山革命公墓。1994 年，为实现其落叶归根的遗愿，被移葬回湖南省长沙县跳马乡新田村。

附录

本篇编纂人员

文件选录：吴汉林　陈竞哲　陈　静

诗词选录　文论选录　楹联选录：陈滋鑫　王　俏　周永康　吴汉林

文件选录收录1988—2012年长沙市发布的各类重要文件。诗词、文论、楹联选录收录已故名人写长沙、及已故长沙名人的作品。

文 件 选 录

中共长沙市委 长沙市人民政府关于教育综合改革的决定

长发〔1991〕5号

根据中共中央关于“百年大计，教育为本”的战略思想，为促进我市教育事业的发展，市委、市政府就全市教育综合改革作出如下决定：

一、教育综合改革的指导思想和总体目标

党的十三大制定了我国社会主义初级阶段的基本路线，提出在二十一世纪中叶基本实现社会主义现代化。根据国家的发展规划，我市在二十一世纪初期要建设成为科技发达、经济繁荣、环境优美、民主文明的社会主义省会城市。实现这个目标，必须依靠科技进步和提高劳动者的素质，而科技进步和劳动者素质的提高，要靠教育来实现。

党的十一届三中全会以来，我市的教育事业得到了较大的发展，特别是贯彻中共中央《关于教育体制改革的决定》(即中发〔1985〕12号文件)以后，教育改革逐步深入，基础教育、职业技术教育、成人教育和地方高等教育，开始有计划地协调发展，为社会培养了大批人才。但教育的许多方面还不适应经济与社会发展的需要。因此，要按照“教育必须为社会主义建设服务，社会主义建设必须依靠教育”的方针，对我市城乡教育进行综合改革，进一步发展我市教育事业。

我市教育综合改革和发展的总体目标是：到本世纪末，建立起适应我市现代化建设需要，面向二十一世纪、布局合理、规模适度、结构优化、城乡结合、具有长沙特色的社会主义教育体系，建立学校、家庭、社会三结合的德育网络；全部扫除青壮年文盲：高质量地普及九年义务教育，普通高中办出特色；实现发达的中等职业技术教育，办好成人教育：优化地方高等教育结构，造就一支以具有初、中等文化技术素质为主体，高级专门人才为骨干的城乡劳动大军，促进我市经济和社会的持续、稳定、协调发展。

二、教育综合改革的主要内容

(一)坚持社会主义办学方向，把坚定正确的政治方向放在首位，认真贯彻执行市委、市人民政府《关于加强和改进中小学德育工作的决定》。

(二)以实施九年义务教育为重点，巩固和发展基础教育。

一九九三年，农村普及一年学前教育。乡(镇、场)要创造条件，创办中心幼儿园，一九九五年幼儿入园率达百分之四十，一九九七年达百分之五十。城区一九九五年幼儿入园率达百分之八十，一九九七年普及学前教育。

一九九五年全市小学入学率、普及率达百分之百，年巩固率达百分之九十九点五，合格率达百分之

九十八以上。

一九九三年城区初中入学率达百分之百，农村一九九三年达百分之七十五，一九九五年达百分之八十五，到本世纪末达百分之九十五。一九九五年城乡初中毕业生合格率达百分之八十五以上。

各地要办好盲聋哑等残疾人员和弱智北童少年的特殊教育。

要加快考试和升学制度的改革，积极创造条件，有计划、有步骤地改革初中招生办法，实行就近入学。

要减轻中小学生的学业负担，克服只重知识传授和片面追求升学率的倾向，进行“愉快教育”“成功教育”。要强化学校常规管理，面向全体学生，全面提高教育质量。提倡想一流、干一流、创一流的精神。城市在老城区改造和新城区开发时，要作好总体规划，建设并创办一些高质量的规范化学校。

在农村继续搞好“双改达标”工作，用三至五年或者更长的时间，使大多数的乡（镇、场）达到省颁基础教育合格乡（镇）的标准，使学校在“八五”期间基本实现“六配套”。

各县（区）和乡（镇）要根据省、市的要求和本地实际，修订普及九年义务教育规划，报县人大常委会和乡人民代表大会批准，向社会公布后实施，严格依法治教。

（三）继续调整中等教育结构，大力发展职业技术教育。一九九五年各类中等职业技术学校的招生数占高中招生的比重，城区由现在的四比六，提高到六比四；农村由现在的一比四，提高到五比五。通过系统的职业技术学校教育和开展短期职业技术培训等多种途径，使城乡新增劳动力普遍受到各种形式的职业技术教育。

城市职业技术教育，要逐步形成科学的管理体系。加强专业师资、专业教材和生产实习基地的建设，注重实践技能培养，在提高质量的同时须，适当发展数量。要同步改革劳动用人制度，实行技术等级证书与学历文凭并重的“双证”制度，凡取得“双证”的毕业生，通过劳动部门推荐，在专业对口的前提下，用人单位择优录用。

农村职业技术教育，要面向农村、服务农民。培养能种、能养、会加工、懂经营的新一代农民以及为发展乡村企业与各项事业服务的人才。要试行“绿色证书”制度，条件允许的乡（镇、场》初、高中毕业生未能继续升学的，要经过一年以上的职业技术教育，取得“绿色证书”。

（四）积极发展成人教育，保证规格和质量。从长沙的经济建设需要出发、本着学用结合、按需施教的原则，调整、优化专业设置。成人教育要以岗位培训和实用技术培训为重点，充分发挥一校多功能的作用，逐步建成各行各业的教育培训中心。要加强对社会办学和普通高校函授站的管理。

农村要对青壮年农民进行从业必需的专业技术教育和实用技术培训，增强农民吸收应用科学技术成果的能力。对乡村企业的现有各类技术人员，要进行考试考核，对不合格者，要进行培训、补课。要做到县、乡（镇）政府统筹，农、科、教等有关部门配合，协调实施“星火计划”“燎原计划”和“丰收计划”，提高农村整体经济效益。

实用技术培训要与扫盲工作结合起来，力争在“八五”期间，全部扫除青壮年文盲。

要认真贯彻落实省委、省政府《关于实行农科教结合加速农业振兴的决定》和市政府〔1989〕47号《关于办好乡镇科教中心的意见》的文件精神，切实搞好乡（镇）农科教中心的实体建设。

对农职业教能，要采取保护性政策。今后，乡镇企业招收职工，一般要从各类职业和专业技术学校毕业生中录用。县、乡政府和有关部门要设立专项贷款，划出农药、化肥、良种等生产的所需专项指标，对取得“绿色证书”和从事农业生来的各类农职业和专业技术学校毕业生，予以扶持，在承包土地、山林、水面和工程项目等方面，给予优先，有的要作为科技示范户、重点户加以支持。

(五) 要办好市属高校，培养应用型人才。要根据社会需要，调整、优化专业结构，增加投入，完善设施，使之在师资队伍、办学条件、教育质量、办学效益等方面，都能进入省级大专院校或全国同类学校的先进行列，为我市经济和社会发展培养更多合格的应用型人才。

三、理顺管理体制，健全运行机制

(一) 继续完善“分级办学、分级管理”的体制。学前教育以社会各界办学为主。中小学教育以地方政府办学为主。职业技术教育和成人教育，除部分骨干学校由政府办学外，要在当地政府统筹支持下,城市主要由行业、企业、事业单位办学和各方面联合办学。农村由各有关部门办学。教育行政部门协同管理各级各类学校办学。根据这个原则，县要办好直属中学、农职业学校，有条件的县还要创办农民中专；乡 (镇、场) 办好初中、中心小学、中心幼儿园和乡农校、农科教中心；村办好村小、学前班 (幼儿园) 和村农校。城市区、街要更多地担负起学前教育和九年义务教育的责任，街道办事处配备教育专干，负责幼儿教育，小学、成人教育的管理和学生的校外教育，处理社区教育委员会的日常工作。

各行各业要办好相关的职业技术教育和成人教育。

(二) 要进一步加强对企事业普通教育工作的领导和管理。把子弟学校办成企事业单位内部相对独立的办学实体。各级政府要采取积极措施，鼓励和扶植企事业办学，帮助他们解决实际困难。企业对基础教育的投资，在企业承包基数中，应予适当考虑，并把办好子弟学校列入厂长 (经理) 任期目标责任制，作为考核的一项内容。

(三) 积极推进学校内部管理体制的改革。中小学有建树的校长，到了退休年龄，仍可以胜任工作的，经上级教育行政部门批准，可以适当延长任期年限。有条件的学校，经批准，在经费包干的前提下，可试行结构工资制。

(四) 要加强党的领导。学校党组织要加强思想建设和组织建设，充分发挥政治核心和战斗堡垒作用。

四、努力提高教师素质，搞好师资队伍建设

教育大计，教师为本。要采取措施，努力建设一支数量足够、结构合理、学科配套、又红又专的教师队伍。

(一) 要办好职业师专和三所中等师范学校,为我市职高、初中和小学不断补充合格的新教师。要改革招生办法。要鼓励和吸引优秀青年学生报考师范院校。要加强对学生的职业道德教育，巩固专业思想。各师范院校要对毕业生进行跟踪调查。

(二) 要加强教师的思想政治工作，把坚持四项基本原则，严格师德规范，作为重要的任务抓紧抓好，使全体教师都能模范地遵守职业道德规范，做到为人师表，教书 育人。

(三) 要加强业务培训，提高业务水平。市教育学院、县 (区) 教师进修学校，要继续搞好中小学教师和教育行政人员的培训工作，抓紧学历达标培训。小学在一九九三年前,中学在一九九五年前，绝大多数教师达到合格学历。同时，师资培训工作的重点应逐步向学历达标后的继续教育转轨。提倡在学校内部建立培训提高教师的机制，把培训教师的部分任务交给学校，由校长和优秀教师承担。就要关心和培养青年教师，逐步使他们锻炼成为教学骨干和学科带头人。要有计划、有步骤地开展对中小学校长的培训工作，争取在五年内全部轮训一遍，不断提高他们的教育理论和管理水平。

(四) 要加强管理，稳定教师队伍。认真实行教师专业技术职务聘任制。要扎扎实实做好优秀教师、先进教育工作者、特级教师的评选工作，大力表彰先进。从一九九一年起，对从教满三十年 (女满二十

五年）的教师，颁发荣誉证书，其中获得市级和市级以上优秀教师称号的，退休后，每月增发原工资百分之五到百分之十的补贴。

没有经过教育主管部门批准，任何机关、单位不得抽调中小学的合格教师改任其他工作。

（五）要关心爱护教师、改善教师生活待遇。各级党委和政府要多为教师办实事，努力解决教师的住房、医疗、子女就业等问题。

每年为教师建一批住宅，或在住宅区修建教师公寓，逐步解决教师住房困难。农村公办双职工教师的住房，各县可根据上述原则解决。

对教师的待业子女，劳动部门要分期分批予以优先安排就业，每年划出一定数量的专项劳动就业指标，以解决有特殊困难的教师子女就业问题。

不得新增民办教师。要根据省教委有关文件规定，对民办教师队伍进行清理整顿。以县为单位，设立民办教师福利基金或保险养老基金，使他们老有所养。

五、坚决落实“五项规定”，多渠道集资，确保教育的发展

确保教育经费稳定增长，是落实教育优先发展战略地位的一项重要措施，要千方百计地增加教育投入。

（一）要坚决落实省委、省政府湘发〔1985〕31号文件中关于增加教育经费的“五项规定”。

（二）坚持人民教育人民办的方针，多渠道集资办学。要继续发动人民群众和社会各界，在自愿和政策允许的前提下，捐资、集资、改造危房，维修新建校舍，完善学校设施，不断改善办学条件。

市建立农科教结合的专项资金，用于补助乡（镇）农科教中心的建设和发展。市委、市政府〔1989〕7号文件规定的城市区、街企业、农村乡镇企业免税期间，在免交的利税总额中提取百分之十用于基础教育，各县（区）政府要负责组织实施。要在广泛宣传、发动的基础上，筹集好人民教育基金。

（三）要重视和支持学校搞好勤工俭学。各级政府要把校办企业纳入经济计划。在生产经营、技改项目、原材料供应、资金贷款等各个方面，予以扶持。要采取优惠政策，支持校办企业公司创办校办企业集团，建立骨干企业，提高企业效益。校办农业的园、场，要视同校办企业，予以减免税收。市教委要加强对勤工俭学的领导和管理，坚持“育人生财”的正确方向。

中小学要开齐劳动技术教育课和劳动教育课。县、乡政府要按规定数量（小学生均二到三厘，中学生均三到四厘，农职业中学生均不少于二分）划拨土地，建立学校劳动与生产实习的基地。城区要建立劳动技术教育中心，逐步把校办工厂建成劳动技术教育的基地。要实行厂校挂钩，由政府指定若干企业，安排学生参加劳动锻炼或接受劳动技术教育。农职业学校和农科教中心，都要建立生产和科技推广基地，办成经济实体。

（四）教育部门和学校要坚持勤俭节约的原则，合理使用经费，提高效益。学校不得以任何名目自定标准乱收费，财政、审计部门，对教育经费的筹集和使用情况，要进行监督和审计。

六、统一认识，加强党和政府对教育工作的领导

各级领导要从思想认识上高度重视教育工作，坚决贯彻党中央、国务院和省委、省政府关于教育工作的方针、政策，确立“百年大计、教育为本”的思想，树立教育超前意识，把发展教育规划纳入国民经济和社会发展总体规划，采取强有力的措施，确保教育优先发展的战略地位，在领导工作的日程上，要定期研究教育工作，做到布置工作有教育的位置，检查工作有教育的项目，考核干部有教育的内容。对教育方面的实际困难，要优先解决。

要从组织上落实加强对教育的领导。各级党政一把手要亲自抓教育，党委还要有一位副书记分管教

育，政府要有一名负责同志主管教育，主管和分管教育的领导同志，要建立教育工作联系点。党政领导机关要把教育工作列入任期目标和干部政绩考核内容。

市委、市政府决定成立长沙市教育综合改革领导小组，由市委、市政府领导同志任正、副组长，计委、农委、经委、教委、科委、财政、劳动、人事等部门为成员单位。领导小组负责统筹规划、统一协调各有关部门之间的认识和行动。下设办公室，负责综合、检查、督促等工作。办公室设在市教委。

县郊成立农科教协调指导小组，对农科教结合要实行政府统筹，部门主办，教委协同管理。协调指导小组下设办公室。

要加快各级教育督导机构和督导队伍的建设，制定督导实施细则，完善督导评估体系，开展对下级人民政府的教育工作和各级各类学校的监督，检查、评估和指导，并向同级人民政府、教育部门反映情况，提出建议。

城乡教育综合改革涉及面广，各级各部门要密切配合，互相支持，共同努力，使我市城乡教育综合改革不断深化，教育事业不断发展。

中共长沙市委办公室

一九九一年一月二十六日

长沙市湘江饮用水水源保护区污染防治管理规定

（长沙市人民政府令第 3 号）

《长沙市湘江饮用水水源保护区污染防治管理规定》已经 1991 年 10 月 21 日市人民政府第 36 次常务会议通过，现予发布施行。

第一条　为保护本市湘江饮用水源，保障全市人民的身体健康，促进经济建设的发展，根据《中华人民共和国水污染防治法》和国家有关规定，结合本市情况，制定本规定。

第二条　本规定适用于我市湘江饮用水水源的污染防治管理。

第三条　本市各级人民政府应当将湘江饮用水水源的污染防治工作纳入本地区的经济和社会发展计划，采取防治污染的措施。

第四条　长沙市环境保护局是对湘江饮用水水源污染防治实行统一监督管理的机关。港航监督部门是对船舶污染实行监督管理的机关。计划、国土、规划、水利、市政、地矿、公安、农业、林业、卫生、环卫等部门应结合各自的职责，协同环境保护部门对湘江饮用水水源的污染防治实施监督管理。

第五条　在长沙市范围内的所有企业、事业单位和其他经济组织以及机关、部队、团体和个人都必须遵守本规定，做好水污染的防治工作。

第六条　建立长沙市湘江饮用水源保护区，保护区的范围是：自暮云市至傅家洲北端洲尾的湘江水域以及沿江两岸部分陆域。

第七条　在湘江饮用水源保护区内按照不同水质标准和防护要求分别划分为一级水源保护区、二级水源保护区、准水源保护区，并设立保护区标志。

一级水源保护区的范围是：黑石铺水厂取水点上游1000米至下游100米；猴子石三水厂取水点上游1000米至湘江大桥五水厂取水点下游100米；阜埠河二水厂取水点上游1000米至傅家洲尾四水厂取水点下游100米的湘江水域以及垂直距湘江两岸河堤各1000米的陆域（废水不直接排入上述湘江水域的除外）。一级保护区的水质必须优于国家《地面水环境质量标准》（GB3838–88）Ⅲ类标准，并符合国家《生活饮用水卫生标准》（GB5749–85）的要求。

二级水源保护区的范围是：黄鹤至新开铺湘江水域（不含黑石铺水厂一级保护区）以及距湘江两岸河堤各500米的陆域（废水不直接排入上述湘江水域的除外）。二级保护区的水质必须达到国家《地面水环境质量标准》（GB3838–88）Ⅲ类标准。

准水源保护区的范围是：暮云市至黄鹤湘江水域。准保护区的水质应保证二级保护区的水质能符合规定的标准。

第八条 在湘江上游入境水符合国家《地面水质环境质量标准》（GB3838–88）Ⅲ类标准。

第九条 在湘江饮用水水源保护区内除遵守国家有关法律法规的规定外，还必须遵守下列规定。

（一）禁止一切破坏水环境生态平衡的活动以及破坏水源林、护岸林等与水源保护相关的植被活动；

（二）禁止使用剧毒和高残留农药、不得使用炸药、毒品捕杀鱼类；

（三）运输有毒、有害物质的船舶，必须设置防渗、防溢、防漏等设施，并向市公安部门和港航监督部门提出申请，经批准后方可进入保护区。

第十条 在一级保护区内禁止新建、扩建污染水源的建设项目，已设置的排污口必须拆除或截流；不得新建与供水无关的码头，禁止装运有毒有害物质的船舶在原有的码头停靠；禁止堆置和存放工业废渣、城市垃圾、粪便和其它废弃物；禁止新建油库；禁止开展可能污染水源的旅游活动和其他活动。

在二级保护区内不准新建、扩建向水体排放污染物的建设项目，改建项目必须削减污染物排放总量；原有的排污口必须减少排污量；不准新建装卸垃圾、粪便、油类和有毒有害物质的码头。

在准水源保护区内，直接或间接排放的废水，必须符合国家规定的废水排放标准。

第十一条 市、县（区）环境保护部门和有关监督管理机关有权对管辖范围内的排污情况进行现场检查，被检查者必须如实反映情况，提供必要的资料，检查机关有责任为被检查者保守技术和业务秘密。

第十二条 对湘江饮用水源保护区实行污染物排放总量控制和排污许可证制度。

第十三条 有污染物排入保护区的单位，应向环境保护部门提出污染物排放申请，经审核污染物排放符合规定后统一颁发“排污许可证”，任何单位和个人未经许可，不得擅自排放污染物。

污染物排放总量控制的具体办法，由长沙市环境保护局制定。

第十四条 因突发性事故造成或可能造成饮用水污染时，事故责任单位或个人应立即采取措施消除污染并报告市供水、卫生防疫、环境保护部门和本单位主管部门，由供水、卫生、环保部门组织有关部门调查处理。必要时，环境保护部门可报经同级人民政府批准，采取责令停止生产、停止作业等强制性措施，以减轻损失。

第十五条 对达不到排污总量控制规定的单位，除按总量控制规定征收超标排污费外，责令限期治理；逾期仍达不到规定要求的，加倍征收超标排污费，必要时，报同级人民政府决定，责令停产或关闭。

第十六条 因水源污染受到损害的单位的个人，有权要求造成污染的单位赔偿损失，环境保护部门或港航监督机关可以根据当事人的请求处理赔偿纠纷，当事人对处理不服的可以向人民法院起诉。当事人也可以直接向人民法院起诉。

第十七条　对积极做好水源保护工作取得显著成绩的单位和个人，由市人民政府和有关部门给予表彰、奖励。

第十八条　对违反本规定的单位或个人，环境保护部门或港航监督机关应根据《中华人民共和国水污染防治法》及其实施细则、国家环境保护局《水污染物排放许可证管理暂行办法》和湖南省《环境保护行政处罚办法》的有关规定予以处罚。

第十九条　当事人对行政处罚决定不服的，可以在收到处罚决定书之日起15日内，向作出决定的行政机关的上一级行政机关申请复议，当事人对复议决定仍不服的，可以在接到复议决定书之日起15日内向人民法院起诉。当事人也可以直接向人民法院起诉。期满不起诉又不履行的，由环境保护部门或港航监督机关申请人民法院强制执行。

第二十条　本规定由长沙市环境保护局负责解释。

第二十一条　本规定自颁布之日起施行。

长沙市人民政府办公室

1991年10月30日

中共长沙市委
关于贯彻落实《中共中央关于进一步加强农业和农村工作的决定》的实施意见

(中共长沙市委八届三次全体〔扩大〕会议一九九二年一月二十三日通过)

长发〔1992〕4号

党的十三届八中全会通过的《中共中央关于进一步加强农业和农村工作的决定》，是指导九十年代农业和农村工作的钢领性文件。为了认真贯彻落实中央《决定》和省委六届三次全会精神，结合我市的实际，提出如下实施意见。

一、正确估价我市农村形势，进一步深化对农业和农村工作的认识

党的十一届三中全会以来，我市农村普遍实行了以家庭联产承包为主的责任制，建立了统分结合的双层经营体制，促进了农村经济全面发展。一九九一年农业总产值比一九八〇年增加一点八倍；粮食总产增长百分之三十二；经济作物种植面积增长百分之七十四；出栏肉猪增加一点二五倍；农民人平纯收入增加二点七四倍；乡镇企业总产值比一九八一年增加十点二九倍；农田水利建设有了新的进展，科技兴农、农业综合开发和扶贫工作取得成效，农民温饱问题基本解决；农民商品意识日益增强，精神面貌发生了新的变化。农村形势的稳定和发展，不仅保证了全局的稳定，而且有力地促进了城市的改革和国民经济的发展。

在充分肯定成绩的同时，我们必须清醒地看到当前我市农业和农村工作中还存在不少问题和制约因素：人口增长过快与耕地不断减少的矛盾加剧；农业物质技术基础较薄弱，抗灾能力不强，发展后劲不

足；农村双层经营体制不够完善，集体经济脆弱，社会化服务体系不健全，农产品流通不畅，卖难问题突出，农村产业结构不合理，乡镇 企业缺乏自我积累、自我发展能力，农业综合开发利用水平不高，规模效益没有充分发挥，农民收入增长缓慢，农村基层单位的民主与法制建设还不够健全，封建迷信、赌博等社会陋习在一些地方比较严重。认真解决这些矛盾和问题，是进一步加强农业和农村工作的当务之急，也是完成九十年代农业和农村工作各项任务的重要条件。

九十年代是我市农村经济和社会发展关键的十年。我们总的目标是实现小康。标准是：①物质生活比较丰裕。全市农业总产值达到五十五亿元，比一九九〇年增长百分之三十八点九，年递增百分之三点四，耕地稳定在现有水平，粮食总产量稳定在二百六十五万吨，乡镇企业总产值达到三百亿元，比一九九〇年增加五点八七倍，年递增百 分之二十一，人均纯收入达二千元，比一九九〇年增加一点四三倍，年递增百分之九点三，其中近郊和经济发达地区人平三千元以上，一般地区人平二千元以上，经济基础较差和边远山区人平一千二百元以上。②精神生活充实。普及九年制义务教育，基本扫除青壮年文盲，每个农业劳动力能熟练地掌握两门以上实用生产技术，有线广播和电 视机入户率达百分之八十以上，文明村镇、双文明户达到百分之八十以上，文化体育设施齐全。③居住环境改善。近郊楼房化，农村人均住房面积二十平方米，村民饮用安全卫生水比例达百分之九十以上，近中郊普及沼气，远郊普及省柴、省煤灶，村庄道路硬化，庭院美化，环境绿化，村镇布局合理化。④健康水平提高。乡镇有医院，村村有 卫生室，基本达到小病不出村，人人享有卫生保健；计划生育率达百分之九十九以上，人口自然增长率控制在千分之十以下。⑤公益事业得到较快发展。村村通公路、通电话，农户基本上用上电，社会福利保障事业比较健全，积极发展乡村敬老院，做到老有所养。⑥社会治安良好。移风易俗，破除迷信，杜绝社会陋习，邻里和睦，尊老爱幼，农民安居乐业。各级党委和政府要带领广大干部群众齐心协力奔小康。要层层制定达小康的具体规划，使小康规划进村入户，引导农民把信社会主义和干社会主义结合起来，让八中全会《决定》的巨大精神力量，在我市农村转化为奔小康的巨大物质力量。

我市农村人口占全市人口的五分之四，农村社会总产值占全市社会总产值的一半。同时，我市作为省会城市，优势比较明显。粮食总产、出栏肉猪、乡镇企业在全省都占有相当大的比重。我市农村经济的发展和社会稳定，对全市乃至全省经济发展和社会稳定起着十分重要的作用。全市各级、各部门必须充分认识这些特点，把思想统一到中央《决定》上来，共同为农业的发展出主意，作贡献。不能遇丰忘歉，遇饱忘饥。要从人力、资金、物资上保证农业的发展，实现农民从温饱到小康的跨越。

今年是落实中央《决定》的第一年。我市农业和农村工作的指导思想是认真贯彻落实党的十三届八中全会精神，积极调整农村产业结构，发展高效农业，增加农民收入，加快奔小康步伐。具体指标是：粮食保持二百六十万吨，农业总产值四十一亿七千五百万元，比上年增长百分之三，乡镇企业总产值七十三亿元以上，增长百分之二十二左右，人平纯收入增加七十元。

二、稳定农村基本政策，继续深化农村改革

各级党委和政府要坚决贯彻执行中央《决定》提出的九个方面的农村基本政策，并长期保持稳定不变。要把继续稳定以家庭联产承包为主的责任制，不断完善统分结合的双层经营体制，积极发展社会化服务体系，逐步壮大集体经济实力，引导农民走共同富裕的道路，作为今后农村改革的总方向和重点。

（一）进一步稳定以家庭联产承包为主的责任制，不断完善统分结合的双层经营体制。在农村普遍建立乡村集体经济组织。要认真抓好土地和其它各业的承包合同的完善和管理工作，明确双方的权利、责任和义务，健全合同管理制度，维护发包和承包双方的合法权益，从制度上确保这一政策的稳定。家庭

联产承包制要坚持“三稳定”，稳定土地权属，不能平调；稳定承包关系，承包的田土山水，不能随意变动，承包到期后需要调整的也要坚持“大稳定、小调整”；稳定承包期，不能随意终止承包合同。在农业综合开发中需要成片开发的荒山、荒水、荒洲，已承包到户的，采取有偿折股或联合开发的办法，维护承包户的合法权益。在稳定家庭联产承包制的基础上，逐步充实集体统一经营的内容，对一家一户办不了、办不好、办起来不合算的事，乡村集体经济组织要根据群众的要求努力去办。做到集体财产有人管理，各种利益关系有人协调，生产服务，集体资源开发、农业基本建设有人组织。

(二) 逐步壮大集体经济实力，引导农民走共同富裕之路。发展集体经济特别是村级经济主要靠利用当地资源进行开发性生产，兴办集体企业，增加统一经营的收入；要搞好土地和其它集体资产的经营管理，按照合同规定收取集体提留或承包金；要积极兴办服务事业，合理收取服务费。发展集体经济决不能平调农户的财产，增加农民的提留或其它有损农户合法经营的权益。发展集体经济，有关部门要从政策、资金等方面给予支持。

(三) 积极发展农业社会化服务体系。要大力发展以乡村集体经济合作组织为基础，以专业经济技术部门为依托，以农民自办服务为补充，多成分、多形式、多内容、多层次的农业社会化服务体系。各地既要积极主动、创造条件健全服务网络，又要本着自愿、低偿、量力而行的原则，开展产前、产中、产后服务。目前，我市农村服务单位不少，但体系不全，服务内容单一，服务手段落后，服务经费短缺，形不成整体功能；有的部门自成体系，利益矛盾突出，缺乏活力。因此，要把乡村两级的合作经济组织建立健全起来，以奠定社会化服务的基础。要把为农业服务的经济部门统筹起来，开展多项服务、综合配套服务，发挥整体功能。县乡两级政府要定期召开有农业、供销、工商、税务、财政、信用社等部门参加的联席会议，主动协调解决农业社会化服务中出现的各种问题。从一九九二年起，乡镇农业技术推广机构 (包括农技站、林业站、水利站、畜牧兽医站、农经站、农机站) 定为国家事业编基层单位。干部来源可由县各对口局下派，也可从农业院校毕业生中分配充实，还可从优秀村干部和农民中择优聘用。允许并鼓励农业部门所属事业单位，兴办农业服务实体，开展有偿服务，包括经营与自身业务指导有关的化肥、农药、农膜、饲料、农机具等农业生产资料和国家放开了的农产品，与国营商业部门和集体供销部门享有平等的优惠政策和经营权益，任何部门不能随意无故查封或干扰其合法经营。开展经营服务收入主要用于技术推广和改善工作条件，不能平调挪作他用。工商行政管理机关对各类服务实体办理注册登记时，应给予支持。税务部门对经营有困难和新开办的服务实体以及乡、村集体服务组织，为解决经营开支、减轻农民负担而创办的企业，要在税收上给予优惠。财政和银行信贷部门，要从资金上给予支持。

(四) 进一步搞活农产品流通。各部门要认真贯彻国务院《关于进一步搞活农产品流通的通知》，象抓生产一样抓流通，努力解决农产品流通滞后于生产的问题。除了国家规定的少数关系国计民生的农产品实行统一收购经营或部分统一收购经营外，其余的放开经营，实行市场调节，集体、个人都可以收购、加工、批发、贩运和储藏。严禁垄断封锁，撤销一切滥设的关卡。要积极发挥供销合作社和国营商业在农村商品流通中的主渠道作用，扩大地方产品销售。鼓励集体和个人参与流通。对于长途贩运和进城从事农产品流通活动的农民，有关部门要在交通运输、经营场地等方面提供方便。要打破地区封锁和行业之间的限制，积极开展横向联合，广泛推行贸工农一体化，产供 销一条龙的经营服务。要在继续发展多种形式的农产品初级市场的基础上，加快在主产区、传统集散地、交通要道建设各类产品批发市场，国土、工商、税务等部门要在征地、发照、税收方面给予支持。

三、积极调整农业内部结构，大力发展高效农业

农业要走优质低耗、高产高效的道路，在确保粮食稳步增长的同时，积极发展多种经营。要因地制宜、积极稳步地调整和优化农业内部结构，逐步改善农业生产效益低、农民收入增长慢的状况。

(一) 坚持面向市场、注重效益、服务城市、致富农民的原则，积极稳步调整农业内部结构。各级领导要充分认识积极调整农业内部结构，大力发展高效农业的必要性、紧迫性，破除单纯追求数量，忽视质量和效益的观念。要坚持分类指导，因地制宜，梯级推进，形成具有本地特色的经济格局。市里选择长沙县作为高效农业示范县，其他各县郊各选择一个乡 (镇) 建立高效农业示范点，坚持以点带面，稳步前进。

(二) 选准发展高效农业的主攻方向。在确保粮食生产不断适应社会需求，做到“三保一储” (保口粮、保定购粮、保社会用粮，有一定储备粮) 的基础上，允许拿出一定比例的耕地，大力发展多种经营。粮食生产要在提高复种指数、改良品质、提高单产上下功夫，把冬季农业、旱地农业、边地农业开发引向深入。大力发展适销对路的多种经营项目。全市在“八五”期末，建设好以时鲜水果、茶叶、烟叶、油茶、蔬菜、食用菌、瘦肉型猪、禽蛋、水产品、草食动物等为主的十大商品基地，发展拳头产品，提高规模效益。

(三) 挖掘“七山一水”潜力，开发山地、水域和庭院经济。要变“开门见山”为开门见林、见果，实现农户平均年庭院经济收入千元以上。要继续搞好人工造林和封山育林，办好国营和集体林场。到本世纪末，全市森林覆盖率提高到百分之五十以上，林果业和林副产品加工的收入占到山区人均新增收入的一半左右。逐步开发草山、草坡和水域资源，加速发展草食畜禽和水产业，建立起节粮型畜禽结构。

(四) 搞好农副产品加工增值。要引导农民走就地生产、就地加工转化的路子，改变种、养什么就卖什么的传统做法。要兴办一批农副产品精加工厂，引进技术、设备和人才，适应消费需求搞转化。各县郊要建立健全优质农产品服务中心，抓好优质农产品的系列开发。要注重保持和提高名优特产品质量和声誉，不断培育、引进、推广优质新品种，扩大保优栽培、保优饲养新技术应用领域。要因地制宜开发区域性科技支柱产业，进一步发展创汇农业，建立创汇农产品基地。

(五) 积极发展生态农业，实现低耗高效。加强环境保护，促进生态平衡。推广间作套种、立体种植、立体养殖，多次利用自然资源。普及综合防治技术，降低农药用量，发展节地、节水、节能型农业，降低生产成本，挖掘增产增收潜力。

(六) 采取优惠政策，鼓励和保护农业内部结构调整。优质农产品放开经营，实行优质优价，凡征用果、茶、林基地从事非农生产的，要按规定收取发展基金。严格按中央和省政府有关政策和规定收取多种经营技术改进费，并全部交技术部门用于技术改进和推广；集体茶果林场，上交乡村的管理费不能超过税后利润的百分之二十五，以利扩大再生产。

四、大力发展乡镇企业，繁荣农村经济

乡镇企业作为我市农村经济的主要支柱之一，要继续贯彻“积极扶持、合理规划、正确引导、加强管理”的方针，加快发展速度，实现产值税利同步增长。

(一) 依靠科技进步，加速乡镇企业技术改造。要根据企业的实际，确定技术进步的基本途径，尽快实现由外延向内涵发展的转移。银行信用部门要适当扩大信贷规模，增加设备贷款，经批准的技术改造项目，新增部分可比照新办企业给予产品税减免照顾。

(二) 按照国家产业政策，有步骤地调整产业结构和产品结构，开发一批高、精、新产品。要依靠科

技，努力提高产品质量。发展乡镇企业要与小城镇建设紧密结合起来，逐步建立一定规模的工业小区。

(三) 广泛开展外引内联，引导乡镇企业参加和组建企业集团。继续鼓励国营企业、大专院校、科研单位以各种形式向乡镇企业转让技术和专利，进行产品扩散和开展各种技术、经济协作联营企业的优惠待遇不变。

(四) 进一步增强开放意识。要开拓视野，抓住时机，积极发展出口创汇产品，兴办一批“三来一补”和“三资”企业。要充分利用资源丰富和交通方便等各种有利条件,因地制宜发展商业、服务业、仓储业和房地产业。

(五) 继续扶持乡镇企业的发展。市财政每年要安排一定资金作为乡镇企业生产周转金。各县 (郊) 财政在当年乡镇企业新增税收中，要有百分之二十五以上的比例用于乡镇企业的发展。县以上各部门、国营厂矿企业、大专院校、科研院所和各类公司都要与一个乡镇或一个村挂钩，实行对口支持，帮助办好一批企业。要下决心减轻乡镇企业负担，除税收外，乡镇企业的各种上交要严格控制在纯利润的百分之三十以下。允许乡镇企业多渠道、多形式搞活流通。要继续发扬自力更生、勤俭办企业的精神，健全积累机制，增强企业活力。要选调一些事业心强、善管理、德才兼备的同志充实乡镇企业管理机构。要相对稳定乡镇企业基层管理队伍和业务技术骨干。凡乡 (镇) 企业办正副主任、会计及骨干企业的厂长的调动，须经县乡镇企业主管部门的同意。

五、大力推进农业科技进步，加速科教兴农步伐

农村经济的振兴与农业现代化的实现，最终要依靠科学技术的进步。振兴长沙农业，要更好地实施科教兴市战略，把重点转移到依靠科技进步和提高劳动者素质轨道上来，向科技要质量、要产量、要效益。

(一) 实行农科教结合，加速科技成果的推广应用。要切实加强领导，建立和健全农科教结合的领导、人才培训和技术推广网络。要制订出发展规划和实施办法，以充分发挥农业、科技、教育三结合整体效益，充分发挥农科教中心的培训、示范、推广、引进、开发、服务等多种功能。“八五”期间，各乡镇都要建立合格的农科教中心；村一级要建立农科组；组一级要培养科技示范户，逐步实行“绿色证书”制度。要大力扶持发展农村各种专业技术协会，组织开展行政、技术、物资部门相结合的经济技术集团承包，对其在为社会付出创造性劳动的同时，所获取的合法收入，任何单位和个人都不得侵占。要配套实施“星火”“燎原”“丰收”计划，努力把新技术、新品种普及到千家万户，加速科技成果的推广应用。

(二) 大力发展农村职业技术教育，提高农民文化技术素质。我市农民对新技术的接受和吸收能力与农业科技的飞速发展很不相适应，因而，提高农民文化技术素质已成为科教兴农的关键措施之一。各县、乡要把发展农村教育作为发展农村经济的大事来抓。县要办好职业高中、农民中专及各类成人中专、农业广播 (电视) 函授学校和乡镇农民文化技术学校，为乡村和农户培养技术人才。要利用各类培训基地和学校，采取多种形式，加强对广大农民特别是回乡知识青年、复员退伍军人的职业技术培训，实现一人一技、一专多能。要普及九年制义务教育。通过加强农村教育和职业技术培训，使广大农民增强对新技术的吸收能力，提高农民的文化技术素质。

(三) 进一步采取优惠政策，鼓励科技人员多作贡献。要坚持和完善选派科技副县 (区) 长、副乡 (镇) 长办法。要增加农业科技经费，逐步改善农技干部的工作条件。要积极鼓励科技人员到生产第一线工作，开展科技支乡，对在科教兴农工作中取得显著成绩的，要予以重奖和发给技术津贴。在县以下单位工作的科技人员 (包括乡镇企业科技人员)，除原浮动一级工资不变外，继续享受市委、市政府长发

〔1991〕26 号文件规定的有关优惠待遇。

(四) 认真抓好农业科技攻关，发展开发性农业。要加强与省农业科研单位和大专院校的联系，组织技术攻关，发挥技术优势。要以培育新品种为重点，继续搞好粮食、经济作物、畜牧水产的优质、高产、高抗新品种引进和选育工作，力争到“八五”期末主要农作物和畜禽品种良种化。近期内要重点抓好吨粮田及优质米的开发，并逐步推广。要搞好种植、养殖业综合技术开发及农业资源合理开发以及农业气象研究，提高对自然灾害的监测、预测水平，增强防御能力。要进一步办好国有农场，在农业专业化、商品化、现代化过程中发挥示范作用。

六、不断增加对农业的有效投入，进一步提高农业综合生产能力

农业的稳定持续发展，离不开投入的持续稳定增长。要不断完善农业投入机制，多渠道筹集农业发展基金，增强农业发展后劲。

(一) 市财政对农业的投入，应高于财政收入同年增长比例。农业固定资产投资也应逐年有所增加。已定的农业发展基金渠道和其他各项农业专用资金不变。

(二) 组织和动员城镇各部门增加对农业的投入。城镇基本建设按固定资产总投资的百分之一、非农业用地征地按百分之一、市县工交企业按固定资产的原值的万分之一、商业外贸等流通企业按销售额的万分之一、个体工商户按销售额的万分之二，收取城镇防洪基金，税前列支，按隶属关系分级筹集，由各级财政税务部门组织实施，并专帐管理，专款专用。农业银行、信用社要积极开展储蓄，扩大资金来源，实行信贷倾斜，确保农业贷款高于银行贷款增长幅度。积极发展农村保险事业，扩大险种范围，鼓励农民和集体投保。在各级政府的支持下，建立多层次、相互联系的农村专业保险基金，逐步建立农村灾害风险补偿制度。

(三) 乡村集体和农民是农业投入的主体。各县郊原实行的劳动积累工和收取土地承包费、农田水利基金制度不变；乡镇企业按总产值提取千分之二作为农业发展基金，列入企业成本；乡镇企业职工按在册人数，每人每月按工资额的百分之一提留农业发展基金，由企业代收；招用农民工的企业单位按招用农民工的人数，每人每月交纳三至五元补农金，税前列支，农村个体户及私营企业 (包括个体运输户和个体工商户) 按税收的百分之十征收补农金，由主管单位代收。市县乡各级筹集的农业发展基金，要根据来源渠道，分级筹集，分级管理，分级使用。

(四) 农业投入的重点是农田水利、商品基地、农业开发和农业科技建设。要坚持防汛与抗旱并重、建设与管理并重的方针，大力开展农田水利建设，确保生产条件的改善和农业综合生产能力的提高。全市在“八五”期末全部完成在建基建工程配套，实现大堤、渠道、山塘标准化。

七、坚持城乡一体、协调发展，促进城乡共同繁荣

为实现农村从温饱到小康的跨越，要继续发挥城市优势，推进城乡一体化。

(一) 继续完善市带县体制，增强县一级功能。鼓励和支持县、郊从各自的实际出发，创造性地开展工作。按照计划经济与市场调节相结合的要求，逐步建立工农结合、城乡结合、农工商贸科运一体的城郊型县域经济格局，增强县、郊总揽经济全局的能力。要按照精简上层,充实基层的原则，逐步实行涉农部门和科技部门实体化。要健全乡镇政府职能，县有关部门设在乡镇的机构，除省委、省政府批准的以外，其余都要下放到乡镇管理。要贯彻“精兵简政”的原则，采取轮换、挂职、下派、交流等措施，抽调干部到基层工作。市委、市政府决定，从城市机关企事业单位抽调一批干部到乡镇挂职，两年一轮换。 每县从县直机关单位抽调一批干部到先富起来的带头村和后进村挂职，抓两头带中间，两年一轮

换。对下派干部要加强管理，把经过实践考验、政绩显著的优秀干部提拔到领导岗位上来。

(二) 做好扶贫和地区间协调发展工作。在允许一部分地区、一部分农民先富起来的同时，要进一步帮助十三个贫困乡脱贫。贫困乡原享有的农业税减免的政策继续延续至一九九五年。经济发达地区要把帮助贫困和落后乡村改变面貌看成是自己的光荣义务，采取传送经验、经济协作等办法帮助发展经济。要继续执行对口扶贫措施，不脱 贫不脱钩。要继续动员和教育贫困和落后乡村发扬自力更生、艰苦奋斗精神，增加资金和劳动投入，不断改善生产条件，争取在“八五”期末，每人有半亩以上稳产高产、旱涝保收耕地。共产党员、共青团员要在先富带未富、促共富中起模范作用。

(三) 各行各业要大力支援农业和农村经济的发展。各有关部门要围绕本《实施意见》涉及的问题，在调查研究的基础上，制订出贯彻落实的具体措施，并有专人负责，经常检查本部门支农计划和措施的落实情况，每年年终要向市委、市政府报告，并认真修订下一年度的计划，形成制度，把以农业为基础的思想真正落实到各自工作中 去。允许并鼓励城镇企事业单位到农村投资与乡村集体联合开发农产品基地。

(四) 加快农用工业建设。要大力发展复合肥的生产，增加高浓度化肥和复合肥的比重，使单一化肥产品逐步向多种化工产品转变，着力抓好浏阳氮肥厂、跃进氮肥厂和古港磷肥厂的技改项目。要加快各类专用饲料的生产，积极开发节粮型饲料，推广浓缩饲料。要加强农村能源建设，大力开发中小水电，增加农业用电。要抓好农机发展，不断开发新产品，引进推广新机具，做到大中小型协调发展，各类机具成龙配套，逐步实现种植业主要生产环节的机械化、半机械化，大幅度提高林、牧、副、渔业的机械化水平。

八、加强农村思想政治工作，促进农村两个文明建设

为造就一代有理想、有道德、有文化、有纪律、热爱社会主义的新型农民，在农村要加强经常性的思想政治工作，做到两个文明一齐抓。

(一) 继续抓好农村社会主义思想教育。用社会主义思想占领农村阵地，不是一朝一夕的事，要经常抓，长期抓。社教要全面完成省委提出的三大任务，即用社会主义思想占领农村阵地；完善统分结合的双层经营，发展和壮大集体经济；加强农村基层组织建设，充分发挥党支部在两个文明建设中的战斗堡垒作用和党员的先锋模范作用。经常性的社教，要与经常性的思想政治工作和精神文明建设结合起来，经常开展社会主义制度优越性教育、反“和平演变”教育、革命传统教育和正确处理国家、集体、个人三者关系的教育，不断提高广大干部、群众的政治觉悟，引导农民群众把“信社会主义”和“干社会主义”统 一起来。

(二) 进一步加强社会主义法制建设。继续抓紧以《中华人民共和国宪法》为核心，以专业法为重点“二五”普法教育，使广大干部群众进一步增强民主与法制观念，自觉遵纪守法，自觉维护农村社会的安定。要建立健全乡规民约和群众性自防自治的治安保卫组织及人民调解组织。要建立和完善农村社会治安综合治理责任制，及时发现和消除农村不安定因素。

(三) 加强农村社会主义文化阵地建设。要积极创造条件，组织农民学习政治、文化，开展健康有益的文娱、体育活动，建设“五好家庭”“双文明户”，破除封建迷信，反对铺张浪费，杜绝社会陋习，树立社会新风，把农民的业余生活引导到健康向上这一面来。

(四) 要把控制人口增长作为农村工作的一项长期任务来抓。继续贯彻《中华人民共和国婚姻法》和《湖南省计划生育条例》，增强农村干部和群众的人口意识。充分调动和发挥农村老党员、老干部、老模范、妇女、共青团员及计划生育专干的作用，共同搞好计划生育工作。县、乡、村都要建立健全人口目

标管理责任制，把计划生育工作作为考核地方工作和干部政绩的重要内容。

(五) 巩固和发展农村医疗预防保健网。坚持开展爱国卫生运动，加快农村改水改厕步伐，建立健全合作医疗制度，积极防治传染病和地方病，提高农民身体素质。

九、加强党对农业和农村工作的领导，保证党的路线方针政策的贯彻落实

加强对农业和农村工作的领导是贯彻落实中央《决定》的根本保证。各级党委和政府，特别是做农村工作的干部，要振奋精神，励精图治，真心实意地为基层服务，为农民服务。

(一) 坚持把农业和农村工作摆在首位。全市各级党委和政府，要牢固树立并长期坚持以农业为基础的思想，把农村工作始终作为全市工作的重点。市县党政一把手要亲自抓农村工作，并配备一名党委副书记分管。由一名政府副职专抓。对市县 (郊) 农委赋予其相应的综合协调管理权限，增强宏观调控能力。它既是政府的职能部门，又是党委的工作部门，负责对全市、县 (郊) 农业和农村工作的综合、协调、管理、指导。要充分发挥各涉农业务主管部门的作用，加强协作，共同为发展全市农村经济服务。要继续坚持领导办点、现场办公、干部参加劳动制度。

(二) 加强以党支部为核心的村级组织建设。从今年起，用两至三年的时间，在全市开展达标村级组织建设竞赛。基本要求是：有一个能够发挥核心领导作用的党支部，有一个能够贯彻执行法律、法规、政策、履行自治职能的村民委员会；有一个具备集体经济实力、能够较好地发挥统一经营职能的乡村集体经济组织；有能够发挥作用的团支部、妇代会、民兵等群众组织。

(三) 加强干部队伍建设。各级党委、政府要热情支持长年奋斗在农村第一线的广大干部开展工作，引导他们增强长期建设农村的责任感，帮助他们提高思想觉悟、政策水平和工作能力。同时，要从政策措施上鼓励干部安心农村基层工作。今后，县 (郊) 领导干部，要注重从德才兼备、工作实绩突出的乡镇领导干部中选拔。要进一步巩固完善乡镇干部聘用制。乡镇干部可从优秀的村干部和乡镇企业干部中聘用，对聘用干部可择优录用为国家干部。上级委派到贫困乡、村任职的国家干部，可向上浮动一至二级工资，也可以按政绩大小给予奖励。要逐步解决村干部及乡镇集体干部的养老保险问题。

(四) 切实减轻农民负担。要认真贯彻国务院发布的《农民承担费用和劳务管理条例》。全市每年三月定为减轻农民负担宣传活动月。对农村集体经济提取社会性开支，坚持取之有度，严格控制负担限额。根据有关规定，今后未经国务院、省政府批准，任何部门不得擅自发文向乡 (镇) 村和农民收取行政性、事业性等费用，不得巧立名目，进行集资、摊派、募捐、赞助等，取消一切向农民筹钱筹粮的“达标”“升级”活动。农民定项负担的数额要与人均纯收入水平增长速度相适应，并把总量水平以乡为单位控制在上年人平纯收入的百分之五以下。农民承担的费用和劳务，仍属农村合作经济组织内部的一种分配形式，统筹提留的资金，要实行专款专用，由乡镇经营管理站设立专帐核算和管理。

为了把中央《决定》和市委《实施意见》落到实处，各县郊和市直有关委、局都要进行调查研究，制订相应的实施细则，认真贯彻执行。

全市广大共产党员和干部群众，要坚定不移地贯彻执行党的基本路线，进一步解放思想，振奋精神，同心同德，开拓创新，把我市农村改革和建设推向新的发展阶段，努力实现九十年代农村的宏伟目标。

中共长沙市委办公室

一九九二年三月十三日

长沙市人民政府
关于调整市辖区行政区划的通知

长政发〔1996〕24号

各区、县（市）人民政府，市直机关各单位：

根据《国务院关于同意湖南省调整长沙市市辖区行政区划的批复》（国函〔1996〕29号）和《湖南省人民政府关于调整长沙市市辖区行政区划的通知》（湘政函〔1996〕86号）精神，市人民政府决定调整我市市辖区行政区划，现通知如下：

一、撤销市辖东区、南区、西区、北区、郊区，设立芙蓉区、天心区、岳麓区、开福区、雨花区。

二、相应调整5个市辖区之间的行政区域范围。行政区划调整后，各区的行政区域及四至范围是：

芙蓉区：辖原东区韭菜园、府后街、五里牌、浏正街、文艺路、解放路、都正街、朝阳街、人民路9个街道办事处，原郊区马王堆（不含五一、火焰、友谊、高桥4个村）、东岸2个乡和火星镇。区人民政府驻韭菜园路62号。

行政区域四至范围：东面以东岸乡与长沙县星沙镇、榔梨镇乡界为界；南面以原东区与南区界沿人民路至花桥及浏阳河为界，与雨花区接壤；西面以黄兴路为界；北面以中山路、八一路、迎宾路、湘湖渔场、马王堆乡、东岸乡与综合农场乡（场）界为界，与开福区毗邻。

天心区：辖原南区裕南街、金盆岭、城南路、书院路、南大路和原西区坡子街、学院街7个街道办事处，原郊区大托乡和雨花亭乡的石人、新开、渔场3个村。区人民政府驻劳动路樟树园9号。

行政区域四至范围：东面以芙蓉路（识字岭起）至新中路、韶山路、中意路至洞井乡与大托乡乡界为界，与雨花区接壤；南面以大托乡与长沙县暮云镇乡界为界；西面以湘江主河道中心线为界；北面以人民路（识字岭起）原东区与南区界至黄兴路、五一广场至沿江大道为界，与芙蓉区、开福区毗邻。

岳麓区：辖原西区麓山南路、银盆岭、桔子洲、望月村4个街道办事处，原郊区岳麓山、望岳2个乡和望城县天顶乡。区人民政府驻银盆南路89号。

行政区域四至范围：东面以湘江主河道中心线为界；南面以望城县坪塘镇、九江乡与市区县界为界；西面以望城县雷锋镇、黄金乡与市区县界为界；北面以望城县星城镇与市区县界为界。

开福区：辖原北区望麓园、伍家岭、新河、清水塘、北站路、黑石渡、民主东街、上大垅和原西区西长街、如意街、通泰街11个街道办事处，原郊区福安乡、长沙县捞刀河镇（含原沙坪乡）、望城县霞凝乡。区人民政府驻蔡锷北路393号。

行政区域四至范围：东面以综合农场、捞刀河镇与长沙县星沙镇、安沙镇乡界为界；南面以五一西路至黄兴路、中山路、八一路、迎宾路、综合农场与湘湖渔场、马王堆乡、东岸乡乡界为界，与芙蓉区、天心区接壤；西面以湘江主河道中心线为界；北面以霞凝乡与望城县丁字镇、捞刀河镇与长沙县北山乡乡界为界。

雨花区：辖原南区左家塘、侯家塘、井湾子、圭塘4个街道办事处，原郊区黎托、洞井、雨花亭3个乡（不含石人、新开、渔场3个村）和马王堆乡的五一、火焰、友谊、高桥4个村。区人民政府驻人民路4号。

行政区域四至范围：东面以黎托乡与长沙县榔梨镇、黄兴镇、跳马乡乡界为界；南面以洞井乡与长沙县跳马乡、暮云镇乡界为界；西面以芙蓉路（识字岭起）至新中路、韶山路、中意路至洞井乡与大托乡乡界为界，与天心区接壤；北面以人民路（识字岭起）至花桥及浏阳河为界，与芙蓉区毗邻。

三、原郊区管辖的农、林牧、渔场，分别划归各区管辖。

芙蓉区辖原郊区湘湖渔场、国营东屯渡农场；

天心区辖原郊区畜牧农场、园艺示范繁殖场；

岳麓区辖原郊区西湖渔场、岳麓渔场、养鹿场、东方红农场；

开福区辖原郊区国营综合农场、红色渔场。

四、各区、县（市）和各有关部门要认真做好区划调整中的协调工作，组织好各区、乡、镇（场）、村和街道办事处的交接和善后处理工作，各项指标的划转和财物的交接都要建立完备的程序和制度，确保我市今年国民经济计划和区划调整任务的全面完成。

长沙市人民政府办公厅

1996年6月19日

中共长沙市委 长沙市人民政府
关于加快推进工业化进程的若干意见

长发〔2002〕8号

为贯彻落实省第八次党代会关于加快推进工业化进程的重大决策，全面实施“兴工强市”战略，加快推进我市工业化进程，特提出如下意见。

一、充分认识推进工业化进程的战略意义

1.增强推进工业化进程的紧迫感。工业化的过程，是传统农业社会向现代工业社会转变的过程，是工业整体素质和竞争力提高的过程，是国民经济结构优化和整体素质提高的过程。当前，我市正处于工业化中期，与先进发达地区相比，我市工业经济比较脆弱，总体规模偏小，结构不太合理，竞争能力不强，工业发展相对滞后。长沙经济的发展，差距在工业，潜力在工业，希望也在工业。做大做优做强长沙经济，增强长沙在全省经济中的带动作用，缩小长沙与发达地区的差距，迫切需要加速推进工业化进程。

2.明确推进工业化进程的重要作用。工业化是现代化的必由之路，是实现现代化不可逾越的阶段。加速城市化，必须加快工业化；推进农业产业化，必须加快工业化；把长沙建设成现代化区域性中心城市，必须有强大的工业作支撑。工业化不仅有利于增加财政收入，解决就业矛盾，提高人民生活水平；而且对转变人们的思想观念，提高人的素质，促进经济社会全面进步，都具有重大而深远的影响。

二、切实把握推进工业化进程的思路、目标和重点

3.明确推进工业化进程的工作思路。我市推进工业化进程的总体思路是：以“三个代表”思想为指

导，立足现有工业基础，大力实施“兴工强市”战略，坚持用市场化推进工业化，着力结构调整，着力深化改革，着力发展非公有制经济，走体制创新的路子；坚持用信息化带动工业化，大力发展高新技术产业，大力发展优势企业和企业集团，大力开展招商引资，走跨越式发展的路子；坚持用城市化聚集工业化，引导企业向园区集中，园区向城镇集中，产业向支柱集中，走集约化的路子；坚持以保护生态环境为前提，优先发展环保产业，加快淘汰落后、污染产业，致力经济与环境良性发展，走可持续发展的路子。

4.明确推进工业化进程的目标任务。今后5年全市工业化的主要目标是：工业增加值年均增长12%以上，占全市GDP的32%以上，其中规模以上工业增加值年均增长14%以上；非农从业人员占全社会从业人员比重达到62%；大中型企业普遍建立现代企业制度；装备制造业产值、高新技术产业产值、工业出口产品产值在国内生产总值中的比重显著增大；工业信息化水平、高加工度水平和技术集约化水平明显提高，长沙工业在区域经济中的辐射力和带动力增强。

5.重点壮大5个支柱产业。重点发展电子信息、机械制造、烟草食品、新型材料和生物医药5大产业。凡新办上述产业范围的工业项目鼓励优先发展，优先安排建设用地，优先支持上市融资，优先支持技术改造。扶持发展支柱产业的上游产业和下游产业，形成支柱产业链。鼓励资产向支柱产业流动和集中。加快支柱产业专业市场和工业产品的展销场馆的配套建设，加快现代物流体系建设，形成“流通促生产、市场联企业”的工业经济发展格局。

6.重点抓好十大标志性工程。着力抓好高档卷烟工程、电子信息工程、汽车工程、绿色家电工程、工程机械工程、新材料工程、精细化工工程、生物制药工程、精品纺织工程、食品加工工程10大工业标志性工程。对进入标志性工程的重点企业，实行动态管理，加强协调服务，市里安排专项入引导资金用于扶助重点技改项目。把十大标志性工程培养成为体现我市现代工业实力、支撑工业经济发展、具有强大竞争能力、代表未来经济发展方向的主体工程。

7.重点扶植20户民营企业。选择20户成长性好的民营企业进行重点扶植。提高民营经济地位，对民营企业实行国民待遇，与其他企业一视同仁。支持有条件的民营企业参与国有工业企业的改制重组，鼓励民营企业互相参股、合股，创新经营机制，提高经营管理水平。同时，通过企业外迁，盘活土地资产，推动国企和民营企业的重组与联合。对20户重点扶植的民营企业，实行动态管理，加强协调服务。通过重点民营企业的带动示范作用，促进民营经济快速发展，提高民营经济在全市经济中的比重。

8.重点培育10大工业品牌。实施品牌战略，着力创造、培育国内外知名品牌。今后5年，重点培育壮大远大、白沙、梦洁等10大工业品牌。鼓励、支持企业申报认定驰名商标和著名商标。加大工业品牌的包装、推介、宣传和保护力度。每年以多种形式组织一至两次市内外、境内外的长沙工业产品推介活动。力争用5~10年时间，形成一批在全省、全国和国际上叫得响的知名品牌。

三、加大企业改制创新力度

9.加快国有工业企业改革的步伐。按照“积极、稳妥、规范、灵活”的方针，加快国有工业企业产权改革的步伐，加大“两个置换”的力度，力争用两年时间完成市属国有工业企业的产权改革和职工的身份置换。企业改制要采取盘活资产、土地变现和财政调整支出的办法支付职工身份置换的成本，通过上述措施仍不能满足要求的，采取进入低保的办法解决职工生活出路。加快国有工业经济的战略性调整和重组，优化国有资产的行业布局、产业布局和企业布局，充分运用计划内破产、依法破产、空壳企业销号、国有股减持和债转股等各类退出通道，加快劣势企业退出市场的步伐。进一步完善国有资产管理体制，建立工业国有资产经营公司，统筹运作国有工业资产，防止国有资产流失和逃废银行债务。取消企业的行政级别，改革和完善企业经营者管理体制与激励约束机制。企业内部机构设置由企业自主决定，各部门不得干预。

10.加快建立现代企业制度。通过“上市一批、债转股一批、合资一批、合作一批、自然人入股一批”等途径，将企业改组成规范的股份制公司或股份合作制企业。按照《中华人民共和国公司法》的规定建立规范的法人治理结构，明确股东会、董事会、监事会和经理层的职责，形成各负其责、协调运转的企业内部法人治理机制，进一步加强企业的管理。

四、实施高新技术带动战略

11.培育壮大高新技术产业。认真落实支持扶植高新技术产业发展的政策规定，重点发展电子信息、先进制造技术、生物医药、新材料和高科技食品五大新兴产业。集中发展以显像管为主的信息制造业和以应用软件为主体的软件开发和系统集成等信息先导产业，鼓励利用高新技术改造 提升传统产业特别是传统机械制造业，用信息技术改造传统工业的技改项目优先纳入财政贴息的范围。加快信息网络基础设施建设，特别是高速信息传输网络和宽带高速计算机互联网的建设，构筑信息技术平台。

12.努力构建技术创新体系。大中型企业都要建立技术开发中心，增强技术创新能力。加强技术创新体系建设，加快技术市场培育，充分发挥企业协会、技术中介组织的作用，为中小企业提供技术服务。鼓励支持科研院所和高校创办高新技术企业，办好大学科技园，鼓励科研院所、高校与企业联合成立技术开发中心，促进产学研的有机结合。坚持创新与引进、消化、吸收相结合，重点研究和发展核心技术和核心产品。对工业企业、科研院所、高等学校的技术转让收入免征营业税，从事技术转让、技术培训、技术咨询、技术服务、技术承包所取得的技术性收入免征所得税。

13.做好科技成果转化工作。企业研究开发新产品、新技术、新工艺所发生的各项费用，比上年实际发生额增长达10%以上，除按规定据实列支外，经主管税务机关审核批准后，可再按其实际发生额的50%直接抵扣当年应纳税所得额，若抵扣额大于企业当年应纳税所得额，超过部分不再抵扣。加大专利技术的利用、开发和保护力度，鼓励高新技术成果以无形资产的形式折资入股，采取股权、股份期权的形式参与分配，对其作价金额占注册资金的比例不予限制。对高新技术项目。免收购置生产经营用房的交易手续费和产权登记费。进一步完善科技风险投资机制，规范资金的管理和使用，充分发挥资金效益。

五、调整优化工业布局

14.搞好园区规划和产业布局。按照“中心城区体现繁华与繁荣，市郊体现实力和水平”的思路和“产业规模化、技术高新化、产品外向化、投资多元化”原则，抓好全市工业园区规划和产业布局规划。做好“两区一带”的规划和产业布局，重点抓好“两区六园”的规划与建设。长沙高新技术产业开发区重点发展电子信息、新材料等产业；长沙经济技术开发区重点发展先进装备制造业；岳麓山大学科技园）主要作为高新技术产业孵化基地；长沙新港工业园主要作为市内传统工业的外迁基地；湖南（望城）高科技食品工业园（台商投资区）重点发展台资企业和食品工业；浏阳生物医药园重点发展生物医药产业；宁乡科技工业园重点发展化工、服装等优势产业；长沙环保工业园重点发展环保及低污染产业。按照“封闭式管理，开放式运行”的原则，对“两区六园”实行统一规划、统一产业布局、统一引资政策、统一项目招商。市里按已定的财政投资比例，重点支持“两 区六园”基础设施特别是水、电、路、网的建设。完善园区功能，进一步加强城市基础设施建设与重点工业园区建设的衔接与配套。各工业园区实行开放式管理，一站式办公，一条龙服务，切实优化园区环境。市里关于小城镇发展的扶持资金优先支持重点园区的工业集镇建设，真正将“两区六园”办成长沙市的工业示范区、经济增长带、产业聚集园和技术辐射源。有条件的县（市）、区也可根据实际制定工业园区规划。今后新办的工业项目原则上按照工业发展《纲要》和产业布局规划进相应的工业园区，严格控制园区外工业用地的审批。市中心区原有的工业企业也要采取“退二进三”“退二进二”的形式，逐步迁向新的工业园区，企业退出土地的开发可享受改制政策。

15.优先保证园区建设用地。园区的用地可一次划定，按程序审批，经批准后，由市国土局办理土地批次出让手续。凡经市政府批准的园区规划用地中工业项目用地，可按协议出让，其土地出让金可用作园区基础设施建设的投入。对入园工业企业，其土地出让金优惠30%，应交部分可以分期缴纳。对改变用地性质的企业，土地出让金不予优惠，重新计征。办理入园项目用地相关手续，各有关部门要现时办结，每个部门最长时间不得超过7个工作日。已办理出让手续的项目用地，如项目确实无法实施，两年内依法收回，然后变更业主，出让金增值部分全额返还给园区。

六、加大对中小企业的扶持力度

16.明确中小企业发展方向。重点扶持发展科技型、资源加工型、产业配套型、出口创汇型、社区服务型和劳动密集型中小企业。鼓励中小企业围绕标志性工程做好技术配套和产品配套。“十五”期末，争取十大名牌产品的本地配套率达50%以上。同时，抓住新一轮区域经济结构调整的机遇，充分发挥长沙的比较优势，积极发展食品、家具、服装、新型建材等沿海替代型产业和特色工业。

17.实施“小巨人”计划。将长沙鼓风机有限责任公司等38家符合国家产业政策，具有高成长性、高附加值的企业纳入“小巨人”计划。鼓励“小巨人”企业进行资本运作，通过联、并、购、租等形式对存量资产进行战略重组，形成 与市场经济相适应的组织结构和资本结构。支持他们与国内外企业的合资合作或嫁接改造。“小巨人”企业从事技术开发、购买知识产权的支出和广告费用，经税务部门审批，按实列支，不受比例限制。

18.完善中小企业信用担保体系。加快建立中小企业信用担保机构，加强对中小企业信用担保机构的政策扶持和规范管理。同时积极吸纳企业资金和社会资金入股，扩大担保资金来源。遵循自主经营、自负盈亏原则，对信用担保机构实行政企分开和市场化运作，采取会员准入制，鼓励中小企业以会员身份加入信用担保机构，积极争取纳入省级中小企业信用担保体系。

七、多渠道增加对工业的投入

19.着力搞好资本经营。鼓励国有工业企业通过出售、拍卖、转让、兼并、退二进三、减持国有股等多种方式，盘活国有资产。企业改制和资本运作的国有资产收入（含土地）由财政单独列账，全部用作工业技改、改制、解困和补充社保基金。积极争取更多的国际金融组织和外国政府优惠贷款，广泛运用项目融资、股权投资、企业并购、投资合作基金、证券投资等多种方式利用外资。支持和鼓励企业通 过增资扩股、股权转让、发行可转换债券、参股、合作等方式，筹集资金投资工业项目。支持市属工业企业境内外上市或发行债券。支持有条件的大集团、大公司、大企业成立财务公司，直接对外融资。同时，继续发挥银行投资主渠道作用，扩大银行票据融资的规模，增加工业贷款在银行贷款中的比重。积极发展投资基金，促进储蓄向投资转化。

20.加大工业招商引资力度。通过招商引资实现民营资本植入国有资本、金融资本植入产业资本、国际资本植入国内资本。对引进工业项目的中介人按市政府招商政策统一奖励。实施企业“总部战略”，支持省内其他市州的工业企业来长设立总部或总装车间。争取更多的国内外企业，特别是世界500强企业来我市设立分公司或投资兴办工业项目。加大招商项目协调力度，实行项目协调管理制度，整合全市招商，推动有序竞争。

21.增加政府对工业的投入。“十五”期间，市里每年安排1亿元作为工业扶持资金。各区、县（市）要逐年增加对工业项目的贴息资金、技术改造资金，支持工业结构调整，扶持重点产业和特色产品，其增长幅度不能低于财政增长幅度。各部门用于工业发展的资金、高新技术产业引导资金及其他增量资金要捆绑使用，集中支持工业“标志性工程”。精心筛选一批工业和高新技术产业项目，争取国家重点专项和技改贴息的支持。市政府每年安排专项资金奖励税收增长大户。

八、不断优化工业经济的发展环境

22.降低企业准入门槛。除国家法律、行政法规规定必须进行前置审批的项目外，其他前置审批一律取消。实行注册资本分期到位制，注册资本50万元以下的公司制企业资本金可在两年内分次到位，投资人首期认缴资金最低不少于5万元。降低集团公司的注册条件，凡母公司注册资本在3000万元以上，且具有3个以上控股子公司，总注册资本在4000万元以上的，可申办企业集团登记。

23.整顿和规范市场经济秩序。坚决打破部门、行业垄断和地区封锁，建立和完善统一公平、竞争有序的市场体系。加强企业信用建设，加大知识产权的保护力度，严厉打击制售假冒伪劣商品的犯罪活动。加大治理“三乱”的力度，切实维护企业的合法权益。严格实行企业收费卡制度，努力减轻企业负担。切实规范各类检查评比活动，各级各部门除 法律、法规和党委政府有明确规定的外，不得擅自对企业进行检查。符合规定的检查，应严格控制次数，坚决制止重复交叉检查。对企业实行检查许可、罚款决定和罚款收缴分离的制度。市里每年开展一次部门行政行为听证评议活动，评议结果通过新闻媒体向社会公布。

24.完善社会保障体系。建立资金来源多元化、保障制度规范化、管理服务社会化的企业社会保障体系。调整和完善企业职工基本养老保险制度，推动下岗职工基本生活保障向失业保险并轨，逐步实施基本医疗保险制度，制定和完善生育保险、工伤保险制度。提高社会保险统筹层次，逐步实现全市统等。建立稳定的资金筹措机制，通过扩大社会保险覆盖面，强化基金征缴，增加财政投入等多种办法，确保离退休人员养老金、下岗职工基本生活费按时足额发放。建立健全就业服务体系和劳动保障管理服务机构，建设统一的社会保障信息网络。

25.积极做好企业人才引进、培训和管理工作。重点培育适应市场经济和国际化竞争的企业家和职业经理人队伍。建立企业经营者和企业家健康成长的激励和约束机制，努力形成尊重、爱护、支持企业家的良好社会风尚，对有突出贡献的厂长、经理，在政治待遇、社会荣誉等方面给予奖励。每年从重点企业、经济管理部门选派一批政治素质好、业务能力强的中青年骨干到国外大学、大企业进修深造。加强工业企业人才和智力引进工作，办好“海外留学人员创业园”，鼓励海外高层次人才来我市企业兼职、短期服务、承担委托项目和进行课题研究；鼓励和支持国内外高层次、复合型人才，特别是掌握核心技术的研究开发人才和具有很强组织实施能力的优秀经营管理人才来长创业。加强企业人才市场建设，促进人才的合理流动，鼓励各类专业技术人员流向企业。加强中高级技术工人的培训，提高产业工人的整体素质。积极营造吸引人才、留住人才的安居乐业环境。

26.切实加强对工业经济的领导和服务。成立市推进工业化进程协调领导小组。各区、县（市）也要设立相应机构，加大对工业经济的工作领导、协调和服务力度，加强对工业经济的宏观研究与指导，及时解决工业经济发展中的重大问题。建立和完善政务服务中心，进一步简政放权，减少行政审批事项，严格控制审批期限，坚持办事公开制度，简化办事程序，实行企业登记服务和招商引资项目建设服务“一条龙”，提高办事效率。进一步转变机关作风，切实提高公务员素质，扎扎实实为企业办实事、办好事。加强对企业的法律服务，创造公正高效的法制环境。鼓励和引导发展公证、会计、审计、评估、监理等各类中介组织，发挥行业协会组织的协调服务和监督管理作用。

中共长沙市委办公厅

2002年4月9日

中共长沙市委 长沙市人民政府
关于加快发展现代商贸流通业的决定

长发〔2003〕28号

现代商贸流通业是国民经济的先导产业，直接促进和带动经济发展与社会进步。为推进我市商贸流通现代化，更好地发挥市场经济条件下商贸流通的市场导向功能，促进全市国民经济持续、健康、稳步发展，现就加快发展现代商贸流通业作如下决定。

一、指导思想与目标

1.指导思想：以邓小平理论和“三个代表”重要思想为指导，坚持商品流通为人民生活服务、为生产建设服务的根本宗旨，在充分发挥市场机制作用的基础上，加强政府的引导和宏观调控，进一步深化流通体制改革，大力发展现代流通方式，通过重点发展连锁经营，积极发展现代物流业，提升改造中高级批发市场，大力推进经营管理现代化，促进商贸流通业的现代化和国际化，进一步提高我市国民经济综合竞争能力和整体素质。

2.发展目标：到2007年，全市社会消费品零售总额达到740亿元，年均增长13%；商贸业增加值占全市GDP的比重达20%以上；连锁经营企业销售额占全市社会消费品零售总额比重达35%以上；形成一批销售额分别过20亿元、50亿元和100亿元的大型商贸企业、专业批发市场和综合市场。发展一批实力较强的第三方物流企业、高水平的物流配送中心和物流基地，初步形成现代物流产业；广泛应用电子信息技术、科技兴贸达到新水平；建立起与国际规则相衔接的商贸流通管理体制和规范有序的市场体系，从而初步把长沙建设成为一个繁荣发达的区域性现代化商贸中心。

二、大力发展连锁经营

3.推进连锁经营向多业态发展。继续规范连锁超市发展，大力提高超市生鲜商品经营比重；着力发展以社区为中心、具有多项服务功能的连锁便利店，积极探索便利店在不同地区、特色各异的经营形式和内容。做好规划布局，积极发展具有极强销售扩张和价格支配能力的连锁大型综合超市和仓储式超市。积极推进百货店的业态创新和转型，加快百货连锁经营步伐。积极发展特色连锁企业店和专卖店，使之成为开拓我市产品的新形式。

4.不断拓展连锁经营的行业范围。在巩固发展现有连锁经营的基础上，不断扩大领域，引导石油、医药、烟草、家电、家具、文化制品、通讯器材、建材、汽车、商品租赁、房地产中介、教育培训、旅游、快运、维修、娱乐健身等行业，实行连锁经营，使连锁经营从传统零售业、餐饮业向第三产业的多个领域渗透。特别要加快传统粮油、副食品和蔬菜店向连锁超市或便利店转型，加快餐饮业特别是中式快餐连锁店的发展。在农村或乡镇大力发展连锁超市，支持农业产业化龙头企业进城发展产品销售连锁店。鼓励工业企业利用自己的销售渠道、经营网点或与流通企业联合，发展连锁经营。

5.加快培育大型连锁龙头企业。支持各类商贸流通企业通过并购加快直营连锁步伐，以特许、加盟形式加快向省内外、国内外扩张。积极推动中小商贸流通企业探索通过自由连锁、挂大靠优等形式开展同业合作，发展我市商贸流通业的“联合舰队”。

三、积极探索发展现代物流业

6.营造现代物流业发展的良好条件。按照合理布局、有序竞争、错位经营的原则，研究制定我市现代物流业发展规划和配套政策，营造有利于现代物流业发展的环境。加快物流园区和物流配送中心的建设，将长沙市经济开发区内的金霞物流园确定为当前全市物流业发展的重中之重，充分发挥区内铁路、公路和水路运输的优势，逐步发展成为区域性中心物流园区。

7.加强连锁企业内部物流配送体系建设。引导和扶持大型连锁企业引进和自主开发先进物流管理技术，努力实现仓库立体化、装卸搬运机械化、商品配货电子化，加快建立高效率的配送体系，提高连锁经营企业商品统一采购和集中配送的比例。

8.大力扶持现代物流企业发展。积极改造传统的运输和仓储企业，发展面向中小企业的社会化物流配送企业。支持大型连锁、批发代理、第三方物流和大型工业企业进行物流配送中心建设，加快建立综合性与专业性并存的多层次物流配送体系。扶持具有集成化、全过程物流服务功能的第三方物流企业和为中小企业服务的物流配送企业，催生一批规模大、功能强、信息化和标准化程度高、技术先进的大型物流企业集团。鼓励物流企业、批发代理企业、连锁经营企业开展国际物流业务；对国际物流业务量大的物流基地、物流企业或物流配送中心可申请设立海关监管点或监管仓库、保税展馆。

四、努力提高批发市场的现代化水平

9.加快农贸市场超市化改造。积极引导和推进城区农贸市场超市化改造步伐，这是规范市场秩序、加强市场管理的重要途径。按照“政府引导、市场运作”的原则，鼓励社会资本参与农贸市场超市化改造，争取用 3~5 年左右的时间完成全市城区“农改超”的任务。

10.集中力量发展中高级批发市场。按照“控制总量，调整布局，强化功能，规范管理”的原则，重点在主产地或主销区、集散地扶持发展一批具有鲜明专业特色、紧密依托当地产业或具有较强商品集散功能，连接城乡、辐射周边地区的大型高档次的农产品、大宗原材料和工业品批发市场，努力把它们建设成商品集散中心、流通加工中心、交易中心、价格形成中心和信息发布中心。

11.积极引进新型批发业态。加快建立国际先进的专为集团消费和中小商户服务的现付自运制批发新型业态，逐步替代传统小商品、日用工业品批发市场。积极引进国际著名流通企业在我市建立地区采购和分销中心，鼓励、支持采购业务并入其全球采购系统。整合现有商业批发资源，积极引进国内外著名品牌，努力培育一批专业化的总经销和总代理商。

12.促进批发市场组织、经营和管理上新水平。加强对现有批发市场的治理整顿和改造提升，促进批发市场经营管理上档次、上水平。严格准入条件，推动批发市场交易主体由个体商户为主向公司制企业为主转变；促进交易主体单纯追求交易数量向注重提高商品和服务质量转变；推行交易商品由零散式为

主向质量等级化、标准化、包装规格化转变，促进交易范围由国内交易为主向国内、国际互动交易转变。建立批发市场电子商务网络，积极推行竞价拍卖、网上交易等先进交易方式，实现由传统交易方式向现代交易方式转变。走有形市场与无形市场相结合的道路，扩大市场的辐射范围和交易规模，不断增强综合服务功能，积极开展流通加工、包装和配送等增值服务，提高产品的附加值，走批发交易与物流配送相结合的道路。

五、大力加强食品安全流通体系建设

13.把好食品、蔬菜市场准入关。按照“工厂化、科学化、机械化”的要求，积极推进牲畜定点屠宰；积极推行食品加工企业质量管理体系认证和食品质量安全市场准入制度，努力提升食品加工企业质量管理水平和产品质量水平；推进食品加工企业的技术改造，实施“产加销”“贸工农”一体化发展战略，发展粮食、蔬菜、肉类、水产品精深加工，培育一批有市场、有品牌、有效益的食品、蔬菜加工示范项目。

14.加强食品、蔬菜流通安全管理。建立食品、蔬菜流通质量安全防范检测网络体系，制订安全、卫生、优质农产品标准，加强食品、蔬菜安全检测技术的研究、开发和引进，完善检测手段和健全验货制度，开展食品、蔬菜质量安全检测和市场检测；建立完善食品、蔬菜流通的质量安全可追溯制和公示制，以及食品、蔬菜质量安全信息网络，形成食品、蔬菜安全预警和管理机制；严厉打击制售假冒伪劣商品的行为。

六、进一步调整商贸流通结构

15.健全完善现代企业制度。以建立现代企业制度为目标，进一步深化流通体制改革，完善企业法人治理结构和内部经营机制，形成企业决策层、经营层、执行层相互制约、有效协作的运行体系，形成充满活力、朝气蓬勃的商贸流通企业新体制。支持基础好、品牌优、竞争力强、成长性好的大公司、大集团以资产为纽带、品牌为载体，通过联合、兼并、收购等多种形式，加速规模扩张。打破地区封锁、部门和行业垄断，促进各地区各行业和各种所有制流通企业相互渗透，共同发展。对符合条件的商贸流通企业，大力推荐在国内外上市或发行债券。

16.大力发展社区商业。以方便居民生活，提高生活质量为中心，以小型网点为主，重点发展便利店，改造发展食品、日用品、餐饮、文化等各类日常生活需要的零售业和服务业，特别是大众餐厅、社区茶馆、洗衣保洁、维修服务、家政服务等现代生活服务业。鼓励连锁化经营，形成方便快捷、规范化的社区连锁经营体系。

七、依靠科技进步加快商贸流通现代化

17.不断提高商贸流通业的科技含量。充分利用现有信息网络和平台，使其成为商贸流通信息化的基本载体，加快建立包括有形市场电子交易系统、工商各营销系统企业等电子商务基础网络服务平台，努力促进商流、物流、信息流和资金流的结合。大力推广条码技术、时点销售系统、管理信息系统和电子订货系统，并逐步引进品类管理和供应链管理等现代管理技术；推广物流管理信息系统，鼓励发展人工和机械分拣组配现代化仓库，提高物流管理的现代化水平和作业的机械化、自动化程度；加快实现企业内部商务活动电子化、物流管理标准化、条码化，广泛运用信息网络技术实现连锁企业与供货商、制造商之间的电子订货、电子转帐和票证自动处理，使网络营销成为大中型流通企业营销活动的重要组成部分，全面提升商贸流通业层次。

18.加快对现代商贸流通业人才的培养和引进。研究制定我市商贸流通业人才培养和引进计划，商贸

流通企业要采取积极措施，加强对员工的培训，全面提高员工的素质。加强对商贸流通企业中高级经营管理人才和机关中知识型、专业型年轻业务骨干的选拔和培养，造就一批年富力强、既懂技术又懂经营管理的现代商贸流通专业人才。制订切实有效的政策措施，吸引国内外各类人才加盟我市商贸流通行业。

八、继续扩大商贸流通领域对外开放

19.加大商贸流通业对外开放力度。认真总结我市商业引进外资工作的经验，把吸引外资的重点放在积极引进国际和省外知名的大型连锁商业和物流企业上来，促进商贸流通业实现经营方式、营销技术和管理的创新，推动企业在对外开放和竞争中发展。鼓励有实力的企业"走出去"，积极参与国际国内市场竞争。外资商业的进入，必须符合我市城市整体发展规划和商业网点发展整体规划。凡新建大型商业网点的，应避免过度集中在中心城区，鼓励在城郊结合部、新城区、新开发区布局和发展。

九、切实加大对现代商贸流通业的扶持力度

20.建立健全市场准入机制。按照公平、公正和非歧视性原则，加快制定市场准入条件与标准，促进各种所有制经济参与商贸流通业发展；按照国家有关要求，结合我市实际，制定商贸流通业经营网点和设施建设规划，避免盲目发展、重复建设和过度竞争。

21.支持企业开展连锁经营。有关部门要进一步简化审批手续，提高工作效率。连锁经营企业办理经营资格审批和各类证照（除工商营业执照、税务登记证）手续，实行由总部向主管机关统一办理，统一年审的办法，各分店可持总部的批准文件或证照到所在地办理有关经营手续。对于跨区域经营的直营连锁企业经主管税务部门会同同级财政部门批准，可由总部向其所在地主管税务机关统一申报缴纳增值税和企业所得税。严格收费管理，规范收费行为，公开收费标准，严禁对连锁经营企业，多头检查、重复检查和乱摊派、乱收费。

22.加大市财政对商贸流通业发展投入力度。在市财政每年已安排商贸发展资金的基础上，从2004年起每年按原基数的10%增加，实行有偿投入机制，用于发展现代化商贸流通业。重点支持大型连锁经营龙头企业、批发市场、名老字号企业、现代物流企业以及电子商务等重点项目的建设及发展。各县（市）区政府要结合自身的实际情况，设立商贸发展资金，并逐年增加资金额度。

23.给予用电和用地支持。流通企业使用的大型冷藏、冷冻和各类生产加工设备，以及列入市重点扶持的大型连锁经营企业、批发市场、物流基地及配送中心用电，执行非工业、普通工业电价标准。商贸流通业自办的工业企业，享受市里扶持工业企业的相关政策。对物流、仓储企业，在用地上给予政策支持。

24.提供货物配送绿色通道。公安交通管理部门对连锁经营企业、物流配送企业已登记挂牌的送货机动车，提供市区通行、停靠的便利。在禁行区域、路段和禁止时间需要通行的车辆，可凭公安交通管理部门核发的通行证通行。新规划的临街大型商业网点，配建相应的停车设施。

25.实行资格认定制。市里重点企业资格认定和重点扶持的大型连锁龙头企业、批发市场、名老字号企业、现代物流企业以及电子商务企业的条件和认定，由市商贸局会同有关部门共同负责，每2年认定一次，实行动态管理。

十、加强对现代商贸流通业发展的领导和服务

26.切实加强领导。各级各部门要进一步解放思想，更新观念，把加快发展现代，现代商贸流通业摆上重要议事日程。各级政府的主管领导要亲自抓，各级商贸（经贸）部门要具体负责，相关部门要密切配合，为全市现代商贸流通业的发展提供坚强的组织保障。

27.不断改善管理。各级政府及有关部门要加强指导，把管理重点转移到行业规划、行业标准、产业

政策和相关法规的制定与实施上来。增强服务意识，增加办事透明度，积极为企业提供政策、法规、市场信息等咨询服务。积极扶持和发展行业协会等中介组织，完善其协调、自律、培训，以及业务咨询、企业策划、信息交流功能，充分发挥中介组织在推动行业发展和实施行业管理中的重要作用。

28.大力加强商贸流通法规和信用体系建设。加快建立健全规范市场主体和促进公平竞争的地方性法规，加大执法力度，强化监督管理，维护市场流通秩序，营造公平、公开、公正的市场环境。大力加强商业诚信体系建设，深入开展诚实守信活动，营造放心消费环境。建立健全企业信用档案，加强信用管理。大力推行“星级管理”“黄牌警告”“公开曝光”制度，规范企业商业交易行为。加强商业道德教育，把以法治市与以德治市有机结合起来。

市直有关部门和各区、县（市）要根据本决定精神，结合各自实际，抓紧制定具体的贯彻实施意见。

中共长沙市委办公厅

2003年12月22日

岳麓山风景名胜区保护条例

长沙市人民代表大会常务委员会公告2006年第19号

由长沙市第十二届人民代表大会常务委员会第三十一次会议于2006年10月27日通过，湖南省第十届人民代表大会常务委员会第二十四次会议于2006年11月30日批准，现予公布，自2007年1月1日起施行。

2006年12月12日

第一条　为保护岳麓山风景名胜区自然资源、人文资源和生态环境，根据国家《风景名胜区条例》等法律法规，结合实际，制定本条例。

第二条　岳麓山风景名胜区（以下简称风景名胜区）是国家级风景名胜区，其范围为：北至龙王港、咸嘉湖一线，南至后湖、寨子岭南缘，东至橘子洲以东湘江中心，西至桃花岭北侧山麓，总面积35.20平方公里，其中包括麓山景区（含新民学会景点）、天马山景区、橘子洲景区、桃花岭景区、石佳岭景区、寨子岭景区、后湖景区、咸嘉湖景区。麓山景区、天马山景区、橘子洲景区以及岳麓书院与牌楼口之间牌楼路两侧各30米范围为风景名胜区的核心景区。

风景名胜区及其外围保护地带的具体界限依据国务院批准的《岳麓山国家重点风景名胜区总体规划》确定。

第三条　风景名胜区的保护工作遵循科学规划、统一管理、严格保护、永续利用的原则。

第四条　市人民政府应当将风景名胜区的保护纳入国民经济和社会发展规划，多渠道筹措风景名胜区的保护资金。

第五条　市人民政府设立的岳麓山风景名胜区管理局负责风景名胜区规划的实施和风景名胜区保护、管理工作。

风景名胜区外围保护地带由所在地的区、县人民政府负责管理。

市人民政府有关行政管理部门、风景名胜区及其外围保护地带所在地的区（县）、乡（镇）政府、街道办事处应当按照各自职责，做好风景名胜资源的保护工作。

第六条　风景名胜区范围内的各单位应当保护好本单位内的风景名胜资源，服从岳麓山风景名胜区管理局对风景名胜资源的统一管理。

第七条　任何单位和个人都应当爱护风景名胜区的植被、水体、野生动物、文物古迹和各项设施，有权制止或者举报破坏风景名胜资源的行为。

对保护风景名胜区资源成绩突出的单位和个人，应当给予表彰或者奖励。

第八条　岳麓山风景名胜区管理局应当根据《岳麓山国家重点风景名胜区总体规划》编制各景区、景点的详细规划、专项规划，在广泛征求意见后，按照国家有关规定报批，并向社会公布。

总体规划、详细规划和专项规划是风景名胜区保护、利用和管理的依据，必须严格执行，不得擅自改变；确需改变的，应当按照有关规定办理。

第九条　岳麓山风景名胜区管理局应当按照风景名胜区保护范围设立界桩。

第十条　风景名胜区内的土地、森林等自然资源和房屋等财产的所有权人、使用权人的合法权益受法律保护。

市人民政府按照规划的要求，征收核心景区内的农民集体所有土地时，应当依法做好补偿安置工作。

第十一条　在风景名胜区内从事生产、经营活动必须使用清洁能源，污染物的排放等应当符合环境保护的有关规定。

第十二条　切实保护风景名胜区内的植被，加强封山育林、护林防火、防治有害生物的工作。任何单位和个人不得擅自砍伐林木，因整理林相、更新林木确需砍伐林木的，应当经岳麓山风景名胜区管理局审核，并依法办理有关手续。

岳麓山风景名胜区管理局应当对风景名胜区内的古树名木登记建档，挂牌保护。严禁砍伐或者移栽古树名木。

第十三条　严格保护风景名胜区内的古建筑、古园林、古墓葬、古遗址、碑碣石刻等文物古迹。

对岳麓书院、黄兴墓、蔡锷墓、爱晚亭、麓山寺、云麓宫、新民学会旧址、七十三军抗日阵亡将士墓、橘子洲头诗词碑、飞来石等国家、省、市重点文物保护单位和古迹应当划定具体保护范围，作出标志说明，制订保护措施。

第十四条　风景名胜区内宗教场所的修缮，应当按照风景名胜区的规划和国家规定执行，保持其历史风貌。

第十五条　风景名胜区内，应当建立健全安全保障制度，设立风景名胜区标志、路标和安全警示等标牌，改善安全、交通、消防、服务等设施和游览条件。禁止超容量接纳游客，禁止在没有安全保障的区域开展游览活动。

除景区内的环保型营运车辆、执行施工任务的车辆以及消防车、救护车等执行特殊任务的车辆外，禁止其他车辆在麓山景区和橘子洲景区内行驶。

第十六条　在已建成的景区内进行经营活动，应当由岳麓山风景名胜区管理局采用招标等公平竞争的方式确定经营者。经营者应当依法办理相关手续，并在指定的地点文明经营。

凡利用风景名胜资源进行经营活动的单位和个人，应当按照有关规定缴纳风景名胜资源有偿使用费。

第十七条　风景名胜区内禁止下列行为：

（一）违反规划设立开发区、度假区；

（二）修建破坏景观、污染环境、妨碍游览的工程项目；

（三）破坏岳麓山、凤凰山、天马山、牛形山、桃花岭、寨子岭、金牛岭、石佳岭、扇子山等山岭的地形地貌；

（四）填塞或者污染桃子湖、咸嘉湖、后湖、顺塘水库；

（五）开山、采石、采矿、取土、烧窑、葬坟和修墓；

（六）损坏文物古迹、园林景观；

（七）在禁火区内吸烟、野炊、烧香点烛、燃放烟花爆竹；

（八）损毁或者擅自移动界桩；

（九）其他破坏风景名胜资源的行为。

第十八条　核心景区内除遵守第十七条规定外，还禁止下列行为：

（一）建设宾馆、招待所、培训中心、疗养院以及与风景名胜资源保护无关的其他建（构）筑物；

（二）开设经营性餐馆（从核心景区外提供成品、半成品的快餐厅除外）；

（三）新迁入住户；

（四）猎采野生动植物；

（五）在非指定地点倾倒垃圾、废弃物或者超标准排放污染物；

（六）损毁或者擅自移动标志、标牌、坐椅、垃圾箱等公共设施，刻画或者污损岩石、竹木；

（七）储存有毒、易燃、易爆物品。

第十九条　风景名胜区及其外围保护地带的建设必须符合规划要求。建（构）筑物的布局、高度、体量、造型和色彩等应当与周围景观和环境相协调。

已建成的建（构）筑物，破坏景观、妨碍风景名胜资源保护的，应当按照规划的要求依法搬迁、拆除或者改作他用。

第二十条　风景名胜区及其外围保护地带内的建设项目，在规划选址阶段应当按照有关规定进行环境影响评价和地质灾害评估，并制定水土保持方案。

第二十一条　风景名胜区内的建设工程应当经风景名胜区管理局审核后，依法办理有关手续。核心景区内的建设工程应当向社会公开征求意见。建设工程竣工后，岳麓山风景名胜区管理局应当参与验收。

风景名胜区外围保护地带内的建设工程在立项时，应当征求岳麓山风景名胜区管理局的意见。

第二十二条　风景名胜区及其外围保护地带内建设工程的绿地率应当达到风景名胜区总体规划的要求。建设工程的配套绿化建设费，应当列入总投资，不得低于该项目工程费用的2%，专项用于绿化建设。

第二十三条　风景名胜区及其外围保护地带内的建设工程，建设单位和施工单位应当制定具体措施保护周围景物、水体、植被、野生动物和地形地貌；工程竣工后，应当及时清理施工现场，恢复植被。

第二十四条　个人有下列违法行为之一的，由岳麓山风景名胜区管理局责令改正并给予处罚；造成损失的，依法予以赔偿；构成犯罪的，依法追究刑事责任：

（一）违反本条例规定，不在指定地点经营，破坏景观的，可处1000元罚款；

（二）违反本条例规定，猎采野生动植物、葬坟，破坏景观、植被的，可处 2000 元罚款；

（三）违反本条例规定，损毁或者擅自移动风景名胜区界桩、标志、标牌、坐椅、垃圾箱等公共设施，在禁火区内吸烟、野炊、烧香点烛、燃放烟花爆竹，破坏景观、植被和风景名胜资源的，处 1000 元以上 10000 元以下罚款。

违反本条例规定的其他行为，依照《风景名胜区条例》等有关法律、法规处罚。

第二十五条　违反本条例规定，法律法规规定由相关行政管理部门处罚的，相关行政管理部门可以委托岳麓山风景名胜区管理局实施处罚。

第二十六条　违反风景名胜区规划在风景名胜区内设立开发区、度假区或者擅自修改风景名胜区规划的，对直接负责的主管人员和其他直接责任人员依法给予处分；构成犯罪的，依法追究刑事责任。

第二十七条　岳麓山风景名胜区管理局有下列行为之一的，由市人民政府责令改正；情节严重的，对直接负责的主管人员和其他直接责任人员给予降级或者撤职的处分；构成犯罪的，依法追究刑事责任：

（一）超过允许容量接纳游客或者在没有安全保障的区域开展游览活动的；

（二）未设置风景名胜区标志、路标和安全警示标牌的；

（三）审核同意在风景名胜区内进行不符合风景名胜区规划的建设活动的；

（四）发现违法行为不予查处的。

第二十八条　本条例自 2007 年 1 月 1 日起施行。《岳麓山风景名胜区管理办法》同时废止。

中共长沙市委 长沙市人民政府
关于加快工业园区发展的若干意见

长发〔2008〕7 号

近年来，全市工业园区不断壮大，园区经济蓬勃发展，在加速新型工业化进程中发挥了重要作用，逐步成为推动全市经济社会又好又快发展的重要力量。为适应新的形势，推进工业园区二次创业，特提出如下意见。

一、进一步优化布局

（一）明确区域规划。围绕科学发展，实行园区产业规划与城市总体规划、园区建设与新城区建设、园区功能配套与产业配套相统一，按照“三区三带”的总体构架，谋划工业园区战略发展空间。全市工业园区远景规划 450 平方千米，其中长沙高新技术产业开发区和长沙经济技术开发区各 100 平方千米，长沙国家生物产业基地 60 平方千米，金洲大道产业经济带 80 平方千米。其它工业园区根据发展需要，在落实已批控制规划的基础上，结合土地利用总体规划修编，适时启动新的调规、扩规。

（二）完善产业规划。着眼建设中部地区重要的高新技术产业和先进制造加工基地，按照注重特色、错位发展的原则，明确园区产业定位。以长沙高新技术产业开发区为龙头的西线产业带，重点发展软件及电子信息、创意文化、装备制造、新材料、基础材料加工、食品加工、服饰加工等产业；以长沙经济技术开发区为龙头的东线产业带，重点发展工程机械、电子信息、汽车及零部件、新材料、生物医药、高科技食品加工等产业；以湘江走廊为轴线的产业经济带，重点发展重化，能源、环保、现代物流和为高校配套服务的延伸产业。其它城区工业园以“高、精、清”为取向，重点发展劳动、技术密集的都市型工业。今后，凡新建和引进的项目，一般应按照产业布局规划进园区（基地、小区）发展，有关部门原则上不再审批园区外现址扩规项目。

（三）优化功能规划。正确处理工业化与城市化的关系，按照同步规划、同步建设、同步实施的原则，统筹城区与园区基础设施建设，切实解决园区建设与城区建设“两张皮”的问题。通过改造提升，逐步实现园区与城区功能对接。加快推进园区与城区两位一体发展，努力将长沙高新技术产业开发区、长沙经济技术开发区及浏阳、望城、宁乡工业园区建设成为工业新城，将五个城区工业园区建设成为功能完善、配套齐全、品位较高的现代化城市新区。

二、进一步理顺体制

（一）调整领导体制。适应市场化的发展取向，推动工业园区由政府主导向市场主导型、由开发建设型向公共服务型转变，逐步建立配置科学、权责一致、协调有力、运转高效的领导体制。在行政区划未作调整的情况下，重点是充实园区领导力量，协调园地关系。进一步加强党委对工业园区的领导，完善园区法人代表负责制。国家级开发区按照有利于委托代管的要求，逐步实行园区党（工）委书记和管委会主任与所在行政区党政一把手双向任职。具备条件的省级工业园区党（工）委书记和管委会主任原则上实行“一肩挑”，并兼任所在区县（市）委常委。

（二）完善管理体制。按照工业园区实体化经营、市场化运作、社会化管理的要求，本着“可设可不设的坚决不设，可派可不派的坚决不派”的原则，精简园区内设机构，整合部门派驻机构。部门派驻机构的人事管理以工业园区为主，其负责人的任免应事前征得所驻园区认可。有关部门要按照“放权、放活”的要求，充分授权派驻机构或园区相关职能机构，确保规划、报建等审批手续在园区内及时办结。市及县（市）政务服务中心要加强园区服务窗口建设，高效率做好相关服务工作。支持国家级开发区通过托管、共建等方式，以区带镇、以区带园、以区带基地，实现有序扩张。

（三）健全财税体制。坚持谁投资、谁服务、谁受益，激发各方面支持企业发展、培植新兴财源的积极性。长沙高新技术产业开发区（含政策区）原有企业税收征管及财税体制维持不变、其它园区应参照市财政与长沙高新技术产业开发区财税体制，进一步理顺财税关系，不断增强园区财政积累和自我发展能力在现行政策条件下，今后三年，对省级及省级以上的工业园区土地开发过程中产生的出让金和土地增值费，按《长沙市人民政府办公厅关于建立征地拆迁补偿调节专项资金制度等事项的通知》（长政办发〔2006〕4号）和《长沙市财政局长沙市国土资源局关于印发《长沙市国有土地有偿使用收入财务管理暂行办法补充规定》的通知偿调节专项资金制度等事项的通知》（长政办发〔2006〕4号）和《长沙市财政局长沙市国土资源局关于印发〈长沙市 国有土地有偿使用收入财务管理暂行办法补充规定〉的通知》（长国土资政发〔2006〕111号）精神，市财政所得财力部分，由市财政专项安排给园区用于基础设施建设。对落户于长沙高新技术产业开发区的企业和落户于城区省级以上园区且符合产业规划的高新技术企业，建设工程报建费（包括城市基础设施配套费）超出42元/平方米的部分由市财政通过园区返还企业。

三、进一步创新机制

（一）改革劳动人事分配机制。加快推进园区干部职工由身份管理向岗位管理转变，建立能上能下、能进能出的用人用工机制。公开选拔懂经济、善管理、会招商的优秀人才充实和优化园区领导班子。大力推行全员聘用制，鼓励园区领导干部竞聘上岗，营造有利于优秀人才脱颖而出的用人环境。区别园区不同发展状况，合理确定园区干部职工收入分配总体水平。允许园区拥有充分的收入分配自主权，实行岗位工资制、年薪制和绩效工资制，适当拉开个人收入差距，给予特殊人才特殊待遇、特殊贡献者特殊奖励，充分调动园区干部职工的积极性和创造性。

（二）完善自我发展机制。面向市场和社会，创新园区投融资机制，实现园区自主投入，自主经营，自我发展。通过培育上市企业、引进风险投资机构和战略投资者等途径，吸纳社会资本投入园区建设。引导工业园区盘活现有资产，支持园区建设开发公司上市融资；整合园区资源，采取发行建设债券、信托集合资金等方式扩大融资规模。鼓励工业园区增加经营性收入，通过自我积累提升发展实力。建立健全园区自我偿债机制，适当增加园区规划内产业配套服务用地比重，其处置收益全部用于园区基础设施建设、化解历史债务和平衡工业用地成本倒挂。

（三）建立和完善考核机制。设立市工业园区发展指导办公室，主要负责工业园区产业布局协调、重大项目引进、政策落实和工作考核。建立区别于区县（市）的绩效考核体系，实行工业园区分类考核，重点考核经济总量、用地状况、投资强度、基础建设、产业发展、创新能力、节能降耗、环境保护和服务质量等。考核结果作为对工业园区工作综合评价和干部使用的重要依据。对未能完成市委、市政府下达工作任务、年度考核排名末位的园区给予黄牌警告，连续两年考核排名末位的园区主要负责人实行末位淘汰。

四、进一步改善环境

（一）强化产业扶持。市政府每年从工业发展资金中切块50%，从“科技三项经费”中切块30%，建立工业园区发展引导资金，用于工业园区引大引强、技改项目贴息、创业孵化、科研成果转化等。对入驻工业园区固定资产投资达到10亿元或产出过20亿元的企业，自投产之日起3年内企业所得税地方留成部分奖励企业所在工业园区，再由工业园区以基础设施建设、科技扶持资金或合同协定等形式支持企业；对其它重点项目，优先列入市级贴息计划，补助新产品开发费用；对技改类投资项目，给予一定比例的财政贷款贴息。加快淘汰高能耗、高污染、投入产出效益低的落后生产设备、生产工艺和生产能力。

（二）破解用地瓶颈。支持工业园区建立土地储备制度，允许重点工业园区滚动储备一定数量的存量土地。统筹全市用地指标，市、县（市）用地指标重点保障工业园区项目用地，积极争取国家级开发区用地指标省级单列。严禁违规改变用地性质。对逾期未开工建设的闲置土地和倒闭企业闲置厂房占地依法进行处置。坚持集约节约用地，严格执行土地投资强度的有关规定，科学控制非生产性辅助设施用地规模。鼓励开发商进入标准工业厂房建设领域，建设项目视同高新技术项目，享受同等优惠政策。引导企业充分利用立体空间，新建轻工类厂房应在两层以上，其他配套类建筑必须达到多层。

（三）推进项目建设。国家级开发区每年力争引进3个以上投资过10亿元或产出过20亿元的大工业项目，其他省级园区每年力争引进2个以上投资过5亿元或产出过10亿元的工业项目。建立招商引资联动机制，鼓励园区与园区之间、园区与乡镇之间互相推荐招商项目，实行税收共享、建立重大招商项目协调制度，切实纠正不按规程操作的无序化竞争。落实项目责任制，意向项目着力抓签约，签约项目着力抓落地，落地项目着力抓投产。市政府将园区重点基础设施建设纳入重点工程项目笼子，每年安排20%的城市建设资金投入园区重点基础设施项目建设。

（四）提升服务水平。清理行政审批事项，降低行政收费标准，减少行政审批环节，简化行政审批手续。全面推行委托代理制、限（即）时办结制、并联审批制，完善“一站式”办公、“一条龙”服务。

对重特大项目，实行“一事一议”，特事特办。严格落实行政问责制度，凡因办事效率低下、服务工作不力造成项目流失或严重影响的，严肃追究相关单位及责任人的责任。加强园区与纪检部门的工作衔接，争取国家级开发区全部列入省纪委挂牌监督保护名录，省级工业园区全部实行市纪委挂牌监督保护。落实企业首错免罚制，部门入园检查应提前告知园区管委会和检查对象，严禁对同类问题进行多头、重复检查。适应园区服务社会化发展趋势，引导发展行业协会、商会等自律组织，鼓励发展各类中介服务组织，健全园区科技创新、技术服务、科技成果转化和创业发展融资等公共服务平台。

中共长沙委办公厅

2008 年 4 月 11 日

中共长沙市委 长沙市人民政府
关于推进国际文化名城建设的意见

长发〔2011〕29 号

为深入贯彻党的十七届六中全会精神和省委加快建设文化强省的要求，认真落实我市“实施城市国际化战略、加快城市国际化进程”的部署，推动长沙文化大发展大繁荣，提升长沙文化国际化水平，现就推进国际文化名城建设提出如下意见：

一、充分认识推进国际文化名城建设的重大意义

党的十七届六中全会立足中国特色社会主义事业发展全局，就推动社会主义文化大发展大繁荣、兴起社会主义文化建设新高潮、建设社会主义文化强国作出了新部署，我国文化改革发展进入了新阶段。湖南省第十次党代会作出了推动文化大发展大繁荣，加快建设文化强省的重大决策。建设国际文化名城，是市委、市政府全面贯彻落实党的十七届六中全会精神和省第十次党代会精神，抢抓战略机遇，提升城市软实力和国际竞争力、影响力的战略部署。全市各级各部门要以高度的文化自觉与坚定的文化自信，形成推进国际文化名城建设的广泛共识。

(一) 推进国际文化名城建设，是提升城市形象的迫切要求。文化保存城市记忆、展示城市风貌、决定城市品质，是城市发展的核心要素和城市形象展示的重要载体。长沙作为全国首批 24 座历史文化名城之一，作为中部地区具有重要影响的省会城市和中心城市，保持和发挥文化特色和比较优势，必须始终坚持以文化形象的提升来推动城市形象的提升，以文化形象的国际化来推动城市形象的国际化，不断扩大知名度和影响力。

(二) 推进国际文化名城建设，是参与国际竞争的战略举措。城市的文化符号、文化元素、文化经济和文化品牌，是城市软实力的集中反映。当今世界，经济全球化、经济一体化深入发展，城市软实力竞争日趋激烈。长沙要从“中国的长沙”成为“世界的长沙”，必须顺应时代大潮，紧紧抓住和用好我国文化大发展大繁荣的重大战略机遇期，牢牢把握好文化发展规律，大力推进国际文化名城建设，进一步兴起文化建设新高潮，以先进文化引领城市又好又快率先发展，抢占世界城市发展的制高点和竞争的主动权。

（三）推进国际文化名城建设，是推进科学发展的必然选择。没有文化的繁荣发展，就没有城市的繁荣发展。加快产业高端化进程、提高城市国际化水平、推进城乡一体化发展、创新发展两型化模式、加强城市法治化管理，率先建成两型城市和实现全面小康的新形势新任务，迫切需要文化的提振、引领和支撑。文化决定城市的创造活力，没有文化的凝聚和支撑，“五化一率先”就失去了智力基础和动力源泉。在社会转型、矛盾凸显、利益多元的背景下，缺乏文化支撑和精神引领，社会就不会有和谐与安定。文化是人民群众的精神需求，特别是在经济发展到一定程度后，没有文化的大发展大繁荣，就不会有更高意义上的民生改善和生活质量提升。为此，必须把国际文化名城建设作为实现长沙科学发展的重要支撑，坚定不移地加以推进。

（四）推进国际文化名城建设，是增强文化自觉的实践途径。长沙人民历来具有强烈的文化自觉、文化自信和文化自强意识，以“心忧天下，敢为人先”的精神，创造出了深厚辉煌的历史文化和影响广泛的现代文化。但是，我们必须清醒地认识到，推进国际文化名城建设是长沙文化国际化发展的大整合、大转型、大跨越，起点更高，难度更大。如何把软实力变为硬任务，在全社会形成加快文化发展的普遍共识；如何充分发挥文化滋润心灵、陶冶情操的作用，提高市民素质；如何更好地保护城市历史文化遗存，展现千年古城风彩；如何建设城市文化载体，形成浓郁的文化氛围；如何进一步深化文化体制改革，增强文化发展活力；如何打造具有国际水准的精品力作，全面提升文化的品牌度、外向度和辐射力；如何推动文化创意经济快速发展，培育新兴业态，延伸产业链条；如何加强人才培养和引进，建设与国际文化名城相适应的宏大人才队伍，都需要我们在实践中不断探索。全市各级各部门和广大人民群众要以高度的自我觉醒、自我担当和自我进取精神，解放思想，乘势而上，奋力推进国际文化名城建设。

二、准确把握推进国际文化名城建设的总体要求

（一）指导思想

高举中国特色社会主义伟大旗帜，以马克思列宁主义、毛泽东思想、邓小平理论和“三个代表”重要思想为指导， 深入贯彻落实科学发展观，坚持社会主义先进文化前进方 向，以科学发展为主题，以建设社会主义核心价值体系为根 本任务，以满足人民群众精神文化需求为出发点和落脚点， 以改革创新为动力，进一步兴起文化建设新高潮，全面提升 城市文化品位，充分彰显湖湘文化气质，显著增强文化软实 力和国际影响力，推动长沙文化大发展大繁荣，努力建设国 际文化名城。

（二）主要目标

坚持实施文化强市战略，大力弘扬“心忧天下，敢为人先”精神，突出国际文化形象基地、国际文化创意基地、国际文化旅游基地、国际文化交流基地、国际文化娱乐基地和国际文化人才基地建设，加快推进长株潭城市群文化改革发展实验区建设，到2015年，全市公益文化事业建设水平明显提高，现代文化产业体系更加健全，文化科学发展体制机制更加完善，把长沙建设成为文化事业繁荣、文化产业兴旺、文化体制完善、文化设施先进、文化氛围浓厚、在国内具有领先优势的文化强市；到2020年，形成与全面小康社会相适应的文化大繁荣大发展新格局，基本建成具有深刻历史内涵、崇高精神追求、强大文化实力和广泛国际影响的文化名城。主要实现以下目标：

——公民素质不断提升。建设中国特色社会主义的共同理想和精神支柱在全市人民中更加牢固树立，公民道德规范普遍确立，诚信意识、知识水平和审美能力跃上新台阶，社会风尚更加文明健康，社会文化生活更加丰富多彩，人民思想道德素质和科学文化素质全面提高。

——楚汉名城风貌彰显。湖湘优秀传统文化遗产得到充分发掘、保护和利用，国家历史文化名城品

牌形成国际影响，城市文化景观、文化标识具有国际水平，千年古都风采和山水洲城特色更加凸显。

——公共文化普惠于民。公共文化服务体系全面覆盖，公共图书馆、文化馆、美术馆、博物馆等文化硬件和人均藏书、人均每年观看电影、演出、参与文化活动等主要指标有明显提高，成为国内一流的公共文化服务体系示范区。

——文化精品走向世界。文学、艺术、哲学、社会科学等日益繁荣，适应人民需要的文化产品更加丰富，具有民族特色、世界影响的精品力作不断涌现。烟花、湘绣、动漫、影视、娱乐等领域涌现一批世界名牌产品。

——文化创意经济崛起。文化与科技、金融、贸易、信息、旅游等融合发展，涌现一批具有国际水平的文化创意新业态和拥有自主知识产权的新品牌；文化创意产业体系更加健全，文化产品和要素在国际国内两个市场合理有序流动，涌现一批具有国际核心竞争力的大型文化企业。

——文化交流日趋频繁。国际文化交流渠道进一步拓展，具有国际影响的文化节会、文化活动和体育赛事争相举办；城乡文化氛围更加浓厚，国际文化机构交流频繁；文化旅游吸引力日益增强，成为境外人士赴我国中部城市文化旅游的首选目的地。

——文化人才高度聚集。城市主题文化的号召力、凝聚力、向心力明显增强，一批享有国际声誉的文化名人和文学艺术大师汇聚长沙，文化高端人才和领军人物不断涌现，基层文化队伍充实稳定，文化创造活力持续迸发。

三、切实明确国际文化名城建设的重点任务

(一) 塑造国际化的文化形象。大力弘扬中华文化传统，凸显湖湘文化主题，形成与国际文化名城相适应的城市品质。

大力建设城市精神家园。坚持把社会主义核心价值体系贯穿于经济社会发展、国民教育和精神文明建设的全过程，加强社会公德、职业道德、家庭美德、个人品德及未成年思想道德建设，培育“爱国、守法、诚信、知礼”的现代公民。发挥雷锋故乡优势，突出载体、形式和机制创新，推动学雷锋活动时代化、常态化、群众化，打造具有长沙特色和国际影响的道德实践品牌。依托博物馆、纪念馆、文化园、名人故居和伟人故里等载体，把心忧天下、敢为人先、经世致用、兼收并蓄等湖湘文化精华融入经济社会发展的生动实践，让人们高度认同并自觉践行。加强国际语言环境和人文环境建设，组织市民学习外语、学习文明规则、学习国际礼仪，提高国际化素养。实施市民教育工程、素质提升工程和艺术普及工程，形成市民热爱文学艺术、参与文化活动的良好氛围。建设以“文明礼貌、助人为乐、爱护公物、保护环境、遵纪守法”为主要内容的公共文明，引导市民养成文明举止、维护公共秩序。

充分展示城市文化风貌。擦亮国家历史文化名城品牌， 加大对革命事迹、名人遗迹、考古遗址、工业遗产、宗教文物、涉外文物和近现代建筑的保护力度，进一步彰显长沙历史风貌。严格执行《长沙市历史文化名城保护规划》，建立“历史文化名城、历史文化街区、文物保护单位”三个层次的保护体系，浓厚城市历史文化氛围。完善各级非物质文化遗产保护基础设施，大力扶持非物质文化遗产项目代表性传承人，推动湘剧、花鼓戏、弹词等传承发展。保护和利用城区商业老街、“老字号”，扩充具有长沙特色的“文化资本”。鼓励企事业单位兴办民俗、科技类等行业博物馆；鼓励高等院校和科研机构建立博物馆、标本馆；鼓励当代著名艺术家、文物收藏家利用历史建筑或新辟设立博物馆和陈列馆。整体保护“山、水、洲、城”的环境格局，实现自然与人文景观的交相辉映。以强烈的文化意识规划、建设和管理城市，把文化元素融入城市各个细节，塑造具有浓郁地域特色的城市形象。城市建筑设计要体现文化内

涵，形成具有湖湘特色的整体建筑风格。城市配套设施建设要彰显文化品位，精心设计园林、广场、街道、招牌、广告和灯光等景观系统和环境系统。

精心打造城市文化标识。坚持湖湘文化引领，构建独特的城市理念、视觉和行为识别系统，实现长沙城市标识的个性化、特色化。精心规划建设马王堆汉文化园、定王台楚汉文化街区、长沙汉王陵国家考古遗址公园、铜官窑国家考古遗址公园、炭河里国家考古遗址公园，以及天心阁、花明楼、文家市等标志性历史文化景观群和精品文化旅游区，申报2~3个国家AAAAA级景区和世界文化遗产；规划建设好梅溪湖国际文化交流中心，积极开展大型国际学术研讨交流活动；策划组织一系列“汉文化”主题文化活动，在全球打响“中国汉文化在长沙”的品牌。精心规划沿湘江文化产业带，加快建设博物馆、图书馆、音乐厅等具有国际水准的标志性设施，把湘江沿岸建设为国内外闻名的文化走廊。深入挖掘烟花、湘绣文化内涵，通过文艺创作、影视展播等方式进一步打响品牌，通过科技创新、经营创新、服务创新不断提升国际化水平，使之真正成为长沙引以自豪的的闪亮名片。

（二）构建国际化的文化载体。深入挖掘特色文化资源，集中展示文化形态和文化元素，增强国际文化名城的视觉感受。

构建历史文化载体。充分挖掘坡子街、太平街、潮宗街、化龙池和贾谊故居等历史文化资源，精心打造中央文化景观区；以岳麓山、橘子洲、天心阁为轴线，精心规划、整建和集中展示长沙历史文化精粹的城市景观轴，再现岳麓书院“千年学府”风采；精心规划建设靖港、乔口、铜官、新康、开慧、沙坪、灰汤、枭梨等一批文化名镇，彰显长沙深厚的历史文化底蕴。

构建名人文化载体。遵循开发利用名人、名作、名景、名山、名水、名城的规律，用名人资源传承发展湖湘文化。依托各种文化载体，把屈原、贾谊、朱熹、张栻、曾国藩、左宗棠、黄兴、蔡锷、谭嗣同、毛泽东、刘少奇、胡耀邦、雷锋、袁隆平等名人形象推向世界，提升长沙作为“伟人故里”的国际影响力。依托岳麓山高标准建设“辛亥革命人物纪念馆”“抗日战争历史纪念馆”，打造全国知名的爱国主义教育基地和红色旅游基地。依托橘子洲、湖南第一师范、清水塘等文化遗存，打造“毛泽东成长之路”红色文化品牌。改造提质雷锋纪念馆，使之成为“世界好人”的道德圣殿。规划建设明代吉王陵园遗址公园，展示古长沙的繁华与富庶。在城市重要节点树立一批湖湘名人雕塑，形成名人文化的浓厚氛围。建设“红色文化园”“湖湘名人文化园”等新载体，彰显长沙“革命圣城”“楚汉名城”的规模效应。

构建生态文化载体。以岳麓山为核心，依托道吾山、大围山、黑麋峰、沩山等生态资源，建设休闲旅游胜地，充分彰显“山”的秀美。以湘江为主轴，融合浏阳河风光带、圭塘河风光带、梅溪湖国际服务中心、西湖文化园、松雅湖和洋湖垸湿地公园，打造文化街区和文化园区，充分释放“水”的魅力。以橘子洲为主体，在现有硬件设施中开发展览、交流、实景演出等文化软件，并与月亮岛、傅家洲、柳叶洲串成一线，规划建设城市文化综合体，充分体现“洲”的特色。以长沙悠久历史和厚重文化为依托，在各历史遗迹，旧址、学校、广场、机场、车站以及主干道两厢建设一批蕴含文化、充满活力、富有美感的雕塑和园林小品，充分展示“城”的风采。

构建娱乐文化载体。借助湖南卫视和长沙广电优势文化资源，规划建设国际影视制作基地和影视主题公园。利用虹猫、蓝猫、山猫等卡通形象，设计具有长沙特色的城市雕塑和城市景观，规划建设国际动漫主题公园和城市雕塑公园。提升歌厅、酒吧的规模和档次，建设国际文化娱乐中心。利用灰汤温泉等优势资源，建立国际养生、保健、休闲基地，引导保健、养生、休闲产业向高端化、专业化、品牌化发展。依托湘菜的独特文化元素，引导湘菜产业集约化、品牌化发展。

(三) 繁荣国际化的文化事业。围绕满足人民群众多层次、多样化的精神文化需求，以国际视野推进文化事业大繁荣，提供丰富的文化产品和文化服务，更好地保障人民群众的基本文化权益。

推动哲学社会科学创新发展。瞄准国际国内理论前沿，大力发展哲学社会科学，初步构建起具有国际视野、长沙特色的哲学社会科学创新体系，推出一批在全国有影响的标志性研究成果。加强历史文化研究，发挥高校、科研机构、地方志、档案馆和文史馆等部门的作用，初步形成以湖湘名人文化为代表的全国学术研究中心。加强与国内外学术交流合作，设立湖湘学术论坛，构建具有国际影响的哲学社会科学学术交流平台。加强对重要学术著作、重点学术刊物、重大理论课题等的资助和扶持，形成鼓励理论创新的导向。

积极构建国际传媒体系。充分发挥主流媒体的主渠道作用，形成资讯发达、方便快捷、功能互补、管理有序的信息传播新格局。合力培育至少 1 个世界知名的大学或研究机构，1 家以上具有国际影响力的现代传媒集团。支持湖南卫视、红网、华声在线等省属媒体加快国际化步伐。支持长沙晚报报业集团、长沙广播电视集团等传媒集团跨地域、跨国界发展，加快“走出去”步伐。支持星辰在线等重点网站开展技术、资本运作，增强对外传播力和影响力。积极发展手机网站、手机电视、移动电视、网络广播、网络电视等新兴传播载体。加强和改进新闻舆论工作，发展积极健康向上的网络文化。

打造具有国际水平的文艺精品。培育一批具有国际影响力的艺术大师，创作一批国内领衔、国际领先的文艺精品，把长沙建设成为优秀文艺作品的重要原创基地。积极参与各类国际国内文化节会，在文学、戏剧、曲艺、音乐、舞蹈、书法、美术、摄影、电影、电视剧等领域，打造国际文化品牌。推进重点影视创作工程、舞台艺术精品工程、重点图书出版工程和重点美术创作工程，为人民群众提供更多更好的精神食粮。

率先建成国内一流的公共文化服务体系。建立覆盖城乡、结构合理、功能健全、实用高效的公共文化服务体系，全面提升公共文化服务的覆盖面、均等化和满意度，创建国内一流的公共文化服务体系示范区。构建普惠化的活动体系，深入推进广播电视户户通工程、文化信息资源共享工程、乡镇综合文化站和基层文化阵地建设工程、农村电影放映工程、农家书屋工程等文化惠民工程，深入开展“千团百佳”、好戏天天演等群众性文化活动。构建网络化的设施体系，形成市、区县 (市)、街道 (乡镇)、社区 (村) 四级文化设施网络，精心打造文化遗址景观群、红色文化景观群和特色文化街镇群。着力构建多样化的供给体系，坚持送文化、种文化、养文化并举，为人民群众提供更多更好的精神食粮。构建综合化的保障体系，完善考核、评价、激励、联动机制，调动全市各级各部门建设文化基础设施的积极性。着力构建多元化的人才体系，加快培养造就德才兼备、锐意创新、结构合理、规模宏大的公共文化人才队伍。

(四) 壮大国际化的文化产业。把握国际文化发展趋势，加大文化引领和文化推动力度，加快推进长株潭城市群文 化改革发展实验区建设，实现文化创意产业跨越式发展。

强化文化创意融合。坚持把文化创意作为转变经济发展方式的动力引擎，加速文化创意与科技、商贸、旅游的深度融合，实现由做产品到做文化、由“长沙制造”到“长沙创造”的转变。树立“创意为王”理念，丰富各类产品的文化内涵和文化价值，提升装备工业、材料工业、汽车工业和食品工业的文化附加值。增加服务业的文化元素，提升店牌、商标的创意成分，培育一批特色商业文化街。深度挖掘旅游业的文化内涵，实现观光游、休闲游、体验游的复合型发展，设计生产一批具有国际水平的文化旅游产品。

推动文化产业转型升级。围绕聚集发展、高端发展和创新发展，巩固壮大影视传媒、演艺娱乐、动漫游戏、新闻出版、文化旅游、文博会展、教育咨询、民间工艺产业，大力发展创意设计、数字资讯产业，形成以十大主导产业为主体的文化产业集群。实施科技带动战略，推动文化与金融、贸易、信息等融合发展，催生新项目、新品牌。培育文化创意产业新业态和产业链，突出在工业设计、建筑设计、咨询服务、广告会展、网络信息等细分领域取得突破。优化文化产业布局，充分发挥各区县市地域文化及资源优势，加强文化产业基地规划和建设，重点培育麓谷国家动漫游戏产业振兴基地、天心国家文化产业试验园、中南国家数字出版基地、锦绣潇湘文化创意产业园、青竹湖文化创意产业园、湖南湘绣城、沙坪湘绣产业园、黄花印刷科技产业基地等20个左右大型文化创意产业集聚区，不断提高文化产业规模化、集约化、专业化水平。到2020年，文化创意产业达到全国一流水平。

激活文化市场主体。按照创新体制、转换机制、面向市场、增强活力的要求，抓住关键环节和重点领域，深化文化行政管理体制改革、国有经营性文化单位改革和公益性文化单位内部机制改革。引导社会资本以各种形式投资文化产业，参与国有经营性文化单位转企改制，参与重大文化产业项目实施和文化园区建设，引进一批实力强大的战略投资者进入文化领域，扶持一批产值过50亿元、100亿元的大型骨干文化企业，创造条件促进中小文化企业不断成长。支持长沙晚报集团、长沙广电集团打造成为具有全国乃至世界影响的现代全媒体传媒集团。以建立现代企业制度为核心目标，加快文化企业公司制股份制改造，鼓励和支持条件成熟 的文化企业上市融资发展。

健全文化市场体系。建立具有国际水准的文化经纪、评估、推介、交易等中介机构，促进文化产品和要素在国际国内两个市场合理有序流动。围绕建设国际文化娱乐基地，搭建平台载体，创新商业模式，拓展艺术培训、文化旅游、休闲娱乐等文化消费市场。发挥省会的交通、信息等优势，建立集代理、采购、仓储、运输、结算功能于一体的现代营销系统，使长沙成为全国重要的出版物、影视音像、动漫游戏等文化产品的交易中心。加大文化电子商务体系建设，鼓励和培育网络游戏、网上书店、网络视频、网络购物等文化消费新模式。加强知识产权保护，强化文化市场管理，切实维护确保国家文化安全的市场秩序。精心打造文化品牌，积极开拓国际市场，鼓励文化创意产品和文化服务出口，扩大动漫、红瓷、湘绣、烟花等产品和服务外包在国际市场的占有份额。

（五）拓展国际化的文化交流。坚持立足长沙、放眼世界，形成湖湘文化与国际文化的互动交融，不断提升城市知名度和美誉度。

借助文化名人开展交流。对外积极推介湖湘名人，大力引进国际文化名人，建设世界一流的名人文化园、名人工作室、名人俱乐部，把各类文化名人吸引到长沙；积极借鉴国外先进的发展理念和发展经验，充分发挥名人效应，吸引国内外的文化资金、技术和项目。依托国际文化名人开展多层次、宽领域的文化交流活动，聚合放大长沙文化的国际传播效应。

依托文化活动开展交流。把文化“走出去”与“引进来”紧密结合起来，制订并实施“长沙对外文化交流与合作计划”“与友好城市建立文化交流与合作计划”，在国外举办“长沙文化周”“长沙文化展”等国际文化活动，推动长 沙对外文化交流常态化。通过政府传播、媒体传播和活动传播等途径，开展以文化为核心的城市营销，树立长沙城市品牌形象。聘请国际专业机构，对城市文化形象推广做出高水平、全方位、可操作的整体策划。加强同国际传媒的联系与合作，利用国际主流媒体的影响力，提升长沙国际知名度。

举办文化盛会开展交流。进一步提升“浏阳国际烟花文化节”等商业节会的层级、规模、档次，办成“世界的盛会、长沙的名片、企业的舞台、市民的节日”。办好中国（长沙）橘子洲国际音乐节、环湘江自行车赛等，创办一批具有国际影响的节会和赛事活动。积极申办中国（长沙）手机文化产业国际博览会。支持办好金鹰电视艺术节、“汉语桥”世界大学生中文比赛、长沙动漫游戏展等，努力把长沙建设成为开放包容、互动共生的国际文化交流基地。鼓励社会力量举办“艺术长沙”等重大文化交流活动。

(六) 培育国际化的文化人才。坚持把人才战略作为核心战略，遵循文化人才成长基本规律，统筹规划，长期坚持，建设与国际文化名城相适应的宏大文化人才队伍。

实施国际文化人才引进工程。围绕长沙文化发展需求，实施领军人才引进计划、海外人才创业服务计划，重点引进一批音乐、美术、歌舞、影视、动漫等方面国际文化高端人才。打破身份、资历、行业和地域限制，多渠道吸收国内外优秀文化人才向长沙文化领域聚集。鼓励文化行业以岗位聘用、项目聘任、兼职、定期服务等多种形式引进或使用高端人才及其团队。

实施国际文化人才培养工程。建设具有国际水平的经纪人、制作人、企业家和管理者队伍，造就高层次、高素质文化人才群体。到2020年，选拔培育50名在国内外有影响的文化名家和文化领军人物。采取继续教育、挂职锻炼、跟班学习、境外培训等形式，加紧培养复合型人才、创新型人才和国际化人才。建立全市文化人才储备库。重点做好社科理论、文学艺术、新闻出版、广播电视、专门技术、经营管理等领域的优秀专业人才培养工作，努力造就一批对文化不断追求和执着探索的中坚力量。

实施国际文化人才展示工程。从文学、艺术、体育、旅游等方面入手，聘请国内外文化名人做长沙的城市形象大使。实施更为开放灵活的柔性引才战略，拓宽“不求所有，但求所用”的引才思路，提供各种便利，吸引国际文化大家、国际高端文化人才和国内文化大师、文化创意家、著名专家学者来长沙担任文艺顾问、客座教授，进行访问旅居、品牌注入、项目合作、创作生产等活动，不断扩大城市文化影响力。

实施国际文化人才基础工程。切实加强乡镇、街道、社区、村组等基层文化队伍建设，为人民群众提供优质文化服务。重视发现和培养扎根基层的乡土文化能人、民间民族文化传承人，鼓励和支持群众中涌现的各类文化人才和文化活动积极分子，促进他们健康成长、发挥作用。

四、着力强化推进国际文化名城建设的保障措施

从组织领导、机制创新、政策配套等多方面入手，为推进国际文化名城建设提供强有力的保障。

(一) 切实加强领导。市委、市政府成立推进国际文化名城建设委员会，设立国际文化名城建设顾问团。各级党委 和政府要把推进国际文化名城建设摆在全局工作重要位置，与经济社会发展一同研究部署、一同组织实施、一同督促检查。把文化改革发展成效纳入科学发展考核评价体系，作为衡量领导班子和领导干部工作业绩的重要依据。建立健全文化体制改革和文化产业发展领导机构，加强工作协调和督促检查。各级领导干部要高度重视并切实抓好国际文化名城建设，加强文化理论学习和文化问题研究，提高文化素养，努力成为领导文化建设的行家里手。把文化建设内容纳入干部培训计划和各级党校、行政学院、干部学院教学 体系。

(二) 形成推进合力。建立健全党委统一领导、党政齐抓共管、宣传部门组织协调、有关部门分工负责、社会力量积极参与的工作体制和工作格局，形成推进国际文化名城建设的强大合力。宣传文化战线要自觉落实文化改革发展目标任务，发挥国际文化名城建设主力军作用。人大、政协要认真履行职能，调动各部门积极性。各民主党派、无党派人士和人民团体要发挥作用，共同推进国际文化名城建设。注重发挥省会城市优势，整合省会文化资源，建立省市文化单位、文化企业、文化项目、文化园区和文化人才协调合作的联动机制，形成省市共同建设国际文化名城的良好局面。支持人民群众依法兴办文化团

体，精心培育植根群众、服务群众的文化载体和文化样式。及时总结来自群众、生动鲜活的文化创新经验，让全市人民的文化创造活力得到充分发挥。

(三) 坚持规划先行。强化推进国际文化名城建设的规划意识，组织文化专家参与城市总体规划的修编。高标准制定城市文化建设发展专项规划，与城市总体规划、控制性详 细规划、土地利用规划、产业发展规划有机衔接，确保城市重点文化建设项目和标志性文化工程的用地优先安排。将公共文化基础设施建设纳入城市建设的总体布局，按照谁开发、谁负责的原则，由项目开发主体与社区办公用房、学校等一并配套。

(四) 注重改革创新。强化体制机制创新。继续深化文化行政管理体制改革，强化政策调节、市场监管、社会管理、公共服务职能，推动政企分开、政事分开、管办分离，理顺政府和文化企事业单位关系；加快推进国有文艺院团、非时政类报刊出版单位、新闻网站、广电网络传输机构、电影发行放映单位等经营国有文化单位转企改制步伐，培育合格市场主体。强化内容创新。坚持内容为王、创意制胜，大力推动文化艺术表现形式、方法和手段创新，不断创造新的文化样式，催生新的文化业态。加大对文化产品的创作生产的引导力度，积极培育自主知识产权和商端文化品牌。强化科技创新。充分发挥高等院校和科研院所的作用，建立健全以企业为主体、以市场为导向、产学研相结合的文化技术创新体系。依托数字技术、网络技术、新型显示技术、虚拟现实技术，改造湘绣、烟花、演艺、印刷复制等传统产业，培育电子商务、数字内容、创意设计、文化软件、新媒体及文化信息服务等新兴业态，不断提升长沙文化的国际竞争力。

(五) 实施项目带动。坚持以项目为支撑，建设 100 个左右重大基础性、标志性和战略性文化项目，文化总投入达到 1000 亿元以上。以世界眼光策划和运作重大文化项目,创新投融资机制，从全球范围内引进若干战略投资者，打造推进国际文化名城建设的坚实载体。强化责任制和执行力，把文化项目与工业项目、商业项目同等对待、共同铺排、协同推进。全市每年落实 10 个以上的重大文化项目建设，各区县 (市) 每年落实建设 2 个以上重大文化项目建设，并确保落地见效。

(六) 提供政策保障。切实保证公共财政对文化建设投入的增长幅度高于财政经常性收入增长幅度，提高文化支出占财政支出比例。扩大公共财政覆盖范围，保障公共文化服务体系建设和运行。制定完善文化经济政策，支持社会组织、机构、个人捐赠和兴办公益性文化事业。加大财政、税收、金融、用地等方面对文化产业的政策扶持力度。在文化事业建设费的基础上，增加市文化事业发展专项资金；增加市文化产业引导资金额度；设立长沙市文化建设投资基金，为推进国际文化名城建设提供有力支持。制订文化人才培养和引进政策，建立在国内外具有比较优势的文化人才激励机制，形成关注、关心、关爱文化人才的浓厚氛围。各区县 (市) 也要设立相应的文化发展专项资金，制定和完善相应的政策。加快地方性文化立法进程，修订完善关于文化建设的地方性法规、政府规章和规范性文件。加强版权保护，构建知识产权法律法规体系。加大文化法制宣传力度，提高 全社会的文化法律意识。

中共长沙市委办公厅

2011 年 12 月 26 日

中共长沙市委 长沙市人民政府
关于推进农业科技创新加快农业现代化建设的意见

长发〔2012〕1号

切实做好农业农村工作，稳定发展农业生产，确保农产品有效供给，对于推动全市经济社会又好又快发展具有十分重要的意义。为推动我市农业农村经济快速健康发展，确保农业增效、农民增收、农村和谐稳定，根据《中共中央国务院关于加快推进农业科技创新持续增强农产品供给保障能力的若干意见》(中发〔2012〕1号) 和《中共湖南省委湖南省人民政府关于推进农业科技创新加快农业现代化建设的意见》(湘发〔2012〕1号)，结合我市实际，现就推进农业科技创新，加快农业现代化建设，提出如下意见。

2012年全市“三农”工作的总体要求是：深入贯彻科学发展观，认真落实中央、省委农村工作会议和我市第十二次党代会精神，大力推进城乡一体化发展和科技创新，重点发展现代农业、培训新型农民，坚持在工业化、城镇化深入发展中同步推进农业现代化，围绕强科技保发展、强生产保供给、强民生保稳定、强基础保增收，进一步加大城乡统筹力度、“三农”投入力度、基础设施建设力度和农民增收力度，使我市农业现代化和新农村建设再上新台阶。

一、强化农业综合生产能力，确保农产品市场稳定供给

1.坚定不移抓好粮食生产。继续强化粮食生产行政首长负责制，坚决遏制耕地抛荒，大力实施科技兴粮，进一步依靠科技创新提高粮食单产、品质和生产效益，确保粮食总产超过240万吨。围绕“振兴湘米”工程的顺利推进，切实加快粮食产业的提质升级，实现稳产高效的长远目标。重点扶持优质稻米龙头企业和合作社升级改造，培养两个在全国有影响力的湘米品牌。进一步抓好高档优质稻的生产，加快良种繁育基地建设。

2.狠抓菜篮子产品稳定供给。加大高标准蔬菜基地建设力度，积极推广标准化生产技术，新增标准化专业蔬菜基地2万亩，打造2~3个蔬菜新品牌。继续加快推进蔬菜“百、千、万”工程项目建设，打造连片规模基地。加大规模养殖场的建设力度，提高规模化、标准化养殖水平，推进环境友好型养殖产业的发展。强化重大动物疫病防控，及时处置突发疫情。进一步加强渔业生态环境监测和渔 业污染事故调查处理，不断强化渔政建设和管理。

3.加强农产品仓储流通。加强农产品流通设施建设，鼓励有条件的地方通过产权置换、投资入股、公建配套、回购回租等方式，建设一批鲜活农产品仓储设施和批发、零售市场。充分发挥马王堆、红星两大蔬菜批发市场和金霞粮食物流园的龙头作用，构建数量适度、结构合理、布局科学的农产品批发和零售网络。全力推进“农超对接”和冷链物流，构建较为完善的蔬菜流通体系。充分利用现代信息科技技术手段，发展农村连锁经营、电子商务等现代流 通方式，继续实施“万村千乡市场”“双百市场”“新网工程”“农村商务信息服务”和“新农村商网”等工程。引导发展大宗农产品期货市场，充分发挥引导生产、稳定市场、规避风险的作用。充分发挥供销社系统在农资流通中的主渠道作用，加大优质商品储备和供应，健全完善农资质量保障体系，不断完善农村现代流通服务网络。

二、提高农业标准化水平，加快推进都市现代农业步伐

1.加快推进农田水利建设。积极抢抓中央和省加强农田水利建设的历史机遇，加大农田水利建设资金整合与投入力度，加快推进农村“五小”水利工程及配套设施建设，改善农业生产条件。加大大中型灌区续建配套建设力度，加强大中型灌区末级渠系节水改造和田间工程配套，努力扩大有效灌溉面积，完成粮食主产区、成片的小型灌区基本农田水利设施配套改造 20 万亩，促进旱涝保收高标准农田建设。加大骨干山塘清淤扩容、农村河道综合整治力度，优先建设一批具备灌溉、调节生态等能力的高标准骨干山塘，优质完成山塘清淤扩容水面 5 万亩。引导和鼓励推广高效节水灌溉新技术、新设备，加快完成节水改造任务，加大机电排灌设施更新改造。

2.加强标准化基地建设。加大农业综合开发投入,开展农村土地整治标准工程和示范建设，按照灌排设施配套、土地平整肥沃、田间道路畅通、农田林网健全的总体要求，集中力量加快推进高产稳产的标准化良田建设。加大农地土壤肥力调查和监测工作力度，建立耕地质量动态监测和预警系统，为农民科学种田务林提供指导和服务。改革传统耕作方法，发展保护性耕作。推广测土配方施肥，推行有机肥综合利用与无害化处理，引导农民多施农家肥，增加土壤有机质。着力推进现代农业示范区建设，围绕水稻、蔬菜、茶叶、油茶、水果等优势产业，集中项目、资金和先进的生产技术及生产组织模式，重点建设单个和综合性的现代农业示范区和标准化基地，提升特色农产品的品质和生产水平。2012 年，制订农业地方标准 5 项，创建农业标准化生产基地 30 个、示范乡镇 5 个，确保标准化生和示范面积达 60 万亩以上，新发展“三品一标”农产品 30 个，加快推进油茶、楠竹、花卉苗木基地建设。加快有机农业生产技术规程的制订，在主导产业中建设 10 个有机农业生产试点基地。

3.强化农产品质量安全和品牌建设。按照创建食品安全城市的要求，强力推进农产品质量安全管理工作。推动产地环境无害化、基地建设规模化、生产过程标准化、质量控制制度化、产品流通品牌化。进一步建立完善市、县、乡三级农产品质量安全监管体系，将监管网络延伸到乡镇，切实抓好乡镇农产品质量安全监管站点建设。严格按照标准化生产的要求，规范生产基地的农业投入品使用。继续支持大型蔬菜生产基地建立农残速测室，建立和推行农产品产地准出制度，力争全市蔬菜基地农残超标率控制在 5%以内。深入开展农产品质量安全日常监测、例行监测、重金属专项检测、蔬菜农残快速检测和抽查，形成全方位的监测网络。各区县（市）要立足资源优势，选择具有地域特色和市场前景的品种作为开发重点，尽快形成有竞争力的产业体系。加大对特色农产品的保护力度，加快推行原产地等标识的认证工作，维护原产地生产经营者的合法权益。进一步加大支持力度，整合特色产品，提升地标产品，做强名牌产品。继续实施品牌奖励政策，对省级以上品牌企业在生产要素供给、财政贴息、兼并联合等方面给予政策优惠，增加对国际商标注册、地理标志产品、省级以上优质产品生产基地和龙头企业的奖励。

4.大力推进农业机械化。充分发挥农业机械集成技术、节本增效、推动规模经营的重要作用，不断拓展农机作业领域，加强农机农艺融合，提高农机服务水平。重点推进农业装备设施和新技术的推广应用、农机化教育培训、“平安农机”等工作，支持从事农作物病虫害统防统治的农机专业合作组织做大做强，力争全市农机总动力达到 540 万千瓦，水稻耕种收综合机械化水平达 70.5%，培训各类农机人员 5000 人次。深入实施农机化“510”工程，即在水稻机插秧技术推广、设施农业装备建设、农机专业服务组织建设、农机工业和农机经营五个领域各抓好 10 个示范点，以点带面促进农机化工作科学、协调、快速发展。同时，支持鼓励种养大户、农机大户、农机合作社购置大中型农机具。

三、提升农业科技创新能力，强化农业社会化服务

1.完善农业科技创新机制。明确农业科技创新方向，重点支持农产品加工、良种培育、食品安全、农机装备、循环农业等领域的研发与成果转化。加强政策引导、引入市场竞争机制，充分调动科技人员和企业家、农民等社会力量的积极性和创造性，推动产学研、农科教结合，形成农业科技与生产有效结合的发展活力。根据“三环四廊、五园十业”的产业布局与农业科技发展需求，整合运用省会科技优势资源，建立具有国内先进水平的高新技术研究和产业化开发体系。以市和区县（市）科技及各业务部门科技管理单位为基础，建立高效的农业科技管理体系。引导农业科研机构有重点、有计划地引进先进技术，加以消化、吸收，加强技术自主开发创新，将引进有创新有机统一起来。鼓励农业科研人员走出去学习先进技术，提两科研队伍的研发能力，积极创造条件，吸引国内外组织或个人来我市从事农业科研或创办、领办农业科技企业。努力培植发展科技型农业龙头企业，鼓励龙头企业与国内外、省内外知名企业、高校、研究机构合作建立一批实验室、研究中心或分支机构等，增强农业龙头企业科技自主创新能力，培养一批农业科技型企业家。

2.搭建农业科技成果转化平台。加强农业科技成果信息平台建设。继续完善长沙科技成果转化网建设，不断丰富和完善农业科技专家库、项目库和成果库。加强农业科技产学研合作。加强与省内外、国内外的合作和交流，有选择地引进国内外先进智力和技术，积极开展农业技术贸易，加强消化、吸收新技术、新成果的能力。畅通农业科技成果与技术需求的对接渠道。增大农业科技成果在中国（长沙）科技成果转化交易会、中国中部（国际）农博会的参展比例，有效利用科交会推广农业科研成果、寻求农业科技合作、促进科技成果交易，将农博会打造成为农民开阔视野、学习致富经验、引进新技术新品种的重要平台。办好“2012年中外知名企业和投资公司长沙行——农业项目投资洽谈会”，引进一批科技含 量高、发展前景好的项目落户长沙。充分发挥农业科技示范基地的带动作用，抓好五大农业科技园区和10家科技型龙头企业建设。市科技主管部门会同农业、财政、国土资源等有关部门，指导园区编制科技发展规划，重点抓好园区的科技创新功能设计和机制设计。进一步挖掘农业科技园区的功能，把园区建设成为农业科技的孵化中心，转化中心和科技产品的集散中心。

3.强化农技推广和社会化服务。稳妥推进乡镇机构改革，各地要因地制宜，积极探索农业技术综合推广服务中心运作新模式，强化职责职能，保证人员编制和经费预算，确保乡镇“三农”各项工作顺利开展。搞好新技术新品种应用推广，以高产示范技术、病虫害综合防治技术、生态农业开发技术、资源高效利用技术为核心，加快农业科技成果的转化应用。引导高等学校、科研院所为“三农”服务，完善激励机制，鼓励科研教学人员深入基层从事农技推广服务。鼓励有技术力量的团体和农村科技大户创办农业服务型企业，扶持社会力量兴办为农服务的实体，广泛开展市场化服务。通过政府订购、定向委托、招投标等方式，扶持农民专业合作社、供销合作社、涉农企业等社会力量广泛参与农业产前、产中、产后服务。引导农业社会化服务由单纯的生产环节向资金、物资、技术、信息、加工、销售、管理等综合性服务扩展，促进一批独立经营、自负盈亏的经济实体与广大农民结成利益共同体，不断扩大服务领域。提升人工影响天气水平，加快黄材水库、株树桥水库人工影响天气基地建设，提高农村气象灾害防御和农业气象服务能力，争取用3年的时间健全覆盖乡镇、村、所有灾害易发点和重要农产品 基地的气象为农服务体系。加强农村信息化建设，积极参与“湖南国家农村农业信息化示范省”的建设工作，整合农村信息港、长沙科技助农直通车网等农业网络信息资源，使农业科技知识和市场信息能及时准确传递到基层、到基地、到农户。

四、加强农民科技教育培训，全力打造新型农民

1.加快培养农业科技人才。全市人才工作要向农业领域倾斜，加快培养农业科技领军人才和创新团队，造就一支由学科带头人、科研骨干和专业户组成的农业科研队伍，通过承担农业科技攻关、成果转化项目和专业培训、定期进修、继续教育等多种途径，不断提高农业技术人员的整体素质。实施“百村百大”等一系列农业科技人才培育工程，重点培养中青年农业科技骨干，在科技创业、科技计划立项上给予优先支持。积极开展与国内外农业科技领域的学术交流与合作，跟踪国内外农业科学技术发展前沿。广泛开展基层农技推广人员分层分类定期培训。完善基层农技推广人员职称评定标准，注重工作业绩和推广实效，评聘职数向乡镇和生产一线倾斜，畅通农业科技人员的生长渠道。

2.大力培养农村实用人才。以提高科技素质、职业技能、经营能力为核心，以打造新型种植农民、新型养殖农民、新型农产品加工工人为目标，大力开展农村实用人才培训。充分发挥各部门各行 业作用，加大各类农村人才培养计划实施力度，扩大培训规模，提高补助标准。加快培养农民专业合作社负责人等农村发展带头人，加快培养农民植保员、防疫员、水利员、信息员、沼气工等农村技 能服务型人才，加快培养农村种养大户、农机大户、经纪人等农村生产经营型人才。分期分批选派农技推广骨干到大专院校深造，对未升学的农村高初中毕业生免费提供农业技能培训，鼓励农村青年务农创兴和农民工返乡创业，引导高校涉农专业毕业生到基层工作。探索建立农村实用人才的认定标准，积极开展农村实用人才职称评审工作，大力宣传先进典型事迹，努力营造尊重、爱护、激励农村实用人才的良好氛围。

3.健全和完善农民教育培训机制。建立和完善政府主导、面向市场、国有与民办相结合、企校合作、工学结合、灵活开放、自主发展、有特色、多元化的农民教育培训网络。推进农民教育培训机制创新，设立农民教育培训管理办公室，统筹协调管理全市农民教有培训工作。以农民教育培训管理办公室、农科教中心和职业技术学校为主体，建立职业技术教育、成人继续教育和农业实用技术培训体系。整合农民教育培训资源，按照统筹规划、统一部署、各尽其责、各记其功的原则，提升农民教育培训的层次和水平，将农民教育培训工作纳入对有关单位绩效考核管理和区县 (市) 目标管理考核。开展农民素质培训四大工程，即“农民素质教育提升工程”“农村劳动力培训阳光工程”“科技培训进村入户工程”“新增职业农民培训工程”，力争全年完成农民实用技术培训 28 万人次。加快农民教育培训基地建设，结合现代农业示范基地、示范产业建设，建立一批高标准现代农业示范教育培训实习基地。加强农民教育培训师资队伍建设和教材体系建设，加快农民教育“双师型”教师培养，组织编写适合农民教育培训的公共教材，开发适应长沙特点的农民教育和科技培训课件。积极推进农民教育培训信息化建设，积极探索网上农民教育培训的新路子，充分利用网络、广播、电视等手段，拓展培训手段和方式，增强农民教育培训的生动性、客观性和真实性。

五、转变农业发展和经营方式，强化农村资源和生态保护

1.健全农业可持续发展机制。建立健全财政支农资金稳定增长机制，持续加大财政用于“三农”的支出，持续加大国家固定资产投资对农业农村投入，持续加大农业科技投入，确保增量和比例均有提高。建立财政投入和社会多元化投入相结合的农业科技投入体系，逐步提高农业研发投入占农业增加值的比重。完善征地补 偿、生态补偿、退耕退养补偿等农民利益补偿机制。切实加大财政对农业产业发展的投入力度，增加农产品加工扶持专项资金。继续开展一事一议典型示范，加大村级公益事业建设一事一议财政奖补力度，积极引导农民和社会资金投入“三农”。发展多元化农村金融机构，鼓励民间资本进入农村金融服务领域，支持商业银行设立村镇银行。有序发展农村资金互助组织，引导农民专业合作社规范

开展信用合作。大力发展县域经济，着力推进县域传统产业向现代产业转变，重点推进产业园区与重大项目建设。

2.稳定和完善土地政策。毫不动摇地坚持农村基本经营制度，落实现有土地承包关系保持稳定并长久不变的政策。按照依法自愿有偿原则，引导土地承包经营权流转，发展多种形式的适度规模经营，促进农业生产经营模式创新。推进农村地籍调查，完成覆盖农村集体各类土地的所有权确权登记颁证，运用好林权制度改革成果，支持鼓励林农运用林权资产融资扩大再生产，推进包括农户宅基地在内的农村集体建设用地使用权确权登记颁证工作。加强土地承包经营权流转管理和服务，加快土地承包经营纠纷调解仲裁体系建设。切实落实最严格的耕地保护制度，严格遵守对非农占地的审批权限和审批程序，严格执行土地利用总体规划。

3.大力推广种养加治相结合的产业发展模式。引导和鼓励农业生产单位从传统的种养业向种养加治相结合的现代农业转型。强化发展与治理同步，高产与高效结合。以沼化能源利用技术为依托，在农户中推广“养—沼—种”的生态农业模式；养殖基地要推行种养动态平衡，以沼气综合利用为纽带，将养殖污染物化解为生物能源和有机生物肥料，达到减污增效的目的；种植基地要大力推广使用有机生物肥料，消化养殖污染源，改善土壤结构，提高农产品品质，增强可持续发展能力。引导和鼓励农产品加工企业开展综合利用，充分利用有机废弃物开发生物能源，形成节能降耗、减排 增效的多赢格局。

4.大力发展合作经营。充分发挥农民专业合作社组织农民进入市场、应用先进技术、发展现代农业的积极作用，加大支持力度，加强辅导服务，促进农民专业合作社规范运行。继续抓好农民专业合作社示范社建设，培育合作社典型样板，强化对农民专业合作社协调服务和技术培训，加强对合作社进行规范提质。支持农民专业合作社兴办农产品加工企业或参股龙头企业。鼓励城市资本和工商资本与合作社成功嫁接，扩大生产经营规模，壮大农村集体经济，探索有效实现形式，增强集体组织对农户生产经营的服务能力。出台扶持合作社发展的政策意见，搞好合作社综合评级和分类管理工作。组织开展 2012 国际合作社年的系列活动，加强乡镇辅导员队伍建设，开展“农超、农社对接”等产销活动。

5.加强林业生态建设。结合长沙城郊和长、浏、宁三县（市）的植被资源现状，实施森林生态修复工程和统筹城乡绿化建设，打造环绕长沙的森林之城、花园之城、生态之城。推进长沙城市林业生态圈建设，大力开展城边、路边、水边等“三边”造林，全面实施退耕还林、生态公益林、长防林、血防林等重点生态工程，巩固森林生态屏障。支持和完善自然保护区、森林公园、湿地公园建设，打造一批森林生态名片。结合田、水、山、林、路综合规划，全面实施“十大片区、百条公路、千里河堤、万家农院"新农村建设绿化工程，创建一批“绿化村庄”“绿化社区”。适当扩大林木良种和造林补贴规模，完善森林抚育补贴政策。深化集体林权制度改革，加强林权管理，推进林权抵押贷款和森林资源保险，拓宽林业发展融资渠道，提高森林资源抗风险能力。大力发展油茶、楠竹、花卉苗木、林下经济、森林旅游等绿色生态产业，促进社会增绿、林业增效、农民增收。加强森林防火、林业有害生物防治和野生动植物保护，确保森林资源安全，维护生物多样性。

6.推进农村环境综合整治。推进农业清洁生产，引导农民合理使用化肥农药，加大生物农药使用推广力度，加快耕地重金属污染 治理、农业面源污染治理和农村污水、垃圾处理，改善农村人居环境。开展农村生活垃圾资源化、减量化工程，运用宣传教育、经济杠杆、考评监管等多种方法手段，全面推行农户分类减量、村为单位主导消化的减量模式，逐步实现 80%垃圾不出村。推进乡镇污水处理厂第三方运营工作，实现乡镇生活污水处理市场化、稳定达标排放长效化。继续开展乡村环境卫生整洁行动“十佳十差村镇”评比，发挥好典型示范作用。

六、深入推进城乡一体化发展，促进农村繁荣稳定

1.加快中心城镇建设和城中村改造。重点建设和发展一批中心城镇和特色镇，通过完善基础设施、健全公共服务、发展产业经济，不断增强辐射带动作用，打造成为具有集聚生产要素、集中农村人口、集成城市功能的区域性中心城镇和特色精品名镇，力争一批重点城镇进入全国名镇强镇行列。以开展整治沿线环境、整治农家庭院、整顿道路交通、整合发展资源以及道路沿线绿化、亮化、美化“四整三化”工程为重点，大力建设好十条城乡连接纽带。进一步探索城乡一体化发展的体制机制，逐步扩大和推广试点示范的成果。加快城中村改造进程，深化产权制度改革，科学编制整村规划，妥善处理遗留问题，推进有型改造建设，积极探索符合长沙实际的城中村改造新模式。

2.加强农村基础设施建设。加快农村公路网提质改造，加大农村公路的建设与养护投入。实施新一轮农村电网改造升级工程，保障农村居民生活用电和农业生产用电。建立农村环境综合整治长效机制，推进乡镇集中式饮用水源保护区划定与建设工作，强化流域水环境污染保护工作力度，推进垃圾填埋场和垃圾中转站建设，实现城乡生活垃圾处置全覆盖。新建、续建农村集中饮水安全工程 50 处，解决 30 万农村人口饮水安全问题。提高农村中小学公用经费和校舍维修经费补助标准，加大农村校舍基础薄弱学校的改造力度，切实改善农村学校学生食宿条件，推进农村教育设施改造升级。

3.启动实施新一轮的扶贫开发。深入贯彻落实中央扶贫开发工作会议精神，努力缩小发展中的区域差距，促进平衡发展，做好新时期扶贫开发工作。坚持扶贫开发与推进城镇化、建设社会主义新农村相结合，开展科技扶贫、产业扶贫，强化科技培训和产业扶持，按照中央低保保生存、扶贫促发展的要求，加大开发式扶贫投入力度，促进区域均衡发展。启动对省市级贫困村基础设施建设标准外补贴，完成 1 万名贫困农民的务工技能培训，重点扶持产业发展项目。

4.加快城乡社会事业统筹。增加农村文化服务总量，缩小城乡文化发展差距，整合城乡文化资源，加大对农村文化的帮扶力度。大力推进“送戏、送电影、送书”下乡进社区等文化惠民活动，加强三农题材文艺作品的创作和推介，打造体现农村特色和时代风貌的优秀艺术作品。提高农村义务教育水平，改善偏远农村学校的办学条件，提高农村子女受教育水平。增强农村基本医疗服务能力，完善补偿机制，扩大农民受益面，加强农村卫生服务网络建设，提升农村医疗卫生服务。全面实施农村低保制度，扩大新型农村社会养老保险试点，落实农村五保供养政策，深入推进“农村综合性老年福利中心”建设。

5.创新“三农”工作的管理机制。进一步落实区县（市）党政一把手亲家自抓、分管领导具体抓、农村工作综合部门综合协调、各涉农部门各司其职的“三农”工作责任制，重点落实政策制定、工作部署、财力投入、干部配备等要求。切实加强农村基层组织建设，创新农村社会管理，全面设立村务监督委员会，进一步加强以村党支部为核心的村级领导班子和干部队伍建设，健全完善农村基层民主管理机制。加强农村基层党风廉政建设，集中打造农村基层党风廉政建设综合信息平台，进一步推进农村基层党务公开、政务公开、村务公开和办事公开，继续巩固农村集体财务村账委托代管规范化成果，进一步加大农村集体“三资”交易监管力度。加强村级组织活动场所管理使用，坚持“一室多用”“一所多用”的原则，把村级组织活动场所建设成办公议事、党员活动、教育培训、便民服务、文体娱乐和信息收集传播等工作的有效阵地。完善乡村治理机制，发展农村新型社区，提升管理服务水平，切实维护农村社会稳定。拓宽农村社情民意表达渠道，建立健全矛盾纠纷的排查调处机制和应急管理体制。深入开展农村社会治安综合治理，推进农村警务室建设。尽快制定“三农”工作绩效考核考评办法，细化考核指标，

把粮食生产、农民增收、耕地保护、环境治理、和谐稳定、城乡统筹发展等纳入对地方党政领导班子特别是区县（市）领导班子绩效考核的重要内容，逐步健全落实“三农”工作的责任机制。

中共长沙市委办公厅

2012年7月30日

中共长沙市委 长沙市人民政府 关于加快现代旅游业发展建设旅游强市的决定

长发〔2012〕9号

旅游业综合性强、关联度大、开放度高，是现代服务业的重要组成部分。为加快现代旅游业发展，推进旅游资源大市向旅游经济强市跨越，现作出如下决定。

一、明确加快现代旅游业发展建设旅游强市的指导思想和发展目标

（一）指导思想。以邓小平理论和“三个代表”重要思想为指导，深入贯彻落实科学发展观，坚持政府主导、精品建设、创新驱动和“两型发展”的原则，围绕自然生态和历史文化两条主线，立足现实基础，发挥资源优势，转变发展方式，实施精品战略，推进产业融合，加大设施建设，注重城市营销，不断增强旅游业的综合效益和核心竞争力，全面构建大旅游发展格局。

（二）发展目标。按照“一年有新进展，三年有新突破，五年上新台阶”的要求，不断扩大旅游产业规模，优化产业结构，完善产业体系，提升发展质量。2012年实现旅游总收入突破700亿元，同比增长20.1%;接待国内外旅游者7100万人次，其中入境旅游者突破100万人次。2012年至2015年旅游总收入年均增长20%以上，到2015年，旅游总收入超过1200亿元，接待国内外旅游者达1亿人次，其中入境游客达150万人次，旅游产业直接就业人数达到30万人，涉旅从业人员达到120万人，到2020年，旅游业增加值占全市GDP的10%，占服务业增加值的20%，力争全市旅游产业规模、质量、效益基本达到全国旅游强市水平，跻身全国省会旅游城市前五强，努力把长沙建设成全国现代旅游服务业示范城市和世界旅游目的地。

二、准确把握加快现代旅游产业发展建设旅游强市的主要任务

（一）实施精品战略，加快旅游精品建设。

1.加快“一带三圈”旅游产业功能区规划建设。立足全市旅游资源优势和区域特色，突出做好水、山、景的文章，统筹规划“一带三圈”旅游产业功能区布局。以湘江枢纽蓄水通航为契机，按照江河相连，江湖相接的要求，整合湘江、浏阳河、捞刀河、沩水河、圭塘河、梅溪湖、松雅湖等水资源，编制长沙市水上旅游规划，把旅游元素融入湘江滨水区规划设计，大力开发水上旅游，加快湘江休闲旅游观光带的开发建设，推动湘江建成“东方莱茵河”，以岳麓山—橘子洲生态文化旅游区成功创建国家AAAAA级旅游景区为契机，整合马王堆、汉王陵、铜官窑、天心阁、黑麋峰、大王山、西湖文化园、洋湖垸、麓谷动漫游戏城、金鹰影视文化城等中心城区旅游资源，加快推进黑麋峰创建国家户外运动休

闲旅游基地，推动形成以岳麓山—橘子洲生态文化旅游区为核心的都市休闲旅游圈；加快推进灰汤温泉旅游度假区创建国家旅游度假区，整合沩山大佛—炭河里和花明楼等西部旅游资源，推动形成以灰汤温泉旅游度假区为核心的西部生态田园休闲度假旅游圈；加快推进大围山生态旅游区创建国家生态旅游示范区，整合浏阳河旅游风光带和文家市等东部旅游资源，推动形成以大围山生态旅游区为核心的东部山地度假旅游圈。围绕“一带三圈”旅游产业功能区布局，坚持以市场为导向，以生态为基础，以文化为灵魂，以科技为支撑，重点抓好岳麓山—橘子洲生态文化旅游区、灰汤温泉旅游度假区、大围山生态旅游区、黑麋峰生态旅游区、马王堆—汉王陵文化旅游区、铜官窑文化旅游区、天心阁文化旅游区、沩山大佛—炭河里文化旅游区、花明楼文化旅游区、大王山旅游度假区等十大旅游产业功能区规划建设，大力发展生态旅游、文化旅游、体育旅游、红色旅谁和乡村旅游，把旅游产业功能区率先建成金市现代服务业的新增长点。

2.加强重点旅游精品线路开发。针对游客个性化旅游需求，全面整合旅游资源，重点开发湘江休闲旅游观光游、都市休闲游、西部生态田园休闲度假游、东部山地度假游、毛泽东成长路线游等5条精品旅游线路，并带动形成一批资源品位高、品牌形象优、核心吸引力强的旅游精品线路。充分发挥长沙作为全省旅游中心的优势，推动长沙与韶山、张家界、南岳、郴州、岳阳和崀山实现连线组合，形成以长沙为起点、覆盖全省的旅游精品线路。通过开发旅游精品线路，形成以线路联精品、以线路带区域的发展格局。把旅游产业功能区规划建设与旅游风情街区、旅游城镇和特色旅游村的打造结合起来，建设美食集中区，开发各种地方美食。加强旅游商品研发，开发具有地方特色的旅游商品。弘扬优秀传统文化，丰富旅游会展和旅游演艺活动。推出坡子街、潮宗街、太平街等一批特色旅游风情街区，文家市镇、大围山镇、板仓镇、黄兴镇、靖港镇、乔口镇、丁字镇、莲花镇、䴔梨镇等一批特色旅游城镇，关山村、光明村、彩陶源村等一批特色旅游村，努力把特色做优、精品做强、品牌做响。

(二) 推进产业融合，打造特色旅游产业链。

大力推进旅游产业与一、二、三产业的深度融合，在产业融合发展中促进旅游产业要素按产业链配套集聚集群发展，培育旅游新业态，拓展旅游深度消费。

1.延伸文化旅游产业链。充分发挥长沙演艺娱乐品牌资源优势，以金鹰影视文化城、湖南电广传媒、田汉大剧院、琴岛歌厅、解放西路、化龙池为重点，整合酒吧街区、演艺吧、茶吧、音乐吧、咖啡吧、电视娱乐、卡通动漫等娱乐文化资源，带动吧文化消费、电视消费、娱乐消费，推动音乐、影视、绘画、艺术、休闲等领域的娱乐文化旅游发展。筹办国际狂欢节，建设全国娱乐中心和世界娱乐名城，进一步扩大“快乐之都”的影响力。

2.培育体育旅游产业链。扩大环湘江自行车赛影响，完善配套设施，强化专业服务，做大做强集自行车生产销售、运动赛事、骑游观光、休闲度假于一体的自行车旅游产业链，建设全国自行车旅游中心。整合休闲运动旅游资源，深度开发快艇、游艇、漂流、高尔夫、滑雪、登山等体育旅游产品，推动广告业、旅游装备制造业的发展。

3.提升烟花旅游产业链。发挥浏阳烟花品牌优势，依托国际花炮节和橘子洲周末音乐焰火燃放活动，将烟花旅游链条延伸至开发、生产、物流、营销等环节，形成参与烟花设计、体验烟花生产、观赏烟花燃放、购买烟花产品、燃放烟花广告的烟花旅游产业链，做强烟花生产经营和广告企业，建设“世界烟花之都”，打响烟花观赏游品牌。

4.做强湘绣旅游产业链。发挥湘绣品牌优势，依托沙坪湘绣城、省湘绣博物馆等载体，办好中国沙坪湘绣文化节，推进湘绣产业集群发展，形成绣品展览、绣艺体验、绣技培训、绣品销售于一体的湘绣旅游产业链。针对婚庆旅游市场，开发适合年轻人的湘绣婚庆用品，把湘绣旅游产业链延伸到举办婚礼、婚庆影视、结婚度假等环节。

5.做大会展旅游产业链。发挥中国金鹰电视艺术节、中国长沙国际广告节、中国湖南农业博览会、中国湖南汽车展览会等会展品牌优势，依托省会会展平台，积极引进国内外大型品牌会展，筹划举办大型会展旅游活动，推动会展策划、住宿服务、旅游度假等产业发展，拉动会展旅游消费。

6.打造康体旅游产业链。发挥浏阳国家生物产业基地、马王堆养生、灰汤温泉疗养和足浴休闲等资源优势，推进产业融合与区域协作，促进中药医疗、健康饮食、温泉疗养、保健按摩、足浴休闲、美容美体等养生旅游产业链发展，建设全国康体养生旅游中心，规范发展康体养生基地，开发系列康体养生产品。

7.拓展购物旅游产业链。依托湘绣、湘烟、湘酒、湘茶、湘瓷、湘菜和百年老字号等品牌资源，研发具有长沙特色的旅游商品，重点推进五一商圈商贸旅游街、天园地芳旅游购物街等建设，积极引导旅游产业要素向芙蓉 CBD、长株潭 CED 和河西新城 CBD 集聚，促进中部购物天堂和区域消费中心建设，拓展购物旅游产业链。

8.发展生态旅游产业链。发挥自然景观、田园风光等生态资源优势，突出山水洲城特色，加大生态乡镇、生态景区、生态酒店和生态商品的开发力度，大力发展乡村生态休闲旅游，构建复合型、立体化、多功能的城市绿色生态体系，推动旅游经济与生态文明协调发展、建设全国生态文明示范城市。

（三）加大设施建设，推进旅游服务现代化。

1.加强旅游基础设施建设。围绕旅游景区—旅游城镇—旅游通道三大环节，加快航空、铁路、公路、水运等旅游交通网络建设，完善自助游、自驾游、特种旅游项目的配套服务设施，统一规划建设景区停车场、旅游厕所和旅游标识标牌、紧急救授设施。按照城乡建设景观化的要求，在城乡规划、旧城改造和新城建设中，注意保护旅游城市的历史风貌，充分挖掘核心吸引物，打造景观城区、景观街道、景观社区、景观乡村和景观地产，增强城市的旅游景观功能。建设长沙市旅游咨询中心、旅游创意研发中心、旅游集散中心和旅游购物休闲中心，完善旅游公共服务体系。

2.建立旅游标准体系。制定旅游业地方特色标准，加快形成旅游景区、演艺、餐饮、购物、住宿等系列行业管理与服务标准，构建旅游标准体系。全面推行国际国内标准，抓好旅游目的地和旅游强县等旅游质量标准认证工作。

3.强化旅游信息服务。大力推进旅游信息化，建设长沙旅游信息服务平台，建立全市旅游信息采集机制，实现旅游行业管理与服务的数据化和信息化。优化电子政务，推进电子商务，实施旅游资讯全覆盖工程，强化旅游公共服务。

（四）注重城市营销，开拓旅游客源市场。

1.统一营销城市形象。把旅游宣传统一纳入长沙城市形象宣传的总体战略，围绕“快乐长沙”的城市形象定位，全面开展整合营销。建立和完善旅游联合促销机制，统一制定旅游宣传促销方案，确定长沙旅游形象标识。坚持政府宣传旅游形象与企业推介产品相结合、面向旅游业界推广与面向公众促销相结合、“请进来”与“走出去”相结合，加强与国内外大旅行商、主流媒体、知名网站和国家旅游局驻外办事处合作，加强全市宣传、外事、商务、文化、会展、旅游等多部门合作，在央视等媒体推出城市形象广告，全方位、多角度、多渠道推广长沙城市形象。

2.开拓客源市场。抓好外地客源市场，重点开拓珠三角、长三角和环渤海三大国内容源市场，以高铁旅游为突破，不断扩大外地游客比重。大力发展入境旅游，巩固中国港澳台地区及韩国、日本、东南亚等传统市场，开发美国、西欧市场，培育大洋洲、北欧、东欧等新兴市场，形成多元化的海外客源市场。增进与国内外友好城市的旅游合作，加强与国际旅游机构的交流，开展旅游联合促销。创新境外旅游促销方式，鼓励旅游企业到境外开设旅游办事处和形象推广中心。

3.围绕航线营销。发挥长沙航空枢纽作用，加强与口岸部门和国内外航空公司、国际机场的合作，联合省内主要旅游城市共同培育国际航线，围绕航线开展跨区域旅游营销合作，加快推进直航、延伸航线和旅游包机业务，在主要客源地建立规范的旅游营销代理制度。

（五）加强综合管理，优化旅游发展环境。

1.加强旅游产业功能区规划管理。以旅游产业功能区为载体，完善统解规划协调机制，将旅游产业功能区建设与城镇建设、土地利用、环境保护同步规划，建立“四规合一”的规划工作机制，实行“统规分建”，相关区县（市）为旅游产业功能区规划建设实施主体。旅游产业功能区所在区域的土地利用规划、城镇体系规划等专项规划要以旅游产业功能区规划为基础，服务和服从于旅游产业功能区建设。按照旅游产业功能区规划，理顺、完善景区管理体制和投融资机制。鼓励有条件的旅游产业功能区搭建投融资平台，推动旅游项目投资走基地化、园区化和综合体发展道路，引导旅游产业集约发展。

2.加强旅游市场监管。坚持依法治旅，建立行政执法、社会监督、舆论监督、游客监督相结合的旅游质量监督网络。健全旅游市场综合治理联席会议、联合执法和督查督办制度，开展旅游市场专项整治。坚持旅游安全“属地监管”，全面落实“一岗双责”。完善重点旅游景区、旅游城镇和旅游线路的报警、急救系统。建立健全旅游投诉处理机制、游客满意度测评体系和游客满意度反馈机制。建立政府主导、行业自律、企业参与的旅游诚信体系，发挥旅游行业协会作用，倡导诚信经营和诚信服务，建立旅游企业和从业人员诚信数据库，探索完善诚信激励机制和失信惩戒制度。

3.引导旅游企业科学发展。深化体制机制改革，支持各类所有制企业通过兼并收购、合资合作等方式引入战略投资者，实施强强联合，推进旅行社混业经营、旅游饭店连锁经营、旅游交通企业联 合经营和旅游景区集团化经营，加快培育一批具有核心竞争力的大型企业集团和旅游综合体。充分发挥中小企业在分工协作经营中的优势，做专做精一批中小型旅游企业，形成以大企业为主导、中小企业为支撑的旅游企业发展格局。

4.实施人才强旅工程。积极创建全国首批旅游人才示范基地，大力实施“312旅游人才培养工程”（5年选拔培养30名旅游首席专家、100名旅游创新创业领军人才和200名旅游发展带头人），加强旅游行政管理干部、旅游企业中高级管理人员和导游人员的分类培训，开展旅游行业技能竞赛，提升旅游人才队伍素质。建立和完善旅游职业资格和职称制度，健全职业技能鉴定体系。创新激励机制，建立旅游高级人才政府津贴制度。

三、切实加强领导，为加快现代旅游业发展建设旅游强市提供组织保障

1.加强组织领导。成立以市委、市政府主要领导为组长的建设旅游强市工作领导小组，研究解决重大问题。各区县（市）要建立健全领导机构和工作机构，明确工作职能，加强对旅游产业发展的组织协调和督促检查。

2.强化部门联动。宣传部门要加大长沙旅游整体形象的宣传力度。发改部门要根据旅游产业功能区规划，将旅游重点项目纳入全市重点建设项目投资计划。交通部门要对旅游景区连接道路优先安排，将

通往A级景区的公路纳入通乡、通村公路建设规划，着力完善旅游交通设施，加强旅游客运车辆管理。统计、旅游部门要建立和完善市、区县（市）、旅游企业三级旅游统计体系，加强旅游业对GDP、就业、投资、税收等贡献度的统计评价，定期对外发布旅游统计公报；农业、林业、工业、水务、文化、建设、商务、民宗、环保等部门要对旅游产业给予重点扶持。电力、通信等部门要优先解决旅游景区相应配套设施问题。

3.完善配套政策。对符合规划的旅游项目，优先安排土地利用年度计划指标；旅游项目立项前要征求旅游行政主管部门的意见；旅游企业营业税计征基数应扣除代旅游者支付给其他单位和个人的住宿费、餐费、交通费、旅游景点门票等费用，旅游企业上缴的行政性收费可在所得税前扣除；对符合条件的旅游企业和项目，加大多种形式的融资授信支持，享受相关贷款优惠政策；银行卡收费对旅行社、景区售票商户参照超市和加油站档次进行计费，并降低对星级饭店的收费标准；落实星级饭店用水、用电、用气与一般工业企业同价政策；逐步推进公务接待服务的社会化和市场化，通过招标等方式委托旅游企业承担。

4.加大财政投入。加大对发展旅游业的支持力度，从2012年起，市财政预算要增加旅游发展专项资金，重点支持旅游公共基础设施建设、全市整体旅游宣传促销以及重大旅游产业项目扶持等，并根据财政增长而逐年增长。各区县（市）也要设立旅游发展专项资金，区不少于500万元，县（市）不少于1000万元，并逐年增长。在有条件的区域，鼓励将旅游发展与天然林保护、农业综合开发、城乡环境综合治理等工程有机结合起来，实现财政投入的整体效益。

5.建立奖励机制。对新创建的AAAAA级旅游景区一次性奖励100万元，新创建的AAAA级景区一次性奖励20万元。新评上的五星级饭店一次性奖励10万元。经营收入首次突破5000万元、1亿元、5亿元、10亿元、20亿元的旅行社，分别一次性奖励2万元、5万元、10万元、20万元、50万元。对入境旅游地接前10名旅游企业进行奖励。每年评选的全市十佳旅游企业和特色旅游示范点各奖励5万元。奖励资金从旅游发展专项资金中列支。

6.实行目标考核。建立目标管理制度，将长沙建设旅游强市工作纳入市委、市政府对各区县（市）和市直各单位的绩效考核，实行定期、不定期的督促检查。

中共长沙市委办公厅

2012年6月8日

1988—2012年长沙市部分重要文件一览表

序号	文件名	文号
1	长沙市人民政府批转市人事局《长沙市人才交流市场管理试行办法》的通知	长政发〔1988〕23号
2	中共长沙市委、长沙市人民政府关于进一步支持乡镇企业发展的决定	长发〔1989〕18号
3	中共长沙市委、市人民政府关于加速村级经济发展的意见	长发〔1990〕10号
4	中共长沙市委关于组织开展杨开慧烈士英勇就义六十周年纪念活动的请示	长发〔1990〕28号
5	中共长沙市委、长沙市人民政府关于进一步加强我市绿化工作的通知	长发〔1990〕48号
6	长沙市人民政府关于减轻农民负担若干意见的通知	长政发〔1990〕38号
7	长沙市古树名木保护管理办法	长沙市人民政府令第1号
8	长沙市湘江饮用水水源保护区污染防治管理规定	长沙市人民政府令第3号
9	中共长沙市委、长沙市人民政府关于教育综合改革的决定	长发〔1991〕5号
10	长沙市人民政府关于组织实施《长沙市城市生态建设总体规划》的通知	长政发〔1991〕32号
11	中共长沙市委关于贯彻落实《中共中央关于进一步加强农业和农村工作的决定》的实施意见	长发〔1992〕4号
12	中共长沙市委印发《关于加快商业改革，搞活流通的会议纪要》的通知	长发〔1992〕16号
13	长沙市人民政府关于编制我市农村生态建设规划的通知	长政发〔1992〕1号
14	长沙市城市规划管理办法	长沙市人民政府令第14号
15	中共长沙市委、长沙市人民政府批转市委宣传部、市人民政府办公厅《关于开展纪念学雷锋题词30周年活动的意见》的通知	长发〔1993〕1号
16	中共长沙市委、长沙市人民政府关于纪念毛泽东同志100周年诞辰的通知	长发〔1993〕15号
17	中共长沙市委、长沙市人民政府关于聘任周光召等18位著名科学家为长沙市高级科技顾问的决定	长发〔1993〕20号
18	中共长沙市委、长沙市人民政府关于加快个体私营经济的决定	长发〔1994〕5号
19	长沙市人民政府办公厅关于落实今年政府工作报告中十件实事的通知	长政办发〔1994〕4号
20	长沙市人民政府办公厅关于在3年内基本解决我市农村中小学危房的通知	长政办发〔1994〕14号
21	长沙市人民政府办公厅关于加强长沙市志编纂管理工作的通知	长政办发〔1994〕24号
22	中共长沙市委、长沙市人民政府关于加快丘岗山地开发的决定	长发〔1995〕24号
23	中共长沙市委、长沙市人民政府关于加快发展第三产业的决定	长发〔1995〕39号
24	中共长沙市委、长沙市人民政府关于增聘袁隆平等4位中国工程院院士为长沙市高级科技顾问的决定	长发〔1995〕52号
25	中共长沙市委、长沙市人民政府关于加快发展卫生事业的决定	长发〔1996〕11号
26	长沙市人民政府关于调整市辖区行政区划的通知	长政发〔1996〕24号
27	长沙市人民政府关于发展企业集团若干规定的通知	长政发〔1996〕47号
28	长沙市人民政府办公厅转发市爱卫会《关于做好“九五”期间全市农村改水改厕工作的报告》的通知	长政办发〔1997〕59号

序号	文件名	文号
29	中共长沙市委、长沙市人民政府关于加强旅游产业发展的意见	长发〔1998〕19号
30	长沙市人民政府办公厅关于加快农业机械化进程的通知	长政办发〔1999〕4号
31	长沙市人民政府关于加快培育旅游支柱产业的决定	长政发〔2000〕1号
32	长沙市人民政府关于批转市教委长沙学校布局调整和标准化建设方案的通知	长政发〔2000〕15号
33	长沙市人民政府办公厅关于印发《长沙市国有企业产权制度改革实施细则》的通知	长政办发〔2000〕3号
34	长沙市人民政府发布《长沙市技术产权交易管理暂行办法》	长沙市人民政府令第66号
35	中共长沙市委、长沙市人民政府关于实施高新技术带动战略的决定	长发〔2001〕6号
36	中共长沙市委、市人民政府关于创建全国文明城市工作的决定	长发〔2001〕15号
37	中共长沙市委、长沙市人民政府关于加快发展文化产业的意见	长发〔2001〕34号
38	长沙市人民政府关于加强招商引资工作、鼓励外商投资的决定	长政发〔2001〕8号
39	长沙市人民政府关于加快文化事业和文化产业发展若干政策的意见	长政发〔2001〕43号
40	中共长沙市委、长沙市人民政府关于加快城市化进程的若干意见	长发〔2002〕1号
41	中共长沙市委、长沙市人民政府关于推进农业产业化经营的决定	长发〔2002〕2号
42	中共长沙市委、长沙市人民政府关于加快推进工业化进程的若干意见	长发〔2002〕8号
43	长沙市人民政府关于深化供销社改革与发展的意见	长政发〔2002〕38号
44	中共长沙市委、长沙市人民政府关于加快发展现代商贸流通业的决定	长发〔2003〕28号
45	长沙市人民政府关于印发《长沙市城市夜景灯光环境管理实施办法》的通知	长政发〔2003〕31号
46	长沙市房地产交易管理办法	长沙市人民政府令第89号
47	长沙市人才居住证暂行规定	长沙市人民政府令第90号
48	中共长沙市委、长沙市人民政府关于加快农村教育发展的若干意见	长发〔2004〕13号
49	长沙市人民政府关于发展资本市场的若干意见	长政发〔2004〕13号
50	长沙市人民政府关于实施第二阶段控制大气污染措施的通告	长政发〔2004〕28号
51	长沙市人民政府关于印发《长沙市城市林业生态圈建设管理办法》的通知	长政发〔2004〕59号
52	长沙市人民政府办公厅关于转发市教育局等部门《长沙市进城务工就业农民子女接受义务教育实施办法》的通知	长政办发〔2004〕29号
53	长沙市人民政府办公厅印发《关于深化市属国有企业改革的实施细则》的通知	长政办发〔2004〕35号
54	长沙市城市容貌规定	长沙市人民政府第98号令
55	长沙市人民政府关于改善农民进城就业环境的意见	长政发〔2005〕1号
56	长沙市人民政府关于印发《长沙市科学技术奖励办法》的通知	长政发〔2005〕28号
57	长沙市人民政府关于印发《长沙市会展管理办法》的通知	长政发〔2005〕51号
58	长沙市人民政府关于进一步支持湖南省台商投资区的意见	长政发〔2005〕53号
59	长沙市人民政府关于印发《长沙市农村敬老院管理暂行办法》的通知	长政发〔2005〕56号

序号	文件名	文号
60	中共长沙市委、长沙市人民政府关于加快推进社会主义新农村建设的意见	长发〔2006〕5号
61	中共长沙市委、长沙市人民政府关于加快农村公路建设的意见	长发〔2006〕10号
62	中共长沙市委、长沙市人民政府关于深化文化体制改革加快文化发展的若干意见	长发〔2006〕15号
63	长沙市人民政府关于落实科学发展观进一步加强环境保护的决定（试行）	长政发〔2006〕42号
64	长沙市人民政府办公厅关于加强非物质文化遗产保护工作的意见	长政办发〔2006〕9号
65	岳麓山风景名胜区保护条例	长沙市人民代表大会常务委员会公告2006年第19号
66	中共长沙市委、长沙市人民政府关于大力发展现代农业扎实推进社会主义新农村建设的意见	长发〔2007〕5号
67	长沙市人民政府关于加强文化遗产保护工作的通知	长政发〔2007〕3号
68	长沙市人民政府关于贯彻落实全国菜篮子工作电视电话会议精神扶持发展生产确保市场供应的若干意见	长政发〔2007〕29号
69	长沙市人民政府关于发展产业技术联盟的通知	长政发〔2007〕43号
70	长沙市人民政府办公厅关于加强企业专利工作的意见	长政办发〔2007〕27号
71	中共长沙市委、长沙市人民政府关于加快发展现代化农业率先推进城乡经济社会发展一体化的意见	长发〔2008〕5号
72	中共长沙市委、长沙市人民政府关于加快工业园区发展的若干意见	长发〔2008〕7号
73	中共长沙市委、长沙市人民政府关于支持长沙大河西先导区建设若干政策意见	长发〔2008〕15号
74	中共长沙市委、长沙市人民政府关于安居工程建设的实施意见	长发〔2008〕16号
75	中共长沙市委、长沙市人民政府关于发展农村合作经济组织推进农村土地承包经营权流转的意见	长发〔2008〕18号
76	中共长沙市委、长沙市人民政府关于建设食品安全城市的意见	长发〔2008〕27号
77	长沙市人民政府关于着力解决农民工问题的意见	长政发〔2008〕10号
78	长沙市人民政府关于促进民办教育发展的若干意见	长政发〔2008〕39号
79	中共长沙市委办公厅、长沙市人民政府办公厅关于开展长沙市志编纂工作的通知	长办通知〔2008〕28号
80	中共长沙市委、长沙市人民政府关于鼓励和扶持大学生自主创业的政策意见	长发〔2009〕6号
81	中共长沙市委、长沙市人民政府关于印发《长沙市引进国际先进适用技术三年行动计划（2009—2011年）》的通知	长发〔2009〕16号
82	中共长沙市委、长沙市人民政府关于促进长沙高新技术产业开发区建设国家创新型科技园区的若干意见	长发〔2009〕21号
83	长沙市人民政府关于加快油茶产业发展的意见	长政发〔2009〕3号
84	长沙市人民政府关于印发《长沙市知识产权战略实施纲要》的通知	长政发〔2009〕38号
85	长沙人民政府办公厅关于印发《长沙市信息化工程建设管理办法》的通知	长政办发〔2009〕3号
86	长沙人民政府办公厅关于推进城乡社区居家养老服务工作的实施意见	长政办发〔2009〕13号

序号	文件名	文号
87	中共长沙市委关于加快推进城市国际化的若干意见	长发〔2010〕12号
88	长沙市人民政府关于实施环境经济政策的意见	长政发〔2010〕12号
89	中共长沙市委、长沙市人民政府关于加快水利建设和改革推进城乡水务一体化发展的意见	长发〔2011〕1号
90	中共长沙市委、长沙市人民政府关于深化医药卫生体制改革的实施意见	长发〔2011〕12号
91	中共长沙市委、长沙市人民政府关于撤销望城县设立长沙市望城区的通知	长发〔2011〕18号
92	中共长沙市委、长沙市人民政府关于推进国际文化名城建设的意见	长发〔2011〕29号
93	中共长沙市委、长沙市人民政府关于推进农业科技创新加快农业现代化建设的意见	长发〔2012〕1号
94	中共长沙市委、长沙市人民政府关于执行文化改革发展若干政策的实施意见	长发〔2012〕6号
95	中共长沙市委、长沙市人民政府关于加快现代化旅游业发展建设旅游强市的决定	长发〔2012〕9号
96	中共长沙市委、长沙市人民政府关于加快中心镇（小城市）建设推进城乡一体化发展的若干意见	长发〔2012〕13号
97	长沙市人民政府关于推进长沙城乡绿化一体化的意见	长政发〔2012〕37号
98	长沙市人民政府办公厅关于推进食品药品行业诚信体系建设的实施意见	长政办发〔2012〕4号
99	长沙市人民政府办公厅关于加强企业社会责任建设的意见	长政办发〔2012〕32号
100	长沙市人民政府办公厅关于长沙市农村扶贫开发（2011—2012年）的实施意见	长政办发〔2012〕35号

诗词选录

咏橘

鲍照（414—466）

橘生湘水侧，菲陋人莫传。
逢君金华宴，得在玉几前。

清明

杜甫（712—770）

朝来新火起新烟，湖色春光净客船。
绣羽衔花他自得，红颜骑竹我无缘。
胡童结束还难有，楚女腰肢亦可怜。
不见定王城旧处，长怀贾傅井依然。
虚沾焦举为寒食，实藉严君卖卜钱。
钟鼎山林各天性，浊醪粗饭任吾年。
此身飘泊苦西东，右臂偏枯半耳聋。
寂寂系舟双下泪，悠悠伏枕左书空。
十年蹴踘将雏远，万里秋千习俗同。
旅雁上云归紫塞，家人钻火用青枫。
秦城楼阁烟花里，汉主山河锦绣中。
春去春来洞庭阔，白苹愁杀白头翁。

铜官渚守风

杜甫（712—770）

不夜楚帆落，避风湘渚间。
水耕先浸草，春火更烧山。
早泊云物晦，逆行波浪悭。
飞来双白鹤，过去杳难攀。

长沙别李六侍御

贾至（718—772）

月明湘水白，霜落洞庭干。
放逐长沙外，相逢路正难。
云归帝乡远，雁报朔方寒。
此别盈襟泪，雍门不假弹。

湘上渔人

柳宗元（773—819）

渔人夜傍西岩宿，晓汲清湘燃楚竹。
烟消日出不见人，欸乃一声山水绿。
回看天际下中流，岩上无心云相逐。

罗洋远眺

韩愈（768—824）

绕廓青山一座佳，登高满袖贮烟霞。
星沙景物堪凝眺，遍地桑林遍囿花。

湖南曲

张籍（766—830）

潇湘多别离，风起芙蓉洲。
江上人已远，夕阳满中流。
鸳鸯东南飞，飞上青山头。

唐侍郎寄游道林岳麓二寺诗并沈中丞姚员外所和见征继作

刘禹锡（772—842）

湘西古刹双蹲蹲，群峰朝拱如骏奔。
青松步障深五里，龙宫暗暗神为閽。
高殿呀然压苍巘，俯瞰长江疑欲吞。
橘洲泛浮金实动，水郭缭绕朱楼鶱。
语音百响入天籁，众奇引步轻翩翩。
泉清石步似棋子，萝密鸟韵如簧言。
回廊架险高且曲，新径穿林明复昏。
浅流忽浊山兽过，古木半空天火痕。

星使双飞出禁垣，元侯饯之游石门。
紫髯翼从红袖舞，竹风松雪香温馨。
远持青琐照巫峡，一戛惊断三声猿。
灵山会中身不预，吟想峭绝愁精魂。
恨无黄金千万饼，布地买取为邱园。

灵祐禅师入院

裴休（791—846）

缘结宰官送上方，灵山一主振宗纲。
机锋拨转风规旧，笑指天花吐妙香。

游谷山寺

齐己（861—937）

城里寻常见碧棱，水边朝暮送归僧。
数峰云脚垂平地，一径松声彻上层。
寒涧不生浮世物，阴崖犹积去年冰。
此身有底难抛事，时复携筇信步登。

听泉

齐己（861—937）

落石几万仞，远声飘冷空。
高秋初雨后，半夜乱山中。
只有照壁月，更无吹叶风。
几曾庐岳听，到晓与僧同。

鹅羊山

毕田（998—1022）

羽客何年此炼丹，尚留空灶镇孱颜。
云中鸡犬仙应远，山下鹅羊石转顽。
湘渚几因沧海变，辽城无复令威还。
何年仙驭还来此，尽遣飞腾上九关。

石霜寺

毕田（998—1022）

石上泉华喷猛霜，境奇因此辟禅坊。
使君环笏留何用，枯木千馀满一堂。

送宁乡令张沆

梅尧臣（1002—1060）

长沙过洞庭，水泊风摇矴。
青山接夷蛮，白昼鸣鵩鹏。
竹存帝女啼，夔学林雍鼙。
不嫌卑湿往，教令民须听。

赠沩山湘书记

洪觉范（1071—1128）

山学春愁眉黛，水如含笑花香。
睡起凭高凝睇，浅红数笔残阳。
住山心已老大，看云情转虚闲。
东华软红纵好，无因飞到窗间。

题沩山立雪轩

洪觉范（1071—1128）

沩山雪晓试凭栏，露地牛儿觅转难。
脱体见前谁对立，一尘不受眼空寒。
日长齿颊茶甘在，客去轩窗篆缕残。
好在少林成想像，祖师时展画图看。

浏阳五咏·洞阳

杨时（1053—1135）

圣童去后水云闲，陈迹难寻草木问。
独有微言传逸史，洞天寂寂在人寰。

游道林岳麓

陈与义（1090—1138）

耽耽衡山麓，翠气横古今。
济胜得短筇，未怕山行深。
路盘天开阖，风动龙噫吟。
峰峦惨澹处，照以布地金。
世尊诸天上，燕坐朝千林。
向来修何行，不受安危侵。
道人轻殊胜，来客费幽寻。
恍然结愿香，独会三生心。

山中日易晚，坐失群木阴。
勿唾此山地，后日重窥临。

水调歌头·裴公亭怀古

王以宁（1090—1146）

岁晚橘洲上，老叶舞愁红。西山光翠，依旧影落酒杯中。人在子亭高处，下望长沙城郭，猎猎酒帘风。远水湛寒碧，独钓绿蓑翁。怀往事，追昨梦，转头空。孙郎前日，豪健颐指五都雄。起拥奇才剑客，十万银戈赤帻，歌鼓壮军容。何似裴相国，谈道老圭峰。

渡湘江

张祁（？—？）

春过潇湘渡，真观八景图。
云藏岳麓寺，江入洞庭湖。
晴日花争发，丰年酒易沽。
长沙十万户，游女似京都。

水调歌头·题岳麓法华台

侯置（？—？）

晓雾散晴渚，秋色满湘山。青鞋黄帽，恢与名士共跻攀。窈窕深林幽谷，诘曲危亭飞观，俯首视尘寰。长啸望天末，余响下云端。

白鹤去，荒井在，汲清寒。醒然毛骨，浮丘招我御风还。拂拭苍崖苔藓，一写胸中豪气，渺渺洞庭宽。山鬼善呵护，千载照层峦。

水调歌头·泛湘江

张孝祥（1132—1170）

濯足夜滩急，晞发北风凉。吴山楚泽行遍，只欠到潇湘。买得扁舟归去，此事天公付我，六月下沧浪。蝉蜕尘埃外，蝶梦水云乡。

制荷衣，纫兰佩，把琼芳。湘妃起舞一笑，抚瑟奏清商。唤起九歌忠愤，拂拭三闾文字，还与日争光。莫遣儿辈觉，此乐未渠央。

三月七日城南书院偶成

张栻（1132—1180）

积雨欣始霁，清和在兹时。
林叶既敷荣，禽声亦融怡。
鸣泉来不穷，湖风起沦漪。
西山卷余云，逾觉秀色滋。
层层丛绿间，爱彼松柏姿。
青青初不改，似与幽人期。
坐久还起步，堤边足逶迤。
游鱼傍我行，野鹤向我飞。
敢云昔贤志，亦复咏而归。
寄言山中友，和我和平诗。

登大沩山[①]

张栻（1132—1180）

上头壁立起千寻，下列群峰次第深。
兀兀篮舆自吟咏，白云流水此时心。

①该诗题，明嘉靖《湖广图经志书》为《登大沩山》，明嘉靖《长沙府志》为《大沩凌云》，清康熙《大沩山古密印志》为《大芙蓉峰》，《张栻集》（岳麓书社，2017年第1版）为《登山有作》。

十四日陪黄仲秉渡湘饮岳麓台上分韵得长字

张栻（1132—1180）

支筇穿百级，把酒问春光。
乔木依然在，幽兰只自芳。
未当湘水满，更觉橘洲长。
暝色犹回首，天涯话故乡。

题岳麓道乡台

范成大（1126—1193）

山外江水黄，江外满城绿。
城外杳无际，天低到平陆。
长烟贯楚尾，远势带吴蜀。
故园东北望，游子阑干曲。

东渚

朱熹（1130—1200）

小山幽桂丛，岁暮霭佳色。
花落洞庭波，秋风渺何极。

兰涧

朱熹（1130—1200）

光风浮碧涧，兰杜日猗猗。
竞岁无人采，含薰只自知。

石濑

朱熹（1130—1200）

疏此竹下渠，漱彼涧中石。
暮馆饶寒声，秋空动澄碧。

月榭

朱熹（1130—1200）

月色三秋白，湖光四面平。
与君凌倒景，上下极空明。

拜张魏公墓下

朱熹（1130—1200）

衡山何巍巍，湘流亦汤汤。
我公独何往？剑履在此堂。
念昔中兴初，孽竖倒冠裳。
公时首建义，自此扶三纲。
精忠贯宸极，孤愤摩穹苍。
元戎二十万，一旦先启行。
西征奠梁益，南辕无江湘。
士心既豫附，国威亦张皇。
缟素哭新宫，哀声连万方。
黠虏闻褫魄，经营久彷徨。
玉帛骤往来，士马且伏藏。
公谋适不用，拱手迁南荒。
白首复来归，发短丹心长。
拳拳冀感格，汲汲勤修攘。
天命竟难谌，人事亦靡常。
悠然谢台鼎，骑龙白云乡。
坐令此空山，名与日月彰。
千秋定军垒，岌嶪遥相望。
贱子来岁阴，烈风振高岗。
下马九顿首，抚膺泪淋浪。
山颓今几年，志士日惨伤。
中原尚腥膻，人类几豺狼!
公还浩无期，嗣德炜有光。
恭惟宋社稷，永永垂无疆。

题浏阳县柳仲明致政云居山书院

杨万里（1127—1206）

云居山高三万尺，下插浏江上撞日。
柳下和风百世师，有孙避地来筑室。
奕叶隐居三百年，栽桃种杏今满川。
当家相傅一破砚，此外文字九千卷。
旄头毕方书散亡，维仲明父再耿光。
木叶衣裳野蕨肠，牙签玉轴还堆床。
更於山下起高阁，竹户松窗照林岳。
阁上诸郎夜诵声，太一真人降云鹤。
向来有子中文科，泮宫弹琴咏菁莪。
析氏门闾人刮目，仲明依旧一渔蓑。

游沩山

徐谊（1144—1208）

我行之宜阳，便作大仰游。
上有参天松，下有漱石流。
群峰拱梵宇，层层閟清幽。
老禅雅爱客，要作数日留。
泉石疗我饥，竹风销我忧。
征尘积经年，可以少涤不。
绝胜秋江上，独钓沧浪舟。
所恨招不来，莫我更唱酬。

龙潭

白玉蟾（1134—?）

尖峰簇簇穿林笋，曲径盘盘绕树藤。
中有古潭深万丈，老龙独卧似禅僧。

又

惊崖却立挨斜日，老桧前临接断烟。
水鸟负暄闲整翼，山禽相贺已晴天。

沩山悬钟石

易祓（1156—1240）

不今不古不朝昏，只与南山伴白云。
我既无声亦无相，众生当以不闻闻。

宁乡道上遇张伯声

戴复古（1167—1248）

山禽调舌待春唠，江雨收声开晓晴。
偶遇故人同杖履，梅花树下一诗成。

岳麓水陆寺

戴复古（1167—1248）

长沙沙上寺，突兀古楼台。
四面水光合，一边山影来。
静分僧榻坐，晚趁钓船回。
明日重相约，前村访早梅。

长沙呈赵东岩运使

戴复古（1167—1248）

日莫远涂行未休，白头又作长沙游。
湘江一点不容俗，岳麓四时皆是秋。
香草汀洲付骚客，红莲幕府聚名流。
吟边万象写不得，上有风流赵倚楼。

咏裴休舍宅为寺

袁甫（1179—1257）

我怜裴相爱参禅，石上莲花几刻镌。
舍宅何如休起宅，鄮侯师俭是名言。

江天暮雪

陈孚（1259—1309）

长空卷玉花，汀洲白浩浩。
雁影不复见，千崖暮如晓。
渔翁寒欲归，不记巴陵道。
坐睡船自流，云深一蓑小。

长沙

汪元量（1241—1317）

洞庭过了浪犹高，河伯欣然止怒涛。
傍岸买鱼仍问米，登楼呼酒更持螯。
湘汀暮雨幽兰湿，野渡寒风古树号。
诗到巴陵吟不得，屈原千古有离骚。

大围山

欧阳圭斋（1272—1357）

大围山高高几许，绝顶嵯峨戴林坞。
石隙花开自夏春，地炉僧拥无寒暑。
清流白鹇涤毛距，绿树黄熊引筋膂。
山腰日午婴儿啼，知有雷公出行雨。

渔家傲·十月都人家旨蓄

欧阳玄（1283—1358）

十月都人家旨蓄。霜菘雪韭冰芦菔。暖炕煤炉香豆熟。燔獐鹿。高昌家赛羊头福。貂袖豹袪银鼠。美人来往毡车续。花户油窗通晓旭。日寒燠。梅花一夜开金屋。

王师至湘江赋咏

朱元璋（1328—1398）

马渡沙头苜蓿香，片云和雨过潇湘。
东风吹醒英雄梦，不是咸阳是洛阳。

舟发长沙

薛瑄（1392—1464）

已觉长沙北，犹瞻岳麓西。

天浮湘水阔，树入楚山低。
岸芷余香草，丛篁染旧啼。
昔贤游览地，我亦为留题。

射蟒台

陆相（？—?）

烧丹人去但空崖，古洞年深锁绿苔。
我有强弓无用处，春风闲上射蛟台。

朱张祠书怀示同游

王守仁（1472—1529）

林闲憩白石，好风一时来，
春阳熙百物，欣然得予怀，
缅思两夫子，此地相徘徊，
当年靡童冠，旷代登崇阶，
高情讵今昔，物色遗吾侪，
顾谓二三子，取瑟为我谐，
我弹尔为歌，尔舞我兴偕，
吾道有乐至，富贵真浮埃。

开福寺

翟瓒（？—?）

梵宇初晴二月天，汉朝宫殿楚江边。
青林背日双僧出，翠壁含风万佛悬。
鹿苑惊沙风黯黯，莲花拱水故娟娟。
远公客至开方丈，漫索诗篇问草玄。

水陆寺

廖道南（1494—1547）

寻幽为访云边寺，乘兴还临河上洲。
万里乾坤此江水，三湘烟雨共维舟。
怀沙不尽灵均恨，许国谁堪贾傅忧。
驰檄近闻多战骑，衔环那复对沙鸥。

过道林寺

萧禹臣（？—?）

石径松声午夜沉，真人跨鹤野塘阴。
我来借榻不成寐，静听山僧诵梵音。

烟寺晚钟

陶汝鼐（？—1683）

度水声犹湿，杳然灵麓峰，
江心白楼阁，不隔暮云钟。

宿密印寺

陶汝鼐（？—1683）

百叠沩峦欲接天，到来花梵在金田。
云泉空色彰诸品，殿阁清风立四禅。
佳客履随欢喜着，令公裾引妙香圆。
灵山此会真殊胜，笑指霜花一粲然。

沩山禅堂

陶汝鼐（？—1683）

坐禅成佛事淆讹，警策承谁恩力多。
师子室中床座满，新分一座与维摩。

长沙

屈大均（1630—1696）

熊绎开南楚，长沙应小星，
城临湘水碧，苑接岳山青，
帝子留笙鹤，皇娥隔洞庭，
徘徊秋月夜，玉殿见流萤。

长沙秋望

屈大均（1630—1696）

雨过星沙楚望开，无边王气尚召回，
苍梧倘得重华返，紫盖应朝南岳来，
父老讴歌思帝力，君臣驰逐失龙媒，
茫茫秋水吞云梦，骚赋空投二女台。

天马山

张九镒（？—?）

天马行空不可軏，眼看山势踏云飞。
若凭大脉西南向，湘水分明玉带围。

假归过司徒岭作，时丙申展重阳日

陶澍（1779—1839）

乍入司徒岭，故乡欣在前。
夜宿白云端，晨立青鳌上。
井里蔚桑麻，烟霞森列嶂。
却指印心庐，未到神已旺。

官山道中却寄秋耘

邓显鹤（1777—1851）

归途西首怯行迟，溪峒梅山路不歧。
村叟能言前博士，野夫久愧古经师。
极天鸟道司徒岭，落日官山魏国祠。
为忆昨宵欢笑处，一樽重晤复何时？

易祓故宅

彭开勋（？—？）

旧是尚书宅，曾题宋大儒。
注经明训诂，抗疏斥谗谀。
一甲淳熙榜，三军节度符。
独怜兵燹后，卷帙已艰虞。

宿岳麓寺

魏源（1794—1857）

经旬偶闭关，关耸白云间，
月树影孤寺，风泉声众山，
桃逢开士晤，鹤似老僧闲，
爱晚亭前立，微闻双涧潺。

晚步寻爱晚亭至岳麓寺

魏源（1794—1857）

斜照颓湘流，湘江生暮烟，
钟声自何来，破此山苍然，
暝色至无际，已隐青林端，
远水带鸥明，近响随樵喧，
老僧隔岸岑，欲访将何言，
聊同暮云出，仍随飞鸟还。

题苍莨谷图

曾国藩（1811—1872）

我家湘上高嵋山，茅屋修竹一万杆。
春雨晨锄属玉版，秋风夜馆鸣琅玕。
自来京华呢车马，胸中恶俗不可删。
洞庭天地一大物，一从北渡遂不还。
苦忆故乡好林壑，梦想此君无由攀。
嗟君与我同里社，误脱野服充朝班。
一别筼莨谢猨鹤，十年台省翔琬鸾。
鱼须文笏岂不好！却思乡井长三叹。
钱塘画师天所纵，手割湘云落此间。
风枝雨叶战寒碧，明窗大几生虚澜。
薄书尘埃不称意，得此亦足隽疏顽。
还君此画与君约，一月更借十回看。

九日邀同吴南屏张子恒等登定王台天心阁归饮养知书屋

郭嵩焘（1818—1891）

二十四年无此会，白头携酒话重阳。
风流十客八登阁，老病三秋一举觞。
坏草遗台今日梦，杖藜簪鬓少年狂。
黄花迟暮诗翁健，胜事招寻到草堂。

登道吾山

谭嗣同（1865—1896）

夕阳恋高树，薄暮入青峰。
古刹云依鹤，空潭月照龙。
坐消百尽瀑，心断一声钟。
禅意渺何着，啾啾阶下蛩。

谒蔡江门先生墓

阎世亨（？—？）

步署城隅更向东，崔嵬高冢啸薰风。
魂飞南国湘流洁，气挺西山麓寺空。
碧血荧荧霜并烈，丹心炯炯日争红。
先民卖国惭何极，义仆还欣似沈忠。

麓山寺六朝松折后作歌

王闿运（1833—1916）

群山阴阴连道林，一株旁立气萧森。
无心与众斗高古，自爱萧闲云岫深。
游人但讶色苍怪，水经湘志无年代。
晋寺重兴宋及梁，六朝电逝山如黛。
岱华犹无三代松，此松兼耻爱秦封。
屈作南朝一名品，冷冷洒洒生清风。
自唐及明少题咏，僻生山峡幽人性。
近来唐罗始知敬，百年游屐破苔径。
谁知贞性不好名，楚风始盛天下惊。
空山偃蹇惯岑寂，安能时听世俗评。
从来千年饱霜雪，去年微冻纠技折。
亦如老聃去流沙，非仙非死凭人说。
世中俗人不见松，犹道山光云气同。

游沩山

王闿运（1833—1916）

华岳归来又看山，喜逢良友共追攀。
春风隔日先舒柳，晴岫开烟乍整鬟。
地有林泉双映带，路随塍埒九回环。
知君新岁寻诗思，早在丹崖翠霭间。
平沙修竹望沩西，行近灵山路转迷。
叠翠几重飞黛色，盘蛇一道引丹梯。
飞桥仿佛过灵隐，结社相将到虎溪。
更向南崖寻瀑布，净瓶公案与新提。

游沩山，宿密印寺

王闿运（1833—1916）

善游不期劳，山水养余心。
既闻灵泉胜，志在云岩深。
曲折随清川，掩映度峦林。
三重秀层阻，丹翠交岚阴。
望厓陵天表，转步旷超临。
平田若仙源，鸡犬答和音。
樵采有时逢，为我袪尘襟。
暂来参玄理，欲住穷幽寻。
绵途信荒寥，端坐玩岖嵚。

黄材道中

岳障东（1859—1921）

履径危峰下，霜淞落伞衣。
青收蓝叶老，红冷蓼花稀。
风木声何疾，寒禽噤不飞。
山中饭颗熟，吟啸未须归。

劫后寄怀八指头佗

释永光（1860—1924）

天遣高僧杖锡来，雨花堂下一亭开。
峦烟莽莽生泉石，龙象雍雍护草莱。
殿阁签题藏宋本，江山文藻付秦灰。
平生苦事空惆怅，暗鸟寒猿起暮哀。

沩山密印寺感怀

释永光（1860—1924）

遥礼灵山第几期，给孤园里草离离。
千华夜落鹃啼血，啼尽残红总不知。

满江红·西望长沙

潘心源（1903—1931）

西望长沙，湘江逆流五月急，魔鬼舞，深仇似海，怒眦欲裂。洪流今又卷高潮，红旗千里蔽日月。正扬鞭驰马指危城，扫妖孽。捣魔窟，且慢着，夺五省，谈何易？挽狂澜既倒，有赖贤哲。巨龙掉头东入海，碧波万顷任游弋。待洪涛掀浪撼孤岛，斯可矣。

狮子岩

程颂万（1865—1932）

泉声穿穴出，怪石踞山尊。
西极来无种，中原势可吞。

万峰悬瘴雨，一顶露天门。
薄暝前途寺，腥风啼古猿。

浣溪沙·中秋前夕闻湘捷

刘永济（1886—1966）

电语流宾夜正赊，
将军雄剑断长蛇，
衡云犹护梦中家。
分付清尊催皓月，
安排长笛换惊笳，
恨深愁急一欢华。

念长沙

徐特立（1877—1968）

妻老孤孙弱，长沙有我家，
寄书长不达，传说被搜查，
尺书望转寄，借以慰天涯。

题船山学社

田汉（1898—1968）

从来多难兆兴邦，一炉烧开百尺窗，
何止孤忠刘越石，姜斋而后又湘江。

哭甘泗淇同志

谢觉哉（1884—1971）

今日上将军，昔日小学生。
问难心笃实，作业性聪明。
踏上崎岖路，赓歌革命功。
搴旗驱外寇，跃马赋长征。
毅力与年力，新兵逊老兵。
余勇贾可待，新猷约未成。
嗟余老且病，伤逝不胜情。

踏莎行·开慧故居

周世钊（1897—1976）

石泻清泉，花开高树，少年英杰曾游处。
皈依革命斗艰危，追随领袖同趋步。
心系痌瘝，身劳驰骛，松催玉碎无回顾。
青山有幸住忠魂，风云万古长呵护。

怀念何叔衡

萧三（1896—1983）

矍铄老翁何叔衡，建党初期立殊勋。
作事不辞牛荷重，感情一堆烈火腾。
平日能谋更善断，赤胆忠心无与伦。
铁骨铮铮壮烈死，高风亮节万年青。

瞻仰密印寺有感

王东原（1899—?）

灵祐兹山祖，宏规启李唐。
千峰开宇宙，一寺压沅湘。
银杏觇衰盛，蒲团看海桑。
我来天倍暖，十月未飞霜。

梨汉双渡

薛岳（1896—1998）

东来浏水入山限，潮杂人声势若雷，
两岸梨江双渡济，天将一水隔蓬莱。

望麓山

易祖洛（1914—2000）

桔子洲头望麓山，山灵识我旧时颜。
遥怜黉舍鸿泥迹，半在荆榛败瓦间。
受雾峰峦无小大，随波鸥鹭有忙闲。
竭来翻羡投林鸟，仰看浮云独倚栏。

湖南第一师范

李锐（1917—2019）

运筹帷幄见于斯，领袖群伦学舍时，
道德文章师友服，一身是胆似传奇。

文论选录

沩山警策文

释灵祐（771—853）

夫业系受身，未免形累。禀父母之遗体，假众缘而共成。虽乃四大扶持，常相违背；无常老病，不与人期。朝存夕亡，刹利那异世。譬如春霜晓露，倏忽即无;岸树井藤，岂能长久?念念迅速，一刹那间，转息即是来生，何乃晏然空过?

父母不供甘旨，六亲固以弃离，不能安国治邦，家业顿捐继嗣。顷离乡党，剃发禀师。内勤克念之功，外弘不诤之德，迥脱尘世，冀期出离。何乃才登戒品，便言我是比丘，檀越所须，吃用常住。不解忖思来处，谓言法尔合供。吃了聚头喧喧，但说人间杂话。然则一期趁乐，不知乐是苦因。曩劫徇尘，未尝反省。时光淹没，岁月蹉跎。受用殷繁，施利浓厚。动经年载，不拟弃离。积聚滋多，保持幻质。导师有敕， 戒勖比丘。进道严身，三常不足。人多于此，耽味不休。日往月来，飒然白首。后学未闻旨趣，应须博问先知。将谓出家，贵求衣食?

佛先制律，启创发蒙。轨则威仪，净如冰雪。止持作犯，束敛初心。微细条章，革诸猥弊。毗尼法席，曾未叨陪；了义上乘，岂能甄别? 可惜一生空过，后悔难追。教理未尝措怀，玄道无因契悟。及至年高腊长，空腹高心，不肯亲附良朋，惟知倨傲。未谙法律，戢敛全无；或大语高声，出言无度。不敬上中下座，婆罗门聚会无殊。碗钵作声，食毕先起；去就乖角，僧体全无；起坐忪?? 动他心念。

不存些些轨则，小小威仪，将何束敛后昆？新学无因仿效，才相觉察，便言我是山僧，未闻佛教行持，一向情存粗糙。如斯之见，盖为初心慵惰，饕餮因循。荏苒人间，遂成疏野。不觉龙钟老朽，触事面墙。后学咨询，无言接引。纵有谈说，不涉典章。或被轻言，便责后生无礼。瞋心忿起，言语骇人。一朝卧疾在床，众苦萦缠逼迫。晓夕思忖，心里恒惶。前路茫茫，未知何往。从兹始知悔过，临渴掘井奚为？自恨早不预修，年晚多诸过咎。临行挥霍，怕怖慞惶。壳穿雀飞，识心随业。如人负债，强者先牵。心绪多端，重处偏坠。无常杀鬼，念念不停。命不可延，时不可待。人天三有，应未免之。如是受身，非论劫数。感伤叹讶，哀哉切心! 岂可缄言，递相警策。所恨同生像季，去圣时遥。佛法生疏，人多懈怠。略伸管见，以晓后来。若不蠲矜，诚难轮道。

夫出家者，发足超方，心形异俗。绍隆圣种，震慑魔军。用报四恩，拔济三有。若不如此，滥厕僧伦，言行荒疏，虚沾信施。昔年行处，寸步不移。恍惚一生，将何凭恃？况乃堂堂僧相，容貌可观。皆是宿植善根，感斯异报，便拟端然拱手，不贵寸阴。事业不勤，功果无因克就，岂可一生空过，抑亦来业无裨？辞亲决志披缁，意欲等超何所？晓夕思忖，岂可迁延过时？心期佛法栋梁，用作后来龟镜。常以如此，乃能少分相应。

出言须涉于典章，谈说乃傍于稽古。形仪挺特，意气高闲。远行要假良朋，数数清于耳目。住止必须择伴，时时闻于未闻。故云：“生我者父母，成我者朋友。”亲附善者，如雾露中行，虽不湿衣，时时有润。狎习恶者，长恶知见。晓夕造恶，即目交报。殁后沉沦，一失人身，万劫不复。忠言逆耳，岂不铭心者哉！便能澡心育德，晦迹韬名；蕴索精神，喧嚣止绝。若欲参禅学道，顿超方便之门。心契玄律，研几精妙；决择深奥，启悟真源。博问先知，亲近善友。此宗难得其妙，切须仔细用心。可中顿悟正因，便是出尘阶渐。此则破三界二十五有，内外诸法，尽知不实，从心变起，悉是假名。不用将心凑泊，但情不附物，物岂碍人？任他法性周流，莫断莫续。闻声见色，盖是寻常。这边那边，应用不阙。如斯行止，实不枉披法服；亦乃酬报四恩，拔济三有。生生若能不退，佛阶决定可期。往来三界之宾，出没为他作则。此之一学，最妙最玄。但办肯心，必不相赚。

若有中流之士，未能顿超。且于教法留心，温寻贝叶。精搜义理，传唱敷扬。接引后来，报佛恩德，时光亦不虚弃。必须以此扶持，住止威仪，便是僧中法器。岂不见倚松之葛，上耸千寻，附托胜因，方能广益。恳修斋戒，莫谩亏逾，世世生生，殊妙因果，不可等闲过日，兀兀度时。可惜光阴，不求升进，徒消十方信施,亦乃辜负四恩。积累转深，心尘易壅。触途成滞，人所轻欺。古云：“彼既丈夫我亦尔，不应自轻而退屈。”若不如此，徒在缁门，荏苒一生，殊无所益。

伏望兴决烈之志，开特达之怀。举措看他上流，莫擅随庸鄙。今生便须决断，想料不由别人。息意忘缘，不与诸尘作对。心空境寂，只为久滞不通。熟览斯文，时时警策。强作主宰，莫徇人情。业果所牵，诚难逃避。声和响顺，形直影端。因果历然，岂无忧惧?故经云：“假使百千劫，所作业不亡。因缘会遇时，果报还自受。”故知三界刑罚，縈绊杀人，努力勤修，莫空过日，深知过患，方乃相劝行持。感百劫千生，处处同为法侣。乃为铭曰：

幻身梦宅，空中物色；前际无穷，后际宁克。出此没彼，升沉疲极；未免三轮，何时休息。贪恋世间，阴缘成质；从生至老，一无所得；根本无明，因兹被惑。光阴可惜，刹那不测。今生空过，来世窒塞。从迷至迷，皆因六贼。六道往还，三界匍匐。早访明师，亲近高德。决择身心，去其荆棘。世自浮虚，众缘岂逼。研穷法理，以悟为则。心境俱捐，莫记莫忆。六根怡然，行住寂默；一心不生，万法俱息。

潭州兴化禅寺新铸钟记

余靖（1000—1064）

金鼓所以警众也。众之攸居，非夫疾噪大呼，安能齐一，必以声宏硕而远闻者，为之节焉。京洛之制，睥睨置钟，节昏晓也；舍卫之法，众集撞钟，节进退也。则知钟之为用尚矣。

兴化禅寺，唐景福中所建，其营造之因、景物之美，则寺记存焉。国家承天立极，四圣继统，日月所照，罔不丕冒，民去兵火之厄，将百年矣。由是僧徒之博识雄辨者，得以佛事率导其间。故其金璧庄严之像，楩柟轮奂之室，日完月构，时兴岁广，不得不益壮而增华也。凡百供器，还视初制，岂不狭小哉，钟之当易宜矣。

本朝铜禁尤严，私无铢蓄，僧坊道具，官为制而给之，惟钟之巨，则许入金而赋铜焉。长老僧绍铣以易钟事闻州，内阁刘公为之上白，朝旨从之。乃募信士，得豫章朱氏舍钱二百万，为檀施之首，众遂向从。购良冶于余杭，积劳数千工，用凫氏之剂，事皆素练。以恭谢改元之明年正月三日，鼓铸于寺之东隅。群僧赞呗，以俟其成；乡坊士女，捐金钱以助其缘。自寅讫巳，一鼓而就。越三月，升之重屋，会阖郡僧俗食而击之，声闻数十百里，真招提之壮观也。自镕范及考击之始，予与群官偕往视之，既嘉其工之巧而赏之，仍镌名于钲铣之间。绍铣又伐石乞词，以志岁时。嘉祐二年四月日。

岳麓山记

张舜民（1034？—1100?）

甲子，晴无风。发潭州，循西岸牵行舣舟，至王公亭，奠南岳行祠。游岳麓升中、洞真观，谒汉文帝庙、岳麓书院、塔院。大抵诸寺相邻，惟升中寺最高，宛转登陟，可百余步。门外小溪，激射竹木，其声泠然，稍稍露石角。寺后有法华台，高绝山顶，晋僧法崇者笺《法华经》于此，有杉樝数本，其大如菌，云陶士行手植也。王公亭，湖民为王宰少卿所立。洞真观，记云邓固真人上升之所。岳麓书院有孔子堂、御书阁，堂庑尚完，清泉流经堂下，景意极于潇湘。升中寺法华台下有鹤泉，涓涓有声，味极甘冷。

橘洲湘江中，南北与城等，有巡检司，僧寺两三所，居民业渔者数百家，景物最为佳处。秦少游死藤州，其子护丧槁殡潭州。黄鲁直有诗云“长眠橘洲风雨寒”。

沩源记

洪觉范（1071—1128）

岷江因山为名，初发泫然滥觞，漫衍而至楚，则为际天之云涛，万斛之舟戒风而不敢济。沩山因水为名，众泉嚣发于烟霏空翠之间，旋绀走碧，汇为方渊，蒸之成云雨，放之成江河。盖岷江资之者众，而沩水善养其源也。住师空印禅师笑曰：一法界中无假法者，故揭于大仰堂之南，荥曰沩源，欲学者观水之有源，知自心之灵源未尝竭也。盖岷江之资众，知众智之不可不学也。

然先究自心，后资众智，道之序盖如此。故善财童子南询诸友，必曰我先发菩提心。如何名菩提?行有人于此，因山中之气候，更四时之阴晴，入重重法界。方其宿雾蒙蔽，微见渊色，则若凡夫，虽有染心，而性常明洁。雾开而澄滓，日光下彻，则若二乘已澄诸念，定慧超越。更昏昕之湛然，视纤毫之不隔，则若人牛两忘，而蓑笠未彻。微风徐来，方渊鳞鳞波波之中，顿见方渊，而波非大，方渊复入众波，而渊非小，则若敛目于楼阁之前，见三世于一念。

呜呼！沩山为湘南大丛林，而空印道光雨本，槌大鼓，临人天，万指围绕，今乃退藏于不言之中，借山泉为貌体，听万象以说法，何也?盖道不可以言传，故前圣贱言语，小譬喻。又欲学者自得之，故设象比兴，以达其意。鞞瑟支罗，不言佛身，不可以色相求也。而供养旃檀塔座，多宝如来，不言根尘，俱寂即是自身也。而以宝塔听经，余观前圣莫不然，何独空印哉?

宣和二年八月初吉，会余于湘西之濒，夜语及山中之胜曰：恨子未见吾泉，然强为我记之。余戏曰：师以山泉为舌，为衲子说法界自在缘起无生之法，而余以翰墨为五色藻辩才而画图之，他日有寻流而得源、悟意而忘象者，可以拊手一笑。中秋前一日记。

四绝堂分题诗序

释惠洪（1071—1128）

宣和三年秋七月，青社张廓然罢长沙之教官。十五日渡湘，将北归，馆于道林寺，携家遍游湘山胜处，如人经故乡，恋恋不忍去;门弟子相守不舍，又如痴儿之嗜蜜，日追随于晴岚夕晖之间，笑语于千崖万壑之上。二十二日，会于四绝堂者十人，而余适至。廓然顾嗟叹息曰："爱山，吾天性。所以迟留未发者，眷此邦之多奇士也。不然吾何适则不可乎?"余曰："东坡尝曰：'故山去千里，佳处辄迟留。'此语殆为公今日之游说也。"于是分其字以为韵，赋诗纪其事。未及点笔，会余有急客至，驰归。廓然与诸公登清富堂，汲峰顶之泉，试壑源茶，下鹿苑寺，散坐于青林之下久之。并岸而北，遂经槲林坞至南台。暮夜矣，呼灯小酌，剧谈赋诗，诗成而情不尽，饮少而欢有余。是夕，风高月黑，万树秋声，廓然长揖，飘然而归道林。余使人秉炬追送之。明日，诸公皆以诗来。廓然曰："湘西盖冠世绝境，而吾客皆韵人胜士。兹游也，无愧山阴治城，子宜序，以冠群诗之首。"余曰唯唯。

风雩亭辞并序

张栻（1132—1180）

岳麓书院之南有层邱焉，于登览为旷。建安刘公命作亭其上，以为青衿游息之地。广汉张某名以"风雩"，又系以词。

眷麓山之回𡋯，有口诵之一宫。郁青林兮对起，背绝壁之穹窿。独樵牧之往来，委榛莽其蒙茸。试芟夷而却视，翕众景之来宗。擢连娟之修竹，森偃蹇之乔松。山靡靡以旁围，谷窈窈而潜通。翩两翼兮前张，拥千麾兮后从。带湘江之浮渌，矗远岫兮横空。

何地灵之久閟，昉经始乎今公。悦栋宇之宏开，列阑楯之周重。抚胜概以独出，信兹山之有逢。予揆名而诹义，爰远取于舞雩之风。昔洙泗之诸子，侍函丈以从容。因圣师之有问，各跽陈其所衷。独点也之操志，与二三子兮不同；方舍瑟而铿然，谅其乐之素充。味所陈之纡余，夫何有于事功。盖不忘而不助，示何始而何终。于鸢飞而鱼跃，实天理之中庸。觉唐虞之遗烈，俨洋洋乎目中。惟夫子之所与，岂虚言之是崇。嗟学子兮念此，溯千载以希踪。希踪兮奈何，盍务勉乎敬恭。审操舍兮斯须，懔戒惧兮冥濛。防物变之外诱，遏气习之内讧。浸私意之脱落，自本心之昭融。斯昔人之妙旨，可实得于躬循。点也之所造极，颜氏之深工。登斯亭而有感，期用力于无穷。

潭州委教授措置岳麓书院牒

朱熹（1130—1200）

本州学之外，复置岳麓书院，本为有志之士不远千里、求师取友至于是邦者，无所栖泊，以为优游肆业之地。故前帅枢密忠肃刘公特因旧基复创新馆，延请故右司侍讲张公先生，往来其间，使四方来学之士，得以传道授业解惑焉。此意甚远，非世俗常见所到也。比年以来，师道陵夷，讲论废息，士风不振，议者惜之。

某叨冒假守，蒙被训辞，深以讲学教人之务为寄，顾恨庸鄙，弗克奉承。到官两月，又因簿书，未能一往。谒殿升堂，延见诸生，诣考所合罢行事件，庶革流弊，以还旧规。除已请到醴陵黎君贡生充讲书职事，与学录郑贡生同行措置外，今议别置额外十员，以处四方游学之士。依州县则例，日破米一升四合、钱六十文。更不补试，听候当职考察搜访，径行拨入者。庶几有以上广圣朝教育人材之意，使凡为学者知所当务，不专在区区课试之间，实非小补。牒教授及帖书院照会施行。仍请一面指挥若干人，排备斋舍几案床榻之属，并帖钱粮官，于本州赡学料次钱及书院学粮内通融支给。须至行遣。

祭张南轩先生文

朱熹（1130—1200）

呜呼敬夫！遂弃予而死也耶！我昔求道，未获其友，蔽莫予开，吝莫予剖。盖自从公，而观于大业之规模，察彼群言之纷纠。于是相切磋与以究之，而又相励以死守也。丙戌之冬，风雪南山，解袂槠州，今十五年。公试畿辅，公翔禁省；公牧于南，我遁严岭。显晦殊途，心莫与同。书疏恳恻，鬼神可通。公尹江陵，我官庐岳，驿骑相望，音问逾数。去腊之穷，有来自西。告我公疾，手书在攜。我观于时，神理或僭，是疾虽微，已足深念。亟遗问讯，阅月而归，即亟发书，叹吡歔欷。时友曾子，实同我忧，挥涕请行，谊不忍留。曾行未几，公讣果至。张侯适来，相向反袂。

呜呼敬夫！竟弃予而死也耶！惟公家传忠孝，学造精微，外为军民之所瞩望，内为学者之所依归。治民以宽，事君以敬，正大光明，表裹辉映。自我观之，非惟十驾之弗及，盖未必终日言而可尽也。矧闻公丧，痛彻心膂。缄词寄哀，不遑他语。顾闻公之临绝，手遗疏以纳忠，召宾佐而与诀，委符节以告终。盖所谓得正而毙者，又凛乎有史鱼之风。此尤足以为吾道而增气，抑又可以上悟于宸聪。又闻公于此时，属其弟以语予，用斯文以为寄，意恳恳而无余。顾何德以堪之，然敢不竭其庸虚，并矢词以为报，尚精爽其鉴兹！呜呼哀哉！

题潭州道林寺六绝堂

周必大（1126—1204）

唐乾符中，袁皓作《道林寺四绝堂记》，盖指沈传师、裴休笔札，宋之问、杜甫篇章也。本朝治平四年秋，蒋之奇别为记，谓："沈、杜固无闲言，裴本学欧阳询书，寺幸有询四大字，当为一绝。又不应近舍韩愈，远及之问。"其去取如此。今三人诗各载集中，众所共知。惟袁记与裴、欧字画则不复存。

予既稍葺其堂，访沈碑而归之，复临阁本欧书并襄阳僧舍所作八大字，并刻于石。盖欧实郡人，裴尝牧此，俱不可废。今古异同之论，衍四为六，其在兹乎。后数日，寺僧于朽壤中得大中十一年断际禅师《传心法要序》，字乃小楷，亡其后段，亦作裴笔，真膺未可知也。先是堂之题梁，著马氏五代时职位，近岁修长沙志，遂谓此石创于马氏，误矣。

萧曹丙魏孰优论①

易祓（1156—1240）

大臣之用天下，当维持天下之治体，而末节不与焉。即其区区之末节，而较其一时之所长，则其著见于事业者，固不能无等级之辨，然非所以论大臣用天下之道也。治天下有定体，大抵宽大乐易者有经久之谋，而刚锐果敢者皆迫切之计。为大臣者固当培植国本，固结人心，使天下之治至于千万世而不穷，焉可也？苟治体之不察，而一切之严毅者究心焉，则其目前之效非不耸然可嘉也，而治道之元气索矣。

昔者汉家之治源流深长，诚不可以一时之严毅为之也。萧何之画一，曹参之清净、丙吉之长者，是固足以维持汉家仁厚之政，而魏相独以严毅闻。严毅非不足以为政，而汉家之治体果如是乎？君子于是而考明之。则四子之所以用汉者殆不容无所辨，萧曹丙魏孰优，请因班固之说而申之：有一代之治，必有一代之治体，而其所以辅赞，弥缝于不可终穷之地者，要必有以任其责也。苗民之弗率声其罪而诛之，无难也；而禹之相舜，乃急急于班师之举；商民之弗靖，虽锄而绝之弗恤，焉可也？而周公之相成王，乃谆谆乎姑为教之之言。夫优容和缓之，不足以制天下之变固也。而圣人之心，顾乃委其自安，待其自定何也？盖不如是，则不足以维持天下之治体也。然则三代之所以为有道之长者，其以此欤！

西汉之兴，固不可以三代之治责之也。然高祖天资仁厚，出秦民于水火之余，而纳之于衽席之上，萧、曹二子亦且静厚少事，而足以为安养休息之政。夫是以一代之治，亦可以久传而无后患。自武而宣，则其浑厚之气亦少蠹矣。丙吉之长者，犹足以扶其颠而支其坠。至于魏相之严毅则又益甚焉，是不可以不辨也。而世之论治者则曰：萧何以民田而自污，其视乎相之称上意者为孰愈?曹参以醇饮而自肆，其视乎相之总众职者为孰优?丙吉闻匈奴之警而后任科琐边吏之责，其视乎相之职兵略者为孰胜?自是而观，则相之才智自足以振耀于一时，而非三子之所可及也。

然君子不观其才智之所用，而深考其维治持体之所在，则优劣之辨始有可得。而论者采明堂月令之说，而不知其品式之繁，诚不若三章之约为简且易也。奏贾谊晁错之言，而不知陷于刑名之过，诚不若狱市之不扰者为安且久也。稔霍氏之祸而不能救赵，盖扬韩之诛，诚不若三公不按吏者之为，无后悔也。三子之所以维持治体者，相果能之乎?相当宣帝严毅之朝，不守高帝仁厚之治，顾乃耗天下之脉，滋天下之变，则三子之智似不如是。君子于是而观之，则其人之优劣，盖有定论矣。虽然，汉家仁厚之治，是固不可以不守也。然文帝之朝，公卿大夫风流笃厚，耻言人过，其仁厚可知也。至于周勃之椎鲁，申屠之木强，是虽不至于激天下之变，而亦何补于汉家一代之治哉。

吁！治天下之道，不病于法制之不详，而病于法制之过详也；不病于政令之不严，而病于政令之过严也。用天下者，果能因其一代之体而守其一定之法，则仁厚之政至今存可也。萧曹远矣，丙吉之长者固莫得而见也。与其为魏相之严毅至于亏天下浑厚之气，固不若车屠、周勃之徒，虽不足以耸当世之听观，而亦不至于激天下之多事也。君子其可不为之辨明乎？今观班固之于数子一概而论之，且曰君臣一

①此系易祓点获状元的殿试策论。

体，相待而成。则夫萧、曹、丙、魏之得君行道，是故不可以优劣辨者。然独于魏相之严毅而谓其不如丙吉之宽，则班固之论盖亦深识乎？治体而非泛然之论也，犹之一身焉，于康强无事之时，而投之以决裂瞑眩之药，非徒无益，而又害之！此治体之说也，固之论数子亦主乎此而已矣。学者当以是求之。谨论。

道林寺衍六堂记

文天祥（1236—1283）

余步行长沙，道湘西，登道林寺。旧有四绝堂，指沈传师、裴休笔札，宋之问、杜甫篇章也。堂之颜，吾乡益国周公书之。至是百二十年，公又有记，述蒋之奇语。之奇取欧阳询书、韩愈诗，而黜裴、宋。公独合古今异同，有衍四为六之说。人之意度，相远如此。僧志茂以屋压字漫，寿公字于石，取公之意，易名衍六，将揭于新堂。予嘉其有二善焉：补唐贤故事，宝乾淳遗墨，非俗衲所为。为之嘉叹而记其后。

元史·欧阳玄传

宋濂（1310—1381）

欧阳玄，字原功。母李氏，亲授《孝经》《论语》《小学》诸书，八岁能成诵，始从乡先生张贯之学，日记数千言，即知属文。十岁，有黄冠师注目视玄，谓贯之曰："是儿神气凝远，目光射人，异日当以文章冠世，廊庙之器也。"言讫而去，亟追与语，已失所之。部使者行县，玄以诸生见，命赋梅花诗，立成十首，晚归，增至百首，见者骇异之。年十四，益从宋故老习为词章，下笔辄成章，每试庠序，辄占高等。弱冠，下帷数年，人莫见其面。经史百家，靡不研究。

延祐元年，诏设科取士，玄以《尚书》与贡。明年，赐进士出身，授岳州路平江州同知。调太平路芜湖县尹。县多疑狱，久不决，玄察其情，皆为平翻。豪右不法，虐右不法，虐其驱奴，玄断之从良。贡赋征发及时，民乐趋事，教化大行，飞蝗独不入境。改武冈县尹。县控制溪洞，蛮獠杂居，抚字稍乖，辄弄兵犯顺。玄至逾月，赤水、太清两洞聚众相攻杀，官曹相顾失色，计无从出。玄即日单骑从二人，径抵地谕之。至则死伤满道，战斗未已。獠人熟玄名，弃兵仗，罗拜马首曰："我曹非不畏法，缘诉某事于县，县官不为直，反以徭役横敛培克之，情有弗堪，乃发愤就死耳。不意烦我清廉官自来。"玄喻以祸福，归为理其讼，獠人遂安。

召为国子博士，升国子监丞。致和元年，迁翰林待制，兼国史院编修官。时当兵兴，玄领印摄院事，日直内廷，参决机务，凡远近调发，制诏书檄。更张朝政，事有不便者，集议廷中，玄极言无隐。科目之复，沮者尤众，玄尤力争之。诏修辽、金、宋三史，召为总裁官，发凡举例，俾论撰者有所据依。史官中有悻悻露才、论议不公者，玄不以口舌争，俟其呈稿，援笔窜定之，统系自正。至于论、赞、表、奏，皆玄属笔。五年，帝以玄历仕累朝，且有修三史功，谕旨丞相，超授爵秩，遂拟拜翰林学士承旨。

十七年春，乞致仕，以中原道梗，欲由蜀还乡，帝复不允。时将大赦天下，宣赴内府。玄久病，不能步履，丞相传旨，肩舆至延春阁下，实异数也。是岁十二戊戌，座于崇教里之寓舍，年八十五。帝赐赙甚厚，追封楚公，谥曰文。

重修岳麓书院记

李东阳（1447—1516）

东阳昔省墓长沙，尝渡湘江，登岳麓，访宋人所谓书院者，得断碑遗址于榛莽间，慨晦翁、南轩二先生之余风遗泽，未有以复也，顾有寺存焉耳。越二十余年，则闻通判陈君捐俸治材，为中门，为左、右庑，甃石数级，上为讲堂，又上为崇道祠，以祀二先生，复名之曰岳麓书院。未几，陈君以内难去，且卒。通判李君锡与推官彭君琢构亭其巅，名之曰极高明，又买田若干亩，以成陈志。比王君来知府事，帅僚属、师生行舍菜礼，诸所未及，如辟道路、备器用、广旁舍、储置经史、延师领教，皆次第举行，而同知杨君实佐其事。

盖兹院自宋初郡守朱洞始建，（贞）宗时，李允则请藏书，国子监簿周式教授其间，乃请赐额，遂与应天、白鹿、石鼓并称为四大书院。及南渡，毁于兵，安抚刘公珙复建。孝宗时，二先生实会讲焉。光宗时，晦翁为安抚，更建于兹地，学者多至千人，田至五千顷，庙舍至百余间。今殿基故在，遗址废，田为僧卒势家所据，历三百余年，而兹院始复其旧。于是王君遣使属记于予，亦陈昔所尝请君也。

惟古者学校遍天下，其教与学者皆圣贤之道，故能以一德同俗。及世衰政弛，道晦不明，上择官以教，下择师以学，穷什一之力而后得，世之少治而多乱，奚惑哉。今学有恒制、师有定员，弟玩常惕，久不能无望乎什一之外，如书院者。故士或起于乡塾，则于此为培养之地；或籍于郡学，则藉游息以广见闻。使斯道之在天下，体用一源，显微无间者，随厥穷达，皆可为成己成物之用，乃可以言学。不然，虽学于此，犹学于彼，无益也。且南轩得衡山胡氏言仁之旨，观所为书院记，亦惓惓以是为辞。晦翁之学，固有大于彼，然亦资而有之。后之学者，曾不逮其万一，而不百倍其功，恶可哉！

由南轩以企晦翁，又等而上之，以希所谓古之人者，庶几为兹院之重，以为山川光。若其程格条绪，则存乎教与学，吾于吾大夫士望之矣。院建工于弘治甲寅七月，落成于丙辰十月，陈君讳钢起乡贡士王君名瑫、杨君石茂元举进士，皆四明人，吾郡之贤大夫也。助建祠屋者，布政参议罗君鉴、都阃杨君铨、府学生陈大用辈；助置田者，国子生李经，皆郡人。寺僧法印实董其役，盖亦有慕乎吾教者，不欲泯其名，亦附书之。

重修渫湾桥关壮缪侯庙碑

黄宝（1456—1523）

汉关将军壮缪侯，乃心汉室勋烈，且炳炳麟麟矣。方其鏖兵赤壁，曹孟德之狼奔鼠窜于华容者，犹曰藉势东吴，公瑾德谦，亦得分一臂之劳。而侯于追亡逐北之余，在彼已势若釜鳞。我何难掩其阱兽，顾置之死地而犹生，留未烬之灰复滋。难图之蔓，毋乃纵敌而挠军令乎？而侯之用意甚深，而为虑甚周也。有曹与吴以犄角之，而我得以坐观其变。曹去则东人无北顾之忧，焉知不有西向之举。此岂浅人所能测哉！厥后昭烈既西，侯以一身独处江陵，扼吴与魏之中吭，跃马横刀之力，多在襄水荆樊之间。讵料功堕于末路、业挫与垂成，未必非时数之适然。而猥以成毁论英雄也，亦浅之乎。为丈夫矣，要其灏气丹忱，炳于天日。

累朝以来，保厘家国，惠爱黎元，通都大邑，穷乡僻壤，靡不尊崇而庙祀之，无虑千百处。郡城湘春门外有庙在焉，岁时官民屠牲湑酒，为国祝厘。缘城内尚有黄忠故宅，相传庙为侯与忠交战之所，其说存而不论可也。

余高大父侍郎公自豫章致政归，建侯庙于湘江之西溁湾市，规制粗讫，铙鼓鱼螺钟磬之属，靡不具备。僧某幼有夙悟，秉戒于华山，乃令住锡于此。方拟为后殿、为前楹及左右廊庑，庾井庖湢，次第经理。讵靖难师起，匆促停工。未久而僧示寂，又未久而我公亦前赴玉京矣。余省墓频过其地，肃而入焉，登其堂而梁桷陊剥，晨钟暮鼓，响寂音沉，惟侯像岿然存焉。乃刻日鸠工庀材而重理之，市井若士，若农若贾，咸踊跃欢忻，相与拜而揖之，尸而祝之。且曰：自侯庙建后百余年来，阖境时和年丰，土敝水烦之患无有也，疾疠夭札之灾不作也。侯惠绥一方，而庙宇不修，我辈无能为役。缘系公家庙，弗敢举也。

于虖！圣王之制祭祀也，以死勤事则祀之，以劳定国则祀之，能御大灾、捍大患则祀之，是岂可视为寻常谄渎之地乎哉？顷夏奉吉王殿下命，为重修郡城寿星观落成撰文，因属同郡南陵罗都宪湘川书以寿诸石。因慨然念我先人溁湾桥未竟之工，余亦颓然就衰恐其久而湮也，后之人倘有更举其事，丰其亹者乎。毋亦茫乎前望溯图经所始而无从也。爰将建置所由来次列于左，仍请湘川书之而系之以铭。铭曰：

羲驭代序，正气冏光。麓山之北，溁湾之阳。保兹黎庶，固兹金汤。吴宫墟圮，魏阙苔荒。以古况今，孰否孰臧。元霄奕奕，白水洋洋。岳镇同峙，湘水偕长。大明正德十一年岁在丙子季秋。

神禹碑序

湛若水（1466—1560）

余来为南礼部尚书之明年，传闻衡山有神禹碑，发于地中，即欲往观而未能。又明年，为嘉靖乙未之秋，楚士有摹神禹碑来遗者，快睹而谛观之。字画奇古，与后来篆籀手笔迥别，而碑石复剥落，虽习于古者仅能辨其一二字，既不可识其中所云。独于碑末有小楷书“右帝禹刻”四字，意者必后来汉唐人，因见此碑，别有所考据而题之。及考韩昌黎《岣嵝山诗》云云，而刘禹锡《寄吕衡州诗》亦曰“尝闻”云云。盛宏之《荆州记》云：南岳周回数百里，昔禹登而祭之。徐灵期《南岳记》云：夏禹导水通渎，刻石书名山之高。《南岳文》运：高四千一十丈。由数说合《禹贡》而观之，则大禹因岷山导江，历湖入海，过南岳，登祭而刻石此山，即此碑无可疑者。

然韩、刘二公，盖皆闻而不及见。今余幸见之，而其所谓科斗拳薤、倒披鸾凤、飘挐虎螭，悉如此碑字画之形状，岂所谓道人之遇见者所流传。而碑末四字，或即此时题之欤？至于二公所云秘文秘迹，则理固有然者。夫宇宙内神物，固当天宝而地藏之，岁久则必复见。而余幸当其数千载复见之会，又获观之，则是二公之不得见而悲诧涕洏者，顾不幸欤。

朱张祠记

曾如春（1538—1603）

圣朝崇儒，神化酿治，环宇雍雍，二百余祀。历宪臣代狩，崇望山川，秉宜德音。倾直指紫亭，甘公南巡于岳，释采岳麓书院，谒晦庵、南轩二先生祠。特檄祠制议新，规度宜宏，垣墉宣固，计业役两月报竣，荫大观永栖灵密。予藉陪成事。落之日，敬稽首飏言曰：“兹邦人士抑知服习二先生遗训，仰承直指公新祠，作人之盛美矣!”

史载：乾、道间，晦庵如湖南，曰“南轩讲论”之语，无所考见。独曰岳麓唱和诸什，一曰“超然会太极，眼底无全牛”；一曰“始知太极蕴，要妙难名论”，是二先生造臻肯綮，指授南邦人士，盖《太极图》旨也。《图》始道州元公，闳深奥衍，归于主静、立极而学圣，要旨误之乎“无欲”一言。无欲故静，静故虚，虚而能神，是以道与天地合，德与日月合，序与四时合，明与鬼神合。凶吉自太极有图，图有说有解，此是彼非，几于聚讼。

惟“上天之载，无声无臭”数语最为完密。然《中庸》所谓无声无臭，实自戒谨。不睹恐惧，不闻中来，本体不落声臭，功夫不落闻见。辨在有欲无欲之间，欲根丝忽不尽，便不是谨。恐惧虽使栖心虚寂，终是未离声实也。欲根消尽便是戒惧真体，虽终日酬酢营为，莫非神明妙用，而未尝涉声臭也。此之谓“无所为而为之”义，“万物一体之”仁。

昔者伊尹，道协一德，功格于皇天，世常诵其勋烈冠古今，而不知其不视不顾者，则根荄固也。嗟乎！此非无欲令甲，而元公所望斯人以志之者。与邦人士幸生于元公之乡，服行二先生过化之道，剏游息有地，馆谷有资，作养有人，试验之，不为不欲之，素视阿衡何如也，斯可以仰对直指公已。

公讳士价，江西信丰人，万历丁丑进士。渊源正学，敦隆先儒，一巡南国而濂溪、岳麓，嘉惠表彰，百年茂举。

是役也，时纳而用不告匮，事集而力不告疲，费省而上则称巨。时知府吴道行，滨川人，雅尚好文，协谋肇美。董其役者，湘阴县丞山阴俞尧中。

读神岣嵝碑歌

刘汝楠（？—?）

吾闻：岣嵝之山图牒古，神禹按之平水土。元彝一夜发简书，海若天吴莫敢睹。金符玉册奏成功，天地成平四海同。未向会稽藏简字，先勒名岳播神工。衡山古镌今明灭，吊古雄才空填咽。千秋万载不复闻，七十余字谁称说。近年至宝出人间，此碑乃落岳麓山。神物守护在苍莽，霜凌雨溜赤石斑。樵人亟见不相识，太守闻之长太息。披榛剔藓叹大奇，岂是者冥移鬼力？鬼力谁能移，神理空自知。鸾轩凤举翩然下，虎攫龙腾争为驰。我昔持之不能读，空堂一幅开岳渎。即今倚石摹赤文，海水欲翻泰山覆。山阿含睇已无人，洞庭萧萧落黄木。

嘉靖十有九冬至，湖广按察司提学佥事，闽中刘汝楠题。善化生员張僎书。

岳麓山水记

吴道行（1560—1644）

衡山之峰七十有二，绵邈几十万余里，迄长沙湘江之西而尽，则岳麓峭壁擎空，联岍叠嶂,可数十里许。东面豫章、浏醴诸峰，漂渺天际。北漾洞庭、湘水，澄澈如疋练。峰西东广约五丈，南北倍之。怪石奇伟悬绝，磴一片如屏，禹碑刻其上。碑右一坎，为神禹拖船坳，洚水“怀山襄陵”，其信然哉。折而南，两峰环抱，中涵彝隅，幽清而衍，泉声淙淙，瀑布落风雩亭，则岳麓寺峰也。又折而南，倏伏倏起，土而不胜石而石骨苍秀，色古倩，随拔一峰如伏釜覆钟，碧树千章，绿光隐隐浮动，若悬崖石砥凌虚嵌空，则云麓宫峰也。峰陟若干级，江流环带，中拓一坪如掌。再折而东，盘旋逶迤特据江，大天马山也。折而北，为抱黄洞、崇真观诸山，修坂叠巘，幽渺宏旷。又折而北，群峭骈联，面面南顾而趋东，道林、桃源、小天马山也。再折而北，崔嵬树石，纠窈蒙茸，为官星山、人字山。崌嶙平衍，驳霞腾雾，为王屏山，是又兹山衣履之所覆护焉。其它圭峰、云母、潆潭隶左臂，金牛、金盘、旗鼓、靳江隶右臂，总以成岳麓胜概，为星沙一大观也。

登山之径匪一，自郡城从上渡过渔村，三里登岸。从下渡过橘洲，历禹迹溪五里登岸，从古渡半里达中洲，仅一衣带水。登岸，宋朱、张讲学胥由此，代有浮桥，而今废矣。

一岸滨江约四里为古柳堤，中有石坊曰岳麓书院，宋真宗赐额也。岸内有湘西书院旧址，进而为梅堤，为咏归桥，为濯清池，约三里抵书院。入静一堂，登尊经阁，朱晦庵书“忠孝廉节”四大字，斋馆号舍若干楹。阁后有堂翼然，祀六君子，石壁镌“紫阳遗迹”。近北为流觞曲水亭、百泉轩，源自白鹤泉。历兰涧泻来，转入洗车亭、濯缨池,一线清分沙漏石。昔人所谓冷暖与寒暑相变，盈减经旱潦不异者非耶？右有宣圣殿，承以崇台，盘以文石，虬栋云榱，华梁藻井，令人有宫墙数仞思。擎杉百本，干不甚巨，而鬣叶鬖鬖如发，晋陶士行所植以壮庵居者。庵近藏书阁旧址，久就茀没。其它古柏苍松，修篁巨桧，菁茂离披，即蔚蓝光碧之境宁啻过之。左为山斋旧址，殿后高阜百级，有四箴亭。又上即朱、张讲学处也，古今名人碑刻立焉。稍进，故孙太守建亭赫曦台上，而今以祀道乡先生矣。

降而箸篑谷，旧钟仙巢吹香亭，宋理宗笔也。趋而上，有崇真观，晋邓郁修炼处也，久与万寿宫、射蛟台俱属榛莽。随攀萝附筱以登，仅抱黄洞在焉。寻循小径转登道，蜿蜒峻绝不可步，每以一足蹁踔行，左右皆万仞之溪，无可倚。历千余级，憩高明亭，古赫曦台基也。再转数百级，达禹碑亭，于时色相斐蕤，神彩焕发，岳麓之奇当无最此已。从禹碑由故道翼而北，至棂星门，觅雨花、谕苗两台基，北海碑峙山麓，旁有米元章数字碑，经数千年曾不少泐，岂三绝神奇，应亦有山灵呵护耶。由此渡清风桥，望兰涧、石濑，水石相搏击，如花如雪，湃口有声。登清风峡、风雩亭、道乡台、雪观诸古迹，恍在虹光岚黛间。转入岳麓寺不数武，经观音阁视自鹤泉，一线石隙中瀐瀐出，甘洌异诸水。循僻岩数百级，上讲经台，宫殿壮丽甚。殿后依岩建静院修廊。廊外绿峰岩泉互相照耀,僧人刳竹从岩畔取泉，声韵更幽。诸如古峰修柯,朱藤蔓络，幽闲萧森，当不让三山五岳。

返峡南趋，皆奇石,块而伏者、锐而昂者，如狮如貉、如鱼鸟者。几经转曲，层累上云麓峰绝顶，昔金道士禁足处，后冶铁为瓦，凿石为柱，建宫祀玄帝，右五岳帝祠附焉。四面环绕多珍木茂树，轮囷扶苏，而南首琅玕近千。人倚栏凭眺，溪谷田径，岗阜林泉，江河波涛，洲渚城郭，室居庐井，俱在紫气青烟中。既降，有石飞岩外，如伸螭首，面平如砥，约二丈。土人竖石为柱为栏覆其上，拜衡岳。石下空深数丈，瞰之毛发皆竖。百千簇竹，树自下迸起，劲挺凌霄，姿态百出，又转一奇观也。从石趋南降百十级，山自峰顶累累下，围垣高护其中，土石文致，控昭霞而襟湘水，其野色更异他山 。

自山左伏渐趋渐下，过咏归桥，越桃园至道林坪。古有道林精舍、四绝堂、石浴池、道林寺，又别有天地也。四面高山环合，异石悬岩，若舞兽翔禽，云霞映照，五色氤氲，涧流山泉，飘风激滄，濑石铉铿，可当一部鼓吹。远望樵夫牧竖，隐跃如画阁中人。对面，三洲水陆等屹然江心，为麓山闭捍。渔舫巨舰缭绕，上下水光烟波，呈巧献奇有是哉。

岳麓之胜，甲湖湘而光古今也！然而岳麓之传自书院，其重以朱、张，况乎禹碑蝌蚪，千秋欣慕，速汉、晋、唐、宋以迄于今，帝子名贤，祥宗羽客，风韵如新。夫岂非山川奇异，足畅胸襟而开清之致也！

沩山游记

陶汝鼐（？—1683）

衡岳之下，山川之大者以数十，而沩最著。其山水之源出于岷峨，居然嶙峋天半也。而以世外香泉、云中沃壤，尤擅绝胜矣。古称千五百人善知识所居。往有三大寺，代接灯幢，替而复盛，出而崇护之者，辄属公卿将相。沩之灵，伟矣哉!

山去邑郊才百五十里，以其荒久而远，游屐不到，然心企之，未尝一日忘此游也。大宗伯湘潭李公家居闲，欲揽沩山之胜，且慕大圆禅师隐山中节高，今秋八月，慨然来游驺御简略，独驱一白牛随之。馆于香山寺，知予兄里选在鄂，亟召鼐及胡子懋选使从。

越一日，即戒装往。公选健隶舁篮舆负襆，予二人跨蹇驴，出郊直西行。轻阴凉籁，甚与游宜。行三十里，为回龙铺小市桥亭，憩而茗。午抵玉堂铺，少息，俟仆夫饭。公曰：“僻驿耳，曷为名玉堂?”胡子对曰：“昔南宋时，殿元易公祓家在沩源，此其出入之路。曾建玉堂坊于此，后代因以名其驿云。”又三十里，入五龙寺。僧朴甚，然不寒乞，能办青刍白饭。计抵沩道里适中，遂宿焉。

旦起，四山明霁，游兴益惬，行益早。至长桥，田中获者初集。桥畔一穹碑岿然，公下舆，拂碑观之，是宋南轩张公过此桥之诗，刻于石，有“徘徊念今昔，领略到渔樵”之句。公顾予二人曰：“昔魏公父子尽瘁国事，愿死葬衡湘间。今读其诗，尤令人忾然起敬!”相与徘徊久之而后去。一路望沩峦，郁苍天表，篮舆驴背上人，心目总在千岩万壑之上。

由是循沩江，行至黄材，崇甍巨闼，与数百户村廛相错，嚣然有市气。然岩苍霭白，已逼落游人襟袖，若未始与市遇也。逾数里，经得胜寨，危峰拔地，突起道旁。前代土人尝据绝顶筑垣，避兵其上，因以寨名山，径由此入。李公曰：“此沩山最初门户，宜有是以捍之。”自此皆悬壁绝渠，径险仄，舁者兢兢率步过险处。萦回渡大小溪，乃入鄢家湾。平畴修曲，农世其阡，意乃坦然。夹涧林木且蓊蔚，境幽人淳，鸡犬桑麻，如一小桃花源。若卜隐结茅，可以投老。涧流清澈，多见游鳞白石。土人指涧上三里许，且有洞壑岩壁之胜。李公曰：“姑舍是，当先谒灵祐祖师塔。”土人导而前，径至塔所，草深一丈。公爇香拜，予二人亦拜。巢鸟飞翔，久乃定。周视山水，峰合而泉流。高篁古松，荡摩云际，是大沩门户上第一殊胜之地。寻同庆寺遗址，仅瓦砾在翳荟间，一二老僧缚茅以居。惋叹而出。日未晡，视稍下别有民居。公曰：“可还就之宿，养步陟巘。”

遂以诘朝升稍岭。悬磴盘旋，约六七里，半舆半步，行两岩中。俯瞰山洼，小畦如掌大，人家如厨。更逾黄土仑，远不过三百余步，而峭甚于稍岭。既降，平衍可十数丈，一溪绕西出，梁以砖，曰“回心桥”，谓是祐祖回心还山处。隔溪一峰独秀，桥边人指是端山云。裴公墓在其下，因小立吊望之。逾是，上下小坡，凡数里，路渐坦复，壁上渐多樵径，隐疏柯短树间。俄峙两山如阙，阙内顿开平畴，如游广陌。独插汉一峰，卓出千嶂，乍接之悚然，此所谓毗卢峰。峰下密印寺荒址在焉!

予与胡子纵驴，先寻田家敞洁者作次，既就，李公与后人亦至。肃之入，公叫快曰：“四十里绝巘之上，忽开此平野，奇观哉!”有顷饭罢，相率过寺基，周览良久。数草间巨础，存者尚数百，想见当时规模壮侈之概。殿址上新支一草庐，聚三四人僧而农者。询圆禅师，指六角屋。排闼通名，旋具蔬茗，浃谈。徐导视镜池、油盐石诸迹。与其所传甚殊异。祐祖昔植银杏树在西偏，大数尺围，久枯著叶，可荫七八亩。察其本，润甚，似将复荣者。去树数十笏，上石龙枧，在林薄间，??注流泉如故。此外遗迹多湮，不复问。

李公数仰伫毗卢峰，恨榛莽久封，不可以陟，徙倚树石间，呼同游者藉草坐。顾东西列嶂如卫，对面诸峰如觐，拊掌曰：吾学佛久，且颇解相择。此毗卢一峰，百里外蜿蜒而至，特立云中，尊如万乘。千峦围绕之，如臣如仆。群壑且汇流于前，形家所谓法王地者，的的也。试观其贡形呈象，应现历然：如禅衣岭，不俨挂僧伽黎乎?天人石，不俨献宝供乎?象王峰，不俨示法门雄力乎?其他义龙、神木之迹，且不必惊非常也。吾见海内名山丛席多矣，未有若此山之奄罗弘博，厚载不匮者。”乃顾谓圆师曰：“山运与法运相为盛衰，剥极而复，其未远乎。今师在，有以先之矣。愿师暂度白牛为徒，以俟时节之至。吾与胡、陶二子，谨营丈室，以奉巾瓶。”师曰：“喏!”遂起出延眺，一望华严、插锹二坪而罢。是夕，仍聚一处。

明日，往寻香严岩。岩距密印寺南五里。沿溪深入，两岩夹畦，半道即闻瀑声。至岩处，石壁峭立，草树蒙茸。度岩之虚邃处，可坐十数人。香严祖师静室，其遗址隐然。瀑布自高峰下，如挂晶帘，倾流到涧，作大朵昙花散落，是谓优钵泉。然溅雪飞霆，声撼林谷，断人语笑。李公曰：“香严昔从大震动中安禅，看破吼喝，吾今乃亲见此公矣。”颇与圆师作微语，予二人不能强解也。是时方清秋，泉瀑之气寒若严冬，不可久对。

公遽呼返。至三塔寺遗址前，望西南诸峰绵邈，曰“沩山峦岫，多严重不妩，具有道气，其形表类然。”还至寓，召庐中僧，委之白牛，令伺水草。嘱一二侍者善事师。施资，托胡子经营其瓶钵床座之具，手书“白牛精舍”四字遗之，并锦袱、函经、旧文数行，更书别纸与僧，曰：“汝见阿角膊上有字。”于是，与圆师别。师径往寺，予二人随公取道九折岭，下官山，一谒魏公祠而归。

归而彝考记籍，益知沩山之著也以佛寺，佛寺之兴也，必有宰官大人先持之。若唐使相裴公、连帅李公之翊灵祐祖，宋潭帅曾公之助空印轼，因缘诚盛矣。即国初，彻堂禅师营构，资力于显者亦甚巨焉。陵彝至于神庙。己未，方衲衅生，而调御者不至，遂酿为灰劫，岂非重恃有人哉! 兹忽遇李大宗伯惠然入山，举扬圆禅师破荒行道，将复睹三大寺之重兴，千五百人之来学，山灵之倚兆于公也不偶矣!

予是以既幸其从公得抒游沩之愿，而更为大沩幸其兴复之有端也。是为记。

重建密印禅寺碑记

陶汝鼐（? —1683)

盖闻宇宙之内名山数千，最上者长菩提七叶海印之中释迦百亿，住世者入宗镜五灯，故西方有圣，其事征于仲尼。惟优波乏缘此土，付诸迦叶，与金仙为梵刹，皆华藏之灵区。因宾称寺，始隶鸿胪，埽教立禅，仍存白马，则宰官为之檀护，帝后命其精蓝。隋唐之间，于斯为盛。

楚潭州大沩山，唐灵祐禅师行道处也。时使相裴公休好浮屠法，觌承殊胜，奏建厥寺，赐额曰密印。金襕坐腊，供出天人宝所，扶云宫犹帝释。盖青莲掬水，从声闻而得肉山，白牯当家，以雄力而嗣心印。云中千顷，遂名罗汉之田；海内双林，共举净瓶之案。然且屡传真子，代翊皇图，中兴于宋之崇宁，增构于明之正统。

迨法堂深草，珠已去而椟存；莲社或墟，冈则炎而玉尽。良繇人弃梵行，火焚禅天。神庙末年，遂罂坏劫。至崇祯戊辰，有圆上座者，骑犊披蓁，把茅晏坐，觇枯杏复芽之异。明年，大宗伯李公腾芳来访白牛，寻源黄木，与圆公一宿树下而去，属同游者陶子汝鼐作记，胡子懋选作庵。得前令周公瑞豹所清复官田三十余亩作常住，咸钦聚石之风，颇忆画灰之语。嗣圆至者，五峰学禅师也。纔举南宗，遽还中印。时有金铜瑞像、宫绣幢幡，赍自行僧，出于大内，诸方闻者咸谓复兴。师乃亲付养拙明公嗣其法，继席十余载，尝数百人俱，顿成师子之林，大践象王之迹，以致天童遐慕，雪窦举扬。而十年之间，刀涂火涂，众苦方炽；欲界器界，六度不行。聊藉草以安禅，就镢边而说法尔。然石虬吐水，依然优钵罗华；银杏胎莲，更长旃檀香树。时节因缘，于斯肇矣。

嗣明后起者，慧山海公。抗彼前修，转不退轮，全身担荷，大行黄檗之棒头，高揭滹沱之正眼者。而随众作务，不碍悲流，广阐一音，径羸山子。故楗槌之筵，尝围四众；毘尼所摄，岁授千徒。螟螣不灾其界中，魔军自摧于境上。以是因缘，重修胜境。顺治乙未秋，采轮菌于芙蓉，得良工于忍草。绣柱柏梁，如从海涌；郢斤输墨，即出蒲团。绀殿屹乎齐云，琳宫焕而丽日。度其高峻，视昔由旬。规此正中，亦云方广，而妙相嵯峨丈六，符于汉梦，铃音缥缈大千，眇若陶轮，则祖庭之雄刹也。

明年秋，于殿后故址建警策院，用承记莂，念续灵文。林间宝月，更开选佛之场；象外幡风，直冠诸天之表。由是龙藏象负，标厥珠林，鹿苑鸡园，总为兰若。袈裟器钵，尽菩萨之威仪；音乐华香，满天人之床座。则密印之肯堂也。

又明年夏，建三门，于中肖关夫子像，示忠义乃正觉之因，表英雄为成佛之品。作镇名山，无烦宝带；坚持愿海，即现玉泉。则梵天之象魏也。

然世无须达，家尽黔娄，诸上人不求檀施而坐招提，不离将作而持梵行。用戒为基，栋即波罗之木；因禅立壁，堵皆成镜之砖。邪许无非佛声，饮食皆同法喜，故能转移劫土，卓立化城。岁月无多，山川增概，昔所称菩萨放光，资借长康之画；山祇捧足，神移嵩岳之林。未免有为，方斯蔑矣。

县令蒋公，燕山人也，金吾世胄，玉尺仙姿。政洽鸾祥，功存象敩。两行雕字，实抒赞叹之忱；一片闲田，特免租庸之役。承兹悲护，得遂庄严。而况皇朝御宇以来，王公宰官，金汤不替；藩伯臬长，璇榜交辉。岂非天龙之所拥持，灵鹫分其严净者哉。

虽然，兴废有数，嗣印在心，愿居此山者振沩山仰山之宗，思佛恩国恩之报，则须弥、兜率处处现成，弥勒、育王源源应供。庶几护法大宗伯以下、住持慧公以上不常不断，无穷无尽之心也欤。

戊戌夏，工既竣，求文逸史，勒石山庭，谨作记铭，用彰师鉴。铭曰：

邃古大沩，不崩不骞。星雾在趾，云泉在巅。

慈龙守之，破荒立禅。曰千五百，知识之薮。

香海常流，肉山无朽。宗小释迦，法不绝纽。

云何立宗，正法眼故。沩仰唱和，天人敬护。

金田宝坊，帝命常住。龙蛰象隐，灰劫云封。
悠悠千载，瞥然五峰。施法待渡，县筛接春。
爰有慧孙，更扶山子。花梵穹窿，宝幢蔚起。
施不阶檀，构犹神徙。华严富贵，弥勒楼台。
义天想国，浊劫浮杯。振斯末法，慈雄负才。
天龙式听，佛日无涯。相轮音涩兮，毗岚勿飙。洪钟警旦兮，助平泰阶。

书岣嵝山铭后

朱彝尊（1629—1709）

古今杂体书势，韦续述之，凡五十六种。只云“夏禹作钟鼎书”，不言有岣嵝铭，然见于《吴越春秋》《南岳记》《湘中记》《南岳总胜集》。刘梦得《寄吕衡州》诗有云：“尝闻祝融峰，上有神禹铭。古石琅玕姿，秘文螭虎形。”昌黎韩子《谒南岳庙兼赋岣嵝山诗》，上言：“岣嵝山尖神禹碑，字青石赤形模奇。科斗拳身薤倒披，鸾飘凤泊拏虎螭。”下言：“事严踪迹鬼莫窥，道人独上偶见之。千搜万索何所有，森森绿树猨猱悲。”是韩子仅得之道人之口，而铭文仍未之见也。

地志称，宋嘉定中，有何贤良致于祝融峰下，樵子导之至碑所，手模其文，以归奉曹转运彦约。时人未信，致遂刊之岳麓书院，鄱阳张世南作记。事或有之。是铭，考古家率以为伪，只因笺释者太支离，故疑信相半。蒙者于录下，配坛山之石，不亦可乎。

御制《沩山语录》序

胤禛（1678—1735）

夫佛祖代代相承，称为父子。虽曰假世间之名教，表出世之真传，然大死大活，而慧命斯续。视属毛高里而四大和合者，一为生身，一为无生身，同是实际，本非引喻也。永明云：“须臾即俗归真，莫畴兹旨；顷刻从凡入圣，难报斯恩。”

夫拔火宅而登清凉之山，开迷云而入光明之海。回视头刺胶盆，身同茧缚之时，正所谓如人饮水，冷暖自知，岂有不念皮肉骨髓所由来者乎?莫非父子也。而其中父子济美，以沩仰为最。当日提唱一声，啐啄一时。同禀法王之正令,共现琉璃之金身。一堂两琴，鼓宫而宫应，鼓商而商应；一奁两镜，胡来而皆胡，汉来而皆汉。无上妙旨，齐转金轮；一代法门，双标铜柱。盖沩山、仰山之父子,正同寒山、拾得之弟兄，于佛法中，如世间所云家庆人瑞者矣。故合为编，以为天下后世宗徒劝。

是为序。

雍正十一年癸丑五月朔日

易山斋《周礼总义》序

王文清（1689？—1779）

玉韫于千重之石，而气吐白虹；珠沉于万仞之渊，而光生清夜。无他，天地精华之所聚，物莫能掩其神也。士大夫之立言也亦然，有敷文之言，有载道之言。敷文者，文敝则言穷；载道者，道不变言亦不变，吾乡先辈宋开国男易山斋先生所著《周礼总义》一书是也。

先生居吾邑沩山右，笃学力行，著述甚富，擢宋淳熙己巳状元及第，累官大宗伯，封开国男。遇荣而素业不少改，盖孤诣之志，自悉其力于不敝矣。顾国运屡移，兵燹频作，坊本剥蚀，家刻亦焚。至今六百余年，所著书或已不复耳其名，即先生之子若孙亦无从探之故府矣。况《周礼》之乱于新室，累于介甫，毁于五峰，学者言人人殊。虽有《总义》遗文，孰与掇拾而表彰之耶？

恭逢圣天子御极，特诏修定《三礼》，并谕海内士大夫家，《三礼》藏本皆得入献。予时备员纂修，留心搜讨，方惜先生《总义》一书，仅散见王氏《订义》中，不得其全本采之，吾乡行省所献亦未之及也。未几，当事奏请敕诸纂修官入中秘文渊阁上，搜遗逸礼书。予往，阅至《永乐大典》，网罗数千家，中载《三礼》多种，而山斋《总义》在焉。按之，独缺司徒一官，司马亦稍佚，余五官皆完善。予为之狂喜，因出语先生族裔宗湑字公申者。公申时举鸿博来京师，闻而起，祝曰："此吾先世之灵，经六百余年尚不磨灭也！"且叹且喜，因捐资佣善书者缮之。予亦从各纂修署汇其稿，只字片言必以付。数阅月，录毕，凡八百页，约数十万言。公申揖予曰："俾我先世散佚数百年之精光重见日月者，君实大有造焉！"予曰："非也。《周礼》者，周公致太平之书，《总义》大有所发明，是能羽翼周官者也。卫圣经者，天故寿之，兵火不能灭，风雨不能坏，当此制作休明之运，自排石室，出扃钥，以佐鼓吹而滋黼黻，后起者适若有启其衷焉。而与为藉手耳，岂偶然哉！且予与先生地同里，后先生六百余年而生，今适以珥笔《三礼》，而为先生阐失传之遗绪，若相值，若相待，又岂偶然哉！"公申大快，曰："予得此差，不负此行矣！归将授梓，为先世传此绝业焉！"

予因述其事而志之，俾后之人知此书所自发，并以信苦心著书者无患后世之不传云。抑予阅《永乐大典》之书为卷凡数万，分帙以韵。幅长尺有八寸，广尺许，皆写本。大字径寸，小字五分。朱格，皆用辰砂，画墨尚有古香。书法遒劲，通部无懈笔。纸厚比高丽，而洁白过之。绛帛为表，紫玉为签。修自明永乐中，总裁数十人，纂修数百人，执笔墨从事者千余人。书成，卷轴充秘阁，终明代不能锓板。后张江陵奏写副本，一藏胜朝之华盖殿，一藏于今之武英殿。及闯贼焚华盖殿，此书亦焚，惟武英殿本尚在。世祖龙飞，驻跸此殿，移此书置皇史宬，后移中秘。其书罗列《万有书目》，多外间所未闻。惜其征引太繁，颇伤冗杂。临川李穆堂尝欲向此中挑出数百种，锓以行世。吁，向微内府有此书，则山斋之心血冷矣！因附记于此。

乾隆四年

周觚棱壶

刘基定（1775—1860）

宣和博古图载：壶身高一尺六寸、深一尺四寸八分，阔六寸五分，容三斗三升二合，重二十五斤十有四两，两耳连环，有鼻无铭。道光甲辰五月十九日，宁乡沩山蛟水暴发，壶从山腹冲出。姜立堂州倅以白金十笏购得。复以周尺秦权秤量悉，与图合，图旧无盖，此独有盖，较宣和所藏尤足宝贵。立堂绘图征诗。

成周制物存壶觞，口深腹大宜圆方。圆画礼器布形式，何休传注详公羊。宣和博古重考据，一一排列矜铺张。大官绥和刻铭字，两耳三耳无提梁。昨者沩山裂蛟穴，山腹空洞多宝藏。觚稜奇器漉水底，居氓奔走纷争攘。持归那复辨款式，暂贷饥溺充餱粮。姜君雅鉴独嗜古，十笏购得储缥缃。洗涤泥沙出土晕，云雷斑驳苔纹苍。夔龙四出间饕餮，腹胆镂帀沿偏旁。阔径悉准周尺测，铢两亦秦斤量。宣和古本缺通盖，此独完好尤差强。我闻三代创器具，取法象义期周防。鼎彝罍卣垂训诫，永宝利用毋相忘。愿君世守吉金字，莫使历劫同沧桑。题诗漫拟刘贡父，博物不逊姜尧章。夜间疑有鬼神护，满贮嘉醴蕲寿康。

《宁乡云山书院志》序

刘典（1819—1878）

云山书院之建，已逾十年矣。其间形胜之概，兴作之劳，考课之规，租赋之额，与夫官师劝学之勤，吾乡人士好义之勇，皆不可以无述。过此而不纪，久而浸失其真。后之君子将无所考信焉。爰嘱周云先院长，为之分类纂辑，勒成一编。余于同治庚午自秦告养归里，云先亦因其尊人抱恙，请假省侍。逾二年，主讲斯席。未几而遘其母夫人之戚。今年小祥后，营宅兆既竣，事乃克成，书寄余是正。余维云先当忧戚之时，处淡寂之境，道味自为亲切。空山风雪，午夜一灯，亦得发其尚友；千秋之志，虽不欲以文自见，而考订成规，以垂久远。俾后之览者，加意人才，有基勿坏，踵事增华，则斯编洵足以备名山之掌故也已。是为序。

同治十三年岁次甲戌仲冬月

游大沩山诗（并叙）

刘倬云（？—1903）

戊戌秋，云偕唐君云楼、何君雨畦，由屏、壶二山过九节仑，而寻优钵源，并观芦花瀑布。沿河而下，至大沩山密印寺，瞻仰西天诸佛像。是时主方丈者，为云峰大禅师。正值前陕甘总督杨制军圆寂之次年，作周年道场，大禅师率法徒廿余人，应杨家之召，静照堂空，威蟏在户。而知客当家，借方丈卧室以居，云与唐、何两君，舆隶仍馆于外。云维宾主酬酢之礼，仙俗皆同，今未得亲道貌，而入居其宫，阅两昼夜，放荡形骸，言笑晏晏，倘来未关白，去不留字，不几如王子猷之看竹，不问主人耶。率成七言近体两章，伸鄙怀以鸣谢，此固唐、何两君所共许者也。伏乞斧而政之为幸。

昨朝造访赤松仙，脚踏芒鞋两底穿。苏子好游常结伴，远公不遇岂非天。青松满院堪栖鹤，皓月当空独悟禅。四面云山权作主，从兹香火订因缘。

小住名山阅两天，禅门供奉罄云烟。市中沽酒成新醉，石上题诗补旧篇。何逊并非尘俗吏，唐衢原是紫霞仙。赍今解组归耕日，拄笏尤思效昔贤。

谭嗣同

梁启超（1873—1929）

今年四月，定国是之诏既下，君以学士徐公致靖荐被征。适大病不能行，至七月乃扶病入觐，奏对称旨。皇上超擢四品卿衔军机章京，与杨锐、林旭、刘光第同参预新政，时号为军机四卿。

参预新政者，犹唐宋之参知政事，实宰相之职也。皇上欲大用康先生，而上畏西后，不敢行其志。

数月以来，皇上有所询问，则令总理衙门传旨，先生有所陈奏，则著之于所进呈书之中而已。自四卿入军机，然后皇上与康先生之意始能少通，锐意欲行大改革矣。而西后及贼臣忌益甚，未及十日，而变已起。

初，君之始入京也，与言皇上无权、西后阻挠之事，君不之信。及七月二十七日，皇上欲开懋勤殿设顾问官，命君拟旨，先遣内侍持历朝圣训授君，传上言康熙、乾隆、咸丰三朝有开懋勤殿故事，令查出引入上谕中，盖将以二十八日亲往颐和园请命西后云。

君退朝，乃告同人曰："今而知皇上之真无权矣。"至二十八日，京朝人人咸知懋勤殿之事，以为今日谕旨将下，而卒不下，于是益知西后与帝之不相容矣。

二十九日，皇上召见杨锐，遂赐衣带诏，有"朕位几不保，命康与四卿及同志速设法筹救"之诏。君与康先生捧诏恸哭，而皇上手无寸柄，无所为计。时诸将之中，惟袁世凯久使朝鲜，讲中外之故，力主变法。

君密奏请皇上结以恩遇，冀缓急或可救助，词极激切。八月初一日，上召见袁世凯，特赏侍郎。初二日复召见。初三日夕，君径造袁所寓之法华寺，直诘袁曰："君谓皇上何如人也?"袁曰："旷代之圣主也。"君曰："天津阅兵之阴谋，君知之乎?"袁曰："然，固有所闻。"

君乃直出密诏示之曰："今日可以救我圣主者，惟在足下，足下欲救则救之。"又以手自抚其颈曰："苟不欲救，请至颐和园首仆而杀仆，可以得富贵也。"袁正色厉声曰："君以袁某为何如人哉?圣主乃吾辈所共事之主，仆与足不同受非常之遇，救护之责，非独足下，若有所教，仆固愿闻也。"

君曰："荣禄密谋，全在天津阅兵之举，足下及董、聂三军，皆受荣所节制，将挟兵力以行大事。虽然，董、聂不足道也，天下健者惟有足下。

若变起，足下以一军敌彼二军，保护圣主，复大权，清君侧，肃宫廷，指挥若定，不世之业也。"袁曰："若皇上于阅兵时疾驰入仆营，传号令以诛奸贼，则仆必能从诸君子之后，竭死力以补救。"君曰："荣禄遇足下素厚，足下何以待之?"袁笑而不言。

袁幕府某曰："荣贼并非推心待慰帅者。昔某公欲增慰帅兵，荣曰：'汉人未可假大兵权。'盖向来不过笼络耳。即如前年胡景桂参劾慰帅一事，故乃荣之私人，荣遣其劾帅而已查办，昭雪之以市恩;既而胡即放宁夏知府，旋升宁夏道。

此乃荣贼心计险极巧极之处，慰帅岂不知之?"君乃曰："荣禄固操莽之才，绝世之雄，待之恐不易易。"袁怒目视曰："若皇上在仆营，则诛荣禄如杀一狗耳。"因相与言救上之条理甚详。袁曰："今营中枪弹火药皆在荣贼之手，而营哨各官亦多属旧人。

事急矣！既定策，则仆须急归营，更选将官，而设法备贮弹则可也。”乃丁宁而去，时八月初三夜漏三下矣。至初五日，袁复召见，闻亦奉有密诏云。至初六日变遂发。

时余方访君寓，对坐榻上，有所擘划，而抄捕南海馆（康先生所居也）之报忽至，旋闻垂帘之谕。君从容语余曰：“昔欲救皇上既无可救，今欲救先生亦无可救，吾已无事可办，惟待死期耳。虽然，天下事知其不可而为之，足下试入日本使馆，谒伊藤氏，请致电上海领事而救先生焉。”

余是夕宿日本使馆，君竟日不出门，以待捕者。捕者既不至，则于其明日入日本使馆与余相见，劝东游，且携所著书及诗文辞稿本数册家书一箧托焉。曰：“不有行者，无以图将来；不有死者，无以酬圣主。

今南海之生死未可卜，程婴杵臼，月照西乡，吾与足下分任之。”遂相与一抱而别。初七八九三日，君复与侠士谋救皇上，事卒不成。

初十日遂被逮。被逮之前一日，日本志士数辈苦劝君东游，君不听。再四强之，君曰：“各国变法，无不从流血而成。今中国未闻有因变法而流血者，此国之所以不昌也。有之，请自嗣同始!”卒不去，故及于难。

君既系狱，题一诗于狱壁曰：“望门投宿思张俭，忍死须臾待杜根。我自横刀向天笑，去留肝胆两昆仑。”盖念南海也。

以八月十三日斩于市，春秋三十有三。就义之日，观者万人，君慷慨神气不少变。时军机大臣刚毅监斩，君呼刚前曰：“吾有一言!”刚去不听，乃从容就戮。呜呼，烈矣！

游沩山寺记

王闿运（1833—1916）

湖南佛寺，沩山最著。盖地幽而不僻，去使府近而无都会之嚣。宿德新参，栖心习静，代有名人守其戒律。遗规具存，香田足给，隐然若世业绵祀，国家之相传也。湘潭壤地、民俗、土音皆亲宁乡。其先本一县析分，然近靳远沩。沩水出益阳马头山。今安化东北当益阳西南马头山，即沩山也。“马”“为”皆取兽形名山，因以号水。水有四源，当以最西者为沩山，而今以山泉悬出者为沩源，近在寺西南六里。唐时有相地者以沩水有青莲花香，寻源入山，得地建寺，则移沩源而并移山。山两崖，不似马头，亦不似母猴，非旧《图经》沩山也。凡游沩山，率至寺而已。

寺在山阿平田间，无登陟之劳。不独不见沩山，亦不见沩水，但相夸以游山耳。明末时，宁乡陶密庵检讨与湘潭李湘洲尚书同游，陶作《游记》。按其文，山水奇胜。顷者廖荪畡典籍以书来约，续陶、李之游为两县故事。岁首人闲，访廖横田，时正月八日。大风，渡湘。几不得渡。行六十里，暮宿黄泥铺。明日犹寒，至凤皇山。廖遣夫力来迎，晡至其家。明日，设酒议游事。以二舁三担，并从人凡十六。出门西行，循乌江水至沩水，北沿平田，越陌度阡，率百步九涉。八十里，宿横铺市。西二里，有云山书院，县人刘氏所建也。刘果敏尝抚陕，故从罗山讲学，因于里中作精舍。规制始具，犹未暇兴学，新议尽改书院立官学矣。明日，立春。大晴，从者忻喜。二十里，饭黄柴——黄木江也。《沩山志》云：唐大中时，敕建密印寺，官运材木至此，待水引入，故曰“皇木”。今沩山杉材犹自此结排出沩入湘云。柴者，柴积之，非结砦也。自此入山，皆循沩北。以西平沙坦途，山色交映，光影萧寒。入山，径稍陂陀，稀逢樵汲，间有民舍一两间。度两山，冈峦不高，而?岈如门。迤右为同庆寺，灵祐师塔在寺中，有唐碑，郑愚文。《志》云“先有密印，后有同庆，盖祐师不起塔本寺，徒众复为建寺护塔耳。”从寺外循径越山，曲折缘跻，随步稍高。数百步，便已造坡顶。平望对山，紫翠重沓，绝似庐山五老峰，唯峻峭稍减。复下，入山径，更度一重，径接龙庵至在山亭。岚黛不及前山，亦自幽静。山农方荷锄治道，披榛填坑。问沩山，但云不远。

余按陶记登山，先见瀑泉。又寺后有高峰插天，以为沩山之胜如彼。及迤逦转行，豁见平田。依山列垣，有寺临溪。众皆云已至山，而不见山，唯寺后倚一峰，高与垣树齐。入客寮，问优钵昙花泉，乃在寺外。与陶记全不合。然游山探泉之兴未已，以日暮止宿。诘旦，命舁往探沩水源。主僧导余等出寺，渡小桥，东南行五六里，登一山，云泉出对岩。复下磴，践石沿溪，两山嵚崟，皆纯石苍秀。有瀑泉出崖腰，县（悬）流五六丈，如急雨檐溜。次者如决浍水，更下如竹竿。通枧水，高下参差，引涧潺潺，不能成潭。所云飞瀑落石四溢，溅雪飞光，激上若千叶莲花者，或春雨盛涨有其势。而涧底无平田，必不能成泉流。文人推演无实，以欺未至者，如陶《记》所云文中之沩山尔。余与荪畡皆不以泉源为沩山，故此不言游沩山也。泉流成涧，北屈东行，过同庆寺前而会正流。游者还寺，亦别僧，自循来径至同庆，看断碑。沩山远不可穷，于是俱返。

复循水至横铺，更南寻东鹜山，看汤泉。泉与山隔乌江，亦未成池。有三孔，皆热如沸。旁多养鸭者，紫龙寺僧专其利，一鸭至千钱。宁乡令以供长官，应征求，辄取肥大者。然真汤鸭乃瘦小，骨髓满而不腥。鸭即鹜也，山其以产物名与?

时已上元，乃别荪畡，南北各还。余由冷水井度岭，三十里即入吾七都地。初夜还山庄，记五日游事，而以游山事为主云。

游岳麓记

向警予（1895—1928）

久雨新霁，形神顿适。侧闻高等师范有运动会之举行，二三子簇簇然谋曰：高等师范，校于岳麓，其趾为岳麓书院之遗，而岳麓名山也。岳麓书院为吾国古昔四大书院之一，有宋大儒朱子讲学之地也。流风未艾，贤哲代有，虽在湘省，其实不啻吾国精华之萃焉。

昔太史公周览天下名山大川，与燕赵间豪杰交游，无远弗至。今吾侪幸生贤人之乡，躬际胜地，安可不一往瞻觐，迹其精神之所在而自壮耶。乃皆与其徒属行。且涉且陟，出自卑亭，而闳宇倚山，檐牙高啄，高等师范已画然在望。暨吾辈至，则黔首累累，蠕然如蚁动。环而观者，无虑数千百人。而出场运动，已数十余次矣。场颇广大，极目望不见边涯，容数百千人若亡有人。吾辈驻其场所之一隅，远未能明视。而其武术，如掷铁饼之类，雅所未闻见。遥望十许人，跳蹈场中，手长皮带，而左右上下其量之，唱曰若干码、若干码。于时更有旋转其身而掷黑色圆块者。意谓其将有所为，而不知其即掷铁饼也。诸如此类，不胜数。惟观赛跑则绝详。每七、八人或九、十人一次，疾走绕场三、四周，约七八百码。始则互相先后，往往初列前茅者终多落后，而夺红旗辄为第三、四之人，而相随最后者尤莫能与焉。盖初列前茅者志得气浮，精力已暴，故奋于始而亦疲于终；相随最后者去人太远，则委顿而到底无能为振；

惟第三、四之人，用力不猛不随，养勇蓄锐，如鸷鸟之敛其威，最后一奋，故常出人意表而不可与京。嘻，人之成业，亦何以异斯也。数周既竟，则头、二、三名往往多人挟持以行，往往距旗数武不省人事，有一人僵卧地上，良久乃稍动，数人挟持徐行场周，良久乃稍有生气。如此激烈，究竟合于运动目的否，兹姑不论。第处此国家陵夷、学绝道丧之际，诚易其赛跑之心，瘁力以致之，以拯其国家之陵夷，而侧之人哀其力之将瘁而不能致也，则为之扶翼，则吾国其庶几乎。诚易其赛跑之心，瘁力以致之，以拯其学之绝、道之丧，则学也道也，其庶几乎！则吾国，其庶几乎！

顷之，其校赐餐，遂入内进食。不知其为头门与二门与，有联一楹曰：“惟楚有才，于斯为盛。”今何时乎，才乎才乎，其盍兴乎。餐罢，日已向暮，为之怅然。抚古松柏，低徊留之而不忍去，盖古迹乃未睹其什一也。黄先生曰：诸生其有遗思与，行休矣，事难卒穷。翰臣刘先生方编《湖南先贤录》，帙成，诸生取而终日讽咏之，以索其神可也。行休矣，何必斯。因喟然曰：鼎革而后，吐弃先德，轻蔑陈迹，其故实亦渐渐亡矣。今校长吴雁舟先生始理而尊之，诸生初进所见横匾“名山坛席”四大字，是即先生起而复之于泥涂乱草中者也。嗟夫，学绝道丧，沧海横流，发扬先绪，以茂其德，封而植之。既生于斯，当无玷斯，吾于斯游乃重有慨矣。唯人之情，每勤始而懈终。因物兴感，其谁无之。志于此，以观其异日而自励云。时民国四年十一月二十七日也。

黄兴墓志铭

章太炎（1869—1936）

南纪维衡，上摩玄苍。厥生巨灵，恢禹之疆。发迹自楚，命畴大荒。行师龙变，阖开不常。广宣汉威，莫我抗行。小叶之虏，若炊而僵。国难未艾，神奸犹狂。元功中圮，何天之盲。中兴肖肖，宠赂犹章。頩怒歕血，瘼此献萌。死为鬼雄，以承炎黄。

楹联选录

白沙井民谚

常德德山山有德；

长沙沙水水无沙。

长沙民谚

橘子洲，洲旁舟，舟行洲不行；

天心阁，阁中鸽，鸽飞阁不飞。

密印寺山门楹联

佚名

法雨来衡岳；

宗风启仰山。

密印寺藏经阁联

佚名

藏书千种解尘幻；

读经万卷破世迷。

密印寺祖堂联

佚名

开山灵祐尊千古；

造寺佛手荫万民。

密印寺鼓楼联

佚名

暮鼓三更惊世梦；

晨钟万里播梵音。

又

裴休（791—846）

一千龙象随高步；

万里香花结胜因。

云山书院大门联

佚名

福地拥双峰，近南轩居，问道须从这里过；

文澜连二水，溯玉潭派，寻源都向此间来。

题城南书院

张栻（1132—1180）

句里乾坤随指顾；

斗南钟鼓闹清秋。

又

张栻（1132—1180）

文章千古意；

翰墨四时春。

太乙寺联

朱元璋（1328—1398）

太乙寺中孤月亮；

长沙城上一星明。

船山学社讲堂联

王夫之（1619—1692）

六经责我开生面；

七尺从天乞活埋。

（横批：正谊明道）

屈子祠门联

秦瀛（1743—1821）

何处招魂，香草还生三户地；

当年呵壁，湘流应识九歌心。

题贾谊祠

朱兰坡（1769—1850）

望不断七二峰衡岳，流不尽八百里洞庭，明月当头，如此江山赢我醉；

是谁赋屈大夫离骚，问谁虚贾太傅前席，幽情无限，满城风雨自西来。

题清风泉

魏源（1794—1857）

峡里青枫，云中白鹤；

山间明月，岭上清风。

题文昌阁

曾国藩（1811—1872）

垂训意无穷，烁古炳今，总不外纲常名教；

读书期有用，居仁由义，岂徒在科第文章。

题定王台

邵亨豫（1817—1883）

台阁岿然，留得住终古烟云迹相；

君亲一也，喜从兹长依日月光华。

橘子洲头洞庭庙

左宗棠（1812—1885）

迢遥旅路三千，我原过客；

管领重湖八百，君亦书生。

题时务学堂

谭嗣同（1865—1898）

揽湖海英雄，力维时局；

勖沅湘子弟，共赞中兴。

寻秋草堂门联

王文韶（1830—1908）

故宅重新，喜湘水天涯，依然三载栖迟地；

苍生无恙，对夕阳秋草，正与诸君凭吊时。

岳麓书院文庙庑廊联

王闿运（1833—1916）

吾道南来，原是濂溪一脉；

大江东去，无非湘水馀波。

蔡锷墓庐陈列室

孙中山（1866—1925）

生平慷慨班都护；

万里间关马伏波。

题谭烈士祠

康有为（1858—1927）

复生不复生矣；

有为安有为哉。

重建沩山万佛殿落成

释太虚（1890—1947）

大雄山下转身来，沩水长流化宇开；

三度劫灰飞万物，更看弹指现楼台。

古麓山寺

马续常（1883—1952）

古刹出层霄，看岳色平分，湘流环绕；

名山留胜迹，有少陵写句，北海题碑。

题云麓宫

马续常（1883—1952）

来七二峰云气，挹八百里湖光，

沅澧芷兰，自古人才推楚尾；

聚十万户炊烟，明卅六湾秋月，

沧桑兵火，欲将世事问天心。

崇烈亭柱联

徐桢立（1890–1952）

百战靖胡尘，精忠争日月辉光，大节壮河山气色；

四阿延楚望，长剑指天狼落云，神弦迓甲马归来。

浮屠祠烈士，朝荐澧兰，夕供沅芷，依稀认猿鹤，心丹血碧，云旗风马尚驰驱。

挽黄兴

于右任（1879—1964）

生平风谊兼师友；

天下英雄唯使君。

忠烈祠正厅石柱联

刘建绪（1892—1978）

凭栏望七二峰峦，慷慨念同胞，浩气长存，岳湘增色；

此地瘗三千组练，登临来赫石，忠魂不朽，申甫重生。

雕塑牌坊联

王东原（1899—？）

千峰开宇宙；

一寺压沅湘。

天心阁一楼柱联

胡六皆（1922—1997）

我辈复登临，总难忘四野哀鸿，一城焦土；

天心重抖擞，正奋发九州生气，三楚雄风。

烈士公园纪念亭

易祖洛（1914—2000）

负郭辟名园，西屏岳麓，东枕浏河，错落见亭台，树绿甍红，山色水光相映带；

万景园亭联

史穆（1922—2009）

奇石飞泉，俯此一泓烟水；

神工缩地，移来八景潇湘。

民俗村潇湘阁联

史穆（1922—2009）

杰阁仰弥高，移来八景潇湘，妆点四时佳境；

名园今胜昔，管领一湖烟水，安排九寨弦歌。

天心阁一楼壁联

潘基碽（1914—2011）

高阁出重霄，揽衡岳抚湘流，纵几度沧桑，卷雨飞云，终如人愿；

古城多胜迹，缀珠玑添锦绣，系万家忧乐，鞠躬俯首，毋愧天心。

洪山寺山门联

李　立（1924—2014）

洪钟鸣古寺；

山气涌祥云。

题杜甫江阁

颜震潮（1923—2018）

遗蜕已难寻，梦魂犹绕潇湘水；

斯人原不死，忠爱长留天地心。

索引

说　明

1.本志索引分专记索引、附录索引、附记索引、图照索引、表格索引、主题索引和人名索引，采用主题分析法编制。

2.主题索引和人名索引按标引词首字的汉语拼音音序排列，首字相同按第二字音序排列，以此类推；标引词后的阿拉伯数字表示内容所在的页码，标引词后第二个页码起，表示该索引参见内容所在页码。专记、附录、附记、图照、表格索引按标引词所在的页码顺序排列。

3.长沙市的党政机关、企事业单位、社会团体以及在长沙市发生的事件名称，除容易产生歧义外，均省略“长沙市”或“长沙”。

4.序、总述、大事记、概述、编后记等均不选入索引。

专记索引

附录索引

附记索引

图照索引

插 页

第二篇　中国共产党

第三篇　人民代表大会

第四篇　人民政府

第五篇　人民政协

第六篇　民主党派

第七篇　群众团体

第八篇　民政　劳动　人事　编制

第九篇 政 法

第十篇 军 事

第十一篇　城乡建设与管理

第十二篇　环保　能源　气象　水文　地震

第十三篇　经济综述

第十四篇　综合经济管理

第十五篇 财政 税务

第二十篇 交通运输 邮政 通信

第二十一篇 农业与农村经济

第二十二篇　教　育

的模拟证券交易大厅进行操作学习
3564 2009 年，挂牌成立“长沙社区大学”，社区教育在长沙全面拉开序幕
3565 2011 年，全民终身学习活动周湖南省总开幕式暨长沙市启动仪式隆重举行
3574 长沙市实验小学教师基本功训练
3593 同升湖实验学校与美国费舍尔小学成立孔子课堂

第二十三篇　科学技术　知识产权

3600 威胜集团股份有限公司技术人员在进行产品研发
3610 中联重科生产出全球最大塔式起重机
3611 中国（长沙）“科交会”上比亚迪多款节能与新能源汽车产品集体亮相
3612 新亚胜光电推出的魔幻舞台
3616 中国工程院院士中南大学黄伯云研发的炭/炭刹车材料获全国技术发明一等奖
3617 湖南晟通科技集团研发出全铝公交车
3618 中国工程院院士袁隆平观察杂交水稻生长情况
3619 左为宁乡流沙河镇“花猪”新品种，右为望城县格塘乡示范养殖匙吻鲟获成功
3621 望城光明村进行花卉苗木栽培技术培训
3623 中南大学湘雅医学院卢光琇团队在国内外生殖工程与干细胞领域获多个领先成果
3625 长沙市再生资源循环利用产学研座谈会现场
3631 文化、科技、卫生“三下乡”长沙县活动现场
3633 长沙“科交会”开幕式现场
3634 长沙市科技活动周启动仪式
3638 望城县“科普基地开放日”活动现场
3673 国家知识产权局为长沙市进入国家知识产权工作示范城市授牌
3674 长沙市首批 20 家知识产权示范企业授牌现场
3678 长沙市知识产权保护行政司法协作第一次联席会议
3682 长沙市规模以上企业知识产权培训

第二十四篇　卫生　计划生育　体育

3767 长沙县果园镇云泉村实施联合国儿童基金会农村环境卫生扩展项目，建设双瓮式厕所
3768 通过三格式无害化卫生厕所改造，长沙市农村农户周边卫生明显改善
3770 芙蓉区文艺路办事处开展灭蟑知识宣传
3776 爱卫办在望城香桥村学校举行环境卫生与健康教育培训班，讲授卫生健康知识
3778 长沙市口腔医院开展“讲文明 讲卫生 讲科学 树新风 暨世界无烟日”宣传活动
3779 长沙市政府在湖南宾馆召开各区、县（郊）党政领导计划生育工作会议
3782 市计生协在浏阳市召开“中国计生协联合国人口基金青少年生殖健康项目年度工作会”经验交流
3784 长沙市计生委到坪塘镇向育龄妇女宣讲省《计划生育条例》中的生育政策
3785 长沙县青山镇组织文艺宣传队下村宣传计划生育奖励扶助政策
3786 长沙市政府与省计生委联合在湖南大剧院举行省会“亚洲三十亿人口日”报告会
3786 长沙市计生委组织在宁乡县巷子口乡福寿村宣传计划生育“只生一个好”
3787 9 个区、县（市）代表队在枫林宾馆“海信杯”人口与计划生育法律、法规知识竞赛
3788 长沙市在市委党校开设人口与经济社会可持续发展课程，部分乡（镇）、街道主管计生负责人参加培训
3789 长沙市在枫林宾馆召开婚育新风进万家活动暨媒体联动协作体成立大会
3790 长沙市在天心区桂花坪街道举行计生协会员活动周暨天心区第八届人口文化节启动仪式

第二十五篇　文　化

第二十六篇　民族　宗教　风俗　方言

表格索引

第三篇 人民代表大会

第四篇 人民政府

第五篇 人民政协

第六篇 民主党派

第七篇　群众团体

第八篇　民政 劳动 人事 编制

第九篇　政　法

第十篇 军 事

第十一篇 城乡建设与管理

第十二篇 环保 能源 气象 水文 地震

第十三篇 经济综述

第十四篇　综合经济管理

第十五篇　财政 税务

第十六篇　金 融

第十七篇　工　业

第十八篇 园区经济

第十九篇 商贸 旅游

第二十篇 交通运输 邮政 通信

第二十一篇　农业与农村经济

第二十二篇 教 育

第二十三篇　科学技术 知识产权

第二十四篇　卫生 计划生育 体育

第二十五篇 文 化

第二十六篇　民族 宗教 风俗 方言

附 录

主题索引

C

D

E

F

G

I

J

K

L

M

P

Q

R

S

T

W

X

Y

Z

数字

人名索引

注：此索引收录的人名仅来源于《人物》篇

编后记

按照国务院和省人民政府关于开展第二轮地方志编修工作的统一要求，在长沙市地方志编纂委员会的部署下，《长沙市志（1988—2012）》编纂工作如期完成。其编纂大致经历以下几个阶段：

第一阶段（2008—2012年）为发动准备阶段，分解任务、完善篇目、组建队伍、培训人员。2008年9月11日，召开长沙市第二轮修志工作动员大会，正式启动市本级第二轮修志工作。会议发布《关于开展长沙市志编纂工作的通知》（长办通知〔2008〕28号），印发《〈长沙市志（1988—2008）〉编纂工作方案》《〈长沙市志（1988—2012）〉行文通则》《〈长沙市志（1988—2012）〉篇目分工》《〈长沙市志（1988—2012）〉承编单位分组》，明确市志编纂的组织领导、任务分工、工作步骤等。至2012年年底，有154个市直单位及部分国家、省属驻长单位签订第二轮修志工作责任书；举办3期全市修志业务培训班，培训修志人员600余人次；采取召开承编单位分组长会议、分组会议、分类协调会、一对一座谈会、发文发函等方式督促各单位组建修志队伍，各单位明确1~2名修志人员，并为139位主笔颁发聘书；各承编单位对市志篇目进行完善细化，经市地方志办公室审查，形成篇目修订稿，经省地方志编纂委员会审查修订后形成市志篇目稿；各承编单位根据篇目开展资料收集工作，形成资料长编。

第二阶段（2013—2016年）为志稿分纂阶段，全面分纂、指导协调、评审验收、检查督促。2013年7月开始，《长沙市志（1988—2012）》分纂工作实施主编负责制，由市地方志办公室党组书记、主任王习加任主编，党组成员、副主任张列群任执行主编。按市志篇目分类组建4个编辑室，各编辑室负责对分工范围内的承编单位全面开展联系督促、业务指导、志稿审阅等工作。制定《长沙市志（1988—2012)》分志稿编纂、送审、验收规定，规范分志初稿编纂程序；严格把关分志初稿质量，“成熟一章验收一章”。对承编单位开展一对一、面对面交流指导；分类集中举办工业、交通运输等分志初稿评议会5次，以评代训，指导分志初稿编纂；召开环保篇、商贸旅游篇、金融篇、通信篇、民主党派和群众团体篇等编纂工作研讨会，调整优化篇目，指导修志业务，督促工作进度。召开两次全市修志工作会议，表彰先进单位35个、先进个人41名，5家市志承编单位作修志工作经验介绍。市委督查室、市政府督查室、市地方志办公室联合督查组对全市164个市志承编单位第二轮修志工作开展全面督查，现场督查29个单位。由市政府办公厅发出《关于机构改革后部分单位第二轮修志工作有关事项的通知》，协调解决7个工商业行管办撤销后修志工作接续问题。

第三阶段（2017—2020年）为总纂出版阶段，加快分纂、强化总纂、攻坚克难、总体推进。2017年1月9日，市地方志编纂委员会出台《〈长沙市志（1988—2012）〉总纂工作方案》，启动长沙市志总纂工作，成立市志总纂室和5个编辑室，由市地方志办公室党组书记、主任王习加任总纂，党组成员、副主任张列群任执行总纂；编辑室与志书卷目对应，人员职责和任务分工进一步明确；分纂与总纂同步开展，提高编审效率，保障总纂质量。1月13日，市地方志办召开第一次《长沙市志（1988—2012)》总纂工作会议，提出以2020年6月完成总纂定稿为目标，作出“分卷总纂”“打总体战”“分步推进”“强化督查”4项部署，成为市志总纂工作的行动纲领。此后，总纂室每月召开例会，及时交流情况、研究和解决编纂工作中的重难点问题。市政府办两次召开协调会议，推进滞后单位修志进度；“两办”联合开展两次修志工作督查，现场督查67个单位，发出整改通知14份；攻坚克难，解决铁路章、金融篇、通信篇等编纂难题。

各编辑室以篇、卷为单位，提高分纂质量和效率，先后召开3次人物篇编纂工作会议，不断完善人物收录标准，规范传记写作；分别召开园区经济篇、工业篇、文化篇、“改革”内容和第三卷、第四卷等编纂业务培训会，分类集中解决分纂稿中存在的问题；对已验收分志稿进一步修改完善，提高分纂稿质量。2019年3—8月，在市地方志编纂室内部开展市志分纂稿评审，邀请全国方志专家评审指导，以高标准完成分纂稿；同时，以篇为单位开展总纂，分纂稿成熟一篇，即提交总纂统稿一篇。至2020年3月，完成全书总纂，形成评审稿，提交省级评审，并同步对评审稿进一步修改规范。5月22日，由省地方志编纂院主持，召开《长沙市志（1988—2012）》（评审稿）省级评审会。会后，总纂室吸收评审会意见对评审稿进行认真修改。6月中旬，《长沙市志（1988—2012）》（送审稿）通过省地方志编纂院终审验收。之后，又吸收全国方志专家和方志出版社评审意见，对志稿进行多轮全面修改完善。12月，定稿付印。

全志按照自然、政治、经济、社会、文化部类排列，共设专志27篇（含187章、931节），另设总述、大事记、人物、附录等综合部类，全稿约800万字。志书较全面、系统、客观地反映了长沙市1988—2012年经济社会发展所取得的巨大成就和经验教训，较突出地反映了长沙改革开放的时代特点、地方特色和行业特点。

《长沙市志（1988—2012）》的编纂，凝聚着许多领导和全体修志人员的心血。市地方志编纂委员会的领导多次出席、主持修志工作会议，多次协调解决修志工作中的难题；先后有160余家承编单位、1000余名工作人员参与到市志编纂工作中；全市修志工作人员本着对历史负责、对人民负责的态度，发扬“修志问道、直笔著史”的方志人精神，为市志的编纂作出卓越的贡献。市志的编纂还得到中国地方志指导小组办公室、湖南省地方志编纂委员会（院）领导和专家给予的支持和指导，并吸收了省内外诸多修志专家提供的经验和智慧。很多关注长沙发展、关心长沙地方志工作的热心人士为市志的编纂提供了大力支持和帮助。方志出版社为本书的出版提供了优质服务和指导。在此一并致以深深的谢意！

编纂《长沙市志（1988—2012）》是一项浩大的工程，时间跨度大，涉及内容广，使用资料多，由于编纂人员水平有限，疏漏或误差在所难免，敬请读者与专家谅解并批评指正！

《长沙市志（1988—2012）》总纂室

2020年12月

《长沙市志（1988—2012）》（稿）省级评审会参会人员合影。第一排左起：阳雍悦、杨帆、王习加、隆清华、邓建平、袁志恒、蒋集政、曾秉炎、李章进；第二排左起：姚宇琳、陈静、欧阳乐天、陈竞哲、肖清平、胡新民、姚兰、张列群、贺国成、陈燕、陈晓红、易璐、尚畅；第三排左起：蔡立人、黄磊、王丹丹、吴丫丫、刘殷、高路、李跃兰、刘盼盼、陈丹青、李德兴、贺孝武、曾牧野；第四排左起：朱炫光、曹建英、吴汉林、柳涌鸣、冯兴邦、贾志远、钟铁球、莫正林、周海波、黄斌、杨建军、江雷、周建文。

（摄于2020年5月22日）